Arzt [aːɐ̯tst] (*Pl* **Ärzte**) *der* médecin *m.*

Ärztin [ˈɛːɐ̯tstin] (*Pl* **-nen**) *die* médecin *m.*

bißchen *Adj* [wenig] peu de.

◆ **ein bißchen** ◇ *Adj* [etwas] un peu de. ◇ *Adv* [ein wenig] un peu.

◆ **kein bißchen** ◇ *Adj* pas du tout de. ◇ *Adv* pas du tout.

BND (*Abk für* **Bundesnachrichtendienst**) *der* (*ohne Pl*) *service fédéral des renseignements généraux.*

Frei|bier *das* (*ohne Pl*) tournée *f* gratuite (*de bière*).

Frei|tag *der* vendredi *m; siehe auch* **Samstag.**

Funke (*Pl* **-n**), **Funken** (*Pl* **-**) *der* étincelle *f.*

Gänsefüßchen *Pl fam* guillemets *mpl.*

Karneval [karnəval] (*Pl* **-e** ODER **-s**) *der* carnaval *m.*

KARNEVAL:
C'est en Rhénanie que les festivités du carnaval sont les plus nombreuses. Il commence officiellement le 11 novembre à 11 h 11 et se termine le mercredi des cendres. Le grand défilé a lieu la veille du mardi gras.

Kern|seife *die* ≃ savon *m* de Marseille.

lieb|haben *tr* (*unreg*) aimer.

Nachricht (*Pl* **-en**) *die* nouvelle *f.*

◆ **Nachrichten** *Pl* informations *fpl*…

Sänger, in (*mPl* **-**; *fPl* **-nen**) *der*, *die* chant… -euse *f.*

Semmel (*Pl* **-n**) *die Öster* & *Süddt*…

stürzen (*Perf* **hat/ist** **gestürzt**)… **-1.** [fallen] tomber. **-2.** … ter. ◇ *tr* (*hat*) **-1.** [Regi…] **-2.** [Kuchen, Pudding] d…

◆ **sich stürzen** *ref* **-1.** … er. **-2.** [herfallen] : **sich auf jn/etw** ~ … se précipiter sur qqn/qqch; [ang…] … jeter sur qqn/qqch. **-3.** [sich begeben] : **sich in etw** (*A*) ~ se jeter dans qqch.

eigenes Stichwort für das Femininum bei Formunterschied
articles indépendants pour le féminin en cas de différence graphique

Hervorhebung der Ausdrücke
mise en relief des locutions

Abkürzungen
sigles et abréviations

langer betonter Vokal
accent tonique long

kurzer betonter Vokal
accent tonique bref

landeskundliche Informationen
informations de nature culturelle ou encyclopédique

Trennbarkeit des deutschen Verbs
séparabilité des verbes allemands

Plural mit eigener Bedeutung
pluriels ayant leur propre sens

Dialektvarianten des Deutschen
variantes de l'allemand

Kasusangaben für das Deutsche
indication des cas en allemand

Genusangabe durch den bestimmten Artikel
indication du genre allemand par l'article défini

Erläuterungen, falls es keine Übersetzung gibt
explications lorsqu'il n'y a pas de traduction

genaue Angaben zur Übersetzung
précisions sur la traduction

Schreibvarianten
variantes

Angaben zum Sprachniveau
information sur les niveaux de langue

Entsprechungen
équivalences culturelles françaises

…ines

…es auxiliaires

klare Bedeutungsdifferenzierungen und Kontextangaben
signalisation précise des sens et du contexte

grammatische Gebrauchsmuster
constructions grammaticales

DICTIONNAIRE COMPACT

FRANÇAIS-ALLEMAND
ALLEMAND-FRANÇAIS

UNIVERSAL-WÖRTERBUCH

FRANZÖSISCH-DEUTSCH
DEUTSCH-FRANZÖSISCH

LAROUSSE

DICTIONNAIRE COMPACT

FRANÇAIS-ALLEMAND

ALLEMAND-FRANÇAIS

LAROUSSE

17 Rue du Montparnasse 75298 Paris cedex 06

ISBN 2-03-401633-5 (version souple)
ISBN 2-03-401635-1 (version cartonnée)
Larousse, Paris

Distributeur exclusif au Canada : Les Éditions Françaises Inc., Boucherville, Québec

LAROUSSE

UNIVERSAL-WÖRTERBUCH

FRANZÖSISCH-DEUTSCH

DEUTSCH-FRANZÖSISCH

LAROUSSE

17 Rue du Montparnasse 75298 Paris cedex 06

Réalisé par / hergestellt von
LAROUSSE

Direction de l'ouvrage
Gesamtleitung

RALF BROCKMEIER

Coordination éditoriale
Koordinierung

ELISABETH LAUER SOPHIE JAQUET CATHERINE JULIA

Rédaction
Redaktion

BIRGIT BAUR
TINA CALOGIROU
SUSANNE GNIECH
MONIKA HOFMANN
RUTH JANßEN
CARMEN LOHSE
THOMAS MAIER
CHRISTIANE MÜLLER
VOLKER RAUCH
GABRIELE C. SCHENK
SABINE THOLEN
RITA UTT

JEAN BERTRAND
GILLES BOURHY
VÉRONIQUE CEBAL
LILIANE CHARRIER
KARINE MUE
MARIE OLLIVIER
SABINE SIRAT
MARIE-NOËLLE TILLIETTE
MARIE-VICTOIRE TOUSCH
ANNE WOLF
ANNICK YAICHE

avec
und

ANDRÉ KRAIF FABRICE MALKANI CHRISTIAN NUGUE IRÈNE STUMM

Informatique éditoriale
Datenverwaltung

GABINO ALONSO CLAUDE NIMMO MARION PÉPIN

Maquette
Layout

FRÉDÉRIQUE LONGUÉPÉE ULRIKE MEINDL

VORBEMERKUNG

Die zweisprachigen UNIVERSALWÖRTERBÜCHER von LAROUSSE sind zuverlässige und benutzerfreundliche Hilfsmittel beim Spracherwerb zu Hause und in der Schule oder beim Übersetzen in Beruf und Freizeit.

Das UNIVERSALWÖRTERBUCH Französisch-Deutsch gibt schnelle und präzise Auskunft über den aktuellen Wortschatz des Französischen und des Deutschen in seiner geschriebenen und gesprochenen Form. Es macht dem Benutzer eine Vielzahl französischer Texte zugänglich und antwortet auf alle Fragen, die sich beim Schreiben von Texten, Briefen oder Berichten in der Fremdsprache stellen.

Die 120 000 Übersetzungen von 90 000 Wörtern und Ausdrücken bieten dem Benutzer die Möglichkeit, literarische Texte, Schultexte, Werbung oder Gebrauchsanleitungen zu verstehen. Gleichzeitig können mit Hilfe des Wörterbuchs schnell Übersetzungen oder Zusammenfassungen angefertigt werden. Die zahlreichen Abkürzungen und Eigennamen, sowie eine Auswahl der geläufigsten Ausdrücke aus Wirtschaft und Informatik unterstreichen die Praxisbezogenheit dieses neuen Wörterbuchs.

Die Artikel sind übersichtlich und klar gegliedert. Bedeutungsindikatoren erleichtern das Auffinden der gewünschten Übersetzung. Grammatische Basiskonstruktionen, gebräuchliche Kollokationen und idiomatische Wendungen betten das Wort in seinen natürlichen Kontext und helfen bei der korrekten Formulierung von Sachverhalten in der Fremdsprache. Die klare typographische Aufmachung und das benutzerfreundliche Format erleichtern die Orientierung im Wörterbuch.

Das UNIVERSALWÖRTERBUCH Französisch-Deutsch hilft dem Benutzer, seine Französischkenntnisse anzuwenden und zu vertiefen.

Vorschläge, die zu einer weiteren Verbesserung des Wörterbuchs beitragen können, sind jederzeit willkommen.

DER HERAUSGEBER

AU LECTEUR

La gamme COMPACT offre l'outil de travail idéal pour un large éventail de situations, qui vont du travail scolaire ou en auto-apprentissage au contexte quotidien du bureau.

Le COMPACT allemand/français vise à répondre rapidement et efficacement au plus grand nombre des questions posées par la lecture de l'allemand d'aujourd'hui, et par la rédaction de travaux, de lettres, de rapports en allemand.

Avec plus de 90 000 mots et expressions éclairés par plus de 120 000 traductions, ce dictionnaire permet de pleinement apprécier textes romanesques et documents, de mieux comprendre la presse quotidienne ou hebdomadaire, de déchiffrer prospectus et notices, de faire une traduction rapide ou une synthèse. De nombreux sigles et noms propres, les termes les plus courants des affaires et de l'informatique en font une référence particulièrement actuelle.

Par le traitement clair et détaillé du vocabulaire fondamental, les exemples de constructions grammaticales, les tournures idiomatiques, les indications de sens soulignant la ou les traductions appropriées, il permet de rédiger dans la langue étrangère sans risque de contresens et sans hésitation.

Une présentation et une typographie très étudiées concourent à rendre plus aisée la consultation. Pour l'usager qui n'est plus un vrai débutant sans prétendre être un spécialiste, le COMPACT est la référence recommandée pour être à l'aise en allemand.

N'hésitez pas à nous faire part de vos observations, questions ou critiques éventuelles, vous contribuerez ainsi à rendre cet ouvrage encore meilleur.

L'ÉDITEUR

Abkürzungen — Abréviations

Akkusativ	*A*	accusatif
Abkürzung	*Abk/abr*	abréviation
abwertend *bezeichnet die subjektive negative Wertung des Sprechers, zum Beispiel* **Banause**	*abw*	péjoratif *implique une nuance dépréciative, par exemple* **Banause**
Adjektiv	*Adj/adj*	adjectif
Adverb	*Adv/adv*	adverbe
amtssprachlich, formell	*amt*	registre écrit
Gaunersprache	*arg crime*	argot du milieu
Soldatensprache	*arg mil*	argot militaire
Schülersprache	*arg scol*	argot scolaire
Artikel	*art*	article
Hilfsverb	*aux*	auxiliaire
vor dem Substantiv	*avant n*	avant le nom
belgisches Französisch	*Belg*	belgicisme
kanadisches Französisch	*Can*	canadien
Komparativ	*compar*	comparatif
Konjunktion	*conj*	conjonction
Dativ	*D*	datif
bestimmt	*déf*	défini
demonstrativ, hinweisend	*dém*	démonstratif
Determinant *bezeichnet Artikelwörter und andere artikelähnliche Substantivbegleiter*	*Det*	déterminant *article défini et indéfini, adjectif démonstratif et possessif*
eigentliche Bedeutung	*eigtl*	sens propre
Femininum	*f*	nom féminin
umgangssprachlich	*fam*	familier
übertragene Bedeutung	*fig*	sens figuré
Femininum im Plural	*fpl*	nom féminin pluriel
Genitiv	*G*	génitif
gehoben	*geh*	soutenu
generell, allgemein	*gen/gén*	généralement
schweizerisches Französisch	*Helv*	helvétisme
humorvoll	*hum*	humoristique
unbestimmt	*indéf*	indéfini
Interjektion	*Interj/interj*	interjection
Interrogativpronomen	*interr*	interrogatif
intransitives Verb	*intr*	verbe intransitif
unveränderlich *kennzeichnet bei Substantiven die Übereinstimmung der Plural- und Singularform, wie z.B. bei* **garde-boue** nm inv., *bei Adjektiven die Übereinstimmung*	*inv*	invariable *avec un nom, signifie que la forme du pluriel est identique à la forme du singulier, par exemple* **garde-boue** nm inv *; avec un adjectif, signifie que la forme du féminin et celle du pluriel*

ABKÜRZUNGEN — ABRÉVIATIONS

der weiblichen Form und der Pluralform mit der männlichen Form, z.B. ***marron*** adj inv: ***ils sont/ elle est marron***		*sont identiques à la forme du masculin, par exemple* ***marron*** adj inv : ***ils sont/elle est marron***
ironisch	*iron*	ironique
jemand	*jd*	quelqu'un (nominatif)
jemandem	*jm*	quelqu'un (datif)
jemanden	*jn*	quelqu'un (accusatif)
jemandes	*js*	quelqu'un (génitif)
Komparativ	*Kompar*	comparatif
Konjunktion	*Konj*	conjonction
wörtlich	*litt*	littéral
Redewendung	*loc*	locution(s)
Maskulinum	*m*	nom masculin
Maskulinum und Femininum	*mf*	nom masculin et féminin
Maskulinum im Plural	*mpl*	nom masculin pluriel
Substantiv bei Städte-und Ländernamen	*n*	nom de ville ou de pays
Femininum	*nf*	nom féminin
Femininum im Plural	*nfpl*	nom féminin pluriel
Maskulinum	*nm*	nom masculin
Maskulinum und Femininum *Maskulinum und Femininum haben die gleiche Form, z.B.:* ***démocrate.***	*nmf*	nom masculin et féminin *même forme pour le masculin et le féminin ;* ***démocrate,*** *p. ex.*
Maskulinum und Femininum *Femininum mit eigener Form, z.B.:* ***menteur, euse.***	*nm, f*	nom masculin et féminin *avec une désinence féminine :* ***menteur, euse,*** *p. ex.*
Maskulinum im Plural	*nmpl*	nom masculin pluriel
Norddeutsch	*Norddt*	allemand du Nord
Neutrum bei Städte- und Ländernamen *Städte- und Ländernamen gehören zu den Neutra. Sie werden in den meisten Fällen ohne Artikel benutzt:* ***ich fahre nach Deutschland/ nach Berlin.*** *Es gibt jedoch Ausnahmen :* ***das Deutschland/ das Berlin der 90er Jahre***	*nt*	nom de ville ou de pays *Les noms de villes et de pays appartiennent à la catégorie des substantifs neutres. Ils sont généralement employés sans article :* ***ich fahre nach Deutschland/nach Berlin.*** *Il y a cependant des exceptions :* ***das Deutschland/das Berlin der 90er Jahre***
numeral	*num*	numéral
Zahlwort	*Num*	adjectif numéral
Ostdeutsch	*Ostdt*	allemand de l'Est
Österreichisch	*Österr*	autrichien

ABKÜRZUNGEN — ABRÉVIATIONS

abwertend *bezeichnet die subjektive negative Wertung des Sprechers, z.B.* ***accoutré***	*péj*	péjoratif *implique une nuance dépréciative, par exemple* ***accoutré***
Perfekt	*Perf*	parfait
persönlich	*pers*	personnel
Plural	*Pl/pl*	pluriel
besitzanzeigend	*poss*	possessif
Partizip Perfekt	*PP/pp*	participe passé
Präposition	*Präp*	préposition
Präsens	*Präs*	présent
Präteritum	*Prät*	prétérit
Vorsilbe	*préf*	préfixe
Präposition	*prép*	préposition
Pronomen	*Pron/pron*	pronom
jemand	*qqn*	quelqu'un
etwas	*qqch*	quelque chose
reflexives Verb	*ref*	verbe pronominal
regelmäßig	*reg*	régulier
Relativ	*rel*	relatif
Redewendung	*RW*	locution(s)
salopp	*salopp*	très familier
Schweizerdeutsch	*Schweiz*	helvétisme
gehoben	*sout*	soutenu
Subjekt	Subj/suj	sujet
Süddeutsch	*Süddt*	allemand du Sud
Superlativ	*Superl/superl*	superlatif
salopp	*tfam*	très familier
transitives Verb	*tr*	verbe transitif
unregelmäßig	*unreg*	irrégulier
unveränderlich	*unver*	invariable
prädikatives Verb	*v attr*	verbe suivi d'un attribut
Hilfsverb	*v aux*	verbe auxiliaire
intransitives Verb	*vi*	verbe intransitif
unpersönliches Verb	*v impers*	verbe impersonnel
reflexives Verb	*vp*	verbe pronominal
Verb mit Präposition	*v prép*	verbe suivi d'une préposition
transitives Verb	*vt*	verbe transitif
vulgär	*vulg*	vulgaire
kulturelle Entsprechung	≃	équivalent culturel
a) Im Verb: Trennbarkeit des deutschen Verbs *b) Im zusammengesetzten Substantiv: Angaben zum Plural unter dem Wort nach dem Balken (z.B. steht der Plural von* ***Ab|bild*** *unter dem Stichwort* ***Bild****)*	|	*a) Dans un verbe : marque la séparabilité du verbe allemand* *b) Dans un nom composé : le pluriel du mot se trouve sous l'entrée du terme après la barre (pour* ***Ab|bild****, l'indication du pluriel se trouve sous* ***Bild****)*

SACHBEREICHSANGABE — DOMAINES

Verwaltung	ADMIN	administration
Flugwesen, Luftfahrt	AÉRON	aéronautique
Landwirtschaft	AGRIC	agriculture
Anatomie	ANAT	anatomie
Architektur	ARCHIT	architecture
Astrologie	ASTRO(L)	astrologie
Astronomie	ASTRO(N)	astronomie
Kfz-Technik	AUTO(M)	automobile
Biologie	BIOL	biologie
Botanik	BOT	botanique
Chemie	CHEM/CHIM	chimie
Film	CIN	cinéma
Handel	COMM	commerce
Bauwesen	CONSTR	construction
Kochkunst	CULIN	art culinaire
Wirtschaft	ÉCON	économie
Datenverarbeitung	EDV	informatique
Elektrotechnik	ELEKTR/ÉLECTR	électricité, électronique
Finanzen	FIN	finance
Flugwesen, Luftfahrt	FLUG	aéronautique
Geographie	GEOGR/GÉOGR	géographie
Geologie	GÉOL	géologie
Geometrie	GÉOM	géométrie
Grammatik	GRAM	grammaire
Geschichte	HIST	histoire
Industrie	IND	industrie
Datenverarbeitung	INFORM	informatique
Rechtswesen	JUR	droit
Linguistik	LING	linguistique
Mathematik	MATH(S)	mathématiques
Maschinenbau	MÉCAN	mécanique
Medizin	MED/MÉD	médecine
Meteorologie	MÉTÉOR	météorologie
Militärwesen	MIL	domaine militaire
Musik	MUS	musique
Mythologie	MYTH	mythologie
Schiffahrt	NAVIG	navigation
Fotografie	PHOT	photographie
Physik	PHYS	physique
Politik	POL(IT)	politique
Psychologie	PSYCHOL	psychologie
Werbung	PUB	publicité
Rechtswesen	RECHT	droit
Religion	REL(IG)	religion
Schiffahrt	SCHIFF	navigation
Schule	SCHULE/SCOL	domaine scolaire
Technik, Technologie	TECH(NOL)	technique, technologie

SACHBEREICHSANGABE — DOMAINES

Fernmeldewesen	TELEKOM/TÉLÉCOM	télécommmunications
Fernsehen	TV/TÉLÉ	télévision
Druckwesen	TYPO	typographie
Universität	UNI(V)	université
Wirtschaft	WIRTSCH	économie
Zoologie	ZOOL	zoologie

WARENZEICHEN — NOMS DE MARQUE

Als Warenzeichen geschützte Wörter sind in diesem Wörterbuch durch das Zeichen ® gekennzeichnet. Die Markierung mit diesem Symbol, oder sein Fehlen, hat keinen Einfluß auf die Rechtskräftigkeit eines Warenzeichens.

Les noms de marque sont désignés dans ce dictionnaire par le symbole ®. Cependant, ni ce symbole, ni son absence, ne sont représentatifs du statut légal de la marque.

DIE FRANZÖSISCHEN VERBEN — VERBES FRANÇAIS

Die französischen Verben sind mit Nummern von [1] bis [116] versehen, die auf die Konjugationen im Anhang des Wörterbuchs verweisen. Bei reflexiven Verben, die als Untereintrag aufgeführt sind, wird diese Nummer nicht wiederholt.

Les verbes français comportent une numérotation de [1] à [116] qui renvoie aux conjugaisons fournies en fin d'ouvrage. Ce chiffre n'est pas répété après les verbes pronominaux lorsqu'ils apparaissent comme sous-libellés.

Hinweise zum Deutschen — Remarques sur l'allemand

Die Trennbarkeit der deutschen Verben

Der Trennungsstrich zwischen Vorsilbe und Stamm zeigt die Trennbarkeit des Verbs an, z.B. **ab|reisen**.

Séparabilité des verbes allemands

La barre séparant le préfixe du radical indique la séparabilité du verbe, par exemple **ab|reisen**.

Angabe des Artikels

Die Angabe des bestimmten Artikels nach den Substantiven (z.B. **Haus** *das*) bezeichnet das Genus des Stichwortes.

Indication de l'article

L'article défini placé après le substantif (par exemple **Haus** *das*) indique le genre.

Attributiv gebrauchte Adjektive

Adjektive dieser Art werden in ihrer femininen Form angegeben, direkt gefolgt von den Endungen der männlichen und sächlichen Form; z.B.: **letzte, r, s** (eine letzte Zigarette, ein letzter Kuß, ein letztes Zucken).

Adjectifs uniquement épithètes

Les adjectifs uniquement épithètes – qui ne peuvent donc pas se présenter non déclinés – sont présentés en commençant par la forme féminine, suivie de la désinence masculine, puis neutre: **letzte, r, s** (eine letzte Zigarette, ein letzter Kuß, ein letztes Zucken).

Substantivierte Adjektive

Die substantivierten Adjektive sind wie alle anderen Substantive mit dem bestimmten Artikel aufgeführt. In Verbindung mit einem unbestimmten Artikel verändert sich daher die Endung entsprechend dem Genus; z.B.: **Abgeordnete der, die** wird zu **ein Abgeordneter** und **eine Abgeordnete**.

Adjectifs substantivés

Les adjectifs substantivés sont présentés avec l'article défini, qui indique également leur genre, et portent donc la désinence que leur impose cet article défini.

Nota : avec un article indéfini la terminaison de ce type de substantifs change. Par exemple : **Abgeordnete der, die** devient **ein Abgeordneter** et **eine Abgeordnete**.

HINWEISE ZUM DEUTSCHEN — REMARQUES SUR L'ALLEMAND

Feminina

Die deutschen Feminina sind bei den entsprechenden Maskulina aufgeführt, wenn sie formgleich sind oder das Femininum alphabetisch direkt auf das Maskulinum folgt. In allen anderen Fällen werden sie getrennt angegeben.

Bedeutung der runden Klammern in den deutschen Übersetzungen

Beim Auftreten von runden Klammern in der deutschen Übersetzung werden zwei Vorschläge gemacht; z.B. wird **témoignage** mit **(Zeugen)aussage** übersetzt. Hier kann sowohl **Aussage** als auch **Zeugenaussage** als korrekte Übersetzung gewählt werden.

Übersetzung der französischen Adjektive ins Deutsche

Die Möglichkeit, ein französisches Adjektiv als Teil eines zusammengesetzten Substantivs zu übersetzen, wird durch einen Bindestrich (-) hinter dem entsprechenden Partikel angezeigt, zum Beispiel: **Präsidentschafts-** für **présidentiel**.

Genus der Substantive in zusammengesetzten Ausdrücken (als Übersetzungen)

Wenn das Substantiv von einem Adjektiv begleitet wird, trägt dieses das Genus des Substantivs; z.B. zeigt die Übersetzung von **première classe**, "**erste Klasse**", durch die feminine Endung des Adjektives an, daß das Wort **Klasse** ein Femininum ist.

Formes féminines

Dans le texte allemand/français, la forme féminine d'un substantif est traitée avec la forme masculine lorsque les formes féminine et masculine sont identiques ou se suivent dans l'ordre alphabétique. Dans les autres cas, le féminin fait l'objet d'une entrée à part.

Parenthèses dans les traductions allemandes

Lorsque les traductions allemandes contiennent des parenthèses, deux solutions sont proposées. Pour traduire le mot **témoignage** dans le sens juridique du terme, par exemple, la traduction proposée est **(Zeugen)aussage**; dans ce cas, il est possible de traduire par **Zeugenaussage** ou par **Aussage**.

Traduction des adjectifs en allemand

Certains adjectifs français sont traduits par une partie de substantif qui devra être accolée au substantif allemand pour former un mot composé. Le terme **présidentiel**, par exemple, sera traduit par **Präsidentschafts-**. Ainsi, pour traduire **élection présidentielle**, il convient d'accoler **Präsidentschafts-** à **Wahl** pour obtenir **Präsidentschaftswahl**.

Genre des substantifs dans les traductions des composés

Lorsqu'un substantif apparaît allié à un adjectif, c'est l'adjectif qui porte le genre du substantif. Dans la traduction du composé **première classe** traduit par "**erste Klasse**", le genre du mot **Klasse** est porté par l'adjectif **erste** (e correspondant au féminin).

Lautschrift | Phonétique

Vokale		**Voyelles**
Adverb, **A**lph**a**	[a]	l**a**c, p**a**pillon, t**as**, **â**me
Arzt, Antr**a**g	[aː]	
Galli**er**	[ɐ]	
Desse**rt**	[ɐ̯]	
Emaille	[e]	pays, ann**ée**
edel	[eː]	
Fitn**e**ß	[ɛ]	b**e**c, **ai**me
Aktion**ä**r	[ɛː]	
Akti**e**	[ə]	l**e**, j**e**
V**i**tamin	[i]	f**i**lle, **î**le, s**y**stème
v**ie**r	[iː]	
Kalz**i**um	[i̯]	
Anwält**i**n	[ɪ]	
Mel**o**die	[o]	dr**ô**le, **au**be, **eau**
apro**pos**	[oː]	
l**o**yal	[o̯]	
Abs**o**lvent	[ɔ]	h**o**tte, aut**o**mne
Ökologie	[ø]	av**eu**, j**eu**
Gouvern**eu**r	[øː]	
K**ö**chin, P**u**mps	[œ]	p**eu**ple, b**œu**f
K**u**waiter, K**u**vert	[u]	**ou**til, g**oû**t
K**uh**	[uː]	
Silh**ou**ette	[u̯]	
k**u**ltivieren	[ʊ]	
B**ü**chse, S**y**stem	[y]	**u**sage, l**u**ne
T**ü**r	[yː]	
N**u**ance	[y̆]	

Halbvokale		**Semi-voyelles**
	[j]	**y**eux, l**i**eu
Hard**w**are	[w]	**ou**est, **ou**i
	[ɥ]	l**u**i, n**u**it

Nasale		**Nasales**
Ch**an**son	[ɑ̃]	ch**am**p, **en**nui
Abonnem**ent**	[ɑ̃ː]	
p**oi**ntiert	[ɛ̃]	l**im**be, m**ain**
P**oin**te	[ɛ̃ː]	
Chans**on**, Jet**on**	[ɔ̃]	**on**gle, m**on**
	[œ̃]	parf**um**, br**un**

Diphtonge		**Diphtongues**
D**eich**sel	[a͜i]	
Auge	[a͜u]	
EuroCity	[ɔ͜y]	

Lautschrift — Phonétique

Konsonanten		Consonnes
Ba**b**y	[b]	**b**ateau, ra**b**at
Chemie	[ç]	
A**ch**se, **K**aviar	[k]	co**q**, **qu**atre, **k**épi
Duell, Me**d**ium	[d]	**d**alle, ron**d**e
Gin	[d͡ʒ]	
Phantasie, **v**ier	[f]	**f**ort, **ph**ysique
Al**g**erier, **G**allien	[g]	**g**arder, épilo**gu**e
Hobby	[h]	
Jubiläum	[j]	
A**l**phabet, **L**aser	[l]	**l**it, ha**ll**e
Samm**el**surium	[l̩]	
Material, Tea**m**	[m]	**m**ât, dra**m**e
groß**em**	[m̩]	
November, u**n**fair	[n]	**n**ager, trô**n**e
lieb**en**	[n̩]	
	[ɲ]	a**gn**eau, pei**gn**er
si**ng**en, So**ng**	[ŋ]	parki**ng**
Pony, De**pp**	[p]	**p**rendre, gri**pp**e
A**pf**el	[p͡f]	
Revue, **r**ot	[r]	a**rr**acher, sab**r**e
Slang, Sau**c**e	[s]	**c**ela, **s**avant
Stadion, **Sch**lamm	[ʃ]	**ch**arrue, **sch**éma
Toas**t**, Vol**t**	[t]	**t**emps, **th**éâtre
Konven**t**ion	[t͡s]	
Chili	[t͡ʃ]	
Vase, La**v**a, **W**agen	[v]	**v**oir, ri**v**e, **w**agon
Ya**ch**t, Hypo**ch**onder	[x]	
Sauce, **S**onne	[z]	frai**s**e, **z**éro
Eta**g**e	[ʒ]	**j**abot, rou**g**e

Die Betonung der deutschen Stichwörter wird mit einem Punkt für einen kurzen betonten Vokal (z.B. **Bẹrg**) und mit einem Strich für einen langen betonten Vokal (z.B. **Ma̲gen**) angegeben. Um Ausspracheproblemen vorzubeugen, wurde einigen Einträgen eine Phonetikangabe hinzugefügt.

L'accentuation de tous les libellés allemands est indiquée par un point dans le cas d'une voyelle courte (**Bẹrg**, p.ex.) ou par un trait dans le cas d'une voyelle longue (**Ma̲gen**, p.ex.). Les entrées allemandes sont suivies d'une transcription phonétique uniquement dans les cas où la prononciation présente une difficulté particulière.

Das Zeichen ['] markiert das französische "h aspiré" wie z.B. in **hachis** [aʃi].

Le symbole ['] représente le "h aspiré" français, dans **hachis** [aʃi], par exemple.

Das Zeichen [ˈ] zeigt die Betonung der folgenden Silbe an.

Le symbole [ˈ] indique un accent primaire sur la syllabe qui suit.

FRANÇAIS-ALLEMAND
FRANZÖSISCH-DEUTSCH

A

a, **A** [a] *nm inv* [lettre] a *das*, A *das*; **prouver qqch par a + b** etw eindeutig nach|weisen; **de A à Z** von Anfang bis Ende.
◆ **A -1.** *abr de* **anticyclone**. **-2.** (*abr de* **ampère**) A. **-3.** (*abr de* **autoroute**) A *die*.

a [a] ◇ → **avoir**. ◇ (*abr de* **are**) a.

à [a] *prép* (*forme contractée de à+le* **au**[o], *forme contractée de à+les* **aux** [o]) **-1.** [introduit un complément d'objet indirect]: **donner qqch à qqn** jm etw geben; **parler à qqn** mit jm sprechen; **penser à qqn/qqch** an jn/etw denken. **-2.** [introduit une situation]: **être à la maison** zu Hause sein; **il habite à Paris** er wohnt in Paris; **il a une maison à la campagne** er hat ein Haus auf dem Land. **-3.** [introduit la direction] nach; **aller à Paris** nach Paris gehen ou fahren; **un voyage à Londres/aux Seychelles** eine Reise nach London/auf die Seychellen; **de Paris à Londres** von Paris nach London. **-4.** [introduit un complément de temps]: **à onze heures** um elf Uhr; **de 8 à 10 heures** von 8 bis 10 Uhr; **au mois de mai** im Mai; **à lundi!** bis Montag!; **à plus tard!** bis später!; **à une heure de Paris** eine Stunde von Paris entfernt. **-5.** [introduit la manière] mit; **à pied/cheval** zu Fuß/Pferd; **à bicyclette** mit dem Fahrrad. **-6.** [introduit un chiffre]: **ils sont venus à dix** sie sind zu zehnt gekommen; **je l'ai acheté à 30 francs** dafür habe ich 30 Franc bezahlt; **un groupe de 10 à 12 personnes** eine Gruppe von 10 bis 12 Personen; **la vitesse est limitée à 50 km/h** die Geschwindigkeit ist auf 50 km/h beschränkt. **-7.** [indique une caractéristique] mit; **la dame au petit chien** die Dame mit dem Hündchen; **casque à pointe** Pickelhaube *die*. **-8.** [marque l'appartenance]: **être à qqn** jm gehören; **c'est à moi/toi/lui/elle** es gehört mir/dir/ihm/ihr; **une copine à moi** *fam* eine Freundin von mir. **-9.** [introduit le but]: **voiture à vendre** Auto zu verkaufen; **coupe à champagne** Sektschale *die*. **-10.** [indique une transition]: **de... à ...** von... zu...; **du jour au lendemain** von heute auf morgen.

Å (*abr de* **Ångström**) Å.

AB *abr de* **assez bien**.

abaisser [4] [abese] *vt* **-1.** [levier, store] herunter|lassen. **-2.** [diminuer] senken. **-3.** *sout* [avilir] herab|setzen.
◆ **s'abaisser** *vp* **-1.** [gén] sich senken. **-2.** [s'humilier] sich demütigen; **s'~ à faire qqch** sich dazu herab|lassen, etw zu tun.

abandon [abɑ̃dɔ̃] *nm* **-1.** [désertion, SPORT] Aufgabe *die*; **à l'~** verwahrlost. **-2.** [renonciation] Verzicht *der*. **-3.** [d'enfant, d'animal] Aussetzung *die*. **-4.** [délaissement] Verlassen *das*. **-5.** [de bien] Abtretung *die*. **-6.** [nonchalance]: **avec ~** ungezwungen.

abandonné, e [abɑ̃dɔne] *adj* **-1.** [village, maison] verlassen. **-2.** [jardin] verwildert. **-3.** [chien, enfant] ausgesetzt.

abandonner [3] [abɑ̃dɔne] *vt* **-1.** [quitter, déserter] verlassen; [enfant, animal] aus|setzen. **-2.** [renoncer à] auf|geben; [course] ab|brechen. **-3.** [céder]: **~ qqch à qqn** jm etw ab|treten ou überlassen.
◆ **s'abandonner** *vp* **-1.** [se livrer]: **s'~ à qqch** sich einer Sache *(D)* ganz hin|geben. **-2.** [s'épancher] sich an|vertrauen.

abasourdi, e [abazurdi] *adj* **-1.** [ahuri] betäubt. **-2.** [stupéfié] wie vor den Kopf geschlagen, verblüfft.

abasourdir [32] [abazurdir] *vt* [stupéfier] verblüffen.

abat-jour [abaʒur] *nm inv* Lampenschirm *der*.

abats [aba] *nmpl* Innereien *Pl*.

abattage [abataʒ] *nm* [d'arbre] Fällen *das*.

abattement [abatmɑ̃] *nm* **-1.** [physique] Abgeschlagenheit *die*, Mattigkeit *die*; [moral] Niedergeschlagenheit *die*. **-2.** [déduction] Preisnachlaß *der*; **~ fiscal** Steuernachlaß *der*.

abattis [abati] *nmpl* Geflügelklein *das*.

abattoir [abatwar] *nm*: **les ~s** der Schlachthof.

abattre [83] [abatr] *vt* **-1.** [mur] ein|reißen; [bâtiment] ab|reißen; [arbre] fällen. **-2.** [personne] um|legen; [animal - à l'abattoir] schlachten; [- à la chasse] erlegen. **-3.** [avion] ab|schießen. **-4.** [épuiser - physiquement] erschöpfen; [- moralement] entmutigen; **se laisser ~** sich entmutigen lassen.

◆ **s'abattre** *vp* **-1.** [s'écrouler]: **s'~ sur qqch** auf etw *(A)* nieder|stürzen. **-2.** [tomber]: **s'~ sur qqch** auf etw *(A)* stürzen; *fig* [insectes] über etw *(A)* her|fallen; *fig* [orage] über etw *(A)* nieder|gehen.

abattu, e [abaty] ◇ *pp* → **abattre**. ◇ *adj* [déprimé] niedergeschlagen, bedrückt; [affaibli] abgeschlagen.

abbaye [abei] *nf* Abtei *die*.

abbé [abe] *nm* **-1.** [dans abbaye] Abt *der*. **-2.** [prêtre] Priester *der*.

abbesse [abɛs] *nf* Äbtissin *die*.

abc [abese] *nm* [rudiments] Grundkenntnisse *Pl*, Grundlagen *Pl*.

abcès [apsɛ] *nm* Geschwür *das*, Abszeß *der*; **crever l'~** *fig* energisch durch|greifen.

abdication [abdikasjɔ̃] *nf* [de roi] Abdankung *die*.

abdiquer [3] [abdike] ◇ *vt* auf|geben; [fonction] nieder|legen. ◇ *vi* **-1.** [roi] ab|danken. **-2.** [abandonner] auf|geben.

abdomen [abdɔmɛn] *nm* Unterleib *der*.

abdominal, e, aux [abdɔminal, o] *adj* Bauch-, Unterleibs-.

◆ **abdominaux** *nmpl* **-1.** [muscles] Bauchmuskeln *Pl*. **-2.** [exercices] Bauchmuskeltraining *das*; **faire des abdominaux** die Bauchmuskeln trainieren.

abécédaire [abesedɛr] *nm* Fibel *die*.

abeille [abɛj] *nf* Biene *die*.

aberrant, e [abɛrɑ̃, ɑ̃t] *adj* [décision] wahnwitzig; [comportement] abartig.

aberration [abɛrasjɔ̃] *nf* Wahnwitz *der*.

abhorrer [3] [abɔre] *vt littéraire* verabscheuen.

Abidjan [abidʒɑ̃] *n* Abidjan *nt*.

abîme [abim] *nm* Abgrund *der*; **être au bord de l'~** am Rande des Abgrunds stehen.

abîmer [3] [abime] *vt* beschädigen.

◆ **s'abîmer** *vp* **-1.** [se détériorer] verderben; **s'~ qqch** sich *(D)* etw verderben. **-2.** *sout* [couler] versinken, sinken; **s'~ dans** *fig* sich in etw *(A)* versenken OU vertiefen.

abject, e [abʒɛkt] *adj* abstoßend, niederträchtig.

abjurer [3] [abʒyre] *vt*: **~ qqch** einer Sache *(D)* ab|schwören.

ablation [ablasjɔ̃] *nf* Abnahme *die*, Entfernung *die*.

ablution [ablysjɔ̃] *nf*: **faire ses ~s** Waschungen vor|nehmen.

abnégation [abnegasjɔ̃] *nf* Selbstverleugnung *die*.

aboie *etc* → **aboyer**.

aboiement [abwamɑ̃] *nm* Bellen *das*; **les ~s** das Gebell *(sans pl)*.

abois [abwa] *nmpl*: **être aux ~** *fig* auf verlorenem Posten stehen.

abolir [32] [abɔlir] *vt* ab|schaffen, auf|heben.

abolition [abɔlisjɔ̃] *nf* Abschaffung *die*, Aufhebung *die*.

abominable [abɔminabl] *adj* **-1.** [acte] abscheulich, entsetzlich. **-2.** [temps] eklig, scheußlich.

abominablement [abɔminabləmɑ̃] *adv* scheußlich.

abomination [abɔminasjɔ̃] *nf* Abscheulichkeit *die*, Greuel *das*.

abondamment [abɔ̃damɑ̃] *adv* **-1.** [beaucoup] reichlich, ausgiebig; [pleuvoir] in Strömen; [illustré] reich. **-2.** [largement] ausführlich.

abondance [abɔ̃dɑ̃s] *nf* **-1.** [profusion] Reichhaltigkeit *die*; **en ~** in reichlicher Anzahl, in Hülle und Fülle. **-2.** [opulence] Überfluß *der*, Wohlstand *der*; **société d'~** ÉCON Überflußgesellschaft *die*.

abondant, e [abɔ̃dɑ̃, ɑ̃t] *adj* [nourriture] reichlich; [végétation] üppig; [chevelure] füllig; [pluie] heftig.

abonder [3] [abɔ̃de] *vi* in reichlicher Anzahl vorhanden sein; **~ en qqch** an etw *(D)* reich sein; **~ dans le sens de qqn** *sout* jm bei|pflichten.

abonné, e [abɔne] *nm, f* **-1.** [à un journal] Abonnent *der*, -in *die*. **-2.** [au téléphone] Teilnehmer *der*, -in *die*; [au gaz, à l'électricité] Abnehmer *der*, -in *die*.

abonnement [abɔnmɑ̃] *nm* **-1.** [à un journal, à un théâtre] Abonnement *das*. **-2.** [au gaz, au téléphone - connexion au réseau] Anschluß *der*; [- droits] Grundgebühr *die*.

abonner [3] [abɔne] *vt*: **~ qqn à qqch** [journal] etw für jn abonnieren.

◆ **s'abonner** *vp* **-1.** [prendre un abonnement]: **s'~ à qqch** [journal] etw abonnieren; **s'~ à un théâtre** ein Theaterabonnement nehmen. **-2.** [téléphone, gaz, électricité] an|melden.

abord [abɔr] *nm*: **être d'un ~ difficile/facile** schwer/leicht zugänglich sein; **au premier** OU **de prime ~** zunächst einmal.

◆ **abords** *nmpl* Umgebung *die (sans pl)*; **aux**

~s de Paris kurz vor Paris.
◆ **d'abord** *loc adv* (zu)erst, zunächst.
◆ **tout d'abord** *loc adv* zunächst einmal.
abordable [abɔrdabl] *adj* **-1.** [lieu] erreichbar. **-2.** [personne] zugänglich. **-3.** [marchandise] (preis)günstig, preiswert.
abordage [abɔrdaʒ] *nm* [assaut] Entern *das.*
aborder [3] [abɔrde] ◇ *vi* an|legen. ◇ *vt* **-1.** [personne]: **~ qqn** jn an|sprechen, an jn heran|treten. **-2.** [question] an|gehen. **-3.** [virage, carrefour]: **~ qqch** in etw *(A)* fahren.
aborigène [abɔriʒɛn] ◇ *adj* einheimisch, Ur-. ◇ *nmf* [d'Australie] australischer Ureinwohner, australische Ureinwohnerin.
aboutir [32] [abutir] *vi* **-1.** [chemin]: **~ à** OU **dans qqch** an OU in etw *(D)* enden. **-2.** *fig* [déboucher]: **~ à qqch** zu etw führen. **-3.** [négociations] zu einem erfolgreichen Abschluß kommen.
aboutissement [abutismɑ̃] *nm* [résultat] Abschluß *der,* Erfolg *der.*
aboyer [13] [abwaje] *vi* **-1.** [chien] bellen. **-2.** *fam* [personne] brüllen.
abracadabrant, e [abrakadabrɑ̃, ɑ̃t] *adj* verrückt, abenteuerlich.
abrasif, ive [abrazif, iv] *adj* **-1.** [récurant] Scheuer-. **-2.** [crème] Peeling-.
◆ **abrasif** *nm* Scheuermittel *das.*
abrégé, e [abreʒe] *adj* abgekürzt.
◆ **abrégé** *nm* Abriß *der,* Übersicht *die.*
◆ **en abrégé** ◇ *loc adv* kurz gesagt. ◇ *loc adj* [mot, phrase] in Kurzform.
abréger [22] [abreʒe] *vt* **-1.** [raccourcir] ab|kürzen; [texte] kürzen. **-2.** [interrompre] ab|brechen.
abreuver [5] [abrœve] *vt*: **~ qqn de qqch** *fig* jn mit etw über|schütten.
◆ **s'abreuver** *vp* [Tier] trinken.
abreuvoir [abrœvwar] *nm* Tränke *die.*
abréviation [abrevjasjɔ̃] *nf* Abkürzung *die.*
abri [abri] *nm* **-1.** [lieu] Schutz *der;* **être à l'~ (de qqch)** (vor etw *(D)*) geschützt sein; *fig* (von etw) frei OU enthoben sein; **se mettre à l'~ (de qqch)** sich (vor etw *(D)*) unter|stellen. **-2.** [construction] Schutzraum *der;* **~ antiatomique** Atomschutzbunker *der,* Atomschutzkeller *der.*
abricot [abriko] ◇ *nm* Aprikose *die.* ◇ *adj inv* aprikosenfarben.
abricotier [abrikɔtje] *nm* Aprikosenbaum *der.*
abriter [3] [abrite] *vt* **-1.** [protéger]: **~ qqn/qqch (de qqch)** jn/etw (vor etw *(D)*) in Sicherheit bringen. **-2.** [héberger] beherbergen.
◆ **s'abriter** *vp* sich unter|stellen; **s'~ de qqch** vor etw *(D)* Schutz suchen, sich vor etw *(D)* in Sicherheit bringen.
abroger [17] [abrɔʒe] *vt* ab|schaffen.
abrupt, e [abrypt] *adj* **-1.** [chemin, pente] steil, schroff. **-2.** [ton, manières] schroff, barsch.
abruti, e [abryti] *fam* ◇ *adj* [stupide] blöd, dumm. ◇ *nm, f* Schwachkopf *der,* Blödmann *der.*
abrutir [32] [abrytir] *vt* **-1.** [abêtir] verdummen. **-2.** [accabler]: **~ qqn de qqch** jn mit etw überschütten. **-3.** [étourdir] ab|stumpfen.
◆ **s'abrutir** *vp* verblöden, ab|stumpfen; **s'~ de travail** sich ab|schuften.
abrutissant, e [abrytisɑ̃, ɑ̃t] *adj* **-1.** [abêtissant] abstumpfend, stumpfsinnig. **-2.** [fatigant] strapaziös, aufreibend. **-3.** [étourdissant] ohrenbetäubend.
abrutissement [abrytismɑ̃] *nm* **-1.** [physique] Abstumpfung *die.* **-2.** [intellectuel] Stumpfsinn *der.*
ABS (*abr de* **Antiblockiersystem**) *nm* ABS *das.*
abscisse [apsis] *nf* MATHS Abszisse *die;* **axe des ~s** Abszissenachse *die.*
absence [apsɑ̃s] *nf* **-1.** [de personne] Abwesenheit *die,* Fernbleiben *das;* **en l'~ de qqn** in js Abwesenheit. **-2.** [carence] Fehlen *das.*
absent, e [apsɑ̃, ɑ̃t] ◇ *adj* **-1.** [personne, air, regard] abwesend; **il est ~ de Paris** er ist nicht in Paris. **-2.** [chose] nicht vorhanden. ◇ *nm, f* Abwesende *der, die.*
absentéisme [apsɑ̃teism] *nm* häufiges Fernbleiben, häufiges Nichterscheinen.
absenter [3] [apsɑ̃te]
◆ **s'absenter** *vp*: **il s'est absenté pour quelques jours** er ist für einige Tage verreist; **je dois m'~ quelques instants** ich muß kurz weggehen.
abside [apsid] *nf* Apsis *die.*
absinthe [apsɛ̃t] *nf* [boisson] Absinth *der.*
absolu, e [apsɔly] *adj* **-1.** [total] völlig, unbeschränkt, absolut. **-2.** [caractère, jugement] kompromißlos.
◆ **absolu** *nm* Absolute *das;* **dans l'~** prinzipiell *(adv).*
absolument [apsɔlymɑ̃] *adv* **-1.** [à tout prix] unbedingt, unter allen Umständen. **-2.** [totalement] völlig, absolut.
absolution [apsɔlysjɔ̃] *nf* Absolution *die,* Vergebung *die.*
absolutisme [apsɔlytism] *nm* Absolutismus *der.*
absorbant, e [apsɔrbɑ̃, ɑ̃t] *adj* **-1.** [matière] saugfähig. **-2.** [occupation] beanspruchend.
absorber [3] [apsɔrbe] *vt* **-1.** [s'imprégner de] auf|saugen. **-2.** [entreprise] ein|gliedern, über|nehmen. **-3.** [occuper] in Anspruch nehmen. **-4.** [manger]: **~ qqch** etw zu sich nehmen.
◆ **s'absorber** *vp*: **s'~ dans qqch** in etw *(D)* auf|gehen.
absorption [apsɔrpsjɔ̃] *nf* **-1.** [de liquide] Auf-

saugen *das*. **-2.** ÉCON Eingliederung *die*, Übernahme *die*. **-3.** [d'aliment] Einnahme *die*.

abstenir [40] [apstənir]

◆ **s'abstenir** *vp* sich enthalten; **s'~ de qqch** sich einer Sache *(G)* enthalten; **s'~ de faire qqch** davon ab|sehen, etw zu tun.

abstention [apstɑ̃sjɔ̃] *nf* Stimmenthaltung *die*.

abstentionnisme [apstɑ̃sjɔnism] *nm* Stimmenthaltung *die*.

abstenu, e [apstəny] *pp* → **abstenir**.

abstiendrai *etc* → **abstenir**.

abstinence [apstinɑ̃s] *nf* Abstinenz *die*, Enthaltung *die*; **faire ~** enthaltsam leben.

abstraction [apstraksjɔ̃] *nf* [raisonnement] Abstrahieren *das*; **faire ~ de qqch** von etw ab|sehen.

abstrait, e [apstrɛ, ɛt] *adj* [art, concept] abstrakt; [texte, auteur] abstrakt, schwer verständlich.

◆ **abstrait** *nm*: **l'~** das Abstrakte; **dans l'~** abstrakt gesehen OU gesprochen.

absurde [apsyrd] ◇ *adj* absurd. ◇ *nm*: **l'~** das Absurde; **par l'~** indirekt *(adv)*.

absurdité [apsyrdite] *nf* Absurdität *die*, Unsinnigkeit *die*; **des ~s** ungereimtes Zeug *(sans pl)*.

abus [aby] *nm* Mißbrauch *der*; **~ d'alcool** übertriebener Alkoholgenuß; **~ de confiance** Vertrauensmißbrauch; **~ de pouvoir** Amtsanmaßung *die*.

abuser [3] [abyze] ◇ *vi* übertreiben, zu weit gehen; **~ de** mißbrauchen; **~ du temps de qqn** js Zeit in Anspruch nehmen; **~ de ses forces** seine Kräfte überstrapazieren. ◇ *vt sout* täuschen.

◆ **s'abuser** *vp sout* sich täuschen; **si je ne m'abuse** wenn ich mich nicht täusche.

abusif, ive [abyzif, iv] *adj* übertrieben, übermäßig.

AC *nf abr de* **appellation contrôlée**.

acabit [akabi] *nm*: **de cet** OU **du même ~** *péj* von diesem OU gleichem Schlage.

acacia [akasja] *nm* Akazie *die*.

académicien, enne [akademisjɛ̃, ɛn] *nm, f* Mitglied *das* der Akademie.

académie [akademi] *nf* **-1.** SCOL & UNIV *Schulverwaltungsbezirk in Frankreich*. **-2.** [institut] Akademie *die*; **~ de musique** Musikakademie; **~ de peinture** Kunstakademie.

◆ **Académie** *nf*: **l'Académie française** *Akademie zur Pflege der französischen Sprache und Literatur*; **l'Académie Goncourt** *französische Schriftstellervereinigung, die jährlich den Prix Goncourt verleiht*.

académique [akademik] *adj* **-1.** ADMIN Schulbezirks-; **inspection ~** Schulaufsichtsbehörde *die*. **-2.** *péj* [conventionnel] akademisch.

acajou [akaʒu] ◇ *nm* [bois] Mahagoni(holz) *das*; [arbre] Mahagoni(baum) *der*. ◇ *adj inv* fuchsrot.

acariâtre [akarjatr] *adj* zänkisch.

acarien [akarjɛ̃] *nm* Milbe *die*.

accablant, e [akablɑ̃, ɑ̃t] *adj* **-1.** [soleil] sengend; [chaleur] drückend. **-2.** [preuve, témoignage] belastend.

accabler [3] [akable] *vt* **-1.** [surcharger]: **~ qqn de qqch** [travail] jn mit etw überlasten; [injures, reproches] jn mit etw überhäufen. **-2.** [confondre] belasten.

accalmie [akalmi] *nf* **-1.** [climatique] Windstille *die*. **-2.** [d'activité] Flaute *die*.

accaparer [3] [akapare] *vt* **-1.** [s'emparer de] an sich *(A)* reißen. **-2.** [monopoliser] in Beschlag nehmen. **-3.** [occuper] stark beanspruchen.

◆ **s'accaparer** *vp*: **s'~ qqch** sich einer Sache *(G)* bemächtigen.

accéder [18] [aksede] *vi* **-1.** [pénétrer]: **~ à qqch** auf OU zu etw *(D)* gelangen, etw erreichen. **-2.** [parvenir]: **~ à qqch** zu etw gelangen. **-3.** [consentir]: **~ à qqch** einer Sache *(D)* nach|kommen, etw erfüllen.

accélérateur [akseleratœr] *nm* Gaspedal *das*.

accélération [akselerasjɔ̃] *nf* **-1.** [de mécanisme] Beschleunigung *die*. **-2.** [de projet] beschleunigte Ausführung.

accélérer [18] [akselere] *vt* beschleunigen; AUTOM Gas geben; **accélère!** mach schneller!

accent [aksɑ̃] *nm* Akzent *der*; **~ aigu/grave/circonflexe** Accent *der* aigu/grave/circonflexe; **~ tonique** Hauptton *der*, Hauptakzent; **mettre l'~ sur qqch** *fig* etw besonders hervor|heben.

accentuation [aksɑ̃tɥasjɔ̃] *nf* **-1.** [de problème, de crise] Zuspitzung *die*; [de tendance] Zunahme *die*. **-2.** [de syllabe] Betonung *die*.

accentuer [7] [aksɑ̃tɥe] *vt* **-1.** [insister sur] heraus|streichen, hervor|heben. **-2.** [trait, air, syllabe] betonen. **-3.** [intensifier] verstärken.

◆ **s'accentuer** *vp* sich zu|spitzen, zu|nehmen.

acceptable [aksɛptabl] *adj* annehmbar, akzeptabel.

acceptation [aksɛptasjɔ̃] *nf* Annahme *die*; [d'invitation] Zusage *die*.

accepter [4] [aksɛpte] *vt* **-1.** [prendre] an|nehmen. **-2.** [donner son accord à]: **~ qqch** etw an|nehmen, auf etw *(A)* ein|gehen; **~ un accord comme définitif** eine Vereinbarung endgültig akzeptieren; **~ de faire qqch** sich bereit erklären, etw zu tun. **-3.** [admettre] akzeptieren, hin|nehmen; **~ que** *(+ subjonctif)* akzeptieren, daß; **il n'accepte pas qu'on lui fasse des reproches** er verträgt keine Kritik.

acception [aksɛpsjɔ̃] *nf* Sinn *der*, Bedeutung *die*.

accès [aksɛ] *nm* **-1.** [entrée] Eingang *der*, Zugang *der*; **donner ~ à qqch** zu etw führen, in OU auf etw *(A)* führen; **'~ interdit'** 'Zutritt verboten'; **'~ réservé aux personnes munies d'un billet'** 'nur mit gültigem Fahrausweis'. **-2.** [admission] Einlaß *der*; **avoir ~ à qqch** zu etw Zugang haben. **-3.** [voie] Zugang *der*, Zufahrtsweg *der*; **'~ réservé aux riverains'** 'Anlieger frei'. **-4.** [abord]: **être d'un ~ facile/difficile** leicht/schwer zugänglich sein. **-5.** [de fièvre] Schub *der*; [de tristesse, de jalousie] Anfall *der*; **~ de colère** Wutanfall. **-6.** INFORM: **~ séquentiel/direct/aléatoire** serieller/direkter/wahlfreier Zugriff.

accessible [aksesibl] *adj* **-1.** [gén] zugänglich; [lieu] erreichbar, zugänglich; **être ~ à qqch** *fig* für etw empfänglich sein. **-2.** [prix, achat] erschwinglich.

accession [aksɛsjɔ̃] *nf*: **~ à qqch** [organisation] Beitritt *der* zu etw; [fonction, pouvoir] Übernahme *die* einer Sache *(G)*; **~ au trône** Thronbesteigung *die*.

accessoire [akseswar] ◇ *nm* **-1.** [de mode] Accessoire *das*. **-2.** [de machine] Zubehörteil *das*; **les ~s** das Zubehör *(sans pl)*. **-3.** THÉÂTRE & CIN Requisitenteil *das*; **les ~s** die Requisiten. ◇ *adj* [secondaire] nebensächlich.

accessoirement [akseswarmɑ̃] *adv* **-1.** [en plus] darüber hinaus. **-2.** [éventuellement] eventuell.

accident [aksidɑ̃] *nm* **-1.** [malheur] Unfall *der*; [d'avion, de train] Unglück *das*; **~ de la route** Verkehrsunfall; **~ du travail** Arbeitsunfall; **~ de voiture** Autounfall. **-2.** [événement fortuit] Vorfall *der*; **par ~** durch Zufall, zufällig *(adv)*; **~ de parcours** Zwischenfall *der*. **-3.** GÉOL: **~ de terrain** Erhebung *die*.

accidenté, e [aksidɑ̃te] ◇ *adj* **-1.** [terrain] hügelig, Hügel-; [surface] uneben. **-2.** [véhicule, personne] Unfall-. ◇ *nm, f* Unfallopfer *das*; **les ~s de la route** die Verkehrsopfer *Pl*.

accidentel, elle [aksidɑ̃tɛl] *adj* zufällig; **mort ~le** Unfalltod *der*.

accidentellement [aksidɑ̃tɛlmɑ̃] *adv* [par hasard] zufällig, durch Zufall.

acclamation [aklamasjɔ̃] *nf* Zustimmung *die*, Akklamation *die*.

acclamer [3] [aklame] *vt*: **~ qqn** jm zu|jubeln.

acclimatation [aklimatasjɔ̃] *nf*: **~ (à qqch)** Akklimatisierung *die* OU Gewöhnung *die* (an etw *(A)*).

acclimater [3] [aklimate] *vt*: **~ qqn/qqch à qqch** jn/etw an etw *(A)* akklimatisieren OU gewöhnen.

◆ **s'acclimater** *vp*: **s'~ à qqch** sich an etw *(A)* gewöhnen; **s'~ en France** sich in Frankreich ein|leben.

accointances [akwɛ̃tɑ̃s] *nfpl péj*: **avoir des ~ avec qqn** mit jm Umgang haben; **avoir des ~ dans un milieu** Beziehungen in einem Milieu haben.

accolade [akɔlad] *nf* **-1.** TYPO geschweifte Klammer. **-2.** [embrassade] Umarmung *die*.

accoler [3] [akɔle] *vt*: **~ qqch à qqch** etw an etw *(A)* an|fügen.

accommodant, e [akɔmɔdɑ̃, ɑ̃t] *adj* umgänglich, verträglich.

accommodement [akɔmɔdmɑ̃] *nm* Arrangement *das*.

accommoder [3] [akɔmɔde] *vt* **-1.** CULIN zu|bereiten. **-2.** [adapter]: **~ qqch à qqch** etw an etw *(A)* an|passen.

◆ **s'accommoder** *vp*: **s'~ de qqch** sich mit etw ab|finden; **s'~ à qqch** sich in etw *(A)* ein|fügen.

accompagnateur, trice [akɔ̃paɲatœr, tris] *nm, f* Begleiter *der*, -in *die*.

accompagnement [akɔ̃paɲmɑ̃] *nm* **-1.** [gén] Begleitung *die*. **-2.** CULIN Beilage *die*.

accompagner [3] [akɔ̃paɲe] *vt* **-1.** [gén] begleiten; **~ au piano/à la guitare** am Klavier/auf der Gitarre begleiten. **-2.** [ajouter]: **~ qqch de qqch** etw mit etw einhergehen lassen.

accompli, e [akɔ̃pli] *adj* vollendet; **le fait ~** die vollendete Tatsache; **mettre qqn devant le fait ~** jn vor vollendete Tatsachen stellen.

accomplir [32] [akɔ̃plir] *vt* aus|führen, durch|führen.

◆ **s'accomplir** *vp* in Erfüllung gehen, sich erfüllen.

accomplissement [akɔ̃plismɑ̃] *nm* **-1.** [de souhait] Erfüllung *die*. **-2.** [déroulement] Ausführung *die*, Durchführung *die*.

accord [akɔr] *nm* **-1.** [entente, GRAM] Übereinstimmung *die*, Einvernehmen *das*; **en ~ avec** im Einvernehmen mit; **d'un commun ~** in gegenseitigem Einvernehmen, einstimmig *(adv)*; **~ à l'amiable** gütliche Übereinkunft. **-2.** [traité] Abkommen *das*, Vereinbarung *die*. **-3.** [acceptation] Einverständnis *das*. **-4.** MUS Akkord *der*.

◆ **d'accord** ◇ *loc adv* einverstanden, o.k. ◇ *loc adj*: **être d'~ (avec qqn/qqch)** (mit jm/etw) einverstanden sein; **tomber** OU **se mettre d'~** einig werden.

accordéon [akɔrdeɔ̃] *nm* Akkordeon *das*, Ziehharmonika *die*; **en ~** [chaussette, pantalon] zerknittert; [circulation] zähflüssig *(adv)*.

accorder [3] [akɔrde] *vt* **-1.** [donner]: **~ qqch à qqn** jm etw gewähren. **-2.** [attribuer]: **~ de l'importance/de la valeur à qqch** einer Sache *(D)* Bedeutung/Wert bei|messen. **-3.** [harmoniser] aufeinander ab|stimmen; **~ qqch avec qqch** GRAM etw mit etw übereinstimmen lassen. **-4.** MUS stimmen.

◆ **s'accorder** *vp* **-1.** [être assorti] zueinander passen, aufeinander abgestimmt sein. **-2.** [s'entendre] gut miteinander auslkommen; **s'~ pour faire qqch** übereinlkommen, etw zu tun; **s'~ à penser que** übereinstimmend festlstellen, daß. **-3.** GRAM: **s'~ avec qqch** sich nach etw richten.

accordeur [akɔrdœr] *nm*: **~ (de piano)** Klavierstimmer *der*.

accoster [3] [akɔste] ◇ *vt* **-1.** [personne] anlsprechen, anlreden. **-2.** NAVIG: **~ qqch** an etw *(D)* anllegen. ◇ *vi* anllegen.

accotement [akɔtmɑ̃] *nm* Randstreifen *der*; **'~ non stabilisé'** 'Nebenstreifen nicht befahrbar'.

accouchement [akuʃmɑ̃] *nm* Geburt *die*, Entbindung *die*; **~ sans douleur** schmerzfreie Geburt.

accoucher [3] [akuʃe] ◇ *vi* entbinden; **~ d'une fille/d'un garçon** ein Mädchen/einen Jungen bekommen; **~ de qqch** *fig* etw zustandelbringen. ◇ *vt* entbinden.

accouder [3] [akude]

◆ **s'accouder** *vp* sich mit dem Ellbogen auflstützen; **s'~ à qqch** sich auf etw *(D)* stützen.

accoudoir [akudwar] *nm* Armlehne *die*, Seitenlehne *die*.

accouplement [akupləmɑ̃] *nm* Paarung *die*.

accoupler [3] [akuple] *vt* **-1.** [relier] (zusammenl)koppeln. **-2.** [animaux] paaren.

◆ **s'accoupler** *vp* [animaux] sich paaren.

accourir [45] [akurir] *vi* herbeillaufen.

accours *etc* → **accourir**.

accouru, e [akury] *pp* → **accourir**.

accoutré, e [akutre] *adj péj* herauslstaffiert.

accoutrement [akutrəmɑ̃] *nm péj* Aufmachung *die*, Ausstaffierung *die*.

accoutrer [3] [akutre]

◆ **s'accoutrer** *vp péj* sich auslstaffieren, sich herauslputzen.

accoutumance [akutymɑ̃s] *nf* **-1.** [adaptation] Gewöhnung *die*. **-2.** MÉD Abhängigkeit *die*.

accoutumé, e [akutyme] *adj* gewohnt; **comme à l'~e** wie gewohnt.

accoutumer [3] [akutyme] *vt*: **~ qqn à qqn/qqch** jn an jn/etw gewöhnen.

◆ **s'accoutumer** *vp* **-1.** [s'habituer]: **s'~ à qqn/qqch** sich an jn/etw gewöhnen. **-2.** MÉD: **s'~ à qqch** von etw abhängig werden.

accréditation [akreditasjɔ̃] *nf* Akkreditierung *die*.

accréditer [3] [akredite] *vt*: **~ qqn (auprès de qqn)** jn (bei jm) akkreditieren.

accroc [akro] *nm* **-1.** [déchirure] Riß *der*; **faire un ~ à un pullover** sich am Pullover einen Faden reißen. **-2.** [incident] Hindernis *das*; **sans ~** reibungslos *(adv)*, glatt *(adv)*.

accrochage [akrɔʃaʒ] *nm* **-1.** [accident] Zusammenstoß *der*, Aufprall *der*. **-2.** *fam* [dispute] kleine Auseinandersetzung. **-3.** [de tableaux] Aufhängen *das*.

accroche [akrɔʃ] *nf* Aufhänger *der (Werbung)*.

accrocher [3] [akrɔʃe] *vt* **-1.** [suspendre, fixer] auflhängen; **~ qqch à qqch** [suspendre] etw auf etw *(A)* hängen; [fixer] etw an etw *(A)* hängen. **-2.** [déchirer]: **~ qqch (à qqch)** mit etw (an etw *(D)*) hängenlbleiben. **-3.** [heurter] anlfahren. **-4.** [sujet: publicité] anlsprechen.

◆ **s'accrocher** *vp* **-1.** [s'agripper]: **s'~ à qqch** sich an etw *(D)* festlhalten; **s'~ à qqn** *fig* sich an jn klammern. **-2.** *fam* [se disputer] aneinanderlgeraten. **-3.** *fam* [persévérer] sich dranlhalten, dranlbleiben.

accrocheur, euse [akrɔʃœr, øz] *adj* **-1.** [publicité, affiche, slogan] zugkräftig, (werbe)wirksam. **-2.** [personne] hartnäckig.

accroire [akrwar] *vt sout*: **en faire ~ à qqn** jn zum Narren halten.

accrois *etc* → **accroître**.

accroissement [akrwasmɑ̃] *nm* Anwachsen *das*, Vermehrung *die*.

accroître [94] [akrwatr] *vt* vermehren, vergrößern.

◆ **s'accroître** *vp* zulnehmen.

accroupir [32] [akrupir]

◆ **s'accroupir** *vp* hocken.

accru, e [akry] *pp* → **accroître**.

accu [aky] *nm fam* Akku *der*; **recharger ses ~s** *fig* neue Kräfte aufltanken.

accueil [akœj] *nm* Empfang *der*.

accueillant, e [akœjɑ̃, ɑ̃t] *adj* **-1.** [personne] gastfreundlich, entgegenkommend. **-2.** [lieu] gemütlich, gastlich.

accueillir [41] [akœjir] *vt* **-1.** [recevoir] empfangen. **-2.** [héberger] auflnehmen.

acculer [3] [akyle] *vt*: **~ qqn contre** OU **à qqch** jn gegen OU an etw *(A)* (zurückl)drängen; **~ à qqch** *fig* zu etw zwingen.

accumulateur [akymylatœr] *nm* Akkumulator *der*.

accumulation [akymylasjɔ̃] *nf* Anhäufung *die*.

accumuler [3] [akymyle] *vt* **-1.** [argent, biens] anlhäufen. **-2.** [objets] zusammenltragen. **-3.** [rancœur, haine] anlsammeln, auflstauen.

◆ **s'accumuler** *vp* **-1.** [objets] sich anlhäufen. **-2.** [rancœur, haine] sich auflstauen.

accusateur, trice [akyzatœr, tris] ◇ *adj* Anklage-. ◇ *nm, f* Ankläger *der*, -in *die*.

accusation [akyzasjɔ̃] *nf* **-1.** [reproche] Anschuldigung *die*. **-2.** JUR Anklage *die*.

accusé, e [akyze] *nm, f* Angeklagte *der, die*.
◆ **accusé de réception** *nm* Rückschein *der*.

accuser [3] [akyze] *vt* **-1.** [personne]: **~ qqn (de qqch)** jn (wegen etw *(G)*) beschuldigen OU an|klagen. **-2.** [accentuer] hervor|heben. **-3.** [laisser paraître] auf|weisen; **il a accusé le coup** *fam fig* man sieht es ihm an.

acerbe [asɛrb] *adj* bissig, beißend.

acéré, e [asere] *adj* scharf.

acétate [asetat] *nm* Azetat *das*.

acétone [asetɔn] *nf* Azeton *das*.

achalandé, e [aʃalɑ̃de] *adj* **-1.** [qui a beaucoup de clients] mit großem Kundenkreis, gutgehend. **-2.** [approvisionné]: **bien ~** reich sortiert.

acharné, e [aʃarne] *adj* hartnäckig.

acharnement [aʃarnəmɑ̃] *nm* Verbissenheit *die*, Hartnäckigkeit *die*; **~ thérapeutique** künstliche Lebensverlängerung.

acharner [3] [aʃarne]
◆ **s'acharner** *vp* **-1.** [combattre]: **s'~ contre** OU **sur qqn/qqch** von jm/etw nicht ab|lassen, sich mit jm/etw ab|mühen. **-2.** [s'obstiner]: **s'~ à faire qqch** alles daran|setzen, etw zu tun.

achat [aʃa] *nm* Kauf *der*; **faire des ~s** Einkäufe machen; **~ d'espace** PUB Mediaeinkauf *der*.

acheminer [3] [aʃmine] *vt* befördern.
◆ **s'acheminer** *vp*: **s'~ vers qqn/qqch** auf jn/etw zu|gehen OU zu|fahren; **s'~ vers qqch** *fig* sich auf etw *(A)* zubewegen.

acheter [28] [aʃte] *vt* **-1.** [acquérir] kaufen; **~ qqch à qqn** [pour offrir] jm etw kaufen; [racheter] jm etw ab|kaufen; **~ qqch chez qqn** etw bei jm kaufen; **~ qqch pour qqn** etw für jn kaufen. **-2.** *péj* [corrompre] bestechen. **-3.** *fig* [obtenir]: **~ (cher) qqch** etw (teuer) erkaufen.

acheteur, euse [aʃtœr, øz] *nm, f* Käufer *der*, -in *die*.

achevé, e [aʃve] *adj* [complet] vollkommen, völlig.

achèvement [aʃɛvmɑ̃] *nm* Beendigung *die*.

achever [19] [aʃve] ◇ *vt* **-1.** [terminer] beenden, fertig|machen. **-2.** [tuer] den Rest geben, vollends töten. **-3.** *fig* [accabler] nieder|drücken, betroffen machen. ◇ *vi*: **~ de lire un roman** einen Roman zu Ende lesen.
◆ **s'achever** *vp* zu Ende gehen.

achoppement [aʃɔpmɑ̃] → **pierre**.

acide [asid] ◇ *adj* **-1.** [saveur, CHIM] sauer. **-2.** [propos] beißend, bissig. ◇ *nm* **-1.** CHIM Säure *die*; **~ acétique** Essigsäure; **~ aminé** Aminosäure; **~ chlorhydrique** Salzsäure; **~ nitrique** Salpetersäure; **~ sulfurique** Schwefelsäure. **-2.** *fam* [drogue] LSD *das*.

acidité [asidite] *nf* **-1.** CHIM Säuregehalt *der*. **-2.** [saveur] Säure *die*. **-3.** [de propos] Schärfe *die*.

acidulé, e [asidyle] *adj* säuerlich, Sauer-; → **bonbon**.

acier [asje] *nm* Stahl *der*; **d'~** *fig* stählern; **~ inoxydable** rostfreier (Edel)stahl.

aciérie [asjeri] *nf* Stahlwerk *das*.

acné [akne] *nf* Akne *die*; **~ juvénile** Pubertätsakne.

acolyte [akɔlit] *nm péj* Helfershelfer *der*.

acompte [akɔ̃t] *nm* Anzahlung *die*; **verser un ~** eine Anzahlung leisten.

acoquiner [3] [akɔkine]
◆ **s'acoquiner** *vp péj*: **s'~ avec qqn** sich auf jn ein|lassen.

Açores [asɔr] *nfpl* Azoren *Pl*.

à-côté [akote] (*pl* **à-côtés**) *nm* **-1.** [point accessoire] Nebenseite *die*. **-2.** [gain d'appoint] Nebeneinnahmen *Pl*.

à-coup [aku] (*pl* **à-coups**) *nm* Ruck *der*, Stoß *der*; **par ~s** ruckweise, stoßweise.

acoustique [akustik] ◇ *nf* Akustik *die*. ◇ *adj* akustisch.

acquéreur [akerœr] *nm* Erwerber *der*, -in *die*.

acquérir [39] [akerir] *vt* **-1.** [acheter] erwerben, kaufen. **-2.** [privilège, certitude] erlangen, erreichen. **-3.** [affection, respect]: **~ qqch** sich *(D)* etw verschaffen. **-4.** [apprendre] erlernen; **~ des connaissances** Kenntnisse erwerben.
◆ **s'acquérir** *vp* verschaffen.

acquerrai *etc* → **acquérir**.

acquière *etc* → **acquérir**.

acquiers *etc* → **acquérir**.

acquiescement [akjɛsmɑ̃] *nm* Zustimmung *die*, Einwilligung *die*.

acquiescer [21] [akjese] *vi* zu|stimmen; **~ à qqch** etw *(D)* zu|stimmen OU bei|pflichten.

acquis, e [aki, iz] ◇ *pp* → **acquérir**. ◇ *adj* **-1.** [caractère] erworben. **-2.** [droit, avantage] gesichert, zustehend.
◆ **acquis** *nm* Errungenschaft *die*; **vivre sur ses ~** von der Substanz leben.

acquisition [akizisjɔ̃] *nf* **-1.** [action] Erwerb *der*. **-2.** [objet] Anschaffung *die*.

acquit [aki] *nm* **-1.** COMM Quittung *die*; **pour ~** Betrag (dankend) erhalten. **-2.** *loc*: **par ~ de conscience** um ganz sicher zu gehen.

acquittement [akitmɑ̃] *nm* **-1.** [d'obligation] Begleichen *das*, Begleichung *die*. **-2.** [d'accusé] Freispruch *der*.

acquitter [3] [akite] *vt* **-1.** [accusé] frei|sprechen. **-2.** [régler] bezahlen, entrichten.
◆ **s'acquitter** *vp*: **s'~ de qqch** [obligation] sich einer Sache *(G)* entledigen; [dette, facture] etw begleichen.

âcre [akr] *adj* **-1.** [saveur] herb, bitter. **-2.** [fumée] beißend.

acrimonie [akrimɔni] *nf* Bitterkeit *die*.

acrobate [akrɔbat] *nmf* Akrobat *der*, -in *die*.

acrobatie [akrɔbasi] *nf* Akrobatik *die*; **~s aériennes** Kunstflug *der*.

acrobatique [akrɔbatik] *adj* akrobatisch.

acronyme [akrɔnim] *nm* Akronym *das*.

acrylique [akrilik] ◇ *nm* Acryl *das*. ◇ *adj* Acryl-.

acte [akt] *nm* **-1.** [action] Tat *die*, Handlung *die*; **~ gratuit** grundlose Handlung. **-2.** THÉÂTRE Akt *der*. **-3.** [document] Urkunde *die*; **~ d'accusation** Anklageschrift *die*; **~ de baptême** Taufschein *der*; **~ de mariage** Heiratsurkunde; **~ de naissance** Geburtsurkunde; **~ notarié** notarielle Urkunde. **-4.** *loc*: **faire ~ d'autorité** sich autoritär zeigen; **faire ~ de présence** (physisch) anwesend sein; **prendre ~ de qqch** etw zur Kenntnis nehmen.
◆ **actes** *nmpl*: **~s de colloque** Kolloquiumsbericht *der*.

acteur, trice [aktœr, tris] *nm, f* **-1.** CIN & THÉÂTRE Schauspieler *der*, -in *die*. **-2.** [intervenant] Protagonist *der*, -in *die*.

actif, ive [aktif, iv] *adj* **-1.** [gén] aktiv; **population active** erwerbstätige Bevölkerung. **-2.** [produit, médicament] wirksam, gut wirkend.
◆ **actif** *nm* **-1.** FIN Aktiva *Pl*, Aktivvermögen *das*. **-2.** *loc*: **avoir qqch à son ~** etw aufweisen können.
◆ **actifs** *nmpl*: **les ~s** die Erwerbstätigen.

action [aksjɔ̃] *nf* **-1.** [acte] Handlung *die*, Tat *die*; **bonne/mauvaise ~** gute/böse Tat. **-2.** [faculté d'agir] Tat *die*, Handeln *das*. **-3.** [activité] Handlung *die*. **-4.** JUR Klage *die*. **-5.** [mouvement, MIL] Aktion *die*; **passer à l'~** zur Tat schreiten. **-6.** [influence] Wirkung *die*. **-7.** FIN Aktie *die*.

actionnaire [aksjɔnɛr] *nmf* FIN Aktionär *der*, -in *die*.

actionner [3] [aksjɔne] *vt* betätigen.

activement [aktivmɑ̃] *adv* aktiv.

activer [3] [aktive] *vt* **-1.** [hâter] beschleunigen. **-2.** [raviver] schüren.
◆ **s'activer** *vp* geschäftig sein.

activisme [aktivism] *nm* **-1.** POLIT Aktivismus *der*. **-2.** [attitude] Tatendrang *der*.

activiste [aktivist] *nmf* POLIT Aktivist *der*, -in *die*.

activité [aktivite] *nf* **-1.** [dynamisme] Aktivität *die*; **en ~** tätig. **-2.** [processus] Tätigkeit *die*; **l'~ économique** das Wirtschaftsleben. **-3.** [occupation] Beschäftigung *die*; **~ d'éveil** Sachkunde *die*; **~ professionnelle** Erwerbstätigkeit *die*.

actrice → **acteur**.

actualisation [aktɥalizasjɔ̃] *nf* Aktualisierung *die*.

actualiser [3] [aktɥalize] *vt* aktualisieren.
◆ **s'actualiser** *vp* aktualisiert werden.

actualité [aktɥalite] *nf* **-1.** [événements]: **l'~** das (aktuelle) Geschehen, das Zeitgeschehen; **l'~ politique** das politische Tagesgeschehen; **l'~ sportive** das aktuelle Sportgeschehen. **-2.** [d'un sujet] Aktualität *die*; **être d'~** aktuell sein.
◆ **actualités** *nfpl*: **les ~s** die Nachrichten.

actuel, elle [aktɥɛl] *adj* **-1.** [contemporain, présent] derzeitig, aktuell. **-2.** [d'actualité] aktuell.

actuellement [aktɥɛlmɑ̃] *adv* zur Zeit.

acuité [akɥite] *nf* Schärfe *die*; **~ visuelle** Sehschärfe.

acupuncture, **acuponcture** [akypɔ̃ktyr] *nf* Akupunktur *die*.

adage [adaʒ] *nm* Spruch *der*.

adaptable [adaptabl] *adj* anpaßbar; **être ~ à qqch** an etw *(A)* anpaßbar sein.

adaptateur, trice [adaptatœr, tris] *nm, f* Bearbeiter *der*, -in *die*.
◆ **adaptateur** *nm* ÉLECTR Adapter *der*.

adaptation [adaptasjɔ̃] *nf* **-1.** [adéquation]: **~ (à qqch)** Anpassung *die* (an etw *(A)*). **-2.** [acclimatation] Anpassung *die*, Einleben *das*. **-3.** [d'œuvre] Bearbeitung *die*.

adapter [3] [adapte] *vt* **-1.** [gén]: **~ qqch (à qqn/qqch)** etw (an jn/etw) an|passen. **-2.** [œuvre] bearbeiten; **~ à l'écran** verfilmen.
◆ **s'adapter** *vp*: **s'~ (à qqch)** sich (an etw *(A)*) an|passen.

ADD (*abr de* **analogique/digital/digital**) ADD.

additif, ive [aditif, iv] *adj* Zusatz-.
◆ **additif** *nm* **-1.** [supplément] Nachtrag *der*. **-2.** [substance] Zusatz *der*.

addition [adisjɔ̃] *nf* **-1.** [ajout] Zufügung *die*. **-2.** [calcul] Addition *die*. **-3.** [note] Rechnung *die*; **l'~ s'il vous plaît** zahlen bitte.

additionnel, elle [adisjɔnɛl] *adj* zusätzlich.

additionner [3] [adisjɔne] *vt* **-1.** [ajouter]: **~ qqch à qqch** etw mit etw mischen; **du vin additionné d'eau** mit Wasser gemischter Wein. **-2.** [calculer] addieren, zusammen|rechnen.
◆ **s'additionner** *vp*: **s'~ à qqch** zu etw hinzu|kommen.

adduction [adyksjɔ̃] *nf* [d'eau, de gaz] Zuführung *die*.

adepte [adɛpt] *nmf* **-1.** [de secte, de parti politique] Anhänger *der*, -in *die*. **-2.** [amateur] Liebhaber *der*, -in *die*, Fan *der*.

adéquat, e [adekwa, at] *adj* **-1.** [chose] angemessen, entsprechend. **-2.** [personne] geeignet.

adéquation [adekwasjɔ̃] *nf* Übereinstimmung *die*.

adhérence [aderɑ̃s] *nf* Haftvermögen *das*.

adhérent, e [aderɑ̃, ɑ̃t] ◇ *adj* haftend, Haft-.

◇ *nm, f* Mitglied *das*; **être ~ à qqch** in OU bei etw *(D)* Mitglied sein.

adhérer [18] [adere] *vi* **-1.** [coller]: **~ à qqch** an etw *(D)* haften. **-2.** [être membre]: **~ à qqch** etw *(D)* an|gehören. **-3.** [être d'accord]: **~ à qqch** etw *(D)* zu|stimmen.

adhésif, ive [adezif, iv] *adj* Klebe-.

◆ **adhésif** *nm* Klebstoff *der*.

adhésion [adezjɔ̃] *nf*: **~ (à qqch)** [parti] Mitgliedschaft *die* (bei etw); [idée] Zustimmung *die* (zu etw).

adieu [adjø] ◇ *interj*: **~!** leb wohl! ◇ *nm*: **dire ~ à qqch** mit etw aus sein.

◆ **adieux** *nmpl* Abschied *der*.

adipeux, euse [adipø, øz] *adj* fett.

adjacent, e [adʒasɑ̃, ɑ̃t] *adj* [rue, maison] Neben-; [terrain] angrenzend.

adjectif [adʒɛktif] *nm* Adjektiv *das*.

adjoindre [82] [adʒwɛ̃dr] *vt*: **~ qqch à qqch** einer Sache *(D)* etw hinzu|fügen; **~ une personne à qqn** einer Person *(D)* jn zur Seite stellen.

◆ **s'adjoindre** *vp*: **s'~ qqn** sich jn zur Hilfe nehmen.

adjoint, e [adʒwɛ̃, ɛ̃t] ◇ *adj* stellvertretend. ◇ *nm, f* Stellvertreter *der*, -in *die*; **~ au maire** zweiter Bürgermeister.

adjonction [adʒɔ̃ksjɔ̃] *nf* Hinzufügung *die*; **sans ~ de sel/sucre/conservateurs** ohne Zusatz von Salz/Zucker/Konservierungsmitteln.

adjudant [adʒydɑ̃] *nm* Feldwebel *der*.

adjudant-chef [adʒydɑ̃ʃɛf] *nm* Oberfeldwebel *der*.

adjudicataire [adʒydikatɛr] *nmf* **-1.** [aux enchères] Ersteigerer *der*. **-2.** ADMIN Auftragnehmer *der*, -in *die*.

adjudication [adʒydikasjɔ̃] *nf* **-1.** [fait d'adjuger] Zuschlag *der*. **-2.** [vente aux enchères] Versteigerung *die*. **-3.** ADMIN Auftragvergabe *die*.

adjuger [17] [adʒyʒe] *vt* **-1.** [décerner]: **~ qqch à qqn** jm etw verleihen. **-2.** [aux enchères]: **~ qqch à qqn** jm den Zuschlag geben OU erteilen; **adjugé!** *Zuschlag erteilt (in Deutschland wird der Zuschlag nur durch einen Hammerschlag zum Ausdruck gebracht).*

◆ **s'adjuger** *vp*: **s'~ qqch** sich *(D)* etw nehmen.

adjurer [3] [adʒyre] *vt littéraire* flehentlich bitten.

adjuvant [adʒyvɑ̃] *nm* Zusatz *der*.

admets *etc* → **admettre**.

admettre [84] [admɛtr] *vt* **-1.** [accepter] zu|lassen; [raison, excuse] gelten lassen; [dans organisme] auf|nehmen. **-2.** [supposer]: **admettons que** *(+ subjonctif)* angenommen (, daß). **-3.** [autoriser] gestatten, zu|lassen; **il a été admis à participer à la réunion** es wurde ihm gestattet, an der Besprechung teilzunehmen.

administrateur, trice [administratœr, tris] *nm, f* **-1.** [gérant] Verwalter *der*, -in *die*; **~ de biens** Vermögensverwalter *der*; **~ judiciaire** Konkursverwalter *der*. **-2.** [de conseil d'administration] Verwaltungsratsmitglied *das*.

administratif, ive [administratif, iv] *adj* administrativ, behördlich.

administration [administrasjɔ̃] *nf* Verwaltung *die*.

◆ **Administration** *nf*: **l'Administration** die Verwaltung, die Behörden *Pl*.

administrer [3] [administre] *vt* **-1.** [gérer] verwalten. **-2.** *sout* [médicament, punition] verabreichen.

admirable [admirabl] *adj* **-1.** [personne, comportement] bewundernswert. **-2.** [paysage, spectacle] wunderschön.

admirablement [admirabləmɑ̃] *adv* bewundernswert, wunderschön.

admirateur, trice [admiratœr, tris] *nm, f* Bewunderer *der*, -derin *die*.

admiratif, ive [admiratif, iv] *adj* voller Bewunderung.

admiration [admirasjɔ̃] *nf* Bewunderung *die*; **être en ~ devant qqn/qqch** für jn/etw voller Bewunderung sein.

admiratrice → **admirateur**.

admirer [3] [admire] *vt* bewundern.

◆ **s'admirer** *vp* sich bewundern.

admis, e [admi, iz] *pp* → **admettre**.

admissible [admisibl] *adj* **-1.** [attitude] zulässig. **-2.** [candidat]: **~ (à l'oral)** zur mündlichen Prüfung zugelassen.

admission [admisjɔ̃] *nf* **-1.** [acceptation, JUR] Zulassung *die*. **-2.** [entrée] Aufnahme *die*, Zulassung *die*.

admonester [3] [admɔnɛste] *vt littéraire* verwahren, ermahnen.

ADN (*abr de* **acide désoxyribonucléique**) *nm* DNS *die*, DNA *die (Desoxyribonucleinsäure)*.

ado [ado] (*abr de* **adolescent**) *nmf fam* Teenie *der*.

adolescence [adɔlesɑ̃s] *nf* Jugendalter *das*.

adolescent, e [adɔlesɑ̃, ɑ̃t] ◇ *adj* jugendlich. ◇ *nm, f* Jugendliche *der, die*, Teenager *der*.

adonis [adɔnis] *nm* Adonis *der*.

adonner [3] [adɔne]

◆ **s'adonner** *vp*: **s'~ à qqch** [lecture, musique] sich einer Sache *(D)* hin|geben; [drogue, boisson] einer Sache *(D)* verfallen sein.

adopter [3] [adɔpte] *vt* **-1.** [enfant] adoptieren. **-2.** [idée] an|nehmen, über|nehmen. **-3.** [loi] verabschieden; **faire ~ qqch** mit etw durch|kommen.

adoptif, ive [adɔptif, iv] *adj* Adoptiv-.
adoption [adɔpsjɔ̃] *nf* **-1.** [d'enfant] Adoption *die*; **famille d'~** Adoptivfamilie; **patrie d'~** zweite Heimat. **-2.** [de loi] Verabschiedung *die*.
adorable [adɔrabl] *adj* **-1.** [personne] lieb. **-2.** [chose] süß, niedlich.
adorateur, trice [adɔratœr, tris] *nm, f* **-1.** RELIG Anbeter *der*, -in *die*. **-2.** [admirateur] Verehrer *der*, -in *die*.
adoration [adɔrasjɔ̃] *nf* **-1.** [amour] Vergötterung *die*; **être en ~ devant qqn** jn vergöttern. **-2.** RELIG Anbetung *die*.
adorer [3] [adɔre] *vt* **-1.** [personne] vergöttern. **-2.** [chose] lieben. **-3.** RELIG an|beten.
adosser [3] [adose] *vt*: **~ qqch à qqch** etw an etw *(A)* an|lehnen; **adossé à qqch** an OU gegen etw *(A)* gelehnt.
◆ **s'adosser** *vp*: **s'~ à qqch** sich gegen OU an etw *(A)* lehnen.
adoucir [32] [adusir] *vt* **-1.** [linge] weich machen. **-2.** [son] dämpfen. **-3.** [peine, douleur] mildern. **-4.** [eau] enthärten.
◆ **s'adoucir** *vp* **-1.** [climat] milder werden. **-2.** [personne] sich besänftigen.
adoucissant, e [adusisɑ̃, ɑ̃t] *adj* mildernd, besänftigend.
◆ **adoucissant** *nm* Enthärter *der*.
adoucissement [adusismɑ̃] *nm* **-1.** [de température] Erwärmung *die*. **-2.** [de peine] Linderung *die*. **-3.** [d'eau] Enthärtung *die*.
adoucisseur [adusisœr] *nm*: **~ (d'eau)** Wasserenthärter *der*.
adrénaline [adrenalin] *nf* Adrenalin *das*.
adresse [adrɛs] *nf* **-1.** [domicile, INFORM] Adresse *die*, Anschrift *die*; **une bonne ~** eine gute Adresse; **les compliments à son ~** *fig* an ihn gerichtete Komplimente. **-2.** [habileté] Geschick *das*, Geschicklichkeit *die*. **-3.** [finesse, ruse] Verschlagenheit *die*, Wendigkeit *die*.
adresser [4] [adrese] *vt* **-1.** [destiner]: **~ qqch à qqn** etw an jn richten. **-2.** [envoyer]: **~ qqn à qqn** jn an jn verweisen; **~ qqch à qqn** etw an jn schicken.
◆ **s'adresser** *vp*: **s'~ à qqn** sich an jn richten.
Adriatique [adrijatik] *nf*: **l'~** die Adria.
adroit, e [adrwa, at] *adj* geschickt.
adroitement [adrwatmɑ̃] *adv* geschickt.
aduler [3] [adyle] *vt* vergöttern.
adulte [adylt] ◇ *nmf* Erwachsene *der, die*. ◇ *adj* [personne] erwachsen; [animal, plante] ausgewachsen.
adultère [adyltɛr] ◇ *nm* Ehebruch *der*. ◇ *adj* ehebrecherisch.
adultérin, e [adylterɛ̃, in] *adj* unehelich.
advenir [40] [advənir] *v impers*: **qu'est-il advenu de lui?** was ist aus ihm geworden?; **qu'adviendra-t-il de notre projet?** was soll aus unserem Projekt werden?; **advienne que pourra** komme was wolle.
advenu, e [advəny] *pp* → **advenir**.
adverbe [advɛrb] *nm* Adverb *das*.
adversaire [advɛrsɛr] *nmf* Gegner *der*, -in *die*.
adverse [advɛrs] *adj* **-1.** [opposé] gegnerisch, Gegen-. **-2.** JUR → **parti**.
adversité [advɛrsite] *nf* Unglück *das*.
advient [advjɛ̃] → **advenir**.
advint [advɛ̃] → **advenir**.
AE (*abr de* **adjoint d'enseignement**) *nm Lehrer mit Aufsichtspflicht*.
AELE (*abr de* **Association européenne de libre-échange**) *nf* EFTA *die*.
AEN (*abr de* **Agence pour l'énergie nucléaire**) *nf* IEA *die (Internationale Energie-Agentur)*.
aération [aerasjɔ̃] *nf* Lüftung *die*, Belüftung *die*.
aérer [18] [aere] *vt* **-1.** [pièce] lüften. **-2.** [chose] aus|lüften. **-3.** *fig* [présentation] auf|lockern.
◆ **s'aérer** *vp* [sortir] Luft schnappen.
aérien, enne [aerjɛ̃, ɛn] *adj* **-1.** [dans l'air] Hoch-. **-2.** AÉRON Flug-, Luft-. **-3.** [comme l'air] luftig, Luft-.
aérobic [aerɔbik] *nm* Aerobic *das*.
aérodrome [aerɔdrom] *nm* Flugplatz *der*.
aérodynamique [aerɔdinamik] ◇ *nf* Aerodynamik *die*. ◇ *adj* aerodynamisch, stromlinienförmig.
aérogare [aerɔgar] *nf* **-1.** [aéroport] Flughafengebäude *das*. **-2.** [gare routière] Abfahrtstelle *die* der Flughafenbusse.
aéroglisseur [aerɔglisœr] *nm* Luftkissenboot *das*.
aérogramme [aerɔgram] *nm* Aerogramm *das*.
aéromodélisme [aeromɔdelism] *nm* Modellflugzeugbau *der*.
aéronautique [aerɔnotik] ◇ *nf* Luftfahrt *die*. ◇ *adj* Flug-, Luft-.
aéronaval, e, als [aerɔnaval] *adj* Marineluft-.
◆ **aéronavale** *nf*: **l'~e** die Marineluftwaffe.
aérophagie [aerɔfaʒi] *nf* Luftschlucken *das*; **avoir de l'~** Blähungen haben.
aéroport [aerɔpɔr] *nm* Flughafen *der*.
aéroporté, e [aerɔpɔrte] *adj* luftbefördert.
aérosol [aerɔsɔl] ◇ *nm* Aerosol *das*, Treibgas *das*. ◇ *adj inv* Aerosol-, Treibgas-.
aérospatial, e, aux [aerɔspasjal, o] *adj* Raumfahrt-.
◆ **aérospatiale** *nf*: **l'~e** die Raumfahrt.
AF ◇ *nfpl abr de* **allocations familiales**. ◇ *nf* (*abr de* **Assemblée fédérale**) Bundesversammlung *die*.
affabilité [afabilite] *nf sout* Leutseligkeit *die*.
affable [afabl] *adj* **-1.** [parole, ton] entgegen-

kommend, freundlich. **-2.** [personne] leutselig, wohlwollend.

affabulation [afabylasjɔ̃] *nf* Märchen *das*.

affaiblir [32] [afeblir] *vt* **-1.** [fatiguer] schwächen. **-2.** *fig* [atténuer] dämpfen.

◆ **s'affaiblir** *vp* **-1.** [se fatiguer] schwächer werden, ermatten. **-2.** [s'atténuer] nachlassen.

affaiblissement [afeblismɑ̃] *nm* Abschwächung *die*, Entkräftung *die*.

affaire [afɛr] *nf* **-1.** [question] Sache *die*, Angelegenheit *die*. **-2.** [histoire, polémique] Affäre *die*. **-3.** [marché, entreprise] Geschäft *das*; **faire une ~** [petit achat] ein Schnäppchen machen; [achat important] ein gutes Geschäft machen; **une ~ en or** ein sehr einträgliches Geschäft. **-4.** JUR Fall *der*, Sache *die*. **-5.** *loc*: **avoir ~ à qqn** es mit jm zu tun haben; **tu auras ~ à moi!** du wirst es mit mir zu tun bekommen!; **c'est l'~ d'une minute** das ist eine Sache von Sekunden; **faire l'~** es auch tun; **j'en fais mon ~** darum kümmere ich mich; **tirer qqn d'~** jm aus der Klemme helfen.

◆ **affaires** *nfpl* **-1.** [situation, objets] Sachen; **se mêler de ses ~s** *fig* sich um seine eigenen Angelegenheiten kümmern; **toutes ~s cessantes** *fig* umgehend, unverzüglich. **-2.** [publiques] öffentliche Angelegenheiten; [commerciales] Geschäfte *Pl*; **les ~s de l'État** die Staatsgeschäfte; **les Affaires étrangères** die auswärtigen Angelegenheiten.

affairé, e [afere] *adj* sehr beschäftigt.

affairer [4] [afere]

◆ **s'affairer** *vp* geschäftig sein.

affairisme [aferism] *nm* Geschäftemacherei *die*.

affaissement [afɛsmɑ̃] *nm* Einsinken *das*.

affaisser [4] [afɛse]

◆ **s'affaisser** *vp* **-1.** [sol] nach|geben, ein|sakken. **-2.** [personne] zusammen|brechen.

affaler [3] [afale]

◆ **s'affaler** *vp*: **s'~ dans qqch** *fam* sich in etw *(A)* fallen lassen.

affamé, e [afame] *adj* **-1.** [personne] sehr hungrig; **être ~** einen Riesenhunger haben. **-2.** [animal] ausgehungert.

affectation [afɛktasjɔ̃] *nf* **-1.** [attribution]: **~ de qqch à qqch** Verwendung *die* von etw zu etw. **-2.** [nomination]: **~ de qqn à un poste** js Versetzung *die* auf einen Posten. **-3.** [attitude] Affektiertheit *die*.

affecté, e [afɛkte] *adj* [attitude] affektiert.

affecter [4] [afɛkte] *vt* **-1.** [consacrer]: **~ qqch à qqn** jm etw zu|weisen. **-2.** [nommer]: **~ qqn à un poste** jn auf einen Posten versetzen. **-3.** [émouvoir] treffen, erschüttern. **-4.** *sout* [feindre] vor|täuschen, vor|spielen.

affectif, ive [afɛktif, iv] *adj* affektiv, Gefühls-.

affection [afɛksjɔ̃] *nf* **-1.** [sentiment] Zuneigung *die*; **prendre qqn en ~** jn liebgewinnen. **-2.** [maladie] Erkrankung *die*.

affectionner [3] [afɛksjɔne] *vt*: **~ qqch** eine Vorliebe für etw haben.

affectivité [afɛktivite] *nf* Affektivität *die*.

affectueusement [afɛktɥøzmɑ̃] *adv* **-1.** [tendrement] liebevoll, zärtlich. **-2.** [dans lettre]: **(bien) ~** innigst, herzlichst.

affectueux, euse [afɛktɥø, øz] *adj* [personne] liebevoll; [animal] anhänglich.

afférent, e [aferɑ̃, ɑ̃t] *adj*: **~ (à qqch)** (etw *(A)*) betreffend.

affermir [32] [afɛrmir] *vt* festigen.

◆ **s'affermir** *vp* **-1.** [chairs] fester werden. **-2.** [pouvoir] sich festigen.

affichage [afiʃaʒ] *nm* **-1.** [action] Anschlagen *das*. **-2.** TECHNOL: **~ à cristaux liquides** Flüssigkristallanzeige *die*; **~ numérique** Digitalanzeige *die*.

◆ **affichage publicitaire** *nm* Plakatwerbung *die*.

affiche [afiʃ] *nf* Plakat *das*; **~ publicitaire** Werbeplakat; **être à** OU **tenir l' ~** gespielt werden, auf dem Spielplan stehen.

afficher [3] [afiʃe] *vt* **-1.** [publier] an|schlagen, öffentlich bekannt|geben. **-2.** *sout* [expression] zur Schau tragen.

◆ **s'afficher** *vp*: **s'~ avec qqn** sich mit jm öffentlich zeigen.

affichette [afiʃɛt] *nf* kleines Plakat.

afficheur [afiʃœr] *nm* [annonceur] Werbeplakatfirma *die*.

affilée [afile]

◆ **d'affilée** *loc adv* hintereinander.

affilié, e [afilje] *adj*: **être ~ à un organisme** Mitglied einer Organisation sein; **être ~ à la Sécurité sociale** sozialversichert sein.

affiner [3] [afine] *vt fig* [goût] verfeinern; [esprit] schärfen.

◆ **s'affiner** *vp* [goût, visage] sich verfeinern; [taille, cheville] dünner werden.

affinité [afinite] *nf* Affinität *die*, Wesensverwandtschaft *die*; **avoir des ~s avec qqn** sich mit jm geistig verwandt fühlen.

affirmatif, ive [afirmatif, iv] *adj* **-1.** [positif] bejahend, bestätigend. **-2.** [certain] sicher, bestimmt.

◆ **affirmatif** *interj*: **~!** richtig!

◆ **affirmative** *nf*: **dans l'affirmative** im Falle einer Zusage, wenn ja; **répondre par l'affirmative** zu|sagen.

affirmation [afirmasjɔ̃] *nf* **-1.** [GRAM, assertion] Behauptung *die*. **-2.** [proclamation] Bestätigung *die*.

affirmativement [afirmativmɑ̃] *adv* mit ja, bejahend.

affirmer [3] [afirme] *vt* **-1.** [certifier] bestätigen. **-2.** [proclamer] geltend machen. **-3.** [prétendre] behaupten.
◆ **s'affirmer** *vp* sich behaupten.

affleurer [5] [aflœre] *vi littéraire* **-1.** [paraître] zu Tage treten. **-2.** [sentiment] auf|kommen.

affliction [afliksjɔ̃] *nf sout* Kümmernis *die,* Betrübnis *die.*

affligé, e [afliʒe] *adj* **-1.** *sout* [attristé] betroffen. **-2.** [souffrant]: **~ de qqch** [défaut] mit etw behaftet; [maladie] von etw heimgesucht.

affligeant, e [afliʒɑ̃, ɑ̃t] *adj* **-1.** [nouvelle, affaire] betrüblich. **-2.** [défaut] beklagenswert.

affliger [17] [afliʒe] *vt sout* betrüben.
◆ **s'affliger** *vp sout*: **s'~ de qqch** um etw bekümmert sein.

affluence [aflyɑ̃s] *nf* Zulauf *der,* Andrang *der.*

affluent [aflyɑ̃] *nm* Nebenfluß *der.*

affluer [3] [aflye] *vi* **-1.** [sang, capitaux, dons] zusammen|fließen. **-2.** [personnes] zusammen|strömen.

afflux [afly] *nm* **-1.** [de liquide, de personnes] Andrang *der.* **-2.** [de capitaux, de dons] Zufluß *der.*

affolant, e [afɔlɑ̃, ɑ̃t] *adj* **-1.** [événement, évolution] besorgniserregend. **-2.** [troublant] verwirrend.

affolé, e [afɔle] *adj* verwirrt, kopflos.

affolement [afɔlmɑ̃] *nm* Verwirrung *die,* Aufregung *die.*

affoler [3] [afɔle] *vt* **-1.** [inquiéter]: **~ qqn** jm große Sorgen bereiten. **-2.** [paniquer]: **~ qqn** jm Angst ein|jagen. **-3.** [émouvoir] verwirren, aus der Fassung bringen.
◆ **s'affoler** *vp* **-1.** [paniquer] den Kopf verlieren. **-2.** [s'énerver] sich auf|regen.

affranchi, e [afrɑ̃ʃi] *adj* **-1.** [lettre] frankiert. **-2.** [personne, esclave] befreit.

affranchir [32] [afrɑ̃ʃir] *vt* **-1.** [timbrer] frankieren, frei|machen. **-2.** *fam* [renseigner] jn in Kenntnis setzen, jn auf|klären. **-3.** [esclave] befreien, frei|lassen. **-4.** *fig* [libérer]: **~ qqn de qqch** jn von etw frei|machen.
◆ **s'affranchir** *vp*: **s'~ de qqch** *fig* sich von etw frei|machen OU unabhängig machen.

affranchissement [afrɑ̃ʃismɑ̃] *nm* **-1.** [du courrier] Frankierung *die.* **-2.** [libération] Befreiung *die,* Freilassung *die.*

affres [afr] *nfpl littéraire*: **les ~ de qqch** [création, amour] die Zweifel einer Sache *(G)*; [agonie, désespoir] die Schrecken einer Sache *(G).*

affréter [18] [afrete] *vt* chartern.

affreusement [afrøzmɑ̃] *adv* **-1.** [horriblement] fürchterlich. **-2.** [énormément] schrecklich.

affreux, euse [afrø, øz] *adj* **-1.** [blessure, crime] ungeheuer, schrecklich. **-2.** [pensée, cauchemar] fürchterlich. **-3.** [temps, situation] gräßlich.

affriolant, e [afrijɔlɑ̃, ɑ̃t] *adj sout* verführerisch.

affront [afrɔ̃] *nm* Kränkung *die,* Affront *der;* **faire un ~ à qqn** jn beleidigen.

affrontement [afrɔ̃tmɑ̃] *nm* Auseinandersetzung *die.*

affronter [3] [afrɔ̃te] *vt* **-1.** [personne]: **~ qqn** jm trotzen, sich jm stellen. **-2.** [situation] an|gehen.
◆ **s'affronter** *vp* [se battre] sich bekämpfen; [s'opposer] aneinander geraten.

affubler [3] [afyble] *vt péj*: **~ qqn de qqch** jn mit etw aus|staffieren.
◆ **s'affubler** *vp péj*: **s'~ de qqch** sich mit etw aus|staffieren.

affût [afy] *nm*: **être à l'~ (de qqch)** (auf etw *(A)*) lauern.

affûter [3] [afyte] *vt* schleifen.

afghan, e [afgɑ̃, an] *adj* afghanisch.
◆ **afghan** *nm* [langue] Afghanisch(e) *(das).*
◆ **Afghan, e** *nm, f* Afghane *der,* -nin *die.*

Afghanistan [afganistɑ̃] *nm*: **l' ~** Afghanistan *nt.*

afin [afɛ̃]
◆ **afin de** *loc prép* um zu.
◆ **afin que** *loc conj (+ subjonctif)* damit.

AFNOR, Afnor [afnɔr] (*abr de* **Association française de normalisation**) *nf* ≃ DIN *(Deutsches Institut für Normung e.V.).*

AFP (*abr de* **Agence France-Presse**) *nf französische Nachrichtenagentur.*

africain, e [afrikɛ̃, ɛn] *adj* afrikanisch.
◆ **Africain, e** *nm, f* Afrikaner *der,* -in *die.*

afrikaner [afrikanɛr], **afrikaander** [afrikɑ̃dɛr] *adj* afrikaans, kapholländisch.
◆ **Afrikaner, Afrikaander** *nmf* Afrikaander *der,* -in *die.*

Afrique [afrik] *nf*: **l'~** Afrika *nt;* **l'~ australe** das südliche Afrika; **l'~ noire** Schwarzafrika; **l'~ du Nord** Nordafrika; **l'~ du Sud** Südafrika.

after-shave [aftœrʃɛv] ◇ *nm inv* After-shave *das.* ◇ *adj inv* After-shave-.

ag *abr de* **agence.**

AG (*abr de* **assemblée générale**) *nf* GV *die,* Generalversammlung *die.*

agaçant, e [agasɑ̃, ɑ̃t] *adj* lästig.

agacement [agasmɑ̃] *nm* Gereiztheit *die.*

agacer [16] [agase] *vt*: **~ qqn** jm auf die Nerven gehen, jn ärgern.

agate [agat] *nf* Achatstein *der,* Achat *der.*

agave [agav] *nm* Agave *die.*

âge [aʒ] *nm* **-1.** [gén] Alter *das;* **quel ~ as-tu/avez-vous**? wie alt bist du/sind Sie?; **une da-**

me d'un certain ~ eine ältere Dame; **être en ~ de faire qqch** alt genug sein, um etw zu tun; **prendre de l'~** alt werden; **~ avancé/canonique/mûr** vorgerücktes/kanonisches/reifes Alter; **enfant en bas ~** Kleinkind *das*; **l'~ ingrat** das schwierige Alter; **à l'~ de** im Alter von, mit; **~ mental** geistiges Alter; **~ de raison** *Alter von sieben Jahren*; **le troisième ~** das Seniorenalter. **-2.** [époque] Zeit *die*; **~ de bronze** Bronzezeit; **~ de fer** Eisenzeit; **~ d'or** *fig* Hochblüte *die*.

âgé, e [aʒe] *adj* alt; **être ~ de 20 ans** 20 Jahre alt sein; **un enfant ~ de trois ans** ein dreijähriges Kind; **les personnes ~es** die Senioren.

agence [aʒɑ̃s] *nf* Agentur *die*, Geschäftsstelle *die*; **~ immobilière** Maklerbüro *das*; **~ matrimoniale** Heiratsvermittlung *die*; **~ de publicité** Werbeagentur; **~ de voyages** Reisebüro *das*.
◆ **Agence nationale pour l'emploi** *nf* ≃ Arbeitsamt *das*.

agencement [aʒɑ̃smɑ̃] *nm* **-1.** [aménagement] Einrichtung *die*. **-2.** [combinaison] Zusammenstellung *die*.

agencer [16] [aʒɑ̃se] *vt* **-1.** [éléments] zusammen|stellen. **-2.** [espace] ein|richten. **-3.** [programme] an|ordnen.
◆ **s'agencer** *vp* zusammenpassen.

agenda [aʒɛ̃da] *nm* Taschenkalender *der*, Terminkalender *der*.

agenouiller [3] [aʒnuje]
◆ **s'agenouiller** *vp*: **s'~ (devant qqn)** sich (vor jm) hin|knien OU nieder|knien.

agent [aʒɑ̃] *nm* **-1.** [représentant] Vertreter *der*, -in *die*; **~ de change** Börsenmakler *der*, -in *die*; **~ immobilier** Immobilienmakler *der*, -in *die*; **~ de police** Polizeibeamte *der*, -tin *die*; **~ secret** Geheimagent *der*, -in *die*. **-2.** [facteur] Kräfte *Pl*. **-3.** [substance] Wirkstoff *der*.

agglomérat [aglɔmera] *nm* Agglomerat *das*.

agglomération [aglɔmerasjɔ̃] *nf* **-1.** [ville] Siedlung *die*; **l'~ parisienne** die Pariser Stadtregion. **-2.** [amas] Anhäufung *die*.

aggloméré [aglɔmere] *nm* [bois] Preßholz *das*.

agglomérer [18] [aglɔmere] *vt* an|häufen, auf|häufen.
◆ **s'agglomérer** *vp* sich an|häufen, sich auf|häufen.

agglutiner [3] [aglytine] *vt* zusammen|kleben.
◆ **s'agglutiner** *vp* **-1.** [particules] zusammen|kleben. **-2.** [foule] sich drängen.

aggravation [agravasjɔ̃] *nf* Verschlechterung *die*, Verschlimmerung *die*.

aggraver [3] [agrave] *vt* **-1.** [gén] verschärfen. **-2.** [maladie, état] verschlechtern.
◆ **s'aggraver** *vp* **-1.** [gén] sich zu|spitzen. **-2.** [état, maladie] sich verschlechtern.

agile [aʒil] *adj* **-1.** [corps] wendig, gewandt. **-2.** [esprit] agil.

agilement [aʒilmɑ̃] *adv* wendig, agil.

agilité [aʒilite] *nf* Wendigkeit *die*.

agios [aʒjo] *nmpl* Überziehungsgeld *das*.

agir [32] [aʒir] *vi* **-1.** [faire] handeln. **-2.** [se comporter] handeln, sich verhalten. **-3.** [influencer]: **~ sur qqn/qqch** auf jn/etw ein|wirken. **-4.** [être efficace] wirken.
◆ **s'agir** *v impers*: **de quoi s'agit-il**? worum handelt es sich?; **il s'agit de** es handelt sich um; **il s'agit de faire qqch** es geht darum, etw zu tun.

agissements [aʒismɑ̃] *nmpl* Machenschaften *Pl*.

agitateur, trice [aʒitatœr, tris] *nm, f* POLIT Agitator *der*, -in *die*.

agitation [aʒitasjɔ̃] *nf* **-1.** [nervosité, trouble] Unruhe *die*. **-2.** [mouvement] Wogen *das*.

agité, e [aʒite] *adj* unruhig; [mer] stürmisch.

agiter [3] [aʒite] *vt* **-1.** [remuer] hin- und her|bewegen, schütteln; **'~ avant l'emploi'** 'vor Gebrauch schütteln'. **-2.** [énerver] verstören.
◆ **s'agiter** *vp* unruhig sein OU werden.

agneau [aɲo] *nm* **-1.** [animal] Lamm *das*; **être doux comme un ~** *fig* lammfromm sein. **-2.** [viande] Lammfleisch *das*. **-3.** [fourrure] Lammfell *das*; [cuir] Lammleder *das*.

agonie [agɔni] *nf* Todeskampf *der*; *fig* Untergang *der*; **être à l'~** mit dem Tode ringen; *fig* untergehen.

agoniser [3] [agɔnize] *vi* mit dem Tode ringen; *fig* unter|gehen.

agoraphobie [agɔrafɔbi] *nf* Agoraphobie *die*.

agrafe [agraf] *nf* **-1.** [de bureau] Heftklammer *die*. **-2.** MÉD Klammer *die*.

agrafer [3] [agrafe] *vt* an|klammern; **se faire ~ par qqn** *fam fig* von jm geschnappt OU erwischt werden.

agrafeuse [agraføz] *nf* Hefter *der*.

agraire [agrɛr] *adj* Agrar-.

agrandir [32] [agrɑ̃dir] *vt* **-1.** [élargir, PHOT] vergrößern; **~ qqch à qqch** etw zu etw vergrößern. **-2.** [développer] vergrößern, erweitern.
◆ **s'agrandir** *vp* **-1.** [s'étendre] sich vergrößern, sich erweitern. **-2.** [se développer] sich vergrößern, expandieren.

agrandissement [agrɑ̃dismɑ̃] *nm* **-1.** [élargissement, PHOT] Vergrößerung *die*. **-2.** [développement] Expandierung *die*.

agréable [agreabl] *adj* angenehm.

agréablement [agreabləmɑ̃] *adv* angenehm.

agréer [15] [agree] *vt sout* **-1.** [accepter] zu|lassen; **faire ~ qqch** etw genehmigen lassen; **veuillez ~ mes salutations distinguées** OU **l'expression de mes sentiments distingués** mit

freundlichen Grüßen. **-2.** [convenir]: **~ à qqn** jm recht sein.
agrégat [agrega] *nm* Anhäufung *die*.
agrégation [agregasjɔ̃] *nf französische Staatsprüfung für das Lehramt an Gymnasien und Universitäten.*
agrégé, e [agreʒe] *nm, f Lehrer oder Dozent, der die Agregation bestanden hat.*
agrément [agremɑ̃] *nm* **-1.** [avantage] Vorzug *der*. **-2.** *sout* [approbation] Einwilligung *die*.
◆ **d'agrément** *loc adj* [plante, jardin] Zier-; **voyage d'~** Vergnügungsreise *die*.
agrémenter [3] [agremɑ̃te] *vt*: **~ qqch (de qqch)** [vêtement, jardin] etw (mit etw) verzieren; [récit, conversation] etw (mit etw) aus|schmücken.
agrès [agrɛ] *nmpl* Turngeräte *Pl*.
agresser [4] [agrese] *vt* **-1.** [physiquement] an|greifen, überfallen. **-2.** *fig* [verbalement] an|greifen.
agresseur [agrɛsœr] *nm* Angreifer *der*.
agressif, ive [agrɛsif, iv] *adj* aggressiv.
agression [agrɛsjɔ̃] *nf* Angriff *der*.
agressivement [agrɛsivmɑ̃] *adv* aggressiv.
agressivité [agrɛsivite] *nf* Aggressivität *die*.
agricole [agrikɔl] *adj* landwirtschaftlich, Landwirtschafts-.
agriculteur, trice [agrikyltœr, tris] *nm, f* Landwirt *der*, -in *die*.
agriculture [agrikyltyr] *nf* Landwirtschaft *die*.
agripper [3] [agripe] *vt* **-1.** [personne] packen. **-2.** [objet] ergreifen.
◆ **s'agripper** *vp*: **s'~ à qqn/qqch** sich an jm/etw fest|klammern.
agronome [agrɔnɔm] *nmf* Diplomlandwirt *der*, -in *die*.
agronomie [agrɔnɔmi] *nf* Landwirtschaftswissenschaft *die*.
agronomique [agrɔnɔmik] *adj* agronomisch.
agrumes [agrym] *nmpl* Zitrusfrüchte *Pl*.
aguerrir [32] [agerir] *vt* ab|härten.
◆ **s'aguerrir** *vp* sich ab|härten.
aguets [agɛ]
◆ **aux aguets** *loc adv*: **être** OU **rester aux ~** auf der Lauer sein OU stehen; *fig* auf der Hut sein.
aguichant, e [agiʃɑ̃, ɑ̃t] *adj* aufreizend.
aguicher [3] [agiʃe] *vt* an|machen.
ah [a] *interj* **-1.** [de plaisir] oh. **-2.** [de douleur] au. **-3.** [de surprise, exclamation] ach. **-4.** [de rire] ha; **~! ~!** ha! ha!
Ah (*abr de* **ampère-heure**) Ah.
ahuri, e [ayri] ◇ *adj* verdattert. ◇ *nm, f* Trottel *der*.
ahurir [32] [ayrir] *vt* [étonner] verblüffen.
ahurissant, e [ayrisɑ̃, ɑ̃t] *adj* verblüffend.
ahurissement [ayrismɑ̃] *nm* Verblüffung *die*.
ai [ɛ] → **avoir**.
aide [ɛd] ◇ *nf* **-1.** [assistance] Hilfe *die*; **à l'~!** (zu) Hilfe!; **venir en ~ à qqn** jm Hilfe leisten. **-2.** [financière] Unterstützung *die*; **~ sociale** Sozialhilfe *die*. **-3.** [personne]: **~ familiale** Familienhelferin *die*; **~ ménagère** Haushaltshilfe *die*. ◇ *nmf* **-1.** [adjoint] Gehilfe *der*, -fin *die*. **-2.** [en renfort] Hilfskraft *die*.
◆ **à l'aide de** *loc prép*: **à l'~ de qqch** mit Hilfe einer Sache *(G)*.
◆ **aide de camp** *nm* Adjudant *der*.
aide-comptable [ɛdkɔ̃tabl] (*pl* **aides-comptables**) *nmf* Hilfsbuchhalter *der*, -in *die*.
aide-mémoire [ɛdmemwar] *nm inv* **-1.** [note] Gedächtnisstütze *die*. **-2.** [mémento] kurzgefaßtes Lehrbuch.
aider [4] [ede] ◇ *vt* **-1.** [assister]: **~ qqn** jm helfen; **~ qqn à faire qqch** jm helfen, etw zu tun; **être aidé dans qqch** bei einer Sache Hilfe bekommen; **se faire ~ par** OU **de qqn** js Hilfe in Anspruch nehmen. **-2.** [être utile à]: **~ qqn** jm hilfreich sein. ◇ *vi*: **~ à qqch** für OU bei etw hilfreich sein.
◆ **s'aider** *vp*: **s'~ de qqch** etw zu Hilfe nehmen.
aide-soignant, e [ɛdswaɲɑ̃, ɑ̃t] (*mpl* **aides-soignants**, *fpl* **aides-soignantes**) *nm, f* Krankenpflegehelfer *der*, -in *die* .
aie *etc* → **avoir**.
aïe [aj] *interj* **-1.** [de douleur] au. **-2.** [de désagrément] o je.
AIEA (*abr de* **Agence internationale de l'énergie nucléaire**) *nf* IAEO *die*, IAB *die (Internationale Atombehörde)*.
aïeux [ajø] *nmpl* Ahnen *Pl*.
aigle [ɛgl] *nm* Adler *der*.
aiglefin = **églefin**.
aiglon [ɛglɔ̃] *nm* Adlerjunge *das*.
aigre [ɛgr] *adj* **-1.** [saveur] sauer. **-2.** [odeur] säuerlich. **-3.** [propos] bissig.
aigre-doux, -douce [ɛgrədu, dus] (*mpl* **aigres-doux**, *fpl* **aigres-douces**) *adj* **-1.** CULIN süßsauer. **-2.** [propos] bittersüß.
aigrelet, ette [ɛgrəlɛ, ɛt] *adj* **-1.** [vin] herb. **-2.** [voix] quäkig.
aigrement [ɛgrəmɑ̃] *adv* scharf.
aigrette [ɛgrɛt] *nf* Seidenreiher *der*, Silberreiher *der*.
aigreur [ɛgrœr] *nf* **-1.** [d'aliment] saurer Geschmack. **-2.** [de propos] Bitterkeit *die*.
◆ **aigreurs d'estomac** *nfpl* Sodbrennen *das (sans pl)*.
aigri, e [egri] ◇ *adj* verbittert. ◇ *nm, f* verbitterter Mensch.

aigrir [32] [egrir] *vt* [personne] verbittern.
◆ **s'aigrir** *vp* [personne] verbittern.
aigu, uë [egy] *adj* **-1.** [cri] schrill; [note] hoch. **-2.** [lame] scharf. **-3.** [angle] spitz. **-4.** [douleur] stechend. **-5.** [conflit] zugespitzt. **-6.** [développé] ausgeprägt; [intelligence, perception] scharf.
◆ **aigu** *nm* MUS hoher Ton.
aiguillage [egɥijaʒ] *nm* RAIL Weichenstellen *das*; [dispositif] Weiche *die*.
aiguille [egɥij] *nf* **-1.** [à coudre, de conifère] Nadel *die*; **~ à tricoter** Stricknadel; **chercher une ~ dans une botte de foin** *fig* eine Stecknadel in einem Heuhaufen suchen. **-2.** [de pendule] Zeiger *der*. **-3.** GÉOGR & ARCHIT Spitze *die*. **-4.** MÉD (Hohl)nadel *die*.
aiguiller [3] [egɥije] *vt* **-1.** RAIL Weichen stellen. **-2.** [orienter]: **~ qqn vers qqch** jn auf etw *(A)* orientieren; **~ la conversation sur qqch** das Gespräch auf etw *(A)* bringen.
aiguilleur [egɥijœr] *nm* **-1.** RAIL Weichenwärter *der*. **-2.** AÉRON: **~ du ciel** Fluglotse *der*, -sin *die*.
aiguillon [egɥijɔ̃] *nm* [dard] Stachel *der*.
aiguiser [3] [egize] *vt* **-1.** [outil] schleifen. **-2.** [haine, envie] verstärken; **~ l'appétit** den Appetit anregen; **~ la curiosité** die Neugier(de) anstacheln.
aïkido [ajkido] *nm* Aikido *das*.
ail [aj] (*pl* **ails** OU **aulx** [o]) *nm* Knoblauch *der (sans pl)*.
aile [ɛl] *nf* **-1.** [gén] Flügel *der*; **battre de l' ~** *fig* in Schwierigkeiten geraten; **donner des ~ s à qqn** *fig* jn beflügeln; **voler de ses propres ~s** *fig* auf eigenen Füßen stehen. **-2.** [de voiture] Kotflügel *der*. **-3.** [d'avion] Tragfläche *die*.
◆ **ailes du nez** *nfpl* Nasenflügel *Pl*.
aileron [ɛlrɔ̃] *nm* **-1.** [de requin] Flosse *die*. **-2.** [d'avion] Querruder *das*.
ailier [elje] *nm* Flankenspieler *der*, Flügelstürmer *der*.
aille *etc* → **aller**.
ailleurs [ajœr] *adv* woanders; **avoir l'esprit ~** *fig* mit den Gedanken woanders sein.
◆ **d'ailleurs** *loc adv* übrigens.
◆ **par ailleurs** *loc adv* im übrigen, außerdem.
ailloli, **aïoli** [ajɔli] *nm eine Art Knoblauchmayonnaise*.
aimable [ɛmabl] *adj* **-1.** [propos] nett. **-2.** [personne, caractère] liebenswürdig. **-3.** [air, sourire] freundlich.
aimablement [ɛmabləmɑ̃] *adv* freundlich.
aimant, e [ɛmɑ̃, ɑ̃t] *adj* lieb, liebevoll.
◆ **aimant** *nm* Magnet *der*.
aimanter [3] [ɛmɑ̃te] *vt* magnetisieren.
aimer [4] [eme] *vt* **-1.** [d'amour] lieben. **-2.** [d'affection] lieb haben. **-3.** [apprécier] mögen; **bien ~ qqch** etw mögen; **bien ~ faire qqch** etw gern tun; **~ à faire qqch** *littéraire* etw gern tun, lieben, etw zu tun; **~ que** *(+ subjonctif)* es mögen, daß OU wenn; **mieux ~ qqch (que qqch)** etw (einer Sache *(D)*) vor|ziehen; **j'aime mieux nager que faire du ski** ich schwimme lieber, als daß ich Ski fahre. **-4.** *(au conditionnel)*: **j'aimerais/il aimerait (bien) qqch** ich hätte/er hätte etw gern; **j'aimerais/il aimerait bien que** *(+ subjonctif)* es wäre mir/es wäre ihm lieb, wenn.
◆ **s'aimer** *vp* **-1.** [emploi réfléchi] sich *(D)* gefallen. **-2.** [emploi réciproque] sich gern haben.
aine [ɛn] *nf* Leiste *die*.
aîné, e [ene] ◇ *adj* älteste,-r,-s. ◇ *nm, f* Älteste *der, die, das*; **elle est mon ~e de deux ans** sie ist zwei Jahre älter als ich.
aînesse [ɛnɛs] → **droit**.
ainsi [ɛ̃si] *adv* so; **~ donc** also; **pour ~ dire** sozusagen.
◆ **ainsi que** *loc conj* **-1.** [comme] (so) wie; **c'est ~ que** und so. **-2.** [et] sowie.
aïoli = **ailloli**.
air [ɛr] *nm* **-1.** [que l'on respire, espace] Luft *die*; **le grand ~** die gute Luft; **prendre l'~** frische Luft schnappen; **~ comprimé** Druckluft; **~ conditionné** Aircondition *die*, Klimaanlage *die*; **à l'~ libre** an der freien Luft; **en plein ~** im Freien. **-2.** [apparence] Anschein *der*; **avoir l'~ de qqch** so aus|sehen wie etw; **avoir l'~ de faire qqch** anscheinend etw tun; **sans en avoir l'~** entgegen dem Anschein; **d'un ~ dégagé** mit ungezwungenem Gesichtsausdruck; **n'avoir l'~ de rien** nicht viel her|machen. **-3.** [mine] Gesichtsausdruck *der*; **~ de famille** Ähnlichkeit *die*. **-4.** MUS Melodie *die*. **-5.** *loc*: **il y a qqch dans l'~** etw liegt in der Luft; **s'envoyer en l'~** *vulg* bumsen.
◆ **en l'air** ◇ *loc adv*: **être en l'~** in der Luft sein; **lancer en l'~** in die Luft werfen. ◇ *loc adj*: **paroles en l'~** leere Worte.
aire [ɛr] *nf* **-1.** [zone] Platz *der*; **~ d'atterrissage** Landezone *die*; **~ de jeux** Spielplatz; **~ de repos** Rastplatz. **-2.** [superficie] Fläche *die*. **-3.** [nid] Horst *der*.
airelle [ɛrɛl] *nf* Preiselbeere *die*.
aisance [ɛzɑ̃s] *nf* **-1.** [facilité] Leichtigkeit *die*; **avec ~** gewandt *(adv)*. **-2.** [richesse] Wohlstand *der*.
aise [ɛz] ◇ *nf*: **être à l'~** OU **à son ~** sich wohl fühlen; **mettre qqn à l'~** jm die Befangenheit nehmen; **mettez-vous à l'~** machen Sie es sich bequem; **mettre qqn mal à l'~** jn in Verlegenheit bringen; **en prendre à son ~** ungeniert sein; **à votre ~** ganz nach Ihrem Belieben. ◇ *adj*: **bien ~** *sout* erfreut.
◆ **aises** *nfpl* Bequemlichkeit *die*; **aimer ses ~s** es gern bequem haben; **prendre ses ~s** sich breit|machen.

aisé, e [eze] *adj* **-1.** *sout* [facile] einfach. **-2.** [riche] wohlhabend.
aisément [ezemɑ̃] *adv* mühelos.
aisselle [ɛsɛl] *nf* Achselhöhle *die.*
ait [ɛ] → **avoir.**
ajonc [aʒɔ̃] *nm* Stechginster *der.*
ajournement [aʒurnəmɑ̃] *nm* Aufschub *der.*
ajourner [3] [aʒurne] *vt* **-1.** [réunion] vertagen; [rendez-vous] auf|schieben. **-2.** [candidat] zurück|stellen.
ajout [aʒu] *nm* Zusatz *der.*
ajouter [3] [aʒute] *vt* **-1.** [additionner] hinzu|geben. **-2.** [mot, précision] hinzu|setzen; **~ un mot à une phrase** einem Satz ein Wort hinzu|fügen.
◆ **ajouter à** *v prép* [ennui, détresse] verschlimmern; [joie, plaisir] vergrößern.
◆ **s'ajouter** *vp*: **s'~ à qqch** zu etw hinzu|kommen; **s'y ajoute** OU **s'ajoute à cela que** hinzukommt, daß.
ajustage [aʒystaʒ] *nm* Justierung *die,* Anpassung *die.*
ajusté, e [aʒyste] *adj* **-1.** [coupé] antailliert. **-2.** [fixé] passend.
ajuster [3] [aʒyste] *vt* **-1.** [adapter] an|passen; **~ qqch (à qqch)** etw (an etw *(A)*) an|passen. **-2.** [tir] aus|richten. **-3.** [cravate] zurecht|rücken.
◆ **s'ajuster** *vp* zueinander passen.
ajusteur [aʒystœr] *nm* Schlosser *der,* -in *die.*
alaise, alèse [alɛz] *nf* Matratzenschutz *der.*
alambiqué, e [alɑ̃bike] *adj péj* höchst kompliziert.
alangui, e [alɑ̃gi] *adj* ermattet.
alarmant, e [alarmɑ̃, ɑ̃t] *adj* alarmierend.
alarme [alarm] *nf* **-1.** [alerte] Alarm *der;* **donner l'~** Alarm schlagen. **-2.** [sonnerie] Alarmsignal *das.* **-3.** [dispositif] Alarmanlage *die.*
alarmer [3] [alarme] *vt* beunruhigen.
◆ **s'alarmer** *vp* sich beunruhigen.
alarmiste [alarmist] ◇ *nmf* Panikmacher *der,* -in *die.* ◇ *adj* panikmachend.
Alaska [alaska] *nm* Alaska *nt.*
albanais, e [albanɛ, ɛz] *adj* albanisch.
◆ **albanais** *nm* [langue] Albanisch(e) *(das).*
◆ **Albanais, e** *nm, f* Albaner *der,* -in *die.*
Albanie [albani] *nf*: **l'~** Albanien *nt.*
albâtre [albatr] *nm* Alabaster *der.*
albatros [albatros] *nm* Albatros *der.*
albinos [albinos] ◇ *nmf* Albino *der.* ◇ *adj* Albino-.
album [albɔm] *nm* **-1.** [classeur, disque] Album *das;* **~ photo** Fotoalbum. **-2.** [livre] Band *der.*
albumine [albymin] *nf* Albumin *das.*
alcalin, e [alkalɛ̃, in] *adj* alkalisch.
alchimiste [alʃimist] *nmf* Alchimist *der,* -in *die.*
alcool [alkɔl] *nm* Alkohol *der;* **~ à 90°** 90%iger Alkohol; **~ à brûler** Brennspiritus *der;* **~ de poire** Birnenschnaps *der.*
alcoolémie [alkɔlemi] *nf* Blutalkoholgehalt *der.*
alcoolique [alkɔlik] ◇ *nmf* Alkoholiker *der,* -in *die.* ◇ *adj* Alkohol-, alkoholisch.
alcoolisé, e [alkɔlize] *adj* alkoholisch.
alcoolisme [alkɔlism] *nm* Alkoholismus *der.*
Alcootest®, Alcotest® [alkotɛst] *nm Alkoholtest mit Blasröhrchen.*
alcôve [alkov] *nf* Alkoven *der;* **secret d' ~** *fig* intimes Geheimnis.
aléas [alea] *nmpl*: **les ~ du métier** die Unwägbarkeiten des Berufs; **les ~ de la vie** die Wechselfälle des Lebens.
aléatoire [aleatwar] *adj* zufallsbedingt, ungewiß.
alémanique [alemanik] *adj* alemannisch.
alentour [alɑ̃tur] *adv sout* ringsumher.
◆ **alentours** *nmpl* [abords]: **les ~s** die Umgebung *(sans pl);* **aux ~s de** [lieu] in der Gegend von; [heure] etwa um, gegen.
alerte [alɛrt] ◇ *adj* **-1.** [personne] munter. **-2.** [esprit] aufgeweckt. **-3.** [style] locker. ◇ *nf* Alarm *der;* **donner l'~** Alarm geben; **fausse ~** falscher Alarm.
alerter [3] [alɛrte] *vt* alarmieren.
alèse = **alaise.**
alexandrin [alɛksɑ̃drɛ̃] *nm* POÉSIE Alexandriner *der.*
algèbre [alʒɛbr] *nf* Algebra *die.*
Alger [alʒe] *n* Algier *nt.*
Algérie [alʒeri] *nf*: **l'~** Algerien *nt.*
algérien, enne [alʒerjɛ̃, ɛn] *adj* algerisch.
◆ **Algérien, enne** *nm, f* Algerier *der,* -in *die.*
algérois, e [alʒerwa, az] *adj* aus OU von Algier.
◆ **Algérois, e** *nm, f* Einwohner *der,* -in *die* von Algier.
algue [alg] *nf* Alge *die.*
alias [aljas] *adv* alias.
alibi [alibi] *nm* Alibi *das.*
aliénation [aljenasjɔ̃] *nf* **-1.** PSYCHOL Entfremdung *die.* **-2.** JUR Übertragung *die.*
aliéné, e [aljene] ◇ *adj* **-1.** PSYCHOL entfremdet, fremdbestimmt. **-2.** JUR übertragen. **-3.** MÉD geistesgestört. ◇ *nm, f* MÉD Geisteskranke *der, die.*
aliéner [18] [aljene] *vt* **-1.** [transmettre] veräußern. **-2.** [renoncer à] dran|geben.
◆ **s'aliéner** *vp*: **s'~ qqch** sich etw verscherzen.
alignement [aliɲmɑ̃] *nm* **-1.** [disposition] Ausrichtung *die;* **être dans l'~ de qqch** in der Fluchtlinie einer Sache *(G)* liegen OU stehen.

-2. *fig* [ralliement]: **~ sur qqch** Anpassung *die* an etw *(A)*.

aligner [3] [aliɲe] *vt* **-1.** [objets] auf|reihen. **-2.** [chiffres] auf|stellen. **-3.** [attitude]: **~ qqch sur qqch** etw nach etw aus|richten.

◆ **s'aligner** *vp* **-1.** [soldats, enfants] sich in Reih und Glied auf|stellen. **-2.** *fig* [se rallier]: **s'~ sur qqch** auf etw *(A)* ein|schwenken.

aligoté [aligɔte] *adj m*: **Bourgogne ~** *Burgunder Weißwein.*

aliment [alimɑ̃] *nm* **-1.** [nourriture] Nahrungsmittel *das*. **-2.** *fig* [matière] Stoff *der*.

alimentaire [alimɑ̃tɛr] *adj* **-1.** [produit] Nahrungs-; **produits ~s** Lebensmittel *Pl.* **-2.** [industrie] Lebensmittel-, Nahrungsmittel-. **-3.** [travail] lediglich dem Broterwerb dienend.

alimentation [alimɑ̃tasjɔ̃] *nf* **-1.** [nourriture] Ernährung *die*. **-2.** [produits]: **l'~** die Lebensmittel *Pl.* **-3.** [approvisionnement] Versorgung *die*; **~ en gaz** Gasversorgung.

alimenter [3] [alimɑ̃te] *vt* **-1.** [nourrir]: **~ qqn** jm zu essen geben. **-2.** [approvisionner]: **~ qqch en qqch** etw mit etw versorgen. **-3.** [entretenir]: **~ qqch** einer Sache *(D)* Stoff liefern; **~ les conversations** für Gesprächsstoff sorgen.

◆ **s'alimenter** *vp* sich ernähren.

alinéa [alinea] *nm* **-1.** [retrait de ligne] eingerückte Zeile. **-2.** [paragraphe] Absatz *der*.

aliter [3] [alite] *vt*: **être alité** krank im Bett liegen.

◆ **s'aliter** *vp* sich ins Bett legen.

allaitement [alɛtmɑ̃] *nm* Stillen *das*.

allaiter [4] [alete] *vt* stillen.

allant [alɑ̃] *nm sout*: **plein d' ~** voller Elan.

alléchant, e [aleʃɑ̃, ɑ̃t] *adj* verlockend.

allécher [18] [aleʃe] *vt* an|locken.

allée [ale] *nf* **-1.** [chemin] Allee *die*. **-2.** [passage] Gang *der*.

◆ **allées et venues** *nfpl* Lauferei *die*; **faire des ~s et venues** hin- und her|fahren.

allégation [alegasjɔ̃] *nf* Behauptung *die*.

allégé, e [aleʒe] *adj* light, leicht; **produit ~** fettarmes Produkt; **régime ~** fettarme Kost.

allégeance [aleʒɑ̃s] *nf* Treuepflicht *die*.

alléger [22] [aleʒe] *vt* **-1.** [poids] leichter machen. **-2.** [programme, impôts] entlasten. **-3.** *fig* [soucis, peine] lindern.

allégorie [alegɔri] *nf* Allegorie *die*.

allègre [alɛgr] *adj* **-1.** [ton] vergnügt. **-2.** [démarche] munter.

allégresse [alegrɛs] *nf* Jubel *der*.

alléguer [18] [alege] *vt*: **~ que** vor|geben, daß.

Allemagne [almaɲ] *nf*: **l'~** Deutschland *nt*; **l'~ de l'Est** Ostdeutschland; **l'~ de l'Ouest** Westdeutschland.

allemand, e [almɑ̃, ɑ̃d] *adj* deutsch.

◆ **allemand** *nm* [langue] Deutsch(e) *(das)*.

◆ **Allemand, e** *nm, f* Deutsche *der, die*.

aller [31] [ale] ◇ *nm* **-1.** [à pied] Hinweg *der*; [en train, en voiture] Hinfahrt *die*; [en avion] Hinflug *der*. **-2.** [billet - de train] einfache Fahrkarte; [- d'avion] einfaches Flugticket. ◇ *vi* **-1.** [se déplacer - en véhicule] fahren; [- à pied, au cinéma] gehen; **~ faire qqch** fort|gehen, um etw zu tun; **~ travailler** zur Arbeit gehen; **~ chercher qqn/qqch** jn/etw ab|holen; **~ se promener** spazieren|gehen; **allez!** los!; **on y va?** können wir?; **allons-y!** dann also los!; **vas-y!** mach (doch)!; **allez, au revoir!** also dann, auf Wiedersehen! **-2.** [progresser]: **~ bien** gut gehen; **~ loin** [événement] weitreichende Folgen haben; **~ vite** [nouvelles] sich schnell verbreiten; [travail] große Fortschritte machen. **-3.** [santé, état, personne]: **comment vas-tu?** wie geht es dir?; **(comment) ça va?** wie geht's?; **je vais bien** es geht mir gut; **ça va** es geht ganz gut; **il va mieux** ihm geht es besser. **-4.** [couleur, vêtement, style]: **~ avec qqch** zu etw passen; **~ à qqn** jm stehen; **~ ensemble** zusammen|passen. **-5.** [être adapté]: **~ pour qqch** für etw geeignet sein; **le cahier va avec le manuel** das Heft und das Lehrbuch gehören zusammen; **ça ira!** ist schon gut! **-6.** *loc*: **cela va de soi** das versteht sich von selbst; **cela va sans dire** das bedarf keiner Worte; **il y va de** es geht um; **il en va de même pour** das gilt auch für; **il en va de cette affaire comme des autres** mit dieser Sache verhält es sich wie mit den anderen. ◇ *v aux (exprime le futur proche)* werden; **je vais être en retard** ich werde zu spät kommen; **ce midi, je vais manger une pizza** heute mittag esse ich eine Pizza; **nous allons bientôt avoir fini** wir sind bald fertig.

◆ **s'en aller** *vp* **-1.** [partir] gehen; **allez-vous-en!** gehen Sie!, geht! **-2.** [disparaître] weg|gehen.

allergie [alɛrʒi] *nf* Allergie *die*; **avoir une ~ à qqch** *litt* & *fig* gegen etw allergisch sein.

allergique [alɛrʒik] *adj* allergisch; **être ~ à qqn/qqch** *litt* & *fig* gegen jn/etw allergisch sein.

aller-retour [aler(ə)tur] *nm* Rückfahrkarte *die*; [en avion] Hin- und Rückflug *der*.

alliage [aljaʒ] *nm* Legierung *die*.

alliance [aljɑ̃s] *nf* **-1.** [union] Allianz *die*, Bündnis *das*. **-2.** [anneau] Trauring *der*. **-3.** [mariage] (eheliche) Verbindung; **par ~** angeheiratet *(adj)*. **-4.** [organisation]: **l'Alliance française** *Einrichtung zur Verbreitung der französischen Sprache und Kultur.*

allié, e [alje] *nm, f* **-1.** [soutien] Verbündete *der*,

die, das. **-2.** MIL Alliierte *der, die, das*.
◆ **Alliés** *nmpl*: **les Alliés** die Alliierten.
allier [9] [alje] *vt*: **~ qqch à qqch** *fig* etw mit etw verbinden.
◆ **s'allier** *vp* **-1.** [pays]: **s'~ (à un état)** sich (mit einem Staat) verbünden. **-2.** [élément] sich verbinden.
alligator [aligatɔr] *nm* Alligator *der*.
allitération [aliterasjɔ̃] *nf* Alliteration *die*.
allô [alo] *interj in Frankreich Begrüßungsformel des Angerufenen am Telefon*.
allocation [alɔkasjɔ̃] *nf* **-1.** [attribution]: **~ de qqch (à qqn)** Zuteilung *die* einer Sache *(G)* (an jn). **-2.** [financière]: **~ (de) chômage** Arbeitslosengeld *das*; **~s familiales** Kindergeld *das*; **~ (de) logement** Wohngeld *das*.
allocution [alɔkysjɔ̃] *nf* Ansprache *die*.
allongement [alɔ̃ʒmɑ̃] *nm* Verlängerung *die*.
allonger [17] [alɔ̃ʒe] *vt* **-1.** [vêtement, durée] verlängern. **-2.** [visage, silhouette] länger erscheinen lassen. **-3.** [bras, jambe] aus|strecken; [personne] hin|legen. **-4.** *fam* [argent] geben. **-5.** *fam* [coup]: **~ une gifle à qqn** jm eine Ohrfeige verpassen.
◆ **s'allonger** *vp* **-1.** [route] sich erstrecken. **-2.** [personne] sich hin|legen. **-3.** [réunion, conversation] sich hin|ziehen. **-4.** [visage, silhouette] länger werden.
allopathique [alɔpatik] *adj* allopathisch.
allouer [6] [alwe] *vt*: **~ qqch à qqn** jm etw gewähren.
allumage [alymaʒ] *nm* **-1.** [de feu] Anzünden *das*. **-2.** [d'appareil] Einschalten *das*. **-3.** AUTOM [fonction] Zünden *das*; [dispositif] Zündanlage *die*.
allume-cigares [alymsigar] *nm inv* Zigarettenanzünder *der*.
allume-gaz [alymgaz] *nm inv* Gasanzünder *der*.
allumer [3] [alyme] *vt* **-1.** [enflammer] an|zünden. **-2.** [mettre en marche] ein|schalten, an|machen. **-3.** [éclairer]: **~ une pièce** in einem Raum (das) Licht anschalten OU an|machen. **-4.** *fam* [personne] an|machen.
◆ **s'allumer** *vp* **-1.** [lampe, lumière] an|gehen. **-2.** [s'enflammer] sich entzünden. **-3.** [s'illuminer] hell werden; *fig* auf|leuchten.
allumette [alymɛt] *nf* Streichholz *das*; **craquer une ~** ein Streichholz an|zünden.
allumeuse [alymøz] *nf fam péj* Anmacherin *die*.
allure [alyr] *nf* **-1.** [vitesse] Geschwindigkeit *die*; **à toute ~** [manger] im Eiltempo; [rouler] mit hohem Tempo. **-2.** [prestance] Auftreten *das*; **avoir de l'~** vornehm wirken. **-3.** [apparence] äußere Erscheinung; **avoir une drôle d'~** komisch aus|sehen; **avoir fière ~** vornehm aus|sehen.
allusion [alyzjɔ̃] *nf* Anspielung *die*; **faire ~ à qqn/qqch** auf jn/etw an|spielen.
alluvions [alyvjɔ̃] *nfpl* Anschwemmungen *Pl*.
almanach [almana] *nm* Almanach *der*.
aloès [alɔɛs] *nm* Aloe *die*.
aloi [alwa] *nm*: **de bon ~** gediegen *(adj)*; **de mauvais ~** unpassend *(adj)*.
alors [alɔr] *adv* **-1.** [à ce moment-là] dann; **et ~** und dann; **et ~?** na und?; **ou ~** sonst; **ça ~!** na so was!; **~, qu'est-ce qu'on fait?** was machen wir nun? **-2.** [par conséquent] also. **-3.** [autrefois] damals.
◆ **d'alors** *loc adv* damalig.
◆ **jusqu'alors** *loc adv* bis dahin.
◆ **alors que** *loc conj* **-1.** [d'opposition] obwohl. **-2.** [temporel] als.
alouette [alwɛt] *nf* Lerche *die*.
alourdir [32] [alurdir] *vt* **-1.** [véhicule, fardeau] schwerer machen. **-2.** [impôts, charges] erhöhen. **-3.** [phrase, style] schwerfällig machen.
◆ **s'alourdir** *vp* [corps] rundlicher werden; **ses paupières s'alourdissaient** die Lider wurden ihr OU ihm schwer.
aloyau, x [alwajo] *nm* Lendenstück *das*.
alpage [alpaʒ] *nm* Alm *die*.
Alpes [alp] *nfpl*: **les ~** die Alpen; **les ~ du Sud** die Südalpen.
alpestre [alpɛstr] *adj* alpin.
alphabet [alfabɛ] *nm* Alphabet *das*.
alphabétique [alfabetik] *adj* alphabetisch.
alphabétisation [alfabetizasjɔ̃] *nf* Alphabetisierung *die*.
alphabétiser [3] [alfabetize] *vt*: **~ qqn** jm Lesen und Schreiben bei|bringen; **~ un pays** in einem Land das Analphabetentum beseitigen.
alpin, e [alpɛ̃, in] *adj* Berg-.
alpinisme [alpinism] *nm* Bergsteigen *das*.
alpiniste [alpinist] *nmf* Bergsteiger *der*, -in *die*.
Alsace [alzas] *nf*: **l' ~** das Elsaß.
alsacien, enne [alzasjɛ̃, ɛn] *adj* elsässisch.
◆ **alsacien** *nm* [langue] Elsässisch(e) *(das)*.
◆ **Alsacien, enne** *nm, f* Elsässer *der*, -in *die*.
altération *nf* **-1.** [dégradation - situation] Verschlechterung *die*; [- aliment] Verderben *das*. **-2.** [modification] Veränderung *die*. **-3.** MUS Vorzeichen *das*.
altercation [altɛrkasjɔ̃] *nf* Auseinandersetzung *die*.
alter ego [altɛrego] *nm inv* zweites Ich.
altérer [18] [altere] *vt* **-1.** [détériorer] verschlechtern. **-2.** [rapport] beeinträchtigen. **-3.** [vérité] verfälschen.

◆ **s'altérer** *vp* **-1.** [aliment] verderben. **-2.** [couleur] verblassen. **-3.** [sentiment, état] sich verschlechtern.

alternance [altɛrnɑ̃s] *nf* Wechsel *der*; **en ~** abwechselnd *(adv)*.

alternatif, ive [alternatif, iv] *adj* **-1.** [périodique] Wechsel-. **-2.** [parallèle] Alternativ-.

◆ **alternative** *nf* Alternative *die*.

alternativement [altɛrnativmɑ̃] *adv* abwechselnd.

alterner [3] [altɛrne] ◇ *vt*: **(faire) ~ qqch et qqch** etw und etw abwechselnd tun; **~ qqch avec qqch** etw auf etw *(A)* folgen lassen. ◇ *vi* ab|wechseln.

altesse [altɛs] *nf*: **Son/Votre ~** Seine/Eure Hoheit.

altier, ère [altje, ɛr] *adj sout* stolz.

altimètre [altimɛtr] *nm* Höhenmesser *der*.

altiport [altipɔr] *nm im Hochgebirge gelegener Landeplatz*.

altitude [altityd] *nf* Höhe *die*; **à basse ~** niedrig *(adv)*; **en ~** in großen Höhen; **prendre de l' ~** AÉRON an Höhe gewinnen.

alto [alto] *nm* [voix] Alt *der*; [violon] Bratsche *die*.

aluminium [alyminjɔm] *nm* Aluminium *das*.

alunir [32] [alynir] *vi* auf dem Mond landen.

alunissage [alynisaʒ] *nm* Mondlandung *die*.

alvéole [alveɔl] *nm* OU *nf* **-1.** [de ruche] Zelle *die*. **-2.** [de poumon, dentaire] Alveole *die*. **-3.** [cavité] wabenartige Vertiefung.

amabilité [amabilite] *nf* Liebenswürdigkeit *die*; **avoir l'~ de faire qqch** die Liebenswürdigkeit haben, etw zu tun.

amadou [amadu] *nm* Zunder *der*.

amadouer [6] [amadwe] *vt* für sich gewinnen.

◆ **s'amadouer** *vp* zugänglicher werden.

amaigri, e [amegri] *adj*: **être ~** abgemagert sein.

amaigrir [32] [amegrir]

◆ **s'amaigrir** *vp* mager werden, ab|nehmen.

amaigrissant, e [amegrisɑ̃, ɑ̃t] *adj* Abmagerungs-.

amaigrissement [amegrismɑ̃] *nm* Abmagerung *die*.

amalgame [amalgam] *nm* **-1.** [alliage, assimilation] Amalgam *das*; **faire l'~ de qqch et de qqch** etw mit etw gleich|stellen; **il ne faut pas faire l' ~ entre ces deux questions** man darf diese beiden Fragen nicht über einen Kamm scheren. **-2.** *fig* [mélange] Gemisch *das*.

amalgamer [3] [amalgame] *vt* **-1.** [combiner] vermengen. **-2.** *fig* [mélanger] verbinden.

amande [amɑ̃d] *nf* Mandel *die*; **en ~** *fig* mandelförmig *(adj)*.

amandier [amɑ̃dje] *nm* Mandelbaum *der*.

amanite [amanit] *nf* Wulstling *der*; **~ phalloïde** Knollenblätterpilz *der*.

amant, e [amɑ̃, ɑ̃t] *nm, f* Liebhaber *der*, -in *die*.

◆ **amants** *nmpl* [couple] Liebespaar *das*.

amarre [amar] *nf* Leine *die*; **larguer les ~s** [bateau] die Leinen los|machen; [personne] Leine ziehen.

amarrer [3] [amare] *vt* **-1.** NAVIG fest|machen, vertäuen. **-2.** [attacher] fest|binden.

amaryllis [amarilis] *nf* Amaryllis *die*.

amas [ama] *nm* **-1.** [d'objets] Haufen *der*. **-2.** [de connaissances] Ansammlung *die*, Anhäufung *die*.

amasser [3] [amase] *vt* **-1.** [objets] an|sammeln, an|häufen. **-2.** [argent] an|häufen.

◆ **s'amasser** *vp* **-1.** [objets, preuves] sich an|häufen. **-2.** [foule] sich an|sammeln; **s'~ autour de qqn/qqch** sich um jn/etw scharen.

amateur [amatœr] *nm* **-1.** [de sport, d'art] Liebhaber *der*, -in *die*; **être ~ de football** ein Fußballiebhaber sein. **-2.** *péj* [dilettante] Amateur *der*; **faire de la peinture en ~** ein Hobbymaler sein.

amateurisme [amatœrism] *nm* **-1.** SPORT Amateurstatus *der*. **-2.** *péj* [dilettantisme] Dilettantismus *der*.

amazone [amazon] *nf* Amazone *die*; **monter en ~** im Damensitz reiten.

Amazonie [amazɔni] *nf*: **l' ~** Amazonien *nt*.

amazonien, enne [amazɔnjɛ̃, ɛn] *adj* Amazonas-; **la forêt ~ne** der amazonische Regenwald.

ambages [ɑ̃baʒ]

◆ **sans ambages** *loc adv sout* ohne Umschweife.

ambassade [ɑ̃basad] *nf* Botschaft *die*.

ambassadeur, drice [ɑ̃basadœr, dris] *nm, f* **-1.** [diplomate] Botschafter *der*, -in *die*. **-2.** *fig* [représentant] Repräsentant *der*, -in *die*.

ambiance [ɑ̃bjɑ̃s] *nf* Stimmung *die*; **il y a de l'~!** hier herrscht Stimmung!

ambiant, e [ɑ̃bjɑ̃, ɑ̃t] *adj* Umgebungs-; **température ~e** Raumtemperatur *die*.

ambidextre [ɑ̃bidɛkstr] ◇ *nmf* Beidhänder *der*, -in *die*. ◇ *adj* beidhändig.

ambigu, uë [ɑ̃bigy] *adj* **-1.** [attitude, parole] zweideutig, mehrdeutig. **-2.** [regard] zwielichtig.

ambiguïté [ɑ̃bigɥite] *nf* Mehrdeutigkeit *die*; **sans ~** unmißverständlich *(adv)*.

ambitieux, euse [ɑ̃bisjø, øz] ◇ *adj* ehrgeizig. ◇ *nm, f péj* Ehrgeizling *der*.

ambition [ɑ̃bisjɔ̃] *nf* **-1.** *péj* [arrivisme] Ehrgeiz *der*. **-2.** [désir] Streben *das*; **avoir l'~ de faire qqch** bestrebt sein, etw zu tun.

ambitionner [3] [ɑ̃bisjɔne] *vt* an|streben; **~ de faire qqch** danach streben, etw zu tun.
ambivalent, e [ɑ̃bivalɑ̃, ɑ̃t] *adj* ambivalent.
ambre [ɑ̃br] *nm* **-1.** [jaune] Bernstein *der*. **-2.** [gris] Amber *der*.
ambré, e [ɑ̃bre] *adj* **-1.** [couleur] bernsteinfarben. **-2.** [parfum] nach Amber duftend.
ambulance [ɑ̃bylɑ̃s] *nf* Krankenwagen *der*.
ambulancier, ère [ɑ̃bylɑ̃sje, ɛr] *nm, f* Krankenwagenfahrer *der*, -in *die*.
ambulant, e [ɑ̃bylɑ̃, ɑ̃t] *adj* Wander-; **marchand ~** fliegender Händler.
âme [am] *nf* **-1.** [esprit] Seele *die*; **avoir une ~ d'artiste** eine Künstlerseele haben; **il est joueur dans l'~** er ist Spieler mit Leib und Seele. **-2.** [caractère] Geist *der*. **-3.** [sensibilité] Gefühl *das*. **-4.** [personne]: **être l' ~ de qqch** die Seele einer Sache *(G)* sein; **une bonne ~** *hum* eine gute Seele; **~ sœur** *richtiger Partner fürs Leben*. **-5.** *loc*: **en mon ~ et conscience** nach bestem Wissen und Gewissen; **ne pas rencontrer ~ qui vive** keine Menschenseele treffen; **rendre l'~** *fam iron* den Geist auf|geben, die Seele aus|hauchen.
amélioration [ameljɔrasjɔ̃] *nf* Verbesserung *die*.
améliorer [3] [ameljɔre] *vt* verbessern.
◆ **s'améliorer** *vp* sich bessern.
amen [amɛn] *nm inv* Amen *das*; **dire ~ à qqch** *fam* ja und amen zu etw sagen.
aménagement [amenaʒmɑ̃] *nm* **-1.** [de lieu] Einrichten *das*; [équipement] Ausstattung *die*; **~ du territoire** Raumplanung *die*. **-2.** [organisation] Gestaltung *die*.
aménager [17] [amenaʒe] *vt* **-1.** [lieu] ein|richten. **-2.** [terrain] erschließen. **-3.** [programme] gestalten.
amende [amɑ̃d] *nf* Geldstrafe *die*; **mettre à l'~** bestrafen; **faire ~ honorable** Abbitte tun.
amendement [amɑ̃dmɑ̃] *nm* **-1.** POLIT Abänderung *die*. **-2.** AGRIC Düngemittel *das*.
amender [3] [amɑ̃de] *vt* **-1.** POLIT ab|ändern. **-2.** AGRIC verbessern.
◆ **s'amender** *vp* sich bessern.
amène [amɛn] *adj sout* freundlich; **peu ~** unfreundlich.
amener [19] [amne] *vt* **-1.** [mener] bringen. **-2.** [venir avec] mit|bringen. **-3.** [inciter]: **~ qqn à faire qqch** jn dazu bringen, etw zu tun. **-4.** [provoquer] zur Folge haben. **-5.** [préparer] mit sich bringen.
◆ **s'amener** *vp fam* an|tanzen.
aménorrhée [amenɔre] *nf* Ausbleiben *das* der Menstruation.
amenuiser [3] [amənɥize] *vt* **-1.** [amincir] verkleinern. **-2.** [réduire] verringern.
◆ **s'amenuiser** *vp* schrumpfen.
amer, ère [amɛr] *adj* **-1.** [gén] bitter. **-2.** [personne] verbittert.
amèrement [amɛrmɑ̃] *adv* bitter.
américain, e [amerikɛ̃, ɛn] *adj* amerikanisch.
◆ **américain** *nm* [langue] Amerikanisch(e) *(das)*.
◆ **Américain, e** *nm, f* Amerikaner *der*, -in *die*.
Amérique [amerik] *nf*: **l'~** Amerika *nt*; **l'~ centrale** Zentralamerika; **l'~ du Nord** Nordamerika; **l'~ du Sud** Südamerika; **l'~ latine** Lateinamerika.
amerrir [32] [amerir] *vi* wassern.
amertume [amɛrtym] *nf* **-1.** [goût] Bitterkeit *die*. **-2.** [rancœur] Verbitterung *die*.
améthyste [ametist] *nf* Amethyst *der*.
ameublement [amœbləmɑ̃] *nm* Möbel *Pl*.
ameublir [32] [amœblir] *vt* [sol] auf|lockern.
ameuter [3] [amœte] *vt* zusammen|trommeln.
ami, e [ami] ◇ *adj* befreundet, Freundes-. ◇ *nm, f* **-1.** [camarade, partisan, amoureux] Freund *der*, -in *die*; **~ d'enfance** Jugendfreund; **mon petit ~** mein Freund. **-2.** [relation] Bekannte *der, die*.
amiable [amjabl]
◆ **à l'amiable** *loc adv* gütlich.
amiante [amjɑ̃t] *nm* Asbest *der*.
amibe [amib] *nf* Amöbe *die*.
amibien, enne [amibjɛ̃, ɛn] *adj* Amöben-.
◆ **amibien** *nm* Amöbe *die*.
amical, e, aux [amikal, o] *adj* [conseil, geste] freundschaftlich; [personne, sourire] freundlich.
◆ **amicale** *nf* Verein *der*.
amicalement [amikalmɑ̃] *adv* freundschaftlich.
amidon [amidɔ̃] *nm* Stärke *die*.
amidonner [3] [amidɔne] *vt* stärken.
amincir [32] [amɛ̃sir] ◇ *vt* schlanker machen. ◇ *vi* schlanker werden.
◆ **s'amincir** *vp fig* sich verringern.
amincissant, e [amɛ̃sisɑ̃, ɑ̃t] *adj* Schlankheits-.
amiral, aux [amiral, o] *nm* Admiral *der*.
amitié [amitje] *nf* **-1.** [rapports] Freundschaft *die*. **-2.** [affection] Zuneigung *die*; **faire ses ~s à qqn** jm Grüße aus|richten.
AMM (*abr de* **Autorisation de mise sur le marché**) *nf Zulassung für den freien Verkehr*.
ammoniac, aque [amɔnjak] *adj* Ammoniak-, ammoniakalisch.
◆ **ammoniac** *nm* Ammoniak *das*.
◆ **ammoniaque** *nf* Salmiakgeist *der*.
amnésie [amnezi] *nf* Gedächtnisschwund *der*.
amniocentèse [amnjɔsɛ̃tɛz] *nf* Fruchtwasseruntersuchung *die*.

amnistie [amnisti] *nf* **-1.** [de loi] Amnestie *die*. **-2.** [de personne] Straferlaß *der*.

amnistier [9] [amnistje] *vt* begnadigen.

amocher [3] [amɔʃe] *vt fam* **-1.** [abîmer] ramponieren. **-2.** [blesser] übel zu|richten.

◆ **s'amocher** *vp fam* sich lädieren.

amoindrir [32] [amwɛ̃drir] *vt* beeinträchtigen.

◆ **s'amoindrir** *vp* schwinden.

amollir [32] [amɔlir] *vt* auf|weichen, weich machen.

◆ **s'amollir** *vp* **-1.** [chose] weich werden. **-2.** [personne] erschlaffen.

amonceler [24] [amɔ̃sle] *vt* auf|stapeln.

◆ **s'amonceler** *vp* sich auf|häufen.

amoncelle *etc* → **amonceler**.

amont [amɔ̃] *nm*: **en ~** GÉOGR stromaufwärts; **en ~ d'un lieu** oberhalb einer Stelle.

amoral, e, aux [amɔral, o] *adj* unmoralisch.

amorce [amɔrs] *nf* **-1.** [d'explosif] Zündung *die*. **-2.** PÊCHE Köder *der*. **-3.** *fig* [commencement] Auftakt *der*.

amorcer [16] [amɔrse] *vt* **-1.** [explosif] scharf machen. **-2.** PÊCHE (be)ködern. **-3.** *fig* [commencer] in die Wege leiten.

◆ **s'amorcer** *vp* in Gang kommen.

amorphe [amɔrf] *adj* **-1.** [personne] träge. **-2.** [matériau] amorph.

amortir [32] [amɔrtir] *vt* **-1.** [atténuer] dämpfen. **-2.** [capital] zurück|zahlen. **-3.** [achat] ab|schreiben.

amortissement [amɔrtismɑ̃] *nm* **-1.** [de choc] Dämpfung *die*. **-2.** [de dette] Tilgung *die*. **-3.** [d'achat] Abschreibung *die*.

amortisseur [amɔrtisœr] *nm* AUTOM Stoßdämpfer *der*.

amour [amur] *nm* **-1.** [sentiment] Liebe *die*; **~ filial** Kindesliebe; **~ maternel** Mutterliebe; **pour l'~ de qqn/qqch** jm/etw zuliebe; **pour l'~ du ciel!** um Gottes Willen!; **filer le parfait ~** *fig* im Liebesglück schwelgen. **-2.** *loc*: **faire l'~ avec qqn** mit jm schlafen; **un ~ de qqch** ein Schmuckstück von etw; **tu es un ~** du bist ein Schatz.

◆ **amours** *nfpl littéraire* Liebe *die*; **~s de jeunesse** Jugendliebe; **à tes ~s!** *fam* [après éternuement] Gesundheit!

amouracher [3] [amuraʃe]

◆ **s'amouracher** *vp*: **s' ~ de qqn** sich in jn vernarren.

amourette [amurɛt] *nf* Liebelei *die*.

amoureusement [amurøzmɑ̃] *adv* verliebt.

amoureux, euse [amurø, øz] ◇ *adj* **-1.** [personne, regard] verliebt; **tomber ~ de qqn** sich in jn verlieben. **-2.** [histoire, ébats] Liebes-. **-3.** [amateur]: **être ~ de qqch** für etw schwärmen. ◇ *nm, f* **-1.** [prétendant] Verliebte *der, die*. **-2.** [amateur]: **~ de qqch** Liebhaber einer Sache *(G)*.

amour-propre [amurprɔpr] (*pl* **amours-propres**) *nm* Eigenliebe *die*.

amovible [amɔvibl] *adj* **-1.** [roue] abnehmbar. **-2.** [capuche, doublure] abtrennbar.

ampère [ɑ̃pɛr] *nm* Ampere *das*.

amphétamine [ɑ̃fetamin] *nf* Amphetamin *das*.

amphi [ɑ̃fi] *nm fam* UNIV Hörsaal *der*.

amphibie [ɑ̃fibi] ◇ *adj* **-1.** BIOL amphibisch. **-2.** [char, véhicule] Amphibien-. ◇ *nm* Amphibie *die*.

amphithéâtre [ɑ̃fiteatr] *nm* **-1.** UNIV Hörsaal *der*. **-2.** HIST [théâtre] Amphitheater *das*.

ample [ɑ̃pl] *adj* [large] weit; [geste] weitausholend; **pour de plus ~s informations s'adresser à** Näheres OU weitere Informationen bei.

amplement [ɑ̃pləmɑ̃] *adv* [largement] völlig.

ampleur [ɑ̃plœr] *nf* **-1.** [de vêtement] Weite *die*. **-2.** [de mouvement] Umfang *der*. **-3.** [de voix] Fülle *die*. **-4.** *fig* [importance] Ausmaß *das*.

ampli [ɑ̃pli] (*abr de* **amplificateur**) *nm fam* Verstärker *der*.

amplificateur, trice [ɑ̃plifikatœr, tris] *adj* verstärkend.

◆ **amplificateur** *nm* Verstärker *der*.

amplifier [9] [ɑ̃plifje] *vt* **-1.** [mouvement] vergrößern. **-2.** [son, grandeur] verstärken. **-3.** [événement] auf|bauschen.

◆ **s'amplifier** *vp* **-1.** [son] an|schwellen. **-2.** [événement, sentiment] zu|nehmen.

amplitude [ɑ̃plityd] *nf* **-1.** [de geste] Weite *die*. **-2.** [d'onde] Schwingungsweite *die*. **-3.** [de température] Schwankungsbreite *die*.

ampoule [ɑ̃pul] *nf* **-1.** [de lampe] Glühbirne *die*. **-2.** [de peau] Blase *die*. **-3.** [médicament] Ampulle *die*.

ampoulé, e [ɑ̃pule] *adj* schwülstig.

amputation [ɑ̃pytasjɔ̃] *nf* MÉD Amputation *die*.

amputer [3] [ɑ̃pyte] *vt* **-1.** MÉD amputieren. **-2.** [budget, texte] kürzen.

Amsterdam [amstɛrdam] *n* Amsterdam *nt*.

amulette [amylɛt] *nf* Amulett *das*.

amusant, e [amyzɑ̃, ɑ̃t] *adj* lustig.

amuse-gueule [amyzgœl] *nm inv fam* Appetithäppchen *das*.

amusement [amyzmɑ̃] *nm* Vergnügen *das*.

amuser [3] [amyze] *vt* **-1.** [distraire] unterhalten. **-2.** [détourner l'attention] ab|lenken.

◆ **s'amuser** *vp* **-1.** [se distraire] sich vergnügen; **s'~ à faire qqch** seinen Spaß daran haben, etw zu tun. **-2.** [jouer] spielen.

amygdale [amidal] *nf* Rachenmandel *die*, Mandel *die*.

an [ɑ̃] *nm* Jahr *das*; **avoir sept ~s** sieben Jahre

alt sein; **l'~ dernier/prochain** voriges/nächstes Jahr; **bon ~ mal ~** jahraus, jahrein; **le nouvel ~** Neujahr; **le premier** OU **le jour de l'~** Neujahr.

anabolisant [anabɔlizɑ̃] *nm* Anabolikum *das*.

anachronique [anakrɔnik] *adj* **-1.** [décor] anachronistisch. **-2.** *fig* [dépassé] überholt, unzeitgemäß.

anachronisme [anakrɔnism] *nm* Anachronismus *der*.

anagramme [anagram] *nf* Anagramm *das*.

ANAH [ana, aɛnaaʃ] (*abr de* **Agence nationale pour l'amélioration de l'habitat**) *nf französische Agentur für Wohnungs- und Gebäudemodernisierung*.

anal, e, aux [anal, o] *adj* ANAT After-, anal; **stade ~** PSYCHOL anale Phase.

analgésique [analʒezik] ◇ *nm* Schmerzmittel *das*. ◇ *adj* schmerzstillend.

anallergique [analɛrʒik] *adj* nicht allergen.

analogie [analɔʒi] *nf* **-1.** [ressemblance] Entsprechung *die*. **-2.** LING Analogie *die*.

analogique [analɔʒik] *adj* analog.

analogue [analɔg] ◇ *adj* entsprechend. ◇ *nm* Entsprechende *das*.

analphabète [analfabɛt] ◇ *nmf* Analphabet *der*, -in *die*. ◇ *adj* analphabetisch.

analphabétisme [analfabetism] *nm* Analphabetismus *der*.

analyse [analiz] *nf* **-1.** [intellectuelle, chimique] Analyse *die*; **en dernière ~** letzten Endes. **-2.** MÉD Untersuchung *die*; **~ de sang** Blutuntersuchung, Blutprobe *die*. **-3.** PSYCHOL Psychoanalyse *die*.

analyser [3] [analize] *vt* analysieren.

◆ **s'analyser** *vp* [événement, attitude] zu erklären sein.

analyste [analist] *nmf* **-1.** [gén] Analytiker *der*, -in *die*. **-2.** PSYCHOL Psychoanalytiker *der*, -in *die*.

analyste-programmeur, euse [analistprɔgramœr, øz] (*mpl* **analystes-programmeurs**, *fpl* **analystes-programmeuses**) *nm, f* Systemanalytiker *der*, -in *die*.

analytique [analitik] *adj* **-1.** [esprit, travail] analytisch. **-2.** PSYCHOL psychoanalytisch.

ananas [anana(s)] *nm* Ananas *die*.

anar [anar] *fam* ◇ *nmf* Anarchist *der*, -in *die*. ◇ *adj* anarchistisch.

anarchie [anarʃi] *nf* **-1.** POLIT Anarchie *die*. **-2.** *péj* [désordre] Durcheinander *das*.

anarchique [anarʃik] *adj* **-1.** POLIT anarchistisch. **-2.** *péj* [désordonné] chaotisch.

anarchiste [anarʃist] ◇ *nmf* Anarchist *der*, -in *die*. ◇ *adj* anarchistisch.

anathème [anatɛm] *nm* [excommunication] Kirchenbann *der*; **jeter l'~ sur qqn** *fig* & *sout* jn scharf verurteilen.

anatomie [anatɔmi] *nf* [science] Anatomie *die*.

anatomique [anatɔmik] *adj* anatomisch.

ancestral, e, aux [ɑ̃sɛstral, o] *adj* uralt.

ancêtre [ɑ̃sɛtr] *nmf* [aïeul] Vorfahr *der*, -in *die*, Ahn *der*, -in *die*; *fig* Vorläufer *der*.

anchois [ɑ̃ʃwa] *nm* Sardelle *die*.

ancien, enne [ɑ̃sjɛ̃, ɛn] *adj* **-1.** [vieux, du passé] alt; [coutume] althergebracht; **~ Franc** alter Franc. **-2.** *(avant le nom)* [précédent] ehemalig.

◆ **ancien** *nm*: **l'~** [mobilier] die Antikmöbel; [logement] der Altbau.

◆ **anciens** *nmpl* [aînés] Alten *Pl*.

◆ **Ancien Régime** *nm* Ancien Régime *das*.

anciennement [ɑ̃sjɛnmɑ̃] *adv* vormals.

ancienneté [ɑ̃sjɛnte] *nf* **-1.** [de tradition] Alter *das*. **-2.** [d'employé] Dienstalter *das*.

ancrage [ɑ̃kraʒ] *nm* **-1.** NAVIG Verankern *das*. **-2.** *fig* [enracinement] Verankerung *die*; **point d'~** Dreh- und Angelpunkt *der*.

ancre [ɑ̃kr] *nf* Anker *der*; **jeter/lever l'~** den Anker werfen/lichten.

ancrer [3] [ɑ̃kre] *vt* **-1.** [bateau] ankern. **-2.** [idée] verankern. **-3.** [tradition, habitude] festigen.

◆ **s'ancrer** *vp* **-1.** NAVIG vor Anker gehen. **-2.** *fig* [s'enraciner] sich ein|nisten.

Andalousie [ɑ̃daluzi] *nf*: **l'~** Andalusien *nt*.

Andes [ɑ̃d] *nfpl*: **les ~** die Anden; **la cordillère des ~** die Kordilleren Südamerikas.

Andorre [ɑ̃dɔr] *nf*: **(la principauté d')~** (das Fürstentun) Andorra *nt*.

andouille [ɑ̃duj] *nf* **-1.** [charcuterie] *Wurst aus Kutteln*. **-2.** *fam* [imbécile] Dummkopf *der*; **faire l'~** herumalbern.

andouillette [ɑ̃dujɛt] *nf Bratwurst aus Kutteln*.

androgyne [ɑ̃drɔʒin] ◇ *nmf* Zwitter *der*. ◇ *adj* **-1.** MÉD doppelgeschlechtlich. **-2.** [femme, mode] geschlechtslos.

âne [an] *nm* **-1.** ZOOL Esel *der*. **-2.** *fam* [imbécile] Esel *der*.

anéantir [32] [aneɑ̃tir] *vt* **-1.** *litt* & *fig* [détruire] vernichten. **-2.** [démoraliser] bestürzen, nieder|schmettern.

◆ **s'anéantir** *vp* [disparaître] zunichte werden.

anéantissement [aneɑ̃tismɑ̃] *nm* **-1.** [destruction] Vernichtung *die*. **-2.** [abattement] Niedergeschlagenheit *die*. **-3.** [ruine] Zunichtewerden *das*.

anecdote [anɛkdɔt] *nf* Anekdote *die*.

anecdotique [anɛkdɔtik] *adj* **-1.** [événementiel] anekdotisch. **-2.** *péj* [sans importance] unwesentlich.

anémie [anemi] *nf* MÉD Blutarmut *die*; *fig* Abschwächen *das*.

anémier [9] [anemje] *vt* MÉD blutarm machen; *fig* aus|bluten.

◆ **s'anémier** *vp* MÉD blutarm werden; *fig* ausgeblutet werden.

anémique [anemik] *adj* MÉD anämisch, blutleer; *fig* ausgeblutet.

anémone [anemɔn] *nf* Anemone *die*.

ânerie [anri] *nf fam* Unsinn *der (sans pl)*.

ânesse [anɛs] *nf* Eselin *die*.

anesthésie [anɛstezi] *nf* Narkose *die*; **sous ~** in Narkose; **~ générale** Vollnarkose; **~ locale** Lokalanästhesie *die*.

anesthésier [9] [anɛstezje] *vt* betäuben.

anesthésique [anɛstezik] ◇ *nm* Narkotikum *das*. ◇ *adj* narkotisch.

anesthésiste [anɛstezist] *nmf* Anästhesist *der*, -in *die*.

aneth [anɛt] *nm* Dill *der*.

anfractuosité [ɑ̃fraktɥozite] *nf* Vertiefung *die*.

ange [ɑ̃ʒ] *nm* Engel *der*; **~ gardien** Schutzengel; **être aux ~s** *fig* im siebten Himmel sein; **un ~ passe** *fig* man könnte eine Stecknadel fallen hören.

angélique [ɑ̃ʒelik] ◇ *adj* engelhaft. ◇ *nf* **-1.** BOT Engelwurz *die*. **-2.** [confiserie] kandierte Engelwurzstange.

angélus [ɑ̃ʒelys] *nm* Angelus *der*.

◆ **Angélus** *nm* Angelus *der*.

angevin, e [ɑ̃ʒvɛ̃, in] *adj* **-1.** [de l'Anjou] aus dem OU von Anjou. **-2.** [d'Angers] aus OU von Angers.

◆ **Angevin, e** *nm, f* **-1.** [de l'Anjou] Bewohner *der*, -in *die* des Anjou. **-2.** [d'Angers] Einwohner *der*, -in *die* von Angers.

angine [ɑ̃ʒin] *nf* Angina *die*; **~ de poitrine** Angina pectoris *die*.

anglais, e [ɑ̃glɛ, ɛz] *adj* englisch.

◆ **anglais** *nm* [langue] Englisch(e) *(das)*.

◆ **Anglais, e** *nm, f* Engländer *der*, -in *die*.

◆ **à l'anglaise** ◇ *loc adj*: **pommes de terre à l'~e** Salzkartoffeln. ◇ *loc adv*: **filer à l'~e** *fig* sich dünn|machen.

◆ **anglaises** *nfpl* Korkenzieherlocken *Pl*.

angle [ɑ̃gl] *nm* **-1.** [coin] Ecke *die*; **~ mort** toter Winkel; **arrondir les ~s** *fig* die Wogen glätten. **-2.** MATHS Winkel *der*; **~ droit/aigu/obtus** rechter/spitzer/stumpfer Winkel. **-3.** [point de vue] Blickwinkel *der*; **voir les choses sous un certain ~** die Dinge aus einem bestimmten Blickwinkel betrachten.

Angleterre [ɑ̃glətɛr] *nf*: **l'~** England *nt*.

anglican, e [ɑ̃glikɑ̃, an] ◇ *adj* anglikanisch. ◇ *nm, f* Anglikaner *der*, -in *die*.

Anglo-Normandes [ɑ̃glonɔrmɑ̃d] → **île**.

anglophone [ɑ̃glɔfɔn] ◇ *nmf* englischer Muttersprachler, englische Muttersprachlerin. ◇ *adj* englischsprachig.

anglo-saxon, onne [ɑ̃glɔsaksɔ̃, ɔn] *adj* angelsächsisch.

◆ **Anglo-Saxon, onne** *nm, f* Angelsachse *der*, -sächsin *die*.

angoissant, e [ɑ̃gwasɑ̃, ɑ̃t] *adj* beängstigend.

angoisse [ɑ̃gwas] *nf* Angst *die*.

angoissé, e [ɑ̃gwase] ◇ *adj* angsterfüllt. ◇ *nm, f* angsterfüllter Mensch.

angoisser [3] [ɑ̃gwase] *vt* beängstigen.

◆ **s'angoisser** *vp* **-1.** [être anxieux] sich ängstigen. **-2.** *fam* [s'inquiéter] sich verrückt machen.

Angola [ɑ̃gɔla] *nm*: **l'~** Angola *nt*.

angolais, e [ɑ̃gɔlɛ, ɛz] *adj* angolanisch.

◆ **Angolais, e** *nm, f* Angolaner *der*, -in *die*.

angora [ɑ̃gɔra] ◇ *adj* Angora-. ◇ *nm* **-1.** [chat] Angorakatze *die*. **-2.** [laine] Angorawolle *die*.

anguille [ɑ̃gij] *nf* Aal *der*; **il y a ~ sous roche** *fig* da ist etwas im Busch.

anguleux, euse [ɑ̃gylø, øz] *adj* [visage] kantig.

anicroche [anikrɔʃ] *nf* Zwischenfall *der*.

animal, e, aux [animal, o] *adj* **-1.** [propre à l'animal] Tier-, tierisch. **-2.** *fig* [peur, réaction] instinktiv.

◆ **animal, aux** *nm* **-1.** [bête] Tier *das*; **~ domestique** Haustier; **~ en peluche** Plüschtier; **~ sauvage** wildes Tier. **-2.** *fam* [personne] Kerl *der*.

animateur, trice [animatœr, tris] *nm, f* **-1.** RADIO & TÉLÉ Moderator *der*, -in *die*. **-2.** [de voyage] Animateur *der*. **-3.** [de manifestation] Veranstaltungsleiter *der*, -in *die*. **-4.** [sportif] Leiter *der*, -in *die*. **-5.** [de colonie de vacances] Gruppenleiter *der*, -in *die*.

animation [animasjɔ̃] *nf* **-1.** [entrain] Anregung *die*. **-2.** [spectacle] Veranstaltung *die*. **-3.** [activités] Freizeitgestaltung *die*.

animatrice → **animateur**.

animé, e [anime] *adj* **-1.** [regard, visage] lebendig. **-2.** [conversation] lebhaft. **-3.** [rue, quartier] belebt.

animer [3] [anime] *vt* **-1.** [conversation, soirée] beleben. **-2.** [émission] moderieren. **-3.** [diriger] leiten.

◆ **s'animer** *vp* sich beleben.

animisme [animism] *nm* Animismus *der*.

animiste [animist] ◇ *nmf* Animist *der*, -in *die*. ◇ *adj* animistisch.

animosité [animozite] *nf* Feindseligkeit *die*.

anis [ani(s)] *nm* Anis *der*.

anisette [anizɛt] *nf* Anislikör *der*.

Anjou [ɑ̃ʒu] *nm*: **l' ~** Anjou *nt*.

ankylosé, e [ɑ̃kiloze] *adj* steif.

ankyloser [3] [ãkiloze]
◆ **s'ankyloser** *vp* steif werden.
annales [anal] *nfpl* **-1.** [recueil, histoire] Annalen *Pl*; **les ~ du bac** die Jahrbücher der Abiturprüfungsthemen; **rester dans les ~** in die Annalen eingegangen sein. **-2.** [chronique] Jahrbücher *Pl*.
anneau, x [ano] *nm* Ring *der*.
◆ **anneaux** *nmpl* SPORT Ringe *Pl*.
année [ane] *nf* Jahr *das*; **prendre une ~ sabbatique** sich ein Jahr frei|nehmen; **souhaiter la bonne ~ à qqn** jm ein frohes neues Jahr wünschen; **~ bissextile** Schaltjahr; **~ civile** Kalenderjahr; **~ fiscale** Steuerjahr; **~ scolaire** Schuljahr; **d'~ en ~** von Jahr zu Jahr.
année-lumière [anelymjɛr] (*pl* **années-lumière**) *nf* Lichtjahr *das*.
annexe [anɛks] ◇ *adj* **-1.** [document] beiliegend. **-2.** [problème]: **les problèmes ~s** die damit einhergehenden Probleme. ◇ *nf* **-1.** [de dossier] Anhang *der*. **-2.** [de bâtiment] Nebengebäude *das*.
annexer [4] [anɛkse] *vt* **-1.** [document]: **~ qqch à qqch** einer Sache *(D)* etw bei|legen. **-2.** [pays] annektieren.
◆ **s'annexer** *vp* **-1.** [s'attribuer]: **s'~ qqch** sich *(D)* etw einverleiben. **-2.** [s'ajouter]: **s'~ à qqch** zu etw hinzu|kommen.
annexion [anɛksjɔ̃] *nf* Annexion *die*.
annihiler [3] [aniile] *vt* zunichte machen.
◆ **s'annihiler** *vp* zunichte gemacht werden.
anniversaire [anivɛrsɛr] ◇ *nm* [de personne] Geburtstag *der*; [d'événement] Jahrestag *der*; **~ de mariage** Hochzeitstag *der*. ◇ *adj* Jahres-.
annonce [anɔ̃s] *nf* **-1.** [déclaration] Ankündigung *die*, Ansage *die*. **-2.** [texte] Anzeige *die*; **passer une ~** eine Anzeige auf|geben; **petite ~** Kleinanzeige. **-3.** [indice] Ankündigung *die*.
annoncer [16] [anɔ̃se] *vt* **-1.** [faire savoir] verkünden. **-2.** [indiquer, prédire] an|kündigen. **-3.** [introduire] an|kündigen, an|melden.
◆ **s'annoncer** *vp*: **s'~ bien/mal** sich gut/schlecht an|lassen.
annonceur [anɔ̃sœr] *nm* Auftraggeber *der* einer Werbung.
annonciateur, trice [anɔ̃sjatœr, tris] *adj* ankündigend.
Annonciation [anɔ̃sjasjɔ̃] *nf inv*: **l'~** Mariä Verkündigung *(sans art déf)*.
annoter [3] [anɔte] *vt* an|merken.
annuaire [anɥɛr] *nm* Jahresverzeichnis *das*; **~ téléphonique** Telefonbuch *das*.
annualisation [anɥalizasjɔ̃] *nf* jährliche Berechnung.
annuel, elle [anɥɛl] *adj* **-1.** [tous les ans] jährlich. **-2.** [d'une année] Jahres-.
annuellement [anɥɛlmɑ̃] *adv* jährlich.
annuité [anɥite] *nf* **-1.** [paiement] Jahreszahlung *die*; [crédit] Jahresrate *die*. **-2.** [année de cotisation] Beitragsjahr *das*.
annulaire [anylɛr] ◇ *nm* Ringfinger *der*. ◇ *adj* ringförmig.
annulation [anylasjɔ̃] *nf* **-1.** [de commande, de vol] Stornierung *die*. **-2.** [de rendez-vous, de réservation] Absage *die*.
annuler [3] [anyle] *vt* **-1.** [rendez-vous] ab|sagen. **-2.** [réservation] rückgängig machen; [commande] stornieren. **-3.** [vol] streichen. **-4.** [élection] für ungültig erklären. **-5.** [mariage, jugement] auf|heben.
◆ **s'annuler** *vp* sich gegenseitig auf|heben.
anoblir [32] [anɔblir] *vt* adeln.
anode [anɔd] *nf* ÉLECTR Anode *die*.
anodin, e [anɔdɛ̃, in] *adj* **-1.** [sans danger] harmlos. **-2.** [insignifiant] unbedeutend.
anomalie [anɔmali] *nf* Anomalie *die*.
ânon [anɔ̃] *nm* Eselsjunge *das*.
ânonner [3] [anɔne] *vt* stockend auf|sagen.
anonymat [anɔnima] *nm* Anonymität *die*; **garder l'~** anonym bleiben.
anonyme [anɔnim] ◇ *nmf* Unbekannte *der, die*. ◇ *adj* **-1.** [sans nom] anonym. **-2.** [impersonnel] unauffällig.
anorak [anɔrak] *nm* Anorak *der*.
anorexie [anɔrɛksi] *nf* Magersucht *die*.
anormal, e, aux [anɔrmal, o] ◇ *adj* **-1.** [inhabituel] anormal. **-2.** [intolérable, injuste] nicht normal. **-3.** [arriéré] zurückgeblieben. ◇ *nm, f* abnormale Person.
anormalement [anɔrmalmɑ̃] *adv* ungewöhnlich.
ANPE (*abr de* **Agence nationale pour l'emploi**) *nf* ≃ AA *(Arbeitsamt), französische Zentralstelle für Arbeitsvermittlung*; **s'inscrire à l'~** sich arbeitslos melden.
anse [ɑ̃s] *nf* **-1.** [d'ustensile] Henkel *der*. **-2.** GÉOGR Bucht *die*.
antagonisme [ɑ̃tagɔnism] *nm* Widerstreit *der*.
antagoniste [ɑ̃tagɔnist] ◇ *nmf* Widersacher *der*. ◇ *adj* gegensätzlich.
antan [ɑ̃tɑ̃]
◆ **d'antan** *loc adj littéraire* vormalig.
antarctique [ɑ̃tarktik] *adj* antarktisch; **le cercle polaire ~** der südliche Polarkreis.
◆ **Antarctique** ◇ *nf* [continent] Antarktis *die*. ◇ *nm* [océan]: **l'Antarctique**, **l'océan Antarctique** das Südpolarmeer, das Südliche Eismeer.
antécédent [ɑ̃tesedɑ̃] *nm* Vorgeschichte *die (sans pl)*.
antédiluvien, enne [ɑ̃tedilyvjɛ̃, ɛn] *adj* [démodé] vorsintflutlich.

antenne [ɑ̃tɛn] *nf* **-1.** [d'insecte] Fühler *der;* **avoir des ~s pour qqch** *fam fig* eine Antenne OU einen Riecher für etw haben. **-2.** [de télévision, de radio] Antenne *die;* **être à l'~** auf Sendung sein; **être hors ~** Sendepause haben. **-3.** [succursale] Außenstelle *die.*

antérieur, e [ɑ̃terjœr] *adj* **-1.** [dans le temps] vorherig. **-2.** [dans l'espace] Vorder-.

antérieurement [ɑ̃terjœrmɑ̃] *adv* zuvor.

antériorité [ɑ̃terjɔrite] *nf* Vorherigkeit *die.*

anthologie [ɑ̃tɔlɔʒi] *nf* Anthologie *die.*

anthracite [ɑ̃trasit] ◇ *nm* Anthrazit *das.* ◇ *adj inv* anthrazitfarben.

anthropologie [ɑ̃trɔpɔlɔʒi] *nf* Anthropologie *die.*

anthropométrie [ɑ̃trɔpɔmetri] *nf* Anthropometrie *die.*

anthropophage [ɑ̃trɔpɔfaʒ] ◇ *nmf* Menschenfresser *der,* -in *die.* ◇ *adj* menschenfressend.

antiacridien, enne [ɑ̃tiakridjɛ̃, ɛn] *adj:* **agent ~** Feldheuschreckenvernichtungsmittel *das.*

antiaérien, enne [ɑ̃tiaerjɛ̃, ɛn] *adj* Luftabwehr-, Luftschutz-.

anti-âge [ɑ̃tiaʒ] *adj:* **crème ~** *Creme zur Bekämpfung der Hautalterung und gegen vorzeitige Fältchenbildung.*

antialcoolique [ɑ̃tialkɔlik] *adj* Antialkoholiker-.

antibiotique [ɑ̃tibjɔtik] ◇ *nm* Antibiotikum *das.* ◇ *adj* antibiotisch.

antibrouillard [ɑ̃tibrujar] *nm:* **(feu) ~** Nebelschlußleuchte *die;* **(phare) ~** Nebelscheinwerfer *der.*

antibruit [ɑ̃tibrɥi] *adj inv:* **mur ~** Lärmschutzwand *die.*

antibuée [ɑ̃tibɥe] *adj:* **dispositif ~** Antibeschlagssystem *das.*

antichambre [ɑ̃tiʃɑ̃br] *nf* Vorzimmer *das.*

anticipation [ɑ̃tisipasjɔ̃] *nf* **-1.** [prévision] Vorwegnahme *die.* **-2.** FIN: **payer par ~** voraus|zahlen; **par ~** im voraus. **-3.** LITTÉRATURE & CIN Science Fiction *die.*

anticipé, e [ɑ̃tisipe] *adj* [retour] verfrüht; [remboursement] vorzeitig.

anticiper [3] [ɑ̃tisipe] ◇ *vt* **-1.** [paiement] im voraus leisten. **-2.** [événement] vorweg|nehmen. ◇ *vi:* **~ (sur qqch)** (auf etw *(A)*) vor|greifen.

anticléricalisme [ɑ̃tiklerikalism] *nm* Antiklerikalismus *der.*

anticolonialisme [ɑ̃tikɔlɔnjalism] *nm* Antikolonialismus *der.*

anticolonialiste [ɑ̃tikɔlɔnjalist] ◇ *nmf* Antikolonialist *der,* -in *die.* ◇ *adj* antikolonialistisch.

anticommunisme [ɑ̃tikɔmynism] *nm* Antikommunismus *der.*

anticonformiste [ɑ̃tikɔ̃fɔrmist] ◇ *nmf* Nonkonformist *der,* -in *die.* ◇ *adj* nonkonformistisch.

anticonstitutionnel, elle [ɑ̃tikɔ̃stitysjɔnɛl] *adj* verfassungswidrig.

anticorps [ɑ̃tikɔr] *nm* Antikörper *der.*

anticyclone [ɑ̃tisiklon] *nm* Hoch *das.*

antidépresseur [ɑ̃tidepresœr] ◇ *nm* Antidepressivum *das.* ◇ *adj* Antidepressions-.

antidérapant, e [ɑ̃tiderapɑ̃, ɑ̃t] *adj* rutschfest. ◆ **antidérapant** *nm* rutschfester Belag.

antidote [ɑ̃tidɔt] *nm* Gegenmittel *das.*

antieffraction [ɑ̃tiefraksjɔ̃] *adj:* **dispositif ~** Einbruchssicherung *die.*

antigang [ɑ̃tigɑ̃g] *nf:* **(brigade) ~** *Abteilung der Kriminalpolizei zur Bekämpfung von organisiertem Verbrechertum.*

antigel [ɑ̃tiʒɛl] ◇ *nm inv* Frostschutzmittel *das.* ◇ *adj inv* Frostschutz-.

antillais, e [ɑ̃tijɛ, ɛz] *adj* Antillen-. ◆ **Antillais, e** *nm, f* Bewohner *der,* -in *die* der Antillen.

Antilles [ɑ̃tij] *nfpl:* **les ~** die Antillen; **aux ~** auf den Antillen.

antilope [ɑ̃tilɔp] *nf* Antilope *die.*

antimilitarisme [ɑ̃timilitarism] *nm* Antimilitarismus *der.*

antimilitariste [ɑ̃timilitarist] ◇ *nmf* Antimilitarist *der,* -in *die.* ◇ *adj* antimilitaristisch.

antimite [ɑ̃timit] *nm:* **(produit) ~** ≃ Mottenpulver *das.*

antimoine [ɑ̃timwan] *nm* Antimon *das.*

antinucléaire [ɑ̃tinykleɛr] *adj* Atomgegner-.

Antiope [ɑ̃tjɔp] *n französischer Bildschirm- und Videotextstandard.*

antiparasite [ɑ̃tiparazit] ◇ *nm:* **(dispositif) ~** Entstörer *der.* ◇ *adj inv* Störschutz-.

antipathie [ɑ̃tipati] *nf* Abneigung *die.*

antipathique [ɑ̃tipatik] *adj* unsympathisch.

antiphrase [ɑ̃tifraz] *nf* Antiphrase *die.*

antipode [ɑ̃tipɔd] *nm:* **être à l'~** OU **aux ~s** GÉOGR am anderen Ende der Welt sein; **être à l'~ de qqn/qqch** genau das Gegenteil js/einer Sache sein.

antipoison [ɑ̃tipwazɔ̃] → **centre**.

antiquaire [ɑ̃tikɛr] *nmf* Antiquitätenhändler *der,* -in *die.*

antique [ɑ̃tik] *adj* antik.

antiquité [ɑ̃tikite] *nf* **-1.** [ancienneté] Alter *das.* **-2.** [objet] Antiquität *die.* ◆ **Antiquité** *nf:* **l'Antiquité** die Antike.

antirabique [ɑ̃tirabik] *adj* Tollwutschutz-; → **vaccin**.

antireflet [ɑ̃tirəflɛ] *adj inv* entspiegelt.
antirides [ɑ̃tirid] *adj inv*: **crème ~** Faltencreme *die*.
antirouille [ɑ̃tiruj] *adj inv* Rostschutz-.
antisémite [ɑ̃tisemit] ◇ *nmf* Antisemit *der*, -in *die*. ◇ *adj* antisemitisch.
antisémitisme [ɑ̃tisemitism] *nm* Antisemitismus *der*.
antiseptique [ɑ̃tisɛptik] ◇ *nm* Antiseptikum *das*. ◇ *adj* antiseptisch.
antisismique [ɑ̃tisismik] *adj* [construction] erdbebensicher.
antithèse [ɑ̃titɛz] *nf* **-1.** LITTÉRATURE & PHILOSOPHIE Antithese *die*. **-2.** [opposé] Gegenteil *das*.
antitussif, ive [ɑ̃titysif, iv] *adj*: **sirop ~** Hustensaft *der*.
◆ **antitussif** *nm* Hustenmittel *das*.
antiviral [ɑ̃tiviral] *nm* Virusstatikum *das*.
antivol [ɑ̃tivɔl] ◇ *adj inv* → **tatouage**. ◇ *nm* **-1.** [pour maison, pour coffre]: **(dispositif) ~** Diebstahlsicherung *die*. **-2.** [de vélo, de moto] Schloß *das*.
antre [ɑ̃tr] *nm* Höhle *die*.
anus [anys] *nm* After *der*.
anxiété [ɑ̃ksjete] *nf* Angst *die*, Beklemmung *die*; **être dans l'~** in Sorge OU sehr besorgt sein.
anxieusement [ɑ̃ksjøzmɑ̃] *adv* ängstlich.
anxieux, euse [ɑ̃ksjø, øz] ◇ *adj* ängstlich; **être ~ de faire qqch** Angst haben, etw zu tun; **être ~ de qqch** über etw *(A)* besorgt sein. ◇ *nm, f* ängstlicher Mensch.
AOC *abr de* **appellation d'origine contrôlée**.
aorte [aɔrt] *nf* Aorta *die*.
août [u(t)] *nm* August *der*; *voir aussi* **septembre**.
aoûtat [auta] *nm* *Larve der Erntemilbe*.
apaisement [apɛzmɑ̃] *nm* **-1.** [moral] Besänftigung *die*. **-2.** [physique] Linderung *die*.
apaiser [4] [apɛze] *vt* **-1.** [personne, foule] beschwichtigen. **-2.** [conscience] beruhigen. **-3.** [douleur] lindern. **-4.** [soif, faim] stillen. **-5.** [passion] dämpfen.
◆ **s'apaiser** *vp* **-1.** [personne, passion] sich beruhigen. **-2.** [soif, faim] gestillt werden. **-3.** [scrupules, tempête] sich legen. **-4.** [douleur] nach|lassen.
apanage [apanaʒ] *nm sout* Privileg *das*; **être l'~ de qqn** js Privileg sein.
aparté [aparte] *nm* *vertrauliches Einzelgespräch in einer Gruppe*; **en ~** vertraulich *(adv)*.
apartheid [apartɛd] *nm* Apartheid *die*.
apathie [apati] *nf* Apathie *die*.
apathique [apatik] ◇ *nmf* apathischer Mensch. ◇ *adj* teilnahmslos, stumpf.
apatride [apatrid] ◇ *nmf* Staatenlose *der, die*. ◇ *adj* staatenlos.
apercevoir [52] [apɛrsəvwar] *vt* **-1.** [voir] erblikken. **-2.** [comprendre] wahr|nehmen.
◆ **s'apercevoir** *vp*: **s'~ de qqch** etw bemerken; **s'~ que** bemerken, daß.
aperçois *etc* → **apercevoir**.
aperçu, e [apɛrsy] *pp* → **apercevoir**.
◆ **aperçu** *nm* Überblick *der*; **donner un ~ de qqch** einen Einblick in etw *(A)* OU Überblick über etw *(A)* geben.
apéritif, ive [aperitif, iv] *adj* appetitanregend.
◆ **apéritif** *nm* Aperitif *der*; **prendre l'~** einen Aperitif nehmen.
apesanteur [apəzɑ̃tœr] *nf* Schwerelosigkeit *die*.
à-peu-près [apøprɛ] *nm inv* Halbheiten *Pl*.
apeuré, e [apøre] *adj* verängstigt.
aphasie [afazi] *nf* Sprachverlust *der*.
aphone [afɔn] *adj* ohne Stimme, heiser.
aphorisme [afɔrism] *nm* Aphorismus *der*.
aphrodisiaque [afrɔdizjak] ◇ *nm* Aphrodisiakum *das*. ◇ *adj* aphrodisisch.
aphte [aft] *nm* Aphte *die*.
API (*abr de* **alphabet phonétique international**) *nm* internationales phonetisches Alphabet.
apiculteur, trice [apikyltœr, tris] *nm, f* Imker *der*, -in *die*.
apiculture [apikyltyr] *nf* Bienenzucht *die*.
apitoie *etc* → **apitoyer**.
apitoiement [apitwamɑ̃] *nm* Bemitleiden *das*.
apitoyer [13] [apitwaje] *vt*: **~ qqn** js Mitleid erregen.
◆ **s'apitoyer** *vp*: **s'~ sur qqn/qqch** jn/etw bemitleiden; **s'~ sur son sort** sich selbst bemitleiden.
APL (*abr de* **aide personnalisée au logement**) *nf* ≃ Wohngeld *das*.
aplanir [32] [aplanir] *vt* **-1.** [aplatir] ebnen. **-2.** *fig* [difficultés, obstacles] aus dem Weg räumen, schlichten.
◆ **s'aplanir** *vp* [se résoudre] sich klären.
aplati, e [aplati] *adj* platt.
aplatir [32] [aplatir] *vt* **-1.** [écraser] flach drükken. **-2.** [couture] aus|bügeln. **-3.** [cheveux] glätten.
◆ **s'aplatir** *vp* **-1.** [objet, voiture] flach (gedrückt) werden. **-2.** [personne]: **s'~ de tout son long** der Länge nach hin|fallen; **s'~ devant qqn** *fig* vor jm kuschen.
aplomb [aplɔ̃] *nm* **-1.** [stabilité] Lot *das*. **-2.** [audace] Dreistigkeit *die*; **garder/perdre son ~** die Fassung wahren/verlieren; **avoir de l'~, ne pas manquer d'~** dreist OU vorlaut sein.
◆ **d'aplomb** *loc adv*: **être d'~** [chose] stabil sein; [personne] fest auf den Beinen stehen; **se**

tenir d'~ sich aufrecht halten; **ne pas se sentir d'~** *fig* sich unwohl fühlen.

apnée [apne] *nf* Atemstillstand *der*; **plonger en ~** ohne Sauerstoff tauchen.

apocalypse [apɔkalips] *nf fig* [catastrophe] Weltuntergang *der*, Apokalypse *die*.

◆ **Apocalypse** *nf*: **l'Apocalypse** die Apokalypse.

apocalyptique [apɔkaliptik] *adj* **-1.** RELIG apokalyptisch. **-2.** *fig* [dévasté] Weltuntergangs-.

apogée [apɔʒe] *nm* Höhepunkt *der*; **être à l'~ de qqch** auf dem Gipfel von etw angelangt sein.

apolitique [apɔlitik] ◇ *nmf* unpolitischer Mensch. ◇ *adj* unpolitisch.

apologie [apɔlɔʒi] *nf* Verteidigung *die*; **faire l'~ de qqn/qqch** jn/etw verteidigen.

apoplexie [apɔplɛksi] *nf* Schlaganfall *der*.

apostrophe [apɔstrɔf] *nf* **-1.** [signe] Apostroph *der*. **-2.** [insulte] barsche Anrede; [huée] Zwischenruf *der*.

apostropher [3] [apɔstrɔfe] *vt sout* grob an|sprechen.

◆ **s'apostropher** *vp sout* sich beschimpfen.

apothéose [apɔteoz] *nf* **-1.** [consécration] höchste Auszeichnung. **-2.** [point culminant] Krönung *die*.

apôtre [apotr] *nm* Apostel *der*; **se faire l'~ de qqch** Verfechter einer Sache *(G)* sein.

Appalaches [apalaʃ] *nmpl*: **les ~** die Appalachen.

apparaissais *etc* → **apparaître**.

apparaître [91] [aparɛtr] *vi* **-1.** [gén] erscheinen; **~ à qqn** jm erscheinen. **-2.** *fig* [vérité, difficulté] ans Licht kommen, sich heraus|stellen. **-3.** *(emploi impersonnel)*: **il apparaît que** es stellt sich heraus, daß.

apparat [apara] *nm* Prunk *der*; **d'~** Fest-, feierlich *(adj)*; **en grand ~** prunkvoll *(adv)*, mit viel Aufwand.

appareil [aparɛj] *nm* **-1.** [instrument] Gerät *das*, Apparat *der*; **~ auditif** Hörgerät; **~ dentaire** Zahnklammer *die*; **~ digestif** Verdauungsapparat; **~ photo** Fotoapparat. **-2.** [téléphone] Apparat *der*; **qui est à l'~?** wer ist am Apparat? **-3.** [avion] Maschine *die*. **-4.** [de parti] Apparat *der*. **-5.** *loc*: **dans le plus simple ~** im Adamskostüm.

appareillage [aparɛjaʒ] *nm* **-1.** [équipement] Ausrüstung *die*, Ausstattung *die*. **-2.** NAVIG Ablegen *das*.

appareiller [4] [aparɛje] ◇ *vt* [assortir] zusammen|stellen. ◇ *vi* NAVIG aus|laufen.

apparemment [aparamɑ̃] *adv* anscheinend.

apparence [aparɑ̃s] *nf* [de chose] Äußere *das*; [de personne] Aussehen *das*; **malgré les** OU **en dépit des ~s** allem Anschein zum Trotz; **sauver les ~s** *fig* den Schein wahren.

◆ **en apparence** *loc adv* scheinbar.

apparent, e [aparɑ̃, ɑ̃t] *adj* **-1.** [perceptible] offensichtlich. **-2.** [visible] deutlich sichtbar. **-3.** [trompeur] scheinbar.

apparenté, e [aparɑ̃te] *adj*: **~ à** verwandt mit; **être ~ à un parti politique** einer Partei *(D)* nahe|stehen.

apparenter [3] [aparɑ̃te]

◆ **s'apparenter** *vp*: **s'~ à qqn** jm ähnlich sein; **s'~ à qqch** mit etw verwandt sein.

appariteur [aparitœr] *nm* Pedell *der*.

apparition [aparisjɔ̃] *nf* **-1.** [de personne] Erscheinen *das*; **faire son ~** erscheinen. **-2.** [de symptômes, de boutons] Auftreten *das*. **-3.** [d'idées, de techniques] Entstehung *die*, Aufkommen *das*. **-4.** [vision] Erscheinung *die*.

apparoir [aparwar] *v impers*: **il appert que** *sout* & JUR es geht daraus hervor, daß.

appart [apart] *(abr de* **appartement***)* *nm fam* Wohnung *die*.

appartement [apartəmɑ̃] *nm* Wohnung *die*.

appartenance [apartənɑ̃s] *nf*: **~ à qqch** [famille] Zugehörigkeit *die* zu etw; [parti] Mitgliedschaft *die* in einer Sache *(D)*.

appartenir [40] [apartənir] *vi* **-1.** [être la propriété]: **~ à qqn** jm gehören. **-2.** [faire partie]: **~ à qqch** zu etw gehören. **-3.** *(emploi impersonnel) sout*: **il ne m'appartient pas de faire qqch** es steht mir nicht zu, etw zu tun.

appartenu [apartəny] *pp inv* → **appartenir**.

appartiendrai *etc* → **appartenir**.

appartins *etc* → **appartenir**.

apparu, e [apary] *pp* → **apparaître**.

appât [apa] *nm* Köder *der*; **l'~ du gain** die Verlockung des Geldes.

appâter [3] [apate] *vt* ködern.

appauvrir [32] [apovrir] *vt* **-1.** [personne] arm machen. **-2.** [terre, sol] aus|laugen. **-3.** [langue] ärmer machen.

◆ **s'appauvrir** *vp* **-1.** [personne] arm werden. **-2.** [sol] unfruchtbar werden. **-3.** [langue] verarmen.

appel [apɛl] *nm* **-1.** [cri, demande] Ruf *der*; **faire ~ à qqn** sich an jn wenden, an jn appellieren; **faire ~ à qqch** [exiger] etw erfordern; [solliciter] an etw *(A)* appellieren. **-2.** [exortation]: **~ à qqch** Aufruf *der* zu etw. **-3.** [attrait]: **~ de qqch** Ruf *der* einer Sache *(G)*. **-4.** JUR Berufung *die*; **faire ~** JUR Berufung ein|legen; SCOL Widerspruch ein|legen; **sans ~** unwiderruflich *(adj)*. **-5.** SCOL (namentlicher) Aufruf; **manquer à l'~** fehlen.

◆ **appel d'offre** *nm* Ausschreibung *die*.
◆ **appel de phares** *nm*: **faire un ~ de phares à qqn/qqch** jn/etw (mit der Lichthupe) an|blinken.
◆ **appel téléphonique** *nm* Anruf *der*.

appeler [24] [aple] *vt* **-1.** [personne, médecin, police] rufen; **~ au secours** OU **à l'aide** zu Hilfe rufen. **-2.** [téléphoner] an|rufen. **-3.** [prénommer] nennen. **-4.** [exiger] erfordern. **-5.** [entraîner] nach sich ziehen. **-6.** [nommer]: **être appelé à qqch** mit etw betraut werden; **être appelé à faire qqch** damit betraut werden, etw zu tun. **-7.** *sout* [solliciter]: **en ~ à qqch** an etw *(A)* appellieren.
◆ **s'appeler** *vp* **-1.** [se nommer] heißen. **-2.** [se téléphoner] telephonieren.

appellation [apɛlasjɔ̃] *nf* Bezeichnung *die*; **~ (d'origine) contrôlée** geprüfte Herkunftsbezeichnung.

appelle *etc* → **appeler**.

appendice [apɛ̃dis] *nm* **-1.** [de livre] Anhang *der*. **-2.** ANAT Blinddarm *der*.

appendicite [apɛ̃disit] *nf* Blinddarmentzündung *die*.

appentis [apɑ̃ti] *nm* Schuppen *der*.

appert [apɛrt] → **apparoir**.

appesantir [32] [apəzɑ̃tir] *vt* beschweren.
◆ **s'appesantir** *vp* [s'alourdir] schwer(er) werden; **s'~ sur qqn/qqch** [peser sur] auf jm/etw lasten; [insister sur] sich mit jm/etw auf|halten.

appétissant, e [apetisɑ̃, ɑ̃t] *adj* appetitlich.

appétit [apeti] *nm* **-1.** [faim] Appetit *der*; **bon ~** guten Appetit; **couper l'~ à qqn** jm den Appetit verderben; **manger de bon ~** mit gutem Appetit essen. **-2.** [désir]: **~ de qqch** Lust auf etw *(A)*; **~ sexuel** sexuelles Verlangen.

applaudir [32] [aplodir] ◇ *vt* applaudieren, klatschen. ◇ *vi*: **~ à qqch** etw begrüßen.

applaudissements [aplodismɑ̃] *nmpl* Beifall *der (sans pl)*.

applicable [aplikabl] *adj* gültig, anwendbar; **~ à qqn/qqch** für jn/etw gültig.

application [aplikasjɔ̃] *nf* **-1.** [de peinture, de crème] Auftragen *das*. **-2.** [d'étiquette] Anbringung *die*. **-3.** [de loi, de tarif, de technique] Anwendung *die*; **mettre qqch en ~** etw an|wenden. **-4.** [sérieux] Fleiß *der*. **-5.** INFORM Anwendungsprogramm *das*.

applique [aplik] *nf* Wandleuchte *die*.

appliquer [3] [aplike] *vt* **-1.** [peinture, crème] auf|tragen. **-2.** [décision] durch|führen. **-3.** [loi, mesure] an|wenden. **-4.** [connaissances] praktisch an|wenden. **-5.** [poser] stellen.
◆ **s'appliquer** *vp* **-1.** [peinture] sich auftragen lassen. **-2.** [se placer] sich aufsetzen lassen. **-3.** [convenir]: **s'~ à qqn/qqch** für jn/etw gelten. **-4.** [se concentrer]: **s'~ (à faire qqch)** sich bemühen (, etw zu tun).

appoint [apwɛ̃] *nm* **-1.** [monnaie] passendes Kleingeld; **donner l'~** einen Betrag passend zahlen; **faire l'~** mit abgezähltem Geld zahlen. **-2.** [aide] Unterstützung *die*.
◆ **d'appoint** *loc adj* [salaire] Neben-, Zusatz-; [chauffage] zusätzlich, Zusatz-.

appointements [apwɛ̃təmɑ̃] *nmpl* [d'employé] Gehalt *das*; [de fonctionnaire] Bezüge *Pl*.

apport [apɔr] *nm* **-1.** JUR eingebrachtes Vermögen. **-2.** FIN Einlage *die*. **-3.** [contribution] Beitrag *der*.

apporter [3] [apɔrte] *vt* **-1.** [porter]: **~ qqch (à qqn)** (jm) etw bringen. **-2.** [avec soi] mit|bringen. **-3.** [raison] an|führen. **-4.** [soulagement, changement] bewirken, bringen. **-5.** [preuve] erbringen.

apposer [3] [apoze] *vt*: **~ les scellés** (amtlich) versiegeln; **~ sa signature à qqch** etw mit seiner Unterschrift versehen; **~ une affiche** ein Plakat an|bringen.

apposition [apozisjɔ̃] *nf* Apposition *die*; **en ~** appositiv.

appréciable [apresjabl] *adj* **-1.** [changement, progrès] beachtlich, nennenswert. **-2.** [résultat] bedeutend. **-3.** [avantage] schätzenswert.

appréciation [apresjasjɔ̃] *nf* **-1.** [estimation] Einschätzung *die*, Schätzung *die*. **-2.** [jugement] Beurteilung *die*.

apprécier [9] [apresje] *vt* **-1.** [évaluer] (ab|)-schätzen. **-2.** [percevoir] wahr|nehmen. **-3.** [aimer] schätzen; **~ de faire qqch** etw gern tun.
◆ **s'apprécier** *vp* sich mögen.

appréhender [3] [apreɑ̃de] *vt* **-1.** [arrêter] fest|nehmen. **-2.** [craindre]: **~ (de faire qqch)** fürchten (, etw zu tun).

appréhension [apreɑ̃sjɔ̃] *nf* Furcht *die*, Besorgnis *die*.

apprenais *etc* → **apprendre**.

apprendre [79] [aprɑ̃dr] *vt* **-1.** [étudier] lernen; [métier] erlernen; **j'apprends à nager** ich lerne schwimmen; **elle apprend l'allemand** sie lernt Deutsch. **-2.** [nouvelle] erfahren; **~ que** erfahren, daß; **~ qqch à qqn** jm etw mit|teilen. **-3.** [enseigner]: **~ qqch à qqn** jm etw bei|bringen, jn etw lehren; **~ à qqn à faire qqch** jm bei|bringen, etw zu tun.

apprends *etc* → **apprendre**.

apprenne *etc* → **apprendre**.

apprenti, e [aprɑ̃ti] *nm, f* Lehrling *der*, Auszubildende *der, die*; **~ sorcier** Zauberlehrling.

apprentissage [aprɑ̃tisaʒ] *nm* **-1.** [formation] Lehre *die*. **-2.** [de langue, de métier] Erlernen *das*.

apprêter [4] [aprete] *vt* zu|bereiten.
◆ **s'apprêter** *vp* **-1.** [être sur le point]: **s'~ à faire qqch** sich an|schicken, etw zu tun. **-2.** [s'habiller]: **s'~ pour qqch** sich für etw fertig|machen.
appris, e [apri, iz] *pp* → **apprendre**.
apprivoiser [3] [aprivwaze] *vt* zähmen.
◆ **s'apprivoiser** *vp* **-1.** [animal] zutraulich werden. **-2.** [personne] umgänglich werden.
approbateur, trice [aprɔbatœr, tris] *adj* zustimmend.
approbation [aprɔbasjɔ̃] *nf* **-1.** [adhésion] Zustimmung *die*. **-2.** [autorisation] Genehmigung *die*.
approchant, e [aprɔʃɑ̃, ɑ̃t] *adj* ähnlich; **qqch d'~** etw Ähnliches.
approche [aprɔʃ] *nf* **-1.** [d'événement] Nahen *das*, Herannahen *das*; [de personne] Herankommen *das*; **à l'~ de** kurz vor. **-2.** *fig* [de sujet] Ansatz *der*.
◆ **approches** *nfpl* Zugang *der (sans pl)*; **aux ~s d'un lieu** in der Nähe eines Ortes.
approcher [3] [aprɔʃe] ◇ *vt* **-1.** [mettre plus près] näher|rücken, näher|stellen. **-2.** [venir près de] näher|kommen. **-3.** [aborder]: **~ qqn** sich jm nähern. **-4.** [côtoyer]: **~ qqn** mit jm Umgang haben. ◇ *vi* näher|kommen, nahen; **~ de qqch** *fig* sich einer Sache *(D)* nähern.
◆ **s'approcher** *vp* näher|kommen, näher|treten; **s'~ de qqn/qqch** sich jm/etw nähern; **s'~ de qqch** *fig* einer Sache *(D)* nahe|kommen.
approfondir [32] [aprɔfɔ̃dir] *vt* **-1.** [trou] tiefer machen. **-2.** [réflexion] vertiefen; [question] untersuchen.
◆ **s'approfondir** *vp* **-1.** [se creuser] tiefer werden. **-2.** [se compliquer] sich vergrößern.
approprié, e [aprɔprije] *adj* angemessen; **~ à qqch** für etw geeignet.
approprier [10] [aprɔprije] *vt* **-1.** [adapter]: **~ qqch à qqch** etw einer Sache *(D)* an|passen. **-2.** *Belg* [nettoyer] sauber|machen.
◆ **s'approprier** *vp*: **s'~ qqch** sich *(D)* etw an|eignen.
approuver [3] [apruve] *vt* **-1.** [être d'accord]: **~ qqn/qqch** jm/einer Sache zu|stimmen. **-2.** [choix, propos] gut|heißen. **-3.** [projet, loi] genehmigen.
approvisionnement [aprɔvizjɔnmɑ̃] *nm* Belieferung *die*, Beschaffung *die*.
approvisionner [3] [aprɔvizjɔne] *vt* **-1.** FIN: **~ un compte** Geld auf ein Konto ein|zahlen. **-2.** [magasin] beliefern.
◆ **s'approvisionner** *vp* sich ein|decken.
approximatif, ive [aprɔksimatif, iv] *adj* annähernd.
approximation [aprɔksimasjɔ̃] *nf* Schätzung *die*.
approximativement [aprɔksimativmɑ̃] *adv* ungefähr.
appt (*abr de* **appartement**) App.
appui [apɥi] *nm* **-1.** [soutien] Stütze *die*. **-2.** [aide] Unterstützung *die*; **avoir des ~s** Beziehungen haben.
◆ **à l'appui de** *loc prép* zur Bestätigung von.
appuie *etc* → **appuyer**.
appui-tête [apɥitɛt] (*pl* **appuis-tête**) *nm* Kopfstütze *die*.
appuyé, e [apɥije] *adj* [regard] aufdringlich.
appuyer [14] [apɥije] ◇ *vt* **-1.** [adosser] an|lehnen; **~ qqch contre qqch** etw an etw *(A)* lehnen. **-2.** [poser]: **~ qqch sur qqch** etw auf etw *(A)* auf|stützen. **-3.** [presser]: **~ qqch sur qqch** mit etw auf etw *(A)* drücken. **-4.** *fig* [candidature, demande] unterstützen. ◇ *vi* **-1.** [reposer]: **~ sur qqch** auf etw *(D)* ruhen. **-2.** [presser]: **~ sur qqch** auf etw *(A)* drücken. **-3.** [insister]: **~ sur qqch** etw hervor|heben.
◆ **s'appuyer** *vp* **-1.** [se tenir]: **s'~ sur qqn/qqch** sich auf jn/etw stützen; **s'~ contre qqn/qqch** sich an jn/etw lehnen. **-2.** [se baser]: **s'~ sur qqch** sich auf etw *(A)* stützen. **-3.** [compter]: **s'~ sur qqn** sich auf jn ver|lassen. **-4.** *fam* [supporter, prendre en charge - personne] jn ertragen müssen; [- chose] auf sich nehmen müssen.
apr. (*abr de* **après**) n.
âpre [apr] *adj* **-1.** [goût] herb. **-2.** [ton] rauh. **-3.** [épreuve, concurrence] hart. **-4.** [discussion, critique, combat] heftig.
âprement [aprəmɑ̃] *adv* heftig.
après [aprɛ] ◇ *prép* **-1.** [temporel] nach; **répétez ~ moi** sprechen Sie nach; **~ avoir mangé** nach dem Essen; **~ cela** dann, danach; **~ quoi** wonach. **-2.** [spatial]: **~ qqch** nach etw, hinter etw *(D)*. **-3.** [indique l'attirance, l'attachement, l'hostilité]: **crier ~ qqn** nach jm schreien; **se fâcher ~ qqn** auf jn böse sein. ◇ *adv* **-1.** [temporel] danach, nachher, hinterher; **~, je rentrerai à la maison** danach gehe ich nach Hause; **un mois ~** einen Monat später; **le mois d'~** der Monat danach. **-2.** [spatial] dahinter. **-3.** [dans un ordre, dans un rang] danach.
◆ **après coup** *loc adv* im nachhinein, hinterher.
◆ **après que** *loc conj* nachdem; **nous mangerons ~ qu'il sera parti** später, wenn er weggefahren ist, essen wir.
◆ **après tout** *loc adv* im Grunde genommen.
◆ **d'après** *loc prép*: **~ qqch** einer Sache nach; **~ qqn** jm zufolge; **d'~ moi/lui** meiner/seiner Meinung nach.
◆ **et après** *loc adv* **-1.** [questionnement]: **et ~?** und dann? **-2.** [exprime l'indifférence]: **et ~?** na und?
après-demain [aprɛdəmɛ̃] *adv* übermorgen.

après-midi [apʀɛmidi] *nm inv* OU *nf inv* Nachmittag *der*; **cet ~** heute nachmittag.
après-rasage [apʀɛʀazaʒ] ◇ *adj inv* After-shave-. ◇ *nm* Rasierwasser *das*.
après-ski [apʀɛski] (*pl* **après-skis**) *nm* Après-Ski-Stiefel *der*.
après-vente [apʀɛvɑ̃t] → **service**.
âpreté [apʀəte] *nf* **-1.** [de goût] Herbheit *die*. **-2.** [de voix] Rauheit *die*. **-3.** [d'épreuve, de concurrence] Härte *die*. **-4.** [de discussion, de combat, de critique] Heftigkeit *die*.
apr. J.-C. (*abr de* **après Jésus-Christ**) n. Chr.
à-propos [apʀɔpo] *nm inv* Schlagfertigkeit *die*.
apte [apt] *adj*: **~ à qqch** für etw geeignet; **être ~ à faire qqch** dazu fähig sein, etw zu tun; **~ au service** tauglich.
aptitude [aptityd] *nf* **-1.** [professionnelle] Fähigkeit *die*. **-2.** [naturelle]: **avoir l'~ à** OU **pour faire qqch** die Gabe haben, etw zu tun; **avoir des ~s pour** OU **à qqch** eine Begabung für etw haben.
aquarelle [akwaʀɛl] *nf* Aquarell *das*.
aquarium [akwaʀjɔm] *nm* Aquarium *das*.
aquatique [akwatik] *adj* Wasser-.
aqueduc [akdyk] *nm* Aquädukt *der*.
aqueux, euse [akø, øz] *adj* wäßrig.
aquilin [akilɛ̃] → **nez**.
Aquitaine [akitɛn] *nf*: **l' ~** Aquitanien *nt*.
AR -1. *abr de* **accusé de réception**. **-2.** *abr de* **arrière**. **-3.** *abr de* **aller-retour**.
arabe [aʀab] ◇ *adj* arabisch. ◇ *nm* [langue] Arabisch(e) *(das)*.
◆ **Arabe** *nmf* Araber *der*, -in *die*.
arabesque [aʀabɛsk] *nf* **-1.** ART Arabeske *die*. **-2.** [ligne sinueuse] Schnörkel *der*.
Arabie [aʀabi] *nf*: **l'~** Arabien *nt*; **l'~ Saoudite** Saudi-Arabien *nt*.
arachide [aʀaʃid] *nf* Erdnuß *die*.
araignée [aʀeɲe] *nf* Spinne *die*; **avoir une ~ dans le** OU **au plafond** *fam fig* nicht ganz richtig im Kopf sein; **~ de mer** Seespinne.
arbalète [aʀbalɛt] *nf* Armbrust *die*.
arbitrage [aʀbitʀaʒ] *nm* **-1.** SPORT *Ausüben des Schiedsrichteramtes*; **erreur d'~** Fehlentscheidung *die* des Schiedsrichters. **-2.** JUR Schlichtung *die*.
arbitraire [aʀbitʀɛʀ] ◇ *adj* willkürlich. ◇ *nm*: **l'~** die Willkür.
arbitrairement [aʀbitʀɛʀmɑ̃] *adv* willkürlich.
arbitre [aʀbitʀ] *nm* Schiedsrichter *der*, -in *die*.
◆ **libre arbitre** *nm* Willensfreiheit *die*.
arbitrer [3] [aʀbitʀe] *vt* **-1.** [conflit] schlichten. **-2.** SPORT: **~ un match** ein Spiel leiten.
arborer [3] [aʀbɔʀe] *vt* **-1.** [drapeau] hissen. **-2.** [décoration] (zur Schau) tragen. **-3.** [sourire] aufsetzen.
arborescence [aʀbɔʀɛsɑ̃s] *nf* INFORM Baumstruktur *die*, Arboreszenz *die*.
arboriculteur, trice [aʀbɔʀikyltœʀ, tʀis] *nm, f* Baumzüchter *der*, -in *die*.
arboriculture [aʀbɔʀikyltyʀ] *nf* Baumzucht *die*.
arbouse [aʀbuz] *nf* Bärentraubenbeere *die*.
arbre [aʀbʀ] *nm* **-1.** [gén] Baum *der*; **~ fruitier** Obstbaum; **~ généalogique** Stammbaum; **~ de Noël** Weihnachtsbaum. **-2.** TECHNOL Achse *die*; **~ de transmission** AUTOM Antriebswelle *die*.
arbrisseau [aʀbʀiso] *nm* strauchartiger Baum.
arbuste [aʀbyst] *nm* Strauch *der*.
arc [aʀk] *nm* Bogen *der*; **~ de cercle** GÉOM Kreisbogen.
◆ **arc de triomphe** *nm* Triumphbogen *der*.
arcade [aʀkad] *nf* Arkade *die*.
◆ **arcade sourcilière** *nf* Augenbrauenbogen *der*.
arc-bouter [3] [aʀkbute]
◆ **s'arc-bouter** *vp*: **s'~ à** OU **contre** OU **sur qqch** sich gegen etw stemmen.
arceau [aʀso] *nm* Gewölbebogen *der*.
arc-en-ciel [aʀkɑ̃sjɛl] (*pl* **arcs-en-ciel**) *nm* Regenbogen *der*.
archaïque [aʀkaik] *adj* archaisch.
archange [aʀkɑ̃ʒ] *nm* Erzengel *der*.
arche [aʀʃ] *nf* ARCHIT Bogen *der*.
◆ **arche de Noë** *nf* Arche Noah *die*.
archéologie [aʀkeɔlɔʒi] *nf* Archäologie *die*.
archéologique [aʀkeɔlɔʒik] *adj* archäologisch.
archéologue [aʀkeɔlɔg] *nmf* Archäologe *der*, -gin *die*.
archer [aʀʃe] *nm* Bogenschütze *der*.
archet [aʀʃɛ] *nm* MUS Bogen *der*.
archétype [aʀketip] *nm* Archetypus *der*, Urbild *das*.
archevêché [aʀʃəveʃe] *nm* Erzbistum *das*.
archevêque [aʀʃəvɛk] *nm* Erzbischof *der*.
archipel [aʀʃipɛl] *nm* Archipel *der*, Inselgruppe *die*.
architecte [aʀʃitɛkt] *nmf* Architekt *der*, -in *die*.
architectural, e, aux [aʀʃitɛktyʀal, o] *adj* architektonisch.
architecture [aʀʃitɛktyʀ] *nf* **-1.** ART Architektur *die*. **-2.** *fig* [structure] Aufbau *der*.
archiver [3] [aʀʃive] *vt* archivieren.
archives [aʀʃiv] *nfpl* Archiv *das (sans pl)*.
archiviste [aʀʃivist] *nmf* Archivar *der*, -in *die*.
arctique [aʀktik] *adj* arktisch; **le cercle polaire**

~ der nördliche Polarkreis.
◆ **Arctique** *nm*: **l'Arctique, l'océan Arctique** das Nordpolarmeer, das Nördliche Eismeer.
ardemment [ardamɑ̃] *adv* sehnlichst.
Ardennes [ardɛn] *nfpl*: **les ~** die Ardennen.
ardent, e [ardɑ̃, ɑ̃t] *adj* **-1.** [soleil] glühendheiß. **-2.** [sensation] heftig. **-3.** [yeux] feurig. **-4.** [couleur] rot. **-5.** [soif, désir] brennend.
ardeur [ardœr] *nf* **-1.** [vigueur] Feuer *das*, Ungestüm *das*. **-2.** [zèle] Eifer *der*. **-3.** [enthousiasme] Begeisterung *die*. **-4.** *sout* [chaleur] Glut *die*.
ardoise [ardwaz] *nf* Schiefer *der*; **avoir une ~ chez qqn** *fig* bei jm in der Kreide stehen.
ardu, e [ardy] *adj* **-1.** [travail, problème] schwierig. **-2.** [pente] steil.
are [ar] *nm* Ar *das*.
arène [arɛn] *nf* Arena *die*; **l'~ politique** der politische Schauplatz.
◆ **arènes** *nfpl*: **les ~s** ARCHIT die Arena *(sans pl)*.
arête [arɛt] *nf* **-1.** [de poisson] Gräte *die*. **-2.** [de toit, de montagne] Grat *der*. **-3.** [de nez] Nasenrücken *der*.
arg *abr de* **argus**.
argent [arʒɑ̃] *nm* **-1.** [métal, couleur] Silber *das*. **-2.** [monnaie] Geld *das*; **~ de poche** Taschengeld; **en avoir pour son ~** *fig* auf seine Kosten kommen.
argenté, e [arʒɑ̃te] *adj* silbern.
argenterie [arʒɑ̃tri] *nf* Silber *das*.
argentin, e [arʒɑ̃tɛ̃, in] *adj* argentinisch.
◆ **Argentin, e** *nm, f* Argentinier *der*, -in *die*.
Argentine [arʒɑ̃tin] *nf*: **l'~** Argentinien *nt*.
argile [arʒil] *nf* Ton *der*.
argileux, euse [arʒilø, øz] *adj* lehmig, Lehm-.
argot [argo] *nm* **-1.** [jargon] Jargon *der*. **-2.** [langue populaire] Slang *der*.
argotique [argɔtik] *adj* Slang-.
Argovie [argɔvi] *n*: **l'~** der Aargau.
arguer [8] [argɥe] *vi sout*: **~ de qqch** etw als Argument an|führen.
argument [argymɑ̃] *nm* **-1.** [raison] Argument *das*; **tirer ~ de qqch** etw als Argument benutzen. **-2.** LITTÉRATURE kurze Inhaltsangabe. **-3.** COMM: **~ de vente** Verkaufsargument *das*.
argumentaire [argymɑ̃tɛr] *nm*: **~ (de vente)** Verkaufshandbuch *das*.
argumentation [argymɑ̃tasjɔ̃] *nf* Argumentation *die*.
argumenter [3] [argymɑ̃te] ◇ *vi* argumentieren. ◇ *vt* untermauern.
argus [argys] *nm* ≃ Gebrauchtwarenpreisliste *die*.
◆ **argus de l'automobile** *nm* Gebrauchtwagenpreisliste *die*; **être coté à l'~ de l'automobile** in der Gebrauchtwagenpreisliste notiert sein.
aride [arid] *adj* **-1.** [terre] ausgetrocknet, ausgedörrt. **-2.** [sujet, travail] trocken. **-3.** [esprit] nüchtern. **-4.** [cœur] kalt.
aridité [aridite] *nf* **-1.** [de terre] Trockenheit *die*, Dürre *die*. **-2.** [de sujet] Nüchternheit *die*, Zweckmäßigkeit *die*. **-3.** [de cœur] Gefühlskälte *die*.
aristocrate [aristɔkrat] *nmf* Aristokrat *der*, -in *die*.
aristocratie [aristɔkrasi] *nf* Aristokratie *die*.
aristocratique [aristɔkratik] *adj* aristokratisch.
arithmétique [aritmetik] ◇ *nf* Arithmetik *die*. ◇ *adj* arithmetisch.
armagnac [armaɲak] *nm* Armagnac *der*.
armateur [armatœr] *nm* Reeder *der*.
armature [armatyr] *nf* **-1.** [de parapluie] Gestänge *das*. **-2.** CONSTR Stützwerk *das*. **-3.** [base] Gerüst *das*.
arme [arm] *nf* Waffe *die*; **~ à feu** Feuerwaffe, Schußwaffe; **~ blanche** *Waffe mit einer Klinge*; **passer l'~ à gauche** *fam fig* ins Gras beißen.
◆ **armes** *nfpl* **-1.** [armée]: **les ~s** die Armee *(sans pl)*; **faire ses premières ~s** *fig* seine Laufbahn beginnen. **-2.** [blason] Wappen *das (sans pl)*.
armée [arme] *nf* Armee *die*; **faire** OU **être à l'~** beim Militär sein; **l'~ de l'air** die Luftwaffe; **l'~ de terre** die Landstreitkräfte *Pl*; **une ~ de** *fig* eine Armee OU ein Heer von.
◆ **Armée du salut** *nf* Heilsarmee *die*.
armement [arməmɑ̃] *nm* **-1.** [action d'armer] Bewaffnung *die*. **-2.** [armes] Rüstung *die*. **-3.** [de fusil, d'appareil-photo] Spannen *das*. **-4.** [de navire] Ausrüstung und Mannschaft *die*.
Arménie [armeni] *nf*: **l'~** Armenien *nt*.
arménien, enne [armenjɛ̃, ɛn] *adj* armenisch.
◆ **arménien** *nm* Armenisch(e) *(das)*.
◆ **Arménien, enne** *nm, f* Armenier *der*, -in *die*.
armer [3] [arme] *vt* **-1.** [armée, pays, personne] bewaffnen. **-2.** [fusil] spannen, entsichern. **-3.** [appareil-photo] spannen. **-4.** [navire] aus|rüsten und bemannen. **-5.** *fig* [prêt]: **être armé pour qqch** für etw gewappnet sein; **être armé pour faire qqch** gewappnet sein, um etw zu tun.
◆ **s'armer** *vp*: **s'~ (de qqch)** sich (mit etw) bewaffnen; **s' ~ de qqch** *fig* sich mit etw wappnen.
armistice [armistis] *nm* Waffenstillstand *der*.
armoire [armwar] *nf* Schrank *der*; **~ à glace** [meuble] Spiegelschrank; *fam fig* [personne] Kleiderschrank.
armoiries [armwari] *nfpl* Wappen *das*.
armure [armyr] *nf* Rüstung *die*.

armurerie [armyrri] *nf* **-1.** [industrie] Waffenfabrikation *die.* **-2.** [magasin] Waffengeschäft *das.* **-3.** [profession] Waffenhandel *der.*

armurier [armyrje] *nm* Waffenfabrikant *der.*

ARN (*abr de* **acide ribonucléique**) *nm* RNS *die,* RNA *die.*

arnaque [arnak] *nf fam* Schwindel *der.*

arnaquer [3] [arnake] *vt fam* übers Ohr hauen; **se faire ~** sich übers Ohr hauen lassen.

aromate [arɔmat] *nm* Gewürz *das.*

aromatique [arɔmatik] *adj* aromatisch.

aromatiser [3] [arɔmatize] *vt* aromatisieren.

arôme [arom] *nm* **-1.** [odeur - de plat] Aroma *das;* [- de fleur, de vin] Duft *der.* **-2.** [goût] Geschmack *der;* **~ naturel/artificiel** natürliches/künstliches Aroma.

arpège [arpɛʒ] *nm* Arpeggio *das.*

arpent [arpɑ̃] *nm* [surface] Morgen *der.*

arpenter [3] [arpɑ̃te] *vt* **-1.** [marcher]: **~ une pièce** in einem Raum mit großen Schritten auf und ab gehen. **-2.** [mesurer] vermessen.

arpenteur [arpɑ̃tœr] *nm* Vermessungsingenieur *der.*

arqué, e [arke] *adj* gebogen, gekrümmt; **jambes ~es** O-Beine *Pl.*

arr. *abr de* **arrondissement.**

arraché [araʃe]

◆ **à l'arraché** *loc adv* mit großer Anstrengung.

arrachement [araʃmɑ̃] *nm* schmerzliche Trennung.

arrache-pied [araʃpje]

◆ **d'arrache-pied** *loc adv* unermüdlich.

arracher [3] [araʃe] *vt* **-1.** [extraire - plante] (her)aus|reißen; [- dent] ziehen. **-2.** [page] heraus|reißen. **-3.** [amputer] ab|reißen. **-4.** [prendre]: **~ qqch à qqn** jm etw entreißen; *fig* [promesse, augmentation] jm etw ab|ringen. **-5.** [détourner]: **~ qqn à qqch** jn aus etw reißen.

◆ **s'arracher** *vp* **-1.** [se détacher]: **s'~ de** OU **à qqch** etw ungern verlassen. **-2.** [se disputer]: **s'~ qqn/qqch** sich um jn/etw reißen. **-3.** *fam* [partir] sich verziehen.

arraisonner [3] [arɛzɔne] *vt* an|halten und kontrollieren.

arrangeant, e [arɑ̃ʒɑ̃, ɑ̃t] *adj* entgegenkommend.

arrangement [arɑ̃ʒmɑ̃] *nm* **-1.** [disposition] Anordnung *die.* **-2.** [adaptation, accord] Arrangement *das.*

arranger [17] [arɑ̃ʒe] *vt* **-1.** [convenir à]: **~ qqn** jm passen. **-2.** [entrevue, voyage, MUS] arrangieren. **-3.** [différend, affaire] ein|renken. **-4.** [fleurs, vêtement] ordnen. **-5.** [réparer] in Ordnung bringen. **-6.** *fam* [maltraiter] zu|richten.

◆ **s'arranger** *vp* sich arrangieren; **s'~ pour** es so ein|richten, daß.

arrestation [arɛstasjɔ̃] *nf* Festnahme *die.*

arrêt [arɛ] *nm* **-1.** [de véhicule, de machine] Stillstand *der;* **à l'~** [véhicule] stehend; [machine] ausgeschaltet. **-2.** [action] Ausschalten *das;* **tomber en ~ devant qqch** wie angewurzelt vor etw *(D)* stehen|bleiben; **sans ~** ununterbrochen. **-3.** [station] Haltestelle *die.* **-4.** JUR Entscheid *der.*

◆ **arrêt maladie** *nm*: **être en ~ maladie** krank geschrieben sein.

◆ **arrêt du travail** *nm* Arbeitsniederlegung *die.*

arrêté [arete] *nm* **-1.** [règlement final] Abschluß *der.* **-2.** ADMIN Erlaß *der;* **~ préfectoral** Erlaß des Präfekten.

arrêter [4] [arete] ◇ *vt* **-1.** [véhicule, machine] an|halten. **-2.** [date] fest|legen. **-3.** [voleur] fest|nehmen. **-4.** [abandonner] ab|brechen. **-5.** [entraver]: **~ qqch** einer Sache *(D)* Einhalt gebieten; **on n'arrête pas le progrès** was es nicht alles gibt. **-6.** FIN [compte] ab|schließen. ◇ *vi* **-1.** [véhicule] an|halten. **-2.** [cesser] auf|hören.

◆ **s'arrêter** *vp*: **s'~ à qqch** sich mit etw auf|halten; **s'~ de faire qqch** auf|hören, etw zu tun; **s'~ quelque part** an einer Stelle *(D)* Halt machen.

arrhes [ar] *nfpl* Anzahlung *die;* **verser des ~** eine Anzahlung leisten.

arrière [arjɛr] ◇ *adj inv* Rück-; **roues ~** Hinterräder *die.* ◇ *nm* **-1.** [partie postérieure] hinterer Teil; **à l'~** hinten; **à l'~ du bateau** hinten auf dem Schiff; **assurer ses ~s** *fig* sich ab|sichern. **-2.** SPORT Verteidiger *der.*

◆ **en arrière** *loc adv* **-1.** [dans la direction opposée] zurück, nach hinten. **-2.** [derrière] hinten.

◆ **en arrière de** *loc prép* hinter.

arriéré, e [arjere] *adj péj* **-1.** [personne] zurückgeblieben. **-2.** [pays, région] rückständig.

◆ **arriéré** *nm* Rückstand *der.*

arrière-boutique [arjɛrbutik] (*pl* **arrière-boutiques**) *nf* Hinterzimmer *das.*

arrière-garde [arjɛrgard] (*pl* **arrière-gardes**) *nf* Nachhut *die (sans pl);* **d'~** aussichtslos; → **combat.**

arrière-goût [arjɛrgu] (*pl* **arrière-goûts**) *nm* Nachgeschmack *der.*

arrière-grand-mère [arjɛrgrɑ̃mɛr] (*pl* **arrière-grands-mères**) *nf* Urgroßmutter *die.*

arrière-grand-père [arjɛrgrɑ̃pɛr] (*pl* **arrière-grands-pères**) *nm* Urgroßvater *der.*

arrière-pensée [arjɛrpɑ̃se] (*pl* **arrière-pensées**) *nf* Hintergedanke *der.*

arrière-plan [arjɛrplɑ̃] (*pl* **arrière-plans**) *nm* Hintergrund *der.*

arrière-saison [arjɛrsɛzɔ̃] (*pl* **arrière-saisons**) *nf* Spätherbst *der*; [touristique] Nachsaison *die*.

arrière-train [arjɛrtrɛ̃] (*pl* **arrière-trains**) *nm* Hinterteil *das*.

arrimer [3] [arime] *vt* stauen.

arrivage [arivaʒ] *nm* **-1.** [de marchandises] Eingang *der*. **-2.** [de touristes] Ankunft *die*.

arrivant, e [arivɑ̃, ɑ̃t] *nm, f* Ankömmling *der*.

arrivée [arive] *nf* **-1.** [venue] Ankunft *die*. **-2.** TECHNOL Zufuhr *die*.

arriver [3] [arive] ◇ *vi* **-1.** [venir] an|kommen; **en ~ à faire qqch** *fig* schließlich etw tun. **-2.** [survenir] kommen. **-3.** [socialement] es zu etwas bringen. **-4.** [réussir]: **~ à faire qqch** etw schaffen. ◇ *v impers*: **il arrive que** *(+ subjonctif)* es kommt vor, daß; **quoi qu'il arrive** komme was wolle.

arrivisme [arivism] *nm péj* Streberei *die*.

arrogance [arɔgɑ̃s] *nf* Arroganz *die*.

arrogant, e [arɔgɑ̃, ɑ̃t] ◇ *adj* arrogant. ◇ *nm, f* arrogante Person.

arroger [17] [arɔʒe]

◆ **s'arroger** *vp*: **s'~ qqch** sich *(D)* etw an|maßen.

arrondi [arɔ̃di] *nm* Rundung *die*.

arrondir [32] [arɔ̃dir] *vt* ab|runden; [capital, fortune] auf|stocken.

◆ **s'arrondir** *vp* rund werden.

arrondissement [arɔ̃dismɑ̃] *nm* [de ville] ≃ Stadtbezirk *der*.

arrosage [arozaʒ] *nm* [de plante] Gießen *das*; [de pelouse] Sprengen *das*.

arroser [3] [aroze] *vt* **-1.** [plante] gießen. **-2.** [sujet: rivière]: **~ une région** durch eine Gegend fließen. **-3.** [pelouse] sprengen. **-4.** *fam* [événement, succès] begießen. **-5.** *fam fig* [soudoyer] bestechen.

arrosoir [arozwar] *nm* Gießkanne *die*.

arsenal, aux [arsənal, o] *nm* **-1.** NAVIG Werft *die*. **-2.** MIL Zeughaus *das*; **un ~ de qqch** *fig* eine Menge etw.

arsenic [arsənik] *nm* Arsen *das*.

art [ar] *nm* Kunst *die*; **~ culinaire** Kochkunst; **~s ménagers** Kunst der Haushaltsführung; **~s appliqués** angewandte Künste *Pl*; **~s décoratifs** dekorative Künste *Pl*; **~ dramatique** Schauspielkunst; **~s graphiques** graphische Künste *Pl*; **~s plastiques** bildende Künste *Pl*; **le septième ~** die Filmkunst.

art. (*abr de* **article**) Art.

artère [artɛr] *nf* **-1.** ANAT Schlagader *die*; **~ coronaire** Koronararterie *die*. **-2.** [rue] Verkehrsader *die*.

artériel, elle [arterjɛl] *adj* arteriell.

artériosclérose [arterjɔskleroz] *nf* Arterienverkalkung *die*.

arthrite [artrit] *nf* Arthritis *die*.

arthrose [artroz] *nf* Arthrose *die*.

artichaut [artiʃo] *nm* Artischocke *die*.

article [artikl] *nm* **-1.** [gén] Artikel *der*; **~ de bureau** Büroartikel; **~ défini/indéfini** bestimmter/unbestimmter Artikel; **~ de fond** Leitartikel. **-2.** [de loi] Paragraph *der*. **-3.** *loc*: **à l'~ de la mort** auf dem Sterbebett; **faire l'~** die Werbetrommel rühren.

articulation [artikylasjɔ̃] *nf* **-1.** ANAT Gelenk *das*. **-2.** [prononciation] Artikulation *die*. **-3.** TECHNOL Zusammenspiel *das*. **-4.** [d'une démonstration] Gliederung *die*.

articulé, e [artikyle] *adj* [objet] beweglich.

articuler [3] [artikyle] *vt* [prononcer] deutlich sprechen.

◆ **s'articuler** *vp*: **s'~ sur** OU **autour de qqch** auf etw *(A)* aufbauen.

artifice [artifis] *nm* Trick *der*.

artificiel, elle [artifisjɛl] *adj* **-1.** [lac, fleur, jambe] künstlich. **-2.** [gaieté] gekünstelt.

artificiellement [artifisjɛlmɑ̃] *adv* künstlich.

artillerie [artijri] *nf* Artillerie *die*.

artilleur [artijœr] *nm* Artillerist *der*.

artisan, e [artizɑ̃, an] *nm, f* Handwerker *der*.

◆ **artisan** *nm*: **être l'~ de qqch** *fig* [responsable] der Urheber einer Sache *(G)* sein.

artisanal, e, aux [artizanal, o] *adj* handwerklich; **fabrication ~e** handwerkliche Fertigung.

artisanat [artizana] *nm* **-1.** [art] Kunsthandwerk *das*. **-2.** [classe sociale] Handwerk *das*.

artiste [artist] ◇ *nmf* Künstler *der*, -in *die*. ◇ *adj* Kunst-.

artiste-peintre [artistəpɛ̃tr] *nmf* Kunstmaler *der*, -in *die*.

artistique [artistik] *adj* **-1.** [d'art] künstlerisch, Kunst-. **-2.** [présenté avec art] kunstvoll.

as¹ [a] → **avoir**.

as² [as] *nm* **-1.** [aux cartes, champion] As *das*; **~ de pique** Pikas; **~ de trèfle** Kreuzas; **~ de carreau** Karoas; **~ de cœur** Herzas. **-2.** *loc*: **être fringué comme l'~ de pique** *fam* unmöglich angezogen sein; **être plein aux ~** *fam* im Geld ersticken; **passer à l'~** *fam* ins Wasser fallen.

a/s (*abr de* **aux bons soins de**) Z. H., zu Händen (von).

AS (*abr de* **association sportive**) *nf* SV *der*.

ASA, Asa [aza] (*abr de* **American Standards Association**) *nf* ASA.

asc *abr de* **ascenseur**.

ascendant, e [asɑ̃dɑ̃, ɑ̃t] *adj* **-1.** [courbe] steigend. **-2.** [astre] aufgehend. **-3.** [évolution] aufsteigend.

◆ **ascendant** *nm* **-1.** [parent] Vorfahr *der*, -in *die*. **-2.** [influence]: **avoir de l'~ sur qqn** auf jn starken Einfluß haben. **-3.** ASTROL Aszendent *der*.
ascenseur [asɑ̃sœr] *nm* Aufzug *der*.
ascension [asɑ̃sjɔ̃] *nf* **-1.** [de montagne] Besteigung *die*. **-2.** [sociale, d'avion] Aufstieg *der*.
◆ **Ascension** *nf*: **l'Ascension** Himmelfahrt *(sans art déf)*.
ascensionnel, elle [asɑ̃sjɔnɛl] *adj* aufsteigend.
ascèse [asɛz] *nf* Askese *die*.
ascète [asɛt] *nmf* Asket *der*.
ASCII [aski] (*abr de* **American Standard Code for Information Interchange**) *nm*: **(code) ~** ASCII-Code *der*.
ASE (*abr de* **Agence spatiale européenne**) *nf* ESA *die (Europäische Weltraumbehörde)*.
aseptique [asɛptik] *adj* keimfrei.
aseptiser [3] [asɛptize] *vt* keimfrei machen.
ashkénase [aʃkenaz] ◇ *adj* aschkenasisch. ◇ *nmf* Aschkenase *der*, -sin *die*.
asiatique [azjatik] *adj* asiatisch.
◆ **Asiatique** *nmf* Asiat *der*, -in *die*.
Asie [azi] *nf*: **l'~** Asien *nt*; **l'~ centrale** Zentralasien *nt*, Mittelasien *nt*; **l'~ du Sud-Est** Südostasien *nt*.
asile [azil] *nm* **-1.** [refuge] Asyl *das*; **demander/accorder l'~ politique** politisches Asyl beantragen/gewähren. **-2.** [psychiatrique] Anstalt *die*.
asocial, e, aux [asɔsjal, o] ◇ *adj* asozial. ◇ *nm, f* Asoziale *der, die*.
aspect [aspɛ] *nm* **-1.** [de personne] Aussehen *das*. **-2.** [de problème, GRAM] Aspekt *der*. **-3.** [vue]: **à l'~ de qqch** *sout* im Angesicht einer Sache *(G)*.
asperge [aspɛrʒ] *nf* Spargel *der*.
asperger [17] [aspɛrʒe] *vt*: **~ qqn/qqch (de qqch)** jn/etw (mit etw) bespritzen.
◆ **s'asperger** *vp*: **s'~ de qqch** sich mit etw besprühen.
aspérité [asperite] *nf* [du sol] Unebenheit *die*.
aspersion [aspɛrsjɔ̃] *nf* Besprühen *das*.
asphalte [asfalt] *nm* Asphalt *der*.
asphyxie [asfiksi] *nf* **-1.** MÉD Ersticken *das*. **-2.** *fig* [arrêt] Absterben *das*.
asphyxier [9] [asfiksje] *vt* **-1.** MÉD ersticken. **-2.** *fig* [arrêter] absterben lassen.
◆ **s'asphyxier** *vp* ersticken.
aspic [aspik] *nm* ZOOL Aspisviper *die*.
aspirant, e [aspirɑ̃, ɑ̃t] *adj* saugend.
◆ **aspirant** *nm* Offiziersanwärter *der*.
aspirateur [aspiratœr] *nm* Staubsauger *der*; **passer l'~** staubsaugen.
aspiration [aspirasjɔ̃] *nf* **-1.** [souffle] Einatmen *das*. **-2.** TECHNOL Ansaugen *das*. **-3.** LING Behauchen *das*.
◆ **aspirations** *nfpl* [désirs] Streben *das (sans pl)*.
aspirer [3] [aspire] *vt* **-1.** [respirer] ein|atmen. **-2.** [pomper] an|saugen. **-3.** [désirer]: **~ à qqch** nach etw streben; **~ à faire qqch** danach streben, etw zu tun.
aspirine [aspirin] *nf* Aspirin *das*.
assagir [32] [asaʒir] *vt* **-1.** [personne] besänftigen. **-2.** [passion] zügeln.
◆ **s'assagir** *vp* vernünftig werden.
assaillant, e [asajɑ̃, ɑ̃t] *nm, f* Angreifer *der*, -in *die*.
assaillir [47] [asajir] *vt* [attaquer] überfallen; **~ qqn** *fig* über jn her|fallen; **~ qqn de qqch** *fig* jn mit etw bestürmen.
assainir [32] [asenir] *vt* **-1.** [pièce, eau] reinigen. **-2.** [quartier, situation] sanieren.
assainissement [asenismɑ̃] *nm* **-1.** [quartier, ÉCON] Sanierung *die*. **-2.** [eau] Reinigung *die*.
assaisonnement [asɛzɔnmɑ̃] *nm* [sauce] Dressing *das*.
assaisonner [3] [asɛzɔne] *vt* **-1.** [salade] an|machen. **-2.** [propos] würzen. **-3.** *fam* [gronder] zurecht|stutzen; **se faire ~ par qqn** von jm zurechtgestutzt werden.
assassin, e [asasɛ̃, in] *adj* tödlich.
◆ **assassin** *nm* Mörder *der*, -in *die*.
assassinat [asasina] *nm* Mord *der*.
assassiner [3] [asasine] *vt* ermorden.
assaut [aso] *nm* **-1.** MIL Sturm *der*; **donner l'~** zum Sturm blasen; **monter à l'~ de qqch** *litt* & *fig* zum Angriff auf etw *(A)* über|gehen; **prendre qqch d'~** *litt* & *fig* [conquérir] etw im Sturm erobern; **prendre qqn/qqch d'~** *fig* [accaparer] über jn/etw her|fallen. **-2.** SPORT Gang *der*.
assécher [18] [aseʃe] *vt* **-1.** [terre] trocken|legen. **-2.** [réserve d'eau] auf|brauchen.
◆ **s'assécher** *vp* aus|trocknen.
ASSEDIC, Assedic [asedik] (*abr de* **Association pour l'emploi dans l'industrie et le commerce**) *nfpl* ≈ Arbeitslosenversicherung *die*; **toucher les ~** Arbeitslosengeld beziehen.
assemblage [asɑ̃blaʒ] *nm* **-1.** [ensemble d'éléments] Verbund *der*. **-2.** [montage] Zusammenbau *der*. **-3.** INFORM Assembler *der*, Satz *der (von Elementen)*.
assemblée [asɑ̃ble] *nf* Versammlung *die*; **~ constituante** Gründungsversammlung; **~ consultative** beratende Versammlung.
◆ **Assemblée** *nf*: **l'Assemblée nationale** *französische Nationalversammlung.*

L'ASSEMBLÉE NATIONALE:
Das französische Parlament besteht aus zwei

Kammern, der "Assemblée nationale" (Nationalversammlung) und dem Senat. Die Abgeordneten der Nationalversammlung werden alle fünf Jahre gewählt. Die Wahlen heißen "élections législatives".

assembler [3] [asɑ̃ble] *vt* **-1.** [machine, meuble] zusammen|bauen. **-2.** [documents] zusammen|stellen. **-3.** [idées] zusammen|bringen. **-4.** [personnes] versammeln.
◆ **s'assembler** *vp* sich versammeln.
assener [19], **asséner** [18] [asene] *vt* verpassen.
assentiment [asɑ̃timɑ̃] *nm* Einwilligung *die*; **donner son ~ à qqch** seine Einwilligung zu etw geben.
asseoir [65] [aswar] *vt*: **~ qqn sur qqch** jn auf etw *(A)* setzen; **faire ~ qqn** jm einen Sitzplatz an|bieten.
◆ **s'asseoir** *vp* sich setzen; **s'~ sur qqch** sich auf etw *(A)* setzen.
assermenté, e [asɛrmɑ̃te] *adj* vereidigt.
assertion [asɛrsjɔ̃] *nf* Behauptung *die*.
asservir [32] [asɛrvir] *vt*: **~ qqn/qqch** sich jn/etw untertan machen.
assesseur [asesœr] *nm* Beisitzer *der*.
asseyais *etc* → **asseoir**.
assez [ase] *adv* **-1.** [suffisamment] genug; **il est ~ grand** er ist groß genug; **~ de temps** genug Zeit; **~ de collaborateurs** genug Mitarbeiter; **il en reste juste ~** es reicht gerade noch; **en avoir ~ de qqn/qqch** von jm/etw genug haben. **-2.** [plutôt] ziemlich; **il est ~ avancé pour son âge** er ist ziemlich weit für sein Alter.
assidu, e [asidy] *adj* **-1.** [élève] fleißig. **-2.** [travail] regelmäßig. **-3.** [empressé] eifrig; **être ~ auprès de qqn** sich eifrig um jn bemühen.
assiduité [asidɥite] *nf* **-1.** [zèle] Eifer *der*. **-2.** [fréquence]: **avec ~** regelmäßig *(adv)*.
◆ **assiduités** *nfpl péj* & *sout* Nachstellungen *Pl*.
assidûment [asidymɑ̃] *adv* **-1.** [avec zèle] eifrig. **-2.** [fréquemment] regelmäßig.
assieds *etc* → **asseoir**.
assiégeant, e [asjeʒɑ̃, ɑ̃t] *adj* belagernd.
◆ **assiégeant** *nm* Belagerer *der*.
assiéger [22] [asjeʒe] *vt* belagern.
assiérai *etc* → **asseoir**.
assiette [asjɛt] *nf* **-1.** [de vaisselle, CULIN] Teller *der*; **~ anglaise** *Platte mit kaltem Fleisch, Schinkenbraten, Aufschnitt und Wurst*; **~ creuse** tiefer Teller; **~ de crudités** Salatteller; **~ à dessert** Dessertteller; **~ à soupe** Suppenteller. **-2.** [de cavalier] Sitz *der*. **-3.** [de l'impôt] Besteuerungsgrundlage *die*. **-4.** *loc*: **ne pas être dans son ~** *fam* daneben|sein.
assiettée [asjete] *nf*: **une ~ de qqch** ein Teller voll etw.
assignation [asiɲasjɔ̃] *nf* **-1.** [attribution]: **~ de qqch à qqn** Zuweisung *die* einer Sache *(G)* an jn. **-2.** JUR Vorladung *die*.
assigner [3] [asiɲe] *vt* **-1.** [fonds, tâche]: **~ qqch à qqn** jm etw zu|weisen. **-2.** [affecter]: **~ qqn à qqch** jn einer Sache *(D)* zu|teilen. **-3.** JUR: **~ qqn en justice** jn vor Gericht laden.
assimilation [asimilasjɔ̃] *nf* **-1.** [intégration] Eingliederung *die*. **-2.** [rapprochement] Gleichsetzung *die*. **-3.** [d'aliments] Assimilation *die*. **-4.** [de connaissances] Verarbeitung *die*.
assimiler [3] [asimile] *vt* **-1.** [intégrer] ein|gliedern. **-2.** [confondre]: **~ qqn/qqch à qqn/qqch** jn/etw jm/etw gleich|stellen. **-3.** [aliments] assimilieren. **-4.** [connaissances] verarbeiten.
◆ **s'assimiler** *vp* **-1.** [se comparer]: **s'~ à qqn** sich mit jm gleich|stellen. **-2.** [s'intégrer] sich ein|gliedern.
assis, e [asi, iz] ◇ *pp* → **asseoir**. ◇ *adj* sitzend; **être ~** sitzen.
◆ **assise** *nf* CONSTR Fundament *das*.
◆ **assises** *nfpl* **-1.** JUR Schwurgericht *das (sans pl)*. **-2.** [congrès] Tagung *die*. **-3.** [fondements] Grundlagen *Pl*.
assistance [asistɑ̃s] *nf* **-1.** [auditoire] Anwesenden *Pl*. **-2.** [aide] Hilfe *die*. **-3.** [secours] Hilfeleistung *die*; **prêter ~ à qqn** jm Beistand leisten; **~ technique** technische Unterstützung.
◆ **Assistance publique** *nf* öffentliche Fürsorge.
assistant, e [asistɑ̃, ɑ̃t] *nm, f* Assistent *der*, -in *die*.
◆ **assistante sociale** *nf* Sozialarbeiterin *die*.
assister [3] [asiste] ◇ *vi*: **~ à qqch** einer Sache *(D)* bei|wohnen. ◇ *vt*: **~ qqn** [seconder] jm bei|stehen; [porter secours à] jm helfen.
associatif, ive [asɔsjatif, iv] *adj* **-1.** [mémoire] assoziativ. **-2.** [vie] Vereins-.
association [asɔsjasjɔ̃] *nf* **-1.** [professionnelle] Verband *der*; [de bienfaisance, sportive] Verein *der*; **~ à but non lucratif** gemeinnütziger Verein. **-2.** [de couleurs] Zusammenstellung *die*; **~ d'idées** Assoziation *die*.
associé, e [asɔsje] ◇ *adj* **-1.** [personne] beteiligt. **-2.** [problème] damit verbunden. ◇ *nm, f* **-1.** [collaborateur] Partner *der*. **-2.** [actionnaire] Teilhaber *der*, -in *die*.
associer [9] [asɔsje] *vt* **-1.** [personne]: **~ qqn à qqch** jn an etw *(D)* beteiligen. **-2.** [idées] verknüpfen.
◆ **s'associer** *vp* **-1.** [participer]: **s'~ à qqch** sich an einer Sache *(D)* beteiligen. **-2.** [collaborer]: **s'~ à** OU **avec qqn** sich jm an|schließen. **-3.** [se combiner]: **s'~ à qqch** mit etw einher|gehen.
assoiffé, e [aswafe] *adj* durstig.

assoirai *etc* → **asseoir**.

assombrir [32] [asɔ̃brir] *vt* verfinstern.

◆ **s'assombrir** *vp* sich verfinstern.

assommant, e [asɔmɑ̃, ɑ̃t] *adj fam péj* **-1.** [personne] nervtötend. **-2.** [chose] langweilig.

assommer [3] [asɔme] *vt* **-1.** [frapper] nieder|schlagen. **-2.** [accabler] erschlagen. **-3.** *fam* [ennuyer] anöden.

Assomption [asɔ̃psjɔ̃] *nf*: **l'~** Mariä Himmelfahrt *(sans art déf)*.

assorti, e [asɔrti] *adj* **-1.** [accordé - choses] passend; [- personnes] zueinander passend; **bien/mal ~** [choses] gut/schlecht abgestimmt; [personnes] gut/schlecht zusammenpassend. **-2.** [accompagné]: **~ de qqch** mit etw versehen. **-3.** [magasin]: **bien ~** reichhaltig ausgestattet.

assortir [32] [asɔrtir] *vt* **-1.** [objets]: **~ qqch à qqch** etw auf etw *(A)* abstimmen. **-2.** [magasin] aus|statten.

◆ **s'assortir** *vp*: **~ de qqch** mit etw versehen sein.

assoupi, e [asupi] *adj* **-1.** [endormi] eingeschlummert. **-2.** *fig & littéraire* [affaibli] nachlassend.

assoupir [32] [asupir] *vt* **-1.** *sout* [personne] ein|schläfern. **-2.** *fig & littéraire* [sentiment] betäuben.

◆ **s'assoupir** *vp* **-1.** [s'endormir] ein|schlummern. **-2.** *fig & littéraire* [s'affaiblir] ab|klingen.

assoupissement [asupismɑ̃] *nm* Schlummer *der*.

assouplir [32] [asuplir] *vt* **-1.** [corps] gelenkig machen. **-2.** [matière] geschmeidig machen. **-3.** [règlement] lockern. **-4.** [caractère] umgänglich machen.

◆ **s'assouplir** *vp* **-1.** [physiquement] gelenkig werden. **-2.** [moralement] flexibel werden.

assouplissant [asuplisɑ̃] *nm* Weichspülmittel *das*.

assouplissement [asuplismɑ̃] *nm* **-1.** [du corps] Gelenkigmachen *das*; **exercice d'~** Gelenkigkeitsübung *die*. **-2.** [de matière] Geschmeidigmachen *das*. **-3.** [de règlement] Lockerung *die*. **-4.** [de caractère] Flexibelmachen *das*.

assourdir [32] [asurdir] *vt* **-1.** [personne] betäuben. **-2.** [bruit] dämpfen.

assouvir [32] [asuvir] *vt* stillen.

◆ **s'assouvir** *vp littéraire* gestillt werden.

assoyais *etc* → **asseoir**.

ASSU, Assu [asy] *(abr de* **Association du sport scolaire et universitaire***) nf französischer Verband für Universitäts- und Schulsport*.

assujetti, e [asyʒeti] ◇ *adj* **-1.** [asservi] unterworfen. **-2.** [soumis à]: **être ~ à qqch** [loi, domination] einer Sache *(D)* unterliegen; **être ~ à l'impôt** steuerpflichtig sein. ◇ *nm, f*: **~ social** Pflichtversicherte *der*.

assujettir [32] [asyʒetir] *vt* unterwerfen; **~ qqn à qqch** jn einer Sache *(D)* unterwerfen.

◆ **s'assujettir** *vp*: **s'~ à qqch** sich einer Sache *(D)* unterwerfen.

assumer [3] [asyme] *vt* **-1.** [fonction] wahr|nehmen. **-2.** [risque, frais] übernehmen. **-3.** [condition]: **~ qqch** zu einer Sache stehen.

◆ **s'assumer** *vp* dazu stehen; [financièrement] für sich auf|kommen.

assurance [asyrɑ̃s] *nf* **-1.** [comportement] sicheres Auftreten. **-2.** [contrat] Versicherung *die*; **~ maladie** Krankenversicherung; **~ tous risques** AUTOM Vollkaskoversicherung. **-3.** [conviction] Bewußtsein *das*.

assurance-vie [asyrɑ̃svi] *nf* Lebensversicherung *die*.

assuré, e [asyre] *nm, f* Versicherte *der, die*; **~ social** Sozialversicherte *der*.

assurément [asyremɑ̃] *adv* sicherlich.

assurer [3] [asyre] ◇ *vt* **-1.** [garantir]: **~ à qqn que** jm versichern, daß; **~ qqn de qqch** jm etw versichern. **-2.** [permanence, service] übernehmen. **-3.** [voiture] versichern. **-4.** [paix, ordre] sichern. **-5.** [avenir, situation]: **~ qqch à qqn** jm etw zu|sichern. ◇ *vi*: **il assure** *fam* er bringt's OU packt's.

◆ **s'assurer** *vp* **-1.** [pour confirmation]: **s'~ que** sich vergewissern, daß; **s' ~ de qqch** sich einer Sache *(G)* vergewissern. **-2.** [pour protection]: **s'~ contre qqch** sich gegen etw versichern. **-3.** [obtenir]: **s'~ (de) qqch** etw sicher|stellen.

Assyrie [asiri] *nf*: **l' ~** Assyrien *nt*.

assyrien, enne [asirjɛ̃, ɛn] *adj* assyrisch.

◆ **Assyrien, enne** *nm, f* Assyr(i)er *der*, -in *die*.

astérisque [asterisk] *nm* Sternchen *das*.

asthmatique [asmatik] ◇ *adj* asthmatisch. ◇ *nmf* Asthmatiker *der*, -in *die*.

asthme [asm] *nm* Asthma *das*.

asticot [astiko] *nm* Made *die*.

astigmate [astigmat] ◇ *adj* astigmatisch. ◇ *nmf* Stabsichtige *der, die*.

astiquer [3] [astike] *vt* wienern.

astrakan [astrakɑ̃] *nm* Astrachan *der*; **manteau d'~** Persianermantel *der*.

astral, e, aux [astral, o] *adj* ASTROL Gestirns-.

astre [astr] *nm* **-1.** ASTRON Gestirn *das*. **-2.** ASTROL Stern *der*.

astreignais *etc* → **astreindre**.

astreignant, e [astrɛɲɑ̃, ɑ̃t] *adj* [obligation] einengend; [travail] zeitraubend.

astreindre [81] [astrɛ̃dr] *vt*: **~ qqn à qqch** jn zu etw zwingen; **~ qqn à faire qqch** jn dazu

zwingen, etw zu tun.
◆ **s'astreindre** *vp*: **s'~ à qqch** sich etw auflerlegen; **s'~ à faire qqch** sich zwingen, etw zu tun.

astreins *etc* → **astreindre**.

astreint, e [astrɛ̃, ɛ̃t] *pp* → **astreindre**.

astringent, e [astrɛ̃ʒɑ̃, ɑ̃t] *adj* adstringierend.
◆ **astringent** *nm* Adstringens *das*.

astrologie [astrɔlɔʒi] *nf* Astrologie *die*.

astrologique [astrɔlɔʒik] *adj* astrologisch.

astrologue [astrɔlɔg] *nmf* Astrologe *der*, -gin *die*.

astronaute [astrɔnot] *nmf* Astronaut *der*, -in *die*.

astronautique [astrɔnotik] *nf* Raumfahrt *die*.

astronome [astrɔnɔm] *nmf* Astronom *der*, -in *die*.

astronomie [astrɔnɔmi] *nf* Astronomie *die*.

astronomique [astrɔnɔmik] *adj* astronomisch.

astrophysique [astrɔfisik] *nf* Astrophysik *die*.

astuce [astys] *nf* **-1.** [truc] Trick *der*. **-2.** [ingéniosité] Findigkeit *die*. **-3.** [plaisanterie] Scherz *der*.

astucieux, euse [astysjø, øz] *adj* **-1.** [idée] pfiffig. **-2.** [personne] schlau.

asymétrique [asimetrik] *adj* asymmetrisch.

atavisme [atavism] *nm* Atavismus *der*.

atelier [atəlje] *nm* **-1.** [d'artisan] Werkstatt *die*. **-2.** [de peintre] Atelier *das*.

atermoiement [atɛrmwamɑ̃] *nm* JUR [délai] Verlängerung *die*.
◆ **atermoiements** *nmpl* Ausflüchte *Pl*.

athée [ate] ◇ *adj* atheistisch. ◇ *nmf* Atheist *der*, -in *die*.

athéisme [ateism] *nm* Atheismus *der*.

athénée [atene] *nm Belg* ≃ weiterführende Schule.

Athènes [atɛn] *n* Athen *nt*.

athénien, enne [atenjɛ̃, ɛn] *adj* Athener *(adj inv)*, athenisch.
◆ **Athénien, enne** *nm, f* Athener *der*, -in *die*.

athlète [atlɛt] *nmf* Athlet *der*, -in *die*.

athlétique [atletik] *adj* athletisch.

athlétisme [atletism] *nm* Leichtathletik *die*.

Atlantide [atlɑ̃tid] *nf*: **l'~** Atlantis *nt*.

atlantique [atlɑ̃tik] *adj* atlantisch, Atlantik-; **la côte ~** die Atlantikküste; **le Pacte ~** der Atlantikpakt.
◆ **Atlantique** *nm*: **l'Atlantique** der Atlantik; **l'océan Atlantique** der atlantische Ozean.

atlas [atlas] *nm* Atlas *der*.

Atlas [atlas] *nm*: **l'~** der Atlas, das Atlasgebirge; **le Haut** OU **Grand ~** der Hohe Atlas; **le Moyen ~** der Mittlere Atlas.

atmosphère [atmɔsfɛr] *nf* **-1.** [gén] Atmosphäre *die*. **-2.** [de pièce] Luft *die*.

atmosphérique [atmɔsferik] *adj* atmosphärisch.

atoll [atɔl] *nm* Atoll *das*.

atome [atom] *nm* Atom *das*; **avoir des ~s crochus avec qqn** *fig* auf der gleichen Wellenlänge wie jn sein.

atomique [atɔmik] *adj* [énergie, masse] Atom-; [guerre, puissance] atomar.

atomiseur [atɔmizœr] *nm* Zerstäuber *der*.

atone [atɔn] *adj* [œil, regard] ausdruckslos.

atours [atur] *nmpl littéraire* Putz *der (sans pl)*; **dans ses plus beaux ~** in schönster Aufmachung.

atout [atu] *nm* Trumpf *der*; **~ cœur** [aux cartes] Herztrumpf.

ATP ◇ *nf* (*abr de* **Association des tennismen professionnels**) *französischer Verband der Berufstennisspieler*. ◇ (*abr de* **arts et traditions populaires**) ≃ Volkskunde; **musée des ~** ≃ Volkskundemuseum.

âtre [atr] *nm littéraire* Feuerstelle *die*.

atroce [atrɔs] *adj* **-1.** [crime, souffrance] abscheulich. **-2.** [temps] scheußlich.

atrocement [atrɔsmɑ̃] *adv* **-1.** [horriblement] abscheulich. **-2.** [exagérément] schrecklich.

atrocité [atrɔsite] *nf* **-1.** [horreur] Abscheulichkeit *die (sans pl)*; **les ~s de la guerre** die Schrekken des Krieges. **-2.** [calomnie]: **dire des ~s** abscheuliche Dinge sagen.

atrophie [atrɔfi] *nf* **-1.** [d'organe] Schwund *der*. **-2.** *fig* [de faculté] Nachlassen *das*.

atrophier [9] [atrɔfje] *vt* **-1.** [muscle] schwinden lassen. **-2.** *fig* [sens moral] verkümmern lassen.
◆ **s'atrophier** *vp* **-1.** [muscle] schwinden. **-2.** *fig* [faculté] nachllassen.

attabler [3] [atable]
◆ **s'attabler** *vp* sich zu Tisch setzen; **s'~ devant qqch** sich vor etw *(A)* setzen.

attachant, e [ataʃɑ̃, ɑ̃t] *adj* einnehmend.

attache [ataʃ] *nf* **-1.** [lien] Befestigung *die*. **-2.** [agrafe] Klammer *die*.
◆ **attaches** *nfpl* **-1.** [poignets, chevilles] Gelenke *Pl*. **-2.** [liens] Bindung *die*.

attaché, e [ataʃe] *nm, f* Attaché *der*; **~ d'ambassade** Botschaftsattaché; **~ commercial** Handelsattaché; **~ culturel** Kulturattaché; **~ militaire** Militärattaché; **~ de presse** Pressereferent *der*, -in *die*.

attaché-case [ataʃekɛz] (*pl* **attachés-cases**) *nm* Aktenkoffer *der*.

attachement [ataʃmɑ̃] *nm* Zuneigung *die*.

attacher [3] [ataʃe] ◇ *vt* **-1.** [lier]: **~ qqch (à qqch)** etw (an etw *(D)*) festlmachen. **-2.** [pa-

quet] zu|binden. **-3.** [lacet] binden. **-4.** [animal] an|binden. **-5.** [personne]: **~ qqn à qqch** jn mit etw verbinden. ◇ *vi* CULIN an|brennen.
◆ **s'attacher** *vp* **-1.** [affection]: **s'~ à qqn/qqch** jn/etw lieb|gewinnen. **-2.** [se fermer]: **s'~ avec/par qqch** mit/durch etw zugemacht werden. **-3.** [s'appliquer]: **s'~ à faire qqch** sich darum bemühen, etw zu tun. **-4.** [en voiture] sich an|schnallen.

attaquant, e [atakɑ̃, ɑ̃t] ◇ *adj* angreifend. ◇ *nm, f* Angreifer *der*, -in *die*.

attaque [atak] *nf* **-1.** [offensive] Angriff *der*; **~ contre qqch** Angriff auf etw *(A)*; **~ contre qqn** Angriff gegen jn; **~ à main armée** bewaffneter Überfall. **-2.** MÉD Anfall *der*; **avoir une ~** einen Anfall bekommen. **-3.** MUS Auftakt *der*. **-4.** *loc*: **être d'~** fit sein.

attaquer [3] [atake] *vt* **-1.** [gén] an|greifen. **-2.** [travail, difficulté]: **~ qqch** sich *(D)* etw vor|nehmen. **-3.** JUR: **~ qqn en justice** jn verklagen; **~ un jugement** ein Urteil an|fechten.
◆ **s'attaquer** *vp*: **s'~ à qqn** es mit jm auf|nehmen; **s'~ à qqch** *fig* etw in Angriff nehmen.

attardé, e [atarde] ◇ *adj* **-1.** [en retard] verspätet. **-2.** [arriéré] zurückgeblieben. ◇ *nm, f* geistig zurückgebliebener Mensch.

attarder [3] [atarde]
◆ **s'attarder** *vp*: **s'~ à qqch** sich mit etw auf|halten; **s'~ à faire qqch** sich damit auf|halten, etw zu tun.

atteignais *etc* → **atteindre**.

atteindre [81] [atɛ̃dr] *vt* **-1.** [sujet: balle, arme, malheur] treffen. **-2.** *litt* & *fig* [arriver à] erreichen. **-3.** [toucher]: **~ qqch** an etw *(A)* heran|kommen.
◆ **atteindre à** *v prép* an|streben.

atteins *etc* → **atteindre**.

atteint, e [atɛ̃, ɛ̃t] ◇ *pp* → **atteindre**. ◇ *adj* **-1.** [malade]: **être ~ d'un cancer** an Krebs leiden. **-2.** *fam* [fou]: **être ~** sie nicht mehr alle haben.
◆ **atteinte** *nf* **-1.** [préjudice] Beeinträchtigung *die*; **porter ~ à qqch** etw *(D)* Schaden zu|fügen, etw *(A)* beeinträchtigen; **hors d'~** [hors de portée] außer Reichweite; [inattaquable] unantastbar. **-2.** [effet] Auswirkung *die*.

attelage [atlaʒ] *nm* [de chevaux] Gespann *das*.

atteler [24] [atle] *vt* **-1.** [animaux] ein|spannen. **-2.** [véhicules] an|hängen. **-3.** [tâche]: **~ qqn à qqch** jn für etw ein|spannen.
◆ **s'atteler** *vp*: **s'~ à qqch** sich in etw *(A)* hinein|knien.

attelle [atɛl] *nf* Schiene *die*.

attenant, e [atnɑ̃, ɑ̃t] *adj*: **~ (à qqch)** (an etw *(A)*) angrenzend.

attendre [73] [atɑ̃dr] ◇ *vt* **-1.** [personne, voiture]: **~ qqn/qqch** auf jn/etw warten. **-2.** [événement, réponse, enfant] erwarten; **~ que** *(+ subjonctif)* darauf warten, daß; **~ qqch de qqn/qqch** etw von jm/etw erwarten. ◇ *vi* warten.
◆ **s'attendre** *vp*: **s'~ à qqch** [prévoir] auf etw *(A)* gefaßt sein.
◆ **en attendant** *loc adv* vorerst.

attendrir [32] [atɑ̃drir] *vt* **-1.** [personne] rühren. **-2.** [viande] weich|klopfen.
◆ **s'attendrir** *vp* gerührt sein; **s'~ sur qqn/qqch** von jm/etw gerührt sein.

attendrissant, e [atɑ̃drisɑ̃, ɑ̃t] *adj* rührend.

attendrissement [atɑ̃drismɑ̃] *nm* Rührung *die*.

attendrisseur [atɑ̃drisœr] *nm* Fleischklopfer *der*.

attends *etc* → **attendre**.

attendu, e [atɑ̃dy] ◇ *pp* → **attendre**. ◇ *adj* erwartet.
◆ **attendu** *prép*: **~ qqch** in Anbetracht einer Sache *(G)*; **~ que** in Anbetracht der Tatsache, daß.
◆ **attendus** *nmpl* JUR: **les ~s d'un jugement** die Urteilsbegründung.

attentat [atɑ̃ta] *nm* Attentat *das*; **~ à la bombe** Bombenattentat; **~ à la pudeur** Unzucht *die*.

attente [atɑ̃t] *nf* **-1.** [fait d'attendre] Warten *das*. **-2.** [espoir] Erwartung *die*; **contre toute ~** entgegen allen Erwartungen.

attenter [3] [atɑ̃te] *vt*: **~ à qqch** etw beeinträchtigen; **~ à la vie de qqn** jm nach dem Leben trachten.

attentif, ive [atɑ̃tif, iv] *adj* **-1.** [auditeur, soin] aufmerksam. **-2.** [soucieux]: **être ~ à qqch** auf etw *(A)* bedacht sein.

attention [atɑ̃sjɔ̃] ◇ *nf* Aufmerksamkeit *die*; **à l'~ de** zu Händen von; **porter qqch à l'~ de qqn** jn von etw in Kenntnis setzen. ◇ *interj* Achtung; **'~ chien méchant'** 'Vorsicht bissiger Hund'; **'~ à la marche'** 'Vorsicht Stufe'; **'~ peinture fraîche'** 'Frisch gestrichen'; **faire ~** [par prudence] vorsichtig sein; **faire ~ à qqch** [par concentration] auf etw *(A)* achten; [par prudence] auf etw *(A)* acht|geben.

attentionné, e [atɑ̃sjɔne] *adj* aufmerksam.

attentisme [atɑ̃tism] *nm* Attentismus *der*.

attentivement [atɑ̃tivmɑ̃] *adv* aufmerksam.

atténuante [atenyɑ̃t] → **circonstance**.

atténuation [atenɥasjɔ̃] *nf* **-1.** [de lumière] Dämpfen *das*; [de propos] Abschwächung *die*; [de douleur] Linderung *die*. **-2.** JUR: **~ de peine** Strafmilderung *die*.

atténuer [7] [atenɥe] *vt* **-1.** [douleur] lindern. **-2.** [propos] ab|schwächen. **-3.** [lumière, son] dämpfen.
◆ **s'atténuer** *vp* **-1.** [lumière] schwächer werden. **-2.** [douleur, bruit] nach|lassen.

atterrir [32] [aterir] *vi* landen; **~ dans qqch** in etw *(D)* landen.

atterrissage [aterisaʒ] *nm* Landung *die*; **~ forcé** Notlandung; **~ sans visibilité** Blindlandung.

attestation [atɛstasjɔ̃] *nf* **-1.** [certificat] Bescheinigung *die*; **~ médicale** ärztliches Attest. **-2.** [acte] Bescheinigen *das*. **-3.** [preuve] Beweis *der*.

attester [3] [atɛste] *vt* **-1.** [sujet: personne] bestätigen. **-2.** [sujet: document] bescheinigen.

attifer [3] [atife] *vt fam* herauslputzen.
◆ **s'attifer** *vp* sich herauslputzen.

attique [atik] *adj* attisch.

attirail [atiraj] *nm* **-1.** [matériel] Ausrüstung *die*. **-2.** *fam* [affaires] Kram *der*.

attirance [atirɑ̃s] *nf*: **avoir** ou **éprouver de l'~ pour qqn/qqch** sich von jm/etw angezogen fühlen.

attirant, e [atirɑ̃, ɑ̃t] *adj* anziehend.

attirer [3] [atire] *vt* **-1.** [personne, métal] anlziehen; **~ qqn à** ou **vers soi** jn zu sich ziehen. **-2.** [attention, regard] auf sich *(A)* ziehen. **-3.** [ennui, critique] einlbringen.
◆ **s'attirer** *vp*: **s'~ qqch** sich *(D)* etw zulziehen.

attiser [3] [atize] *vt* schüren.

attitré, e [atitre] *adj* **-1.** [titulaire] ständig. **-2.** [habituel]: **mon épicerie ~e** das Lebensmittelgeschäft, in dem ich immer einkaufe. **-3.** [réservé]: **place ~e** Stammplatz *der*.

attitude [atityd] *nf* **-1.** [posture] Haltung *die*. **-2.** [comportement] Verhalten *das*. **-3.** [point de vue] Einstellung *die*.

attouchements [atuʃmɑ̃] *nmpl* Berührung *die*.

attractif, ive [atraktif,iv] *adj* [prix] attraktiv.

attraction [atraksjɔ̃] *nf* **-1.** [force] Anziehung *die*; **~ terrestre** Erdanziehungskraft *die*. **-2.** [attirance] Anziehungskraft *die*. **-3.** [centre d'intérêt] Anziehungspunkt *der*.
◆ **attractions** *nfpl* **-1.** [jeux] Attraktionen *Pl*. **-2.** [spectacle] Darbietung *die (sans pl)*.

attrait [atrɛ] *nm* Reiz *der*; **éprouver un vif ~ pour qqn** sich zu jm stark hingezogen fühlen.
◆ **attraits** *nmpl* **-1.** *sout* [de femme] Reize *Pl*. **-2.** [de chose] Reiz *der (sans pl)*.

attrape [atrap] *nf* Scherzartikel *der*.

attrape-nigaud [atrapnigo] (*pl* **attrape-nigauds**) *nm* Bauernfängerei *die (sans pl)*.

attraper [3] [atrape] *vt* **-1.** [ballon, animal] fangen. **-2.** [voleur] einlfangen. **-3.** [maladie] bekommen. **-4.** [train, avion] noch erreichen. **-5.** *fam* [gronder]: **se faire ~ (par qqn)** (von jm) den Kopf gewaschen bekommen. **-6.** [surprendre] erwischen. **-7.** *fam* [tromper] hereinllegen.

attrayant, e [atrɛjɑ̃, ɑ̃t] *adj* attraktiv.

attribuer [7] [atribɥe] *vt*: **~ qqch à qqn** [tâche, responsabilité] jm etw zulweisen; [récompense] jm etw verleihen; [privilège] jm etw gewähren; [part] jm etw zulteilen; [erreurs] jm etw zulschreiben.
◆ **s'attribuer** *vp* **-1.** [s'approprier] für sich in Anspruch nehmen. **-2.** [revendiquer]: **s'~ qqch** sich *(D)* etw zulschreiben.

attribut [atriby] *nm* **-1.** [caractéristique] wesentliches Merkmal. **-2.** [symbole] Symbol *das*. **-3.** GRAM Attribut *das*.

attribution [atribysjɔ̃] *nf* **-1.** [de prix] Verleihung *die*. **-2.** [de part] Zuteilung *die*. **-3.** [d'avantage] Gewährung *die*. **-4.** [de tâche] Zuweisung *die*.
◆ **attributions** *nfpl* Aufgabenbereich *der (sans pl)*.

attrister [3] [atriste] *vt* betrüben.
◆ **s'attrister** *vp* traurig werden.

attroupement [atrupmɑ̃] *nm* Ansammlung *die*.

attrouper [3] [atrupe]
◆ **s'attrouper** *vp* sich ansammeln.

au → à.

aubade [obad] *nf* Morgenständchen *das*.

aubaine [obɛn] *nf* Glücksfall *der*.

aube [ob] *nf* **-1.** [aurore] Morgengrauen *das*; **à l'~** bei Tagesanbruch; **à l'~ d'un jour** am Anfang eines Tages; **être à l'~ de qqch** *fig* am Anfang einer Sache *(G)* stehen. **-2.** RELIG [vêtement] Alba *die*.

aubépine [obepin] *nf* Weißdorn *der*.

auberge [obɛrʒ] *nf* Gasthaus *das*; **~ de jeunesse** Jugendherberge *die*; **c'est l'~ espagnole** *fig* jeder bringt etwas zu essen mit!; **on n'est pas sorti de l'~** *fam fig* uns steht noch viel bevor.

aubergine [obɛrʒin] ◇ *nf* Aubergine *die*. ◇ *adj inv* aubergine(farben).

aubergiste [obɛrʒist] *nmf* Wirt *der*, -in *die*.

auburn [obœrn] *adj inv* kastanienbraun.

aucun, e [okœ̃, yn] ◇ *adj* **-1.** [sens négatif] kein. **-2.** [sens positif] irgendein. ◇ *pron* **-1.** [sens négatif] keine,-r,-s; **~ de** keine einzige, kein einziger, kein einziges; **il n'a lu ~ de mes livres** er hat keines meiner Bücher gelesen. **-2.** [sens positif] irgendeine,-r,-s; **d'~s** *sout* einige.

audace [odas] *nf* **-1.** [hardiesse] Wagemut *der*. **-2.** [insolence] Unverschämtheit *die*; **avoir l'~ de faire qqch** die Unverschämtheit besitzen, etw zu tun. **-3.** [innovation] Kühnheit *die*.

audacieux, euse [odasjø, øz] ◇ *adj* **-1.** [projet] gewagt. **-2.** [personne] wagemutig. **-3.** [geste] kühn. ◇ *nm, f* kühner Mensch.

au-dedans [odədɑ̃] *adv* drinnen; **vert ~, rouge au-dehors** innen grün, außen rot.
◆ **au-dedans de** *loc prép*: **~ de qqch** innerhalb einer Sache *(G)*; **~ de qqn** in js Inneren;

~ **de lui-même, il regrette ses paroles** in seinem Inneren bereut er seine Worte.

au-dehors [odəɔr] *adv* draußen; **vert au-dedans, rouge ~** innen grün, außen rot.
◆ **au-dehors de** *loc prép*: **~ de qqch** außerhalb einer Sache *(G)*.

au-delà [odəla] ◇ *adv* **-1.** [plus loin] weiter entfernt. **-2.** [davantage] noch mehr. ◇ *nm*: **l'~** das Jenseits.
◆ **au-delà de** *loc prép*: **~ de qqch** jenseits einer Sache *(G)*; *fig* über etw *(A)* hinaus.

au-dessous [odsu] *adv* d(a)runter; **les chambres sont ~** die Zimmer sind unten.
◆ **au-dessous de** *loc prép*: **~ de qqch** unter etw *(D)*; **~ de zéro** unter Null; **être ~ de tout** unter aller Würde sein; **~ de 10 ans** unter 10 Jahre.

au-dessus [odəsy] *adv* d(a)rüber; **les chambres sont ~** die Zimmer sind oben.
◆ **au-dessus de** *loc prép*: **~ de qqch** über etw *(D)*; **~ de la mer** über dem Meeresspiegel; **~ de 15 ans** über 15 Jahre.

au-devant [odəvɑ̃] *adv* vorn.
◆ **au-devant de** *loc prép*: **aller ~ de qqn** jm entgegen|gehen.

audible [odibl] *adj* hörbar; **à peine ~** kaum hörbar.

audience [odjɑ̃s] *nf* **-1.** [public] Publikum *das*. **-2.** JUR Verhandlung *die*. **-3.** [entretien] Unterredung *die*.

Audimat® [odimat] *nm* **-1.** [système] *französisches System zum Messen der Einschaltquoten*. **-2.** [d'émission] Einschaltquote *die*.

AUDIMAT:
Dieses Gerät, das für einen festgelegten Zeitraum in bestimmten Haushalten installiert wird, dient zur Ermittlung der Einschaltquoten der französischen Fernsehsender.

---

audionumérique [odjɔnymerik] *adj*: **disque ~** Ton-Compact Disc *die*, CD *die*; **support ~** digitaler Tonträger.

audiovisuel, elle [odjɔvizɥɛl] *adj* audiovisuel.
◆ **audiovisuel** *nm* Audio-Videotechnik *die*.

audit [odit] *nm*: **~ marketing** Marketing-Audit *das*, Marketingkontrolle *die*.

auditeur, trice [oditœr, tris] *nm, f* Zuhörer *der*, -in *die*.
◆ **auditeur** *nm* **-1.** UNIV: **~ libre** Gasthörer *der*. **-2.** FIN Revisor *der*.

auditif, ive [oditif, iv] *adj*: **appareil ~** Hörgerät *das*; **mémoire auditive** auditives Gedächtnis.

audition [odisjɔ̃] *nf* **-1.** [ouïe] Hören *das*. **-2.** JUR Vernehmung *die*. **-3.** [essai]: **passer une ~** [de théâtre] vor|sprechen; [de musique] vor|spielen.

auditionner [3] [odisjɔne] *vt* [au théâtre] vorsprechen lassen; [de musique] vorspielen lassen.

auditoire [oditwar] *nm* Zuhörer *Pl*; **~ cible** Zuhörerzielgruppe *die*.

auditorium [oditɔrjɔm] *nm* Konzertsaal *der*.

auditrice → **auditeur**.

auge [oʒ] *nf* Trog *der*.

augmentation [ogmɑ̃tasjɔ̃] *nf* **-1.** [de prix, d'inflation] Anstieg *der*. **-2.** [de taux, de capital, de salaire] Erhöhung *die*. **-3.** [de quantité] Steigerung *die*; **demander/obtenir une ~** eine Erhöhung verlangen/erhalten.

augmenter [3] [ogmɑ̃te] ◇ *vt* **-1.** [prix, salaire] erhöhen; **être augmenté** eine Gehaltserhöhung erhalten. **-2.** [en quantité] steigern. **-3.** [en intensité] stärker machen. ◇ *vi* **-1.** [en quantité] steigen. **-2.** [en intensité] stärker werden.

augure [ogyr] *nm* Vorzeichen *das*; **de bon/mauvais ~** gutes/schlechtes Vorzeichen.

augurer [3] [ogyre] *vt littéraire*: **bien/mal ~ de qqch** als gutes/schlechtes Vorzeichen für etw gelten.

auguste [ogyst] *adj littéraire* erlaucht.

aujourd'hui [oʒurdɥi] *adv* **-1.** [ce jour] heute; **~ en huit/quinze** in einer Woche/vierzehn Tagen. **-2.** [notre époque] heutzutage; **les jeunes d'~** die heutige Jugend.

aulx → **ail**.

aumône [omon] *nf* Almosen *das*; **faire l'~ à qqn** jm ein Almosen geben; **faire l'~ de qqch à qqn** *fig* jm gütigst etw schenken.

aumônier [omonje] *nm* Kaplan *der*, Anstaltsgeistliche *der*.

auparavant [oparavɑ̃] *adv* **-1.** [tout d'abord] vorher. **-2.** [avant] davor.

auprès [oprɛ]
◆ **auprès de** *loc prép*: **~ de qqn/qqch** bei jm/etw; [comparé à] im Vergleich zu jm/etw; **~ de qqn** [aux yeux de] in js Augen.

auquel [okɛl] → **lequel**.

aurai *etc* → **avoir**.

auréole [oreɔl] *nf* **-1.** RELIG Heiligenschein *der*. **-2.** [trace] Rand *der*. **-3.** ASTRON Aureole *die*.

auréoler [3] [oreɔle] *vt*: **être auréolé de gloire** vom strahlenden Glanz des Ruhms umgeben sein.

auriculaire [orikylɛr] ◇ *adj* Ohr-. ◇ *nm* kleiner Finger.

aurons [orɔ̃], **aurez** [ore] → **avoir**.

aurore [orɔr] *nf* **-1.** [aube] Morgenrot *das*; **~ boréale** Nordlicht *das*. **-2.** *fig* & *sout* [commencement] Anbruch *der*; **à l'~ de qqch** am Anfang von etw.

ausculter [3] [oskylte] *vt* abhorchen.

auspice [ospis] *nm (gén pl)* **-1.** [signe] Auspizien

Pl; **sous d'heureux ~s** unter günstigen Auspizien; **sous les ~s de qqn** *fig* unter js Auspizien. **-2.** HIST Auspizium *das*.

aussi [osi] *adv* **-1.** [également] auch; **tu y vas? j'y vais ~** gehst du hin? ich gehe auch hin; **il parle anglais et ~ espagnol** er spricht englisch und auch spanisch. **-2.** [comparatif]: **~ ... que** so ... wie; **il n'est pas ~ intelligent que son frère** er ist nicht so intelligent wie sein Bruder; **je n'ai jamais rien vu d'~ beau** ich habe nie etwas so Schönes gesehen; **~ léger qu'il soit, je ne pourrai pas le porter** so leicht er auch sein mag, ich könnte ihn nicht tragen. **-3.** *sout* [d'explication] deshalb.

◆ **(tout) aussi bien** *loc adv* genauso gut; **j'aurais pu (tout) ~ bien refuser** ich hätte genauso gut ablehnen können.

◆ **aussi bien ... que** *loc conj* genauso gut ... wie; **tu le sais ~ bien que moi** du weißt das genauso gut wie ich; **on n'est jamais ~ bien servi que par soi-même** selbst ist der Mann OU die Frau.

aussitôt [osito] *adv* gleich.

◆ **aussitôt que** *loc conj* sobald.

austère [ostɛr] *adj* **-1.** [personne] streng. **-2.** [vie, région] karg. **-3.** [chose] nüchtern.

austérité [osterite] *nf* **-1.** [de personne] Strenge *die*. **-2.** [de vie] Einfachheit *die*. **-3.** [de chose] Nüchternheit *die*.

austral, e, als OU **aux** [ostral, o] *adj* südlich.

Australie [ostrali] *nf*: **l'~** Australien *nt*; **l' ~-Méridionale** Südaustralien *nt*; **l' ~-Occidentale** Westaustralien *nt*.

australien, enne [ostraljɛ̃, ɛn] *adj* australisch.

◆ **Australien, enne** *nm, f* Australier *der*, -in *die*.

autant [otɑ̃] *adv* **-1.** [comparatif]: **~... que** (eben)so... wie, soviel ... wie, so sehr ... wie; **cette voiture coûte ~ que l'autre** dieser Wagen kostet (genau) soviel wie der andere; **il y a ~ de femmes que d'hommes** es gibt genauso viele Frauen wie Männer. **-2.** [à tel point] so; **en dire/faire ~** dasselbe sagen/tun. **-3.** [en si grande quantité]: **~ de** soviel; **~ de patience** soviel Geduld. **-4.** [si nombreux]: **~ de** so viele; **~ de gens** so viele Leute. **-5.** *(+ infinitif)* [il vaut mieux]: **~ dire la vérité** man sollte lieber die Wahrheit sagen; **~ y aller tant qu'il ne pleut pas** man sollte besser hingehen, solange es nicht regnet.

◆ **autant... autant** *loc corrélative* so ... so; **~ il est gentil avec moi, ~ il est désagréable avec elle** so nett er zu mir ist, so unfreundlich ist er zu ihr; **~ d'hommes ~ d'avis** jedem seine Meinung.

◆ **autant que** *loc conj*: **~ que je sache** meines Wissens; **pour ~ que je sache** soviel ich weiß.

◆ **d'autant** *loc adv* gleichermaßen.

◆ **d'autant mieux** *loc adv* um so besser; **cela ira d'~ mieux** das wird um so besser gehen.

◆ **d'autant que** *loc conj* zumal; **d'~ plus/moins que** um so mehr/weniger als.

◆ **pour autant** *loc adv* deswegen; **il a du succès mais ce n'est pas un génie pour ~** er hat Erfolg aber deswegen ist er lange kein Genie.

autarcie [otarsi] *nf* Autarkie *die*.

autel [otɛl] *nm* Altar *der*.

auteur [otœr] *nm* **-1.** [responsable] Verursacher *der*. **-2.** [inventeur] Urheber *der*. **-3.** ART Autor *der*, -in *die*.

authenticité [otɑ̃tisite] *nf* **-1.** [d'œuvre] Echtheit *die*, Authentizität *die*. **-2.** [d'événement] Zuverlässigkeit *die*. **-3.** [de sentiment] Aufrichtigkeit *die*.

authentifier [9] [otɑ̃tifje] *vt* beglaubigen.

authentique [otɑ̃tik] *adj* **-1.** [objet] echt. **-2.** [document] beglaubigt. **-3.** [sentiment] aufrichtig. **-4.** [événement] verbürgt.

autisme [otism] *nm* Autismus *der*.

autiste [otist] ◇ *adj* autistisch. ◇ *nmf* Autist *der*, -in *die*.

autistique [otistik] *adj* autistisch.

auto [oto] *nf* Auto *das*; **~ tamponneuse** Autoskooter *der*.

autobiographie [otɔbjɔgrafi] *nf* Autobiographie *die*.

autobiographique [otɔbjɔgrafik] *adj* autobiographisch.

autobronzant, e [otɔbrɔ̃zɑ̃, ɑ̃t] *adj* selbstbräunend; **crème ~e** selbstbräunende Creme.

◆ **autobronzant** *nm* Selbstbräuner *der*.

autobus [otɔbys] *nm* Autobus *der*; **~ à impériale** Doppeldecker *der*.

autocar [otɔkar] *nm* Reisebus *der*.

autochtone [otɔktɔn] ◇ *adj* einheimisch. ◇ *nmf* Einheimische *der*, *die*.

autocollant, e [otɔkɔlɑ̃, ɑ̃t] *adj* selbstklebend.

◆ **autocollant** *nm* Aufkleber *der*.

auto-couchettes [otokuʃɛt] *adj inv*: **train ~** Autoreisezug *der*.

autocritique [otɔkritik] *nf* Selbstkritik *die*.

autocuiseur [otɔkɥizœr] *nm* Schnellkochtopf *der*.

autodéfense [otɔdefɑ̃s] *nf* Selbstverteidigung *die*.

autodétermination [otɔdetɛrminasjɔ̃] *nf* Selbstbestimmung *die*.

autodétruire [98] [otɔdetrɥir]

◆ **s'autodétruire** *vp* **-1.** [machine] sich selbst vernichten. **-2.** [personne] sich (bewußt) zugrunde richten.

autodidacte [otɔdidakt] ◇ *adj* autodidaktisch. ◇ *nmf* Autodidakt *der*.

autodiscipline [otɔdisiplin] *nf* Selbstdisziplin *die*.

auto-école [otɔekɔl] (*pl* **auto-écoles**) *nf* Fahrschule *die*.

autofinancement [otɔfinɑ̃smɑ̃] *nm* Selbstfinanzierung *die*.

autofocus [otɔfɔkys] ◇ *adj*: **appareil ~** Fotoapparat *der* mit Autofokus. ◇ *nm* Autofokus *der*.

autogène [otɔʒɛn] *adj* autogen.

autogéré, e [otɔʒere] *adj* selbstverwaltet.

autogestion [otɔʒɛstjɔ̃] *nf* Selbstverwaltung *die*.

autographe [otɔgraf] ◇ *adj* handgeschrieben. ◇ *nm* Autogramm *das*.

autoguidé, e [otɔgide] *adj* selbstgesteuert.

automate [otɔmat] *nm* Automat *der*.

automatique [otɔmatik] ◇ *adj* automatisch. ◇ *nm* Selbstlader *der*.

automatiquement [otɔmatikmɑ̃] *adv* **-1.** TECHNOL automatisch. **-2.** [forcément] zwangsläufig.

automatisation [otɔmatizasjɔ̃] *nf* Automatisierung *die*.

automatiser [3] [otɔmatize] *vt* automatisieren.

automatisme [otɔmatism] *nm* **-1.** TECHNOL Automatik *die*. **-2.** [réflexe] Automatismus *der*.

automédication [otɔmedikasjɔ̃] *nf* Selbstmedikation *die*.

automnal, e, aux [otɔnal, o] *adj* herbstlich.

automne [otɔn] *nm* Herbst *der*; **en ~** im Herbst; **être à l'~ de sa vie** *fig* im Herbst seines Lebens stehen.

automobile [otɔmɔbil] ◇ *adj* Auto-, Kfz-. ◇ *nf* Kraftfahrzeug *das*.

automobiliste [otɔmɔbilist] *nmf* Autofahrer *der*, -in *die*.

automoteur, trice [otɔmɔtœr, tris] *adj* selbstfahrend, mit Eigenantrieb.

◆ **automoteur** *nm* Motorkahn *der*.

◆ **automotrice** *nf* Triebwagen *der*.

autonettoyant, e [otɔnɛtwajɑ̃, ɑ̃t] *adj* selbstreinigend.

autonome [otɔnɔm] *adj* **-1.** [personne] selbständig. **-2.** [groupe, militant] autonom. **-3.** [territoire] unabhängig.

autonomie [otɔnɔmi] *nf* **-1.** [de personne] Selbständigkeit *die*. **-2.** TECHNOL Netzunabhängigkeit *die*; **~ de vol** AÉRON Flugbereich *der*. **-3.** POLIT Unabhängigkeit *die*.

autonomiste [otɔnɔmist] *nmf* Autonomist *der*, -in *die*.

autoportrait [otɔpɔrtrɛ] *nm* Selbstporträt *das*.

autopropulsé, e [otɔprɔpylse] *adj* selbstangetrieben, mit Eigenantrieb.

autopsie [otɔpsi] *nf* Obduktion *die*, Autoposie *die*.

autoradio [otɔradjo] *nm* Autoradio *das*.

autorail [otɔraj] *nm* Triebwagen *der*.

auto-reverse [otɔrivœrs] *adj* mit Autoreverse.

autorisation [otɔrizasjɔ̃] *nf* **-1.** [permission] Genehmigung *die*, Erlaubnis *die*; **avoir l'~ de faire qqch** die Genehmigung haben, etw zu tun; **accorder l'~ de faire qqch** die Genehmigung erteilen, etw zu tun; **demander à qqn l'~ de faire qqch** jn um die Genehmigung bitten, etw zu tun. **-2.** [attestation] Bewilligung *die*.

autorisé, e [otɔrize] *adj* [milieu] maßgebend; [personne] befugt.

autoriser [3] [otɔrize] *vt* **-1.** [donner la permission]: **~ qqn à faire qqch** jm erlauben, etw zu tun. **-2.** [donner la possibilité, tolérer]: **~ qqn à faire qqch** jm gestatten, etw zu tun. **-3.** [officiellement]: **~ qqn à faire qqch** jm genehmigen, etw zu tun.

autoritaire [otɔritɛr] ◇ *adj* autoritär. ◇ *nmf* autoritärer Mensch.

autoritarisme [otɔritarism] *nm* **-1.** [de régime] Autoritarismus *der*. **-2.** [de personne] Herrschsucht *die*.

autorité [otɔrite] *nf* **-1.** [pouvoir] Macht *die*; **avoir de l'~ sur qqn** über jn Macht haben; **faire qqch d'~** etw in eigener Regie machen. **-2.** JUR Gewalt *die*. **-3.** [référence] Kapazität *die*; **faire ~** [personne] als Kapazität gelten; [ouvrage] als Standardwerk gelten. **-4.** ADMIN Behörde *die*.

◆ **autorités** *nfpl* Behörde *die*.

autoroute [otɔrut] *nf* Autobahn *die*.

autoroutier, ère [otɔrutje, ɛr] *adj* Autobahn-.

auto-stop [otɔstɔp] *nm* Autostop *der*; **faire de l'~** per Anhalter reisen, trampen; **prendre qqn en ~** jn mit|nehmen.

auto-stoppeur, euse [otɔstɔpœr, øz] *nm, f* Anhalter *der*, -in *die*, Tramper *der*, -in *die*.

autosuggestion [otɔsygʒɛstjɔ̃] *nf* Autosuggestion *die*.

autour [otur] *adv* d(a)rum herum.

◆ **autour de** *loc prép* **-1.** [lieu] um. **-2.** [date, heure]: **il est ~ de deux heures** es ist ungefähr zwei Uhr; **je reviendrai ~ de dix heures** ich komme gegen zehn Uhr zurück.

autre [otr] ◇ *adj indéf* **-1.** [gén] andere,-r,-s; **un ~ homme** ein anderer Mann; **~ chose** etwas anderes; **l'un et l'~ projets** beide Projekte; **ni l'une ni l'~ maison** keines der beiden Häuser; **un ~ Descartes** ein zweiter Descartes; **c'est un (tout) ~ homme que son père** er ist (ganz) anders als sein Vater. **-2.** [restant] übrige,-r,-s; **les**

~s passagers sont partis die übrigen Fahrgäste sind weggegangen. **-3.** [supplémentaire]: **un** OU **une ~** ein anderer, eine andere, ein anderes; **tu veux une ~ bière**? willst du noch ein Bier? ◇ *pron indéf* **-1.** [gén] andere,-r,-s; **un ~** ein anderer; **aucun** OU **nul ~** kein anderer; **personne d'~** niemand anderes; **quelqu'un d'~** jemand anderes; **rien d'~** nichts anderes; **ce livre ou l'~** das Buch oder das andere; **moi et les ~s** ich und die anderen; **l'une chante, l'~ danse** die eine singt, die andere tanzt; **l'un et l'~ sont venus** beide sind gekommen; **l'une ou l'~ ira** eine von beiden wird gehen; **ni l'un ni l'~ n'est venu** keiner von beiden ist gekommen; **l'un à côté de l'~** nebeneinander. **-2.** [supplémentaire] noch eine,-r,-s; **j'en veux une ~** ich möchte noch eines.

◆ **entre autres** *loc adv* unter anderem.

autrefois [otrəfwa] *adv* früher.

autrement [otrəmɑ̃] *adv* **-1.** [différemment] anders; **~ dit** anders gesagt. **-2.** [sinon] sonst. **-3.** *sout* [beaucoup plus] besonders.

Autriche *nf*: **l'~** Österreich *nt*.

autrichien, enne [otriʃjɛ̃, ɛn] *adj* österreichisch.

◆ **Autrichien, enne** *nm, f* Österreicher *der*, -in *die*.

autruche [otryʃ] *nf* Strauß *der*; **la politique de l'~** *fig* die Vogel-Strauß-Politik.

autrui [otrɥi] *pron indéf* die anderen *Pl*.

auvent [ovɑ̃] *nm* Vordach *das*.

Auvergne [ovɛrɲ] *nf*: **l' ~** die Auvergne.

aux → à.

auxiliaire [oksiljɛr] ◇ *adj* Hilfs-. ◇ *nmf* Hilfskraft *die*; **~ médical** medizinisches Hilfspersonal *(sans pl)*. ◇ *nm* GRAM Hilfszeitwort *das*.

auxquels, auxquelles [okɛl] → **lequel**.

av. *abr de* **avenue**.

AV ◇ *nm abr de* **avis de virement**. ◇ *abr de* **avant**.

avachi, e [avaʃi] *adj* **-1.** [personne] schlapp. **-2.** [vêtement, chaussure] ausgebeult.

avais *etc* → **avoir**.

aval [aval] *nm* GÉOGR: **en ~** flußabwärts; **en ~ d'un lieu** unterhalb einer Stelle.

◆ **aval, als** *nm* **-1.** FIN Aval *der*; **donner son ~ à qqch** etw avalieren. **-2.** [caution] Bürgschaft *die*; **donner son ~ à qqn/qqch** jn/etw unterstützen.

avalanche [avalɑ̃ʃ] *nf* **-1.** GÉOL Lawine *die*. **-2.** *fig* [profusion]: **une ~ de** eine Flut von.

avaler [3] [avale] *vt* **-1.** [gén] schlucken. **-2.** [manger vite] verschlingen.

avaliser [3] [avalize] *vt* **-1.** [traite] avalieren. **-2.** [décision, projet] unterstützen.

avance [avɑ̃s] *nf* **-1.** [progression] Vormarsch *der*. **-2.** [distance, anticipation] Vorsprung *der*; **~ de qqch sur qqn/qqch** Vorsprung einer Sache *(G)* vor jm/etw. **-3.** [somme d'argent] Vorschuß *der*.

◆ **avances** *nfpl*: **faire des ~s à qqn** jm Avancen machen.

◆ **d'avance** *loc adv* **-1.** [avant l'heure]: **une heure d'~** eine Stunde zu früh. **-2.** [par anticipation] im voraus. **-3.** [distance] voraus.

◆ **en avance** *loc adv*: **être en ~ sur qqch** einer Sache *(D)* voraus sein; **être en ~ sur l'heure** zu früh kommen.

◆ **par avance** *loc adv* im voraus.

avancement [avɑ̃smɑ̃] *nm* **-1.** [développement] Fortschreiten *das*. **-2.** [promotion] Beförderung *die*.

avancer [16] [avɑ̃se] ◇ *vt* **-1.** [objet] vor|rücken. **-2.** [départ] vor|verlegen. **-3.** [projets] voran|treiben. **-4.** [montre, horloge] vor|stellen. **-5.** [argent, tête, main] vor|strecken; **~ qqch à qqn** jm etw vor|strecken. **-6.** [affirmer] behaupten. ◇ *vi* **-1.** [progresser] fort|schreiten; **~ dans qqch** bei etw voran|kommen. **-2.** [faire saillie] vor|springen; **~ dans/sur qqch** in/über etw *(A)* vor|springen. **-3.** [montre, horloge] vor|gehen. **-4.** [servir]: **ça n'avance à rien** das bringt uns nicht weiter.

◆ **s'avancer** *vp* **-1.** [s'approcher] vor|rücken; **s'~ vers qqn/qqch** auf jn/etw zu|gehen. **-2.** [prendre de l'avance]: **s'~ dans qqch** etw im voraus machen. **-3.** [s'engager] vor|wagen.

avanies [avani] *nfpl sout* Beschimpfungen *Pl*.

avant [avɑ̃] ◇ *prép*: **~ qqn/qqch** vor jm/etw; **~ le lever du soleil** vor Sonnenaufgang; **la maison ~ le bois** das Haus vor dem Wald. ◇ *adv* **-1.** [dans le temps] vorher; **quelques jours ~** einige Tage vorher. **-2.** [dans l'espace, dans un ordre] davor; **bien ~** [spatial] weit davor; [temporel] viel früher. ◇ *adj inv* Vorder-; **les roues ~** die Vorderräder. ◇ *nm* **-1.** [partie antérieure] Vorderteil *der*; **tout l'~ de la voiture a été enfoncé** der ganze Kühler des Wagens war eingedrückt. **-2.** SPORT Stürmer *der*.

◆ **avant de** *loc prép* bevor; **~ de partir, il faudra** bevor wir weggehen, müssen wir.

◆ **avant que** *loc conj (+ subjonctif)*: **~ que nous (ne) partions, vous devez** bevor wir weggehen, müßt ihr.

◆ **avant tout** *loc adv* zuallererst.

◆ **en avant** *loc adv* nach vorn.

◆ **en avant de** *loc prép* vor; **il marche toujours en ~ des autres** er marschiert immer an der Spitze.

avantage [avɑ̃taʒ] *nm* **-1.** [supériorité] Vorzug *der*; **se montrer à son ~** sich von seiner besten Seite zeigen. **-2.** [intérêt, au tennis] Vorteil *der*. **-3.** [privilège] Vergünstigung *die*; **~s en nature** Sachleistungen *Pl*; **~s sociaux** Sozialleistungen *Pl*.

avantager [17] [avɑ̃taʒe] *vt* **-1.** [favoriser] begünstigen. **-2.** [mettre en valeur] vorteilhaft sein.
avantageusement [avɑ̃taʒøzmɑ̃] *adv* vorteilhaft.
avantageux, euse [avɑ̃taʒø, øz] *adj* **-1.** [intéressant] vorteilhaft. **-2.** [économique] preisgünstig. **-3.** [flatteur] günstig. **-4.** *sout* [présomptueux] selbstgefällig.
avant-bras [avɑ̃bra] *nm inv* Unterarm *der*.
avant-centre [avɑ̃sɑ̃tr] (*pl* **avants-centres**) *nm* Mittelstürmer *der*.
avant-coureur [avɑ̃kurœr] → **signe**.
avant-dernier, ère [avɑ̃dɛrnje, ɛr] (*mpl* **avant-derniers,** *fpl* **avant-dernières**) *adj* vorletzte, -r, -s.
avant-garde [avɑ̃gard] (*pl* **avant-gardes**) *nf* MIL Vorhut *die*; *fig* Avantgarde *die*; **d'~** avantgardistisch *(adj)*.
avant-goût [avɑ̃gu] (*pl* **avant-goûts**) *nm* Vorgeschmack *der*.
avant-hier [avɑ̃tjɛr] *adv* vorgestern.
avant-première [avɑ̃prəmjɛr] (*pl* **avant-premières**) *nf* Vorpremiere *die*; **en ~** in einer Vorpremiere.
avant-projet [avɑ̃prɔʒɛ] (*pl* **avant-projets**) *nm* Vorentwurf *der*.
avant-propos [avɑ̃prɔpo] *nm inv* Vorwort *das*.
avant-veille [avɑ̃vɛj] (*pl* **avant-veilles**) *nf* zweiter Tag zuvor.
avare [avar] ◇ *adj* geizig; **être ~ de qqch** *fig* mit etw geizen. ◇ *nmf* Geizhals *der*.
avarice [avaris] *nf* Geiz *der*.
avarie [avari] *nf* Havarie *die*.
avatar [avatar] *nm* [transformation] Veränderung *die*.
◆ **avatars** *nmpl* Unglück *das (sans pl)*.
ave [ave] *nm inv* Ave *das*.
avec [avɛk] ◇ *prép* **-1.** [gén] mit; **et ~ ça?** *fam* sonst noch etwas? **-2.** [vis-à-vis de] zu. **-3.** [à cause de] wegen. **-4.** [au moment de] bei. **-5.** [contre] gegen. ◇ *adv* damit.
avenant, e [avnɑ̃, ɑ̃t] *adj* **-1.** [personne] zuvorkommend; [comportement] einnehmend. **-2.** [maison] freundlich.
◆ **avenant** *nm*: **~ à un contrat** Nachtrag *der* zu einem Vertrag.
◆ **à l'avenant** *loc adv* dementsprechend.
avènement [avɛnmɑ̃] *nm* **-1.** [de roi] Thronbesteigung *die*. **-2.** [début] Beginn *der*.
avenir [avnir] *nm* **-1.** [futur] Zukunft *die*. **-2.** [perspective] Zukunftsaussichten *Pl*.
◆ **à l'avenir** *loc adv* künftig.
avent [avɑ̃] *nm* RELIG Advent *der*.
aventure [avɑ̃tyr] *nf* Abenteuer *das*; **dire la bonne ~** *fig* die Zukunft voraus|sagen.
◆ **à l'aventure** *loc adv* auf gut Glück.
◆ **d'aventure** *loc adv* zufällig.
aventurer [3] [avɑ̃tyre] *vt* **-1.** [vie, argent] riskieren. **-2.** *sout* [remarque] wagen.
◆ **s'aventurer** *vp*: **s'~ dans/sur qqch** sich in/auf etw *(A)* wagen; **s'~ à faire qqch** es wagen, etw zu tun.
aventureux, euse [avɑ̃tyrø, øz] *adj* **-1.** [personne, caractère] abenteuerlustig. **-2.** [projet] gewagt. **-3.** [vie] abenteuerlich.
aventurier, ère [avɑ̃tyrje, ɛr] *nm, f* Abenteurer *der*, -in *die*.
avenu [avny]
◆ **nul et non avenu** *loc adj* JUR null und nichtig.
avenue [avny] *nf* Avenue *die*.
avéré, e [avere] *adj* erwiesen.
avérer [18] [avere]
◆ **s'avérer** ◇ *vp*: **s'~ qqch** sich als etw erweisen. ◇ *v impers*: **il s'avère que** es stellt sich heraus, daß.
averse [avɛrs] *nf* Regenschauer *der*.
aversion [avɛrsjɔ̃] *nf*: **~ pour qqn/qqch** Abneigung *die* gegen jn/etw; **prendre/avoir qqn/qqch en ~** eine Abneigung gegen jn/etw fassen/haben.
averti, e [avɛrti] *adj* **-1.** [personne] erfahren. **-2.** [public] sachkundig; **~ de qqch** in einer Sache *(D)* versiert.
avertir [32] [avɛrtir] *vt* **-1.** [mettre en garde] warnen. **-2.** [prévenir] benachrichtigen; **~ qqn de qqch** jm etw melden.
avertissement [avɛrtismɑ̃] *nm* **-1.** [conseil] Warnung *die*. **-2.** [signe] Hinweis *der*. **-3.** [menace de sanction - SPORT] Verweis *der*; [- école] Tadel *der*. **-4.** [préambule] Vorwort *das*. **-5.** [avis] Aufforderung *die*.
avertisseur, euse [avɛrtisœr, øz] *adj* Warn-.
◆ **avertisseur** *nm* **-1.** [klaxon] Hupe *die*. **-2.** [d'incendie] Feuermelder *der*.
aveu, x [avø] *nm* Geständnis *das*; **de l'~ de qqn** nach js Aussagen; **passer aux ~x** ein Geständnis ab|legen; **faire un ~** etwas gestehen.
aveuglant, e [avœglɑ̃, ɑ̃t] *adj* **-1.** [lumière] blendend. **-2.** [vérité, évidence] in die Augen springend.
aveugle [avœgl] ◇ *adj* blind; **être ~ à qqch** *fig* einer Sache *(D)* gegenüber blind sein. ◇ *nmf* Blinde *der, die*.
aveuglement [avœgləmɑ̃] *nm* Verblendung *die*.
aveuglément [avœglemɑ̃] *adv* **-1.** [fidèlement] blind. **-2.** [inconsidérément] unüberlegt.
aveugler [5] [avœgle] *vt* **-1.** [priver de la vue] blind machen. **-2.** [éblouir] blenden; *fig* verblenden.

◆ **s'aveugler** *vp* sich täuschen; **s'~ sur qqn** sich in jm täuschen.

aveuglette [avœglɛt]

◆ **à l'aveuglette** *loc adv* tastend; *fig* aufs geratewohl.

aviateur, trice [avjatœr, tris] *nm, f* Flieger *der*, -in *die*.

aviation [avjasjɔ̃] *nf* **-1.** [transport] Luftfahrt *die*. **-2.** MIL Luftstreitkräfte *Pl*.

aviculture [avikyltyr] *nf* Vogelzucht *die*.

avide [avid] *adj* **-1.** [vorace] gierig; **être ~ de qqch** *fig* begierig nach etw sein; **être ~ de faire qqch** *fig* begierig darauf sein, etw zu tun. **-2.** [héritier, regard] begierig.

avidement [avidmɑ̃] *adv* **-1.** [manger] gierig. **-2.** [écouter, vouloir] begierig.

avidité [avidite] *nf* [voracité] Gier *die* .

Avignon [aviɲɔ̃] *n* Avignon *nt*; **à** OU **en ~** in Avignon; **le festival d'~** das Theaterfestival von Avignon.

LE FESTIVAL D'AVIGNON:
Dieses Theaterfestival, das 1947 von Jean Vilar gegründet wurde, findet jeden Sommer in Avignon und Umgebung statt. Es ist ein Schauplatz für neue Theaterstücke und Choreographien. Man sagt zum Beispiel: "la pièce sera donnée d'abord à/en Avignon".

avilir [32] [avilir] *vt* **-1.** [personne] erniedrigen. **-2.** [monnaie, marchandise] entwerten.

◆ **s'avilir** *vp* **-1.** [personne] sich erniedrigen. **-2.** [monnaie, marchandise] an Wert verlieren.

aviné, e [avine] *adj*: **avoir l'haleine ~e** eine Fahne haben.

avion [avjɔ̃] *nm* Flugzeug *das*; **en ~** mit dem Flugzeug; **par ~** [courrier] mit Luftpost; **~ de ligne** Linienmaschine *die*; **~ à réaction** Düsenflugzeug.

aviron [avirɔ̃] *nm* **-1.** [rame] Ruder *das*. **-2.** SPORT Rudern *das*.

avis [avi] *nm* **-1.** [opinion] Ansicht *die*, Meinung *die*; **changer d'~** die Meinung ändern; **être d'~ que** der Ansicht sein, daß; **les ~ sont partagés** die Meinungen gehen auseinander; **à mon ~** meiner Ansicht nach. **-2.** [conseil] Rat *der*. **-3.** [notification] Anzeige *die*; **~ de crédit** Gutschriftanzeige; **~ de débit** Lastschriftanzeige; **~ de virement** Überweisungsbescheid *der*. **-4.** [information] Hinweis *der*; **sauf ~ contraire** sofern keine gegenteilige Mitteilung vorliegt; **jusqu'à nouvel ~** bis auf Widerruf.

avisé, e [avize] *adj* klug; **être bien/mal ~ de faire qqch** klug/unklug sein, etw zu tun.

aviser [3] [avize] ◇ *vt*: **~ qqn de qqch** jn von einer Sache benachrichtigen. ◇ *vi* einen Beschluß fassen.

◆ **s'aviser** *vp* **-1.** [s'apercevoir]: **s'~ de qqch** etw bemerken; **s'~ que** bemerken, daß. **-2.** [oser]: **s'~ de faire qqch** auf den Gedanken kommen, etw zu tun.

aviver [3] [avive] *vt* [couleur, teint] auf|frischen; *fig* verstärken.

av. J.-C. (*abr de* **avant Jésus-Christ**) v. Chr.

avocat, e [avɔka, at] *nm, f* Rechtsanwalt *der*, -wältin *die*, Anwalt *der*, -wältin *die*; **~ d'affaires** Geschäftsanwalt; **~ de la défense** den Beklagten vertretender Anwalt; **~ général** Oberstaatsanwalt; **se faire l'~ de qqch** *fig* sich zum Anwalt einer Sache *(G)* machen; **se faire l'~ du diable** *fig* sich zum Anwalt des Teufels machen.

◆ **avocat** *nm* Avokado *die*.

avoine [avwan] *nf* Hafer *der*.

avoir[1] [1] [avwar] ◇ *v aux* haben; **il a attendu pendant deux heures** er hat zwei Stunden lang gewartet; **il a été vu à Paris** er ist in Paris gesehen worden; **j'ai fini** ich bin fertig. ◇ *vt* **-1.** [posséder, éprouver] haben. **-2.** [être âgé de]: **il a vingt ans** er ist zwanzig Jahre alt. **-3.** [obtenir] bekommen. **-4.** *loc*: **se faire ~** *fam* [par blague] herein|fallen; [par escroquerie] hereingelegt werden; **en ~ assez de qqch** etw satt haben; **en ~ assez de faire qqch** es satt haben, etw zu tun; **j'en ai pour cinq minutes** ich brauche noch fünf Minuten; **en ~ après qqn** etw gegen jn haben.

◆ **avoir à** *vi + prép* **-1.** [avoir besoin de] müssen; **tu n'as pas à t'inquiéter de ça** darum brauchst du dich nicht zu kümmern; **tu n'as pas à t'occuper de ça** darum mußt du dich nicht kümmern; **tu n'as qu'à y aller toi-même** du kannst ja selbst hingehen; **tu n'avais qu'à demander** du hättest nur fragen brauchen OU müssen. **-2.** [avoir le droit de] dürfen; **il n'a pas à me parler sur ce ton** er hat nicht so mit mir zu sprechen.

◆ **il y a** *v impers* **-1.** [présentatif] es gibt; **il y a un problème** es gibt ein Problem; **qu'est-ce qu'il y a?** was ist los?; **il n'y a qu'à en finir** da kann man nur Schluß machen. **-2.** [temporel] vor; **il y a dix ans** vor zehn Jahren; **il y a longtemps (de cela)** vor langer Zeit; **il y a longtemps qu'il est parti** er ist schon lange weg.

avoir[2] [avwar] *nm* **-1.** [crédit] Guthaben *das*. **-2.** [document] Gutschrift *die*.

avoisinant, e [avwazinɑ̃, ɑ̃t] *adj* **-1.** [proche] angrenzend. **-2.** *fig* [ressemblant] ähnlich.

avons [avɔ̃], **avez** [ave] → **avoir**.

Avoriaz [avɔrjaz] *n*: **le festival d'~** *Filmfestspiele in Avoriaz für Science-fiction- und Horrorfilme.*

avortement [avɔrtəmɑ̃] *nm* Abtreibung *die*; *fig* Scheitern *das*.
avorter [3] [avɔrte] *vi* ab|treiben; *fig* scheitern.
avorton [avɔrtɔ̃] *nm* Kümmerling *der*.
avouer [6] [avwe] *vt* **-1.** [confesser, déclarer] gestehen. **-2.** [admettre, reconnaître] zu|geben.
◆ **s'avouer** *vp* sich bekennen; **s' ~ vaincu** sich geschlagen geben.
avril [avril] *nm* April *der*; *voir aussi* **septembre**.
axe [aks] *nm* **-1.** GÉOM & TECHNOL Achse *die*. **-2.** [route]: **~ rouge** *Pariser Straßen und Plätze mit absolutem Parkverbot*; **les grands ~s** die Hauptverkehrsadern. **-3.** [de rue, de corps, de direction générale] Linie *die*.
axer [3] [akse] *vt*: **~ qqch sur** OU **autour de qqch** etw auf eine Sache ausrichten.
axial, e, aux [aksjal, o] *adj* axial.
axiome [aksjom] *nm* **-1.** [maxime] Grundsatz *der*. **-2.** SCIENCE Axiom *das*.
ayant [ejɑ̃] *participe présent* → **avoir**.
ayant droit [ejɑ̃drwa] (*pl* **ayants droit**) *nm* Anspruchsberechtigte *der*.
ayatollah [ajatɔla] *nm* Ajatollah *der*.
ayons [ejɔ̃], **ayez** [eje] → **avoir**.
azalée [azale] *nf* Azalee *die*.
azimut [azimyt]
◆ **tous azimuts** *loc adv* allseitig.
azote [azɔt] *nm* Stickstoff *der*.
aztèque [aztɛk] *adj* aztekisch, Azteken-.
◆ **Aztèque** *nmf* Aztek *der*, -kin *die*.
azur [azyr] *nm* **-1.** [couleur] Azurblau *das*. **-2.** [ciel] Azur *der*.
azyme [azim] → **pain**.

B

b, B [be] *nm inv* [lettre] b *das*, B *das*; **être le B.-A.-Ba de qqch** das ABC einer Sache *(G)* sein.
◆ **B** *abr de* **bien**.
BA (*abr de* **bonne action**) *nf fam* gute Tat.
baba [baba] ◇ *nm* **-1.** CULIN: **~ au rhum** Rumkuchen *der*. **-2.** [personne]: **~ (cool)** Hippie *der*.
◇ *adj inv*: **en rester ~** *fam* baff sein.
babeurre [babœr] *nm* Buttermilch *die*.
babil [babil] *nm* [d'enfant] Babbeln *das*.
babiller [3] [babije] *vi* babbeln.
babines [babin] *nfpl* Lefzen *Pl*; **qqn se lèche les ~** *fig* jm läuft das Wasser im Mund zusammen.
babiole [babjɔl] *nf* **-1.** [objet] Kleinigkeit *die*. **-2.** [broutille] Lappalie *die*.
bâbord [babɔr] *nm* Backbord *das*; **à ~** an Backbord.
babouche [babuʃ] *nf* Babusche *die*.
babouin [babwɛ̃] *nm* Pavian *der*.
baby-foot [babifut] *nm inv* Tischfußball *der*.
baby-sitter [bebisitœr] (*pl* **baby-sitters**) *nmf* Babysitter *der*.
baby-sitting [bebisitiŋ] *nm*: **faire du ~** babysitten.
bac[1] [bak] (*abr de* **baccalauréat**) *nm fam* ≃ Abi *das*; **passer son ~** Abitur machen.
bac[2] [bak] *nm* **-1.** [bateau] Fähre *die*. **-2.** [de réfrigérateur]: **~ à glace** Eisfach *das*; **~ à légumes** Gemüsefach *das*. **-3.** [d'évier] Spülbecken *das*.
baccalauréat [bakalɔrea] *nm französischer Sekundarschulabschluß*, ≃ Abitur *das*.

BACCALAURÉAT:
Die Schüler legen das französische Abitur, das baccalauréat oder kurz "bac", am Ende der letzten Klasse des Gymnasiums, der "terminale", ab. Wer es bestanden hat, kann danach studieren. Es gibt beim allgemeinen Abitur drei verschiedene Typen: das "bac L" (Literatur), das "bac S" (Wissenschaften) und das "bac ES" (Wirtschaft). Daneben führen eine Reihe von besonderen Ausbildungsgängen zu technischen Abituren, zu denen das "bac STI" (Wissenschaften und industrielle Technologien) und

das “ bac STT ” (Wissenschaften und Technologien des tertiären Sektors) gehören.

bâche [baʃ] *nf* Plane *die*.
bachelier, ère [baʃəlje, ɛr] *nm, f* Abiturient *der*, -in *die*.
bachotage [baʃɔtaʒ] *nm* Paukerei *die*.
bacille [basil] *nm* Bazillus *der*.
bâcler [3] [bakle] *vt*: **~ qqch** bei etw schlampen.
bacon [bekɔn] *nm* Bacon *der*.
bactéricide [bakterisid] *adj* bakterizid.
bactérie [bakteri] *nf* Bakterie *die*.
badaud, e [bado, od] *nm, f* Schaulustige *der*, *die*.
Bade [bad] *n*: **le pays de ~** Baden *nt*.
badge [badʒ] *nm* Anstecker *der*.
badigeon [badiʒɔ̃] *nm* Tünche *die*.
badigeonner [3] [badiʒɔne] *vt* **-1.** [mur] tünchen. **-2.** MÉD & CULIN bestreichen.
badin, e [badɛ̃, in] *adj* scherzhaft.
badinage [badinaʒ] *nm sout*: **le ~** der Spaß.
badiner [3] [badine] *vi sout* scherzen; **ne pas ~ avec qqch** mit etw nicht spaßen.
badminton [badmintɔn] *nm* Federballspiel *das*, Federball *der*.
BAFA, **Bafa** [bafa] (*abr de* **brevet d'aptitude aux fonctions d'animation**) *nm französischer Befähigungsnachweis für Freizeitgestalter*.
baffe [baf] *nf fam* Backpfeife *die*.
baffle [bafl] *nm* Lautsprecherbox *die*.
bafouer [6] [bafwe] *vt sout*: **~ qqch** etw mit Füßen treten; **~ qqn** jn zum Gespött machen.
bafouille [bafuj] *nf tfam* Schrieb *der*.
bafouiller [3] [bafuje] *vt* & *vi* stammeln.
bâfrer [3] [bafre] *fam* ◇ *vt* weg|essen. ◇ *vi* sich voll|stopfen.
bagage [bagaʒ] *nm* **-1.** *(gén pl)* [valise, sac] Gepäck *das (sans pl)*; **~ à main** Handgepäck; **avec armes et ~s** *fig* mit Sack und Pack; **plier ~** *fig* seine sieben Sachen packen. **-2.** [connaissances] Rüstzeug *das*; **~ intellectuel/culturel** geistiges/kulturelles Rüstzeug.
bagagiste [bagaʒist] *nmf für die Gepäckbeförderung zuständige Person*.
bagarre [bagar] *nf* Schlägerei *die*; **chercher la ~** *fam* Streit suchen.
bagarrer [3] [bagare] *vi* kämpfen.
◆ **se bagarrer** *vp* **-1.** [lutter] sich raufen. **-2.** [se disputer] sich streiten.
bagarreur, euse [bagarœr, øz] ◇ *adj* kampflustig. ◇ *nm, f* Raufbold *der*.
bagatelle [bagatɛl] *nf* **-1.** [objet] Tinnef *der (sans pl)*. **-2.** [somme d'argent] Spottpreis *der*; **la ~ de 10 000F** *iron* die lächerliche Summe von 10 000F. **-3.** [motif] Bagatelle *die*.
Bagdad [bagdad] *n* Bagdad *nt*.
bagnard [baɲar] *nm* Sträfling *der*.
bagne [baɲ] *nm* Straflager *das*; **quel ~!** *fig* das ist die Hölle!
bagnole [baɲɔl] *nf fam* Karre *die*.
bagou, **bagout** [bagu] *nm* Wortgewandtheit *die*; **avoir du ~** nicht auf den Mund gefallen sein.
bague [bag] *nf* **-1.** [gén] Ring *der*; **~ de fiançailles** Verlobungsring. **-2.** [de cigare] Bauchbinde *die*.
baguer [3] [bage] *vt* beringen.
baguette [bagɛt] *nf* **-1.** [bâton] Stab *der*; **~ magique** Zauberstab. **-2.** [pain] Baguette *das*. **-3.** [pour manger] Stäbchen *das*.
Bahamas [baamas] *nfpl*: **les ~**, **l'archipel des ~** die Bahamas; **aux ~** auf den Bahamas.
bahut [bay] *nm* **-1.** [buffet] Schränkchen *das*. **-2.** *arg scol* [lycée] Penne *die*. **-3.** *fam* [camion] Brummer *der*.
baie [bɛ] *nf* **-1.** [fruit] Beere *die*. **-2.** GÉOGR Bucht *die*.
◆ **baie vitrée** *nf* großes Fenster.
baignade [bɛɲad] *nf* Baden *das*; **'~ interdite'** 'Baden verboten'.
baigner [4] [beɲe] ◇ *vt* **-1.** [bébé, chien] baden. **-2.** [mains, pieds] tauchen. **-3.** [sujet: mer, rivière] um|spülen. **-4.** [lieu]: **baigné de lumière** mit Licht überflutet. ◇ *vi* schwimmen; **tout** OU **ça ~** *fam fig* es läuft wie geschmiert.
◆ **se baigner** *vp* baden.
baigneur, euse [bɛɲœr, øz] *nm, f* Badende *der*, *die*.
◆ **baigneur** *nm* Babypuppe *die*.
baignoire [bɛɲwar] *nf* **-1.** [de salle de bains] Badewanne *die*. **-2.** THÉÂTRE Orchesterloge *die*.
bail [baj] (*pl* **baux** [bo]) *nm* [privé] Mietvertrag *der*; [commercial] Pachtvertrag *der*; **renouveler un ~** einen Mietvertrag verlängern; **~ reconductible** verlängerbarer Mietvertrag; **ça fait un ~ que fam** *fig* es ist eine Ewigkeit her, daß.
bâillement [bajmɑ̃] *nm* Gähnen *das*.
bâiller [3] [baje] *vi* **-1.** [personne] gähnen. **-2.** [vêtement] ab|stehen.
bailleur, eresse [bajœr, bajrɛs] *nm, f* Vermieter *der*, -in *die*; **~ de fonds** Geldgeber *der*, -in *die*.
bâillon [bajɔ̃] *nm* Knebel *der*.
bâillonner [3] [bajɔne] *vt* knebeln.
bain [bɛ̃] *nm* Bad *das*; **faire couler un ~** sich ein Bad einlaufen lassen; **prendre un ~** ein Bad nehmen; **~ de bouche** Mundspülung *die*; **~ de mer** Meerbad; **~ moussant** Schaumbad; **~ de pieds** Fußbad; **prendre un ~ de foule** *fig* sich unter das Volk mischen; **prendre un ~ de so-**

leil *fig* ein Sonnenbad nehmen; **se mettre dans le ~** *fig* sich in etw *(A)* ein|arbeiten.
bain-marie [bɛ̃mari]
◆ **au bain-marie** *loc adv* im Wasserbad.
baïonnette [bajɔnɛt] *nf* Bajonett *das*; **à ~** [douille, ampoule] mit Bajonettfassung.
baise [bɛz] *nf vulg* Bumsen *das*.
baisemain [bɛzmɛ̃] *nm* Handkuß *der*; **faire le ~ à qqn** jm die Hand küssen.
baiser [4] [beze] ◇ *nm* Kuß *der*. ◇ *vt* **-1.** [embrasser] küssen. **-2.** *vulg* [coucher avec] bumsen. **-3.** *tfam* [tromper] bescheißen; **se faire ~** beschissen werden. ◇ *vi vulg* bumsen.
baisse [bɛs] *nf* Sinken *das*; **à la** OU **en ~** fallend; **~ de tension** Spannungsabfall *der*.
baisser [4] [bese] ◇ *vt* **-1.** [descendre] herunter|lassen; **~ les yeux** die Augen nieder|schlagen. **-2.** [diminuer - prix] herunter|setzen; [- voix] leiser sprechen; [- radio] leiser stellen; **~ le ton** eine andere Tonart an|schlagen; **~ les bras** *fig* auf|geben. ◇ *vi* **-1.** [descendre] sinken. **-2.** [diminuer - jour] sich neigen; [- prix] fallen; [- vue, talent] nach|lassen.
◆ **se baisser** *vp* sich bücken.
bajoue [baʒu] *nf* **-1.** [d'animal] Backe *die*. **-2.** *péj* [de personne] Hängebacke *die*.
bakchich [bakʃiʃ] *nm fam* Bakschisch *das*.
bal [bal] *nm* Ball *der*; **~ populaire** OU **musette** Tanz *der*; **~ masqué** OU **costumé** Maskenball.
BAL, **Bal** [bal, beaɛl] *(abr de* **boîte aux lettres (électronique)**) *nf* Mailbox *die*.
balade [balad] *nf fam* Spaziergang *der*; **faire une ~** einen Spaziergang machen.
balader [3] [balade] *fam* ◇ *vt* spazieren|führen. ◇ *vi*: **envoyer ~ qqn** jn zum Teufel schicken.
◆ **se balader** *vp fam* **-1.** [se promener] spazieren|gehen. **-2.** [traîner] umher|wandern.
baladeur [baladœr] *nm* Walkman *der*.
baladeuse [baladøz] *nf* Handleuchte *die*.
balafre [balafr] *nf* **-1.** [blessure] Hiebwunde *die*. **-2.** [cicatrice] Narbe *die*.
balafré, e [balafre] *adj* zernarbt.
balai [balɛ] *nm* **-1.** [de nettoyage] Besen *der*; **~ mécanique** Teppichkehrer *der*. **-2.** *fam loc*: **avoir 40 ~s** 40 Jahre alt sein; **du ~!** raus!
balai-brosse [balɛbrɔs] (*pl* **balais-brosses**) *nm* Schrubber *der*.
balaie *etc* → **balayer**.
balaise = **balèze**.
balance [balɑ̃s] *nf* **-1.** [gén] Waage *die*; **faire pencher la ~** *fig* den Ausschlag geben. **-2.** COMM Bilanz *die*; **~ des paiements** Zahlungsbilanz.
◆ **Balance** *nf* ASTRON & ASTROL Waage *die*; **sous le signe de la Balance** im Zeichen der Waage.
balancement [balɑ̃smɑ̃] *nm* [mouvement] Schaukeln *das*.
balancer [16] [balɑ̃se] ◇ *vt* **-1.** [bouger] schwenken. **-2.** *fam* [lancer] hin|schleudern. **-3.** *fam* [jeter] weg|werfen. ◇ *vi* **-1.** [hésiter] schwanken. **-2.** [osciller] pendeln.
◆ **se balancer** *vp* schaukeln; **je m'en balance!** das ist mir schnuppe!
balancier [balɑ̃sje] *nm* **-1.** [de pendule] Pendel *das*. **-2.** [de funambule] Balancierstange *die*.
balançoire [balɑ̃swar] *nf* **-1.** [escarpolette] Schaukel *die*. **-2.** [bascule] Wippe *die*.
balayer [11] [baleje] *vt* **-1.** [nettoyer] fegen. **-2.** [sujet: vent, eaux] weg|fegen. **-3.** [examiner] ab|tasten. **-4.** [écarter] weg|wischen.
balayette [balɛjɛt] *nf* Handfeger *der*.
balayeur, euse [balɛjœr, øz] *nm, f* Straßenkehrer *der*, -in *die*.
◆ **balayeuse** *nf* Reinigungsfahrzeug *das*.
balayures [balejyr] *nfpl* Kehricht *der (sans pl)*.
balbutiement [balbysimɑ̃] *nm* [bredouillement] Gestammel *das*.
◆ **balbutiements** *nmpl fig* Anfänge *Pl*.
balbutier [9] [balbysje] ◇ *vi* **-1.** [bafouiller] stammeln. **-2.** *fig* [débuter] in den Kinderschuhen stecken. ◇ *vt* [bafouiller] stammeln.
balcon [balkɔ̃] *nm* Balkon *der*.
baldaquin [baldakɛ̃] *nm* Baldachin *der*; → **lit**.
Bâle [bal] *n* Basel *nt*.
Baléares [balear] *nfpl*: **les (îles) ~** die Balearen; **aux ~** auf den Balearen.
baleine [balɛn] *nf* **-1.** [animal] Wal *der*. **-2.** [de corset] Korsettstange *die*. **-3.** [de parapluie] Schirmstange *die*.
baleinier, ère [balɛnje, ɛr] *adj* Walfischerei-.
◆ **baleinier** *nm* **-1.** [bateau] Walfangboot *das*. **-2.** [marin] Walfänger *der*.
◆ **baleinière** *nf* Beiboot *das*.
balèze, **balaise** [balɛz] *adj fam* : **être ~** stark sein.
Bali [bali] *n* Bali *nt*; **à ~** auf Bali.
balinais, e [balinɛ, ɛz] *adj* balinesisch.
◆ **Balinais, e** *nm, f* Balier *der*, -in *die*, Balinese *der*, -sin *die*.
balisage [balizaʒ] *nm* [port] Bebakung *die*; [aéroport] Befeuerung *die*.
balise [baliz] *nf* **-1.** [de signalisation] Markierung *die*. **-2.** INFORM Marke *die*. **-3.** NAVIG Bake *die*.
baliser [3] [balize] ◇ *vt* [régate] betonnen; [chemin] markieren. ◇ *vi fam* Muffe haben.
balistique [balistik] ◇ *adj* ballistisch. ◇ *nf* Ballistik *die*.
balivernes [balivɛrn] *nfpl* Gewäsch *das (sans pl)*.
Balkans [balkɑ̃] *nmpl*: **les ~** der Balkan.

ballade [balad] *nf* Ballade *die*.

ballant, e [balɑ̃, ɑ̃t] *adj* baumelnd; **les bras ~s** mit schlenkernden Armen.

◆ **ballant** *nm* Schaukeln *das*.

ballast [balast] *nm* **-1.** [de voie ferrée] Schotter *der*. **-2.** NAVIG Ballast *der*.

balle [bal] *nf* **-1.** [de revolver] Kugel *die*; **~ perdue** verschossene Kugel. **-2.** [de sport] Ball *der*; **~ de ping-pong** Tischtennisball; **~ de tennis** Tennisball. **-3.** [de coton] Ballen *der*. **-4.** *fam* [franc] *Franc oder Centime*. **-5.** *loc*: **enfant de la ~** Artistenkind *das*; **se renvoyer la ~** sich gegenseitig die Verantwortung zu|schieben; **saisir la ~ au bond** die Gelegenheit beim Schopf pakken.

ballerine [balrin] *nf* **-1.** [danseuse] Balletttänzerin *die*. **-2.** [chaussure] Ballerinaschuh *der*.

ballet [balɛ] *nm* Ballett *das*.

ballon [balɔ̃] *nm* **-1.** SPORT [de jeu] Ball *der*; **~ de basket** Basketball; **~ de football** Fußball; **~ de rugby** Rugbyball; **le ~ ovale** das Rugby; **le ~ rond** der Fußball. **-2.** [jouet]: **~ de baudruche** Luftballon *der*. **-3.** AÉRON Ballon *der*. **-4.** [verre]: **un ~ de rouge** ein Glas Rotwein.

ballonné, e [balɔne] *adj* aufgebläht; **avoir le ventre ~** Blähungen haben; **se sentir ~** sich gebläht fühlen.

ballot [balo] *nm* **-1.** [de marchandises] Packen *der*. **-2.** *vieilli* [imbécile] Trottel *der*.

ballottage [balɔtaʒ] *nm*: **il y a ~** die Wahl ist unentschieden; **candidat en ~** Kandidat *der* bei einer Stichwahl.

ballotter [3] [balɔte] ◇ *vt* **-1.** [chose] schütteln. **-2.** [personne] durch|schütteln; **être ballotté entre qqch et qqch** *fig* zwischen etw *(D)* und etw *(D)* hin- und hergerissen sein. ◇ *vi* **-1.** [rouler] hin- und her|rollen. **-2.** [glisser] hin- und her|rutschen.

balluchon = **baluchon**.

balnéaire [balnеɛr] *adj* Bade-; **station ~** Seebad *das*.

balourd, e [balur, urd] *adj* schwerfällig.

◆ **balourd** *nm* Depp *der*.

balte [balt] *adj* baltisch.

◆ **Balte** ◇ *nmf* Balte *der*, -tin *die*. ◇ *adj*: **les pays Baltes** das Baltikum; **les républiques Baltes** die Baltenrepubliken.

baltique [baltik] *adj* baltisch.

◆ **Baltique** *nf*: **la (mer) Baltique** die Ostsee.

baluchon, balluchon [balyʃɔ̃] *nm* Bündel *das*; **faire son ~** *fam fig* seine sieben Sachen pakken.

balustrade [balystrad] *nf* **-1.** ARCHIT Balustrade *die*. **-2.** [rambarde] Brüstung *die*.

bambin [bɑ̃bɛ̃] *nm* Bub *der*.

bambou [bɑ̃bu] *nm* Bambus *der*; **pousse de ~** Bambussprosse *die*; **en ~** [matériau] aus Bambus.

bamboula [bɑ̃bula] *nf*: **faire la ~** *fam* feiern.

ban [bɑ̃] *nm* **-1.** [de mariage] Aufgebot *das*; **publier** OU **afficher les ~s** das Aufgebot veröffentlichen. **-2.** [applaudissements] Hoch *das*. **-3.** *loc*: **être au ~ (de la société)** (aus der Gesellschaft) ausgeschlossen sein; **mettre qqn au ~ (de la société)** jn (aus der Gesellschaft) ausschließen; **être en rupture de ~** alle Brücken hinter sich abgebrochen haben.

banal, e, als [banal] *adj* **-1.** [ordinaire] banal; **pas ~** alles andere als banal. **-2.** [sans originalité] einfallslos.

banalisé, e [banalize] *adj*: **véhicule ~, voiture ~e** Zivilstreifenwagen *der*.

banaliser [3] [banalize] *vt* alltäglich machen.

◆ **se banaliser** *vp* gang und gäbe werden.

banalité [banalite] *nf* Banalität *die*; **échanger des ~s** über belanglose Dinge sprechen.

banane [banan] *nf* **-1.** [fruit] Banane *die*. **-2.** [sac] Hüfttasche *die*. **-3.** [coiffure] Einschlagfrisur *die*.

bananier, ère [bananje, ɛr] *adj* Bananen-.

◆ **bananier** *nm* **-1.** [arbre] Bananenstaude *die*. **-2.** [cargo] Bananenschiff *das*.

banc [bɑ̃] *nm* Bank *die*; **le ~ des accusés** JUR die Anklagebank.

◆ **banc d'essai** *nm* Prüfbank *die*.

◆ **banc de poissons** *nm* Fischschwarm *der*.

◆ **banc de sable** *nm* Sandbank *die*.

bancaire [bɑ̃kɛr] *adj* Bank-.

bancal, e, als [bɑ̃kal] *adj* **-1.** [personne] hinkend. **-2.** [meuble] wackelig. **-3.** [phrase, idée] verquer.

bancassurance [bɑ̃kasyrɑ̃s] *nf* Allfinanz *die*.

bandage [bɑ̃daʒ] *nm* Bandage *die*.

bande [bɑ̃d] *nf* **-1.** [de tissu, de papier] Streifen *der*. **-2.** [bandage] Binde *die*; **~ Velpeau®** elastische Binde. **-3.** [de billard] Leiste *die*; **par la ~** [indirectement] hintenherum. **-4.** [groupe] Bande *die*; **~ de ...!** *fam* ...bande!; **en ~** in Klicken *Pl*; **faire ~ à part** sein eigenes Süppchen kochen. **-5.** [de film, de magnétophone, de fréquence] Band *das*; **~ audionumérique** Digitaltonband; **~ magnétique** Tonband; **~ vidéo** Videofilm *der*. **-6.** NAVIG Schlagseite *die*. **-7.** [sur route] Spur *die*; **~ d'arrêt d'urgence** Standspur.

◆ **bande dessinée** *nf* Comic *der*.

bande-annonce [bɑ̃danɔ̃s] (*pl* **bandes-annonces**) *nf* Vorspann *der*.

bandeau, x [bɑ̃do] *nm* **-1.** [sur les yeux] Binde *die*. **-2.** [serre-tête] Haarband *das*.

bander [3] [bɑ̃de] ◇ *vt* **-1.** [plaie, yeux] verbinden. **-2.** [arc] spannen. **-3.** [muscle] an|spannen. ◇ *vi vulg* [avoir une érection] einen Steifen haben.

banderole [bɑ̃drɔl] *nf* Spruchband *das*.
bande-son [bɑ̃dsɔ̃] (*pl* **bandes-son**) *nf* Tonspur *die*.
bandit [bɑ̃di] *nm* **-1.** [hors-la-loi] Bandit *der*. **-2.** [escroc] Gauner *der*.
bandoulière [bɑ̃duljɛr] *nf* Schulterriemen *der*; **en ~** über die Schulter gehängt.
bangladais, e [bɑ̃gladɛ, ɛz] *adj* bangalisch.
◆ **Bangladais, e** *nm, f* Bangale *der*, -lin *die*.
Bangladesh [bɑ̃gladɛʃ] *nm*: **le ~** Bangladesh *nt*; **au ~** in Bangladesh.
banlieue [bɑ̃ljø] *nf*: **la ~** die Vororte *Pl*; **en ~** im OU in einem Vorort; **la ~ parisienne** die Vororte von Paris; **la grande ~** der Großraum.
banlieusard, e [bɑ̃ljøzar, ard] *nm, f* Vorstädter *der*, -in *die*.
bannière [banjɛr] *nf* Banner *das*.
bannir [32] [banir] *vt*: **~ qqn/qqch (de qqch)** jn/etw (aus etw) verbannen.
banque [bɑ̃k] *nf* **-1.** [établissement] Bank *die*; **~ alimentaire** *Sammelstelle für große Mengen überschüssiger Lebensmittel, die an bedürftige Personen weiter verteilt werden*; **la Banque de France** die Französische Zentralbank. **-2.** INFORM: **~ de données** Datenbank. **-3.** MÉD: **~ d'organes** Organbank; **~ du sang** Blutbank; **~ du sperme** Samenbank.
banqueroute [bɑ̃krut] *nf* Bankrott *der*; **faire ~** Bankrott machen.
banquet [bɑ̃kɛ] *nm* Bankett *das*.
banquette [bɑ̃kɛt] *nf* Sitzbank *die*; **~ arrière** Rücksitz *der*.
banquier, ère [bɑ̃kje, ɛr] *nm, f* **-1.** FIN Banker *der*, -in *die*. **-2.** [au jeu] Bankhalter *der*, -in *die*.
banquise [bɑ̃kiz] *nf* Packeis *das*.
baobab [baɔbab] *nm* Affenbrotbaum *der*.
baptême [batɛm] *nm* Taufe *die*; **~ de l'air** *fig* Erstlingsflug *der*; **~ du feu** *fig* Feuertaufe.
baptiser [3] [batize] *vt* taufen.
baptismal, e, aux [batismal, o] *adj* Tauf-; → **fonts**.
baquet [bakɛ] *nm* Kübel *der*; **siège ~** Schalensitz *der*.
bar [bar] *nm* **-1.** [débit de boissons] Kneipe *die*, Bar *die*; **~ à café** *Helv* Kaffeebar; **~ à vin** Weinlokal *das*. **-2.** [comptoir] Theke *die*. **-3.** [poisson] Seebarsch *der*. **-4.** PHYS Bar *das*.
baragouiner [3] [baragwine] *vt fam* kauderwelschen.
baraka [baraka] *nf fam* : **avoir la ~** Schwein haben.
baraque [barak] *nf* [cabane] Hütte *die*.
baraqué, e [barake] *adj fam* athletisch.
baraquement [barakmɑ̃] *nm* Baracken *Pl*.
baratin [baratɛ̃] *nm fam* Schmus *der*; **faire du ~ à qqn** jm etw vor|machen.
baratiner [3] [baratine] *fam* ◇ *vt* [personne] beschwatzen. ◇ *vi* schwatzen.
Barbade [barbad] *nf*: **la ~** Barbados *nt*; **à la ~** auf Barbados.
barbant, e [barbɑ̃, ɑ̃t] *adj fam* sterbenslangweilig.
barbare [barbar] ◇ *adj* **-1.** [invasion, peuple] Barbaren-. **-2.** [mœurs, manières, musique] barbarisch. **-3.** [crime] unmenschlich. ◇ *nmf* Barbar *der*, -in *die*.
barbarie [barbari] *nf* Barbarei *die*.
barbarisme [barbarism] *nm* GRAM Barbarismus *der*.
barbe [barb] *nf* **-1.** [d'homme, d'animal] Bart *der*; **~ à papa** Zuckerwatte *die*; **quelle** OU **la ~!** *fam fig* so ein Mist!; **faire qqch au nez et à la ~ de qqn** *fig* etw unter js Augen tun. **-2.** BOT Granne *die*.
barbecue [barbəkju] *nm* Grill *der*.
barbelé, e [barbəle] *adj*: **fil de fer ~** Stacheldraht *der*.
◆ **barbelés** *nmpl* Stacheldrahtzaun *der*.
barber [3] [barbe] *vt fam* [sujet: personne] auf den Wecker gehen; [sujet: chose] an|öden.
◆ **se barber** *vp fam* sich an|öden.
barbiche [barbiʃ] *nf* kurzer Kinnbart.
barbiturique [barbityrik] *nm* Barbiturat *das*.
barboter [3] [barbɔte] ◇ *vi* planschen. ◇ *vt fam* mopsen.
barboteuse [barbɔtøz] *nf* Strampler *der*.
barbouiller [3] [barbuje] *vt* **-1.** [écrire, peindre] schmieren. **-2.** [salir] beschmieren; **~ qqn/qqch de qqch** jn/etw mit etw beschmieren. **-3.** [donner la nausée] Übelkeit hervor|rufen.
barbu, e [barby] *adj* bärtig.
◆ **barbu** *nm* Bärtige *der*.
◆ **barbue** *nf* Steinbutt *der*.
barda [barda] *nm arg mil* Marschgepäck *das*; **avec tout son ~** *fig* mit Sack und Pack.
barde [bard] ◇ *nm* HIST [poète] Barde *der*. ◇ *nf* CULIN Barde *die*.
barder [3] [barde] ◇ *vt* CULIN bardieren; **être bardé de qqch** *fig* etw in Hülle und Fülle haben. ◇ *vi fam* : **ça va ~** es wird Krach geben.
barème [barɛm] *nm* Tariftabelle *die*.
barge [barʒ] *nf* [bateau] Kahn *der*.
baril [baril] *nm* Barrel *das*; **un ~ de pétrole** ein Barrel Rohöl.
barillet [barijɛ] *nm* **-1.** [petit baril] Fäßchen *das*. **-2.** [de revolver] Trommel *die*. **-3.** [de serrure] Zylinder *der*.
bariolé, e [barjɔle] *adj* bunt.
barmaid [barmɛd] *nf* Bardame *die*.

barman [barman] (*pl* **barmans** OU **barmen** [barmɛn]) *nm* Barmann *der*.

baromètre [barɔmɛtr] *nm* Barometer *das*; *fig* Meßlatte *die*.

baron, onne [barɔ̃, ɔn] *nm, f* Baron *der*, -in *die*.
◆ **baron** *nm* **-1.** [magnat] Baron *der*. **-2.** CULIN *Lammrücken mit Filet und Keulen*.

baroque [barɔk] ◇ *adj* **-1.** [style] barock. **-2.** [bizarre] seltsam. ◇ *nm* ART: **le ~** das Barock.

baroud [barud] *nm*: **~ d'honneur** Ehrengefecht *das*; *fig* letztes Gefecht.

barque [bark] *nf* Barke *die*; **mener sa ~** *fig* seine Sache gut machen.

barquette [barkɛt] *nf* **-1.** [tartelette] Törtchen *das*. **-2.** [récipient - de fruits] Schale *die*, Schälchen *das*; [- de glace] Packung *die*.

barrage [baraʒ] *nm* **-1.** CONSTR Staudamm *der*. **-2.** [de rue] Sperre *die*; **~ de police** Polizeisperre.

barre [bar] *nf* **-1.** [de bois, de métal] Stange *die*; **~ fixe** Reck *das*; **~s parallèles** Barren *der*. **-2.** [de gouvernail] Ruderpinne *die*; **être à la ~** am Ruder sein. **-3.** [de chocolat] Riegel *der*. **-4.** [trait] Strich *der*. **-5.** JUR: **à la ~** vor Gericht. **-6.** INFORM: **~ d'espacement** Leertaste *die*.

barreau, x [baro] *nm* **-1.** [de métal, de bois] Stab *der*. **-2.** JUR Anwaltsstand *der*.

barrer [3] [bare] *vt* **-1.** [rue, route] sperren. **-2.** [mot, phrase] durch|streichen. **-3.** [bateau] steuern.
◆ **se barrer** *vp fam* ab|hauen.

barrette [barɛt] *nf* Haarspange *die*.

barreur, euse [barœr, øz] *nm, f* Steuermann *der*, -frau *die*.

barricade [barikad] *nf* Barrikade *die*; **monter sur les ~s** auf die Barrikaden gehen.

barricader [3] [barikade] *vt* verbarrikadieren.
◆ **se barricader** *vp* sich verbarrikadieren; **se ~ chez soi** sich zuhause verbarrikadieren.

barrière [barjɛr] *nf* Schranke *die*; **les ~s douanières** die Zollschranken; **~ automatique** Automatiksperre *die*; **~ de dégel** Tauwettersperre *die*.

barrique [barik] *nf* Faß *das*.

barrir [32] [barir] *vi* trompeten.

baryton [baritɔ̃] *nm* Bariton *der*.

bas, basse [ba, bas] *adj* **-1.** [ciel, maison, plafond, température] niedrig. **-2.** [voix - douce] leise; [- grave] tief; **parler à voix basse** mit leiser Stimme sprechen. **-3.** [extraction, rang] untere,-r,-s. **-4.** [âme, action, sentiment] niederträchtig.
◆ **bas** ◇ *nm* **-1.** [partie inférieure] unterer Teil. **-2.** [vêtement] Damenstrumpf *der*. ◇ *adv* **-1.** [à faible niveau] niedrig; **être/tomber bien ~** *fig* auf den Hund gekommen sein/kommen. **-2.** [à faible intensité]: **parler ~** leise sprechen. **-3.** *loc*: **mettre ~** werfen.
◆ **à bas** *loc prép*: **à ~ la dictature!** nieder mit der Diktatur!
◆ **en bas** *loc adv* unten; **ça vient d'en ~** das kommt von unten.
◆ **en bas de** *loc prép*: **en ~ de qqch** unten an etw *(D)*.
◆ **bas de gamme** ◇ *loc adj* der unteren Preisklasse. ◇ *nm* untere Preisklasse.

basalte [bazalt] *nm* Basalt *der*.

basané, e [bazane] *adj* gebräunt.

bas-côté [bakote] (*pl* **bas-côtés**) *nm* Straßenrand *der*.

bascule [baskyl] *nf* **-1.** [balance] Waage *die*. **-2.** [balançoire] Wippe *die*. **-3.** INFORM Kippschaltung *die*.

basculer [3] [baskyle] ◇ *vi* um|kippen; **~ dans qqch** *fig* einer Sache *(D)* verfallen. ◇ *vt* kippen.

base [baz] *nf* **-1.** [partie inférieure] Sockel *der*. **-2.** [de parti, de syndicat] Basis *die*; **de ~** Basis-. **-3.** [principe fondamental] Grundlage *die*. **-4.** INFORM: **~ de données** Datenbank *die*. **-5.** MIL Stützpunkt *der*; **~ aérienne** Flugstützpunkt; **~ navale** Marinestützpunkt. **-6.** CHIM Base *die*.
◆ **à base de** *loc prép*: **à ~ de qqch** mit etw als Grundbestandteil.
◆ **sur la base de** *loc prép* ausgehend von.

base-ball [bɛzbol] (*pl* **base-balls**) *nm* Baseball *der*.

baser [3] [baze] *vt* **-1.** MIL: **être basé à Marseille** in Marseille stationiert sein. **-2.** [fonder]: **~ qqch sur qqch** etw auf etw *(A)* gründen.
◆ **se baser** *vp*: **se ~ sur qqch** sich auf etw *(A)* stützen.

bas-fond [bafɔ̃] (*pl* **bas-fonds**) *nm* Untiefe *die*.
◆ **bas-fonds** *nmpl* Elendsviertel *das*.

basilic [bazilik] *nm* BOT Basilikum *das*.

basilique [bazilik] *nf* Basilika *die*.

basique [bazik] *adj* **-1.** CHIM basisch. **-2.** [de base] Basis-.

basket [baskɛt] ◇ *nf* Turnschuh *der*. ◇ *nm* = **basket-ball**.

basket-ball [baskɛtbol] *nm* Basketball *der*.

basque [bask] ◇ *adj* baskisch; **le Pays ~** das Baskenland; **au Pays ~** im Baskenland. ◇ *nm* [langue] Baskisch(e) *(das)*. ◇ *nf* [d'habit] Rockzipfel *der*; **être toujours pendu aux ~s de qqn** *fam fig* ständig an js Rockzipfel hängen.
◆ **Basque** *nmf* Baske *der*, -kin *die*.

bas-relief [barəljɛf] (*pl* **bas-reliefs**) *nm* Basrelief *das*.

basse [bas] ◇ *adj* → **bas**. ◇ *nf* **-1.** [MUS - personne] Baß *der*; [- voix] Baßstimme *die*.

-2. [instrument - de jazz] Baß *der*; [- de rock] Baßgitarre *die*.

basse-cour [baskur] (*pl* **basses-cours**) *nf* **-1.** [lieu] Hühnerhof *der*. **-2.** [animaux] Geflügel und Kaninchen *Pl*.

bassement [basmɑ̃] *adv* **-1.** [avec mesquinerie] schäbig. **-2.** [sans noblesse] niederträchtig.

Basse-Saxe [bas(ə)saks] *nf*: **la ~** Niedersachsen *nt*.

bassesse [basɛs] *nf* **-1.** [mesquinerie] Schäbigkeit *die*. **-2.** [action] Niederträchtigkeit *die*.

basset [basɛ] *nm* Basset *der*.

bassin [basɛ̃] *nm* Becken *das*; **grand ~** Schwimmerbecken; **petit ~** Nichtschwimmerbecken.

◆ **Bassin parisien** *nm*: **le Bassin parisien** das Pariser Becken.

bassine [basin] *nf* [petite] Schüssel *die*; [grande] Wanne *die*.

bassiner [3] [basine] *vt* **-1.** [humecter] befeuchten. **-2.** *fam* [importuner]: **~ qqn** jm auf den Wecker gehen.

bassiste [basist] *nmf* **-1.** [contrebassiste] Bassist *der*, -in *die*. **-2.** [de rock] Baßgitarrist *der*, -in *die*.

basson [basɔ̃] *nm* **-1.** [instrument] Fagott *das*. **-2.** [personne] Fagottist *der*, -in *die*.

Bastille [bastij] *nf*: **la prise de la ~** der Sturm auf die Bastille.

BASTILLE:
Die Bastille-Oper ist eine neue Pariser Oper. Sie wurde an jenem Platz gebaut, an dem ehemals das Bastille-Gefängnis stand und der heute "place de la Bastille" heißt.

---

bastingage [bastɛ̃gaʒ] *nm* Schanzkleid *das*.

bastion [bastjɔ̃] *nm* Bastei *die*; *fig* Bollwerk *das*.

baston [bastɔ̃] *nm* OU *nf tfam* Keilerei *die*, Zoff *der*.

bas-ventre [bavɑ̃tr] (*pl* **bas-ventres**) *nm* Unterleib *der*.

bât [ba] *nm* Packsattel *der*; **c'est là que le ~ blesse** *fig* da liegt der Haken.

bataille [bataj] *nf* **-1.** MIL Schlacht *die*. **-2.** [jeu de cartes] *einfaches Kartenspiel*.

◆ **en bataille** *loc adj* zerzaust.

batailler [3] [bataje] *vi*: **~ pour qqch** um etw ringen; **~ pour obtenir qqch** kämpfen, um etw zu erreichen.

bataillon [batajɔ̃] *nm* Bataillon *das*; **un ~ de** *fig* eine Schar von.

bâtard, e [batar, ard] ◇ *adj* **-1.** [enfant] außerehelich. **-2.** [hybride] Zwitter-. ◇ *nm, f péj* Bastard *der*.

◆ **bâtard** *nm* **-1.** [pain] *kurzes Stangenweißbrot*. **-2.** [chien] Mischling *der*.

bateau [bato] ◇ *nm* **-1.** [embarcation] Boot *das*; **~ à moteur** Motorboot; **~ à voile** Segelboot; **~ de pêche** Fischereifahrzeug *das*; **~ de pêcheur** Fischerboot; **mener qqn en ~** *fam fig* jn auf den Arm nehmen. **-2.** [de trottoir] Grundstücksausfahrt *die*. ◇ *adj inv*: **un sujet ~** ein abgedroschenes Thema.

bateau-mouche [batomuʃ] (*pl* **bateaux-mouches**) *nm* Ausflugsdampfer *der*.

bateleur, euse [batlœr, øz] *nm, f* Gaukler *der*, -in *die*.

bath [bat] *adj inv fam vieilli* dufte.

bâti, e [bati] *adj* **-1.** [construit] bebaut. **-2.** [personne]: **bien ~** kräftig; **mal ~** schmächtig.

◆ **bâti** *nm* **-1.** COUTURE Heftnaht *die*. **-2.** CONSTR Rahmen *der*.

batifoler [3] [batifɔle] *vi* herum|albern.

bâtiment [batimɑ̃] *nm* **-1.** [édifice] Gebäude *das*. **-2.** IND: **le ~** das Baugewerbe; **il est/travaille dans le ~** er ist/arbeitet im Baugewerbe. **-3.** NAVIG Schiff *das*.

bâtir [32] [batir] *vt* **-1.** [construire, faire construire] bauen. **-2.** COUTURE heften. **-3.** [fortune, théorie] auf|bauen.

◆ **se bâtir** *vp* gebaut werden.

bâtisse [batis] *nf* Gebäude *das*.

bâton [batɔ̃] *nm* **-1.** [canne, gourdin, de ski] Stock *der*; **~ de réglisse** Lakritzstange *die*; **mettre des ~s dans les roues à qqn** *fig* jm Steine in den Weg legen; **parler à ~s rompus** *fig* von diesem und von jenem sprechen. **-2.** *fam* [million de centimes] 10 000 Franc.

bâtonnet [batɔnɛ] *nm* Stäbchen *das*.

bâtonnier [batɔnje] *nm* Vorsitzender *der* der Anwaltskammer.

batracien [batrasjɛ̃] *nm* Lurch *der*.

bats *etc* → **battre**.

battant, e [batɑ̃, ɑ̃t] ◇ *adj* schlagend; **sous une pluie ~e** im strömenden Regen; **le cœur ~** mit klopfendem Herzen. ◇ *nm, f* [personne] Kämpfernatur *die*.

◆ **battant** *nm* **-1.** [de porte, de fenêtre] Flügel *der*. **-2.** [de cloche] Klöppel *der*.

batte [bat] *nf* **-1.** [outil] Stößel *der*. **-2.** SPORT Schlagholz *das*.

battement [batmɑ̃] *nm* **-1.** [d'aile, de cœur, de porte] Schlagen *das*; [de cils, de paupières] Aufschlagen *das*. **-2.** [de pluie] Prasseln *das*. **-3.** [intervalle de temps] Zwischenzeit *die*; **une heure de ~** eine Stunde Pause.

batterie [batri] *nf* **-1.** MIL & ÉLECTR Batterie *die*; **recharger ses ~s** *fig* auf|tanken. **-2.** MUS Schlagzeug *das*. **-3.** [attirail]: **~ de cuisine** Küchenzubehör *das*.

batteur, euse [batœr, øz] *nm, f* MUS Schlagzeuger *der*, -in *die*.

◆ **batteur** *nm* CULIN Rührgerät *das.*
◆ **batteuse** *nf* AGRIC Heudrescher *der.*
battoir [batwar] *nm* **-1.** [outil] Bleuel *der.* **-2.** *fam* [main] Pranke *die.*
battre [83] [batr] ◇ *vt* **-1.** [gén] schlagen; **~ en neige** zu Eischnee schlagen. **-2.** [tapis] klopfen. **-3.** [cartes] mischen. ◇ *vi* **-1.** [cœur, pouls] schlagen. **-2.** [frapper, heurter] prasseln. **-3.** *loc*: **~ en retraite** einen Rückzieher machen; **~ son plein** auf vollen Touren laufen.
◆ **se battre** *vp* **-1.** [combattre]: **se ~ (contre** OU **avec qqn)** sich (mit jm) schlagen. **-2.** [se quereller] sich zanken. **-3.** [s'acharner]: **se ~ pour/contre qqch** um/gegen etw kämpfen.
battu, e [baty] ◇ *pp* → **battre**. ◇ *adj* [fatigué] erschlagen.
◆ **battue** *nf* Treibjagd *die.*
baudroie [bodrwa] *nf* Seeteufel *der.*
baudruche [bodryʃ] → **ballon**.
baume [bom] *nm* Balsam *der*; **mettre du ~ au cœur de qqn** *fig* Balsam für js Seele sein.
baux → **bail**.
bauxite [boksit] *nf* Bauxit *der.*
bavard, e [bavar, ard] ◇ *adj* geschwätzig. ◇ *nm, f* Schwätzer *der*, -in *die.*
bavardage [bavardaʒ] *nm* **-1.** [papotage] Schwatzen *das.* **-2.** [racontar]: **les ~s** Geschwätz *das (sans pl).*
bavarder [3] [bavarde] *vi* schwatzen.
bavarois, e [bavarwa, az] *adj* bayerisch.
◆ **bavarois** *nm Fruchtcremeschichttorte.*
◆ **bavaroise** *nf Fruchtcreme.*
◆ **Bavarois, e** *nm, f* Bayer *der*, -in *die.*
bave [bav] *nf* **-1.** [salive] Geifer *der*, Sabber *der.* **-2.** [d'escargot] Schleim *der.*
baver [3] [bave] *vi* **-1.** [personne] geifern, sabbern. **-2.** [stylo] aus|laufen. **-3.** *loc*: **en ~** *fam* viel mit|machen.
bavette [bavɛt] *nf* **-1.** [de tablier] Latz *der* OU *das.* **-2.** [viande] Flankenstück *das.* **-3.** *loc*: **tailler une ~ (avec qqn)** *fam* ein Schwätzchen (mit jm) halten.
baveux, euse [bavø, øz] *adj* **-1.** [bouche, enfant] geifernd, seibernd. **-2.** [omelette] kurzgegart.
Bavière [bavjɛr] *nf*: **la ~** Bayern *nt.*
bavoir [bavwar] *nm* Lätzchen *das.*
bavure [bavyr] *nf* **-1.** [tache] Fleck *der.* **-2.** [erreur] Ausrutscher *der*; [de police] Übergriff *der.*
bazar [bazar] *nm* **-1.** [boutique] Basar *der.* **-2.** *fam* [désordre] Durcheinander *das.* **-3.** *fam* [affaires] Kram *der.*
bazarder [3] [bazarde] *vt fam* weg|schmeißen.
BCBG (*abr de* **bon chic bon genre**) ◇ *adj* schickimicki; **elle est très ~** sie ist ganz schön schickimicki. ◇ *nmf* Schickimicki *der, die.*
BCG (*abr de* **bacille Calmette-Guérin**) *nm* BCG *der.*
bcp *abr de* **beaucoup**.
bd *abr de* **boulevard**.
BD, bédé [bede] (*abr de* **bande dessinée**) *nf* Comic *der.*
béant, e [beɑ̃, ɑ̃t] *adj* auseinanderklaffend.
Béarn [bearn] *nm*: **le ~** Béarn *nt.*
béarnais, e [bearnɛ, ɛz] *adj* aus dem Béarn.
◆ **béarnaise** *nf*: **(sauce) ~e** Béarnaise-Sauce *die.*
◆ **Béarnais, e** *nm, f* Bewohner *der*, -in *die* des Béarn.
béat, e [bea, at] *adj* einfältig.
béatement [beatmɑ̃] *adv* einfältig.
béatitude [beatityd] *nf* Seligkeit *die.*
beau, belle, beaux [bo, bɛl, bo] (*devant voyelle et h muet* **bel** [bɛl]) *adj (avant n)* schön; **j'ai attrapé une belle grippe** ich habe mir eine ganz schöne Grippe geholt; **c'est du ~ travail** das ist gute Arbeit; **un ~ jour/matin/soir** eines schönen Tages/Morgens/Abends; **avoir ~ jeu de faire qqch** *fig* etw leicht tun können.
◆ **beau** ◇ *adv*: **il fait ~** es ist schönes Wetter; **vous avez ~ dire** Sie können sagen, was Sie wollen; **j'ai ~ essayer, je n'y arrive pas** ich kann versuchen, soviel ich will, ich schaffe es nicht; **il a ~ être tard** obwohl es spät ist. ◇ *nm*: **le temps est/reste au ~ fixe** es OU das Wetter ist/bleibt schön; **être/rester au ~ fixe** *fig* [moral, état] unverändert gut sein/bleiben; **faire le ~** [chien] Männchen machen; **c'est du ~!** na wunderbar!
◆ **belle** *nf* **-1.** [femme] Schöne *die.* **-2.** JEU entscheidende Runde. **-3.** *loc*: **se faire la belle** *fam* aus|brechen.
◆ **bel et bien** *loc adv* tatsächlich.
◆ **de plus belle** *loc adv* immer mehr, mit neuem Schwung.
beaucoup [boku] ◇ *adv* **-1.** [un grand nombre]: **~ de** eine Menge, viele; **~ de gens** eine Menge Leute, viele Leute. **-2.** [une grande quantité]: **~ de** viel; **~ d'argent** viel Geld. **-3.** [fortement] sehr; **ça m'a ~ déçu** das hat mich sehr enttäuscht. **-4.** [énormément] viel; **~ trop** viel zuviel; **il travaille ~** er arbeitet viel; **c'est ~ dire** das wäre zuviel gesagt; **c'est ~ mieux** das ist viel OU wesentlich besser. ◇ *pron inv* viele *Pl.*
◆ **de beaucoup** *loc adv* bei weitem; **il est de ~ le plus jeune** er ist bei weitem der Jüngste.
beauf [bof] *nm fam* **-1.** *péj* Spießer *der.* **-2.** [beau-frère] Schwager *der.*
beau-fils [bofis] (*pl* **beaux- fils**) *nm* **-1.** [gendre] Schwiegersohn *der.* **-2.** [de remariage] Stiefsohn *der.*
beau-frère [bofrɛr] (*pl* **beaux-frères**) *nm* Schwager *der.*

beaujolais [boʒɔlɛ] *nm* Beaujolais *der.*
beau-père [bopɛr] (*pl* **beaux- pères**) *nm* **-1.** [père du conjoint] Schwiegervater *der.* **-2.** [de remariage] Stiefvater *der.*
beauté [bote] *nf* Schönheit *die;* **de toute ~** wunderschön *(adj);* **en ~** glanzvoll *(adv).*
◆ **beautés** *nfpl* Schönheiten *Pl.*
beaux-arts [bozar] *nmpl* bildende Kunst *(sans pl);* **les** ou **l'École des Beaux-Arts** *französische Kunsthochschule.*
beaux-parents [boparɑ̃] *nmpl* Schwiegereltern *Pl.*
bébé [bebe] ◇ *nm* **-1.** [enfant] Baby *das.* **-2.** [animal] Kleine *das.* ◇ *adj inv* babyhaft.
bébé-éprouvette [bebeepruvɛt] (*pl* **bébés-éprouvette**) *nm* Retortenbaby *das.*
bec [bɛk] *nm* **-1.** [d'oiseau] Schnabel *der.* **-2.** [d'instrument à vent] Mundstück *das.* **-3.** [de casserole, de carafe]: **~ (verseur)** Ausguß *der.* **-4.** *fam loc*: **clouer le ~ à qqn** jm das Maul stopfen; **ouvrir le ~** den Mund auf|machen; **prise de ~** Wortgefecht *das.*
◆ **bec de gaz** *nm* Gaslaterne *die.*
bécane [bekan] *nf fam* **-1.** [deux-roues - cyclomoteur] Feuerstuhl *der;* [- vélo] Drahtesel *der.* **-2.** [ordinateur] Maschine *die.*
bécasse [bekas] *nf* Schnepfe *die.*
bécassine [bekasin] *nf* **-1.** [oiseau] Sumpfschnepfe *die.* **-2.** *fam* [fille] Küken *das.*
bec-de-lièvre [bɛkdəljɛvr] (*pl* **becs-de-lièvre**) *nm* Hasenscharte *die.*
béchamel [beʃamɛl] *nf*: **(sauce) ~** Béchamelsauce *die.*
bêche [bɛʃ] *nf* Spaten *der.*
bêcher [4] [beʃe] ◇ *vt* um|graben. ◇ *vi fam* an|geben.
bêcheur, euse [beʃœr, øz] *nm, f fam* Angeber *der,* -in *die.*
bécoter [3] [bekɔte] *vt fam* ab|knutschen.
◆ **se bécoter** *vp* knutschen.
becquée [beke] *nf* Happen *der;* **donner la ~** füttern.
becqueter, béqueter [27] [bɛcte] *vt* auf|picken.
becter [4] [bɛcte] *vi fam* futtern.
bedaine [bədɛn] *nf fam* Schmerbauch *der.*
bédé = BD.
bedeau, x [bədo] *nm* Küster *der,* -in *die.*
bedonnant, e [bədɔnɑ̃, ɑ̃t] *adj fam* dickbäuchig.
bédouin, e [bedwɛ̃, in] *adj* Beduinen-.
◆ **Bédouin, e** *nm, f* Beduine *der,* -nin *die.*
bée [be] → **bouche.**
bégaiement [begɛmɑ̃] *nm* Gestottere *das.*
bégayer [11] [begeje] ◇ *vi* stottern. ◇ *vt* stammeln.
bégonia [begɔnja] *nm* Begonie *die.*
bègue [bɛg] ◇ *adj*: **être ~** stottern. ◇ *nmf* Stotterer *der,* -rin *die.*
bégueule [begœl] *adj fam péj* prüde.
béguin [begɛ̃] *nm*: **avoir le ~ pour qqn/qqch** sich in jn/etw verschießen.
beige [bɛʒ] ◇ *adj* beige. ◇ *nm* Beige *das.*
beigne [bɛɲ] *nf fam* : **donner une ~ à qqn** jm eine langen.
beignet [bɛɲɛ] *nm* Krapfen *der.*
bel → **beau.**
bêler [4] [bele] *vi* [chèvre] meckern; [mouton] blöken.
belette [bəlɛt] *nf* Wiesel *das.*
belge [bɛlʒ] *adj* belgisch.
◆ **Belge** *nmf* Belgier *der,* -in *die.*
belgicisme [bɛlʒisism] *nm* belgischer Ausdruck.
Belgique [bɛlʒik] *nf*: **la ~** Belgien *nt.*
Belgrade [bɛlgrad] *n* Belgrad *nt.*
bélier [belje] *nm* **-1.** [animal] Widder *der.* **-2.** [poutre] Stoßheber *der.*
◆ **Bélier** *nm* ASTRON & ASTROL Widder *der;* **sous le signe du Bélier** im Zeichen des Widders.
Belize [beliz] *nm*: **le ~** Belize *nt;* **au ~** in Belize.
bellâtre [bɛlatr] *nm péj* Schönling *der.*
belle → **beau.**
belle-famille [bɛlfamij] (*pl* **belles-familles**) *nf* Schwiegerfamilie *die.*
belle-fille [bɛlfij] (*pl* **belles-filles**) *nf* **-1.** [épouse du fils] Schwiegertochter *die.* **-2.** [de remariage] Stieftochter *die.*
belle-mère [bɛlmɛr] (*pl* **belles-mères**) *nf* **-1.** [mère du conjoint] Schwiegermutter *die.* **-2.** [de remariage] Stiefmutter *die.*
belles-lettres [bɛllɛtr] *nfpl* Belletristik *die (sans pl).*
belle-sœur [bɛlsœr] (*pl* **belles-sœurs**) *nf* Schwägerin *die.*
belligérant, e [beliʒerɑ̃, ɑ̃t] ◇ *adj* kriegführend. ◇ *nm, f* kriegführende Partei.
belliqueux, euse [belikø, øz] *adj* **-1.** [guerrier] kriegerisch. **-2.** [agressif] angriffslustig.
belote [bəlɔt] *nf französisches Kartenspiel.*
belvédère [bɛlvedɛr] *nm* Belvedere *das.*
bémol [bemɔl] ◇ *adj*: **do ~** ces *das,* Ces *das;* **mi ~** es *das,* Es *das.* ◇ *nm* b *das.*
bénédictin, e [benediktɛ̃, in] ◇ *adj* Benediktiner-. ◇ *nm, f* Benediktiner *der,* -in *die;* **travail de ~** Geduldsarbeit *die.*
◆ **Bénédictine**® *nf* [liqueur] Benediktiner *der.*
bénédiction [benediksjɔ̃] *nf* **-1.** RELIG Segnung

die. **-2.** [assentiment] Absegnung *die*; **donner sa ~ à qqch** etw ab|segnen.

bénéfice [benefis] *nm* **-1.** [profit] Gewinn *der*; **~s commerciaux** gewerblicher Gewinn; **~ net** Nettogewinn; **intéressement aux ~s** Gewinnbeteiligung *die*; **rapport cours-~** Kursgewinnverhältnis *das*. **-2.** [avantage] Wohl *das*; **au ~ de qqn** zugunsten js; **au ~ du doute** zweifelshalber.

bénéficiaire [benefisjɛr] ◇ *adj* Gewinn-. ◇ *nmf* **-1.** [d'aide, de chèque] Empfänger *der*, -in *die*. **-2.** [de droit] Berechtigte *der*, *die*.

bénéficier [9] [benefisje] *vi*: **~ de qqch** in den Genuß von etw kommen.

bénéfique [benefik] *adj* wohltuend.

Benelux [benelyks] *nm*: **le ~** Benelux *die*; **les pays du ~** die Benelux-Staaten.

benêt [bənɛ] ◇ *adj m* unbeholfen. ◇ *nm* Tollpatsch *der*.

bénévolat [benevɔla] *nm* ehrenamtliche Tätigkeit.

bénévole [benevɔl] ◇ *adj* ehrenamtlich. ◇ *nmf* ehrenamtlich Tätige *der*, *die*.

bénévolement [benevɔlmɑ̃] *adv* ehrenamtlich.

Bengale [bɛ̃gal] *nm*: **le ~** Bengalen *nt*; **au ~** in Bengalen.

bénin, igne [benɛ̃, iɲ] *adj* **-1.** [accident] harmlos. **-2.** MÉD [tumeur] gutartig.

Bénin [benɛ̃] *nm*: **le ~** Benin *nt*; **au ~** in Benin.

béninois, e [beninwa, az] *adj* beninisch.

◆ **Béninois, e** *nm, f* Beniner *der*, -in *die*.

bénir [32] [benir] *vt* segnen.

bénit, e [beni, it] *adj* gesegnet; **eau ~e** Weihwasser *das*.

bénitier [benitje] *nm* Weihwasserbecken *das*.

benjamin, e [bɛ̃ʒamɛ̃, in] *nm, f* Jüngste *der*, *die*.

benne [bɛn] *nf* **-1.** [de camion] Kipper *der*. **-2.** [poubelle] Container *der*. **-3.** [cabine] Wagenkasten *der*. **-4.** [wagonnet] Förderwagen *der*.

benzine [bɛ̃zin] *nf* Benzol *das*.

BEP, **Bep** (*abr de* **brevet d'études professionnelles**) *nm französischer Abschluß nach 2-jähriger Ausbildung am berufsbildenden Gymnasium*.

BEPC, **Bepc** (*abr de* **brevet d'études du premier cycle**) *nm französischer Gesamtschulabschluß*, ≃ mittlere Reife.

béqueter = **becqueter**.

béquille [bekij] *nf* **-1.** [pour marcher] Krücke *die*. **-2.** [de deux-roues] Ständer *der*.

berbère [bɛrbɛr] ◇ *adj* Berber-. ◇ *nm* [langue] Berbersprache *die*.

◆ **Berbère** *nmf* Berber *der*, -in *die*.

bercail [bɛrkaj] *nm* Zuhause *das*; **rentrer au ~** in den Schoß der Familie zurückkehren.

berceau, x [bɛrso] *nm* **-1.** [lit] Wiege *die*. **-2.** *fig* [lieu d'origine] Geburtsstätte *die*.

bercer [16] [bɛrse] *vt* wiegen; **~ qqn d'illusions** OU **de promesses** *fig* jm etw vor|machen.

◆ **se bercer** *vp*: **se ~ d'illusions** sich etw vor|machen.

berceuse [bɛrsøz] *nf* **-1.** MUS [chanson] Wiegenlied *das*; [morceau] Berceuse *die*. **-2.** *Can* [fauteuil] Schaukelstuhl *der*.

Bercy [bɛrsi] *n* **-1.** [ministère] *französisches Finanzministerium*. **-2.** [stade] *große Mehrzweckhalle*.

BERD, **Berd** [bɛrd] (*abr de* **Banque européenne pour la reconstruction et le développement**) *nf* EBRD *die (Europäische Entwicklungsbank, Osteuropa-Bank)*.

béret [berɛ] *nm*: **~ (basque)** Baskenmütze *die*.

bergamote [bɛrgamɔt] *nf* Bergamotte *die*.

berge [bɛrʒ] *nf* **-1.** [bord] Ufer *das*. **-2.** *fam* [année]: **il a 40 ~s** er ist 40.

berger, ère [bɛrʒe, ɛr] *nm, f* Schafhirt *der*, -in *die*.

◆ **bergère** *nf* Sessel *der*.

◆ **berger allemand** *nm* deutscher Schäferhund.

bergerie [bɛrʒəri] *nf* Schafstall *der*.

bergeronnette [bɛrʒərɔnɛt] *nf* Bachstelze *die*.

Berlin [bɛrlɛ̃] *n* Berlin *nt*; **~-Est** Ost-Berlin; **~-Ouest** West-Berlin; **le mur de ~** die Berliner Mauer.

berline [bɛrlin] *nf* Limousine *die*.

berlingot [bɛrlɛ̃go] *nm* **-1.** [bonbon] *pyramidenförmiges Bonbon*. **-2.** [emballage] Tetrapack-Verpackung *die*.

berlinois, e [bɛrlinwa, az] *adj* Berliner *(adj inv)*.

◆ **Berlinois, e** *nm, f* Berliner *der*, -in *die*.

berlue [bɛrly] *nf*: **avoir la ~** nicht richtig sehen.

bermuda [bɛrmyda] *nm* Bermudashorts *Pl*.

Bermudes [bɛrmyd] *nfpl*: **les ~, l'archipel des ~** die Bermudas; **aux ~** auf den Bermudas; **le triangle des ~** das Bermudadreieck.

bernard-l'ermite [bɛrnarlɛrmit] *nm inv* Einsiedlerkrebs *der*.

berne [bɛrn]

◆ **en berne** *loc adv* auf halbmast.

Berne [bɛrn] *n* Bern *nt*.

berner [3] [bɛrne] *vt* herein|legen.

berrichon, onne [beriʃɔ̃, ɔn] *adj* aus dem Berry.

◆ **Berrichon, onne** *nm, f* Bewohner *der*, -in *die* des Berry.

Berry [bɛri] *nm*: **le ~** Berry *nt*.

besace [bəzas] *nf* Bettelsack *der*.

bésicles [bezikl] *nfpl hum* Kneifer *der*.

besogne [bəzɔɲ] *nf* Arbeit *die*; **aller vite en ~** *fig* die Sache überstürzen.

besoin [bəzwɛ̃] *nm* **-1.** [exigence, désir] Bedürfnis *das*; **les ~s** ÉCON der Bedarf; **avoir ~ de qqch** etw benötigen OU brauchen; **avoir ~ de faire qqch** etw tun müssen; **au ~** notfalls, wenn es nötig ist; **faire ses ~s** sein Bedürfnis verrichten; **pour les ~s de la cause** *fig* um der guten Sache willen. **-2.** [dénuement] Not *die*; **être dans le ~** große finanzielle Probleme haben.

bestiaire [bɛstjɛr] *nm* illustrierte Tiergeschichten *Pl.*

bestial, e, aux [bɛstjal, o] *adj* bestialisch.

bestiole [bɛstjɔl] *nf kleines unsympathisches Tier.*

best-seller [bɛstselœr] (*pl* **best-sellers**) *nm* Bestseller *der.*

bétail [betaj] *nm* Vieh *das.*

bête [bɛt] ◇ *adj* **-1.** [personne] dumm. **-2.** [chose] blöd. **-3.** [simple]: **c'est tout ~** das ist ganz einfach. ◇ *nf* Tier *das*; **~ à bon Dieu** Marienkäfer *der*; **~ féroce** Bestie *die*; **chercher la petite ~** *fig* herum|mäkeln; **être la ~ noire de qqn** *fig* jm ein Dorn im Auge sein; **il est ma ~ noire** ich kann ihn nicht ausstehen.

bêtement [bɛtmɑ̃] *adv* **-1.** [idiotement] dumm. **-2.** [simplement]: **tout ~** ganz einfach.

bêtifiant, e [betifjɑ̃, ɑ̃t] *adj* verdummend.

bêtise [betiz] *nf* [de personne] Dummheit *die*; **faire des ~s** Dummheiten an|stellen; **se disputer pour une ~** sich wegen einer Lappalie streiten.

béton [betɔ̃] *nm* Beton *der*; **~ armé** Stahlbeton; **en ~** *fig* fundiert.

bétonner [3] [betɔne] ◇ *vt* betonieren. ◇ *vi* SPORT mauern.

bette [bɛt], **blette** [blɛt] *nf* Mangold *der.*

betterave [bɛtrav] *nf* Rübe *die*; **~ fourragère** Futterrübe; **~sucrière** OU **à sucre** Zuckerrübe.

beuglement [bøgləmɑ̃] *nm* **-1.** [de bovidé] Muhen *das (sans pl)*. **-2.** *fam* [bruit] Geplärr *das (sans pl)*.

beugler [5] [bøgle] *vi* **-1.** [bovin] muhen. **-2.** *fam* [personne] quäken. **-3.** *fam* [radio] plärren.

beur [bœr] ◇ *nmf Angehöriger der zweiten Generation nordafrikanischer Gastarbeiter.* ◇ *adj*: **un écrivain ~** *Schriftsteller der zweiten Generation der maghrebinischen Einwanderer.*

beurre [bœr] *nm* **-1.** [aliment] Butter *die*; **~ de cacahuètes** Erdnußbutter; **~ de cacao** Kakaobutter; **~ demi-sel** gesalzene Butter; **~ noir** braune Butter. **-2.** *fam loc*: **compter pour du ~** nicht zählen; **faire son ~** viel Geld verdienen; **mettre du ~ dans les épinards** die finanzielle Lage verbessern.

◆ **au beurre** *loc adj* Butter-.

beurré, e [bœre] *adj* **-1.** [pain] mit Butter bestrichen. **-2.** *fam* [ivre] blau.

beurrer [5] [bœre] *vt* **-1.** [tartine] mit Butter bestreichen. **-2.** [moule] ein|fetten.

beurrier, ère [bœrje, ɛr] *adj* Butter-.

◆ **beurrier** *nm* Butterdose *die.*

beuverie [bœvri] *nf* Zecherei *die.*

bévue [bevy] *nf* Schnitzer *der*; **faire une ~** einen Schnitzer machen.

Beyrouth [berut] *n* Beirut *nt*; **~-Est** Ost-Beirut; **~-Ouest** West-Beirut.

BHV (*abr de* **Bazar de l'Hôtel de Ville**) *nm Pariser Kaufhaus.*

biais [bjɛ] *nm* **-1.** [ligne oblique] Schräge *die*; **en** OU **de ~** schräg *(adv)*; *fig* von der Seite. **-2.** [moyen détourné] Kniff *der*; **je ne sais par quel ~ aborder la question** ich weiß nicht, von welcher Seite ich die Frage angehen soll; **par le ~ de qqn/qqch** über jn/etw.

biaiser [4] [bjeze] *vi* **-1.** [être de travers] schräg verlaufen. **-2.** [parler] sich in Andeutungen ergehen; [agir] Winkelzüge machen.

bibelot [biblo] *nm* Nippes *Pl.*

biberon [bibrɔ̃] *nm* Flasche *die*; **nourrir au ~** mit der Flasche ernähren.

bible [bibl] *nf* Bibel *die.*

bibliobus [biblijɔbys] *nm* fahrende Bücherei.

bibliographie [biblijɔgrafi] *nf* Bibliographie *die*, Literaturverzeichnis *das.*

bibliographique [biblijɔgrafik] *adj* bibliographisch.

bibliothécaire [biblijɔtekɛr] *nmf* Bibliothekar *der*, -in *die.*

bibliothèque [biblijɔtɛk] *nf* **-1.** [meuble] Bücherschrank *der*. **-2.** [édifice] Bibliothek *die*, Bücherei *die*; **~ municipale** Stadtbibliothek; **la Bibliothèque nationale** *die französische Nationalbibliothek*. **-3.** [collection] Büchersammlung *die*; **la ~ rose** *Jugendbuchsammlung*; **la ~ verte** *Kinderbuchsammlung*. **-4.** INFORM Bibliothek *die.*

BIBLIOTHÈQUE NATIONALE:
Die Nationalbibliothek, auch "BN" genannt, liegt in der "rue de Richelieu" in Paris. Es ist eine umfangreiche Bibliothek, in der jeweils ein Exemplar von jedem in Frankreich verlegten Buch aufbewahrt wird, ähnlich wie in der Washington Library of Congress.

---

biblique [biblik] *adj* biblisch.

Bic® [bik] *nm Markenkugelschreiber.*

bicarbonate [bikarbɔnat] *nm* Bikarbonat *das*; **~ de soude** kohlensaures Natron.

bicentenaire [bisɑ̃tnɛr] ◇ *adj* zweihundertjährig. ◇ *nm* Zweihundertjahrfeier *die.*

biceps [bisɛps] *nm* Bizeps *der.*

biche [biʃ] *nf* **-1.** ZOOL Hirschkuh *die*. **-2.** [personne]: **ma ~!** mein Schätzchen!

bichonner [3] [biʃɔne] *vt* umsorgen.
◆ **se bichonner** *vp* sich zurechtmachen.
bicolore [bikɔlɔr] *adj* zweifarbig.
bicoque [bikɔk] *nf fam* Bude *die*.
bicyclette [bisiklɛt] *nf* Fahrrad *das*.
bidasse [bidas] *nm fam* Soldat *der*.
bide [bid] *nm fam* **-1.** [ventre] Wampe *die*. **-2.** [échec] Flop *der*.
bidet [bidɛ] *nm* **-1.** [sanitaire] Bidet *das*. **-2.** *hum* [cheval] kleines Reitpferd.
bidon [bidɔ̃] ◇ *nm* **-1.** [récipient] Kanister *der*. **-2.** *fam* [ventre] Wanst *der*. **-3.** *fam loc*: **c'est du ~** das ist Humbug. ◇ *adj inv fam* Schein-.
bidonner [3] [bidɔne]
◆ **se bidonner** *vp fam* sich schieflachen.
bidonville [bidɔ̃vil] *nm* Elendsviertel *das*.
bidouilleur [bidujœr] *nm fam* INFORM Computerfreak *der*.
bidule [bidyl] *nm fam* Dingsbums *das*.
bielle [bjɛl] *nf* Pleuel *das*.
biélorusse [bjelɔrys] *adj* weißrussisch.
◆ **Biélorusse** *nmf* Weißrusse *der*, -sin *die*.
Biélorussie [bjelɔrysi] *nf*: **la ~** Weißrußland *nt*, Bjelorußland *nt*.
bien [bjɛ̃] (*compar & superl* **mieux** [mjø]) ◇ *adv* **-1.** [de manière satisfaisante] gut; **on mange ~ ici** hier ißt man gut; **il ne s'est pas ~ conduit** er hat sich nicht gut benommen; **assez ~** SCOL ganz OU recht gut; **c'est ~ fait pour lui!** das geschieht ihm recht! **-2.** [sens intensif] recht; **~ souvent** recht oft; **en es-tu ~ sûr?** bist du dir ganz sicher?; **on a ~ ri** wir haben ordentlich gelacht; **c'est ~ aimable à vous** das ist sehr nett von Ihnen; **c'est ~ ce que je disais** das ist doch mein Reden. **-3.** [très] sehr. **-4.** [au moins] gewiß; **il y a ~ trois heures que je t'attends** ich warte bestimmt schon drei Stunden auf dich. **-5.** [avec un comparatif] bei weitem; **~ mieux** viel besser; **il est parti ~ plus tard** er ist wesentlich später gegangen. **-6.** [pour conclure ou introduire]: **~, c'est fini pour aujourd'hui** so, für heute sind wir fertig; **~, je t'écoute** gut, ich höre; **très ~, je vais avec toi** also gut, ich komme mit; **je l'espère ~!** das will ich hoffen!; **c'est ~ lui** er ist es zweifelsohne. ◇ *interj*: **eh ~!** nun denn!; **eh ~, qu'en penses-tu?** nun, was hälst du davon? ◇ *adj inv* **-1.** [sérieux, en bonne santé] gut; **je ne me sens pas ~** ich fühle mich nicht gut. **-2.** [beau] schön. **-3.** [à l'aise] wohl; **je me sens ~ ici** ich fühle mich wohl hier; **être ~ avec qqn** mit jm gut stehen. **-4.** [convenable] anständig. **-5.** [fiable] zuverlässig. ◇ *nm* **-1.** [sens moral]: **le ~** das Gute. **-2.** [bien-être]: **ça fait du ~** das tut gut. **-3.** [richesse] Eigentum *das*; **~s de consommation** Verbrauchsgüter *Pl*. **-4.** [intérêt]: **c'est pour ton ~!** das ist zu deinem besten! **-5.** *loc*: **dire du ~ de qqn/qqch** gutes von jm/etw sagen; **en tout ~ tout honneur** in allen Ehren; **mener qqch à ~** etw zu Ende bringen.
◆ **bien de** *loc prép*: **~ des gens sont venus** viele Leute sind gekommen; **il y a ~ du monde** es sind ja viele Leute da; **il a ~ de la chance** er hat ja Glück.
◆ **bien entendu** *loc adv* na klar.
◆ **bien mieux** *loc adv* mehr noch.
◆ **bien que** *loc conj* obwohl, obschon; **~ qu'il ait fini son travail** obwohl er seine Arbeit fertig hat; **~ que terminant avant moi, il arrive à la maison après** obwohl er vor mir die Arbeit verläßt, ist er später zu Hause; **~ que malade** obschon krank.
◆ **bien sûr** *loc adv* sicher.
bien-aimé, e [bjɛ̃neme] (*mpl* **bien-aimés,** *fpl* **bien-aimées**) ◇ *adj* geliebt. ◇ *nm, f* Geliebte *der, die*.
bien-être [bjɛ̃nɛtr] *nm inv* **-1.** [physique] Wohlbefinden *das*. **-2.** [matériel] Wohlstand *der*.
bienfaisance [bjɛ̃fəzɑ̃s] *nf* Wohltätigkeit *die*.
bienfaisant, e [bjɛ̃fəzɑ̃, ɑ̃t] *adj* **-1.** [climat, influence] wohltuend. **-2.** [personne] wohltätig.
bienfait [bjɛ̃fɛ] *nm* **-1.** [faveur] Wohltat *die*. **-2.** [effet bénéfique] wohltuende Wirkung.
bienfaiteur, trice [bjɛ̃fɛtœr, tris] *nm, f* Wohltäter *der*, -in *die*.
bien-fondé [bjɛ̃fɔ̃de] (*pl* **bien-fondés**) *nm* **-1.** [de plainte, de requête] Rechtmäßigkeit *die*. **-2.** [d'opinion, de remarque] Stichhaltigkeit *die*.
bienheureux, euse [bjɛ̃nørø, øz] ◇ *adj* selig. ◇ *nm, f* Selige *der, die*.
biennal, e, aux [bjenal, o] *adj* **-1.** [plan] Zweijahres-. **-2.** [exposition] zweijährig.
◆ **biennale** *nf* Biennale *die*.
bien-pensant, e [bjɛ̃pɑ̃sɑ̃, ɑ̃t] (*mpl* **bien-pensants,** *fpl* **bien-pensantes**) *péj* ◇ *adj* konservativ. ◇ *nm, f* Konservative *der, die*.
bienséance [bjɛ̃seɑ̃s] *nf* Anstand *der*.
◆ **bienséances** *nfpl* Schicklichkeit *die*.
bientôt [bjɛ̃to] *adv* bald; **à ~!** bis bald!
bienveillance [bjɛ̃vejɑ̃s] *nf* Wohlwollen *das*.
bienveillant, e [bjɛ̃vejɑ̃, ɑ̃t] *adj* wohlwollend.
bienvenu, e [bjɛ̃v(ə)ny] ◇ *adj* willkommen. ◇ *nm, f*: **être le ~** OU **la ~e** willkommen sein; **soyez le ~** OU **la ~e** seien Sie herzlich willkommen.
◆ **bienvenue** *nf*: **souhaiter la ~e à qqn** jn willkommen heißen.
bière [bjɛr] *nf* **-1.** [boisson] Bier *das*; **~ blonde/brune** helles/dunkles Bier; **~ pression** offenes Bier. **-2.** [cercueil] Sarg *der*.
biffer [3] [bife] *vt sout* streichen.
bifteck [biftɛk] *nm* Beefsteak *das*.
bifurcation [bifyrkasjɔ̃] *nf* Gabelung *die*.

bifurquer [3] [bifyrke] *vi* **-1.** [route, voie ferrée] sich gabeln. **-2.** [voiture] ab|biegen. **-3.** [personne]: **~ vers qqch** zu etw über|wechseln.
bigame [bigam] ◇ *adj* bigamistisch. ◇ *nmf* Bigamist *der*, -in *die*.
bigamie [bigami] *nf* Bigamie *die*.
bigarré, e [bigare] *adj* bunt.
bigarreau, x [bigaro] *nm* Knorpelkirsche *die*.
bigophone [bigɔfɔn] *nm fam* Telefon *das*.
bigorneau, x [bigɔrno] *nm* eßbare Strandschnecke.
bigot, e [bigo, ɔt] *péj* ◇ *adj* bigott. ◇ *nm, f* bigotter Mensch.
bigoudi [bigudi] *nm* Lockenwickler *der*.
bigrement [bigrəmɑ̃] *adv fam* verflixt.
bijou, x [biʒu] *nm* Schmuckstück *das*.
◆ **bijoux** *nmpl* Schmuck *der (sans pl)*.
bijouterie [biʒutri] *nf* **-1.** [magasin] Juweliergeschäft *das*. **-2.** [activité] Schmuckherstellung *die*.
bijoutier, ère [biʒutje, ɛr] *nm, f* Juwelier *der*, -in *die*.
bikini [bikini] *nm* Bikini *der*.
bilan [bilɑ̃] *nm* **-1.** FIN & COMM Bilanz *die*; **déposer son ~** Konkurs an|melden. **-2.** [résultat] Endergebnis *das*; **faire le ~ de qqch** die Bestandsaufnahme von etw machen.
◆ **bilan de santé** *nm* Check-up *der*.
bilatéral, e, aux [bilateral, o] *adj* **-1.** [stationnement] beidseitig. **-2.** [contrat, décision] zweiseitig.
bile [bil] *nf* Galle *die*; **déverser sa ~** seinem Ärger Luft machen; **se faire de la ~** *fam* sich Sorgen machen.
biliaire [biljɛr] *adj* Gallen-.
bilieux, euse [biljø, øz] *adj* [teint] gelblich.
bilingue [bilɛ̃g] ◇ *adj* **-1.** [livre, secrétaire] zweisprachig. **-2.** [personne] zweisprachig aufgewachsen. ◇ *nmf* [personne] zweisprachig aufgewachsener Mensch. ◇ *nm* [dictionnaire] zweisprachiges Wörterbuch.
bilinguisme [bilɛ̃gɥism] *nm* Zweisprachigkeit *die*.
billard [bijar] *nm* Billard *das*; **passer** OU **monter sur le ~** *fam fig* unter das Messer kommen.
bille [bij] *nf* **-1.** [d'enfant] Murmel *die*. **-2.** [de billard] Kugel *die*. **-3.** [de bois] (geschlagener) Baumstamm.
billet [bijɛ] *nm* **-1.** [monnaie]: **~ (de banque)** Banknote *die*. **-2.** [de concert, de théâtre] Eintrittskarte *die*; **~ d'avion** Flugschein *der*; **~ de train** Fahrkarte *die*; **~ de loterie** Los *das*. **-3.** [lettre]: **~ doux** Liebesbrief *der*.
billetterie [bijɛtri] *nf* **-1.** BANQUE Geldautomat *der*. **-2.** [de transport, de spectacle] Schalter *der*.
billion [biljɔ̃] *nm* Billion *die*.
bimensuel, elle [bimɑ̃sɥɛl] *adj* **-1.** PRESSE monatlich zweimal erscheinend. **-2.** [événement] monatlich zweimal stattfindend.
◆ **bimensuel** *nm* Halbmonatsschrift *die*.
bimestriel, elle [bimɛstrijɛl] *adj* **-1.** PRESSE alle zwei Monate erscheinend. **-2.** [événement] alle zwei Monate stattfindend.
bimoteur [bimɔtœr] ◇ *adj* zweimotorig. ◇ *nm* zweimotoriges Flugzeug.
binaire [binɛr] *adj* binär.
biner [3] [bine] *vt* hacken.
biniou [binju] *nm bretonischer Dudelsack*.
binocle [binɔkl] *nm* Zwicker *der*.
◆ **binocles** *nmpl fam* Brille *die*.
binôme [binom] *nm* Binom *das*; **travailler en ~** zu zweit arbeiten.
bio [bjo] *adj inv* Bio-.
biocarburant [bjɔkarbyrɑ̃] *nm* Biotreibstoff *der*.
biochimie [bjɔʃimi] *nf* Biochemie *die*.
biodégradable [bjɔdegradabl] *adj* biologisch abbaubar, ≃ umweltfreundlich.
biographie [bjɔgrafi] *nf* Biographie *die*.
biographique [bjɔgrafik] *adj* biographisch.
biologie [bjɔlɔʒi] *nf* Biologie *die*.
biologique [bjɔlɔʒik] *adj* biologisch.
biopsie [bjɔpsi] *nf* Biopsie *die*.
biorythme [bjɔritm] *nm* Biorhythmus *der*.
bip [bip] *nm* **-1.** [bruit]: **parlez après le ~ sonore** sprechen Sie nach dem Pfeifton. **-2.** [appareil] Piepser *der*.
bipède [bipɛd] ◇ *adj* zweibeinig. ◇ *nm* Zweibeiner *der*.
bique [bik] *nf fam* Ziege *die*.
BIRD [bœrd] (*abr de* **Banque internationale pour la reconstruction et le développement**) *nf* IBRD *die (internationale Bank für Wiederaufbau und Entwicklung)*.
biréacteur [bireaktœr] *nm* zweimotoriger Jet.
birman, e [birmɑ̃, an] *adj* birmanisch, burmesisch.
◆ **birman** *nm* Birmanisch(e) *(das)*.
◆ **Birman, e** *nm, f* Birmane *der*, -nin *die*, Burmese *der*, -sin *die*.
Birmanie [birmani] *nf*: **la ~** Birma *nt*, Burma *nt*.
bis¹ [bis] ◇ *adv* **-1.** [numéro]: **13 ~** 13a. **-2.** MUS: **~!** Zugabe! ◇ *nm* Dakapo *das*.
bis², e [bi, biz] *adj* graubraun.
bisannuel, elle [bizanɥɛl] *adj* zweijährlich.
bisbille [bisbij] *nf* Verstimmung *die*; **être en ~ avec qqn** *fam* mit jm verkracht sein.
biscornu, e [biskɔrny] *adj* **-1.** [difforme] bizarr. **-2.** [bizarre] wunderlich.

biscotte [biskɔt] *nf* (ungesüßter) Zwieback *der*.
biscuit [biskɥi] *nm* **-1.** CULIN Biskuit *das*; **~ (sec)** Keks *der*. **-2.** [porcelaine] Biskuitporzellan *das*.
bise [biz] *nf* **-1.** *fam* [baiser] Küßchen *das*. **-2.** [vent] eisiger Nord(ost)wind.
biseau, x [bizo] *nm* **-1.** [bord] Schrägkante *die*; **en ~** schräg. **-2.** [outil] Meißel *der*.
bison [bizɔ̃] *nm* Bison *der*.
bisou [bizu] *nm fam* Küßchen *das*.
bisque [bisk] *nf*: **~ de homard** Hummersuppe *die*.
bissextile [bisɛkstil] → **année**.
bistouri [bisturi] *nm* Skalpell *das* .
bistrot, bistro [bistro] *nm fam* Kneipe *die*.

BISTROT:
Dieser Ausdruck bezeichnet entweder ein kleines Café oder ein kleines Restaurant, das von Stammgästen des Viertels besucht wird. Charakteristisch sind die Stühle und Tische im Bistrot-Stil und der verzinkte Tresen.

bit [bit] *nm* Bit *das*.
BIT (*abr de* **Bureau international du travail**) *nm* IAA *(Internationales Arbeitsamt)*.
bite [bit] *nf vulg* [pénis] Schwanz *der*.
bitume [bitym] *nm* **-1.** CHIM Bitumen *das*. **-2.** [revêtement] Asphalt *der*.
bivouac [bivwak] *nm* Biwak *das*.
bivouaquer [3] [bivwake] *vi* biwakieren.
bizarre [bizar] *adj* merkwürdig, ungewöhnlich.
bizarrement [bizarmɑ̃] *adv* merkwürdig.
bizarrerie *nf* **-1.** [étrangeté] Seltsamkeit *die*. **-2.** [chose étrange] Schrulle *die*.
bizutage [bizytaʒ] *nm Mutprobe für neue Klassenmitglieder an französischen Gymnasien und Eliteschulen.*

BIZUTAGE:
In Frankreich bezeichnet der Ausdruck ein traditionelles Aufnahmeritual an Schulen für die "classes préparatoires", an den "Grandes Écoles", und an bestimmten Universitäten. Zu Beginn des Studienjahres treiben die Studenten der höheren Jahrgänge ihre Späße mit den neuen Mitschülern oder Kommilitonen und spielen ihnen (meist üble) Streiche.

blabla, bla-bla [blabla] *nm inv fam* Blabla *das*.
blackbouler [3] [blakbule] *vt* zurück|weisen.
black-out [blakawt] *nm* **-1.** [panne de courant] Black-out *das*. **-2.** [censure]: **faire le ~ sur qqch** etw tot|schweigen.
blafard, e [blafar, ard] *adj* bleich.
blague [blag] *nf* **-1.** [plaisanterie] Witz *der*; **~ à part** Spaß beiseite; **sans ~!** im Ernst? **-2.** [farce] Streich *der*. **-3.** [bêtise] Dummheit *die*.
◆ **blague à tabac** *nf* Tabakbeutel *der*.
blaguer [3] [blage] *fam* ◇ *vi* scherzen. ◇ *vt*: **~ qqn (sur qqch)** jn (mit etw) auf|ziehen.
blagueur, euse [blagœr, øz] *fam* ◇ *adj* spöttisch. ◇ *nm, f* Spaßvogel *der*.
blaireau, x [blɛro] *nm* **-1.** ZOOL Dachs *der*. **-2.** [de rasage] Rasierpinsel *der*.
blairer [4] [blɛre] *vt fam* : **ne pas pouvoir ~ qqn/qqch** jn/etw nicht ausstehen können.
blâme [blam] *nm* **-1.** [désapprobation] Tadel *der*. **-2.** [sanction] Verweis *der*.
blâmer [3] [blame] *vt* **-1.** [désapprouver] tadeln. **-2.** [sanctionner] verwarnen.
blanc, blanche [blɑ̃, blɑ̃ʃ] *adj* weiß; **~ comme neige** reingewaschen; **~ cassé** eierschalenfarben.
◆ **blanc** *nm* **-1.** [couleur] Weiß *das*. **-2.** [linge] Kochwäsche *die*. **-3.** [sur une page] leere Stelle; **laisser en ~** nicht aus|füllen. **-4.** [dans une conversation] Lücke *die*. **-5.** [de volaille] Brust *die*. **-6.** [vin] Weißwein *der*; **~ de ~s** *Weißwein aus weißen Trauben*.
◆ **blanc d'œuf** *nm* Eiweiß *das*.
◆ **Blanc, Blanche** *nm, f* Weiße *der, die*.
blanc-bec [blɑ̃bɛk] (*pl* **blancs-becs**) *nm péj* & *vieilli* Grünschnabel *der*.
blanchâtre [blɑ̃ʃatr] *adj* weißlich.
blanche [blɑ̃ʃ] ◇ *adj* → **blanc**. ◇ *nf* MUS halbe Note.
blancheur [blɑ̃ʃœr] *nf* **-1.** [de chose] Weiß *das*. **-2.** [de teint] Blässe *die*.
blanchiment [blɑ̃ʃimɑ̃] *nm* **-1.** [décoloration] Bleichen *das*. **-2.** [coloration] Weißen *das*.
◆ **blanchiment d'argent** *nm* Geldwaschen *das*.
blanchir [32] [blɑ̃ʃir] ◇ *vt* **-1.** [mur] tünchen. **-2.** [papier, tissu - décolorer] bleichen; [- colorer] weiß färben. **-3.** [légumes] blanchieren. **-4.** *fig* [argent] waschen. **-5.** *fig* [accusé] rein|waschen. ◇ *vi* **-1.** [personne]: **~ (de peur/colère)** (vor Angst/Wut) erbleichen. **-2.** [cheveux] weiß werden.
blanchissage [blɑ̃ʃisaʒ] *nm* **-1.** [du linge] Waschen *das*. **-2.** [du sucre] Raffinieren *das*.
blanchisserie [blɑ̃ʃisri] *nf* Wäscherei *die*.
blanchisseur, euse [blɑ̃ʃisœr, øz] *nm, f* Wäscher *der*, -in *die*.
blanquette [blɑ̃kɛt] *nf* **-1.** CULIN: **~ (de veau)** Kalbsfrikassee *das*. **-2.** [vin]: **~ de Limoux** *Schaumwein aus dem Languedoc*.
blasé, e [blaze] ◇ *adj* blasiert. ◇ *nm, f* blasierter Mensch.
blason [blazɔ̃] *nm* Wappen *das*.

blasphématoire [blasfematwar] *adj* gotteslästerlich.
blasphème [blasfɛm] *nm* Gotteslästerung *die*.
blasphémer [18] [blasfeme] ◇ *vt* lästern. ◇ *vi* Gotteslästerungen aus|stoßen.
blatte [blat] *nf* Schabe *die*.
blazer [blazɛr] *nm* Blazer *der*.
blé [ble] *nm* **-1.** [céréale] Weizen *der*; **~ en herbe** junge Saat; **~ noir** Buchweizen; **blond comme les ~s** strohblond. **-2.** *fam* [argent] Kohle *die*.
bled [blɛd] *nm fam péj* [village] Kaff *das*.
blême [blɛm] *adj* bleich.
blêmir [32] [blemir] *vi* erbleichen.
blennorragie [blenɔraʒi] *nf* Gonorrhöe *die*.
blessant, e [blɛsɑ̃, ɑ̃t] *adj* verletzend.
blessé, e [blese] *nm, f* Verletzte *der, die*; **un grand ~** ein Schwerverletzter.
blesser [4] [blese] *vt* **-1.** [gén] verletzen; **être blessé au bras** am Arm verletzt sein. **-2.** [sujet: chaussure] wund|reiben.
blessure [blesyr] *nf* Verletzung *die*.
blet, blette [blɛ, blɛt] *adj* überreif.
blette = **bette**.
bleu, e [blø] *adj* **-1.** [couleur] blau; **~ pâle** hellblau; **~ pétrole** petrolfarben; **~ roi** königsblau. **-2.** CULIN englisch.
◆ **bleu** *nm* **-1.** [couleur] Blau *das*. **-2.** [meurtrissure] blauer Fleck. **-3.** [novice] Neuling *der*. **-4.** [fromage] Blauschimmelkäse *der*; **~ d'Auvergne** *Blauschimmelkäsesorte*. **-5.** [vêtement]: **~ (de travail)** Montageanzug *der*. **-6.** CULIN: **truite au ~** Forelle blau. **-7.** MÉD: **~ de méthylène** Methylenblau *das*.
bleuet [bløɛ] *nm* Kornblume *die*.
bleuir [32] [bløir] ◇ *vt* blau färben. ◇ *vi* blau werden.
bleuté, e [bløte] *adj* bläulich.
blindé, e [blɛ̃de] *adj* **-1.** [porte, coffre] gepanzert, Panzer-. **-2.** *fam* [personne] abgehärtet.
◆ **blindé** *nm* Panzer *der*.
blinder [3] [blɛ̃de] *vt* **-1.** [porte] panzern. **-2.** *fam* [personne] feien.
◆ **se blinder** *vp fam* sich immun machen.
blizzard [blizar] *nm* Blizzard *der*.
bloc [blɔk] *nm* Block *der*; **en ~** in Bausch und Bogen; **faire ~** *fig* eine geschlossene Front bilden; **~ d'alimentation** INFORM Netzteil *das*.
◆ **bloc opératoire** *nm* Operationssaal *der*, OP *der*.
blocage [blɔkaʒ] *nm* **-1.** [des prix, des salaires] Stopp *der*. **-2.** [de roues] Blockieren *das*. **-3.** PSYCHOL Hemmung *die*.
blockhaus [blɔkos] *nm* Bunker *der*.
bloc-moteur [blɔkmɔtœr] (*pl* **blocs-moteurs**) *nm* Motorblock *der*.
bloc-notes (*pl* **blocs-notes**) *nm* Notizblock *der*.
blocus [blɔkys] *nm* Blockade *die*.
blond, e [blɔ̃, blɔ̃d] ◇ *adj* **-1.** [cheveux, personne] blond. **-2.** [couleur] hell. ◇ *nm, f* Blonde *der*, -dine *die*.
◆ **blond** *nm* Blond *das*; **~ cendré** Aschblond; **~ platine** Platinblond; **~ vénitien** Rotblond.
blondeur [blɔ̃dœr] *nf* Blondheit *die*.
blondir [32] [blɔ̃dir] *vi* erblonden; **faire ~** CULIN an|bräunen.
bloquer [3] [blɔke] *vt* **-1.** [immobiliser] blockieren. **-2.** [obstruer] versperren. **-3.** [prix, salaires] ein|frieren. **-4.** [compte en banque] sperren. **-5.** [regrouper] zusammen|legen.
◆ **se bloquer** *vp* **-1.** [se coincer] klemmen. **-2.** PSYCHOL: **se ~ (contre qqch)** sich (gegen etw) sperren.
blottir [32] [blɔtir]
◆ **se blottir** *vp*: **se ~ (contre qqn)** sich (an jn) kuscheln.
blouse [bluz] *nf* **-1.** [de travail] Kittel *der*. **-2.** [chemisier] Bluse *die*.
blouser [3] [bluze] ◇ *vi* blusen. ◇ *vt fam* rein|legen.
blouson [bluzɔ̃] *nm* Blouson *das*; **~ noir** Rokker *der*.
blue-jean [bludʒin], **blue-jeans** [bludʒins] (*pl* **blue-jeans**) *nm* Blue Jeans *Pl*.
blues [bluz] *nm inv* **-1.** MUS Blues *der*. **-2.** *fam* [mélancolie] Schwermut *die*.
bluff [blœf] *nm* Bluff *der*.
bluffer [3] [blœfe] *vi* & *vt fam* bluffen.
blush [blœʃ] *nm* Rouge *das*.
BN (*abr de* **Bibliothèque nationale**) *nf französische Nationalbibliothek*.
boa [bɔa] *nm* Boa *die*.
boat people [botpipɔl] *nmpl* Boat People *Pl*.
bob [bɔb] *nm* **-1.** [chapeau] *Stoffhut*. **-2.** SPORT = **bobsleigh**.
bobard [bɔbar] *nm fam* Lügengeschichte *die*.
bobine [bɔbin] *nf* **-1.** [de fil] Rolle *die*. **-2.** ÉLECTR & CIN Spule *die*. **-3.** *fam* [visage] Gesicht *das*.
bobo [bɔbo] *nm langage enfantin* Wehweh *das*; **avoir ~** aua haben.
bobsleigh [bɔbslɛg], **bob** [bɔb] *nm* Bob *der*.
bocage [bɔkaʒ] *nm charakteristische Landschaft Westfrankreichs*.
bocal, aux [bɔkal, o] *nm* **-1.** [de conserve] Einmachglas *das*. **-2.** [de poisson] Glas *das*.
bock [bɔk] *nm* [verre à bière] kleines Bierglas.
body-building [bɔdibildiŋ] *nm* Bodybuilding *das*.
bœuf [bœf, *pl* bø] *nm* **-1.** [animal] Rind *das*. **-2.** [viande] Rindfleisch *das*; **~ bourguignon** *geschmortes Rindfleisch in Burgundersauce*; **~ en**

daube *geschmortes Rindfleisch*; **~ miroton** *gekochtes Rindfleisch, in Essig, Tomaten und Zwiebeln geschmort.*

bof [bɔf] *interj fam* pfhh.

bohème [bɔɛm] ◇ *adj* unkonventionell. ◇ *nmf* Bohemien *der, die.* ◇ *nf*: **la ~** die Boheme.

Bohême [bɔɛm] *nf*: **la ~** Böhmen *nt.*

bohémien, enne [bɔemjɛ̃, ɛn] ◇ *adj* böhmisch. ◇ *nm, f* Böhme *der*, -min *die.*

◆ **Bohémien, enne** *nm, f* Zigeuner *der*, -in *die.*

boire [108] [bwar] *vt* **-1.** [sujet: personne] trinken. **-2.** [sujet: papier] auf|saugen.

bois[1] *etc* → **boire**.

bois[2] [bwa] ◇ *nm* **-1.** [forêt] Wald *der.* **-2.** [matériau] Holz *das*; **en ~** aus Holz, Holz-; **~ mort/vert** dürres/grünes Holz; **je touche du ~!** toi, toi, toi! ◇ *nmpl* **-1.** MUS Holzblasinstrumente *Pl.* **-2.** [cornes] Geweih *das.*

boisé, e [bwaze] *adj* bewaldet, Wald-.

boiser [3] [bwaze] *vt* auf|forsten.

boiseries [bwazri] *nfpl* Holztäfelung *die.*

boisson [bwasɔ̃] *nf* Getränk *das*; **~ chaude/froide** warmes/kaltes Getränk; **être pris de ~** *sout* betrunken sein.

boîte [bwat] *nf* **-1.** [récipient] Schachtel *die*; **en ~** in der Dose; **~ de conserves** Konservendose *die*; **~ à gants** Handschuhfach *das*; **~ aux lettres** Briefkasten *der*; **~ à musique** Spieldose *die*; **~ noire** Flugschreiber *der*; **~ postale** Postfach *das*; **~ de vitesse** AUTOM Getriebe *das*; **mettre qqn en ~** jn auf den Arm nehmen. **-2.** *fam* [entreprise] Laden *der.* **-3.** [discothèque]: **~ (de nuit)** Disko *die.* **-4.** INFORM: **~ de dialogue** Dialogbox *die.*

boiter [3] [bwate] *vi* **-1.** [personne] hinken. **-2.** [meuble] wackeln.

boiteux, euse [bwatø, øz] ◇ *adj* **-1.** [personne] lahm. **-2.** [meuble] wackelig. **-3.** [raisonnement] nicht ganz richtig. ◇ *nm, f* Lahme *der, die.*

boîtier [bwatje] *nm* Gehäuse *das.*

boitiller [3] [bwatije] *vi* leicht hinken.

bol [bɔl] *nm* Schale *die*; **avoir du ~** *fam fig* Schwein haben; **prendre un ~ d'air** *fam fig* frische Luft tanken.

bolet [bɔlɛ] *nm* Röhrling *der.*

bolide [bɔlid] *nm* Rennwagen *der*; **comme un ~** wie der Blitz.

Bolivie [bolivi] *nf*: **la ~** Bolivien *nt.*

bolivien, enne [bolivjɛ̃, ɛn] *adj* bolivianisch, bolivisch.

◆ **Bolivien, enne** *nm, f* Bolivianer *der*, -in *die*, Bolivier *der*, -in *die.*

bombance [bɔ̃bɑ̃s] *nf*: **faire ~** schlemmen.

bombardement [bɔ̃bardəmɑ̃] *nm* Bombardierung *die.*

bombarder [3] [bɔ̃barde] *vt* **-1.** MIL: **~ de qqch** mit etw bombardieren. **-2.** *fam fig* [nommer] unerwartet befördern.

bombardier [bɔ̃bardje] *nm* **-1.** [avion] Bomber *der.* **-2.** [aviateur] Bombenschütze *der.*

Bombay [bɔ̃bɛ] *n* Bombay *nt.*

bombe [bɔ̃b] *nf* **-1.** MIL Bombe *die*; **~ atomique** Atombombe; **~ incendiaire** Brandbombe; **~ à retardement** Zeitbombe. **-2.** [casquette] Reitermütze *die.* **-3.** [atomiseur] Spray *der* OU *das.* **-4.** CULIN: **~ glacée** Eisbombe *die.* **-5.** *loc*: **faire la ~** *fam* feiern.

bombé, e [bɔ̃be] *adj* gewölbt.

bomber [3] [bɔ̃be] ◇ *vt* **-1.** [rendre convexe] wölben. **-2.** [dessiner à la bombe]: **~ qqch sur qqch** etw auf etw *(A)* sprühen. ◇ *vi* sausen.

bon, bonne [bɔ̃ *(bɔn devant nm commençant par voyelle ou h muet)*, bɔn] *(compar & superl* **meilleur** [mɛjœr]) *adj (avant n)* **-1.** [gén] gut; **bonne année!** ein gutes neues Jahr!; **bonne chance!** viel Glück!; **~ à savoir** gut zu wissen; **il serait ~ de faire qqch** es wäre gut, etw zu tun; **tu t'es trompé, tu es ~ pour tout recommencer** du hast dich geirrt, jetzt kannst du alles wieder von vorn anfangen; **être ~ à qqch** zu etw taugen. **-2.** [vacances, soirée] schön. **-3.** [billet, carte] gültig. **-4.** [réponse, solution] richtig. **-5.** [grippe, leçon] ordentlich.

◆ **bon** ◇ *adv*: **il fait ~** es ist angenehm warm; **sentir ~** gut riechen; **tenir ~** durch|halten. ◇ *interj* **-1.** [de satisfaction] gut. **-2.** [de surprise]: **ah ~!** ah ja! ◇ *nm* **-1.** [d'achat, d'essence] Gutschein *der*; **~ de commande** Bestellschein *der*; **~ du Trésor** Schatzanweisung *die.* **-2.** [éléments valables]: **il y a du ~ dans ce qu'il dit** an dem, was er sagt, ist etwas dran.

◆ **à quoi bon** *loc adv*: **à quoi ~?** wozu?

bonbon [bɔ̃bɔ̃] *nm* **-1.** [friandise] Bonbon *der* OU *das*; **~ acidulé** saures Fruchtbonbon. **-2.** *Belg* [gâteau sec] Keks *der.*

bonbonne [bɔ̃bɔn] *nf* Flasche *die.*

bonbonnière [bɔ̃bɔnjɛr] *nf* Bonbonniere *die.*

bond [bɔ̃] *nm* Sprung *der*; **faire un ~** *fig* einen Sprung machen; **faire faux ~ à qqn** *fig* jn versetzen.

bonde [bɔ̃d] *nf* **-1.** [d'évier - trou] Abfluß *der*; [- bouchon] Stöpsel *der.* **-2.** [de tonneau - trou] Spundloch *das*; [- bouchon] Spund *der.*

bondé, e [bɔ̃de] *adj* überfüllt.

bondieuserie [bɔ̃djøzri] *nf péj* **-1.** [bigoterie] Frömmelei *die.* **-2.** [objet] Frömmelzeug *das.*

bondir [32] [bɔ̃dir] *vi* **-1.** [sauter]: **~ (sur qqn/qqch)** (auf jn/etw) springen. **-2.** [se précipiter] los|stürzen; **~ sur qqn/qqch** auf jn/etw stürzen. **-3.** *fig* [réagir violemment]: **faire ~ qqn** jn wahnsinnig machen; **~ de joie** vor Freude an die Decke springen.

bonheur [bɔnœr] *nm* Glück *das*; **porter ~** Glück bringen; **par ~** zum Glück; **au petit ~ (la chance)** auf gut Glück.

bonhomie [bɔnɔmi] *nf* Gutmütigkeit *die*.

bonhomme [bɔnɔm] (*pl* **bonshommes**) *nm* **-1.** *fam péj* [homme] Kerl *der*. **-2.** [petit garçon]: **mon (petit) ~** kleiner Mann. **-3.** [figure humaine] Männchen *das*; **~ de neige** Schneemann *der*. **-4.** *loc*: **aller son petit ~ de chemin** unbeirrt seinen Weg gehen.

boniche [bɔniʃ] *nf péj* Minna *die*.

bonification [bɔnifikasjɔ̃] *nf* **-1.** [de terre] Melioration *die*. **-2.** [du vin] Verbesserung *die*. **-3.** SPORT Punktvorteil *der*.

bonifier [9] [bɔnifje] *vt* **-1.** [terre] meliorieren. **-2.** [vin] verbessern.

◆ **se bonifier** *vp* **-1.** [terre] sich meliorieren. **-2.** [vin] besser werden.

boniment [bɔnimɑ̃] *nm* **-1.** [baratin] laute Anpreisung. **-2.** [mensonge] Märchen *das*.

bonjour [bɔ̃ʒur] *nm* guten Tag; **dire ~ (à qqn)** (jm) guten Tag sagen; **simple comme ~** *fig* kinderleicht.

bonne [bɔn] ◇ *adj* → **bon**. ◇ *nf* Hausmädchen *das*.

bonne-maman [bɔnmamɑ̃] (*pl* **bonnes-mamans**) *nf* Oma *die*.

bonnement [bɔnmɑ̃]

◆ **tout bonnement** *loc adv* ganz einfach.

bonnet [bɔnɛ] *nm* **-1.** [coiffure] Mütze *die*; **~ d'âne** Eselskappe *die*; **~ de bain** Badekappe *die*; **~ de nuit** Nachtmütze; **~ phrygien** Jakobinermütze. **-2.** [de soutien-gorge] Körbchen *das*. **-3.** *fam* [personne]: **gros ~** Bonze *der*. **-4.** *loc*: **~ blanc et blanc ~** gehupft wie gesprungen.

bonneterie [bɔnɛtri] *nf* **-1.** [magasin] Wirk- und Strickwarengeschäft *das*. **-2.** [marchandise] Wirk- und Strickwaren *Pl*. **-3.** [commerce] Wirk- und Strickwarenhandel *der*.

bon-papa [bɔ̃papa] (*pl* **bons-papas**) *nm* Opa *der*.

bonsoir [bɔ̃swar] *nm* guten Abend; **dire ~ (à qqn)** (jm) guten Abend sagen.

bonté [bɔ̃te] *nf* **-1.** [bienveillance] Güte *die*; **avoir la ~ de faire qqch** *sout* so gütig sein, etw zu tun. **-2.** *(gén pl)* [acte] Freundlichkeiten *Pl*.

bonus [bɔnys] *nm* **-1.** [d'assurance] Schadenfreiheitsrabatt *der*. **-2.** [supplément] Bonus *der*.

boom [bum] *nm* Boom *der*.

boomerang [bumrɑ̃g] *nm* Bumerang *der*.

borborygme [bɔrbɔrigm] *nm* Knurren *das*.

bord [bɔr] *nm* **-1.** [côté] Rand *der*; **à ras ~s** randvoll *(adv)*; **au ~ de qqch** am Rand einer Sache *(G)*; **être au ~ des larmes** den Tränen nahe sein; **du même ~** gleichgesinnt. **-2.** [angle] Kante *die*. **-3.** [de chapeau] Krempe *die*. **-4.** [rivage] Ufer *das*; **~ de mer** Meeresufer. **-5.** NAVIG: **virer de ~** wenden; **passer par-dessus ~** über Bord gehen.

◆ **à bord** *loc adv*: **à ~ d'un bateau/avion** an Bord eines Schiffes/Flugzeuges; **monter à ~ d'une voiture** in einen Wagen steigen.

bordeaux [bɔrdo] ◇ *adj inv* weinrot, bordeaux. ◇ *nm* **-1.** [vin] Bordeaux *der*. **-2.** [couleur] Weinrot *das*, Bordeaux *das*.

Bordeaux [bɔrdo] *n* Bordeaux *nt*.

bordée [bɔrde] *nf* Salve *die*; **~ d'injures** *fig* Schimpfkanonade *die*.

bordel [bɔrdɛl] *nm tfam* **-1.** [maison close] Puff *der*. **-2.** [désordre] Durcheinander *das*.

border [3] [bɔrde] *vt* **-1.** [vêtement]: **~ qqch de qqch** etw mit einer Sache ein|fassen. **-2.** [être en bordure de] säumen. **-3.** NAVIG [voile] bei|holen. **-4.** [lit]: **~ un lit** die Bettlaken ein|schlagen. **-5.** [enfant] zu|decken.

bordereau, x [bɔrdəro] *nm* [liste] Verzeichnis *das*; **~ d'expédition** Versandschein *der*; **~ de livraison** Lieferschein *der*.

bordure [bɔrdyr] *nf* **-1.** [bord] Rand *der*; **en ~ d'un lieu** am Rand eines Ortes. **-2.** [de fleurs] Rabatte *die*. **-3.** [de vêtement] Borte *die*.

boréal, e, aux [bɔreal, o] *adj* nördlich.

borgne [bɔrɲ] ◇ *adj* **-1.** [personne] einäugig. **-2.** [fenêtre] blind. **-3.** [hôtel] anrüchig. ◇ *nmf* Einäugige *der, die*.

borne [bɔrn] *nf* **-1.** [marque] Markierungsstein *der*; **~ kilométrique** Kilometerstein *der*. **-2.** *fam* [kilomètre] Kilometer *der*. **-3.** [limite] Grenze *die*; **sans ~s** grenzenlos *(adj)*; **dépasser les ~s** *fig* zu weit gehen.

borné, e [bɔrne] *adj* **-1.** [esprit, personne] engstirnig. **-2.** [horizon] begrenzt.

Bornéo [bɔrneo] *n* Borneo *nt*; **à ~** auf Borneo.

borner [3] [bɔrne] *vt* **-1.** [limiter] ab|stecken. **-2.** [restreindre] beschränken.

◆ **se borner** *vp*: **se ~ à faire qqch** sich darauf beschränken, etw zu tun; **se ~ à qqch** sich auf eine Sache beschränken.

bosniaque [bɔsnjak] *adj* bosnisch.

◆ **Bosniaque** *nmf* Bosnier *der*, -in *die*.

Bosnie [bɔsni] *nf*: **la ~** Bosnien *nt*.

bosquet [bɔskɛ] *nm* Wäldchen *das*.

bosse [bɔs] *nf* **-1.** [enflure] Beule *die*. **-2.** [de bossu, sur route] Buckel *der*. **-3.** [de crâne, de chameau] Höcker *der*. **-4.** *loc*: **avoir la ~ des maths** *fam* ein ausgesprochenes As in Mathe sein; **rouler sa ~** *fam* weit in der Welt herum|kommen.

bosseler [24] [bɔsle] *vt* zerbeulen.

bosser [3] [bɔse] *vi fam* schuften.

bosseur, euse [bɔsœr, øz] *fam* ◇ *adj* fleißig. ◇ *nm, f* Arbeitstier *das.*

bossu, e [bɔsy] ◇ *adj* buckelig. ◇ *nm, f* Buckelige *der, die.*

bot [bo] → **pied.**

botanique [bɔtanik] ◇ *adj* botanisch. ◇ *nf* Botanik *die.*

Botswana [bɔtswana] *nm*: **le ~** Botswana *nt*; **au ~** in Botswana.

botte [bɔt] *nf* **-1.** [chaussure] Stiefel *der*; **~ de caoutchouc** Gummistiefel; **en avoir plein les ~s** *fam fig* die Nase voll haben; **lécher les ~s de qqn** *fam fig* vor jm kriechen. **-2.** [de légumes] Bund *der.* **-3.** [d'escrime] Stoß *der.*

botter [3] [bɔte] *vt* **-1.** [chausser]: **être botté** Stiefel an|haben. **-2.** *fam* [frapper]: **~ les fesses de qqn** jm einen Fußtritt geben. **-3.** *fam vieilli* [plaire à]: **ça me botte!** das paßt mir!

bottier [bɔtje] *nm* Schuhmacher *der.*

bottillon [bɔtijɔ̃] *nm* Halbstiefel *der.*

Bottin® [bɔtɛ̃] *nm* Telefonbuch *das.*

bottine [bɔtin] *nf* Stiefelette *die.*

bouc [buk] *nm* **-1.** [animal] Ziegenbock *der*; **~ émissaire** Sündenbock *der.* **-2.** [barbe] Spitzbart *der.*

boucan [bukɑ̃] *nm fam* Radau *der.*

bouche [buʃ] *nf* Mund *der*; **~ d'incendie** Hydrant *der*; **~ de métro** U-Bahn-Eingang *der*; **~ bée** mit offenem Mund; **de ~ à oreille** von Mund zu Mund; **pour la bonne ~** bis zuletzt; **faire la fine ~** die Nase rümpfen.

bouché, e [buʃe] *adj* **-1.** [obstrué] verstopft. **-2.** [en bouteille]: **vin ~** Flaschenwein *der.* **-3.** *fam* [idiot] schwer von Begriff.

bouche-à-bouche [buʃabuʃ] *nm inv*: **faire du ~ à qqn** jn Mund-zu-Mund beatmen.

bouchée [buʃe] *nf* Bissen *der*; **~ à la reine** Königinpastete *die*; **pour une ~ de pain** *fig* für ein Butterbrot.

boucher[1] [3] [buʃe] *vt* **-1.** [bouteille] verkorken; [récipient] verschließen. **-2.** [trou] zu|stopfen. **-3.** [passage, vue] versperren.

◆ **se boucher** *vp* sich verstopfen; **se ~ le nez** sich die Nase zu|halten.

boucher[2]**, ère** [buʃe, ɛr] *nm, f* Metzger *der*, -in *die*, Schlachter *der*, -in *die.*

boucherie [buʃri] *nf* **-1.** [magasin] Fleischerei *die*, Metzgerei *die*; **~ chevaline** Pferdefleischerei. **-2.** [commerce] Fleischerhandwerk *das.* **-3.** [carnage] Schlächterei *die.*

boucherie-charcuterie [buʃriʃarkytri] (*pl* **boucheries-charcuteries**) *nf* Fleisch- und Wurstwarengeschäft *das.*

bouche-trou [buʃtru] (*pl* **bouche-trous**) *nm* **-1.** [personne] Lückenbüßer *der.* **-2.** [objet] Füller *der.*

bouchon [buʃɔ̃] *nm* **-1.** [fermeture] Stöpsel *der*; [en liège] Korken *der.* **-2.** [embouteillage] Stau *der.* **-3.** [de canne à pêche] Schwimmer *der.*

bouchonner [3] [buʃɔne] ◇ *vt* [cheval] ab|reiben. ◇ *vi*: **ça bouchonne sur l'autoroute** auf der Autobahn hat sich ein Stau gebildet.

boucle [bukl] *nf* **-1.** [de ceinture, de soulier] Schnalle *die.* **-2.** [de cheveux] Locke *die.* **-3.** [de fleuve] Windung *die.* **-4.** INFORM Schleife *die.*

◆ **boucle d'oreille** *nf* Ohrring *der.*

bouclé, e [bukle] *adj* **-1.** [cheveux] gelockt. **-2.** [personne]: **être ~** gelocktes Haar haben.

boucler [3] [bukle] *vt* **-1.** [attacher] zu|schnallen. **-2.** *fam* [enfermer] ein|sperren. **-3.** [encercler] ab|riegeln. **-4.** [cheveux] locken. **-5.** [travail] beenden. **-6.** *loc*: **boucle-la!** *fam* halt' die Klappe!

bouclier [buklije] *nm* Schild *der*; *fig* Schutz *der.*

bouddha [buda] *nm* Buddha *der.*

bouddhisme [budism] *nm* Buddhismus *der.*

bouddhiste [budist] ◇ *nmf* Buddhist *der*, -in *die.* ◇ *adj* buddhistisch.

bouder [3] [bude] ◇ *vi* schmollen. ◇ *vt* **-1.** [personne]: **~ qqn** mit jm schmollen. **-2.** [chose] meiden.

bouderie [budri] *nf* Schmollen *das (sans pl).*

boudeur, euse [budœr, øz] ◇ *adj* schmollend. ◇ *nm, f* schmollender Mensch.

boudin [budɛ̃] *nm* **-1.** CULIN: **~ (noir)** Blutwurst *die*; **~ blanc** Weißwurst *die*; **~ créole** Blutwurst *die* mit Rosinen. **-2.** *fam péj* [fille]: **c'est un vrai ~!** sie ist potthäßlich!

boudiné, e [budine] *adj* eingezwängt; **des doigts ~s** Wurstfinger *Pl.*

boudoir [budwar] *nm* **-1.** [biscuit] Löffelbiskuit *der.* **-2.** [salon] Boudoir *das.*

boue [bu] *nf* Schlamm *der*; **couvrir qqn de ~** *fig* jn mit Schmutz bewerfen; **traîner qqn dans la ~** *fig* jn in den Schmutz ziehen.

bouée [bwe] *nf* **-1.** [pour nager] Schwimmreifen *der*; **~ de sauvetage** Rettungsring *der.* **-2.** [balise] Boje *die.*

boueux, euse [buø, øz] *adj* schlammig.

◆ **boueux** *nm fam* Müllmann *der.*

bouffant, e [bufɑ̃, ɑ̃t] *adj* **-1.** [cheveux] füllig. **-2.** [manche] bauschig.

bouffe [buf] *nf fam* Essen *das.*

bouffée [bufe] *nf* **-1.** [d'air, de parfum] Schwall *der*; **~s de chaleur** Hitzewallung *die.* **-2.** [de pipe, de cigarette] Zug *der.* **-3.** [accès]: **~ de colère** Wutanfall *der.*

bouffer [3] [bufe] ◇ *vi* sich bauschen; **faire ~ qqch** etw *(D)* Fülle verleihen. ◇ *vt fam* fressen.

bouffi, e [bufi] *adj* verquollen; **être ~ d'orgueil** *fig* hochmütig sein.

bouffon, onne [bufɔ̃, ɔn] *adj* ulkig.
◆ **bouffon** *nm* **-1.** HIST Hofnarr *der*. **-2.** [pitre] Spaßmacher *der*.
bouge [buʒ] *nm* **-1.** [taudis] Saustall *der*. **-2.** [café] Spelunke *die*.
bougeoir [buʒwar] *nm* Kerzenleuchter *der*.
bougeotte [buʒɔt] *nf*: **avoir la ~** *fam* [envie de bouger] kein Sitzfleisch haben; [envie de voyager] reiselustig sein.
bouger [17] [buʒe] ◇ *vt* **-1.** [remuer] bewegen. **-2.** [déplacer] um|stellen. ◇ *vi* **-1.** [remuer] sich bewegen. **-2.** [sortir]: **ne pas ~ de chez soi** zu Hause bleiben. **-3.** [vêtement] sich verändern. **-4.** [s'agiter]: **ça bouge** es tut sich etwas.
◆ **se bouger** *vp fam* **-1.** [faire des efforts] sich regen. **-2.** [se déplacer] sich bewegen.
bougie [buʒi] *nf* **-1.** [chandelle] Kerze *die*. **-2.** [de moteur] Zündkerze *die*.
bougon, onne [bugɔ̃, ɔn] ◇ *adj* mürrisch. ◇ *nm, f* Griesgram *der*.
bougonner [3] [bugɔne] *vt* murren.
bougre, esse [bugr, bugrɛs] *nm, f fam* Kerl *der*, Type *die*.
◆ **bougre** *nm*: **~ d'andouille!** *péj* Dummkopf!
boui-boui [bwibwi] (*pl* **bouis-bouis**) *nm fam péj* miese Kneipe.
bouillabaisse [bujabɛs] *nf* Bouillabaisse *die*.
bouillant, e [bujɑ̃, ɑ̃t] *adj* **-1.** [qui bout] kochend. **-2.** [très chaud] heiß. **-3.** *fig* [ardent] hitzig.
bouille [buj] *nf fam* Gesicht *das*; **avoir une bonne ~** nett aus|sehen.
bouilleur [bujœr] *nm*: **~ de cru** Eigenbrenner *der*.
bouilli, e [buji] *adj* **-1.** [lait, eau] abgekocht. **-2.** [légumes] gekocht.
◆ **bouillie** *nf* Brei *der*; **réduire en ~e** [légumes] zu Brei zerkochen; [personne] zu Brei schlagen.
bouillir [48] [bujir] *vi* kochen; **faire ~** [lait, eau] kochen; [légumes] in Wasser kochen; [stériliser] aus|kochen; **~ d'impatience** *fig* vor Ungeduld vergehen; **~ de rage** *fig* vor Wut kochen.
bouilloire [bujwar] *nf* Wasserkessel *der*.
bouillon [bujɔ̃] *nm* **-1.** [soupe] Brühe *die*. **-2.** [bouillonnement]: **bouillir à gros ~s** brodelnd kochen. **-3.** BIOL: **~ de culture** Nährboden *der*.
bouillonner [3] [bujɔne] *vi* **-1.** [liquide, idées] brodeln. **-2.** [torrent] sprudeln.
bouillotte [bujɔt] *nf* Wärmflasche *die*.
boul. *abr de* **boulevard**.
boulanger, ère [bulɑ̃ʒe, ɛr] *nm, f* Bäcker *der*, -in *die*.
boulangerie [bulɑ̃ʒri] *nf* **-1.** [magasin] Bäckerei *die*; **~ pâtisserie** Bäckerei und Konditorei *die*. **-2.** [commerce] Bäckerhandwerk *das*.
boule [bul] *nf* **-1.** [objet] Kugel *die*; **~ de neige** Schneeball *der*. **-2.** JEU: **~ (de pétanque)** Boule-Kugel *die*. **-3.** *loc*: **faire ~ de neige** sich schnell vergrößern; **se mettre en ~** *fam* in die Luft gehen; **perdre la ~** *fam* den Kopf verlieren.
bouleau [bulo] *nm* Birke *die*.
bouledogue [buldɔg] *nm* Bulldogge *die*.
boules Quiès® [bulkjɛs] *nfpl* Oropax® *Pl.*
boulet [bulɛ] *nm* **-1.** [de canon] Kanonenkugel *die*; **tirer à ~s rouges sur qqn** *fig* jn unter Beschuß nehmen. **-2.** [de forçat] Eisenkugel *die*. **-3.** *fig* [fardeau] Klotz *der*.
boulette [bulɛt] *nf* [de pain, de papier] Kügelchen *das*; [de viande] Klößchen *das*.
boulevard [bulvar] *nm* Boulevard *der*; **~ périphérique** Außenring *der*; **pièce de ~** THÉÂTRE Boulevardstück *das*.
◆ **Boulevard** *nm*: **les Grands Boulevards** *die Boulevards, die in Paris von der place de la République bis zur Madeleine führen.*
bouleversant, e [bulvɛrsɑ̃, ɑ̃t] *adj* erschütternd.
bouleversé, e [bulvɛrse] *adj* **-1.** [personne] erschüttert. **-2.** [lieu] durcheinandergewühlt.
bouleversement [bulvɛrsəmɑ̃] *nm* Umwälzung *die*.
bouleverser [3] [bulvɛrse] *vt* **-1.** [mettre en désordre] durcheinander|bringen. **-2.** [transformer] tiefgreifend verändern. **-3.** [émouvoir] erschüttern.
boulier [bulje] *nm* Rechenbrett *das*.
boulimie [bulimi] *nf* Bulimie *die*; **~ de lecture** *fig* Lesehunger *der*.
bouliste [bulist] *nmf* Boulespieler *der*, -in *die*.
Boulle [bul] *n*: **l'école ~** *Kunsthandwerksschule für Möbeltischler in Paris.*
boulon [bulɔ̃] *nm* Bolzen *der*.
boulonner [3] [bulɔne] ◇ *vt* an|schrauben. ◇ *vi fam* schuften.
boulot[1]**, otte** [bulo, ɔt] *adj* drall.
boulot[2] [bulo] *nm fam* **-1.** [travail] Arbeit *die*. **-2.** [emploi] Job *der*.
boum [bum] ◇ *interj*: **~!** bums! ◇ *nm* **-1.** [bruit] Bums *der*; **faire ~** knallen. **-2.** *fig* [succès]: **faire un ~** ein Hit sein. **-3.** *loc*: **être en plein ~** *fam* voll in Aktion sein. ◇ *nf fam* Teenagerfete *die*.
bouquet [bukɛ] *nm* **-1.** [de fleurs] Strauß *der*; **~ garni** *Petersilie, Thymian und Lorbeerblätter*. **-2.** [du vin] Bukett *das*. **-3.** [crevette] rosa Garnele *die*. **-4.** [de feu d'artifice] Schlußfeuerwerk *das*. **-5.** *loc*: **c'est le ~!** *fam* das ist doch der Gipfel!
bouquetin [buktɛ̃] *nm* Steinbock *der*.
bouquin [bukɛ̃] *nm fam* Buch *das*.
bouquiner [3] [bukine] *vi* & *vt fam* lesen.

bouquiniste [bukinist] *nmf* Bukinist *der,* -in *die.*

bourbeux, euse [burbø, øz] *adj* morastig.

bourbier [burbje] *nm* **-1.** [lieu] Morast *der.* **-2.** *fig* [situation] Klemme *die.*

bourbon [burbɔ̃] *nm* Bourbon *der.*

bourde [burd] *nf fam* Schnitzer *der.*

bourdon [burdɔ̃] *nm* **-1.** [insecte] Hummel *die.* **-2.** [cloche] große Glocke. **-3.** *loc*: **avoir le ~** *fam* Trübsal blasen.

bourdonnement [burdɔnmɑ̃] *nm* **-1.** [de moteur, d'insecte] Brummen *das.* **-2.** [de voix] Gemurmel *das.* **-3.** [d'oreilles] Sausen *das.*

bourdonner [3] [burdɔne] *vi* **-1.** [insecte, voix, machine] brummen. **-2.** [oreille] sausen.

bourg [bur] *nm* Städtchen *das.*

bourgade [burgad] *nf* kleiner Marktflecken.

bourgeois, e [burʒwa, az] ◇ *adj* **-1.** [goûts] bürgerlich. **-2.** [cuisine] gutbürgerlich. **-3.** *péj* [personne] spießbürgerlich. ◇ *nm, f* **-1.** [classe sociale] Bürger *der.* **-2.** *péj* [personne] Spießbürger *der.*

bourgeoisie [burʒwazi] *nf* Bürgertum *das.*

bourgeon [burʒɔ̃] *nm* Knospe *die.*

bourgmestre [burgmɛstr] *nm Helv & Belg* Bürgermeister *der.*

bourgogne [burgɔɲ] *nm* Burgunder(wein) *der.*

Bourgogne [burgɔɲ] *nf*: **la ~** Burgund *nt.*

bourguignon, onne [burgiɲɔ̃, ɔn] *adj* burgundisch.

◆ **Bourguignon, onne** *nm, f* Burgunder *der,* -in *die.*

bourlinguer [3] [burlɛ̃ge] *vi* herum|reisen.

bourrade [burad] *nf* Rippenstoß *der.*

bourrage [buraʒ] *nm* Füllung *die;* **~ de crâne** SCOL Vollstopfen *das* mit Wissen; [propagande] Indoktrinierung *die.*

bourrasque [burask] *nf* Böe *die.*

bourratif, ive [buratif, iv] *adj* sättigend.

bourre [bur] *nf* **-1.** [de coussin] Füllstoff *der.* **-2.** [de bourgeon] Flaum *der.* **-3.** *loc*: **être à la ~** *fam* spät dran sein.

bourré, e [bure] *adj fam* **-1.** [plein] gestopft voll; **~ de qqch** voll von etw. **-2.** [ivre] blau.

bourreau [buro] *nm* **-1.** [exécuteur] Henker *der.* **-2.** [personne cruelle] Schinder *der.*

◆ **bourreau de travail** *nm* Arbeitstier *das.*

bourrée [bure] *nf* [danse] Bourrée *die.*

bourrelé, e [burle] → **remords.**

bourrelet [burlɛ] *nm* **-1.** [de porte] Dichtungsband *das.* **-2.** [de graisse] Fettwulst *der.*

bourrer [3] [bure] ◇ *vt* **-1.** [coussin] füllen. **-2.** [valise, pipe] stopfen. **-3.** *fam* [gaver]: **~ qqn de qqch** jn mit einer Sache voll|stopfen. ◇ *vi fam* stopfen.

◆ **se bourrer** *vp fam* [se gaver]: **~ de qqch** sich mit einer Sache voll|stopfen.

bourricot [buriko] *nm* Eselchen *das.*

bourrique [burik] *nf* Eselin *die;* **faire tourner qqn en ~** *fam fig* jn wahnsinnig machen.

bourru, e [bury] *adj* barsch.

bourse [burs] *nf* **-1.** [porte-monnaie] Geldbörse *die;* **sans ~ délier** ohne einen Pfennig auszugeben. **-2.** [d'études] Stipendium *das.*

◆ **Bourse** *nf* Börse *die;* **Bourse de commerce** Handelsbörse; **Bourse des valeurs** Effektenbörse.

◆ **bourses** *nfpl* Hodensack *der.*

boursicoter [3] [bursikɔte] *vi* an der Börse spekulieren.

boursier, ère [bursje, ɛr] ◇ *adj* **-1.** UNIV & SCOL: **étudiant ~** Stipendiat *der.* **-2.** FIN Börsen-. ◇ *nm, f* **-1.** [étudiant] Stipendiat *der,* -in *die.* **-2.** FIN Börsianer *der.*

boursouflé, e [bursufle] *adj* **-1.** [enflé] aufgedunsen. **-2.** [ampoulé] schwülstig.

boursoufler [3] [bursufle] *vt* anschwellen lassen.

◆ **se boursoufler** *vp* [se gonfler] an|schwellen.

bous *etc* → **bouillir.**

bousculade [buskylad] *nf* **-1.** [cohue] Gedränge *das.* **-2.** [précipitation] Hast *die.*

bousculer [3] [buskyle] *vt* **-1.** [pousser] an|rempeln. **-2.** [presser] hetzen. **-3.** [modifier] erschüttern.

◆ **se bousculer** *vp* sich drängen.

bouse [buz] *nf*: **~ (de vache)** (Kuh)fladen *der.*

bousiller [3] [buzije] *vt fam* lädieren.

boussole [busɔl] *nf* Kompaß *der.*

bout [bu] *nm* **-1.** [extrémité] Ende *das;* **~ à ~** aneinander; **d'un ~ à l'autre** von einem Ende zum anderen; **cigarette ~ filtre** Filterzigarette *die.* **-2.** *fam* [morceau] Stück *das.* **-3.** *loc*: **au ~ du compte** letzlich; **à tout ~ de champ** alle Augenblicke; **du ~ des lèvres** widerwillig; **à ~ de souffle** außer Atem; **être à ~ de forces** mit seinen Kräften am Ende sein; **être au ~ du rouleau** aus dem letzten Loch pfeifen; **ne pas être au ~ de ses peines** noch nicht über den Berg sein; **mener qqn par le ~ du nez** jn an der Nase herum|führen; **pousser à ~** fertig|machen; **tirer à ~ portant** aus allernächster Nähe schießen; **venir à ~ de qqn/qqch** mit jm/etw fertig werden; **voir** OU **apercevoir le ~ du tunnel** das Schlimmste hinter sich *(D)* haben.

◆ **au bout de** *loc prép* nach.

◆ **bout de chou** *nm* kleines Ding.

boutade [butad] *nf* scherzhafte Bemerkung.

boute-en-train [butɑ̃trɛ̃] *nm inv* Stimmungskanone *die.*

bouteille [butɛj] *nf* Flasche *die*; **mettre en ~(s)** in Flaschen ab|füllen; **prendre de la ~** *fam fig* älter (und reifer) werden.
boutique [butik] *nf* Geschäft *das*; **~ hors taxes** Duty-free-Geschäft; **fermer ~** dicht|machen; **parler ~** *fig* fachsimpeln.
bouton [butɔ̃] *nm* **-1.** [d'habit, de porte, d'appareil] Knopf *der*; **~ de manchette** Manschettenknopf. **-2.** [interrupteur] Schalter *der*. **-3.** [bourgeon] Knospe *die*. **-4.** [sur la peau] Pickel *der*; [d'insecte] Stich *der*.
bouton-d'or [butɔ̃dɔr] (*pl* **boutons-d'or**) *nm* Butterblume *die*.
boutonner [3] [butɔne] *vt* zu|knöpfen.
◆ **se boutonner** *vp* zugeknöpft werden.
boutonneux, euse [butɔnø, øz] *adj* pickelig.
boutonnière [butɔnjɛr] *nf* Knopfloch *das*.
bouton-pression [butɔ̃presjɔ̃] (*pl* **boutons-pression**) *nm* Druckknopf *der*.
bouture [butyr] *nf* Ableger *der*.
bouvreuil [buvrœj] *nm* Dompfaff *der*.
bovidé [bɔvide] *nm* Horntier *das*.
bovin, e [bɔvɛ̃, in] *adj* Rinder-.
◆ **bovin** *nm* Rind *das*.
bowling [buliŋ] *nm* **-1.** [jeu] Bowling *das*. **-2.** [lieu] Bowlingbahn *die*.
box [bɔks] (*pl* **boxes** OU **box**) *nm* **-1.** [garage, d'écurie] Box *die*. **-2.** [compartiment] abgeteilter Raum.
◆ **box des accusés** *nm* Anklagebank *die*.
boxe [bɔks] *nf* Boxen *das*.
boxer[1] [3] [bɔkse] *vi* & *vt* boxen.
boxer[2] [bɔksɛr] *nm* [chien] Boxer *der*.
boxeur [bɔksœr] *nm* SPORT Boxer *der*.
boyau, x [bwajo] *nm* **-1.** [d'animal] Darm *der*. **-2.** [de pneu] Schlauch *der*. **-3.** [corde] Darmsaite *die*. **-4.** [galerie] enger Gang.
boycott [bɔjkɔt] *nm* Boykott *der*.
boycotter [3] [bɔjkɔte] *vt* boykottieren.
boy-scout [bɔjskut] (*pl* **boy-scouts**) *nm* Pfadfinder *der*.
BP (*abr de* **boîte postale**) Postf., PF.
BPF (*abr de* **bon pour francs**) in Franc.
bracelet [braslɛ] *nm* Armband *das*.
bracelet-montre [braslɛmɔ̃tr] (*pl* **bracelets-montres**) *nm* Armbanduhr *die*.
braconnage [brakɔnaʒ] *nm* Wildern *das*.
braconner [3] [brakɔne] *vi* wildern.
braconnier [brakɔnje] *nm* Wilderer *der*.
brader [3] [brade] *vt* **-1.** [solder] verramschen. **-2.** [liquider] verscheuern.
braderie [bradri] *nf* Ramschverkauf *der*.
braguette [bragɛt] *nf* Hosenschlitz *der*.
braille [braj] *nm* Blindenschrift *die*.
braillement [brajmɑ̃] *nm* Geschrei *das (sans pl)*, Brüllen *das (sans pl)*.
brailler [3] [braje] ◇ *vi* brüllen. ◇ *vt* grölen.
braire [112] [brɛr] *vi* iahen.
braise [brɛz] *nf* Glut *die*; **cuire sous la ~** in der Glut rösten; **regard de ~** feuriger Blick; **yeux de ~** feurige Augen.
braiser [4] [breze] *vt* schmoren.
bramer [3] [brame] *vi* röhren.
brancard [brɑ̃kar] *nm* **-1.** [civière] Bahre *die*. **-2.** [de charrette] Deichselstange *die*; **ruer dans les ~s** *fig* sich auf die Hinterbeine stellen.
brancardier, ère [brɑ̃kardje, ɛr] *nm, f* Krankenträger *der*, -in *die*.
branchage [brɑ̃ʃaʒ] *nm* Astwerk *das*.
◆ **branchages** *nmpl* Zweige *Pl*.
branche [brɑ̃ʃ] *nf* **-1.** [d'arbre] Ast *der*. **-2.** [de lunettes] Bügel *der*. **-3.** [de compas] Schenkel *der*. **-4.** [secteur, discipline] Branche *die*.
branché, e [brɑ̃ʃe] *adj* **-1.** ÉLECTR angeschlossen. **-2.** *fam* [à la mode] in.
branchement [brɑ̃ʃmɑ̃] *nm* Anschluß *der*.
brancher [3] [brɑ̃ʃe] *vt* **-1.** [raccorder] an|schließen; **~ qqch à** OU **sur qqch** ÉLECTR etw an etw *(A)* an|schließen; *fig* [conversation] etw auf etw *(A)* lenken. **-2.** *fam* [aborder] an|sprechen. **-3.** *fam* [plaire]: **ça te branche de venir**? hast du Bock zu kommen?
branchies [brɑ̃ʃi] *nfpl* Kiemen *Pl*.
brandade [brɑ̃dad] *nf*: **~ (de morue)** *Gericht aus Stockfisch, Olivenöl, Sahne und Knoblauch*.
Brandebourg [brɑ̃dbur] *nm*: **le ~** Brandenburg *nt*.
brandir [32] [brɑ̃dir] *vt* **-1.** [arme] schwingen. **-2.** [pancarte, drapeau] schwenken.
branlant, e [brɑ̃lɑ̃, ɑ̃t] *adj* wackelig.
branle [brɑ̃l] *nm*: **mettre en ~** in Bewegung setzen.
branle-bas [brɑ̃lba] *nm inv* Aufregung *die*; **~ de combat** Klarmachen *das* zum Gefecht.
branler [3] [brɑ̃le] ◇ *vi* wackeln. ◇ *vt* **-1.** [hocher]: **~ la tête** mit dem Kopf wackeln. **-2.** *tfam* [faire] treiben.
◆ **se branler** *vp vulg* sich *(D)* einen runter|holen.
braquage [brakaʒ] *nm* **-1.** AUTOM Einschlagen *das*. **-2.** *fam* [attaque] Überfall *der*.
braquer [3] [brake] ◇ *vt* **-1.** [diriger]: **~ qqch sur qqn/qqch** etw auf jn/etw richten. **-2.** [contrarier] auf|bringen. **-3.** *fam* [attaquer] überfallen. ◇ *vi* **-1.** [voiture]: **bien/mal ~** einen guten/schlechten Einschlag haben. **-2.** [chauffeur] ein|schlagen.
◆ **se braquer** *vp* sich sträuben.
bras [bra] *nm* Arm *der*; **donner le ~ à qqn** jm

den Arm reichen; **porter le ~ en écharpe** den Arm in der Binde tragen; **~ de fer** Armdrükken *das*; *fig* Machtprobe *die*; **~ de mer** Meeresarm; **~ droit** *fig* rechte Hand; **~ dessus ~ dessous** Arm in Arm; **en ~ de chemise** in Hemdsärmeln; **à ~ ouverts** *fig* mit offenen Armen; **avoir le ~ long** *fig* einen langen Arm haben; **baisser les ~** *fig* auf|geben; **se croiser les ~** *fig* die Hände in den Schoß legen.

brasier [brazje] *nm* Feuer *das*.

bras-le-corps [bralkɔr]

◆ **à bras-le-corps** *loc adv*: **saisir qqn à ~** jn (fest) umschlingen.

brassage [brasaʒ] *nm* **-1.** [de bière] Brauen *das*. **-2.** *fig* [mélange] Mischung *die*.

brassard [brasar] *nm* Armbinde *die*.

brasse [bras] *nf* [nage]: **~ (coulée)** Brustschwimmen *das*; **~ papillon** Schmetterlingsschwimmen *das*.

brassée [brase] *nf*: **une ~ de fleurs** ein Armvoll Blumen.

brasser [3] [brase] *vt* **-1.** [bière] brauen. **-2.** [salade] mischen. **-3.** *loc*: **~ des affaires** Geschäfte machen; **~ de l'argent** mit großen Geldsummen um|gehen.

brasserie [brasri] *nf* **-1.** [café-restaurant] Gaststätte *die*. **-2.** [usine] Brauerei *die*. **-3.** [industrie] Braugewerbe *das*.

brasseur, euse [brasœr, øz] *nm, f* **-1.** [de bière] Brauer *der*. **-2.** [nageur] Brustschwimmer *der*, -in *die*.

◆ **brasseur d'affaires** *nm* Geschäftemacher *der*.

brassière [brasjɛr] *nf* **-1.** [de bébé] Hemdchen *das*. **-2.** *Can* [soutien-gorge] Büstenhalter *der*.

bravade [bravad] *nf* Trotzhandlung *die*; **par ~** aus Trotz.

brave [brav] *adj* **-1.** *(après n)* [courageux] mutig. **-2.** *(avant n)* [honnête] anständig. **-3.** *péj* [gentil] brav.

bravement [bravmɑ̃] *adv* **-1.** [courageusement] mutig. **-2.** [résolument] entschlossen.

braver [3] [brave] *vt* **-1.** [personne]: **~ qqn** jm die Stirn bieten. **-2.** [mort, misère]: **~ qqch** einer Sache *(D)* trotzen. **-3.** [règlement]: **~ qqch** sich über eine Sache hinweg|setzen.

bravo [bravo] ◇ *interj*: **~!** bravo! ◇ *nm* Bravoruf *der*.

bravoure [bravur] *nf* Tapferkeit *die*.

BRB (*abr de* **Brigade de répression du banditisme**) *nf* Brigade *die* für Verbrechensbekämpfung.

break [brɛk] *nm* **-1.** [voiture] Kombi *der*. **-2.** MUS Break *der*.

brebis [brəbi] *nf* (weibliches) Schaf; **~ galeuse** *fig* schwarzes Schaf.

brèche [brɛʃ] *nf* **-1.** [de mur] Lücke *die*. **-2.** MIL Bresche *die*. **-3.** *loc*: **être sur la ~** im Einsatz sein; **battre qqn en ~** jn heftig an|greifen.

bredouille [brəduj] *adj*: **être** OU **rentrer ~** mit leeren Händen zurück|kehren; *fig* unverrichteter Dinge zurück|kehren.

bredouillement [brədujmɑ̃] *nm* Gestammel *das*.

bredouiller [3] [brəduje] *vi* & *vt* stammeln.

bref, brève [brɛf, brɛv] *adj* **-1.** [gén] kurz. **-2.** [sec] barsch.

◆ **bref** *adv* kurzum; **en ~** mit knappen Worten.

◆ **brève** *nf* PRESSE Kurznachricht *die*.

breloque [brəlɔk] *nf* (Armband)anhänger *der*.

brème [brɛm] *nf* Brasse *die*.

Brême [brɛm] *n* Bremen *nt*.

Brésil [brezil] *nm*: **le ~** Brasilien *nt*; **au ~** in Brasilien.

brésilien, enne [breziljɛ̃, ɛn] *adj* brasilianisch.

◆ **Brésilien, enne** *nm, f* Brasilianer *der*, -in *die*.

Bretagne [brətaɲ] *nf*: **la ~** die Bretagne.

bretelle [brətɛl] *nf* **-1.** [d'autoroute] Zubringer *der*. **-2.** [de vêtement] Träger *der*.

◆ **bretelles** *nfpl*: **(une paire de) ~s** Hosenträger *Pl*.

breton, onne [brətɔ̃, ɔn] *adj* bretonisch.

◆ **breton** *nm* [langue] Bretonisch(e) *(das)*.

◆ **Breton, onne** *nm, f* Bretone *der*, -nin *die*.

breuvage [brœvaʒ] *nm* Gebräu *das*.

brevet [brəvɛ] *nm* **-1.** [diplôme] Zeugnis *das*; **~ de pilote** Pilotenschein *der*; **~ de technicien** *praktisch orientierter Abschluß in Frankreich am Gymnasium für Technik und Wissenschaft*. **-2.** [d'invention] Patent *das*; **déposer un ~** ein Patent an|melden.

breveter [27] [brəvte] *vt* patentieren; **faire ~ qqch** etw patentieren lassen.

bréviaire [brevjɛr] *nm* Brevier *das*.

BRGM (*abr de* **Bureau de recherches géologiques et minières**) *nm* *französisches Forschungsinstitut für Geologie und Bergbau*.

bribes [brib] *nfpl* Brocken *der*.

bric-à-brac [brikabrak] *nm inv* Sammelsurium *das*.

bricolage [brikɔlaʒ] *nm* **-1.** [travaux] Basteln *das*. **-2.** *péj* [réparation provisoire] Pfuscherei *die*.

bricole [brikɔl] *nf* **-1.** [objet] Kleinigkeit *die*. **-2.** [fait insignifiant] Nebensächlichkeit *die*.

bricoler [3] [brikɔle] ◇ *vi* basteln. ◇ *vt* zurecht|basteln.

bricoleur, euse [brikɔlœr, øz] *nm, f* Bastler *der*, -in *die*, Heimwerker *der*, -in *die*.

bride [brid] *nf* **-1.** [de cheval] Zaumzeug *das*; **à**

~ abattue, à toute ~ im Eiltempo; **lâcher la ~ (à qqn)** *fig* (jm) die Zügel lockern. **-2.** [de chapeau] Band *das*. **-3.** [boutonnière] Schlinge *die*.
bridé [bride] → **œil**.
brider [3] [bride] *vt* **-1.** [cheval] zäumen. **-2.** *fig* [contenir] zügeln.
bridge [bridʒ] *nm* **-1.** [jeu] Bridge *das*. **-2.** [dentaire] Brücke *die*.
brie [bri] *nm* Briekäse *der*.
briefer [3] [brife] *vt* ein|weisen.
briefing [brifiŋ] *nm* Briefing *das*.
brièvement [brijɛvmɑ̃] *adv* kurz.
brièveté [brijɛvte] *nf* kurze Dauer.
brigade [brigad] *nf* **-1.** [de gendarmerie] Abteilung *die*; **~ des mœurs** Sittenpolizei *die*; **~ des stups** Rauschgiftdezernat *das*. **-2.** MIL Brigade *die*. **-3.** [d'ouvriers] Trupp *der*.
brigadier [brigadje] *nm* **-1.** [de police] Brigadeleiter *der*. **-2.** MIL Brigadegeneral *der*.
brigand [brigɑ̃] *nm* **-1.** [bandit] Straßenräuber *der*. **-2.** [homme malhonnête] Halsabschneider *der*.
brigandage [brigɑ̃daʒ] *nm* **-1.** [vol] Raubüberfall *der*. **-2.** [action malhonnête] Halsabschneiderei *die*.
briguer [3] [brige] *vt sout* an|streben.
brillamment [brijamɑ̃] *adv* glänzend.
brillant, e [brijɑ̃, ɑ̃t] *adj* glänzend.
◆ **brillant** *nm* **-1.** [diamant] Brillant *der*. **-2.** [éclat] Glanz *der*.
brillantine [brijɑ̃tin] *nf* Brillantine *die*.
briller [3] [brije] *vi* **-1.** *litt* & *fig* [être brillant] glänzen. **-2.** [soleil] scheinen.
brimade [brimad] *nf* Schikane *die*.
brimer [3] [brime] *vt* schikanieren.
brin [brɛ̃] *nm* **-1.** [tige] Halm *der*; **~ d'herbe** Grashalm. **-2.** [fil] Fädchen *das*. **-3.** [petite quantité]: **un ~ d'imagination** ein bißchen Phantasie; **faire un ~ de toilette** sich schnell frischmachen. **-4.** *loc*: **un beau ~ de fille** ein hübsches Mädchen.
brindille [brɛ̃dij] *nf* Zweiglein *das*.
bringue [brɛ̃g] *nf fam* **-1.** *péj*: **une grande ~** eine Hopfenstange *iron*. **-2.** [noce]: **faire la ~** einen drauf|machen.
bringuebaler, **brinquebaler** [3] [brɛ̃gbale] *vi* scheppern.
brio [brijo] *nm* Brillanz *die*; **avec ~** brillant *(adv)*.
brioche [brijɔʃ] *nf* **-1.** [pâtisserie] Brioche *die*. **-2.** *fam* [gros ventre] Wampe *die*.
brioché [brijɔʃe] → **pain**.
brique [brik] ◇ *nf* **-1.** [pierre] Backstein *der*. **-2.** [emballage] Karton *der*. **-3.** *fam* [un million de centimes] 10 000 Franc. ◇ *adj inv* ziegelrot.
briquer [3] [brike] *vt fam* wienern.
briquet [brikɛ] *nm* Feuerzeug *das*.
briqueterie [brikɛtri] *nf* Ziegelei *die*.
bris [bri] *nm* Bruch *der*; **~ de glace** Glasschaden *der*.
brisant [brizɑ̃] *nm* Klippe *die*.
◆ **brisants** *nmpl* Riffbrandung *die*.
brise [briz] *nf* Brise *die*.
brisé, e [brize] *adj fig*: **être ~ de qqch** *sout* von etw wie zerschlagen sein.
brisées [brize] *nfpl*: **aller** OU **marcher sur les ~ de qqn** *sout* jm in die Quere kommen.
brise-glace, **brise-glaces** [brizglas] *nm inv* Eisbrecher *der*.
brise-jet [brizʒɛ] *nm inv* Wasserstrahlregler *der*.
brise-lames [brizlam] *nm inv* Wellenbrecher *der*.
brise-mottes [brizmɔt] *nm inv* Schollenbrecher *der*.
briser [3] [brize] *vt* **-1.** [objet] zerschlagen. **-2.** [carrière] ruinieren. **-3.** [résistance, grève] brechen. **-4.** [espérances] zerschmettern.
◆ **se briser** *vp* **-1.** [objet] zerbrechen. **-2.** [espérances] vernichtet werden. **-3.** [vagues] sich brechen.
briseur [brizœr]
◆ **briseur de grève** *nm* Streikbrecher *der*.
bristol [bristɔl] *nm* **-1.** [papier] Bristolkarton *der*. **-2.** [carte de visite] Visitenkarte *die*.
britannique [britanik] *adj* britisch.
◆ **Britannique** ◇ *nmf* Brite *der*, -tin *die*. ◇ *adj* → **île**.
broc [bro] *nm* Krug *der*.
brocante [brɔkɑ̃t] *nf* Trödelladen *der*.
brocanteur, euse [brɔkɑ̃tœr, øz] *nm, f* Trödler *der*, -in *die*.
brocart [brɔkar] *nm* Brokat *der*.
broche [brɔʃ] *nf* **-1.** [bijou] Brosche *die*. **-2.** CULIN Spieß *der*; **cuire à la ~** am Spieß braten. **-3.** [en chirurgie] Klammer *die*. **-4.** ÉLECTR Stift *der*.
broché, e [brɔʃe] *adj* **-1.** [tissu] Broché-. **-2.** [livre] broschiert.
brochet [brɔʃɛ] *nm* Hecht *der*.
brochette [brɔʃɛt] *nf* **-1.** [ustensile] Bratspieß *der*. **-2.** [plat] Schaschlik *das*. **-3.** *fam fig* [groupe] Clique *die*.
brochure [brɔʃyr] *nf* **-1.** [imprimé] Prospekt *der*. **-2.** [de livre] Broschur *die*. **-3.** [de tissu] Broschieren *das*.
brocoli [brɔkɔli] *nm* Brokkoli *Pl*.
brodequin [brɔdkɛ̃] *nm* fester Schnürstiefel.
broder [3] [brɔde] ◇ *vt* **-1.** [tissu] sticken. **-2.** *fig* [histoire] aus|schmücken. ◇ *vi fig* phantasieren.
broderie [brɔdri] *nf* Stickerei *die*.

broie *etc* → **broyer**.
bromure [brɔmyr] *nm* Bromid *das*.
bronche [brɔ̃ʃ] *nf* Bronchie *die*.
broncher [3] [brɔ̃ʃe] *vi* sich rühren; **sans ~** ohne aufzumucken.
bronchite [brɔ̃ʃit] *nf* Bronchitis *die*.
bronzage [brɔ̃zaʒ] *nm* **-1.** [fait de brunir] Bräunen *das*. **-2.** [hâle] Bräune *die*.
bronzant, e [brɔ̃zɑ̃, ɑ̃t] *adj* Sonnen-.
bronze [brɔ̃z] *nm* Bronze *die*.
bronzé, e [brɔ̃ze] *adj* braun.
bronzer [3] [brɔ̃ze] *vi* braun werden; **se faire ~** sich sonnen.
brosse [brɔs] *nf* **-1.** [ustensile] Bürste *die*; **~ à cheveux** Haarbürste; **~ à dents** Zahnbürste; **~ à habits** Kleiderbürste. **-2.** [coiffure] Bürste(nfrisur) *die*; **avoir les cheveux en ~** einen Bürstenschnitt haben.
brosser [3] [brɔse] *vt* **-1.** [nettoyer] (ab|)bürsten. **-2.** [paysage, portrait] in groben Pinselstrichen malen.
◆ **se brosser** *vp* sich ab|bürsten; **se ~ les cheveux** sich die Haare bürsten; **se ~ les dents** sich die Zähne putzen; **tu peux toujours te ~!** *fam fig* da kannst du lange drauf warten!
brou [bru]
◆ **brou de noix** *nm* **-1.** [liqueur] Walnußlikör *der*. **-2.** [teinture] Walnußbeize *die*.
brouet [bruɛ] *nm* Brühe *die*.
brouette [bruɛt] *nf* Schubkarre *die*.
brouhaha [bruaa] *nm* Getöse *das*.
brouillard [brujar] *nm* Nebel *der*; **~ givrant** überfrierende Nässe; **être dans le ~** *fig* im Dunkeln tappen.
brouille [bruj] *nf* Zwist *der*.
brouillé, e [bruje] *adj* **-1.** [altéré]: **avoir le teint ~** schlecht aus|sehen. **-2.** → **œuf**.
brouiller [3] [bruje] *vt* **-1.** [désunir] entzweien; **être brouillé avec qqn** mit jm zerstritten sein; **être brouillé avec qqch** mit etw auf Kriegsfuß stehen. **-2.** [parasiter] stören. **-3.** [rendre confus]: **~ les pistes** die Spuren verwischen; **~ les idées de qqn** jn verwirren.
◆ **se brouiller** *vp* **-1.** [se fâcher]: **se ~ (avec qqn)** sich (mit jm) zerstreiten. **-2.** [vue] trüb werden; **ma vue se brouille** ich sehe alles ganz verschwommen. **-3.** [idées] sich verwirren. **-4.** [temps] sich ein|trüben.
brouilleur [brujœr] *nm* Störsender *der*.
brouillon, onne [brujɔ̃, ɔn] *adj* **-1.** [élève] zerfahren. **-2.** [travail] unordentlich, unübersichtlich.
◆ **brouillon** *nm* Entwurf *der*.
broussaille [brusaj] *nf*: **les ~s** das Gestrüpp *(sans pl)*; **en ~** [cheveux, barbe] zerzaust.
broussailleux, euse [brusajø, øz] *adj* **-1.** [végétation] strauchig. **-2.** [sourcil] buschig.
brousse [brus] *nf* GÉOGR Busch *der*.
brouter [3] [brute] ◇ *vt* (ab|)grasen. ◇ *vi* **-1.** [animal] weiden. **-2.** [embrayage] stottern.
broutille [brutij] *nf* Lappalie *die*.
broyer [13] [brwaje] *vt* zerstoßen; **~ du noir** *fig* Trübsal blasen.
bru [bry] *nf* Schwiegertochter *die*.
Bruges [bryʒ] *n* Brügge *nt*.
brugnon [bryɲɔ̃] *nm* Nektarine *die*.
bruine [brɥin] *nf* Sprühregen *der*.
bruiner [3] [brɥine] *v impers*: **il bruine** es nieselt.
bruire [105] [brɥir] *vi sout* rascheln.
bruissement [brɥismɑ̃] *nm sout* Rascheln *das*.
bruit [brɥi] *nm* **-1.** [son] Geräusch *das*; **~ de fond** Nebengeräusch. **-2.** [vacarme] Lärm *der*; **faire du ~** Lärm machen; *fig* von sich reden machen; **sans ~** geräuschlos *(adv)*. **-3.** [rumeur] Gerücht *das*.
bruitage [brɥitaʒ] *nm* Geräuschkulisse *die*.
brûlant, e [brylɑ̃, ɑ̃t] *adj* **-1.** [chaud] brennend heiß. **-2.** [fiévreux, passionné] heiß. **-3.** [question] brennend.
brûle-pourpoint [brylpurpwɛ̃]
◆ **à brûle-pourpoint** *loc adv* aus heiterem Himmel, mir nichts dir nichts.
brûler [3] [bryle] ◇ *vt* **-1.** [bois, papier, main, peau] verbrennen. **-2.** [café] brennen. **-3.** [yeux]: **ça brûle les yeux** das brennt in den Augen. **-4.** [électricité, charbon] verbrauchen. **-5.** [feu rouge] überfahren; **~ les étapes** *fig* vorschnell handeln. ◇ *vi* **-1.** [gén] brennen; **~ de faire qqch** darauf brennen, etw zu tun; **~ d'amour** in Liebe entbrannt sein; **~ de fièvre** vor Fieber glühen. **-2.** [gâteau]: **(faire) ~** anbrennen (lassen). **-3.** [être brûlant] brennend heiß sein.
◆ **se brûler** *vp* sich verbrennen.
brûlure [brylyr] *nf* **-1.** [lésion] Verbrennung *die*; **~ au premier/troisième degré** Verbrennung ersten/dritten Grades. **-2.** [sensation] Brennen *das*; **avoir des ~s d'estomac** Sodbrennen haben. **-3.** [marque] Brandfleck *der*.
brume [brym] *nf* Dunst *der*, Nebel *der*.
brumeux, euse [brymø, øz] *adj* **-1.** [nuageux] dunstig. **-2.** *fig* [obscur] verworren.
brun, e [brœ̃, bryn] ◇ *adj* [couleur] braun. ◇ *nm, f* braunhaarige Person; [femme] Brünette *die*.
◆ **brun** *nm* [couleur] Braun *das*.
◆ **brune** *nf* **-1.** [cigarette] *Zigarette aus schwarzem Tabak*. **-2.** [bière] dunkles Bier.
brunâtre [brynatr] *adj* bräunlich.
brunir [32] [brynir] ◇ *vt* bräunen. ◇ *vi* braun werden.

brushing [brœʃiŋ] *nm*: **faire un ~ à qqn** jm eine Fönfrisur machen.
brusque [brysk] *adj* **-1.** [brutal] schroff. **-2.** [soudain] plötzlich.
brusquement [bryskəmɑ̃] *adv* **-1.** [soudainement] plötzlich. **-2.** [avec brusquerie] brüsk.
brusquer [3] [bryske] *vt* **-1.** [événement] überstürzen. **-2.** [personne] brüskieren.
brusquerie [bryskəri] *nf* Barschheit *die*; **avec ~** brüsk *(adv)*.
brut, e [bryt] *adj* **-1.** [naturel] Roh-, roh; **à l'état ~** im Rohzustand; **des faits ~s** nackte Tatsachen. **-2.** [champagne] trocken. **-3.** ÉCON Brutto-, brutto.
◆ **brute** *nf* Wüstling *der*.
brutal, e, aux [brytal, o] *adj* **-1.** [violent] brutal; **être ~ avec qqn** brutal zu jm sein. **-2.** [soudain] plötzlich. **-3.** [brusque] schonungslos.
brutalement [brytalmɑ̃] *adv* **-1.** [avec violence] brutal. **-2.** [soudainement] plötzlich.
brutaliser [3] [brytalize] *vt* brutal behandeln.
brutalité [brytalite] *nf* **-1.** [violence] Brutalität *die*. **-2.** [soudaineté] Plötzlichkeit *die*.
Bruxelles [bry(k)sɛl] *n* Brüssel *nt*.
bruxellois, e [brysɛlwa, az] *adj* Brüsseler.
bruyamment [brɥijamɑ̃] *adv* **-1.** [parler, rire] laut. **-2.** [protester] lauthals.
bruyant, e [brɥijɑ̃, ɑ̃t] *adj* **-1.** [qui fait du bruit] lärmend. **-2.** [où il y a du bruit] laut.
bruyère [brɥijɛr] *nf* Heide *die*.
BT ◇ *nm abr de* **brevet de technicien**. ◇ *nf abr de* **basse tension**.
BTA (*abr de* **brevet de technicien agricole**) *nm* *praktisch orientierter Abschluß in Frankreich am landwirtschaftlichen Gymnasium*.
BTP (*abr de* **bâtiment et travaux publics**) *nmpl* Hoch- und Tiefbau *der*.
BTS (*abr de* **brevet de technicien supérieur**) *nm* ≃ Fachhochschulabschluß *der*.
bu, e [by] *pp* → **boire**.
BU (*abr de* **bibliothèque universitaire**) *nf* UB *die*.
buanderie [byɑ̃dri] *nf* **-1.** [pièce] Waschküche *die*. **-2.** *Can* [blanchisserie] Wäscherei *die*.
Bucarest [bykarɛst] *n* Bukarest *nt*.
buccal, e, aux [bykal, o] *adj* Mund-.
bûche [byʃ] *nf* Holzscheit *das*; **prendre** OU **ramasser une ~** *fam fig* hin|segeln.
◆ **bûche de Noël** *nf* *Buttercreme-Biskuitrolle, die zur Weihnachtszeit gegessen wird*.
bûcher¹ [byʃe] *nm* Scheiterhaufen *der*.
bûcher² [3] [byʃe] *vi* & *vt* pauken.
bûcheron, onne [byʃrɔ̃, ɔn] *nm, f* Holzfäller *der*, -in *die*.
bûcheur, euse [byʃœr, øz] ◇ *adj* lerneifrig. ◇ *nm, f* Büffler *der*, -in *die*.
bucolique [bykɔlik] *adj* bukolisch.
Budapest [bydapɛst] *n* Budapest *nt*.
budget [bydʒɛ] *nm* **-1.** [d'État] Etat *der*, Haushalt *der*. **-2.** [individuel] Budget *das*.
budgétaire [bydʒetɛr] *adj* Etat-; **année ~** Haushaltsjahr *das*.
budgétiser [3] [bydʒetize] *vt* budgetieren.
buée [bɥe] *nf* Niederschlag *der*; **fenêtre couverte de ~** beschlagenes Fenster.
buffet [byfɛ] *nm* **-1.** [meuble] Anrichte *die*. **-2.** [réception] Büffet *das*.
◆ **buffet de la gare** *nm* Bahnhofsgaststätte *die*.
buffle [byfl] *nm* Büffel *der*.
buis [bɥi] *nm* **-1.** [arbre] Buchsbaum *der*. **-2.** [bois] Buchsbaumholz *das*.
buisson [bɥisɔ̃] *nm* Strauch *der*.
buissonnière [bɥisɔnjɛr] → **école**.
bulbe [bylb] *nm* Zwiebel *die*.
bulgare [bylgar] ◇ *adj* bulgarisch. ◇ *nm* [langue] Bulgarisch(e) *(das)*.
◆ **Bulgare** *nmf* Bulgare *der*, -rin *die*.
Bulgarie [bylgari] *nf*: **la ~** Bulgarien *nt*.
bulldozer [byldozɛr] *nm* Bulldozer *der*, Planierraupe *die*.
bulle [byl] *nf* **-1.** [d'air] Blase *die*; **~ de savon** Seifenblase; **coincer la ~** *fig* faulenzen. **-2.** [de bande dessinée] Sprechblase *die*. **-3.** RELIG Bulle *die*. **-4.** MÉD Plastikzelt *das*.
bulletin [byltɛ̃] *nm* **-1.** [communiqué] Bulletin *das*; **~ (de la) météo** Wetterbericht *der*; **~ de santé** ärztliches Bulletin. **-2.** [d'inscription, de participation] Formular *das*; **~ de vote** Stimmzettel *der*. **-3.** [scolaire] Zeugnis *das*. **-4.** [certificat] Schein *der*; **~ de salaire** OU **de paie** Gehaltsabrechnung *die*.
bulletin-réponse [byltɛ̃repɔ̃s] (*pl* **bulletins-réponse**) *nm* Antwortschein *der*.
bungalow [bœ̃galo] *nm* Bungalow *der*.
bunker [bunkœr] *nm* Bunker *der*.
buraliste [byralist] *nmf* **-1.** [de bureau de tabac] *Betreiber eines Tabakwarenladens*. **-2.** [de poste] Kassierer *der*, -in *die*.
bure [byr] *nf* *schwerer Wollstoff*.
bureau [byro] *nm* **-1.** [meuble] Schreibtisch *der*. **-2.** [pièce] Arbeitszimmer *das*. **-3.** [lieu de travail] Büro *das*. **-4.** [service] Amt *das*; **~ d'aide sociale** Sozialamt; **~ d'études** Konstruktionsbüro *das*; **~ de poste** Postamt; **~ de tabac** Tabakwarenladen *der*; **~ de vote** Wahllokal *das*. **-5.** [comité] Vorstand *der*.
bureaucrate [byrokrat] *nmf péj* Bürokrat *der*, -in *die*.

bureaucratie [byrokrasi] *nf péj* **-1.** ADMIN Bürokratie *die*. **-2.** [fonctionnaires]: **la ~** die Beamtenschaft.

bureaucratique [byrokratik] *adj péj* bürokratisch.

bureautique [byrotik] *nf* (elektronische) Bürokommunikation.

burette [byrɛt] *nf* **-1.** [petit flacon] Bürette *die*. **-2.** [de mécanicien] Ölkännchen *das*.

burin [byrɛ̃] *nm* **-1.** [pour couper] Stichel *der*. **-2.** [pour graver] Graviernadel *die*.

buriné, e [byrine] *adj* **-1.** [objet] gestochen. **-2.** *fig* [visage] zerfurcht.

Burkina [byrkina] *nm*: **le ~** Burkina Faso *nt*; **au ~** in Burkina Faso.

burkinabé [byrkinabe] *adj* burkinisch.
◆ **Burkinabé** *nmf* Burkiner *der*, -in *die*.

burlesque [byrlɛsk] ◇ *adj* burlesk. ◇ *nm*: **le ~** die burleske Komik.

burnous [byrnu] *nm* Burnus *der*.

burundais, e [burundɛ, ɛz] *adj* burundisch.
◆ **Burundais, e** *nm, f* Burundier *der*, -in *die*.

Burundi [burundi] *nm*: **le ~** Burundi *nt*; **au ~** in Burundi.

bus [bys] *nm* Bus *der*.

buse [byz] *nf* **-1.** [oiseau] Bussard *der*. **-2.** [tuyau] Düse *die*. **-3.** *fam* [personne] dummes Huhn.

busqué [byske] → **nez**.

buste [byst] *nm* **-1.** [torse] Oberkörper *der*. **-2.** [poitrine de femme, sculpture] Büste *die*.

bustier [bystje] *nm* **-1.** [sous-vêtement] Bustier *das*. **-2.** [caraco] Top *das*.

but [byt] *nm* **-1.** [objectif] Ziel *das*; **aller droit au ~** [parler] es ohne Umschweife sagen; [agir] es geradewegs tun; **dans le ~ de faire qqch** mit dem Ziel, etw zu tun; **toucher au ~** fast am Ziel sein; **à ~ non lucratif** gemeinnützig *(adj)*. **-2.** SPORT Tor *das*; **marquer un ~** ein Tor schießen. **-3.** *loc*: **de ~ en blanc** wie aus heiterem Himmel.

butane [bytan] *nm*: **(gaz) ~** Butan(gas) *das*.

buté, e [byte] *adj* bockig.

butée [byte] *nf* **-1.** ARCHIT Widerlager *das*. **-2.** TECHNOL Anschlag *der*.

buter [3] [byte] ◇ *vi* [se heurter]: **~ sur** OU **contre qqch** an OU gegen etw *(A)* stoßen; **~ sur qqch** *fig* an etw *(D)* hängen|bleiben. ◇ *vt* **-1.** [braquer] verstocken, störrisch machen. **-2.** *tfam* [tuer] ab|murksen.
◆ **se buter** *vp*: **se ~ (contre qqn/qqch)** sich (jm/etw gegenüber) stur verhalten.

butin [bytɛ̃] *nm* **-1.** [de guerre, de vol] Beute *die*. **-2.** [de recherche] Ausbeute *die*.

butiner [3] [bytine] ◇ *vi* Blütenstaub sammeln. ◇ *vt* **-1.** [sujet: abeille]: **~ une fleur** Blütenstaub von einer Blume sammeln. **-2.** *fig* [informations] zusammen|tragen.

butoir [bytwar] *nm* **-1.** [de porte] Türstopper *der*. **-2.** [de chemin de fer] Prellbock *der*.

butte [byt] *nf* Hügel *der*; **être en ~ à qqch** *fig* Zielscheibe für etw sein.

buvable [byvabl] *adj* genießbar, zum Trinken, trinkbar; **pas ~** [vin, personne] ungenießbar.

buvard [byvar] *nm* **-1.** [papier] Löschblatt *das*; **papier ~** Löschpapier *das*. **-2.** [sous-main] *Schreibunterlage mit Löschblatt.*

buvette [byvɛt] *nf* Imbißstube *die*.

buveur, euse [byvœr, øz] *nm, f* Trinker *der*, -in *die*.

buvons [byvɔ̃], **buvez** [byve] → **boire**.

BVA (*abr de* **Brulé Ville Associés**) *n französisches Meinungsforschungsinstitut.*

BVP (*abr de* **Bureau de vérification de la publicité**) *nm französisches Werbeberatungs- und Werbeaufsichtsbüro.*

Byzance [bizɑ̃s] *n* **-1.** GÉOGR Byzanz *nt*. **-2.** *loc*: **c'est ~!** *fam* welch Luxus!

BZH (*abr de* **Breizh**) *Abkürzung für den bretonischen Namen der Bretagne.*

C

c, C [se] *nm inv* [lettre] c *das*, C *das*.
◆ **c** (*abr de* **centime**) Ct., c.
◆ **C -1.** (*abr de* **Celsius**) C. **-2.** (*abr de* **coulomb**) C. **-3.** (*abr de* **code**) G JUR, Kz *(Kennzahl)*.

c' [s] → **ce**.

ca (*abr de* **centiare**) ca.

CA ◇ *nm* **-1.** (*abr de* **chiffre d'affaires**) Umsatz *der*. **-2.** (*abr de* **conseil d'administration**) Verwaltungsrat *der*, VR *der*. **-3.** (*abr de* **corps d'armée**) AK *(Armeekorps)*. ◇ *nf* (*abr de* **chambre d'agriculture**) Landw.-K.

ça [sa] *pron dém* **-1.** [désigne un objet] das da; **donne-moi ~!** gib mir das da! **-2.** [reprenant ce qui vient d'être vu ou dit] es, das; **si ~ ne vous plaît pas** wenn Ihnen das nicht gefällt; **qu'est-ce que tu penses de ~?** was hältst du davon?; **que dis-tu de ~?** was sagst du dazu? **-3.** [sujet indéterminé] es; **c'est ~** genau; **comment ~ va?** wie geht es?; **~ ira comme ~** es geht schon; **~ y est, j'ai fini** so, ich bin fertig; **~ y est, ils sont**

arrivés sie sind endlich angekommen; **~ vaut mieux** es ist besser. **-4.** [renforcement]: **où/quand ~**? wo/wann denn?

çà [sa]

◆ **çà et là** *loc adv* hier und dort.

cabale [kabal] *nf* **-1.** [intrigue] Kabale *die*. **-2.** [groupe] Meute *die*.

caban [kabɑ̃] *nm* Caban *der*.

cabane [kaban] *nf* **-1.** [abri] Hütte *die*. **-2.** *fam* [prison]: **faire de la ~** im Knast sitzen; **en ~** im Knast. **-3.** [à lapins] Stall *der*. **-4.** [remise] Verschlag *der*.

cabanon [kabanɔ̃] *nm* **-1.** [cabane] Verschlag *der*. **-2.** [en Provence] Landhäuschen *das*.

cabaret [kabarɛ] *nm* Varietétheater *das*.

cabas [kaba] *nm* Einkaufstasche *die*.

cabillaud [kabijo] *nm* Kabeljau *der*.

cabine [kabin] *nf* **-1.** [de navire, d'avion, de douche] Kabine *die*; **~ d'essayage** Ankleidekabine; **~ téléphonique** Telefonzelle *die*. **-2.** [de camion] Führerhaus *das*.

cabinet [kabinɛ] *nm* **-1.** [petite pièce] Kammer *die*; **~ de toilette** Waschraum *der*; **~ de travail** Arbeitszimmer *das*. **-2.** [local professionnel] Praxis *die*; **~ dentaire** Zahnarztpraxis; **~ médical** Arztpraxis. **-3.** [POLIT - gouvernement] Kanzlei *die*; [- collaborateurs] Mitarbeiter *Pl*.

◆ **cabinets** *nmpl* Toilette *die*.

câble [kabl] *nm* **-1.** [filin] Seil *das*. **-2.** ÉLECTR Kabel *das*.

câblé, e [kable] *adj* TÉLÉ verkabelt.

câbler [3] [kable] *vt* TÉLÉCOM & TÉLÉ verkabeln.

cabosser [3] [kabɔse] *vt* verbeulen.

cabot [kabo] *fam* ◇ *adj* komödiantenhaft. ◇ *nm* **-1.** [personne] Komödiant *der*, -in *die*. **-2.** [chien] Köter *der*.

cabotage [kabɔtaʒ] *nm* Küstenschiffahrt *die*.

caboteur [kabɔtœr] *nm* Küstenschiff *das*.

cabotin, e [kabɔtɛ̃, in] *péj* ◇ *adj* komödiantenhaft. ◇ *nm, f* Komödiant *der*, -in *die*.

cabrer [3] [kabre]

◆ **se cabrer** *vp* **-1.** [cheval, avion] steigen. **-2.** *fig* [personne] sich empören.

cabri [kabri] *nm* Zicklein *das*.

cabriole [kabrijɔl] *nf* Kapriole *die*.

cabriolet [kabrijɔlɛ] *nm* Kabrio(lett) *das*.

CAC, Cac [kak] (*abr de* **Compagnie des agents de change**) *nf*: **l'indice ~-40** *französischer Aktienindex*, ≃ Dax *der*.

caca [kaka] *nm fam* Aa *das*; **faire ~** Aa machen.

◆ **caca d'oie** *nm inv* Gelbgrün *das*.

cacahouète, cacahuète [kakawɛt] *nf* Erdnuß *die*.

cacao [kakao] *nm* Kakao *der*.

cachalot [kaʃalo] *nm* Pottwal *der*.

cache [kaʃ] ◇ *nf* Versteck *das*. ◇ *nm* Maske *die*.

cache-cache [kaʃkaʃ] *nm inv*: **jouer à ~** Versteck spielen.

cache-col [kaʃkɔl] (*pl* **cache-cols** OU *inv*) *nm* Halstuch *das*.

cachemire [kaʃmir] *nm* **-1.** [laine] Kaschmir *der*. **-2.** [dessin] Paisley-Muster *das*.

cache-nez [kaʃne] *nm inv* Schal *der*.

cache-pot [kaʃpo] (*pl* **cache-pots** OU *inv*) *nm* Übertopf *der*.

cacher [3] [kaʃe] *vt* **-1.** [dissimuler] verstecken; **je ne vous cache pas que** ich mache kein(en) Hehl daraus, daß. **-2.** [masquer] verdecken.

◆ **se cacher** *vp*: **se ~ (de qqn)** sich (vor jm) verstecken; **ne pas se ~ de faire qqch** aus etw keinen Hehl machen.

cache-sexe [kaʃsɛks] *nm inv* Lendenschurz *der*.

cachet [kaʃɛ] *nm* **-1.** [comprimé] Tablette *die*. **-2.** [style] Eigenart *die*; **avoir du ~** ein besonderes Gepräge haben. **-3.** [rétribution] Gage *die*. **-4.** [sceau, marque] Stempel *der*; **le ~ de la poste faisant foi** das Datum des Poststempels ist ausschlaggebend.

cacheter [27] [kaʃte] *vt* **-1.** [lettre, enveloppe] zukleben. **-2.** [bouteille] versiegeln.

cachette [kaʃɛt] *nf* Versteck *das*; **en ~** heimlich (*adv*).

cachot [kaʃo] *nm* **-1.** [cellule] Kerker *der*. **-2.** [punition] strenger Arrest.

cachotterie [kaʃɔtri] *nf* Geheimnistuerei *die*; **faire des ~s** ein Heimlichtuer sein; **il me fait des ~s** er verheimlicht mir irgendetwas.

cachottier, ère [kaʃɔtje, ɛr] ◇ *adj* geheimnistuerisch. ◇ *nm, f* Geheimniskrämer *der*, -in *die*.

cachou [kaʃu] *nm* Salmiakpastille *die*.

cacophonie [kakɔfɔni] *nf* Kakophonie *die*.

cactus [kaktys] *nm* Kaktus *der*.

c.-à-d. (*abr de* **c'est-à-dire**) d. h.

cadastre [kadastr] *nm* **-1.** [registre] Kataster *das*. **-2.** ADMIN Katasteramt *das*.

cadavérique [kadaverik] *adj* Leichen-, leichenhaft.

cadavre [kadavr] *nm* Leiche *die*; **un ~ ambulant** *fig* eine wandelnde Leiche.

caddie [kadi] *nm* GOLF Caddie *der*.

Caddie® [kadi] *nm* [de supermarché] Einkaufswagen *der*.

cadeau, x [kado] ◇ *nm* Geschenk *das*; **faire ~ de qqch à qqn** jm etw schenken; **~ d'anniversaire** Geburtstagsgeschenk; **ne pas faire de ~ à qqn** *fam fig* jm nichts schenken. ◇ *adj inv* Geschenk-.

cadenas [kadna] *nm* Vorhängeschloß *das*.

cadenasser [3] [kadnase] *vt* mit einem Vorhängeschloß ab|schließen.

cadence [kadɑ̃s] *nf* Takt *der*; **en ~** im Takt.

cadencé [kadɑ̃se] → **pas**.

cadet, ette [kadɛ, ɛt] ◇ *adj* jüngste,-r,-s. ◇ *nm, f* **-1.** [de deux] Jüngere *der, die*; **être le ~ de qqn** jünger als jd sein; **il est mon ~ de deux ans** er ist zwei Jahre jünger als ich. **-2.** [de plusieurs] Jüngste *der, die*; **c'est le ~ de mes soucis** *fig* das ist meine geringste Sorge. **-3.** SPORT: **les ~s** die B-Jugend.

cadran [kadrɑ̃] *nm* **-1.** [de montre, de baromètre] Zifferblatt *das*; **~ solaire** Sonnenuhr *die*. **-2.** [de téléphone] Wählscheibe *die*.

cadre [kadr] *nm* **-1.** [gén] Rahmen *der*; **dans le ~ de qqch** *fig* im Rahmen einer Sache *(G)*; **sortir du ~ de qqch** *fig* den Rahmen einer Sache *(G)* übersteigen. **-2.** [employé] Führungskraft *die*; **~ moyen/supérieur** mittlere/höhere Führungskraft; **jeune ~ dynamique** *hum* Yuppie *der*; **être rayé des ~s** *fig* entlassen werden. **-3.** [de parti] Kader *der*.

cadrer [3] [kadre] ◇ *vi* passen; **ne pas ~ avec qqch** nicht zu etw passen. ◇ *vt* PHOT, TÉLÉ & CIN ein|stellen.

cadreur, euse [kadrœr, øz] *nm, f* Kameramann *der*, -frau *die*.

caduc, caduque [kadyk] *adj* **-1.** [feuilles]: **arbre à feuilles caduques** Laubbaum *der*. **-2.** [théorie] überholt. **-3.** [contrat, accord] ungültig.

CAF [kaf] ◇ *nf abr de* **Caisse d'allocations familiales**. ◇ *adj* (*abr de* **coût, assurance, fret**) caf, cif.

cafard[1]**, e** [kafar, ard] *nm, f fam* [rapporteur] Petzer *der*, Petze *die*.

cafard[2] [kafar] *nm* **-1.** [insecte] Schabe *die*. **-2.** *fig* [mélancolie]: **avoir le ~** Trübsal blasen.

cafarder [3] [kafarde] *vi fam* **-1.** [rapporter] petzen. **-2.** [déprimer] Trübsal blasen.

cafardeux, euse [kafardø, øz] *adj* trübsinnig.

café [kafe] ◇ *nm* **-1.** [plante, boisson] Kaffee *der*; **~ crème** Sahnekaffee; **~ frappé** OU **glacé** eisgekühlter Kaffee; **~ en grains/moulu** ungemahlener/gemahlener Kaffee; **~ au lait** Milchkaffee; **~ liégeois** ≃ Eiskaffee; **~ noir** schwarzer Kaffee; **~ en poudre** Pulverkaffee; **~ soluble** löslicher Kaffee. **-2.** [lieu] Café *das*. ◇ *adj inv* kaffeebraun.

CAFÉ:
Wenn man in Frankreich eine kleine Tasse starken Kaffee trinken möchte, dann bestellt man einen "(petit) café", einen "express" oder umgangssprachlich: "un petit noir". Man kann den Kaffee "serré", "très fort", "léger" oder "allongé" (mit etwas warmem Wasser verdünnt) bestellen. Ein "express" mit etwas Milch heißt "noisette"; eine große Tasse schwarzen Kaffee nennt man "un grand café", "un double express" oder "un grand noir". Ein Kaffee mit etwas aufgeschäumter Milch heißt "un grand/petit crème". Der Ausdruck "café au lait" wird in Cafés fast nie benutzt.

---

caféine [kafein] *nf* Koffein *das*; **sans ~** koffeinfrei.

cafétéria [kafeterja] *nf* Cafeteria *die*.

café-théâtre [kafeteatr] (*pl* **cafés-théâtres**) *nm* Kleinkunstbühne *die*.

cafetier [kaftje] *nm* Cafébetreiber *der*.

cafetière [kaftjɛr] *nf* **-1.** [récipient] Kaffeekanne *die*. **-2.** [électrique] Kaffeemaschine *die*.

cafouiller [3] [kafuje] *vi* **-1.** *fam* [personne]: **~ à un examen** eine Prüfung verpatzen. **-2.** [moteur] aus|fallen.

cage [kaʒ] *nf* **-1.** [pour animaux] Käfig *der*. **-2.** FOOTBALL Tor *das*. **-3.** [dans immeuble]: **~ d'escalier** Treppenhaus *das*; **~ d'ascenseur** Aufzugsschacht *der*. **-4.** ANAT: **~ thoracique** Brustkorb *der*.

cageot [kaʒo] *nm* **-1.** [caisse] Lattenkiste *die*. **-2.** *péj* [femme] potthäßliche Frau, Schreckschraube *die*.

cagibi [kaʒibi] *nm* Abstellkammer *die*.

cagneux, euse [kaɲø, øz] *adj* [personne] x-beinig; **jambes cagneuses** X-Beine *Pl*.

cagnotte [kaɲɔt] *nf* **-1.** [au jeu] Gemeinschaftskasse *die*. **-2.** [économies] Sparschwein *das*.

cagoule [kagul] *nf* **-1.** [passe-montagne] Kapuzenmütze *die*. **-2.** [de pénitent] Kutte *die*. **-3.** [de voleur] Strumpfmaske *die*.

cahier [kaje] *nm* Heft *das*; **~ de brouillon** Kladde *die*; **~ de textes** Aufgabenheft.

◆ **cahier des charges** *nm* Lastenheft *das*, Pflichtenheft *das*.

cahin-caha [kaɛ̃kaa] *adv*: **aller ~** so lala gehen.

cahot [kao] *nm* Ruck *der*.

cahoter [3] [kaɔte] ◇ *vi* ruckeln. ◇ *vt* **-1.** [secouer] durch|rütteln. **-2.** *fig* [malmener] zu|setzen.

cahute [kayt] *nf* Hütte *die*.

caïd [kaid] *nm* **-1.** [chef de bande] Gangsterboß *der*. **-2.** *fam* [homme fort] Macker *der*.

caillasse [kajas] *nf fam* Geröll *das*.

caille [kaj] *nf* Wachtel *die*.

caillé, e [kaje] *adj* geronnen.

◆ **caillé** *nm*: **(lait) ~** Sauermilch *die*.

cailler [3] [kaje] *vi* **-1.** [lait] gerinnen. **-2.** *fam* [personne] sich einen ab|frieren.

◆ **se cailler** *vp* **-1.** [lait] gerinnen. **-2.** *fam* [avoir froid] sich einen ab|frieren.

caillot [kajo] *nm* Blutklumpen *der*.

caillou, x [kaju] *nm* **-1.** [pierre] (Kiesel)stein *der*. **-2.** *fam* [crâne] Glatze *die*.

caillouteux, euse [kajutø, øz] *adj* steinig.

caïman [kaimɑ̃] *nm* Kaiman *der*.

Caire [kɛr] *n*: **Le ~** Kairo *nt*; **au ~** in Kairo.

caisse [kɛs] *nf* **-1.** [de bouteilles, de livres] Kiste *die*; **~ à outils** Werkzeugkasten *der*. **-2.** [de supermarché, guichet, organisme] Kasse *die*; **tenir la ~** die Kasse führen; **~ d'allocations familiales** Sozialversicherungskasse für Kindergeld; **~ enregistreuse** Registrierkasse; **~ d'épargne** Sparkasse; **~ noire** Geheimkasse; **~ de prévoyance** Vorsorgekasse; **~ primaire d'assurance maladie** Ortskrankenkasse; **~ de retraite** Rentenkasse. **-3.** [d'horloge] Gehäuse *das*. ◆ **grosse caisse** *nf* Baßtrommel *die*.

caissette [kɛsɛt] *nf* Kästchen *das*.

caissier, ère [kesje, ɛr] *nm, f* Kassierer *der*, -in *die*.

caisson [kɛsɔ̃] *nm* **-1.** [de bouteilles, de munitions] Kiste *die*. **-2.** [de plongeur] Senkkasten *der*. **-3.** ARCHIT: **plafond à ~s** Kassettendecke *die*. **-4.** *loc*: **se faire sauter le ~** *fam* sich eine Kugel durch den Kopf jagen.

cajoler [3] [kaʒɔle] *vt* schmeicheln, verhätscheln.

cajolerie [kaʒɔlri] *nf* Schmeichelei *die*.

cajou [kaʒu] → **noix**.

cake [kɛk] *nm Kuchen mit kandierten Früchten (in einer Kastenform gebacken)*.

cal[1] [kal] *nm* [durillon] Schwiele *die*.

cal[2] (*abr de* **calorie**) cal, Kal.

calamar [kalamar], **calmar** [kalmar] *nm* Tintenfisch *der*.

calaminé, e [kalamine] *adj* verzundert.

calamité [kalamite] *nf* Kalamität *die*.

calandre [kalɑ̃dr] *nf* **-1.** [de voiture] Kühlerverkleidung *die*. **-2.** [machine] Kalander *der*.

calanque [kalɑ̃k] *nf* Felsbucht *die*.

calcaire [kalkɛr] ◇ *adj* Kalk-, kalkhaltig. ◇ *nm* Kalk(stein) *der*.

calciner [3] [kalsine] *vt* **-1.** [brûler] verkohlen. **-2.** [métal] kalzinieren.

calcium [kalsjɔm] *nm* Kalzium *das*.

calcul [kalkyl] *nm* **-1.** [opération] Rechnen *das*; **~ différentiel** Differentialrechnung *die*; **~ mental** Kopfrechnen. **-2.** [compte] Berechnung *die*. **-3.** [plan] Kalkül *das*. ◆ **calcul rénal** *nm* Nierenstein *der*.

calculateur, trice [kalkylatœr, tris] ◇ *adj péj* [personne] berechnend. ◇ *nm, f* Rechner *der*, -in *die*. ◆ **calculateur** *nm* INFORM Rechner *der*. ◆ **calculatrice** *nf* Rechner *der*; **~ de poche** Taschenrechner.

calculer [3] [kalkyle] ◇ *vt* **-1.** [prix, surface] berechnen. **-2.** [chances, avantages] aus|rechnen. **-3.** [prévoir] ein|kalkulieren; **mal/bien ~ qqch** etw schlecht/gut ein|kalkulieren. ◇ *vi* rechnen.

calculette [kalkylɛt] *nf* Taschenrechner *der*.

Calcutta [kalkyta] *n* Kalkutta *nt*.

cale [kal] *nf* **-1.** [de navire] Bilge *die*; **~ sèche** Trockendock *das*. **-2.** [pour immobiliser] Keil *der*.

calé, e [kale] *adj fam* **-1.** [personne]: **~ (en qqch)** (in etw *(D)*) beschlagen. **-2.** [difficile] knifflig.

calebasse [kalbas] *nf* Kalebasse *die*.

calèche [kalɛʃ] *nf* Kutsche *die*.

caleçon [kalsɔ̃] *nm* **-1.** [sous-vêtement masculin] Boxershorts *Pl*; **~ long** lange Unterhose. **-2.** [vêtement féminin] Leggings *Pl*.

Calédonie [kaledoni] *nf*: **la ~** Kaledonien *nt*.

calédonien, enne [kaledɔnjɛ̃, ɛn] *adj* kaledonisch; **le canal ~** der Kaledonische Kanal. ◆ **Calédonien, enne** *nm, f* Kaledonier *der*, -in *die*.

calembour [kalɑ̃bur] *nm* Wortspiel *das*.

calendes [kalɑ̃d] *nfpl*: **renvoyer qqch aux ~ grecques** etw auf den Nimmerleinstag verschieben.

calendrier [kalɑ̃drije] *nm* **-1.** [système, objet] Kalender *der*; **~ républicain** republikanischer Kalender. **-2.** [de voyage, de projet] Zeitplan *der*. **-3.** [emploi du temps] Terminkalender *der*. **-4.** [de festival] Programm *das*.

cale-pied [kalpje] (*pl* **cale-pieds**) *nm* Pedalhaken *der*.

calepin [kalpɛ̃] *nm* Notizbuch *das*.

caler [3] [kale] ◇ *vt* **-1.** [avec une cale] verkeilen. **-2.** [stabiliser, appuyer] zurecht|rücken. **-3.** [placer] verstauen. **-4.** *fam* [sujet: aliment]: **~ (l'estomac)** stopfen. ◇ *vi* **-1.** [moteur, véhicule] den Motor ab|würgen. **-2.** *fam* [être rassasié] sich geschlagen geben.

calfeutrer [3] [kalføtre] *vt* ab|dichten. ◆ **se calfeutrer** *vp* sich ab|schirmen.

calibre [kalibr] *nm* **-1.** [de fusil] Kaliber *das*; **de gros ~** großkalibrig; **du même ~** *fig* gleichen Kalibers. **-2.** [de fruit] Größe *die*. **-3.** [d'instrument] Bohrungsdurchmesser *der*.

calibrer [3] [kalibre] *vt* **-1.** [fusil, machine] kalibrieren. **-2.** [fruits, œufs] nach Größe sortieren.

calice [kalis] *nm* **-1.** RELIG Kelch *der*. **-2.** BOT Blütenkelch *der*.

calicot [kaliko] *nm* **-1.** [tissu] Kaliko *der*. **-2.** [banderole] Spruchband *das*.

Californie [kalifɔrni] *nf*: **la ~** Kalifornien *nt*; **la Basse-~** Niederkalifornien *nt* .

californien, enne [kalifɔrnjɛ̃, ɛn] *adj* kalifornisch.

◆ **Californien, enne** *nm, f* Kalifornier *der*, -in *die*.

califourchon [kalifurʃɔ̃]

◆ **à califourchon** *loc adv*: **à ~ (sur qqch)** rittlings (auf etw *(D)*).

câlin, e [kalɛ̃, in] *adj* zärtlich.

◆ **câlin** *nm* Liebkosung *die*; **faire un ~ à qqn** mit jm schmusen.

câliner [3] [kaline] *vt* **-1.** [caresser] liebkosen. **-2.** [dorloter]: **~ qqn** mit jm schmusen.

calisson [kalisɔ̃] *nm*: **les ~s (d'Aix)** *Marzipanrauten mit Zuckerguß*.

calleux, euse [kalø, øz] *adj* schwielig.

call-girl [kɔlgœrl] (*pl* **call-girls**) *nf* Callgirl *das*.

calligraphie [kaligrafi] *nf* Kalligraphie *die*.

callosité [kalozite] *nf* Schwiele *die*.

calmant, e [kalmɑ̃, ɑ̃t] *adj* **-1.** [infusion, piqûre] Beruhigungs-. **-2.** [paroles] beruhigend.

◆ **calmant** *nm* Beruhigungsmittel *das*.

calmar = **calamar**.

calme [kalm] ◇ *adj* ruhig. ◇ *nm* **-1.** [tranquillité, silence] Ruhe *die*, Stille *die*; **dans le ~** ungestört *(adv)*; **du ~!** Ruhe!; **rétablir le ~** die Ruhe wiederher|stellen; **le ~ plat** die Flaute. **-2.** [sang-froid] (Gemüts)ruhe *die*.

calmer [3] [kalme] *vt* **-1.** [personne] beruhigen. **-2.** [querelle] beschwichtigen. **-3.** [douleur, inquiétude] lindern.

◆ **se calmer** *vp* **-1.** [personne, mer] sich beruhigen. **-2.** [discussion] ruhiger werden. **-3.** [tempête] sich legen. **-4.** [douleur, inquiétude] nach|lassen.

calomnie [kalɔmni] *nf* Verleumdung *die*.

calomnier [9] [kalɔmnje] *vt* verleumden.

calomnieux, euse [kalɔmnjø, øz] *adj* verleumderisch.

calorie [kalɔri] *nf* Kalorie *die*.

calorifère [kalɔrifɛr] *nm* Warmlufterzeuger *der*.

calorifique [kalɔrifik] *adj* wärmeerzeugend, Wärme-.

calorifuge [kalɔrifyʒ] *adj* wärmedämmend.

calorique [kalɔrik] *adj* Kalorien-.

calot [kalo] *nm* **-1.** [de militaire] Käppi *das*. **-2.** [bille] *große Murmel*.

calotte [kalɔt] *nf* **-1.** [bonnet] Kappe *die*. **-2.** *fam* [gifle] Ohrfeige *die*. **-3.** GÉOGR: **~ glacière** Eiskappe *die*. **-4.** ANAT: **~ crânienne** Schädeldach *das*.

calque [kalk] *nm* **-1.** [dessin] Pauszeichnung *die*. **-2.** [papier] Pauspapier *das*. **-3.** [imitation] Nachahmung *die*. **-4.** [traduction littérale] wortwörtliche Übersetzung.

calquer [3] [kalke] *vt* **-1.** [reproduire] durch|pausen. **-2.** [imiter]: **~ qqch (sur qqch)** etw (einer Sache *(D)*) nach|ahmen. **-3.** [traduire littéralement]: **~ de** OU **sur qqch** aus etw wortwörtlich übertragen.

calumet [kalymɛ] *nm*: **le ~ de la paix** die Friedenspfeife.

calvados [kalvados] *nm* Calvados *der*.

calvaire [kalvɛr] *nm* **-1.** RELIG [croix] Kalvarienberg *der*. **-2.** *fig* [épreuve] Leidensweg *der*.

calviniste [kalvinist] ◇ *adj* kalvinistisch. ◇ *nmf* Kalvinist *der*, -in *die*.

calvitie [kalvisi] *nf* [absence de cheveux] Haarlosigkeit *die*; [crâne dégarni] Glatze *die*; **être atteint de ~ précoce** vorzeitig eine Glatze bekommen.

camaïeu [kamajø] *nm* einfarbiges Gemälde; **~ de gris** Abstufung *die* von Grautönen.

camarade [kamarad] *nmf* **-1.** [ami] Kamerad *der*, -in *die*; **~ d'école** OU **de classe** Schulfreund *der*, -in *die*, Mitschüler *der*, -in *die*. **-2.** POLIT Genosse *der*, -sin *die*.

camaraderie [kamaradri] *nf* Kameradschaft *die*.

cambiste [kɑ̃bist] *nmf* Devisenhändler *der*.

Cambodge [kɑ̃bɔdʒ] *nm*: **le ~** Kambodscha *nt*; **au ~** in Kambodscha.

cambodgien, enne [kɑ̃bɔdʒjɛ̃, ɛn] *adj* kambodschanisch.

◆ **Cambodgien, enne** *nm, f* Kambodschaner *der*, -in *die*.

cambouis [kɑ̃bwi] *nm* Schmieröl *das*.

cambré, e [kɑ̃bre] *adj* gewölbt.

cambrer [3] [kɑ̃bre] *vt* **-1.** [courber] wölben. **-2.** [taille, reins] hervor|strecken.

◆ **se cambrer** *vp* sich in die Brust werfen.

cambriolage [kɑ̃brijɔlaʒ] *nm* Einbruch *der*.

cambrioler [3] [kɑ̃brijɔle] *vt*: **~ qqch** in etw *(A)* ein|brechen; **ils ont été cambriolés** bei ihnen ist eingebrochen worden.

cambrioleur, euse [kɑ̃brijɔlœr, øz] *nm, f* Einbrecher *der*, -in *die*.

cambrousse [kɑ̃brus] *nf fam péj* verlassene Gegend.

cambrure [kɑ̃bryr] *nf* Wölbung *die*.

came [kam] *nf tfam* [drogue] Stoff *der*.

camé, e [kame] *tfam* ◇ *adj* süchtig. ◇ *nm, f* Fixer *der*, -in *die*.

camée [kame] *nm* Kamee *die*.

caméléon [kameleɔ̃] *nm* Chamäleon *das*.

camélia [kamelja] *nm* Kamelie *die*.

camelote [kamlɔt] *nf péj* Schund *der*.

camembert [kamɑ̃bɛr] *nm* Camembert *der*.

caméra [kamera] *nf* Kamera *die (zum Filmen)*.

cameraman [kameraman] (*pl* **cameramen** [ka-

meramɛn] OU **cameramans**) *nm* Kameramann *der*, -frau *die*.
Cameroun [kamrun] *nm*: **le ~** Kamerun *nt*; **au ~** in Kamerun.
camerounais, e [kamrunɛ, ɛz] *adj* Kameruner *(adj inv)*, kamerunisch.
◆ **Camerounais, e** *nm, f* Kameruner *der*, -in *die*.
Camescope® [kameskɔp] *nm* Camcorder *der*.
camion [kamjɔ̃] *nm* Lastwagen *der*, LKW *der*; **~ de déménagement** Möbelwagen *der*.
camion-citerne [kamjɔ̃sitɛrn] (*pl* **camions-citernes**) *nm* Tankfahrzeug *das*.
camionnage [kamjɔnaʒ] *nm* Straßentransport *der*.
camionnette [kamjɔnɛt] *nf* Lieferwagen *der*.
camionneur [kamjɔnœr] *nm* **-1.** [conducteur] Lastwagenfahrer *der*, LKW-Fahrer *der*. **-2.** [entrepreneur] Spediteur *der*.
camisole [kamizɔl] *nf*: **~ de force** Zwangsjacke *die*.
camomille [kamɔmij] *nf* **-1.** [plante] Kamille *die*. **-2.** [tisane] Kamillentee *der*.
camouflage [kamuflaʒ] *nm* **-1.** MIL Tarnung *die*. **-2.** [dissimulation] Verschleierung *die*.
camoufler [3] [kamufle] *vt* **-1.** MIL tarnen. **-2.** [faute] verheimlichen.
◆ **se camoufler** *vp* sich verbergen.
camouflet [kamuflɛ] *nm littéraire* [affront] Beleidigung *die*; **infliger un ~ à qqn** jn beleidigen.
camp [kɑ̃] *nm* **-1.** [gén] Lager *das*; **~ de concentration** Konzentrationslager, KZ *das*; **~ retranché** befestigtes Lager; **ficher le ~** *fam fig* ab|hauen; **lever le ~** *fig* ab|ziehen. **-2.** SPORT Feld *das*.
campagnard, e [kɑ̃paɲar, ard] ◇ *adj* **-1.** [de la campagne] ländlich. **-2.** [rustique] bäuerlich. ◇ *nm, f* Landbewohner *der*, -in *die*.
campagne [kɑ̃paɲ] *nf* **-1.** [région rurale] Land *das (sans pl)*; **à la ~** auf dem Land(e); **en rase ~** auf freier Strecke; **battre la ~** [fouiller] ein Gebiet ab|suchen; *fig* [divaguer] wirres Zeug reden. **-2.** MIL Feldzug *der*; **être en ~** im Feld stehen. **-3.** [d'information] Kampagne *die*; **faire ~ pour qqch** eine Kampagne für etw führen; **~ d'affichage** Plakatkampagne; **~ électorale** Wahlkampf *der*; **~ de presse** Pressekampagne; **~ publicitaire** Werbekampagne.
campanule [kɑ̃panyl] *nf* Glockenblume *die*.
campé, e [kɑ̃pe] *adj*: **être bien ~** [personnage, récit] lebendig dargestellt sein; **être bien ~ sur ses jambes** fest auf den Beinen stehen.
campement [kɑ̃pmɑ̃] *nm* Lagerplatz *der*.
camper [3] [kɑ̃pe] ◇ *vi* zelten, campen; **~ chez qqn** *fig* vorübergehend bei jm wohnen. ◇ *vt* [esquisser] lebendig dar|stellen.
◆ **se camper** *vp*: **se ~ devant qqn/qqch** sich vor jm/etw auf|bauen.
campeur, euse [kɑ̃pœr, øz] *nm, f* Camper *der*, -in *die*.
camphre [kɑ̃fr] *nm* Kampfer *der*.
camphré, e [kɑ̃fre] *adj* Kampfer-.
camping [kɑ̃piŋ] *nm* **-1.** [activité] Zelten *das*; **faire du ~** zelten, campen; **~ sauvage** wildes Zelten. **-2.** [terrain] Campingplatz *der*.
camping-car [kɑ̃piŋkar] (*pl* **camping-cars**) *nm* Wohnmobil *das*.
Camping-gaz® [kɑ̃piŋgaz] *nm inv* Gaskocher *der*.
campus [kɑ̃pys] *nm* Universitätsgelände *das*, Campus *der*.
camus [kamy] → **nez**.
Canada [kanada] *nm*: **le ~** Kanada *nt*; **au ~** in Kanada.
canadianisme [kanadjanism] *nm in Kanada gebräuchlicher Ausdruck*.
canadien, enne [kanadjɛ̃, ɛn] *adj* kanadisch.
◆ **canadienne** *nf* Felljacke *die*.
◆ **Canadien, enne** *nm, f* Kanadier *der*, -in *die*.
canaille [kanaj] ◇ *adj* frech. ◇ *nf* Schuft *der*.
canal, aux [kanal, o] *nm* Kanal *der*; **par le ~ de qqn** *fig* über jn; **~ de distribution** COMM Vertriebsweg *der*.
Canal + [kanalplys] *n französisches Pay-TV-Programm*.

CANAL +:
Der französische Fernsehsender "Canal +" strahlt Programme aus, die durch ein spezielles Gerät, einen Decoder, entschlüsselt werden müssen. Zu bestimmten Zeiten ist das Programm jedoch "en clair" d.h. normal zu empfangen, so daß man den Decoder nicht benötigt.

---

canalisation [kanalizasjɔ̃] *nf* **-1.** [conduit] Leitung *die*. **-2.** [des eaux] Kanalisation *die*. **-3.** *fig* [orientation] Kanalisierung *die*.
canaliser [3] [kanalize] *vt* kanalisieren.
canapé [kanape] *nm* **-1.** [siège] Sofa *das*, Couch *die*; **~ convertible** Schlafcouch. **-2.** CULIN Kanapee *das*, Häppchen *das*; **sur ~** auf Weißbrot.
canapé-lit [kanapeli] (*pl* **canapés-lits**) *nm* Schlafcouch *die*.
canaque, kanak, e [kanak] *adj* Kanaken-.
◆ **Canaque** *nmf*, **Kanak, e** *nm, f* Kanake *der*, -kin *die*.
canard [kanar] *nm* **-1.** [oiseau] Ente *die*; **faire un ~** *fig* [avec un morceau de sucre] *ein Stück Zucker in Branntwein oder Kaffee eintauchen*; [en musique] *einen falschen Ton hervorbringen*. **-2.** *fam* [journal] Zeitung *die*.

canari [kanari] ◇ *nm* Kanarienvogel *der*. ◇ *adj inv*: **jaune ~** gelbgrün.
Canaries [kanari] *nfpl*: **les ~** die Kanaren; **les îles ~** die Kanarischen Inseln; **aux (îles) ~** auf den Kanarischen Inseln OU Kanaren.
Canberra [kɑ̃bɛra] *n* Canberra *nt*.
cancan [kɑ̃kɑ̃] *nm* **-1.** [ragot] Tratsch *der (sans pl)*. **-2.** [danse]: **(French) ~** Cancan *der*.
cancaner [3] [kɑ̃kane] *vi* **-1.** [canard] schnattern. **-2.** [médire]: **~ sur qqn** über jn tratschen.
cancanier, ère [kɑ̃kanje, ɛr] *adj* Klatsch.
cancer [kɑ̃sɛr] *nm* Krebs *der*.
◆ **Cancer** *nm* **-1.** ASTRON & ASTROL Krebs *der*; **sous le signe du Cancer** im Zeichen des Krebses. **-2.** → **tropique**.
cancéreux, euse [kɑ̃serø, øz] ◇ *adj* **-1.** [tumeur] Krebs-, krebsartig. **-2.** [personne] krebskrank. ◇ *nm, f* Krebskranke *der, die*.
cancérigène [kɑ̃seriʒɛn] *adj* krebserregend.
cancérologue [kɑ̃serɔlɔg] *nmf* Facharzt *der*, -ärztin *die* für Krebserkrankungen.
cancre [kɑ̃kr] *nm fam schlechter Schüler*.
cancrelat [kɑ̃krəla] *nm* Kakerlak *der*.
candélabre [kɑ̃delabr] *nm* Armleuchter *der*.
candeur [kɑ̃dœr] *nf* Treuherzigkeit *die*.
candi [kɑ̃di] → **sucre**.
candidat, e [kɑ̃dida, at] *nm, f*: **~ (à qqch)** [examen, élection] Kandidat *der*, -in *die* (bei etw); [emploi] Bewerber *der*, -in *die* (für etw).
candidature [kɑ̃didatyr] *nf* **-1.** [à un poste] Bewerbung *die*; **poser sa ~ (à** OU **pour qqch)** sich (um etw) bewerben. **-2.** [à une élection] Kandidatur *die*.
candide [kɑ̃did] *adj* **-1.** [personne] treuherzig. **-2.** [question, remarque] unschuldig.
cane [kan] *nf* weibliche Ente.
caneton [kantɔ̃] *nm* Entenküken *das*.
canette [kanɛt] *nf* **-1.** [de machine à coudre] Spule *die*. **-2.** [petite cane] Entlein *das*. **-3.** [petite bouteille] kleine Flasche.
canevas [kanva] *nm* **-1.** COUTURE Stickmustertuch *das*. **-2.** [plan] Entwurf *der*.
caniche [kaniʃ] *nm* Pudel *der*.
canicule [kanikyl] *nf* **-1.** [chaleur] Gluthitze *die*. **-2.** [période] Hundstage *Pl*.
canif [kanif] *nm* Taschenmesser *das*.
canin, e [kanɛ̃, in] *adj* Hunde-.
canine [kanin] *nf* Eckzahn *der*.
caniveau [kanivo] *nm* Gosse *die*, Rinnstein *der*.
cannabis [kanabis] *nm* Haschisch *das*.
canne [kan] *nf* Stock *der*; **~ à pêche** Angel(rute) *die*.
◆ **canne à sucre** *nf* Zuckerrohr *das*.
canné, e [kane] *adj*: **chaise ~e** Rohrstuhl *der*.
cannelé, e [kanle] *adj* geriefelt.
cannelle [kanɛl] *nf* Zimt *der*.
cannelure [kanlyr] *nf* Riefelung *die*.
Cannes [kan] *n*: **le festival de ~** die Filmfestspiele von Cannes.
cannibale [kanibal] ◇ *adj* kannibalisch. ◇ *nmf* Menschenfresser *der*, -in *die*.
cannibalisme [kanibalism] *nm* Kannibalismus *der*.
canoë [kanɔe] *nm* Kanu *das*.
canoë-kayak [kanɔekajak] (*pl* **canoës-kayaks**) *nm*: **faire du ~** Kanu und Kajak fahren.
canon [kanɔ̃] ◇ *nm* **-1.** [arme] Kanone *die*. **-2.** [tube d'arme] Lauf *der*. **-3.** *fam* [verre de vin] Glas *das* Wein. **-4.** RELIG & MUS Kanon *der*. ◇ *adj* → **droit**.
canonique [kanɔnik] *adj* kanonisch; → **âge**.
canoniser [3] [kanɔnize] *vt* heilig|sprechen.
canot [kano] *nm* Boot *das*; **~ pneumatique** Schlauchboot; **~ de sauvetage** Rettungsboot.
canotage [kanɔtaʒ] *nm* Rudern *das*; **faire du ~** rudern.
canotier [kanɔtje] *nm* **-1.** [rameur] Ruderer *der*. **-2.** [chapeau] Kreissäge *die (flacher Strohhut)*.
cantal [kɑ̃tal] *nm Hartkäse aus dem Cantal*.
cantate [kɑ̃tat] *nf* Kantate *die*.
cantatrice [kɑ̃tatris] *nf* (Opern)sängerin *die*.
cantine [kɑ̃tin] *nf* **-1.** [réfectoire] Kantine *die*. **-2.** [malle] Offizierskiste *die*.
cantique [kɑ̃tik] *nm* Kirchenlied *das*.
canton [kɑ̃tɔ̃] *nm* **-1.** [en France] ≃ Landkreis *der*. **-2.** [en Suisse] Kanton *der*.
cantonade [kɑ̃tɔnad]
◆ **à la cantonade** *loc adv*: **parler à la ~** für alle vernehmbar sprechen.
cantonal, e, aux [kɑ̃tɔnal, o] *adj* **-1.** [en France] Landkreis-. **-2.** [en Suisse] kantonal, Kantons-.
cantonnement [kɑ̃tɔnmɑ̃] *nm* [MIL - action] Einquartierung *die*; [- lieu] Quartier *das*.
cantonner [3] [kɑ̃tɔne] *vt* **-1.** MIL einquartieren. **-2.** [isoler] isolieren. **-3.** *fig*: **~ qqn à** OU **dans qqch** jn auf etw *(A)* beschränken.
◆ **se cantonner** *vp*: **se ~ dans** OU **à qqch** sich auf etw *(A)* beschränken.
cantonnier [kɑ̃tɔnje] *nm* **-1.** [de route] Angestellte *der* einer Straßenmeisterei. **-2.** [de voie ferrée] Bahnwärter *der*.
canular [kanylar] *nm* Streich *der*.
CAO (*abr de* **conception assistée par ordinateur**) *nf* CAD *das*.
caoutchouc [kautʃu] *nm* **-1.** [substance] Kautschuk *der*; **en ~** Gummi-. **-2.** [chaussure] Gummischuh *der*. **-3.** [plante] Gummibaum *der*. **-4.** [élastique] Gummiband *das*.
cap [kap] *nm* **-1.** GÉOGR Kap *das*; **passer le ~ de**

qqch *fig* etw hinter sich *(A)* bringen. **-2.** [direction] Kurs *der*; **mettre le ~ sur un lieu** Kurs auf einen Ort nehmen; **changer de ~** *fig* einen Kurswechsel vor|nehmen.

CAP (*abr de* **certificat d'aptitude professionnelle**) *nm französischer Lehrabschluß.*

capable [kapabl] *adj* **-1.** [compétent] tüchtig. **-2.** [apte, susceptible] fähig; **~ de qqch** fähig zu etw; **être ~ de faire qqch** in der Lage sein, etw zu tun; **il est ~ de tout** er ist zu allem fähig.

capacité [kapasite] *nf* **-1.** [contenance] Fassungsvermögen *das.* **-2.** [aptitude] Fähigkeit *die*; **~s intellectuelles** geistige Fähigkeiten. **-3.** [diplôme]: **~ en droit** *Juradiplom für Nichtabiturienten.*

cape [kap] *nf* Cape *das*; **rire sous ~** *fig* sich ins Fäustchen lachen.

CAPES, Capes [kapɛs] (*abr de* **certificat d'aptitude au professorat de l'enseignement du second degré**) *nm Lehrbefähigung für Sekundarschulen,* ≃ Staatsexamen *das.*

capésien, enne [kapesjɛ̃, ɛn] *nm, f* ≃ Studienrat *der*, -rätin *die.*

CAPET, Capet [kapɛt] (*abr de* **certificat d'aptitude au professorat de l'enseignement technique**) *nm Lehrbefähigung für technische Gymnasien.*

capharnaüm [kafarnaɔm] *nm* Durcheinander *das.*

capillaire [kapilɛr] ◇ *adj* **-1.** [soins] Haar-. **-2.** [vaisseau, racine] Kapillar-. ◇ *nm* **-1.** BOT Frauenhaar *das.* **-2.** ANAT Kapillare *die.*

capillarité [kapilarite] *nf* Kapillarität *die.*

capitaine [kapitɛn] *nm* **-1.** MIL Hauptmann *der.* **-2.** NAVIG & SPORT Kapitän *der*; **~ au long cours** Kapitän auf großer Fahrt.

capitainerie [kapitɛnri] *nf* Hafenamt *das.*

capital, e, aux [kapital, o] *adj* entscheidend, Haupt-.

◆ **capital** *nm* Kapital *das*; **~ social** Gesellschaftskapital.

◆ **capitale** *nf* **-1.** [ville] Hauptstadt *die.* **-2.** [majuscule] Großbuchstabe *der*; **écrire en ~es** in Blockschrift schreiben.

◆ **capitaux** *nmpl* Kapital *das.*

◆ **capital culturel** *nm* Kulturgut *das.*

capitaliser [3] [kapitalize] ◇ *vt* kapitalisieren; *fig* an|häufen. ◇ *vi* Kapital bilden.

capitalisme [kapitalism] *nm* Kapitalismus *der.*

capitaliste [kapitalist] ◇ *adj* kapitalistisch. ◇ *nmf* Kapitalist *der*, -in *die.*

capiteux, euse [kapitø, øz] *adj* **-1.** [vin] stark. **-2.** [parfum] süß. **-3.** [charme] sinnlich.

capitonner [3] [kapitɔne] *vt* (aus|)polstern.

capituler [3] [kapityle] *vi*: **~ (devant qqn/qqch)** (vor jm/etw) kapitulieren.

caporal, aux [kapɔral, o] *nm* **-1.** MIL Gefreite *der.* **-2.** [tabac] Knaster *der.*

caporal-chef [kaporalʃɛf] (*pl* **caporaux-chefs**) *nm* Obergefreite *der.*

capot [kapo] ◇ *nm* **-1.** [de voiture] Motorhaube *die.* **-2.** [de machine] Deckel *der.* ◇ *adj inv* [aux cartes]: **être ~** keinen Stich machen; **mettre qqn ~** jn nicht zum Zuge kommen lassen.

capote [kapɔt] *nf* **-1.** [de voiture] (Wagen)verdeck *das.* **-2.** [manteau] Kapuzenmantel *der.* **-3.** *fam* [préservatif]: **~ (anglaise)** Pariser *der.*

capoter [3] [kapɔte] *vi* **-1.** [se retourner] sich überschlagen. **-2.** *Can* [perdre la tête] den Kopf verlieren. **-3.** [échouer] ins Wasser fallen.

câpre [kapr] *nf* Kaper *die.*

caprice [kapris] *nm* **-1.** [envie subite] Laune *die*; **faire des ~s** launisch sein. **-2.** [changement soudain] Launen *Pl.*

capricieux, euse [kaprisjø, øz] *adj* **-1.** [personne - coléreux] launisch; [- fantasque] eigensinnig. **-2.** *fig* [chose] unbeständig.

capricorne [kaprikɔrn] *nm* Bockkäfer *der.*

◆ **Capricorne** *nm* **-1.** ASTRON & ASTROL Steinbock *der*; **sous le signe du Capricorne** im Zeichen des Steinbocks. **-2.** → **tropique**.

capsule [kapsyl] *nf* **-1.** [de bouteille] Kronenkorken *der.* **-2.** [de médicament, de fleur] Kapsel *die.* **-3.** [spatiale] Raumkapsel *die.*

capter [3] [kapte] *vt* **-1.** [radio] empfangen. **-2.** [énergie, eaux] an|zapfen. **-3.** *fig* [attention, confiance] gewinnen.

capteur [kaptœr] *nm* Sensor *der*; **~ solaire** Solarzelle *die.*

captieux, euse [kapsjø, øz] *adj littéraire* arglistig.

captif, ive [kaptif, iv] ◇ *adj* gefangen; **être ~ de ses passions** *fig* Sklave seiner Leidenschaften sein. ◇ *nm, f* Gefangene *der, die.*

captivant, e [kaptivɑ̃, ɑ̃t] *adj* fesselnd.

captiver [3] [kaptive] *vt* fesseln.

captivité [kaptivite] *nf* Gefangenschaft *die*; **en ~** in Gefangenschaft.

capture [kaptyr] *nf* **-1.** [d'animal] Fang *der.* **-2.** [de personne] Gefangennahme *die.*

capturer [3] [kaptyre] *vt* **-1.** [animal] (ein|)fangen. **-2.** [personne] gefangen|nehmen.

capuche [kapyʃ] *nf* Kapuze *die.*

capuchon [kapyʃɔ̃] *nm* **-1.** [bouchon] Kappe *die.* **-2.** [bonnet] Kapuze *die.*

capucin [kapysɛ̃] *nm* Kapuziner(mönch) *der.*

capucine [kapysin] *nf* Kapuzinerkresse *die.*

Cap-Vert [kapvɛr] *nm* Kap Verde *das*; **les îles du ~** die Kapverdischen Inseln.

caquelon [kaklɔ̃] *nm* Fonduetopf *der.*

caquet [kakɛ] *nm* **-1.** [de poule] Gackern *das.*

-2. *péj* [bavardage] Tratschen *das*; **rabattre le ~ à** OU **de qqn** jn zurecht|weisen.

caqueter [27] [kakte] *vi* **-1.** [poule] gackern. **-2.** *péj* [personne] tratschen.

car¹ [kar] *nm* (Reise)bus *der*.

car² [kar] *conj* denn.

carabine [karabin] *nf* Karabiner *der*.

carabiné, e [karabine] *adj fam* gehörig.

Caracas [karakas] *n* Caracas *nt*.

caraco [karako] *nm Damenunterhemd mit Spaghettiträgern*.

caracoler [3] [karakɔle] *vi* tänzeln.

caractère [karaktɛr] *nm* **-1.** [gén] Charakter *der*, Wesen *das*; **avoir du ~** Willensstärke haben; **avoir mauvais ~** einen schwierigen Charakter haben; **présenter un ~ officiel** offiziellen Charakter haben. **-2.** [écriture] Buchstabe *der*; **écrire en petits/gros ~s** klein/groß schreiben; **~ d'imprimerie** Druckbuchstabe.

caractériel, elle [karakterjɛl] ◇ *adj* Charakter-; **être ~** verhaltensgestört sein; **enfant ~** schwererziehbares Kind. ◇ *nm, f* Verhaltensgestörte *der, die*.

caractérisé, e [karakterize] *adj* eindeutig.

caractériser [3] [karakterize] *vt* **-1.** [décrire] kennzeichnen. **-2.** [définir]: **~ qqch** für etw charakteristisch sein.

◆ **se caractériser** *vp*: **se ~ par qqch** sich durch etw aus|zeichnen.

caractéristique [karakteristik] ◇ *adj*: **~ (de qqch)** charakteristisch (für etw). ◇ *nf* Merkmal *das*.

carafe [karaf] *nf* **-1.** [bouteille] Karaffe *die*. **-2.** *loc*: **rester en ~** *fam* hocken bleiben.

carafon [karafɔ̃] *nm kleine Karaffe*.

caraïbe [karaib] *adj* karibisch.

◆ **Caraïbe** *nmf* Kar(a)ibe *der*, -bin *die*.

Caraïbes [karaib] *nfpl*: **les ~** die Karibischen OU WestindischenInseln; **aux** OU **dans les ~** auf den Karibischen Inseln, auf den Westindischen Inseln.

carambolage [karɑ̃bɔlaʒ] *nm* (Massen)karambolage *die*.

caramel [karamɛl] *nm* **-1.** [sucre fondu] Karamel *der*. **-2.** [bonbon] Karamelle *die*; **~ dur/mou** harter/weicher Karamelbonbon.

caraméliser [3] [karamelize] *vt* **-1.** [transformer en caramel] karamelisieren. **-2.** [enduire de caramel] mit Karamel bestreichen.

◆ **se caraméliser** *vp* karamelieren.

carapace [karapas] *nf* **-1.** [d'animal] Panzer *der*. **-2.** *fig* [protection] Schutzpanzer *der*.

carat [kara] *nm* Karat *das*; **18 ~s** achtzehnkarätig.

caravane [karavan] *nf* **-1.** [de camping] Wohnwagen *der*. **-2.** [de désert] Karawane *die*.

caravaning [karavaniŋ] *nm* Caravaning *das*.

caravelle [karavɛl] *nf* **-1.** [bateau] Karavelle *die*. **-2.** [avion] Caravelle-Flugzeug *das*.

carbone [karbɔn] *nm* Kohlenstoff *der*; **(papier) ~** Durchschlagpapier *das*.

carbonique [karbɔnik] → **gaz, neige**.

carboniser [3] [karbɔnize] *vt* verkohlen.

carbonnade [karbɔnad] *nf*: **~ flamande** *in Bier geschmortes Rindfleisch*.

carburant [karbyrɑ̃] *nm* Kraftstoff *der*.

carburateur [karbyratœr] *nm* Vergaser *der*.

carbure [karbyr] *nm* Karbid *das*, Kohlenstoffverbindung *die*.

carburer [3] [karbyre] *vi* **-1.** [moteur] vergasen. **-2.** *fam* [être en forme] in Hochform sein. **-3.** *fam* [travailler] ranklotzen.

carcan [karkɑ̃] *nm* **-1.** HIST Halseisen *das*. **-2.** *fig* [entrave] Zwang *der*.

carcasse [karkas] *nf* **-1.** [d'animal] Gerippe *das*. **-2.** [épave] Wrack *das*. **-3.** *loc*: **sauver sa ~** *fam* seine Haut retten.

carcéral, e, aux [karseral, o] *adj* Gefängnis-; **régime ~** Strafvollzug *der*; **univers ~** Gefängnismilieu *das*.

carcinome [karsinom] *nm* Karzinom *das*.

cardan [kardɑ̃] *nm* Kardanantrieb *der*.

carder [3] [karde] *vt* karden.

cardiaque [kardjak] ◇ *adj* **-1.** [crise, artère] Herz-. **-2.** [personne] herzkrank. ◇ *nmf* Herzkranke *der, die*.

cardigan [kardigɑ̃] *nm Strickjacke mit rundem Ausschnitt*.

cardinal, e, aux [kardinal, o] *adj* **-1.** [nombre] Kardinal-. **-2.** [principal] Haupt-. **-3.** GÉOGR → **point**.

◆ **cardinal** *nm* **-1.** RELIG Kardinal *der*. **-2.** MATHS: **(nombre) ~** Kardinalzahl *die*.

cardiologue [kardjolɔg] *nmf* Kardiologe *der*, -gin *die*.

cardio-vasculaire [kardjovaskylɛr] (*pl* **cardio-vasculaires**) *adj* kardiovaskulär; **maladies ~s** Herz- und Gefäßkrankheiten *Pl*.

cardon [kardɔ̃] *nm* Kardone *die*.

carême [karɛm] *nm* Fasten *das*.

◆ **Carême** *nm* Fastenzeit *die*.

carence [karɑ̃s] *nf* Mangel *der*; **~ en vitamines** Vitaminmangel.

carène [karɛn] *nf* Unterwasserschiff *das*.

caréner [18] [karene] *vt* **-1.** [bateau] den Schiffskiel reparieren. **-2.** [carrosserie] Stromlinienform geben.

caressant, e [karɛsɑ̃, ɑ̃t] *adj* **-1.** [câlin] zärtlich, Schmuse-. **-2.** *fig* [voix, regard] zärtlich.

caresse [karɛs] *nf* **-1.** [de personne] Liebkosung *die*; **faire une ~ à qqn** jn streicheln. **-2.** *fig* [du vent, du soleil] Streicheln *das*.

caresser [4] [karese] *vt* **-1.** [personne] streicheln. **-2.** *fig* [espoir, projet] hegen; **~ le rêve de faire qqch** sich dem Traum hin|geben, etw zu tun.

car-ferry [karferi] (*pl* **car-ferries**) *nm* Autofähre *die*.

cargaison [kargɛzɔ̃] *nf* Ladung *die*; **une ~ de livres** *fam fig* eine Ladung Bücher.

cargo [kargo] *nm* Frachtdampfer *der*.

cari = **curry**.

caribou [karibu] *nm* Karibu *der* OU *das*.

caricatural, e, aux [karikatyral, o] *adj* karikaturistisch.

caricature [karikatyr] *nf* Karikatur *die*.

carie [kari] *nf* Karies *die (sans pl)*.

carié, e [karje] *adj* kariös.

carillon [karijɔ̃] *nm* **-1.** [cloche, horloge] Glokkenspiel *das*. **-2.** [de porte] Türgong *der*.

carillonner [3] [karijɔne] ◇ *vi* **-1.** [cloche] spielen. **-2.** [à la porte] Sturm klingeln. ◇ *vt* **-1.** [heure] schlagen. **-2.** *fig* [nouvelle] verbreiten.

Carinthie [karɛ̃ti] *nf*: **la ~** Kärnten *nt*.

caritatif, ive [karitatif, iv] *adj* Wohlfahrts-; **association caritative** Wohlfahrtsverband *der*.

carlingue [karlɛ̃g] *nf* **-1.** [d'avion] Flugzeugkabine *die*. **-2.** [de navire] Mittelbinnenkiel *der*.

carmélite [karmelit] *nf* Karmelitin *die*.

carmin [karmɛ̃] ◇ *adj inv* karminrot. ◇ *nm* Karminrot *das*.

carnage [karnaʒ] *nm* Gemetzel *das*.

carnassier, ère [karnasje, ɛr] *adj* fleischfressend.

◆ **carnassier** *nm* Raubtier *das*.

carnaval [karnaval] *nm* Karneval *der*, Fasching *der*.

carnet [karnɛ] *nm* Heft *das*; **~ d'adresses** Adreßbuch *das (persönlich)*; **~ de chèques** Scheckheft; **~ de notes** Zeugnisheft; **~ de tickets** Zehnerfahrschein *der*; **~ de timbres** Briefmarkenmäppchen *das*.

carnivore [karnivɔr] ◇ *adj* fleischfressend. ◇ *nm* Fleischfresser *der*.

carotide [karɔtid] ◇ *adj* Halsschlag-. ◇ *nf* Halsschlagader *die*.

carotte [karɔt] ◇ *nf* Karotte *die*, Möhre *die*; **~s râpées** geriebene Möhren; **~s Vichy** *in Butter gedünstete, mit Petersilie bestreute Möhren*; **les ~s sont cuites** *fam fig* es ist alles im Eimer. ◇ *adj inv* [couleur] fuchsrot.

carpe [karp] ◇ *nf* Karpfen *der*; **muet comme une ~** *fig* stumm wie ein Fisch. ◇ *nm* ANAT Handwurzel *die*.

carpette [karpɛt] *nf* **-1.** [petit tapis] kleiner Teppich. **-2.** *fam fig* [personne servile] Kriecher *der*.

carquois [karkwa] *nm* Köcher *der*.

carré, e [kare] *adj* **-1.** [objet] viereckig, quadratisch. **-2.** [personne, réponse] offen.

◆ **carré** *nm* **-1.** MATHS & GÉOM Quadrat *das*; **élever un nombre au ~** eine Zahl ins Quadrat erheben; **~ de soie** Seidentuch *das*. **-2.** [sur un navire] Offiziersmesse *die*. **-3.** [aux cartes] Vierling *der*. **-4.** CULIN: **~ d'agneau** Lammrücken *der*. **-5.** [petit terrain] Beet *das*.

◆ **carré blanc** *nm kleines weißes Quadrat, das bei nicht jugendfreien Sendungen am Fernsehbildschirm erscheint*.

carreau [karo] *nm* **-1.** [carrelage] Kachel *die*, Fliese *die*. **-2.** [vitre] Fensterscheibe *die*. **-3.** [aux cartes] Karo *das*. **-4.** *fam loc*: **rester sur le ~** auf der Strecke bleiben; **se tenir à ~** vorsichtig sein.

◆ **à carreaux** *loc adj* kariert.

carrefour [karfur] *nm* **-1.** [de routes] (Straßen)-kreuzung *die*; *fig* Scheideweg *der*. **-2.** [forum] Treffen *das*.

carrelage [karlaʒ] *nm* **-1.** [pose de carrelage] Fliesenlegen *das*. **-2.** [surface] Fliesenboden *der*.

carreler [24] [karle] *vt* fliesen.

carrelet [karlɛ] *nm* **-1.** [poisson] Scholle *die*. **-2.** [filet] *viereckiges Senknetz*.

carreleur [karlœr] *nm* Fliesenleger *der*.

carrément [karemɑ̃] *adv fam* **-1.** [franchement] glatt. **-2.** [complètement] geradezu.

carrer [3] [kare]

◆ **se carrer** *vp* es sich bequem machen.

carrière [karjɛr] *nf* **-1.** [gisement] Grube *die*. **-2.** [profession] Karriere *die*, Laufbahn *die*; **embrasser une ~** einen Beruf ergreifen; **faire ~ dans qqch** in etw *(D)* Karriere machen.

carriériste [karjerist] *nmf péj* Karrierist *der*, -in *die*.

carriole [karjɔl] *nf* **-1.** [charrette] Karren *der*. **-2.** *Can* [traîneau] Schlitten *der*.

carrossable [karɔsabl] *adj* befahrbar.

carrosse [karɔs] *nm* Kutsche *die*.

carrosserie [karɔsri] *nf* **-1.** [de voiture] Karosserie *die*. **-2.** [industrie] Karosseriebau *der*.

carrossier [karɔsje] *nm* Karosseriebauer *der*.

carrousel [karuzɛl] *nm* Reitvorführung *die*.

carrure [karyr] *nf* **-1.** [de personne, de vêtement] Schulterbreite *die*. **-2.** *fig* [envergure] Format *das*.

carry = **curry**.

cartable [kartabl] *nm* Schultasche *die*.

carte [kart] *nf* **-1.** [gén] Karte *die*; **abattre ses ~s** *litt & fig* seine Karten offen auf den Tisch legen; **battre les ~s** die Karten mischen; **~ bancaire** Kundenkarte, ≃ EC-Karte; **~ de crédit** Kreditkarte; **~ d'état-major** Generalstabskarte; **~ d'étudiant** Studentenausweis *der*; **~ gra-**

phique Grafikplatte *die*; **~ grise** Kraftfahrzeugschein *der*, Zulassung *die*; **~ d'identité** Personalausweis *der*; **~ à jouer** Spielkarte; **~ à mémoire** OU **à puce** Chip-Karte; **~ mère** Trägerleiterplatte *die*; **~ nominative** Namenskarte; **~ orange** *Monats- oder Wochenkarte für die Pariser Verkehrsbetriebe*; **~ postale** Postkarte; **~ routière** Straßenkarte; **~ de séjour** Aufenthaltserlaubnis *die*; **~ vermeil** ≃ Seniorenpaß *der*; **~ de visite** Visitenkarte. **-2.** [de restaurant] Speisekarte *die*; **~ des vins** Weinkarte *die*; **à la ~** à la carte; *fig* nach Wahl. **-3.** *loc*: **brouiller les ~s** Verwirrung stiften; **donner ~ blanche à qqn** jm freie Hand lassen; **tirer les ~s à qqn** jm die Karten legen OU schlagen.

cartel [kartɛl] *nm* **-1.** ÉCON Kartell *das*. **-2.** POLIT Zusammenschluß *der*.

carter [kartɛr] *nm* **-1.** [de bicyclette] Kettenschutz *der*. **-2.** [de moteur] Gehäuse *das*.

carte-réponse [kartrepɔ̃s] (*pl* **cartes-réponses**) *nf* Antwortkarte *die*.

cartésien, enne [kartezjɛ̃, ɛn] ◇ *adj* **-1.** [rationnel] logisch. **-2.** PHILOSOPHIE kartesianisch. ◇ *nm, f* Anhänger *der*, -in *die* von Descartes.

cartilage [kartilaʒ] *nm* Knorpel *der*.

cartilagineux, euse [kartilaʒinø, øz] *adj* Knorpel-, knorplig.

cartographique [kartɔgrafik] *adj* kartographisch, Karten-.

cartomancien, enne [kartɔmɑ̃sjɛ̃, ɛn] *nm, f* Kartenleger *der*, -in *die*.

carton [kartɔ̃] *nm* **-1.** [matière] Pappe *die*; **en ~** aus Pappe, Papp-; **~ ondulé** Wellpappe. **-2.** [emballage] Karton *der*. **-3.** [carte]: **~ d'invitation** Einladung *die*. **-4.** [cible] Schießscheibe *die*; **faire un ~** *fam fig* einen Volltreffer landen.

◆ **carton à dessin** *nm* Zeichenmappe *die*.

cartonné, e [kartɔne] *adj* kartoniert.

carton-pâte [kartɔ̃pat] (*pl* **cartons-pâtes**) *nm* Pappmaché *das*; **de** OU **en ~** aus Pappmaché, Pappmaché-.

cartouche [kartuʃ] *nf* **-1.** [munition, recharge] Patrone *die*; **~ d'encre** Tintenpatrone; **~ de gaz** Gaspatrone. **-2.** [de cigarettes] Stange *die*. **-3.** INFORM Kassette *die*.

cas [ka] *nm* Fall *der*; **au ~ où** *(+ conditionnel)* falls; **au ~ où il pleuvrait** falls es regnet; **juste au ~ où** nur im Fall eines Falles; **auquel ~** in welchem Fall; **dans** OU **en ce ~** in diesem Fall; **en ~ de retard** bei einer Verspätung; **en ~ de besoin** notfalls; **en ~ d'urgence** im Notfall; **en aucun ~** keinesfalls; **en tout ~** auf jeden Fall; **c'est le ~ de le dire** das kann man wohl sagen; **le ~ échéant** gegebenenfalls; **~ de force majeure** Fall höherer Gewalt; **faire grand ~ de qqn/qqch** jm/einer Sache große Bedeutung beimessen.

◆ **cas de conscience** *nm* Gewissenskonflikt *der*.

◆ **cas social** *nm* Sozialfall *der*.

casanier, ère [kazanje, ɛr] ◇ *adj* häuslich. ◇ *nm, f* häuslicher Mensch.

casaque [kazak] *nf* Jockeyjacke *die*; **tourner ~** *fig* seine Meinung ändern, umschwenken.

cascade [kaskad] *nf* **-1.** [d'eau] Wasserfall *der*. **-2.** *fig* [série] Schwall *der*; **en ~** serienweise. **-3.** CIN Stunt *der*.

cascadeur, euse [kaskadœr, øz] *nm, f* **-1.** [au cirque] Kaskadeur *der*, -in *die*. **-2.** CIN Stuntman *der*, -woman *die*.

case [kaz] *nf* **-1.** [compartiment] Fach *das*. **-2.** [division] Feld *das*. **-3.** [habitation] Hütte *die*.

casemate [kazmat] *nf* Kasematte *die*.

caser [3] [kaze] *vt fam* **-1.** [gén] unterbringen. **-2.** [marier] unter die Haube bringen.

◆ **se caser** *vp fam* **-1.** [trouver un travail] eine Stelle finden. **-2.** [se marier - femme] einen Mann finden; [- homme] eine Frau finden. **-3.** [se loger] unterkommen.

caserne [kazɛrn] *nf* Kaserne *die*.

cash [kaʃ] *nm* Bargeld *das*; **payer ~** bar (be)-zahlen.

casher = **kasher**.

casier [kazje] *nm* **-1.** [compartiment] Fach *das*. **-2.** [meuble] Aktenschrank *der*.

◆ **casier judiciaire** *nm* Strafregister *das*; **il a un ~ judiciaire vierge** er ist nicht vorbestraft.

casino [kazino] *nm* Spielbank *die*, Kasino *das*.

Caspienne [kaspjɛn] *nf*: **la (mer) ~** das Kaspische Meer.

casque [kask] *nm* **-1.** [de protection] Helm *der*; **~ intégral** Sturzhelm. **-2.** [à écouteurs] Kopfhörer *der*. **-3.** [séchoir] Haube *die*.

◆ **Casques bleus** *nmpl* UNO-Truppen *Pl*.

casqué, e [kaske] *adj* behelmt.

casquer [3] [kaske] *vi fam* berappen, blechen.

casquette [kaskɛt] *nf* Schirmmütze *die*.

cassant, e [kasɑ̃, ɑ̃t] *adj* **-1.** [verre, cheveux] brüchig. **-2.** [ton] scharf.

cassation [kasasjɔ̃] → **cour**.

casse [kas] ◇ *nm fam* Einbruch *der*. ◇ *nf* **-1.** [de voitures] Schrottplatz *der*. **-2.** *fam* [dégât]: **il va y avoir de la ~** es wird Scherben geben; *fig* es herrscht dicke Luft.

cassé, e [kase] *adj* [voix] gebrochen.

casse-cou [kasku] *nm inv* Draufgänger *der*, -in *die*.

casse-croûte [kaskrut] *nm inv* Imbiß *der*.

casse-noisettes [kasnwazɛt] *nm inv* Nußknakker *der*.

casse-pieds [kaspje] *fam* ◇ *adj inv* lästig. ◇ *nmf inv* Nervensäge *die*.

casser [3] [kase] ◇ *vt* **-1.** [briser] zerbrechen. **-2.** [abîmer] kaputtmachen. **-3.** *fig* [volonté, moral] zerstören. **-4.** JUR kassieren. **-5.** *loc*: **à tout ~** [extraordinaire] beispiellos; [tout au plus] höchstens. ◇ *vi* zerbrechen.
◆ **se casser** *vp* **-1.** [se briser] zerbrechen. **-2.** [se fracturer]: **se ~ qqch** sich etw brechen. **-3.** *fam* [s'en aller] sich verdrücken.

casserole [kasrɔl] *nf* **-1.** [ustensile] Kochtopf *der*. **-2.** *fam* [piano] Klimperkasten *der*. **-3.** *loc*: **passer à la ~** *fam* [être tué] dran glauben müssen; *fam* [sexuellement] aufs Kreuz gelegt werden.

casse-tête [kastɛt] *nm inv* **-1.** [problème] harte Nuß. **-2.** [jeu]: **~ (chinois)** Geduldsspiel *das*.

cassette [kasɛt] *nf* **-1.** [audio, vidéo] Kassette *die*; **~ audionumérique** DAT-Kassette. **-2.** [coffret] Schatulle *die*.

casseur, euse [kasœr, øz] *nm, f* Tolpatsch *der*.
◆ **casseur** *nm* **-1.** [ferrailleur] Schrotthändler *der*, -in *die*. **-2.** [manifestant] Krawallmacher *der*, -in *die*.

cassis [kasis] *nm* **-1.** [fruit] schwarze Johannisbeere. **-2.** [liqueur] Johannisbeerlikör *der*. **-3.** [arbuste] schwarzer Johannisbeerstrauch. **-4.** [sur la route] Querrinne *die*.

cassonade [kasɔnad] *nf* Rohzucker *der*.

cassoulet [kasulɛ] *nm* *Eintopf aus weißen Bohnen mit eingemachtem Fleisch, Speck und Wurst.*

cassure [kasyr] *nf* Bruch *der*.

castagnettes [kastaɲɛt] *nfpl* Kastagnetten *Pl*.

caste [kast] *nf* Kaste *die*.

casting [kastiŋ] *nm* CIN **-1.** [distribution] Rollenbesetzung *die*. **-2.** [sélection] *Auswahlverfahren für die Besetzung eines Films.*

castor [kastɔr] *nm* **-1.** [rongeur] Biber *der*. **-2.** [fourrure] Biberfell *das*.

castration [kastrasjɔ̃] *nf* Kastration *die*.

castrer [3] [kastre] *vt* kastrieren.

cataclysme [kataklism] *nm* Naturkatastrophe *die*; *fig* Katastrophe *die*.

catacombes [katakɔ̃b] *nfpl* Katakomben *Pl*.

catadioptre [katadjɔptr], **Cataphote®** [katafɔt] *nm* Rückstrahler *der*.

catalan, e [katalɑ̃, an] *adj* katalanisch.
◆ **catalan** *nm* [langue] Katalanisch(e) *(das)*.
◆ **Catalan, e** *nm, f* Katalane *der*, -nin *die*.

Catalogne [katalɔɲ] *nf*: **la ~** Katalonien *nt*.

catalogue [katalɔg] *nm* **-1.** [brochure] Katalog *der*. **-2.** [liste] Verzeichnis *das*.

cataloguer [3] [katalɔge] *vt* **-1.** [classer] katalogisieren, in einen Katalog auf|nehmen. **-2.** *péj* [juger] ein|stufen.

catalyseur [katalizœr] *nm* Katalysator *der*.

catalytique [katalitik] → **pot**.

catamaran [katamarɑ̃] *nm* Katamaran *der*.

Cataphote® = **catadioptre**.

cataplasme [kataplasm] *nm* Umschlag *der* MÉD.

catapulter [3] [katapylte] *vt* katapultieren; **~ qqn** jn hinauf|katapultieren.

cataracte [katarakt] *nf* **-1.** [chute d'eau] Katarakt *der*. **-2.** MÉD grauer Star.

catarrhe [katar] *nm* Katarrh *der*.

catastrophe [katastrɔf] *nf* Katastrophe *die*; **faire qqch en ~** etw überstürzt tun; **atterrir en ~** notlanden; **~ aérienne** Flugzeugunglück *das*.

catastrophé, e [katastrɔfe] *adj* erschüttert.

catastrophique [katastrɔfik] *adj* **-1.** [effroyable] entsetzlich. **-2.** [mauvais] katastrophal. **-3.** [grave] verheerend.

catch [katʃ] *nm* Catch *das*.

catéchèse [kateʃɛz] *nf* Katechese *die*.

catéchisme [kateʃism] *nm* Religionsunterricht *der (außerhalb der Schule)*.

catégorie [kategɔri] *nf* **-1.** [de personnel] Gruppe *die*; **~ socioprofessionnelle** Berufsgruppe. **-2.** [de produit] Güteklasse *die*. **-3.** SPORT Klasse *die*.

catégorique [kategɔrik] *adj* kategorisch.

catégoriquement [kategɔrikmɑ̃] *adv* kategorisch.

caténaire [katenɛr] *nf*: **(suspension) ~** Fahrleitung *die*.

cathédrale [katedral] *nf* Kathedrale *die*, Dom *der*.

cathode [katɔd] *nf* Kathode *die*.

cathodique [katɔdik] → **tube**.

catholicisme [katɔlisism] *nm* Katholizismus *der*.

catholique [katɔlik] *adj* katholisch; **pas (très) ~** *fig* nicht (ganz) astrein.

catimini [katimini]
◆ **en catimini** *loc adv* heimlich.

catogan [katɔgɑ̃] *nm* **-1.** [coiffure] *im Nacken zusammengebundenes Haar.* **-2.** [ruban] Haarschleife *die*.

cauchemar [koʃmar] *nm* **-1.** [rêve] Alptraum *der*. **-2.** *fig* [situation] Greuel *der*.

cauchemardesque [koʃmardɛsk] *adj* grauenerregend; **vision ~** Bild *das* des Grauens.

caudal, e, aux [kodal, o] *adj* Schwanz-.

causal, e, als OU **aux** [kozal, o] *adj* kausal, Kausal-.

causalité [kozalite] *nf* Ursächlichkeit *die*, Kausalität *die*.

causant, e [kozɑ̃, ɑ̃t] *adj*: **peu ~** *fam* wortkarg.

cause [koz] *nf* **-1.** [origine, motif] Ursache *die*, Grund *der*; **pour ~ de qqch** wegen etw *(G)*; **et pour ~!** und das aus gutem Grund! **-2.** [motif d'engagement] Sache *die*; **gagner qqn à sa ~** jn für seine Sache gewinnen; **faire ~ commune avec qqn** sich mit jm verbünden. **-3.** JUR [cas] Fall *der*. **-4.** *loc*: **être en ~** auf dem Spiel stehen; **être hors de ~** außer Verdacht sein; **remettre en ~** in Frage stellen.

◆ **à cause de** *loc prép*: **à ~ de qqn/qqch** wegen jm/etw.

causer [3] [koze] ◇ *vt* verursachen; **~ qqch à qqn** jm etw bereiten. ◇ *vi fam* reden; **~ de qqn/qqch** über jn/etw reden.

causerie [kozri] *nf* **-1.** [exposé] zwangloser Vortrag. **-2.** [conversation] Plauderei *die*.

causette [kozɛt] *nf fam* Schwatz *der*; **faire la ~ avec qqn** mit jm plaudern.

causticité [kostisite] *nf* **-1.** [d'acide] Ätzkraft *die*. **-2.** [d'esprit] Bissigkeit *die*.

caustique [kostik] ◇ *adj* **-1.** [acide] ätzend. **-2.** [esprit] bissig. ◇ *nm* Ätzmittel *das*.

cauteleux, euse [kotlø, øz] *adj* verschlagen.

cautériser [3] [koterize] *vt* kauterisieren.

caution [kosjɔ̃] *nf* **-1.** [argent] Kaution *die*; **libérer qqn sous ~** jn gegen Kaution auf freien Fuß setzen. **-2.** [personne] Bürge *der*; **se porter ~ pour qqn** für jn Bürgschaft leisten. **-3.** [soutien] Unterstützung *die*. **-4.** [garantie morale] Gewähr *die*.

CAUTION:
In Frankreich müssen künftige Mieter eine Geldsumme (zwei Monatsmieten) bezahlen, die bei Beendigung des Mietvertrages zurückgezahlt wird, wenn die Wohnung in ordentlichem Zustand ist. Die "caution solidaire" ist ein Dokument, das ein Dritter unterzeichnet. Er bürgt für die Zahlung der Miete, falls der Mieter sie nicht zahlt. Der Ausdruck "caution parentale" wird benutzt, wenn der Bürge der Vater oder die Mutter des Mieters ist.

---

cautionner [3] [kosjɔne] *vt* **-1.** JUR für jn Bürgschaft leisten. **-2.** *fig* [soutenir] unterstützen.

cavalcade [kavalkad] *nf* **-1.** [de personnes] Gerenne *das*. **-2.** [de cavaliers] Kavalkade *die*.

cavale [kaval] *nf fam* Ausbruch *der*; **être en ~** flüchtig sein.

cavaler [3] [kavale] *vi fam* herum|rennen; **~ après qqn/qqch** jm/etw nach|laufen.

◆ **se cavaler** *vp fam* ab|hauen.

cavalerie [kavalri] *nf* Kavallerie *die*.

cavalier, ère [kavalje, ɛr] ◇ *adj* **-1.** [allée] Reit-. **-2.** [manière, personne] ungehörig. ◇ *nm, f* **-1.** [à cheval] Reiter *der*, -in *die*. **-2.** [de danse] Tanzpartner *der*, -in *die*; **faire ~ seul** *fig* auf eigene Faust handeln.

◆ **cavalier** *nm* [aux échecs] Springer *der*.

cavalièrement [kavaljɛrmɑ̃] *adv* ungehörig, unverschämt.

cave [kav] ◇ *adj* **-1.** [joues] eingefallen. **-2.** [yeux] tiefliegend. **-3.** → **veine**. ◇ *nf* **-1.** [cellier] Keller *der*. **-2.** [à vins] Weinkeller *der*. **-3.** [cabaret] Kellerlokal *das*. ◇ *nm* **-1.** *arg crime* [étranger au milieu] Außenstehende *der, die*. **-2.** [dupe] Naivling *der*.

caveau, x [kavo] *nm* **-1.** [petite cave] Keller *der*. **-2.** [sépulture] Gruft *die*.

caverne [kavɛrn] *nf* Höhle *die*.

caverneuse [kavɛrnøz] → **voix**.

caviar [kavjar] *nm* Kaviar *der*.

cavité [kavite] *nf* Hohlraum *der*, Mulde *die*.

CB [sibi] (*abr de* **citizen's band, canaux banalisés**) *nf* CB-Funk *der*.

cc **-1.** (*abr de* **cuillère à café**) ≃ TL *(Teelöffel)*, ≃ Teel. **-2.** (*abr de* **charges comprises**) inklusive Nebenkosten, warm.

CC (*abr de* **corps consulaire**) CC *das*.

CCE (*abr de* **Commission des communautés européennes**) *nf* Kommission *die* der Europäischen Gemeinschaft.

CCI (*abr de* **Chambre de commerce et d'industrie**) *nf* IHK *die (Industrie- und Handelskammer)*.

CCP (*abr de* **compte chèque postal, compte courant postal**) *nm* PSchK *das*, PSchKto *das*.

CD *nm* **-1.** (*abr de* **chemin départemental**) *kleine Landstraße*. **-2.** (*abr de* **compact disc**) CD *die*. **-3.** (*abr de* **comité directeur**) Vorst. **-4.** (*abr de* **corps diplomatique**) CD *das*.

CDD *nm abr de* **contrat à durée déterminée**.

CdF (*abr de* **Charbonnages de France**) *nmpl staatliche Kohlegesellschaft Frankreichs*.

CDI *nm* **-1.** (*abr de* **centre de documentation et d'information**) Dokumentations- und Informationszentrum *das*. **-2.** *abr de* **contrat à durée indéterminée**.

CD-ROM, **CD-Rom** [sederɔm] (*abr de* **compact disc read only memory**) *nm* CD-ROM *das*.

CDS (*abr de* **Centre des démocrates sociaux**) *nm christlich orientierte sozialdemokratische Partei in Frankreich*.

CDU (*abr de* **classification décimale universelle**) *nf* UDK *die (Universelle Dezimalklassifikation)*.

ce [sə] ◇ *adj dém* (**cet** [sɛt] *devant voyelle ou h muet, f* **cette** [sɛt], *pl* **ces** [se]) diese, -r, -s; **~ mois, ~ mois-ci** in diesem Monat; **cette année, cette année-là** in diesem Jahr; **pas ~ livre-ci, mais ~ livre-là** nicht dieses Buch, sondern jenes Buch; **regarde de ~ côté-ci et pas de ~ côté-là**

schau auf diese Seite und nicht auf jene. ◇ *pron dém* (**c'**, *devant voyelle ou h muet*) das; **c'est mon bureau** das ist mein Büro; **~ sont mes enfants** das sind meine Kinder; **c'est elle qui a téléphoné** sie hat angerufen; **c'était hier** das war gestern; **c'est à Paris** das ist in Paris; **qui est-~**? wer ist das?; **~ qui** OU **que** OU **dont** (das,) was; **~ qui m'intéresse, c'est la musique** das, was mich interessiert, ist Musik; **~ à quoi** das, woran; **~ pour quoi** das, wofür.
◆ **n'est-ce pas**? *loc adv* nicht wahr?; **n'est-~ pas qu'il fait froid**? es ist doch kalt, nicht?
◆ **sur ce** *loc adv* kurz darauf.

CE ◇ *nm* **-1.** (*abr de* **comité d'entreprise**) ≃ BR *der (Betriebsrat)*. **-2.** *abr de* **cours élémentaire**. ◇ *nf* (*abr de* **Communauté européenne**) EG *die*.

CEA (*abr de* **Commissariat à l'énergie atomique**) *nm französische Atomenergiebehörde*.

CECA, **Ceca** [seka] (*abr de* **Communauté européenne du charbon et de l'acier**) *nf* EGKS *die*.

ceci [səsi] *pron dém* dies, das; **~ pour vous dire que** damit möchte ich Ihnen sagen, daß; **~ (étant) dit** abgesehen davon; **à ~ près que** abgesehen davon, daß; **~ n'explique pas cela** das eine erklärt das andere nicht.

cécité [sesite] *nf* Blindheit *die*.

céder [18] [sede] ◇ *vt* [donner] ab|treten, übergeben; **~ qqch à qqn** [laisser] jm etw überlassen; [vendre] jm etw verkaufen. ◇ *vi*: **~ à qqn/qqch** jm/etw nach|geben.

CEDEX, **Cedex** [sedɛks] (*abr de* **courrier d'entreprise à distribution exceptionnelle**) *nm gesonderte Postzustellung für Firmen und Großempfänger in Frankreich*.

cédille [sedij] *nf* Cedille *die*; **c ~** c mit Cedille.

cèdre [sɛdr] *nm* Zeder *die*.

CEE (*abr de* **Communauté économique européenne**) *nf* EWG *die*.

CEI (*abr de* **Communauté d'États indépendants**) *nf* GUS *die*.

ceindre [81] [sɛ̃dr] *vt* **-1.** [entourer]: **~ qqch de qqch** etw um etw wickeln. **-2.** [attacher]: **~ son épée** sein Schwert an|legen.

ceinture [sɛ̃tyr] *nf* **-1.** [gén] Gürtel *der*; **attachez vos ~s!** [en voiture, en avion] bitte anschnallen!; **~ de sécurité** Sicherheitsgurt *der*; **~ à enrouleur** Aufrollgurt *der*; **~ noire** schwarzer Gürtel; **~ de sauvetage** Rettungsring *der*; **se serrer la ~** *fig* den Gürtel enger schnallen. **-2.** [de jupe, de pantalon] Bund *der*.

ceinturer [3] [sɛ̃tyre] *vt* **-1.** [entourer] umzingeln. **-2.** [immobiliser] umfassen.

ceinturon [sɛ̃tyrɔ̃] *nm* Koppel *das*.

cela [səla] *pron dém* **-1.** [désigne un objet] jene,-r,-s, das da; **prenez ~** nehmen Sie das. **-2.** [reprend ce qui vient d'être vu ou dit] es, das; **~ ne vous regarde pas** das geht Sie nichts an; **il y a des années de ~** das ist Jahre her; **que dites-vous de ~**? was sagen Sie dazu?; **après ~** danach; **~ dit** abgesehen davon; **malgré ~** trotzdem. **-3.** [sujet impersonnel]: **c'est ~** genau; **~ ira comme ça** es geht schon; **~ vaut mieux** es ist besser. **-4.** [renforcement]: **où/quand ~**? wo/wann denn?

célébration [selebrasjɔ̃] *nf* **-1.** [d'événement] Feiern *das*, Fest *das*. **-2.** [de messe] Zelebrieren *das*; **~ du mariage** Eheschließung *die*.

célèbre [selɛbr] *adj* berühmt.

célébrer [18] [selebre] *vt* **-1.** [événement] feiern. **-2.** [messe] zelebrieren. **-3.** [mérites] rühmen.

célébrité [selebrite] **-1.** [renommée] Ruhm *der*. **-2.** [personne] Berühmtheit *die*.

céleri [sɛlri] *nm* Sellerie *der*; **~ rave** Knollensellerie; **~ rémoulade** Selleriesalat *der* mit Remouladensoße.

célérité [selerite] *nf* Flinkheit *die*, Raschheit *die*.

céleste [selɛst] *adj* **-1.** [du ciel] Himmels-. **-2.** [divin, merveilleux] göttlich, himmlisch.

célibat [seliba] *nm* Ehelosigkeit *die*; [du prêtre] Zölibat *das*.

célibataire [selibatɛr] ◇ *adj* ledig. ◇ *nmf* Ledige *der, die*; **~ endurci** eingefleischter Junggeselle.

celle, **celles** → **celui**.

celle-ci, **celles-ci** → **celui-ci**.

celle-là, **celles-là** → **celui-là**.

cellier [selje] *nm* Vorratskammer *die*.

Cellophane® [selɔfan] *nf* Zellophan® *das*; **sous ~** in Zellophan verpackt.

cellulaire [selylɛr] *adj* **-1.** BIOL Zell-. **-2.** [carcéral] Haft-, Gefängnis-.

cellule [selyl] *nf* Zelle *die*; **~ photoélectrique** Photozelle.
◆ **cellule familiale** *nf* Familie *die*.

cellulite [selylit] *nf* Zellulitis *die*.

Celluloïd® [selylɔid] *nm* Zelluloid® *das*.

cellulose [selyloz] *nf* Zellulose *die*.

celte [sɛlt] ◇ *adj* keltisch. ◇ *nm* [langue] Keltisch(e) *(das)*.
◆ **Celte** *nmf* Kelte *der*, -tin *die*.

celtique [sɛltik] *adj* keltisch.

celui [səlɥi] (*f* **celle** [sɛl], *mpl* **ceux** [sø], *fpl* **celles** [sɛl]) *pron dém* der, die, das; **celle de devant** die vorne; **~ qui** jene welche, jener welcher, jenes welches, die(jenige), die, der(jenige), der, das(jenige), das; **~ que** jene welche, jenen welchen, jenes welches, die(jenige), die, den(jenigen), den, das(jenige), das; **~ que vous voyez** den, den Sie sehen; **ceux que je connais** die, die ich kenne; **ceux d'entre vous qui** diejenigen unter euch, die.

celui-ci [səlɥisi] (*f* **celle-ci** [sɛlsi], *mpl* **ceux-ci** [søsi], *fpl* **celles-ci** [sɛlsi]) *pron dém* diese,-r,-s.
celui-là [səlɥila] (*f* **celle-là** [sɛlla], *mpl* **ceux-là** [søla], *fpl* **celles-là** [sɛlla]) *pron dém* jene,-r,-s.
cénacle [senakl] *nm* Kreis *der*.
cendre [sɑ̃dr] *nf* Asche *die*; **réduire qqch en ~s** etw nieder|brennen; **renaître de ses ~s** *fig* aus der Asche erstehen.
◆ **Cendres** *nfpl* RELIG: **les Cendres** Aschermittwoch *der*.
cendré, e [sɑ̃dre] *adj* aschfarben; **blond ~** aschblond.
cendrier [sɑ̃drije] *nm* **-1.** [récipient] Aschenbecher *der*. **-2.** [de poêle] Aschkasten *der*.
Cène [sɛn] *nf* RELIG Letztes Abendmahl.
censé, e [sɑ̃se] *adj*: **elle n'est pas ~e le savoir** man kann von ihr nicht erwarten, daß sie es weiß; **être ~ faire qqch** eigentlich eine Sache tun sollen.
censément [sɑ̃semɑ̃] *adv* angeblich.
censeur [sɑ̃sœr] *nm* **-1.** [de lycée] Studiendirektor *der*. **-2.** [de censure] Zensor *der*. **-3.** *fig* [critique, juge] Richter *der*.
censure [sɑ̃syr] *nf* Zensur *die*.
censurer [3] [sɑ̃syre] *vt* **-1.** [interdire] zensieren. **-2.** [critiquer] verurteilen.
cent[1] [sɑ̃] ◇ *adj num* hundert. ◇ *nm* Hundert *die*; **pour ~** pro Hundert; **~ pour ~** hundertprozentig; **~ pour ~ coton** 100 Prozent Baumwolle; *voir aussi* **six**.
cent[2] [sɛnt] *nm* [monnaie] Cent *der*.
centaine [sɑ̃tɛn] *nf* **-1.** [cent unités] Hundert *das*. **-2.** [environ cent]: **une ~ de places** ungefähr hundert Plätze; **des ~s de bateaux** Hunderte von Booten.
centenaire [sɑ̃tnɛr] ◇ *adj* hundertjährig. ◇ *nmf* Hundertjährige *der, die*. ◇ *nm* Hundertjahrfeier *die*.
centième [sɑ̃tjɛm] ◇ *adj* hundertste,-r,-s. ◇ *nmf* Hundertste *der, die, das*. ◇ *nm* Hundertstel *das*. ◇ *nf* THÉÂTRE hundertste Aufführung; *voir aussi* **sixième**.
centigrade [sɑ̃tigrad] → **degré**.
centigramme [sɑ̃tigram] *nm* Zentigramm *das*.
centilitre [sɑ̃tilitr] *nm* Zentiliter *der*.
centime [sɑ̃tim] *nm* Centime *der*.
centimètre [sɑ̃timɛtr] *nm* **-1.** [mesure] Zentimeter *der*. **-2.** [règle] Zentimetermaß *das*.
central, e, aux [sɑ̃tral, o] *adj* **-1.** [lieu] zentral gelegen. **-2.** [principal] Haupt-. **-3.** ADMIN Zentral-.
◆ **central** *nm* **-1.** [de réseau] Zentrale *die*; **~ téléphonique** Telefonzentrale. **-2.** [de tennis]: **le (court) ~** der Center Court.
◆ **centrale** *nf* **-1.** [usine] Werk *das*; **~e hydroélectrique** Wasserkraftwerk; **~e nucléaire** Kernkraftwerk. **-2.** [syndicale] Gewerkschaftsbund *der*. **-3.** [coopérative]: **~e d'achat** Einkaufszentrale *die*.
◆ **Centrale** *n* *technische Hochschule in Paris*.
centralien, enne [sɑ̃traljɛ̃, ɛn] *nm, f* *Absolvent der École Centrale*.
centralisation [sɑ̃tralizasjɔ̃] *nf* Zentralisierung *die*.
centraliser [3] [sɑ̃tralize] *vt* zentralisieren.
centre [sɑ̃tr] *nm* **-1.** [milieu] Mittelpunkt *der*; **~ de gravité** Schwerpunkt *der*. **-2.** [POLIT, lieu d'activité] Zentrum *das*; **~ aéré** *Freizeitzentrum für Kinder (während der Schulferien)*; **~ antipoison** *Notambulanz für Vergiftungsfälle*; **~ commercial** Einkaufszentrum; **~ culturel** Kulturzentrum; **~ de documentation** Dokumentationszentrum; **~ équestre** Reitsportzentrum; **~ hospitalier régional** Regionalkrankenhaus *das*; **~ hospitalo-universitaire** Universitätsklinik *die*; **~ de rééducation** Rehabilitationszentrum. **-3.** [point essentiel] Kern *der*. **-4.** SPORT Mittelstürmer *der*.
centrer [3] [sɑ̃tre] *vt* **-1.** [disposer] in die Mitte setzen OU legen OU stellen. **-2.** SPORT zur Mitte flanken. **-3.** TECHNOL zentrieren. **-4.** [orienter] aus|richten.
centre-ville [sɑ̃trəvil] (*pl* **centres-villes**) *nm* Stadtmitte *die*, City *die*.
centrifuge [sɑ̃trifyʒ] → **force**.
centrifugeuse [sɑ̃trifyʒøz] *nf* **-1.** TECHNOL Zentrifuge *die*. **-2.** CULIN Entsafter *der*.
centriste [sɑ̃trist] POLIT ◇ *adj*: **député ~** Abgeordnete *der* der Mitte. ◇ *nmf* Anhänger *der*, -in *die* der Mitte.
centuple [sɑ̃typl] *nm* Hundertfache *das*; **au ~** hundertfach.
centupler [3] [sɑ̃typle] ◇ *vt* verhundertfachen. ◇ *vi* sich verhundertfachen.
cep [sɛp] *nm* Weinstock *der*.
CEP (*abr de* **certificat d'études primaires**) *nm* *französischer Grundschulabschluß*.
cépage [sepaʒ] *nm* Rebsorte *die*.
cèpe [sɛp] *nm* Steinpilz *der*.
cependant [səpɑ̃dɑ̃] *conj* jedoch, dennoch.
céramique [seramik] *nf* Keramik *die*.
cerbère [sɛrbɛr] *nm* Zerberus *der*.
cerceau, x [sɛrso] *nm* **-1.** [de tonneau, jouet] Reifen *der*. **-2.** [de robe] Reif *der*.
cercle [sɛrkl] *nm* Kreis *der*; **~ d'amis** Freundeskreis; **~ vicieux** Teufelskreis.
cerclé, e [sɛrkle] *adj* eingefaßt; **lunettes ~es d'écaille** Hornbrille *die*.
cercueil [sɛrkœj] *nm* Sarg *der*.
céréale [sereal] *nf* Getreideart *die*; **les ~s** das Getreide.

cérébral, e, aux [serebral, o] ◇ *adj* **-1.** ANAT Gehirn-. **-2.** [intellectuel] geistig. **-3.** [personne] vom Verstand geleitet. ◇ *nm, f* Verstandesmensch *der*.

cérémonial, als [seremɔnjal] *nm* Zeremoniell *das*.

cérémonie [seremɔni] *nf* **-1.** [de mariage, d'inauguration] Zeremonie *die*. **-2.** [manifestation solennelle] Feierlichkeit *die*. **-3.** [politesse]: **des ~s** Förmlichkeit *die*; **faire des ~s** Umstände machen; **sans ~** ohne Umstände.

cérémonieux, euse [seremɔnjø, øz] *adj* förmlich.

CERES [serɛs] (*abr de* **Centre d'études, de recherches et d'éducation socialiste**) *nm sozialistisches Forschungs- und Erziehungszentrum in Frankreich*.

cerf [sɛr] *nm* Hirsch *der*.

cerfeuil [sɛrfœj] *nm* Kerbel *der*.

cerf-volant [sɛrvɔlɑ̃] (*pl* **cerfs- volants**) *nm* **-1.** [jouet] Drachen *der*. **-2.** [insecte] Hirschkäfer *der*.

cerise [səriz] ◇ *nf* Kirsche *die*. ◇ *adj inv* kirschrot.

cerisier [sərisje] *nm* **-1.** [arbre] Kirschbaum *der*. **-2.** [bois] Kirschbaumholz *das*.

CERN, Cern [sɛrn] (*abr de* **Centre européen pour la recherche nucléaire**) *nm* Europäische Organisation für Kernforschung.

cerne [sɛrn] *nm* [d'arbre] Jahresring *der*.

◆ **cernes** *nmpl* [des yeux] Schatten *Pl*, Ringe *Pl*; **avoir des ~s** Ringe unter den Augen haben.

cerné [sɛrne] → **œil**.

cerner [3] [sɛrne] *vt* **-1.** [encercler] umzingeln. **-2.** *fig* [sujet, problème] erfassen.

certain, e [sɛrtɛ̃, ɛn] ◇ *adj (après n)* sicher, bestimmt; **des progrès ~s** klare Fortschritte; **un talent ~** ein sicheres Talent; **c'est ~** das ist sicher; **c'est sûr et ~** das ist 100% sicher; **être ~ que** sicher sein, daß; **il est ~ de gagner le match** er ist sicher, daß er das Spiel gewinnen wird; **je suis ~e de mes calculs** ich bin sicher, daß meine Berechnungen stimmen. ◇ *adj indéf (avant n)* gewisse,-r,-s; **un ~ talent** ein gewisses Talent; **à un ~ moment** zu einem gewissen Zeitpunkt; **un ~ temps** eine Zeitlang; **dans une ~e mesure** in gewissem Maße; **d'un ~ âge** mittleren Alters, älter.

◆ **certains** (*fpl* **certaines**) ◇ *adj indéf pl* manche, gewisse; **dans ~s cas** in manchen Fällen. ◇ *pron indéf pl* manche, einige.

certainement [sɛrtɛnmɑ̃] *adv* **-1.** [très probablement] sicher. **-2.** [assurément] gewiß; **mais ~** aber sicher.

certes [sɛrt] *adv sout* **-1.** [bien sûr] sicher, gewiß. **-2.** [en vérité] wahrlich.

certificat [sɛrtifika] *nm* Zeugnis *das*; **~ d'aptitude professionnelle** Facharbeiterbrief *der*; **~ d'études** Volksschulabschluß *der*; **~ médical** ärztliches Attest; **~ de scolarité** Bescheinigung *die* über den Schulbesuch.

certifier [9] [sɛrtifje] *vt* **-1.** [assurer]: **~ qqch à qqn** jm etw bescheinigen. **-2.** [authentifier] beglaubigen.

certitude [sɛrtityd] *nf* **-1.** [conviction] Gewißheit *die*; **avoir la ~ que** die Gewißheit haben, daß. **-2.** [évidence] Sicherheit *die*.

cérumen [serymɛn] *nm* Ohrenschmalz *das*.

cerveau, x [sɛrvo] *nm* Gehirn *das*.

cervelas [sɛrvəla] *nm* Zervelatwurst *die*.

cervelle [sɛrvɛl] *nf* **-1.** ANAT Gehirn *das*; **se brûler la ~** sich eine Kugel durch den Kopf jagen; **se creuser la ~** *fig* sich den Kopf zerbrechen. **-2.** CULIN Hirn *das*.

cervical, e, aux [sɛrvikal, o] *adj* Hals-; **vertèbre ~e** Halswirbel *der*.

ces → **ce**.

CES (*abr de* **collège d'enseignement secondaire**) *nm französische Gesamtschule für 11-16-jährige*.

César [sezar] *nm*: **les ~s** *französischer Filmpreis*.

césarienne [sezarjɛn] *nf* Kaiserschnitt *der*.

cessante [sɛsɑ̃t] → **affaire**.

cessation [sɛsasjɔ̃] *nf* Einstellung *die*.

cesse [sɛs] *nf*: **n'avoir de ~ que** (+ *subjonctif*) *sout* nicht eher ruhen, als bis.

◆ **sans cesse** *loc adv* dauernd, unaufhörlich.

cesser [4] [sese] ◇ *vi* auf|hören; **ne pas ~ de faire qqch** etw ständig tun. ◇ *vt* ein|stellen.

cessez-le-feu [seselfø] *nm inv* Waffenruhe *die*.

cession [sɛsjɔ̃] *nf* Übertragung *die*, Abtretung *die*.

c'est-à-dire [setadir] *loc adv* [en d'autres termes] das heißt.

◆ **c'est-à-dire que** *loc conj*: **~ que je n'y avais pas pensé** leider hatte ich nicht daran gedacht.

cet → **ce**.

cétacé [setase] *nm* Wal *der*.

cette → **ce**.

ceux → **celui**.

ceux-ci → **celui-ci**.

ceux-là → **celui-là**.

Cévennes *nfpl* Cevennen *Pl*.

cévenol, e [sevnɔl] *adj* aus den Cevennen.

◆ **Cévenol, e** *nm, f* Bewohner *der*, -in *die* der Cevennen.

Ceylan [sɛlɑ̃] *n* Ceylon *nt*.

cf (*abr de* **confer**) vgl. (*vergleiche*), s. (*siehe*).

CFA ◇ *nf* (*abr de* **Communauté financière africaine**): **franc ~** CFA-Franc. ◇ *nm* (*abr de*

centre de formation des apprentis) Lehrlingsausbildungsstätte *die.*

CFAO (*abr de* **conception de fabrication assistée par ordinateur**) *nf* CAD/CAM *das.*

CFC (*abr de* **chlorofluorocarbone**) *nm* CFKW.

CFDT (*abr de* **Confédération française démocratique du travail**) *nf linksorientierter demokratischer Gewerkschaftsbund in Frankreich.*

CFES (*abr de* **certificat de fin d'études secondaires**) *nm französischer Sekundarschulabschluß für diejenigen, die (mangels Punkten) nicht zum Abitur zugelassen werden.*

CFF (*abr de* **Chemins de fer fédéraux**) *nmpl* SBB *Pl.*

CFL (*abr de* **Chemins de fer luxembourgeois**) *nmpl staatliches Eisenbahnunternehmen von Luxemburg.*

CFP *nf* **-1.** (*abr de* **Compagnie française des pétroles**) *privater französischer Ölkonzern.* **-2.** (*abr de* **communauté financière du Pacifique**): **franc ~** CFP-Franc.

CFTC (*abr de* **Confédération française des travailleurs chrétiens**) *nf christlicher Gewerkschaftsbund in Frankreich.*

cg (*abr de* **centigramme**) cg.

CGC (*abr de* **Confédération générale des cadres**) *nf französische Gewerkschaft für mittlere und leitende Angestellte.*

CGT (*abr de* **Confédération générale du travail**) *nf kommunistisch orientierter Gewerkschaftsbund in Frankreich.*

ch -1. (*abr de* **charges**) Nbk *(Nebenkosten).* **-2.** (*abr de* **chauffage**) Hz *(Heizung).* **-3.** *abr de* **cherche.**

CH (*abr de* **Confédération helvétique**) CH.

chablis [ʃabli] *nm* Chablis *der.*

chacun, e [ʃakœ̃, yn] *pron indéf* jede,-r,-s; **~ de nous** OU **d'entre nous** jeder von uns; **~ d'eux** OU **d'entre eux** jeder von ihnen; **les livres coûtent 10 francs ~** die Bücher kosten je 10 Franc; **~ pour soi** jeder für sich; **tout un ~** ein jeder.

chagrin, e [ʃagrɛ̃, in] *adj* betrübt.

◆ **chagrin** *nm* Kummer *der*; **avoir du ~** Kummer haben.

chagriner [3] [ʃagrine] *vt* **-1.** [peiner]: **~ qqn** jm Kummer bereiten. **-2.** [contrarier] bedrücken.

chahut [ʃay] *nm* Radau *der.*

chahuter [3] [ʃayte] ◇ *vi* Radau machen. ◇ *vt* durch Radau ärgern.

chahuteur, euse [ʃaytœr, øz] ◇ *adj* turbulent. ◇ *nm, f* Störenfried *der.*

chai [ʃɛ] *nm Keller oder Gewölbe, wo Wein und Spirituosen in Fässern ausreifen.*

chaîne [ʃɛn] *nf* **-1.** [gén] Kette *die*; **~ de montagnes** Bergkette. **-2.** IND Fließband *das*; **à la ~** am Fließband. **-3.** [de télévision] Sender *der,* Programm *das.* **-4.** [appareil] *Radio, CD-Player und Kassettenrecorder mit Verstärker und Lautsprechern*; **~ hi-fi** Hi-Fi-Anlage *die*; **~ stéréo** Stereoanlage *die.*

◆ **chaînes** *nfpl* [de pneus] Schneeketten *Pl.*

chaînette [ʃɛnɛt] *nf* Kettchen *das.*

chaînon [ʃɛnɔ̃] *nm* **-1.** [maillon] (Ketten)glied *das.* **-2.** *fig* [élément] Glied *das.*

chair [ʃɛr] ◇ *nf* **-1.** [d'homme, d'animal] Fleisch *das*; **bien en ~** vollschlank; **en ~ et en os** in natura; **~ à saucisse** Wurstfleisch; **avoir la ~ de poule** *fig* Gänsehaut haben. **-2.** [de fruit] Fruchtfleisch *das.* ◇ *adj inv* fleischfarben.

chaire [ʃɛr] *nf* **-1.** [estrade - de curé] Kanzel *die*; [- de professeur] Katheder *das.* **-2.** [poste de professeur] Lehrstuhl *der.*

chaise [ʃɛz] *nf* Stuhl *der*; **~ électrique** elektrischer Stuhl; **~ haute** Kinderstuhl; **~ longue** Liegestuhl; **être assis entre deux ~s** *fig* zwischen zwei Stühlen sitzen.

chaland [ʃalɑ̃] *nm* Lastkahn *der.*

châle [ʃal] *nm* Schultertuch *das.*

chalet [ʃalɛ] *nm* **-1.** [de montagne] Chalet *das.* **-2.** *Can* [maison de campagne] Landhaus *das.*

chaleur [ʃalœr] *nf* **-1.** [du soleil, du chauffage] Wärme *die,* Hitze *die.* **-2.** [des femelles] Brunst *die*; **en ~** [gén] brünstig; [chienne] läufig. **-3.** *fig* [empressement] (Feuer)eifer *der*; **avec ~** mit Feuereifer.

chaleureusement [ʃalœrøzmɑ̃] *adv* herzlich.

chaleureux, euse [ʃalœrø, øz] *adj* herzlich.

challenge [ʃalɑ̃ʒ] *nm* **-1.** SPORT *sportlicher Wettbewerb mit Wanderpreis.* **-2.** *fig* [défi] Herausforderung *die.*

challenger [tʃalɛndʒœr] *nm* Herausforderer *der.*

chaloupe [ʃalup] *nf* **-1.** [de sauvetage] Rettungsboot *das.* **-2.** *Can* [petit bateau] Boot *das.*

chalumeau, x [ʃalymo] *nm* [outil - à souder] Schweißbrenner *der*; [- à découper] Schneidbrenner *der.*

chalut [ʃaly] *nm* Schleppnetz *das*; **la pêche au ~** die Schleppnetzfischerei.

chalutier [ʃalytje] *nm* Fischdampfer *der,* Trawler *der.*

chamade [ʃamad] *nf*: **son cœur battait la ~** *sout* sein Herz schlug heftig.

chamailler [3] [ʃamaje]

◆ **se chamailler** *vp fam* sich zanken.

chambardement [ʃɑ̃bardəmɑ̃] *nm fam* Wirren *Pl,* Umsturz *der.*

chambarder [3] [ʃɑ̃barde] *vt fam* durcheinander|bringen.

chambouler [3] [ʃɑ̃bule] *vt fam* **-1.** [déranger] durcheinander|werfen. **-2.** [bouleverser] über den Haufen werfen.

chambranle [ʃɑ̃brɑ̃l] *nm* **-1.** [de porte, de fenêtre] Rahmen *der*. **-2.** [de cheminée] Sims *der*.

chambre [ʃɑ̃br] *nf* **-1.** [pièce] (Schlaf)zimmer *das*; **garder la ~** das Zimmer hüten; **faire ~ à part** getrennte Schlafzimmer haben; **~ d'amis** Gästezimmer; **~ d'hôte** Fremdenzimmer; **~ forte** Tresorraum *der*; **~ froide** Kühlraum *der*; **~ noire** Dunkelkammer *die*. **-2.** JUR, POLIT & COMM Kammer *die*; **~ de commerce** Handelskammer. **-3.** TECHNOL: **~ à air** Schlauch *der* (eines Reifens); **~ de combustion** Brennkammer *die*.

◆ **Chambre** *nf*: **la Chambre des députés** das Abgeordnetenhaus.

chambrée [ʃɑ̃bre] *nf* **-1.** [occupants] Stubengemeinschaft *die*. **-2.** [pièce] Stube *die*.

chambrer [3] [ʃɑ̃bre] *vt* **-1.** [vin] auf Zimmertemperatur bringen. **-2.** *fam* [personne] necken, auf den Arm nehmen.

chameau, x [ʃamo] *nm* Kamel *das*.

chamois [ʃamwa] *nm* **-1.** [animal] Gemse *die*. **-2.** [peau] Gemsleder *das*; **peau de ~** Fensterleder *das*.

champ [ʃɑ̃] *nm* **-1.** [gén] Feld *das*; **~ d'action** Wirkungsfeld *das*; **~ de bataille** Schlachtfeld; **~ de courses** Rennbahn *die*; **~ magnétique** Magnetfeld; **~ visuel** Gesichtsfeld; **laisser le ~ libre à qqn** *fig* jm freie Hand lassen. **-2.** [d'instrument optique] Blickfeld *das*. **-3.** INFORM Datenfeld *das*.

champagne [ʃɑ̃paɲ] *nm* Champagner *der*; **sabler le ~** ≃ Champagnerkorken knallen lassen; **~ rosé/brut** rosé/trockener Champagner.

Champagne [ʃɑ̃paɲ] *nf*: **la ~** die Champagne.

champagnisé [ʃɑ̃paɲize] → **vin**.

champêtre [ʃɑ̃pɛtr] *adj* ländlich.

champignon [ʃɑ̃piɲɔ̃] *nm* **-1.** BOT & MÉD Pilz *der*; **~ de Paris** Champignon *der*; **~ vénéneux** Giftpilz; **pousser comme un ~** *fig* rasant wachsen. **-2.** *fam* [accélérateur] Gaspedal *das*; **appuyer sur le ~** *fig* Gas geben.

◆ **champignon atomique** *nm* Atompilz *der*.

champion, onne [ʃɑ̃pjɔ̃, ɔn] *nm, f* **-1.** SPORT Meister *der*, -in *die*; **~ du monde** Weltmeister. **-2.** [défenseur] Fürsprecher *der*, -in *die*.

◆ **champion** *adj m fam* [remarquable] toll, spitze.

championnat [ʃɑ̃pjɔna] *nm* Meisterschaft *die*; **~ du monde** Weltmeisterschaft.

chance [ʃɑ̃s] *nf* **-1.** [sort] Glück *das*; **avoir de la ~** Glück haben; **ne pas avoir de ~** kein Glück haben; **bonne ~!** viel Glück!; **quelle ~!** so ein Glück!; **porter ~** Glück bringen. **-2.** [probabilité, possibilité] Chance *die*; **avoir des ~s de faire qqch** eine Chance haben, etw zu tun; **donner sa ~ à qqn** jm eine Chance geben; **il y a peu de ~s que** es besteht wenig Aussicht darauf, daß.

chancelant, e [ʃɑ̃slɑ̃, ɑ̃t] *adj* **-1.** [titubant] wankend. **-2.** *fig* [faible] unbeständig.

chanceler [24] [ʃɑ̃sle] *vi* **-1.** [vaciller] wanken. **-2.** [être instable] ins Wanken geraten.

chancelier [ʃɑ̃səlje] *nm* Kanzler *der*.

◆ **Chancelier** *nm* [en Grande-Bretagne]: **le Chancelier de l'Échiquier** der Finanzminister.

chancellerie [ʃɑ̃sɛlri] *nf* **-1.** [ministère de la justice] Justizministerium *das*. **-2.** [en Allemagne] Kanzleramt *das*. **-3.** [de consulat, d'ambassade] Kanzlei *die*.

chanceux, euse [ʃɑ̃sø, øz] *adj*: **être ~** Glück haben, ein Glückskind sein.

chancre [ʃɑ̃kr] *nm* MÉD Schanker *der*.

chandail [ʃɑ̃daj] *nm* Pullover *der*.

Chandeleur [ʃɑ̃dlœr] *nf* Lichtmeß *die*.

chandelier [ʃɑ̃dəlje] *nm* Kerzenleuchter *der*.

chandelle [ʃɑ̃dɛl] *nf* Kerze *die*; **dîner aux ~s** bei Kerzenlicht dinieren; **brûler la ~ par les deux bouts** *fig* in Saus und Braus leben; **devoir une fière ~ à qqn** *fig* jm zu großem Dank verpflichtet sein; **voir trente-six ~s** *fam fig* Sternchen sehen.

change [ʃɑ̃ʒ] *nm* Wechsel *der*; **donner le ~ à qqn** *fig* jn hinters Licht führen; **perdre au ~** *fig* ein Verlustgeschäft machen.

changeant, e [ʃɑ̃ʒɑ̃, ɑ̃t] *adj* **-1.** [temps] unbeständig. **-2.** [humeur] wechselhaft. **-3.** [couleur] changierend; [reflet] schillernd.

changement [ʃɑ̃ʒmɑ̃] *nm* **-1.** [fait de changer] Änderung *die*; **~ de programme** Programmänderung; **~ de vitesse** Gangschaltung *die*. **-2.** [résultat de transformation] Veränderung *die*. **-3.** [remplacement] Auswechseln *das*. **-4.** TRANSPORT: **vous aurez deux ~s** Sie müssen zweimal um|steigen. **-5.** [de saison, de temps] Wechsel *der*.

changer [17] [ʃɑ̃ʒe] ◇ *vt* **-1.** [choses] ändern; **ne rien ~ à qqch** an etw *(D)* nichts ändern. **-2.** [personne] verändern; **cette coiffure te change complètement** mit dieser Frisur siehst du ganz anders aus. **-3.** [remplacer - voiture] wechseln; [- ampoule] aus|wechseln. **-4.** [échanger]: **~ qqch contre qqch** etw gegen etw ein|tauschen. **-5.** [argent] wechseln; **~ qqch en qqch** etw in etw *(A)* um|tauschen. **-6.** [bébé] trocken|legen. **-7.** [transformer]: **~ qqn/qqch en qqch** jn/etw in etw *(A)* verwandeln. ◇ *vi* **-1.** [évoluer] sich verändern. **-2.** TRANSPORT um|steigen. **-3.** [apporter un changement] Abwechslung bringen; **pour ~** *iron* [comme toujours] wie immer.

◆ **changer de** *v prép* **-1.** [transformer] ändern; **~ d'avis** seine Meinung ändern; **~ de coiffure** eine neue Frisur haben. **-2.** [échanger] wechseln; **~ de place** sich woanders hin|setzen; **~**

de médecin den Arzt wechseln.
◆ **se changer** *vp* **-1.** [changer de vêtement] sich um|ziehen. **-2.** [se transformer]: **se ~ en qqch** sich in etw *(A)* verwandeln.
changeur [ʃɑ̃ʒœr] *nm* **-1.** [personne] Wechsler *der*. **-2.** [appareil]: **~ (de monnaie)** Münzwechsler *der*.
chanoine [ʃanwan] *nm* Domherr *der*.
chanson [ʃɑ̃sɔ̃] *nf* Lied *das*; **c'est toujours la même ~** *fig* es ist das alte Lied.
chansonnette [ʃɑ̃sɔnɛt] *nf* Liedchen *das*.
chansonnier, ère [ʃɑ̃sɔnje, ɛr] *nm, f* (Chanson)sänger *der*, -in *die*.
chant [ʃɑ̃] *nm* **-1.** [son - de personne, d'oiseau] Gesang *der*; [- d'insecte] Zirpen *das*. **-2.** [chanson] Lied *das*; **~ grégorien** gregorianischer Gesang.
◆ **chant du cygne** *nm* Schwanengesang *der*.
chantage [ʃɑ̃taʒ] *nm* Erpressung *die*; **faire du ~ à qqn** jn erpressen.
chantant, e [ʃɑ̃tɑ̃, ɑ̃t] *adj* singend.
chanter [3] [ʃɑ̃te] ◇ *vt* **-1.** MUS singen. **-2.** *fam* [raconter] daher|reden. **-3.** *littéraire* [célébrer] besingen. ◇ *vi* **-1.** [personne, oiseau] singen; **~ juste/faux** richtig/falsch singen. **-2.** [insecte] zirpen. **-3.** *loc*: **faire ~** erpressen; **si ça vous chante!** *fam* wenn Sie Lust dazu haben!
chanterelle [ʃɑ̃trɛl] *nf* **-1.** [champignon] Pfifferling *der*. **-2.** MUS [corde] höchste Saite.
chanteur, euse [ʃɑ̃tœr, øz] *nm, f* Sänger *der*, -in *die*.
chantier [ʃɑ̃tje] *nm* **-1.** CONSTR Baustelle *die*; **mettre qqch en ~** *fig* etw in Angriff nehmen. **-2.** *fig* [désordre] Durcheinander *das*.
◆ **chantier naval** *nm* Werft *die*.
chantilly [ʃɑ̃tiji] *nf*: **(crème) ~** Schlagsahne *die*.
chantonner [3] [ʃɑ̃tɔne] *vt* & *vi* vor sich hin|singen.
chanvre [ʃɑ̃vr] *nm* Hanf *der*.
chaos [kao] *nm* Chaos *das*.
chaotique [kaɔtik] *adj* chaotisch.
chap. (*abr de* **chapitre**) Kap.
chaparder [3] [ʃaparde] *vt* mopsen.
chapeau, x [ʃapo] *nm* **-1.** [coiffure] Hut *der*; **~ melon** Melone *die*. **-2.** PRESSE [d'article] Vorspann *der*. **-3.** *loc*: **~!** *fam* Hut ab!, alle Achtung!; **démarrer sur les ~x de roues** mit Vollgas los|legen; **tirer son ~ à qqn** vor jm den Hut ziehen.
chapeauter [3] [ʃapote] *vt*: **~ qqn/qqch** jm/etw vor|stehen.
chapelain [ʃaplɛ̃] *nm* Kaplan *der*.
chapelet [ʃaplɛ] *nm* RELIG Rosenkranz *der*; **dire son ~** den Rosenkranz beten; **~ d'injures** *fig* Flut *die* von Beleidigungen.
chapelier, ère [ʃapəlje, ɛr] ◇ *adj* Hut-. ◇ *nm, f* Hutmacher *der*, -in *die*.
chapelle [ʃapɛl] *nf* Kapelle *die*; **~ ardente** *Raum, in dem ein Toter vor der Beerdigung aufgebahrt wird.*
chapelure [ʃaplyr] *nf* Paniermehl *das*.
chaperon [ʃaprɔ̃] *nm* [personne] Anstandsdame *die*.
◆ **Chaperon** *nm*: **le petit Chaperon rouge** das Rotkäppchen.
chapiteau, x [ʃapito] *nm* **-1.** [de cirque] Zirkuszelt *das*; **sous le ~** im Zirkuszelt. **-2.** [de colonne] Kapitell *das*.
chapitre [ʃapitr] *nm* **-1.** [de livre, RELIG] Kapitel *das*. **-2.** [de budget] Posten *der*. **-3.** [sujet] Thema *das*.
chapitrer [3] [ʃapitre] *vt sout* zurecht|weisen.
chapon [ʃapɔ̃] *nm* Kapaun *der*, kastrierter Masthahn.
chaque [ʃak] *adj indéf* jede,-r,-s; **~ personne** jeder; **j'ai payé ces livres 100 francs ~** die Bücher haben 100 Franc das Stück gekostet; **~ chose en son temps** alles zu seiner Zeit.
char [ʃar] *nm* **-1.** MIL: **~ (d'assaut)** Panzer *der*. **-2.** [de carnaval, HIST] Wagen *der*. **-3.** *Can* [voiture] Auto *das*.
charabia [ʃarabja] *nm* Kauderwelsch *das*.
charade [ʃarad] *nf* Scharade *die*.
charbon [ʃarbɔ̃] *nm* Kohle *die*; **~ de bois** Holzkohle; **être sur des ~s ardents** *fig* auf glühenden Kohlen sitzen.
charbonnage [ʃarbɔnaʒ] *nm* Kohlenbergwerk *das*.
charbonnier, ère [ʃarbɔnje, ɛr] ◇ *adj* Kohlen-. ◇ *nm, f* [marchand] Kohlenhändler *der*, -in *die*.
◆ **charbonnier** *nm* [cargo] Kohlendampfer *der*.
charcuter [3] [ʃarkyte] *vt fam péj* zersäbeln.
charcuterie [ʃarkytri] *nf* **-1.** [magasin] Wursterei *die*. **-2.** [produits] Wurstwaren *Pl*. **-3.** [dans supermarché] Wurstabteilung *die*.
charcutier, ère [ʃarkytje, ɛr] *nm, f* **-1.** [commerçant] Schweinemetzger *der*. **-2.** *fam péj* [chirurgien] Schnippelfix *der*.
chardon [ʃardɔ̃] *nm* Distel *die*.
chardonneret [ʃardɔnrɛ] *nm* Distelfink *der*.
charentais, e [ʃarɑ̃tɛ, ɛz] *adj* aus OU von der Charente.
◆ **Charentais, e** *nm, f* Bewohner *der*, -in *die* der Charente.
◆ **charentaise** *nf* Filzpantoffel *der*.
Charente [ʃarɑ̃t] *nf*: **la ~** die Charente.
charge [ʃarʒ] *nf* **-1.** [fardeau] Last *die*. **-2.** [cargaison] Fracht *die*. **-3.** [fonction] Amt *das*. **-4.** [mission] Auftrag *der*. **-5.** JUR Belastungsmaterial *das*. **-6.** [attaque]: **~ de cavalerie** Kavalleriean-

griff *der*. **-7.** *loc*: **à ~ de revanche** auf Gegenseitigkeit; **être à la ~ de qqn** [facture] zu js Lasten gehen; [personne] von jm unterhalten werden; **prendre qqch en ~** [payer] etw übernehmen; [s'occuper de] sich um etw kümmern; **prendre qqn en ~** sich js an|nehmen; **revenir à la ~** *fig* nicht locker|lassen.

◆ **charges** *nfpl* **-1.** [dépenses] Kosten *die*; **~s sociales** Sozialabgaben *Pl.* **-2.** COMPTABILITÉ Aufwendungen *Pl.* **-3.** [de loyer] Nebenkosten *Pl*; **~s comprises** warm *(adv)*; **sans les ~s** kalt *(adv)*.

CHARGES:
Eigentümer und Mieter eines Hauses mit mehreren Wohnparteien müssen einen jährlichen Beitrag zum allgemeinen Unterhalt des Gebäudes, die "charges", bezahlen. Bei den Immobilienmaklern kann der Preis entweder in der Miete enthalten sein (man spricht von "charges comprises" bzw. "loyer cc") oder von der Miete ausgenommen sein (in diesem Fall spricht man von "hors charges" bzw. "charges en sus"). Manchmal sind in den charges auch die Heizkosten enthalten.

---

chargé, e [ʃarʒe] ◇ *adj* **-1.** [occupé] geschäftig. **-2.** [encombré] beladen; **~ de qqch** mit etw bepackt. **-3.** [langue] belegt. ◇ *nm, f*: **~ d'affaires** Geschäftsträger *der*, -in *die*; **~ de cours** Dozent *der*, -in *die*, Lehrbeauftragte *der, die*; **~ de famille** Familienoberhaupt *das*; **~ de mission** Beauftragte *der, die*.

chargement [ʃarʒəmɑ̃] *nm* **-1.** [marchandises] Ladung *die*, Fracht *die*. **-2.** [de camion] Beladen *das*. **-3.** [d'appareil photo] Einlegen *das* eines Films. **-4.** [d'arme] Laden *das*.

charger [17] [ʃarʒe] ◇ *vt* **-1.** [voiture] beladen; [personne] belasten; [animal] bepacken. **-2.** [donner une mission à]: **~ qqn de qqch** jn mit etw beauftragen; **~ qqn de faire qqch** jn beauftragen, etw zu tun. **-3.** [arme, programme] laden; [appareil photo]: **~ qqch** in etw *(A)* einen Film ein|legen. **-4.** [batterie] auf|laden. **-5.** [sujet: animal] an|greifen. **-6.** [recouvrir]: **être chargé de qqch** mit etw bedeckt sein. **-7.** [accusé] belasten. **-8.** [exagérer] aus|malen, aus|schmücken. **-9.** [estomac] überladen. ◇ *vi* an|greifen.

◆ **se charger** *vp* **-1.** [prendre soin, s'occuper]: **se ~ de qqn/qqch** sich um jn/etw kümmern. **-2.** [porter une charge] sich beladen.

chargeur [ʃarʒœr] *nm* **-1.** [d'appareil photo] Kassette *die*, Ladevorrichtung *die*. **-2.** [de batterie] Ladegerät *das*. **-3.** [d'arme] Magazin *das*. **-4.** [personne] Befrachter *der*.

chariot [ʃarjo] *nm* **-1.** [charrette] Karren *der*. **-2.** [de manutention, de machine à écrire] Wagen *der*; **~ à bagages** Gepäckkarren *der*; **~ élévateur** Gabelstapler *der*. **-3.** [table roulante] Servierwagen *der*.

charismatique [karismatik] *adj* charismatisch.

charisme [karism] *nm* Charisma *das*.

charitable [ʃaritabl] *adj* **-1.** [généreux] mildtätig. **-2.** [compréhensif] einfühlsam. **-3.** [conseil] christlich.

charité [ʃarite] *nf* **-1.** [bonté] Güte *die*. **-2.** RELIG Nächstenliebe *die*. **-3.** [aumône]: **faire la ~ à qqn** jm ein Almosen geben.

charivari [ʃarivari] *nm* Krach *der*, Heidenlärm *der*.

charlatan [ʃarlatɑ̃] *nm péj* Quacksalber *der*.

charlotte [ʃarlɔt] *nf* CULIN Charlotte *die*.

charmant, e [ʃarmɑ̃, ɑ̃t] *adj* reizend; **prince ~** Märchenprinz *der*.

charme [ʃarm] *nm* **-1.** [de chose] Reiz *der*; [de personne] Charme *der*; **être sous le ~ de qqn** in js Bann stehen; **faire du ~ à qqn** jm schöne Augen machen. **-2.** [arbre] Weißbuche *die*. **-3.** *loc*: **il se porte comme un ~** *fam* ihm geht es blendend; **rompre le ~** den Zauber lösen.

◆ **charmes** *nmpl* Reize *Pl.*

charmer [3] [ʃarme] *vt* **-1.** [public, auditoire] fesseln. **-2.** [personne] faszinieren. **-3.** [ravir]: **être charmé de faire qqch** entzückt sein, etw zu tun.

charmeur, euse [ʃarmœr, øz] ◇ *adj* einschmeichelnd. ◇ *nm, f* Charmeur *der*, Schmeichlerin *die*.

◆ **charmeur de serpents** *nm* Schlangenbeschwörer *der*.

charnel, elle [ʃarnɛl] *adj* körperlich.

charnier [ʃarnje] *nm* Massengrab *das*.

charnière [ʃarnjɛr] ◇ *nf* Scharnier *das*; *fig* Übergang *der*. ◇ *adj fig* Schlüssel-.

charnu, e [ʃarny] *adj* **-1.** [lèvres, fruit] fleischig. **-2.** [corps] weich.

charognard [ʃarɔɲar] *nm* **-1.** [vautour] Aasgeier *der*. **-2.** *fig* & *péj* [personne] Geier *der*.

charogne [ʃarɔɲ] *nf* Aas *das*.

charpente [ʃarpɑ̃t] *nf* **-1.** [de bâtiment] Gerüst *das*; [de toit] Dachstuhl *der*. **-2.** [ossature] Knochengerüst *das*. **-3.** *fig* [structure] Aufbau *der*.

charpenté, e [ʃarpɑ̃te] *adj*: **être bien ~** [personne] kräftig gebaut sein; [histoire] übersichtlich aufgebaut sein.

charpentier [ʃarpɑ̃tje] *nm* Zimmermann *der*.

charretier, ère [ʃartje, ɛr] ◇ *adj*: **chemin ~** Weg *der* für Karren. ◇ *nm, f* Fuhrmann *der*; **jurer comme un ~** wie ein Bierkutscher fluchen.

charrette [ʃarɛt] *nf* Wagen *der*, Karren *der*.

charrier [9] [ʃarje] ◇ *vt* **-1.** [entraîner] mit sich führen. **-2.** [transporter] transportieren. **-3.** *fam* [se moquer de] auf den Arm nehmen. ◇ *vi fam* zu weit gehen; **faut pas ~!** jetzt reicht es aber!

charrue [ʃary] *nf* Pflug *der;* **mettre la ~ avant les bœufs** *fig* das Pferd beim Schwanz auf|zäumen.

charte [ʃart] *nf* Charta *die;* **l'École nationale des ~s** *französische Hochschule für Archivare und Bibliothekare.*

charter [ʃartɛr] ◇ *nm* **-1.** [avion] Chartermaschine *die.* **-2.** [vol] Charterflug *der.* ◇ *adj inv* Charter-.

chartreuse [ʃartrøz] *nf* **-1.** [couvent] Kartäuserkloster *das.* **-2.** [liqueur] Chartreuse *der.*

Charybde [karibd] *n* Charybdis *die;* **tomber de ~ en Scylla** vom Regen in die Traufe kommen.

chas [ʃa] *nm* (Nadel)öhr *das.*

chasse [ʃas] *nf* **-1.** [action] Jagd *die;* **aller à la ~** auf die Jagd gehen; **~ à courre** Hetzjagd. **-2.** [période] Jagdzeit *die.* **-3.** [domaine]: **~ gardée** Jagdrevier *das; fig* Revier *das.* **-4.** [poursuite] Verfolgungsjagd *die;* **prendre qqch en ~** etw verfolgen; **prendre qqn en ~** js Verfolgung auf|nehmen; **faire la ~ à qqch** *fig* sich nach etw auf die Suche machen. **-5.** [des toilettes]: **~ (d'eau)** Wasserspülung *die;* **tirer la ~ (d'eau)** die Wasserspülung ziehen.

chassé-croisé [ʃasekrwaze] (*pl* **chassés-croisés**) *nm* Kommen und Gehen *das.*

chasse-neige [ʃasnɛʒ] *nm inv* Schneepflug *der.*

chasser [3] [ʃase] ◇ *vt* **-1.** [gibier] jagen. **-2.** [mouches, personne, soucis] vertreiben. **-3.** [congédier] hinaus|werfen. ◇ *vi* **-1.** [aller à la chasse] jagen, auf die Jagd gehen. **-2.** [déraper] (seitlich) aus|rutschen.

chasseur, euse [ʃasœr, øz] *nm, f* Jäger *der,* -in *die.*

◆ **chasseur** *nm* **-1.** [d'hôtel] Page *der.* **-2.** MIL: **~ alpin** Gebirgsjäger *der.* **-3.** [avion] Jagdflugzeug *das,* Jäger *der.*

◆ **chasseur de têtes** *nm* Kopfjäger *der,* Headhunter *der.*

châssis [ʃasi] *nm* **-1.** [de fenêtre, de porte, de tableau] Rahmen *der.* **-2.** [de véhicule] Fahrgestell *das.* **-3.** [de machine] Gestell *das,* Kasten *der.*

chaste [ʃast] *adj* keusch.

chasteté [ʃastəte] *nf* Keuschheit *die;* **faire vœu de ~** das Keuschheitsgelübde ab|legen.

chasuble [ʃazybl] ◇ *nf* RELIG Meßgewand *das.* ◇ *adj* → **robe**.

chat, chatte [ʃa, ʃat] *nm, f* **-1.** [animal] Katze *die;* [mâle] Kater *der;* **~ de gouttière** ganz gewöhnliche Katze; **~ siamois** Siamkatze. **-2.** *loc:* **appeler un ~ un ~** das Kind beim Namen nennen; **avoir d'autres ~s à fouetter** Wichtigeres zu tun haben; **avoir un ~ dans la gorge** einen Frosch im Hals haben; **il n'y a pas un ~** *fam* kein Mensch ist da.

châtaigne [ʃatɛɲ] *nf* **-1.** [fruit] Kastanie *die.* **-2.** *fam* [coup] Faustschlag *der.*

châtaignier [ʃateɲe] *nm* **-1.** [arbre] Kastanie *die,* Kastanienbaum *der.* **-2.** [bois] Kastanie *die,* Kastanienholz *das.*

châtain [ʃatɛ̃] ◇ *adj m* hellbraun. ◇ *nm* Hellbraun *das.*

château, x [ʃato] *nm* **-1.** [forteresse]: **~ (fort)** Burg *die.* **-2.** [résidence seigneuriale] Schloß *das;* **les ~x de la Loire** die Loireschlösser; **~ de cartes** Kartenhaus *das;* **s'effondrer comme un ~ de cartes** *fig* wie ein Kartenhaus ein|stürzen; **~ de sable** Sandburg *die;* **bâtir des ~x en Espagne** *fig* Luftschlösser bauen. **-3.** [vignoble] Château *das.*

◆ **château d'eau** *nm* Wasserturm *der.*

chateaubriand, châteaubriant [ʃatobrijɑ̃] *nm* CULIN Chateaubriand *das.*

châtelain, e [ʃatlɛ̃, ɛn] *nm, f* Schloßherr *der,* -in *die.*

châtier [9] [ʃatje] *vt* **-1.** [personne, faute] bestrafen. **-2.** [langage, style] pflegen.

chatière [ʃatjɛr] *nf* **-1.** [pour chat] Durchschlupf *der* (für Katzen). **-2.** [d'aération] Lüftungsöffnung *die.*

châtiment [ʃatimɑ̃] *nm* **-1.** [action] Bestrafung *die;* **~ corporel** Züchtigung *die.* **-2.** [résultat] Strafe *die.*

chaton [ʃatɔ̃] *nm* **-1.** [chat, bourgeon] Kätzchen *das.* **-2.** [de bague] Platte *die.* **-3.** [de poussière] Staubflocke *die.*

chatouiller [3] [ʃatuje] *vt* kitzeln.

chatouilles [ʃatuj] *nfpl:* **faire des ~** kitzeln.

chatouilleux, euse [ʃatujø, øz] *adj* **-1.** [physiquement] kitz(e)lig. **-2.** *fig* [susceptible] empfindlich.

chatoyant, e [ʃatwajɑ̃, ɑ̃t] *adj* schillernd.

chatoyer [13] [ʃatwaje] *vi* schillern.

châtrer [3] [ʃatre] *vt* kastrieren.

chatte → **chat**.

chatterton [ʃatɛrtɔn] *nm* Isolierband *das.*

chaud, e [ʃo, ʃod] *adj* **-1.** [gén] warm; [de température très élevée] heiß; **j'ai ~** mir ist warm; **il fait ~** es ist warm; **tenir ~** warm sein; **j'ai eu ~!** *fig* das war ja knapp! **-2.** [enthousiaste]: **être ~ pour qqch** sich für etw begeistern; **être ~ pour faire qqch** davon begeistert sein, etw zu tun. **-3.** [animé] unruhig. **-4.** [sensuel] hitzig.

◆ **chaud** *nm* Hitze *die;* **un ~ et froid** eine Verkühlung.

chaudement [ʃodmɑ̃] *adv* **-1.** [s'habiller] warm. **-2.** [accueillir] herzlich.

chaud-froid [ʃofrwa] (*pl* **chauds-froids**) *nm* CULIN Chaudfroid *das.*

chaudière [ʃodjɛr] *nf* Heizkessel *der*.
chaudron [ʃodrɔ̃] *nm* (Koch)kessel *der*.
chauffage [ʃofaʒ] *nm* **-1.** [appareil] Heizung *die*; ~ **central** Zentralheizung. **-2.** [action de chauffer] Heizen *das*.
chauffant, e [ʃofɑ̃, ɑ̃t] *adj* aufheizbar, Heiz-; → **couverture, plaque**.
chauffard [ʃofar] *nm péj* Sonntagsfahrer *der*, -in *die*.
chauffe-biberon [ʃofbibrɔ̃] (*pl* **chauffe-biberons**) *nm* Flaschenwärmer *der*.
chauffe-eau [ʃofo] *nm inv* Boiler *der*.
chauffe-plat [ʃofpla] (*pl* **chauffe-plats**) *nm* Warmhalteplatte *die*.
chauffer [3] [ʃofe] ◇ *vt* heizen; [eau] erhitzen, erwärmen; [métal] erhitzen; ~ **à blanc** bis zur Weißglut erhitzen. ◇ *vi* **-1.** [devenir chaud] warm werden. **-2.** [moteur, appareil] sich heiß|laufen. **-3.** [soleil, radiateur] warm sein. **-4.** *fam* [barder] krachen, knallen.
◆ **se chauffer** *vp* **-1.** [se réchauffer] sich erwärmen. **-2.** [chauffer son logement]: **se ~ à qqch** mit etw heizen.
chaufferette [ʃofrɛt] *nf* **-1.** [chauffe-pieds] Fußwärmer *der*. **-2.** [réchaud de table] Warmhalteplatte *die*.
chaufferie [ʃofri] *nf* **-1.** [d'immeuble, de navire] Heizraum *der*. **-2.** [d'usine] Kesselhaus *das*.
chauffeur [ʃofœr] *nm* **-1.** [conducteur] (Auto)-fahrer *der*, -in *die*; ~ **du dimanche** Sonntagsfahrer; ~ **de taxi** Taxifahrer. **-2.** [employé] Chauffeur *der*.
chaume [ʃom] *nm* **-1.** [paille] Stroh *das*; **toit de ~** Strohdach *das*. **-2.** [de céréales] Halm *der*, Stoppel *die*.
chaumière [ʃomjɛr] *nf kleines strohgedecktes Haus*.
chaussée [ʃose] *nf* Fahrbahn *die*.
chausse-pied [ʃospje] (*pl* **chausse-pieds**) *nm* Schuhanzieher *der*.
chausser [3] [ʃose] ◇ *vt* **-1.** [souliers] an|ziehen; [lunettes] auf|setzen. **-2.** [enfant]: ~ **qqn** jm Schuhe an|ziehen. **-3.** [client]: ~ **qqn** für jn Schuhe an|fertigen. ◇ *vi*: ~ **du 40** Schuhgröße 40 haben; ~ **grand/petit** große/kleine Füße haben.
◆ **se chausser** *vp* sich die Schuhe an|ziehen.
chausse-trape (*pl* **chausse-trapes**), **chausse-trappe** (*pl* **chausse-trappes**) [ʃostrap] *nf* Fallgrube *die*.
chaussette [ʃosɛt] *nf* Kniestrumpf *der*.
chausseur [ʃosœr] *nm* **-1.** [fabricant] Schuhfabrikant *der*. **-2.** [fournisseur] Schuhhändler *der*.
chausson [ʃosɔ̃] *nm* **-1.** [pantoufle] Hausschuh *der*. **-2.** [de danse] Ballettschuh *der*. **-3.** [de bébé] Babyschuh *der*. **-4.** [pâtisserie] *gefülltes Blätterteiggebäck*; ~ **aux pommes** Apfeltasche *die*.
chaussure [ʃosyr] *nf* **-1.** [soulier] Schuh *der*; ~ **basse** Halbschuh; ~ **à crampons** Laufschuh mit Spikes; ~ **de marche** Wanderschuh; ~ **montante** hochgeschlossener Schuh; ~ **de ski** Skistiefel *der*; **trouver ~ à son pied** *fam fig* den Richtigen ou die Richtige finden. **-2.** [industrie] Schuhbranche *die*.
chauve [ʃov] ◇ *adj* kahl(köpfig), glatzköpfig; **devenir/être ~** eine Glatze bekommen/haben. ◇ *nm* Glatzkopf *der*.
chauve-souris [ʃovsuri] (*pl* **chauves-souris**) *nf* Fledermaus *die*.
chauvin, e [ʃovɛ̃, in] ◇ *adj* chauvinistisch. ◇ *nm, f* Chauvinist *der*, -in *die*.
chauvinisme [ʃovinism] *nm* Chauvinismus *der*.
chaux [ʃo] *nf* Kalk *der*; **blanchi à la ~** gekalkt.
chavirer [3] [ʃavire] ◇ *vi* [bateau] kentern; **être tout chaviré** zutiefst gerührt sein. ◇ *vt* **-1.** [bateau] zum Kentern bringen. **-2.** [personne] mit|nehmen.
chéchia [ʃeʃja] *nf* ≃ Fes *der*.
check-up [tʃɛkœp] *nm inv* Check-up *das*.
chef [ʃɛf] *nm* **-1.** [dirigeant] Chef *der*, -in *die*, Leiter *der*, -in *die*; ~ **de chantier** Bauführer *der*; ~ **de clinique** Oberarzt *der*; **un ~ d'État** ein Staatsoberhaupt; **le ~ de l'État** *der französische Staatspräsident*; ~ **de fabrication** Produktionsleiter; ~ **de famille** Familienoberhaupt *das*; ~ **de file** Leiter, Anführer *der*; ~ **de gare** Bahnhofsvorsteher *der*; ~ **d'orchestre** Dirigent *der*; ~ **de produit** Produktmanager *der*; ~ **de projet** Projektleiter; ~ **de service** ADMIN diensthabender Leiter; [dans entreprise] Abteilungsleiter; [d'hôpital] Stationsarzt *der*. **-2.** [cuisinier] Chef *der*. **-3.** [champion] Meister *der*, -in *die*. **-4.** *loc*: **de son propre ~** eigenmächtig *(adv)*, auf eigene Faust; **opiner du ~** durch Kopfnicken zu|stimmen.
◆ **chef d'accusation** *nm* Anklagepunkt *der*.
chef-d'œuvre [ʃɛdœvr] (*pl* **chefs-d'œuvre**) *nm* **-1.** ART Meisterwerk *das*. **-2.** *fig* [prodige] Wunder *das*.
chef-lieu [ʃɛfljø] (*pl* **chefs-lieux**) *nm*: ~ **de département** Sitz *der* der Präfektur.
chemin [ʃəmɛ̃] *nm* Weg *der*; **demander son ~ (à qqn)** (jn) nach dem Weg fragen; **faire du ~** voran|kommen; **rebrousser ~** kehrt|machen; **en ~** unterwegs; **faire son ~** *fig* sich durch|setzen; **prendre le ~ des écoliers** *fig* auf Umwegen kommen; **suivre le droit ~** *fig* dem rechten Weg folgen.
◆ **chemin de croix** *nm* Kreuzweg *der*.
◆ **chemin de fer** *nm* Eisenbahn *die*.
cheminée [ʃəmine] *nf* **-1.** [foyer] Kamin *der*. **-2.**

[conduit] Schornstein *der*. **-3.** [d'usine, de volcan] Schlot *der*.

cheminement [ʃəminmɑ̃] *nm* [d'idée, de projet] Voranschreiten *das*, Wandel *der*.

cheminer [3] [ʃəmine] *vi* **-1.** [marcher] marschieren. **-2.** *fig* [évoluer] sich *(D)* einen Weg bahnen.

cheminot [ʃəmino] *nm* Eisenbahner *der*.

chemise [ʃəmiz] *nf* **-1.** [vêtement] Hemd *das*; **~ de nuit** Nachthemd. **-2.** [dossier] Mappe *die*.

chemiserie [ʃəmizri] *nf* **-1.** [magasin] Hemdengeschäft *das*. **-2.** [industrie] Hemdenherstellung *die*.

chemisette [ʃəmizɛt] *nf* **-1.** [d'homme] kurzärmeliges Hemd. **-2.** [de femme] kurzärmelige Bluse. **-3.** [d'enfant] Kinderhemd *das*.

chemisier [ʃəmizje] *nm* **-1.** [vêtement] Bluse *die*. **-2.** [marchand] Herrenwäschehändler *der*.

chenal, aux [ʃənal, o] *nm* Fahrrinne *die*.

chenapan [ʃnapɑ̃] *nm* Strolch *der*.

chêne [ʃɛn] *nm* Eiche *die*.

chenet [ʃənɛ] *nm* Feuerbock *der*.

chenil [ʃənil] *nm* **-1.** [pour chiens] Zwinger *der*. **-2.** *Helv* [désordre] Unordnung *die*.

chenille [ʃənij] *nf* **-1.** [animal] Raupe *die*. **-2.** [de véhicule] Raupenkette *die*. **-3.** [passementerie] Chenille *die*.

chenu, e [ʃəny] *adj littéraire* **-1.** [tête, barbe] weißhaarig. **-2.** [arbre] kahl.

cheptel [ʃɛptɛl] *nm* Viehbestand *der*.

chèque [ʃɛk] *nm* Scheck *der*; **payer par ~** mit Scheck zahlen; **~ bancaire** Bankscheck; **~ barré** Verrechnungsscheck; **~ en blanc** Blankoscheck; **~ au porteur** Überbringerscheck; **~ postal** Postscheck; **~ sans provision** ungedeckter Scheck; **~ de voyage** Reisescheck.

Chèque-Restaurant® [ʃɛkrɛstɔrɑ̃] (*pl* **Chèques-Restaurant**) *nm* Restaurantscheck *der*.

chéquier [ʃekje] *nm* Scheckheft *das*.

cher, chère [ʃɛr] ◇ *adj* **-1.** [coûteux] teuer; **être ~ à qqn** jm lieb und teuer sein. **-2.** *(avant n)* [aimé, dans lettre] lieb; **~ Marcel** lieber Marcel; **~ Monsieur Dupont** sehr geehrter Herr Dupont. ◇ *nm, f* Liebe *der, die*.

◆ **cher** *adv* teuer.

◆ **chère** *nf*: **la bonne chère** das köstliche Essen.

chercher [3] [ʃɛrʃe] ◇ *vt* **-1.** [rechercher] suchen. **-2.** [prendre]: **aller ~ qqn/qqch** jn/etw holen; **venir ~ qqn/qqch** jn/etw ab|holen. **-3.** *fam* [provoquer]: **~ qqn** mit jm Streit suchen; **vous l'aurez cherché!** das haben Sie sich selbst zuzuschreiben! **-4.** *fam* [atteindre]: **ça va ~ dans les 100 francs** das macht so an die 100 Franc. **-5.** [inventer] her|nehmen. ◇ *vi*: **~ à faire qqch** versuchen, etw zu tun.

◆ **se chercher** *vp* auf der Suche nach sich selbst sein.

chercheur, euse [ʃɛrʃœr, øz] ◇ *nm, f* Forscher *der*, -in *die*. ◇ *adj* [esprit] forschend; → **tête**.

chèrement [ʃɛrmɑ̃] *adv* **-1.** [tendrement] innig. **-2.** [à haut prix] teuer.

chéri, e [ʃeri] ◇ *adj* geliebt. ◇ *nm, f* **-1.** [terme d'affection] Liebe *der, die*. **-2.** [chouchou] Liebling *der*.

chérir [32] [ʃerir] *vt* **-1.** [aimer] lieben. **-2.** [être attaché à]: **~ qqch** an etw *(D)* hängen.

cherté [ʃɛrte] *nf* hohe Kosten *Pl*, hoher Preis; **la ~ de la vie** die hohen Lebenshaltungskosten.

chétif, ive [ʃetif, iv] *adj* **-1.** [enfant] schwächlich. **-2.** [arbre] mickerig.

cheval, aux [ʃəval, o] *nm* **-1.** [animal] Pferd *das*; **~ d'arçons** SPORT Pferd; **~ à bascule** Schaukelpferd; **~ de bataille** *fig* Lieblingsthema *das*; **chevaux de bois** [manège] Holzpferde *Pl*; **~ de course** Rennpferd; **~ de trait** Zugpferd; **être à ~ sur qqch** [chevaucher] rittlings auf etw *(D)* sitzen; *fig* [lieux] beiderseits einer Sache *(G)* sein; *fig* [tenir à] auf etw *(A)* pochen; **monter sur ses grands chevaux** *fig* sich auf|spielen. **-2.** [équitation] Reiten *das*; **faire du** OU **monter à ~** reiten. **-3.** AUTOM *Pferdestärke nach Kfz-Steuer*.

chevaleresque [ʃəvalrɛsk] *adj* ritterlich.

chevalerie [ʃəvalri] *nf* Ritterstand *der*.

chevalet [ʃəvalɛ] *nm* **-1.** [de peintre] Staffelei *die*. **-2.** [de violon] Steg *der*. **-3.** [de tisserand] Webstuhl *der*. **-4.** [de menuisier] Sägebock *der*.

chevalier [ʃəvalje] *nm* Ritter *der*; **~ servant** ergebener Diener.

chevalière [ʃəvaljɛr] *nf* Siegelring *der*.

chevalin, e [ʃəvalɛ̃, in] *adj* Pferde-.

cheval-vapeur [ʃəvalvapœr] (*pl* **chevaux-vapeur** [ʃəvovapœr]) *nm* Pferdestärke *die*, PS *das*.

chevauchée [ʃəvoʃe] *nf* Ritt *der*.

chevaucher [3] [ʃevoʃe] *vt* rittlings sitzen; **~ qqch** rittlings auf etw *(D)* sitzen.

◆ **se chevaucher** *vp* sich überlappen.

chevelu, e [ʃəvly] *adj* behaart.

chevelure [ʃəvlyr] *nf* Haar *das (sans pl)*.

chevet [ʃəvɛ] *nm* Kopfende *das*; **être au ~ de qqn** an js Krankenbett sein.

cheveu, x [ʃəvø] *nm* Haar *das*; **avoir des ~x blancs** weiße Haare haben; **~x taillés en brosse** Bürstenschnitt *der*; **s'arracher les ~x** *fig* sich die Haare raufen; **avoir un ~ sur la langue** *fig* lispeln; **couper les ~x en quatre** *fig* Haarspalterei betreiben; **tiré par les ~x** *fig* an den Haaren herbeigezogen; **venir comme un ~ sur la**

soupe *fig* wie die Faust aufs Auge passen.
◆ **cheveux** *nmpl* [chevelure] Haar *das*.
cheville [ʃəvij] *nf* **-1.** ANAT Knöchel *der*; **ne pas arriver à la ~ de qqn** *fig* jm das Wasser nicht reichen können. **-2.** [pour vis] Dübel *der*; **~ ouvrière** Achsschenkelbolzen *der*; *fig* treibende Kraft.
chèvre [ʃɛvr] ◇ *nf* Ziege *die*; **ménager la ~ et le chou** *fig* es mit keinem verderben wollen. ◇ *nm* Schafskäse *der*.
chevreau, x [ʃəvro] *nm* **-1.** [animal] Zicklein *das*. **-2.** [peau] Ziegenleder *das*.
chèvrefeuille [ʃɛvrəfœj] *nm* Geißblatt *das*.
chevreuil [ʃəvrœj] *nm* **-1.** [animal] Reh *das*. **-2.** CULIN Rehfleisch *das*.
chevron [ʃəvrɔ̃] *nm* **-1.** [motif décoratif] Fischgrätmuster *das*. **-2.** CONSTR Dachsparren *der*. **-3.** [galon] Winkel *der*.
chevronné, e [ʃəvrɔne] *adj* geübt.
chevrotante [ʃəvrɔtɑ̃t] → **voix**.
chevrotine [ʃəvrɔtin] *nf* Grobschrot *das*.
chewing-gum [ʃwiŋgɔm] (*pl* **chewing-gums**) *nm* Kaugummi *der* OU *das*.
chez [ʃe] *prép* bei; **être ~ qqn** bei jm sein; **aller ~ qqn** zu jm gehen; **il rentre ~ lui** er geht nach Hause; **je reste ~ moi** ich bleibe zu Hause; **il vient ~ nous** er kommt zu uns nach Hause; **ce que j'aime ~ lui** was ich an ihm besonders mag.
chez-soi [ʃeswa] *nm inv* Zuhause *das*.
chialer [3] [ʃjale] *vi fam* plärren.
chiant, e [ʃjɑ̃, ɑ̃t] *adj tfam* **-1.** [ennuyeux] stinklangweilig. **-2.** [contrariant] beschissen.
chic [ʃik] ◇ *adj* **-1.** [élégant] schick. **-2.** [serviable] nett; **être ~** nett OU in Ordnung sein. ◇ *nm* Schick *der*; **bon ~ bon genre** klassisch; **avoir le ~ pour** *fig* ein Händchen haben für. ◇ *interj*: **~ (alors)!** Klasse!
chicane [ʃikan] *nf* [querelle] Schikane *die*; **chercher des ~s à qqn** jn schikanieren.
chicaner [3] [ʃikane] ◇ *vt*: **~ qqn sur** OU **pour qqch** jn wegen einer Sache *(G)* schikanieren. ◇ *vi* herum|nörgeln; **~ sur qqch** an etw *(D)* herumnörgeln.
◆ **se chicaner** *vp fam* sich zanken.
chiche [ʃiʃ] ◇ *adj* **-1.** [avare] knauserig; **être ~ de qqch** mit etw knausern. **-2.** [peu abondant] spärlich. **-3.** *fam* [capable de]: **être ~ de faire qqch** es fertig|bringen, etw zu tun. ◇ *interj*: **~!** wetten?
chichement [ʃiʃmɑ̃] *adv* kärglich.
chichi [ʃiʃi] *nm*: **faire des ~s** *fam* sich an|stellen.
chicorée [ʃikɔre] *nf* **-1.** [salade] Endivie *die*. **-2.** [racine torréfiée] Zichorie *die*; [boisson] Zichorienkaffee *der*.
chien, chienne [ʃjɛ̃, ʃjɛn] *nm, f* **-1.** [animal] Hund *der*, Hündin *die*; **~ d'aveugle** Blindenhund; **~ de chasse** Jagdhund; **~ esquimau** Eskimohund; **~ de garde** Wachhund; **~ policier** Polizeihund; **~ savant** gut abgerichteter Hund. **-2.** [d'arme à feu] Hahn *der*; **en ~ de fusil** *fig* mit angewinkelten Beinen. **-3.** *loc*: **avoir du ~** ein gewisses Etwas haben; **caractère de ~** schwieriger Charakter; **entre ~ et loup** zur Dämmerstunde; **se regarder en ~s de faïence** sich böse Blicke zu|werfen; **temps de ~** Hundewetter *das*.
chiendent [ʃjɛ̃dɑ̃] *nm* Quecke *die*.
chien-loup [ʃjɛ̃lu] (*pl* **chiens-loups**) *nm* Wolfshund *der*.
chienne → **chien**.
chier [9] [ʃje] *vi vulg* scheißen; **faire ~ (qqn)** (jn) nerven; **se faire ~** sich an|öden.
chiffon [ʃifɔ̃] *nm* Lappen *der*; **parler ~s** *fig* über Klamotten sprechen.
chiffonnade [ʃifɔnad] *nf* CULIN: **~ de laitue** *in Streifen geschnittener Kopfsalat*; **~ de jambon** *in Streifen geschnittener Schinken*.
chiffonné, e [ʃifɔne] *adj* [fatigué] übernächtigt.
chiffonner [3] [ʃifɔne] *vt* **-1.** [froisser] verknittern. **-2.** [contrarier] besorgen.
◆ **se chiffonner** *vp* knittern.
chiffonnier, ère [ʃifɔnje, ɛr] *nm, f* Lumpensammler *der*, -in *die*.
◆ **chiffonnier** *nm* Kommode *die*.
chiffre [ʃifr] *nm* **-1.** [caractère] Ziffer *die*; **~ arabe/romain** arabische/römische Ziffer. **-2.** [montant] Zahl *die*; **~ rond** runde Zahl. **-3.** [code secret] Geheimzahl *die*.
◆ **chiffre d'affaires** *nm* Umsatz *der*.
chiffrer [3] [ʃifre] ◇ *vt* **-1.** [numéroter] numerieren. **-2.** [évaluer] beziffern. **-3.** [coder] verschlüsseln. ◇ *vi* sich summieren.
◆ **se chiffrer** *vp*: **se ~ à 1 000 francs** sich auf 1000 Franc belaufen.
chignole [ʃiɲɔl] *nf* Bohrer *der*.
chignon [ʃiɲɔ̃] *nm* Haarknoten *der*; **se crêper le ~** *fig* sich *(D)* in die Haare geraten.
Chili [ʃili] *nm*: **le ~** Chile *nt*; **au ~** in Chile.
chilien, enne [ʃiljɛ̃, ɛn] *adj* chilenisch.
◆ **Chilien, enne** *nm, f* Chilene *der*, -nin *die*.
chimère [ʃimɛr] *nf* **-1.** MYTH Schimäre *die*. **-2.** *fig* [illusion] Luftschloß *das*.
chimérique [ʃimerik] *adj* utopisch; **personne ~** Phantast *der*.
chimie [ʃimi] *nf* Chemie *die*.
chimiothérapie [ʃimjɔterapi] *nf* Chemotherapie *die*.
chimique [ʃimik] *adj* chemisch; **produits ~s** Chemikalien *Pl*.
chimiquement [ʃimikmɑ̃] *adv* chemisch.

chimiste [ʃimist] *nmf* Chemiker *der*, -in *die*.
chimpanzé [ʃɛ̃pɑ̃ze] *nm* Schimpanse *der*.
chinchilla [ʃɛ̃ʃila] *nm* **-1.** [rat] Chinchilla *die*. **-2.** [lapin, peau] Chinchilla *das*.
Chine [ʃin] *nf*: **la ~** China *nt*.
chiné, e [ʃine] *adj* meliert.
chiner [3] [ʃine] *vi auf Trödelmärkten oder bei Antiquitätenhändlern nach schönen Stücken stöbern*.
chinois, e [ʃinwa, az] *adj* chinesisch.
◆ **chinois** *nm* **-1.** [langue] Chinesisch(e) *(das)*; **c'est du ~** *fig* das ist Fachchinesisch. **-2.** [passoire] Trichtersieb *das*.
◆ **Chinois, e** *nm, f* Chinese *der*, -sin *die*.
chinoiserie [ʃinwazri] *nf* **-1.** [objet] Chinoiserie *die*. **-2.** *fig* [complication] Spitzfindigkeiten *Pl*.
chiot [ʃjo] *nm* Welpe *der*.
chiottes [ʃjɔt] *nfpl vulg* Klo *das*.
chiper [3] [ʃipe] *vt fam* stibitzen.
chipie [ʃipi] *nf* Biest *das*.
chipolata [ʃipɔlata] *nf Bratwürstchen*.
chipoter [3] [ʃipɔte] *vi* **-1.** [en mangeant] im Essen herum|stochern. **-2.** [ergoter] pingelig sein; **~ sur qqch** an etw *(D)* herum|meckern.
chips [ʃips] *nfpl*: **(pommes) ~** (Kartoffel)chips *Pl*.
chiqué [ʃike] *nm*: **c'est du ~** *fam* das ist nur Mache.
chiquenaude [ʃiknod] *nf*: **donner une ~ à qqn** jn schnippen.
chiquer [3] [ʃike] *vt* Tabak kauen.
chiromancien, enne [kirɔmɑ̃sjɛ̃, ɛn] *nm, f* Chiromant *der*, -in *die*.
chiropraticien, enne [kirɔpratisjɛ̃, ɛn] *nm, f*, **chiropracteur** [kirɔpraktœr] *nm* Chiropraktiker *der*, -in *die*.
chirurgical, e, aux [ʃiryrʒikal, o] *adj* chirurgisch.
chirurgie [ʃiryrʒi] *nf* Chirurgie *die*; **~ esthétique** Schönheitschirurgie.
chirurgien, enne [ʃiryrʒjɛ̃, ɛn] *nm, f* Chirurg *der*, -in *die*.
chirurgien-dentiste [ʃiryrʒjɛ̃dɑ̃tist] (*pl* **chirurgiens-dentistes**) *nm* Zahnarzt *der*, -ärztin *die*.
chiure [ʃjyr] *nf*: **~ de mouche** Fliegendreck *der*.
ch.-l. *abr de* **chef-lieu**.
chlinguer = **schlinguer**.
chlore [klɔr] *nm* Chlor *das*.
chloroforme [klɔrɔfɔrm] *nm* Chloroform *das*.
chlorophylle [klɔrɔfil] *nf* Chlorophyll *das*.
chlorure [klɔryr] *nm* Chlorid *das*.
chnoque = **schnock**.
choc [ʃɔk] ◇ *nm* **-1.** [coup] Schlag *der*. **-2.** [conflit] Konfrontation *die*. **-3.** [émotionnel] Schock *der*; **~ opératoire** postoperativer Schock; **de ~** Schock-. ◇ *adj* [mesures] drastisch; [prix] sensationell.
chocolat [ʃɔkɔla] ◇ *nm* **-1.** [produit] Schokolade *die*; **~ au lait** Milchschokolade; **~ noir** zartbittere Schokolade. **-2.** [boisson] Schokolade *die*, Kakao *der*; **~ chaud/glacé** heiße/kalte Schokolade; **~ liégeois** Schokoladeeisbecher *der*. **-3.** [bonbon] Praline *die*. **-4.** *loc*: **être ~** *fam* aufgeschmissen sein. ◇ *adj inv* schokoladenbraun.
chocolaté, e [ʃɔkɔlate] *adj* Schokoladen-.
chocolatier, ère [ʃɔkɔlatje, ɛr] ◇ *adj* Schokoladen-. ◇ *nm, f* **-1.** [fabricant] Schokoladenhersteller *der*, -in *die*. **-2.** [commerçant] Schokoladenhändler *der*, -in *die*.
◆ **chocolatière** *nf* Kakaokanne *die*.
chœur [kœr] *nm* **-1.** [gén] Chor *der*; **chanter en ~** im Chor singen; **en ~** *fig* gemeinsam. **-2.** MUS [morceau] Chorwerk *das*.
choir [72] [ʃwar] *vi*: **laisser ~ qqn/qqch** *sout* jn/etw fallen lassen; **se laisser ~** sich fallen lassen.
choisi, e [ʃwazi] *adj* **-1.** [recherché] gewählt. **-2.** [distingué] erlesen.
choisir [32] [ʃwazir] ◇ *vt* **-1.** [élire] wählen. **-2.** [sélectionner] aus|wählen, aus|suchen. ◇ *vi*: **~ de faire qqch** sich entscheiden, etw zu tun.
choix [ʃwa] *nm* **-1.** [décision] Wahl *die*; **avoir le ~** die Wahl haben; **au ~** nach Wahl. **-2.** [sélection, variété] Auswahl *die*. **-3.** [qualité]: **de premier/second ~** erster/zweiter Wahl.
choléra [kɔlera] *nm* Cholera *die*.
cholestérol [kɔlɛsterɔl] *nm* Cholesterin *das*; **taux de ~** Cholesterinspiegel *der*.
chômage [ʃomaʒ] *nm* Arbeitslosigkeit *die*; **~ partiel** Kurzarbeit *die*; **~ technique** *durch Versorgungsengpässe bedingte Arbeitslosigkeit*.
chômé [ʃome] → **jour**.
chômer [3] [ʃome] ◇ *vt* nicht arbeiten. ◇ *vi*: **ne pas ~** *fig* alle Hände voll zu tun haben.
chômeur, euse [ʃomœr, øz] *nm, f* Arbeitslose *der, die*.
chope [ʃɔp] *nf* Schoppen *der*.
choper [3] [ʃɔpe] *vt fam* **-1.** [arrêter] erwischen. **-2.** [attraper]: **~ qqch** sich etw ein|fangen. **-3.** [voler] klauen.
choquant, e [ʃɔkɑ̃, ɑ̃t] *adj* schockierend.
choquer [3] [ʃɔke] *vt* **-1.** [scandaliser] schockieren. **-2.** [traumatiser] schwer treffen.
choral, e, als OU **aux** [kɔral, o] *adj* Chor-.
◆ **choral, als** *nm* Choral *der*.
◆ **chorale** *nf* Chor *der*.
chorégraphie [kɔregrafi] *nf* Choreographie *die*.
choriste [kɔrist] *nmf* Chorsänger *der*, -in *die*.
chose [ʃoz] ◇ *nf* **-1.** [objet] Ding *das*, Sache *die*.

-2. [événement, éventualité] Sache *die*. **-3.** *(gén pl)* [situation] Dinge *Pl*; **les ~s de la vie** die Dinge des Lebens. **-4.** *loc*: **c'est (bien) peu de ~** das ist ja wohl das mindeste; **c'est la moindre des ~s** [de politesse] das ist doch selbstverständlich; **chaque ~ en son temps** eins nach dem anderen; **de deux ~s l'une** eins von beiden; **dire bien des ~s à qqn** jm Grüße aus|richten; **faire les ~s à moitié** die Dinge halbherzig tun; **parler de ~s et d'autres** über dies und jenes sprechen; **regarder les ~s en face** den Tatsachen ins Auge sehen. ◇ *adj fam* : **se sentir** OU **être tout ~** sich nicht gut fühlen. ◇ *nm fam* Dingsbums.

chou[1], x [ʃu] ◇ *nm* **-1.** [légume] Kohl *der*; **~ de Bruxelles** Rosenkohl; **~ rouge** Rotkohl; **j'ai** OU **tu as etc fait ~ blanc** *fam fig* damit war es Essig. **-2.** [pâtisserie] Windbeutel *der*; **~ à la crème** Windbeutel mit Cremefüllung. ◇ *adj inv* goldig.

chou[2], choute [ʃu, ʃut] *nm, f fam* Schätzchen *das*.

choucas [ʃuka] *nm* Dohle *die*.

chouchou, oute [ʃuʃu, ut] *nm, f fam* Liebling *der*.

chouchouter [3] [ʃuʃute] *vt fam* verhätscheln.

choucroute [ʃukrut] *nf* Sauerkraut *das*; **~ garnie** Sauerkraut mit Beilagen.

chouette [ʃwɛt] ◇ *nf* Eule *die*. ◇ *adj & interj* toll.

chou-fleur [ʃuflœr] (*pl* **choux-fleurs**) *nm* Blumenkohl *der*.

chou-rave [ʃurav] (*pl* **choux-raves**) *nm* Kohlrabi *der*.

choyer [13] [ʃwaje] *vt sout* umsorgen.

CHR (*abr de* **centre hospitalier régional**) *nm* ≃ Kreiskrankenhaus *das*.

chrétien, enne [kretjɛ̃, ɛn] ◇ *adj* christlich. ◇ *nm, f* Christ *der*, -in *die*.

chrétienté [kretjɛ̃te] *nf* Christenheit *die*.

christ [krist] *nm* Kruzifix *das*.
◆ **Christ** *nm* Christus *(sans art déf)*.

christianiser [3] [kristjanize] *vt* christianisieren.

christianisme [kristjanism] *nm* Christentum *das*.

chromatique [krɔmatik] *adj* chromatisch.

chrome [krom] *nm* Chrom *das*.
◆ **chromes** *nmpl* Chromteile *Pl*.

chromé, e [krome] *adj* verchromt.

chromosome [krɔmɔzom] *nm* Chromosom *das*.

chronique [krɔnik] ◇ *adj* **-1.** MÉD chronisch. **-2.** [chômage] Langzeit-. **-3.** [crise] andauernd. ◇ *nf* **-1.** [annales] Chronik *die*. **-2.** PRESSE: **~ sportive** Sportteil *der*. **-3.** [rumeur] Gerüchteküche *die*; **défrayer la ~** Schlagzeilen machen.

chrono [krɔno] *abr de* **chronomètre**.

chronologie [krɔnɔlɔʒi] *nf* **-1.** [d'événements] zeitliche Abfolge. **-2.** [science] Chronologie *die*.

chronologique [krɔnɔlɔʒik] → **ordre**.

chronomètre [krɔnɔmɛtr] *nm* **-1.** [de sport] Stoppuhr *die*. **-2.** [montre] Chronometer *der*.

chronométrer [18] [krɔnɔmetre] *vt* mit der Stoppuhr messen, stoppen.

chrysalide [krizalid] *nf* Puppe *die*; **sortir de sa ~** *fig* flügge werden.

chrysanthème [krizɑ̃tɛm] *nm* Chrysantheme *die*.

CHRYSANTHÈME:
In Frankreich werden Chrysanthemen mit "Toussaint" (Allerheiligen) in Verbindung gebracht. Sie dienen als Grabschmuck.

CHS (*abr de* **comité d'hygiène et de sécurité**) *nm* Ausschuß *der* für Hygiene und Sicherheit.

CHU (*abr de* **centre hospitalo-universitaire**) *nm* Uni-Klinik *die*, Universitätsklinikum *das*.

chuchotement [ʃyʃɔtmɑ̃] *nm* Flüstern *das (sans pl)*.

chuchoter [3] [ʃyʃɔte] *vt & vi* flüstern.

chuinter [3] [ʃɥɛ̃te] *vi* **-1.** [chouette] rufen. **-2.** [siffler] zischen. **-3.** LING zischend aus|sprechen.

chut [ʃyt] *interj*: **~!** pst!

chute [ʃyt] *nf* **-1.** [de personne, de gouvernement] Fall *der*, Sturz *der*; [de cheveux] Ausgehen *das*; [de feuilles] Abfallen *das*; **faire une ~** fallen, stürzen; **~ libre** freier Fall; **~ de neige** Schneefall; **~ de pierres** Steinschlag *der*. **-2.** [des cours, de température, de tension] Abfall *der*. **-3.** [cascade]: **~ (d'eau)** Wasserfall *der*. **-4.** [de tissu] Stoffrest *der*. **-5.** ANAT: **~ des reins** unterer Rükkenbereich.

chuter [3] [ʃyte] *vi* fallen.

Chypre [ʃipr] *n* Zypern *nt*; **à ~** auf Zypern.

chypriote [ʃiprijɔt], **cypriote** [siprijɔt] *adj* zypriotisch, zyprisch.
◆ **Chypriote, Cypriote** *nmf* Zypriot *der*, -in *die*, Zyprier *der*, -in *die*.

ci [si] *adv*: **ce livre-~** dieses Buch hier; **ces jours-~** in den kommenden Tagen.

Ci (*abr de* **curie**) Ci.

CIA (*abr de* **Central Intelligence Agency**) *nf* CIA *der*.

ci-après [siaprɛ] *loc adv* nachstehend.

cibiste [sibist] *nmf* Amateurfunker *der*.

cible [sibl] *nf* **-1.** [de tir] Zielscheibe *die*; **être la ~ de qqn, servir de ~ à qqn** *fig* für jn Zielscheibe sein. **-2.** COMM & PUB: **(groupe) ~** Zielgruppe *die*.

ciblé, e [sible] *adj* COMM & PUB gezielt.
cibler [3] [sible] *vt*: **~ la clientèle d'un produit** die Kundschaft eines Produkts genau definieren.
ciboire [sibwar] *nm* Ziborium *das*.
ciboulette [sibulɛt] *nf* Schnittlauch *der*.
cicatrice [sikatris] *nf* Narbe *die*.
cicatriser [3] [sikatrize] *vt* **-1.** [guérir] vernarben. **-2.** *fig* [chagrin] heilen.
◆ **se cicatriser** *vp* **-1.** [plaie] vernarben. **-2.** *fig* [chagrin] heilen.
ci-contre [sikɔ̃tr] *adv* nebenstehend.
CICR (*abr de* **Comité international de la Croix-Rouge**) *nm* IKRK *das*.
ci-dessous [sidəsu] *adv* untenstehend; **voir** OU **cf ~** siehe unten.
ci-dessus [sidəsy] *adv* obenstehend; **voir** OU **cf ~** siehe oben.
CIDEX, Cidex [sidɛks] (*abr de* **courrier individuel à distribution exceptionnelle**) *nm gesonderte Postzustellung in Frankreich für Privatpersonen*.
CIDJ (*abr de* **centre d'information et de documentation de la jeunesse**) *nm* Jugendinformations- und Dokumentationszentrum *das*.
cidre [sidr] *nm* Cidre *der*; **~ bouché** *Flaschen-Cidre mit Korkenverschluß*; **~ doux** süßer Cidre.
CIDUNaTI [sidynati] (*abr de* **Comité interprofessionnel d'information et de défense de l'union nationale des travailleurs indépendants**) *nm französische Gewerkschaft für Einzelhändler und Gewerbetreibende*.
Cie (*abr de* **compagnie**) Co.
ciel [sjɛl] (*pl* **cieux** [sjø]) ◇ *nm* **-1.** [gén] Himmel *der*; **à ~ ouvert** im Tagebau; **~ de plomb** bleigrauer Himmel. **-2.** (*pl ciels*) [baldaquin]: **~ de lit** Betthimmel *der*. **-3.** *loc*: **être au septième ~** im siebten Himmel sein; **remuer ~ et terre** alle Hebel in Bewegung setzen; **tomber du ~** wie gerufen kommen. ◇ *interj*: **~!** *vieilli* ach du lieber Himmel!
◆ **cieux** *nmpl* [paradis] Himmel *der (sans pl)*.
CIEP (*abr de* **Centre international d'études pédagogiques**) *nm* Internationales Institut für pädogogische Studien.
cierge [sjɛrʒ] *nm* Kerze *die (in der Kirche)*.
cieux → **ciel**.
cigale [sigal] *nf* Zikade *die*, Grille *die*.
cigare [sigar] *nm* Zigarre *die*.
cigarette [sigarɛt] *nf* Zigarette *die*; **~ blonde/brune** Zigarette aus hellem/schwarzem Tabak.
cigarillo [sigarijo] *nm* Zigarillo *das* OU *der*.
ci-gît [siʒi] *loc adv* hier ruht.
cigogne [sigɔɲ] *nf* Storch *der*.
ciguë [sigy] *nf* Schierling *der*.
ci-inclus, e [siɛ̃kly, yz] *adj* beiliegend.
◆ **ci-inclus** *adv* anbei.
ci-joint, e [siʒwɛ̃, ɛ̃t] *adj* beiliegend.
◆ **ci-joint** *adv*: **veuillez trouver ~** anbei finden Sie.
cil [sil] *nm* **-1.** ANAT Wimper *die*. **-2.** BIOL: **~s vibratiles** Flimmerhärchen *Pl*.
ciller [3] [sije] *vi* zwinkern; **sans ~** *fig* ohne mit der Wimper zu zucken.
cimaise [simɛz] *nf* [de salle d'exposition] Ausstellwand *die*.
cime [sim] *nf* [d'arbre] Krone *die*; [de montagne] Gipfel *der*.
ciment [simɑ̃] *nm* **-1.** [matériau] Zement *der*. **-2.** *fig* [lien] Bindemittel *das*.
cimenter [3] [simɑ̃te] *vt* **-1.** CONSTR zementieren. **-2.** *fig* [consolider] festigen.
cimetière [simtjɛr] *nm* Friedhof *der*.
ciné [sine] *nm fam* Kino *das*.
cinéaste [sineast] *nmf* Filmemacher *der*, -in *die*.
ciné-club [sineklœb] (*pl* **ciné-clubs**) *nm* Filmclub *der*.
cinéma [sinema] *nm* **-1.** [art, salle, technique] Kino *das*; **aller au ~** ins Kino gehen; **faire du ~** beim Film arbeiten; *fig* Theater machen; **~ muet** Stummfilm *der*; **~ parlant** Tonfilm *der*. **-2.** [industrie] Filmbranche *die*; **~ publicitaire** Werbefilmbranche.
cinémathèque [sinematɛk] *nf* Filmarchiv *das*, Kinemathek *die*; **la Cinémathèque française** *internationale Kinemathek in Paris*.

LA CINÉMATHÈQUE FRANÇAISE:
Die "Cinémathèque française" wurde 1936 gegründet. Hier werden Filme archiviert, restauriert und öffentliche Filmvorführungen veranstaltet.

---

cinématographique [sinematɔgrafik] *adj* Film-.
cinéphile [sinefil] *nmf* Filmfan *der*.
cinétique [sinetik] ◇ *adj* kinetisch. ◇ *nf* Kinetik *die*.
cinglant, e [sɛ̃glɑ̃, ɑ̃t] *adj* schneidend.
cinglé, e [sɛ̃gle] *fam* ◇ *adj* plemplem. ◇ *nm, f* Verrückte *der, die*.
cingler [3] [sɛ̃gle] ◇ *vt* peitschen. ◇ *vi sout* segeln.
cinq [sɛ̃k] ◇ *adj inv* & *pron inv* fünf; **il était moins ~** *fam* es war höchste Eisenbahn. ◇ *nm inv* Fünf *die*; *voir aussi* **six**.
cinquantaine [sɛ̃kɑ̃tɛn] *nf* an die fünfzig; **une ~ de personnes** ungefähr fünfzig Leute; **avoir la ~** um die Fünfzig sein, an die fünfzig Jahre alt sein.

cinquante [sɛ̃kɑ̃t] ◇ *adj inv* & *pron inv* fünfzig. ◇ *nm inv* Fünfzig *die*; *voir aussi* **six**.

cinquantenaire [sɛ̃kɑ̃tnɛr] ◇ *adj* fünfzigjährig. ◇ *nmf* Fünfziger *der*, -in *die*. ◇ *nm* [d'organisme] fünfzigjähriges Bestehen; [de mort] fünfzigster Todestag; [d'événement] fünfzigster Jahrestag.

cinquantième [sɛ̃kɑ̃tjɛm] ◇ *adj* fünfzigste,-r,-s. ◇ *nmf* Fünfzigste *der, die, das*; *voir aussi* **sixième**.

cinquième [sɛ̃kjɛm] ◇ *adj* fünft-, fünfte,-r,-s; **la ~ roue du carrosse** *fig* das fünfte Rad am Wagen. ◇ *nmf* Fünfte *der, die, das*. ◇ *nf* **-1.** SCOL ≃ siebte Klasse. **-2.** [vitesse] Fünfte *der*. ◇ *nm* **-1.** [fraction] Fünftel *das*. **-2.** [étage] fünfter Stock, fünfte Etage. **-3.** [arrondissement] fünftes Arrondissement; *voir aussi* **sixième**.

cinquièmement [sɛ̃kjɛmmɑ̃] *adv* fünftens.

cintre [sɛ̃tr] *nm* **-1.** [pour vêtements] Kleiderbügel *der*. **-2.** ARCHIT Bogen *der*.

◆ **cintres** *nmpl* THÉÂTRE Schnürboden *der*.

cintré, e [sɛ̃tre] *adj* **-1.** [courbé] Bogen-. **-2.** COUTURE (an)tailliert.

CIO (*abr de* **Comité international olympique**) *nm* IOK *das*.

cirage [siraʒ] *nm* **-1.** [produit - pour sol] Bohnerwachs *das*; [- pour chaussures] Schuhcreme *die*. **-2.** [action de cirer - sol] Bohnern *das*; [- chaussures] Wichsen *das*. **-3.** *loc*: **être dans le ~** *fam* im Tran sein.

circoncis, e [sirkɔ̃si, iz] *adj* beschnitten.

circoncision [sirkɔ̃sizjɔ̃] *nf* Beschneidung *die*.

circonférence [sirkɔ̃ferɑ̃s] *nf* **-1.** GÉOM Umfang *der*. **-2.** [pourtour] Grenzlinie *die*.

circonflexe [sirkɔ̃flɛks] → **accent**.

circonscription [sirkɔ̃skripsjɔ̃] *nf* ADMIN Bezirk *der*; **~ électorale** Wahlbezirk.

circonscrire [99] [sirkɔ̃skrir] *vt* **-1.** GÉOM umschreiben. **-2.** [incendie, épidémie] ein|dämmen. **-3.** *fig* [sujet] ab|stecken.

◆ **se circonscrire** *vp*: **se ~ autour de qqch** sich um etw drehen.

circonspect, e [sirkɔ̃spɛ, ɛkt] *adj* **-1.** [personne, parole] vorsichtig. **-2.** [conduite] bedacht.

circonspection [sirkɔ̃spɛksjɔ̃] *nf* Vorsicht *die*; **agir avec ~** mit Bedacht handeln.

circonstance [sirkɔ̃stɑ̃s] *nf* Gelegenheit *die*; **de ~** [œuvre] Gelegenheits-; [discours, solution] angebracht.

◆ **circonstances** *nfpl* Umstände *Pl*; **~s atténuantes** JUR mildernde Umstände.

circonstancié, e [sirkɔ̃stɑ̃sje] *adj* ausführlich.

circonstanciel [sirkɔ̃stɑ̃sjɛl] → **complément**.

circuit [sirkɥi] *nm* **-1.** [chemin] Weg *der*. **-2.** [itinéraire] Route *die*. **-3.** [touristique] Rundreise *die*. **-4.** [de sport] Rennbahn *die*; **en ~ fermé** *fig* vertraulich *(adv)*. **-5.** ÉLECTR Stromkreis *der*; **~ d'alimentation** Versorgungsleitung *die*; **~ imprimé/intégré** gedruckte/integrierte Schaltung.

◆ **circuit de distribution** *nm* Vertriebsnetz *das*.

circulaire [sirkylɛr] ◇ *adj* **-1.** [en forme de cercle] Kreis-. **-2.** [qui décrit un cercle] kreisförmig. ◇ *nf* Rundschreiben *das*.

circulation [sirkylasjɔ̃] *nf* **-1.** [du sang, d'air] Zirkulation *die*. **-2.** [de capitaux, de biens] Umlauf *der*; **mettre en ~** in Umlauf bringen; **retirer de la ~** aus dem Umlauf ziehen. **-3.** [trafic] Verkehr *der*; **~ alternée** abwechselnde Fahrbahnbenutzung; **disparaître de la ~** *fam fig* weg vom Fenster sein.

circulatoire [sirkylatwar] → **trouble**.

circuler [3] [sirkyle] *vi* **-1.** [sang, air] zirkulieren. **-2.** [argent, rumeur] im Umlauf sein. **-3.** [passer - personnes] hin- und her|gehen; [- véhicule] fahren; **circulez!** gehen Sie weiter! **-4.** [nouvelle] sich verbreiten.

cire [sir] *nf* **-1.** [matière] Wachs *das*; **~ d'abeilles** Bienenwachs; **~ à cacheter** Siegelwachs. **-2.** [encaustique] Bohnerwachs. **-3.** [cérumen] Ohrenschmalz *das*.

ciré, e [sire] *adj* **-1.** [parquet] gebohnert. **-2.** → **toile**.

◆ **ciré** *nm* Ölzeug *das*.

cirer [3] [sire] *vt* **-1.** [meuble, parquet] bohnern. **-2.** [chaussures] wichsen.

cireuse [sirøz] *nf* Bohnermaschine *die*.

cireux, euse [sirø, øz] *adj* **-1.** [teint] fahl. **-2.** [matière] wachsartig.

cirque [sirk] *nm* **-1.** [gén] Zirkus *der*. **-2.** GÉOL Kessel *der*.

cirrhose [siroz] *nf* Zirrhose *die*.

cisaille [sizaj] *nf* **-1.** [à métaux] Blechschere *die*. **-2.** [de jardinier] Heckenschere *die*.

cisaillement [sizajmɑ̃] *nm* **-1.** [de métal] Schneiden *das*. **-2.** [de branches] Stutzen *das*.

cisailler [3] [sizaje] *vt* **-1.** [métal] schneiden. **-2.** [branches] stutzen.

ciseau, x [sizo] *nm* [outil - de sculpteur, de menuisier] Meißel *der*; [- de serrurier] Stemmeisen *das*.

◆ **ciseaux** *nmpl* **-1.** [instrument] Schere *die*. **-2.** SPORT: **saut en ~x** Scherensprung *der*.

ciseler [25] [sizle] *vt* **-1.** [pierre, métal] ziselieren. **-2.** *fig* [parfaire] aus|feilen.

ciselure [sizlyr] *nf* **-1.** [art] Zieselierarbeit *die*. **-2.** [ornement] Zieselierung *die*.

Cisjordanie [sisʒɔrdani] *nf*: **la ~** Cisjordanien *nt*, das Westjordanland.

cisjordanien, enne [sisjɔrdanjɛ̃, ɛn] *adj* westjordanisch.

◆ **Cisjordanien, enne** *nm, f* Westjordanier *der*, -in *die*.

cistercien, enne [sistersjɛ̃, ɛn] ◇ *adj* Zisterzienser-. ◇ *nm, f* Zisterzienser *der*, -in *die*.
citadelle [sitadɛl] *nf* Zitadelle *die*; *fig* Hochburg *die*.
citadin, e [sitadɛ̃, in] ◇ *adj* städtisch, Stadt-. ◇ *nm, f* Städter *der*, -in *die*.
citation [sitasjɔ̃] *nf* **-1.** [extrait] Zitat *das*. **-2.** JUR Vorladung *die*. **-3.** MIL Lobehrung *die*.
cité [site] *nf* **-1.** [ville] Stadt *die*. **-2.** [lotissement] Wohnsiedlung *die*; **~ ouvrière** Arbeitersiedlung *die*; **~ universitaire** Studentenwohnheim *das*.
cité-dortoir [sitedɔrtwar] (*pl* **cités-dortoirs**) *nf* Schlafstadt *die*.
citer [3] [site] *vt* **-1.** [rapporter] zitieren. **-2.** JUR vor|laden. **-3.** MIL durch Lob ehren.
citerne [sitɛrn] *nf* Tank *der*; **~ à mazout** Öltank.
cité U [sitey] (*abr de* **cité universitaire**) *nf fam* Studentenwohnheim *das*.
citoyen, enne [sitwajɛ̃, ɛn] *nm, f* (Staats)bürger *der*, -in *die*.
citoyenneté [sitwajɛnte] *nf* Staatsbürgerschaft *die*.
citron [sitrɔ̃] ◇ *nm* Zitrone *die*; **~ pressé** Zitronensaft *der*; **~ vert** Limone *die*. ◇ *adj inv* zitronengelb.
citronnade [sitrɔnad] *nf* Zitronenwasser *das*.
citronnelle [sitrɔnɛl] *nf* Melisse *die*.
citronnier [sitrɔnje] *nm* Zitronenbaum *der*.
citrouille [sitruj] *nf* Kürbis *der*.
civet [sivɛ] *nm* Pfeffer *der (Gericht)*; **~ de lièvre** Hasenpfeffer.
civière [sivjɛr] *nf* Tragbahre *die*.
civil, e [sivil] ◇ *adj* **-1.** [relatif aux citoyens] bürgerlich. **-2.** [non-militaire] zivil. **-3.** JUR Zivil-; **se porter partie ~e** Privatklage erheben. ◇ *nm, f* Zivilperson *die*; **dans le ~** im Zivilleben; **en ~** in Zivil.
civilisation [sivilizasjɔ̃] *nf* **-1.** [société évoluée] Zivilisation *die*. **-2.** [culture] Kultur *die*.
civilisé, e [sivilize] *adj* zivilisiert.
civiliser [3] [sivilize] *vt* zivilisieren.
◆ **se civiliser** *vp* sich zivilisieren.
civilité [sivilite] *nf sout* gesittetes Benehmen.
◆ **civilités** *nfpl* Empfehlungen *Pl*.
civique [sivik] *adj* staatsbürgerlich, Staatsbürger-.
civisme [sivism] *nm* staatsbürgerliches Pflichtgefühl.
cl (*abr de* **centilitre**) cl.
clac [klak] *interj* klapp.
clafoutis [klafuti] *nm Obstkuchen aus Eierkuchenteig.*
claie [klɛ] *nf* **-1.** [treillis d'osier] Gitter *das*. **-2.** [clôture] Lattenwand *die*.
clair, e [klɛr] *adj* **-1.** [couleur, voix, son] hell. **-2.** [eau, explication, attitude] klar; **il est ~ que** es steht außer Zweifel, daß; **~ et net** ganz klar.
◆ **clair** ◇ *adv*: **voir ~** gut sehen; *fig* klar|sehen. ◇ *nm*: **passer le plus ~ de son temps à faire qqch** einen Großteil seiner Zeit damit zu|bringen, etw zu tun; **tirer au ~** klar|stellen.
◆ **clair de lune** (*pl* **clairs de lune**) *nm* Mondschein *der*.
◆ **en clair** *loc adj* TÉLÉ nicht kodiert.
clairement [klɛrmɑ̃] *adv* klar.
claire-voie [klɛrvwa]
◆ **à claire-voie** *loc adj*: **porte à ~** Gittertür *die*.
clairière [klɛrjɛr] *nf* Lichtung *die*.
clairon [klɛrɔ̃] *nm* Horn *das*.
claironner [3] [klɛrɔne] ◇ *vi* Horn blasen. ◇ *vt* hinaus|posaunen.
clairsemé, e [klɛrsəme] *adj* spärlich.
clairvoyant, e [klɛrvwajɑ̃, ɑ̃t] *adj* hellsichtig.
clamer [3] [klame] *vt* beteuern.
clameur [klamœr] *nf* Geschrei *das (sans pl)*.
clamser [3] [klamse] *vi fam* ab|kratzen.
clan [klɑ̃] *nm* **-1.** [famille] Clan *der*. **-2.** [groupe de personnes] Clique *die*.
clandestin, e [klɑ̃dɛstɛ̃, in] ◇ *adj* Geheim-. ◇ *nm, f* nicht aufenthaltsberechtigte Person.
clandestinité [klɑ̃dɛstinite] *nf* Untergrund *der*; **dans la ~** im Untergrund.
clapet [klapɛ] *nm* **-1.** [soupape] Klappe *die*, Ventil *das*. **-2.** *fam* [bouche] Klappe *die*.
clapier [klapje] *nm* Kaninchenstall *der*.
clapotement [klapɔtmɑ̃], **clapotis** [klapɔti] *nm* Plätschern *das*.
clapoter [3] [klapɔte] *vi* plätschern.
clapotis = **clapotement**.
claquage [klakaʒ] *nm* Zerrung *die*.
claque [klak] *nf* **-1.** [gifle] Backpfeife *die*; **donner une ~ à qqn** jm eine Backpfeife geben. **-2.** THÉÂTRE Claque *die*. **-3.** *loc*: **en avoir sa ~ (de qqch)** *fam* (von etw) die Nase voll haben.
claqué, e [klake] *adj fam* fix und fertig.
claquement [klakmɑ̃] *nm* **-1.** [de porte, de fouet, de doigts] Knallen *das*. **-2.** [de langue] Schnalzen *das*.
claquemurer [3] [klakmyre] *vt* ein|sperren.
◆ **se claquemurer** *vp* sich verbarrikadieren.
claquer [3] [klake] ◇ *vt* **-1.** [fermer] zu|schlagen. **-2.** [doigts, fouet]: **faire ~ qqch** mit etw knallen. **-3.** *fam* [gifler]: **~ qqn** jm eine knallen. **-4.** *fam* [dépenser] auf den Kopf hauen. **-5.** *fam* [fatiguer] fertig|machen; **être claqué** kaputt sein. ◇ *vi* **-1.** [porte, volet, fouet] knallen. **-2.** *fam* [mourir] ab|nibbeln.

◆ **se claquer** *vp* **-1.** [muscle]: **se ~ qqch** sich *(D)* etw zerren. **-2.** [se fatiguer] sich ab|rackern.
claquettes [klakɛt] *nfpl* Step *der (sans pl).*
clarification [klarifikasjɔ̃] *nf* Klärung *die.*
clarifier [9] [klarifje] *vt* klären.
◆ **se clarifier** *vp* sich klären.
clarinette [klarinɛt] *nf* Klarinette *die.*
clarté [klarte] *nf* **-1.** [luminosité] Helligkeit *die.* **-2.** [d'eau, de démonstration] Klarheit *die.*
classe [klas] ◇ *nf* **-1.** [gén] Klasse *die;* **~ ouvrière** Arbeiterklasse. **-2.** [distinction] Format *das;* **de grande ~** erstklassig. **-3.** [cours] Unterricht *der;* **aller en ~** zur Schule gehen; **faire la ~** Unterricht geben; **~ de neige/verte** Klassenfahrt *die* zum Skilaufen/ins Grüne; **~ de rattrapage** Nachhilfeunterricht. **-4.** MIL [contingent] Rekrutenjahrgang *der;* **faire ses ~s** die Grundausbildung erhalten. ◇ *adj inv fam* edel.
classement [klasmɑ̃] *nm* **-1.** [rangement] Einordnen *das.* **-2.** [classification] Reihenfolge *die.* **-3.** [rang] Rang *der.* **-4.** [liste] Rangliste *die;* **~ général** Gesamtwertung *die.*
classer [3] [klase] *vt* **-1.** [ranger] ordnen. **-2.** [classifier] klassifizieren. **-3.** *fig* [personne] ein|ordnen. **-4.** [attribuer un rang à] ein|stufen. **-5.** [monument, site] unter Denkmalschutz stellen.
classeur [klasœr] *nm* **-1.** [d'écolier] Schnellhefter *der.* **-2.** [portefeuille] Aktenordner *der.* **-3.** [meuble] Aktenschrank *der.*
classification [klasifikasjɔ̃] *nf* Klassifizierung *die;* **~ périodique des éléments** Periodensystem *das.*
classique [klasik] ◇ *nm* **-1.** [auteur, film] Klassiker *der.* **-2.** [musique]: **le ~** die klassische Musik. **-3.** [œuvre] klassisches Werk; **les grands ~s** die Klassiker. ◇ *adj* **-1.** ART klassisch. **-2.** [histoire] üblich; **(le coup) ~!** typisch!
claudication [klɔdikasjɔ̃] *nf* Hinken *das.*
clause [kloz] *nf* Klausel *die.*
claustrer [3] [klostre]
◆ **se claustrer** *vp sout* sich ein|sperren.
claustrophobie [klostrɔfɔbi] *nf* Platzangst *die.*
clavecin [klavsɛ̃] *nm* Cembalo *das.*
clavicule [klavikyl] *nf* Schlüsselbein *das.*
clavier [klavje] *nm* **-1.** [de piano] Klaviatur *die.* **-2.** [de machine à écrire, d'ordinateur] Tastatur *die.*
clé, clef [kle] *nf* **-1.** [gén] Schlüssel *der;* **fermer à ~** zu|schließen, ab|schließen; **~ de contact** Zündschlüssel; **~s en main** schlüsselfertig; **sous ~** unter Verschluß; *fig* unter Arrest; **mettre la ~ sous la porte** *fig* sich davon|stehlen. **-2.** [outil] Schraubenschlüssel *der;* **~ anglaise** OU **à molette** Engländer *der.* **-3.** MUS Notenschlüssel *der;* **~ de sol** G-Schlüssel *der;* **à la ~** *fig* bestimmt; **il y a une récompense à la ~ pour qui arrêtera le voleur** für denjenigen, der den Dieb faßt, gibt es am Ende eine Belohnung.
◆ **clé de voûte** *nf* ARCHIT Schlußstein *der; fig* Dreh- und Angelpunkt *der.*
clean [klin] *adj fam* tipptopp.
clef = **clé**.
clématite [klematit] *nf* Klematis *die.*
clémence [klemɑ̃s] *nf sout* Milde *die.*
clément, e [klemɑ̃, ɑ̃t] *adj* mild.
clémentine [klemɑ̃tin] *nf* Klementine *die.*
cleptomane = **kleptomane**.
clerc [klɛr] *nm* **-1.** RELIG Geistliche *der.* **-2.** [de notaire, d'avoué] Gehilfe *der;* **~ de notaire** Notarsgehilfe.
clergé [klɛrʒe] *nm* Geistlichkeit *die (sans pl).*
clérical, e, aux [klerikal, o] ◇ *adj* klerikal. ◇ *nm, f Anhänger des Klerikalismus.*
CLES, Cles [klɛs] (*abr de* **contrat local emploi-solidarité**) *nm vom französischen Staat subventionierter Arbeitsvertrag zwischen 3 und 12 Monaten für Schulabgänger und Arbeitslose.*
cliché [kliʃe] *nm* **-1.** PHOT Negativ *das.* **-2.** [lieu commun] Klischee *das.*
client, e [klijɑ̃, ɑ̃t] *nm, f* **-1.** [gén] Kunde *der,* -din *die;* [de notaire, d'avocat] Klient *der,* -in *die;* [d'hôtel, de restaurant] Gast *der.* **-2.** [habitué] Stammkunde *der,* -din *die.*
clientèle [klijɑ̃tɛl] *nf* **-1.** [gén] Kundschaft *die.* **-2.** [d'avocat] Klientel *die.*
cligner [3] [kliɲe] ◇ *vt*: **~ les yeux** blinzeln. ◇ *vi*: **~ de l'œil** zwinkern; **~ des yeux** blinzeln.
clignotant, e [kliɲɔtɑ̃, ɑ̃t] *adj* blinkend.
◆ **clignotant** *nm* Blinker *der; fig* Warnsignal *das;* **mettre son ~** blinken.
clignoter [3] [kliɲɔte] *vi* **-1.** [lumière] blinken. **-2.** [yeux, paupières] blinzeln.
climat [klima] *nm* Klima *das.*
climatique [klimatik] *adj* klimatisch, Klima-.
climatisation [klimatizasjɔ̃] *nf* **-1.** [appareil] Klimaanlage *die.* **-2.** [procédé] Klimatisierung *die.*
climatisé, e [klimatize] *adj* klimatisiert.
clin [klɛ̃]
◆ **clin d'œil** *nm*: **faire un ~ d'œil (à qqn)** (jm) zu|zwinkern.
◆ **en un clin d'œil** *loc adv* im Handumdrehen.
clinique [klinik] ◇ *nf* Klinik *die.* ◇ *adj* klinisch.
clinquant, e [klɛ̃kɑ̃, ɑ̃t] *adj* **-1.** [bijou] protzig. **-2.** [langage] überladen.
◆ **clinquant** *nm* **-1.** [bijou] Flitter *der (sans pl).* **-2.** [éclat trompeur] Effekthascherei *die.*
clip [klip] *nm* **-1.** [vidéo] (Video)clip *der.* **-2.** [bijou] (Ohr)clip *der.*

clique [klik] *nf péj* Clique *die*.

cliquer [3] [klike] *vi* INFORM: ~ **(sur qqch)** (etw) an|klicken.

cliques [klik] *nfpl*: **prendre ses ~ et ses claques** *fam* sich mit Sack und Pack davon|machen.

cliqueter [27] [klikte] *vi* **-1.** [pièces, clés] klappern. **-2.** [verres, chaînes] klirren.

cliquetis [klikti] *nm* **-1.** [de clés, de pièces] Klappern *das*. **-2.** [de verres, de chaînes] Klirren *das*.

clitoris [klitɔris] *nm* Klitoris *die*.

clivage [klivaʒ] *nm* **-1.** [division - social] Kluft *die*; [- des opinions] Auseinanderklaffen *das*. **-2.** GÉOL [fracture] Spalte *die*.

cloaque [klɔak] *nm* Kloake *die*.

clochard, e [klɔʃar, ard] *nm, f* Penner *der*, -in *die*, Clochard *der*.

cloche [klɔʃ] ◇ *nf* Glocke *die*; **~ à fromage** Käseglocke; **(chapeau) ~** Topfhut *der*; **espèce de ~!** *fam fig* Schwachkopf! ◇ *adj fam* dämlich.

cloche-pied [klɔʃpje]

◆ **à cloche-pied** *loc adv* auf einem Bein.

clocher[1] [klɔʃe] *nm* Glockenturm *der*.

clocher[2] [3] [klɔʃe] *vi* schief sein; **il y a quelque chose qui cloche** irgend etwas ist faul.

clochette [klɔʃɛt] *nf* **-1.** [cloche] Glöckchen *das*. **-2.** [de fleur] Blütenglocke *die*.

cloison [klwazɔ̃] *nf* Trennwand *die*.

cloisonner [3] [klwazɔne] *vt* **-1.** [salle] Trennwände ein|ziehen. **-2.** *fig* [compartimenter] ab|grenzen.

cloître [klwatr] *nm* Kloster *das*.

cloîtrer [3] [klwatre] *vt fig* ein|sperren.

◆ **se cloîtrer** *vp* [s'enfermer] sich ein|sperren; **se ~ dans son silence** in seinem Schweigen verharren.

clone [klon] *nm* **-1.** BIOL Klon *der*. **-2.** INFORM vollkompatibles Computersystem.

clope [klɔp] *nf fam* Glimmstengel *der*.

clopin-clopant [klɔpɛ̃klɔpɑ̃] *adv*: **aller ~** humpeln; *fig* mittelprächtig gehen.

clopiner [3] [klɔpine] *vi* humpeln.

cloporte [klɔpɔrt] *nm* Kellerassel *die*.

cloque [klɔk] *nf* Blase *die*.

cloquer [3] [klɔke] ◇ *vi* Blasen bilden. ◇ *vt* [étoffe] prägen.

clore [113] [klɔr] *vt* **-1.** *sout* [porte, lettre, yeux] schließen. **-2.** [terrain, marché, débat, inventaire] ab|schließen.

clos, e [klo, kloz] *adj* **-1.** [fermé] geschlossen. **-2.** [terminé] abgeschlossen.

◆ **clos** *nm* **-1.** [terrain] abgeschlossenes Grundstück. **-2.** [vignoble] eingezäuntes Anbaugebiet.

clôture [klotyr] *nf* **-1.** [enceinte - haie] Abschluß *der*; [- en fil de fer] Zaun *der*; **~ électrifiée** OU **électrique** elektrischer Zaun. **-2.** [de magasin] Schließung *die*. **-3.** [de session, de débats] Abschluß *der*.

clôturer [3] [klotyre] *vt* **-1.** [jardin] ein|zäunen. **-2.** [débat, négociations] zum Abschluß bringen.

clou [klu] *nm* **-1.** [pointe] Nagel *der*; **maigre comme un ~** spindeldürr. **-2.** [attraction] Clou *der*. **-3.** *loc*: **des ~s!** *fam* Pustekuchen!; **mettre au ~** verpfänden.

◆ **clou de girofle** *nm* (Gewürz)nelke *die*.

◆ **clous** *nmpl* Zebrastreifen *der*.

clouer [3] [klue] *vt* **-1.** [fixer] nageln. **-2.** [immobiliser]: **rester cloué** wie angewurzelt stehen|bleiben; **être cloué au lit** ans Bett gefesselt sein.

clouté, e [klute] *adj* [chaussure, pneu] Spikes-; [ceinture, blouson] Nieten-.

clown [klun] *nm* Clown *der*; **faire le ~** den Clown spielen.

CLT (*abr de* **Compagnie luxembourgeoise de télévision**) *nf luxemburgisches Medienunternehmen*.

club [klœb] *nm* **-1.** [association] Klub *der*. **-2.** GOLF Golfschläger *der*.

cm (*abr de* **centimètre**) cm.

CM ◇ *nf* (*abr de* **Chambre des métiers**) ≃ HK *die (Handwerkskammer)*. ◇ *nm abr de* **cours moyen**.

CNAC [knak] (*abr de* **Centre national d'art et de culture**) *nm französisches Kunst- und Kulturzentrum*.

CNAM [knam] (*abr de* **Conservatoire national des arts et métiers**) *nm Hochschule für Aus- und Weiterbildung von Technikern und Ingenieuren*.

CNC *nm* **-1.** (*abr de* **Conseil national de la consommation**) *französische Verbraucherschutzorganisation*, ≃ DVS *der*. **-2.** (*abr de* **Centre national de la cinématographie**) *französisches staatliches Institut für Filmkunst und -technik*.

CNDP (*abr de* **Centre national de documentation pédagogique**) *nm französisches Dokumentationszentrum für Pädagogik*.

CNE (*abr de* **Caisse nationale d'épargne**) *nf französisches Sparkasseninstitut*.

CNEC [knɛk] (*abr de* **Centre national de l'enseignement par correspondance**) *nm französisches Fernlehrinstitut*.

CNES, Cnes [knɛs] (*abr de* **Centre national d'études spatiales**) *nm französisches Raumfahrt-Forschungszentrum*.

CNIL [knil] (*abr de* **Commission nationale de l'informatique et des libertés**) *nf französischer Ausschuß für Datenschutz*.

CNIT, Cnit [knit] (*abr de* **Centre national des industries et des techniques**) *nm* Nationales Zentrum für Industrie und Technik.

CNJA (*abr de* **Centre national des jeunes agriculteurs**) *nm französische Bauerngewerkschaft.*

CNPF (*abr de* **Conseil national du patronat français**) *nm Dachorganisation der französischen Arbeitgeberverbände,* ≃ BDA *die.*

CNRS (*abr de* **Centre national de la recherche scientifique**) *nm staatliche Forschungseinrichtung in Frankreich,* ≃ DFG *die.*

CNTS (*abr de* **Centre national de transfusion sanguine**) *nm französischer (staatlicher) Bluttransfusionsdienst.*

CNUCED, Cnuced [knysɛd] (*abr de* **Conférence des Nations unies sur le commerce et le développement**) *nf* UNCTAD *die,* WHK *die (Welthandelskonferenz).*

coactionnaire [kɔaksjɔnɛr] *nmf* Koaktionär *der,* -in *die.*

coaguler [3] [kɔagyle] ◇ *vt* [lait, sang] zum Gerinnen bringen. ◇ *vi* gerinnen.

◆ **se coaguler** *vp* gerinnen.

coaliser [3] [kɔalize] *vt* eine Koalition herbei|führen.

◆ **se coaliser** *vp* sich verbünden.

coalition [kɔalisjɔ̃] *nf* Koalition *die.*

coasser [3] [kɔase] *vi* quaken.

COB, Cob [kɔb] (*abr de* **Commission des opérations de Bourse**) *nf* Börsenkommission *die.*

cobalt [kɔbalt] *nm* Kobalt *das.*

cobaye [kɔbaj] *nm* Meerschweinchen *das; fig* Versuchskaninchen *das.*

cobra [kɔbra] *nm* Kobra *die.*

coca [kɔka] *nm* [arbrisseau] Kokastrauch *der.*

◆ **Coca**® *nm inv fam* [Coca-Cola] Cola *die.*

cocagne [kɔkaɲ] → **mât, pays.**

cocaïne [kɔkain] *nf* Kokain *das.*

cocaïnomane [kɔkainɔman] *nmf* Kokainsüchtige *der, die.*

cocarde [kɔkard] *nf* **-1.** [insigne] Kokarde *die.* **-2.** [ornement décoratif] Schleife *die.*

cocardier, ère [kɔkardje, ɛr] ◇ *adj* hurrapatriotisch. ◇ *nm, f* Hurrapatriot *der,* -in *die.*

cocasse [kɔkas] *adj fam* urkomisch.

coccinelle [kɔksinɛl] *nf* **-1.** [insecte] Marienkäfer *der.* **-2.** [Volkswagen] Käfer *der.*

coccyx [kɔksis] *nm* Steißbein *das.*

coche [kɔʃ] *nm:* **manquer** OU **rater le ~** *fam fig* sich *(D)* etw entgehen lassen.

cocher[1] [kɔʃe] *nm* Kutscher *der.*

cocher[2] [3] [kɔʃe] *vt* an|kreuzen.

cochère [kɔʃɛr] → **porte.**

cochon, onne [kɔʃɔ̃, ɔn] *adj* schweinisch.

◆ **cochon** *nm* Schwein *das;* **~ d'Inde** Meerschweinchen *das;* **~ de lait** Spanferkel *das.*

cochonnaille [kɔʃɔnaj] *nf fam Fleisch- oder Wurstwaren vom Schwein.*

cochonner [3] [kɔʃɔne] *vt fam* **-1.** [mal faire] schlampig machen. **-2.** [salir] versauen.

cochonnerie [kɔʃɔnri] *nf fam* **-1.** [nourriture] Mist *der.* **-2.** [chose sans valeur] Schund *der.* **-3.** [saleté, obscénité] Schweinerei *die.*

cochonnet [kɔʃɔnɛ] *nm* **-1.** [petit cochon] Ferkel *das.* **-2.** [aux boules] Zielkugel *die.*

cocker [kɔkɛr] *nm* Cockerspaniel *der.*

cockpit [kɔkpit] *nm* Cockpit *das.*

cocktail [kɔktɛl] *nm* **-1.** [réception] Cocktailparty *die.* **-2.** [boisson] Cocktail *der.* **-3.** *fig* [mélange] Mixtur *die.*

◆ **cocktail Molotov** *nm* Molotowcocktail *der.*

coco [kɔko] *nm* **-1.** → **noix.** **-2.** *fam péj* [individu] Typ *der.* **-3.** *péj* [communiste] Kommunist *der.*

cocon [kɔkɔ̃] *nm* Kokon *der;* **le ~ familial** die familiäre Geborgenheit; **s'enfermer dans son ~** *fig* sich ab|kapseln.

cocooning [kɔkuniŋ] *nm* neue Häuslichkeit; **faire du ~** *es sich zu Hause gemütlich machen und sich von der Außenwelt abkapseln.*

cocorico [kɔkɔriko] *nm* Kikeriki *das.*

cocotier [kɔkɔtje] *nm* Kokospalme *die.*

cocotte [kɔkɔt] *nf* **-1.** [marmite] Topf *der.* **-2.** [poule] Putput *das;* **~ en papier** Papierhuhn *das.* **-3.** [fille] Schätzchen *das.* **-4.** *péj* [courtisane] Kokotte *die.*

cocotte-minute® [kɔkɔtminyt] *nf* Schnellkochtopf *der.*

cocu, e [kɔky] *fam* ◇ *nm, f* betrogener Ehepartner. ◇ *adj* betrogen.

code [kɔd] *nm* **-1.** [lois, règlement] Gesetzbuch *das;* **~ civil** OU **Napoléon** Zivilgesetzbuch; **~ pénal** Strafgesetzbuch; **~ de la route** Straßenverkehrsordnung *die.* **-2.** [de politesse] Regeln *Pl;* **~ de l'honneur** Ehrenkodex *der.* **-3.** [système de signes] Kode *der;* **~ postal** Postleitzahl *die;* **~ secret** Geheimcode *der;* **numéro de ~** Geheimzahl *die.*

◆ **codes** *nmpl* Abblendlicht *das (sans pl);* **se mettre en ~s** ab|blenden.

code-barres [kɔdbar] (*pl* **codes-barres**) *nm* Strichcode *der.*

codéine [kɔdein] *nf* Kodein *das.*

coder [3] [kɔde] *vt* kodieren.

codétenu, e [kɔdetny] *nm, f* Mithäftling *der.*

codifier [9] [kɔdifje] *vt* **-1.** JUR kodifizieren. **-2.** [organiser en système]: **~ qqch** für etw ein Regelwerk erstellen.

coefficient [kɔefisjɑ̃] *nm* **-1.** MATHS Faktor *der.* **-2.** PHYS Koeffizient *der.* **-3.** [à un examen] Bewertungsfaktor *der.* **-4.** [pourcentage] Quote *die.*

COEFFICIENT:
Beim französischen Abitur wird die Note in jedem Fach mit einem Koeffizienten multipliziert, der je nach gewähltem Abiturtyp variiert. Bei einem "bac S", das auf naturwissenschaftliche Fächer ausgerichtet ist, liegt der Koeffizient für die Mathematikprüfung höher als der Koeffizient für die Philosophieprüfung. Bei einem "bac littéraire" ist das Verhältnis umgekehrt.

coéquipier, ère [koekipje, ɛr] *nm, f* Teammitglied *das*.

cœur [kœr] *nm* **-1.** [gén] Herz *das*; **avoir mal au ~** Übelkeit empfinden; **j'ai mal au ~** mir ist schlecht OU übel; **briser le ~ de qqn** jm das Herz brechen; **fendre le ~ de qqn** js Herz erschüttern; **parler à ~ ouvert** offen sprechen; **serrer qqn contre son ~** jn ans Herz drücken; **soulever le ~** Übelkeit erregen; **cette odeur me soulève le ~** mir wird übel von dem Gestank; **opération à ~ ouvert** Operation *die* am offenen Herzen; **cela lui tient à ~** das liegt ihm am Herzen; **en avoir le ~ net** sich Klarheit über etw verschafft haben; **s'en donner à ~ joie** es genießen; **faire qqch de bon ~** etw von Herzen gern tun; **le ~ battant** mit klopfendem Herzen; **ne pas avoir le ~ de faire qqch** es nicht übers Herz bringen, etw zu tun; **qqn a le ~ serré** OU **gros** es zerreißt jm das Herz. **-2.** [bonté]: **avoir bon ~** gutherzig sein; **avoir le ~ sur la main** die Großzügigkeit selbst sein; **avoir un ~ d'artichaut** ein großes Herz haben. **-3.** [centre]: **~s de palmier** Palmherzen *Pl*; **au ~ de l'hiver** mitten im Winter; **le ~ du conflit** der Höhepunkt des Konflikts; **le ~ du problème** der Kern des Problems.
◆ **par cœur** *loc adv*: **apprendre/savoir qqch par ~** auswendig lernen/können.

coexistence [koɛgzistɑ̃s] *nf* Koexistenz *die*.

coexister [3] [koɛgziste] *vi* koexistieren.

COFACE [kofas] (*abr de* **Compagnie française d'assurance pour le commerce extérieur**) *nf* *französische Versicherungsgesellschaft für den Außenhandel.*

coffrage [kofraʒ] *nm* Schalung *die*.

coffre [kofr] *nm* **-1.** [meuble] Truhe *die*. **-2.** [de voiture] Kofferraum *der*. **-3.** [coffre-fort] Safe *der*. **-4.** *loc*: **avoir du ~** *fam* ein lautes Organ haben.

coffre-fort [kofrəfor] (*pl* **coffres-forts**) *nm* Safe *der*.

coffrer [3] [kofre] *vt* **-1.** *fam* [emprisonner] ein|lochen. **-2.** CONSTR verschalen.

coffret [kofrɛ] *nm* **-1.** [boîte] Kasten *der*; **~ à bijoux** Schmuckkasten. **-2.** [de disques, de cassettes] Kassette *die*.

cogestion [koʒɛstjɔ̃] *nf* Mitbestimmung *die*.

cogitation [koʒitasjɔ̃] *nf hum* Grübelei *die (sans pl)*.

cogiter [3] [koʒite] *vi hum* grübeln.

cognac [koɲak] *nm* Cognac *der*.

cogner [3] [koɲe] ◇ *vt fam* [battre] verkloppen. ◇ *vi* **-1.** [frapper]: **~ sur/contre/dans qqch** auf/gegen/in etw *(A)* schlagen; **~ sur qqn** auf jn ein|schlagen. **-2.** [donner des coups] drein|hauen. **-3.** *fam* [soleil] knallen.
◆ **se cogner** *vp* **-1.** [se heurter]: **se ~ (à/contre qqch)** sich (an/gegen etw *(A)*)stoßen. **-2.** *fam* [se battre] sich keilen.

cohabitation [koabitasjɔ̃] *nf* **-1.** [de personnes] Zusammenleben *das*. **-2.** POLIT *gemeinsames Regieren eines Präsidenten und einer Regierung unterschiedlicher Couleur.*

cohabiter [3] [koabite] *vi* **-1.** [habiter ensemble] zusammen|leben. **-2.** POLIT *als politisch gegensätzliches Gefüge regieren.*

cohérence [koerɑ̃s] *nf* Schlüssigkeit *die*.

cohérent, e [koerɑ̃, ɑ̃t] *adj* **-1.** [logique] schlüssig. **-2.** [unifié] zusammenhängend.

cohéritier, ère [koeritje, ɛr] *nm, f* Miterbe *der*, -bin *die*.

cohésion [koezjɔ̃] *nf* Zusammenhalt *der*.

cohorte [koort] *nf* Kohorte *die*.

cohue [koy] *nf* **-1.** [foule] Menge *die*. **-2.** [bousculade] Gedränge *das*.

coi, coite [kwa, kwat] *adj*: **rester ~** *littéraire* mucksmäuschenstill sein.

coiffe [kwaf] *nf* Haube *die*.

coiffer [3] [kwafe] *vt* **-1.** [arranger les cheveux] frisieren. **-2.** [mettre sur la tête]: **~ qqn de qqch** jm etw auf|setzen. **-3.** *sout* [recouvrir] überziehen. **-4.** [diriger]: **~ qqch** einer Sache *(D)* vor|stehen.
◆ **se coiffer** *vp* **-1.** [arranger ses cheveux] sich frisieren. **-2.** [couvrir]: **se ~ de qqch** sich *(D)* etw auf|setzen.

coiffeur, euse [kwafœr, øz] *nm, f* Friseur *der*, -euse *die*.
◆ **coiffeuse** *nf* Frisiertoilette *die*.

coiffure [kwafyr] *nf* **-1.** [arrangement des cheveux] Frisur *die*. **-2.** [chapeau] Kopfbedeckung *die*. **-3.** [profession] Friseurhandwerk *das*.

coin [kwɛ̃] *nm* **-1.** [angle] Ecke *die*; **au ~ du feu** am Feuer; **il est du ~** er ist von hier; **~ cuisine** Kochecke; **à tous les ~s de rue** an jeder Straßenecke; **envoyer au ~** *fig* in die Ecke schikken. **-2.** [de bouche, d'œil] Winkel *der*; **regarder du ~ de l'œil** *fig* herüber|schielen. **-3.** [endroit retiré] Ort *der*; **le petit ~** *fam* der stille Ort. **-4.** [outil - pour caler] Keil *der*; [- pour fendre] Spaltkeil *der*.

coincé, e [kwɛ̃se] *adj fam* verklemmt.

coincer [16] [kwɛ̃se] *vt* **-1.** [bloquer] fest|klemmen. **-2.** *fam* [mettre en difficulté] in Verlegenheit bringen. **-3.** *fam* [prendre] erwischen. **-4.**

fam [acculer] in die Enge treiben.
◆ **se coincer** *vp* **-1.** [se bloquer] sich fest|klemmen. **-2.** [doigts]: **se ~ les doigts** sich *(D)* die Finger (ein|)klemmen.

coïncidence [kɔɛ̃sidɑ̃s] *nf* Zufall *der*.

coïncider [3] [kɔɛ̃side] *vi* **-1.** [être simultané]: **~ (avec qqch)** (zeitlich) (mit etw) zusammen|fallen. **-2.** [concorder]: **~ (avec qqch)** (mit etw) überein|stimmen.

coing [kwɛ̃] *nm* Quitte *die*.

Coire [kwar] *n* Chur *nt*.

coït [kɔit] *nm* Koitus *der*.

coite → **coi**.

coke [kɔk] ◇ *nm* [combustible] Koks *der*. ◇ *nf fam* [cocaïne] Koks *der*.

col[1] [kɔl] *nm* **-1.** [de vêtement] Kragen *der*; **faux ~** Wechselkragen; **~ roulé** [genre de col] Rollkragen; [pull] Rolli *der*. **-2.** [de vase, de bouteille] Hals *der*. **-3.** ANAT: **~ du fémur** Oberschenkelhalsknochen *der*; **~ de l'utérus** Gebärmutterhals *der*. **-4.** GÉOGR Paß *der*.

col[2] *abr de* **colonne**.

colchique [kɔlʃik] *nm* Herbstzeitlose *die*.

coléoptère [kɔleɔptɛr] *nm* Käfer *der*.

colère [kɔlɛr] *nf* **-1.** [irritation] Zorn *der*; **être/se mettre en ~** wütend sein/werden; **ravaler sa ~** seinen Ärger unterdrücken. **-2.** [accès d'humeur] Wut *die*.

coléreux, euse [kɔlerø, øz] *adj* leicht reizbar.

colérique [kɔlerik] *adj* cholerisch.

colifichet [kɔlifiʃɛ] *nm* Tand *der*.

colimaçon [kɔlimasɔ̃]
◆ **en colimaçon** *loc adj*: **escalier en ~** Wendeltreppe *die*.

colin [kɔlɛ̃] *nm* Seehecht *der*.

colin-maillard [kɔlɛ̃majar] (*pl* **colin-maillards**) *nm* blinde Kuh.

colique [kɔlik] *nf* **-1.** [douleur] Kolik *die*. **-2.** *fam* [diarrhée]: **avoir la ~** Durchfall haben.

colis [kɔli] *nm* Paket *das*.

colistier, ère [kɔlistje, ɛr] *nm, f Mitbewerber auf einer gemeinsamen Wahlliste*.

coll -1. *abr de* **collection**. **-2.** *abr de* **collaborateurs**.

collabo [kɔlabo] *nmf fam péj* & HIST Kollaborateur *der*, -in *die*.

collaborateur, trice [kɔlabɔratœr, tris] *nm, f* [employé] Mitarbeiter *der*, -in *die*.
◆ **collaborateur** *nm* [sous l'Occupation] Kollaborateur *der*.

collaboration [kɔlabɔrasjɔ̃] *nf* **-1.** [à un travail] Mitarbeit *die*. **-2.** [coopération] Zusammenarbeit *die*. **-3.** HIST Kollaboration *die*.

collaboratrice → **collaborateur**.

collaborer [3] [kɔlabɔre] *vi* **-1.** [coopérer]: **~ avec qqn** mit jm zusammen|arbeiten. **-2.** [participer]: **~ à qqch** [journal] zu etw Beiträge liefern; [travail] an etw *(D)* mit|arbeiten. **-3.** HIST kollaborieren.

collage [kɔlaʒ] *nm* **-1.** [action de coller] Ankleben *das*. **-2.** ART Kollage *die*.

collant, e [kɔlɑ̃, ɑ̃t] *adj* **-1.** [qui colle] Klebe-. **-2.** [vêtement] hauteng. **-3.** *fam* [importun] penetrant.
◆ **collant** *nm* **-1.** [vêtement] Gymnastikhose *die*. **-2.** [sous-vêtement] Strumpfhose *die*.

collatéral, e, aux [kɔlateral, o] ◇ *adj* **-1.** ANAT: **artère ~e** Nebenschlagader *die*. **-2.** ARCHIT Seiten-. **-3.** JUR *nicht in gerader Linie verwandt*. ◇ *nm, f* JUR Seitenverwandte *der, die*.

collation [kɔlasjɔ̃] *nf* Zwischenmahlzeit *die*.

colle [kɔl] *nf* **-1.** [substance] Kleber *der*. **-2.** [question] harte Nuß; **poser une ~ à qqn** jm eine harte Nuß zu knacken geben. **-3.** [SCOL - interrogation] Arbeit *die*; [- retenue] Nachsitzen *das*; **avoir une heure de ~** eine Stunde nachsitzen müssen.

collecte [kɔlɛkt] *nf* Kollekte *die*.

collecteur, trice [kɔlɛktœr, tris] ◇ *adj* Sammel-. ◇ *nm, f*: **~ d'impôts** Steuereintreiber *der*, -in *die*; **~ de fonds** Geldeintreiber *der*, -in *die*.
◆ **collecteur** *nm* Sammelleitung *die*.

collectif, ive [kɔlɛktif, iv] *adj* **-1.** [responsabilité] gemeinsam. **-2.** [travail, œuvre] Gemeinschafts-. **-3.** [billet, voyage] Gruppen-.
◆ **collectif** *nm* **-1.** [équipe] Team *das*. **-2.** LING Sammelbegriff *der*. **-3.** FIN: **~ budgétaire** Nachtragshaushalt *der*.

collection [kɔlɛksjɔ̃] *nf* **-1.** [d'objets] Sammlung *die*. **-2.** [série de livres] Reihe *die*. **-3.** COMM Sortiment *das*. **-4.** COUTURE Kollektion *die*.

collectionner [3] [kɔlɛksjɔne] *vt* **-1.** [conserver] sammeln. **-2.** [accumuler] reihenweise bekommen.

collectionneur, euse [kɔlɛksjɔnœr, øz] *nm, f* Sammler *der*, -in *die*.

collectivité [kɔlɛktivite] *nf* Gemeinschaft *die*; **les ~s locales** die Gebietskörperschaften.

collège [kɔlɛʒ] *nm* **-1.** SCOL Realschule *die*; **le Collège de France** *Lehr- und Forschungsinstitut in Paris*. **-2.** [de personnes] Kollegium *das*; **~ électoral** Wählerschaft *die*.

LE COLLÈGE DE FRANCE:
Diese wissenschaftliche Einrichtung liegt in der Nähe der Sorbonne und organisiert öffentliche Vorträge von Wissenschaftlern und international anerkannten Experten. Obwohl das "Collège de France" vom Erziehungsministerium abhängt, ist es keine Universität und verleiht keine Diplome.

---

collégial, e, aux [kɔleʒjal, o] *adj* **-1.** RELIG Stifts-. **-2.** [exercé en commun] Kollegial-.
◆ **collégiale** *nf* RELIG Stiftskirche *die*.

collégien, enne [kɔleʒjɛ̃, ɛn] *nm, f* Realschüler *der*, -in *die*.

collègue [kɔlɛg] *nmf* Kollege *der*, -gin *die*.

coller [3] [kɔle] ◇ *vt* **-1.** [fixer] kleben, an|kleben, fest|kleben; **~ qqch sur qqch** etw auf etw *(A)* kleben. **-2.** [appuyer]: **~ qqch à/contre qqch** etw an/gegen etw *(A)* drücken. **-3.** *fam* [mettre] schmeißen. **-4.** SCOL [punir]: **être collé** nachsitzen müssen. **-5.** [sujet: question] in Verlegenheit bringen. **-6.** *fam* [suivre partout] an den Fersen kleben. **-7.** *fam* [donner]: **~ qqch à qqn** jm etw verpassen. ◇ *vi* **-1.** [adhérer] kleben. **-2.** [vêtement]: **~ à qqch** an etw *(D)* eng an|liegen. **-3.** [correspondre] eng zusammen|hängen. **-4.** *fam* [bien se passer] gut laufen.
◆ **se coller** *vp* **-1.** *fam* [subir]: **se ~ qqn** jn aufgehalst bekommen; **se ~ qqch** sich mit etw ab|rackern. **-2.** [se plaquer]: **se ~ contre qqn/qqch** sich an jn/etw drücken.

collerette [kɔlrɛt] *nf* **-1.** [de vêtement] Zierkragen *der*. **-2.** [de tuyau] Flansch *der*.

collet [kɔlɛ] *nm* **-1.** [de vêtement] Kragen *der*; **mettre la main au ~ de qqn** *fig* jn dingfest machen; **être ~ monté** *fig* steif sein. **-2.** [en boucherie] Nackenstück *das*. **-3.** [piège] Schlinge *die*.

collier [kɔlje] *nm* **-1.** [bijou] Kette *die*; **~ de perles** Perlenkette. **-2.** [d'animal] Halsband *das*. **-3.** [barbe] Krause *die*.

collimateur [kɔlimatœr] *nm*: **avoir qqn dans le ~** *fam* jn aufs Korn nehmen.

colline [kɔlin] *nf* Hügel *der*.

collision [kɔlizjɔ̃] *nf* **-1.** [choc] Zusammenstoß *der*; **entrer en ~ avec qqn/qqch** mit jm/etw zusammen|stoßen. **-2.** *fig* [désaccord] Konflikt *der*.

colloque [kɔlɔk] *nm* Kolloquium *das*.

collusion [kɔlyzjɔ̃] *nf* abgekartetes Spiel.

collutoire [kɔlytwar] *nm* *Antiseptikum für den Mundrachenraum*.

collyre [kɔlir] *nm* Augentropfen *Pl*.

colmater [3] [kɔlmate] *vt* **-1.** [brèche] schließen. **-2.** [fuite] ab|dichten.

Cologne [kɔlɔɲ] *n* Köln *nt*.

colombage [kɔlɔ̃baʒ] *nm* Fachwerk *das*; **maison à ~s** Fachwerkhaus *das*.

colombe [kɔlɔ̃b] *nf* (weiße) Taube.

Colombie [kɔlɔ̃bi] *nf*: **la ~** Kolumbien *nt*.

colombien, enne [kɔlɔ̃bjɛ̃, ɛn] *adj* kolumbianisch, kolumbisch.
◆ **Colombien, enne** *nm, f* Kolumbianer *der*, -in *die*, Kolumbier *der*, -in *die*.

Colombo [kɔlɔ̃bo] *n* Colombo *nt*.

colon [kɔlɔ̃] *nm* Kolonist *der*, -in *die*.

côlon [kolɔ̃] *nm* Grimmdarm *der*.

colonel [kɔlɔnɛl] *nm* Oberst *der*.

colonelle [kɔlɔnɛl] *nf* *Frau eines Obersten*.

colonial, e, aux [kɔlɔnjal, o] *adj* Kolonial-.

colonialisme [kɔlɔnjalism] *nm* Kolonialismus *der*.

colonialiste [kɔlɔnjalist] ◇ *adj* kolonialistisch. ◇ *nmf* Kolonialist *der*, -in *die*.

colonie [kɔlɔni] *nf* Kolonie *die*; **~ de vacances** Ferienlager *das*.

colonisation [kɔlɔnizasjɔ̃] *nf* Kolonisierung *die*.

coloniser [3] [kɔlɔnize] *vt* **-1.** [occuper] besiedeln. **-2.** *fig* [envahir] kolonisieren.

colonne [kɔlɔn] *nf* **-1.** [pilier] Säule *die*. **-2.** [file] Kolonne *die*; **en ~** in (einer) Kolonne. **-3.** [de chiffres, de journal] Spalte *die*.
◆ **colonne vertébrale** *nf* Wirbelsäule *die*.

colorant, e [kɔlɔrɑ̃, ɑ̃t] *adj* Färbe-.
◆ **colorant** *nm* Farbstoff *der*; **~ alimentaire** Lebensmittelfarbstoff.

coloration [kɔlɔrasjɔ̃] *nf* Färbung *die*.

coloré, e [kɔlɔre] *adj* **-1.** [foule, quartier, tissu] bunt. **-2.** [style, langage] farbig.

colorer [3] [kɔlɔre] *vt*: **~ (de qqch)** (mit etw) färben.
◆ **se colorer** *vp* sich färben.

coloriage [kɔlɔrjaʒ] *nm* **-1.** [dessin] Bild *das* in einem Malbuch; **faire du ~** im Malbuch malen. **-2.** [action] Kolorierung *die*.

colorier [9] [kɔlɔrje] *vt* kolorieren.

coloris [kɔlɔri] *nm* Farbgebung *die*, Farbe *die*.

colorisation [kɔlɔrizasjɔ̃] *nf* CIN Kolorierung *die*.

coloriser [3] [kɔlɔrize] *vt* CIN kolorieren.

colossal, e, aux [kɔlɔsal, o] *adj* **-1.** [objet] kolossal. **-2.** [richesse] enorm. **-3.** [effort] gewaltig.

colosse [kɔlɔs] *nm* Koloß *der*.

colportage [kɔlpɔrtaʒ] *nm* **-1.** [vente] Hausieren *das*. **-2.** [de rumeurs] Kolportage *die*.

colporter [3] [kɔlpɔrte] *vt* **-1.** [marchandises]: **~ qqch** mit etw hausieren. **-2.** [information] verbreiten.
◆ **se colporter** *vp* sich herum|sprechen.

colporteur, euse [kɔlpɔrtœr, øz] *nm, f* **-1.** [de marchandises] Hausierer *der*, -in *die*. **-2.** [de ragots] Kolporteur *der*, -in *die*.

coltiner [3] [kɔltine]
◆ **se coltiner** *vp* *fam* : **se ~ qqn/qqch** sich mit jm/etw ab|mühen.

colza [kɔlza] *nm* Raps *der*.

coma [kɔma] *nm* Koma *das*; **être dans le ~** im Koma liegen.

comateux, euse [kɔmatø, øz] ◇ *adj* komatös.

◇ *nm, f* komatöser Patient, komatöse Patientin.

combat [kɔ̃ba] *nm* Kampf *der*; **être hors de ~** kampfunfähig sein; **mettre hors de ~** kampfunfähig machen; **~ de boxe** Boxkampf; **~ d'arrière-garde** Nachhutsgefecht *das*.

combatif, ive [kɔ̃batif, iv] ◇ *adj* kämpferisch. ◇ *nm, f* Kämpfernatur *die*.

combativité [kɔ̃bativite] *nf* Kampfgeist *der*, Kampflust *die*.

combats *etc* → **combattre**.

combattant, e [kɔ̃batɑ̃, ɑ̃t] ◇ *adj* kämpfend. ◇ *nm, f* Kämpfer *der*, -in *die*; **ancien ~** ehemaliger Frontkämpfer.

combattre [83] [kɔ̃batr] ◇ *vt* bekämpfen. ◇ *vi* kämpfen.

◆ **se combattre** *vp* sich bekämpfen; **les préjugés ne se combattent pas si facilement** Vorurteile lassen sich nicht so leicht bekämpfen.

combattu, e [kɔ̃baty] *pp* → **combattre**.

combien [kɔ̃bjɛ̃] ◇ *adv* wie. ◇ *conj* wieviel; **ça fait ~**? [prix] wieviel macht das?; **~ de temps**? wie lange?; **~ de personnes**? wieviele Leute? ◇ *nm inv*: **le ~ sommes-nous**? der Wievielte ist heute?; **tous les ~ passe le bus**? *fam* wie oft fährt der Bus?

combientième [kɔ̃bjɛ̃tjɛm] ◇ *nmf* Wievielte *der, die*. ◇ *adj* wievielte, -r, -s.

combinaison [kɔ̃binɛzɔ̃] *nf* **-1.** [d'éléments] Kombination *die*. **-2.** [sous-vêtement] Unterrock *der*. **-3.** [vêtement de travail] Overall *der*; **~ de plongée sous-marine** Tauchanzug *der*; **~ de ski** Skianzug *der*. **-4.** [code] Zahlenkombination *die*. **-5.** [manœuvre] Trick *der*.

combine [kɔ̃bin] *nf fam* Trick *der*.

combiné [kɔ̃bine] *nm* **-1.** [de téléphone] (Telefon)hörer *der*. **-2.** [sous-vêtement] Korselett *das*. **-3.** SKI Kombination *die*.

combiner [3] [kɔ̃bine] *vt* **-1.** [arranger] kombinieren. **-2.** [organiser] organisieren.

comble [kɔ̃bl] ◇ *nm* Gipfel *der*; **le ~ de qqch** der Gipfel einer Sache *(G)*; **être au ~ du bonheur** überglücklich sein; **c'est un** OU **le ~** das ist doch die Höhe. ◇ *adj* voll.

◆ **combles** *nmpl* Dachgeschoß *das (sans pl)*; **sous les ~s** unter dem Dach.

combler [3] [kɔ̃ble] *vt* **-1.** [gâter]: **~ qqn (de qqch)** jn (mit etw) verwöhnen. **-2.** [remplir] aus|füllen. **-3.** [déficit, lacune] aus|gleichen.

◆ **se combler** *vp* **-1.** [se remplir] sich füllen; **avec le temps, le fossé a fini par se ~** *fig* mit der Zeit konnte die Kluft überbrückt werden. **-2.** [lacune] sich aufholen lassen.

combustible [kɔ̃bystibl] ◇ *nm* Brennstoff *der*. ◇ *adj* brennbar.

combustion [kɔ̃bystjɔ̃] *nf* Verbrennung *die*.

COMECON, Comecon [kɔmɛkɔn] (*abr de* **Council for Mutual Economic Assistance**) *nm* RGW *der*.

comédie [kɔmedi] *nf* **-1.** THÉÂTRE & CIN Komödie *die*; **~ musicale** Musical *das*; **jouer la ~** *fig* Theater spielen. **-2.** [complications] Theater *das*.

Comédie-Française [kɔmedifrɑ̃sɛz] *nf*: **la ~** *französisches Nationaltheater.*

LA COMÉDIE-FRANÇAISE:
Im 17. Jahrhundert wurde die "Comédie-française" als staatliches Theater gegründet. Das Theater selbst heißt offiziell "Théâtre Français" oder "le Français" und liegt in der "Rue de Richelieu" in Paris. Sein Repertoire besteht vor allem aus den Werken der Klassik, umfaßt aber auch modernere Stücke.

---

comédien, enne [kɔmedjɛ̃, ɛn] ◇ *adj*: **qu'est-ce qu'il est ~!** *fig* & *péj* was für ein Schauspieler er ist! ◇ *nm, f* Schauspieler *der*, -in *die*.

comédon [kɔmedɔ̃] *nm* Mitesser *der*.

comestible [kɔmɛstibl] *adj* eßbar.

◆ **comestibles** *nmpl* Lebensmittel *Pl*.

comète [kɔmɛt] *nf* Komet *der*; **tirer des plans sur la ~** *fig* Luftschlösser bauen.

comice [kɔmis] *nm*: **~ agricole** *regionale Landwirtschaftsmesse.*

comique [kɔmik] ◇ *nm* **-1.** [acteur] Komiker *der*, -in *die*. **-2.** [genre]: **le ~** die Komik. ◇ *adj* komisch.

comité [kɔmite] *nm* Komitee *das*; **~ consultatif** beratender Ausschuß; **~ d'entreprise** ≃ Betriebsrat *der*; **en petit ~** unter sich, in engstem Kreise.

COMITÉ D'ENTREPRISE:
Der "Comité d'entreprise", kurz "CE" genannt, kümmert sich in Frankreich um die sozialen Belange in einem Unternehmen. Er organisiert Freizeitaktivitäten, Ausflüge und kostengünstige Ferienaufenthalte.

---

commandant [kɔmɑ̃dɑ̃] *nm* MIL Kommandant *der*; **~ de bord** AÉRON Flugkapitän *der*.

commande [kɔmɑ̃d] *nf* **-1.** [de marchandises] Bestellung *die*; **passer une ~** eine Bestellung auf|geben; **sur ~** auf Bestellung; *fig* auf Befehl. **-2.** [de machine] Steuerung *die*; **être aux ~s de qqch** etw steuern; **tenir les ~s** *fig* das Steuer fest in der Hand haben; **~ numérique** numerische Steuerung. **-3.** INFORM Befehl *der*.

commandement [kɔmɑ̃dmɑ̃] *nm* **-1.** [ordre] Befehl *der*; **les dix ~s** RELIG die zehn Gebote. **-2.** [pouvoir] Kommando *das*.

commander [3] [kɔmɑ̃de] ◇ *vt* **-1.** [donner des ordres à] kommandieren. **-2.** [diriger] leiten. **-3.** [contrôler] betätigen. **-4.** [réserver] bestellen.

◇ *vi* bestimmen; **~ à qqn de faire qqch** jm befehlen, etw zu tun.

◆ **se commander** *vp* **-1.** [marchandise] bestellt werden. **-2.** [sentiment] sich erzwingen lassen.

commanditaire [kɔmɑ̃ditɛr] *nm* Auftraggeber *der*, -in *die*.

commanditer [3] [kɔmɑ̃dite] *vt* finanzieren; **~ un meurtre** einen Mord ausführen lassen.

commando [kɔmɑ̃do] *nm* Kommando *das*.

comme [kɔm] ◇ *conj* **-1.** [introduisant une comparaison, une manière] wie; **nous nagerons ~ quand nous étions au bord de la mer** wir werden so schwimmen, wie damals, als wir am Meer waren; **il se mit à pleurer ~ pour m'émouvoir** er fing so an zu weinen, als wollte er mich rühren; **fais ~ il te plaira** mach es, wie du willst; **~ tu le dis** wie du sagst; **il était ~ fou** er war wie verrückt; **~ prévu** OU **convenu** wie abgemacht; **~ de bien entendu** *fam* wie zu erwarten; **~ bon vous semble** wie es Ihnen richtig erscheint; **les arbres ~ le marronnier** Bäume wie der Kastanienbaum. **-2.** [en tant que] als; **~ professeur, il est nul** als Lehrer taugt er nichts. **-3.** [ainsi que] sowie; **l'un ~ l'autre** sowohl der eine als auch der andere; **d'un côté ~ de l'autre** alles in allem. **-4.** [introduisant une cause] da; **~ il pleuvait, nous sommes rentrés** da es regnete, sind wir nach Hause gegangen. ◇ *adv* wie; **~ c'est long!** das dauert aber lange!; **regarde ~ il nage bien!** guck, wie gut er schwimmt!

◆ **comme si** *loc conj* als ob; **~ si à trente ans on n'était pas adulte!** als ob man mit dreißig nicht erwachsen wäre!

◆ **comme quoi** *loc adv* das zeigt, daß; **~ quoi, on ne peut pas tout prévoir** das zeigt, daß man nicht alles planen kann.

◆ **quelque chose comme** *loc adv* etwa; **cela fait quelque chose ~ 10 000 francs** das macht etwa 10 000 Franc.

commémoration [kɔmemɔrasjɔ̃] *nf* Gedenkfeier *die*.

commémorer [3] [kɔmemɔre] *vt* gedenken.

commencement [kɔmɑ̃smɑ̃] *nm* Anfang *der*; **au ~** am Anfang; **commencer par le ~** vorne an|fangen; **le ~ de la fin** *hum* der Anfang vom Ende.

commencer [16] [kɔmɑ̃se] ◇ *vt* beginnen. ◇ *vi* an|fangen; **~ à faire qqch** an|fangen, etw zu tun; **~ mal/bien** schlecht/gut an|fangen; **tu commences à nous énerver!** du gehst uns langsam auf die Nerven!

comment [kɔmɑ̃] *adv* **-1.** [interrogatif] wie; **~ cela**? wie das? **-2.** [exclamatif] was; **~ donc!** aber natürlich!; **et ~!** *fam* und wie!; **~, je ne suis pas d'accord!** da bin ich aber nicht einverstanden!

commentaire [kɔmɑ̃tɛr] *nm* Kommentar *der*; **sans ~!** ohne Kommentar!

◆ **commentaires** *nmpl* Gerede *das (sans pl)*.

commentateur, trice [kɔmɑ̃tatœr, tris] *nm, f* Kommentator *der*, -in *die*; **~ sportif** Sportberichterstatter *der*.

commenter [3] [kɔmɑ̃te] *vt* kommentieren.

commérage [kɔmeraʒ] *nm* Gerede *das (sans pl)*.

commerçant, e [kɔmɛrsɑ̃, ɑ̃t] ◇ *adj* **-1.** [rue, quartier] Geschäfts-. **-2.** [personne] geschäftstüchtig. ◇ *nm, f* Händler *der*, -in *die*; **petit ~** kleines Einzelhandelsgeschäft.

commerce [kɔmɛrs] *nm* **-1.** [achat et vente] Handel *der*; **dans le ~** im Handel. **-2.** [magasin] Geschäft *das*. **-3.** *loc*: **être d'un ~ agréable** *sout* umgänglich sein.

commercial, e, aux [kɔmɛrsjal, o] ◇ *adj* **-1.** [entreprise, politique] Handels-. **-2.** [spectacle, film] kommerziell. ◇ *nm, f* Handelsvertreter *der*, -in *die*.

commercialisation [kɔmɛrsjalizasjɔ̃] *nf* Vermarktung *die*.

commercialiser [3] [kɔmɛrsjalize] *vt* vermarkten.

commère [kɔmɛr] *nf péj* Klatschbase *die*.

commets *etc* → **commettre**.

commettre [84] [kɔmɛtr] *vt* begehen.

◆ **se commettre** *vp*: **se ~ avec qqn** *sout* sich mit jm ein|lassen.

commis, e [kɔmi, iz] *pp* → **commettre**.

◆ **commis** *nm* kaufmännischer Angestellter; **~ voyageur** Handelsreisende *der*.

commisération [kɔmizerasjɔ̃] *nf sout* Mitgefühl *das*.

commissaire [kɔmisɛr] *nm* **-1.** [de police] Kommissar *der*; **~ de police** (Polizei)kommissar. **-2.** [chargé de mission] Ausschußmitglied *das*. **-3.** SPORT Kampfrichter *der*.

commissaire-priseur [kɔmisɛrprizœr] (*pl* **commissaires-priseurs**) *nm* Auktionator *der*, -in *die*.

commissariat [kɔmisarja] *nm* Kommissariat *das*; **~ de police** Polizeirevier *das*.

commission [kɔmisjɔ̃] *nf* **-1.** [délégation] Kommission *die*; **~ d'enquête** Untersuchungsausschuß *der*; **~ paritaire** paritätischer Ausschuß; **~ parlementaire** parlamentarischer Ausschuß; **~ rogatoire** Rechtshilfeersuchen *das*. **-2.** [message] Mitteilung *die*; **faire une ~ à qqn** jm etw bestellen. **-3.** [objet]: **j'ai une ~ à vous remettre** man hat mir etwas für Sie mitgegeben. **-4.** [rémunération - d'intermédiaire] Provision *die*; [- de banquier] Bearbeitungsgebühr *die*.

◆ **commissions** *nfpl* Einkäufe *Pl*; **faire les ~s** Besorgungen machen.

commissionnaire [kɔmisjɔnɛr] *nm* Kommissionär *der*.

commissure [kɔmisyr] *nf*: **la ~ des lèvres** der Mundwinkel.

commode [kɔmɔd] ◇ *adj* **-1.** [pratique] praktisch. **-2.** [personne]: **pas ~** nicht einfach. **-3.** [exercice, travail] einfach, bequem. ◇ *nf* Kommode *die*.

commodité [kɔmɔdite] *nf* Bequemlichkeit *die*.
◆ **commodités** *nfpl* Annehmlichkeiten *Pl*.

commotion [kɔmɔsjɔ̃] *nf* **-1.** MÉD Erschütterung *die*; **~ cérébrale** Gehirnerschütterung. **-2.** *fig* [émotion violente] Schock *der*.

commuer [7] [kɔmɥe] *vt*: **~ qqch en qqch** etw in etw *(A)* um|wandeln.

commun, e [kɔmœ̃, yn] *adj* **-1.** [collectif, semblable] gemeinsam; **être ~ à tous** allen gemeinsam sein. **-2.** [répandu] weitverbreitet. **-3.** *péj* [banal] gewöhnlich. **-4.** *péj* [vulgaire] ordinär.
◆ **commun** *nm*: **hors du ~** außergewöhnlich; **sortir du ~** einmal etwas anderes sein; **le ~ des mortels** die gewöhnlich Sterblichen.
◆ **commune** *nf* Gemeinde *die*.
◆ **Commune** *nf*: **la Commune** die Pariser Kommune.
◆ **communs** *nmpl* Wirtschaftsgebäude *Pl*.
◆ **en commun** *loc adv* & *loc adj* gemeinsam.

communal, e, aux [kɔmynal, o] *adj* Gemeinde-.

communautaire [kɔmynotɛr] *adj* Gemeinschafts-.

communauté [kɔmynote] *nf* **-1.** [collectivité, accord] Gemeinschaft *die*; **vie en ~** das Leben in einer Gruppe; **vivre en ~** in einer Gemeinschaft leben. **-2.** RELIG Ordensgemeinschaft *die*. **-3.** JUR Gütergemeinschaft *die*.
◆ **Communauté européenne** *nf* Europäische Gemeinschaft *die*.

communément [kɔmynemɑ̃] *adv* gewöhnlich.

communiant, e [kɔmynjɑ̃, ɑ̃t] *nm, f* Kommunikant *der*, -in *die*; **premier ~** Erstkommunikant.

communicatif, ive [kɔmynikatif, iv] *adj* **-1.** [rire] ansteckend. **-2.** [personne] mitteilsam.

communication [kɔmynikasjɔ̃] *nf* **-1.** [échange] Verständigung *die*. **-2.** [d'information] Kommunikation *die*; **~ d'entreprise** Unternehmenskommunikation; **~ de masse** Massenkommunikation. **-3.** [message] Mitteilung *die*. **-4.** [ligne téléphonique, de transport] Verbindung *die*; **recevoir/prendre une ~** ein Gespräch erhalten/entgegen|nehmen; **~ téléphonique** Telefongespräch *das*.

communier [9] [kɔmynje] *vi* **-1.** RELIG kommunizieren. **-2.** *sout* [s'accorder] innig verbunden sein.

communion [kɔmynjɔ̃] *nf* **-1.** RELIG Kommunion *die*; **première ~** Erstkommunion; **~ solennelle** heilige Kommunion. **-2.** [d'idées, de sentiments] Verbundenheit *die*.

communiqué [kɔmynike] *nm* Bekanntmachung *die*; ADMIN & POLIT Kommuniqué *das*; **~ de presse** Pressemitteilung *die*.

communiquer [3] [kɔmynike] ◇ *vt* **-1.** [information]: **~ qqch à qqn** jm etw mit|teilen. **-2.** [maladie]: **~ qqch à qqn** jn mit etw an|stecken. **-3.** [sentiment]: **~ qqch à qqn** etw auf jn übertragen. **-4.** [chaleur]: **~ qqch à qqn/qqch** jm/etw etw ab|geben. ◇ *vi*: **~ (avec qqn)** (mit jm) kommunizieren; **~ avec qqch** [être relié] an etw *(A)* an|schließen; [être en contact] mit etw in Verbindung stehen.
◆ **se communiquer** *vp* **-1.** [information] übermittelt werden. **-2.** [feu, maladie]: **se ~ à qqch** sich auf etw *(A)* aus|breiten.

communisme [kɔmynism] *nm* Kommunismus *der*.

communiste [kɔmynist] ◇ *nmf* Kommunist *der*, -in *die*. ◇ *adj* kommunistisch.

commutateur [kɔmytatœr] *nm* Schalter *der*.

commutation [kɔmytasjɔ̃] *nf* **-1.** JUR: **~ de peine** Strafumwandlung *die*. **-2.** TÉLÉCOM (Um)-schaltung *die*.

Comores [kɔmɔr] *nfpl*: **les ~, l'archipel des ~** die Komoren; **aux ~** auf den Komoren.

comorien, enne [kɔmɔrjɛ̃, ɛn] *adj* komorisch.
◆ **Comorien, enne** *nm, f* Komorer *der*, -in *die*.

compact, e [kɔ̃pakt] *adj* **-1.** [épais] fest. **-2.** [dense] dichtgedrängt. **-3.** [chaîne, voiture] Kompakt-.
◆ **compact** *nm*: **(disque) ~** CD *die*, CD-Platte *die*.

compagne → **compagnon**.

compagnie [kɔ̃paɲi] *nf* **-1.** [gén] Gesellschaft *die*; **en ~ de qqn** in js Begleitung OU Gesellschaft; **fausser ~ à qqn** jn versetzen; **tenir ~ à qqn** jm Gesellschaft leisten; **et ~** und Co.; **~ aérienne** Fluggesellschaft; **~ d'assurance** Versicherungsgesellschaft; **~ de navigation** Schiffahrtsgesellschaft. **-2.** MIL Kompanie *die*.

compagnon, compagne [kɔ̃paɲɔ̃, kɔ̃paɲ] *nm, f* **-1.** [ami] Gefährte *der*, -tin *die*. **-2.** *sout* [époux, concubin] Lebensgefährte *der*, -tin *die*.
◆ **compagnon** *nm* [artisan] Geselle *der*, -lin *die*.

comparable [kɔ̃parabl] *adj* vergleichbar.

comparaison [kɔ̃parɛzɔ̃] *nf* Vergleich *der*; **en ~ de qqch, par ~ avec qqch** im Vergleich zu etw; **sans ~** nicht vergleichbar.

comparaître [91] [kɔ̃parɛtr] *vi* JUR erscheinen.

comparatif, ive [kɔ̃paratif, iv] *adj* Vergleichs-, vergleichend.
◆ **comparatif** *nm* GRAM Komparativ *der*.

comparativement [kɔ̃parativmɑ̃] *adv* vergleichsweise, im Vergleich.

comparé, e [kɔ̃pare] *adj* **-1.** [étude] vergleichend. **-2.** [choses] im Vergleich zueinander.

comparer [3] [kɔ̃pare] *vt* vergleichen; **~ qqn/qqch avec** OU **à qqn/qqch** jn/etw mit jm/etw vergleichen.

comparse [kɔ̃pars] *nmf péj* Gehilfe *der*, -fin *die*.

compartiment [kɔ̃partimɑ̃] *nm* **-1.** [division] Fach *das*. **-2.** [de train] Abteil *das*.

compartimenter [3] [kɔ̃partimɑ̃te] *vt* **-1.** [meuble] in Fächer unterteilen. **-2.** *fig* [idées] ab|grenzen.

comparution [kɔ̃parysjɔ̃] *nf* JUR Erscheinen *das*, Vernehmung *die*.

compas [kɔ̃pa] *nm* **-1.** GÉOM Zirkel *der*. **-2.** NAVIG Kompaß *der*.

compassé, e [kɔ̃pase] *adj sout* steif.

compassion [kɔ̃pasjɔ̃] *nf sout* Anteilnahme *die*.

compatible [kɔ̃patibl] *adj* **-1.** [conciliable] harmonierend; **~ avec qqch** vereinbar mit etw. **-2.** INFORM kompatibel.

compatir [32] [kɔ̃patir] *vi*: **~ à qqch** etw nach|fühlen; **~ avec qqn** mit jm mit|fühlen.

compatissant, e [kɔ̃patisɑ̃, ɑ̃t] *adj* mitfühlend.

compatriote [kɔ̃patrijɔt] *nmf* Landsmann *der*, -männin *die*.

compensation [kɔ̃pɑ̃sasjɔ̃] *nf* **-1.** [dédommagement] Entschädigung *die*. **-2.** [équilibrage] Ausgleich *der*; **en ~** zum Ausgleich.

compensé, e [kɔ̃pɑ̃se] *adj* [semelle] Keil-.

compenser [3] [kɔ̃pɑ̃se] *vt* aus|gleichen; **pour ~** zum Ausgleich.

◆ **se compenser** *vp* sich aus|gleichen.

compère [kɔ̃pɛr] *nm* Kumpane *der*.

compétence [kɔ̃petɑ̃s] *nf* Kompetenz *die*.

compétent, e [kɔ̃petɑ̃, ɑ̃t] *adj* **-1.** [connaisseur, qualifié] kompetent. **-2.** [tribunal, autorités] zuständig.

compétitif, ive [kɔ̃petitif, iv] *adj* wettbewerbsfähig; **prix ~** wettbewerbsfähiger Preis.

compétition [kɔ̃petisjɔ̃] *nf* **-1.** SPORT Wettkampf *der*; **~ automobile** Autorennsport *der*. **-2.** [concurrence] Wettbewerb *der*.

compétitivité [kɔ̃petitivite] *nf* Wettbewerbsfähigkeit *die*.

compilation [kɔ̃pilasjɔ̃] *nf* Zusammenstellung *die*.

complainte [kɔ̃plɛ̃t] *nf* Klagelied *das*.

complaire [110] [kɔ̃plɛr] *vi*: **~ à qqn** *sout* jm gefallen.

◆ **se complaire** *vp*: **se ~ dans qqch** sich in etw *(D)* wohl|fühlen; **se ~ à faire qqch** Gefallen daran finden, etw zu tun.

complaisance [kɔ̃plɛzɑ̃s] *nf* **-1.** [obligeance] Entgegenkommen *das*. **-2.** [indulgence] Duldsamkeit *die*; **avec ~** selbstgefällig *(adv)*.

complaisant, e [kɔ̃plɛzɑ̃, ɑ̃t] *adj* **-1.** [aimable] zuvorkommend. **-2.** [indulgent] nachgiebig.

complément [kɔ̃plemɑ̃] *nm* **-1.** [supplément] Ergänzung *die*; **~ d'information** zusätzliche Information. **-2.** LING: **~ d'objet direct** Akkusativobjekt *das*; **~ d'objet indirect** Präpositionalobjekt *das*; **~ circonstanciel** Umstandsbestimmung *die*; **~ du nom** Genitivattribut *das*.

complémentaire [kɔ̃plemɑ̃tɛr] *adj* **-1.** [clause, indemnité] Zusatz-, zusätzlich. **-2.** [caractères] sich ergänzend. **-3.** [couleurs] Komplementär-.

complet, ète [kɔ̃plɛ, ɛt] *adj* **-1.** [intégral] vollständig; **c'est ~!** *fam* das fehlte gerade noch!; **au (grand) ~** vollzählig. **-2.** [plein - hôtel] voll belegt; [- théâtre] ausverkauft. **-3.** [accompli - personne] vollendet; [- artiste] virtuos.

◆ **complet** *nm* Anzug *der*.

complètement [kɔ̃plɛtmɑ̃] *adv* vollkommen.

compléter [18] [kɔ̃plete] *vt* vervollständigen.

◆ **se compléter** *vp* sich ergänzen.

complexe [kɔ̃plɛks] ◇ *nm* **-1.** PSYCHOL Komplex *der*; **avoir des ~s** Komplexe haben; **sans ~(s)** ohne Komplexe; **~ d'infériorité** Minderwertigkeitskomplex; **~ de supériorité** krankhafte Überheblichkeit. **-2.** [ensemble] Komplex *der*; **~ hospitalier** Krankenhauskomplex; **~ scolaire** Schulkomplex; **~ sportif** Sportkomplex. ◇ *adj* komplex.

complexé, e [kɔ̃plɛkse] *adj*: **être ~** Komplexe haben.

complexification [kɔ̃plɛksifikasjɔ̃] *nf* Zunahme *die* der Komplexität.

complexifier [9] [kɔ̃plɛksifje] *vt* komplexer machen.

complexité [kɔ̃plɛksite] *nf* **-1.** [de situation] Komplexität *die*. **-2.** [de machine, de technique] Kompliziertheit *die*.

complication [kɔ̃plikasjɔ̃] *nf* Kompliziertheit *die*.

◆ **complications** *nfpl* Komplikationen *Pl*.

complice [kɔ̃plis] ◇ *nmf* Komplize *der*, -zin *die*. ◇ *adj* **-1.** [personne] mitschuldig. **-2.** [sourire, regard] verschwörerisch.

complicité [kɔ̃plisite] *nf* **-1.** [de meurtre] Mittäterschaft *die*. **-2.** [connivence] Einverständnis *das*.

compliment [kɔ̃plimɑ̃] *nm* Kompliment *das*; **retourner le ~ à qqn** jm sein Kompliment erwidern.

complimenter [3] [kɔ̃plimɑ̃te] *vt*: **~ qqn** jm Komplimente machen.

compliqué, e [kɔ̃plike] *adj* kompliziert.

compliquer [3] [kɔ̃plike] *vt* komplizieren.
◆ **se compliquer** *vp* kompliziert werden.
complot [kɔ̃plo] *nm* Komplott *das*.
comploter [3] [kɔ̃plɔte] ◇ *vt* **-1.** [coup d'État] planen. **-2.** *fig* [manigancer] aus|hecken. ◇ *vi* Komplotte schmieden.
comportement [kɔ̃pɔrtəmɑ̃] *nm* Verhalten *das*, Benehmen *das*.
comportemental, e, aux [kɔ̃pɔrtəmɑ̃tal, o] *adj* Verhaltens-; **souffrir de troubles comportementaux** verhaltensgestört sein.
comporter [3] [kɔ̃pɔrte] *vt* **-1.** [impliquer] mit sich bringen. **-2.** [être composé de]: **~ qqch** aus etw bestehen.
◆ **se comporter** *vp* sich verhalten, sich benehmen; **la voiture se comporte bien sur la route** das Auto hat ein gutes Fahrverhalten.
composant, e [kɔ̃pozɑ̃, ɑ̃t] *adj*: **élément ~** Bestandteil *der*.
◆ **composant** *nm* **-1.** [élément] Bestandteil *der*. **-2.** ÉLECTR Bauteil *das*.
◆ **composante** *nf* Element *das*, Faktor *der*.
composé, e [kɔ̃poze] *adj*: **~ (de qqch)** (aus etw) zusammengesetzt.
◆ **composé** *nm* **-1.** CHIM Verbindung *die*. **-2.** LING Kompositum *das*.
composer [3] [kɔ̃poze] ◇ *vt* **-1.** [constituer] bilden; **être composé de qqch** aus etw bestehen. **-2.** [créer - poème] schreiben; [- morceau de musique] komponieren; [- bouquet de fleurs] zusammen|stellen. **-3.** [numéro de téléphone] wählen. ◇ *vi* sich arrangieren.
◆ **se composer** *vp*: **se ~ de qqch** sich aus etw zusammen|setzen; **se ~ un visage de circonstance** eine passende Miene auf|setzen.
composite [kɔ̃pozit] ◇ *adj* **-1.** [mobilier] zusammengewürfelt. **-2.** [foule] buntgemischt. **-3.** [matériau] Verbund-. ◇ *nm* Kompositordnung *die*.
compositeur, trice [kɔ̃pozitœr, tris] *nm, f* **-1.** MUS Komponist *der*, -in *die*. **-2.** TYPO Setzer *der*, -in *die*.
composition [kɔ̃pozisjɔ̃] *nf* **-1.** [formation, structure] Zusammensetzung *die*. **-2.** ART Komposition *die*. **-3.** [confection] Zubereitung *die*. **-4.** TYPO (Schrift)satz *der*. **-5.** SCOL Klassenarbeit *die*; **~ française** (literarischer) Aufsatz.
compost [kɔ̃pɔst] *nm* Kompost *der*.
composter [3] [kɔ̃pɔste] *vt* [billet] entwerten.
compote [kɔ̃pɔt] *nf* Kompott *das*; **en ~** *fam* [pieds, jambes] zerschlagen *(adj)*.
compotier [kɔ̃pɔtje] *nm* Obstschale *die*.
compréhensible [kɔ̃preɑ̃sibl] *adj* verständlich.
compréhensif, ive [kɔ̃preɑ̃sif, iv] *adj* verständnisvoll.
compréhension [kɔ̃preɑ̃sjɔ̃] *nf* Verständnis *das*.
comprenais *etc* → **comprendre**.
comprendre [79] [kɔ̃prɑ̃dr] ◇ *vt* **-1.** [saisir, se rendre compte de] verstehen. **-2.** [se composer de]: **~ qqch** aus etw bestehen. **-3.** [inclure] mit ein|schließen. ◇ *vi* verstehen.
◆ **se comprendre** *vp* **-1.** *(emploi réciproque)* sich verstehen. **-2.** *(emploi réfléchi)* wissen, was jd sagt; **je me comprends** ich weiß, was ich sage; **ça se comprend** das kann man verstehen.
comprends *etc* → **comprendre**.
comprenne *etc* → **comprendre**.
compresse [kɔ̃prɛs] *nf* Kompresse *die*.
compresseur [kɔ̃presœr] → **rouleau**.
compression [kɔ̃presjɔ̃] *nf* **-1.** [d'air] Verdichtung *die*. **-2.** *fig* [réduction]: **~ de dépenses** Einsparung *die*; **~ de personnel** Personalabbau *der*.
comprimé, e [kɔ̃prime] *adj* Druck-.
◆ **comprimé** *nm* Tablette *die*; **~ effervescent** Brausetablette.
comprimer [3] [kɔ̃prime] *vt* **-1.** [gaz] verdichten. **-2.** *fig* [dépenses] ein|schränken. **-3.** [serrer] ein|zwängen. **-4.** *littéraire* [larmes, colère] unterdrücken.
compris, e [kɔ̃pri, iz] ◇ *pp* → **comprendre**. ◇ *adj* **-1.** [situé]: **~ entre 10 et 20 francs** zwischen 10 und 20 Franc liegen. **-2.** [inclus] einschließlich; **non ~** ohne; **tout ~** alles inklusive; **y ~ qqn/qqch** einschließlich js/etw.
compromets *etc* → **compromettre**.
compromettant, e [kɔ̃prɔmetɑ̃, ɑ̃t] *adj* kompromittierend.
compromettre [84] [kɔ̃prɔmɛtr] *vt* **-1.** [personne] kompromittieren. **-2.** [réputation] gefährden.
◆ **se compromettre** *vp*: **se ~ avec qqn** sich mit jm ein|lassen; **se ~ dans qqch** in etw *(A)* verwickelt sein.
compromis, e [kɔ̃prɔmi, iz] *pp* → **compromettre**.
◆ **compromis** *nm* Kompromiß *der*.
compromission [kɔ̃prɔmisjɔ̃] *nf* Kompromittierung *die*.
comptabiliser [3] [kɔ̃tabilize] *vt* verbuchen; *fig* zählen.
comptabilité [kɔ̃tabilite] *nf* Buchhaltung *die*.
comptable [kɔ̃tabl] ◇ *nmf* Buchhalter *der*, -in *die*. ◇ *adj* buchhalterisch, buchmäßig.
comptant [kɔ̃tɑ̃] ◇ *adj m* bar. ◇ *adv*: **payer** OU **régler ~** bar (be)zahlen.
◆ **au comptant** *loc adv* gegen bar.
compte [kɔ̃t] *nm* **-1.** [calcul] Berechnung *die*; **faire le ~ de qqch** etw zählen; **~ à rebours**

Countdown *der*; **~ rond** runde Zahl. **-2.** COMPTABILITÉ & BANQUE Konto *das*; **être à son ~** selbständig sein; **se mettre à son ~** sich selbständig machen; **ouvrir un ~** ein Konto eröffnen; **~ bancaire** OU **en banque** Bankkonto; **~ courant** Girokonto; **~ créditeur** Aktivkonto; **~ débiteur** Passivkonto; **~ d'épargne** Sparkonto; **~ d'exploitation** Betriebsrechnung *die*; **~ postal** Postscheckkonto. **-3.** [chez un commerçant] Kredit *der*. **-4.** *loc*: **régler son ~ à qqn** *fam* mit jm ab|rechnen; **rendre ~ de qqch** etw wider|spiegeln; **se rendre ~ de qqch** sich *(D)* einer Sache *(G)* bewußt werden; **se rendre ~ que** sich *(D)* bewußt werden, daß; **tenir ~ de qqch, prendre qqch en ~** etw berücksichtigen; **tout ~ fait** alles in allem.

◆ **comptes** *nmpl*: **~s annuels** Jahresabschluß *der*; **~s de groupe** Konzernabschluß *der*; **faire ses ~s** die Abrechnung machen; **~s d'apothicaire** komplizierte und unübersichtliche Rechnung; **régler ses ~s avec qqn/qqch** mit jm/etw ab|rechnen; **rendre des ~s à qqn** jm Rechenschaft leisten.

compte-chèques (*pl* **comptes-chèques**), **compte chèques** (*pl* **comptes chèques**) [kɔ̃tʃɛk] *nm* Scheckkonto *das*.

compte-gouttes [kɔ̃tgut] *nm inv* Tropfenzähler *der*; **au ~** *fig* tröpfchenweise.

compter [3] [kɔ̃te] ◇ *vt* **-1.** [dénombrer] zählen. **-2.** [avoir l'intention de]: **~ faire qqch** beabsichtigen, etw zu tun. ◇ *vi* **-1.** [calculer] rechnen. **-2.** [être important] zählen. **-3.** [se fier]: **~ sur qqn/qqch** auf jn/etw zählen. **-4.** [tenir compte]: **~ avec qqch** mit etw rechnen. **-5.** [faire partie]: **~ parmi qqch** zu etw zählen.

◆ **à compter de** *loc prép*: **à ~ du 1er mai** ab dem ersten Mai.

◆ **sans compter** ◇ *loc prép* [sans inclure] nicht mitgerechnet. ◇ *loc adv* [sans se ménager] bis zum Äußersten, völlig; → **dépenser**.

◆ **sans compter que** *loc conj* abgesehen davon, daß.

compte-rendu (*pl* **comptes-rendus**), **compte rendu** (*pl* **comptes rendus**) [kɔ̃trɑ̃dy] *nm* Bericht *der*.

compte-tours [kɔ̃ttur] *nm inv* Drehzahlmesser *der*.

compteur [kɔ̃tœr] *nm* Zähler *der*.

comptine [kɔ̃tin] *nf* Abzählvers *der*.

comptoir [kɔ̃twar] *nm* **-1.** [de bar] Theke *die*. **-2.** [de magasin] Ladentisch *der*, Tresen *der*. **-3.** *Helv* [foire] Messe *die*. **-4.** HIST Kontor *das*.

compulser [3] [kɔ̃pylse] *vt* durch|sehen.

comte [kɔ̃t] *nm* Graf *der*.

comté [kɔ̃te] *nm* **-1.** [domaine du comte] Grafschaft *die*. **-2.** [au Canada] County *die*. **-3.** [fromage] *französischer Käse, mit dem Emmentaler vergleichbar.*

comtesse [kɔ̃tɛs] *nf* Gräfin *die*.

con, conne [kɔ̃, kɔn] *tfam* ◇ *adj* blöd. ◇ *nm, f* Vollidiot *der*, -in *die*.

Conakry [kɔnakri] *n* Konakry *nt*, Conakry *nt*.

concasser [3] [kɔ̃kase] *vt* [poivre, céréales] schroten; [pierres, fèves] zerkleinern.

concave [kɔ̃kav] *adj* konkav.

concéder [18] [kɔ̃sede] *vt* **-1.** [octroyer]: **~ qqch à qqn** jm etw vergeben. **-2.** *sout* [accorder]: **~ qqch à qqn** jm etw zugestehen; **~ à qqn que** zu|geben, daß.

concentration [kɔ̃sɑ̃trasjɔ̃] *nf* Konzentration *die*.

concentré, e [kɔ̃sɑ̃tre] *adj* konzentriert; → **lait**.

◆ **concentré** *nm* Konzentrat *das*; **~ de tomates** Tomatenmark *das*.

concentrer [3] [kɔ̃sɑ̃tre] *vt* konzentrieren.

◆ **se concentrer** *vp* **-1.** [se rassembler] sich an-sammeln. **-2.** [réfléchir] sich konzentrieren.

concentrique [kɔ̃sɑ̃trik] *adj* konzentrisch.

concept [kɔ̃sɛpt] *nm* Konzept *das*.

concepteur, trice [kɔ̃sɛptœr, tris] *nm, f*: **~ dessinateur** Werbegrafiker *der*, -in *die*; **~ projecteur** Projektgestalter *der*, -in *die*.

conception [kɔ̃sɛpsjɔ̃] *nf* **-1.** BIOL Empfängnis *die*. **-2.** [élaboration] Gestaltung *die*. **-3.** [opinion] Anschauung *die*.

concernant [kɔ̃sɛrnɑ̃] *prép*: **~ qqn/qqch** bezüglich js/etw.

concerner [3] [kɔ̃sɛrne] *vt* betreffen; **être concerné par qqch** von etw betroffen sein; **se sentir concerné par qqch** sich von etw betroffen fühlen; **en ce qui concerne qqn/qqch** was jn/etw anbetrifft.

concert [kɔ̃sɛr] *nm* Konzert *das*; **de ~ avec** *fig* im Einvernehmen mit.

concertation [kɔ̃sɛrtasjɔ̃] *nf* Absprache *die*.

concerté, e [kɔ̃sɛrte] *adj* konzertiert.

concerter [3] [kɔ̃sɛrte] *vt* ab|sprechen.

◆ **se concerter** *vp* sich ab|sprechen.

concerto [kɔ̃sɛrto] *nm* Konzert *das*.

concession [kɔ̃sesjɔ̃] *nf* **-1.** [compromis] Zugeständnis *das*; **faire des ~s (à qqn)** (jm) Zugeständnisse machen. **-2.** [d'eau, d'électricité] Konzession *die*. **-3.** [cession]: **~ à perpétuité** unbeschränkte Nutzungsbewilligung.

concessionnaire [kɔ̃sesjɔnɛr] ◇ *nmf* Konzessionär *der*, Konzessionsinhaber *der*, -in *die*; **~ automobile** Vertragshändler *der*, -in *die*. ◇ *adj* konzessioniert.

concevoir [52] [kɔ̃səvwar] *vt* **-1.** [imaginer] entwickeln. **-2.** [comprendre] begreifen. **-3.** [engendrer] empfangen. **-4.** *sout* [éprouver] empfinden.

◆ **se concevoir** *vp* sich vorstellen können;

cela se conçoit bien das kann man sich gut vorstellen.

concierge [kɔ̃sjɛrʒ] *nmf* Hausmeister *der*, -in *die*.

concile [kɔ̃sil] *nm* Konzil *das*.

conciliabule [kɔ̃siljabyl] *nm* Besprechung *die*.

conciliant, e [kɔ̃siljɑ̃, ɑ̃t] *adj* entgegenkommend; [paroles] versöhnlich.

conciliateur, trice [kɔ̃siljatœr, tris] *nm, f* [médiateur] Schlichter *der*.

conciliation [kɔ̃siljasjɔ̃] *nf* **-1.** [accord] Versöhnung *die*. **-2.** JUR Schlichtung *die*.

concilier [9] [kɔ̃silje] *vt* **-1.** [accorder, allier]: **~ qqch et** OU **avec qqch** etw mit etw in Einklang bringen. **-2.** [disposer favorablement]: **~ qqn à qqn/qqch** jn für jn/etw gewinnen.

◆ **se concilier** *vp* [gagner à sa cause]: **se ~ qqn/qqch** jn/etw für sich gewinnen.

concis, e [kɔ̃si, iz] *adj* präzis, prägnant; **être ~** kurz und bündig sein.

concision [kɔ̃sizjɔ̃] *nf* Präzision *die*.

concitoyen, enne [kɔ̃sitwajɛ̃, ɛn] *nm, f* Mitbürger *der*, -in *die*.

conclu, e [kɔ̃kly] *pp* → **conclure**.

concluant, e [kɔ̃klyɑ̃, ɑ̃t] *adj* beweiskräftig.

conclure [96] [kɔ̃klyr] ◇ *vt* **-1.** [discours, affaire] ab|schließen. **-2.** [déduire]: **~ de qqch que** aus etw schließen, daß; **en ~ que** daraus schließen, daß. ◇ *vi*: **~ à qqch** auf etw *(A)* erkennen.

conclus *etc* → **conclure**.

conclusion [kɔ̃klyzjɔ̃] *nf* **-1.** [signature, dénouement] Abschluß *der*. **-2.** [partie finale] Schluß *der*; **en arriver à la ~ que** zu dem Schluß kommen, daß; **~, je n'irai pas** kurzum, ich werde nicht gehen.

concocter [3] [kɔ̃kɔkte] *vt* fabrizieren.

concombre [kɔ̃kɔ̃br] *nm* Salatgurke *die*.

concomitant, e [kɔ̃kɔmitɑ̃, ɑ̃t] *adj* Begleit-.

concordance [kɔ̃kɔrdɑ̃s] *nf* Übereinstimmen *das*; **~ des temps** GRAM Zeitenfolge *die*.

concorde [kɔ̃kɔrd] *nf* Übereinstimmung *die*, Eintracht *die*.

Concorde [kɔ̃kɔrd] *nm Überschallflugzeug französischer Bauart.*

concorder [3] [kɔ̃kɔrde] *vi* **-1.** [coïncider]: **~ (avec qqch)** (mit etw) überein|stimmen. **-2.** [avoir un même but] in die gleiche Richtung gehen.

concourir [45] [kɔ̃kurir] *vi* **-1.** [contribuer]: **~ à qqch** zu etw bei|tragen. **-2.** [prendre part]: **~ à qqch** an etw *(D)* teil|nehmen.

concours [kɔ̃kur] *nm* **-1.** [examen, sélection, jeu] Wettbewerb *der*; **mis hors ~** vom Wettbewerb ausgeschlossen; **~ d'entrée** Aufnahmeprüfung *die*; **~ de recrutement** Auswahlverfahren *das*. **-2.** SPORT Ausscheidung *die*; **~ hippique** Reitturnier *das*. **-3.** [collaboration]: **avec le ~ de qqn** mit js Unterstützung.

◆ **concours de circonstances** *nm* Zusammenspiel *das* verschiedener Umstände.

concret, ète [kɔ̃krɛ, ɛt] *adj* konkret.

concrètement [kɔ̃krɛtmɑ̃] *adv* konkret.

concrétiser [3] [kɔ̃kretize] *vt* verwirklichen, konkretisieren.

◆ **se concrétiser** *vp* sich verwirklichen.

concubin, e [kɔ̃kybɛ̃, in] *nm, f* nichteheliche Lebensgefährte *der*, nichteheliche Lebensgefährtin *die*.

concubinage [kɔ̃kybinaʒ] *nm* nichteheliche Lebensgemeinschaft.

concupiscent, e [kɔ̃kypisɑ̃, ɑ̃t] *adj* wollüstig.

concurremment [kɔ̃kyramɑ̃] *adv* **-1.** [simultanément] gleichzeitig. **-2.** [conjointement] gemeinsam.

concurrence [kɔ̃kyrɑ̃s] *nf* Konkurrenz *die*; **~ déloyale** unlauterer Wettbewerb; **défier toute ~** jeglicher Konkurrenz überlegen sein; **(jusqu')à ~ de** bis zu.

concurrent, e [kɔ̃kyrɑ̃, ɑ̃t] ◇ *adj* Konkurrenz-. ◇ *nm, f* Konkurrent *der*, -in *die*.

concurrentiel, elle [kɔ̃kyrɑ̃sjɛl] *adj* wettbewerbsfähig.

condamnable [kɔ̃danabl] *adj* verwerflich.

condamnation [kɔ̃danasjɔ̃] *nf* Verurteilung *die*.

condamné, e [kɔ̃dane] ◇ *adj* **-1.** [malade] todgeweiht. **-2.** [projet] aussichtslos. ◇ *nm, f* JUR Verurteilte *der, die*.

condamner [3] [kɔ̃dane] *vt* **-1.** [juger, réprouver] verurteilen; **~ qqn à qqch** jn zu etw verurteilen. **-2.** [obliger]: **~ qqn à qqch** jn zu etw zwingen; **être condamné à qqch** zu etw gezwungen sein; **être condamné à faire qqch** gezwungen sein, etw zu tun. **-3.** [interdire] unter Strafe stellen. **-4.** [porte, fenêtre] sperren.

condensateur [kɔ̃dɑ̃satœr] *nm* Kondensator *der*.

condensation [kɔ̃dɑ̃sasjɔ̃] *nf* Kondensation *die*.

condensé, e [kɔ̃dɑ̃se] *adj* kondensiert.

◆ **condensé** *nm* Abriß *der*.

condenser [3] [kɔ̃dɑ̃se] *vt* **-1.** [gaz] kondensieren. **-2.** [résumer] um|reißen.

◆ **se condenser** *vp* sich nieder|schlagen.

condescendant, e [kɔ̃desɑ̃dɑ̃, ɑ̃t] *adj* herablassend.

condescendis *etc* → **condescendre**.

condescendre [73] [kɔ̃desɑ̃dr] *vi sout*: **~ à qqch** sich zu etw herab|lassen; **~ à faire qqch** sich dazu herab|lassen, etw zu tun.

condescends *etc* → **condescendre**.

condescendu [kɔ̃desɑ̃dy] *pp inv* → **condescendre**.
condiment [kɔ̃dimɑ̃] *nm* Gewürz *das*.
condisciple [kɔ̃disipl] *nm* Kommilitone *der*, -nin *die*.
condition [kɔ̃disjɔ̃] *nf* **-1.** [exigence] Bedingung *die*, Voraussetzung *die*; **~ sine qua non** zwingende Voraussetzung; **remplir une ~** eine Voraussetzung erfüllen; **sans ~** bedingungslos. **-2.** [classe sociale] Stellung *die*, Stand *der*; **être de ~ modeste** aus einfachen Verhältnissen stammen. **-3.** [état physique] Verfassung *die*.
◆ **conditions** *nfpl* **-1.** [circonstances] Bedingungen *Pl*; **~s atmosphériques** Witterung *die*; **~s de vie** Lebensumstände *Pl*. **-2.** [modalités] Konditionen *Pl*; **~s de paiement** Zahlungsbedingungen *Pl*.
◆ **à condition de** *loc prép* vorausgesetzt, daß; **nous serons à l'heure à ~ de prendre le train** wir werden rechtzeitig ankommen, falls wir den Zug nehmen.
◆ **à condition que** *loc conj (+ subjonctif)* vorausgesetzt, daß; **à ~ qu'il vienne** vorausgesetzt (, daß) er kommt.
conditionné, e [kɔ̃disjɔne] *adj* **-1.** [influencé]: **être ~ par qqch** durch etw geprägt sein. **-2.** [emballé]: **~ sous vide** vakuumverpackt. **-3.** → **air, réflexe**.
conditionnel, elle [kɔ̃disjɔnɛl] *adj* **-1.** [soumis à une condition] bedingt. **-2.** GRAM konditional.
◆ **conditionnel** *nm* GRAM Konditional *der*.
conditionnement [kɔ̃disjɔnmɑ̃] *nm* **-1.** [emballage] Verpackung *die*. **-2.** [opération d'emballage] Verpacken *das*. **-3.** PSYCHOL Konditionieren *das*.
conditionner [3] [kɔ̃disjɔne] *vt* **-1.** [être la condition de] bedingen. **-2.** [aliéner, climatiser] konditionieren. **-3.** [influencer] prägen. **-4.** [emballer] verpacken.
condoléances [kɔ̃dɔleɑ̃s] *nfpl* Beileid *das (sans pl)*.
conducteur, trice [kɔ̃dyktœr, tris] ◇ *adj* leitend. ◇ *nm, f* Fahrer *der*, -in *die*.
◆ **conducteur** *nm* ÉLECTR Leiter *der*.
conduire [98] [kɔ̃dɥir] ◇ *vt* **-1.** [piloter] fahren. **-2.** [emmener] begleiten. **-3.** [transmettre, diriger] leiten. ◇ *vi*: **~ à qqch** zu etw führen.
◆ **se conduire** *vp* sich benehmen.
conduisais *etc* → **conduire**.
conduit, e [kɔ̃dɥi, it] *pp* → **conduire**.
◆ **conduit** *nm* Leitung *die*; **~ auditif** Gehörgang *der*.
◆ **conduite** *nf* **-1.** [de véhicule] Fahren *das*; **~e en état d'ébriété** Trunkenheit *die* am Steuer. **-2.** [comportement] Benehmen *das*. **-3.** [canalisation]: **~e d'eau** Wasserleitung *die*; **~e de gaz** Gasleitung *die*. **-4.** [d'affaires] Leitung *die*.
cône [kon] *nm* Kegel *der*.
confection [kɔ̃fɛksjɔ̃] *nf* **-1.** [réalisation] Anfertigung *die*. **-2.** [prêt-à-porter] Konfektion *die*.
confectionner [3] [kɔ̃fɛksjɔne] *vt* **-1.** [réaliser] an|fertigen. **-2.** [vêtement] konfektionieren.
confédéral, e, aux [kɔ̃federal, o] *adj* [d'union, d'États] Bundes-; [de groupement] Verbands-.
confédération [kɔ̃federasjɔ̃] *nf* **-1.** [union d'États] (Staaten)bund *der*. **-2.** [groupement] Verband *der*.
conférence [kɔ̃ferɑ̃s] *nf* Konferenz *die*; **~ de presse** Pressekonferenz; **~ au sommet** Gipfelkonferenz.
conférencier, ère [kɔ̃ferɑ̃sje, ɛr] *nm, f* Referent *der*, -in *die*.
conférer [18] [kɔ̃fere] *vt*: **~ qqch à qqn** jm etw verleihen.
confesse [kɔ̃fɛs] *nf*: **aller à ~** zur Beichte gehen.
confesser [4] [kɔ̃fese] *vt* **-1.** [faute] beichten. **-2.** [personne]: **~ qqn** jm die Beichte ab|nehmen.
◆ **se confesser** *vp* beichten.
confession [kɔ̃fesjɔ̃] *nf* **-1.** [aveu] Bekenntnis *das*; [devant prêtre] Beichte *die*. **-2.** [religion] Konfession *die*.
confessionnal, aux [kɔ̃fesjɔnal, o] *nm* Beichtstuhl *der*.
confessionnel, elle [kɔ̃fesjɔnɛl] *adj* Konfessions-.
confetti [kɔ̃feti] *nm* Konfetti *das*.
confiance [kɔ̃fjɑ̃s] *nf* Vertrauen *das*; **avoir ~ en qqn/qqch** Vertrauen in jn/etw haben; **avoir ~ en soi** Selbstvertrauen haben; **faire ~ à qqn/qqch** jm/etw vertrauen.
confiant, e [kɔ̃fjɑ̃, ɑ̃t] *adj* **-1.** [sans méfiance] vertrauensvoll. **-2.** [assuré] zuversichtlich; **être ~ en qqch** in etw *(A)* Vertrauen haben.
confidence [kɔ̃fidɑ̃s] *nf* vertrauliche Mitteilung, Geständnis *das*; **faire des ~s à qqn** jm etw anvertrauen; **être dans la ~** eingeweiht sein; **en ~** im Vertrauen.
confident, e [kɔ̃fidɑ̃, ɑ̃t] *nm, f* Vertraute *der*, *die*.
confidentiel, elle [kɔ̃fidɑ̃sjɛl] *adj* vertraulich.
confier [9] [kɔ̃fje] *vt*: **~ qqn/qqch à qqn** jm jn/etw an|vertrauen.
◆ **se confier** *vp*: **se ~ à qqn** jm sein Herz aus|schütten.
configuration [kɔ̃figyrasjɔ̃] *nf* Gestaltung *die*.
confiné, e [kɔ̃fine] *adj* **-1.** [atmosphère] stickig. **-2.** [personne] abgeschottet.
confins [kɔ̃fɛ̃]
◆ **aux confins de** *loc prép* im hintersten Winkel von.
confirmation [kɔ̃firmasjɔ̃] *nf* **-1.** [réaffirmation] Bestätigung *die*. **-2.** [RELIG - catholique] Firmung *die*; [- protestante] Konfirmation *die*.

confirmer [3] [kɔ̃firme] *vt* **-1.** [certifier, conforter] bestätigen; **~ qqn dans qqch** jn in etw *(D)* bestätigen. **-2.** [RELIG - catholique] firmen; [- protestant] konfirmieren.
◆ **se confirmer** *vp* sich bestätigen.
confiserie [kɔ̃fizri] *nf* **-1.** [magasin] Süßwarenladen *der*. **-2.** [sucrerie] Süßwaren *Pl*, Süßigkeiten *Pl*. **-3.** [artisanat] Süßwarenherstellung *die*.
confiseur, euse [kɔ̃fizœr, øz] *nm, f* Süßwarenhändler *der*, -in *die*.
confisquer [3] [kɔ̃fiske] *vt* **-1.** [biens] beschlagnahmen. **-2.** [jouet]: **~ qqch à un enfant** einem Kind etw weg|nehmen.
confit [kɔ̃fi] ◇ → **fruit**. ◇ *nm in Fett gekochtes und eingelegtes Fleisch*; **~ d'oie** *in Fett gekochtes und eingelegtes Entenfleisch*.
confiture [kɔ̃fityr] *nf* Konfitüre *die*.
conflagration [kɔ̃flagrasjɔ̃] *nf* Umwälzung *die*.
conflictuel, elle [kɔ̃fliktyɛl] *adj* Konflikt-.
conflit [kɔ̃fli] *nm* Konflikt *der*; **~ armé** bewaffneter Konflikt.
confluent [kɔ̃flyɑ̃] *nm* Zusammenfluß *der*; **au ~ de deux rivières** am Zusammenfluß zweier Flüsse.
confondis *etc* → **confondre**.
confondre [75] [kɔ̃fɔ̃dr] *vt* **-1.** [ne pas distinguer] verwechseln. **-2.** [accusé] überführen. **-3.** *sout* [stupéfier] verwirren.
◆ **se confondre** *vp* **-1.** [se mêler] ineinander über|gehen. **-2.** *loc*: **se ~ en excuses/remerciements** sich in Entschuldigungen/Dankesworten ergehen.
confonds *etc* → **confondre**.
confondu, e [kɔ̃fɔ̃dy] *pp* → **confondre**.
conformation [kɔ̃fɔrmasjɔ̃] *nf* Aufbau *der*.
conforme [kɔ̃fɔrm] *adj*: **~ à qqch** einer Sache *(D)* entsprechend.
conformé, e [kɔ̃fɔrme] *adj*: **bien ~** wohlgebildet; **mal ~** mißgebildet.
conformément [kɔ̃fɔrmemɑ̃] *adv*: **~ à qqch** JUR einer Sache *(D)* gemäß; [selon] einer Sache *(D)* entsprechend.
conformer [3] [kɔ̃fɔrme] *vt*: **~ qqch à qqch** etw an etw *(A)* an|passen.
◆ **se conformer** *vp*: **se ~ à qqch** [s'adapter] sich an etw *(A)* an|passen; [obéir] sich an etw *(A)* halten.
conformiste [kɔ̃fɔrmist] ◇ *nmf* Konformist *der*, -in *die*. ◇ *adj* konformistisch.
conformité [kɔ̃fɔrmite] *nf*: **~ (à qqch)** Übereinstimmung *die* (mit etw); **être en ~ avec/de qqch** mit/in etw *(D)* überein|stimmen.
confort [kɔ̃fɔr] *nm* Komfort *der*; **tout ~** mit allem Komfort.
confortable [kɔ̃fɔrtabl] *adj* **-1.** [agréable] komfortabel, bequem. **-2.** [important] satt.
confortablement [kɔ̃fɔrtabləmɑ̃] *adv* **-1.** [de façon confortable] komfortabel, bequem. **-2.** [grassement] reichlich.
conforter [3] [kɔ̃fɔrte] *vt* stärken; **~ qqn dans qqch** jn in etw *(D)* bestärken.
confrère, consœur [kɔ̃frɛr, kɔ̃sœr] *nm, f* Kollege *der*, -gin *die*.
confrérie [kɔ̃freri] *nf* RELIG Bruderschaft *die*.
confrontation [kɔ̃frɔ̃tasjɔ̃] *nf* **-1.** [face à face] Konfrontation *die*. **-2.** [comparaison] Gegenüberstellung *die*.
confronter [3] [kɔ̃frɔ̃te] *vt* **-1.** [mettre face à face] konfrontieren; **être confronté à qqch** mit etw konfrontiert sein. **-2.** [comparer] gegenüber|stellen.
confus, e [kɔ̃fy, yz] *adj* **-1.** [indistinct] unüberschaubar. **-2.** [embrouillé] wirr. **-3.** [désolé]: **être ~ de qqch** von etw peinlich berührt sein; **je suis ~** es ist mir peinlich.
confusément [kɔ̃fyzemɑ̃] *adv* **-1.** [pêle-mêle] durcheinander. **-2.** [indistinctement] wirr. **-3.** [vaguement] undeutlich.
confusion [kɔ̃fyzjɔ̃] *nf* **-1.** [embarras, désordre] Verwirrung *die*. **-2.** [erreur] Verwechslung *die*.
congé [kɔ̃ʒe] *nm* **-1.** [arrêt de travail] Beurlaubung *die*; **être en ~ (de) maladie** krankgeschrieben sein; **~ formation** Bildungsurlaub *der*; **~ de maternité** Mutterschaftsurlaub *der*. **-2.** [vacances] Urlaub *der*; **être en ~** Urlaub haben; **~ annuel** Betriebsferien *Pl*; **~s payés** bezahlter Urlaub. **-3.** [renvoi]: **donner son ~ à qqn** jm kündigen. **-4.** [adieu]: **prendre ~** sich verabschieden.
congédier [9] [kɔ̃ʒedje] *vt* entlassen.
congélateur [kɔ̃ʒelatœr] *nm* Gefrierschrank *der*.
congeler [25] [kɔ̃ʒle] *vt* ein|frieren.
congénital, e, aux [kɔ̃ʒenital, o] *adj* angeboren.
congère [kɔ̃ʒɛr] *nf* Schneewehe *die*.
congestion [kɔ̃ʒɛstjɔ̃] *nf* Blutandrang *der*; **~ pulmonaire** Lungenstauung *die*.
conglomérat [kɔ̃glɔmera] *nm* Konglomerat *das*.
Congo [kɔ̃go] *nm*: **le ~** der Kongo; **au ~** im Kongo.
congolais, e [kɔ̃gɔlɛ, ɛz] *adj* kongolesisch, Kongo-.
◆ **congolais** *nm* CULIN *Kokosmakrönchen*.
◆ **Congolais, e** *nm, f* Kongolese *der*, -sin *die*.
congratuler [3] [kɔ̃gratyle] *vt sout* beglückwünschen, gratulieren.
◆ **se congratuler** *vp* sich (gegenseitig) beglückwünschen.
congre [kɔ̃gr] *nm* Meeraal *der*.
congrégation [kɔ̃gregasjɔ̃] *nf* Orden *der*.

congrès [kɔ̃grɛ] *nm* Kongreß *der*.
◆ **Congrès** *nm* [parlement américain]: **le Congrès** der Kongreß.
congressiste [kɔ̃gresist] *nmf* Kongreßteilnehmer *der*, -in *die*.
congrue [kɔ̃gry] → **portion**.
conifère [kɔnifɛr] *nm* Konifere *die*.
conique [kɔnik] *adj* kegelförmig.
conjecture [kɔ̃ʒɛktyr] *nf* Mutmaßung *die*; **se perdre en ~s** Mutmaßungen an|stellen.
conjecturer [3] [kɔ̃ʒɛktyre] *vt* mutmaßen.
conjoint, e [kɔ̃ʒwɛ̃, ɛ̃t] ◇ *adj* **-1.** [lié] zusammenhängend. **-2.** [simultané] gemeinsam. ◇ *nm, f* Ehegatte *der*, -tin *die*.
conjointement [kɔ̃ʒwɛ̃tmɑ̃] *adv* **-1.** [en même temps] gleichzeitig. **-2.** [ensemble] gemeinsam.
conjonctif, ive [kɔ̃ʒɔ̃ktif, iv] → **tissu, proposition**.
conjonction [kɔ̃ʒɔ̃ksjɔ̃] *nf* **-1.** [réunion] Zusammenspiel *das*. **-2.** GRAM Konjunktion *die*; **~ de coordination/subordination** nebenordnende/unterordnende Konjunktion.
conjonctivite [kɔ̃ʒɔ̃ktivit] *nf* Bindehautentzündung *die*.
conjoncture [kɔ̃ʒɔ̃ktyr] *nf* Konjunktur *die*.
conjoncturel, elle [kɔ̃ʒɔ̃ktyrɛl] *adj* konjunkturbedingt, konjunkturell.
conjugaison [kɔ̃ʒygezɔ̃] *nf* **-1.** [union] Zusammenwirken *das*. **-2.** GRAM Konjugation *die*.
conjugal, e, aux [kɔ̃ʒygal, o] *adj* Ehe-.
conjuguer [3] [kɔ̃ʒyge] *vt* **-1.** [unir] vereinen. **-2.** GRAM konjugieren.
conjuration [kɔ̃ʒyrasjɔ̃] *nf* **-1.** [conspiration] Verschwörung *die*. **-2.** [exorcisme] (Geister)beschwörung *die*.
conjurer [3] [kɔ̃ʒyre] *vt* **-1.** [supplier, exorciser] beschwören; **je vous en conjure** *sout* ich beschwöre Sie. **-2.** [danger, menace] bannen.
connaissais *etc* → **connaître**.
connaissance [kɔnɛsɑ̃s] *nf* **-1.** [savoir] Kenntnisse *Pl*; **prendre ~ de qqch** etw zur Kenntnis nehmen; **à ma ~** meines Wissens; **en ~ de cause** wissentlich *(adv)*. **-2.** [personne] Bekannte *der, die*; **faire ~ avec qqn** mit jm Bekanntschaft schließen, jn kennen|lernen. **-3.** [conscience]: **reprendre ~** (wieder) zu Bewußtsein kommen; **perdre ~** bewußtlos werden; **sans ~** bewußtlos *(adj)*.
connaisseur, euse [kɔnɛsœr, øz] ◇ *adj* Kenner-. ◇ *nm, f* Kenner *der*, -in *die*; **en ~** kennerhaft *(adv)*.
connaître [91] [kɔnɛtr] *vt* **-1.** [gén] kennen; **faire ~** mit|teilen; **se faire ~** [dire son nom] sich vorstellen; [devenir connu] sich einen Namen machen; **~ qqn de vue/de nom** jn vom Sehen/vom Namen her kennen; **je ne lui connais qu'un défaut** ich habe nur einen Fehler an ihm entdeckt. **-2.** [être spécialiste en]: **~ qqch** sich mit etw aus|kennen; **~ son métier** etw von seinem Beruf verstehen. **-3.** [obtenir, subir] erfahren.
◆ **se connaître** *vp* **-1.** [être en relations] sich kennen. **-2.** [se rencontrer] sich kennen|lernen. **-3.** *(emploi réfléchi)* sich selbst kennen. **-4.** [être expert]: **s'y ~ (en qqch)** sich (mit etw) aus|kennen.
connecter [4] [kɔnɛkte] *vt* **-1.** ÉLECTR an|schließen. **-2.** [éléments] miteinander verbinden.
connecteur [kɔnɛktœr] *nm*: **~ à broche** INFORM Steckverbinder *der*.
connerie [kɔnri] *nf* *tfam* Blödsinn *der*; **dire/faire des ~s** Blödsinn reden/machen.
connexe [kɔnɛks] *adj* miteinander verbunden.
connexion [kɔnɛksjɔ̃] *nf* **-1.** [lien] Verbindung *die*. **-2.** ÉLECTR Anschluß *der*.
connivence [kɔnivɑ̃s] *nf* Einverständnis *das*, stillschweigende Duldung; **être de ~ (avec qqn)** (mit jm) unter einer Decke stecken.
connotation [kɔnɔtasjɔ̃] *nf* Konnotation *die*.
connu, e [kɔny] ◇ *pp* → **connaître**. ◇ *adj*: **~ (de qqn)** (jm) bekannt.
connus *etc* → **connaître**.
conquérant, e [kɔ̃kerɑ̃, ɑ̃t] ◇ *adj* erobernd. ◇ *nm, f* Eroberer *der*, -erin *die*.
conquérir [39] [kɔ̃kerir] *vt* erobern.
conquerrai *etc* → **conquérir**.
conquête [kɔ̃kɛt] *nf* Eroberung *die*; **faire la ~ de qqn/qqch** jn/etw erobern.
conquière *etc* → **conquérir**.
conquiers *etc* → **conquérir**.
conquis, e [kɔ̃ki, iz] *pp* → **conquérir**.
consacré, e [kɔ̃sakre] *adj* **-1.** [habituel] feststehend. **-2.** RELIG geweiht.
consacrer [3] [kɔ̃sakre] *vt* [employer]: **~ qqch à qqch** etw einer Sache *(D)* widmen.
◆ **se consacrer** *vp*: **se ~ à qqn/qqch** sich jm/etw widmen.
consanguin, e [kɔ̃sɑ̃gɛ̃, in] ◇ *adj* blutsverwandt. ◇ *nm, f* Blutsverwandte *der, die*.
consciemment [kɔ̃sjamɑ̃] *adv* bewußt.
conscience [kɔ̃sjɑ̃s] *nf* **-1.** [connaissance] Bewußtsein *das*; **avoir ~ de qqch** sich *(D)* einer Sache *(G)* bewußt sein. **-2.** [état moral] Gewissen *das*; **agir selon sa ~** nach dem eigenen Gewissen handeln; **avoir bonne/mauvaise ~** ein gutes/schlechtes Gewissen haben; **avoir qqch sur la ~** etw auf dem Gewissen haben; **~ professionnelle** berufliche Gewissenhaftigkeit.
consciencieusement [kɔ̃sjɑ̃sjøzmɑ̃] *adv* gewissenhaft.

consciencieux, euse [kɔ̃sjɑ̃sjø, øz] *adj* gewissenhaft.
conscient, e [kɔ̃sjɑ̃, ɑ̃t] *adj*: **être ~ de qqch** sich *(D)* einer Sache *(G)* bewußt sein.
conscription [kɔ̃skripsjɔ̃] *nf* Musterung *die*.
conscrit [kɔ̃skri] *nm* Rekrut *der*.
consécration [kɔ̃sekrasjɔ̃] *nf* **-1.** [reconnaissance] Anerkennung *die*. **-2.** RELIG Weihe *die*.
consécutif, ive [kɔ̃sekytif, iv] *adj* **-1.** [successif] aufeinanderfolgend. **-2.** [résultant]: **~ à qqch** einer Sache *(D)* nachfolgend.
conseil [kɔ̃sɛj] *nm* **-1.** [avis] Rat(schlag) *der*; **donner un ~ (à qqn)** (jm) einen Rat geben; **suivre les ~s de qqn** js Ratschläge befolgen. **-2.** [assemblée] Rat *der*; **~ d'administration** Verwaltungsrat; **~ de classe** Notenkonferenz *die*; **le Conseil constitutionnel** *französischer Verfassungsrat*; **~ de discipline** Disziplinarrat; **le Conseil d'État** *französischer Staatsrat*; **le Conseil des ministres** *französischer Ministerrat*; **~ municipal** Gemeinderat, Stadtrat; **le Conseil supérieur de la magistrature** *Oberster Rat des Richterstandes*.

LE CONSEIL CONSTITUTIONNEL:
Der "Conseil constitutionnel" besteht aus neun Mitgliedern, die für neun Jahre gewählt werden. Ihm gehören auch die ehemaligen Präsidenten der Französischen Republik an. Der Präsident der Republik kann ebenso wie jedes Mitglied des Parlaments dem "Conseil constitutionnel" Gesetze zur Überprüfung vorlegen.

LE CONSEIL D'ÉTAT:
In Frankreich besteht der "Conseil d'État" aus zweihundert Mitgliedern. Er ist gleichzeitig das höchste Gericht, an das die Rechtssachen des Staates verwiesen werden, und ein beratendes Organ, dem Gesetzentwürfe und Dekrete der Regierung vorgelegt werden, bevor sie an den Ministerrat weitergereicht werden.

LE CONSEIL DES MINISTRES:
Der Präsident persönlich leitet den "Conseil des ministres". Dieser tritt gewöhnlich jeden Mittwochmorgen zusammen. Wenn sich die Minister nur im Beisein des Premierministers versammeln, spricht man eher vom "Conseil du cabinet".

LE CONSEIL SUPÉRIEUR DE LA MAGISTRATURE:
Dieses staatliche Organ besteht aus zehn Mitgliedern, dem Justizminister und neun weiteren, vom Präsident der Republik ernannten, Mitgliedern. Es wird bei der Ernennung von Mitgliedern der Justizbehörden zu Rate gezogen ebenso wie bei Gesetzgebungsfragen, wenn die Judikative betroffen ist. Der "Conseil supérieur de la magistrature" wird angerufen, wenn der Präsident von seinem Amnestierecht Gebrauch machen will.

conseiller, ère [kɔ̃seje, ɛr] *nm, f* **-1.** [qui donne son avis] Berater *der*, -in *die*; **~ matrimonial** Eheberater. **-2.** [membre de conseil] Ratsmitglied *das*; **~ municipal** Gemeinderatsmitglied, Stadtverordnete *der, die*.
consensuel, elle [kɔ̃sɑ̃sɥɛl] *adj* nicht formgebunden; **accord ~** Konsensualkontrakt *der*; **politique ~le** Konsenspolitik *die*.
consensus [kɔ̃sɛ̃sys] *nm* Konsens *der*.
consentement [kɔ̃sɑ̃tmɑ̃] *nm* Einwilligung *die*.
consentir [37] [kɔ̃sɑ̃tir] *sout* ◇ *vt*: **~ qqch à qqn** jm etw bewilligen; **~ que** *(+ subjonctif)* billigen, daß. ◇ *vi*: **~ à qqch** einer Sache *(D)* zu|stimmen.
conséquence [kɔ̃sekɑ̃s] *nf* Konsequenz *die*; **avoir des ~s** Konsequenzen nach sich ziehen; **ne pas tirer à ~** keine Konsequenzen nach sich ziehen; **sans ~** folgenlos *(adj)*.
conséquent, e [kɔ̃sekɑ̃, ɑ̃t] *adj* **-1.** [cohérent] konsequent; **être ~ avec qqch** mit etw konsequent sein. **-2.** [important] ansehnlich.
◆ **par conséquent** *loc adv* folglich.
conservateur, trice [kɔ̃sɛrvatœr, tris] ◇ *adj* POLIT konservativ. ◇ *nm, f* **-1.** POLIT Konservative *der, die*. **-2.** [administrateur] Konservator *der*, -in *die*.
◆ **conservateur** *nm* [produit] Konservierungsmittel *das*.
conservation [kɔ̃sɛrvasjɔ̃] *nf* Konservierung *die*.
conservatoire [kɔ̃sɛrvatwar] *nm* Konservatorium *das*; **~ de musique/d'art dramatique** Konservatorium für Musik/Schauspielkunst; **le Conservatoire national des arts et métiers** *französische Hochschule des zweiten Bildungswegs für zukünftige Techniker und Ingenieure*; **le Conservatoire national supérieur d'art dramatique, le Conservatoire** *Schauspielschule in Paris*.
conserve [kɔ̃sɛrv] *nf* Konserve *die*; **en ~** aus der Dose, Dosen-.
◆ **de conserve** *loc adv sout* gemeinsam *(adv)*.
conserver [3] [kɔ̃sɛrve] *vt* **-1.** [garder] auf|bewahren; **'~ au frais'** 'kühl aufbewahren'. **-2.** [maintenir en forme]: **être bien conservé** gut erhalten sein. **-3.** [entretenir] wach|halten.
◆ **se conserver** *vp* sich halten.
considérable [kɔ̃siderabl] *adj* beachtlich.
considération [kɔ̃siderasjɔ̃] *nf* **-1.** [motif] Überlegung *die*; **en ~ de qqch** in Anbetracht einer

Sache *(G)*. **-2.** [estime] Achtung *die*.
◆ **considérations** *nfpl*: **se perdre en ~s** sich in Betrachtungen verlieren.
considérer [18] [kõsidere] *vt* **-1.** [examiner] ab|wägen. **-2.** [estimer]: **~ que** der Ansicht sein, daß. **-3.** [observer] betrachten. **-4.** [apprécier] schätzen.
consigne [kõsiɲ] *nf* **-1.** [instruction] Anweisung *die*. **-2.** [de bagages] Gepäckaufbewahrung *die*; **~ automatique** Schließfach *das*. **-3.** [argent] Pfand *das*.
consigné, e [kõsiɲe] *adj* [bouteille, emballage] Pfand-.
consigner [3] [kõsiɲe] *vt* **-1.** [bagages] zur Gepäckaufbewahrung geben. **-2.** *sout* [relater] fest|halten. **-3.** MIL unter Arrest stellen. **-4.** *vieilli* & SCOL nachsitzen lassen.
consistance [kõsistɑ̃s] *nf* **-1.** [solidité] Beschaffenheit *die*. **-2.** [intellectuelle] Gehalt *der*; **sans ~** gehaltlos.
consistant, e [kõsistɑ̃, ɑ̃t] *adj* **-1.** [épais] dickflüssig. **-2.** [nourrissant] gehaltvoll. **-3.** [fondé] schlüssig.
consister [3] [kõsiste] *vi*: **~ en qqch** [éléments] aus etw bestehen; [action] in etw *(D)* bestehen; **~ à faire qqch** darin bestehen, etw zu tun.
consœur → **confrère**.
consolation [kõsɔlasjõ] *nf* Trost *der*; **prix de ~** Trostpreis *der*.
console [kõsɔl] *nf* Konsole *die*; **~ de visualisation** INFORM Datensichtgerät *das*.
consoler [3] [kõsɔle] *vt* **-1.** [personne]: **~ qqn (de qqch)** jn (über etw *(A)*) trösten. **-2.** [peine] lindern.
◆ **se consoler** *vp*: **se ~ (de qqch)** *(emploi réfléchi)* sich (über etw *(A)*) hinweg|trösten; *(emploi réciproque)* sich gegenseitig (über etw *(A)*) hinweg|trösten.
consolider [3] [kõsɔlide] *vt* **-1.** [construction] verstärken. **-2.** [mur, alliance] stärken.
consommateur, trice [kõsɔmatœr, tris] *nm, f* **-1.** [acheteur] Verbraucher *der*, -in *die*. **-2.** [de bar] Kunde *der*, -din *die*.
consommation [kõsɔmasjõ] *nf* **-1.** [utilisation] Verbrauch *der*. **-2.** [de voiture] Benzinverbrauch *der*. **-3.** [d'appareil électrique] Stromverbrauch *der*. **-4.** [boisson] Getränk *das*.
consommé, e [kõsɔme] *adj sout* vollendet.
◆ **consommé** *nm* Kraftbrühe *die*.
consommer [3] [kõsɔme] ◇ *vt* **-1.** [utiliser] verbrauchen. **-2.** [manger] verzehren; **'à ~ avant le...'** 'mindestens haltbar bis...'. ◇ *vi* **-1.** [personne] *etwas trinken oder verzehren*. **-2.** [véhicule] Benzin verbrauchen.
consonance [kõsɔnɑ̃s] *nf* **-1.** MUS Konsonanz *die*. **-2.** [rime] Gleichklang *der*. **-3.** [sons] Klang *der*.
consonne [kõsɔn] *nf* Konsonant *der*.
consort [kõsɔr] → **prince**.
◆ **consorts** *nmpl péj*: **et ~s** und Konsorten.
consortium [kõsɔrsjɔm] *nm* Konsortium *das*.
conspirateur, trice [kõspiratœr, tris] *nm, f* Verschwörer *der*, -in *die*.
conspiration [kõspirasjõ] *nf* Verschwörung *die*; **~ contre qqn/qqch** Verschwörung gegen jn/etw.
conspirer [3] [kõspire] ◇ *vt* planen. ◇ *vi*: **~ (contre qqn/qqch)** sich (gegen jn/etw) verschwören.
conspuer [7] [kõspɥe] *vt sout* verhöhnen.
constamment [kõstamɑ̃] *adv* ständig.
constance [kõstɑ̃s] *nf* **-1.** [persévérance] Beharrlichkeit *die*; **avoir de la ~** beharrlich sein. **-2.** [continuité, fidélité] Beständigkeit *die*.
Constance [kõstɑ̃s] *n*: **le lac de ~** der Bodensee.
constant, e [kõstɑ̃, ɑ̃t] *adj* **-1.** [continuel] ständig. **-2.** [invariable] konstant. **-3.** [graduel] stetig. **-4.** [persévérant] beharrlich.
constat [kõsta] *nm* **-1.** [procès-verbal] Tatbestandsaufnahme *die*; **~ à l'amiable** *im gegenseitigen Einverständnis erstellter Unfallbericht*; **~ d'huissier** *Tatbestandsaufnahme durch Vollstrekkungsbeamten*. **-2.** [constatation] Feststellung *die*; **faire le ~ de qqch** etw fest|stellen; **~ d'échec** Mißerfolgsbilanz *die*.
constatation [kõstatasjõ] *nf* Feststellung *die*.
constater [3] [kõstate] *vt* fest|stellen.
constellation [kõstelasjõ] *nf* ASTRON Konstellation *die*.
constellé, e [kõstele] *adj*: **~ de** übersät mit.
consternation [kõstɛrnasjõ] *nf* Betroffenheit *die*.
consterner [3] [kõstɛrne] *vt* nieder|schlagen.
constipation [kõstipasjõ] *nf* Verstopfung *die*.
constipé, e [kõstipe] *adj* **-1.** MÉD verstopft. **-2.** *fam fig* [coincé] verklemmt; **avoir l'air ~** verklemmt wirken.
constituant, e [kõstitɥɑ̃, ɑ̃t] *adj*: **élément ~** Bestandteil *der*; → **assemblée**.
constitué, e [kõstitɥe] *adj* **-1.** [personne] (auf)-gebaut. **-2.** [composé]: **~ de qqn/qqch** aus jm/etw zusammengesetzt. **-3.** [établi par la loi] bestehend.
constituer [7] [kõstitɥe] *vt* **-1.** [créer] gründen. **-2.** [composer] bilden. **-3.** [représenter] dar|stellen.
◆ **se constituer** *vp* **-1.** *(emploi réfléchi)*: **se ~ qqch** sich *(D)* etw auf|bauen. **-2.** [se composer]: **se ~ de qqn/qqch** sich aus jm/etw zusam-

men|setzen. **-3.** [s'organiser]: **se ~ en qqch** sich zu etw zusammen|schließen.
constitution [kɔ̃stitysjɔ̃] *nf* **-1.** [création] Gründung *die*. **-2.** [composition] Zusammensetzung *die*. **-3.** [de personne] Körperbau *der*. **-4.** [établissement] Aufbau *der*.
◆ **Constitution** *nf* Verfassung *die*.
constitutionnel, elle [kɔ̃stitysjɔnɛl] *adj* **-1.** [morphologique] Körperbau-. **-2.** JUR Verfassungs-.
constructeur, trice [kɔ̃stryktœr, tris] ◇ *adj* erfinderisch. ◇ *nm, f* **-1.** [fabricant] Hersteller *der*, -in *die*. **-2.** [bâtisseur] Erbauer *der*, -in *die*.
constructif, ive [kɔ̃stryktif, iv] *adj* konstruktiv.
construction [kɔ̃stryksjɔ̃] *nf* **-1.** [de bâtiments] Bau *der*. **-2.** *fig* [structure] Aufbau *der*. **-3.** GRAM Satzbau *der*.
construire [98] [kɔ̃strɥir] *vt* **-1.** [bâtir, fabriquer] bauen. **-2.** [élaborer] erstellen.
construisais *etc* → **construire**.
construit, e [kɔ̃strɥi, it] *pp* → **construire**.
consul [kɔ̃syl] *nm* Konsul *der*; **~ honoraire** Ehrenkonsul.
consulat [kɔ̃syla] *nm* Konsulat *das*.
consultatif, ive [kɔ̃syltatif, iv] *adj* beratend.
consultation [kɔ̃syltasjɔ̃] *nf* **-1.** [d'ouvrage] Nachschlagen *das*. **-2.** [de banque de données, d'opinion] Befragung *die*. **-3.** [d'expert] Anhörung *die*. **-4.** [médicale] Sprechstunde *die*.
consulter [3] [kɔ̃sylte] ◇ *vt* **-1.** [ouvrage]: **~ qqch** in etw *(D)* nach|schlagen. **-2.** [banque de données, opinion] befragen. **-3.** [demander conseil à] um Rat fragen. **-4.** [spécialiste] auf|suchen. ◇ *vi* Sprechstunde haben.
consumer [3] [kɔ̃syme] *vt* **-1.** [brûler] ab|brennen. **-2.** *fig* & *littéraire* [épuiser] aus|zehren.
◆ **se consumer** *vp* **-1.** [cigarette, bougie] herunter|brennen. **-2.** *littéraire*: **se ~ de qqch** *fig* von etw ausgezehrt werden.
consumérisme [kɔ̃symerism] *nm* Verbraucherbewegung *die*.
contact [kɔ̃takt] *nm* **-1.** [gén] Kontakt *der*; **au ~ de l'air** an der Luft; **au ~ de qqn** durch den Kontakt zu jm; **mettre qqn et qqn en ~** jn mit jm in Verbindung setzen; **prendre ~ avec qqn** sich mit jm in Verbindung setzen. **-2.** [de voiture] Zündung *die*.
contacter [3] [kɔ̃takte] *vt*: **~ qqn** jn an|sprechen, mit jm Kontakt auf|nehmen.
contagieux, euse [kɔ̃taʒjø, øz] ◇ *adj* **-1.** [maladie, rire] ansteckend. **-2.** [personne]: **être ~** an|stecken. ◇ *nm, f* [malade] ansteckend Kranker, ansteckend Kranke.
contagion [kɔ̃taʒjɔ̃] *nf* **-1.** [de maladie] Ansteckung *die*. **-2.** [du rire] Verbreitung *die*.
container = **conteneur**.
contaminer [3] [kɔ̃tamine] *vt* **-1.** [infecter] verseuchen. **-2.** *fig* [gagner] an|stecken.
conte [kɔ̃t] *nm* Märchen *das*; **~ de fées** Feenmärchen, Märchen.
contemplation [kɔ̃tɑ̃plasjɔ̃] *nf* **-1.** [admiration] eingehende Betrachtung; **rester en ~ devant qqn/qqch** jn/etw eingehend betrachten. **-2.** RELIG Kontemplation *die*.
contempler [3] [kɔ̃tɑ̃ple] *vt* eingehend betrachten.
contemporain, e [kɔ̃tɑ̃pɔrɛ̃, ɛn] ◇ *adj* zeitgenössisch; **~ de qqn** aus der gleichen Zeit stammend wie jd. ◇ *nm, f* Zeitgenosse *der*, -sin *die*; **~ de qqn** js Zeitgenosse.
contenance [kɔ̃tnɑ̃s] *nf* **-1.** [capacité] Fassungsvermögen *das*. **-2.** [attitude] Fassung *die*; **perdre ~** die Fassung verlieren.
conteneur [kɔ̃tnœr], **container** [kɔ̃tɛnɛr] *nm* Container *der*.
contenir [40] [kɔ̃tnir] *vt* **-1.** [sujet: récipient, salle] fassen. **-2.** [inclure] enthalten. **-3.** [émotion] zurück|halten.
◆ **se contenir** *vp* die Fassung bewahren.
content, e [kɔ̃tɑ̃, ɑ̃t] *adj* froh, zufrieden; **~ de qqn/qqch** zufrieden mit jm/etw; **être bien ~ de faire qqch** wirklich froh sein, etw zu tun; **non ~ de** nicht genug damit, daß.
◆ **content** *nm*: **avoir son ~ de qqch** etw in reichlichem Maß bekommen haben.
contentement [kɔ̃tɑ̃tmɑ̃] *nm* Zufriedenheit *die*.
contenter [3] [kɔ̃tɑ̃te] *vt* **-1.** [satisfaire] zufrieden|stellen. **-2.** [assouvir] befriedigen.
◆ **se contenter** *vp*: **se ~ de qqch** sich mit etw zufrieden|geben; **se ~ de faire qqch** sich darauf beschränken, etw zu tun; **se ~ de peu** sich mit wenig zufrieden|geben.
contentieux [kɔ̃tɑ̃sjø] *nm* **-1.** [affaire] Rechtsstreitigkeit *die*. **-2.** [service] Rechtsabteilung *die*.
contenu, e [kɔ̃tny] *pp* → **contenir**.
◆ **contenu** *nm* Inhalt *der*.
conter [3] [kɔ̃te] *vt* erzählen.
contestable [kɔ̃tɛstabl] *adj* anfechtbar.
contestataire [kɔ̃tɛstatɛr] ◇ *nmf* Protestler *der*, -in *die*. ◇ *adj* Protest-.
contestation [kɔ̃tɛstasjɔ̃] *nf* **-1.** [protestation] Anfechtung *die*. **-2.** POLIT Protestbewegung *die*.
conteste [kɔ̃tɛst]
◆ **sans conteste** *loc adv* zweifelsohne.
contester [3] [kɔ̃tɛste] ◇ *vt* an|fechten; **être contesté** umstritten sein. ◇ *vi* protestieren.
conteur, euse [kɔ̃tœr, øz] *nm, f* Geschichtenerzähler *der*, -in *die*.
contexte [kɔ̃tɛkst] *nm* Kontext *der*.
contiendrai *etc* → **contenir**.

contigu, uë [kɔ̃tigy] *adj* angrenzend; **être ~ à qqch** an etw *(A)* an|grenzen.

continent[1] [kɔ̃tinɑ̃] *nm* Kontinent *der*.

continent[2], **e** [kɔ̃tinɑ̃, ɑ̃t] *adj* MÉD zur Kontinenz fähig.

continental, e, aux [kɔ̃tinɑ̃tal, o] *adj* Kontinental-.

contingences [kɔ̃tɛ̃ʒɑ̃s] *nfpl* Unwägbarkeiten *Pl*.

contingent[1], **e** [kɔ̃tɛ̃ʒɑ̃, ɑ̃t] *adj* [fortuit] zufällig.

contingent[2] [kɔ̃tɛ̃ʒɑ̃] *nm* Kontingent *das*.

contingenter [3] [kɔ̃tɛ̃ʒɑ̃te] *vt* kontingentieren.

contins *etc* → **contenir**.

continu, e [kɔ̃tiny] *adj* kontinuierlich.

continuation [kɔ̃tinɥasjɔ̃] *nf* Fortsetzung *die*.

continuel, elle [kɔ̃tinɥɛl] *adj* **-1.** [continu] ständig. **-2.** [répété] fortwährend.

continuellement [kɔ̃tinɥɛlmɑ̃] *adv* fortwährend.

continuer [7] [kɔ̃tinɥe] ◇ *vt* fort|setzen. ◇ *vi* weiter|gehen; **~ à** OU **de faire qqch** etw weiterhin tun.

◆ **se continuer** *vp* [se prolonger]: **se ~ par qqch** in etw *(A)* weiter|führen.

continuité [kɔ̃tinɥite] *nf* Kontinuität *die*.

contondant, e [kɔ̃tɔ̃dɑ̃, ɑ̃t] *adj* stumpf; **arme ~e** Schlagwaffe *die*; **objet ~** Schlaginstrument *das*.

contorsionner [3] [kɔ̃tɔrsjɔne]

◆ **se contorsionner** *vp* sich verrenken.

contour [kɔ̃tur] *nm* [bord] Kontur *die*.

contourner [3] [kɔ̃turne] *vt* umgehen.

contraceptif, ive [kɔ̃trasɛptif, iv] *adj* empfängnisverhütend; **pilule contraceptive** Anti-Baby-Pille *die*.

◆ **contraceptif** *nm* Empfängnisverhütungsmittel *das*.

contraception [kɔ̃trasɛpsjɔ̃] *nf* Empfängnisverhütung *die*.

contracter [3] [kɔ̃trakte] *vt* **-1.** [muscle] an|spannen. **-2.** [visage] verziehen. **-3.** [personne] hemmen. **-4.** [souscrire - engagement] ein|gehen; [- assurance] ab|schließen. **-5.** [maladie] bekommen. **-6.** [habitude] sich zu eigen machen.

contraction [kɔ̃traksjɔ̃] *nf* **-1.** [de muscle] Anspannung *die*. **-2.** [avant l'accouchement] Wehe *die*; **avoir des ~s** Wehen haben.

contractuel, elle [kɔ̃traktɥɛl] *adj* vertraglich festgelegt, Vertrags-.

◆ **contractuel** *nm* Hilfspolizist *der*.

◆ **contractuelle** *nf* Politesse *die*.

contradiction [kɔ̃tradiksjɔ̃] *nf* **-1.** [contestation] Widersprechen *das*; **esprit de ~** Widerspruchsgeist *der*. **-2.** [discordance] Widerspruch *der*.

contradictoire [kɔ̃tradiktwar] *adj* widersprüchlich; **débat ~** Streitgespräch *das*.

contraignais *etc* → **contraindre**.

contraignant, e [kɔ̃trɛɲɑ̃, ɑ̃t] *adj* **-1.** [occupation, travail] lästig. **-2.** JUR zwingend.

contraindre [80] [kɔ̃trɛ̃dr] *vt*: **~ qqn à qqch** jn zu etw zwingen; **~ qqn à faire qqch** jn zwingen, etw zu tun.

◆ **se contraindre** *vp* **-1.** *sout* [se maîtriser] an sich halten. **-2.** [s'obliger]: **se ~ à faire qqch** sich zwingen, etw zu tun.

contrains *etc* → **contraindre**.

contraint, e [kɔ̃trɛ̃, ɛ̃t] ◇ *pp* → **contraindre**. ◇ *adj* gezwungen; **~ et forcé** gezwungenermaßen.

contrainte [kɔ̃trɛ̃t] *nf* **-1.** [obligation] Zwang *der*; **parler sans ~** frei sprechen. **-2.** TECHNOL Belastung *die*.

contraire [kɔ̃trɛr] ◇ *nm* Gegenteil *das*. ◇ *adj* **-1.** [opposé] entgegengesetzt. **-2.** [non conforme]: **~ au règlement** vorschriftswidrig.

◆ **au contraire** *loc adv* im Gegenteil.

◆ **au contraire de** *loc prép*: **au ~ de qqn** im Gegensatz zu jm.

contrairement [kɔ̃trɛrmɑ̃]

◆ **contrairement à** *loc prép*: **~ à qqch** entgegen einer Sache *(D)*.

contrariant, e [kɔ̃trarjɑ̃, ɑ̃t] *adj* **-1.** [personne] widersprechend. **-2.** [événement] unangenehm.

contrarier [9] [kɔ̃trarje] *vt* **-1.** [contrecarrer] behindern. **-2.** [ennuyer] verstimmen; **être contrarié** ärgerlich sein.

◆ **se contrarier** *vp* [couleurs] sich beißen.

contrariété [kɔ̃trarjete] *nf* Ärgernis *das*.

contraste [kɔ̃trast] *nm* Kontrast *der*; **faire ~ avec qqch** zu etw in Kontrast stehen.

contraster [3] [kɔ̃traste] ◇ *vt* gegenüber|stellen. ◇ *vi*: **~ (avec qqn/qqch)** (mit jm/etw) kontrastieren.

contrat [kɔ̃tra] *nm* Vertrag *der*; **dresser un ~** einen Vertrag auf|setzen; **être sous ~** unter Vertrag stehen; **renouveler un ~** einen Vertrag verlängern; **~ à durée déterminée/indéterminée** befristeter/unbefristeter Vertrag; **~ réciproque/reconductible** gegenseitiger/verlängerbarer Vertrag; **remplir son ~** *fig* sein Versprechen erfüllen.

contravention [kɔ̃travɑ̃sjɔ̃] *nf* Geldstrafe *die*.

contre [kɔ̃tr] ◇ *prép* **-1.** [juxtaposition] an; **la table est ~ le mur** der Tisch steht an der Wand; **pousser la table ~ le mur** den Tisch an die Wand schieben. **-2.** [opposition, échange] gegen; **agir ~ qqn** gegen jn vor|gehen; **échanger une bille ~ un timbre** eine Murmel gegen eine Briefmarke ein|tauschen; **voter ~ qqn** gegen jn stimmen. **-3.** [proportion] zu; **élu à 15 voix ~**

9 mit 15 Stimmen gegen 9 erwählt; **parier à 10 ~ 1** 10 zu 1 wetten. ◇ *adv* **-1.** [juxtaposition] daran, dagegen. **-2.** [opposition] dagegen; **vous êtes pour ou ~?** sind Sie dafür oder dagegen? ◇ *nm* → **pour**.
◆ **par contre** *loc adv* hingegen.
contre-attaque [kɔ̃tratak] (*pl* **contre-attaques**) *nf* Gegenangriff *der*.
contrebalancer [16] [kɔ̃trəbalɑ̃se] *vt sout* aus|gleichen.
◆ **se contrebalancer** *vp*: **il se contrebalance de son travail** *fam* seine Arbeit ist ihm schnuppe.
contrebande [kɔ̃trəbɑ̃d] *nf* Schmuggel *der*; **faire de la ~** schmuggeln; **passer en ~** ein|schmuggeln.
contrebandier, ère [kɔ̃trəbɑ̃dje, ɛr] *nm, f* Schmuggler *der*, -in *die*.
contrebas [kɔ̃trəba]
◆ **en contrebas** *loc adv* unten.
◆ **en contrebas de** *loc prép*: **en ~ de qqch** unterhalb etw *(G)*.
contrebasse [kɔ̃trəbas] *nf* **-1.** [instrument] Kontrabaß *der*. **-2.** [musicien] Kontrabaßspieler *der*, -in *die*.
contrecarrer [3] [kɔ̃trəkare] *vt* durch|kreuzen.
contrecœur [kɔ̃trəkœr]
◆ **à contrecœur** *loc adv* widerwillig.
contrecoup [kɔ̃trəku] *nm* Rückschlag *der*.
contre-courant [kɔ̃trəkurɑ̃]
◆ **à contre-courant** *loc adv* stromaufwärts.
◆ **à contre-courant de** *loc prép*: **aller à ~ de qqch** etw zuwider|handeln.
contredire [103] [kɔ̃trədir] *vt*: **~ qqn/qqch** jm/etw widersprechen.
◆ **se contredire** *vp* sich widersprechen.
contrée [kɔ̃tre] *nf* Gegend *die*.
contre-écrou [kɔ̃trekru] (*pl* **contre-écrous**) *nm* Gegenmutter *die*.
contre-espionnage [kɔ̃trɛspjɔnaʒ] (*pl* **contre-espionnages**) *nm* Spionageabwehr *die*.
contre-exemple [kɔ̃trɛgzɑ̃pl] (*pl* **contre-exemples**) *nm* Gegenbeispiel *das*.
contre-expertise [kɔ̃trɛkspɛrtiz] (*pl* **contre-expertises**) *nf* Gegengutachten *das*.
contrefaçon [kɔ̃trəfasɔ̃] *nf* **-1.** [marchandise] Nachahmung *die*. **-2.** [falsification] Fälschung *die*.
contrefait, e [kɔ̃trəfɛ, ɛt] *adj* **-1.** *sout* [difforme] entstellt. **-2.** [frauduleux] gefälscht.
contreficher [3] [kɔ̃trəfiʃe]
◆ **se contreficher** *vp*: **je m'en contrefiche** *fam* es ist mir Wurscht.
contre-filet [kɔ̃trəfilɛ] (*pl* **contre-filets**) *nm* Lendenstück *das*.
contrefort [kɔ̃trəfɔr] *nm* **-1.** [pilier] Strebe *die*. **-2.** [de chaussure] Kappe *die*.
◆ **contreforts** *nmpl* [de montagne] Ausläufer *Pl*.
contre-indication [kɔ̃trɛ̃dikasjɔ̃] (*pl* **contre-indications**) *nf* Gegenanzeige *die*.
contre-interrogatoire [kɔ̃trɛ̃terɔgatwar] (*pl* **contre-interrogatoires**) *nm* Kreuzverhör *das*.
contre-jour [kɔ̃trəʒur] (*pl* **contre-jours**) *nm* Gegenlicht *das (sans pl)*.
◆ **à contre-jour** *loc adv* im Gegenlicht.
contremaître [kɔ̃trəmɛtr] *nm* Vorarbeiter *der*, -in *die*.
contremarque [kɔ̃trəmark] *nf* **-1.** COMM Gegenzeichen *das*. **-2.** THÉÂTRE & CIN Kontrollmarke *die*.
contre-offensive [kɔ̃trɔfɑ̃siv] (*pl* **contre-offensives**) *nf* Gegenoffensive *die*.
contre-OPA [kɔ̃trɔpea] *nf* Übernahmeangebot *das* von anderer Seite.
contrepartie [kɔ̃trəparti] *nf* **-1.** [compensation] Gegenleistung *die*. **-2.** [d'idée, de thèse] entgegengesetzte Vorstellung.
◆ **en contrepartie** *loc adv* im Gegenzug.
contre-performance [kɔ̃trəpɛrfɔrmɑ̃s] (*pl* **contre-performances**) *nf* Fehlleistung *die*.
contrepèterie [kɔ̃trəpɛtri] *nf Wortspiel mit Buchstaben- oder Silbenvertauschung*.
contre-pied [kɔ̃trəpje] (*pl* **contre-pieds**) *nm*: **prendre le ~ de qqch** Gegenposition zu etw beziehen.
contreplaqué [kɔ̃trəplake] *nm* Sperrholz *das*; **en ~** aus Sperrholz.
contre-plongée [kɔ̃trəplɔ̃ʒe] (*pl* **contre-plongées**) *nf* CIN & PHOT Aufnahme *die* von unten.
contrepoids [kɔ̃trəpwa] *nm* Gegengewicht *das*.
contrepoint [kɔ̃trəpwɛ̃] *nm* Kontrapunkt *der*; **en ~** kontrapunktisch.
contrepoison [kɔ̃trəpwazɔ̃] *nm* Gegengift *das*.
contre-pouvoir [kɔ̃trəpuvwar] (*pl* **contre-pouvoirs**) *nm* Opposition *die*.
contre-publicité [kɔ̃trəpyblisite] (*pl* **contre-publicités**) *nf* **-1.** [mauvaise] Anti-Werbung *die*. **-2.** [offensive] Gegenwerbung *die*.
contrer [3] [kɔ̃tre] ◇ *vt* kontern. ◇ *vi* ein Kontra geben.
contresens [kɔ̃trəsɑ̃s] *nm* **-1.** [erreur] Sinnfehler *der*. **-2.** *fig* [absurdité] Widersinnigkeit *die*.
◆ **à contresens** *loc adv* **-1.** [en sens inverse] in Gegenrichtung. **-2.** *fig* [mal] falsch herum.
contresigner [3] [kɔ̃trəsiɲe] *vt* gegen|zeichnen.
contretemps [kɔ̃trətɑ̃] *nm* Mißgeschick *das*.
◆ **à contretemps** *loc adv* **-1.** MUS nicht im

Takt. **-2.** *fig* [mal à propos] im falschen Augenblick.

contrevenant, e [kɔ̃trəvnɑ̃, ɑ̃t] *nm, f* Zuwiderhandelnde *der, die.*

contrevenir [40] [kɔ̃trəvnir] *vi*: **~ à qqch** einer Sache *(D)* zuwider|handeln.

contribuable [kɔ̃tribɥabl] *nmf* Steuerzahler *der,* -in *die.*

contribuer [7] [kɔ̃tribɥe] *vi*: **~ à qqch** zu etw bei|tragen.

contribution [kɔ̃tribysjɔ̃] *nf* Beitrag *der;* **~ à qqch** Beitrag zu etw; **mettre qqn à ~** jn ein|spannen.

◆ **contributions** *nfpl* Steuern *Pl;* **~s directes/indirectes** direkte/indirekte Steuern.

contrit, e [kɔ̃tri, it] *adj sout* reuig.

contrôle [kɔ̃trol] *nm* **-1.** [vérification, maîtrise] Kontrolle *die;* **perdre le ~ de qqch** die Kontrolle über etw *(A)* verlieren; **~ d'identité** Ausweiskontrolle; **~ des naissances** Geburtenkontrolle; **~ radar** Radarkontrolle; **~ de routine** Routinekontrolle. **-2.** SCOL [interrogation] Klassenarbeit *die;* **~ continu** regelmäßige Leistungskontrolle. **-3.** [surveillance] Aufsicht *die;* **~ judiciaire** Polizeiaufsicht. **-4.** [réglementation] Überwachung *die.*

contrôler [3] [kɔ̃trole] *vt* **-1.** [vérifier] überprüfen. **-2.** [maîtriser] unter Kontrolle haben. **-3.** [dominer]: **~ qqn/qqch** die Kontrolle über jn/etw haben. **-4.** [commander] steuern.

◆ **se contrôler** *vp* sich beherrschen.

contrôleur, euse [kɔ̃trolœr, øz] *nm, f* Kontrolleur *der,* -in *die;* **~ aérien** Fluglotse *der,* -sin *die.*

contrordre [kɔ̃trɔrdr] *nm* Widerruf *der;* **sauf ~** vorbehaltlich Widerruf.

controverse [kɔ̃trɔvɛrs] *nf* Kontroverse *die.*

controversé, e [kɔ̃trɔvɛrse] *adj* umstritten.

contumace [kɔ̃tymas] *nf*: **condamné par ~** in Abwesenheit verurteilt.

contusion [kɔ̃tyzjɔ̃] *nf* Quetschung *die,* Prellung *die.*

conurbation [kɔnyrbasjɔ̃] *nf* Ballungsraum *der.*

convaincant, e [kɔ̃vɛ̃kɑ̃, ɑ̃t] *adj* überzeugend.

convaincre [114] [kɔ̃vɛ̃kr] *vt* **-1.** [persuader]: **~ qqn (de qqch)** jn (von etw) überzeugen; **~ qqn de faire qqch** jn überreden, etw zu tun. **-2.** JUR: **~ qqn de qqch** jn einer Sache *(G)* überführen.

convaincs *etc* → **convaincre**.

convaincu, e [kɔ̃vɛ̃ky] ◇ *pp* → **convaincre**. ◇ *adj* überzeugt.

convainquais *etc* → **convaincre**.

convainquant [kɔ̃vɛ̃kɑ̃] *participe présent* → **convaincre**.

convalescence [kɔ̃valesɑ̃s] *nf* Genesung *die;* **être/entrer en ~** auf dem Weg der Genesung sein.

convalescent, e [kɔ̃valesɑ̃, ɑ̃t] ◇ *adj* genesend. ◇ *nm, f* Genesende *der, die.*

convenable [kɔ̃vnabl] *adj* **-1.** [approprié] angemessen. **-2.** [décent, acceptable] anständig. **-3.** [normal] annehmbar.

convenablement [kɔ̃vnabləmɑ̃] *adv* ordentlich.

convenance [kɔ̃vnɑ̃s] *nf* **-1.** [disponibilité]: **consulter les ~s de qqn** jn nach seinen Vorstellungen fragen; **à votre ~** nach Ihrem Belieben, wie es Ihnen paßt. **-2.** [affinité] Übereinstimmung *die.*

◆ **convenances** *nfpl* **-1.** [conventions] Anstandsregeln *Pl.* **-2.** [raisons]: **pour ~s personnelles** ADMIN aus persönlichen Gründen.

convenir [40] [kɔ̃vnir] *vi* **-1.** [plaire]: **~ à qqn** jm passen. **-2.** [décider]: **~ de qqch** etw ab|machen; **~ de faire qqch** überein|kommen, etw zu tun. **-3.** [être approprié]: **~ à** OU **pour qqch** für etw angemessen sein. **-4.** *(emploi impersonnel)*: **il convient de faire qqch** es empfiehlt sich, etw zu tun. **-5.** *sout* [admettre]: **~ de qqch** etw eingestehen; **en ~** es zu|geben; **~ que** zu|geben, daß.

convention [kɔ̃vɑ̃sjɔ̃] *nf* **-1.** [accord] Abkommen *das;* **~ collective** Manteltarifvertrag *der;* **~ réciproque** gegenseitiges Abkommen. **-2.** [assemblée] Tagung *die.*

◆ **conventions** *nfpl* Normen *Pl;* **~s sociales** gesellschaftliche Verhaltensregeln.

◆ **de convention** *loc adj* konventionellen Zuschnitts.

conventionné, e [kɔ̃vɑ̃sjɔne] *adj*: **médecin ~** Kassenarzt *der.*

conventionnel, elle [kɔ̃vɑ̃sjɔnɛl] *adj* **-1.** [convenu] üblich. **-2.** [conforme] förmlich. **-3.** MIL [armes] konventionell.

convenu, e [kɔ̃vny] *adj* **-1.** [décidé] vereinbart; **comme ~** wie vereinbart. **-2.** *péj* [stéréotypé] konventionell.

convergent, e [kɔ̃vɛrʒɑ̃, ɑ̃t] *adj* konvergent.

converger [17] [kɔ̃vɛrʒe] *vi* **-1.** [rayons] zusammen|laufen. **-2.** [efforts] konvergieren.

conversation [kɔ̃vɛrsasjɔ̃] *nf* **-1.** [entretien] Gespräch *das;* **détourner la ~** vom Thema ab|lenken; **être en grande ~ avec qqn** sich ausgiebig mit jm unterhalten; **faire rebondir la ~** das Gespräch wieder in Gang bringen. **-2.** [art de parler] Unterhaltung *die.*

converser [3] [kɔ̃vɛrse] *vi sout* Konversation machen, sich unterhalten; **~ avec qqn** mit jm konversieren, sich mit jm unterhalten.

conversion [kɔ̃vɛrsjɔ̃] *nf* **-1.** POLIT & RELIG: **~ à qqch** Bekehrung *die* zu etw. **-2.** [de fraction, de mesure]: **~ (de qqch en qqch)** Umwandlung *die* (von etw in etw *(A)*). **-3.** FIN [de titres] Konversion *die.*

converti, e [kɔ̃vɛrti] *nm, f* Bekehrte *der, die*; **prêcher un ~** *fig* offene Türen ein|rennen.

convertible [kɔ̃vɛrtibl] ◇ *adj* **-1.** [échangeable]: **~ (en qqch)** (in etw *(A)*) konvertierbar. **-2.** [transformable] umwandelbar. ◇ *nm* [canapé-lit] Schlafcouch *die*.

convertir [32] [kɔ̃vɛrtir] *vt* **-1.** [personne]: **~ qqn (à qqch)** jn (zu etw) bekehren. **-2.** [canapé, mesure, fraction]: **~ en qqch** in etw *(A)* um|wandeln. **-3.** FIN [titres, biens] konvertieren.
◆ **se convertir** *vp*: **se ~ à qqch** RELIG zu etw über|treten; *fig* sich zu etw bekehren.

convexe [kɔ̃vɛks] *adj* konvex.

conviction [kɔ̃viksjɔ̃] *nf* Überzeugung *die*; **avoir la ~ que** der Überzeugung sein, daß.
◆ **convictions** *nfpl* Auffassungen *Pl*.

conviendrai *etc* → **convenir**.

convier [9] [kɔ̃vje] *vt*: **~ qqn à qqch** jn zu etw ein|laden.

convins *etc* → **convenir**.

convive [kɔ̃viv] *nmf* Gast *der (einer Mahlzeit)*.

convivial, e, aux [kɔ̃vivjal, o] *adj* **-1.** [réunion, assemblée] freundlich. **-2.** INFORM benutzerfreundlich.

convocation [kɔ̃vɔkasjɔ̃] *nf* **-1.** [à une assemblée] Einberufung *die*. **-2.** [au tribunal] Vorladung *die*. **-3.** [à un examen] Einladung *die*.

convoi [kɔ̃vwa] *nm* **-1.** [de véhicules] Konvoi *der*; **~ exceptionnel** Spezialtransport *der*. **-2.** [train] Zug *der*. **-3.** [funèbre] Leichenzug *der*.

convoiter [3] [kɔ̃vwate] *vt* begehren.

convoitise [kɔ̃vwatiz] *nf* Begehrlichkeit *die*; **exciter la ~ de qqn** js Begehrlichkeit wecken.

convoler [3] [kɔ̃vɔle] → **noce**.

convoquer [3] [kɔ̃vɔke] *vt* **-1.** [assemblée] einberufen. **-2.** [candidat, expert] bestellen. **-3.** [au tribunal]: **~ à qqch** zu etw vor|laden.

convoyer [13] [kɔ̃vwaje] *vt* Geleitschutz geben.

convoyeur [kɔ̃vwajœr] *nm* **-1.** [personne]: **~ de fonds** Geldtransporteur *der*. **-2.** [appareil] Förderer *der*.

convulsé, e [kɔ̃vylse] *adj* verzerrt.

convulser [3] [kɔ̃vylse] *vt* verkrampfen.
◆ **se convulser** *vp* sich verkrampfen.

convulsif, ive [kɔ̃vylsif, iv] *adj* krampfartig.

convulsion [kɔ̃vylsjɔ̃] *nf* **-1.** MÉD Krampf *der*. **-2.** *fig* [trouble] Zuckung *die*.

cool [kul] *adj inv fam* cool.

coopérant [kɔɔperɑ̃] *nm* **-1.** MIL *Zivildienstleistender im Ausland*. **-2.** ÉCON Entwicklungshelfer *der*, -in *die*.

coopératif, ive [kɔɔperatif, iv] *adj* kooperativ.
◆ **coopérative** *nf* Genossenschaft *die*; **coopérative d'achat** Einkaufsgenossenschaft.

coopération [kɔɔperasjɔ̃] *nf* **-1.** [collaboration] Zusammenarbeit *die*; **en ~ avec qqn** in Zusammenarbeit mit jm. **-2.** [aide] Entwicklungshilfe *die*.

coopérer [18] [kɔɔpere] *vi* kooperieren; **~ à qqch** an etw *(D)* mit|arbeiten.

cooptation [kɔɔptasjɔ̃] *nf* Hinzuwählen *das*; **par ~** durch Hinzuwählen.

coordinateur, trice [kɔɔrdinatœr, tris] ◇ *adj* koordinierend. ◇ *nm, f* Koordinator *der*, -in *die*.

coordination [kɔɔrdinasjɔ̃] *nf* Koordinierung *die*; → **conjonction**.

coordonnée [kɔɔrdɔne] *nf* MATHS Koordinate *die*.
◆ **coordonnées** *nfpl* **-1.** GÉOGR Koordinaten *Pl*. **-2.** [de personne] *Name, Anschrift und Telefonnummer*.

coordonner [3] [kɔɔrdɔne] *vt* koordinieren.

copain, copine [kɔpɛ̃, kɔpin] *fam* ◇ *adj*: **être ~ avec qqn** mit jm befreundet sein. ◇ *nm, f* Freund *der*, -in *die*, Kumpel *der*.

copeau, x [kɔpo] *nm* Span *der*.

Copenhague [kɔpɛnag] *n* Kopenhagen *nt*.

copie [kɔpi] *nf* **-1.** [double] Abschrift *die*; **~ (certifiée) conforme** beglaubigte Abschrift. **-2.** [plagiat] Kopie *die*. **-3.** SCOL Arbeit *die*; **rendre ~ blanche** ein leeres Blatt ab|geben.

copier [9] [kɔpje] *vt* **-1.** [imiter] kopieren. **-2.** [texte] ab|schreiben. **-3.** [tricher]: **~ (sur qqn)** (bei jm) ab|schreiben.

copieur, euse [kɔpjœr, øz] *nm, f* SCOL Spicker *der*, -in *die*.

copieusement [kɔpjøzmɑ̃] *adv* reichlich.

copieux, euse [kɔpjø, øz] *adj* üppig.

copilote [kɔpilɔt] *nmf* Kopilot *der*, -in *die*.

copine → **copain**.

coprocesseur [koprɔsɛsœr] *nm*: **~ mathématique** INFORM mathematischer Coprozessor.

coproducteur, trice [kɔprɔdyktœr, tris] *nm, f* [de spectacle] Koproduzent *der*, -in *die*.

coproduction [kɔprɔdyksjɔ̃] *nf* Koproduktion *die*; **en ~** in Koproduktion.

copropriétaire [kɔprɔprijetɛr] *nmf* Miteigentümer *der*, -in *die*.

copropriété [kɔprɔprijete] *nf* **-1.** [immeuble] Miteigentum *das*. **-2.** [propriétaires] Hauseigentümer *Pl*.

copulation [kɔpylasjɔ̃] *nf* Begattung *die*.

copuler [3] [kɔpyle] *vi* sich begatten.

copyright [kɔpirajt] *nm* Copyright *das*.

coq [kɔk] *nm* **-1.** ZOOL Hahn *der*; **~ de bruyère** Birkhahn. **-2.** CULIN Huhn *das*; **~ au vin** *Huhn in Rotweinsauce*. **-3.** [symbole]: **le ~ gaulois** der gallische Hahn *(Symbol der französischen Nation)*.

-4. *loc*: **être comme un ~ en pâte** Hahn im Korb sein; **fier comme un ~** stolz wie ein Pfau; **sauter** OU **passer du ~ à l'âne** vom Hölzchen aufs Stöckchen kommen.

LE COQ GAULLOIS:
Der Hahn ist das Wahrzeichen Frankreichs. Sein Ruf, "Cocorico", kann bei einem Erfolg im Sport als ironischer Ausdruck für nationalen Stolz verwendet werden. So kann man z.B. lesen: "trois médailles pour la France - Cocorico!".

---

coquard, coquart [kɔkar] *nm fam* [à l'œil] Veilchen *das*.

coque [kɔk] *nf* **-1.** [de fruits] Schale *die*; **~ de noix** Walnußschale. **-2.** [de navire] Rumpf *der*. **-3.** ZOOL Herzmuschel *die*.

coquelet [kɔklɛ] *nm* Hähnchen *das*.

coquelicot [kɔkliko] *nm* Klatschmohn *der*.

coqueluche [kɔklyʃ] *nf* Keuchhusten *der*; **être la ~ de qqn** *fig* js Schwarm sein.

coquet, ette [kɔkɛ, ɛt] *adj* **-1.** [personne] adrett. **-2.** [maison] schmuck. **-3.** *loc*: **la ~te somme de 1 000 francs** *iron* das hübsche Sümmchen von 1 000 Franc.

◆ **coquette** *nf* kokettes Weib.

coquetier [kɔktje] *nm* Eierbecher *der*.

coquetterie [kɔkɛtri] *nf* Koketterie *die*; **avoir une ~ dans l'œil** einen Silberblick haben.

coquillage [kɔkijaʒ] *nm* Muschel *die*.

coquille [kɔkij] *nf* **-1.** [de mollusque, de fruit] Schale *die*; **~ de noix** *litt* & *fig* Nußschale; **~ Saint-Jacques** Jakobsmuschel *die*; **rentrer dans sa ~** *fig* sich in sein Schneckenhaus zurückl|ziehen. **-2.** [d'œuf] Eierschale *die*. **-3.** TYPO Schnitzer *der*.

coquin, e [kɔkɛ̃, in] ◇ *adj* neckisch. ◇ *nm, f* [malicieux] Schelm *der*.

cor [kɔr] *nm* **-1.** MUS Horn *das*; **~ de chasse** Jagdhorn. **-2.** MÉD Hühnerauge *das*.

◆ **à cor et à cri** *loc adv*: **réclamer qqch à ~ et à cri** etw lauthals fordern.

corail, aux [kɔraj, o] *nm* Koralle *die*.

◆ **corail** *adj inv* korallenrot.

Coran [kɔrɑ̃] *nm* Koran *der*.

coranique [kɔranik] → **école**.

corbeau [kɔrbo] *nm* **-1.** [oiseau] Rabe *der*. **-2.** [délateur] Anschwärzer *der*, -in *die*.

corbeille [kɔrbɛj] *nf* **-1.** [panier] Korb *der*. **-2.** THÉÂTRE Balkon *der*.

corbillard [kɔrbijar] *nm* Leichenwagen *der*.

cordage [kɔrdaʒ] *nm* **-1.** [de bateau] Tau *das*. **-2.** [de raquette] Bespannung *die*.

corde [kɔrd] *nf* **-1.** [filin] Leine *die*, Seil *das*. **-2.** [d'instrument] Saite *die*. **-3.** [d'arc] Sehne *die*. **-4.** ANAT: **~s vocales** Stimmbänder *Pl*. **-5.** SPORT [de piste] *Innenseite der Bahn*; **prendre un virage à la ~** haarscharf um die Kurve fahren. **-6.** *loc*: **avoir plus d'une ~ à son arc** mehrere Eisen im Feuer haben; **faire vibrer une ~ chez qqn** verwandte Saiten in jm aufklingen lassen; **usé jusqu'à la ~** abgewetzt.

◆ **cordes** *nfpl* **-1.** MUS Streicher *Pl*. **-2.** *loc*: **être dans les ~s de qqn** jm liegen; **il tombe/pleut des ~s** es gießt/regnet in Strömen.

cordeau, x [kɔrdo] *nm* Schnur *die*; **tracé au ~** *fig* schnurgerade.

cordée [kɔrde] *nf* Seilschaft *die*.

cordelette [kɔrdəlɛt] *nf* Kordel *die*.

cordial, e, aux [kɔrdjal, o] *adj* **-1.** [accueil] herzlich. **-2.** [sourire] freundlich.

cordialement [kɔrdjalmɑ̃] *adv* herzlich.

cordialité [kɔrdjalite] *nf* Herzlichkeit *die*.

cordon [kɔrdɔ̃] *nm* **-1.** [corde] Schnur *die*. **-2.** [rangée]: **~ de police** Polizeikordon *der*. **-3.** [insigne] Ordensband *das*.

◆ **cordon ombilical** *nm* Nabelschnur *die*.

cordon-bleu [kɔrdɔ̃blø] (*pl* **cordons-bleus**) *nm* Meisterkoch *der*, -köchin *die*.

cordonnerie [kɔrdɔnri] *nf* **-1.** [magasin, commerce] Schuhmacherei *die*. **-2.** [activité] Schusterhandwerk *das*.

cordonnier, ère [kɔrdɔnje, ɛr] *nm, f* Schuhmacher *der*, -in *die*, Schuster *der*, -in *die*.

Cordoue [kɔrdu] *n* Córdoba *nt*.

Corée [kɔre] *nf* Korea *nt*; **la ~ du Nord** Nordkorea; **la ~ du Sud** Südkorea.

coréen, enne [kɔreɛ̃, ɛn] *adj* koreanisch.

◆ **coréen** *nm* [langue] Koreanisch(e) *(das)*.

◆ **Coréen, enne** *nm, f* Koreaner *der*, -in *die*.

coreligionnaire [kɔrɛliʒjɔnɛr] *nmf* Glaubensbruder *der*, -schwester *die*.

coriace [kɔrjas] *adj* **-1.** [viande] zäh. **-2.** [caractère] hartnäckig.

coriandre [kɔrjɑ̃dr] *nf* Koriander *der*.

cormoran [kɔrmɔrɑ̃] *nm* Kormoran *der*.

corne [kɔrn] *nf* **-1.** [gén] Horn *das*; **~ de brume** Nebelhorn. **-2.** [d'escargot] Fühler *der*. **-3.** [callosité] Hornhaut *die*.

◆ **corne d'abondance** *nf* Füllhorn *das*.

cornée [kɔrne] *nf* Augenhornhaut *die*, Hornhaut *die*.

corneille [kɔrnɛj] *nf* Krähe *die*.

cornélien, enne [kɔrneljɛ̃, ɛn] *adj* **-1.** [de Corneille] von Corneille. **-2.** [situation, choix] dramatisch, tragisch.

cornemuse [kɔrnəmyz] *nf* Dudelsack *der*.

corner[1] [3] [kɔrne] ◇ *vi* tuten. ◇ *vt* **-1.** [page] um|knicken. **-2.** *fam* [crier] trompeten.

corner[2] [kɔrnɛr] *nm* SPORT Eckstoß *der*.

cornet [kɔrnɛ] *nm* **-1.** [d'aliment] Tüte *die*; **~ de**

glace Eishörnchen *das*. **-2.** [de jeu] Würfelbecher *der*. **-3.** MUS: **~ à pistons** Kornett *das*.

corniaud, corniot [kɔrnjo] *nm* **-1.** [chien] Mischling *der*. **-2.** *fam péj* [imbécile] Depp *der*.

corniche [kɔrniʃ] *nf* **-1.** [falaise] Klippe *die*. **-2.** [route] Klippenstraße *die*. **-3.** [moulure] Gesims *das*, Zierleiste *die*.

cornichon [kɔrniʃɔ̃] *nm* Gewürzgurke *die*.

corniot = **corniaud**.

corollaire [kɔrɔlɛr] *nm* **-1.** [déduction] Korollarium *das*. **-2.** [effet] Konsequenz *die*.

corolle [kɔrɔl] *nf* Blütenkrone *die*.

coron [kɔrɔ̃] *nm* Bergarbeiterhaus *das*.

coronaire [kɔrɔnɛr] → **artère**.

corporation [kɔrpɔrasjɔ̃] *nf* Innung *die*, Berufsverband *der*.

corporel, elle [kɔrpɔrɛl] *adj* körperlich.

corps [kɔr] *nm* **-1.** ANAT & CHIM Körper *der*; **~ étranger** Fremdkörper; **~ gazeux/liquide** gasförmiger/flüssiger Stoff; **~ gras** Fett *das*; **~ simple** Grundstoff *der*; **~ solide** Festkörper. **-2.** [groupe]: **~ d'armée** Armeekorps *das*; **~ de ballet** Ballettkorps *das*; **~ diplomatique** diplomatisches Korps; **~ enseignant** Lehrkörper *der*; **~ expéditionnaire** Expeditionskorps *das*. **-3.** [de texte] Hauptteil *der*. **-4.** *loc*: **au ~ à ~** im Nahkampf; **à mon ~ défendant** wider meinen Willen; **à ~ perdu** blindlings; **se dévouer ~ et âme à qqch** sich mit Leib und Seele einer Sache *(D)* verschreiben; **faire ~ avec** fest verbunden sein mit; **sombrer ~ et biens** mit Mann und Maus unter|gehen.

◆ **corps du délit** *nm* JUR Beweisstück *das*.

corpulent, e [kɔrpylɑ̃, ɑ̃t] *adj* korpulent.

corpus [kɔrpys] *nm* Korpus *das*.

corpuscule [kɔrpyskyl] *nm* **-1.** ANAT Körperchen *das*. **-2.** PHYS Teilchen *das*.

correct, e [kɔrɛkt] *adj* **-1.** [exact] korrekt. **-2.** [décent] anständig. **-3.** [acceptable] annehmbar.

correctement [kɔ̃rɛktəmɑ̃] *adv* **-1.** [sans faute] korrekt. **-2.** [convenablement] anständig.

correcteur, trice [kɔrɛktœr, tris] ◇ *adj* korrigierend; **verres ~s** Gläser *Pl* zur Verbesserung der Sehschärfe. ◇ *nm, f* Korrektor *der*, -in *die*.

correctif, ive [kɔrɛktif, iv] *adj* korrektiv.

◆ **correctif** *nm* Korrektiv *das*; **apporter un ~ à qqch** eine Sache richtig|stellen.

correction [kɔrɛksjɔ̃] *nf* **-1.** [d'erreur] Berichtigung *die*, Verbesserung *die*. **-2.** [punition] Züchtigung *die*; **donner une ~ à qqn** jm eine Tracht Prügel verpassen. **-3.** [modification] Änderung *die*. **-4.** [d'épreuves, de devoirs] Korrektur *die*. **-5.** [notation] Zensieren *das*. **-6.** [qualité, rectitude] Korrektheit *die*.

correctionnel, elle [kɔrɛksjɔnɛl] *adj* JUR Vergehens-.

◆ **correctionnelle** *nf* JUR Strafkammer *die*; **passer en ~le** sich *(A)* in einer Strafsache verantworten müssen.

corrélation [kɔrelasjɔ̃] *nf* Korrelation *die*.

correspondance [kɔrɛspɔ̃dɑ̃s] *nf* **-1.** [accord] Übereinstimmung *die*. **-2.** TRANSPORT Anschluß *der*. **-3.** [échange de lettres] Korrespondenz *die*; **faire sa ~** seine Korrespondenz erledigen; **par ~** brieflich *(adv)*.

correspondant, e [kɔrɛspɔ̃dɑ̃, ɑ̃t] ◇ *adj* entsprechend. ◇ *nm, f* **-1.** [par lettre] Brieffreund *der*, -in *die*. **-2.** [par téléphone] Gesprächspartner *der*, -in *die*. **-3.** PRESSE Berichterstatter *der*, -in *die*; **de notre ~ à** von unserem Berichterstatter in; **~ de guerre** Kriegsberichterstatter.

correspondis *etc* → **correspondre**.

correspondre [75] [kɔrɛspɔ̃dr] *vi* **-1.** [être conforme]: **~ à qqch** einer Sache *(D)* entsprechen. **-2.** [communiquer] verbunden sein. **-3.** [par lettre]: **~ (avec qqn)** (mit jm) korrespondieren.

◆ **se correspondre** *vp* **-1.** [communiquer] miteinander verbunden sein. **-2.** [s'accorder] miteinander überein|stimmen.

corresponds *etc* → **correspondre**.

correspondu, e [kɔrɛspɔ̃dy] *pp* → **correspondre**.

corrida [kɔrida] *nf* Stierkampf *der*.

corridor [kɔridɔr] *nm* Korridor *der*.

corrigé [kɔriʒe] *nm* Lösung *die*, Musterarbeit *die*.

corriger [17] [kɔriʒe] *vt* **-1.** [épreuve, devoir] korrigieren. **-2.** [noter] zensieren. **-3.** [modifier, atténuer] ändern. **-4.** [guérir]: **~ qqn de qqch** jm eine Sache ab|gewöhnen. **-5.** [punir] züchtigen.

◆ **se corriger** *vp* **-1.** [d'un défaut]: **se ~ de qqch** sich *(D)* eine Sache ab|gewöhnen. **-2.** [devenir raisonnable] sich bessern.

corroborer [3] [kɔrɔbɔre] *vt* bestätigen.

corroder [3] [kɔrɔde] *vt* korrodieren.

corrompis *etc* → **corrompre**.

corrompre [78] [kɔrɔ̃pr] *vt* **-1.** [soudoyer] bestechen. **-2.** [dépraver, gâter] verderben.

corromps *etc* → **corrompre**.

corrompu, e [kɔrɔ̃py] ◇ *pp* → **corrompre**. ◇ *adj* **-1.** [vénal] korrupt. **-2.** [dépravé] verdorben.

corrosif, ive [kɔrozif, iv] *adj* **-1.** [caustique] korrosiv. **-2.** *fig* [mordant] ätzend.

◆ **corrosif** *nm* Ätzmittel *das*.

corrosion [kɔrozjɔ̃] *nf* Korrosion *die*.

corruption [kɔrypsjɔ̃] *nf* **-1.** [fait de soudoyer] Bestechung *die*; **~ de fonctionnaire** Beamtenbestechung. **-2.** [dépravation] Verderbtheit *die*.

corsage [kɔrsaʒ] *nm* **-1.** [chemisier] Bluse *die*. **-2.** [de robe] Korsage *die*.

corsaire [kɔrsɛr] *nm* **-1.** [marin, navire] Korsar *der.* **-2.** [pantalon] Caprihose *die.*

corse [kɔrs] ◇ *adj* korsisch. ◇ *nm* [langue] Korsisch(e) *(das).*

◆ **Corse** ◇ *nmf* Korse *der,* -sin *die.* ◇ *nf*: **la Corse** Korsika *nt*; **en Corse** auf Korsika; **la Corse-du-Sud** *Département im Süden Korsikas*; **la Haute-Corse** *Département im Norden Korsikas.*

corsé, e [kɔrse] *adj* **-1.** [vin, café] stark. **-2.** [sauce, plat] scharf. **-3.** [histoire] gepfeffert.

corser [3] [kɔrse] *vt* **-1.** [sauce] kräftig würzen. **-2.** [histoire] spannend machen.

◆ **se corser** *vp* kompliziert werden; **ça se corse** das wird immer komplizierter.

corset [kɔrsɛ] *nm* Korsett *das*; **~ orthopédique** Stützkorsett.

cortège [kɔrtɛʒ] *nm* **-1.** [défilé] Zug *der*; **~ funèbre** Trauerzug. **-2.** *fig* [accompagnement]: **l'adolescence et son ~ de problèmes** die Pubertät und die Probleme, die damit zusammenhängen.

cortisone [kɔrtizɔn] *nf* Kortison *das.*

corvée [kɔrve] *nf* **-1.** [travail] Dienst *der.* **-2.** *fig* [tâche pénible] Belastung *die*; **quelle ~!** wie lästig!

cosignataire [kosiɲatɛr] *nmf* Mitunterzeichner *der,* -in *die.*

cosinus [kɔsinys] *nm* Kosinus *der.*

cosmétique [kɔsmetik] ◇ *nm* Schönheitsmittel *das*; **les ~s** die Kosmetika. ◇ *adj* kosmetisch.

cosmique [kɔsmik] *adj* kosmisch.

cosmonaute [kɔsmɔnot] *nmf* Kosmonaut *der,* -in *die.*

cosmopolite [kɔsmɔpɔlit] *adj* kosmopolitisch.

cosmos [kɔsmos] *nm* Kosmos *der.*

cosse [kɔs] *nf* **-1.** [de légume] Schote *die.* **-2.** ÉLECTR Kabelschuh *der.*

cossu, e [kɔsy] *adj* **-1.** [personne] begütert. **-2.** [maison, intérieur] stattlich.

Costa Rica [kɔstarika] *nm*: **le ~** Costa Rica *nt*; **au ~** in Costa Rica.

costaricien, enne [kɔstarisjɛ̃, ɛn] *adj* costaricanisch.

◆ **Costaricien, enne** *nm, f* Costaricaner *der,* -in *die.*

costaud [kɔsto] (*f inv* OU **costaude** [kɔstod]) *adj fam* **-1.** [personne] kräftig. **-2.** [chose] widerstandsfähig, beständig.

◆ **costaud** *nm* Kraftmensch *der.*

costume [kɔstym] *nm* **-1.** [vêtement d'homme] Anzug *der*; **~ trois-pièces** dreiteiliger Anzug. **-2.** [tenue] Tracht *die.* **-3.** THÉÂTRE Kostüm *das.*

cotation [kɔtasjɔ̃] *nf* Notierung *die*; **~ en Bourse** Börsennotierung.

cote [kɔt] *nf* **-1.** [marque de classement] Kennziffer *die.* **-2.** FIN Kurs *der.* **-3.** [valeur marchande] Bewertung *die.* **-4.** [évaluation des chances] Chancen *Pl.* **-5.** [degré d'estime]: **avoir la ~ (auprès de** OU **avec qqn)** *fam* (bei jm) gut angeschrieben sein; **~ de popularité** Beliebtheitsgrad *der.* **-6.** [indiquant un niveau] Stand *der*; **~ d'alerte** kritischer Pegelstand; *fig* kritischer Punkt.

coté, e [kɔte] *adj* **-1.** [estimé] angesehen, gefragt. **-2.** FIN: **être ~ en bourse** an der Börse notiert sein.

côte [kot] *nf* **-1.** ANAT Rippe *die*; **~ à ~** nebeneinander, Seite an Seite. **-2.** [en boucherie] Rippenstück *das.* **-3.** [pente] Steigung *die,* Hang *der.* **-4.** [littoral] Küste *die*; **la Côte d'Azur** die französische Riviera, die Côte d'Azur.

côté [kote] *nm* Seite *die*; **sur le ~** auf der Seite; **de l'autre ~ de qqch** auf der anderen Seite einer Sache *(G)*; **~ opposé** gegenüberliegende Seite; **être aux ~s de qqn** jm zur Seite stehen; **les bons/mauvais ~s de qqn/qqch** js/einer Sache Vorteile/Nachteile.

coteau, x [kɔto] *nm* **-1.** [colline] Anhöhe *die.* **-2.** [versant] Hang *der.*

Côte-d'Ivoire [cotdivwar] *nf*: **la ~** die Elfenbeinküste.

côtelé, e [kotle] *adj* gerippt; **velours ~** Kord *der.*

côtelette [kotlɛt] *nf* Kotelett *das.*

coter [3] [kɔte] *vt* **-1.** [marquer] kennzeichnen. **-2.** [noter] bewerten. **-3.** FIN notieren. **-4.** [inscrire les cotes de]: **~ un plan/une carte** auf einem Plan/einer Karte die Maße ein|schreiben.

coterie [kɔtri] *nf péj* Clique *die.*

côtes-du-Rhône *nm inv* Côtes-du-Rhône *der (Wein aus dem Rhône-Tal).*

côtier, ère [kotje, ɛr] *adj* Küsten-.

cotisation [kɔtizasjɔ̃] *nf* Beitrag *der.*

cotiser [3] [kɔtize] *vi*: **~ (à qqch)** (an etw *(A)*) Beitrag zahlen.

◆ **se cotiser** *vp* zusammen|legen.

coton [kɔtɔ̃] *nm* **-1.** [fibre, fil, tissu] Baumwolle *die*; **filer un mauvais ~** *fig* nicht zum besten stehen. **-2.** [ouate] Watte *die*; **~ à démaquiller** Wattebausch *der*; **~ hydrophile** (Verband)watte.

cotonnade [kɔtɔnad] *nf* Baumwollstoff *der.*

Coton-Tige® [kɔtɔ̃tiʒ] (*pl* **Coton-Tiges**) *nm* Wattestäbchen *das.*

côtoyer [13] [kɔtwaje] *vt* **-1.** [fréquenter]: **~ qqn** mit jm verkehren. **-2.** [longer]: **~ qqch** an einer Sache *(D)* entlang|führen; **la route côtoie la rivière** die Straße führt am Fluß entlang.

cotte [kɔt] *nf* **-1.** [de travail] Latzhose *die.* **-2.** HIST: **~ de mailles** Kettenhemd *das.*

cou [ku] *nm* Hals *der*; **sauter** OU **se jeter au ~ de qqn** jm um den Hals fallen; **jusqu'au ~** bis über den Hals.

couac [kwak] *nm* falscher Ton.

couard, e [kwar, ard] *sout* ◇ *adj* feig. ◇ *nm, f* Feigling *der.*

couchage [kuʃaʒ] → **sac.**

couchant [kuʃɑ̃] → **soleil.**

◆ **couchant** *nm* Abendland *das,* Westen *der.*

couche [kuʃ] *nf* **-1.** [pellicule, épaisseur, classe sociale] Schicht *die;* **en avoir** OU **tenir une ~** *fam fig* einen Hau haben. **-2.** [de bébé] Windel *die.*

◆ **couches** *nfpl* Wochenbett *das (sans pl).*

◆ **fausse couche** *nf* Fehlgeburt *die.*

couche-culotte [kuʃkylɔt] (*pl* **couches-culottes**) *nf* Windelhöschen *das.*

coucher[1] [3] [kuʃe] ◇ *vt* **-1.** [mettre au lit] ins Bett legen. **-2.** [étendre, poser à plat] legen. **-3.** [étaler en couche] auf|tragen. **-4.** [inscrire]: **~ qqch par écrit** etw *(A)* schriftlich festhalten; **~ qqn sur son testament** jn in seinem Testament bedenken. ◇ *vi* **-1.** [dormir] schlafen. **-2.** [passer la nuit] übernachten; **un nom à ~ dehors** *fam fig* ein unmöglicher Name. **-3.** *fam* [avoir des rapports sexuels]: **~ avec qqn** mit jm schlafen.

◆ **se coucher** *vp* **-1.** [s'allonger] sich hin|legen. **-2.** [se mettre au lit] zu Bett gehen. **-3.** [soleil] unter|gehen.

coucher[2] [kuʃe] *nm* [du soleil] Untergang *der;* **au ~ du soleil** bei Sonnenuntergang.

couchette [kuʃɛt] *nf* **-1.** [de train] Liegeplatz *der.* **-2.** [de navire] Koje *die.*

coucheur [kuʃœr] *nm*: **mauvais ~** *fam* unangenehmer Zeitgenosse.

couci-couça [kusikusa] *adv fam* so lala.

coucou [kuku] ◇ *nm* **-1.** [oiseau] Kuckuck *der.* **-2.** [fleur] Schlüsselblume *die.* **-3.** [pendule] Kuckucksuhr *die.* **-4.** *péj* [avion] Flieger *der.* ◇ *interj*: **~!** kuckuck!

coude [kud] *nm* **-1.** ANAT & COUTURE Ellbogen *der;* **mettre les ~s sur la table** die Ellbogen auf den Tisch stützen; **jouer des ~s** *fig* seine OU ihre Ellbogen gebrauchen; **se serrer les ~s** *fig* zusammen|halten. **-2.** [courbe] Knick *der.* **-3.** TECHNOL Winkelstück *das.*

coudée [kude] *nf*: **avoir les ~s franches** *fig* Ellbogenfreiheit haben.

cou-de-pied [kudpje] (*pl* **cous-de-pied**) *nm* Rist *der.*

coudoyer [13] [kudwaje] *vt*: **~ qqn** mit jm verkehren.

coudre [86] [kudr] ◇ *vt* **-1.** [bouton] an|nähen. **-2.** [vêtement, plaie] nähen. ◇ *vi* nähen.

coudrier [kudrije] *nm* Haselnußstrauch *der.*

couds *etc* → **coudre.**

couenne [kwan] *nf* Schwarte *die.*

couette [kwɛt] *nf* **-1.** [de lit] Daunendecke *die.* **-2.** [coiffure]: **porter des ~s** Rattenschwänzchen tragen.

couffin [kufɛ̃] *nm* **-1.** [cabas] Strohtasche *die.* **-2.** [berceau] Babytragetasche *die.*

couilles [kuj] *nfpl vulg* Eier *Pl.*

couiner [3] [kwine] *vi* **-1.** [cochon, lapin] quieksen. **-2.** *péj* [pleurnicher] heulen. **-3.** [porte] quietschen.

coulant, e [kulɑ̃, ɑ̃t] *adj* **-1.** [substance, style] fließend. **-2.** *fam* [indulgent] kulant.

coulée [kule] *nf* **-1.** [de lave, de boue] Strom *der.* **-2.** [de métal] Guß *der.*

couler [3] [kule] ◇ *vt* **-1.** [métal, béton] gießen. **-2.** [bateau] versenken. **-3.** [personne] schlecht|machen. **-4.** [entreprise] in Grund und Boden wirtschaften. ◇ *vi* **-1.** [liquide] fließen. **-2.** [fromage] laufen. **-3.** [robinet, stylo] tropfen. **-4.** [temps] zerrinnen. **-5.** [bateau, nageur] unter|gehen. **-6.** [nez] laufen. **-7.** [entreprise] pleite gehen.

◆ **se couler** *vp* schlüpfen; **se la ~ douce** *fam fig* es sich *(D)* gutgehen lassen.

couleur [kulœr] *nf* **-1.** [gén] Farbe *die;* **en ~s** Farb-; **annoncer la ~** *fam fig* Farbe bekennen; **en faire voir de toutes les ~s à qqn** *fam fig* jm die Hölle heiß machen. **-2.** [linge] Buntwäsche *die.* **-3.** [pittoresque] Farbigkeit *die;* **haut en ~** farbenfroh; **~ locale** Lokalkolorit *das.* **-4.** [opinion] Couleur *die.*

◆ **couleurs** *nfpl*: **défendre les ~s d'un pays** die Farben eines Landes vertreten; **prendre des ~s** Farbe bekommen.

couleuvre [kulœvr] *nf* Natter *die;* **avaler des ~s** *fam fig* viele Kröten schlucken müssen.

coulis [kuli] *nm*: **~ de tomates** Tomatenpüree *das;* **~ de framboises** passierte Himbeeren.

coulissant, e [kulisɑ̃, ɑ̃t] *adj* Schiebe-.

coulisse [kulis] *nf* **-1.** [glissière] Schiene *die;* **à ~** Schiebe-. **-2.** COUTURE Durchzug *der.*

◆ **coulisses** *nfpl* Kulissen *Pl;* **dans les ~s** hinter den Kulissen.

coulisser [3] [kulise] ◇ *vt* schieben. ◇ *vi* gleiten; **faire ~** schieben.

couloir [kulwar] *nm* **-1.** [corridor] Gang *der.* **-2.** GÉOGR Furche *die.* **-3.** SPORT [de piste, de piscine] Bahn *die.*

◆ **couloir aérien** *nm* Flugschneise *die.*

◆ **couloir d'autobus** *nm* Busspur *die.*

coulommiers [kulɔmje] *nm camembertartige Käsesorte.*

coulpe [kulp] *nf*: **battre sa ~** *fig* & *sout* sich an die Brust schlagen.

coup [ku] *nm* **-1.** [choc, gifle] Schlag *der;* **donner un ~ de coude à qqn** jn mit dem Ellbogen stoßen; **rouer qqn de ~s** jn zusammen|schlagen; **~ de pied** Fußtritt *der;* **~ de poing** Fausthieb *der;* **~ dur** schwerer Schlag; **~ de grâce** Gnadenstoß *der.* **-2.** [d'instrument]: **~ de ciseaux** Schnitt *der;* **~ de crayon** Strich *der;* **don-**

ner un ~ de balai schnell fegen. **-3.** [bruit]: **~ de feu** Schuß *der*; **~ de sonnette** Läuten *das*; **~ de tonnerre** Donnerschlag *der*. **-4.** *fam* [fois] Mal *das*; [au jeu] Zug *der*; **d'un seul ~** auf einmal. **-5.** [de colère, de fatigue] Anfall *der*. **-6.** [action nuisible]: **faire un sale ~ à qqn** jm übel mit|spielen; **~ bas** Tiefschlag *der*; *fig* Schlag *der* unter die Gürtellinie; **~ fourré** Gemeinheit *die*; **mauvais ~** krumme Tour. **-7.** [action spectaculaire] Coup *der*; **~ de chance** Glücksfall *der*; **~ d'éclat** Glanzstück *das*; **~ d'État** Staatsstreich *der*; **~ de théâtre** Knalleffekt *der*. **-8.** *loc*: **boire un ~** einen trinken; **donner un ~ de main à qqn** jm zur Hand gehen, jm helfen; **être dans le ~** [être à la mode] in sein; [être au courant] auf dem laufenden sein; **faire les quatre cents ~s** sich aus|toben; **jeter un ~ d'œil (à qqch)** einen Blick (auf eine Sache) werfen; **marquer le ~** das Ereignis begehen; **en prendre un ~** leiden; **tenir le ~** durch|halten; **tenter le ~** es versuchen; **valoir le ~** sich lohnen.

◆ **coup de barre** *nm fam* finanzieller Hammer; **j'ai un ~ de barre** ich fühle mich plötzlich schlapp.

◆ **coup de fil** *nm* Anruf *der*; **donner** ou **passer un ~ de fil** an|rufen.

◆ **coup de fouet** *nm* Peitschenhieb *der*; **donner un ~ de fouet à qqn** *fig* jn munter machen.

◆ **coup franc** *nm* Freistoß *der*.

◆ **coup de téléphone** *nm* Anruf *der*.

◆ **à coup sûr** *loc adv* sicher.

◆ **après coup** *loc adv* nachträglich.

◆ **du coup** *loc adv* deshalb.

◆ **du premier coup** *loc adv* auf Anhieb.

◆ **coup sur coup** *loc adv* Schlag auf Schlag.

◆ **sous le coup de** *loc prép* **-1.** [sous l'effet de] unter der Wirkung *(+G)*. **-2.** [sous l'action de] unter *(+D)*.

◆ **tout à coup** *loc adv* plötzlich.

coupable [kupabl] ◇ *adj* **-1.** [fautif] schuldig; **plaider ~/non ~** sich schuldig/nicht schuldig bekennen. **-2.** [condamnable] schuldhaft. ◇ *nmf* Schuldige *der, die*.

coupant, e [kupɑ̃, ɑ̃t] *adj* **-1.** [tranchant] scharf. **-2.** [ton, réponse] schneidend.

coupe [kup] *nf* **-1.** [verre, contenu] Glas *das*; **~ à champagne** Sektschale *die*; **~ de champagne** Schale *die* Sekt. **-2.** [récipient] Becher *der*. **-3.** SPORT [trophée] Pokal *der*; [compétition] Meisterschaft *die*, Cup *der*; **~ du monde** Weltmeisterschaft, Weltcup. **-4.** COUTURE [action, forme] Schnitt *der*. **-5.** [pièce d'étoffe] Stück *das* Stoff. **-6.** [coiffure]: **~ de cheveux** Haarschnitt *der*. **-7.** [d'arbres] Schlag *der*. **-8.** [aux cartes] Abheben *das*. **-9.** [réduction] Reduzierung *die*.

coupé, e [kupe] *adj* **-1.** [cheveux, vêtement] geschnitten; **bien ~** gut geschnitten. **-2.** [interrompu] unterbrochen.

◆ **coupé** *nm* Coupé *das*.

coupe-circuit [kupsirkɥi] *nm inv* Sicherung *die*.

coupe-faim [kupfɛ̃] *nm inv* Appetitzügler *der*.

coupe-feu [kupfø] ◇ *nm inv* Brandschutz *der*. ◇ *adj inv* Brandschutz-.

coupe-gorge [kupgɔrʒ] *nm inv* unsichere Gegend.

coupelle [kupɛl] *nf* Schale *die*.

coupe-ongles [kupɔ̃gl] *nm inv* Nagelknipser *der*.

coupe-papier [kuppapje] *nm inv* Papiermesser *das*.

couper [3] [kupe] ◇ *vt* **-1.** [matériau, cheveux] schneiden. **-2.** [vêtement, tissu] zu|schneiden. **-3.** [gaz, eau, électricité] ab|stellen. **-4.** [communication téléphonique] ab|brechen. **-5.** [enlever] heraus|schneiden. **-6.** [mélanger] verdünnen. **-7.** [aux cartes] mit Trumpf stechen. ◇ *vi* **-1.** [être tranchant] schneiden. **-2.** [prendre un raccourci] ab|schneiden. **-3.** [aux cartes] ab|heben. **-4.** *fam* [échapper]: **~ à qqch** einer Sache *(D)* entkommen.

◆ **se couper** *vp* **-1.** [se blesser, se croiser] sich schneiden. **-2.** [s'isoler]: **se ~ du monde** sich von der Welt ab|kapseln. **-3.** *fam* [se contredire] sich verraten.

couperet [kuprɛ] *nm* **-1.** [de boucher] Hackbeil *das*. **-2.** [de guillotine] Fallbeil *das*.

couperose [kuproz] *nf* geplatzte Äderchen *Pl*.

couperosé, e [kuproze] *adj* mit geplatzten Äderchen.

coupe-vent [kupvɑ̃] *nm inv* Windjacke *die*.

couple [kupl] *nm* **-1.** [gén] Paar *das*, Ehepaar *das*. **-2.** [marié, animaux] Paar *das*, Pärchen *das*.

couplé [kuple] *nm* Zwillingswette *die*.

coupler [3] [kuple] *vt* koppeln.

couplet [kuplɛ] *nm* Strophe *die*.

coupole [kupɔl] *nf* Kuppel *die*.

coupon [kupɔ̃] *nm* **-1.** [reste de tissu] Stoffrest *der*. **-2.** [rouleau d'étoffe] Stoffballen *der*. **-3.** FIN Kupon *der*. **-4.** [billet] Abschnitt *der*.

coupon-réponse [kupɔ̃repɔ̃s] (*pl* **coupons-réponse**) *nm* Antwortschein *der*.

coupure [kupyr] *nf* **-1.** [blessure, dans un film] Schnitt *der*. **-2.** [billet de banque]: **grosses/petites ~s** große/kleine Geldscheine. **-3.** ÉLECTR: **~ de courant** Stromausfall *der*; **il y a eu une ~ de courant/d'eau** [pour réparation] der Strom/das Wasser wurde abgestellt. **-4.** [rupture] Einschnitt *der*. **-5.** PUB: **~ publicitaire** Werbeeinblendung *die*.

◆ **coupure de presse** *nf* Zeitungsausschnitt *der*.

cour [kur] *nf* **-1.** [gén] Hof *der*; **faire la ~ à une femme** einer Frau den Hof machen; **faire la ~**

à qqn jn hofieren; **~ de récréation** Schulhof *der*. **-2.** [tribunal] Gerichtshof *der*; **~ d'assises** Schwurgericht *das*; **~ martiale** Standgericht *das*.

◆ **Cour** *nf*: **Cour de cassation** Kassationshof *der*; **la Cour des comptes** *der französische Rechnungshof*; **Haute Cour (de justice)** Sondergericht *das*.

LA COUR DES COMPTES:
Diese behördliche Einrichtung überwacht in Frankreich die finanziellen Angelegenheiten von staatlichen Organen und Gebietskörperschaften. Außerdem kontrolliert die "Cour des comptes" die Verwendung der öffentlichen Gelder.

---

courage [kuraʒ] *nm* **-1.** [bravoure] Mut *der*; **prendre son ~ à deux mains** *fig* [vaincre sa peur] das Herz in beide Hände nehmen; [rassembler son énergie] sich zusammen|reißen. **-2.** [ardeur] Energie *die*.

courageusement [kuraʒøzmɑ̃] *adv* tapfer.

courageux, euse [kuraʒø, øz] *adj* **-1.** [brave] tapfer. **-2.** [énergique] beherzt. **-3.** [audacieux] mutig.

couramment [kuramɑ̃] *adv* **-1.** [sans difficulté] fließend; **parler ~ une langue** fließend eine Sprache sprechen. **-2.** [communément] oft.

courant, e [kurɑ̃, ɑ̃t] *adj* **-1.** [habituel] üblich. **-2.** [en cours] laufend.

◆ **courant** *nm* **-1.** [marin, atmosphérique] Strömung *die*; **~ d'air** Luftzug *der*. **-2.** ÉLECTR Strom *der*; **couper le ~** den Strom ab|stellen; **~ alternatif** Wechselstrom. **-3.** *fig* [mouvement] Bewegung *die*; **~ de pensée** Strömung *die*.

◆ **au courant** *loc adv*: **être au ~ (de qqch)** (über eine Sache) im Bilde sein; **mettre** OU **tenir qqn au ~ (de qqch)** jn (über eine Sache) auf dem laufenden halten; **se mettre** OU **se tenir au ~ (de qqch)** sich (über eine Sache) auf dem laufenden halten.

courbatu, e [kurbaty] *adj* zerschlagen.

courbature [kurbatyr] *nf* Muskelkater *der*.

courbaturé, e [kurbatyre] *adj*: **être ~** Muskelkater haben.

courbe [kurb] ◇ *nf* Kurve *die*; **~ de niveau** Höhenlinie *die*; **~ de température** Fieberkurve. ◇ *adj* gekrümmt.

courber [3] [kurbe] ◇ *vt* **-1.** [plier] biegen. **-2.** [pencher] neigen. ◇ *vi* sich beugen.

◆ **se courber** *vp* **-1.** [devenir courbe] sich krümmen. **-2.** [se baisser] sich bücken.

courbette [kurbɛt] *nf* Verneigung *die*; **faire des ~s à** OU **devant qqn** *fig* jm die Stiefel lecken.

coureur, euse [kurœr, øz] *nm, f* SPORT Läufer *der*, -in *die*; **~ cycliste** Radrennfahrer *der*.

◆ **coureur** *nm* Casanova *der*, Verführer *der*; **~ de jupons** Schürzenjäger *der*.

courge [kurʒ] *nf* Kürbis *der*.

courgette [kurʒɛt] *nf* Zucchini *die*; **les ~s** die Zucchini.

courir [45] [kurir] ◇ *vt* **-1.** SPORT laufen. **-2.** [monde, pays] durchstreifen. **-3.** [magasins] herum|laufen. **-4.** *fig* [rechercher] an|streben. **-5.** [fréquenter] häufig besuchen. **-6.** [s'exposer à]: **~ un danger** Gefahr laufen. ◇ *vi* **-1.** [aller rapidement] rennen; **~ après qqch** *fig* einer Sache *(D)* nach|rennen; **~ après qqn** jm nach|laufen; *fig* jm nach|stellen. **-2.** [disputer une course] an einem Rennen teil|nehmen. **-3.** [se précipiter] laufen. **-4.** [bouger rapidement] fliegen. **-5.** [couler] fließen.

couronne [kurɔn] *nf* **-1.** [de roi, de dent, monnaie] Krone *die*. **-2.** [de fleurs, pain] Kranz *der*; **~ mortuaire** OU **funéraire** Grabkranz.

couronnement [kurɔnmɑ̃] *nm* Krönung *die*.

couronner [3] [kurɔne] *vt* **-1.** [roi] krönen. **-2.** [récompenser] aus|zeichnen; **être couronné de succès** von Erfolg gekrönt sein.

courrai *etc* → **courir**.

courre [kur] → **chasse**.

courrier [kurje] *nm* Post *die*; **~ du cœur** Kummerecke *die*; **~ des lecteurs** Leserbriefe *Pl*; **~ direct** COMM Werberundschreiben *das*; **~ électronique** INFORM elektronische Post, E-Mail *die*.

courroie [kurwa] *nf* Riemen *der*; **~ de transmission** Treibriemen.

courroucé, e [kuruse] *adj littéraire* wutentbrannt.

courroux [kuru] *nm littéraire* Grimm *der*.

cours[1] *etc* → **courir**.

cours[2] [kur] *nm* **-1.** [de fleuve] Lauf *der*; **~ d'eau** Wasserlauf; **donner** OU **laisser libre ~ à qqch** *fig* einer Sache *(D)* freien Lauf lassen. **-2.** [déroulement] Verlauf *der*; **en ~** laufend *(adj)*; **en ~ de route** unterwegs; **entraver le ~ de la justice** die Ermittlungen behindern; **suivre son ~** seinem Lauf folgen. **-3.** FIN Kurs *der*; **avoir ~** gültig sein; *fig* üblich sein; **~ du change** Wechselkurs; **~ de l'or** Goldpreis *der*. **-4.** [leçon] Unterricht *der*; **~ par correspondance** Fernkurs *der*; **~ intensif** Intensivkurs *der*; **~ magistral** UNIV Vorlesung *die*; **~ de rattrapage** Nachhilfeunterricht; **~ du soir** Abendkurs *der*. **-5.** [école] Privatschule *die*; **~ préparatoire** erste Klasse; **~ élémentaire 1/2** zweite/dritte Grundschulklasse; **~ moyen 1/2** vierte/fünfte Grundschulklasse. **-6.** [avenue] *Avenue, in Straßenbezeichnungen*.

◆ **au cours de** *loc prép*: **au ~ de qqch** im Laufe einer Sache *(G)*.

course [kurs] *nf* **-1.** [action de courir] Laufen *das*;

être dans la ~ *fam fig* wissen, wo's langgeht. **-2.** [compétition] Rennen *das*; **les ~s** Pferderennen *Pl*; **~ automobile** Autorennen; **~ cycliste** Radrennen; **~ à pied** Wettlauf *der*. **-3.** *Helv* [excursion] Tour *die*. **-4.** [de taxi] Taxifahrt *die*. **-5.** [mouvement] Bahn *die*. **-6.** [achat] Besorgung *die*; **faire les ~s** Besorgungen machen.

coursier, ère [kursje, ɛr] *nm, f* Bote *der*, -tin *die*.

coursive [kursiv] *nf* Gang *der*, Gangway *die*.

court, e [kur, kurt] *adj* kurz.

◆ **court** ◇ *nm*: **~ (de tennis)** Tennisplatz *der*; **~ central** Center Court *der*. ◇ *adv*: **couper ~ à qqch** eine Sache ab|schneiden; **être à ~ d'argent/d'idées/d'arguments** kein Geld/keine Ideen/keine Argumente mehr haben; **prendre de ~** überrumpeln; **tourner ~** abgebrochen werden.

court-bouillon [kurbujɔ̃] (*pl* **courts-bouillons**) *nm gewürzte Brühe, in der Fisch gekocht wird.*

court-circuit [kursirkɥi] (*pl* **courts-circuits**) *nm* Kurzschluß *der*.

court-circuiter [3] [kursirkɥite] *vt* **-1.** ÉLECTR kurz|schließen. **-2.** *fig* [éviter] übergehen, überspringen.

courtier, ère [kurtje, ɛr] *nm, f* Makler *der*, -in *die*.

courtisan [kurtizɑ̃] *nm* **-1.** HIST Höfling *der*. **-2.** [flatteur] Schmeichler *der*, -in *die*.

courtisane [kurtizan] *nf littéraire* Kurtisane *die*.

courtiser [3] [kurtize] *vt* **-1.** [flatter] umschmeicheln. **-2.** [femme]: **~ qqn** jm den Hof machen.

court-jus [kurʒy] (*pl* **courts-jus**) *nm fam* Kurze *der*, Kurzschluß *der*.

court-métrage [kurmetraʒ] (*pl* **courts-métrages**) *nm* Kurzfilm *der*.

courtois, e [kurtwa, az] *adj* höflich.

courtoisie [kurtwazi] *nf* Höflichkeit *die*.

couru, e [kury] ◇ *pp* → **courir**. ◇ *adj* vielbesucht; **c'est ~ (d'avance)** *fam fig* das steht (von vornherein) fest.

courus *etc* → **courir**.

cousais *etc* → **coudre**.

couscous [kuskus] *nm* Kuskus *der*.

cousin, e [kuzɛ̃, in] *nm, f* Cousin *der*, -e *die*; **~ germain** Cousin ersten Grades.

coussin [kusɛ̃] *nm* Kissen *das*; **~ d'air** Luftkissen.

coussinet [kusinɛ] *nm* **-1.** [coussin] kleines Kissen. **-2.** [de patte d'animal] Ballen *der*.

cousu, e [kuzy] ◇ *pp* → **coudre**. ◇ *adj* genäht; **~ main** handgenäht; *fig* prima; **~ de fil blanc** *fig* plump.

coût [ku] *nm* Kosten *Pl*, Preis *der*; **le ~ de la vie** Lebenshaltungskosten; **~s de distribution** ÉCON Vertriebskosten.

coûtant [kutɑ̃] → **prix**.

couteau, x [kuto] *nm* **-1.** [pour couper] Messer *das*; **~ à cran d'arrêt** Stellmesser; **~ de cuisine** Küchenmesser; **à couper au ~** *fig* [brouillard, accent] fürchterlich; **être à ~x tirés avec qqn** *fig* mit jm verfeindet sein; **il a le couteau sous la gorge** *fig* ihm steht das Wasser bis zum Hals. **-2.** [de peintre] Spachtel *der*. **-3.** [coquillage] Messerscheide *die*.

coutelas [kutla] *nm* **-1.** [couteau] großes Küchenmesser. **-2.** [sabre] kurzer Säbel.

coutellerie [kutɛlri] *nf* Messerfabrikation *die*.

coûter [3] [kute] ◇ *vi* [valoir] kosten; **~ 100 francs à qqn** jm 100 Franc kosten; **~ cher** teuer sein; **ça coûte combien**? wieviel kostet das? ◇ *vt* [être pénible]: **~ à qqn** jm schwer|fallen; **ça lui a coûté bien des efforts** das hat ihn viel Mühe gekostet.

◆ **coûte que coûte** *loc adv* um jeden Preis.

coûteux, euse [kutø, øz] *adj* kostspielig.

coutume [kutym] *nf* **-1.** [habitude] Brauch *der*; **avoir ~ de faire qqch** etw zu tun pflegen; **la ~ veut que** es ist Brauch, daß. **-2.** JUR Gewohnheit *die*.

coutumier, ère [kutymje, ɛr] *adj* [habituel] üblich; **il est ~ du fait** es wird bei ihm schon zur Gewohnheit.

couture [kutyr] *nf* **-1.** [action de coudre] Nähen *das*; **faire de la ~** nähen; **haute ~** Haute Couture *die*. **-2.** [points] Naht *die*; **~ apparente** Ziernaht.

couturier, ère [kutyrje, ɛr] *nm, f* Schneider *der*, -in *die*; **grand ~** Couturier *der*.

couvée [kuve] *nf* **-1.** [œufs] Gelege *das*. **-2.** [oisillons] Brut *die*.

couvent [kuvɑ̃] *nm* Kloster *das*.

couver [3] [kuve] ◇ *vt* **-1.** [œufs] aus|brüten. **-2.** [enfant] verhätscheln. **-3.** [maladie]: **~ un rhume** einen Schnupfen bekommen. ◇ *vi* **-1.** [poule] brüten. **-2.** [feu, complot] schwelen.

couvercle [kuvɛrkl] *nm* Deckel *der*.

couvert, e [kuvɛr, ɛrt] ◇ *pp* → **couvrir**. ◇ *adj* **-1.** [habillé]: **bien/pas assez ~** warm/nicht warm genug angezogen. **-2.** [temps, ciel] bedeckt. **-3.** [plein]: **~ de qqch** [surface] mit etw bedeckt; *fig* [personne] mit etw überhäuft.

◆ **couvert** *nm* **-1.** [à table] Gedeck *das*; **mettre** OU **dresser le ~** den Tisch decken. **-2.** *loc*: **sous le ~ de qqch** unter dem Deckmantel einer Sache *(G)*; **se mettre à ~** in Deckung gehen.

◆ **couverts** *nmpl* Besteck *das (sans pl)*.

couverture [kuvɛrtyr] *nf* **-1.** [de lit] Decke *die*; **~ chauffante** Heizdecke; **tirer la ~ à soi** *fig* sich mit fremden Federn schmücken. **-2.** [de livre - reliure] Einband *der*; [- jaquette] Umschlag *der*. **-3.** [de magazine] Titelseite *die*. **-4.** [d'activité secrète] Tarnung *die*. **-5.** PRESSE Berichterstattung *die*.

◆ **couverture sociale** *nf* Sozialversicherung *die*.

couveuse [kuvøz] *nf* **-1.** [pour bébés] Brutkasten *der*. **-2.** [pour œufs] Brutapparat *der*. **-3.** [poule] Bruthenne *die*.

couvre *etc* → **couvrir**.

couvre-chef [kuvrəʃɛf] (*pl* **couvre-chefs**) *nm* Kopfbedeckung *die*.

couvre-feu [kuvrəfø] (*pl* **couvre-feux**) *nm* Ausgangssperre *die*.

couvre-lit [kuvrəli] (*pl* **couvre-lits**) *nm* Tagesdecke *die*, Bettüberwurf *der*.

couvre-pied, **couvre-pieds** [kuvrəpje] (*pl* **couvre-pieds**) *nm* Fußdecke *die*.

couvreur [kuvrœr] *nm* Dachdecker *der*.

couvrir [34] [kuvrir] *vt* **-1.** [protéger, recouvrir]: **~ qqch (de qqch)** etw (mit etw) bedecken. **-2.** [sujet: assurance] decken. **-3.** [avec housse, avec couvercle] zu|decken. **-4.** [livre] ein|binden. **-5.** [bruit] übertönen. **-6.** [habiller]: **bien ~ un enfant** ein Kind warm an|ziehen. **-7.** PRESSE: **~ un événement** über ein Ereignis berichten. **-8.** [combler, accabler]: **~ qqn de qqch** jn mit etw überhäufen. **-9.** [distance] hinter sich *(A)* bringen.

◆ **se couvrir** *vp* **-1.** [se vêtir] sich warm an|ziehen. **-2.** [se recouvrir]: **se ~ de qqch** sich mit etw bedecken. **-3.** [ciel] sich bewölken. **-4.** [se protéger] sich ab|sichern.

cover-girl [kɔvœrgœrl] (*pl* **cover-girls**) *nf* Covergirl *das*.

cow-boy [kobɔj] (*pl* **cow-boys**) *nm* Cowboy *der*.

coyote [kɔjɔt] *nm* Kojote *der*.

CP *abr de* **cours préparatoire**.

CPAM (*abr de* **caisse primaire d'assurance maladie**) *nf französische Ortskrankenkasse*.

cpt (*abr de* **comptant**) bar.

CQFD (*abr de* **ce qu'il fallait démontrer**) q. e. d. *(quod erat demonstrandum)*.

crabe [krab] *nm* Krabbe *die*.

crac [krak] *interj* bums, knacks.

crachat [kraʃa] *nm* Spucke *die (sans pl)*.

craché, e [kraʃe] *adj*: **c'est lui tout ~** [ressemblance] er ist ihm wie aus dem Gesicht geschnitten; [attitude] typisch!

cracher [3] [kraʃe] ◇ *vi* **-1.** [projeter de la salive] spucken; **ne pas ~ sur qqch** *fam fig* einer Sache *(D)* nicht abgeneigt sein; **il ne crache pas sur l'alcool** er ist kein Alkoholverächter. **-2.** [radio, télé] knistern. ◇ *vt* **-1.** [gén] spucken. **-2.** *fig* [injures] aus|stoßen.

crachin [kraʃɛ̃] *nm* Nieselregen *der*.

crachoir [kraʃwar] *nm* Spucknapf *der*; **tenir le ~** *fam fig* das große Wort führen.

crack [krak] *nm* **-1.** [cheval, as] Crack *der*. **-2.** [drogue] Crack *das*.

cradingue [kradɛ̃g] *adj fam* schmuddelig.

craie [krɛ] *nf* Kreide *die*.

craignais *etc* → **craindre**.

craindre [80] [krɛ̃dr] *vt* **-1.** [redouter]: **~ qqch** vor etw *(D)* Angst haben; **~ de faire qqch** fürchten, etw zu tun; **je crains d'avoir oublié mes papiers** ich fürchte, ich habe meine Papiere vergessen; **~ que** *(+ subjonctif)* befürchten, (daß); **je crains qu'il (ne) parte** ich befürchte, (daß) er geht. **-2.** [être sensible à] nicht vertragen.

crains *etc* → **craindre**.

craint, e [krɛ̃, ɛ̃t] *pp* → **craindre**.

crainte [krɛ̃t] *nf* Furcht *die*.

◆ **de crainte de** *loc prép*: **il a préféré partir de ~ de la rencontrer** er hat es vorgezogen wegzugehen, um ihr nicht zu begegnen.

◆ **de crainte que** *loc conj (+ subjonctif)* aus Furcht, (daß); **de ~ qu'il (ne) parte** aus Furcht, daß er wegginge ou er ginge weg.

craintif, ive [krɛ̃tif, iv] *adj* ängstlich.

cramer [3] [krame] *vt & vi fam* an|brennen.

◆ **se cramer** *vp fam* sich verbrennen.

cramoisi, e [kramwazi] *adj* dunkelrot.

crampe [krɑ̃p] *nf* Krampf *der*; **avoir une ~** einen Krampf haben; **~ d'estomac** Magenkrampf.

crampon [krɑ̃pɔ̃] *nm* **-1.** [de chaussures - de foot] Stollen *der*; [- d'athlétisme] Spike *der*. **-2.** *fam* [personne] Klette *die*.

cramponner [3] [krɑ̃pɔne]

◆ **se cramponner** *vp fam* sich fest|halten; **se ~ à qqn/qqch** sich an jn/etw klammern.

cran [krɑ̃] *nm* **-1.** [de ceinture] Loch *das*. **-2.** *fig* [degré] Stufe *die*. **-3.** [audace] Schneid *der*; **avoir du ~** Schneid haben. **-4.** [de crémaillère] Raste *die*. **-5.** *loc*: **être à ~** äußerst gereizt sein.

crâne [kran] *nm* Schädel *der*; **se mettre qqch dans le ~** *fig* sich etw ein für allemal merken.

crâner [3] [krane] *vi fam* an|geben.

crâneur, euse [kranœr, øz] *fam* ◇ *adj* wichtigtuerisch. ◇ *nm, f* Angeber *der*, -in *die*.

crânien, enne [kranjɛ̃, ɛn] *adj* Schädel-; **boîte ~ne** Hirnschale *die*.

crapaud [krapo] *nm* Kröte *die*.

crapule [krapyl] *nf* Lump *der*.

crapuleux, euse [krapylø, øz] *adj* niederträchtig.

craqueler [24] [krakle] *vt* rissig machen.

◆ **se craqueler** *vp* sich mit feinen Rissen überziehen.

craquelure [kraklyr] *nf* feiner Riß.
craquement [krakmɑ̃] *nm* Krachen *das.*
craquer [3] [krake] ◇ *vi* **-1.** [branche, parquet] knacken, knarren. **-2.** [glace] ein|brechen. **-3.** [se déchirer] platzen. **-4.** [personne] aus|rasten. **-5.** [être séduit]: **~ pour qqn** für jn schwärmen; **~ pour qqch** sich zum Kauf von etw verführen lassen. ◇ *vt* **-1.** [déchirer] zerreißen. **-2.** [allumette] an|streichen.
crash [kraʃ] (*pl* **crashs** OU **crashes**) *nm* Flugzeugabsturz *der.*
crasse [kras] ◇ *nf* **-1.** [saleté] Dreck *der.* **-2.** *fam* [mauvais tour] Gemeinheit *die;* **faire une ~ à qqn** jm eins aus|wischen. ◇ *adj* [bêtise, ignorance] ungeheuer.
crasseux, euse [krasø, øz] *adj* schmutzig.
cratère [kratɛr] *nm* Krater *der.*
cravache [kravaʃ] *nf* Reitpeitsche *die.*
cravacher [3] [kravaʃe] ◇ *vt* peitschen. ◇ *vi fam* sich ran|halten.
cravate [kravat] *nf* Krawatte *die.*
crawl [krol] *nm* Kraulschwimmen *das.*
crayon [krɛjɔ̃] *nm* Stift *der;* **~ à bille** Kugelschreiber *der;* **~ de couleur** Buntstift; **~ noir** OU **de papier** Bleistift; **~ optique** Lichtstift.
crayon-feutre [krɛjɔ̃føtr] (*pl* **crayons-feutres**) *nm* Filzstift *der.*
crayonner [3] [krɛjɔne] *vt* kritzeln.
CRDP (*abr de* **centre régional de documentation pédagogique**) *nm regionales Dokumentationszentrum für Pädagogik in Frankreich.*
créance [kreɑ̃s] *nf* Forderung *die.*
créancier, ère [kreɑ̃sje, ɛr] *nm, f* Gläubiger *der.*
créateur, trice [kreatœr, tris] ◇ *nm, f* **-1.** [artiste] Schöpfer *der,* -in *die.* **-2.** [couturier] Designer *der,* -in *die.* ◇ *adj* schöpferisch.
créatif, ive [kreatif, iv] *adj* kreativ.
◆ **créatif** *nm* **-1.** [de texte] Werbetexter *der,* -in *die.* **-2.** [de dessin] Werbegraphiker *der,* -in *die.*
création [kreasjɔ̃] *nf* **-1.** [d'œuvre] Entstehung *die.* **-2.** [de poste, d'ambiance] Schaffung *die.* **-3.** [fondation] Gründung *die.* **-4.** DESIGN Kreation *die.* **-5.** RELIG: **la ~ (du monde)** die Schöpfung.
créativité [kreativite] *nf* Kreativität *die.*
créature [kreatyr] *nf* Kreatur *die,* Geschöpf *das.*
crécelle [kresɛl] *nf* Rassel *die.*
crèche [krɛʃ] *nf* **-1.** [garderie] (Kinder)krippe *die.* **-2.** [de Noël] Krippe *die.*
crécher [18] [kreʃe] *vi fam* übernachten.
crédibiliser [3] [kredibilize] *vt*: **~ qqch** etw *(D)* Glaubwürdigkeit verleihen.
crédibilité [kredibilite] *nf* Glaubwürdigkeit *die.*
crédible [kredibl] *adj* glaubwürdig.

CRÉDIF, Crédif [kredif] (*abr de* **Centre de recherche et d'étude pour la diffusion du français**) *nm Studien- und Forschungsinstitut zur Verbreitung der französischen Sprache.*
crédit [kredi] *nm* **-1.** [délai de paiement, prêt] Kredit *der;* **faire ~ à qqn** jm Kredit geben; **acheter/vendre qqch à ~** etw auf Kredit kaufen/verkaufen. **-2.** COMPTABILITÉ Haben *das.* **-3.** *fig* [respect] Ansehen *das;* **accorder du ~ à qqch** einer Sache *(D)* Glauben schenken.
◆ **crédits** *nmpl* Mittel *Pl;* **voter des ~s** Mittel gewähren.
crédit-bail [kredibaj] (*pl* **crédits-bails**) *nm* Leasing *das.*
créditer [3] [kredite] *vt*: **~ un compte (d'une somme)** einem Konto (einen Betrag) gut|schreiben; **~ qqn de qqch** *fig* jm etw zu|schreiben.
créditeur, trice [kreditœr, tris] ◇ *adj* ein Guthaben aufweisend. ◇ *nm, f* Gläubiger *der,* -in *die.*
credo [kredo] *nm inv* Kredo *das.*
crédule [kredyl] *adj* leichtgläubig.
crédulité [kredylite] *nf* Leichtgläubigkeit *die.*
créer [15] [kree] *vt* **-1.** [œuvre] schöpfen. **-2.** [poste, ambiance] schaffen. **-3.** [fonder] ins Leben rufen, gründen. **-4.** DESIGN kreieren. **-5.** [sujet: Dieu] erschaffen. **-6.** [causer]: **~ des ennuis à qqn** jm Unannehmlichkeiten bereiten.
crémaillère [kremajɛr] *nf* **-1.** [de cheminée] Kesselhaken *der;* **pendre la ~** *fig* den Einzug in die neue Wohnung feiern. **-2.** TECHNOL Zahnstange *die.*
crémation [kremasjɔ̃] *nf* Einäscherung *die.*
crématoire [krematwar] → **four.**
crématorium [krematɔrjɔm] *nm* Krematorium *das.*
crème [krɛm] ◇ *nf* **-1.** [du lait] Rahm *der,* Sahne *die;* **~ fouettée** Schlagsahne; **~ fraîche** Crème fraîche *die.* **-2.** [entremets, cosmétique] Creme *die;* **~ anglaise** Vanillesoße *die;* **~ autobronzante** Selbstbräunungscreme; **~ dépilatoire** Enthaarungscreme; **~ glacée** Eiscreme; **~ hydratante** Feuchtigkeitscreme; **~ pâtissière** *Art (Vanille)pudding meist als Füllung von Gebäck benutzt;* **~ à raser** Rasiercreme; **~ renversée** gestürzter Pudding. **-3.** [liqueur] Likör *der;* **~ de cassis** Johannisbeerlikör. **-4.** *loc*: **la ~ des hommes** der Beste aller Männer. ◇ *adj inv* cremefarben.
crémerie [krɛmri] *nf* Milchgeschäft *das.*
crémeux, euse [kremø, øz] *adj* sahnig.
crémier, ère [kremje, ɛr] *nm, f* Milchhändler *der,* -in *die.*
créneau, x [kreno] *nm* **-1.** [pour se garer]: **faire un ~** rückwärts ein|parken. **-2.** COMM Markt-

lücke *die*. **-3.** [plage horaire] freier Termin. **-4.** [de fortification] Schießscharte *die*.

crénelé, e [krenle] *adj* gezackt.

créole [kreɔl] ◇ *nm* [langue] Kreol *das*. ◇ *adj* kreolisch.

◆ **Créole** *nmf* Kreole *der*, -lin *die*.

◆ **créoles** *nfpl* [boucles d'oreille] Kreolen *Pl*.

crêpe [krɛp] ◇ *nf* Crêpe *die*; **~ suzette** Crêpe Suzette. ◇ *nm* **-1.** [tissu] Krepp *der*. **-2.** [caoutchouc] Kreppgummi *der*; **semelles en ~** Kreppsohlen *die*.

crêper [4] [krepe] *vt* toupieren.

◆ **se crêper** *vp*: **se ~ le chignon** *fig* sich in die Haare geraten.

crêperie [krɛpri] *nf* Crêperie *die*.

crépi [krepi] *nm* Putz *der*.

crépinette [krepinɛt] *nf flache Bratwurst in Naturdarm*.

crépir [32] [krepir] *vt* verputzen.

crépiter [3] [krepite] *vi* prasseln.

crépon [krepɔ̃] ◇ *adj m* → **papier**. ◇ *nm* Krepon *der*.

CREPS, Creps [krɛps] (*abr de* **centre régional d'éducation physique et sportive**) *nm* regionales Sportzentrum.

crépu, e [krepy] *adj* kraus.

crépuscule [krepyskyl] *nm* **-1.** [tombée du jour] (Abend)dämmerung *die*; **au ~** in der Abenddämmerung. **-2.** *fig* & *sout* [fin] Abend *der*; **~ de la vie** Lebensabend.

crescendo [kreʃɛndo, kreʃẽdo] ◇ *adv* crescendo; **aller ~** *fig* zu|nehmen. ◇ *nm inv* **-1.** MUS Crescendo *das*. **-2.** *fig* [montée] Anschwellen *das*.

cresson [kresɔ̃] *nm* Kresse *die*.

Crète [krɛt] *nf*: **la ~** Kreta *nt*.

crête [krɛt] *nf* **-1.** [de coq] Hahnenkamm *der*. **-2.** [de montagne, de vague] Kamm *der*.

crétin, e [kretɛ̃, in] *fam* ◇ *adj* schwachsinnig. ◇ *nm, f* Trottel *der*.

crétois, e [kretwa, az] *adj* kretisch.

◆ **Crétois, e** *nm, f* Kreter *der*, -in *die*.

cretonne [krətɔn] *nf* Cretonne *der*.

creuser [3] [krøze] ◇ *vt* **-1.** [trou, tunnel, sol] graben. **-2.** [problème, idée]: **~ qqch** etw *(D)* nach|gehen. **-3.** [amaigrir]: **la maladie lui a creusé les joues** seit seiner Krankheit hat er im Gesicht stark abgenommen. **-4.** [arquer]: **~ les reins** ein hohles Kreuz machen. **-5.** [visage, front]: **creusé de rides** von Falten zerfurcht. ◇ *vi*: **ça creuse!** *fam* dabei bekommt man Hunger!

◆ **se creuser** *vp* **-1.** [devenir creux] ein|sinken. **-2.** *fig* [fossé, écart] sich vertiefen. **-3.** *loc*: **se ~ la tête** *fam* sich den Kopf zerbrechen.

creuset [krøzɛ] *nm* Tiegel *der*; *fig* Schmelztiegel *der*.

creux, euse [krø, krøz] *adj* **-1.** [vide] hohl. **-2.** [période] geschäftsstill. **-3.** [récipient] tief.

◆ **creux** *nm* **-1.** [concavité] Vertiefung *die*; **le ~ de la main** die hohle Hand. **-2.** *fig* [moment] Flaute *die*. **-3.** *loc*: **être au ~ de la vague** an einem Tiefpunkt angelangt sein.

crevaison [krəvɛzɔ̃] *nf* Reifenpanne *die*.

crevant, e [krəvɑ̃, ɑ̃t] *adj fam* anstrengend.

crevasse [krəvas] *nf* **-1.** [de mur, de la peau] Riß *der*. **-2.** [de glacier] Spalte *die*.

crève [krɛv] *nf fam* : **avoir la ~** sich eine Erkältung geholt haben.

crève-cœur [krɛvkœr] *nm inv* Schmerz *der*.

crever [19] [krəve] ◇ *vi* **-1.** [éclater] platzen. **-2.** *fam fig* [déborder]: **~ de qqch** [jalousie, rage] vor etw *(D)* platzen. **-3.** *tfam* [mourir] krepieren. ◇ *vt* **-1.** [percer - ballon] an|stechen; [- œil] aus|stechen; [- abcès] öffnen. **-2.** *fam fig* [épuiser] schinden; **être crevé** kaputt sein.

◆ **se crever** *vp fam* sich kaputt|machen.

crevette [krəvɛt] *nf* Garnele *die*; **~ grise** Sandgarnele; **~ rose** Tiefseegarnele.

CRF (*abr de* **Croix-Rouge française**) *nf* ≃ DRK *das*.

cri [kri] *nm* **-1.** [de personne, d'animal] Schrei *der*; **pousser un ~** einen Schrei aus|stoßen; **~ de joie** Freudenschrei; **à grands ~s** lautstark *(adv)*; **le dernier ~** *fig* der letzte Schrei. **-2.** [appel] Ruf *der*; **ça été le ~ du cœur** das war eine ganz spontane Reaktion.

criailler [3] [kriaje] *vi* [personne] kreischen.

criant, e [krijɑ̃, ɑ̃t] *adj* schreiend.

criard, e [krijar, ard] *adj* **-1.** [voix] kreischend. **-2.** [couleur] schreiend, grell.

crible [kribl] *nm* Sieb *das*; **passer qqch au ~** *fig* etw genau prüfen.

criblé, e [krible] *adj*: **~ de** übersät mit; **~ de balles** durchlöchert; **~ de trous** durchschossen.

cric [krik] *nm* Wagenheber *der*.

cricket [krikɛt] *nm* Kricket *das*.

criée [krije] → **vente**.

crier [10] [krije] ◇ *vi* **-1.** [hurler] schreien; **~ contre** OU **après qqn** jn an|schreien. **-2.** [protester]: **~ à qqch** etw lautstark verurteilen. ◇ *vt* brüllen.

crime [krim] *nm* Verbrechen *das*; **~ crapuleux/parfait** gemeines/perfektes Verbrechen; **~ de lèse-majesté** Majestätsverbrechen; **~ passionnel** Verbrechen aus Leidenschaft, Totschlag *der* im Affekt.

Crimée [krime] *nf*: **la ~** die Krim; **la guerre de ~** der Krimkrieg.

criminalité [kriminalite] *nf* Kriminalität *die*.

criminel, elle [kriminɛl] ◇ *adj* **-1.** JUR Straf-. **-2.** [gén] kriminell; **incendie ~** Brandstiftung *die*. ◇ *nm, f* Verbrecher *der*, -in *die*; **~ de guerre** Kriegsverbrecher.

crin [krɛ̃] *nm* Roßhaar *das*; **pacifiste à tous ~s** *fig* überzeugter Pazifist.

crinière [krinjɛr] *nf* Mähne *die*.

crique [krik] *nf* kleine Bucht.

criquet [krikɛ] *nm* Heuschrecke *die*.

crise [kriz] *nf* **-1.** [MÉD, manifestation émotive] Anfall *der*; **~ d'appendicite** akute Blinddarmentzündung; **~ cardiaque** Herzanfall; **~ de foie** Magenverstimmung *die*; **~ de larmes** Weinkrampf *der*; **~ de nerfs** Nervenzusammenbruch *der*; **~ de tétanie** tetanischer Anfall; **piquer une ~** *fam* durch|drehen. **-2.** [phase critique] Krise *die*; **en ~** krisengeschüttelt *(adj)*.

crispant, e [krispɑ̃, ɑ̃t] *adj* nervenaufreibend.

crispation [krispasjɔ̃] *nf* **-1.** [contraction] Verkrampfung *die*. **-2.** [agacement] Gereiztheit *die*.

crisper [3] [krispe] *vt* **-1.** [contracter] verkrampfen; **la peur crispait son visage** sein Gesicht verzerrte sich vor Angst. **-2.** [agacer]: **~ qqn** jm auf die Nerven gehen, jn nerven.

◆ **se crisper** *vp* **-1.** [se contracter] sich verzerren. **-2.** [s'irriter] sich erregen.

crisser [3] [krise] *vi* **-1.** [pneu, neige] knirschen. **-2.** [étoffe] rascheln.

cristal, aux [kristal, o] *nm* **-1.** [minéral] Kristall *der*; **~ de roche** Bergkristall. **-2.** [verre] Kristall *das*; **en ~** aus Kristall, Kristall-.

cristallin, e [kristalɛ̃, in] *adj* **-1.** [eau, voix] kristallklar. **-2.** [roche] kristallin.

◆ **cristallin** *nm* [de l'œil] Linse *die*.

cristalliser [3] [kristalize] *vt* **-1.** [sucre, sel] in Kristallform auf|arbeiten. **-2.** *fig* [danger, impression] heraus|kristallisieren.

◆ **se cristalliser** *vp* **-1.** [sucre, sel] kristallisieren. **-2.** *fig* [souvenir, danger, impression] sich kristallisieren.

critère [kritɛr] *nm* Kriterium *das*.

critérium [kriterjɔm] *nm* SPORT Kriterium *das*.

critiquable [kritikabl] *adj* tadelnswert.

critique [kritik] ◇ *nmf* Kritiker *der*, -in *die*; **~ d'art** Kunstkritiker; **~ littéraire** Literaturkritiker. ◇ *nf* Kritik *die*. ◇ *adj* kritisch.

critiquer [3] [kritike] *vt* kritisieren.

croasser [3] [krɔase] *vi* krächzen.

croate [krɔat] *adj* kroatisch.

◆ **Croate** *nmf* Kroate *der*, -tin *die*.

Croatie [krɔasi] *nf*: **la ~** Kroatien *nt*.

croc [kro] *nm* [de chien] Reißzahn *der*; **montrer les ~s** [animal] die Zähne fletschen; *fig* [personne] die Zähne zeigen.

croc-en-jambe [krɔkɑ̃ʒɑ̃b] (*pl* **crocs-en-jambe**) *nm*: **faire un ~ à qqn** jm ein Bein stellen.

croche [krɔʃ] *nf* Achtelnote *die*.

croche-pied [krɔʃpje] (*pl* **croche-pieds**) *nm*: **faire un ~ à qqn** jm ein Bein stellen.

crochet [krɔʃɛ] *nm* **-1.** [pièce de métal, coup de poing] Haken *der*; **vivre aux ~s de qqn** *fig* jm auf der Tasche liegen. **-2.** [ouvrage] Häkelarbeit *die*; **faire du ~** häkeln. **-3.** TYPO eckige Klammer. **-4.** [détour] Abstecher *der*; **faire un ~** einen Abstecher machen.

crocheter [28] [krɔʃte] *vt* mit einem Dietrich öffnen.

crochu, e [krɔʃy] *adj* [bec, doigt] gekrümmt; **nez ~** Hakennase *die*; → **atome**.

croco [krɔko] *nm* *fam* Kroko *das*.

crocodile [krɔkɔdil] *nm* **-1.** [animal] Krokodil *das*. **-2.** [cuir] Krokodilleder *das*.

crocus [krɔkys] *nm* Krokus *der*.

croire [107] [krwar] ◇ *vt* glauben; **~ qqn** jm glauben; **à l'en ~, on n'y arrivera jamais** nach dem, was er sagt, werden wir es nie schaffen; **~ que** glauben, daß; **je crois qu'il n'est pas là** ich glaube, er ist nicht da; **j'ai cru l'apercevoir hier** mir ist, als hätte ich ihn gestern gesehen; **je te crois honnête** ich halte dich für ehrlich; **tu crois?** glaubst du?, meinst du? ◇ *vi*: **~ en qqn** an jn glauben; **~ à qqch** an etw *(A)* glauben.

◆ **se croire** *vp* **-1.** [s'estimer]: **se ~ qqch** sich für etw halten; **se ~ honnête** sich für ehrlich halten; **se ~ tout permis** glauben, sich alles erlauben zu können. **-2.** [penser se trouver]: **se ~ quelque part** sich einbilden, irgendwo zu sein.

crois *etc* → **croire**.

croîs *etc* → **croître**.

croisade [krwazad] *nf* **-1.** HIST Kreuzzug *der*. **-2.** [campagne] Feldzug *der*.

croisé, e [krwaze] *adj* **-1.** [rime] Kreuz-. **-2.** [veste] zweireihig.

◆ **croisé** *nm* HIST Kreuzritter *der*.

◆ **croisée** *nf* **-1.** [de fenêtre] Fenster(kreuz) *das*. **-2.** *loc*: **être à la ~e des chemins** am Kreuzweg stehen.

croisement [krwazmɑ̃] *nm* Kreuzung *die*.

croiser [3] [krwaze] ◇ *vt* **-1.** [gén] kreuzen. **-2.** [passer à côté de]: **~ qqn** jm begegnen. ◇ *vi* NAVIG kreuzen.

◆ **se croiser** *vp* **-1.** [se couper] sich kreuzen. **-2.** [se rencontrer]: **on s'est croisé dans la rue** wir sind uns auf der Straße begegnet.

croisière [krwazjɛr] *nf* Kreuzfahrt *die*; **faire une ~** eine Kreuzfahrt machen.

croisillon [krwazijɔ̃] *nm* [de fixage] Querstrebe *die*; [de fenêtre] Sprosse *die*.

croissais *etc* → **croître**.

croissance [krwasɑ̃s] *nf* Wachstum *das*; **~ éco-**

nomique Wirtschaftswachstum; **~ exponentielle** exponentielles Wachstum.

croissant, e [krwasɑ̃, ɑ̃t] *adj* wachsend.
◆ **croissant** *nm* **-1.** [de lune] Mondsichel *die*. **-2.** [pâtisserie] Croissant *das*, Hörnchen *das*.

croître [93] [krwatr] *vi* **-1.** [grandir] wachsen. **-2.** [augmenter] zu|nehmen.

croix [krwa] *nf* Kreuz *das*; **~ gammée** Hakenkreuz; **en ~** kreuzförmig; **c'est la ~ et la bannière** *fig* das ist ein Riesentheater, das ist sehr umständlich; **mettre** OU **faire une ~ sur qqch** *fam fig* etw ab|schreiben.

Croix-Rouge [krwaruʒ] *nf*: **la ~** das Rote Kreuz.

croquant[1], e [krɔkɑ̃, ɑ̃t] *adj* knackig.

croquant[2] [krɔkɑ̃] *nm vieilli* Bauer *der*.

croque-madame [krɔkmadam] *nm inv überbackener Schinken- und Käsetoast, auf dem sich zusätzlich ein Spiegelei befindet.*

croque-mitaine [krɔkmitɛn] (*pl* **croque-mitaines**) *nm* Schwarzer Mann.

croque-monsieur [krɔkməsjø] *nm inv überbackener Schinken- und Käsetoast.*

croque-mort [krɔkmɔr] (*pl* **croque-morts**) *nm fam* Leichenbestatter *der*.

croquer [3] [krɔke] ◇ *vt* **-1.** [manger] knabbern; **~ une pomme** in einen Apfel beißen; **(joli) à ~** *fig* zum Anbeißen (schön). **-2.** [dessiner] skizzieren. ◇ *vi*: **des légumes qui croquent sous la dent** knackig frisches Gemüse.

croquette [krɔkɛt] *nf* Krokette *die*.

croquis [krɔki] *nm* Skizze *die*; **faire un ~** eine Skizze machen.

cross [krɔs] *nm* Cross-Country *das*.

crosse [krɔs] *nf* **-1.** [de fusil] Kolben *der*. **-2.** [de hockey] Schläger *der*. **-3.** [de violon] Schnecke *die*. **-4.** [d'évêque] Bischofsstab *der*.

crotale [krɔtal] *nm* Klapperschlange *die*.

crotte [krɔt] *nf* Kot *der*; **~!** *fam* Mist!

crottin [krɔtɛ̃] *nm* **-1.** [de cheval] Pferdeapfel *der*. **-2.** [fromage]: **~ (de Chavignol)** *Ziegenkäse.*

croulant, e [krulɑ̃, ɑ̃t] ◇ *adj* baufällig. ◇ *nm, f fam* Alte *der, die*.

crouler [3] [krule] *vi* **-1.** [être surchargé]: **~ sous qqch** fast unter etw *(D)* zusammen|brechen. **-2.** [s'effondrer] ein|stürzen. **-3.** [échouer] platzen.

croupe [krup] *nf* Kruppe *die*; **monter en ~** hinten auf|steigen.

croupier [krupje] *nm* Croupier *der*.

croupion [krupjɔ̃] *nm* Bürzel *der*, Steiß *der*.

croupir [32] [krupir] *vi* **-1.** [liquide] faulig werden. **-2.** *fig* [personne] dahin|vegetieren.

CROUS, Crous [krus] (*abr de* **Centre régional des œuvres universitaires et scolaires**) *nm regionale Einrichtung Frankreichs für die soziale Betreuung der Studenten,* ≃ Studentenwerk *das*.

croustade [krustad] *nf gefüllte Mürbe- oder Blätterteigpastete.*

croustillant, e [krustijɑ̃, ɑ̃t] *adj* **-1.** [croquant] knusprig. **-2.** [grivois] pikant.

croustiller [3] [krustije] *vi* knusprig sein.

croûte [krut] *nf* **-1.** [de pain, terrestre] Kruste *die*; **casser la ~** *fam fig* etwas essen; **gagner sa ~** *fam fig* seine Brötchen verdienen. **-2.** CULIN Teigmantel *der*; **en ~** im Teigmantel. **-3.** [de fromage] Rinde *die*. **-4.** [sur la peau] Schorf *der*. **-5.** *fam péj* [tableau] Schinken *der*.

croûton [krutɔ̃] *nm* **-1.** [bout du pain] Kanten *der*, Knust *der*. **-2.** [pain frit] Croûton *der*.

croyable [krwajabl] *adj* glaubhaft; **c'est pas ~!** das ist unglaublich!

croyais *etc* → **croire**.

croyance [krwajɑ̃s] *nf* Glaube *der*.

croyant, e [krwajɑ̃, ɑ̃t] RELIG ◇ *adj* gläubig. ◇ *nm, f* Gläubige *der, die*.

CRS *nm Mitglied der mobilen Polizeitruppe in Frankreich,* ≃ Bereitschaftspolizist *der*.

cru[1], e [kry] ◇ *pp* → **croire**. ◇ *adj* **-1.** [aliment, matière] roh. **-2.** [lumière, couleur] grell. **-3.** [remarque, réponse] brutal. **-4.** [grivois] deftig.

cru[2] [kry] *nm* [vin] Lage *die*; **un grand ~** edler Wein; **de son (propre) ~** *fig* selbsterfunden *(adj)*.

crû, crue [kry] *pp* → **croître**.

cruauté [kryote] *nf* Grausamkeit *die*.

cruche [kryʃ] *nf* **-1.** [objet] Krug *der*. **-2.** *fam péj* [personne] Dussel *der*.

crucial, e, aux [krysjal, o] *adj* entscheidend.

crucifix [krysifi] *nm* Kruzifix *das*.

crucifixion [krysifiksjɔ̃] *nf* Kreuzigung *die*.

cruciverbiste [krysivɛrbist] *nmf* Kreuzworträtselfreund *der*, -in *die*.

crudités [krydite] *nfpl* Rohkost *die (sans pl)*; **assiette de ~** Salatplatte *die*.

crue [kry] *nf* Hochwasser *das*; **être en ~** Hochwasser führen.

cruel, elle [kryɛl] *adj* **-1.** [méchant] grausam. **-2.** [douloureux] bitter.

cruellement [kryɛlmɑ̃] *adv* **-1.** [méchamment] grausam. **-2.** [beaucoup, très] sehr stark.

crûment [krymɑ̃] *adv* [parler] unverblümt.

crus *etc* → **croire**.

crûs *etc* → **croître**.

crustacé [krystase] *nm* Krustentier *das*.

crypte [kript] *nf* Krypta *die*.

cs (*abr de* **cuillère à soupe**) Eßl., EL.

CSA (*abr de* **Conseil supérieur de l'audiovisuel**) *nm* höherer Rat für Audio-Video-Technik.

CSCE (*abr de* **Conférence sur la sécurité et la coopération en Europe**) *nf* KSZE *die*.

CSEN (*abr de* **Confédération des syndicats de l'éducation nationale**) *nf französischer Gewerkschaftsbund für Lehrer und schulisches Personal.*

CSG (*abr de* **contribution sociale généralisée**) *nf* Sozialbeitrag *der*.

CSP (*abr de* **catégorie socio-professionnelle**) *nf* Berufsstand *der*.

Cuba [kyba] *n* Kuba *nt*; **à ~** auf Kuba.

cubain, e [kybɛ̃, ɛn] *adj* kubanisch.

◆ **Cubain, e** *nm, f* Kubaner *der*, -in *die*.

cube [kyb] *nm* **-1.** [parallélépipède] Würfel *der*. **-2.** MATHS Kubikzahl *die*; **élever au ~** in die dritte Potenz erheben; **un mètre ~** ein Kubikmeter.

cubique [kybik] *adj* kubisch.

cubisme [kybism] *nm* Kubismus *der*.

cubitus [kybitys] *nm* Elle *die*.

cucul [kyky] *adj fam* kitschig.

cueille *etc* → **cueillir**.

cueillette [kœjɛt] *nf* **-1.** [récolte] Ernten *das*. **-2.** [action] Ernte *die*.

cueilli, e [kœji] *pp* → **cueillir**.

cueillir [41] [kœjir] *vt* **-1.** [fruits, fleurs] pflücken. **-2.** *fam* [personne] schnappen.

cuillère, **cuiller** [kɥijɛr] *nf* Löffel *der*; **~ à café** Teelöffel; **~ à dessert** Nachtischlöffel; **~ à soupe** Eßlöffel; **petite ~** kleiner Löffel.

cuillerée [kɥijere] *nf*: **une ~ de lait** ein Löffelvoll Milch.

cuir [kɥir] *nm* **-1.** [matière] Leder *das*; **~ repoussé** gepunztes Leder; **~ vieilli** Antikleder; **en ~** Leder-, aus Leder. **-2.** [peau] Haut *die*.

◆ **cuir chevelu** *nm* Kopfhaut *die*.

cuirasse [kɥiras] *nf* Brustharnisch *der*; *fig* Panzer *der*.

cuirassé [kɥirase] *nm* Panzerkreuzer *der*.

cuire [98] [kɥir] ◇ *vt* **-1.** [gâteau] backen; [viande] braten; [légume] kochen. **-2.** [matière] brennen. ◇ *vi*: **(faire) ~** [gâteau] backen; [viande] braten; [légume] kochen; **on cuit dans cette pièce** hier drin ist eine Bruthitze; **il vous en cuira!** *littéraire* & *fig* dann werden Sie/werdet ihr es (noch) bereuen!

cuisais *etc* → **cuire**.

cuisant, e [kɥizɑ̃, ɑ̃t] *adj* **-1.** [douleur, gifle] brennend. **-2.** [défaite, humiliation] schmählich.

cuisine [kɥizin] *nf* **-1.** [pièce, art culinaire] Küche *die*; **faire la ~** kochen; **~ bourgeoise** gutbürgerliche Küche. **-2.** *fam* [combine] Praktiken *Pl*; **~ électorale** Wahlmachenschaften *Pl*.

cuisiné, e [kɥizine] *adj*: **plat ~** Fertiggericht *das*.

cuisiner [3] [kɥizine] ◇ *vt* **-1.** [aliment] kochen. **-2.** *fam* [personne] in die Mangel nehmen. ◇ *vi* kochen.

cuisinier, ère [kɥizinje, ɛr] *nm, f* Koch *der*, Köchin *die*.

◆ **cuisinière** *nf* [appareil] Küchenherd *der*, Herd *der*; **cuisinière électrique** Elektroherd; **cuisinière à gaz** Gasherd.

cuissardes [kɥisard] *nfpl* [de pêche] Anglerstiefel *Pl*; [de ville] überhohe Schaftstiefel *Pl*.

cuisse [kɥis] *nf* **-1.** ANAT Oberschenkel *der*, Schenkel *der*. **-2.** CULIN Keule *die*; **~ de grenouille** Froschschenkel *der*.

cuisson [kɥisɔ̃] *nf* **-1.** [de gâteau] Backen *das*; [de viande] Braten *das*; [de légume] Kochen *das*. **-2.** [de matière] Brennen *das*.

cuissot [kɥiso] *nm* Keule *die*; **~ de chevreuil** Rehkeule.

cuistot [kɥisto] *nm fam* Koch *der*.

cuistre [kɥistr] *nm littéraire* [pédant] Schulmeister *der*.

cuit, e [kɥi, kɥit] ◇ *pp* → **cuire**. ◇ *adj* **-1.** [aliment] gar; **bien ~** [viande] durchgebraten; **trop ~** [viande] zu stark gebraten; [légume] verkocht. **-2.** [matière] gebrannt. **-3.** *loc*: **c'est ~ (pour qqn/qqch)** *fam* es ist (für jn/etw) vermasselt.

◆ **cuite** *nf*: **prendre une ~e** *fam* sich vollaufen lassen.

cuiter [3] [kɥite]

◆ **se cuiter** *vp fam* sich vollaufen lassen.

cuivre [kɥivr] *nm* Kupfer *das*.

◆ **cuivres** *nmpl* MUS Blechblasinstrumente *Pl*.

cuivré, e [kɥivre] *adj* kupferfarben.

cul [ky] *nm* **-1.** *tfam* [postérieur] Arsch *der*. **-2.** [de bouteille] Boden *der*. **-3.** *loc*: **avoir le ~ entre deux chaises** *tfam* zwischen zwei Stühlen sitzen; **boire ~ sec** *fam* das Glas mit einem Zug leeren; **en avoir plein le ~** *vulg* die Schnauze voll haben; **être comme ~ et chemise** *tfam* ein Herz und eine Seele sein.

culasse [kylas] *nf* **-1.** [d'arme] Gewehrschloß *das*. **-2.** AUTOM Zylinderkopf *der*.

culbute [kylbyt] *nf* **-1.** [chute] Purzelbaum *der*. **-2.** [saut] Überschlagen *das*.

culbuter [3] [kylbyte] ◇ *vt* **-1.** [faire tomber] um|werfen. **-2.** *vulg* [femme] aufs Kreuz legen. ◇ *vi* **-1.** [faire une chute] fallen. **-2.** [se renverser] um|stürzen.

cul-de-jatte [kydʒat] (*pl* **culs-de-jatte**) *nm* Krüppel *der* ohne Beine.

cul-de-sac [kydsak] (*pl* **culs-de-sac**) *nm* **-1.** [voie] Sackgasse *die*. **-2.** *fam fig* [projet] aussichtsloses Unterfangen.

culinaire [kylinɛr] *adj* kulinarisch.

culminant [kylminɑ̃] → **point**.

culminer [3] [kylmine] *vi* [surplomber] den

höchsten Punkt erreichen; *fig* gipfeln; **~ à plus de 4 000 mètres** über 4000 Meter hoch sein.

culot [kylo] **-1.** *fam* [toupet] Dreistigkeit *die*; **avoir du ~** ganz schön dreist sein; **avoir le ~ de faire qqch** die Unverschämtheit besitzen, etw zu tun. **-2.** [fond] Sockel *der*. **-3.** [dépôt] Ablagerung *die*.

culotte [kylɔt] *nf* **-1.** [sous-vêtement féminin] Unterhose *die*. **-2.** [vêtement masculin] Hose *die*; **en ~s courtes** in kurzen Hosen; **porter la ~** *fam fig* die Hosen an|haben.

culotté, e [kylɔte] *adj fam* [effronté] dreist, frech.

culpabiliser [3] [kylpabilize] ◇ *vt*: **~ qqn** bei jm Schuldgefühle erwecken. ◇ *vi* Schuldgefühle haben.

culpabilité [kylpabilite] *nf* Schuld *die*.

culte [kylt] *nm* **-1.** [vénération] Verehrung *die*. **-2.** [religion, amour] Kult *der*.

cultivateur, trice [kyltivatœr, tris] *nm, f* Landwirt *der*, -in *die*.

cultivé, e [kyltive] *adj* [personne] gebildet.

cultiver [3] [kyltive] *vt* **-1.** [terre] bestellen. **-2.** [plantes] züchten. **-3.** [intelligence, goût] aus|bilden. **-4.** [relation] pflegen.

◆ **se cultiver** *vp* sich bilden.

culture [kyltyr] *nf* **-1.** AGRIC Anbau *der*; **les ~s** Kulturen *Pl*; **~s vivrières** Nährpflanzenanbau *der (sans pl)*. **-2.** [savoir, civilisation] Kultur *die*; **~ générale** Allgemeinbildung *die*.

◆ **culture physique** *nf* Körperkultur *die*.

culturel, elle [kyltyrɛl] *adj* **-1.** [phénomène, problème] kulturell. **-2.** [manifestation, séjour] Bildungs-.

culturisme [kyltyrism] *nm* Bodybuilding *das*.

cumin [kymɛ̃] *nm* Kümmel *der*.

cumul [kymyl] *nm* Häufung *die*.

cumuler [3] [kymyle] *vt* an|häufen.

cumulus [kymylys] *nm* Kumulus *der*.

cupide [kypid] *adj* **-1.** [air, regard] gierig. **-2.** [personne] habgierig.

cupidité [kypidite] *nf* Habgier *die*.

curaçao [kyraso] *nm* Curaçao *der*.

curatif, ive [kyratif, iv] *adj* Heil-.

cure [kyr] *nf* **-1.** [gén] Kur *die*; **~ d'amaigrissement** Schlankheitskur; **~ de désintoxication** Entziehungskur; **~ de sommeil** Schlafkur; **~ thermale** Thermalkur. **-2.** [habitation du curé] Pfarrhaus *das*. **-3.** *loc*: **je n'en ai ~** *sout* das ficht mich nicht an.

curé [kyre] *nm* Pfarrer *der*.

cure-dents [kyrdɑ̃] *nm inv* Zahnstocher *der*.

cure-pipe, cure-pipes [kyrpip] (*pl* **cure-pipes**) *nm* Pfeifenputzer *der*.

curer [3] [kyre] *vt* **-1.** [puits] reinigen. **-2.** [pipe] putzen.

◆ **se curer** *vp*: **se ~ les dents** sich *(D)* in den Zähnen herum|stochern; **se ~ les ongles/les oreilles** sich die Fingernägel/die Ohren reinigen.

curetage [kyrtaʒ] *nm* Ausschaben *das*.

curie [kyri] *nf* HIST Kurie *die*.

curieusement [kyrjøzmɑ̃] *adv* merkwürdig(erweise).

curieux, euse [kyrjø, øz] ◇ *adj* **-1.** [ouvert] aufgeschlossen; **~ de qqch** neugierig auf etw *(A)*; **être ~ de faire qqch** darauf gespannt sein, etw zu tun. **-2.** [indiscret] neugierig. **-3.** [étrange] eigenartig. ◇ *nm, f* neugierige Person.

curiosité [kyrjozite] *nf* Neugier *die*.

◆ **curiosités** *nfpl* **-1.** [d'un pays] Sehenswürdigkeiten *Pl*. **-2.** [objets] Kuriositäten *Pl*.

curiste [kyrist] *nmf* Kurgast *der*.

curling [kœrliŋ] *nm* Curling *das*.

curriculum vitae [kyrikylɔmvite] *nm inv* Lebenslauf *der*.

curry [kyri], **carry, cari** [kari] *nm* Curry *das*.

curseur [kyrsœr] *nm* **-1.** INFORM Cursor *der*. **-2.** [pièce mobile] Läufer *der*.

cursus [kyrsys] *nm*: **~ professionnel** beruflicher Werdegang; **~ universitaire** Studiengang *der*.

cutané, e [kytane] *adj* Haut-.

cuti [kyti] *nf* **-1.** *abr de* **cuti-réaction**. **-2.** *loc*: **virer sa ~** *fam* sich emanzipieren.

cuti-réaction [kytireaksjɔ̃] (*pl* **cuti-réactions**) *nf* Tuberkulinprobe *die*.

cutter [kœtœr] *nm* Schneidegerät *das*.

cuve [kyv] *nf* **-1.** [citerne] Tank *der*. **-2.** [à vin] Weinbehälter *der*.

cuvée [kyve] *nf* **-1.** [récolte] Erntejahrgang *der*. **-2.** [contenu de cuve] *Inhalt eines Weinbehälters*.

cuver [3] [kyve] *vt fam* **-1.** [vin]: **~ (son vin)** seinen Rausch aus|schlafen. **-2.** *fig* [colère, déception] verarbeiten.

cuvette [kyvɛt] *nf* **-1.** [récipient] Schüssel *die*. **-2.** [partie creuse] Becken *das*. **-3.** GÉOGR Kessel *der*.

cv (*abr de* **cheval-vapeur**) [puissance] PS *das*.

CV *nm* **-1.** *abr de* **curriculum vitae**. **-2.** *abr de* **cheval-vapeur**.

cx *nm* [coefficient de pénétration dans l'air] Luftdurchdringungsfaktor *der*.

cyanure [sjanyr] *nm* Zyanid *das*.

cyclable [siklabl] → **piste**.

Cyclades [siklad] *nfpl*: **les ~** die Kykladen; **dans les ~** auf den Kykladen.

cyclamen [siklamɛn] *nm* Alpenveilchen *das*.

cycle [sikl] *nm* **-1.** [ASTRON, phénomène périodique] Zyklus *der*; **~ économique** Konjunkturzy-

klus; **~ menstruel** Menstruationszyklus. **-2.** SCOL: **premier ~** Grund- und Mittelstufe *die;* **second ~** Oberstufe *die.* **-3.** UNIV Studienabschnitt *der;* **premier ~** Grundstudium *das;* **second ~** Hauptstudium *das;* **troisième ~** Aufbaustudium *das.*
◆ **cycles** *nmpl* Zweiräder *Pl.*
cyclique [siklik] *adj* zyklisch.
cyclisme [siklism] *nm* Radsport *der.*
cycliste [siklist] ◇ *nmf* Radfahrer *der,* -in *die.* ◇ *adj* Rad-.
cyclo-cross [siklɔkrɔs] *nm inv* Fahrradcross *der.*
cyclomoteur [siklɔmɔtœr] *nm* Mofa *das.*
cyclone [siklon] *nm* Zyklon *der.*
cyclothymique [siklɔtimik] ◇ *nmf unter Zyklothymie leidender Mensch.* ◇ *adj* zyklothym.
cyclotourisme [siklɔturism] *nm* Radwandersport *der.*
cygne [siɲ] *nm* Schwan *der.*
cylindre [silɛ̃dr] *nm* **-1.** GÉOM & MÉCAN Zylinder *der.* **-2.** [rouleau] Walze *die.*
cylindrée [silɛ̃dre] *nf* Hubraum *der.*
cylindrique [silɛ̃drik] *adj* zylinderförmig.
cymbale [sɛ̃bal] *nf* MUS Becken *das.*
cynique [sinik] ◇ *nmf* Zyniker *der,* -in *die.* ◇ *adj* zynisch.
cynisme [sinism] *nm* Zynismus *der.*
cyprès [siprɛ] *nm* Zypresse *die.*
cypriote = **chypriote**.
cyrillique [sirilik] *adj* kyrillisch.
cystite [sistit] *nf* Blasenentzündung *die.*
cytise [sitiz] *nm* Goldregen *der.*

D

d, D [de] *nm inv* [lettre] d *das,* D *das.*
d' [d] → **de**.
da (*abr de* **déca**) da.
d'abord [dabɔr] *loc adv* zunächst, zuerst.
Dacca [daka] *n* Dacca *nt,* Dhaka *nt.*
d'accord [dakɔr] *loc adv* einverstanden; **être ~ avec qqn/qqch** mit jm/etw einverstanden sein.
dactylo [daktilo] *nf* **-1.** [personne] Schreibkraft *die.* **-2.** [technique] Maschinenschreiben *das.*
dactylographier [9] [daktilɔgrafje] *vt* tippen, mit der Maschine schreiben.
dada [dada] *nm* **-1.** [cheval] Hoppepferd *das.* **-2.** *fam* [occupation] Steckenpferd *das.* **-3.** *fam* [sujet favori] Lieblingsthema *das.* **-4.** ART Dada(ismus) *der.*
dadais [dadɛ] *nm péj*: **(grand) ~** (großer) Tolpatsch.
dahlia [dalja] *nm* Dahlie *die.*
Dahomey [daɔmɛ] *nm*: **le ~** Dahome *nt;* **au ~** in Dahome.
daigner [4] [deɲe] *vt*: **~ faire qqch** *sout* die Güte haben, etw zu tun; **ne pas ~ faire qqch** nicht geruhen, etw zu tun.
daim [dɛ̃] *nm* **-1.** [animal] Damhirsch *der.* **-2.** [peau] Wildleder *das.*
dais [dɛ] *nm* Baldachin *der.*
Dakar [dakar] *n* Dakar *nt.*
dal (*abr de* **décalitre**) dal.
dallage [dalaʒ] *nm* **-1.** [ensemble de dalles] Fliesen *Pl.* **-2.** [action] Belegen *das* mit Platten.
dalle [dal] *nf* **-1.** [plaque] Fliese *die.* **-2.** *fam loc*: **avoir la ~** Kohldampf haben; **que ~!** Pustekuchen!, denkste!; **comprendre que ~** nur Bahnhof verstehen; **voir que ~** nichts sehen.
dalmatien, enne [dalmasjɛ̃, ɛn] *nm, f* [chien] Dalmatiner *der,* -in *die.*
daltonien, enne [daltɔnjɛ̃, ɛn] ◇ *adj* farbenblind. ◇ *nm, f* Farbenblinde *der, die.*
dam[1] (*abr de* **décamètre**) dam.
dam[2] [dam] *nm*: **au grand ~ de** zur großen Entrüstung von.
Damas [damas] *n* Damaskus *nt.*

dame [dam] *nf* Dame *die*.
◆ **dames** *nfpl* [jeu] Dame *(sans art déf, sans pl)*.
dame-jeanne [damʒan] (*pl* **dames-jeannes**) *nf* Ballon *der*.
damer [3] [dame] *vt* [tasser] fest|stampfen.
damier [damje] *nm* **-1.** [de jeu de dames] Damebrett *das*. **-2.** [motif] Schachbrettmuster *das*.
damnation [danasjɔ̃] *nf* RELIG Verdamnis *die*.
damné, e [dane] ◇ *adj fam* [satané] verdammt. ◇ *nm, f* RELIG Verdammte *der, die*.
damner [3] [dane] *vt* verdammen.
◆ **se damner** *vp* RELIG seine Verdammung bewirken; **se ~ pour qqn/qqch** *fig* alles für jn/ etw tun.
dancing [dɑ̃siŋ] *nm* Tanzlokal *das*.
dandiner [3] [dɑ̃dine]
◆ **se dandiner** *vp* **-1.** [canard] watscheln. **-2.** [personne] sich in den Hüften wiegen.
dandy [dɑ̃di] *nm* Dandy *der*.
Danemark [danmark] *nm*: **le ~** Dänemark *nt*; **au ~** in Dänemark.
danger [dɑ̃ʒe] *nm* Gefahr *die*; **en ~** in Gefahr; **hors de ~** außer Gefahr; **sans ~** ungefährlich; **~ public** Gefahr für die Allgemeinheit.
dangereusement [dɑ̃ʒrøzmɑ̃] *adv* **-1.** [de façon alarmante] bedrohlich. **-2.** [en prenant des risques] gefährlich.
dangereux, euse [dɑ̃ʒrø, øz] *adj* **-1.** [redoutable] gefährlich. **-2.** [hasardeux] riskant.
danois, e [danwa, az] *adj* dänisch.
◆ **danois** *nm* **-1.** [langue] Dänisch(e) *(das)*. **-2.** [chien] Deutsche Dogge.
◆ **Danois, e** *nm, f* Däne *der*, -nin *die*.
dans [dɑ̃] *prép* **-1.** [gén] in; **il est ~ la chambre** er ist im Zimmer; **il va ~ la chambre** er geht ins Zimmer; **il est ~ le commerce** er ist im Handel tätig; **~ une mauvaise posture** in einer schlechten Lage; **~ une île** auf einer Insel; **~ la rue** auf der Straße; **vivre ~ la misère** in Armut leben. **-2.** [dans le temps] in *(+D)*; **~ l'Antiquité** in der Antike; **il revient ~ un mois** er ist in einem Monat wieder da; **finir ~ la semaine** bis Ende der Woche fertig werden. **-3.** [environ]: **~ les** um die; **ça coûte ~ les 200 francs** das kostet um die 200 Francs.
dansant, e [dɑ̃sɑ̃, ɑ̃t] *adj* [musique, soirée] Tanz-.
danse [dɑ̃s] *nf* **-1.** [art] Tanz *der*; **~ classique** klassisches Ballet; **~ moderne** moderner Tanz; **~ folklorique** Volkstanz; **~ du ventre** Bauchtanz. **-2.** [musique] Tanzmusik *die*.
danser [3] [dɑ̃se] ◇ *vi* **-1.** [personne] tanzen. **-2.** [chose] tanzen; [flamme] züngeln. ◇ *vt* tanzen.
danseur, euse [dɑ̃sœr, øz] *nm, f* Tänzer *der*, -in *die*; **en danseuse** CYCLISME im Wiegetritt; **~ étoile** Solotänzer.
dantesque [dɑ̃tɛsk] *adj* dantesk.
Danube [danyb] *nm*: **le ~** die Donau.
DAO (*abr de* **dessin assisté par ordinateur**) *nm* CAD *das*.
dard [dar] *nm* [d'animal] Stachel *der*.
darder [3] [darde] *vt* **-1.** [sujet: soleil] aus|senden. **-2.** *littéraire* [regard] werfen.
dare-dare [dardar] *adv fam* schnellstens, dalli dalli.
Dar es-Salaam [darɛssalam] *n* Daressalam *nt*.
darne [darn] *nf* Fischscheibe *die*, Fischsteak *das*; **~ de saumon** Lachsscheibe *die*.
dartre [dartr] *nf* MÉD Flechte *die*.
DAT (*abr de* **digital audio tape**) DAT *das*, Digitaltonband *das*.
DATAR, Datar [datar] (*abr de* **Délégation à l'aménagement du territoire et à l'action régionale**) *nf französisches Amt für Raumordnung und Regionalplanung*.
datation [datasjɔ̃] *nf* Datierung *die*.
date [dat] *nf* Datum *das*; **à quelle ~**? wann?; **'~ limite de vente'** 'letztes Verkaufsdatum'; **'~ limite de consommation'** 'mindestens haltbar bis zum'; **~ de naissance** Geburtsdatum; **de longue ~** langjährig; **en ~ du** vom.
dater [3] [date] ◇ *vt* datieren. ◇ *vi* **-1.** [provenir] stammen; **~ du XVIIIe siècle** aus dem 18. Jahrhundert stammen. **-2.** [être démodé] veraltet sein. **-3.** [être marquant] Epoche machen.
◆ **à dater de** *loc prép*: **à ~ du 1er mai** ab dem 1. Mai.
dateur, euse [datœr, øz] *adj* Datums-.
◆ **dateur** *nm* Datiergerät *das*.
datif [datif] *nm* Dativ *der*.
datte [dat] *nf* Dattel *die*.
dattier [datje] *nm* Dattelpalme *die*.
daube [dob] *nf* Schmoren *das*; **bœuf en ~** geschmortes Rindfleisch *das*.
dauphin [dofɛ̃] *nm* **-1.** [mammifère] Delphin *der*. **-2.** HIST *französischer Thronfolger*.
dauphine [dofin] *nf* HIST *Gemahlin des französischen Thronfolgers*.
dauphinois [dofinwa] → **gratin**.
daurade, dorade [dɔrad] *nf* Goldbrasse *die*.
davantage [davɑ̃taʒ] *adv* **-1.** [plus] mehr. **-2.** [plus longtemps] länger.
dB (*abr de* **décibel**) dB.
DB *abr de* **division blindée**.
DCA (*abr de* **défense contre aéronefs**) *nf* Flak *die*.
DCT (*abr de* **diphtérie coqueluche tétanos**) *nm* DPT-Impfstoff *der*.
DDA (*abr de* **Direction départementale de l'agriculture**) *nf Landwirtschaftsbehörde eines Départements*.
DDASS, Ddass [das] (*abr de* **Direction dépar-**

tementale d'action sanitaire et sociale) *nf Sozialhilfeträger eines Départements*; **un enfant de la ~** ein von der Jugendfürsorge betreutes Kind.

DDD (*abr de* **digital digital digital**) DDD.

DDE (*abr de* **Direction départementale de l'Équipement**) *nf Bauamt auf Departementebene.*

DDT (*abr de* **dichloro-diphényl-trichloréthane**) *nm* DDT *das.*

DDTAB (*abr de* **diphtérie, tétanos, typhoïde, paratyphoïde A**) *nm* Impfstoff *der* gegen Diphterie, Tetanus, Typhus und Paratyphus A.

de [də], **d'** *(devant voyelle ou h muet)* ◇ *prép* **-1.** [exprime l'origine, la provenance] aus; **il vient du Japon/des États-Unis/de Paris** er kommt aus Japan/aus den Vereinigten Staaten/aus Paris. **-2.** [avec à, exprime la manière, exprime l'appartenance] von; **~ juin à septembre** von Juni bis September; **~ l'école à la poste** von der Schule bis zur Post; **~ maison à maison** von Haus zu Haus; **~ côté** von der Seite; **la maison ~ mes parents** das Haus meiner Eltern; **le frère ~ Robert** Roberts Bruder; **la porte ~ la maison** die Haustür. **-3.** [exprime le moyen] mit; **faire un signe ~ la tête** mit dem Kopf nicken. **-4.** [exprime la cause] vor; **trembler ~ froid** vor Kälte zittern. **-5.** [exprime une caractéristique]: **le train ~ Paris** der Zug aus OU nach Paris; **un verre d'eau** ein Glas Wasser; **un peignoir ~ soie** ein Morgenmantel aus Seide; **un appartement ~ 100 m²** eine 100 m² große Wohnung; **un livre ~ 500 pages** ein 500-seitiges Buch; **un bébé ~ 2 semaines** ein 2 Wochen altes Baby. **-6.** [pendant]: **~ toute la journée** den ganzen Tag über; **~ jour** tagsüber; **~ nuit** nachts. **-7.** [par] pro; **10 francs ~ l'heure** 10 Francs pro Stunde. ◇ *art partitif* **-1.** [dans phrase affirmative ou interrogative]: **je voudrais du pain/du lait** ich möchte Brot/Milch; **boire ~ la bière** Bier trinken; **acheter des tickets** Karten kaufen; **avez-vous du pain**? haben sie Brot? **-2.** [dans phrase négative]: **je n'ai pas ~ café/bière** ich habe keinen Kaffee/kein Bier; **ils n'ont pas d'enfants** sie haben keine Kinder.

◆ **de... en** *loc corrélative* von... zu; **aller ~ ville en ville** von Stadt zu Stadt ziehen.

DE (*abr de* **diplômé d'État**) *adj* staatlich diplomiert.

dé [de] *nm* Würfel *der*; [à coudre] Fingerhut *der*; **couper en ~s** CULIN in Würfel schneiden.

DEA (*abr de* **diplôme d'études approfondies**) *nm zum Doktorat weiterführender Abschluß nach 5-jährigem Universitätsstudium in Frankreich.*

dealer¹ [3] [dile] *vt* dealen.

dealer² [dilœr] *nm* Dealer *der*, -in *die.*

déambuler [3] [deɑ̃byle] *vi* schlendern.

débâcle [debakl] *nf* **-1.** [débandade] Auflösung *die.* **-2.** *fig* [ruine] Zusammenbruch *der.*

déballage [debalaʒ] *nm* **-1.** [de marchandises] Auspacken *das.* **-2.** *fam fig* [de faits, de sentiments] Enthüllung *die.*

déballer [3] [debale] *vt* aus|packen.

débandade [debɑ̃dad] *nf* wilde Flucht.

débaptiser [3] [debatize] *vt* umbenennen.

débarbouiller [3] [debarbuje] *vt*: **~ qqn** jm das Gesicht sauber machen.

◆ **se débarbouiller** *vp* sich das Gesicht waschen.

débarcadère [debarkadɛr] *nm* Anlegestelle *die.*

débardeur [debardœr] *nm* **-1.** [vêtement] Pullunder *der.* **-2.** [ouvrier] Hafenarbeiter *der*, Ablader *der.*

débarquement [debarkəmɑ̃] *nm* **-1.** [de passager] Anlandgehen *das.* **-2.** [de marchandises] Löschen *das.*

◆ **Débarquement** *nm*: **le Débarquement** *Landung der Alliierten in der Normandie im Jahre 1944.*

débarquer [3] [debarke] ◇ *vt* **-1.** [passager] an Land setzen. **-2.** [marchandise] löschen. ◇ *vi* **-1.** [de bateau] aus|steigen. **-2.** MIL landen. **-3.** *fam* [chez une personne] auf|kreuzen. **-4.** *fam fig* [ne pas être au courant] hinter dem Mond leben.

débarras [debara] *nm* **-1.** [pièce] Abstellraum *der.* **-2.** *loc*: **bon ~!** welch eine Erlösung!

débarrasser [3] [debarase] *vt* **-1.** [endroit] leer|räumen; **~ la table** den Tisch ab|räumen. **-2.** [décharger]: **~ qqn de qqch** jm etw ab|nehmen.

débat [deba] *nm* **-1.** [sujet d'actualité] Diskussion *die*; **élargir le ~** die Diskussion aus|weiten. **-2.** [discussion] Debatte *die.*

◆ **débats** *nmpl* POLIT Debatten *Pl.*

débats *etc* → **débattre**.

débattis *etc* → **débattre**.

débattre [83] [debatr] *vi*: **~ (de qqch)** (über etw *(A)*) diskutieren.

◆ **se débattre** *vp* sich wehren; **se ~ avec** OU **contre qqch** *fig* sich mit etw herum|schlagen.

débattu, e [debaty] *pp* → **débattre**.

débauche [deboʃ] *nf* Ausschweifung *die*; **une ~ de qqch** *fig* eine Überfülle an etw *(D).*

débauché, e [deboʃe] ◇ *adj* ausschweifend. ◇ *nm, f* Wüstling *der.*

débaucher [3] [deboʃe] *vt* **-1.** [corrompre] verderben. **-2.** [licencier] entlassen. **-3.** [déconcentrer] von der Arbeit ab|bringen.

débile [debil] ◇ *nmf* **-1.** [atteint de débilité] Schwachsinnige *der, die*; **~ mental** Geisteskranke *der, die*; **~ profond** Vollidiot *der*, -in *die.* **-2.** *fam* [idiot] Idiot *der*, -in *die.* ◇ *adj fam* [idiot] schwachsinnig.

débilitant, e [debilitɑ̃, ɑ̃t] *adj* verblödend.

débilité [debilite] *nf* **-1.** [stupidité] Schwachsinn *der*. **-2.** [maladie] Debilität *die*.

débiner [3] [debine] *vt fam* schlecht|machen.

◆ **se débiner** *vp fam* sich verdrücken.

débit [debi] *nm* **-1.** [de fleuve, de robinet] Durchflußmenge *die*. **-2.** [élocution] Redefluß *der*. **-3.** BANQUE Sollseite *die*. **-4.** [de marchandises] Absatz *der*; **ce produit a un bon ~** dieses Produkt verkauft sich gut; **~ de boissons** Ausschank *der*; **~ de tabac** Tabakladen *der*. **-5.** [du bois] Zuschneiden *das*.

débitant, e [debitɑ̃, ɑ̃t] *nm, f* **-1.** [de boisson] Schankwirt *der*, -in *die*. **-2.** [de tabac] Tabakhändler *der*, -in *die*.

débiter [3] [debite] *vt* **-1.** [arbre] zu|schneiden; [viande] zerlegen. **-2.** *fig* & *péj* [prononcer] herunter|leiern. **-3.** BANQUE belasten. **-4.** [marchandises] vertreiben.

débiteur, trice [debitœr, tris] ◇ *adj* **-1.** BANQUE Debitoren-. **-2.** [société] Schuldner-. ◇ *nm, f* Schuldner *der*, -in *die*; **je reste votre ~** *fig* ich bleibe in Ihrer Schuld.

déblaiement [deblɛmɑ̃], **déblayage** [deblɛjaʒ] *nm* Aufräumen *das*.

déblatérer [18] [deblatere] *vi fam* **-1.** [dire des bêtises] labbern. **-2.** [médire]: **~ contre qqn** über jn her|ziehen.

déblayage = **déblaiement**.

déblayer [11] [debleje] *vt* **-1.** [lieu] frei machen. **-2.** [neige] weg|schaffen. **-3.** *fig* [préparer]: **~ qqch** die Vorarbeiten zu einer Sache leisten.

débloquer [3] [deblɔke] ◇ *vt* **-1.** [machine, mécanisme] wieder in Gang setzen. **-2.** BANQUE & ÉCON frei|geben. **-3.** [situation] klären. ◇ *vi fam* [personne] spinnen.

◆ **se débloquer** *vp* **-1.** [machine, mécanisme] sich wieder in Gang setzen. **-2.** [situation] sich klären.

déboires [debwar] *nmpl* **-1.** [déception] Enttäuschungen *Pl*. **-2.** [échec] Niederlagen *Pl*. **-3.** [ennui] Ärger *der (sans pl)*.

déboisement [debwazmɑ̃] *nm* Abholzung *die*.

déboiser [3] [debwaze] *vt* ab|holzen.

◆ **se déboiser** *vp* kahl werden.

déboîter [3] [debwate] ◇ *vt* **-1.** [objet] heraus|nehmen. **-2.** [membre] verrenken. ◇ *vi* aus|scheren.

◆ **se déboîter** *vp* **-1.** [se démonter] sich herausnehmen lassen. **-2.** [se démettre]: **se ~ qqch** sich etw verrenken.

débonnaire [debɔnɛr] *adj* gutmütig.

débordant, e [debɔrdɑ̃, ɑ̃t] *adj* **-1.** [intense] fieberhaft. **-2.** [enthousiasme] überschäumend. **-3.** [personne]: **~ d'énergie** voller Energie.

débordé, e [deborde] *adj*: **être ~** alle Hände voll zu tun haben.

débordement [debɔrdəmɑ̃] *nm* **-1.** [trop plein] Übertreten *das*. **-2.** [effusion] Überschwang *der*.

◆ **débordements** *nmpl* [excès] Ausschweifungen *Pl*.

déborder [3] [debɔrde] ◇ *vi* **-1.** [liquide] über|laufen; [fleuve] über die Ufer treten. **-2.** *fig* [être plein de]: **~ de qqch** von etw über|schäumen. ◇ *vt* [sujet, domaine]: **~ qqch** von etw ab|kommen.

débouché [debuʃe] *nm* [issue] Ausgang *der*.

◆ **débouchés** *nmpl* **-1.** COMM Absatzmärkte *Pl*. **-2.** [professionnels] Berufsmöglichkeiten *Pl*.

déboucher [3] [debuʃe] ◇ *vt* **-1.** [bouteille] entkorken. **-2.** [conduite, nez] frei machen. ◇ *vi*: **~ dans qqch** in etw *(A)* ein|münden; **~ sur qqch** zu etw führen.

débouler [3] [debule] ◇ *vi* [personne] herbei|stürmen; [véhicule] auf|tauchen. ◇ *vt* [dévaler] hinunter|stürmen.

déboulonner [3] [debulɔne] *vt* **-1.** [mécanisme, statue] auseinander|schrauben. **-2.** *fam fig* [personne]: **~ qqn** jn um seine Stellung bringen.

débourser [3] [deburse] *vt* aus|geben.

déboussoler [3] [debusɔle] *vt fam* aus der Fassung bringen.

debout [dəbu] *adv* **-1.** [en position verticale] stehend. **-2.** [en activité] auf; **il est ~ depuis 7 heures du matin** er ist seit 7 Uhr morgens auf; **~!** aufstehen! **-3.** *loc*: **tenir ~** [construction] stehen; [raisonnement] Hand und Fuß haben; **ne pas** OU **plus tenir ~** [construction] kaum noch stehen; [personne] sich nicht mehr auf den Beinen halten können; [raisonnement] weder Hand noch Fuß haben; **à dormir ~** höchst unwahrscheinlich.

débouter [3] [debute] *vt* JUR: **être débouté de sa demande** mit seiner Klage abgewiesen werden.

déboutonner [3] [debutɔne] *vt* auf|knöpfen.

◆ **se déboutonner** *vp* [vêtement] aufgehen.

débraillé, e [debraje] *adj* nachlässig angezogen.

débrancher [3] [debrɑ̃ʃe] *vt*: **~ la cafetière/le téléphone** den Stecker der Kaffeemaschine/des Telefons heraus|ziehen.

débrayage [debrɛjaʒ] *nm* **-1.** AUTOM Auskuppeln *das*. **-2.** [du travail] Arbeitsniederlegung *die*.

débrayer [11] [debreje] *vi* **-1.** AUTOM aus|kuppeln. **-2.** [cesser le travail] die Arbeit nieder|legen.

débridé, e [debride] *adj fig* [déchaîné] ungezügelt.

débris [debri] ◇ *nm* [fragment] Scherbenstück *das*; **les ~** die Scherben. ◇ *nmpl sout* **-1.** [restes]

Reste *Pl.* **-2.** *fig* & *littéraire* [de fortune, d'armée] Überreste *Pl.*

débrouillard, e [debrujar, ard] *fam* ◇ *adj* pfiffig, gewieft. ◇ *nm, f Person, die sich zu helfen weiß.*

débrouillardise [debrujardiz] *nf fam* Gewieftheit *die.*

débrouiller [3] [debruje] *vt* **-1.** [résoudre] auf|klären. **-2.** [démêler] entwirren.

◆ **se débrouiller** *vp* zurecht|kommen; **se ~ pour faire qqch** es fertig bringen, etw zu tun.

débroussailler [3] [debrusaje] *vt* **-1.** [terrain] von Gestrüpp befreien. **-2.** *fig* [sujet] an|gehen.

débusquer [3] [debyske] *vt* auf|stöbern.

début [deby] *nm* Anfang *der.*

◆ **débuts** *nmpl* Debüt *das.*

◆ **au début de** *loc prép*: **au ~ de qqch** am Anfang von etw ou einer Sache *(G).*

débutant, e [debytɑ̃, ɑ̃t] ◇ *adj* ungeübt. ◇ *nm, f* Anfänger *der*, -in *die.*

débuter [3] [debyte] *vi* **-1.** [spectacle]: **~ (par qqch)** (mit etw) beginnen ou an|fangen. **-2.** [artiste] debütieren.

deçà [dəsa]

◆ **deçà delà** *loc adv* mal hier, mal dort.

◆ **en deçà de** *loc prép* **-1.** [de ce côté-ci]: **en ~ d'un lieu** diesseits eines Ortes. **-2.** *fig* [en dessous]: **en ~ de la vérité** untertrieben.

décacheter [27] [dekaʃte] *vt* öffnen *(Brief).*

décade [dekad] *nf* [dix jours] Dekade *die.*

décadence [dekadɑ̃s] *nf* **-1.** [déclin] Niedergang *der.* **-2.** [débauche] Dekadenz *die.*

décadent, e [dekadɑ̃, ɑ̃t] *adj* dekadent.

décaféiné, e [dekafeine] *adj* koffeinfrei.

◆ **décaféiné** *nm* koffeinfreier Kaffee.

décalage [dekalaʒ] *nm* **-1.** [spatial] Verschiebung *die.* **-2.** [temporel] Zeitspanne *die*; **~ horaire** Zeitverschiebung *die.* **-3.** *fig* [différence] Diskrepanz *die.*

décalcification [dekalsifikasjɔ̃] *nf* Kalziumverlust *der.*

décalcomanie [dekalkɔmani] *nf* Abziehbild *das.*

décaler [3] [dekale] *vt* **-1.** [dans le temps] verlegen. **-2.** [dans l'espace] verschieben.

◆ **se décaler** *vp* auf|rücken.

décalitre [dekalitr] *nm* Dekaliter *der.*

décalquer [3] [dekalke] *vt* durch|pausen.

décamper [3] [dekɑ̃pe] *vi* sich aus dem Staub machen.

décan [dekɑ̃] *nm* ASTROL Dekade *die.*

décanter [3] [dekɑ̃te] *vt* **-1.** [liquide] ab|klären. **-2.** [idées] klären.

◆ **se décanter** *vp* [idées] sich erhellen.

décapant, e [dekapɑ̃, ɑ̃t] *adj* **-1.** [produit] Beiz-. **-2.** *fig* [texte, humour] bissig.

◆ **décapant** *nm* Beizmittel *das.*

décaper [3] [dekape] *vt* ab|beizen.

décapiter [3] [dekapite] *vt* **-1.** [personne] enthaupten. **-2.** [arbre] köpfen. **-3.** *fig* [organisation] führerlos machen.

décapotable [dekapɔtabl] ◇ *nf* Kabrio(lett) *das.* ◇ *adj* Kabrio-.

décapsuler [3] [dekapsyle] *vt* öffnen *(Flasche).*

décapsuleur [dekapsylœr] *nm* Flaschenöffner *der.*

décarcasser [3] [dekarkase]

◆ **se décarcasser** *vp fam* sich ab|rackern.

décati, e [dekati] *adj* verwelkt.

décédé, e [desede] *adj* verschieden, verstorben.

décéder [18] [desede] *vi* sterben.

déceler [25] [desle] *vt* **-1.** [repérer] erkennen. **-2.** [révéler] erkennen lassen.

décélération [deselerasjɔ̃] *nf* Geschwindigkeitsabnahme *die.*

décembre [desɑ̃br] *nm* Dezember *der*; *voir aussi* **septembre.**

décemment [desamɑ̃] *adv* **-1.** [convenablement] anständigerweise. **-2.** [raisonnablement] vernünftigerweise.

décence [desɑ̃s] *nf* **-1.** [bienséance] Anstand *der.* **-2.** [délicatesse] Takt *der.*

décennie [deseni] *nf* Jahrzehnt *das.*

décent, e [desɑ̃, ɑ̃t] *adj* **-1.** [bienséant] anständig. **-2.** [délicat] taktvoll. **-3.** [acceptable] akzeptabel.

décentralisation [desɑ̃tralizasjɔ̃] *nf* Dezentralisierung *die.*

décentraliser [3] [desɑ̃tralize] *vt* dezentralisieren.

décentrer [3] [desɑ̃tre] *vt* aus der Mitte rükken.

déception [desɛpsjɔ̃] *nf* Enttäuschung *die.*

décerner [3] [desɛrne] *vt*: **~ qqch à qqn** jm etw verleihen.

décès [desɛ] *nm* Tod *der*; **le magasin est fermé pour cause de ~** das Geschäft ist wegen Todesfalls geschlossen.

décevant, e [desvɑ̃, ɑ̃t] *adj* enttäuschend.

décevoir [52] [desəvwar] *vt* enttäuschen.

déchaîné, e [deʃene] *adj* **-1.** [vent, mer] tobend. **-2.** [passion] entfesselt. **-3.** [personne]: **être ~** [énervé] außer Rand und Band sein; [de bonne humeur] aus dem Häuschen sein.

déchaîner [4] [deʃene] *vt* **-1.** [passion] entfesseln. **-2.** [rire] aus|lösen.

◆ **se déchaîner** *vp*: **se ~ (contre qqn/qqch)** *fig* (gegen jn/etw) toben.

déchanter [3] [deʃɑ̃te] *vi* seine Illusionen verlieren.

décharge [deʃarʒ] *nf* **-1.** [d'arme à feu] Abfeuern *das*. **-2.** [électrique] Entladung *die*; **prendre** OU **recevoir une ~** einen Schlag bekommen. **-3.** [dépotoir] Schuttabladeplatz *der*; **~ municipale** städtische Mülldeponie. **-4.** [écrite] Entlastung *die*.

déchargement [deʃarʒəmɑ̃] *nm* Ausladen *das*, Entladen *das*; [de bateau] Löschen *das*.

décharger [17] [deʃarʒe] *vt* **-1.** [véhicule] aus|laden, ab|laden; [bateau] löschen. **-2.** [arme - vider] entladen; [- faire feu] ab|feuern. **-3.** [personne]: **~ qqn de qqch** jn bei OU in etw *(D)* entlasten; **~ sa conscience** sein Gewissen entlasten; **~ sa colère sur qqn** an jm seinen Zorn aus|lassen. **-4.** [disculper] entlasten.

◆ **se décharger** *vp* **-1.** [batterie] sich entladen. **-2.** [déléguer]: **se ~ de qqch sur qqn** etw auf jn ab|schieben.

décharné, e [deʃarne] *adj* **-1.** [maigre] abgemagert. **-2.** *fig* [aride] karg.

déchaussé, e [deʃose] *adj*: **dent ~e** loser Zahn.

déchausser [3] [deʃose] *vi* die Schuhe aus|ziehen.

◆ **se déchausser** *vp* **-1.** [personne] sich die Schuhe aus|ziehen. **-2.** [dent] locker werden.

dèche [dɛʃ] *nf fam* : **être dans la ~** pleite sein.

déchéance [deʃeɑ̃s] *nf* **-1.** [déclin] Verfall *der*. **-2.** [de souverain] Absetzung *die*. **-3.** JUR [d'un droit] Verlust *der*.

déchet [deʃɛ] *nm* **-1.** [résidu] Abfall *der*; **~s radioactifs** radioaktive Abfälle, Atommüll *der*. **-2.** *fig* & *péj* [personne] Abschaum *der*.

déchiffrer [3] [deʃifre] *vt* **-1.** [code] entziffern. **-2.** MUS: **~ une partition** vom Blatt spielen. **-3.** [énigme] auf|klären.

déchiqueter [27] [deʃikte] *vt* zerfetzen.

déchirant, e [deʃirɑ̃, ɑ̃t] *adj* herzzerreißend.

déchirement [deʃirmɑ̃] *nm* Zerreißprobe *die*.

déchirer [3] [deʃire] *vt* zerreißen.

◆ **se déchirer** *vp* **-1.** [personnes] sich gegenseitig kaputt|machen. **-2.** [papier, tissu] zerreißen. **-3.** MÉD: **se ~ un muscle** sich einen Muskelriß zu|ziehen.

déchirure [deʃiryr] *nf* **-1.** [accroc] Riß *der*; **~ musculaire** Muskelriß. **-2.** *fig* [douleur] tiefer Trennungsschmerz.

déchoir [71] [deʃwar] *vi* **-1.** *sout* [s'abaisser] sich herab|würdigen. **-2.** JUR: **qqn est déchu de qqch** jm wird etw aberkannt.

déchu, e [deʃy] ◇ *pp* → **déchoir**. ◇ *adj* **-1.** [prince] entthront. **-2.** [homme] heruntergekommen.

de-ci [dəsi]

◆ **de-ci de-là** *loc adv sout* hier und da.

décibel [desibɛl] *nm* Dezibel *das*.

décidé, e [deside] *adj* [air, personne] entschlossen.

décidément [desidemɑ̃] *adv* also wirklich, wahrhaftig.

décider [3] [deside] *vt* **-1.** [prendre une décision] entscheiden; **~ de faire qqch** beschließen, etw zu tun; **~ de qqch** über etw *(A)* entscheiden; **~ que** beschließen, daß. **-2.** [convaincre]: **~ qqn à faire qqch** jn dazu bewegen, etw zu tun.

◆ **se décider** *vp* **-1.** [personne] sich entscheiden; **se ~ à faire qqch** sich entschließen, etw zu tun; **se ~ pour qqch** sich für etw entscheiden. **-2.** [affaire] entschieden werden.

décideur [desidœr] *nm* Entscheidungsträger *der*.

décigramme [desigram] *nm* Dezigramm *das*.

décilitre [desilitr] *nm* Deziliter *der*.

décimal, e, aux [desimal, o] *adj* Dezimal-.

◆ **décimale** *nf* Dezimalzahl *die*.

décimer [3] [desime] *vt* dezimieren.

décimètre [desimɛtr] *nm* **-1.** [dixième de mètre] Dezimeter *der*. **-2.** [règle] 10-cm-Lineal *das*; **double ~** 20-cm-Lineal *das*.

décisif, ive [desizif, iv] *adj* entscheidend.

décision [desizjɔ̃] *nf* **-1.** [jugement] Beschluß *der*. **-2.** [résolution] Entscheidung *die*; **prendre une ~** eine Entscheidung treffen; **esprit de ~** Entscheidungsfreudigkeit *die*.

décisionnaire [desizjɔnɛr] *nmf* Entscheidungsinstanz *die*.

déclamer [3] [deklame] *vt* vor|tragen.

déclaration [deklarasjɔ̃] *nf* Erklärung *die*; **faire une ~** eine Erklärung ab|geben; **~ de guerre** Kriegserklärung; **~ d'impôts** Steuererklärung.

DÉCLARATION D'IMPÔTS:

In Frankreich sind die Steuerzahler verpflichtet, ihre zu versteuernden Einkünfte Anfang des Jahres anzugeben. Die Steuer wird nach dem System des "tiers provisionnel" erhoben. Dabei wird die im laufenden Jahr voraussichtlich zu zahlende Steuer geschätzt. Der Steuerpflichtige leistet zwei Abschlagszahlungen, deren Höhe nach der im Vorjahr gezahlten Steuer ermittelt wird. Die dritte Zahlung wird nach den tatsächlichen Einkünften im laufenden Jahr berechnet.

---

déclarer [3] [deklare] *vt* **-1.** [annoncer]: **~ (que)** erklären (, daß). **-2.** [vol] an|zeigen. **-3.** [naissance] melden. **-4.** [revenus] an|geben.

◆ **se déclarer** *vp* **-1.** [se prononcer] sich erklären; **se ~ pour/contre qqch** sich für/gegen etw aus|sprechen. **-2.** [fièvre, feu] aus|brechen.

déclasser [3] [deklase] *vt* **-1.** [déranger] durcheinander|bringen. **-2.** [rétrograder] herab|stufen, herunter|stufen.

déclenchement [deklɑ̃ʃmɑ̃] *nm* Auslösen *das.*

déclencher [3] [deklɑ̃ʃe] *vt* aus|lösen.

◆ **se déclencher** *vp* **-1.** [mécanisme] sich aus|lösen. **-2.** *fig* [crise] ausgelöst werden.

déclic [deklik] *nm* **-1.** [mécanisme] Auslöser *der.* **-2.** [bruit] Klicken *das.*

déclin [deklɛ̃] *nm* **-1.** [diminution] Rückgang *der.* **-2.** [de popularité] Schwinden *das.* **-3.** [de civilisation] Niedergang *der.* **-4.** *littéraire* [du jour] Neige *die.*

déclinaison [deklinɛzɔ̃] *nf* Deklination *die.*

décliner [3] [dekline] ◇ *vi* **-1.** [diminuer] zurück|gehen. **-2.** [s'affaiblir] nach|lassen. **-3.** [jour] sich neigen. ◇ *vt* **-1.** GRAM deklinieren. **-2.** [énoncer] an|geben. **-3.** *sout* [refuser] aus|schlagen; ~ **une invitation** eine Einladung aus|schlagen; ~ **toute responsabilité** jegliche Verantwortung ab|lehnen.

◆ **se décliner** *vp* deklinierbar sein, dekliniert werden.

déclivité [deklivite] *nf* Gefälle *das.*

décloisonner [3] [deklwazɔne] *vt* offen organisieren.

déclouer [3] [deklue] *vt*: ~ **qqch** Nägel aus etw heraus|ziehen; [boîte] etw öffnen.

décocher [3] [dekɔʃe] *vt* **-1.** [coup, flèche] ab|schießen. **-2.** [parole] los|lassen. **-3.** [regard] zu|werfen.

décoction [dekɔksjɔ̃] *nf* Sud *der.*

décodage [dekɔdaʒ] *nm* Dekodierung *die.*

décoder [3] [dekɔde] *vt* dekodieren.

décodeur [dekɔdœr] *nm* Decoder *der.*

décoiffer [3] [dekwafe] *vt*: ~ **qqn** jm die Haare durcheinander|bringen.

◆ **se décoiffer** *vp* **-1.** [cheveux] durcheinandergebracht werden. **-2.** [enlever son chapeau] den Hut ab|nehmen.

décoincer [16] [dekwɛ̃se] *vt* **-1.** [chose] lockern. **-2.** *fam* [personne] auf|lockern.

◆ **se décoincer** *vp* **-1.** [chose] sich lockern. **-2.** *fam fig* [personne] locker werden.

déçois *etc* → **décevoir.**

déçoive *etc* → **décevoir.**

décolérer [18] [dekɔlere] *vi*: **ne pas** ~ sich nicht beruhigen.

décollage [dekɔlaʒ] *nm* **-1.** [d'avion] Abheben *das,* Start *der.* **-2.** *fig* [d'activité] Aufschwung *der.*

décollé, e [dekɔle] *adj* (los)gelöst; [oreilles] abstehend.

décollement [dekɔlmɑ̃] *nm* Ablösen *das;* ~ **de la rétine** Netzhautablösung *die.*

décoller [3] [dekɔle] ◇ *vt* ab|lösen. ◇ *vi* **-1.** [avion] ab|heben. **-2.** *fig* [activité] Auftrieb bekommen; **faire ~ qqch** etw *(D)* Auftrieb geben.

◆ **se décoller** *vp* sich ab|lösen.

décolleté, e [dekɔlte] *adj* **-1.** [personne] dekolletiert. **-2.** [vêtement] tief ausgeschnitten.

◆ **décolleté** *nm* **-1.** [de personne] Dekolleté *das.* **-2.** [de vêtement] Ausschnitt *der.*

décolonisation [dekɔlɔnizasjɔ̃] *nf* Dekolonisation *die.*

décolorant, e [dekɔlɔrɑ̃, ɑ̃t] *adj* Bleich -.

◆ **décolorant** *nm* Bleichmittel *das;* [de cheveux] Blondiercreme *die.*

décoloration [dekɔlɔrasjɔ̃] *nf* Bleichen *das;* [de cheveux] Blondieren *das.*

décolorer [3] [dekɔlɔre] *vt* bleichen.

◆ **se décolorer** *vp* bleichen; **se faire ~ (les cheveux)** sich (die Haare) blondieren lassen.

décombres [dekɔ̃br] *nmpl* Schutt *der (sans pl),* Trümmer *Pl.*

décommander [3] [dekɔmɑ̃de] *vt* ab|sagen.

◆ **se décommander** *vp* ab|sagen.

décomposé, e [dekɔ̃poze] *adj* **-1.** [pourri] zersetzt. **-2.** [altéré] verzerrt.

décomposer [3] [dekɔ̃poze] *vt* zergliedern.

◆ **se décomposer** *vp* **-1.** [se putréfier] sich zersetzen. **-2.** [se diviser]: **se ~ en qqch** sich in etw *(A)* gliedern. **-3.** [visage] entstellt werden.

décomposition [dekɔ̃pozisjɔ̃] *nf* **-1.** [division] Zerlegung *die.* **-2.** [putréfaction] Zersetzung *die.* **-3.** [analyse] Zergliederung *die.*

décompresser [4] [dekɔ̃prese] ◇ *vt* [gaz]: ~ **qqch** den Druck von etw mindern. ◇ *vi fam* aus|spannen.

décompression [dekɔ̃presjɔ̃] *nf* Druckminderung *die.*

décompte [dekɔ̃t] *nm* **-1.** [calcul] Abrechnung *die;* **faire le ~ de qqch** etw ab|rechnen. **-2.** [déduction] Abzug *der.*

décompter [3] [dekɔ̃te] *vt* ab|ziehen.

déconcentrer [3] [dekɔ̃sɑ̃tre] *vt* **-1.** [disséminer]: ~ **qqch** *der Konzentration einer Sache gegensteuern.* **-2.** [personne] durcheinander|bringen, ab|lenken.

◆ **se déconcentrer** *vp* unkonzentriert werden.

déconcertant, e [dekɔ̃sɛrtɑ̃, ɑ̃t] *adj* verwirrend.

déconcerter [3] [dekɔ̃sɛrte] *vt* verwirren.

déconfit, e [dekɔ̃fi, it] *adj* niedergeschmettert.

déconfiture [dekɔ̃fityr] *nf* Pleite *die.*

décongélation [dekɔ̃ʒelasjɔ̃] *nf* Auftauen *das.*

décongeler [25] [dekɔ̃ʒle] *vt* auf|tauen.

décongestionner [3] [dekɔ̃ʒɛstjɔne] *vt* **-1.** MÉD: ~ **les poumons** in der Lunge den Blutstau ab|leiten. **-2.** *fig* [circulation] entlasten.

déconnecter [4] [dekɔnɛkte] *vt* ab|schalten; **être deconnecté** *fig* den Anschluß verloren haben.
◆ **se déconnecter** *vp* INFORM aussteigen, sich aus|schalten.
déconner [3] [dekɔne] *vi tfam* **-1.** [perdre la tête] aus|flippen. **-2.** [dire des bêtises] herum|albern. **-3.** [appareil] spinnen.
déconseiller [4] [dekɔ̃seje] *vt*: ~ **qqch à qqn** jm von etw ab|raten; ~ **à qqn de faire qqch** jm davon ab|raten, etw zu tun.
déconsidérer [18] [dekɔ̃sidere] *vt* in Verruf bringen.
◆ **se déconsidérer** *vp* sich in Verruf bringen.
décontenancer [16] [dekɔ̃tnɑ̃se] *vt* aus der Fassung bringen.
◆ **se décontenancer** *vp* die Fassung verlieren.
décontracté, e [dekɔ̃trakte] *adj* entspannt, lässig.
décontracter [3] [dekɔ̃trakte] *vt* entspannen.
◆ **se décontracter** *vp* sich entspannen.
déconvenue [dekɔ̃vny] *nf* Enttäuschung *die*.
décor [dekɔr] *nm* [cadre] Kulisse *die*.
◆ **décors** *nmpl* **-1.** THÉÂTRE Bühnenbild *das*. **-2.** *loc*: **aller dans les ~s** *fam* von der Fahrbahn ab|kommen.
décorateur, trice [dekɔratœr, tris] *nm, f* Dekorateur *der*, -in *die*.
décoratif, ive [dekɔratif, iv] *adj* dekorativ.
décoration [dekɔrasjɔ̃] *nf* **-1.** [action] Dekorieren *das*. **-2.** [ornement] Dekoration *die*. **-3.** [insigne] Orden *der*.
décorer [3] [dekɔre] *vt* **-1.** [pièce] dekorieren. **-2.** [personne]: ~ **qqn** jm einen Orden verleihen.
décortiquer [3] [dekɔrtike] *vt* **-1.** [noisette] auf|knacken. **-2.** *fig* [texte] auseinander|pflücken.
décorum [dekɔrɔm] *nm* Etikette *die*.
découcher [3] [dekuʃe] *vi* **-1.** [dormir ailleurs] außer Haus übernachten. **-2.** [tromper] fremd|gehen.
découdre [86] [dekudr] ◇ *vt* auf|trennen. ◇ *vi*: **en ~** *fig* handgreiflich werden.
◆ **se découdre** *vp* [bouton] ab|gehen; [couture] auf|gehen.
découler [3] [dekule] *vi*: ~ **de qqch** sich aus etw ergeben.
découpage [dekupaʒ] *nm* **-1.** [action] Zerschneiden *das*. **-2.** [jeu] Bilderausschneiden *das*. **-3.** CIN Skript *das*. **-4.** ADMIN: ~ **en circonscriptions** Einteilung *die* in Wahlkreise.
découper [3] [dekupe] *vt* **-1.** [viande, gâteau] in Stücke schneiden. **-2.** [article, dessin] aus|schneiden.
◆ **se découper** *vp*: **se ~ sur qqch** sich von etw ab|heben.
découpure [dekupyr] *nf* Zacke *die*, Einschnitt *der*.
décourageant, e [dekuraʒɑ̃, ɑ̃t] *adj* entmutigend.
découragement [dekuraʒmɑ̃] *nm* Entmutigung *die*.
décourager [17] [dekuraʒe] *vt* **-1.** [démoraliser] entmutigen. **-2.** [dissuader]: ~ **qqn de qqch** jn von etw ab|bringen; ~ **qqn de faire qqch** jn davon ab|bringen, etw zu tun. **-3.** [criminalité]: ~ **qqch** etw *(D)* vor|beugen.
◆ **se décourager** *vp* den Mut verlieren.
décousu, e [dekuzy] *adj* **-1.** [bouton] abgegangen; [couture] aufgegangen. **-2.** [conversation] unzusammenhängend.
découvert, e [dekuvɛr, ɛrt] ◇ *pp* → **découvrir**. ◇ *adj* unbedeckt.
◆ **découvert** *nm* BANQUE Überziehung *die*; **être à ~ (de 500 francs)** sein Konto (um 500 Francs) überzogen haben; **accorder un ~** einen Überziehungskredit ein|räumen.
◆ **découverte** *nf* Entdeckung *die*.
découvre *etc* → **découvrir**.
découvrir [34] [dekuvrir] *vt* **-1.** [trouver] entdecken. **-2.** [couvercle, secret, complot] auf|decken.
◆ **se découvrir** *vp* **-1.** [se dévêtir] ab|legen. **-2.** [ôter son chapeau]: **se ~ (devant qqn)** (vor jm) den Hut ab|nehmen. **-3.** [sujet: ciel] sich auf|heitern. **-4.** [se trouver]: **se ~ qqch** etw bei sich entdecken.
décrasser [3] [dekrase] *vt fam* : ~ **qqch** Dreck von etw ab|machen, etw reinigen.
décrépit, e [dekrepi, it] *adj* baufällig.
décrépitude [dekrepityd] *nf* Verfall *der*.
decrescendo ◇ *nm inv* Decrescendo *das*. ◇ *adv* decrescendo; **aller ~** *fig* dahin|schwinden.
décret [dekrɛ] *nm* Verordnung *die*; ~ **ministériel** ministerielle Verordnung.
décréter [18] [dekrete] *vt* **-1.** ADMIN an|ordnen. **-2.** [décider] bestimmen.
décrier [10] [dekrije] *vt sout* verreißen.
décrire [99] [dekrir] *vt* beschreiben.
décrisper [3] [dekrispe] *vt* auf|lockern.
◆ **se décrisper** *vp* locker werden.
décrochement [dekrɔʃmɑ̃] *nm* **-1.** GÉOL Verschiebung *die*. **-2.** [d'objet] Ausklinken *das*. **-3.** [de trottoir, de mur] Absatz *der*.
décrocher [3] [dekrɔʃe] ◇ *vt* **-1.** [tableau, téléphone] ab|nehmen. **-2.** *fam* [obtenir] ergattern. ◇ *vi fam* [ne plus suivre] auf der Strecke bleiben, ab|schalten.

◆ **se décrocher** *vp* [objet] herunter|fallen.

décroiser [3] [dekrwaze] *vt aus der Verschränkung bringen.*

décroissais *etc* → **décroître**.

décroissant, e [dekrwasɑ̃, ɑ̃t] *adj* [criminalité, chômage] rückläufig; [vitesse, ordre] abnehmend.

décroître [94] [dekrwatr] *vi* zurück|gehen, ab|nehmen.

décrotter [3] [dekrɔte] *vt*: ~ **qqch** den Schmutz von einer Sache ab|bürsten.

décru, e [dekry] *pp* → **décroître**.

décrue [dekry] *nf Rückgang des Hochwassers.*

décrus *etc* → **décroître**.

décrypter [3] [dekripte] *vt* entziffern.

déçu, e [desy] ◇ *pp* → **décevoir**. ◇ *adj* enttäuscht.

déculotter [3] [dekylɔte] *vt*: ~ **qqn** jm die Hose aus|ziehen.

◆ **se déculotter** *vp* sich die (Unter)hose aus|ziehen; *fig* sich ducken.

déculpabiliser [3] [dekylpabilize] *vt*: ~ **qqn** jn von seinen Schuldgefühlen befreien.

◆ **se déculpabiliser** *vp* sich von seinen Schuldgefühlen befreien.

décupler [3] [dekyple] ◇ *vt* **-1.** [prix, quantité] verzehnfachen. **-2.** [force, envie] vervielfältigen. ◇ *vi* **-1.** [prix] sich verzehnfachen. **-2.** [force, envie] sich vervielfältigen.

déçus *etc* → **décevoir**.

dédaigner [4] [dedeɲe] *vt* **-1.** [mépriser] gering|schätzen. **-2.** [refuser] verschmähen; ~ **de faire qqch** *littéraire* sich nicht dazu herab|lassen, etw zu tun; **ne pas ~ qqch** etw nicht verschmähen; **ne pas ~ de faire qqch** *littéraire* es nicht verschmähen, etw zu tun.

dédaigneusement [dedɛɲøzmɑ̃] *adv* herablassend.

dédaigneux, euse [dedɛɲø, øz] *adj* herablassend.

dédain [dedɛ̃] *nm* Geringschätzung *die*.

dédale [dedal] *nm* **-1.** [labyrinthe] Labyrinth *das*. **-2.** *fig* [d'idées] Wirrwarr *der*.

dedans [dədɑ̃] *adv* drinnen, drin; **prends les draps dans l'armoire, ils sont sûrement ~** nimm die Bettücher aus dem Schrank, sie sind sicherlich drin; **la pièce était ouverte, il est entré ~** das Zimmer war offen, er ist hineingegangen; **il m'est (r)entré ~** [véhicule] er ist mir reingefahren.

◆ **de dedans** *loc adv* von drinnen; **il fait encore plus froid quand on vient de ~** es ist noch kälter, wenn man von drinnen kommt.

◆ **en dedans** *loc adv* nach innen gekehrt; **marcher avec les pieds en ~** mit nach innen gekehrten Füßen gehen.

◆ **en dedans de** *loc prép* in js Inneren; **en ~ de lui-même, il ne croit pas ce qu'il dit** in seinem Inneren glaubt er selbst nicht, was er sagt.

dédicace [dedikas] *nf* Widmung *die*.

dédicacer [16] [dedikase] *vt* mit einer Widmung versehen.

dédier [9] [dedje] *vt* widmen.

dédire [103] [dedir]

◆ **se dédire** *vp* **-1.** JUR seine Worte widerrufen. **-2.** [revenir - sur une invitation] die Einladung ab|sagen; [- sur une promesse] sein Versprechen zurück|nehmen.

dédit [dedi] *nm* **-1.** [annulation] Rücktritt *der*. **-2.** [indemnité] Abstandsgeld *das*.

dédommagement [dedɔmaʒmɑ̃] *nm* Entschädigung *die*.

dédommager [17] [dedɔmaʒe] *vt* entschädigen.

dédouanement [dedwanmɑ̃], **dédouanage** [dedwanaʒ] *nm* Verzollung *die*.

dédoublement [dedubləmɑ̃] *nm* Spaltung *die*, Teilung *die*; ~ **de la personnalité** Persönlichkeitsspaltung.

dédoubler [3] [deduble] *vt* **-1.** [partager] spalten, teilen. **-2.** [vêtement] das Futter heraus|nehmen.

◆ **se dédoubler** *vp* **-1.** PSYCHOL an Persönlichkeitsspaltung leiden. **-2.** *hum* [être partout] auf zwei Hochzeiten tanzen.

dédramatiser [3] [dedramatize] *vt* entdramatisieren.

déductible [dedyktibl] *adj* abziehbar; [d'impôts] absetzbar.

déduction [dedyksjɔ̃] *nf* **-1.** [réduction] Abziehen *das*; [d'impôts] Absetzen *das*. **-2.** [conclusion] Folgerung *die*.

déduire [98] [dedɥir] *vt* **-1.** [retrancher] ab|ziehen. **-2.** [conclure] folgern.

déduisais *etc* → **déduire**.

déduit, e [dedɥi, it] *pp* → **déduire**.

déesse [deɛs] *nf* Göttin *die*.

DEFA, Defa [defa] (*abr de* **diplôme d'État relatif aux fonctions d'animation**) *nm französisches Staatsdiplom für Sozialarbeiter und Sozialpädagogen.*

défaillance [defajɑ̃s] *nf* Versagen *das*; ~ **cardiaque** Herzversagen.

défaillant, e [defajɑ̃, ɑ̃t] *adj* **-1.** [personne, mémoire] schwach. **-2.** [absent] nicht erschienen. **-3.** [force] schwindend.

défaillir [47] [defajir] *vi* **-1.** *littéraire* [s'évanouir] einen Schwächeanfall haben. **-2.** [forces, mémoire] versagen.

défaire [109] [defɛr] *vt* **-1.** [nœud, cravate] auf|binden. **-2.** [paquet] auf|machen. **-3.** [valise] aus|packen. **-4.** [lit] in Unordnung bringen. **-5.** *littéraire* [armée] nieder|werfen.
◆ **se défaire** *vp* **-1.** [nœud, couture] auf|gehen. **-2.** [se séparer]: **se ~ de qqn/qqch** sich js/einer Sache entledigen.

défaisais *etc* → **défaire**.

défait, e [defɛ, ɛt] ◇ *pp* → **défaire**. ◇ *adj* **-1.** [lit] zerwühlt. **-2.** [visage] matt. **-3.** *littéraire* [armée] niedergeworfen.
◆ **défaite** *nf* Niederlage *die*.

défaites [defɛt] → **défaire**.

défaitisme [defetism] *nm* Defätismus *der*.

défaitiste [defetist] ◇ *nmf* Defätist *der*, -in *die*. ◇ *adj* defätistisch.

défalcation [defalkasjɔ̃] *nf* Abzug *der*.

défalquer [3] [defalke] *vt* ab|ziehen.

défasse *etc* → **défaire**.

défaut [defo] *nm* **-1.** [imperfection] Fehler *der*; **sans ~** [chose] makellos. **-2.** [manque] Fehlen *das*; **à ~ de** in Ermangelung von; **faire (cruellement) ~** (dringend) benötigt werden; **condamnation par ~** Verurteilung *die* in Abwesenheit.

défaveur [defavœr] *nf* Ungnade *die*; **être/tomber en ~** in Ungnade stehen/fallen.

défavorable [defavɔrabl] *adj* ungünstig.

défavoriser [3] [defavɔrize] *vt* benachteiligen.

défectif, ive [defɛktif, iv] *adj* defektiv.

défection [defɛksjɔ̃] *nf* **-1.** [absence] Abwesenheit *die*. **-2.** [abandon] Austritt *der*.

défectueux, euse [defɛktɥø, øz] *adj* **-1.** [produit] defekt. **-2.** *fig* [raisonnement] lückenhaft.

défendable [defɑ̃dabl] *adj* haltbar; *fig* haltbar, vertretbar.

défendais *etc* → **défendre**.

défendeur, eresse [defɑ̃dœr, drɛs] *nm, f* Beklagte *der, die*.

défendis *etc* → **défendre**.

défendre [73] [defɑ̃dr] *vt* **-1.** [protéger] verteidigen. **-2.** [interdire]: **~ qqch à qqn** jm etw untersagen; **~ à qqn de faire qqch** jm untersagen, etw zu tun; **~ que** *(+ subjonctif)* verbieten, daß.
◆ **se défendre** *vp* **-1.** [se battre] sich verteidigen. **-2.** *fam* [se débrouiller] sich schlagen. **-3.** [se justifier] sich wehren; **se ~ de qqch** etw ab|streiten. **-4.** [opinion] nicht ganz abwegig sein, vertretbar sein.

défends *etc* → **défendre**.

défendu, e [defɑ̃dy] *pp* → **défendre**.

défenestrer [3] [defənɛstre] *vt* zum Fenster hinaus|werfen.

défense [defɑ̃s] *nf* **-1.** [protection] Verteidigung *die*; **prendre la ~ de qqn/qqch** sich für jn/etw ein|setzen; **~ des consommateurs** Verteidigung *die* der Verbraucherinteressen; **légitime ~** Notwehr *die*. **-2.** [d'éléphant] Stoßzahn *der*. **-3.** [interdiction] Verbot *das*; **'~ d'afficher/de fumer/de stationner/d'entrer'** 'Plakate/Rauchen/Parken/Zutritt verboten'. **-4.** MIL Abwehr *die*; **~ antiaérienne** Luftabwehr; **~ nationale** Landesverteidigung *die*.

défenseur [defɑ̃sœr] *nm* **-1.** [partisan] Verfechter *der*, -in *die*. **-2.** JUR Verteidiger *der*, -in *die*.

défensif, ive [defɑ̃sif, iv] *adj* defensiv.
◆ **défensive** *nf*: **être sur la défensive** sich in Abwehrstellung befinden.

déféquer [18] [defeke] *vi* Kot aus|scheiden.

déferai *etc* → **défaire**.

déférence [deferɑ̃s] *nf* Ehrerbietung *die*.

déférer [18] [defere] *vt* JUR vor Gericht bringen.

déferlant, e [defɛrlɑ̃, ɑ̃t] *adj*: **(vague) ~e** Brecher *der*.

déferlement [defɛrləmɑ̃] *nm* **-1.** [de vague] Brechen *das (sans pl)*. **-2.** *fig* [de violence, de passion] Wogen *Pl*.

déferler [3] [defɛrle] *vi* **-1.** [vague] sich brechen. **-2.** *fig* [personnes] strömen.

défi [defi] *nm* Herausforderung *die*; **mettre qqn au ~ de faire qqch** wetten, daß jd etw nicht tut; **relever le ~** die Herausforderung an|nehmen.

défiance [defjɑ̃s] *nf* Argwohn *der*.

défiant, e [defjɑ̃, ɑ̃t] *adj* argwöhnisch.

déficeler [24] [defisle] *vt* auf|binden, auf|schnüren.

déficience [defisjɑ̃s] *nf* **-1.** MÉD Schwäche *die*. **-2.** [lacune] Schwachpunkt *der*.

déficient, e [defisjɑ̃, ɑ̃t] *adj* schwach.

déficit [defisit] *nm* Defizit *das*; **être en ~** ein Defizit auf|weisen.

déficitaire [defisitɛr] *adj* defizitär, Verlust-.

défier [9] [defje] *vt* heraus|fordern; **~ qqn à qqch** jn bei etw heraus|fordern; **~ qqn de faire qqch** wetten, daß jd etw nicht tut; **~ toute concurrence** spottbillig sein.
◆ **se défier** *vp littéraire*: **se ~ de qqn/qqch** gegen jn/etw Argwohn hegen.

défigurer [3] [defigyre] *vt* entstellen.

défilé [defile] *nm* **-1.** [parade] Aufmarsch *der*; **~ de mode** Modenschau *die*. **-2.** GÉOL Schlucht *die*.

défiler [3] [defile] *vi* **-1.** [soldats, manifestants] marschieren. **-2.** [visiteurs, clients] auf|marschieren. **-3.** [images, jours] ab|laufen.
◆ **se défiler** *vp fam* sich aus dem Staub machen.

défini, e [defini] *adj* **-1.** [gén] genau. **-2.** GRAM [article] bestimmt.

définir [32] [definir] *vt* definieren.
définitif, ive [definitif, iv] *adj* endgültig.
◆ **en définitive** *loc adv* letztendlich.
définition [definisjɔ̃] *nf* Definition *die*; **par ~** definitionsgemäß.
définitivement [definitivmɑ̃] *adv* endgültig.
défis *etc* → **défaire**.
défiscaliser [3] [defiskalize] *vt* von der Steuerpflicht befreien.
déflagration [deflagrasjɔ̃] *nf* Explosion *die*.
déflation [deflasjɔ̃] *nf* Deflation *die*.
déflationniste [deflasjɔnist] *adj* deflationär.
déflecteur [deflɛktœr] *nm* Ausstellfenster *das*.
déflorer [3] [deflɔre] *vt* **-1.** [jeune fille] entjungfern. **-2.** *fig* [sujet] ab|grasen.
défonce [defɔ̃s] *nf tfam* Turn *der*.
défoncé, e [defɔ̃se] *adj* **-1.** [chemin] beschädigt. **-2.** [fauteuil] durchgesessen. **-3.** *fam* [personne] angeturnt.
défoncer [16] [defɔ̃se] *vt* **-1.** [chemin] beschädigen. **-2.** [fauteuil] durch|sitzen. **-3.** [porte] ein|schlagen. **-4.** *tfam* [personne] an|turnen.
◆ **se défoncer** *vp* **-1.** *tfam* [se droguer] angeturnt werden. **-2.** *fam* [se surpasser] voll einsteigen.
déformant, e [defɔrmɑ̃, ɑ̃t] *adj* Zerr-.
déformation [defɔrmasjɔ̃] *nf* **-1.** [d'objet] Verformung *die*. **-2.** MÉD Mißbildung *die*.
◆ **déformation professionnelle** *nf* berufsbedingte Unart.
déformer [3] [defɔrme] *vt* **-1.** [objet] verformen. **-2.** *fig* [vérité, faits] verzerren.
◆ **se déformer** *vp* sich verformen.
défoulement [defulmɑ̃] *nm* Abwechselung *die*.
défouler [3] [defule] *vt* auf andere Gedanken bringen.
◆ **se défouler** *vp* sich ab|reagieren.
défraîchi, e [defrɛʃi] *adj* [couleur] verschossen.
défrayer [11] [defreje] *vt* **-1.** *sout* [payer]: **~ qqn de qqch** jm etw zurück|erstatten. **-2.** *loc*: **~ la chronique** Schlagzeilen machen.
défricher [3] [defriʃe] *vt* **-1.** [terrain] urbar machen. **-2.** *fig* [sujet] klären.
défriser [3] [defrize] *vt* **-1.** [cheveux] entkrausen. **-2.** *fam* [déplaire] fuchsen.
défroisser [3] [defrwase] *vt* glatt|streichen.
◆ **se défroisser** *vp* wieder glatt werden.
défunt, e [defœ̃, œ̃t] ◇ *adj* **-1.** [décédé] verblichen. **-2.** *fig* & *littéraire* [disparu] verflossen. ◇ *nm, f* Verblichene *der, die*.
dégagé, e [degaʒe] *adj* **-1.** [ciel, vue, nuque] frei. **-2.** [désinvolte] ungezwungen. **-3.** [libre]: **~ des obligations militaires** von der Wehrpflicht befreit.
dégagement [degaʒmɑ̃] *nm* **-1.** [passage] Gang *der*. **-2.** [émanation] Freisetzen *das*. **-3.** [évacuation] Räumung *die*.
dégager [17] [degaʒe] *vt* **-1.** [parfum] frei|setzen. **-2.** [morale, idées] hervor|heben. **-3.** [crédits] bereit|stellen. **-4.** [table] ab|räumen. **-5.** [vue] frei|machen. **-6.** [libérer]: **~ qqn (de qqch)** jn (von etw) befreien. **-7.** *fam* [partir] Leine ziehen.
◆ **se dégager** *vp* **-1.** [se libérer]: **se ~ de qqch** [lien, étreinte] sich von ou aus etw befreien; [promesse] sich von etw frei|machen. **-2.** [ciel] sich auf|klären. **-3.** [nez] frei werden. **-4.** [odeur] freigesetzt werden. **-5.** [idée, théorie] sich ergeben.
dégaine [degɛn] *nf fam* **-1.** [façon de marcher] komische Haltung, komische Gangart. **-2.** [apparence]: **il a une drôle de ~** er sieht komisch aus.
dégainer [4] [degene] *vt* **-1.** [couteau, revolver] zücken. **-2.** [épée] blank|ziehen.
dégarnir [32] [degarnir] *vt* **-1.** [table] ab|räumen. **-2.** [arbre de Noël]: **~ qqch** den Schmuck von etw abnehmen.
◆ **se dégarnir** *vp* sich lichten.
dégât [dega] *nm* Schaden *der*; **faire des ~s** Schaden an|richten; **limiter les ~s** den Schaden begrenzen.
dégel [deʒɛl] *nm* **-1.** [hausse de température] Tauwetter *das*. **-2.** [fonte des glaces] Tauen *das*. **-3.** [de prix, de salaires, de crédits] Freigabe *die*. **-4.** [de relations, d'atmosphère] Lockerung *die*.
dégeler [25] [deʒle] ◇ *vt* **-1.** [faire fondre] ab|tauen. **-2.** [prix, salaires, crédits] frei|geben. **-3.** [atmosphère] lockern. ◇ *vi* auf|tauen.
◆ **se dégeler** *vp* [ambiance] auf|tauen.
dégénéré, e [deʒenere] ◇ *adj* **-1.** [personne] degeneriert. **-2.** [art] entartet. ◇ *nm, f* geistig Zurückgebliebene *der, die*.
dégénérer [18] [deʒenere] *vi* **-1.** [animal, plante, goût] entarten. **-2.** [situation, dispute]: **~ (en qqch)** (in etw *(A)*) aus|arten.
dégénérescence [deʒeneresɑ̃s] *nf* **-1.** [déclin] Verfall *der*. **-2.** MÉD Degeneration *die*.
dégingandé, e [deʒɛ̃gɑ̃de] *adj fam* schlaksig.
dégivrer [3] [deʒivre] *vt* **-1.** [vitre] enteisen. **-2.** [réfrigérateur] ab|tauen.
dégivreur [deʒivrœr] *nm* **-1.** [de réfrigérateur] Abtausystem *das*. **-2.** [de voiture] Defroster *der*.
déglinguer [3] [deglɛ̃ge] *vt fam* kaputt machen.
◆ **se déglinguer** *vp fam* kaputt gehen.
déglutir [32] [deglytir] *vi* schlucken.
déglutition [deglytisjɔ̃] *nf* Schlucken *das*.
dégonflé, e [degɔ̃fle] ◇ *adj* **-1.** [pneu] platt. **-2.**

[ballon] nicht aufgeblasen. ◇ *nm, f fam* Angsthase *der.*

dégonfler [3] [degɔ̃fle] ◇ *vt* entleeren. ◇ *vi* ab|schwellen; **faire ~ qqch** etw zum Abschwellen bringen.

◆ **se dégonfler** *vp* **-1.** [ballon] sich entleeren. **-2.** *fam* [personne] Muffe haben.

dégorger [17] [degɔrʒe] ◇ *vt* **-1.** [tuyau, évier] reinigen. **-2.** [canalisation] entschlammen. ◇ *vi* **-1.** [réservoir, bassin] aus|laufen. **-2.** [vêtement] ab|färben. **-3.** CULIN: **faire ~** abtropfen lassen.

dégoter, **dégotter** [3] [degɔte] *vt fam* auf|stöbern.

◆ **se dégoter**, **se dégotter** *vp fam* : **se ~ qqch** etw auf|stöbern.

dégouliner [3] [deguline] *vi* aus|laufen, herunter|laufen, triefen.

dégoupiller [3] [degupije] *vt* entsichern.

dégourdi, e [degurdi] ◇ *adj* aufgeweckt. ◇ *nm, f* aufgeweckte Person.

dégourdir [32] [degurdir] *vt* **-1.** [membres] gelenkig machen. **-2.** *fig* [personne] aus sich herausgehen lassen.

◆ **se dégourdir** *vp* **-1.** [membres]: **se ~ les jambes** sich die Beine vertreten. **-2.** *fig* [personne] selbständig werden.

dégoût [degu] *nm* Ekel *der;* **ravaler son ~** seinen Ekel überwinden.

dégoûtant, e [degutɑ̃, ɑ̃t] ◇ *adj* **-1.** [sale, grossier] eklig. **-2.** [révoltant] abscheulich. ◇ *nm, f* Widerling *der.*

dégoûté, e [degute] ◇ *adj* **-1.** [écœuré] angeekelt. **-2.** [exigeant] schwierig, zimperlich. ◇ *nm, f*: **faire le ~** zimperlich tun, wählerisch sein.

dégoûter [3] [degute] *vt* an|ekeln; **~ qqn de qqch** jm etw verleiden; **~ qqn de faire qqch** es jm verleiden, etw zu tun.

◆ **se dégoûter** *vp*: **se ~ de qqch** etw leid werden.

dégoutter [3] [degute] *vi* ab|tropfen; **~ de pluie** tropfnaß sein.

dégradant, e [degradɑ̃, ɑ̃t] *adj* erniedrigend.

dégradation [degradasjɔ̃] *nf* **-1.** [de bâtiment, de sol, de personne] Verfall *der.* **-2.** [de relation] Verschlechterung *die.* **-3.** [destitution] Beeinträchtigung *die;* [militaire] Degradierung *die.*

dégradé [degrade] *nm* **-1.** [couleurs] Abstufung *die.* **-2.** [coiffure] Stufenschnitt *der.*

dégrader [3] [degrade] *vt* **-1.** [bâtiment, sol, énergie] beschädigen. **-2.** [relation] verschlechtern. **-3.** [destituer] degradieren.

◆ **se dégrader** *vp* **-1.** [bâtiment, sol, énergie] verfallen. **-2.** [relation] verschlechtern. **-3.** [personne] sich erniedrigen.

dégrafer [3] [degrafe] *vt* auf|haken.

◆ **se dégrafer** *vp* **-1.** [personne] sich aus|ziehen. **-2.** [vêtement] sich aufhaken lassen.

dégraissage [degrɛsaʒ] *nm* **-1.** [de vêtement] Entfernen *das* von Fettflecken. **-2.** *fam* [dans entreprise] Abbau *der* überschüssiger Kapazitäten. **-3.** [de pièces] Entfetten *das.*

dégraisser [4] [degrese] ◇ *vt* **-1.** [nettoyer]: **~ qqch** die Fettflecken aus einer Sache entfernen. **-2.** CULIN Fett ab|schneiden OU ab|nehmen. ◇ *vi fam* überschüssige Kapazitäten ab|bauen.

degré [dəgre] *nm* **-1.** [échelon, marche] Stufe *die.* **-2.** [unité de mesure, niveau] Grad *der;* **il fait 30 ~s** es sind 30 Grad; **alcool à 90 ~s** 90%iger Alkohol; **~ centigrade** OU **Celsius** Grad Celsius *der;* **~ de parenté** Verwandtschaftsgrad.

dégressif, ive [degresif, iv] *adj* gestaffelt.

dégrèvement [degrɛvmɑ̃] *nm* Steuerermäßigung *die.*

dégriffé, e [degrife] *adj* zu herabgesetzten Preisen *(ohne Markenschild).*

◆ **dégriffé** *nm* herabgesetzter Artikel *(ohne Markenschild).*

dégringolade [degrɛ̃gɔlad] *nf fam* **-1.** [chute] Herunterpurzeln *das.* **-2.** *fig* Sturz *der.*

dégringoler [3] [degrɛ̃gɔle] *fam* ◇ *vt* herunter|sausen. ◇ *vi* **-1.** [tomber] herunter|purzeln. **-2.** *fig* [se laisser aller] den Bach hinunter|gehen.

dégriser [3] [degrize] *vt* **-1.** [désenivrer] nüchtern machen. **-2.** *fig* [désillusionner] ernüchtern.

dégrossir [32] [degrosir] *vt* **-1.** [bois, marbre] grob bearbeiten. **-2.** *fig* [sujet] in groben Zügen erörtern. **-3.** *fig* [personne]: **~ qqn** jm Manieren bei|bringen.

déguenillé, e [degnije] *adj* zerlumpt.

déguerpir [32] [degɛrpir] *vi* ab|hauen.

dégueulasse [degœlas] *tfam* ◇ *adj* versaut, Sau-; **blague ~** schweinischer Witz; **un coup ~** eine Schweinerei. ◇ *nmf* Kotzbrocken *der.*

dégueuler [5] [degœle] *vi tfam* kotzen.

déguisé, e [degize] *adj* [personne] verkleidet.

déguisement [degizmɑ̃] *nm* Verkleidung *die.*

déguiser [3] [degize] *vt* **-1.** [travestir] verkleiden. **-2.** [voix, écriture] verstellen. **-3.** [intention, vérité] verbergen.

◆ **se déguiser** *vp* sich verkleiden.

dégustation [degystasjɔ̃] *nf* Kostprobe *die;* **~ de vin** Weinprobe *die.*

déguster [3] [degyste] *vt* **-1.** [savourer] kosten. **-2.** *fam* [subir] etwas zu hören bekommen.

déhancher [3] [deɑ̃ʃe]

◆ **se déhancher** *vp* mit den Hüften wackeln.

dehors [dəɔr] ◇ *adv* draußen; **aller ~** raus|gehen. ◇ *nm* Äußere *das;* **le ~ d'une boîte** das Äußere einer Kiste. ◇ *nmpl* äußere Erschei-

nung *(sans pl)*; **les ~ sont souvent trompeurs** die äußere Erscheinung täuscht oft.
◆ **de dehors** *loc adv* von draußen.
◆ **en dehors** *loc adv* hinaus.
◆ **en dehors de** *loc prép*: **en ~ de qqn** bis auf jn; **en ~ de toi, personne ne le sait** bis auf dich weiß es niemand.
◆ **par-dehors** *loc adv* außen herum.
déjà [deʒa] *adv* **-1.** [dès cet instant, précédemment] schon, bereits. **-2.** [au fait] noch gleich. **-3.** [renforce une affirmation] schon.
déjanter [3] [deʒɑ̃te] *vt* von der Felge ab|montieren.
déjà-vu [deʒavy] *nm inv* **-1.** PSYCHOL Déjà-vu-Erlebnis *das*. **-2.** *fam* [pas nouveau] Übliche *das*.
déjection [deʒɛksjɔ̃] *nf* Kotausscheidung *die*.
déjeuner[1] [5] [deʒœne] *vi* **-1.** [le matin] frühstücken. **-2.** [à midi] zu Mittag essen.
déjeuner[2] [deʒœne] *nm* **-1.** [repas de midi] Mittagessen *das*; **~ d'affaires** Geschäftsessen *das*. **-2.** *Can* [dîner] Abendessen *das*.
déjouer [6] [deʒwe] *vt* durchkreuzen.
DEL (*abr de* **diode électroluminescente**) LED *die*.
délabré, e [delabre] *adj* **-1.** [bâtiment] baufällig. **-2.** [santé] ruiniert.
délabrement [delabrəmɑ̃] *nm* Verfall *der*.
délacer [16] [delase] *vt* auf|binden.
délai [delɛ] *nm* **-1.** [temps accordé] Frist *die*; **dans un ~ de** binnen; **dans les ~s impartis** termingerecht; **sans ~** unverzüglich; **~ de livraison** Lieferfrist. **-2.** [sursis] Aufschub *der*.
délaissé, e [delese] *adj* verlassen.
délaisser [4] [delese] *vt* **-1.** [abandonner] verlassen. **-2.** [négliger] im Stich lassen.
délassant, e [delasɑ̃, ɑ̃t] *adj* entspannend.
délassement [delasmɑ̃] *nm* Entspannung *die*.
délasser [3] [delase] *vt* entspannen.
◆ **se délasser** *vp* sich entspannen.
délateur, trice [delatœr, tris] *nm, f* Denunziant *der*, -in *die*.
délation [delasjɔ̃] *nf* Denunziation *die*.
délavé, e [delave] *adj* verwaschen.
délayage [delɛjaʒ] *nm* Wischiwaschi *das*.
délayer [11] [deleje] *vt* verwässern.
Delco® [dɛlko] *nm eingetragenes Warenzeichen einer Zündvorrichtung für Verbrennungsmotoren.*
délectable [delɛktable] *adj sout* trefflich.
délectation [delɛktasjɔ̃] *nf* Hochgenuß *der*; **avec ~** genüßlich.
délecter [4] [delɛkte]
◆ **se délecter** *vp*: **se ~ de qqch** sich an etw *(D)* ergötzen; **se ~ à faire qqch** etw mit großem Vergnügen tun.
délégation [delegasjɔ̃] *nf* **-1.** [de personnes] Delegation *die*. **-2.** [de pouvoirs] Übertragung *die*. **-3.** [mandat] Auftrag *der*; **agir par ~** im Auftrag handeln. **-4.** JUR Anweisung *die*. **-5.** ADMIN *Organisation ohne feste Bezeichnung in der Verwaltungshierarchie,* ≃ Ausschuß *der*.
délégué, e [delege] ◇ *adj* [personne] beauftragt. ◇ *nm, f* Beauftragte *der, die*, Vertreter *der*, -in *die*; **~ de classe** Klassensprecher *der*; **~ du personnel** Belegschaftsvertreter; **~ syndical** Gewerkschaftsvertreter.
déléguer [18] [delege] *vt* **-1.** [personne] ab|ordnen. **-2.** [travail] delegieren. **-3.** [pouvoirs] übertragen, ab|treten.
délestage [delɛstaʒ] *nm* **-1.** [allègement] Entlastung *die*; **itinéraire de ~** Entlastungstrecke *die*. **-2.** ÉLECTR Abschaltung *die*.
délester [3] [delɛste] *vt* **-1.** [bateau, véhicule] (teilweise) entladen. **-2.** [route] entlasten. **-3.** *fam hum* [voler]: **~ qqn de qqch** jn um etw erleichtern.
délibératif, ive [deliberatif, iv] *adj* beschlußfassend.
délibération [deliberasjɔ̃] *nf* Beratung *die*.
délibéré, e [delibere] *adj* **-1.** [intentionnel] bewußt; **acte ~** vorsätzliche Handlung. **-2.** [résolu] entschlossen.
◆ **délibéré** *nm* JUR: **affaire en ~** Rechtsstreit *der* in Beratung und Abstimmung.
délibérément [deliberemɑ̃] *adv* **-1.** [en connaissance de cause] bewußt. **-2.** [intentionnellement] vorsätzlich.
délibérer [18] [delibere] *vi* beraten.
délicat, e [delika, at] ◇ *adj* **-1.** [difficile] heikel. **-2.** [raffiné] fein. **-3.** [aimable] zuvorkommend. **-4.** [fragile] empfindlich. **-5.** [frêle] wehleidig. **-6.** [fin] zart. ◇ *nm, f*: **faire le ~** sich an|stellen.
délicatement [delikatmɑ̃] *adv* **-1.** [finement] fein. **-2.** [avec précaution] behutsam. **-3.** [avec tact] zartfühlend.
délicatesse [delikatɛs] *nf* **-1.** [finesse] Feinheit *die*. **-2.** [précaution] Behutsamkeit *die*. **-3.** [tact] Feingefühl *das*.
délice [delis] *nm* **-1.** [régal] Leckerbissen *der*, Genuß *der*. **-2.** [plaisir] Wonne *die*.
◆ **délices** *nfpl* Wonnen *die*.
délicieusement [delisjøzmɑ̃] *adv* köstlich.
délicieux, euse [delisjø, øz] *adj* **-1.** [savoureux] köstlich. **-2.** *sout* [agréable] charmant, reizend.
délictueux, euse [deliktɥø, øz] *adj* JUR gesetzeswidrig, strafbar.
délié, e [delje] *adj* [doigts] geschmeidig.
délier [9] [delje] *vt* **-1.** [dénouer] lösen. **-2.** [détacher] los|binden. **-3.** *fig* & *sout* [décharger]: **~ qqn de qqch** jn von etw entbinden.
délimitation [delimitasjɔ̃] *nf* **-1.** [de territoire, de

fonction] Abgrenzung *die*. **-2.** [de sujet] Eingrenzung *die*.
délimiter [3] [delimite] *vt* **-1.** [lieu, fonctions] ab|grenzen; **~ des frontières** Grenzen fest|legen. **-2.** [sujet] ein|grenzen.
délinquance [delɛ̃kɑ̃s] *nf* Kriminalität *die*; **~ juvénile** Jugendkriminalität.
délinquant, e [delɛ̃kɑ̃, ɑ̃t] ◇ *adj* straffällig. ◇ *nm, f* Straftäter *der*, -in *die*.
déliquescent, e [delikɛsɑ̃, ɑ̃t] *adj* **-1.** PHYS zergehend, zerfließend. **-2.** *vieilli* [décadent] im Verfall begriffen, dekadent.
délirant, e [delirɑ̃, ɑ̃t] *adj* **-1.** [exubérant] überschäumend. **-2.** *fam* [extravagant] ausgeflippt. **-3.** *fam* [extraordinaire] wahnsinnig. **-4.** MÉD phantasierend.
délire [delir] *nm* **-1.** MÉD Delirium *das*. **-2.** [enthousiasme]: **en ~** rasend; **c'est le ~!** das ist Wahnsinn!
délirer [3] [delire] *vi* **-1.** MÉD phantasieren. **-2.** *fam* [dérailler] spinnen.
délit [deli] *nm* Straftat *die*; **en flagrant ~** auf frischer Tat; **~ de fuite** Fahrerflucht *die*; **~ d'initié** Insider-Delikt *das*.
délivrance [delivrɑ̃s] *nf* **-1.** [libération] Entlassung *die*. **-2.** [soulagement] Erlösung *die*.
délivrer [3] [delivre] *vt* **-1.** [prisonnier] frei|lassen; [pays] befreien. **-2.** [décharger]: **~ qqn de qqch** jn einer Sache *(G)* entheben. **-3.** [remettre]: **~ qqch à qqn** [passeport] jm etw aus|stellen; [ordonnance] jm etw aus|fertigen. **-4.** [marchandise] aus|händigen.
◆ **se délivrer** *vp* **-1.** [personne]: **se ~ de qqch** sich von etw frei|machen. **-2.** [passeport] ausgestellt werden.
déloger [17] [delɔʒe] *vt* vertreiben; **~ des habitants** Bewohner aus|quartieren.
déloyal, e, aux [delwajal, o] *adj* **-1.** [personne] verräterisch, treulos; **être ~ envers qqn** jm gegenüber unfair sein. **-2.** [concurrence, procédé] unlauter. **-3.** SPORT unfair.
delta [dɛlta] *nm* Delta *das*.
deltaplane, delta-plane [dɛltaplan] (*pl* **deltaplanes**) *nm* **-1.** [appareil] Drachen *der*. **-2.** [sport] Drachenfliegen *das*.
déluge [delyʒ] *nm* Sintflut *die*; **un ~ de** *fig* eine Flut von; **remonter au ~** *fig* bei Adam und Eva an|fangen.
déluré, e [delyre] *adj* **-1.** [malin] aufgeweckt. **-2.** *péj* [dévergondé] leichtfertig, keß.
démagogie [demagɔʒi] *nf* Demagogie *die*.
démagogique [demagɔʒik] *adj* demagogisch.
démagogue [demagɔg] *nmf* Demagoge *der*, -gin *die*.
demain [dəmɛ̃] *adv* **-1.** [jour suivant] morgen; **à ~!** bis morgen! **-2.** [plus tard] in Zukunft.
demande [dəmɑ̃d] *nf* **-1.** [souhait, revendication] Bitte *die*; **à la ~ générale** auf allgemeinen Wunsch; **accéder à une ~** einer Bitte statt|geben. **-2.** [démarche] Antrag *der*; **~ en mariage** Heiratsantrag; **~ d'emploi** Stellengesuch *das*, Bewerbung *die*. **-3.** ÉCON Nachfrage *die*. **-4.** JUR: **~ (en justice)** Klage *die*; **~ en divorce** Scheidungsklage *die*.
demandé, e [dəmɑ̃de] *adj* **-1.** [article] gefragt. **-2.** [personne] beschäftigt.
demander [3] [dəmɑ̃de] ◇ *vt* **-1.** [réclamer]: **~ qqch à qqn** jn um etw bitten. **-2.** [appeler] rufen; **qui demandez-vous**? wen möchten Sie sprechen?; **on vous demande au téléphone** Sie werden am Telefon verlangt. **-3.** [désirer] wünschen; **ne ~ qu'à faire qqch** etw liebend gerne tun wollen. **-4.** [s'enquérir]: **~ qqch** nach etw fragen. **-5.** [solliciter] verlangen. **-6.** [nécessiter] kosten; **cette proposition demande à être étudiée de plus près** dieser Vorschlag erfordert eine genauere Untersuchung. **-7.** [chercher] suchen. ◇ *vi*: **~ après qqn** sich nach jm erkundigen.
◆ **se demander** *vp*: **se ~ qqch** sich etw fragen; **se ~ si** sich fragen, ob.
demandeur[1], eresse [dəmɑ̃dœr, drɛs] *nm, f* JUR Kläger *der*, -in *die*.
demandeur[2], euse [dəmɑ̃dœr, øz] *nm, f* ADMIN Antragsteller *der*, -in *die*; **~ d'asile** Asylbewerber *der*; **~ d'emploi** Arbeitssuchende *der*.
démangeaison [demɑ̃ʒezɔ̃] *nf* **-1.** [irritation] Juckreiz *der*. **-2.** *fig* [envie] unbändiges Verlangen.
démanger [17] [demɑ̃ʒe] *vt* jucken.
démanteler [25] [demɑ̃tle] *vt* **-1.** [bâtiment] nieder|reißen. **-2.** [réseau, groupe] zerschlagen.
démaquillant, e [demakijɑ̃, ɑ̃t] *adj* Abschmink-.
◆ **démaquillant** *nm* Make-up-Entferner *der*.
démaquiller [3] [demakije] *vt* ab|schminken.
◆ **se démaquiller** *vp* sich ab|schminken.
démarcation [demarkasjɔ̃] *nf* **-1.** [frontière] Abgrenzung *die*; **ligne de ~** Grenzlinie *die*. **-2.** *fig* [séparation] Differenzierung *die*.
démarchage [demarʃaʒ] *nm* Kundenwerbung *die*, Akquisition *die*; **~ à domicile** COMM Kundenwerbung mit Hausbesuchen.
démarche [demarʃ] *nf* **-1.** [manière de marcher] Gang *der*. **-2.** [raisonnement] Ansatz *der*. **-3.** [requête] Schritt *der*; **faire les ~s nécessaires pour obtenir qqch** die notwendigen Schritte unternehmen, um etw zu erhalten.
démarcheur, euse [demarʃœr, øz] *nm, f* **-1.** [représentant] Vertreter *der*, -in *die*. **-2.** FIN Effektenmakler *der*, - in *die*.
démarque [demark] *nf* Sonderangebot *das*.
démarquer [3] [demarke] *vt* **-1.** SPORT: **~ qqn** jn

aus der gegnerischen Deckung befreien. **-2.** [enlever la marque]: **~ qqch** das Markenzeichen von etw entfernen. **-3.** [solder] *ohne Herstellerbezeichnung und zu reduziertem Preis verkaufen.*

◆ **se démarquer** *vp* **-1.** *fig* [se distinguer]: **se ~ de qqch** sich von etw ab|heben. **-2.** SPORT sich frei|spielen.

démarrage [demaraʒ] *nm* **-1.** [de voiture - allumage] Anspringen *das;* [- départ] Anfahren *das;* **~ en côte** Anfahren am Hang. **-2.** *fig* [de projet] Anlauf *der.*

démarrer [3] [demare] ◇ *vi* **-1.** [voiture - se mettre en marche] an|springen; [- avancer] an|fahren; **faire ~** starten. **-2.** *fig* [entreprise] anlaufen lassen. ◇ *vt* **-1.** [véhicule] an|lassen. **-2.** [entreprise] anlaufen lassen.

démarreur [demarœr] *nm* Anlasser *der.*

démasquer [3] [demaske] *vt* **-1.** [voleur, coupable] entlarven; [espion] enttarnen. **-2.** [plan] enthüllen.

◆ **se démasquer** *vp* die Maske fallen|lassen.

démêlant, e [demɛlɑ̃, ɑ̃t] *adj die Kämmbarkeit fördernd.*

◆ **démêlant** *nm* Pflegespülung *die.*

démêlé [demele] *nm* Auseinandersetzung *die;* **avoir des ~s avec la justice** Ärger mit der Justiz haben.

démêler [4] [demele] *vt* **-1.** [cheveux] aus|kämmen. **-2.** [fil] entwirren. **-3.** [affaire, intrigue] auf|klären.

◆ **se démêler** *vp* **-1.** [se coiffer]: **se ~ les cheveux** sich die Haare aus|kämmen. **-2.** [se sortir d'embarras]: **se ~ de qqch** sich aus etw heraus|winden.

démembrer [3] [demɑ̃bre] *vt* zerteilen.

déménagement [demenaʒmɑ̃] *nm* Umzug *der.*

déménager [17] [demenaʒe] ◇ *vt* um|räumen. ◇ *vi* um|ziehen.

déménageur [demenaʒœr] *nm* **-1.** [société] Möbelspedition *die.* **-2.** [personne] Möbelpacker *der.*

démence [demɑ̃s] *nf* Irrsinn *der.*

démener [19] [demne]

◆ **se démener** *vp* **-1.** [se débattre] um sich schlagen. **-2.** *fig* [tout mettre en œuvre] sich ab|plagen.

dément, e [demɑ̃, ɑ̃t] ◇ *adj* **-1.** MÉD [fou] geistesgestört. **-2.** *fam* [énorme] wahnsinnig. **-3.** *fam* [extravagant] verrückt. ◇ *nm, f* Geistesgestörte *der, die.*

démenti [demɑ̃ti] *nm* Richtigstellung *die;* **apporter un ~ à qqch** etw dementieren.

démentiel, elle [demɑ̃sjɛl] *adj* **-1.** MÉD [fou] wahnsinnig. **-2.** *fam* [incroyable] Wahnsinns-.

démentir [37] [demɑ̃tir] *vt* **-1.** [réfuter] dementieren, widerrufen. **-2.** [contredire] widersprechen.

◆ **se démentir** *vp*: **ne pas se ~** *sout* nicht nach|lassen.

démerder [3] [demɛrde]

◆ **se démerder** *vp tfam* klar|kommen.

démériter [3] [demerite] *vi sout*: **~ de qqch** sich einer Sache *(G)* unwürdig erweisen; **ne pas ~** nicht fehlen.

démesure [deməzyr] *nf* Maßlosigkeit *die.*

démesuré, e [deməzyre] *adj* **-1.** [disproportionné - en hauteur] unverhältnismäßig hoch; [- en intensité] unverhältnismäßig heftig. **-2.** [énorme - en quantité] übermäßig viel; [- en intensité] übermäßig stark.

démesurément [deməzyremɑ̃] *adv* maßlos.

démets *etc* → **démettre.**

démettre [84] [demɛtr] *vt* **-1.** MÉD verrenken. **-2.** [destituer]: **~ qqn de qqch** jn einer Sache *(G)* entheben.

◆ **se démettre** *vp* **-1.** MÉD: **se ~ qqch** sich *(D)* etw verrenken. **-2.** [démissionner de]: **se ~ de ses fonctions** von seinem Amt zurück|treten.

demeurant [dəmœrɑ̃]

◆ **au demeurant** *loc adv* übrigens, ansonsten.

demeure [dəmœr] *nf* **-1.** *sout* [domicile] Wohnsitz *der.* **-2.** JUR: **mettre qqn en ~ (de faire qqch)** jn auf|fordern (etw zu tun).

◆ **à demeure** *loc adv* für immer, dauerhaft.

demeuré, e [dəmœre] ◇ *adj* zurückgeblieben. ◇ *nm, f* Trottel *der.*

demeurer [5] [dəmœre] ◇ *vi* [habiter] wohnen, wohnhaft sein. ◇ *v attr* [rester] bleiben.

demi, e [dəmi] *adj* halb; **un et ~** eineinhalb, anderthalb; **deux et ~** zweieinhalb; **il est deux heures et ~e** es ist halb drei.

◆ **demi** *nm* **-1.** [bière] kleines (Glas) Bier. **-2.** SPORT Läufer *der;* [rugby]: **~ de mêlée** Gedrängehalbspieler *der;* **~ d'ouverture** Fly-Half *der.*

◆ **à demi** *loc adv* halb-; **ouvrir à ~** halb öffnen.

◆ **demie** *nf* **-1.** [demi-heure]: **à la ~e** um halb. **-2.** [bouteille] halbe Flasche.

demi-bouteille [dəmibutɛj] (*pl* **demi-bouteilles**) *nf* halbe Flasche.

demi-cercle [dəmisɛrkl] (*pl* **demi-cercles**) *nm* Halbkreis *der;* **en ~** im Halbkreis.

demi-douzaine [dəmiduzɛn] (*pl* **demi-douzaines**) *nf* **-1.** [six] halbes Dutzend. **-2.** [environ six]: **une ~ de** ungefähr sechs.

demi-fin, e [dəmifɛ̃, in] (*mpl* **demi-fins,** *fpl* **demi-fines**) *adj* **-1.** [légumes] mittelfein. **-2.** TECHNOL legiert.

◆ **demi-fin** *nm* Goldlegierung *die.*

demi-finale [dəmifinal] (*pl* **demi-finales**) *nf* Halbfinale *das.*

demi-frère [dəmifrɛr] (*pl* **demi-frères**) *nm* Halbbruder *der*.

demi-heure [dəmijœr] (*pl* **demi-heures**) *nf* halbe Stunde.

demi-jour [dəmiʒur] *nm inv* Zwielicht *das*.

demi-journée [dəmiʒurne] (*pl* **demi-journées**) *nf* halber Tag.

démilitariser [3] [demilitarize] *vt* entmilitarisieren.

demi-litre [dəmilitr] (*pl* **demi-litres**) *nm* halber Liter.

demi-mal [dəmimal] (*pl* **demi-maux**) *nm*: **il n'y a que ~** das ist nur halb so schlimm.

demi-mesure [dəmiməzyr] (*pl* **demi-mesures**) *nf* **-1.** [quantité] halbes Maß. **-2.** [compromis] halbe Sache.

demi-mot [dəmimo]

◆ **à demi-mot** *loc adv* andeutungsweise.

déminage [deminaʒ] *nm* Entminung *die*.

déminer [3] [demine] *vt* entminen.

demi-pension [dəmipɑ̃sjɔ̃] (*pl* **demi-pensions**) *nf* **-1.** [à l'hôtel] Halbpension *die*. **-2.** [à l'école] Externat *das*.

demi-pensionnaire [dəmipɑ̃sjɔnɛr] (*pl* **demi-pensionnaires**) *nmf* externer Schüler, externe Schülerin.

demi-place [dəmiplas] (*pl* **demi-places**) *nf* **-1.** [de spectacle] Karte *die* zum halben Preis. **-2.** [de transports] Fahrkarte *die* zum halben Preis.

demi-queue [dəmikø] → **piano**.

démis, e [demi, iz] *pp* → **démettre**.

demi-saison [dəmisɛzɔ̃] (*pl* **demi-saisons**) *nf* Übergangszeit *die*; **vêtement de ~** Übergangskleidungsstück *das*.

demi-sel [dəmisɛl] *adj inv* leicht gesalzen.

demi-sœur [dəmisœr] (*pl* **demi-sœurs**) *nf* Halbschwester *die*.

demi-soupir [dəmisupir] (*pl* **demi-soupirs**) *nm* Achtelpause *die*.

démission [demisjɔ̃] *nf* **-1.** [d'emploi] Kündigung *die*; **remettre sa ~** seine Kündigung ein|reichen. **-2.** *fig* [renoncement] Preisgabe *die*.

démissionnaire [demisjɔnɛr] ◇ *adj* ausgeschieden; [politicien] zurückgetreten. ◇ *nmf* ausscheidende Person.

démissionner [3] [demisjɔne] ◇ *vi* **-1.** [d'emploi]: **~ de qqch** etw kündigen; [de fonction] von etw zurück|treten. **-2.** *fig* [renoncer] auf|geben. ◇ *vt fam* : **~ qqn** jm den Laufpaß geben.

demi-tarif [dəmitarif] (*pl* **demi-tarifs**) ◇ *adj* zum halben Preis. ◇ *nm* **-1.** [tarification] halber Preis. **-2.** [billet] halbe Fahrkarte.

demi-teinte [dəmitɛ̃t] (*pl* **demi-teintes**) *nf* gedämpfte Farbe; **en ~(s)** in gedämpften Farben *Pl*.

demi-ton [dəmitɔ̃] (*pl* **demi-tons**) *nm* MUS Halbton *der*.

demi-tour [dəmitur] (*pl* **demi-tours**) *nm* Kehrtwendung *die*; **faire ~** um|kehren.

démobiliser [3] [demɔbilize] *vt* **-1.** MIL demobilisieren. **-2.** *fig* [démotiver]: **être démobilisé** demotiviert sein.

démocrate [demɔkrat] ◇ *adj* demokratisch. ◇ *nmf* Demokrat *der*, - in *die*.

démocrate-chrétien, enne [demɔkratkretjɛ̃, ɛn] (*mpl* **démocrates-chrétiens**, *fpl* **démocrates-chrétiennes**) ◇ *adj* christdemokratisch. ◇ *nm, f* Christdemokrat *der*, -in *die*.

démocratie [demɔkrasi] *nf* Demokratie *die*; **les ~s occidentales** die westlichen Demokratien.

démocratique [demɔkratik] *adj* demokratisch.

démocratisation [demɔkratizasjɔ̃] *nf* Demokratisierung *die*.

démocratiser [3] [demɔkratize] *vt* demokratisieren.

démodé, e [demɔde] *adj* **-1.** [vêtement] altmodisch. **-2.** [manière] unmodern. **-3.** [technique] veraltet.

démographie [demɔgrafi] *nf* Demographie *die*.

démographique [demɔgrafik] *adj* demographisch.

demoiselle [dəmwazɛl] *nf* **-1.** [jeune fille] Fräulein *das*; **~ d'honneur** Brautjungfer *die*. **-2.** [libellule] Libelle *die*.

démolir [32] [demɔlir] *vt* **-1.** [maison] ab|reißen. **-2.** [appareil] kaputt|machen. **-3.** *fam* [personne] zusammen|schlagen; **se faire ~** *fig* fertiggemacht werden. **-4.** *fig* [projet, réputation] zunichte machen.

démolisseur [demɔlisœr] *nm* [personne] Abbrucharbeiter *der*; [entreprise] Abbruchunternehmen *das*.

démolition [demɔlisjɔ̃] *nf* [d'immeuble] Abbruch *der*; **en ~** im Abbruch begriffen.

démon [demɔ̃] *nm* **-1.** [diable, personne] Teufel *der*. **-2.** MYTH Dämon *der*. **-3.** *loc*: **le ~ du jeu** der Spielteufel; **le ~ de midi** der zweite Frühling.

démoniaque [demɔnjak] *adj* teuflisch.

démonstrateur, trice [demɔ̃stratœr, tris] *nm, f* Demonstrator *der*, -in *die*.

démonstratif, ive [demɔ̃stratif, iv] *adj* **-1.** [personne] überschwenglich. **-2.** [argument] einleuchtend. **-3.** GRAM Demonstrativ-.

◆ **démonstratif** *nm* GRAM Demonstrativ *das*.

démonstration [demɔ̃strasjɔ̃] *nf* **-1.** [d'appareils] Vorführung *die*. **-2.** [raisonnement] Darlegung *die*. **-3.** MATHS Beweis *der*. **-4.** [de sentiments] Bekundung *die*. **-5.** MIL: **~ aérienne** Flugschau *die*, Schaufliegen *das*.

démontable [demɔ̃tabl] *adj* zerlegbar.

démontage [demɔ̃taʒ] *nm* Abbauen *das*, Demontieren *das*.

démonté, e [demɔ̃te] *adj* **-1.** [moteur, appareil] zerlegt. **-2.** [mer] aufgewühlt.

démonte-pneu [demɔ̃tpnø] (*pl* **démonte-pneus**) *nm* Reifenheber *der*.

démonter [3] [demɔ̃te] *vt* **-1.** [appareil] auseinander|bauen, zerlegen. **-2.** *fig* [troubler] aus der Fassung bringen.

◆ **se démonter** *vp* die Fassung verlieren.

démontrer [3] [demɔ̃tre] *vt* **-1.** [prouver] beweisen, auf|zeigen. **-2.** [témoigner de] deutlich machen.

◆ **se démontrer** *vp* sich beweisen lassen.

démoralisant, e [demɔralizɑ̃, ɑ̃t] *adj* deprimierend.

démoraliser [3] [demɔralize] *vt* entmutigen.

démordis *etc* → **démordre**.

démordre [76] [demɔrdr] *vi*: **ne pas ~ de qqch** an etw *(D)* fest|halten, sich nicht von etw abbringen lassen.

démords *etc* → **démordre**.

démordu [demɔrdy] *pp inv* → **démordre**.

démotiver [3] [demɔtive] *vt* demotivieren.

démouler [3] [demule] *vt* aus der Form nehmen; [en renversant] stürzen.

démultiplication [demyltiplikasjɔ̃] *nf* Untersetzung *die*.

démunir [32] [demynir] *vt* berauben; **être démuni** mittellos sein; **être démuni de qqch** ohne etw da|stehen.

◆ **se démunir** *vp* aus der Hand geben.

démystifier [9] [demistifje] *vt* **-1.** [détromper] auf|klären. **-2.** [banaliser]: **~ qqn/qqch** jn/etw sachlich betrachten.

démythifier [9] [demitifje] *vt* entmystifizieren.

dénatalité [denatalite] *nf* Geburtenrückgang *der*.

dénationaliser [3] [denasjɔnalize] *vt* privatisieren.

dénaturé, e [denatyre] *adj* **-1.** [goût] vergällt. **-2.** [personne] pervers; **parents ~s** Rabeneltern *die*.

dénaturer [3] [denatyre] *vt* **-1.** [goût] verderben. **-2.** [alcool, sel] denaturieren. **-3.** [paroles] entstellen.

dénégation [denegasjɔ̃] *nf* **-1.** [négation] Verneinen *das*. **-2.** JUR Ableugnen *das*.

déneigement [denɛʒmɑ̃] *nm* (Schnee)räumen *das*.

déni [deni] *nm* Verleugnung *die*; **~ de justice** JUR Rechtsverweigerung *die*.

déniaiser [4] [denjeze] *vt vieilli* & *hum*: **~ qqn** jm die Unschuld rauben.

dénicher [3] [deniʃe] *vt* **-1.** [trouver] auf|stöbern. **-2.** [oiseau] aus dem Nest nehmen.

denier [dənje] *nm* Silberling *der*.

◆ **deniers** *nmpl*: **les ~s publics** öffentliche Gelder *Pl*; **les ~s de l'État** Staatsgelder *Pl*.

dénigrer [3] [denigre] *vt* verleumden.

dénivellation [denivɛlasjɔ̃] *nf* **-1.** [différence de niveau] Niveauunterschied *der*. **-2.** [pente] Höhenunterschied *der*.

dénombrer [3] [denɔ̃bre] *vt* (auf|)zählen.

dénominateur [denɔminatœr] *nm* Nenner *der*; **~ commun** gemeinsamer Nenner; **le plus petit ~ commun** der kleinste gemeinsame Nenner.

dénomination [denɔminasjɔ̃] *nf* Bezeichnung *die*.

dénommé, e [denɔme] *adj* genannt.

dénoncer [16] [denɔ̃se] *vt* **-1.** [personne] an|zeigen, denunzieren. **-2.** [injustice, scandale] an|prangern. **-3.** [traité, accord] kündigen. **-4.** [indiquer] erkennen lassen.

dénonciation [denɔ̃sjasjɔ̃] *nf* **-1.** [de personne] Anzeige *die*. **-2.** [de traité] Aufkündigung *die*, Kündigung *die*.

dénoter [3] [denɔte] *vt*: **~ qqch** auf etw *(A)* schließen lassen.

dénouement [denumɑ̃] *nm* **-1.** [d'histoire, de film] Ausgang *der*. **-2.** [de situation] Lösung *die*.

dénouer [6] [denwe] *vt* **-1.** [nœud] auf|binden. **-2.** [cheveux] lösen. **-3.** *fig* [intrigue, affaire] auf|klären.

dénoyauter [3] [denwajote] *vt* entsteinen.

denrée [dɑ̃re] *nf* (eßbare) Ware; **~s alimentaires** Lebensmittel *Pl*; **~ rare** Seltenheit *die*; **être une ~ rare** *fig* Seltenheitswert haben.

dense [dɑ̃s] *adj* **-1.** [gén] dicht; [foule] dichtgedrängt. **-2.** [style, pensée] gedrängt.

densité [dɑ̃site] *nf* Dichte *die*; **~ de population** Bevölkerungsdichte; **double ~** INFORM doppelte Schreibdichte; **haute ~** INFORM hohe Schreibdichte.

dent [dɑ̃] *nf* **-1.** ANAT Zahn *der*; **claquer des ~s** mit den Zähnen klappern; **mordre à belles ~s** herzhaft zu|beißen; **~ de lait** Milchzahn; **~ de sagesse** Weisheitszahn. **-2.** [de fourchette, de râteau] Zinke *die*; **en ~s de scie** *fig* stark schwankend. **-3.** GÉOGR Zacke *die*. **-4.** *loc*: **armé jusqu'aux ~s** bis an die Zähne bewaffnet; **avoir les ~s longues** hoch hinaus|wollen; **avoir une ~ contre qqn** etw gegen jn haben; **être sur les ~s** gereizt sein; **grincer des ~s** mit den Zähnen knirschen; **ne pas desserrer les ~s** den Mund nicht auf|machen; **ne rien avoir à se mettre sous la ~** nichts zu beißen haben.

dentaire [dɑ̃tɛr] *adj* Zahn -.

dental, e, aux [dɑ̃tal, o] *adj* LING dental.

denté, e [dɑ̃te] *adj* gezahnt, Zahn-.

dentelé, e [dɑ̃tle] *adj* gezackt.
dentelle [dɑ̃tɛl] *nf* Spitze *die*.
dentier [dɑ̃tje] *nm* Gebiß *das*.
dentifrice [dɑ̃tifris] *nm*: **(pâte) ~** Zahnpasta *die*.
dentiste [dɑ̃tist] *nmf* Zahnarzt *der*, -ärztin *die*.
dentition [dɑ̃tisjɔ̃] *nf* **-1.** [dents] Gebiß *das*. **-2.** [croissance] Zahnen *das*.
dénuder [3] [denyde] *vt* **-1.** [partie du corps] entblößen. **-2.** [chose] bloß legen.
◆ **se dénuder** *vp* sich entblößen.
dénué, e [denɥe] *adj*: **~ de** ohne.
dénuement [denymɑ̃] *nm* Mittellosigkeit *die*.
dénutrition [denytrisjɔ̃] *nf* Unterernährung *die*.
déodorant, e [deɔdɔrɑ̃, ɑ̃t] *adj* Deo-.
◆ **déodorant** *nm* Deodorant *das*.
déontologie [deɔ̃tɔlɔʒi] *nf* Deontologie *die*.
dép. -1. (*abr de* **départ**) Abf. **-2.** *abr de* **département**.
dépannage [depanaʒ] *nm* Reparatur *die*; **service de ~** [de voiture] Pannendienst *der*; [d'électroménager] Kundendienst *der*.
dépanner [3] [depane] *vt* **-1.** [appareil] wieder in Gang bringen, reparieren. **-2.** [voiture] ab|schleppen. **-3.** *fam fig* [personne]: **~ qqn** jm aus der Klemme helfen.
dépanneur, euse [depanœr, øz] *nm, f* **-1.** [d'appareil] Kundendiensttechniker *der*, -in *die*. **-2.** [de voiture] Pannenhilfe *die*; **appeler un ~** die Pannenhilfe rufen.
◆ **dépanneuse** *nf* Abschleppfahrzeug *das*.
dépareillé, e [depareje] *adj* **-1.** [ensemble] zusammengewürfelt. **-2.** [paire] nicht zusammengehörig.
déparer [3] [depare] *vt* verschandeln.
départ [depar] *nm* **-1.** [en voyage] Abreise *die*; **les grands ~s** der Beginn der Hauptreisezeit. **-2.** [de train] Abfahrt *die*. **-3.** [d'employé] Ausscheiden *das*. **-4.** SPORT Start *der*; **faux ~** Fehlstart. **-5.** [début] Anfang *der*.
◆ **au départ** *loc adv* am Anfang.
départager [17] [departaʒe] *vt*: **~ des candidats** den Gewinner ermitteln; **~ des concurrents** den Sieger OU Gewinner bestimmen.
département [departəmɑ̃] *nm* **-1.** [territoire] Departement *das*; **~ d'outre-mer** Überseedepartement. **-2.** ADMIN Abteilung *die*.
départemental, aux [departəmɑ̃tal, o] *adj* zum Departement gehörig.
◆ **départementale** *nf* ≃ Landstraße *die*.
départir [32] [departir]
◆ **se départir** *vp*: **ne pas se ~ de qqch** von etw nicht ab|lassen; **il ne se départait pas de son calme** er ließ sich nicht aus der Ruhe bringen.
dépassé, e [depase] *adj* **-1.** [périmé] überholt. **-2.** [déconcerté] überfordert; **il est ~ par les événements** die Ereignisse wachsen ihm über den Kopf.
dépassement [depasmɑ̃] *nm* **-1.** [en voiture] Überholen *das*; **~ sans visibilité** Überholen ohne Sicht. **-2.** FIN Überschreitung *die*.
dépasser [3] [depase] ◇ *vt* **-1.** [doubler] überholen. **-2.** [surpasser - en hauteur] überragen; [- en prix] übersteigen; [- en temps] überschreiten; [- en qualité] übertreffen. **-3.** [être plus long]: **~ qqch** länger als eine Sache sein. **-4.** *loc*: **ça me dépasse** *fam* das ist mir zu hoch. ◇ *vi* heraus|schauen; **~ de qqch** aus etw heraus|ragen.
◆ **se dépasser** *vp* sich übertreffen.
dépassionner [3] [depasjɔne] *vt* entschärfen.
dépaysement [depeizmɑ̃] *nm* **-1.** [lors d'un voyage] Kontakt *der* mit einer anderen Welt. **-2.** [changement] Abwechslung *die*.
dépayser [3] [depeize] *vt* **-1.** [déconcerter] desorientieren. **-2.** [changer] in eine andere Welt versetzen.
◆ **se dépayser** *vp* sich *(D)* Abwechslung verschaffen.
dépecer [29] [depəse] *vt* **-1.** [découper] in Stükke schneiden. **-2.** [déchiqueter] in Stücke reißen.
dépêche [depɛʃ] *nf* PRESSE Agenturmeldung *die*.
dépêcher [4] [depeʃe] *vt sout* senden.
◆ **se dépêcher** *vp* sich beeilen; **se ~ de faire qqch** sich beeilen, etw zu tun.
dépeignais *etc* → **dépeindre**.
dépeindre [81] [depɛ̃dr] *vt* schildern.
dépeins *etc* → **dépeindre**.
dépeint, e [depɛ̃, ɛ̃t] *pp* → **dépeindre**.
dépendance [depɑ̃dɑ̃s] *nf* Abhängigkeit *die*.
◆ **dépendances** *nfpl* Nebengebäude *Pl*.
dépendant, e [depɑ̃dɑ̃, ɑ̃t] *adj* **-1.** [d'une chose]: **être ~ de qqch** auf etw *(A)* angewiesen sein; **être ~ de la drogue** drogenabhängig sein. **-2.** [soumis] unterstellt. **-3.** [financièrement] abhängig.
dépendis *etc* → **dépendre**.
dépendre [73] [depɑ̃dr] ◇ *vi* **-1.** [être conditionné]: **~ de qqn/qqch** von jm/einer Sache ab|hängen; **ça dépend!** das kommt darauf an! **-2.** [être sous l'autorité]: **~ d'une administration** einer Verwaltung unterstellt sein. **-3.** [financièrement]: **~ de qqn** von jm abhängig sein. ◇ *vt* [linge] ab|hängen.
dépends *etc* → **dépendre**.
dépendu [depɑ̃dy] *pp inv* → **dépendre**.
dépens [depɑ̃] *nmpl*: **aux ~ de qqn** auf js Kosten; **aux ~ de qqch** auf Kosten von etw.
dépense [depɑ̃s] *nf* **-1.** [frais] Ausgabe *die*; **ne pas regarder à la ~** nicht auf den Geldbeutel

sehen; **les ~s publiques** die Staatsausgaben. **-2.** [consommation] Verbrauch *der*. **-3.** *fig* [de temps] Aufwand *der*.

dépenser [3] [depɑ̃se] *vt* **-1.** [argent] aus|geben; **~ sans compter** mit vollen Händen aus|geben. **-2.** [temps, forces] auf|wenden.

◆ **se dépenser** *vp* **-1.** [se fatiguer] sich verausgaben. **-2.** *fig* [s'investir] sich stark engagieren.

dépensier, ère [depɑ̃sje, ɛr] *adj* verschwenderisch.

déperdition [depɛrdisjɔ̃] *nf* **-1.** [perte] Nachlassen *das*. **-2.** TECHNOL Verlust *der*; **~ de chaleur** Wärmeverlust.

dépérir [32] [deperir] *vi* **-1.** [personne] verkümmern, schwächer werden. **-2.** [plante] ein|gehen. **-3.** [commerce, affaire] zugrunde gehen. **-4.** [santé, forces] nach|lassen.

dépêtrer [4] [depetre] *vt*: **~ qqn de qqch** jn aus etw befreien.

◆ **se dépêtrer** *vp* **-1.** [se sortir]: **se ~ de qqch** sich etw vom Halse schaffen. **-2.** [se débarrasser]: **se ~ de qqn** sich jn vom Halse schaffen.

dépeuplement [depœpləmɑ̃] *nm* **-1.** [de population] Entvölkerung *die*. **-2.** [de forêt] Abholzen *das*. **-3.** [d'animaux] Abnahme *die* des Tierbestands.

dépeupler [5] [depœple] *vt* **-1.** [pays] entvölkern. **-2.** [étang, rivière] leer|fischen. **-3.** [en animaux] leer|jagen.

◆ **se dépeupler** *vp* **-1.** [pays] sich entvölkern. **-2.** [rivière, étang] an Fischbestand verlieren; [en animaux] an Tierbestand verlieren.

déphasé, e [defaze] *adj* **-1.** PHYS phasenverschoben. **-2.** *fam fig* [personne] völlig verwirrt.

dépiauter [3] [depjote] *vt fam* **-1.** [animal] enthäuten. **-2.** *fig* [texte] auseinander|nehmen.

dépilatoire [depilatwar] *adj*: **crème ~** Enthaarungscreme *die*; **lotion ~** Enthaarungsmittel *das*.

dépistage [depistaʒ] *nm* **-1.** [de maladie] Diagnose *die*. **-2.** [de gibier] Aufspüren *das*.

dépister [3] [depiste] *vt* **-1.** [gibier] auf|spüren. **-2.** [maladie]: **~ qqch** Vorsorgeuntersuchungen auf etw *(A)* durch|führen.

dépit [depi] *nm* Verdruß *der*; **par ~** aus Trotz.

◆ **en dépit de** *loc prép* trotz.

dépité, e [depite] *adj* betrübt, enttäuscht.

déplacé, e [deplase] *adj* **-1.** [propos] unpassend. **-2.** [personne] verschleppt.

déplacement [deplasmɑ̃] *nm* **-1.** [d'objet] Um|räumen *das*; **~ de vertèbre** MÉD Bandscheibenschaden *der*. **-2.** [voyage] Reise *die*; **en ~** auf Reisen; **valoir le ~** *fig* sich lohnen.

déplacer [16] [deplase] *vt* **-1.** [objet] um|räumen, verschieben. **-2.** [problème] umgehen. **-3.** [fonctionnaire] versetzen.

◆ **se déplacer** *vp* **-1.** [changer de place, bouger] sich bewegen. **-2.** [avancer] sich fort|bewegen. **-3.** [aller voir] eigens kommen. **-4.** [voyager] reisen.

déplaire [110] [deplɛr] *vt* **-1.** [ne pas plaire]: **~ à qqn** jm nicht zu|sagen. **-2.** [irriter]: **~ à qqn** js Mißfallen erregen; **n'en déplaise à qqn** *hum* es tut mir zwar schrecklich leid für jn, aber.

déplaisant, e [deplɛzɑ̃, ɑ̃t] *adj* unangenehm.

déplaisir [deplezir] *nm sout* Mißfallen *das*; **c'est avec ~ que je constate son départ** ich sehe seinen Abschied nur ungern.

dépliant [deplijɑ̃] *nm* Prospekt *der*.

déplier [10] [deplije] *vt* auseinander|falten.

◆ **se déplier** *vp* sich entfalten.

déploiement [deplwamɑ̃] *nm* **-1.** [de voile] Setzen *das*, Entfalten *das*. **-2.** [d'aile] Ausbreiten *das*. **-3.** MIL Aufmarsch *der*. **-4.** [d'efforts] Aufwand *der*; **un grand ~ de** ein großer Aufwand von.

déplorable [deplɔrabl] *adj* **-1.** [situation, état] erbärmlich. **-2.** [résultat, temps] miserabel. **-3.** [événement] sehr bedauerlich.

déplorer [3] [deplɔre] *vt* beklagen.

déployer [13] [deplwaje] *vt* **-1.** [journal, carte, ailes] aus|breiten, entfalten. **-2.** MIL [troupes] aufmarschieren lassen. **-3.** [énergie, efforts] auf|bieten. **-4.** [courage] an den Tag legen.

◆ **se déployer** *vp* **-1.** [drapeau, voile] sich blähen. **-2.** MIL aus|schwärmen.

dépoli, e [depɔli] *adj* mattiert; **verre ~** Mattglas *das*.

dépolitiser [3] [depɔlitize] *vt* entpolitisieren.

◆ **se dépolitiser** *vp* unpolitisch werden.

déportation [depɔrtasjɔ̃] *nf* Deportation *die*; **en ~** im Konzentrationslager.

déporté, e [depɔrte] ◇ *nm, f* Deportierte *der, die*. ◇ *adj* deportiert.

déporter [3] [depɔrte] *vt* **-1.** [prisonnier] deportieren. **-2.** [voiture] aus der Fahrbahn drängen; [avion] ab|treiben.

déposant, e [depozɑ̃, ɑ̃t] *nm, f* **-1.** FIN Einleger *der*, -in *die*. **-2.** JUR aussagender Zeuge, aussagende Zeugin.

déposé, e [depoze] *adj* hinterlegt; **marque ~e** eingetragenes Warenzeichen; **modèle ~** ≃ (geschütztes) Gebrauchsmuster.

déposer [3] [depoze] ◇ *vt* **-1.** [poser] ab|legen. **-2.** [conduire, destituer] ab|setzen. **-3.** [argent] ein|zahlen. **-4.** [faire enregistrer] ein|reichen; **~ un brevet** ein Patent an|melden; **~ son bilan** Konkurs an|melden; **~ une plainte** Anzeige erstatten. **-5.** [sujet: liquide] ab|lagern. ◇ *vi* **-1.** JUR: **~ (en justice)** vor Gericht aus|sagen. **-2.** [li-

quide] sich ab|lagern.
◆ **se déposer** *vp* sich ab|lagern.
dépositaire [depozitɛr] *nmf* **-1.** COMM Alleinvertreter *der*, -in *die*. **-2.** [d'objet] Aufbewahrer *der*, -in *die*. **-3.** *fig* [gardien] Mitwisser *der*, -in *die*.
déposition [depozisjɔ̃] *nf* **-1.** JUR Zeugenaussage *die*, Aussage *die*. **-2.** [de souverain] Absetzung *die*. **-3.** RELIG & ART Kreuzabnahme *die*.
déposséder [18] [depɔsede] *vt* **-1.** [propriétaire]: **~ qqn de qqch** jn einer Sache *(G)* berauben. **-2.** [souverain] entmachten.
dépôt [depo] *nm* **-1.** [de chose] Hinterlegen *das*; **~ de gerbe** Kranzniederlegung *die*; **~ légal** gesetzlich angeordnete Hinterlegung. **-2.** [de brevet] Anmeldung *die*. **-3.** FIN [d'argent] Einlage *die*; **~ de garantie** Kaution *die*. **-4.** [au fond] Bodensatz *der*. **-5.** [garage] Depot *das*. **-6.** [entrepôt] Lager *das*; **~ de pain** Brotverkauf *der*; **~ d'ordures** Mülldeponie *die*. **-7.** [prison] Arrestlokal *das*.
dépoter [3] [depɔte] *vt* um|topfen.
dépotoir [depɔtwar] *nm* **-1.** [décharge] Schuttabladeplatz *der*. **-2.** *péj* [lieu en désordre] Rumpelkammer *die*.
dépouille [depuj] *nf* **-1.** [peau] Balg *der*. **-2.** [humaine] Leiche *die*; **~ mortelle** sterbliche Hülle.
◆ **dépouilles** *nfpl* Beute *die*.
dépouillement [depujmɑ̃] *nm* **-1.** [sobriété] Nüchternheit *die*. **-2.** [examen - de documents] genaue Durchsicht; [- de scrutin] Auszählung *die*.
dépouiller [3] [depuje] *vt* **-1.** [déposséder]: **~ qqn/qqch de qqch** jn/etw einer Sache *(G)* berauben. **-2.** [spolier]: **~ qqn de qqch** jn um etw bringen. **-3.** [examiner - documents] genau durch|sehen; [- scrutin] aus|zählen.
◆ **se dépouiller** *vp*: **se ~ de qqch** sich einer Sache *(G)* entledigen.
dépourvu, e [depurvy] *adj*: **~ de** ohne; **~ d'humour** humorlos; **~ de sens** sinnlos.
◆ **au dépourvu** *loc adv*: **prendre qqn au ~** jn überrumpeln OU überraschen; **être pris au ~** unvorbereitet sein.
dépoussiérer [18] [depusjere] *vt* entstauben.
dépravation [depravasjɔ̃] *nf* Verdorbenheit *die*.
dépravé, e [deprave] ◇ *adj* verdorben. ◇ *nm, f* verdorbener Mensch.
dépraver [3] [deprave] *vt* verderben.
◆ **se dépraver** *vp* verderben.
dépréciation [depresjasjɔ̃] *nf* Entwertung *die*.
déprécier [9] [depresje] *vt* entwerten.
◆ **se déprécier** *vp* **-1.** [perdre de la valeur] an Wert verlieren. **-2.** [se sous-estimer] sich selbst ab|werten.
dépressif, ive [depresif, iv] ◇ *adj* depressiv. ◇ *nm, f* depressiver Mensch.
dépression [depresjɔ̃] *nf* **-1.** GÉOGR Senke *die*. **-2.** PSYCHOL & ÉCON Depression *die*; **faire une ~ (nerveuse)** an einer Depression leiden. **-3.** MÉTÉOR: **~ (atmosphérique)** Tief *das*.
déprimant, e [deprimɑ̃, ɑ̃t] *adj* deprimierend.
déprime [deprim] *nf fam* : **faire une ~** niedergeschlagen sein.
déprimé, e [deprime] *adj* deprimiert.
déprimer [3] [deprime] ◇ *vt* **-1.** [démoraliser] deprimieren; **ça me déprime!** das macht mich ganz fertig! **-2.** FIN flau machen, zu einer Flaute führen. ◇ *vi fam* deprimiert sein.
déprogrammer [3] [deprɔgrame] *vt* streichen.
dépuceler [24] [depysle] *vt fam* entjungfern.
depuis [dəpɥi] ◇ *prép* **-1.** [dans le temps] seit; **il est parti ~ hier** er ist seit gestern weg; **~ 10 ans** seit 10 Jahren; **~ longtemps** seit langem; **~ toujours** schon immer. **-2.** [dans l'espace]: **~ qqch** von etw aus; **faire un signe à qqn ~ la fenêtre** jm vom Fenster aus ein Zeichen geben. ◇ *adv* seither; **~, je ne l'ai plus revu** seither habe ich ihn nicht mehr gesehen.
◆ **depuis... jusqu'à** *loc corrélative* von ... bis; **~ le début jusqu'à la fin** vom Anfang bis zum Ende; **~ le premier jusqu'au dernier** vom ersten bis zum letzten.
◆ **depuis lors** *loc adv* seitdem.
◆ **depuis que** *loc conj* seitdem; **je ne l'ai pas revu ~ qu'il s'est marié** ich habe ihn nicht wiedergesehen, seitdem er geheiratet hat.
dépuratif, ive [depyratif, iv] *adj* Entschlackungs-.
◆ **dépuratif** *nm* Entschlackungsmittel *das*.
députation [depytasjɔ̃] *nf* **-1.** [fonction de député] Abgeordnetenmandat *das*. **-2.** [délégation] Abordnung *die*.
député [depyte] *nm* Abgeordnete *der, die*; **~ maire** *Person, die Bürgermeister und Abgeordneter ist.*
députer [3] [depyte] *vt* ab|ordnen.
déraciner [3] [derasine] *vt* entwurzeln.
déraillement [derajmɑ̃] *nm* Entgleisen *das*.
dérailler [3] [deraje] *vi* **-1.** [train] entgleisen. **-2.** *fam* [appareil] verrückt spielen. **-3.** *fam* [personne] aus|rasten.
dérailleur [derajœr] *nm* Kettenschaltung *die*.
déraison [derɛzɔ̃] *nf sout* Unvernunft *die*.
déraisonnable [derɛzɔnabl] *adj sout* unvernünftig.
déraisonner [3] [derɛzɔne] *vi sout* Unsinn reden.
dérangement [derɑ̃ʒmɑ̃] *nm* **-1.** [gêne] Störung *die*. **-2.** [déplacement] Aufwand *der*. **-3.** TÉLÉCOM: **en ~** gestört.

déranger [17] [derɑ̃ʒe] ◇ *vt* **-1.** [mettre en désordre] durcheinander|bringen. **-2.** [gêner, interrompre] stören; **ça vous dérange si ...?** stört es Sie, wenn ...? **-3.** [rendre fou]: **être dérangé** übergeschnappt sein. ◇ *vi* stören.
◆ **se déranger** *vp* [se gêner] sich Umstände machen; **ne vous dérangez pas pour moi** machen Sie sich keine Umstände meinetwegen.
dérapage [derapaʒ] *nm* [glissement] Ausrutschen *das*; [de voiture] Schleudern *das*.
déraper [3] [derape] *vi* **-1.** [glisser] aus|rutschen; [voiture] ins Schleudern geraten. **-2.** *fig* [dans discours, dans débat] entgleisen.
dératé, e [derate] *nm, f fam* : **courir comme un ~** wie ein Irrer laufen.
dératisation [deratizasjɔ̃] *nf* Rattenbekämpfung *die*.
derechef [dərəʃɛf] *adv sout* abermals.
déréglé, e [deregle] *adj* [mœurs] unsolide; [vie] unstet.
dérèglement [derɛgləmɑ̃] *nm* [de mécanisme] Störung *die*.
déréglementation [dereglәmɑ̃tasjɔ̃] *nf* Liberalisierung *die*.
déréglementer [3] [dereglәmɑ̃te] *vt* liberalisieren.
dérégler [18] [deregle] *vt* [mécanisme] durcheinander|bringen; *fig* aus dem Gleichgewicht bringen.
◆ **se dérégler** *vp* [mécanisme] falsch gehen, nicht mehr funktionieren; *fig* aus dem Gleichgewicht geraten.
dérider [3] [deride] *vt* auf|heitern.
◆ **se dérider** *vp* heiter werden.
dérision [derizjɔ̃] *nf* Spott *der*; **tourner qqch en ~** etw verspotten.
dérisoire [derizwar] *adj* lächerlich; **prix ~** Spottpreis *der*.
dérivatif [derivatif] *nm* Ablenkung *die*.
dérivation [derivasjɔ̃] *nf* **-1.** [de circulation, de cours d'eau] Umleitung *die*. **-2.** ÉLECTR Abzweigung *die*. **-3.** LING Ableitung *die*.
dérive [deriv] *nf* **-1.** [de bateau] Schwert *das*. **-2.** [déviation] Abdrift *die*; **~ des continents** Kontinentalverschiebung *die*; **aller** OU **être à la ~** *fig* ab|gleiten.
dérivé [derive] *nm* **-1.** CHIM Derivat *das*. **-2.** LING Ableitung *die*.
dérivée [derive] *nf* MATHS Ableitung *die*.
dériver [3] [derive] ◇ *vt* [rivière] um|leiten. ◇ *vi* **-1.** [découler]: **~ de qqch** sich aus etw ab|leiten. **-2.** [aller à la dérive] ab|driften.
dériveur [derivœr] *nm* Schwertboot *das*.
dermatologie [dɛrmatɔlɔʒi] *nf* Dermatologie *die*.
dermatologue [dɛrmatɔlɔg], **dermatologiste** [dɛrmatɔlɔʒist] *nmf* Hautarzt *der*, -ärztin *die*.
dernier, ère [dɛrnje, ɛr] ◇ *adj* **-1.** *(avant n)* [ultime] letzte,-r,-s. **-2.** *(avant n)* [plus récent] neueste,-r,-s. **-3.** [précédent] letzte,-r,-s; **l'année dernière** letztes Jahr; **le week-end ~** letztes Wochenende. ◇ *nm, f* **-1.** [dans une série] Letzte *der, die, das*. **-2.** [reprend un énoncé]: **ce ~** letztere,-r,-s. **-3.** [pire]: **le ~ des menteurs** der ärgste Lügner. **-4.** [benjamin] Kleinste *der, die*; **petit ~** Nachkömmling *der*.
◆ **en dernier** *loc adv* zuletzt.
dernièrement [dɛrnjɛrmɑ̃] *adv* letzthin, vor kurzem.
dernier-né, dernière-née [dɛrnjene, dɛrnjɛrne] *(mpl* **derniers-nés**, *fpl* **dernières-nées**) *nm, f* **-1.** [bébé] Letztgeborene *der, die*. **-2.** *fig* [produit] neuestes Modell.
dérobade [derɔbad] *nf* Ausweichen *das*.
dérobé, e [derɔbe] *adj* **-1.** [volé] geraubt. **-2.** [caché] versteckt.
◆ **à la dérobée** *loc adv* heimlich.
dérober [3] [derɔbe] *vt sout* rauben.
◆ **se dérober** *vp* **-1.** [personne]: **se ~ à qqch** sich einer Sache *(D)* entziehen. **-2.** [sol] weg|gleiten.
dérogation [derɔgasjɔ̃] *nf* Ausnahmeregelung *die*; **par ~** per Ausnahmeregelung.
déroger [17] [derɔʒe] *vi*: **~ à qqch** von etw ab|weichen.
dérouiller [3] [deruje] ◇ *vt* **-1.** [objet] entrosten. **-2.** *fam* [personne] versohlen. ◇ *vi fam* versohlt werden.
◆ **se dérouiller** *vp fam fig* seine Glieder lokkern; **se ~ les jambes** sich die Beine vertreten.
déroulement [derulmɑ̃] *nm* **-1.** [de bobine] Abwickeln *das*. **-2.** *fig* [d'événement] Verlauf *der*.
dérouler [3] [derule] *vt* ab|wickeln.
◆ **se dérouler** *vp* verlaufen.
déroutant, e [derutɑ̃, ɑ̃t] *adj* verwirrend.
déroute [derut] *nf* **-1.** MIL Flucht *die*; **mettre en ~** in die Flucht schlagen. **-2.** *fig* [échec] vernichtende Niederlage; [situation catastrophique] Chaos *das*.
dérouter [3] [derute] *vt* **-1.** [personne] verwirren. **-2.** [avion, train] um|leiten.
derrick [derik] *nm* Bohrturm *der*.
derrière [dɛrjɛr] ◇ *prép* hinter; **être ~ la maison** hinter dem Haus sein; **aller ~ le parking** hinter den Parkplatz gehen. ◇ *adv* hinten; **regardez ~** schauen Sie nach hinten. ◇ *nm* **-1.** [partie arrière] Hinterseite *die*; **la porte de ~** die Hintertür. **-2.** [fesses] Hintern *der*.
des [de] ◇ *art indéf* → **un**. ◇ *prép* → **de**.
dès [dɛ] *prép* seit; **~ votre arrivée** gleich bei eurer Ankunft.

◆ **dès que** *loc conj* sobald.
désabusé, e [dezabyze] *adj* desillusioniert.
désaccord [dezakɔr] *nm* Uneinigkeit *die*; **être en ~ avec qqn sur qqch** mit jm über etw *(A)* uneinig sein.
désaccordé, e [dezakɔrde] *adj* verstimmt.
désaccoutumer [3] [dezakutyme] *vt sout*: **~ qqn de qqch** jn einer Sache *(G)* entwöhnen.
◆ **se désaccoutumer** *vp*: **se ~ de qqch** sich einer Sache *(G)* entwöhnen.
désaffecté, e [dezafɛkte] *adj* stillgelegt.
désaffection [dezafɛksjɔ̃] *nf* Nachlassen *das* der Vorliebe.
désagréable [dezagreabl] *adj* unangenehm.
désagréablement [dezagreabləmɑ̃] *adv* unangenehm.
désagréger [22] [dezagreʒe] *vt* **-1.** [décomposer] zersetzen. **-2.** [détruire] zerstören.
◆ **se désagréger** *vp* sich zersetzen.
désagrément [dezagremɑ̃] *nm* Unannehmlichkeit *die*.
désaltérant, e [dezalterɑ̃, ɑ̃t] *adj* durstlöschend.
désaltérer [18] [dezaltere] ◇ *vt*: **~ qqn** js Durst löschen. ◇ *vi* den Durst löschen.
◆ **se désaltérer** *vp* seinen Durst löschen.
désamorcer [16] [dezamɔrse] *vt* entschärfen.
désappointer [3] [dezapwɛ̃te] *vt* enttäuschen.
désapprendre [79] [dezaprɑ̃dr] *vt* verlernen.
désapprobateur, trice [dezaprɔbatœr, tris] *adj* mißbilligend.
désapprobation [dezaprɔbasjɔ̃] *nf* Mißbilligung *die*.
désapprouver [3] [desapruve] *vt* mißbilligen.
désarçonner [3] [dezarsɔne] *vt* **-1.** [cavalier] ab|werfen. **-2.** *fig* [déconcerter] aus der Fassung bringen.
désargenté, e [dezarʒɑ̃te] *adj fam* blank.
désarmant, e [dezarmɑ̃, ɑ̃t] *adj* entwaffnend.
désarmement [dezarməmɑ̃] *nm* Abrüstung *die*.
désarmer [3] [dezarme] ◇ *vt* **-1.** [personne, pays, navire] entwaffnen. **-2.** [arme à feu] sichern. ◇ *vi* ab|rüsten; **ne pas ~** *fig* nicht nach|lassen.
désarroi [dezarwa] *nm* Verwirrung *die*.
désarticulé, e [dezartikyle] *adj* **-1.** [membre] ausgerenkt. **-2.** [mécanisme] ausgerastet.
désassorti, e [dezasɔrti] *adj* zusammengewürfelt.
désastre [dezastr] *nm* **-1.** [calamité] Unheil *das*; **ce temps, c'est un vrai ~!** dieses Wetter ist eine regelrechte Katastrophe! **-2.** [échec] Desaster *das*.
désastreux, euse [dezastrø, øz] *adj* verheerend.
désavantage [dezavɑ̃taʒ] *nm* Nachteil *der*.
désavantager [17] [dezavɑ̃taʒe] *vt* benachteiligen.
désavantageux, euse [dezavɑ̃taʒø, øz] *adj* unvorteilhaft.
désaveu, x [dezavø] *nm* **-1.** [reniement] Nichtanerkennung *die*. **-2.** [désapprobation] Mißbilligung *die*.
désavouer [6] [dezavwe] *vt* **-1.** [renier] ab|streiten. **-2.** [désapprouver] mißbilligen.
désaxé, e [dezakse] ◇ *adj* geistesgestört. ◇ *nm, f* Geistesgestörte *der, die*.
désaxer [3] [dezakse] *vt* **-1.** [personne] aus der Bahn werfen. **-2.** [mécanisme] versetzen.
descendance [desɑ̃dɑ̃s] *nf* **-1.** [origine] Abstammung *die*. **-2.** [progéniture] Nachkommen *Pl*.
descendant, e [desɑ̃dɑ̃, ɑ̃t] ◇ *adj* Abwärts-. ◇ *nm, f* Nachkomme *der*.
descendis *etc* → **descendre**.
descendre [73] [desɑ̃dr] ◇ *vt (aux avoir)* **-1.** [escalier, étage, rue] herunter|gehen; **~ la rue en courant** die Straße herunter|laufen. **-2.** [store] herunter|ziehen. **-3.** [porter en bas] hinunter|tragen. **-4.** *fam* [avion] ab|schießen; [personne] um|bringen. **-5.** [naviguer sur] hinunter|fahren. ◇ *vi (aux être)* **-1.** [être en pente] abwärts|gehen. **-2.** [venir en bas] herunter|kommen. **-3.** [de véhicule]: **~ de qqch** aus etw aus|steigen. **-4.** [séjourner]: **~ chez qqn** bei jm unter|kommen; **~ à l'hôtel** im Hotel ab|steigen. **-5.** [être issu]: **~ de qqn** von jm ab|stammen. **-6.** [niveau, température] sinken. **-7.** [avion] herunter|kommen. **-8.** [se déplacer]: **~ dans le Sud** in den Süden fahren.
descends *etc* → **descendre**.
descendu, e [desɑ̃dy] *pp* → **descendre**.
descente [desɑ̃t] *nf* Abstieg *der*; [à ski] Abfahrt *die*.
◆ **descente de lit** *nf* Bettvorleger *der*.
◆ **descente de police** *nf* Razzia *die*.
descriptif, ive [dɛskriptif, iv] *adj* beschreibend.
◆ **descriptif** *nm* Beschreibung *die*.
description [dɛskripsjɔ̃] *nf* Beschreibung *die*.
désemparé, e [dezɑ̃pare] *adj* ratlos.
désemplir [32] [dezɑ̃plir] *vi*: **ne pas ~** ständig voll sein.
désenchanté, e [dezɑ̃ʃɑ̃te] *adj* ernüchtert.
désencombrer [3] [dezɑ̃kɔ̃bre] *vt* räumen; **~ un endroit** irgendwo Platz schaffen.
désendettement [dezɑ̃dɛtmɑ̃] *nm* Entschuldung *die*.
désenfler [3] [dezɑ̃fle] *vi* ab|schwellen.

désengagement [dezɑ̃gaʒmɑ̃] *nm* **-1.** [libération] Freistellung *die.* **-2.** MIL Rückzug *der.*

désensibiliser [3] [desɑ̃sibilize] *vt* desensibilisieren.

déséquilibre [dezekilibr] *nm* **-1.** [inégalité, instabilité] Ungleichgewicht *das.* **-2.** [psychique] Störung *die.*

déséquilibré, e [dezekilibre] *nm, f* Geistesgestörte *der, die.*

déséquilibrer [3] [dezekilibre] *vt* aus dem Gleichgewicht bringen.

désert, e [dezɛr, ɛrt] *adj* verlassen.

◆ **désert** *nm* **-1.** GÉOGR Wüste *die.* **-2.** *fig* [lieu vide] Einöde *die.*

déserter [3] [dezɛrte] ◇ *vt* **-1.** [endroit] verlassen. **-2.** *fig* [cause] im Stich lassen. ◇ *vi* desertieren.

déserteur [dezɛrtœr] *nm* Deserteur *der.*

désertification [dezɛrtifikasjɔ̃], **désertisation** [desɛrtizasjɔ̃] *nf* **-1.** GÉOL Versteppung *die.* **-2.** *fig* [de population] Verödung *die.*

désertion [dezɛrsjɔ̃] *nf* MIL Fahnenflucht *die*; *fig* Flucht *die.*

désertique [dezɛrtik] *adj* Wüsten-.

désertisation = **désertification**.

désespérant, e [dezɛsperɑ̃, ɑ̃t] *adj* [déprimant] entmutigend; [sans espoir] hoffnungslos; **c'est ~!** das ist zum Verzweifeln!

désespéré, e [dezɛspere] ◇ *adj* **-1.** [regard] verzweifelt. **-2.** [situation] hoffnungslos. ◇ *nm, f* Verzweifelte *der, die.*

désespérément [dezɛsperemɑ̃] *adv* **-1.** [sans espoir] verzweifelt. **-2.** [beaucoup] hoffnungslos.

désespérer [18] [dezɛspere] ◇ *vt* verzweifeln; **~ que qqch arrive** die Hoffnung auf|geben, daß etw geschieht. ◇ *vi* verzweifeln; **~ de qqn/qqch** *sout* an jm/etw verzweifeln; **~ de faire qqch** die Hoffnung auf|geben, etw zu tun.

◆ **se désespérer** *vp* den Mut verlieren, verzweifeln.

désespoir [dezɛspwar] *nm* Verzweiflung *die*; **faire le ~ de qqn** jn zur Verzweiflung bringen; **en ~ de cause** angesichts der hoffnungslosen Lage.

déshabillé, e [dezabije] *adj* ausgezogen.

◆ **déshabillé** *nm* Negligé *das.*

déshabiller [3] [dezabije] *vt* aus|ziehen.

◆ **se déshabiller** *vp* sich aus|ziehen.

déshabituer [7] [dezabitɥe] *vt*: **~ qqn de qqch** jm etw ab|gewöhnen; **~ qqn de faire qqch** jm ab|gewöhnen, etw zu tun.

◆ **se déshabituer** *vp*: **se ~ de qqch** sich etw ab|gewöhnen; **se ~ de faire qqch** sich ab|gewöhnen, etw zu tun.

désherbant, e [dezɛrbɑ̃, ɑ̃t] *adj* unkrautvernichtend.

◆ **désherbant** *nm* Unkrautvernichtungsmittel *das.*

désherber [3] [dezɛrbe] ◇ *vt* jäten. ◇ *vi* Unkraut jäten.

déshérité, e [dezerite] ◇ *adj* **-1.** [privé d'héritage] enterbt. **-2.** [défavorisé] bedürftig. ◇ *nm, f* Bedürftige *der, die.*

déshériter [3] [dezerite] *vt* enterben.

déshonneur [dezɔnœr] *nm* Schande *die.*

déshonorant, e [dezɔnɔrɑ̃, ɑ̃t] *adj* entehrend.

déshonorer [3] [dezɔnɔre] *vt* entehren.

◆ **se déshonorer** *vp* seine Ehre verlieren.

déshumaniser [3] [dezymanize] *vt* entmenschlichen.

◆ **se déshumaniser** *vp* unmenschlich werden.

déshydratation [dezidratasjɔ̃] *nf* **-1.** [processus] Feuchtigkeitsverlust *der*, Feuchtigkeitsentzug *der.* **-2.** [résultat] Feuchtigkeitsmangel *der.*

déshydrater [3] [dezidrate] *vt* Feuchtigkeit entziehen; **être complètement déshydraté** vollständig ausgetrocknet sein.

◆ **se déshydrater** *vp* aus|trocknen.

desiderata [deziderata] *nmpl* Wünsche *Pl.*

design [dizajn] ◇ *adj inv* Designer-. ◇ *nm inv* Design *das.*

désignation [deziɲasjɔ̃] *nf* **-1.** [appellation] Bezeichnung *die.* **-2.** [choix, nomination] Ernennung *die.*

designer [dizajnœr] *nmf* Designer *der*, -in *die.*

désigner [3] [deziɲe] *vt* **-1.** [choisir] bestimmen. **-2.** [montrer]: **~ qqn/qqch** auf jn/etw zeigen; **~ de la main** mit der Hand zeigen; **~ qqn par son nom**. **-3.** [symboliser] bezeichnen.

◆ **se désigner** *vp* sich melden.

désillusion [dezilyzjɔ̃] *nf* Desillusion *die.*

désillusionner [3] [dezilyzjɔne] *vt*: **~ qqn** jm seine Illusionen nehmen; **être désillusionné** desillusioniert sein.

désincarné, e [dezɛ̃karne] *adj* **-1.** RELIG körperlos. **-2.** *sout* [éthéré] vergeistigt.

désindustrialisation [dezɛ̃dystrializasjɔ̃] *nf* Rückzug *der* der Industrie.

désinence [dezinɑ̃s] *nf* Endung *die.*

désinfectant, e [dezɛ̃fɛktɑ̃, ɑ̃t] *adj* desinfizierend, Desinfektions-.

◆ **désinfectant** *nm* Desinfektionsmittel *das.*

désinfecter [4] [dezɛ̃fɛkte] *vt* desinfizieren.

désinflation [dezɛ̃flasjɔ̃] *nf* Inflationsrückgang *der.*

désinformation [dezɛ̃fɔrmasjɔ̃] *nf* Desinformation *die.*

désintégration [dezɛ̃tegrasjɔ̃] *nf* Zerfall *der.*

désintégrer [18] [dezɛ̃tegre] *vt* **-1.** [désagréger] zersetzen; [atome] spalten. **-2.** *fig* [disloquer]: **~ qqch** den Zerfall einer Sache *(G)* bewirken.
◆ **se désintégrer** *vp* zerfallen.
désintéressé, e [dezɛ̃terese] *adj* uneigennützig.
désintéresser [4] [dezɛ̃terese]
◆ **se désintéresser** *vp*: **se ~ de qqn/qqch** das Interesse an jm/etw verlieren.
désintérêt [dezɛ̃terɛ] *nm* Desinteresse *das.*
désintoxication [dezɛ̃tɔksikasjɔ̃] *nf* Entziehung *die,* Entwöhnung *die.*
désintoxiquer [3] [dezɛ̃tɔksike] *vt* [alcoolique, drogué] auf Entzug setzen, entwöhnen.
désinvolte [dezɛ̃vɔlt] *adj* **-1.** [à l'aise] lässig. **-2.** *péj* [sans gêne] ungeniert.
désinvolture [dezɛ̃vɔltyr] *nf* Ungeniertheit *die;* **avec ~** ungeniert *(adv).*
désir [dezir] *nm* **-1.** [souhait] Wunsch *der.* **-2.** [charnel] Begierde *die.*
désirable [dezirabl] *adj* **-1.** [chose] wünschenswert. **-2.** [personne] begehrenswert.
désirer [3] [dezire] *vt* **-1.** [souhaiter]: **~ qqch** etw gerne haben mögen; **~ faire qqch** wünschen, etw zu tun; **laisser à ~** *fig* zu wünschen übrig lassen. **-2.** [personne] begehren.
désireux, euse [dezirø, øz] *adj sout*: **être ~ de faire qqch** den Wunsch haben, etw zu tun.
désistement [dezistəmɑ̃] *nm* **-1.** JUR [de droit] Verzicht *der.* **-2.** [lors de scrutin] Rücktritt *der,* Zurücktreten *das.*
désister [3] [deziste]
◆ **se désister** *vp* **-1.** JUR [renoncer] seine Klage zurück|nehmen. **-2.** [candidat] zurück|treten.
désobéir [32] [dezɔbeir] *vi* ungehorsam sein; **~ à qqn/qqch** jm/einer Sache gegenüber ungehorsam sein.
désobéissance [dezɔbeisɑ̃s] *nf* Ungehorsam *der.*
désobéissant, e [dezɔbeisɑ̃, ɑ̃t] *adj* ungehorsam.
désobligeant, e [dezɔbliʒɑ̃, ɑ̃t] *adj* verletzend.
désodorisant, e [dezɔdɔrizɑ̃, ɑ̃t] *adj* geruchtilgend.
◆ **désodorisant** *nm* Deodorant *das.*
désodoriser [3] [dezɔdɔrize] *vt* deodorieren.
désœuvré, e [dezœvre] *adj* untätig.
désœuvrement [dezœvrəmɑ̃] *nm* Müßiggang *der.*
désolant, e [dezɔlɑ̃, ɑ̃t] *adj* [temps] trostlos; [nouvelle] traurig.
désolation [dezɔlasjɔ̃] *nf* Trostlosigkeit *die.*
désolé, e [dezɔle] *adj* **-1.** [contrarié] untröstlich; **je suis ~** es tut mir leid. **-2.** [très affligé] betrübt. **-3.** [ravagé] verwüstet.
désoler [3] [dezɔle] *vt* betrüben.
◆ **se désoler** *vp* untröstlich sein.
désolidariser [3] [desɔlidarize] *vt* **-1.** [choses] trennen. **-2.** [personnes] auseinander|bringen.
◆ **se désolidariser** *vp*: **se ~ de qqn/qqch** sich von jm/etw distanzieren.
désopilant, e [dezɔpilɑ̃, ɑ̃t] *adj* witzig; **c'est ~** das ist zum Schießen.
désordonné, e [dezɔrdɔne] *adj* **-1.** [maison, personne] unordentlich. **-2.** *fig* [vie] ausschweifend.
désordre [dezɔrdr] *nm* **-1.** [fouillis] Unordnung *die;* **en ~** in Unordnung. **-2.** [confusion] Durcheinander *das.* **-3.** [agitation] Unruhe *die;* **dans le ~** in beliebiger Reihenfolge.
désorganiser [3] [dezɔrganize] *vt* durcheinander|bringen.
désorienté, e [dezɔrjɑ̃te] *adj* orientierungslos.
désorienter [3] [dezɔrjɑ̃te] *vt* **-1.** [égarer] vom Kurs ab|bringen. **-2.** *fig* [déconcerter] desorientieren, verwirren.
désormais [dezɔrmɛ] *adv* nunmehr.
désosser [3] [dezɔse] *vt* **-1.** [viande] vom Knochen ab|lösen. **-2.** [voiture, mécanisme] zerlegen.
despote [dɛspɔt] *nm* Despot *der,* -in *die.*
despotique [dɛspɔtik] *adj* despotisch.
despotisme [dɛspɔtism] *nm* **-1.** [forme de gouvernement] Despotismus *der.* **-2.** *fig* & *péj* [autorité] Tyrannei *die.*
desquels, desquelles [dekɛl] → **lequel**.
DESS (*abr de* **diplôme d'études supérieures spécialisées**) *nm Abschluß nach 5-jährigem berufsqualifizierenden Universitätsstudium in Frankreich.*
dessaisir [32] [desezir] *vt* **-1.** [personne]: **~ qqn de qqch** jm den Besitz einer Sache *(G)* entziehen. **-2.** JUR: **~ un tribunal** ein Gericht für nicht zuständig erklären.
◆ **se dessaisir** *vp sout*: **se ~ de qqch** eine Sache ab|treten.
dessaler [3] [desale] ◇ *vt* **-1.** [poisson]: **faire ~** wässern. **-2.** *fam* [personne] wach|rütteln. ◇ *vi fam* kentern.
◆ **se dessaler** *vp fam* abgebrühter werden.
dessaouler, dessoûler [3] [desule] ◇ *vt* wieder nüchtern machen. ◇ *vi* wieder nüchtern werden; **ne pas ~** *fam* nie nüchtern sein.
dessécher [18] [deseʃe] *vt* **-1.** [déshydrater] aus|trocknen. **-2.** *fig* [rendre insensible] verhärten.
◆ **se dessécher** *vp* **-1.** [se déshydrater] aus|trocknen. **-2.** [maigrir] verrunzeln. **-3.** *fig* [s'endurcir] verhärten.
dessein [desɛ̃] *nm sout* Absicht *die.*
◆ **à dessein** *loc adv* absichtlich.
desserrer [4] [desere] *vt* lockern; **ne pas ~ les dents** kein Wort sagen.

dessert [desɛr] *nm* Nachspeise *die*.

desserte [desɛrt] *nf* **-1.** [par car] *Anschluß an das Verkehrsnetz*. **-2.** [meuble] Beistelltisch *der*.

desservir [38] [desɛrvir] *vt* **-1.** [région]: **être desservi par qqch** Anschluß an etw *(A)* haben; **ce quartier est bien desservi** die Verkehrsverbindungen zu diesem Stadtteil sind günstig; **ce train dessert Lille** dieser Zug hält in Lille. **-2.** [table] ab|räumen. **-3.** [désavantager] zum Nachteil gereichen.

dessin [desɛ̃] *nm* **-1.** [graphique] Zeichnung *die*. **-2.** [action] Zeichnen *das*; **~ industriel** technisches Zeichnen. **-3.** *fig* [contour]: **~ d'un visage** Gesichtszug *der*.

◆ **dessin animé** *nm* Zeichentrickfilm *der*.

dessinateur, trice [desinatœr, tris] *nm, f* Zeichner *der*, -in *die*; **~ industriel** technischer Zeichner.

dessiner [3] [desine] ◇ *vt* **-1.** [représenter] zeichnen. **-2.** [souligner] betonen. **-3.** [avoir la forme de] beschreiben. ◇ *vi* zeichnen.

◆ **se dessiner** *vp* sich ab|zeichnen.

dessoûler = **dessaouler**.

dessous [dəsu] ◇ *adv* d(a)runter. ◇ *nm* **-1.** [partie inférieure] Unterseite *die*. **-2.** [étage inférieur]: **les voisins du ~** die Nachbarn unten. **-3.** *loc*: **avoir le ~** unterlegen sein; **être au trente-sixième ~** am Boden zerstört sein; **connaître le ~ des cartes** die Hintergründe kennen; **les ~ de la politique** die Hintergründe der Politik. ◇ *nmpl* [sous-vêtements] Dessous *Pl*.

◆ **en dessous** *loc adv* unten; **regarder qqn par en ~** jn verstohlen an|blicken; **agir par en ~** hintenherum handeln.

◆ **en dessous de** *loc prép* unter; **en ~ de zéro** unter Null; **vous êtes très en ~ de la vérité** Sie sind weit von der Wahrheit entfernt.

dessous-de-plat [dəsudpla] *nm inv* Untersetzer *der*.

dessous-de-table [dəsudtabl] *nm inv* Schmiergeld *das*.

dessus [dəsy] ◇ *adv* d(a)rauf. ◇ *nm* **-1.** [partie supérieure] Oberseite *die*. **-2.** [étage supérieur]: **les voisins du ~** die Nachbarn oben. **-3.** *loc*: **avoir le ~** die Oberhand haben; **mettre qqch sens ~ dessous** etw völlig durcheinander|bringen; **reprendre le ~** wieder obenauf sein.

◆ **en dessus** *loc adv* oben.

dessus-de-lit [dəsydli] *nm inv* Bettdecke *die*.

déstabilisateur, trice [destabilizatœr, tris] *adj*: **être ~ pour qqn/qqch** sich negativ auf das Gleichgewicht einer Person/einer Sache *(G)* aus|wirken.

déstabilisation [destabilizasjɔ̃] *nf* Destabilisierung *die*.

déstabiliser [3] [destabilize] *vt* destabilisieren.

destin [dɛstɛ̃] *nm* Schicksal *das*.

destinataire [dɛstinatɛr] *nmf* Empfänger *der*, -in *die*.

destination [dɛstinasjɔ̃] *nf* **-1.** [direction] Bestimmungsort *der*; **arriver à ~** am Bestimmungsort an|kommen; **à ~ de** nach. **-2.** [finalité] Bestimmung *die*.

destinée [dɛstine] *nf* Bestimmung *die*.

destiner [3] [dɛstine] *vt* bestimmen; **être destiné à qqn/qqch** für jn/etw bestimmt sein; **cette remarque t'était destinée** diese Bemerkung galt dir; **~ qqn à qqch** jn zu etw bestimmen.

◆ **se destiner** *vp*: **se ~ à qqch** sich einer Sache *(D)* verschreiben.

destituer [7] [dɛstitɥe] *vt* ab|setzen.

destitution [dɛstitysjɔ̃] *nf* Absetzung *die*.

destructeur, trice [dɛstryktœr, tris] ◇ *adj* zerstörerisch. ◇ *nm, f* Zerstörer *der*, -in *die*.

destruction [dɛstryksjɔ̃] *nf* Zerstörung *die*.

déstructuration [destryktyrasjɔ̃] *nf* Strukturabbau *der*.

déstructurer [3] [destryktyre] *vt* die Struktur ändern OU auf|heben.

◆ **se déstructurer** *vp* seine Struktur verlieren.

désuet, ète [dezɥɛ, ɛt] *adj* überholt.

désuétude [dezɥetyd] *nf*: **tomber en ~** nicht mehr üblich sein.

désuni, e [dezyni] *adj* entzweit.

désunion [dezynjɔ̃] *nf* **-1.** [séparation] Entzweiung *die*. **-2.** [dissension] Zwietracht *die*.

désunir [32] [dezynir] *vt* [scinder] voneinander trennen; *fig* entzweien.

détachable [detaʃabl] *adj* abtrennbar.

détachage [detaʃaʒ] *nm* Fleckenentfernung *die*.

détachant, e [detaʃɑ̃, ɑ̃t] *adj* fleckenlösend.

◆ **détachant** *nm* Fleckenentferner *der*.

détaché, e [detaʃe] *adj* **-1.** [séparé] lose, abgetrennt. **-2.** [indifférent] distanziert. **-3.** [affecté]: **~ auprès de qqn** zu jm abgeordnet; **~ à qqch** nach etw abgeordnet.

détachement [detaʃmɑ̃] *nm* **-1.** [mission] Abordnung *die*. **-2.** [indifférence] Distanziertheit *die*.

détacher [3] [detaʃe] *vt* **-1.** [découper] ab|trennen. **-2.** [nettoyer]: **~ qqch** Flecken aus etw entfernen. **-3.** [nœud, cheveux] lösen. **-4.** [animal] los|binden. **-5.** ADMIN: **~ qqn auprès de qqn** jn zu jm ab|ordnen; **~ qqn à qqch** jn zu etw ab|ordnen.

◆ **se détacher** *vp* **-1.** [nœud, paquet] sich lösen. **-2.** [se débarrasser]: **se ~ de qqch** sich von etw los|lösen. **-3.** [ressortir]: **se ~ sur qqch** auf etw hervor|treten, sich von etw ab|heben. **-4.** [se désintéresser]: **se ~ de qqn** sich von jm lösen.

détail [detaj] *nm* **-1.** [précision] Detail *das*;

n'omettre aucun ~ kein Detail aus|lassen. -2. [description] Detailbeschreibung *die*.
◆ **au détail** *loc adj* Einzel-.
◆ **en détail** *loc adv* im Detail, ausführlich.
détaillant, e [detajɑ̃, ɑ̃t] ◇ *adj* Einzelhandels-. ◇ *nm, f* Einzelhändler *der*, -in *die*.
détaillé, e [detaje] *adj* detailliert.
détailler [3] [detaje] *vt* **-1.** [expliquer] detaillieren. **-2.** [marchandise] stückweise verkaufen. **-3.** [dévisager] begutachten, mustern.
détaler [3] [detale] *vi fam* ab|hauen.
détartrant, e [detartrɑ̃, ɑ̃t] *adj* kalklösend.
◆ **détartrant** *nm* Entkalkungsmittel *das*.
détartrer [3] [detartre] *vt* entkalken.
détaxe [detaks] *nf* Steuererlaß *der*.
détecter [4] [detɛkte] *vt* auf|spüren.
détecteur, trice [detɛktœr, tris] *adj* Melde-.
◆ **détecteur** *nm* Melder *der*; **~ de fumée** Rauchmelder.
détection [detɛksjɔ̃] *nf* Auffindung *die*.
détective [detɛktiv] *nm* Detektiv *der*, -in *die*; **~ privé** Privatdetektiv.
déteignais *etc* → **déteindre**.
déteindre [81] [detɛ̃dr] ◇ *vt* entfärben. ◇ *vi* ab|färben; **~ sur qqn/qqch** *fig* auf jn/etw ab|färben; **~ au lavage** beim Waschen ab|färben.
déteins *etc* → **déteindre**.
déteint, e [detɛ̃, ɛ̃t] *pp* → **déteindre**.
dételer [24] [detle] ◇ *vt* **-1.** [cheval] aus|spannen. **-2.** [wagon] ab|kuppeln. ◇ *vi*: **sans ~** *fam fig* ohne Unterlaß.
détendis *etc* → **détendre**.
détendre [73] [detɑ̃dr] *vt* **-1.** [corde, ressort] lockern. **-2.** [décontracter, reposer] entspannen.
◆ **se détendre** *vp* **-1.** [se relâcher] locker werden. **-2.** [se décontracter, se reposer] sich entspannen.
détends *etc* → **détendre**.
détendu, e [detɑ̃dy] ◇ *pp* → **détendre**. ◇ *adj* **-1.** [lâche] lose. **-2.** [reposé] entspannt.
détenir [40] [detnir] *vt* **-1.** [posséder] inne|haben. **-2.** [personne] gefangen|halten.
détente [detɑ̃t] *nf* **-1.** [de ressort, d'athlète] Lockerung *die*. **-2.** [repos, politique] Entspannung *die*. **-3.** *loc*: **être dur à la ~** *fam* eine lange Leitung haben.
détenteur, trice [detɑ̃tœr, tris] *nm, f* [de brevet, de droit] Inhaber *der*, -in *die*; [d'arme] Besitzer *der*, -in *die*.
détention [detɑ̃sjɔ̃] *nf* **-1.** [possession] Besitz *der*. **-2.** [emprisonnement] Haft *die*; **~ préventive** Untersuchungshaft.
détenu, e [detny] ◇ *pp* → **détenir**. ◇ *adj* gefangen. ◇ *nm, f* Gefangene *der, die*.
détergent, e [detɛrʒɑ̃, ɑ̃t] *adj* Detergens-, reinigend.
◆ **détergent** *nm* Detergens *das*, Waschmittel *das*.
détérioration [deterjɔrasjɔ̃] *nf* **-1.** [de bâtiment, d'objet] Beschädigung *die*. **-2.** *fig* [de relation, de conditions] Verschlechterung *die*.
détériorer [3] [deterjɔre] *vt* **-1.** [bâtiment, objet] beschädigen. **-2.** [relation, conditions] verschlechtern.
◆ **se détériorer** *vp* sich verschlechtern.
déterminant, e [detɛrminɑ̃, ɑ̃t] *adj* ausschlaggebend.
◆ **déterminant** *nm* **-1.** LING Determinant *der*. **-2.** MATHS Determinante *die*.
détermination [detɛrminasjɔ̃] *nf* **-1.** [définition] Bestimmung *die*. **-2.** [résolution] Beschluß *der*. **-3.** [fermeté] Bestimmtheit *die*.
déterminé, e [detɛrmine] *adj* bestimmt.
déterminer [3] [detɛrmine] *vt* **-1.** [définir] bestimmen. **-2.** [décider]: **~ qqn à faire qqch** jn dazu bewegen, etw zu tun.
◆ **se déterminer** *vp*: **se ~ à faire qqch** sich entschließen, etw zu tun.
déterminisme [detɛrminism] *nm* Determinismus *der*.
déterré, e [detɛre] *adj*: **avoir une mine de ~** wie eine lebende Leiche aus|sehen.
déterrer [4] [detɛre] *vt* aus|graben.
détersif, ive [detɛrsif, iv] *adj* Detergens-, reinigend.
◆ **détersif** *nm* Detergens *das*, Waschmittel *das*.
détestable [detɛstabl] *adj* abscheulich.
détester [3] [detɛste] *vt* verabscheuen, hassen.
détiendrai *etc* → **détenir**.
détiens *etc* → **détenir**.
détins *etc* → **détenir**.
détonant, e [detɔnɑ̃, ɑ̃t] *adj* explosiv.
détonateur [detɔnatœr] *nm* **-1.** TECHNOL Detonator *der*. **-2.** *fig* [de crise] Auslöser *der*.
détonation [detɔnasjɔ̃] *nf* Detonation *die*.
détoner [3] [detɔne] *vi* explodieren.
détonner [3] [detɔne] *vi* **-1.** [chose] nicht passen. **-2.** [personne] unangenehm auf|fallen.
détour [detur] *nm* **-1.** [crochet] Umweg *der*; **faire un ~ (par)** einen Umweg (über *(+A)*) machen. **-2.** [méandre] Windung *die*; **au ~ du chemin** hinter der Wegbiegung; **sans ~** *fig* unumwunden.
détourné, e [deturne] *adj* indirekt; **de façon ~e** auf Umwegen; **chemin ~** Umweg *der*.
détournement [deturnəmɑ̃] *nm* **-1.** [déviation]

Umleitung *die*. **-2.** [vol] Hinterziehung *die*.

◆ **détournement d'avion** *nm* Flugzeugentführung *die*.

◆ **détournement de mineur** *nm* Verführung *die* Minderjähriger.

détourner [3] [deturne] *vt* **-1.** [fleuve, circulation] um|leiten. **-2.** [écarter]: **~ qqn de qqch** jn von etw ab|lenken. **-3.** [avion] entführen. **-4.** [yeux, tête] ab|wenden. **-5.** [argent, marchandises] hinterziehen.

◆ **se détourner** *vp* sich ab|wenden; **se ~ de qqn** *fig* sich von jm ab|wenden; **se ~ de qqch** *fig* von etw ab|weichen.

détracteur, trice [detraktœr, tris] *nm, f* Gegner *der*, -in *die*.

détraqué, e [detrake] ◇ *adj* **-1.** [appareil] kaputt. **-2.** *fam* [personne] nicht ganz dicht. ◇ *nm, f fam* Verrückte *der, die*.

détraquer [3] [detrake] *vt* **-1.** [appareil] kaputt|machen. **-2.** *fam* [estomac] verderben.

◆ **se détraquer** *vp fam* **-1.** [appareil] kaputt|gehen. **-2.** [temps] sich verschlechtern. **-3.** [personne]: **se ~ l'estomac** sich den Magen verderben; **se ~ les nerfs** sich die Nerven kaputt|machen.

détrempe [detrɑ̃p] *nf* **-1.** [d'acier] Enthärten *das*. **-2.** ART Temperamalerei *die*.

détremper [3] [detrɑ̃pe] *vt* **-1.** [peinture] mit Wasser an|rühren. **-2.** [sol, carton] auf|weichen.

détresse [detrɛs] *nf* **-1.** [sentiment] Verzweiflung *die*. **-2.** [situation] Not *die*; **en ~** [navire] in Seenot.

détriment [detrimɑ̃]

◆ **au détriment de** *loc prép* zu Lasten von.

détritus [detrity(s)] *nmpl* Abfall *der*, Abfälle *Pl*.

détroit [detrwa] *nm* Meerenge *die*.

détromper [3] [detrɔ̃pe] *vt* **-1.** [personne]: **~ qqn** jm seinen Irrtum klar|machen. **-2.** [soupçon, idée] widerlegen.

◆ **se détromper** *vp*: **détrompez-vous** täuschen Sie sich nicht.

détrôner [3] [detrone] *vt* **-1.** [souverain] entthronen. **-2.** *fig* [adversaire] ab|lösen.

détrousser [3] [detruse] *vt littéraire* aus|rauben.

détruire [98] [detrɥir] *vt* **-1.** [bâtiment, espoir] zerstören. **-2.** [document, population] vernichten.

◆ **se détruire** *vp* sich selbst zerstören.

détruisais *etc* → **détruire**.

détruit, e [detrɥi, it] *pp* → **détruire**.

dette [dɛt] *nf* Schuld *die*; **avoir des ~s** Schulden haben; **la ~ publique** die Staatsschulden; **être criblé de ~s** tief in Schulden stecken.

DEUG, Deug [dœg] (*abr de* **diplôme d'études universitaires générales**) *nm Universitätsabschluß nach dem Grundstudium in Frankreich*, ≃ Zwischenprüfung *die*.

DEUG:
An den französischen Universitäten erhalten die Studenten nach dem zweiten Studienjahr den "DEUG" oder den "DEUST" und schließen damit ihr Grundstudium ab. Anschließend können sie eine "licence" vorbereiten.

---

deuil [dœj] *nm* **-1.** [douleur] Trauer *die*; **être en ~** in Trauer sein; **porter le ~** Trauerkleidung tragen. **-2.** [période] Trauerzeit *die*. **-3.** [décès] Trauerfall *der*. **-4.** *loc*: **faire son ~ de qqch** etw endgültig vergessen können.

DEUST, Deust [dœst] (*abr de* **diplôme d'études universitaires scientifiques et techniques**) *nm Abschluß nach dem Grundstudium an einer technischen Universität Frankreichs*.

deux [dø] ◇ *adj inv* & *pron inv* zwei; **en moins de ~** *fam fig* im Nu. ◇ *nm inv* Zwei *die*; **en ~** in zwei (Teile); **par ~** paarweise, zu zweit; *voir aussi* **six**.

deuxième [døzjɛm] ◇ *adj* zweite,-r,-s. ◇ *nmf* Zweite *der, die, das*. ◇ *nm* **-1.** [étage] zweiter Stock, zweite Etage. **-2.** [arrondissement] zweites Arrondissement. ◇ *nf* zweiter Gang; *voir aussi* **sixième**.

deuxièmement [døzjɛmmɑ̃] *adv* zweitens.

deux-pièces [døpjɛs] *nm inv* **-1.** [appartement] Zweizimmerwohnung *die*. **-2.** [bikini] Zweiteiler *der*.

deux-points [døpwɛ̃] *nm inv* Doppelpunkt *der*.

deux-roues [døru] *nm inv* Zweirad *das*.

deux-temps [døtɑ̃] ◇ *adj*: **mesure à ~** MUS Zweiertakt *der*; **moteur ~** MÉCAN Zweitaktmotor *der*. ◇ *nm inv* Zweitakter *der*.

dévaler [3] [devale] *vt* & *vi* [sujet: personne] hinunter|eilen; [sujet: chose] hinunter|stürzen.

dévaliser [3] [devalize] *vt* **-1.** [cambrioler] aus|plündern. **-2.** *fig* [magasin] leer|kaufen.

dévalorisant, e [devalɔrizɑ̃, ɑ̃t] *adj* abwertend.

dévalorisation [devalɔrizasjɔ̃] *nf* Entwertung *die*.

dévaloriser [3] [devalɔrize] *vt* **-1.** [monnaie] entwerten. **-2.** [personne] herab|setzen.

◆ **se dévaloriser** *vp* **-1.** [monnaie] seinen OU ihren Wert verlieren. **-2.** [personne] sich selbst herab|setzen.

dévaluation [devalɥasjɔ̃] *nf* Abwertung *die*.

dévaluer [7] [devalɥe] *vt* ab|werten.

◆ **se dévaluer** *vp* seinen OU ihren Wert verlieren.

devancer [16] [dəvɑ̃se] *vt* **-1.** [précéder]: **~ qqn** jm voraus|gehen; **~ qqn dans un lieu** vor jm an einem Ort ein|treffen. **-2.** [surpasser] voraus sein. **-3.** [anticiper] zuvor|kommen.

devancier, ère [dəvɑ̃sje, ɛr] *nm, f* Vorgänger *der,* - in *die.*

devant [dəvɑ̃] ◇ *prép*: **~ qqn/qqch** vor jm/etw; **aller droit ~ soi** unbeirrt geradeaus gehen; **passer ~ un lieu** an einem Ort vorbei|kommen; **regarder ~ soi** nach vorne blicken. ◇ *adv* **-1.** [en avant] voraus; **partir ~** voraus|gehen. **-2.** [en face] vorne. ◇ *nm* Vorderseite *die;* **le ~ de la maison** die Vorderseite des Hauses; **prendre les ~s** vor|greifen.

◆ **au devant de** *loc prép*: **aller au ~ de qqn/qqch** [à la rencontre] auf jn/etw zu|gehen; *fig* [prévenir] jm/etw zuvor|kommen.

◆ **de devant** *loc adj* von vorn; [pattes, roues] Vorder-.

devanture [dəvɑ̃tyr] *nf* Auslage *die;* **à la ~ de** in der Auslage von.

dévastateur, trice [devastatœr, tris] *adj* verheerend.

dévastation [devastasjɔ̃] *nf* Verwüstung *die.*

dévaster [3] [devaste] *vt* verwüsten.

déveine [devɛn] *nf fam* Pech *das.*

développement [devlɔpmɑ̃] *nm* **-1.** [croissance, évolution] Entwicklung *die.* **-2.** PHOT Entwikkeln *das.* **-3.** [exposé] Ausführungen *Pl.*

◆ **développements** *nmpl* Entwicklung *die (sans pl).*

développer [3] [devlɔpe] *vt* **-1.** [gén] entwikkeln. **-2.** [idée, concept] weiter|entwickeln.

◆ **se développer** *vp* sich entwickeln.

devenir [40] [dəvnir] *vi* werden; **que devenez-vous**? was machen Sie denn so?

devenu, e [dəvny] *pp* → **devenir**.

dévergondé, e [devɛrgɔ̃de] ◇ *adj* zügellos. ◇ *nm, f* zügelloser Mensch.

dévergonder [3] [devɛrgɔ̃de] *vt*: **~ qqn** jn zu einem ausschweifenden Leben verführen.

◆ **se dévergonder** *vp* ausschweifend werden.

déverrouiller [3] [devɛruje] *vt* **-1.** [porte] entriegeln, auf|schließen. **-2.** [arme] scharf|machen.

déverser [3] [devɛrse] *vt* **-1.** [eau] schütten. **-2.** [ordures] aus|schütten. **-3.** [paroles] los|lassen; **~ des flots de qqch** *fig* eine Flut von etw los|lassen.

◆ **se déverser** *vp* münden.

déversoir [devɛrswar] *nm* Überlauf *der.*

dévêtir [44] [devetir] *vt sout* entkleiden.

◆ **se dévêtir** *vp sout* sich entkleiden.

dévêts *etc* → **dévêtir**.

dévêtu, e [devety] *pp* → **dévêtir**.

déviant, e [devjɑ̃, ɑ̃t] *adj* abweichend, deviant.

déviation [devjasjɔ̃] *nf* **-1.** [de trajectoire] Abweichung *die.* **-2.** [de circulation] Umleitung *die.*

dévider [3] [devide] *vt* ab|spulen.

deviendrai *etc* → **devenir**.

deviens *etc* → **devenir**.

dévier [9] [devje] ◇ *vi*: **~ de qqch** von etw ab|weichen. ◇ *vt* um|leiten.

devin, devineresse [dəvɛ̃, dəvinrɛs] *nm, f* Hellseher *der,* -in *die.*

deviner [3] [dəvine] *vt* **-1.** [trouver] raten; **devine qui a téléphoné**? rate mal, wer angerufen hat? **-2.** [percevoir] erraten; **~ les pensées de qqn** js Gedanken erraten.

◆ **se deviner** *vp* sich erraten lassen.

devineresse → **devin**.

devinette [dəvinɛt] *nf* Rätsel *das.*

devins *etc* → **devenir**.

devis [dəvi] *nm* Kostenvoranschlag *der.*

dévisager [17] [devizaʒe] *vt* an|starren, mustern.

devise [dəviz] *nf* Devise *die.*

deviser [3] [dəvize] ◇ *vi sout*: **~ de qqch** sich über etw *(A)* unterhalten. ◇ *vt Helv*: **~ qqn** jm einen Kostenvoranschlag machen.

dévisser [3] [devise] ◇ *vt* ab|schrauben. ◇ *vi* [en alpinisme] ab|stürzen.

dévitaliser [3] [devitalize] *vt*: **~ une dent** die Zahnpulpa ab|töten.

dévoiler [3] [devwale] *vt* **-1.** [révéler] lüften. **-2.** [découvrir] enthüllen.

◆ **se dévoiler** *vp* klar zu Tage treten.

devoir[1] [dəvwar] *nm* **-1.** [obligation] Pflicht *die;* **faire son ~** seine Pflicht tun; **~ conjugal** eheliche Pflichten *Pl.* **-2.** SCOL: **~ (sur table)** (Klassen)arbeit *die;* **faire ses ~s** seine Hausaufgaben machen. **-3.** UNIV Klausur *die.*

devoir[2] [53] [dəvwar] *vt* **-1.** [marque l'obligation] müssen; **tu n'aurais pas dû mentir** du hättest nicht lügen dürfen. **-2.** [marque le futur, l'intention] sollen; **ça devait arriver** es mußte so kommen. **-3.** [marque la probabilité] dürfen; **ça doit coûter cher** das dürfte teuer sein; **il a dû rater son train** er hat wohl seinen Zug verpaßt. **-4.** [être redevable de]: **~ qqch à qqn** jm etw verdanken; **~ à qqn de** jm verdanken, daß; **je lui dois de faire des études** ich verdanke ihm, daß ich studiere. **-5.** [argent, respect]: **~ qqch à qqn** jm etw schulden.

◆ **se devoir** *vp*: **se ~ de faire qqch** js Pflicht sein, etw zu tun; **comme il se doit** wie es sich gehört.

dévolu, e [devɔly] *adj littéraire* zugefallen.

◆ **dévolu** *nm*: **jeter son ~ sur qqn/qqch** es auf jn/etw abgesehen haben.

dévorer [3] [devɔre] *vt* verschlingen; **être dévoré de qqch** *fig* von etw zerfressen sein; **~ qqch des yeux/du regard** etw mit den Augen/Blicken verschlingen.

dévot, e [devo, ɔt] ◇ *adj* fromm. ◇ *nm, f* Fromme *der, die.*

dévotion [devɔsjɔ̃] *nf* **-1.** [piété] Frömmigkeit *die*; **faire ses ~s** seine Glaubenspflichten erfüllen. **-2.** *fig* [attachement] Hingabe *die*.
dévoué, e [devwe] *adj* ergeben.
dévouement [devumɑ̃] *nm* Ergebenheit *die*.
dévouer [6] [devwe]
◆ **se dévouer** *vp* **-1.** [se sacrifier] sich auf|opfern. **-2.** [se consacrer]: **se ~ à qqch** sich einer Sache *(D)* hin|geben.
dévoyé, e [devwaje] ◇ *adj* verdorben. ◇ *nm, f* verdorbener Mensch.
dévoyer [13] [devwaje] *vt littéraire* verderben.
◆ **se dévoyer** *vp* verlottern.
devrai *etc* → **devoir**.
dextérité [dɛksterite] *nf* Geschicklichkeit *die*; **avec ~** geschickt *(adv)*.
dg *abr de* **décigramme**.
DG (*abr de* **directeur général**) *nm* GD *(Generaldirektor)*.
DGI (*abr de* **Direction générale des impôts**) *nf* *oberste Finanzbehörde in Frankreich*.
DGSE (*abr de* **Direction générale de la sécurité extérieure**) *nf* *französischer Geheimdienst für die äußere Sicherheit*, ≃ BND *der*, ≃ MAD *der*.
diabète [djabɛt] *nm* Diabetes *der*.
diabétique [djabetik] ◇ *adj* diabetisch. ◇ *nmf* Diabetiker *der*, -in *die*, Zuckerkranke *der, die*.
diable [djabl] *nm* **-1.** [démon, espiègle] Teufel *der*. **-2.** [outil] Sackkarren *der*. **-3.** *loc*: **avoir le ~ au corps** den Teufel im Leib haben; **tirer le ~ par la queue** am Hungertuch nagen.
◆ **au diable** ◇ *loc adv* hinter dem Mond. ◇ *interj*: **au ~ ... !** zum Teufel mit ... !
diablement [djabləmɑ̃] *adv* teuflisch.
diablesse [djablɛs] *nf* Teufelsweib *das*.
diablotin [djablɔtɛ̃] *nm* **-1.** [diable] Teufelchen *das*. **-2.** [espiègle] Teufelsbraten *der*.
diabolique [djabɔlik] *adj* teuflisch.
diabolo [djabɔlo] *nm* **-1.** [jouet] Diabolo *das*. **-2.** [boisson] *Limonade mit Sirup*; **~ menthe** *Limonade mit Pfefferminzsirup*.
diacre [djakr] *nm* [catholique] Diakon *der*; [protestant] Diakon *der*, -isse *die*.
diadème [djadɛm] *nm* Diadem *das*.
diagnostic [djagnɔstik] *nm* Diagnose *die*.
diagnostiquer [3] [djagnɔstike] *vt* **-1.** MÉD diagnostizieren. **-2.** *fig* [juger] beurteilen.
diagonal, e, aux [djagɔnal, o] *adj* diagonal.
◆ **diagonale** *nf* Diagonale *die*; **en ~** diagonal, schräg *(adv)*; **lire en ~** diagonal lesen.
diagramme [djagram] *nm* Diagramm *das*.
dialecte [djalɛkt] *nm* Dialekt *der*.
dialectique [djalɛktik] ◇ *adj* dialektisch. ◇ *nf* Dialektik *die*.
dialogue [djalɔg] *nm* Dialog *der*, Gespräch *das*; **~ de sourds** *Gespräch, bei dem man aneinander vorbeiredet*.
◆ **dialogues** *nmpl* [de film] Dialog *der (sans pl)*.
dialoguer [3] [djalɔge] *vi* **-1.** [converser] ein Gespräch führen. **-2.** INFORM interaktiv arbeiten.
dialyse [djaliz] *nf* Dialyse *die*.
diamant [djamɑ̃] *nm* **-1.** [gén] Diamant *der*. **-2.** [outil] Diamant-Schneidwerkzeug *das*.
diamétralement [diametralmɑ̃] *adv*: **~ opposé** genau entgegengesetzt.
diamètre [djamɛtr] *nm* Durchmesser *der*.
diantre [djɑ̃tr] *interj vieilli* OU *hum* zum Teufel.
diapason [djapazɔ̃] *nm* **-1.** [instrument] Stimmgabel *die*. **-2.** [registre] Kammerton *der*. **-3.** *loc*: **se mettre au ~** sich ein|stellen.
diaphane [djafan] *adj* durchscheinend.
diaphragme [djafragm] *nm* **-1.** ANAT Zwerchfell *das*. **-2.** [contraceptif] Diaphragma *das*. **-3.** PHOT Blende *die*.
diapo [djapo] *nf* Dia *das*.
diapositive [djapozitiv] *nf* Diapositiv *das*.
diapré, e [djapre] *adj sout* bunt schillernd.
diarrhée [djare] *nf* Durchfall *der*.
diatribe [djatrib] *nf sout* Schmähung *die*.
dichotomie [dikɔtɔmi] *nf* Dichotomie *die*.
dico [diko] *nm fam* Wörterbuch *das*.
Dictaphone® [diktafɔn] *nm* Diktiergerät *das*.
dictateur [diktatœr] *nm* Diktator *der*.
dictatorial, e, aux [diktatɔrjal, o] *adj* diktatorisch.
dictature [diktatyr] *nf* Diktatur *die*.
dictée [dikte] *nf* Diktat *das*.
dicter [3] [dikte] *vt* diktieren.
diction [diksjɔ̃] *nf* Sprechweise *die*.
dictionnaire [diksjɔnɛr] *nm* Wörterbuch *das*; **~ bilingue** zweisprachiges Wörterbuch; **~ encyclopédique** Lexikon *das*.
dicton [diktɔ̃] *nm* Sprichwort *das*.
didactique [didaktik] ◇ *adj* didaktisch. ◇ *nf* Didaktik *die*.
dièse [djɛz] ◇ *adj*: **do ~** cis *das*, Cis *das*; **la ~** ais *das*, Ais *das*. ◇ *nm* Kreuz *das*.
diesel [djezɛl] ◇ *adj inv* → **moteur**. ◇ *nm* Diesel *der*.
diète [djɛt] *nf* **-1.** [régime] Diät *die*; **être à la ~** auf Diät sein. **-2.** HIST [assemblée] Reichstag *der*.
diététicien, enne [djetetisjɛ̃, ɛn] *nm, f* Diätassistent *der*, -in *die*.
diététique [djetetik] ◇ *nf* Ernährungslehre *die*. ◇ *adj* Diät-.
dieu, x [djø] *nm* Gott *der*; **comme un ~** *fig* wie ein Gott.
◆ **Dieu** *nm* Gott; **croire en Dieu** an Gott glauben; **Dieu merci!** Gott sei Dank!; **Dieu sait où/**

comment Gott weiß wo/wie; **mon Dieu!** mein Gott!
diffamation [difamasjɔ̃] *nf* Verleumdung *die*.
diffamatoire [difamatwar] *adj* verleumderisch.
diffamer [3] [difame] *vt* diffamieren.
différé, e [difere] *adj* vertagt.
◆ **en différé** *loc adv* & *loc adj* in (einer) Aufzeichnung.
différemment [diferamɑ̃] *adv* anders.
différence [diferɑ̃s] *nf* **-1.** [dissemblance] Unterschied *der*; **faire la ~** unterscheiden; **à la ~ de** im Unterschied zu. **-2.** [d'opinion, d'argent] Differenz *die*.
différencier [9] [diferɑ̃sje] *vt*: **~ qqch de qqch** etw von etw unterscheiden.
◆ **se différencier** *vp*: **se ~ de qqn** sich von jm unterscheiden.
différend [diferɑ̃] *nm* Meinungsverschiedenheit *die*; **avoir un ~ avec qqn** Differenzen mit jm haben.
différent, e [diferɑ̃, ɑ̃t] *adj* **-1.** [distinct] unterschiedlich. **-2.** *(avant n)* [divers] verschieden; **~es solutions** verschiedene Lösungen.
différentiel [diferɑ̃sjɛl] → **calcul**.
différer [18] [difere] ◇ *vt* verschieben. ◇ *vi* **-1.** [être différent]: **~ de qqch** sich von etw unterscheiden. **-2.** [varier] unterschiedlich sein; **~ selon les régions** je nach der Gegend unterschiedlich sein. **-3.** [diverger]: **~ sur qqch** über etw *(A)* uneinig sein.
difficile [difisil] ◇ *adj* schwierig. ◇ *nmf* Nörgler *der*, -in *die*; **faire le** OU **la ~** die Nase rümpfen, wählerisch sein.
difficilement [difisilmɑ̃] *adv* schwer.
difficulté [difikylte] *nf* Schwierigkeit *die*; **en ~** in Schwierigkeiten.
difforme [difɔrm] *adj* unförmig.
difformité [difɔrmite] *nf* Unförmigkeit *die*.
diffraction [difraksjɔ̃] *nf* Brechung *die*.
diffus, e [dify, yz] *adj* **-1.** [bruit, lumière] diffus. **-2.** [impression] verschwommen.
diffuser [3] [difyze] *vt* **-1.** [lumière] diffundieren. **-2.** [information] verbreiten. **-3.** TÉLÉ & RADIO senden. **-4.** COMM vertreiben.
diffuseur [difyzœr] *nm* **-1.** [appareil] Zerstäuber *der*. **-2.** [personne] Vertreiber *der*.
diffusion [difyzjɔ̃] *nf* **-1.** [de lumière] Diffusion *die*. **-2.** [d'information] Verbreitung *die*. **-3.** TÉLÉ & RADIO Senden *das*. **-4.** COMM Vertrieb *der*.
digérer [18] [diʒere] *vi* & *vt* verdauen.
digeste [diʒɛst] *adj* gut verdaulich.
digestible [diʒɛstibl] *adj* bekömmlich.
digestif, ive [diʒɛstif, iv] *adj* Verdauungs-; **liqueur digestive** Magenlikör *der*.
◆ **digestif** *nm* Digestif *der*.
digestion [diʒɛstjɔ̃] *nf* Verdauung *die*.
digital, e, aux [diʒital, o] *adj* **-1.** [code, affichage] Digital-. **-2.** → **empreinte**.
◆ **digitale** *nf* Fingerhut *der*.
digne [diɲ] *adj* würdig; **~ de qqn/qqch** js/einer Sache würdig; **~ de foi** glaubwürdig.
dignement [diɲmɑ̃] *adv* würdevoll.
dignitaire [diɲitɛr] *nm* Würdenträger *der*, -in *die*.
dignité [diɲite] *nf* Würde *die*; **avec ~** würdig *(adv)*; **être élevé à la ~ de cardinal** zur Kardinalswürde gelangen; **se draper dans sa ~** *fig* seine Würde zur Schau tragen.
digression [digresjɔ̃] *nf* Exkurs *der*.
digue [dig] *nf* Deich *der*.
diktat [diktat] *nm* Diktat *das*.
dilapider [3] [dilapide] *vt* vergeuden.
dilatation [dilatasjɔ̃] *nf* Ausdehnung *die*.
dilater [3] [dilate] *vt* aus|dehnen.
◆ **se dilater** *vp* sich aus|dehnen.
dilatoire [dilatwar] *adj* aufschiebend.
dilemme [dilɛm] *nm* Dilemma *das*.
dilettante [diletɑ̃t] *nm* Dilettant *der*, -in *die*; **en ~** dilettantisch *(adv)*.
diligence [diliʒɑ̃s] *nf* **-1.** *sout* [zèle] Eifer *der*. **-2.** *sout* [rapidité] Schnelligkeit *die*. **-3.** [voiture] Kutsche *die*.
diligent, e [diliʒɑ̃, ɑ̃t] *adj sout* **-1.** [zélé] eifrig. **-2.** [rapide] schnell.
diluant [dilɥɑ̃] *nm* Verdünnungsmittel *das*.
diluer [7] [dilɥe] *vt* **-1.** [liquide] verdünnen. **-2.** *fig* [texte, discours] verwässern.
◆ **se diluer** *vp* verlängert werden.
diluvien, enne [dilyvjɛ̃, ɛn] *adj* sintflutartig.
dimanche [dimɑ̃ʃ] *nm* Sonntag *der*; **~ des Rameaux** Palmsonntag; *voir aussi* **samedi**.
dîme [dim] *nf* Zehnt *der*.
dimension [dimɑ̃sjɔ̃] *nf* **-1.** [mesure] Maß *das*; **prendre les ~s de qqch** etw ab|messen. **-2.** [taille] Abmessung *die*; **de grande ~** geräumig. **-3.** [importance] Ausmaß *das*. **-4.** [portée] Dimension *die*.
diminué, e [diminɥe] *adj* beeinträchtigt; **depuis sa maladie, il est très ~** seine Gesundheit wurde durch die Krankheit stark beeinträchtigt.
diminuer [7] [diminɥe] ◇ *vt* verringern. ◇ *vi* ab|nehmen.
◆ **se diminuer** *vp* sich (selbst) herab|würdigen.
diminutif, ive [diminytif, iv] *adj* Verkleinerungs-.

◆ **diminutif** *nm* Verkleinerungsform *die*.
diminution [diminysjɔ̃] *nf* Abnahme *die*, Verringerung *die*.
DIN, Din [din] (*abr de* **Deutsche Industrie Norm**) DIN.
dinde [dɛ̃d] *nf* Pute *die*.
dindon [dɛ̃dɔ̃] *nm* Truthahn *der*; **être le ~ de la farce** *fig* der Gelackmeierte sein.
dîner[1] [3] [dine] *vi* zu Abend essen.
dîner[2] [dine] *nm* Abendmahlzeit *die*; **~ d'affaires** Geschäftsabendessen *das*; **~ aux chandelles** Candle-light-Dinner *das*.
dînette [dinɛt] *nf* Puppengeschirr *das*; **jouer à la ~** mit dem Puppengeschirr spielen.
dingue [dɛ̃g] *fam* ◇ *adj* **-1.** [fou] bekloppt. **-2.** [incroyable] haarsträubend. ◇ *nmf* Bekloppte *der, die*.
dinosaure [dinozɔr] *nm* Dinosaurier *der*.
diocèse [djɔsɛz] *nm* Diözese.
diode [djɔd] *nf* Diode *die*.
dioptrie [djɔptri] *nf* Dioptrie *die*.
diphasé, e [difaze] *adj* Zweiphasen-.
diphtérie [difteri] *nf* Diphterie *die*.
diphtongue [diftɔ̃g] *nf* Diphthong *der*.
diplomate [diplɔmat] ◇ *adj* diplomatisch. ◇ *nmf* **-1.** [ambassadeur] Diplomat *der*, -in *die*. **-2.** [gâteau] *Teilchen aus Biskuitteig, Vanillepudding und kandierten Früchten*.
diplomatie [diplɔmasi] *nf* Diplomatie *die*.
diplomatique [diplɔmatik] *adj* diplomatisch.
diplôme [diplom] *nm* Diplom *das*.
diplômé, e [diplome] ◇ *adj* diplomiert, Diplom-. ◇ *nm, f* Inhaber *der*, -in *die* eines Diploms; **~ en chimie** Diplomchemiker *der*; **~ d'État** Inhaber eines staatlichen Diploms.
dire [102] [dir] *vt* **-1.** [gén] sagen; **~ qqch à qqn** jm etw sagen; **~ à qqn qu'il fasse qqch** jm sagen, er solle etw tun; **c'est beaucoup ~** das wäre zuviel gesagt; **cela va sans ~** das versteht sich von selbst; **ce n'est pas peu ~** gelinde gesagt; **c'est vite dit** *fam* das ist leichter gesagt als getan; **on dit que** es heißt, daß; **en ~ long sur qqch** *fig* über etw *(A)* Bände sprechen; **~ du bien/du mal de qqn/qqch** gut/schlecht über jn/etw reden; **qu'en dis-tu**? was hälst du davon?; **on dirait que** es sieht so aus, als ob; **on dirait de la soie** man könnte meinen, es sei Seide. **-2.** *sout* [exprimer] verraten; **vouloir ~** bedeuten. **-3.** [plaire]: **ça te dit/dirait d'aller au cinéma**? hast/hättest du Lust, ins Kino zu gehen?; **que dirais-tu** OU **diriez-vous d'un apéritif**? wie wäre es mit einem Aperitif?; **cela ne me dit rien** dazu habe ich keine Lust.
◆ **se dire** *vp* **-1.** [penser]: **se ~ qqch** sich *(D)* etw denken. **-2.** [se traduire]: **«chat» se dit «gato» en espagnol** „Katze" heißt auf spanisch „gato"; **ça se dit autrement en français** auf französisch sagt man anders. **-3.** [employer]: **ça ne se dit pas!** das kann man nicht sagen!
◆ **à dire vrai** *loc adv* offen gesagt.
◆ **au dire de** *loc prép*: **au ~ de qqn** jm zufolge.
◆ **cela dit** *loc adv* abgesehen davon.
◆ **dire que, et dire que** *loc prép*: **(et) ~ que je n'étais pas là!** und das, wo ich nicht da war!
◆ **dis-donc** *loc adv* sag mal.
◆ **pour ainsi dire** *loc adv* sozusagen.
direct, e [dirɛkt] *adj* direkt, Direkt-.
◆ **direct** *nm* **-1.** BOXE Gerade *die*; **un ~ du gauche** eine linke Gerade. **-2.** [train] Eilzug *der*. **-3.** RADIO & TÉLÉ Live-Sendung *die*; **en ~** live; **faire du ~** live übertragen.
directement [dirɛktəmɑ̃] *adv* direkt.
directeur, trice [dirɛktœr, tris] ◇ *adj* **-1.** [dirigeant] Leitungs-. **-2.** [principal] Leit-; **idée directrice** Leitgedanke *der*; **ligne directrice** Leitfaden *der*. **-3.** TECHNOL: **roue directrice** Antriebsrad *das*. ◇ *nm, f* **-1.** [responsable] Direktor *der*, -in *die*, Leiter *der*, -in *die*; **~ commercial** Verkaufsleiter; **~ de la communication** Leiter der Öfflichkeitsarbeit; **~ du marketing** Marketingleiter; **~ du personnel** OU **des ressources humaines** Personalleiter; **~ des ventes** Verkaufsleiter; **~ général** Generaldirektor. **-2.** UNIV: **~ de thèse** Doktorvater *der*.
direction [dirɛksjɔ̃] *nf* **-1.** [gestion] Leitung *die*; **sous la ~ de** unter der Leitung von; **~ des ressources humaines** Leitung der Personalwirtschaft. **-2.** [personnel dirigeant] Geschäftsführung *die*. **-3.** [orientation] Richtung *die*; **en** OU **dans la ~ de Bâle** in (Fahrt)richtung Basel; **toutes ~s** übrige Fahrtrichtungen. **-4.** AUTOM Lenkung *die*; **~ assistée** Servolenkung.
directive [dirɛktiv] *nf* Richtlinie *die*, Direktive *die*.
directorial, e, aux [dirɛktɔrjal, o] *adj* Direktions-.
directrice → **directeur**.
dirigeable [diriʒabl] ◇ *adj* lenkbar. ◇ *nm* Zeppelin *der*.
dirigeant, e [diriʒɑ̃, ɑ̃t] ◇ *adj* führend. ◇ *nm, f* Führungskraft *die*.
diriger [17] [diriʒe] *vt* **-1.** [entreprise, débat] leiten. **-2.** [véhicule] lenken. **-3.** [orchestre, acteur] dirigieren.
◆ **se diriger** *vp*: **se ~ vers qqch** sich zu etw begeben; *fig* etw an|steuern.
dirigisme [diriʒism] *nm* Dirigismus *der*.
dis *etc* → **dire**.
disais *etc* → **dire**.
discale [diskal] → **hernie**.
discernement [disɛrnəmɑ̃] *nm* Urteilsvermögen *das*.

discerner [3] [discrne] *vt* **-1.** [distinguer] unterscheiden. **-2.** [voir] erkennen.
disciple [disipl] *nmf* **-1.** RELIG Jünger *der*, -in *die*. **-2.** [élève] Schüler *der*, -in *die*.
disciplinaire [disiplinɛr] *adj* Disziplinar-; **bataillon ~** Strafbataillon *das*; **mesure ~** Disziplinarmaßnahme *die*.
discipline [disiplin] *nf* Disziplin *die*; **~ de fer** eiserne Disziplin.
discipliné, e [disipline] *adj* diszipliniert.
discipliner [3] [disipline] *vt* disziplinieren; [cheveux] bändigen.
◆ **se discipliner** *vp* sich disziplinieren.
disc-jockey [diskʒɔkɛ] (*pl* **disc-jockeys**) *nm* Diskjockey *der*.
disco [disko] ◇ *adj inv* Disko-. ◇ *nm* Diskomusik *die*.
discographie [diskɔgrafi] *nf* Schallplattenverzeichnis *das*.
discontinu, e [diskɔ̃tiny] *adj* **-1.** [ligne] unterbrochen. **-2.** [bruit, effort] diskontinuierlich.
discontinuer [7] [diskɔ̃tinɥe]
◆ **sans discontinuer** *loc adv* unaufhörlich.
discordance [diskɔrdɑ̃s] *nf* **-1.** [dissonance] Mißklang *der*. **-2.** [divergence] Unstimmigkeit *die*.
discordant, e [diskɔrdɑ̃, ɑ̃t] *adj* **-1.** [sons, couleurs] unharmonisch. **-2.** [avis, caractères] unvereinbar.
discorde [diskɔrd] *nf* Zwietracht *die*.
discothèque [diskɔtɛk] *nf* Disko(thek) *die*.
discount [disk(a)unt] *nm* **-1.** [réduction de prix] Rabatt *der*. **-2.** [vente au rabais] Discountverkauf *der*.
discourir [45] [diskurir] *vi* große Reden schwingen; **~ sur qqch** sich lang und breit über etw *(A)* aus|lassen.
discourrai *etc* → **discourir**.
discours[1] *etc* → **discourir**.
discours[2] [diskur] *nm* Rede *die*; **faire un ~** eine Rede halten; **~ direct/indirect** direkte/indirekte Rede.
discouru, e [diskury] *pp* → **discourir**.
discourus *etc* → **discourir**.
discrédit [diskredi] *nm* Mißkredit *der*; **jeter le ~ sur qqn/qqch** jn/etw in Mißkredit bringen.
discréditer [3] [diskredite] *vt* in Verruf bringen, diskreditieren.
◆ **se discréditer** *vp* sich in Verruf bringen.
discret, ète [diskrɛ, ɛt] *adj* **-1.** [gén] diskret. **-2.** [qui n'attire pas l'attention] dezent.
discrètement [diskrɛtmɑ̃] *adv* **-1.** [gén] diskret, unauffällig. **-2.** [sobrement] dezent.
discrétion [diskresjɔ̃] *nf* Diskretion *die*.
◆ **à discrétion** *loc adj* & *loc adv* nach Belieben.
discrétionnaire [diskresjɔnɛr] *adj*: **pouvoir ~** Ermessensfreiheit *die*.
discrimination [diskriminasjɔ̃] *nf* Diskriminierung *die*.
discriminatoire [diskriminatwar] *adj* diskriminierend.
disculper [3] [diskylpe] *vt* entlasten.
◆ **se disculper** *vp* sich rechtfertigen.
discussion [diskysjɔ̃] *nf* **-1.** [conversation] Diskussion *die*. **-2.** [contestation] Widerworte *Pl*; **sans ~** ohne Widerworte. **-3.** [de projet, de loi] Besprechung *die*. **-4.** [altercation] Auseinandersetzung *die*.
discutable [diskytabl] *adj* fragwürdig.
discutailler [3] [diskytaje] *vi fam* herumdiskutieren.
discuté, e [diskyte] *adj* umstritten.
discuter [3] [diskyte] ◇ *vt* **-1.** [débattre] besprechen. **-2.** [contester] in Frage stellen. ◇ *vi* **-1.** [bavarder] sich unterhalten. **-2.** [débattre]: **~ de qqch** über etw *(A)* diskutieren.
◆ **se discuter** *vp* **-1.** [question, affaire] diskutiert werden. **-2.** [être contestable] fragwürdig sein; **cela se discute** darüber läßt sich streiten.
dise *etc* → **dire**.
disert, e [dizɛr, ɛrt] *adj sout* redegewandt.
disette [dizɛt] *nf* **-1.** [famine] Hungersnot *die*. **-2.** [manque] Knappheit *die*.
diseur, euse [dizœr, øz] *nm, f*: **~ de bonne aventure** Wahrsager *der*, -in *die*.
disgrâce [disgras] *nf* [défaveur] Ungnade *die*; **tomber en ~** in Ungnade fallen.
disgracieux, euse [disgrasjø, øz] *adj* **-1.** [sans grâce] schwerfällig. **-2.** [visage] unschön.
disjoignons *etc* → **disjoindre**.
disjoindre [82] [disʒwɛ̃dr] *vt* [séparer] voneinander trennen.
◆ **se disjoindre** *vp* auseinander|gehen.
disjoins *etc* → **disjoindre**.
disjoint, e [disʒwɛ̃, ɛ̃t] *pp* → **disjoindre**.
disjoncteur [disʒɔ̃ktœr] *nm* ÉLECTR Sicherung *die*.
dislocation [dislɔkasjɔ̃] *nf* **-1.** [démolition] Zerlegen *das*. **-2.** [d'empire] Zersplitterung *die*. **-3.** MÉD Ausrenken *das*.
disloquer [3] [dislɔke] *vt* **-1.** [objet] zerstückeln. **-2.** [empire] zersplittern. **-3.** MÉD aus|renken.
disons [dizɔ̃] → **dire**.
disparais *etc* → **disparaître**.
disparaissais *etc* → **disparaître**.
disparaître [91] [disparɛtr] *vi* **-1.** [gén] verschwinden; **faire ~** [détruire] verschwinden

lassen; [tuer, éliminer] beseitigen; **mon pull a disparu** mir ist mein Pulli abhanden gekommen. **-2.** [mourir] verscheiden. **-3.** [mode, tradition] in Vergessenheit geraten.

disparate [disparat] *adj* zusammengewürfelt.

disparité [disparite] *nf* **-1.** [écart] Unterschied *der*. **-2.** [manque d'harmonie] Uneinheitlichkeit *die*.

disparition [disparisjɔ̃] *nf* **-1.** [absence] Verschwinden *das*. **-2.** [mort] Verscheiden *das*. **-3.** [espèce, civilisation] Aussterben *das*.

disparu, e [dispary] ◇ *pp* → **disparaître**. ◇ *adj* **-1.** [mort] verstorben. **-2.** [époque] vergangen. **-3.** [espèce, civilisation] ausgestorben. ◇ *nm, f* [défunt] Verstorbene *der, die*.

disparus *etc* → **disparaître**.

dispatcher [3] [dispatʃe] *vt* aufǀteilen; **~ qqch entre plusieurs personnes** etw unter mehreren Personen aufǀteilen.

dispendieux, euse [dispɑ̃djø, øz] *adj sout* [coûteux] kostspielig.

dispensaire [dispɑ̃sɛr] *nm* ≃ Ambulanz *die*.

dispense [dispɑ̃s] *nf* **-1.** [exemption] Freistellung *die*; **~ d'âge** Altersausnahmebewilligung *die*. **-2.** [certificat] Befreiungsbescheinigung *die*.

dispenser [3] [dispɑ̃se] *vt* **-1.** [exempter]: **~ qqn de qqch** jn von etw freiǀstellen; **je te dispense de tes réflexions!** ich verbitte mir deine Bemerkungen! **-2.** *sout* [distribuer] zukommen lassen.

◆ **se dispenser** *vp*: **se ~ de qqch** sich einer Sache *(G)* entziehen; **se ~ de faire qqch** es sich ersparen, etw zu tun.

disperser [3] [disperse] *vt* **-1.** [objets] verstreuen. **-2.** [personnes] zerstreuen. **-3.** [forces, efforts, attention] vergeuden.

◆ **se disperser** *vp* [foule] sich zerstreuen; *fig* sich verzetteln.

dispersion [dispɛrsjɔ̃] *nf* **-1.** [de personnes] Zerstreuung *die*. **-2.** [de biens] Verstreutsein *das*. **-3.** [de forces, d'efforts, d'attention] Vergeudung *die*. **-4.** PHYS Dispersion *die*.

disponibilité [disponibilite] *nf* **-1.** [de choses] Verfügbarkeit *die*. **-2.** [réceptivité]: **~ (d'esprit)** Aufgeschlossenheit *die*. **-3.** [de fonctionnaire] Wartestand *der*; **en ~** im Wartestand.

◆ **disponibilités** *nfpl* FIN verfügbare Mittel *Pl*.

disponible [disponibl] *adj* frei; **fonds ~s** zur Verfügung stehende Mittel.

dispos, e [dispo, oz] *adj* munter.

disposé, e [dispoze] *adj* bereit; **être ~ à qqch** zu etw bereit sein; **être ~ à faire qqch** bereit sein, etw zu tun; **être bien ~ envers qqn** jm gut gesonnen sein.

disposer [3] [dispoze] ◇ *vt* **-1.** [arranger - en position verticale] zurechtǀstellen; [- à plat] zurechtǀlegen. **-2.** [inciter]: **~ qqn à faire qqch** jn veranlassen, etw zu tun. ◇ *vi* **-1.** [avoir à sa disposition]: **~ de qqch** etw zur Verfügung haben. **-2.** [faire ce qu'on veut]: **~ de qqn** über jn verfügen; **~ de soi-même** über sich *(A)* selbst bestimmen. **-3.** [décider]: **~ de qqch** etw bestimmen; **le droit des peuples à ~ d'eux-mêmes** das Selbstbestimmungsrecht der Völker. **-4.** *loc*: **vous pouvez ~** Sie sind entlassen.

◆ **se disposer** *vp*: **se ~ à faire qqch** sich anǀschicken, etw zu tun.

dispositif [dispozitif] *nm* **-1.** [mécanisme] Vorrichtung *die*; **~ d'alarme** Alarmanlage *die*; **~ de sûreté** Sicherheitsvorrichtung. **-2.** [ensemble de mesures] Aufgebot *das*.

disposition [dispozisjɔ̃] *nf* **-1.** [arrangement] Anordnung *die*. **-2.** [disponibilité]: **à la ~ de qqn** zu js Verfügung. **-3.** JUR Bestimmung *die*.

disproportion [disprɔpɔrsjɔ̃] *nf* Diskrepanz *die*.

disproportionné, e [disprɔpɔrsjɔne] *adj* **-1.** [inégal]: **son salaire est ~ par rapport à son travail** sein Gehalt steht in keinem Verhältnis zu seiner Arbeit. **-2.** [démesuré] disproportioniert.

dispute [dispyt] *nf* Streit *der*.

disputer [3] [dispyte] *vt* **-1.** *fam* [réprimander]: **~ qqn** mit jm schimpfen; **se faire ~** ausgeschimpft werden. **-2.** SPORT bestreiten. **-3.** [lutter pour] erkämpfen; **~ qqch à qqn** jm etw streitig machen.

◆ **se disputer** *vp* **-1.** [se quereller] sich zanken. **-2.** [lutter pour]: **se ~ qqch** sich etw streitig machen. **-3.** SPORT ausgetragen werden.

disquaire [diskɛr] *nmf* Schallplattenhändler *der*, -in *die*.

disqualification [diskalifikasjɔ̃] *nf* SPORT Disqualifikation *die*.

disqualifier [9] [diskalifje] *vt* disqualifizieren.

◆ **se disqualifier** *vp* sich disqualifizieren.

disque [disk] *nm* **-1.** MUS: **~ (vinyle)** (Schall)-platte *die*; **~ compact** OU **laser** CD(-Platte) *die*. **-2.** INFORM: **~ dur** Festplatte *die*. **-3.** ANAT Scheibe *die*; **~ intervertébral** Bandscheibe. **-4.** SPORT Diskus *der*.

disquette [diskɛt] *nf* Diskette *die*, Floppy disk *die*; **~ système** Systemdiskette.

dissection [disɛksjɔ̃] *nf* Sezieren *das*.

dissemblable [disɑ̃blabl] *adj* verschieden.

dissémination [diseminasjɔ̃] *nf* **-1.** [répartition] Verstreuung *die*. **-2.** BOT Ausbreitung *die*.

disséminer [3] [disemine] *vt* **-1.** [répartir] verstreuen. **-2.** [répandre] ausǀstreuen.

◆ **se disséminer** *vp* verstreut werden.

dissension [disɑ̃sjɔ̃] *nf* Differenzen *Pl*.

disséquer [18] [diseke] *vt* **-1.** [cadavre] sezieren. **-2.** *fig* [analyser] auseinanderǀnehmen.

dissertation [disɛrtasjɔ̃] *nf* SCOL Aufsatz *der.*
disserter [3] [disɛrte] *vi*: ~ **sur qqch** SCOL einen Aufsatz über etw *(A)* verfassen; [discourir] etw erörtern.
dissidence [disidɑ̃s] *nf* POLIT Dissidententum *das.*
dissident, e [disidɑ̃, ɑ̃t] POLIT ◇ *adj* dissidierend. ◇ *nm, f* Dissident *der,* -in *die.*
dissimulation [disimylasjɔ̃] *nf* **-1.** [de vérité] Verheimlichung *die.* **-2.** [hypocrisie] Verstellung *die.*
dissimuler [3] [disimyle] *vt* **-1.** [masquer] verbergen. **-2.** [taire] verheimlichen.
◆ **se dissimuler** *vp* **-1.** [se cacher] sich verbergen. **-2.** [refuser de voir]: **se ~ qqch** sich *(D)* etw vor|machen.
dissipation [disipasjɔ̃] *nf* **-1.** [du brouillard] Auflösung *die.* **-2.** [indiscipline] Unaufmerksamkeit *die.* **-3.** [de malentendu, de crainte] Zerstreuen *das,* Beseitigung *die.* **-4.** [débauche] Ausschweifung *die.*
dissipé, e [disipe] *adj* **-1.** [turbulent] unaufmerksam. **-2.** [frivole] ausschweifend.
dissiper [3] [disipe] *vt* **-1.** [faire disparaître] zerstreuen. **-2.** [distraire] ablenken. **-3.** [dilapider] vergeuden.
◆ **se dissiper** *vp* **-1.** [brouillard, fumée] sich auf|lösen. **-2.** [être inattentif] sich ablenken lassen. **-3.** [malaise, doute] sich zerstreuen.
dissocier [9] [disɔsje] *vt* **-1.** [séparer] getrennt betrachten. **-2.** CHIM dissoziieren.
dissolu, e [disɔly] *adj* zügellos.
dissolus *etc* → **dissoudre**.
dissolution [disɔlysjɔ̃] *nf* **-1.** JUR Auflösung *die.* **-2.** [dans liquide] Auflösen *das.* **-3.** *littéraire* [débauche] Zügellosigkeit *die.*
dissolvais *etc* → **dissoudre**.
dissolvant, e [disɔlvɑ̃, ɑ̃t] *adj* Löse-.
◆ **dissolvant** *nm* Nagellackentferner *der.*
dissonance [disɔnɑ̃s] *nf* **-1.** [de sons, de mots] Dissonanz *die.* **-2.** [incohérence] Mißverhältnis *das.*
dissoudre [87] [disudr] *vt*: **faire ~ qqch dans qqch** etw in etw *(D)* auf|lösen.
◆ **se dissoudre** *vp* **-1.** [substance] sich (auf|)lösen. **-2.** JUR aufgelöst werden.
dissous, oute [disu, ut] *pp* → **dissoudre**.
dissuader [3] [disɥade] *vt*: ~ **qqn de faire qqch** jn davon ab|bringen, etw zu tun.
dissuasif, ive [disɥazif, iv] *adj* abschreckend.
dissuasion [disɥazjɔ̃] *nf* Abschreckung *die.*
dissymétrique [disimetrik] *adj* unsymmetrisch.
distance [distɑ̃s] *nf* **-1.** [éloignement] Entfernung *die;* **à ~** [de loin] aus der Ferne, Fern-; *fig* [avec du recul] mit Distanz; **se tenir à ~** Abstand halten; **prendre/garder ses ~s** auf Distanz gehen/bleiben. **-2.** [dans le temps] Abstand *der.* **-3.** [écart] Kluft *die.*
distancer [16] [distɑ̃se] *vt* **-1.** [dépasser] hinter sich *(D)* lassen. **-2.** *fig* [surpasser] übertreffen.
distanciation [distɑ̃sjasjɔ̃] *nf* THÉÂTRE: **effet de ~** Verfremdungseffekt *der.*
distancier [9] [distɑ̃sje]
◆ **se distancier** *vp*: **se ~ de qqn/qqch** sich von jm/etw distanzieren.
distant, e [distɑ̃, ɑ̃t] *adj* **-1.** [éloigné] entfernt. **-2.** [froid] distanziert.
distendis *etc* → **distendre**.
distendre [73] [distɑ̃dr] *vt* **-1.** [ressort] überspannen. **-2.** [muscle] überdehnen.
◆ **se distendre** *vp* **-1.** [peau] erschlaffen. **-2.** *fig* [liens] sich lösen.
distends *etc* → **distendre**.
distendu, e [distɑ̃dy] *pp* → **distendre**.
distillation [distilasjɔ̃] *nf* Destillation *die.*
distillé, e [distile] *adj*: **eau ~e** destilliertes Wasser.
distiller [3] [distile] ◇ *vt* **-1.** [alcool, pétrole] destillieren. **-2.** [suc] ab|sondern. **-3.** *fig* & *sout* [dégager] verbreiten. ◇ *vi* CHIM destillieren.
distillerie [distilri] *nf* **-1.** [lieu] Branntweinbrennerei *die.* **-2.** [industrie] Branntweinherstellung *die.*
distinct, e [distɛ̃, ɛ̃kt] *adj* **-1.** [séparé] unterschiedlich. **-2.** [clair] deutlich.
distinctement [distɛ̃ktəmɑ̃] *adv* deutlich.
distinctif, ive [distɛ̃ktif, iv] *adj* Unterscheidungs-.
distinction [distɛ̃ksjɔ̃] *nf* **-1.** [différenciation] Unterscheidung *die;* **sans ~** unterschiedslos. **-2.** [marque d'honneur] Auszeichnung *die.* **-3.** [raffinement] Vornehmheit *die.*
distingué, e [distɛ̃ge] *adj* **-1.** [raffiné] vornehm; **veuillez agréer l'expression de mes salutations ~es** hochachtungsvoll. **-2.** [éminent] anerkannt, bedeutend.
distinguer [3] [distɛ̃ge] *vt* **-1.** [différencier] unterscheiden. **-2.** [percevoir] wahr|nehmen. **-3.** [voir] erkennen.
◆ **se distinguer** *vp* **-1.** [se différencier] sich unterscheiden. **-2.** [s'illustrer] sich aus|zeichnen. **-3.** [être vu] zu erkennen sein.
distraction [distraksjɔ̃] *nf* **-1.** [manque d'attention] Zerstreutheit *die;* **par ~** aus Gedankenlosigkeit. **-2.** [passe-temps] Hobby *das,* Zeitvertreib *der.* **-3.** [diversion d'esprit] Zerstreuung *die.*
distraire [112] [distrɛr] *vt* **-1.** [divertir] unterhalten. **-2.** [déranger] ab|lenken.
◆ **se distraire** *vp* sich zerstreuen.
distrais *etc* → **distraire**.

distrait, e [distrɛ, ɛt] ◇ *pp* → **distraire**. ◇ *adj* zerstreut.

distraitement [distrɛtmɑ̃] *adv* zerstreut.

distrayais *etc* → **distraire**.

distrayant, e [distrɛjɑ̃, ɑ̃t] *adj* unterhaltsam.

distribanque [distribɑ̃k] *nm* Geldautomat *der*.

distribuer [7] [distribɥe] *vt* **-1.** [répartir] aus|teilen. **-2.** [alimenter en] verteilen. **-3.** COMM vertreiben. **-4.** [courrier] zu|stellen.

distributeur, trice [distribytœr, tris] *nm, f* Verteiler *der*, -in *die*.

◆ **distributeur** *nm* **-1.** COMM Vertreiber *der*. **-2.** [machine] Automat *der*; ~ **(automatique) de billets** Geldautomat; ~ **de boissons** Getränkeautomat.

distribution [distribysjɔ̃] *nf* **-1.** [répartition] Ausgabe *die*; ~ **du courrier** Postzustellung *die*; ~ **des prix** SCOL Preisverleihung *die*. **-2.** [approvisionnement] Versorgung *die*. **-3.** [CIN & THÉÂTRE - des rôles] Rollenverteilung *die*; [- ensemble des interprètes] Besetzung *die*. **-4.** COMM Vertrieb *der*. **-5.** [disposition] Anordnung *die*.

district [distrikt] *nm* Distrikt *der*.

dit, e [di, dit] ◇ *pp* → **dire**. ◇ *adj* **-1.** [appelé] genannt. **-2.** JUR besagte, -r, -s. **-3.** [fixé] festgesetzt.

dites [dit] → **dire**.

dithyrambique [ditirɑ̃bik] *adj* dithyrambisch, überschwenglich.

diurétique [djyretik] ◇ *adj* harntreibend. ◇ *nm* harntreibendes Mittel.

diurne [djyrn] *adj* Tages-.

diva [diva] *nf* Diva *die*.

divagation [divagasjɔ̃] *nf* **-1.** [rêverie] Hirngespinst *das*. **-2.** [propos incohérent] wirres Gerede *(sans pl)*.

divaguer [3] [divage] *vi* wirr reden.

divan [divɑ̃] *nm* [canapé] Couch *die*.

divergeais *etc* → **diverger**.

divergeant [divɛrʒɑ̃] *participe présent* → **diverger**.

divergence [divɛrʒɑ̃s] *nf* Divergenz *die*; ~ **d'opinions** Meinungsverschiedenheit *die*.

divergent, e [divɛrʒɑ̃, ɑ̃t] *adj* [opposé] abweichend.

diverger [17] [divɛrʒe] *vi* **-1.** [lignes, rayons] auseinander|laufen. **-2.** *fig* [avis, personnes] divergieren.

divers, e [divɛr, ɛrs] *adj* **-1.** [différent] verschieden. **-2.** [varié] facettenreich.

diversement [divɛrsəmɑ̃] *adv* unterschiedlich.

diversification [divɛrsifikasjɔ̃] *nf* Diversifizierung *die*.

diversifier [9] [divɛrsifje] *vt* variieren; COMM diversifizieren.

◆ **se diversifier** *vp* sich unterscheiden.

diversion [divɛrsjɔ̃] *nf* Ablenkung *die*; **créer une** OU **faire** ~ vom Thema ab|lenken.

diversité [divɛrsite] *nf* Verschiedenheit *die*, Vielfalt *die*.

divertir [32] [divɛrtir] *vt* unterhalten.

◆ **se divertir** *vp* sich zerstreuen.

divertissant, e [divɛrtisɑ̃, ɑ̃t] *adj* unterhaltsam.

divertissement [divɛrtismɑ̃] *nm* [passe-temps] Unterhaltung *die*.

dividende [dividɑ̃d] *nm* **-1.** MATHS Dividend *der*. **-2.** FIN Dividende *die*.

divin, e [divɛ̃, in] *adj* **-1.** RELIG Gottes-, göttlich. **-2.** [parfait] göttlich.

divination [divinasjɔ̃] *nf* **-1.** [occultisme] Wahrsagen *das*. **-2.** [intuition] Hellsehen *das*.

divinement [divinmɑ̃] *adv* [à la perfection] göttlich.

divinité [divinite] *nf* **-1.** [dieu] Gottheit *die*. **-2.** [nature divine] Göttlichkeit *die*.

diviser [3] [divize] *vt* **-1.** [partager] (auf|)teilen; ~ **25 par 5** 25 durch 5 teilen. **-2.** [désunir] entzweien; ~ **pour régner** divide et impera.

◆ **se diviser** *vp* **-1.** [se séparer] sich teilen. **-2.** [se composer de]: **se** ~ **en qqch** sich in etw *(A)* gliedern. **-3.** MATHS sich teilen lassen. **-4.** [être en désaccord] uneinig sein.

divisible [divizibl] *adj* teilbar.

division [divizjɔ̃] *nf* **-1.** [séparation] Einteilung *die*. **-2.** MATHS Teilung *die*. **-3.** MIL Division *die*; ~ **aéroportée** Luftlandetruppe *die*; ~ **blindée** Panzerdivision. **-4.** [service] Abteilung *die*. **-5.** [désaccord] Zwietracht *die*.

divisionnaire [divizjɔnɛr] *adj*: **commissaire** ~ ≃ Oberkommissar *der*.

divorce [divɔrs] *nm* **-1.** JUR Scheidung *die*; **demander le** ~ die Scheidung ein|reichen. **-2.** *fig* [divergence] Kluft *die*.

divorcé, e [divɔrse] ◇ *adj* geschieden. ◇ *nm, f* geschiedener Mann, geschiedene Frau.

divorcer [16] [divɔrse] *vi* sich scheiden lassen.

divulgation [divylgasjɔ̃] *nf* Verbreitung *die*.

divulguer [3] [divylge] *vt* verbreiten.

dix [dis, di *devant consonne,* diz *devant voyelle ou h muet*] ◇ *adj inv* & *pron inv* zehn. ◇ *nm inv* **-1.** [gén] Zehn *die*. **-2.** [note]: **avoir** ~ **sur** ~ ≃ eine Eins bekommen; *voir aussi* **six**.

dix-huit [dizɥit] ◇ *adj inv* & *pron inv* achtzehn. ◇ *nm inv* Achtzehn *die*; *voir aussi* **six**.

dix-huitième [dizɥitjɛm] ◇ *adj* achtzehnte,-r, -s. ◇ *nmf* Achtzehnte *der, die, das*. ◇ *nm* [arrondissement] achtzehntes Arrondissement; *voir aussi* **sixième**.

dixième [dizjɛm] ◇ *adj* zehnte,-r,-s. ◇ *nmf* Zehnte *der, die, das.* ◇ *nm* **-1.** [fraction] Zehntel *das.* **-2.** [étage] zehnter Stock, zehnte Etage. **-3.** [arrondissement] zehntes Arrondissement. ◇ *nf* SCOL ≃ zweite Klasse; *voir aussi* **sixième**.

dix-neuf [diznœf] ◇ *adj inv* & *pron inv* neunzehn. ◇ *nm inv* Neunzehn *die*; *voir aussi* **six**.

dix-neuvième [diznœvjɛm] ◇ *adj* neunzehnte,-r,-s. ◇ *nmf* Neunzehnte *der, die, das.* ◇ *nm* [arrondissement] neunzehntes Arrondissement; *voir aussi* **sixième**.

dix-sept [disɛt] ◇ *adj inv* & *pron inv* siebzehn. ◇ *nm inv* Siebzehn *die*; *voir aussi* **six**.

dix-septième [disɛtjɛm] ◇ *adj* siebzehnte,-r,-s. ◇ *nmf* Siebzehnte *der, die, das.* ◇ *nm* [arrondissement] siebzehntes Arrondissement; *voir aussi* **sixième**.

dizaine [dizɛn] *nf* **-1.** MATHS [dix] Zehner *der.* **-2.** [environ dix]: **une ~ de personnes** ungefähr zehn Leute.

Djakarta, Jakarta [dʒakarta] *n* Djakarta *nt*, Jakarta *nt*.

djellaba [dʒɛlaba] *nf* Dschellaba *die.*

Djibouti [dʒibuti] ◇ *nm* [État]: **le ~** Djibouti *nt*, Dschibuti *nt*; **au ~** in Djibouti. ◇ *n* [ville] Djibouti *nt*, Dschibuti *nt*.

djiboutien, enne [dʒibutjɛ̃, ɛn] *adj* aus OU von Djibouti.

◆ **Djiboutien, enne** *nm, f* Einwohner *der*, -in *die* von Djibouti.

dl (*abr de* **décilitre**) dl.

dm (*abr de* **décimètre**) dm.

DM (*abr de* **deutschmark**) DM.

do[1] (*abr de* **dito**) do, dto.

do[2] [do] *nm inv* MUS c *das*, C *das.*

doberman [dɔbɛrman] *nm* Dobermann *der.*

doc [dɔk] (*abr de* **documentation**) *nf fam* Infos *Pl*; **pouvez-vous me donner de la ~ sur cet ordinateur**? können Sie mir Infos zu diesem Computer geben?

doc. (*abr de* **document**) Dok.

docile [dɔsil] *adj* **-1.** [obéissant] gefügig. **-2.** [soumis] folgsam.

docilement [dɔsilmɑ̃] *adv* willig.

docilité [dɔsilite] *nf* Folgsamkeit *die.*

dock [dɔk] *nm* **-1.** [bassin] Dock *das.* **-2.** [hangar] Lagerhaus *das.*

docker [dɔkɛr] *nm* Hafenarbeiter *der*, -in *die.*

docte [dɔkt] *adj péj* oberlehrerhaft.

doctement [dɔktəmɑ̃] *adv* [savamment] oberlehrerhaft.

docteur [dɔktœr] *nm* **-1.** [médecin] Doktor *der*; **~ en médecine** Doktor der Medizin. **-2.** [universitaire] Doktor *der*, -in *die*; **~ honoris causa** Doktor honoris causa.

doctoral, e, aux [dɔktɔral, o] *adj péj* belehrend.

doctorat [dɔktɔra] *nm* **-1.** [études] Promotionsstudium *das*; **passer son ~** promovieren. **-2.** [grade de docteur] Doktor(titel) *der.* **-3.** [épreuve] Doktorexamen *das.*

doctoresse [dɔktɔrɛs] *nf fam* Ärztin *die.*

doctrinaire [dɔktrinɛr] *adj* doktrinär.

doctrine [dɔktrin] *nf* Doktrin *die.*

document [dɔkymɑ̃] *nm* Dokument *das.*

documentaire [dɔkymɑ̃tɛr] ◇ *adj* dokumentarisch. ◇ *nm* Dokumentarfilm *der.*

documentaliste [dɔkymɑ̃talist] *nmf* Dokumentar *der*, -in *die*, Dokumentalist *der*, -in *die.*

documentariste [dɔkymɑ̃tarist] *nmf* Dokumentarist *der*, -in *die.*

documentation [dɔkymɑ̃tasjɔ̃] *nf* **-1.** [recherche] Dokumentationsarbeit *die.* **-2.** [documents] Unterlagen *Pl.* **-3.** [brochures] Informationsmaterial *das (sans pl).*

documenté, e [dɔkymɑ̃te] *adj* dokumentiert.

documenter [3] [dɔkymɑ̃te] *vt* dokumentieren.

◆ **se documenter** *vp* sich informieren.

dodeliner [3] [dɔdline] *vi*: **~ de la tête** mit dem Kopf wackeln.

dodo [dɔdo] *nm* Heia *die*; **faire ~** Heia machen.

dodu, e [dɔdy] *adj* **-1.** [gras] gut genährt. **-2.** *fam* [grassouillet] pummelig.

dogmatique [dɔgmatik] *adj* dogmatisch.

dogme [dɔgm] *nm* Dogma *das.*

dogue [dɔg] *nm* Dogge *die.*

doigt [dwa] *nm* **-1.** ANAT Finger *der*; **avoir les ~s gourds** steife Finger haben; **se lécher les ~s** sich *(D)* die Finger lecken; **montrer qqch du ~** auf etw *(A)* mit dem Finger zeigen; **lever le ~** SCOL den Finger strecken; **~ de pied** [orteil] Zeh *der*, Zehe *die.* **-2.** [mesure]: **un ~ de porto** ein kleiner Schluck Porto; **être à deux ~s de qqch** *fig* ganz nahe an etw *(D)* dran sein. **-3.** *loc*: **faire qqch les ~s dans le nez** etw spielend tun; **mettre le ~ dans l'engrenage** sich auf eine Sache ein|lassen; **mettre le ~ sur qqch** etw auf|zeigen; **se mettre le ~ dans l'œil** *fam* schief|liegen; **s'en mordre les ~s** es bitter bereuen; **obéir au ~ et à l'œil** spuren.

doigté [dwate] *nm* [tact] Fingerspitzengefühl *das.*

dois *etc* → **devoir**.

doléances [dɔleɑ̃s] *nfpl* Beschwerden *Pl.*

dollar [dɔlar] *nm* Dollar *der.*

dolmen [dɔlmɛn] *nm* Dolmen *der.*

DOM [dɔm] *abr de* **département d'outre-mer**.

domaine [dɔmɛn] *nm* **-1.** [propriété] Gut *das.* **-2.**

[secteur] Gebiet *das*. **-3.** [compétence] Zuständigkeitsbereich *der*.

domanial, e, aux [dɔmanjal, o] *adj* staatseigen, Staats-.

dôme [dom] *nm* Kuppel *die*.

domestication [dɔmɛstikasjɔ̃] *nf* Zähmung *die*.

domestique [dɔmɛstik] ◇ *adj* häuslich, Haus-. ◇ *nmf* [employé] Hausangestellte *der, die*.

domestiquer [3] [dɔmɛstike] *vt* **-1.** [animal] zähmen. **-2.** [vent, marée] bändigen.

domicile [dɔmisil] *nm* **-1.** [lieu d'habitation] Wohnsitz *der*; **à ~** zu Hause; **livrer à ~** ins Haus liefern; **sans ~ fixe** obdachlos; **un sans ~ fixe** ein Obdachloser; **élire ~** sich nieder|lassen; **~ conjugal** JUR ehelicher Wohnsitz. **-2.** JUR Sitz *der*.

domiciliation [dɔmisiljasjɔ̃] *nf*: **~ bancaire** Angabe *die* des Zahlungsorts.

domicilié, e [dɔmisilje] *adj* wohnhaft; **être ~ à** Paris seinen Wohnsitz in Paris haben.

dominant, e [dɔminɑ̃, ɑ̃t] *adj* **-1.** [qui prévaut] vorherrschend. **-2.** [qui exerce une autorité] herrschend. **-3.** [position] überragend.

◆ **dominante** *nf* **-1.** [caractéristique] Hauptmerkmal *das*. **-2.** ART Dominante *die*.

domination [dɔminasjɔ̃] *nf* **-1.** [autorité] Vorherrschaft *die*. **-2.** [influence] Macht *die*.

dominer [3] [dɔmine] ◇ *vt* **-1.** [commander] beherrschen. **-2.** [surpasser] überlegen sein. **-3.** [sentiment] zügeln. **-4.** [surplomber] überragen. ◇ *vi* **-1.** [régner] herrschen. **-2.** [prédominer] dominieren. **-3.** [triompher] überlegen sein. **-4.** [être plus nombreux] in der Überzahl sein.

dominicain, e [dɔminikɛ̃, ɛn] RELIG ◇ *adj* dominikanisch. ◇ *nm, f* Dominikaner *der*, -in *die*.

dominical, e, aux [dɔminikal, o] *adj* Sonntags-.

domino [dɔmino] *nm* **-1.** [jeu] Domino *das*, Dominospiel *das*. **-2.** [pièce] Dominostein *der*. **-3.** [électrique] Lüsterklemme *die*.

dommage [dɔmaʒ] *nm* Schaden *der*; **~s et intérêts**, **~s-intérêts** Schadensersatz *der*; **(c'est) ~!** (das ist aber) schade!

dompter [3] [dɔ̃te] *vt* **-1.** [animal] zähmen. **-2.** [éléments] bezwingen. **-3.** *sout* [sentiment] bändigen.

dompteur, euse [dɔ̃tœr, øz] *nm, f* Dompteur *der*, -euse *die*.

DOM-TOM [dɔmtɔm] (*abr de* **départements d'outre-mer/territoires d'outre-mer**) *nmpl* *französische Übersee-Départements und Überseegebiete*.

don [dɔ̃] *nm* **-1.** [cadeau] Spende *die*, Schenkung *die*; **faire ~ de qqch à qqn** jm etw schenken; **faire ~ de son corps à la science** seinen Körper der Wissenschaft zur Verfügung stellen; **~ d'organe** Organspende; **~ du sang** Blutspende. **-2.** [talent] Begabung *die*. **-3.** *iron* [manie] Gabe *die*.

donateur, trice [dɔnatœr, tris] *nm, f* Spender *der*, -in *die*.

donation [dɔnasjɔ̃] *nf* JUR Schenkung *die*.

donc [dɔ̃k] **-1.** [de conséquence] demzufolge. **-2.** [de résumé] also. **-3.** [d'incitation] doch.

donjon [dɔ̃ʒɔ̃] *nm* Bergfried *der*.

donjuanisme [dɔ̃ʒyanism] *nm* Schürzenjägerei *die*.

donnant [dɔnɑ̃]

◆ **donnant donnant** *loc adv* eine Hand wäscht die andere.

donne [dɔn] *nf* [aux cartes] Geben *das*.

donné, e [dɔne] *adj* [déterminé] bestimmte,-r,-s; **c'est (pas) ~** *fam* das ist (nicht) geschenkt.

◆ **donnée** *nf* **-1.** [information] Daten *Pl*; **~es numériques** INFORM numerische Daten. **-2.** MATHS [de problème] gegebene Größe.

◆ **étant donné que** *loc conj* angesichts der Tatsache, daß.

donner [3] [dɔne] ◇ *vt* **-1.** [gén]: **~ qqch (à qqn)** (jm) etw geben; **~ ses chaussures à réparer** seine Schuhe zur Reparatur geben; **~ sa fille à garder** seine Tochter in Obhut geben; **~ un âge à qqn** jn auf ein Alter schätzen; **ne rien ~** *fig* nichts bringen. **-2.** [maladie, passion]: **~ qqch à qqn** jm etw vermachen. **-3.** [indiquer]: **~ l'heure** die Uhrzeit an|geben. **-4.** [remettre]: **~ qqch à qqn** jm etw übergeben. **-5.** *fam* [complice] verpfeifen. **-6.** [occasionner]: **~ l'impression que** den Eindruck machen, daß; **~ soif/faim** durstig/hungrig machen; **~ du souci (à qqn)** (jm) Sorgen bereiten. ◇ *vi* **-1.** [terre, arbre] Früchte tragen. **-2.** [avoir accès]: **~ sur qqch** auf etw *(A)* hinaus|gehen; **~ sur le lac/la rue** am See/zur Straße liegen. **-3.** [inciter]: **~ à réfléchir** zu denken geben; **~ à croire** OU **penser que** zu der Annahme Anlaß geben, daß. **-4.** [avoir le goût]: **~ dans qqch** eine Vorliebe für etw haben.

◆ **se donner** *vp* **-1.** [se consacrer]: **se ~ à qqch** sich einer Sache *(D)* verschreiben. **-2.** [céder]: **se ~ à qqn** sich jm hin|geben.

donneur, euse [dɔnœr, øz] *nm, f* **-1.** [qui donne] Spender *der*, -in *die*; **~ de sang** Blutspender. **-2.** [qui distribue] Geber *der*, -in *die*.

dont [dɔ̃] *pron rel* **-1.** [complément de verbe ou d'adjectif]: **la personne ~ tu parles** die Person, von der du sprichst; **l'accident ~ il est responsable** der Unfall, für den er verantwortlich ist. **-2.** [complément de nom ou de pronom] dessen, deren; **un meuble ~ le bois est vermoulu** ein Möbel, dessen Holz wurmstichig ist; **c'est quelqu'un ~ j'apprécie l'honnêteté** er ist jemand, dessen Ehrlichkeit ich schätze; **celle ~ les parents sont divorcés** diejenige, deren Eltern geschieden sind. **-3.** [indiquant la partie d'un tout] von denen; **cinq personnes ont téléphoné, ~ ton frère** fünf Personen haben angerufen, unter anderem auch dein Bruder.

dopage [dɔpaʒ] *nm* Doping *das.*

dopant, e [dɔpɑ̃, ɑ̃t] *adj* Doping-.

◆ **dopant** *nm* Dopingmittel *das.*

dope [dɔp] *nf fam* [drogue] Dope *das.*

doper [3] [dɔpe] *vt* dopen.

◆ **se doper** *vp* sich dopen.

dorade = **daurade**.

doré, e [dɔre] *adj* **-1.** [couvert d'or] vergoldet; **livre ~ sur tranche** Buch *das* mit Goldschnitt. **-2.** [de la couleur de l'or] goldene,-r,-s.

◆ **doré** *nm* [dorure] Vergoldung *die.*

dorénavant [dɔrenavɑ̃] *adv* von nun an.

dorer [3] [dɔre] ◇ *vt* **-1.** [couvrir d'or] vergolden. **-2.** [peau, beurre] bräunen. ◇ *vi* CULIN: **faire ~** bräunen.

◆ **se dorer** *vp* sich bräunen lassen.

dorloter [3] [dɔrlɔte] *vt* verhätscheln.

dormant, e [dɔrmɑ̃, ɑ̃t] *adj*: **eau ~e** stehendes Wasser.

dormeur, euse [dɔrmœr, øz] *nm, f* Schläfer *der*, -in *die.*

dormir [36] [dɔrmir] *vi* schlafen; **capitaux qui dorment** totes Kapital *(sans pl)*; **~ debout** vor Müdigkeit um|fallen; **à ~ debout** [extravagant] haarsträubend.

dorsal, e, aux [dɔrsal, o] *adj* Rücken-.

dortoir [dɔrtwar] *nm* Schlafsaal *der.*

dorure [dɔryr] *nf* **-1.** [couche d'or] Goldüberzug *der.* **-2.** [chose dorée] Goldverzierung *die.* **-3.** [action] Vergolden *das.*

doryphore [dɔrifɔr] *nm* Kartoffelkäfer *der.*

dos [do] *nm* **-1.** ANAT Rücken *der*; **~ à ~** mit dem Rücken aneinander; **de ~** von hinten; **à ~ d'âne** auf einem Esel; **sur le ~** auf dem Rükken; **tourner le ~ à qqch** mit dem Rücken zu einer Sache stehen; **tourner le ~ à qqn** jm den Rücken kehren; **'voir au ~'** 'siehe Rückseite'; **avoir bon ~** *fig* eine gute Ausrede sein; **en avoir plein le ~** *fam fig* die Nase voll haben; **ne rien avoir à se mettre sur le ~** *fig* nichts anzuziehen haben; **se mettre qqn à ~** *fig* es sich mit jm verderben. **-2.** [de siège] Rückenlehne *die.* **-3.** [côté opposé] Rückseite *die.*

DOS, Dos [dɔs] *(abr de* **Disc Operating System**) *nm* DOS *das.*

dosage [dozaʒ] *nm* Dosierung *die.*

dos-d'âne [dodan] *nm* Kuppe *die.*

dose [doz] *nf* **-1.** [de médicament] Dosis *die*; **'ne pas dépasser la ~ prescrite'** die verordnete Menge darf nicht überschritten werden. **-2.** [quantité] Menge *die*; **avoir eu sa ~ de qqch** *fig* seine Portion von etw abbekommen haben.

doser [3] [doze] *vt* dosieren.

doseur [dozœr] *nm* **-1.** [appareil] Dosiergerät *das.* **-2.** [distributeur] Spender *der.*

dossard [dosar] *nm* SPORT Startnummer *die.*

dossier [dosje] *nm* **-1.** [de siège] Rückenlehne *die.* **-2.** [documents] Akte *die.* **-3.** [classeur] Aktenmappe *die*; **~ suspendu** Hängemappe *die.*

dot [dɔt] *nf* Mitgift *die.*

dotation [dɔtasjɔ̃] *nf* Ausstattung *die.*

doté, e [dɔte] *adj*: **~ de** bestückt OU versehen mit.

doter [3] [dɔte] *vt* aus|statten.

douairière [dwɛrjɛr] *nf péj* Alte *die.*

douane [dwan] *nf* Zoll *der (sans pl)*; **service des ~s** Zollamt *das*; **exempté de ~** zollfrei.

douanier, ère [dwanje, ɛr] ◇ *adj* Zoll-. ◇ *nm, f* Zollbeamte *der*, -tin *die.*

doublage [dublaʒ] *nm* **-1.** CIN Synchronisierung *die.* **-2.** THÉÂTRE [d'acteur] Doubeln *das.* **-3.** [vêtement] Füttern *das.*

double [dubl] ◇ *adj* Doppel-, doppelt. ◇ *adv* doppelt; **voir ~** doppelt sehen. ◇ *nm* **-1.** [quantité] Doppelte *das*; **elle gagne le ~ de moi** sie verdient doppelt so viel wie ich. **-2.** [copie] Doppel *das*, Kopie *die.* **-3.** [sosie] Doppelgänger *der.* **-4.** [au tennis]: **~ dames** Damendoppel *das*; **~ messieurs** Herrendoppel *das.*

doublé, e [duble] *adj* **-1.** [vêtement] gefüttert. **-2.** [film] synchronisiert. **-3.** *loc*: **c'est un poète ~ d'un compositeur** er ist Dichter und Komponist zugleich.

◆ **doublé** *nm* **-1.** [deux réussites] Doppelerfolg *der.* **-2.** [à la chasse] Doppeltreffer *der.*

doublement [dubləmɑ̃] ◇ *adv* doppelt. ◇ *nm* [de consonne] Verdoppelung *die.*

doubler [3] [duble] ◇ *vt* **-1.** [multiplier par deux] verdoppeln. **-2.** [vêtement] füttern. **-3.** [dépasser] überholen. **-4.** [film] synchronisieren; [acteur] doubeln. **-5.** *fam* [trahir] übervorteilen. **-6.** [augmenter] steigern. ◇ *vi* sich verdoppeln.

◆ **se doubler** *vp*: **se ~ de qqch** mit etw einher|gehen.

doublure [dublyr] *nf* **-1.** [renforcement] Futter *das.* **-2.** THÉÂTRE & CIN [acteur] Double *das.*

douce → **doux**.

douceâtre [dusatr] *adj* süßlich.

doucement [dusmɑ̃] *adv* **-1.** [modérément] sachte; **(eh,) ~!** nun mal langsam! **-2.** [bas] leise. **-3.** [avec douceur] behutsam. **-4.** [médiocrement] mittelprächtig.

doucereux, euse [dusrø, øz] *adj* **-1.** [saveur] süßlich. **-2.** *fig* [mielleux] zuckersüß.

doucette [dusɛt] *nf* Feldsalat *der.*

douceur [dusœr] *nf* **-1.** [aux sens] Sanftheit *die*;

[de peau] Zartheit *die*; **en ~** sacht. **-2.** [de climat, de température] Milde *die*. **-3.** [de caractère] Sanftmut *die*. **-4.** [au goût] Süße *die*.
◆ **douceurs** *nfpl* Süßigkeiten *Pl*.
douche [duʃ] *nf* Dusche *die*; **prendre une ~** duschen; **~ froide** *litt* & *fig* kalte Dusche; **~ écossaise** *litt* & *fig* Wechselbad *das*.
doucher [3] [duʃe] *vt* ab|duschen.
◆ **se doucher** *vp* sich duschen.
doudoune [dudun] *nf fam* Daunenjacke *die*.
doué, e [dwe] *adj* begabt; **être ~ de qqch** etw besitzen; **être ~ pour qqch** für etw begabt sein.
douer [6] [dwe] *vt*: **~ qqn de qqch** jn mit etw bedenken.
douille [duj] *nf* **-1.** [d'ampoule] Fassung *die*. **-2.** [de cartouche] Hülse *die*. **-3.** [d'outil] Tülle *die*.
douillet, ette [dujɛ, ɛt] ◇ *adj* **-1.** [confortable] mollig. **-2.** [sensible] wehleidig. ◇ *nm, f* wehleidige Person; **c'est une vraie douillette** sie ist eine Zimperliese.
douillettement [dujɛtmɑ̃] *adv* behaglich.
douleur [dulœr] *nf* **-1.** [physique] Schmerz *der*; **se tordre de ~** sich vor Schmerzen krümmen. **-2.** [morale] Leid *das*.
douloureux, euse [dulurø, øz] *adj* **-1.** [blessure] schmerzhaft. **-2.** [partie du corps] schmerzend. **-3.** [séparation, événement] schmerzlich. **-4.** [regard, expression] schmerzvoll.
doute [dut] *nm* Zweifel *der*; **avoir des ~s sur qqn/qqch** Zweifel an jm/etw hegen; **mettre qqch en ~** etw in Zweifel ziehen.
◆ **sans doute** *loc adv* sicherlich.
douter [3] [dute] *vi* Zweifel haben; **~ de qqch** etw bezweifeln; **~ de qqn** an jm zweifeln; **j'en doute** ich zweifle daran; **~ que** bezweifeln, daß.
◆ **se douter** *vp*: **se ~ que** ahnen, daß; **il est furieux! - je m'en doute** er ist außer sich! - das will ich glauben.
douteux, euse [dutø, øz] *adj* **-1.** [gén] zweifelhaft. **-2.** [sale] nicht ganz sauber.
douve [duv] *nf* Burggraben *der*.
doux, douce [du, dus] *adj* **-1.** [aux sens] sanft. **-2.** [au toucher] weich. **-3.** [climat, température] mild. **-4.** [souvenir] süß. **-5.** [personne, caractère] sanftmütig. **-6.** → **pente**.
◆ **doux** *adv*: **il fait ~** es ist angenehm warm.
◆ **en douce** *loc adv fam* heimlich; **faire un coup en douce à qqn** jm eins aus|wischen.
douzaine [duzɛn] *nf* **-1.** [douze] Dutzend *das*; **une ~ d'œufs** zwölf Eier. **-2.** [environ douze]: **une ~ de personnes** ungefähr zwölf Leute.
douze [duz] ◇ *adj inv* & *pron inv* zwölf. ◇ *nm inv* Zwölf *die*; *voir aussi* **six**.
douzième [duzjɛm] ◇ *adj* zwölfte,-r,-s. ◇ *nmf* Zwölfte *der, die, das*. ◇ *nm* **-1.** [fraction] Zwölftel *das* **-2.** [étage] zwölfter Stock, zwölfte Etage. **-3.** [arrondissement] zwölftes Arrondissement; *voir aussi* **sixième**.
doyen, enne [dwajɛ̃, ɛn] *nm, f* **-1.** [le plus vieux] Älteste *der, die*. **-2.** [d'université] Dekan *der*.
DP *abr de* **délégué du personnel**.
DPLG (*abr de* **diplômé par le gouvernement**) *adj* staatlich geprüft; **architecte ~** staatlich geprüfter Architekt.
dr (*abr de* **droite**) rechts.
Dr (*abr de* **Docteur**) Dr.
draconien, enne [drakɔnjɛ̃, ɛn] *adj* drakonisch.
dragage [dragaʒ] *nm* (Aus)baggern *das*.
dragée [draʒe] *nf* Dragée *das*; **tenir la ~ haute à qqn** *fig* jm die Stirn bieten.
dragon [dragɔ̃] *nm* Drache(n) *der*.
drague [drag] *nf* **-1.** *fam* [flirt] Anmache *die*. **-2.** [machine] Bagger *der*.
draguer [3] [drage] *vt* **-1.** *fam* [personne] an|machen. **-2.** [lac, fleuve] aus|baggern.
dragueur, euse [dragœr, øz] *nm, f fam* Anmacher *der*, -in *die*.
◆ **dragueur** *nm*: **~ de mines** Minenräumboot *das*.
drainage [drɛnaʒ] *nm* **-1.** [de marais] Trockenlegung *die*. **-2.** [de capitaux] Finanzfluß *der*.
drainer [4] [drene] *vt* **-1.** [assécher] trocken|legen. **-2.** MÉD dränieren. **-3.** *fig* [attirer] an|ziehen.
dramatique [dramatik] ◇ *adj* **-1.** [grave] dramatisch. **-2.** THÉÂTRE Theater-. ◇ *nf* RADIO Hörspiel *das*; TÉLÉ Fernsehspiel *das*.
dramatisation [dramatizasjɔ̃] *nf* Dramatisierung *die*.
dramatiser [3] [dramatize] *vt* dramatisieren.
dramaturge [dramatyrʒ] *nmf* Stückeschreiber *der*, -in *die*.
drame [dram] *nm* Drama *das*; **~ cornélien** Pflichtdrama.
drap [dra] *nm* **-1.** [de lit] (Bett)laken *das*. **-2.** [étoffe] Tuch *das*; **~ de bain** Badetuch. **-3.** *loc*: **être dans de beaux ~s** in der Klemme sitzen.
drapeau, x [drapo] *nm* Fahne *die*; **~ blanc** Friedensfahne; **~ tricolore** Trikolore *die*; **être sous les ~x** *fig* Soldat sein.
draper [3] [drape] *vt* **-1.** [couvrir] um|hüllen. **-2.** [plisser] in Falten legen, drapieren.
◆ **se draper** *vp*: **se ~ dans qqch** sich in etw *(A)* ein|hüllen; → **dignité**.
draperie [drapri] *nf* **-1.** [tenture] Stoffdekoration *die*. **-2.** [industrie] Tuchindustrie *die*.

drap-housse [draus] (*pl* **draps-housses**) *nm* Spannlaken *das*.
drapier, ère [drapje, ɛr] ◇ *adj* Tuch-. ◇ *nm, f* **-1.** [fabricant] Tuchfabrikant *der*, -in *die*. **-2.** [marchand] Tuchhändler *der*, -in *die*.
drastique [drastik] *adj* drastisch.
Dresde [drɛzd] *n* Dresden *nt*.
dressage [drɛsaʒ] *nm* [d'animal] Dressur *die*.
dresser [4] [drese] *vt* **-1.** [mât, échelle, tête] auf|richten. **-2.** [tente] auf|bauen. **-3.** [monument, statue] errichten. **-4.** [liste] erstellen. **-5.** [animal, personne] dressieren; **être bien dressé** gut dressiert sein. **-6.** [mettre en opposition]: **~ qqn contre qqn** jn gegen jn auf|hetzen.
◆ **se dresser** *vp* **-1.** [se mettre debout] sich auf|richten. **-2.** [montagne, tour, château] auf|ragen. **-3.** [obstacle] auf|tauchen. **-4.** *fig* [s'insurger]: **se ~ contre qqch** sich gegen etw auf|lehnen.
dresseur, euse [drɛsœr, øz] *nm, f* Dresseur *der*, -euse *die*.
dressoir [drɛswar] *nm* Anrichte *die*.
DRH ◇ *nf abr de* **direction des ressources humaines**. ◇ *nm abr de* **directeur des ressources humaines**.
dribbler [3] [drible] ◇ *vi* dribbeln. ◇ *vt* umdribbeln.
drille [drij] *nm*: **un joyeux ~** ein lustiger Geselle.
driver[1] [drajvœr] *nm* **-1.** [équitation] (Sulky)fahrer *der*. **-2.** GOLF & TENNIS Driver *der*.
driver[2] [3] [drajve] ◇ *vt*: **~ un cheval** Sulky fahren. ◇ *vi* GOLF & TENNIS driven, einen Drive schlagen.
drogue [drɔg] *nf* **-1.** [stupéfiant] Droge *die*; *fig* Suchtmittel *das*; **~ dure** harte Droge. **-2.** [médicament] Arzneimittel *das*.
drogué, e [drɔge] ◇ *adj* (rauschgift)süchtig. ◇ *nm, f* Rauschgiftsüchtige *der, die*.
droguer [3] [drɔge] *vt*: **~ qqn** jn unter Drogen setzen.
◆ **se droguer** *vp* **-1.** [avec drogues] Drogen nehmen; **se ~ à la cocaïne** Kokain nehmen. **-2.** [avec médicaments] sich betäuben.
droguerie [drɔgri] *nf* Drogerie *die*.
droguiste [drɔgist] *nmf* Drogist *der*, -in *die*.
droit, e [drwa, drwat] *adj* **-1.** [à droite] rechte,-r, -s. **-2.** [rectiligne] geradlinig, gerade. **-3.** [vertical] gerade; **~ comme un i** kerzengerade. **-4.** [honnête] aufrichtig.
◆ **droit** ◇ *adv* **-1.** [rectiligne] gerade; **tout ~** geradeaus. **-2.** [directement] direkt. ◇ *nm* **-1.** [lois, pouvoir] Recht *das*; **prisonnier de ~ commun** nichtpolitischer Gefangener; **avoir ~ à qqch** Anspruch auf etw *(A)* haben; **être dans son ~** recht haben; **être en ~ de faire qqch** dazu berechtigt sein, etw zu tun; **de quel ~?** mit welcher Berechtigung?; **~ d'aînesse** Erstgeburtsrecht; **~ canon** Kirchenrecht; **~ civil** bürgerliches Recht; **~ coutumier** Gewohnheitsrecht; **~ de grâce** Begnadigungsrecht; **~s de l'homme** Menschenrechte *Pl*; **~ pénal** Strafrecht; **~ de regard** Recht auf Einsichtnahme; **~ de veto** Vetorecht; **~ de visite** Besuchsrecht; **~ de vote** Wahlrecht; **à qui de ~** an die zuständige Person. **-2.** [science] Jura *(sans art déf)*, Rechtswissenschaft *die*.
◆ **droite** *nf* Rechte *die*; **à ~e** rechts; **serrer à ~e** rechts halten.
◆ **droits** *nmpl* [paiement] Gebühr *die*.
droitier, ère [drwatje, ɛr] ◇ *adj* rechtshändig. ◇ *nm, f* Rechtshänder *der*, -in *die*.
droiture [drwatyr] *nf* Redlichkeit *die*.
drôle [drol] *adj* **-1.** [amusant] lustig. **-2.** [bizarre] komisch. **-3.** *fam* [remarquable]: **de ~s de progrès** erstaunliche Fortschritte.
drôlement [drolmɑ̃] *adv* **-1.** [de façon amusante] komisch. **-2.** [bizarrement] merkwürdig. **-3.** *fam* [très] ganz schön.
drôlerie [drolri] *nf* Komik *die*.
dromadaire [drɔmadɛr] *nm* Dromedar *das*.
dru, e [dry] *adj* dicht.
◆ **dru** *adv*: **tomber ~** [pluie] in dichten Tropfen fallen.
drugstore [drœgstɔr] *nm* Drugstore *der*.
druide [drɥid] *nm* Druide *der*.
DST (*abr de* **Direction de la surveillance du territoire**) *nf französischer Geheimdienst*.
DT (*abr de* **diphtérie, tétanos**) *nm* DT-Impfstoff *der*.
D.T.COQ. [detekɔk] (*abr de* **diphtérie, tétanos, coqueluche**) *nm* DPT-Impfstoff *der*.
du → **de**.
dû, due [dy] ◇ *pp* → **devoir**. ◇ *adj* geschuldet.
◆ **dû** *nm* fälliger Betrag; **réclamer son ~** einen fälligen Betrag ein|fordern.
dualité [dɥalite] *nf* Dualität *die*.
Dubayy [dybaj] *n* Dubai *nt*.
dubitatif, ive [dybitatif, iv] *adj* zweifelnd.
Dublin [dyblɛ̃] *n* Dublin *nt*.
dublinois, e [dyblinwa, az] *adj* aus OU von Dublin.
◆ **Dublinois, e** *nm, f* Einwohner *der*, -in *die* von Dublin.
duc [dyk] *nm* Herzog *der*.
ducal, e, aux [dykal, o] *adj* Herzogs-.
duché [dyʃe] *nm* Herzogtum *das*.
duchesse [dyʃɛs] *nf* Herzogin *die*.
duel [dɥɛl] *nm* **-1.** [combat] Duell *das*. **-2.** *fig* [lutte] Krieg *der*.
duffel-coat (*pl* **duffel-coats**), **duffle-coat** (*pl* **duffle-coats**) [dœfəlkot] *nm* Dufflecoat *der*.

dûment [dymɑ̃] *adv* ordnungsgemäß.
dumping [dœmpiŋ] *nm* Dumping *das*.
dune [dyn] *nf* Düne *die*.
duo [dɥo] *nm* [instrumental] Duo *das*; [vocal] Duett *das*; **en ~** im Duett.
dupe [dyp] ◇ *adj*: **ne pas être ~** sich nicht hereinlegen lassen. ◇ *nf*: **être la ~ de qqn** von jm betrogen werden.
duper [3] [dype] *vt sout* betrügen.
duplex [dyplɛks] *nm* **-1.** [appartement] Maisonnettenwohnung *die*. **-2.** RADIO & TÉLÉ Duplexbetrieb *der*; **en ~** im Duplexbetrieb.
duplicata [dyplikata] *nm inv* Duplikat *das*.
duplicité [dyplisite] *nf* Falschheit *die*.
dupliquer [3] [dyplike] *vt*: **~ qqch** [document] von etw eine Kopie an|fertigen.
duquel [dykɛl] → **lequel**.
dur, e [dyr] ◇ *adj* **-1.** [solide, pénible, rude] hart. **-2.** [difficile] schwer; **~ à avaler** *fam fig* schwer zu verdauen. **-3.** [sévère] streng. ◇ *nm, f* unerbittlicher Mensch; **un ~ à cuire** *fam* jemand, der nicht unterzukriegen ist.
◆ **dur** *adv* **-1.** [fort] stark. **-2.** [beaucoup] hart.
◆ **à la dure** *loc adv* spartanisch.
durable [dyrabl] *adj* dauerhaft.
durablement [dyrabləmɑ̃] *adv* dauerhaft.
durant [dyrɑ̃] *prép*: **~ qqch** während einer Sache *(G)*; **~ des heures** stundenlang.
durcir [32] [dyrsir] ◇ *vt* verhärten. ◇ *vi* hart werden.
◆ **se durcir** *vp* sich verhärten.
durcissement [dyrsismɑ̃] *nm* Verhärtung *die*.
durée [dyre] *nf* Dauer *die*; **~ de conservation** Haltbarkeitsdauer.
durement [dyrmɑ̃] *adv* **-1.** [violemment] schwer. **-2.** [péniblement, sévèrement] hart.
durer [3] [dyre] *vi* **-1.** [se prolonger] dauern. **-2.** [se conserver] halten.
dureté [dyrte] *nf* **-1.** [solidité] Festigkeit *die*, Härte *die*. **-2.** [difficulté] Schwere *die*. **-3.** [sévérité, rudesse] Härte *die*. **-4.** [insensibilité] Hartherzigkeit *die*.
durillon [dyrijɔ̃] *nm* Schwiele *die*.
dus *etc* → **devoir**.
Düsseldorf [dysɛldɔrf] *n* Düsseldorf *nt*.
DUT (*abr de* **diplôme universitaire de technologie**) *nm mittlerer Abschluß auf der technischen Fachhochschule in Frankreich*.
duvet [dyvɛ] *nm* **-1.** [sac de couchage] Daunenschlafsack *der*. **-2.** [plumes] Daunen *Pl*. **-3.** [poils fins] Flaum *der*.
dynamique [dinamik] ◇ *adj* dynamisch. ◇ *nf* Dynamik *die*; **~ de groupe** Gruppendynamik.
dynamiser [3] [dinamize] *vt* dynamisieren.
dynamisme [dinamism] *nm* [vitalité] Dynamik *die*.
dynamite [dinamit] *nf* Dynamit *das*.
dynamiter [3] [dinamite] *vt* sprengen.
dynamo [dinamo] *nf* Dynamo *der*.
dynamomètre [dinamɔmɛtr] *nm* Dynamometer *das*.
dynastie [dinasti] *nf* Dynastie *die*.
dysenterie [disɑ̃tri] *nf* Ruhr *die*.
dyslexique [dislɛksik] ◇ *adj* legasthenisch. ◇ *nmf* Legastheniker *der*, -in *die*.
dyspepsie [dispɛpsi] *nf* Verdauungsstörung *die*.

E

e, E [ə] *nm inv* [lettre] e *das*, E *das*.
◆ **E** (*abr de* **est**) O.
EAO (*abr de* **enseignement assisté par ordinateur**) *nm* CUU *(Computerunterstützter Unterricht)*.
eau, x [o] *nf* Wasser *das*; **prendre l'~** nicht wasserdicht sein; **~ bénite** Weihwasser; **~ de Cologne** Kölnisch Wasser; **~ courante** fließendes Wasser; **~ distillée** destilliertes Wasser; **~x dormantes** stehende Gewässer *Pl*; **~ douce** Süßwasser; **~ de mer** Salzwasser; **~ gazeuse/plate** kohlensäurehaltiges/stilles Wasser; **~ minérale** Mineralwasser; **~ oxygénée** Wasserstoffperoxyd *das*; **~ de pluie** Regenwasser; **~ de rose** Rosenwasser; **~ de Seltz** Sprudel *der*; **~ de source** Quellwasser; **~ de toilette** Eau de toilette *das*; **les ~x usées** Abwässer *Pl*; **à l'~ de rose** kitschig *(adj)*; **se jeter à l'~** *fig* den Sprung ins kalte Wasser wagen; **mettre** OU **faire venir l'~ à la bouche** *fig* das Wasser im Munde zusammenlaufen lassen; **mettre de l'~ dans son vin** *fig* sich mäßigen; **tomber à l'~** *fig* ins Wasser fallen.
◆ **eaux et forêts** *nfpl*: **les ~x et forêts** das Forstwesen.
EAU (*abr de* **Émirats arabes unis**) *nmpl* UAE *Pl*, VAE *Pl*.
eau-de-vie [odvi] (*pl* **eaux-de-vie**) *nf* Schnaps *der*.
eau-forte [ofɔrt] (*pl* **eaux-fortes**) *nf* Scheidewasser *das*.
ébahi, e [ebai] *adj* verdutzt.

ébahissement [ebaismɑ̃] *nm* Verwunderung *die*.

ébats [eba] *nmpl sout* Herumtollen *das (sans pl)*; **~ amoureux** Liebesspiel *das*.

ébattre [83] [ebatr]

◆ **s'ébattre** *vp sout* herum|tollen.

ébauche [eboʃ] *nf* **-1.** [esquisse] Skizze *die*. **-2.** [commencement] Ansatz *der*.

ébaucher [3] [eboʃe] *vt* **-1.** [esquisser] skizzieren. **-2.** [commencer] an|deuten.

◆ **s'ébaucher** *vp* sich ab|zeichnen.

ébène [ebɛn] *nf* Ebenholz *das*.

ébéniste [ebenist] *nm* Möbeltischler *der*.

ébénisterie [ebenistəri] *nf* **-1.** [métier] Tischlerhandwerk *das*. **-2.** [travail] Tischlerarbeit *die*.

éberlué, e [ebɛrlɥe] *adj* verdutzt.

éblouir [32] [ebluir] *vt* **-1.** [aveugler] blenden. **-2.** [émerveiller] begeistern. **-3.** [impressionner] beeindrucken.

éblouissant, e [ebluisɑ̃, ɑ̃t] *adj* **-1.** [aveuglant] blendend. **-2.** [fascinant] hinreißend.

éblouissement [ebluismɑ̃] *nm* **-1.** [aveuglement] Blendung *die*. **-2.** [vertige] Schwindel *der*. **-3.** [émerveillement] Begeisterung *die*.

ébonite [ebɔnit] *nf* Ebonit *das*.

éborgner [3] [ebɔrɲe] *vt*: **~ qqn** jm ein Auge aus|stechen.

éboueur [ebwœr] *nm* Angestellte *der* der Müllabfuhr.

ébouillanter [3] [ebujɑ̃te] *vt* ab|brühen.

◆ **s'ébouillanter** *vp* sich verbrühen.

éboulement [ebulmɑ̃] *nm* Erdrutsch *der*.

éboulis [ebuli] *nm* Geröll *das*.

ébouriffer [3] [eburife] *vt* [cheveux] zerzausen.

ébranler [3] [ebrɑ̃le] *vt* **-1.** [gén] erschüttern. **-2.** [gouvernement] gefährden. **-3.** [santé, moral] zerrütten.

◆ **s'ébranler** *vp* sich in Bewegung setzen.

ébrécher [18] [ebreʃe] *vt* **-1.** [assiette, verre] an|schlagen. **-2.** [lame] schartig machen. **-3.** *fam fig* [fortune, réputation] an|greifen.

ébriété [ebrijete] *nf* Trunkenheit *die*.

ébrouer [3] [ebrue]

◆ **s'ébrouer** *vp* sich schütteln.

ébruiter [3] [ebrɥite] *vt* verbreiten.

◆ **s'ébruiter** *vp* sich herum|sprechen.

ébullition [ebylisjɔ̃] *nf* **-1.** [de liquide] Sieden *das*; **porter à ~** zum Sieden bringen. **-2.** *fig* [effervescence]: **en ~** in Aufruhr.

écaille [ekaj] *nf* **-1.** [de poisson] Schuppe *die*. **-2.** [matière]: **lunettes en ~** Hornbrille *die*. **-3.** [de peinture, de vernis] Splitter *der*, abgesprungenes Stück.

écailler[1] [3] [ekaje] *vt* **-1.** [poisson] ab|schuppen. **-2.** [huîtres] öffnen.

◆ **s'écailler** *vp* ab|blättern.

écailler[2], **ère** [ekaje, ɛr] *nm, f* Austernhändler *der*, -in *die*.

écarlate [ekarlat] ◇ *adj* scharlachrot. ◇ *nf* **-1.** [couleur] Scharlachrot *das*. **-2.** [tissu] scharlachroter Stoff.

écarquiller [3] [ekarkije] *vt*: **~ les yeux** die Augen auf|sperren.

écart [ekar] *nm* **-1.** [dans l'espace] Abstand *der*; **tenir qqn à l'~** jn fern|halten. **-2.** [dans le temps] (Zeit)spanne *die*. **-3.** [différence] Unterschied *der*. **-4.** [incartade] Seitensprung *der*.

◆ **grand écart** *nm* Spagat *der* OU *das*.

écarteler [25] [ekartəle] *vt* **-1.** [torturer] vier|teilen. **-2.** *fig* [tirailler]: **être écartelé** hin- und hergerissen sein.

écartement [ekartəmɑ̃] *nm* Abstand *der*.

écarter [3] [ekarte] *vt* **-1.** [ouvrir - bras] aus|breiten; [- jambes] spreizen. **-2.** [rideau, meuble] zur Seite schieben. **-3.** [personne] fern|halten. **-4.** [obstacle, danger] beseitigen.

◆ **s'écarter** *vp* **-1.** [céder le passage] auseinander|rücken. **-2.** [s'éloigner] sich entfernen.

ecchymose [ekimoz] *nf* blutunterlaufene Stelle.

ecclésiastique [eklezjastik] ◇ *adj* geistlich. ◇ *nm* Geistliche *der*.

écervelé, e [esɛrvəle] ◇ *adj* gedankenlos. ◇ *nm, f* gedankenloser Mensch.

échafaud [eʃafo] *nm* Schafott *das*.

échafaudage [eʃafodaʒ] *nm* **-1.** CONSTR Gerüst *das*. **-2.** [amas] Stapel *der*. **-3.** [assemblage] Aufbau *der*.

échafauder [3] [eʃafode] ◇ *vt* **-1.** [entasser] stapeln. **-2.** [élaborer] auf|stellen. ◇ *vi* CONSTR ein|rüsten.

échalas [eʃala] *nm* **-1.** [perche] Stange *die*. **-2.** *fam* [personne]: **grand ~** Bohnenstange *die*, langer Lulatsch.

échalote [eʃalɔt] *nf* Schalotte *die*.

échancré, e [eʃɑ̃kre] *adj* **-1.** [vêtement] ausgeschnitten. **-2.** [côte] zerklüftet.

échancrure [eʃɑ̃kryr] *nf* **-1.** [de robe] Ausschnitt *der*. **-2.** [de côte] Zerklüftung *die*.

échange [eʃɑ̃ʒ] *nm* Austausch *der*; **~ standard** Austauschreparatur *die*; **en ~ (de)** als Ersatz (für); **faire un ~ de bons procédés** *fig* sich gegenseitig einen Dienst erweisen.

◆ **échanges** *nmpl* COMM Warenverkehr *der*.

échangeable [eʃɑ̃ʒabl] *adj* austauschbar.

échanger [17] [eʃɑ̃ʒe] *vt* **-1.** [troquer]: **~ qqch (contre qqch)** etw (gegen etw) aus|tauschen. **-2.** [marchandise] um|tauschen.

échangeur [eʃɑ̃ʒœr] *nm* Verkehrskreuz *das*.

échangisme [eʃɑ̃ʒism] *nm* [de partenaire sexuel] Partnertausch *der*.
échantillon [eʃɑ̃tijɔ̃] *nm* **-1.** [de produit] Probe *die*. **-2.** [d'aliment] Kostprobe *die*. **-3.** [de population] repräsentative Bevölkerungsgruppe. **-4.** COMM Muster *das*.
échantillonnage [eʃɑ̃tijɔnaʒ] *nm* **-1.** [série d'échantillons] Musterkollektion *die*. **-2.** [sélection] Auswahl *die*. **-3.** MUS Sampling *das*.
échappatoire [eʃapatwar] *nf* Ausflucht *die*.
échappé, e [eʃape] *nm, f* Entflohene *der, die*.
◆ **échappée** *nf* **-1.** CYCLISME gelungener Ausreißversuch. **-2.** [vue] Blick *der*.
échappement [eʃapmɑ̃] *nm* AUTOM Auspuff *der*; → **pot**.
échapper [3] [eʃape] ◇ *vi* **-1.** [se soustraire]: **~ à qqn** jm entkommen; **~ à qqch** einer Sache *(D)* entgehen. **-2.** [passer inaperçu]: **~ à qqn** jm entgehen. **-3.** [être incompréhensible]: **ça m'échappe** da geht mir was ab. **-4.** [involontairement]: **ça m'a échappé** das ist mir herausgerutscht. **-5.** [glisser]: **~ des mains à qqn** jm aus den Händen entgleiten. ◇ *vt loc*: **l'~ belle** mit dem Schrekken davon|kommen.
◆ **s'échapper** *vp* **-1.** [s'évader] entfliehen; **s'~ de qqch** aus etw aus|brechen. **-2.** [gaz, eau]: **s'~ de** entweichen aus.
écharde [eʃard] *nf* Splitter *der*.
écharpe [eʃarp] *nf* **-1.** [cache-nez] Schal *der*, Halstuch *das*. **-2.** [de maire] Schärpe *die*; **l'~ tricolore** *Schärpe in den Nationalfarben Frankreichs*.
◆ **en écharpe** *loc adv* in der Binde; **prendre en ~** rammen.
écharper [3] [eʃarpe] *vt* nieder|metzeln.
échasse [eʃas] *nf* Stelze *die*.
échassier [eʃasje] *nm* Stelzvogel *der*.
échauder [3] [eʃode] *vt* heiß aus|spülen; **j'ai été échaudé** *fam fig* das war mir eine Lehre.
échauffement [eʃofmɑ̃] *nm* **-1.** SPORT Warmmachen *das*. **-2.** [de moteur, de terre] Erwärmung *die*. **-3.** [surexcitation] Aufheizen *das*.
échauffer [3] [eʃofe] *vt* **-1.** [machine, sportif] warmlaufen lassen. **-2.** [atmosphère, débat] an|regen. **-3.** [personne] auf|regen.
◆ **s'échauffer** *vp* **-1.** SPORT sich warm|laufen. **-2.** *fig* [s'animer] sich erhitzen.
échauffourée [eʃofure] *nf* Zusammenstoß *der*.
échéance [eʃeɑ̃s] *nf* **-1.** [date] Fälligkeitsdatum *das*; **à longue ~** langfristig *(adv)*; **à courte** OU **brève ~** kurzfristig *(adv)*. **-2.** [paiement] fällige Zahlung. **-3.** [délai] Zahlungsfrist *die*.
échéancier [eʃeɑ̃sje] *nm* Terminkalender *der*.
échéant [eʃeɑ̃] → **cas**.
échec [eʃɛk] ◇ *nm* Mißerfolg *der*; **un ~ cuisant** eine schmähliche Niederlage; **essuyer un ~** eine Niederlage ein|stecken; **tenir qqn en ~** jn in Schach halten; **voué à l'~** zum Scheitern verurteilt. ◇ *adj inv*: **~ et mat** schachmatt.
◆ **échecs** *nmpl* Schach(spiel) *das*.
échelle [eʃɛl] *nf* **-1.** [objet] Leiter *die*; **~ de corde** Strickleiter; **faire la courte ~ à qqn** jm hinauf|helfen. **-2.** [de plan, de carte] Maßstab *der*; **à l'~ de** im Verhältnis zu; **sur une grande ~** in großem Maßstab; **à l'~ locale/internationale** *fig* auf lokaler/internationaler Ebene.
◆ **échelle sociale** *nf* gesellschaftliche Rangordnung.
échelon [eʃlɔ̃] *nm* **-1.** [barreau] Sprosse *die*. **-2.** [étape] Stufe *die*; **gravir les ~s** die Stufenleiter empor|klettern.
échelonner [3] [eʃlɔne] *vt* staffeln.
◆ **s'échelonner** *vp* sich erstrecken.
écheveau, x [eʃvo] *nm* Strang *der*.
échevelé, e [eʃəvle] *adj* **-1.** [ébouriffé] zerzaust. **-2.** [frénétique] wild.
échine [eʃin] *nf* Rückgrat *das*; **courber l'~** sich unter|ordnen.
échiner [3] [eʃine]
◆ **s'échiner** *vp*: **s'~ à faire qqch** *fam* sich mit etw ab|rackern.
échiquier [eʃikje] *nm* **-1.** [jeu] Schachbrett *das*. **-2.** *fig* [scène] Kräftespiel *das*; **l'~ politique** das politische Kräftespiel.
écho [eko] *nm* Echo *das*; **se faire l'~ de qqn** js Meinung verbreiten; **rester sans ~** kein Echo finden.
échographie [ekografi] *nf* Ultraschalluntersuchung *die*.
échoir [70] [eʃwar] *vi* **-1.** [être dévolu]: **~ à qqn** jm zu|fallen. **-2.** [expirer] ab|laufen.
échoit [eʃwa] → **échoir**.
échoppe [eʃɔp] *nf* kleiner Laden.
échouer [6] [eʃwe] *vi* **-1.** [ne pas réussir] mißlingen; **~ à un examen** bei einer Prüfung durch|fallen. **-2.** [navire] auf|laufen. **-3.** *fam* [aboutir] landen.
◆ **s'échouer** *vp* auf|laufen.
échu, e [eʃy] *pp* → **échoir**.
éclabousser [3] [eklabuse] *vt* **-1.** [de liquide] bespritzen. **-2.** *fig* [compromettre] in Verruf bringen.
éclaboussure [eklabusyr] *nf* [de liquide] Spritzer *der*; *fig* Schaden *der*.
éclair [eklɛr] ◇ *nm* **-1.** [d'orage] Blitz *der*. **-2.** [moment] Augenblick *der*; **~ de génie** Geistesblitz *der*; **en un ~** in Windeseile. **-3.** [gâteau] Liebesknochen *der*; **~ au chocolat** Liebesknochen mit Schokoladenfüllung. ◇ *adj inv* Blitz-.
éclairage [eklɛraʒ] *nm* **-1.** [lumière] Beleuchtung *die*. **-2.** *fig* [point de vue] Blickwinkel *der*.
éclairagiste [eklɛraʒist] *nmf* CIN Beleuchter *der*, -in *die*.

éclaircie [eklɛrsi] *nf* Aufheiterung *die*.

éclaircir [32] [eklɛrsir] *vt* **-1.** [couleur] auf|hellen. **-2.** [sauce] verdünnen. **-3.** [mystère, situation] auf|klären.

◆ **s'éclaircir** *vp* **-1.** [temps, couleur] sich auf|hellen. **-2.** [forêt] sich lichten. **-3.** [mystère, situation] sich klären.

éclaircissement [eklɛrsismɑ̃] *nm* Klarstellung *die*.

éclairer [4] [eklere] *vt* **-1.** [illuminer] beleuchten. **-2.** [donner de la lumière à]: ~ **qqn** jm leuchten. **-3.** [expliquer] erhellen. **-4.** *sout* [renseigner] auf|klären.

◆ **s'éclairer** *vp* **-1.** [s'illuminer] sich leuchten. **-2.** *fig* [visage] auf|leuchten. **-3.** [devenir compréhensible] sich auf|klären.

éclaireur, euse [eklɛrœr, øz] *nm, f* Pfadfinder *der*, -in *die*.

◆ **éclaireur** *nm* Späher *der*; **partir en ~** zur Erkundigung aus|ziehen.

éclat [ekla] *nm* **-1.** [fragment] Splitter *der*; **voler en ~s** zerschellen. **-2.** [de lumière] Helligkeit *die*. **-3.** [de couleur] Leuchtkraft *die*. **-4.** [beauté] Glanz *der*. **-5.** [faste] Pracht *die*. **-6.** [bruit] plötzlicher Lärm; **~ de rire** lautes Auflachen; **~s de voix** heftiges Stimmengewirr; **faire un ~** einen Skandal aus|lösen; **rire aux ~s** schallend lachen.

éclatant, e [eklatɑ̃, ɑ̃t] *adj* **-1.** [lumière, couleur, beauté] strahlend. **-2.** [victoire, succès] glänzend.

éclater [3] [eklate] *vi* **-1.** [pneu, obus] (zer)platzen; [verre] zerspringen; **faire ~ qqch** etw (zer)platzen lassen. **-2.** [incendie, guerre] aus|brechen; [orage] sich entladen. **-3.** [scandale, affaire] ans Licht kommen. **-4.** [personne]: **~ de rire** auf|lachen; **~ en sanglots** in Tränen aus|brechen.

◆ **s'éclater** *vp fam* sich bestens amüsieren.

éclectique [eklɛktik] ◇ *adj* eklektisch. ◇ *nmf* Eklektiker *der*, -in *die*.

éclipse [eklips] *nf*: **~ (de soleil)** Sonnenfinsternis *die*; **~ de lune** Mondfinsternis *die*.

éclipser [3] [eklipse] *vt* **-1.** ASTRON verdecken. **-2.** [cacher] verbergen. **-3.** [surpasser] aus|schalten.

◆ **s'éclipser** *vp* verschwinden.

éclopé, e [eklɔpe] ◇ *adj* gehbehindert. ◇ *nm, f* Gehbehinderte *der, die*.

éclore [113] [eklɔr] *vi* **-1.** [fleur] auf|blühen. **-2.** [poussin] aus|schlüpfen. **-3.** [œuf] ausgebrütet sein. **-4.** [talent, vocation] ans Licht treten.

éclos, e [eklo, oz] *pp* → **éclore**.

éclosion [eklozjɔ̃] *nf* **-1.** [de poussin] Ausschlüpfen *das*. **-2.** [de fleur] Aufblühen *das*. **-3.** *fig* [naissance] Heranreifen *das*.

éclôt [eklo] → **éclore**.

écluse [eklyz] *nf* Schleuse *die*.

écluser [3] [eklyze] *vt* **-1.** NAVIG durch|schleusen. **-2.** *fam* [boire] rein|ziehen.

écœurant, e [ekœrɑ̃, ɑ̃t] *adj* **-1.** [répugnant] ekelhaft. **-2.** [trop sucré] zu süß. **-3.** [révoltant] widerlich. **-4.** [démoralisant] entmutigend.

écœurement [ekœrmɑ̃] *nm* **-1.** [nausée] Ekel *der*. **-2.** [répugnance] Widerwille *der*. **-3.** [découragement] Entmutigung *die*.

écœurer [5] [ekœre] *vt* **-1.** [dégoûter] an|ekeln. **-2.** [indigner] an|widern. **-3.** [décourager] entmutigen.

école [ekɔl] *nf* Schule *die*; **aller à l'~** zur Schule gehen; **~ communale** Volksschule; **~ coranique** Koranschule; **~ laïque** *staatliche, nicht religiöse Schule*; **~ maternelle** Kindergarten *der*; **~ primaire** Grundschule; **~ privée** OU **libre** Privatschule; **École nationale d'administration** *staatliche Hochschule zur Ausbildung höherer Beamter in Frankreich*; **École nationale de la magistrature** *staatliche Hochschule für Richter und Staatsanwälte in Frankreich*; **École normale** *Ausbildungsstätte für Grundschullehrer in Frankreich*; **École normale supérieure** *französische Eliteschule für das höhere Lehramt*; **grande ~** *französische Eliteschule*; **être à bonne ~** eine gute Schule genießen; **faire ~** Schule machen; **faire l'~ buissonnière** schwänzen.

GRANDE ÉCOLE:
Die "grandes écoles" sind nicht-universitäre Einrichtungen in Frankreich, die sehr begehrte Diplome verleihen. Die Aufnahme erfolgt nach zweijähriger Vorbereitung in besonderen Klassen und einer bestandenen Aufnahmeprüfung, dem "concours". Die meisten dieser Schulen unterhalten enge Beziehungen zur Industrie. Die bekanntesten sind die "École des hautes études commerciales" (Wirtschaft), die "École Polytechnique" (Ausbildung von Ingenieuren), die "École normale supérieure" (Ausbildung von Lehrern und Forschern) und die "École nationale d'administration" (Ausbildung hoher Staatsbeamter).

écolier, ère [ekɔlje, ɛr] *nm, f* **-1.** [élève] Schüler *der*, -in *die*. **-2.** *fig* [novice] Anfänger *der*, -in *die*.

écolo [ekɔlɔ] *nmf fam* Grüne *der, die*, Alternative *der, die*; **les ~s** die Grünen.

écologie [ekɔlɔʒi] *nf* **-1.** [écologisme] Umweltschutz *der*. **-2.** SCIENCE Ökologie *die*.

écologique [ekɔlɔʒik] *adj* ökologisch.

écologiste [ekɔlɔʒist] *nmf* **-1.** [défenseur de l'environnement] Umweltschützer *der*, -in *die*. **-2.** POLIT ≃ Grüne *der, die*. **-3.** [scientifique] Ökologe *der*, -gin *die*.

éconduire [98] [ekɔ̃dɥir] *vt sout* ab|weisen.

économat [ekɔnɔma] *nm* **-1.** [d'école, d'hôpital] Verwaltung *die*. **-2.** [magasin] betriebseigenes Geschäft.

économe [ekɔnɔm] ◇ *adj* sparsam; **être ~ de ses efforts** wenig Anstrengungen machen. ◇ *nmf* Verwalter *der*, -in *die*.

économie [ekɔnɔmi] *nf* **-1.** [activité économique] Wirtschaft *die*; **~ dirigée** Planwirtschaft; **~ de marché** Marktwirtschaft; **~ mixte** gemischtwirtschaftliches System. **-2.** [science - macroéconomie] Volkswirtschaft *die*; [- microéconomie] Betriebswirtschaft *die*. **-3.** [parcimonie] Sparsamkeit *die*. **-4.** [épargne] Einsparung *die*; **faire des ~s** sparen; **~s d'énergie** Energieeinsparungen.

◆ **économies** *nfpl* Ersparnisse *Pl.*

économique [ekɔnɔmik] *adj* **-1.** ÉCON wirtschaftlich, ökonomisch. **-2.** [avantageux] preiswert, billig.

économiquement [ekɔnɔmikmɑ̃] *adv* **-1.** [avec économie] sparsam. **-2.** ÉCON ökonomisch.

économiser [3] [ekɔnɔmize] *vt* **-1.** [argent] ein|sparen; **~ pour faire qqch** sparen, um etw zu tun. **-2.** [temps, forces]: **~ qqch** mit etw sparsam um|gehen.

économiste [ekɔnɔmist] *nmf* Wirtschaftswissenschaftler *der*, -in *die*.

écoper [3] [ekɔpe] *vt* **-1.** NAVIG leer|schöpfen. **-2.** *fam* [sanction]: **~ (de) qqch** etw bekommen.

écoproduit [ekɔprɔdɥi] *nm* umweltfreundliches Produkt.

écorce [ekɔrs] *nf* **-1.** [d'arbre] Rinde *die*. **-2.** [d'agrume] Schale *die*; **~ d'orange** Orangenschale.

◆ **écorce terrestre** *nf* Erdrinde *die*.

écorché, e [ekɔrʃe] *nm, f*: **~ vif** *fig* [personne] übersensible Person.

◆ **écorché** *nm* **-1.** [mannequin] Lehrfigur *die*. **-2.** [schéma] Schnittbild *das*.

écorcher [3] [ekɔrʃe] *vt* **-1.** [égratigner] auf|schürfen. **-2.** [dépecer] enthäuten. **-3.** [déformer] schlecht aus|sprechen.

◆ **s'écorcher** *vp* sich verletzen.

écorchure [ekɔrʃyr] *nf* Schramme *die*.

écorner [3] [ekɔrne] *vt* **-1.** [livre]: **~ qqch** die Ecken einer Sache *(G)* beschädigen. **-2.** *fig* [fortune] an|brechen.

écossais, e [ekɔsɛ, ɛz] *adj* **-1.** [d'Écosse] schottisch. **-2.** [tissu] Schotten-.

◆ **écossais** *nm* **-1.** [langue] Schottisch(e) *(das)*. **-2.** [tissu] Schottenstoff *der*.

◆ **Écossais, e** *nm, f* Schotte *der*, -tin *die*.

Écosse [ekɔs] *nf*: **l'~** Schottland *nt*.

écosser [3] [ekɔse] *vt* enthülsen.

écosystème [ekɔsistɛm] *nm* Ökosystem *das*.

écot [eko] *nm* Anteil *der*; **payer son ~** seinen Anteil bezahlen.

écoulement [ekulmɑ̃] *nm* **-1.** [d'eau] Abfluß *der*. **-2.** MÉD Rinnen *das*. **-3.** [de foule] (Hinaus)strömen *das*. **-4.** [de véhicules] Fluß *der*. **-5.** [du temps] Vergehen *das*. **-6.** [de marchandises] Absatz *der*.

écouler [3] [ekule] *vt* ab|setzen.

◆ **s'écouler** *vp* **-1.** [liquide] ab|fließen. **-2.** [foule] (hinaus|)strömen. **-3.** [temps] vergehen.

écourter [3] [ekurte] *vt* ab|kürzen.

écoute [ekut] *nf* **-1.** [action d'écouter] (Zu)hören *das*; **être à l'~ de qqn** jm zu|hören. **-2.** [audience] Einschaltquote *die*; **heure de grande ~** Hauptsendezeit *die*. **-3.** [de surveillance] Abhören *das*.

écouter [3] [ekute] *vt* **-1.** [prêter l'oreille à]: **~ qqn** jm zu|hören; **~ un disque** sich eine Platte an|hören. **-2.** [tenir compte de]: **~ qqn** auf jn hören; **~ (ses parents)** (seinen Eltern) gehorchen. **-3.** *fig* [se laisser guider par]: **~ qqch** auf etw *(A)* hören; **n'~ que son courage** sich allein von seinem Mut leiten lassen.

◆ **s'écouter** *vp* **-1.** [soi-même]: **s'~ parler** sich gerne reden hören. **-2.** [suivre son inspiration] seiner Eingebung folgen; **si je m'écoutais,** wenn es nach mir ginge,. **-3.** [s'observer] sich mit sich selbst beschäftigen.

écouteur [ekutœr] *nm* **-1.** [téléphonique] (Telefon)hörer *der*. **-2.** [radiophonique] Kopfhörer *der*.

écoutille [ekutij] *nf* Luke *die*.

écrabouiller [3] [ekrabuje] *vt fam* zerquetschen.

écran [ekrɑ̃] *nm* **-1.** [de protection] Schutzschild *das*; **~ de fumée** Rauchschleier *der*. **-2.** [de cinéma] Leinwand *die*; **porter un roman à l'~** einen Roman verfilmen. **-3.** [de télé, d'ordinateur] Bildschirm *der*; **le petit ~** das Fernsehen; **~ orientable** verstellbarer Bildschirm.

écrasant, e [ekrazɑ̃, ɑ̃t] *adj* **-1.** [lourd] groß, schwer. **-2.** *fig* [accablant] erdrückend.

écraser [3] [ekraze] ◇ *vt* **-1.** [comprimer] zerdrücken; [cigarette] aus|drücken. **-2.** [accabler] belasten. **-3.** [vaincre] besiegen; **il a écrasé son adversaire** sein Gegner erlitt eine vernichtende Niederlage. **-4.** [renverser] überfahren; **se faire ~** überfahren werden. ◇ *vi fam* : **écrase!** halt die Klappe!

◆ **s'écraser** *vp* **-1.** [voiture]: **s'~ contre qqch** gegen etw prallen. **-2.** [avion] ab|stürzen. **-3.** [foule] sich drängen. **-4.** *fam* [se taire] die Klappe halten.

écrémer [18] [ekreme] *vt* **-1.** [lait] entrahmen. **-2.** *fig* [prendre le meilleur] aus|sieben.

écrevisse [ekrəvis] *nf* Flußkrebs *der*.

écrier [10] [ekrije]

◆ **s'écrier** *vp* aus|rufen.

écrin [ekrɛ̃] *nm* Schatulle *die*.

écrire [99] [ekrir] *vt* schreiben; **bien/mal ~** deutlich/undeutlich schreiben.

écris *etc* → **écrire**.

écrit, e [ekri, it] ◇ *pp* → **écrire**. ◇ *adj* **-1.** [exprimé par l'écriture] schriftlich; **bien/mal ~** gut/ schlecht geschrieben. **-2.** [sûr d'avance]: **être ~** fest|stehen.

◆ **écrit** *nm* **-1.** [ouvrage]: **les ~s** das Werk. **-2.** [examen] schriftliche Prüfung. **-3.** [document] Schriftstück *das*.

◆ **par écrit** *loc adv* schriftlich.

écriteau, x [ekrito] *nm* (Hinweis)schild *das*.

écriture [ekrityr] *nf* **-1.** [système de signes] Schrift *die*. **-2.** [de personne] (Hand)schrift *die*. **-3.** *sout* [style] Stil *der*. **-4.** RELIG: **l'~ sainte, les Écritures** die Heilige Schrift.

◆ **écritures** *nfpl* COMM Bücher *Pl*; **tenir les ~s** die Bücher führen.

écrivain [ekrivɛ̃] *nm* Schriftsteller *der*, -in *die*; **~ public** öffentlicher Schreiber.

écrivais *etc* → **écrire**.

écrou [ekru] *nm* (Schrauben)mutter *die*.

écrouer [3] [ekrue] *vt* inhaftieren.

écroulement [ekrulmɑ̃] *nm* **-1.** [éboulement] Einsturz *der*. **-2.** *fig* [anéantissement] Zusammenbruch *der*.

écrouler [3] [ekrule]

◆ **s'écrouler** *vp* **-1.** [mur] ein|stürzen. **-2.** [personne] zusammen|brechen. **-3.** *fam* [s'affaler] sich fallen lassen.

écru, e [ekry] *adj* Natur-.

ecstasy [ɛkstazi] *nm* [drogue] Ecstasy *die*.

ectoplasme [ɛktɔplasm] *nm* Ektoplasma *das*.

écu [eky] *nm* **-1.** [bouclier] Schild *der*. **-2.** [armoiries] Wappenschild *der* OU *das*. **-3.** HIST *frühere französische Münze*. **-4.** = **ÉCU**.

ÉCU, écu [eky] (*abr de* **European Currency Unit**) *nm* ECU *der* OU *die*, EWE *die*.

écueil [ekœj] *nm* **-1.** [rocher] Riff *das*. **-2.** *fig* [obstacle] Klippe *die*.

écuelle [ekɥɛl] *nf* Napf *der*.

éculé, e [ekyle] *adj* **-1.** [usé] abgelaufen, abgenutzt. **-2.** *fig* [dépassé] abgedroschen.

écume [ekym] *nf* Schaum *der*.

écumer [3] [ekyme] ◇ *vt* **-1.** [enlever l'écume]: **~ qqch** den Schaum einer Sache *(G)* ab|schöpfen. **-2.** *fig* [piller] plündern. ◇ *vi* schäumen.

écumoire [ekymwar] *nf* Schaumlöffel *der*.

écureuil [ekyrœj] *nm* Eichhörnchen *das*; **l'Écureuil** *Eichhörnchen-Symbol der französischen Sparkassen*.

écurie [ekyri] *nf* **-1.** [bâtiment] (Pferde)stall *der*. **-2.** [de chevaux, automobile] Rennstall *der*. **-3.** *fig* [local sale] Schweinestall *der*.

écusson [ekysɔ̃] *nm* **-1.** [d'armoiries] Wappenschild *der* OU *das*. **-2.** MIL [en tissu] Abzeichen *das*.

écuyer, ère [ekɥije, ɛr] *nm, f* [de cirque] Kunstreiter *der*, -in *die*.

◆ **écuyer** *nm* HIST Junker *der*.

eczéma [ɛgzema] *nm* Ekzem *das*.

éd. (*abr de* **édition**) **-1.** [maison] Verl. **-2.** [tirage] Aufl., Ausg.

edelweiss [edɛlvɛs] *nm* Edelweiß *das*.

éden [edɛn] *nm* Eden *das*.

◆ **Éden** *nm*: **l'Éden** das Eden.

édenté, e [edɑ̃te] *adj* zahnlos.

EDF, Edf (*abr de* **Électricité de France**) *nf staatliche französische Elektrizitätsgesellschaft*.

édifiant, e [edifjɑ̃, ɑ̃t] *adj* erbaulich; [instructif] lehrreich.

édification [edifikasjɔ̃] *nf* **-1.** [construction] Errichtung *die*. **-2.** [création] Schaffung *die*. **-3.** [instruction] Erbauung *die*.

édifice [edifis] *nm* **-1.** [construction] Gebäude *das*; **~ public** öffentliches Gebäude. **-2.** [ensemble organisé] Struktur *die*.

édifier [9] [edifje] *vt* **-1.** [bâtir] erbauen. **-2.** [élaborer] erstellen. **-3.** *sout* [renseigner] belehren.

Édimbourg [edɛ̃bur] *n* Edinburgh *nt*.

édit [edi] *nm* Erlaß *der*.

édit. (*abr de* **éditeur**) Hrsg.

éditer [3] [edite] *vt* [publier] heraus|geben.

éditeur, trice [editœr, tris] *nm, f* Herausgeber *der*, -in *die*.

édition [edisjɔ̃] *nf* **-1.** [publication] Veröffentlichung *die*. **-2.** [version] Ausgabe *die*; **dernière ~** neueste Ausgabe; **3e ~ revue et corrigée** 3. neu bearbeitete und verbesserte Ausgabe; **~ originale** Originalausgabe. **-3.** [industrie] Verlagswesen *das*; **maison d'~** Verlag *der*.

édito [edito] *nm fam* Leitartikel *der*.

éditorial, aux [editɔrjal, o] *nm* Leitartikel *der*.

éditorialiste [editɔrjalist] *nmf* Leitartikler *der*, -in *die*.

édredon [edrədɔ̃] *nm* Federbett *das*.

éducateur, trice [edykatœr, tris] ◇ *adj* erzieherisch. ◇ *nm, f* Erzieher *der*, - in *die*; **~ spécialisé** Sonderschullehrer *der*, -in *die*; [pour délinquants] *Erzieher für schwer erziehbare Kinder*; [pour handicapés] Heilerziehungspfleger *der*, -in *die*.

éducatif, ive [edykatif, iv] *adj* pädagogisch, Lern-.

éducation [edykasjɔ̃] *nf* **-1.** [apprentissage] Ausbildung *die*; **~ civique** Staatsbürgerkunde *die*; **~ physique** Sportunterricht *der*; **~ sexuelle** Sexualkunde *die*. **-2.** [savoir-vivre] Erziehung *die*.

◆ **Éducation nationale** *nf französisches Erziehungsministerium*.

édulcorant [edylkɔrɑ̃] *nm* natürlicher Süßstoff; **~ de synthèse** Süßstoff *der*.

édulcorer [3] [edylkɔre] *vt* **-1.** *sout* [boisson] süßen. **-2.** *fig* [texte, propos] versüßen.

éduquer [3] [edyke] *vt* **-1.** [personne] erziehen; [former l'esprit de] erziehen, bilden. **-2.** [développer] aus|bilden.

effacé, e [efase] *adj* **-1.** [couleur] verblaßt. **-2.** [personne] unscheinbar, bescheiden.

effacer [16] [efase] *vt* **-1.** [inscription, bande, écran] löschen. **-2.** [oublier] aus|löschen. **-3.** [surpasser] verblassen lassen.

◆ **s'effacer** *vp* **-1.** [s'estomper] verblassen. **-2.** *sout* [s'écarter] zur Seite treten. **-3.** *fig* [rester en retrait] in den Hintergrund treten.

effarant, e [efarɑ̃, ɑ̃t] *adj* erschreckend, entsetzlich; [prix] horrend.

effaré, e [efare] *adj* bestürzt.

effarement [efarmɑ̃] *nm* Bestürzung *die*.

effarer [3] [efare] *vt* aus der Fassung bringen.

effaroucher [3] [efaruʃe] *vt* **-1.** [effrayer] verscheuchen. **-2.** [intimider] ein|schüchtern.

effectif, ive [efɛktif, iv] *adj* konkret, effektiv.

◆ **effectif** *nm* **-1.** MIL Truppenstärke *die*. **-2.** [de groupe] Stärke *die*.

effectivement [efɛktivmɑ̃] *adv* **-1.** [réellement] wirklich. **-2.** [en effet] tatsächlich.

effectuer [7] [efɛktɥe] *vt* durch|führen.

◆ **s'effectuer** *vp* sich vollziehen, durchgeführt werden.

efféminé, e [efemine] *adj* effeminiert.

effervescence [efɛrvesɑ̃s] *nf* **-1.** PHYS Aufbrausen *das*. **-2.** [agitation] Aufruhr *die*; **en ~** in Aufruhr.

effervescent, e [efɛrvesɑ̃, ɑ̃t] *adj* aufbrausend, Brause-.

effet [efɛ] *nm* **-1.** [conséquence] Folge *die*, Wirkung *die*; **avoir pour ~ de** zur Folge haben, daß; **rester sans ~** wirkungslos bleiben; **~ de serre** Treibhauseffekt *der*. **-2.** [emprise] Einfluß *der*; **sous l'~ de** unter Einfluß von. **-3.** [impression] Effekt *der*; **faire de l'~** beeindrucken; **faire son ~** seine Wirkung tun. **-4.** JUR Kraft *die*; **~ rétroactif** rückwirkende Kraft. **-5.** COMM Wertpapier *das*; **~ de commerce** (Handels)wechsel *der*.

◆ **à cet effet** *loc adv* zu diesem Zweck.

◆ **en effet** *loc adv* **-1.** [effectivement] in der Tat. **-2.** [car] nämlich.

effeuiller [5] [efœje] *vt* entblättern.

◆ **s'effeuiller** *vp* die Blätter verlieren.

efficace [efikas] *adj* **-1.** [remède, mesure] wirksam. **-2.** [personne, machine] effizient.

efficacité [efikasite] *nf* **-1.** [action] Wirksamkeit *die*. **-2.** [rendement] Effizienz *die*.

efficience [efisjɑ̃s] *nf* Effizienz *die*.

effigie [efiʒi] *nf* Abbild *das*.

effilé, e [efile] *adj* **-1.** [mince] schmal, schlank. **-2.** [aiguisé] spitz zulaufend.

effiler [3] [efile] *vt* **-1.** [tissu] aus|fasern. **-2.** [lame] zu|spitzen. **-3.** [cheveux] aus|dünnen.

◆ **s'effiler** *vp* aus|fransen.

effilocher [3] [efilɔʃe] *vt* zerfasern.

◆ **s'effilocher** *vp* sich zerfasern.

efflanqué, e [eflɑ̃ke] *adj* **-1.** [animal] ausgemergelt. **-2.** [personne] dürr.

effleurer [5] [eflœre] *vt* **-1.** [frôler] leicht berühren. **-2.** [thème] streifen. **-3.** [sujet: idée] (in den Sinn) kommen.

effluve [eflyv] *nm* **-1.** [émanation] Ausdünstung *die*. **-2.** *fig* [souvenir] Reminiszenz *die*.

effondrement [efɔ̃drəmɑ̃] *nm* **-1.** [écroulement] Einsturz *der*. **-2.** [abattement] Zusammenbrechen *das*. **-3.** *fig* [chute] Sturz *der*.

effondrer [3] [efɔ̃dre] *vt*: **être effondré** niedergeschlagen sein.

◆ **s'effondrer** *vp* **-1.** [mur] ein|stürzen. **-2.** [personne, histoire, empire] zusammen|brechen.

efforcer [16] [efɔrse]

◆ **s'efforcer** *vp*: **s'~ de faire qqch** sich bemühen, etw zu tun.

effort [efɔr] *nm* **-1.** [application] Anstrengung *die*; **faire un ~** sich an|strengen, sich bemühen; **sans ~** mühelos. **-2.** PHYS Beanspruchung *die*.

effraction [efraksjɔ̃] *nf* Einbruch *der*.

effrayant, e [efrɛjɑ̃, ɑ̃t] *adj* **-1.** [effroyable] fürchterlich. **-2.** *fam* [excessif] gewaltig.

effrayer [11] [efreje] *vt* **-1.** [terrifier] erschrecken. **-2.** [rebuter] ab|schrecken.

◆ **s'effrayer** *vp* (sich) erschrecken.

effréné, e [efrene] *adj* **-1.** [course] zügellos. **-2.** [sentiment, rythme] wild.

effriter [3] [efrite] *vt* zerbröckeln lassen.

◆ **s'effriter** *vp* **-1.** [matière] zerbröckeln. **-2.** *fig* [se désagréger] sich auf|lösen.

effroi [efrwa] *nm* Entsetzen *das*.

effronté, e [efrɔ̃te] ◇ *adj* unverfroren, frech. ◇ *nm, f* unverfrorene Person.

effrontément [efrɔ̃temɑ̃] *adv* unverfroren.

effronterie [efrɔ̃tri] *nf* Frechheit *die*.

effroyable [efrwajabl] *adj* **-1.** [terrible] furchtbar. **-2.** [repoussant] abstoßend. **-3.** [extrême] entsetzlich.

effusion [efyzjɔ̃] *nf* Überschwang *der*; **avec ~** [de sentiment] überschwenglich *(adv)*; **~ de sang** Blutvergießen *das*.

égal, e, aux [egal, o] ◇ *adj* **-1.** [équivalent] gleich. **-2.** [régulier] gleichmäßig. **-3.** [indifférent] gleichgültig, egal; **ça m'est ~** das ist mir gleich OU egal. ◇ *nm, f* Ebenbürtige *der, die*; **traiter qqn d'~ à ~** jn als gleichstehend behandeln; **sans ~** ohnegleichen.

également [egalmɑ̃] *adv* **-1.** [aussi] ebenfalls. **-2.** [avec égalité] in gleicher Weise, gleich.

égaler [3] [egale] *vt* **-1.** MATHS gleich sein. **-2.** *fig* [être à la hauteur de] gleich|kommen.

égalisation [egalizasjɔ̃] *nf* **-1.** [mise à niveau] Ausgleichen *das*. **-2.** SPORT Ausgleich *der*.

égaliser [3] [egalize] ◇ *vt* [cheveux, haie] gerade schneiden. ◇ *vi* SPORT aus|gleichen.

égalitaire [egalitɛr] *adj* egalitär.

égalitarisme [egalitarism] *nm* Egalitarismus *der*.

égalité [egalite] *nf* **-1.** [équivalence, JUR] Gleichheit *die*; **être à ~** gleich|stehen. **-2.** [des sexes] Gleichstellung *die*. **-3.** [constance] Beständigkeit *die*. **-4.** MATHS (Deckungs)gleichheit *die*.

égard [egar] *nm* Rücksicht *die*; **par ~ pour qqn/qqch** aus Rücksicht auf jn/etw; **eu ~ à qqn/qqch** *sout* in Hinblick auf jn/etw.

◆ **égards** *nmpl* Rücksichtnahme *die*.

◆ **à l'égard de** *loc prép*: **à l'~ de qqn** jm gegenüber.

◆ **à tous égards** *loc adv* in jeder Hinsicht.

égaré, e [egare] *adj* **-1.** [perdu] verirrt. **-2.** [hagard] verstört.

égarements [egarmɑ̃] *nmpl littéraire* **-1.** [de raisonnement] Verwirrung *die*. **-2.** [de vie] Verfehlung *die*.

égarer [3] [egare] *vt* **-1.** [objet] verlegen. **-2.** [dérouter] irre|führen. **-3.** *fig* & *sout* [troubler] verwirren.

◆ **s'égarer** *vp* **-1.** [se perdre - à pied] sich verlaufen; [- en voiture] sich verfahren. **-2.** [chose] verloren gehen. **-3.** *fig* [sortir du sujet] ab|schweifen. **-4.** *fig* & *sout* [déraisonner] vom rechten Weg ab|kommen.

égayer [11] [egeje] *vt* **-1.** [ambiance, personne] auf|heitern. **-2.** [lieu] beleben.

◆ **s'égayer** *vp* sich auf|heitern.

égérie [eʒeri] *nf* Muse *die*.

égide [eʒid] *nf*: **sous l'~ de** *sout* unter der Schirmherrschaft von.

églantier [eglɑ̃tje] *nm* Heckenrose *die*.

églantine [eglɑ̃tin] *nf* [Blume] Heckenrose *die*.

églefin [egləfɛ̃], **aiglefin** [ɛgləfɛ̃] *nm* Schellfisch *der*.

église [egliz] *nf* Kirche *die*; **aller à l'~** in die Kirche gehen.

◆ **Église** *nf* Kirche *die*; [communauté] Glaubensgemeinschaft *die*; **l'Église catholique/protestante** die katholische/evangelische Kirche.

ego [ego] *nm inv* Ego *das*, Ich *das*.

égocentrique [egɔsɑ̃trik] ◇ *adj* egozentrisch. ◇ *nmf* Egozentriker *der*, -in *die*.

égocentrisme [egɔsɑ̃trism] *nm* Egozentrik *die*.

égoïsme [egɔism] *nm* Egoismus *der*.

égoïste [egɔist] ◇ *adj* egoistisch. ◇ *nmf* Egoist *der*, -in *die*.

égorger [17] [egɔrʒe] *vt*: **~ qqn** jm die Kehle durch|schneiden.

égosiller [3] [egɔzije]

◆ **s'égosiller** *vp* sich heiser schreien.

égout [egu] *nm* Abwasserkanal *der*; **bouche d'~** Gully *der*.

égoutter [3] [egute] *vt* abtropfen lassen.

◆ **s'égoutter** *vp* ab|tropfen.

égouttoir [egutwar] *nm* **-1.** [à légumes] Durchschlag *der*. **-2.** [à vaisselle] Abtropfgestell *das*.

égrainer = **égrener**.

égratigner [3] [egratiɲe] *vt* **-1.** [érafler] zerkratzen. **-2.** *fig* [critiquer] sticheln; **~ qqn** gegen jn sticheln.

◆ **s'égratigner** *vp* sich zerkratzen.

égratignure [egratiɲyr] *nf* **-1.** [éraflure] Kratzer *der*. **-2.** *fig* [blessure] Verletzung *die* (der Eitelkeit).

égrener [19] [egrəne], **égrainer** [4] [egrɛne] *vt* **-1.** [épi] entkörnen. **-2.** [chapelet]: **~ un chapelet** den Rosenkranz herunter|beten. **-3.** [heures] schlagen.

◆ **s'égrener** *vp* **-1.** [grains] aus|fallen. **-2.** [se disposer] eine Reihe bilden.

égrillard, e [egrijar, ard] *adj* anzüglich.

Égypte [eʒipt] *nf*: **l'~** Ägypten *nt*.

égyptien, enne [eʒipsjɛ̃, ɛn] *adj* ägyptisch.

◆ **égyptien** *nm* [langue] Ägyptisch(e) *(das)*.

◆ **Égyptien, enne** *nm, f* Ägypter *der*, -in *die*.

égyptologie [eʒiptɔlɔʒi] *nf* Ägyptologie *die*.

eh [e] *interj*: **~!** he!; **~ bien** nun.

éhonté, e [eɔ̃te] *adj* schamlos.

éjaculation [eʒakylasjɔ̃] *nf* Samenerguß *der*; **~ précoce** vorzeitiger Samenerguß.

éjectable [eʒɛktabl] *adj* Schleuder-.

éjecter [4] [eʒɛkte] *vt* **-1.** [rejeter] heraus|schleudern. **-2.** *fam* [personne] hinaus|werfen.

élaboration [elabɔrasjɔ̃] *nf* Ausarbeitung *die*, Erarbeitung *die*.

élaboré, e [elabɔre] *adj* hochentwickelt.

élaborer [3] [elabɔre] *vt* aus|arbeiten.

élagage [elagaʒ] *nm* **-1.** [d'arbre] Auslichtung *die*. **-2.** *fig* [de texte] Kürzung *die*.

élaguer [3] [elage] *vt* **-1.** [arbre] beschneiden. **-2.** *fig* [texte] kürzen.

élan [elɑ̃] *nm* **-1.** ZOOL Elch *der*. **-2.** [mouvement] Schwung *der*, Anlauf *der*; **prendre son ~** Anlauf nehmen. **-3.** *fig* [de joie] Ausbruch *der*.

élancé, e [elɑ̃se] *adj* schlank.

élancement [elɑ̃smɑ̃] *nm* stechender Schmerz.

élancer [16] [elɑ̃se] *vi* schmerzen.

◆ **s'élancer** *vp* **-1.** [se précipiter]: **s'~ sur qqn/**

qqch sich auf jn/etw stürzen. **-2.** [prendre de l'élan] Schwung holen.

élargir [32] [elarʒir] *vt* **-1.** [agrandir] weiter machen. **-2.** [connaissances] erweitern. **-3.** *fig* [débat] aus|weiten.

◆ **s'élargir** *vp* **-1.** [devenir plus large] breiter werden. **-2.** *fig* [débat] sich erweitern.

élargissement [elarʒismɑ̃] *nm* **-1.** [agrandissement] Erweitern *das.* **-2.** *fig* [extension] Ausweitung *die.*

élasticité [elastisite] *nf* **-1.** PHYS Elastizität *die.* **-2.** [souplesse] Dehnbarkeit *die.*

élastique [elastik] ◇ *adj* dehnbar. ◇ *nm* Gummiband *das.*

élastomère [elastɔmɛr] *nm* Elastomer *das.*

eldorado [ɛldɔrado] *nm* Eldorado *das,* Dorado *das.*

électeur, trice [elɛktœr, tris] *nm, f* Wähler *der,* -in *die.*

élection [elɛksjɔ̃] *nf* Wahl *die;* **d'~** [choisi] Wahl-; **~s municipales** Gemeindewahlen; **~ présidentielle** Präsidentschaftswahlen *Pl.*

électoral, e, aux [elɛktɔral, o] *adj* Wahl-.

électoralisme [elɛktɔralism] *nm nur auf Wahlerfolge abzielende Politik.*

électorat [elɛktɔra] *nm* Wählerschaft *die.*

électricien, enne [elɛktrisjɛ̃, ɛn] *nm, f* Elektriker *der,* -in *die.*

électricité [elɛktrisite] *nf* Elektrizität *die;* **il y a de l'~ dans l'air** *fig* hier ist dicke Luft.

électrification [elɛktrifikasjɔ̃] *nf* Elektrifizierung *die.*

électrifier [9] [elɛktrifje] *vt* elektrifizieren.

électrique [elɛktrik] *adj* **-1.** PHYS elektrisch. **-2.** *fig* [atmosphère] geladen.

électriser [3] [elɛktrize] *vt* **-1.** [corps] elektrisieren. **-2.** *fig* [foule] begeistern.

électroaimant [elɛktrɔɛmɑ̃] *nm* Elektromagnet *der.*

électrocardiogramme [elɛktrɔkardjɔgram] *nm* Elektrokardiogramm *das.*

électrochoc [elɛktrɔʃɔk] *nm* Elektroschock *der.*

électrocuter [3] [elɛktrɔkyte] *vt* durch einen elektrischen Schlag töten.

électrode [elɛktrɔd] *nf* Elektrode *die.*

électroencéphalogramme [elɛktrɔɑ̃sefalɔgram] *nm* Elektroenzephalogramm *das.*

électrogène [elɛktrɔʒɛn] *adj* stromerzeugend; **groupe ~** Stromaggregat *das.*

électrolyse [elɛktrɔliz] *nf* Elektrolyse *die.*

électromagnétique [elɛktrɔmaɲetik] *adj* elektromagnetisch.

électroménager, ère [elɛktrɔmenaʒe, ɛr] *adj* Elektro-.

◆ **électroménager** *nm* Haushaltsgeräte *Pl.*

électron [elɛktrɔ̃] *nm* Elektron *das.*

électronicien, enne [elɛktrɔnisjɛ̃, ɛn] *nm, f* Elektroniker *der,* -in *die.*

électronique [elɛktrɔnik] ◇ *adj* elektronisch, Elektronen-. ◇ *nf* Elektronik *die.*

électrophone [elɛktrɔfɔn] *nm* Plattenspieler *der.*

élégamment [elegamɑ̃] *adv* **-1.** [avec distinction] elegant. **-2.** [courtoisement] gewandt.

élégance [elegɑ̃s] *nf* **-1.** [grâce] Eleganz *die.* **-2.** [courtoisie] Takt *der.*

élégant, e [elegɑ̃, ɑ̃t] *adj* elegant.

élément [elemɑ̃] *nm* **-1.** [gén] Element *das;* **les quatre ~s** die vier Elemente; **~s subversifs** subversive Elemente; **être dans son ~** *fig* in seinem Element sein. **-2.** [composant] Teil *das* OU *der,* Element *das.*

◆ **éléments** *nmpl* [forces naturelles] Elemente *Pl;* **lutter contre les ~s** gegen die Elemente kämpfen.

élémentaire [elemɑ̃tɛr] *adj* **-1.** [de base] Anfangs-. **-2.** [rudimentaire] Grund-. **-3.** CHIM Elementar-. **-4.** [évident] allgemein bekannt.

éléphant [elefɑ̃] *nm* Elefant *der.*

éléphanteau, x [elefɑ̃to] *nm* Elefantenjunge *das.*

éléphantesque [elefɑ̃tɛsk] *adj fam* riesig.

élevage [ɛlvaʒ] *nm* Zucht *die.*

élévateur, trice [elevatœr, tris] *adj* Hub-, Hebe-.

◆ **élévateur** *nm* Lastenaufzug *der.*

élévation [elevasjɔ̃] *nf* **-1.** [mouvement] Heben *das.* **-2.** [hausse] Anhebung *die.* **-3.** GÉOGR & MATHS Erhebung *die.* **-4.** [de rang] Aufstieg *der.* **-5.** [noblesse] Erhabenheit *die.*

élevé, e [ɛlve] *adj* **-1.** [haut] hoch. **-2.** *fig* [noble] erhaben. **-3.** [éduqué]: **bien/mal ~** gut/schlecht erzogen.

élève [elɛv] *nmf* Schüler *der,* -in *die.*

élever [19] [ɛlve] *vt* **-1.** [prix, niveau de vie] erhöhen. **-2.** [statue, monument] errichten. **-3.** [voix, ton] heben. **-4.** [enfant] erziehen. **-5.** [animaux] züchten. **-6.** [protestation, critique] erheben.

◆ **s'élever** *vp* **-1.** [avion] ab|heben; [température] an|steigen. **-2.** [mur, montagne, cri] sich erheben. **-3.** [protester]: **s'~ contre qqn/qqch** sich gegen jn/etw erheben. **-4.** [facture]: **s'~ à 10 francs** 10 Franc betragen.

éleveur, euse [ɛlvœr, øz] *nm, f* Züchter *der,* -in *die.*

elfe [ɛlf] *nm* Elfe *die.*

élider [3] [elide] *vt* elidieren.

◆ **s'élider** *vp* elidiert werden.

éligible [eliʒibl] *adj* wählbar.

élimination [eliminasjɔ̃] *nf* **-1.** [de candidat, SPORT, JEU] Ausscheiden *das*. **-2.** [suppression] Beseitigung *die*; **procéder par ~** nach und nach die verschiedenen Möglichkeiten aus|schließen. **-3.** MÉD Entfernen *das*.

éliminatoire [eliminatwar] ◇ *adj* Ausscheidungs-. ◇ *nf (souvent pl)* SPORT Ausscheidungsspiel *das*.

éliminer [3] [elimine] *vt* **-1.** [candidat] aus|schließen. **-2.** [supprimer] beseitigen. **-3.** SPORT, JEU & MÉD aus|scheiden.

élire [106] [elir] *vt* wählen.

élisais *etc* → **élire**.

élision [elizjɔ̃] *nf* Elision *die*.

élite [elit] *nf* Elite *die*; **d'~** auserlesen *(adj)*.

élitiste [elitist] ◇ *nmf* elitärer Mensch. ◇ *adj* elitär.

élixir [eliksir] *nm* Elixier *das*.

elle [ɛl] *(pl* **elles***)* *pron pers* **-1.** [représentant une femme] sie; **c'est à ~** es gehört ihr; **c'est ~ qui vous le demande** sie bittet Sie darum; **~ est contente d'~** sie ist mit sich selbst zufrieden; **je compte sur ~** ich verlasse mich auf sie; **je n'ai vu qu'~** ich habe nur sie gesehen; **je vais chez ~** ich gehe zu ihr; **Marie est-~ là**? ist Marie da?; **si j'étais ~** an ihrer Stelle. **-2.** [représentant une chose, un animal] er, sie, es.

elle-même [ɛlmɛm] *(pl* **elles-mêmes***)* *pron pers* **-1.** [au téléphone] am Apparat. **-2.** [en personne] selbst; **elle me l'a dit ~** sie hat es mir selbst gesagt; **j'ai vu la directrice ~** ich habe die Direktorin höchstpersönlich gesehen.

ellipse [elips] *nf* Ellipse *die*.

elliptique [eliptik] *adj* elliptisch.

élocution [elɔkysjɔ̃] *nf* Redeweise *die*.

éloge [elɔʒ] *nm* **-1.** [discours] Lobrede *die*. **-2.** [louange] Lob *das*; **couvrir qqn d'~s** ein Loblied auf jn singen; **faire l'~ de qqn/qqch** jn/etw rühmen.

élogieux, euse [elɔʒjø, øz] *adj* lobend.

éloigné, e [elwaɲe] *adj* **-1.** [gén] entfernt. **-2.** [dans le temps] weit zurückliegend.

éloignement [elwaɲmɑ̃] *nm* **-1.** [mise à l'écart] Entfernung *die*. **-2.** [absence] Trennung *die*. **-3.** [distance] Abstand *der*. **-4.** [dans le temps] Distanz *die*.

éloigner [3] [elwaɲe] *vt* **-1.** [écarter]: **~ qqn/qqch d'un lieu** jn/etw von einem Ort entfernen. **-2.** *fig* [détourner]: **~ qqn de qqch** jn von etw fern|halten; **~ un danger** eine Gefahr beseitigen.

◆ **s'éloigner** *vp* **-1.** [partir]: **s'~ d'un lieu** sich von einem Ort entfernen. **-2.** [se détacher]: **s'~ de qqn** sich von jm entfremden. **-3.** *fig* [souvenirs, idées] verblassen.

élongation [elɔ̃gasjɔ̃] *nf* (Ver)zerrung *die*.

éloquence [elɔkɑ̃s] *nf* **-1.** [d'orateur] Eloquenz *die*. **-2.** [de regard, de geste] Beredtheit *die*. **-3.** [de données] Aussagekraft *die*.

éloquent, e [elɔkɑ̃, ɑ̃t] *adj* **-1.** [personne] eloquent, sprachgewandt. **-2.** [données, geste] aussagekräftig; [regard] bedeutungsvoll. **-3.** [silence] beredt.

élu, e [ely] ◇ *pp* → **élire**. ◇ *adj* **-1.** POLIT gewählt. **-2.** RELIG auserwählt; **le peuple ~** das auserwählte Volk. ◇ *nm, f* **-1.** POLIT gewählter Vertreter, gewählte Vertreterin. **-2.** RELIG Auserwählte *der, die*; **l'~ de mon cœur** *sout* OU *hum* der Erwählte meines Herzens.

élucider [3] [elyside] *vt* auf|klären.

élucubrations [elykybrasjɔ̃] *nfpl péj* Hirngespinst *das*.

éluder [3] [elyde] *vt* aus|weichen.

élus *etc* → **élire**.

Élysée [elize] *nm*: **l'~** der Élyséepalast.

L'ÉLYSÉE:

Dieser Palast aus dem 18. Jahrhundert liegt nahe der "Avenue des Champs-Élysée" in Paris und ist der offizielle Amtssitz des Präsidenten der Republik. Der Name des Palastes dient übrigens oft dazu, das Amt selbst zu bezeichnen.

émacié, e [emasje] *adj sout* abgezehrt.

émail, aux [emaj, o] *nm* **-1.** [vernis] Email *das*; **en ~** Email-. **-2.** *(pl émails)* [de dents] (Zahn)schmelz *der*.

◆ **émaux** *nmpl* emaillierte Kunstgegenstände; **faire des émaux** Emailarbeiten aus|führen.

émaillé, e [emaje] *adj*: **~ de qqch** *fig* mit etw gespickt.

émanation [emanasjɔ̃] *nf* **-1.** [odeur] Ausdünstung *die*. **-2.** CHIM [gaz] Emanation *die*. **-3.** *fig* [manifestation] Ausdruck *der*.

émancipation [emɑ̃sipasjɔ̃] *nf* **-1.** [gén] Emanzipation *die*, Befreiung *die*. **-2.** [de mineur] Mündigsprechung *die*.

émancipé, e [emɑ̃sipe] *adj* **-1.** [libéré] emanzipiert. **-2.** JUR [mineur] mündig.

émanciper [3] [emɑ̃sipe] *vt* **-1.** [gén] emanzipieren. **-2.** JUR [mineur] für volljährig erklären.

◆ **s'émanciper** *vp* **-1.** [se libérer] sich emanzipieren, sich befreien. **-2.** *fam* [se dévergonder] abgebrüht werden.

émaner [3] [emane] *vi* **-1.** [lumière, gaz] aus|strömen. **-2.** [volonté, sentiment] aus|gehen.

émarger [17] [emarʒe] *vt* [document] ab|zeichnen.

émasculer [3] [emaskyle] *vt* entmannen.

emballage [ɑ̃balaʒ] *nm* **-1.** [conditionnement] Verpackung *die*. **-2.** [matériau] Verpackungsmaterial *das*.

emballement [ɑ̃balmɑ̃] *nm* **-1.** [sentiment] starke Begeisterung. **-2.** [de machine] Durchgehen *das.*

emballer [3] [ɑ̃bale] *vt* **-1.** [objet] ein|packen. **-2.** *fam* [plaire] begeistern, hin|reißen; **être emballé** Feuer und Flamme sein; **être emballé par qqch** von etw begeistert sein.

◆ **s'emballer** *vp* **-1.** *fam* [personne]: **s'~ pour qqch** sich für etw begeistern. **-2.** [de colère] in die Luft gehen. **-3.** [moteur] durch|drehen. **-4.** [cheval, machine] durch|gehen.

embarcadère [ɑ̃barkadɛr] *nm* Landungsbrükke *die.*

embarcation [ɑ̃barkasjɔ̃] *nf* Boot *das.*

embardée [ɑ̃barde] *nf*: **faire une ~** einen Schlenker machen, auf die Seite geschleudert werden.

embargo [ɑ̃bargo] *nm* Embargo *das.*

embarquement [ɑ̃barkəmɑ̃] *nm* **-1.** [de marchandise] Verladen *das.* **-2.** [de passager] Anbordgehen *das*; **passagers du vol AF162, ~ immédiat porte 5** Passagiere des Flugs AF162, bitte sofort zum Flugsteig 5.

embarquer [3] [ɑ̃barke] ◇ *vt* **-1.** [marchandise] verladen. **-2.** [passager] an Bord nehmen. **-3.** *fam* [malfaiteur] fest|nehmen. **-4.** *fam fig* [engager]: **~ qqn dans qqch** jn in etw *(A)* hinein|ziehen. **-5.** *fam* [emmener] (mit|)nehmen. **-6.** *fam* [voler] klauen, stibitzen. ◇ *vi* an Bord gehen.

◆ **s'embarquer** *vp* **-1.** [sur bateau] sich ein|schiffen. **-2.** *fam fig* [s'engager]: **s'~ dans qqch** sich auf etw *(A)* ein|lassen.

embarras [ɑ̃bara] *nm* **-1.** [perplexité, gêne] Verlegenheit *die*; **être dans l'~** [embarrassé] verlegen sein; [situation difficile] in der Klemme sitzen; **mettre qqn dans l'~** jn in eine unangenehme Lage versetzen; **tirer qqn d'~** jm aus der Klemme helfen. **-2.** [souci] Sorge *die,* Problem *das.* **-3.** [incertitude] Unsicherheit *die,* Verwirrung *die*; **l'~ du choix** die Qual der Wahl.

embarrassant, e [ɑ̃barasɑ̃, ɑ̃t] *adj* **-1.** [encombrant] sperrig. **-2.** [délicat] unangenehm.

embarrassé, e [ɑ̃barase] *adj* **-1.** [gêné] verlegen. **-2.** [encombré]: **~ de qqch** voller etw.

embarrasser [3] [ɑ̃barase] *vt* **-1.** [encombrer] verstellen. **-2.** [gêner] behindern. **-3.** [déconcerter] in Verlegenheit bringen.

◆ **s'embarrasser** *vp* **-1.** [s'encombrer]: **s'~ de qqch** sich mit etw belasten. **-2.** *fig* [s'empêtrer]: **s'~ dans qqch** sich in etw *(A)* verstricken.

embauche [ɑ̃boʃ] *nf* Einstellung *die*; **entretien d'~** Vorstellungsgespräch *das.*

embaucher [3] [ɑ̃boʃe] *vt* **-1.** [employer] an|stellen. **-2.** *fam* [occuper] ein|spannen; **allez, je t'embauche** komm, ich habe Arbeit für dich.

embaumer [3] [ɑ̃bome] ◇ *vt* **-1.** [cadavre] einbalsamieren. **-2.** [parfumer] parfümieren. ◇ *vi* duften.

embellie [ɑ̃beli] *nf* **-1.** [éclaircie] Aufheiterung *die.* **-2.** [amélioration] Verbesserung *die.*

embellir [32] [ɑ̃belir] ◇ *vt* verschönern. ◇ *vi* schöner werden; **ne faire que croître et ~** *fig* & *hum* immer schlimmer werden.

embellissement [ɑ̃belismɑ̃] *nm* Verschönerung *die.*

emberlificoter [3] [ɑ̃bɛrlifikɔte] *vt fam* ein|wickeln.

◆ **s'emberlificoter** *vp fam* sich verheddern.

embêtant, e [ɑ̃bɛtɑ̃, ɑ̃t] *adj fam* **-1.** [contrariant] ärgerlich, doof. **-2.** [personne] lästig. **-3.** [ennuyeux] öde.

embêtement [ɑ̃bɛtmɑ̃] *nm fam* Ärger *der (sans pl).*

embêter [4] [ɑ̃bɛte] *vt fam* **-1.** [gêné]: **être embêté** verlegen sein. **-2.** [importuner] ärgern. **-3.** [contrarier] stören; **ça m'embête de te prêter ma voiture** ich leih dir den Wagen nicht gern.

◆ **s'embêter** *vp fam* sich langweilen, sich an|öden.

emblée [ɑ̃ble]

◆ **d'emblée** *loc adv* auf Anhieb.

emblème [ɑ̃blɛm] *nm* Emblem *das,* Wahrzeichen *das.*

embobiner [3] [ɑ̃bɔbine] *vt* **-1.** *fam* [tromper] herein|legen. **-2.** [fil] auf|wickeln.

emboîter [3] [ɑ̃bwate] *vt* **-1.** [insérer]: **~ qqch dans qqch** etw in etw *(A)* stecken. **-2.** [assembler] zusammen|bauen, zusammen|stecken.

◆ **s'emboîter** *vp* sich ineinander|schieben.

embolie [ɑ̃bɔli] *nf* MÉD Embolie *die.*

embonpoint [ɑ̃bɔ̃pwɛ̃] *nm* Körperfülle *die*; **prendre de l'~** dicker werden.

embouché, e [ɑ̃buʃe] *adj*: **mal ~** *fam* ausfällig, bissig.

embouchure [ɑ̃buʃyr] *nf* **-1.** [de fleuve] Mündung *die*; **l'~ du Rhône** die Rhônemündung. **-2.** [d'instrument] Mundstück *das.*

embourber [3] [ɑ̃burbe] *vt* (im Schlamm) fest|fahren.

◆ **s'embourber** *vp* **-1.** [véhicule] im Schlamm stecken|bleiben. **-2.** *fig* [s'embrouiller]: **s'~ dans qqch** sich in etw *(A)* verstricken.

embourgeoisement [ɑ̃burʒwazmɑ̃] *nm* Verbürgerlichung *die.*

embourgeoiser [3] [ɑ̃burʒwaze] *vt* verbürgerlichen.

◆ **s'embourgeoiser** *vp* bürgerlich werden.

embout [ɑ̃bu] *nm* [de tuyau] Stutzen *der.*

embouteillage [ɑ̃butɛjaʒ] *nm* (Verkehrs)stau *der*; **être pris dans un ~** im Stau stecken.

emboutir [32] [ɑ̃butir] *vt* **-1.** *fam* [voiture] zerbeulen, demolieren; **je me suis fait ~ par un**

camion mir ist ein LKW reingefahren. **-2.** TECHNOL hämmern.

embranchement [ɑ̃brɑ̃ʃmɑ̃] *nm* [carrefour] Gabelung *die*.

embraser [3] [ɑ̃braze] *vt* **-1.** [incendier] in Flammen setzen. **-2.** *sout* [éclairer] in rote Glut tauchen. **-3.** *fig* & *sout* [d'amour] entflammen.

◆ **s'embraser** *vp* **-1.** [prendre feu] Feuer fangen. **-2.** *sout* [s'éclairer] glühend rot werden. **-3.** *fig* & *sout* [d'amour] sich entflammen.

embrassades [ɑ̃brasad] *nfpl* Begrüßungsküsse *Pl*.

embrasse [ɑ̃bras] *nf* Kordel *die*.

embrasser [3] [ɑ̃brase] *vt* **-1.** [donner un baiser] küssen. **-2.** *littéraire* [prendre dans ses bras] umarmen. **-3.** *fig* [choisir - religion] an|nehmen; [- métier] ergreifen. **-4.** *fig* [couvrir] umfassen; **~ du regard** überblicken.

◆ **s'embrasser** *vp* sich küssen.

embrasure [ɑ̃brazyr] *nf* Öffnung *die*.

embrayage [ɑ̃brɛjaʒ] *nm* **-1.** [action] Kuppeln *das*. **-2.** [mécanisme] Kupplung *die*; **appuyer sur l'~** auf die Kupplung treten.

embrayer [11] [ɑ̃breje] *vi* auf die Kupplung treten, kuppeln; **~ sur qqch** *fig* an etw *(A)* an|knüpfen.

embrigader [3] [ɑ̃brigade] *vt* an|werben.

◆ **s'embrigader** *vp*: **s'~ dans qqch** sich in etw *(A)* ein|reihen OU ein|gliedern.

embringuer [3] [ɑ̃brɛ̃ge] *vt fam* hinein|ziehen; **je me suis laissé ~ dans cette affaire** ich habe mich in diese Sache hinein|ziehen lassen.

◆ **s'embringuer** *vp fam* : **s'~ dans qqch** sich in etw *(A)* verwickeln.

embrocher [3] [ɑ̃brɔʃe] *vt* **-1.** [viande] auf einen Spieß stecken. **-2.** *fam* [transpercer] auf|spießen.

◆ **s'embrocher** *vp fam* sich auf|spießen.

embrouillamini [ɑ̃brujamini] *nm fam* Durcheinander *das*.

embrouille [ɑ̃bruj] *nf fam* verworrene Geschichte; **je ne veux pas d'~s** ich will keinen Ärger.

embrouiller [3] [ɑ̃bruje] *vt* **-1.** [mélanger] durcheinander|bringen. **-2.** *fig* [compliquer] komplizierter machen. **-3.** *fam* [déconcerter] verwirren.

◆ **s'embrouiller** *vp*: **s'~ dans qqch** sich in etw *(A)* verheddern.

embruns [ɑ̃brœ̃] *nmpl* Gischt *die (sans pl)*.

embryologie [ɑ̃brijɔlɔʒi] *nf* MÉD Embryologie *die*.

embryon [ɑ̃brijɔ̃] *nm* **-1.** MÉD Embryo *der* OU *das*. **-2.** *fig* [début] Ansatz *der*.

embryonnaire [ɑ̃brijɔnɛr] *adj* embryonal.

embûche [ɑ̃byʃ] *nf* Falle *die*; **tendre des ~s à qqn** jm Fallstricke legen.

embué, e [ɑ̃bɥe] *adj* beschlagen; **yeux ~s de larmes** tränenverschleierte Augen.

embuer [7] [ɑ̃bɥe] *vt* **-1.** [couvrir de buée] beschlagen. **-2.** [de larmes]: **ses yeux se sont embués de larmes** ihm OU ihr sind die Tränen in die Augen getreten.

embuscade [ɑ̃byskad] *nf* Hinterhalt *der*; **tomber dans une ~** in einen Hinterhalt geraten.

embusquer [3] [ɑ̃byske] *vt* MIL verstecken.

◆ **s'embusquer** *vp* **-1.** [se poster] sich in den Hinterhalt legen. **-2.** [s'abriter] sich drücken.

éméché, e [emeʃe] *adj fam* beschwipst.

émeraude [emrod] ◇ *nf* [pierre] Smaragd *der*. ◇ *adj inv* [couleur]: **(vert) ~** smaragdgrün.

émergence [emɛrʒɑ̃s] *nf* Auftauchen *das*.

émerger [17] [emɛrʒe] *vi* **-1.** [de l'eau] auf|tauchen. **-2.** *fig* [du niveau moyen] sich ab|heben; **~ de la médiocrité** aus dem Rahmen fallen. **-3.** *fam* [se réveiller] wach werden.

émeri [ɛmri] *nm*: **papier (d')~** Schmirgelpapier *das*.

émérite [emerit] *adj* bedeutend.

émerveillement [emɛrvɛjmɑ̃] *nm* Entzücken *das*.

émerveiller [4] [emɛrveje] *vt* entzücken.

◆ **s'émerveiller** *vp* staunen; **s'~ de qqch** über etw *(A)* staunen.

émets *etc* → **émettre**.

émetteur, trice [emetœr, tris] *adj* Sende-.

◆ **émetteur** *nm* [appareil] Sender *der*.

émetteur-récepteur [emetœrresɛptœr] (*pl* **émetteurs-récepteurs**) *nm* Sende- und Empfangsgerät *das*.

émettre [84] [emɛtr] *vt* **-1.** [son] aus|senden. **-2.** [lumière, message, émission] aus|strahlen. **-3.** [monnaie, timbres-poste] in Umlauf bringen. **-4.** [chèque] aus|stellen. **-5.** [avis] äußern.

émeus *etc* → **émouvoir**.

émeute [emøt] *nf* Aufruhr *der (sans pl)*; **les ~s** die Unruhen.

émeutier, ère [emøtje, ɛr] *nm, f* Aufrührer *der*, - in *die*.

émeuve *etc* → **émouvoir**.

émietter [4] [emjete] *vt* **-1.** [pain] zerbröckeln. **-2.** *fig* [disperser] zersplittern, verzetteln.

émigrant, e [emigrɑ̃, ɑ̃t] ◇ *adj* emigriert, ausreisewillig. ◇ *nm, f* Auswanderer *der*, -erin *die*, Emigrant *der*, -in *die*.

émigration [emigrasjɔ̃] *nf* **-1.** [d'hommes] Auswanderung *die*. **-2.** ZOOL Wanderung *die*.

émigré, e [emigre] ◇ *adj* emigriert. ◇ *nm, f* Emigrant *der*, -in *die*.

émigrer [3] [emigre] *vi* **-1.** [personne] emigrieren, aus|wandern. **-2.** [animal] (weg|)ziehen.

émincé, e [emɛ̃se] *adj* [légume] in dünne Scheiben geschnitten; [viande] geschnetzelt.
◆ **émincé** *nm* CULIN Geschnetzelte *das*; **un ~ de veau** Kalbsgeschnetzeltes.
éminemment [eminamɑ̃] *adv* außerordentlich.
éminence [eminɑ̃s] *nf* Eminenz *die*; **~ grise** *fig* graue Eminenz.
◆ **Éminence** *nf*: **Son Éminence** Seine Eminenz.
éminent, e [eminɑ̃, ɑ̃t] *adj* bedeutend.
émir [emir] *nm* Emir *der*.
émirat [emira] *nm* Emirat *das*.
émis, e [emi, iz] *pp* → **émettre**.
émissaire [emisɛr] ◇ *adj* → **bouc**. ◇ *nm* Abgesandte *der, die*.
émission [emisjɔ̃] *nf* **-1.** [programme] Sendung *die*; **~ en direct** Livesendung; **~ en différé** Aufzeichnung *die*; **~ de variétés** Unterhaltungssendung. **-2.** [de son, d'image] Übertragung *die*. **-3.** [de gaz, d'onde, de rayon] Emission *die*. **-4.** [de monnaie, de timbre] Ausgeben *das*; **~ d'un emprunt** Anleihebegebung *die*. **-5.** [d'urine, de sperme] Ausscheidung *die*.
emmagasiner [3] [ɑ̃magazine] *vt* **-1.** [connaissances] an|häufen. **-2.** [marchandises] ein|lagern. **-3.** [chaleur] speichern.
emmailloter [3] [ɑ̃majɔte] *vt* **-1.** [bébé] wickeln. **-2.** [membre blessé] verbinden.
emmanchure [ɑ̃mɑ̃ʃyr] *nf* Armausschnitt *der*.
Emmaüs [emays] *n französisches Hilfswerk*; **~ International** *international tätiges französisches Hilfswerk*.
emmêler [4] [ɑ̃mele] *vt* durcheinander|bringen.
emménagement [ɑ̃menaʒmɑ̃] *nm* Einzug *der*.
emménager [17] [ɑ̃menaʒe] *vi*: **~ dans qqch** in etw *(A)* ein|ziehen.
emmener [19] [ɑ̃mne] *vt* **-1.** [amener avec soi] mit|nehmen. **-2.** [déposer] begleiten, bringen.
emmerdant, e [ɑ̃mɛrdɑ̃, ɑ̃t] *adj tfam* **-1.** [chose - ennuyeuse] scheißlangweilig; [- contrariante] beschissen. **-2.** [personne]: **qu'est-ce qu'il est ~!** so eine Nervensäge!
emmerdement [ɑ̃mɛrdəmɑ̃] *nm tfam* Ärger *der*; **des ~s** Scherereien *die*; **avoir des ~s** Ärger OU Scherereien haben.
emmerder [3] [ɑ̃mɛrde] *vt tfam* : **~ qqn** jm lästig sein, jm auf die Nerven gehen; **je t'emmerde!** du kannst mich mal!
◆ **s'emmerder** *vp tfam* sich (zu Tode) langweilen.
emmerdeur, euse [ɑ̃mɛrdœr, øz] *nm, f tfam* Nervensäge *die*.
emmitoufler [3] [ɑ̃mitufle] *vt* ein|mummen.
◆ **s'emmitoufler** *vp* sich ein|mummen.
emmurer [3] [ɑ̃myre] *vt* ein|mauern.
émoi [emwa] *nm* **-1.** *sout* [agitation] Aufregung *die*; **être en ~** in (heller) Aufregung sein. **-2.** *vieilli* [émotion] Erregung *die*.
émollient, e [emɔljɑ̃, ɑ̃t] *adj* MÉD weich machend, entspannend.
◆ **émollient** *nm* MÉD Emolliens *das*, Entspannungsmittel *das*.
émoluments [emɔlymɑ̃] *nmpl* **-1.** [salaire] Bezüge *Pl*. **-2.** [honoraires] Honorare *Pl*.
émotif, ive [emɔtif, iv] ◇ *adj* **-1.** [personne] überempfindlich. **-2.** [trouble, réaction] affektiv, Gefühls-. ◇ *nm, f* [personne] empfindsamer Mensch, überempfindlicher Mensch.
émotion [emosjɔ̃] *nf* **-1.** [sentiment] (Gemüts)-bewegung *die*. **-2.** [peur] Angst *die*; **donner des ~s à qqn** in jm Angst aus|lösen, jm einen Schreck ein|jagen.
émotionnel, elle [emosjɔnel] *adj* gefühlsmäßig.
émotionner [3] [emosjɔne] *vt fam* bewegen.
émotivité [emɔtivite] *nf* Empfindsamkeit *die*.
émoulu [emuly] → **frais**.
émousser [3] [emuse] *vt* **-1.** [lame] stumpf machen. **-2.** *fig* [sentiment] ab|stumpfen.
◆ **s'émousser** *vp* **-1.** [lame] stumpf werden. **-2.** *fig* [sentiment] nach|lassen.
émoustiller [3] [emustije] *vt* **-1.** [rendre gai] auf|muntern. **-2.** [exciter] erregen.
émouvant, e [emuvɑ̃, ɑ̃t] *adj* ergreifend, rührend.
émouvoir [55] [emuvwar] *vt* **-1.** [troubler] bewegen. **-2.** [attendrir] rühren.
◆ **s'émouvoir** *vp* erschüttert sein.
empailler [3] [ɑ̃paje] *vt* **-1.** [animal] (mit Stroh) aus|stopfen. **-2.** [chaise] mit einem Strohgeflecht bespannen, mit Stroh flechten.
empaler [3] [ɑ̃pale] *vt* auf|spießen; **~ sur qqch** auf etw *(A)* auf|spießen.
◆ **s'empaler** *vp*: **s'~ sur qqch** sich auf etw *(A)* auf|spießen.
empaqueter [27] [ɑ̃pakte] *vt* ein|packen.
emparer [3] [ɑ̃pare]
◆ **s'emparer** *vp* **-1.** [prendre de force]: **s'~ de qqn/qqch** sich js/einer Sache bemächtigen. **-2.** [avec la main]: **s'~ de qqch** etw an sich *(A)* reißen. **-3.** [sentiment]: **s'~ de qqn** *fig* jn überkommen; **la jalousie s'est emparée de lui** die Eifersucht überkam ihn.
empâté, e [ɑ̃pate] *adj* aufgedunsen.
empâter [3] [ɑ̃pate] *vt* **-1.** [visage, traits] auf|quellen. **-2.** [bouche]: **avoir la bouche empâtée**

einen schalen Geschmack im Mund haben.
◆ **s'empâter** *vp* dick werden.

empattement [ɑ̃patmɑ̃] *nm* **-1.** AUTOM Radstand *der*. **-2.** TYPO Serife *die*.

empêchement [ɑ̃pɛʃmɑ̃] *nm* Hinderung *die*; **avoir un ~** verhindert sein.

empêcher [4] [ɑ̃peʃe] *vt* verhindern; **~ que** *(+ subjonctif)* verhindern, daß; **~ que ses ennemis (ne) le tuent** verhindern, daß seine Feinde ihn töten; **~ qqn/qqch de faire qqch** jn/etw hindern, etw zu tun; **~ qqn de travailler** jn von der Arbeit ab|halten; **(il) n'empêche que** immerhin; **elle a tort, mais (il) n'empêche qu'elle défend bien son point de vue** sie hat unrecht, aber immerhin verteidigt sie ihren Standpunkt gut.
◆ **s'empêcher** *vp*: **ne pas pouvoir s'~ de faire qqch** einfach nicht anders können, als etw zu tun.

empêcheur, euse [ɑ̃pɛʃœr, øz] *nm, f*: **~ de tourner en rond** *fam fig* Spielverderber *der*, - in *die*.

empeigne [ɑ̃pɛɲ] *nf* Obermaterial *das*.

empereur [ɑ̃prœr] *nm* Kaiser *der*.

empesé, e [ɑ̃pəze] *adj* **-1.** [linge] gestärkt. **-2.** *fig* [style] steif, affektiert.

empester [3] [ɑ̃pɛste] ◇ *vt* **-1.** [sentir]: **~ l'alcool** nach Alkohol stinken. **-2.** [empuantir] verpesten. ◇ *vi* stinken.

empêtrer [4] [ɑ̃petre] *vt*: **être empêtré dans qqch** in etw *(D)* stecken, in etw *(A)* verwickelt sein; *fig* in etw *(A)* verstrickt sein.
◆ **s'empêtrer** *vp*: **s'~ (dans qqch)** sich (in etw *(A)*) verfangen; *fig* sich (in etw *(A)*) verstricken.

emphase [ɑ̃faz] *nf péj* Emphase *die*.

emphatique [ɑ̃fatik] *adj péj* emphatisch.

empiècement [ɑ̃pjɛsmɑ̃] *nm* Einsatz *der*.

empiéter [18] [ɑ̃pjete] *vi*: **~ sur qqch** auf etw *(A)* über|greifen; *fig* etw beeinträchtigen, etw beschneiden.

empiffrer [3] [ɑ̃pifre]
◆ **s'empiffrer** *vp*: **s'~ (de qqch)** *fam* sich (mit etw) voll|stopfen.

empilement [ɑ̃pilmɑ̃], **empilage** [ɑ̃pilaʒ] *nm* Stapeln *das*.

empiler [3] [ɑ̃pile] *vt* stapeln.
◆ **s'empiler** *vp* sich stapeln.

empire [ɑ̃pir] *nm* **-1.** HIST Reich *das*; **pour un ~** *fig* um alles in der Welt. **-2.** [groupe puissant] Imperium *das*. **-3.** *sout* [emprise] Einfluß *der*; **avoir de l'~ sur soi** Selbstbeherrschung haben; **sous l'~ de** unter dem Einfluß von.
◆ **Empire** *nm*: **l'Empire** *französisches Kaiserreich unter Napoleon I.*; **le second Empire** *das zweite Kaiserreich unter Napoleon III.*

empirer [3] [ɑ̃pire] *vi* verschlechtern.

empirique [ɑ̃pirik] *adj* empirisch.

empirisme [ɑ̃pirism] *nm* **-1.** [méthode] Empirie *die*. **-2.** PHILOSOPHIE Empirismus *der*.

emplacement [ɑ̃plasmɑ̃] *nm* **-1.** [lieu] Stelle *die*. **-2.** [position] Lage *die*.

emplâtre [ɑ̃platr] *nm* Pflaster *das*.

emplette [ɑ̃plɛt] *nf* (Ein)kauf *der*; **faire des ~s** Einkäufe machen; **faire l'~ de** kaufen.

emplir [32] [ɑ̃plir] *vt sout* **-1.** [remplir]: **~ qqch (de qqch)** etw (mit etw) füllen. **-2.** *fig* [combler]: **~ qqn de qqch** jn mit etw erfüllen.

emploi [ɑ̃plwa] *nm* **-1.** [utilisation] Gebrauch *der*; **faire double ~** überflüssig sein; **~ du temps** Zeitplan *der*; SCOL Stundenplan *der*. **-2.** [poste] Stelle *die*. **-3.** [travail]: **l'~** die Arbeit.

employé, e [ɑ̃plwaje] ◇ *adj* beschäftigt; **il est ~ chez BMW** er ist bei BMW beschäftigt. ◇ *nm, f* Angestellte *der, die*; **~ de bureau** Büroangestellte.

employer [13] [ɑ̃plwaje] *vt* **-1.** [utiliser] verwenden, benutzen. **-2.** [salarier] beschäftigen.
◆ **s'employer** *vp* verwendet werden; **s'~ à qqch** sich mit etw beschäftigen; **s'~ à faire qqch** sich bemühen, etw zu tun.

employeur, euse [ɑ̃plwajœr, øz] *nm, f* Arbeitgeber *der*, -in *die*.

empocher [3] [ɑ̃pɔʃe] *vt fam* ein|stecken.

empoignade [ɑ̃pwaɲad] *nf* heftiger Streit.

empoigne [ɑ̃pwaɲ] → **foire**.

empoigner [3] [ɑ̃pwaɲe] *vt* ergreifen.
◆ **s'empoigner** *vp* **-1.** [se battre] sich raufen. **-2.** [se quereller] sich streiten.

empoisonnant, e [ɑ̃pwazɔnɑ̃, ɑ̃t] *adj fam* **-1.** [ennuyeux] tödlich. **-2.** [insupportable] unerträglich.

empoisonnement [ɑ̃pwazɔnmɑ̃] *nm* **-1.** [intoxication] Vergiftung *die*. **-2.** *fam fig* [souci] Ärger *der*.

empoisonner [3] [ɑ̃pwazɔne] *vt* **-1.** [atmosphère, relation] vergiften. **-2.** [empuantir] verpesten. **-3.** *fam* [ennuyer]: **~ qqn** jm auf die Nerven gehen.

emporté, e [ɑ̃pɔrte] *adj* jähzornig.

emportement [ɑ̃pɔrtəmɑ̃] *nm* Heftigkeit *die*.

emporte-pièce [ɑ̃pɔrtəpjɛs] (*pl* **emporte-pièces** OU *inv*) *nm* Locheisen *das*.
◆ **à l'emporte-pièce** *loc adj* entschieden.

emporter [3] [ɑ̃pɔrte] *vt* **-1.** [amener avec soi] mit|nehmen; **à ~** [plats] zum Mitnehmen. **-2.** [blessé] weg|bringen. **-3.** [arracher] los|reißen. **-4.** [faire mourir] dahin|raffen. **-5.** [victoire] davon|tragen; **l'~** den Sieg davon|tragen. **-6.** [surpasser]: **l'~ sur qqn/qqch** stärker als jd/etw

sein; *fig* die Oberhand über jn/etw gewinnen.
◆ **s'emporter** *vp* sich erhitzen, sich auf|regen.

empoté, e [ɑ̃pɔte] *fam* ◇ *adj* unbeholfen. ◇ *nm, f* Flasche *die*.

empourprer [3] [ɑ̃purpre]
◆ **s'empourprer** *vp* rot an|laufen.

empreint, e [ɑ̃prɛ̃, ɛ̃t] *adj*: **~ de** durchdrungen von.

empreinte [ɑ̃prɛ̃t] *nf* **-1.** [trace] Abdruck *der*; **~ de pas** Fußabdruck; **~s digitales** Fingerabdrücke. **-2.** *sout* & *fig* [impact] Spur *die*; **l'~ d'une idée** die Prägung einer Idee.

empressé, e [ɑ̃prese] *adj* eifrig.

empressement [ɑ̃prɛsmɑ̃] *nm* **-1.** [zèle] (Dienst)-eifer *der*. **-2.** [enthousiasme] Begeisterung *die*.

empresser [4] [ɑ̃prese]
◆ **s'empresser** *vp*: **s'~ de faire qqch** sich beeilen, etw zu tun; **s'~ auprès de qqn** jn umsorgen.

emprise [ɑ̃priz] *nf* Einfluß *der*; **sous l'~ de** unter Einfluß von.

emprisonnement [ɑ̃prizɔnmɑ̃] *nm* **-1.** [peine] Gefängnisstrafe *die*. **-2.** [mise en prison] Inhaftierung *die*.

emprisonner [3] [ɑ̃prizɔne] *vt* **-1.** [voleur] ein|sperren, inhaftieren. **-2.** [partie du corps] ein|engen.

emprunt [ɑ̃prœ̃] *nm* **-1.** [gén] Anleihe *die*; **couvrir un ~** eine Anleihe decken; **lancer un ~** eine Anleihe auf|legen; **~ d'État** Staatsanleihe. **-2.** LING: **~ (d'une langue)** Entlehnung *die* (aus einer Sprache).

emprunté, e [ɑ̃prœ̃te] ◇ *adj* unbeholfen. ◇ *nm, f* unbeholfene Person.

emprunter [3] [ɑ̃prœ̃te] *vt* **-1.** [objet, argent] (aus|)leihen; **~ qqch à qqn** jm etw aus|leihen; *fig* etw von jm übernehmen. **-2.** [route] nehmen. **-3.** LING: **~ qqch à une langue** etw aus einer Sprache entlehnen.

empuantir [32] [ɑ̃pɥɑ̃tir] *vt* verpesten.

EMT (*abr de* **éducation manuelle et technique**) *nf* Werken *das*.

ému, e [emy] ◇ *pp* → **émouvoir**. ◇ *adj* **-1.** [troublé] ergriffen. **-2.** [attendri] gerührt.

émulation [emylasjɔ̃] *nf* **-1.** [concurrence] Wettstreit *der*. **-2.** INFORM Emulation *die*.

émule [emyl] *nmf* Nacheiferer *der*, -erin *die*.

émulsion [emylsjɔ̃] *nf* Emulsion *die*.

émus *etc* → **émouvoir**.

en [ɑ̃] ◇ *prép* **-1.** [gén] in; **~ juin** im Juni; **~ 10 minutes** in 10 Minuten; **il est né ~ 1993** er ist 1993 geboren; **une maison ~ Suède/Sicile** ein Haus in Schweden/auf Sizilien; **aller ~ Sicile/Suède** nach Sizilien/Schweden fahren; **être ~ vacances** auf OU in OU im Urlaub sein; **~ anglais** auf Englisch; **~ vert** in Grün; **~ fleurs** blühend; **~ dollars** in Dollar; **une robe ~ 38** ein Kleid in Größe 38. **-2.** [introduit la matière] aus; **une théière ~ argent** eine silberne Teekanne. **-3.** [introduit la forme]: **sucre ~ poudre** Puderzucker *der*; **lait ~ poudre** Milchpulver *das*; **thon ~ miettes** Thunfischstücke *Pl*. **-4.** [en tant que] als; **parler ~ connaisseur** als Kenner sprechen; **avoir ~ cadeau** als Geschenk bekommen. **-5.** [moyen] mit; **~ avion/bateau/train** [paquet, lettre] per Flugzeug/Schiff/Zug; [personne] mit dem Flugzeug/Schiff/Zug; **nous allons ~ Grèce ~ avion** wir fliegen nach Griechenland. **-6.** [devant un participe présent]: **~ arrivant à Paris** bei seiner Ankunft in Paris; **tu y arriveras ~ faisant un effort** du wirst es schaffen, wenn du dich anstrengst; **elle répondit ~ souriant que** mit einem Lächeln antwortete sie, daß. ◇ *pron* **-1.** [complément de verbe, de nom, d'adjectif]: **il s'~ est souvenu** er hat sich daran erinnert; **nous ~ avons déjà parlé** wir haben schon darüber gesprochen; **je m'~ porte garant** ich bürge dafür; **on ~ meurt, de ça!** daran stirbt man!; **j'~ garde un très bon souvenir** das habe ich in guter Erinnerung behalten; **sa maison ~ est pleine** sein Haus ist voll damit. **-2.** [avec un indéfini, exprime une quantité]: **j'ai du chocolat, tu ~ veux?** ich habe Schokolade, willst du ein Stück?; **j'~ connais un** ich kenne da einen; **j'~ ai vu plusieurs** ich habe mehrere davon gesehen; **j'ai besoin de piles, tu ~ as?** ich brauche Batterien, hast du welche? **-3.** [indique la provenance]: **j'~ reviens** ich komme von dort; **elle vient d'~ sortir** sie ist gerade rausgegangen.

ENA, Ena [ena] *nf abr de* **École nationale d'administration**.

énarque [enark] *nmf ehemaliger Schüler der ENA.*

encablure [ɑ̃kablyr] *nf* NAVIG *Einheit zur Entfernungsmessung, ca 200 m.*

encadrement [ɑ̃kadrəmɑ̃] *nm* **-1.** [cadre] Rahmen *der*; **~ de porte** Türrahmen. **-2.** [pose de cadres] Einrahmung *die*. **-3.** [de personnes] Betreuung *die*. **-4.** ÉCON [du crédit] Beschränkung *die*.

encadrer [3] [ɑ̃kadre] *vt* **-1.** [photo] ein|rahmen. **-2.** [visage] umrahmen. **-3.** [personnes] betreuen. **-4.** *fam fig* [supporter]: **ne pas pouvoir ~ qqn** jn nicht ausstehen können.

encadreur [ɑ̃kadrœr] *nm* Einrahmungsgeschäft *das*.

encaisse [ɑ̃kɛs] *nf* Kassenbestand *der*.

encaissé, e [ɑ̃kese] *adj* tief eingeschnitten.

encaisser [4] [ɑ̃kese] *vt* **-1.** [argent] kassieren; **~ un chèque** einen Scheck ein|lösen. **-2.** *fam* [coups] ein|stecken; [critique, insulte] schlucken;

ne pas pouvoir ~ qqn *fig* jn nicht ausstehen können.
◆ **s'encaisser** *vp* sich verengen.
encanailler [3] [ɑ̃kanaje]
◆ **s'encanailler** *vp* in schlechte Gesellschaft geraten.
encart [ɑ̃kar] *nm* Beilage *die*; **~ publicitaire** Werbebeilage.
en-cas, encas [ɑ̃ka] *nm inv* kleiner Imbiß.
encastrable [ɑ̃kastrabl] *adj* einbaubar, Einbau-.
encastrer [3] [ɑ̃kastre] *vt* ein|bauen, ein|fügen.
◆ **s'encastrer** *vp* sich einbauen OU einfügen lassen.
encaustique [ɑ̃kostik] *nf* Bohnerwachs *das*.
encaustiquer [3] [ɑ̃kostike] *vt* bohnern.
enceinte [ɑ̃sɛ̃t] ◇ *adj* schwanger; **elle est ~ de six mois** sie ist im sechsten Monat; **elle est ~ de son deuxième enfant** sie erwartet ihr zweites Kind. ◇ *nf* **-1.** [muraille] (Umfassungs)-mauer *die*; **dans l'~ de qqch** innerhalb einer Sache *(G)*, in einer Sache *(D)*. **-2.** [baffle]: **~ (acoustique)** (Lautsprecher)box *die*.
encens [ɑ̃sɑ̃] *nm* Weihrauch *der*; **faire brûler de l'~** Räucherstäbchen verbrennen.
encenser [3] [ɑ̃sɑ̃se] *vt* beweihräuchern.
encensoir [ɑ̃sɑ̃swar] *nm* Räuchergefäß *das*.
encercler [3] [ɑ̃sɛrkle] *vt* **-1.** [quartier, ville] umzingeln. **-2.** [environner] umgeben. **-3.** [entourer] ein|kreisen.
enchaînement [ɑ̃ʃɛnmɑ̃] *nm* **-1.** [gén] Abfolge *die*. **-2.** [d'idées, de paragraphes] Verknüpfung *die*. **-3.** GYMNASTIQUE & DANSE Übung *die*.
enchaîner [4] [ɑ̃ʃene] ◇ *vt* **-1.** [attacher] an|ketten. **-2.** *fig* [asservir] in Ketten legen. **-3.** [idées, paragraphes] verknüpfen. ◇ *vi* fort|fahren.
◆ **s'enchaîner** *vp* [se suivre] aufeinander|folgen.
enchanté, e [ɑ̃ʃɑ̃te] *adj* **-1.** [ravi] entzückt; **~ de faire votre connaissance** ich freue mich, Ihre Bekanntschaft zu machen; **~!** sehr erfreut! **-2.** [ensorcelé] verzaubert.
enchantement [ɑ̃ʃɑ̃tmɑ̃] *nm* **-1.** [sortilège] Verzauberung *die*; **comme par ~** wie durch ein Wunder. **-2.** *sout* [ravissement] Wonne *die*. **-3.** [merveille] wahres Wunder.
enchanter [3] [ɑ̃ʃɑ̃te] *vt* **-1.** [ravir] begeistern. **-2.** [charmer] entzücken. **-3.** [ensorceler] verzaubern.
enchanteur, eresse [ɑ̃ʃɑ̃tœr, trɛs] ◇ *adj* bezaubernd. ◇ *nm, f* **-1.** [magicien] Zauberer *der*, -erin *die*. **-2.** [charmeur] Charmeur *der*, -in *die*.
enchâsser [3] [ɑ̃ʃase] *vt* ein|fassen.
enchère [ɑ̃ʃɛr] *nf* **-1.** [offre] (Mehr)gebot *das*; **faire monter les ~s** das Gebot in die Höhe treiben. **-2.** [au jeu] Reizen *das*.
◆ **enchères** *nfpl*: **les ~s** die Versteigerung, die Auktion; **vendre qqch aux ~s** etw versteigern.
enchérir [32] [ɑ̃ʃerir] *vi*: **~ sur qqn/qqch** jn/etw überbieten.
enchevêtrer [4] [ɑ̃ʃvetre] *vt* **-1.** [emmêler] verheddern. **-2.** *fig* [embrouiller] komplizieren.
enclave [ɑ̃klav] *nf* Enklave *die*.
enclencher [3] [ɑ̃klɑ̃ʃe] *vt* **-1.** [mécanisme] ein|schalten. **-2.** *fig* [affaire] in Gang bringen.
◆ **s'enclencher** *vp* **-1.** [mécanisme] ein|rasten. **-2.** *fig* [affaire] beginnen.
enclin, e [ɑ̃klɛ̃, in] *adj*: **être ~ à qqch** zu etw geneigt sein; **être ~ à faire qqch** dazu geneigt sein, etw zu tun.
enclore [113] [ɑ̃klɔr] *vt* ein|zäunen.
enclos, e [ɑ̃klo, oz] *pp* → **enclore**.
◆ **enclos** *nm* Koppel *die*.
enclôt [ɑ̃klo] → **enclore**.
enclume [ɑ̃klym] *nf* Amboß *der*.
encoche [ɑ̃kɔʃ] *nf* Kerbe *die*.
encoder [3] [ɑ̃kɔde] *vt* kodieren.
encodeur [ɑ̃kɔdœr] *nm* INFORM Kodierer *der*.
encoignure [ɑ̃kɔɲyr, ɑ̃kwaɲyr] *nf* Ecke *die*.
encolure [ɑ̃kɔlyr] *nf* **-1.** [gén] Hals *der*. **-2.** [de vêtement] Ausschnitt *der*.
encombrant, e [ɑ̃kɔ̃brɑ̃, ɑ̃t] *adj* **-1.** [paquet] sperrig. **-2.** *fig* [personne] störend.
encombre [ɑ̃kɔ̃br]
◆ **sans encombre** *loc adv* ohne Zwischenfälle.
encombré, e [ɑ̃kɔ̃bre] *adj* **-1.** [lieu] verstopft. **-2.** *fig* [marché] gesättigt.
encombrement [ɑ̃kɔ̃brəmɑ̃] *nm* **-1.** [de circulation] Verkehrsstau *der*. **-2.** [de lieu] Durcheinander *das*. **-3.** [volume] Abmessungen *Pl*.
encombrer [3] [ɑ̃kɔ̃bre] *vt* **-1.** [lieu] versperren. **-2.** *fig* [surcharger] belasten.
◆ **s'encombrer** *vp*: **s'~ de qqn/qqch** sich mit jm/etw belasten.
encontre [ɑ̃kɔ̃tr]
◆ **à l'encontre de** *loc prép* im Gegensatz zu; **aller à l'~ de** etw *(D)* zuwider|laufen.
encorbellement [ɑ̃kɔrbɛlmɑ̃] *nm* ARCHIT Auskragung *die*; **en ~** ausgekragt *(adj)*.
encorder [3] [ɑ̃kɔrde]
◆ **s'encorder** *vp* sich an|seilen.
encore [ɑ̃kɔr] *adv* **-1.** [toujours] (immer) noch; **il dort ~** er schläft noch; **pas ~** noch nicht. **-2.** [à nouveau] (schon) wieder; **~ une fois** noch einmal. **-3.** [de renforcement, de plus] noch (mehr); **c'est ~ moins cher** es ist noch billiger; **que vous faut-il ~?** was brauchen Sie denn noch?; **~ un mois** noch einen Monat. **-4.** [de restric-

tion]: ~ **faut-il** man muß allerdings.
◆ **encore que** *loc conj* auch wenn.
◆ **et encore** *loc adv*: **avec ça tu ne peux t'acheter qu'un sandwich et ~** damit kannst du dir nur ein Sandwich kaufen, wenn überhaupt; **je t'en donne 100 francs et ~** ich gebe dir 100 Franc und das ist schon nicht schlecht.
◆ **mais encore** *loc adv* was sonst noch.
◆ **si encore** *loc adv* wenn zumindest.
encourageant, e [ãkuraʒɑ̃, ɑ̃t] *adj* ermutigend.
encouragement [ãkuraʒmɑ̃] *nm* **-1.** [parole] Ermutigung *die*. **-2.** [action] Unterstützung *die*.
encourager [17] [ãkuraʒe] *vt* **-1.** [donner du courage à] ermutigen. **-2.** [inciter] an|spornen; **~ qqn à faire qqch** jn an|spornen, etw zu tun. **-3.** [favoriser] fördern.
encourir [45] [ãkurir] *vt sout*: **~ qqch** sich einer Sache *(D)* aus|setzen.
encourrai *etc* → **encourir**.
encours *etc* → **encourir**.
encouru, e [ãkury] *pp* → **encourir**.
encrasser [3] [ãkrase] *vt* **-1.** [appareil] verschmutzen. **-2.** *fam* [salir] verdrecken.
◆ **s'encrasser** *vp* verschmutzen, schmutzig werden.
encre [ãkr] *nf* Tinte *die*; **~ de Chine** Tusche *die*.
encrer [3] [ãkre] *vt*: **~ qqch** Druckerschwärze auf etw *(A)* auf|tragen.
encreur [ãkrœr] → **tampon, rouleau**.
encrier [ãkrije] *nm* Tintenfaß *das*.
encroûter [3] [ãkrute] *vt* verkrusten.
◆ **s'encroûter** *vp*: **s'~ dans qqch** *fig* in etw *(D)* festgefahren sein.
enculé [ãkyle] *nm vulg* Arschloch *das*.
enculer [3] [ãkyle] *vt vulg* : **va te faire ~!** leck mich am Arsch!; **se faire ~** *fig* beschissen werden.
encyclique [ãsiklik] *nf* Enzyklika *die*.
encyclopédie [ãsiklɔpedi] *nf* Enzyklopädie *die*.
encyclopédique [ãsiklɔpedik] *adj* enzyklopädisch.
endémique [ãdemik] *adj* endemisch.
endettement [ãdɛtmɑ̃] *nm* Verschuldung *die*.
endetter [4] [ãdete] *vt* verschulden.
◆ **s'endetter** *vp* sich verschulden.
endeuiller [5] [ãdœje] *vt* [pays] in Trauer versetzen.
endiablé, e [ãdjable] *adj* wild.
endiguer [3] [ãdige] *vt* ein|dämmen.
endimanché, e [ãdimɑ̃ʃe] *adj* in Sonntagskleidung.
endimancher [3] [ãdimɑ̃ʃe]
◆ **s'endimancher** *vp* Sonntagskleider an|ziehen.
endive [ãdiv] *nf* Chikorée *der* ou *die*.
endocrine [ãdɔkrin] → **glande**.
endoctrinement [ãdɔktrinmɑ̃] *nm* Indoktrinierung *die*.
endoctriner [3] [ãdɔktrine] *vt* indoktrinieren.
endolori, e [ãdɔlɔri] *adj* schmerzend.
endommager [17] [ãdɔmaʒe] *vt* beschädigen.
endormi, e [ãdɔrmi] *adj* **-1.** [qui dort] eingeschlafen. **-2.** [calme] verschlafen. **-3.** *fam* [apathique] träge.
endormir [36] [ãdɔrmir] *vt* **-1.** [gén] ein|schläfern; [enfant] zum Schlafen bringen. **-2.** *fig* [douleur] betäuben.
◆ **s'endormir** *vp* ein|schlafen; **s'~ sur qqch** *fig* sich auf etw *(D)* aus|ruhen.
endoscopie [ãdɔskɔpi] *nf* Endoskopie *die*.
endosser [3] [ãdose] *vt* **-1.** [manteau] über|ziehen. **-2.** JUR & FIN indossieren. **-3.** *fig* [responsabilité] übernehmen.
endroit [ãdrwa] *nm* **-1.** [lieu] Ort *der*. **-2.** [partie] Stelle *die*. **-3.** [de vêtement] rechte Seite.
◆ **à l'endroit** *loc adv* [du bon côté] richtigherum.
◆ **à l'endroit de** *loc prép littéraire*: **à l'~ de qqn** jm gegenüber.
enduire [98] [ãdɥir] *vt*: **~ qqch de qqch** etw mit etw bestreichen.
◆ **s'enduire** *vp*: **s'~ de crème** sich ein|cremen; **s'~ d'huile** sich ein|ölen.
enduisais *etc* → **enduire**.
enduit, e [ãdɥi, it] *pp* → **enduire**.
◆ **enduit** *nm* Putz *der*.
endurance [ãdyrɑ̃s] *nf* Ausdauer *die*.
endurant, e [ãdyrɑ̃, ɑ̃t] *adj* ausdauernd.
endurci, e [ãdyrsi] *adj* **-1.** [aguerri]: **célibataire ~** eingefleischter Junggeselle. **-2.** [insensible] verhärtet.
endurcir [32] [ãdyrsir] *vt* [physiquement] ab|härten.
◆ **s'endurcir** *vp*: **s'~ (à qqch)** sich (gegen etw) ab|härten.
endurer [3] [ãdyre] *vt* ertragen.
énergétique [enɛrʒetik] *adj* **-1.** [ressource] Energie-. **-2.** [aliment] Energie-, energiereich.
énergie [enɛrʒi] *nf* **-1.** [gén] Energie *die*; **~ éolienne** Windenergie; **~ nucléaire** Kernenergie; **~ solaire** Sonnenenergie. **-2.** [éloquence] Nachdruck *der*.
énergique [enɛrʒik] *adj* **-1.** [personne, protestation] energisch. **-2.** [efficace] wirksam.
énergiquement [enɛrʒikmɑ̃] *adv* energisch.

énergisant, e [enɛrʒizɑ̃, ɑ̃t] *adj* [stimulant] anregend.
◆ **énergisant** *nm* MÉD Stimulans *das*.
énergumène [enɛrgymɛn] *nmf* komische Type.
énervant, e [enɛrvɑ̃, ɑ̃t] *adj* [personne] lästig; [situation] nervenaufreibend.
énervé, e [enɛrve] *adj* **-1.** [excité] aufgeregt. **-2.** [contrarié] genervt.
énervement [enɛrvəmɑ̃] *nm* **-1.** [irritation] Nervosität *die*. **-2.** [surexcitation] Hektik *die*.
énerver [3] [enɛrve] *vt* nervös machen, auf die Nerven gehen.
◆ **s'énerver** *vp* sich auf|regen; **ne vous énervez pas!** nur nicht die Nerven verlieren!
enfance [ɑ̃fɑ̃s] *nf* **-1.** [âge] Kindheit *die*; **retomber en ~** *fig* wieder kindisch werden. **-2.** [enfants]: **l'~** die Kinder. **-3.** *fig* [débuts] erste Schritte *Pl*; **c'est l'~ de l'art** das ist kinderleicht.
enfant [ɑ̃fɑ̃] *nmf* **-1.** [gén] Kind *das*; **attendre un ~** ein Kind erwarten; **faire l'~** sich wie ein Kind benehmen; **~ naturel** OU **illégitime** uneheliches Kind; **~ martyr** mißhandeltes Kind; **~ prodige** Wunderkind. **-2.** [originaire]: **un ~ du pays** ein Einheimischer.
enfantement [ɑ̃fɑ̃tmɑ̃] *nm sout* Niederkunft *die*; **être dans les douleurs de l'~** in den Wehen liegen.
enfanter [3] [ɑ̃fɑ̃te] *vt sout* gebären.
enfantillage [ɑ̃fɑ̃tijaʒ] *nm* Kinderei *die*.
enfantin, e [ɑ̃fɑ̃tɛ̃, in] *adj* **-1.** [relatif à l'enfance] kindlich. **-2.** [facile] kinderleicht.
enfer [ɑ̃fɛr] *nm* RELIG *fig* Hölle *die*; **bruit d'~** Höllenlärm *der*.
◆ **Enfers** *nmpl* MYTH: **les Enfers** die Unterwelt.
enfermer [3] [ɑ̃fɛrme] *vt* **-1.** [personne, animal] ein|sperren. **-2.** [objet] ein|schließen.
◆ **s'enfermer** *vp* sich ein|schließen; **s'~ dans son silence** *fig* sich in Schweigen hüllen.
enfilade [ɑ̃filad] *nf* Flucht *die*; **en ~** in einer Reihe.
enfiler [3] [ɑ̃file] *vt* **-1.** [perles] auf|reihen; [aiguille] ein|fädeln. **-2.** *fam* [vêtements]: **~ qqch** etw überziehen; [pantalon, chaussures] in etw *(A)* schlüpfen.
◆ **s'enfiler** *vp fam* : **s'~ qqch** sich etw rein|ziehen.
enfin [ɑ̃fɛ̃] *adv* **-1.** [de soulagement] endlich. **-2.** [de récapitulation] kurzum. **-3.** [de correction] das heißt. **-4.** [d'indignation]: **mais ~!** da hört doch alles auf!
enflammé, e [ɑ̃flame] *adj* **-1.** [en flammes] brennend. **-2.** *fig* [passionné] flammend.
enflammer [3] [ɑ̃flame] *vt* **-1.** [objet, bois] in Brand setzen. **-2.** *fig* [personne, cœur] entflammen.
◆ **s'enflammer** *vp* **-1.** [bois, objet] sich entzünden. **-2.** *fig* [personne] in Feuer geraten.
enflé, e [ɑ̃fle] *adj* (an)geschwollen.
enfler [3] [ɑ̃fle] ◇ *vi* [gonfler] an|schwellen. ◇ *vt* **-1.** [joue] auf|blasen. **-2.** [rivière, voile] anschwellen lassen.
enflure [ɑ̃flyr] *nf* [du corps] Schwellung *die*.
enfoncé, e [ɑ̃fɔ̃se] *adj*: **yeux ~s** tiefliegende Augen.
enfoncer [16] [ɑ̃fɔ̃se] *vt* **-1.** [planter]: **~ qqch dans qqch** etw in etw *(A)* ein|schlagen. **-2.** [faire pénétrer]: **~ qqch dans qqch** etw in etw *(A)* stecken. **-3.** [enfouir]: **~ qqch dans qqch** etw in etw *(D)* vergraben. **-4.** [défoncer] auf|brechen. **-5.** *fam* [humilier] fertig|machen.
◆ **s'enfoncer** *vp* **-1.** [s'enliser]: **s'~ dans qqch** in etw *(D)* versinken. **-2.** [avancer]: **s'~ dans qqch** in etw *(A)* tief ein|dringen. **-3.** [pénétrer]: **s'~ dans qqch** in etw *(A)* ein|dringen. **-4.** [s'écrouler] durch|brechen. **-5.** *fig* [s'enferrer]: **s'~ dans qqch** sich in etw *(D)* verstricken.
enfouir [32] [ɑ̃fwir] *vt* vergraben.
◆ **s'enfouir** *vp* sich ein|graben.
enfourcher [3] [ɑ̃furʃe] *vt*: **~ qqch** auf etw *(A)* steigen.
enfourner [3] [ɑ̃furne] *vt* **-1.** [pain] in den Backofen schieben. **-2.** *fam* [avaler] verdrücken.
enfreignais *etc* → **enfreindre**.
enfreindre [81] [ɑ̃frɛ̃dr] *vt* übertreten.
enfreins *etc* → **enfreindre**.
enfreint, e [ɑ̃frɛ̃, ɛ̃t] *pp* → **enfreindre**.
enfuir [35] [ɑ̃fɥir]
◆ **s'enfuir** *vp* **-1.** [personne] fliehen. **-2.** *fig* [temps] dahin|schwinden.
enfuis *etc* → **enfuir**.
enfumer [3] [ɑ̃fyme] *vt* verräuchern.
enfuyais *etc* → **enfuir**.
engagé, e [ɑ̃gaʒe] *adj* engagiert.
engageant, e [ɑ̃gaʒɑ̃, ɑ̃t] *adj* einnehmend.
engagement [ɑ̃gaʒmɑ̃] *nm* **-1.** [contrat, promesse] Verpflichtung *die*. **-2.** [embauche, politique] Engagement *das*; **sans ~ de votre part** unverbindlich *(adv)*. **-3.** SPORT Anstoß *der*.
engager [17] [ɑ̃gaʒe] ◇ *vt* **-1.** [mettre en jeu] verpfänden; **cela n'engage que moi** dafür stehe ich ganz alleine ein. **-2.** [embaucher] an|stellen. **-3.** [faire entrer] hinein|fahren. **-4.** [capitaux, énergie] ein|setzen. **-5.** [commencer] ein|leiten. **-6.** [compromettre] hinein|ziehen. **-7.** [conseiller]: **~ qqn à qqch** jn zu etw ermahnen. **-8.** [encourager]: **~ qqn à faire qqch** jn auf|fordern, etw zu tun. ◇ *vi* **-1.** SPORT den Anstoß geben. **-2.** [lier]:

cela n'engage à rien das verpflichtet zu nichts. ◆ **s'engager** *vp* **-1.** [promettre]: **s'~ à qqch** sich zu etw verpflichten; **s'~ à faire qqch** sich verpflichten, etw zu tun. **-2.** MIL: **s'~ dans qqch** sich zu etw melden. **-3.** [objet]: **s'~ dans qqch** in etw *(A)* ein|fahren. **-4.** [se lancer]: **s'~ dans qqch** sich in etw *(A)* ein|lassen. **-5.** [militer] sich engagieren.

engeance [ɑ̃ʒɑ̃s] *nf sout* Gesindel *das*.

engelure [ɑ̃ʒlyr] *nf* Frostbeule *die*.

engendrer [3] [ɑ̃ʒɑ̃dre] *vt* **-1.** *sout* [procréer] zeugen. **-2.** *fig* [causer] nach sich ziehen.

engin [ɑ̃ʒɛ̃] *nm* **-1.** [machine] Gerät *das*. **-2.** MIL Rakete *die*. **-3.** *péj* [objet] Ding *das*.

engineering [ɛnʒiniriŋ], **ingénierie** [ɛ̃ʒeniri] *nm* Engineering *das*.

englober [3] [ɑ̃glɔbe] *vt* ein|schließen.

engloutir [32] [ɑ̃glutir] *vt* **-1.** [gén] verschlingen. **-2.** *fig* [argent] verschleudern.

◆ **s'engloutir** *vp*: **s'~ dans qqch** von etw verschlungen werden.

engluer [3] [ɑ̃glye] *vt* mit Leim bestreichen.

◆ **s'engluer** *vp* **-1.** [chose]: **s'~ de qqch** durch etw klebrig werden. **-2.** *fig* [personne]: **s'~ dans qqch** in etw *(A)* versacken.

engoncé, e [ɑ̃gɔ̃se] *adj*: **~ dans qqch** in etw *(D)* eingezwängt.

engorgement [ɑ̃gɔrʒəmɑ̃] *nm* Stauung *die*; **~ du marché** Marktüberschwemmung *die*.

engorger [17] [ɑ̃gɔrʒe] *vt* **-1.** [obstruer] verstopfen. **-2.** MÉD: **~ qqch** eine Stauung in etw *(D)* verursachen.

◆ **s'engorger** *vp* [s'obstruer] sich verstopfen.

engouement [ɑ̃gumɑ̃] *nm* Schwärmerei *die*.

engouer [6] [ɑ̃gwe]

◆ **s'engouer** *vp*: **s'~ de qqn/qqch** für jn/etw schwärmen.

engouffrer [3] [ɑ̃gufre] *vt* **-1.** [enfourner] hinein|schütten. **-2.** *fam* [nourriture] hinunter|schlingen.

◆ **s'engouffrer** *vp*: **s'~ dans qqch** in etw *(A)* stürzen.

engourdi, e [ɑ̃gurdi] *adj* **-1.** [membre] eingeschlafen. **-2.** [esprit] benommen.

engourdir [32] [ɑ̃gurdir] *vt* **-1.** [membre] gefühllos machen. **-2.** *fig* [esprit] ab|stumpfen.

◆ **s'engourdir** *vp* [membre] steif werden.

engourdissement [ɑ̃gurdismɑ̃] *nm* **-1.** [raideur] Erstarrung *die*. **-2.** [torpeur] Benommenheit *die*.

engrais [ɑ̃grɛ] *nm* Dünger *der*; **~ chimique** Kunstdünger.

engraisser [4] [ɑ̃grɛse] ◇ *vt* **-1.** [animal] mästen. **-2.** [terre] düngen. ◇ *vi* Fett an|setzen.

◆ **s'engraisser** *vp* **-1.** [grossir] Fett an|setzen. **-2.** *fam fig* [s'enrichir] sich die Taschen füllen.

engranger [17] [ɑ̃grɑ̃ʒe] *vt* **-1.** [foin] ein|fahren. **-2.** *fig* [richesses] horten.

engrenage [ɑ̃grənaʒ] *nm* **-1.** TECHNOL Getriebe *das*. **-2.** *fig* [enchaînement] Räderwerk *das*.

engrosser [3] [ɑ̃grose] *vt fam* schwängern.

engueulade [ɑ̃gœlad] *nf fam* Krach *der*.

engueuler [5] [ɑ̃gœle] *vt fam* an|schnauzen; **se faire ~** angeschnauzt werden.

◆ **s'engueuler** *vp fam* sich an|schnauzen.

enguirlander [3] [ɑ̃girlɑ̃de] *vt fam* : **~ qqn** jm eine Standpauke halten; **se faire ~ par qqn** von jm zusammengestaucht werden.

enhardir [32] [ɑ̃ardir] *vt* ermutigen.

◆ **s'enhardir** *vp*: **s'~ à faire qqch** Mut fassen und etw tun.

ENI [eni] (*abr de* **École normale d'instituteurs**) *nf französische Hochschule für Vor- und Grundschullehrer*, ≃ Pädagogische Hochschule.

énième, nième [ɛnjɛm] *adj fam* x-te, -r, -s; **pour la ~ fois** zum x-ten Mal.

énigmatique [enigmatik] *adj* **-1.** [air, ton] rätselhaft. **-2.** [personnage, caractère] geheimnisvoll.

énigme [enigm] *nf* Rätsel *das*; **c'est une ~ pour moi** das ist mir ein Rätsel.

enivrant, e [ɑ̃nivrɑ̃, ɑ̃t] *adj* berauschend.

enivrer [3] [ɑ̃nivre] *vt* berauschen.

◆ **s'enivrer** *vp*: **s'~ (de qqch)** sich (an etw *(D)*) berauschen.

enjambée [ɑ̃ʒɑ̃be] *nf* (großer) Schritt; **à grandes ~s** mit großen Schritten.

enjamber [3] [ɑ̃ʒɑ̃be] ◇ *vt* **-1.** [obstacle]: **~ qqch** über etw *(A)* steigen. **-2.** [vallée, cours d'eau] überspannen. ◇ *vi* [empiéter]: **~ sur qqch** auf etw *(A)* über|greifen.

enjeu [ɑ̃ʒø] *nm* **-1.** [but]: **l'~ est important** es steht viel auf dem Spiel. **-2.** [mise] Einsatz *der*.

enjoignais *etc* → **enjoindre**.

enjoindre [82] [ɑ̃ʒwɛ̃dr] *vt sout*: **~ à qqn de faire qqch** jm gebieten, etw zu tun.

enjoins *etc* → **enjoindre**.

enjoint, e [ɑ̃ʒwɛ̃, ɛ̃t] *pp* → **enjoindre**.

enjôler [3] [ɑ̃ʒole] *vt*: **~ qqn** jm schmeicheln.

enjôleur, euse [ɑ̃ʒolœr, øz] *adj* einschmeichelnd.

enjoliver [3] [ɑ̃ʒɔlive] *vt* **-1.** [décor] verzieren. **-2.** [récit] aus|schmücken.

enjoliveur [ɑ̃ʒɔlivœr] *nm* AUTOM Radkappe *die*.

enjoué, e [ɑ̃ʒwe] *adj* munter, fröhlich.

enlacer [16] [ɑ̃lase] *vt* **-1.** [personne] umarmen. **-2.** [entourer] umschlingen.

◆ **s'enlacer** *vp* **-1.** [s'embrasser] sich umarmen. **-2.** [s'entrelacer] sich verflechten.

enlaidir [32] [ɑ̃ledir] *vt* häßlich machen.

◆ **s'enlaidir** *vp* häßlich werden.

enlevé, e [ɑ̃lve] *adj* MUS & THÉÂTRE: **bien ~** meisterhaft gespielt.

enlèvement [ɑ̃lɛvmɑ̃] *nm* **-1.** [de personne] Entführung *die*. **-2.** [d'objet] Abtransport *der*; **l'~ des ordures (ménagères)** die (Haus)müllabfuhr.

enlever [19] [ɑ̃lve] *vt* **-1.** [vêtement] aus|ziehen; [chapeau, lunettes] ab|nehmen. **-2.** [tache] entfernen. **-3.** [meuble, ordures] abtransportieren. **-4.** [personne] entführen. **-5.** [ôter]: **~ qqch à qqn** jm etw nehmen. **-6.** *sout* [sujet: mort] dahin|raffen. **-7.** [obtenir]: **~ la victoire** den Sieg davon tragen; **~ une affaire** ein Geschäft machen.

◆ **s'enlever** *vp* **-1.** [pièce] abnehmbar sein. **-2.** [tâche] heraus|gehen.

enliser [3] [ɑ̃lize] *vt* **-1.** [véhicule] festfahren lassen. **-2.** *fig* [action, discussion] zum Stocken bringen.

◆ **s'enliser** *vp* **-1.** [véhicule, discussion] sich fest|fahren. **-2.** *fig* [s'embarrasser]: **s'~ (dans qqch)** sich (in etw *(D)*) verfangen.

enluminure [ɑ̃lyminyr] *nf* Miniaturmalerei *die*.

ENM (*abr de* **École nationale de la magistrature**) *nf französische Hochschule zur Ausbildung von Richtern.*

enneigé, e [ɑ̃neʒe] *adj* verschneit.

enneigement [ɑ̃nɛʒmɑ̃] *nm*: **l'~** Schneeverhältnisse *Pl*; **bulletin d'~** Schneebericht *der*.

ennemi, e [ɛnmi] ◇ *adj* feindlich. ◇ *nm, f* Feind *der*, -in *die*; **passer à l'~** zum Feind über|laufen; *fig* ins feindliche Lager über|wechseln; **~ juré** geschworener Feind; **~ public** Staatsfeind.

ennui [ɑ̃nɥi] *nm* **-1.** [lassitude] Lang(e)weile *die*. **-2.** [problème]: **attirer des ~s à qqn** jm Ärger machen; **s'attirer des ~s** Ärger bekommen; **avoir des ~s avec qqn/qqch** mit jm/etw haben Ärger; **l'~, c'est que** das Ärgerliche an der Sache ist, daß.

ennuyé, e [ɑ̃nɥije] *adj* [embarrassé] betrübt; **je suis ~ que** *(+ subjonctif)* es ist mir unangenehm, daß.

ennuyer [14] [ɑ̃nɥije] *vt* **-1.** [agacer]: **~ qqn** jm lästig werden. **-2.** [contrarier] stören. **-3.** [lasser] langweilen. **-4.** [inquiéter]: **~ qqn** jm Sorgen bereiten.

◆ **s'ennuyer** *vp* sich langweilen.

ennuyeux, euse [ɑ̃nɥijø, øz] *adj* **-1.** [lassant] langweilig. **-2.** [question, affaire] unangenehm.

énoncé [enɔ̃se] *nm* **-1.** [de problème] Darstellung *die*. **-2.** LING Äußerung *die*. **-3.** JUR Wortlaut *der*.

énoncer [16] [enɔ̃se] *vt* **-1.** [dire] vor|bringen. **-2.** [exposer] formulieren. **-3.** JUR verkünden.

énonciation [enɔ̃sjasjɔ̃] *nf* **-1.** [expression] Darlegung *die*. **-2.** LING Aussage *die*. **-3.** JUR: **~ des faits** Tatsachenbehauptung *die*.

enorgueillir [32] [ɑ̃nɔrgœjir] *vt* hochmütig machen.

◆ **s'enorgueillir** *vp*: **s'~ de qqch** auf etw *(A)* stolz sein; **s'~ de faire qqch** stolz sein, etw zu tun.

énorme [enɔrm] *adj* **-1.** [personne] ungeheuer dick. **-2.** [chose] mächtig. **-3.** [intense] enorm. **-4.** *fig* [incroyable] unglaublich.

énormément [enɔrmemɑ̃] *adv* enorm; **~ de** ungeheuer viel.

énormité [enɔrmite] *nf* **-1.** [gigantisme] ungeheuerliches Ausmaß. **-2.** [absurdité] Ungeheuerlichkeit *die*; **dire des ~s** Unsinn reden.

enquérir [39] [ɑ̃kerir]

◆ **s'enquérir** *vp sout*: **s'~ de qqn/qqch** sich nach jm/etw erkundigen.

enquerrai *etc* → **enquérir**.

enquête [ɑ̃kɛt] *nf* **-1.** [de police] Untersuchung *die*, Ermittlung *die*; **~ de routine** Routineuntersuchung. **-2.** [sondage] Umfrage *die*. **-3.** [recherche] Erkundigung *die*; **faire une ~** Erkundigungen ein|ziehen.

enquêter [4] [ɑ̃kete] *vi* **-1.** [police] ermitteln. **-2.** [sonder] eine Umfrage veranstalten. **-3.** [faire des recherches] Erkundigungen ein|ziehen.

enquêteur, euse OU **trice** [ɑ̃kɛtœr, øz, tris] *nm, f* **-1.** [de sondage] Meinungsforscher *der*, -in *die*. **-2.** [de police] Ermittlungsbeamte *der*, *die*.

enquière *etc* → **enquérir**.

enquiers *etc* → **enquérir**.

enquiquinant, e [ɑ̃kikinɑ̃, ɑ̃t] *adj fam* **-1.** [contretemps] ärgerlich. **-2.** [personne] lästig; **qu'est-ce qu'il est ~!** so eine Nervensäge!

enquis, e [ɑ̃ki, iz] *pp* → **enquérir**.

enraciner [3] [ɑ̃rasine] *vt* ein|pflanzen; **des préjugés profondément enracinés** *fig* tief eingewurzelte Vorurteile.

◆ **s'enraciner** *vp* **-1.** [plante, personne] Wurzeln schlagen. **-2.** *fig* [idée] sich ein|wurzeln.

enragé, e [ɑ̃raʒe] *adj* **-1.** [animal] tollwütig. **-2.** *fig* [joueur] besessen.

enrageant, e [ɑ̃raʒɑ̃, ɑ̃t] *adj* ärgerlich; **c'est ~** das macht mich rasend.

enrager [17] [ɑ̃raʒe] *vi* sich ärgern; **faire ~ qqn** jn auf die Palme bringen.

enrayer [11] [ɑ̃rɛje] *vt* ein|dämmen.

◆ **s'enrayer** *vp* blockiert sein; [arme] Ladehemmung haben.

enrégimenter [3] [ɑ̃reʒimɑ̃te] *vt* **-1.** [dans armée] einer Einheit zu|teilen. **-2.** [dans groupe, parti] eingliedern.

enregistrement [ɑ̃rəʒistrəmɑ̃] *nm* **-1.** [du son, de l'image] Aufnahme *die*, Aufzeichnung *die*; **~ pirate** Raubkopie *die*. **-2.** [à l'aéroport] Einchecken *das*; **~ des bagages** Gepäckabfertigung *die*. **-3.** JUR & ADMIN Eintragung *die*.

enregistrer [3] [ɑ̃rəʒistre] *vt* **-1.** [son, image] auf|zeichnen, auf|nehmen. **-2.** [bagages] ab|fertigen; [passager] ein|checken. **-3.** [subir] verzeichnen. **-4.** [garder en mémoire]: **~ qqch** sich *(D)* etw ein|prägen. **-5.** JUR & ADMIN ein|tragen. **-6.** INFORM speichern.

enregistreur, euse [ɑ̃rəʒistrœr, øz] *adj* Registrier-.

enrhumé, e [ɑ̃ryme] *adj* erkältet.

enrhumer [3] [ɑ̃ryme] *vt*: **~ qqn** bei jm eine Erkältung auslösen.

◆ **s'enrhumer** *vp* sich erkälten.

enrichi, e [ɑ̃riʃi] *adj* **-1.** [personne] reich geworden. **-2.** [matériau] angereichert. **-3.** *fig* [orné]: **~ de** reich versehen mit.

enrichir [32] [ɑ̃riʃir] *vt* **-1.** [financièrement] reich machen. **-2.** [intellectuellement] bereichern. **-3.** [sol, terre] verbessern.

◆ **s'enrichir** *vp* reich werden.

enrichissant, e [ɑ̃riʃisɑ̃, ɑ̃t] *adj* bereichernd.

enrichissement [ɑ̃riʃismɑ̃] *nm* **-1.** [gén] Bereicherung *die*. **-2.** [de matériau] Anreicherung *die*.

enrobé, e [ɑ̃rɔbe] *adj* **-1.** [recouvert]: **~ de qqch** mit etw überzogen. **-2.** [grassouillet] beleibt.

enrober [3] [ɑ̃rɔbe] *vt* **-1.** [recouvrir]: **~ qqch de qqch** etw mit etw überziehen. **-2.** *fig* [propos, critiques] ein|kleiden.

◆ **s'enrober** *vp* in die Breite gehen.

enrôlement [ɑ̃rolmɑ̃] *nm* Beitritt *der*.

enrôler [3] [ɑ̃role] *vt* **-1.** [dans armée] ein|berufen. **-2.** [dans groupe]: **~ dans qqch** für etw an|werben.

◆ **s'enrôler** *vp* ein|treten.

enroué, e [ɑ̃rwe] *adj* heiser.

enrouer [6] [ɑ̃rwe] *vt* heiser machen.

◆ **s'enrouer** *vp* heiser werden.

enroulement [ɑ̃rulmɑ̃] *nm* [de corde] Aufwickeln *das*.

enrouler [3] [ɑ̃rule] *vt* auf|wickeln; **~ qqch autour de qqch** etw um etw wickeln.

◆ **s'enrouler** *vp*: **s'~ sur** OU **autour de qqch** sich um etw schlingen; **s'~ dans qqch** sich in etw *(A)* ein|wickeln.

enrouleur, euse [ɑ̃rulœr, øz] *adj* Wickel-.

◆ **enrouleur** *nm*: **ceinture (de sécurité) à ~** Aufrollgurt *der*.

ENS *nf abr de* **École normale supérieure**.

ensabler [3] [ɑ̃sable] *vt* mit Sand bedecken.

◆ **s'ensabler** *vp* im Sand stecken|bleiben.

ENSAD, Ensad [ɛnsad] (*abr de* **École nationale supérieure des arts décoratifs**) *nf Hochschule für Kunstgewerbe in Paris*.

ENSAM, Ensam [ɛnsam] (*abr de* **École nationale supérieure des arts et métiers**) *nf praktisch orientierte technische Hochschule in Paris*.

enseignant, e [ɑ̃sɛɲɑ̃, ɑ̃t] *nm, f* Lehrer *der*, -in *die*.

enseigne [ɑ̃sɛɲ] ◇ *nf* **-1.** [de commerce] Ladenschild *das*; **~ lumineuse** Leuchtschild *das*. **-2.** *loc*: **être logé à la même ~** im gleichen Boot sitzen. ◇ *nm* Fähnrich *der*.

◆ **à telle enseigne que** *loc conj sout* dermaßen, daß.

enseignement [ɑ̃sɛɲmɑ̃] *nm* **-1.** SCOL & UNIV Unterricht *der*; **~ primaire** ≃ Grundschulunterricht; **~ secondaire** ≃ Realschul- und Gymnasialunterricht. **-2.** [métier] Lehrerberuf *der*. **-3.** [leçon] Lehre *die*.

enseigner [4] [ɑ̃seɲe] ◇ *vt* **-1.** SCOL & UNIV unterrichten. **-2.** [apprendre]: **~ qqch à qqn** jn in etw *(D)* unterrichten; *fig* jn etw lehren. ◇ *vi* unterrichten.

ensemble [ɑ̃sɑ̃bl] ◇ *adv* **-1.** [gén] gemeinsam, zusammen; **aller ~** zusammen|passen. **-2.** [en même temps] gleichzeitig. ◇ *nm* **-1.** [totalité] Gesamtheit *die*; **dans l'~** alles in allem; **l'~ des participants** sämtliche Teilnehmer. **-2.** [harmonie] Einklang *der*. **-3.** [vêtement] Kostüm *das*. **-4.** [série] Reihe *die*. **-5.** MATHS Menge *die*.

◆ **grand ensemble** *nm* ≃ Hochhaussiedlung *die*.

ensemblier [ɑ̃sɑ̃blije] *nm* Dekorateur *der*.

ensemencer [16] [ɑ̃smɑ̃se] *vt* **-1.** [terre] ein|säen. **-2.** [rivière] mit Fischbrut besetzen.

enserrer [4] [ɑ̃sere] *vt* [entourer] um|schließen.

ENSET, Enset [ɛnsɛt] (*abr de* **École nationale supérieure de l'enseignement technique**) *nf französische Hochschule für Berufs- und Fachschullehrer*.

ensevelir [32] [ɑ̃səvlir] *vt* **-1.** [mort] bestatten. **-2.** [recouvrir] verschütten. **-3.** *fig* [secret] tief verbergen.

◆ **s'ensevelir** *vp* sich vergraben.

ensoleillé, e [ɑ̃sɔleje] *adj* sonnig.

ensoleillement [ɑ̃sɔlɛjmɑ̃] *nm* Sonneneinstrahlung *die*; **le nombre de jours d'~** die Anzahl der Sonnentage.

ensommeillé, e [ɑ̃sɔmeje] *adj* verschlafen.

ensorceler [24] [ɑ̃sɔrsəle] *vt* **-1.** [jeter un sort sur] verzaubern. **-2.** [charmer] bezaubern.

ensorcellement [ɑ̃sɔrsɛlmɑ̃] *nm* Verzauberung *die*.

ensuite [ɑ̃sɥit] *adv* **-1.** [plus loin, en second lieu] dann. **-2.** [après] danach.

ensuivre [89] [ɑ̃sɥivr]

◆ **s'ensuivre** *vp* darauf folgen; **il s'ensuit que** das hat zur Folge, daß; **et tout ce qui s'ensuit** und alles, was sonst noch damit zusammenhängt.

entaille [ɑ̃taj] *nf* **-1.** [encoche] (tiefer) Einschnitt. **-2.** [blessure] Schnittwunde *die*.

entailler [3] [ɑ̃taje] *vt* ein|schneiden.
◆ **s'entailler** *vp*: **s'~ qqch** sich in etw *(A)* schneiden.
entame [ɑ̃tam] *nf* Anschnitt *der*.
entamer [3] [ɑ̃tame] *vt* **-1.** [nourriture] an|brechen; [avec un couteau] an|schneiden. **-2.** [capital] an|greifen. **-3.** [projet] in Angriff nehmen. **-4.** [enthousiasme] an|tasten.
entartrer [3] [ɑ̃tartre] *vt*: **~ qqch** auf etw *(D)* eine Ablagerung bilden.
◆ **s'entartrer** *vp*: **qqch s'entartre** eine Ablagerung bildet sich auf etw *(D)*.
entassement [ɑ̃tasmɑ̃] *nm* **-1.** [d'objets] Aufeinanderstapeln *das*. **-2.** [de personnes] Zusammenpferchen *das*.
entasser [3] [ɑ̃tase] *vt* **-1.** [objets] aufeinander|stapeln. **-2.** [personnes] zusammen|pferchen. **-3.** *fig* [arguments] häufen.
◆ **s'entasser** *vp* **-1.** [objets] sich stapeln. **-2.** [personnes] sich zusammen|drängen.
entendement [ɑ̃tɑ̃dmɑ̃] *nm* Fassungsvermögen *das*; **dépasser l'~** über alle Vorstellungen hinaus|gehen.
entendeur [ɑ̃tɑ̃dœr] *nm*: **à bon ~ salut!** merken Sie sich das!
entendis *etc* → **entendre**.
entendre [73] [ɑ̃tɑ̃dr] *vt* **-1.** [gén] hören; **~ parler de qqch** von etw hören; **à l'~** seinem Reden nach; **ne pas l'~ de cette oreille** nichts davon wissen wollen. **-2.** JUR an|hören. **-3.** [comprendre]: **laisser ~ que** zu verstehen geben, daß; **ne rien ~ à qqch** von etw nichts verstehen. **-4.** *sout* [vouloir]: **~ que** darauf bestehen, daß.
◆ **s'entendre** *vp* **-1.** [gén] sich verstehen; **s'~ avec qqn** sich mit jm verstehen; **s'~ à faire qqch** sich darauf verstehen, etw zu tun; **s'y ~** sich darauf verstehen; **cela s'entend** das versteht sich von selbst; **on ne s'entend plus!** man versteht sein eigenes Wort nicht mehr! **-2.** [s'accorder] sich einig werden.
entends *etc* → **entendre**.
entendu, e [ɑ̃tɑ̃dy] ◇ *pp* → **entendre**. ◇ *adj* **-1.** [convenu] abgemacht; **c'est ~!** einverstanden! **-2.** [sourire, air] wissend.
entente [ɑ̃tɑ̃t] *nf* **-1.** [harmonie] Einverständnis *das*. **-2.** [accord] Abkommen *das*. **-3.** [compréhension]: **à double ~** doppelsinnig.
entériner [3] [ɑ̃terine] *vt* gutheißen, billigen.
entérite [ɑ̃terit] *nf* Darmentzündung *die*.
enterrement [ɑ̃tɛrmɑ̃] *nm* Beerdigung *die*.
enterrer [4] [ɑ̃tere] *vt* **-1.** [mort] beerdigen. **-2.** [objet] vergraben. **-3.** *fig* [projet] begraben; **~ sa vie de garçon** Abschied von seinem Junggesellenleben nehmen.
◆ **s'enterrer** *vp* *fig* sich vergraben.
entêtant, e [ɑ̃tɛtɑ̃, ɑ̃t] *adj* betäubend.
en-tête [ɑ̃tɛt] (*pl* **en-têtes**) *nm* Briefkopf *der*.
entêté, e [ɑ̃tete] ◇ *adj* dickköpfig. ◇ *nm, f* Dickkopf *der*.
entêtement [ɑ̃tɛtmɑ̃] *nm* **-1.** *péj* [obstination] Dickköpfigkeit *die*. **-2.** [ténacité] Hartnäckigkeit *die*.
entêter [4] [ɑ̃tete] *vt* **-1.** [sujet: parfum] betäuben. **-2.** [sujet: vin]: **~ qqn** jm zu Kopf steigen.
◆ **s'entêter** *vp* **-1.** *péj* [s'obstiner] starrsinnig sein; **s'~ à faire qqch** sich darauf versteifen, etw zu tun; **s'~ dans qqch** sich auf etw *(A)* versteifen. **-2.** [persévérer] hartnäckig bleiben.
enthousiasme [ɑ̃tuzjasm] *nm* Begeisterung *die*.
enthousiasmer [3] [ɑ̃tuzjasme] *vt* begeistern.
◆ **s'enthousiasmer** *vp*: **s'~ pour qqch** sich für etw begeistern.
enthousiaste [ɑ̃tuzjast] ◇ *adj* hochbegeistert. ◇ *nmf* Enthusiast *der*, -in *die*.
enticher [3] [ɑ̃tiʃe]
◆ **s'enticher** *vp*: **s'~ de qqch** für etw schwärmen; **s'~ de qqn** sich in jn vernarren.
entier, ère [ɑ̃tje, ɛr] *adj* ganz.
◆ **en entier** *loc adv* ganz.
entièrement [ɑ̃tjɛrmɑ̃] *adv* ganz.
entité [ɑ̃tite] *nf* Gebilde *das*.
entomologie [ɑ̃tɔmɔlɔʒi] *nf* Entomologie *die*.
entonner [3] [ɑ̃tɔne] *vt* an|stimmen.
entonnoir [ɑ̃tɔnwar] *nm* Trichter *der*.
entorse [ɑ̃tɔrs] *nf* Verstauchung *die*; **faire une ~ à qqch** *fig* gegen etw verstoßen.
entortiller [3] [ɑ̃tɔrtije] *vt* ein|wickeln.
entourage [ɑ̃turaʒ] *nm* **-1.** [famille, connaissances] Umfeld *das*. **-2.** [clôture] Einfassung *die*.
entouré, e [ɑ̃ture] *adj* **-1.** [enclos]: **être ~ de qqch** mit etw eingefaßt sein. **-2.** [personne]: **être ~** nicht allein sein.
entourer [3] [ɑ̃ture] *vt* **-1.** [enclore] umgeben. **-2.** [encercler] umzingeln. **-3.** *fig* [personne]: **~ qqn** jm Zuwendung entgegen|bringen.
◆ **s'entourer** *vp*: **s'~ de précautions** sich vorsichtig verhalten; **s'~ de mystères** geheimnisvoll tun; **s'~ d'amis** sich mit Freunden umgeben.
entourloupette [ɑ̃turlupɛt] *nf* *fam* böser Streich.
entracte [ɑ̃trakt] *nm* (Theater)pause *die*.
entraide [ɑ̃trɛd] *nf* (gegenseitige) Hilfe.
entraider [4] [ɑ̃trede]
◆ **s'entraider** *vp* sich gegenseitig helfen.
entrailles [ɑ̃traj] *nfpl* **-1.** [intestins] Eingeweide *Pl*. **-2.** *fig* [profondeurs] Schoß *der*.

entrain [ɑ̃trɛ̃] *nm* Schwung *der*.

entraînement [ɑ̃trɛnmɑ̃] *nm* **-1.** [sportif] Training *das*; **manquer d'~** keine Kondition haben. **-2.** [préparation] Übung *die*. **-3.** [mécanisme] Antrieb *der*.

entraîner [4] [ɑ̃trene] *vt* **-1.** SPORT trainieren. **-2.** [emmener] mit|schleppen; **~ qqn à faire qqch** *fig* jn zu etw an|stiften. **-3.** TECHNOL an|treiben. **-4.** [susciter]: **~ qqch** zu etw führen.

◆ **s'entraîner** *vp* **-1.** SPORT trainieren. **-2.** [se préparer] üben; **s'~ à faire qqch** sich in etw *(D)* üben.

entraîneur, euse [ɑ̃trɛnœr, øz] *nm, f* SPORT Trainer *der*, -in *die*.

◆ **entraîneuse** *nf* Animierdame *die*.

entrant, e [ɑ̃trɑ̃, ɑ̃t] *adj* neu(hinzukommend).

entrapercevoir, **entr'apercevoir** [52] [ɑ̃trapɛrsəvwar] *vt* flüchtig erblicken.

entrave [ɑ̃trav] *nf* Fessel *die*; **~ (à qqch)** *fig* Behinderung *die* (einer Sache *(G)*).

entraver [3] [ɑ̃trave] *vt* **-1.** [action] beeinträchtigen. **-2.** [animal] fesseln.

entre [ɑ̃tr] *prép* **-1.** [gén] zwischen. **-2.** [au milieu de, parmi] unter; **ils se disputent ~ eux** sie streiten sich untereinander; **~ nous** unter uns; **l'un d'~ nous ira** einer von uns wird gehen.

◆ **entre autres** *loc adv* unter anderem.

entrebâillement [ɑ̃trəbajmɑ̃] *nm* Spalt *der*; **dans l'~ de la porte** in der halb offenstehenden Tür.

entrebâiller [3] [ɑ̃trəbaje] *vt* [porte] einen Spalt öffnen; **être entrebâillé** spaltbreit geöffnet sein.

entrechat [ɑ̃trəʃa] *nm* Entrechat *der*; **faire des ~s** Luftsprünge machen.

entrechoquer [3] [ɑ̃trəʃɔke] *vt* aneinander|stoßen.

◆ **s'entrechoquer** *vp* aneinander|stoßen.

entrecôte [ɑ̃trəkot] *nf* Entrecôte *das*.

entrecoupé, e [ɑ̃trəkupe] *adj*: **~ de** unterbrochen von.

entrecouper [3] [ɑ̃trəkupe] *vt* unterbrechen.

entrecroiser [3] [ɑ̃trəkrwaze] *vt* ineinander|schlingen.

◆ **s'entrecroiser** *vp* **-1.** [motifs, voûtes] sich kreuzen. **-2.** [branches] sich verflechten.

entre-déchirer [3] [ɑ̃trədeʃire]

◆ **s'entre-déchirer** *vp* [se disputer] sich gegenseitig zerfleischen.

entre-deux [ɑ̃trədø] *nm inv* Zwischenraum *der*; **dans l'~** dazwischen.

entre-deux-guerres [ɑ̃trədøgɛr] *nm inv die Zeit zwischen den beiden Weltkriegen*.

entrée [ɑ̃tre] *nf* **-1.** [accès] Zutritt *der*; **'~ libre'** 'freier Zutritt'; **'~ interdite'** 'Zutritt verboten'. **-2.** [de véhicule] Einfahrt *die*. **-3.** [porte, pièce] Eingang *der*; **~ des artistes** Bühneneingang; **~ de service** Dienstboteneingang. **-4.** [billet] Eintrittskarte *die*. **-5.** [plat] Vorspeise *die*. **-6.** [début] Eintreten *das*; **~ en fonctions** Amtsantritt *der*; **~ en matière** Einführung *die*; **~ en scène** Auftritt *der*. **-7.** *loc*: **d'~ de jeu** von vornherein; **avoir ses ~s chez qqn** bei jm ein- und aus|gehen.

entrefaites [ɑ̃trəfɛt] *nfpl*: **sur ces ~** genau in dem Augenblick.

entrefilet [ɑ̃trəfilɛ] *nm* kurze Notiz.

entrejambe [ɑ̃trəʒɑ̃b] *nm* **-1.** ANAT: **à l'~** zwischen den Beinen. **-2.** [de pantalon] Schritt *der*.

entrelacer [16] [ɑ̃trəlase] *vt* ineinander|schlingen.

◆ **s'entrelacer** *vp* sich verflechten.

entrelarder [3] [ɑ̃trəlarde] *vt* [entremêler]: **~ de qqch** mit etw spicken.

entremêler [4] [ɑ̃trəmele] *vt* vermischen; **entremêlé de qqch** mit etw vermischt.

◆ **s'entremêler** *vp* sich vermischen.

entremets[1] *etc* → **entremettre**.

entremets[2] [ɑ̃trəmɛ] *nm* Süßspeise *die*.

entremettais *etc* → **entremettre**.

entremetteur, euse [ɑ̃trəmɛtœr, øz] *nm, f* Vermittler *der*, -in *die*.

◆ **entremetteuse** *nf péj* Kupplerin *die*.

entremettre [84] [ɑ̃trəmɛtr]

◆ **s'entremettre** *vp*: **s'~ (dans qqch)** [conflit] (bei einer Sache) vermittelnd dazwischen|treten.

entremis, e [ɑ̃trəmi, iz] *pp* → **entremettre**.

entremise [ɑ̃trəmiz] *nf* Vermittlung *die*; **par l'~ de qqn** über jn.

entrepont [ɑ̃trəpɔ̃] *nm* Zwischendeck *das*.

entreposer [3] [ɑ̃trəpoze] *vt* ab|stellen.

entrepôt [ɑ̃trəpo] *nm* Lagerhalle *die*.

entreprenais *etc* → **entreprendre**.

entreprenant, e [ɑ̃trəprənɑ̃, ɑ̃t] *adj* **-1.** [dynamique] unternehmungslustig. **-2.** [auprès des femmes] aufdringlich.

entreprendre [79] [ɑ̃trəprɑ̃dr] *vt* **-1.** [commencer] in Angriff nehmen; **~ de faire qqch** daran|gehen, etw zu tun. **-2.** [essayer de]: **~ de faire qqch** es unternehmen, etw zu tun. **-3.** [parler à]: **~ qqn sur qqch** jm die Ohren von etw voll|reden.

entrepreneur, euse [ɑ̃trəprənœr, øz] *nm, f* Unternehmer *der*, -in *die*.

entrepris, e [ɑ̃trəpri, iz] *pp* → **entreprendre**.

entreprise [ɑ̃trəpriz] *nf* **-1.** [travail] Vorhaben *das*. **-2.** [société] Unternehmen *das*; **la libre ~** das freie Unternehmertum; **~ nationalisée** staatliches Unternehmen. **-3.** [attaque] Eingriff *der*.

entrer [3] [ɑ̃tre] ◇ *vi* **-1.** [pénétrer] ein|treten; **entrez!** herein!; **~ dans qqch** [maison] in etw *(A)* gehen; [baignoire, voiture] in etw *(A)* steigen; [pièce] etw betreten; **~ dans la police** in den Polizeidienst ein|treten. **-2.** [être admis à]: **~ à qqch** in etw *(A)* kommen; **~ à l'université** an die Universität kommen. **-3.** [entamer une période]: **~ dans qqch** etw *(D)* entgegen|gehen; **~ en convalescence** sich auf dem Wege der Besserung befinden; **~ en fonctions** ein Amt an|treten. **-4.** [faire partie]: **~ dans qqch** zu etw gehören. **-5.** [adhérer]: **~ à qqch** etw *(D)* bei|treten. **-6.** [aborder]: **~ dans le vif du sujet** (direkt) zur Sache kommen; **~ dans les détails** ins Detail gehen. ◇ *vt* **-1.** [introduire]: **faire ~ qqch** etw ein|führen; **faire ~ qqn** jn eintreten lassen. **-2.** INFORM ein|geben.

entresol [ɑ̃trəsɔl] *nm* Zwischengeschoß *das*.

entre-temps [ɑ̃trətɑ̃] *adv* inzwischen.

entretenir [40] [ɑ̃trətnir] *vt* **-1.** [gén] unterhalten. **-2.** [maison, jardin] instand halten. **-3.** [parler à]: **~ qqn de qqch** sich mit jm über etw *(A)* unterhalten.

◆ **s'entretenir** *vp* [parler]: **s'~ de qqch** sich über etw *(A)* unterhalten.

entretenu, e [ɑ̃trətny] ◇ *pp* → **entretenir**. ◇ *adj* **-1.** [soigné] gepflegt; **bien/mal ~** gut/schlecht erhalten. **-2.** [personne] ausgehalten.

entretien [ɑ̃trətjɛ̃] *nm* **-1.** [soins] Wartung *die*; **~ du jardin** Gartenpflege *die*; **frais d'~** Unterhaltskosten *Pl*. **-2.** [conversation] Unterredung *die*; **~ d'embauche** Vorstellungsgespräch *das*. **-3.** [colloque] Besprechung *die*.

entretiendrai *etc* → **entretenir**.

entretiens *etc* → **entretenir**.

entretins *etc* → **entretenir**.

entre-tuer [7] [ɑ̃trətɥe]

◆ **s'entre-tuer** *vp* sich gegenseitig um|bringen.

entreverrai *etc* → **entrevoir**.

entrevis *etc* → **entrevoir**.

entrevoir [62] [ɑ̃trəvwar] *vt* **-1.** [distinguer] undeutlich sehen. **-2.** [voir rapidement] flüchtig sehen. **-3.** [deviner] erahnen.

◆ **s'entrevoir** *vp* sich nur kurz sehen.

entrevois *etc* → **entrevoir**.

entrevoyais *etc* → **entrevoir**.

entrevu, e [ɑ̃trəvy] *pp* → **entrevoir**.

◆ **entrevue** *nf* Unterredung *die*.

entrouvre *etc* → **entrouvrir**.

entrouvert, e [ɑ̃truvɛr, ɛrt] ◇ *pp* → **entrouvrir**. ◇ *adj* halboffen.

entrouvrir [34] [ɑ̃truvrir] *vt* ein wenig öffnen.

◆ **s'entrouvrir** *vp* sich ein wenig öffnen.

énumération [enymerasjɔ̃] *nf* Aufzählung *die*.

énumérer [18] [enymere] *vt* auf|zählen.

env. (*abr de* **environ**) ca., ung., za.

envahir [32] [ɑ̃vair] *vt* **-1.** MIL: **~ un pays** in ein Land ein|fallen. **-2.** *fig* [accaparer] in Beschlag nehmen. **-3.** [esprit] befallen. **-4.** [sujet: plante] überwuchern. **-5.** [sujet: eau] überschwemmen.

envahissant, e [ɑ̃vaisɑ̃, ɑ̃t] *adj* **-1.** [végétation] wuchernd. **-2.** [personne, attitude] aufdringlich.

envahissement [ɑ̃vaismɑ̃] *nm* [de pays] Einfall *der*.

envahisseur [ɑ̃vaisœr] *nm* Eindringling *der*.

enveloppe [ɑ̃vlɔp] *nf* **-1.** [de lettre] Umschlag *der*; **mettre sous ~** in einen Umschlag stecken; **~ à fenêtre** Fensterbriefumschlag; **~ timbrée** frankierter Umschlag. **-2.** [protectrice] Hülle *die*. **-3.** [budget] Finanzierungsvolumen *das*; **~ budgétaire** Haushaltsrahmen *der*.

envelopper [3] [ɑ̃vlɔpe] *vt* **-1.** [objet] ein|wickeln. **-2.** [sujet: brouillard] ein|hüllen. **-3.** *fig* [opinion, vérité] ein|kleiden.

◆ **s'envelopper** *vp*: **s'~ dans qqch** sich in etw *(A)* ein|wickeln.

envenimer [3] [ɑ̃vnime] *vt* **-1.** [blessure] infizieren. **-2.** [querelle] schüren.

◆ **s'envenimer** *vp* **-1.** [blessure] sich entzünden. **-2.** [querelle] sich verschlimmern.

envergure [ɑ̃vɛrgyr] *nf* **-1.** [largeur] Spannweite *die*. **-2.** [importance] Ausmaß *das*. **-3.** [qualité]: **un homme d'~** ein Mann von Format.

enverrai *etc* → **envoyer**.

envers[1] [ɑ̃vɛr] *prép*: **~ qqn/qqch** jm/etw gegenüber; **~ et contre tous** OU **tout** allen Widerständen zum Trotz.

envers[2] [ɑ̃vɛr] *nm* **-1.** [derrière] Rückseite *die*. **-2.** [face cachée] Kehrseite *die*; **découvrir l'~ du décor** hinter die Kulissen sehen.

◆ **à l'envers** *loc adv* **-1.** [du mauvais côté] verkehrt herum. **-2.** [de travers] verkehrt.

envi [ɑ̃vi]

◆ **à l'envi** *loc adv littéraire* um die Wette.

enviable [ɑ̃vjabl] *adj* beneidenswert.

envie [ɑ̃vi] *nf* **-1.** [désir] Lust *die*; **avoir ~ de qqch** auf etw *(A)* Lust haben; [nourriture] auf etw *(A)* Appetit haben; **avoir ~ de faire qqch** Lust haben, etw zu tun; **mourir d'~ de faire qqch** etw wahnsinnig gern(e) tun mögen. **-2.** [convoitise] Lust *die*, Verlangen *das*; **faire ~ à qqn** jn reizen.

envier [9] [ɑ̃vje] *vt* beneiden; **n'avoir rien à ~ à qqn/qqch** jm/einer Sache in nichts nach|stehen.

envieux, euse [ɑ̃vjø, øz] ◇ *adj* neidisch. ◇ *nm, f* Neider *der*, -in *die*; **faire des ~** beneidet werden.

environ [ɑ̃virɔ̃] *adv* ungefähr.

environnant, e [ɑ̃virɔnɑ̃, ɑ̃t] *adj* umliegend.

environnement [ɑ̃virɔnmɑ̃] *nm* **-1.** [naturel] Umwelt *die*. **-2.** [socioculturel] Umfeld *das*.

environner [3] [ɑ̃virɔne] *vt* umgeben.

environs [ɑ̃virɔ̃] *nmpl* Umgebung *die*; **dans les ~ de** in der Umgebung von; **aux ~ de** [lieu] nicht weit von; [date] um.

envisager [17] [ɑ̃vizaʒe] *vt* **-1.** [considérer] ins Auge fassen. **-2.** [projeter]: **~ de faire qqch** in Betracht ziehen, etw zu tun.

envoi [ɑ̃vwa] *nm* **-1.** [expédition] Zuschicken *das*; **~ contre remboursement** Nachnahmesendung *die*. **-2.** [lettre, marchandise] Sendung *die*.

envoie *etc* → **envoyer**.

envol [ɑ̃vɔl] *nm* **-1.** [d'oiseau] Wegfliegen *das*. **-2.** [d'avion] Abflug *der*. **-3.** *fig* [essor] Aufschwung *der*.

envolée [ɑ̃vɔle] *nf* [dans texte] Gedankenflug *der*.

envoler [3] [ɑ̃vɔle]

◆ **s'envoler** *vp* **-1.** [oiseau] weg|fliegen. **-2.** [avion] ab|fliegen. **-3.** [papiers] durcheinander|fliegen. **-4.** *fam fig* [disparaître] verschwinden.

envoûtement [ɑ̃vutmɑ̃] *nm* **-1.** [magie] Verzauberung *die*. **-2.** [fascination] Zauber *der*.

envoûter [3] [ɑ̃vute] *vt* **-1.** [jeter un sort à] verhexen. **-2.** [subjuguer] verzaubern.

envoyé, e [ɑ̃vwaje] ◇ *adj* **-1.** [lettre, objet] verschickt. **-2.** *fam loc*: **c'est bien ~!** das war schlagfertig! ◇ *nm, f* Beauftragte *der, die*; **~ spécial** Sonderberichterstatter *der*.

envoyer [30] [ɑ̃vwaje] *vt* **-1.** [chose] schicken; **~ qqch à qqn** [lettre] jm etw (zu|)schicken; [marchandise] jm etw zu|senden; [projectile] jm etw zu|werfen. **-2.** [personne]: **~ qqn faire qqch** jn (fort|)schicken, etw zu tun; **~ promener qqn** *fam* jn zum Teufel schicken.

◆ **s'envoyer** *vp fam* : **s'~ qqch** sich etw gönnen; [travail] sich etw auf|halsen.

envoyeur, euse [ɑ̃vwajœr, øz] *nm, f* Absender *der*, - in *die*.

enzyme [ɑ̃zym] *nf* OU *nm* Enzym *das*.

éolien, enne [eɔljɛ̃, ɛn] *adj* Wind-.

◆ **éolienne** *nf* Windrad *das*.

épagneul, e [epaɲœl] *nm, f* Spaniel *der*.

épais, aisse [epɛ, ɛs] *adj* **-1.** [chose] dick. **-2.** [personne] stämmig. **-3.** [brouillard, forêt] dicht. **-4.** [grossier] plump.

épaisseur [epɛsœr] *nf* **-1.** [d'objet] Dicke *die*. **-2.** [de brouillard, de forêt] Dichte *die*. **-3.** *fig* [de personnage] Tiefe *die*, Profil *das*.

épaissir [32] [epesir] ◇ *vt* verdicken, dicker machen. ◇ *vi* dicker werden.

◆ **s'épaissir** *vp* **-1.** [liquide] sich verdicken. **-2.** [brouillard, forêt] sich verdichten. **-3.** [personne] dicker werden. **-4.** [mystère] immer undurchdringlicher werden.

épanchement [epɑ̃ʃmɑ̃] *nm* Erguß *der*; **~ de synovie** Gelenkerguß.

épancher [3] [epɑ̃ʃe] *vt*: **~ un sentiment** einem Gefühl Luft machen; **~ son cœur** sein Herz aus|schütten.

◆ **s'épancher** *vp* [parler] sich aus|sprechen.

épanoui, e [epanwi] *adj* **-1.** [expression] glücklich. **-2.** [fleur] aufgeblüht. **-3.** [corps] voll entfaltet.

épanouir [32] [epanwir] *vt* **-1.** [personne] erfüllen. **-2.** [fleur] aufblühen lassen.

◆ **s'épanouir** *vp* **-1.** [fleur] auf|blühen. **-2.** [corps, personne] sich entfalten. **-3.** [visage] auf|leuchten.

épanouissement [epanwismɑ̃] *nm* **-1.** [de personnalité] Entwicklung *die*. **-2.** [de fleur] Aufgehen *das*. **-3.** [de corps] Entfaltung *die*.

épargnant, e [eparɲɑ̃, ɑ̃t] ◇ *adj* sparend. ◇ *nm, f* Sparer *der*, -in *die*; **les petits ~s** die Kleinsparer.

épargne [eparɲ] *nf* **-1.** ÉCON Sparen *das*. **-2.** BANQUE Sparguthaben *das*. **-3.** *fig* [gain] Einsparung *die*.

épargner [3] [eparɲe] *vt* **-1.** [argent] sparen. **-2.** [laisser intact] verschonen. **-3.** [éviter]: **~ qqch à qqn** jm etw ersparen; **n'~ aucun effort** keine Mühe scheuen.

◆ **s'épargner** *vp*: **s'~ qqch** sich *(D)* etw ersparen.

éparpiller [3] [eparpije] *vt* **-1.** [gén] verstreuen. **-2.** *fig* [forces, attention] verzetteln.

◆ **s'éparpiller** *vp* **-1.** [foule] sich zerstreuen. **-2.** *fig* [perdre son temps] sich verzetteln.

épars, e [epar, ars] *adj sout* verstreut.

épatant, e [epatɑ̃, ɑ̃t] *adj fam* phantastisch.

épate [epat] *nf fam* : **faire de l'~** sich groß auf|spielen.

épaté, e [epate] *adj* **-1.** *fam* [étonné] verblüfft. **-2.** [nez] plattgedrückt.

épater [3] [epate] *vt fam* verblüffen.

épaule [epol] *nf* **-1.** ANAT Schulter *die*; **hausser les ~s** mit den Schultern zucken. **-2.** CULIN Schulterstück *das*; **~ d'agneau** Lammschulter *die*.

épaulement [epolmɑ̃] *nm* **-1.** [mur] Stützmauer *die*. **-2.** GÉOL Schulter *die*.

épauler [3] [epole] *vt* **-1.** [personne] unterstützen. **-2.** [fusil] schultern. **-3.** CONSTR ab|stützen.

épaulette [epolɛt] *nf* **-1.** [de veste] Schulterpolster *das*. **-2.** MIL Schulterstück *das*.

épave [epav] *nf* Wrack *das*.

épée [epe] *nf* Schwert *das*; **~ de Damoclès** Damoklesschwert; **c'est un coup d'~ dans l'eau** *fig* das ist ein Schlag ins Wasser.

épeler [24] [eple] *vt* buchstabieren.

épépiner [3] [epepine] *vt* entkernen.

éperdu, e [epɛrdy] *adj* [sentiment] leidenschaftlich; **être ~ d'amour** vor Liebe vergehen.

éperdument [epɛrdymɑ̃] *adv*: **être ~ amoureux** unsterblich verliebt sein; **il se moque ~ de son frère** sein Bruder ist ihm völlig gleichgültig.

éperlan [epɛrlɑ̃] *nm* Stint *der*.

éperon [eprɔ̃] *nm* Sporn *der*.

éperonner [3] [eprɔne] *vt* **-1.** [cheval]: **~ un cheval** einem Pferd die Sporen geben. **-2.** *fig* [stimuler] an|spornen.

épervier [epɛrvje] *nm* Falke *der*.

éphèbe [efɛb] *nm* **-1.** HIST [adolescent] Ephebe *der*. **-2.** [jeune homme] schöner Jüngling.

éphémère [efemɛr] ◇ *adj* **-1.** [insecte] eintägig. **-2.** [sentiment] vergänglich. ◇ *nm* ZOOL Eintagsfliege *die*.

éphéméride [efemerid] *nf* Abreißkalender *der*.

◆ **éphémérides** *nfpl* ASTRON Ephemeriden *Pl*.

épi [epi] *nm* **-1.** BOT Ähre *die*; **~ de maïs** Maiskolben *der*. **-2.** [de cheveux] (Haar)wirbel *der*; **~ rebelle** widerspenstiger Haarwirbel.

épice [epis] *nf* Gewürz *das*.

épicé, e [epise] *adj* **-1.** [plat] (scharf) gewürzt. **-2.** [histoire] schlüpfrig.

épicéa [episea] *nm* Fichte *die*.

épicentre [episɑ̃tr] *nm* Epizentrum *das*.

épicer [16] [epise] *vt* würzen.

épicerie [episri] *nf* **-1.** [magasin] Lebensmittelgeschäft *das*. **-2.** [denrées]: **l'~** Lebensmittel *Pl*; **~ fine** Delikatessen *Pl*.

épicier, ère [episje, ɛr] *nm, f* Lebensmittelhändler *der*, -in *die*.

épicurien, enne [epikyrjɛ̃, ɛn] ◇ *adj* epikureisch. ◇ *nm, f* Epikureer *der*, -in *die*.

épidémie [epidemi] *nf* Epidemie *die*.

épidémique [epidemik] *adj* **-1.** [maladie] epidemisch. **-2.** *fig* [sentiment] ansteckend.

épiderme [epidɛrm] *nm* Epidermis *die*.

épidermique [epidɛrmik] *adj* **-1.** [de l'épiderme] epidermal. **-2.** [réaction] überempfindlich.

épier [9] [epje] *vt* **-1.** [personne]: **~ qqn** jm nach|spionieren. **-2.** [phénomène] belauern.

épieu, x [epjø] *nm* Spieß *der*.

épigramme [epigram] ◇ *nf* [poème] Epigramm *das*. ◇ *nm* CULIN *(oberes) Lammkotelett*.

épilation [epilasjɔ̃] *nf* Enthaarung *die*; **~ à la cire** Enthaarung mit Wachs.

épilepsie [epilɛpsi] *nf* Epilepsie *die*.

épileptique [epilɛptik] ◇ *adj* epileptisch. ◇ *nmf* Epileptiker *der*, -in *die*.

épiler [3] [epile] *vt* enthaaren.

◆ **s'épiler** *vp*: **s'~ les jambes** sich die Haare von den Beinen entfernen.

épilogue [epilɔg] *nm* **-1.** [de roman] Epilog *der*. **-2.** [d'affaire] Ausgang *der*.

épiloguer [3] [epilɔge] *vi*: **~ sur qqch** lange über etw *(A)* diskutieren.

épinard [epinar] *nm* Spinat *der*; **~s en branches** Blattspinat.

épine [epin] *nf* **-1.** [de fleur] Dorn *der*; [de hérisson] Stachel *der*; **tirer une ~ du pied à qqn** *fig* jm ein Ärgernis aus dem Weg schaffen. **-2.** [arbrisseau] Weißdorn *der*.

◆ **épine dorsale** *nf* Rückgrat *das*.

épineux, euse [epinø, øz] *adj* **-1.** BOT dornig. **-2.** [problème] heikel.

épingle [epɛ̃gl] *nf* **-1.** [métallique] Nadel *die*; **~ à cheveux** Haarnadel; **~ de nourrice** OU **de sûreté** Sicherheitsnadel. **-2.** *loc*: **monter en ~** auf|bauschen; **tirer son ~ du jeu** sich aus der Affäre ziehen; **tiré à quatre ~s** wie aus dem Ei gepellt.

épingler [3] [epɛ̃gle] *vt* **-1.** [fixer] an|stecken, fest|stecken. **-2.** *fam* [personne] schnappen.

épinière [epinjɛr] → **moelle**.

Épiphanie [epifani] *nf* Dreikönigsfest *das*.

épiphénomène [epifenɔmɛn] *nm* Begleiterscheinung *die*.

épique [epik] *adj* **-1.** LITTÉRATURE episch. **-2.** [extraordinaire] ungewöhnlich.

épiscopal, e, aux [episkɔpal, o] *adj* Bischofs-.

épiscopat [episkɔpa] *nm* **-1.** [dignité] Bischofswürde *die*. **-2.** [fonction] Bischofsamt *das*. **-3.** [ensemble des évêques] Episkopat *das*.

épisiotomie [epizjɔtɔmi] *nf* Dammschnitt *der*.

épisode [epizɔd] *nm* **-1.** [de film] Episode *die*. **-2.** [événement] Ereignis *das*.

épisodique [epizɔdik] *adj* **-1.** [occasionnel] episodisch. **-2.** [secondaire] nebensächlich.

épistémologie [epistemɔlɔʒi] *nf* Epistemologie *die*.

épistolaire [epistɔlɛr] *adj* brieflich; **roman ~** Briefroman *der*.

épitaphe [epitaf] *nf* Epitaph *das*.

épithète [epitɛt] ◇ *adj* GRAM: **adjectif ~** adjektivisches Attribut. ◇ *nf* **-1.** GRAM Epitheton *das*. **-2.** [qualificatif]: **~ injurieuse** Schimpfwort *das*.

épître [epitr] *nf* Epistel *die*.

éploré, e [eplɔre] *adj* **-1.** [en pleurs] verweint. **-2.** [inconsolable] untröstlich.

épluchage [eplyʃaʒ] *nm* **-1.** [de légumes] Schälen *das*. **-2.** *fig* [de comptes, de textes] Auseinandernehmen *das*.

épluche-légumes [eplyʃlegym] *nm inv* Schälmesser *das*.

éplucher [3] [eplyʃe] *vt* **-1.** [légumes] schälen. **-2.** *fig* [texte, comptes] unter die Lupe nehmen.

épluchure [eplyʃyr] *nf* Schale *die*.

éponge [epɔ̃ʒ] *nf* Schwamm *der*; **jeter l'~** *fig* das Handtuch werfen; **passer l'~** *fig* verzeihen; **passons l'~!** Schwamm drüber!

éponger [17] [epɔ̃ʒe] *vt* **-1.** [liquide] auf|wischen. **-2.** *fig* [déficit] tilgen.

◆ **s'éponger** *vp* sich ab|wischen.

épopée [epɔpe] *nf* **-1.** LITTÉRATURE Epos *das*. **-2.** [aventure] Abenteuer *das*.

époque [epɔk] *nf* **-1.** [d'année, d'histoire] Zeit *die*; **l'~ coloniale** die Kolonialzeit; **à l'~** zur Zeit; **d'~** Original-; **la Belle Époque** die Belle Epoque. **-2.** [ère] Epoche *die*. **-3.** GÉOL Formation *die*.

épouiller [3] [epuje] *vt* entlausen.

époumoner [3] [epumɔne]

◆ **s'époumoner** *vp* sich die Lunge aus dem Hals(e) schreien.

épouse → **époux**.

épouser [3] [epuze] *vt* **-1.** [personne] heiraten. **-2.** [contour, ligne]: **~ qqch** einer Sache *(D)* folgen. **-3.** [forme]: **~ qqch** die Form einer Sache *(G)* an|nehmen. **-4.** [idée, principe] über|nehmen.

épousseter [27] [epuste] *vt* ab|stauben.

époustouflant, e [epustuflɑ̃, ɑ̃t] *adj fam* verblüffend.

époustoufler [3] [epustufle] *vt fam* verblüffen.

épouvantable [epuvɑ̃tabl] *adj* **-1.** [horrible] entsetzlich, schrecklich. **-2.** [très mauvais] besorgniserregend. **-3.** [très fort] fürchterlich.

épouvantail [epuvɑ̃taj] *nm* **-1.** [gén] Vogelscheuche *die*. **-2.** *fig* [idée] Schreckgespenst *das*.

épouvante [epuvɑ̃t] *nf* Entsetzen *das*; **film d'~** Horrorfilm *der*.

épouvanter [3] [epuvɑ̃te] *vt* **-1.** [terrifier] entsetzen. **-2.** [angoisser]: **~ qqn** jm Angst ein|jagen.

époux, épouse [epu, epuz] *nm, f* Gemahl *der*, -in *die*; **prendre pour ~** zum Mann nehmen; **prendre pour épouse** zur Frau nehmen.

éprenais *etc* → **éprendre**.

éprendre [79] [eprɑ̃dr]

◆ **s'éprendre** *vp*: **s'~ de qqn** sich in jn verlieben.

épreuve [eprœv] *nf* **-1.** [difficulté] Probe *die*; **à toute ~** absolut bewährt; **mettre à l'~** auf die Probe stellen; **à l'~ des balles** kugelfest; **~ de force** Kraftprobe. **-2.** [examen, essai] Prüfung *die*; **~ écrite/orale** schriftliche/mündliche Prüfung. **-3.** SPORT Wettkampf *der*. **-4.** TYPO Fahne *die*. **-5.** PHOT Abzug *der*.

épris, e [epri, iz] ◇ *pp* → **éprendre**. ◇ *adj*: **être ~ de qqn** in jn verliebt sein; **être ~ de qqch** von etw ganz besessen sein.

éprouvant, e [epruvɑ̃, ɑ̃t] *adj* hart.

éprouvé, e [epruve] *adj* **-1.** [méthode] bewährt. **-2.** [personne] leidgeprüft.

éprouver [3] [epruve] *vt* **-1.** [sentiment] empfinden. **-2.** *sout* [difficulté] erleiden. **-3.** [faire souffrir] hart mit|nehmen; **être éprouvé par qqch** von etw hart mitgenommen sein. **-4.** [tester] prüfen.

éprouvette [epruvɛt] *nf* Reagenzglas *das*.

EPS (*abr de* **éducation physique et sportive**) *nf* Sportunterricht *der*.

épuisant, e [epɥizɑ̃, ɑ̃t] *adj* anstrengend.

épuisé, e [epɥize] *adj* **-1.** [personne, forces] (völlig) erschöpft; **~ de douleur** von den Schmerzen stark mitgenommen. **-2.** [marchandise] ausverkauft.

épuisement [epɥizmɑ̃] *nm* **-1.** [gén] Erschöpfung *die*. **-2.** [de marchandises] (völliger) Ausverkauf; **jusqu'à ~ des stocks** solange der Vorrat reicht.

épuiser [3] [epɥize] *vt* **-1.** [personne] erschöpfen. **-2.** [ressources] auf|brauchen.

épuisette [epɥizɛt] *nf* Ketscher *der (für Fische)*.

épuration [epyrasjɔ̃] *nf* **-1.** [des eaux] Klären *das*. **-2.** [dans un parti] Säuberung *die*. **-3.** HIST Ausschaltung *die*. **-4.** *fig* [de langue, de goût] Verfeinerung *die*.

épure [epyr] *nf* Aufriß *der*.

épurer [3] [epyre] *vt* **-1.** [eau] klären. **-2.** [parti] säubern. **-3.** *fig* [langue, goût] verfeinern.

équarrir [32] [ekarir] *vt* **-1.** [animal] ab|decken. **-2.** [poutre] behauen.

équateur [ekwatœr] *nm* Äquator *der*.

Équateur [ekwatœr] *nm*: **l'~** Ecuador *nt*, Ekuador *nt*.

équation [ekwasjɔ̃] *nf* Gleichung *die*; **~ du premier/second degré** Gleichung ersten/zweiten Grades.

équatorial, e, aux [ekwatɔrjal, o] *adj* Äquatorial-.

équatorien, enne [ekwatɔrjɛ̃, ɛn] *adj* ecuadorianisch, ekuadorianisch.

◆ **Équatorien, enne** *nm, f* Ecuadorianer *der*, -in *die*, Ekuadorianer *der*, -in *die*.

équerre [ekɛr] *nf* **-1.** [instrument] Zeichendreieck *das*; **les jambes en ~** mit gespreizten Beinen; **d'~** im rechten Winkel. **-2.** [pièce en T ou L] Winkeleisen *das*.

équestre [ekɛstr] *adj* Reit-; [statue] Reiter-.

équeuter [3] [ekøte] *vt* entstielen.

équidistance [ekɥidistɑ̃s] *nf*: **à ~ de qqch et de qqch** gleich weit entfernt von etw und von etw.

équidistant, e [ekɥidistɑ̃, ɑ̃t] *adj* gleich weit entfernt.

équilatéral, e, aux [ekɥilateral, o] *adj* gleichseitig.

équilibre [ekilibr] *nm* **-1.** [gén] Gleichgewicht *das*; [du comportement] seelisches Gleichgewicht; **en ~** im Gleichgewicht; **perdre l'~** das Gleichgewicht verlieren. **-2.** [de budget] Ausgeglichenheit *die*.

équilibré, e [ekilibre] *adj* ausgeglichen.

équilibrer [3] [ekilibre] *vt* **-1.** [objet] aus|balancieren. **-2.** [situation, budget] aus|gleichen. **-3.** [proportions] gut verteilen.

◆ **s'équilibrer** *vp* sich aus|gleichen.

équilibriste [ekilibrist] *nmf* Äquilibrist *der*.

équipage [ekipaʒ] *nm* Besatzung *die*.

équipe [ekip] *nf* **-1.** [groupe] Gruppe *die*, Team *das*; **d'~** Gruppen-; **faire ~ avec qqn** sich mit jm zusammen|tun; **travailler en ~** in einem Team arbeiten; **~ de secours** Rettungsmannschaft *die*. **-2.** SPORT Mannschaft *die*.

équipée [ekipe] *nf* **-1.** [aventure] Abenteuer *das*. **-2.** [randonnée] Wanderung *die*.

équipement [ekipmɑ̃] *nm* **-1.** [matériel] Ausrüstung *die*. **-2.** [aménagement] Infrastruktur *die*; **~s sportifs** Sporteinrichtungen; **~s scolaires** schulische Einrichtungen.

équiper [3] [ekipe] *vt* **-1.** [navire, armée] aus|rüsten. **-2.** [lieu] aus|statten. **-3.** [doter]: **~ qqch de qqch** [région] etw mit etw versehen; [machine] etw mit etw aus|statten.

◆ **s'équiper** *vp*: **s'~ (de qqch)** sich (mit etw) aus|rüsten.

équipier, ère [ekipje, ɛr] *nm, f* SPORT Mannschaftsmitglied *das*.

équitable [ekitabl] *adj* gerecht.

équitablement [ekitabləmɑ̃] *adv* auf gerechte Weise.

équitation [ekitasjɔ̃] *nf* Reitkunst *die*; **faire de l'~** reiten.

équité [ekite] *nf* Gerechtigkeit *die*.

équivaille *etc* → **équivaloir**.

équivalent, e [ekivalɑ̃, ɑ̃t] *adj* **-1.** [égal] gleichwertig. **-2.** [de même niveau] entsprechend.

◆ **équivalent** *nm* Entsprechende *das*.

équivaloir [60] [ekivalwar]

◆ **équivaloir à** *v prép* **-1.** [être égal]: **~ à qqch** einer Sache *(D)* entsprechen. **-2.** [revenir]: **~ à qqch** einer Sache *(D)* gleich|kommen.

équivalu [ekivaly] *pp inv* → **équivaloir**.

équivaut [ekivo] → **équivaloir**.

équivoque [ekivɔk] ◇ *adj* **-1.** [ambigu] zweideutig. **-2.** [mystérieux] mysteriös. ◇ *nf* Zweideutigkeit *die*; **sans ~** eindeutig.

érable [erabl] *nm* Ahorn *der*.

éradication [eradikasjɔ̃] *nf* Beseitigung *die*, Ausmerzen *das*.

éradiquer [3] [eradike] *vt* beseitigen.

érafler [3] [erafle] *vt* **-1.** [peau] auf|schürfen. **-2.** [mur, voiture] verschrammen.

◆ **s'érafler** *vp* sich auf|schürfen.

éraflure [eraflyr] *nf* **-1.** [de peau] Aufschürfung *die*. **-2.** [de mur] Kratzer *der*.

éraillé, e [eraje] *adj* [voix] krächzend.

Erasmus [erasmys] (*abr de* **European Action Scheme for the Mobility of University Students**) *n*: **programme ~** Erasmusprogramm *das*.

ère [ɛr] *nf* **-1.** [époque] Ära *die*; **l'~ chrétienne** das christliche Zeitalter. **-2.** [période] Zeitalter *das*; GÉOL Erdzeitalter *das*.

érection [erɛksjɔ̃] *nf* **-1.** [de monument, de statue] Errichtung *die*. **-2.** [de pénis] Erektion *die*; **en ~** erigiert.

éreintant, e [erɛ̃tɑ̃, ɑ̃t] *adj* sehr anstrengend.

éreinté, e [erɛ̃te] *adj* erschöpft.

éreinter [3] [erɛ̃te] *vt* **-1.** [fatiguer] erschöpfen. **-2.** [critiquer] verreißen.

ergonomique [ɛrgɔnɔmik] *adj* ergonomisch.

ergot [ɛrgo] *nm* **-1.** [de coq] Sporn *der*; **se dresser sur ses ~s** *fig* die Krallen zeigen. **-2.** [de chien] Afterkralle *die*. **-3.** [de blé] Mutterkorn *das*. **-4.** [de pièce] Anschlag *der*.

ergoter [3] [ɛrgɔte] *vi* haarspalterisch argumentieren.

ergothérapie [ɛrgɔterapi] *nf* Beschäftigungstherapie *die*.

ériger [17] [eriʒe] *vt* **-1.** [monument] errichten. **-2.** *fig* [élever]: **~ qqch en qqch** etw zu etw machen; **~ qqn en héros** jn zu einem Helden machen.

◆ **s'ériger** *vp*: **s'~ en qqn** sich als jn auf|spielen.

ermite [ɛrmit] *nm* **-1.** RELIG Eremit *der*. **-2.** [solitaire] Einsiedler *der*.

éroder [3] [erɔde] *vt* **-1.** GÉOL erodieren. **-2.** *fig* [dégrader] an|greifen.

érogène [erɔʒɛn] *adj* erogen.

érosion [erozjɔ̃] *nf* **-1.** [de relief] Erosion *die*. **-2.** *fig* [de pouvoir] Verschleiß *der*.

érotique [erɔtik] *adj* erotisch.

érotisme [erɔtism] *nm* Erotik *die*.

errance [ɛrɑ̃s] *nf* Umherirren *das*.

errant, e [ɛrɑ̃, ɑ̃t] *adj* **-1.** [chien, chat] streunend. **-2.** [regard] schweifend.

erratum [eratɔm] (*pl* **errata** [erata]) *nm* Erratum *das*.

errements [ɛrmɑ̃] *nmpl* Schwächen *Pl*.

errer [4] [ɛre] *vi* **-1.** [personne] umher|irren. **-2.** [regard] umher|schweifen.

erreur [ɛrœr] *nf* Fehler *der*, Irrtum *der*; **faire ~** sich irren; **faire une ~** einen Fehler begehen;

par ~ aus Versehen; **sauf ~ (de ma part)** wenn ich mich nicht irre; **~ judiciaire** Justizirrtum.

erroné, e [ɛrɔne] *adj* falsch.

ersatz [ɛrzats] *nm* Ersatz *der*.

éructer [3] [erykte] ◇ *vi* auf|stoßen. ◇ *vt* [injures] aus|stoßen.

érudit, e [erydi, it] ◇ *adj* gebildet. ◇ *nm, f* Gelehrte *der, die*.

érudition [erydisjɔ̃] *nf* Gelehrsamkeit *die*.

éruption [erypsjɔ̃] *nf* **-1.** [gén] Eruption *die*. **-2.** *fig* [de sentiment] Ausbruch *der*.

es [ɛ] → **être**.

E/S (*abr de* **entrée/sortie**) E/A *(Eingang/Ausgang)*.

ès [ɛs] *prép*: **docteur ~ lettres** Doktor der Philosophie.

ESA, Esa [eza] (*abr de* **European Space Agency**) *nf* ESA *die*.

esbroufe [ɛzbruf] *nf fam* Wichtigtuerei *die*; **faire de l'~** sich wichtig tun.

escabeau, x [ɛskabo] *nm* **-1.** [échelle] Bockleiter *die*. **-2.** [marchepied] Fußbank *die*.

escadre [ɛskadr] *nf* MIL Geschwader *das*.

escadrille [ɛskadrij] *nf* MIL Staffel *die*.

escadron [ɛskadrɔ̃] *nm* MIL Schwadron *die*.

escalade [ɛskalad] *nf* **-1.** [de montagne, de rocher] Klettern *das*. **-2.** [de clôture] Übersteigen *das*. **-3.** *fig* [de prix, de violence] Auftrieb *der*.

escalader [3] [ɛskalade] *vt* **-1.** [montagne] besteigen. **-2.** [grille, mur]: **~ qqch** über etw *(A)* klettern.

escale [ɛskal] *nf* **-1.** [arrêt - d'avion] Zwischenlandung *die*; [- de bateau, de voiture] Fahrtunterbrechung *die*; **faire ~ à New York** in New York zwischen|landen. **-2.** [lieu] Zwischenhalt *der*.

escalier [ɛskalje] *nm* Treppe *die*; **~ en colimaçon** Wendeltreppe; **~ de secours** Nottreppe; **~ de service** Dienstbotentreppe; **~ roulant** OU **mécanique** Rolltreppe.

escalope [ɛskalɔp] *nf* CULIN Schnitzel *das*; **~ panée** Wiener Schnitzel.

escamotable [ɛskamɔtabl] *adj* **-1.** [antenne, train d'atterrissage] einziehbar. **-2.** [table, lit] Klapp-.

escamoter [3] [ɛskamɔte] *vt* **-1.** [faire disparaître] verschwinden lassen. **-2.** [voler] stehlen. **-3.** [syllabe, mot] verschlucken. **-4.** [train d'atterrissage, antenne] ein|ziehen.

escampette [ɛskɑ̃pɛt] → **poudre**.

escapade [ɛskapad] *nf* **-1.** [fugue] Ausreißen *das*. **-2.** [sortie] Eskapade *die*. **-3.** [petit voyage] Ausflug *der*.

escarbille [ɛskarbij] *nf* Flugasche *die*.

escargot [ɛskargo] *nm* Schnecke *die*; **comme un ~** wie eine Schnecke.

escarmouche [ɛskarmuʃ] *nf* **-1.** MIL [accrochage] Scharmützel *das*. **-2.** *fig* [désaccord] Wortgefecht *das*.

escarpé, e [ɛskarpe] *adj* steil.

escarpement [ɛskarpəmɑ̃] *nm* Steilhang *der*.

escarpin [ɛskarpɛ̃] *nm* Pumps *der*.

escarre [ɛskar] *nf* MÉD Schorf *der*.

Escaut [ɛsko] *nm*: **l'~** die Schelde.

escient [esjɑ̃] *nm*: **à bon ~** (wohl)überlegt; **à mauvais ~** unüberlegt.

esclaffer [3] [ɛsklafe]

◆ **s'esclaffer** *vp* in schallendes Gelächter aus|brechen.

esclandre [ɛsklɑ̃dr] *nm sout* Skandal *der*; **faire un ~** einen Skandal machen.

esclavage [ɛsklavaʒ] *nm* Sklaverei *die*.

esclavagisme [ɛsklavaʒism] *nm* Sklaverei *die*.

esclave [ɛsklav] ◇ *adj*: **être ~ de qqn/qqch** js/einer Sache Sklave sein. ◇ *nmf fam* Sklave *der*, -vin *die*.

escogriffe [ɛskɔgrif] *nm fam* : **un grand ~** ein langer Lulatsch.

escompte [ɛskɔ̃t] *nm* Rabatt *der*; **taux d'~** Diskontsatz *der*.

escompter [3] [ɛskɔ̃te] *vt* **-1.** [s'attendre à]: **~ qqch** mit etw rechnen. **-2.** BANQUE diskontieren.

escorte [ɛskɔrt] *nf* **-1.** MIL Eskorte *die*. **-2.** [cortège] Begleitung *die*.

escorter [3] [ɛskɔrte] *vt* eskortieren.

escouade [ɛskwad] *nf* **-1.** MIL Korporalschaft *die*. **-2.** [groupe] Schar *die*.

escrime [ɛskrim] *nf* SPORT Fechten *das*.

escrimer [3] [ɛskrime]

◆ **s'escrimer** *vp*: **s'~ à faire qqch** sich ab|mühen, etw zu tun; **s'~ sur qqch** sich mit etw ab|mühen.

escroc [ɛskro] *nm* Gauner *der*.

escroquer [3] [ɛskrɔke] *vt* **-1.** [personne] betrügen. **-2.** [argent]: **~ qqch à qqn** jn um etw betrügen.

escroquerie [ɛskrɔkri] *nf* Betrug *der*.

eskimo = **esquimau**.

ésotérique [ezɔterik] *adj* esoterisch.

espace [ɛspas] *nm* **-1.** [spatial] Raum *der*; **~ aérien** Luftraum; **~ vital** Lebensraum. **-2.** [espacement] Abstand *der*. **-3.** [univers] Weltall *das*. **-4.** [temporel] Zeitraum *der*; **en l'~ d'une minute** innerhalb einer Minute; **en l'~ de 8 jours** innerhalb von 8 Tagen. **-5.** [zone] Fläche *die*; **~ publicitaire** [pour affiche] Werbefläche; TÉLÉ Werbezeit *die*; **~ vert** Grünfläche. **-6.** [blanc] Freiraum *der*.

espacement [ɛspasmɑ̃] *nm* Abstand *der*.

espacer [16] [ɛspase] *vt* **-1.** [dans l'espace] auseinander|rücken. **-2.** [dans le temps] staffeln.
◆ **s'espacer** *vp* seltener werden.
espadon [ɛspadɔ̃] *nm* Schwertfisch *der*.
espadrille [ɛspadrij] *nf* Espadrille *die*.
Espagne [ɛspaɲ] *nf*: **l'~** Spanien *nt*.
espagnol, e [ɛspaɲɔl] *adj* spanisch.
◆ **espagnol** *nm* [langue] Spanisch(e) *(das)*.
◆ **Espagnol, e** *nm, f* Spanier *der*, -in *die*.
espagnolette [ɛspaɲɔlɛt] *nf Drehriegelverschluß für Fenster*.
espalier [ɛspalje] *nm* **-1.** [d'arbres] Spalierbäume *Pl*. **-2.** SPORT Sprossenwand *die*.
espèce [ɛspɛs] *nf* Art *die*; **~ d'idiot!** du Idiot!; **en l'~** *sout* in diesem Fall.
◆ **espèces** *nfpl* FIN Bargeld *das (sans pl)*; **payer en ~s** in bar bezahlen.
espérance [ɛsperɑ̃s] *nf* Hoffnung *die*; **~ de vie** Lebenserwartung *die*.
espéranto [ɛsperɑ̃to] *nm* Esperanto *das*.
espérer [18] [ɛspere] ◇ *vt*: **~ qqch** auf etw *(A)* hoffen; **~ faire qqch** hoffentlich etw tun. ◇ *vi* Hoffnung haben; **~ (en qqn/qqch)** (auf jn/etw) hoffen; **~ en l'avenir** Hoffnung in die Zukunft setzen.
espiègle [ɛspjɛgl] ◇ *adj* schalkhaft. ◇ *nmf* Schalk *der*.
espièglerie [ɛspjɛgləri] *nf* **-1.** [malice] Schalkhaftigkeit *die*. **-2.** [farce] Schelmenstreich *der*.
espion, onne [ɛspjɔ̃, ɔn] *nm, f* Spion *der*, -in *die*.
espionnage [ɛspjɔnaʒ] *nm* Spionage *die*; **~ industriel** Industriespionage.
espionner [3] [ɛspjɔne] *vt* **-1.** [par indiscrétion] bespitzeln. **-2.** [un État]: **~ qqch** gegen etw spionieren.
esplanade [ɛsplanad] *nf* Esplanade *die*.
espoir [ɛspwar] *nm* Hoffnung *die*; **caresser l'~ de faire qqch** die Hoffnung hegen, etw zu tun; **sans ~ de qqch** ohne Hoffnung auf etw *(A)*; **sans ~ de faire qqch** ohne Hoffnung, etw zu tun; **avoir bon ~ que** begründete Hoffnung haben, daß.
esprit [ɛspri] *nm* **-1.** [gén] Geist *der*; **large d'~** aufgeschlossen; **avoir l'~ mal tourné** immer gleich das Schlechte denken; **avoir de l'~** geistreich sein; **faire de l'~** geistreicheln; **ouvrir l'~** den Horizont erweitern; **reprendre ses ~s** sich fassen; **venir à l'~ de qqn** jm ein|fallen; **~ de caste** Kastengeist; **~ de compétition** Konkurrenzdenken *das*; **~ de contradiction** Widerspruchsgeist; **~ critique** kritischer Geist; **~ d'équipe** Teamgeist; **~ maison** Betriebssinn *der*. **-2.** [entendement] Verstand *der*.
esquif [ɛskif] *nm littéraire* Nachen *der*.
esquimau, aude, x [ɛskimo, od], **eskimo** [ɛskimo] *adj* Eskimo-, eskimoisch.
◆ **esquimau, eskimo** *nm* [langue] Eskimo *(das)*, Eskimoisch(e) *(das)*.
◆ **Esquimau, aude, x** *nm, f*, **Eskimo** *nmf* Eskimo *der*, Eskimofrau *die*.
Esquimau® [ɛskimo] *nm inv* [glace] *Eis am Stil mit Schokolade überzogen*.
esquinter [3] [ɛskɛ̃te] *vt fam* **-1.** [chose] (schlimm) zu|richten. **-2.** [personne] übel zu|richten.
esquisse [ɛskis] *nf* **-1.** [croquis] Skizze *die*. **-2.** [de projet] Entwurf *der*. **-3.** *fig* [de geste, de sourire] Ansatz *der*.
esquisser [3] [ɛskise] *vt* **-1.** [dessiner] skizzieren. **-2.** [projet] entwerfen. **-3.** *fig* [geste, sourire] an|deuten.
◆ **s'esquisser** *vp* sich ab|zeichnen.
esquiver [3] [ɛskive] *vt*: **~ qqch** etw *(D)* aus|weichen.
◆ **s'esquiver** *vp* sich davon|stehlen.
essai [esɛ] *nm* **-1.** [gén] Versuch *der*; **à l'~** auf Probe; **pilote d'~** Testpilot *der*. **-2.** [travail écrit] Essay *das* OU *der*; **un ~ sur qqch** ein Essay über etw *(A)*.
essaie *etc* → **essayer**.
essaierai *etc* → **essayer**.
essaim [esɛ̃] *nm* Schwarm *der*.
essaimer [4] [eseme] *vi* **-1.** [abeilles] schwärmen. **-2.** *fig* [se répandre] sich verbreiten.
essayage [esɛjaʒ] *nm* Anprobe *die*.
essayer [11] [eseje] *vt* **-1.** [machine] erproben; [magasin, restaurant] aus|probieren. **-2.** [tenter]: **~ qqch** es mit etw versuchen; **~ de faire qqch** versuchen, etw zu tun. **-3.** [vêtement] an|probieren.
◆ **s'essayer** *vp*: **s'~ à qqch** OU **faire qqch** sich an OU auf OU in etw *(D)* versuchen; **s'~ à monter à cheval** sich im Reiten versuchen.
ESSEC, Essec [esɛk] *(abr de* **École supérieure des sciences économiques et commerciales***)* *nf Wirtschaftshochschule bei Paris*.
essence [esɑ̃s] *nf* **-1.** [carburant] Benzin *das*. **-2.** [extrait concentré] Essenz *die*. **-3.** [nature] Wesen *das*; **par ~** *sout* seinem Wesen nach.
essentiel, elle [esɑ̃sjɛl] *adj* **-1.** [indispensable]: **~ à** OU **pour** wesentlich für. **-2.** [fondamental] grundlegend. **-3.** [caractéristique]: **~ à qqn/qqch** wesenseigen für jn/etw.
◆ **essentiel** *nm*: **l'~** die Hauptsache; **l'~ est que** *(+ subjonctif)* die Hauptsache ist, daß.
essentiellement [esɑ̃sjɛlmɑ̃] *adv* **-1.** [avant tout] im wesentlichen. **-2.** [par essence] wesensgemäß.
esseulé, e [esœle] *adj sout* einsam.
essieu [esjø] *nm* Achse *die*.

essor [esɔr] *nm* **-1.** [développement] Aufschwung *der*; **en plein ~** in vollem Aufschwung. **-2.** [envol]: **prendre son ~** sich in die Lüfte schwingen; *fig* einen Aufschwung erleben.

essorage [esɔraʒ] *nm* **-1.** [en machine] Schleudern *das*. **-2.** [à la main] Auswringen *das*.

essorer [3] [esɔre] *vt* **-1.** [en machine] (aus|)-schleudern. **-2.** [à la main] aus|wringen.

essoreuse [esɔrøz] *nf* Schleuder *die*.

essouffler [3] [esufle] *vt* außer Atem bringen.

◆ **s'essouffler** *vp* **-1.** [personne] außer Atem geraten. **-2.** *fig* [projet, industrie] ins Stocken geraten. **-3.** *fig* [artiste, créateur]: **ce cinéaste s'essouffle** diesem Filmemacher geht der Atem aus.

essuie *etc* → **essuyer**.

essuie-glace [esɥiglas] (*pl* **essuie-glaces**) *nm* Scheibenwischer *der*.

essuie-mains [esɥimɛ̃] *nm inv* Handtuch *das*.

essuierai *etc* → **essuyer**.

essuie-tout [esɥitu] *nm inv* **-1.** [en tissu] Küchentuch *das*. **-2.** [en papier] Küchenpapier *das*.

essuyer [14] [esɥije] *vt* **-1.** [sécher] ab|trocknen. **-2.** [nettoyer] ab|wischen. **-3.** *sout* [subir] erleiden.

◆ **s'essuyer** *vp* sich ab|trocknen.

est[1] [ɛ] → **être**.

est[2] [ɛst] ◇ *adj inv* Ost-, östlich. ◇ *nm inv*: **l'~** der Osten.

◆ **Est** *nm inv*: **l'Est** der Osten.

establishment [ɛstabliʃmɛnt] *nm* Establishment *das*.

estafette [ɛstafɛt] *nf* **-1.** MIL Meldegänger *der*. **-2.** [voiture] (kleiner) Lieferwagen.

estafilade [ɛstafilad] *nf* Schmarre *die*.

est-allemand, e [ɛstalmɑ̃, ɑ̃d] *adj* ostdeutsch.

estaminet [ɛstaminɛ] *nm* Ausschank *der*.

estampe [ɛstɑ̃p] *nf* **-1.** [de bois] Holzschnitt *der*. **-2.** [de cuivre] Kupferstich *der*.

estamper [3] [ɛstɑ̃pe] *vt* [métal] prägen.

estampille [ɛstɑ̃pij] *nf* Stempelaufdruck *der*.

est-ce que [ɛskə] *adv interr*: **~ tu viens**? kommst du?

esthète [ɛstɛt] ◇ *nmf* Ästhet *der*, -in *die*. ◇ *adj*: **être ~** ein Ästhet sein.

esthéticien, enne [ɛstetisjɛ̃, ɛn] *nm, f* Kosmetiker *der*, - in *die*.

esthétique [ɛstetik] ◇ *adj* ästhetisch. ◇ *nf* Ästhetik *die*; **le sens de l'~** ein Gefühl für das Schöne.

estimable [ɛstimabl] *adj* **-1.** [personne, acte] schätzenswert. **-2.** [dommages, valeur] schätzbar.

estimatif, ive [ɛstimatif, iv] *adj* Schätz-, geschätzt.

estimation [ɛstimasjɔ̃] *nf* Schätzung *die*.

estime [ɛstim] *nf* Achtung *die*; **avoir de l'~ pour qqn** vor jm Achtung haben.

estimer [3] [ɛstime] *vt* **-1.** [valeur, objet, personne] schätzen. **-2.** [nombre, quantité] ab|schätzen. **-3.** [être d'avis]: **~ que** der Ansicht sein, daß.

◆ **s'estimer** *vp* sich schätzen; **s'~ heureux/satisfait** sich glücklich/zufrieden schätzen; **s'~ capable de qqch** sich *(D)* etw zu|trauen.

estival, e, aux [ɛstival, o] *adj* sommerlich.

estivant, e [ɛstivɑ̃, ɑ̃t] *nm, f* Sommerfrischler *der*, *die*.

estocade [ɛstɔkad] *nf* Schwertstreich *der*.

estomac [ɛstɔma] *nm* Magen *der*; **avoir l'~ barbouillé** sich unwohl fühlen; **avoir l'~ dans les talons** *fam fig* einen Bärenhunger haben; **avoir un ~ d'autruche** *fam fig* einen Pferdemagen haben.

estomaqué, e [ɛstɔmake] *adj* baff.

estomaquer [3] [ɛstɔmake] *vt fam* um|hauen, verblüffen.

estomper [3] [ɛstɔ̃pe] *vt* **-1.** [contour] verschwommen erscheinen lassen. **-2.** [sentiment] lindern.

◆ **s'estomper** *vp* **-1.** [contour] verschwimmen. **-2.** [sentiment] schwinden.

Estonie [ɛstɔni] *nf*: **l'~** Estland *nt*.

estonien, enne [ɛstɔnjɛ̃, ɛn] *adj* estnisch, estländisch.

◆ **estonien** *nm* [langue] Estnisch(e) *(das)*.

◆ **Estonien, enne** *nm, f* Este *der*, -tin *die*.

estrade [ɛstrad] *nf* Podest *das*.

estragon [ɛstragɔ̃] *nm* Estragon *der*.

estropié, e [ɛstrɔpje] ◇ *adj* verkrüppelt. ◇ *nm, f* Krüppel *der*.

estropier [9] [ɛstrɔpje] *vt* zum Krüppel machen; *fig* verstümmeln.

◆ **s'estropier** *vp* zum Krüppel werden.

estuaire [ɛstɥɛr] *nm* Flußmündung *die*.

estudiantin, e [ɛstydjɑ̃tɛ̃, in] *adj* Studenten-, studentisch.

esturgeon [ɛstyrʒɔ̃] *nm* Stör *der*.

et [e] *conj* **-1.** [gén] und; **~ alors**? na und?; **il parle l'anglais, ~ très bien** er spricht Englisch, und zwar sehr gut; **c'est fini ~ bien fini** es ist aus, vollkommen aus. **-2.** [dans les nombres composés]: **vingt ~ un** einundzwanzig; **deux ans ~ demi** zweieinhalb Jahre; **deux heures ~ demie** [durée] zweieinhalb Stunden; [horaire] halb drei; **cinq heures ~ quart** [durée] fünfeinviertel Stunden; [horaire] Viertel nach fünf; **un kilo ~ demi** anderthalb Kilo.

ét. (*abr de* **étage**) Etg.

ETA (*abr de* **Euskadi Ta Askatasuna**) *nf* ETA *die*.

étable [etabl] *nf* Stall *der*.

établi [etabli] *nm* Werkbank *die*.

établir [32] [etablir] *vt* **-1.** [filiale, bureau] ein|richten. **-2.** [devis, record] erstellen. **-3.** [relation, silence] her|stellen. **-4.** [fortune, réputation] konsolidieren. **-5.** [fait, vérité] fest|stellen. **-6.** [règle] fest|legen.

◆ **s'établir** *vp* **-1.** [s'installer] sich nieder|lassen; **s'~ comme avocat** sich als Rechtsanwalt nieder|lassen. **-2.** [coutume] sich ein|bürgern. **-3.** [relation, contact] sich entwickeln.

établissement [etablismɑ̃] *nm* **-1.** [création] Errichtung *die*. **-2.** [d'un fait] Feststellung *die*. **-3.** [entreprise] Betrieb *der*. **-4.** [institution] Anstalt *die*, Einrichtung *die*; **~ hospitalier** Krankenanstalt; **~ public** öffentlich-rechtliche Anstalt; **~ scolaire** Lehranstalt.

étage [etaʒ] *nm* **-1.** [de bâtiment] Stockwerk *das*, Stock *der*; **à l'~** im oberen Stock(werk); **au premier/troisième ~** im ersten/dritten Stock(werk). **-2.** [de fusée, de terrain] Stufe *die*. **-3.** *loc*: **de bas ~** ordinär *(adv)*.

étager [17] [etaʒe] *vt* stufenförmig an|ordnen.

◆ **s'étager** *vp* stufenförmig an|steigen.

étagère [etaʒɛr] *nf* Regal *das*.

étain [etɛ̃] *nm* **-1.** [métal] Zinn *das*. **-2.** [objet] Zinngegenstand *der*.

étais *etc* → **être**.

étal, als OU **aux** [etal, o] *nm* **-1.** [éventaire] Stand *der*. **-2.** [de boucher] Fleischbank *die*.

étalage [etalaʒ] *nm* Auslage *die*, Schaufenster *das*; *fig* Zurschaustellung *die*; **faire ~ de qqch** etw zur Schau stellen.

étalagiste [etalaʒist] *nmf* [décorateur] Schaufensterdekorateur *der*, -in *die*.

étale [etal] *adj* [mer] (zwischen den Gezeiten) stillstehend.

étalement [etalmɑ̃] *nm* **-1.** [dans l'espace] Ausbreiten *das*. **-2.** [dans le temps] Verteilung *die*.

étaler [3] [etale] *vt* **-1.** [marchandise] aus|legen. **-2.** [carte, journal] aus|breiten. **-3.** [peinture, beurre] auf|streichen. **-4.** [exhiber] zur Schau stellen. **-5.** [travail, paiement, vacances] zeitlich staffeln.

◆ **s'étaler** *vp* **-1.** [peinture, beurre] sich verstreichen lassen. **-2.** [travail, paiement, vacances] sich verteilen. **-3.** *fam* [s'avachir] sich breit|machen. **-4.** *fam* [tomber] hin|knallen. **-5.** *fam* [échouer]: **s'~ à qqch** etw verpatzen.

étalon [etalɔ̃] *nm* **-1.** [cheval] Hengst *der*. **-2.** [mesure] Eichmaß *das*.

étalonner [3] [etalɔne] *vt* eichen.

étalon-or [etalɔ̃ɔr] *nm* Goldwährung *die*.

étamine [etamin] *nf* **-1.** [de fleur] Staubbeutel *der*. **-2.** [tissu] Etamin *das*. **-3.** [filtre] Siebtuch *das*.

étanche [etɑ̃ʃ] *adj* undurchlässig, wasserdicht.

étanchéité [etɑ̃ʃeite] *nf* Undurchlässigkeit *die*.

étancher [3] [etɑ̃ʃe] *vt* **-1.** [sang, larmes, soif] stillen. **-2.** [rendre étanche] ab|dichten.

étang [etɑ̃] *nm* Teich *der*.

étape [etap] *nf* Etappe *die*; **faire ~ à Paris/dans un village** in Paris/einem Dorf Station machen; **procéder par ~s** stufenweise vorgehen; **brûler les ~s** eine Sache überstürzen.

état [eta] *nm* **-1.** [gén] Zustand *der*; **en bon/mauvais ~** in gutem/schlechtem Zustand; **être en ~/hors d'~ de faire qqch** dazu/nicht dazu inder Lage sein, etw zu tun; **être dans un ~ second** nicht mehr ganz bei Sinnen sein; **être en ~ de marche** funktionieren; **mettre qqn hors d'~ de faire qqch** jn davon ab|halten, etw zu tun; **mettre un adversaire hors d'~ de nuire** einen Gegner außer Gefecht setzen; **remettre qqch en ~** etw reparieren; **~ d'âme** Gemütszustand; **~ d'esprit** Geisteshaltung *die*; **~ de santé** Gesundheitszustand; **~ de siège** Belagerungszustand; **~ stationnaire** unveränderter Zustand; **~ d'urgence** Notstand *der*; **en l'~** im gegenwärtigen Zustand; **être dans tous ses ~s** *fig* völlig außer sich sein. **-2.** *sout* [social] Stand *der*; **de son ~** von Beruf; **~ civil** ADMIN Personenstand. **-3.** [inventaire] Aufstellung *die*; **faire ~ de qqch** etw an|führen; **~ des lieux** Zustandsbefund *der*, Wohnungsabnahme *die*; **faire l'~ des lieux** eine Wohnung ab|nehmen.

◆ **État** *nm* Staat *der*; **État membre** Mitglied(s)-staat.

◆ **en tout état de cause** *loc adv* auf jeden Fall.

étatique [etatik] *adj* staatlich.

étatiser [3] [etatize] *vt* verstaatlichen.

étatisme [etatism] *nm* Etatismus *der*.

état-major [etamaʒɔr] (*pl* **états-majors**) *nm* **-1.** [officiers]: **l'~** der Stab. **-2.** [lieu] Hauptquartier *das*. **-3.** [d'entreprise] Führungsspitze *die*.

étau, x [eto] *nm* Schraubstock *der*.

étayer [11] [eteje] *vt* ab|stützen; **~ qqch de** OU **avec qqch** *fig* etw mit etw untermauern.

etc. (*abr de* **et cetera**) usw., etc.

été[1] [ete] *pp inv* → **être**.

été[2] [ete] *nm* Sommer *der*; **en ~** im Sommer; **l'~ indien** der Altweibersommer.

éteignais *etc* → **éteindre**.

éteindre [81] [etɛ̃dr] *vt* **-1.** [lumière, appareil] aus|schalten; **~ le chauffage** die Heizung ab|stellen. **-2.** [feu, sentiment] löschen.

◆ **s'éteindre** *vp* **-1.** [souvenir] verlöschen. **-2.** [appareil, feu] aus|gehen. **-3.** [mourir] verscheiden. **-4.** [bruit] verstummen.

éteins *etc* → **éteindre**.

éteint, e [etɛ̃, ɛ̃t] ◇ *pp* → **éteindre**. ◇ *adj* erloschen.

étendage [etɑ̃daʒ] *nm* Aufhängen *das*.

étendard [etɑ̃dar] *nm* Fahne *die*.

étendis *etc* → **étendre**.

étendre [73] [etɑ̃dr] *vt* **-1.** [jambes, bras] aus|strecken; [ailes] aus|breiten. **-2.** [linge] auf|hängen. **-3.** [coucher] hin|legen. **-4.** [peinture] auf|tragen. **-5.** [influence, pouvoir] aus|dehnen; [connaissances] erweitern. **-6.** *fam* [candidat] durchfallen lassen.

◆ **s'étendre** *vp* **-1.** [se coucher] sich hin|legen. **-2.** [s'étaler] sich erstrecken. **-3.** [influence, pouvoir] sich aus|breiten. **-4.** [s'attarder]: **s'~ sur qqch** sich über etw *(A)* aus|lassen.

étends *etc* → **étendre**.

étendu, e [etɑ̃dy] ◇ *pp* → **étendre**. ◇ *adj* **-1.** [connaissances] umfassend. **-2.** [parc] weitläufig.

◆ **étendue** *nf* **-1.** [surface] Weite *die*. **-2.** [importance] Ausmaß *das*.

éternel, elle [etɛrnɛl] *adj* **-1.** [gén] ewig. **-2.** [incontournable] unvermeidlich.

◆ **Éternel** *nm*: **l'Éternel** der Ewige.

éternellement [etɛrnɛlmɑ̃] *adv* ewig.

éterniser [3] [etɛrnize] *vt* [poursuivre] endlos hin|ziehen.

◆ **s'éterniser** *vp* **-1.** [se prolonger] sich endlos hin|ziehen. **-2.** *fam* [rester] ewig bleiben.

éternité [etɛrnite] *nf* Ewigkeit *die*; **il y a une ~ que** es ist schon eine Ewigkeit her, daß.

éternuement [etɛrnymɑ̃] *nm* Niesen *das*.

éternuer [7] [etɛrnɥe] *vi* niesen.

êtes [ɛt] → **être**.

étêter [4] [etete] *vt* kappen; **~ un clou** einen Nagelkopf ab|kneifen.

éther [etɛr] *nm* Äther *der*.

éthéré, e [etere] *adj* ätherisch.

éthiopien, enne [etjɔpjɛ̃, ɛn] *adj* äthiopisch, abessinisch.

◆ **Éthiopien, enne** *nm, f* Äthiopier *der*, -in *die*.

éthique [etik] ◇ *nf* Ethik *die*. ◇ *adj* ethisch.

ethnie [ɛtni] *nf* Ethnie *die*.

ethnique [ɛtnik] *adj* ethnisch.

ethnographie [ɛtnɔgrafi] *nf* Ethnographie *die*.

ethnologie [ɛtnɔlɔʒi] *nf* Ethnologie *die*.

ethnologue [ɛtnɔlɔg] *nmf* Ethnologe *der*, -gin *die*.

éthologie [etɔlɔʒi] *nf* Ethologie *die*.

éthylique [etilik] ◇ *adj* Äthyl-; **coma ~** alkoholisches Koma. ◇ *nmf* Alkoholiker *der*, -in *die*.

éthylisme [etilism] *nm* Alkoholismus *der*.

étincelant, e [etɛ̃slɑ̃, ɑ̃t] *adj* **-1.** [couleur, surface, regard] funkelnd. **-2.** *sout* [esprit, discours] sprühend.

étinceler [24] [etɛ̃sle] *vi* **-1.** [étoile, surface] funkeln. **-2.** *sout* [yeux] blitzen.

étincelle [etɛ̃sɛl] *nf* Funke(n) *der*.

étioler [3] [etjɔle] *vt* verkümmern lassen.

◆ **s'étioler** *vp* verkümmern.

étions [etjɔ̃], **étiez** [etje] → **être**.

étique [etik] *adj littéraire* abgezehrt.

étiqueter [27] [etikte] *vt* **-1.** [produit] etikettieren. **-2.** *fig* [personne] ab|stempeln.

étiquette [etikɛt] *nf* **-1.** [marque] Etikett *das*, Preisschild *das*. **-2.** *fig* [appartenance] Zuordnung *die*. **-3.** [protocole] Etikette *die*.

étirer [3] [etire] *vt* strecken.

◆ **s'étirer** *vp* sich strecken.

Etna [ɛtna] *nm*: **l' ~** der Ätna.

étoffe [etɔf] *nf* **-1.** [tissu] Stoff *der*. **-2.** *fig* [personnalité]: **avoir l'~ de qqch** das Zeug zu etw haben.

étoffer [3] [etɔfe] *vt* aus|gestalten.

◆ **s'étoffer** *vp* kräftiger werden.

étoile [etwal] *nf* **-1.** [astre, emblème] Stern *der*; **un hôtel trois ~s** ein Dreisternehotel; **l'~ du berger** [matin] der Morgenstern; [soir] der Abendstern; **~ filante** Sternschnuppe *die*; **~ de mer** Seestern; **à la belle ~** *fig* unter freiem Himmel; **être né sous une bonne ~** *fig* unter einem guten Stern geboren sein. **-2.** [vedette] Star *der*.

étoilé, e [etwale] *adj* [ciel, nuit] sternklar.

étole [etɔl] *nf* Stola *die*.

étonnamment [etɔnamɑ̃] *adv* erstaunlich.

étonnant, e [etɔnɑ̃, ɑ̃t] *adj* erstaunlich.

étonnement [etɔnmɑ̃] *nm* Erstaunen *das*; **à mon grand ~** zu meinem großen Erstaunen.

étonner [3] [etɔne] *vt* erstaunen; **ça m'étonnerait!** das würde mich wundern!

◆ **s'étonner** *vp* sich wundern; **s'~ que** *(+ subjonctif)* sich wundern, daß; **s'~ de qqch** sich über etw *(A)* wundern.

étouffant, e [etufɑ̃, ɑ̃t] *adj* drückend; **une famille ~e** drückende Familienverhältnisse.

étouffé, e [etufe] *adj* **-1.** [rire] erstickt. **-2.** [bruit] gedämpft.

étouffée [etufe]

◆ **à l'étouffée** *loc adv* gedünstet; **faire cuire qqch à l'~** etw dünsten.

étouffement [etufmɑ̃] *nm* **-1.** [asphyxie] Erstikkung *die*. **-2.** *fig* [répression] Unterdrückung *die*; [de scandale] Vertuschung *die*.

étouffer [3] [etufe] ◇ *vt* **-1.** [asphyxier, éteindre, réprimer] ersticken. **-2.** [oppresser] zum Erstikken bringen. **-3.** [opposition, révolte] unterdrükken. **-4.** [bruit] dämpfen; [scandale] vertuschen. ◇ *vi* ersticken.

◆ **s'étouffer** *vp* ersticken.

étouffoir [etufwar] *nm fam* muffiger Raum.

étourderie [eturdəri] *nf* **-1.** [distraction] Gedankenlosigkeit *die*. **-2.** [acte] Schnitzer *der*.

étourdi, e [eturdi] ◇ *adj* gedankenlos, zerstreut. ◇ *nm, f* kopflose Person.

étourdiment [eturdimɑ̃] *adv* gedankenlos.

étourdir [32] [eturdir] *vt* betäuben.

◆ **s'étourdir** *vp* sich betäuben.

étourdissant, e [eturdisɑ̃, ɑ̃t] *adj* **-1.** [fatigant] betäubend. **-2.** [sensationnel] überwältigend.

étourdissement [eturdismɑ̃] *nm* **-1.** [vertige] Schwindelgefühl *das*. **-2.** [évanouissement] Schwindelanfall *der*.

étourneau, x [eturno] *nm* Star *der (Vogel)*.

étrange [etrɑ̃ʒ] *adj* seltsam.

étrangement [etrɑ̃ʒmɑ̃] *adv* seltsam; **~ compliqué** erstaunlich kompliziert.

étranger, ère [etrɑ̃ʒe, ɛr] ◇ *adj* **-1.** [langue, puissance, personne] fremd, Fremd-; **être ~ à qqn** jm fremd sein; **être ~ à qqch** [extérieur à] an etw *(D)* nicht beteiligt sein; [insensible à] zu etw keine Beziehung haben; **être ~ à la pitié** kein Mitleid kennen. **-2.** [politique, affaires] ausländisch, Auslands-. ◇ *nm, f* **-1.** [d'une autre nationalité] Ausländer *der*, -in *die*. **-2.** [inconnu] Fremde *der, die*.

◆ **étranger** *nm* [pays]: **l'~** das Ausland; **à l'~** im OU ins Ausland.

étrangeté [etrɑ̃ʒte] *nf* Befremdliche *das*, Sonderbarkeit *die*.

étranglé, e [etrɑ̃gle] *adj* [voix] erstickte,-r,-s.

étranglement [etrɑ̃gləmɑ̃] *nm* **-1.** [strangulation] Erwürgen *das*. **-2.** [rétrécissement] Verengung *die*.

étrangler [3] [etrɑ̃gle] *vt* **-1.** [personne] erwürgen. **-2.** [sujet: col] die Luft ab|schnüren. **-3.** [sujet: émotion]: **~ qqn** jm den Atem verschlagen. **-4.** [presse, libertés] ab|würgen. **-5.** [ruiner] (finanziell) zugrunde richten.

◆ **s'étrangler** *vp* [s'étouffer] sich verschlucken.

étrave [etrav] *nf* Bug *der*.

être[1] [2] [ɛtr] ◇ *v aux* **-1.** [de temps composés] sein, haben; **il est parti hier** er ist gestern weggegangen; **il s'y est intéressé** er hat sich dafür interessiert; **il est déjà arrivé** er ist schon angekommen. **-2.** [de passif] werden; **la maison a été vendue** das Haus ist verkauft worden. ◇ *v attr* **-1.** [indique l'état] sein; **la maison est blanche** das Haus ist weiß; **il est médecin** er ist Arzt; **sois sage!** sei brav! **-2.** [appartenir]: **~ à qqn** jm gehören; **c'est à vous, cette voiture**? gehört Ihnen dieses Auto?; **cette maison est à lui/eux** dieses Haus gehört ihm/ihnen. ◇ *v impers*: **quelle heure est-il**? wieviel Uhr ist es?; **il est dix heures dix** es ist zehn nach zehn; **il est des contrées où** es gibt Gegenden, wo. ◇ *vi* **-1.** [indique une situation, un état, une origine] sein; **il est à Paris** er ist in Paris; **nous sommes au printemps/en été** es ist Frühling/Sommer; **je suis bien dans ce fauteuil** ich sitze gut in diesem Sessel; **je suis bien dans cet appartement** ich fühle mich wohl in dieser Wohnung; **il est de Paris** er ist aus Paris. **-2.** [exister] (da)sein; **les choses telles qu'elles sont** so wie die Dinge nun einmal stehen; **il n'est plus** *sout* er ist nicht mehr.

◆ **être à** *v prép* **-1.** [indique une obligation]: **~ à faire** zu tun sein; **cette chemise est à laver** dieses Hemd muß gewaschen werden; **c'est à voir** das wäre zu überlegen. **-2.** [indique une continuité]: **il est toujours à ne rien faire** er sitzt immer nur rum; **il est toujours à s'inquiéter** er ist immer besorgt.

être[2] [ɛtr] *nm* Wesen *das*; **les ~s humains** die Menschen; **les ~s vivants** die Lebewesen.

étreindre [81] [etrɛ̃dr] *vt* **-1.** [dans les bras] fest an sich *(A)* drücken OU umklammern. **-2.** *fig* & *sout* [tenailler] packen; **angoisse qui étreint le cœur** Angst, die das Herz zusammenschnürt.

◆ **s'étreindre** *vp* sich in die Arme schließen.

étreinte [etrɛ̃t] *nf* **-1.** [dans les bras] Umarmung *die*. **-2.** *fig* [pression] Umklammerung *die*.

étrenner [4] [etrene] *vt* zum erstenmal tragen.

étrennes [etrɛn] *nfpl* (Neujahrs)geschenk *das*.

étrier [etrije] *nm* Steigbügel *der*.

étriller [3] [etrije] *vt* **-1.** [cheval] striegeln. **-2.** *fig* [personne] übel zu|richten; [film] verreißen.

étriper [3] [etripe] *vt* **-1.** [animal] aus|weiden. **-2.** *fam* [personne] hin|schlachten, ab|murksen.

◆ **s'étriper** *vp fam* sich gegenseitig nieder|metzeln.

étriqué, e [etrike] *adj* **-1.** [vêtement] zu eng. **-2.** [esprit] engstirnig.

étroit, e [etrwa, at] *adj* **-1.** [gén] eng; **à l'~** beengt. **-2.** *péj* [esprit, vues] kleinlich.

étroitement [etrwatmɑ̃] *adv* **-1.** [intimement] eng. **-2.** [de près, rigoureusement] genau; **surveiller ~** streng überwachen.

étroitesse [etrwatɛs] *nf* Enge *die*; **~ d'esprit** *fig* Engstirnigkeit *die*.

étude [etyd] *nf* **-1.** [apprentissage] Lernen *das*. **-2.** [examen] Untersuchung *die*; **à l'~** in Bearbeitung; **~ de marché** Marktanalyse *die*; **faire des ~s de marché** Marktforschung betreiben; **~ médias** Medienanalyse *die*. **-3.** [ouvrage, essai] Studie *die*. **-4.** MUS Etüde *die*. **-5.** SCOL ≃ Schülerbibliothek *die*. **-6.** [de notaire - local] Kanzlei *die*; [- charge] Notariat *das*.

◆ **études** *nfpl* Studium *das (sans pl)*; **faire des ~s** studieren; **~s primaires** ≃ Hauptschulzeit *die*; **~s secondaires** ≃ Realschul- und Gymnasialzeit *die*.

étudiant, e [etydjɑ̃, ɑ̃t] ◇ *adj* Studenten-, studentisch. ◇ *nm, f* UNIV Student *der*, -in *die*.

étudié, e [etydje] *adj* **-1.** [préparé] wohlüberlegt. **-2.** [affecté] einstudiert.

étudier [9] [etydje] *vt* **-1.** [apprendre] lernen; [à l'université] studieren. **-2.** [observer, analyser] studieren, untersuchen. **-3.** [calculer] ein|studieren.

◆ **s'étudier** *vp* sich mit sich selbst beschäftigen; **il s'étudie devant la glace pendant des heures** er steht stundenlang vor dem Spiegel.

étui [etɥi] *nm* Etui *das*; **~ à cigarettes** Zigarettenetui; **~ à lunettes** Brillenetui.

étuve [etyv] *nf* **-1.** [local] Trockenkammer *die*; *fig* Sauna *die*. **-2.** [appareil] Trockenapparat *der*.

étuvée [etyve]

◆ **à l'étuvée** *loc adv* gedünstet; **faire cuire à l'~** dünsten.

étymologie [etimɔlɔʒi] *nf* Etymologie *die*.

étymologique [etimɔlɔʒik] *adj* etymologisch.

eu, e [y] *pp* → **avoir**.

E.U., **E.-U.A.** (*abr de* **États-Unis (d'Amérique)**) *nmpl* USA *Pl*.

eucalyptus [økaliptys] *nm* Eukalyptus *der*.

eucharistie [økaristi] *nf* Eucharistie *die*.

euh [ø] *interj*: **~!** hm!

eûmes [ym] → **avoir**.

eunuque [ønyk] *nm* Eunuch *der*.

euphémisme [øfemism] *nm* Euphemismus *der*; **par ~** beschönigend.

euphorie [øfɔri] *nf* Euphorie *die*.

euphorique [øfɔrik] *adj* euphorisch.

euphorisant, e [øfɔrizɑ̃, ɑ̃t] *adj* euphorisierend.

◆ **euphorisant** *nm* Euphoretikum *das*.

eurasien, enne [ørazjɛ̃, ɛn] *adj* eurasisch.

◆ **Eurasien, enne** *nm, f* Eurasier *der*, -in *die*.

eurent [yr] → **avoir**.

eurocentrisme [ørɔsɑ̃trism] *nm* Eurozentrismus *der*.

eurocrate [ørɔkrat] *nmf* Eurokrat *der*.

eurodevise [ørɔdəviz] *nf* Eurodevise *die*.

eurodollar [ørɔdɔlar] *nm* Eurodollar *der*.

euromissile [ørɔmisil] *nm* Euromissil *das*.

euro-obligataire [ørooɔbligatɛr] *adj* FIN: **marché ~** Markt der Euroanleihen.

Europe [ørɔp] *nf*: **l'~** Europa *nt*; **l'~ centrale** Mitteleuropa; **l'~ centrale et orientale** Ost- und Mitteleuropa; **l'~ de l'Est** Osteuropa; **l'~ méridionale** Südeuropa; **l'~ septentrionale** Nordeuropa.

européen, enne [ørɔpeɛ̃, ɛn] *adj* europäisch.

◆ **Européen, enne** *nm, f* Europäer *der*, - in *die*.

Eurovision [ørɔvizjɔ̃] *nf* Eurovision *die*.

eus *etc* → **avoir**.

eût [y] → **avoir**.

euthanasie [øtanazi] *nf* Euthanasie *die*.

eux [ø] *pron pers* sie; **je veux les voir ~** ich möchte sie sehen; **c'est à ~ que je veux parler** ich möchte sie sprechen; **ils sont contents d'~** sie sind mit sich zufrieden.

eux-mêmes [ømɛm] *pron pers* sie selbst; **ils me l'ont dit ~** sie haben es mir selbst gesagt; **j'ai vu les responsables ~** ich habe die Verantwortlichen höchstpersönlich getroffen.

eV (*abr de* **électron-volt**) eV.

évacuation [evakɥasjɔ̃] *nf* **-1.** [d'eau] Ableitung *die*. **-2.** [d'un lieu] Räumung *die*. **-3.** [de personne] Evakuierung *die*. **-4.** MÉD [élimination] Ausscheidung *die*.

évacuer [7] [evakɥe] *vt* **-1.** [eau] ab|leiten. **-2.** [lieu] räumen. **-3.** [personne] evakuieren. **-4.** MÉD [éliminer] aus|scheiden.

évadé, e [evade] *nm, f* Ausbrecher *der*, -in *die*.

évader [3] [evade]

◆ **s'évader** *vp*: **s'~ (d'un lieu)** (aus einem Ort) aus|brechen; **s'~ (de qqch)** *fig* (etw *(D)*) entfliehen.

évaluation [evalɥasjɔ̃] *nf* **-1.** [de valeur] (Ein)-schätzung *die*. **-2.** [d'élève] Bewertung *die*.

évaluer [7] [evalɥe] *vt* **-1.** [valeur] (ab|)schätzen. **-2.** [élève] bewerten.

évanescent, e [evanesɑ̃, ɑ̃t] *adj littéraire* schwindend.

évangélique [evɑ̃ʒelik] *adj* evangelisch.

évangélisation [evɑ̃ʒelizasjɔ̃] *nf* Evangelisierung *die*.

évangéliser [3] [evɑ̃ʒelize] *vt* evangelisieren.

évangéliste [evɑ̃ʒelist] *nm* Evangelist *der*.

évangile [evɑ̃ʒil] *nm* Evangelium *das*; **l'Évangile selon Saint Jean** das Evangelium des OU nach Johannes.

évanouir [32] [evanwir]

◆ **s'évanouir** *vp* **-1.** [personne] ohnmächtig werden. **-2.** [sentiment] vergehen.

évanouissement [evanwismɑ̃] *nm* **-1.** [de personne] Ohnmacht *die*; **avoir un ~** ohnmächtig werden. **-2.** [de sentiment] Verblassen *das*.

évaporation [evapɔrasjɔ̃] *nf* Verdampfung *die*.

évaporer [3] [evapɔre]

◆ **s'évaporer** *vp* **-1.** [liquide] verdampfen. **-2.** [disparaître] sich in Luft auf|lösen.

évasé, e [evaze] *adj* kelchförmig; **jupe ~e** ausgestellter Rock.

évaser [3] [evaze] *vt* weiter machen.
◆ **s'évaser** *vp* weiter werden.
évasif, ive [evazif, iv] *adj* vage.
évasion [evazjɔ̃] *nf* Ausbruch *der*.
évasivement [evazivmɑ̃] *adv* vage.
évêché [eveʃe] *nm* **-1.** [territoire] Bistum *das*. **-2.** [résidence] Bischofssitz *der*.
éveil [evɛj] *nm* Erwachen *das*; **en ~** wachsam *(adv)*.
éveillé, e [eveje] *adj* **-1.** [qui ne dort pas] wach. **-2.** [vif] aufgeweckt.
éveiller [4] [eveje] *vt* **-1.** [personne] wecken. **-2.** [passion] erwecken.
◆ **s'éveiller** *vp* **-1.** [sortir du sommeil] auf|wachen. **-2.** [se manifester, s'ouvrir] erwachen; **s'~ à qqch** zu etw erwachen. **-3.** [se développer] geweckt werden.
événement [evɛnmɑ̃] *nm* Ereignis *das*.
événementiel, elle [evɛnmɑ̃sjɛl] *adj* [histoire] ereignisbezogen.
◆ **événementiel** *nm* [marketing]: **l'~** die Werbeveranstaltung.
éventail [evɑ̃taj] *nm* **-1.** [objet] Fächer *der*; **en ~** fächerförmig *(adv)*. **-2.** [choix] Auswahl *die*; **~ de prix** Preisspanne *die*.
éventaire [evɑ̃tɛr] *nm* **-1.** [étalage] Auslage *die*. **-2.** [corbeille] Bauchladen *der*.
éventé, e [evɑ̃te] *adj* **-1.** [altéré] abgestanden; **un parfum ~** ein verduftetes Parfum. **-2.** [lieu] windig. **-3.** [secret] gelüftet.
éventer [3] [evɑ̃te] *vt* **-1.** [rafraîchir]: **~ qqn** jm Kühlung zu|fächeln. **-2.** [secret] lüften.
◆ **s'éventer** *vp* **-1.** [se rafraîchir] sich Kühlung zu|fächeln. **-2.** [s'altérer] verduften.
éventrer [3] [evɑ̃tre] *vt* **-1.** [étriper]: **~ qqn** jm den Bauch auf|schlitzen. **-2.** [fendre] auf|schlitzen.
éventualité [evɑ̃tɥalite] *nf* **-1.** [possibilité] Möglichkeit *die*. **-2.** [circonstance] Eventualität *die*; **parer à toute ~** für alle Eventualitäten gerüstet sein.
éventuel, elle [evɑ̃tɥɛl] *adj* eventuell, möglich.
éventuellement [evɑ̃tɥɛlmɑ̃] *adv* eventuell.
évêque [evɛk] *nm* Bischof *der*.
évertuer [7] [evɛrtɥe]
◆ **s'évertuer** *vp*: **s'~ à faire qqch** sich bemühen, etw zu tun.
éviction [eviksjɔ̃] *nf* Verdrängung *die*.
évidemment [evidamɑ̃] *adv* natürlich.
évidence [evidɑ̃s] *nf* **-1.** [caractère] Offenkundigkeit *die*. **-2.** [fait] Selbstverständlichkeit *die*; **démontrer une ~** eine Binsenweisheit hervorbringen; **à l'~** offensichtlich *(adv)*; **mettre en ~** [objet] gut sichtbar hin|legen; [évolution] betonen; **se rendre à l'~** den Tatsachen ins Gesicht sehen.
évident, e [evidɑ̃, ɑ̃t] *adj* offensichtlich.
évider [3] [evide] *vt* aus|hölen.
évier [evje] *nm* Spülbecken *das*.
évincer [16] [evɛ̃se] *vt*: **~ qqn (de qqch)** jn (von etw) aus|schalten.
évitement [evitmɑ̃] *nm Belg* Umleitung *die*.
éviter [3] [evite] *vt* **-1.** [personne] meiden. **-2.** [dispute] vermeiden; [obstacle]: **~ qqch** einer Sache *(D)* aus|weichen. **-3.** [s'abstenir]: **~ de faire qqch** es vermeiden, etw zu tun. **-4.** [épargner]: **~ qqch à qqn** jm etw ersparen.
◆ **s'éviter** *vp* **-1.** [ne pas se rencontrer] sich meiden. **-2.** [s'épargner]: **s' ~ qqch** sich *(D)* etw ersparen.
évocateur, trice [evɔkatœr, tris] *adj* vielsagend; **~ de qqch** aufschlußgebend über etw *(A)*.
évocation [evɔkasjɔ̃] *nf* **-1.** [rappel] Wachrufen *das*. **-2.** [mention] Erwähnung *die*. **-3.** [apparition] Beschwörung *die*.
évolué, e [evɔlɥe] *adj* **-1.** [développé] entwickelt. **-2.** [libéral, progressiste] fortschrittlich.
évoluer [7] [evɔlɥe] *vi* **-1.** [se transformer] sich entwickeln. **-2.** [changer d'opinion] sich weiter|entwickeln. **-3.** [se mouvoir] sich bewegen.
évolutif, ive [evɔlytif, iv] *adj* **-1.** [transformable] ausbaufähig, entwicklungsfähig; **poste ~** ausbaufähiger Posten. **-2.** MÉD fortschreitend.
évolution [evɔlysjɔ̃] *nf* **-1.** [transformation] (Weiter)entwicklung *die*. **-2.** BIOL Evolution *die*. **-3.** MÉD Verlauf *der*.
évoquer [3] [evɔke] *vt* **-1.** [rappeler] wach|rufen; **son nom vous évoque-t-il quelque chose**? sagt Ihnen sein Name etwas? **-2.** [mentionner] erwähnen. **-3.** [faire apparaître] beschwören.
ex [ɛks] *nmf fam* Ex *der, die*, Verflossene *der, die*.
ex- [ɛks] *préf* Ex-.
exacerbé, e [ɛgzasɛrbe] *adj* übertrieben.
exacerber [3] [ɛgzasɛrbe] *vt* verschärfen.
exact, e [ɛgzakt] *adj* **-1.** [juste] richtig. **-2.** [véridique] genau. **-3.** [ponctuel] pünktlich.
exactement [ɛgzaktəmɑ̃] *adv* genau.
exactions [ɛgzaksjɔ̃] *nfpl* Ausschreitungen *Pl*.
exactitude [ɛgzaktityd] *nf* **-1.** [précision, conformité à la vérité] Genauigkeit *die*. **-2.** [ponctualité] Pünktlichkeit *die*.
ex aequo [ɛgzeko] ◇ *adj inv* platzgleich, ranggleich. ◇ *adv* [dans le temps] zeitgleich; [au classement] auf dem gleichen Platz. ◇ *nmf inv gleichrangige Mitbewerber*.
exagération [ɛgzaʒerasjɔ̃] *nf* Übertreibung *die*.
exagéré, e [ɛgzaʒere] *adj* übertrieben.
exagérément [ɛgzaʒeremɑ̃] *adv* übertrieben.
exagérer [18] [ɛgzaʒere] *vt* & *vi* übertreiben.

exaltant, e [ɛgzaltɑ̃, ɑ̃t] *adj* mitreißend.
exalté, e [ɛgzalte] ◇ *adj* überspannt. ◇ *nm, f* Schwärmer *der*, -in *die*.
exalter [3] [ɛgzalte] *vt* **-1.** [exciter] erregen. **-2.** *littéraire* [vanter] preisen.
◆ **s'exalter** *vp* ins Schwärmen geraten.
examen [ɛgzamɛ̃] *nm* **-1.** [étude, analyse] Untersuchung *die*; **être à l'~** geprüft werden; **~ médical** ärztliche Untersuchung. **-2.** SCOL [épreuve - ordinaire] Prüfung *die*; [- de fin d'études] Examen *das*; **passer un ~** eine Prüfung machen OU ab|legen.
examinateur, trice [ɛgzaminatœr, tris] *nm, f* Prüfer *der*, -in *die*.
examiner [3] [ɛgzamine] *vt* untersuchen.
exaspérant, e [ɛgzasperɑ̃, ɑ̃t] *adj* nervenaufreibend; **c'est ~!** es ist zum Verrücktwerden!
exaspération [ɛgzasperasjɔ̃] *nf* Entrüstung *die*.
exaspérer [18] [ɛgzaspere] *vt*: **~ qqn** jm den letzten Nerv rauben.
exaucer [16] [ɛgzose] *vt* erhören; **~ un vœu** einen Wunsch erfüllen.
ex cathedra [ekskatedra] *loc adv* ex cathedra.
excédant, e [ɛksedɑ̃, ɑ̃t] *adj* **-1.** [exaspérant] nervenaufreibend. **-2.** [somme] überschüssig.
excédent [ɛksedɑ̃] *nm* Überschuß *der*; **un ~ de poids** Übergewicht *das*; **en ~** überzählig, überschüssig; **~ de bagages** Übergepäck *das*.
excédentaire [ɛksedɑ̃tɛr] *adj* überschüssig.
excéder [18] [ɛksede] *vt* **-1.** [dépasser] übersteigen. **-2.** [exaspérer]: **~ qqn** jm auf die Nerven gehen.
excellemment [ɛkselamɑ̃] *adv* hervorragend.
excellence [ɛkselɑ̃s] *nf* Vorzüglichkeit *die*; **par ~** schlechthin.
◆ **Excellence** *nf* [titre]: **son Excellence** seine Exzellenz.
excellent, e [ɛkselɑ̃, ɑ̃t] *adj* **-1.** [parfait] ausgezeichnet. **-2.** [de grande bonté] hervorragend.
exceller [4] [ɛksele] *vi*: **~ en** OU **dans qqch** in etw *(D)* hervorragend sein; **~ à faire qqch** etw hervorragend tun.
excentré, e [ɛksɑ̃tre] *adj*: **c'est ~** es ist abgelegen.
excentrique [ɛksɑ̃trik] ◇ *adj* exzentrisch. ◇ *nmf* Exzentriker *der*, -in *die*.
excepté[1], e [ɛksɛpte] *adj* ausgenommen.
excepté[2] [ɛksɛpte] *prép*: **~ qqn/qqch** bis auf jn/etw; **ils ont tous péri dans l'accident, ~ cette personne** alle sind im Unfall umgekommen, bis auf diese Person.
exception [ɛksɛpsjɔ̃] *nf* Ausnahme *die*; **d'~** außergewöhnlich *(adj)*; **faire ~** eine Ausnahme sein; **à l'~ de** ausgenommen.
exceptionnel, elle [ɛksɛpsjɔnɛl] *adj* außergewöhnlich.
exceptionnellement [ɛksɛpsjɔnɛlmɑ̃] *adv* **-1.** [par exception] ausnahmsweise. **-2.** [extrêmement] außergewöhnlich.
excès [ɛksɛ] ◇ *nm* Exzeß *der*; **à l'~** bis zum Exzeß; **sans ~** in Maßen; **~ de vitesse** Geschwindigkeitsüberschreitung *die*; **~ de zèle** Übereifer *der*. ◇ *nmpl* [violence] Ausschreitungen *Pl*.
excessif, ive [ɛksesif, iv] *adj* **-1.** [démesuré] übermäßig. **-2.** [personne, jugement] maßlos.
excessivement [ɛksesivmɑ̃] *adv* maßlos.
excipient [ɛksipjɑ̃] *nm* Grundsubstanz *die*.
excision [ɛksizjɔ̃] *nf* MÉD Exzision *die*.
excitant, e [ɛksitɑ̃, ɑ̃t] *adj* **-1.** [stimulant, passionnant] aufregend. **-2.** [qui stimule l'organisme] anregend.
◆ **excitant** *nm* Anregungsmittel *das*.
excitation [ɛksitasjɔ̃] *nf* **-1.** [énervement, agitation] Aufregung *die*. **-2.** [stimulation] Anregung *die*. **-3.** MÉD Reizung *die*.
excité, e [ɛksite] ◇ *adj* [énervé] aufgeregt. ◇ *nm, f* Hitzkopf *der*.
exciter [3] [ɛksite] *vt* **-1.** [gén] reizen; [sentiment] an|regen. **-2.** [inciter]: **~ qqn à qqch** jn zu etw an|regen; **~ qqn à faire qqch** jn an|regen, etw zu tun. **-3.** [éveiller le désir sexuel de] erregen.
◆ **s'exciter** *vp* **-1.** *fam* [s'énerver] sich auf|regen. **-2.** [s'enthousiasmer] sich erregen; **s'~ sur qqch** etw mit vollem Eifer tun.
exclamation [ɛksklamasjɔ̃] *nf* Ausruf *der*.
exclamer [3] [ɛksklame]
◆ **s'exclamer** *vp* aus|rufen; **s'~ devant qqch** über etw *(A)* in großes Geschrei aus|brechen.
exclu, e [ɛkskly] ◇ *adj* ausgeschlossen. ◇ *nm, f* Außenseiter *der*, -in *die*.
exclure [96] [ɛksklyr] *vt*: **~ qqn (de qqch)** jn (von etw) aus|schließen; **il (n')est (pas) exclu que** es ist (nicht) ausgeschlossen, daß.
exclusif, ive [ɛksklyzif, iv] *adj* **-1.** [gén] ausschließlich. **-2.** COMM Exklusiv-. **-3.** [intolérant] engstirnig. **-4.** [jaloux] eifersüchtig.
exclusion [ɛksklyzjɔ̃] *nf* Ausschluß *der*; **à l'~ de** abgesehen von.
exclusivement [ɛksklyzivmɑ̃] *adv* ausschließlich.
exclusivité [ɛksklyzivite] *nf* **-1.** COMM [de vente] Alleinverkaufsrecht *das*; [d'usage] Exklusivrecht *das*; **avoir l'~ (de qqch)** [de la vente] (etw) im Alleinvertrieb haben; [de l'usage] (für etw) ein Exklusivrecht haben. **-2.** CIN: **en ~** exklusiv. **-3.** [de sentiment] Ausschließlichkeit *die*.
excommunier [9] [ɛkskɔmynje] *vt* RELIG exkommunizieren.
excrément [ɛkskremɑ̃] *nm* Kot *der (sans pl)*.

excroissance [ɛkskrwasɑ̃s] *nf* **-1.** MÉD Auswuchs *der.* **-2.** BOT Wucherung *die.*

excursion [ɛkskyrsjɔ̃] *nf* Ausflug *der;* **faire une ~** einen Ausflug machen.

excursionniste [ɛkskyrsjɔnist] *nmf* Ausflügler *der,* -in *die.*

excusable [ɛkskyzabl] *adj* **-1.** [personne]: **être ~** zu entschuldigen sein. **-2.** [faute] entschuldbar.

excuse [ɛkskyz] *nf* Entschuldigung *die;* **avoir une ~** eine Entschuldigung haben; **présenter ses ~s à qqn** sich bei jm entschuldigen; **se confondre en ~s** sich in Entschuldigungen ergehen; **mot d' ~** Entschuldigung.

excuser [3] [ɛkskyze] *vt* **-1.** [justifier] entschuldbar machen. **-2.** [pardonner] entschuldigen; **excusez-moi** entschuldigen Sie, Entschuldigung; **se faire ~** *fig* sich entschuldigen lassen.

◆ **s'excuser** *vp*: **s'~ (de qqch)** sich (für etw) entschuldigen.

exécrable [ɛgzekrabl] *adj* **-1.** [temps, humeur] scheußlich. **-2.** [crime] abscheulich.

exécrer [18] [ɛgzekre] *vt* verabscheuen.

exécutant, e [ɛgzekytɑ̃, ɑ̃t] *nm, f* Ausführende *der, die.*

exécuter [3] [ɛgzekyte] *vt* **-1.** [réaliser] aus|führen. **-2.** MUS vor|tragen. **-3.** [mettre à mort] hin|richten.

◆ **s'exécuter** *vp* sich fügen.

exécuteur, trice [ɛgzekytœr, tris] *nm, f*: **~ testamentaire** Testamentsvollstrecker *der,* -in *die.*

exécutif, ive [ɛgzekytif, iv] *adj* vollziehend, Exekutiv-.

◆ **exécutif** *nm* Exekutive *die.*

exécution [ɛgzekysjɔ̃] *nf* **-1.** [réalisation] Ausführung *die;* **mettre à ~** aus|führen. **-2.** MUS Vortrag *der.* **-3.** [mise à mort] Hinrichtung *die.*

exécutoire [ɛgzekytwar] ◇ *adj* vollstreckbar. ◇ *nm* Vollstreckungsbefehl *der.*

exégèse [ɛgzeʒɛz] *nf* Exegese *die.*

exemplaire [ɛgzɑ̃plɛr] ◇ *adj* beispielhaft. ◇ *nm* Exemplar *das.*

exemple [ɛgzɑ̃pl] *nm* **-1.** [modèle] Beispiel *das;* **citer qqn en ~** jn als Vorbild nennen; **montrer l'~** mit gutem Beispiel voran|gehen; **prendre ~ sur qqn** sich an jm ein Beispiel nehmen; **à l'~ de qqn** nach js Vorbild; **par ~** zum Beispiel. **-2.** [mise en garde] Exempel *das;* **faire un ~** ein Exempel statuieren. **-3.** *loc*: **ça, par ~!** na sowas!

exempt, e [ɛgzɑ̃, ɑ̃t] *adj*: **~ de qqch** [dispensé de] von etw befreit; [à l'abri de] einer Sache *(G)* entledigt; **~ de taxes** abgabenfrei.

exempté, e [ɛgzɑ̃te] *adj*: **être ~ (de qqch)** (von etw) freigestellt sein.

◆ **exempté** *nm vom Wehrdienst freigestellte Person.*

exempter [3] [ɛgzɑ̃te] *vt*: **~ qqn de qqch** jn von etw frei|stellen.

exemption [ɛgzɑ̃psjɔ̃] *nf* Befreiung *die.*

exercer [16] [ɛgzɛrse] *vt* **-1.** [corps, facultés] schulen, trainieren. **-2.** [autorité, métier] aus|üben; **~ la médecine** praktizieren.

◆ **s'exercer** *vp* **-1.** [s'entraîner] üben, trainieren; **s'~ à qqch** sich in etw *(D)* üben; **s'~ à faire qqch** sich darin üben, etw zu tun. **-2.** [influence, fascination] ein|wirken.

exercice [ɛgzɛrsis] *nm* **-1.** [entraînement, travail] Übung *die;* **~s d'assouplissement** Gelenkigkeitsübungen. **-2.** [dépense physique] körperliche Betätigung; **faire de l'~** sich bewegen. **-3.** [pratique] Ausübung *die;* **en ~** amtierend; **dans l'~ de ses fonctions** in Ausübung seines Amtes; **l'~ d'une charge** die Bekleidung eines Amtes. **-4.** COMM Geschäftsjahr *das;* **~ budgétaire** Haushaltsjahr *das;* **~ fiscal** Steuerjahr *das.*

exergue [ɛgzɛrg] *nm* [sur pièce de monnaie] Inschrift *die;* [d'ouvrage] Leitwort *das;* **mettre en ~** heraus|stellen.

exhalaison [ɛgzalɛzɔ̃] *nf* Ausdünstung *die.*

exhaler [3] [ɛgzale] *vt* **-1.** [odeur] aus|strömen. **-2.** *littéraire* [colère]: **~ qqch** einer Sache *(D)* Luft machen. **-3.** [soupir] aus|stoßen.

◆ **s'exhaler** *vp* **-1.** [se répandre] strömen. **-2.** [sortir]: **s'~ de qqch** *sout* aus etw dringen.

exhaustif, ive [ɛgzostif, iv] *adj* erschöpfend.

exhiber [3] [ɛgzibe] *vt* **-1.** [présenter] vor|zeigen. **-2.** [faire étalage de] zur Schau tragen.

◆ **s'exhiber** *vp* sich zur Schau stellen.

exhibitionniste [ɛgzibisjɔnist] *nmf* Exhibitionist *der,* -in *die.*

exhortation [ɛgzɔrtasjɔ̃] *nf* Ermahnung *die;* **~ à qqch** Ermahnung zu etw; **~ à faire qqch** Ermahnung, etw zu tun.

exhorter [3] [ɛgzɔrte] *vt*: **~ qqn à qqch** jn zu etw ermahnen; **~ qqn à faire qqch** jn ermahnen, etw zu tun.

exhumer [3] [ɛgzyme] *vt* aus|graben.

exigeant, e [ɛgziʒɑ̃, ɑ̃t] *adj* anspruchsvoll.

exigence [ɛgziʒɑ̃s] *nf* **-1.** [caractère] anspruchsvolle Art. **-2.** [demande] Anspruch *der.*

exiger [17] [ɛgziʒe] *vt* verlangen; **~ que** *(+ subjonctif)* verlangen, daß; **~ qqch de qqn** etw von jm verlangen.

exigible [ɛgziʒibl] *adj* fällig.

exigu, ë [ɛgzigy] *adj* äußerst beschränkt.

exiguïté [ɛgzigɥite] *nf* Enge *die.*

exil [ɛgzil] *nm* Exil *das;* **en ~** im Exil.

exilé, e [ɛgzile] *nm, f* Emigrant *der,* -in *die.*

exiler [3] [ɛgzile] *vt* ins Exil schicken, verbannen.

◆ **s'exiler** *vp* **-1.** POLIT ins Exil gehen. **-2.** *fig* [partir] sich ab|setzen.

existence [ɛgzistɑ̃s] *nf* **-1.** [fait d'être] Sein *das.* **-2.** [présence] Vorhandensein *das.* **-3.** [façon de vivre] Existenz *die.* **-4.** [durée de vie] Bestehen *das.*

existentialisme [ɛgzistɑ̃sjalism] *nm* Existentialismus *der.*

existentiel, elle [ɛgzistɑ̃sjɛl] *adj* existentiell.

exister [3] [ɛgziste] ◇ *vi* **-1.** [personne] leben. **-2.** [chose] bestehen. ◇ *v impers*: **il existe ...** es gibt ...

exode [ɛgzɔd] *nm* Auszug *der;* **~ rural** Landflucht *die.*

exonération [ɛgzɔnerasjɔ̃] *nf* Befreiung *die;* **~ de qqch** Befreiung von etw; **~ d'impôts** Steuerbefreiung.

exonérer [18] [ɛgzɔnere] *vt*: **~ qqn de qqch** jn von etw befreien.

exorbitant, e [ɛgzɔrbitɑ̃, ɑ̃t] *adj* horrend.

exorbité [ɛgzɔrbite] → **œil.**

exorciser [3] [ɛgzɔrsize] *vt* exorzisieren.

exorde [ɛgzɔrd] *nm* Exordium *das.*

exotique [ɛgzɔtik] *adj* exotisch.

exotisme [ɛgzɔtism] *nm* [caractère étranger] Exotik *die.*

expansé, e [ɛkspɑ̃se] *adj* geschäumt.

expansif, ive [ɛkspɑ̃sif, iv] *adj* mitteilsam.

expansion [ɛkspɑ̃sjɔ̃] *nf* Expansion *die;* **~ démographique** Bevölkerungswachstum *das.*

expansionniste [ɛkspɑ̃sjɔnist] ◇ *adj* expansionistisch. ◇ *nmf Verfechter der Expansionspolitik.*

expatrié, e [ɛkspatrije] ◇ *adj* [personne] ausgewandert; [capital] ins Ausland überführt. ◇ *nm, f* Auswanderer *der,* -derin *die.*

expatrier [10] [ɛkspatrije] *vt* ins Ausland überführen.

◆ **s'expatrier** *vp* aus|wandern.

expectative [ɛkspɛktativ] *nf*: **être dans l'~ de qqch** etw ab|warten.

expectorant, e [ɛkspɛktɔrɑ̃, ɑ̃t] *adj* schleimlösend.

◆ **expectorant** *nm* schleimlösendes Hustenmittel.

expédient [ɛkspedjɑ̃] *nm* Behelf *der;* **vivre d'~s** mehr schlecht als recht leben.

expédier [9] [ɛkspedje] *vt* **-1.** [paquet, lettre] versenden. **-2.** [personne] ab|fertigen. **-3.** [travail] schludrig machen OU erledigen.

expéditeur, trice [ɛkspeditœr, tris] ◇ *adj* Versand-. ◇ *nm, f* Absender *der,* -in *die.*

expéditif, ive [ɛkspeditif, iv] *adj* **-1.** [personne] flink. **-2.** [méthode, solution] rasch wirksam; [justice] beschleunigt.

expédition [ɛkspedisjɔ̃] *nf* **-1.** [envoi] Versand *der.* **-2.** [voyage, campagne militaire] Expedition *die.*

expéditionnaire [ɛkspedisjɔnɛr] → **corps.**

expérience [ɛksperjɑ̃s] *nf* **-1.** [pratique] Erfahrung *die;* **avoir de l'~** Erfahrung haben. **-2.** [essai] Experiment *das,* Versuch *der;* **faire l'~ de qqch** etw mit|machen OU erleben; **tenter l'~** es auf einen Versuch ankommen lassen.

expérimental, e, aux [ɛksperimɑ̃tal, o] *adj* Versuchs-; **physique ~e** Experimentalphysik *die.*

expérimentation [ɛksperimɑ̃tasjɔ̃] *nf* Experiment *das.*

expérimenté, e [ɛksperimɑ̃te] *adj* erfahren.

expérimenter [3] [ɛksperimɑ̃te] *vt* aus|probieren.

expert, e [ɛkspɛr, ɛrt] *adj* Kenner-; **être ~ en la matière** Fachmann auf diesem Gebiet sein.

◆ **expert** *nm* Sachverständige *der, die;* **~ financier** Finanzfachmann *der.*

expert-comptable [ɛkspɛrkɔ̃tabl] (*pl* **experts-comptables**) *nm* Rechnungsprüfer *der,* -in *die.*

expertise [ɛkspɛrtiz] *nf* Gutachten *das.*

expertiser [3] [ɛkspɛrtize] *vt*: **~ qqch** ein Gutachten über etw *(A)* erstellen.

expiation [ɛkspjasjɔ̃] *nf* Buße *die.*

expier [9] [ɛkspje] *vt* (ab|)büßen.

expiration [ɛkspirasjɔ̃] *nf* **-1.** [d'air] Ausatmen *das.* **-2.** [de délai] Ablaufen *das.*

expirer [3] [ɛkspire] ◇ *vt* aus|atmen. ◇ *vi* **-1.** [mourir] entschlafen. **-2.** *fig* [délai] ab|laufen; [carte] verfallen.

explicable [ɛksplikabl] *adj* erklärbar.

explicatif, ive [ɛksplikatif, iv] *adj* erläuternd.

explication [ɛksplikasjɔ̃] *nf* **-1.** [justification] Erklärung *die;* **demander des ~s à qqn** jn zur Rede stellen. **-2.** [interprétation] Erläuterung *die;* **~ de texte** Texterläuterung.

explicite [ɛksplisit] *adj* unmißverständlich, deutlich.

explicitement [ɛksplisitmɑ̃] *adv* ausdrücklich.

expliciter [3] [ɛksplisite] *vt* unmißverständlich formulieren.

expliquer [3] [ɛksplike] *vt* **-1.** [justifier] erklären. **-2.** [problème, projet, texte] erläutern.

◆ **s'expliquer** *vp* **-1.** [exprimer sa pensée] seine Gedanken näher erläutern. **-2.** [comprendre]: **~ qqch** sich *(D)* etw erklären. **-3.** [mystère] klar werden. **-4.** [avoir une discussion]: **s'~ avec qqn** sich mit jm aus|sprechen. **-5.** [se justifier] sich rechtfertigen.

exploit [ɛksplwa] *nm* (Glanz)leistung *die.*

exploitable [ɛksplwatabl] *adj* **-1.** [gisement, terrain] erschließbar. **-2.** [renseignement, donnée] auswertbar.

exploitant, e [ɛksplwatɑ̃, ɑ̃t] *nm, f*: **~ agricole** Landwirt *der*, -in *die*; **~ d'un fonds de commerce** Geschäftsinhaber *der*, -in *die*; **~ de salle de cinéma** Kinobesitzer *der*, -in *die*.

exploitation [ɛksplwatasjɔ̃] *nf* **-1.** [mise en valeur] Betreiben *das*; [de ressources] Erschließung *die*; **~ minière** Bergwerk *das*. **-2.** [affaire] Betrieb *der*; **~ agricole** landwirtschaftlicher Betrieb. **-3.** [de personne] Ausbeutung *die*.

exploiter [3] [ɛksplwate] *vt* **-1.** [entreprise] betreiben; [ressources] erschließen. **-2.** [situation] nutzen. **-3.** [personne] ausǀnutzen; [financièrement] ausǀbeuten.

exploiteur, euse [ɛksplwatœr, øz] *nm, f* Ausbeuter *der*, -in *die*.

explorateur, trice [ɛksplɔratœr, tris] *nm, f* Forschungsreisende *der, die*.

exploration [ɛksplɔrasjɔ̃] *nf* **-1.** [découverte] Erforschung *die*. **-2.** [voyage] Forschungsreise *die*. **-3.** MÉD Untersuchung *die*.

exploratoire [ɛksplɔratwar] *adj* erforschend.

explorer [3] [ɛksplɔre] *vt* **-1.** [parcourir] erforschen. **-2.** [examiner] untersuchen.

exploser [3] [ɛksploze] *vi* **-1.** [bombe, personne] explodieren. **-2.** [sentiment] ausǀbrechen.

explosif, ive [ɛksplozif, iv] *adj* **-1.** [matière] explosiv. **-2.** [situation] (spannungs)geladen.

◆ **explosif** *nm* Sprengstoff *der*.

explosion [ɛksplozjɔ̃] *nf* **-1.** [de bombe] Explosion *die*. **-2.** [manifestation] Ausbruch *der*; **~ de colère** Zornesausbruch; **~ de joie** Freudenausbruch.

exponentiel, elle [ɛkspɔnɑ̃sjɛl] *adj* MATHS Exponential-, exponentiell.

exportateur, trice [ɛkspɔrtatœr, tris] ◇ *adj* Ausfuhr-. ◇ *nm, f* [pays] Ausfuhrland *das*; [entreprise] Exportunternehmen *das*.

exportation [ɛkspɔrtasjɔ̃] *nf* **-1.** COMM Export *der*. **-2.** [produits] Ausfuhr *die*.

exporter [3] [ɛkspɔrte] *vt* exportieren.

exposant, e [ɛkspozɑ̃, ɑ̃t] *nm, f* Aussteller *der*, -in *die*.

◆ **exposant** *nm* MATHS Hochzahl *die*, Exponent *der*.

exposé, e [ɛkspoze] *adj* **-1.** [orienté] gelegen; **~ au nord** nach Norden liegend; **bien ~** auf der Sonnenseite gelegen. **-2.** [dangereux] exponiert.

◆ **exposé** *nm* **-1.** [compte-rendu] Darstellung *die*, Bericht *der*. **-2.** SCOL Referat *das*.

exposer [3] [ɛkspoze] *vt* **-1.** [présenter] ausǀstellen. **-2.** [disposer, placer] ausǀsetzen; **~ son corps au soleil** seinen Körper der Sonne ausǀsetzen. **-3.** [expliquer] darǀstellen. **-4.** [mettre en danger] gefährden.

◆ **s'exposer** *vp*: **s'~ à qqch** sich einer Sache *(D)* ausǀsetzen; **s'~ au soleil** sich sonnen; **s'~ à recevoir des critiques** Gefahr laufen, kritisiert zu werden.

exposition [ɛkspozisjɔ̃] *nf* **-1.** [d'art] Ausstellung *die*. **-2.** [orientation] Lage *die*. **-3.** [récit, explication] Darstellung *die*.

exposition-vente [ɛkspozisjɔ̃vɑ̃t] (*pl* **expositions-ventes**) *nf* Verkaufsausstellung *die*.

exprès[1], esse [ɛksprɛs] *adj* [formel, absolu] ausdrücklich.

◆ **exprès** *adj inv* [urgent] Eil-; **en ~** per Eilsendung.

exprès[2] [ɛksprɛ] *adv* extra; **faire ~ de faire qqch** etw absichtlich tun.

express [ɛksprɛs] ◇ *adj inv*: **train ~** D-Zug *der*; **voie ~** Schnellstraße *die*. ◇ *nm inv* **-1.** [train] D-Zug *der*. **-2.** [café] Espresso *der*.

expressément [ɛksprɛsemɑ̃] *adv* ausdrücklich.

expressif, ive [ɛkspresif, iv] *adj* ausdrucksvoll.

expression [ɛksprɛsjɔ̃] *nf* Ausdruck *der*; **liberté d'~** Redefreiheit *die*; **~ idiomatique** Redewendung *die*; **réduire qqch à sa plus simple ~** etw auf das absolute Mindestmaß reduzieren; **selon l'~ consacrée** wie man sagt.

expressionnisme [ɛksprɛsjɔnism] *nm* Expressionismus *der*.

expressivité [ɛkspresivite] *nf* Ausdruckskraft *die*.

exprimable [ɛksprimabl] *adj* ausdrückbar.

exprimer [3] [ɛksprime] *vt* ausǀdrücken; **~ qqch par qqch** etw durch etw zum Ausdruck bringen.

◆ **s'exprimer** *vp* sich ausǀdrücken.

expropriation [ɛksprɔprijasjɔ̃] *nf* Enteignung *die*.

exproprier [10] [ɛksprɔprije] *vt* enteignen.

expulser [3] [ɛkspylse] *vt* **-1.** [renvoyer] hinausǀwerfen; **~ qqn du lycée** jn vom Gymnasium verweisen; **~ qqn du pays** jn des Landes verweisen OU aus dem Land ausǀweisen. **-2.** [du corps] ausǀscheiden.

expulsion [ɛkspylsjɔ̃] *nf* **-1.** [renvoi] Verweisung *die*; [d'étranger] Ausweisung *die*. **-2.** [évacuation] Räumung *die*.

expurger [17] [ɛkspyrʒe] *vt*: **~ un texte** einen Text von anstößigen Passagen bereinigen.

exquis, e [ɛkski, iz] *adj sout* **-1.** [nourriture] ausgezeichnet. **-2.** [personne] wunderbar. **-3.** [journée] herrlich.

exsangue [ɛksɑ̃g] *adj* blutleer.

extase [ɛkstaz] *nf* Ekstase *die*; **tomber en ~ devant qqn/qqch** vor jm/etw in Begeisterung ausǀbrechen.

extasier [9] [ɛkstazje]
◆ **s'extasier** *vp* in Verzückung geraten; **s'~ devant qqn/qqch** von jm/etw hell begeistert sein.
extatique [ɛkstatik] *adj* ekstatisch.
extenseur [ɛkstɑ̃sœr] ◇ *adj m* Streck-; **muscle ~** Strecker *der*. ◇ *nm* SPORT Expander *der*.
extensible [ɛkstɑ̃sibl] *adj* dehnbar.
extensif, ive [ɛkstɑ̃sif, iv] *adj* extensiv.
extension [ɛkstɑ̃sjɔ̃] *nf* **-1.** [étirement] Strecken *das*. **-2.** [développement, élargissement] Ausweitung *die*; **par ~** im weiteren Sinn; **~ de nom de fichier** INFORM Dateinamenergänzung *die*.
exténuant, e [ɛkstenɥɑ̃, ɑ̃t] *adj* aufreibend, erschöpfend.
exténuer [7] [ɛkstenɥe] *vt* erschöpfen.
extérieur, e [ɛksterjœr] *adj* **-1.** [gén] Außen-. **-2.** [apparent] äußerlich.
◆ **extérieur** *nm* **-1.** [de maison] Außenseite *die*; [d'objet] Äußere *das*; **à l'~ de qqch** außerhalb von etw. **-2.** [pays étrangers]: **l'~** das Ausland.
extérieurement [ɛksterjœrmɑ̃] *adv* **-1.** [à l'extérieur] äußerlich. **-2.** [en apparence] nach außen hin.
extérioriser [3] [ɛksterjɔrize] *vt* äußern.
◆ **s'extérioriser** *vp* sich aus|sprechen.
extermination [ɛksterminasjɔ̃] *nf* Ausrottung *die*, Vernichtung *die*.
exterminer [3] [ɛkstermine] *vt* aus|rotten, vernichten.
externat [ɛksterna] *nm* **-1.** [lycée] Externat *das*. **-2.** [en médecine] Arztpraktikum *das*.
externe [ɛkstern] ◇ *adj* extern; **~ à qqch** eine Sache nicht betreffend. ◇ *nmf* **-1.** [élève] Externe *der, die*. **-2.** [étudiant en médecine] ärztlicher Praktikant.
extincteur [ɛkstɛ̃ktœr] *nm* Feuerlöscher *der*.
extinction [ɛkstɛ̃ksjɔ̃] *nf* **-1.** [de flammes] Löschen *das*; **~ des feux** Zapfenstreich *der*. **-2.** [disparition]: **être en voie d'~** vom Aussterben bedroht sein; **~ de voix** Stimmlosigkeit *die*.
extirper [3] [ɛkstirpe] *vt* **-1.** [arracher]: **~ qqch (de qqch)** etw (aus etw) aus|rupfen. **-2.** [erreur, préjugé] aus|merzen. **-3.** [obtenir]: **~ qqch de qqn** jm etw entlocken. **-4.** [sortir]: **~ qqn/qqch de qqch** jn/etw aus etw heraus|ziehen.
◆ **s'extirper** *vp*: **s'~ de qqch** sich mühsam aus etw befreien.
extorquer [3] [ɛkstɔrke] *vt*: **~ qqch à qqn** [aveu] etw von jm erzwingen; [argent] etw von jm erpressen.
extorsion [ɛkstɔrsjɔ̃] *nf* Erpressung *die*; **~ de fonds** Erpressung (von Geld).
extra [ɛkstra] ◇ *adj inv* **-1.** [de qualité] eins a, 1 a. **-2.** *fam* [génial] spitze. ◇ *nm* **-1.** [employé] Aushilfskraft *die*. **-2.** [chose inhabituelle] Besondere *das*; **faire des ~s** einer Nebenbetätigung nach|gehen.
extraction [ɛkstraksjɔ̃] *nf* **-1.** [de dent] Ziehen *das*. **-2.** [de minerai] Förderung *die*, Gewinnung *die*. **-3.** *sout* [origine sociale] Herkunft *die*.
extrader [3] [ɛkstrade] *vt* aus|liefern.
extradition [ɛkstradisjɔ̃] *nf* Auslieferung *die*.
extraire [112] [ɛkstrɛr] *vt* **-1.** [retirer]: **~ qqch (de qqch)** etw (aus etw) heraus|ziehen. **-2.** [dent] ziehen. **-3.** [passage de texte] entnehmen. **-4.** [minerai] ab|bauen.
extrait [ɛkstrɛ] *nm* Auszug *der*; **~ de café** Kaffee-Extrakt *der*; **~ de casier judiciaire** Strafregisterauszug; **~ de mariage** Heiratsurkunde *die*; **~ de naissance** Geburtsschein *der*.
extralucide [ɛkstralysid] → **voyante**.
extraordinaire [ɛkstraɔrdinɛr] *adj* **-1.** [étonnant, exceptionnel] außergewöhnlich. **-2.** [inhabituel, étrange] ungewöhnlich.
extraplat, e [ɛkstrapla, at] *adj* extrem flach.
extrapoler [3] [ɛkstrapɔle] ◇ *vt*: **~ qqch (à partir de qqch)** etw (aus etw) folgern. ◇ *vi* verallgemeinern.
extraterrestre [ɛkstraterɛstr] ◇ *adj* außerirdisch. ◇ *nmf* außerirdisches Wesen.
extra-utérine [ɛkstrayterin] → **grossesse**.
extravagance [ɛkstravagɑ̃s] *nf* Überspanntheit *die*.
extravagant, e [ɛkstravagɑ̃, ɑ̃t] *adj* **-1.** [incroyable, fou] ausgefallen. **-2.** [excessif] überzogen, überspannt.
extraverti, e [ɛkstraverti] ◇ *adj* extravertiert. ◇ *nm, f* extravertierter Mensch.
extrême [ɛkstrɛm] ◇ *adj* **-1.** [très grand] größte,-r,-s. **-2.** [le plus loin] äußerste,-r,-s. **-3.** [radical, excessif] extrem. ◇ *nm* Extrem *das*; **d'un ~ à l'autre** von einem Extrem ins andere.
extrêmement [ɛkstrɛmmɑ̃] *adv* extrem.
extrême-onction [ɛkstrɛmɔ̃ksjɔ̃] (*pl* **extrêmes-onctions**) *nf* Letzte Ölung.
Extrême-Orient [ɛkstrɛmɔrjɑ̃] *nm*: **l'~** der Ferne Osten.
extrémiste [ɛkstremist] ◇ *adj* extremistisch. ◇ *nmf* Extremist *der*, -in *die*.
extrémité [ɛkstremite] *nf* **-1.** [bout] Ende *das*. **-2.** [situation critique] Zwangslage *die*; **il est à la dernière ~** er liegt in den letzten Zügen.
exubérant, e [ɛgzyberɑ̃, ɑ̃t] *adj* **-1.** [personne] überschwenglich. **-2.** [végétation] üppig.
exulter [3] [ɛgzylte] *vi* frohlocken.
exutoire [ɛgzytwar] *nm* Blitzableiter *der fig*.
ex-voto [ɛksvɔto] *nm inv* Exvoto *das*.
eye-liner [ajlajnœr] (*pl* **eye-liners**) *nm* Eyeliner *der*.

F

f, F [ɛf] *nm inv* **-1.** [lettre] f *das*, F *das*. **-2.** [appartement]: **un F3** eine Dreizimmerwohnung.

◆ **F -1.** (*abr de* **femme**) Fr. **-2.** (*abr de* **féminin**) w., f. **-3.** (*abr de* **Fahrenheit**) F. **-4.** (*abr de* **franc**) F, FF, fr.

fa [fa] *nm inv* MUS f *das*, F *das*.

FAB (*abr de* **franco à bord**) f.a.B., job, f.o.b.

fable [fabl] *nf* Fabel *die*.

fabricant, e [fabrikɑ̃, ɑ̃t] *nm, f* Hersteller *der*, -in *die*.

fabrication [fabrikasjɔ̃] *nf* Herstellung *die*; **~ artisanale** handwerkliche Fertigung.

fabrique [fabrik] *nf* [usine] Fabrik *die*.

fabriquer [3] [fabrike] *vt* **-1.** [confectionner] her|stellen; **fabriqué en France** in Frankreich hergestellt. **-2.** *fam* [faire] machen. **-3.** [inventer] zusammen|basteln.

fabulation [fabylasjɔ̃] *nf* freie Erfindung.

fabuleusement [fabyløzmɑ̃] *adv* sagenhaft.

fabuleux, euse [fabylø, øz] *adj* **-1.** [énorme] sagenhaft. **-2.** [légendaire] Fabel-.

fac [fak] (*abr de* **faculté**) *nf fam* ≃ Uni *die*.

façade [fasad] *nf* Fassade *die*.

face [fas] *nf* **-1.** [visage] (An)gesicht *das*; **être ~ à ~** sich gegenüber|stehen; **~ à qqch** angesichts einer Sache *(G)*. **-2.** [côté, aspect] Seite *die*. **-3.** *loc*: **faire ~ à qqch** [être situé du côté de] gegenüber von etw liegen; [affronter] sich einer Sache *(D)* stellen; **regarder qqch en ~** einer Sache *(D)* ins Auge sehen; **perdre la ~** das Gesicht verlieren; **sauver la ~** das Gesicht wahren.

◆ **de face** *loc adj* von vorne.

◆ **d'en face** *loc adj* von gegenüber.

◆ **en face de** *loc prép*: **en ~ de qqn/qqch** jm/ einer Sache gegenüber.

face-à-face [fasafas] *nm inv* [entretien] Duell *das*.

facétie [fasesi] *nf* Spaß *der*.

facétieux, euse [fasesjø, øz] ◇ *adj* spaßig. ◇ *nm, f* Spaßmacher *der*.

facette [fasɛt] *nf* **-1.** [de diamant] Facette *die*. **-2.** [de problème] Seite *die*.

fâché, e [faʃe] *adj* **-1.** [contrarié] verärgert. **-2.** [brouillé] verkracht.

fâcher [3] [faʃe] *vt* (ver)ärgern.

◆ **se fâcher** *vp* **-1.** [se mettre en colère]: **se ~ (contre qqn)** (über jn) verärgert sein, sich (über jn) ärgern OU auf|regen. **-2.** [se brouiller] verkracht sein; **se ~ avec qqn** sich mit jm verkrachen.

fâcherie [faʃri] *nf* Krach *der*.

fâcheusement [faʃøzmɑ̃] *adv* unangenehm.

fâcheux, euse [faʃø, øz] ◇ *adj* ärgerlich. ◇ *nm, f littéraire* Störenfried *der*.

facho [faʃo] *fam* ◇ *adj* faschistisch. ◇ *nmf* Faschist *der*, -in *die*.

facial, e, aux [fasjal, o] *adj* Gesichts-.

faciès [fasjɛs] *nm péj* Visage *die*.

facile [fasil] *adj* **-1.** [aisé] leicht; **c'est ~ à dire** das ist leicht gesagt. **-2.** [ironie, plaisanterie] billig. **-3.** [conciliant] umgänglich; **~ à vivre** umgänglich.

facilement [fasilmɑ̃] *adv* **-1.** [avec facilité] leicht. **-2.** [pour le moins] gut und gerne.

faciliter [3] [fasilite] *vt* erleichtern.

façon [fasɔ̃] *nf* **-1.** [manière] Art *die*. **-2.** [imitation]: **~ cachemire** Kaschmirimitation *die*. **-3.** [travail] Verarbeitung *die*.

◆ **façons** *nfpl* [comportement] Manieren *Pl*; **faire des ~s** sich zieren.

◆ **de façon à** *loc prép*: **de ~ à faire qqch** um etw zu tun.

◆ **de façon (à ce) que** *loc conj (+ subjonctif)* damit; **de ~ (à ce) qu'ils viennent** damit sie kommen.

◆ **de toute façon** *loc adv* sowieso; **de toute ~, je ne vous écouterai pas** ich höre sowieso nicht auf Sie.

◆ **sans façon** ◇ *loc adj* ungezwungen. ◇ *loc adv* wirklich nicht.

façonner [3] [fasɔne] *vt* **-1.** [travailler] bearbeiten. **-2.** [fabriquer] an|fertigen. **-3.** [personne] prägen.

fac-similé [faksimile] (*pl* **fac-similés**) *nm* Faksimile *das*.

facteur, trice [faktœr, tris] *nm, f* Briefträger *der*, -in *die*.

◆ **facteur** *nm* [élément] Faktor *der*; **le ~ chance** das Glück; **le ~ temps** der Zeitfaktor; **~ rhésus** MÉD Rhesusfaktor.

factice [faktis] *adj* **-1.** [faux] unecht. **-2.** [affecté] vorgetäuscht.

faction [faksjɔ̃] *nf* **-1.** [groupe] Fraktion *die*. **-2.** MIL Wache *die*; **être en** OU **de ~** Wachdienst haben.

factotum [faktɔtɔm] *nm* Faktotum *das*, dienstbarer Geist.

factrice → **facteur**.

factuel, elle [faktɥɛl] *adj* sachlich.

facturation [faktyrasjɔ̃] *nf* Fakturierung *die*.

facture [faktyr] *nf* [note] Rechnung *die*; **régler/payer une ~** eine Rechnung begleichen/zahlen.

facturer [3] [faktyre] *vt* in Rechnung stellen, fakturieren; **je vous facture cet article (à) 90 francs** ich berechne Ihnen 90 Franc für diesen Artikel.

facultatif, ive [fakyltatif, iv] *adj* **-1.** [devoir, exercice] freiwillig, fakultativ. **-2.** [présence] nicht obligatorisch; **arrêt ~** Bedarfshaltestelle *die*.

facultativement [fakyltativmɑ̃] *adv* freiwillig.

faculté [fakylte] *nf* **-1.** UNIV Universität *die*; [département] Fakultät *die*; **~ de lettres/de droit/de médecine** philologische/juristische/medizinische Fakultät. **-2.** [permission] Möglichkeit *die*. **-3.** [droit] Recht *das*. **-4.** [pouvoir, aptitude] Fähigkeit *die*; **~ de concentration** Konzentrationsfähigkeit.

fada [fada] *fam* ◇ *adj* verrückt. ◇ *nm* Spinner *der*, -in *die*.

fadaises [fadɛz] *nfpl* dummes Zeug *(sans pl)*.

fade [fad] *adj* fade.

fagot [fago] *nm* Reisigbündel *das*; **de derrière les ~s** *fam fig* für besondere Anlässe.

fagoté, e [fagɔte] *adj* (schlecht) angezogen.

fagoter [3] [fagɔte] *vt* (geschmacklos) an|ziehen.

◆ **se fagoter** *vp* sich (geschmacklos) an|ziehen.

Fahrenheit [farɛnajt] *n inv*: **degré ~** Grad Fahrenheit *der*; **cent degrés ~** hundert Grad Fahrenheit.

faible [fɛbl] ◇ *adj* **-1.** [gén] schwach. **-2.** [petit] gering; **en ~ quantité** in geringer Menge. ◇ *nm* Vorliebe *die*; **avoir un ~ pour qqn/qqch** eine Schwäche für jn/etw haben.

◆ **faible d'esprit** *nmf* Schwachsinnige *der, die*.

faiblement [fɛbləmɑ̃] *adv* **-1.** [peu] schwach. **-2.** [mollement] halbherzig.

faiblesse [fɛblɛs] *nf* **-1.** [gén] Schwäche *die*. **-2.** [petitesse] Geringfügigkeit *die*.

faiblir [32] [feblir] *vi* **-1.** [personne] schwächer werden. **-2.** [force, espoir] nach|lassen. **-3.** [baisser] nach|geben.

faïence [fajɑ̃s] *nf* Steingut *das*.

faignant, e = **feignant**.

faille[1] [faj] → **falloir**.

faille[2] [faj] *nf* **-1.** GÉOL Spalte *die*. **-2.** [défaut] schwache Stelle.

faillible [fajibl] *adj* nicht gegen Fehler gefeit.

faillir [46] [fajir] *vi* **-1.** *sout* [manquer]: **~ à qqch** etw verletzen; **~ à une promesse** sein Wort brechen. **-2.** [être sur le point de]: **avoir failli faire qqch** beinah etw getan haben; **j'ai failli tomber** ich wäre beinahe gefallen.

faillite [fajit] *nf* **-1.** FIN Konkurs *der*; **être en ~** in Konkurs geraten sein; **faire ~** Konkurs machen. **-2.** [échec] Scheitern *das*, Versagen *das*.

faim [fɛ̃] *nf* **-1.** [besoin de manger] Hunger *der*; **avoir ~** Hunger haben; **mourir de ~** verhungern; *fig* einen Riesenhunger haben; **ne pas manger à sa ~** sich nicht satt essen können; **rester sur sa ~** [avoir encore faim] nicht richtig satt sein; *fig* [être déçu] mehr erwartet haben. **-2.** [désir] Verlangen *das*; **avoir ~ de qqch** nach etw dürsten; **avoir une ~ de loup** einen Bärenhunger haben.

fainéant, e [feneɑ̃, ɑ̃t] ◇ *adj* faul. ◇ *nm, f* Faulenzer *der*, - in *die*.

fainéanter [3] [feneɑ̃te] *vi* faulenzen.

fainéantise [feneɑ̃tiz] *nf* Faulheit *die*.

faire [109] [fɛr] ◇ *vt* **-1.** [préparer, procurer, s'occuper à] machen; **~ qqch de qqch** etw aus etw machen; **~ qqch de qqn** *fig* etw aus jm machen; **~ un gâteau** einen Kuchen backen; **~ du thé** Tee kochen; **~ à manger** das Essen vorbereiten; **~ le ménage** putzen, die Hausarbeit erledigen; **~ la cuisine** kochen; **~ la vaisselle** ab|waschen; **tu ne peux pas lui ~ ça** das kannst du ihm nicht antun; **ça m'a fait quelque chose** das hat mich ganz schön mitgenommen; **ça ne fait rien** das macht nichts. **-2.** [entreprendre] tun; **ne ~ que ~ qqch** etw die ganze Zeit tun; **je ne sais pas quoi ~** ich weiß nicht, was ich tun soll; **qu'est-ce que je peux ~ pour vous**? was kann ich für Sie tun? **-3.** [étudier]: **~ de l'allemand** [à l'école] Deutsch lernen; [à l'université] Deutsch studieren; **~ une école d'ingénieurs** eine Ingenieurschule besuchen. **-4.** [SPORT & MUS, tenir le rôle de] spielen; **~ du sport** Sport treiben; **~ de la danse classique** Ballettstunden nehmen; **~ du jogging** joggen. **-5.** [imiter] so tun, als ob; **~ le sourd/le mort** sich taub/tot stellen. **-6.** [calcul, mesure]: **deux fois deux font quatre** zwei mal zwei sind vier; **il fait 1,80 m** er ist 1,80 m groß; **elle fait du 38** sie hat Größe 38. **-7.** [dire]: **tiens, fit-elle** hier bitte, sagte sie. ◇ *vi*: **tu ferais bien de faire qqch** du würdest gut daran tun, etw zu tun; **~ comme chez soi** sich wie zu Hause fühlen; **ça commence à bien ~!** jetzt reicht es langsam!; **~ juste** knapp sein; **~ vite** schnell machen. ◇ *v attr* [avoir l'air] wirken; **~ vieux** alt wirken. ◇ *v substitut* tun; **je lui ai demandé de venir, et c'est ce qu'il a fait** ich habe ihn gebeten zu kommen, und das hat er auch getan. ◇ *v impers* **-1.** [décrit l'atmosphère]: **il fait bon ~ qqch** *sout* es tut gut, etw zu tun; **il fait chaud/froid** es ist warm/kalt; **il fait jour/nuit** es ist hell/dunkel; **il fait 20 degrés** es sind 20 Grad.

-2. [exprime la durée, la distance]: **ça fait six mois que je ne l'ai pas vu** ich habe ihn schon seit sechs Monaten nicht mehr gesehen; **ça fait 30 km qu'on roule sans phares** wir fahren schon seit 30 km ohne Scheinwerfer. ◇ *v aux (+ infinitif)*: **~ ~ qqch à qqn** [obligation] jn dazu bringen, etw zu tun; [aide] jm bei etw behilflich sein; **~ ~ qqch par qqn** etw von jm erledigen lassen; **~ démarrer une voiture** ein Auto anspringen lassen; **~ tomber un livre** ein Buch fallenlassen; **~ manger un enfant** einem Kind zu essen geben; **tu me fais rire** du bringst mich zum Lachen; **ça me fait penser que** mir fällt gerade ein, daß; **fais-moi penser à faire qqch** erinnere mich daran, etw zu tun.
◆ **se faire** *vp* **-1.** [avoir lieu] zustande kommen. **-2.** [être à la mode] aktuell sein; **les jupes courtes ne se font plus cette année** kurze Röcke sind dieses Jahr out. **-3.** [être convenable]: **ça ne se fait pas** das gehört sich nicht; **ça ne se fait pas de ~ qqch** es gehört sich nicht, etw zu tun. **-4.** [devenir]: **se ~** *(+ adjectif)* werden; **il se fait tard** es ist schon spät. **-5.** [s'habituer]: **se ~ à qqch** sich an etw *(A)* gewöhnen. **-6.** *loc*: **comment se fait-il que**? wie kommt es, daß?; **il peut se faire que** es kann vor|kommen, daß.
◆ **s'en faire** *vi*: **s'en ~ (pour qqn/qqch)** sich (um jn/etw) Sorgen machen; **ne t'en fais pas!** mach dir nichts daraus!
faire-part [fɛrpar] *nm inv* Anzeige *die*; **~ de naissance** Geburtsanzeige; **~ de mariage** Heiratsanzeige.
faire-valoir [fɛrvalwar] *nm inv* Hintergrund *der (person)*.
fair-play [fɛrplɛ] *adj inv* fair; **se montrer ~** fair sein.
fais *etc* → **faire**.
faisable [fəzabl] *adj* machbar.
faisais *etc* → **faire**.
faisan, e [fəzɑ̃, an] *nm, f* Fasan *der*; **(poule) ~e** Fasanhenne *die*.
faisandé, e [fəzɑ̃de] *adj*: **être ~** [viande] einen Stich haben.
faisceau, x [fɛso] *nm* **-1.** [rayon] Lichtkegel *der*; **~ lumineux** Lichtbündel *das*. **-2.** [fagot] Bündel *das*.
faiseur, euse [fəzœr, øz] *nm, f* Macher *der*, -in *die*.
faisons [fəzɔ̃] → **faire**.
fait, e [fɛ, fɛt] ◇ *pp* → **faire**. ◇ *adj* **-1.** [fabriqué] hergestellt; **~ pour qqch** [objet] für etw konzipiert sein; *fig* [personne] für etw hervorragend geeignet sein; **~ sur mesure** maßgeschneidert; **il est ~ pour la musique** er ist hoch musikalisch; **je ne suis pas ~ pour la vie en ville** ich bin kein Stadtmensch. **-2.** [physiquement]: **être bien/mal ~** eine gute/schlechte Figur haben. **-3.** [fromage]: **bien ~** reif; **pas assez ~** nicht reif; **trop ~** überreif. **-4.** *loc*: **c'est bien ~!** recht so!; **c'est bien ~ pour toi!** das geschieht dir recht!; **ils sont ~s l'un pour l'autre** sie sind ein Herz und eine Seele; **c'en est ~ de qqn/qqch** es ist um jn/etw geschehen; **vite ~, bien ~** *fam* ruck, zuck.
◆ **fait** *nm* **-1.** [acte]: **le ~ de parler** das Sprechen; **le ~ d'être absent aux cours** das Fehlen im Unterricht; **être au ~ de qqch** über etw *(A)* Bescheid wissen; **prendre qqn sur le ~** jn auf frischer Tat ertappen; **mettre qqn devant le ~ accompli** jn vor vollendete Tatsachen stellen; **être devant le ~ accompli** vor vollendeten Tatsachen stehen; **~s et gestes** Tun und Lassen *das*. **-2.** [événement] Ereignis *das*; **'~ divers'** PRESSE 'Vermischtes'; **un ~ divers** ein zeittypisches Ereignis. **-3.** [réalité] Tatsache *die*; **le ~ est que** es ist eine Tatsache, daß.
◆ **au fait** *loc adv* übrigens.
◆ **en fait** *loc adv* in Wirklichkeit.
◆ **en fait de** *loc prép* anstelle von.
◆ **tout à fait** *loc adv* vollkommen; **tout à ~!** genau!, richtig!
faîte [fɛt] *nm* **-1.** [de toit] Dachfirst *der*. **-2.** [d'arbre] Wipfel *der*. **-3.** *fig* [sommet] Gipfel *der*.
faites [fɛt] → **faire**.
faitout [fɛtu] *nm*, **fait-tout** [fɛtu] *nm inv* Kochtopf *der*.
fakir [fakir] *nm* Fakir *der*.
falaise [falɛz] *nf* Klippe *die*.
falbalas [falbala] *nmpl* (überflüßige) Verzierung.
fallacieux, euse [falasjø, øz] *adj* [promesse] falsch; [argument] trügerisch.
falloir [69] [falwar] *v impers*: **il faut qqch à qqn** jd braucht etw; **il me faut du temps** ich brauche Zeit; **il lui faudra de l'énergie** sie OU er wird Kraft brauchen; **il te faut un peu de repos** du brauchst etwas Ruhe; **il faut que** *(+ subjonctif)*: **il faut que tu partes** du mußt gehen; **il faut qu'il soit très malade** er muß wirklich krank sein; **il faut toujours qu'elle intervienne!** sie muß sich ständig einmischen!; **il faut faire qqch** man muß etw tun, etw muß getan werden; **il faut faire le ménage** die Hausarbeit muß erledigt werden; **il faut les prévenir** man muß ihnen Bescheid sagen; **il faut agir** da muß etwas getan werden; **il faut s'y mettre** man muß sich an die Arbeit machen; **il faut faire attention** darauf muß man achten; **il faut absolument que vous veniez nous voir** Sie müssen uns unbedingt besuchen kommen; **il le faut** es muß sein.
◆ **s'en falloir** *v impers*: **il s'en faut de peu** es fehlt nicht viel; **il s'en faut de 20 cm** es fehlen 20 Zentimeter; **il s'en faut de beaucoup pour**

qu'il ait l'examen er ist weit davon entfernt, seine Prüfung zu bestehen; **peu s'en est fallu qu'il ne démissionne** um ein Haar hätte er gekündigt; **tant s'en faut** weit gefehlt.

fallu [faly] *pp inv* → **falloir**.

fallut [faly] → **falloir**.

falot, e [falo, ɔt] *adj* unscheinbar.

falsification [falsifikasjɔ̃] *nf* Fälschung *die*; ~ **de monnaie** Geldfälschung.

falsifier [9] [falsifje] *vt* **-1.** [document, signature] fälschen. **-2.** [comptes] manipulieren. **-3.** [faits, histoire] verfälschen.

famé, e [fame] *adj*: **mal ~** verrufen.

famélique [famelik] *adj* ausgehungert.

fameusement [famøzmɑ̃] *adv fam* toll.

fameux, euse [famø, øz] *adj* **-1.** [célèbre] berühmt. **-2.** *fam* [superbe] sagenhaft; **pas ~** nicht besonders (gut).

familial, e, aux [familjal, o] *adj* Familien-.

familiariser [3] [familjarize] *vt*: **~ qqn avec qqch** jm etw nahe|bringen.

◆ **se familiariser** *vp*: **se ~ avec qqch** sich an etw *(A)* gewöhnen.

familiarité [familjarite] *nf* **-1.** [intimité] Vertrautheit *die*. **-2.** [désinvolture] Lässigkeit *die*.

◆ **familiarités** *nfpl* Zudringlichkeiten *Pl*; **se permettre des ~s avec qqn** sich bei jm zuviel heraus|nehmen.

familier, ère [familje, ɛr] *adj* **-1.** [habituel] vertraut. **-2.** [désinvolte] frei; **langage ~** Umgangssprache *die*.

famille [famij] *nf* **-1.** [parents proches, groupe] Familie *die*; **~ nombreuse** kinderreiche Familie; **de bonne ~** aus gutem Hause; **un air de ~** eine Familienähnlichkeit; **~ de langues** Sprachfamilie. **-2.** [parents éloignés] Verwandte *Pl*. **-3.** [spirituelle] Richtung *die*.

famine [famin] *nf* Hungersnot *die*; **crier ~** knurren; *fig* sich über seine bescheidenen Mittel beklagen.

fan [fan] *nmf fam* Fan *der*.

fanal, aux [fanal, o] *nm* **-1.** [de phare] Leuchtfeuer *das*. **-2.** [lanterne] Signallaterne *die*.

fanatique [fanatik] ◇ *nmf* **-1.** [passionné] Fan *der*; **un ~ de foot** ein Fußballfan. **-2.** RELIG Fanatiker *der*, -in *die*. ◇ *adj* **-1.** [passionné] begeistert. **-2.** RELIG fanatisch.

fanatiser [3] [fanatize] *vt* **-1.** [exciter] auf|hetzen. **-2.** [endoctriner] fanatisieren.

fanatisme [fanatism] *nm* Fanatismus *der*.

fane [fan] *nf* Kraut *das (sans pl)*.

faner [3] [fane] *vi* **-1.** [se flétrir] verwelken. **-2.** [passer] verbleichen.

◆ **se faner** *vp* **-1.** [fleur] verwelken. **-2.** [beauté, couleur] verbleichen.

fanfare [fɑ̃far] *nf* **-1.** [orchestre] Blaskapelle *die*. **-2.** [musique] Tusch *der*; **en ~** [bruyamment] mit Pauken und Trompeten; [brutalement] unsanft.

fanfaron, onne [fɑ̃farɔ̃, ɔn] *adj* aufschneiderisch, angeberisch.

fanfaronnade [fɑ̃farɔnad] *nf* Großtuerei *die*.

fanfreluche [fɑ̃frəlyʃ] *nf* Firlefanz *der*.

fange [fɑ̃ʒ] *nf sout* Schlamm *der*; **traîner qqn dans la ~** *fig* jn in den Schmutz ziehen.

fanion [fanjɔ̃] *nm* Wimpel *der*.

fantaisie [fɑ̃tezi] *nf* **-1.** [goût] Gutdünken *das*. **-2.** [extravagance] verrückter Einfall. **-3.** [caprice] Laune *die*. **-4.** [imagination] Phantasie *die*. **-5.** *(comme adj inv)*: **bijou ~** Modeschmuck *der (sans pl)*.

fantaisiste [fɑ̃tezist] *adj* **-1.** [affabulateur] unseriös. **-2.** [bizarre] aus der Luft gegriffen; **étudiant ~** Bummelant *der*.

fantasmagorique [fɑ̃tasmagɔrik] *adj* irreal, phantasmagorisch.

fantasme, phantasme [fɑ̃tasm] *nm* Tagtraum *der*, Phantasie *die*.

fantasmer [3] [fɑ̃tasme] *vi* tag|träumen, phantasieren.

fantasque [fɑ̃task] *adj* eigenwillig.

fantassin [fɑ̃tasɛ̃] *nm* MIL Infanterist *der*.

fantastique [fɑ̃tastik] ◇ *adj* **-1.** [surnaturel] Phantasie-, der Phantasie entsprungen; [conte] Wunder-. **-2.** [extraordinaire] phantastisch. **-3.** [formidable] sagenhaft. ◇ *nm*: **le ~** LITTÉRATURE die Fantasy; [surnaturel] das Übernatürliche.

fantoche [fɑ̃tɔʃ] *nm* Marionette *die*; *(comme adj)* Marionetten-.

fantomatique [fɑ̃tɔmatik] *adj* geisterhaft.

fantôme [fɑ̃tom] *nm* **-1.** [gén] Gespenst *das*. **-2.** *(comme adj)* [spectral] Phantom-; [inexistant] Geister-.

FAO *nf* **-1.** (*abr de* **fabrication assistée par ordinateur**) CAM *die*. **-2.** (*abr de* **Food and Agricultural Organisation**) FAO *die*.

faon [fɑ̃] *nm* ZOOL Rehkitz *das*.

FAP (*abr de* **franc d'avarie particulière**) *adj* frei von besonderer Havarie, frei von Teilhavarie.

far [far] *nm*: **~ breton** *Kuchenspezialität aus der Bretagne*.

faramineux, euse [faraminø, øz] *adj fam* **-1.** [prix] horrend. **-2.** [colossal] ungeheuer.

farandole [farɑ̃dɔl] *nf Volkstanz aus der Provence*.

farce [fars] *nf* **-1.** CULIN Füllung *die*. **-2.** [blague] Streich *der*; **faire une ~ à qqn** jm einen Streich spielen; **~s et attrapes** Scherzartikel *Pl*. **-3.** LITTÉRATURE: **la ~** die Farce.

farceur, euse [farsœr, øz] *nm, f* Spaßvogel *der*, Schelm *der*.

farci, e [farsi] *adj* **-1.** CULIN gefüllt. **-2.** *fig* [plein]: **~ de** vollgestopft mit.
farcir [32] [farsir] *vt* **-1.** CULIN füllen. **-2.** *fig* [remplir]: **~ qqch de qqch** etw mit etw spicken.
◆ **se farcir** *vp fam* : **se ~ qqch** [faire] etw aufgehalst bekommen; [manger] etw verschlingen; **il s'est farci tout le travail** die ganze Arbeit ist an ihm hängengeblieben; **se ~ qqn** sich mit jm rumschlagen müssen.
fard [far] *nm* Schminke *die*; **~ à joues** Rouge *das*; **~ à paupières** Lidschatten *der*; **piquer un ~** *fam fig* rot an|laufen.
fardeau, x [fardo] *nm* Last *die*.
farder [3] [farde] *vt* **-1.** [maquiller] schminken. **-2.** *fig* [masquer] kaschieren.
◆ **se farder** *vp* sich schminken.
farfadet [farfadɛ] *nm* Kobold *der*.
farfelu, e [farfəly] *adj* **-1.** [personne] sonderbar. **-2.** [idée, projet] hirnverbrannt.
farfouiller [3] [farfuje] *vi fam* kramen.
farine [farin] *nf* Mehl *das*; **rouler qqn dans la ~** *fig* jn übers Ohr hauen.
farineux, euse [farinø, øz] *adj* **-1.** [aspect] mehlbestäubt. **-2.** [goût] mehlig.
◆ **farineux** *nm* stärkehaltige Pflanze.
farniente [farnjɛnte, farnjɑ̃t] *nm* Nichtstun *das*.
farouche [faruʃ] *adj* **-1.** [enfant, animal] scheu. **-2.** [sentiment, guerrier] wild.
farouchement [faruʃmɑ̃] *adv* [fortement] entschieden.
fart [far(t)] *nm* Skiwachs *das*.
farter [3] [farte] *vt* wachsen.
fascicule [fasikyl] *nm* Heft *das*.
fascinant, e [fasinɑ̃, ɑ̃t] *adj* faszinierend.
fascination [fasinasjɔ̃] *nf* Faszination *die*.
fasciner [3] [fasine] *vt* faszinieren.
fascisant, e [faʃizɑ̃, ɑ̃t] *adj* faschistoid.
fascisme [faʃism] *nm* Faschismus *der*.
fasciste [faʃist] ◇ *nmf* Faschist *der*, -in *die*. ◇ *adj* faschistisch.
fasse *etc* → **faire**.
faste [fast] ◇ *nm* Prunk *der*. ◇ *adj*: **jour ~** Glückstag *der*.
fast-food [fastfud] (*pl* **fast-foods**) *nm* Fast food-Lokal *das*.
fastidieux, euse [fastidjø, øz] *adj* mühselig.
fastueux, euse [fastɥø, øz] *adj* prunkvoll.
fatal, e [fatal] *adj* **-1.** [accident, maladie] tödlich. **-2.** [erreur] fatal, verhängnisvoll. **-3.** [inévitable] unausweichlich.
fatalement [fatalmɑ̃] *adv* zwangsläufig.
fataliste [fatalist] ◇ *adj* fatalistisch. ◇ *nmf* Fatalist *der*, -in *die*.
fatalité [fatalite] *nf* **-1.** [destin] Schicksal *das*. **-2.** [caractère inéluctable] Unabwendbarkeit *die*. **-3.** [coïncidence] Fügung *die*.
fatidique [fatidik] *adj* schicksalhaft.
fatigant, e [fatigɑ̃, ɑ̃t] *adj* anstrengend.
fatiguant [fatigɑ̃] *participe présent* → **fatiguer**.
fatigue [fatig] *nf* Müdigkeit *die*; **tomber** OU **être mort de ~** vor Müdigkeit umfallen, totmüde sein.
fatigué, e [fatige] *adj* **-1.** [personne, visage, trait] müde; **être ~ de qqch** etw leid sein. **-2.** [estomac, foie] überbeansprucht. **-3.** [vêtement] abgetragen.
fatiguer [3] [fatige] ◇ *vt* **-1.** [épuiser] an|strengen. **-2.** [organe] belasten. **-3.** [ennuyer] auf die Nerven gehen. ◇ *vi* **-1.** [personne] müde werden. **-2.** [machine] Anzeichen von Schwäche zeigen.
◆ **se fatiguer** *vp* **-1.** [s'épuiser] sich auf|reiben. **-2.** [s'évertuer]: **se ~ à faire qqch** sich ab|mühen, etw zu tun. **-3.** [se lasser]: **se ~ de qqch** etw leid werden.
fatras [fatra] *nm* **-1.** [de choses] Wust *der*. **-2.** [d'idées] Haufen *der*.
fatuité [fatɥite] *nf* Überheblichkeit *die*.
faubourg [fobur] *nm* Vorstadt *die*.
fauché, e [foʃe] *adj fam* [personne]: **être ~** pleite sein.
faucher [3] [foʃe] *vt* **-1.** [couper] mähen. **-2.** *fam* [voler]: **~ qqch à qqn** jm etw klauen. **-3.** [renverser, abattre] nieder|werfen; **être fauché par une voiture** von einem Auto angefahren werden. **-4.** [sujet: maladie, mort] hinweg|raffen.
faucille [fosij] *nf* Sichel *die*.
faucon [fokɔ̃] *nm* ZOOL Falke *der*.
faudra [fodra] → **falloir**.
faufiler [3] [fofile] *vt* COUTURE heften.
◆ **se faufiler** *vp* **-1.** [entrer] schleichen. **-2.** [se frayer un chemin] hindurch|schlüpfen; **se ~ entre** sich hindurch|schlängeln zwischen.
faune [fon] ◇ *nf* **-1.** [animaux] Fauna *die*. **-2.** *péj* [personnes] (merkwürdige) Typen *Pl*. ◇ *nm* MYTH Faun *der*.
faussaire [fosɛr] *nmf* Fälscher *der*, - in *die*.
fausse → **faux**.
faussement [fosmɑ̃] *adv* **-1.** [à tort] zu Unrecht. **-2.** [prétendument] gespielt. **-3.** [de façon erronée] fälschlicherweise.
fausser [3] [fose] *vt* **-1.** [rendre faux] verfälschen. **-2.** [déformer] verbiegen; [bois] verziehen.
fausset [fosɛ] → **voix**.
fausseté [foste] *nf* **-1.** [hypocrisie] Unaufrichtigkeit *die*. **-2.** [caractère erroné] Falschheit *die*.
faut [fo] → **falloir**.
faute [fot] *nf* **-1.** [erreur, SPORT] Fehler *der*; **faire**

une ~ einen Fehler machen; **~ de calcul** Rechenfehler; **~ de frappe** Tippfehler; **~ de goût** Geschmacklosigkeit *die*; **~ d'inattention** Flüchtigkeitsfehler; **~ d'orthographe** Rechtschreibfehler; **~ professionnelle** Fehler bei der Berufsausübung; [médecine] Kunstfehler. **-2.** [méfait, infraction] Verstoß *der*; **prendre en ~** erwischen. **-3.** [responsabilité] Schuld *die*; **c'est de ma ~** es ist meine Schuld; **par la ~ de qqn** durch js Verschulden; **rejeter la ~ (de qqch) sur qqn** jm die Schuld (an etw *(D)*) geben.
◆ **faute de** *loc prép* mangels; **~ d'argent** aus Geldmangel.
◆ **faute de mieux** *loc adv* in Ermanglung eines Besseren.
◆ **faute de quoi** *loc adv* anderenfalls.
◆ **sans faute** ◇ *loc adj* fehlerfrei. ◇ *loc adv* ganz bestimmt.
fauteuil [fotœj] *nm* **-1.** [siège] Sessel *der*; **~ à bascule** Schaukelstuhl *der*; **~ roulant** Rollstuhl *der*. **-2.** [de théâtre] Platz *der*; **~ d'orchestre** Orchesterplatz. **-3.** [de président] Vorsitz *der*.
fauteur, trice [fotœr, tris] *nm, f*: **~ de troubles** Unruhestifter *der*, -in *die*.
fautif, ive [fotif, iv] ◇ *adj* **-1.** [coupable] schuldig. **-2.** [erroné] fehlerhaft. **-3.** [mémoire] lükkenhaft. ◇ *nm, f* Schuldige *der, die*.
fauve [fov] ◇ *nm* **-1.** [animal] Raubtier *das*. **-2.** [roux] rötliches Hellbraun. **-3.** ART Fauvist *der*, -in *die*. ◇ *adj* **-1.** [roux] rötlich. **-2.** ART fauvistisch.
fauvette [fovɛt] *nf* Grasmücke *die*.
faux[1] [fo] *nf* [outil] Sense *die*.
faux[2], fausse [fo, fos] *adj* **-1.** [gén] falsch. **-2.** [bijou, fourrure] unecht. **-3.** [illusoire] trügerisch. **-4.** [alarme, poche] blind. **-5.** [instrument] verstimmt.
◆ **faux** ◇ *adv* falsch; **chanter ~** falsch singen; **jouer ~** [instrument] falsch spielen; THÉÂTRE schlecht spielen; **sonner ~** unecht wirken. ◇ *nm* [document, œuvre d'art] Fälschung *die*.
◆ **faux ami** *nm* Faux ami *der*.
faux-filet [fofilɛ] (*pl* **faux-filets**) *nm* Rindslendensteak *das*.
faux-fuyant [fofɥijɑ̃] (*pl* **faux-fuyants**) *nm* Ausflucht *die*.
faux-monnayeur [fomɔnɛjœr] (*pl* **faux-monnayeurs**) *nm* Falschmünzer *der*.
faux-semblant [fosɑ̃blɑ̃] (*pl* **faux-semblants**) *nm* Vorwand *der*.
faux-sens [fosɑ̃s] *nm inv* Sinnfehler *der*.
faveur [favœr] *nf* **-1.** [service] Gefallen *der*; **faire une ~ à qqn** jm einen Gefallen tun. **-2.** [popularité] Gunst *die*.
◆ **en faveur de** *loc prép*: **en ~ de qqn** für jn, zugunsten von jm; **intercéder en ~ de qqn** sich für jn ein|setzen.
◆ **à la faveur de** *loc prép*: **à la ~ de qqch** unter Ausnutzung einer Sache *(G)*; **à la ~ de l'obscurité** im Schutze der Dunkelheit.
favorable [favɔrabl] *adj* **-1.** [propice] günstig. **-2.** [bienveillant] positiv; **être ~ à qqn/qqch** für jn/etw sein, mit jm/etw einverstanden sein.
favorablement [favɔrabləmɑ̃] *adv* positiv.
favori, ite [favɔri, it] ◇ *adj* **-1.** [préféré] Lieblings-. **-2.** SPORT als Favorit, als Favoritin. ◇ *nm, f* **-1.** [préféré] Liebling *der*. **-2.** SPORT & HIST Favorit *der*, -in *die*.
◆ **favoris** *nmpl* [barbe] Koteletten *Pl*.
favoriser [3] [favɔrize] *vt* **-1.** [encourager] fördern, unterstützen. **-2.** [avantager, contribuer à] begünstigen. **-3.** [faciliter] erleichtern.
favorite → **favori**.
favoritisme [favɔritism] *nm* Günstlingswirtschaft *die*.
faxer [3] [fakse] *vt* faxen.
FB (*abr de* **franc belge**) bfr.
FBI [ɛfbiaj] (*abr de* **Federal Bureau of Investigation**) *nm* FBI *der* OU *das*.
FC (*abr de* **Football club**) *nm* FC *der*.
FCFA (*abr de* **franc CFA**) CFA-Franc *der*.
FCFP (*abr de* **franc CFP**) CFP-Franc *der*.
fébrile [febril] *adj* **-1.** [fiévreux] fiebrig. **-2.** [impatient] fieberhaft.
fébrilement [febrilmɑ̃] *adv* fiebrig.
fécale [fekal] → **matière**.
fécond, e [fekɔ̃, ɔ̃d] *adj* **-1.** [gén] fruchtbar. **-2.** [riche]: **~ en** voller.
fécondation [fekɔ̃dasjɔ̃] *nf* Befruchtung *die*; **~ in vitro** Befruchtung im Reagenzglas.
féconder [3] [fekɔ̃de] *vt* befruchten.
fécondité [fekɔ̃dite] *nf* **-1.** [fertilité] Fruchtbarkeit *die*. **-2.** [richesse] Fülle *die*. **-3.** [d'artiste] Schaffensfreude *die*.
fécule [fekyl] *nf* Stärke *die*.
féculent, e [fekylɑ̃, ɑ̃t] *adj* stärkehaltig.
◆ **féculents** *nmpl* stärkehaltige Lebensmittel.
fédéral, e, aux [federal, o] *adj* Bundes-.
fédéralisme [federalism] *nm* Föderalismus *der*.
fédératif, ive [federatif, iv] *adj* föderativ.
fédération [federasjɔ̃] *nf* **-1.** [association] Bund *der*. **-2.** [d'États] Bündnis *das*.
fée [fe] *nf* Fee *die*; **~ du logis** Hausgeist *der*.
feed-back [fidbak] *nm inv* Feedback *das*.
féerie [fe(e)ri] *nf* Zauber *der*.
féerique [fe(e)rik] *adj* zauberhaft.
feignais *etc* → **feindre**.
feignant, e, faignant, e [fɛɲɑ̃, ɑ̃t] *fam* ◇ *adj* faul. ◇ *nm, f* Faulpelz *der*.

feignis *etc* → **feindre**.
feindre [81] [fɛ̃dr] ◇ *vt* vor|täuschen; ~ **de faire qqch** vor|geben, etw zu tun. ◇ *vi* sich verstellen.
feins *etc* → **feindre**.
feint, e [fɛ̃, fɛ̃t] *pp* → **feindre**.
feinte [fɛ̃t] *nf* **-1.** [ruse] Winkelzug *der*. **-2.** SPORT Finte *die*.
fêlé, e [fele] *adj* **-1.** [objet] gesprungen. **-2.** *fam* [personne] nicht ganz dicht.
fêler [4] [fele] *vt* an|schlagen.
◆ **se fêler** *vp* springen.
félicitations [felisitasjɔ̃] *nfpl* Glückwunsch *der*; **toutes mes ~** herzlichen Glückwunsch; **avec les ~ du jury** SCOL & UNIV summa cum laude.
féliciter [3] [felisite] *vt*: ~ **qqn** jm gratulieren.
◆ **se féliciter** *vp*: **se ~ de qqch** sich über etw *(A)* freuen.
félin, e [felɛ̃, in] *adj* **-1.** [de chat] Katzen-. **-2.** *fig* [gracieux, souple] katzenhaft.
◆ **félin** *nm* ZOOL Raubkatze *die*.
félon, onne [felɔ̃, ɔn] *sout* ◇ *adj* treubrüchig. ◇ *nm, f* Verräter *der*, -in *die*.
fêlure [felyr] *nf* Riß *der*.
femelle [fəmɛl] ◇ *adj* **-1.** ZOOL & BOT weiblich. **-2.** TECHNOL *mit Löchern oder Hohlräumen versehen*; **prise ~** Steckdose *die*. ◇ *nf* ZOOL Weibchen *das*.
féminin, e [feminɛ̃, in] *adj* **-1.** [personne] weiblich, feminin. **-2.** [condition, revue] Frauen-. **-3.** GRAM weiblich.
◆ **féminin** *nm* GRAM Femininum *das*.
féminiser [3] [feminize] *vt* femininer machen.
◆ **se féminiser** *vp* **-1.** [profession] für Frauen zugänglich(er) werden. **-2.** [personne] femininer werden.
féminisme [feminism] *nm* Feminismus *der*.
féministe [feminist] ◇ *adj* feministisch. ◇ *nmf* Feminist *der*, -in *die*.
féminité [feminite] *nf* Weiblichkeit *die*.
femme [fam] *nf* Frau *die*; **prendre ~** *vieilli* & *hum* sich verehelichen; ~ **d'affaires** Geschäftsfrau; ~ **de chambre** Zimmermädchen *das*; ~ **fatale** Femme fatale *die*; ~ **au foyer** Hausfrau; ~ **de ménage** Putzfrau; ~ **du monde** Frau von Welt; ~ **de tête** Frau mit Verstand; **bonne ~** *péj* Frau; CULIN nach Hausfrauenart; **remède de bonne ~** Hausmittel *das*.
femmelette [famlɛt] *nf péj* Schwächling *der*.
fémur [femyr] *nm* Oberschenkelknochen *der*.
FEN [fɛn] (*abr de* **Fédération de l'éducation nationale**) *nf linksorientierter Lehrergewerkschaftsbund in Frankreich*.
fenaison [fənɛzɔ̃] *nf* Heuernte *die*.
fendiller [3] [fɑ̃dije] *vt* rissig machen.
◆ **se fendiller** *vp* rissig werden.
fendis *etc* → **fendre**.
fendre [73] [fɑ̃dr] *vt* **-1.** [couper] spalten. **-2.** [fendiller] brüchig machen. **-3.** *fig* [traverser] durchqueren.
◆ **se fendre** *vp* **-1.** [se fêler] sich spalten. **-2.** *loc*: **se ~ de qqch** *fam* sich *(D)* etw ab|ringen.
fends *etc* → **fendre**.
fendu, e [fɑ̃dy] *pp* → **fendre**.
fenêtre [fənɛtr] *nf* Fenster *das*; ~ **à guillotine** vertikales Schiebefenster.
fenouil [fənuj] *nm* Fenchel *der*.
fente [fɑ̃t] *nf* **-1.** [fissure] Spalte *die*. **-2.** [interstice] Spalt *der*. **-3.** [de vêtement] Schlitz *der*.
féodal, e, aux [feɔdal, o] *adj* feudal.
féodalité [feɔdalite] *nf* Feudalsystem *das*.
fer [fɛr] *nm* **-1.** [métal] Eisen *das*; ~ **à cheval** Hufeisen; **en ~ à cheval** hufeisenförmig; ~ **forgé** Schmiedeeisen; ~ **à repasser** Bügeleisen; ~ **à souder** Lötkolben *der*; **en ~** aus Eisen; **de ~** *fig* eisern. **-2.** *loc*: **les quatre ~s en l'air** *fam* alle viere von sich gestreckt; **croire dur comme ~ à qqch** von etw felsenfest überzeugt sein; **il faut battre le ~ quand il est chaud** man muß das Eisen schmieden, solange es heiß ist; **marquer qqn au ~ rouge** jn brandmarken.
◆ **fer de lance** *nm* Speerspitze *die*; *fig* Stoßtrupp *der*.
ferai *etc* → **faire**.
fer-blanc [fɛrblɑ̃] (*pl* **fers-blancs**) *nm* (Weiß)-blech *das*; **en ~** aus (Weiß)blech.
férié [ferje] → **jour**.
férir [ferir]
◆ **sans coup férir** *loc adv littéraire* mühelos.
ferme[1] [fɛrm] *nf* Bauernhof *der*.
ferme[2] [fɛrm] ◇ *adj* **-1.** [solide, dur] fest. **-2.** [constant] standhaft. **-3.** [assuré] bestimmt. **-4.** [autoritaire] streng. **-5.** [définitif] verbindlich. ◇ *adv* **-1.** [beaucoup] tüchtig; **discuter ~** heftig diskutieren. **-2.** [définitivement] fest; **tenir ~** durch|halten.
fermement [fɛrməmɑ̃] *adv* fest.
ferment [fɛrmɑ̃] *nm* **-1.** [levure] Ferment *das*. **-2.** [germe] Keim *der*.
fermentation [fɛrmɑ̃tasjɔ̃] *nf* **-1.** CHIM Gärung *die*. **-2.** *fig* [agitation] Aufruhr *der*.
fermenter [3] [fɛrmɑ̃te] *vi* gären.
fermer [3] [fɛrme] ◇ *vt* **-1.** [porte, établissement, frontière] schließen; [rideau] zu|ziehen; [store] herunter|lassen. **-2.** [gaz, radio] ab|stellen; [télé, lumière] aus|schalten. **-3.** [livre] zu|klappen; [enveloppe] zu|kleben. **-4.** [verrouiller] ab|schließen. **-5.** [vêtement] zu|machen. **-6.** [interdire l'accès de] sperren; ~ **qqch à qqn** *fig* jm etw verschließen. **-7.** *loc*: **la ferme!**, **ferme-la!** *fam* halt die

Klappe! ◇ *vi* **-1.** [porte, magasin] schließen. **-2.** [cesser toute activité] zu|machen. **-3.** [vêtement]: **un pantalon qui ferme par devant** eine Hose mit Verschluß vorn.

◆ **se fermer** *vp* **-1.** [porte, plaie] sich schließen. **-2.** [vêtement] geschlossen werden. **-3.** *fig* [s'endurcir]: **se ~ (à qqch)** sich (einer Sache *(D)*) verschließen.

fermeté [fɛrməte] *nf* **-1.** [consistance] Festigkeit *die*. **-2.** [détermination] Beharrlichkeit *die*. **-3.** [autorité] Strenge *die*.

fermeture [fɛrmətyr] *nf* **-1.** [de porte] Schließen *das*; '**~ automatique des portes**' 'Türen schließen selbsttätig'. **-2.** [de vêtement, de sac] Verschluß *der*; **~ Éclair**® OU **à glissière** Reißverschluß. **-3.** [d'établissement - le soir] Geschäftsschluß *der*; [- définitive] Schließung *die*; **heures de ~** Geschäftszeiten *Pl*; **~ annuelle** Betriebsferien *Pl*; **~ hebdomadaire** Ruhetag *der*.

fermier, ère [fɛrmje, ɛr] ◇ *nm, f* Bauer *der*, Bäuerin *die*. ◇ *adj* vom Bauernhof.

fermoir [fɛrmwar] *nm* Verschluß *der*.

féroce [ferɔs] *adj* **-1.** [animal] blutrünstig. **-2.** [personne, regard] erbarmungslos. **-3.** *fig* [désir, appétit] unbändig.

férocement [ferɔsmɑ̃] *adv* erbarmungslos.

férocité [ferɔsite] *nf* **-1.** [de fauve] Blutrünstigkeit *die*. **-2.** [méchanceté] Unmenschlichkeit *die*. **-3.** *fig* [acharnement] Zähigkeit *die*.

ferraille [fɛraj] *nf* **-1.** [vieux fer] Schrott *der (sans pl)*; **bon à mettre à la ~** schrottreif. **-2.** *fam* [monnaie] Kleingeld *das*.

ferré, e [fɛre] *adj* **-1.** [soulier] (mit Metallecken) beschlagen. **-2.** *fam fig* [calé]: **être ~ en qqch** in etw *(D)* beschlagen sein.

ferrer [4] [fɛre] *vt* **-1.** [cheval, soulier] beschlagen. **-2.** [poisson] ein|haken.

ferreux, euse [fɛrø, øz] *adj* eisenhaltig.

ferronnerie [fɛrɔnri] *nf* **-1.** [métier] Kunstschmiedehandwerk *das*. **-2.** [objet] Kunstschmiedearbeit *die*. **-3.** [atelier] Kunstschmiede *die*.

ferroviaire [fɛrɔvjɛr] *adj* Eisenbahn-, Schienen-.

ferrugineux, euse [fɛryʒinø, øz] *adj* eisenhaltig.

ferrure [fɛryr] *nf* **-1.** [de porte] Beschlag *der*. **-2.** [de cheval] Beschlagen *das*.

ferry-boat [fɛribot] (*pl* **ferry-boats**) *nm* Fährschiff *das*.

fertile [fɛrtil] *adj* **-1.** [sol, femelle] fruchtbar. **-2.** [imagination] schöpferisch. **-3.** *fig* [fécond]: **~ en qqch** reich an etw *(D)*.

fertilisant, e [fɛrtilizɑ̃, ɑ̃t] *adj* Dünger *der*.

fertiliser [3] [fɛrtilize] *vt* düngen.

fertilité [fɛrtilite] *nf* Fruchtbarkeit *die*.

féru, e [fery] *adj*: **être ~ de qqch** *sout* für etw schwärmen.

férule [feryl] *nf*: **(être) sous la ~ de qqn** *sout* unter js Aufsicht (stehen).

fervent, e [fɛrvɑ̃, ɑ̃t] ◇ *adj* **-1.** [dévot] tiefreligiös; [prière] inbrünstig. **-2.** [ardent] glühend. ◇ *nm, f* leidenschaftlicher Anhänger, leidenschaftliche Anhängerin.

ferveur [fɛrvœr] *nf* Inbrunst *die*.

fesse [fɛs] *nf* Pobacke *die*; **les ~s** der Hintern.

fessée [fese] *nf* Abreibung *die*; **donner une ~ à qqn** jm den Hintern versohlen.

fessier, ère [fesje, ɛr] *adj* Gesäß-.

◆ **fessier** *nm* Gesäß *das*.

festin [fɛstɛ̃] *nm* **-1.** [banquet] Festmahl *das*. **-2.** [repas] Festschmaus *der*.

festival, als [fɛstival] *nm* Festspiele *Pl*.

festivités [fɛstivite] *nfpl* Festlichkeiten *Pl*.

feston [fɛstɔ̃] *nm* **-1.** ARCHIT Girlande *die*. **-2.** COUTURE Feston *der*.

festoyer [13] [fɛstwaje] *vi* tafeln.

fêtard, e [fɛtar, ard] *nm, f* Hallodri *der*, Partygirl *das*.

fête [fɛt] *nf* **-1.** [jour chômé] Feiertag *der*; **~ légale** gesetzlicher Feiertag; **~ nationale** Nationalfeiertag; **les ~s (de fin d'année)** Weihnachten und Neujahr *(sans art déf)*. **-2.** [réunion, réception] Feier *die*, Fest *das*; **~ de famille** Familienfeier. **-3.** [kermesse] Volksfest *das*; **être en ~** feiern; **~ foraine** Jahrmarkt *der*; **la ~ de l'Humanité** *von dem kommunistischen Parteiorgan "l'Humanité" jährlich veranstaltetes Fest bei Paris*; **la ~ de la Musique** *in Frankreich alljährliches stattfindendes Straßenmusikfestival*. **-4.** [date de célébration] Namenstag *der*; **aujourd'hui c'est la ~ de Pierre** heute ist Sankt Peter; **~ des mères** Muttertag *der*; **~ des pères** Vatertag *der*. **-5.** [soirée] Party *die*. **-6.** *loc*: **ça va être ta ~** *fam* dann wirst du was erleben; **faire ~ à qqn** jm einen begeisterten Empfang bereiten; **ce soir on va faire la ~!** heute abend machen wir einen drauf!

Fête-Dieu [fɛtdjø] (*pl* **Fêtes-Dieu**) *nf* Fronleichnam *(sans art déf)*.

fêter [4] [fete] *vt* feiern.

fétiche [fetiʃ] *nm* **-1.** [objet de culte] Fetisch *der*. **-2.** [mascotte] Glücksbringer *der*.

fétichisme [fetiʃism] *nm* Fetischismus *der*.

fétide [fetid] *adj* übelriechend; **avoir une haleine ~** Mundgeruch haben.

fétu [fety] *nm*: **~ (de paille)** Strohhalm *der*.

feu[1], e [fø] *adj*: **~ mon mari** mein seliger Mann.

feu[2], x [fø] *nm* **-1.** [flamme] Feuer *das*; **avez-vous du ~?** haben Sie Feuer?; **~ de bois** Holzfeuer; **~ de camp** Lagerfeuer; **~ de cheminée** Kaminfeuer; **~ de joie** Freudenfeuer; **de ~** *fig* [tempérament] feurig *(adj)*. **-2.** CULIN Herd *der*; **à ~ doux, à petit ~** auf kleiner Flamme; **à ~ vif** bei starker Hitze. **-3.** [incendie] Brand *der*; **au ~!** Feuer!; **être en ~** in Flammen stehen; **mettre le ~ à qqch** etw in Brand stecken; **prendre ~** Feuer fangen. **-4.** [signal routier] Ampel *die*; **~ rouge/vert** rote/grüne Ampel; **brûler** OU **griller un ~** bei Rot über die Ampel fahren. **-5.** AUTOM: **~x de position** Standlicht *das*; **~x de route** Fernlicht *das*; **~x de stationnement** Parkleuchte *die*; **tous ~x éteints** ohne Scheinwerfer. **-6.** *loc*: **donner son** OU **le ~ vert (à qqn)** (jm) grünes Licht geben; **être pris entre deux ~x** in einer Zwickmühle stecken; **faire ~** feuern; **faire long ~** scheitern; **je ne vais pas faire long ~** ich werde nicht lange bleiben; **jouer avec le ~** mit dem Feuer spielen; **mettre à ~ et à sang** in Schutt und Asche legen.

◆ **feu follet** *nm* Irrlicht *das*.

feuillage [fœjaʒ] *nm* Laub *das (sans pl)*.

feuille [fœj] *nf* **-1.** BOT Blatt *das*; **~ morte** welkes Blatt; **~ de vigne** BOT Weinblatt; ART Feigenblatt; **~s de vigne (farcies)** CULIN gefüllte Weinblätter. **-2.** [papier]: **~ de chou** *fam* Käseblatt; **~ de maladie** Krankenschein *der*; **~ de papier** Blatt Papier; **~ de soins** Behandlungsschein *der*; **~ volante** loses Blatt.

feuillet [fœjɛ] *nm* Seite *die*.

feuilleté, e [fœjte] *adj* **-1.** CULIN Blätterteig-. **-2.** GÉOL schiefrig.

◆ **feuilleté** *nm* CULIN Blätterteigteilchen *das*.

feuilleter [27] [fœjte] *vt*: **~ qqch** in etw *(D)* blättern.

feuilleton [fœjtɔ̃] *nm* Fortsetzungsroman *der*; **~ télévisé** Fernsehserie *die*.

feuillu, e [fœjy] *adj* dicht belaubt.

◆ **feuillu** *nm* Laubbaum *der*.

feutre [føtr] *nm* **-1.** [crayon] Filzstift *der*. **-2.** [étoffe] Filz *der*. **-3.** [chapeau] Filzhut *der*.

feutré, e [føtre] *adj* **-1.** [garni de feutre] mit Filz unterlegt. **-2.** [laine] verfilzt. **-3.** [bruit] gedämpft; **ambiance ~e** intime Atmosphäre; **à pas ~s** auf leisen Sohlen.

feutrer [3] [føtre] ◇ *vt* **-1.** [garnir de feutre] mit Filz unterlegen. **-2.** [bruit] dämpfen. ◇ *vi* verfilzen.

◆ **se feutrer** *vp* verfilzen.

feutrine [føtrin] *nf dünner, besonders dichter Filz.*

fève [fɛv] *nf* **-1.** [plante, graine] (dicke) Bohne. **-2.** [figurine] *im französischen Dreikönigskuchen verstecktes Figürchen.*

février [fevrije] *nm* Februar *der*; *voir aussi* **septembre**.

FF (*abr de* **franc français**) FF.

FFI (*abr de* **Forces françaises de l'intérieur**) *nfpl französische Widerstandstruppen.*

FFR (*abr de* **Fédération Française de Rugby**) *nf französischer Rugby-Verband.*

fg *abr de* **faubourg**.

FGEN (*abr de* **Fédération générale de l'éducation nationale**) *nf französische Lehrergewerkschaft.*

fi [fi] *interj littéraire*: **faire ~ de** in den Wind schlagen.

fiabilité [fjabilite] *nf* Zuverlässigkeit *die*.

fiable [fjabl] *adj* zuverlässig.

FIAC [fjak] (*abr de* **Foire internationale d'art contemporain**) *nf in Paris stattfindende internationale Messe für zeitgenössische Kunst.*

fiacre [fjakr] *nm* Droschke *die*.

fiançailles [fjɑ̃saj] *nfpl* Verlobung *die*.

fiancé, e [fjɑ̃se] *nm, f* Verlobte *der, die*.

fiancer [16] [fjɑ̃se] *vt*: **~ qqn** js Verlobung feiern.

◆ **se fiancer** *vp* sich verloben.

fiasco [fjasko] *nm* Fehlschlag *der*; **faire ~** völlig daneben|gehen.

fibre [fibr] *nf* **-1.** ANAT & TECHNOL Faser *die*; **~ optique** Lichtleitfaser *der*; **~ de verre** Glasfaser. **-2.** *fig* [sentiment] Ader *die*; **avoir la ~ maternelle** Sinn für Kinder haben.

fibreux, euse [fibrø, øz] *adj* fasrig.

fibrome [fibrom] *nm* Fibrom *das*.

ficeler [24] [fisle] *vt* verschnüren; **être mal ficelé** *fam fig* unmöglich angezogen sein.

ficelle [fisɛl] *nf* **-1.** [fil] Bindfaden *der*. **-2.** [pain] *kleines dünnes Baguette*. **-3.** *loc*: **connaître les ~s du métier** die Kniffe des Berufs kennen; **tirer les ~s** der Drahtzieher sein.

fiche [fiʃ] *nf* **-1.** [carte] Karteikarte *die*; **~ signalétique** Datenblatt *das*; **~ technique** technische Daten *Pl*. **-2.** ÉLECTR Stecker *der*.

◆ **fiche de paie** *nf* Gehaltszettel *der*.

ficher [3] [fiʃe] (*pp sens 1 & 2* **fiché,** *pp sens 3 & 4* **fichu**) *vt* **-1.** [enfoncer] stecken. **-2.** [inscrire] erfassen. **-3.** *fam* [faire]: **qu'est-ce qu'il fiche?** was macht er denn bloß?; **je n'ai rien fichu aujourd'hui** ich habe heute noch keinen Schlag getan. **-4.** *fam* [mettre] hin|stecken; **~ qqch par terre** [objet] etw hin|schmeißen; *fig* [projet] etw über den Haufen werfen; **~ qqn par terre** jn nieder|strecken; **~ qqn dehors** OU **à la porte** jn raus|schmeißen OU vor die Tür setzen; **~ la trouille** Angst machen.

◆ **se ficher** (*pp sens 1* **fiché,** *pp sens 2, 3 & 4* **fichu**) *vp* **-1.** [s'enfoncer]: **se ~ dans qqch** sich in etw *(A)* setzen. **-2.** [se moquer]: **se ~ de qqn** sich über jn lustig machen. **-3.** *fam* [ne pas tenir compte]: **je me fiche de ce qu'elle dit** was sie sagt, ist mir schnuppe. **-4.** *loc*: **se ~ dedans** *fam* daneben|liegen.

fichier [fiʃje] *nm* **-1.** [de fiches] Kartei *die*. **-2.** INFORM Datei *die*.

fichu[1] [fiʃy] *nm* Tuch *das*.
fichu[2], **e** [fiʃy] *adj fam* **-1.** [cassé] hinüber. **-2.** *(avant n)* [caractère] schwierig. **-3.** *loc*: **être mal ~** *fam* sich nicht wohl|fühlen; **ne pas être ~ de faire qqch** *fam* nicht einmal imstande sein, etw zu tun.
fictif, ive [fiktif, iv] *adj* **-1.** [imaginaire] frei erfunden. **-2.** [faux] Schein-. **-3.** [de convention] fingiert, Schein-.
fiction [fiksjɔ̃] *nf* Dichtung *die*; **c'est de la pure ~** *fig* das ist reine Erfindung.
ficus [fikys] *nm* Ficus *der*.
fidèle [fidɛl] ◇ *adj*: **être ~ (à qqn/qqch)** (jm/einer Sache) treu sein; **récit ~ à la réalité** wirklichkeitstreue Erzählung. ◇ *nmf* **-1.** RELIG Gläubige *der, die*. **-2.** [adepte] treuer Anhänger, treue Anhängerin.
fidèlement [fidɛlmɑ̃] *adv* **-1.** [régulièrement] regelmäßig. **-2.** [exactement] originalgetreu. **-3.** [loyalement] getreulich.
fidéliser [3] [fidelize] *vt* für sich gewinnen; **~ une clientèle** eine Stammkundschaft auf|bauen.
fidélité [fidelite] *nf* Treue *die*.
Fidji [fidʒi] *n* Fidschi *nt*; **à ~** in Fidschi; **les îles ~** die Fidschiinseln.
fidjien, enne [fidʒjɛ̃, ɛn] *adj* fidschianisch.
◆ **Fidjien, enne** *nm, f* Fidschianer *der*, -in *die*.
fief [fjɛf] *nm* Rittergut *das*; *fig* Hochburg *die*.
fieffé, e [fjefe] *adj (avant n)* gewieft.
fiel [fjɛl] *nm* **-1.** [bile] Galle *die*. **-2.** [aigreur] Bosheit *die*.
fiente [fjɑ̃t] *nf* Kot *der*.
fier[1], **fière** [fjɛr] *adj* stolz; **~ de qqn/qqch** auf jn/etw stolz; **être ~ de faire qqch** stolz darauf sein, etw zu tun.
fier[2] [9] [fje]
◆ **se fier** *vp*: **se ~ à qqn/qqch** sich auf jn/etw verlassen.
fièrement [fjɛrmɑ̃] *adv* stolz.
fierté [fjɛrte] *nf* **-1.** [dignité, satisfaction] Stolz *der*. **-2.** [arrogance] Überheblichkeit *die*.
fièvre [fjɛvr] *nf* **-1.** MÉD Fieber *das*; **avoir de la ~** Fieber haben; **avoir 40 de ~** 40 Fieber haben. **-2.** *fig* [excitation] starke Erregung.
fiévreusement [fjevrøzmɑ̃] *adv* fieberhaft.
fiévreux, euse [fjevrø, øz] *adj* **-1.** [personne, yeux] fiebrig. **-2.** *fig* [agitation, activité] fieberhaft.
fig. (*abr de* **figure**) Abb.
figé, e [fiʒe] *adj* feststehend.
figer [17] [fiʒe] *vt* erstarren lassen.
◆ **se figer** *vp* **-1.** [s'immobiliser] erstarren. **-2.** [se solidifier] fest werden.
fignoler [3] [fiɲɔle] *vt*: **~ qqch** etw *(D)* den letzten Schliff geben.
figue [fig] *nf* Feige *die*.
figuier [figje] *nm* Feigenbaum *der*.
figurant, e [figyrɑ̃, ɑ̃t] *nm, f* Statist *der*, -in *die*.
figuratif, ive [figyratif, iv] *adj* **-1.** ART figurativ. **-2.** [plan] bildhaft.
figuration [figyrasjɔ̃] *nf* **-1.** THÉÂTRE & CIN Statistenrolle *die*; **faire de la ~** als Statist auf|treten. **-2.** ART figurative Darstellung.
figure [figyr] *nf* **-1.** [gén] Figur *die*; **faire ~ de** wirken wie; **~ de proue** Galionsfigur; *fig* Symbolfigur; **~ de rhétorique** rhetorische Figur; **~ de style** Stilfigur. **-2.** [visage] Gesicht *das*; **faire bonne ~** *fig* seinen Mann stehen. **-3.** [personnage] Gestalt *die*. **-4.** SPORT: **~s imposées** Pflicht *die*; **~s libres** Kür *die*.
figuré, e [figyre] *adj* **-1.** [plan] bildlich. **-2.** [sens] übertragen.
◆ **figuré** *nm*: **au ~** im übertragenen Sinne.
figurer [3] [figyre] ◇ *vt* dar|stellen. ◇ *vi*: **~ dans qqch** in etw *(D)* vor|kommen; **~ parmi qqch** zu etw gehören.
figurine [figyrin] *nf* Figur *die*.
fil [fil] *nm* **-1.** COUTURE Faden *der*, Garn *das*; **~ conducteur** *fig* roter Faden. **-2.** [métallique]: **~ (de fer)** Draht *der*; **~ électrique** Kabel *das*; **~ à plomb** Lot *das*. **-3.** [tissu] merzerisierte Baumwolle. **-4.** [tranchant] Schneide *die*. **-5.** *loc*: **avoir qqn au bout du ~** jn am Telefon haben; **cousu de ~ blanc** leicht durchschaubar; **de ~ en aiguille** nach und nach; **donner du ~ à retordre à qqn** jm (schwer) zu schaffen machen; **perdre le ~ (de qqch)** den Faden (einer Sache *(G)*) verlieren; **ne tenir qu'à un ~** an einem seidenen Faden hängen.
◆ **au fil de** *loc prép* im Laufe; **au ~ de l'eau** flußabwärts.
filament [filamɑ̃] *nm* **-1.** ANAT & BOT Faser *die*. **-2.** ÉLECTR Glühfaden *der*. **-3.** [de bave, de colle] Faden *der*.
filandreux, euse [filɑ̃drø, øz] *adj* fasrig.
filante [filɑ̃t] → **étoile**.
filasse [filas] ◇ *adj inv* flachsblond. ◇ *nf* Pflanzenfasern *Pl*.
filature [filatyr] *nf* **-1.** [usine] Spinnerei *die*; [fabrication] Spinnen *das*. **-2.** [poursuite] Beschattung *die*; **prendre qqn en ~** jn beschatten.
file [fil] *nf* Schlange *die*; **en double ~** doppelreihig *(adv)*; **en ~ indienne** im Gänsemarsch; **se mettre en ~** [prendre la queue] sich an|stellen; [former une file] sich in Reih und Glied auf|stellen; **~ d'attente** (Warte)schlange.
filer [3] [file] ◇ *vt* **-1.** [coton, soie] spinnen. **-2.** [personne] beschatten. **-3.** *fam* [donner]: **~ qqch à qqn** jm etw geben. ◇ *vi* **-1.** [bas] eine Lauf-

masche haben; [maille] laufen. **-2.** [aller vite] (vorbei|)sausen. **-3.** [temps] schnell vergehen. **-4.** *fam* [se dépêcher] schnell los|gehen; **~ faire qqch** schnell etw tun. **-5.** *fam* [s'échapper] sich aus dem Staub machen. **-6.** *loc*: **~ doux** spuren.

filet [filɛ] *nm* **-1.** [à mailles] Netz *das*; **~ à papillons** Schmetterlingsnetz; **~ de pêche** Fischernetz; **~ à provisions** Einkaufsnetz; **attirer qqn dans ses ~s** *fig* jn umgarnen; **travailler sans ~** *fig* ohne Netz arbeiten. **-2.** CULIN Filet *das*. **-3.** [de liquide] Idee *die*, ein wenig; [de lumière] schwacher Strahl. **-4.** [de vis] Gewinde *das*.

filial, e, aux [filjal, o] *adj* Kindes-.

◆ **filiale** *nf* ÉCON Tochtergesellschaft *die*.

filiation [filjasjɔ̃] *nf* **-1.** [lien de parenté] Abstammung *die*. **-2.** *fig* [enchaînement] Verknüpfung *die*.

filière [filjɛr] *nf* **-1.** [voie]: **suivre la ~** sich hoch|arbeiten; **~ universitaire** Studiengang *der*. **-2.** [réseau] Ring *der*.

filiforme [filifɔrm] *adj* **-1.** [objet] fadenförmig. **-2.** [personne] gertenschlank.

filigrane [filigran] *nm* **-1.** [d'orfèvrerie] Filigranarbeit *die*. **-2.** [dessin] Wasserzeichen *das*; **en ~** *fig* im Hintergrund; **lire en ~** *fig* zwischen den Zeilen lesen.

filin [filɛ̃] *nm* Tau *das*.

fille [fij] *nf* **-1.** [enfant] Tochter *die*; **~ adoptive** Adoptivtochter. **-2.** [femme] Mädchen *das*; **jeune/petite ~** junges/kleines Mädchen; **~ de joie** Freudenmädchen; **~ mère** ledige Mutter; **vieille ~** alte Jungfer; **courir les ~s** *fig* den Mädchen nach|laufen.

fillette [fijɛt] *nf* kleines Mädchen.

filleul, e [fijœl] *nm, f* Patenkind *das*.

film [film] *nm* **-1.** [gén] Film *der*; **~ d'action** Actionfilm; **~ catastrophe** Katastrophenfilm; **~ culte** Kultfilm; **~ d'épouvante** Horrorfilm; **~ noir** Psychokrimi *der*; **~ policier** Krimi *der*. **-2.** [alimentaire] Folie *die*.

filmer [3] [filme] *vt* filmen.

filmographie [filmɔgrafi] *nf Verzeichnis aller Filme eines Schauspielers, Regisseurs o.ä.*

filon [filɔ̃] *nm* **-1.** [de mine] Ader *die*. **-2.** *fam fig* [situation lucrative] Goldgrube *die*.

filou [filu] *nm* Gauner *der*.

filouterie [filutri] *nf* Gaunerei *die*.

fils [fis] *nm* Sohn *der*; **~ adoptif** Adoptivsohn; **~ de famille** Sohn wohlhabender Eltern; **~ à papa** *péj* verwöhnter Fratz; **le ~ prodigue** der verlorene Sohn.

filtrage [filtraʒ] *nm* Filtrieren *das*; *fig* gründliche Überprüfung.

filtrant, e [filtrɑ̃, ɑ̃t] *adj* Filter-.

filtre [filtr] *nm* Filter *der*; **~ à air** Luftfilter; **~ à café** Kaffeefilter.

filtrer [3] [filtre] ◇ *vt* filtern; *fig* sieben. ◇ *vi* durch|sickern.

fîmes [fim] → **faire**.

fin[1] [fɛ̃] *nf* **-1.** [terme] Ende *das*; **mettre ~ à qqch** etw beenden; **mettre ~ à ses jours** seinem Leben ein Ende setzen; **prendre ~** zu Ende gehen; **tirer** OU **toucher à sa ~** ihrem OU seinem Ende zugehen; **~ de mois** Monatsende; **~ de série** Auslaufmodell *das*. **-2.** [but] Zweck *der*; **arriver** OU **parvenir à ses ~s** sein Ziel erreichen; **mener à bonne ~** zu einem guten Ende bringen; **à toutes ~s utiles** für alle Fälle; **c'est la ~ des haricots** *fam fig* das ist das Ende vom Lied.

◆ **à la fin** *loc adv* **-1.** [pour finir] zum Schluß. **-2.** [marque d'impatience]: **... à la ~!** ... nun endlich!

◆ **à la fin de** *loc prép*: **à la ~ de qqch** am Ende einer Sache *(G)*.

◆ **en fin de** *loc prép*: **en ~ de qqch** gegen Ende einer Sache *(G)*.

◆ **sans fin** *loc adj* & *loc adv* endlos.

◆ **fin de non-recevoir** *nf* **-1.** JUR Ablehnungsbescheid *der*. **-2.** [refus] kategorische Nein *das*.

fin[2]**, e** [fɛ̃, fin] *adj* **-1.** [gén] fein. **-2.** [partie du corps] schlank. **-3.** [couche, papier] dünn. **-4.** [personne, esprit] scharfsinnig. **-5.** *loc*: **c'est ~!** sehr sinnig!

◆ **fin** *adv* fein.

final, e, als OU **aux** [final, o] *adj* **-1.** [dernier] letzte,-r,-s. **-2.** [définitif] endgültige,-r,-s.

◆ **final, als** *nm* MUS Finale *das*.

◆ **finale** *nf* **-1.** SPORT Finale *das*. **-2.** LING Endsilbe *die*.

finalement [finalmɑ̃] *adv* endlich.

finaliste [finalist] *nmf* SPORT Finalist *der*, -in *die*.

finalité [finalite] *nf sout* Zweck *der*.

finance [finɑ̃s] *nf* Finanz *die*; **la haute ~** die Hochfinanz.

◆ **finances** *nfpl* Finanzen *Pl*.

◆ **Finances** *nfpl*: **les Finances** das Finanzministerium.

financement [finɑ̃smɑ̃] *nm* Finanzierung *die*.

financer [16] [finɑ̃se] *vt* finanzieren.

financier, ère [finɑ̃sje, ɛr] *adj* Finanz-.

◆ **financier** *nm* Finanzier *der*.

financièrement [finɑ̃sjɛrmɑ̃] *adv* finanziell.

finasser [3] [finase] *vi fam* alle möglichen Schliche an|wenden.

finaud, e [fino, od] *adj* gewitzt.

fine [fin] *nf* Branntwein *der*.

finement [finmɑ̃] *adv* **-1.** [délicatement, adroitement] fein. **-2.** [subtilement] auf die feine Art.

finesse [finɛs] *nf* **-1.** [gén] Feinheit *die*. **-2.** [perspicacité] Scharfsinn *der*.

fini, e [fini] *adj* **-1.** *péj* [fieffé] ausgemacht. **-2.** [sans avenir] abgewrackt. **-3.** [limité] endlich. **-4.** [objet]: **(bien) ~** (gut) verarbeitet.

◆ **fini** *nm* [d'objet] Vollendung *die*.

finir [32] [finir] ◇ *vt* **-1.** [terminer - travail, occupation] beenden; [- période, saison] ab|schließen; **as-tu fini de manger?** hast du fertig gegessen? **-2.** [vider - assiette, plat] leer|essen; [- verre] aus|trinken. **-3.** *fam* [user] aus|tragen. **-4.** [arrêter]: **~ de faire qqch** auf|hören, etw zu tun. ◇ *vi* **-1.** [s'achever] zu Ende gehen, enden. **-2.** [cesser, se terminer] auf|hören; **en ~ avec qqn** jn los|werden; **en ~ avec qqch** etw regeln; **à n'en plus ~** nicht enden wollend; **mal ~** schlecht aus|gehen. **-3.** [parvenir]: **~ par faire qqch** zuletzt etw (doch noch) tun.

finish [finiʃ] *nm* Endspurt *der*; **au ~** bis zur Entscheidung.

finition [finisjɔ̃] *nf* **-1.** [action] Feinarbeit *die*. **-2.** [résultat] Verarbeitung *die (sans pl)*.

finlandais, e [fɛ̃lɑ̃dɛ, ɛz] *adj* finnländisch.

◆ **Finlandais, e** *nm, f* Finne *der*, -nin *die*.

Finlande [fɛ̃lɑ̃d] *nf*: **la ~** Finnland *nt*.

finnois, e [finwa, az] *adj* finnisch.

◆ **finnois** *nm* [langue] Finnisch(e) *(das)*.

FINUL, Finul [finyl] (*abr de* **Forces intérimaires des Nations unies au Liban**) *nf* UNIFIL *die*.

fiole [fjɔl] *nf* Phiole *die*.

fioriture [fjɔrityr] *nf* Schnickschnack *der (sans pl)*.

fioul = **fuel**.

FIP [fip] (*abr de* **France Inter Paris**) *n Regionalsender von Paris*.

firent [fir] → **faire**.

firmament [firmamɑ̃] *nm sout* Firmament *das*.

firme [firm] *nf* Firma *die*.

fis *etc* → **faire**.

FIS [fis] (*abr de* **Front islamique de Salut**) *nm*: **le ~** die Islamische Heilsfront.

fisc [fisk] *nm* Fiskus *der*.

fiscal, e, aux [fiskal, o] *adj* Steuer-.

fiscaliser [3] [fiskalize] *vt* besteuern.

fiscalité [fiskalite] *nf* Steuerwesen *das*.

fissure [fisyr] *nf* Riß *der*.

fissurer [3] [fisyre] *vt* Risse hervor|rufen; *fig* spalten.

◆ **se fissurer** *vp* brüchig werden.

fiston [fistɔ̃] *nm fam* Filius *der*.

fit [fi] → **faire**.

FIV [fiv] (*abr de* **fécondation in vitro**) *nf* IVF *die*.

FIVETE, Fivete [fivɛt] (*abr de* **fécondation in vitro et transfert d'embryon**) *nf*: **une ~** eine In-Vitro-Fertilisation mit Embryotransfer.

fixateur, trice [fiksatœr, tris] *adj* **-1.** PHOT & ART Fixier-. **-2.** COSMÉTIQUE: **gel ~** Fixiergel *das*; **spray ~** Fixierspray *das*.

◆ **fixateur** *nm* **-1.** PHOT & ART Fixiermittel *das*. **-2.** COSMÉTIQUE Festiger *der*.

fixatif [fiksatif] *nm* Fixativ *das*.

fixation [fiksasjɔ̃] *nf* **-1.** [action] Befestigen *das*. **-2.** [attache] Befestigung *die*; [de ski] Bindung *die*. **-3.** PSYCHOL Fixierung *die*.

fixe [fiks] *adj* **-1.** [gén] fest; **à heure ~** zu einer festen Uhrzeit. **-2.** [yeux, regard] starr.

◆ **fixe** *nm* Fixum *das*.

fixement [fiksəmɑ̃] *adv* starr; **regarder ~ qqn/qqch** seinen Blick auf jn/etw heften.

fixer [3] [fikse] *vt* **-1.** [volet, tableau] befestigen. **-2.** [date] fest|setzen; [prix, règle] fest|legen; **~ son choix sur qqch** sich für etw entscheiden. **-3.** [regarder] an|starren. **-4.** [photo, dessin] fixieren. **-5.** [renseigner]: **~ qqn sur qqch** jn von etw unterrichten; **être fixé sur qqch** sich im klaren über etw *(A)* sein.

◆ **se fixer** *vp* **-1.** [s'arrêter]: **son regard s'est fixé sur moi** sein Blick blieb an mir hängen; **son choix s'est fixé sur cette maison** er hat sich für dieses Haus entschieden; **se ~ un but** OU **objectif** sich ein Ziel setzen. **-2.** [s'installer] sich nieder|lassen.

fixité [fiksite] *nf* Reglosigkeit *die*.

fjord [fjɔrd] *nm* Fjord *der*.

fl *abr de* **fleuve**.

FL (*abr de* **florin**) hfl, fl, Fl.

flacon [flakɔ̃] *nm* Flakon *der*.

flageller [4] [flaʒɛle] *vt* [fouetter] aus|peitschen.

flageoler [3] [flaʒɔle] *vi* wackelig sein.

flageolet [flaʒɔlɛ] *nm* [haricot] *Art von grünen dicken Bohnen*.

flagornerie [flagɔrnəri] *nf* Lobhudelei *die*.

flagrant, e [flagrɑ̃, ɑ̃t] *adj* **-1.** [évident] offensichtlich. **-2.** → **délit**.

flair [flɛr] *nm* Geruchssinn *der*; **avoir du ~** *fig* den richtigen Riecher haben.

flairer [4] [flɛre] *vt* wittern.

flamand, e [flamɑ̃, ɑ̃d] *adj* flämisch.

◆ **flamand** *nm* [langue] Flämisch(e) *(das)*.

◆ **Flamand, e** *nm, f* Flame *der*, Flämin *die*.

flamant [flamɑ̃] *nm*: **~ (rose)** Flamingo *der*.

flambant, e [flɑ̃bɑ̃, ɑ̃t] *adj* lodernd; **~ neuf** *fig* brandneu.

flambé, e [flɑ̃be] *adj* flambiert.

◆ **flambée** *nf* **-1.** [feu] Auflodern *das*; **faire une ~e** ein Feuer an|zünden. **-2.** *fig* [explosion] Ausbruch *der*; **~e des prix** Preisexplosion *die*.

flambeau, x [flɑ̃bo] *nm* Fackel *die*; **se passer le ~ d'une tradition** eine Tradition weiter|geben.

flamber [3] [flɑ̃be] ◇ *vi* **-1.** [brûler] in Flammen stehen. **-2.** *fam* [prix] in die Höhe schießen. **-3.** *fam* [au jeu] viel Geld auf den Kopf hauen. ◇ *vt* **-1.** [crêpe] flambieren. **-2.** [volaille] ab|sengen.

flamboie *etc* → **flamboyer**.

flamboyant, e [flɑ̃bwajɑ̃, ɑ̃t] *adj* **-1.** [brillant] flammend; [ciel, couleur] leuchtend; [regard] funkelnd. **-2.** ARCHIT flamboyant.

flamboyer [13] [flɑ̃bwaje] *vi* **-1.** [feu] lodern. **-2.** *fig* [regard] funkeln.

flamingant, e [flamɛ̃gɑ̃, ɑ̃t] ◇ *adj* **-1.** [de langue] flämischsprechend. **-2.** [nationaliste] flämisch-nationalistisch. ◇ *nm, f* **-1.** [de langue] Flämischsprechende *der, die*. **-2.** [nationaliste] flämischer Nationalist, flämische Nationalistin.

flamme [flam] *nf* **-1.** [de bougie] Flamme *die*. **-2.** *fig* [ardeur] Feuer *das*; **déclarer sa ~** *vieilli* sich erklären.

flan [flɑ̃] *nm* Pudding *der*.

flanc [flɑ̃] *nm* **-1.** [de personne, de navire] Seite *die*. **-2.** [d'animal, de montagne] Flanke *die*; **à ~ de coteau** in Hanglage. **-3.** *loc*: **être sur le ~** vollkommen fertig sein; **tirer au ~** *fam* sich drücken.

flancher [3] [flɑ̃ʃe] *vi fam* nach|lassen, nach|geben; [cœur] aus|setzen.

flanelle [flanɛl] *nf* Flanell *der*.

flâner [3] [flane] *vi* **-1.** [se promener] flanieren. **-2.** [s'attarder] bummeln.

flânerie [flanri] *nf* Schlendern *das*.

flâneur, euse [flanœr, øz] *nm, f* Flaneur *der*, -in *die*.

flanquer [3] [flɑ̃ke] *vt* **-1.** *fam* [jeter] schmeißen; **~ qqch par terre** etw auf den Fußboden schmeißen; **~ qqn dehors** jn raus|schmeißen. **-2.** *fam* [donner]: **~ une gifle à qqn** jm eine herunter|hauen; **~ la frousse à qqn** jm Angst ein|jagen. **-3.** [accompagner]: **être flanqué de qqn** von jm begleitet werden. **-4.** [encadrer]: **être flanqué de qqch** von etw flankiert sein.

◆ **se flanquer** *vp fam* : **se ~ par terre** hin|fallen.

flapi, e [flapi] *adj fam* erledigt.

flaque [flak] *nf* Pfütze *die*; **~ d'eau** Wasserpfütze.

flash [flaʃ] *nm* **-1.** PHOT Blitzlicht *das*. **-2.** RADIO & TÉLÉ: **~ (d'information)** Kurznachrichten *Pl*.

flash-back [flaʃbak] *nm inv* Rückblende *die*.

flasher [3] [flaʃe] *vi fam* : **faire ~ qqn** jm den Kopf verdrehen; **~ sur qqn/qqch** auf jn/etw ab|fahren; **j'ai flashé sur lui** ich habe mich in ihn verknallt.

flasque [flask] ◇ *adj* schlaff. ◇ *nf* flache Flasche.

flatter [3] [flate] *vt* **-1.** [louer]: **~ qqn** jm schmeicheln. **-2.** [animal] streicheln. **-3.** [avantager]: **~ qqn** für jn vorteilhaft sein.

◆ **se flatter** *vp* sich rühmen; **se ~ de faire qqch** stolz sein, etw zu tun.

flatterie [flatri] *nf* Schmeichelei *die*.

flatteur, euse [flatœr, øz] ◇ *adj* **-1.** [élogieux] schmeichelhaft. **-2.** [qui embellit] vorteilhaft. ◇ *nm, f* Schmeichler *der*, -in *die*.

flatulence [flatylɑ̃s] *nf* Blähung *die*.

FLE, fle [flə] (*abr de* **français langue étrangère**) *nm* Französisch als Fremdsprache, ≃ DaF *das*.

fléau, x [fleo] *nm* **-1.** [calamité] Geißel *die*. **-2.** [personne, ennui] Plage *die*. **-3.** [de balance] Balken *der*. **-4.** AGRIC Dreschflegel *der*.

flèche [flɛʃ] *nf* **-1.** [gén] Pfeil *der*. **-2.** [d'église] Turmspitze *die*. **-3.** *loc*: **monter en ~** stark an|steigen; **partir comme une ~** los|schießen.

flécher [18] [fleʃe] *vt* beschildern, markieren.

fléchette [fleʃɛt] *nf* kleiner Pfeil.

◆ **fléchettes** *nfpl* [jeu] Dartspiel *das*.

fléchir [32] [fleʃir] ◇ *vt* **-1.** [courber] beugen. **-2.** [faire céder] um|stimmen. ◇ *vi* **-1.** [plier] biegen. **-2.** [faiblir] nach|lassen. **-3.** *sout* [céder] nach|geben.

fléchissement [fleʃismɑ̃] *nm* **-1.** [flexion] Beugen *das*. **-2.** [affaiblissement] Abschwächung *die*, Nachlassen *das*. **-3.** [baisse] Rückgang *der*.

flegmatique [flɛgmatik] ◇ *adj* phlegmatisch. ◇ *nmf* Phlegmatiker *der*, -in *die*.

flegme [flɛgm] *nm* Phlegma *das*.

flemmard, e [flɛmar, ard] *fam* ◇ *adj* faul. ◇ *nm, f* Faulpelz *der*.

flemmarder [3] [flɛmarde] *vi fam* faulenzen.

flemme [flɛm] *nf fam* : **avoir la ~ de faire qqch** zu faul sein, um etw zu tun.

flétan [fletɑ̃] *nm* Heilbutt *der*.

flétrir [32] [fletrir] *vt* **-1.** [fleur] (ver)welken lassen. **-2.** *sout* [critiquer] verurteilen.

◆ **se flétrir** *vp* **-1.** [fleur] verwelken. **-2.** [visage] welk werden.

fleur [flœr] *nf* [de plante] Blume *die*; [d'arbre] Blüte *die*; **à ~s** [motif] geblümt; **en ~(s)** blühend, in Blüte; **la fine ~ de qqch** die Elite einer Sache *(G)*; **~ artificielle** künstliche Blume; **~ de lys** Lilie *die*; **avoir les nerfs à ~ de peau** überreizte Nerven haben; **comme une ~** *fam* mir nichts, dir nichts; **dans la ~ de l'âge** im besten Alter; **être ~ bleue** romantisch sein; **faire une ~ à qqn** *fam* jm entgegen|kommen, jm einen Gefallen tun.

fleurer [5] [flœre] *vt*: **~ bon** gut riechen, duften.

fleuret [flœrɛ] *nm* Florett *das*.

fleurette [flœrɛt] *nf*: **conter ~ à qqn** *hum* jm den Hof machen, jm Süßholz raspeln.
fleuri, e [flœri] *adj* **-1.** [jardin, vase] voller Blumen; [table, appartement] blumengeschmückt. **-2.** [tissu, motif] geblümt. **-3.** *fig* [style] blumig.
fleurir [32] [flœrir] ◇ *vi* blühen. ◇ *vt* [maison] mit Blumen schmücken; [tombe] mit Blumen bedecken.
fleuriste [flœrist] *nmf* Blumenhändler *der*, -in *die*.
fleuron [flœrɔ̃] *nm fig* Prunkstück *das*.
fleuve [flœv] *nm* **-1.** [cours d'eau] Fluß *der*. **-2.** *(en apposition)* [interminable] endlos; **discours-~** Marathonrede *die*.
flexible [flɛksibl] *adj* **-1.** [chose] biegsam. **-2.** [caractère] flexibel.
flexion [flɛksjɔ̃] *nf* **-1.** [du bras, du genou] Beugen *das*. **-2.** LING Flexion *die*.
flibustier [flibystje] *nm* Seeräuber *der*.
flic [flik] *nm fam* Bulle *der*.
flingue [flɛ̃g] *nm fam* Knarre *die*.
flinguer [3] [flɛ̃ge] *vt fam* um|legen, ab|knallen.
◆ **se flinguer** *vp fam* sich eine Kugel in den Kopf jagen.
flipper[1] [flipœr] *nm* Flipper *der*.
flipper[2] [3] [flipe] *vi fam* **-1.** [déprimer] deprimiert sein. **-2.** [avoir peur] Bammel haben. **-3.** [être excité] aus|flippen.
flirt [flœrt] *nm* **-1.** [amourette] Flirt *der*. **-2.** [personne] Schwarm *der*.
flirter [3] [flœrte] *vi*: **~ (avec qqn)** (mit jm) flirten; **~ avec qqch** *fig* mit etw spielen.
FLN (*abr de* **Front de libération nationale**) *nm* Nationale Befreiungsfront *(algerische Regierungspartei)*.
FLNC (*abr de* **Front de libération nationale corse**) *nm* Nationale Front zur Befreiung Korsikas *(korsische Unabhängigkeitsbewegung)*.
FLNKS (*abr de* **Front de libération nationale kanak et socialiste**) *nm* Sozialistische Kanakische Nationale Befreiungsfront *(neukaledonische Unabhängigkeitsbewegung)*.
flocon [flɔkɔ̃] *nm* Flocke *die*; **~ de neige** Schneeflocke; **~s d'avoine** Haferflocken.
flonflons [flɔ̃flɔ̃] *nmpl* Festmusik *die*.
flop [flɔp] *nm* [échec] Flop *der*.
flopée [flɔpe] *nf fam* : **une ~ de qqch** einen Haufen etw.
floraison [flɔrɛzɔ̃] *nf* Blüte *die*.
floral, e, aux [flɔral, o] *adj* Blumen-.
floralies [flɔrali] *nfpl* Blumenschau *die*.
flore [flɔr] *nf* Flora *die*; **~ intestinale** Darmflora.
Florence [flɔrɑ̃s] *n* Florenz *nt*.
Floride [flɔrid] *nf*: **la ~** Florida *nt*.
florilège [flɔrilɛʒ] *nm* Blütenlese *die*.
florissant, e [flɔrisɑ̃, ɑ̃t] *adj* blühend.
flot [flo] *nm* **-1.** [eaux] Flut *die*, Strom *der*; **être à ~** [navire] flott sein; **se remettre à ~** *fig* wieder auf den Beinen sein; **couler à ~s** *fig* in Strömen fließen. **-2.** *fig* [afflux] Strom *der*.
◆ **flots** *nmpl littéraire* Fluten *Pl*.
flottage [flɔtaʒ] *nm* Flößen *das*.
flottaison [flɔtɛzɔ̃] *nf*: **ligne de ~** Wasserlinie *die*.
flottant, e [flɔtɑ̃, ɑ̃t] *adj* **-1.** [sur l'eau] Treib-, schwimmend. **-2.** [cheveux, robe] flatternd. **-3.** [capitaux] fluktuierend; [dette] schwebend. **-4.** [esprit] wankelmütig.
flotte [flɔt] *nf* **-1.** MIL & NAVIG Flotte *die*; **~ aérienne** Luftflotte. **-2.** *fam* [eau] Wasser *das*. **-3.** *fam* [pluie] Regen *der*.
flottement [flɔtmɑ̃] *nm* **-1.** [de drapeau] Flattern *das*. **-2.** [relâchement] Nachlassen *das*. **-3.** [indécision] Unschlüssigkeit *die*. **-4.** [de monnaie] Floating *das*.
flotter [3] [flɔte] ◇ *vi* **-1.** [sur l'eau] schwimmen; **~ sur qqch** auf etw *(D)* schwimmen. **-2.** [drapeau] wehen. **-3.** [brume, parfum] schweben. **-4.** *fig* [dans un vêtement]: **~ dans qqch** zweimal in etw passen. ◇ *v impers*: **il flotte** *fam* es gießt.
flotteur [flɔtœr] *nm* Schwimmer *der*.
flou, e [flu] *adj* **-1.** [photo] unscharf. **-2.** [pensée] unklar.
◆ **flou** *nm* Unschärfe *die*; **~ artistique** künstlerische Unschärfe; *fig* Verschwommenheit *die*.
flouer [3] [flue] *vt* hinters Licht führen.
fluctuant, e [flyktɥɑ̃, ɑ̃t] *adj* schwankend.
fluctuation [flyktɥasjɔ̃] *nf* Schwanken *das*.
fluctuer [3] [flyktɥe] *vi* schwanken.
fluet, ette [flyɛ, ɛt] *adj* **-1.** [personne] schmächtig. **-2.** [voix] zart.
fluide [flɥid] ◇ *adj* **-1.** [matière] fließend; [liquide] dünnflüssig. **-2.** [circulation, style] flüssig. ◇ *nm gasförmiger oder flüssiger Körper*.
fluidifier [9] [flɥidifje] *vt* [trafic] flüssiger machen.
fluidité [flɥidite] *nf* **-1.** [de matière] flüssiger Zustand. **-2.** [de style, de circulation] Flüssigkeit *die*.
fluor [flyɔr] *nm* Fluor *das*.
fluoré, e [flyɔre] *adj* mit Fluor, Fluor-.
fluorescent, e [flyɔresɑ̃, ɑ̃t] *adj* fluoreszierend.
flûte [flyt] ◇ *nf* **-1.** MUS Flöte *die*; **~ à bec** Blockflöte; **~ traversière** Querflöte. **-2.** [verre]: **~ (à champagne)** Sektflöte *die*. **-3.** [pain] dünnes Baguette. ◇ *interj fam* : **~!** verflixt!
flûtiste [flytist] *nmf* Flötenspieler *der*, -in *die*.
fluvial, e, aux [flyvjal, o] *adj* Fluß-.

flux [fly] *nm* **-1.** [de sang, PHYS] Fluß *der;* **~ menstruel** Menstruationsblutung *die.* **-2.** [marée] Flut *die;* **le ~ et le reflux** Ebbe und Flut *(sans art déf).*

fluxion [flyksjɔ̃] *nf* Anschwellung *die;* **~ de poitrine** Lungenentzündung *die.*

FM (*abr de* **frequency modulation**) *nf* FM *die.*

FMI (*abr de* **Fonds monétaire international**) *nm* IWF *der.*

FN (*abr de* **Front national**) *nm rechtsextremistische Partei in Frankreich.*

FNAC, **Fnac** [fnak] (*abr de* **Fédération nationale des achats des cadres**) *nf französische Discount-Einzelhandelskette.*

FNEF, **Fnef** [fnɛf] (*abr de* **Fédération nationale des étudiants de France**) *nf französischer Studentenverband.*

FNSEA (*abr de* **Fédération nationale des syndicats d'exploitants agricoles**) *nf französischer Bauernverband.*

FO (*abr de* **Force ouvrière**) *nf französische Arbeitergewerkschaft.*

foc [fɔk] *nm* Fock *die.*

focal, e, aux [fɔkal, o] *adj* Fokal-.

focaliser [3] [fɔkalize] *vt* **-1.** PHYS fokussieren. **-2.** *fig* [attention, regard] auf sich *(A)* ziehen.
◆ **se focaliser** *vp*: **se ~ sur qqch** *fig* sich auf etw *(A)* konzentrieren.

fœtal, e, aux [fetal, o] *adj* fötal.

fœtus [fetys] *nm* Fötus *der.*

foi [fwa] *nf* **-1.** RELIG Glaube *der;* **avoir la ~** gläubig sein. **-2.** [confiance] Vertrauen *das;* **avoir ~ en qqn** zu jm Vertrauen haben; **avoir ~ en qqch** in etw *(A)* Vertrauen haben. **-3.** *loc*: **ajouter ~ à qqch** *sout* etw *(D)* Glauben schenken; **ma ~** na ja; **faire ~** maßgebend sein; **être de bonne/mauvaise ~** aufrichtig/unehrlich sein; **sur la ~ de qqch** auf Grund von etw.

foie [fwa] *nm* Leber *die;* **~ gras** Gänseleberpastete *die;* **~ de veau** Kalbsleber; **~ de volaille** Geflügelleber; **avoir les ~s** *fam fig* Manschetten haben.

foin [fwɛ̃] *nm* Heu *das;* **faire du ~** *fam fig* Krach machen.

foire [fwar] *nf* **-1.** [marché] Markt *der.* **-2.** [fête foraine] Volksfest *das.* **-3.** [exposition, salon] Messe *die.* **-4.** *fam fig* [agitation] Rummel *der;* **~ d'empoigne** Gerangel *das;* **faire la ~** feiern.

foirer [3] [fware] *vt fam* schief|gehen.

foireux, euse [fwarø, øz] *adj fam* : **être ~** [plan] schief|gehen; [personne] unzuverlässig sein.

fois [fwa] *nf* **-1.** [gén] Mal *das;* **une ~ par jour** einmal am Tag; **cette ~** diesmal; **il était une ~** es war einmal; **pour une ~ (que)** wenn schon einmal; **pour la énième ~** zum x-tenmal; **une autre ~** ein andermal; **une (bonne) ~ pour toutes** ein für allemal; **une ~ n'est pas coutume** einmal ist keinmal. **-2.** [marque la multiplication] mal; **deux ~ trois** zwei mal drei; **deux ~ moins/plus nombreux** halb/doppelt so zahlreich; **faire qqch deux ~** etw zweimal machen.
◆ **à la fois** *loc adv* gleichzeitig.
◆ **une fois (que)** *loc conj*: **une ~ au lit** OU **que je suis au lit, je m'endors** wenn ich erst einmal im Bett liege, schlafe ich; **une ~ arrivé chez lui, il l'a oublié** als er zuhause ankam, hatte er es vergessen.

foison [fwazɔ̃]
◆ **à foison** *loc adv* in Hülle und Fülle.

foisonnement [fwazɔnmɑ̃] *nm* Überfülle *die.*

foisonner [3] [fwazɔne] *vi*: **~ (en qqch)** (von etw) wimmeln.

folâtre [fɔlatr] *adj* unbeschwert.

folâtrer [3] [fɔlatre] *vi* herum|tollen.

folichon, onne [fɔliʃɔ̃, ɔn] *adj*: **pas ~** *fam* nicht lustig.

folie [fɔli] *nf* Wahnsinn *der;* **à la ~** bis zum Wahnsinn; **avoir la ~ des grandeurs** größenwahnsinnig sein; **c'est de la ~** das ist doch Wahnsinn; **faire des ~s** sich in Unkosten stürzen.

folio [fɔljo] *nm* **-1.** [de manuscrit] Blatt *das.* **-2.** TYPO Seitenzahl *die.*

folk [fɔlk] ◇ *adj* Folk-. ◇ *nm* Folk *der.*

folklore [fɔlklɔr] *nm* [de pays] Folklore *die.*

folklorique [fɔlklɔrik] *adj* **-1.** [danse] Volks-. **-2.** *fig* [situation, personne] komisch.

folle → **fou.**

follement [fɔlmɑ̃] *adv* [très] irrsinnig.

follet → **feu.**

fomenter [3] [fɔmɑ̃te] *vt* schüren.

foncé, e [fɔ̃se] *adj* dunkel, Dunkel-.

foncer [16] [fɔ̃se] ◇ *vt* dunkler machen. ◇ *vi* **-1.** [teinte] dunkler werden. **-2.** [se ruer]: **~ sur qqn/qqch** auf jn/etw los|stürzen. **-3.** [se dépêcher] sich beeilen, schnell machen.

fonceur, euse [fɔ̃sœr, øz] *nm, f fam* Draufgänger *der,* -in *die.*

foncier, ère [fɔ̃sje, ɛr] *adj* **-1.** [impôt] Grund-. **-2.** [fondamental] grundlegend.

foncièrement [fɔ̃sjɛrmɑ̃] *adv* von Grund auf.

fonction [fɔ̃ksjɔ̃] *nf* **-1.** [gén] Funktion *die;* **faire ~ de qqch** als etw dienen; **être ~ de qqch** von etw ab|hängen. **-2.** [profession] Amt *das;* **se démettre de ses ~s** von seinem Amt zurück|treten; **entrer en ~** sein Amt an|treten; **~ publique** öffentlicher Dienst.
◆ **en fonction de** *loc prép* unter Berücksichtigung von, nach.

fonctionnaire [fɔ̃ksjɔnɛr] *nmf* Beamte *der,* -in *die;* **haut ~** hoher Beamter, hohe Beamtin.

fonctionnariat [fɔ̃ksjɔnarja] *nm* Beamtentum *das.*

fonctionnariser [3] [fɔ̃ksjɔnarize] *vt* verbeamten.

fonctionnel, elle [fɔ̃ksjɔnɛl] *adj* **-1.** [pratique] funktionell, zweckmäßig. **-2.** MÉD Funktions-.

fonctionnement [fɔ̃ksjɔnmɑ̃] *nm* Funktionieren *das.*

fonctionner [3] [fɔ̃ksjɔne] *vi* funktionieren.

fond [fɔ̃] *nm* **-1.** [partie inférieure] Boden *der (eines Gegenstandes)*; **c'est au ~ de la valise** es liegt ganz unten im Koffer; **~ d'artichaut** Artischockenboden; **un ~ de bouteille** ein Rest einer Flasche. **-2.** [arrière-plan] Hintergrund *der;* **dans le ~ du jardin** hinten im Garten; **au fin ~ de** im entlegensten Teil von; **~ sonore** Geräuschkulisse *die;* **le ~ de l'air** die Luft. **-3.** [essentiel, matière] Inhalt *der;* **le ~ de ma pensée** was ich wirklich denke. **-4.** SPORT: **course de ~** Langstreckenlauf *der.*

◆ **à fond** *loc adv* [soigneusement] gründlich.

◆ **au fond** *loc adv* **-1.** [au bout] (ganz) hinten. **-2.** [au-dessous] (ganz) unten. **-3.** [en fait] im Grunde genommen.

◆ **au fond de** *loc prép*: **au ~ de moi-même/lui-même** in meinem/seinem Innersten; **aller au ~ des choses** den Dingen auf den Grund gehen.

◆ **dans le fond** *loc adv* eigentlich.

◆ **de fond** *loc adj* gründlich.

◆ **de fond en comble** *loc adv* gründlich.

◆ **fond de teint** *nm* Make-up *das.*

fondamental, e, aux [fɔ̃damɑ̃tal, o] *adj* grundlegend.

fondamentalement [fɔ̃damɑ̃talmɑ̃] *adv* grundlegend.

fondamentaliste [fɔ̃damɑ̃talist] ◇ *adj* fundamentalistisch. ◇ *nmf* Fundamentalist *der,* -in *die.*

fondant, e [fɔ̃dɑ̃, ɑ̃t] *adj* **-1.** [au soleil] schmelzend. **-2.** [dans la bouche] im Munde zergehend.

◆ **fondant** *nm* Bonbon *der* OU *das.*

fondateur, trice [fɔ̃datœr, tris] *nm, f* Gründer *der,* -in *die.*

fondation [fɔ̃dasjɔ̃] *nf* **-1.** [création] Gründung *die.* **-2.** [de bienfaisance] Stiftung *die.*

◆ **fondations** *nfpl* CONSTR Fundamente *Pl.*

fondé, e [fɔ̃de] *adj* [crainte, reproche] begründet; **être ~ à faire qqch** bevollmächtigt sein, etw zu tun.

◆ **fondé de pouvoir** *nm* Bevollmächtigte *der, die.*

fondement [fɔ̃dmɑ̃] *nm* **-1.** [base, principe] Grundlage *die.* **-2.** [motif] Grund *der;* **sans ~** haltlos.

fonder [3] [fɔ̃de] *vt* **-1.** [créer] gründen. **-2.** [baser]: **~ qqch sur qqch** etw auf etw *(A)* stützen; **~ des espoirs sur qqn** in jn Hoffnungen setzen.

◆ **se fonder** *vp*: **se ~ sur qqch** sich auf etw *(A)* stützen.

fonderie [fɔ̃dri] *nf* Gießerei *die.*

fondis *etc* → **fondre.**

fondre [75] [fɔ̃dr] ◇ *vi* **-1.** [beurre, neige] schmelzen; [sucre, sel] sich auf|lösen; **faire ~** schmelzen lassen; **faire ~ le beurre** Butter zergehen lassen. **-2.** [dans la bouche] zergehen. **-3.** [s'attendrir] weich werden. **-4.** *fam* [maigrir] ab|nehmen. **-5.** [réserves] zusammen|schmelzen. **-6.** [se ruer]: **~ sur qqch** sich auf etw *(A)* stürzen. ◇ *vt* **-1.** [liquéfier] schmelzen; [sucre, sel] auf|lösen. **-2.** [objet] gießen. **-3.** [couleur] verschmelzen.

◆ **se fondre** *vp*: **se ~ dans qqch** in etw *(D)* unter|gehen.

fonds[1] *etc* → **fondre.**

fonds[2] [fɔ̃] ◇ *nm* **-1.** [bien immobilier] Grundstück *das;* **~ de commerce** Geschäft *das,* Handelsunternehmen *das.* **-2.** [capital placé] Kapital *das.* **-3.** [institution] Fonds *der.* ◇ *nmpl* Gelder *Pl;* **~ publics** Staatsgelder; **~ secrets** Geheimfonds *Pl.*

fondu, e [fɔ̃dy] *pp* → **fondre.**

◆ **fondu** *nm* [de couleurs] Abstufung *die;* **~ enchaîné** CIN Überblendung *die.*

◆ **fondue** *nf* Fondue *das;* **~e au fromage** OU **savoyarde** Käsefondue; **~e bourguignonne** Fleischfondue.

fongicide [fɔ̃ʒisid] ◇ *nm* Fungizid *das.* ◇ *adj* fungizid.

font [fɔ̃] → **faire.**

fontaine [fɔ̃tɛn] *nf* Brunnen *der.*

fontanelle [fɔ̃tanɛl] *nf* Fontanelle *die.*

fonte [fɔ̃t] *nf* **-1.** [de glace, de beurre] Schmelzen *das;* **~ des neiges** Schneeschmelze *die,* Tauwetter *das.* **-2.** [de métal] Verhüttung *die.* **-3.** [moulage] Grießen *das.* **-4.** [alliage] Gußeisen *das;* **en ~** gußeisern.

fonts [fɔ̃] *nmpl*: **~ baptismaux** Taufbecken *das.*

foot [fut] *nm fam* Fußball *der.*

football [futbol] *nm* Fußball *der;* **faire du** OU **jouer au ~** Fußball spielen; **~ américain** Football *der.*

footballeur, euse [futbolœr, øz] *nm, f* Fußballspieler *der,* -in *die.*

footing [futiŋ] *nm* Jogging *das;* **faire du ~** joggen.

for [fɔr] *nm*: **dans mon/ton etc ~ intérieur** in meinem/deinem etc Innersten.

FOR (*abr de* **forint**) Ft.

forage [fɔraʒ] *nm* **-1.** [action] Bohren *das.* **-2.** [résultat] Bohrung *die.*

forain, e [fɔrɛ̃, ɛn] *adj*: **fête ~e** Jahrmarkt *der*.
◆ **forain** *nm* **-1.** [marchand] Jahrmarktshändler *der*, -in *die*. **-2.** [artiste] Künstler *der*, -in *die (auf einem Jahrmarkt)*.
forban [fɔrbɑ̃] *nm* **-1.** [corsaire] Freibeuter *der*. **-2.** [escroc] Gauner *der*, -in *die*.
forçat [fɔrsa] *nm* Sträfling *der*.
force [fɔrs] *nf* **-1.** [résistance, PHYS] Kraft *die*; **avoir de la ~** Kraft haben; **il est à bout de ~** er ist am Ende seiner Kräfte; **~ centrifuge** Zentrifugalkraft; **~ d'inertie** Trägheit *die*. **-2.** [vigueur] Stärke *die*; **être une ~ de la nature** bärenstark sein; **~ de caractère** Charakterstärke; **dans la ~ de l'âge** in den besten Jahren. **-3.** [violence] Gewalt *die*; **par la ~ des choses** zwangsläufig; **en ~** zahlreich. **-4.** MIL Streitmacht *die*; **~ de dissuasion** Abschreckungsstreitmacht; **~ de frappe** Atomstreitmacht. **-5.** COMM: **~ de vente** Verkaufsteam *das*.
◆ **forces** *nfpl* **-1.** [physique] Kräfte *Pl*; **de toutes mes** OU **tes** OU **ses etc ~s** mit allen Kräften; **recouvrer ses ~s** wieder zu Kräften kommen; **reprendre des ~s** seine Kraft zurück|gewinnen. **-2.** [organisation]: **les ~s armées** die Streitkräfte; **les ~s de l'ordre** die Polizei.
◆ **à force de** *loc prép* mit viel; **à ~ de courir** vom vielen Laufen.
forcé, e [fɔrse] *adj*: **atterrissage ~** Notlandung *die*; **sourire ~** gezwungenes Lächeln.
forcément [fɔrsemɑ̃] *adv* **-1.** [obligatoirement] zwangsläufig. **-2.** [évidemment] natürlich.
forcené, e [fɔrsəne] ◇ *adj* **-1.** [haine, critique] rasend. **-2.** [travail, partisan] verbissen. ◇ *nm, f* Wahnsinnige *der, die*; **comme un ~** *fig* wie ein Verrückter.
forceps [fɔrsɛps] *nm* Geburtszange *die*.
forcer [16] [fɔrse] ◇ *vt* **-1.** [obliger]: **~ qqn à qqch** jn zu etw zwingen; **~ qqn à faire qqch** jn zwingen, etw zu tun; **~ l'admiration** Bewunderung hervor|rufen. **-2.** [serrure] auf|brechen. ◇ *vi* **-1.** [abuser]: **~ sur qqch** *fam* von etw zuviel nehmen. **-2.** [se surmener] sich überanstrengen. **-3.** [insister]: **~ pour faire qqch** etw mit Gewalt tun.
◆ **se forcer** *vp*: **se ~ à faire qqch** sich zwingen, etw zu tun.
forcing [fɔrsiŋ] *nm*: **faire le ~** SPORT das Tempo beschleunigen; **faire du ~** *fig* sich stark ein|setzen.
forcir [32] [fɔrsir] *vi* zu|nehmen.
forer [3] [fɔre] *vt* **-1.** [puits] bohren. **-2.** [roche] an|bohren.
forestier, ère [fɔrɛstje, ɛr] *adj* **-1.** [végétation] Wald-. **-2.** [exploitation] Forst-.
◆ **forestier** *nm* Förster *der*.
foret [fɔrɛ] *nm* Bohrer *der*.
forêt [fɔrɛ] *nf* Wald *der*; **~ vierge** Urwald; **une ~ de** *fig* ein Wald von.
◆ **Forêt Noire** *nf*: **la Forêt Noire** der Schwarzwald.
foreuse [fɔrøz] *nf* Bohrmaschine *die*.
forfait [fɔrfɛ] *nm* **-1.** [prix fixe] Pauschalpreis *der*. **-2.** *sout* [crime] Schandtat *die*. **-3.** SPORT: **déclarer ~** auf|geben.
forfaitaire [fɔrfɛtɛr] *adj* Pauschal-.
forfanterie [fɔrfɑ̃tri] *nf sout* Aufschneiderei *die*.
forge [fɔrʒ] *nf* Schmiede *die*.
forger [17] [fɔrʒe] *vt* **-1.** [métal, plan] schmieden. **-2.** [caractère] prägen. **-3.** [excuse] erfinden.
◆ **se forger** *vp* **-1.** [réputation] sich erwerben. **-2.** [idéal] sich schaffen.
forgeron [fɔrʒərɔ̃] *nm* Schmied *der*.
formaliser [3] [fɔrmalize] *vt* formalisieren.
◆ **se formaliser** *vp*: **se ~ (de qqch)** Anstoß (an etw *(D)*) nehmen.
formaliste [fɔrmalist] *adj* formalistisch.
formalité [fɔrmalite] *nf* **-1.** [procédure] Formalität *die*; **les ~s d'usage** die üblichen Formalitäten; **ce n'est qu'une ~** das ist eine reine Formsache. **-2.** [convention] Förmlichkeit *die*.
format [fɔrma] *nm* Format *das*; **grand ~** Großformat; **petit ~** Kleinformat.
formatage [fɔrmataʒ] *nm* Formatieren *das*.
formater [3] [fɔrmate] *vt* INFORM formatieren.
formateur, trice [fɔrmatœr, tris] ◇ *nm, f* Ausbilder *der*, -in *die*. ◇ *adj* Ausbildungs-.
formation [fɔrmasjɔ̃] *nf* **-1.** [apprentissage, élaboration] Bildung *die*; **~ continue** Fortbildung; **~ professionnelle** Berufsausbildung. **-2.** [de parti, d'entreprise] Gründung *die*. **-3.** [groupe] Verband *der*.
forme [fɔrm] *nf* Form *die*; **en ~ de cercle** kreisförmig; **sous ~ de lettre** in Briefform; **en ~** in Form; **en pleine ~** in Hochform; **prendre ~** Gestalt an|nehmen; **sous toutes ses ~s** in allen seinen OU ihren Erscheinungsformen; **~ passive** Passivform; **~ pronominale** Pronominalform; **en bonne et due ~** vorschriftsmäßig; **faire qqch dans les ~s** etw vorschriftsmäßig machen; **pour la ~** der Form halber; **sans autre ~ de procès** kurzerhand.
formel, elle [fɔrmɛl] *adj* **-1.** [clair, définitif] ausdrücklich. **-2.** [de convention] formell.
formellement [fɔrmɛlmɑ̃] *adv* **-1.** [refuser] ausdrücklich. **-2.** [raisonner] logisch.
former [3] [fɔrme] *vt* **-1.** [constituer, créer] bilden. **-2.** [représenter] dar|stellen. **-3.** [plan, projet] entwerfen. **-4.** [personnel, élèves, goût, sensibilité] aus|bilden.

◆ **se former** *vp* sich bilden.
Formica® [fɔrmika] *nm* ≈ Resopal® *das.*
formidable [fɔrmidabl] *adj* **-1.** [épatant] toll. **-2.** [incroyable] unglaublich.
formol [fɔrmɔl] *nm* Formaldehyd *das.*
formosan, e [fɔrmɔzɑ̃, an] *adj* Formosa-, aus OU von Formosa.
◆ **Formosan, e** *nm, f* Bewohner *der,* -in *die* von Formosa.
Formose [fɔrmoz] *n* Formosa *nt;* **à ~** auf Formosa.
formulaire [fɔrmylɛr] *nm* Formular *das;* **remplir un ~** ein Formular aus|füllen.
formulation [fɔrmylasjɔ̃] *nf* Formulierung *die.*
formule [fɔrmyl] *nf* **-1.** [gén] Formel *die;* **~ chimique** chemische Formel; **~ de politesse** Höflichkeitsformel. **-2.** [méthode] Methode *die;* **nouvelle ~** neuartig, neu.
◆ **formule 1** *nf* Formel-1 *die.*
formuler [3] [fɔrmyle] *vt* äußern.
forniquer [3] [fɔrnike] *vi* RELIG OU *hum* Unzucht treiben.
forsythia [fɔrsisja] *nm* Forsythie *die.*
fort, e [fɔr, fɔrt] *adj* **-1.** [gén] stark; **le plus ~, c'est que** das Schönste daran ist, daß; **c'est un peu ~!** *fam* das geht zu weit!; **c'est plus ~ que moi** ich kann einfach nicht anders. **-2.** [corpulent] korpulent. **-3.** [doué]: **être ~ (en qqch)** (in etw *(D)*) gut sein. **-4.** [voix] laut, kräftig. **-5.** [somme, fièvre] hoch. **-6.** [matériau] fest, widerstandsfähig.
◆ **fort** ◇ *adv* **-1.** [frapper] fest. **-2.** [sonner, parler] laut. **-3.** *sout* [très] sehr; **tu le sais ~ bien** das weißt du ganz genau; **je doute ~ qu'il vienne** ich zweifle stark daran, daß er kommt; **avoir ~ à faire** es nicht leicht haben. ◇ *nm* **-1.** [château] Fort *das.* **-2.** [personne]: **un ~ en qqch** ein As in etw *(D).* **-3.** [spécialité]: **ce n'est pas mon ~** das ist nicht meine Stärke.
◆ **au plus fort de** *loc prép*: **au plus ~ de qqch** auf dem Höhepunkt einer Sache *(G);* **au plus ~ de l'été** im Hochsommer; **au plus ~ de l'hiver** im tiefsten Winter.
fortement [fɔrtəmɑ̃] *adv* **-1.** [très, beaucoup] stark, sehr. **-2.** [avec force] fest.
forteresse [fɔrtərɛs] *nf* Festung *die.*
fortifiant, e [fɔrtifjɑ̃, ɑ̃t] *adj* stärkend.
◆ **fortifiant** *nm* Stärkungsmittel *das.*
fortification [fɔrtifikasjɔ̃] *nf* Befestigungsanlage *die.*
fortifier [9] [fɔrtifje] *vt* **-1.** [personne] stärken. **-2.** [confirmer]: **~ qqn dans qqch** jn in etw *(D)* bestärken. **-3.** [ville] befestigen.
fortiori [fɔrsjɔri]
◆ **a fortiori** *loc adv* erst recht.
fortuit, e [fɔrtɥi, it] *adj* zufällig, unvorhergesehen.
fortune [fɔrtyn] *nf* **-1.** [richesse] Vermögen *das;* **faire ~** zu Geld kommen. **-2.** *littéraire* [hasard] Schicksal *das.*
fortuné, e [fɔrtyne] *adj* **-1.** [riche] vermögend. **-2.** *littéraire* [chanceux] glücklich.
forum [fɔrɔm] *nm* Forum *das.*
fosse [fos] *nf* Grube *die;* **~ septique** Klärgrube; **~ aux lions** Löwengrube; **~ d'orchestre** Orchestergraben *der;* **~ commune** Sammelgrab *das.*
fossé [fose] *nm* **-1.** [ravin] Graben *der.* **-2.** *fig* [écart] Kluft *die.*
fossette [fosɛt] *nf* Grübchen *das.*
fossile [fosil] ◇ *adj* fossil. ◇ *nm* **-1.** [d'animal, de plante] Fossil *das.* **-2.** *péj* [personne]: **un vieux ~** ein alter Knacker.
fossoyeur, euse [foswajœr, øz] *nm, f* Totengräber *der,* -in *die.*
fou, folle [fu, fɔl] ◇ *adj* (**fol** *devant voyelle ou h muet*) **-1.** [gén] verrückt, wahnsinnig; **~ à lier** völlig übergeschnappt; **~ furieux** rasend vor Wut; **être ~ de qqn/qqch** nach jm/auf etw *(A)* verrückt sein; **être ~ de joie** außer sich *(D)* vor Freude sein. **-2.** [succès, charme] wahnsinnig. **-3.** [déraisonnable - espoir, passion] töricht; [- dépense] unvernünftig. ◇ *nm, f* Verrückte *der, die;* **faire le ~** Blödsinn machen.
foudre [fudr] *nf* Blitz *der;* **la ~ est tombée sur le toit** der Blitz hat in das Dach eingeschlagen; **s'attirer les ~s de qqn** *fig* js Unwillen auf sich *(A)* ziehen.
foudroyant, e [fudrwajɑ̃, ɑ̃t] *adj* **-1.** [progrès, vitesse] rasant; [succès] durchschlagend. **-2.** [regard] vernichtend. **-3.** [nouvelle] verblüffend.
foudroyer [13] [fudrwaje] *vt* **-1.** [sujet: foudre]: **être foudroyé** vom Blitz getroffen werden. **-2.** [sujet: personne]: **~ qqn du regard** jm vernichtende Blicke zu|werfen. **-3.** [sujet: maladie] dahin|raffen.
fouet [fwɛ] *nm* **-1.** [en cuir] Peitsche *die.* **-2.** [CULIN - manuel] Schneebesen *der;* [- de batteur] Quirl *der.* **-3.** *loc*: **de plein ~** frontal; **prendre la pluie de plein ~** den Regen voll ins Gesicht bekommen.
fouetter [4] [fwete] *vt* **-1.** [battre] aus|peitschen; **~ un animal** einem Tier die Peitsche geben. **-2.** [cingler]: **~ qqch** gegen etw peitschen; **~ le visage** ins Gesicht schlagen. **-3.** *fig* [stimuler] an|regen.
fougasse [fugas] *nf eine Art flaches, gefülltes Brot (im Ofen oder in der Asche gebacken).*
fougère [fuʒɛr] *nf* Farn *der.*

fougue [fug] *nf* Schwung *der*.
fougueux, euse [fugø, øz] *adj* schwungvoll.
fouille [fuj] *nf* **-1.** [de personne, de maison, de bagage] Durchsuchung *die*. **-2.** [du sol] Ausgrabung *die*; **faire des ~s** Ausgrabungen machen. **-3.** *fam* [poche] Tasche *die*.
fouiller [3] [fuje] ◇ *vt* **-1.** [personne, bagage, maison] durch|suchen; [région] ab|suchen. **-2.** *fig* [approfondir] durch|ackern. ◇ *vi*: **~ dans qqch** in etw *(D)* (herum|)wühlen.
fouillis [fuji] *nm* Durcheinander *das*.
fouine [fwin] *nf* Steinmarder *der*.
fouiner [3] [fwine] *vi fam* herum|schnüffeln.
foulard [fular] *nm* Halstuch *das*.
foule [ful] *nf* **-1.** [de personnes] (Menschen)-menge *die*; **se fondre dans la ~** in der Menge unter|tauchen; **en ~** massenweise, scharenweise; **attirer les ~s** die Massen an|ziehen. **-2.** [peuple] Masse *die*. **-3.** *fig* [multitude]: **une ~ de solutions** eine Menge Lösungen.
foulée [fule] *nf* Schritt *der*; **dans la ~** *fig* in einem Aufwasch.
fouler [3] [fule] *vt* **-1.** [sol] betreten. **-2.** [raisin] keltern. **-3.** [tissu, cuir] walken.
◆ **se fouler** *vp* **-1.** [se faire mal]: **se ~ qqch** sich *(D)* etw verstauchen. **-2.** *loc*: **ne pas se ~** *fam* sich *(D)* kein Bein aus|reißen.
foulure [fulyr] *nf* Verstauchung *die*.
four [fur] *nm* **-1.** [de cuisson] (Back)ofen *der*; **cuit au ~** [viande] (im Backofen) gebraten; [gâteau] gebacken; **~ électrique** Elektroofen; **~ crématoire** Verbrennungsofen (eines Konzentrationslagers); **être au ~ et au moulin** *fig* auf allen Hochzeiten tanzen; **ne pas pouvoir être au ~ et au moulin** nicht auf zwei Hochzeiten tanzen können; **noir comme dans un ~** *fig* stockdunkel. **-2.** [échec] Fiasko *das*; **faire un ~** durch|fallen.
fourbe [furb] *sout* ◇ *adj* arglistig. ◇ *nmf* Heuchler *der*, -in *die*.
fourbi [furbi] *nm fam* **-1.** [attirail] Krempel *der*. **-2.** [fouillis] Durcheinander *das*.
fourbir [32] [furbir] *vt* polieren; **~ ses armes** *fig* sich wappnen.
fourbu, e [furby] *adj* erschöpft.
fourche [furʃ] *nf* **-1.** [outil] Gabel *die*. **-2.** [de route] Gabelung *die*. **-3.** [de cheveu] Spliß *der (sans pl)*. **-4.** *Belg* [temps libre] Freistunde *die (1-2 Std.)*.
fourcher [3] [furʃe] *vi*: **ma langue a fourché** ich habe mich versprochen.
fourchette [furʃɛt] *nf* **-1.** [de couvert] Gabel *die*. **-2.** *fig* [écart] Spanne *die*.
fourchu, e [furʃy] *adj* [arbre] gegabelt; [pied] gespalten, Spalt-.
fourgon [furgɔ̃] *nm* **-1.** [camionnette] Kastenwagen *der*; **~ mortuaire** Leichenwagen *der*. **-2.** [ferroviaire] Wagen *der*.
fourgonnette [furgɔnɛt] *nf* Kastenwagen *der*.
fourguer [3] [furge] *vt fam* : **~ qqch à qqn** jm etw an|drehen.
fourmi [furmi] *nf* Ameise *die*; **j'ai des ~s dans les jambes/bras** *fig* meine Beine/Arme sind (mir) eingeschlafen.
fourmilière [furmiljɛr] *nf* Ameisenhaufen *der*.
fourmillement [furmijmɑ̃] *nm* **-1.** [d'insectes, de personnes] Gewimmel *das*; **~ d'idées** Ideenfülle *die*. **-2.** [picotement]: **des ~s** Kribbeln *das (sans pl)*.
fourmiller [3] [furmije] *vi*: **qqch fourmille de qqch** etw wimmelt von etw; **les fautes fourmillent dans son texte** in seinem Text wimmelt es von Fehlern.
fournaise [furnɛz] *nf* **-1.** [feu] loderndes Feuer. **-2.** [lieu] Brutkasten *der*.
fourneau, x [furno] *nm* **-1.** [cuisinière] Herd *der*. **-2.** *vieilli* [poêle] Ofen *der*. **-3.** [de pipe] Kopf *der*.
fournée [furne] *nf* Schub *der*.
fourni, e [furni] *adj* **-1.** [barbe, cheveux] dicht. **-2.** [magasin] mit einem reichhaltigen Angebot.
fournil [furnil] *nm* Backstube *die*.
fournir [32] [furnir] ◇ *vt* **-1.** [procurer]: **~ qqch à qqn** jm etw geben; [excuse, preuve] jm etw liefern. **-2.** [produire - effort] machen; [- travail] leisten. **-3.** [approvisionner]: **~ (en qqch)** (mit etw) beliefern; **~ en eau potable** mit Trinkwasser versorgen. ◇ *vi*: **~ à qqch** (ganz OU teilweise) für etw auf|kommen.
◆ **se fournir** *vp* ein|kaufen; **se ~ en qqch** etw kaufen.
fournisseur, euse [furnisœr, øz] *nm, f* [fabricant] Lieferant *der*, -in *die*; [commerçant] Händler *der*, -in *die*.
fourniture [furnityr] *nf* Lieferung *die*.
◆ **fournitures** *nfpl*: **~s de bureau** Bürobedarf *der (sans pl)*; **~s scolaires** Schulbedarf *der (sans pl)*.
fourrage [furaʒ] *nm* Futter *das*.
fourrager[1] [17] [furaʒe] *vi fam* : **~ dans un tiroir** in einer Schublade herum|wühlen; **~ dans sa barbe** seinen Bart zerwühlen OU zerzausen.
fourrager[2], ère [furaʒe, ɛr] *adj* Futter-.
fourré [fure] *nm* Dickicht *das*.
fourreau, x [furo] *nm* **-1.** [étui - de parapluie] Hülle *die*; [- d'épée] Scheide *die*. **-2.** [robe] Etuikleid *das*.
fourrer [3] [fure] *vt* **-1.** CULIN füllen. **-2.** [vêtement] füttern. **-3.** *fam* [mettre] hin|stecken; **où as-tu bien pu ~ les clés**? wo hast du die

Schlüssel nur hingesteckt?; **~ qqch dans qqch** etw in etw *(A)* stopfen.
◆ **se fourrer** *vp fam* : **se ~ dans le pétrin** sich *(D)* etwas ein|brocken; **se ~ une idée dans la tête** sich *(D)* etw in den Kopf setzen; **ne plus savoir où se ~** am liebsten in den Boden versinken wollen.
fourre-tout [furtu] *nm inv* **-1.** [pièce] Rumpelkammer *die*. **-2.** [sac] Campingbeutel *der*. **-3.** *fig* & *péj* [d'idées] Allerlei *das*, Sammelsurium *das*.
fourreur [furœr] *nm* [fabricant] Kürschner *der*, -in *die*; [marchand] Pelzhändler *der*, -in *die*.
fourrière [furjɛr] *nf* **-1.** [pour animaux] Tierheim *das*. **-2.** [pour voitures] Abschleppdienst *der*; [dépôt] *Sammelplatz für abgeschleppte Kraftfahrzeuge*; **mettre à la ~** ab|schleppen.
fourrure [furyr] *nf* Pelz *der*; **fausse ~** Pelzimitation *die*.
fourvoyer [13] [furvwaje]
◆ **se fourvoyer** *vp sout* **-1.** [se tromper] sich irren. **-2.** [s'égarer]: **se ~ dans qqch** sich in etw *(A)* verirren.
foutaise [futɛz] *nf fam* Quatsch *der (sans pl)*.
foutoir [futwar] *nm fam* Saustall *der*.
foutre [116] [futr] *vt tfam* **-1.** [mettre] schmeißen, stopfen; **~ dehors** raus|schmeißen. **-2.** [donner]: **~ la trouille à qqn** jm Angst ein|jagen; **~ une baffe à qqn** jm eine (Ohrfeige) verpassen. **-3.** [faire]: **ne rien ~** keinen Schlag tun; **j'en ai rien à ~** das kümmert mich einen Dreck.
◆ **se foutre** *vp tfam* **-1.** [se mettre]: **se ~ dans une situation impossible** sich in eine unmögliche Lage bringen. **-2.** [se moquer]: **se ~ (de la gueule) de qqn** sich über jn lustig machen. **-3.** [ne pas s'intéresser]: **il se fout de tout** ihm ist alles egal; **il s'en fout!** es ist ihm egal!
foutu, e [futy] *adj fam* **-1.** [maudit] verdammt; [caractère] schwierig. **-2.** [conçu]: **bien ~** [projet] prima; [personne] gut gebaut. **-3.** [malade]: **être ~** am Ende sein. **-4.** [gâché]: **être ~** hinüber OU im Eimer sein. **-5.** [capable]: **être ~ de faire qqch** in der Lage OU imstande sein, etw zu tun.
fox-terrier [fɔksterje] *(pl* **fox-terriers**) *nm* Foxterrier *der*.
foyer [fwaje] *nm* **-1.** [famille] Zuhause *das*; **fonder un ~** eine Familie gründen. **-2.** [résidence] Wohnheim *das*; [de personnes âgées] Altersheim *das*. **-3.** [de cheminée] Feuerstelle *die*. **-4.** [de lunettes]: **à double ~** mit Bifokalgläsern. **-5.** *fig* [point central] Herd *der*.
FPLP *(abr de* **Front populaire de libération de la Palestine**) *nm palästinensische Befreiungsorganisation*.
frac [frak] *nm* Frack *der*.
fracas [fraka] *nm* Krachen *das*.
fracassant, e [frakasɑ̃, ɑ̃t] *adj* **-1.** [bruyant] krachend. **-2.** *fig* [sensationnel] spektakulär.
fracasser [3] [frakase] *vt* zerschmettern; [porte] ein|schlagen.
◆ **se fracasser** *vp*: **se ~ contre** OU **sur qqch** an etw *(D)* zerschellen.
fraction [fraksjɔ̃] *nf* **-1.** MATHS Bruch *der*. **-2.** [portion] Teil *der*; **une ~ de seconde** ein Bruchteil einer Sekunde.
fractionner [3] [fraksjɔne] *vt* auf|teilen.
◆ **se fractionner** *vp* sich zerspalten.
fracture [fraktyr] *nf* Bruch *der*; **~ du crâne** Schädelbruch.
fracturer [3] [fraktyre] *vt* **-1.** MÉD brechen. **-2.** [coffre, serrure] auf|brechen.
◆ **se fracturer** *vp*: **se ~ qqch** sich *(D)* etw brechen.
fragile [fraʒil] *adj* **-1.** [cassant] zerbrechlich. **-2.** [délicat] empfindlich; [santé] labil. **-3.** [peu stable] wacklig.
fragiliser [3] [fraʒilize] *vt* schwächen.
fragilité [fraʒilite] *nf* **-1.** [d'objet] Zerbrechlichkeit *die*. **-2.** [de personne] Empfindlichkeit *die*. **-3.** [d'équilibre] Unbeständigkeit *die*.
fragment [fragmɑ̃] *nm* **-1.** [de verre] Scherbe *die*; [de roche, d'os] Splitter *der*. **-2.** [d'œuvre] Auszug *der*; [de conversation] Bruchstück *das*.
fragmentaire [fragmɑ̃tɛr] *adj* bruchstückhaft.
fragmenter [3] [fragmɑ̃te] *vt* unterteilen.
◆ **se fragmenter** *vp* sich unterteilen.
fraîche → **frais**.
fraîchement [frɛʃmɑ̃] *adv* **-1.** [récemment] frisch. **-2.** [froidement] kühl.
fraîcheur [frɛʃœr] *nf* **-1.** [gén] Frische *die*. **-2.** [froideur] Kühle *die*.
fraîchir [32] [frɛʃir] *vi* [temps] kühler werden; [vent] auf|frischen.
frais[1] [frɛ] *nmpl* Kosten *Pl*; **faire des ~** sich in Unkosten stürzen; **rentrer dans ses ~** die Kosten decken; **à peu de/à grands ~** mit geringem/hohem Kostenaufwand; **faux ~** Nebenkosten; **~ généraux** Gemeinkosten; **~ de justice** Gerichtskosten; **~ de représentation** Repräsentationsspesen *Pl*; **faire les ~ de qqch** *fig* für etw bezahlen müssen.
frais[2], fraîche [frɛ, frɛʃ] *adj* **-1.** [gén] frisch; **être ~ émoulu de l'université** frisch von der Uni(versität) kommen; **~ et dispos** frisch und munter. **-2.** [froid] kühl; **'servir ~'** 'kühl servieren'.
◆ **frais** ◇ *nm*: **mettre qqch au ~** etw kalt stellen; **prendre le ~** frische Luft schnappen. ◇ *adv*: **il fait ~** es ist kühl.
fraise [frɛz] *nf* **-1.** [fruit] Erdbeere *die*; **~ des bois** Walderdbeere. **-2.** [outil - de dentiste] Bohrer *der*; [- de menuisier] Fräse *die*.

fraiser [4] [freze] *vt* fräsen.
fraiseuse [frezøz] *nf* Fräsmaschine *die*, Fräse *die*.
fraisier [frezje] *nm* **-1.** [plante] Erdbeere *die*. **-2.** [gâteau] Erdbeerkuchen *der*.
framboise [frɑ̃bwaz] *nf* Himbeere *die*.
framboisier [frɑ̃bwazje] *nm* **-1.** [plante] Himbeerstrauch *der*. **-2.** [gâteau] Himbeerkuchen *der*.
franc, franche [frɑ̃, frɑ̃ʃ] *adj* offen.
◆ **franc** *nm* Franc *der*; **ancien/nouveau ~** alter/neuer Franc; **~ français/belge** französischer/belgischer Franc; **~ suisse** Schweizer Franken.
français, e [frɑ̃sɛ, ɛz] *adj* französisch.
◆ **français** *nm* [langue] Französisch(e) *(das)*.
◆ **Français, e** *nm, f* Franzose *der*, -zösin *die*; **~ moyen** Durchschnittsfranzose *der*, -zösin *die*.
France [frɑ̃s] *nf*: **la ~** Frankreich *nt*.
France 2 [frɑ̃sdø] *n französische staatliche Fernsehanstalt des 2. Programms.*
France 3 [frɑ̃strwa] *n französische staatliche Fernsehanstalt des 3. Programms.*
France-Inter [frɑ̃sɛ̃tɛr] *n staatlicher französischer Rundfunksender.*
franche → **franc**.
Franche-Comté [frɑ̃ʃkɔ̃te] *nf*: **la ~** die Franche-Comté, die Freigrafschaft (Burgund).
franchement [frɑ̃ʃmɑ̃] *adv* **-1.** [sincèrement] offen; **~, qu'en dites-vous**? jetzt mal ganz ehrlich, was sagen Sie dazu? **-2.** [carrément]: **c'est ~ insuffisant** das ist einfach unzureichend; **y aller ~** nicht zimperlich sein. **-3.** [tout à fait] wirklich.
franchir [32] [frɑ̃ʃir] *vt* **-1.** [obstacle] überwinden. **-2.** [distance] zurück|legen. **-3.** [passer]: **~ qqch** [porte] durch etw schreiten; [seuil] über etw *(A)* schreiten.
franchise [frɑ̃ʃiz] *nf* **-1.** [sincérité] Offenheit *die*, Ehrlichkeit *die*. **-2.** COMM Franchise *die*. **-3.** [d'assurance] Selbstbeteiligung *die*. **-4.** [détaxe]: **~ postale** Portofreiheit *die (sans pl)*; **~ douanière** Zollfreiheit *die (sans pl)*.
franciscain, e [frɑ̃siskɛ̃, ɛn] ◇ *adj* franziskanisch. ◇ *nm, f* Franziskaner *der*, -in *die*.
franciser [3] [frɑ̃size] *vt* franzö(si)sieren.
franc-jeu [frɑ̃ʒø] *(pl* **francs-jeux**) *nm*: **jouer ~** mit offenen Karten spielen.
franc-maçon, onne [frɑ̃masɔ̃, ɔn] (*mpl* **francs-maçons,** *fpl* **franc-maçonnes**) *adj* freimaurerisch.
◆ **franc-maçon** *nm* Freimaurer *der*.
franc-maçonnerie [frɑ̃masɔnri] (*pl* **franc-maçonneries**) *nf* Freimaurerei *die*.
franco [frɑ̃ko] *adv* **-1.** *fam* [franchement]: **y aller ~** sich *(D)* keinen Zwang an|tun. **-2.** COMM: **~ de port** gebührenfrei.
francophile [frɑ̃kɔfil] ◇ *nmf* Frankreichliebhaber *der*, -in *die*. ◇ *adj* frankophil, franzosenfreundlich.
francophone [frɑ̃kɔfɔn] ◇ *adj* frankophon, französischsprechend. ◇ *nmf* Französischmuttersprachler *der*, -in *die*.
francophonie [frɑ̃kɔfɔni] *nf* frankophone Sprachgemeinschaft.

FRANCOPHONIE:
Die "francophonie" ist ein kulturelles und politisches Konzept, das darauf abzielt, die französischen Sprachgemeinschaften in der ganzen Welt zu fördern und einen französischsprachigen "Commonwealth" mit einer starken Identität zu schaffen.

---

franc-parler [frɑ̃parle] (*pl* **francs-parlers**) *nm*: **avoir son ~** kein Blatt vor den Mund nehmen.
franc-tireur [frɑ̃tirœr] (*pl* **francs-tireurs**) *nm* **-1.** MIL Freischärler *der*. **-2.** *fig* [indépendant] Einzelkämpfer *der*.
frange [frɑ̃ʒ] *nf* **-1.** [de cheveux] Pony *der*. **-2.** [de vêtement] Fransen *Pl*. **-3.** [minorité] Randgruppe *die*.
frangin, e [frɑ̃ʒɛ̃, in] *nm, f fam* [frère] Bruderherz *das*; [sœur] Schwesterherz *das*.
frangipane [frɑ̃ʒipan] *nf marzipanartige Creme zum Füllen von Backwaren.*
franglais [frɑ̃glɛ] *nm von Anglizismen durchzogenes Französisch.*
franquette [frɑ̃kɛt]
◆ **à la bonne franquette** *loc adv* einfach *(adj)*.
frappant, e [frapɑ̃, ɑ̃t] *adj* beeindruckend; [ressemblance] verblüffend.
frappe [frap] *nf* **-1.** [de monnaie] Prägung *die*. **-2.** [de texte] Anschlag *der*. **-3.** [de boxeur] Schlagkraft *die*. **-4.** *fam* [voyou] Gauner *der*, Ganove *der*.
frappé, e [frape] *adj* **-1.** [boisson] frappiert. **-2.** *fam* [personne] nicht ganz dicht.
frapper [3] [frape] ◇ *vt* **-1.** [cogner] schlagen; **~ du pied** mit dem Fuß auf|stampfen. **-2.** [toucher] treffen. **-3.** [impressionner] beeindrucken. **-4.** [monnaie] prägen. **-5.** [boisson] kalt stellen, frappieren. ◇ *vi* an|klopfen; **'~ avant d'entrer'** 'bitte klopfen'.
frasques [frask] *nfpl* Dummheiten *Pl*; **~ de jeunesse** Jugendsünden *Pl*.
fraternel, elle [fraternɛl] *adj* [entre frères et sœurs] Geschwister-, geschwisterlich; [entre frères] Bruder-, brüderlich; [entre sœurs] Schwester-, schwesterlich.
fraterniser [3] [fraternize] *vi*: **~ avec qqn** sich mit jm verbrüdern.
fraternité [fraternite] *nf* Brüderlichkeit *die*.
fratricide [fratrisid] ◇ *nmf* [de frère] Bruder-

mörder *der*, -in *die*; [de sœur] Schwestermörder *der*, -in *die*. ◇ *adj* brudermörderisch; **guerre ~** Bruderkrieg *der*.

fraude [frod] *nf* Betrug *der*; **passer qqch en ~** etw schmuggeln; **~ électorale** Wahlbetrug; **~ fiscale** Steuerhinterziehung *die*, Steuerbetrug; **~ informatique** Computerkriminalität *die*.

frauder [3] [frode] ◇ *vt* betrügen; **~ le fisc** Steuern hinterziehen. ◇ *vi* betrügen.

fraudeur, euse [frodœr, øz] *nm, f* Betrüger *der*, -in *die*.

frauduleux, euse [frodylø, øz] *adj* betrügerisch.

frayer [11] [frɛje] ◇ *vt*: **~ la voie à qqn** jm den Weg bahnen. ◇ *vi*: **~ avec qqn** mit jm verkehren.

◆ **se frayer** *vp*: **se ~ un chemin (à travers qqch)** sich *(D)* (durch etw) einen Weg bahnen.

frayeur [frɛjœr] *nf* Angst *die*.

fredaines [frədɛn] *nfpl* Streiche *Pl*.

fredonner [3] [frədɔne] *vt* & *vi* summen.

freezer [frizœr] *nm* Gefrierfach *das*.

frégate [fregat] *nf* **-1.** [bateau] Fregatte *die*. **-2.** [oiseau] Fregattvogel *der*.

frein [frɛ̃] *nm* Bremse *die*; **~ à main** Handbremse; **~ moteur** Motorbremse; **mettre un ~ à qqch** *fig* einer Sache *(D)* Einhalt gebieten; **ronger son ~** *fig* seinen Ärger hinunter|schlukken.

freinage [frɛnaʒ] *nm* Bremsung *die*.

freiner [4] [frene] *vt* & *vi* bremsen.

frelaté, e [frəlate] *adj* **-1.** [vin] verfälscht. **-2.** [société] verdorben.

frêle [frɛl] *adj* **-1.** [personne] zart. **-2.** [espoir] schwach. **-3.** [construction] klapprig.

frelon [frəlɔ̃] *nm* Hornisse *die*.

freluquet [frəlykɛ] *nm péj* Fatzke *der*.

frémir [32] [fremir] *vi* **-1.** [personne] zittern; [feuille] rascheln. **-2.** [eau chaude] singen, summen.

frémissement [fremismɑ̃] *nm* **-1.** [de personne, du corps] Zittern *das*. **-2.** [d'eau chaude] Singen *das*, Summen *das*.

frêne [frɛn] *nm* Esche *die*.

frénésie [frenezi] *nf* Raserei *die*; **travailler avec ~** wie ein Besessener arbeiten.

frénétique [frenetik] *adj* **-1.** [applaudissements] stürmisch, rasend. **-2.** [passion] stürmisch.

frénétiquement [frenetikmɑ̃] *adv* **-1.** [applaudir] stürmisch. **-2.** [aimer] bis zur Raserei *(adv)*.

fréquemment [frekamɑ̃] *adv* häufig, oft.

fréquence [frekɑ̃s] *nf* **-1.** [répétition] Häufigkeit *die*. **-2.** PHYS Frequenz *die*.

fréquent, e [frekɑ̃, ɑ̃t] *adj* häufig.

fréquentable [frekɑ̃tabl] *adj* **-1.** [personne]: **être ~** ein guter Umgang sein. **-2.** [endroit]: **peu ~** verrucht.

fréquentation [frekɑ̃tasjɔ̃] *nf* **-1.** [d'endroit] Besuch *der*. **-2.** [de personne]: **~ de qqn** Umgang *der* mit jm.

◆ **fréquentations** *nfpl* Bekannte *Pl*; **avoir de mauvaises ~s** schlechten Umgang haben.

fréquenté, e [frekɑ̃te] *adj* besucht; **très/peu ~** viel/wenig besucht; **mal ~** zwielichtig, verrufen.

fréquenter [3] [frekɑ̃te] *vt* **-1.** [lieu] (häufig) besuchen. **-2.** [personne]: **~ qqn** mit jm Umgang haben.

frère [frɛr] ◇ *nm* Bruder *der*; **grand ~** großer Bruder; **~ de lait** Milchbruder; **faux ~** falscher Freund. ◇ *adj* Bruder-; **parti ~** Schwesterpartei *die*.

fresque [frɛsk] *nf* **-1.** ART Fresko *das*. **-2.** LITTÉRATURE *breit angelegte Erzählung, in der eine Gesellschaft, Epoche o. ä. in ihrer Gesamtheit beschrieben wird*.

fret [frɛ] *nm* Fracht *die*; **~ aérien** Luftfracht.

frétiller [3] [fretije] *vi* zappeln; **~ de la queue** mit dem Schwanz wedeln.

fretin [frətɛ̃] *nm*: **menu ~** *fig* kleine Fische *Pl*.

freudien, enne [frødjɛ̃, ɛn] *adj* freudianisch.

friable [frijabl] *adj* bröckelig.

friand, e [frijɑ̃, ɑ̃d] *adj*: **être ~ de qqch** auf etw *(A)* versessen sein.

◆ **friand** *nm mit Käse oder Fleisch gefüllte Blätterteigtasche*.

friandise [frijɑ̃diz] *nf* Süßigkeit *die*.

Fribourg [fribur] *n* Freiburg *nt*.

fric [frik] *nm fam* Knete *die*, Kohle *die*.

fricassée [frikase] *nf* Frikassee *das*.

fric-frac [frikfrak] *nm inv fam* Einbruch *der*.

friche [friʃ] *nf* Brachland *das*; **en ~** brachliegend *(adj)*.

fricoter [3] [frikɔte] *fam* ◇ *vt* **-1.** [manigancer] aus|hecken. **-2.** [cuisiner] kochen. ◇ *vi*: **~ avec qqn** mit jm rum|machen.

friction [friksjɔ̃] *nf* **-1.** [massage] Einreiben *das*. **-2.** *fig* [désaccord] Reiberei *die*.

frictionner [3] [friksjɔne] *vt* ein|reiben.

◆ **se frictionner** *vp* sich ab|reiben.

Frigidaire® [friʒidɛr] *nm* Kühlschrank *der*.

frigide [friʒid] *adj* frigid(e).

frigidité [friʒidite] *nf* Frigidität *die*.

frigo [frigo] *nm fam* Kühlschrank *der*.

frigorifié, e [frigɔrifje] *adj fam* (ganz) durch(ge)froren; **avoir l'air ~** verfroren aus|sehen.

frigorifique [frigɔrifik] *adj* Kühl-.

frileux, euse [frilø, øz] *adj*: **être ~** ein Fröstler sein; *fig* übervorsichtig sein.

frimas [frima] *nm littéraire* Reif *der*.

frime [frim] *nf fam* Angeberei *die*, Prahlerei *die*.

frimer [3] [frime] *vi fam* an|geben, prahlen.

frimeur, euse [frimœr, øz] *nm, f* Angeber *der*, -in *die*.

frimousse [frimus] *nf fam* Gesichtchen *das*.

fringale [frɛ̃gal] *nf fam* Heißhunger *der*.

fringant, e [frɛ̃gɑ̃, ɑ̃t] *adj* **-1.** [cheval] feurig. **-2.** [personne] munter.

fringuer [3] [frɛ̃ge] *vt fam* jn an|ziehen.
◆ **se fringuer** *vp fam* sich an|ziehen.

fringues [frɛ̃g] *nfpl fam* Klamotten *Pl*.

friper [3] [fripe] *vt* zerknittern.
◆ **se friper** *vp* **-1.** [tissu] knittern. **-2.** *fig* [visage] runzlig werden.

fripes [frip] *nfpl* Secondhandkleidung *die (sans pl)*.

fripier, ère [fripje, ɛr] *nm, f Besitzer eines Secondhandladens*.

fripon, onne [fripɔ̃, ɔn] ◇ *nm, f fam* Schelm *der*. ◇ *adj* schelmisch.

fripouille [fripuj] *nf fam péj* Lump *der*.

frire [115] [frir] ◇ *vt* braten. ◇ *vi* braten; **faire ~** fritieren.

fris *etc* → **frire**.

Frisbee® [frizbi] *nm* Frisbee® *das*.

frise [friz] *nf* Fries *der*.

frisé, e [frize] ◇ *adj* **-1.** [cheveux] lockig, gelockt. **-2.** [personne] mit lockigen Haaren, mit gelocktem Haar. ◇ *nm, f* Lockenkopf *der*.

friser [3] [frize] ◇ *vt* **-1.** [boucler - cheveux] in Locken legen; [- personne]: **~ qqn** jm Locken legen. **-2.** [frôler]: **~ qqch** an etw *(A)* grenzen; **elle frise la quarantaine** sie geht auf die 40 zu. ◇ *vi* (sich) locken; **elle frise naturellement** sie hat naturkrauses Haar.

frisette [frizɛt] *nf* Löckchen *das*.

frisotter [3] [frizɔte] ◇ *vt* kräuseln. ◇ *vi* sich (leicht) kräuseln.

frisson [frisɔ̃] *nm* Schauder *der*; [de fièvre] Schüttelfrost *der*.

frissonner [3] [frisɔne] *vi* **-1.** [personne]: **~ de froid** vor Kälte schlottern; **~ de peur** vor Angst schaudern; **il frissonnait de fièvre** das Fieber schüttelte ihn. **-2.** [eau] sich kräuseln; [feuillage] zittern.

frit, e [fri, frit] *pp* → **frire**.

frite [frit] *nf* Fritte *die*; **des ~s** Pommes frites *Pl*; **avoir la ~** *fam fig* gut drauf sein.

friterie [fritri] *nf* [ambulante] Imbißwagen *der*, Frittenbude *die*; [magasin] Imbißstube *die*.

friteuse [fritøz] *nf* Friteuse *die*.

friture [frityr] *nf* **-1.** [bain d'huile] Fritüre *die*. **-2.** [poisson]: **petite ~** kleine fritierte Fische *Pl*. **-3.** *fam* RADIO Knistern *das*.

frivole [frivɔl] *adj* **-1.** [personne] oberflächlich. **-2.** [occupation] trivial.

frivolité [frivɔlite] *nf* Oberflächlichkeit *die*.

froc [frɔk] *nm* **-1.** RELIG Kutte *die*. **-2.** *fam* [pantalon] Buxe *die*.

froid, e [frwa, frwad] *adj* **-1.** [température] kalt. **-2.** [personne] kühl; **rester ~** kalt bleiben.
◆ **froid** ◇ *adv*: **avoir ~** frieren; **il fait ~** es ist kalt; **manger ~** eine kalte Mahlzeit zu sich nehmen; **prendre ~** sich erkälten; **n'avoir pas ~ aux yeux** *fig* Mut haben. ◇ *nm* Kälte *die*; **crever de ~** *fam* sich *(D)* einen ab|frieren; **grand ~** Kälte; **~ de canard** Hundekälte; **être en ~ (avec qqn)** ein gespanntes Verhältnis zu jm haben.
◆ **à froid** *loc adv*: **prendre qqn à ~** jn überrumpeln.

froidement [frwadmɑ̃] *adv* **-1.** [accueillir] kühl. **-2.** [écouter, examiner] nüchtern. **-3.** [tuer] kaltblütig.

froideur [frwadœr] *nf* **-1.** [indifférence] Kälte *die*. **-2.** [impassibilité] Gefühlskälte *die*, Gefühllosigkeit *die*.

froisser [3] [frwase] *vt* **-1.** [tissu] zerknittern; [papier] zerknüllen. **-2.** *fig* [personne] verletzen, kränken.
◆ **se froisser** *vp* **-1.** [sujet: tissu] knittern. **-2.** MÉD: **se ~ un muscle** sich *(D)* einen Muskel zerren. **-3.** [se vexer]: **il s'est froissé** er war pikiert.

frôler [3] [frole] *vt* streifen; **~ qqch** *fig* knapp an etw *(D)* vorbei|gehen.

fromage [frɔmaʒ] *nm* Käse *der*; **~ à pâte dure** Hartkäse; **~ à pâte molle** Weichkäse; **~ blanc** Quark *der*; **~ de chèvre** Ziegenkäse; **~ frais** Frischkäse.
◆ **fromage de tête** *nm* Schweinskopfsülze *die*.

fromager, ère [frɔmaʒe, ɛr] ◇ *adj* Käse-. ◇ *nm, f* **-1.** [fabricant] Käser *der*, -in *die*. **-2.** [marchand] Käsehändler *der*, -in *die*.

fromagerie [frɔmaʒri] *nf* Käserei *die*.

froment [frɔmɑ̃] *nm* Weizen *der*.

fronce [frɔ̃s] *nf* Kräuselfalte *die*.

froncement [frɔ̃smɑ̃] *nm*: **~ de sourcils** Zusammenziehen *das* der Brauen.

froncer [16] [frɔ̃se] *vt* **-1.** COUTURE kräuseln, fälteln. **-2.** [sourcils] zusammen|ziehen.

frondaison [frɔ̃dɛzɔ̃] *nf* **-1.** [période] Belaubung *die*. **-2.** [feuillage] Laubwerk *das*.

fronde [frɔ̃d] *nf* Schleuder *die*.
◆ **Fronde** *nf* HIST: **la Fronde** *Erhebung des französischen Adels im 17. Jahrhundert*.

frondeur, euse [frɔ̃dœr, øz] ◇ *nm, f* Aufsässige *der, die*. ◇ *adj* aufsässig.

front [frɔ̃] *nm* **-1.** ANAT Stirn *die*; **avoir le ~ de faire qqch** *fig* die Dreistigkeit besitzen, etw zu tun; **faire ~ à qqn/qqch** *fig* jm/einer Sache die Stirn bieten. **-2.** MIL & POLIT Front *die*.
◆ **de front** *loc adv* **-1.** [par-devant] frontal; **heurter de ~** frontal zusammen|stoßen. **-2.** *fig* [directement] ohne Umschweife. **-3.** *loc*: **mener de ~** gleichzeitig erledigen.
◆ **front de mer** *nm* Uferpromenade *die*.
frontal, e, aux [frɔ̃tal, o] *adj* **-1.** ANAT Stirn-. **-2.** [par l'avant] Frontal-.
frontalier, ère [frɔ̃talje, ɛr] ◇ *adj* Grenz-. ◇ *nm, f* Grenzgänger *der*, -in *die*.
frontière [frɔ̃tjɛr] ◇ *adj* Grenz-. ◇ *nf* Grenze *die*.
frontispice [frɔ̃tispis] *nm* **-1.** ARCHIT Giebeldreieck *das*, Frontispiz *das*. **-2.** [de livre] Frontispiz *das*.
fronton [frɔ̃tɔ̃] *nm* ARCHIT Frontgiebel *der*.
frottement [frɔtmɑ̃] *nm* Reiben *das*; *fig* Schererei *die*.
frotter [3] [frɔte] ◇ *vt* **-1.** [gén] reiben. **-2.** [astiquer] (blank|)scheuern. ◇ *vi* reiben.
◆ **se frotter** *vp* sich ab|reiben; **se ~ les mains** *fig* sich *(D)* die Hände reiben; **se ~ à qqn** *fig* sich mit jm an|legen.
frottis [frɔti] *nm* Abstrich *der*; **~ vaginal** Scheidenabstrich.
froufrou [frufru] *nm* [bruit] Rascheln *das*.
◆ **froufrous** *nmpl* [de robe] Spitzen *Pl*.
froussard, e [frusar, ard] *fam* ◇ *adj* überängstlich. ◇ *nm, f* Angsthase *der*.
frousse [frus] *nf fam* Muffe *die*; **avoir la ~** Muffe haben.
fructifier [9] [fryktifje] *vi* **-1.** [arbre] (Früchte) tragen. **-2.** [terre] ertragreich sein. **-3.** [investissement] Zinsen tragen; **faire ~** zinsbringend an|legen. **-4.** [idée] gedeihen.
fructose [fryktoz] *nm* Fruchtzucker *der*.
fructueux, euse [fryktɥø, øz] *adj* **-1.** [terre] ertragreich. **-2.** [idée] fruchtbar.
frugal, e, aux [frygal, o] *adj* **-1.** [personne] genügsam. **-2.** [nourriture] karg.
fruit [frɥi] *nm* Frucht *die*; **~ confit** kandierte Frucht; **~ sec** Trockenobst *das (sans pl)*; **le ~ défendu** die verbotenen Früchte.
◆ **fruits de mer** *nmpl* Meeresfrüchte *Pl*.
fruité, e [frɥite] *adj* fruchtig.
fruitier, ère [frɥitje, ɛr] ◇ *adj* Obst-. ◇ *nm, f* Obsthändler *der*, -in *die*.
◆ **fruitier** *nm* **-1.** [local] Obstkeller *der*. **-2.** *Helv* [fromager] Käser *der*, -in *die*.
frusques [frysk] *nfpl fam* Klamotten *Pl*.
fruste [fryst] *adj* roh.
frustrant, e [frystrɑ̃, ɑ̃t] *adj* frustrierend.
frustration [frystrasjɔ̃] *nf* Frustration *die*.
frustré, e [frystre] ◇ *adj* frustriert. ◇ *nm, f* Frustrierte *der, die*.
frustrer [3] [frystre] *vt* **-1.** [priver]: **~ qqn de qqch** jn um etw bringen. **-2.** [décevoir] frustrieren.
FS (*abr de* **franc suisse**) sfr.
FTP (*abr de* **francs-tireurs et partisans**) *nmpl kommunistisch orientierte Widerstandstruppe in Frankreich zur Zeit der deutschen Besetzung.*
fuchsia [fyʃja] ◇ *nm* Fuchsie *die*. ◇ *adj inv* pink.
fuel, fioul [fjul] *nm* **-1.** [chauffage] Heizöl *das*. **-2.** [carburant] Diesel(kraftstoff) *der*.
fugace [fygas] *adj* rasch entfliehend, flüchtig.
fugitif, ive [fyʒitif, iv] ◇ *adj* flüchtig. ◇ *nm, f* Entflohene *der, die*.
fugue [fyg] *nf* **-1.** [fuite] Ausreißen *das*; **faire une ~** weg|laufen. **-2.** MUS Fuge *die*.
fuguer [3] [fyge] *vi* aus|reißen.
fugueur, euse [fygœr, øz] ◇ *adj* Ausreißer-. ◇ *nm, f* Ausreißer *der*, -in *die*.
fui [fɥi] *pp inv* → **fuir**.
fuir [35] [fɥir] ◇ *vi* **-1.** [s'enfuir]: **~ (d'un endroit)** (aus einem Ort) fliehen OU flüchten. **-2.** [récipient] lecken. **-3.** [gaz] aus|strömen; [liquide] aus|laufen. ◇ *vt*: **~ qqch** einer Sache *(D)* aus|weichen; **~ qqn** jn meiden.
fuis *etc* → **fuir**.
fuite [fɥit] *nf* **-1.** [de personne] Flucht *die*; **en ~** auf der Flucht; **mettre qqn en ~** jn vertreiben; **prendre la ~** die Flucht ergreifen. **-2.** [écoulement] Ausströmen *das*. **-3.** [fissure] Leck *das*. **-4.** *fig* [indiscrétion] Indiskretion *die*.
fulgurant, e [fylgyrɑ̃, ɑ̃t] *adj* **-1.** [découverte] überwältigend. **-2.** [vitesse] blitzschnell. **-3.** [douleur] stechend. **-4.** *littéraire* [regard] blitzend, durchdringend.
fulminant, e [fylminɑ̃, ɑ̃t] *adj* tobend.
fulminer [3] [fylmine] *vi* **-1.** [personne] toben; **~ contre qqn** auf jn wütend sein. **-2.** CHIM knallen.
fumant, e [fymɑ̃, ɑ̃t] *adj* **-1.** [cheminée] rauchend. **-2.** [plat] dampfend. **-3.** *loc*: **réussir un coup ~** *fam* einen Coup landen.
fumé, e [fyme] *adj* **-1.** CULIN geräuchert, Räucher-. **-2.** [verre] Rauch-.
fumée [fyme] *nf* Rauch *der*; **partir en ~** sich in Rauch auflösen.
fumer [3] [fyme] ◇ *vi* **-1.** [cheminée, personne] rauchen. **-2.** [vapeur] dampfen. **-3.** *fam* [être furieux] kochen. ◇ *vt* **-1.** [cigarette] rauchen. **-2.** [saumon] räuchern. **-3.** AGRIC misten.
fûmes [fym] → **être**.
fumet [fymɛ] *nm* **-1.** [odeur] Geruch *der*. **-2.** CULIN Sud *der*.

fumeur, euse [fymœr, øz] *nm, f* Raucher *der*, -in *die*.
fumeux, euse [fymø, øz] *adj* verworren.
fumier [fymje] *nm* **-1.** AGRIC Mist *der*. **-2.** *péj* [salaud] Mistkerl *der*.
fumigation [fymigasjɔ̃] *nf* **-1.** [désinfection] Ausräuchern *das*. **-2.** MÉD Inhalation *die*.
fumiste [fymist] *nmf fam* Pfuscher *der*, -in *die*.
fumisterie [fymistəri] *nf fam* Pfuscherei *die*.
fumoir [fymwar] *nm* Rauchzimmer *das*.
funambule [fynɑ̃byl] *nmf* Seiltänzer *der*, -in *die*.
funèbre [fynɛbr] *adj* **-1.** [funéraire] Toten-, Bestattungs-. **-2.** [lugubre] Trauer-.
funérailles [fyneraj] *nfpl* Bestattung *die*.
funéraire [fynerɛr] *adj* Bestattungs-.
funeste [fynɛst] *adj* **-1.** [accident, conseil] verhängnisvoll. **-2.** [vision] Todes-.
funiculaire [fynikylɛr] *nm* Seilbahn *die*.
FUNU, Funu [fyny] (*abr de* **Force d'urgence des Nations unies**) *nf* UNO-Schutztruppen *Pl*, UNO-Friedenstruppen *Pl*.
fur [fyr]
◆ **au fur et à mesure** *loc adv* nach und nach.
◆ **au fur et à mesure que** *loc conj* in dem Tempo, wie.
furax [fyraks] *adj inv fam* stinksauer.
furent [fyr] → **être**.
furet [fyrɛ] *nm* **-1.** [animal] Frettchen *das*. **-2.** [personne] Schnüffler *der*. **-3.** [jeu] Talerwandern *das*.
fureter [28] [fyrte] *vi* herum|schnüffeln.
fureur [fyrœr] *nf* **-1.** [colère] Raserei *die*. **-2.** [passion] Leidenschaft *die*; **faire ~** Furore machen.
furibard, e [fyribar, ard] *adj fam* stocksauer.
furibond, e [fyribɔ̃, ɔ̃d] *adj* **-1.** [personne] wutentbrannt. **-2.** [regard] vernichtend.
furie [fyri] *nf* **-1.** [MYTH, personne] Furie *die*. **-2.** [colère] Rasen *das*; **mettre qqn en ~** jn wütend machen; **en ~** tobend *(adj)*. **-3.** [ardeur] Inbrunst *die*.
furieusement [fyrjøzmɑ̃] *adv* **-1.** [avec fureur] wutentbrannt. **-2.** [extrêmement] unheimlich.
furieux, euse [fyrjø, øz] *adj* **-1.** [en colère] wütend. **-2.** [forcené] wild. **-3.** [violent] heftig.
furoncle [fyrɔ̃kl] *nm* Furunkel *der*.
furtif, ive [fyrtif, iv] *adj* verstohlen.
furtivement [fyrtivmɑ̃] *adv* verstohlen.
fus *etc* → **être**.
fusain [fyzɛ̃] *nm* **-1.** [arbre] Spindelbaum *der*. **-2.** [crayon] Kohle *die*. **-3.** [dessin] Kohlezeichnung *die*.
fuseau, x [fyzo] *nm* **-1.** [outil] Spindel *die*. **-2.** [vêtement] Steghose *die*.
◆ **fuseau horaire** *nm* Zeitzone *die*.
fusée [fyze] *nf* Rakete *die*.
fuselage [fyzlaʒ] *nm* (Flugzeug)rumpf *der*.
fuselé, e [fyzle] *adj* spindelförmig, schlank.
fuser [3] [fyze] *vi* [rires, applaudissements] erschallen.
fusible [fyzibl] *nm* (Schmelz)sicherung *die*.
fusil [fyzi] *nm* **-1.** [arme] Gewehr *das*; **changer son ~ d'épaule** *fig* seine Meinung ändern. **-2.** [tireur] Schütze *der*.
fusillade [fyzijad] *nf* Schießerei *die*.
fusiller [3] [fyzije] *vt* **-1.** [exécuter] erschießen; **~ qqn du regard** *fig* jm einen vernichtenden Blick zu|werfen. **-2.** *fam* [abîmer] verhunzen.
fusil-mitrailleur [fyzimitrajœr] (*pl* **fusils-mitrailleurs**) *nm* Maschinengewehr *das*.
fusion [fyzjɔ̃] *nf* **-1.** [fonte] Schmelzen *das*; **en ~** schmelzflüssig *(adj)*. **-2.** BIOL & PHYS Fusion *die*; **~ nucléaire** Kernfusion. **-3.** *fig* [union, assimilation] Verschmelzung *die*. **-4.** ÉCON Zusammenschluß *der*.
fusionner [3] [fyzjɔne] ◇ *vt* **-1.** ÉCON: **~ qqch (avec qqch)** etw (mit etw) fusionieren. **-2.** POLIT zusammen|schließen. ◇ *vi* sich zusammen|schließen.
fustiger [17] [fystiʒe] *vt sout* geißeln.
fût[1] [fy] → **être**.
fût[2] [fy] *nm* **-1.** [d'arbre] Stamm *der*. **-2.** [tonneau] (Lager)faß *das*. **-3.** [d'arme] Kolben *der*. **-4.** [de colonne] Schaft *der*.
futaie [fytɛ] *nf* Hochwald *der*.
futé, e [fyte] *fam* ◇ *adj* pfiffig. ◇ *nm, f* Schlaumeier *der*.
futile [fytil] *adj* **-1.** [insignifiant] belanglos. **-2.** [frivole] oberflächlich.
futilité [fytilite] *nf* **-1.** [propos] Belanglosigkeit *die*. **-2.** [frivolité] Oberflächlichkeit *die*.
futur, e [fytyr] ◇ *adj* **-1.** [prochain] zukünftig; **la génération ~e** die kommende Generation; **~s mariés** angehende Eheleute. **-2.** [vie] künftig. ◇ *nm, f* Zukünftige *der, die*.
◆ **futur** *nm* **-1.** [avenir] Zukunft *die*. **-2.** GRAM Futur *das*; **~ antérieur** Futur II.
futuriste [fytyrist] ◇ *adj* futuristisch. ◇ *nmf* Futurist *der*, -in *die*.
futurologue [fytyrɔlɔg] *nmf* Zukunftsforscher *der*, -in *die*.
fuyais *etc* → **fuir**.
fuyant, e [fɥijɑ̃, ɑ̃t] *adj* **-1.** [regard] ausweichend. **-2.** [front] fliehend. **-3.** ARCHIT spitz zulaufend.
fuyard, e [fɥijar, ard] ◇ *adj* flüchtig. ◇ *nm, f* Flüchtige *der, die*.
FV (*abr de* **fréquence vocale**) Sprechfrequenz *die*.

G

g, G [ʒe] *nm inv* [lettre] g *das*, G *das*.

◆ **g -1.** (*abr de* **gauche**) l., lks. **-2.** (*abr de* **gramme**) g.

◆ **G** (*abr de* **giga**) G.

G7 (*abr de* **groupe des 7 pays les plus industrialisés**) *nm* G7 *die*.

gabardine [gabardin] *nf* **-1.** [étoffe] Gabardine *der*. **-2.** [vêtement] Gabardinemantel *der*.

gabarit [gabari] *nm* **-1.** [dimensions] Ausmaße *Pl*. **-2.** *fam* [carrure] Statur *die*.

gabegie [gabʒi] *nf péj* Mißwirtschaft *die*.

Gabon [gabɔ̃] *nm*: **le ~** Gabun *nt*; **au ~** in Gabun.

gabonais, e [gabɔnɛ, ɛz] *adj* gabunisch.

◆ **Gabonais, e** *nm, f* Gabuner *der*, -in *die*.

gâche [gaʃ] *nf* **-1.** [de serrure] Schließhaken *der*. **-2.** [outil] Kalkschaufel *die*.

gâcher [3] [gaʃe] *vt* **-1.** [argent, vie] verschwenden; [talent] verspielen. **-2.** [plaisir] verderben. **-3.** [plâtre, mortier] an|rühren.

gâchette [gaʃɛt] *nf* Abzug *der*; **appuyer sur la ~** ab|drücken.

gâchis [gaʃi] *nm* **-1.** [gaspillage] Verschwendung *die*. **-2.** [désordre] Schlamassel *der* ou *das*.

gadget [gadʒɛt] *nm* Tinnef *der*, Gadget *das*.

gadoue [gadu] *nf fam* Matsch *der*.

gaélique [gaelik] ◇ *adj* gälisch. ◇ *nm* [langue] Gälisch(e) *(das)*; **~ d'Écosse** Schottisch-gälisch(e) *(das)*; **~ d'Irlande** Irisch(e) *(das)*, Ersisch(e) *(das)*.

gaffe [gaf] *nf* **-1.** *fam* [maladresse] Schnitzer *der*; **faire une ~** ins Fettnäpfchen treten. **-2.** [outil] Bootshaken *der*. **-3.** *loc*: **faire ~ (à qqch)** *fam* (auf etw *(A)*) auf|passen.

gaffer [3] [gafe] ◇ *vi fam* ins Fettnäpfchen treten. ◇ *vt* mit dem Bootshaken fangen.

gaffeur, euse [gafœr, øz] *fam* ◇ *adj* tolpatschig. ◇ *nm, f* Tolpatsch *der*.

gag [gag] *nm* Gag *der*.

gaga [gaga] *adj fam* **-1.** [de vieillesse] tüdelig. **-2.** [en adoration]: **être ~ de qqn** nach jm ganz närrisch sein.

gage [gaʒ] *nm* **-1.** [caution, preuve] Pfand *der*; **en ~ de qqch** als Pfand einer Sache *(G)*. **-2.** JEU Bestrafung *die*.

◆ **gages** *nmpl* Lohn *der*.

gager [17] [gaʒe] *vt*: **~ que** wetten, daß.

gageure [gaʒyr] *nf sout* gewagtes Vorhaben.

gagnant, e [gaɲɑ̃, ɑ̃t] ◇ *adj* gewinnbringend, Gewinn-. ◇ *nm, f* Gewinner *der*, -in *die*, Sieger *der*, -in *die*.

gagne-pain [gaɲpɛ̃] *nm inv* Broterwerb *der*.

gagne-petit [gaɲpəti] *nm inv* Kleinverdiener *der*.

gagner [3] [gaɲe] ◇ *vt* **-1.** [gén] gewinnen. **-2.** [argent] verdienen; **~ de faire qqch** [mériter] es verdienen, etw zu tun. ◇ *vi* **-1.** [être vainqueur] gewinnen. **-2.** [s'améliorer]: **~ à faire qqch** durch etw gewinnen; **~ en qqch** an etw *(D)* gewinnen; **~ à être connu** bei näherer Bekanntschaft gewinnen. **-3.** [se propager] sich aus|breiten.

gagneur, euse [gaɲœr, øz] *nm, f* Gewinner *der*, -in *die*.

gai, e [gɛ] *adj* **-1.** [personne, couleur] fröhlich. **-2.** [endroit] freundlich.

gaiement [gemɑ̃] *adv* fröhlich.

gaieté [gete] *nf* Fröhlichkeit *die*; **de ~ de cœur** frohen Herzens.

gaillard, e [gajar, ard] ◇ *adj* **-1.** [alerte] munter. **-2.** [licencieux] anzüglich. ◇ *nm, f* Bursche *der*, kräftiges Mädchen.

◆ **gaillard** *nm* NAVIG Back *die*.

gain [gɛ̃] *nm* **-1.** [bénéfice] Gewinn *der*; **~ de place** Platzgewinn; **~ de temps** Zeitgewinn. **-2.** [fait de gagner] Gewinnen *das*; **avoir** ou **obtenir ~ de cause** recht bekommen. **-3.** [rémunération] Verdienst *der*.

gaine [gɛn] *nf* **-1.** [étui] Hülle *die*. **-2.** [sous-vêtement] Mieder *das*.

gaine-culotte [gɛnkylɔt] (*pl* **gaines-culottes**) *nf* Miederhose *die*.

gainer [4] [gene] *vt* umhüllen.

gala [gala] *nm* Galaabend *der*; **de ~** Gala-.

galamment [galamɑ̃] *adv* galant.

galant, e [galɑ̃, ɑ̃t] *adj* galant.

◆ **galant** *nm vieilli* ou *hum* Kavalier *der*.

galanterie [galɑ̃tri] *nf* Galanterie *die*.

galantine [galɑ̃tin] *nf Fleisch- oder Geflügelpastete in Aspik*.

galaxie [galaksi] *nf* Galaxie *die*.

galbe [galb] *nm* Rundung *die*.

galbé, e [galbe] *adj* **-1.** [objet] geschwungen. **-2.** [jambe] wohlgeformt.

gale [gal] *nf* Krätze *die*.

galère [galɛr] *nf* **-1.** [bateau] Galeere *die*. **-2.** *fam* *fig* [situation pénible] Kreuz *das*; **quelle ~!** so ein Schlamassel!

galerie [galri] *nf* **-1.** [passage, balcon, magasin] Galerie *die*; **~ marchande** Einkaufspassage *die*; **~ de peinture** Gemäldegalerie; **amuser la ~** *fig* den Clown spielen; **épater la ~** *fig* an|geben. **-2.** [tunnel] Stollen *der*. **-3.** [porte-bagages] Dachgepäckträger *der*.

galet [galɛ] *nm* **-1.** [caillou] Kieselstein *der*. **-2.** [roulette] Rolle *die*.

galette [galɛt] *nf* **-1.** CULIN [crêpe] Buchweizen-Crêpe *die*; [gâteau] Blätterteigkuchen *der*; **~ des rois** *Blätterteigkuchen zum Dreikönigsfest*. **-2.** *fam* [argent] Knete *die*.

galeux, euse [galø, øz] ◇ *adj* **-1.** MÉD krätzig. **-2.** → **brebis**. ◇ *nm, f* Krätzige *der, die*.

galimatias [galimatja] *nm* Unsinn *der (sans pl)*.

galipette [galipɛt] *nf fam* Purzelbaum *der*; **faire des ~s** Purzelbäume schlagen.

Galles [gal] → **pays**.

gallicisme [galisism] *nm* Gallizismus *der*.

gallinacé, e [galinase] *adj* Hühner-.

◆ **gallinacé** *nm* Hühnervogel *der*.

gallois, e [galwa, az] *adj* walisisch.

◆ **gallois** *nm* [langue] Walisisch(e) *(das)*, Kymrisch(e) *(das)*.

◆ **Gallois, e** *nm, f* Waliser *der*, -in *die*, Kymre *der*, -rin *die*.

gallo-romain, e [galɔrɔmɛ̃, ɛn] (*mpl* **gallo-romains,** *fpl* **gallo-romaines**) *adj* galloromanisch.

◆ **Gallo-Romain, e** *nm, f* Galloromane *der*, -nin *die*.

galoche [galɔʃ] *nf* Galosche *die*.

galon [galɔ̃] *nm* Tresse *die*; **prendre du ~** *fig* avancieren.

galop [galo] *nm* Galopp *der*; **au ~** [cheval] im Galopp, galoppierend; *fig* hopphopp.

galopade [galɔpad] *nf* Galopp *der*.

galopant, e [galɔpɑ̃, ɑ̃t] *adj* galoppierend.

galoper [3] [galɔpe] *vi* galoppieren; **~ après qqch** *fig* hinter einer Sache *(D)* her|rennen.

galopin [galɔpɛ̃] *nm fam* Strolch *der*.

galvaniser [3] [galvanize] *vt* **-1.** [métalliser] verzinken. **-2.** *fig* [stimuler] an|heizen, begeistern.

galvauder [3] [galvode] *vt* **-1.** [nom] schädigen. **-2.** [talent] vergeuden.

◆ **se galvauder** *vp* sich erniedrigen, sich besudeln.

gambade [gɑ̃bad] *nf* Luftsprung *der*.

gambader [3] [gɑ̃bade] *vi* **-1.** [personne] Luftsprünge machen. **-2.** [animal, enfant] herum|tollen.

gamberger [17] [gɑ̃bɛrʒe] *vi fam* grübeln.

gambette [gɑ̃bɛt] *nf fam* Bein *das*.

Gambie [gɑ̃bi] *nf*: **la ~** Gambia *nt*.

gambien, enne [gɑ̃bjɛ̃, ɛn] *adj* gambisch.

◆ **Gambien, enne** *nm, f* Gambier *der*, -in *die*.

gamelle [gamɛl] *nf* **-1.** [récipient] Napf *der*. **-2.** *loc*: **ramasser une ~** *fam* hin|fliegen.

gamin, e [gamɛ̃, in] ◇ *adj* **-1.** [espiègle] schelmisch. **-2.** [puéril] kindisch. ◇ *nm, f fam* **-1.** [enfant] Kleine *der, die*. **-2.** [gosse] Göre *die*.

gaminerie [gaminri] *nf* Kinderei *die*.

gamme [gam] *nf* **-1.** MUS Tonleiter *die*. **-2.** [gradation, série] Palette *die*; **~ de produits** Produktpalette.

Gand [gɑ̃] *n* Gent *nt*.

gang [gɑ̃g] *nm* Bande *die*.

Gange [gɑ̃ʒ] *nm*: **le ~** der Ganges.

ganglion [gɑ̃glijɔ̃] *nm* Ganglion *das*.

gangrène [gɑ̃grɛn] *nf* **-1.** MÉD Brand *der*. **-2.** *fig* [corruption] Verderbtheit *die*.

gangster [gɑ̃gstɛr] *nm* **-1.** [bandit] Gangster *der*. **-2.** *fig* [escroc] Gauner *der*.

gangue [gɑ̃g] *nf* [de minerai] Gangart *die*.

gant [gɑ̃] *nm* Handschuh *der*; **~ de boxe** Boxhandschuh; **~ de caoutchouc** Gummihandschuh; **~ de crin** Massagehandschuh; **~ de toilette** Waschlappen *der*; **prendre des ~s avec qqn** jn mit Glacéhandschuhen an|fassen; **aller comme un ~ à qqn** wie maßgeschneidert für jn sein.

garage [garaʒ] *nm* **-1.** [abri] Garage *die*. **-2.** [atelier] (Auto)werkstatt *die*.

garagiste [garaʒist] *nmf* Kfz-Mechaniker *der*.

garant, e [garɑ̃, ɑ̃t] *nm, f* [JUR, responsable] Bürge *der*, -gin *die*; **se porter ~ de qqn/qqch** für jn/etw bürgen.

◆ **garant** *nm* [garantie] Garant *der*.

garantie [garɑ̃ti] *nf* Garantie *die*.

garantir [32] [garɑ̃tir] *vt* **-1.** [assurer] garantieren; **~ à qqn que** jm garantieren, daß. **-2.** [protéger]: **~ qqn/qqch de qqch** jn/etw vor etw *(D)* schützen.

garce [gars] *nf péj* Biest *das*.

garçon [garsɔ̃] *nm* **-1.** [enfant] Junge *der*; **~ manqué** halber Junge. **-2.** [célibataire]: **vieux ~** eingefleischter Junggeselle. **-3.** [apprenti artisan] Gehilfe *der*. **-4.** [serveur] Bedienung *die*; **~!** Herr Ober!; **~ de café** Kellner *der*.

garçonne [garsɔn] *nf*: **coiffure à la ~** Bubikopf *der*.

garçonnet [garsɔnɛ] *nm* kleiner Junge.

garçonnière [garsɔnjɛr] *nf* Junggesellenbleibe *die*.

garde [gard] ◇ *nf* **-1.** [surveillance, conservation] Beaufsichtigung *die*; **être de ~** [médecin] Bereitschaftsdienst haben. **-2.** MIL Wache *die*; **de ~** [soldat] wachhabend; **monter la ~** Wache schieben; **~ de nuit** Nachtwache. **-3.** JUR: **avoir**

la ~ d'un enfant das Sorgerecht für ein Kind haben; **~ à vue** Polizeigewahrsam *der*. **-4.** [groupe de personnes] Garde *die*; **la Garde Républicaine** die Republikanische Garde. **-5.** *loc*: **être/se tenir sur ses ~s** auf der Hut sein/bleiben; **mettre qqn en ~ contre qqch** jn vor etw *(D)* warnen; **prendre ~ à qqch** auf etw *(A)* acht|geben; **prendre ~ à ne pas faire qqch** acht|geben, daß man etw nicht tut; **prendre ~ que** darauf achten, daß. ◇ *nm* Wächter *der*; **~ du corps** Leibwächter; **~ forestier** Förster *der*, -in *die*; **~ des Sceaux** französische Justizminister *der*, -in *die*.

garde-à-vous [gardavu] *nm inv*: **~!** stillgestanden!; **se mettre au ~** still|stehen, stramm|stehen.

garde-barrière [gard(ə)barjɛr] (*pl* **gardes-barrière** OU **gardes-barrières**) *nmf* Bahnwärter *der*, -in *die*.

garde-boue [gardəbu] *nm inv* Schutzblech *das*.

garde-chasse [gardəʃas] (*pl* **gardes-chasse** OU **gardes-chasses**) *nm* Wildhüter *der*, -in *die*.

garde-chiourme [gardəʃjurm] (*pl* **gardes-chiourme** OU **gardes-chiourmes**) *nm* Folterknecht *der*.

garde-fou [gardəfu] (*pl* **garde-fous**) *nm* Schutzgeländer *das*.

garde-malade [gard(ə)malad] (*pl* **gardes-malade** OU **gardes-malades**) *nmf* Krankenbetreuer *der*, -in *die*.

garde-manger [gardmɑ̃ʒe] *nm inv* Lebensmittelschrank *der*.

garde-meuble, **garde-meubles** [gardəmœbl] (*pl* **garde-meubles**) *nm* Möbellager *das*.

gardénia [gardenja] *nm* Gardenie *die*.

garde-pêche [gardəpɛʃ] ◇ *nm* (*pl* gardes-pêche) [personne] Fischereiaufseher *der*, -in *die*. ◇ *nm inv* [bateau] Fischereiaufsichtsfahrzeug *das*.

garder [3] [garde] *vt* **-1.** [surveiller] bewachen. **-2.** [enfants]: **~ qqn** jn beaufsichtigen, auf jn auf|passen. **-3.** [conserver - calme, silence] bewahren; [- denrées] auf|bewahren; [- objet prêté] behalten; [- vêtement] auf|behalten, an|behalten. **-4.** [secret, confidence]: **~ pour soi** für sich behalten. **-5.** [réserver] frei|halten.

◆ **se garder** *vp* **-1.** [se conserver] sich halten. **-2.** [se méfier]: **se ~ de qqn/qqch** sich vor jm/etw in acht nehmen. **-3.** [s'abstenir]: **se ~ de faire qqch** sich hüten, etw zu tun.

garderie [gardəri] *nf*: **~ (d'enfants)** Kinderhort *der*.

garde-robe [gardərɔb] (*pl* **garde-robes**) *nf* Garderobe *die*.

gardien, enne [gardjɛ̃, ɛn] *nm, f* **-1.** [surveillant] Wärter *der*, -in *die*; **~ de but** Torwart *der*; **~ de prison** Gefängniswärter. **-2.** [concierge]: **~ (d'immeuble)** Hausmeister *der*. **-3.** *fig* [défenseur] Hüter *der*. **-4.** [agent]: **~ de la paix** Schutzmann *der*.

gardiennage [gardjɛnaʒ] *nm* [emploi] Hausmeisterstelle *die*; [service] Hausmeisterdienst *der*; **société de ~** Wach- und Schließgesellschaft.

gardon [gardɔ̃] *nm*: **frais comme un ~** *fig* frisch wie der junge Morgen.

gare[1] [gar] *nf* Bahnhof *der*; **~ maritime** Hafenbahnhof; **~ routière** Busbahnhof; **~ de triage** Rangierbahnhof.

gare[2] [gar] *interj* **-1.** [pour attirer l'attention] Vorsicht; **sans crier ~** *fig* ohne Vorwarnung. **-2.** [pour menacer] Achtung; **~ à toi!** wehe Dir!

garer [3] [gare] *vt* parken.

◆ **se garer** *vp* **-1.** [stationner] parken. **-2.** [se ranger de côté] zur Seite gehen. **-3.** *fig* [éviter]: **se ~ de qqch** einer Sache *(D)* aus|weichen.

gargariser [3] [gargarize]

◆ **se gargariser** *vp* **-1.** [se rincer] gurgeln. **-2.** *péj* [se délecter]: **se ~ de qqch** etw selbstgefällig genießen.

gargarisme [gargarism] *nm* **-1.** [liquide] Gurgelwasser *das*. **-2.** [action] Gurgeln *das*.

gargote [gargɔt] *nf péj* [restaurant] Spelunke *die*.

gargouille [garguj] *nf* Wasserspeier *der*.

gargouillement [gargujmɑ̃] *nm* Geglucker *das*.

gargouiller [3] [garguje] *vi* gluckern.

garnement [garnəmɑ̃] *nm* Satansbraten *der*, Schlingel *der*.

garni [garni] *nm vieilli* möblierte Wohnung.

garnir [32] [garnir] *vt* **-1.** [équiper, couvrir]: **~ qqch (de qqch)** etw (mit etw) aus|statten. **-2.** [approvisionner] auf|füllen. **-3.** [occuper] füllen. **-4.** [orner]: **~ qqch de qqch** etw mit etw schmücken.

◆ **se garnir** *vp* sich füllen.

garnison [garnizɔ̃] *nf* **-1.** MIL [troupes] Garnison *die*. **-2.** [ville] Garnisonsstadt *die*.

garniture [garnityr] *nf* **-1.** [ornement] Verzierung *die*; **~ de lit** Bettzeug *das*. **-2.** AUTOM: **~ de freins** Bremsbelag *der*; **~ intérieure** Innenausstattung *die*. **-3.** CULIN Beilage *die*; **~ de légumes** Gemüsebeilage.

Garonne [garɔn] *nf* Garonne *die*.

garrigue [garig] *nf* ≃ Heide *die* (im Mittelmeerraum).

garrot [garo] *nm* **-1.** [de cheval] Widerrist *der*. **-2.** MÉD Abbinde *die*. **-3.** [de torture] Würgschraube *die*.

garrotter [3] [garɔte] *vt* **-1.** [attacher] fesseln. **-2.** *fig* [réduire au silence] knebeln.

gars [ga] *nm fam* Kerl *der*.

Gascogne [gaskɔɲ] *nf*: **la ~** die Gascogne.

gascon, onne [gaskɔ̃, ɔn] *adj* aus der Gascogne.
◆ **Gascon, onne** *nm, f* Bewohner *der*, -in *die* der Gascogne.
gas-oil = **gazole.**
gaspillage [gaspijaʒ] *nm* Verschwendung *die*.
gaspiller [3] [gaspije] *vt* verschwenden.
gastrique [gastrik] *adj* Magen-.
gastrite [gastrit] *nf* Magenschleimhautentzündung *die*.
gastro-entérite [gastrɔɑ̃terit] (*pl* **gastro-entérites**) *nf* Magen- und Darmschleimhautentzündung *die*.
gastronome [gastrɔnɔm] *nmf* Feinschmecker *der*, -in *die*.
gastronomie [gastrɔnɔmi] *nf* Kochkunst *die*, Gastronomie *die*.
gastronomique [gastrɔnɔmik] *adj* Feinschmecker-, gastronomisch.
gâteau, x [gato] *nm* Kuchen *der*; **~ d'anniversaire** Geburtstagskuchen; **~ sec** Gebäck *das (sans pl)*, Keks *der*; **c'est du ~** *fam fig* das ist ein Kinderspiel; **exiger sa part du ~** *fam fig* seinen Anteil verlangen.
◆ **gâteau de cire** *nm* Wabe *die*.
gâter [3] [gate] *vt* **-1.** [gâcher, compromettre] verderben. **-2.** [combler] verwöhnen.
◆ **se gâter** *vp* **-1.** [aliments] schlecht werden. **-2.** [temps, situation] sich verschlechtern.
gâterie [gatri] *nf* **-1.** [plaisir] Extra *das*. **-2.** [sucrerie] Süßigkeit *die*.
gâteux, euse [gatø, øz] ◇ *adj* verkalkt; **être ~ de qqn** *fig* nach jm närrisch sein, über beide Ohren in jn verliebt sein. ◇ *nm, f* Tattergreis *der*, -in *die*.
gâtisme [gatism] *nm* Verkalktheit *die*.
GATT, Gatt [gat] (*abr de* **General Agreement on Tariffs and Trade**) *nm* GATT *das*.
gauche [goʃ] ◇ *adj* **-1.** [à gauche] linke, -r, -s. **-2.** [maladroit] linkisch. ◇ *nm* SPORT [boxe] Linke *die*. ◇ *nf* **-1.** [côté] linke Seite; **à ~ (de)** links (von); **à ma/sa etc ~** zu meiner/seiner etc Linken; **sur la ~** links; **de ~** linke. **-2.** POLIT Linke *die*; **de ~** Links-.
gauchement [goʃmɑ̃] *adv* linkisch.
gaucher, ère [goʃe, ɛr] ◇ *adj* linkshändig. ◇ *nm, f* Linkshänder *der*, -in *die*.
gauchir [32] [goʃir] ◇ *vi* sich verziehen. ◇ *vt* verformen.
gauchisant, e [goʃizɑ̃, ɑ̃t] *adj* linksorientiert.
gauchisme [goʃism] *nm* Linkslastigkeit *die*.
gauchiste [goʃist] ◇ *adj* linke,-r,-s. ◇ *nmf* Linke *der, die*.
gaufre [gofr] *nf* Waffel *die*.
gaufrer [3] [gofre] *vt* prägen.
gaufrette [gofrɛt] *nf* Waffel *die*.
gaule [gol] *nf* **-1.** [perche] lange Stange. **-2.** [canne à pêche] Angelrute *die*.
gauler [3] [gole] *vt* mit einer Stange herunter|schlagen.
gaulliste [golist] ◇ *adj* gaullistisch. ◇ *nmf* Gaullist *der*, -in *die*.
gaulois, e [golwa, az] *adj* **-1.** [de Gaule] gallisch. **-2.** [osé] derb.
◆ **Gaulois, e** *nm, f* Gallier *der*, -in *die*.
◆ **gauloise** *nf französische Zigarettenmarke*.
gauloiserie [golwazri] *nf* unanständiger Witz.
gausser [3] [gose]
◆ **se gausser** *vp*: **se ~ de qqn/qqch** *littéraire* sich über jn/etw lustig machen.
gaver [3] [gave] *vt* **-1.** [oie, canard] stopfen. **-2.** [personne] voll|stopfen.
◆ **se gaver** *vp*: **se ~ de qqch** sich mit etw voll|stopfen.
gay [gɛ] ◇ *adj inv* schwul; **bar ~** Schwulenbar. ◇ *nm* Schwule *der*.
gaz [gaz] *nm inv* Gas *das*; **à pleins ~** *fam* mit Vollgas; **~ carbonique** Kohlensäure *die*; **~ lacrymogène** Tränengas; **~ naturel** Erdgas.
Gaza [gaza] *n* Gaza *nt*, Gasa *nt*; **la bande de ~** der Gazastreifen.
gaze [gaz] *nf* **-1.** [étoffe] Gaze *die*. **-2.** [pansement] (Verband)mull *der*.
gazelle [gazɛl] *nf* Gazelle *die*.
gazer [3] [gaze] ◇ *vt* vergasen. ◇ *vi*: **ça gaze** *fam* alles in Butter.
gazette [gazɛt] *nf* Zeitung *die*.
gazeux, euse [gazø, øz] *adj* **-1.** CHIM gasförmig. **-2.** [boisson] kohlensäurehaltig.
gazoduc [gazɔdyk] *nm* Ferngasleitung *die*.
gazole [gazɔl], **gas-oil** [gazɔjl, gazwal] *nm* Dieselkraftstoff *der*.
gazomètre [gazɔmɛtr] *nm* **-1.** [récipient] Gasbehälter *der*. **-2.** [instrument] Gasmesser *der*.
gazon [gazɔ̃] *nm* **-1.** [herbe] Rasen *der*. **-2.** [terrain] Rasenplatz *der*.
gazouiller [3] [gazuje] *vi* **-1.** [oiseau] zwitschern. **-2.** [bébé] babbeln.
gazouillis [gazuji] *nm* **-1.** [d'oiseau] Gezwitscher *das (sans pl)*. **-2.** [de bébé] Gebabbel *das (sans pl)*.
GB, G-B (*abr de* **Grande-Bretagne**) *nf* GB.
gd *abr de* **grand.**
GDF (*abr de* **Gaz de France**) *französische staatliche Gasgesellschaft*.
geai [ʒɛ] *nm* Eichelhäher *der*.
géant, e [ʒeɑ̃, ɑ̃t] ◇ *adj* [très grand] riesig. ◇ *nm, f* Riese *der*, -sin *die*; **le ~ de l'automobile** der Automobilriese.
geignement [ʒɛɲmɑ̃] *nm* Stöhnen *das*.

geindre [81] [ʒɛ̃dr] *vi* stöhnen.

gel [ʒɛl] *nm* **-1.** MÉTÉOR Frost *der*. **-2.** *fig* [d'activité] ein|frieren *das*. **-3.** [cosmétique] Gel *das*.

gélatine [ʒelatin] *nf* Gelatine *die*.

gélatineux, euse [ʒelatinø, øz] *adj* gelatineartig.

gelé, e [ʒəle] *adj* eiskalt; **j'ai les pieds ~s** ich habe eiskalte Füße.

◆ **gelée** *nf* **-1.** MÉTÉOR Frost *der*; **~e blanche** Rauhreif *der*. **-2.** CULIN Sülze *die*; **en ~e** in Aspik. **-3.** [de fruit] Gelee *das*; **~e royale** Gelée royale *das*.

geler [25] [ʒəle] ◇ *vt* **-1.** [eau] zum Gefrieren bringen. **-2.** [sol] gefrieren lassen. **-3.** [partie du corps] Erfrierungen verursachen. **-4.** *fig* [activité, capitaux] ein|frieren. **-5.** [projet] auf Eis legen. ◇ *vi* **-1.** [eau, sol, personne] frieren. **-2.** [lac, canal] zu|frieren.

◆ **se geler** *vp fam* sich einen ab|frieren.

gélule [ʒelyl] *nf* Kapsel *die*.

Gémeaux [ʒemo] *nmpl* ASTRON & ASTROL Zwillinge *Pl*; **sous le signe des ~** im Zeichen der Zwillinge.

gémir [32] [ʒemir] *vi* **-1.** [personne] wimmern. **-2.** *fig* [chose] ächzen.

gémissement [ʒemismɑ̃] *nm* **-1.** [de personne] Klagelaut *der*. **-2.** [de chose] Ächzen *das*; **les ~s du vent** das Heulen des Windes.

gemme [ʒɛm] *nf* (Halb)edelstein *der*.

gemmé, e [ʒeme] *adj* mit Edelsteinen verziert.

gênant, e [ʒenɑ̃, ɑ̃t] *adj* **-1.** [encombrant] störend; **témoin ~** lästiger Zeuge. **-2.** [embarrassant] peinlich.

gencive [ʒɑ̃siv] *nf* Zahnfleisch *das*.

gendarme [ʒɑ̃darm] *nm* Gendarm *der*.

gendarmerie [ʒɑ̃darməri] *nf* [lieu] Polizeiwache *die*.

gendre [ʒɑ̃dr] *nm* Schwiegersohn *der*.

gène [ʒɛn] *nm* Gen *das*.

gêne [ʒɛn] *nf* **-1.** [physique] Mühe *die*. **-2.** [psychologique] Verlegenheit *die*; **sans ~** *fam* unverschämt *(adv)*. **-3.** [financière] Not *die*; **être dans la ~** in finanziellen Nöten sein.

gêné, e [ʒene] *adj* **-1.** [physiquement] behindert; **il est ~ pour marcher** das Gehen fällt ihm schwer. **-2.** [psychologiquement] verlegen. **-3.** [financièrement] in Geldnot.

généalogie [ʒenealɔʒi] *nf* Ahnenforschung *die*.

généalogique [ʒenealɔʒik] *adj* Ahnen-; → **arbre**.

gêner [4] [ʒene] *vt* **-1.** [physiquement]: **~ qqn** jm unbequem sein. **-2.** [moralement]: **~ qqn** jm unangenehm OU peinlich sein. **-3.** [incommoder] stören. **-4.** [encombrer] behindern.

◆ **se gêner** *vp* sich genieren; **ne pas se ~ (pour faire qqch)** sich nicht genieren (,etw zu tun); **ne te gêne pas** *fam iron* tu dir nur keinen Zwang an.

général, e, aux [ʒeneral, o] *adj* **-1.** [gén] allgemein; **en ~** im allgemeinen. **-2.** [s'appliquant à tous] allgemeingültig. **-3.** ADMIN & JUR General-.

◆ **général** *nm* MIL General *der*.

◆ **générale** *nf* **-1.** THÉÂTRE Generalprobe *die*. **-2.** MIL Frau *die* General.

généralement [ʒeneralmɑ̃] *adv* **-1.** [souvent] im allgemeinen. **-2.** [de façon générale] (ganz) allgemein.

généralisation [ʒeneralizasjɔ̃] *nf* **-1.** [extension] Ausweitung *die*. **-2.** [règle générale] Verallgemeinerung *die*.

généraliser [3] [ʒeneralize] *vt* **-1.** [appliquer à la majorité] allgemeingültig machen. **-2.** [tirer une conclusion générale] verallgemeinern.

◆ **se généraliser** *vp* sich aus|weiten.

généraliste [ʒeneralist] ◇ *adj* Allround-. ◇ *nmf* praktischer Arzt, praktische Ärztin.

généralité [ʒeneralite] *nf* **-1.** [idée répandue] Allgemeinplatz *der*. **-2.** [universalité] Allgemeingültigkeit *die*.

◆ **généralités** *nfpl* Allgemeine *das*.

générateur, trice [ʒeneratœr, tris] *adj* verursachend.

◆ **générateur** *nm* TECHNOL Generator *der*.

◆ **génératrice** *nf* ÉLECTR Generator *der*.

génération [ʒenerasjɔ̃] *nf* **-1.** [production] Erzeugung *die*; **~ spontanée** SCIENCE Urzeugung *die*. **-2.** [degré de descendance, tranche d'âge] Generation *die*; **une nouvelle ~ de** *fig* [produit] eine neue Generation von; **la nouvelle ~** die junge Generation.

générer [18] [ʒenere] *vt* verursachen.

généreusement [ʒenerøzmɑ̃] *adv* großzügig.

généreux, euse [ʒenerø, øz] *adj* **-1.** [pas avare] großzügig. **-2.** [dévoué, noble] edelmütig. **-3.** [terre] ergiebig; [vin] vollmundig. **-4.** [abondant] üppig.

générique [ʒenerik] ◇ *adj* LING Gattungs-. ◇ *nm* TÉLÉ & CIN **-1.** [de début] Vorspann *der*. **-2.** [de fin] Nachspann *der*.

générosité [ʒenerɔzite] *nf* **-1.** [prodigalité] Großzügigkeit *die*. **-2.** [indulgence] Großmut *der*.

Gènes [ʒɛn] *n* Genua *nt*.

genèse [ʒənɛz] *nf* Entstehung *die*.

◆ **Genèse** *nf* BIBLE: **la Genèse** die Schöpfungsgeschichte.

genêt [ʒənɛ] *nm* Ginster *der*.

génétique [ʒenetik] ◇ *adj* genetisch. ◇ *nf* Genetik *die*.

gêneur, euse [ʒenœr, øz] *nm, f* Störenfried *der*.
Genève [ʒənɛv] *n* Genf *nt*; **le lac de ~** der Genfersee.
genevois, e [ʒənvwa, az] *adj* aus Genf, genferisch.
◆ **Genevois, e** *nm, f* Genfer *der*, -in *die*.
génial, e, aux [ʒenjal, o] *adj* genial; **c'est ~!** *fam* das ist spitze!
génie [ʒeni] *nm* **-1.** [personne, aptitude] Genie *das*; **avoir du ~** genial sein. **-2.** MYTH Geist *der*. **-3.** MIL Pionierkorps *das*.
◆ **génie civil** *nm* Hoch- und Tiefbau *der*.
genièvre [ʒənjɛvr] *nm* Wacholder *der*.
génisse [ʒenis] *nf* Färse *die*.
génital, e, aux [ʒenital, o] *adj* Geschlechts-.
géniteur, trice [ʒenitœr, tris] *nm, f* Erzeuger *der*, -in *die*.
génitif [ʒenitif] *nm* GRAM Genitiv *der*.
génocide [ʒenɔsid] *nm* Völkermord *der*.
génoise [ʒenwaz] *nf* Biskuit *der*.
genou, x [ʒənu] *nm* Knie *das*; **être à ~x** knien; **se mettre à ~x** niederǀknien; **prendre qqn sur ses** OU **les ~x** jn auf den Schoß nehmen; **tenir** OU **avoir qqn sur ses~x** jn auf dem Schoß sitzen haben; **être à ~x devant qqn** *fig* jn anǀhimmeln; **être sur les ~x** *fam fig* auf dem Zahnfleisch gehen.
genouillère [ʒənujɛr] *nf* **-1.** [bandage] Kniebandage *die*. **-2.** SPORT Knieschützer *der*. **-3.** [sur pantalon] Knieschoner *der*.
genre [ʒɑ̃r] *nm* **-1.** [type, style] Art *die*; **en tous ~s** aller Art; **avoir mauvais ~** [fille] vulgär sein; [garçon] etwas Ganovenhaftes an sich *(D)* haben; **se donner un ~** etwas Besonderes sein wollen; **le ~ humain** Menschheit *die*. **-2.** LITTÉRATURE Gattung *die*. **-3.** GRAM Geschlecht *das*, Genus *das*.
gens [ʒɑ̃] *nmpl* Leute *Pl*.
gentiane [ʒɑ̃sjan] *nf* Enzian *der*.
gentil, ille [ʒɑ̃ti, ij] *adj* **-1.** [agréable] nett. **-2.** [aimable] freundlich; **être ~ avec qqn** zu jm freundlich sein.
gentilhomme [ʒɑ̃tijɔm] (*pl* **gentilshommes** [ʒɑ̃tizɔm]) *nm* Edelmann *der*.
gentillesse [ʒɑ̃tijɛs] *nf* **-1.** [qualité] Freundlichkeit *die*; **avoir la ~ de faire qqch** so freundlich sein, etw zu tun. **-2.** [action] Aufmerksamkeit *die*.
gentillet, ette [ʒɑ̃tijɛ, ɛt] *adj péj* (zwar) recht nett.
gentiment [ʒɑ̃timɑ̃] *adv* **-1.** [aimablement] liebenswürdig. **-2.** [sagement] brav. **-3.** *Helv* [tranquillement] ruhig.
gentleman [dʒɛntləman] (*pl* **gentlemen** [dʒɛntləmɛn]) *nm* Gentleman *der*.
génuflexion [ʒenyflɛksjɔ̃] *nf* Kniefall *der*.
géographe [ʒeɔgraf] *nmf* Geograph *der*, -in *die*.
géographie [ʒeɔgrafi] *nf* Geographie *die*.
géographique [ʒeɔgrafik] *adj* geographisch.
geôlier, ère [ʒolje, ɛr] *nm, f sout* Kerkermeister *der*, -in *die*.
géologie [ʒeɔlɔʒi] *nf* Geologie *die*.
géologique [ʒeɔlɔʒik] *adj* geologisch.
géologue [ʒeɔlɔg] *nmf* Geologe *der*, -gin *die*.
géomètre [ʒeɔmɛtr] *nmf* **-1.** [spécialiste de géométrie] *Mathematiker mit dem Schwerpunkt Geometrie*. **-2.** [technicien] Landvermesser *der*, -in *die*.
géométrie [ʒeɔmetri] *nf* Geometrie *die*.
géométrique [ʒeɔmetrik] *adj* **-1.** MATHS geometrisch. **-2.** *fig* [rigoureux] mathematisch genau; **avec une précision ~** mit mathematischer Genauigkeit.
géophysique [ʒeɔfizik] ◇ *adj* geophysikalisch. ◇ *nf* Geophysik *die*.
géopolitique [ʒeɔpɔlitik] ◇ *adj* geopolitisch. ◇ *nf* Geopolitik *die*.
géosphère [ʒeɔsfɛr] *nf* Geosphäre *die*.
gérance [ʒerɑ̃s] *nf* Geschäftsführung *die*.
géranium [ʒeranjɔm] *nm* Geranie *die*.
gérant, e [ʒerɑ̃, ɑ̃t] *nm, f* Geschäftsführer *der*, -in *die*.
gerbe [ʒɛrb] *nf* **-1.** [de blé] Garbe *die*; **~ de fleurs** Blumengebinde *das*. **-2.** [d'étincelles] Funkenregen *der*; **~ d'eau** Springbrunnen *der*.
gerber [3] [ʒɛrbe] *vi tfam* [vomir] kotzen.
gerboise [ʒɛrbwaz] *nf* Springmaus *die*.
gercé, e [ʒɛrse] *adj* aufgesprungen.
gercer [16] [ʒɛrse] ◇ *vt* aufspringen lassen. ◇ *vi* aufǀspringen.
◆ **se gercer** *vp* aufǀspringen.
gerçure [ʒɛrsyr] *nf* Hautriß *der*.
gérer [18] [ʒere] *vt* **-1.** [organiser, diriger] führen; **~ une affaire** ein Geschäft führen. **-2.** [biens, intérêts, budget] verwalten; **il ne sait pas ~ son argent** er kann nicht mit Geld umgehen.
gériatrie [ʒerjatri] *nf* Geriatrie *die*.
gériatrique [ʒerjatrik] *adj* geriatrisch.
germain, e [ʒɛrmɛ̃, ɛn] → **cousin**.
germanique [ʒɛrmanik] *adj* **-1.** [allemand] deutsch. **-2.** HIST germanisch.
germaniste [ʒɛrmanist] *nmf* **-1.** [spécialiste] Germanist *der*, -in *die*. **-2.** [étudiant] Germanistikstudent *der*, -in *die*.
germe [ʒɛrm] *nm* Keim *der*; **~s de soja** Sojasprossen *Pl*.
germer [3] [ʒɛrme] *vi* **-1.** BOT keimen. **-2.** *fig* [naître] aufǀkeimen.
germination [ʒɛrminasjɔ̃] *nf* Keimen *das*.

gérondif [ʒerɔ̃dif] *nm* Gerundium *das*.
gérontologie [ʒerɔ̃tɔlɔʒi] *nf* Gerontologie *die*.
gésier [ʒezje] *nm* Kaumagen *der*.
gésir [49] [ʒezir] *vi littéraire* regungslos dalliegen.
gestation [ʒɛstasjɔ̃] *nf* **-1.** [de fœtus - humain] Schwangerschaft *die*; [- animal] Trächtigkeit *die*; **durée de ~** Tragezeit *die*. **-2.** *fig* [de projet] Entstehung *die*; **être en ~** in der Entstehung begriffen sein.
geste [ʒɛst] *nm* Geste *die*; **faire un ~** *fig* großzügig sein.
gesticuler [3] [ʒɛstikyle] *vi* gestikulieren.
gestion [ʒɛstjɔ̃] *nf* **-1.** ADMIN, FIN & JUR Verwaltung *die*; **~ d'entreprise** Unternehmensführung *die*. **-2.** [de budget] Führen *das*. **-3.** UNIV Betriebswirtschaft *die*.
gestionnaire [ʒɛstjɔnɛr] ◇ *adj* Verwaltungs-. ◇ *nmf* Manager *der*, -in *die*. ◇ *nm* INFORM: **~ de données** Datenverwalter *der*.
gestuel, elle [ʒɛstɥɛl] *adj* gestenreich, Gesten-.
◆ **gestuelle** *nf* Gestik *die*.
geyser [ʒɛzɛr] *nm* Geysir *der*.
Ghana [gana] *nm*: **le ~** Ghana *nt*.
ghanéen, enne [ganeɛ̃, ɛn] *adj* ghanaisch, aus Ghana.
◆ **Ghanéen, enne** *nm, f* Ghanaer *der*, -in *die*.
ghetto [gɛto] *nm* Getto *das*.
ghettoïsation [gɛtoizasjɔ̃] *nf* Gettoisierung *die*.
gibecière [ʒibsjɛr] *nf* Jagdtasche *die*.
gibelotte [ʒiblɔt] *nf* Kaninchenfrikassee *das*.
gibet [ʒibɛ] *nm* Galgen *der*.
gibier [ʒibje] *nm* **-1.** CHASSE Wild *das (sans pl)*; **gros ~** Großwild. **-2.** [viande] Wildbret *das*.
giboulée [ʒibule] *nf* Regenschauer *der*, Hagelschauer *der*.
giboyeux, euse [ʒibwajø, øz] *adj* wildreich.
Gibraltar [ʒibraltar] *n* Gibraltar *nt*; **à ~** in Gibraltar.
giclée [ʒikle] *nf* Spritzer *der*.
gicler [3] [ʒikle] *vi* spritzen.
gicleur [ʒiklœr] *nm* Spritzdüse *die*.
GIE *nm abr de* **groupement d'intérêt économique**.
gifle [ʒifl] *nf* Ohrfeige *die*; **donner une ~ à qqn** jm eine Ohrfeige geben.
gifler [3] [ʒifle] *vt* **-1.** [sujet: personne] ohrfeigen. **-2.** *fig* [sujet: vent, pluie] peitschen.
GIG *abr de* **grand invalide de guerre**.
gigantesque [ʒigɑ̃tɛsk] *adj* **-1.** [géant] riesengroß. **-2.** [démesuré] gewaltig.
giga-octet [ʒigaɔktɛ] *nm* INFORM Gigabyte *das*, GByte *das*.
GIGN (*abr de* **Groupe d'intervention de la gendarmerie nationale**) *nm Gendarmerie-Einsatztruppe*.
gigogne [ʒigɔɲ] → **lit**, **table**.
gigolo [ʒigɔlo] *nm* Gigolo *der*.
gigot [ʒigo] *nm* Keule *die*.
gigoter [3] [ʒigɔte] *vi* zappeln; [bébé] strampeln.
gilet [ʒilɛ] *nm* **-1.** [cardigan] Strickjacke *die*. **-2.** [sans manches] Weste *die*; **~ de sauvetage** Schwimmweste.
gin [dʒin] *nm* Gin *der*.
gingembre [ʒɛ̃ʒɑ̃br] *nm* Ingwer *der*.
gingivite [ʒɛ̃ʒivit] *nf* Zahnfleischentzündung *die*.
girafe [ʒiraf] *nf* Giraffe *die*.
giratoire [ʒiratwar] → **sens**.
girofle [ʒirɔfl] → **clou**.
giroflée [ʒirɔfle] *nf* Goldlack *der*.
girolle [ʒirɔl] *nf* Pfifferling *der*.
giron [ʒirɔ̃] *nm vieilli* [de femme] Schoß *der*; **le ~ familial** *fig* der Schoß der Familie.
girophare [ʒirɔfar] *nm* Blaulicht *das*.
girouette [ʒirwɛt] *nf* **-1.** [objet] Wetterhahn *der*, Wetterfahne *die*. **-2.** *fig* [personne] Opportunist *der*.
gisais *etc* → **gésir**.
gisant [ʒizɑ̃] ◇ *participe présent* → **gésir**. ◇ *nm* ruhende (Grab)figur.
gisement [ʒizmɑ̃] *nm* Vorkommen *das*.
gît [ʒi] → **gésir**, **ci-gît**.
gitan, e [ʒitɑ̃, an] *adj* zigeunerisch, Zigeuner-.
◆ **gitane** *nf* [cigarette] *französische Zigarettenmarke*.
◆ **Gitan, e** *nm, f* Zigeuner *der*, -in *die*.
gîte [ʒit] *nm* **-1.** [logement] Unterkunft *die*; **le ~ et le couvert** Unterkunft und Verpflegung; **~ rural** Ferienhaus *das* auf dem Lande. **-2.** [de lièvre] Sasse *die*. **-3.** CULIN [de bœuf] Hesse *die*.
gîter [3] [ʒite] *vi* [bateau] krängen.
givrant [ʒivrɑ̃] → **brouillard**.
givre [ʒivr] *nm* Reif *der*.
givré, e [ʒivre] *adj* **-1.** CULIN: **citron ~** Zitroneneis *das*; **orange ~e** Orangeneis *das*. **-2.** *fam* [dérangé] durchgedreht.
glabre [glabr] *adj* glatt(rasiert).
glaçage [glasaʒ] *nm* **-1.** [de gâteau] Zuckerguß *der*. **-2.** [de tissu] Satinieren *das*.
glaçant, e [glasɑ̃, ɑ̃t] *adj* eisig.
glace [glas] *nf* **-1.** [eau gelée, crème glacée] Eis *das*; **rester de ~** *fig* eiskalt bleiben; **rompre la ~** *fig* das Eis brechen. **-2.** [plaque de verre] Glasscheibe *die*. **-3.** [de voiture] Fenster *das*. **-4.** [miroir] Spiegel *der*; **~ sans tain** einseitig verspiegelte Glasscheibe.

◆ **glaces** *nfpl* Packeis *das (sans pl)*.
glacé, e [glase] *adj* **-1.** [gelé] gefroren. **-2.** [très froid] eiskalt. **-3.** *fig* [hostile] frostig. **-4.** CULIN glasiert.
glacer [16] [glase] *vt* **-1.** [refroidir] vor Kälte steif werden lassen. **-2.** [gâteau] mit Glasur überziehen. **-3.** *fig* [intimider] lähmen.
◆ **se glacer** *vp* erstarren.
glaciaire [glasjɛr] *adj* [érosion] eiszeitlich; **période ~** Eiszeit *die*.
glacial, e, als OU **aux** [glasjal, o] *adj* eiskalt.
glacier [glasje] *nm* **-1.** GÉOGR Gletscher *der*. **-2.** [marchand] Eismann *der*.
glacière [glasjɛr] *nf* Eisschrank *der*; [portable] Kühltasche *die*.
glaçon [glasɔ̃] *nm* **-1.** [cube de glace] Eiswürfel *der*. **-2.** [glace naturelle] Eiszapfen *der*. **-3.** *fam fig* [personne] Eisblock *der*.
gladiateur [gladjatœr] *nm* Gladiator *der*.
glaïeul [glajœl] *nm* Gladiole *die*.
glaire [glɛr] *nf* Schleim *der*.
glaise [glɛz] *nf* Ton *der*.
glaive [glɛv] *nm* Schwert *das*.
gland [glɑ̃] *nm* Eichel *die*.
glande [glɑ̃d] *nf* Drüse *die*; **~ endocrine** endokrine Drüse.
glander [3] [glɑ̃de] *vi tfam* gammeln.
glaner [3] [glane] *vt* **-1.** [blé, maïs] auf|sammeln. **-2.** *fig* [idées, informations] zusammen|tragen.
glapir [32] [glapir] *vi* kläffen.
glapissement [glapismɑ̃] *nm* Gekläffe *das*.
Glaris [glaris] *n* Glarus *nt*.
glas [gla] *nm* Totengeläut *das*; **sonner le ~** die Totenglocke läuten; **sonner le ~ de qqch** *fig* das Ende von etw bedeuten.
glaucome [glokom] *nm* grüner Star.
glauque [glok] *adj* **-1.** [couleur] blaugrün. **-2.** *fam* [sordide] übel. **-3.** *fam* [lugubre] trostlos.
glissade [glisad] *nf* Rutschen *das*; **faire des ~s** schlittern.
glissant, e [glisɑ̃, ɑ̃t] *adj* **-1.** [surface] rutschig, glatt. **-2.** [objet] glitschig.
glissement [glismɑ̃] *nm* **-1.** [action] Gleiten *das*. **-2.** [déplacement] Rutsch *der*; **~ de terrain** Erdrutsch; **~ de sens** LING Sinnverschiebung *die*.
glisser [3] [glise] ◇ *vi* **-1.** [se déplacer]: **~ (sur qqch)** (auf etw *(D)*) gleiten. **-2.** [déraper]: **~ (sur qqch)** (auf etw *(D)*) aus|rutschen. **-3.** [surface] glatt sein. **-4.** *fig* [progresser] ab|gleiten; **~ dans** OU **vers qqch** in etw *(A)* ab|gleiten. ◇ *vt* schieben; **~ qqch à qqn** [paquet, lettre] jm etw zu|stecken; [mot, parole] jm etw zu|flüstern; **~ un regard à qqn** jm einen Blick zu|werfen.
◆ **se glisser** *vp* [personne] schleichen; **se ~ dans qqch** in etw *(A)* schlüpfen; *fig* sich in etw *(A)* (ein|)schleichen.
glissière [glisjɛr] *nf* Gleitschiene *die*; **à ~** Schiebe-; **~ de sécurité** Leitplanke *die*.
glissoire [gliswar] *nf* Schlitterbahn *die*.
global, e, aux [glɔbal, o] *adj* Gesamt-.
globalement [glɔbalmɑ̃] *adv* insgesamt.
globalisation [glɔbalizasjɔ̃] *nf* [de marché] Internationalisierung *die*.
globalité [glɔbalite] *nf* Gesamtheit *die*.
globe [glɔb] *nm* **-1.** [terre] Globus *der*; **~ terrestre** Erdball *der*. **-2.** [sphère] Kugel *die*. **-3.** [de verre] Glasglocke *die*.
globe-trotter [glɔbtrɔtœr] (*pl* **globe-trotters**) *nmf* Globetrotter *der*, -in *die*.
globule [glɔbyl] *nm* Blutkörperchen *das*; **~ blanc/rouge** weißes/rotes Blutkörperchen.
globuleux [glɔbylø] → **œil**.
gloire [glwar] *nf* **-1.** [renommée] Ruhm *der*; **à la ~ de qqn/qqch** zum Ruhme von jm/etw. **-2.** [mérite] Ehre *die*. **-3.** [fierté] Stolz *der*.
glorieux, euse [glɔrjø, øz] *adj* **-1.** [combat, mort] glorreich. **-2.** [héros, soldat] ruhmreich.
glorifier [9] [glɔrifje] *vt* **-1.** [louer] preisen. **-2.** [Dieu] verherrlichen.
◆ **se glorifier** *vp*: **se ~ de qqch** sich einer Sache *(G)* rühmen.
gloriole [glɔrjɔl] *nf* Eitelkeit *die*.
glose [gloz] *nf* erläuternde Bemerkung.
gloser [3] [gloze] ◇ *vi*: **~ sur qqn/qqch** sich über jn/etw aus|lassen. ◇ *vt* mit erläuternden Kommentaren versehen.
glossaire [glɔsɛr] *nm* Glossar *das*.
glotte [glɔt] *nf* Stimmritze *die*.
glouglou [gluglu] *nm fam* [de liquide] Gluckern *das*.
gloussement [glusmɑ̃] *nm* Glucken *das*.
glousser [3] [gluse] *vi* **-1.** [poule] glucken. **-2.** *fam* [personne] glucksen.
glouton, onne [glutɔ̃, ɔn] *nm, f* Vielfraß *der*.
gloutonnerie [glutɔnri] *nf* Verfressenheit *die*.
glu [gly] *nf* [colle] Klebstoff *der*.
gluant, e [glyɑ̃, ɑ̃t] *adj* klebrig.
glucide [glysid] *nm* Zucker *der*.
glucose [glykoz] *nm* Traubenzucker *der*.
gluten [glytɛn] *nm* Gluten *das*.
glycémie [glisemi] *nf* Blutzucker *der*.
glycérine [gliserin] *nf* Glyzerin *das*.
glycine [glisin] *nf* Glyzinie *die*.
GMT (*abr de* **Greenwich Mean Time**) WEZ *die*.
gnangnan [ɲɑ̃ɲɑ̃] *adj inv fam* tranig.

GNL (*abr de* **gaz naturel liquéfié**) *nm* LNG *das*, Flüssig-Erdgas *das*.
gnole, gnôle [ɲol] *nf* Schnaps *der*.
gnome [gnom] *nm* Gnom *der*.
gnon [ɲɔ̃] *nm fam* Hieb *der*.
go [go]
◆ **tout de go** *loc adv fam* schlankweg.
GO ◇ (*abr de* **grandes ondes**) LW *(Langwelle)*. ◇ *nm* (*abr de* **gentil organisateur**) *Animateur in einem Ferienclub*.
goal [gol] *nm* Torwart *der*.
gobelet [gɔblɛ] *nm* Becher *der*.
gober [3] [gɔbe] *vt* **-1.** [avaler] gierig hinunter|schlucken; [œuf] aus|schlürfen. **-2.** *fam* [croire] für bare Münze nehmen, schlucken.
godasse [gɔdas] *nf fam* Latschen *der*.
godet [gɔdɛ] *nm* **-1.** [récipient] Töpfchen *das*. **-2.** COUTURE: **jupe à ~s** Rock *der* mit Glockenfalten.
godiller [3] [gɔdije] *vi* **-1.** [avec godille] wricken. **-2.** [skieur] wedeln.
goéland [gɔelɑ̃] *nm* Möwe *die*.
goélette [gɔelɛt] *nf* Schoner *der*.
goémon [gɔemɔ̃] *nm* Seetang *der*.
gogo [gogo]
◆ **à gogo** *loc adv fam* so viel man will; **il y avait du Champagne à ~** es gab Champagner, soviel man wollte.
goguenard, e [gɔgnar, ard] *adj* schalkhaft.
goinfre [gwɛ̃fr] *nmf fam* Vielfraß *der*; **manger comme un ~** wie ein Scheunendrescher essen.
goinfrer [3] [gwɛ̃fre]
◆ **se goinfrer** *vp*: **se ~ (de qqch)** *fam* sich (mit etw) den Bauch voll|schlagen.
goitre [gwatr] *nm* Kropf *der*.
golden [gɔldɛn] *nf* Golden Delicious *der*.
golf [gɔlf] *nm* Golf(spiel) *das*.
golfe [gɔlf] *nm* Golf *der*.
gommage [gɔmaʒ] *nm* **-1.** [avec gomme] Radieren *das*. **-2.** [de peau] Peeling *das*.
gomme [gɔm] *nf* **-1.** [pour effacer] Radiergummi *der*. **-2.** [substance] Gummi *der*. **-3.** *loc*: **à la ~** *fam* unbrauchbar.
gommé, e [gɔme] *adj* gummiert.
gommer [3] [gɔme] *vt* **-1.** [avec gomme] radieren. **-2.** *fig* [atténuer] verwischen; **~ les rides** Falten mildern.
gond [gɔ̃] *nm* Angel *die*; **sortir de ses ~s** *fig* vor Wut außer sich geraten.
gondole [gɔ̃dɔl] *nf* Gondel *die*.
gondoler [3] [gɔ̃dɔle] *vi* sich wellen.
◆ **se gondoler** *vp* **-1.** [se bomber] sich wellen. **-2.** *fam* [rire] sich schief|lachen.
gonflable [gɔ̃flabl] *adj* aufblasbar.
gonflé, e [gɔ̃fle] *adj* **-1.** [déformé] aufgebläht. **-2.** [personne]: **~ d'orgueil** stolzgeschwellt; **être ~** *fam* [être courageux] dreist sein.
gonfler [3] [gɔ̃fle] ◇ *vt* **-1.** [distendre] auf|blasen. **-2.** [faire augmenter le volume de] anschwellen lassen; [d'air] auf|pumpen; [d'eau] auf|quellen. **-3.** *fig* [grossir] auf|bauschen. ◇ *vi* quellen.
◆ **se gonfler** *vp* **-1.** [se distendre] sich (auf|)-blähen. **-2.** *fig* [être envahi]: **se ~ de qqch** von etw erfüllt sein.
gonflette [gɔ̃flɛt] *nf*: **faire de la ~** *fam péj* sich Muskelpakete an|trainieren.
gonfleur [gɔ̃flœr] *nm* Luftpumpe *die*.
gong [gɔ̃g] *nm* Gong *der*.
gonzesse [gɔ̃zɛs] *nf tfam* Weib *das*.
goret [gɔrɛ] *nm* [cochon] Ferkel *das*.
gorge [gɔrʒ] *nf* **-1.** [gosier] Kehle *die*, Hals *der*; **avoir mal à la ~** Halsschmerzen haben; **avoir la ~ sèche** Durst haben; **se racler la ~** sich räuspern; **il a la ~ serrée** ihm ist die Kehle wie zugeschnürt; **s'éclaircir la ~** sich räuspern; **faire des ~s chaudes de qqch** *fig* über etw her|ziehen; **rire à ~ déployée** *fig* aus vollem Halse lachen. **-2.** [cou] Hals *der*; **prendre qqn à la ~** *fig* jn in Bedrängnis bringen. **-3.** *littéraire* [poitrine de femme] Busen *der*. **-4.** [vallée] Schlucht *die*.
gorgée [gɔrʒe] *nf* Schluck *der*; **à petites ~s** mit kleinen Schlucken.
gorger [17] [gɔrʒe] *vt*: **~ qqn de qqch** [gaver] jn mit etw voll|stopfen; **~ qqch de qqch** etw mit etw tränken.
◆ **se gorger** *vp*: **se ~ de qqch** [nourriture] sich mit etw voll|stopfen; [boisson] sich mit etw vollaufen lassen.
gorille [gɔrij] *nm* Gorilla *der*.
gosier [gozje] *nm* Kehle *die*.
gosse [gɔs] *nmf fam* Gör *das*.
gothique [gɔtik] ◇ *adj* gothisch. ◇ *nm*: **le ~** die Gothik.
gouache [gwaʃ] *nf* Gouache *die*.
gouaille [gwaj] *nf* Spott *der*.
goudron [gudrɔ̃] *nm* Teer *der*.
goudronner [3] [gudrɔne] *vt* teeren.
gouffre [gufr] *nm* **-1.** GÉOGR & *fig* Abgrund *der*; **au bord du ~** am Rande des Abgrunds. **-2.** [financier] Faß *das* ohne Boden.
goujat [guʒa] *nm* Rüpel *der*.
goujaterie [guʒatri] *nf* Rüpelhaftigkeit *die*.
goujon [guʒɔ̃] *nm* [poisson] Gründling *der*; **taquiner le ~** *fam fig* angeln.
goulet [gulɛ] *nm*: **~ d'étranglement** Engpaß *der*.
goulot [gulo] *nm* Flaschenhals *der*; **boire au ~**

aus der Flasche trinken; **~ d'étranglement** Engpaß *der*.

goulu, e [guly] ◇ *adj* gierig. ◇ *nm, f* gieriger Esser, gierige Esserin.

goulûment [gulymɑ̃] *adv* gierig.

goupille [gupij] *nf* Stift *der*.

goupiller [3] [gupije] *vt fam* [combiner] deichseln.

◆ **se goupiller** *vp fam* : **ça se goupille bien/mal** es läuft gut/schlecht; **comment ça s'est goupillé**? wie hat es geklappt?

goupillon [gupijɔ̃] *nm* **-1.** RELIG Weih(wasser)-wedel *der*. **-2.** [à bouteille] Flaschenbürste *die*.

gourd, e [gur, gurd] *adj* steif vor Kälte.

gourde [gurd] ◇ *nf* **-1.** [récipient] Feldflasche *die*. **-2.** *fam* [personne] Tolpatsch *der*. ◇ *adj fam* [stupide] dämlich.

gourdin [gurdɛ̃] *nm* Knüppel *der*.

gourer [3] [gure]

◆ **se gourer** *vp fam* sich irren; **tu t'es gouré** du bist schief gewickelt.

gourmand, e [gurmɑ̃, ɑ̃d] ◇ *adj* naschhaft. ◇ *nm, f* Schlemmer *der*, -in *die*.

gourmandise [gurmɑ̃diz] *nf* **-1.** [caractère] Eßlust *die*. **-2.** [sucrerie] Schleckerei *die*.

gourmet [gurmɛ] *nm*: **(fin) ~** Feinschmecker *der*, -in *die*.

gourmette [gurmɛt] *nf* Armband *das (mit Namensschild)*.

gourou [guru] *nm* Guru *der*.

gousse [gus] *nf* Schote *die*; **~ d'ail** Knoblauchzehe *die*.

gousset [gusɛ] *nm* Tasche *die*; → **montre**.

goût [gu] *nm* **-1.** [saveur, jugement esthétique] Geschmack *der*; **avoir du ~** Geschmack haben; **de bon ~** geschmackvoll *(adj)*. **-2.** [sens] Geschmackssinn *der*. **-3.** [penchant] Vorliebe *die*; **avoir le ~ de qqch** etw mögen; **avoir le ~ du risque** risikofreudig sein; **n'avoir ~ à rien** zu nichts Lust haben; **prendre ~ à qqch** an etw *(D)* Gefallen finden. **-4.** [style] Stil *der*; **au ~ du jour** zeitgemäß; **chacun ses ~s** jedem das Seine.

goûter[1] [3] [gute] ◇ *vt* **-1.** [aliment - déguster] kosten; [- essayer] probieren. **-2.** *littéraire* [trouver agréable] genießen, aus|kosten. **-3.** *littéraire* [apprécier] schätzen. ◇ *vi* **-1.** [prendre une collation] einen Nachmittagsimbiß zu sich nehmen. **-2.** [pour la première fois]: **~ à** OU **de qqch** etw kosten; **~ de qqch** *fig* in etw *(A)* rein|riechen.

goûter[2] [gute] *nm* Nachmittagsimbiß *der*.

goutte [gut] ◇ *nf* **-1.** [de liquide] Tropfen *der*; **se ressembler comme deux ~s d'eau** sich gleichen wie ein Ei dem anderen. **-2.** [petite quantité] Schluck *der*; **une ~ de café** ein Schluck Kaffee; **la ~ d'eau qui fait déborder le vase** *fig* der Tropfen, der das Faß zum Überlaufen bringt; **une ~ d'eau dans l'océan** ein Tropfen auf den heißen Stein. **-3.** *fam* [alcool] Schnaps *der*. **-4.** [maladie]: **la ~** die Gicht. ◇ *adv littéraire* nichts; **n'y voir ~** nicht die Hand vor den Augen sehen.

◆ **gouttes** *nfpl* [médicament] Tropfen *Pl*.

goutte-à-goutte [gutagut] *nm inv* Tropf *der*.

gouttelette [gutlɛt] *nf* Tröpfchen *das*.

gouttière [gutjɛr] *nf* **-1.** [de maison] Dachrinne *die*. **-2.** MÉD Schiene *die*.

gouvernail [guvɛrnaj] *nm* Ruder *das*.

gouvernante [guvɛrnɑ̃t] *nf* **-1.** [d'enfant] Gouvernante *die*. **-2.** [de compagnie] Haushälterin *die*.

gouverne [guvɛrn] *nf* AÉRON Ruder *das*; **pour ma/ta etc ~** *fig* zu meiner/deiner etc Information.

gouvernement [guvɛrnəmɑ̃] *nm* **-1.** [cabinet] Regierung *die*. **-2.** [direction] Leitung *die*.

gouvernemental, e, aux [guvɛrnəmɑ̃tal, o] *adj* **-1.** [gén] Regierungs-. **-2.** [presse] regierungsfreundlich.

gouverner [3] [guvɛrne] *vt* regieren.

gouverneur [guvɛrnœr] *nm* Gouverneur *der*.

GPL (*abr de* **gaz de pétrole liquéfié**) *nm* LPG *das*, Flüssiggas *das*.

GQG (*abr de* **grand quartier général**) *nm* HQ *(Hauptquartier)*.

gr *abr de* **grade**.

GR (*abr de* **(sentier de) grande randonnée**) *nm* großer Wanderweg.

grabataire [grabatɛr] ◇ *adj* bettlägerig. ◇ *nmf* Bettlägerige *der, die*.

grabuge [grabyʒ] *nm fam* Stunk *der*.

grâce [gras] *nf* **-1.** [charme] Anmut *die*. **-2.** [faveur] Gnade *die*; **être dans les bonnes ~s de qqn** bei jm in hohen Gnaden stehen; **faire ~ de qqch à qqn** jm etw ersparen. **-3.** [miséricorde] Begnadigung *die*; **rendre ~ à qqn** *littéraire* jm Dank sagen. **-4.** [gré]: **de bonne ~** bereitwillig; **de mauvaise ~** widerwillig.

◆ **grâce à** *loc prép*: **~ à qqn/qqch** dank jm/etw; **~ à Dieu!** Gott sei Dank!

◆ **de grâce** *interj*: **de ~!** Erbarmen!

gracier [9] [grasje] *vt* begnadigen.

gracieusement [grasjøzmɑ̃] *adv* **-1.** [avec grâce] anmutig. **-2.** [gratuitement] kostenlos.

gracieux, euse [grasjø, øz] *adj* **-1.** [charmant] graziös. **-2.** [gratuit] unentgeldlich.

gracile [grasil] *adj* **-1.** [personne] zierlich. **-2.** [bras, cou] schlank.

gradation [gradasjɔ̃] *nf* Abstufung *die*.

grade [grad] *nm* Grad *der*; **monter en ~** auf|

steigen; **en prendre pour son ~** *fam fig* zurechtgestutzt werden.

gradé, e [grade] ◇ *adj* untergeordneten Grades. ◇ *nm, f Soldat des unteren Dienstgrades.*

gradin [gradɛ̃] *nm* Sitzreihe *die* (in Stufenanordnung).

graduation [gradɥasjɔ̃] *nf* Gradeinteilung *die.*

gradué, e [gradɥe] *Belg* ◇ *adj* [étudiant] graduiert. ◇ *nm, f* [diplômé] Graduierte *der, die.*

graduel, elle [gradɥɛl] *adj* [progressif] zunehmend.

graduellement [gradɥɛlmɑ̃] *adv* allmählich.

graduer [7] [gradɥe] *vt* **-1.** [diviser en degrés] mit einer Maßeinteilung versehen. **-2.** *fig* [augmenter progressivement] allmählich steigern.

graffiti [grafiti] (*pl inv* OU **graffitis**) *nm* Graffiti *Pl.*

grailler [3] [graje] *vi fam* [manger] futtern.

graillon [grajɔ̃] *nm péj* Geruch *der* von angebranntem Fett.

grain [grɛ̃] *nm* **-1.** [de céréale, de plante, de sable] Korn *das*; [de café] Bohne *die.* **-2.** [de fruit] Beere *die.* **-3.** [averse] Schauer *der.* **-4.** [texture] Struktur *die.* **-5.** *fig* [petite quantité]: **un ~ d'intelligence** ein Quentchen Verstand. **-6.** *loc*: **avoir un ~** *fam* einen Schuß weg|haben; **mettre son ~ de sel** *péj* seinen Senf dazu|geben; **veiller au ~** sich in acht nehmen.

◆ **grain de beauté** *nm* Leberfleck *der.*

graine [grɛn] *nf* Samen *der*; **mauvaise ~** *fig* Teufelsbrut *die*; **ce garçon, c'est de la ~ de voleur** *fig* aus diesem Jungen wird noch ein Dieb; **monter en ~** in Samen schießen; *fig* wachsen; **en prendre de la ~** *fam* [prendre exemple] sich ein Stück davon ab|schneiden.

grainetier, ère [grɛntje, ɛr] *nm, f* Samenhändler *der*, -in *die.*

graissage [grɛsaʒ] *nm* Schmieren *das.*

graisse [grɛs] *nf* **-1.** [du corps, pour cuisiner] Fett *das.* **-2.** [pour lubrifier] Schmiere *die.*

graisser [4] [grɛse] *vt* **-1.** [machine] schmieren. **-2.** [salir] mit Fettflecken beschmutzen.

graisseux, euse [grɛsø, øz] *adj* **-1.** [papier] fettig. **-2.** [bourrelet] Fett-.

graminée [gramine] *nf* Gras *das.*

grammaire [gramɛr] *nf* Grammatik *die.*

grammatical, e, aux [gramatikal, o] *adj* grammatisch.

grammaticalement [gramatikalmɑ̃] *adv* grammatisch.

gramme [gram] *nm* Gramm *das*; **un ~ d'intelligence** *fig* ein Körnchen Verstand.

grand, e [grɑ̃, grɑ̃d] ◇ *adj* **-1.** [gén] groß. **-2.** [puissant] Groß-. ◇ *nm, f* [personne plus âgée] Erwachsene *der, die*; **ma ~e!** meine Süße!

◆ **grand** ◇ *nm* **-1.** [adulte] Erwachsene *der.* **-2.** [puissance] Große *der.* ◇ *adv*: **faire qqch en ~** etw im großen Stil machen; **voir ~** Großes im Sinn haben.

grand-angle [grɑ̃tɑ̃gl] (*pl* **grands-angles** [grɑ̃zɑ̃gl]), **grand-angulaire** [grɑ̃tɑ̃gylɛr] (*pl* **grands-angulaires** [grɑ̃zɑ̃gylɛr]) *nm* Weitwinkelobjektiv *das.*

grand-chose [grɑ̃ʃoz] ◇ *pron indéf*: **pas ~** [rien de grave] nichts (weiter); [peu] nicht viel. ◇ *nmf inv fam* : **pas ~** Nichtsnutz *der.*

grand-duché [grɑ̃dyʃe] (*pl* **grands-duchés**) *nm* Großherzogtum *das.*

Grande-Bretagne [grɑ̃dbrətaɲ] *nf*: **la ~** Großbritannien *nt.*

grandement [grɑ̃dmɑ̃] *adv* **-1.** [beaucoup] gehörig. **-2.** [largement] mehr als genug.

grandeur [grɑ̃dœr] *nf* **-1.** [de taille, morale] Größe *die*; **~ nature** wirkliche Größe; **~ d'âme** Seelengröße. **-2.** [apogée] Höhepunkt *der.*

grand-guignolesque [grɑ̃giɲɔlɛsk] (*pl* **grand-guignolesques**) *adj* grauenhaft.

grandiloquent, e [grɑ̃dilɔkɑ̃, ɑ̃t] *adj* hochtrabend.

grandiose [grɑ̃djoz] *adj* grandios.

grandir [32] [grɑ̃dir] ◇ *vt* **-1.** [en taille] größer machen. **-2.** [en estime] erhöhen. ◇ *vi* **-1.** [en taille] wachsen. **-2.** [en intensité] zu|nehmen. **-3.** *fig* [monter] steigen.

◆ **se grandir** *vp* **-1.** [en taille] sich größer machen. **-2.** *fig* [se valoriser] sich auf|werten.

grandissant, e [grɑ̃disɑ̃, ɑ̃t] *adj* [en quantité] wachsend; [en intensité] zunehmend.

grand-maman [grɑ̃mamɑ̃] (*pl* **grand-mamans** OU **grands-mamans**) *nf* Oma *die.*

grand-mère [grɑ̃mɛr] (*pl* **grand-mères** OU **grands-mères**) *nf* **-1.** [mère de parent] Großmutter *die*; **~ maternelle/paternelle** Großmutter mütterlicherseits/väterlicherseits. **-2.** *fam* [vieille femme] Oma *die.*

grand-messe [grɑ̃mɛs] (*pl* **grand-messes** OU **grands-messes**) *nf* RELIG Hochamt *das*; *fig* Prunksitzung *die.*

grand-oncle [grɑ̃tɔ̃kl] (*pl* **grands-oncles** [grɑ̃zɔ̃kl]) *nm* Großonkel *der.*

grand-papa [grɑ̃papa] (*pl* **grands-papas**) *nm* Opa *der.*

grand-peine [grɑ̃pɛn]

◆ **à grand-peine** *loc adv* mit großer Mühe.

grand-père [grɑ̃pɛr] (*pl* **grands-pères**) *nm* **-1.** [père de parent] Großvater *der*; **~ maternel/paternel** Großvater mütterlicherseits/väterlicherseits. **-2.** *fam* [vieillard] Opa *der.*

grands-parents [grɑ̃parɑ̃] *nmpl* Großeltern *Pl.*

grand-tante [grɑ̃tɑ̃t] (*pl* **grand-tantes** OU **grands-tantes**) *nf* Großtante *die*.
grand-voile [grɑ̃vwal] (*pl* **grand-voiles** OU **grands-voiles**) *nf* Großsegel *das*.
grange [grɑ̃ʒ] *nf* Scheune *die*.
granite, granit [granit] *nm* Granit *der*.
granité, e [granite] *adj* [papier] körnig; [tissu] grob.
◆ **granité** *nm* **-1.** [tissu] grober Wollstoff. **-2.** [glace] Cassata *die*.
granule [granyl] *nm* **-1.** [grain] Korn *das*, Körnchen *das*. **-2.** [pilule] Dragee *das*.
granulé, e [granyle] *adj* [surface] gekörnt.
◆ **granulé** *nm* Granulat *das*.
granuleux, euse [granylø, øz] *adj* **-1.** [surface] körnig. **-2.** MÉD granulös.
grape-fruit [grɛpfrut] (*pl* **grape-fruits**) *nm* Grapefruit *die*.
graphe [graf] *nm* Graph *der*.
graphie [grafi] *nf* Graphie *die*.
graphique [grafik] ◇ *adj* **-1.** [système] Schrift-. **-2.** [art] graphisch. **-3.** [représentation] zeichnerisch. ◇ *nm* Graphik *die*.
graphisme [grafism] *nm* **-1.** [manière d'écrire] Schriftbild *das*. **-2.** ART [manière de dessiner] Handführung *die*.
graphiste [grafist] *nmf* Graphiker *der*, -in *die*.
graphologie [grafɔlɔʒi] *nf* Graphologie *die*.
graphologue [grafɔlɔg] *nmf* Graphologe *der*, -gin *die*.
grappe [grap] *nf* Traube *die*; **~ de raisin** Traube.
grappiller [3] [grapije] ◇ *vt* **-1.** [cueillir] pflükken. **-2.** *fig* [renseignements] zusammen|suchen; [argent] mitgehen lassen. ◇ *vi fig* klauen.
grappin [grapɛ̃] *nm* [ancre] Suchanker *der*; **elle lui a mis le ~ dessus** *fig* & *péj* sie hat ihn in Beschlag genommen.
gras, grasse [gra, gras] *adj* **-1.** [matière, personne, animal] fett. **-2.** [cheveux, mains] fettig. **-3.** [plat, aliment] fetthaltig. **-4.** [sol] schmierig. **-5.** *fig* [plaisanterie] schmutzig. **-6.** *fig* [rire] laut; [toux] schleimig. **-7.** [crayon] weich.
◆ **gras** ◇ *nm* **-1.** [de jambon] Fett *das*. **-2.** [de jambe] Wade *die*. **-3.** TYPO Fettdruck *der*. ◇ *adv* [manger] fettig.
gras-double [gradubl] (*pl* **gras-doubles**) *nm* Kutteln *die*.
grasse → **gras**.
grassement [grasmɑ̃] *adv* **-1.** [rire] lautstark. **-2.** [payer] reichlich.
grassouillet, ette [grasujɛ, ɛt] *adj fam* dicklich.
gratifiant, e [gratifjɑ̃, ɑ̃t] *adj* befriedigend.
gratification [gratifikasjɔ̃] *nf* **-1.** [en argent] Sonderzulage *die*. **-2.** [psychologique] Befriedigung *die*.
gratifier [9] [gratifje] *vt* **-1.** [accorder]: **~ qqn de qqch** [compliment] jm etw zukommen lassen; *iron* [reproche] jn mit etw bedenken. **-2.** [stimuler] an|spornen.
gratin [gratɛ̃] *nm* **-1.** CULIN Auflauf *der*; **~ dauphinois** Kartoffelauflauf; **au ~** überbacken. **-2.** *fam fig* [haute société] High Society *die*.
gratiné, e [gratine] *adj* **-1.** [plat] überbacken. **-2.** *fam* [difficile] gepfeffert. **-3.** *fam* [original]: **c'est qqn de ~** das ist vielleicht eine Nummer. **-4.** *fam* [grivois] schlüpfrig.
◆ **gratinée** *nf* CULIN *mit Käse überbackene Zwiebelsuppe*.
gratiner [3] [gratine] *vt*: **(faire) ~ qqch** etw überbacken.
gratis [gratis] *adv* kostenlos, umsonst.
gratitude [gratityd] *nf*: **~ (envers qqn)** Dankbarkeit *die* (jm gegenüber).
gratte-ciel [gratsjɛl] *nm inv* Wolkenkratzer *der*.
grattement [gratmɑ̃] *nm* Kratzen *das*.
gratte-papier [gratpapje] *nm inv fam péj* Schreiberling *der*.
gratter [3] [grate] ◇ *vt* **-1.** [racler, enlever] ab|kratzen. **-2.** [personne, partie du corps] kratzen. **-3.** *fam* [gagner] heraus|schlagen. **-4.** *fam* [devancer] ab|hängen. ◇ *vi* **-1.** [gén] kratzen; **~ d'un instrument** auf einem Instrument kratzen. **-2.** *fam* [écrire] kritzeln. **-3.** *fam* [travailler] schuften.
◆ **se gratter** *vp* sich kratzen.
grattoir [gratwar] *nm* **-1.** [outil] Schabeisen *das*. **-2.** [de boîte d'allumettes] Reibfläche *die*.
gratuit, e [gratɥi, it] *adj* **-1.** [entrée] kostenlos. **-2.** [supposition] unbegründet.
gratuité [gratɥite] *nf* **-1.** [d'entrée] Unentgeldlichkeit *die*. **-2.** [de supposition] Unbegründetheit *die*.
gratuitement [gratɥitmɑ̃] *adv* **-1.** [sans payer] umsonst. **-2.** [sans preuve] ohne Beweis.
gravats [grava] *nmpl* Bauschutt *der*.
grave [grav] ◇ *adj* **-1.** [important] groß; **ce n'est pas ~** es ist nicht schlimm. **-2.** [personne, maladie, menace] ernst. **-3.** [attitude] würdevoll. **-4.** [voix, son] tief. ◇ *nm* [son] tiefer Ton.
graveleux, euse [gravlø, øz] *adj* **-1.** [sol] kiesig. **-2.** [fruit] durchwachsen. **-3.** [propos] anzüglich.
gravement [gravmɑ̃] *adv* **-1.** [parler] ernst. **-2.** [blesser] schwer.
graver [3] [grave] *vt* **-1.** [pierre] (ein|)gravieren. **-2.** [disque] pressen. **-3.** *fig* [dans l'esprit] ein|prägen.
graveur, euse [gravœr, øz] *nm, f* Graveur *der*, -in *die*.
gravier [gravje] *nm* Kies *der*.
gravillon [gravijɔ̃] *nm* Splitt *der*.

gravir [32] [gravir] *vt* erklimmen.

gravité [gravite] *nf* **-1.** [gén] Ernst *der;* **sans ~** harmlos. **-2.** PHYS Schwerkraft *die.*

graviter [3] [gravite] *vi* **-1.** [astre] kreisen. **-2.** [évoluer]: **~ dans qqch** in etw *(D)* verkehren; **~ autour de qqn/qqch** ständig in der Nähe von jm/etw sein.

gravure [gravyr] *nf* **-1.** [technique] Gravierung *die;* **~ sur bois** Holzschnitt *der;* **~ sur métal** Metallstich *der.* **-2.** [illustration] Bild *das.*

gré [gre] *nm* **-1.** [goût]: **à mon/ton/son ~** nach meinem/deinem/seinem Geschmack. **-2.** [volonté]: **bon ~ mal ~** wohl oder übel; **contre mon/ton/son ~** gegen meinen/deinen/seinen Willen; **de ~ ou de force** *fig* so oder so; **de mon** OU **ton** OU **son plein ~** freiwillig *(adv);* **au ~ du vent** mit dem Wind. **-3.** *sout* [gratitude]: **je vous saurais ~ de bien vouloir...** ich wäre Ihnen dankbar, wenn Sie ... würden.

grec, grecque [grɛk] *adj* griechisch.
◆ **grec** *nm* [langue] Griechisch(e) *(das);* **~ ancien** Altgriechisch; **~ moderne** Neugriechisch.
◆ **Grec, Grecque** *nm, f* Grieche *der,* -chin *die.*
◆ **grecque** *nf* [ornement] Mäanderband *das.*
◆ **à la grecque** *loc adj* CULIN *nach griechischer Art zubereitet.*

Grèce [grɛs] *nf*: **la ~** Griechenland *nt.*

grecque → **grec.**

gredin, e [grədɛ̃, in] *nm, f* Kanaille *die.*

gréement [gremɑ̃] *nm* NAVIG Takelage *die.*

green [grin] *nm* GOLF Grün *das.*

Greenwich [grinwitʃ] *n*: **le méridien de ~** der Nullmeridian.

gréer [15] [gree] *vt* NAVIG aufltakeln.

greffe [grɛf] ◇ *nf* **-1.** MÉD [d'organe] Transplantation *die;* **~ du cœur** Herztransplantation. **-2.** BOT Pfropfen *das.* ◇ *nm* JUR Kanzlei *die;* **~ du tribunal** Gerichtsgeschäftsstelle *die.*

greffer [4] [grɛfe] *vt* **-1.** [organe]: **~ qqch (à qqn)** (jm) etw verpflanzen. **-2.** BOT pfropfen.
◆ **se greffer** *vp*: **se ~ sur qqch** *fig* zu etw hinzulkommen.

greffier [grɛfje] *nm* Urkundsbeamte *der, die.*

grégaire [gregɛr] *adj* Herden-; **instinct ~** Herdentrieb *der.*

grège [grɛʒ] → **soie.**

grégorien, enne [gregɔrjɛ̃, ɛn] *adj* gregorianisch.

grêle [grɛl] ◇ *adj* **-1.** [jambes, bras] hager. **-2.** [son] piepsig. ◇ *nf* Hagel *der.*

grêlé, e [grele] *adj* pockennarbig.

grêler [4] [grele] *v impers*: **il grêle** es hagelt.

grêlon [grɛlɔ̃] *nm* Hagelkorn *das.*

grelot [grəlo] *nm* Glöckchen *das.*

grelotter [3] [grəlɔte] *vi* schlottern; **~ de fièvre** vom Fieber geschüttelt sein.

grenade [grənad] *nf* **-1.** [fruit] Granatapfel *der.* **-2.** MIL Granate *die;* **~ lacrymogène** Tränengasgranate.

Grenade [grənad] ◇ *nf* [île]: **la ~** Grenada *nt;* **à la ~** auf Grenada. ◇ *n* [ville d'Espagne] Granada *nt.*

grenadier [grənadje] *nm* **-1.** [arbre] Granatapfelbaum *der.* **-2.** MIL [soldat] Infanterist *der.*

grenadine [grənadin] *nf* Granatapfelsirup *der.*

grenat [grəna] ◇ *adj inv* granatrot. ◇ *nm* **-1.** [couleur] Granatrot *das.* **-2.** [pierre] Granat *der.*

grenier [grənje] *nm* **-1.** [de maison] (Dach)boden *der,* Speicher *der.* **-2.** [à foin] (Heu)boden *der.* **-3.** *fig* [région fertile] Kornkammer *die.*

grenouille [grənuj] *nf* ZOOL Frosch *der;* **~ de bénitier** *fig* & *péj* Betschwester *die.*

grenouiller [3] [grənuje] *vi fam péj in politischen Kreisen liebedienern.*

grenouillère [grənujɛr] *nf* [de bébé] Strampelanzug *der.*

grenu, e [grəny] *adj* **-1.** [cuir] genarbt. **-2.** [roche] rauh.

grès [grɛ] *nm* **-1.** [roche] Sandstein *der.* **-2.** [poterie] Steinzeug *das (sans pl).*

grésil [grezil] *nm* Graupel *die.*

grésillement [grezijmɑ̃] *nm* **-1.** [bruit] Knistern *das.* **-2.** [du grillon] Zirpen *das.*

grésiller [3] [grezije] *vi* **-1.** [friture] brutzeln. **-2.** [radio] knistern. **-3.** [grillon] zirpen.

GRETA, Greta [greta] *(abr de* **groupement d'établissements pour la formation***) nm französisches Organ der Erwachsenenbildung.*

grève [grɛv] *nf* **-1.** [protestation] Streik *der;* **être en** OU **faire ~** streiken; **~ générale** Generalstreik; **~ de la faim** Hungerstreik; **~ sauvage** wilder Streik; **~ sur le tas** Sitzstreik; **~ tournante** Teilstreik; **~ du zèle** Bummelstreik. **-2.** [rivage] Uferstreifen *der.*

grever [19] [grəve] *vt*: **~ qqch (de qqch)** etw (mit etw) belasten.

gréviste [grevist] ◇ *adj* streikend. ◇ *nmf* Ausständler *der,* -in *die.*

GRH *(abr de* **gestion des ressources humaines***) nf* Personalverwaltung *die.*

gribouillage [gribujaʒ], **gribouillis** [gribuji] *nm* **-1.** [écriture] Gekritzel *das.* **-2.** [dessin] Geschmier *das.*

gribouiller [3] [gribuje] *vt* **-1.** [écrire] kritzeln. **-2.** [dessiner] schmieren.

gribouillis = **gribouillage.**

grief [grijɛf] *nm* Beschwerdegrund *der;* **faire ~ de qqch à qqn** jm etw vorlwerfen.

grièvement [grijɛvmɑ̃] *adv* schwer.

griffe [grif] *nf* **-1.** [d'animal] Kralle *die*; **montrer les ~s** *fig* die Krallen zeigen; **tomber dans les ~s de qqn** *fig* jm in die Finger fallen. **-2.** [d'un créateur] Marke *die*. **-3.** *Belg* [éraflure] Kratzer *der*.

griffé, e [grife] *adj* Marken-.

griffer [3] [grife] *vt* **-1.** [sujet: chat] (zer)kratzen. **-2.** [sujet: créateur] seine Marke auf|setzen.

griffonner [3] [grifɔne] *vt* **-1.** [écrire] (hin)|kritzeln. **-2.** [dessiner] (hin)|schmieren.

griffure [grifyr] *nf* Kratzer *der*.

grignoter [3] [griɲɔte] ◇ *vt* **-1.** [manger] knabbern. **-2.** *fig* [réduire] nach und nach auf|brauchen. **-3.** [gagner] heraus|holen. ◇ *vi* **-1.** [manger] knabbern. **-2.** *fig* [rogner]: **~ sur qqch** etw an|knabbern.

grigou [grigu] *nm fam* Geizhals *der*.

gri-gri (*pl* **gris-gris**), **grigri** [grigri] *nm* Glücksbringer *der*.

gril [gril] *nm* [de cuisson] Grillrost *der*; **sur le ~** auf dem Rost; **être sur le ~** *fam fig* auf glühenden Kohlen sitzen.

grillade [grijad] *nf* CULIN Gegrillte *das*.

grillage [grijaʒ] *nm* **-1.** [de porte, de fenêtre] Gitter *das*. **-2.** [clôture] (Draht)zaun *der*.

grillager [17] [grijaʒe] *vt* vergittern.

grille [grij] *nf* **-1.** [portail, fenêtre, guichet] Gitter *das*. **-2.** [d'orifice] Gitterrost *der*. **-3.** [de mots croisés, de loto] Raster *das*. **-4.** [tableau] Tabelle *die*; **~ des programmes** Programmübersicht *die*; **~ des salaires** Gehaltstabelle, Lohntabelle.

grille-pain [grijpɛ̃] *nm inv* Toaster *der*.

griller [3] [grije] ◇ *vt* **-1.** [aliment] grillen; [pain] toasten. **-2.** [fruit, graine] rösten. **-3.** [végétation] verbrennen. **-4.** [ampoule] durch|brennen. **-5.** [moteur] zu heiß laufen lassen. **-6.** [fenêtre] vergittern. **-7.** *fam* [fumer] qualmen. **-8.** *fam* [étape] über|springen; [concurrents] aus|stechen; [feu] überfahren; **être grillé** [compromis] unten durch sein. ◇ *vi* **-1.** [viande] grillen. **-2.** *fig* [être impatient] braten. **-3.** [végétation] verdorren.

◆ **se griller** *vp fam* sich unbeliebt machen; **se ~ auprès de qqn** sich bei jm unbeliebt machen.

grillon [grijɔ̃] *nm* Grille *die*.

grimace [grimas] *nf* [moue] Grimasse *die*; **faire des ~s** Grimassen ziehen; **faire la ~** *fig* eine Schnute ziehen.

grimacer [16] [grimase] *vi* sein Gesicht verziehen.

grimer [3] [grime] *vt* schminken.

◆ **se grimer** *vp* sich schminken.

grimoire [grimwar] *nm* [de magie] Zauberbuch *das*.

grimpant, e [grɛ̃pɑ̃, ɑ̃t] *adj* Kletter-.

grimper [3] [grɛ̃pe] ◇ *vt* erklettern. ◇ *vi* **-1.** [personne, animal] klettern; **~ à** OU **sur qqch** auf etw *(A)* klettern. **-2.** [plante] hoch|ranken. **-3.** [côte] steil an|steigen. **-4.** *fam fig* [prix] in die Höhe klettern.

grimpeur, euse [grɛ̃pœr, øz] ◇ *adj* Kletter-. ◇ *nm, f* Bergsteiger *der*, -in *die*.

grinçant, e [grɛ̃sɑ̃, ɑ̃t] *adj* **-1.** [charnière] knarrend. **-2.** *fig* [ironie] bissig.

grincement [grɛ̃smɑ̃] *nm* Knarren *das*; **~s de dents** *fig* Zähneknirschen *das (sans pl)*.

grincer [16] [grɛ̃se] *vi* knarren.

grincheux, euse [grɛ̃ʃø, øz] ◇ *adj* mürrisch. ◇ *nm, f* Nörgler *der*, -in *die*.

gringalet [grɛ̃galɛ] *nm péj* kleiner, schwächlicher Kerl *der*.

griotte [grijɔt] *nf* Sauerkirsche *die*.

grippe [grip] *nf* Grippe *die*; **avoir la ~** Grippe haben; **~ intestinale** Magen-Darm-Grippe; **prendre qqn/qqch en ~** *fig* gegen jn/etw eingenommen sein.

grippé, e [gripe] *adj* [malade] vergrippt.

gripper [3] [gripe] *vi* **-1.** [mécanisme] sich fest|fressen. **-2.** *fig* [processus] blockieren.

◆ **se gripper** *vp* **-1.** [se bloquer] sich fest|fressen. **-2.** *fig* [mal fonctionner] sich fest|fahren.

grippe-sou [gripsu] (*pl inv* OU **grippe-sous**) *nm* Pfennigfuchser *der*.

gris, e [gri, griz] *adj* **-1.** [couleur] grau. **-2.** [morne] trüb. **-3.** [saoul] angetrunken.

◆ **gris** *nm* **-1.** [couleur] Grau *das*. **-2.** [tabac] *einfache Tabakqualität*.

grisaille [grizaj] *nf* **-1.** [de ciel] verhangener Himmel. **-2.** *fig* [de vie] Eintönigkeit *die*.

grisant, e [grizɑ̃, ɑ̃t] *adj* betörend.

grisâtre [grizatr] *adj* gräulich, grau in grau.

grisé, e [grize] *adj* [teinte] schraffiert.

griser [3] [grize] *vt* berauschen.

◆ **se griser** *vp*: **se ~ de qqch** [vin] sich mit etw betrinken; *fig* [succès] sich an etw *(D)* berauschen.

grisonnant, e [grizɔnɑ̃, ɑ̃t] *adj* leicht ergraut.

grisonner [3] [grizɔne] *vi* ergrauen.

Grisons [grizɔ̃] *nmpl*: **les ~** Graubünden *nt*.

grisou [grizu] *nm* Grubengas *das*; **coup de ~** schlagendes Wetter.

grive [griv] *nf* Drossel *die*.

grivois, e [grivwa, az] *adj* pikant.

Groenland [grɔɛnlɑ̃d] *nm*: **le ~** Grönland *nt*; **au ~** auf Grönland.

grog [grɔg] *nm* Grog *der*.

groggy [grɔgi] *adj inv* groggy.

grogne [grɔɲ] *nf* Aufmucken *das*, Murren *das*.

grognement [grɔɲmɑ̃] *nm* **-1.** [de cochon] Grunzen *das*; [de chien] Knurren *das*; [d'ours] Brummen *das*. **-2.** [bougonnement] Murren *das*.

grogner [3] [grɔɲe] *vi* **-1.** [cochon] grunzen; [chien] knurren; [ours] brummen. **-2.** [personne] murren.

grognon, onne [grɔɲɔ̃, ɔn] *adj fam* mürrisch.

groin [grwɛ̃] *nm* Rüssel *der*.

grommeler [24] [grɔmle] ◇ *vi* brummeln. ◇ *vt* brummen.

grondement [grɔ̃dmɑ̃] *nm* **-1.** [d'animal] Knurren *das*. **-2.** [de tonnerre, de train] Grollen *das*; [de torrent] Tosen *das*.

gronder [3] [grɔ̃de] ◇ *vi* **-1.** [animal] knurren. **-2.** [tonnerre] grollen; [train, canon] donnern. **-3.** *fig* [colère, révolte] im Anzug sein. ◇ *vt* schelten.

groom [grum] *nm* Hotelboy *der*.

gros, grosse [gro, gros] ◇ *adj (avant n)* **-1.** [volumineux, corpulent] dick. **-2.** [grand, important] groß; [orage, grippe] schwer; [buveur, mangeur] stark. **-3.** [grossier] grob. **-4.** [fort, sonore] laut. **-5.** [riche] wohlhabend; **~ industriel** Großindustrielle *der*. **-6.** [plein]: **~ de qqch** voll von etw; **~ de conséquences** folgenschwer. ◇ *nm, f* Dicke *der, die*.

◆ **gros** ◇ *adv* groß. ◇ *nm* **-1.** [partie]: **le (plus) ~ de qqch** der größte Teil einer Sache *(G)*. **-2.** COMM: **(commerce de) ~** Großhandel *der*; **prix de ~** Großhandelspreis *der*.

◆ **en gros** *loc adv* & *loc adj* **-1.** COMM: **vente en ~** Engrosverkauf *der*; **vendre en ~** im Großhandel verkaufen. **-2.** [en grands caractères]: **c'est écrit en ~** das steht groß da. **-3.** [grosso modo] in groben Zügen.

groseille [grozɛj] ◇ *nf* Johannisbeere *die*; **~ rouge/blanche** rote/weiße Johannisbeere; **~ à maquereau** Stachelbeere *die*. ◇ *adj inv* johannisbeerfarben.

groseillier [grozeje] *nm* Johannisbeerstrauch *der*.

gros-grain [grogrɛ̃] (*pl* **gros-grains**) *nm* Seidenrips *der*.

gros-porteur [gropɔrtœr] (*pl* **gros-porteurs**) *nm* Großraumflugzeug *das*.

grosse [gros] ◇ *nf* **-1.** → **gros**. **-2.** [douze douzaines] Gros *das*. **-3.** JUR *vollständige Abschrift einer offiziellen Urkunde*. ◇ *adj* → **gros**.

grossesse [grosɛs] *nf* Schwangerschaft *die*; **~ extra-utérine** Bauchhöhlenschwangerschaft; **~ nerveuse** Scheinschwangerschaft.

grosseur [grosœr] *nf* **-1.** [dimension, taille] Größe *die*. **-2.** [corpulence] Dickleibigkeit *die*. **-3.** MÉD Geschwulst *die*.

grossier, ère [grosje, ɛr] *adj* **-1.** [tissu, visage, personnage] grob. **-2.** [travail] oberflächlich; [imitation] plump. **-3.** [approche, solution] vorläufig. **-4.** [vulgaire] derb. **-5.** [peu subtil] ungehobelt.

grossièrement [grosjɛrmɑ̃] *adv* **-1.** [sommairement] in groben Umrissen. **-2.** [vulgairement] grob.

grossièreté [grosjɛrte] *nf* Grobheit *die*.

grossir [32] [grosir] ◇ *vi* **-1.** [personne, économies] zu|nehmen. **-2.** [foule, tumeur] wachsen. **-3.** [bruit, rivière] an|schwellen. ◇ *vt* **-1.** [sujet: microscope] vergrößern. **-2.** [sujet: vêtement] dick machen. **-3.** [exagérer] auf|bauschen. **-4.** [cours d'eau] anschwellen lassen.

grossissant, e [grosisɑ̃, ɑ̃t] *adj* Vergrößerungs-.

grossissement [grosismɑ̃] *nm* **-1.** [de personne] Dickwerden *das*. **-2.** [de loupe, de microscope] Vergrößerung *die*. **-3.** [exagération] Übertreibung *die*.

grossiste [grosist] *nmf* Großhändler *der*, -in *die*.

grosso modo [grosomodo] *loc adv* im großen und ganzen.

grotesque [grɔtɛsk] ◇ *adj* grotesk. ◇ *nm*: **le ~** die Groteske.

grotte [grɔt] *nf* Grotte *die*.

grouillant, e [grujɑ̃, ɑ̃t] *adj* **-1.** [foule] wimmelnd. **-2.** [lieu]: **être ~ de qqch** von etw wimmeln.

grouiller [3] [gruje] *vi*: **~ (de qqch)** (von etw) wimmeln.

◆ **se grouiller** *vp fam* sich sputen.

groupage [grupaʒ] *nm* Zusammenstellung *die* einer Sammelsendung.

groupe [grup] *nm* **-1.** [de personnes, de choses] Gruppe *die*; **en ~** als Gruppe; **~ de pression** Lobby *die*; **~ sanguin** Blutgruppe. **-2.** MUS Band *die*. **-3.** POLIT Fraktion *die*. **-4.** ÉLECTR: **~ électrogène** Stromaggregat *das*.

groupement [grupmɑ̃] *nm* **-1.** [action] Gruppierung *die*. **-2.** [groupe] Zusammenschluß *der*.

grouper [3] [grupe] *vt* in Gruppen auf|stellen.

◆ **se grouper** *vp* sich gruppieren.

groupie [grupi] *nf* Groupie *das*.

groupuscule [grupyskyl] *nm* Splittergruppe *die*.

gruau [gryo] *nm* Grütze *die*.

grue [gry] *nf* **-1.** ZOOL Kranich *der*; **faire le pied de ~** *fig* sich die Beine in den Bauch stehen. **-2.** TECHNOL Kran *der*.

gruger [17] [gryʒe] *vt* aus|nehmen.

grumeau, x [grymo] *nm* Klumpen *der*.

grumeleux, euse [grymlø, øz] *adj* **-1.** [pâte] klumpig. **-2.** [fruit, peau] grießig.

gruyère [gryjɛr] *nm* Greyerzer Käse.

Guadeloupe [gwadlup] *nf*: **la ~** Guadeloupe *nt*; **à la ~** auf Guadeloupe.

guadeloupéen, enne [gwadlupeɛ̃, ɛn] *adj* aus Guadeloupe.

◆ **Guadeloupéen, enne** *nm, f* Einwohner *der,* -in *die* von Guadeloupe.
Guatemala [gwatemala] *nm*: **le ~** Guatemala *nt*; **au ~** in Guatemala.
guatémaltèque [gwatemaltεk] *adj* guatemaltekisch.
◆ **Guatémaltèque** *nmf* Guatemalteke *der,* -kin *die.*
gué [ge] *nm* Furt *die*; **traverser à ~** durch seichtes Wasser waten.
guenille [gənij] *nf* Lumpen *der.*
guenon [gənɔ̃] *nf* Affenweibchen *das.*
guépard [gepar] *nm* Gepard *der.*
guêpe [gεp] *nf* Wespe *die.*
guêpier [gepje] *nm* Wespennest *das*; **se fourrer dans un ~** *fig* sich in ein Wespennest setzen.
guère [gεr] *adv* nicht sehr; **ne... ~** nicht sehr; **il ne l'aime ~** er mag sie nicht sehr; **ne... plus ~** kaum mehr; **il n'écrit plus ~** er schreibt kaum noch; **il n'y a ~ de** es gibt nicht viel; **je n'ai ~ de courage** ich habe keine große Lust.
guéridon [geridɔ̃] *nm* *rundes Tischchen.*
guérilla [gerija] *nf* Guerilla *die.*
guérir [32] [gerir] ◇ *vt* heilen. ◇ *vi* gesund werden.
guérison [gerizɔ̃] *nf* Heilung *die.*
guérissable [gerisabl] *adj* heilbar.
guérisseur, euse [gerisœr, øz] *nm, f* Heiler *der,* -in *die.*
guérite [gerit] *nf* MIL Schilderhaus *das.*
guerre [gεr] *nf* Krieg *der*; **être en ~** im Krieg stehen; **faire la ~ à qqn** jm die Hölle heiß machen; **faire la ~ à qqch** gegen etw zu Felde ziehen; **~ civile** Bürgerkrieg; **~ économique** Wirtschaftskrieg; **~ froide** kalter Krieg; **~ des nerfs** Nervenkrieg; **~ sainte** heiliger Krieg; **Première/Seconde Guerre mondiale** erster/zweiter Weltkrieg; **à la ~ comme à la ~** *fig* wohl oder übel; **de bonne ~** *fig* fair; **de ~ lasse** *fig* um des lieben Friedens willen.
guerrier, ère [gεrje, εr] *adj* kriegerisch.
◆ **guerrier** *nm* Krieger *der.*
guerroyer [13] [gerwaje] *vi sout* sich bekriegen.
guet [gε] *nm*: **faire le ~** auf der Lauer liegen.
guet-apens [gεtapɑ̃] (*pl* **guets-apens**) *nm* Hinterhalt *der*; **tomber dans un ~** in einen Hinterhalt geraten.
guêtre [gεtr] *nf* Gamasche *die*; **traîner ses ~s** *fam fig* sich herum|treiben.
guetter [4] [gete] *vt* **-1.** [épier, attendre]: **~ qqn/qqch** jm/etw auf|lauern. **-2.** [menacer] bedrohen.
gueulante [gœlɑ̃t] *nf fam* Krach *der*; **pousser une ~** Krach machen.
gueulard, e [gœlar, ard] *fam* ◇ *adj* brüllend. ◇ *nm, f* Schreier *der.*
gueule [gœl] *nf* **-1.** [d'animal] Maul *das.* **-2.** *tfam* [d'homme] Schnauze *die,* Maul *das*; **ta ~!** halt's Maul!; **grande ~** Großmaul. **-3.** [de canon, de tunnel] Mündung *die.* **-4.** *fam* [apparence]: **avoir une bonne/sale ~** sympathisch/unsympathisch aus|sehen. **-5.** *loc*: **avoir la ~ de bois** *fam* einen Kater haben; **casser la ~ à qqn** *fam* jm die Fresse polieren; **se casser la ~** *fam* [tomber] auf die Nase fallen; **faire la ~** *fam* sauer sein; **se jeter dans la ~ du loup** sich in die Höhle des Löwen begeben.
gueule-de-loup [gœldəlu] (*pl* **gueules-de-loup**) *nf* Löwenmäulchen *das.*
gueuler [5] [gœle] *fam* ◇ *vt* brüllen. ◇ *vi* **-1.** [crier] herum|brüllen. **-2.** [protester] Krach schlagen.
gueuleton [gœltɔ̃] *nm fam* Festschmaus *der.*
gueux, gueuse [gø, gøz] *nm, f littéraire* Bettler *der,* -in *die.*
gui [gi] *nm* Mistel *die.*
guichet [giʃε] *nm* Schalter *der*; **~ automatique** BANQUE Geldautomat *der*; **jouer à ~s fermés** *fig* vor ausverkauftem Haus spielen.
guichetier, ère [giʃtje, εr] *nm, f* Schalterbeamte *der,* -tin *die.*
guide [gid] ◇ *nm* **-1.** [personne] Führer *der,* -in *die*; **~ de montagne** Bergführer; **l'ambition est son seul ~** er läßt sich nur vom Ehrgeiz lenken. **-2.** [livre]: **~ (de voyage)** Reiseführer *der.* ◇ *nf Anführerin einer Pfadfinderinnengruppe.*
◆ **guides** *nfpl* Zügel *Pl.*
guider [3] [gide] *vt* **-1.** [accompagner] führen. **-2.** [orienter] den Weg zeigen; *fig* leiten.
guidon [gidɔ̃] *nm* Lenkrad *das.*
guigne [giɲ] *nf fam* : **avoir la ~** Pech haben.
guigner [3] [giɲe] *vt fam* : **~ qqch** nach etw schielen.
guignol [giɲɔl] *nm* **-1.** [marionnette] Kasper *der*; **faire le ~** *fig* den Kasper spielen. **-2.** [théâtre] Kaspertheater *das.*
guillemet [gijmε] *nm* Anführungszeichen *das*; **entre ~s** in Anführungszeichen; **ouvrir/fermer les ~s** Anführungszeichen unten/oben.
guilleret, ette [gijrε, εt] *adj* munter.
guillotine [gijɔtin] *nf* **-1.** [instrument] Guillotine *die.* **-2.** [de fenêtre] *Vertikalschiebefenster.*
guillotiner [3] [gijɔtine] *vt* guillotinieren.
guimauve [gimov] *nf* **-1.** [confiserie] *Süßigkeit aus weicher Zuckermasse.* **-2.** BOT Eibisch *der.* **-3.** *fam* [sentimentalité] Kitsch *der.*
guimbarde [gε̃bard] *nf* **-1.** *fam* [voiture] Klapperkiste *die.* **-2.** MUS Maultrommel *die.*
guindé, e [gε̃de] *adj* affektiert.
Guinée [gine] *nf*: **la ~** Guinea *nt*; **la ~-Bissau**

Guinea-Bissau *nt*; **la ~ Équatoriale** Äquatorialguinea *nt*.
guinéen, enne [gineɛ̃, ɛn] *adj* guineisch.
◆ **Guinéen, enne** *nm, f* Guineer *der*, -in *die*.
guingois [gɛ̃gwa]
◆ **de guingois** *loc adv fam* schief.
guinguette [gɛ̃gɛt] *nf Ausflugslokal im Grünen.*
guirlande [girlɑ̃d] *nf* Girlande *die*.
guise [giz] *nf*: **à ma/ta etc ~** so wie es mir/dir etc paßt; **en ~ de** als.
guitare [gitar] *nf* Gitarre *die*; **~ électrique** Elektrogitarre.
guitariste [gitarist] *nmf* Gitarrenspieler *der*, -in *die*.
Gulf Stream [gœlfstrim] *nm*: **le ~** der Golfstrom.
gustatif, ive [gystatif, iv] *adj* Geschmacks-.
guttural, e, aux [gytyral, o] *adj* Kehl-.
Guyane [gɥijan] *nf*: **la ~** Guyana *nt*.
gym [ʒim] (*abr de* **gymnastique**) *nf fam* Gymnastik *die*.
gymkhana [ʒimkana] *nm* Gymkhana *das*.
gymnase [ʒimnaz] *nm* Turnhalle *die*.
gymnaste [ʒimnast] *nmf* Turner *der*, -in *die*.
gymnastique [ʒimnastik] *nf* Gymnastik *die*; faire de la ~ Gymnastik treiben; **~ corrective** Krankengymnastik; **~ intellectuelle** *fig* geistiger Kraftakt.
gynécée [ʒinese] *nm* HIST Gynäkeion *das*.
gynéco [ʒineko] (*abr de* **gynécologue**) *nmf fam* Frauenarzt *der*, -ärztin *die*.
gynécologie [ʒinekɔlɔʒi] *nf* Gynäkologie *die*.
gynécologique [ʒinekɔlɔʒik] *adj* gynäkologisch.
gynécologue [ʒinekɔlɔg] *nmf* Frauenarzt *der*, -ärztin *die*.
gypse [ʒips] *nm* Gips *der*.
gyrophare [ʒirɔfar] *nm* Blaulicht *das*.

H

h, H [aʃ] *nm inv* [lettre] h *das*, H *das*; **~ aspiré/muet** aspiriertes/stummes H.
◆ **h -1.** (*abr de* **heure**) h, Std. **-2.** (*abr de* **hecto**) h.
◆ **H -1.** *abr de* **homme**. **-2.** (*abr de* **hydrogène**) H.
ha (*abr de* **hectare**) ha.
hab. (*abr de* **habitant**) Ew., E., Einw.
habile [abil] *adj* geschickt.
habilement [abilmɑ̃] *adv* geschickt.
habileté [abilte] *nf* **-1.** [adresse] Geschicklichkeit *die*. **-2.** [talent] Geschick *das*.
habiliter [3] [abilite] *vt* ermächtigen; **être habilité à faire qqch** befugt sein, etw zu tun.
habillage [abijaʒ] *nm* **-1.** [action] Ankleiden *das*. **-2.** [enveloppe, protection] Aufmachung *die*.
habillé, e [abije] *adj* festlich.
habillement [abijmɑ̃] *nm* **-1.** [action] Einkleiden *das*. **-2.** [tenue] Bekleidung *die*. **-3.** [profession] Bekleidungsgewerbe *das*.
habiller [3] [abije] *vt* **-1.** [vêtir] an|ziehen. **-2.** [fournir en vêtements] ein|kleiden. **-3.** [sujet: vêtement]: **cette veste habille bien** diese Jacke ist sehr kleidsam. **-4.** [recouvrir] beziehen.
◆ **s'habiller** *vp* **-1.** [se vêtir] sich an|ziehen; **s'~ de qqch** sich in etw *(A)* kleiden. **-2.** [se vêtir élégamment] sich fein machen. **-3.** [se fournir en vêtements]: **s'~ chez qqn** sich bei jm ein|kleiden; **s'~ sur mesure** Maßkleidung tragen.
habilleur, euse [abijœr, øz] *nm, f* Garderobier *der*, -e *die*.
habit [abi] *nm* **-1.** [déguisement]: **~ de Pierrot** Pierrot-Gewand *das*. **-2.** [veste d'homme]: **~ (de soirée)** Frack *der*.
◆ **habits** *nmpl* Kleidung *die (sans pl)*.
habitable [abitabl] *adj* bewohnbar.
habitacle [abitakl] *nm* **-1.** [d'avion] Cockpit *das*. **-2.** [de voiture] Fahrgastraum *der*.
habitant, e [abitɑ̃, ɑ̃t] *nm, f* **-1.** [de pays] Einwohner *der*, -in *die*; **loger chez l'~** *fig* privat untergebracht sein. **-2.** [d'immeuble] Bewohner *der*, -in *die*. **-3.** *Can* [paysan] ≃ Landmann *der*.
habitat [abita] *nm* **-1.** [conditions de logement]

Wohnverhältnisse *Pl*. **-2.** [mode de peuplement] Siedlungsform *die*. **-3.** [d'animal] Lebensraum *der*.

habitation [abitasjɔ̃] *nf* **-1.** [résidence] Wohnung *die*. **-2.** [fait d'habiter] Wohnen *das*.

habité, e [abite] *adj* [maison, appartement] bewohnt.

habiter [3] [abite] ◇ *vt* **-1.** [maison, appartement] bewohnen. **-2.** [région, quartier]: **~ un lieu** in einem Ort wohnen; **j'habite (à) la campagne** ich wohne auf dem Land. **-3.** [sujet: passion, sentiment]: **~ qqn** jm inne|wohnen. ◇ *vi* wohnen.

habitude [abityd] *nf* **-1.** [façon de faire] Gewohnheit *die*; **avoir l'~ de qqch** etw gewohnt sein; **avoir l'~ de faire qqch** gewohnt sein, etw zu tun; **d'~** gewöhnlich *(adv)*; **comme d'~** wie gewöhnlich; **par ~** aus Gewohnheit. **-2.** [coutume] Gepflogenheit *die*.

habitué, e [abitɥe] *nm, f* Stammgast *der*.

habituel, elle [abitɥɛl] *adj* **-1.** [coutumier] üblich. **-2.** [caractéristique] gewohnt.

habituellement [abitɥɛlmɑ̃] *adv* gewöhnlich.

habituer [7] [abitɥe] *vt*: **~ qqn à qqch** jn an etw *(A)* gewöhnen; **~ qqn à faire qqch** jn daran gewöhnen, etw zu tun.

◆ **s'habituer** *vp*: **s'~ à qqch** sich an etw *(A)* gewöhnen; **s'~ à faire qqch** sich daran gewöhnen, etw zu tun.

hâbleur, euse ['ablœr, øz] *littéraire* ◇ *adj* aufschneiderisch. ◇ *nm, f* Aufschneider *der*, -in *die*.

hache ['aʃ] *nf* Axt *die*; **enterrer la ~ de guerre** *fig* das Kriegsbeil begraben.

haché, e ['aʃe] *adj* abgehackt.

hacher [3] ['aʃe] *vt* hacken.

hachette ['aʃɛt] *nf* kleine Axt.

hachis ['aʃi] *nm* Gehackte *das*; **~ d'ail et de persil** gehackte Petersilie mit Knoblauch; **~ Parmentier** *Hackfleischauflauf mit Kartoffelpüree*.

hachisch = **haschisch**.

hachoir ['aʃwar] *nm* **-1.** [appareil] Fleischwolf *der*. **-2.** [couteau] Hackmesser *das*. **-3.** [planche] Hackbrett *das*.

hachure ['aʃyr] *nf* Schraffur *die*.

hachurer [3] ['aʃyre] *vt* schraffieren.

haddock ['adɔk] *nm* (geräucherter) Schellfisch.

hagard, e ['agar, ard] *adj* verstört.

hagiographie [aʒjɔgrafi] *nf* Hagiographie *die*.

haï, e ['ai] *pp* → **haïr**.

haie ['ɛ] *nf* **-1.** [d'arbustes] Hecke *die*. **-2.** [de personnes] Spalier *das*; **~ d'honneur** Ehrenspalier. **-3.** SPORT Hürde *die*; **400 mètres ~s** 400-Meter-Hürdenlauf *der*.

haine ['ɛn] *nf* Haß *der*.

haineusement ['ɛnøzmɑ̃] *adv* haßerfüllt.

haineux, euse ['ɛnø, øz] *adj* haßerfüllt.

haïr [33] ['air] *vt* hassen.

hais *etc* → **haïr**.

haïssable ['aisabl] *adj* hassenswert.

haïssais *etc* → **haïr**.

Haïti [aiti] *n* Haiti *nt*; **à ~** auf Haiti.

haïtien, enne [aisjɛ̃, ɛn] *adj* haitisch, haitianisch.

◆ **Haïtien, enne** *nm, f* Haitier *der*, -in *die*, Haitianer *der*, -in *die*.

hâle ['al] *nm* Bräune *die*.

hâlé, e ['ale] *adj* gebräunt.

haleine [alɛn] *nf* Atem *der*; **avoir l'~ forte, avoir mauvaise ~** aus dem Mund riechen; **courir à perdre ~** atemlos hetzen; **hors d'~** außer Atem; **de longue ~** langwierig; **reprendre ~** Luft schöpfen; **tenir qqn en ~** jn in Atem halten.

haler [3] ['ale] *vt* **-1.** [tirer] ein|holen. **-2.** NAVIG [remorquer] verholen.

haletant, e ['altɑ̃, ɑ̃t] *adj* keuchend.

halètement ['alɛtmɑ̃] *nm* Keuchen *das*.

haleter [28] ['alte] *vi* keuchen.

hall ['ol] *nm* Eingangshalle *die*; [d'aéroport]: **~ d'arrivée** Ankunftshalle *die*; **~ de départ** Abflugshalle *die*.

hallali [alali] *nm* Halali *das*.

halle ['al] *nf* Markthalle *die*.

◆ **halles** *nfpl* Markthallen *Pl*.

hallucinant, e [alysinɑ̃, ɑ̃t] *adj* **-1.** [incroyable] haarsträubend. **-2.** [étonnant] verblüffend. **-3.** [grandiose] überwältigend.

hallucination [alysinasjɔ̃] *nf* Halluzination *die*.

halluciné, e [alysine] ◇ *adj* entgeistert. ◇ *nm, f* Wahnsinnige *der, die*, Verrückte *der, die*.

hallucinogène [alysinɔʒɛn] ◇ *adj* halluzinogen. ◇ *nm* Halluzinogen *das*.

halo ['alo] *nm* **-1.** [de lune] Hof *der*. **-2.** [de réverbère] Lichtkegel *der*. **-3.** *fig* [rayonnement] Schein *der*; **~ de gloire** Heiligenschein.

halogène [alɔʒɛn] ◇ *adj* Halogen-; **lampe ~** Halogenlampe *die*. ◇ *nm* Halogen *das*.

halte ['alt] *nf* **-1.** [pause] Halt *der*; **~!** halt!; **faire ~** halt|machen. **-2.** [lieu] Rastplatz *der*.

halte-garderie ['altgardəri] (*pl* **haltes-garderies**) *nf* ≃ Kindertagesstätte *die*.

haltère [altɛr] *nm* Hantel *die*.

haltérophile [alterɔfil] *nmf* Gewichtheber *der*, -in *die*.

haltérophilie [alterɔfili] *nf* Gewichtheben *das*.

hamac ['amak] *nm* Hängematte *die*.

Hambourg [ɑ̃bur] *n* Hamburg *nt*.
hamburger ['ɑ̃burgœr] *nm* Hamburger *der*.
hameau, x ['amo] *nm* Weiler *der*.
hameçon [amsɔ̃] *nm* Angelhaken *der*; **mordre à l'~** *fig* an|beißen.
hammam ['amam] *nm* türkisches Bad.
hampe ['ɑ̃p] *nf* [manche] Schaft *der*.
hamster ['amstɛr] *nm* Hamster *der*.
hanche ['ɑ̃ʃ] *nf* Hüfte *die*; **rouler les ~s** sich in den Hüften wiegen.
handball ['ɑ̃dbal] *nm* Handball *der*.
handicap ['ɑ̃dikap] *nm* **-1.** [infirmité] Behinderung *die*. **-2.** *fig* [désavantage] Handicap *das*.
handicapé, e ['ɑ̃dikape] ◇ *adj* behindert; **être ~ par qqch** *fig* durch etw gehandicapt sein. ◇ *nm, f* Behinderte *der, die*; **un ~ moteur** OU **physique** ein körperlich Behinderter; **une ~e mentale** eine geistig Behinderte.
handicaper [3] ['ɑ̃dikape] *vt* handicapen.
hangar ['ɑ̃gar] *nm* Schuppen *der*.
hanneton ['antɔ̃] *nm* Maikäfer *der*.
Hanoi [anɔj] *n* Hanoi *nt*.
Hanovre [anɔvr] *n* Hannover *nt*.
hanter [3] ['ɑ̃te] *vt* **-1.** [sujet: fantôme] heim|suchen; **le château est hanté** im Schloß spukt es. **-2.** [fréquenter]: **~ les bars** in den Kneipen herum|lungern. **-3.** [obséder]: **~ qqn** jm keine Ruhe lassen.
hantise ['ɑ̃tiz] *nf* quälende Angst; **avoir la ~ de qqch** vor etw *(D)* quälende Angst haben; **avoir la ~ de faire qqch** von der Angst gequält werden, etw zu tun.
happer [3] ['ape] *vt* **-1.** [sujet: animal] schnappen. **-2.** [sujet: véhicule] erfassen.
hara-kiri ['arakiri] (*pl* **hara-kiris**) *nm*: **(se) faire ~** Harakiri machen.
harangue ['arɑ̃g] *nf* (feierliche) Ansprache.
haranguer [3] ['arɑ̃ge] *vt*: **~ qqn** vor jm eine Ansprache halten.
haras ['ara] *nm* Gestüt *das*.
harassant, e ['arasɑ̃, ɑ̃t] *adj* strapaziös.
harasser [3] ['arase] *vt* aufs äußerste strapazieren.
harcèlement ['arsɛlmɑ̃] *nm* Behelligung *die*; **~ sexuel** sexuelle Belästigung.
harceler [25] ['arsəle] *vt* **-1.** [importuner]: **~ qqn (de qqch)** jn (mit etw) behelligen. **-2.** MIL wiederholt an|greifen.
hardes ['ard] *nfpl* Klamotten *Pl*.
hardi, e ['ardi] *adj* **-1.** [audacieux] kühn. **-2.** *littéraire* [effronté] dreist. **-3.** [grivois] gewagt.
hardiesse ['ardjɛs] *nf* **-1.** [courage] Kühnheit *die*. **-2.** [audace] Dreistigkeit *die*.
hardware ['ardwɛr] *nm* Hardware *die*.
harem ['arɛm] *nm* Harem *der*.
hareng ['arɑ̃] *nm* Hering *der*; **~ saur** Bückling *der*.
hargne ['arɲ] *nf* Gehässigkeit *die*.
hargneux, euse ['arɲø, øz] *adj* gehässig.
haricot ['ariko] *nm* Bohne *die*; **~s verts/blancs/rouges** grüne/weiße/rote Bohnen.
harmonica [armɔnika] *nm* Mundharmonika *die*.
harmonie [armɔni] *nf* **-1.** [gén] Harmonie *die*; **vivre en ~ (avec qqn)** (mit jm) in Eintracht leben. **-2.** [fanfare] Kapelle *die*.
harmonieusement [armɔnjøzmɑ̃] *adv* harmonisch.
harmonieux, euse [armɔnjø, øz] *adj* harmonisch.
harmonique [armɔnik] ◇ *adj* Harmonie-. ◇ *nm* MUS Oberton *der*.
harmonisation [armɔnizasjɔ̃] *nf* Harmonisierung *die*.
harmoniser [3] [armɔnize] *vt* **-1.** [coordonner] in Einklang bringen. **-2.** MUS harmonisieren. **-3.** [salaires] an|gleichen.
harmonium [armɔnjɔm] *nm* Harmonium *das*.
harnachement ['arnaʃmɑ̃] *nm* **-1.** [équipement de cheval] Geschirr *das*. **-2.** [action] Anschirren *das*. **-3.** *fig* [attirail] Montur *die*.
harnacher [3] ['arnaʃe] *vt* **-1.** [cheval] an|schirren. **-2.** [personne]: **être harnaché** *fig* [habillé] in einer Montur stecken; [équipé] schwer beladen sein.
harnais ['arnɛ] *nm* **-1.** [de cheval] Geschirr *das*. **-2.** SPORT Gurtzeug *das*.
haro ['aro] *nm sout*: **crier ~ sur qqn/qqch** gegen jn/etw ein Zetergeschrei an|stimmen.
harpagon [arpagɔ̃] *nm* Geizhals *der*.
harpe ['arp] *nf* Harfe *die*.
harpie ['arpi] *nf* **-1.** [femme] Drachen *der*. **-2.** MYTH Harpyie *die*.
harpon ['arpɔ̃] *nm* Harpune *die*.
harponner [3] ['arpɔne] *vt* **-1.** [poisson] harpunieren. **-2.** *fam* [personne] auf|halten.
hasard ['azar] *nm* Zufall *der*; **au ~** auf gut Glück; **à tout ~** auf gut Glück; **comme par ~** *iron* wie es der Zufall will; **par ~** zufällig; **si par ~ vous trouvez mes papiers** falls Sie zufällig meine Papiere finden.
hasarder [3] ['azarde] *vt* **-1.** *littéraire* [risquer] aufs Spiel setzen. **-2.** [tenter] wagen.
◆ **se hasarder** *vp*: **se ~ à faire qqch** es wagen, etw zu tun.
hasardeux, euse ['azardø, øz] *adj* **-1.** [risqué] gewagt. **-2.** [aléatoire] ungewiß.
haschisch, haschich, hachisch ['aʃiʃ] *nm* Haschisch *das*.

hâte ['at] *nf* Eile *die*; **à la** ou **en~** eilig; **avoir ~ de faire qqch** es kaum erwarten können, etw zu tun.

hâter [3] ['ate] *vt* beschleunigen.
◆ **se hâter** *vp* sich (be)eilen; **se ~ de faire qqch** sich beeilen, etw zu tun.

hâtif, ive ['atif, iv] *adj* übereilt.

hauban ['obɑ̃] *nm* Want *die*.

hausse ['os] *nf* Anstieg *der*; **à la ~** steigend; **être en ~** an|ziehen, steigen.

haussement ['osmɑ̃] *nm*: **~ d'épaules** Schulterzucken *das (sans pl)*.

hausser [3] ['ose] *vt* **-1.** [mur] erhöhen. **-2.** [épaules, sourcils] zucken. **-3.** [prix] an|heben. **-4.** [voix] heben.

haut, e ['o, 'ot *devant voyelle ou h muet*, 'ot] *adj* **-1.** [gén] hoch; **un mur ~ de deux mètres** eine zwei Meter hohe Mauer; **une maison très ~e** ein sehr hohes Haus. **-2.** *(avant n)* [supérieur] obere,-r,-s. **-3.** *(avant n)* [pays, région] Ober-.
◆ **haut** ◇ *adv* **-1.** [gén] hoch. **-2.** [fort]: **parler ~** laut sprechen; **dire bien ~ ce que les autres pensent tout bas** kein Blatt vor den Mund nehmen. ◇ *nm* **-1.** [hauteur]: **faire deux mètres de ~** zwei Meter hoch sein. **-2.** [sommet] oberer Teil. **-3.** [vêtement] Oberteil *das*. **-4.** *loc*: **avoir** ou **connaître des ~s et des bas** Höhen und Tiefen erleben.
◆ **de haut** *loc adv* von oben; **regarder qqn de ~** jn von oben herab an|sehen; **le prendre de ~** von oben herab reagieren.
◆ **de haut en bas** *loc adv* von oben bis unten.
◆ **du haut de** *loc prép*: **du ~ de qqch** von etw herab.
◆ **en haut de** *loc prép*: **en ~ de qqch** oben auf ou an etw *(D)*.

hautain, e ['otɛ̃, ɛn] *adj* hochmütig.

hautbois ['obwa] *nm* Oboe *die*.

haut-de-forme ['odfɔrm] (*pl* **hauts-de-forme**) *nm* Zylinder *der*.

haut de gamme [odgam] ◇ *adj* der Spitzenklasse, der oberen Preisklasse; **produit ~** Produkt der oberen Preisklasse. ◇ *nm* obere Preisklasse, Spitzenqualität *die*.

haute-fidélité ['otfidelite] (*pl* **hautes-fidélités**) *nf* High-Fidelity *die*; → **chaîne**.

hautement ['otmɑ̃] *adv* hoch-.

hauteur ['otœr] *nf* **-1.** [dimension, altitude] Höhe *die*. **-2.** [colline] Anhöhe *die*. **-3.** *loc*: **ne pas être à la ~ de qqch** einer Sache *(D)* nicht gewachsen sein.

Haute-Volta ['otvɔlta] *nf*: **la ~** Obervolta *nt*.

haut-fond ['ofɔ̃] (*pl* **hauts-fonds**) *nm* Untiefe *die*.

haut-fourneau ['ofurno] (*pl* **hauts-fourneaux**) *nm* Hochofen *der*.

haut-le-cœur ['olkœr] *nm inv* Übelkeit *die (sans pl)*; **j'ai un ~** mir ist übel.

haut-le-corps ['olkɔr] *nm inv*: **avoir un ~** auf|schnellen, zurück|schnellen.

haut-parleur ['oparlœr] (*pl* **haut-parleurs**) *nm* Lautsprecher *der*.

havanais, e ['avanɛ, ɛz] *adj* Havanna-, aus ou von Havanna.
◆ **Havanais, e** *nm, f* Einwohner *der*, -in *die* von Havanna.

havane ['avan] ◇ *nm* Havanna *die*. ◇ *adj inv* havannabraun.

Havane ['avan] *n*: **La ~** Havanna *nt*.

hâve ['av] *adj sout* fahl.

havre ['avr] *nm sout* [refuge] Refugium *das*; **~ de paix** Hort *der* des Friedens.

Hawaii [awaj] *n* Hawaii; **à ~** auf Hawaii.

hawaïen, enne [awajɛ̃, ɛn] *adj* hawaiisch, Hawaii-.
◆ **Hawaïen, enne** *nm, f* Hawaiianer *der*, -in *die*.

Haye ['ɛ] *n*: **La ~** Den Haag *nt*.

hayon ['ajɔ̃] *nm* Heckklappe *die*.

hé ['e] *interj* he.

hebdo [ɛbdo] (*abr de* **hebdomadaire**) *nm fam* Wochenzeitschrift *die*.

hebdomadaire [ɛbdɔmadɛr] ◇ *adj* wöchentlich, Wochen-. ◇ *nm* Wochenzeitschrift *die*.

hébergement [ebɛrʒəmɑ̃] *nm* Beherbergung *die*.

héberger [17] [ebɛrʒe] *vt* beherbergen.

hébété, e [ebete] *adj* stumpfsinnig.

hébétement [ebɛtmɑ̃] *nm* Stumpfheit *die*.

hébétude [ebetyd] *nf littéraire* Stumpfheit *die*.

hébraïque [ebraik] *adj* hebräisch.

hébreu, x [ebrø] *adj m* hebräisch.
◆ **hébreu** *nm* [langue] Hebräisch(e) *(das)*.
◆ **Hébreu, x** *nm* Hebräer *der*.

Hébrides [ebrid] *nfpl*: **les ~** die Hebriden; **aux ~** auf den Hebriden.

HEC (*abr de* **(école des) Hautes études commerciales**) *n wirtschaftswissenschaftliche Hochschule in Paris*.

hécatombe [ekatɔ̃b] *nf* **-1.** [massacre] Massensterben *das*, Blutbad *das*. **-2.** *fig* [à un examen] allgemeiner Reinfall.

hectare [ɛktar] *nm* Hektar *das* ou *der*.

hectolitre [ɛktɔlitr] *nm* Hektoliter *der*.

hédonisme [edɔnism] *nm* Hedonismus *der*.

hédoniste [edɔnist] ◇ *nmf* Hedonist *der*, -in *die*. ◇ *adj* hedonistisch.

hégémonie [eʒemɔni] *nf* Vorherrschaft *die*.

hégémonisme [eʒemɔnism] *nm* Hegemonialbestrebungen *Pl*.

hégire [eʒir] *nf* Hedschra *die.*
hein ['ɛ̃] *interj fam* **-1.** [pour faire répéter]: **~, comment tu t'appelles?** was, wie heißt du? **-2.** [n'est-ce pas]: **c'est gentil, ~?** das ist doch nett, oder? **-3.** [pour marquer la surprise]: **~, mais c'est pas croyable!** wie bitte, das gibt es doch nicht!
hélas ['elas] *interj sout* leider.
héler [18] ['ele] *vt* **-1.** [faire signe à] heran|winken. **-2.** [appeler] rufen.
hélice [elis] *nf* Propeller *der.*
hélicoïdal, e, aux [elikɔidal, o] *adj* **-1.** [forme] schraubenförmig, Schrauben-. **-2.** MATHS schraubenlinig.
hélicoptère [elikɔptɛr] *nm* Hubschrauber *der.*
héliomarin, e [eljɔmarɛ̃, in] *adj* Sonnenlicht-und-Seeluft-.
héliport [elipɔr] *nm* Hubschrauberlandeplatz *der.*
héliporté, e [elipɔrte] *adj* **-1.** [troupes, matériel] per Hubschrauber transportiert. **-2.** [opération] mit Hubschraubereinsatz, Hubschrauber-.
hélium [eljɔm] *nm* Helium *das.*
Helsinki ['ɛlsinki] *n* Helsinki *nt.*
helvétisme [ɛlvetism] *nm* Helvetismus *der.*
hem ['ɛm] *interj* hm.
hématologie [ematɔlɔʒi] *nf* Hämatologie *die.*
hématome [ematom] *nm* Bluterguß *der.*
hémicycle [emisikl] *nm* **-1.** [demi-cercle] Halbkreis *der.* **-2.** POLIT: **l'~** *halbkreisförmiger Sitzraum im französischen Parlament.*
hémiplégique [emipleʒik] ◇ *nmf* halbseitig Gelähmte *der, die.* ◇ *adj* halbseitig gelähmt.
hémisphère [emisfɛr] *nm* **-1.** GÉOGR Hemisphäre *die;* **l'~ nord/sud** die nördliche/südliche Hemisphäre. **-2.** ANAT: **~ (cérébral)** (Hirn)-hälfte *die.*
hémoglobine [emɔglɔbin] *nf* Hämoglobin *das.*
hémophile [emɔfil] ◇ *adj* hämophil, Bluter-. ◇ *nmf* Bluter *der,* -in *die.*
hémophilie [emɔfili] *nf* Bluterkrankheit *die.*
hémorragie [emɔraʒi] *nf* **-1.** MÉD Blutung *die;* **~ cérébrale** Hirnblutung; **~ interne** innere Blutung. **-2.** *fig* [perte, fuite] Ausbluten *das.*
hémorroïdes [emɔrɔid] *nfpl* Hämorrhoiden *Pl.*
henné ['ene] *nm* Henna *das* OU *die;* **faire un ~** ein Hennashampoo machen.
hennir [32] ['enir] *vi* wiehern.
hennissement ['enismɑ̃] *nm* Wiehern *das.*
hep ['ɛp] *interj* hallo.
hépatique [epatik] ◇ *nmf* Leberkranke *der, die.* ◇ *adj* Leber-.
hépatite [epatit] *nf* Hepatitis *die;* **~ B** Hepatitis B; **~ virale** Virushepatitis.
heptagone [ɛptagɔn] *nm* Siebeneck *das.*
herbacé, e [ɛrbase] *adj* Kräuter-.
herbage [ɛrbaʒ] *nm* Weide *die.*
herbe [ɛrb] *nf* **-1.** [de pelouse] Gras *das;* **mauvaise ~** Unkraut *das.* **-2.** MÉD & CULIN Kraut *das;* **fines ~s** Küchenkräuter *Pl.* **-3.** *fam* [marijuana] Heu *das,* Gras *das.* **-4.** *loc:* **en ~** werdend, in spe; **couper l'~ sous le pied à qqn** jn aus|tricksen.
herbeux, euse [ɛrbø, øz] *adj* grasig.
herbicide [ɛrbisid] ◇ *nm* Unkrautvernichtungsmittel *das.* ◇ *adj* unkrautvernichtend.
herbier [ɛrbje] *nm* Herbarium *das.*
herbivore [ɛrbivɔr] ◇ *nm* Pflanzenfresser *der.* ◇ *adj* pflanzenfressend.
herboriste [ɛrbɔrist] *nmf* Heilpflanzenhändler *der,* -in *die.*
herboristerie [ɛrbɔristəri] *nf* Heilpflanzenhandel *der.*
herculéen, enne [ɛrkyleɛ̃, ɛn] *adj* Herkules-, Riesen-.
hère ['ɛr] *nm*: **pauvre ~** *littéraire* armer Teufel.
héréditaire [ereditɛr] *adj* Erb-.
hérédité [eredite] *nf* Vererbung *die.*
hérésie [erezi] *nf* **-1.** RELIG Häresie *die.* **-2.** *fig* [sacrilège] Sakrileg *das.*
hérétique [eretik] ◇ *nmf* Ketzer *der,* -in *die.* ◇ *adj* ketzerisch.
hérissé, e ['erise] *adj* gesträubt; **~ de qqch** mit etw überzogen; *fig* mit etw gespickt.
hérisser [3] ['erise] *vt* **-1.** [dresser] sträuben. **-2.** [irriter] reizen, ärgern.
hérisson ['erisɔ̃] *nm* **-1.** ZOOL Igel *der.* **-2.** [brosse] Kugelbesen *der.*
héritage [eritaʒ] *nm* **-1.** [de biens] Erbschaft *die;* **faire un ~** eine Erbschaft machen; **en ~** als Erbschaft; **laisser qqch en ~ à qqn** jm etw vererben. **-2.** *fig* [culturel] Erbe *das.*
hériter [3] [erite] ◇ *vi*: **~ (de qqch)** (etw) erben. ◇ *vt*: **~ qqch de qqn** etw von jm erben.
héritier, ère [eritje, ɛr] *nm, f* Erbe *der,* Erbin *die.*
hermaphrodite [ɛrmafrɔdit] ◇ *nmf* Zwitter *der.* ◇ *adj* zwittrig.
hermétique [ɛrmetik] *adj* **-1.** [étanche] (luft)-dicht. **-2.** [incompréhensible] hermetisch. **-3.** [impénétrable] verschlossen.
hermétiquement [ɛrmetikmɑ̃] *adv* hermetisch.
hermétisme [ɛrmetism] *nm* **-1.** [de texte] Undurchsichtigkeit *die.* **-2.** [doctrine] Hermetik *die.*
hermine [ɛrmin] *nf* **-1.** [animal] Hermelin *das.* **-2.** [fourrure] Hermelin *der.*
hernie ['ɛrni] *nf* Bruch *der;* **~ discale** Bandscheibenvorfall *der.*

héroïne [erɔin] *nf* **-1.** [personne] Heldin *die*. **-2.** [drogue] Heroin *das*.
héroïnomane [erɔinɔman] *nmf* Heroinsüchtige *der, die*.
héroïque [erɔik] *adj* **-1.** [personne] heldenhaft. **-2.** [action] heroisch.
héroïquement [erɔikmɑ̃] *adv* heroisch.
héroïsme [erɔism] *nm* Heldentum *das*.
héron [ˈerɔ̃] *nm* Reiher *der*.
héros [ˈero] *nm* Held *der*.
herpès [ɛrpɛs] *nm* Herpes *der*.
herse [ˈɛrs] *nf* **-1.** AGRIC Egge *die*. **-2.** [grille] Fallgitter *das*.
hertz [ˈɛrts] *nm inv* Hertz *das*.
hésitant, e [ezitɑ̃, ɑ̃t] *adj* **-1.** [personne, caractère] zögernd. **-2.** [geste, démarche] zögerlich.
hésitation [ezitasjɔ̃] *nf* Zögern *das*; **avec ~** zögernd; **sans ~** ohne zu zögern.
hésiter [3] [ezite] *vi* **-1.** [être dans l'incertitude] zögern; **~ entre qqch et qqch** zwischen etw *(D)* und etw *(D)* zögern; **~ à faire qqch** zögern, etw zu tun; **~ à répondre** mit der Antwort zögern; **j'hésite!** ich bin unentschlossen! **-2.** [buter]: **~ sur qqch** sich über etw *(A)* unschlüssig sein. **-3.** [ânonner] zaudernd sprechen.
Hesse [ˈɛs] *nf*: **la ~** Hessen *nt*.
hétéroclite [eterɔklit] *adj* verschiedenartig, zusammengewürfelt.
hétérogène [eterɔʒɛn] *adj* uneinheitlich; [œuvre] vielfältig.
hétérogénéité [eterɔʒeneite] *nf* Uneinheitlichkeit *die*, Verschiedenartigkeit *die*.
hétérosexuel, elle [eterɔsɛksɥɛl] ◇ *nm, f* Heterosexuelle *der, die*. ◇ *adj* heterosexuell.
hêtre [ˈɛtr] *nm* Buche *die*.
heure [œr] *nf* **-1.** [unité de temps, de travail] Stunde *die*; **avoir une ~ de battement** eine Stunde Leerlauf haben; **faire des ~s supplémentaires** Überstunden machen; **~s de bureau** Bürostunden *Pl*; **~s d'ouverture** Öffnungszeiten *Pl*; **~s de réception** Sprechstunde. **-2.** [horaire] Uhr *die*; **il est deux ~s** es ist zwei (Uhr); **demander l'~ à qqn** jn nach der Uhrzeit fragen; **être à l'~** [personne] pünktlich sein; **mettre qqch à l'~** [montre, pendule] etw stellen; **quelle ~ est-il?** wieviel Uhr ist es?, wie spät ist es? **-3.** [moment du jour] Zeit *die*; **à une ~ indue** zu unpassender Zeit; **à ~ fixe** immer zur gleichen Zeit; **à l'~ qu'il est** zur Stunde; **à la première ~** zu früher Stunde; **à toute ~** jederzeit; **c'est l'~** es ist Zeit; **c'est l'~ de faire qqch** es ist Zeit, etw zu tun; **de bonne ~** frühzeitig; **sur l'~** umgehend; **tout à l'~** gleich *(adv)*; **~ d'affluence** Stoßzeit; **~ de fermeture** Ladenschluß *der*; [de restaurant, de bar] Sperrstunde *die*; **~ de pointe** Stoßzeit. **-4.** *loc*: **à la bonne ~!** so ist es recht!; **à l'~ actuelle** heutzutage; **de la première ~** der ersten Stunde.
heureusement [œrøzmɑ̃] *adv* **-1.** [par chance] zum Glück. **-2.** [favorablement] glücklich.
heureux, euse [œrø, øz] ◇ *adj* **-1.** [gén] glücklich. **-2.** *loc*: **encore ~ (que)** *(+ subjonctif) fam* ein Glück, (daß). ◇ *nm, f*: **faire des ~** Leute glücklich machen.
heurt [ˈœr] *nm* **-1.** [choc] Schlag *der*. **-2.** *fig* [désaccord] Reibereien *Pl*; **sans ~s** reibungslos.
heurté, e [ˈœrte] *adj* [rythme] abgehackt.
heurter [3] [ˈœrte] ◇ *vt* **-1.** [chose] (an|)stoßen. **-2.** [personne] verletzen. **-3.** [convenances] zuwider|laufen. ◇ *vi*: **~ contre qqch** gegen etw schlagen.
◆ **se heurter** *vp* **-1.** [s'entrechoquer] zusammen|stoßen. **-2.** [se cogner]: **se ~ contre qqch** sich an etw *(D)* stoßen. **-3.** [se disputer] aneinander|geraten. **-4.** [rencontrer]: **se ~ à qqch** auf etw *(A)* stoßen.
heurtoir [ˈœrtwar] *nm* Türklopfer *der*.
hexagonal, e, aux [ɛgzagɔnal, o] *adj* **-1.** [forme] sechseckig. **-2.** [français] französisch.
hexagone [ɛgzagɔn] *nm* Sechseck *das*; **l'Hexagone** *symbolische Bezeichnung für Frankreich*.
HF (*abr de* **hautes fréquences**) HF.
hg (*abr de* **hectogramme**) hg.
hiatus [jatys] *nm* Hiatus *der*.
hibernation [ibɛrnasjɔ̃] *nf* Winterschlaf *der*.
hiberner [3] [ibɛrne] *vi* Winterschlaf halten.
hibiscus [ibiskys] *nm* Hibiskus *der*.
hibou, x [ˈibu] *nm* Eule *die*.
hic [ˈik] *nm inv fam* [problème] Haken *der*.
hideux, euse [ˈidø, øz] *adj* abscheulich.
hier [ijɛr] *adv* gestern; **~ matin/soir** gestern morgen/abend.
hiérarchie [ˈjerarʃi] *nf* Hierarchie *die*.
hiérarchique [ˈjerarʃik] *adj* hierarchisch; **supérieur ~** Vorgesetzte *der, die*.
hiératique [jeratik] *adj* hieratisch.
hiéroglyphe [jerɔglif] *nm* Hieroglyphe *die*.
hilarant, e [ilarɑ̃, ɑ̃t] *adj* zum (Tot)lachen.
hilare [ilar] *adj* heiter.
hilarité [ilarite] *nf* Heiterkeit *die*; **provoquer l'~ générale** allgemeine Heiterkeit erregen.
Himalaya [imalaja] *nm*: **l'~** der Himalaya, der Himalaja.
hindi [ˈindi] *nm* [langue] Hindi *(das)*.
hindou, e [ɛ̃du] *adj* hinduistisch.
◆ **Hindou, e** *nm, f* Hindu *der, die*.
hindouisme [ɛ̃duism] *nm* Hinduismus *der*.
hippie, hippy [ˈipi] (*pl* **hippies**) ◇ *nmf* Hippie *der*. ◇ *adj* Hippie-.
hippique [ipik] *adj* Pferdesport-, Reit-.

hippisme [ipism] *nm* Pferdesport *der*.
hippocampe [ipɔkɑ̃p] *nm* Seepferdchen *das*.
hippodrome [ipɔdrom] *nm* Pferderennbahn *die*.
hippopotame [ipɔpɔtam] *nm* Nilpferd *das*.
hippy = **hippie**.
hirondelle [irɔ̃dɛl] *nf* Schwalbe *die*.
hirsute [irsyt] *adj* struppig.
hispanique [ispanik] *adj* **-1.** [gén] spanisch. **-2.** [aux États-Unis] hispanisch.
◆ **Hispanique** *nmf* [aux États-Unis] Hispano *der, die*.
hispano-américain, e [ispanɔamerikɛ̃, ɛn] (*mpl* **hispano-américains,** *fpl* **hispano-américaines**) *adj* hispano-amerikanisch.
◆ **Hispano-Américain, e** *nm, f* Hispano-Amerikaner *der*, -in *die*.
hispanophone [ispanɔfɔn] ◇ *nmf* spanische Muttersprachler *der*, -in *die*. ◇ *adj* spanischsprachig.
hisser [3] [ˈise] *vt* **-1.** [voile, drapeau] hissen. **-2.** [charge] hoch|hieven.
◆ **se hisser** *vp* **-1.** [grimper]: **se ~ (sur qqch)** sich (auf etw *(A)*) hoch|hieven. **-2.** *fig* [s'élever]: **se ~ à qqch** sich bis zu etw hoch|arbeiten.
histoire [istwar] *nf* Geschichte *die*; **~ ancienne/moderne** Alte/Neue Geschichte; **~ contemporaine** Zeitgeschichte; **~ de l'art** Kunstgeschichte; **~ économique** Wirtschaftsgeschichte; **~ de France/sainte** französische/biblische Geschichte; **~ sociale** Sozialgeschichte; **c'est une autre ~** das steht auf einem anderen Blatt; **une ~ à dormir debout** ein Ammenmärchen.
◆ **histoires** *nfpl* Unannehmlichkeiten *Pl*; **faire des ~s** *fam* Geschichten machen.
historien, enne [istɔrjɛ̃, ɛn] *nm, f* Historiker *der*, -in *die*, Geschichtswissenschaftler *der*, -in *die*.
historiographie [istɔrjɔgrafi] *nf* Geschichtsschreibung *die*.
historique [istɔrik] *adj* **-1.** [recherche] geschichtswissenschaftlich. **-2.** [monument, fait] historisch.
historiquement [istɔrikmɑ̃] *adv* historisch.
hit-parade [ˈitparad] (*pl* **hit-parades**) *nm* Hitparade *die*.
hiver [ivɛr] *nm* Winter *der*; **en ~** im Winter.
hivernal, e, aux [ivɛrnal, o] *adj* winterlich.
hiverner [3] [ivɛrne] *vi* **-1.** AGRIC [bétail] überwintern. **-2.** [personne] den Winter verbringen.
hl (*abr de* **hectolitre**) hl.
HLM (*abr de* **habitation à loyer modéré**) *nm* OU *nf* ≃ Sozialwohnung *die*; **habiter dans un ~** in einer Sozialwohnung wohnen.
hm (*abr de* **hectomètre**) hm.
ho [ˈo] *interj* ho.
hobby [ˈɔbi] (*pl* **hobbys** OU **hobbies**) *nm* Hobby *das*.
hochement [ˈɔʃmɑ̃] *nm*: **~ de tête** [pour dire oui] Kopfnicken *das (sans pl)*; [pour dire non] Kopfschütteln *das (sans pl)*.
hocher [3] [ˈɔʃe] *vt*: **~ la tête** [pour dire oui] (mit dem Kopf) nicken; [pour dire non] den Kopf schütteln.
hochet [ˈɔʃɛ] *nm* Rassel *die*.
hockey [ˈɔkɛ] *nm* Hockey *das*; **~ sur glace** Eishockey; **~ sur gazon** Feldhockey.
holà [ˈɔla] ◇ *interj* **-1.** [pour appeler] hallo. **-2.** [pour arrêter] holla. ◇ *nm inv*: **mettre le ~ à qqch** *fam* einer Sache *(D)* Einhalt gebieten.
holding [ˈɔldiŋ] *nm* Holding *die*.
hold-up [ˈɔldœp] *nm inv* Raubüberfall *der*.
hollandais, e [ˈɔlɑ̃dɛ, ɛz] *adj* holländisch.
◆ **hollandais** *nm* [langue] Holländisch(e) *(das)*.
◆ **Hollandais, e** *nm, f* Holländer *der*, -in *die*.
Hollande [ˈɔlɑ̃d] *nf*: **la ~** Holland *nt*; **en ~** in Holland.
holocauste [ɔlɔkost] *nm* Holocaust *der*.
hologramme [ɔlɔgram] *nm* Hologramm *das*.
homard [ˈɔmar] *nm* Hummer *der*; **~ à l'américaine** *Hummer in amerikanischer Sauce*.
home [ˈom] *nm*: **~ d'enfants** Kinderheim *das*.
homélie [ɔmeli] *nf* Homilie *die*.
homéopathe [ɔmeɔpat] *nmf*: **(médecin) ~** Homöopath *der*, -in *die*.
homéopathie [ɔmeɔpati] *nf* Homöopathie *die*.
homéopathique [ɔmeɔpatik] *adj* homöopathisch.
homicide [ɔmisid] ◇ *nm* Tötung *die*; **~ volontaire/involontaire** vorsätzliche/fahrlässige Tötung. ◇ *adj* todbringend, mörderisch. ◇ *nmf littéraire* Mörder *der*, -in *die*.
hommage [ɔmaʒ] *nm* [témoignage d'estime] Ehrung *die*; **rendre ~ à qqn/qqch** jm/etw Ehre erweisen.
◆ **hommages** *nmpl* [salutations] Ehre *die*; **mes ~s** *sout* habe die Ehre, ich empfehle mich.
hommasse [ɔmas] *adj péj*: **femme ~** Mannweib *das*.
homme [ɔm] *nm* **-1.** [être humain] Mensch *der*. **-2.** [individu de sexe masculin] Mann *der*; **grand ~** bedeutender Mann; **~ d'affaires** Geschäftsmann; **~ d'État** Staatsmann; **~ de main** Handlanger *der*; **~ du monde** Mann von Welt; **~ de paille** Strohmann; **vêtement d' ~** Herrenbekleidung *die*; **comme un seul ~** wie ein Mann; **d'~ à ~** von Mann zu Mann.
homme-grenouille [ɔmgrənuj] (*pl* **hommes-grenouilles**) *nm* Froschmann *der*.

homme-orchestre [ɔmɔrkɛstr] (*pl* **hommes-orchestres**) *nm* Einmannkapelle *die*.

homme-sandwich [ɔmsɑ̃dwitʃ] (*pl* **hommes-sandwichs**) *nm* Sandwichmann *der*.

homogène [ɔmɔʒɛn] *adj* homogen.

homogénéisé, e [ɔmɔʒeneize] *adj* homogenisiert.

homogénéité [ɔmɔʒeneite] *nf* Homogenität *die*.

homologue [ɔmɔlɔg] *nmf* Amtskollege *der*, -gin *die*.

homologuer [3] [ɔmɔlɔge] *vt* **-1.** [ratifier] genehmigen. **-2.** SPORT anerkennen.

homonyme [ɔmɔnim] *nm* **-1.** LING Homonym *das*. **-2.** [personne] Namensvetter *der*.

homosexualité [ɔmɔsɛksɥalite] *nf* Homosexualität *die*.

homosexuel, elle [ɔmɔsɛksɥɛl] ◇ *nm, f* Homosexuelle *der, die*. ◇ *adj* homosexuell.

Honduras ['ɔ̃dyras] *nm*: **le ~** Honduras *nt*; **au ~** in Honduras; **le ~ britannique** Britisch-Honduras *nt*.

hondurien, enne ['ɔ̃dyrjɛ̃, ɛn] *adj* honduranisch.

◆ **Hondurien, enne** *nm, f* Honduraner *der*, -in *die*.

Hongkong, Hong Kong ['ɔ̃gkɔ̃g] *n* Hongkong *nt*, Hong Kong *nt*.

Hongrie ['ɔ̃gri] *nf*: **la ~** Ungarn *nt*.

hongrois, e ['ɔ̃grwa, az] *adj* ungarisch.

◆ **hongrois** *nm* [langue] Ungarisch(e) *(das)*.

◆ **Hongrois, e** *nm, f* Ungar *der*, -in *die*.

honnête [ɔnɛt] *adj* **-1.** [intègre] ehrlich. **-2.** [convenable] anständig.

honnêtement [ɔnɛtmɑ̃] *adv* **-1.** [loyalement, franchement] ehrlich. **-2.** [correctement] anständig.

honnêteté [ɔnɛtte] *nf* Ehrlichkeit *die*.

honneur [ɔnœr] *nm* Ehre *die*; **en l'~ de qqn/qqch** jm/einer Sache zu Ehren; **être à l'~** die Ehre haben; **à qui ai-je l'~?** *sout* mit wem habe ich die Ehre?; **faire ~ à qqn/qqch** jm/einer Sache Ehre machen; **faire ~ à** *fig* [repas] mit großem Appetit essen; **j'ai l'~ de faire qqch** ich habe die Ehre, etw zu tun; **sauver l'~** die Ehre retten.

◆ **honneurs** *nmpl* Ehren *Pl*.

Honolulu [ɔnɔlyly] *n* Honolulu *nt*.

honorable [ɔnɔrabl] *adj* **-1.** [digne] ehrbar. **-2.** [convenable] ordentlich.

honorablement [ɔnɔrabləmɑ̃] *adv* anständig.

honoraire [ɔnɔrɛr] *adj* Ehren-.

◆ **honoraires** *nmpl* Honorar *das*.

honorer [3] [ɔnɔre] *vt* **-1.** [vénérer, gratifier]: **~ qqn de qqch** (jn mit etw) ehren. **-2.** [attirer la considération sur] ehren. **-3.** [payer] begleichen.

◆ **s'honorer** *vp*: **je m'honore d'être son ami** es ist mir eine Ehre, sein Freund zu sein.

honorifique [ɔnɔrifik] *adj* ehrenamtlich; **titre ~** Ehrentitel *der*.

honte ['ɔ̃t] *nf* **-1.** [sentiment] Scham *die*; **avoir ~ de qqn/qqch** sich für jn/etw schämen; **avoir ~ de faire qqch** sich schämen, etw zu tun; **faire ~ à qqn** jm Schande bereiten. **-2.** [scandale]: **c'est une ~!** es ist eine Schande!

honteusement ['ɔ̃tøzmɑ̃] *adv* schändlich.

hop ['ɔp] *interj* hopp.

hôpital, aux [ɔpital, o] *nm* Krankenhaus *das*; **~ de jour** Ambulanz *die*; **~ militaire** Militärkrankenhaus; **~ psychiatrique** psychiatrische Klinik.

hoquet ['ɔkɛ] *nm* **-1.** [contraction] Schluckauf *der*; **avoir le ~** den Schluckauf haben. **-2.** [pleurs] Schluchzer *der*.

hoqueter [27] ['ɔkte] *vi* schluchzen.

horaire [ɔrɛr] ◇ *nm* **-1.** [de départ, d'arrivée] Zeit *die*; **~ des trains** Fahrplan *der*. **-2.** [de travail] Arbeitszeit *die*; **~ mobile** OU **flexible** OU **à la carte** gleitende Arbeitszeit, Gleitzeit *die*. ◇ *adj* Stunden-.

horde ['ɔrd] *nf* Horde *die*.

horizon [ɔrizɔ̃] *nm* Horizont *der*; **à l'~** am Horizont.

horizontal, e, aux [ɔrizɔ̃tal, o] *adj* waag(e)recht.

◆ **horizontale** *nf* MATHS Waag(e)rechte *die*; **être à l'~e** in der Waag(e)rechten sein; [couché] waag(e)recht liegen.

horizontalement [ɔrizɔ̃talmɑ̃] *adv* waag(e)recht.

horloge [ɔrlɔʒ] *nf* [pendule] Uhr *die*; **~ parlante** Zeitansage *die*.

horloger, ère [ɔrlɔʒe, ɛr] ◇ *nm, f* Uhrmacher *der*, -in *die*. ◇ *adj* Uhren-.

horlogerie [ɔrlɔʒri] *nf* **-1.** [magasin] Uhrengeschäft *das*. **-2.** [fabrication] Uhrmacherei *die*.

hormis ['ɔrmi] *prép littéraire*: **~ qqn/qqch** bis auf jn/etw.

hormonal, e, aux [ɔrmɔnal, o] *adj* Hormon-.

hormone [ɔrmɔn] *nf* Hormon *das*.

horodateur [ɔrɔdatœr] *nm* [de stationnement] ≃ Parkuhr *die*.

horoscope [ɔrɔskɔp] *nm* Horoskop *das*.

horreur [ɔrœr] *nf* **-1.** [répulsion] Grauen *das*, Entsetzen *das*; **avoir ~ de qqn/qqch** vor jm/etw einen Horror haben, jn/etw verabscheuen; **avoir ~ de faire qqch** verabscheuen OU hassen, etw zu tun; **avoir qqn/qqch en ~** jn/etw verabscheuen; **faire ~ à qqn** jn mit

Graue n erfüllen. **-2.** [atrocité] Grauenhaftigkeit *die*; **quelle ~!** wie schrecklich!

◆ **horreurs** *nfpl* **-1.** [atrocités] Schrecken *Pl.* **-2.** [calomnies] Horrorgeschichten *Pl.*

horrible [ɔribl] *adj* **-1.** [affreux] grauenhaft. **-2.** [terrible] schrecklich.

horriblement [ɔribləmɑ̃] *adv* fürchterlich.

horrifiant, e [ɔrifjɑ̃, ɑ̃t] *adj* grauenerregend.

horrifier [9] [ɔrifje] *vt* mit Grauen erfüllen.

horripilant, e [ɔripilɑ̃, ɑ̃t] *adj* nervtötend.

horripiler [3] [ɔripile] *vt*: **~ qqn** jm auf die Nerven gehen.

hors [ˈɔr] *prép*: **~ pair** unvergleichlich.

◆ **hors de** *loc prép*: **~ de qqch** außerhalb etw *(G)*; **~ d'ici!** raus hier!; **être ~ de soi** außer sich *(D)* sein.

hors-bord [ˈɔrbɔr] *nm inv* Außenborder *der.*

hors-d'œuvre [ˈɔrdœvr] *nm inv* Vorspeise *die.*

hors-jeu [ˈɔrʒø] *nm inv* Abseits *das.*

hors-la-loi [ˈɔrlalwa] *nm inv* Geächtete *der, die.*

hors-piste, hors-pistes [ˈɔrpist] *nm inv*: **faire du (ski) ~** Tiefschnee fahren.

hortensia [ɔrtɑ̃sja] *nm* Hortensie *die.*

horticole [ɔrtikɔl] *adj* Gartenbau-.

horticulteur, trice [ɔrtikyltœr, tris] *nm, f* Gärtner *der*, -in *die.*

horticulture [ɔrtikyltyr] *nf* Gartenbau *der.*

hospice [ɔspis] *nm*: **~ (de vieillards)** (Alten)-heim *das.*

hospitalier, ère [ɔspitalje, ɛr] *adj* **-1.** [accueillant] gastfreundlich. **-2.** [relatif aux hôpitaux] Krankenhaus-.

hospitalisation [ɔspitalizasjɔ̃] *nf* Krankenhauseinweisung *die.*

hospitaliser [3] [ɔspitalize] *vt* ins Krankenhaus ein|weisen.

hospitalité [ɔspitalite] *nf* Gastfreundschaft *die.*

hostie [ɔsti] *nf* Hostie *die.*

hostile [ɔstil] *adj* **-1.** [ennemi]: **~ (à qqn/qqch)** (jm/etw gegenüber) feindlich; **~ au gouvernement** regierungsfeindlich. **-2.** [inhospitalier] feindselig.

hostilité [ɔstilite] *nf* Feindseligkeit *die.*

◆ **hostilités** *nfpl* Feindseligkeiten *Pl.*

hôte, hôtesse [ot, otɛs] *nm, f* Gastgeber *der*, -in *die.*

◆ **hôte** *nm* Gast *der.*

◆ **hôtesse** *nf*: **hôtesse d'accueil** Hosteß *die*; **hôtesse de l'air** Stewardeß *die.*

hôtel [otɛl] *nm* Hotel *das*; **descendre à l'~** in einem Hotel übernachten; **~ particulier** *nichtkönigliches Stadtpalais.*

◆ **hôtel de ville** *nm* Rathaus *das.*

hôtelier, ère [otəlje, ɛr] ◇ *adj* Hotel-; **école hôtelière** Hotelfachschule *die.* ◇ *nm, f* Hotelbesitzer *der*, -in *die.*

hôtellerie [otɛlri] *nf* **-1.** [métier] Hotelgewerbe *das.* **-2.** [hôtel-restaurant] Gasthof *der.*

hôtesse → **hôte.**

hotte [ˈɔt] *nf* **-1.** [panier] Kiepe *die.* **-2.** [de cuisine]: **~ (aspirante)** Abzugshaube *die.*

houblon [ˈublɔ̃] *nm* Hopfen *der.*

houe [ˈu] *nf* Hacke *die*, (Breit)haue *die.*

houille [ˈuj] *nf* Steinkohle *die*; **~ blanche** Wasserkraft *die.*

houiller, ère [ˈuje, ɛr] *adj* Steinkohlen-.

◆ **houillère** *nf* Steinkohlenbergwerk *das.*

houle [ˈul] *nf* Seegang *der.*

houlette [ˈulɛt] *nf*: **sous la ~ de qqn** *sout* unter js Anleitung.

houleux, euse [ˈulø, øz] *adj* **-1.** [mer] bewegt. **-2.** [assemblée, débat] lebhaft.

houppe [ˈup] *nf* **-1.** [à poudre] Puderquaste *die.* **-2.** [de cheveux] Haarbüschel *das.*

houppette [ˈupɛt] *nf* kleine Puderquaste.

hourra, hurrah [ˈura] ◇ *nm* Hurra *das.* ◇ *interj*: **~!** hurra!

houspiller [3] [ˈuspije] *vt* aus|schimpfen.

housse [ˈus] *nf* **-1.** [gén] Bezug *der*; **~ de couette** Federbettbezug. **-2.** [de vêtement] Schutzhülle *die.*

houx [ˈu] *nm* Stechpalme *die.*

HS (*abr de* **hors service**) *adj* a.B.; **la télé est complètement ~** *fam* der Fernseher ist total im Eimer, der Fernseher ist kaputt; **je suis ~** *fam* ich bin fix und fertig.

HT ◇ *adj* (*abr de* **hors taxe**) o. MwSt.; **300 F ~** 300 F o. MwSt. ◇ *nf abr de* **haute tension.**

hublot [ˈyblo] *nm* **-1.** [gén] Fenster *das.* **-2.** [de bateau] Bullauge *das.*

huche [ˈyʃ] *nf*: **~ (à pain)** Brotkasten *der.*

hue [ˈy] *interj* hü.

huées [ˈɥe] *nfpl* Buhrufe *Pl.*

huer [7] [ˈɥe] *vt* aus|buhen.

huile [ɥil] *nf* **-1.** [gén] Öl *das*; **~ d'arachide** Erdnußöl; **~ de foie de morue** Lebertran *der*; **~ d'olive** Olivenöl; **~ de paraffine** Paraffinöl; **~ solaire** Sonnenöl; **~ de coude** *fam fig* Mumm *der*; **jeter de l'~ sur le feu** *fig* Öl ins Feuer gießen. **-2.** [peinture] Ölgemälde *das.* **-3.** *fam* [personnalité] hohes Tier, Bonze *der.*

huiler [3] [ɥile] *vt* ölen.

huileux, euse [ɥilø, øz] *adj* **-1.** [matière] ölig. **-2.** [surface] fettig.

huilier [ɥilje] *nm* [récipient] *Ständer mit einem Essig- und einem Ölfläschchen.*

huis [ɥi]

◆ **à huis clos** *loc adv* unter Ausschluß der Öffentlichkeit.

huissier [ɥisje] *nm* **-1.** [appariteur] Turhüter *der*. **-2.** JUR Gerichtsvollzieher *der*, -in *die*.

huit [ˈɥit, ˈɥi *devant consonne*] ◇ *adj inv* & *pron inv* acht. ◇ *nm inv* Acht *die*; **lundi en ~** Montag in einer Woche; *voir aussi* **six**.

huitaine [ˈɥitɛn] *nf*: **sous** OU **à ~** in acht Tagen; **dans une ~ de jours** in etwa acht Tagen.

huitième [ˈɥitjɛm] ◇ *adj* achte,-r,-s. ◇ *nmf* Achte *der, die, das*. ◇ *nf* SCOL vierte Klasse. ◇ *nm* **-1.** [fraction] Achtel *das*. **-2.** [arrondissement] achtes Arrondissement. **-3.** [étage] achter Stock, achte Etage. **-4.** SPORT: **le ~ de finale** das Achtelfinale; *voir aussi* **sixième**.

huître [ɥitr] *nf* Auster *die*.

hululement = **ululement**.

hululer = **ululer**.

hum [ˈœm] *interj* hm.

humain, e [ymɛ̃, ɛn] *adj* **-1.** [gén] menschlich, Menschen-. **-2.** [secourable] human.

◆ **humain** *nm* **-1.** [être] Mensch *der*. **-2.** [propre à l'homme] Menschliche *das*.

humainement [ymɛnmɑ̃] *adv* menschlich; **~ possible** menschenmöglich.

humaniser [3] [ymanize] *vt* menschlicher machen.

◆ **s'humaniser** *vp* menschlicher werden.

humaniste [ymanist] ◇ *adj* humanistisch. ◇ *nmf* Humanist *der*, -in *die*.

humanitaire [ymanitɛr] *adj* humanitär; **organisation ~** karitative Organisation.

humanité [ymanite] *nf* **-1.** [espèce humaine] Menschheit *die*. **-2.** [nature humaine, bonté] Menschlichkeit *die*.

humanoïde [ymanɔid] *nmf* menschenartiges Wesen.

humble [œ̃bl] *adj* **-1.** [plein d'humilité] bescheiden. **-2.** [modeste] demütig.

humblement [œ̃bləmɑ̃] *adv* bescheiden.

humecter [4] [ymɛkte] *vt* an|feuchten.

◆ **s'humecter** *vp* **-1.** [front, lèvres]: **s'~ qqch** sich *(D)* etw befeuchten. **-2.** [sujet: yeux] feucht werden.

humer [3] [ˈyme] *vt* [air, parfum] ein|atmen; [plat] riechen.

humérus [ymerys] *nm* Oberarmknochen *der*.

humeur [ymœr] *nf* **-1.** [disposition momentanée] Laune *die*; **être d'~ à faire qqch** in der Stimmung sein, etw zu tun; **être de bonne/mauvaise ~** gute/schlechte Laune haben. **-2.** [tempérament]: **il est d'~ calme** er hat ein ruhiges Wesen; **avec ~** gereizt *(adv)*.

humide [ymid] *adj* feucht; [sol] naß.

humidificateur [ymidifikatœr] *nm* Luftbefeuchter *der*.

humidifier [9] [ymidifje] *vt* befeuchten.

humidité [ymidite] *nf* Feuchtigkeit *die*.

humiliant, e [ymiljɑ̃, ɑ̃t] *adj* demütigend.

humiliation [ymiljasjɔ̃] *nf* Demütigung *die*.

humilier [9] [ymilje] *vt* demütigen.

◆ **s'humilier** *vp*: **s'~ devant qqn** sich vor jm demütigen.

humilité [ymilite] *nf* Bescheidenheit *die*.

humoriste [ymɔrist] ◇ *adj* humoristisch. ◇ *nmf* Humorist *der*, -in *die*.

humoristique [ymɔristik] *adj* humoristisch, witzig.

humour [ymur] *nm* Humor *der*; **avoir de l'~** Humor haben; **manquer d'~** keinen Humor haben; **~ noir** schwarzer Humor.

humus [ymys] *nm* Humus *der*.

huppé, e [ˈype] *adj* vornehm.

hurlant, e [ˈyrlɑ̃, ɑ̃t] *adj* schreiend.

hurlement [ˈyrləmɑ̃] *nm* Schrei *der*; **pousser des ~s** brüllen.

hurler [3] [ˈyrle] *vt* & *vi* brüllen, schreien.

hurluberlu, e [yrlybɛrly] *nm, f fam* Luftikus *der*.

hurrah = **hourra**.

hussard [ˈysar] *nm* Husar *der*.

◆ **hussarde** *nf*: **à la ~e** brutal *(adv)*, draufgängerisch.

hutte [ˈyt] *nf* Hütte *die*.

hybride [ibrid] ◇ *adj* hybrid. ◇ *nmf* Hybride *der, die*.

hydratant, e [idratɑ̃, ɑ̃t] *adj* Feuchtigkeits-, feuchtigkeitsspendend.

hydratation [idratasjɔ̃] *nf* **-1.** MÉD Feuchtigkeitszuführung *die*. **-2.** CHIM Hydratation *die*.

hydrate [idrat] *nm* Hydrat *das*; **~ de carbone** Kohlenhydrat.

hydrater [3] [idrate] *vt* **-1.** MÉD: **~ qqch** etw *(D)* Feuchtigkeit zu|führen. **-2.** CHIM hydratisieren.

hydraulique [idrolik] ◇ *adj* hydraulisch, Wasser-. ◇ *nf* Hydraulik *die*.

hydravion [idravjɔ̃] *nm* Wasserflugzeug *das*.

hydre [idr] *nf* Hydra *die*.

hydrocarbure [idrɔkarbyr] *nm* Kohlenwasserstoff *der*.

hydrocéphale [idrɔsefal] ◇ *adj* einen Wasserkopf habend. ◇ *nmf* Mensch *der* mit Wasserkopf.

hydrocution [idrɔkysjɔ̃] *nf durch kaltes Wasser ausgelöste Bewußtlosigkeit*.

hydroélectrique [idrɔelɛktrik] *adj* hydroelektrisch; **centrale ~** Wasserkraftwerk *das*.

hydrogène [idrɔʒɛn] *nm* Wasserstoff *der*.

hydrogéné, e [idrɔʒene] *adj* wasserstoffhaltig.

hydroglisseur [idrɔglisœr] *nm* Gleitboot *das*.

hydrographie [idrɔgrafi] *nf* Hydrographie *die*.
hydrologie [idrɔlɔʒi] *nf* Hydrologie *die*.
hydrophile [idrɔfil] *adj* [absorbant] hydrophil; → **coton**.
hyène [jɛn] *nf* Hyäne *die*.
hygiène [iʒjɛn] *nf* Hygiene *die*; **~ dentaire** Zahnpflege *die*; **~ intime** Intimpflege *die*.
hygiénique [iʒjenik] *adj* hygienisch; → **papier, serviette**.
hymen [imɛn] *nm* **-1.** ANAT Jungfernhäutchen *das*. **-2.** *littéraire* [mariage] Ehe *die*.
hymne [imn] *nm* Hymne *die*; **~ national** Nationalhymne.
hyperbole [ipɛrbɔl] *nf* Hyperbel *die*.
hyperglycémie [ipɛrglisemi] *nf* stark erhöhter Blutzuckergehalt.
hypermarché [ipɛrmarʃe] *nm großer Supermarkt*.
hypermétrope [ipɛrmetrɔp] ◇ *adj* weitsichtig. ◇ *nmf* Weitsichtige *der, die*.
hypernerveux, euse [ipɛrnɛrvø, øz] ◇ *adj* übernervös. ◇ *nm, f* übernervöse Person.
hypersensible [ipɛrsɑ̃sibl] ◇ *adj* überempfindlich. ◇ *nmf* überempfindliche Person.
hypertendu, e [ipɛrtɑ̃dy] ◇ *adj* unter Bluthochdruck leidend. ◇ *nm, f* Bluthochdruckkranke *der, die*.
hypertension [ipɛrtɑ̃sjɔ̃] *nf* erhöhter Blutdruck; **faire de l'~** hohen Blutdruck haben.
hypertexte [ipɛrtɛkst] *nm* INFORM Hypertext *der*.
hypertrophié, e [ipɛrtrɔfje] *adj* hypertroph(isch).
hypnose [ipnoz] *nf* Hypnose *die*.
hypnotique [ipnɔtik] ◇ *nm* Hypnotikum *das*, Schlafmittel *das*. ◇ *adj* hypnotisch.
hypnotiser [3] [ipnɔtize] *vt* hypnotisieren; *fig* faszinieren; **être hypnotisé par qqch** von etw fasziniert sein.
◆ **s'hypnotiser** *vp*: **s'~ (sur qqch)** sich (auf etw *(A)*) versteifen.
hypocondriaque [ipɔkɔ̃drijak] ◇ *nmf* Hypochonder *der*. ◇ *adj* hypochondrisch.
hypocrisie [ipɔkrizi] *nf* **-1.** [de personne] Heuchelei *die*. **-2.** [d'action] Scheinheiligkeit *die*.
hypocrite [ipɔkrit] ◇ *nmf* Heuchler *der*, -in *die*. ◇ *adj* **-1.** [personne] heuchlerisch. **-2.** [action] scheinheilig.
hypocritement [ipɔkritmɑ̃] *adv* heuchlerisch.
hypodermique [ipɔdɛrmik] *adj* subkutan.
hypoglycémie [ipɔglisemi] *nf* stark verminderter Blutzuckergehalt.
hypokhâgne [ipɔkaɲ] *nf erste Vorbereitungsklasse für den geisteswissenschaftlichen Studiengang an der École normale supérieure.*
hypophyse [ipɔfiz] *nf* Hypophyse *die*.
hypotension [ipɔtɑ̃sjɔ̃] *nf* zu niedriger Blutdruck; **faire de l'~** niedrigen Blutdruck haben.
hypoténuse [ipɔtenyz] *nf* Hypotenuse *die*.
hypothécaire [ipɔtekɛr] *adj* Hypotheken-.
hypothèque [ipɔtɛk] *nf* Hypothek *die*; **grevé d'~s** mit Hypotheken belastet.
hypothéquer [18] [ipɔteke] *vt* mit einer Hypothek belasten; **~ l'avenir** *fig* ein Risiko für die Zukunft ein|gehen.
hypothèse [ipɔtɛz] *nf* **-1.** [postulat] Hypothese *die*. **-2.** [supposition] Annahme *die*; **dans l'~ où** *(+ conditionnel)* in der Annahme, daß.
hypothétique [ipɔtetik] *adj* **-1.** [supposé] hypothetisch. **-2.** [douteux] fraglich.
hystérie [isteri] *nf* Hysterie *die*.
hystérique [isterik] ◇ *nmf* Hysteriker *der*, -in *die*. ◇ *adj* hysterisch.
Hz (*abr de* **hertz**) Hz.

I

i, I [i] *nm inv* [lettre] i *das*, I *das*; **mettre les points sur les i** *fig* es klipp und klar sagen.
IA (*abr de* **intelligence artificielle**) *nf* KI *die (künstliche Intelligenz)*.
IAC (*abr de* **insémination artificielle entre conjoints**) *nf* homologe Insemination.
IAD (*abr de* **insémination artificielle par donneur extérieur**) *nf* heterologe Insemination.
ibid. (*abr de* **ibidem**) ib., ibd.
iceberg [ajsbɛrg] *nm* Eisberg *der*.
ici [isi] *adv* **-1.** [sens spatial - sans déplacement] hier; [- avec déplacement] hierher; **d'~** von hier; **~ même** hier; **par ~** hier; **~-bas** auf Erden. **-2.** [sens temporel] jetzt; **d'~ à** bis; **d'~ là** bis dahin; **d'~ peu** in Kürze.
icône [ikon] *nf* **-1.** RELIG Ikone *die*, Ikon *das*. **-2.** INFORM Piktogramm *das*.
iconique [ikɔnik] *adj* ikonisch.
iconoclaste [ikɔnɔklast] ◇ *nmf* Ikonoklast *der*, -in *die*. ◇ *adj* ikonoklastisch.
iconographie [ikɔnɔgrafi] *nf* **-1.** [ensemble d'images] Bilderbestand *der*. **-2.** [science] Ikonographie *die*.
id. (*abr de* **idem**) id.

idéal, e, als OU **aux** [ideal, o] *adj* ideal.
◆ **idéal** *nm* Ideal *das*; **dans l'~** im Idealfall.
idéalement [idealmɑ̃] *adv* im Idealfall.
idéalisation [idealizasjɔ̃] *nf* Idealisierung *die*.
idéaliser [3] [idealize] *vt* idealisieren.
idéalisme [idealism] *nm* Idealismus *der*.
idéaliste [idealist] ◇ *nmf* Idealist *der*, -in *die*. ◇ *adj* idealistisch.
idée [ide] *nf* **-1.** [gén] Idee *die*; **~ fixe** fixe Idee. **-2.** [pensée] Gedanke *der*; **~s noires** trübe Gedanken. **-3.** [conception] Vorstellung *die*; **~ reçue** Vorurteil *das*. **-4.** *loc*: **avoir dans l'~ que** der Meinung sein, daß; **se faire une ~ de qqn/qqch** sich eine Vorstellung von jm/etw machen; **tu te fais des ~s** das bildest du dir ein; **ne pas avoir la moindre ~ de qqch** von etw keine Ahnung haben; **se rafraîchir les ~s** seine Kenntnisse auffrischen.
idem [idɛm] *adv* idem.
identification [idɑ̃tifikasjɔ̃] *nf*: **~ (à qqn/qqch)** Identifizierung *die* (mit jm/etw).
identifier [9] [idɑ̃tifje] *vt* **-1.** [trouver l'identité de] identifizieren. **-2.** [bruit, odeur] bestimmen. **-3.** [assimiler]: **~ qqn à qqn/qqch** jn mit jm/etw identifizieren.
◆ **s'identifier** *vp*: **s'~ à qqn/qqch** sich mit jm/etw identifizieren.
identique [idɑ̃tik] *adj*: **~ (à qqn/qqch)** identisch (mit jm/etw).
identité [idɑ̃tite] *nf* Identität *die*; **~ de goût** gleicher Geschmack; → **carte**, **contrôle**.
idéologie [ideɔlɔʒi] *nf* Ideologie *die*.
idéologique [ideɔlɔʒik] *adj* ideologisch.
idiomatique [idjɔmatik] *adj* idiomatisch.
idiome [idjom] *nm* Idiom *das*.
idiot, e [idjo, ɔt] ◇ *nm, f* Idiot *der*, -in *die*. ◇ *adj* idiotisch.
idiotie [idjɔsi] *nf* **-1.** [de personne] Dummheit *die*. **-2.** [de comportement] Schwachsinnigkeit *die*. **-3.** [parole, action] Schwachsinn *der*. **-4.** MÉD Idiotie *die*.
idoine [idwan] *adj sout* adequat.
idolâtrer [3] [idɔlatre] *vt* vergöttern, abgöttisch lieben.
idole [idɔl] *nf* Idol *das*.
IDS (*abr de* **initiative de défense stratégique**) *nf* SDI-Programm *das*.
idylle [idil] *nf* **-1.** [amour] Romanze *die*. **-2.** LITTÉRATURE Idylle *die*.
idyllique [idilik] *adj* idyllisch.
if [if] *nm* Eibe *die*.
IFOP, **Ifop** [ifɔp] (*abr de* **Institut français d'opinion publique**) *nm französisches Meinungsforschungsinstitut*.
Ifremer [ifrəmɛr] (*abr de* **Institut français de recherche pour l'exploitation de la mer**) *nm französisches Meeresforschungsinstitut*.
IGF (*abr de* **impôt sur les grandes fortunes**) *nm französische Steuer für große Vermögen*.
igloo, **iglou** [iglu] *nm* Iglu *der* OU *das*.
IGN (*abr de* **Institut géographique national**) *nm französisches Institut für Geographie*.
ignare [iɲar] ◇ *nmf* Ignorant *der*, -in *die*. ◇ *adj* unwissend, ungebildet.
ignifuge [ignifyʒ] *adj* feuerfest.
ignoble [iɲɔbl] *adj* **-1.** [abject] niederträchtig. **-2.** [hideux] grauenhaft.
ignominie [iɲɔmini] *nf* **-1.** [état] Schande *die*. **-2.** [action] Schändlichkeit *die*. **-3.** [parole] Scheußlichkeit *die*.
ignominieux, euse [iɲɔminjø, øz] *adj* schändlich.
ignorance [iɲɔrɑ̃s] *nf* **-1.** [inculture] Unwissenheit *die*. **-2.** [non connaissance]: **dans l'~ de qqch** in Unkenntnis über etw *(A)*.
ignorant, e [iɲɔrɑ̃, ɑ̃t] ◇ *nm, f* Ignorant *der*, -in *die*. ◇ *adj* **-1.** [inculte] ungebildet. **-2.** [étranger à]: **être ~ de qqch** etw nicht kennen. **-3.** [qui a des lacunes]: **~ en qqch** einer Sache *(G)* unkundig.
ignoré, e [iɲɔre] *adj* [méconnu] verkannt.
ignorer [3] [iɲɔre] *vt* **-1.** [ne pas savoir]: **~ (que)** nicht wissen (, daß). **-2.** [ne pas tenir compte - de chose] nicht beachten; [- de personne] ignorieren.
◆ **s'ignorer** *vp* **-1.** [se bouder] sich ignorieren. **-2.** [méconnaître ses possibilités] seine Fähigkeiten nicht kennen.
IGPN (*abr de* **Inspection générale de la police nationale**) *nf oberste französische Polizeibehörde*.
IGS (*abr de* **Inspection générale des services**) *nf oberste Polizeibehörde in Paris*.
il [il] *pron pers* **-1.** [représentant une personne] er; **Pierre est-~ là**? ist Pierre da? **-2.** [représentant un animal, une chose] er, sie, es. **-3.** [sujet impersonnel] es; **~ pleut** es regnet.
◆ **ils** *pron pers* sie.
île [il] *nf* Insel *die*; **les ~s Anglo-Normandes** die Kanalinseln, die Normannischen Inseln; **les ~s Britanniques** die Britischen Inseln; **l'~ de Man** Man *nt*; **l'~ Maurice** Mauritius *nt*.
Île-de-France [ildəfrɑ̃s] *nf*: **l'~** die Île-de-France.
illégal, e, aux [ilegal, o] *adj* illegal.
illégalité [ilegalite] *nf* Illegalität *die*; **dans l'~** in der Illegalität.
illégitime [ileʒitim] *adj* **-1.** [non justifié - moralement] unbegründet; [- légalement] illegitim. **-2.** [enfant] unehelich.
illettré, e [iletre] ◇ *nm, f* **-1.** [analphabète] Analphabet *der*, -in *die*. **-2.** [inculte] Ungebildete *der*,

die. ◇ *adj* **-1.** [analphabète] analphabetisch. **-2.** [inculte] ungebildet.
illicite [ilisit] *adj* unzulässig.
illico [iliko] *adv fam* auf der Stelle.
illimité, e [ilimite] *adj* **-1.** [sans limite] unbegrenzt. **-2.** [entier] grenzenlos.
illisible [ilizibl] *adj* **-1.** [indéchiffrable] unleserlich. **-2.** [incompréhensible & INFORM] nicht lesbar, unlesbar.
illogique [ilɔʒik] *adj* unlogisch.
illumination [ilyminasjɔ̃] *nf* **-1.** [éclairage] Beleuchtung *die*. **-2.** [idée soudaine] Erleuchtung *die*.
◆ **illuminations** *nfpl* Festbeleuchtung *die*.
illuminé, e [ilymine] ◇ *nm, f* Erleuchtete *der, die*. ◇ *adj* **-1.** [génial] erleuchtet. **-2.** [mystique] mystisch.
illuminer [3] [ilymine] *vt* **-1.** [éclairer] beleuchten. **-2.** [personne, regard] erhellen.
◆ **s'illuminer** *vp* sich erleuchten.
illusion [ilyzjɔ̃] *nf* **-1.** [mirage] (Sinnes)täuschung *die*; **~ d'optique** optische Täuschung. **-2.** [imagination] Illusion *die*; **se faire des ~s** sich Illusionen machen; **se bercer d'~s** sich *(D)* in Illusionen wiegen.
illusionner [3] [ilyzjɔne] *vt* täuschen.
◆ **s'illusionner** *vp*: **s'~ (sur qqn/qqch)** sich (über jm/etw) Illusionen machen.
illusionniste [ilyzjɔnist] *nmf* Zauberkünstler *der*, -in *die*.
illusoire [ilyzwar] *adj* illusorisch.
illustrateur, trice [ilystratœr, tris] *nm, f* Illustrator *der*, -in *die*.
illustration [ilystrasjɔ̃] *nf* **-1.** [image] Abbildung *die*. **-2.** [démonstration] Veranschaulichung *die*.
illustre [ilystr] *adj* berühmt.
illustré, e [ilystre] *adj* illustriert.
◆ **illustré** *nm* Illustrierte *die*.
illustrer [3] [ilystre] *vt* **-1.** [orner d'images] illustrieren. **-2.** [montrer] veranschaulichen. **-3.** *littéraire* [rendre célèbre] berühmt machen.
◆ **s'illustrer** *vp* sich aus|zeichnen.
îlot [ilo] *nm* **-1.** [gén] Insel *die*. **-2.** [pâté de maison] Häuserblock *der*.
IMA [ima] (*abr de* **Institut du monde arabe**) *nm arabisches Lehr- und Kulturinstitut in Paris*.
image [imaʒ] *nf* Bild *das*; **être l'~ de qqn** js Ebenbild sein; **~ d'Épinal** *fig* Klischee *das*; **~ de marque** Image *das*; **sage comme une ~** schön brav.
imagé, e [imaʒe] *adj* bildhaft.
imaginable [imaʒinabl] *adj* vorstellbar.
imaginaire [imaʒinɛr] ◇ *adj* **-1.** [inventé] erfunden. **-2.** [chimérique] eingebildet. ◇ *nm* Vorstellungswelt *die*.
imaginatif, ive [imaʒinatif, iv] *adj* phantasievoll.
imagination [imaʒinasjɔ̃] *nf* Phantasie *die*.
◆ **imaginations** *nfpl sout* [chimères] Imagination *die*.
imaginer [3] [imaʒine] *vt* **-1.** [supposer, croire] sich vor|stellen. **-2.** [trouver] sich aus|denken.
◆ **s'imaginer** *vp* **-1.** [croire] sich vor|stellen. **-2.** [se voir] sich sehen.
imam [imam] *nm* Imam *der*.
imbattable [ɛ̃batabl] *adj* unschlagbar.
imbécile [ɛ̃besil] ◇ *nmf* **-1.** [idiot] Dummkopf *der*. **-2.** MÉD mittelgradig Schwachsinnige *der, die*. ◇ *adj* **-1.** [idiot] dumm. **-2.** MÉD mittelgradig schwachsinnig.
imbécillité [ɛ̃besilite] *nf* Dummheit *die*.
imberbe [ɛ̃bɛrb] *adj* bartlos.
imbiber [3] [ɛ̃bibe] *vt*: **~ qqch de qqch** etw mit etw tränken; **être imbibé** *fam fig* besoffen sein.
◆ **s'imbiber** *vp*: **s'~ de qqch** sich mit etw voll|saugen.
imbriqué, e [ɛ̃brike] *adj* ineinander verschachtelt.
imbriquer [3] [ɛ̃brike] *vt* ineinander|fügen, verschachteln; **~ qqch dans qqch** etw in etw *(A)* ein|fügen.
◆ **s'imbriquer** *vp* [se chevaucher] ineinander verschachtelt sein; *fig* sich überschneiden.
imbroglio [ɛ̃brɔglijo] *nm* Wirrwarr *der*.
imbu, e [ɛ̃by] *adj*: **être ~ de qqch** von etw eingenommen sein; **être ~ de soi-même** von sich selbst eingenommen sein.
imbuvable [ɛ̃byvabl] *adj* **-1.** [boisson] nicht trinkbar. **-2.** *fam* [personne] unerträglich.
imitateur, trice [imitatœr, tris] *nm, f* **-1.** [comique] Imitator *der*, -in *die*. **-2.** *péj* [copieur] Nachahmer *der*, -in *die*.
imitation [imitasjɔ̃] *nf* **-1.** [action] Nachahmung *die*. **-2.** [objet] Imitation *die*; **des bijoux en ~** unechter Schmuck; **~ bois** Holzimitation; **~ cuir** Kunstleder *das*; **~ daim** Wildlederimitation.
imiter [3] [imite] *vt* nach|ahmen.
immaculé, e [imakyle] *adj* **-1.** [sans taches] makellos. **-2.** RELIG [sans péché] unbefleckt; **l'Immaculée Conception** die Unbefleckte Empfängnis.
immanent, e [imanɑ̃, ɑ̃t] *adj* immanent; **~ à qqch** einer Sache *(D)* innewohnend.
immangeable [ɛ̃mɑ̃ʒabl] *adj* ungenießbar.
immanquable [ɛ̃mɑ̃kabl] *adj* unausbleiblich.
immanquablement [ɛ̃mɑ̃kabləmɑ̃] *adv* unausweichlich.
immatériel, elle [imaterjɛl] *adj* **-1.** PHILOSOPHIE

immateriell. **-2.** [qui semble irréel] ätherisch. **-3.** [investissement] immateriell.
immatriculation [imatrikylasjɔ̃] *nf* **-1.** [de personne] Einschreibung *die*. **-2.** [de véhicule] Zulassung *die*; → **plaque.**

IMMATRICULATION:
In Frankreich stehen die letzten beiden Zahlen eines Autokennzeichens für das Departement, in dem der Wagen zugelassen ist. Die Fahrzeuge des Departement "Val-de-Marne" haben zum Beispiel die Zahl 94.

immatriculer [3] [imatrikyle] *vt* **-1.** [personne] ein|schreiben. **-2.** [véhicule] an|melden.
immature [imatyr] *adj* unreif.
immaturité [imatyrite] *nf* Unreife *die*.
immédiat, e [imedja, at] *adj* **-1.** [dans l'espace] unmittelbar. **-2.** [dans le temps] sofortig.
◆ **immédiat** *nm*: **dans l'~** im Augenblick.
immédiatement [imedjatmɑ̃] *adv* sofort.
immémorial, e, aux [imemɔrjal, o] *adj* uralt.
immense [imɑ̃s] *adj* **-1.** [salle, terrain] riesig. **-2.** [chagrin, colère] maßlos.
immensément [imɑ̃semɑ̃] *adv*: **~ riche** äußerst reich.
immensité [imɑ̃site] *nf* **-1.** [vaste étendue] Unendlichkeit *die*. **-2.** [grandeur] Unermeßlichkeit *die*.
immerger [17] [imɛrʒe] *vt* versenken.
◆ **s'immerger** *vp*: **s'~ (dans qqch)** (in etw *(D)*) unter|tauchen.
immérité, e [imerite] *adj* unverdient.
immersion [imɛrsjɔ̃] *nf* **-1.** [dans un liquide] Eintauchen *das*. **-2.** *fig* [à l'étranger] Eingliederung *die*.
immettable [ɛ̃mɛtabl] *adj* nicht tragbar.
immeuble [imœbl] ◇ *adj* JUR unbeweglich. ◇ *nm* Gebäude *das*.
immigrant, e [imigrɑ̃, ɑ̃t] *nm, f* Einwanderer *der*, -derin *die*.
immigration [imigrasjɔ̃] *nf* Einwanderung *die*.
immigré, e [imigre] *adj*: **travailleur ~** ≃ Gastarbeiter *der*, -in *die*.
immigrer [3] [imigre] *vi* ein|wandern.
imminence [iminɑ̃s] *nf* nahes Bevorstehen; **l'~ du danger** das Herannahen der Gefahr.
imminent, e [iminɑ̃, ɑ̃t] *adj* nahe bevorstehend.
immiscer [16] [imise]
◆ **s'immiscer** *vp*: **s'~ dans qqch** sich in etw *(A)* ein|mischen.
immixtion [imiksjɔ̃] *nf*: **~ dans qqch** Einmischung *die* in etw *(A)*.
immobile [imɔbil] *adj* **-1.** [personne, mécanisme] unbeweglich. **-2.** *fig* [figé] festgefahren.
immobilier, ère [imɔbilje, ɛr] *adj* **-1.** JUR unbeweglich. **-2.** [relatif aux immeubles] Immobilien-.
◆ **immobilier** *nm*: **l'~** der Immobilienhandel.
immobilisation [imɔbilizasjɔ̃] *nf* **-1.** [arrêt] Stillstand *der*. **-2.** [stabilisation] Stillegung *die*. **-3.** FIN Festlegung *die*.
◆ **immobilisations** *nfpl* FIN Anlagevermögen *das*, Anlagen *Pl*.
immobiliser [3] [imɔbilize] *vt* **-1.** [arrêter] an|halten. **-2.** [maintenir immobile] blockieren. **-3.** FIN fest an|legen.
◆ **s'immobiliser** *vp* stehen|bleiben.
immobilisme [imɔbilism] *nm péj* Fortschrittsfeindlichkeit *die*.
immobilité [imɔbilite] *nf* **-1.** [de personne, de visage] Starrheit *die*. **-2.** [de chose] Bewegungslosigkeit *die*. **-3.** *fig* [statisme] Unbeweglichkeit *die*.
immodéré, e [imɔdere] *adj* **-1.** [exagéré] unmäßig. **-2.** [incontrôlé] maßlos.
immoler [3] [imɔle] *vt*: **~ qqch (à qqn/qqch)** (jm/einer Sache) etw opfern.
◆ **s'immoler** *vp* sich opfern.
immonde [imɔ̃d] *adj* **-1.** [sale] sehr dreckig. **-2.** [abject] schändlich.
immondices [imɔ̃dis] *nfpl* Unrat *der*, Müll *der*.
immoral, e, aux [imɔral, o] *adj* **-1.** [dépravé] unmoralisch. **-2.** [obscène] unsittlich.
immoralité [imɔralite] *nf* **-1.** [dépravation] Immoralität *die*. **-2.** [obscénité] Unsittlichkeit *die*.
immortaliser [3] [imɔrtalize] *vt* unsterblich machen.
◆ **s'immortaliser** *vp*: **s'~ (par qqch)** (durch etw) unsterblich werden.
immortalité [imɔrtalite] *nf* **-1.** RELIG Unsterblichkeit *die*. **-2.** *littéraire* [postérité] Unvergeßlichkeit *die*.
immortel, elle [imɔrtɛl] *adj* **-1.** [RELIG, auteur, artiste] unsterblich. **-2.** [gloire, sentiment] unvergänglich.
◆ **immortelle** *nf* BOT Immortelle *die*.
immuable [imɥabl] *adj* **-1.** [éternel] unabänderlich. **-2.** [constant] beständig.
immunisation [imynizasjɔ̃] *nf* Immunisierung *die*; **~ contre qqch** Immunisierung gegen etw.
immuniser [3] [imynize] *vt*: **~ qqn (contre qqch)** jn (gegen etw) immunisieren; **être immunisé contre qqch** *fig* gegen etw immun sein.
immunitaire [imynitɛr] *adj* Immun-.
immunité [imynite] *nf* Immunität *die*; **~ diplomatique/parlementaire** diplomatische/parlamentarische Immunität.

immunologique [imynɔlɔʒik] *adj* immunologisch.

impact [ɛ̃pakt] *nm* **-1.** [choc] Einschlag *der*. **-2.** *fig* [effet] (Aus)wirkung *die*; **avoir de l'~ sur qqch** eine Auswirkung auf etw *(A)* haben; **étude d'~ (sur l'environnement)** Umweltschädlichkeitsprüfung *die*. **-3.** COMM Schlagkraft *die*.

impair, e [ɛ̃pɛr] *adj* ungerade.
◆ **impair** *nm* Fauxpas *der*.

imparable [ɛ̃parabl] *adj* **-1.** [coup] nicht abwehrbar. **-2.** [argument] nicht zurückweisbar.

impardonnable [ɛ̃pardɔnabl] *adj* unverzeihlich.

imparfait, e [ɛ̃parfɛ, ɛt] *adj* **-1.** [insuffisant] unvollkommen. **-2.** [défectueux] mangelhaft.
◆ **imparfait** *nm* GRAM Imperfekt *der*.

imparfaitement [ɛ̃parfɛtmɑ̃] *adv* unvollkommen.

impartial, e, aux [ɛ̃parsjal, o] *adj* **-1.** [personne] unvoreingenommen. **-2.** [décision] unparteiisch.

impartialité [ɛ̃parsjalite] *nf* **-1.** [de personne] Unvoreingenommenheit *die*. **-2.** [de décision] Unparteilichkeit *die*.

impartir [32] [ɛ̃partir] *vt*: **~ qqch à qqn** [donner] jm etw gewähren; JUR jm etw zubilligen.

impasse [ɛ̃pas] *nf* **-1.** [gén] Sackgasse *die*; **être dans une ~** *fig* in eine Sackgasse geraten sein; **faire l'~ sur qqch** *fam* SCOL & UNIV *einen Teil von etw bewußt auslassen*; **faire une ~** [aux cartes] schneiden. **-2.** FIN Engpaß *der*; **~ budgétaire** Haushaltsdefizit *das*.

impassibilité [ɛ̃pasibilite] *nf* Gleichmut *der*.

impassible [ɛ̃pasibl] *adj* gefaßt.

impatiemment [ɛ̃pasjamɑ̃] *adv* ungeduldig.

impatience [ɛ̃pasjɑ̃s] *nf* **-1.** [manque de patience] Ungeduld *die*; **bouillir d'~** vor Ungeduld kochen. **-2.** [excitation] Spannung *die*.

impatient, e [ɛ̃pasjɑ̃, ɑ̃t] ◇ *adj* **-1.** [impétueux] ungeduldig. **-2.** [empressé]: **être ~ de faire qqch** darauf brennen, etw zu tun. ◇ *nm, f* Ungeduldige *der, die*.

impatienter [3] [ɛ̃pasjɑ̃te] *vt* ungeduldig machen.
◆ **s'impatienter** *vp* die Geduld verlieren, ungeduldig werden.

impayable [ɛ̃pɛjabl] *adj fam* einfach zu komisch; **être ~** zum Schießen sein.

impayé, e [ɛ̃pɛje] *adj* unbezahlt.
◆ **impayé** *nm* nichtbezahlte Rechnung, überfällige Forderung.

impeccable [ɛ̃pekabl] *adj* **-1.** [parfait] einwandfrei, tadellos. **-2.** [propre] äußerst sauber, picobello.

impénétrable [ɛ̃penetrabl] *adj* **-1.** [lieu] undurchdringlich. **-2.** *fig* [regard, visage] unergründlich.

impénitent, e [ɛ̃penitɑ̃, ɑ̃t] *adj* unverbesserlich.

impensable [ɛ̃pɑ̃sabl] *adj* undenkbar.

imper [ɛ̃pɛr] *nm fam* Regenmantel *der*.

impératif, ive [ɛ̃peratif, iv] *adj* **-1.** [ton, air] Befehls-. **-2.** [besoin] vordringlich.
◆ **impératif** *nm* **-1.** [obligation] absolutes Erfordernis. **-2.** GRAM Imperativ *der*.

impérativement [ɛ̃perativmɑ̃] *adv* unbedingt, unter allen Umständen.

impératrice [ɛ̃peratris] *nf* Kaiserin *die*.

imperceptible [ɛ̃pɛrsɛptibl] *adj* **-1.** [bruit] nicht wahrnehmbar. **-2.** [changement] kaum wahrnehmbar.

imperceptiblement [ɛ̃pɛrsɛptibləmɑ̃] *adv* unmerklich.

imperfection [ɛ̃pɛrfɛksjɔ̃] *nf* **-1.** [état] Unvollkommenheit *die*. **-2.** [défaut] Fehler *der*.

impérial, e, aux [ɛ̃perjal, o] *adj* **-1.** [d'Empire] kaiserlich. **-2.** *fig* & *sout* [majestueux] majestätisch.
◆ **impériale** *nf*: **bus à ~e** *doppelstöckiger Omnibus*.

impérialisme [ɛ̃perjalism] *nm* **-1.** POLIT Imperialismus *der*. **-2.** *fig* [domination] Vorherrschaft *die*.

impérialiste [ɛ̃perjalist] ◇ *adj* imperialistisch. ◇ *nmf* Imperialist *der*, -in *die*.

impérieusement [ɛ̃perjøzmɑ̃] *adv* gebieterisch.

impérieux, euse [ɛ̃perjø, øz] *adj* **-1.** [ton, air] gebieterisch. **-2.** [besoin, désir] zwingend.

impérissable [ɛ̃perisabl] *adj* nicht verderblich.

imperméabilisation [ɛ̃pɛrmeabilizasjɔ̃] *nf* Imprägnieren *das*.

imperméabiliser [3] [ɛ̃pɛrmeabilize] *vt* imprägnieren.

imperméable [ɛ̃pɛrmeabl] ◇ *adj* (wasser)undurchlässig; **~ à qqch** *fig* für etw unempfänglich. ◇ *nm* Regenmantel *der*.

impersonnel, elle [ɛ̃pɛrsɔnɛl] *adj* unpersönlich.

impertinence [ɛ̃pɛrtinɑ̃s] *nf* Unverschämtheit *die*.

impertinent, e [ɛ̃pɛrtinɑ̃, ɑ̃t] ◇ *adj* unverschämt, frech. ◇ *nm, f* unverschämter Mensch.

imperturbable [ɛ̃pɛrtyrbabl] *adj* unerschütterlich.

impétigo [ɛ̃petigo] *nm* Eiterflechte *die*.

impétueux, euse [ɛ̃petɥø, øz] *adj* **-1.** [personne, caractère] stürmisch. **-2.** *littéraire* [fleuve] reißend.

impétuosité [ɛ̃petɥozite] *nf* **-1.** [de personne] Hitzigkeit *die*. **-2.** *littéraire* [de passion] Heftigkeit *die*.
impie [ɛ̃pi] *littéraire* ◇ *adj* gottlos. ◇ *nmf* Gottlose *der, die*.
impiété [ɛ̃pjete] *nf littéraire* Gottlosigkeit *die*.
impitoyable [ɛ̃pitwajabl] *adj* **-1.** [personne] unerbittlich. **-2.** [jugement, critique] schonungslos.
impitoyablement [ɛ̃pitwajabləmɑ̃] *adv* schonungslos.
implacable [ɛ̃plakabl] *adj* **-1.** [haine, vengeance] erbarmungslos. **-2.** [logique, argument] unwiderlegbar.
implant [ɛ̃plɑ̃] *nm* MÉD Implantat *das*.
implantation [ɛ̃plɑ̃tasjɔ̃] *nf* **-1.** [d'usine] Ansiedlung *die*. **-2.** [des cheveux] Haaransatz *der*.
implanter [3] [ɛ̃plɑ̃te] *vt* **-1.** [entreprise] an|siedeln. **-2.** [mode] ein|führen. **-3.** MÉD implantieren.
◆ **s'implanter** *vp* sich an|siedeln.
implication [ɛ̃plikasjɔ̃] *nf* **-1.** [participation]: **~ dans qqch** Verwicklung *die* in etw *(A)*. **-2.** [conséquence] Auswirkung *die*.
implicite [ɛ̃plisit] *adj* stillschweigend.
implicitement [ɛ̃plisitmɑ̃] *adv* stillschweigend.
impliquer [3] [ɛ̃plike] *vt* **-1.** [compromettre]: **~ qqn dans qqch** jn in etw *(A)* verwickeln. **-2.** [entraîner] erfordern.
◆ **s'impliquer** *vp*: **s'~ dans qqch** sich bei etw ein|setzen.
implorer [3] [ɛ̃plɔre] *vt*: **~ qqch** *sout* um etw flehen.
imploser [3] [ɛ̃ploze] *vi* implodieren.
implosion [ɛ̃plozjɔ̃] *nf* Implosion *die*.
impoli, e [ɛ̃pɔli] *adj* unhöflich.
impoliment [ɛ̃pɔlimɑ̃] *adv* unhöflich.
impolitesse [ɛ̃pɔlitɛs] *nf* Unhöflichkeit *die*.
impondérable [ɛ̃pɔ̃derabl] *adj* unwägbar.
◆ **impondérables** *nmpl* Unwägbarkeiten *Pl*.
impopulaire [ɛ̃pɔpylɛr] *adj* **-1.** [personne] unbeliebt. **-2.** [décision, mesure] unpopulär.
impopularité [ɛ̃pɔpylarite] *nf* Unbeliebtheit *die*.
import [ɛ̃pɔr] *nm* **-1.** COMM Import *der*. **-2.** *Belg* [montant] Betrag *der*.
importance [ɛ̃pɔrtɑ̃s] *nf* **-1.** [intérêt, autorité] Wichtigkeit *die*; **attacher de l'~ à qqch** einer Sache *(D)* Bedeutung bei|messen; **avoir de l'~** von Bedeutung sein; **sans ~** unwichtig; **se donner de l'~** sich wichtig tun. **-2.** [taille] Größe *die*; **d'~** bedeutend *(adj)*. **-3.** [gravité] Bedeutung *die*.
important, e [ɛ̃pɔrtɑ̃, ɑ̃t] ◇ *adj* **-1.** [essentiel] wichtig. **-2.** [considérable, influent] bedeutend. **-3.** [nécessaire]: **c'est ~ à savoir** es ist wichtig, das zu wissen. ◇ *nm, f*: **faire l'~** *péj* sich auf|spielen.
◆ **important** *nm*: **l'~, c'est qu'il soit sauvé** Hauptsache, er wird gerettet.
importateur, trice [ɛ̃pɔrtatœr, tris] ◇ *adj* importierend. ◇ *nm,f* [pays] Einfuhrland *das*; [entreprise] Importeur *der*.
importation [ɛ̃pɔrtasjɔ̃] *nf* Import *der*, Einfuhr *die*; *fig* Einführung *die*.
importer [3] [ɛ̃pɔrte] ◇ *vt* ein|führen, importieren; *fig* ein|führen. ◇ *vi* **-1.** [compter] von Bedeutung sein. **-2.** [intéresser]: **~ à qqn** *sout* jm etwas bedeuten. ◇ *v impers*: **il importe de faire qqch** es ist wichtig, etw zu tun; **il importe que** es ist wichtig, daß; **peu importe que** gleichgültig, ob.
◆ **n'importe** *pron* egal; **n'importe quoi** [tout] alles (Mögliche); [quelque chose] irgend etwas; **il dit n'importe quoi** er redet immer dummes Zeug; **n'importe qui** jeder (x-beliebige), irgend jemand; **ce n'est pas n'importe qui** er ist nicht irgendwer; **n'importe comment** irgendwie; **n'importe où** irgendwo; **n'importe quand** irgendwann.
import-export [ɛ̃pɔrɛkspɔr] *(pl* **imports-exports***)* *nm* Import-Export *der*.
importun, e [ɛ̃pɔrtœ̃, yn] ◇ *adj* **-1.** [personne] aufdringlich. **-2.** [question] lästig. ◇ *nm, f* lästiger Mensch.
importuner [3] [ɛ̃pɔrtyne] *vt* belästigen.
imposable [ɛ̃pozabl] *adj* steuerpflichtig.
imposant, e [ɛ̃pozɑ̃, ɑ̃t] *adj* **-1.** [personnage, air] imposant. **-2.** [somme] beträchtlich.
imposé, e [ɛ̃poze] ◇ *nm, f* [contribuable] Steuerzahler *der*, -in *die*. ◇ *adj* **-1.** COMM: **prix ~** festgesetzter Preis. **-2.** SPORT: **figures ~es** Pflichtübung *die*.
imposer [3] [ɛ̃poze] ◇ *vt* **-1.** [dicter] durch|setzen; **~ qqch à qqn** [règles, conditions] jm etw auf|erlegen. **-2.** [personne]: **~ qqn à qqn** jm jn auf|zwingen. **-3.** [taxer] besteuern. **-4.** RELIG: **~ les mains** die Hände auf|legen. ◇ *vi*: **en ~ à qqn** jn beeindrucken.
◆ **s'imposer** *vp* **-1.** [être nécessaire] geboten sein. **-2.** [impressionner] sich durch|setzen. **-3.** [de force] sich auf|drängen. **-4.** [s'obliger]: **s'~ qqch** sich etw auferlegen; **s'~ de faire qqch** sich dazu verpflichten, etw zu tun.
imposition [ɛ̃pozisjɔ̃] *nf* **-1.** [impôt] Besteuerung *die*. **-2.** RELIG [des mains] Auflegen *das*.
impossibilité [ɛ̃pɔsibilite] *nf* **-1.** [incapacité] Unmöglichkeit *die*; **être dans l'~ de faire qqch** außerstande sein, etw zu tun. **-2.** [chose impossible] unmögliche Sache.
impossible [ɛ̃pɔsibl] ◇ *adj* **-1.** [irréalisable, extravagant] unmöglich. **-2.** *fam* [enfant, situation]

unerträglich. ◇ *nm* Unmögliche *das*; **tenter l'~** alles menschenmögliche versuchen.

imposteur [ɛ̃pɔstœr] *nm* Hochstapler *der*, -in *die*.

imposture [ɛ̃pɔstyr] *nf* Hochstapelei *die*.

impôt [ɛ̃po] *nm* Steuer *die*; **~ direct/indirect** direkte/indirekte Steuer; **~ foncier** Grundsteuer; **~ sur le revenu** Einkommen(s)steuer; **~ sur les grandes fortunes** *Besteuerung der großen Vermögen*; **être assujetti à l'~** steuerpflichtig sein.

impotence [ɛ̃pɔtɑ̃s] *nf* Bewegungsunfähigkeit *die*.

impotent, e [ɛpɔtɑ̃, ɑ̃t] ◇ *adj* **-1.** [personne] gebrechlich. **-2.** [membre] steif. ◇ *nm, f* Gebrechliche *der, die*.

impraticable [ɛ̃pratikabl] *adj* **-1.** [route] unbefahrbar. **-2.** [projet, solution] undurchführbar.

imprécation [ɛ̃prekasjɔ̃] *nf littéraire* Verwünschung *die*.

imprécis, e [ɛ̃presi, iz] *adj* ungenau.

imprécision [ɛ̃presizjɔ̃] *nf* Ungenauigkeit *die*.

imprégner [18] [ɛ̃preɲe] *vt*: **~ qqch de qqch** etw mit etw durchtränken; **~ qqn de qqch** *fig* jn mit etw erfüllen.

◆ **s'imprégner** *vp*: **s'~ de qqch** [s'imbiber] sich mit etw voll|saugen; *fig* etw in sich *(A)* auf|nehmen.

imprenable [ɛ̃prənabl] *adj* **-1.** [forteresse] uneinnehmbar. **-2.** *fig* [vue] einmalig.

imprésario, impresario [ɛ̃presarjo] *nm* Agent *der*, -in *die (eines Künstlers)*.

impression [ɛ̃presjɔ̃] *nf* **-1.** [sensation, sentiment, effet] Eindruck *der*; **avoir l'~ que** den Eindruck OU das Gefühl haben, daß; **faire bonne/mauvaise ~** einen guten/schlechten Eindruck machen. **-2.** [de tissu, de papier, de document] Druck *der*. **-3.** [trace] Abdruck *der*.

impressionnable [ɛ̃presjɔnabl] *adj* **-1.** [émotif] empfindsam. **-2.** PHOT empfindlich.

impressionnant, e [ɛ̃presjɔnɑ̃, ɑ̃t] *adj* **-1.** [effrayant] eindrucksvoll. **-2.** [imposant] beeindruckend.

impressionner [3] [ɛ̃presjɔne] *vt* **-1.** [gén] beeindrucken. **-2.** PHOT belichten.

impressionnisme [ɛ̃presjɔnism] *nm* Impressionismus *der*.

impressionniste [ɛ̃presjɔnist] ◇ *adj* impressionistisch. ◇ *nmf* Impressionist *der*, -in *die*.

imprévisible [ɛ̃previzibl] *adj* unvorhersehbar.

imprévoyance [ɛ̃prevwajɑ̃s] *nf* Kurzsichtigkeit *die*, Unvorsichtigkeit *die*.

imprévoyant, e [ɛ̃prevwajɑ̃, ɑ̃t] *adj* kurzsichtig, unvorsichtig.

imprévu, e [ɛ̃prevy] *adj* unvorhergesehen.

◆ **imprévu** *nm* Unvorhergesehene *das*; **sauf ~** wenn nichts dazwischen kommt.

imprimante [ɛ̃primɑ̃t] *nf* INFORM Drucker *der*; **~ à jet d'encre** Tintenstrahldrucker; **~ laser** Laserdrucker.

imprimé, e [ɛ̃prime] *adj* **-1.** [texte] gedruckt. **-2.** [tissu] bedruckt.

◆ **imprimé** *nm* **-1.** [texte] Druckwerk *das*. **-2.** [tissu] bedruckter Stoff. **-3.** ADMIN Formular *das*.

imprimer [3] [ɛ̃prime] *vt* **-1.** [texte] drucken. **-2.** [tissu] bedrucken. **-3.** [mouvement] übertragen. **-4.** [empreinte] drücken.

◆ **s'imprimer** *vp* **-1.** [sur une surface] sich ab|drucken. **-2.** [dans l'esprit] sich ein|prägen.

imprimerie [ɛ̃primri] *nf* **-1.** [technique] Drucktechnik *die*. **-2.** [usine] Druckerei *die*.

imprimeur [ɛ̃primœr] *nm* Drucker *der*.

improbable [ɛ̃prɔbabl] *adj* unwahrscheinlich.

improductif, ive [ɛ̃prɔdyktif, iv] ◇ *adj* **-1.** [stérile] unfruchtbar. **-2.** [travail, main-d'œuvre] unproduktiv; **population improductive** nicht arbeitende Bevölkerung. ◇ *nm, f* Unproduktive *der, die*.

impromptu, e [ɛ̃prɔ̃pty] *adj* improvisiert.

◆ **impromptu** *nm* **-1.** THÉÂTRE & LITTÉRATURE ≃ Stegreifstück *das*. **-2.** MUS Impromptu *das*.

imprononçable [ɛ̃prɔnɔ̃sabl] *adj* unaussprechbar.

impropre [ɛ̃prɔpr] *adj* **-1.** [terme, tournure] unsauber. **-2.** [inadapté]: **~ à qqch** für etw ungeeignet.

impropriété [ɛ̃prɔprijete] *nf* LING falscher Gebrauch.

improvisation [ɛ̃prɔvizasjɔ̃] *nf* Improvisation *die*.

improvisé, e [ɛ̃prɔvize] *adj* improvisiert.

improviser [3] [ɛ̃prɔvize] *vt* improvisieren.

◆ **s'improviser** *vp* **-1.** [secours] sich organisieren. **-2.** [devenir]: **s'~ qqch** sich als etw betätigen; **il s'est improvisé metteur en scène** er ist als Regisseur eingesprungen.

improviste [ɛ̃prɔvist]

◆ **à l'improviste** *loc adv* unangemeldet, unvermutet.

imprudemment [ɛ̃prydamɑ̃] *adv* unvorsichtig.

imprudence [ɛ̃prydɑ̃s] *nf* Unvorsichtigkeit *die*.

imprudent, e [ɛ̃prydɑ̃, ɑ̃t] ◇ *adj* unvorsichtig. ◇ *nm, f* Unvorsichtige *der, die*.

impubère [ɛ̃pybɛr] *adj* vorpubertär.

impudence [ɛ̃pydɑ̃s] *nf* Unverschämtheit *die*, Unverfrorenheit *die*.

impudent, e [ɛ̃pydɑ̃, ɑ̃t] ◇ *adj* unverschämt, unverfroren. ◇ *nm, f* Unverschämte *der, die*.

impudeur [ɛ̃pydœr] *nf* **-1.** [physique] Schamlosigkeit *die*. **-2.** *sout* [morale] Unsittlichkeit *die*.

impudique [ɛ̃pydik] *adj* **-1.** [personne] schamlos. **-2.** [parole, geste] unzüchtig.

impuissance [ɛ̃pɥisɑ̃s] *nf* **-1.** [incapacité] Unvermögen *das*. **-2.** [sexuelle] Impotenz *die*. **-3.** [d'efforts] Vergeblichkeit *die*.

impuissant, e [ɛ̃pɥisɑ̃, ɑ̃t] *adj* **-1.** [incapable] unfähig. **-2.** [sexuellement] impotent. **-3.** [vain] vergeblich.

◆ **impuissant** *nm* Impotente *der*.

impulsif, ive [ɛ̃pylsif, iv] ◇ *adj* impulsiv. ◇ *nm, f* impulsiver Mensch.

impulsion [ɛ̃pylsjɔ̃] *nf* **-1.** [de force] Antrieb *der*. **-2.** [essor] Auftrieb *der*. **-3.** [instinct, ÉLECTR] Impuls *der*. **-4.** *fig* [effet] Einfluß *der*; **sous l'~ de qqn/qqch** unter dem Einfluß von jm/etw; **dire qqch sous l'~ de la colère** in seiner Wut etw sagen.

impulsivement [ɛ̃pylsivmɑ̃] *adv* impulsiv.

impulsivité [ɛ̃pylsivite] *nf* Impulsivität *die*.

impunément [ɛ̃pynemɑ̃] *adv* **-1.** [sans châtiment] ungestraft. **-2.** [sans inconvénient] ohne nachteilige Folgen.

impuni, e [ɛ̃pyni] *adj* unbestraft.

impunité [ɛ̃pynite] *nf* Straffreiheit *die*; **en toute ~** unbestraft *(adv)*.

impur, e [ɛ̃pyr] *adj* **-1.** [pollué, RELIG] unrein. **-2.** *littéraire* [perverti] unzüchtig.

impureté [ɛ̃pyrte] *nf* Unreinheit *die*.

imputable [ɛ̃pytabl] *adj* **-1.** [erreur]: **~ à qqch** auf etw *(A)* zurückzuführen. **-2.** FIN: **~ à** OU **sur qqch** einer Sache *(D)* anrechenbar.

imputation [ɛ̃pytasjɔ̃] *nf* **-1.** [accusation] Beschuldigung *die*. **-2.** FIN Anrechnung *die*; **~ des dépenses** Verbuchung *die* der Ausgaben.

imputer [3] [ɛ̃pyte] *vt* **-1.** [accuser]: **~ qqch à qqn** jm etw an|lasten. **-2.** [expliquer]: **~ qqch à qqch** etw auf etw *(A)* zurück|führen. **-3.** FIN: **~ qqch à qqch** etw einer Sache *(D)* zu|rechnen.

imputrescible [ɛ̃pytresibl] *adj* unverweslich.

in [in] *adj inv fam* in.

INA [ina] *(abr de* **Institut national de l'audiovisuel**) *nm französisches Lehr- und Forschungsinstitut für Bild-Ton-Technik*.

inabordable [inabɔrdabl] *adj* **-1.** [loyer] unerschwinglich. **-2.** [personne, lieu] unzugänglich.

inacceptable [inaksɛptabl] *adj* inakzeptabel.

inaccessible [inaksesibl] *adj* **-1.** [côte, île] unzugänglich; [sommet] unbezwingbar. **-2.** [concept, texte] unverständlich. **-3.** [insensible]: **~ à qqch** für etw unempfindlich. **-4.** [distant]: **~ (à qqn)** (für jn) unnahbar. **-5.** [objectif, poste] unerreichbar.

inaccoutumé, e [inakutyme] *adj* ungewohnt.

inachevé, e [inaʃve] *adj* unvollendet.

inactif, ive [inaktif, iv] ◇ *adj* **-1.** [désœuvré] untätig. **-2.** [remède, mesure] unwirksam. **-3.** [capital, machine] ungenutzt. **-4.** [sans emploi] erwerbslos. ◇ *nm, f* Nichterwerbstätige *der, die*.

inaction [inaksjɔ̃] *nf* Untätigkeit *die*.

inactivité [inaktivite] *nf* **-1.** [oisiveté] Inaktivität *die*. **-2.** ADMIN Freistellung *die*, vorläufige Dienstenthebung.

inadapté, e [inadapte] ◇ *adj* **-1.** [matériel, méthode]: **~ à qqch** für etw ungeeignet. **-2.** [handicapé, asocial] verhaltensgestört. **-3.** *fig* [propos, attitude]: **~ à qqch** etw *(D)* nicht angepaßt. ◇ *nm, f* Verhaltensgestörte *der, die*.

inadéquat, e [inadekwa, at] *adj* unangemessen.

inadéquation [inadekwasjɔ̃] *nf* Unangemessenheit *die*, Inadäquatheit *die*; **~ à qqch** Nichtpassen *das* zu etw.

inadmissible [inadmisibl] *adj* **-1.** [preuve, erreur] unannehmbar. **-2.** [conduite, propos] unstatthaft.

inadvertance [inadvɛrtɑ̃s] *nf sout* **-1.** [manque d'attention]: **par ~** aus Versehen. **-2.** [erreur] Flüchtigkeitsfehler *der*.

inaliénable [inaljenabl] *adj* JUR unveräußerlich.

inaltérable [inalterabl] *adj* unveränderlich.

inamical, e, aux [inamikal, o] *adj* unfreundlich.

inamovible [inamɔvibl] *adj* **-1.** [dispositif] nicht entfernbar. **-2.** [fonctionnaire] unabsetzbar.

inanimé, e [inanime] *adj* leblos.

inanité [inanite] *nf* Vergeblichkeit *die*.

inanition [inanisjɔ̃] *nf*: **mourir d'~** an Entkräftung sterben.

inaperçu, e [inapɛrsy] *adj*: **passer ~** unbemerkt bleiben.

inapplicable [inaplikabl] *adj* unanwendbar.

inappliqué, e [inaplike] *adj* **-1.** [élève] unaufmerksam. **-2.** [méthode] nicht angewandt.

inappréciable [inapresjabl] *adj* **-1.** [précieux] unschätzbar. **-2.** [infime] kaum bemerkbar.

inapprochable [inaprɔʃabl] *adj*: **il est vraiment ~ en ce moment** er ist im Moment wirklich ungenießbar.

inapproprié, e [inaprɔprije] *adj*: **~ à qqch** für etw ungeeignet.

inapte [inapt] *adj* **-1.** [incapable]: **~ à qqch** für etw ungeeignet; **être ~ à faire qqch** unfähig sein, etw zu tun. **-2.** MIL [réformé] untauglich; **il a été déclaré ~** er ist für untauglich erklärt worden.

inaptitude [inaptityd] *nf* **-1.** [incapacité]: **~ à qqch** Unbegabtheit *die* für etw; **~ à faire qqch**

Unfähigkeit *die*, etw zu tun. **-2.** MIL Untauglichkeit *die*.

inarticulé, e [inartikyle] *adj* unartikuliert.

inassouvi, e [inasuvi] *adj sout* **-1.** [faim, soif] ungestillt. **-2.** [sentiment] unbefriedigt.

inattaquable [inatakabl] *adj* **-1.** [forteresse] unbezwingbar. **-2.** [réputation, argument] unanfechtbar.

inattendu, e [inatɑ̃dy] *adj* **-1.** [personne, événement] unerwartet. **-2.** [remarque, réaction] überraschend.

inattentif, ive [inatɑ̃tif, iv] *adj*: **~ (à qqch)** (gegenüber etw *(D)*) unaufmerksam.

inattention [inatɑ̃sjɔ̃] *nf* **-1.** [étourderie] Unachtsamkeit *die*. **-2.** [manque d'attention] Unaufmerksamkeit *die*.

inaudible [inodibl] *adj* **-1.** [bruit, vibrations] unhörbar. **-2.** [disque, musique] nicht anzuhören.

inaugural, e, aux [inogyral, o] *adj* Eröffnungs-, Einweihungs-.

inauguration [inogyrasjɔ̃] *nf* **-1.** [cérémonie] Eröffnung *die*, Einweihung *die*. **-2.** *fig* [début] Auftakt *der*.

inaugurer [3] [inogyre] *vt* **-1.** [monument] ein|weihen. **-2.** [procédé] ein|führen. **-3.** [époque] ein|leiten.

inavouable [inavwabl] *adj* [intention] nicht einzugestehen, unaussprechbar.

inavoué, e [inavwe] *adj* **-1.** [sentiment] uneingestanden. **-2.** [action] verheimlicht, nicht zugegeben.

INC (*abr de* **Institut national de la consommation**) *nm französisches Institut für Verbraucherforschung*.

inca [ɛ̃ka] *adj* Inka-.

◆ **Inca** *nmf* Inka *der*, Inkafrau *die*.

incalculable [ɛ̃kalkylabl] *adj* **-1.** [nombre] unberechenbar. **-2.** [conséquences] unermeßlich.

incandescence [ɛ̃kɑ̃desɑ̃s] *nf* Weißglut *die*; **lampe à ~** Glühlampe *die*.

incandescent, e [ɛ̃kɑ̃desɑ̃, ɑ̃t] *adj* glühend.

incantation [ɛ̃kɑ̃tasjɔ̃] *nf* Beschwörung *die*.

incapable [ɛ̃kapabl] ◇ *adj*: **être ~ de faire qqch** [inapte à] unfähig sein, etw zu tun; [dans l'impossibilité de] nicht in der Lage sein, etw zu tun. ◇ *nmf* **-1.** [raté] Taugenichts *der*. **-2.** JUR geschäftsunfähige Person.

incapacité [ɛ̃kapasite] *nf* **-1.** [gén] Unfähigkeit *die*; **~ à** OU **de faire qqch** Unfähigkeit, etw zu tun; **~ à écrire** Unfähigkeit zu schreiben; **être dans l'~ de faire qqch** nicht in der Lage sein, etw zu tun; **~ de travail** Arbeitsunfähigkeit. **-2.** [incompétence] Inkompetenz *die*.

incarcération [ɛ̃karserasjɔ̃] *nf* Inhaftierung *die*.

incarcérer [18] [ɛ̃karsere] *vt* inhaftieren.

incarnation [ɛ̃karnasjɔ̃] *nf* **-1.** [de divinité, du Christ] Inkarnation *die*. **-2.** *fig* [symbole] Verkörperung *die*.

incarné, e [ɛ̃karne] *adj* **-1.** [en personne] personifiziert. **-2.** [ongle] eingewachsen.

incarner [3] [ɛ̃karne] *vt* verkörpern.

◆ **s'incarner** *vp* **-1.** RELIG sich inkarnieren. **-2.** [idées] Gestalt an|nehmen. **-3.** MÉD [ongle] ein|wachsen.

incartade [ɛ̃kartad] *nf* Fehlverhalten *das*.

incassable [ɛ̃kasabl] *adj* unzerbrechlich.

incendiaire [ɛ̃sɑ̃djɛr] ◇ *adj* **-1.** [fusée] Brand-. **-2.** *fig* [propos] scharf, heftig. ◇ *nmf* Brandstifter *der*, -in *die*.

incendie [ɛ̃sɑ̃di] *nm* Brand *der*; **~ de forêt** Waldbrand.

incendier [9] [ɛ̃sɑ̃dje] *vt* **-1.** [maison, forêt] in Brand stecken. **-2.** *fam* [réprimander]: **se faire ~ par ses parents** etwas von seinen Eltern zu hören bekommen; **se faire ~ par la critique** ins Kreuzfeuer der Kritik geraten.

incertain, e [ɛ̃sɛrtɛ̃, ɛn] *adj* **-1.** [douteux] zweifelhaft. **-2.** [indéfini] ungewiß. **-3.** [indécis - personne] unentschlossen; [- voix, pas] unsicher. **-4.** [temps] unbeständig. **-5.** [contour, forme] verschwommen.

◆ **incertain** *nm* FIN (direkte) Preisnotierung.

incertitude [ɛ̃sɛrtityd] *nf* **-1.** [gén] Ungewißheit *die*. **-2.** [doute] Zweifel *der*; **être dans l'~** nichts Genaues wissen. **-3.** MATHS Unsicherheit *die*.

incessamment [ɛ̃sesamɑ̃] *adv* unverzüglich.

incessant, e [ɛ̃sesɑ̃, ɑ̃t] *adj* ständig.

incessible [ɛ̃sesibl] *adj* JUR nicht übertragbar.

inceste [ɛ̃sɛst] *nm* Inzest *der*.

incestueux, euse [ɛ̃sɛstɥø, øz] ◇ *adj* **-1.** [relation, parent] inzestuös. **-2.** [enfant] *aus einer Inzestbeziehung stammend*. ◇ *nm, f* Blutschänder *der*, -in *die*.

inchangé, e [ɛ̃ʃɑ̃ʒe] *adj* unverändert.

incidemment [ɛ̃sidamɑ̃] *adv* **-1.** [accidentellement] aus Versehen. **-2.** [en passant] beiläufig.

incidence [ɛ̃sidɑ̃s] *nf* **-1.** [conséquence] Folge *die*, Auswirkung *die*. **-2.** PHYS Einfallen *das*; **angle d'~** Einfallswinkel *der*. **-3.** FIN: **~ fiscale** Steuerlast *die*.

incident, e [ɛ̃sidɑ̃, ɑ̃t] *adj* **-1.** [occasionnel] gelegentlich. **-2.** [accessoire] Zwischen-. **-3.** PHYS Einfalls-. **-4.** LING eingeschoben.

◆ **incident** *nm* Zwischenfall *der*; **sans ~** ohne Zwischenfälle; **~ diplomatique** diplomatischer Zwischenfall; **~ de parcours** unglücklicher Zwischenfall.

incinérateur [ɛ̃sineratœr] *nm* Müllverbrennungsanlage *die*.

incinération [ɛ̃sinerasjɔ̃] *nf* **-1.** [de corps] Einäscherung *die.* **-2.** [d'ordures] Verbrennung *die.*

incinérer [18] [ɛ̃sinere] *vt* **-1.** [corps] ein|äschern. **-2.** [ordures] verbrennen.

incise [ɛ̃siz] *nf* LING Einschub *der.*

inciser [3] [ɛ̃size] *vt* **-1.** [en surface] ein|ritzen. **-2.** [profond] ein|schneiden.

incisif, ive [ɛ̃sizif, iv] *adj* beißend. ◆ **incisive** *nf* Schneidezahn *der.*

incision [ɛ̃sizjɔ̃] *nf* (Ein)schnitt *der.*

incitation [ɛ̃sitasjɔ̃] *nf*: ~ **à qqch** Anreiz *der* zu etw.

inciter [3] [ɛ̃site] *vt*: ~ **qqn à qqch** jn zu etw an|regen; ~ **qqn à faire qqch** jn dazu an|regen, etw zu tun.

inclassable [ɛ̃klasabl] *adj* nicht einzuordnend.

inclinable [ɛ̃klinabl] *adj* neigbar.

inclinaison [ɛ̃klinɛzɔ̃] *nf* **-1.** [pente, MATHS] Neigung *die.* **-2.** ASTRON & PHYS Inklination *die.*

inclination [ɛ̃klinasjɔ̃] *nf* **-1.** [de tête] Nicken *das*; [de buste] Verbeugung *die.* **-2.** [tendance]: ~ **à qqch** Hang *der* zu etw. **-3.** [goût]: ~ **pour qqch** Neigung *die* für etw.

incliner [3] [ɛ̃kline] ◇ *vt* **-1.** [pencher] neigen. **-2.** [pousser]: ~ **qqn à qqch** jn zu etw bewegen; ~ **qqn à faire qqch** jn dazu bewegen, etw zu tun. ◇ *vi*: ~ **à qqch** zu etw neigen; ~ **à faire qqch** dazu neigen, etw zu tun. ◆ **s'incliner** *vp* **-1.** [se pencher] sich neigen. **-2.** [respecter]: **s'~ devant qqch** einer Sache *(D)* Respekt zollen. **-3.** [céder]: **s'~ devant qqch** sich einer Sache *(D)* fügen. **-4.** [se soumettre]: **s'~ devant qqn** jm nach|geben.

inclure [96] [ɛ̃klyr] *vt* **-1.** [insérer]: ~ **qqch dans qqch** etw in etw *(A)* ein|fügen. **-2.** [contenir] enthalten.

inclus, e [ɛ̃kly, yz] ◇ *pp* → **inclure**. ◇ *adj* **-1.** [compris] enthalten, inbegriffen; **jusqu'à jeudi ~** bis Donnerstag einschließlich. **-2.** MÉD: **dent ~e** impaktierter Zahn.

inclusion [ɛ̃klyzjɔ̃] *nf* **-1.** [insertion] Einschließung *die.* **-2.** MATHS Enthaltensein *das.*

inclusivement [ɛ̃klyzivmɑ̃] *adv* einschließlich.

incoercible [ɛ̃kɔɛrsibl] *adj sout* nicht unterdrückbar, unbezwingbar.

incognito [ɛ̃kɔɲito] ◇ *adv* inkognito. ◇ *nm* Inkognito *das*; **garder l'~** inkognito bleiben.

incohérence [ɛ̃kɔerɑ̃s] *nf* Inkohärenz *die.*

incohérent, e [ɛ̃kɔerɑ̃, ɑ̃t] *adj* inkohärent.

incollable [ɛ̃kɔlabl] *adj* **-1.** [riz] nicht klebend. **-2.** *fam* [personne] unschlagbar.

incolore [ɛ̃kɔlɔr] *adj* farblos.

incomber [3] [ɛ̃kɔ̃be] *vi*: ~ **à qqn** jm zu|fallen OU obliegen.

incombustible [ɛ̃kɔ̃bystibl] *adj* nicht brennbar.

incommensurable [ɛ̃kɔmɑ̃syrabl] *adj* **-1.** [immense] unermeßlich. **-2.** MATHS: ~ **avec qqch** mit etw inkommensurabel.

incommodant, e [ɛ̃kɔmɔdɑ̃, ɑ̃t] *adj* unangenehm.

incommode [ɛ̃kɔmɔd] *adj* **-1.** [pas pratique] unpraktisch. **-2.** [pas confortable] unbequem.

incommoder [3] [ɛ̃kɔmɔde] *vt*: ~ **qqn** jn stören, jm lästig sein.

incommodité [ɛ̃kɔmɔdite] *nf* [de date, de situation] Ungünstigkeit *die.*

incommunicable [ɛ̃kɔmynikabl] *adj* **-1.** [sentiment] nicht mitteilbar. **-2.** JUR unübertragbar.

incomparable [ɛ̃kɔ̃parabl] *adj* **-1.** [différent] unvergleichbar. **-2.** [extraordinaire] unvergleichlich.

incomparablement [ɛ̃kɔ̃parabləmɑ̃] *adv* unvergleichlich.

incompatibilité [ɛ̃kɔ̃patibilite] *nf* **-1.** [opposition] Unvereinbarkeit *die*; ~ **d'humeur** Unvereinbarkeit der Charaktere. **-2.** [sanguine, INFORM, JUR & MATHS] Inkompatibilität *die.* **-3.** MÉD [médicamenteuse] Unverträglichkeit *die.*

incompatible [ɛ̃kɔ̃patibl] *adj* **-1.** [inconciliable] unvereinbar. **-2.** JUR & MATHS inkompatibel. **-3.** INFORM nicht kompatibel.

incompétence [ɛ̃kɔ̃petɑ̃s] *nf* **-1.** [incapacité] Inkompetenz *die*; ~ **en qqch** Inkompetenz in einer Sache *(D)*. **-2.** JUR Unzuständigkeit *die.*

incompétent, e [ɛ̃kɔ̃petɑ̃, ɑ̃t] *adj* **-1.** [incapable] inkompetent; **être ~ en qqch** in einer Sache *(D)* inkompetent sein. **-2.** JUR unzuständig.

incomplet, ète [ɛ̃kɔ̃plɛ, ɛt] *adj* **-1.** [insuffisant, partiel] unvollständig; **mesures incomplètes** unzulängliche Maßnahmen. **-2.** [inachevé] unvollendet.

incomplètement [ɛ̃kɔ̃plɛtmɑ̃] *adv* unvollständig.

incompréhensible [ɛ̃kɔ̃preɑ̃sibl] *adj* unverständlich.

incompréhensif, ive [ɛ̃kɔ̃preɑ̃sif, iv] *adj* **-1.** [intolérant] nicht verständnisvoll. **-2.** [insensible] nicht einfühlsam.

incompréhension [ɛ̃kɔ̃preɑ̃sjɔ̃] *nf* Unverständnis *das.*

incompressible [ɛ̃kɔ̃presibl] *adj* **-1.** [gaz] inkompressibel. **-2.** [dépenses] nicht reduzierbar. **-3.** → **peine**.

incompris, e [ɛ̃kɔ̃pri, iz] ◇ *adj* **-1.** [non compris] unverstanden. **-2.** [méconnu] verkannt. ◇ *nm, f* Unverstandene *der, die.*

inconcevable [ɛ̃kɔ̃svabl] *adj* **-1.** [idée] unfaßbar. **-2.** [égoïsme, méchanceté] unvorstellbar. **-3.** [style] völlig fremdartig.

inconciliable [ɛ̃kɔ̃siljabl] *adj* unvereinbar.

inconditionnel, elle [ɛ̃kɔ̃disjɔnɛl] ◇ *adj* **-1.** [total] bedingungslos. **-2.** PSYCHOL nicht konditioniert. **-3.** [fervent] hitzig. ◇ *nm, f* bedingungsloser Anhänger, bedingungslose Anhängerin; **je suis un ~ de Godard** ich bin ein absoluter Godard-Fan.

inconditionnellement [ɛ̃kɔ̃disjɔnɛlmɑ̃] *adv* bedingungslos.

inconduite [ɛ̃kɔ̃dɥit] *nf littéraire* Unzucht *die*, ungebührliches Benehmen.

inconfort [ɛ̃kɔ̃fɔr] *nm* Unbequemlichkeit *die*.

inconfortable [ɛ̃kɔ̃fɔrtabl] *adj* unbequem.

incongru, e [ɛ̃kɔ̃gry] *adj* **-1.** [malséant] unschicklich. **-2.** [bizarre] merkwürdig.

incongruité [ɛ̃kɔ̃grɥite] *nf* **-1.** [inconvenance] Unschicklichkeit *die*. **-2.** [singularité] Merkwürdigkeit *die*.

inconnu, e [ɛ̃kɔny] ◇ *adj* **-1.** [gén] unbekannt. **-2.** [région, sensation] unerforscht. **-3.** [objectif, destination] nicht festgelegt. ◇ *nm, f* Unbekannte *der, die*; **un illustre ~** ein großer Unbekannter.

◆ **inconnu** *nm*: **l'~** das Unbekannte, das Ungewisse.

◆ **inconnue** *nf* **-1.** MATHS Unbekannte *die*. **-2.** [incertitude] unbekannter Faktor.

inconsciemment [ɛ̃kɔ̃sjamɑ̃] *adv* **-1.** [machinalement] unbewußt. **-2.** [à la légère] leichtfertig.

inconscience [ɛ̃kɔ̃sjɑ̃s] *nf* **-1.** [évanouissement] Bewußtlosigkeit *die*. **-2.** [légèreté] Leichtfertigkeit *die*.

inconscient, e [ɛ̃kɔ̃sjɑ̃, ɑ̃t] ◇ *adj* **-1.** [évanoui] bewußtlos. **-2.** [machinal] unbewußt. **-3.** [irresponsable] leichtfertig. ◇ *nm, f* Leichtfertige *der, die*; **se conduire en ~** leichtfertig handeln.

◆ **inconscient** *nm* PSYCHOL Unterbewußtsein *das*.

inconséquence [ɛ̃kɔ̃sekɑ̃s] *nf* Inkonsequenz *die*.

inconséquent, e [ɛ̃kɔ̃sekɑ̃, ɑ̃t] *adj* **-1.** [comportement, raisonnement] absurd. **-2.** [personne] unkonsequent. **-3.** [démarche] leichtsinnig.

inconsidéré, e [ɛ̃kɔ̃sidere] *adj* unüberlegt.

inconsistant, e [ɛ̃kɔ̃sistɑ̃, ɑ̃t] *adj* **-1.** [aliment] wäßrig. **-2.** [caractère] unbeständig, haltlos.

inconsolable [ɛ̃kɔ̃sɔlabl] *adj* untröstlich.

inconstance [ɛ̃kɔ̃stɑ̃s] *nf* Unbeständigkeit *die*; [amoureuse] Untreue *die*.

inconstant, e [ɛ̃kɔ̃stɑ̃, ɑ̃t] ◇ *adj* **-1.** [versatile] unbeständig. **-2.** [volage] untreu. ◇ *nm, f* unbeständige Person.

incontestable [ɛ̃kɔ̃tɛstabl] *adj* unbestreitbar.

incontestablement [ɛ̃kɔ̃tɛstabləmɑ̃] *adv* unbestreitbar, zweifellos.

incontesté, e [ɛ̃kɔ̃tɛste] *adj* **-1.** [maître] unbestritten. **-2.** [principe] allgemein anerkannt.

incontinence [ɛ̃kɔ̃tinɑ̃s] *nf* **-1.** MÉD Inkontinenz *die*. **-2.** *littéraire* [débauche] Unkeuschheit *die*. **-3.** [dans le discours]: **~ verbale** *fig* Geschwätzigkeit *die*.

incontinent, e [ɛ̃kɔ̃tinɑ̃, ɑ̃t] *adj* **-1.** [sans retenue] ungehemmt. **-2.** MÉD: **être ~** an Inkontinenz leiden.

incontournable [ɛ̃kɔ̃turnabl] *adj* unumgänglich; **ce film est ~** *fig* dieser Film ist ein Muß.

incontrôlable [ɛ̃kɔ̃trɔlabl] *adj* unkontrollierbar.

inconvenance [ɛ̃kɔ̃vnɑ̃s] *nf* **-1.** [sans-gêne] Unschicklichkeit *die*. **-2.** [propos inconvenant] Ungebührlichkeit *die*.

inconvenant, e [ɛ̃kɔ̃vnɑ̃, ɑ̃t] *adj* unschicklich.

inconvénient [ɛ̃kɔ̃venjɑ̃] *nm* **-1.** [désavantage] Nachteil *der*; **avantages et ~s** Vor- und Nachteile; **si vous n'y voyez pas d'~** wenn für Sie nichts dagegen spricht. **-2.** [risque] Gefahr *die*.

incorporation [ɛ̃kɔrpɔrasjɔ̃] *nf* **-1.** [intégration] Eingliederung *die*. **-2.** MIL Einberufung *die*. **-3.** CULIN Vermengen *das*.

incorporé, e [ɛ̃kɔrpɔre] *adj* Einbau-, eingebaut.

incorporel, elle [ɛ̃kɔrpɔrɛl] *adj* **-1.** [immatériel] körperlos. **-2.** JUR immateriell.

incorporer [3] [ɛ̃kɔrpɔre] *vt* **-1.** [substance]: **~ qqch à** OU **dans qqch** etw einer Sache *(D)* bei|mengen. **-2.** [dialogue, texte]: **~ qqch dans qqch** etw in etw *(A)* ein|fügen. **-3.** [dispositif] integrieren; **appareil photo avec (un) flash incorporé** Kamera *die* mit integriertem Blitzlicht. **-4.** MIL ein|berufen.

◆ **s'incorporer** *vp*: **s'~ à qqch** sich in etw *(A)* ein|gliedern.

incorrect, e [ɛ̃kɔrɛkt] *adj* **-1.** [réglage, fonctionnement] fehlerhaft. **-2.** [phrase, tenue, personne] unkorrekt. **-3.** [joueur, client] unfair.

incorrection [ɛ̃kɔrɛksjɔ̃] *nf* **-1.** [faute] Unrichtigkeit *die*. **-2.** [impolitesse] Unkorrektheit *die*.

incorrigible [ɛ̃kɔriʒibl] *adj* **-1.** [personne] unverbesserlich. **-2.** [défaut] hoffnungslos.

incorruptible [ɛ̃kɔryptibl] *adj* **-1.** [personne] unbestechlich. **-2.** [matière] unzerstörbar.

incrédule [ɛ̃kredyl] ◇ *adj* ungläubig. ◇ *nmf* [sceptique] Skeptiker *der*, -in *die*.

incrédulité [ɛ̃kredylite] *nf* [scepticisme] Unglaube(n) *der*.

increvable [ɛ̃krəvabl] *adj* **-1.** [ballon] reißfest; [pneu] pannensicher. **-2.** *fam fig* [moteur] unverwüstlich; [personne] nicht unterzukriegen.

incriminer [3] [ɛ̃krimine] *vt* **-1.** [personne] an|schuldigen. **-2.** [conduite] an|prangern.

incroyable [ɛ̃krwajabl] *adj* unglaublich.

incroyablement [ɛ̃krwajabləmɑ̃] *adv* unglaublich.
incroyant, e [ɛ̃krwajɑ̃, ɑ̃t] RELIG ◇ *adj* ungläubig. ◇ *nm, f* Ungläubige *der, die*.
incrustation [ɛ̃krystasjɔ̃] *nf* **-1.** [ornement] Einlegearbeit *die*. **-2.** [dépôt] Kruste *die*, Ablagerung *die*.
incruster [3] [ɛ̃kryste] *vt* **-1.** [meuble, bijou]: **incrusté de qqch** mit etw verziert; **~ qqch de qqch** etw in etw ein|legen. **-2.** [casserole, chaudière]: **être incrusté** verkrustet sein.
◆ **s'incruster** *vp* **-1.** [saleté, tartre]: **s'~ dans qqch** auf OU in etw *(D)* eine Kruste bilden. **-2.** *fam* [personne] sich ein|nisten.
incubateur, trice [ɛ̃kybatœr, tris] *adj* Brut-.
◆ **incubateur** *nm* Brutkasten *der*.
incubation [ɛ̃kybasjɔ̃] *nf* **-1.** [d'œuf] Ausbrüten *das*. **-2.** [de maladie]: **(période d')~** Inkubationszeit *die*. **-3.** *fig* [préparation] Schwelen *das*.
inculpation [ɛ̃kylpasjɔ̃] *nf* Anschuldigung *die*; **sous l'~ de qqch** unter Anklage wegen etw *(G)*.
inculpé, e [ɛ̃kylpe] *nm, f* Angeschuldigte *der, die*.
inculper [3] [ɛ̃kylpe] *vt* an|klagen; **~ qqn de qqch** jn wegen etw *(G)* unter Anklage stellen.
inculquer [3] [ɛ̃kylke] *vt*: **~ qqch à qqn** jm etw ein|schärfen OU bei|bringen.
inculte [ɛ̃kylt] *adj* **-1.** [terre] unbebaut. **-2.** [personne] ungebildet.
inculture [ɛ̃kyltyr] *nf* [intellectuelle] Unbildung *die*.
incurable [ɛ̃kyrabl] ◇ *adj* **-1.** [maladie] unheilbar. **-2.** [défaut] unausrottbar, hoffnungslos. ◇ *nmf* unheilbarer Kranke, unheilbare Kranke.
incurie [ɛ̃kyri] *nf* Fahrlässigkeit *die*.
incursion [ɛ̃kyrsjɔ̃] *nf* **-1.** [raid] Einfall *der*. **-2.** [irruption] Eindringen *das*. **-3.** *fig* [détour]: **~ dans qqch** Abstecher *der* in etw *(A)*.
incurvé, e [ɛ̃kyrve] *adj* geschwungen, gekrümmt.
incurver [3] [ɛ̃kyrve] *vt* biegen.
◆ **s'incurver** *vp* sich krümmen.
Inde [ɛ̃d] *nf*: **l'~** Indien *nt*.
indéboulonnable [ɛ̃debulɔnabl] *adj*: **il est ~** *fam hum* er ist nicht loszuwerden.
indécence [ɛ̃desɑ̃s] *nf* **-1.** [impudeur] Anstößigkeit *die*. **-2.** [d'attitude, d'action, de propos] Schamlosigkeit *die*.
indécent, e [ɛ̃desɑ̃, ɑ̃t] *adj* **-1.** [personne, conduite] unanständig. **-2.** [luxe, gaspillage] schamlos.
indéchiffrable [ɛ̃deʃifrabl] *adj* **-1.** [texte, écriture] nicht entzifferbar. **-2.** [énigme, personne] unergründlich.
indéchirable [ɛ̃deʃirabl] *adj* unzerreißbar.
indécis, e [ɛ̃desi, iz] ◇ *adj* **-1.** [personne] unentschlossen. **-2.** [sourire, forme] unbestimmt. **-3.** [résultat] unsicher. ◇ *nm, f* [de caractère] Unentschlossene *der, die*.
◆ **indécis** *nmpl* [dans sondages] schwankende Meinungen *Pl*.
indécision [ɛ̃desizjɔ̃] *nf* Unschlüssigkeit *die*.
indécrottable [ɛ̃dekrɔtabl] *adj fam* eingefleischt.
indéfectible [ɛ̃defɛktibl] *adj* unwandelbar.
indéfendable [ɛ̃defɑ̃dabl] *adj* **-1.** [forteresse] unhaltbar. **-2.** *fig* [opinion] nicht vertretbar.
indéfini, e [ɛ̃defini] *adj* unbestimmt.
◆ **indéfini** *nm* GRAM Indefinitpronomen *das*.
indéfiniment [ɛ̃definimɑ̃] *adv* auf unbestimmte Zeit, ewig.
indéfinissable [ɛ̃definisabl] *adj* **-1.** [notion, malaise] undefinierbar. **-2.** [charme] rätselhaft.
indéformable [ɛ̃defɔrmabl] *adj* formbeständig.
indélébile [ɛ̃delebil] *adj* **-1.** [encre] nicht zu entfernend. **-2.** *fig* [image, souvenir] unauslöschlich; [blessure] unheilbar.
indélicat, e [ɛ̃delika, at] *adj* **-1.** [grossier] taktlos. **-2.** [malhonnête] unredlich.
indémaillable [ɛ̃demajabl] *adj* maschenfest.
indemne [ɛ̃dɛmn] *adj* unverletzt; **sortir ~ de qqch** bei etw unverletzt davon|kommen.
indemnisation [ɛ̃dɛmnizasjɔ̃] *nf* Entschädigung *die*.
indemniser [3] [ɛ̃dɛmnize] *vt*: **~ qqn de qqch** [perte] jn für etw entschädigen; [préjudice] jm für etw eine Abfindung geben; [frais] jm etw vergüten.
indemnité [ɛ̃dɛmnite] *nf* Entschädigung *die*; **~ de licenciement** Entlassungsabfindung *die*; **~ journalière** Tagesgeld *das*; **~ de logement** Wohnungszulage *die*; **~ parlementaire** Diäten *Pl*.
indémodable [ɛ̃demɔdabl] *adj* zeitlos.
indéniable [ɛ̃denjabl] *adj* unleugbar.
indéniablement [ɛ̃denjabləmɑ̃] *adv* unleugbar.
indépendamment [ɛ̃depɑ̃damɑ̃] *adv*: **~ de qqch** [abstraction faite de] unabhängig von etw; [en plus de] abgesehen von etw.
indépendance [ɛ̃depɑ̃dɑ̃s] *nf* **-1.** [liberté] Unabhängigkeit *die*; **accéder à l'~** unabhängig werden. **-2.** [autonomie] Selbständigkeit *die*.
indépendant, e [ɛ̃depɑ̃dɑ̃, ɑ̃t] *adj* **-1.** [gén] unabhängig; **~ de qqch** unabhängig von etw; **pour des raisons ~es de ma volonté** aus unvorhergesehenen Gründen. **-2.** [travailleur] selbständig. **-3.** [chambre] separat.
indépendantiste [ɛ̃depɑ̃dɑ̃tist] ◇ *adj* Unab-

hängigkeits-. ◇ *nmf Anhänger einer Unabhängigkeitsbewegung.*

indéracinable [ɛ̃derasinabl] *adj fig* unausrottbar.

indescriptible [ɛ̃dɛskriptibl] *adj* unbeschreiblich.

indésirable [ɛ̃dezirabl] ◇ *adj* unerwünscht. ◇ *nmf* unerwünschte Person.

indestructible [ɛ̃dɛstryktibl] *adj* unzerstörbar.

indéterminé, e [ɛ̃detɛrmine] *adj* **-1.** [quantité, date, sentiments] unbestimmt. **-2.** [goût, odeur] undefinierbar.

indétrônable [ɛ̃detronabl] *adj* [directeur, concurrent] unschlagbar.

index [ɛ̃dɛks] *nm* **-1.** [doigt] Zeigefinger *der.* **-2.** [alphabétique] Index *der.* **-3.** *loc*: **mettre à l'~** [personne] boykottieren; [livre] auf den Index setzen.

indexation [ɛ̃dɛksasjɔ̃] *nf* ÉCON: **l'~ de qqch sur qqch** die Indexbindung von etw an etw *(A).*

indexer [4] [ɛ̃dɛkse] *vt*: **~ qqch sur qqch** etw an etw *(A)* binden; **~ les salaires sur le coût de la vie** die Gehälter an die Lebenshaltungskosten an|passen.

indicateur, trice [ɛ̃dikatœr, tris] *adj* Hinweis-; **poteau ~** Wegweiser *der.*

◆ **indicateur** *nm* **-1.** [guide] Plan *der*; **~ des chemins de fer** Kursbuch *das.* **-2.** [appareil] Anzeiger *der,* Indikator *der*; **~ d'altitude** Höhenmesser *der*; **~ de pression** Druckmesser *der*; **~ de vitesse** Geschwindigkeitsmesser *der.* **-3.** [économique] Indikator *der.* **-4.** [de police] Informant *der,* Spitzel *der.*

indicatif, ive [ɛ̃dikatif, iv] *adj* Richt-.

◆ **indicatif** *nm* **-1.** RADIO & TÉLÉ Indikativ *das.* **-2.** [téléphonique] Vorwahl *die.* **-3.** GRAM: **l'~** der Indikativ.

indication [ɛ̃dikasjɔ̃] *nf* Angabe *die.*

indice [ɛ̃dis] *nm* **-1.** [signe] Anzeichen *das.* **-2.** [dans enquête policière] Indiz *das.* **-3.** [taux] Meßzahl *die*; **~ d'écoute** Einschaltquote *die*; **~ des prix** ÉCON Preisindex *der.* **-4.** FIN, MATHS & TYPO Index *der.*

indicible [ɛ̃disibl] *adj sout* unsagbar.

indien, enne [ɛ̃djɛ̃, ɛn] *adj* **-1.** [d'Inde] indisch. **-2.** [d'Amérique] indianisch.

◆ **Indien** *adj*: **l'océan Indien** der Indische Ozean.

◆ **Indien, enne** *nm, f* **-1.** [d'Inde] Inder *der,* -in *die.* **-2.** [d'Amérique du Nord] Indianer *der,* -in *die*; [d'Amérique du Sud] Indio *der.*

indifféremment [ɛ̃diferamɑ̃] *adv* unterschiedslos.

indifférence [ɛ̃diferɑ̃s] *nf* Gleichgültigkeit *die.*

indifférencié, e [ɛ̃diferɑ̃sje] *adj* undifferenziert.

indifférent, e [ɛ̃diferɑ̃, ɑ̃t] ◇ *adj*: **~ (à qqch)** gleichgültig (gegenüber etw *(D)*). ◇ *nm, f* gleichgültige Person.

indifférer [18] [ɛ̃difere] *vt*: **~ qqn** jm gleichgültig sein.

indigence [ɛ̃diʒɑ̃s] *nf* **-1.** [pauvreté] Bedürftigkeit *die.* **-2.** *fig* [de style, intellectuelle] Dürftigkeit *die.*

indigène [ɛ̃diʒɛn] ◇ *adj* [population] einheimisch; [faune, flore] (ein)heimisch. ◇ *nmf* **-1.** [du pays] Einheimische *der, die.* **-2.** HIST [de colonie] Eingeborene *der, die.*

indigent, e [ɛ̃diʒɑ̃, ɑ̃t] ◇ *adj* **-1.** [pauvre] bedürftig. **-2.** *fig* [style, intellectuellement] dürftig. ◇ *nm, f* Bedürftige *der, die.*

indigeste [ɛ̃diʒɛst] *adj* unverdaulich.

indigestion [ɛ̃diʒɛstjɔ̃] *nf* **-1.** [alimentaire] Verdauungsstörung *die.* **-2.** *fig*: **avoir une ~ de qqch** von etw genug haben.

indignation [ɛ̃diɲasjɔ̃] *nf* Empörung *die.*

indigne [ɛ̃diɲ] *adj* unwürdig; **mère ~** Rabenmutter *die*; **être ~ de qqch** einer Sache *(G)* unwürdig sein.

indigné, e [ɛ̃diɲe] *adj* entrüstet.

indigner [3] [ɛ̃diɲe] *vt* empören.

◆ **s'indigner** *vp*: **s'~ de** OU **contre qqch** sich über etw *(A)* empören; **s'~ que** *(+ subjonctif)* sich darüber empören, daß.

indigo [ɛ̃digo] ◇ *nm* Indigo *der* OU *das.* ◇ *adj inv* Indigo-.

indiqué, e [ɛ̃dike] *adj* **-1.** [solution] angemessen; [remède] indiziert. **-2.** [recommandé]: **n'être pas très ~** nicht gerade angebracht sein. **-3.** [date, adresse] angegeben.

indiquer [3] [ɛ̃dike] *vt* **-1.** [désigner]: **~ qqn/qqch** auf jn/etw weisen. **-2.** [afficher, marquer] an|geben. **-3.** [montrer]: **~ qqch à qqn** [chemin] jm etw weisen OU zeigen; [procédure, avantage] jn auf etw *(A)* hin|weisen. **-4.** [recommander] empfehlen. **-5.** [dénoter]: **~ qqch** auf etw *(A)* hin|weisen.

indirect, e [ɛ̃dirɛkt] *adj* **-1.** [gén] indirekt. **-2.** [chemin] Neben-, Seiten-.

indirectement [ɛ̃dirɛktəmɑ̃] *adv* indirekt.

indiscipline [ɛ̃disiplin] *nf* Disziplinlosigkeit *die.*

indiscipliné, e [ɛ̃disipline] *adj* **-1.** [écolier, soldat] disziplinlos. **-2.** [cheveux] widerspenstig.

indiscret, ète [ɛ̃diskrɛ, ɛt] ◇ *adj* **-1.** [personne] taktlos. **-2.** [question, paroles] indiskret. **-3.** [regard, oreille] neugierig. ◇ *nm, f* taktlose Person.

indiscrétion [ɛ̃diskresjɔ̃] *nf* **-1.** [bavardage] Indiskretion *die.* **-2.** [curiosité] Taktlosigkeit *die*; **sans ~, vous êtes marié?** verzeihen Sie die taktlose Frage, aber sind Sie verheiratet? **-3.** [habitude de commérer] Schwatzhaftigkeit *die.*

indiscutable [ɛ̃diskytabl] *adj* unbestreitbar.

indiscutablement [ɛ̃diskytabləmɑ̃] *adv* unbestreitbar.

indiscuté, e [ɛ̃diskyte] *adj* unbestritten.

indispensable [ɛ̃dispɑ̃sabl] ◇ *adj* unerläßlich, notwendig; **~ à qqn/qqch** für jn/etw unbedingt erforderlich; **il est ~ que** (+ *subjonctif*) es ist unbedingt erforderlich, daß; **il est ~ de faire qqch** es ist unbedingt erforderlich, etw zu tun. ◇ *nm*: **l'~** das Allernotwendigste.

indisponibilité [ɛ̃disponibilite] *nf* **-1.** [de produit] Nichtverfügbarkeit *die*. **-2.** [de personne] Unabkömmlichkeit *die*.

indisponible [ɛ̃disponibl] *adj* **-1.** [produit] nicht verfügbar. **-2.** [personne] unabkömmlich.

indisposé, e [ɛ̃dispoze] *adj* unwohl.

indisposer [3] [ɛ̃dispoze] *vt* **-1.** [rendre malade]: **~ qqn** jm nicht bekommen. **-2.** [fâcher] verstimmen.

indisposition [ɛ̃dispozisjɔ̃] *nf* Unwohlsein *das*.

indissociable [ɛ̃disɔsjabl] *adj* untrennbar (miteinander verbunden).

indissoluble [ɛ̃disɔlybl] *adj* unauflöslich.

indistinct, e [ɛ̃distɛ̃(kt), ɛ̃kt] *adj* undeutlich.

indistinctement [ɛ̃distɛ̃ktəmɑ̃] *adv* **-1.** [confusément] undeutlich. **-2.** [indifféremment] ohne Unterschied.

individu [ɛ̃dividy] *nm* Individuum *das*.

individualisme [ɛ̃dividɥalism] *nm* Individualismus *der*.

individualiste [ɛ̃dividɥalist] ◇ *adj* individualistisch. ◇ *nmf* Individualist *der*, -in *die*.

individualité [ɛ̃dividɥalite] *nf* Individualität *die*.

individuel, elle [ɛ̃dividɥɛl] *adj* individuell.

individuellement [ɛ̃dividɥɛlmɑ̃] *adv* individuell.

indivisible [ɛ̃divizibl] *adj* **-1.** [matière, élément] unteilbar. **-2.** [famille, alliance] unzertrennlich.

Indochine [ɛ̃dɔʃin] *nf*: **l' ~** Indochina *nt*, Französisch-Indochina *nt*; **la guerre d' ~** der Indochinakrieg.

indo-européen, enne [ɛ̃dɔœrɔpeɛ̃, ɛn] (*mpl* **indo-européens**, *fpl* **indo-européennes**) *adj* indoeuropäisch.

indolence [ɛ̃dɔlɑ̃s] *nf* **-1.** [de personne, de geste] Trägheit *die*. **-2.** [de regard] Stumpfsinn *der*.

indolent, e [ɛ̃dɔlɑ̃, ɑ̃t] *adj* **-1.** [personne, geste] träge. **-2.** [regard] stumpfsinnig.

indolore [ɛ̃dɔlɔr] *adj* schmerzlos.

indomptable [ɛ̃dɔ̃tabl] *adj* **-1.** [animal, sentiment] unzähmbar. **-2.** [personne] ungefügig. **-3.** [caractère] unbeugsam.

Indonésie [ɛ̃dɔnezi] *nf*: **l'~** Indonesien *nt*.

indonésien, enne [ɛ̃dɔnezjɛ̃, ɛn] *adj* indonesisch.

◆ **indonésien** *nm* [langue] Indonesisch(e) *(das)*.

◆ **Indonésien, enne** *nm, f* Indonesier *der*, - in *die*.

indu, e [ɛ̃dy] *adj* ungelegen.

indubitable [ɛ̃dybitabl] *adj* unzweifelhaft; **il est ~ que vous avez raison** Sie haben unzweifelhaft recht.

indubitablement [ɛ̃dybitabləmɑ̃] *adv* unzweifelhaft.

induction [ɛ̃dyksjɔ̃] *nf* [électromagnétique, raisonnement] Induktion *die*; **par ~** [raisonnement] durch Kombinieren.

induire [98] [ɛ̃dɥir] *vt* **-1.** [tromper]: **~ qqn en erreur** jn irre|führen. **-2.** [conclure]: **en ~ que** daraus schließen, daß. **-3.** [entraîner]: **~ qqch** zu etw führen. **-4.** ÉLECTR induzieren.

induisais *etc* → **induire**.

induit, e [ɛ̃dɥi, it] ◇ *pp* → **induire**. ◇ *adj* **-1.** [effet] Neben-. **-2.** ÉLECTR induziert, Induktions-.

indulgence [ɛ̃dylʒɑ̃s] *nf* **-1.** [bienveillance] Nachsicht *die*; **avec ~** mit Nachsicht, nachsichtig *(adv)*. **-2.** [de jugement] Milde *die*.

indulgent, e [ɛ̃dylʒɑ̃, ɑ̃t] *adj* **-1.** [personne] nachsichtig. **-2.** [jugement] mild.

indûment [ɛ̃dymɑ̃] *adv* unberechtigt.

industrialisation [ɛ̃dystrijalizasjɔ̃] *nf* Industrialisierung *die*.

industrialiser [3] [ɛ̃dystrijalize] *vt* industrialisieren.

◆ **s'industrialiser** *vp* industrialisiert werden.

industrie [ɛ̃dystri] *nf* Industrie *die*; **~ alimentaire** Nahrungsmittelindustrie; **~ automobile** Automobilindustrie; **~ chimique** chemische Industrie; **~ lourde** Schwerindustrie.

industriel, elle [ɛ̃dystrijɛl] *adj* industriell.

◆ **industriel** *nm* Industrielle *der*.

industrieux, euse [ɛ̃dystrijø, øz] *adj littéraire* gewandt.

inébranlable [inebrɑ̃labl] *adj* **-1.** [roc] erschütterungsfrei. **-2.** *fig* [courage, volonté] unerschütterlich.

INED, Ined [inɛd] (*abr de* **Institut national d'études démographiques**) *nm staatliches Institut für Demographie in Paris*.

inédit, e [inedi, it] *adj* **-1.** [texte] unveröffentlicht. **-2.** [événement] ganz neu.

◆ **inédit** *nm* [texte] *unveröffentlichtes Dokument oder Werk*.

ineffable [inefabl] *adj* unsäglich.

ineffaçable [inefasabl] *adj* unauslöschlich.

inefficace [inefikas] *adj* **-1.** [personne] untüchtig. **-2.** [solution, remède] wirkungslos.

inefficacité [inefikasite] *nf* **-1.** [de personne] Untüchtigkeit *die*. **-2.** [de solution, de remède] Wirkungslosigkeit *die*.

inégal, e, aux [inegal, o] *adj* **-1.** [distance, force, partage] ungleich. **-2.** [surface, terrain] uneben. **-3.** [humeur, qualité] wechselhaft. **-4.** [pouls, rythme] unregelmäßig.

inégalable [inegalabl] *adj* einzigartig, unvergleichlich.

inégalé, e [inegale] *adj* unerreicht.

inégalement [inegalmɑ̃] *adv* ungleichmäßig.

inégalité [inegalite] *nf* **-1.** [de longueur, de chances, de forces] Ungleichheit *die*; **~s sociales** soziale Ungleichheit. **-2.** [de surface, de terrain] Unebenheit *die*. **-3.** [d'humeur, de qualité] Wechselhaftigkeit *die*. **-4.** [de rythme, de pouls] Unregelmäßigkeit *die*.

inélégant, e [inelegɑ̃, ɑ̃t] *adj* **-1.** [vêtement] unelegant. **-2.** *fig* [procédé, attitude] rüde.

inéluctable [inelyktabl] *adj* **-1.** [mort, sort] unabwendbar. **-2.** [conséquence] unausweichlich.

inéluctablement [inelyktabləmɑ̃] *adv* unausweichlich.

inénarrable [inenarabl] *adj* unbeschreiblich (komisch).

inepte [inɛpt] *adj* albern, dumm.

ineptie [inɛpsi] *nf* Unsinnigkeit *die*; **dire des ~s** Unsinn reden.

inépuisable [inepɥizabl] *adj* **-1.** [ressource, sujet, patience] unerschöpflich. **-2.** [personne] nimmermüde.

inerte [inɛrt] *adj* **-1.** [matière, personne] leblos. **-2.** [corps, membre] regungslos. **-3.** [apathique] schlaff, träge.

inertie [inɛrsi] *nf* Trägheit *die*.

inespéré, e [inɛspere] *adj* unverhofft.

inesthétique [inɛstetik] *adj* unästhetisch.

inestimable [inɛstimabl] *adj* unschätzbar.

inévitable [inevitabl] *adj* **-1.** [gén] unvermeidlich. **-2.** *hum* [éternel] obligatorisch.

inévitablement [inevitabləmɑ̃] *adv* zwangsläufig.

inexact, e [inegza(kt), akt] *adj* **-1.** [chiffre, information] ungenau. **-2.** [en retard] unpünktlich.

inexactitude [inɛgzaktityd] *nf* **-1.** [de chiffre, d'information] Ungenauigkeit *die*. **-2.** [retard] Unpünktlichkeit *die*.

inexcusable [inɛkskyzabl] *adj* unverzeihlich; **je suis ~ de ne pas être venu** es ist unverzeihlich von mir, daß ich nicht gekommen bin.

inexistant, e [inɛgzistɑ̃, ɑ̃t] *adj* **-1.** [absent] nicht vorhanden. **-2.** *fig* & *péj* [soutien, résultat] dürftig.

inexistence [inɛgzistɑ̃s] *nf* **-1.** [absence] Fehlen *das*. **-2.** *fig* & *péj* [insuffisance] Dürftigkeit *die*.

inexorable [inɛgzɔrabl] *adj* unaufhaltsam.

inexorablement [inɛgzɔrabləmɑ̃] *adv* unaufhaltsam.

inexpérience [inɛksperjɑ̃s] *nf* Unerfahrenheit *die*.

inexpérimenté, e [inɛksperimɑ̃te] *adj* [personne] unerfahren; [geste] ungeübt.

inexplicable [inɛksplikabl] ◇ *adj* unerklärlich. ◇ *nm*: **l'~** das Unerklärliche.

inexpliqué, e [inɛksplike] *adj* ungeklärt.

inexploré, e [inɛksplɔre] *adj* unerforscht.

inexpressif, ive [inɛkspresif, iv] *adj* ausdruckslos.

inexprimable [inɛksprimabl] *adj* unaussprechlich.

inexprimé, e [inɛksprime] *adj* unausgesprochen.

inexpugnable [inɛkspygnabl] *adj littéraire* uneinnehmbar.

inextensible [inɛkstɑ̃sibl] *adj* nicht dehnbar.

inextinguible [inɛkstɛ̃gibl] *adj sout* [passion] unstillbar; [rire] maßlos.

in extremis [inɛkstremis] *loc adv* in letzter Minute.

inextricable [inɛkstrikabl] *adj* unentwirrbar.

inextricablement [inɛkstrikabləmɑ̃] *adv* unentwirrbar.

infaillible [ɛ̃fajibl] *adj* unfehlbar.

infaisable [ɛ̃fəzabl] *adj* undurchführbar.

infamant, e [ɛ̃famɑ̃, ɑ̃t] *adj* **-1.** [accusation, propos] schändlich. **-2.** JUR [propos] entehrend.

infâme [ɛ̃fam] *adj* **-1.** [mixture, odeur] abscheulich. **-2.** [mensonge, trahison] infam.

infamie [ɛ̃fami] *nf littéraire* **-1.** [honte] Schande *die*. **-2.** [ignominie] Infamie *die*. **-3.** [insulte] Gemeinheit *die*; [action vile] Schandtat *die*.

infanterie [ɛ̃fɑ̃tri] *nf* Infanterie *die*.

infanticide [ɛ̃fɑ̃tisid] ◇ *adj*: **mère ~** Kindesmörderin *die*. ◇ *nmf* [meurtrier] Kindesmörder *der*, -in *die*. ◇ *nm* [meurtre] Kindesmord *der*.

infantile [ɛ̃fɑ̃til] *adj* **-1.** [maladie] Kinder-; [médecine] infantil. **-2.** [puéril] kindisch, infantil.

infantiliser [3] [ɛ̃fɑ̃tilize] *vt* infantilisieren.

infarctus [ɛ̃farktys] *nm* Infarkt *der*; **~ du myocarde** Herzinfarkt.

infatigable [ɛ̃fatigabl] *adj* unermüdlich.

infatué, e [ɛ̃fatɥe] *adj sout*: **être ~ de qqch** sich viel auf etw *(A)* ein|bilden; **~ de soi-même** selbstgefällig.

infect, e [ɛ̃fɛkt] *adj* **-1.** [nourriture, personne, attitude] widerlich, abscheulich. **-2.** [marais, odeur] mod(e)rig.

infecter [4] [ɛ̃fɛkte] *vt* infizieren.
◆ **s'infecter** *vp* [plaie] sich infizieren.

infectieux, euse [ɛ̃fɛksjø, øz] *adj* Infektions-, infektiös.

infection [ɛ̃fɛksjɔ̃] *nf* Infektion *die*; **c'est une ~!** *fig* & *péj* es stinkt wie die Pest!

inféoder [3] [ɛ̃feɔde] *vt*: **être inféodé à qqn/qqch** *fig* jm/etw unterstellt sein.
◆ **s'inféoder** *vp*: **s' ~ à qqn/qqch** sich jm/etw unter|ordnen.

inférer [18] [ɛ̃fere] *vt sout*: **~ qqch de qqch** etw aus etw folgern.

inférieur, e [ɛ̃ferjœr] ◇ *adj* **-1.** [mâchoire, étage, échelon] untere,-r,-s, Unter-. **-2.** [qualité, puissance, quantité] gering; **être ~ à qqch** [qualité] minderwertiger als etw sein; [quantité] niedriger als etw sein; **~ ou égal à qqch** MATHS kleiner oder gleich etw *(D)*. ◇ *nm, f* [personne] Untergebene *der, die*.

infériorité [ɛ̃ferjɔrite] *nf* **-1.** [en rang, en nombre] Unterlegenheit *die*. **-2.** PSYCHOL Minderwertigkeit *die*.

infernal, e, aux [ɛ̃fɛrnal, o] *adj* **-1.** [personne] unausstehlich. **-2.** [chaleur, bruit] höllisch. **-3.** [complot, ruse] teuflisch; **cycle ~** Teufelskreis *der*.

infester [3] [ɛ̃fɛste] *vt*: **une région infestée de moustiques** eine von Mücken befallene OU verseuchte Gegend; **une ville infestée de touristes** eine von Touristen heimgesuchte Stadt.

infidèle [ɛ̃fidɛl] ◇ *adj* **-1.** [mari, femme, ami]: **~ (à qqn)** (jm) untreu. **-2.** [traduction, récit] ungenau; [mémoire] unzuverlässig. ◇ *nmf vieilli* & RELIG Ungläubige *der, die*.

infidélité [ɛ̃fidelite] *nf* **-1.** [trahison] Untreue *die*; **faire des ~s à qqn** jm untreu sein. **-2.** [de traduction, de récit] Ungenauigkeit *die*; [de mémoire] Unzuverlässigkeit *die*.

infiltration [ɛ̃filtrasjɔ̃] *nf* Infiltration *die*.

infiltrer [3] [ɛ̃filtre] *vt* infiltrieren.
◆ **s'infiltrer** *vp* **-1.** [lumière]: **s'~ par/dans qqch** durch etw/in etw *(A)* ein|dringen; [pluie] durch etw/in etw *(A)* ein|sickern. **-2.** [hommes] sich ein|schleichen. **-3.** [idées] sich fest|setzen.

infime [ɛ̃fim] *adj* winzig.

infini, e [ɛ̃fini] *adj* **-1.** [étendue, douleur, ensemble] unendlich. **-2.** [durée, querelles] endlos lang.
◆ **infini** *nm* MATHS Unendliche *das*.

infiniment [ɛ̃finimɑ̃] *adv* unendlich.

infinité [ɛ̃finite] *nf* Unzahl *die*.

infinitésimal, e, aux [ɛ̃finitezimal, o] *adj* **-1.** MATHS Infinitesimal-. **-2.** [quantité, proportions] unendlich klein.

infinitif, ive [ɛ̃finitif, iv] *adj* GRAM Infinitiv-.
◆ **infinitif** *nm* Infinitiv *der*.

infirme [ɛ̃firm] ◇ *adj* [handicapé, accidenté] behindert; [vieillard] gebrechlich. ◇ *nmf* Behinderte *der, die*.

infirmer [3] [ɛ̃firme] *vt* **-1.** [hypothèse, témoignage] widerlegen. **-2.** JUR [jugement] auf|heben.

infirmerie [ɛ̃firməri] *nf* Krankenzimmer *das*.

infirmier, ère [ɛ̃firmje, ɛr] *nm, f* Krankenpfleger *der*, -schwester *die*.

infirmité [ɛ̃firmite] *nf* Behinderung *die*.

inflammable [ɛ̃flamabl] *adj* feuergefährlich, entzündbar.

inflammation [ɛ̃flamasjɔ̃] *nf* Entzündung *die*.

inflation [ɛ̃flasjɔ̃] *nf* **-1.** ÉCON Inflation *die*. **-2.** [de dépenses, de moyens] übermäßige Zunahme.

inflationniste [ɛ̃flasjɔnist] *adj* inflationistisch.

infléchir [32] [ɛ̃fleʃir] *vt fig* [politique] ab|ändern.
◆ **s'infléchir** *vp* **-1.** [route] eine Biegung machen. **-2.** *fig* [politique] sich ändern.

infléchissement [ɛ̃fleʃismɑ̃] *nm* Abwandlung *die*.

inflexible [ɛ̃flɛksibl] *adj* **-1.** [personne, volonté] unbeugsam. **-2.** [règlement] starr.

inflexion [ɛ̃flɛksjɔ̃] *nf* **-1.** [de tête] Beugen *das*. **-2.** [de voix] Tonfall *der*. **-3.** [de route] Biegung *die*.

infliger [17] [ɛ̃fliʒe] *vt*: **~ qqch à qqn** [punition] jm etw verpassen; [épreuve] jm etw auf|erlegen; [présence] jm etw zu|muten.

influençable [ɛ̃flyɑ̃sabl] *adj* beeinflußbar.

influence [ɛ̃flyɑ̃s] *nf* Einfluß *der*; **l'~ de qqn/qqch sur qqn/qqch** js/einer Sache Einfluß auf jn/etw; **avoir de l'~ sur qqn** auf jn Einfluß aus|üben; **avoir une bonne/mauvaise ~ sur qqn/qqch** auf jn/etw einen guten/schlechten Einfluß aus|üben; **agir sous l'~ de qqch** unter dem Einfluß einer Sache *(G)* handeln.

influencer [16] [ɛ̃flyɑ̃se] *vt* beeinflussen.

influent, e [ɛ̃flyɑ̃, ɑ̃t] *adj* einflußreich.

influer [3] [ɛ̃flye] *vi*: **~ sur qqch** etw beeinflussen.

infographie [ɛ̃fɔgrafi] *nf* Computergrafik *die*.

informateur, trice [ɛ̃fɔrmatœr, tris] *nm, f* **-1.** [politique, de presse] Auskunftgeber *der*, -in *die*. **-2.** [de police] Informant *der*.

informaticien, enne [ɛ̃fɔrmatisjɛ̃, ɛn] *nm, f* Informatiker *der*, -in *die*.

information [ɛ̃fɔrmasjɔ̃] *nf* **-1.** [action, renseignement] Information *die*. **-2.** [nouvelle] Meldung *die*. **-3.** INFORM Daten *Pl*. **-4.** JUR Ermittlungen *Pl*.
◆ **informations** *nfpl* MÉDIA Nachrichten *Pl*.

informatique [ɛ̃fɔrmatik] ◇ *adj* EDV-, Informatik-. ◇ *nf* (elektronische) Datenverarbeitung, EDV *die,* Informatik *die;* **~ de gestion** Betriebsinformatik.

informatisation [ɛ̃fɔrmatizasjɔ̃] *nf* Computerisierung *die.*

informatiser [3] [ɛ̃fɔrmatize] *vt* computerisieren, auf EDV um|stellen.

◆ **s'informatiser** *vp* computerisiert werden.

informe [ɛ̃fɔrm] *adj* **-1.** [masse, silhouette] unförmig. **-2.** [brouillon] unstrukturiert.

informé, e [ɛ̃fɔrme] *adj* informiert; **bien/mal ~** gut/schlecht informiert.

informel, elle [ɛ̃fɔrmɛl] *adj* informell.

informer [3] [ɛ̃fɔrme] *vt* [renseigner] informieren; **~ qqn sur** OU **de qqch** jn über etw *(A)* informieren; **~ qqn que** jn darüber informieren, daß.

◆ **s'informer** *vp*: **s'~ (sur qqch)** sich (über etw *(A)*) informieren; **s' ~ de la santé de qqn** sich nach js Gesundheit erkundigen.

infortune [ɛ̃fɔrtyn] *nf littéraire* **-1.** [malheur] Unglück *das;* **compagnon d' ~** Leidensgefährte *der.* **-2.** [revers] Mißgeschick *das (sans pl).*

infortuné, e [ɛ̃fɔrtyne] *littéraire* ◇ *adj* unglücklich. ◇ *nm, f* Unglücksmensch *der.*

infos [ɛ̃fo] *(abr de* **informations**) *nfpl fam* Nachrichten *Pl.*

infraction [ɛ̃fraksjɔ̃] *nf*: **~ à qqch** Verstoß *der* gegen etw; **être en ~** sich ordnungswidrig verhalten.

infranchissable [ɛ̃frɑ̃ʃisabl] *adj* **-1.** [en hauteur] unübersteigbar; [en longueur] unüberschreitbar. **-2.** *fig* [difficultés] unüberwindlich.

infrarouge [ɛ̃fraruʒ] ◇ *adj* Infrarot-, infrarot. ◇ *nm* Infrarot *das.*

infrastructure [ɛ̃frastryktyr] *nf* **-1.** [économique, technique] Infrastruktur *die;* **~ aérienne** Bodenorganisation *die;* **~ hôtelière** Hotelinfrastruktur. **-2.** [de construction] Unterbau *der.*

infréquentable [ɛ̃frekɑ̃tabl] *adj* **-1.** [personne] nicht salonfähig. **-2.** [lieu] anrüchig.

infroissable [ɛ̃frwasabl] *adj* knitterfrei.

infructueux, euse [ɛ̃fryktɥø, øz] *adj* fruchtlos.

infuse [ɛ̃fyz] → **science**.

infuser [3] [ɛ̃fyze] ◇ *vi*: **laisser ~** ziehen lassen. ◇ *vt* **-1.** [tisane, thé] aufgießen. **-2.** *fig* & *littéraire* [insuffler]: **~ qqch à qqn** jm etw ein|flößen.

infusion [ɛ̃fyzjɔ̃] *nf* [tisane] Kräutertee *der.*

ingambe [ɛ̃gɑ̃b] *adj* rüstig.

ingénier [9] [ɛ̃ʒenje]

◆ **s'ingénier** *vp*: **s'~ à faire qqch** alles daran|setzen, etw zu tun.

ingénierie = **engineering**.

ingénieur [ɛ̃ʒenjœr] *nm* Ingenieur *der,* -in *die;* **~ agronome** Agronom *der,* Diplomlandwirt *der;* **~ chimiste** Chemieingenieur; **~ électronicien** Elektronikingenieur; **~ des mines** Bergbauingenieur; **~ du son** Toningenieur; **~ des travaux publics** Tiefbauingenieur.

ingénieux, euse [ɛ̃ʒenjø, øz] *adj* **-1.** [personne] einfallsreich. **-2.** [idée, procédé] schlau.

ingéniosité [ɛ̃ʒenjozite] *nf* **-1.** [de personne] Einfallsreichtum *der.* **-2.** [de procédé, d'idée] Schlauheit *die.*

ingénu, e [ɛ̃ʒeny] ◇ *adj* **-1.** [air, regard] treuherzig. **-2.** *hum* & *péj* [trop candide] einfältig. ◇ *nm, f* [candide] treuherziger Mensch.

◆ **ingénue** *nf*: **jouer l'~e** [dans la vie] die Naive spielen.

ingénuité [ɛ̃ʒenɥite] *nf* **-1.** [de personne] Treuherzigkeit *die.* **-2.** [de remarque] Einfältigkeit *die.*

ingénument [ɛ̃ʒenymɑ̃] *adv* gutgläubig, naiv.

ingérable [ɛ̃ʒerabl] *adj* unmöglich zu verwalten.

ingérence [ɛ̃ʒerɑ̃s] *nf*: **~ dans qqch** Einmischung *die* in etw *(A).*

ingérer [18] [ɛ̃ʒere] *vt* [nourriture] zu sich *(A)* nehmen; [médicament] ein|nehmen.

◆ **s'ingérer** *vp*: **s'~ dans qqch** sich in etw *(A)* ein|mischen.

ingrat, e [ɛ̃gra, at] ◇ *adj* **-1.** [personne, métier] undankbar. **-2.** [physique] unschön; **l'âge ~** die Flegeljahre. **-3.** [sol] karg. ◇ *nm, f* undankbarer Mensch.

ingratitude [ɛ̃gratityd] *nf* Undankbarkeit *die.*

ingrédient [ɛ̃gredjɑ̃] *nm* **-1.** CULIN Zutat *die.* **-2.** *fig* [élément] Bestandteil *der.*

inguérissable [ɛ̃gerisabl] *adj* **-1.** [malade, maladie] unheilbar. **-2.** [chagrin, détresse] unendlich.

ingurgiter [3] [ɛ̃gyrʒite] *vt* **-1.** [nourriture] in sich *(A)* hinein|schlingen. **-2.** [connaissances]: **~ qqch** sich *(D)* etw ein|pauken.

inhabitable [inabitabl] *adj* unbewohnbar.

inhabité, e [inabite] *adj* unbewohnt.

inhabituel, elle [inabitɥɛl] *adj* ungewöhnlich.

inhalateur, trice [inalatœr, tris] *adj* Inhalations-.

◆ **inhalateur** *nm* Inhalationsapparat *der.*

inhalation [inalasjɔ̃] *nf* **-1.** [action] Inhalieren *das.* **-2.** [traitement] Inhalation *die.*

inhaler [3] [inale] *vt* ein|atmen.

inhérent, e [inerɑ̃, ɑ̃t] *adj*: **~ à qqch** etw *(D)* innewohnend.

inhiber [3] [inibe] *vt* hemmen.

inhibition [inibisjɔ̃] *nf* Hemmung *die.*

inhospitalier, ère [inɔspitalje, ɛr] *adj* [peuple] ungastlich; [lieu] unwirtlich.

inhumain, e [inymɛ̃, ɛn] *adj* unmenschlich; **un**

cri ~ ein Schrei, der nichts Menschliches an sich hat.
inhumation [inymasjɔ̃] *nf* Bestattung *die*.
inhumer [3] [inyme] *vt* bestatten.
inimaginable [inimaʒinabl] *adj* **-1.** [bruit, confusion] unvorstellbar. **-2.** [histoire, situation] unglaublich.
inimitable [inimitabl] *adj* unnachahmlich.
inimitié [inimitje] *nf sout*: **~ (à l'égard de qqn)** Feindseligkeit *die* (jm gegenüber).
ininflammable [inɛ̃flamabl] *adj* nicht entzündlich.
inintelligible [inɛ̃teliʒibl] *adj* unverständlich.
inintéressant, e [inɛ̃terɛsɑ̃, ɑ̃t] *adj* uninteressant.
ininterrompu, e [inɛ̃tɛrɔ̃py] *adj* **-1.** [travail, efforts] ununterbrochen. **-2.** [ligne, suite] durchgehend.
inique [inik] *adj littéraire* ungerecht.
iniquité [inikite] *nf littéraire* Ungerechtigkeit *die*.
initial, e, aux [inisjal, o] *adj* **-1.** [de début] Anfangs-. **-2.** [d'origine] ursprünglich.
◆ **initiale** *nf* Anfangsbuchstabe *der*, Initiale *die*.
initialement [inisjalmɑ̃] *adv* ursprünglich.
initialiser [3] [inisjalize] *vt* INFORM initialisieren.
initiateur, trice [inisjatœr, tris] ◇ *adj* [fonction, rôle] richtungweisend. ◇ *nm, f* [auteur] Initiator *der*, -in *die*.
initiation [inisjasjɔ̃] *nf* **-1.** [apprentissage]: **~ à qqch** Einführung *die* in etw *(A)*; **cours d'~** Anfängerkurs *der*. **-2.** [rituel] Initiation *die*.
initiatique [inisjatik] *adj* Initiations-.
initiative [inisjativ] *nf* Initiative *die*; **prendre l'~ de faire qqch** die Initiative ergreifen und etw tun; **prendre l'~ de qqch** etw an|regen; **de sa propre ~** aus eigenem Antrieb.
initié, e [inisje] ◇ *adj* eingeweiht. ◇ *nm, f* Eingeweihte *der, die*.
initier [9] [inisje] *vt*: **~ qqn à qqch** [technique, sport] jn in etw *(A)* ein|führen; [secret, culte] jn in etw *(A)* ein|weihen.
◆ **s'initier** *vp*: **s'~ à qqch** an|fangen, etw zu lernen.
injecté, e [ɛ̃ʒɛkte] *adj*: **des yeux ~s de sang** blutunterlaufene Augen.
injecter [4] [ɛ̃ʒɛkte] *vt* **-1.** MÉD spritzen. **-2.** [liquide, résine] ein|spritzen; [gaz] ein|blasen. **-3.** [capitaux] pumpen.
◆ **s'injecter** *vp*: **s'~ (de sang)** rot an|laufen.
injection [ɛ̃ʒɛksjɔ̃] *nf* **-1.** MÉD Injektion *die*. **-2.** [de liquide, de résine] Einspritzen *das*. **-3.** ÉCON: **~ de capitaux** Kapitalspritze *die*.
injoignable [ɛ̃jwaɲabl] *adj* nicht zu erreichen.
injonction [ɛ̃ʒɔ̃ksjɔ̃] *nf* Anordnung *die*, Aufforderung *die*.
injure [ɛ̃ʒyr] *nf* **-1.** [mot] Schimpfwort *das*. **-2.** [affront] Beleidigung *die*.
injurier [9] [ɛ̃ʒyrje] *vt* beschimpfen.
injurieux, euse [ɛ̃ʒyrjø, øz] *adj* **-1.** [propos] abfällig. **-2.** [article] beleidigend.
injuste [ɛ̃ʒyst] *adj* ungerecht; **~ envers qqn** gegenüber jm OU gegen jn ungerecht.
injustement [ɛ̃ʒystəmɑ̃] *adv* zu Unrecht.
injustice [ɛ̃ʒystis] *nf* **-1.** [manque d'équité] Ungerechtigkeit *die*. **-2.** [acte] Unrecht *das (sans pl)*.
injustifiable [ɛ̃ʒystifjabl] *adj* unentschuldbar, nicht zu rechtfertigen.
injustifié, e [ɛ̃ʒystifje] *adj* ungerechtfertigt.
inlassable [ɛ̃lasabl] *adj* **-1.** [patience] unerschöpflich. **-2.** [personne] unermüdlich.
inlassablement [ɛ̃lasabləmɑ̃] *adv* unaufhörlich.
inné, e [ine] *adj* angeboren.
innocemment [inɔsamɑ̃] *adv* arglos, ahnungslos.
innocence [inɔsɑ̃s] *nf* **-1.** [d'enfant, JUR] Unschuld *die*. **-2.** [d'attitude, de remarque] Arglosigkeit *die*.
innocent, e [inɔsɑ̃, ɑ̃t] ◇ *adj* **-1.** [air, JUR] unschuldig. **-2.** [remarque] unverfänglich; [plaisanterie] harmlos. ◇ *nm, f* Unschuldige *der, die*; **faire l'~** *péj* unschuldig tun.
innocenter [3] [inɔsɑ̃te] *vt* JUR für unschuldig erklären.
innocuité [inɔkɥite] *nf* Unschädlichkeit *die*.
innombrable [inɔ̃brabl] *adj* **-1.** [foule] unübersehbar. **-2.** [détails] zahllos.
innovateur, trice [inɔvatœr, tris] ◇ *adj* **-1.** [méthode] innovativ. **-2.** [esprit] fortschrittlich. ◇ *nm, f* Bahnbrecher *der*, -in *die*, Reformer *der*, -in *die*.
innovation [inɔvasjɔ̃] *nf* **-1.** [action] Innovation *die*; **faire preuve d'~** Innovationsfähigkeit unter Beweis stellen. **-2.** [nouveauté] Innovation *die*, Neuerung *die*.
innover [3] [inɔve] *vi* TECHNOL innovieren; **~ dans un domaine** auf einem Gebiet Neuerungen ein|führen.
inobservation [inɔpsɛrvasjɔ̃] *nf* JUR Nichtbeachtung *die*.
inoccupé, e [inɔkype] *adj* **-1.** [maison, siège] frei. **-2.** [personne] untätig.
inoculation [inɔkylasjɔ̃] *nf* MÉD **-1.** [accidentelle] Inokulation *die*. **-2.** [volontaire] Impfung *die*.
inoculer [3] [inɔkyle] *vt*: **~ qqch à qqn** [virus, maladie] jm etw übertragen; [doctrine, vaccin] jm

etw einlimpfen; **il m'a inoculé sa passion du jeu** *fig* er hat mich mit seiner Spielleidenschaft angesteckt.

inodore [inɔdɔr] *adj* geruchlos.

inoffensif, ive [inɔfɑ̃sif, iv] *adj* **-1.** [gén] harmlos. **-2.** [remède] unschädlich.

inondable [inɔ̃dabl] *adj* [par eaux de mer] überschwemmungsgefährdet; [par eaux fluviales] hochwassergefährdet.

inondation [inɔ̃dasjɔ̃] *nf* Überschwemmung *die*.

inonder [3] [inɔ̃de] *vt* **-1.** [région, terrain] überschwemmen; **être inondé** [local] unter Wasser stehen. **-2.** *fig* [envahir]: **inondé de qqch** [soleil, touristes, joie] mit etw überflutet; **~ le marché de produits** den Markt mit Produkten überschwemmen.

◆ **s'inonder** *vp*: **s'~ de parfum** sich großzügig mit Parfum besprühen.

inopérable [inɔperabl] *adj* nicht operierbar, inoperabel.

inopérant, e [inɔperɑ̃, ɑ̃t] *adj* wirkungslos.

inopiné, e [inɔpine] *adj* **-1.** [rencontre] unvorhergesehen. **-2.** [mort, nouvelle] unerwartet.

inopinément [inɔpinemɑ̃] *adv* unerwartet.

inopportun, e [inɔpɔrtœ̃, yn] *adj* **-1.** [demande, intervention] unangebracht. **-2.** [moment] ungelegen.

inorganisé, e [inɔrganize] *adj* **-1.** [personne] chaotisch. **-2.** POLIT [sans parti] parteilos. **-3.** [non syndiqué] nicht gewerkschaftlich organisiert.

inoubliable [inublijabl] *adj* unvergeßlich.

inouï, e [inwi] *adj* **-1.** [vitesse, dextérité] ungeheuer. **-2.** [histoire, événement] unglaublich; **c'est ~, il n'a peur de rien** es ist ein Phänomen, er hat vor nichts Angst.

Inox® [inɔks] *nm inv* rostfreier Edelstahl.

inoxydable [inɔksidabl] *adj* rostfrei.

inqualifiable [ɛ̃kalifjabl] *adj* unerhört; **sa conduite est ~** sein Verhalten ist unter jeder Kritik.

inquiet, ète [ɛ̃kjɛ, ɛt] ◇ *adj* **-1.** [personne - de nature] ängstlich; [- ponctuellement] besorgt; **~ pour qqn/qqch** um jn/etw besorgt. **-2.** [regard, attente] unruhig. ◇ *nm, f* stets besorgter Mensch.

inquiétant, e [ɛ̃kjetɑ̃, ɑ̃t] *adj* **-1.** [situation, état] besorgniserregend, bedenklich. **-2.** [air, attitude] angsteinflößend; **il a l'air ~** er ist unheimlich.

inquiéter [18] [ɛ̃kjete] *vt* **-1.** [alarmer] beunruhigen. **-2.** [troubler] behelligen.

◆ **s'inquiéter** *vp*: **s'~ (pour qqn/qqch)** sich (um jn/etw) Sorgen machen; **s'~ de qqch** sich nach etw erkundigen; **ne pas s'~ de qqch** sich nicht um etw kümmern.

inquiétude [ɛ̃kjetyd] *nf* Sorge *die*, Besorgnis *die*.

inquisiteur, trice [ɛ̃kizitœr, tris] *adj* inquisitorisch.

◆ **inquisiteur** *nm* Inquisitor *der*.

inquisition [ɛ̃kizisjɔ̃] *nf* Inquisition *die*.

INR (*abr de* **Institut national de radiodiffusion**) *nm belgische Rundfunkanstalt*.

INRA, Inra [inra] (*abr de* **Institut national de la recherche agronomique**) *nm französisches staatliches Forschungsinstitut für Landwirtschaft*.

insaisissable [ɛ̃sezisabl] *adj* **-1.** [fugitif] nicht greifbar. **-2.** JUR unpfändbar. **-3.** [nuance] kaum wahrnehmbar. **-4.** [caractère] unergründlich.

insalubre [ɛ̃salybr] *adj* **-1.** [logement, restaurant] unhygienisch. **-2.** [climat] ungesund.

insalubrité [ɛ̃salybrite] *nf* **-1.** [de logement, de restaurant] Mangel *der* an Hygiene; **fermé pour ~** aus hygienischen Gründen geschlossen. **-2.** [de climat] Gesundheitsschädlichkeit *die*.

insanité [ɛ̃sanite] *nf* **-1.** [parole, faiblesse d'esprit] Schwachsinn *der*; **dire** OU **proférer des ~s** wirres Zeug von sich geben. **-2.** [acte] Wahnsinn *der*.

insatiable [ɛ̃sasjabl] *adj* unstillbar.

insatisfait, e [ɛ̃satisfɛ, ɛt] ◇ *adj* **-1.** [personne] unzufrieden. **-2.** [sentiment] unbefriedigt. ◇ *nm, f*: **c'est un éternel ~** er ist ewig unzufrieden.

inscription [ɛ̃skripsjɔ̃] *nf* **-1.** [enregistrement] Einschreibung *die*, Anmeldung *die*. **-2.** [écrit] Inschrift *die*. **-3.** JUR Eintragung *die*.

inscrire [99] [ɛ̃skrir] *vt* **-1.** [adresse, mots] auflschreiben; [épitaphe] einlmeißeln. **-2.** [personne]: **~ qqn à l'université** jn an der Uni(versität) einlschreiben; **~ qqn à un cours/à une excursion** jn zu einem Kurs/Ausflug anlmelden; **~ qqn sur une liste d'attente** jn auf eine Warteliste setzen; **~ qqn dans un registre** jn in ein Register einltragen. **-3.** [dépense] verbuchen; **~ qqch au budget** etw in das Budget auflnehmen. **-4.** [insérer]: **~ qqch dans (le cadre de) qqch** etw in etw *(A)* einlfügen.

◆ **s'inscrire** *vp* **-1.** [personne]: **s'~ à qqch** sich in etw *(D)* einlschreiben; **s'~ au chômage** sich arbeitslos melden; **s'~ à un parti** einer Partei beiltreten; **s'~ sur une liste** sich in eine Liste einltragen. **-2.** [s'insérer]: **s'~ dans (le cadre de) qqch** ein Teil von etw sein. **-3.** *loc*: **s'~ en faux contre qqch** etw ablstreiten.

inscris *etc* → **inscrire**.

inscrit, e [ɛ̃skri, it] ◇ *pp* → **inscrire**. ◇ *adj*: **~ à** OU **pour qqch** [cours, compétition] für etw angemeldet; [université] an etw *(D)* eingeschrieben;

~ sur OU **dans qqch** in etw *(D)* eingetragen. ◇ *nm, f* Eingetragene *der, die.*

inscrivais *etc* → **inscrire**.

INSEAD [insead] (*abr de* **Institut européen d'administration des affaires**) *nm* Europäisches Institut für Unternehmensführung.

insecte [ɛ̃sɛkt] *nm* Insekt *das.*

insecticide [ɛ̃sɛktisid] ◇ *adj*: **bombe ~** Insektenspray *das*; **poudre ~** Insektenpulver *das.* ◇ *nm* Insekten(bekämpfungs)mittel *das.*

insectivore [ɛ̃sɛktivɔr] ◇ *adj* insektenfressend. ◇ *nm* Insektenfresser *der.*

insécurité [ɛ̃sekyrite] *nf* Unsicherheit *die*; **l'~ dans les grandes villes** die Kriminalität in den Großstädten.

INSEE, **Insee** [inse] (*abr de* **Institut national de la statistique et des études économiques**) *nm französisches Institut für Statistik und Wirtschaftsforschung.*

insémination [ɛ̃seminasjɔ̃] *nf* Besamung *die*; **~ artificielle** künstliche Besamung.

insensé, e [ɛ̃sɑ̃se] *adj* **-1.** [personne] wahnwitzig; [propos] unsinnig. **-2.** [espoir, événement, architecture] verrückt.

insensibiliser [3] [ɛ̃sɑ̃sibilize] *vt* MÉD betäuben.

insensibilité [ɛ̃sɑ̃sibilite] *nf* Unempfindlichkeit *die*; **~ à qqch** *fig* Gefühllosigkeit *die* einer Sache *(D)* gegenüber; **~ à la douleur** Schmerzunempfindlichkeit; **~ au froid** Kälteunempfindlichkeit.

insensible [ɛ̃sɑ̃sibl] *adj* **-1.** [résistant]: **~ à qqch** [froid, douleur] einer Sache *(D)* gegenüber unempfindlich; [misère] für eine Sache unempfänglich. **-2.** [indifférent] gefühllos. **-3.** [imperceptible] unmerklich.

insensiblement [ɛ̃sɑ̃sibləmɑ̃] *adv* unmerklich.

inséparable [ɛ̃separabl] *adj* **-1.** [personnes] unzertrennlich. **-2.** [chose]: **~ (de qqch)** (von etw) untrennbar.

◆ **inséparables** *nmfpl* Unzertrennlichen *Pl*; **ce sont deux ~s** die beiden sind ständig zusammen.

insérer [18] [ɛ̃sere] *vt*: **~ qqch dans qqch** etw in etw *(A)* ein|fügen; **~ une annonce** eine Annonce auf|geben.

◆ **s'insérer** *vp*: **s'~ dans qqch** [personne] sich in etw *(A)* ein|fügen; **ces changements s'insèrent dans un cadre nouveau** diese Änderungen sind Teil eines neuen Programms.

INSERM, **Inserm** [insɛrm] (*abr de* **Institut national de la santé et de la recherche médicale**) *nm französisches Institut für Gesundheit und medizinische Forschung.*

insertion [ɛ̃sɛrsjɔ̃] *nf* **-1.** [d'annonce] Bekanntgabe *die*, Veröffentlichung *die.* **-2.** [de paragraphe] Einfügen *das.* **-3.** [de personne] Eingliederung *die.*

insidieusement [ɛ̃sidjøzmɑ̃] *adv* heimtückisch.

insidieux, euse [ɛ̃sidjø, øz] *adj* **-1.** [question] hinterhältig. **-2.** [odeur] penetrant. **-3.** [maladie] heimtückisch.

insigne [ɛ̃siɲ] ◇ *adj littéraire* bedeutend; *hum* [maladresse] monumental; **honneur ~** große Ehren *Pl.* ◇ *nm* [de club] Abzeichen *das.*

insignifiant, e [ɛ̃siɲifjɑ̃, ɑ̃t] *adj* **-1.** [personne] unscheinbar; [physique] unbedeutend. **-2.** [détail, pertes] unerheblich.

insinuant, e [ɛ̃sinɥɑ̃, ɑ̃t] *adj* [manières] einschmeichelnd.

insinuation [ɛ̃sinɥasjɔ̃] *nf* **-1.** [allusion] Andeutung *die.* **-2.** *péj* [diffamation] Unterstellung *die.*

insinuer [7] [ɛ̃sinɥe] *vt* zu verstehen geben.

◆ **s'insinuer** *vp*: **s'~ dans qqch** [humidité, odeur] in etw *(A)* ein|dringen; *fig* [personne] sich in etw *(A)* ein|schmeicheln.

insipide [ɛ̃sipid] *adj* **-1.** [aliment] fade. **-2.** [personne, film, livre] langweilig.

insistance [ɛ̃sistɑ̃s] *nf* Beharrlichkeit *die*; **avec ~** mit Nachdruck; **regarder qqn avec ~** jn eindringlich an|sehen; **demander qqch avec ~** inständig um etw bitten.

insistant, e [ɛ̃sistɑ̃, ɑ̃t] *adj* **-1.** [personne] beharrlich. **-2.** [regard, ton] fordernd.

insister [3] [ɛ̃siste] *vi*: **~ sur qqch** etw nachdrücklich betonen; **~ pour faire qqch** darauf bestehen, etw zu tun; **ce n'est pas la peine d'~!** Sie brauchen es gar nicht weiter zu versuchen!

insolation [ɛ̃sɔlasjɔ̃] *nf* [malaise] Sonnenstich *der.*

insolence [ɛ̃sɔlɑ̃s] *nf* Frechheit *die.*

insolent, e [ɛ̃sɔlɑ̃, ɑ̃t] ◇ *adj* **-1.** [personne, acte, parole] frech. **-2.** [joie, succès] unverschämt. ◇ *nm, f* unverschämte Person.

insolite [ɛ̃sɔlit] *adj* ungewohnt, ausgefallen.

insoluble [ɛ̃sɔlybl] *adj* **-1.** [problème] unlösbar. **-2.** [substance] nicht löslich; **~ dans l'eau** nicht wasserlöslich.

insolvable [ɛ̃sɔlvabl] *adj* zahlungsunfähig.

insomniaque [ɛ̃sɔmnjak] ◇ *adj*: **être ~** unter Schlaflosigkeit leiden. ◇ *nmf* unter Schlaflosigkeit leidende Person.

insomnie [ɛ̃sɔmni] *nf* Schlaflosigkeit *die*; **avoir des ~s** unter Schlaflosigkeit leiden.

insondable [ɛ̃sɔ̃dabl] *adj* unergründlich.

insonore [ɛ̃sɔnɔr] *adj* schalldicht.

insonorisation [ɛ̃sɔnɔrizasjɔ̃] *nf* Schalldämmung *die.*

insonorisé, e [ɛ̃sɔnɔrize] *adj* schallisoliert.

insonoriser [3] [ɛ̃sɔnɔrize] *vt* gegen Schall isolieren, schalldicht machen.
insouciance [ɛ̃susjɑ̃s] *nf* Sorglosigkeit *die*.
insouciant, e [ɛ̃susjɑ̃, ɑ̃t] *adj* sorglos.
insoumis, e [ɛ̃sumi, iz] *adj* **-1.** [caractère] trotzig. **-2.** [peuple] rebellisch.
insoumission [ɛ̃sumisjɔ̃] *nf* **-1.** [d'enfant] Ungehorsam *der*. **-2.** [de peuple] Widerstand *der*.
insoupçonné, e [ɛ̃supsɔne] *adj* ungeahnt.
insoutenable [ɛ̃sutnabl] *adj* **-1.** [rythme, douleur, scène] unerträglich. **-2.** [théorie] unhaltbar.
inspecter [4] [ɛ̃spɛkte] *vt* **-1.** [classe] inspizieren; [bagages] durchsuchen; [bâtiment, terrain] untersuchen, genau an|sehen. **-2.** [scruter]: **~ l'horizon** den Horizont ab|suchen.
inspecteur, trice [ɛ̃spɛktœr, tris] *nm, f* Inspektor *der*, -in *die*; **~ des finances** *Finanzinspektor*; **~ de police** Polizeiinspektor.
inspection [ɛ̃spɛksjɔ̃] *nf* **-1.** [contrôle] Inspektion *die*; **faire l'~ de qqch** etw besichtigen. **-2.** [fonction] Aufsicht *die*; **~ générale des Finances** *oberste Finanzaufsichtsbehörde*.
inspiration [ɛ̃spirasjɔ̃] *nf* **-1.** [d'air] Einatmen *das*. **-2.** [divine, poétique] Inspiration *die*; **avoir de l'~** inspiriert sein. **-3.** [influence] Anregung *die*; **d'~ romantique** von der Romantik inspiriert. **-4.** [idée] Eingebung *die*; **j'ai eu une bonne ~ de faire qqch** es war eine gute Idee von mir, etw zu tun.
inspiré, e [ɛ̃spire] *adj* **-1.** [poète] inspiriert. **-2.** *loc*: **être bien ~ de faire qqch** *fam* gut daran tun, etw zu tun.
inspirer [3] [ɛ̃spire] *vt* **-1.** [air] ein|atmen. **-2.** [peur, respect, confiance]: **~ qqch à qqn** jm etw ein|flößen; **~ de la haine à qqn** bei jm Haßgefühle aus|lösen; **~ du dégoût à qqn** jn an|ekeln; **~ de l'inquiétude à qqn** jm Sorgen machen. **-3.** [artiste] inspirieren; **~ une œuvre à qqn** jn zu einem Werk inspirieren. **-4.** *hum* [plaire]: **ça ne m'inspire pas** das sagt mir nichts.
◆ **s'inspirer** *vp*: **s'~ de qqch** sich an etw *(A)* an|lehnen; **s'~ de qqn** js Beispiel folgen.
instabilité [ɛ̃stabilite] *nf* **-1.** [de personne, de temps, de vie] Unbeständigkeit *die*. **-2.** [de situation] Unsicherheit *die*. **-3.** [d'objet] Mangel *der* an Festigkeit.
instable [ɛ̃stabl] ◇ *adj* **-1.** [temps, personne] unbeständig. **-2.** [vie] wechselvoll. **-3.** [situation] unsicher. **-4.** [objet] wackelig. ◇ *nmf* [personne] labiler Mensch.
installateur, trice [ɛ̃stalatœr, tris] *nm, f* Installateur *der*.
installation [ɛ̃stalasjɔ̃] *nf* **-1.** [action] Installation *die*; **leur ~ dans le Midi n'est pas définitive** sie haben sich nicht für immer in Südfrankreich niedergelassen. **-2.** [appareil, infrastructure] Anlage *die*; **~s portuaires** Hafenanlagen; **~s sanitaires** sanitäre Anlagen. **-3.** [de personne - comme travailleur indépendant] Niederlassung *die*; [- dans une fonction] Einsetzung *die* ins Amt.
installer [3] [ɛ̃stale] *vt* **-1.** [personne] unter|bringen. **-2.** [appareil] installieren. **-3.** [pièce, appartement] ein|richten. **-4.** [meuble] stellen. **-5.** [fonctionnaire, magistrat] ein|setzen *(in sein Amt)*.
◆ **s'installer** *vp* **-1.** [personne] sich nieder|lassen; [dans un local] sich ein|richten; **s'~ à son compte** sich selbständig machen; **elle s'installa confortablement sur le divan** sie machte es sich auf dem Sofa gemütlich. **-2.** [maladie] sich ein|nisten; [habitude] sich ein|stellen; **s'~ dans qqch** *fig* in etw *(A)* hinein|geraten.
instamment [ɛ̃stamɑ̃] *adv* inständig.
instance [ɛ̃stɑ̃s] *nf* **-1.** [autorité, JUR] Instanz *die*. **-2.** [insistance] Drängen *das*; **sur les ~s de qqn** auf js Drängen.
◆ **en instance** *loc adj* unerledigt; **être en ~ de qqch** in etw *(D)* begriffen sein; **être en ~ de divorce** in Scheidung leben.
instant, e [ɛ̃stɑ̃, ɑ̃t] *adj littéraire* dringlich.
◆ **instant** *nm* Augenblick *der*; **à l'~** [il y a peu de temps] gerade eben; [immédiatement] augenblicklich; **à l'~ où** in dem Moment, als; **à chaque** OU **tout ~** jederzeit; **pour l'~** vorerst; **dans un ~** sofort; **un ~!** Moment bitte!; **en un ~** von einem Augenblick auf den anderen; **ne pas avoir un ~ de répit** keinen Augenblick Ruhe haben.
instantané, e [ɛ̃stɑ̃tane] *adj* **-1.** [réaction] sofortig; **mort ~e** plötzlich eingetretener Tod. **-2.** [café, potage] Instant-.
◆ **instantané** *nm* [photo] Momentaufnahme *die*.
instantanément [ɛ̃stɑ̃tanemɑ̃] *adv* sofort, auf der Stelle.
instar [ɛ̃star]
◆ **à l'instar de** *loc prép* (eben)so wie.
instaurer [3] [ɛ̃stɔre] *vt* **-1.** [régime] begründen; [politique] ein|leiten. **-2.** [mode, usage] ein|führen.
instigateur, trice [ɛ̃stigatœr, tris] *nm, f* Anstifter *der*, -in *die*.
instigation [ɛ̃stigasjɔ̃] *nf* Anstiftung *die*; **à l'~ de qqn** auf js Betreiben (hin).
instiller [3] [ɛ̃stile] *vt* **-1.** [substance] (ein|)träufeln. **-2.** [sentiment] suggerieren, aufkommen lassen; **~ le doute dans les esprits** Zweifel in die Gemüter säen.
instinct [ɛ̃stɛ̃] *nm* **-1.** [tendance innée] Instinkt *der*; **~ de conservation** Selbsterhaltungstrieb *der*; **~ grégaire** Herdentrieb *der*; **~ maternel** Mutterinstinkt. **-2.** [impulsion] Trieb *der*. **-3.** [in-

tuition] Gefühl *das*, sicherer Instinkt; **d'~** instinktiv.

instinctif, ive [ɛ̃stɛ̃ktif, iv] ◇ *adj* instinktiv. ◇ *nm, f* aus dem Instinkt heraus handelnde Person.

instinctivement [ɛ̃stɛ̃ktivmɑ̃] *adv* instinktiv.

instituer [7] [ɛ̃stitɥe] *vt* **-1.** [pratique] ein|führen, ins Leben rufen. **-2.** JUR: **~ qqn héritier** jn zum Erben ein|setzen.

◆ **s'instituer** *vp*: **s'~ le gardien de qqch** sich zum Beschützer einer Sache *(G)* machen.

institut [ɛ̃stity] *nm* Institut *das*; **~ de recherche** Forschungsinstitut; **~ médico-légal** gerichtsmedizinisches Institut; **~ de beauté** Kosmetiksalon *der*.

◆ **Institut** *nm*: **l'Institut (de France)** *oberste Instanz für Wissenschaft und Kunst in Frankreich*; **l'Institut Pasteur** *medizinisches Lehr- und Forschungsinstitut in Paris.*

L'INSTITUT DE FRANCE:
Das "Institut de France", oder einfach "L'Institut", ist eine wissenschaftliche Gesellschaft, in der die fünf Akademien (darunter die "Académie française") zusammengeschlossen sind. Es befindet sich im gleichnamigen Gebäude am Seine-Ufer in Paris.

L'INSTITUT PASTEUR:
Diese sehr bekannte Lehr- und Forschungseinrichtung ist auf Mikrobiologie und Bakteriologie spezialisiert. Das Institut hat seinen Sitz in Paris, unterhält aber Abteilungen in der ganzen Welt.

---

instituteur, trice [ɛ̃stitytœr, tris] *nm, f* (Volksschul)lehrer *der*, -in *die*.

institution [ɛ̃stitysjɔ̃] *nf* **-1.** [école] Privatschule *die*. **-2.** [pratique courante] Institution *die*; **c'est devenu une véritable ~!** es ist zu einer Institution geworden! **-3.** [mise en place] Einrichtung *die*.

◆ **institutions** *nfpl* POLIT Institutionen *Pl*.

institutionnaliser [3] [ɛ̃stitysjɔnalize] *vt* institutionalisieren.

◆ **s'institutionnaliser** *vp* sich institutionalisieren.

institutrice → **instituteur**.

instructeur [ɛ̃stryktœr] ◇ *adj m*: **magistrat ~** Untersuchungsrichter *der*. ◇ *nm* Ausbilder *der*, -in *die*.

instructif, ive [ɛ̃stryktif, iv] *adj* **-1.** [expérience, conversation] lehrreich. **-2.** [lecture] informativ.

instruction [ɛ̃stryksjɔ̃] *nf* **-1.** [enseignement, formation] Ausbildung *die*; **~ civique** Gemeinschaftskunde *die*; **~ publique** staatliches Unterrichtswesen; **~ religieuse** Religionsunterricht *der*. **-2.** [savoir]: **avoir de l'~** gebildet sein. **-3.** [directive] Anweisung *die*. **-4.** JUR [enquête] Ermittlungen *Pl*, Untersuchung *die*. **-5.** INFORM Befehl *der*.

◆ **instructions** *nfpl* [mode d'emploi] (Gebrauchs)anweisung *die*.

instruire [98] [ɛ̃strɥir] *vt* **-1.** [éduquer, informer] unterrichten. **-2.** JUR: **~ une affaire** ein Ermittlungsverfahren durch|führen; **~ contre qqn** gegen jn ermitteln.

◆ **s'instruire** *vp* [se former] sich bilden.

instruisais *etc* → **instruire**.

instruit, e [ɛ̃strɥi, it] ◇ *pp* → **instruire**. ◇ *adj* gebildet.

instrument [ɛ̃strymɑ̃] *nm* Instrument *das*; *fig* Werkzeug *das*; **~ de musique** Musikinstrument; **~ à cordes** Saiteninstrument; **~ à percussion** Schlaginstrument; **~ à vent** Blasinstrument; **~s de travail** Arbeitszeug *das*.

instrumental, e, aux [ɛ̃strymɑ̃tal, o] *adj* **-1.** [médecine] instrumentell. **-2.** MUS instrumental.

instrumentation [ɛ̃strymɑ̃tasjɔ̃] *nf* **-1.** [de travail] instrumentelle Ausrüstung. **-2.** [musicale] Instrumentation *die*.

instrumentiste [ɛ̃strymɑ̃tist] *nmf* Instrumentalist *der*.

insu [ɛ̃sy]

◆ **à l'insu de** *loc prép*: **à l'~ de qqn** ohne js Wissen; **à mon/son etc ~** ohne daß ich/er etc es wußte; **il a réussi à filer à l'~ de tous** er ist verschwunden, ohne daß es irgendjemand bemerkt hätte.

insubmersible [ɛ̃sybmɛrsibl] *adj* unsinkbar.

insubordination [ɛ̃sybɔrdinasjɔ̃] *nf* **-1.** MIL Gehorsamsverweigerung *die*. **-2.** [désobéissance] Ungehorsam *der*.

insubordonné, e [ɛ̃sybɔrdɔne] *adj* **-1.** MIL widersetzlich. **-2.** [désobéissant] aufsässig.

insuccès [ɛ̃syksɛ] *nm* Scheitern *das*.

insuffisamment [ɛ̃syfizamɑ̃] *adv* ungenügend.

insuffisance [ɛ̃syfizɑ̃s] *nf* **-1.** [carence] Unzulänglichkeit *die*. **-2.** [faiblesse]: **des ~s** Mängel *Pl*. **-3.** MÉD Insuffizienz *die*; **~ cardiaque** Herzschwäche *die*.

insuffisant, e [ɛ̃syfizɑ̃, ɑ̃t] *adj* ungenügend; **disposer d'un personnel ~** nicht über genügend Personal verfügen.

insuffler [3] [ɛ̃syfle] *vt* [air] ein|blasen; **~ qqch à qqn** *fig* jm etw vermitteln.

insulaire [ɛ̃sylɛr] ◇ *adj* Insel-. ◇ *nmf* Inselbewohner *der*, -in *die*.

insularité [ɛ̃sylarite] *nf* Insellage *die*.

insuline [ɛ̃sylin] *nf* Insulin *das*.

insultant, e [ɛ̃syltɑ̃, ɑ̃t] *adj* beleidigend.

insulte [ɛ̃sylt] *nf* **-1.** [parole] Schimpfwort *das*;

proférer des ~s à l'égard de qqn jn beschimpfen. **-2.** [affront] Kränkung *die*.

insulter [3] [ɛ̃sylte] *vt* **-1.** [injurier] beschimpfen. **-2.** [offenser] kränken, beleidigen.

insupportable [ɛ̃sypɔrtabl] *adj* **-1.** [gén] unerträglich. **-2.** [enfant] unausstehlich.

insurgé, e [ɛ̃syrʒe] ◇ *adj* aufständisch. ◇ *nm, f* Aufständische *der, die*.

insurger [17] [ɛ̃syrʒe]

◆ **s'insurger** *vp*: **s'~ (contre qqch)** sich (gegen etw) auf|lehnen; **s'~ contre qqn** sich gegen jn erheben.

insurmontable [ɛ̃syrmɔ̃tabl] *adj* unüberwindlich.

insurrection [ɛ̃syrɛksjɔ̃] *nf* Aufstand *der*.

insurrectionnel, elle [ɛ̃syrɛksjɔnɛl] *adj* [mouvement] aufständisch; **gouvernement ~** von den Aufständischen gebildete Regierung.

intact, e [ɛ̃takt] *adj* **-1.** [objet] heil. **-2.** [réputation] unversehrt.

intangible [ɛ̃tɑ̃ʒibl] *adj* **-1.** [principe, foi] unantastbar. **-2.** *sout* [secret, ombres] undurchdringlich.

intarissable [ɛ̃tarisabl] *adj* **-1.** [source] nie versiegend. **-2.** [personne] redselig, unerschöpflich; **sur ce sujet, il est ~** wenn man ihn auf dieses Thema anspricht, hört er gar nicht mehr auf zu reden.

intégral, e, aux [ɛ̃tegral, o] *adj* **-1.** [paiement] vollständig; [texte] vollständig, ungekürzt. **-2.** MATHS Integral-. **-3.** [bronzage]: **faire du bronzage ~** nahtlos bräunen.

◆ **intégrale** *nf* **-1.** MUS Gesamtwerk *das*. **-2.** MATHS Integral *das*.

intégralement [ɛ̃tegralmɑ̃] *adv* vollständig.

intégralité [ɛ̃tegralite] *nf* Vollständigkeit *die*; **lisez l'~ du texte avant de commencer** lesen Sie den Text vollständig, ehe Sie anfangen; **dans son ~** voll und ganz.

intégrante [ɛ̃tegrɑ̃t] → **partie**.

intégration [ɛ̃tegrasjɔ̃] *nf* **-1.** [action]: **~ (dans qqch)** Aufnahme *die* (in eine Sache). **-2.** [sociale, raciale] Eingliederung *die*. **-3.** [unification] Integration *die*.

intègre [ɛ̃tɛgr] *adj* **-1.** [personne] integer, unbestechbar. **-2.** [vie] moralisch einwandfrei.

intégré, e [ɛ̃tegre] *adj* **-1.** [logiciel] integriert. **-2.** [élément] eingebaut.

intégrer [18] [ɛ̃tegre] *vt* **-1.** [incorporer]: **~ qqch à** OU **dans qqch** etw in etw *(A)* ein|fügen; **~ qqn dans qqch** jn in etw *(A)* integrieren. **-2.** [entrer à]: **~ une école** in eine Schule aufgenommen werden. **-3.** MATHS integrieren.

◆ **s'intégrer** *vp* **-1.** [s'incorporer]: **s'~ à** OU **dans qqch** [objet] sich in etw *(A)* ein|fügen; [personne] sich in etw *(A)* integrieren. **-2.** [s'adapter] sich integrieren.

intégrisme [ɛ̃tegrism] *nm* Fundamentalismus *der*.

intégriste [ɛ̃tegrist] ◇ *adj* fundamentalistisch. ◇ *nmf* Fundamentalist *der*, -in *die*.

intégrité [ɛ̃tegrite] *nf* **-1.** [honnêteté] Integrität *die*. **-2.** [totalité] Vollständigkeit *die*.

◆ **intégrité du territoire** *nf* Unverletzlichkeit *die* des Staatsgebiets.

intellect [ɛ̃telɛkt] *nm* Intellekt *der*.

intellectualisme [ɛ̃telɛktɥalism] *nm* Intellektualismus *der*.

intellectuel, elle [ɛ̃telɛktɥɛl] ◇ *adj* **-1.** [supériorité, paresse] geistig. **-2.** [mouvement, film] intellektuel. ◇ *nm, f* Intellektuelle *der, die*.

intellectuellement [ɛ̃telɛktɥɛlmɑ̃] *adv* geistig.

intelligemment [ɛ̃teliʒamɑ̃] *adv* intelligent.

intelligence [ɛ̃teliʒɑ̃s] *nf* **-1.** [faculté mentale] Intelligenz *die*; **~ artificielle** künstliche Intelligenz. **-2.** [complicité, harmonie] Einvernehmen *das*; **vivre en bonne/mauvaise ~** in gutem Einvernehmen/in Zwietracht leben; **agir d'~ avec qqn** im Einvernehmen mit jm handeln. **-3.** *sout* [compréhension]: **il a l'~ des affaires** er hat einen Sinn für Geschäfte.

◆ **intelligences** *nfpl* (geheime) Beziehungen *Pl*.

intelligent, e [ɛ̃teliʒɑ̃, ɑ̃t] *adj* intelligent.

intelligentsia [ɛ̃teligɛnsja] *nf* Intelligenzija *die*.

intelligible [ɛ̃teliʒibl] *adj* **-1.** [voix] vernehmbar. **-2.** [concept, texte] verständlich; **rendre qqch ~ à qqn** jm etw begreiflich machen.

intello [ɛ̃telo] *fam péj* ◇ *adj* intellektuel. ◇ *nmf* Intellektuelle *der, die*.

intempérance [ɛ̃tɑ̃perɑ̃s] *nf* **-1.** [de langage] Maßlosigkeit *die*. **-2.** [de boisson] Unmäßigkeit *die*.

intempérie [ɛ̃tɑ̃peri] *nf* Unwetter *das*.

intempestif, ive [ɛ̃tɑ̃pɛstif, iv] *adj* **-1.** [irruption, zèle] unangebracht. **-2.** [arrêt, ouverture] ungewollt.

intemporel, elle [ɛ̃tɑ̃pɔrɛl] *adj* **-1.** [sans durée] zeitlos. **-2.** *littéraire* [immatériel] immateriel.

intenable [ɛ̃tənabl] *adj* **-1.** [chaleur] nicht auszuhalten. **-2.** [personne] unerträglich. **-3.** MIL [position] unhaltbar.

intendance [ɛ̃tɑ̃dɑ̃s] *nf* **-1.** [militaire, universitaire] Verwaltungsabteilung *die*. **-2.** *fig* [de groupe] Organisation *die*.

intendant, e [ɛ̃tɑ̃dɑ̃, ɑ̃t] *nm, f* **-1.** [fonctionnaire] Leiter *der*, -in *die*. **-2.** [régisseur] Verwalter *der*, -in *die*. **-3.** THÉÂTRE Intendant *der*, -in *die*.

◆ **intendant** *nm* MIL Beamter *der* bei der Heeresverpflegung.

intense [ɛ̃tɑ̃s] *adj* **-1.** [lumière, circulation] stark.

-2. [sentiment] heftig. -3. [activité] emsig. -4. [froid] schneidend; [chaleur] groß.

intensément [ɛ̃tɑ̃semɑ̃] *adv* intensiv.

intensif, ive [ɛ̃tɑ̃sif, iv] *adj* intensiv.

intensification [ɛ̃tɑ̃sifikasjɔ̃] *nf* Verstärkung *die*, Intensivierung *die*.

intensifier [9] [ɛ̃tɑ̃sifje] *vt* verstärken, intensivieren.

◆ **s'intensifier** *vp* zu|nehmen.

intensité [ɛ̃tɑ̃site] *nf* **-1.** [de moment, de regard, d'activité] Intensität *die*. **-2.** [lumineuse, électrique] Stärke *die*.

intenter [3] [ɛ̃tɑ̃te] *vt* JUR: **~ un procès contre** OU **à qqn** einen Prozeß gegen jn an|strengen.

intention [ɛ̃tɑ̃sjɔ̃] *nf* Absicht *die*; **avoir l'~ de faire qqch** die Absicht haben, etw zu tun; **~ d'achat** Kaufabsicht; **à l'~ de qqn** für jn.

intentionné, e [ɛ̃tɑ̃sjɔne] *adj*: **bien ~** wohlgesinnt; **mal ~** übelwollend.

intentionnel, elle [ɛ̃tɑ̃sjɔnɛl] *adj* absichtlich, beabsichtigt.

intentionnellement [ɛ̃tɑ̃sjɔnɛlmɑ̃] *adv* absichtlich.

inter [ɛ̃tɛr] *nm* SPORT [droit] Halbrechte *der*; [gauche] Halblinke *der*.

interactif, ive [ɛ̃tɛraktif, iv] *adj* interaktiv.

interaction [ɛ̃tɛraksjɔ̃] *nf* **-1.** [gén] Wechselwirkung *die*. **-2.** [en sociologie] Interaktion *die*.

interbancaire [ɛ̃tɛrbɑ̃kɛr] *adj* [carte] für verschiedene Banken geltend; [échange] Bank-an-Bank-; [commission] Banken-.

intercalaire [ɛ̃tɛrkalɛr] ◇ *adj* **-1.** [feuillet] Trenn-. **-2.** [jour] Schalt-. ◇ *nm* [feuillet] Trennblatt *das*.

intercaler [3] [ɛ̃tɛrkale] *vt*: **~ qqch dans qqch** [feuillet] etw in etw *(A)* ein|legen; [réunion] etw in etw *(A)* ein|schieben OU ein|schalten; [citation] etw in etw *(A)* ein|fügen.

◆ **s'intercaler** *vp*: **s'~ entre qqch et qqch** zwischen etw *(A)* und etw *(A)* eingefügt werden.

intercéder [18] [ɛ̃tɛrsede] *vi*: **~ pour** OU **en faveur de qqn** sich für jn ein|setzen.

intercepter [4] [ɛ̃tɛrsɛpte] *vt* **-1.** [lettre, ballon] ab|fangen. **-2.** [chaleur] ab|halten; [rayons] auf|halten. **-3.** [malfaiteur] fest|nehmen.

intercession [ɛ̃tɛrsesjɔ̃] *nf* Fürsprache *die*.

interchangeable [ɛ̃tɛrʃɑ̃ʒabl] *adj* austauschbar.

interclasse [ɛ̃tɛrklas] *nm* SCOL kleine Pause.

intercommunal, e, aux [ɛ̃tɛrkɔmynal, o] *adj* für mehrere Gemeinden zuständig, mehrere Gemeinden betreffend.

interconnexion [ɛ̃tɛrkɔnɛksjɔ̃] *nf* INFORM Verbindung *die*.

intercontinental, e, aux [ɛ̃tɛrkɔ̃tinɑ̃tal, o] *adj* interkontinental.

interdépartemental, e, aux [ɛ̃tɛrdepartəmɑ̃tal, o] *adj* für mehrere Departements zuständig; **commission ~e** mehrere Departements vertretender Ausschuß.

interdépendance [ɛ̃tɛrdepɑ̃dɑ̃s] *nf* Verflechtung *die*, gegenseitige Abhängigkeit.

interdépendant, e [ɛ̃tɛrdepɑ̃dɑ̃, ɑ̃t] *adj* voneinander abhängig.

interdiction [ɛ̃tɛrdiksjɔ̃] *nf* **-1.** [défense, prohibition] Verbot *das*; **la commission a demandé l'~ du livre** die Kommission hat das Buch auf den Index gesetzt; **lever une ~** ein Verbot auf|heben. **-2.** [de fonctionnaire] Berufsverbot *das*; **~ légale** JUR Entziehung *die* der Geschäftsfähigkeit.

interdire [103] [ɛ̃tɛrdir] *vt* **-1.** [défendre, prohiber]: **~ qqch (à qqn)** (jm) etw verbieten; **~ à qqn de faire qqch** jm verbieten, etw zu tun. **-2.** [empêcher]: **~ qqch (à qqn)** (jm) etw unmöglich machen; **~ à qqn de faire qqch** es jm unmöglich machen, etw zu tun. **-3.** [exclure] unmöglich machen. **-4.** [prêtre, fonctionnaire] des Dienstes entheben. **-5.** [bloquer]: **~ l'accès à qqch** den Zugang zu etw versperren.

◆ **s'interdire** *vp*: **s'~ qqch** sich einer Sache *(G)* enthalten; **s'~ de faire qqch** davon ab|sehen, etw zu tun.

interdisais *etc* → **interdire**.

interdisciplinaire [ɛ̃tɛrdisiplinɛr] *adj* interdisziplinär.

interdit, e [ɛ̃tɛrdi, it] ◇ *pp* → **interdire**. ◇ *adj* **-1.** [défendu] untersagt, verboten; **il a été ~ de séjour** er ist ausgewiesen worden. **-2.** [ébahi]: **rester ~** wie vor den Kopf geschlagen sein.

◆ **interdit** *nm*: **jeter l'~ sur qqn** jn mit einem Bann belegen; **lever l'~** den Bann brechen; **braver les ~s** die Tabus verletzen.

intéressant, e [ɛ̃teresɑ̃, ɑ̃t] ◇ *adj* interessant. ◇ *nm, f*: **faire l'~** *péj* sich interessant machen, sich auf|spielen.

◆ **intéressant** *nm*: **l'~** das Interessante.

intéressé, e [ɛ̃terese] ◇ *adj* **-1.** [concerné, motivé] interessiert; **être ~ par qqch** an einer Sache *(D)* Interesse haben. **-2.** [non gratuit] nicht uneigennützig. ◇ *nm, f* Betroffene *der, die*; **le principal ~** der Erstbetroffene.

intéressement [ɛ̃terɛsmɑ̃] *nm* (Gewinn)beteiligung *die*.

intéresser [4] [ɛ̃terese] *vt* **-1.** [captiver]: **~ qqn (à qqch)** jn (für etw) interessieren. **-2.** [faire participer]: **~ qqn à qqch** jn an etw *(D)* beteiligen. **-3.** [concerner] betreffen.

◆ **s'intéresser** *vp*: **s'~ à qqn/qqch** sich für jn/etw interessieren.

intérêt [ɛ̃terɛ] *nm* **-1.** [gén]: **~ (pour qqn/qqch)**

Interesse *das* (für jn/etw); **porter** OU **témoigner de l'~ à qqn/qqch** jm/etw großes Interesse entgegen|bringen; **défendre ses ~s** seine (eigenen) Interessen verteidigen; **c'est dans ton ~** es liegt in deinem Interesse; **être guidé par son ~** das tun, was für einen selbst das Beste ist; **tu as ~ à y aller tout de suite** du solltest besser sofort hingehen; **dans l'~ général** im allgemeinen Interesse. **-2.** [importance] Bedeutung *die*; **sans ~** unwichtig *(adj)*. **-3.** [avantage] Vorteil *der*.

◆ **intérêts** *nmpl* FIN Zinsen *Pl*; **~s moratoires** Verzugszinsen.

interface [ɛ̃tɛrfas] *nf* **-1.** INFORM Schnittstelle *die*; **~ graphique** Grafikschnittstelle. **-2.** [intermédiaire] Nahtstelle *die*.

interférence [ɛ̃tɛrferɑ̃s] *nf* **-1.** [PHYS, linguistique] Interferenz *die*. **-2.** [conjonction] Überlagerung *die*.

interférer [18] [ɛ̃tɛrfere] *vi* Interferenzen erzeugen; **~ avec qqch** *fig* mit etw kollidieren.

intergalactique [ɛ̃tɛrgalaktik] *adj* intergalaktisch.

intérieur, e [ɛ̃terjœr] *adj* **-1.** [cour, politique] Innen-; **marché ~** Binnenmarkt *der*. **-2.** [sentiment] innerlich; **vie ~e** Innenleben *das*.

◆ **intérieur** *nm* **-1.** [de pièce, d'armoire] Innere *das*; **à l'~** drinnen; **à l'~ de qqch** im Inneren einer Sache *(G)*, innen in etw *(D)*. **-2.** [pays] Landesinnere *das*. **-3.** [maison] Inneneinrichtung *die*.

◆ **Intérieur** *nm*: **(le ministère de) l'Intérieur** das Innenministerium.

intérieurement [ɛ̃terjœrmɑ̃] *adv* [en soi-même] in js Inneren.

intérim [ɛ̃terim] *nm* **-1.** [période]: **assurer l'~** die Vertretung übernehmen; **ministre par ~** Interimsminister *der*. **-2.** [travail temporaire] Zeitarbeit *die*; **faire de l'~, travailler en ~** Zeitarbeit machen.

intérimaire [ɛ̃terimɛr] ◇ *adj* **-1.** [employé] von einer Zeitarbeitsfirma gestellt. **-2.** [fonction] provisorisch. ◇ *nmf* [employé] Angestellte *der, die* bei einer Zeitarbeitsfirma; [ouvrier] Leiharbeiter *der*, -in *die*.

intérioriser [3] [ɛ̃terjɔrize] *vt* verinnerlichen.

interjection [ɛ̃tɛrʒɛksjɔ̃] *nf* GRAM Interjektion *die*.

interjeter [27] [ɛ̃tɛrʒəte] *vt* JUR: **~ appel** Berufung ein|legen.

interligne [ɛ̃tɛrliɲ] *nm* Zeilenabstand *der*; **simple/double ~** einfacher/doppelter Zeilenabstand.

interlocuteur, trice [ɛ̃tɛrlɔkytœr, tris] *nm, f* **-1.** [dans conversation] Gesprächspartner *der*, -in *die*. **-2.** [dans négociation] Verhandlungspartner *der*, -in *die*.

interlope [ɛ̃tɛrlɔp] *adj* **-1.** [bar, milieu] verrufen. **-2.** [commerce] illegal.

interloquer [3] [ɛ̃tɛrlɔke] *vt*: **~ qqn** jm die Sprache verschlagen.

interlude [ɛ̃tɛrlyd] *nm* **-1.** MUS Interludium *das*. **-2.** TÉLÉ Programmfüller *der*.

intermède [ɛ̃tɛrmɛd] *nm* **-1.** [interruption] Pause *die*. **-2.** THÉÂTRE Zwischenspiel *das*.

intermédiaire [ɛ̃tɛrmedjɛr] ◇ *nmf* Vermittler *der*, -in *die*; **sans ~** direkt *(adv)*. ◇ *adj* Zwischen-. ◇ *nm*: **par l'~ de qqn/qqch** über jn/etw.

interminable [ɛ̃tɛrminabl] *adj* endlos (lang).

interministériel, elle [ɛ̃tɛrministerjɛl] *adj* interministeriell.

intermittence [ɛ̃tɛrmitɑ̃s] *nf*: **par ~** zeitweilig *(adv)*.

intermittent, e [ɛ̃tɛrmitɑ̃, ɑ̃t] *adj* **-1.** [travail, effort] zeitweilig; **être ~** aus- und ein|setzen. **-2.** [fièvre] intermittierend.

internat [ɛ̃tɛrna] *nm* **-1.** [pensionnat] Internat *das*; **être en ~** Internatsschüler sein. **-2.** [UNIV - concours] *Prüfung für die Zulassung zur klinischen Ausbildung nach dem Medizinstudium*; [- stage] *klinische Ausbildungszeit eines Medizinstudenten nach dem Studium*.

international, e, aux [ɛ̃tɛrnasjɔnal, o] ◇ *adj* international. ◇ *nm, f* SPORT Nationalspieler *der*, -in *die*.

◆ **Internationale** *nf*: **l'Internationale** die Internationale.

internationalisation [ɛ̃tɛrnasjɔnalizasjɔ̃] *nf* Internationalisierung *die*.

interne [ɛ̃tɛrn] ◇ *adj* **-1.** [gén] intern. **-2.** ANAT inner, Innen-, intern. ◇ *nmf* **-1.** [pensionnaire] Internatsschüler *der*, -in *die*. **-2.** UNIV: **~ des hôpitaux de Paris** *Medizinstudent, der nach dem Studium seine klinische Ausbildung in den Pariser Krankenhäusern erhält*.

interné, e [ɛ̃tɛrne] *nm, f* **-1.** MÉD eingewiesener Patient, eingewiesene Patientin. **-2.** [prisonnier] Internierte *der, die*.

internement [ɛ̃tɛrnəmɑ̃] *nm* **-1.** [dans hôpital] Einweisung *die*. **-2.** [dans prison, dans camp] Internierung *die*.

interner [3] [ɛ̃tɛrne] *vt* **-1.** [dans hôpital] ein|weisen. **-2.** [dans prison, dans camp] internieren.

interpeller [26] [ɛ̃tɛrpəle] *vt* **-1.** [apostropher] an|sprechen. **-2.** [arrêter] fest|nehmen. **-3.** [concerner]: **~ qqn** an js Gewissen appellieren.

Interphone® [ɛ̃tɛrfɔn] *nm* Sprechanlage *die*.

interplanétaire [ɛ̃tɛrplanetɛr] *adj* interplanetarisch.

INTERPOL, Interpol [ɛ̃tɛrpɔl] *(abr de* **International Criminal Police Organization***)* *n* Interpol *die*.

interpoler [3] [ɛ̃tɛrpɔle] *vt* interpolieren.
interposer [3] [ɛ̃tɛrpoze] *vt* **-1.** [placer]: **~ qqch entre qqch et qqch** etw zwischen etw *(A)* und etw *(A)* setzen OU stellen. **-2.** [faire intervenir]: **~ qqch** mit etw dazwischen|fahren.
◆ **s'interposer** *vp*: **s'~ dans qqch** bei etw dazwischen|treten; **s'~ entre qqn et qqn** zwischen jn und jn treten.
interprétariat [ɛ̃tɛrpretarja] *nm* Dolmetscherberuf *der*.
interprétation [ɛ̃tɛrpretasjɔ̃] *nf* **-1.** [gén] Interpretation *die*. **-2.** [explication] Auslegung *die*. **-3.** [traduction] Dolmetschen *das*; **~ simultanée** Simultandolmetschen.
interprète [ɛ̃tɛrprɛt] *nmf* **-1.** MUS, THÉÂTRE & CIN Interpret *der*, -in *die*. **-2.** [traducteur] Dolmetscher *der*, -in *die*. **-3.** [porte-parole] Sprecher *der*, -in *die*.
interpréter [18] [ɛ̃tɛrprete] *vt* **-1.** MUS, THÉÂTRE & CIN interpretieren. **-2.** [commenter] aus|legen; [rêves] deuten. **-3.** [traduire] dolmetschen.
interprofessionnel, elle [ɛ̃tɛrprɔfɛsjɔnɛl] *adj* überberuflich.
interrogateur, trice [ɛ̃terɔgatœr, tris] *adj* fragend.
interrogatif, ive [ɛ̃terɔgatif, iv] *adj* **-1.** [air, ton, regard] fragend. **-2.** GRAM Interrogativ-.
◆ **interrogatif** *nm* GRAM Interrogativform *die*.
interrogation [ɛ̃terɔgasjɔ̃] *nf* **-1.** [question] Befragung *die*. **-2.** SCOL: **~ (écrite)** Klassenarbeit *die*. **-3.** INFORM Abfragen *das*. **-4.** GRAM: **~ directe/indirecte** direkter/indirekter Interrogativsatz.
interrogatoire [ɛ̃terɔgatwar] *nm* **-1.** [oral] Vernehmung *die*, Verhör *das*. **-2.** [document] Vernehmungsprotokoll *das*.
interrogeable [ɛ̃terɔʒabl] *adj*: **répondeur ~ à distance** Anrufbeantworter *der* mit Fernabfrage.
interroger [17] [ɛ̃terɔʒe] *vt* **-1.** [questionner, examiner]: **~ qqn (sur qqch)** jn (über etw *(A)*) befragen; [suspect] jn (zu etw) vernehmen; [élève] jn (über etw *(A)*) prüfen. **-2.** INFORM ab|fragen.
◆ **s'interroger** *vp*: **s'~ sur qqch** etw hinterfragen.
interrompis *etc* → **interrompre**.
interrompre [78] [ɛ̃tɛrɔ̃pr] *vt* **-1.** [gén]: **~ qqn (dans qqch)** jn (bei etw) unterbrechen. **-2.** [définitivement] ab|brechen.
◆ **s'interrompre** *vp* sich unterbrechen.
interromps *etc* → **interrompre**.
interrompu, e [ɛ̃tɛrɔ̃py] *pp* → **interrompre**.
interrupteur [ɛ̃teryptœr] *nm* ÉLECTR Schalter *der*.
interruption [ɛ̃terypsjɔ̃] *nf* **-1.** [arrêt] Unterbrechung *die*; **sans ~** ununterbrochen *(adv)*. **-2.** [par des paroles] Zwischenruf *der*.
◆ **interruption volontaire de grossesse** *nf* Schwangerschaftsabbruch *der*.
intersection [ɛ̃tɛrsɛksjɔ̃] *nf* **-1.** [de routes] Kreuzung *die*. **-2.** MATHS Schnittpunkt *der*.
intersidéral, e, aux [ɛ̃tɛrsideral, o] *adj* interstellar.
interstice [ɛ̃tɛrstis] *nm* kleiner Zwischenraum.
intersyndical, e, aux [ɛ̃tɛrsɛ̃dikal, o] *adj* gewerkschaftsübergreifend.
intertitre [ɛ̃tɛrtitr] *nm* Zwischentitel *der*.
interurbain, e [ɛ̃tɛryrbɛ̃, ɛn] *adj*: **communication ~e** Ferngespräch *das*.
intervalle [ɛ̃tɛrval] *nm* **-1.** [spatial] Zwischenraum *der*. **-2.** [temporel] Zeitraum *der*; **dans l'~** in der Zwischenzeit.
intervenant, e [ɛ̃tɛrvənɑ̃, ɑ̃t] *nm, f* **-1.** [orateur] Vortragende *der, die*. **-2.** JUR Intervenient *der*, -in *die*.
intervenir [40] [ɛ̃tɛrvənir] *vi* **-1.** [s'immiscer]: **~ (dans qqch)** (in etw *(A)*) ein|greifen; **faire ~ qqn** jn ein|schalten. **-2.** [se produire] ein|treten. **-3.** [jouer un rôle] mit|spielen.
intervention [ɛ̃tɛrvɑ̃sjɔ̃] *nf* **-1.** [gén] Eingreifen *das*. **-2.** MÉD Eingriff *der*. **-3.** [discours] Diskussionsbeitrag *der*.
interventionnisme [ɛ̃tɛrvɑ̃sjɔnism] *nm* Interventionismus *der*.
interventionniste [ɛ̃tɛrvɑ̃sjɔnist] ◇ *nmf* Anhänger *der*, -in *die* des Interventionismus. ◇ *adj* Interventionismus-.
intervenu, e [ɛ̃tɛrvəny] *pp* → **intervenir**.
intervertir [32] [ɛ̃tɛrvɛrtir] *vt* vertauschen.
interviendrai *etc* → **intervenir**.
interviens *etc* → **intervenir**.
interview [ɛ̃tɛrvju] *nf* Interview *das*; **accorder une ~ à qqn** jm ein Interview gewähren.
interviewer[1] [3] [ɛ̃tɛrvjuve] *vt* interviewen.
interviewer[2] [ɛ̃tɛrvjuvœr] *nm*, **intervieweur, euse** [ɛ̃tɛrvjuvœr, øz] *nm, f* Interviewer *der*.
intervins *etc* → **intervenir**.
intestat [ɛ̃tɛsta] *adj inv* JUR: **mourir ~** ohne letztwillige Verfügung sterben.
intestin, e [ɛ̃tɛstɛ̃, in] *adj sout* intern.
◆ **intestin** *nm* Darm *der*; **~ grêle** Dünndarm; **gros ~** Dickdarm.
intestinal, e, aux [ɛ̃tɛstinal, o] *adj* Darm-; **problèmes intestinaux** Verdauungsbeschwerden *Pl*.
intime [ɛ̃tim] ◇ *nmf* Vertraute *der, die*. ◇ *adj* **-1.** [soirée, ami] intim; **ils sont très ~s** sie sind sehr eng befreundet. **-2.** *sout* [profond] ureigen. **-3.** [vie] Privat-.

intimement [ɛ̃timmɑ̃] *adv* **-1.** [profondément] im Innersten. **-2.** [étroitement] innig.

intimer [3] [ɛ̃time] *vt*: **~ un ordre à qqn** jm einen Befehl erteilen.

intimidant, e [ɛ̃timidɑ̃, ɑ̃t] *adj* beeindruckend.

intimidation [ɛ̃timidasjɔ̃] *nf* Einschüchterung *die*.

intimider [3] [ɛ̃timide] *vt* ein|schüchtern.

intimiste [ɛ̃timist] *adj*: **peintre ~** Interieurmaler *der*.

intimité [ɛ̃timite] *nf* **-1.** [familiarité] Vertrautheit *die*. **-2.** [vie privée] Intimsphäre *die*; **dans l'~** im vertrauten Kreis; **dans la plus stricte ~** im engsten Kreis. **-3.** *sout* [tréfonds] tiefstes Inneres.

intitulé [ɛ̃tityle] *nm* **-1.** [d'ouvrage] Titel *der*; [de chapitre] Überschrift *die*. **-2.** [de loi, de jugement] Rubrum *das*.

intituler [3] [ɛ̃tityle] *vt* betiteln.

◆ **s'intituler** *vp* **-1.** [ouvrage]: **ce livre s'intitule** dieses Buch trägt den Titel. **-2.** [personne]: **il s'intitule ...** er legt sich den Titel ... bei.

intolérable [ɛ̃tɔlerabl] *adj* **-1.** [insupportable] unerträglich. **-2.** [inadmissible] unzumutbar.

intolérance [ɛ̃tɔlerɑ̃s] *nf* Intoleranz *die*; **~ (à qqch)** Intoleranz (gegenüber etw *(D)*).

intolérant, e [ɛ̃tɔlerɑ̃, ɑ̃t] *adj* intolerant.

intonation [ɛ̃tɔnasjɔ̃] *nf* **-1.** [inflexion] Tonfall *der (sans pl)*. **-2.** LING & MUS Intonation *die*.

intouchable [ɛ̃tuʃabl] ◇ *nmf* Unberührbare *der, die*. ◇ *adj* unantastbar.

intoxication [ɛ̃tɔksikasjɔ̃] *nf* **-1.** [empoisonnement] Vergiftung *die*; **~ alimentaire** Lebensmittelvergiftung. **-2.** *fig* [propagande] Manipulation *die*.

intoxiqué, e [ɛ̃tɔksike] ◇ *adj* **-1.** [empoisonné] vergiftet. **-2.** [drogué] süchtig. ◇ *nm, f* **-1.** [empoisonné] Vergiftete *der, die*. **-2.** [drogué] Süchtige *der, die*.

intoxiquer [3] [ɛ̃tɔksike] *vt* **-1.** [empoisonner] vergiften. **-2.** *fig* [influencer] negativ beeinflussen.

◆ **s'intoxiquer** *vp* **-1.** [s'empoisonner] sich vergiften. **-2.** *fig* [s'abrutir] sich berieseln lassen.

intraduisible [ɛ̃tradɥizibl] *adj* **-1.** [texte] unübersetzbar. **-2.** [sentiment] nicht wiederzugeben.

intraitable [ɛ̃trɛtabl] *adj* unnachgiebig, kompromißlos; **être ~ sur qqch** nicht von etw ab|gehen.

intransigeance [ɛ̃trɑ̃ziʒɑ̃s] *nf* **-1.** [de personne] Unnachgiebigkeit *die*. **-2.** [de décision] Kompromißlosigkeit *die*.

intransigeant, e [ɛ̃trɑ̃ziʒɑ̃, ɑ̃t] *adj* **-1.** [personne] unnachgiebig. **-2.** [décision] kompromißlos.

intransitif, ive [ɛ̃trɑ̃zitif, iv] *adj* GRAM intransitiv.

intransportable [ɛ̃trɑ̃spɔrtabl] *adj* **-1.** [personne] nicht transportfähig. **-2.** [objet] nicht transportabel.

intraveineux, euse [ɛ̃travɛnø, øz] *adj* intravenös.

◆ **intraveineuse** *nf* intravenöse Injektion.

intrépide [ɛ̃trepid] *adj* [courageux] unerschrokken, furchtlos.

intrépidité [ɛ̃trepidite] *nf* Unerschrockenheit *die*.

intrigant, e [ɛ̃trigɑ̃, ɑ̃t] ◇ *adj* intrigant. ◇ *nm, f* Intrigant *der*, -in *die*.

intrigue [ɛ̃trig] *nf* **-1.** [manœuvre] Intrige *die*. **-2.** [histoire] Handlung *die*. **-3.** *sout* [amoureuse] Romanze *die*.

intriguer [3] [ɛ̃trige] ◇ *vt* beschäftigen, neugierig machen. ◇ *vi* intrigieren.

intrinsèque [ɛ̃trɛ̃sɛk] *adj* eigentlich; **valeur ~** Eigenwert *der*.

introductif, ive [ɛ̃trɔdyktif, iv] *adj* einleitend.

introduction [ɛ̃trɔdyksjɔ̃] *nf* **-1.** [gén]: **~ (à qqch)** Einführung *die* (in etw *(A)*); **lettre d'~** Empfehlungsschreiben *das*. **-2.** [de texte] Einleitung *die*.

introduire [98] [ɛ̃trɔdɥir] *vt* **-1.** [gén] ein|führen; **~ sur le marché** auf dem Markt ein|führen; **~ la clé dans la serrure** den Schlüssel ins Schlüsselloch stecken. **-2.** [visiteur] hinein|führen.

◆ **s'introduire** *vp* **-1.** [pénétrer]: **s'~ (dans qqch)** (in etw *(A)*) ein|dringen. **-2.** [mode, habitude] auf|kommen, sich durch|setzen.

introduisais *etc* → **introduire**.

introduit, e [ɛ̃trɔdɥi, it] *pp* → **introduire**.

intronisation [ɛ̃trɔnizasjɔ̃] *nf* [sacre] Inthronisation *die*; *fig* Einführung *die*.

introspection [ɛ̃trɔspɛksjɔ̃] *nf* PSYCHOL Introspektion *die*.

introuvable [ɛ̃truvabl] *adj* **-1.** [caché] unauffindbar. **-2.** [rare] äußerst selten.

introverti, e [ɛ̃trɔvɛrti] ◇ *adj* introvertiert. ◇ *nm, f* introvertierter Mensch.

intrus, e [ɛ̃try, yz] ◇ *adj* ungebeten. ◇ *nm, f* Eindringling *der*.

intrusion [ɛ̃tryzjɔ̃] *nf* Eindringen *das*; *fig* Einmischung *die*.

intuitif, ive [ɛ̃tɥitif, iv] ◇ *adj* intuitiv. ◇ *nm, f* intuitiver Mensch.

intuition [ɛ̃tɥisjɔ̃] *nf* **-1.** [pressentiment] Vorgefühl *das*; **avoir l'~ de qqch** das Vorgefühl von etw haben. **-2.** [flair] Intuition *die*; **avoir de l'~** Intuition besitzen.

intuitivement [ɛ̃tɥitivmɑ̃] *adv* intuitiv.

inusable [inyzabl] *adj* unverwüstlich.
inusité, e [inyzite] *adj* ungebräuchlich.
inutile [inytil] *adj* nutzlos; **(c'est) ~ de faire qqch** es hat keinen Zweck, etw zu tun; **(c'est) ~ d'insister** es hat keinen Zweck, darauf zu beharren.
inutilement [inytilmɑ̃] *adv* umsonst.
inutilisable [inytilizabl] *adj* unbrauchbar.
inutilisé, e [inytilize] *adj* ungenutzt.
inutilité [inytilite] *nf* Nutzlosigkeit *die*.
inv. *abr de* **invariable**.
invaincu, e [ɛ̃vɛ̃ky] *adj* unbesiegt.
invalide [ɛ̃valid] ◇ *nmf* Invalide *der, die*; **~ de guerre** Kriegsinvalide; **~ du travail** Arbeitsinvalide. ◇ *adj* MÉD invalid.
invalider [3] [ɛ̃valide] *vt* für ungültig erklären.
invalidité [ɛ̃validite] *nf* **-1.** JUR Ungültigkeit *die*. **-2.** MÉD Invalidität *die*.
invariable [ɛ̃varjabl] *adj* unveränderlich.
invariablement [ɛ̃varjabləmɑ̃] *adv* stets.
invasion [ɛ̃vazjɔ̃] *nf* **-1.** MIL Einfall *der*. **-2.** [irruption] Eindringen *das*.
invective [ɛ̃vɛktiv] *nf* Beschimpfung *die*.
invectiver [3] [ɛ̃vɛktive] ◇ *vt* beschimpfen. ◇ *vi* schimpfen; **~ contre qqn** gegen jn wettern.
invendable [ɛ̃vɑ̃dabl] *adj* unverkäuflich.
invendu, e [ɛ̃vɑ̃dy] *adj* unverkauft.
◆ **invendu** *nm* Restposten *der*.
inventaire [ɛ̃vɑ̃tɛr] *nm* **-1.** [dénombrement] Aufstellung *die*; **faire l'~ de qqch** von etw eine Aufstellung machen. **-2.** COMM [document] Inventar *das*; [opération] Inventur *die*.
inventer [3] [ɛ̃vɑ̃te] *vt* erfinden.
inventeur, trice [ɛ̃vɑ̃tœr, tris] *nm, f* **-1.** [de machine] Erfinder *der*, -in *die*. **-2.** JUR [de trésor] Finder *der*.
inventif, ive [ɛ̃vɑ̃tif, iv] *adj* erfinderisch.
invention [ɛ̃vɑ̃sjɔ̃] *nf* **-1.** [découverte, mensonge] Erfindung *die*. **-2.** [imagination] Erfindungskraft *die*.
inventorier [9] [ɛ̃vɑ̃tɔrje] *vt* **-1.** JUR inventarisieren. **-2.** COMM ein Inventar auf|stellen.
invérifiable [ɛ̃verifjabl] *adj* nicht beweisbar, nicht überprüfbar.
inverse [ɛ̃vɛrs] ◇ *nm*: **l'~** das Gegenteil; **à l'~ de qqn/qqch** im Gegenteil zu jm/etw. ◇ *adj* umgekehrt; **en sens ~** in entgegengesetzter Richtung.
inversement [ɛ̃vɛrsəmɑ̃] *adv* **-1.** [contrairement] umgekehrt; **~ proportionnel à qqch** zu etw umgekehrt proportional. **-2.** [vice versa] wiederum.
inverser [3] [ɛ̃vɛrse] *vt* um|kehren.
inversion [ɛ̃vɛrsjɔ̃] *nf* **-1.** [changement] Umkehr *die*. **-2.** ÉLECTR Umkehrung *die*. **-3.** LING Inversion *die*.
invertébré, e [ɛ̃vɛrtebre] *adj* wirbellos.
◆ **invertébré** *nm*: **les ~s** die Wirbellosen.
investigation [ɛ̃vɛstigasjɔ̃] *nf* Nachforschung *die*.
investir [32] [ɛ̃vɛstir] *vt* **-1.** FIN: **~ (qqch dans qqch)** (etw in etw *(A)*) investieren. **-2.** [donner]: **~ qqn d'une fonction** jn in ein Amt ein|setzen; **~ qqn d'un pouvoir** jn mit einer Vollmacht versehen. **-3.** MIL ein|schließen.
investissement [ɛ̃vɛstismɑ̃] *nm* **-1.** FIN Investition *die*. **-2.** MIL Einschließung *die*.
investisseur [ɛ̃vɛstisœr] *nm* Investor *der*, Anleger *der*; **~ institutionnel** FIN institutioneller Anleger.
investiture [ɛ̃vɛstityr] *nf* **-1.** [de président] Investitur *die*. **-2.** [de candidat] Aufstellung *die*.
invétéré, e [ɛ̃vetere] *adj* unverbesserlich; **buveur ~** Gewohnheitstrinker *der*.
invincible [ɛ̃vɛ̃sibl] *adj* **-1.** [personne] unbesiegbar. **-2.** [courage, détermination] unerschütterlich. **-3.** [difficulté, fatigue, timidité] unüberwindlich. **-4.** [irréfutable] hieb- und stichfest.
inviolabilité [ɛ̃vjɔlabilite] *nf* **-1.** JUR Unverletzlichkeit *die*. **-2.** [immunité] Immunität *die*. **-3.** [résistance] Einbruch(s)sicherheit *die*.
inviolable [ɛ̃vjɔlabl] *adj* **-1.** [droit, asile] unverletzlich; [serment] unverbrüchlich. **-2.** [citadelle] unbezwinglich. **-3.** [légalement protégé] immun.
invisible [ɛ̃vizibl] *adj* **-1.** [impossible à voir] unsichtbar. **-2.** [qui se dérobe]: **être ~** sich nicht blicken lassen.
invitation [ɛ̃vitasjɔ̃] *nf* **-1.** [gén]: **~ (à qqch)** Einladung *die* (zu etw); **décliner une ~** eine Einladung ab|lehnen; **uniquement sur ~** nur für geladene Gäste. **-2.** [incitation]: **~ à qqch** Aufforderung *die* zu etw; **~ à faire qqch** Aufforderung *die*, etw zu tun.
invite [ɛ̃vit] *nf* Wink *der*.
invité, e [ɛ̃vite] ◇ *nm, f* Gast *der*. ◇ *adj* Gast-, eingeladen.
inviter [3] [ɛ̃vite] *vt* **-1.** [convier, inciter]: **~ qqn (à qqch)** jn (zu etw) ein|laden; **~ qqn à faire qqch** jn ein|laden, etw zu tun. **-2.** *sout* [ordonner]: **~ qqn à faire qqch** jn auf|fordern, etw zu tun.
in vitro [invitro] → **fécondation**.
invivable [ɛ̃vivabl] *adj* **-1.** [personne, situation] unerträglich. **-2.** [lieu] trostlos.
invocation [ɛ̃vɔkasjɔ̃] *nf* RELIG Anrufung *die*.
involontaire [ɛ̃vɔlɔ̃tɛr] *adj* unfreiwillig, ungewollt.
involontairement [ɛ̃vɔlɔ̃tɛrmɑ̃] *adv* versehentlich.
invoquer [3] [ɛ̃vɔke] *vt* **-1.** [excuse, raison] vor|-

bringen. **-2.** [témoignage, loi]: **~ qqch** sich auf etw *(A)* berufen. **-3.** [appeler à l'aide] an|rufen.

invraisemblable [ɛ̃vrɛsɑ̃blabl] *adj* **-1.** [incroyable] unwahrscheinlich. **-2.** [extravagant] ausgefallen.

invraisemblance [ɛ̃vrɛsɑ̃blɑ̃s] *nf* Unwahrscheinlichkeit *die.*

invulnérable [ɛ̃vylnerabl] *adj* **-1.** [personne] unverletzbar; **~ à qqch** gegen etw gefeit. **-2.** [position] unangreifbar.

iode [jɔd] *nm* Jod *das.*

iodé, e [jɔde] *adj* Jod-.

ion [jɔ̃] *nm* Ion *das.*

IPC (*abr de* **indice des prix à la consommation**) *nm* Verbraucherpreisindex *der.*

Ipsos [ipsos] *n französisches Meinungsforschungsinstitut.*

IR (*abr de* **infrarouge**) *adj* IR-.

IRA [ira] (*abr de* **Irish Republican Army**) *nf* IRA *die.*

irai *etc* → **aller**.

Irak, **Iraq** [irak] *nm*: **l'~** der Irak, Irak *nt.*

irakien, enne, **iraquien, enne** [irakjɛ̃, ɛn] *adj* irakisch.

◆ **Irakien, enne**, **Iraquien, enne** *nm, f* Iraker *der,* -in *die.*

Iran [irɑ̃] *nm*: **l'~** der Iran, Iran *nt.*

iranien, enne [iranjɛ̃, ɛn] *adj* iranisch.

◆ **Iranien, enne** *nm, f* Iraner *der,* -in *die.*

Iraq = **Irak**.

iraquien, enne = **irakien**.

irascible [irasibl] *adj* jähzornig.

iris [iris] *nm* **-1.** BOT Schwertlilie *die.* **-2.** ANAT Iris *die.*

irisé, e [irize] *adj* in Regenbogenfarben schillernd.

irlandais, e [irlɑ̃dɛ, ɛz] *adj* irisch, irländisch.

◆ **irlandais** *nm* [langue] Irisch(e) *(das),* Irländisch(e) *(das).*

◆ **Irlandais, e** *nm, f* Ire *der,* Irin *die,* Irländer *der,* -in *die.*

Irlande [irlɑ̃d] *nf*: **l'~** Irland *nt;* **l'~ du Nord** Nordirland; **l'~ du Sud** Südirland.

ironie [irɔni] *nf* Ironie *die;* **~ du sort** Ironie des Schicksals.

ironique [irɔnik] *adj* ironisch.

ironiquement [irɔnikmɑ̃] *adv* ironisch.

ironiser [3] [irɔnize] *vi*: **~ sur qqch** über etw *(A)* eine ironische Bemerkung machen OU spötteln.

IRPP (*abr de* **impôt sur le revenu des personnes physiques**) *nm* ≃ Eink. St. *die (Einkommenssteuer).*

irradiation [iradjasjɔ̃] *nf* **-1.** [action] Strahlen *das.* **-2.** [rayons] Strahlung *die.* **-3.** [halo] Ausstrahlung *die.* **-4.** MÉD Bestrahlung *die.*

irradier [9] [iradje] ◇ *vi* strahlen. ◇ *vt* bestrahlen.

irraisonné, e [irɛzɔne] *adj* sinnlos.

irrationnel, elle [irasjɔnɛl] *adj* irrational.

irréalisable [irealizabl] *adj* nicht zu verwirklichen.

irréaliste [irealist] *adj* unrealistisch.

irréalité [irealite] *nf* Unwirklichkeit *die.*

irrecevable [irəsəvabl] *adj* unzulässig.

irréconciliable [irekɔ̃siljabl] *adj* unversöhnlich.

irrécupérable [irekyperabl] *adj* **-1.** [irréparable] schrottreif. **-2.** [irrécouvrable] verloren, nicht eintreibbar. **-3.** *fam* : **personne ~** hoffnungsloser Fall.

irrécusable [irekyzabl] *adj* **-1.** [preuve, témoignage] unwiderlegbar. **-2.** [juge, témoin] nicht ablehnbar.

irréductible [iredyktibl] ◇ *nmf bis zum Äußersten gehende Person.* ◇ *adj* **-1.** [personne, volonté, opposition] unnachgiebig. **-2.** CHIM & MATHS nicht reduzierbar. **-3.** MÉD irreponibel.

irréel, elle [ireɛl] *adj* unwirklich.

irréfléchi, e [irefleʃi] *adj* **-1.** [acte] unüberlegt. **-2.** [personne] unbesonnen.

irréfutable [irefytabl] *adj* unwiderlegbar.

irrégularité [iregylarite] *nf* Unregelmäßigkeit *die.*

irrégulier, ère [iregylje, ɛr] *adj* **-1.** [gén] unregelmäßig; **un élève ~** ein unregelmäßig arbeitender Schüler; **un athlète ~** ein Athlet mit wechselhaften Leistungen. **-2.** [non conforme] regelwidrig. **-3.** [illégal] ungesetzlich; **en situation irrégulière** ohne gültige Aufenthaltserlaubnis.

irrégulièrement [iregyljɛrmɑ̃] *adv* **-1.** [inégalement] unregelmäßig. **-2.** [non conformément] regelwidrig.

irrémédiable [iremedjabl] *adj* **-1.** [catastrophe] heillos; [perte] unersetzlich. **-2.** [défaut, mal] unheilbar. **-3.** [erreur] nicht wiedergutzumachen.

irrémédiablement [iremedjabləmɑ̃] *adv* unrettbar.

irremplaçable [irɑ̃plasabl] *adj* unersetzlich.

irréparable [ireparabl] ◇ *nm*: **commettre l'~** etw tun, wo es kein Zurück mehr gibt. ◇ *adj* **-1.** [objet] nicht mehr zu reparierend. **-2.** [erreur] nicht wiedergutzumachend; [désastre] verheerend.

irrépressible [irepresibl] *adj* unzähmbar.

irréprochable [ireprɔʃabl] *adj* tadellos.

irrésistible [irezistibl] *adj* **-1.** [gén] unwider-

stehlich. **-2.** [amusant] unwiderstehlich komisch.
irrésistiblement [irezistibləmɑ̃] *adv* unwiderstehlich.
irrésolu, e [irezɔly] *adj* **-1.** [personne, attitude] unentschlossen. **-2.** [problème] ungelöst.
irrespirable [irɛspirabl] *adj* **-1.** [à cause de l'odeur] äußerst stickig. **-2.** [oppressant] unerträglich. **-3.** [dangereux] irrespirabel.
irresponsable [irɛspɔ̃sabl] ◇ *nmf* verantwortungsloser Mensch. ◇ *adj* **-1.** JUR schuldunfähig. **-2.** [non fautif] nicht verantwortlich. **-3.** [immature] verantwortungslos.
irrévérencieux, euse [ireverɑ̃sjø, øz] *adj* respektlos.
irréversible [ireversibl] *adj* nicht mehr rückgängig zu machend.
irrévocable [irevɔkabl] *adj* unwiderruflich.
irrévocablement [irevɔkabləmɑ̃] *adv* unwiderruflich.
irrigation [irigasjɔ̃] *nf* **-1.** AGRIC Bewässerung *die*. **-2.** MÉD Durchblutung *die*.
irriguer [3] [irige] *vt* **-1.** AGRIC bewässern. **-2.** MÉD durchbluten.
irritabilité [iritabilite] *nf* Reizbarkeit *die*.
irritable [iritabl] *adj* reizbar.
irritant, e [iritɑ̃, ɑ̃t] *adj* **-1.** [agaçant] ärgerlich. **-2.** MÉD Reiz-.
irritation [iritasjɔ̃] *nf* **-1.** [exaspération] Gereiztheit *die*. **-2.** MÉD Reizung *die*; **~ de la gorge** leichte Halsentzündung.
irriter [3] [irite] *vt* reizen.
◆ **s'irriter** *vp*: **s'~ contre qqn/de qqch** sich über jn/etw auf|regen.
irruption [irypsjɔ̃] *nf* **-1.** [gén] Eindringen *das*; **faire ~ dans qqch** [lieu] in etw *(A)* hinein|platzen; [vie] plötzlich in etw *(A)* treten. **-2.** [invasion] Einfall *der*.
ISBN (*abr de* **International standard book number**) *nm* ISBN *die*.
ISF (*abr de* **impôt de solidarité sur la fortune**) *nm* Vermögenssteuer *die*.
islam [islam] *nm* **-1.** [religion] Islam *der*. **-2.** [monde musulman]: **l'Islam** die Welt des Islam(s).
Islamabad [islamabad] *n* Islamabad *nt*.
islamique [islamik] *adj* islamisch.
islamisation [islamizasjɔ̃] *nf* Islamisierung *die*.
islamiser [3] [islamize] *vt* islamisieren.
islandais, e [islɑ̃dɛ, ɛz] *adj* isländisch.
◆ **islandais** *nm* [langue] Isländisch(e) *(das)*.
◆ **Islandais, e** *nm, f* Isländer *der*, -in *die*.
Islande [islɑ̃d] *nf*: **l'~** Island *nt*.
isocèle [izɔsɛl] *adj* gleichschenklig.
isolant, e [izɔlɑ̃, ɑ̃t] *adj* isolierend, Isolier-, Isolations-.
◆ **isolant** *nm* Isoliermaterial *das*.
isolateur, trice [izɔlatœr, tris] *adj* isolierend, Isolier-, Isolations-.
◆ **isolateur** *nm* Isolator *der*.
isolation [izɔlasjɔ̃] *nf* Isolation *die*, Isolierung *die*; **~ phonique** Schalldämmung *die*; **~ thermique** Wärmeisolation.
isolationnisme [izɔlasjɔnism] *nm* Isolationismus *der*.
isolé, e [izɔle] *adj* **-1.** [éloigné] abgelegen. **-2.** [seul] isoliert, einsam. **-3.** [unique] vereinzelt; **cas ~** Einzelfall *der*. **-4.** [protégé]: **être ~ (contre qqch)** (gegen etw) isoliert sein.
isolement [izɔlmɑ̃] *nm* **-1.** [solitude] Isoliertheit *die*. **-2.** [séparation, TECHNOL] Isolation *die*.
isolément [izɔlemɑ̃] *adv* einzeln.
isoler [3] [izɔle] *vt* **-1.** [gén] isolieren; **~ qqch de qqch** ÉLECTR & CONSTR etw gegen etw isolieren; MÉD etw aus etw isolieren; CHIM etw von etw trennen. **-2.** [principe, théorie] isoliert betrachten; **~ qqch de qqch** etw aus etw lösen.
◆ **s'isoler** *vp*: **s'~ (de qqch)** sich (von etw) isolieren.
isoloir [izɔlwar] *nm* Wahlkabine *die*.
isotherme [izɔtɛrm] ◇ *adj* isotherm; **sac ~** Kühltasche *die*. ◇ *nf* MÉTÉOR Isotherme *die*.
Israël [israɛl] *n* Israel *nt*.
israélien, enne [israeljɛ̃, ɛn] *adj* israelisch.
◆ **Israélien, enne** *nm, f* Israeli *der, die*.
israélite [israelit] *adj* israelitisch.
◆ **Israélite** *nmf* Israelit *der*, -in *die*.
issu, e [isy] *adj*: **~ de qqch** von etw ab|stammen; **les résultats ~s de nos dernières recherches** die Resultate unserer jüngsten Forschungen.
◆ **issue** *nf* **-1.** [sortie] Ausgang *der*; **~e de secours** Notausgang. **-2.** [solution] Ausweg *der*; **sans ~e** ausweglos *(adv)*. **-3.** [terme] Ausgang *der*; **à l'~e de qqch** am Ende von etw.
Istanbul [istɑ̃bul] *n* Istanbul *nt*.
isthme [ism] *nm* Isthmus *der*.
Italie [itali] *nf*: **l'~** Italien *nt*.
italien, enne [italjɛ̃, ɛn] *adj* italienisch.
◆ **italien** *nm* [langue] Italienisch(e) *(das)*.
◆ **Italien, enne** *nm, f* Italiener *der*, -in *die*.
italique [italik] ◇ *nm* **-1.** TYPO Kursivschrift *die*; **en ~** kursiv *(adv)*. **-2.** HIST & LING Italisch(e) *(das)*. ◇ *adj* **-1.** TYPO Kursiv-. **-2.** HIST & LING italisch.
itinéraire [itinerɛr] *nm* Route *die*.
itinérant, e [itinerɑ̃, ɑ̃t] *adj* Wander-.
itou [itu] *adv fam vieilli*: **et moi ~** ich auch.
ITP (*abr de* **ingénieur des travaux publics**) *nm* Tiefbauingenieur *der*.

IUFM (*abr de* **institut universitaire de formation des maîtres**) *nm französische Hochschule für Grundschullehrer.*

IUP (*abr de* **institut universitaire professionnel**) *nm* ≃ BA *die (Berufsakademie).*

IUT (*abr de* **institut universitaire de technologie**) *nm technische Fachhochschule in Frankreich.*

IVG *abr de* **interruption volontaire de grossesse**.

ivoire [ivwar] *nm* **-1.** [matière] Elfenbein *das.* **-2.** [objet] Elfenbeinarbeit *die.* **-3.** ANAT Zahnbein *das.*

ivoirien, enne [ivwarjɛ̃, ɛn] *adj* aus OU von der Elfenbeinküste.

◆ **Ivoirien, enne** *nm, f* Ivorer *der,* -in *die.*

ivre [ivr] *adj* betrunken; **~ mort** sinnlos betrunken; **~ d'orgueil** stolzerfüllt.

ivresse [ivrɛs] *nf* Trunkenheit *die;* **l'~ du succès lui a tourné la tête** der Erfolg ist ihm zu Kopf gestiegen.

ivrogne [ivrɔɲ] ◇ *nmf* Säufer *der,* -in *die.* ◇ *adj* Säufer-.

ivrognerie [ivrɔɲri] *nf* Sauferei *die.*

J

j, J [ʒi] *nm inv* [lettre] j *das,* J *das.*

◆ **J -1.** (*abr de* **joule**) J. **-2.** (*abr de* **jour**) T.

j' [ʒ] → **je**.

jabot [ʒabo] *nm* **-1.** [d'oiseau] Kropf *der.* **-2.** [de chemise] Jabot *das.*

jacassement [ʒakasmɑ̃] *nm péj* Geschnatter *das.*

jacasser [3] [ʒakase] *vi* **-1.** [pie] schreien. **-2.** *péj* [personne] schnattern.

jachère [ʒaʃɛr] *nf* Brachland *das;* **en ~** brachliegend.

jacinthe [ʒasɛ̃t] *nf* Hyazinthe *die.*

jacobin, e [ʒakɔbɛ̃, in] *adj* jakobinisch.

◆ **Jacobin** *nm* HIST Jakobiner *der.*

Jacuzzi® [ʒakyzi] *nm* Whirlpool® *der.*

jade [ʒad] *nm* Jade *der* OU *die.*

jadis [ʒadis] *adv* einst.

jaguar [ʒagwar] *nm* Jaguar *der.*

jaillir [32] [ʒajir] *vi* **-1.** [liquide] heraus|spritzen. **-2.** [flamme] hoch|schlagen. **-3.** [cri] schallen. **-4.** [personne] hervor|kommen.

jais [ʒɛ] *nm* Gagat *der;* **noir comme (du) ~, de ~** pechschwarz.

Jakarta = **Djakarta**.

jalon [ʒalɔ̃] *nm* Bake *die,* Marke *die;* **poser les (premiers) ~s de qqch** *fig* für etw den Weg ebnen.

jalonner [3] [ʒalɔne] *vt* ab|stecken; **jalonné de** gesäumt von; **un parcours jalonné d'obstacles** eine Strecke, auf der ein Hindernis aufs andere folgt.

jalouse → **jaloux**.

jalousement [ʒaluzmɑ̃] *adv* **-1.** [avec jalousie] eifersüchtig. **-2.** [avec soin] sorgfältig.

jalouser [3] [ʒaluze] *vt* beneiden.

jalousie [ʒaluzi] *nf* **-1.** [envie] Neid *der.* **-2.** [en amour] Eifersucht *die;* **être malade de ~** vor Eifersucht krank sein, sich in Eifersucht verzehren. **-3.** [store] Jalousie *die.*

jaloux, ouse [ʒalu, uz] *adj* **-1.** [envieux]: **être ~ (de qqn/qqch)** (auf jn/etw) neidisch sein. **-2.** [en amour]: **être ~ de qqn** auf jn eifersüchtig sein. **-3.** [attaché]: **être ~ de qqch** über etw *(A)* eifersüchtig wachen.

jamaïquain, e, jamaïcain, e [ʒamaikɛ̃, ɛn] *adj* jamaikanisch, jamaikisch.

◆ **Jamaïquain, e, Jamaïcain, e** *nm, f* Jamaikaner *der,* -in *die.*

Jamaïque [ʒamaik] *nf*: **la ~** Jamaika *nt.*

jamais [ʒamɛ] *adv* **-1.** [sens négatif]: **ne ... ~** nie(mals); **je ne reviendrai ~** ich komme nie wieder; **lui pardonneras-tu?** - **~!** wirst du ihm verzeihen? - niemals!; **ça ne fait ~ que 100 francs** das macht schließlich nur 100 Franc; **sans ~** ohne je; **il travaille sans ~ s'arrêter** er arbeitet ununterbrochen; **ne ~ plus, ne plus ~** nie wieder; **~ plus je ne reviendrai** ich komme nie wieder. **-2.** [sens positif] je, jemals; **si ~ tu le vois** falls du ihn treffen solltest; **plus que ~** mehr denn je; **le froid est plus terrible que ~** die Kälte ist beißender denn je.

◆ **à jamais** *loc adv sout* für immer.

◆ **pour jamais** *loc adv sout* für immer.

jambage [ʒɑ̃baʒ] *nm* [de lettre] Abstrich *der.*

jambe [ʒɑ̃b] *nf* Bein *das;* **s'enfuir à toutes ~s, prendre ses ~s à son cou** *fig* die Beine in die Hand nehmen; **tenir la ~ à qqn** *fam fig* jm ein Ohr ab|reden; **ça me fait une belle ~!** *fam fig* dafür kann ich mir nichts kaufen.

jambières [ʒɑ̃bjɛr] *nfpl* Beinschutz *der.*

jambon [ʒɑ̃bɔ̃] *nm* Schinken *der;* **~ blanc/fumé** gekochter/geräucherter Schinken; **~ de Parme** Parmaschinken.

jambonneau, x [ʒɑ̃bɔno] *nm* Schweinshachse *die.*

jante [ʒɑ̃t] *nf* Felge *die.*

janvier [ʒɑ̃vje] *nm* Januar *der*; *voir aussi* **septembre**.

Japon [ʒapɔ̃] *nm*: **le ~** Japan *nt*; **au ~** in Japan.

japonais, e [ʒapɔnɛ, ɛz] *adj* japanisch.

◆ **japonais** *nm* [langue] Japanisch(e) *(das)*.

◆ **Japonais, e** *nm, f* Japaner *der*, -in *die*.

jappement [ʒapmɑ̃] *nm* Gekläff(e) *das*.

japper [3] [ʒape] *vi* kläffen.

jaquette [ʒakɛt] *nf* **-1.** [d'homme] Frack *der*; [de femme] Jacke *der*. **-2.** [de livre] Umschlag *der*.

jardin [ʒardɛ̃] *nm* Garten *der*; **~ d'enfants** Kindergarten; **~ public** öffentliche Gartenanlage; **~ zoologique** zoologischer Garten.

jardinage [ʒardinaʒ] *nm* Gärtnerei *die*.

jardiner [3] [ʒardine] *vi* im Garten arbeiten.

jardinet [ʒardinɛ] *nm* Gärtchen *das*, Vorgarten *der*.

jardinier, ère [ʒardinje, ɛr] *nm, f* Gärtner *der*, -in *die*.

◆ **jardinière** *nf* **-1.** [bac à fleurs] Blumenkasten *der*. **-2.** CULIN: **jardinière (de légumes)** gemischtes Gemüse.

jargon [ʒargɔ̃] *nm* **-1.** [langue spécialisée] Jargon *der*. **-2.** *fam* [charabia] Kauderwelsch *das*.

jarret [ʒarɛ] *nm* **-1.** ANAT Kniekehle *die*. **-2.** CULIN Hachse *die*.

jarretelle [ʒartɛl] *nf* Straps *der*, Strumpfhalter *der*.

jarretière [ʒartjɛr] *nf* Strumpfband *das*, Straps *der*.

jars [ʒar] *nm* Gänserich *der*.

jaser [3] [ʒaze] *vi* klatschen; **ça va ~** das gibt ein Geklatsche.

jasmin [ʒasmɛ̃] *nm* **-1.** [fleur] Jasminblüte *die*. **-2.** [arbre] Jasmin *der*.

jaspé, e [ʒaspe] *adj* gesprenkelt.

jatte [ʒat] *nf* Schale *die*.

jauge [ʒoʒ] *nf* Meßstab *der*; **~ de niveau d'huile** Ölstandsanzeiger *der*.

jauger [17] [ʒoʒe] *vt fig* ab|taxieren.

jaunâtre [ʒonatr] *adj* gelblich.

jaune [ʒon] ◇ *adj* gelb. ◇ *nm* Gelb *das*. ◇ *adv*: **rire ~** krampfhaft lachen.

◆ **jaune d'œuf** *nm* Eigelb *das*.

jaunir [32] [ʒonir] ◇ *vi* [feuilles] gelb werden; [papier] vergilben. ◇ *vt* gelb färben.

jaunisse [ʒonis] *nf* Gelbsucht *die*; **en faire une ~** *fam fig* sich grün und gelb ärgern.

jaunissement [ʒonismɑ̃] *nm* Gelbfärbung *die*.

java [ʒava] *nf Volkstanz im Dreivierteltakt*; **faire la ~** *fam fig* einen drauf|machen.

Java [ʒava] *n* Java *nt*, Jawa *nt*; **à ~** auf Java.

javanais, e [ʒavanɛ, ɛz] *adj* javanisch, Java-.

◆ **javanais** *nm* [langue] Javanisch(e) *(das)*.

◆ **Javanais, e** *nm, f* Javaner *der*, -in *die*.

Javel [ʒavɛl] *nf*: **(eau de) ~** *chlorhaltiges Reinigungsmittel*.

javelliser [3] [ʒavelize] *vt* chloren.

javelot [ʒavlo] *nm* **-1.** [arme] Speer *der*. **-2.** [sport] Speerwerfen *das*.

jazz [dʒaz] *nm* Jazz *der*.

J.-C. (*abr de* **Jésus-Christ**) Chr.

je [ʒə], **j'** *(devant voyelle ou h muet) pron pers* ich.

jean [dʒin], **jeans** [dʒins] *nm* Jeans *Pl*.

Jeanne d'Arc [ʒandark] *nf* Johanna von Orléans; **coiffure à la ~** Pagenfrisur *die*.

jeans = **jean**.

Jeep® [dʒip] *nf* Jeep® *der*.

je-m'en-foutisme [ʒmɑ̃futism] *nm fam* Wurstigkeit *die*.

jérémiades [ʒeremjad] *nfpl* Jammern *das (sans pl)*.

jerrican, **jerrycan** [ʒerikan] *nm* Benzinkanister *der*.

jersey [ʒɛrzɛ] *nm* Jersey *der*.

Jersey [ʒɛrzɛ] *n* Jersey *nt*; **à ~** auf Jersey.

Jérusalem [ʒeryzalɛm] *n* Jerusalem *nt*.

jésuite [ʒezɥit] ◇ *nm* Jesuit *der*. ◇ *adj* jesuitisch.

Jésus-Christ [ʒezykri] *nm* Jesus Christus.

jet¹ [ʒɛ] *nm* **-1.** [de liquide] Strahl *der*; **~ d'eau** Springbrunnen *der*. **-2.** [action de jeter] Werfen *das*. **-3.** [lancer] Wurf *der*. **-4.** *fig* [esquisse]: **d'un seul ~** in einem Zug; **premier ~** erster Entwurf.

jet² [dʒɛt] *nm* [avion] Jet *der*.

jetable [ʒətabl] *adj* Wegwerf-.

jeté [ʒəte] *nm*: **~ de lit** Bettdecke *die*; **~ de table** Tischläufer *der*.

jetée [ʒəte] *nf* Mole *die*.

jeter [27] [ʒəte] *vt* **-1.** [lancer] werfen; **~ qqch à qqn** jm etw zu|werfen; **~ qqn dehors** jn hinaus|werfen; **~ un coup d'œil sur qqn/qqch** auf jn/etw einen Blick werfen. **-2.** [se débarrasser de] weg|werfen; **~ à la poubelle** in den Müll werfen.

◆ **se jeter** *vp* **-1.** [se précipiter]: **se ~ sur qqn/qqch** sich auf jn/etw stürzen; **se ~ dans les bras de qqn** sich jm in die Arme werfen. **-2.** [rivière]: **se ~ dans qqch** in etw *(A)* münden.

jeton [ʒətɔ̃] *nm* **-1.** [de jeu] Spielmarke *die*; [de téléphone] Telefonmünze *die*. **-2.** [dans une entreprise]: **~ de présence** Anwesenheitsgeld *das*. **-3.** INFORM: **anneau à ~** Token-Ring *der*. **-4.** *loc*: **avoir les ~s** *fam* Muffe haben.

◆ **faux jeton** *nm fam* falscher Fuffziger.

jette *etc* → **jeter**.

jetterai *etc* → **jeter**.

jeu, x [ʒø] *nm* **-1.** [gén] Spiel *das*; **par ~** aus Spaß; **~ de cartes** Kartenspiel; **~ d'équipe** Mannschaftsspiel; **~ de hasard** Glücksspiel; **~ de mot** Wortspiel; **~ de l'oie** Gänsespiel; **~ de société** Gesellschaftsspiel; **~ télévisé** ≃ Fernsehquiz *das*; **être en ~** auf dem Spiel stehen; **entrer en ~** mit|spielen; **entrer dans le ~ de qqn** js Spiel mit|machen; **jouer le ~** das Spiel mit|machen; **mettre en ~** aufs Spiel setzen. **-2.** THÉÂTRE Spielweise *die*.

jeudi [ʒødi] *nm* Donnerstag *der*; **~ saint** Gründonnerstag; *voir aussi* **samedi**.

jeun [ʒœ̃]

◆ **à jeun** *loc adv* **-1.** [sobre] nüchtern. **-2.** [sans avoir mangé] mit nüchternem Magen.

jeune [ʒœn] ◇ *adj* **-1.** [personne, animal] jung; **~ fille** Mädchen *das*, junge Dame; **~ homme** junger Mann; **les ~s gens** die jungen Leute. **-2.** [style, coiffure] jugendlich. ◇ *adv*: **faire ~** jung aus|sehen.

◆ **jeunes** *nmfpl* Jugend *die (sans pl)*.

jeûne [ʒøn] *nm* Fasten *das*.

jeûner [3] [ʒøne] *vi* **-1.** RELIG fasten. **-2.** [être à la diète] hungern.

jeunesse [ʒœnɛs] *nf* Jugend *die*.

JF, **jf** *abr de* **jeune fille**.

JH, **jh** *abr de* **jeune homme**.

jingle [dʒingœl] *nm* Jingle *der*.

JO ◇ *nm* (*abr de* **Journal officiel**) ≃ BGBL *das*. ◇ *nmpl* (*abr de* **jeux Olympiques**) Olympische Spiele *Pl*.

joaillerie [ʒɔajri] *nf* **-1.** [métier] Juwelierkunst *die*. **-2.** [magasin] Juwelierladen *der*.

joaillier, ère [ʒɔaje, ɛr] *nm, f* Juwelier *der*, -in *die*.

job [dʒɔb] *nm fam* Job *der*.

jobard, e [ʒɔbar, ard] *adj fam* gutgläubig.

jockey [ʒɔkɛ] *nm* Jockei *der*, Jockey *der*.

jogging [dʒɔgiŋ] *nm* **-1.** [activité] Jogging *das*; **faire du ~** joggen. **-2.** [vêtement] Jogginganzug *der*.

Johannesbourg [ʒɔanɛsbur] *n* Johannesburg *nt*.

joie [ʒwa] *nf* Freude *die*; **avec ~** mit Freude, gern; **~ de vivre** Lebensfreude.

joignable [ʒwaɲabl] *adj* erreichbar.

joignais *etc* → **joindre**.

joindre [82] [ʒwɛ̃dr] *vt* **-1.** [rapprocher] zusammen|fügen; [mains] falten; **(ne pas) arriver à ~ les deux bouts** *fam fig* (nicht) über die Runden kommen. **-2.** [ajouter, insérer]: **~ qqch à qqch** einer Sache *(D)* etw bei|legen. **-3.** [par téléphone] erreichen.

◆ **se joindre** *vp*: **se ~ à qqn** sich jm an|schließen.

joins *etc* → **joindre**.

joint, e [ʒwɛ̃, ɛ̃t] ◇ *pp* → **joindre**. ◇ *adj*: **à pieds ~s** mit geschlossenen Beinen.

◆ **joint** *nm* **-1.** [d'étanchéité] Dichtung *die*; **~ de culasse** Zylinderkopfdichtung. **-2.** *fam* [de haschisch, de marijuana] Joint *der*.

jointure [ʒwɛ̃tyr] *nf* ANAT Gelenk *das*.

joker [ʒɔkɛr] *nm* Joker *der*.

joli, e [ʒɔli] *adj (avant n)* **-1.** [mignon] hübsch. **-2.** *fam* [résultat, somme] ansehnlich; **avoir une ~e situation** gut situiert sein. **-3.** *loc*: **c'est bien ~, mais** das ist (ja) alles schön und gut, aber; **c'est du ~ travail!** *iron* das ist ja eine schöne Bescherung!

joliment [ʒɔlimɑ̃] *adv* **-1.** [agréablement] nett. **-2.** *iron* [complètement] ganz schön; **ça les arrangerait ~ de** es käme ihnen gerade recht, daß.

jonc [ʒɔ̃] *nm* Binse *die*.

joncher [3] [ʒɔ̃ʃe] *vt* übersäen; **être jonché de qqch** mit etw übersät sein.

jonction [ʒɔ̃ksjɔ̃] *nf* [de routes] Anschlußstelle *die*.

jongler [3] [ʒɔ̃gle] *vi* jonglieren.

jongleur, euse [ʒɔ̃glœr, øz] *nm, f* Jongleur *der*, -in *die*.

jonquille [ʒɔ̃kij] *nf* Osterglocke *die*.

Jordanie [ʒɔrdani] *nf*: **la ~** Jordanien *nt*.

jordanien, enne [ʒɔrdanjɛ̃, ɛn] *adj* jordanisch.

◆ **Jordanien, enne** *nm, f* Jordanier *der*, -in *die*.

jouable [ʒwabl] *adj* **-1.** [situation, partie] machbar. **-2.** SPORT [terrain] bespielbar. **-3.** [rôle] spielbar.

joual [ʒwal] *nm Can* Franko-Kanadisch(e) *(das)*.

joue [ʒu] *nf* Backe *die*, Wange *die*; **tenir** OU **mettre qqn en ~** auf jn an|legen.

jouer [6] [ʒwe] ◇ *vi* spielen; **~ à qqch** [jeu, sport] etw spielen; **~ avec qqn/qqch** mit jm/etw spielen; **~ de qqch** MUS etw spielen; **~ des coudes** die Ellbogen gebrauchen; **~ de malchance** ein Pechvogel sein; **~ sur les mots** sich in Zweideutigkeiten ergehen. ◇ *vt* **-1.** JEU, MUS & THÉÂTRE spielen; **qu'est-ce qu'on joue au cinéma?** was läuft im Kino?; **~ les grands seigneurs** *fig* sich auf|spielen. **-2.** [somme d'argent] ein|setzen. **-3.** [réputation, honneur] aufs Spiel setzen.

◆ **se jouer** *vp*: **se ~ de qqch** sich über etw *(A)* hinweg|setzen; **se ~ de qqn** jn zum Narren halten.

jouet [ʒwɛ] *nm* Spielzeug *das*; **être le ~ de qqn** *fig* js Spielball sein.

joueur, euse [ʒwœr, øz] *nm, f* Spieler *der*, -in *die*; **être beau/mauvais ~** ein guter/schlechter Verlierer sein.

joufflu, e [ʒufly] *adj* pausbackig.

joug [ʒu] *nm* Joch *das.*

jouir [32] [ʒwir] *vi* **-1.** [apprécier, posséder]: **~ de qqch** etw genießen; **~ d'une bonne santé** sich einer guten Gesundheit erfreuen. **-2.** [sexuellement] einen Orgasmus haben.

jouissance [ʒwisɑ̃s] *nf* **-1.** JUR [de bien] Nutznießung *die.* **-2.** [sexuelle] Orgasmus *der.*

joujou, x [ʒuʒu] *nm* Spielzeug *das.*

jour [ʒur] *nm* Tag *der;* **huit ~s** eine Woche; **quinze ~s** vierzehn Tage; **~ après ~** tagaus, tagein; **de ~ en ~** von Tag zu Tag; **du ~ au lendemain** von einem Tag auf den anderen; **~ pour ~** auf den Tag genau; **l'autre ~** neulich; **le ~ où** der Tag, an dem; **un beau ~** eines schönen Tages; **un de ces ~s** demnächst; **le ~ de l'an** Neujahrstag; **le ~ J** der Tag X; **de ~** bei Tag(e), tagsüber; **il fait ~** es ist hell; **au petit ~** am frühen Morgen; **~ chômé** bezahlter Feiertag; **~ de congé** Urlaubstag; **~ ouvrable** Werktag; **~ de fête** Feiertag; **~ férié** Feiertag; **au grand ~** in aller Öffentlichkeit; **de nos ~s** heutzutage; **se faire ~** an den Tag kommen; **sous un ~ nouveau** von einer anderen Seite.

◆ **à jour** ◇ *loc adv*: **mettre qqch à ~** etw auf den neuesten Stand bringen. ◇ *loc adj* auf dem neuesten Stand.

journal, aux [ʒurnal, o] *nm* **-1.** [publication] Zeitung *die;* **le Journal officiel de la République française** *das französische Amtsblatt,* ≃ das Bundesgesetzblatt. **-2.** TÉLÉ Nachrichten *Pl;* **~ télévisé** Fernsehnachrichten. **-3.** [carnet]: **~ (intime)** Tagebuch *das;* **~ de bord** Logbuch *das.*

JOURNAL OFFICIEL:
Dieses Bulletin veröffentlicht Nachrichten über neue Gesetze und Zusammenfassungen der Parlamentsdebatten. Es informiert die Öffentlichkeit auch über alle wichtigen Entscheidungen, die vom Staat getroffen werden. Neue Gesellschaften sind gesetzlich verpflichtet, ihre Gründung in dieser Zeitschrift anzuzeigen.

---

journalier, ère [ʒurnalje, ɛr] *adj* täglich.

journalisme [ʒurnalism] *nm* Journalismus *der.*

journaliste [ʒurnalist] *nmf* Journalist *der,* -in *die.*

journalistique [ʒurnalistik] *adj* journalistisch.

journée [ʒurne] *nf* Tag *der;* **faire la ~ continue** durch|arbeiten; **~ porte(s) ouverte(s)** Tag der offenen Tür.

journellement [ʒurnɛlmɑ̃] *adv* tagtäglich.

joute [ʒut] *nf* Turnier *das;* **~ sur l'eau** Schifferstechen *das;* **~ oratoire** *littéraire* Rededuell *das.*

jouxter [3] [ʒukste] *vt*: **~ qqch** an etw *(A)* an|grenzen.

jovial, e, als OU **aux** [ʒɔvjal, o] *adj* **-1.** [personne, caractère] jovial. **-2.** [air, sourire] freundlich.

jovialité [ʒɔvjalite] *nf* **-1.** [de personne, de caractère] Jovialität *die.* **-2.** [d'air, de sourire] Freundlichkeit *die.*

joyau, x [ʒwajo] *nm* Juwel *das.*

joyeusement [ʒwajøzmɑ̃] *adv* fröhlich.

joyeux, euse [ʒwajø, øz] *adj* fröhlich, vergnügt; **~ Noël!** frohe Weihnachten!

JT *abr de* **journal télévisé**.

jubilation [ʒybilasjɔ̃] *nf* Jubel *der.*

jubilé [ʒybile] *nm* fünfzigjähriges Jubiläum; [de mariage] fünfzigster Hochzeitstag.

jubiler [3] [ʒybile] *vi fam* frohlocken.

jucher [3] [ʒyʃe] *vt*: **~ qqn sur qqch** jn auf etw *(A)* hieven.

◆ **se jucher** *vp*: **se ~ sur qqch** sich auf etw *(A)* schwingen.

judaïque [ʒydaik] *adj* jüdisch.

judaïsme [ʒydaism] *nm* Judentum *das.*

judas [ʒyda] *nm* [de porte] Spion *der.*

Judée [ʒyde] *nf*: **la ~** Judäa *nt.*

judéo-chrétien, enne [ʒydeɔkretjɛ̃, ɛn] (*mpl* **judéo-chrétiens,** *fpl* **judéo-chrétiennes**) *adj* jüdisch-christlich.

judiciaire [ʒydisjɛr] *adj* gerichtlich, richterlich.

judicieusement [ʒydisjøzmɑ̃] *adv* sinnigerweise.

judicieux, euse [ʒydisjø, øz] *adj* angemessen, sinnvoll.

judo [ʒydo] *nm* Judo *das.*

juge [ʒyʒ] *nm* Richter *der,* -in *die;* **~ d'instruction** Untersuchungsrichter; **~ de ligne** TENNIS Linienrichter; **~ de paix** Friedensrichter; **~ de touche** FOOTBALL Linienrichter.

jugé [ʒyʒe]

◆ **au jugé** *loc adv* nach Gefühl; **tirer au ~** auf gut Glück schießen.

jugement [ʒyʒmɑ̃] *nm* **-1.** [gén] Urteil *das;* **~ de valeur** Werturteil. **-2.** [discernement] Urteilsvermögen *das.* **-3.** RELIG: **le Jugement dernier** das Jüngste Gericht.

jugeote [ʒyʒɔt] *nf fam* Grips *der;* **manquer de ~** keinen Grips haben.

juger [17] [ʒyʒe] ◇ *vt* **-1.** JUR: **~ qqn** über jn ein Urteil fällen; **~ qqch** in einer Sache *(D)* entscheiden. **-2.** [décider] beurteilen; **~ que** zu dem Schluß kommen, daß. **-3.** [estimer]: **~ qqn/qqch inutile/indispensable** jn/etw für überflüssig/unbedingt nötig halten; **~ bon de faire qqch** es für richtig halten, etw zu tun. ◇ *vi*: **~ de qqch** etw ein|schätzen; **jugez de ma surprise!** stellen Sie sich meine Überraschung vor!; **si j'en juge d'après mon expérience** meiner Erfahrung nach.

◆ **se juger** *vp* **-1.** [sens réfléchi] sich beurteilen. **-2.** [sens passif] entschieden werden.
juguler [3] [ʒygyle] *vt*: ~ **qqch** einer Sache *(D)* Einhalt gebieten; [inflation] etw ein|dämmen.
juif, juive [ʒɥif, ʒɥiv] *adj* jüdisch.
◆ **Juif, Juive** *nm, f* Jude *der*, Jüdin *die*.
juillet [ʒɥijɛ] *nm* Juli *der*; **la fête du 14 Juillet** *französischer Nationalfeiertag in Erinnerung an den Sturm auf die Bastille am 14. Juli 1789; voir aussi* **septembre.**

LA FÊTE DU 14 JUILLET:
Die Feiern zum Tag des Sturms auf die "Bastille" in Paris beginnen am 13. Juli mit Tanzveranstaltungen im Freien und gehen am 14. Juli mit einer Militärparade und einem Feuerwerk weiter.

---

juin [ʒɥɛ̃] *nm* Juni *der*; *voir aussi* **septembre**.
juive → **juif**.
juke-box [dʒukbɔks] (*pl inv* OU **juke-boxes**) *nm* Musikautomat *der*.
julienne [ʒyljɛn] *nf* CULIN: ~ **de légumes** *in Streifen geschnittenes Gemüse*.
jumeau, elle, x [ʒymo, ɛl] ◇ *adj* **-1.** [enfants] Zwillings-. **-2.** [lits, maisons] Doppel-. ◇ *nm, f* Zwilling *der*; **vrais/faux ~x** eineiige/zweieiige Zwillinge.
◆ **jumelles** *nfpl* Fernglas *das*.
jumelage [ʒymlaʒ] *nm* Städtepartnerschaft *die*.
jumelé, e [ʒymle] *adj* Doppel-; **villes ~es** Partnerstädte.
jumeler [24] [ʒymle] *vt*: ~ **deux villes** eine Städtepartnerschaft zwischen zwei Städten schließen.
jumelle → **jumeau**.
jument [ʒymɑ̃] *nf* Stute *die*.
jungle [ʒœ̃gl] *nf* Dschungel *der*.
junior [ʒynjɔr] *adj* SPORT Junioren-.
junte [ʒœ̃t] *nf* Junta *die*.
jupe [ʒyp] *nf* Rock *der*.
jupe-culotte [ʒypkylɔt] (*pl* **jupes-culottes**) *nf* Hosenrock *der*.
Jupiter [ʒypitɛr] *n* ASTRON Jupiter *der*.
jupon [ʒypɔ̃] *nm* Unterrock *der*.
Jura [ʒyra] *nm* Jura *der*.
jurassien, enne [ʒyrasjɛ̃, ɛn] *adj* jurasisch, aus dem Jura.
◆ **Jurassien, enne** *nm, f* Jurassier *der*, -in *die*.
juré[1], e [ʒyre] *adj*: **ennemi ~** erklärter Feind.
juré[2] [ʒyre] *nm* JUR Geschworene *der, die*.
jurer [3] [ʒyre] ◇ *vt*: ~ **qqch à qqn** jm etw schwören; ~ **(à qqn) que** (jm) schwören, daß; ~ **de faire qqch** schwören, etw zu tun; **ne plus ~ que par qqn/qqch** auf jn/etw schwören; **je le jure** ich schwöre (es); **je vous jure!** *fam* das ist tatsächlich wahr! ◇ *vi* **-1.** [blasphémer] fluchen. **-2.** [ne pas être en harmonie]: ~ **avec qqch** zu etw nicht passen; **les deux couleurs jurent (entre elles)** die beiden Farben beißen sich.
◆ **se jurer** *vp*: **se ~ qqch** [à soi-même] sich *(D)* etw schwören; [réciproquement] sich *(D)* etw gegenseitig schwören.
juridiction [ʒyridiksjɔ̃] *nf* **-1.** [pouvoir de juger] Gerichtsbarkeit *die*. **-2.** [tribunaux] Gericht *das*.
juridictionnel, elle [ʒyridiksjɔnɛl] *adj* richterlich, gerichtlich.
juridique [ʒyridik] *adj* **-1.** [acte, preuve] Rechts-. **-2.** [vocabulaire, formation] juristisch.
juridiquement [ʒyridikmɑ̃] *adv* juristisch.
jurisprudence [ʒyrisprydɑ̃s] *nf* Rechtsprechung *die*; **faire ~** einen Präzedenzfall schaffen.
juriste [ʒyrist] *nmf* Jurist *der*, -in *die*.
juron [ʒyrɔ̃] *nm* Fluch *der*.
jury [ʒyri] *nm* **-1.** JUR: **le ~** die Geschworenen *Pl*. **-2.** [de concours] Prüfungsausschuß *der*. **-3.** [de festival] Jury *die*.
jus [ʒy] *nm* Saft *der*; ~ **d'orange** Orangensaft; ~ **de pomme** Apfelsaft.
jusqu' → **jusque**.
jusqu'au-boutiste [ʒyskobutist] *nmf* aufs Ganze gehender Mensch.
jusque, jusqu' *(devant voyelle ou h muet)* [ʒysk(ə)]
◆ **jusqu'à** *loc prép* **-1.** [sens temporel] bis (zu); **jusqu'à l'âge de dix ans** bis zehn Jahre; **jusqu'à hier** bis gestern; **jusqu'à nouvel ordre** bis auf weiteres; **jusqu'à présent** bis jetzt. **-2.** [sens spatial] bis nach; **jusqu'au bout** bis zum Schluß. **-3.** [même] selbst; **aller jusqu'à faire qqch** sich erdreisten, etw zu tun.
◆ **jusqu'à ce que** *loc conj* bis (daß).
◆ **jusque dans** *loc prép* bis in; **elle avait du sable ~ dans les cheveux** sogar in den Haaren hatte sie Sand.
◆ **jusqu'en** *loc prép* bis.
◆ **jusqu'ici** *loc adv* **-1.** [dans l'espace] bis hierhin. **-2.** [dans le temps] bislang.
jusque-là [ʒyskəla] *loc adv* bis dahin.
justaucorps [ʒystokɔr] *nm* Gymnastikanzug *der*.
juste [ʒyst] ◇ *adj* **-1.** [équitable] gerecht. **-2.** [exact] richtig. **-3.** [trop petit] knapp. ◇ *adv* **-1.** [bien] richtig; **tomber ~** genau zum richtigen Zeitpunkt kommen. **-2.** [exactement]: ~ **à côté** gleich nebenan; ~ **avant de partir, il m'a confié un secret** kurz bevor er fortgegangen ist, hat er mir ein Geheimnis anvertraut. **-3.** [seulement] nur.

◆ **au juste** *loc adv* eigentlich.

◆ **tout juste** *loc adv* geradenoch.

justement [ʒystəmɑ̃] *adv* **-1.** [précisément] genau; **j'allais ~ vous appeler** ich wollte Sie gerade anrufen. **-2.** [en réponse] ebendarum. **-3.** [avec raison] zu Recht.

justesse [ʒystɛs] *nf* **-1.** [de remarque] Zutreffen *das*. **-2.** [de raisonnement] Richtigkeit *die*.

◆ **de justesse** *loc adv* mit knapper Not.

justice [ʒystis] *nf* **-1.** JUR Justiz *die*; **passer en ~** vor Gericht kommen; **rendre la ~** Recht sprechen; **rendre ~ à qqn/qqch** jm/einer Sache Gerechtigkeit widerfahren lassen; **se faire ~** [se suicider] sich selbst richten. **-2.** [équité] Gerechtigkeit *die*; **traiter qqn avec ~** jn gerecht behandeln.

justiciable [ʒystisjabl] *adj*: **être ~ d'un tribunal** JUR einer Gerichtsbarkeit unterliegen.

justicier, ère [ʒystisje, ɛr] *nm, f* Rächer *der*, -in *die*.

justifiable [ʒystifjabl] *adj* vertretbar.

justificatif, ive [ʒystifikatif, iv] *adj*: **pièce justificative** Beweisstück *das*.

◆ **justificatif** *nm* COMM Beleg *der*.

justification [ʒystifikasjɔ̃] *nf* Rechtfertigung *die*.

justifier [9] [ʒystifje] *vt* **-1.** [gén] rechtfertigen. **-2.** [texte]: **justifié à droite** rechtsbündig; **justifié à gauche** linksbündig.

◆ **se justifier** *vp* sich rechtfertigen.

jute [ʒyt] *nm* Jute *die*.

juter [3] [ʒyte] *vi* Saft (ab|)geben.

juteux, euse [ʒytø, øz] *adj* saftig; **une affaire juteuse** *fam* ein einträgliches Geschäft.

juvénile [ʒyvenil] *adj* jugendlich.

juxtaposé, e [ʒykstapoze] *adj* **-1.** [objets, maisons] nebeneinanderstehend. **-2.** GRAM [mots, propositions] unverbunden aufeinanderfolgend.

juxtaposer [3] [ʒykstapoze] *vt* nebeneinander|stellen.

juxtaposition [ʒykstapozisjɔ̃] *nf* **-1.** [action] Nebeneinanderstellen *das*. **-2.** [résultat] Nebeneinanderstellung *die*, unverbundene Abfolge.

K

k, K [ka] *nm inv* [lettre] k *das*, K *das*.

K7 [kasɛt] *nf abr de* **cassette**.

Kaboul [kabul] *n* Kabul *nt*.

kabyle [kabil] ◇ *adj* kabylisch. ◇ *nm* [langue] Kabylisch(e) *(das)*.

◆ **Kabyle** *nmf* Kabyle *der*, -lin *die*.

Kabylie [kabili] *nf*: **la ~** die Kabylei.

kaki [kaki] ◇ *adj inv* khakifarben. ◇ *nm* **-1.** [couleur] Khaki *das*. **-2.** [fruit] Kakipflaume *die*.

kaléidoscope [kaleidɔskɔp] *nm* Kaleidoskop *das*.

kamikaze [kamikaz] *nm* Kamikaze *der*.

Kampala [kɑ̃pala] *n* Kampala *nt*.

Kampuchéa [kɑ̃putʃea] *nm*: **le ~** Kambodscha *nt*; **au ~** in Kambodscha.

kanak = **canaque**.

kangourou [kɑ̃guru] *nm* Känguruh *das*.

kapok [kapɔk] *nm* Kapok *der*.

Karaoké® [karaɔke] *nm* Karaoke® *das*.

karaté [karate] *nm* Karate *das*.

karité [karite] *nm* Kariteöl *das*.

kart [kart] *nm* Go-Kart *der*.

karting [kartiŋ] *nm* Karting *das*.

kasher, **casher** [kaʃɛr] *adj inv* koscher; **manger ~** koscher essen.

Katar, **Qatar** [katar] *nm*: **le ~** Katar *nt*, Qatar *nt*; **au ~** in Katar.

Katmandou, **Katmandu** [katmɑ̃du] *n* Katmandu *nt*, Kathmandu *nt*.

kayak [kajak] *nm* Kajak *der*; **faire du ~** Kajak fahren.

KCS (*abr de* **couronne tchécoslovaque**) Kčs.

Kenya [kenja] *nm*: **le ~** Kenia *nt*; **au ~** in Kenia.

kenyan, e [kenjɑ̃, an] *adj* kenianisch.

◆ **Kenyan, e** *nm, f* Kenianer *der*, -in *die*.

képi [kepi] *nm* Käppi *das*, Mütze *die*.

kératine [keratin] *nf* Keratin *das*.

kermesse [kɛrmɛs] *nf* Wohltätigkeitsmarkt *der*; **~ de l'école** ≃ Schulfest *das*.

kérosène [kerɔzɛn] *nm* Kerosin *das*.

ketchup [kɛtʃœp] *nm* Ketchup *der* OU *das*.

KF -1. *abr de* **kilofrancs**. **-2.** *abr de* **café**.

kg (*abr de* **kilogramme**) kg.
KGB (*abr de* **Komitet Gossoudarstvennoï Bezopasnosti**) *nm* KGB *der*.
khâgne [kaɲ] *nf zweite Vorbereitungsklasse für den geisteswissenschaftlichen Studiengang an der École normale supérieure.*
Khartoum [kartum] *n* Khartum *nt*.
khmer, ère [kmɛr] *adj* Khmer-.
◆ **khmer** *nm* [langue] Khmer *(das)*.
◆ **Khmer, ère** *nm, f* Khmer *der, die*; **les Khmers** die Khmer.
khôl = **kohol**.
kibboutz [kibuts] *nm inv* Kibbuz *der*.
kidnapper [3] [kidnape] *vt* kidnappen, entführen.
kidnappeur, euse [kidnapœr, øz] *nm, f* Kidnapper *der*.
kidnapping [kidnapiŋ] *nm* Kidnapping *das*.
kif-kif [kifkif] *adj inv fam* : **c'est ~** das ist Jacke wie Hose.
kilo [kilo] *nm* Kilo *das*.
kilofranc [kilɔfrɑ̃] *nm* (ein)tausend Franc.
kilogramme [kilɔgram] *nm* Kilogramm *das*.
kilométrage [kilɔmetraʒ] *nm* [affiché] Kilometerstand *der*; **~ illimité** unbegrenzte Kilometerzahl.
kilomètre [kilɔmɛtr] *nm* Kilometer *der*.
kilométrique [kilɔmetrik] *adj* Kilometer-.
kilo-octet [kiloɔktɛ] *nm* INFORM Kilobyte *das*, KByte *das*.
kilowatt [kilɔwat] *nm* Kilowatt *das*.
kilowattheure [kilɔwatœr] *nm* Kilowattstunde *die*.
kilt [kilt] *nm* Kilt *der*.
kimono [kimɔno] *nm* Kimono *der*.
kinésithérapeute [kineziterapøt] *nmf* Krankengymnast *der*, -in *die*, Physiotherapeut *der*, -in *die*.
Kinshasa [kinʃasa] *n* Kinshasa *nt*.
kiosque [kjɔsk] *nm* **-1.** [de vente] Kiosk *der*; **~ à journaux** Zeitungskiosk. **-2.** [à musique] Pavillon *der*.
kir [kir] *nm Aperitif aus Weißwein und Johannisbeerlikör.*
kirsch [kirʃ] *nm* Kirschwasser *das*.
kit [kit] *nm* Satz *der*; **meubles en ~** Möbel zum Zusammenbauen.
kitchenette [kitʃənɛt] *nf* Kochnische *die*.
kitsch [kitʃ] *adj inv* kitschig.
kiwi [kiwi] *nm* **-1.** [animal] Kiwi *der*. **-2.** [fruit] Kiwi *die*.
Klaxon® [klaksɔn] *nm* Hupe *die*.
klaxonner [3] [klaksɔne] *vi* hupen.
kleptomane, cleptomane [klɛptɔman] ◇ *nmf* Kleptomane *der*, -nin *die*. ◇ *adj* kleptomanisch.
km (*abr de* **kilomètre**) km.
km² (*abr de* **kilomètre carré**) km².
km/h (*abr de* **kilomètre par heure**) km/h, km/St.
Ko (*abr de* **kilo-octet**) KB.
K.-O. [kao] (*abr de* **knock(ed)-out**) ◇ *nm* K.O. *der*. ◇ *adj*: **être ~** k.o. sein; **mettre qqn ~** [lutte] jn k.o. schlagen; *fam fig* jn fertig machen.
koala [kɔala] *nm* Koala *der*.
kohol [kɔɔl], **khôl** [kol] *nm* Kajal *der*.
Kosovo [kɔsɔvo] *nm*: **le ~** Kosovo *nt*; **au ~** in Kosovo *nt*.
kouglof [kuglɔf] *nm elsässischer Napfkuchen.*
Koweït [kɔwɛjt] *nm*: **le ~** Kuwait *nt*, Kuweit *nt*; **au ~** in Kuwait.
Koweït City [kɔwɛjtsiti] *n* Kuwait *nt*, Kuweit *nt*.
koweïtien, enne [kɔwɛjtjɛ̃, ɛn] *adj* kuwaitisch.
◆ **Koweïtien, enne** *nm, f* Kuwaiter *der*, -in *die*.
krach [krak] *nm*: **~ (boursier)** Börsenkrach *der*.
kraft [kraft] *nm*: **(papier) ~** Packpapier *das*.
KRD (*abr de* **couronne danoise**) dkr.
KRN (*abr de* **couronne norvégienne**) nkr.
KRS (*abr de* **couronne suédoise**) skr.
Kuala Lumpur [kwalalumpur] *n* Kuala Lumpur *nt*.
kung-fu [kuŋfu] *nm inv* Kung-Fu *das*.
kurde [kyrd] ◇ *adj* kurdisch. ◇ *nm* [langue] Kurdisch(e) *(das)*.
◆ **Kurde** *nmf* Kurde *der*, -din *die*.
Kurdistan [kyrdistɑ̃] *nm*: **le ~** Kurdistan *nt*, Kordestan *nt*; **au ~** in Kurdistan.
kWh (*abr de* **kilowatt-heure**) kWh.
Kyoto [kjɔto] *n* Kyoto *nt*, Kioto *nt*.
kyrielle [kirjɛl] *nf* Litanei *die*.
kyste [kist] *nm* Zyste *die*.

L

l, L [ɛl] ◇ *nm inv* [lettre] l *das*, L *das*. ◇ (*abr de* **litre**) l.
l' [l] → **le**.
la[1] → **le**.
la[2] [la] *nm inv* MUS a *das*, A *das*.
là [la] *adv* **-1.** [lieu] da, dort; **de ~** von dort OU da (aus); **à trois kilomètres de ~** drei Kilometer von dort; **les faits sont ~** so ist nun einmal die (Sach)lage; **je suis ~** ich bin da; **tu n'as qu'à passer par ~!** fahr einfach da lang!; **c'est ~ que je travaille** ich arbeite dort. **-2.** [temps]: **et ~, il est parti** in dem Augenblick OU da ist er weggegangen; **à quelques jours de ~** einige Tage später. **-3.** [dans cela]: **ne voyez ~ aucun reproche** sehen Sie darin keinen Vorwurf; **ne voyez ~ aucune intention négative** sehen Sie darin keine negative Absicht; **la santé, tout est ~!** auf die Gesundheit kommt es an!; **~ est la vraie question** das ist die eigentliche Frage; **que voulez-vous dire par ~?** was wollen Sie damit sagen? **-4.** [pour préciser]: **cet homme-~** [l'homme en question] dieser Mann; **ce soir-~** an jenem Abend. **-5.** *loc*: **de ~ à dire que** das heißt noch lange nicht, daß; **en arriver ~** soweit kommen; **en rester ~** es dabei belassen; **s'en tenir ~** es damit gut sein lassen.
◆ **loin de là** *loc adv* [au contraire] ganz im Gegenteil.
là-bas [laba] *adv* dort.
label [labɛl] *nm* **-1.** [étiquette]: **~ de qualité** Gütesiegel *das*. **-2.** [marque] Markenzeichen *das*.
labeur [labœr] *nm sout* mühevolle Arbeit.
labial, e, aux [labjal, o] *adj* Lippen-.
labo [labo] *nm fam abr de* **laboratoire**.
laborantin, e [labɔrɑ̃tɛ̃, in] *nm, f* Laborant *der*, -in *die*.
laboratoire [labɔratwar] *nm* Labor(atorium) *das*; **~ d'analyses médicales** medizinisches Labor; **~ de langues** Sprachlabor.
laborieusement [labɔrjøzmɑ̃] *adv* mühsam, mit Mühe.
laborieux, euse [labɔrjø, øz] *adj* **-1.** [travail] langwierig; [récit] schwerfällig. **-2.** [personne] fleißig; **masses laborieuses** arbeitende Massen.
labour [labur] *nm* Pflügen *das*.
◆ **labours** *nmpl* Ackerland *das*.
labourage [laburaʒ] *nm* Pflügen *das*.
labourer [3] [labure] *vt* **-1.** AGRIC (um|)pflügen, bearbeiten. **-2.** [griffer, entailler] zerkratzen.
laboureur [laburœr] *nm* Pflüger *der*.
labrador [labradɔr] *nm* **-1.** [chien] Labrador(hund) *der*. **-2.** [pierre] Labrador(it) *der*.
labyrinthe [labirɛ̃t] *nm* Labyrinth *das*; *fig* Gewirr *das*.
lac [lak] *nm* See *der*; **le ~ Léman** der Genfer See; **le ~ Majeur** der Lago Maggiore.
lacer [16] [lase] *vt* (zu|)schnüren.
lacérer [18] [lasere] *vt* **-1.** [déchirer] zerreißen. **-2.** [entailler] auf|ritzen. **-3.** [griffer] zerkratzen.
lacet [lasɛ] *nm* **-1.** [de chaussure] Schnürsenkel *der*. **-2.** [zigzag] Schleife *die*. **-3.** [collet] Schlinge *die*.
lâche [laʃ] ◇ *adj* **-1.** [personne] feige; [action] niederträchtig. **-2.** [nœud] lose; [corde] locker. ◇ *nmf* Feigling *der*.
lâchement [laʃmɑ̃] *adv* **-1.** [peureusement] feige. **-2.** [traîtreusement] niederträchtig.
lâcher [3] [laʃe] ◇ *vt* **-1.** [main, objet] los|lassen. **-2.** [bombe]: **~ qqch sur qqch** eine Sache auf etw *(A)* ab|lassen. **-3.** *fam* [ami] im Stich lassen. **-4.** *fam* [travail] auf|geben. ◇ *vi* **-1.** [corde] reißen. **-2.** [nerfs] versagen. ◇ *nm*: **~ de ballons** Aufsteigenlassen *das* von Luftballons; **~ de pigeons** Freilassen *das* von Tauben.
lâcheté [laʃte] *nf* **-1.** [couardise] Feigheit *die*; **avec ~** feige *(adv)*. **-2.** [acte] Niederträchtigkeit *die*.
lâcheur, euse [laʃœr, øz] *nm, f fam* treulose Tomate.
lacis [lasi] *nm* Geflecht *das*.
laconique [lakɔnik] *adj* **-1.** [personne] wortkarg. **-2.** [discours] lakonisch.
laconiquement [lakɔnikmɑ̃] *adv* lakonisch.
lacrymal, e, aux [lakrimal, o] *adj* Tränen-.
lacrymogène [lakrimɔʒɛn] *adj*: **gaz ~** Tränengas *das*.
lactation [laktasjɔ̃] *nf* Laktation *die*; **période de ~** Stillzeit *die*.
lacté, e [lakte] *adj* Milch-, milchig.
lactique [laktik] *adj*: **acide ~** Milchsäure *die*.
lacunaire [lakynɛr] *adj* [insuffisant] lückenhaft.
lacune [lakyn] *nf* Lücke *die*.
lacustre [lakystr] *adj* **-1.** [faune, plante] in Teichen lebend. **-2.** [sur pilotis]: **cité ~** Pfahlbaudorf *das*.
lad [lad] *nm* Stalljunge *der*.
là-dedans [laddɑ̃] *adv* darin, drin; **que fais-tu ~?** was machst du da drin?; **mettez vos outils ~** legen Sie Ihr Werkzeug dort hinein; **il n'y a**

rien de choquant ~ daran ist nichts Schockierendes.
là-dessous [ladsu] *adv* hier drunter, darunter; **il y a quelque chose ~** da steckt etwas dahinter.
là-dessus [ladsy] *adv* **-1.** [dessus] drauf, darauf. **-2.** [de plus] daraufhin.
ladite → **ledit**.
lagon [lagɔ̃] *nm* Lagune *die*.
Lagos [lagos] *nm* Lagos *nt*.
lagune [lagyn] *nf* Lagune *die*.
là-haut [lao] *adv* da oben; **montez ~** gehen sie nach oben.
laïc (*f* **laïque**), **laïque** [laik] ◇ *adj* nicht religiös. ◇ *nm, f* Laie *der*.
laïcisation [laisizasjɔ̃] *nf* Verweltlichung *die*.
laid, e [lɛ, lɛd] *adj* häßlich.
laideron [lɛdrɔ̃] *nm* häßliche Frau; **c'est un vrai ~!** sie ist wirklich potthäßlich!
laideur [lɛdœr] *nf* Häßlichkeit *die*; **être d'une ~ incroyable** ausgesprochen häßlich sein.
laie [lɛ] *nf* ZOOL Wildsau *die*.
lainage [lɛnaʒ] *nm* **-1.** [étoffe] Wollstoff *der*. **-2.** [vêtement] Wollkleidung *die*; **mets un ~** zieh dir etwas Wollenes an.
laine [lɛn] *nf* Wolle *die*; **pure ~ vierge** reine Schurwolle; **~ de verre** Glaswolle.
laineux, euse [lɛnø, øz] *adj* wollig.
lainier, ère [lɛnje, ɛr] ◇ *adj* Woll-. ◇ *nm, f* **-1.** [marchand] Wollhändler *der*, -in *die*. **-2.** [ouvrier] Wollarbeiter *der*, -in *die*.
laïque → **laïc**.
laisse [lɛs] *nf* Leine *die*; **tenir en ~** an der Leine halten.
laissé-pour-compte, laissée-pour-compte [lesepurkɔ̃t] (*mpl* **laissés-pour-compte**, *fpl* **laissées-pour-compte**) ◇ *adj* [article] unverkauft. ◇ *nm, f fam* [personne] Außenseiter *der*, -in *die*.
◆ **laissé-pour-compte** *nm* [article] unverkaufter Artikel; **les laissés-pour-compte** die Retouren.
laisser [4] [lese] ◇ *v aux* lassen; **~ faire qqn** jn machen lassen; **~ faire qqch** etw geschehen lassen; **~ tomber qqn/qqch** jn/etw fallen lassen; **laisse tomber!** *fam* vergiß es! ◇ *vt* **-1.** [gén] lassen; **~ qqch à qqn** jm etw lassen. **-2.** [confier]: **~ qqn/qqch à qqn** jm jn/etw an|vertrauen. **-3.** [vendre]: **~ qqch à qqn** jm etw überlassen. **-4.** [léguer, maintenir en état]: **~ qqch (à qqn)** (jm) etw hinterlassen. **-5.** *loc*: **~ qqn tranquille** jn in Ruhe lassen; **~ à désirer** zu wünschen übriglassen.
◆ **se laisser** *vp*: **se ~ faire** sich alles gefallen lassen; **se ~ aller** sich gehen lassen; **se ~ aller dans un fauteuil** sich in einen Sessel fallen lassen; **se ~ aller à qqch** sich zu etw hinreißen lassen; **se ~ tenter par qqch** sich von etw verleiten lassen.
laisser-aller [leseale] *nm inv* Nachlässigkeit *die*.
laisser-faire [lesefɛr] *nm inv* ÉCON Laisser-faire *das*.
laissez-passer [lesepase] *nm inv* Passierschein *der*.
lait [lɛ] *nm* Milch *die*; **~ de chèvre** Ziegenmilch; **~ concentré** OU **condensé** Kondensmilch; **~ écrémé** entrahmte Milch; **~ entier** Vollmilch; **~ maternel** Muttermilch; **~ en poudre** Milchpulver *das*; **~ de poule** *in warme Milch geschlagenes Eigelb mit Zucker*; **~ de vache** Kuhmilch; **boire du petit ~** runter|gehen wie Honig.
laitage [lɛtaʒ] *nm* Milchprodukt *das*.
laiterie [lɛtri] *nf* **-1.** [usine] Molkerei *die*. **-2.** [magasin] Milchgeschäft *das*.
laiteux, euse [lɛtø, øz] *adj* milchig.
laitier, ère [lɛtje, ɛr] ◇ *adj* Milch-. ◇ *nm, f* Milchhändler *der*, -in *die*.
laiton [lɛtɔ̃] *nm* Messing *das*.
laitue [lety] *nf* Kopfsalat *der*.
laïus [lajys] *nm fam* weitschweifige Ansprache; **faire un ~** eine weitschweifige Ansprache halten.
lama [lama] *nm* **-1.** ZOOL Lama *das*. **-2.** RELIG Lama *der*.
lambeau, x [lɑ̃bo] *nm* Fetzen *der*; **mettre qqch en ~x** etw zerfetzen; **des ~x de conversation** *fig* Gesprächsfetzen *Pl*.
lambiner [3] [lɑ̃bine] *vi fam* (herum)|trödeln.
lambris [lɑ̃bri] *nm* Täfelung *die*.
lambswool [lɑ̃bswul] *nm* Lambswool *die*.
lame [lam] *nf* **-1.** [d'épée, de couteau] Klinge *die*; **~ de rasoir** Rasierklinge. **-2.** [de parquet] Brett(chen) *das*. **-3.** [vague] Welle *die*; **~ de fond** Flutwelle.
lamé, e [lame] *adj* mit Lamé durchwirkt; **~ or** mit Goldlamé durchwirkt.
◆ **lamé** *nm* Lamé *der*; **de** OU **en ~** aus Lamé, Lamé-.
lamelle [lamɛl] *nf* Lamelle *die*; [de microscope] Plättchen *das*.
lamentable [lamɑ̃tabl] *adj* **-1.** [minable] erbärmlich; **son attitude est ~!** sein Verhalten ist unmöglich! **-2.** [triste] trostlos.
lamentablement [lamɑ̃tabləmɑ̃] *adv* jämmerlich.
lamentation [lamɑ̃tasjɔ̃] *nf* **-1.** [plainte] Klagen *das*. **-2.** [jérémiade] Gejammer *das*.

lamenter [3] [lamɑ̃te]
◆ **se lamenter** *vp* jammern; **se ~ sur qqch** über etw *(A)* klagen OU jammern.
laminage [laminaʒ] *nm* Walzen *das*.
laminer [3] [lamine] *vt* **-1.** IND walzen. **-2.** [détruire] zerstören; [espoir] zerschlagen.
laminoir [laminwar] *nm* Walze *die*.
lampadaire [lɑ̃padɛr] *nm* **-1.** [d'intérieur] Stehlampe *die*. **-2.** [de rue] Laterne *die*.
lampe [lɑ̃p] *nf* Lampe *die*; **~ à bronzer** Höhensonne *die*; **~ de chevet** Nachttischlampe; **~ halogène** Halogenlampe; **~ à incandescence** Glühlampe; **~ à pétrole** Petroleumlampe; **~ de poche** Taschenlampe; **~ à souder** Lötlampe; **~ témoin** Kontrollampe; **s'en mettre plein la ~** *fam fig* sich voll|schlagen.
lampée [lɑ̃pe] *nf fam* großer Schluck.
lampion [lɑ̃pjɔ̃] *nm* Laterne *die*, Lampion *der* OU *das*.
lampiste [lɑ̃pist] *nm* [subalterne] kleine Angestellte *der, die*.
lance [lɑ̃s] *nf* **-1.** [arme] Lanze *die*. **-2.** [de tuyau] Strahlrohr *das*; **~ d'incendie** Wasserkanone *die*.
lancée [lɑ̃se] *nf*: **continuer sur sa ~** mit demselben Schwung fort|fahren.
lance-flammes [lɑ̃sflam] *nm inv* Flammenwerfer *der*.
lancement [lɑ̃smɑ̃] *nm* **-1.** [de projectile] Werfen *das*. **-2.** [de fusée] Abschuß *der*. **-3.** [de produit] Einführung *die*; [de campagne publicitaire] Start *der*; [d'emprunt] Ausgabe *die*.
lance-pierres [lɑ̃spjɛr] *nm inv* Steinschleuder *die*, Schleuder *die*; **être payé au ~** *fam fig* schlecht bezahlt sein.
lancer [16] [lɑ̃se] ◇ *vt* **-1.** [jeter] werfen; **~ qqch à qqn** [ballon, regard] jm etw zu|werfen; **~ qqch sur qqn** [pierres] etw auf jn werfen, mit etw nach jm werfen. **-2.** [cri, injure, nuage de fumée] aus|stoßen; [appel] richten; [plaisanterie] erzählen. **-3.** [moteur, programme] starten. **-4.** [style, mode] ein|führen; [artiste] lancieren; [produit] auf den Markt bringen. **-5.** [orienter]: **~ qqn sur un sujet** jn auf ein Thema bringen. **-6.** [invitation] versenden. **-7.** [affaire, débat] in Gang bringen. ◇ *nm* SPORT Werfen *das*; **pêche au ~** Spinnangeln *das*.
◆ **se lancer** *vp* **-1.** [débuter] sich (ge)trauen. **-2.** [s'engager]: **se ~ dans qqch** sich auf etw *(A)* ein|lassen; **se ~ dans la politique** in die Politik gehen. **-3.** [se précipiter]: **se ~ dans/sur qqch** sich in/auf etw *(A)* stürzen.
lanceur, euse [lɑ̃sœr, øz] *nm, f* SPORT Werfer *der*, -in *die*.
◆ **lanceur** *nm* AÉRON Trägerrakete *die*.
lancinant, e [lɑ̃sinɑ̃, ɑ̃t] *adj* **-1.** [douleur] stechend. **-2.** [souvenir] quälend. **-3.** [musique] eintönig.
lanciner [3] [lɑ̃sine] ◇ *vi* heftig schmerzen. ◇ *vt fig* quälen.
landau [lɑ̃do] *nm* Kinderwagen *der*.
lande [lɑ̃d] *nf* Heide *die*.
langage [lɑ̃gaʒ] *nm* Sprache *die*; **~ machine** INFORM Maschinensprache.
lange [lɑ̃ʒ] *nm* Windel *die*.
langer [17] [lɑ̃ʒe] *vt* wickeln.
langoureusement [lɑ̃gurøzmɑ̃] *adv* sehnsüchtig.
langoureux, euse [lɑ̃gurø, øz] *adj* **-1.** [mélancolique] sehnsüchtig. **-2.** [faible] matt.
langouste [lɑ̃gust] *nf* Languste *die*.
langoustine [lɑ̃gustin] *nf* Langoustine *die*.
langue [lɑ̃g] *nf* **-1.** ANAT Zunge *die*; **tirer la ~** die Zunge heraus|strecken; *fig* [être dans le besoin] knapp bei Kasse sein; **~ de bœuf** CULIN Rinderzunge; **mauvaise ~** *fig* Lästerzunge. **-2.** LING Sprache *die*; **~ de bois** Parteijargon *der*; **~ maternelle** Muttersprache; **~ morte** tote Sprache; **~ vivante** moderne Fremdsprache. **-3.** *loc*: **avoir la ~ bien pendue** *fam* beredt sein; **donner sa ~ au chat** *nicht mehr weiterraten und aufgeben*; **ne pas avoir sa ~ dans sa poche** *fam* nicht auf den Mund gefallen sein; **tenir sa ~** *fam* den Mund halten.
langue-de-chat [lɑ̃gdəʃa] (*pl* **langues-de-chat**) *nf länglicher und flacher Biskuit.*
Languedoc-Roussillon [lɑ̃gdɔkrusijɔ̃] *nm*: **le ~** das Languedoc-Roussillon.
languette [lɑ̃gɛt] *nf* Lasche *die*.
langueur [lɑ̃gœr] *nf* **-1.** [apathie] Entkräftung *die*. **-2.** [mélancolie] Sehnsucht *die*.
languir [32] [lɑ̃gir] *vi* **-1.** [personne]: **~ (de qqch)** (vor etw *(D)*) vergehen. **-2.** *sout* [conversation] dahin|siechen. **-3.** [attendre]: **faire ~ qqn** jn warten lassen.
lanière [lanjɛr] *nf* Streifen *der*; [de cuir] Riemen *der*.
lanoline [lanɔlin] *nf* Lanolin *das*.
lanterne [lɑ̃tɛrn] *nf* **-1.** [lampe] Laterne *die*. **-2.** [de voiture] Licht *das*; **les ~s** das Standlicht. **-3.** *loc*: **être la ~ rouge** das Schlußlicht machen; **éclairer la ~ de qqn** jn auf|klären.
lanterner [3] [lɑ̃tɛrne] *vi fam* trödeln; **faire ~ qqn** jn warten lassen.
Laos [laɔs] *nm*: **le ~** Laos *nt*; **au ~** in Laos.
laotien, enne [laɔsjɛ̃, ɛn] *adj* laotisch.
◆ **laotien** *nm* [langue] Laotisch(e) *(das)*.
◆ **Laotien, enne** *nm, f* Laote *der*, -tin *die*.
lapalissade [lapalisad] *nf* Binsenweisheit *die*.
La Paz [lapaz] *n* La Paz *nt*.
laper [3] [lape] *vt* & *vi* schlabbern.

lapereau, x [lapro] *nm* junges Kaninchen.

lapidaire [lapidɛr] ◇ *adj* lapidar, Lapidar-; **musée ~** Lapidarium *das*. ◇ *nm* [artisan] Edelsteinschleifer *der*.

lapider [3] [lapide] *vt* **-1.** [tuer] steinigen. **-2.** *fig* [critiquer] geißeln.

lapin [lapɛ̃] *nm* **-1.** ZOOL & CULIN Kaninchen *das*; **~ de garenne** Wildkaninchen. **-2.** [fourrure] Kanin *das*. **-3.** *fam* [terme d'affection]: **mon ~** mein Häschen. **-4.** *fam loc*: **chaud ~** Lustmolch *der*, Schürzenjäger *der*; **poser un ~ à qqn** jn versetzen.

lapine [lapin] *nf* Kaninchen *das*.

lapon, one OU **onne** [lapɔ̃, ɔn] *adj* lappländisch, lappisch.

◆ **lapon** *nm* [langue] Lappisch(e) *(das)*.

◆ **Lapon, one** OU **onne** *nm, f* Lappländer *der*, -in *die*, Lappe *der*, -pin *die*.

Laponie [lapɔni] *nf*: **la ~** Lappland *nt*.

laps [laps] *nm*: **un ~ de temps** ein Zeitraum; **dans un ~ de temps très court** innerhalb kürzester Zeit.

lapsus [lapsys] *nm* Versprecher *der*; **faire un ~** sich versprechen; **~ révélateur** Freudscher Versprecher.

laquais [lakɛ] *nm* Lakai *der*.

laque [lak] ◇ *nf* **-1.** [pour cheveux] Haarspray *das*, Haarlack *der*. **-2.** [peinture] Lack *der*; **~ de Chine** Chinalack. ◇ *nm* Lackarbeit *die*.

laqué, e [lake] *adj* **-1.** [meuble] lackiert. **-2.** CULIN: **canard ~** Pekingente *die*. **-3.** [cheveux] eingesprayt.

laquelle → **lequel**.

laquer [3] [lake] *vt* **-1.** [meuble] lackieren. **-2.** [cheveux] ein|sprayen.

larbin [larbɛ̃] *nm fam péj* **-1.** [domestique] Diener *der*. **-2.** [personne] Kriecher *der*.

larcin [larsɛ̃] *nm sout* **-1.** [vol] kleiner Diebstahl. **-2.** [butin] Diebesgut *das*.

lard [lar] *nm* Speck *der*.

larder [3] [larde] *vt* **-1.** [rôti, texte]: **~ qqch (de qqch)** etw (mit etw) spicken. **-2.** [percer]: **~ qqn de qqch** jn mit etw durchlöchern.

lardon [lardɔ̃] *nm* **-1.** CULIN Speckstückchen *das*. **-2.** *fam* [enfant] Gör *das*.

large [larʒ] ◇ *adj* **-1.** [étendu, grand] breit; **être ~ de carrure** breitschultrig sein; **une rue ~ de 5 mètres** eine 5 Meter breite Straße. **-2.** [vêtement, cercle] weit. **-3.** [important] groß. **-4.** [généreux] großzügig. **-5.** [ouvert]: **avoir les idées ~s** liberal denken. ◇ *nm* **-1.** [largeur] Breite *die*. **-2.** [mer] offene See; **au ~ des côtes françaises** vor den Küsten Frankreichs; **prendre le ~** [s'enfuir] das Weite suchen. ◇ *adv* großzügig; **voir ~** großzügig planen; **ne pas en mener ~** in einer schwierigen Lage sein.

largement [larʒəmɑ̃] *adv* **-1.** [diffuser, répandre, ouvrir] weit; **la fenêtre est ~ ouverte** das Fenster ist weit geöffnet. **-2.** [généreusement] großzügig. **-3.** [au moins, de loin] bei weitem. **-4.** [amplement] reichlich.

largesse [larʒɛs] *nf* [générosité] Großzügigkeit *die*.

◆ **largesses** *nfpl* großzügige Gaben.

largeur [larʒœr] *nf* **-1.** [dimension] Breite *die*. **-2.** [d'idées, d'esprit] Weite *die*.

largué, e [large] *adj fam* : **être ~** den Anschluß verpaßt haben, nicht mehr mit|kommen.

larguer [3] [large] *vt* **-1.** NAVIG schießen lassen. **-2.** [bombe] ab|werfen; [parachutiste] ab|setzen. **-3.** *fam* [abandonner - emploi, objet, principe] schießen lassen; [- personne]: **~ qqn** jn sitzen|lassen, mit jm Schluß machen; **se faire ~** sitzengelassen werden; **il s'est fait ~ par sa femme** seine Frau hat ihn sitzenlassen.

larme [larm] *nf* Träne *die*; **arracher des ~s à qqn** jn zu Tränen rühren; **être en ~s** in Tränen aufgelöst sein; **fondre en ~s** in Tränen aus|brechen; **pleurer à chaudes ~s** sich die Augen aus dem Kopf weinen; **ravaler ses ~s** seine Tränen hinunter|schlucken; **rire aux ~s** Tränen lachen; **~s de crocodile** Krokodilstränen.

larmoyant, e [larmwajɑ̃, ɑ̃t] *adj* **-1.** [personne] weinerlich; [yeux] tränend. **-2.** [ton, histoire] rührselig.

larmoyer [13] [larmwaje] *vi* **-1.** [se lamenter] jammern. **-2.** [pleurer] tränen.

larron [larɔ̃] *nm* **-1.** *fam* [compère] (Spieß)geselle *der*. **-2.** *vieilli* [voleur] Schächer *der*; **l'occasion fait le ~** Gelegenheit macht Diebe.

larve [larv] *nf* **-1.** ZOOL Larve *die*. **-2.** *péj* [personne] Wurm *der*.

larvé, e [larve] *adj* **-1.** MÉD larviert. **-2.** [latent] schwelend.

laryngite [larɛ̃ʒit] *nf* Kehlkopfentzündung *die*.

larynx [larɛ̃ks] *nm* Kehlkopf *der*.

las, lasse [la, las] *adj sout* **-1.** [fatigué] ermattet, müde. **-2.** [dégoûté, ennuyé]: **être ~ de qqch** einer Sache *(G)* überdrüssig sein; **être ~ de faire qqch** es leid sein, etw zu tun.

◆ **las** *interj vieilli*: **~!** leider!, ach!

lascar [laskar] *nm fam* **-1.** [individu - louche] Kerl *der*; [- rusé] Fuchs *der*. **-2.** [enfant] Kerlchen *das*.

lascif, ive [lasif, iv] *adj* sinnlich.

laser [lazɛr] ◇ *nm* Laser *der*. ◇ *adj inv* Laser-.

lassant, e [lasɑ̃, ɑ̃t] *adj* **-1.** [personne] lästig. **-2.** [chose] leidig.

lasse → **las**.

lasser [3] [lase] *vt sout* **-1.** [fatiguer] ermüden. **-2.** [ennuyer] langweilen.

◆ **se lasser** *vp sout*: **se ~ de qqch** einer Sache

(G) überdrüssig werden; **se ~ à faire qqch** es leid werden, etw zu tun.

lassitude [lasityd] *nf sout* **-1.** [fatigue] Mattigkeit *die*, Müdigkeit *die*. **-2.** [découragement] Überdruß *der*.

lasso [laso] *nm* Lasso *das*.

lat. (*abr de* **latitude**) Br.

latent, e [latɑ̃, ɑ̃t] *adj* latent.

latéral, e, aux [lateral, o] *adj* Seiten-.

latex [latɛks] *nm inv* Latex *der*.

latin, e [latɛ̃, in] *adj* [alphabet] lateinisch; [langue] romanisch.

◆ **latin** *nm* [langue] Latein(ische) *(das)*; **y perdre son ~** mit seinem Latein am Ende sein.

◆ **Latin, e** *nm, f* Romane *der*, -nin *die*.

latiniste [latinist] *nmf* Latinist *der*, -in *die*.

latino-américain, e [latinoamerikɛ̃, ɛn] (*mpl* **latino-américains**, *fpl* **latino-américaines**) *adj* lateinamerikanisch.

◆ **Latino-Américain, e** *nm, f* Lateinamerikaner *der*, -in *die*.

latitude [latityd] *nf* **-1.** GÉOGR Breitengrad *der*, Breite *die*; **l'homme ne peut vivre sous toutes les ~s** der Mensch kann nicht in jedem Klima leben. **-2.** [liberté] Freiraum *der*, Freiheit *die*.

latrines [latrin] *nfpl* Latrinen *Pl*.

latte [lat] *nf* Latte *die*; [de plancher] Diele *die*.

laudatif, ive [lodatif, iv] *adj* Lob-, lobend.

lauréat, e [lɔrea, at] ◇ *adj* preisgekrönt. ◇ *nm, f* Preisträger *der*, -in *die*.

laurier [lɔrje] *nm* Lorbeer *der*.

◆ **lauriers** *nmpl* [gloire] Lorbeeren *Pl*; **s'endormir** OU **se reposer sur ses ~s** sich auf seinen Lorbeeren aus|ruhen.

laurier-rose [lɔrjeroz] (*pl* **lauriers-roses**) *nm* Oleander *der*.

laurier-sauce [lɔrjesos] (*pl* **lauriers-sauce**) *nm* Lorbeer(baum) *der*.

Lausanne [lozan] *n* Lausanne *nt*.

lavable [lavabl] *adj* waschbar; **~ en machine** maschinenwaschbar.

lavabo [lavabo] *nm* [cuvette] Waschbecken *das*.

◆ **lavabos** *nmpl* Toilette *die*.

lavage [lavaʒ] *nm* **-1.** [nettoyage]: **~ de linge** Waschen *das*; **~ à la main** Handwäsche *die*; **~ en machine** Maschinenwäsche *die*; **~ de voiture** Autowäsche *die*; **~ de vitres** Fensterputzen *das*. **-2.** MÉD: **~ d'estomac** Magenspülung *die*; **elle a subi un ~ d'estomac** ihr wurde der Magen ausgepumpt.

◆ **lavage de cerveau** *nm* Gehirnwäsche *die*.

lavande [lavɑ̃d] ◇ *nf* **-1.** BOT Lavendel *der*. **-2.** [essence] Lavendelöl *das*. ◇ *adj inv* Lavendel-.

lavasse [lavas] *nf fam* Spülwasser *das*.

lave [lav] *nf* Lava *die*.

lave-glace [lavglas] (*pl* **lave-glaces**) *nm* Scheibenwaschanlage *die*.

lave-linge [lavlɛ̃ʒ] *nm inv* Waschmaschine *die*.

lavement [lavmɑ̃] *nm* MÉD Einlauf *der*.

laver [3] [lave] *vt* **-1.** [nettoyer - personne, linge] waschen; [- vaisselle] (ab|)spülen; [- vitres] putzen. **-2.** [disculper]: **~ qqn de qqch** jn von etw rein|waschen.

◆ **se laver** *vp* **-1.** [se nettoyer] sich waschen; **se ~ qqch** sich *(D)* etw waschen. **-2.** [se disculper]: **se ~ (de qqch)** sich (von etw) rein|waschen. **-3.** *loc*: **se ~ les mains de qqch** mit einer Sache nichts zu tun haben wollen.

laverie [lavri] *nf* Wäscherei *die*; **~ automatique** Waschsalon *der*.

lavette [lavɛt] *nf* **-1.** [brosse] Spülbürste *die*. **-2.** [tissu] Waschlappen *der*. **-3.** *fam péj* [personne] Waschlappen *der*.

laveur, euse [lavœr, øz] *nm, f* Wäscher *der*, -in *die*; **~ de carreaux** Fensterputzer *der*; **~ de voitures** Autowäscher.

lave-vaisselle [lavvesɛl] *nm inv* (Geschirr)spülmaschine *die*, Geschirrspüler *der*.

lavis [lavi] *nm* **-1.** [technique] Lavieren *das*. **-2.** [dessin] Lavierung *die*.

lavoir [lavwar] *nm* **-1.** [à l'extérieur] Waschstelle *die*; [bâtiment] Waschhaus *das*. **-2.** [bac] Waschbecken *das*.

laxatif, ive [laksatif, iv] *adj* Abführ-.

◆ **laxatif** *nm* Abführmittel *das*.

laxisme [laksism] *nm* Laxheit *die*.

laxiste [laksist] ◇ *adj* lax, lasch. ◇ *nmf* **-1.** [sans-souci] lasche Person. **-2.** [antiautoritaire] Verfechter *der*, -in *die* des Laxismus.

layette [lɛjɛt] *nf* Babyausstattung *die*.

le [lə], **l'** *(devant voyelle ou h muet)* (*f* **la** [la], *pl* **les** [le]) ◇ *art déf* **-1.** [gén] der, die, das; **Paris, ~ 15 janvier 1993** Paris, den 15. Januar 1993; **il arriva ~ 15 janvier 1993** er kam am 15. Januar 1993 an; **~ 15 janvier 1993 était un jour important** der 15. Januar 1993 war ein wichtiger Tag; **~ dix-huitième jour** der achtzehnte Tag; **~ docteur reçoit ~ lundi** der Doktor hat montags Sprechstunde; **10 francs ~ mètre** 10 Franc der Meter. **-2.** [devant les noms propres, abstraits et géographiques]: **les Martin** die Martins; **les Picasso** die Picassos; **l'amour** die Liebe; **la liberté** die Freiheit; **les États-Unis** die Vereinigten Staaten; **la Bretagne** die Bretagne; **la Seine** die Seine; **l'Atlantique** der Atlantik; **les Alpes** die Alpen; **les Suédois** die Schweden; **les Anglais** die Engländer. **-3.** [avec une caractéristique]: **avoir les cheveux noirs** schwarze Haare haben; **avoir la vue basse** schlecht sehen. **-4.** [marque une approximation]: **dans les** an die; **dans les 20 francs** an die 20 Franc; **vers les 4 heures** um 4 Uhr herum. ◇ *pron pers* [personne, chose, animal] ihn, sie, es; **je ~ connais bien** ich kenne ihn gut; **je l'ai vu hier** ich habe ihn gestern gesehen; **tu dois avoir la clé, donne-la-moi** du mußt den Schlüssel haben, gib ihn mir; **~** OU **la voici** hier ist er OU sie OU es; **~** OU **la voilà** da ist er OU sie OU es; **~ voilà, ton livre** da ist dein Buch.

◆ **le, l'** *pron pers* [représente une proposition] es; **je ~ sais bien** ich weiß es ja; **je te l'avais bien dit** ich hatte es dir doch gesagt; **viens, je te ~ demande** komm, ich bitte dich darum.

LEA (*abr de* **langues étrangères appliquées**) *nfpl* angewandte Fremdsprachen *Pl.*

leader [lidœr] ◇ *nm* **-1.** [chef] Anführer *der*, -in *die*; **le ~ de l'opposition** der Oppositionsführer. **-2.** [concurrent] Spitzenreiter *der*, -in *die*; **le ~ sur le marché** der Marktführer. **-3.** MUS (Band)leader *der*. ◇ *adj* führend.

leadership [lidœrʃip] *nm* Spitzenstellung *die*; [d'entreprise] Marktführerschaft *die*.

lèche [lɛʃ] *nf tfam* Speichelleckerei *die*; **faire de la ~ à qqn** jm in den Hintern kriechen.

léché, e [leʃe] *adj fam* ausgefeilt.

lèche-bottes [lɛʃbɔt] *nmf inv fam* Speichellekker *der*.

lèchefrite [lɛʃfrit] *nf Fettauffangschale (im Ofen)*.

lécher [18] [leʃe] *vt* **-1.** [gén] lecken; [assiette] aus|lecken. **-2.** *littéraire* [sujet: vague]: **~ qqch** an etw *(D)* züngeln.

◆ **se lécher** *vp fam* : **se ~ qqch** sich *(D)* etw lecken.

lèche-vitrines [lɛʃvitrin] *nm inv* Schaufensterbummel *der*; **faire du ~** einen Schaufensterbummel machen.

leçon [ləsɔ̃] *nf* **-1.** [cours] Stunde *die*, Unterricht *der*; **~s particulières** Privatstunden; SCOL Nachhilfestunden. **-2.** [devoirs, conseil] Lektion *die*; **faire la ~ à qqn** jn maßregeln. **-3.** [enseignement moral] Lehre *die*; **tirer les ~s de l'expérience** aus der Erfahrung lernen.

lecteur, trice [lɛktœr, tris] *nm, f* **-1.** [de livres] Leser *der*, -in *die*. **-2.** UNIV Lektor *der*, -in *die*.

◆ **lecteur** *nm* **-1.** [gén] Abspielgerät *das*; **~ de cassettes** Kassettenrecorder *der*; **~ de CD** CD-Player *der*. **-2.** INFORM Leser *der*; **~ de disquettes** Diskettenlaufwerk *das*.

lecture [lɛktyr] *nf* **-1.** [gén] Lesen *das*. **-2.** TECHNOL Abspielen *das*; **tête de ~** Tonabnehmer *der*. **-3.** [au Parlement] Lesung *die*.

ledit, ladite [lədi, ladit] (*mpl* **lesdits** [ledi], *fpl* **lesdites** [ledit]) *adj* besagt.

légal, e, aux [legal, o] *adj* gesetzlich, legal.

légalement [legalmɑ̃] *adv* gesetzmäßig, legal.

légalisation [legalizasjɔ̃] *nf* **-1.** [de pratique, de contrat] Legalisierung *die*. **-2.** [de signature] Beglaubigung *die*.

légaliser [3] [legalize] *vt* **-1.** [pratique, contrat] legalisieren. **-2.** [signature] beglaubigen.

légalisme [legalism] *nm* Legalismus *der*.

légalité [legalite] *nf* **-1.** [d'acte, de contrat] Gesetzmäßigkeit *die*. **-2.** [loi] Legalität *die*.

légataire [legatɛr] *nmf* Legatar *der*; **~ universel** Gesamtvermächtnisnehmer *der*, -in *die*.

légation [legasjɔ̃] *nf* Gesandtschaft *die*.

légendaire [leʒɑ̃dɛr] *adj* **-1.** [mythique] legendenhaft; [animal] Fabel-. **-2.** [célèbre] legendär.

légende [leʒɑ̃d] *nf* Legende *die*.

léger, ère [leʒe, ɛr] *adj* **-1.** [gén] leicht. **-2.** [dispos] unbeschwert. **-3.** [agile] leichtfüßig. **-4.** [propos, décision] leichtsinnig; **prendre qqch à la légère** etw auf die leichte Schulter nehmen. **-5.** [superficiel] leichtherzig. **-6.** [grivois] locker. **-7.** [volage] leichtfertig.

légèrement [leʒɛrmɑ̃] *adv* **-1.** [gén] leicht. **-2.** [marcher] leichtfüßig. **-3.** [agir] leichtsinnig.

légèreté [leʒɛrte] *nf* **-1.** [gén] Leichtheit *die*. **-2.** [agilité, grâce] Leichtigkeit *die*. **-3.** [irréflexion] Leichtsinn *der*. **-4.** [frivolité] Leichtfertigkeit *die*.

légiférer [18] [leʒifere] *vi* Gesetze erlassen.

légion [leʒjɔ̃] *nf* **-1.** MIL Legion *die*; **la Légion (étrangère)** die Fremdenlegion. **-2.** [grand nombre] Heer *das*, Schar *die*; **être ~** sehr zahlreich sein.

◆ **Légion d'honneur** *nf* Ehrenlegion *die*.

légionnaire [leʒjɔnɛr] *nm* Legionär *der*.

législateur, trice [leʒislatœr, tris] *nm, f* Gesetzgeber *der*, -in *die*.

législatif, ive [leʒislatif, iv] *adj* gesetzgebend.

◆ **législatif** *nm* Legislative *die*.

◆ **législatives** *nfpl* Parlamentswahlen *Pl.*

législation [leʒislasjɔ̃] *nf* Gesetzgebung *die*, Recht *das*.

législature [leʒislatyr] *nf* **-1.** [corps] Legislatur *die*. **-2.** [période] Legislatur(periode) *die*.

légiste [leʒist] → **médecin**.

légitimation [leʒitimasjɔ̃] *nf* Legitimation *die*.

légitime [leʒitim] *adj* **-1.** [femme] legitim; [enfant] ehelich. **-2.** JUR: **~ défense** Notwehr *die*. **-3.** [demande] berechtigt.

légitimement [leʒitimmɑ̃] *adv* **-1.** [légalement] rechtmäßig; **une fortune ~ acquise** ein auf rechtem Weg erworbenes Vermögen. **-2.** [justement] mit Recht.

légitimer [3] [leʒitime] *vt* legitimieren; [justifier] rechtfertigen.

légitimité [leʒitimite] *nf* **-1.** [de pouvoir] Legitimität *die*. **-2.** [d'enfant] Ehelichkeit *die*. **-3.** [de conduite, de récompense] Rechtmäßigkeit *die*.

legs [lɛg] *nm* Vermächtnis *das*; **le ~ du passé** das Erbe der Vergangenheit.

léguer [18] [lege] *vt*: **~ qqch (à qqn)** jm (etw) vermachen.

légume [legym] ◇ *nm* [variété] Gemüseart *die*; les **~s** das Gemüse *(sans pl)*. ◇ *nf fam* : **une grosse ~** ein hohes Tier.

leitmotiv [lajtmɔtif] *nm* Leitmotiv *das*.

Léman [lemɑ̃] → **lac**.

lendemain [lɑ̃dmɛ̃] *nm* **-1.** [jour qui suit] nächster Tag; **le ~ de son départ** der Tag nach seiner Abfahrt. **-2.** [avenir] Morgen *das*; **penser au ~** an morgen denken; **sans ~** ohne Zukunft.

lénifiant, e [lenifjɑ̃, ɑ̃t] *adj* **-1.** [médicament] lindernd. **-2.** [propos] besänftigend.

léniniste [leninist] ◇ *adj* leninistisch. ◇ *nmf* Leninist *der*, -in *die*.

lent, e [lɑ̃, lɑ̃t] *adj* **-1.** [gén] langsam. **-2.** [personne] schwerfällig; **être ~ à faire qqch** lang brauchen, um etw zu tun; **il est ~ à comprendre** er ist begriffsstutzig. **-3.** [produit] schleichend.

lente [lɑ̃t] *nf* Nisse *die*.

lentement [lɑ̃tmɑ̃] *adv* langsam.

lenteur [lɑ̃tœr] *nf* **-1.** [gén] Langsamkeit *die*; **avec ~** langsam *(adv)*. **-2.** [d'esprit] Trägheit *die*.
◆ **lenteurs** *nfpl* [de procédure] Umständlichkeit *die*.

lentille [lɑ̃tij] *nf* Linse *die*; **~s de contact** Kontaktlinsen *Pl*.

léonin, e [leɔnɛ̃, in] *adj* **-1.** [du lion] löwenartig. **-2.** [injuste] leoninisch.

léopard [leɔpar] *nm* Leopard *der*.

LEP [lɛp, ɛløpe] (*abr de* **lycée d'enseignement professionnel**) *nm berufsbildendes Gymnasium in Frankreich*, ≃ BS *die (Berufsschule)*.

lèpre [lɛpr] *nf* **-1.** MÉD Lepra *die*, Aussatz *der*. **-2.** *fig* [fléau] Plage *die*.

lépreux, euse [leprø, øz] ◇ *adj* **-1.** [personne] leprakrank, aussätzig. **-2.** [mur] abgeblättert. ◇ *nm, f* Leprakranke *der, die*, Aussätzige *der, die*.

lequel, laquelle [ləkɛl, lakɛl] (*mpl* **lesquels** [lekɛl], *fpl* **lesquelles** [lekɛl]) ◇ *pron rel* **-1.** [complément] der, die, das; **un ami avec ~ il sort souvent** ein Freund, mit dem er oft ausgeht; **une réaction à laquelle je ne m'attendais pas** eine Reaktion, auf die ich nicht gefaßt war. **-2.** *sout* [sujet] welche,-r,-s. ◇ *pron interr* welche,-r,-s; **lesquels préfères-tu**? welche ziehst du vor?; **~ est-ce**? welcher ist es?

les → **le**.

lesbienne [lɛsbjɛn] *nf* Lesbierin *die*.

lesdits, lesdites → **ledit**.

lèse-majesté [lɛzmaʒɛste] *nf inv* Majestätsbeleidigung *die*.

léser [18] [leze] *vt* **-1.** [frustrer]: **~ qqn** jm unrecht tun, jn benachteiligen. **-2.** MÉD verletzen.

lésiner [3] [lezine] *vi*: **ne pas ~ sur qqch** nicht mit etw geizen.

lésion [lezjɔ̃] *nf* Verletzung *die*.

Lesotho [lezɔto] *nm*: **le ~** Lesotho *nt*; **au ~** in Lesotho.

lesquels, lesquelles → **lequel**.

lessive [lɛsiv] *nf* **-1.** [produit] Waschmittel *das*, Waschpulver *das*. **-2.** [nettoyage - de mur, de sol] Abwaschen *das*; [- de linge] Waschen *das*. **-3.** [linge] Wäsche *die*.

lessivé, e [lɛsive] *adj fam* [exténué] fix und fertig.

lessiver [3] [lɛsive] *vt* **-1.** [nettoyer - mur, sol] ab|waschen; [- linge] waschen. **-2.** *fam* [épuiser] aus|laugen. **-3.** CHIM ab|laugen.

lest [lɛst] *nm* Ballast *der*; **lâcher du ~** Ballast ab|werfen; *fig* Konzessionen machen.

leste [lɛst] *adj* **-1.** [personne, mouvement] behend, gewandt; **avoir la main ~** *fig* eine lockere Hand haben. **-2.** [propos] anstößig.

lestement [lɛstəmɑ̃] *adv* **-1.** [agilement] behend, gewandt. **-2.** [avec licence] unanständig; **plaisanter ~** unanständige Witze machen.

lester [3] [lɛste] *vt* **-1.** [navire, ballon] mit Ballast versehen; [ligne de pêche] beschweren. **-2.** *fam* [estomac, poches]: **~ qqch** sich *(D)* etw voll|stopfen.

letchi = **litchi**.

léthargie [letarʒi] *nf* Lethargie *die*; **tomber en ~** in Lethargie verfallen.

léthargique [letarʒik] *adj* lethargisch.

lette [lɛt] *nm* [langue] Lettisch(e) *(das)*.

letton, onne OU **one** [letɔ̃, ɔn] *adj* lettisch.
◆ **letton** *nm* [langue] Lettisch(e) *(das)*.
◆ **Letton, onne** OU **one** *nm, f* Lette *der*, -tin *die*.

Lettonie [lɛtɔni] *nf*: **la ~** Lettland *nt*.

lettre [lɛtr] *nf* **-1.** [caractère] Buchstabe *der*; **écrire en toutes ~s** [mot] aus|schreiben; [chiffre] in Worten schreiben. **-2.** [écrit] Brief *der*; **~ d'amour** Liebesbrief; **~ ouverte** offener Brief; **~ de rappel** Mahnschreiben *das*; **~ de recommandation** Empfehlungsschreiben *das*; **passer comme une ~ à la poste** *fam* problemlos durch|gehen.
◆ **lettres** *nfpl* **-1.** [culture littéraire]: **avoir des ~s** gebildet sein. **-2.** UNIV Geisteswissenschaften *Pl*; **~s classiques** Altphilologie *die*; **~s modernes** Neuphilologie *die*. **-3.** HIST: **~s de noblesse** Adelsbrief *der*; *fig* Anerkennung *die*.
◆ **lettre de change** *nf* Wechsel *der*.
◆ **à la lettre** *loc adv* ganz genau.
◆ **au pied de la lettre** *loc adv* (wort)wörtlich.

lettré, e [lɛtre] ◇ *adj* gebildet. ◇ *nm, f* Gebildete *der, die*.

leucémie [løsemi] *nf* Leukämie *die*.

leucocyte [løkɔsit] *nm* Leukozyt *der*.

leucorrhée [løkɔre] *nf* Leukorrhö(e) *die*.

leur [lœr] *pron pers* ihnen; **je vais ~ dire** ich werde ihnen sagen; **je le ~ ai pris** ich habe es ihnen genommen.

◆ **leur** (*pl* **leurs**) *adj poss* ihr(e).

◆ **le leur** (*f* **la leur**, *pl* **les leurs**) *pron poss* ihre, -r,-s, der OU die OU das ihre; **ce n'est pas ma voiture, c'est la ~** das ist nicht mein Wagen, sondern ihrer; **les ~s** die Ihren, die Ihrigen; **il faudra qu'ils y mettent du ~** sie werden das ihre dazutun müssen.

leurre [lœr] *nm* **-1.** [tromperie] Lockmittel *das*. **-2.** [illusion] Illusion *die*. **-3.** [appât] Köder *der*.

leurrer [5] [lœre] *vt* ködern.

◆ **se leurrer** *vp* sich *(D)* Illusionen machen; **se ~ sur qqn** sich in jm täuschen.

leurs → **leur**.

levain [ləvɛ̃] *nm* Treibmittel *das*; **pain au ~** Sauerteig-Brot *das*.

levant [ləvɑ̃] ◇ *nm* Morgen *der*. ◇ *adj* → **soleil**.

levé, e [ləve] *adj* **-1.** [personne] aufgestanden. **-2.** [front, tête] erhoben.

◆ **levée** *nf* **-1.** [de séance] Aufhebung *die*. **-2.** [de courrier] Leerung *die*. **-3.** [d'impôt] Einzug *der*. **-4.** [de scellés] Entfernen *das*. **-5.** [d'armée] Einberufung *die*.

◆ **levée de boucliers** *nf* allgemeiner Protest.

lever[1] [19] [ləve] ◇ *vt* **-1.** [soulever, hausser] heben; [ancre] lichten. **-2.** [rideau, drapeau, store] hoch|ziehen; [vitre] hoch|schieben, hoch|kurbeln. **-3.** [séance, punition, interdiction] auf|heben; [difficulté] beheben; [obstacle] beseitigen. **-4.** [impôts, taxes] erheben. **-5.** [personne] aus dem Bett holen. **-6.** CHASSE auf|scheuchen. **-7.** [armée] ein|berufen. ◇ *vi* auf|gehen.

◆ **se lever** *vp* **-1.** [personne] auf|stehen, sich erheben. **-2.** [astre] auf|gehen; [jour] an|brechen. **-3.** [rideau] sich heben, hoch|gehen. **-4.** [vent, tempête] auf|kommen. **-5.** [temps] sich auf|klären.

lever[2] [ləve] *nm* **-1.** [d'astre] Aufgang *der*; **~ du soleil** Sonnenaufgang. **-2.** [de personne] Aufstehen *das*. **-3.** THÉÂTRE: **~ de rideau** Aufgehen *das* des Vorhangs; [pièce] kurzes Vorspiel.

lève-tard [lɛvtar] *nmf inv* Langschläfer *der*, -in *die*.

lève-tôt [lɛvto] *nmf inv* Frühaufsteher *der*, -in *die*.

levier [ləvje] *nm* Hebel *der*; *fig* Mittel *das*; **~ de vitesse** Schalthebel.

lévitation [levitasjɔ̃] *nf* Levitation *die*.

lèvre [lɛvr] *nf* **-1.** ANAT Lippe *die*; **être suspendu aux ~s de qqn** *fig* an js Lippen hängen. **-2.** [de faille, de plaie] Rand(wulst) *der*.

lévrier, levrette [levrije, ləvrɛt] *nm, f* Windhund *der*, -hündin *die*.

levure [ləvyr] *nf* Hefe *die*; **~ de bière** Bierhefe; **~ chimique** Backpulver *das*.

lexical, e, aux [lɛksikal, o] *adj* lexikalisch.

lexicographie [lɛksikɔgrafi] *nf* Lexikographie *die*.

lexique [lɛksik] *nm* **-1.** [dictionnaire] Wortverzeichnis *das*. **-2.** [vocabulaire] Fachvokabular *das*.

lézard [lezar] *nm* Eidechse *die*.

lézarde [lezard] *nf* Riß *der*.

lézarder [3] [lezarde] *vt* **-1.** [fissurer] rissig machen. **-2.** *fam* [paresser] sich (in der Sonne) aalen.

◆ **se lézarder** *vp* Risse bekommen.

Lhassa [lasa] *n* Lhasa *nt*.

liaison [ljɛzɔ̃] *nf* **-1.** [gén] Verbindung *die*; **être en ~ avec qqn** mit jm in Verbindung stehen; **entrer en ~ avec qqn** mit jm Verbindung auf|nehmen; **par ~ radio** über Funkkontakt; **avoir une ~ (avec qqn)** (mit jm) ein Verhältnis haben. **-2.** [enchaînement] Verbindung *die*, Zusammenhang *der*. **-3.** LING Liaison *die*.

liane [ljan] *nf* Liane *die*.

liant, e [ljɑ̃, ɑ̃t] *adj* kontaktfreudig.

◆ **liant** *nm* [substance] Bindemittel *das*.

Liban [libɑ̃] *nm*: **le ~** der Libanon, Libanon *nt*; **au ~** im OU in Libanon.

libanais, e [libanɛ, ɛz] *adj* libanesisch.

◆ **Libanais, e** *nm, f* Libanese *der*, -sin *die*.

Libé [libe] (*abr de* **Libération**) *n linksorientierte französische Tageszeitung*.

libelle [libɛl] *nm* Spottschrift *die*.

libellé [libele] *nm* Text *der*, Wortlaut *der*.

libeller [4] [libele] *vt* **-1.** [chèque] aus|stellen. **-2.** [lettre, demande] auf|setzen.

libellule [libelyl] *nf* Libelle *die*.

libéral, e, aux [liberal, o] ◇ *adj* **-1.** POLIT liberal. **-2.** [indépendant] freiberuflich; **profession ~e** freier Beruf. **-3.** ÉCON: **économie ~e** freie Marktwirtschaft. ◇ *nm, f* POLIT Liberale *der*, *die*.

libéralement [liberalmɑ̃] *adv* großzügig.

libéralisation [liberalizasjɔ̃] *nf* Liberalisierung *die*.

libéraliser [3] [liberalize] *vt* liberalisieren.

libéralisme [liberalism] *nm* **-1.** POLIT Liberalismus *der*. **-2.** ÉCON freie Marktwirtschaft. **-3.** [tolérance] Liberalität *die*.

libéralité [liberalite] *nf* Großzügigkeit *die*.

libérateur, trice [liberatœr, tris] ◇ *adj* **-1.** [guerre] Befreiungs-. **-2.** [rire] befreiend. ◇ *nm, f* Befreier *der*, -in *die*.

libération [liberasjɔ̃] *nf* **-1.** [de prisonnier, de militaire, d'obligation] Entlassung *die*. **-2.** [de pays, des femmes] Befreiung *die*. **-3.** [d'énergie] Freisetzung *die*.
◆ **Libération** *nf* HIST *Befreiung Frankreichs von den deutschen Besatzungstruppen (1944).*

libérer [18] [libere] *vt* **-1.** [prisonnier, militaire] entlassen, frei|lassen. **-2.** [d'obligation]: **~ qqn de qqch** jn aus etw entlassen; [dette] jm etw erlassen. **-3.** [pays, femmes] befreien; **~ qqn de qqch** jn von etw befreien. **-4.** [passage] frei machen. **-5.** [énergie] frei|setzen. **-6.** [fonds] frei|geben; [capital] ein|zahlen. **-7.** [instincts, passion]: **~ qqch** einer Sache *(D)* freien Lauf lassen. **-8.** [conscience, cœur] erleichtern.
◆ **se libérer** *vp* **-1.** [se rendre disponible] sich frei|machen. **-2.** [se dégager]: **se ~ de qqch** [lien] sich von etw befreien; [dette] etw begleichen.

Liberia [liberja] *nm*: **le ~** Liberia *nt*; **au ~** in Liberia.

libérien, enne [liberjɛ̃, ɛn] *adj* liberisch, liberianisch.
◆ **Libérien, enne** *nm, f* Liberier *der*, -in *die*, Liberianer *der*, -in *die*.

libertaire [libɛrtɛr] ◇ *nmf* Anarchist *der*, -in *die*. ◇ *adj* libertär.

liberté [libɛrte] *nf* **-1.** [gén] Freiheit *die*; **Liberté, Égalité, Fraternité** Freiheit, Gleichheit, Brüderlichkeit; **parler en toute ~** seine Meinung frei OU offen zum Ausdruck bringen; **en ~** in Freiheit; [prisonnier] auf freiem Fuß; [animal] in freier Wildbahn; **~ d'expression** freie Meinungsäußerung; **~ d'opinion** Meinungsfreiheit. **-2.** JUR: **~ conditionnelle** bedingte Haftentlassung; **~ provisoire** vorläufige Freilassung; **~ surveillée** Freilassung *die* mit Bewährungsaufsicht. **-3.** [loisir] Freizeit *die*.

libertin, e [libɛrtɛ̃, in] ◇ *adj* [personne] sittenlos; [image] lasziv. ◇ *nm, f Mensch mit ausschweifendem Lebenswandel.*

libertinage [libɛrtinaʒ] *nm* Ausschweifung *die*, Zügellosigkeit *die*.

libidineux, euse [libidinø, øz] *adj* lüstern.

libido [libido] *nf* Libido *die*.

libraire [librɛr] *nmf* Buchhändler *der*, -in *die*.

librairie [librɛri] *nf* Buchhandlung *die*.

libre [libr] *adj* frei; **être ~ de faire qqch** frei sein, etw zu tun; **être ~ de ses actes** sein eigener Herr sein; **école ~** Privatschule *die*.

libre-échange [libreʃɑ̃ʒ] (*pl* **libres-échanges**) *nm* Freihandel *der*.

librement [librəmɑ̃] *adv* **-1.** [vivre, interpréter] frei. **-2.** [parler] offen. **-3.** [consentir] freiwillig, aus freien Stücken.

libre-penseur [librəpɑ̃sœr] (*pl* **libres-penseurs**) *nm* Freidenker *der*, -in *die*, Freigeist *der*.

libre-service [librəsɛrvis] (*pl* **libres-services**) *nm* **-1.** [magasin] Selbstbedienungsladen *der*; [restaurant] Selbstbedienungsrestaurant *das*. **-2.** [système] Selbstbedienung *die*.

librettiste [librɛtist] *nmf* Librettist *der*, -in *die*.

Libreville [librəvil] *n* Libreville *nt*.

Libye [libi] *nf*: **la ~** Libyen *nt*.

libyen, enne [libjɛ̃, ɛn] *adj* libysch.
◆ **Libyen, enne** *nm, f* Libyer *der*, -in *die*.

lice [lis] *nf* Turnierplatz *der*; **entrer en ~** *fig* auf den Plan treten.

licence [lisɑ̃s] *nf* **-1.** [permis] Lizenz *die*; [de pêche] Angelschein *der*; [de débit de boissons] Schankerlaubnis *die*. **-2.** UNIV *akademischer Grad nach 3-jährigem Studium in Frankreich*; **~ ès lettres** *akademischer Grad nach 3-jährigem geisteswissenschaftlichem Studium*. **-3.** *sout* [liberté] Zügellosigkeit *die*; **~ des mœurs** Sittenlosigkeit *die*; **~ poétique** dichterische Freiheit.

licencié, e [lisɑ̃sje] ◇ *adj* **-1.** UNIV *mit dem französischen akademischen Grad "licence" ausgestattet*. **-2.** [sportif] Lizenz-. ◇ *nm, f* **-1.** UNIV *Hochschulabsolvent nach 3-jährigem Studium in Frankreich*. **-2.** [sportif] Lizenzinhaber *der*, -in *die*.

licenciement [lisɑ̃simɑ̃] *nm* Entlassung *die*.

licencier [9] [lisɑ̃sje] *vt* entlassen.

licencieux, euse [lisɑ̃sjø, øz] *adj* [personne] liederlich; [ouvrage, propos] schlüpfrig.

lichen [likɛn] *nm* Flechte *die*.

licite [lisit] *adj* erlaubt, zulässig.

licol [likɔl], **licou** [liku] *nm* Halfter *der* OU *das*.

licorne [likɔrn] *nf* Einhorn *das*.

licou = **licol**.

LICRA [likra] (*abr de* **Ligue internationale contre le racisme et l'antisémitisme**) *n in Frankreich verbreitete internationale antirassistische Vereinigung*.

lie [li] *nf* Hefe *die*.

lié, e [lje] *adj* verbunden; **être très ~s** befreundet sein; **être ~ à qqn par qqch** durch etw an jn gebunden sein.

Liechtenstein [liʃtɛnʃtajn] *nm*: **le ~** Liechtenstein *nt*; **au ~** in Liechtenstein.

liechtensteinois, e [liʃtɛnʃtajnwa, az] *adj* liechtensteinisch.
◆ **Liechtensteinois, e** *nm, f* Liechtensteiner *der*, -in *die*.

lie-de-vin [lidvɛ̃] *adj inv* weinrot.

liège [ljɛʒ] *nm* Kork *der*; **bouchon en** OU **de ~** Korken *der*.

Liège [ljɛʒ] *n* Lüttich *nt*.

liégeois [ljeʒwa] → **café, chocolat**.

lien [ljɛ̃] *nm* **-1.** [sangle] Band *das*. **-2.** [rapport] Zusammenhang *der*.

◆ **liens** *nmpl* Bindungen *Pl,* Bande *Pl;* **~s de parenté** verwandtschaftliche Bande.

lier [9] [lje] *vt* **-1.** [attacher] zusammen|binden; **~ qqn à qqch** jn an etw *(D)* fest|binden, jn an etw *(A)* fesseln. **-2.** [sujet: serment, contrat]: **~ qqn (par qqch)** jn (durch etw) binden. **-3.** [relier par la logique]: **~ qqch à qqch** etw mit etw verknüpfen. **-4.** [amitié, conversation] an|knüpfen. **-5.** [sujet: sentiment, intérêt] verbinden. **-6.** CULIN binden.

◆ **se lier** *vp* **-1.** [s'attacher] Freundschaft schließen; **se ~ (d'amitié) avec qqn** sich mit jm an|freunden. **-2.** [s'astreindre] sich binden.

lierre [ljɛr] *nm* Efeu *der.*

liesse [ljɛs] *nf* Jubel *der.*

lieu, x [ljø] *nm* Ort *der;* **au ~ de qqch** anstelle einer Sache *(G);* **au ~ de faire qqch** anstatt etw zu tun; **en haut ~** an höherer Stelle; **être le haut ~ de qqch** die Hochburg einer Sache *(G)* sein; **en ~ sûr** an einem sicheren Ort; **en dernier ~** zuletzt; **en premier ~** erstens; **en second ~** zweitens; **~ de naissance** Geburtsort; **~ de perdition** Sündenpfuhl *der;* **~ saint** heilige Stätte; **avoir ~** statt|finden; [accident] sich ereignen; **avoir ~ de faire qqch** (allen) Grund haben, etw zu tun; **il n'y a pas ~ de faire qqch** es besteht keine Veranlassung, etw zu tun; **donner ~ à qqch** zu etw Anlaß geben; **tenir ~ de qqch** etw ersetzen.

◆ **lieux** *nmpl* **-1.** [d'événement] Ort *der* des Geschehens; **sur les ~x du crime** am Ort des Verbrechens; **sur les ~x de l'accident** am Unfallort. **-2.** [domicile] Wohnung *die;* **quitter les ~x** aus|ziehen.

◆ **lieu commun** *nm* Gemeinplatz *der.*

lieu-dit *(pl* **lieux-dits)** *nm im Volksmund gebräuchlicher Ortsname.*

lieue [ljø] *nf* Meile *die;* **être à cent ~s de qqch** *fig* von etw meilenweit entfernt sein.

lieutenant [ljøtnɑ̃] *nm* MIL Oberleutnant *der.*

lieutenant-colonel [ljøtnɑ̃kɔlɔnɛl] *(pl* **lieutenants-colonels)** *nm* Oberstleutnant *der.*

lièvre [ljɛvr] *nm* **-1.** [animal, CULIN] Hase *der.* **-2.** *loc*: **courir deux ~s à la fois** zwei Ziele gleichzeitig verfolgen; **lever un ~** ein heißes Eisen an|rühren.

lifting [liftiŋ] *nm* Lifting *das.*

ligament [ligamɑ̃] *nm* Band *das.*

ligature [ligatyr] *nf* MÉD Ligatur *die;* **~ des trompes** Tubenligatur, Unterbindung *die* der Tuben.

ligaturer [3] [ligatyre] *vt* MÉD durch eine Ligatur ab|schnüren.

lige [liʒ] *adj*: **homme ~** Gefolgsmann *der.*

light [lajt] *adj* [allégé] light.

ligne [liɲ] *nf* **-1.** [gén] Linie *die;* **à 10 km en ~ droite** in 10 km Luftlinie; **~ directrice** Leitlinie; **~ aérienne** Fluglinie; **~ d'arrivée** Ziellinie; **~ de conduite** Richtschnur *die;* **~ de démarcation** Demarkationslinie; **~ de départ** Startlinie; **~ de flottaison** Wasserlinie; **~s de la main** Linien *Pl* der Hand; **dans la ~ de mire de qqn** *fig* in js Schußlinie; **dans les grandes ~s** *fig* in groben Zügen; **entrer en ~ de compte** *fig* berücksichtigt werden. **-2.** [de texte] Zeile *die;* **à la ~** neue Zeile; **~ de commande** INFORM Kommandozeile; **lire entre les ~s** *fig* zwischen den Zeilen lesen. **-3.** [silhouette]: **avoir la ~** eine gute Figur haben; **garder la ~** schlank bleiben; **surveiller sa ~** auf die (schlanke) Linie achten. **-4.** ÉLECTR & TÉLÉCOM Leitung *die.* **-5.** [de pêche] Angelschnur *die,* Angelleine *die;* **pêcher à la ~** angeln. **-6.** [file] Reihe *die;* **une ~ de produits** eine Produktreihe; **en ~** [personnes] in Reih und Glied; INFORM on-line.

lignée [liɲe] *nf* Nachkommenschaft *die;* **dans la ~ de** *fig* [d'artiste, d'écrivain] in der Tradition von.

lignite [liɲit] *nm* Braunkohle *die.*

ligoter [3] [ligɔte] *vt* [attacher]: **~ qqn (à qqch)** jn (an etw *(A)*) fesseln.

ligue [lig] *nf* Liga *die.*

liguer [3] [lige] *vt* vereinen; **être ligué avec qqn** mit jm verbündet sein.

◆ **se liguer** *vp*: **se ~ (contre qqn)** sich (gegen jn) verbünden.

lilas [lila] ◇ *nm* Flieder *der.* ◇ *adj inv* lila.

limace [limas] *nf* ZOOL Schnecke *die (ohne Gehäuse).*

limaille [limaj] *nf*: **la ~** Feilspäne *Pl.*

limande [limɑ̃d] *nf* Kliesche *die.*

limbes [lɛ̃b] *nmpl*: **les ~** Vorhimmel der *(sans pl)*; **être dans les ~** noch in der Entstehung begriffen sein.

lime [lim] *nf* Feile *die;* **~ à ongles** Nagelfeile.

limer [3] [lime] *vt* **-1.** [ongle] feilen. **-2.** [aspérité] ab|feilen. **-3.** [barreau] durch|feilen.

limier [limje] *nm* **-1.** [chien] Spürhund *der.* **-2.** [détective] Spürnase *die;* **être un fin ~** eine ausgezeichnete Spürnase haben.

liminaire [liminɛr] *adj* einleitend.

limitatif, ive [limitatif, iv] *adj* einschränkend.

limitation [limitasjɔ̃] *nf* **-1.** [de pouvoir] Einschränkung *die.* **-2.** [de vitesse, de prix, d'armement] Beschränkung *die.*

limite [limit] ◇ *nf* **-1.** [gén] Grenze *die;* **~ d'âge** Altersgrenze. **-2.** MATHS Grenzwert *der.* **-3.** [terme, échéance]: **~ d'inscription** Anmeldeschluß *der.* ◇ *adj* [prix, vitesse] Höchst-; [cas] Grenz-; [date] Schluß-.

◆ **limites** *nfpl*: **sans ~s** grenzenlos.
◆ **à la limite** *loc adv* höchstens.
limité, e [limite] *adj* begrenzt, beschränkt.
limiter [3] [limite] *vt* **-1.** [pouvoir] ein|schränken. **-2.** [délimiter] begrenzen.
◆ **se limiter** *vp*: **se ~ à qqch** sich auf etw *(A)* beschränken; **se ~ à faire qqch** sich darauf beschränken, etw zu tun.
limitrophe [limitrɔf] *adj* **-1.** [frontalier] Grenz-; **être ~ de qqch** an etw *(A)* grenzen. **-2.** [voisin] angrenzend, benachbart.
limogeage [limɔʒaʒ] *nm* Kaltstellung *die*.
limoger [17] [limɔʒe] *vt* ab|sägen, kalt|stellen.
limon [limɔ̃] *nm* Schlamm *der*.
limonade [limɔnad] *nf* Limonade *die*.
Limousin [limuzɛ̃] *nm*: **le ~** das Limousin.
limpide [lɛ̃pid] *adj* klar.
limpidité [lɛ̃pidite] *nf* Klarheit *die*.
lin [lɛ̃] *nm* **-1.** [tissu] Leinen *das*. **-2.** BOT Flachs *der*.
linceul [lɛ̃sœl] *nm* Leichentuch *das*.
linéaire [lineɛr] *adj* **-1.** [dessin] linear; **mesure ~** Längenmaß *das*. **-2.** [récit] geradlinig.
linge [lɛ̃ʒ] *nm* **-1.** [gén] Wäsche *die*; **~ de table** Tischwäsche; **laver son ~ sale en famille** *fig* seine schmutzige Wäsche nicht vor anderen Leuten waschen. **-2.** [sous-vêtements] (Unter)-wäsche *die*. **-3.** [tissu] Tuch *das*; **blanc** OU **pâle comme un ~** leichenblaß.
lingerie [lɛ̃ʒri] *nf* **-1.** [sous-vêtements] Damenunterwäsche *die*; **~ fine** Dessous *Pl*. **-2.** [local] Bügelzimmer *das*.
lingot [lɛ̃go] *nm* Barren *der*; **~ d'or** Goldbarren.
linguiste [lɛ̃gɥist] *nmf* Sprachwissenschaftler *der*, -in *die*, Linguist *der*, -in *die*.
linguistique [lɛ̃gɥistik] ◇ *nf* Sprachwissenschaft *die*, Linguistik *die*. ◇ *adj* sprachwissenschaftlich, linguistisch; [communauté, famille] Sprach-.
linoléum [linɔleɔm] *nm* Linoleum *das*.
linotte [linɔt] *nf*: **tête de ~** *fig* Schussel *der*.
linteau, x [lɛ̃to] *nm* Sturz *der* ARCHIT.
lion, lionne [ljɔ̃, ljɔn] *nm, f* ZOOL Löwe *der*, Löwin *die*.
◆ **Lion** *nm* ASTRON & ASTROL Löwe *der*; **sous le signe du Lion** im Zeichen des Löwen.
lionceau, x [ljɔ̃so] *nm* junger Löwe.
lipide [lipid] *nm*: **les ~s** Fette *Pl*.
lippu, e [lipy] *adj* mit wulstigen Lippen.
liquéfier [9] [likefje] *vt* verflüssigen.
◆ **se liquéfier** *vp* **-1.** [gaz] sich verflüssigen; [solide] schmelzen. **-2.** *fam* [personne] (ganz) aufgelöst sein.
liqueur [likœr] *nf* [boisson] Likör *der*.
liquidation [likidasjɔ̃] *nf* **-1.** [de dettes] Bezahlung *die*. **-2.** [de compte] Auflösung *die*. **-3.** [de stock] Räumungsverkauf *der*. **-4.** [BOURSE, de société, de succession] Liquidation *die*. **-5.** [de témoin, de problème] Beseitigung *die*.
liquide [likid] ◇ *nm* **-1.** [substance] Flüssigkeit *die*. **-2.** [argent] Bargeld *das*; **en ~** (in) bar. ◇ *adj* **-1.** [fluide] flüssig. **-2.** [argent] bar, Bar-.
liquider [3] [likide] *vt* **-1.** [compte] auf|lösen. **-2.** [dette] bezahlen. **-3.** [stock] aus|verkaufen. **-4.** [société, succession] liquidieren. **-5.** [témoin, problème] beseitigen. **-6.** [affaire] erledigen.
liquidité [likidite] *nf* flüssiger Zustand.
◆ **liquidités** *nfpl* Bargeld *das (sans pl)*.
liquoreux, euse [likɔrø, øz] *adj* Likör-.
lire[1] [106] [lir] *vt* **-1.** [gén] lesen; **~ l'avenir** die Zukunft deuten; **'lu et approuvé'** 'gelesen und genehmigt'. **-2.** [jugement] verlesen. **-3.** [à haute voix] vor|lesen.
lire[2] [lir] *nf* Lira *die*.
lis, lys [lis] *nm* Lilie *die*.
lisais *etc* → **lire** *vt*.
Lisbonne [lisbɔn] *n* Lissabon *nt*.
liseré [lizre], **liséré** [lizere] *nm* **-1.** [ruban] Paspel *die*. **-2.** [bande] Borte *die*.
liseron [lizrɔ̃] *nm* Winde *die*.
liseuse [lizøz] *nf* **-1.** [vêtement] Bettjäckchen *das*. **-2.** [lampe] Leselampe *die*.
lisible [lizibl] *adj* lesbar.
lisiblement [liziblәmɑ̃] *adv* leserlich.
lisière [lizjɛr] *nf* **-1.** [de forêt] Rand *der*. **-2.** COUTURE Webkante *die*.
lisse [lis] *adj* glatt.
lisser [3] [lise] *vt* glätten.
listage [listaʒ] *nm* Auflistung *die*.
liste [list] *nf* Liste *die*; **~ électorale** Wählerliste; **~ de mariage** *in einem Geschäft hinterlegte Liste mit den Geschenkwünschen eines Brautpaars*; **~ noire** schwarze Liste; **être sur la ~ rouge** eine Geheimnummer haben.
lister [3] [liste] *vt* auf|listen.
listing [listiŋ] *nm* Auflistung *die*.
lit [li] *nm* **-1.** [meuble, de rivière] Bett *das*; **faire son ~** das Bett machen; **garder le ~** das Bett hüten; **se mettre au ~** ins Bett gehen; **~ à baldaquin** Himmelbett; **~ de camp** Feldbett; **~ d'enfant** Kinderbett; **~ gigogne** ausziehbares Bett; **~s jumeaux** *ein Paar baugleiche Einzelbetten*; **~s superposés** Etagenbett. **-2.** [mariage]: **d'un premier ~** aus erster Ehe. **-3.** [de cendres, de braises] Schicht *die*.
LIT (*abr de* **lire italienne**) Lit.
litanie [litani] *nf* Litanei *die*.
litchi [litʃi], **letchi** [lɛtʃi] *nm* Litschi(pflaume) *die*.

literie [litri] *nf* Bettwaren *Pl.*
lithographie [litɔgrafi] *nf* Lithographie *die.*
litière [litjɛr] *nf* **-1.** [d'animal] Streu *die.* **-2.** [palanquin] Sänfte *die.*
litige [litiʒ] *nm* **-1.** JUR Rechtsstreit *der.* **-2.** [désaccord] Streit *der.*
litigieux, euse [litiʒjø, øz] *adj* strittig.
litote [litɔt] *nf* Litotes *die.*
litre [litr] *nm* Liter *der.*
litron [litrɔ̃] *nm tfam*: **un ~** eine Pulle Wein.
littéraire [literɛr] ◇ *nmf geisteswissenschaftlich gebildeter Mensch.* ◇ *adj* **-1.** [œuvre, citation] literarisch. **-2.** [talent] schriftstellerisch. **-3.** [histoire, critique] Literatur-.
littéral, e, aux [literal, o] *adj* wörtlich.
littéralement [literalmɑ̃] *adv* **-1.** [à la lettre] wörtlich. **-2.** [tout à fait] im wahrsten Sinne (des Wortes).
littérature [literatyr] *nf* Literatur *die*; **~ comparée** vergleichende Literaturwissenschaft.
littoral, e, aux [litɔral, o] *adj* Küsten-.
◆ **littoral** *nm* Küstenstreifen *der*; **le ~ méditerranéen** die Mittelmeerküste.
Lituanie [litɥani] *nf*: **la ~** Litauen *nt.*
lituanien, enne [litɥanjɛ̃, ɛn] *adj* litauisch.
◆ **lituanien** *nm* [langue] Litauisch(e) *(das).*
◆ **Lituanien, enne** *nm, f* Litauer *der,* -in *die.*
liturgie [lityrʒi] *nf* Liturgie *die.*
liturgique [lityrʒik] *adj* liturgisch.
livarot [livaro] *nm stark riechender Weichkäse aus der Normandie.*
livide [livid] *adj* fahl, bleich.
livrable [livrabl] *adj* lieferbar.
livraison [livrɛzɔ̃] *nf* Lieferung *die*; **~ à domicile** Lieferung ins Haus; **délai de ~** Lieferfrist *die*; **voiture de ~** Lieferwagen *der.*
livre [livr] ◇ *nm* Buch *das*; **~ de bord** Logbuch; **~ de cuisine** Kochbuch; **~ d'images** Bilderbuch; **~ de messe** Meßbuch; **~ d'or** Goldenes Buch; **~ de poche** Taschenbuch; **à ~ ouvert** mühelos, spielend. ◇ *nf* Pfund *das*; **~ sterling** Pfund Sterling.
livre-cassette [livrəkasɛt] (*pl* **livres-cassettes**) *nm* Hörbuch *das.*
livrée [livre] *nf* [uniforme] Livree *die.*
livrer [3] [livre] *vt* **-1.** [COMM - marchandise] liefern; [- personne] beliefern. **-2.** [confier]: **~ qqch à qqn** jm etw an|vertrauen. **-3.** [dénoncer]: **~ qqn à qqn** jn jm aus|liefern. **-4.** [abandonner]: **~ qqch à qqch** etw einer Sache *(D)* preis|geben; **être ~ à qqch** einer Sache *(D)* ausgeliefert sein; **être ~ à soi-même** auf sich selbst *(A)* gestellt sein.
◆ **se livrer** *vp* **-1.** [se rendre]: **se ~ (à qqn)** sich (jm) ergeben. **-2.** [se confier]: **se ~ à qqn** sich jm an|vertrauen. **-3.** [se consacrer]: **se ~ à qqch** [travail] einer Sache *(D)* nach|gehen; [excès] sich einer Sache *(D)* hin|geben; **se ~ à une enquête** Nachforschungen an|stellen.
livresque [livrɛsk] *adj* angelesen.
livret [livrɛ] *nm* **-1.** [carnet] (kleines) Buch, Heft *das*; **~ de caisse d'épargne** Sparbuch; **~ de famille** Stammbuch; **~ scolaire** ≃ Zeugnisheft. **-2.** [d'exposition] Katalog *der.* **-3.** MUS Libretto *das,* Textbuch *das.*
livreur, euse [livrœr, øz] *nm, f* Ausfahrer *der,* -in *die,* Fahrer *der,* -in *die.*
Ljubljana [ljubljana] *n* Ljubljana *nt,* Laibach *nt.*
lm (*abr de* **lumen**) lm.
LO (*abr de* **Lutte ouvrière**) *nf trotzkistische Bewegung in Frankreich.*
lobby [lɔbi] (*pl* **lobbies**) *nm* Lobby *die.*
lobe [lɔb] *nm*: **~ de l'oreille** Ohrläppchen *das.*
lober [3] [lɔbe] *vt* [tennis] lobben.
local, e, aux [lɔkal, o] *adj* lokal, örtlich.
◆ **local** *nm* Raum *der.*
◆ **locaux** *nmpl* Büroräume *die.*
localement [lɔkalmɑ̃] *adv* **-1.** [ici] hier(zulande). **-2.** [par endroits - MÉTÉOR] stellenweise; [- MÉD] lokal.
localisation [lɔkalizasjɔ̃] *nf* **-1.** [de lieu] Ortung *die*; [de cause] Lokalisation *die.* **-2.** [de conflit, d'épidémie] Eingrenzung *die.*
localiser [3] [lɔkalize] *vt* **-1.** [repérer] orten. **-2.** [circonscrire] ein|grenzen.
localité [lɔkalite] *nf* Ort *der,* Ortschaft *die.*
locataire [lɔkatɛr] *nmf* Mieter *der,* -in *die.*
locatif, ive [lɔkatif, iv] *adj* **-1.** [valeur, charge] Miet-. **-2.** GRAM Orts-.
location [lɔkasjɔ̃] *nf* **-1.** [louage - par propriétaire] Vermietung *die,* Verleih *der*; [- par locataire] Mieten *das*; **~ de vélos** Fahrradvermietung; **~ de voitures** Autovermietung. **-2.** [bail] Mietvertrag *der.* **-3.** [maison, appartement] Mietunterkunft *die*; **il a trouvé une ~ pour les vacances** er hat ein Ferienhaus OU eine Ferienwohnung gefunden. **-4.** THÉÂTRE Vorverkauf *der.*
location-vente [lɔkasjɔ̃vɑ̃t] (*pl* **locations-ventes**) *nf* Leasing *das.*
loc cit (*abr de* **loco citato**) a. a. O. *(am angeführten Ort), l. c.*
lock-out [lɔkaut] *nm inv* Aussperrung *die.*
locomoteur, trice [lɔkɔmɔtœr, tris] *adj* lokomotorisch.
locomotion [lɔkɔmɔsjɔ̃] *nf* Fortbewegung *die*; **moyen de ~** Transportmittel *das.*
locomotive [lɔkɔmɔtiv] *nf* **-1.** [machine] Lokomotive *die,* Lok *die.* **-2.** *fig* [leader] treibende Kraft, Motor *der.*

locuteur, trice [lɔkytœr, tris] *nm, f* Sprecher *der*, -in *die*.
locution [lɔkysjɔ̃] *nf*: **~ adverbiale** Adverbialbestimmung *die*; **~ idiomatique** Redewendung *die*.
loden [lɔdɛn] *nm* **-1.** [étoffe] Loden(stoff) *der*. **-2.** [vêtement] Lodenmantel *der*.
loft [lɔft] *nm* Loft *der*.
logarithme [lɔgaritm] *nm* Logarithmus *der*.
loge [lɔʒ] *nf* **-1.** [de concierge] Hausmeisterwohnung *die*. **-2.** [d'acteur] Garderobe *die*. **-3.** [de spectacle, de francs-maçons] Loge *die*; **être aux premières ~s** *fig* einen Logenplatz haben, etw aus nächster Nähe mit|bekommen. **-4.** ARCHIT Loggia *die*.
logement [lɔʒmɑ̃] *nm* **-1.** [appartement] Wohnung *die*; **~ de fonction** Dienstwohnung. **-2.** [hébergement] Unterkunft *die*, Bleibe *die*.
loger [17] [lɔʒe] ◇ *vi* wohnen. ◇ *vt* **-1.** [personnes] unter|bringen. **-2.** [placer]: **~ une balle dans qqch** etw treffen. **-3.** [contenir] auf|nehmen.
◆ **se loger** *vp* **-1.** [trouver un logement] eine Wohnung finden. **-2.** [se placer]: **se ~ dans/sous/sur qqch** in/unter/auf etw *(D)* landen; **se ~ une balle dans la tête** sich *(D)* eine Kugel in den Kopf jagen.
loggia [lɔdʒja] *nf* Loggia *die*.
logiciel [lɔʒisjɛl] *nm* Software *die*; **~ intégré** integrierte Software.
logique [lɔʒik] ◇ *nf* **-1.** [gén] Logik *die*. **-2.** [raisonnement] Denkweise *die*. ◇ *adj* logisch; **rester ~ avec soi-même** konsequent bleiben.
logiquement [lɔʒikmɑ̃] *adv* **-1.** [avec cohérence] logisch. **-2.** [normalement] logischerweise.
logis [lɔʒi] *nm* Unterkunft *die*, Haus *das*.
logistique [lɔʒistik] ◇ *nf* Logistik *die*. ◇ *adj* Logistik-.
logo [logo] *nm* Logo *das*.
logorrhée [lɔgɔre] *nf* Zungendelirium *das*.
loi [lwa] *nf* **-1.** [gén] Gesetz *das*; **la ~ de l'offre et de la demande** das Gesetz von Angebot und Nachfrage; **la ~ de 1901** *das Gesetz von 1901 über die Vereinsfreiheit*. **-2.** [convention, autorité] Regel *die*; **faire la ~** die Spielregeln fest|legen; **la ~ du plus fort** das Recht des Stärkeren; **la ~ du talion** die Talionslehre; **les ~s de la guerre** Kriegsrecht *das (sans pl)*.
loin [lwɛ̃] *adv* **-1.** [dans l'espace] weit (weg). **-2.** [dans le temps] weit; **Noël n'est plus très ~** bis Weihnachten ist es nicht mehr weit. **-3.** *loc*: **aller ~** [événement] weitreichende Folgen haben; **il va un peu trop ~** er geht ein bißchen zu weit; **il ira ~** er wird es weit bringen.
◆ **aussi loin que** *loc conj* **-1.** [dans l'espace]: **aussi ~ que l'on peut voir** so weit das Auge reicht. **-2.** [dans le temps] soweit; **d'aussi ~ que je me souvienne** soweit ich zurück|denken kann.
◆ **au loin** *loc adv* in der Ferne.
◆ **de loin** *loc adv* **-1.** [à distance] von weitem; **d'assez ~** aus einiger Entfernung; **de plus ~** von weiter weg; **de très ~** aus großer Ferne. **-2.** [largement] bei weitem.
◆ **de loin en loin** *loc adv* **-1.** [dans l'espace] hier und da. **-2.** [dans le temps] ab und zu.
◆ **loin de** *loc prép* **-1.** [gén] weit von; **~ de qqch** weit von etw entfernt; **il n'est pas ~ de 9 h** es ist beinahe 9 Uhr; **~ de moi l'idée de faire qqch** ich denke nicht im entferntesten daran, etw zu tun; **être ~ du compte** sich gewaltig irren. **-2.** [à l'écart de] weit weg von; **être ~ de faire qqch** *fig* weit davon entfernt sein, etw zu tun.
◆ **loin de là** *interj* bei weitem nicht.
lointain, e [lwɛ̃tɛ̃, ɛn] *adj* **-1.** [éloigné, approximatif] entfernt. **-2.** [époque] fern.
◆ **lointain** *nm*: **dans le** OU **au ~** in der Ferne.
loir [lwar] *nm* Siebenschläfer *der*; **dormir comme un ~** wie ein Murmeltier schlafen.
Loire [lwar] *nf*: **la ~** die Loire.
loisir [lwazir] *nm* Freizeit *die*; **avoir le ~ de faire qqch** *sout* Gelegenheit haben, etw zu tun.
◆ **loisirs** *nmpl* Freizeitbeschäftigungen *Pl*.
lombago = **lumbago**.
lombaire [lɔ̃bɛr] ◇ *nf* Lendenwirbel *der*. ◇ *adj* Lenden-.
Lomé [lɔme] *n* Lome *nt*.
londonien, enne [lɔ̃dɔnjɛ̃, ɛn] *adj* Londoner *(adj inv)*.
◆ **Londonien, enne** *nm, f* Londoner *der*, -in *die*.
Londres [lɔ̃dr] *n* London *nt*.
long, longue [lɔ̃, lɔ̃g] *adj* **-1.** [gén] lang. **-2.** [habitude, expérience] groß. **-3.** [lent] langsam; **être ~ à faire qqch** für etw lange brauchen.
◆ **long** ◇ *nm* **-1.** [dans l'espace]: **cela fait 4 mètres de ~** das ist 4 Meter lang; **le ~ du mur** die Mauer entlang; **tout le ~ de la rivière** den ganzen Fluß entlang; **tomber de tout son ~** der Länge nach hin|fallen. **-2.** [dans le temps]: **tout le ~ du jour** den ganzen Tag lang. **-3.** [vêtements longs]: **le ~** die lange Mode. ◇ *adv* **-1.** [beaucoup] viel; **en savoir ~ sur qqch** genau über etw *(A)* Bescheid wissen; **en dire ~ sur qqn/qqch** viel über jn/etw aus|sagen. **-2.** [s'habiller]: **elle s'habille ~** sie trägt gerne lang.
◆ **à la longue** *loc adv* mit der Zeit.
◆ **de long en large** *loc adv* hin und her.
◆ **en long et en large** *loc adv* lang und breit.
◆ **en long en large et en travers** *loc adv* lang und breit.
long. (*abr de* **longitude**) L. *(Länge)*.
long-courrier [lɔ̃kurje] (*pl* **long-courriers**)

◇ *nm* **-1.** [avion] Langstreckenflugzeug *das*. **-2.** [ligne] Langstreckenflug *der*. ◇ *adj* Langstrecken-.

longe [lɔ̃ʒ] *nf* **-1.** [courroie] Longe *die*. **-2.** [viande] Lendenstück *das*.

longer [17] [lɔ̃ʒe] *vt* **-1.** [sujet: route] entlang|führen. **-2.** [sujet: piéton] entlang|gehen.

longévité [lɔ̃ʒevite] *nf* **-1.** [durée de vie] Lebensdauer *die*. **-2.** [longue durée de vie] Langlebigkeit *die*.

longiligne [lɔ̃ʒiliɲ] *adj* langgestreckt.

longitude [lɔ̃ʒityd] *nf* Längengrad *der*, Länge *die*.

longitudinal, e, aux [lɔ̃ʒitydinal, o] *adj* Längs-.

longtemps [lɔ̃tɑ̃] *adv* lange; **avant ~** so bald; **depuis ~** seit langem; **en avoir pour ~** noch lange brauchen; **est-ce qu'il y en a encore pour ~**? dauert es noch lange?; **il y a ~ que** es ist schon lange her, daß.

longue → **long**.

longuement [lɔ̃gmɑ̃] *adv* lange.

longueur [lɔ̃gœr] *nf* Länge *die*; **à ~ de journée** den ganzen Tag lang; **à ~ de temps** ständig; **en ~, dans le sens de la ~** längs; **être sur la même ~ d'onde** *fig* auf der gleichen Wellenlänge sein.

longue-vue [lɔ̃gvy] (*pl* **longues-vues**) *nf* Fernrohr *das*.

look [luk] *nm* **-1.** [tendance] Look *der*; **avoir un ~ de hippie** im Hippie-Look herum|laufen. **-2.** [aspect] Outfit *das*.

looping [lupiŋ] *nm* Looping *der*.

lopin [lɔpɛ̃] *nm* (Grund)stück *das*; **~ de terre** Stück Erde.

loquace [lɔkas] *adj* gesprächig; **peu ~** nicht sehr gesprächig.

loquacité [lɔkasite] *nf* Gesprächigkeit *die*.

loque [lɔk] *nf* **-1.** [vêtement] Fetzen *der*; **en ~s** zerfetzt. **-2.** *fig* [personne] Wrack *das*.

loquet [lɔkɛ] *nm* Riegel *der*.

lorgner [3] [lɔrɲe] *vt* **-1.** [observer] beäugeln. **-2.** [convoiter]: **~ qqch** auf etw *(A)* schielen. **-3.** [chercher du regard]: **~ qqch** nach etw Ausschau halten.

lorgnette [lɔrɲɛt] *nf* Lorgnette *die*.

lorgnon [lɔrɲɔ̃] *nm* Lorgnon *das*.

Lorraine [lɔrɛn] *nf*: **la ~** Lothringen *nt*.

lors [lɔr]

◆ **depuis lors** *loc adv* seither.

◆ **lors de** *loc prép* zur Zeit *(+ G)*, bei.

◆ **pour lors** *loc adv* bis auf weiteres.

lorsque [lɔrskə] *conj* als.

losange [lɔzɑ̃ʒ] *nm* Raute *die*.

Los Angeles [lɔsɑ̃dʒəlɛs] *n* Los Angeles *nt*.

lot [lo] *nm* **-1.** [gén] Los *das*; **le gros ~** das große Los. **-2.** [part] Parzelle *die*.

loterie [lɔtri] *nf* **-1.** [jeu] Lotterie *die*; **la Loterie nationale** *französische staatliche Lottogesellschaft*. **-2.** [hasard] Lotteriespiel *das*.

loti, e [lɔti] *adj*: **être bien/mal ~** es gut/schlecht haben.

lotion [lɔsjɔ̃] *nf* Lotion *die*; **~ après-rasage** Rasierwasser *das*; **~ capillaire** Haarwasser *das*; **~ hydratante** Feuchtigkeitslotion.

lotir [32] [lɔtir] *vt* in Parzellen auf|teilen; **~ qqn de qqch** jm etw zu|teilen.

lotissement [lɔtismɑ̃] *nm* **-1.** [d'habitations] Siedlung *die*. **-2.** [vente] Parzellierung *die*.

loto [lɔto] *nm* Lotto *das*.

LE LOTO:

"Loto" ist in Frankreich ein sehr beliebtes Glücksspiel, bei dem große Geldbeträge gewonnen werden können. Die Spielscheine ("bulletins") werden in Tabakwarengeschäften und besonderen Kiosken verkauft. Der Spieler kreuzt sieben Zahlen an. Die Ziehungen finden zweimal pro Woche statt und werden im Fernsehen übertragen. Der "Loto sportif" ist eine Variante, bei der die Spieler eine Wette auf Fußballergebnisse abschließen.

---

lotte [lɔt] *nf* [de mer] Seeteufel *der*.

lotus [lɔtys] *nm* Lotus *der*.

louable [lwabl] *adj* **-1.** [méritoire] lobenswert. **-2.** [à louer] vermietbar.

louange [lwɑ̃ʒ] *nf* Lobrede *die*; **chanter les ~s de qqn** *fig* ein Loblied auf jn singen.

loubard, loubar [lubar] *nm fam* Rocker *der*.

louche¹ [luʃ] *nf* Schöpfkelle *die*.

louche² [luʃ] *adj* **-1.** [acte] dubios; [individu] nicht ganz koscher. **-2.** [couleur, liquide] trüb.

loucher [3] [luʃe] *vi* schielen; **~ sur qqn/qqch** nach jm/etw schielen.

louer [6] [lwe] *vt* **-1.** [sujet: propriétaire]: **~ (qqch à qqn)** (jm etw) vermieten; **à ~** zu vermieten. **-2.** [sujet: locataire] mieten. **-3.** [place] reservieren; [de spectacle] vor|bestellen. **-4.** *sout* [personne] loben; **~ qqn de** OU **pour qqch** jn für etw loben.

◆ **se louer** *vp* **-1.** [objet, logement] vermietet werden. **-2.** *sout* [se féliciter]: **se ~ d'avoir fait qqch** sich beglückwünschen, etw getan zu haben; **se ~ de qqch** sich zu etw beglückwünschen.

loueur, euse [lwœr, øz] *nm, f* Vermieter *der*, -in *die*.

loufoque [lufɔk] *fam* ◇ *nmf* Ausgeflippte *der*, *die*. ◇ *adj* ausgeflippt.

loup [lu] *nm* **-1.** [carnassier] Wolf *der*. **-2.** [poisson] Seewolf *der*. **-3.** [masque] *schwarze Halbmaske aus Satin*. **-4.** [personne]: **(vieux) ~ de mer** Seebär *der*.

loupe [lup] *nf* **-1.** [optique] Lupe *die*; **regarder à la ~** unter die Lupe nehmen. **-2.** BOT Knorren *der*.

louper [3] [lupe] *vt fam* **-1.** [train, avion] verpassen. **-2.** [examen] verpfuschen.

loup-garou [lugaru] (*pl* **loups-garous**) *nm* Werwolf *der*.

loupiot, ote [lupjo, ɔt] *nm, f fam* Spatz *der*.

◆ **loupiote** *nf fam* kleine Leuchte.

lourd, e [lur, lurd] *adj* **-1.** [gén] schwer. **-2.** [indigeste] schwerverdaulich. **-3.** [maladroit] schwerfällig; [plaisanterie] plump. **-4.** *fig* [rempli]: **une phrase ~e de menaces** ein Satz voller Drohungen.

◆ **lourd** *adv*: **peser ~** schwer wiegen; **il n'en fait pas ~** *fam fig* er überarbeitet sich nicht.

lourdaud, e [lurdo, od] ◇ *adj* plump. ◇ *nm, f* plumper Mensch.

lourdement [lurdəmɑ̃] *adv* **-1.** [pesamment] schwer. **-2.** [maladroitement] schwerfällig.

lourdeur [lurdœr] *nf* **-1.** [pesanteur] Schwere *die*. **-2.** [maladresse] Schwerfälligkeit *die*.

loustic [lustik] *nm péj* Kauz *der*.

loutre [lutr] *nf* **-1.** [animal] Fischotter *der*. **-2.** [fourrure] Otterpelz *der*.

louve [luv] *nf* Wölfin *die*.

louveteau, x [luvto] *nm* Wölfling *der*.

louvoyer [13] [luvwaje] *vi* **-1.** NAVIG kreuzen. **-2.** *fig* [biaiser] taktieren.

Louvre [luvr] *n*: **le ~** der Louvre; **l'école du ~** *Kunsthochschule in Paris*.

L'ÉCOLE DU LOUVRE:
Die angesehene Schule befindet sich im Louvre-Museum in Paris. Hier wird Unterricht in Kunstgeschichte und Archeologie erteilt. Außerdem werden Museumsfachleute ausgebildet.

---

lover [3] [lɔve]

◆ **se lover** *vp* **-1.** [personne] sich kuscheln. **-2.** [serpent] sich zusammen|rollen.

loyal, e, aux [lwajal, o] *adj* **-1.** [fidèle] treu. **-2.** [honnête] loyal.

loyalement [lwajalmɑ̃] *adv* loyal, fair.

loyauté [lwajote] *nf* **-1.** [fidélité] Treue *die*. **-2.** [honnêteté] Loyalität *die*.

loyer [lwaje] *nm* Miete *die*.

LP (*abr de* **lycée professionnel**) *nm* ≃ Berufsschule *die*.

LSD (*abr de* **Lysergic acid diethylamide**) *nm* LSD *das*.

lu, e [ly] *pp* → **lire**.

Luanda [lwɑ̃da] *n* Luanda *nt*.

lubie [lybi] *nf* Schnapsidee *die*.

lubricité [lybrisite] *nf* Lüsternheit *die*.

lubrifiant, e [lybrifjɑ̃, ɑ̃t] *adj* Schmier-.

◆ **lubrifiant** *nm* Schmiermittel *das*.

lubrification [lybrifikasjɔ̃] *nf* Schmierung *die*.

lubrifier [9] [lybrifje] *vt* schmieren, ölen.

lubrique [lybrik] *adj* lüstern.

lucarne [lykarn] *nf* **-1.** [fenêtre] Dachluke *die*. **-2.** FOOTBALL ≃ Tor *das*.

Lucerne [lysɛrn] *n* Luzern *nt*.

lucide [lysid] *adj* **-1.** [conscient] klar (bei Verstand). **-2.** [clairvoyant] hellsichtig.

lucidement [lysidmɑ̃] *adv* hellsichtig.

lucidité [lysidite] *nf* **-1.** [conscience] Klarheit *die*; **moment de ~** klarer Moment. **-2.** [clairvoyance] Hellsichtigkeit *die*.

luciole [lysjɔl] *nf* Leuchtkäfer *der*.

lucratif, ive [lykratif, iv] *adj* lukrativ.

lucre [lykr] *nm péj* & *sout*: **avair le goût du ~** gewinnsüchtig sein.

ludique [lydik] *adj* Spiel-, spielerisch.

ludothèque [lydɔtɛk] *nf* Spielothek *die*.

luette [lɥɛt] *nf* Zäpfchen *das*.

lueur [lɥœr] *nf* **-1.** [lumière] Schein *der*; **à la ~ d'une bougie** bei Kerzenschein. **-2.** *fig* [éclat] Funke *der*. **-3.** *fig* [moment] Schimmer *der*; **~ d'espoir** Hoffnungsschimmer.

luge [lyʒ] *nf* Schlitten *der*; **faire de la ~** Schlitten fahren.

lugubre [lygybr] *adj* finster, düster.

lui[1] [lɥi] *pp inv* → **luire**.

lui[2] [lɥi] *pron pers* **-1.** [complément indirect masculin] **ihm**; [complément indirect féminin] **ihr**; **je ~ ai parlé** ich habe mit ihm OU ihr gesprochen; **il le ~ a présenté** er hat ihn ihm OU ihr vorgestellt. **-2.** [sujet, attribut, dans comparaison] **er**; **qui nous accompagnera?** - **~** wer begleitet uns? - er; **c'est ~ qui vous le demande** er bittet Sie darum; **elle est plus jeune que ~** sie ist jünger als er; **il sait de quoi je parle, ~** er weiß, wovon ich rede; **si j'étais ~** an seiner Stelle. **-3.** [complément d'objet direct] ihn; **je n'ai vu que ~** ich habe nur ihn gesehen; **on l'a vu, ~** eben den haben wir gesehen. **-4.** [après une préposition] ihn, ihm; **je compte sur ~** ich verlasse mich auf ihn; **je vais chez ~** ich gehe zu ihm. **-5.** [remplaçant soi] sich selbst; **il est content de ~** er ist mit sich selbst zufrieden.

lui-même [lɥimɛm] *pron pers* **-1.** [gén] er selbst; **il me l'a dit ~** er hat es mir selbst gesagt; **j'ai vu le directeur ~** ich habe den Direktor höchstpersönlich gesehen. **-2.** [au téléphone] am Apparat.

luire [97] [lɥir] *vi* **-1.** [briller] leuchten. **-2.** [réfléchir la lumière] glänzen. **-3.** *fig* [apparaître] aufleuchten.

luisais *etc* → **luire**.

luisant, e [lɥizɑ̃, ɑ̃t] *adj* leuchtend.

◆ **luisant** *nm* Glanz *der*.

lumbago, lombago [lɔ̃bago] *nm* Hexenschuß *der*.

lumière [lymjɛr] *nf* **-1.** [éclairage] Licht *das*; **~ tamisée** gedämpftes Licht; **à la ~ de qqch** *fig* in Anbetracht einer Sache *(G)*; **faire toute la ~ sur qqch** *fig* Licht in etw *(A)* bringen; **mettre qqch en ~** *fig* etw auf/zeigen. **-2.** [personne] Leuchte *die*; **ce n'est pas une ~** *fam* er OU sie ist keine Leuchte.

luminaire [lyminɛr] *nm* Leuchte *die*.

luminescent, e [luminɛsɑ̃, ɑ̃t] *adj* Leucht-.

lumineux, euse [lyminø, øz] *adj* **-1.** [brillant] Licht-; **source lumineuse** Lichtquelle *die*. **-2.** [radieux] leuchtend. **-3.** [clair] einleuchtend.

luminosité [lyminozite] *nf* **-1.** [éclat] Helligkeit *die*. **-2.** PHYS & SCIENCE Leuchtkraft *die*.

lump [lœp] *nm*: **œufs de ~** Kaviarersatz *der*.

lunaire [lynɛr] *adj* Mond-; **paysage ~** Mondlandschaft *die*; **visage ~** Mondgesicht *das*.

lunatique [lynatik] ◇ *nmf* launischer Mensch. ◇ *adj* launisch.

lunch [lœnʃ] *nm* Lunch *der*.

lundi [lœ̃di] *nm* Montag *der*; **~ de Pâques** Ostermontag; **~ de Pentecôte** Pfingstmontag; *voir aussi* **samedi**.

lune [lyn] *nf* Mond *der*; **la Lune** der Mond; **nouvelle ~** Neumond; **pleine ~** Vollmond; **~ de miel** Flitterwochen *Pl*; **être dans la ~** *fig* zerstreut sein; **décrocher la ~** *fig* die Sterne vom Himmel holen; **promettre la ~** *fig* das Blaue vom Himmel versprechen.

luné, e [lyne] *adj*: **être bien/mal ~** gut/schlecht gelaunt sein.

lunette [lynɛt] *nf* **-1.** [ouverture]: **~ arrière** Rückfenster *das*; **~ des WC** Klobrille *die*. **-2.** ASTRON Fernglas *das*.

◆ **lunettes** *nfpl*: **~s (de vue)** Brille *die*; **~s noires** OU **de soleil** Sonnenbrille *die*.

lunule [lynyl] *nf* Nagelmöndchen *das*.

lupanar [lypanar] *nm sout* Freudenhaus *das*.

lupin [lypɛ̃] *nm* Lupine *die*.

lurette [lyrɛt] *nf*: **il y a belle ~ que** *fam* es ist schon ewig lange her, daß.

luron, onne [lyrɔ̃, ɔn] *nm, f*: **joyeux ~** lustiger Geselle.

lus *etc* → **lire** *vt*.

Lusaka [lysaka] *n* Lusaka *nt*.

lusophone [lyzɔfɔn] *adj* Portugiesisch sprechend.

lustre [lystr] *nm* **-1.** [luminaire] Kronleuchter *der*. **-2.** [éclat] Glanz *der*. **-3.** *loc*: **ça fait des ~s que** es ist schon ewig lange her, daß.

lustré, e [lystre] *adj* blank.

lustrer [3] [lystre] *vt* blank putzen.

luth [lyt] *nm* Laute *die*.

luthérien, enne [lyterjɛ̃, ɛn] *adj* lutherisch.

◆ **Luthérien, enne** *nm, f* Lutheraner *der*, -in *die*.

luthier [lytje] *nm* Geigenbauer *der*, -in *die*.

lutin [lytɛ̃] *nm* Kobold *der*.

lutte [lyt] *nf* **-1.** [combat] Kampf *der*; **de haute ~** hart erkämpft; **~ des classes** Klassenkampf; **~ d'influence** Machtkampf. **-2.** SPORT Ringen *das*.

lutter [3] [lyte] *vi* kämpfen; **~ contre qqn/qqch** gegen jn/etw kämpfen; **~ avec qqn/qqch** mit jm/etw kämpfen; **~ pour qqn/qqch** für jn/etw kämpfen.

lutteur, euse [lytœr, øz] *nm, f* **-1.** SPORT Ringer *der*, -in *die*. **-2.** *fig* [personne] Kämpfer *der*, -in *die*.

luxation [lyksasjɔ̃] *nf* Verrenkung *die*.

luxe [lyks] *nm* Luxus *der*; **de ~** Luxus-; **ce n'est pas un** OU **du ~** das ist kein Luxus; **s'offrir** OU **se payer le ~ de faire qqch** sich den Luxus leisten, etw zu tun.

Luxembourg [lyksɑ̃bur] *nm* **-1.** [pays]: **le ~** Luxemburg *nt*; **au ~** in Luxemburg. **-2.** [ville] Luxemburg *nt*; **à ~** in Luxemburg. **-3.** [jardin]: **le ~** *Parkanlage in Paris*.

luxembourgeois, e [lyksɑ̃burʒwa, az] *adj* luxemburgisch, Luxemburger *(adj inv)*.

◆ **Luxembourgeois, e** *nm, f* Luxemburger *der*, -in *die*.

luxer [3] [lykse]

◆ **se luxer** *vp*: **se ~ qqch** sich etw verrenken.

luxueux, euse [lyksɥø, øz] *adj* luxuriös, Luxus-.

luxure [lyksyr] *nf* Ausschweifung *die*; **vivre dans la ~** ein ausschweifendes Leben führen.

luxuriant, e [lyksyrjɑ̃, ɑ̃t] *adj* üppig.

luzerne [lyzɛrn] *nf* Luzerne *die*.

lx (*abr de* **lux**) lx.

lycée [lise] *nm* Gymnasium *das*; **~ pilote** Pilotschule *die*; **~ technique** OU **professionnel** ≃ Berufsschule *die*.

lycéen, enne [liseɛ̃, ɛn] *nm, f* Gymnasiast *der*, -in *die*.

lymphatique [lɛ̃fatik] *adj* **-1.** MÉD Lymph-. **-2.** *fig* [apathique] träge.

lymphe [lɛ̃f] *nf* Lymphe *die*.

lyncher [3] [lɛ̃ʃe] *vt* lynchen.

lynx [lɛ̃ks] *nm* Luchs *der*.

lyonnais, e [ljɔnɛ, ɛz] *adj* Lyoner *(adj inv)*.
◆ **Lyonnais, e** *nm, f* Lyoner *der*, -in *die*.
lyophilisé, e [ljɔfilize] *adj* Trocken-; [café] Pulver-.
lyre [lir] *nf* MUS Lyra *die*.
lyrique [lirik] *adj* **-1.** [poésie, enthousiaste] lyrisch. **-2.** MUS & THÉÂTRE: **chanteur ~** Opernsänger *der*, Operettensänger *der*; **spectacle ~** musikalisches Schauspiel; **théâtre ~** Operettentheater *das*.
lyrisme [lirism] *nm* **-1.** [poésie] Lyrik *die*. **-2.** [exaltation] Lyrismus *der*.
lys = **lis**.

M

m, M [ɛm] *nm inv* [lettre] m *das*, M *das*.
◆ **m -1.** (*abr de* **milli**) m. **-2.** (*abr de* **mètre**) m.
◆ **M -1.** (*abr de* **maxwell**) M. **-2.** (*abr de* **mille (marin)**) sm *(Seemeile)*. **-3.** (*abr de* **méga**) M. **-4.** (*abr de* **Major**) Maj. *(Major)*. **-5.** (*abr de* **Monsieur**) Hr. *(Herr)*. **-6.** (*abr de* **million**) Mio. **-7.** (*abr de* **masculin**) m.
◆ **m^2** (*abr de* **mètre carré**) m^2.
◆ **m^3** (*abr de* **mètre cube**) m^3.
m' [m] → **me**.
M6 *n französischer Privatfernsehsender*.
ma → **mon**.
MA *abr de* **maître auxiliaire**.
maboul, e [mabul] *fam* ◇ *adj* plemplem. ◇ *nm, f* Verrückte *der, die*.
macabre [makabr] *adj* makaber; **danse ~** Totentanz *der*.
macadam [makadam] *nm* **-1.** [route] Schotterstraße *die*. **-2.** [revêtement] Makadam *der*.
Macao [makao] *n* Macao *nt*; **à ~** in Macao.
macaque [makak] *nm* Makak *der*.
macaron [makarɔ̃] *nm* **-1.** [pâtisserie] Makrone *die*. **-2.** [autocollant] Abzeichen *das*. **-3.** [coiffure] Schnecke *die*.
macaroni [makarɔni] *nm* Makkaroni *Pl*.
macchabée [makabe] *nm tfam* Leiche *die*.
macédoine [masedwan] *nf*: **~ de fruits** Obstsalat *der*; **~ de légumes** gemischtes Gemüse.
Macédoine [masedwan] *nf*: **la ~** Makedonien *nt*.
macérer [18] [masere] ◇ *vt* ein|legen. ◇ *vi* ziehen; **faire ~** durchziehen lassen.
mâche [maʃ] *nf* Feldsalat *der*.
mâcher [3] [maʃe] *vt* kauen.
machiavélique [makjavelik] *adj* machiavellistisch, durchtrieben.
mâchicoulis [maʃikuli] *nm* Pechnase *die*.
machin [maʃɛ̃] *nm fam* Ding *das*.
Machin, e [maʃɛ̃, in] *nm, f fam* [personne] Dingsbums *(sans art déf)*.
machinal, e, aux [maʃinal, o] *adj* geistesabwesend, automatisch.
machinalement [maʃinalmɑ̃] *adv* geistesabwesend, automatisch.
machination [maʃinasjɔ̃] *nf* Machenschaft *die*.
machine [maʃin] *nf* **-1.** [gén] Maschine *die*; **faire ~ arrière** rückwärts fahren; *fig* es sich anders überlegen; **~ à coudre** Nähmaschine; **~ à écrire** Schreibmaschine; **~ infernale** Höllenmaschine; **~ à laver** Waschmaschine; **~ à sous** Spielautomat *der*; **~ à tricoter** Strickmaschine. **-2.** *fig* [organisation] Maschinerie *die*, Getriebe *das*.
◆ **machines** *nfpl* NAVIG Maschine *die*; **salle des ~s** Maschinenraum *der*.
machine-outil [maʃinuti] (*pl* **machines-outils**) *nf* Werkzeugmaschine *die*.
machiner [3] [maʃine] *vt* ersinnen.
machiniste [maʃinist] *nm* **-1.** THÉÂTRE & CIN Maschinenmeister *der*, -in *die*. **-2.** TRANSPORT Maschinist *der*.
machisme [matʃism] *nm péj* Machismo *der*.
macho [matʃo] *péj* ◇ *nm* Macho *der*. ◇ *adj* Macho-.
mâchoire [maʃwar] *nf* Kiefer *der*; **~ inférieure** Unterkiefer; **~ supérieure** Oberkiefer.
mâchonner [3] [maʃɔne] *vt* **-1.** [mâcher] (zer)kauen. **-2.** [mordiller]: **~ qqch** an etw *(D)* knabbern OU kauen. **-3.** *fig* [marmonner] nuscheln.
mâchouiller [3] [maʃuje] *vt fam* **-1.** [mordiller]: **~ qqch** an etw *(D)* herum|kauen. **-2.** [mâcher] kauen.
maçon [masɔ̃] *nm* Maurer *der*.
maçonner [3] [masɔne] *vt* **-1.** [construire] mauern. **-2.** [boucher] zu|mauern.
maçonnerie [masɔnri] *nf* **-1.** [travaux] Maurerei *die*. **-2.** [construction] Mauerwerk *das*. **-3.** [franc-maçonnerie] Freimaurerei *die*.
maçonnique [masɔnik] *adj* freimaurerisch.
macramé [makrame] *nm* Makramee *das*.
macrobiotique [makrɔbjɔtik] ◇ *nf* Makrobiotik *die*. ◇ *adj* makrobiotisch.
macroéconomie [makrɔekɔnɔmi] *nf* Volkswirtschaft *die*.
maculer [3] [makyle] *vt* beschmutzen.

Madagascar [madagaskar] *n* Madagaskar *nt*; **à ~** auf Madagaskar.
madame [madam] (*pl* **mesdames** [medam]) *nf* **-1.** [gén] Frau; **bonjour ~!** guten Tag!; **bonjour ~ Dupont!** guten Tag Frau Dupont!; **mesdames et messieurs** meine Damen und Herren. **-2.** [dans titre]: **Madame le Ministre** Frau Ministerin; **Madame la Directrice m'a dit que** die Direktorin hat mir gesagt, daß; **si Madame veut bien se donner la peine** darf ich bitten. **-3.** [dans lettre ou discours]: **Madame le Ministre,** sehr geehrte Frau Ministerin,.
madeleine [madlɛn] *nf* [gâteau] *Biskuitgebäck.*
mademoiselle [madmwazɛl] (*pl* **mesdemoiselles** [medmwazɛl]) *nf* Fräulein *das*; *voir aussi* **madame**.
madère [madɛr] *nm* Madeirawein *der*.
Madère [madɛr] *n* Madeira *nt*; **à ~** auf Madeira.
madone [madɔn] *nf* Madonna *die*.
Madrid [madrid] *n* Madrid *nt*.
madrier [madrije] *nm* Bohle *die*.
madrilène [madrilɛn] *adj* Madrider *(adj inv)*.
◆ **Madrilène** *nmf* Madrider *der*, -in *die*.
maestria [maɛstrija] *nf* Meisterhaftigkeit *die*; **avec ~** meisterhaft *(adv)*.
mafia, **maffia** [mafja] *nf* Mafia *die*.
magasin [magazɛ̃] *nm* **-1.** [boutique] Geschäft *das*; **faire les ~s** die Geschäfte ab|klappern; [sans but] einen Einkaufsbummel machen; **grand ~** Kaufhaus *das*. **-2.** [de machine, entrepôt] Magazin *das*; **en ~** vorrätig.
magasinage [magazinaʒ] *nm* Lagerung *die*.
magasinier [magazinje] *nm* Lagerverwalter *der*.
magazine [magazin] *nm* **-1.** [revue] Magazin *das*, Zeitschrift *die*. **-2.** TÉLÉ & RADIO [émission] Magazin *das*.
mage [maʒ] *nm* **-1.** → **roi**. **-2.** [magicien] Magier *der*.
Maghreb [magrɛb] *nm*: **le ~** der Maghreb; **au ~** im Maghreb.
maghrébin, e [magrebɛ̃, in] *adj* maghrebinisch, Maghreb-.
◆ **Maghrébin, e** *nm, f* Maghrebiner *der*, - in *die*, Nordafrikaner *der*, - in *die*.
magicien, enne [maʒisjɛ̃, ɛn] *nm, f* Zauberer *der*, -berin *die*.
magie [maʒi] *nf* **-1.** [sorcellerie] Zauberei *die*; **comme par ~** wie von Zauberhand; **faire de la ~** zaubern; **~ noire** schwarze Magie. **-2.** *fig* [effet] Zauber *der*.
magique [maʒik] *adj* **-1.** [occulte] magisch. **-2.** [merveilleux] zauberhaft.
magistère [maʒistɛr] *nm* **-1.** UNIV *Universitätsdiplom nach fünfjährigem Studium*. **-2.** [dignité] geistige Vorherrschaft.
magistral, e, aux [maʒistral, o] *adj* **-1.** [excellent] überragend. **-2.** [doctoral] belehrend; **cours ~** Vorlesung *die*. **-3.** [claque, fessée] gehörig.
magistralement [maʒistralmɑ̃] *adv* überragend.
magistrat [maʒistra] *nm* **-1.** [gén] Amtsinhaber *der*, -in *die*; **~ municipal** Bürgermeister *der*. **-2.** JUR [juge] Richter *der*; [procureur] Staatsanwalt *der*.
magistrature [maʒistratyr] *nf* **-1.** [fonction] Amt *das*. **-2.** [ensemble des magistrats] *Richter- und Staatsanwaltschaft*; **l'école nationale de la ~** *französische Hochschule zur Ausbildung von Richtern*.
magma [magma] *nm* **-1.** GÉOL Magma *das*. **-2.** [mélange] Verquickung *die*.
magnanerie [maɲanri] *nf* Seidenraupenhaus *das*.
magnanime [maɲanim] *adj sout* großherzig.
magnanimité [maɲanimite] *nf sout* Großherzigkeit *die*.
magnat [magna] *nm* Magnat *der*.
magner [3] [maɲe]
◆ **se magner** *vp fam* schnell machen.
magnésium [maɲezjɔm] *nm* Magnesium *das*.
magnétique [maɲetik] *adj* **-1.** PHYS Magnet-. **-2.** *fig* [attirant] fesselnd.
magnétiser [3] [maɲetize] *vt* **-1.** PHYS magnetisieren. **-2.** *fig* [attirer] fesseln.
magnétisme [maɲetism] *nm* **-1.** PHYS Magnetismus *der*. **-2.** *fig* [attirance] Anziehungskraft *die*.
magnéto [maɲeto] (*abr de* **magnétophone**) *nm fam* Kassettenrecorder *der*.
magnétocassette [maɲetɔkasɛt] *nm* Kassettenrecorder *der*.
magnétophone [maɲetɔfɔn] *nm* Kassettenrecorder *der*.
magnétoscope [maɲetɔskɔp] *nm* Videorecorder *der*.
magnificence [maɲifisɑ̃s] *nf* Pracht *die*.
magnifier [9] [maɲifje] *vt* preisen.
magnifique [maɲifik] *adj* **-1.** [très beau] wunderschön. **-2.** [grandiose] prachtvoll.
magnifiquement [maɲifikmɑ̃] *adv* **-1.** [somptueusement] prachtvoll. **-2.** [avec talent] hervorragend.
magnitude [maɲityd] *nf* GÉOL Stärke *die*.
magnolia [maɲɔlja] *nm* Magnolie *die*.
magnum [magnɔm] *nm große Flasche (ca. 2 Liter)*.
magot [mago] *nm fam* Schatz *der*.
magouille [maguj] *nf fam* Kungelei *die*.

magouiller [3] [maguje] *fam* ◇ *vi* kungeln. ◇ *vt* aus|hecken.

magret [magrɛ] *nm*: ~ **(de canard)** Entenbrust *die*.

magyar, e [magjar] *adj* madjarisch.

◆ **Magyar, e** *nm, f* Madjar *der*, -in *die*.

mai [mɛ] *nm* Mai *der*; **le premier ~** der erste Mai; **(les événements de) ~ 1968** (der) Mai 68, Maiunruhen *Pl*; *voir aussi* **septembre.**

MAI 68:
Zu den Ereignissen im Mai 1968 kam es in Frankreich, als die Studentenrevolte zusammen mit einer allgemeinen Unzufriedenheit der Arbeiter zu einem Generalstreik und zu Aufständen führten. Die Regierung des Generals de Gaulle überstand diese Krise. Der Mai 68 gilt als Wendepunkt in der Geschichte der französischen Gesellschaft.

---

maigre [mɛgr] ◇ *adj* mager, Mager-. ◇ *adv*: **faire ~** fasten.

maigrelet, ette [mɛgrəlɛ, ɛt] *adj* schmächtig.

maigreur [mɛgrœr] *nf* Magerkeit *die*.

maigrichon, onne [mɛgriʃɔ̃, ɔn] *adj péj* dürr.

maigrir [32] [megrir] *vi* ab|nehmen.

mailing [mɛliŋ] *nm* Mailing *das*.

maille [maj] *nf* **-1.** [de tricot, de filet] Masche *die*; **~ à l'endroit/l'envers** rechte/linke Masche. **-2.** *loc*: **avoir ~ à partir avec qqn** mit jm eine Auseinandersetzung haben.

maillet [majɛ] *nm* Holzhammer *der*.

maillon [majɔ̃] *nm* Kettenglied *das*.

maillot [majo] *nm* [de sport] Trikot *das*; **~ de bain** Badeanzug *der*; **~ de corps** Unterhemd *das*.

main [mɛ̃] *nf* Hand *die*; **donner la ~ à qqn** jn an die Hand nehmen; **serrer la ~ à qqn** jm die Hand geben; **haut les ~s!** Hände hoch!; **à ~ armée** bewaffnet; **de première/seconde ~** aus erster/zweiter Hand; **à quatre ~s** vierhändig; **à pleines ~s** mit vollen Händen; **de ~ de maître** meisterhaft; **en sous ~** unterderhand; **la ~ dans la ~** Hand in Hand; **ne pas y aller de ~ morte** energisch vorgehen; **avoir la ~ leste** eine lockere Hand haben; **avoir qqn/qqch sous la ~** jn/etw an der Hand haben; **demander la ~ de qqn** um js Hand an|halten; **se faire la ~ (sur qqch)** sich (an etw *(D)*) üben; **faire ~ basse sur qqch** sich über etw *(A)* her|machen; **forcer la ~ à qqn** jn zwingen; **se frotter les ~s** sich die Hände reiben; **haut la ~** mit Leichtigkeit; **se laver les ~s de qqch** sich aus etw heraus|halten; **mettre la ~ à la pâte** Hand an|legen; **mettre la dernière ~ à qqch** letzte Hand an etw *(A)* legen; **passer la ~** [aux cartes] passen; **perdre la ~** [aux cartes] passen müssen; **prendre la ~** [aux cartes] dran|sein; **prendre qqch en ~** etw in die Hand nehmen; **prendre qqn en ~** sich um jn kümmern; **remettre qqch en ~ propre à qqn** jm etw eigenhändig überreichen ou geben; **en venir aux ~s** handgreiflich werden.

◆ **à la main** *loc adv* von Hand.

◆ **main courante** *nf* Handlauf *der*.

main-d'œuvre [mɛ̃dœvr] (*pl* **mains-d'œuvre**) *nf* Arbeitskraft *die*, Personal *das*; **frais de ~** Lohnkosten *Pl*.

main-forte [mɛ̃fɔrt] *nf*: **prêter ~ à qqn** jm zur Hand gehen.

mainmise [mɛ̃miz] *nf* Vorherrschaft *die*; **avoir la ~ sur qqch** über etw *(A)* herrschen.

maint, e [mɛ̃, mɛ̃t] *adj littéraire* viel; **~es fois** oftmals.

maintenance [mɛ̃tnɑ̃s] *nf* Wartung *die*.

maintenant [mɛ̃tnɑ̃] *adv* **-1.** [à présent] jetzt; **~ que** jetzt, wo. **-2.** [ceci dit] nun.

maintenir [40] [mɛ̃tnir] *vt* **-1.** [soutenir] ab|stützen. **-2.** [retenir] halten. **-3.** [garder] aufrecht|erhalten. **-4.** [affirmer]: **~ qqch** an etw *(D)* fest|halten; **~ que** daran festhalten, daß.

◆ **se maintenir** *vp* sich halten.

maintenu, e [mɛ̃tny] *pp* → **maintenir**.

maintien [mɛ̃tjɛ̃] *nm* **-1.** [conservation] Erhalt *der*; **le ~ de l'ordre** die Aufrechterhaltung der Ordnung. **-2.** [tenue] Haltung *die*.

maintiendrai *etc* → **maintenir**.

maintins *etc* → **maintenir**.

maire [mɛr] *nm* Bürgermeister *der*, -in *die*.

mairie [meri] *nf* **-1.** [bâtiment] Rathaus *das*. **-2.** [administration] Gemeinde *die*, Stadt *die*.

mais [mɛ] ◇ *conj* **-1.** [introduit une objection, une restriction] aber; **il est intelligent ~ paresseux** er ist intelligent, aber faul; **~ non!** aber nein!; **non ~!** also so was! **-2.** [après une négation] sondern; **je n'en prendrai pas un kilo ~ deux** ich nehme nicht ein, sondern zwei Kilo; **ce n'est pas bleu, ~ vert** das ist nicht blau, sondern grün. **-3.** [introduit une transition] nun (doch); **~ revenons à notre sujet** kommen wir nun wieder zu unserem Thema; **~ alors, tu l'as vu ou non**? hast Du ihn nun gesehen oder nicht? **-4.** [sert à intensifier] vielleicht; **il a pleuré, ~ pleuré!** er hat vielleicht geweint!; **c'était d'un ennui, ~ d'un ennui!** das war vielleicht langweilig! ◇ *adv* aber; **vous êtes prêts? - ~ bien sûr!** sind Sie fertig? - aber ja doch!; **~ aussi** aber auch; **~ certainement** aber gewiß; **~ enfin** aber naja. ◇ *nm*: **il y un ~** es gibt einen Haken; **il n'y a pas de ~** es gibt kein Wenn und Aber.

◆ **non seulement ... mais (encore)** *loc corrélative* nicht nur, ... sondern (auch); **il est non seulement riche, ~ encore célèbre** er ist nicht nur reich, sondern auch berühmt.

maïs [mais] *nm* Mais *der*.

maison [mɛzɔ̃] ◇ *nf* **-1.** [gén] Haus *das*; **~ d'arrêt** Strafanstalt *die*; **~ de campagne** Landhaus; **~ de la culture** Kulturzentrum *das*; **~s mitoyennes** Reihenhäuser; **~ de retraite** Altersheim *das*; **un ami de la ~** ein Freund des Hauses. **-2.** [logis] Zuhause *das*; **à la ~** zu Hause; **être à la ~** zu Hause sein; **rentrer à la ~** nach Hause gehen. **-3.** COMM Unternehmen *das*; **~ mère** Muttergesellschaft *die*. ◇ *adj inv*: **(fait) ~** hausgemacht.

Maison-Blanche [mɛzɔ̃blɑ̃ʃ] *nf*: **la ~** das Weiße Haus.

maisonnée [mɛzɔne] *nf* Haus *das*.

maisonnette [mɛzɔnɛt] *nf* Häuschen *das*.

maître, maîtresse [mɛtr, mɛtrɛs] *adj* Haupt-; **idée maîtresse** Hauptgedanke *der*; **~ mot** Schlagwort *das*.

◆ **maître** *nm* **-1.** [professeur] Lehrer *der*; **~ auxiliaire** SCOL *Lehrer mit zeitlich befristetem Vertrag*; **~ de conférence** UNIV Dozent *der*; **~ d'école** Grundschullehrer; **~ nageur** Bademeister *der*. **-2.** [modèle, artiste] Meister *der*; **les grands ~s** die großen Meister; **~ à penser** Vordenker *der*; **passer ~ dans l'art de faire qqch** es meisterhaft verstehen, etw zu tun. **-3.** [dirigeant] Herr *der*; **~ de maison** Hausherr; **être ~ de soi** Herr seiner selbst *(G)* sein. **-4.** [chef]: **~ d'hôtel** [au restaurant] Oberkellner *der*; **~ d'œuvre** [chef de chantier] Bauleiter *der*. **-5.** [d'animal] Herrchen *das*.

◆ **Maître** *nm* [titre] *Anrede bei Rechtsberufen*.

◆ **maîtresse** *nf* **-1.** [professeur]: **maîtresse d'école** Grundschullehrerin *die*. **-2.** [dirigeante] Herrin *die*; **maîtresse de maison** Dame *die* des Hauses. **-3.** [amante] Geliebte *die*. **-4.** [d'animal] Frauchen *das*.

maître-assistant, e [mɛtrasistɑ̃, ɑ̃t] (*mpl* **maîtres-assistants**, *fpl* **maîtres-assistantes**) *nm, f* UNIV erster Assistent, erste Assistentin.

maître-autel [mɛtrotɛl] (*pl* **maîtres-autels**) *nm* Hauptaltar *der*.

maîtresse → **maître**.

maîtrisable [metrizabl] *adj* bezwingbar.

maîtrise [metriz] *nf* **-1.** [gén] Beherrschung *die*; **~ de soi** Selbstbeherrschung. **-2.** [habileté] Geschick *das*. **-3.** UNIV *Hochschulabschluß nach vierjährigem Studium*. **-4.** [de contremaître]: **agent de ~** Aufsichtsperson *die*.

maîtriser [3] [metrize] *vt* **-1.** [personne, animal] bezwingen. **-2.** [sentiment, réaction] im Zaum halten. **-3.** [incendie, catastrophe] in den Griff bekommen.

◆ **se maîtriser** *vp* sich beherrschen.

majesté [maʒɛste] *nf* Majestät *die*.

◆ **Majesté** *nf*: **Sa/Votre Majesté** Seine/Ihre Majestät.

majestueux, euse [maʒɛstɥø, øz] *adj* majestätisch.

majeur, e [maʒœr] *adj* **-1.** JUR volljährig. **-2.** [principal] größte,-r,-s. **-3.** [important] bedeutend. **-4.** MUS Dur-.

◆ **majeur** *nm* [doigt] Mittelfinger *der*.

Majeur [maʒœr] → **lac**.

major [maʒɔr] *nm* **-1.** MIL ≃ Major *der*. **-2.** SCOL Primus *der*; **~ (de promotion)** Beste *der, die*.

majoration [maʒɔrasjɔ̃] *nf* Aufschlag *der*.

majordome [maʒɔrdɔm] *nm* Butler *der*.

majorer [3] [maʒɔre] *vt* erhöhen.

majorette [maʒɔrɛt] *nf* Majorette *die*.

majoritaire [maʒɔritɛr] *adj* Mehrheits-; **scrutin ~** Mehrheitswahlrecht *das*.

majorité [maʒɔrite] *nf* **-1.** [âge] Volljährigkeit *die*; **~ civile/pénale** zivilrechtliche/strafrechtliche Mündigkeit. **-2.** [majeure partie] Mehrzahl *die*; **en (grande) ~** größtenteils. **-3.** POLIT Mehrheit *die*; **~ absolue/relative** absolute/relative Mehrheit.

Majorque [maʒɔrk] *n* Mallorca *nt*; **à ~** auf Mallorca.

majorquin, e [maʒɔrkɛ̃, in] *adj* mallorquinisch.

◆ **Majorquin, e** *nm, f* Mallorquiner *der*, -in *die*.

majuscule [maʒyskyl] ◇ *nf* Großbuchstabe *der*; **en ~s** großgeschrieben; **écrire en ~s** in Großbuchstaben schreiben. ◇ *adj* groß; **A ~** großes A.

mal, maux [mal, mo] *nm* **-1.** [douleur physique, maladie] Schmerz *der*, Weh *das*; **avoir ~ au cœur** Übelkeit empfinden; **j'ai ~ au cœur** mir ist schlecht; **avoir ~ à la gorge** Halsschmerzen haben; **avoir le ~ de mer** seekrank sein; **avoir ~ à la tête** OU **des maux de tête** Kopfschmerzen haben; **avoir le ~ des transports** reisekrank sein; **faire ~ à qqn** jm weh tun; **se faire ~** sich *(D)* weh tun. **-2.** [difficulté] Mühe *die*; **avoir du ~ à faire qqch** Mühe haben, etw zu tun; **se donner du ~ (pour faire qqch)** sich abmühen (, etw zu tun). **-3.** [douleur morale] Weh *das*, Kummer *der*; **avoir le ~ du pays** Heimweh haben; **être en ~ d'amour** liebesbedürftig sein; **faire du ~ à qqn** jm Kummer bereiten; **c'est un moindre ~** das ist noch das geringste Übel; **~ du siècle** Weltschmerz *der*. **-4.** [choses défavorables] Schlechte *das*; **dire du ~ de qqn** schlecht über jn reden. **-5.** [ce qui est amoral] Böse *das*.

◆ **mal** *adv* **-1.** [gén] schlecht; **aller ~** schlecht gehen; **je vais ~** es geht mir schlecht; **il est au plus ~** es geht mit ihm zu Ende; **être ~ reçu** unfreundlich aufgenommen werden; **~ prendre qqch** etw übel|nehmen; **~ tourner** sich zu|spitzen; **se sentir ~** sich schlecht fühlen. **-2.** [respirer] schwer. **-3.** *loc*: **de ~ en pis** immer schlimmer; **~ à propos** ungelegen *(adv)*; **pas ~ de choses** recht viele Sachen.

malabar [malabar] *nm fam* Muskelpaket *das*.

Malabo [malabo] *n* Malabo *nt*.

malade [malad] ◇ *nmf* Kranke *der, die*; **~ mental** Geisteskranke. ◇ *adj* **-1.** [souffrant] krank; **tomber ~** krank werden; **être ~ du cœur** herzkrank sein; **être ~ de jalousie** krank vor Eifersucht sein. **-2.** *fam* [fou] bescheuert.

maladie [maladi] *nf* **-1.** MÉD Krankheit *die*; **couver une ~** eine Krankheit aus|brüten; **en faire une ~** *fig* sich (über etw *(A)*) auf|regen. **-2.** *fam* [passion, manie] Besessenheit *die*.

maladif, ive [maladif, iv] *adj* **-1.** [personne] kränklich. **-2.** [comportement, aspect] krankhaft.

maladresse [maladrɛs] *nf* Ungeschicklichkeit *die*.

maladroit, e [maladrwa, at] ◇ *adj* ungeschickt. ◇ *nm, f* Tolpatsch *der*.

maladroitement [maladrwatmɑ̃] *adv* ungeschickt.

mal-aimé, e [maleme] *(mpl* **mal-aimés**, *fpl* **mal-aimées**) *nm, f stiefmütterlich behandelter Mensch*.

malais, e [malɛ, ɛz] *adj* malaiisch, Malaien-; **la presqu'île Malaise** die Malaiische Halbinsel, die Halbinsel Malakka.
◆ **malais** *nm* [langue] Malaiisch(e) *(das)*.
◆ **Malais, e** *nm, f* Malaie *der*, Malaiin *die*.

malaise [malɛz] *nm* **-1.** [indisposition] Übelkeit *die*; **j'ai un ~** mir wird schwindelig. **-2.** [tension, crise] Unbehagen *das*.

malaisé, e [maleze] *adj* schwierig.

Malaisie [malɛzi] *nf*: **la ~** Malaya *nt*.

malappris, e [malapri, iz] ◇ *adj* unerzogen. ◇ *nm, f* Flegel *der*.

malaria [malarja] *nf* Malaria *die*.

malavisé, e [malavize] *adj littéraire* **-1.** [personne] unbedarft. **-2.** [démarche] unbedacht.

malaxer [3] [malakse] *vt* durch|kneten.

Malaysia [malɛzja] *nf*: **la ~** Malaysia *nt*; **la ~ occidentale** West-Malaysia *nt*.

malchance [malʃɑ̃s] *nf* Pech *das*; **jouer de ~** Pech haben.

malchanceux, euse [malʃɑ̃sø, øz] ◇ *adj* unglücklich. ◇ *nm, f* Pechvogel *der*.

malcommode [malkɔmɔd] *adj* unbequem.

Maldives [maldiv] *nfpl*: **les (îles) ~** die Malediven; **aux ~** auf den Malediven.

maldonne [maldɔn] *nf* [aux cartes] *Irrtum beim Kartengeben*; **il y a ~** die Karten wurden falsch gegeben; *fig* das ist ein Mißverständnis.

mâle [mal] ◇ *adj* männlich; **prise ~** Stecker *der*. ◇ *nm* **-1.** [homme] Mann *der*. **-2.** [animal] Männchen *das*; [chien] Rüde *der*; [chat] Kater *der*. **-3.** [végétal] männliche Pflanze.

malédiction [malediksjɔ̃] *nf* **-1.** [malheur] Fluch *der*. **-2.** [action] Verfluchung *die*.

maléfice [malefis] *nm sout* Unheil *das*.

maléfique [malefik] *adj sout* unheilvoll.

malencontreusement [malɑ̃kɔ̃trøzmɑ̃] *adv* unglücklicherweise.

malencontreux, euse [malɑ̃kɔ̃trø, øz] *adj* unglücklich.

mal-en-point, **mal en point** [malɑ̃pwɛ̃] *adj inv* in üblem Zustand.

malentendant, e [malɑ̃tɑ̃dɑ̃, ɑ̃t] ◇ *adj* schwerhörig. ◇ *nm, f* Schwerhörige *der, die*.

malentendu [malɑ̃tɑ̃dy] *nm* Mißverständnis *das*.

malfaçon [malfasɔ̃] *nf* Herstellungsfehler *der*.

malfaisant, e [malfəzɑ̃, ɑ̃t] *adj* schädlich.

malfaiteur [malfɛtœr] *nm* Übeltäter *der*, -in *die*.

malfamé, e, **mal famé, e** [malfame] *(mpl* **mal famés**, *fpl* **mal famées**) *adj* verrufen.

malformation [malfɔrmasjɔ̃] *nf* Mißbildung *die*; **~ cardiaque** Herzfehler *der*.

malfrat [malfra] *nm* Tunichtgut *der*.

malgache [malgaʃ] *adj* madagassisch.
◆ **malgache** *nm* [langue] Madagassisch(e) *(das)*.
◆ **Malgache** *nmf* Madagasse *der*, -sin *die*.

malgré [malgre] *prép*: **~ qqch** trotz einer Sache *(G)*; **~ tout** [quoi qu'il arrive] trotz allem; [pourtant] dennoch; **~ moi** OU **toi** OU **lui etc** [inconsciemment] ungewollt; [contre la volonté de] gegen meinen OU deinen OU seinen etc Willen.

malhabile [malabil] *adj* ungeschickt.

malheur [malœr] *nm* **-1.** [gén] Unglück *das*. **-2.** [adversité] Pech *das*. **-3.** *loc*: **~ à qqn!** wehe jm!; **par ~** unglücklicherweise; **porter ~ à qqn** jm Unglück bringen; **faire un ~** *fam* [faire un éclat] einen Aufstand provozieren; [remporter un grand succès] Furore machen.

malheureusement [malœrøzmɑ̃] *adv* leider.

malheureux, euse [malœrø, øz] ◇ *adj* **-1.** [gén] unglücklich. **-2.** *(avant n)* [sans valeur] läppisch. ◇ *nm, f* **-1.** [infortuné] Unglückliche *der, die*. **-2.** [indigent] Hilfsbedürftige *der, die*.

malhonnête [malɔnɛt] ◇ *adj* **-1.** [personne] unehrlich. **-2.** [procédé] unredlich. **-3.** *vieilli* OU *hum* [indécent] anrüchig. ◇ *nmf* unehrlicher Mensch.

malhonnêteté [malɔnɛtte] *nf* **-1.** [de personne] Unehrlichkeit *die*. **-2.** [de procédé] Unehrenhaftigkeit *die*.

Mali [mali] *nm*: **le ~** Mali *nt*; **au ~** in Mali.

malice [malis] *nf* **-1.** [vivacité] Schalkhaftigkeit *die*. **-2.** [mal] Boshaftigkeit *die*.

malicieux, euse [malisjø, øz] ◇ *adj* verschmitzt. ◇ *nm, f* Schelm *der*.

malien, enne [maljɛ̃, ɛn] *adj* malisch.
◆ **Malien, enne** *nm, f* Malier *der*, -in *die*.
maligne → **malin**.
malignité [maliɲite] *nf* **-1.** [méchanceté] Böswilligkeit *die*. **-2.** MÉD Bösartigkeit *die*.
malin, igne [malɛ̃, iɲ] ◇ *adj* **-1.** [rusé, malicieux] pfiffig; **ce n'est pas** OU **c'est ~!** [c'est stupide] das ist nicht gerade pfiffig! **-2.** *(avant n)* [méchant] boshaft. **-3.** [difficile] kniffelig. **-4.** MÉD bösartig. ◇ *nm, f* Schlaumeier *der*; **faire le ~** sich auf|spielen.
malingre [malɛ̃gr] *adj* schmächtig.
malle [mal] *nf* **-1.** [coffre] großer Reisekoffer. **-2.** [de voiture] Kofferraum *der*. **-3.** *loc*: **se faire la ~** *fam* ab|hauen.
malléable [maleabl] *adj* **-1.** [matière] verformbar. **-2.** [personne] leicht zu beeinflussen.
mallette [malɛt] *nf* Köfferchen *das*.
mal-logé, e [mallɔʒe] (*mpl* **mal-logés**, *fpl* **mal-logées**) *nm, f in unwürdigen Unterkünften lebende Person*.
malmener [19] [malməne] *vt* **-1.** [brutaliser] übel zu|richten. **-2.** [dominer]: **~ qqn** jm übel zu|setzen.
malnutrition [malnytrisjɔ̃] *nf* Unterernährung *die*.
malodorant, e [malɔdɔrɑ̃, ɑ̃t] *adj* übelriechend.
malotru, e [malɔtry] *nm, f* Rüpel *der*.
Malouines [malwin] *nfpl*: **les (îles) ~** die Malvinen, die Falklandinseln; **aux ~** auf den Falklands.
malpoli, e [malpɔli] ◇ *adj* unhöflich. ◇ *nm, f* Flegel *der*.
malpropre [malprɔpr] *adj* **-1.** [sale] unsauber. **-2.** [indécent] anstößig.
malpropreté [malprɔprəte] *nf* **-1.** [saleté] Unsauberkeit *die*. **-2.** [indécence] Anstößigkeit *die*.
malsain, e [malsɛ̃, ɛn] *adj* ungesund.
malséant, e [malseɑ̃, ɑ̃t] *adj littéraire* unschicklich.
malt [malt] *nm* Malz *das*.
maltais, e [maltɛ, ɛz] *adj* maltesisch.
◆ **maltais** *nm* [langue] Maltesisch(e) *(das)*.
◆ **Maltais, e** *nm, f* Malteser *der*, -in *die*.
Malte [malt] *n* Malta *nt*; **à ~** auf Malta.
maltraiter [4] [maltrete] *vt* **-1.** [brutaliser] mißhandeln. **-2.** *fig* [critiquer] verunglimpfen.
malus [malys] *nm* Prämienzuschlag *der*, Malus *der*.
malveillance [malvɛjɑ̃s] *nf* **-1.** [intention de nuire] Böswilligkeit *die*. **-2.** [caractère] Boshaftigkeit *die*.
malveillant, e [malvɛjɑ̃, ɑ̃t] *adj* **-1.** [personne] bösartig. **-2.** [propos] boshaft.
malvenu, e [malvəny] *adj* unpassend; **être ~ de faire qqch** *sout* nicht der OU die Rechte sein, um etw zu tun.
malversation [malvɛrsasjɔ̃] *nf* Veruntreuung *die*.
malvoyant, e [malvwajɑ̃, ɑ̃t] ◇ *adj* sehbehindert. ◇ *nm, f* Sehbehinderte *der, die*.
maman [mamɑ̃] *nf* Mutti *die*.
mamelle [mamɛl] *nf* Brust *die*.
mamelon [mamlɔ̃] *nm* **-1.** [du sein] Brustwarze *die*. **-2.** [butte] Hubbel *der*.
mamie, mamy [mami] *nf* Oma *die*.
mammifère [mamifɛr] *nm* Säugetier *das*.
mammographie [mamɔgrafi] *nf* Mammographie *die*.
mammouth [mamut] *nm* Mammut *das*.
mamours [mamur] *nmpl fam* Liebkosungen *Pl*; **se faire des ~** schmusen.
mamy = **mamie**.
Man [man] → **île**.
management [manadʒmɛnt] *nm* Management *das*.
manager[1] [manadʒɛr] *nm* Manager *der*, -in *die*.
manager[2] [17] [manadʒe] *vt* managen.
Managua [managwa] *n* Managua *nt*.
manche [mɑ̃ʃ] ◇ *nf* **-1.** [de vêtement] Ärmel *der*; **sans ~s** ärmellos; **~s courtes/longues** kurze/lange Ärmel; **~s raglan** Raglanärmel. **-2.** [de jeu] Satz *der*. **-3.** [quête]: **faire la ~** *fam* betteln. ◇ *nm* **-1.** [d'outil] Stiel *der*; **~ à balai** Besenstiel. **-2.** [d'instrument de musique] Hals *der*.
◆ **Manche** *nf* [mer] Ärmelkanal *der*.
manchette [mɑ̃ʃɛt] *nf* **-1.** [de chemise] Manschette *die*. **-2.** [de journal] Schlagzeile *die*. **-3.** [de boxe] Unterarmschlag *der*.
manchon [mɑ̃ʃɔ̃] *nm* **-1.** [en fourrure] Muff *der*. **-2.** TECHNOL Muffe *die*.
manchot, e [mɑ̃ʃo, ɔt] ◇ *adj* [privé d'une main] einhändig; [privé d'un bras] einarmig. ◇ *nm, f* [privé d'une main] Einhändige *der, die*; [privé d'un bras] Einarmige *der, die*.
◆ **manchot** *nm* ZOOL Pinguin *der*.
mandarin [mɑ̃darɛ̃] *nm* **-1.** [titre] Mandarin *der*. **-2.** [dialecte] Mandarin *(das)*.
mandarine [mɑ̃darin] *nf* Mandarine *die*.
mandat [mɑ̃da] *nm* **-1.** [procuration] Vollmacht *die*. **-2.** POLIT Mandat *das*. **-3.** [effet à payer] Anweisung *die*; **~ postal** Postanweisung. **-4.** JUR Befehl *der*; **~ d'amener** Vorführungsbefehl; **~ d'arrêt** Haftbefehl; **~ de perquisition** Durchsuchungsbefehl. **-5.** ADMIN Mandatsgebiet *das*.
mandataire [mɑ̃datɛr] *nmf* Bevollmächtigte *der, die*.
mandat-carte [mɑ̃dakart] (*pl* **mandats-cartes**) *nm* Zahlkarte *die*.

mandater [3] [mɑ̃date] *vt* **-1.** [personne] beauftragen. **-2.** FIN an|weisen.
mandat-lettre [mɑ̃dalɛtr] (*pl* **mandats-lettres**) *nm* Postanweisung *die*.
mandibule [mɑ̃dibyl] *nf* **-1.** [mâchoire] Kiefer *der*. **-2.** [de crustacé, d'insecte, d'oiseau] Ober- und Unterkiefer *der*.
mandoline [mɑ̃dɔlin] *nf* Mandoline *die*.
mandrin [mɑ̃drɛ̃] *nm* **-1.** [de serrage] Futter *das*. **-2.** [de perçage] (Loch)dorn *der*.
manège [manɛʒ] *nm* **-1.** [de foire] Karussell *das*. **-2.** [de chevaux] Reitbahn *die*. **-3.** *fig* [manœuvre] Masche *die*.
manette [manɛt] *nf* Griff *der*, Hebel *der*; **~ (de jeu)** INFORM Joystick *der*.
manganèse [mɑ̃ganɛz] *nm* Mangan *das*.
mangeable [mɑ̃ʒabl] *adj* eßbar.
mangeoire [mɑ̃ʒwar] *nf* Trog *der*.
manger [17] [mɑ̃ʒe] ◇ *vt* **-1.** [se nourrir de] essen. **-2.** [sujet: mite, rouille] zerfressen. **-3.** [dilapider] auf|zehren. ◇ *vi* essen.
mange-tout, **mangetout** [mɑ̃ʒtu] *nm inv*: **(haricot) ~** Prinzeßbohne *die*.
mangeur, euse [mɑ̃ʒœr, øz] *nm, f* Esser *der*, -in *die*; **gros ~** guter Esser.
mangue [mɑ̃g] *nf* Mango *die*.
maniable [manjabl] *adj* **-1.** [objet] handlich. **-2.** [personne, caractère] umgänglich.
maniaque [manjak] ◇ *nmf* **-1.** [méticuleux - de l'ordre] Ordnungsfanatiker *der*, -in *die*; [- de la propreté] Putzteufel *der*. **-2.** [malade] Besessene *der, die*. ◇ *adj* **-1.** [méticuleux - de l'ordre] vom Ordnungsfimmel befallen; [- de la propreté] vom Putzfimmel befallen. **-2.** [malade] besessen.
maniaquerie [manjakri] *nf* [de la propreté] Putzfimmel *der*; [de l'ordre] Ordnungsfimmel *der*.
manichéisme [manikeism] *nm* Schwarzweißmalerei *die*.
manie [mani] *nf* **-1.** [habitude] Tick *der*; **avoir la ~ de faire qqch** es an sich *(D)* haben, etw zu tun. **-2.** [obsession] Manie *die*.
maniement [manimɑ̃] *nm* Handhabung *die*.
manier [9] [manje] *vt* **-1.** [objet, machine] handhaben. **-2.** *fig* [idées, ironie] einzusetzen wissen.
manière [manjɛr] *nf* Art *die*; **à la ~ de qqn** nach js Art; **employer la ~ forte** hart durch|greifen; **de toute ~** auf jeden Fall; **d'une ~ générale** ganz allgemein.
◆ **manières** *nfpl* Manieren *Pl*; **les bonnes ~s** gute Manieren; **faire des ~s** sich zieren.
◆ **de manière à** *loc prép* damit; **pousser le bouton de ~ à mettre l'appareil en service** den Knopf drücken damit der Apparat funktioniert.
◆ **de manière (à ce) que** *loc conj (+ subjonctif)* so daß.
maniéré, e [manjere] *adj* **-1.** [personne] affektiert. **-2.** [attitude] geschraubt.
maniérisme [manjerism] *nm* Manierismus *der*.
manif [manif] *nf fam* Demo *die*.
manifestant, e [manifɛstɑ̃, ɑ̃t] *nm, f* Demonstrant *der*, -in *die*.
manifestation [manifɛstasjɔ̃] *nf* **-1.** [rassemblement] Demonstration *die*. **-2.** [apparition] Ausbruch *der*. **-3.** [témoignage] Äußerung *die*.
manifeste [manifɛst] ◇ *nm* Manifest *das*. ◇ *adj* offenkundig.
manifestement [manifɛstəmɑ̃] *adv* offensichtlich.
manifester [3] [manifɛste] ◇ *vt* [exprimer] kund|tun, zeigen. ◇ *vi* demonstrieren.
◆ **se manifester** *vp* **-1.** [apparaître] zutage treten. **-2.** [personne] von sich hören lassen.
manigance [manigɑ̃s] *nf* Mauschelei *die*.
manigancer [16] [manigɑ̃se] *vt* aus|hecken.
Manille [manij] *n* Manila *nt*.
manioc [manjɔk] *nm* Maniok *der*.
manipulateur, trice [manipylatœr, tris] *nm, f* **-1.** [opérateur] (technischer) Assistent, (technische) Assistentin. **-2.** [comploteur] Manipulator *der*, -in *die*.
manipulation [manipylasjɔ̃] *nf* **-1.** [d'appareil] Handhabung *die*; [de substance] Umgang *der*; **~ génétique** Genmanipulation *die*. **-2.** [prestidigitation] Zauberkunststück *das*. **-3.** [de personnes, de données] Manipulation *die*.
manipuler [3] [manipyle] *vt* **-1.** [appareil] handhaben; [substance]: **~ qqch** mit etw um|gehen. **-2.** [personnes, données] manipulieren.
manivelle [manivɛl] *nf* Kurbel *die*.
manne [man] *nf* **-1.** RELIG Manna *das*. **-2.** [aubaine] Segen *der*.
mannequin [mankɛ̃] *nm* **-1.** [personne - femme] Mannequin *das*; [- homme] Dressman *der*. **-2.** [de vitrine] Schaufensterpuppe *die*.
manœuvre [manœvr] ◇ *nf* **-1.** [d'appareil, de véhicule] Bedienung *die*; **fausse ~** Fehler *der*. **-2.** [militaire, machination] Manöver *das*. ◇ *nm* [ouvrier] Hilfsarbeiter *der*, -in *die*.
manœuvrer [5] [manœvre] ◇ *vi* manövrieren. ◇ *vt* **-1.** [machine, cordages] bedienen; [levier] betätigen; [voiture] lenken. **-2.** [personne] manipulieren.
manoir [manwar] *nm* Herrenhaus *das*, Schlößchen *das*.
manomètre [manɔmɛtr] *nm* Manometer *das*.
manquant, e [mɑ̃kɑ̃, ɑ̃t] *adj* fehlend.
manque [mɑ̃k] *nm* **-1.** [pénurie]: **~ (de qqch)**

Mangel *der* (an etw *(D)*). **-2.** [de toxicomane] Entzugserscheinung *die*; **être en (état de) ~** Entzugserscheinungen haben. **-3.** [lacune] Lükke *die*.

◆ **manque à gagner** *nm* finanzielle Einbußen *Pl*.

◆ **à la manque** *loc adj fam* mies.

manqué, e [mɑ̃ke] *adj*: **garçon ~** knabenhaftes Mädchen.

manquement [mɑ̃kmɑ̃] *nm* Verfehlung *die*; **~ à la loi** Verstoß *der* gegen das Gesetz; **~ à un devoir** Pflichtverletzung *die*.

manquer [3] [mɑ̃ke] ◇ *vi* **-1.** [gén] fehlen; **~ à qqn** jm fehlen; **il ne manquait plus que ça** das fehlte (gerade) noch; **il ne manque de rien** es fehlt ihm an nichts. **-2.** [échouer] fehl|schlagen. **-3.** [faillir]: **~ de faire qqch** beinahe etw tun; **il a manqué de se noyer** er wäre beinahe ertrunken. **-4.** [ne pas respecter]: **~ à qqch** gegen etw verstoßen; **~ à sa parole** sein Wort brechen. ◇ *vt* **-1.** [ne pas réussir] verpatzen; **j'ai manqué mon coup** es ist schiefgegangen. **-2.** [personne, cible] verfehlen. **-3.** [train, occasion, cours] versäumen.

mansarde [mɑ̃sard] *nf* Mansarde *die*.

mansardé, e [mɑ̃sarde] *adj* Mansarden-.

mansuétude [mɑ̃sɥetyd] *nf littéraire* Nachsicht *die*, Milde *die*.

mante [mɑ̃t] *nf*: **~ religieuse** Gottesanbeterin *die*.

manteau, x [mɑ̃to] *nm* Mantel *der*; **sous le ~** *fig* unterderhand.

manucure [manykyr] *nf* Maniküre *die*.

manuel, elle [manɥɛl] ◇ *adj* Hand-, manuell. ◇ *nm, f*: **c'est un ~** er ist manuell veranlagt.

◆ **manuel** *nm* Handbuch *das*; **~ scolaire** Schulbuch *das*.

manufacture [manyfaktyr] *nf* Manufaktur *die*.

manufacturé, e [manyfaktyre] *adj* Fertig-.

manuscrit, e [manyskri, it] *adj* handschriftlich.

◆ **manuscrit** *nm* **-1.** [ouvrage] Handschrift *die*. **-2.** [original] Manuskript *das*.

manutention [manytɑ̃sjɔ̃] *nf* Verladen *das*.

manutentionnaire [manytɑ̃sjɔnɛr] *nmf* Lagerarbeiter *der*, -in *die*.

MAP *abr de* **mise au point**.

mappemonde [mapmɔ̃d] *nf* Weltkarte *die*.

Maputo [maputo] *n* Maputo *nt*.

maquereau, x [makro] *nm* **-1.** ZOOL Makrele *die*. **-2.** *fam* [proxénète] Zuhälter *der*.

maquerelle [makrɛl] *nf tfam* Puffmutter *die*.

maquette [makɛt] *nf* **-1.** [ébauche, de page] Layout *das*. **-2.** [modèle réduit] Modell *das*.

maquettiste [makɛtist] *nmf* Layouter *der*, -in *die*.

maquignon [makiɲɔ̃] *nm* Pferdehändler *der*.

maquillage [makijaʒ] *nm* **-1.** [action] Schminken *das*. **-2.** [produits] Schminke *die*, Make-up *das*. **-3.** [falsification] Frisieren *das*.

maquiller [3] [makije] *vt* **-1.** [farder] schminken. **-2.** [falsifier] frisieren.

◆ **se maquiller** *vp* sich schminken.

maquilleur, euse [makijœr, øz] *nm, f* Maskenbildner *der*, -in *die*.

maquis [maki] *nm* **-1.** [végétation] Macchia *die*. **-2.** HIST Maquis *der*; **prendre le ~** in den Untergrund gehen, sich der Widerstandsbewegung an|schließen.

maquisard [makizar] *nm* Widerstandskämpfer *der*, -in *die*.

marabout [marabu] *nm* **-1.** ZOOL Marabu *der*. **-2.** [guérisseur] Marabut *der*.

maraîcher, ère [marɛʃe, ɛr] ◇ *adj* Gemüse-. ◇ *nm, f* Gemüsegärtner *der*, -in *die*.

marais [marɛ] *nm* Moor *das*, Sumpf *der*; **~ salant** Salzgarten *der*.

Marais [marɛ] *nm*: **le ~** *historisches Viertel im Stadtzentrum von Paris.*

LE MARAIS:
Das Marais-Viertel in Paris umfaßt die "place des Vosges" und das jüdische Viertel um die "rue des Rosiers". Sichtbare Deckenbalken und sogenannte "tomettes" (sechseckige Kacheln aus rotem Ton) sind typische Zierelemente der Wohnungen in diesem Viertel.

---

marasme [marasm] *nm* Flaute *die*.

marathon [maratɔ̃] *nm* **-1.** SPORT Marathon(lauf) *der*. **-2.** *fig* [séance] Marathonsitzung *die*.

marâtre [maratr] *nf* **-1.** [mauvaise mère] Rabenmutter *die*. **-2.** [belle-mère] Stiefmutter *die*.

marbre [marbr] *nm* **-1.** [roche] Marmor *der*; **en** OU **de ~** Marmor-, marmorn; **rester de ~** *fig* keine Miene verziehen. **-2.** [statue] Marmorstatue *die*; [de cheminée] Marmorsims *der*.

marbré, e [marbre] *adj* **-1.** [peau] scheckig. **-2.** [objet] marmoriert.

marbrier [marbrije] *nm* Marmorschleifer *der*, -in *die*.

marbrure [marbryr] *nf* **-1.** [imitation de marbre] Marmorierung *die*. **-2.** [sur la peau] Fleck *der*.

marc [mar] *nm* **-1.** [eau-de-vie] Branntwein *der*. **-2.** [de fruits] Trester *Pl*.

◆ **marc de café** *nm* Kaffeesatz *der*.

marcassin [markasɛ̃] *nm* Frischling *der*.

marchand, e [marʃɑ̃, ɑ̃d] ◇ *adj* Handels-. ◇ *nm, f* Händler *der*, -in *die*; **~ de journaux** Zeitungshändler.

◆ **marchand de sable** *nm* Sandmännchen *das*.

marchandage [marʃɑ̃daʒ] *nm* **-1.** [sur le prix]

Handeln *das*, Feilschen *das*. **-2.** [tractation] Kuhhandel *der*.

marchander [3] [marʃɑ̃de] ◇ *vt* **-1.** [prix]: **~ qqch** um etw handeln OU feilschen. **-2.** [service, appui]: **ne pas ~ qqch** mit etw nicht geizen. ◇ *vi* handeln, feilschen.

marchandise [marʃɑ̃diz] *nf* Ware *die*.

marche [marʃ] *nf* **-1.** [d'escalier] Stufe *die*. **-2.** [action de marcher] Gehen *das*; [promenade] Fußmarsch *der*; **à deux heures de ~ (de)** zwei Wegstunden (von); **ouvrir/fermer la ~** an der Spitze/am Schluß gehen; **~ à pied** Wandern *das*. **-3.** *fig* [procédé]: **~ (à suivre)** Vorgehensweise *die*. **-4.** MUS Marsch *der*; **~ funèbre** Trauermarsch; **~ nuptiale** Hochzeitsmarsch. **-5.** [de train, de bus] Fahrt *die*; **dans le sens de la ~** in Fahrtrichtung; **en ~ arrière** im Rückwärtsgang; **faire ~ arrière** rückwärts fahren; *fig* den Rückzug an|treten. **-6.** [fonctionnement] Betrieb *der*; **en ~** in Betrieb; **se mettre en ~** [appareil] sich in Gang setzen; **(re)mettre qqch en ~** etw (wieder) in Betrieb OU Gang setzen.

marché [marʃe] *nm* **-1.** [gén] Markt *der*; **faire son ~** (auf dem Markt) ein|kaufen; **~ cible** COMM angestrebter Markt; **~ noir** Schwarzmarkt; **~ aux puces** Flohmarkt; **~ du travail** Arbeitsmarkt. **-2.** [contrat] Handel *der*; **(à) bon ~** billig; **meilleur ~** billiger; **par-dessus le ~** *fam* noch dazu, obendrein.

◆ **Marché commun** *nm*: **le Marché commun** der EG-Binnenmarkt.

marchepied [marʃəpje] *nm* Trittbrett *das*.

marcher [3] [marʃe] *vi* **-1.** [aller à pied] gehen. **-2.** [poser le pied]: **~ (sur qqch)** (auf etw *(A)*) treten. **-3.** [avancer]: **~ sur qqch** auf etw *(A)* zu|marschieren. **-4.** *loc*: **faire ~ qqn** *fam* jn zum Narren halten; **ça marche!** *fam* abgemacht!

marcheur, euse [marʃœr, øz] *nm, f* Wanderer *der*, -in *die*.

marcottage [markɔtaʒ] *nm* Absenken *das*.

mardi [mardi] *nm* Dienstag *der*; **~ gras** Fastnacht(sdienstag), Faschingsdienstag; *voir aussi* **samedi**.

mare [mar] *nf* Pfuhl *der*; *fig* Lache *die*.

marécage [marekaʒ] *nm* Sumpf *der*.

marécageux, euse [marekaʒø, øz] *adj* **-1.** [terrain] sumpfig. **-2.** [plante] Sumpf-.

maréchal, aux [mareʃal, o] *nm* Marschall *der*; **~ des logis** Unteroffizier *der (bei der Kavallerie und Artillerie)*.

maréchal-ferrant [mareʃalferɑ̃] (*pl* **maréchaux-ferrants** [mareʃoferɑ̃]) *nm* Hufschmied *der*.

maréchaussée [mareʃose] *nf*: **la ~** *fam* die Gendarmen.

marée [mare] *nf* **-1.** [de la mer] Gezeiten *Pl*; **(à) ~ haute/basse** (bei) Flut/Ebbe. **-2.** [poissons, fruits de mer] Meeresfrüchte *Pl*. **-3.** *fig* [foule]: **une ~ humaine** eine Menschenflut.

◆ **marée noire** *nf* Ölpest *die*.

marelle [marɛl] *nf*: **jouer à la ~** Himmel und Hölle spielen.

marémoteur, trice [maremɔtœr, tris] *adj* Gezeitenkraft-.

mareyeur, euse [marɛjœr, øz] *nm, f* Fischgroßhändler *der*, -in *die*.

margarine [margarin] *nf* Margarine *die*.

marge [marʒ] *nf* **-1.** [de page] Rand *der*; **vivre en ~ de la société** *fig* am Rande der Gesellschaft leben. **-2.** [d'action] Spielraum *der*; **~ d'erreur** Fehlerbereich *der*; **~ de sécurité** Sicherheitsmarge *die*. **-3.** FIN: **~ bénéficiaire** Gewinnspanne *die*; **~ commerciale** Handelsspanne *die*.

margelle [marʒɛl] *nf* Brunnenrand *der*.

marginal, e, aux [marʒinal, o] ◇ *adj* **-1.** [problème, occupation] Neben-. **-2.** [personne] asozial. **-3.** [notes] Rand-. ◇ *nm, f* gesellschaftlicher Außenseiter, gesellschaftliche Außenseiterin.

marginalisation [marʒinalizasjɔ̃] *nf* Ausgrenzung *die*.

marginaliser [3] [marʒinalize] *vt* aus der Gesellschaft aus|schließen, zum Außenseiter stempeln.

marginalité [marʒinalite] *nf* Außenseitertum *das*.

marguerite [margərit] *nf* **-1.** BOT Margerite *die*. **-2.** [d'imprimante] Typenrad *das*.

mari [mari] *nm* (Ehe)mann *der*.

mariage [marjaʒ] *nm* **-1.** [action] Heirat *die*; **donner sa fille en ~ à qqn** jm seine Tochter zur Frau geben. **-2.** [état, institution] Ehe *die*; **~ blanc** Scheinehe; **~ consanguin** Verwandtenehe; **~ de raison** Vernunftehe; **~ d'amour** Liebesheirat *die*. **-3.** [cérémonie] Trauung *die*; **~ civil/religieux** standesamtliche/kirchliche Trauung. **-4.** *fig* [association] Verbindung *die*, Kombination *die*.

Marianne [marjan] *nf Symbolfigur der Französischen Republik*.

MARIANNE:
Die "Marianne" symbolisiert die Französische Republik. Sie wird durch eine Frauenbüste mit phrygischer Mütze dargestellt. Diese Büste schmückt alle Rathäuser in Frankreich und ist auf den Briefmarken abgebildet. Seit einigen Jahren werden neue Büsten der "Marianne" nach dem Abbild bekannter Schauspielerinnen entworfen.

---

marié, e [marje] ◇ *adj* verheiratet. ◇ *nm, f*

Bräutigam *der*, Braut *die*; **jeunes ~s** junges Ehepaar, Neuvermählte *Pl.*

marier [9] [marje] *vt* **-1.** [par le mariage] trauen; **~ sa fille** seine Tochter verheiraten. **-2.** *fig* [associer] verbinden, kombinieren; **~ des couleurs** Farben kombinieren.

◆ **se marier** *vp* **-1.** [par le mariage] heiraten; **se ~ avec qqn** jn heiraten. **-2.** *fig* [se combiner] zusammen|passen.

marihuana [marirwana], **marijuana** [mariʒɥana] *nf* Marihuana *das*.

marin, e [marɛ̃, in] *adj* **-1.** [de la mer] Meeres-, See-. **-2.** NAVIG See-.

◆ **marin** *nm* **-1.** [navigateur] Seefahrer *der*. **-2.** [matelot] Seemann *der*; **~ pêcheur** Berufsfischer *der*.

◆ **marine** ◇ *adj inv*: **bleu ~e** marineblau. ◇ *nf* **-1.** [navigation] (See)schiffahrt *die*. **-2.** [ensemble de navires] Marine *die*; **~e marchande** Handelsmarine, Handelsflotte; **~e nationale** (französische) (Kriegs)marine. ◇ *nm* **-1.** MIL (englischer oder amerikanischer) Marineinfanterist. **-2.** [couleur] Marineblau *das*.

marinade [marinad] *nf* Marinade *die*.

mariner [3] [marine] *vi* **-1.** [aliment] durch|ziehen; **faire ~ qqch** etw marinieren. **-2.** *fam fig* [attendre] auf heißen Kohlen sitzen; **faire ~ qqn** jn schmoren lassen.

marinier, ère [marinje, ɛr] *adj*: **officier ~** Unteroffizier (der Kriegs- und Handelsmarine).

◆ **marinier** *nm* Binnenschiffer *der*.

◆ **marinière** *nf* [vêtement] Überziehbluse *die*.

marionnette [marjɔnɛt] *nf* **-1.** [figurine] Puppe *die*; [à fils] Marionette *die*. **-2.** *péj* [personne] Hampelmann *der*.

marital, e, aux [marital, o] *adj*: **contrat ~** Ehevertrag *der*; **vie ~e** Eheleben *das*.

maritalement [maritalmɑ̃] *adv*: **vivre ~** unverheiratet zusammen|leben.

maritime [maritim] *adj* See-; [ville] Küsten-.

marivaudage [marivodaʒ] *nm littéraire* Austausch *der* galanter Worte.

marjolaine [marʒɔlɛn] *nf* Majoran *der*.

mark [mark] *nm* Mark *die*; **deux ~s** zwei Mark.

marketing [markɛtiŋ] *nm* Marketing *das*; **~ téléphonique** Telefonverkauf *der*.

marmaille [marmaj] *nf* Bälger *Pl.*

marmelade [marməlad] *nf* Marmelade *die*; **~ d'orange** Orangenmarmelade; **en ~** (zu Brei) zerkocht.

marmite [marmit] *nf* (Koch)topf *der*; **faire bouillir la ~** *fig* die Familie ernähren.

marmiton [marmitɔ̃] *nm* Küchenjunge *der*.

marmonner [3] [marmɔne] *vt* & *vi* brummen, brummeln.

marmot [marmo] *nm fam* Knirps *der*.

marmotte [marmɔt] *nf* Murmeltier *das*.

marmotter [3] [marmɔte] *vt* murmeln.

marner [3] [marne] *vi fam* schuften.

Maroc [marɔk] *nm*: **le ~** Marokko *nt*; **au ~** in Marokko.

marocain, e [marɔkɛ̃, ɛn] *adj* marokkanisch.

◆ **Marocain, e** *nm, f* Marokkaner *der*, -in *die*.

maroquin [marɔkɛ̃] *nm* Maroquin *der*.

maroquinerie [marɔkinri] *nf* **-1.** [activité] Lederwarenherstellung *die*. **-2.** [magasin] Lederwarengeschäft *das*. **-3.** [commerce] Lederwarenhandel *der*.

maroquinier, ère [marɔkinje, ɛr] *nm, f* **-1.** [fabricant] Lederwarenhersteller *der*, -in *die*. **-2.** [commerçant] Lederwarenhändler *der*, -in *die*.

marotte [marɔt] *nf* Marotte *die*.

marquant, e [markɑ̃, ɑ̃t] *adj* bedeutend.

marque [mark] *nf* **-1.** [signe, témoignage] Zeichen *das*; **~ d'affection** Zeichen der Zuneigung; **donner une ~ d'affection à qqn** jm seine Zuneigung bezeugen. **-2.** [empreinte] Spur *die*; **~s de doigt** Fingerabdrücke. **-3.** [COMM - label] Marke *die*; [- nom de produit] Warenzeichen *das*; **~ déposée** eingetragenes Warenzeichen; **~ de fabrique** Fabrikmarke; **de ~** [produit] Marken-; *fig* [personne] hochrangig. **-4.** SPORT [score] (Spiel)stand *der*; **à vos ~s, prêts, partez!** auf die Plätze, fertig, los!

marqué, e [marke] *adj* **-1.** [net] deutlich. **-2.** [visage]: **~ par l'âge** vom Alter gezeichnet; **visage ~** faltiges OU zerfurchtes Gesicht.

marquer [3] [marke] ◇ *vt* **-1.** [mettre un repère sur] markieren, kennzeichnen. **-2.** *fam* [noter] notieren. **-3.** [influer sur] prägen. **-4.** [intérêt, désaccord] bekunden. **-5.** [SPORT - but] schießen; [- joueur] decken. ◇ *vi* **-1.** [événement] von Bedeutung sein. **-2.** [expérience] einen tiefen Eindruck OU eine nachhaltige Wirkung hinterlassen. **-3.** SPORT einen Treffer erzielen.

marqueterie [markɛtri] *nf* Einlegearbeit *die*, Intarsie *die*.

marqueur [markœr] *nm* **-1.** [crayon] (dicker) Filzstift. **-2.** SPORT [buteur] Torjäger *der*.

marquis, e [marki, iz] *nm, f* Marquis *der*, -e *die*.

◆ **marquise** *nf* [de verre] (gläsernes) Vordach.

Marquises [markiz] *nfpl*: **les ~** die Marquesasinseln.

marraine [marɛn] *nf* **-1.** [de filleul] (Tauf)patin *die*, Patentante *die*. **-2.** [d'association] Schirmherrin *die*.

marrant, e [marɑ̃, ɑ̃t] *adj fam* **-1.** [drôle] lustig. **-2.** [bizarre] komisch.

marre [mar] *adv*: **en avoir ~ (de qqn/qqch)** *fam* (jn/etw) satt haben.
marrer [3] [mare]
◆ **se marrer** *vp fam* sich einen Ast lachen.
marron[1], **onne** [marɔ̃, ɔn] *adj péj*: **avocat ~** Winkeladvokat *der*; **médecin ~** Kurpfuscher *der*.
marron[2] [marɔ̃] ◇ *nm* **-1.** [fruit] (Eß)kastanie *die*, Marone *die*; **~ glacé** glasierte Kastanie; **~ d'Inde** Roßkastanie. **-2.** [couleur] (Kastanien)-braun *das*. **-3.** *fam* [coup] Faustschlag *der*. ◇ *adj inv* (kastanien)braun.
marronnier [marɔnje] *nm* (Edel)kastanie *die*.
mars [mars] *nm* März *der*; *voir aussi* **septembre**.
Mars [mars] *n* ASTRON Mars *der*.
marseillais, e [marsɛjɛ, ɛz] *adj* Marseiller *(adj inv)*.
◆ **Marseillais, e** *nm, f* Marseiller *der*, -in *die*.
◆ **Marseillaise** *nf*: **la Marseillaise** die Marseillaise.
marsouin [marswɛ̃] *nm* Tümmler *der*.
marsupial, e, aux [marsypjal, o] *adj* Beutel-.
◆ **marsupial** *nm* Beuteltier *das*.
marte = **martre**.
marteau, x [marto] ◇ *nm* **-1.** [gén] Hammer *der*. **-2.** [heurtoir] (Tür)klopfer *der*. ◇ *adj fam* behämmert, bekloppt.
marteau-pilon [martopilɔ̃] (*pl* **marteaux-pilons**) *nm* Schmiedehammer *der*.
martel [martɛl] *nm*: **se mettre ~ en tête** sich ab|grämen.
martèlement [martɛlmɑ̃] *nm* [bruit] Hämmern *das*.
marteler [25] [martəle] *vt* **-1.** [frapper - au marteau] behämmern; [- du poing]: **~ qqch** auf etw *(A)* hämmern. **-2.** *fig* [articuler] in hartem Tonfall aus|sprechen.
martial, e, aux [marsjal, o] *adj* kriegerisch; **loi ~e** Standrecht *das*; **les arts martiaux** die asiatischen Kampfsportarten.
martien, enne [marsjɛ̃, ɛn] ◇ *adj* Mars-. ◇ *nm, f* Marsmensch *der*.
martinet [martinɛ] *nm* **-1.** ZOOL Segler *der*. **-2.** [fouet] (kleine) Peitsche, (kleine) Knute.
martingale [martɛ̃gal] *nf* **-1.** [de vêtement] Rükkengürtel *der*. **-2.** [stratégie de jeu] Gewinnstrategie *die*.
Martini® [martini] *nm* Martini® *der*.
martiniquais, e [martinikɛ, ɛz] *adj* aus OU von Martinique.
◆ **Martiniquais, e** *nm, f* Bewohner *der*, -in *die* von Martinique.
Martinique [martinik] *nf*: **la ~** Martinique *nt*; **à la ~** auf Martinique.
martin-pêcheur [martɛ̃pɛʃœr] (*pl* **martins-pêcheurs**) *nm* Eisvogel *der*.
martre [martr], **marte** [mart] *nf* Marder *der*.
martyr, e [martir] ◇ *adj* **-1.** [enfant] mißhandelt. **-2.** [pays, peuple] unselig. ◇ *nm, f* Märtyrer *der*, -in *die*.
◆ **martyre** *nm* Martyrium *das*; **souffrir le ~e** Qualen aus|stehen.
martyriser [3] [martirize] *vt* quälen.
marxisme [marksism] *nm* Marxismus *der*.
marxiste [marksist] ◇ *adj* marxistisch. ◇ *nmf* Marxist *der*, -in *die*.
mas [ma] *nm* (provenzalisches) Bauernhaus.
mascara [maskara] *nm* Wimperntusche *die*, Mascara *die*.
mascarade [maskarad] *nf* **-1.** [mise en scène] Maskerade *die*. **-2.** [accoutrement] Aufzug *der*.
mascotte [maskɔt] *nf* Maskottchen *das*.
masculin, e [maskylɛ̃, in] *adj* männlich, Männer-.
◆ **masculin** *nm* GRAM Maskulinum *das*.
maso [mazo] (*abr de* **masochiste**) *fam* ◇ *adj* masochistisch. ◇ *nmf* Masochist *der*, -in *die*.
masochisme [mazɔʃism] *nm* Masochismus *der*.
masochiste [mazɔʃist] ◇ *adj* masochistisch. ◇ *nmf* Masochist *der*, -in *die*.
masque [mask] *nm* Maske *die*; **~ de beauté** Gesichtsmaske; **~ à gaz** Gasmaske; **~ de plongée** Tauchermaske; **lever le ~** *fig* die Maske fallen lassen.
masqué, e [maske] *adj* maskiert.
masquer [3] [maske] *vt* **-1.** [cacher] verdecken. **-2.** [vérité] verbergen.
massacrant, e [masakrɑ̃, ɑ̃t] *adj*: **être d'humeur ~e** übelster Laune sein.
massacre [masakr] *nm* **-1.** [tuerie] Massaker *das*. **-2.** *fig* [travail bâclé] Verschandelung *die*, Verhunzung *die*; **faire un ~** *fam* alles verschandeln.
massacrer [3] [masakre] *vt* **-1.** [personne] nieder|metzeln. **-2.** *fam* [travail] verhunzen, verpfuschen.
massage [masaʒ] *nm* Massage *die*; **faire un ~ à qqn** jn massieren.
masse [mas] *nf* **-1.** [gén] Masse *die*; **comme une ~** wie ein Sack; **~ moléculaire** OU **molaire** Molekülmasse, Molmasse; **les ~s** die Massen; **en ~** in Massen, massenweise. **-2.** [quantité]: **une ~ de travail** eine Menge Arbeit. **-3.** ÉLECTR Erde *die*; **mettre à la ~** erden. **-4.** [maillet] Vorschlaghammer *der*.
◆ **masse monétaire** *nf* Geldmenge *die*.
◆ **masse salariale** *nf* Lohn- und Gehaltsumme *die*.
massepain [maspɛ̃] *nm* Marzipangebäck *das*.

masser [3] [mase] *vt* **-1.** [rassembler] versammeln, zusammen|ziehen. **-2.** [frotter] massieren.
◆ **se masser** *vp* **-1.** [se rassembler] sich drängen. **-2.** [se frotter] sich massieren.
masseur, euse [masœr, øz] *nm, f* Masseur *der*, -in *die*.
◆ **masseur** *nm* [appareil] Massagegerät *das*.
massicot [masiko] *nm* Papierschneidemaschine *die*.
massif, ive [masif, iv] *adj* **-1.** [bois, or] massiv. **-2.** [dose] stark. **-3.** [personne, monument] massig.
◆ **massif** *nm* **-1.** [de fleurs] Beet *das*. **-2.** [de montagnes] Massiv *das*.
◆ **Massif central** *nm*: **le Massif central** das Zentralmassiv.
massivement [masivmɑ̃] *adv* massenweise.
massue [masy] *nf* Keule *die*; *(en apposition)*: **argument ~** durchschlagendes Argument.
mastic [mastik] *nm* Kitt *der*.
mastiquer [3] [mastike] *vt* **-1.** [mâcher] kauen. **-2.** [boucher] kitten.
mastoc [mastɔk] *adj inv péj* klobig, plump.
mastodonte [mastɔdɔ̃t] *nm* **-1.** [fossile] Mastodon *das*. **-2.** *fam* [personne] Koloß *der*.
masturbation [mastyrbasjɔ̃] *nf* Selbstbefriedigung *die*, Onanie *die*; **~ intellectuelle** *fig* geistige Selbstbefriedigung.
masturber [3] [mastyrbe]
◆ **se masturber** *vp* masturbieren, sich (selbst) befriedigen, onanieren.
m'as-tu-vu [matyvy] *nmf inv* Wichtigtuer *der*, -in *die*.
masure [mazyr] *nf* baufälliges Haus.
mat, e [mat] *adj* **-1.** [surface, couleur] matt. **-2.** [peau] dunkel. **-3.** [bruit, son] dumpf.
◆ **mat** *adj inv* [aux échecs] matt.
mât [ma] *nm* Mast *der*; **~ de cocagne** Klettermast.
match [matʃ] (*pl* **matchs** OU **matches**) *nm* Match *das*, Spiel *das*; **faire ~ nul** unentschieden spielen; **~ aller** Hinspiel; **~ retour** Rückspiel.
matelas [matla] *nm* Matratze *die*; **~ de crin** Roßhaarmatratze; **~ pneumatique** Luftmatratze.
matelassé, e [matlase] *adj* **-1.** [fauteuil] Polster-, gepolstert. **-2.** [vêtement] Stepp-.
matelot [matlo] *nm* Matrose *der*.
mater [3] [mate] *vt* **-1.** [dompter] bändigen. **-2.** [réprimer] nieder|werfen. **-3.** *fam* [regarder]: **~ qqch** nach etw schielen.
matérialiser [3] [materjalize] *vt* **-1.** [idée] (sinnfällig) dar|stellen. **-2.** [projet] verwirklichen.
◆ **se matérialiser** *vp* sich verwirklichen.
matérialisme [materjalism] *nm* Materialismus *der*.
matérialiste [materjalist] ◇ *adj* materialistisch. ◇ *nmf* Materialist *der*, -in *die*.
matériau, x [materjo] *nm* (Werk)stoff *der*, Material *das*.
◆ **matériaux** *nmpl* CONSTR: **~x (de construction)** Baustoffe *Pl*.
matériel, elle [materjɛl] *adj* materiell; [preuve] handgreiflich.
◆ **matériel** *nm* **-1.** [gén] Ausrüstung *die*; **~ d'exploitation** Betriebsmittel *Pl*; **~ roulant** Rollmaterial *das*. **-2.** INFORM Hardware *die*.
matériellement [materjɛlmɑ̃] *adv* **-1.** [pratiquement] praktisch. **-2.** [financièrement] materiell.
maternel, elle [matɛrnɛl] *adj* **-1.** [instinct, lait] Mutter-; [attitude] mütterlich. **-2.** [du côté de la mère] mütterlicherseits *(adv)*.
◆ **maternelle** *nf* ≃ Kindergarten *der*.
materner [3] [matɛrne] *vt* bemuttern.
maternité [matɛrnite] *nf* **-1.** [état] Mutterschaft *die*. **-2.** [hôpital] Entbindungsklinik *die*; [service] Entbindungsstation *die*.
mathématicien, enne [matematisjɛ̃, ɛn] *nm, f* Mathematiker *der*, -in *die*.
mathématique [matematik] *adj* mathematisch.
◆ **mathématiques** *nfpl* Mathematik *die*.
matheux, euse [matø, øz] *nm, f fam* As *das* in Mathe.
maths [mat] (*abr de* **mathématiques**) *nfpl fam* Mathe *die*.
matière [matjɛr] *nf* **-1.** [substance, matériau] Stoff *der*; **~s fécales** Fäkalien *Pl*; **~(s) grasse(s)** Fett *das*; **~ grise** Grips *der*; **~ plastique** Kunststoff *der*; **~s premières** Rohstoffe *Pl*. **-2.** SCOL Fach *das*. **-3.** [sujet] Gegenstand *der*, Thema *das*; **en ~ de qqch** was etw betrifft; **il n'est pas expert en la ~** er ist auf diesem Gebiet kein Experte. **-4.** SCIENCE & PHILOSOPHIE Materie *die*. **-5.** [motif] Anlaß *der*; **donner ~ à qqch** zu etw Anlaß geben.
MATIF, Matif [matif] (*abr de* **Marché à terme international de France**) *nm* Internationaler Terminmarkt Frankreichs.
Matignon [matiɲɔ̃] *n*: **(l'hôtel) ~** *Amtssitz des französischen Premierministers.*

MATIGNON:
Das Stadtpalais "hôtel Matignon" in der "Rue de Varenne" in Paris beherbergt die Amtsräume des Premierministers. Die Bezeichnung "Matignon" meint oft den Minister selbst und seine Mitarbeiter. Man hört zum Beispiel: "Matignon ne semble pas être d'accord avec l'Élysée".

---

matin [matɛ̃] *nm* **-1.** [début du jour] Morgen *der*.

-2. [partie de la journée] Vormittag *der*; **le ~** morgens, vormittags; **ce ~** heute morgen; **demain ~** morgen früh; **du ~ au soir** von morgens bis abends; **de bon** OU **de grand ~** frühmorgens, in aller Frühe.

matinal, e, aux [matinal, o] *adj* **-1.** [du matin] Morgen-. **-2.** [qui se lève tôt]: **être ~** früh auf|stehen, ein Frühaufsteher sein.

mâtiné, e [matine] *adj*: **~ de** [chien] gekreuzt mit; *fig* [mélangé de] vermischt mit.

matinée [matine] *nf* **-1.** [partie de la journée] Vormittag *der*; **faire la grasse ~** bis in den Tag hinein schlafen. **-2.** [spectacle] Matinee *die*.

matines [matin] *nfpl* Mette *die*.

matois, e [matwa, az] *littéraire* ◇ *adj* durchtrieben. ◇ *nm, f* durchtriebener Kerl, durchtriebenes Weib.

maton, onne [matɔ̃, ɔn] *nm, f arg crime* (Gefängnis)aufseher *der*, -in *die*.

matou [matu] *nm* Kater *der*.

matraquage [matrakaʒ] *nm* **-1.** [bastonnade] Niederknüppeln *das*. **-2.** *fig* [intoxication]: **~ publicitaire** Werbebeschuß *der*.

matraque [matrak] *nf* Knüppel *der*.

matraquer [3] [matrake] *vt* **-1.** [frapper] nieder|knüppeln. **-2.** *fam* [escroquer] aus|nehmen. **-3.** *fig* [répéter à]: **~ qqn de qqch** jm etw ein|hämmern.

matriarcal, e, aux [matrijarkal, o] *adj* matriarchalisch.

matriarcat [matrijarka] *nm* Matriarchat *das*.

matrice [matris] *nf* **-1.** [moule] Matrize *die*. **-2.** MATHS Matrix *die*. **-3.** ANAT Gebärmutter *die*.

matricule [matrikyl] ◇ *nm*: **(numéro) ~** Registriernummer *die*. ◇ *nf* Matrikel *die*.

matrimonial, e, aux [matrimɔnjal, o] *adj* Ehe-; **régime ~** Güterstand *der*.

matrone [matrɔn] *nf péj* Matrone *die*.

maturation [matyrasjɔ̃] *nf* Reifen *das*.

mature [matyr] *adj* reif.

mâture [matyr] *nf* Bemastung *die*.

maturité [matyrite] *nf* Reife *die*; **venir à ~** [idée, projet] (heran|)reifen; **être en pleine ~** [personne] in den besten Jahren sein.

maudire [104] [modir] *vt* verfluchen.

maudit, e [modi, it] ◇ *pp* → **maudire**. ◇ *adj* **-1.** [réprouvé] verfemt. **-2.** *(avant n)* [détestable] verflucht. ◇ *nm, f* Verdammte *der, die*.

maugréer [15] [mogree] ◇ *vt* nuscheln. ◇ *vi*: **~ (contre qqn/qqch)** (über jn/etw) schimpfen.

maure, more [mɔr] *adj* maurisch.

◆ **Maure, More** *nmf* Maure *der*, -rin *die*.

mauresque, moresque [mɔrɛsk] *adj* maurisch.

◆ **Mauresque** *nf* Maurin *die*.

Maurice [moris] → **île**.

mauricien, enne [morisjɛ̃, ɛn] *adj* mauritisch.

◆ **Mauricien, enne** *nm, f* Mauritier *der*, -in *die*.

Mauritanie [moritani] *nf*: **la ~** Mauretanien *nt*.

mauritanien, enne [moritanjɛ̃, ɛn] *adj* mauretanisch.

◆ **Mauritanien, enne** *nm, f* Mauretanier *der*, -in *die*.

mausolée [mozɔle] *nm* Mausoleum *das*.

maussade [mosad] *adj* **-1.** [personne, air] mürrisch. **-2.** [temps] trüb.

mauvais, e [movɛ, ɛz] *adj* **-1.** [gén] schlecht. **-2.** [inapproprié, faux] falsch. **-3.** [maladie] übel. **-4.** [coup, fracture] schlimm. **-5.** [mer] stürmisch. **-6.** [regard, tour, langue] böse.

◆ **mauvais** *adv*: **il fait ~** das Wetter ist schlecht; **sentir ~** schlecht riechen.

mauve [mov] ◇ *nm* Malve *die*. ◇ *adj* blaßlila.

mauviette [movjɛt] *nf fam* **-1.** [gringalet] Schwächling *der*. **-2.** [poltron] Angsthase *der*.

maux → **mal**.

max [maks] *(abr de* **maximum**) *nm fam* : **faire un ~ de fric** möglichst viel Kohle heraus|schlagen.

max. (*abr de* **maximum**) max.

maxillaire [maksilɛr] *nm* Kiefer *der*.

maxima → **maximum**.

maximal, e, aux [maksimal, o] *adj* höchst, Höchst-, Maximal-.

maxime [maksim] *nf* Maxime *die*.

maximum [maksimɔm] (*pl* **maxima** [maksima] OU **maximums**) ◇ *nm* Maximum *das*; **le ~ de personnes** die maximale Anzahl von Personen; **le ~ de chances** die meisten Chancen; **au ~** höchstens; **pousser la vitesse au ~** Vollgas geben. ◇ *adj* höchst, Höchst-, Maximal-.

maya [maja] *adj* Maya-.

◆ **Maya** *nmf*: **les Mayas** die Maya.

mayonnaise [majɔnɛz] *nf* Mayonnaise *die*.

Mazarine [mazarin] *n*: **la bibliothèque ~** *älteste Pariser Bibliothek*.

LA BIBLIOTHÈQUE MAZARINE:
Diese öffentliche Bibliothek existiert seit 1643 und ist damit die älteste in Frankreich. Ihre Bestände betreffen hauptsächlich die Geschichte Frankreichs, insbesondere die Geschichte der Regionen.

---

mazout [mazut] *nm* Heizöl *das*.

MDM *abr de* **Médecins du monde**.

me [mə], **m'** *(devant voyelle ou h muet) pron pers* **-1.** [complément d'objet, réfléchi] mich, mir; **ça**

m'a fait plaisir es hat mich gefreut; **il m'a remercié** er dankte mir; **je m'inquiète** ich mache mir Sorgen. **-2.** [avec un présentatif]: **~ voici/voilà** hier/da bin ich; **~ voici prêt** ich bin soweit.

Me *abr de* **Maître**.

mea culpa [meakylpa] *nm inv*: **faire son ~** seine Schuld bekennen.

méandre [meɑ̃dr] *nm* Windung *die*; **les ~s de la pensée** *fig* Gedankengänge *Pl*; **les ~s de la diplomatie** *fig* diplomatische Winkelzüge *Pl*.

mec [mɛk] *nm fam* Kerl *der*, Typ *der*.

mécanicien, enne [mekanisjɛ̃, ɛn] ◇ *adj*: **ingénieur ~** Maschinenbauingenieur *der*. ◇ *nm, f* **-1.** [de garage] Kfz-Mechaniker *der*, -in *die*. **-2.** [conducteur de train] Lok(omotiv)führer *der*.

mécanique [mekanik] ◇ *nf* Mechanik *die*. ◇ *adj* mechanisch.

mécaniquement [mekanikmɑ̃] *adv* mechanisch.

mécanisation [mekanizasjɔ̃] *nf* Mechanisierung *die*.

mécaniser [3] [mekanize] *vt* mechanisieren.

mécanisme [mekanism] *nm* Mechanismus *der*.

mécano [mekano] (*abr de* **mécanicien**) *nm fam* Kfz-Mechaniker *der*, -in *die*.

mécénat [mesena] *nm* Mäzenatentum *das*.

mécène [mesɛn] *nm* Mäzen *der*, -in *die*.

méchamment [meʃamɑ̃] *adv* **-1.** [cruellement] böse. **-2.** *fam* [en intensif]: **ce film est ~ ennuyeux** der Film ist furchtbar langweilig.

méchanceté [meʃɑ̃ste] *nf* Bosheit *die*.

méchant, e [meʃɑ̃, ɑ̃t] ◇ *adj* **-1.** [mauvais] böse. **-2.** [animal sournois] bösartig; **'chien ~'** 'bissiger Hund'. ◇ *nm, f* Bösewicht *der*.

mèche [mɛʃ] *nf* **-1.** [de bougie] Docht *der*. **-2.** [de cheveux] Strähne *die*; **~ rebelle** widerspenstige Strähne. **-3.** [d'explosif] Zündschnur *die*. **-4.** [de perceuse] Bohrer *der*. **-5.** *loc*: **être de ~ avec qqn** *fam* mit jm unter einer Decke stecken; **vendre la ~** *fam* alles aus|plaudern.

méchoui [meʃwi] *nm nordafrikanischer Hammelspießbraten*.

Mecklembourg [mɛklɛmbur] *nm*: **le ~** Mecklenburg *nt*.

méconnaissable [mekɔnɛsabl] *adj*: **être ~** kaum wiederzuerkennen sein.

méconnaissance [mekɔnɛsɑ̃s] *nf* Unkenntnis *die*.

méconnaître [91] [mekɔnɛtr] *vt sout* **-1.** [ignorer] nicht kennen. **-2.** [sous-estimer] verkennen.

méconnu, e [mekɔny] *adj* verkannt.

mécontent, e [mekɔ̃tɑ̃, ɑ̃t] ◇ *adj* unzufrieden. ◇ *nm, f* Unzufriedene *der*, *die*.

mécontentement [mekɔ̃tɑ̃tmɑ̃] *nm* Unzufriedenheit *die*.

mécontenter [3] [mekɔ̃tɑ̃te] *vt* verärgern.

Mecque [mɛk] *n*: **La ~** Mekka *nt*; **aller à La ~** nach Mekka fahren.

mécréant, e [mekreɑ̃, ɑ̃t] *nm, f littéraire* OU *hum* Ungläubige *der*, *die*.

méd. *abr de* **médecin**.

médaille [medaj] *nf* Medaille *die*.

médaillé, e [medaje] ◇ *adj*: **être ~** eine Medaille verliehen bekommen. ◇ *nm, f* Träger *der*, -in *die* einer Medaille.

médaillon [medajɔ̃] *nm* Medaillon *das*; **mettre en ~** in ein Medaillon ein|fassen.

médecin [mɛdsɛ̃] *nm* Arzt *der*, Ärztin *die*; **~ de famille** Hausarzt; **~ de garde** Bereitschaftsarzt; **~ légiste** Gerichtsarzt; **~ traitant** behandelnder Arzt; **Médecins du monde, Médecins sans frontières** *französische Hilfsorganisationen für die medizinische Versorgung in der Dritten Welt*.

médecine [mɛdsin] *nf* **-1.** [science] Medizin *die*; **~ générale** Allgemeinmedizin. **-2.** [profession] Arztberuf *der*; **exercer la ~** den Arztberuf aus|üben.

média [medja] *nm*: **les ~s** die Medien.

médian, e [medjɑ̃, an] *adj* Mittel-.

◆ **médiane** *nf* **-1.** [ligne] Mittellinie *die*. **-2.** [valeur statistique] Mittelwert *der*.

médiateur, trice [medjatœr, tris] ◇ *adj* Vermittlungs-. ◇ *nm, f* Vermittler *der*, -in *die*; **~ de la paix** Friedensstifter *der*.

◆ **médiateur** *nm* ADMIN Ombudsmann *der*, -frau *die*.

◆ **médiatrice** *nf* GÉOM Mittelsenkrechte *die*.

médiathèque [medjatɛk] *nf* Mediathek *die*.

médiation [medjasjɔ̃] *nf* Vermittlung *die*.

médiatique [medjatik] *adj* medienwirksam.

médiatisation [medjatizasjɔ̃] *nf* Verbreitung *die* über die Medien; **~ (à outrance)** *péj* Medienrummel *der*.

médiatiser [3] [medjatize] *vt* über die Medien verbreiten; **~ un événement** ein Ereignis medienwirksam dar|stellen.

médiatrice → **médiateur**.

médical, e, aux [medikal, o] *adj* ärztlich, Arzt-, medizinisch.

médicalisation [medikalizasjɔ̃] *nf*: **~ d'une région** medizinische Versorgung einer Region.

médicament [medikamɑ̃] *nm* Arzneimittel *das*, Medikament *das*.

médicamenteux, euse [medikamɑ̃tø, øz] *adj* medikamentös.

médication [medikasjɔ̃] *nf* Arzneimittelverordnung *die*.

médicinal, e, aux [medisinal, o] *adj* Heil-.

Médicis [medisis] *n*: **le prix ~** *französischer Literaturpreis*.

médico-légal, e, aux [medikɔlegal, o] *adj* gerichtsmedizinisch.
médico-social, e, aux [medikɔsɔsjal, o] *adj* sozialmedizinisch.
médiéval, e, aux [medjeval, o] *adj* mittelalterlich.
médiocre [medjɔkr] ◇ *nmf* Dutzendmensch *der*. ◇ *adj* **-1.** [gén] mäßig; [élève] mittelmäßig. **-2.** [roman, idée] banal.
médiocrité [medjɔkrite] *nf* Mittelmäßigkeit *die*; **vivre dans la ~** ein ganz banales Leben führen.
médire [103] [medir] *vi* lästern; **~ de qqn** jn schlecht|machen.
médisais *etc* → **médire**.
médisance [medizɑ̃s] *nf* **-1.** [calomnie] üble Nachrede. **-2.** [ragot]: **des ~s** Gerede *das (sans pl)*.
médisant, e [medizɑ̃, ɑ̃t] ◇ *adj* diffamierend. ◇ *nm, f* Lästerzunge *die*.
médit [medi] *pp inv* → **médire**.
méditatif, ive [meditatif, iv] ◇ *adj* nachdenklich. ◇ *nm, f* nachdenklicher Mensch.
méditation [meditasjɔ̃] *nf* Meditation *die*.
méditer [3] [medite] ◇ *vt* **-1.** [projeter] ersinnen; **~ qqch** auf etw *(A)* sinnen; **~ de faire qqch** im Sinn haben, etw zu tun. **-2.** [approfondir]: **~ qqch** über etw *(A)* nach|sinnen. ◇ *vi* **-1.** RELIG meditieren. **-2.** [réfléchir]: **~ (sur qqch)** (über etw *(A)*) nach|sinnen.
Méditerranée [mediterane] *nf*: **la (mer) ~** das Mittelmeer.
méditerranéen, enne [mediterane ɛ̃, ɛn] *adj* Mittelmeer-, mediterran, südländisch.
◆ **Méditerranéen, enne** *nm, f* Bewohner *der*, -in *die* des Mittelmeerraumes, Südländer *der*, -in *die*.
médium [medjɔm] *nm* **-1.** [personne] Medium *das*. **-2.** MUS Mittelstimme *die*.
médius [medjys] *nm* Mittelfinger *der*.
méduse [medyz] *nf* Qualle *die*.
méduser [3] [medyze] *vt*: **être médusé** verblüfft sein.
meeting [mitiŋ] *nm* Versammlung *die*; **~ aérien** Flugschau *die*.
méfait [mefɛ] *nm* Missetat *die*.
◆ **méfaits** *nmpl* **-1.** [du tabac, de l'alcool] schädliche Auswirkungen *Pl*. **-2.** [des intempéries] Unbilden *Pl*.
méfiance [mefjɑ̃s] *nf* Mißtrauen *das*.
méfiant, e [mefjɑ̃, ɑ̃t] *adj* mißtrauisch.
méfier [9] [mefje]
◆ **se méfier** *vp* sich vor|sehen; **se ~ de qqn/qqch** jm/etw mißtrauen.
méga [mega] *adj* Mega-, mega-.
mégalo [megalo] (*abr de* **mégalomane**) *fam* ◇ *adj*: **il est complètement ~** er ist völlig größenwahnsinnig. ◇ *nmf* Größenwahnsinnige *der, die*.
mégalomane [megalɔman] ◇ *nmf* Größenwahnsinnige *der, die*. ◇ *adj* größenwahnsinnig.
mégalomanie [megalɔmani] *nf* Größenwahn *der*.
megaoctet [megaɔktɛ] *nm* INFORM Megabyte *das*, MByte *das*.
mégaphone [megafɔn] *nm* Megaphon *das*.
mégapole [megapɔl] *nf* Megalopolis *die*, Megalopole *die*.
mégarde [megard]
◆ **par mégarde** *loc adv* aus Versehen.
mégère [meʒɛr] *nf* Fuchtel *die*.
mégot [mego] *nm* Kippe *die*.
mégoter [3] [megɔte] *vi fam* : **~ sur qqch** mit etw knausern.
méhari [meari] *nm nordafrikanisches Dromedar*.
meilleur, e [mɛjœr] ◇ *adj* besser. ◇ *nm, f* Beste *der, die, das*; **c'est la ~e!** das ist ja die Höhe!
◆ **meilleur** *nm* Beste *das*; **uni pour le ~ et pour le pire** auf Gedeih und Verderb miteinander verbunden.
méjuger [17] [meʒyʒe] *littéraire* ◇ *vt* falsch beurteilen. ◇ *vi*: **~ de qqn/qqch** jn/etw unterschätzen.
◆ **se méjuger** *vp* sich unterschätzen.
mélancolie [melɑ̃kɔli] *nf* Schwermut *die*.
mélancolique [melɑ̃kɔlik] *adj* schwermütig.
Mélanésie [melanezi] *nf*: **la ~** Melanesien *nt*.
mélanésien, enne [melanezjɛ̃, ɛn] *adj* melanesisch.
◆ **Mélanésien, enne** *nm, f* Melanesier *der*, -in *die*.
mélange [melɑ̃ʒ] *nm* **-1.** [action] Mischen *das*. **-2.** [résultat] Mischung *die*; **sans ~** *fig* ungetrübt *(adj)*.
mélanger [17] [melɑ̃ʒe] *vt* **-1.** [mêler] (ver)mischen. **-2.** [déranger] durcheinander|bringen.
◆ **se mélanger** *vp* **-1.** [se mêler] sich (ver)mischen. **-2.** [se brouiller] durcheinander|geraten.
mélangeur [melɑ̃ʒœr] *nm* Mischer *der*; **(robinet) ~** Mischhahn *der*.
mélasse [melas] *nf* Melasse *die*; **être dans la ~** *fam fig* im Schlamassel stecken.
mêlée [mele] *nf* **-1.** [combat] (Hand)gemenge *das*; **dans la ~** im Getümmel. **-2.** [au rugby] Gedränge *das*.
mêler [4] [mele] *vt* **-1.** [substances, liquides] (ver)mischen. **-2.** [fils, cheveux] verheddern. **-3.** [impliquer]: **~ qqn à qqch** jn in etw *(A)* verwikkeln. **-4.** *fig* [allier]: **~ qqch à qqch** etw mit etw verbinden.

◆ **se mêler** *vp* **-1.** [rejoindre]: **se ~ à qqch** sich unter etw *(A)* mischen. **-2.** [s'occuper]: **se ~ de qqch** sich in etw *(A)* ein|mischen.

mélèze [melɛz] *nm* Lärche *die*.

méli-mélo [melimelo] (*pl* **mélis-mélos**) *nm* **-1.** [désordre] Durcheinander *das*. **-2.** [mélange] Mix *der*.

mélo [melo] (*abr de* **mélodrame**) *nm fam* Schnulze *die*.

mélodie [melɔdi] *nf* **-1.** [air] Melodie *die*. **-2.** MUS Lied *das*.

mélodieux, euse [melɔdjø, øz] *adj* melodisch.

mélodique [melɔdik] *adj* melodisch.

mélodramatique [melɔdramatik] *adj* melodramatisch.

mélodrame [melɔdram] *nm* Melodrama *das*.

mélomane [melɔman] ◇ *nmf* Musikliebhaber *der*, -in *die*. ◇ *adj* musikliebend.

melon [məlɔ̃] *nm* Melone *die*.

melting-pot [mɛltiŋpɔt] (*pl* **melting-pots**) *nm* Schmelztiegel *der*.

membrane [mɑ̃bran] *nf* Membran *die*.

membre [mɑ̃br] *nm* **-1.** ANAT Glied *das*; **~s antérieurs** [d'animal] Vorderbeine *Pl*; **~s postérieurs** [d'animal] Hinterbeine *Pl*; **~s inférieurs** Beine *Pl*; **~s supérieurs** Arme *Pl*; **~ viril** Glied. **-2.** [personne] Mitglied *das*; **~ fondateur** Gründungsmitglied; **les États ~s de l'ONU** die UNO-Mitglied(s)staaten.

mémé [meme], **mémère** [memɛr] *nf fam* Oma *die*.

même [mɛm] ◇ *adj indéf* **-1.** [identique]: **~...(que)** selbe,-r,-s...(wie); **j'étais dans la ~ école que Pierre** ich war in derselben Schule wie Pierre; **il a le ~ âge que moi** er ist genauso alt wie ich. **-2.** [semblable à] gleiche,-r,-s; **~ ...(que)** gleiche,-r,-s... (wie); **elle a la ~ robe que moi** sie hat das gleiche Kleid wie ich; **il fait la ~ température qu'hier** heute ist es genauso warm OU kalt wie gestern. **-3.** [pour insister] genau; **ce sont ses paroles ~s** das sind genau seine Worte; **elle est la bonté ~** sie ist die Güte selbst; **je l'ai vu le jour ~ de son arrivée** ich habe ihn noch am Tage seiner Ankunft gesehen; **moi-~** ich selbst; **celle-là ~ qui est arrivée hier** diejenige, die gestern angekommen ist. ◇ *pron indéf*: **le** OU **la ~** derselbe, dasselbe, dieselbe; **ce sont toujours les ~s qui gagnent** es sind immer dieselben OU die gleichen, die gewinnen; **elle est toujours la ~** sie ist ganz die alte; **ça revient au ~** es kommt aufs Gleiche heraus. ◇ *adv* sogar; **il est calme, ~ timide** er ist ruhig, ja sogar schüchtern; **~ pas** (noch) nicht einmal; **il n'est ~ pas diplômé** er besitzt (noch) nicht einmal ein Diplom; **~ plus** nicht einmal mehr; **elle ne va ~ plus au cinéma** sie geht nicht einmal mehr ins Kino.

◆ **à même** *loc prép*: **il boit à ~ la bouteille** er trinkt aus der Flasche; **s'asseoir à ~ le sol** sich direkt auf den Boden setzen.

◆ **à même de** *loc prép*: **être à ~ de faire qqch** fähig sein, etw zu tun.

◆ **de même** *loc adv* ebenso; **il en va de ~ pour lui** das gilt ebenso für ihn.

◆ **de même que** *loc conj* ebenso wie.

◆ **quand même** *loc adv* trotzdem; **il était malade mais il est quand ~ venu** er war krank, aber er ist trotzdem gekommen.

◆ **même quand** *loc conj* selbst wenn.

◆ **même lorsque** *loc conj* selbst wenn.

◆ **même si** *loc conj* selbst wenn; **~ s'il me le demandait, je n'accepterais pas** selbst wenn er mich darum bäte, würde ich es ab|lehnen; **~ si tu changes d'avis, tu es le bienvenu** solltest du doch noch deine Meinung ändern, kannst du gerne kommen.

◆ **tout de même** *loc adv* dennoch; **j'irai tout de ~** ich werde dennoch gehen; **tu aurais pu m'en parler tout de ~!** du hättest schon mit mir darüber sprechen können!

mémento [memɛ̃to] *nm* **-1.** [agenda] Merkbuch *das*. **-2.** [ouvrage] Kompendium *das*.

mémère = **mémé**.

mémoire [memwar] ◇ *nf* **-1.** [faculté] Gedächtnis *das*; **avoir bonne/mauvaise ~** ein gutes/schlechtes Gedächtnis haben; **avoir de la ~** ein gutes Gedächtnis haben; **avoir la ~ des noms** ein gutes Namensgedächtnis haben; **perdre la ~** das Gedächtnis verlieren; **se rafraîchir la ~** sein Gedächtnis auf|frischen; **de ~** aus dem Gedächtnis; **~ visuelle/auditive** visuelles/auditives Gedächtnis; **de ~ d'homme** seit Menschengedenken; **pour ~** zur Information. **-2.** *sout* [réputation] Leumund *der*. **-3.** [souvenir] Andenken *das*; **à la ~ de qqn** zum Andenken an jn. **-4.** INFORM Speicher *der*; **mettre en ~** (ab|)speichern; **~ tampon** Pufferspeicher; **~ virtuelle** virtueller Speicher; **~ vive** Arbeitsspeicher. ◇ *nm* **-1.** UNIV ≃ Diplomarbeit *die*. **-2.** [exposé] Denkschrift *die*.

◆ **mémoires** *nmpl* Memoiren *Pl*.

mémorable [memɔrabl] *adj* denkwürdig.

mémorandum [memɔrɑ̃dɔm] *nm* **-1.** [note diplomatique] Note *die*. **-2.** [mémento] Notizbuch *das*.

mémorial, aux [memɔrjal, o] *nm* Denkmal *das*.

mémorisable [memɔrizabl] *adj* INFORM speicherbar.

mémoriser [3] [memɔrize] *vt* **-1.** [sujet: personne] sich ein|prägen. **-2.** INFORM (ab|)speichern.

menaçant, e [mənasɑ̃, ɑ̃t] *adj* drohend.

menace [mənas] *nf* **-1.** [intimidation] Drohung *die*. **-2.** [danger] Bedrohung *die*.

menacer [16] [mənase] ◇ *vt* bedrohen, an|drohen; **~ qqn de qqch** jm mit etw drohen; **~ de faire qqch** damit drohen, etw zu tun. ◇ *vi* [pluie, orage] im Anzug sein.

ménage [menaʒ] *nm* **-1.** [nettoyage] Saubermachen *das*, Putzen *das*; **faire le ~** sauber|machen, putzen; **faire des ~s** putzen gehen. **-2.** [couple] (Ehe)paar *das*; **se mettre en ~** zusammen|ziehen; **~ à trois** Dreiecksverhältnis *das*. **-3.** ÉCON Haushalt *der*. **-4.** *loc*: **faire bon ~** gut miteinander aus|kommen.

ménagement [menaʒmɑ̃] *nm* Schonung *die*; **sans ~** schonungslos *(adv)*.

ménager[1], **ère** [menaʒe, ɛr] *adj* Haushalts-; **travaux ~s** Hausarbeit *die*.

◆ **ménagère** *nf* **-1.** [femme] Hausfrau *die*. **-2.** [de couverts] Besteckssatz *der*.

ménager[2] [17] [menaʒe] *vt* **-1.** [bien traiter]: **~ qqn/qqch** auf jn/etw Rücksicht nehmen. **-2.** [économiser]: **~ qqch** mit etw haus|halten. **-3.** [préparer - entretien] herbei|führen; [- surprise, avenir]: **~ qqch** für etw sorgen.

◆ **se ménager** *vp* sich schonen.

ménagerie [menaʒri] *nf* Tiergehege *das*; [au cirque] Tierschau *die*.

mendiant, e [mɑ̃djɑ̃, ɑ̃t] *nm, f* Bettler *der*, -in *die*.

mendicité [mɑ̃disite] *nf* **-1.** [action] Betteln *das*. **-2.** [condition]: **être réduit à la ~** an den Bettelstab gekommen sein.

mendier [9] [mɑ̃dje] *vt*: **~ qqch** um etw betteln, etw erbetteln.

menées [məne] *nfpl* Intrigen *Pl*.

mener [19] [məne] ◇ *vt* **-1.** [emmener - sujet: personne] bringen; [- sujet: route] führen. **-2.** [débat, affaire] leiten; [enquête] durch|führen. ◇ *vi* SPORT führen.

meneur, euse [mənœr, øz] *nm, f* Anführer *der*, -in *die*; **~ d'hommes** Führernatur *die*; **~ de jeu** Spielleiter *der*.

menhir [menir] *nm* Menhir *der*.

méninge [menɛ̃ʒ] *nf* Hirnhaut *die*; **faire travailler ses ~s** *fam* sich den Kopf zerbrechen.

méningite [menɛ̃ʒit] *nf* Hirnhautentzündung *die*.

ménisque [menisk] *nm* Meniskus *der*.

ménopause [menɔpoz] *nf* Wechseljahre *Pl*.

menotte [mənɔt] *nf* Patschhändchen *das*.

◆ **menottes** *nfpl* Handschellen *Pl*; **passer les ~s à qqn** jm Handschellen an|legen.

mens *etc* → **mentir**.

mensonge [mɑ̃sɔ̃ʒ] *nm* Lüge *die*; **un pieux ~** eine fromme Lüge.

mensonger, ère [mɑ̃sɔ̃ʒe, ɛr] *adj* [affirmation] lügnerisch; [promesse] falsch; [récit] Lügen-.

menstruation [mɑ̃stryasjɔ̃] *nf* Menstruation *die*, Periode *die*.

menstruel, elle [mɑ̃stryɛl] *adj* Menstruations-.

mensualiser [3] [mɑ̃sɥalize] *vt* **-1.** [salarié] monatlich entlohnen. **-2.** [salaire] monatlich aus|zahlen; [facture] monatlich (be)zahlen; **être mensualisé** monatlich (be)zahlt werden.

mensualité [mɑ̃sɥalite] *nf* **-1.** [traite] Monatsrate *die*. **-2.** [salaire] Monatsgehalt *das*; [d'ouvrier] Monatslohn *der*.

mensuel, elle [mɑ̃sɥɛl] ◇ *adj* Monats-, monatlich. ◇ *nm, f Empfänger eines Monatsgehalts*.

◆ **mensuel** *nm* Monatsschrift *die*.

mensuellement [mɑ̃sɥɛlmɑ̃] *adv* monatlich.

mensuration [mɑ̃syrasjɔ̃] *nf* Körpermessung *die*.

◆ **mensurations** *nfpl* Körpermaße *Pl*.

mental, e, aux [mɑ̃tal, o] *adj* geistig; **maladie ~e** Geisteskrankheit *die*.

mentalement [mɑ̃talmɑ̃] *adv* geistig; **calculer ~** im Kopf rechnen.

mentalité [mɑ̃talite] *nf* Mentalität *die*.

menteur, euse [mɑ̃tœr, øz] ◇ *adj* verlogen. ◇ *nm, f* Lügner *der*, -in *die*.

menthe [mɑ̃t] *nf* **-1.** [essence] Pfefferminz *(sans art déf)*; **~ à l'eau** *Pfefferminzsirup mit Wasser*. **-2.** BOT Minze *die*.

mentholé, e [mɑ̃tɔle] *adj* Menthol-.

menti [mɑ̃ti] *pp inv* → **mentir**.

mention [mɑ̃sjɔ̃] *nf* **-1.** [citation] Erwähnung *die*; **faire ~ de qqch** etw erwähnen; **'rayer la ~ inutile'** 'Nichtzutreffendes streichen'. **-2.** SCOL & UNIV: **avec ~** mit Auszeichnung; **avec la ~ bien/très bien/passable** mit gut/sehr gut/ausreichend bewertet.

mentionner [3] [mɑ̃sjɔne] *vt* erwähnen.

mentir [37] [mɑ̃tir] *vi*: **~ (à qqn)** (jn) belügen OU an|lügen; **sans ~** ungelogen *(adv)*.

menton [mɑ̃tɔ̃] *nm* Kinn *das*; **double ~** Doppelkinn; **~ en galoche** vorspringendes Kinn.

menu, e [məny] *adj* **-1.** [personne] zart. **-2.** [écriture, tige] klein.

◆ **menu** ◇ *adv*: **hacher ~** fein hacken. ◇ *nm* **-1.** [repas & INFORM] Menü *das*; **~ gastronomique** Feinschmeckermenü; **~ touristique** Touristenmenü. **-2.** [liste des plats] Speisekarte *die*.

menuiserie [mənɥizri] *nf* Tischlerei *die*, Schreinerei *die*.

menuisier [mənɥizje] *nm* Tischler *der*, -in *die*, Schreiner *der*, -in *die*.

méprenais *etc* → **méprendre**.

méprendre [79] [meprɑ̃dr]
◆ **se méprendre** *vp sout*: **se ~ sur qqn/qqch** sich in jm/etw irren; **à s'y ~** zum Verwechseln.

mépris, e [mepri, iz] *pp* → **méprendre**.
◆ **mépris** *nm* **-1.** [dédain]: **~ (pour qqn/qqch)** Verachtung *die* (für jn/etw). **-2.** [indifférence]: **~ de qqch** Mißachtung *die* von etw.
◆ **au mépris de** *loc prép*: **au ~ de qqch** ungeachtet einer Sache *(G)*.

méprisable [meprizabl] *adj* verachtenswert.

méprisant, e [meprizɑ̃, ɑ̃t] *adj* verächtlich.

méprise [mepriz] *nf* Irrtum *der*.

mépriser [3] [meprize] *vt* verachten.

mer [mɛr] *nf* Meer *das*, See *die*; **la ~ d'Irlande** die Irische See; **la ~ Morte** das Tote Meer; **la ~ Noire** das Schwarze Meer; **prendre la ~** in See stechen; **haute** OU **pleine ~** Hochwasser *das*, Flut *die*; **en haute ~** auf hoher See; **ce n'est pas la ~ à boire** *fig* das ist alles nur halb so schlimm.

mercantile [mɛrkɑ̃til] *adj péj* profitgierig.

mercenaire [mɛrsənɛr] ◇ *nm* Söldner *der*. ◇ *adj* Söldner-.

mercerie [mɛrsəri] *nf* **-1.** [boutique] Kurzwarenladen *der*. **-2.** [articles]: **la ~** Kurzwaren *Pl*.

merci [mɛrsi] ◇ *interj* danke; **~ beaucoup!** vielen Dank! ◇ *nm* Dank *der*; **dire ~ à qqn** jm Dankeschön sagen. ◇ *nf*: **sans ~** unerbittlich *(adj)*; **être à la ~ de qqn/qqch** jm/etw ausgeliefert sein; **on est toujours à la ~ d'une erreur** man ist nie vor Fehlern sicher.

mercier, ère [mɛrsje, ɛr] *nm, f* Kurzwarenhändler *der*, -in *die*.

mercredi [mɛrkrədi] *nm* Mittwoch *der*; **~ des Cendres** Aschermittwoch; *voir aussi* **samedi**.

mercure [mɛrkyr] *nm* Quecksilber *das*.

Mercure [mɛrkyr] *n* ASTRON Merkur *der*.

merde [mɛrd] *tfam* ◇ *nf* Scheiße *die*. ◇ *interj*: **~!** Scheiße!

merdier [mɛrdje] *nm tfam* **-1.** [lieu] Schweinestall *der*. **-2.** [situation] Scheiße *die*.

mère [mɛr] *nf* Mutter *die*; **~ adoptive** Adoptivmutter; **~ célibataire** alleinerziehende Mutter; **~ de famille** Frau und Mutter; **~ indigne** Rabenmutter; **~ poule** *fig* Glucke *die*; **~ supérieure** Oberin *die*.

merguez [mɛrgɛz] *nf scharfgewürztes nordafrikanisches Bratwürstchen*.

méridien, enne [meridjɛ̃, ɛn] *adj* Mittags-.
◆ **méridien** *nm* Meridian *der*.
◆ **méridienne** *nf Empiresofa mit unterschiedlich hohen Lehnen*.

méridional, e, aux [meridjɔnal, o] *adj* südlich, Süd-; [du sud de la France] südfranzösisch.
◆ **Méridional, e, aux** *nm, f* Südländer *der*, -in *die*; [du sud de la France] Südfranzose *der*, -zösin *die*.

meringue [mərɛ̃g] *nf* Baiser *das*.

mérinos [merinos] *nm* **-1.** [mouton] Merino *der*, Merinoschaf *das*. **-2.** [étoffe] Merino *der*.

merisier [mərizje] *nm* **-1.** [arbre] Wildkirsche *die*. **-2.** [bois] Kirschbaum *der*.

méritant, e [meritɑ̃, ɑ̃t] *adj* **-1.** [action] anerkennenswert. **-2.** [personne] vorbildlich.

mérite [merit] *nm* Verdienst *das*; **il a du ~ à se lever si tôt** es ist schon beachtlich, daß er so früh aufsteht.

mériter [3] [merite] *vt* **-1.** [récompense, punition] verdienen; **~ d'être puni** es verdienen, bestraft zu werden. **-2.** [valoir]: **ceci mérite réflexion** es lohnt sich, darüber nachzudenken; **cette ville mérite qu'on s'y arrête** diese Stadt ist einen Besuch wert.

méritoire [meritwar] *adj* lobenswert.

merlan [mɛrlɑ̃] *nm* Wittling *der*.

merle [mɛrl] *nm* Amsel *die*.

merveille [mɛrvɛj] *nf* Wunder *das*; **à ~** wunderbar *(adv)*; **la huitième ~ du monde** *hum* das achte Weltwunder.

merveilleusement [mɛrvɛjøzmɑ̃] *adv* wunderbar.

merveilleux, euse [mɛrvɛjø, øz] *adj* wunderbar.
◆ **merveilleux** *nm*: **le ~** das Rätselhafte.

mes → **mon**.

mésalliance [mezaljɑ̃s] *nf* Mesalliance *die*.

mésange [mezɑ̃ʒ] *nf* Meise *die*; **~ bleue** Blaumeise; **~ charbonnière** Kohlmeise.

mésaventure [mezavɑ̃tyr] *nf* Mißgeschick *das*.

mesdames → **madame**.

mesdemoiselles → **mademoiselle**.

mésentente [mezɑ̃tɑ̃t] *nf* Zerwürfnis *das*.

mésestimer [3] [mezɛstime] *vt littéraire* unterschätzen.

mesquin, e [mɛskɛ̃, in] *adj* kleinlich.

mesquinerie [mɛskinri] *nf* **-1.** [caractère] Borniertheit *die*. **-2.** [action] Kleinkariertheit *die*.

mess [mɛs] *nm* Messe *die*.

message [mɛsaʒ] *nm* **-1.** [information] Nachricht *die*; **laisser un ~ à qqn** jm eine Nachricht hinterlassen. **-2.** [de texte] Aussage *die*. **-3.** PUB: **~ publicitaire** PRESSE Werbebotschaft *die*; TÉLÉ Werbespot *der*.

messager, ère [mɛsaʒe, ɛr] *nm, f* Bote *der*, -tin *die*.

messagerie [mɛsaʒri] *nf* **-1.** [transport] Spedition *die*, Eilguttransport *der*; **les ~s aériennes** die Luftfracht(gesellschaft). **-2.** INFORM Mailbox *die*; ~ **électronique** elektronische Nachrichtenübermittlung; ~ **rose** *BTX-Dienst mit erotischem Inhalt*; ~ **vocale électronique** elektronische Sprachmitteilung.

messe [mɛs] *nf* Messe *die*; **aller à la** ~ in die Messe gehen; ~ **de minuit** Mitternachtsmesse, Christmette *die*; **faire des ~s basses** *fig* miteinander flüstern.

messeigneurs → **monseigneur**.

messie [mɛsi] *nm* Messias *der*, Heiland *der*.

messieurs → **monsieur**.

mesure [məzyr] *nf* **-1.** [disposition, acte] Maßnahme *die*; **prendre des ~s** Maßnahmen ergreifen; **~s d'austérité** Sparmaßnahmen; **~s de rétorsion** Vergeltungsmaßnahmen. **-2.** [dimension, étalon, modération] Maß *das*; **manquer de** ~ maßlos sein; **prendre les ~s de qqn** js Maße nehmen; **prendre les ~s de qqch** etw vermessen; **outre** ~ übermäßig *(adv)*; **sur** ~ maßgeschneidert. **-3.** [récipient] Meßgefäß *das*. **-4.** MUS Takt *der*; **battre la** ~ den Takt schlagen. **-5.** [mesurage] Messung *die*. **-6.** *loc*: **à la ~ de qqch** einer Sache *(D)* angemessen; **être en ~ de faire qqch** in der Lage sein, etw zu tun; **être sans commune ~ avec** nicht zu vergleichen sein mit; **dans la ~ du possible** falls möglich.
◆ **à mesure que** *loc conj* je ... desto; **à ~ que le temps passait, elle perdait tout espoir** je mehr Zeit verging, desto mehr verlor sie die Hoffnung.

mesuré, e [məzyre] *adj* gemessen; [effort] mäßig.

mesurer [3] [məzyre] *vt* **-1.** [gén] messen; [risques, portée, ampleur] ermessen; ~ **ses paroles** seine Worte ab|wägen. **-2.** [limiter] ein|schränken; **notre temps est mesuré** unsere Zeit ist bemessen. **-3.** [proportionner]: ~ **qqch à qqch** etw einer Sache *(D)* an|passen.
◆ **se mesurer** *vp*: **se ~ avec** OU **à qqn** sich mit jm messen.

métabolisme [metabɔlism] *nm* Stoffwechsel *der*.

métairie [metɛri] *nf* Teilpacht *die*.

métal, aux [metal, o] *nm* Metall *das*.

métallique [metalik] *adj* **-1.** [de métal] metallisch. **-2.** [couleur, son] blechern.

métallisé, e [metalize] *adj* metallic.

métallo [metalo] *nm fam* Metaller *der*.

métalloïde [metalɔid] *nm* Nichtmetall *das*.

métallurgie [metalyrʒi] *nf* **-1.** [industrie] Metallindustrie *die*. **-2.** [technique] Metallverarbeitung *die*.

métallurgique [metalyrʒik] *adj* Metallverarbeitungs-, Metall-.

métallurgiste [metalyrʒist] *nm* Metallarbeiter *der*, -in *die*.

métamorphose [metamɔrfoz] *nf* **-1.** BIOL Metamorphose *die*. **-2.** *fig* [transformation] (Ver)wandlung *die*.

métamorphoser [3] [metamɔrfoze] *vt*: ~ **qqn/qqch en qqch** jn/etw in etw *(A)* verwandeln.
◆ **se métamorphoser** *vp*: **se ~ en qqch** sich in etw *(A)* verwandeln.

métaphore [metafɔr] *nf* Metapher *die*.

métaphorique [metafɔrik] *adj* sinnbildlich, metaphorisch.

métaphysique [metafizik] ◇ *nf* Metaphysik *die*. ◇ *adj* metaphysisch.

métastase [metastaz] *nf* Metastase *die*.

métayer, ère [meteje, metɛjɛr] *nm, f* Teilpächter *der*, -in *die*.

métempsycose [metɑ̃psikoz] *nf* Seelenwanderung *die*.

météo [meteo] (*abr de* **météorologie**) *nf* **-1.** [bulletin] Wetterbericht *der*. **-2.** [service] Wetterdienst *der*.

météore [meteɔr] *nm* Meteor *der*.

météorite [meteɔrit] *nf* Meteorit *der*.

météorologie [meteɔrɔlɔʒi] *nf* **-1.** SCIENCE Meteorologie *die*. **-2.** [service] Wetterdienst *der*.

météorologique [meteɔrɔlɔʒik] *adj* Wetter-, meteorologisch.

météorologue [meteɔrɔlɔg], **météorologiste** [meteɔrɔlɔʒist] *nmf* Meteorologe *der*, -gin *die*.

métèque [metɛk] *nm péj* Ausländer *der*, -in *die*.

méthane [metan] *nm* Methan(gas) *das*.

méthode [metɔd] *nf* **-1.** [gén] Methode *die*. **-2.** [d'apprentissage] Lehrmethode *die*.

méthodique [metɔdik] *adj* methodisch.

méthodiquement [metɔdikmɑ̃] *adv* mit Methode, methodisch.

méthodiste [metɔdist] ◇ *nmf* Methodist *der*, -in *die*. ◇ *adj* methodistisch.

méthodologie [metɔdɔlɔʒi] *nf* Methodik *die*.

méthodologique [metɔdɔlɔʒik] *adj* methodologisch.

méthylène [metilɛn] *nm* **-1.** [alcool] Methylalkohol *der*. **-2.** CHIM Methylen *das*.

méticuleusement [metikyløzmɑ̃] *adv* akkurat, sorgfältig.

méticuleux, euse [metikylø, øz] *adj* akkurat, sorgfältig.

métier [metje] *nm* **-1.** [profession] Beruf *der*; **avoir du** ~ Berufserfahrung haben; **être du** ~ vom Fach sein; **exercer un** ~ einen Beruf aus|üben; **de son** ~ von Beruf. **-2.** [machine]: ~ **(à tisser)** Webstuhl *der*.

métis, isse [metis] ◇ *adj* Misch-, Mischlings-. ◇ *nm, f* Mischling *der*.
◆ **métis** *nm* [tissu] Mischgewebe *das*.

métissage [metisaʒ] *nm* Rassenvermischung *die*.
métisse → **métis**.
métisser [3] [metise] *vt* vermischen.
métrage [metraʒ] *nm* **-1.** [mesure] Vermessen *das*. **-2.** COUTURE [coupon] Stofflänge *die*. **-3.** CIN: **court ~** Kurzfilm *der*; **long ~** Spielfilm *der*; **moyen ~** mittellanger Film.
mètre [mɛtr] *nm* **-1.** MATHS Meter *der*; **~ carré** Quadratmeter; **~ cube** Kubikmeter. **-2.** [instrument] Metermaß *das*. **-3.** POÉSIE Versmaß *das*.
métrer [18] [metre] *vt* vermessen.
métreur, euse [metrœr, øz] *nm, f* Vermesser *der*, -in *die*.
métrique [metrik] ◇ *nf* POÉSIE Metrik *die*. ◇ *adj* MATHS metrisch.
métro [metro] *nm* Metro *die*, ≃ U-Bahn *die*.
métronome [metrɔnɔm] *nm* Metronom *das*.
métropole [metrɔpɔl] *nf* **-1.** [ville] Metropole *die*. **-2.** [pays] Mutterland *das*; **en ~** im Mutterland.
métropolitain, e [metrɔpɔlitɛ̃, ɛn] *adj* aus dem Mutterland.
mets[1] *etc* → **mettre**.
mets[2] [mɛ] *nm* CULIN Speise *die*.
mettable [mɛtabl] *adj* tragbar.
metteur [mɛtœr]
◆ **metteur en scène** *nm* Regisseur *der*, -in *die*.
mettre [84] [mɛtr] *vt* **-1.** [placer - à plat] legen; [- verticalement] stellen; [- au mur, au plafond] auf|hängen; **~ un livre sur la table** ein Buch auf den Tisch legen; **~ de l'eau à bouillir** Wasser auf|setzen; **~ un gâteau à cuire** einen Kuchen in den Ofen tun; **~ la table** den Tisch decken; **~ un vase sur la commode** eine Vase auf die Kommode stellen; **~ une affiche au mur** ein Plakat an die Wand hängen; **~ du linge à sécher** Wäsche auf|hängen. **-2.** [vêtement] an|ziehen; [lunettes, chapeau] auf|setzen. **-3.** [consacrer] auf|wenden; **~ longtemps à faire qqch** lange brauchen, um etw zu tun. **-4.** [lumière, télévision] an|machen. **-5.** [rideaux, applique] an|bringen. **-6.** [électricité, moquette] verlegen. **-7.** [inscrire] ein|tragen. **-8.** *loc*: **~ bas** werfen.
◆ **se mettre** *vp* **-1.** [se placer - debout] sich stellen; [- assis] sich setzen; [- couché] sich legen; **où est-ce que ça se met**? wo gehört das hin? **-2.** [commencer]: **se ~ à faire qqch** an|fangen, etw zu tun; **s'y ~** sich dran|machen. **-3.** [vêtement]: **se ~ qqch** sich etw an|ziehen; [chapeau] etw auf|setzen. **-4.** [se salir]: **il s'est mis de l'encre sur les doigts** er hat die Finger voller Tinte.
meuble [mœbl] ◇ *nm* **-1.** [mobilier] Möbel *das*; **~s de bureau** Büromöbel *Pl*; **~s de jardin** Gartenmöbel *Pl*; **sauver les ~s** *fig* das Schlimmste verhindern. **-2.** JUR bewegliche Sache. ◇ *adj* **-1.** AGRIC & GÉOL lose. **-2.** JUR beweglich.
meublé, e [mœble] *adj* möbliert.
◆ **meublé** *nm* [appartement] möblierte Wohnung; [chambre] möbliertes Zimmer; **habiter un ~** möbliert wohnen.
meubler [5] [mœble] ◇ *vt* **-1.** [aménager] möblieren, ein|richten. **-2.** *fig* [occuper] füllen. ◇ *vi* ein|richten.
◆ **se meubler** *vp* sich ein|richten.
meugler [5] [møgle] *vi* muhen.
meule [møl] *nf* **-1.** [à moudre] Mahlstein *der*. **-2.** [à aiguiser] Schleifstein *der*. **-3.** [de fromage] Laib *der*. **-4.** [de foin] Schober *der*.
meunier, ère [mønje, ɛr] ◇ *adj* Müllerei-. ◇ *nm, f* Müller *der*, -in *die*.
meure *etc* → **mourir**.
meurs *etc* → **mourir**.
meurtre [mœrtr] *nm* Mord *der*.
meurtrier, ère [mœrtrije, ɛr] ◇ *adj* mörderisch, tödlich. ◇ *nm, f* Mörder *der*, -in *die*.
◆ **meurtrière** *nf* ARCHIT Schießscharte *die*.
meurtrir [32] [mœrtrir] *vt fig* brandmarken.
meurtrissure [mœrtrisyr] *nf sout* blauer Fleck; *fig* Schlag *der*, Wunde *die*.
meus *etc* → **mouvoir**.
meute [møt] *nf* Meute *die*.
meuve *etc* → **mouvoir**.
mévente [mevɑ̃t] *nf* Absatzflaute *die*.
mexicain, e [mɛksikɛ̃, ɛn] *adj* mexikanisch.
◆ **Mexicain, e** *nm, f* Mexikaner *der*, -in *die*.
Mexico [mɛksiko] *n* Mexiko *nt*.
Mexique [mɛksik] *nm*: **le ~** Mexiko *nt*; **au ~** in Mexiko.
mezzanine [mɛdzanin] *nf* **-1.** ARCHIT Zwischengeschoß *das*. **-2.** THÉÂTRE Zwischenrang *der*.
mezzo-soprano [mɛdzosɔprano] (*pl* **mezzo-sopranos**) *nm* & *nf* Mezzosopran *der*.
MF ◇ *nf* (*abr de* **modulation de fréquence**) FM *die (Frequenzmodulation)*. ◇ **-1.** (*abr de* **mark finlandais**) Fmk. **-2.** *abr de* **million de francs**.
mg (*abr de* **milligramme**) mg.
Mgr (*abr de* **Monseigneur**) S.E. *(Seine Exzellenz)*.
mi [mi] *nm inv* MUS e *das*, E *das*.
mi- [mi] *préf* halb, Halb-; **~ août** Mitte August.
miaou [mjau] *nm* Miau *das*.
miasme [mjasm] *nm* Miasma *das*.
miaulement [mjolmɑ̃] *nm* Miauen *das*.
miauler [3] [mjole] *vi* miauen.
mi-bas [miba] *nm inv* Kniestrumpf *der*.
mica [mika] *nm* Glimmer *der*.

mi-carême [mikarɛm] *nf*: **la ~** Mittfasten *(sans art déf)*.

miche [miʃ] *nf* [de pain] Laib *der*.

◆ **miches** *nfpl tfam* **-1.** [fesses] Pobacken *Pl*. **-2.** [seins]: **une sacrée paire de ~s** ein Atombusen.

mi-chemin [miʃmɛ̃]

◆ **à mi-chemin** *loc adv* auf halbem Weg.

mi-clos, e [miklo, kloz] *adj* halbgeschlossen.

micmac [mikmak] *nm fam* **-1.** [manigance] Mauschelei *die*. **-2.** [embrouillamini] Wirrwarr *der*.

mi-côte [mikot]

◆ **à mi-côte** *loc adv* auf halber Höhe.

micro [mikro] ◇ *nm* **-1.** *(abr de* **microphone***)* Mikro *das*. **-2.** *(abr de* **micro-ordinateur***)* PC *der*. ◇ *nf abr de* **micro-informatique**.

microbe [mikrɔb] *nm* Mikrobe *die*.

microbien, enne [mikrɔbjɛ̃, ɛn] *adj* mikrobiell, Bakterien-.

microbiologie [mikrɔbjɔlɔʒi] *nf* Mikrobiologie *die*.

microchirurgie [mikrɔʃiryrʒi] *nf* Mikrochirurgie *die*.

microclimat [mikrɔklima] *nm* Mikroklima *das*.

microcosme [mikrɔkɔsm] *nm* Mikrokosmos *der*.

microédition [mikrɔedisjɔ̃] *nf* Desktop publishing *das*.

microélectronique [mikrɔelɛktrɔnik] ◇ *nf* Mikroelektronik *die*. ◇ *adj* mikroelektronisch.

microfiche [mikrɔfiʃ] *nf* Mikrofiche *das*.

microfilm [mikrɔfilm] *nm* Mikrofilm *der*.

micro-informatique [mikrɔɛ̃fɔrmatik] *(pl* **micro-informatiques***)* *nf* Personalcomputertechnik *die* .

micron [mikrɔ̃] *nm* Mikrometer *das*.

Micronésie [mikrɔnezi] *nf*: **la ~** Mikronesien *nt*; **les États fédérés de ~** die Föderierten Staaten von Mikronesien.

micro-ondes [mikrɔɔ̃d] *nm inv*: **(four à) ~** Mikrowellengerät *das*, Mikrowellenherd *der*.

micro-ordinateur [mikrɔɔrdinatœr] *(pl* **micro-ordinateurs***)* *nm* Personalcomputer *der*.

micro-organisme [mikrɔɔrganism] *(pl* **micro-organismes***)* *nm* Mikroorganismus *der*.

microphone [mikrɔfɔn] *nm* Mikrophon *das*.

microprocesseur [mikrɔprɔsesœr] *nm* Mikroprozessor *der*.

microprogramme [mikroprɔgram] *nm* Mikroprogramm *das*.

microscope [mikrɔskɔp] *nm* Mikroskop *das*; **~ électronique** Elektronenmikroskop.

microscopique [mikrɔskɔpik] *adj* **-1.** [minuscule] winzig. **-2.** [étude, observation] mikroskopisch.

microsillon [mikrɔsijɔ̃] *nm* Mikrorillenschallplatte *die*, Langspielplatte *die*.

MIDEM, Midem [midɛm] *(abr de* **Marché international du disque et de l'édition musicale***)* *nm internationale Vereinigung für Schallplattenproduzenten und Musikverleger*.

midi [midi] *nm* **-1.** [heure] zwölf Uhr; **chercher ~ à quatorze heures** *fig* alles komplizierter machen, als es ist; **tu cherches vraiment ~ à quatorze heures!** warum einfach, wenn es auch kompliziert geht! **-2.** [période du déjeuner] Mittag *der*; **à ~** heute mittag. **-3.** GÉOGR Süden *der*.

◆ **Midi** *nm*: **le Midi** Südfrankreich *nt*; **descendre dans le Midi** nach Südfrankreich fahren.

midinette [midinɛt] *nf péj* Dummchen *das*.

mie [mi] *nf* [de pain] Brotkrume *die*.

miel [mjɛl] *nm* Honig *der*.

mielleux, euse [mjɛlø, øz] *adj* zuckersüß.

mien [mjɛ̃]

◆ **le mien** *(f* **la mienne** [lamiɛn], *mpl* **les miens** [lemiɛ̃], *fpl* **les miennes** [lemiɛn]*)* *pron poss* meine,-r,-s, der *ou* die *ou* das meine; **ton jour/prix sera le ~** bestimme du den Tag/Preis; **les ~s** die Meinen; **j'y mets du ~** ich trage mein Teil dazu bei.

miette [mjɛt] *nf* [de pain] Krümel *der*; **ne pas perdre une ~ de qqch** *fig* sich nichts entgehen lassen.

◆ **miettes** *nfpl* [débris] Überreste *Pl*; **en ~s** in Scherben.

mieux [mjø] ◇ *adv* **-1.** [comparatif] besser; **il travaille ~** er arbeitet besser; **faire ~ de faire qqch** besser daran tun, etw zu tun; **~ que** besser als; **il travaille ~ que Pierre (ne travaillait)** er arbeitet besser als Pierre (arbeitete); **c'était ~ que jamais** das war so gut wie nie zuvor; **se sentir ~** sich wohler fühlen; **un peu ~** etwas besser; **beaucoup ~** viel besser; **bien ~** wesentlich besser. **-2.** [avec "plus" ou "moins"] je mehr; **~ je le comprends, plus j'ai envie de le lire** je besser ich ihn verstehe, um so mehr Lust habe ich, seine Bücher zu lesen. **-3.** [superlatif]: **il est le ~ payé du service** er ist der Bestbezahlte in der Abteilung; **le ~ qu'il peut** so gut er kann. ◇ *adj* besser. ◇ *nm* (etwas) Besseres; **faire de son ~** sein Bestes tun; **faute de ~** mangels eines Besseren; **le ~** der *ou* die *ou* das Beste.

◆ **à qui mieux mieux** *loc adv* um die Wette.

◆ **au mieux** *loc adv* bestenfalls.

◆ **d'autant mieux** *loc adv* um so besser.

◆ **de mieux en mieux** *loc adv* immer besser; **il va de ~ en ~** es geht ihm von Tag zu Tag besser.

◆ **des mieux** *loc adv*: **un appareil des ~**

conçus einer der bestdurchdachten Apparate.
◆ **on ne peut mieux** *loc adv* so gut wie nie.
◆ **pour le mieux** *loc adv*: **tout va pour le ~** alles steht zum besten.
◆ **tant mieux** *loc adv* um so besser.
mieux-être [mjøzɛtr] *nm inv* höheres Lebensniveau.
mièvre [mjɛvr] *adj nichtssagend und affektiert.*
mièvrerie [mjɛvrəri] *nf* Fadheit *die*.
mignon, onne [miɲɔ̃, ɔn] ◇ *adj* **-1.** [charmant] niedlich. **-2.** [sage] lieb. ◇ *nm, f* Süße *der, die*.
◆ **mignon** *nm* HIST [favori] Günstling *der*.
migraine [migrɛn] *nf* Migräne *die*.
migrant, e [migrɑ̃, ɑ̃t] ◇ *adj* wandernd. ◇ *nm, f* Immigrant *der*, -in *die*.
migrateur, trice [migratœr, tris] *adj* Zug-.
◆ **migrateur** *nm* Zugvogel *der*.
migration [migrasjɔ̃] *nf* **-1.** [de personnes] (Ab)-wanderung *die*. **-2.** [d'animaux] Ziehen *das*.
mijaurée [miʒore] *nf* Zimperliese *die*; **faire la ~** die Prinzessin auf der Erbse spielen.
mijoter [3] [miʒɔte] ◇ *vt* **-1.** CULIN kochen. **-2.** *fig* [tramer] aus|brüten. ◇ *vi* köcheln, schmoren; **faire** OU **laisser ~** köcheln lassen.
mi-journée [miʒurne] *nf*: **les informations de la ~** Mittagsnachrichten *Pl*.
mil [mil] ◇ *nm* BOT Hirse *die*. ◇ *adj inv* = **mille**.
milan [milɑ̃] *nm* ZOOL Milan *der*.
mildiou [mildju] *nm* Mehltau *der*.
milice [milis] *nf* Miliz *die*.
milicien, enne [milisjɛ̃, ɛn] *nm, f* Milizionär *der*, -in *die*.
milieu, x [miljø] *nm* **-1.** [centre] Mitte *die*. **-2.** [solution intermédiaire] Mittelding *das*; **le juste ~** der goldene Mittelweg. **-3.** [environnement] Umgebung *die*. **-4.** [groupe] Milieu *das*; **dans les ~x autorisés** in den zuständigen Kreisen. **-5.** [pègre]: **le ~** die Unterwelt.
◆ **au milieu de** *loc prép* **-1.** [spatial] auf der Mitte von, in der Mitte von. **-2.** [temporel] in der Mitte von, mitten in. **-3.** [parmi] inmitten *(+ G)*.
◆ **au beau milieu de** *loc prép* mitten in *(+ D)*; **au beau ~ de la pièce** mitten im Raum.
◆ **en plein milieu de** *loc prép* **-1.** [spatial] mitten auf *(+ D)*; **en plein ~ de la route** mitten auf der Straße. **-2.** [temporel] mitten in *(+D)*; **en plein ~ de la réunion** mitten in der Besprechung.
militaire [militɛr] ◇ *nm* Soldat *der*. ◇ *adj* Wehr-, Militär-.
militant, e [militɑ̃, ɑ̃t] ◇ *adj* militant, engagiert. ◇ *nm, f* militanter Anhänger, militante Anhängerin, Aktivist *der*, -in *die*.
militantisme [militɑ̃tism] *nm* Militanz *die*.
militarisation [militarizasjɔ̃] *nf* Militarisierung *die*.
militariste [militarist] ◇ *nmf* Militarist *der*, -in *die*. ◇ *adj* militaristisch.
militer [3] [milite] *vi* **-1.** POLIT aktiv sein; **~ pour qqch** sich für etw ein|setzen. **-2.** *fig* [plaider]: **~ pour/contre qqn/qqch** für/gegen jn/etw sprechen.
milk-shake [milkʃɛk] (*pl* **milk-shakes**) *nm* Milchmixgetränk *das*.
mille [mil] ◇ *adj inv* tausend. ◇ *nm inv* **-1.** [unité] Tausend *das*. **-2.** [de cible] Schwarze *das*; **mettre dans le ~** ins Schwarze treffen. **-3.** NAVIG: **~ (marin)** Seemeile *die*. **-4.** *Can* [mile] Meile *die*. **-5.** *loc*: **des ~ et des cents** *fam* ein Vermögen.
mille-feuille [milfœj] (*pl* **mille-feuilles**) ◇ *nf* BOT Schafgarbe *die*. ◇ *nm* CULIN Napoleonschnitte *die*.
millénaire [milenɛr] ◇ *nm* Jahrtausend *das*. ◇ *adj* tausendjährig.
mille-pattes [milpat] *nm inv* Tausendfüßler *der*.
millésime [milezim] *nm* **-1.** [date] Jahreszahl *die*. **-2.** [vin] Jahrgang *der*.
millésimé, e [milezime] *adj mit der Jahrgangszahl versehen.*
millet [mijɛ] *nm* Hirse *die*.
milliard [miljar] *nm* Milliarde *die*; **un ~ de francs** eine Milliarde Franc; **des ~s de** [beaucoup de] Abermilliarden von; **par ~s** zu Milliarden.
milliardaire [miljardɛr] ◇ *nmf* Milliardär *der*, -in *die*. ◇ *adj* Milliardärs-.
millième [miljɛm] ◇ *nmf* Tausendste *der, die, das*. ◇ *nm* Tausendstel *das*; **un ~ de qqch** ein Tausendstel etw *(G)*. ◇ *adj* tausendste,-r,-s.
millier [milje] *nm* Tausend *das*; **un ~ de francs** tausend Franc; **des ~s de** Tausende von; **par ~s** zu Tausenden.
milligramme [miligram] *nm* Milligramm *das*.
millilitre [mililitr] *nm* Milliliter *der*.
millimètre [milimɛtr] *nm* Millimeter *der*.
millimétré, e [milimetre] *adj*: **papier ~** Millimeterpapier *das*.
millimétrique [milimetrik] *adj* Millimeter-.
million [miljɔ̃] *nm* Million *die*; **un ~ de francs** eine Million Franc; **des ~s de** Millionen von; **par ~s** zu Millionen.
millionième [miljɔnjɛm] ◇ *nmf* Millionste *der, die, das*. ◇ *nm* Millionstel *das*. ◇ *adj* millionste,-r,-s.
millionnaire [miljɔnɛr] ◇ *nmf* Millionär *der*, -in *die*. ◇ *adj* Millionärs-.

mime [mim] ◇ *nm* [spectacle] Pantomime *die*. ◇ *nmf* [acteur] Mime *der*, Mimin *die*.

mimer [3] [mime] *vt* **-1.** [exprimer sans parler] mimen. **-2.** [imiter] nach|ahmen.

mimétisme [mimetism] *nm* **-1.** [imitation] Nachahmung *die*. **-2.** BIOL Mimese *die*.

mimique [mimik] *nf* Mimik *die (sans pl)*.

mimosa [mimɔza] *nm* Mimose *die*.

min (*abr de* **minute**) Min.

min. (*abr de* **minimum**) min., mind. *(minimal, mindestens)*.

MIN (*abr de* **marché d'intérêt national**) *nm gemischtwirtschaftliche französische Organisation für den Agrarprodukt- und Nahrungsmittelmarkt*.

minable [minabl] *adj* **-1.** [misérable] erbärmlich. **-2.** [mauvais] kümmerlich.

minaret [minarɛ] *nm* Minarett *das*.

minauder [3] [minode] *vi* sich zieren.

mince [mɛ̃s] ◇ *adj* **-1.** [personne] schlank. **-2.** [peu épais] dünn. **-3.** *fig* [insuffisant] schwach. ◇ *interj fam* : **~, alors!** verflixt!

minceur [mɛ̃sœr] *nf* **-1.** [de personne] Schlankheit *die*. **-2.** [finesse] Feinheit *die*. **-3.** *fig* [insuffisance] Schwäche *die*.

mincir [32] [mɛ̃sir] *vi* schlanker werden.

mine [min] *nf* **-1.** [expression] Gesichtsausdruck *der*; **avoir bonne/mauvaise ~** gut/schlecht aus|sehen; **faire grise ~** eine saure Miene machen; **avoir une ~ resplendissante** prächtig aus|sehen; **avoir une ~ de déterré** *fam* völlig übernächtigt aus|sehen. **-2.** [apparence] Miene *die*; **faire ~ de faire qqch** Miene machen, etw zu tun; **~ de rien** mir nichts, dir nichts; **ne pas payer de ~** nicht viel her|machen. **-3.** [gisement, explosif, de crayon] Mine *die*; **~ de charbon** Kohlezeche *die*; **être une ~ de qqch** *fig* eine Fundgrube für etw sein. **-4.** [exploitation] Zeche *die*.

miner [3] [mine] *vt* **-1.** MIL verminen. **-2.** [creuser] aus|höhlen. **-3.** *fig* [personne] zermürben.

◆ **se miner** *vp* [personne] sich grämen.

minerai [minrɛ] *nm* Erz *das*.

minéral, e, aux [mineral, o] *adj* Mineral-, mineralisch.

◆ **minéral** *nm* Mineral *das*.

minéralisé, e [mineralize] *adj* mineralisiert.

minéralogie [mineralɔʒi] *nf* Mineralogie *die*.

minéralogique [mineralɔʒik] *adj* **-1.** GÉOL mineralogisch. **-2.** → **plaque**.

minet, ette [minɛ, ɛt] *nm, f fam* **-1.** [chat] Miezekätzchen *das*. **-2.** *péj* [personne] Schickimicki *der*.

mineur, e [minœr] ◇ *adj* **-1.** [secondaire] untergeordnet. **-2.** JUR minderjährig. **-3.** MUS moll; **la ~** a-Moll. ◇ *nm, f* JUR Minderjährige *der, die*.

◆ **mineur** *nm* [ouvrier] Bergmann *der*; **~ de fond** Grubenarbeiter *der*.

mini [mini] (*abr de* **minimum**) min., mind. *(minimal, mindestens)*.

miniature [minjatyr] ◇ *nf* **-1.** [objet] Miniatur *die*; **en ~** im Kleinformat. **-2.** ART Miniaturmalerei *die*. ◇ *adj* Modell-.

miniaturiser [3] [minjatyrize] *vt* miniaturisieren.

minibus [minibys] *nm* Kleinbus *der*.

Minicassette® [minikasɛt] ◇ *nf* Kassette *die*. ◇ *nm* [appareil] tragbarer Kassettenrecorder.

minichaîne [miniʃɛn] *nf* Kompaktanlage *die*.

minier, ère [minje, ɛr] *adj* Bergbau-.

minijupe [miniʒyp] *nf* Minirock *der*.

minima → **minimum**.

minimal, e, aux [minimal, o] *adj* Mindest-.

minimalisme [minimalism] *nm* **-1.** [gén] Minimalismus *der*. **-2.** ART Minimal Art *die*.

minime [minim] ◇ *nmf* SPORT: **les ~s** die C-Jugend. ◇ *adj* geringfügig.

minimiser [3] [minimize] *vt* herunter|spielen.

minimum [minimɔm] (*pl* **minimums** OU **minima** [minima]) ◇ *nm* **-1.** [niveau le plus bas] Mindestmaß *das*; **le ~ vital** das Existenzminimum; **le strict ~** das Nötigste; **au ~** mindestens. **-2.** [peine] Mindeststrafe *die*. **-3.** MATHS Minimum *das*. ◇ *adj* Minimal-.

mini-ordinateur [miniɔrdinatœr] (*pl* **mini-ordinateurs**) *nm* Minicomputer *der*.

ministère [ministɛr] *nm* **-1.** [fonction] Ministerium *das*; **le ~ des Affaires étrangères** das Außenministerium. **-2.** [ensemble des ministres] Kabinett *das*. **-3.** RELIG Priesteramt *das*.

◆ **ministère public** *nm* Staatsanwaltschaft *die*.

ministériel, elle [ministerjɛl] *adj* Ministerial-.

ministre [ministr] *nm* **-1.** [du gouvernement] Minister *der*, -in *die*; **~ délégué à qqch** für etw zuständiger Minister; **~ des Affaires étrangères** Außenminister; **~ des Affaires sociales** Minister für Soziales; **~ de l'Éducation nationale** Erziehungsminister, Kultusminister; **~ d'État** Staatsminister; **~ des Finances** Finanzminister; **~ de l'Intérieur** Innenminister; **Premier ~** Premier(minister); **~ de la Santé** Gesundheitsminister. **-2.** RELIG: **~ du culte** Priester *der*.

Minitel® [minitɛl] *nm französisches Bildschirmtextsystem*.

MINITEL:
Der Informationsservice der "France Télécom" für private Nutzer ist zu einem festen Bestandteil des französischen Alltags geworden.

Bildschirm und Tastatur werden kostenlos zur Verfügung gestellt; der Abonnent zahlt nur die Nutzung der Minitel-Dienste, zusammen mit seiner gewohnten Telefonrechnung. Der Zugang zu den Diensten erfolgt durch das Wählen einer vierstelligen Nummer (in der Regel 3615) und das Eingeben eines Kodenamens. Der "Minitel" übernimmt auch die Funktion eines elektronischen Telefonbuches; der Zugang erfolgt über die Zahl 11. Andere Dienste sind rein informativ (Wetterverhältnisse, Straßenzustand, Nachrichten usw.). Wieder andere sind interaktiv und ermöglichen dem Benutzer, Geld zu überweisen oder Eintrittskarten, Fahrkarten und Flugtickets zu reservieren. "Minitel rose" werden die Nummern genannt, unter denen Telefonsex und Kontaktanzeigen angeboten werden.

---

minitéliste [minitelist] *nmf* Minitelbenutzer *der*, -in *die*.

minois [minwa] *nm* reizendes Gesicht.

minorer [3] [minɔre] *vt* mindern, herunter|spielen.

minoritaire [minɔritɛr] ◇ *nmf*: **les ~s** Minderheitsparteien *Pl.* ◇ *adj* Minderheits-.

minorité [minɔrite] *nf* **-1.** [gén] Minderheit *die*; **une/la ~ de qqch** eine/die Minderheit von etw; **en ~** in der Minderheit; **dans une ~ de cas** in den wenigsten Fällen; **~ ethnique** ethnische Minderheit. **-2.** JUR Minderjährigkeit *die*.

Minorque [minɔrk] *n* Menorca *nt*; **à ~** auf Menorca.

minorquin, e [minɔrkɛ̃, in] *adj* aus OU von Menorka.

◆ **Minorquin, e** *nm, f* Menorkiner *der*, -in *die*.

minoterie [minɔtri] *nf* Müllerei *die*.

minuit [minɥi] *nm* Mitternacht *die*; **à ~** um Mitternacht.

minuscule [minyskyl] ◇ *nf* Kleinbuchstabe *der*; **écrire en ~s** in Kleinbuchstaben schreiben. ◇ *adj* **-1.** [écriture] klein; **a ~** kleines a. **-2.** [très petit] winzig.

minutage [minytaʒ] *nm* Zeitmessung *die*.

minute [minyt] ◇ *nf* **-1.** [gén] Minute *die*; **dans une ~** in einer Minute; **d'une ~ à l'autre** jeden Augenblick; **ce n'est pas à la ~** es kommt nicht auf eine Minute an. **-2.** JUR Urschrift *die*. ◇ *interj*: **~!** *fam* Sekunde mal!

minuter [3] [minyte] *vt* zeitlich begrenzen.

minuterie [minytri] *nf* **-1.** [d'éclairage] Zeitschalter *der*. **-2.** [d'horloge] Uhrwerk *das*.

minuteur [minytœr] *nm* Küchenwecker *der*; [intégré] Schaltuhr *die*.

minutie [minysi] *nf* **-1.** [soin] Sorgfalt *die*; **avec ~** [avec soin] sorgfältig *(adv)*; [dans le détail] genau *(adv)*. **-2.** [précision] Präzision *die*.

minutieusement [minysjøzmɑ̃] *adv* sorgfältig.

minutieux, euse [minysjø, øz] *adj* sorgfältig.

mioche [mjɔʃ] *nmf fam* Knirps *der*.

mirabelle [mirabɛl] *nf* **-1.** [fruit] Mirabelle *die*. **-2.** [alcool] Mirabellenschnaps *der*.

miracle [mirakl] *nm* Wunder *das*; **croire aux ~s** *litt* & *fig* an Wunder glauben; **par ~** wie durch ein Wunder.

miraculé, e [mirakyle] ◇ *nm, f jemand, der etwas (wie) durch ein Wunder überlebt hat.* ◇ *adj* (wie) durch ein Wunder davongekommen.

miraculeusement [mirakyløzmɑ̃] *adv* wie durch ein Wunder.

miraculeux, euse [mirakylø, øz] *adj* **-1.** [surnaturel] wunderbar. **-2.** [extraordinaire] Wunder-.

mirador [miradɔr] *nm* Wachturm *der*.

mirage [miraʒ] *nm* **-1.** [d'optique] Fata Morgana *die*. **-2.** *fig* [illusion] Täuschung *die*.

mire [mir] *nf* **-1.** TÉLÉ Testbild *das*. **-2.** [visée]: **ligne de ~** Schußlinie *die*.

mirer [3] [mire]

◆ **se mirer** *vp littéraire* **-1.** [se regarder] sein Spiegelbild betrachten. **-2.** [se refléter] sich wider|spiegeln.

mirifique [mirifik] *adj hum* verstiegen.

mirobolant, e [mirɔbɔlɑ̃, ɑ̃t] *adj hum* hochfliegend.

miroir [mirwar] *nm* **-1.** [gén] Spiegel *der*; **~ aux alouettes** *fig* Spiegelfechterei *die*. **-2.** [surface réfléchissante] Spiegelfläche *die*.

miroiter [3] [mirwate] *vi* (wider|)spiegeln; **faire ~ qqch à qqn** *fig* jm etw vor|gaukeln.

miroiterie [mirwatri] *nf* **-1.** [atelier] Spiegelglaserei *die*. **-2.** [industrie] Spiegelglasherstellung *die*.

mis, e [mi, miz] *pp* → **mettre**.

misaine [mizɛn] *nf*: **mât de ~** Fockmast *der*.

misanthrope [mizɑ̃trɔp] ◇ *nmf* Menschenfeind *der*, -in *die*. ◇ *adj* menschenfeindlich.

mise [miz] *nf* **-1.** [action]: **~ à jour** Aktualisierung *die*; **~ en demeure** Zahlungsbefehl *der*; **~ en liberté provisoire** JUR vorübergehende Haftentlassung; **~ en page** Seitenlayout *das*; **~ en plis** Wasserwelle *die*; **~ au point** PHOT Scharfeinstellung *die*; TECHNOL Einstellung *die*; *fig* Klarstellung *die*; **~ en scène** Inszenierung *die*; **~ en service** Inbetriebnahme *die*. **-2.** [d'argent] Einsatz *der*; **~ de fonds** FIN Geldeinlage *die*; **sauver la ~ à qqn** *fig* jm aus dem Schlamassel helfen. **-3.** *sout* [tenue] Aufmachung *die*.

◆ **de mise** *loc adj* angebracht.

miser [3] [mize] ◇ *vt* [parier] ein|setzen. ◇ *vi*: **~ sur qqn/qqch** *fig* [compter] auf jn/etw zählen.

misérabilisme [mizerabilism] *nm* ≃ Schwarzmalerei *die*.
misérable [mizerabl] ◇ *nmf* **-1.** [pauvre] Arme *der, die*. **-2.** [vaurien] Halunke *der*. ◇ *adj* **-1.** [pauvre] armselig. **-2.** [déplorable, sans valeur] erbärmlich.
misérablement [mizerabləmɑ̃] *adv* **-1.** [pauvrement] armselig. **-2.** [pitoyablement] erbärmlich.
misère [mizɛr] *nf* **-1.** [indigence] Armut *die*, Elend *das*; **~ noire** schlimmste Armut. **-2.** [malheur] Leid *das*; **faire des ~s à qqn** *fam* jm Kummer bereiten, jn ärgern. **-3.** *fig* [bagatelle] Lappalie *die*.
miséreux, euse [mizerø, øz] ◇ *adj* arm. ◇ *nm, f* Arme *der, die*.
miséricorde [mizerikɔrd] ◇ *nf* Barmherzigkeit *die*. ◇ *interj*: **~!** barmherziger Gott!
miséricordieux, euse [mizerikɔrdjø, øz] *adj* barmherzig.
misogyne [mizɔʒin] ◇ *nmf* Frauenfeind *der*, -in *die*. ◇ *adj* frauenfeindlich.
misogynie [mizɔʒini] *nf* Frauenfeindlichkeit *die*.
missel [misɛl] *nm* Missale *das*, Meßbuch *das*.
missile [misil] *nm* Flugkörper *der*, Rakete *die*; **~ balistique** ballistischer Flugkörper.
mission [misjɔ̃] *nf* **-1.** [charge, but] Auftrag *der*; **en ~** auf Dienstreise. **-2.** RELIG Mission *die*. **-3.** [délégation] Abordnung *die*.
missionnaire [misjɔnɛr] ◇ *nmf* Missionar *der*, -in *die*. ◇ *adj* Missions-.
missive [misiv] *nf littéraire* Schreiben *das*.
mistral [mistral] *nm* Mistral *der*.
mitaine [mitɛn] *nf fingerloser Handschuh*.
mite [mit] *nf* Motte *die*.
mité, e [mite] *adj* vermottet.
mi-temps [mitɑ̃] ◇ *nf inv* SPORT Halbzeit *die*; **première/seconde ~** erste/zweite Halbzeit; **à la ~** bei Halbzeit. ◇ *nm inv* [travail] Halbtagsstelle *die*.
◆ **à mi-temps** ◇ *loc adv*: **travailler à ~** halbtags arbeiten. ◇ *loc adj*: **travail à ~** Halbtagsarbeit *die*.
miteux, euse [mitø, øz] *adj* heruntergekommen, schäbig.
mitigé, e [mitiʒe] *adj* **-1.** [mélangé] gemischt. **-2.** [tempéré] abgemildert.
mitonner [3] [mitɔne] ◇ *vt* **-1.** CULIN gar|köcheln. **-2.** *fig* [préparer] aus|tüfteln. ◇ *vi* CULIN köcheln; **faire ~** köcheln lassen.
mitoyen, enne [mitwajɛ̃, ɛn] *adj* angrenzend, gemeinschaftlich; **maisons ~nes** Reihenhäuser *Pl*.
mitrailler [3] [mitraje] *vt* **-1.** MIL unter Beschuß nehmen, beschießen. **-2.** *fam* [photographier]: **~ qqn** von jm Fotos schießen. **-3.** *fig* [assaillir]: **~ qqn de questions** jn mit Fragen überschütten.
mitraillette [mitrajɛt] *nf* Maschinenpistole *die*.
mitrailleur [mitrajœr] MIL ◇ *nm* Maschinengewehrschütze *der*. ◇ *adj m*: **avion ~** Mg-Jäger *der*; **fusil ~** Maschinengewehr *das*.
mitrailleuse [mitrajøz] *nf* Maschinengewehr *das*.
mitre [mitr] *nf* Mitra *die*.
mi-voix [mivwa]
◆ **à mi-voix** *loc adv* mit leiser Stimme.
mixage [miksaʒ] *nm* CIN & RADIO Mischen *das*, Mixen *das*.
mixer[1] [3] [mikse] *vt* **-1.** CIN, MUS, TÉLÉ & RADIO mischen, mixen. **-2.** CULIN verquirlen.
mixer[2], **mixeur** [miksœr] *nm* CULIN Mixer *der*.
mixité [miksite] *nf* Koedukation *die*.
mixte [mikst] *adj* gemischt; **mariage ~** Mischehe *die*.
mixture [mikstyr] *nf* **-1.** CHIM Mixtur *die*. **-2.** CULIN Mischung *die*. **-3.** *péj* [mélange] Gebräu *das*.
ml (*abr de* **millilitre**) ml.
MLF (*abr de* **Mouvement de libération de la femme**) *nm französische Frauenbewegung*.
Mlle (*abr de* **Mademoiselle**) Frl. *(Fräulein)*.
mm (*abr de* **millimètre**) mm.
MM (*abr de* **Messieurs**) H. *(Herren)*.
Mme (*abr de* **Madame**) Fr. *(Frau)*.
mn (*abr de* **minute**) Min.
mnémotechnique [mnemotɛknik] *adj* mnemotechnisch; **moyen ~** Gedächtnisstütze *die*.
MNS (*abr de* **maître nageur sauveteur**) *nm* Rettungsschwimmer *der*.
mobile [mɔbil] ◇ *nm* **-1.** [objet] Mobile *das*. **-2.** [motivation] Motiv *das*. ◇ *adj* **-1.** [gén] beweglich. **-2.** [regard] unruhig.
mobilier, ère [mɔbilje, ɛr] *adj* JUR beweglich.
◆ **mobilier** *nm* Mobiliar *das*.
mobilisation [mɔbilizasjɔ̃] *nf* **-1.** MIL: **~ (générale)** (allgemeine) Mobilmachung. **-2.** [de militants, de ressources, d'habitants] Mobilisierung *die*.
mobiliser [3] [mɔbilize] *vt* **-1.** MIL mobil machen. **-2.** [habitants, électeurs, ressources] mobilisieren.
◆ **se mobiliser** *vp* mobil machen, sich ein|setzen.
mobilité [mɔbilite] *nf* [professionnelle, sociale] Mobilität *die*.
Mobylette® [mɔbilɛt] *nf* Mofa *das*.
mocassin [mɔkasɛ̃] *nm* **-1.** [d'Indien] Mokassin *der*. **-2.** [de ville] Slipper *der*.
moche [mɔʃ] *adj fam* **-1.** [personne, objet] häß-

lich; [temps] scheußlich; **c'est ~ ce qui lui arrive!** der Ärmste ist wirklich übel dran! **-2.** [méprisable] gemein.

modalité [mɔdalite] *nf* **-1.** [de processus] Modalität *die*; **~s de paiement** Zahlungsbedingungen *Pl*. **-2.** JUR Bestimmung *die*.

mode [mɔd] ◇ *nf* Mode *die*; **à la ~** modisch, in Mode; **lancer la ~ de qqch** etw in Mode bringen; **passé de ~** aus der Mode (gekommen); **travailler dans la ~** in der Modebranche tätig sein; **à la ~ de** in der Art von, nach ... Art. ◇ *nm* **-1.** [manière, GRAM] Modus *der*. **-2.** [méthode] Art *die*; **~ d'emploi** Gebrauchsanweisung *die*. **-3.** MUS Tonart *die*; **en ~ mineur/majeur** in Moll/Dur.
◆ **mode de vie** *nm* Lebensart *die*.

modelage [mɔdlaʒ] *nm* Modellieren *das*.

modelé [mɔdle] *nm* **-1.** GÉOGR Relief *das*. **-2.** ART Modellierung *die*.

modèle [mɔdɛl] ◇ *nm* **-1.** [gén] Modell *das*; **~ réduit** Modell; **~ déposé** Gebrauchsmuster *das*. **-2.** [d'écriture, de référence] Vorbild *das*; **sur le ~ de qqn** nach js Vorbild. ◇ *adj* Muster-; **enfant ~** Musterkind *das*; **épouse ~** Mustergattin *die*.

modeler [25] [mɔdle] *vt* modellieren; **~ qqch sur qqch** etw nach etw nach|bilden.
◆ **se modeler** *vp*: **se ~ qqch** sich *(D)* etw modellieren; **se ~ sur qqn/qqch** *fig* sich jn/etw zum Vorbild nehmen.

modélisme [mɔdelism] *nm* Modellbau *der*.

modem [mɔdɛm] *nm* Modem *das*.

modérateur, trice [mɔderatœr, tris] *adj* [effet] mäßigend.
◆ **modérateur** *nm* **-1.** [personne] Schlichter *der*. **-2.** [mécanisme] Dämpfer *der*. **-3.** [nucléaire] Bremsstoff *der*.

modération [mɔderasjɔ̃] *nf* Mäßigung *die*.

modéré, e [mɔdere] ◇ *adj* **-1.** [enthousiasme, prix] mäßig. **-2.** POLIT gemäßigt. ◇ *nm, f* POLIT: **les ~s** der gemäßigte Flügel.

modérément [mɔderemɑ̃] *adv* **-1.** [boire, manger] mit Maß. **-2.** [apprécier] nicht sonderlich.

modérer [18] [mɔdere] *vt* **-1.** [enthousiasme] dämpfen. **-2.** [consommation, propos] mäßigen.
◆ **se modérer** *vp* sich mäßigen.

moderne [mɔdɛrn] *adj* [contemporain] modern; **le grec ~** (das) Neugriechisch(e).

modernisation [mɔdɛrnizasjɔ̃] *nf* Modernisierung *die*.

moderniser [3] [mɔdɛrnize] *vt* modernisieren.
◆ **se moderniser** *vp* sich modernisieren.

modernisme [mɔdɛrnism] *nm* Modernismus *der*.

modernité [mɔdɛrnite] *nf* Modernität *die*.

modeste [mɔdɛst] *adj* **-1.** [personne, ambitions, repas] bescheiden; **être ~** bescheiden sein. **-2.** [tenue, origine] einfach.

modestement [mɔdɛstəmɑ̃] *adv* bescheiden.

modestie [mɔdɛsti] *nf* Bescheidenheit *die*; **fausse ~** falsche Bescheidenheit.

modicité [mɔdisite] *nf* [de prix] Bescheidenheit *die*.

modifiable [mɔdifjabl] *adj* änderbar.

modification [mɔdifikasjɔ̃] *nf* Veränderung *die*, Änderung *die*.

modifier [9] [mɔdifje] *vt* ändern.
◆ **se modifier** *vp* sich ändern.

modique [mɔdik] *adj* bescheiden.

modiste [mɔdist] *nf* Hutmacherin *die*.

modulable [mɔdylabl] *adj* **-1.** [ensemble] ausbaufähig. **-2.** [formule] anpassungsfähig.

modulation [mɔdylasjɔ̃] *nf* Modulation *die*; **~ de fréquence** Frequenzmodulation.

module [mɔdyl] *nm* [de meuble, d'ordinateur] Modul *das*.

moduler [3] [mɔdyle] *vt* **-1.** MUS & RADIO modulieren. **-2.** [structure] ab|wandeln, an|passen.

modus vivendi [mɔdysvivɛ̃di] *nm inv* Modus vivendi *der*.

moelle [mwal] *nf* ANAT Mark *das*; **~ épinière** Rückenmark; **~ osseuse** Knochenmark; **jusqu'à la ~** *fig* bis auf die Haut.

moelleux, euse [mwalø, øz] *adj* **-1.** [canapé, coussin] weich. **-2.** [fromage] cremig. **-3.** [vin] gehaltreich und mild.

moellon [mwalɔ̃] *nm* Bruchstein *der*.

mœurs [mœr(s)] *nfpl* **-1.** [gén] Sitten *Pl*. **-2.** ZOOL Lebensgewohnheiten *Pl*.

mohair [mɔɛr] *nm* **-1.** [laine] Mohairwolle *die*; **pull en ~** Mohairpulli *der*. **-2.** [étoffe] Mohair *der*.

moi [mwa] ◇ *pron pers* **-1.** [sujet, avec présentatif, avec comparatif, en renforcement de je] ich; **qui est là? - ~** wer ist da? - ich; **~ aussi** ich auch; **~ non plus** ich auch nicht; **~ non plus, je n'en sais rien** ich weiß auch nichts darüber; **~ seul** ich allein; **~ seul possède la clé** ich allein besitze den Schlüssel; **c'est ~ qui lui ai dit de venir** ich habe ihm gesagt, er solle kommen; **c'est ~!** ich bin's!; **~, je n'ai rien dit!** ich habe doch gar nichts gesagt!; **plus âgé que ~** älter als ich. **-2.** [complément, avec un impératif] mich, mir; **suivez-~!** folgen Sie mir!; **aide-~** hilf mir; **attends-~** warte auf mich; **demande-~ son numéro** frag mich nach seiner Nummer; **vas-y sans ~** geh ohne mich; **il nous a invités, ma femme et ~** er hat uns eingeladen, meine Frau und mich; **c'est à ~ qu'il a confié cette tâche** mir hat er diese Aufgabe anvertraut; **viens avec ~** komm mit mir;

il me l'a dit, à ~ mir hat er es gesagt; **une chambre à ~ tout seul** ein Zimmer für mich allein; **c'est pour ~** das ist für mich; **il est venu vers ~** er kam auf mich zu. ◇ *nm*: **le ~, le surmoi et le ça** das Ich, das Überich und das Es.

moignon [mwaɲɔ̃] *nm* **-1.** [de bras] Stumpf *der*; [d'aile] Stummel *der*. **-2.** [d'arbre] (Baum)stumpf *der*.

moi-même [mwamɛm] *pron pers* ich selbst; **mon épouse et ~** meine Gattin und ich.

moindre [mwɛ̃dr] ◇ *adj superl*: **il n'y a pas le ~ doute** es gibt nicht den geringsten Zweifel; **c'est la ~ des choses** das ist das mindeste; **dans les ~s détails** bis ins kleinste Detail. ◇ *adj compar* [prix] geringer.

moine [mwan] *nm* Mönch *der*.

moineau, x [mwano] *nm* [oiseau] Spatz *der*.

moins [mwɛ̃] ◇ *adv* **-1.** [quantité]: **~ (de)** weniger; **un peu ~ de lait/de gens** etwas weniger Milch/Leute; **ils étaient ~ de dix** sie waren keine zehn; **il est un peu ~ de 10 h** es ist kurz vor 10; **il y a ~ de 5 minutes de cela** es ist weniger als 5 Minuten her; **redonne-m'en, mais un peu ~!** gib mir noch davon, aber etwas weniger! **-2.** [comparatif]: **il est ~ vieux que ton frère** er ist jünger als dein Bruder; **ce livre est ~ intéressant** dieses Buch ist weniger oU nicht so interessant; **il vient ~ souvent que Pierre** er kommt nicht so oft wie Pierre; **bien/beaucoup ~ grand que** weitaus/viel kleiner als; **d'autant ~ intéressant que** um so uninteressanter als; **~ il mange, ~ il travaille** je weniger er ißt, um so weniger arbeitet er. **-3.** [superlatif]: **le ~ riche des hommes** der ärmste Mann; **il est le ~ fort** er ist der Schwächste; **c'est lui qui vient le ~ souvent** er kommt am seltensten; **c'est lui qui travaille le ~** er arbeitet am wenigsten; **le ~ possible** so wenig wie möglich; **pas le ~ du monde** nicht im geringsten. ◇ *prép* **-1.** [gén] minus; **dix ~ huit font deux** zehn minus acht macht zwei; **~ dix et ~ cinq font ~ quinze** minus zehn plus minus fünf macht minus fünfzehn; **il fait ~ vingt** es sind minus zwanzig Grad. **-2.** [pour indiquer l'heure] vor; **il est 3 heures ~ le quart** es ist Viertel vor drei; **il est ~ dix** es ist zehn vor. ◇ *nm* **-1.** [signe] Minuszeichen *das*. **-2.** *loc*: **le ~ qu'on puisse dire, c'est que** man kann wohl sagen, daß.

◆ **à moins de** *loc prép* es sei denn; **à ~ de battre le record du 100 m, je n'aurai pas mon train** ich werde den Zug verpassen, es sei denn ich breche den Rekord im 100-Meter-Lauf.

◆ **à moins que** *loc conj (+ subjonctif)* es sei denn; **nous irons nous promener à ~ qu'il ne se mette à pleuvoir** wir werden spazierengehen, es sei denn, es fängt an zu regnen.

◆ **au moins** *loc adv* mindestens.

◆ **de moins en moins** *loc adv* immer weniger.

◆ **du moins** *loc adv* zumindest.

◆ **en moins** *loc adv* weniger; **c'est la même histoire avec la violence en ~** es ist die gleiche Geschichte, nur ohne Gewalt.

◆ **en moins de** *loc prép*: **en ~ de rien** im Handumdrehen; **en ~ de deux jours** in weniger als zwei Tagen.

◆ **ni plus ni moins que** *loc adv* nichts mehr und nichts weniger als.

◆ **on ne peut moins** *loc adv* ganz und gar nicht.

◆ **plus ou moins** *loc adv* mehr oder weniger.

◆ **pour le moins** *loc adv* wenigstens.

◆ **tout au moins** *loc adv* wenigstens.

moins-value [mwɛ̃valy] (*pl* **moins-values**) *nf* Wertminderung *die*, Minderwert *der*.

moire [mwar] *nf* [étoffe] Moiré *der* oU *das*.

moiré, e [mware] *adj* [tissu] moiriert; [reflets] Moiré-.

mois [mwa] *nm* **-1.** [de calendrier] Monat *der*. **-2.** [salaire] Monatsgehalt *das*; **le treizième ~** das dreizehnte (Monats)gehalt. **-3.** [loyer] Monatsmiete *die*.

moisi, e [mwazi] *adj* verschimmelt.

◆ **moisi** *nm* Schimmel *der*.

moisir [32] [mwazir] *vi* **-1.** [nourriture] verschimmeln, schimmelig werden; [bois] vermodern. **-2.** *fig* [personne] versauern; [argent] Schimmel an|setzen.

moisissure [mwazisyr] *nf* Schimmel(pilz) *der*.

moisson [mwasɔ̃] *nf* **-1.** [produit] (Getreide)ernte *die*. **-2.** [action]: **faire la ~** oU **les ~ s** das Getreide ernten. **-3.** [d'idées, d'objets] Fülle *die*.

moissonner [3] [mwasɔne] *vt* ernten.

moissonneur, euse [mwasɔnœr, øz] *nm, f* Erntearbeiter *der*, -in *die*.

◆ **moissonneuse** *nf* Mähmaschine *die*.

moissonneuse-batteuse [mwasɔnøzbatøz] (*pl* **moissonneuses-batteuses**) *nf* Mähdrescher *der*.

moite [mwat] *adj* feucht.

moiteur [mwatœr] *nf* Schwüle *die*.

moitié [mwatje] *nf* **-1.** [d'objet, de temps] Hälfte *die*; **ma/sa ~** *hum* meine/seine bessere Hälfte. **-2.** [milieu] Mitte *die*; **faire ~-~** halbe-halbe machen.

◆ **à moitié** *loc adv* halb.

moka [mɔka] *nm* **-1.** [café] Mokka *der*. **-2.** [gâteau] Mokkacremetorte *die*.

mol → **mou**.

molaire [mɔlɛr] *nf* Backenzahn *der*.

Moldavie [mɔldavi] *nf*: **la ~** Moldavien *nt*.

mole [mɔl] *nf* Mol *das*.

môle [mol] *nm* [quai] Mole *die*.

moléculaire [mɔlekylɛr] *adj* Molekül-, molekular.

molécule [mɔlekyl] *nf* Molekül *das*.

moleskine [mɔlɛskin] *nf* Moleskin *der* ou *das*.

molester [3] [mɔlɛste] *vt*: **~ qqn** *sout* jn mißhandeln, gegen jn Gewalt an|wenden.

molette [mɔlɛt] *nf* **-1.** [de briquet, d'appareil] Rädchen *das*. **-2.** [outil] Rändelrad *das*.

mollasse [mɔlas] *adj fam* **-1.** [mou] matschig. **-2.** *fig* [personne] schlapp.

mollasson, onne [mɔlasɔ̃, ɔn] *nm, f fam* [personne] schlaffer Mensch, Schlaffi *der*.

molle → **mou**.

mollement [mɔlmɑ̃] *adv* **-1.** [paresseusement] träge. **-2.** [protester] lasch.

mollesse [mɔlɛs] *nf* **-1.** [de chose] Weichheit *die*. **-2.** [de personne] Schlappheit *die*.

mollet [mɔlɛ] ◇ *nm* Wade *die*. ◇ *adj* → **œuf**.

molletière [mɔltjɛr] *adj*: **bande ~** Wickelgamasche *die*.

molleton [mɔltɔ̃] *nm* Molton *der*.

mollir [32] [mɔlir] *vi* **-1.** [corps, jambes] schwach werden. **-2.** [beurre] weich werden. **-3.** [vent] ab|flauen. **-4.** [volonté] nach|lassen.

mollo [mɔlo] *adv fam* sachte; **vas-y ~!** nun mal sachte!

mollusque [mɔlysk] *nm* Weichtier *das*.

molosse [mɔlɔs] *nm* [chien] großer Wachhund.

môme [mom] *fam* ◇ *nmf* [enfant] Gör *das*. ◇ *nf* [jeune fille] Göre *die*.

moment [mɔmɑ̃] *nm* **-1.** [instant] Moment *der*; **il a trouvé les clés au ~ de partir** in dem Augenblick, als wir gehen wollten, hat er die Schlüssel gefunden; **au ~ où il est parti** in dem Augenblick, als ou wo er gegangen ist; **à un ~ donné** irgendwann; **à tout ~** jederzeit; **dans un ~** gleich; **d'un ~ à l'autre** jeden Augenblick; **n'avoir pas un ~ à soi** keinen Augenblick Ruhe haben; **par ~s** manchmal; **sur le ~** im ersten Augenblick. **-2.** [durée] Zeit *die*; **avoir de bons ~s avec qqn** eine schöne Zeit mit jm verbringen; **passer un mauvais ~** einen unangenehmen Augenblick erleben. **-3.** [occasion] Augenblick *der*; **ce n'est pas le ~ (de faire qqch)** es ist jetzt nicht der rechte Augenblick (, um etw zu tun); **c'est le ~ ou jamais** jetzt oder nie. **-4.** [temps présent]: **l'événement du ~** das (gegenwärtige) Hauptereignis; **en ce** ou **pour le ~** im Augenblick.

momentané, e [mɔmɑ̃tane] *adj* vorübergehend.

momentanément [mɔmɑ̃tanemɑ̃] *adv* vorübergehend.

momie [mɔmi] *nf* Mumie *die*.

mon [mɔ̃] (*f* **ma** [ma], *pl* **mes** [me]) *adj poss* mein,-e.

monacal, e, aux [mɔnakal, o] *adj* mönchisch.

Monaco [mɔnako] *n*: **(la principauté de) ~** (das Fürstentum) Monaco *nt*.

monarchie [mɔnarʃi] *nf* Monarchie *die*; **~ absolue/constitutionnelle** absolute/konstitutionelle Monarchie.

monarchique [mɔnarʃik] *adj* monarchisch.

monarchiste [mɔnarʃist] ◇ *nmf* Monarchist *der*, -in *die*. ◇ *adj* monarchistisch.

monarque [mɔnark] *nm* Monarch *der*, -in *die*.

monastère [mɔnastɛr] *nm* Kloster *das*.

monastique [mɔnastik] *adj* Mönchs-.

monceau, x [mɔ̃so] *nm* Berg *der*; **un ~ de bêtises** *fig* jede Menge Unsinn.

mondain, e [mɔ̃dɛ̃, ɛn] ◇ *adj* **-1.** [dîner, chronique] Gesellschafts-. **-2.** [personne] mondän. ◇ *nm, f* mondäner Mensch.

mondanités [mɔ̃danite] *nfpl* **-1.** [événements mondains] Gesellschaftsleben *das (sans pl)*. **-2.** [comportements, paroles] mondänes Gehabe *(sans pl)*.

monde [mɔ̃d] *nm* **-1.** [gén] Welt *die*; **le plus grand au** ou **du ~** der größte (auf) der Welt; **en ce bas ~** hienieden; **l'autre ~** das Jenseits; **le quart ~** [phénomène] die neue Armut; [population] die Opfer der neuen Armut; **mettre un enfant au ~** ein Kind zur Welt bringen; **venir au ~** zur Welt kommen; **pour rien au ~** für nichts in der Welt; **c'est un ~!** das ist doch allerhand!, das ist nicht zu fassen!; **se faire (tout) un ~ de qqch** eine Staatsaktion aus etw machen, viel Aufheben(s) von etw machen. **-2.** [gens] Leute *Pl*; **beaucoup/peu de ~** viel(e)/wenig(e) Leute; **tout le ~** jedermann; **se moquer du ~** die Leute zum Narren halten; **noir de ~** [salle] zum Brechen voll; **tromper son ~** die Leute hinters Licht führen.

◆ **Nouveau Monde** *nm*: **le Nouveau Monde** die Neue Welt.

mondial, e, aux [mɔ̃djal, o] *adj* Welt-, weltweit.

mondialement [mɔ̃djalmɑ̃] *adv* weltweit.

mondialisation [mɔ̃djalizasjɔ̃] *nf* Internationalisierung *die*.

monégasque [mɔnegask] *adj* monegassisch.

◆ **Monégasque** *nmf* Monegasse *der*, -sin *die*.

monétaire [mɔnetɛr] *adj* Währungs-.

monétarisme [mɔnetarism] *nm* Monetarismus *der*.

Monétique® [mɔnetik] *nf* Electronic Banking *das*, elektronischer Zahlungsverkehr.

mongol, e [mɔ̃gɔl] *adj* mongolisch, Mongolen-.
◆ **mongol** *nm* [langue] Mongolisch(e) *(das)*.
◆ **Mongol, e** *nm, f* Mongole *der*, -lin *die*.
Mongolie [mɔ̃gɔli] *nf*: **la ~** die Mongolei; **la ~-Extérieure** die Äußere Mongolei; **la ~-Intérieure** die Innere Mongolei.
mongolien, enne [mɔ̃gɔljɛ̃, ɛn] ◇ *adj* mongoloid. ◇ *nm, f* mongoloide Person.
mongolisme [mɔ̃gɔlism] *nm* Mongolismus *der*.
moniteur, trice [monitœr, tris] *nm, f* **-1.** [de sport] Sportlehrer *der*, -in *die*; **~ de ski** Skilehrer; **~ d'auto-école** Fahrlehrer. **-2.** [animateur] Leiter *der*, -in *die*.
◆ **moniteur** *nm* INFORM Monitor *der*, Bildschirm *der*.
monitorat [monitɔra] *nm* **-1.** [formation] Sportlehrerausbildung *die*. **-2.** [fonction] Sportlehrerstelle *die*.
monnaie [mɔnɛ] *nf* **-1.** [argent] Geld *das*; **fausse ~** Falschgeld; **~ d'échange** Tauschmittel *das*; **c'est ~ courante** *fig* das ist gang und gäbe. **-2.** [devise] Währung *die*; **cours d'une ~** Wechselkurs *der*. **-3.** [pièces] Kleingeld *das*; **avoir de la ~** Kleingeld haben; **menue ~** Kleingeld. **-4.** [appoint]: **avoir la ~** es passend haben; **avoir la ~ de 5 francs** 5 Franc klein haben; **faire (de) la ~** (Geld) wechseln; **rendre la ~ à qqn (sur 200 francs)** jm (auf 200 Franc) heraus|geben.
monnayable [mɔnɛjabl] *adj* [terrain, objet] verkäuflich; [talent, service] einträglich.
monnayer [11] [mɔnɛje] *vt* **-1.** [biens] zu Geld machen. **-2.** [silence, talent] verkaufen.
monochrome [mɔnɔkrom] *adj* einfarbig.
monocle [mɔnɔkl] *nm* Monokel *das*.
monocoque [mɔnɔkɔk] ◇ *nm* Einrümpfer *der*. ◇ *adj* Einrumpf-.
monocorde [mɔnɔkɔrd] *adj* **-1.** [voix] eintönig. **-2.** MUS Einsaiten-.
monoculture [mɔnɔkyltyr] *nf* Monokultur *die*.
monogame [mɔnɔgam] *adj* monogam.
monogamie [mɔnɔgami] *nf* Monogamie *die*.
monogramme [mɔnɔgram] *nm* Monogramm *das*.
monolithique [mɔnɔlitik] *adj* monolithisch; *fig* erstarrt, steif.
monologue [mɔnɔlɔg] *nm* **-1.** THÉÂTRE Monolog *der*. **-2.** [discours individuel] Vortrag *der*; **~ intérieur** innerer Monolog.
monologuer [3] [mɔnɔlɔge] *vi* [soliloquer] die Unterhaltung allein bestreiten.
monôme [monom] *nm* Monom *das*.
mononucléose [mɔnɔnykleoz] *nf* Mononukleose *die*; **~ infectieuse** Pfeiffersches Drüsenfieber.
monoparental, e, aux [mɔnɔparɑ̃tal, o] *adj*: **éducation ~e** Alleinerziehung *die*; **famille ~e** alleinerziehende Mutter, alleinerziehender Vater.
monophasé, e [mɔnɔfaze] *adj* ÉLECTR Einphasen-.
◆ **monophasé** *nm* Einphasenstrom *der*.
monoplace [mɔnɔplas] ◇ *nmf* Einsitzer *der*. ◇ *adj* einsitzig.
monopole [mɔnɔpɔl] *nm* ÉCON Monopol *das*; **avoir le ~ du tabac** das Tabakmonopol haben; **avoir un ~** ein Monopol aus|üben; **~ d'État** Staatsmonopol; **avoir le ~ de qqch** *fig* den Alleinbesitz einer Sache *(G)* haben.
monopoliser [3] [mɔnɔpɔlize] *vt* **-1.** ÉCON monopolisieren. **-2.** [conversation, attention] für sich beanspruchen.
monorail [mɔnɔraj] ◇ *nm* Einschienenfahrzeug *das*. ◇ *adj inv* Einschienen-.
monoski [mɔnɔski] *nm* Monoski *der*.
monosyllabe [mɔnɔsilab] ◇ *nm* einsilbiges Wort; **répondre par ~s** einsilbig antworten. ◇ *adj* einsilbig.
monosyllabique [mɔnɔsilabik] *adj* einsilbig.
monothéisme [mɔnɔteism] *nm* Monotheismus *der*.
monotone [mɔnɔtɔn] *adj* eintönig.
monotonie [mɔnɔtɔni] *nf* Eintönigkeit *die*; **rompre la ~** die Eintönigkeit unterbrechen.
Monrovia [mɔ̃rɔvja] *n* Monrovia *nt*.
monseigneur [mɔ̃sɛɲœr] (*pl* **messeigneurs** [mesɛɲœr] OU **nosseigneurs** [nosɛɲœr]) *nm* RELIG *Anrede eines hohen kirchlichen Würdenträgers*.
monsieur [məsjø] (*pl* **messieurs** [mesjø]) *nm* Herr *der*; *voir aussi* **madame**.
monstre [mɔ̃str] ◇ *nm* **-1.** [gén] Monstrum *das*; **un ~ d'égoïsme** ein ungeheuerlicher Egoist. **-2.** [de légende] Ungeheuer *das*, Monster *das*; **~ marin** Seeungeheuer. ◇ *adj fam* : **une foule ~** eine ungeheuerliche Menschenmenge; **un repas ~** ein Riesenessen.
◆ **monstre sacré** *nm* Berühmtheit *die*.
monstrueusement [mɔ̃stryøzmɑ̃] *adv* ungeheuerlich.
monstrueux, euse [mɔ̃stryø, øz] *adj* **-1.** [taille, laideur] monströs. **-2.** [crime, erreur] ungeheuerlich.
monstruosité [mɔ̃stryozite] *nf* **-1.** [action sauvage] monströse Tat. **-2.** [de propos, de crime] Ungeheuerlichkeit *die*.
mont [mɔ̃] *nm* Berg *der*; **le ~ Blanc** der Montblanc; **le ~ Cervin** das Matterhorn; **par ~s et par vaux** *fig* auf Achse; **promettre ~s et merveilles à qqn** *fig* jm das Blaue vom Himmel versprechen.
montage [mɔ̃taʒ] *nm* **-1.** [de meuble, d'appareil] Aufbau *der*. **-2.** PHOT Fotomontage *die*. **-3.** CIN

Montage *die*. **-4.** ÉLECTR Schaltung *die*. **-5.** FIN: **~ financier** Finanzierungsplan *der*.

montagnard, e [mɔ̃taɲar, ard] ◇ *adj* Berg-. ◇ *nm, f* Bergbewohner *der*, -in *die*.

montagne [mɔ̃taɲ] *nf* **-1.** [relief] Berg *der*, Gebirge *das*. **-2.** [région] Gebirge *das (sans pl)*; **passer quelques jours à la ~** ein paar Tage im Gebirge verbringen; **aller à la ~** ins Gebirge fahren; **en/la haute ~** im/das Hochgebirge. **-3.** *fig* [d'ordures, de livres] Berg *der*. **-4.** *loc*: **s'en faire une ~** aus einer Mücke einen Elefanten machen; **il s'est fait une ~ de cet examen** er hat aus dieser Prüfung eine Staatsaktion gemacht.
◆ **montagnes russes** *nfpl* Achterbahn *die*.

montagneux, euse [mɔ̃taɲø, øz] *adj* Gebirgs-, gebirgig.

montant, e [mɔ̃tɑ̃, ɑ̃t] *adj* **-1.** [marée] (an)steigend; [course] steigend. **-2.** [col] hochgeschlossen.
◆ **montant** *nm* **-1.** [d'échelle] Holm *der*; **~ de porte** Türpfosten *der*. **-2.** [somme] Betrag *der*.

mont-blanc [mɔ̃blɑ̃] (*pl* **monts-blancs**) *nm* CULIN *Dessert aus Maronipüree mit Schlagsahne*.

mont-de-piété [mɔ̃dpjete] (*pl* **monts-de-piété**) *nm* Pfandhaus *das*.

monte-charge [mɔ̃tʃarʒ] *nm inv* Lastenaufzug *der*.

montée [mɔ̃te] *nf* **-1.** [action] Aufstieg *der*. **-2.** [chemin, pente] Steigung *die*.

Monténégro [mɔ̃tenegro] *nm*: **le ~** Montenegro *nt*; **au ~** in Montenegro.

monte-plats [mɔ̃tpla] *nm inv* Speisenaufzug *der*.

monter [3] [mɔ̃te] ◇ *vi (aux: être ou avoir)* **-1.** [à l'étage] hoch|gehen. **-2.** [grimper]: **~ sur qqch** auf etw *(A)* steigen. **-3.** [en importance, en popularité, en altitude] auf|steigen; **il est monté dans mon estime** er ist in meiner Achtung gestiegen. **-4.** [mer, route] an|steigen. **-5.** [passager]: **~ (dans** OU **en qqch)** ein|steigen (in eine Sache *(A)*). **-6.** [chevaucher]: **~ (à cheval)** reiten. **-7.** *fam* [se déplacer]: **~ à Paris** nach Paris gehen; **quand est-ce que vous montez nous voir?** wann kommt ihr uns besuchen? **-8.** [prix, température, niveau, avion] steigen. **-9.** [colère, ton] sich verschärfen. **-10.** *fig* [venir]: **les larmes me sont montées aux yeux** meine Augen füllten sich mit Tränen; **un cri lui montait à la gorge** ein Schrei stieg in seiner Kehle auf. ◇ *vt (aux: avoir)* **-1.** [escalier, étage] hoch|gehen. **-2.** [élever le son de] lauter stellen. **-3.** [valise, courrier] hoch|bringen. **-4.** [fixer, film] montieren; **~ qqch sur qqch** etw auf etw *(A)* montieren. **-5.** [meuble] zusammen|bauen. **-6.** [cheval] reiten. **-7.** [spectacle, entreprise] auf|ziehen. **-8.** [tente] auf|bauen. **-9.** *loc*: **~ qqn contre qqn** jn gegen jn auf|hetzen.
◆ **se monter** *vp* **-1.** [armoire] sich zusammenbauen lassen. **-2.** [frais]: **se ~ à** sich auf *(+ A)* belaufen.

monteur, euse [mɔ̃tœr, øz] *nm, f* **-1.** TECHNOL Monteur *der*, -in *die*. **-2.** CIN Cutter *der*, -in *die*.

Montevideo [mɔ̃tevideo] *n* Montevideo *nt*.

monticule [mɔ̃tikyl] *nm* **-1.** [relief] Hubbel *der*. **-2.** [tas] Haufen *der*.

montre [mɔ̃tr] *nf* Uhr *die*; **~ à gousset** Taschenuhr; **~ à quartz** Quartzuhr; **~ en main** haargenau *(adv)*; **contre la ~** SPORT gegen die Uhr; [cyclisme] Zeitfahren *das*; **course contre la ~** *fig* Wettlauf *der* gegen die Zeit.

Montréal [mɔ̃real] *n* Montreal *nt*.

montre-bracelet [mɔ̃trəbraslɛ] (*pl* **montres-bracelets**) *nf* Armbanduhr *die*.

montrer [3] [mɔ̃tre] *vt* **-1.** [gén]: **~ qqn/qqch à qqn** jm jn/etw zeigen; **~ la voie** den Weg weisen; **~ qqn/qqch du doigt** mit dem Finger auf jn/etw zeigen; **son roman montre sa solitude** sein Roman zeigt seine OU ihre Einsamkeit auf; **donne, je vais te ~** gib her, ich zeige es dir. **-2.** [passeport] (vor|)zeigen.
◆ **se montrer** *vp* sich zeigen; **se ~ sous son meilleur jour** sich von der besten Seite zeigen.

montreur, euse [mɔ̃trœr, øz] *nm, f* Vorführer *der*, -in *die*; **~ de marionnettes** Marionettenspieler *der*.

monture [mɔ̃tyr] *nf* **-1.** [cheval] Roß *das*. **-2.** [de lunettes] Brillengestell *das*. **-3.** [de bijou] Fassung *die*.

monument [mɔnymɑ̃] *nm* **-1.** [mausolée] Denkmal *das*; **un ~ à qqn/qqch** ein Denkmal für jn/etw; **~ aux morts** Kriegerdenkmal. **-2.** ARCHIT Bauwerk *das*; **~ classé** unter Denkmalschutz stehendes Bauwerk. **-3.** *fig* [chef-d'œuvre] Meisterwerk *das*.

monumental, e, aux [mɔnymɑ̃tal, o] *adj* **-1.** [maison, façade] monumental. **-2.** [bêtise, erreur] gewaltig.

moquer [3] [mɔke]
◆ **se moquer** *vp*: **se ~ de qqn/qqch** sich über jn/etw lustig machen; **je m'en moque complètement!** das ist mir völlig schnuppe OU egal!; **cesse de te ~!** hör auf zu scherzen!

moquerie [mɔkri] *nf* **-1.** [ironie] Spott *der*. **-2.** [raillerie] Neckerei *die*.

moquette [mɔkɛt] *nf* Teppichboden *der*.

moqueur, euse [mɔkœr, øz] *adj* spöttisch.

moraine [mɔrɛn] *nf* Moräne *die*.

moral, e, aux [mɔral, o] *adj* moralisch.
◆ **moral** *nm* [état d'esprit] geistige Verfassung; **avoir/ne pas avoir le ~** gut/schlecht drauf sein; **remonter le ~ à qqn** jn auf|muntern; **se re-**

monter le ~ sich auf|muntern.
◆ **morale** *nf* **-1.** [règle, mœurs, leçon] Moral *die*; **faire la ~e à qqn** jm eine Moralpredigt halten. **-2.** PHILOSOPHIE Morallehre *die*.
moralement [mɔralmɑ̃] *adv* moralisch.
moralisateur, trice [mɔralizatœr, tris] ◇ *adj* moralisierend. ◇ *nm, f* Moralprediger *der*, -in *die*.
moralisme [mɔralism] *nm* Moralismus *der*.
moraliste [mɔralist] ◇ *nmf* Moralist *der*, -in *die*. ◇ *adj* moralistisch.
moralité [mɔralite] *nf* **-1.** [d'individu] Sittlichkeit *die*. **-2.** [d'acte, de geste] Moralität *die*. **-3.** [d'histoire] Moral *die*.
moratoire [mɔratwar] ◇ *nm* Zahlungsaufschub *der*. ◇ *adj*: **intérêts ~s** Verzugszinsen *Pl*.
morbide [mɔrbid] *adj* krankhaft.
morbidité [mɔrbidite] *nf* Krankhaftigkeit *die*.
morbier [mɔrbje] *nm* *Weichkäse mit Blauschimmeleinlage*.
morceau, x [mɔrso] *nm* Stück *das*; **manger un ~** *fam* eine Kleinigkeit essen; **mettre en ~x** in Stücke zerlegen; **~ de bravoure** Bravourstück *das*; **crache le ~!** *fam fig* raus mit der Sprache!; **emporter le ~** *fam fig* erreichen, was man will, gewinnen.
morceler [24] [mɔrsəle] *vt* zerstückeln.
◆ **se morceler** *vp*: **se ~ (en qqch)** (in etw *(A)*) zersplittern.
morcellement [mɔrsɛlmɑ̃] *nm* Zerstückelung *die*; *fig* Zersplitterung *die*.
mordant, e [mɔrdɑ̃, ɑ̃t] *adj* beißend.
◆ **mordant** *nm* [vivacité] Biß *der*.
mordicus [mɔrdikys] *adv fam* steif und fest.
mordiller [3] [mɔrdije] *vt*: **~ qqch** an etw *(D)* herum|beißen.
mordis *etc* → **mordre**.
mordoré, e [mɔrdɔre] *adj* goldbraun.
mordre [76] [mɔrdr] ◇ *vt* **-1.** [sujet: chien, enfant] beißen. **-2.** *fig* [sujet: froid, rouille] zerfressen. ◇ *vi* **-1.** [personne, chien]: **~ dans qqch** in etw *(A)* beißen. **-2.** [poisson]: **~ à l'appât** an|beißen. **-3.** SPORT: **~ (sur la ligne)** über|treten.
mords *etc* → **mordre**.
mordu, e [mɔrdy] ◇ *pp* → **mordre**. ◇ *adj* [amoureux] verliebt. ◇ *nm, f* [passionné]: **~ de foot** Fußballfan *der*; **~ de sport** Sportfan *der*.
more = **maure**.
moresque = **mauresque**.
morfondre [75] [mɔrfɔ̃dr]
◆ **se morfondre** *vp* sich zu Tode langweilen.
morgue [mɔrg] *nf* **-1.** [lieu] Leichenhalle *die*. **-2.** *sout* [attitude] Hochnäsigkeit *die*.
moribond, e [mɔribɔ̃, ɔ̃d] ◇ *adj* dahinvegetierend. ◇ *nm, f* Sterbende *der, die*.
morigéner [18] [mɔriʒene] *vt sout* rügen.
morille [mɔrij] *nf* Morchel *die*.
mormon, e [mɔrmɔ̃, ɔn] ◇ *adj* Mormonen-. ◇ *nm, f* Mormone *der*, -nin *die*.
morne [mɔrn] *adj* **-1.** [personne] trübselig. **-2.** [visage, paysage] trostlos.
Moroni [mɔrɔni] *n* Moroni *nt*.
morose [mɔroz] *adj* **-1.** [visage, humeur] verdrießlich. **-2.** [ambiance] mies.
morosité [mɔrozite] *nf* Verdrießlichkeit *die*.
morphine [mɔrfin] *nf* Morphium *das*.
morphologie [mɔrfɔlɔʒi] *nf* Morphologie *die*.
morphologique [mɔrfɔlɔʒik] *adj* morphologisch.
morpion [mɔrpjɔ̃] *nm fam* **-1.** [pou] Filzlaus *die*. **-2.** [enfant] Knirps *der*.
mors [mɔr] *nm* [de cheval] Gebiß *das*; **prendre le ~ aux dents** *fig* nicht mehr zu halten sein.
morse [mɔrs] *nm* **-1.** ZOOL Walroß *das*. **-2.** [code] Morsealphabet *das*.
morsure [mɔrsyr] *nf* Biß *der*.
mort, e [mɔr, mɔrt] ◇ *pp* → **mourir**. ◇ *adj* **-1.** [gén] tot; **tomber raide ~** tot um|fallen; **il gisait raide ~** er lag leblos; **~ ou vif** tot oder lebendig; **~ de fatigue** todmüde; **~ de peur** zu Tode geängstigt. **-2.** [décédé] gestorben, verstorben. **-3.** [fané] welk. **-4.** *fam* [machine]: **être ~** hin sein. ◇ *nm, f* Tote *der, die*.
◆ **mort** *nf* Tod *der*; **condamner qqn à ~** jn zum Tode verurteilen; **se donner la ~** sich das Leben nehmen; **frapper qqn jusqu'à ce que ~ s'ensuive** jn zu Tode prügeln; **en vouloir à ~ à qqn** jn auf den Tod hassen; **~ naturelle/violente** natürlicher/gewaltsamer Tod; **la ~ dans l'âme** zu Tode betrübt; **pâle comme la ~** totenbleich, leichenblaß.
◆ **Morte** → **mer**.
mortadelle [mɔrtadɛl] *nf* Mortadella *die*.
mortalité [mɔrtalite] *nf* Sterblichkeit *die*; **~ infantile** Kindersterblichkeit.
mort-aux-rats [mɔrora] *nf inv* Rattengift *das*.
mortel, elle [mɔrtɛl] ◇ *adj* **-1.** [personne, animal] sterblich. **-2.** [coup, maladie] tödlich. **-3.** [soirée, film] sterbenslangweilig. **-4.** [ennemi, péché] Tod-, Todes-. ◇ *nm, f* Sterbliche *der, die*.
mortellement [mɔrtɛlmɑ̃] *adv* tödlich; **~ jaloux** furchtbar eifersüchtig.
morte-saison [mɔrtsɛzɔ̃] (*pl* **mortes-saisons**) *nf* geschäftlich ruhige Zeit; [tourisme] Nebensaison *die*.
mortier [mɔrtje] *nm* **-1.** CONSTR Mörtel *der*. **-2.** [récipient, canon] Mörser *der*.
mortification [mɔrtifikasjɔ̃] *nf* **-1.** [humiliation] Demütigung *die*. **-2.** RELIG Kasteiung *die*.

mortifier [9] [mɔrtifje] *vt* **-1.** [humilier] demütigen. **-2.** RELIG kasteien.

mort-né, mort-née [mɔrne] (*mpl* **mort-nés,** *fpl* **mort-nées**) ◇ *adj* **-1.** [enfant] totgeboren. **-2.** [projet]: **projet ~** von vornherein zum Scheitern verurteilter Plan. ◇ *nm, f* totgeborener Junge, totgeborenes Mädchen.

mortuaire [mɔrtɥɛr] *adj* Sterbe-, Toten-, Leichen-; **cérémonie ~** Trauerfeier *die*; **couronne ~** Grabkranz *der*.

morue [mɔry] *nf* **-1.** ZOOL Kabeljau *der*. **-2.** *tfam péj* [femme] Hure *die*.

morve [mɔrv] *nf* Rotz *der*.

morveux, euse [mɔrvø, øz] ◇ *adj* rotzig. ◇ *nm, f fam* [personne] Rotznase *die*.

mosaïque [mɔzaik] *nf* Mosaik *das*.

Moscou [mɔsku] *n* Moskau *nt*.

moscovite [mɔskɔvit] *adj* moskauisch, Moskauer *(adj inv)*.

◆ **Moscovite** *nmf* Moskauer *der*, -in *die*.

Moselle [mozɛl] *nf*: **la ~** die Mosel.

mosquée [mɔske] *nf* Moschee *die*.

mot [mo] *nm* **-1.** LING Wort *das*; **gros ~** [mot impoli] häßliches OU unanständiges Wort; [insulte] Schimpfwort; **~s croisés** Kreuzworträtsel *das*; **~ d'esprit** Bonmot *das*; **~ d'ordre** Schlagwort; **~ à ~** wörtlich; **en un ~** mit einem Wort; **~ pour ~** Wort für Wort, wortwörtlich; **~ de passe** Kennwort, Losung *die*; INFORM Paßwort. **-2.** [message] Nachricht *die*; **écrire un (petit) ~** ein paar Worte OU Zeilen schreiben. **-3.** *loc*: **avoir son ~ à dire** auch noch ein Wörtchen mitzureden haben; **avoir des ~s avec qqn** einen Wortwechsel mit jm haben; **avoir le dernier ~** das letzte Wort haben; **avoir deux ~s à dire à qqn** *fam* ein Wörtchen mit jm zu reden haben; **avoir toujours le ~ pour rire** immer zu Scherzen aufgelegt sein; **au bas ~** gut und gern; **à ~s couverts** durch die Blume, andeutungsweise; **le fin ~ de l'histoire** des Rätsels Lösung; **j'ai appris le fin ~ de l'histoire** ich habe erfahren, was dahinter steckt; **ne pas mâcher ses ~s** kein Blatt vor den Mund nehmen; **prendre qqn au ~** jn beim Wort nehmen; **en toucher un ~ à qqn** *fam* jn darauf an|sprechen.

motard [mɔtar] *nm* **-1.** [motocycliste] Motorradfahrer *der*. **-2.** [policier] Polizist *der (auf einem Motorrad)*.

mot-clé [mokle] (*pl* **mots-clés**) *nm* Stichwort *das*, Schlagwort *das*.

motel [mɔtɛl] *nm* Motel *das*.

moteur, trice [mɔtœr, tris] *adj* **-1.** TECHNOL Antriebs-. **-2.** ANAT motorisch.

◆ **moteur** *nm* Motor *der*; **~ diesel** Dieselmotor; **~ électrique** Elektromotor; **~ à explosion** Explosionsmotor; **~ à injection** Einspritzmotor; **~ à réaction** Düsentriebwerk *das*.

◆ **motrice** *nf* Triebwagen *der*.

motif [mɔtif] *nm* **-1.** [raison] Grund *der*. **-2.** [dessin] Motiv *das*.

motion [mɔsjɔ̃] *nf* Antrag *der*; **~ de censure** Mißtrauensantrag.

motivant, e [mɔtivɑ̃, ɑ̃t] *adj* motivierend.

motivation [mɔtivasjɔ̃] *nf* Motivation *die*.

motiver [3] [mɔtive] *vt* **-1.** [stimuler] motivieren. **-2.** [provoquer]: **~ qqch** Grund für etw sein. **-3.** [justifier]: **~ qqch** einen Grund für etw an|geben.

moto [mɔto] *nf* Motorrad *das*.

motocross [mɔtɔkrɔs] *nm* Moto-Cross *das*.

motoculteur [mɔtɔkyltœr] *nm* Einachsschlepper *der*.

motocyclette [mɔtɔsiklɛt] *nf* Motorrad *das*.

motocyclisme [mɔtɔsiklism] *nm* Motorradsport *der*.

motocycliste [mɔtɔsiklist] *nmf* Motorradfahrer *der*, -in *die*.

motoneige [mɔtɔnɛʒ] *nf* Schneefahrzeug *das*.

motorisé, e [mɔtɔrize] *adj* motorisiert; **être ~** *fam* motorisiert sein.

motrice → **moteur**.

motricité [mɔtrisite] *nf* Bewegungsfähigkeit *die*.

motte [mɔt] *nf*: **~ (de terre)** (Erd)klumpen *der*; **~ de beurre** Butterklumpen *der*.

motus [mɔtys] *interj* still, pst; **~ et bouche cousue!** und daß keiner etwas sagt OU verrät!

mou, molle [mu, mɔl] (**mol** [mɔl] *devant voyelle ou h muet*) *adj* **-1.** [moelleux, souple] weich. **-2.** [apathique] schlaff; **avoir les jambes molles** weiche Knie haben. **-3.** *fam* [sans dynamisme] schlapp.

◆ **mou** *nm* **-1.** *fam* [personne] Weichling *der*. **-2.** [poumon] Lunge *die*. **-3.** [souplesse]: **donner du ~ à une corde** ein Tau entspannen.

mouchard, e [muʃar, ard] *nm, f fam* [personne] Spitzel *der*.

◆ **mouchard** *nm* [appareil] Kontrollgerät *das*; [de porte] Spion *der*.

moucharder [3] [muʃarde] *vi fam* petzen.

mouche [muʃ] *nf* **-1.** ZOOL Fliege *die*; **fine ~** verschmitzte Frau. **-2.** [sur le visage] Schönheitspflästerchen *das*. **-3.** *loc*: **faire ~** ins Schwarze treffen; **prendre la ~** ein|schnappen.

moucher [3] [muʃe] *vt* **-1.** [gén] putzen; **~ un enfant** einem Kind die Nase putzen. **-2.** *fam* [réprimander]: **~ qqn** jn an|pfeifen, es jm geben.

◆ **se moucher** *vp* sich die Nase putzen.

moucheron [muʃrɔ̃] *nm* Mücke *die,* kleine Fliege.
moucheté, e [muʃte] *adj* **-1.** [laine] getupft. **-2.** [animal] gesprenkelt.
mouchoir [muʃwar] *nm* Taschentuch *das;* **~ en papier** Papiertaschentuch; **grand comme un ~ de poche** winzig, klitzeklein.
moudre [85] [mudr] *vt* mahlen.
mouds *etc* → **moudre**.
moue [mu] *nf* schiefes Gesicht; **faire la ~** ein schiefes Gesicht ziehen.
mouette [mwɛt] *nf* Möwe *die.*
moufle [mufl] *nf* Fäustling *der.*
mouflet, ette [muflɛ, ɛt] *nm, f fam* Gör *das.*
mouflon [muflɔ̃] *nm* Mufflon *der.*
mouillage [mujaʒ] *nm* **-1.** NAVIG [emplacement] Ankerplatz *der;* [manœuvre] Ankern *das.* **-2.** [coupage] Panschen *das.*
mouiller [3] [muje] ◇ *vt* **-1.** [humidifier] naß machen; **se faire ~** naß werden. **-2.** [boisson] panschen. **-3.** CULIN auf|gießen. **-4.** NAVIG: **~ l'ancre** den Anker werfen. **-5.** *fam fig* [compromettre] kompromittieren. ◇ *vi* NAVIG ankern, vor Anker gehen.
◆ **se mouiller** *vp* **-1.** [se tremper] naß werden. **-2.** *fam* [se compromettre]: **ne pas se ~** kein Risiko ein|gehen.
mouillette [mujɛt] *nf schmales Stück Brot zum Eintunken.*
mouise [mwiz] *nf fam* Elend *das;* **être dans la ~** in der Patsche sitzen.
moulage [mulaʒ] *nm* **-1.** [action] Gießen *das.* **-2.** [objet] Abguß *der.*
moulais *etc* → **moudre**.
moulant, e [mulɑ̃, ɑ̃t] *adj* hauteng, eng anliegend.
moule [mul] ◇ *nm* **-1.** [objet] Form *die;* **~ à gâteau** Kuchenform; **~ à gaufre** Waffeleisen *das;* **~ à tarte** Obstkuchenform. **-2.** [norme] Schablone *die.* ◇ *nf* Miesmuschel *die;* **~s marinières** *Muscheln in Wein- und Kräutersoße.*
mouler [3] [mule] *vt* **-1.** [objet] gießen. **-2.** [visage, main] ab|formen. **-3.** [sujet: vêtement]: **~ qqch** sich (eng) an etw *(A)* an|schmiegen.
moulin [mulɛ̃] *nm* Mühle *die;* **~ à café** Kaffeemühle; **~ à eau** Wassermühle; **~ à poivre** Pfeffermühle; **~ à vent** Windmühle.
mouliner [3] [muline] *vt* passieren.
moulinet [mulinɛ] *nm* **-1.** PÊCHE Rolle *die.* **-2.** [mouvement]: **faire des ~s (avec les bras)** (die Arme) herum|wirbeln.
Moulinette® [mulinɛt] *nf* Passiermaschine *die;* **passer qqch à la ~** etw passieren.
moult [mult] *adv vieilli* OU *hum* sonder Zahl; **~ détails** Einzelheiten sonder Zahl.
moulu, e [muly] ◇ *pp* → **moudre**. ◇ *adj* **-1.** [en poudre] gemahlen. **-2.** [brisé]: **être ~ (de fatigue)** wie gerädert sein.
moulure [mulyr] *nf* (Zier)leiste *die.*
moulus *etc* → **moudre**.
mourant, e [murɑ̃, ɑ̃t] ◇ *adj* **-1.** [personne]: **il est ~** er liegt im Sterben. **-2.** [voix, lumière] verlöschend; [musique] verklingend. ◇ *nm, f* Sterbende *der, die.*
mourir [42] [murir] *vi* **-1.** [personne, animal] sterben; **~ de qqch** [maladie] an etw *(D)* sterben; **~ de peur/soif/froid** vor Angst/Durst/Kälte sterben; **c'est à ~ de rire** das ist zum Totlachen. **-2.** [civilisation] unter|gehen. **-3.** [feu] erlöschen. **-4.** [plante] ein|gehen.
mouroir [murwar] *nm péj* schäbiges Altersheim.
mouron [murɔ̃] *nm*: **se faire du ~** *fam* sich Sorgen OU Gedanken machen.
mourrais *etc* → **mourir**.
mourus *etc* → **mourir**.
mousquetaire [muskətɛr] *nm* Musketier *der.*
moussant, e [musɑ̃, ɑ̃t] *adj* Schaum-.
mousse [mus] ◇ *nf* **-1.** BOT Moos *das.* **-2.** [substance] Schaum *der;* **~ carbonique** Kohlensäureschnee *der;* **~ à raser** Rasierschaum. **-3.** CULIN Mousse *die;* **~ au chocolat** Schokolademousse. **-4.** [matière plastique] Schaumstoff *der.* ◇ *nm* NAVIG Schiffsjunge *der.*
mousseline [muslin] ◇ *nf* [tissu] Musselin *der.* ◇ *adj inv*: **pommes ~** (feines) Kartoffelpüree; **sauce ~** *holländische Soße mit Schlagsahne.*
mousser [3] [muse] *vi* schäumen; **se faire ~** *fam* sich auf|spielen.
mousseux, euse [musø, øz] *adj* schäumend; **être ~** schäumen; **(vin) ~** Schaumwein *der.*
mousson [musɔ̃] *nf* **-1.** [vent] Monsun *der.* **-2.** [saison] Monsunzeit *die.*
moussu, e [musy] *adj* bemoost.
moustache [mustaʃ] *nf* **-1.** [de personne] Schnurrbart *der.* **-2.** [d'animal] Bart *der,* Barthaare *Pl.*
moustachu, e [mustaʃy] *adj* schnurrbärtig.
◆ **moustachu** *nm* Mann *der* mit Schnurrbart.
moustiquaire [mustikɛr] *nf* Moskitonetz *das.*
moustique [mustik] *nm* (Stech)mücke *die;* [des tropiques] Moskito *der.*
moutard [mutar] *nm fam* Knirps *der;* **les ~s** die Kinder.
moutarde [mutard] ◇ *nf* Senf *der;* **la ~ me/lui monte au nez** *fig* die Wut steigt in mir/ihm hoch. ◇ *adj inv* [couleur] senffarben; **jaune ~** senfgelb.
mouton [mutɔ̃] *nm* **-1.** ZOOL Schaf *das.* **-2.** [vian-

de] Hammelfleisch *das*. **-3.** *fam* [personne] Schaf *das*, Einfaltspinsel *der*. **-4.** *fam* [de poussière] (Staub)flocke *die*. **-5.** [vague] Schaumkrone *die*. **-6.** *loc*: **revenons à nos ~s** kommen wir wieder zur Sache, kommen wir wieder zu unserem Thema zurück.

mouture [mutyr] *nf* **-1.** [de grain] Mahlen *das*. **-2.** [de texte] Fassung *die*.

mouvance [muvɑ̃s] *nf*: **dans la ~ d'un parti** im Umfeld einer Partei.

mouvant, e [muvɑ̃, ɑ̃t] *adj* **-1.** [terrain] unsicher, beweglich. **-2.** [situation] sich ständig wandelnd.

mouvement [muvmɑ̃] *nm* **-1.** [gén] Bewegung *die*; **en ~** in Bewegung; **faux ~** falsche Bewegung. **-2.** [émotion] (Gefühls)regung *die*; **~ de colère** Wutanfall *der*; **~ d'humeur** Aufbrausen *das*; **avoir un ~ d'humeur** aufbrausen. **-3.** [mécanisme] (Räder)werk *das*; **~ alternatif** Hin und Her *das*. **-4.** MUS Satz *der*.

mouvementé, e [muvmɑ̃te] *adj* bewegt.

mouvoir [54] [muvwar] *vt* bewegen.

◆ **se mouvoir** *vp* sich bewegen.

moyen, enne [mwajɛ̃, ɛn] *adj* **-1.** [statistique] durchschnittlich. **-2.** [intermédiaire] mittlere, -r,-s. **-3.** [médiocre] mittelmäßig.

◆ **moyen** *nm* Mittel *das*; **par tous les ~s** mit allen Mitteln; **au ~ de** mit Hilfe *(G)*, mittels *(G)*; **~ de communication** Kommunikationsmittel; **~ d'expression** Ausdrucksmittel; **~ de fortune** behelfsmäßiges Mittel; **~ de transport** OU **de locomotion** Transportmittel; **y-a-t-il ~ de faire qqch**? ist es möglich, etw zu tun?; **employer les grands ~s** zum äußersten Mittel greifen.

◆ **moyens** *nmpl* **-1.** [ressources] Mittel *Pl*; **avoir les ~s de faire qqch** es sich leisten können, etw zu tun; **vivre au-dessus de ses ~s** über seine Verhältnisse leben; **vivre selon ses ~s** leben, wie es einem seine Mittel erlauben; **avec les ~s du bord** mit behelfsmäßigen Mitteln; **faire avec les ~s du bord** sich mit dem, was gerade da ist, behelfen. **-2.** [capacités] Begabung *die (sans pl)*; **avoir des ~s** begabt sein; **perdre tous ses ~s** ein(en) Blackout haben.

◆ **moyenne** *nf* **-1.** MATHS Mittel *das*; **en ~ne** durchschnittlich *(adv)*. **-2.** [niveau] Durchschnitt *der*; **la ~ne d'âge** das Durchschnittsalter. **-3.** SCOL: **la ~ne** der Durchschnitt; **avoir la ~ne** ≃ eine ausreichende Note haben.

Moyen Âge [mwajɛnaʒ] *nm*: **le ~** das Mittelalter.

moyenâgeux, euse [mwajɛnaʒø, øz] *adj* **-1.** [médiéval] mittelalterlich. **-2.** *fam péj* [dépassé] altväterisch.

moyen-courrier [mwajɛ̃kurje] (*pl* **moyen-courriers**) ◇ *nm* **-1.** [vol] Mittelstreckenflug *der*. **-2.** [avion] Mittelstreckenflugzeug *das*. ◇ *adj* Mittelstrecken-.

moyennant [mwajɛnɑ̃] *prép* gegen.

moyenne → **moyen**.

moyennement [mwajɛnmɑ̃] *adv* mäßig.

Moyen-Orient [mwajɛnɔrjɑ̃] *nm*: **le ~** der Mittlere Osten; **au ~** im Mittleren Osten.

moyen-oriental, e, aux [mwajɛnɔrjɑ̃tal, o] *adj* aus dem OU vom Mittleren Osten.

moyeu, x [mwajø] *nm* Nabe *die*.

mozambicain, e [mɔzɑ̃bikɛ̃, ɛn] *adj* Moçambique-, mosambikanisch.

◆ **Mozambicain, e** *nm, f* Mosambikaner *der*, -in *die*.

Mozambique [mɔzɑ̃bik] *nm*: **le ~** Moçambique *nt*, Mozambique *nt*, Mosambik *nt*; **au ~** in Moçambique.

MRAP [mrap] (*abr de* **Mouvement contre le racisme, l'antisémitisme et pour la paix**) *nm* Bewegung *die* gegen Rassismus, gegen Antisemitismus und für den Frieden.

MRG (*abr de* **Mouvement des radicaux de gauche**) *nm französische linksliberale Partei.*

ms (*abr de* **manuscrit**) Ms., Mskr. *(Manuskript)*.

MSF *abr de* **Médecins sans frontières**.

MST *nf* **-1.** *abr de* **maladie sexuellement transmissible**. **-2.** (*abr de* **maîtrise de sciences et techniques**) *französisches Universitätsdiplom für Wissenschaft und Technik*.

MT (*abr de* **moyenne tension**) Mittelspannung *die*.

mû, mue [my] *pp* → **mouvoir**.

mucosité [mykozite] *nf* Schleim *der*.

mucus [mykys] *nm* Schleim *der*.

mue [my] *nf* **-1.** [de reptile] Häutung *die*. **-2.** [de voix] Stimmbruch *der*.

muer [7] [mɥe] *vi* **-1.** [reptile] sich häuten. **-2.** [voix]: **sa voix mue** er ist im Stimmbruch.

◆ **se muer** *vp sout*: **se ~ en qqch** sich in etw *(A)* verwandeln.

muesli [mysli] *nm* Müsli *das*.

muet, ette [mɥɛ, ɛt] ◇ *adj* stumm; **~ de** stumm vor *(+ D)*. ◇ *nm, f* Stumme *der, die*.

◆ **muet** *nm*: **le ~** der Stummfilm.

muezzin [mɥɛdzin] *nm* Muezzin *der*.

mufle [myfl] *nm* **-1.** [d'animal] Maul *das*. **-2.** [goujat] Flegel *der*.

muflerie [myflәri] *nf* Flegelei *die*.

mufti, muphti [myfti] *nm* Mufti *der*.

mugir [32] [myʒir] *vi* **-1.** [bovidé] brüllen. **-2.** [vent, sirène] heulen; [flots] tosen.

mugissement [myʒismɑ̃] *nm* **-1.** [de bovidé] Gebrüll *das*. **-2.** [de vent, de sirène] Heulen *das*; [de flots] Getose *das*.

muguet [mygɛ] *nm* **-1.** [fleur] Maiglöckchen *das*. **-2.** MÉD Soor *der*.

MUGUET:
In Frankreich werden am Tag der Arbeit, dem 1. Mai, kleine Maiglöckchensträuße auf den Straßen verkauft. Man verschenkt sie als Glücksbringer.

mulâtre, mulâtresse [mylatr, mylatrɛs] *nm, f* Mulatte *der*, -tin *die*.
◆ **mulâtre** *adj* Mulatten-.
mule [myl] *nf* **-1.** [animal] (weibliches) Maultier, Mauleselin *die*. **-2.** [pantoufle] Hausschuh *der*.
mulet [mylɛ] *nm* **-1.** [âne] Maultier *das*, Maulesel *der*. **-2.** [poisson] Seebarbe *die*.
muletier, ère [myltje, ɛr] *adj* Maultier-.
◆ **muletier** *nm* Maultiertreiber *der*.
mulot [mylo] *nm* Waldmaus *die*.
multicolore [myltikɔlɔr] *adj* bunt.
multifonction [myltifɔ̃ksjɔ̃] *adj inv* mit mehreren Funktionen ausgestattet.
multiforme [myltifɔrm] *adj* vielgestaltig.
multilatéral, e, aux [myltilateral, o] *adj* multilateral.
multimédia [myltimedja] *adj* INFORM Multimedia-.
multimillionnaire [myltimiljɔnɛr] ◇ *nmf* Multimillionär *der*, -in *die*. ◇ *adj* der Multimillionär ist.
multinational, e, aux [myltinasjɔnal, o] *adj* multinational.
◆ **multinationale** *nf* multinationaler Konzern.
multiple [myltipl] ◇ *nm* Vielfache *das*. ◇ *adj* **-1.** [nombreux] vielfach; **à de ~s reprises** mehrmals. **-2.** [divers] vielfältig.
multiplication [myltiplikasjɔ̃] *nf* **-1.** [accroissement] Zunahme *die*. **-2.** MATHS Multiplikation *die*.
multiplicité [myltiplisite] *nf* Vielfalt *die*.
multiplier [10] [myltiplije] *vt* **-1.** [répéter] mehrfach wiederholen; [efforts] verdoppeln. **-2.** MATHS multiplizieren; **5 multiplié par 2 égale 10** 5 mal 2 ist 10.
◆ **se multiplier** *vp* **-1.** [se répéter] sich häufen. **-2.** [se reproduire] sich vermehren.
multipropriété [myltiprɔprijete] *nf* Time-Sharing *das*, ≃ Miteigentum *das* (an einer Ferienwohnung); **appartement en ~** *Wohnung mit mehreren Besitzern, die sie jeweils eine gewisse Zeit lang benutzen können*.
multiracial, e, aux [myltirasjal, o] *adj* gemischtrassig.
multirisque [myltirisk] *adj*: **assurance ~** kombinierte Versicherung.
multitude [myltityd] *nf* **-1.** [grand nombre de]: **une ~ de** eine Vielzahl von. **-2.** *littéraire* [foule] Menge *die*.
Munich [mynik] *n* München *nt*.
municipal, e, aux [mynisipal, o] *adj* [de commune] Gemeinde-; [de ville] städtisch.
◆ **municipales** *nfpl*: **les (élections) ~es** Kommunalwahlen *Pl*.
municipalité [mynisipalite] *nf* [de commune] Gemeinde *die*; [de ville] Stadt *die*.
munir [32] [mynir] *vt*: **~ qqn/qqch de qqch** jn/etw mit etw versehen.
◆ **se munir** *vp*: **se ~ de qqch** etw mit|nehmen.
munitions [mynisjɔ̃] *nfpl* Munition *die*.
munster [mœ̃stɛr] *nm* Münsterkäse *der*.
muphti = **mufti**.
muqueuse [mykøz] *nf* Schleimhaut *die*.
mur [myr] *nm* **-1.** [extérieur] Mauer *die*; [intérieur] Wand *die*; **~ antibruit** Lärmschutzwand; **~ mitoyen** gemeinsame (Grenz)mauer; **raser les ~s** an den Hausmauern entlang|schleichen; *fig* (sich) ducken. **-2.** *fig* [obstacle] Wand *die*.
◆ **mur du son** *nm* Schallmauer *die*.
mûr, e [myr] *adj* reif; **après ~e réflexion** nach reiflicher Überlegung.
◆ **mûre** *nf* Brombeere *die*.
muraille [myraj] *nf* Mauer *die*.
mural, e, aux [myral, o] *adj* Wand-; **plante ~e** auf Mauern wachsende Pflanze.
mûre → **mûr**.
mûrement [myrmɑ̃] *adv* reiflich.
murène [myrɛn] *nf* Muräne *die*.
murer [3] [myre] *vt* **-1.** [trou, brèche] zu|mauern. **-2.** [personne] ein|mauern. **-3.** [bloquer] ein|schließen.
◆ **se murer** *vp*: **se ~ dans son appartement** seine Wohnung nicht mehr verlassen; **se ~ dans qqch** *fig* sich in etw *(A)* hüllen.
muret [myrɛ] *nm* (niedrige) Mauer.
mûrier [myrje] *nm* Brombeerstrauch *der*.
mûrir [32] [myrir] *vi* **-1.** [gén] reifen. **-2.** [personne] reifer werden.
murmure [myrmyr] *nm* **-1.** [voix] Murmeln *das*. **-2.** *littéraire* [de l'eau] Plätschern *das*; [du vent] Säuseln *das*.
murmurer [3] [myrmyre] ◇ *vt* murmeln. ◇ *vi* **-1.** [personne] murmeln. **-2.** *littéraire* [eau] plätschern; [vent] säuseln.
mus *etc* → **mouvoir**.
musaraigne [myzarɛɲ] *nf* Spitzmaus *die*.
musarder [3] [myzarde] *vi fam* bummeln, trödeln.
musc [mysk] *nm* Moschus *der*.

muscade [myskad] *nf* Muskat *der.*

muscadet [myskadɛ] *nm trockener Weißwein aus der Gegend von Nantes.*

muscat [myska] *nm* **-1.** [raisin] Muskatellertraube *die,* Muskateller *der.* **-2.** [vin] Muskatellerwein *der,* Muskateller *der.*

muscle [myskl] *nm* Muskel *der.*

musclé, e [myskle] *adj* **-1.** [personne] muskulös. **-2.** *fig* [énergique] energisch.

muscler [3] [myskle] *vt:* **~ une partie du corps** die Muskeln eines Körperteils stärken.

◆ **se muscler** *vp:* **se ~ le ventre** seine Bauchmuskeln stärken.

musculaire [myskylɛr] *adj* Muskel-; **effort ~** Muskelarbeit *die.*

musculation [myskylasjɔ̃] *nf:* **faire de la ~** Bodybuilding machen.

musculature [myskylatyr] *nf* Muskulatur *die.*

muse [myz] *nf* Muse *die.*

museau, x [myzo] *nm* **-1.** [de chien, de chat] Schnauze *die;* [de ruminant] Maul *das.* **-2.** CULIN: **~ de bœuf** Rindersülze *die;* **~ de porc** Schweinskopfsülze *die.* **-3.** *fam* [visage] Gesicht *das.*

musée [myze] *nm* Museum *das.*

museler [24] [myzle] *vt* **-1.** [animal]: **~ un chien** einem Hund einen Maulkorb an|legen. **-2.** *fig* [presse, personne] mundtot machen.

muselière [myzəljɛr] *nf* Maulkorb *der.*

musette [myzɛt] ◇ *nf* (Umhänge)beutel *der,* Dudelsack *der; (en apposition):* **bal ~** *volkstümliche Tanzveranstaltung.* ◇ *nm:* **le ~** die Musettemusik.

muséum [myzeɔm] *nm* (naturkundliches) Museum.

musical, e, aux [myzikal, o] *adj* **-1.** [de musique] Musik-. **-2.** [mélodieux] klangvoll.

music-hall [myzikol] (*pl* **music-halls**) *nm* Varieté *das.*

musicien, enne [myzisjɛ̃, ɛn] ◇ *adj* musikalisch. ◇ *nm, f* Musiker *der,* -in *die.*

musicologie [myzikɔlɔʒi] *nf* Musikwissenschaft *die.*

musicologue [myzikɔlɔg] *nmf* Musikwissenschaftler *der,* -in *die.*

musique [myzik] *nf* Musik *die;* **~ de chambre** Kammermusik; **~ de film** Filmmusik; **je connais la ~** *fam* immer die alte Leier.

musqué, e [myske] *adj* **-1.** [parfum] nach Moschus duftend. **-2.** [animal]: **boeuf ~** Moschusochse *der;* **rat ~** Bisamratte *die.*

must [mœst] *nm fam* Muß *das.*

musulman, e [myzylmɑ̃, an] ◇ *adj* mohammedanisch. ◇ *nm, f* Mohammedaner *der,* -in *die,* Moslem *der.*

mutant, e [mytɑ̃, ɑ̃t] *adj* mutiert.

◆ **mutant** *nm* Mutant *der,* Mutante *die.*

mutation [mytasjɔ̃] *nf* **-1.** BIOL Mutation *die.* **-2.** *fig* [révolution] Wandel *der;* **en pleine ~** in einem tiefgreifenden Wandel begriffen. **-3.** [de fonctionnaire] Versetzung *die.*

muter [3] [myte] *vt* versetzen.

mutilation [mytilasjɔ̃] *nf* **-1.** [de membre, de texte] Verstümmelung *die.* **-2.** [dégradation] Beschädigung *die.*

mutilé, e [mytile] *nm, f* Versehrte *der, die.*

mutiler [3] [mytile] *vt* **-1.** [amputer, tronquer] verstümmeln. **-2.** [détériorer] beschädigen.

mutin, e [mytɛ̃, in] *adj littéraire* schelmisch.

◆ **mutin** *nm* Meuterer *der.*

mutiner [3] [mytine]

◆ **se mutiner** *vp* meutern.

mutinerie [mytinri] *nf* Meuterei *die.*

mutisme [mytism] *nm* Schweigen *das;* MÉD Mutismus *der.*

mutualiste [mytɥalist] ◇ *nmf* Mitglied *das* eines Versicherungsvereins auf Gegenseitigkeit. ◇ *adj:* **société ~** Versicherungsverein *der* auf Gegenseitigkeit.

mutualité [mytɥalite] *nf* Versicherung *die* auf Gegenseitigkeit.

mutuel, elle [mytɥɛl] *adj* **-1.** [réciproque] gegenseitig. **-2.** [partagé] beiderseitig. **-3.** [assurance] auf Gegenseitigkeit.

◆ **mutuelle** *nf* Versicherung *die* auf Gegenseitigkeit, ≃ Zusatzversicherung *die.*

mutuellement [mytɥɛlmɑ̃] *adv* gegenseitig.

mycose [mikoz] *nf* Pilzkrankheit *die,* Mykose *die.*

myocarde [mjɔkard] *nm* Herzmuskel *der.*

myopathie [mjɔpati] *nf* Muskelerkrankung *die.*

myope [mjɔp] ◇ *nmf* Kurzsichtige *der, die.* ◇ *adj* kurzsichtig.

myopie [mjɔpi] *nf* Kurzsichtigkeit *die.*

myosotis [mjozɔtis] *nm* Vergißmeinnicht *das.*

myriade [mirjad] *nf:* **une ~ de** Myriaden von.

myrtille [mirtij] *nf* Heidelbeere *die.*

mystère [mistɛr] *nm* **-1.** [secret] Geheimnis *das.* **-2.** [énigme] Rätsel *das.* **-3.** CULIN: **Mystère** ® *eine Art Eisdessert.*

mystérieusement [misterjøzmɑ̃] *adv* auf geheimnisvolle Weise; **disparaître ~** unter mysteriösen Umständen verschwinden.

mystérieux, euse [misterjø, øz] *adj* **-1.** [affaire, personnage] mysteriös. **-2.** [hasard] merkwürdig. **-3.** [parole, regard] geheimnisvoll.

mysticisme [mistisism] *nm* Mystik *die;* [irrationalisme] Mystizismus *der.*

mystification [mistifikasjɔ̃] *nf* **-1.** [facétie] Scherz *der.* **-2.** [tromperie] Schwindel *der.*

mystifier [9] [mistifje] *vt* **-1.** [duper] zum Narren halten. **-2.** [tromper] irre|führen.

mystique [mistik] ◇ *nmf* Mystiker *der*, -in *die*. ◇ *adj* mystisch.

mythe [mit] *nm* Mythos *der*.

mythifier [9] [mitifje] *vt* mythisieren.

mythique [mitik] *adj* mythisch.

mytho [mito] (*abr de* **mythomane**) *adj fam* : **il est complètement ~** er ist ein Lügenbold.

mythologie [mitɔlɔʒi] *nf* Mythologie *die*.

mythologique [mitɔlɔʒik] *adj* mythologisch.

mythomane [mitɔman] ◇ *nmf* Mythomane *der*, -nin *die*, Phantast *der*. ◇ *adj* mythomanisch; **être ~** ein Phantast sein.

N

n, N [ɛn] *nm inv* [lettre] n *das*, N *das*.
◆ **N -1.** (*abr de* **newton**) N. **-2.** (*abr de* **nord**) N.

n' [n] → **ne**.

N° (*abr de* **numéro**) Nr.

nabot, e [nabo, ɔt] *nm, f péj* Winzling *der*.

nacelle [nasɛl] *nf* Gondel *die*.

nacre [nakr] *nf* Perlmutt *das*, Perlmutter *die*.

nacré, e [nakre] *adj* [couleur] perlmuttfarben; [matière] Perlmutt-.

nage [naʒ] *nf* Schwimmen *das*; **~ indienne** Seitenschwimmen; **~ papillon** Schmetterlingsschwimmen, Delphinschwimmen; **traverser le lac à la ~** den See durchschwimmen; **être en ~** schweißgebadet sein.

nageoire [naʒwar] *nf* Flosse *die*.

nager [17] [naʒe] ◇ *vi* **-1.** [dans l'eau] schwimmen; **~ dans le bonheur** *fig* im Glück schwimmen. **-2.** [ne rien comprendre]: **~ dans qqch** bei etw ins Schwimmen kommen; **je nage complètement!** ich habe den Durchblick völlig verloren! **-3.** [vêtements]: **~ dans qqch** in etw *(A)* zweimal hinein|passen. ◇ *vt*: **~ la brasse** brustschwimmen; **~ le crawl** kraulen.

nageur, euse [naʒœr, øz] *nm, f* Schwimmer *der*, -in *die*.

naguère [nagɛr] *adv littéraire* früher.

naïade [najad] *nf* **-1.** MYTH Najade *die*. **-2.** *littéraire* [baigneuse] Nixe *die*.

naïf, ïve [naif, iv] ◇ *adj* naiv. ◇ *nm, f* Naivling *der*.
◆ **naïf** *nm* [peintre] Naive *der, die*.

nain, e [nɛ̃, nɛn] ◇ *adj* Zwerg-. ◇ *nm, f* Zwerg *der*, -in *die*.

Nairobi [nɛrɔbi] *n* Nairobi *nt*.

nais *etc* → **naître**.

naissais *etc* → **naître**.

naissance [nɛsɑ̃s] *nf* **-1.** [de personne] Geburt *die*. **-2.** [de science, de mode] Entstehung *die*; **de ~** von Geburt an; **donner ~ à qqch** zu etw führen; **prendre ~ dans qqch** seinen Anfang in etw nehmen. **-3.** [base] Ansatz *der*.

naissant, e [nɛsɑ̃, ɑ̃t] *adj* **-1.** [jour] anbrechend; [brise] aufkommend. **-2.** [barbe] sprießend.

naître [92] [nɛtr] *vi* **-1.** [bébé] geboren werden, zur Welt kommen. **-2.** [commencer] entstehen; **~ de qqch** aus etw entstehen; **faire ~** erwecken.

naïvement [naivmɑ̃] *adv* naiv.

naïveté [naivte] *nf* Naivität *die*.

naja [naʒa] *nm* Kobra *die*.

Namibie [namibi] *nf*: **la ~** Namibia *nt*, Südwestafrika *nt*.

namibien, enne [namibjɛ̃, ɛn] *adj* namibisch.
◆ **Namibien, enne** *nm, f* Namibier *der*, -in *die*.

nana [nana] *nf fam* Frau *die*.

nanti, e [nɑ̃ti] ◇ *adj* begütert. ◇ *nm, f* begüterte Person; **les ~s** die Geldaristokratie.

nantir [32] [nɑ̃tir] *vt*: **~ qqn de qqch** *littéraire* jn mit etw versorgen OU versehen.
◆ **se nantir** *vp*: **se ~ de qqch** *littéraire* sich mit etw versehen.

NAP [nap] (*abr de* **Neuilly Auteuil Passy**) *nmf Angehöriger der neuen Pariser Schickeriageneration.*

naphtaline [naftalin] *nf* Naphtalin *das*.

Naples [napl] *n* Neapel *nt*.

nappage [napaʒ] *nm Überziehen mit einer Sauce.*

nappe [nap] *nf* **-1.** [de table] Tischtuch *das*, Tischdecke *die*. **-2.** [étendue] Fläche *die*; **~ phréatique** Grundwasser *das*; **~ de brouillard** Nebelbank *die*. **-3.** [de pétrole, de gaz] Schicht *die*.

napper [3] [nape] *vt mit einer Sauce überziehen.*

napperon [naprɔ̃] *nm* kleine Tischdecke.

naquis *etc* → **naître**.

narcisse [narsis] *nm* Narzisse *die*.

narcissique [narsisik] ◇ *adj* narzißtisch. ◇ *nmf* Narzißt *der*, -in *die*.

narcissisme [narsisism] *nm* Narzißmus *der*.

narcodollars [narkodɔlar] *nmpl* Geld *das* aus dem Drogenhandel.

narcotique [narkɔtik] ◇ *nm* Narkotikum *das*, Rauschmittel *das*. ◇ *adj* narkotisch.

narguer [3] [narge] *vt* provozieren, heraus|fordern.

narine [narin] *nf* Nasenloch *das.*

narquois, e [narkwa, az] *adj* spöttisch.

narrateur, trice [naratœr, tris] *nm, f* Erzähler *der,* -in *die.*

narratif, ive [naratif, iv] *adj* erzählend.

narration [narasjɔ̃] *nf* [récit] Erzählung *die.*

narrer [3] [nare] *vt sout* erzählen.

NASA, Nasa [naza] (*abr de* **National Aeronautics and Space Administration**) *nf* NASA *die.*

nasal, e, aux [nazal, o] *adj* **-1.** [du nez] Nasen-. **-2.** LING Nasal-.

nasaliser [3] [nazalize] *vt* nasalieren.

naseau, x [nazo] *nm* Nüster *die.*

nasillard, e [nazijar, ard] *adj* näselnd.

nasiller [3] [nazije] *vi* **-1.** [personne] näseln. **-2.** [canard] schnattern.

nasse [nas] *nf* Reuse *die.*

natal, e, als [natal] *adj* [pays, ville] Geburts-; **langue ~e** Muttersprache *die.*

natalité [natalite] *nf*: **(taux de) ~** Geburtenziffer *die.*

natation [natasjɔ̃] *nf* Schwimmsport *der,* Schwimmen *das.*

natif, ive [natif, iv] ◇ *adj* **-1.** [originaire]: **~ (de)** gebürtig (aus). **-2.** *littéraire* [inné] angeboren. ◇ *nm, f* Eingeborene *der, die.*

nation [nasjɔ̃] *nf* **-1.** [État] Nation *die.* **-2.** [peuple] Volk *das.*

national, e, aux [nasjɔnal, o] *adj* national, National-.

◆ **nationale** *nf*: **(route) ~e** ≃ Bundesstraße *die.*

nationalisation [nasjɔnalizasjɔ̃] *nf* Nationalisierung *die.*

nationaliser [3] [nasjɔnalize] *vt* verstaatlichen.

nationalisme [nasjɔnalism] *nm* Nationalismus *der.*

nationaliste [nasjɔnalist] ◇ *nmf* Nationalist *der,* -in *die.* ◇ *adj* nationalistisch.

nationalité [nasjɔnalite] *nf* Staatsangehörigkeit *die;* **double ~** doppelte Staatsangehörigkeit.

nativité [nativite] *nf* Christfest *das.*

◆ **Nativité** *nf*: **la Nativité** die Geburt Christi.

natte [nat] *nf* **-1.** [tresse] Zopf *der.* **-2.** [tapis] Matte *die.*

natter [3] [nate] *vt* flechten.

naturalisation [natyralizasjɔ̃] *nf* **-1.** [acclimatation, de personne] Einbürgerung *die.* **-2.** [taxidermie] Naturalisierung *die.*

naturalisé, e [natyralize] ◇ *adj* [acclimaté, personne] eingebürgert; **il est ~ français** er hat die französische Staatsangehörigkeit erworben. ◇ *nm, f* eingebürgerte Person.

naturaliser [3] [natyralize] *vt* **-1.** [personne] ein|bürgern; **se faire ~ français** die französische Staatsangehörigkeit erwerben. **-2.** [empailler] naturalisieren.

naturaliste [natyralist] ◇ *nmf* **-1.** [zoologiste] Naturforscher *der,* -in *die.* **-2.** [empailleur] Präparator *der,* -in *die.* **-3.** LITTÉRATURE Naturalist *der,* -in *die.* ◇ *adj* LITTÉRATURE naturalistisch.

nature [natyr] ◇ *nf* Natur *die;* **par ~** von Natur (aus); **payer en ~** *fam* in natura bezahlen. ◇ *adj inv* **-1.** [aliment] einfach; [café, thé] schwarz. **-2.** *fam* [spontané] unverbildet.

◆ **nature morte** *nf* Stilleben *das.*

naturel, elle [natyrɛl] *adj* **-1.** [gén] natürlich. **-2.** [loi, science, droit] Natur-. **-3.** [inégalité] naturgegeben. **-4.** [enfant] unehelich. **-5.** [normal] selbstverständlich.

◆ **naturel** *nm* **-1.** [tempérament] Naturell *das;* **être d'un ~ inquiet** ein ängstliches Naturell besitzen OU haben. **-2.** [aisance, simplicité] Natürlichkeit *die.*

◆ **au naturel** *loc adj* CULIN: **thon au ~** Thunfisch naturell.

naturellement [natyrɛlmɑ̃] *adv* **-1.** [gén] natürlich. **-2.** [de caractère] von Natur (aus); **cheveux ~ frisés** naturgelockte Haare.

naturisme [natyrism] *nm* [nudisme] Freikörperkultur *die.*

naturiste [natyrist] ◇ *nmf Anhänger der Freikörperkultur;* **plage de ~s** FKK-Strand *der.* ◇ *adj* naturistisch.

naufrage [nofraʒ] *nm* Schiffbruch *der;* **faire ~** Schiffbruch erleiden.

naufragé, e [nofraʒe] ◇ *adj* schiffbrüchig. ◇ *nm, f* Schiffbrüchige *der, die.*

nauséabond, e [nozeabɔ̃, ɔ̃d] *adj* **-1.** [odeur] ekelhaft. **-2.** [idéologie] übel.

nausée [noze] *nf* **-1.** [mal au cœur] Übelkeit *die;* **avoir la ~** Übelkeit verspüren; **donner la ~** Übelkeit verursachen. **-2.** *fig* [dégoût] Ekel *der.*

nautique [notik] *adj* nautisch.

nautisme [notism] *nm* Wassersport *der.*

naval, e, als [naval] *adj* **-1.** [chantier] Schiffs-. **-2.** [bataille] See-.

navarin [navarɛ̃] *nm mit Karotten, Kartoffeln und kleinen weißen Rüben zubereitetes Hammelragout.*

navet [navɛ] *nm* **-1.** BOT kleine weiße Rübe. **-2.** *fam péj* [film] langweiliger Film.

navette [navɛt] *nf* [bus] Pendelbus *der;* [train] Pendelzug *der;* **faire la ~** pendeln; **~ spatiale** Spaceshuttle *der.*

navigable [navigabl] *adj* schiffbar.

navigant, e [navigɑ̃, ɑ̃t] ◇ *adj* NAVIG zur See fahrend; AÉRON fliegend. ◇ *nm, f* NAVIG Mitglied *das* des zur See fahrenden Personals; AÉRON Mitglied *das* des fliegenden Personals.

navigateur, trice [navigatœr, tris] *nm, f* **-1.** [marin] Seefahrer *der*. **-2.** AÉRON & NAVIG [pilote] Navigator *der*, -in *die*.

navigation [navigasjɔ̃] *nf* **-1.** [transport - maritime, fluvial] Schiffsfahrt *die*; [- aérien, spatial] Luftfahrt *die*. **-2.** [science] Navigation *die*.

naviguer [3] [navige] *vi* **-1.** [bateau] fahren; [voilier] segeln. **-2.** *fam* [voyager] (in der Welt) herum|kommen. **-3.** [piloter] navigieren.

navire [navir] *nm* [bateau] Schiff *das*; **~ de guerre** Kriegsschiff; **~ marchand** Handelsschiff.

navrant, e [navrɑ̃, ɑ̃t] *adj* **-1.** [triste] bedauerlich. **-2.** [regrettable, mauvais] erbärmlich.

navrer [3] [navre] *vt* bekümmern; **être navré de qqch** etw zutiefst bedauern; **être navré de faire qqch** zutiefst bedauern, etw zu tun.

nazi, e [nazi] ◇ *adj* Nazi-. ◇ *nm, f* Nazi *der*.

nazisme [nazism] *nm* Nazismus *der*.

NB (*abr de* **nota bene**) NB, Anm. *(Anmerkung)*.

NBC (*abr de* **nucléaire, biologique, chimique**) *adj* ABC-.

nbreuses *abr de* **nombreuses**.

nbrx *abr de* **nombreux**.

n.c. **-1.** (*abr de* **non communiqué**) nicht mitgeteilt. **-2.** (*abr de* **non connu**) unb. *(unbekannt)*.

n.d. **-1.** (*abr de* **non daté**) O.D. *(ohne Datum)*. **-2.** (*abr de* **non disponible**) n.v. *(nicht verfügbar)*.

N-D (*abr de* **Notre-Dame**) Unsere Liebe Frau.

NDA (*abr de* **note de l'auteur**) Anmerkung *die* des Autors.

N'Djamena [ɛndʒamena] *n* N'Djamena *nt*.

NDLR (*abr de* **note de la rédaction**) Anm. d. Red.

NDT (*abr de* **note du traducteur**) Anm. d. Ü. *(Anmerkung des Übersetzers)*.

ne [nə], **n'** *(devant voyelle ou h muet) adv*: **~... pas** nicht; **il ~ veut pas** er will nicht; **je ~ sais si elle viendra** *sout* ich weiß nicht, ob sie kommt; **il ~ mange plus** er ißt nicht mehr; **il n'a rien dit** er hat nichts gesagt; **il n'a jamais vu ma maison** er hat mein Haus nie gesehen; **personne n'a vu ma maison** niemand hat mein Haus gesehen; **aucun ~ viendra** keiner wird kommen; **il n'apprécie guère son chef** er schätzt seinen Chef wenig; **je ~ pense qu'à elle** ich denke nur an sie; **il se porte mieux que je ~ (le) croyais** ihm geht es besser, als ich annahm; **je crains qu'il n'oublie** ich befürchte, daß er (es) vergißt; **j'ai peur qu'il n'en parle** ich habe Angst, daß er darüber spricht.

né, e [ne] ◇ *pp* → **naître**. ◇ *adj* geboren; **il est ~ en France/à Paris** er ist in Frankreich/Paris geboren; **~ le six février** geboren am sechsten Februar; **Mme Martin, ~e Dupont** Frau Martin, geborene Dupont; **être ~ de** abstammen von; **ne pas être ~ d'hier** OU **de la dernière pluie** nicht von gestern sein.

néanmoins [neɑ̃mwɛ̃] *adv sout* dennoch.

néant [neɑ̃] *nm* **-1.** [absence d'existence] Nichts *das*; **réduire à ~** zunichte machen. **-2.** [absence de valeur] Nichtigkeit *die*.

nébuleux, euse [nebylø, øz] *adj* **-1.** [confus] verschwommen. **-2.** [nuageux] neblig.

◆ **nébuleuse** *nf* ASTRON Nebel *der*.

nécessaire [nesesɛr] ◇ *adj* **-1.** [primordial, logique] notwendig; **~ à qqch** für etw notwendig; **il est ~ de faire qqch** es ist notwendig, etw zu tun; **il est ~ que** *(+ subjonctif)* es ist notwendig, daß. **-2.** [utile] nützlich. **-3.** LOGIQUE wesentlich. ◇ *nm* **-1.** [indispensable] Nötige *das*; **faire le ~** das Nötige veranlassen; **le strict ~** das Nötigste. **-2.** [trousse] Necessaire *das*; **~ de couture** Nähzeug *das*; **~ de toilette** Reisenecessaire.

nécessairement [nesesɛrmɑ̃] *adv* **-1.** [absolument] unbedingt. **-2.** [fatalement] zwangsläufig.

nécessité [nesesite] *nf* **-1.** [obligation] Notwendigkeit *die*. **-2.** [besoin] Bedarf *der*; **une dépense de première ~** eine Ausgabe für lebenswichtige Güter. **-3.** [situation] Not *die*; **être dans la ~ de faire qqch** sich gezwungen sehen, etw zu tun.

◆ **nécessités** *nfpl* Erfordernisse *Pl*.

nécessiter [3] [nesesite] *vt* erfordern.

nec plus ultra [nɛkplyzyltra] *nm inv* Nonplusultra *das*.

nécrologique [nekrɔlɔʒik] *adj*: **rubrique ~** Todesanzeigen *Pl*.

nécrose [nekroz] *nf* Nekrose *die*.

nectar [nɛktar] *nm* **-1.** [gén] Nektar *der*. **-2.** MYTH & LITTÉRATURE Göttertrank *der*.

nectarine [nɛktarin] *nf* Nektarine *die*.

néerlandais, e [neɛrlɑ̃dɛ, ɛz] *adj* niederländisch.

◆ **néerlandais** *nm* [langue] Niederländisch(e) *(das)*.

◆ **Néerlandais, e** *nm, f* Niederländer *der*, -in *die*.

nef [nɛf] *nf* Schiff *das*.

néfaste [nefast] *adj* verhängnisvoll.

nèfle [nɛfl] *nf* [fruit] Mispel *die*.

néflier [neflije] *nm* [plante] Mispel *die*.

négatif, ive [negatif, iv] *adj* negativ.

◆ **négatif** *nm* PHOT Negativ *das*.

◆ **négative** *nf*: **dans la négative** im Falle einer Absage; **répondre par la négative** abschlägig antworten.

négation [negasjɔ̃] *nf* Verneinung *die*.

négativement [negativmɑ̃] *adv* verneinend.

négligé, e [negliʒe] *adj* ungepflegt.

◆ **négligé** *nm* **-1.** [laisser-aller] Ungezwungenheit *die,* Schludrigkeit *die.* **-2.** [déshabillé] Negligé *das.*

négligeable [negliʒabl] *adj* unbedeutend.

négligemment [negliʒamɑ̃] *adv* **-1.** [sans soin] nachlässig. **-2.** [faussement négligent] lässig.

négligence [negliʒɑ̃s] *nf* Nachlässigkeit *die;* **par ~** aus Nachlässigkeit.

négligent, e [negliʒɑ̃, ɑ̃t] ◇ *adj* nachlässig. ◇ *nm, f* nachlässige Person.

négliger [17] [negliʒe] *vt* **-1.** [dédaigner] nicht beachten. **-2.** [oublier]: **~ de faire qqch** es unterlassen, etw zu tun. **-3.** [délaisser] vernachlässigen.

◆ **se négliger** *vp* sich gehen lassen.

négoce [negɔs] *nm* (Groß)handel *der.*

négociable [negɔsjabl] *adj* übertragbar.

négociant, e [negɔsjɑ̃, ɑ̃t] *nm, f* (Groß)händler *der,* -in *die.*

négociateur, trice [negɔsjatœr, tris] *nm, f* **-1.** [courtier] Verhandlungspartner *der,* -in *die.* **-2.** [diplomate] Unterhändler *der,* -in *die.*

négociation [negɔsjasjɔ̃] *nf* Verhandlung *die;* **~s de paix** Friedensverhandlungen *Pl;* **~s au sommet** Gipfelkonferenz *die;* **~ d'un effet de commerce** Begebung *die* eines Wechsels.

négocier [9] [negɔsje] *vt* **-1.** [gén]: **~ (qqch)** (über etw *(A)*) verhandeln; **~ un virage** eine Kurve nehmen. **-2.** FIN begeben.

nègre, négresse [nɛgr, negrɛs] *nm, f péj* Neger *der,* -in *die.*

◆ **nègre** *nm fam* Ghostwriter *der.*

négrier [negrije] *nm* **-1.** [esclavagiste] Sklavenhändler *der.* **-2.** [exploiteur] Sklavenschinder *der.*

négro [negro] *nm péj* Nigger *der,* -in *die.*

neige [nɛʒ] *nf* **-1.** [flocons] Schnee *der;* **aller à la ~** ≃ Skiurlaub machen; **blanc comme ~** schneeweiß; *fig* vollkommen unschuldig. **-2.** CULIN: **battre en ~** schaumig schlagen. **-3.** CHIM: **~ carbonique** Trockeneis *das.*

neiger [23] [neʒe] *v impers*: **il neige** es schneit.

neigeux, euse [nɛʒø, øz] *adj* verschneit.

nénuphar [nenyfar] *nm* Seerose *die.*

néo-calédonien, enne [neɔkaledɔnjɛ̃, ɛn] (*mpl* **néo-calédoniens,** *fpl* **néo-calédoniennes**) *adj* neukaledonisch.

◆ **Néo-Calédonien, enne** *nm, f* Neukaledonier *der,* -in *die.*

néocolonialiste [neɔkɔlɔnjalist] ◇ *nmf* Neokolonialist *der,* -in *die.* ◇ *adj* neokolonialistisch.

néologisme [neɔlɔʒism] *nm* Neologismus *der.*

néon [neɔ̃] *nm* **-1.** [gaz] Neon *das.* **-2.** [enseigne] Neonlicht *das.*

néonatal, e, als [neɔnatal] *adj* neonatal.

néophyte [neɔfit] *nmf* Neuling *der.*

néo-zélandais, e [neɔzelɑ̃dɛ, ɛz] (*mpl inv, fpl* **néo-zélandaises**) *adj* neuseeländisch.

◆ **Néo-Zélandais, e** *nm, f* Neuseeländer *der,* -in *die.*

Népal [nepal] *nm*: **le ~** Nepal *nt;* **au ~** in Nepal.

népalais, e [nepalɛ, ɛz] *adj* nepalesisch, nepalisch.

◆ **népalais** *nm* [langue] Nepali *(das).*

◆ **Népalais, e** *nm, f* Nepalese *der,* -sin *die,* Nepaler *der,* -in *die.*

néphrite [nefrit] *nf* Nierenentzündung *die.*

népotisme [nepɔtism] *nm* Klüngelei *die,* Vetternwirtschaft *die.*

Neptune [nɛptyn] *n* ASTRON Neptun *der.*

nerf [nɛr] *nm* **-1.** ANAT Nerf *der;* **~ optique** Sehnerv; **~ rachidien** Rückenmarksnerv. **-2.** [vigueur] Mumm *der.* **-3.** *fig* [moteur] Auslöser *der.* **-4.** *loc*: **avoir les ~s solides** starke Nerven haben; **avoir des ~s d'acier** Nerven wie Drahtseile haben; **être à bout de ~s** mit den Nerven am Ende sein; **je suis sur les ~s** meine Nerven sind zum Zerreißen gespannt; **taper sur les ~s de qqn** *fam* jm auf die Nerven fallen OU gehen.

nerveusement [nɛrvøzmɑ̃] *adv* **-1.** [avec nervosité] nervös. **-2.** [des nerfs] nervlich.

nerveux, euse [nɛrvø, øz] ◇ *adj* **-1.** [cellule] Nerven-. **-2.** [viande] sehnig. **-3.** [rire, tempérament] nervös. **-4.** [voiture] spritzig. **-5.** [style] schwungvoll. **-6.** → **dépression**. ◇ *nm, f* nervöser Mensch.

nervosité [nɛrvozite] *nf* Nervosität *die.*

nervure [nɛrvyr] *nf* **-1.** [de feuille, d'aile] Ader *die.* **-2.** [moulure] Rippe *die.*

n'est-ce pas [nɛspa] *adv*: **~?** nicht wahr?; **~ que** es stimmt doch, daß.

net, nette [nɛt] *adj* **-1.** [propre, rangé] sauber, einwandfrei. **-2.** COMM & FIN Netto-; **~ d'impôt** steuerfrei. **-3.** [idée, réponse, écriture] klar; **en termes ~s** klar ausgedrückt. **-4.** [image] scharf. **-5.** [visible, manifeste] deutlich.

◆ **net** *adv* sofort, auf der Stelle; **dire tout ~** klipp und klar sagen.

nettement [nɛtmɑ̃] *adv* **-1.** [clairement] klar. **-2.** [incontestablement] deutlich; **c'est ~ mieux** das ist wesentlich besser; **~ plus/moins** eindeutig mehr/weniger.

netteté [nɛtte] *nf* **-1.** [propreté] Sauberkeit *die.* **-2.** [d'image] Schärfe *die.*

nettoie *etc* → **nettoyer**.

nettoierai *etc* → **nettoyer**.

nettoyage [netwajaʒ] *nm* Säuberung *die;* [de vêtement]: **~ (à sec)** (Trocken)reinigung *die.*

nettoyant [netwajɑ̃] *nm* Reinigungsmittel *das*.

nettoyer [13] [nɛtwaje] *vt* **-1.** [laver, désinfecter] reinigen, säubern. **-2.** [vider] aus|räumen. **-3.** [sujet: police, soldats]: **~ qqch de qqch** etw von etw säubern.

Neuchâtel [nøʃatɛl] *n* Neuenburg *nt*.

neuf¹, neuve [nœf, nœv] *adj* neu; **flambant ~** funkelnagelneu.

◆ **neuf** *nm* Neue *das*; **vêtu de ~** neu eingekleidet; **quoi de ~**? was gibt es Neues?; **refaire à ~** renovieren; **remettre à ~** erneuern; **rien de ~** nichts Neues.

neuf² [nœf] ◇ *adj inv* & *pron inv* neun. ◇ *nm inv* Neun *die*; *voir aussi* **six**.

neurasthénie [nørasteni] *nf* Neurasthenie *die*.

neurasthénique [nørastenik] ◇ *nmf* Neurastheniker *der*, -in *die*. ◇ *adj* neurasthenisch.

neurochirurgie [nørɔʃiryrʒi] *nf* Neurochirurgie *die*.

neuroleptique [nørɔlɛptik] ◇ *nm* Neuroleptikum *das*. ◇ *adj* neuroleptisch.

neurologie [nørɔlɔʒi] *nf* Neurologie *die*.

neurologique [nørɔlɔʒik] *adj* neurologisch.

neurologue [nørɔlɔg] *nmf* Neurologe *der*, -gin *die*.

neuropsychiatre [nørɔpsikjatr] *nmf* Neuropsychiater *der*, -in *die*.

neurovégétatif, ive [nørɔveʒetatif, iv] *adj* neurovegetativ; **système ~** vegetatives Nervensystem.

neutralisation [nøtralizasjɔ̃] *nf* **-1.** [gén] Neutralisierung *die*. **-2.** [annihilation] Ausschaltung *die*.

neutraliser [3] [nøtralize] *vt* **-1.** [gén] neutralisieren. **-2.** [sentinelle, malfaiteur] außer Gefecht setzen.

neutralité [nøtralite] *nf* Neutralität *die*.

neutre [nøtr] ◇ *nm* Neutrum *das*. ◇ *adj* neutral, Neutral-.

neutron [nøtrɔ̃] *nm* Neutron *das*.

neuve → **neuf** *adj*.

neuvième [nœvjɛm] ◇ *adj* neunte,-r,-s. ◇ *nmf* Neunte *der*, *die*, *das*. ◇ *nf* SCOL ≃ dritte Klasse. ◇ *nm* **-1.** [fraction] Neuntel *das*. **-2.** [arrondissement] neuntes Arrondissement. **-3.** [étage] neunter Stock, neunte Etage; *voir aussi* **sixième**.

névé [neve] *nm* Firn *der*.

neveu [nəvø] *nm* Neffe *der*.

névralgie [nevralʒi] *nf* **-1.** MÉD Neuralgie *die*. **-2.** [mal de tête] Kopfschmerzen *Pl*.

névralgique [nevralʒik] *adj* neuralgisch.

névrite [nevrit] *nf* Nervenentzündung *die*.

névrose [nevroz] *nf* Neurose *die*.

névrosé, e [nevroze] ◇ *adj* neurotisch. ◇ *nm, f* Neurotiker *der*, -in *die*.

névrotique [nevrɔtik] *adj* neurotisch.

New Delhi [njudeli] *n* Neu-Delhi *nt*.

New York [nujɔrk] *n* New York *nt*; **dans l'État de ~** im Staat New York.

new-yorkais, e [nujɔrkɛ, ɛz] (*mpl inv*, *fpl* **new-yorkaises**) *adj* New Yorker (*adj inv*).

◆ **New-Yorkais, e** *nm, f* New Yorker *der*, -in *die*.

nez [ne] *nm* Nase *die*; **saigner du ~** Nasenbluten haben; **~ aquilin** Adlernase; **~ busqué** Habichtsnase; **~ camus** Sattelnase; **~ crochu** Hakennase; **~ retroussé** Stupsnase; **avoir le ~ fin** eine feine Nase haben; **tu sais ce qui te pend au nez si...**? *fam* weißt du, was dich erwartet, wenn...?; **faire qqch au ~ et à la barbe de qqn** etw vor js Augen tun; **mettre le ~ à la fenêtre** die Nase aus dem Fenster strecken; **mettre le ~ dehors** den Fuß vor die Tür setzen; **raccrocher au ~ de qqn** jm den Hörer auf die Gabel knallen; **se retrouver ~ à ~ avec qqn** auf jn stoßen; **rire au ~ de qqn** jm ins Gesicht lachen.

NF (*abr de* **Norme française**) französische Industrienorm, ≃ DIN *die*.

ni [ni] *conj*: **sans pull ~ écharpe** ohne Pullover und Schal; **je n'ai jamais rien mangé ~ bu d'aussi bon** ich habe noch nie so gut gegessen und getrunken; **je ne peux ~ ne veux venir** ich kann und will nicht kommen.

◆ **ni... ni** *loc corrélative* weder ... noch; **~ lui ~ moi** weder er noch ich; **je ne les connais ~ l'un ~ l'autre** ich kenne weder den einen noch den anderen; **~ mieux ~ pire** nicht besser und nicht schlechter; **~ plus ~ moins** nicht mehr und nicht weniger; **c'est ~ plus ~ moins un navet, ce film** das ist ganz einfach ein langweiliger Film.

niable [njabl] *adj*: **cela n'est pas ~** das läßt sich nicht verleugnen.

Niagara [njagara] *nm*: **les chutes du ~** die Niagarafälle.

niais, e [njɛ, njɛz] ◇ *adj* einfältig. ◇ *nm, f* Einfaltspinsel *der*.

niaisement [njɛzmɑ̃] *adv* einfältig.

niaiserie [njɛzri] *nf* Einfalt *die*; **dire des ~s** Dummheiten sagen.

Niamey [njamɛ] *n* Niamey *nt*.

Nicaragua [nikaragwa] *nm*: **le ~** Nicaragua *nt*, Nikaragua *nt*; **au ~** in Nicaragua.

nicaraguayen, enne [nikaragwɛjɛ̃, ɛn] *adj* nicaraguanisch, nikaraguanisch.

◆ **Nicaraguayen, enne** *nm, f* Nicaraguaner *der*, -in *die*, Nikaraguaner *der*, -in *die*.

Nice [nis] *n* Nizza *nt*.

niche [niʃ] *nf* **-1.** [de chien] Hütte *die*. **-2.** [de statue] Nische *die*. **-3.** *fam* [farce] Streich *der*.

nicher [3] [niʃe] *vi* **-1.** [oiseaux] nisten. **-2.** *fam* [habiter] wohnen.
◆ **se nicher** *vp* [se cacher] sich verstecken; **où cet enfant est-il donc allé se ~?** wo steckt das Kind nur?; **se ~ quelque part** *fig* sich irgendwo fest|setzen.

nickel [nikɛl] ◇ *nm* Nickel *das.* ◇ *adj inv fam* picobello, tipptopp.

niçois, e [niswa, az] *adj* nizzaisch, Nizza-; **salade ~e** Nizzasalat *der.*
◆ **Niçois, e** *nm, f* Nizzaer *der*, -in *die.*

Nicosie [nikɔzi] *n* Nikosia *nt.*

nicotine [nikɔtin] *nf* Nikotin *das.*

nid [ni] *nm* Nest *das*; **~ à poussière** Staubfänger *der.*

nid-d'abeilles [nidabɛj] (*pl* **nids-d'abeilles**) *nm* Waffelgewebe *das.*

nid-de-poule [nidpul] (*pl* **nids-de-poule**) *nm* Schlagloch *das.*

nièce [njɛs] *nf* Nichte *die.*

n ième = **énième.**

nier [9] [nje] *vt* leugnen.

nigaud, e [nigo, od] ◇ *adj* dumm. ◇ *nm, f* Dummkopf *der.*

Niger [niʒɛr] *nm* **-1.** [fleuve]: **le ~** der Niger. **-2.** [État]: **le ~** Niger *nt*; **au ~** in Niger.

Nigeria [niʒɛrja] *nm*: **le ~** Nigeria *nt*; **au ~** in Nigeria.

nigérian, e [niʒerjɑ̃, an] *adj* nigerianisch.
◆ **Nigérian, e** *nm, f* Nigerianer *der*, -in *die.*

nigérien, enne [niʒerjɛ̃, ɛn] *adj* nigrisch.
◆ **Nigérien, enne** *nm, f* Nigrer *der*, -in *die.*

night-club [najtklœb] (*pl* **night-clubs**) *nm* Nightclub *der.*

Nil [nil] *nm*: **le ~** der Nil.

n'importe → **importer.**

nippe [nip] *nf (gén pl) fam* Klamotten *Pl.*

nippon, onne OU **one** [nipɔ̃, ɔn] *adj* japanisch.
◆ **Nippon, onne** OU **one** *nm, f* Japaner *der*, -in *die.*

nirvana [nirvana] *nm* Nirwana *das.*

nitrate [nitrat] *nm* Nitrat *das.*

nitrique [nitrik] *adj*: **acide ~** Salpetersäure *die.*

nitroglycérine [nitrɔgliserin] *nf* Nitroglyzerin *das.*

niveau, x [nivo] *nm* **-1.** [gén] Niveau *das*; **au même ~** auf dem gleichen Niveau; COURSE auf gleicher Höhe; **~ scolaire** schulisches Leistungsniveau; **~ de vie** Lebensstandard *der.* **-2.** [hauteur] Stand *der*; **~ d'huile** Ölstand; **~ de la mer** Meeresspiegel *der.* **-3.** [étage] Geschoß *das.* **-4.** [hiérarchique] Stufe *die.* **-5.** [instrument] Waage *die*; **~ à bulle** Wasserwaage.
◆ **au niveau de** *loc prép* **-1.** [en ce qui concerne]: **au ~ de qqch** was etw angeht OU anbelangt. **-2.** [à la hauteur de] auf der Höhe von.

niveler [24] [nivle] *vt* nivellieren, ein|ebnen; *fig* an|gleichen.

nivellement [nivɛlmɑ̃] *nm* Nivellierung *die*; *fig* Angleichung *die.*

NN (*abr de* **nouvelle norme**) neue Norm.

noble [nɔbl] ◇ *nmf* Ad(e)lige *der, die.* ◇ *adj* **-1.** [aristocratique] ad(e)lig. **-2.** [généreux] edel. **-3.** [majestueux] würdevoll. **-4.** [supérieur] Edel-, edel.

noblement [nɔbləmɑ̃] *adv* mit Würde.

noblesse [nɔblɛs] *nf* **-1.** [aristocratie] Adel *der.* **-2.** [générosité] Edelmut *der*, Würde *die.*

noce [nɔs] *nf* **-1.** [mariage] Hochzeit *die.* **-2.** [cortège] Hochzeitsgesellschaft *die.* **-3.** *fam* [amusement] Budenzauber *der*; **faire la ~** feiern.
◆ **noces** *nfpl* Hochzeit *die (sans pl)*; **convoler en justes ~s** sich vermählen; **épouser qqn en secondes ~s** jn in zweiter Ehe heiraten; **~s d'or/d'argent** goldene/silberne Hochzeit.

nocif, ive [nɔsif, iv] *adj* schädlich.

nocivité [nɔsivite] *nf* Schädlichkeit *die.*

noctambule [nɔktɑ̃byl] *nmf* Nachtschwärmer *der*, Nachtmensch *der.*

nocturne [nɔktyrn] ◇ *nf* [de magasin] verkaufsoffener Abend; **ouvert en ~** spätabends geöffnet *(adj).* ◇ *nm* **-1.** ZOOL Nachtvogel *der.* **-2.** MUS Nocturne *das.* ◇ *adj* **-1.** [de nuit] nächtlich. **-2.** [animal] Nacht-.

nodule [nɔdyl] *nm* **-1.** ANAT Knötchen *das.* **-2.** [minerai] Knolle *die.*

Noël [nɔɛl] *nm* Weihnachten *(das)*; → **Père.**

nœud [nø] *nm* **-1.** [gén] Knoten *der*; **filer à 30 ~s** 30 Knoten machen; **~ coulant** Zugknoten; **~ de cravate** Krawattenknoten; **double ~** Doppelknoten. **-2.** *fig* & *littéraire* [attachement] Band *das.* **-3.** [ruban] Schleife *die*; **~ papillon** Fliege *die.* **-4.** [croisement] Knotenpunkt *der.* **-5.** *fig* [centre] Kern *der.*

noie *etc* → **noyer.**

noierai *etc* → **noyer.**

noir, e [nwar] *adj* **-1.** [gén] schwarz, Schwarz-; **~ de qqch** schwarz von etw; **~ de monde** voller Menschen. **-2.** [obscur, sombre] dunkel. **-3.** [triste] düster. **-4.** [roman, film] Krimi(nal)-. **-5.** [des Noirs] Schwarz-, aus Schwarzafrika. **-6.** *fam* [ivre] blau.
◆ **noir** *nm* **-1.** [couleur] Schwarz *das*; **~ sur blanc** schwarz auf weiß. **-2.** [obscurité] Dunkelheit *die.* **-3.** [café]: **un petit ~** ein Espresso. **-4.** *loc*: **broyer du ~** in finstere Gedanken ver-

sunken sein; **voir tout en ~** immer nur schwarz|sehen.
◆ **noire** *nf* MUS Viertelnote *die*.
◆ **Noir, e** *nm, f* Schwarze *der, die*.
◆ **Noire** → **mer**.
◆ **au noir** ◇ *loc adj* Schwarz-. ◇ *loc adv* schwarz.
noirâtre [nwaratr] *adj* schwärzlich.
noiraud, e [nwaro, od] ◇ *nm, f dunkelhäutige Person mit schwarzen Haaren*. ◇ *adj* dunkelhäutig.
noirceur [nwarsœr] *nf* **-1.** *littéraire* [couleur] Schwärze *die*. **-2.** [méchanceté] Gemeinheit *die*.
noircir [32] [nwarsir] ◇ *vi* schwarz werden. ◇ *vt* **-1.** [foncer] schwarz machen. **-2.** *sout* [calomnier] in Verruf bringen; **~ la réputation de qqn** js Ruf besudeln.
◆ **se noircir** *vp* **-1.** [devenir noir] sich schwarz färben. **-2.** [s'accuser] sich selbst schlecht machen. **-3.** *fam* [s'enivrer] sich besaufen.
noise [nwaz] *nf*: **chercher ~** OU **des ~s à qqn** sich mit jm anlegen wollen.
noisetier [nwaztje] *nm* Hasel(nuß)strauch *der*.
noisette [nwazɛt] ◇ *nf* **-1.** [fruit] Haselnuß *die*. **-2.** [petite quantité]: **une ~ de beurre** ein haselnußgroßes Stück Butter. ◇ *adj inv* nußbraun.
noix [nwa] *nf* **-1.** [gén] Nuß *die*; [de noyer] Walnuß *die*; **~ de cajou** Cashewnuß; **~ de coco** Kokosnuß; **~ de muscade** Muskatnuß; **~ de veau** Kalbsnuß. **-2.** *fam* [imbécile] Schaf *das*.
◆ **à la noix** *loc adj fam* : **vacances à la ~** mißratene Ferien; **explication à la ~** verfehlte Erklärung.
nom [nɔ̃] *nm* **-1.** [gén] Name *der*; **~ d'emprunt** angenommener Name; **~ de famille** Familienname; **~ de fichier** INFORM Dateiname; **~ de jeune fille** Mädchenname; **~ commun** Gattungsname; **~ propre** Eigenname; **au ~ de qqn/qqch** [en représentant de] in js/einer Sache Namen; [en considération de] um js/einer Sache willen. **-2.** [prénom] Vorname *der*. **-3.** [désignation] Bezeichnung *die*; **~ déposé** COMM eingetragener Name; **appeler les choses par leur ~** die Dinge bei ihrem Namen nennen. **-4.** GRAM Hauptwort *das*; **~ composé** zusammengesetztes Wort. **-5.** *loc*: **~ de Dieu!** *vulg* verdammt noch mal!; **~ d'un chien** OU **d'une pipe!** *fam* verflixt und zugenäht!; **traiter qqn de tous les ~s** jm alles mögliche an den Kopf werfen.
nomade [nɔmad] ◇ *nmf* Nomade *der*, -din *die*. ◇ *adj* Nomaden-, nomadisch.
nombre [nɔ̃br] *nm* **-1.** MATHS & GRAM Zahl *die*; **~ pair/impair** gerade/ungerade Zahl. **-2.** [effectif, quantité] Anzahl *die*; **au ~ de** insgesamt; **les adolescents, au ~ de 200, participeront aux débats** die insgesamt 200 Jugendlichen werden an den Debatten teilnehmen; **bon ~ de choses/personnes** ziemlich viele Dinge/Personen; **venir en ~** zahlreich kommen; **un bon ~ d'entre nous/vous etc** eine große Anzahl von uns/euch etc.
nombreux, euse [nɔ̃brø, øz] *adj* **-1.** [multiple] zahlreich. **-2.** [foule, public] groß; [famille] kinderreich.
nombril [nɔ̃bril] *nm* (Bauch)nabel *der*; *fig* Nabel *der*.
nombrilisme [nɔ̃brilism] *nm fam péj* Nabelschau *die*.
nomenclature [nɔmɑ̃klatyr] *nf* **-1.** [terminologie] Nomenklatur *die*. **-2.** [liste] Liste *die* der Stichwörter.
nominal, e, aux [nɔminal, o] *adj* **-1.** [par nom] Namens-, namentlich. **-2.** [valeur] Nominal-, Nenn-. **-3.** [autorité] nominell. **-4.** GRAM Nominal-.
nominalement [nɔminalmɑ̃] *adv* **-1.** [par le nom] namentlich. **-2.** GRAM nominal.
nominatif, ive [nɔminatif, iv] *adj* Namens-, namentlich.
◆ **nominatif** *nm* Nominativ *der*.
nomination [nɔminasjɔ̃] *nf* Ernennung *die*.
nommé, e [nɔme] ◇ *adj* **-1.** [désigné] genannt. **-2.** [choisi]: **~ à qqch** zu etw ernannt. ◇ *nm, f*: **le sus ~** der Obengenannte; **un ~ Martin** ein gewisser Martin.
nommément [nɔmemɑ̃] *adv* namentlich.
nommer [3] [nɔme] *vt* **-1.** [donner le nom de] nennen. **-2.** [promouvoir]: **~ qqn qqch** jn zu etw ernennen.
◆ **se nommer** *vp* **-1.** [s'appeler] heißen. **-2.** [se désigner] seinen Namen nennen.
non [nɔ̃] ◇ *adv* **-1.** [réponse négative] nein; **veux-tu venir**? - **~!** willst du kommen? - nein!; **~, merci** nein, danke; **il me semble que ~** ich glaube nicht; **il a dit ~** er hat nein gesagt. **-2.** [se rapporte à la phrase précédente, avec adverbe ou adjectif] **nicht**; **moi ~** ich nicht; **moi ~ plus** ich auch nicht; **une difficulté ~ négligeable** eine nicht unerhebliche Schwierigkeit. **-3.** [appelle une confirmation] nicht wahr, oder; **c'est une bonne idée, ~**? das ist eine gute Idee, nicht wahr? ◇ *nm inv* Nein *das*.
◆ **non moins** *loc adv sout* nicht weniger.
◆ **non pas ... mais** *loc corrélative* nicht ..., sondern; **~ pas maigre, mais mince** nicht mager, sondern schlank; **~ (pas) que ...** *(+ subjonctif)* **mais** nicht daß ..., aber.
◆ **non plus ... mais** *loc corrélative* nicht mehr ..., sondern.
◆ **non sans** *loc adv* & *loc conj* nicht ohne; **~**

sans mal nicht ohne Mühe.

◆ **non seulement ... mais (encore)** *loc corrélative* nicht nur ..., sondern auch.

nonagénaire [nɔnaʒenɛr] ◇ *nmf* Neunziger *der*, -in *die*. ◇ *adj* neunzigjährig.

non-agression [nɔnagrɛsjɔ̃] *nf*: **pacte de ~** Nichtangriffspakt *der*.

non-aligné, e [nɔnaliɲe] *adj* blockfrei; **les pays ~s** die blockfreien Staaten.

non-assistance [nɔnasistɑ̃s] *nf*: **~ à personne en danger** unterlassene Hilfeleistung.

nonchalance [nɔ̃ʃalɑ̃s] *nf* **-1.** [indolence] Nachlässigkeit *die*. **-2.** [lenteur] Lässigkeit *die*.

nonchalant, e [nɔ̃ʃalɑ̃, ɑ̃t] *adj* **-1.** [paresseux] nachlässig. **-2.** [décontracté] lässig.

non-combattant, e [nɔ̃kɔ̃batɑ̃, ɑ̃t] ◇ *adj* nicht kämpfend. ◇ *nm, f* Nichtkämpfer *der*, -in *die*.

non-conformiste [nɔ̃kɔ̃fɔrmist] ◇ *nmf* Nonkonformist *der*, -in *die*. ◇ *adj* nonkonformistisch, Nonkonformisten-.

non-conformité [nɔ̃kɔ̃fɔrmite] *nf* Nichtübereinstimmung *die*.

non-dit [nɔ̃di] *nm* Ungesagte *das (sans pl)*.

non-fumeur, euse [nɔ̃fymœr, øz] *nm, f* Nichtraucher *der*, -in *die*.

non-ingérence [nɔnɛ̃ʒerɑ̃s] *nf* Nichteinmischung *die*.

non-inscrit, e [nɔnɛ̃skri, it] POLIT ◇ *adj* fraktionslos. ◇ *nm, f* fraktionslose Abgeordnete *der, die*.

non-intervention [nɔnɛ̃tɛrvɑ̃sjɔ̃] *nf* Nichteinmischung *die*.

non-lieu [nɔ̃ljø] *nm* Einstellung *die* des Strafverfahrens; **bénéficier d'un ~** die Einstellung des Strafverfahrens erwirken; **rendre un ~** das Strafverfahren ein|stellen.

nonne [nɔn] *nf* Nonne *die*.

nonobstant [nɔnɔpstɑ̃] *sout* ◇ *prép*: **~ qqch** trotz *(G)*. ◇ *adv* nichtsdestotrotz.

non-paiement [nɔ̃pɛmɑ̃] *nm* Nichtbezahlung *die*.

non-recevoir [nɔ̃rəsəvwar] → **fin**.

non-résident, e [nɔ̃rezidɑ̃] *nm, f* Nichtansässige *der, die*.

non-retour [nɔ̃rətur]

◆ **point de non-retour** *nm Punkt, von dem es kein Zurück mehr gibt.*

non-sens [nɔ̃sɑ̃s] *nm inv* **-1.** [absurdité] Unsinn *der*. **-2.** [contresens] Sinnfehler *der*.

non-stop [nɔnstɔp] *adj inv* nonstop.

non-violence [nɔ̃vjɔlɑ̃s] *nf* Gewaltlosigkeit *die*.

non-voyant, e [nɔ̃vwajɑ̃, ɑ̃t] *nm, f* Blinde *der, die*.

nord [nɔr] ◇ *adj inv* Nord-, nördlich. ◇ *nm inv*: **le ~** der Norden; **le vent du ~** Nordwind *der*; **perdre le ~** *fam fig* nicht mehr ein noch aus wissen.

◆ **Nord** *nm inv*: **le Nord** der Norden; **le grand Nord** der hohe Norden; **la mer du Nord** die Nordsee; **le dialogue Nord-Sud** der Nord-Süd-Dialog.

nord-africain, e [nɔrafrikɛ̃, ɛn] (*mpl* **nord-africains**, *fpl* **nord-africaines**) *adj* nordafrikanisch.

◆ **Nord-Africain, e** *nm, f* Nordafrikaner *der*, -in *die*.

nord-américain, e [nɔramerikɛ̃, ɛn] (*mpl* **nord-américains**, *fpl* **nord-américaines**) *adj* nordamerikanisch.

◆ **Nord-Américain, e** *nm, f* Nordamerikaner *der*, -in *die*.

nord-coréen, enne [nɔrkɔreɛ̃, ɛn] (*mpl* **nord-coréens**, *fpl* **nord-coréennes**) *adj* nordkoreanisch.

◆ **Nord-Coréen, enne** *nm, f* Nordkoreaner *der*, - in *die*.

nord-est [nɔrɛst] ◇ *adj inv* Nordost-, nordöstlich. ◇ *nm inv*: **le ~** der Nordosten.

nordique [nɔrdik] *adj* nordisch.

◆ **Nordique** *nmf* **-1.** [Scandinave] Nordländer *der*, -in *die*. **-2.** *Can* Nordkanadier *der*, -in *die*.

nord-ouest [nɔrwɛst] ◇ *adj inv* Nordwest-, nordwestlich. ◇ *nm inv*: **le ~** der Nordwesten.

normal, e, aux [nɔrmal, o] *adj* normal.

◆ **normale** *nf* Normale *das*, Normalmaß *das*; **il est d'une intelligence supérieure à la ~e** er ist überdurchschnittlich intelligent.

normalement [nɔrmalmɑ̃] *adv* normalerweise.

normalien, enne [nɔrmaljɛ̃, ɛn] *nm, f Student(in) oder Absolvent(in) der École normale supérieure.*

normalisation [nɔrmalizasjɔ̃] *nf* **-1.** [stabilisation] Normalisierung *die*. **-2.** [standardisation] Normung *die*.

normaliser [3] [nɔrmalize] *vt* **-1.** [stabiliser] normalisieren. **-2.** [standardiser] normen.

◆ **se normaliser** *vp* sich normalisieren.

normalité [nɔrmalite] *nf* Normalität *die*.

normand, e [nɔrmɑ̃, ɑ̃d] *adj* **-1.** HIST normannisch. **-2.** [de Normandie] (aus) der Normandie.

◆ **Normand, e** *nm, f* **-1.** HIST Normanne *der*, -nin *die*. **-2.** [de Normandie] Einwohner *der*, -in *die* der Normandie.

Normandie [nɔrmɑ̃di] *nf*: **la ~** die Normandie.

normatif, ive [nɔrmatif, iv] *adj* normativ.

norme [nɔrm] *nf* Norm *die*; **être dans la ~** nicht aus dem Rahmen fallen; **être hors ~s** nicht normgerecht sein.

Norvège [nɔrvɛʒ] *nf*: **la ~** Norwegen *nt*.

norvégien, enne [nɔrveʒjɛ̃, ɛn] *adj* norwegisch.
◆ **norvégien** *nm* [langue] Norwegisch(e) *(das)*.
◆ **Norvégien, enne** *nm, f* Norweger *der*, - in *die*.

nos → **notre**.

nostalgie [nɔstalʒi] *nf* **-1.** [mal du pays]: **la ~ de qqch** das Heimweh nach etw. **-2.** [mélancolie] Sehnsucht *die*.

nota bene [nɔtabene] *nm inv* Notabene *das*.

notable [nɔtabl] ◇ *nm*: **les ~s** die Honoratioren. ◇ *adj* beachtlich.

notablement [nɔtabləmɑ̃] *adv* erheblich.

notaire [nɔtɛr] *nm* Notar *der*, -in *die*.

notamment [nɔtamɑ̃] *adv* vor allem.

notarial, e, aux [nɔtarjal, o] *adj* notarisch; **charge ~e** Notariat *das*.

notarié, e [nɔtarje] *adj* notariell; **acte ~** notariell beglaubigte Urkunde.

notation [nɔtasjɔ̃] *nf* **-1.** [système] Schrift *die*. **-2.** [remarque] Bemerkung *die*. **-3.** SCOL Benotung *die*, Notengebung *die*. **-4.** ADMIN Beurteilung *die*.

note [nɔt] *nf* **-1.** MUS & SCOL Note *die*; **fausse ~** Mißton *der*; **avoir une bonne/mauvaise ~** eine gute/schlechte Note haben. **-2.** [trace écrite] Notiz *die*; **prendre des ~s** sich Notizen machen; **prendre ~ de qqch** etw zur Kenntnis nehmen; **prendre qqch en ~** sich etw notieren. **-3.** [communication] Mitteilung *die*; **~ de service** dienstliche Mitteilung. **-4.** [facture] (Ab)rechnung *die*; **une ~ salée** *fam* eine gesalzene Rechnung. **-5.** [commentaire] Anmerkung *die*; **~ de bas de page** Fußnote *die*.

noté, e [nɔte] *adj*: **être bien/mal ~** gut/schlecht beurteilt werden.

noter [3] [nɔte] *vt* **-1.** [écrire] notieren. **-2.** [constater] bemerken. **-3.** SCOL benoten. **-4.** [marquer] an|merken.

notice [nɔtis] *nf* Kurzbeschreibung *die*; **~ explicative** Bedienungsanleitung *die*.

notification [nɔtifikasjɔ̃] *nf* **-1.** [de fait] (offizielle) Bekanntmachung. **-2.** [de document] Zustellung *die*.

notifier [9] [nɔtifje] *vt*: **~ qqch à qqn** jm etw bekannt|geben.

notion [nosjɔ̃] *nf* Begriff *der*; **elle n'a absolument pas la ~ de l'heure** sie hat überhaupt kein Zeitgefühl.
◆ **notions** *nfpl* [rudiment] Grundkenntnisse *Pl*.

notoire [nɔtwar] *adj* notorisch; **criminel ~** Gewohnheitsverbrecher *der*.

notoirement [nɔtwarmɑ̃] *adv* (ganz) offenkundig; **il est ~ connu pour ses méfaits** er ist allgemein für seine Missetaten bekannt.

notoriété [nɔtɔrjete] *nf* Bekanntheit *die*; **de ~ publique** allgemein bekannt; **~ de la marque** COMM Bekanntheitsgrad *der* der Marke.

notre [nɔtr] (*pl* **nos** [no]) *adj poss* unser,-e.

nôtre [notr]
◆ **le nôtre** (*f* **la nôtre**, *pl* **les nôtres**) *pron poss* unsere,-r,-s, der OU die OU das unsere; **les ~s** [famille] die Unsrigen; **vous avez vos problèmes, et nous les ~s** Sie haben Ihre Probleme und wir die unseren; **serez-vous des ~s demain soir**? dürfen wir Sie morgen abend erwarten?; **c'est un des ~s** er steht auf unserer Seite; **il faut y mettre du ~** wir müssen das Unsrige dazutun.

Nouakchott [nwakʃɔt] *n* Nouakchott *nt*.

nouba [nuba] *nf*: **faire la ~** *fam* auf den Putz hauen.

nouer [6] [nwe] *vt* **-1.** [corde, lacet] knoten. **-2.** [gorge, estomac] zu|schnüren. **-3.** [relation] knüpfen; [alliance] schließen. **-4.** [intrigue] spinnen. **-5.** [bouquet] binden.
◆ **se nouer** *vp* **-1.** [gorge] sich zu|schnüren. **-2.** [relation, alliance] sich an|bahnen. **-3.** [intrigue] ein|setzen.

noueux, euse [nwø, øz] *adj* knotig.

nougat [nuga] *nm* ≃ türkischer Honig.

nouille [nuj] *nf* **-1.** [pâte] Nudel *die*. **-2.** *fam* [imbécile] schlaffer Sack.

Nouméa [numea] *n* Nouméa *nt*.

nounou [nunu] *nf* *Kosename der Kindersprache für die Tagesmutter.*

nourrice [nuris] *nf* **-1.** [garde d'enfant] Tagesmutter *die*; [qui allaite] Amme *die*. **-2.** [réservoir] Reservekanister *der*.

nourrir [32] [nurir] *vt* **-1.** [personne] ernähren; [animal] füttern; **nourri, logé, blanchi** Kost und Logis inklusive Wäschepflege. **-2.** [feu] in Gang halten. **-3.** [sentiment, projet] nähren. **-4.** [imagination]: **~ qqch** einer Sache *(D)* Nahrung geben; **nourri de** [style] erfühlt von.
◆ **se nourrir** *vp* **-1.** [s'alimenter]: **se ~ (de qqch)** sich (von etw) ernähren. **-2.** *fig* [s'entretenir]: **se ~ de qqch** von etw leben; **se ~ d'illusions** sich Illusionen hin|geben.

nourrissant, e [nurisɑ̃, ɑ̃t] *adj* nahrhaft.

nourrisson [nurisɔ̃] *nm* Säugling *der*.

nourriture [nurityr] *nf* Nahrung *die*.

nous [nu] *pron pers* **-1.** [sujet, dans comparaison] wir; **c'est à ~ de faire qqch** wir müssen selbst etw tun; **aussi... que ~** so... wie uns. **-2.** [complément, avec verbe pronominal] uns; **elle a parlé de ~** sie hat von uns gesprochen; **qui nous en aurait parlé, à ~**? wer hätte schon mit uns darüber gesprochen; **pourquoi est-ce ~ qu'il a appelés**? warum mußte er ausgerechnet uns anrufen?; ~ ~ **sommes rencontrés** wir haben uns getroffen; **ne ~ décourageons pas!** laßt uns nicht den Mut verlieren!; **dépêchons-~!** laßt uns keine Zeit verlieren! **-3.** [de majesté] Wir.

nous-mêmes [numɛm] *pron pers* wir selbst; **il nous a dit de faire le reste ~** er hat uns gesagt, wir sollten den Rest selbst erledigen.

nouveau, elle, x [nuvo, nuvɛl] ◇ *adj* (**nouvel** *devant voyelle ou h muet*) neu; [procédé] neuartig. ◇ *nm, f* Neue *der, die, das.*

◆ **nouveau** *nm* Neue *das*; [originalité] Neuartigkeit *die.*

◆ **nouvelle** *nf* **-1.** [avis, information] Nachricht *die,* Neuigkeit *die*; **vous connaissez la nouvelle**? wißt ihr schon das Neueste? **-2.** LITTÉRATURE Novelle *die.*

◆ **nouvelles** *nfpl* MÉDIA Nachrichten *Pl*; **aux dernières nouvelles** den jüngsten Meldungen zufolge; **(ne pas) donner de ses nouvelles** (nichts) von sich hören lassen; **être sans nouvelles de qqn/qqch** nichts von jm/etw gehört haben.

◆ **à nouveau** *loc adv* erneut.

◆ **de nouveau** *loc adv* erneut.

nouveau-né, e [nuvone] (*mpl* **nouveau-nés,** *fpl* **nouveau-nées**) ◇ *adj* neugeboren. ◇ *nm, f* Neugeborene *das.*

nouveauté [nuvote] *nf* **-1.** [actualité] Aktualität *die.* **-2.** [innovation, produit] Neuheit *die.* **-3.** [ouvrage] Novität *die.*

nouvelle → **nouveau.**

Nouvelle-Calédonie [nuvɛlkaledɔni] *nf*: **la ~** Neukaledonien *nt.*

Nouvelle-Guinée [nuvɛlgine] *nf*: **la ~** Neuguinea *nt.*

nouvellement [nuvɛlmɑ̃] *adv* neu, frisch.

Nouvelle-Orléans [nuvɛlɔrleɑ̃] *n*: **La ~** New Orleans *nt.*

Nouvelle-Zélande [nuvɛlzelɑ̃d] *nf*: **la ~** Neuseeland *nt.*

novateur, trice [nɔvatœr, tris] ◇ *adj* innovativ. ◇ *nm, f* Neuerer *der,* -erin *die.*

novembre [nɔvɑ̃br] *nm* November *der; voir aussi* **septembre.**

novice [nɔvis] ◇ *nmf* **-1.** [débutant] Neuling *der.* **-2.** RELIG Novize *der,* -zin *die.* ◇ *adj* neu.

noyade [nwajad] *nf* Ertrinken *das.*

noyau, x [nwajo] *nm* Kern *der*; **le ~ dur** der harte Kern.

noyauter [3] [nwajote] *vt* [infiltrer] unterwandern.

noyé, e [nwaje] ◇ *adj* **-1.** [personne] ertrunken. **-2.** [inondé] überflutet, überschwemmt; **~ de larmes** tränenüberströmt. **-3.** *fig* [caché]: **~ dans qqch** ganz von etw umgeben. **-4.** [moteur] abgesoffen. ◇ *nm, f* Ertrunkene *der, die.*

noyer [13] [nwaje] *vt* **-1.** [personne, animal, plante] ertränken. **-2.** [terres] überfluten, überschwemmen. **-3.** [moteur] absaufen lassen. **-4.** [contours] verwischen.

◆ **se noyer** *vp* **-1.** [dans l'eau] ertrinken. **-2.** *fig* [se perdre]: **se ~ dans qqch** sich in etw *(D)* verlieren. **-3.** [s'estomper] unter|gehen.

N/Réf (*abr de* **Notre référence**) Unser Zeichen.

NRF (*abr de* **Nouvelle Revue Française**) *nf* [revue] *französische Literaturzeitschrift.*

nu, e [ny] *adj* **-1.** [personne, vérité] nackt. **-2.** [arbre] kahl. **-3.** [style] karg. **-4.** [fil électrique] blank.

◆ **nu** *nm* ART Akt *der.*

◆ **à nu** *loc adv*: **mettre à ~** [sentiment] entblößen; [complot, fil] bloß|legen.

nuage [nɥaʒ] *nm* Wolke *die*; **un ~ de lait** eine Idee Milch; **être dans les ~s** *fig* über OU in den Wolken schweben.

nuageux, euse [nɥaʒø, øz] *adj* **-1.** [ciel] bewölkt. **-2.** [esprit] düster.

nuance [nɥɑ̃s] *nf* **-1.** [de couleur, de son] Nuance *die.* **-2.** [de sentiment, d'idée] feiner Unterschied; **tout en ~s** differenziert.

nuancé, e [nɥɑ̃se] *adj* nuanciert.

nuancer [16] [nɥɑ̃se] *vt* nuancieren.

nubile [nybil] *adj* heiratsfähig.

nucléaire [nyklɛɛr] ◇ *nm* Kernkraft *die,* Atomkraft *die*; **la politique (du) ~** Atompolitik *die.* ◇ *adj* **-1.** PHYS Kern-, Atom-, nuklear; **énergie ~** Kernkraft *die*; **guerre ~** Atomkrieg *der.* **-2.** BIOL Zellkern-. **-3.** [groupe, famille] Klein-.

nudisme [nydism] *nm* Freikörperkultur *die.*

nudiste [nydist] ◇ *nmf* FKK-Anhänger *der,* - in *die.* ◇ *adj* FKK-.

nudité [nydite] *nf* **-1.** [de personne] Nacktheit *die.* **-2.** [de lieu] Kahlheit *die.* **-3.** [de style] Kargheit *die.*

nue [ny] *nf*: **tomber des ~s** aus allen Wolken fallen.

nuée [nɥe] *nf* **-1.** [multitude]: **une ~ de** ein Schwarm von. **-2.** *littéraire* [nuage] schwere Wolke.

nui [nɥi] *pp inv* → **nuire.**

nuire [97] [nɥir] *vi*: **~ à qqn/qqch** jm/etw schaden.

◆ **se nuire** *vp* sich selbst schaden.

nuisais *etc* → **nuire.**

nuisance [nɥizɑ̃s] *nf* Belästigung *die*; **les ~s** die Umweltbelastung.

nuisible [nɥizibl] ◇ *adj* schädlich. ◇ *nm* Schädling *der.*

nuit [nɥi] *nf* Nacht *die*; **~ blanche** durchwachte

Nacht; **~ noire** tiefe Nacht; **depuis la ~ des temps** seit grauer Vorzeit.
◆ **de nuit** ◇ *loc adv* nachts. ◇ *loc adj* Nacht-.
nuitamment [nɥitamɑ̃] *adv littéraire* nächtlicherweile.
nuitée [nɥite] *nf* Übernachtung *die*.
nul, nulle [nyl] ◇ *adj indéf (avant le nom) sout* kein,-er,-e; **nulle part** nirgends. ◇ *adj (après le nom)* **-1.** [égal à zéro] gleich Null; **une différence ~le** kein noch so kleiner Unterschied. **-2.** [sans valeur] armselig; **c'est ~!** *fam* das ist ja wohl das Letzte! **-3.** [match] unentschieden. **-4.** [caduc] → **avenu**. ◇ *nm, f péj* Niete *die*. ◇ *pron indéf sout* niemand.
nullement [nylmɑ̃] *adv* ganz und gar nicht.
nullité [nylite] *nf* **-1.** [médiocrité] Unbegabtheit *die*. **-2.** *péj* [personne] Null *die*. **-3.** JUR Ungültigkeit *die*.
numéraire [nymerɛr] ◇ *nm* (gesetzliches) Zahlungsmittel; **payer en ~** bar bezahlen. ◇ *adj*: **espèce ~** gesetzliches Zahlungsmittel.
numéral, e, aux [nymeral, o] *adj*: **système ~** Zahlensystem *das*; **adjectif ~** Zahlwort *das*.
◆ **numéral** *nm* Zahl *die*.
numérateur [nymeratœr] *nm* Zähler *der*.
numération [nymerasjɔ̃] *nf* Zählung *die*.
numérique [nymerik] *adj* **-1.** [supériorité] zahlenmäßig. **-2.** MATHS Zahlen-. **-3.** INFORM numerisch, digital; **affichage ~** Digitalanzeige *die*.
numériquement [nymerikmɑ̃] *adv* zahlenmäßig.
numériser [3] [nymerize] *vt* digitalisieren.
numéro [nymero] *nm* **-1.** [gén] Nummer *die*; **composer un ~** eine Nummer wählen; **faux ~** falsche Nummer; **faire un faux ~** sich verwählen; **~ vert** gebührenfreie Telefonnummer; **faire son ~** *fig* eine Schau ab|ziehen. **-2.** [de loterie] Los *das*; **tirer le mauvais ~** *fig* Pech haben.
numéroter [3] [nymerɔte] *vt* numerieren.
numerus clausus [nymerysklozys] *nm* Numerus clausus *der*.
numismatique [nymismatik] ◇ *adj* numismatisch. ◇ *nf* Numismatik *die*.
nu-pieds [nypje] *nm inv* Sandale *die* mit Zehenriemchen.
nuptial, e, aux [nypsjal, o] *adj*: **anneau ~** Ehering *der*; **bénédiction ~e** ehelicher Segen; **marche ~e** Hochzeitsmarsch *der*.
nuque [nyk] *nf* Nacken *der*.
nurse [nœrs] *nf* Kindermädchen *das*.
nutritif, ive [nytritif, iv] *adj* Nähr-.
nutritionniste [nytrisjɔnist] ◇ *nmf* Ernährungswissenschaftler *der*, -in *die*. ◇ *adj* ernährungswissenschaftlich; **médecin ~** Facharzt *der* für Ernährung.
Nylon® [nilɔ̃] *nm* Nylon *das*.
nymphe [nɛ̃f] *nf* Nymphe *die*.
nymphomane [nɛ̃fɔman] ◇ *nf* Nymphomanin *die*. ◇ *adj* nymphoman.

O

o, O [o] *nm inv* [lettre] o *das*, O *das*.
◆ **O** (*abr de* **ouest**) W.
ô [o] *interj* o.
OACI (*abr de* **Organisation de l'aviation civile internationale**) *nf* ICAO *die*.
OAS (*abr de* **Organisation de l'armée secrète**) *nf französische Geheimorganisation gegen die Unabhängigkeit Algeriens*.
oasis [ɔazis] *nf* Oase *die*.
obédience [ɔbedjɑ̃s] *nf* **-1.** *sout* [appartenance] Anschauung *die*; **d'~ marxiste** marxistischer Prägung. **-2.** RELIG Gehorsam *der*.
obéir [32] [ɔbeir] *vi*: **~ à qqn/qqch** jm/etw gehorchen; **~ à ses instincts** seinem Instinkt folgen.
obéissance [ɔbeisɑ̃s] *nf* Gehorsam *der*; **devoir ~ à qqn** jm Gehorsam schulden.
obélisque [ɔbelisk] *nm* Obelisk *der*.
obèse [ɔbɛz] ◇ *nmf* Fettleibige *der, die*. ◇ *adj* fettleibig.
obésité [ɔbezite] *nf* Fettleibigkeit *die*.
objecter [4] [ɔbʒɛkte] *vt* **-1.** [répliquer]: **~ qqch à qqn/qqch** jm/einer Sache etw entgegen|halten. **-2.** [prétexter] vor|schieben.
objecteur [ɔbʒɛktœr] *nm* Kontrahent *der*; **~ de conscience** Wehrdienstverweigerer *der*.
objectif, ive [ɔbʒɛktif, iv] *adj* objektiv.
◆ **objectif** *nm* **-1.** PHOT Objektiv *das*. **-2.** [but, cible] Ziel *das*.
objection [ɔbʒɛksjɔ̃] *nf* Einwand *der*; **faire ~ à qqn/qqch** gegen jn/etw einen Einwand erheben.
objectivement [ɔbʒɛktivmɑ̃] *adv* objektiv.
objectivité [ɔbʒɛktivite] *nf* **-1.** [impartialité] Objektivität *die*. **-2.** [exactitude] Exaktheit *die*.
objet [ɔbʒɛ] *nm* **-1.** [chose, JUR] Gegenstand *der*, Sache *die*; **~ d'art** Kunstgegenstand; **~s trouvés** [bureau] Fundbüro *das*. **-2.** [sujet, GRAM] Objekt *das*; **être** OU **faire l'~ de qqch** Gegenstand einer Sache *(G)* sein. **-3.** [but] Ziel *das*; **avoir**

pour ~ de faire qqch zum Ziel haben, etw zu tun; **sans ~** gegenstandslos.

objurgations [ɔbʒyrgasjɔ̃] *nfpl littéraire* Beschwörungen *Pl.*

obligation [ɔbligasjɔ̃] *nf* **-1.** [gén] Verpflichtung *die;* **être dans l'~ de faire qqch** sich verpflichtet sehen, etw zu tun; **sans ~ d'achat** ohne Kaufzwang; **avoir une ~ envers qqn** jm verpflichtet sein; **avoir des ~s** Verpflichtungen haben; **~s militaires** Wehrpflicht *die;* **être libéré des ~s militaires** seinen Wehrdienst (ab)geleistet haben. **-2.** JUR: **~ alimentaire** Unterhaltspflicht *die.* **-3.** FIN Obligation *die.*

obligatoire [ɔbligatwar] *adj* **-1.** [imposé] Pflicht-. **-2.** [inéluctable]: **c'était ~!** das mußte ja so kommen!

obligé, e [ɔbliʒe] *sout* ◇ *adj* [redevable]: **être ~ de qqch** zu etw verpflichtet sein. ◇ *nm, f*: **être l'~ de qqn** jm zu Dank verpflichtet sein.

obligeance [ɔbliʒɑ̃s] *nf sout* Freundlichkeit *die;* **avoir l'~ de faire qqch** so freundlich sein, etw zu tun.

obligeant, e [ɔbliʒɑ̃, ɑ̃t] *adj* zuvorkommend.

obliger [17] [ɔbliʒe] *vt* **-1.** [contraindre moralement]: **~ qqn à qqch** jn zu etw verpflichten; **~ qqn à faire qqch** jn dazu verpflichten, etw zu tun. **-2.** [forcer]: **~ qqn à qqch** jn zu etw zwingen; **être obligé de faire qqch** dazu gezwungen sein, etw zu tun. **-3.** JUR: **~ qqn** für jn bindend sein. **-4.** *sout* [rendre service à]: **~ qqn** jm eine Gefälligkeit erweisen.

◆ **s'obliger** *vp*: **s'~ à qqch** sich zu etw zwingen; **s'~ à faire qqch** sich dazu zwingen, etw zu tun.

oblique [ɔblik] ◇ *adj* **-1.** [en biais] schräg; [soleil] geneigt; **en ~** schräg *(adv).* **-2.** GÉOM schief. ◇ *nf* schräge Linie.

obliquer [3] [ɔblike] *vi* ab|biegen.

oblitérer [18] [ɔblitere] *vt* **-1.** [tamponner] entwerten. **-2.** *littéraire* [effacer]: **souvenirs oblitérés par le temps** mit der Zeit nachlassende Erinnerungen.

oblong, ongue [ɔblɔ̃, ɔ̃g] *adj* länglich.

obnubiler [3] [ɔbnybile] *vt* völlig beherrschen; **être obnubilé par qqn/qqch** an nichts anderes mehr denken können als an jn/etw.

obole [ɔbɔl] *nf* Obolus *der.*

obscène [ɔpsɛn] *adj* **-1.** [pornographique] obszön. **-2.** [indécent] geschmacklos.

obscénité [ɔpsenite] *nf* Obszönität *die.*

obscur, e [ɔpskyr] *adj* **-1.** [sombre, confus] dunkel. **-2.** [inconnu, douteux] obskur.

obscurantisme [ɔpskyrɑ̃tism] *nm* Obskurantismus *der.*

obscurcir [32] [ɔpskyrsir] *vt* **-1.** [assombrir] verdunkeln. **-2.** [embrouiller] verwirren.

◆ **s'obscurcir** *vp* **-1.** [s'assombrir] sich verdunkeln. **-2.** [s'embrouiller] sich trüben.

obscurément [ɔpskyremɑ̃] *adv* dunkel *(adv).*

obscurité [ɔpskyrite] *nf* **-1.** [nuit] Dunkelheit *die.* **-2.** [hermétisme] Unklarheit *die.* **-3.** [anonymat] Verborgenheit *die.*

obsédant, e [ɔpsedɑ̃, ɑ̃t] *adj* nervtötend.

obsédé, e [ɔpsede] ◇ *adj* besessen. ◇ *nm, f* Besessene *der, die;* **~ sexuel** Sexbesessene.

obséder [18] [ɔpsede] *vt*: **~ qqn** jm nicht aus dem Sinn gehen.

obsèques [ɔpsɛk] *nfpl* Trauerfeier *die (sans pl).*

obséquieux, euse [ɔpsekjø, øz] *adj* unterwürfig.

obséquiosité [ɔpsekjozite] *nf* Unterwürfigkeit *die.*

observance [ɔpsɛrvɑ̃s] *nf* Befolgung *die.*

observateur, trice [ɔpsɛrvatœr, tris] ◇ *adj*: **être (très) ~** ein guter Beobachter sein. ◇ *nm, f* Beobachter *der,* -in *die;* **le Nouvel Observateur** *linksgerichtete Wochenzeitschrift.*

observation [ɔpsɛrvasjɔ̃] *nf* **-1.** [gén] Beobachtung *die;* **être en ~** MÉD beobachtet werden. **-2.** [critique] Bemerkung *die.* **-3.** [de conseil, de règlement] Beachtung *die.*

observatoire [ɔpsɛrvatwar] *nm* **-1.** ASTRON Observatorium *das.* **-2.** [de surveillance] Beobachtungsstand *der.*

observer [3] [ɔpsɛrve] *vt* **-1.** [gén] beobachten; **faire ~ qqch à qqn** jn auf etw *(A)* aufmerksam machen. **-2.** [respecter] beachten. **-3.** [adopter]: **~ le silence** Stillschweigen bewahren; **~ une attitude** eine Haltung ein|nehmen.

◆ **s'observer** *vp* **-1.** [mutuellement] sich gegenseitig beobachten. **-2.** [se surveiller] sich in acht nehmen.

obsession [ɔpsesjɔ̃] *nf* Zwangsvorstellung *die.*

obsessionnel, elle [ɔpsesjɔnɛl] ◇ *adj* obsessiv; **névrose ~le** Zwangsneurose *die.* ◇ *nm, f* Zwangsneurotiker *der,* -in *die.*

obsolète [ɔpsɔlɛt] *adj* veraltet.

obstacle [ɔpstakl] *nm* Hindernis *das;* **faire ~ à qqn/qqch** ein Hindernis für jn/etw sein; **rencontrer un ~** auf ein Hindernis treffen.

obstétricien, enne [ɔpstetrisjɛ̃, ɛn] *nm, f* Geburtshelfer *der,* -in *die.*

obstétrique [ɔpstetrik] *nf* Geburtshilfe *die.*

obstination [ɔpstinasjɔ̃] *nf* Starrsinn *der.*

obstiné, e [ɔpstine] ◇ *adj* **-1.** [enfant] starrköpfig. **-2.** [travail] zäh. ◇ *nm, f* Starrkopf *der.*

obstinément [ɔpstinemɑ̃] *adv* beharrlich.

obstiner [3] [ɔpstine]

◆ **s'obstiner** *vp* stur bleiben OU sein; **s'~ à**

faire qqch beharrlich etw tun; **s'~ dans qqch** an etw *(D)* stur fest|halten.

obstruction [ɔpstryksjɔ̃] *nf* **-1.** MÉD & POLIT Obstruktion *die.* **-2.** SPORT Behindern *das.*

obstructionniste [ɔpstryksjɔnist] ◇ *nmf Parlamentarier, der eine Obstruktionspolitik betreibt.* ◇ *adj* Obstruktions-.

obstruer [3] [ɔpstrye] *vt* **-1.** [boucher] verstopfen. **-2.** [gêner] versperren.

◆ **s'obstruer** *vp* sich verstopfen.

obtempérer [18] [ɔptɑ̃pere] *vi*: **~ à qqch** etw *(D)* Folge leisten.

obtenir [40] [ɔptənir] *vt* **-1.** [acquérir]: **~ qqch (de qqn)** etw (von jm) erhalten; **j'ai obtenu de faire qqch** ich habe durchgesetzt, daß ich etw machen kann; **~ qqch à** OU **pour qqn** etw für jn erwirken; **elle m'a obtenu un rendez-vous** sie hat einen Termin für mich bekommen. **-2.** [résultat] erzielen.

obtention [ɔptɑ̃sjɔ̃] *nf* [visa] Ausstellung *die;* [baccalauréat] Bestehen *das.*

obtenu, e [ɔptəny] *pp* → **obtenir.**

obtiendrai *etc* → **obtenir.**

obtins *etc* → **obtenir.**

obturateur, trice [ɔptyratœr, tris] *adj* Verschluß-.

◆ **obturateur** *nm* **-1.** [valve] Verschlußvorrichtung *die.* **-2.** PHOT Verschluß *der.*

obturation [ɔptyrasjɔ̃] *nf* [de fuite] Abdichten *das;* [de porte, de fenêtre] Zumauern *das;* [de dent] Füllen *das.*

obturer [3] [ɔptyre] *vt* [fuite] ab|dichten; [porte, fenêtre] zu|mauern; [dent] füllen.

obtus, e [ɔpty, yz] *adj* stumpf.

obus [ɔby] *nm* Granate *die.*

OC (*abr de* **ondes courtes**) KW *(Kurzwelle(n)).*

occasion [ɔkazjɔ̃] *nf* **-1.** [opportunité] Gelegenheit *die;* **à l'~** gelegentlich; **à la première ~** bei erstbester Gelegenheit; **saisir l'~ (de faire qqch)** die Gelegenheit nutzen, um etw zu tun; **rater une ~ de faire qqch** eine Gelegenheit verpassen, etw zu tun. **-2.** [circonstance] Gelegenheit *die,* Anlaß *der;* **à l'~ de qqch** anläßlich einer Sache *(G);* **dans les grandes ~s** bei festlichen Anlässen; **être l'~ de qqch** Gelegenheit zu etw bieten; **être l'~ de faire qqch** eine Gelegenheit sein, etw zu tun. **-3.** [achat] Gebrauchtkauf *der;* **d'~** Gebraucht-.

occasionnel, elle [ɔkazjɔnɛl] *adj* **-1.** [accidentel] gelegentlich. **-2.** [temporaire, saisonnier] Gelegenheits-.

occasionner [3] [ɔkazjɔne] *vt* verursachen.

occident [ɔksidɑ̃] *nm* Westen *der.*

◆ **Occident** *nm*: **l'Occident** der Westen.

occidental, e, aux [ɔksidɑ̃tal, o] *adj* **-1.** GÉOGR West-, westlich. **-2.** [civilisation] abendländisch.

◆ **Occidental, e, aux** *nm, f* Abendländer *der,* - in *die.*

occiput [ɔksipyt] *nm* Hinterkopf *der.*

occitan, e [ɔksitɑ̃, an] *adj* okzitanisch.

◆ **occitan** *nm* [langue] Okzitanisch(e) *(das).*

◆ **Occitan, e** *nm, f* Okzitanier *der,* -in *die.*

occlusif, ive [ɔklyzif, iv] *adj*: **consonne occlusive** Verschlußlaut *der.*

occlusion [ɔklyzjɔ̃] *nf* **-1.** MÉD Verschluß *der.* **-2.** CHIM *Einschluß durch gewisse Festkörper.*

occulte [ɔkylt] *adj* Geheim-.

occulter [3] [ɔkylte] *vt* **-1.** [dissimuler] verdunkeln. **-2.** ASTRON bedecken.

occupant, e [ɔkypɑ̃, ɑ̃t] ◇ *adj* Besatzungs-. ◇ *nm, f* **-1.** [de lieu] Besatzungsmacht *die.* **-2.** JUR Bewohner *der,* -in *die.*

◆ **occupant** *nm* HIST: **l'~** *die deutsche Besatzungsmacht während des Zweiten Weltkriegs.*

occupation [ɔkypasjɔ̃] *nf* **-1.** [activité] Beschäftigung *die;* **vaquer à ses ~s** seinen Beschäftigungen nach|gehen. **-2.** MIL & JUR Besetzung *die.*

◆ **Occupation** *nf* HIST: **l'Occupation** *die deutsche Besatzung von 1940-1944.*

occupé, e [ɔkype] *adj* **-1.** [personne] beschäftigt; **être ~ à qqch** mit etw beschäftigt sein. **-2.** [appartement] belegt. **-3.** [lieu, zone] besetzt; **c'est ~** es ist besetzt.

occuper [3] [ɔkype] *vt* **-1.** [habiter] bewohnen. **-2.** [espace, fonction, temps] ein|nehmen. **-3.** [envahir] besetzen. **-4.** [ouvrier, enfant] beschäftigen.

◆ **s'occuper** *vp* **-1.** [s'activer]: **s'~ (à qqch)** sich (mit etw) beschäftigen; **s'~ à faire qqch** sich damit beschäftigen, etw zu tun. **-2.** [se charger de]: **s'~ de qqn/qqch** sich um jn/etw kümmern; **de quoi t'occupes-tu**? was kümmert dich das?

occurrence [ɔkyrɑ̃s] *nf*: **en l'~** in diesem Fall.

OCDE (*abr de* **Organisation de coopération et de développement économique**) *nf* OECD *die.*

océan [ɔseɑ̃] *nm* Ozean *der;* **un ~ de** *fig* ein Meer von.

Océanie [ɔseani] *nf*: **l'~** Ozeanien *nt.*

océanien, enne [ɔseanjɛ̃, ɛn] *adj* ozeanisch.

◆ **Océanien, enne** *nm, f* Ozeanier *der,* -in *die.*

océanique [ɔseanik] *adj* ozeanisch.

océanographie [ɔseanɔgrafi] *nf* Meereskunde *die.*

ocelot [ɔslo] *nm* Ozelot *der.*

ocre [ɔkr] ◇ *adj inv* ockerfarben; **jaune ~** okkergelb. ◇ *nf* Ocker *das* OU *der.*

octave [ɔktav] *nf* MUS Oktave *die.*

octet [ɔktɛ] *nm* Byte *das.*

octobre [ɔktɔbr] *nm* Oktober *der*; *voir aussi* **septembre**.

octogénaire [ɔktɔʒenɛr] ◇ *nmf* Achtziger *der*, -in *die*. ◇ *adj* achtzigjährig.

octogone [ɔktɔgɔn] *nm* Achteck *das*.

octroie *etc* → **octroyer**.

octroierai *etc* → **octroyer**.

octroyer [13] [ɔktrwaje] *vt*: ~ **qqch à qqn** jm etw gewähren.

◆ **s'octroyer** *vp*: **s'~ qqch** sich *(D)* etw gönnen.

oculaire [ɔkylɛr] ◇ *nm* Okular *das*. ◇ *adj* Augen-; **témoin ~** Augenzeuge *der*.

oculiste [ɔkylist] *nmf* Augenarzt *der*, -ärztin *die*.

ode [ɔd] *nf* Ode *die*.

odeur [ɔdœr] *nf* Geruch *der*; **bonne/mauvaise ~** guter/schlechter Geruch; **ne pas être en ~ de sainteté auprès de qqn** *fig* bei jm in schlechtem Ansehen stehen.

odieusement [ɔdjøzmɑ̃] *adv* abscheulich.

odieux, euse [ɔdjø, øz] *adj* **-1.** [crime] abscheulich. **-2.** [personne, attitude] gräßlich.

odorant, e [ɔdɔrɑ̃, ɑ̃t] *adj* einen Geruch ausströmend.

odorat [ɔdɔra] *nm* Geruchssinn *der*.

odoriférant, e [ɔdɔriferɑ̃, ɑ̃t] *adj* wohlriechend.

odyssée [ɔdise] *nf* Irrfahrt *die*.

OEA (*abr de* **Organisation des États américains**) *nf* OAS *die*.

œdème [edɛm] *nm* Ödem *das*.

œil [œj] (*pl* **yeux** [jø]) *nm* **-1.** ANAT Auge *das*; **avoir les yeux bridés** Schlitzaugen haben; **avoir les yeux cernés** Ringe unter den Augen haben; **avoir les yeux globuleux** Glupschaugen haben; **qqn a les yeux exorbités** js Augen sind vor Entsetzen geweitet; **baisser les yeux** den Blick senken; **écarquiller les yeux** die Augen auf|reißen; **lever les yeux** auf|blicken; **sous mes/tes yeux** vor meinen/deinen Augen; **regarder/observer qqn du coin de l'~** jn verstohlen an|sehen/beobachten; **surveiller du coin de l' ~** unauffällig überwachen; **à l'~ nu** mit bloßem Auge; **à vue d'~** zusehends. **-2.** [de graisse] Fettauge *das*. **-3.** *loc*: **avoir qqch à l'~** *fam* etwas umsonst bekommen; **avoir qqn à l'~** jn im Auge behalten; **avoir un ~ au beurre noir** ein blaues Auge haben; **ne pas avoir froid aux yeux** vor nichts Angst haben; **avoir des yeux de lynx** Augen wie ein Luchs haben; **ne pas avoir les yeux dans sa poche** seine Augen überall haben; **couver qqn/qqch des yeux** jn/etw liebevoll an|sehen; **ça crève les yeux** *fam* das ist klar wie Kloßbrühe; **ne pas en croire ses yeux** seinen Augen nicht trauen; **dévorer qqn/qqch des yeux** jn/etw mit den Augen verschlingen; **faire de l'~ à qqn** *fam* jm zu|zwinkern; **faire les gros yeux à qqn** jn strafend an|sehen; **fermer les yeux sur qqch** bei etw die Augen zu|drücken; **mon ~!** *fam* von wegen!; **ouvrir l'~** die Augen offen|halten; **se rincer l'~** *fam* sich was fürs Auge gönnen; **cela saute aux yeux** das springt ins Auge; **tourner de l'~** *fam* aus den Latschen kippen.

œil-de-bœuf [œjdəbœf] (*pl* **œils-de-bœuf**) *nm* Ochsenauge *das* ARCHIT.

œillade [œjad] *nf* verstohlener Blick; **lancer une ~ à qqn** jm vertraute Blicke zu|werfen.

œillère [œjɛr] *nf* Scheuklappe *die*; **avoir des ~s** *fig* Scheuklappen haben.

œillet [œjɛ] *nm* **-1.** BOT Nelke *die*. **-2.** [trou] Öse *die*.

œnologie [enɔlɔʒi] *nf* Önologie *die*.

œnologue [enɔlɔg] *nmf* Önologe *der*, -gin *die*.

œsophage [ezɔfaʒ] *nm* Speiseröhre *die*.

œuf [œf] (*pl* **œufs** [ø]) *nm* Ei *das*; **battre les ~s en neige** Eiweiß steif schlagen; **~s brouillés** Rührei; **~ à la coque/dur/poché** weich(gekocht)es/hart(gekocht)es/pochiertes Ei; **~ mollet** *nicht ganz hartgekochtes Ei*; **~s en** OU **à la neige** *Vanillesauce mit Eischnee*; **~ de Pâques** Osterei; **~ au plat** Spiegelei; **étouffer dans l'~** im Keim ersticken.

œuvre [œvr] ◇ *nf* **-1.** [travail]: **mise en ~** Umsetzung *die*; **mettre tout en ~** alles daran|setzen; **se mettre à l'~** sich an die Arbeit machen. **-2.** [d'artiste] Werk *das*; **être l'~ de qqn/qqch** das Werk einer Person/einer Sache *(G)* sein; **~ d'art** Kunstwerk. **-3.** [organisation] Hilfswerk *das*. ◇ *nm* **-1.** [d'artiste] Werk *das*. **-2.** CONSTR: **gros ~** Rohbau *der*.

œuvrer [5] [œvre] *vi sout* wirken; **~ pour qqch** sich (aktiv) für etw ein|setzen.

OFAJ [ofaʒ] (*abr de* **Office franco-allemand pour la jeunesse**) *nm* DFJW *das (Deutsch-Französisches Jugendwerk)*.

OFCE (*abr de* **Observatoire français des conjonctures économiques**) *nm französisches Konjunkturforschungsinstitut*.

off [ɔf] *adj inv* **-1.** [voix, son] Off-. **-2.** [festival] Neben-.

offensant, e [ɔfɑ̃sɑ̃, ɑ̃t] *adj* verletzend.

offense [ɔfɑ̃s] *nf* **-1.** [insulte] Kränkung *die*. **-2.** [péché] Sünde *die*.

offenser [3] [ɔfɑ̃se] *vt* **-1.** [personne] kränken. **-2.** [braver]: **~ qqn** bei jm Anstoß erregen; **~ qqch** gegen etw verstoßen.

◆ **s'offenser** *vp*: **s'~ de qqch** etw übel|nehmen.

offensif, ive [ɔfɑ̃sif, iv] *adj* Angriffs-.
◆ **offensive** *nf* **-1.** MIL Offensive *die*; **passer à** OU **prendre l'offensive** zur Offensive überlge-hen. **-2.** [du froid, de maladie] Vorstoß *der*.
offert, e [ɔfɛr, ɛrt] *pp* → **offrir**.
offertoire [ɔfɛrtwar] *nm* Offertorium *das*.
office [ɔfis] *nm* **-1.** [fonction]: **faire ~ de qqch** als etw dienen; **remplir son ~** seine Aufgabe erfüllen. **-2.** [bureau] Stelle *die*, Amt *das*, Büro *das*; **~ du tourisme** Fremdenverkehrsamt. **-3.** RELIG Messe *die*. **-4.** *loc*: **recourir aux (bons) ~s de qqn** js Dienste in Anspruch nehmen.
◆ **d'office** *loc adv* **-1.** [d'emblée] von vornher-ein. **-2.** [d'autorité] zwangsweise; **il a été muté d'~** er wurde zwangsversetzt; **avocat commis d'~** Pflichtverteidiger *der*, -in *die*.
officialiser [3] [ɔfisjalize] *vt* offiziell anerken-nen.
officiel, elle [ɔfisjɛl] ◇ *adj* offiziell. ◇ *nm, f* offizieller Vertreter, offizielle Vertreterin.
officiellement [ɔfisjɛlmɑ̃] *adv* offiziell.
officier[1] [9] [ɔfisje] *vi* die Messe lesen.
officier[2] [ɔfisje] *nm* Offizier *der*; **~ d'ordon-nance** Ordonnanz *die*.
officieusement [ɔfisjøzmɑ̃] *adv* offiziös, inof-fiziell.
officieux, euse [ɔfisjø, øz] *adj* offiziös, inoffi-ziell.
officine [ɔfisin] *nf* **-1.** *vieilli* [pharmacie] Offizin *die*. **-2.** *péj* [repaire] Brutstätte *die*.
offrande [ɔfrɑ̃d] *nf* **-1.** [don] Opfergabe *die*. **-2.** RELIG Opferung *die*.
offrant [ɔfrɑ̃] *nm*: **au plus ~** an den Meistbie-tenden.
offre[1] *etc* → **offrir**.
offre[2] [ɔfr] *nf* Angebot *das*; **la loi de l'~ et de la demande** das Gesetz von Angebot und Nach-frage; **~ d'emploi** Stellenangebot; **~ d'essai** COMM Angebot zum Schnupperpreis; **~ publi-que d'achat** Übernahmeangebot.
offrir [34] [ɔfrir] *vt* **-1.** [donner]: **~ qqch à qqn** jm etw schenken. **-2.** [proposer]: **~ qqch à qqn** jm etw anlbieten; **~ à qqn de faire qqch** jm anlbieten, etw zu tun. **-3.** [présenter] bieten; **le paysage n'offrait rien d'accueillant** die Land-schaft hatte nichts Einladendes an sich.
◆ **s'offrir** *vp* **-1.** [s'acheter]: **s'~ qqch** sich *(D)* etw leisten. **-2.** [se proposer]: **s'~ comme qqch** sich als etw anlbieten; **s'~ à faire qqch** sich anlbieten, etw zu tun. **-3.** *sout* [s'exposer]: **s'~ à qqch** sich einer Sache *(D)* auslliefern.
offset [ɔfsɛt] ◇ *adj inv* Offset-. ◇ *nm inv* Off-setdruck *der*. ◇ *nf inv* Offsetdruckmaschine *die*.
offshore, off shore [ɔfʃɔr] ◇ *adj inv* Off-shore-, vor der Küste gelegen; **plate-forme pé-trolière ~** Off-shore-Bohrinsel *die*; **bateau ~** Offshorer *der*. ◇ *nm inv* **-1.** [exploitation] Off-shore-Bohrung *die*. **-2.** SPORT Off-shore-Fahren *das*.
offusquer [3] [ɔfyske] *vt* empören.
◆ **s'offusquer** *vp* sich empören; **s'~ de qqch** an etw *(D)* Anstoß nehmen.
ogive [ɔʒiv] *nf* **-1.** ARCHIT Spitzbogen *der*; **en ~** Spitzbogen-. **-2.** MIL Geschoßspitze *die*; **~ nu-cléaire** nuklearer Sprengkopf.
ogre, ogresse [ɔgr, ɔgrɛs] *nm, f* menschenfres-sender Riese, menschenfressende Riesin; **manger comme un ~** wie ein Scheunendre-scher essen.
oh [o] ◇ *interj* oh; **~! là! là!** oh, là là! ◇ *nm inv*: **pousser des ~ et des ah** in Ah- und Oh-Rufe auslbrechen.
ohé [ɔe] *interj* he.
OHQ (*abr de* **ouvrier hautement qualifié**) *nm* hochqualifizierter Facharbeiter.
oie [wa] *nf* Gans *die*; **~ blanche** *fig* Unschuld *die* vom Lande.
oignon [ɔɲɔ̃] *nm* **-1.** [gén] Zwiebel *die*; **mêle-toi de tes ~s!** *fam fig* halt dich da raus!; **soigner qqn aux petits ~s** *fam fig* sich um jn rührend kümmern. **-2.** MÉD Fußballen *der*.
oindre [82] [wɛ̃dr] *vt littéraire* **-1.** [corps] einl-ölen. **-2.** RELIG salben.
oiseau, x [wazo] *nm* Vogel *der*; **l'~ rare** [compa-gnon] idealer Mann, ideale Frau; [collaborateur] idealer Mitarbeiter, ideale Mitarbeiterin; **~ migrateur** Zugvogel; **~ de proie** Raubvogel.
oiseau-mouche [wazomuʃ] (*pl* **oiseaux-mou-ches**) *nm* Kolibri *der*.
oiseleur [wazlœr] *nm* Vogelfänger *der*.
oisellerie [wazɛlri] *nf* Vogelhandlung *die*.
oiseux, euse [wazø, øz] *adj* müßig.
oisif, ive [wazif, iv] ◇ *adj* untätig. ◇ *nm, f* Mü-ßiggänger *der*, -in *die*.
oisillon [wazijɔ̃] *nm* Vögelchen *das*.
oisiveté [wazivte] *nf* Untätigkeit *die*.
oison [wazɔ̃] *nm* Gänschen *das*.
OIT (*abr de* **Organisation internationale du travail**) *nf* IAO *die*.
OJD (*abr de* **Office de justification de la diffu-sion des supports de publicité**) *nm französische Auflagenüberwachungsstelle*.
O.K. [ɔke] *interj fam* O. K.
oléagineux, euse [ɔleaʒinø, øz] *adj* ölhaltig.
◆ **oléagineux** *nm* Ölpflanze *die*.
oléoduc [ɔleɔdyk] *nm* Öl-Pipeline *die*.

olfactif, ive [ɔlfaktif, iv] *adj* Geruchs-.
oligarchie [ɔligarʃi] *nf* POLIT Oligarchie *die*.
oligo-élément [ɔligɔelemɑ̃] (*pl* **oligo-éléments**) *nm* Spurenelement *das*.
olivâtre [ɔlivatr] *adj* olivfarben.
olive [ɔliv] ◇ *nf* Olive *die*. ◇ *adj inv* olivfarben.
oliveraie [ɔlivrɛ] *nf* Olivenhain *der*.
olivier [ɔlivje] *nm* **-1.** [arbre] Olivenbaum *der*. **-2.** [bois] Olivenholz *das*.
OLP (*abr de* **Organisation de libération de la Palestine**) *nf* PLO *die*.
olympiade [ɔlɛ̃pjad] *nf* Olympiade *die*.
olympien, enne [ɔlɛ̃pjɛ̃, ɛn] *adj* **-1.** MYTH olympisch. **-2.** [majestueux] hoheitsvoll.
olympique [ɔlɛ̃pik] *adj* Olympia-, olympisch; **les jeux Olympiques** die Olympischen Spiele.
OM (*abr de* **Olympique de Marseille**) *nm Marseiller Fußballverein*.
Oman [ɔman] *n* Oman *nt*; **le sultanat d'~** das Sultanat Oman.
ombilic [ɔ̃bilik] *nm* [nombril] Nabel *der*.
ombilical, e, aux [ɔ̃bilikal, o] *adj* Nabel-.
ombrage [ɔ̃braʒ] *nm* Schatten *der*; **porter ~ à qqn** *sout* js Stolz verletzen; **prendre ~ de qqch** *sout* etw übel|nehmen.
ombragé, e [ɔ̃braʒe] *adj* schattig.
ombrageux, euse [ɔ̃braʒø, øz] *adj* **-1.** [personne] überempfindlich. **-2.** [cheval] scheu.
ombre [ɔ̃br] *nf* **-1.** [gén] Schatten *der*; **faire de l'~ à qqn** jm Schatten machen; *fig* jn in den Schatten stellen; **rester dans l'~ de qqn** *fig* in js Schatten stehen; **~ chinoise** Schattenspiel *das*; **~ à paupières** Lidschatten; **à l'~ de** im Schatten von. **-2.** [trace] Hauch *der*; **ça ne fait pas l'~ d'un doute** daran besteht nicht der geringste Zweifel.
ombrelle [ɔ̃brɛl] *nf* Sonnenschirm *der*.
ombrer [3] [ɔ̃bre] *vt* **-1.** [paupières] Lidschatten auf|tragen. **-2.** [dessin] schattieren.
omelette [ɔmlɛt] *nf* Omelett *das*; **~ norvégienne** *Vanilleeis mit überbackenem Eischnee*.
omets *etc* → **omettre**.
omettre [84] [ɔmɛtr] *vt* aus|lassen; **~ de faire qqch** versäumen, etw zu tun.
OMI (*abr de* **Organisation maritime internationale**) *nf* IMO *die*, Internationale Seeschifffahrtsorganisation.
omis, e [ɔmi, iz] *pp* → **omettre**.
omission [ɔmisjɔ̃] *nf* Auslassung *die*; **c'est une ~ de ma part** das ist ein Versäumnis meinerseits; **mentir par ~** nicht alles sagen, was man weiß; **pécher par ~** eine Unterlassungssünde begehen.
OMM (*abr de* **Organisation météorologique mondiale**) *nf* WMO *die*, Weltorganisation *die* für Meteorologie.
omnibus [ɔmnibys] ◇ *nm* Omnibus *der*. ◇ *adj inv*: **ce train est ~ pour** dieser Zug hält an allen Bahnhöfen bis, Nahverkehrszug nach.
omnipotent, e [ɔmnipɔtɑ̃, ɑ̃t] *adj* allmächtig.
omniprésence [ɔmniprezɑ̃s] *nf* Allgegenwart *die*.
omniprésent, e [ɔmniprezɑ̃, ɑ̃t] *adj* allgegenwärtig.
omniscient, e [ɔmnisjɑ̃, ɑ̃t] *adj* allwissend.
omnisports [ɔmnispɔr] *adj inv*: **gymnase ~** Mehrzweck-Turnhalle *die*; **stade ~** polyvalentes Stadion.
omnivore [ɔmnivɔr] ◇ *nm* Allesfresser *der*. ◇ *adj* allesfressend.
omoplate [ɔmɔplat] *nf* Schulterblatt *das*.
OMS (*abr de* **Organisation mondiale de la santé**) *nf* WHO *die*, WGO *die (Weltgesundheitsorganisation)*.
on [ɔ̃] *pron pers indéf* **-1.** [gén] man; **~ vivait mieux autrefois** früher lebte man besser; **~ frappe à la porte** es klopft an der Tür; **ici ~ ne fume pas** hier wird nicht geraucht. **-2.** *fam* [nous] wir; **nous, ~ n'y peut rien** wir können nichts dazu; **~ y va?** gehen wir?
onanisme [ɔnanism] *nm* Onanie *die*.
once [ɔ̃s] *nf* **-1.** [mesure] Unze *die*. **-2.** [petite quantité] ein wenig; **une ~ de qqch** eine Spur etw, eine Spur von etw.
oncle [ɔ̃kl] *nm* Onkel *der*.
onction [ɔ̃ksjɔ̃] *nf* Salbung *die*.
onctueux, euse [ɔ̃ktɥø, øz] *adj* **-1.** [liquide] cremig; **crème onctueuse** glatte Creme. **-2.** [manières, voix] salbungsvoll.
onctuosité [ɔ̃ktɥozite] *nf* Cremigkeit *die*; [de crème] Geschmeidigkeit *die*.
onde [ɔ̃d] *nf* Welle *die*.
◆ **ondes** *nfpl*: **passer sur les ~s** im Rundfunk kommen.
ondée [ɔ̃de] *nf* Platzregen *der*.
on-dit [ɔ̃di] *nm inv* Gerücht *das*.
ondoyant, e [ɔ̃dwajɑ̃, ɑ̃t] *adj littéraire* **-1.** [ondulant] wiegend. **-2.** [changeant] wechselhaft.
ondoyer [13] [ɔ̃dwaje] *vi littéraire* [blés] sich wiegen; [drapeau] flattern.
ondulant, e [ɔ̃dylɑ̃, ɑ̃t] *adj* [démarche] wiegend; [ligne] geschwungen; [surface] wellig.
ondulation [ɔ̃dylasjɔ̃] *nf* **-1.** [mouvement] Wellenbewegung *die*. **-2.** [de coiffure] Welle *die*.
ondulé, e [ɔ̃dyle] *adj* gewellt; **carton ~** Wellpappe *die*; **tôle ~e** wellblech *das*.
onduler [3] [ɔ̃dyle] ◇ *vi* **-1.** [cheveux] sich wel-

len. **-2.** [drapeau] flattern. **-3.** [route] sich winden. ◇ *vt* in Wellen legen.

one-man-show [wanmanʃo] *nm inv* One-man-Show *die*.

onéreux, euse [ɔnerø, øz] *adj* kostspielig.

ONF (*abr de* **Office national des forêts**) *nm* *französische staatliche Forstbehörde*.

ONG (*abr de* **organisation non gouvernementale**) *nf* nichtstaatliche Einrichtung.

ongle [ɔ̃gl] *nm* **-1.** [de main] Fingernagel *der*; [de pied] Fußnagel *der*; **se faire les ~s** sich die Nägel pflegen; **se ronger les ~s** Fingernägel kauen. **-2.** [d'animal] Klaue *die*.

onglée [ɔ̃gle] *nf* vor Kälte starre Fingerspitzen.

onglet [ɔ̃glɛ] *nm* **-1.** [reliure] Falz *der*. **-2.** [de lame] Nagelritze *die*. **-3.** CULIN Rinderbrust *die*; **~ aux échalotes** *Steak mit geschmorten Schalotten*.

onguent [ɔ̃gɑ̃] *nm* Balsam *der*.

onirique [ɔnirik] *adj* **-1.** [délire] Traum-. **-2.** [décor, atmosphère] traumhaft.

onomastique [ɔnɔmastik] ◇ *nf* Onomastik *die*. ◇ *adj* die Onomastik betreffend.

onomatopée [ɔnɔmatɔpe] *nf* Lautmalerei *die*.

ont [ɔ̃] → **avoir**.

ONU, **Onu** [ɔny] (*abr de* **Organisation des Nations unies**) *nf* UNO *die*.

ONUDI, **Onudi** [ɔnydi] (*abr de* **Organisation des Nations unies pour le développement industriel**) *nf* UNIDO *die*.

onusien, enne [ɔnyzjɛ̃, ɛn] *adj* UN-, UNO-.

onyx [ɔniks] *nm* Onyx *der*.

onze [ɔ̃z] ◇ *adj inv* & *pron inv* elf. ◇ *nm inv* Elf *die*; *voir aussi* **six**.

onzième [ɔ̃zjɛm] ◇ *adj* elfte,-r,-s. ◇ *nmf* Elfte *der, die, das*. ◇ *nm* [arrondissement] elftes Arrondissement. ◇ *nf* SCOL ≃ erste Klasse; *voir aussi* **sixième**.

OP *abr de* **ouvrier professionnel**.

OPA *abr de* **offre publique d'achat**.

opacité [ɔpasite] *nf* Undurchsichtigkeit *die*.

opale [ɔpal] ◇ *nf* Opal *der*. ◇ *adj inv* durchscheinend.

opaline [ɔpalin] *nf* Opalglas *das*.

opaque [ɔpak] *adj* (licht)undurchlässig; **~ à qqch** für etw undurchlässig.

op. cit. (*abr de* **opere citato**) op. cit.

OPE (*abr de* **offre publique d'échange**) *nf* öffentliches Aktientauschangebot.

OPEP, **Opep** [ɔpɛp] (*abr de* **Organisation des pays exportateurs de pétrole**) *nf* OPEC *die*.

opéra [ɔpera] *nm* **-1.** MUS Oper *die*. **-2.** [théâtre] Opernhaus *das*; **l'Opéra-Bastille** *neue Pariser Oper an der Place de la Bastille*; **l'Opéra de Paris** die Pariser Oper.

opérable [ɔperabl] *adj* operabel.

opéra-bouffe [ɔperabuf] (*pl* **opéras-bouffes**) *nm* Opera buffa *die*.

opéra-comique [ɔperakɔmik] (*pl* **opéras-comiques**) *nm* komische Oper *die*.

opérateur, trice [ɔperatœr, tris] *nm, f* **-1.** [gén] Bediener *der*, -in *die*. **-2.** INFORM Operator *der*, -in *die*; **~ de saisie** Datentypist *der*, -in *die*.

opération [ɔperasjɔ̃] *nf* **-1.** [gén] Operation *die*. **-2.** [action] Aktion *die*. **-3.** COMM Geschäft *das*; **~ promotionnelle** Verkaufsförderungsaktion *die*. **-4.** TECHNOL Arbeitsgang *der*.

opérationnel, elle [ɔperasjɔnɛl] *adj* **-1.** [efficace] einsatzbereit. **-2.** MIL operativ.

opératoire [ɔperatwar] *adj* Operations-.

opérer [18] [ɔpere] *vt* **-1.** MÉD operieren. **-2.** [exécuter] durch|führen; [choix] treffen. **-3.** [sujet: remède] wirken. **-4.** [procéder] vor|gehen. **-5.** [sévir] am Werke sein.

◆ **s'opérer** *vp* sich vollziehen.

opérette [ɔperɛt] *nf* Operette *die*.

ophtalmologie [ɔftalmɔlɔʒi] *nf* Augenheilkunde *die*.

ophtalmologiste [ɔftalmɔlɔʒist] *nmf* Augenarzt *der*, -ärztin *die*.

Opinel® [ɔpinɛl] *nm* Klappmesser *das*.

opiner [3] [ɔpine] *vi sout* zu|stimmen; **~ à qqch** etw *(D)* zu|stimmen; **~ de la tête** zustimmend nicken.

opiniâtre [ɔpinjatr] *adj* **-1.** [personne] eigensinnig, halsstarrig. **-2.** [travail] unermüdlich. **-3.** [fièvre, maladie] hartnäckig.

opiniâtreté [ɔpinjatrəte] *nf* Hartnäckigkeit *die*.

opinion [ɔpinjɔ̃] *nf* Meinung *die*; **avoir (une) bonne/mauvaise ~ de qqn/qqch** eine gute/schlechte Meinung von jm/etw haben; **conforter qqn dans son ~** jn in seiner Meinung bestärken; **donner son ~ sur qqn/qqch** seine Meinung zu jm/etw äußern; **l'~ publique** die öffentliche Meinung.

opium [ɔpjɔm] *nm* Opium *das*.

opportun, e [ɔpɔrtœ̃, yn] *adj* **-1.** [moment] geeignet. **-2.** [démarche] opportun.

opportunément [ɔpɔrtynemɑ̃] *adv* zum richtigen Zeitpunkt.

opportunisme [ɔpɔrtynism] *nm* Opportunismus *der*.

opportuniste [ɔpɔrtynist] ◇ *nmf* Opportunist *der*, -in *die*. ◇ *adj* opportunistisch.

opportunité [ɔpɔrtynite] *nf* **-1.** [à-propos] Zweckmäßigkeit *die*. **-2.** [occasion] Gelegenheit *die*.

opposant, e [ɔpozɑ̃, ɑ̃t] ◇ *adj* Oppositions-. ◇ *nm, f*: **~ (à qqch)** Gegner *der*, -in *die* (einer Sache *(G)*); **~ à un parti** Parteigegner *der*.

opposé, e [ɔpoze] *adj* **-1.** [direction, angle] gegenüberliegend. **-2.** [intérêt, opinion] entgegengesetzt. **-3.** [hostile]: **être ~ à qqn/qqch** gegen jn/etw sein.

◆ **opposé** *nm* Gegenteil *das*; **à l'~ de** [contrairement à] im Gegensatz zu; [du côté opposé à] am anderen Ende von, auf der anderen Seite von; **la gare est à l'~ (d'ici)** der Bahnhof liegt auf der anderen Seite.

opposer [3] [ɔpoze] *vt* **-1.** [objecter, bloquer]: **~ qqch (à qqn/qqch)** (jm/etw) etw entgegen|setzen; **il n'y a rien à ~ à cela** dem steht nichts entgegen. **-2.** [confronter]: **~ qqch à qqch** etw einer Sache *(D)* gegenüber|stellen. **-3.** [diviser] trennen.

◆ **s'opposer** *vp* **-1.** [résister]: **s'~ à qqn/qqch** sich jm/etw widersetzen. **-2.** [faire obstacle]: **s'~ à qqch** sich etw entgegen|stellen; **rien ne s'oppose à votre départ** ihrer Abreise steht nichts im Wege. **-3.** [interdire] verbieten; **votre état de santé s'oppose à tout surmenage** Ihr Gesundheitszustand verbietet jegliche Überanstrengung. **-4.** [contraster]: **s'~ à qqch** zu etw einen Gegensatz bilden; **haut s'oppose à bas** oben ist das Gegenteil von unten. **-5.** SPORT sich gegenüber|stehen.

opposition [ɔpozisjɔ̃] *nf* **-1.** [résistance] Widerstand *der*. **-2.** [conflit] Unversöhnlichkeit *die*; **être en ~ avec qqn/qqch** nicht mit jm/etw einverstanden sein. **-3.** [objection] Einwand *der*. **-4.** POLIT Opposition *die*. **-5.** JUR Einspruch *der*; **faire ~ à qqch** [jugement] gegen etw Einspruch erheben; [chèque] etw sperren; [décision] sich einer Sache *(D)* widersetzen. **-6.** [contraste] Kontrast *der*, Gegensatz *der*; **par ~ à qqn/qqch** im Gegensatz zu jm/etw.

oppressant, e [ɔpresɑ̃, ɑ̃t] *adj* drückend.

oppresser [4] [ɔprese] *vt*: **~ qqn** jm den Atem nehmen; *fig* jn bedrücken.

oppresseur [ɔpresœr] ◇ *nm* Unterdrücker *der*, -in *die*. ◇ *adj m* unterdrückerisch.

oppressif, ive [ɔpresif, iv] *adj* Unterdrükkungs-.

oppression [ɔpresjɔ̃] *nf* **-1.** [asservissement] Unterdrückung *die*. **-2.** [malaise] Beklemmung *die*.

opprimé, e [ɔprime] ◇ *adj* unterdrückt. ◇ *nm, f* Unterdrückte *der, die*.

opprimer [3] [ɔprime] *vt* unterdrücken.

opprobre [ɔprɔbr] *nm littéraire* [honte, abjection] Schande *die*; **jeter l'~ sur qqn** über jn Schande bringen.

opter [3] [ɔpte] *vi*: **~ pour qqn/qqch** sich für jn/etw entscheiden.

opticien, enne [ɔptisjɛ̃, ɛn] ◇ *adj* Optiker-. ◇ *nm, f* Optiker *der*, -in *die*.

optima → **optimum**.

optimal, e, aux [ɔptimal, o] *adj* optimal.

optimaliser = optimiser.

optimisation [ɔptimizasjɔ̃] *nf* Optimierung *die*.

optimiser [3] [ɔptimize], **optimaliser** [3] [ɔptimalize] *vt* optimieren.

optimisme [ɔptimism] *nm* Optimismus *der*.

optimiste [ɔptimist] ◇ *nmf* Optimist *der*, -in *die*. ◇ *adj* optimistisch.

optimum [ɔptimɔm] (*pl* **optimums** OU **optima** [ɔptima]) ◇ *nm* Optimum *das*. ◇ *adj* optimal.

option [ɔpsjɔ̃] *nf* **-1.** [choix] Wahlmöglichkeit *die*. **-2.** UNIV Wahlfach *das*. **-3.** [accessoire] (aufpreispflichtige) Zusatzausstattung, Extra *das*. **-4.** FIN & JUR Option *die*; **prendre une ~ sur qqch** sich eine Option auf etw *(D)* sichern.

optionnel, elle [ɔpsjɔnɛl] *adj* nicht obligatorisch.

optique [ɔptik] ◇ *nf* **-1.** [science, technique] Optik *die*. **-2.** [perspective] Betrachtungsweise *die*; **dans l'~ de faire qqch** im Hinblick darauf, etw zu tun. ◇ *adj* **-1.** ANAT Seh-. **-2.** [verre] Brillen-.

opulence [ɔpylɑ̃s] *nf* **-1.** [richesse] Luxus *der*, Überfluß *der*; **nager dans l'~** im Geld schwimmen; **vivre dans l'~** im Luxus leben. **-2.** [ampleur] Fülle *die*.

opulent, e [ɔpylɑ̃, ɑ̃t] *adj* **-1.** [riche] reich. **-2.** [fort, gros] üppig.

OQ *abr de* **ouvrier qualifié**.

or[1] [ɔr] *nm* Gold *das*; **en ~** aus Gold; **elle a un mari en ~** *fam* ihr Mann ist ein Goldstück; **~ blanc** Weißgold; **~ massif** massives Gold; **~ noir** *fig* Erdöl *das*; **pour tout l'~ du monde** *fig* um keinen Preis; **rouler sur l'~** *fig* im Geld schwimmen.

or[2] [ɔr] *conj* nun, aber.

oracle [ɔrakl] *nm* **-1.** [divination] Orakel *das*. **-2.** [personne] Leitfigur *die*.

orage [ɔraʒ] *nm* **-1.** [tempête] Gewitter *das*; **il y a de l'~ dans l'air** ein Gewitter braut sich zusammen; *fig* es liegt etwas in der Luft. **-2.** *fig* [tumulte, revers] Sturm *der*.

orageux, euse [ɔraʒø, øz] *adj* **-1.** MÉTÉOR gewittrig; [saison, région] gewitterreich. **-2.** *fig* [agité] stürmisch.

oraison [ɔrɛzɔ̃] *nf*: **~ funèbre** Grabrede *die*.

oral, e, aux [ɔral, o] *adj* **-1.** [verbal] mündlich. **-2.** ANAT Mund-. **-3.** PSYCHOL Oral-.

◆ **oral, aux** *nm* mündliche Prüfung; **~ de rattrapage** mündliche Nachholprüfung; **par ~** mündlich *(adv)*.

oralement [ɔralmɑ̃] *adv* mündlich.

orange [ɔrɑ̃ʒ] ◇ *nf* Apfelsine *die*, Orange *die*; **~ pressée** frischgepreßter Orangensaft. ◇ *nm* [couleur] Orange *das*. ◇ *adj inv* orangefarben, Orange-.

orangé, e [ɔrɑ̃ʒe] *adj* orangefarben.
◆ **orangé** *nm* Orange *das*.
orangeade [ɔrɑ̃ʒad] *nf* Orangenlimonade *die*.
oranger [ɔrɑ̃ʒe] *nm* Orangenbaum *der*.
orangeraie [ɔrɑ̃ʒrɛ] *nf* Orangenhain *der*.
orangerie [ɔrɑ̃ʒri] *nf* Orangerie *die*.
orang-outan, **orang-outang** [ɔrɑ̃utɑ̃] (*pl* **orangs-outans** OU **orangs-outangs**) *nm* Orang-Utan *der*.
orateur, trice [ɔratœr, tris] *nm, f* Redner *der*, -in *die*.
oratoire [ɔratwar] *nm* [chapelle] Betsaal *der*.
orbital, e, aux [ɔrbital, o] *adj* orbital; **station ~e** Raumstation *die*.
orbite [ɔrbit] *nf* **-1.** ANAT Augenhöhle *die*. **-2.** AÉRON Umlaufbahn *die*; *fig* Einflußbereich *der*; **mettre sur ~** auf die Erdumlaufbahn bringen; *fig* lancieren.
Orcades [ɔrkad] *nfpl*: **les ~** die Orkney-Inseln.
orchestral, e, aux [ɔrkɛstral, o] *adj* Orchester-.
orchestration [ɔrkɛstrasjɔ̃] *nf* **-1.** MUS Orchestration *die*. **-2.** [organisation] Inszenierung *die*.
orchestre [ɔrkɛstr] *nm* **-1.** MUS Orchester *das*. **-2.** CIN & THÉÂTRE Parkett *das*.
orchestrer [3] [ɔrkɛstre] *vt* **-1.** MUS orchestrieren. **-2.** [organiser] inszenieren.
orchidée [ɔrkide] *nf* Orchidee *die*.
ordinaire [ɔrdinɛr] ◇ *adj* **-1.** [usuel] üblich. **-2.** [standard] einfach. **-3.** *péj* [commun] ordinär. **-4.** [banal] mittelmäßig. ◇ *nm* **-1.** [moyenne] Übliche *das*, Gewöhnliche *das*; **ça change de l'~** das ist mal was anderes. **-2.** [alimentation] Alltagskost *die*. **-3.** [essence] Normalbenzin *das*.
◆ **d'ordinaire** *loc adv* gewöhnlich.
ordinal, e, aux [ɔrdinal, o] *adj* Ordinal-.
◆ **ordinal, aux** *nm* Ordinalzahl *die*.
ordinateur [ɔrdinatœr] *nm* Computer *der*; **~ personnel** Personalcomputer.
ordonnance [ɔrdɔnɑ̃s] *nf* **-1.** MÉD Rezept *das*. **-2.** [JUR - de gouvernement] Verordnung *die*; [- de juge] Beschluß *der*. **-3.** MIL: **officier d'~** Adjutant *der*.
ordonnateur, trice [ɔrdɔnatœr, tris] *nm, f*: **~ des pompes funèbres** Leichenzugbegleiter *der*, -in *die*.
ordonné, e [ɔrdɔne] *adj* **-1.** [gén] geordnet; [maison] aufgeräumt. **-2.** [élève] ordentlich.
ordonner [3] [ɔrdɔne] *vt* **-1.** [ranger] ordnen; [maison] auf|räumen. **-2.** [commander] an|ordnen; **~ qqch à qqn** [enjoindre] jm etw befehlen; MÉD jm etw verschreiben. **-3.** RELIG [consacrer] weihen.
ordre [ɔrdr] *nm* **-1.** [organisation, stabilité sociale] Ordnung *die*; **mettre bon ~ à qqch** Ordnung in eine Sache bringen; **rentrer dans l'~** sich normalisieren; **rétablir l'~** die Ordnung wieder|herstellen; **troubler l'~ public** die öffentliche Ordnung stören; **l'~ établi** die bestehende Ordnung; **en ~** [maison, comptes] in Ordnung; [idées] geordnet. **-2.** [suite] Reihenfolge *die*; **par ~ alphabétique** in alphabetischer Reihenfolge; **par ~ chronologique** in zeitlicher Reihenfolge; **par ~ d'entrée en scène** in der Reihenfolge des Auftritts; **procéder par ~** der Reihenfolge nach vor|gehen. **-3.** [catégorie] Rang *der*; **~ de grandeur** Größenordnung *die*; **de premier ~** [affaire] sehr wichtig; [produit] erstklassig; **de second ~** zweitrangig; **du même ~** der gleichen Art; **dans le même ~ d'idées** gleichermaßen. **-4.** [commandement] Befehl *der*; **donner à qqn l'~ de faire qqch** jm den Befehl geben, etw zu tun; **donner un ~ à qqn** jm einen Befehl erteilen; **être aux ~s de qqn** jm zu Diensten stehen; **jusqu'à nouvel ~** bis auf weiteres; **~ de mission** Dienstauftrag *der*. **-5.** [corporation] Kammer *die*. **-6.** RELIG Orden *der*; **entrer dans les ~s** ins Kloster gehen. **-7.** [d'achat, de vente] Auftrag *der*.
◆ **à l'ordre du jour** *loc adv* & *loc adj* [dans réunion] auf der Tagesordnung; [d'actualité] aktuell.
ordure [ɔrdyr] *nf* **-1.** [grossièreté]: **dire/écrire des ~s** Schweinereien sagen/schreiben. **-2.** *péj* [individu] Schwein *das*.
◆ **ordures** *nfpl* [déchets] Müll *der (sans pl)*.
ordurier, ère [ɔrdyrje, ɛr] *adj* schmutzig.
orée [ɔre] *nf* Waldessaum *der*.
oreille [ɔrɛj] *nf* **-1.** ANAT & *fig* Ohr *das*; **se boucher les ~s** sich *(D)* die Ohren zu|halten; **dormir sur ses deux ~s** unbesorgt sein; **écorcher les ~s** in den Ohren weh tun; **écouter d'une ~ distraite** nicht richtig zu|hören; **n'écouter que d'une ~** nur mit halbem Ohr zu|hören; **ne pas l'entendre de cette ~** auf diesem Ohr taub sein; **faire la sourde ~** sich taub stellen; **se faire tirer l'~** sich lange bitten lassen; **prêter l'~ à qqch** einer Sache *(D)* Gehör schenken; **rebattre les ~s à qqn** *fam* jm ein Ohr ab|reden; **tendre l'~** die Ohren spitzen. **-2.** [ouïe] Gehör *das*; **avoir de l'~** ein feines Gehör haben; **être dur d'~** schwerhörig sein.
oreiller [ɔrɛje] *nm* Kopfkissen *das*.
oreillette [ɔrɛjɛt] *nf* **-1.** [du cœur] Vorhof *der*. **-2.** [de casquette] Ohrenklappe *die*.
oreillons [ɔrɛjɔ̃] *nmpl* Mumps *der* OU *die*; **avoir les ~** Mumps haben.
ores [ɔr]
◆ **d'ores et déjà** *loc adv* schon jetzt.
orfèvre [ɔrfɛvr] *nm* Goldschmied *der*; **être ~ en la matière** *fig* Fachmann auf diesem Gebiet sein.
orfèvrerie [ɔrfɛvrəri] *nf* **-1.** [art] Goldschmie-

dekunst *die*. **-2.** [commerce] Gold- und Silberwarenhandel *der*.

orfraie [ɔrfrɛ] *nf* Seeadler *der*; **pousser des cris d'~** gellende Schreie aus|stoßen.

organdi [ɔrgɑ̃di] *nm* Organdy *der*.

organe [ɔrgan] *nm* **-1.** [gén] Organ *das*. **-2.** [de machine] Element *das*. **-3.** *sout* [voix] Stimme *die*.

organigramme [ɔrganigram] *nm* **-1.** [hiérarchique] Organigramm *das*. **-2.** INFORM Flußdiagramm *das*.

organique [ɔrganik] *adj* organisch; **loi ~** Grundgesetz *das*.

organisateur, trice [ɔrganizatœr, tris] ◇ *adj*: **esprit ~** Organisationstalent *das*. ◇ *nm, f* Organisator *der*, -in *die*.

organisation [ɔrganizasjɔ̃] *nf* **-1.** [gén] Organisation *die*; **avoir le sens de l'~** Organisationstalent haben. **-2.** [structure] Aufbau *der*.

organisé, e [ɔrganize] *adj* **-1.** [gén] organisiert; **être ~ en qqch** in etw *(D)* organisiert sein; **voyage ~** Gruppenreise *die*. **-2.** [personne]: **c'est une fille très ~e** sie ist jemand, der gut planen kann.

organiser [3] [ɔrganize] *vt* **-1.** [voyage] organisieren; [fête] veranstalten; [réunion] aus|richten. **-2.** [temps, travail] ein|teilen.

◆ **s'organiser** *vp* **-1.** [personne] sich *(D)* seine Zeit (gut) ein|teilen; **elle ne sait pas s'~ dans son travail** sie versteht es nicht, sich ihre Arbeit gut einzuteilen. **-2.** [se clarifier] sich ein|spielen.

organisme [ɔrganism] *nm* **-1.** BIOL Organismus *der*. **-2.** [institution] Einrichtung *die*.

organiste [ɔrganist] *nmf* Organist *der*, -in *die*.

orgasme [ɔrgasm] *nm* Orgasmus *der*.

orge [ɔrʒ] *nf* Gerste *die*.

orgeat [ɔrʒa] *nm*: **sirop d'~** Mandelmilchsirup *der*.

orgelet [ɔrʒəlɛ] *nm* Gerstenkorn *das*.

orgie [ɔrʒi] *nf* Orgie *die*; **une ~ de qqch** Unmengen von etw.

orgue [ɔrg] *nm* Orgel *die*.

◆ **orgues** *nfpl* Orgel *die*.

orgueil [ɔrgœj] *nm* Hochmut *der*.

orgueilleux, euse [ɔrgœjø, øz] ◇ *adj* hochmütig. ◇ *nm, f* Hochmütige *der, die*.

orient [ɔrjɑ̃] *nm* **-1.** [est] Orient *der*. **-2.** [de perle] Lüster *der*.

◆ **Orient** *nm*: **l'Orient** der Osten.

orientable [ɔrjɑ̃tabl] *adj* drehbar.

oriental, e, aux [ɔrjɑ̃tal, o] *adj* orientalisch.

◆ **Oriental, e, aux** *nm, f* Orientale *der*, -lin *die*.

orientation [ɔrjɑ̃tasjɔ̃] *nf* **-1.** [direction] Orientierung *die*. **-2.** SCOL Ausbildungszweig *der*; **~ professionnelle** Berufsberatung *die*. **-3.** [de maison, de pièce, de jardin] Lage *die*. **-4.** [de politique] Kurs *der*.

orienté, e [ɔrjɑ̃te] *adj* tendenziös; **~ à droite** rechtslastig; **~ à gauche** linkslastig.

orienter [3] [ɔrjɑ̃te] *vt* **-1.** [maison, antenne] aus|richten. **-2.** [guider]: **~ qqn** jm den Weg weisen. **-3.** SCOL: **~ qqn vers qqch** jm zu etw raten; **bien/mal orienté** gut/schlecht beraten.

◆ **s'orienter** *vp* **-1.** [se repérer] sich zurecht|finden. **-2.** [se diriger]: **s'~ vers qqch** sich einer Sache *(D)* zu|wenden.

orifice [ɔrifis] *nm* Öffnung *die*.

oriflamme [ɔriflam] *nf historisches Kriegsbanner der französischen Könige*.

origan [ɔrigɑ̃] *nm* Oregano *der*.

originaire [ɔriʒinɛr] *adj* [natif]: **~ d'une région** aus einer Gegend stammend; **il est ~ de Pologne** er stammt aus Polen.

original, e, aux [ɔriʒinal, o] *adj* **-1.** [initial] Original-. **-2.** [nouveau] originell. **-3.** [singulier] sonderbar.

◆ **original, aux** *nm* Original *das*.

originalité [ɔriʒinalite] *nf* **-1.** [nouveauté] Originalität *die*. **-2.** [excentricité] Wunderlichkeit *die*. **-3.** [caractéristique] Besonderheit *die*.

origine [ɔriʒin] *nf* **-1.** [provenance] Herkunft *die*; **maladie d' ~ pulmonaire** Lungenleiden *das*. **-2.** [cause] Ursache *die*. **-3.** [commencement] Ursprung *der*; **à l'~** ursprünglich *(adv)*; **d'~** [originel] ursprünglich *(adj)*. **-4.** [souche] Abstammung *die*.

originel, elle [ɔriʒinɛl] *adj* ursprünglich; **péché ~** Erbsünde *die*.

oripeaux [ɔripo] *nmpl* abgetragene Kleider *Pl*.

ORL ◇ *nmf* (*abr de* **oto-rhino-laryngologiste**) HNO-Arzt *der*, -Ärztin *die*. ◇ *nf* (*abr de* **oto-rhino-laryngologie**) HNO *die*.

orme [ɔrm] *nm* Ulme *die*.

ormeau, x [ɔrmo] *nm* [arbre] Jungulme *die*.

ornement [ɔrnəmɑ̃] *nm* **-1.** [décoration] Schmuck *der (sans pl)*, Zierrat *der (sans pl)*. **-2.** RELIG Ornat *der*. **-3.** MUS Verzierung *die*.

ornemental, e, aux [ɔrnəmɑ̃tal, o] *adj* schmückend; [style] blumig; **plante ~e** Zierpflanze *die*.

ornementation [ɔrnəmɑ̃tasjɔ̃] *nf* Verzierung *die*.

ornementer [3] [ɔrnəmɑ̃te] *vt* verzieren.

orner [3] [ɔrne] *vt*: **~ qqch (de qqch)** etw (mit etw) schmücken.

ornière [ɔrnjɛr] *nf* Spurrille *die*; **sortir de l' ~** [routine] der Routine entkommen; [difficulté] sich aus dem Schlamassel ziehen.

ornithologie [ɔrnitɔlɔʒi] *nf* Vogelkunde *die*.

orphelin, e [ɔrfəlɛ̃, in] ◇ *adj* verwaist; **~ de mère** mutterlos; **~ de père** vaterlos. ◇ *nm, f* Waise *die*.

orphelinat [ɔrfəlina] *nm* Waisenhaus *das*.

Orsay [ɔrsɛ] *n*: **le musée d'~** *Kunstmuseum in Paris.*

MUSÉE D'ORSAY:
Dieses Pariser Museum, das in dem ehemaligen Bahnhof "Gare d'Orsay" am Seine-Ufer eingerichtet wurde, beherbergt Kunstwerke aus der Zeit von Mitte des 19. Jahrhunderts bis zum Beginn des 20. Jahrhunderts.

ORSEC, **Orsec** [ɔrsɛk] (*abr de* **Organisation des secours**) *adj*: **plan ~** *französisches Katastrophenschutzprogramm.*

LE PLAN ORSEC:
Der "Orsec"-Plan ist ein Katastrophenplan, der bei Naturkatastrophen wie Überschwemmungen oder Waldbränden angewandt wird. In ihm ist die Mobilisierung und Koordinierung aller Einsatzmittel (öffentliche oder private) vorgesehen, um die Katastrophe unter Kontrolle zu bringen.

ORSECRAD, **Orsecrad** [ɔrsɛkrad] (*abr de* **Orsec en cas d'accident nucléaire**) *adj*: **plan ~** *französisches Katastrophenschutzprogramm für atomare Unfälle.*

orteil [ɔrtɛj] *nm* Zeh *der*, Zehe *die*; **gros ~** großer Zeh.

orthodontiste [ɔrtɔdɔ̃tist] *nmf* Kieferorthopäde *der*, -din *die*.

orthodoxe [ɔrtɔdɔks] ◇ *nmf* **-1.** RELIG Orthodoxe *der, die*. **-2.** POLIT *linientreuer Anhänger einer Partei oder Lehre.* ◇ *adj* orthodox.

orthodoxie [ɔrtɔdɔksi] *nf* Orthodoxie *die*.

orthogonal, e, aux [ɔrtɔgɔnal, o] *adj* orthogonal.

orthographe [ɔrtɔgraf] *nf* Rechtschreibung *die*; **l'~ d'un mot** die Schreibweise eines Wortes.

orthographier [9] [ɔrtɔgrafje] *vt*: **~ correctement** (orthographisch) richtig schreiben.

orthographique [ɔrtɔgrafik] *adj* Rechtschreib-.

orthopédique [ɔrtɔpedik] *adj* orthopädisch; **semelles ~s** Einlagen *Pl.*

orthopédiste [ɔrtɔpedist] *nmf* Orthopäde *der*, -din *die*.

orthophoniste [ɔrtɔfɔnist] *nmf* Logopäde *der*, -din *die*.

ortie [ɔrti] *nf* Brennessel *die*.

ortolan [ɔrtɔlɑ̃] *nm* Fettammer *die*.

orvet [ɔrvɛ] *nm* Blindschleiche *die*.

os [ɔs, *pl* o] *nm* **-1.** [gén] Knochen *der*; **~ à moelle** Markknochen; **~ de seiche** Sepiaknochen. **-2.** *fam* [difficulté] Haken *der*.

OS *abr de* **ouvrier spécialisé**.

oscillation [ɔsilasjɔ̃] *nf* **-1.** PHYS Schwingung *die*. **-2.** [de température] Schwankung *die*. **-3.** [d'opinion] Schwanken *das*.

oscillatoire [ɔsilatwar] *adj* Schwingungs-.

osciller [3] [ɔsile] *vi* **-1.** [se balancer] schwingen. **-2.** [vaciller, hésiter] schwanken; [flamme] flackern.

osé, e [oze] *adj* gewagt.

oseille [ozɛj] *nf* **-1.** BOT Sauerampfer *der*. **-2.** *fam* [argent] Knete *die*.

oser [3] [oze] *vt* wagen; **~ faire qqch** (es) wagen, etw zu tun; **si j'ose dire** wenn ich so sagen darf.

osier [ozje] *nm* **-1.** BOT Weide *die*. **-2.** [fibre] Weidengerte *die*; **panier d'~** Weidenkorb *der*.

Oslo [ɔslo] *n* Oslo *nt*.

osmose [ɔsmoz] *nf* **-1.** PHYS Osmose *die*. **-2.** *fig* [interpénétration] Durchdringung *die*; **en ~** im Einvernehmen.

ossature [ɔsatyr] *nf* **-1.** ANAT Knochen *Pl.* **-2.** [structure] Gerüst *das*; [de livre] Gliederung *die*.

osselet [ɔslɛ] *nm* Knöchelchen *das*; **jouer aux ~s** das Knöchelspiel spielen.

ossements [ɔsmɑ̃] *nmpl* Gebeine *Pl.*

osseux, euse [ɔsø, øz] *adj* **-1.** ANAT & MÉD Knochen-. **-2.** [maigre] knochig.

ossification [ɔsifikasjɔ̃] *nf* Knochenbildung *die*.

ossuaire [ɔsɥɛr] *nm* [lieu] Beinhaus *das*.

ostensible [ɔstɑ̃sibl] *adj* demonstrativ.

ostensiblement [ɔstɑ̃sibləmɑ̃] *adv* demonstrativ.

ostensoir [ɔstɑ̃swar] *nm* Monstranz *die*.

ostentation [ɔstɑ̃tasjɔ̃] *nf* Prahlen *das*.

ostentatoire [ɔstɑ̃tatwar] *adj* prahlerisch.

ostéopathe [ɔsteɔpat] *nmf* Facharzt *der*, -ärztin *die* für Osteopathie.

ostracisme [ɔstrasism] *nm* Ausschluß *der*.

ostréiculture [ɔstreikyltyr] *nf* Austernzucht *die*.

otage [ɔtaʒ] *nm* Geisel *die*; **prendre qqn en ~** jn als Geisel nehmen.

OTAN, **Otan** [ɔtɑ̃] (*abr de* **Organisation du traité de l'Atlantique Nord**) *nf* NATO *die*.

otarie [ɔtari] *nf* Ohrenrobbe *die*.

OTASE [ɔtaz] (*abr de* **Organisation du traité de l'Asie du sud-est**) *nf* SEATO *die (Südostasiatischer Sicherheitsvertrag)*.

ôter [3] [ote] *vt* **-1.** [enlever] weg|nehmen; [manteau] ab|legen. **-2.** [soustraire] ab|ziehen; **6 ôté de 10 égale 4** 10 weniger 6 macht 4. **-3.** [prendre]: **~ qqch à qqn** jm etw ab|nehmen; **il m'a ôté toutes mes illusions** er raubte mir all meine Illusionen.

◆ **s'ôter** *vp fam* : **ôtez-vous de là** machen Sie sich fort.

otite [ɔtit] *nf* Ohrenentzündung *die*.

oto-rhino-laryngologie [ɔtɔrinɔlarɛ̃gɔlɔʒi] *nf* Hals-Nasen-Ohren-Heilkunde *die*.

Ottawa [ɔtawa] *n* Ottawa *nt*.

ou [u] *conj* **-1.** [gén] oder; **le patronyme, ~ nom de famille** der Familien- oder Nachname; **l'éthique ~ la morale** die Ethik oder (die) Moral; **le rouge ~ le bleu, peu importe** rot oder blau, das ist gleich; **être ici ~ là** hier oder dort sein; **ils étaient cinq ~ six** es waren fünf bis ou oder sechs; **donne m'en trois ~ quatre kilos** gib mir drei oder vier Kilo davon; **c'est l'un ~ l'autre** eins von beiden; **une porte est toujours ouverte ~ fermée** eine Tür ist immer offen oder geschlossen. **-2.** [sinon] sonst; **rends-le-moi, ~ ça ira très mal** gib mir das zurück, sonst wird die Sache böse enden.

◆ **ou (bien) ... ou (bien)** *loc corrélative* entweder ... oder; **~ (bien) c'est elle, ~ (bien) c'est moi!** (entweder) sie oder ich!

où [u] ◇ *pron rel* **-1.** [spatial] wo; **la maison ~ j'habite** das Haus, in dem ich wohne. **-2.** [temporel] als; **le jour ~ je suis venu** der Tag, an dem ich kam. ◇ *adv* wo; **je vais ~ je veux** ich gehe, wohin ich will; **~ que** *(+ subjonctif)* wo auch (immer); **~ que vous alliez** wo immer Sie hingehen mögen; **là ~ je ne vous suis plus, c'est lorsque vous dites** ich kann Ihnen nicht folgen, wenn Sie sagen; **Dieu sait ~** weiß Gott wo. ◇ *adv interr* wo; **~ est la voiture?** wo ist der Wagen?; **~ vas-tu?** wohin gehst du?; **dites-moi ~ il est allé** sagen Sie mir, wohin er gegangen ist.

◆ **d'où** *loc adv* woraus; **d'~ sa surprise** daher war sie auch so überrascht; **d'~ il s'ensuit que** woraus sich ergibt, daß; **d'~ on conclut que** woraus sich schließen läßt, daß.

OUA (*abr de* **Organisation de l'unité africaine**) *nf* OAU *die (Organisation für afrikanische Einheit)*.

Ouagadougou [wagadugu] *n* Wagadugu *nt*.

ouailles [waj] *nfpl hum* Schäflein *Pl*.

ouais [wɛ] *interj fam langezogenes, umgangssprachliches Ja*; **ah ~?** ach was?

ouate [wat] *nf* Watte *die*; **tampon d'~** Wattebausch *der*.

ouaté, e [wate] *adj* **-1.** [garni d'ouate] wattiert. **-2.** [douillet] weich *(adj)*.

oubli [ubli] *nm* **-1.** [trou de mémoire] Vergessen *das*. **-2.** [négligence] Versäumnis *das*. **-3.** [étourderie] Versehen *das*. **-4.** [abnégation]: **~ de soi** Selbstlosigkeit *die*. **-5.** [collectif] Vergessenheit *die*; **tomber dans l'~** in Vergessenheit geraten.

oublier [10] [ublije] *vt* vergessen; [ne pas penser à] vernachlässigen.

◆ **s'oublier** *vp* **-1.** [manquer d'égard] sich vergessen. **-2.** *fam* [chat, enfant] machen.

oubliettes [ublijɛt] *nfpl* Verlies *das*; **jeter qqn/qqch aux ~** *fam fig* jn/etw in der Versenkung verschwinden lassen.

oublieux, euse [ublijø, øz] *adj* vergeßlich.

ouest [wɛst] ◇ *adj inv* West-, westlich. ◇ *nm inv*: **l'~** der Westen.

◆ **Ouest** *nm inv*: **l'Ouest** der Westen; **l'Ouest de la France** Westfrankreich *nt*.

ouest-allemand, e [wɛstalmɑ̃, ɑ̃d] *adj* westdeutsch.

ouf [uf] *interj* uff.

Ouganda [ugɑ̃da] *nm*: **l'~** Uganda *nt*; **en ~** in Uganda.

ougandais, e [ugɑ̃dɛ, ɛz] *adj* ugandisch.

◆ **Ougandais, e** *nm, f* Ugander *der*, -in *die*.

oui [wi] ◇ *adv* ja. ◇ *nm inv* Ja(wort) *das*; **pour un ~ pour un non** wegen jeder Kleinigkeit.

ouï-dire [widir] *nm inv* Hörensagen *das*; **par ~** vom Hörensagen.

ouïe [wi] *nf* Gehör *das*; **avoir l'~ fine** ein feines Gehör haben.

◆ **ouïes** *nfpl* Kiemen *Pl*.

ouistiti [wistiti] *nm* **-1.** ZOOL Pinseläffchen *das*. **-2.** *fam* [individu] Kauz *der*.

Oulan-Bator [ulanbatɔr] *n* Ulan-Bator *nt*.

ouragan [uragɑ̃] *nm* **-1.** MÉTÉOR Orkan *der*. **-2.** *fig* [tempête] Sturm *der*; **il est arrivé comme un ~** er kam hereingefegt wie ein Wirbelwind.

ourdir [32] [urdir] *vt* an|zetteln.

ourler [3] [urle] *vt* (um)säumen.

ourlet [urlɛ] *nm* **-1.** COUTURE Saum *der*; **faire un ~** (um)säumen. **-2.** [de l'oreille] Wulst *der*.

ours [urs] *nm* **-1.** ZOOL Bär *der*. **-2.** [peluche] Teddy(bär) *der*. **-3.** *péj* [misanthrope] Muffel *der*.

ourse [urs] *nf* ZOOL Bärin *die*.

◆ **Ourse** *nf*: **la Grande/Petite Ourse** der Große/Kleine Bär.

oursin [ursɛ̃] *nm* Seeigel *der*.

ourson [ursɔ̃] *nm* junger Bär.

oust, ouste [ust] *interj fam* [dehors] raus; [vite] hopp.

outarde [utard] *nf* Trappe *die*.

outil [uti] *nm* **-1.** [instrument] Werkzeug *das*; *fig* Hilfsmittel *das*; **~ de jardinage** Gartengerät *das*. **-2.** INFORM Tool *das*.

outillage [utijaʒ] *nm* Werkzeug *das*.

outrage [utraʒ] *nm* Beleidigung *die*; **~ aux bonnes mœurs** Sittenwidrigkeit *die*; **~ à magistrat** Beamtenbeleidigung; **faire subir les derniers ~s à qqn** *sout* jm Gewalt an|tun.

outrageant, e [utraʒɑ̃, ɑ̃t] *adj* beleidigend.

outrager [17] [utraʒe] *vt* **-1.** [offenser] beleidigen. **-2.** [contrevenir]: **~ qqch** gegen etw verstoßen.

outrageusement [utraʒøzmɑ̃] *adv*: **être ~ maquillé** übertrieben geschminkt sein.

outrance [utrɑ̃s] *nf* Übertreibung *die*; **à ~** maßlos *(adv)*; **travailler à ~** übermäßig viel arbeiten.

outrancier, ère [utrɑ̃sje, ɛr] *adj* **-1.** [personne, caractère] überspannt. **-2.** [propos] übertrieben.

outre[1] [utr] *nf* Lederschlauch *der*.

outre[2] [utr] ◇ *prép sout*: **~ qqch** neben etw *(D)*, über etw *(A)* hinaus. ◇ *adv*: **passer ~** sich darüber hinweg|setzen; **passer ~ à qqch** sich über etw *(A)* hinweg|setzen.

◆ **en outre** *loc adv* außerdem.

◆ **outre que** *loc conj* abgesehen davon, daß.

outré, e [utre] *adj* **-1.** [offusqué] außer sich, empört. **-2.** *sout* [exagéré] unverschämt.

outre-Atlantique [utratlɑ̃tik] *loc adv* jenseits des Atlantiks.

outrecuidance [utrəkɥidɑ̃s] *nf littéraire* **-1.** [fatuité] Überheblichkeit *die*. **-2.** [impertinence] Anmaßung *die*.

outrecuidant, e [utrəkɥidɑ̃, ɑ̃t] *adj littéraire* **-1.** [présomptueux] überheblich. **-2.** [impertinent] anmaßend.

outre-Manche [utrəmɑ̃ʃ] *loc adv* jenseits des Ärmelkanals.

outremer [utrəmɛr] ◇ *adj inv* ultramarin. ◇ *nm* **-1.** [pierre] Lapislazuli *der*. **-2.** [couleur] Ultramarin *das*.

outre-mer [utrəmɛr] *loc adv* überseeisch; **s'établir ~** sich in Übersee nieder|lassen; → **département, territoire**.

outrepasser [3] [utrəpase] *vt* überschreiten.

outrer [3] [utre] *vt* **-1.** [scandaliser] entrüsten. **-2.** [exagérer] übertreiben; **~ la vérité** die Wahrheit überspitzt dar|stellen.

outre-Rhin [utrərɛ̃] *loc adv* jenseits des Rheins, rechtsrheinisch.

outsider [awtsajdœr] *nm* Außenseiter *der*.

ouvert, e [uvɛr, ɛrt] ◇ *pp* → **ouvrir**. ◇ *adj* **-1.** [gén] offen; **grand ~** weit offen. **-2.** [magasin, musée] geöffnet. **-3.** [fleur] aufgegangen. **-4.** [pêche, chasse] eröffnet.

ouvertement [uvɛrtəmɑ̃] *adv* offen.

ouverture [uvɛrtyr] *nf* **-1.** [gén] Öffnung *die*; **pratiquer une ~ dans le mur** eine Mauer durchbrechen; **politique d'~** Politik *die* der Öffnung; **~ d'esprit** Aufgeschlossenheit *die*. **-2.** [de porte, de coffre] Öffnen *das*. **-3.** [de débat] Eröffnen *das*; [des hostilités, du jeu, de la chasse, de magasin] Eröffnung *die*. **-4.** MUS Ouvertüre *die*.

ouvrable [uvrabl] *adj*: **jour ~** Werktag *der*.

ouvrage [uvraʒ] *nm* **-1.** [gén] Werk *das*; **être l'~ de qqn** *littéraire* js Werk sein; **publier un ~** ein Buch veröffentlichen; **~ de référence** Nachschlagewerk. **-2.** [travail] Arbeit *die*; **se mettre à l'~** sich ans Werk machen. **-3.** COUTURE Handarbeit *die*.

ouvragé, e [uvraʒe] *adj* fein gearbeitet.

ouvrant, e [uvrɑ̃, ɑ̃t] *adj* öffnend; **toit ~** Schiebedach *das*.

ouvre *etc* → **ouvrir**.

ouvre-boîtes [uvrəbwat] *nm inv* Dosenöffner *der*.

ouvre-bouteilles [uvrəbutɛj] *nm inv* Flaschenöffner *der*.

ouvreuse [uvrøz] *nf* Platzanweiserin *die*.

ouvrier, ère [uvrije, ɛr] ◇ *adj* Arbeiter-; **cité ouvrière** Arbeitersiedlung *die*; **conflit ~** Arbeitskonflikt *der*. ◇ *nm, f* [travailleur] Arbeiter *der*, -in *die*; **~ professionnel** gelernter Arbeiter; **~ qualifié** Facharbeiter; **~ spécialisé** angelernter Arbeiter.

◆ **ouvrière** *nf* ZOOL Arbeiterin *die*.

ouvrir [34] [uvrir] ◇ *vt* **-1.** [porte, fenêtre, meuble, percer] öffnen; **~ qqch à qqn** jm etw öffnen. **-2.** [tiroir, rideau] auf|ziehen. **-3.** [paquet, yeux, bouche, opérer] auf|machen. **-4.** [livre, journal] auf|schlagen. **-5.** [passage, voie] bahnen. **-6.** [débat, hostilités, restaurant, perspective] eröffnen. **-7.** *fam* [radio, télévision] an|stellen; [électricité] ein|schalten; [eau, gaz] auf|drehen. ◇ *vi* **-1.** [donner accès]: **~ sur qqch** zu ou nach etw führen. **-2.** [magasin] öffnen. **-3.** [commencer]: **~ par qqch** mit etw beginnen.

◆ **s'ouvrir** *vp* **-1.** [meuble, porte, fenêtre, fleur] auf|gehen. **-2.** [se présenter] sich auf|tun; **la route qui s'ouvre devant nous** die Straße, die vor uns liegt. **-3.** [se confier, se sensibiliser]: **s'~ à qqn/qqch** sich jm/etw öffnen; **s'~ à qqn de qqch** jm etw anvertrauen. **-4.** [procès, séance] eröffnet werden. **-5.** [se blesser]: **s'~ le bras/genou** sich *(D)* den Arm/das Knie auf|schlagen.

ovaire [ɔvɛr] *nm* Eierstock *der*.

ovale [ɔval] ◇ *adj* oval. ◇ *nm* Oval *das*.

ovation [ɔvasjɔ̃] *nf* Ovation *die*; **faire une ~ à qqn** jm Ovationen bereiten.

ovationner [3] [ɔvasjɔne] *vt*: **~ qqn** jm rauschenden Beifall spenden.

overdose [ɔvœrdoz] *nf* Überdosis *die*; **~ de qqch** *fam fig* Überdosis an etw *(D)*.

ovin, e [ɔvɛ̃, in] *adj* Schaf-.

◆ **ovin** *nm* Schaf *das (Gattung)*.

ovipare [ɔvipar] ◇ *nmf* eierlegendes Tier. ◇ *adj* eierlegend.

OVNI, Ovni [ɔvni] (*abr de* **objet volant non identifié**) *nm* UFO *das*, Ufo *das*.

ovoïde [ɔvɔid] *adj* eiförmig.

ovulation [ɔvylasjɔ̃] *nf* Eisprung *der*.
ovule [ɔvyl] *nm* Eizelle *die*.
ovuler [3] [ɔvyle] *vi* einen Eisprung haben.
oxydable [ɔksidabl] *adj* oxydierbar.
oxydation [ɔksidasjɔ̃] *nf* Oxydation *die*.
oxyde [ɔksid] *nm* Oxyd *das*; **~ de carbone** Kohlenmonoxyd.
oxyder [3] [ɔkside] *vt* oxydieren.
◆ **s'oxyder** *vp* oxydieren.
oxygène [ɔksiʒɛn] *nm* Sauerstoff *der*; **ballon d'~** Sauerstoffbehälter *der*.
oxygéné, e [ɔksiʒene] *adj* **-1.** CHIM sauerstoffhaltig; **eau ~e** Wasserstoffperoxyd *das*. **-2.** [décoloré]: **cheveux ~s** wasserstoffblonde Haare.
oxygéner [18] [ɔksiʒene] *vt* mit Sauerstoff an|reichern.
◆ **s'oxygéner** *vp fam* frische Luft tanken.
ozone [ozɔn] *nm* Ozon *das*.

P

p, P [pe] *nm inv* [lettre] p *das*, P *das*.
◆ **p -1.** (*abr de* **pico**) p. **-2.** (*abr de* **page**) S. **-3.** *abr de* **passable**. **-4.** (*abr de* **pièce**) St.
Pa (*abr de* **pascal**) Pa.
PA *abr de* **petites annonces**.
PAC, Pac [pak] (*abr de* **politique agricole commune**) *nf* GAP *die*.
pacage [pakaʒ] *nm* Weide *die*.
pacemaker [pɛsmekœr] *nm* Herzschrittmacher *der*.
pacha [paʃa] *nm* Pascha *der*; **mener une vie de ~** *fam* wie ein Pascha leben.
pachyderme [paʃidɛrm] *nm* Dickhäuter *der*.
pacificateur, trice [pasifikatœr, tris] ◇ *adj* frieden(s)stiftend. ◇ *nm, f* Frieden(s)stifter *der*, -in *die*.
pacification [pasifikasjɔ̃] *nf* Befriedung *die*.
pacifier [9] [pasifje] *vt* **-1.** [peuple, pays] befrieden. **-2.** [esprit] beruhigen.
pacifique [pasifik] *adj* [pays, coexistence] friedlich; [personne] friedliebend.
Pacifique [pasifik] *nm*: **le ~** der Pazifik; **l'océan ~** der Pazifische OU Stille Ozean.
pacifiquement [pasifikmɑ̃] *adv* friedlich.
pacifiste [pasifist] ◇ *nmf* Pazifist *der*, -in *die*. ◇ *adj* pazifistisch; **mouvement ~** Friedensbewegung *die*.
pack [pak] *nm* [de bouteilles]: **un ~ de six** ein Sechserpack.
package [pakadʒ] *nm* INFORM Package *das*.
packaging [pakadziŋ] *nm* **-1.** [conditionnement] Aufmachung *die*. **-2.** [activité] Verpacken *das*.
pacotille [pakɔtij] *nf* Ramsch *der*; **de ~** wertlos *(adj)*.
pacte [pakt] *nm* Pakt *der*.
pactiser [3] [paktize] *vi* **-1.** [faire un pacte]: **~ avec qqn/qqch** mit jm/einer Sache einen Pakt schließen. **-2.** [transiger]: **~ avec qqn** mit jm paktieren; **~ avec le crime** sich dem Verbrechen verschreiben.
pactole [paktɔl] *nm* Quelle *die* des Reichtums.
paddock [padɔk] *nm* **-1.** [hippodrome] Paddock *der*. **-2.** *tfam* [lit] Koje *die*.
paddy [padi] *nm* ungeschälter Reis.
paella [paela] *nf* Paella *die*.
paf [paf] ◇ *interj* bums. ◇ *adj inv fam* (sternhagel)voll.
PAF [paf] ◇ *nf* (*abr de* **Police de l'air et des frontières**) Luft- und Grenzpolizei *die*. ◇ *nm* (*abr de* **paysage audiovisuel français**) französische Medienlandschaft.
pagaie [pagɛ] *nf* Paddel *das*.
pagaille, pagaye, pagaïe [pagaj] *nf fam* Schlachtfeld *das*; **en ~** [désordre] durcheinander; [quantité] in (rauhen) Mengen.
paganisme [paganism] *nm* Heidentum *das*.
pagaye = **pagaille**.
pagayer [11] [pageje] *vi* paddeln.
pagayeur, euse [pagɛjœr, øz] *nm, f* Paddler *der*, -in *die*.
page [paʒ] ◇ *nf* **-1.** [feuillet] Seite *die*; **~ de garde** Vorsatz *der*; **une ~ glorieuse de l'histoire** *fig* ein ruhmreiches Kapitel der Geschichte. **-2.** *loc*: **être à la ~** mit der Zeit gehen; **tourner la ~** ein neues Kapitel auf|schlagen. ◇ *nm* HIST Knappe *der*.
pagination [paʒinasjɔ̃] *nf* Seitennumerierung *die*.
pagne [paɲ] *nm* Lendenschurz *der*.
pagode [pagɔd] *nf* Pagode *die*.
paie¹ *etc* → **payer**.
paie² [pɛ], **paye** [pɛj] *nf* **-1.** [salaire] Lohn *der*. **-2.** MIL [solde] Sold *der*.
paiement [pɛmɑ̃], **payement** [pɛjmɑ̃] *nm* Bezahlung *die*; **~ anticipé** Vorauszahlung *die*.
païen, enne [pajɛ̃, ɛn] ◇ *adj* **-1.** [non chrétien] heidnisch. **-2.** [impie] gottlos. ◇ *nm, f* Heide *der*, -din *die*.
paierai *etc* → **payer**.

paillard, e [pajar, ard] ◇ *adj* lüstern; [chanson] anstößig. ◇ *nm, f* Lüstling *der*.

paillasse [pajas] ◇ *nf* **-1.** [matelas] Strohmatte *die*. **-2.** [d'évier] Ablauffläche *die*. ◇ *nm* [clown] Hanswurst *der*.

paillasson [pajasɔ̃] *nm* **-1.** [de porte] Fußmatte *die*; **mettre la clef sous le ~** *fig* sich aus dem Staub machen. **-2.** *fig* & *péj* [personne] Kriecher *der*.

paille [paj] *nf* **-1.** BOT Stroh *das*; **être sur la ~** *fam fig* am Stock gehen. **-2.** [pour boire] Strohhalm *der*.

◆ **paille de fer** *nf* Stahlspäne *Pl*.

pailleté, e [pajte] *adj* mit Pailletten besetzt.

paillette [pajɛt] *nf* **-1.** [de décoration] Paillette *die*. **-2.** [d'or] Goldpaillette *die*. **-3.** [de lessive, de savon] Flocke *die*.

pain [pɛ̃] *nm* **-1.** [aliment] Brot *das*; **~ azyme** ungesäuertes Brot; **~ brioché** Hefebrot; **~ de campagne** Bauernbrot; **~ au chocolat** Schokoladencroissant *das*; **~ complet** Vollkornbrot; **~ d'épice** Lebkuchen *der*; **~ au lait** Milchbrötchen *das*; **~ de mie** Kastenweißbrot, Toastbrot; **~ perdu** arme Ritter *Pl*; **~ de seigle** Roggenbrot; **~ au son** Schrotbrot; **petit ~** Brötchen *das*; **avoir du ~ sur la planche** *fam fig* viel zu tun haben; **ôter le ~ de la bouche de qqn** *fig* jn an den Rand des Existenzminimums treiben; **se vendre comme des petits ~s** *fig* wie warme Semmeln weg|gehen. **-2.** [de savon] Seifenstück *das*; [de cire] Wachsklumpen *der*. **-3.** *fam* [coup] Ohrfeige *die*; **il lui a collé un ~** er hat ihm eine geklebt.

◆ **Pain de Sucre** *nm* GÉOGR Zuckerhut *der*.

pair, e [pɛr] *adj* gerade.

◆ **pair** *nm*: **ses ~s** seinesgleichen, ihresgleichen.

◆ **paire** *nf* Paar *das*; **une ~e de lunettes/ciseaux** eine Brille/Schere; **c'est une autre ~e de manches** *fig* das ist etwas ganz anderes.

◆ **au pair** *loc adj*: **jeune fille au ~** Au-pair-(-Mädchen) *das*.

◆ **de pair** *loc adv*: **aller de ~ avec qqch** mit etw Hand in Hand gehen.

◆ **hors pair** *loc adj* unvergleichlich.

paisible [pezibl] *adj* **-1.** [lieu, vie] ruhig. **-2.** [personne, air] friedlich.

paisiblement [pezibləmɑ̃] *adv* **-1.** [calmement] ruhig. **-2.** [en paix] friedlich.

paître [91] [pɛtr] ◇ *vt* ab|weiden. ◇ *vi* weiden.

paix [pɛ] *nf* Frieden *der*, Ruhe *die*; [entre les pays] Frieden *der*; **en ~** [en harmonie] in Frieden; [tranquillement] in Ruhe; **avoir la ~** seine Ruhe haben; **faire la ~ avec qqn** sich mit jm aus|söhnen; **ficher la ~ à qqn** *fam* jn in Frieden OU Ruhe lassen; **laisser qqn en ~** jn in Frieden OU Ruhe lassen.

Pakistan [pakistɑ̃] *nm*: **le ~** Pakistan *nt*; **au ~** in Pakistan.

pakistanais, e [pakistanɛ, ɛz] *adj* pakistanisch.

◆ **Pakistanais, e** *nm, f* Pakistani *der, die*, Pakistaner *der*, -in *die*.

PAL, Pal [pal] (*abr de* **Phase Alternation Line**) *adj* PAL.

palabrer [3] [palabre] *vi* palavern.

palabres [palabr] *nfpl* OU *nmpl* Palaver *das*.

palace [palas] *nm* Grandhotel *das*, Luxushotel *das*.

palais [palɛ] *nm* **-1.** [château] Palast *der*. **-2.** [édifice]: **~ des expositions** Ausstellungshalle *die*, Messehalle *die*; **le ~ Garnier** *frühere Pariser Oper, in der heute Ballettaufführungen stattfinden*; **~ de justice** Gerichtsgebäude *das*; [de grande ville] Justizpalast *der*; **le ~ du Luxembourg** *Sitz des französischen Senats*; **~ omnisports** Sportpalast *der*; **le ~ des Papes** der Papstpalast *(in Avignon)*. **-3.** ANAT Gaumen *der*.

palan [palɑ̃] *nm* TECHNOL Flaschenzug *der*.

Palatinat [palatina] *nm*: **le ~** die Pfalz.

pale [pal] *nf* (Propeller)blatt *das*.

pâle [pal] *adj* blaß.

palefrenier [palfrənje] *nm* Stallbursche *der*.

paléographie [paleɔgrafi] *nf* Paläographie *die*.

paléolithique [paleɔlitik] ◇ *nm*: **le ~** die Altsteinzeit. ◇ *adj* paläolithisch, altsteinzeitlich.

paléontologie [paleɔ̃tɔlɔʒi] *nf* Paläontologie *die*.

Palerme [palɛrm] *n* Palermo *nt*.

Palestine [palɛstin] *nf*: **la ~** Palästina *nt*.

palestinien, enne [palɛstinjɛ̃, ɛn] *adj* palästinensisch.

◆ **Palestinien, enne** *nm, f* Palästinenser *der*, -in *die*.

palet [palɛ] *nm* [de hockey] Puck *der*.

paletot [palto] *nm* (kurzer) Mantel, Paletot *der*.

palette [palɛt] *nf* **-1.** [de peintre, de chariot élévateur] Palette *die*. **-2.** CULIN Schulterstück *das*.

palétuvier [paletyvje] *nm* Mangrovebaum *der*.

pâleur [palœr] *nf* Blässe *die*.

pâlichon, onne [paliʃɔ̃, ɔn] *adj fam* bläßlich.

palier [palje] *nm* **-1.** [d'escalier] (Treppen)absatz *der*; **être sur le ~** vor der Tür stehen; **habiter sur le même ~** auf derselben Etage wohnen. **-2.** [niveau] Stufe *die*. **-3.** TECHNOL Lager *das*.

pâlir [32] [palir] ◇ *vi* **-1.** [chose] verblassen. **-2.** [personne]: **~ (de qqch)** (vor etw *(D)*) erblassen. ◇ *vt sout* erblassen lassen.

palissade [palisad] *nf* Palisade *die*.

palissandre [palisɑ̃dr] *nm* Palisander *der*.

palliatif, ive [paljatif, iv] *adj* MÉD (schmerz)lindernd.

◆ **palliatif** *nm fig* Notbehelf *der.*
pallier [9] [palje] *vt*: **~ (à) qqch** etw notdürftig beheben; **~ un problème** ein Problem beseitigen.
Palma [palma] *n*: **~ (de Majorque)** Palma (de Mallorca) *nt.*
palmarès [palmarɛs] *nm* **-1.** [sportif] Siegerliste *die.* **-2.** [scolaire] Liste *die* der Preisträger. **-3.** MUS Hitparade *die.*
palme [palm] *nf* **-1.** [de nageur] Schwimmflosse *die.* **-2.** [de palmier] Palmzweig *der.* **-3.** [distinction]: **remporter la ~** die Palme erringen; **la Palme d'or** die Goldene Palme *(höchste Auszeichnung der Filmfestspiele in Cannes)*; **~s académiques** *Verdienstmedaille für besondere Leistungen im Bildungswesen.*
palmé, e [palme] *adj* **-1.** ZOOL: **patte ~e** Schwimmfuß *der.* **-2.** BOT handförmig.
palmeraie [palmərɛ] *nf* Palmenhain *der.*
palmier [palmje] *nm* **-1.** BOT Palme *die.* **-2.** CULIN ≃ Schweinsohr *das.*
palmipède [palmipɛd] ◇ *nm* Schwimmvogel *der.* ◇ *adj* mit Schwimmfüßen (versehen).
palombe [palɔ̃b] *nf* Ringeltaube *die.*
pâlot, otte [palo, ɔt] *adj fam* bläßlich.
palourde [palurd] *nf* Venusmuschel *die.*
palpable [palpabl] *adj* **-1.** [au toucher] tastbar; MÉD palpabel. **-2.** [évident] handfest.
palper [3] [palpe] *vt* **-1.** [toucher] ab|tasten. **-2.** *fam* [de l'argent] kassieren.
palpitant, e [palpitɑ̃, ɑ̃t] *adj* **-1.** [cœur] klopfend. **-2.** [histoire] spannend, fesselnd.
palpitation [palpitasjɔ̃] *nf* **-1.** [du cœur] (Herz)-klopfen *das.* **-2.** [de partie du corps] Zucken *das.*
palpiter [3] [palpite] *vi* **-1.** [battre] pochen. **-2.** [frémir]: **~ de qqch** vor etw *(D)* zittern. **-3.** *littéraire* [vaciller] flackern.
palu [paly] (*abr de* **paludisme**) *nm fam* Malaria *die.*
paludisme [palydism] *nm* Malaria *die.*
pâmer [3] [pame]
◆ **se pâmer** *vp sout* in Ohnmacht sinken; **se ~ de qqch** vor etw *(D)* wie von Sinnen sein.
pâmoison [pamwazɔ̃] *nf sout* Ohnmacht *die*; **tomber en ~** *fig* verzückt sein.
pampa [pɑ̃pa] *nf* Pampa *die.*
pamphlet [pɑ̃flɛ] *nm* Pamphlet *das.*
pamplemousse [pɑ̃pləmus] *nm* Grapefruit *die.*
pan [pɑ̃] ◇ *nm* **-1.** [de vêtement] *größeres Stück Stoff.* **-2.** [morceau] (großer) Fetzen; **~ de mur** Mauerfläche *die.* **-3.** [face] Fläche *die*; **écrou six ~s** Sechskantmutter *die.* ◇ *interj*: **~!** peng!
panacée [panase] *nf* Allheilmittel *das.*
panachage [panaʃaʒ] *nm* **-1.** [mélange] Mischung *die.* **-2.** POLIT Panaschieren *das.*
panache [panaʃ] *nm* Federbusch *der*; **avoir du ~** *fig* eine glänzende Erscheinung sein; **~ de fumée** Rauchfahne *die.*
panaché, e [panaʃe] *adj* **-1.** [de couleurs] mehrfarbig. **-2.** [mélangé] gemischt.
◆ **panaché** *nm* Radler *der*, Alsterwasser *das.*
panacher [3] [panaʃe] *vt* **-1.** [mélanger] bunt zusammen|stellen, mischen. **-2.** POLIT panaschieren.
panafricanisme [panafrikanism] *nm* Panafrikanismus *der.*
panama [panama] *nm* Panamahut *der.*
Panama [panama] *nm* **-1.** [pays]: **le ~** Panama *nt*; **au ~** in Panama. **-2.** [ville]: **à ~** in Panama.
panaméen, enne [panameɛ̃, ɛn], **panamien, enne** [panamjɛ̃, ɛn] *adj* panamaisch, Panama-.
◆ **Panaméen, enne**, **Panamien, enne** *nm, f* Panamaer *der*, -in *die.*
panard [panar] *nm tfam* Fuß *der*; **les ~ s** die Quanten.
panaris [panari] *nm* Nagelgeschwür *das.*
pancarte [pɑ̃kart] *nf* Schild *das.*
pancréas [pɑ̃kreas] *nm* Bauchspeicheldrüse *die.*
panda [pɑ̃da] *nm* Panda *der.*
pané, e [pane] *adj* paniert; **escalope ~e** Wiener Schnitzel *das.*
panégyrique [paneʒirik] *nm sout* Loblied *das.*
panel [panɛl] *nm* Panel *das.*
paner [3] [pane] *vt* panieren.
panier [panje] *nm* Korb *der*; **mettre au ~** in den Papierkorb werfen; **mettre deux choses dans le même ~** *fig* zwei Sachen in einen Topf werfen; **~ à provisions** Einkaufskorb; **~ à salade** [égouttoir] *Sieb zum Abtropfen des Sala tes*; *fam* [car de police] grüne Minna; **c'est un ~ de crabes** *fam fig* da traut keiner dem anderen über den Weg.
panier-repas [panjerəpa] (*pl* **paniers-repas**) *nm* Lunchpaket *das.*
panique [panik] ◇ *nf* Panik *die.* ◇ *adj* panisch.
paniquer [3] [panike] ◇ *vt* in Panik versetzen. ◇ *vi* in Panik geraten.
◆ **se paniquer** *vp fam* sich furchtbar aufregen.
panne [pan] *nf* Panne *die*; **tomber en ~** eine Panne haben; **il a eu une ~ d'essence** OU **sèche** ihm ist das Benzin ausgegangen; **~ d'électricité** OU **de courant** Stromausfall *der*; **~ de secteur** Netzausfall *der.*
panneau, x [pano] *nm* **-1.** [pancarte] Schild *das*; **~ d'affichage** Schwarzes Brett, Anschlagbrett *das*; TRANSPORT Anzeigetafel *die*; PUB Plakatwand *die*; **~ indicateur** Verkehrsschild; **~ pu-**

blicitaire [emplacement] Reklamefläche *die*; [affiche] Werbeplakat *das*. **-2.** [élément] Platte *die*. **-3.** INFORM: **~ de commande** Bedien(ungs)feld *das*.

panonceau, x [panɔ̃so] *nm* Schild *das*.

panoplie [panɔpli] *nf* **-1.** [déguisement] Verkleidung *die*. **-2.** [d'armes] Sammlung *die*. **-3.** *fig* [de mesures] Arsenal *das*.

panorama [panɔrama] *nm* **-1.** [paysage] Panorama *das*. **-2.** [vue d'ensemble] Überblick *der*.

panoramique [panɔramik] ◇ *nm* CIN Schwenk *der*. ◇ *adj* mit Rundsicht; **écran ~** Breitwand *die*.

panse [pɑ̃s] *nf* **-1.** [d'estomac] Pansen *der*. **-2.** *fam* [gros ventre] Wampe *die*; **se remplir** OU **s'en mettre plein la ~** sich die Wampe voll|schlagen. **-3.** [de vase] Bauch *der*.

pansement [pɑ̃smɑ̃] *nm* **-1.** [compresse] Verband *der*. **-2.** [adhésif] Pflaster *das*. **-3.** [dentaire] Füllung *die*.

panser [3] [pɑ̃se] *vt* **-1.** [plaie] verbinden. **-2.** [cheval] striegeln.

pantagruélique [pɑ̃tagryelik] *adj* **-1.** [appétit] unbändig. **-2.** [repas] üppig.

pantalon [pɑ̃talɔ̃] *nm* Hose *die*.

pantelant, e [pɑ̃tlɑ̃, ɑ̃t] *adj* [personne] schnaufend, keuchend.

panthéisme [pɑ̃teism] *nm* Pantheismus *der*.

panthéiste [pɑ̃teist] ◇ *nmf* Pantheist *der*, -in *die*. ◇ *adj* pantheistisch.

panthéon [pɑ̃teɔ̃] *nm*: **le Panthéon** das Pantheon *(in Paris)*.

panthère [pɑ̃tɛr] *nf* Panther *der*; **~ noire** schwarzer Panther.

pantin [pɑ̃tɛ̃] *nm* Hampelmann *der*.

pantois, e [pɑ̃twa, az] *adj* verblüfft; **rester ~** verdutzt OU verblüfft sein.

pantomime [pɑ̃tɔmim] *nf* **-1.** [art] Pantomimik *die*. **-2.** [pièce] Pantomime *die*.

pantouflard, e [pɑ̃tuflar, ard] *fam* ◇ *adj*: **être ~** ein Stubenhocker sein. ◇ *nm, f* Stubenhokker *der*.

pantoufle [pɑ̃tufl] *nf* Hausschuh *der*, Pantoffel *der*.

panure [panyr] *nf* Paniermehl *das*.

PAO (*abr de* **publication assistée par ordinateur**) *nf* DTP *das (Desktop Publishing)*.

paon [pɑ̃] *nm* Pfau *der*; **fier comme un ~** stolz wie ein Pfau.

papa [papa] *nm* Papa *der*, Vati *der*.

papal, e, aux [papal, o] *adj* päpstlich.

papauté [papote] *nf* Papsttum *das*.

papaye [papaj] *nf* Papaya *die*.

pape [pap] *nm* Papst *der*; **sérieux comme un ~** *fig* bierernst.

Papeete [papɛt] *n* Papeete *nt*.

papelard [paplar] *nm fam* Zettel *der*; **les ~s** der Papierkram *(sans pl)*.

paperasse [papras] *nf péj* Papierkram *der (sans pl)*.

paperasserie [paprasri] *nf péj* **-1.** [papiers] Papierkram *der (sans pl)*. **-2.** [administrative] Papierkrieg *der*.

papeterie [papɛtri] *nf* **-1.** [magasin] Schreibwarengeschäft *das*. **-2.** [fabrique] Papierfabrik *die*.

papetier, ère [paptje, ɛr] *nm, f* Schreibwarenhändler *der*, -in *die*.

papi, papy [papi] *nm* Opa *der*.

papier [papje] *nm* **-1.** [matière] Papier *das*; **~ alu(minium)** Alu(minium)folie *die*; **~ crépon** Kreppapier; **~ à en-tête** Briefpapier mit (vorgedrucktem) Briefkopf; **~ glacé** Glanzpapier; **~ hygiénique** Toilettenpapier; **~ journal** Zeitungspapier; **~ à lettres** Briefpapier; **~ mâché** Pappmaché *das*; **~ millimétré** Millimeterpapier; **~ peint** Tapete *die*; **~ recyclé** Umweltpapier; **~ de soie** Seidenpapier; **~ sulfurisé** Pergamentpapier; **~ de verre** Glaspapier, Sandpapier. **-2.** [morceau]: **donne-moi un ~** gib mir ein Stück Papier. **-3.** PRESSE Artikel *der*.

papier-calque [papjekalk] (*pl* **papiers-calque**) *nm* Pauspapier *das*.

papier-monnaie [papjemɔnɛ] (*pl* **papiers-monnaies**) *nm* Papiergeld *das*.

papille [papij] *nf* Papille *die*; **~s (gustatives)** Geschmacksknospen *Pl*.

papillon [papijɔ̃] *nm* **-1.** ZOOL Schmetterling *der*; **~ de nuit** Nachtfalter *der*. **-2.** [contravention] Knöllchen *das*. **-3.** [écrou] Flügelschraube *die*. **-4.** [nage] Schmetterlingsschwimmen *das*.

papillonner [3] [papijɔne] *vi*: **~ d'un sujet à un autre** von einem Thema zum andern über|springen; **~ autour d'une femme** um eine Frau herum|streichen.

papillote [papijɔt] *nf* **-1.** [bonbon] (eingewickeltes) Bonbon. **-2.** [en cuisine, en coiffure] Papillote *die*.

papilloter [3] [papijɔte] *vi* **-1.** [paupières]: **il a les yeux qui papillotent** er blinzelt. **-2.** [scintiller] flimmern.

papotage [papɔtaʒ] *nm fam* Geschwätz *das*.

papoter [3] [papɔte] *vi fam* plaudern.

papou, e [papu] *adj* papuanisch.

◆ **papou** *nm* [langue] Papuasprache *die*.

◆ **Papou, e** *nm, f* Papua *der, die*.

Papouasie-Nouvelle-Guinée [papwazinuvɛlgine] *nf*: **la ~** Papua-Neuguinea *nt*.

paprika [paprika] *nm* [épice] Paprika *der*.

papy = **papi**.

papyrus [papirys] *nm* Papyrus *der*.

Pâque [pak] *nf* [fête juive] Passah(fest) *das*.

paquebot [pakbo] *nm* Passagierschiff *das*.

pâquerette [pakrɛt] *nf* Gänseblümchen *das*.

Pâques [pak] *nfpl* Ostern *(das)*; **joyeuses ~** frohe Ostern; **la semaine de ~** die Osterwoche; **l'île de ~** die Osterinsel.

PÂQUES:
In Frankreich verschenkt man zum Osterfest Süßigkeiten in Form von Eiern und Glocken. Der Legende nach fliegen die Kirchenglocken zu Ostern nach Rom.

---

paquet [pakɛ] *nm* **-1.** [colis] Paket *das*. **-2.** [emballage] Packung *die*; [de lessive] Paket *das*; [de cigarettes] Schachtel *die*; **~-cadeau** Geschenkpackung. **-3.** *loc*: **mettre le ~** *fam* alle Hebel in Bewegung setzen, sich ins Zeug legen.

paquetage [paktaʒ] *nm* [de soldat] Gepäck *das*.

par [par] *prép* **-1.** [spatial, de manière] durch; **entrer ~ la porte** zur Tür herein|kommen; **regarder ~ la fenêtre** aus dem Fenster schauen; **passer ~ la Suède** über Schweden fahren; **~ en haut/la gauche** von oben/links; **passez ~ ici/là** gehen Sie hier/dortentlang; **il habite ~ ici** er wohnt in der Gegend; **~ endroits** hier und dort. **-2.** [temporel, avec une partie du corps où d'un objet] an *(+D)*; **~ un jour d'été** an einem Sommertag; **~ une nuit d'hiver** in einer Winternacht; **~ ce froid** bei dieser Kälte; **attraper qqn ~ le bras** jm am Arm fest|halten; **~ le passé** früher, vormals. **-3.** [moyen] mit; **répondre ~ oui ou ~ non** mit ja oder nein antworten; **~ bateau/train/avion** mit dem Schiff/Zug/Flugzeug. **-4.** [cause, origine] aus; **~ mégarde** aus Versehen; **~ ambition** aus Ehrgeiz. **-5.** [introduit le complément d'agent - de personne] von; [- de chose] durch; **faire faire qqch ~ qqn** etw von jm machen lassen; **il a été prévenu ~ un message** er wurde durch eine Nachricht gewarnt. **-6.** [sens distributif] pro; **dépenser 50 francs ~ jour** 50 Franc pro Tag aus|geben; **deux ~ deux** paarweise; **une heure ~ jour** eine Stunde jeden Tag OU täglich.

◆ **de par** *loc prép*: **de ~ la loi** im Namen des Gesetzes.

◆ **par-ci par-là** *loc adv* hier und da.

◆ **par suite de** *loc prép* infolge *(+ G)*; **~ suite de chutes de neige** infolge starker Schneefälle.

◆ **par trop** *loc adv sout* allzu.

parabole [parabɔl] *nf* Parabel *die*; [de la Bible] Gleichnis *das*.

parabolique [parabɔlik] *adj* **-1.** [allégorique] gleichnishaft. **-2.** MATHS parabolisch; **antenne ~** Parabolantenne *die*.

parachever [19] [paraʃve] *vt* vollenden.

parachutage [paraʃytaʒ] *nm* **-1.** SPORT Abwurf *der*. **-2.** *fam* [nomination] unerwartete Ernennung.

parachute [paraʃyt] *nm* Fallschirm *der*; **~ ascensionnel** Parascending *das*.

parachuter [3] [paraʃyte] *vt* **-1.** SPORT ab|werfen. **-2.** *fam* [nommer] unerwartet ernennen, katapultieren.

parachutisme [paraʃytism] *nm* Fallschirmspringen *das*.

parachutiste [paraʃytist] *nmf* Fallschirmspringer *der*, -in *die*.

parade [parad] *nf* **-1.** MIL & SPORT Parade *die*. **-2.** [étalage]: **aimer la ~** sich gern in Szene setzen. **-3.** [réponse] Entgegnung *die*.

parader [3] [parade] *vi* groß|tun.

paradis [paradi] *nm* Paradies *das*; **le Paradis (terrestre)** das Paradies auf Erden.

paradisiaque [paradizjak] *adj* paradiesisch.

paradoxal, e, aux [paradɔksal, o] *adj* paradox.

paradoxalement [paradɔksalmɑ̃] *adv* paradoxerweise.

paradoxe [paradɔks] *nm* Paradox *das*.

parafe, **paraphe** [paraf] *nm* Namenszug *der*; ADMIN Paraphe *die*.

parafer, **parapher** [3] [parafe] *vt* ab|zeichnen, paraphieren.

paraffine [parafin] *nf* Paraffin *das*.

parages [paraʒ] *nmpl* NAVIG Gebiet *das*; **être** OU **se trouver dans les ~** [dans les environs] hier in der Gegend sein.

paragraphe [paragraf] *nm* Absatz *der*.

Paraguay [paragwɛ] *nm*: **le ~** Paraguay *nt*; **au ~** in Paraguay.

paraguayen, enne [paragwejɛ̃, ɛn] *adj* paraguayisch.

◆ **Paraguayen, enne** *nm, f* Paraguayer *der*, -in *die*.

parais *etc* → **paraître**.

paraissais *etc* → **paraître**.

paraître [91] [parɛtr] ◇ *vi* **-1.** [être publié, se montrer] erscheinen. **-2.** [se manifester] zum Vorschein kommen; **(ne rien) laisser ~** (nichts) zeigen, sich (nichts) anmerken lassen. ◇ *v attr* scheinen; **il paraît jeune** er sieht jung aus; **il paraît malade** er wirkt krank. ◇ *v impers*: **il paraît** OU **il paraîtrait que** es heißt, daß; **paraît-il** heißt es.

parallèle [paralɛl] ◇ *nm* **-1.** GÉOGR Breitengrad *der*. **-2.** [comparaison] Parallele *die*; **mettre qqch et qqch en ~** etw einer Sache *(D)* gegenüber|stellen. ◇ *nf* MATHS Parallele *die*. ◇ *adj* **-1.** [gén] parallel. **-2.** [non officiel] inoffiziell. **-3.** [médecine, énergie] alternativ.

parallèlement [paralɛlmɑ̃] *adv*: **~ (à)** parallel (zu).

parallélépipède [paralelepipɛd] *nm* Parallelepiped *das*.

parallélisme [paralelism] *nm* Parallelismus *der;* [de roues] Parallelität *die.*

parallélogramme [paralelɔgram] *nm* Parallelogramm *das.*

paralysant, e [paralizɑ̃, ɑ̃t] *adj* lähmend.

paralyser [3] [paralize] *vt* lähmen; *fig* lahm|legen.

paralysie [paralizi] *nf* **-1.** MÉD Lähmung *die.* **-2.** [arrêt total] Stillstand *der,* Lahmlegung *die.*

paralytique [paralitik] ◇ *nmf* Gelähmte *der, die.* ◇ *adj* gelähmt.

paramédical, e, aux [paramedikal, o] *adj*: **personnel ~** nichtärztliches Personal (im Gesundheitswesen); **profession ~e** Heilhilfsberuf *der.*

paramètre [paramɛtr] *nm* Parameter *der.*

paramilitaire [paramilitɛr] *adj* paramilitärisch.

parangon [parɑ̃gɔ̃] *nm sout* Muster *das.*

parano [parano] (*abr de* **paranoïaque**) *adj fam* ≃ schizo.

paranoïa [paranɔja] *nf* Paranoia *die.*

paranoïaque [paranɔjak] ◇ *nmf* Paranoiker *der,* -in *die.* ◇ *adj* paranoisch.

paranormal, e, aux [paranɔrmal, o] *adj* paranormal.

parapente [parapɑ̃t] *nm* **-1.** [engin] Hängegleiter *der.* **-2.** [activité] Hängegleiten *das.*

parapet [parapɛ] *nm* Brüstung *die.*

paraphe = **parafe.**

parapher = **parafer.**

paraphrase [parafraz] *nf* Paraphrase *die.*

paraphraser [3] [parafraze] *vt* paraphrasieren.

paraplégique [parapleʒik] ◇ *nmf* Querschnitt(s)gelähmte *der, die.* ◇ *adj* querschnitt(s)gelähmt.

parapluie [paraplɥi] *nm* Regenschirm *der;* **~ atomique** OU **nucléaire** atomarer Schirm.

parapsychologie [parapsikɔlɔʒi] *nf* Parapsychologie *die.*

parascolaire [paraskɔlɛr] *adj die Schularbeit ergänzend oder begleitend.*

parasite [parazit] ◇ *nm* **-1.** BIOL Parasit *der,* Schmarotzer *der.* **-2.** *péj* [personne] Schmarotzer *der.* ◇ *adj* **-1.** BIOL Schmarotzer-. **-2.** [gênant] störend.

◆ **parasites** *nmpl* RADIO & TÉLÉ Störgeräusche *Pl,* Störlinien *Pl.*

parasiter [3] [parazite] *vt* **-1.** [sujet: ver, plante]: **~ qqch** in OU auf etw *(D)* schmarotzen. **-2.** RADIO & TÉLÉ durch Nebengeräusche stören.

parasol [parasɔl] *nm* Sonnenschirm *der.*

paratonnerre [paratɔnɛr] *nm* Blitzableiter *der.*

paravent [paravɑ̃] *nm* Wandschirm *der.*

parbleu [parblø] *interj vieilli*: **~!** bei Gott!

parc [park] *nm* **-1.** [jardin, PÊCHE] Park *der;* **~ d'attraction** Vergnügungspark; **~ à huîtres** Austernpark; **~ national** Nationalpark. **-2.** [de bébé] Laufstall *der.* **-3.** [d'équipements]: **~ automobile** Fahrzeugpark *der;* **~ informatique** EDV-Ausrüstung *die.*

parcelle [parsɛl] *nf* **-1.** [terrain] Parzelle *die.* **-2.** *fig* [petite partie] Stückchen *das.*

parce que, parce qu' (*devant voyelle ou h muet*) [parsk(ə)] *loc conj* weil.

parchemin [parʃəmɛ̃] *nm* Pergament *das.*

parcheminé, e [parʃəmine] *adj* **-1.** [cuir] pergamentartig. **-2.** [visage] ledern.

parcimonie [parsimɔni] *nf* peinliche Sparsamkeit; **avec ~** sehr sparsam *(adv).*

parcimonieusement [parsimɔnjøzmɑ̃] *adv* sehr sparsam.

parcimonieux, euse [parsimɔnjø, øz] *adj* sehr sparsam.

parcmètre [parkmɛtr], **parcomètre** [parkɔmɛtr] *nm* Parkuhr *die.*

parcourir [45] [parkurir] *vt* **-1.** [traverser]: **~ qqch** [à pied] in etw *(D)* herum|gehen; [en véhicule] in etw *(D)* herum|fahren. **-2.** [distance] zurück|legen. **-3.** [lire rapidement] überfliegen.

parcourrai *etc* → **parcourir.**

parcours[1] *etc* → **parcourir.**

parcours[2] [parkur] *nm* **-1.** [itinéraire] Strecke *die;* **~ semé d'embûches** Weg *der* voller Hindernisse; **~ du combattant** Hindernislauf *der;* **~ de santé** Trimmpfad *der.* **-2.** [de golf] Parcours *der.*

parcouru, e [parkury] *pp* → **parcourir.**

parcourus *etc* → **parcourir.**

par-dedans [pardədɑ̃] *adv* innen durch; **passe ~** komm innen durch.

par-delà [pardəla] *prép*: **~ qqch** jenseits einer Sache *(G).*

par-derrière [pardɛrjɛr] *prép* & *adv* **-1.** [en faisant le tour, en cachette] hintenherum. **-2.** [dans le dos] von hinten; **attaquer qqn ~** jn von hinten angreifen.

par-dessous [pardəsu] *prép* & *adv*: **~ qqch** unter etw *(A)* durch; **passe ~!** geh untendurch!

pardessus [pardəsy] *nm* Mantel *der.*

par-dessus [pardəsy] *prép* & *adv*: **~ qqch** über etw *(A)*; **passe ~!** steig drüber!; **aimer qqch ~ tout** etw über alles lieben.

par-devant [pardəvɑ̃] *prép* & *adv* vorn herum; **passer ~ la maison** vorn um das Haus herum|gehen; **nous pouvons passer ~** wir können vorn herumgehen.

pardi [pardi] *interj fam* ja freilich.

pardon [pardɔ̃] ◇ *nm* Verzeihung *die;* **demander ~** um Verzeihung bitten. ◇ *interj* Entschuldigung, Verzeihung.

pardonnable [pardɔnabl] *adj* **-1.** [personne] entschuldbar. **-2.** [faute] verzeihlich.
pardonner [3] [pardɔne] ◇ *vt*: **~ qqch (à qqn)** (jm) etw verzeihen OU vergeben; **~ à qqn (d'avoir fait qqch)** jm verzeihen (, daß er etw getan hat). ◇ *vi*: **ne pas ~** einem teuer zu stehen kommen.
pare-balles [parbal] ◇ *nm inv* **-1.** [plaque] Kugelfang *der*. **-2.** [gilet] kugelsichere Weste. ◇ *adj inv* kugelsicher.
pare-boue [parbu] *nm inv* Schmutzfänger *der*.
pare-brise [parbriz] *nm inv* Windschutzscheibe *die*.
pare-chocs [parʃɔk] *nm inv* Stoßstange *die*.
pare-feu [parfø] *nm inv* Brandschutzvorrichtung *die*.
pareil, eille [parɛj] ◇ *adj* **-1.** [semblable]: **~ (à qqch)** gleich (einer Sache *(D)*); **les deux itinéraires sont ~s en longueur** beide Strecken sind gleich lang; **sa maison est ~le à la mienne** sein Haus ist mit meinem identisch. **-2.** [tel] solch. ◇ *nm, f*: **son ~** seinesgleichen; **sa ~le** ihresgleichen; **sans ~** ohnegleichen; **du ~ au même** einerlei, Jacke wie Hose; **rendre la ~le à qqn** es jm (mit gleicher Münze) heim|zahlen.
◆ **pareil** *adv fam* gleich.
pareillement [parɛjmɑ̃] *adv* **-1.** [de la même façon] gleich. **-2.** [de même] ebenfalls.
parement [parmɑ̃] *nm* COUTURE Besatz *der*.
parent, e [parɑ̃, ɑ̃t] ◇ *adj*: **~ (de)** verwandt (mit). ◇ *nm, f* Verwandte *der, die*; **~ éloigné** entfernter Verwandte(r).
◆ **parents** *nmpl* Eltern *Pl*.
parental, e, aux [parɑ̃tal, o] *adj* elterlich; **congé ~** Erziehungsurlaub *der*.
parenté [parɑ̃te] *nf* Verwandtschaft *die*.
parenthèse [parɑ̃tɛz] *nf* **-1.** TYPO (runde) Klammer; **entre ~s** in Klammern; **(soit dit) entre ~s** nebenbei bemerkt; **mettre entre ~s** in Klammern setzen, ein|klammern; *fig* beiseite lassen, außer acht lassen; **fermer la ~** die Klammer zu|machen; **ouvrir la ~** die Klammer auf|machen. **-2.** *fig* [intermède] Abschweifung *die*, Zwischenbemerkung *die*.
paréo [pareo] *nm* Lendentuch *das*, Sarong *der*.
parer [3] [pare] ◇ *vt* **-1.** *sout* [orner] schmücken. **-2.** [vêtir]: **~ qqn de qqch** jn mit etw festlich bekleiden; *fig* jm etw zu|schreiben OU nach|sagen. **-3.** [contrer] parieren, ab|wehren. ◇ *vi*: **~ à qqch** einer Sache *(D)* vor|beugen; **~ au plus pressé** das Dringendste erledigen.
◆ **se parer** *vp* sich schmücken; **se ~ de qqch** sich mit etw schmücken.
pare-soleil [parsɔlɛj] *nm inv* Sonnenblende *die*.
paresse [parɛs] *nf* **-1.** [fainéantise] Faulheit *die*. **-2.** MÉD Trägheit *die*.
paresser [4] [parɛse] *vi* faulenzen.
paresseusement [parɛsøzmɑ̃] *adv* [avec paresse] träge, faul; [par paresse] aus Faulheit.
paresseux, euse [parɛsø, øz] ◇ *adj* **-1.** [fainéant] faul. **-2.** MÉD träge. ◇ *nm, f* Faulenzer *der*, -in *die*.
◆ **paresseux** *nm* ZOOL Faultier *das*.
parfaire [109] [parfɛr] *vt* vervollkommnen.
parfait, e [parfɛ, ɛt] *adj* **-1.** [sans défaut] perfekt; [beauté] vollendet. **-2.** [total] vollkommen. **-3.** *(avant n)* [complet] vollendet, ausgemacht.
◆ **parfait** *nm* **-1.** CULIN *eine Art Eisdessert*; **~ au café** Mokkaparfait *das*. **-2.** GRAM Perfekt *das*.
parfaitement [parfɛtmɑ̃] *adv* **-1.** [admirablement] perfekt. **-2.** [totalement] völlig; **être ~ heureux** wunschlos glücklich sein. **-3.** [marque l'approbation] jawohl.
parfois [parfwa] *adv* manchmal.
parfum [parfœ̃] *nm* **-1.** [essence] Parfüm *das*. **-2.** [odeur] Duft *der*. **-3.** [d'aliment] Geschmack *der*. **-4.** *fam loc*: **être au ~** auf dem laufenden sein; **mettre qqn au ~** jn ein|weihen, jm Bescheid sagen.
parfumé, e [parfyme] *adj* **-1.** [fleur] duftend. **-2.** [aliment]: **~ à la fraise** mit Erdbeergeschmack.
parfumer [3] [parfyme] *vt* **-1.** [sujet: bougie, lavande]: **~ qqch** einer Sache *(D)* einen angenehmen Duft verleihen. **-2.** [vêtement, personne] parfümieren. **-3.** CULIN: **~ qqch** einer Sache *(D)* ein Aroma bei|geben.
◆ **se parfumer** *vp* sich parfümieren.
parfumerie [parfymri] *nf* **-1.** [magasin, fabrique] Parfümerie *die*. **-2.** [produits]: **la ~** Parfümeriewaren *Pl*.
parfumeur, euse [parfymœr, øz] *nm, f* **-1.** [fabricant] Parfümhersteller *der*, -in *die*. **-2.** [négociant] Parfümhändler *der*, -in *die*.
pari [pari] *nm* Wette *die*; **faire un ~** eine Wette ab|schließen; **gagner/perdre un ~** eine Wette gewinnen/verlieren.
paria [parja] *nm* Paria *der*.
parier [9] [parje] *vt*: **~ (sur qqch)** (auf etw *(A)*) wetten; **je l'aurais parié** ich hätte es wetten können.
parieur [parjœr] *nm* Wetter *der*.
parigot, e [parigo, ɔt] *adj fam* Pariser *(adj inv)*.
◆ **Parigot, e** *nm, f fam* Pariser *der*, -in *die*.
Paris [pari] *n* Paris *nt*.

PARIS:
1. Wenn dem Namen eine Ordinalzahl nachfolgt, so ist ein Arrondissement, ein Pariser Innenstadtbezirk gemeint: " Paris 15e ", " Paris 4e " usw.

2. Der Name "Paris" mit nachfolgender römischer Ziffer bezeichnet die Pariser Universitäten: "Paris VII" (Wissenschaftliche Fakultät von "Jussieu"), "Paris IV" (die Sorbonne), "Paris X" (Universität von Nanterre) usw.

---

paris-brest [paribrɛst] *nm inv* CULIN *mit Buttercreme gefüllter Kringel aus Brandteig.*

parisianisme [parizjanism] *nm* [expression] *typische Redewendung der Pariser;* [habitude] *typische Sitte der Pariser.*

parisien, enne [parizjɛ̃, ɛn] *adj* pariserisch, Pariser *(adj inv).*

◆ **Parisien, enne** *nm, f* Pariser *der,* -in *die.*

paritaire [paritɛr] → **commission.**

parité [parite] *nf* **-1.** [égalité] Gleichheit *die.* **-2.** FIN & MATHS Parität *die.*

parjure [parʒyr] ◇ *nmf* Meineidige *der, die.* ◇ *nm* Meineid *der.*

parjurer [3] [parʒyre]

◆ **se parjurer** *vp* meineidig werden, einen Meineid leisten.

parka [parka] *nm* OU *nf* Parka *die* OU *der.*

parking [parkiŋ] *nm* Parkplatz *der.*

parlant, e [parlɑ̃, ɑ̃t] *adj* **-1.** [qui parle] sprechend. **-2.** [données, résultats] aussagekräftig; **être ~** für sich sprechen. **-3.** [portrait] ausdrucksvoll. **-4.** → **cinéma, horloge.**

parlé, e [parle] *adj*: **langue ~e** gesprochene Sprache.

parlement [parləmɑ̃] *nm* Parlament *das.*

◆ **Parlement européen** *nm* Europäisches Parlament.

parlementaire [parləmɑ̃tɛr] ◇ *nmf* Parlamentarier *der,* -in *die.* ◇ *adj* parlamentarisch.

parlementarisme [parləmɑ̃tarism] *nm* Parlamentarismus *der.*

parlementer [3] [parləmɑ̃te] *vi* verhandeln.

parler [3] [parle] ◇ *vi* **-1.** [gén] sprechen, reden; **~ à** OU **avec qqn (de qqn/qqch)** mit jm (über jn/etw) sprechen OU reden; **faire ~ qqn** jn zum Sprechen bringen; **faire ~ de soi** von sich *(D)* reden machen; **~ tout seul** Selbstgespräche führen; **~ en français** französisch sprechen; **sans ~ de** abgesehen von, ganz zu schweigen von; **les faits parlent d'eux-mêmes** die Tatsachen sprechen für sich; **il parle de démissionner** er sagt, er wolle kündigen; **~ pour ne rien dire** nur schwafeln; **n'en parlons plus!** reden wir nicht mehr davon!; **tu parles!** *fam* ach wo!, keine Spur! **-2.** [sujet: texte, film]: **~ de qqn/qqch** von jm/etw handeln. **-3.** [complice] aus|packen. ◇ *vt* sprechen; **~ politique/affaires** über Politik/Geschäftliches sprechen. ◇ *nm* **-1.** [manière de parler] Sprechweise *die.* **-2.** [patois] Mundart *die.*

◆ **se parler** *vp* miteinander sprechen.

parleur [parlœr] *nm*: **beau ~** *péj* Schwätzer *der.*

parloir [parlwar] *nm* Besuchszimmer *das.*

parlote, parlotte [parlɔt] *nf fam* Plauderei *die.*

parme [parm] ◇ *nm* Fliederblau *das.* ◇ *adj inv* fliederfarben.

parmesan [parməzɑ̃] *nm* Parmesan *der.*

parmi [parmi] *prép* **-1.** [au milieu de, chez] zwischen *(+ D).* **-2.** [entre] unter *(+D).*

parodie [parɔdi] *nf* **-1.** [caricature] Farce *die,* Karikatur *die;* **c'est une ~ de procès** der Prozeß ist eine einzige Farce. **-2.** LITTÉRATURE Parodie *die.*

parodier [9] [parɔdje] *vt* parodieren.

paroi [parwa] *nf* **-1.** [mur] Wand *die;* **~ rocheuse** Felswand. **-2.** [de récipient] (Innen)-wand *die.*

paroisse [parwas] *nf* Pfarrgemeinde *die.*

paroissial, e, aux [parwasjal, o] *adj* Pfarr-.

paroissien, enne [parwasjɛ̃, ɛn] *nm, f* Pfarrgemeindemitglied *das.*

parole [parɔl] *nf* **-1.** [faculté de s'exprimer]: **la ~** die Sprache. **-2.** [propos] Wort *das;* **adresser la ~ à qqn** jn an|reden OU an|sprechen; **couper la ~ à qqn** jm das Wort ab|schneiden; **donner** OU **passer la ~ à qqn** jm das Wort geben; **prendre la ~** das Wort ergreifen; **~ d'évangile** *iron* Evangelium *das.* **-3.** [engagement, promesse]: **croire qqn sur ~** jm aufs Wort glauben; **donner sa ~ (d'honneur)** sein (Ehren)wort geben; **libérer qqn sur ~** jn auf Ehrenwort frei|lassen.

◆ **paroles** *nfpl* Text *der,* Worte *Pl.*

parolier, ère [parɔlje, ɛr] *nm, f* Texter *der,* -in *die.*

paroxysme [parɔksism] *nm* Höhepunkt *der.*

parpaing [parpɛ̃] *nm* Baustein.

parquer [3] [parke] *vt* **-1.** [animaux] ein|pferchen. **-2.** [prisonniers] zusammen|pferchen.

parquet [parkɛ] *nm* **-1.** [plancher] Parkett *das,* Parkettfußboden *der.* **-2.** JUR Staatsanwaltschaft *die.*

parqueter [27] [parkəte] *vt* parkettieren.

parrain [parɛ̃] *nm* **-1.** [d'enfant] (Tauf)pate *der.* **-2.** [de membre] Bürge *der.*

parrainage [parɛnaʒ] *nm* **-1.** [d'enfant] Patenschaft *die.* **-2.** [d'œuvre] Schirmherrschaft *die.*

parrainer [4] [parɛne] *vt*: **~ qqch** Schirmherr *der,* -in *die* einer Sache *(G)* sein.

parricide [parisid] ◇ *nm* [meurtre - de père] Vatermord *der;* [- de mère] Muttermord *der.* ◇ *nmf* [assassin - de père] Vatermörder *der,* -in *die;* [- de mère] Muttermörder *der,* -in *die.* ◇ *adj*: **fils ~** [de père] Vatermörder *der;* [de mère] Muttermörder *der.*

pars *etc* → **partir**.

parsemer [19] [parsəme] *vt* **-1.** [couvrir]: **~ qqch (de qqch)** etw (mit etw) bedecken. **-2.** [consteller]: **des étoiles parsèment le ciel** der Himmel ist von Sternen übersät; **parsemé de fautes** mit Fehlern gespickt.

part [par] *nf* **-1.** [de gâteau] Stück *das*. **-2.** [lot] Teil *der* OU *das*, Anteil *der*; **réclamer sa ~** seinen Anteil verlangen; **~ de marché** Marktanteil; **se tailler la ~ du lion** *fig* sich den Löwenanteil sichern. **-3.** [dans entreprise] Anteil *der*. **-4.** *loc*: **c'est de la ~ de qui?** wen darf ich melden? *(am Telefon)*; **de la ~ de qqn** in js Auftrag, von jm; **prendre ~ à qqch** an etw *(D)* teil|nehmen; **faire ~ à qqn de qqch** jm etw mit|teilen; **faire la ~ des choses** die Sache von allen Seiten betrachten; **pour ma ~** meinerseits.

◆ **à part** ◇ *loc adv* gesondert, getrennt; **vos affaires sont rangées à ~** Ihre Sachen werden getrennt aufbewahrt. ◇ *loc adj* besondere, -r,-s; **c'est une personne à ~** er ist ein ganz besonderer Mensch. ◇ *loc prép*: **à ~ qqch** außer einer Sache *(D)*.

◆ **autre part** *loc adv* [sans déplacement] woanders, anderswo; [avec déplacement] woandershin, anderswohin.

◆ **d'autre part** *loc adv* außerdem.

◆ **de part en part** *loc adv*: **percer de ~ en ~** ganz durchbohren.

◆ **de part et d'autre** *loc adv* beiderseits, auf beiden Seiten.

◆ **de part et d'autre de** *loc prép* beiderseits *(+ G)*.

◆ **de toute part, de toutes parts** *loc adv* von allen Seiten.

◆ **d'une part ... d'autre part** *loc corrélative* einerseits ... andererseits.

◆ **nulle part** *loc adv* [être] nirgends, nirgendwo; [aller] nirgend(s)hin, nirgendwohin.

◆ **quelque part** *loc adv* [sans déplacement] irgendwo; [avec déplacement] irgendwohin.

part. (*abr de* **particulier**) privat; **en ~** bes.

partage [partaʒ] *nm* (Auf)teilung *die*.

partager [17] [partaʒe] *vt* **-1.** [gén] teilen. **-2.** [opinion] (in zwei Lager) spalten OU scheiden; **être partagé sur qqch** [avis] über etw *(A)* auseinander|gehen; [personnes] über etw *(A)* geteilter Meinung sein.

partance [partɑ̃s]

◆ **en partance pour** *loc prép* **-1.** [à destination de] nach. **-2.** [prêt à partir]: **en ~ pour Paris** [voiture] zur Abfahrt nach Paris bereit; [avion] zum Abflug nach Paris bereit.

partant, e [partɑ̃, ɑ̃t] *adj fam* : **être ~ pour qqch** zu etw Lust haben; **je suis ~!** ich bin dabei!, ich mache mit!

◆ **partant** *nm* [cheval] startendes Pferd.

partenaire [partənɛr] *nmf* Partner *der*, -in *die*; [pays] Partnerland *das*.

partenariat [partənarja] *nm* Partnerschaft *die*.

parterre [partɛr] *nm* **-1.** [de fleurs] (Blumen)-beet *das*. **-2.** THÉÂTRE Parterre *das*.

parti, e [parti] ◇ *pp* → **partir**. ◇ *adj fam* beschwipst.

◆ **parti** *nm* **-1.** POLIT Partei *die*; **~ d'opposition** Oppositionspartei. **-2.** [personne]: **un beau ~** eine gute Partie. **-3.** *loc*: **prendre ~** Partei ergreifen; **prendre le ~ de faire qqch** sich entschließen, etw zu tun; **en prendre son ~** sich damit ab|finden; **être de ~ pris** voreingenommen sein; **tirer ~ de** Nutzen ziehen aus.

◆ **partie** *nf* **-1.** [élément] Teil *der*; **en grande/ majeure ~e** zum großen/größten Teil; **faire ~e de qqch** zu etw gehören; **faire ~e intégrante de qqch** integrierender OU integraler Bestandteil einer Sache *(G)* sein. **-2.** [domaine] Gebiet *das*. **-3.** SPORT & JEU Partie *die*. **-4.** JUR Partei *die*; **~e adverse** Gegenpartei; **~e civile** Privatkläger *der*. **-5.** *loc*: **prendre à ~e** an|greifen.

◆ **parties** *nfpl tfam* Geschlechtsteile *Pl*.

◆ **en partie** *loc adv* zum Teil, teilweise.

partial, e, aux [parsjal, o] *adj* parteiisch.

partialement [parsjalmɑ̃] *adv* parteiisch.

partialité [parsjalite] *nf* Voreingenommenheit *die*.

participant, e [partisipɑ̃, ɑ̃t] ◇ *adj* teilnehmend. ◇ *nm, f* Teilnehmer *der*, -in *die*.

participatif, ive [partisipatif, iv] *adj* partizipiarisch.

participation [partisipasjɔ̃] *nf* **-1.** [financière, contribution] Beteiligung *die*; **~ majoritaire** Mehrheitsbeteiligung; **~ minoritaire** Minderheitsbeteiligung. **-2.** [présence] Teilnahme *die*.

participe [partisip] *nm* Partizip *das*; **~ passé/ présent** Partizip Perfekt/Präsens.

participer [3] [partisipe] *vt* **-1.** [prendre part]: **~ à qqch** an einer Sache *(D)* teil|nehmen. **-2.** [financièrement]: **~ à qqch** [bénéfices] an etw *(D)* beteiligt sein; [frais] sich an einer Sache *(D)* beteiligen. **-3.** *sout* [relever]: **~ de qqch** die Merkmale einer Sache *(G)* auf|weisen.

particularisme [partikylarism] *nm* Partikularismus *der*.

particularité [partikylarite] *nf* Besonderheit *die*.

particule [partikyl] *nf* **-1.** [de poussière, de sable] Teilchen *das*. **-2.** [de noblesse] Adelsprädikat *das*. **-3.** LING Partikel *die*.

particulier, ère [partikylje, ɛr] *adj* **-1.** [voiture, secrétaire, cours] Privat-. **-2.** [cas, chambre] Ein-

zel-. **-3.** [qualité, soin] besondere,-r,-s. **-4.** [individu] eigenartig.
◆ **particulier** *nm* **-1.** [personne]: **un ~** eine Privatperson. **-2.** PHILOSOPHIE: **le ~** das Besondere.
◆ **en particulier** *loc adv* **-1.** [surtout] besonders. **-2.** [spécialement] im besonderen. **-3.** [seul à seul] unter vier Augen.

particulièrement [partikyljɛrmɑ̃] *adv* besonders; **tout ~** ganz besonders.

partie → **parti**.

partiel, elle [parsjɛl] *adj* Teil-.
◆ **partiel** *nm* UNIV ≃ Klausur *die*.

partiellement [parsjɛlmɑ̃] *adv* teilweise, zum Teil.

partir [43] [partir] *vi* **-1.** [s'en aller - à pied] weg|gehen, fort|gehen; [- en véhicule] weg|fahren, fort|fahren; [- en train] ab|fahren; [- en avion] ab|fliegen; **~ en vacances** in Urlaub fahren. **-2.** [moteur] an|springen; **faire ~** starten. **-3.** [commencer] an|fangen, beginnen; **~ de qqch** von etw aus|gehen; **c'est bien/mal parti** es läßt sich gut/schlecht an. **-4.** [se déclencher - coup de feu] los|gehen; [- rire] aus|brechen; [- bouchon] heraus|springen; [- cri] ertönen. **-5.** [disparaître] verschwinden. **-6.** [être dû]: **~ de qqch** auf etw *(A)* zurückzuführen sein.
◆ **à partir de** *loc prép* **-1.** [date, lieu] von ... an, ab; **à ~ d'aujourd'hui** von heute an. **-2.** [hypothèse] ausgehend von.

partisan, e [partizɑ̃, an] *adj* **-1.** [défenseur]: **être ~ de qqch** für eine Sache sein. **-2.** [opinion] parteiisch. **-3.** [querelle] engstirnig.
◆ **partisan** *nm* **-1.** [défenseur, adepte] Anhänger *der*, -in *die*. **-2.** [combattant] Partisan *der*.

partitif, ive [partitif, iv] *adj* partitiv; **article ~** Teilungsartikel *der*.

partition [partisjɔ̃] *nf* **-1.** MUS Partitur *die*. **-2.** [séparation] Teilung *die*.

partout [partu] *adv* überall; **~ ailleurs** sonst überall.

paru, e [pary] *pp* → **paraître**.

parure [paryr] *nf* Garnitur *die*.

parus *etc* → **paraître**.

parution [parysjɔ̃] *nf* Erscheinen *das*.

parvenir [40] [parvənir] *vi* **-1.** [réussir]: **~ à qqch** etw erreichen; **il parvient à faire qqch** es gelingt ihm, etw zu tun. **-2.** [arriver]: **~ à un endroit** an einem Ort an|langen; **~ à qqch** *fig* zu etw gelangen; **~ à qqn** jn erreichen; **faire ~ qqch à qqn** jm etw zukommen lassen. **-3.** [bruit]: **~ à qqn** jn erreichen, bis zu jm gelangen.

parvenu, e [parvəny] ◇ *pp* → **parvenir**. ◇ *nm, f péj* Neureiche *der, die*.

parviendrai *etc* → **parvenir**.

parvins *etc* → **parvenir**.

parvis [parvi] *nm* [d'église] (Kirchen)vorplatz *der*; [de bâtiment public] Esplanade *die*.

pas[1] [pa] *adv* **-1.** [avec ne]: **ne... ~** nicht, keine, -r,-s; **il n'y a ~ de vin** es ist kein Wein da; **je préférerais ne ~ le rencontrer** ich möchte ihm lieber nicht begegnen; **il n'a ~ du tout envie** er hat überhaupt keine Lust; **il n'a vraiment ~ envie** er hat wirklich keine Lust; **il n'est ~ assez grand** er ist nicht groß genug; **il n'a ~ assez de temps** er hat nicht genug Zeit; **il n'est ~ encore arrivé** er ist noch nicht angekommen. **-2.** [sans ne] nicht; **~ du tout** überhaupt nicht, keineswegs; **absolument/vraiment ~!** absolut/wirklich nicht!; **~ moi** ich nicht; **sincère ou ~** aufrichtig oder nicht; **une histoire ~ drôle** eine nicht sehr lustige Geschichte. **-3.** [avec pronom indéfini]: **~ un (seul)** nicht einer; **~ un d'eux n'est venu** nicht einer von ihnen ist gekommen.

pas[2] [pa] *nm* **-1.** [gén] Schritt *der*; **allonger le ~** schneller gehen, größere Schritte machen; **au ~ cadencé** im Gleichschritt; **~ à ~** Schritt für Schritt; **le ~ de l'oie** der Paradeschritt, der Stechschritt; **à ~ de loup** *fig* auf leisen Sohlen; **à ~ feutrés** *fig* mit leisen Schritten. **-2.** [empreinte] Fußspur *die*, Fußstapfen *der*. **-3.** *loc*: **c'est à deux ~ (d'ici)** es ist nur ein Katzensprung (von hier), es ist ganz in der Nähe; **emboîter le ~ à qqn** jm auf dem Fuß(e) folgen; *fig* jm nach|eifern; **faire les cent ~** auf und ab gehen; **faire un faux ~** einen Fehltritt OU Fauxpas begehen; **faire le premier ~** den ersten Schritt tun; **rouler au ~** im Schrittempo fahren; **sauter le ~** sich zu einem Entschluß durch|ringen; **tirer qqn d'un mauvais ~** jm aus der Klemme helfen.

pascal, e, als OU **aux** [paskal, o] *adj* Oster-.
◆ **pascal, als** *nm* INFORM & PHYS Pascal *das*.

pas-de-porte [padpɔrt] *nm inv* Abstandszahlung *die*, Aufgeld *das*.

passable [pasabl] *adj* leidlich; [note] ausreichend.

passablement [pasabləmɑ̃] *adv* **-1.** [assez bien] einigermaßen. **-2.** [beaucoup] ziemlich viel.

passage [pasaʒ] *nm* **-1.** [action - à pied] Vorbeigehen *das*; [- en véhicule] Vorbeifahren *das*; **dans cette rue, il y a du ~** auf dieser Straße ist viel Verkehr. **-2.** [endroit - à pied] Durchgang *der*; [- en véhicule] Durchfahrt *die*; **se frayer un ~ à travers** OU **dans qqch** sich einen Weg durch etw bahnen; **~ clouté** Fußgängerübergang *der*; **~ à niveau** (schienengleicher) Bahnübergang; **~ souterrain** Unterführung *die*; [de gare] Bahnsteigtunnel *der*. **-3.** [changement, période]: **~ de qqch à qqch** Übergang *der* von etw zu etw; **~ à vide** schwierige Phase. **-4.** [extrait] Passage *die*.

◆ **au passage** *loc adv* unterwegs; *fig* nebenbei.

◆ **de passage** *loc adj* auf der Durchreise.

passager, ère [pasaʒe, ɛr] ◇ *adj* **-1.** [bonheur] vergänglich. **-2.** [hôte] vorübergehend. ◇ *nm, f* [de bateau, d'avion] Passagier *der*; [de voiture] Insasse *der*, -sin *die*; **~ clandestin** blinder Passagier.

passant, e [pasɑ̃, ɑ̃t] ◇ *adj* belebt. ◇ *nm, f* Passant *der*, -in *die*.

◆ **passant** *nm* [de ceinture] (Gürtel)schlaufe *die*.

passation [pasasjɔ̃] *nf* **-1.** [transmission]: **~ des pouvoirs** Amtsübergabe *die*. **-2.** [de contrat] Abschluß *der*.

passe [pas] ◇ *nm fam* (*abr de* **passe-partout**) Hauptschlüssel *der*. ◇ *nf* **-1.** [avec ballon] Paß *der*. **-2.** *fam* [prostitution]: **hôtel de ~** Stundenhotel *das*. **-3.** *loc*: **être en ~ de faire qqch** auf dem besten Wege sein, etw zu tun; **être en ~ de divorcer** kurz vor der Scheidung stehen; **être dans une mauvaise ~** in einer schwierigen Lage sein, eine schwere Zeit durch|machen.

passé, e [pase] *adj* **-1.** [temps] vergangen. **-2.** [couleur] verblichen.

◆ **passé** ◇ *nm* Vergangenheit *die*. ◇ *prép*: **~ qqch** nach Ablauf einer Sache *(G)*.

passe-droit [pasdrwa] (*pl* **passe-droits**) *nm* ungerechtfertigte Bevorzugung, Schiebung *die*.

passementerie [pasmɑ̃tri] *nf* **-1.** [commerce] Posamentenhandel *der*. **-2.** [marchandises]: **la ~** Posamenten *Pl*.

passe-montagne [pasmɔ̃taɲ] (*pl* **passe-montagnes**) *nm* Kopfschützer *der*.

passe-partout [paspartu] ◇ *nm inv* Hauptschlüssel *der*. ◇ *adj inv* für alle Gelegenheiten passend.

passe-passe [paspas] → **tour**.

passe-plat [paspla] (*pl* **passe-plats**) *nm* Durchreiche *die*.

passeport [paspɔr] *nm* (Reise)paß *der*.

passer [3] [pase] ◇ *vi* **-1.** [au-dessus]: **~ par qqch** [en véhicule] über etw *(A)* hinüber|fahren; [à pied] über etw *(A)* hinüber|gehen. **-2.** [à travers]: **~ par qqch** [en véhicule] durch etw hindurch|fahren; [à pied] durch etw hindurch|gehen. **-3.** [à côté]: **~ par qqch** [en véhicule] an etw *(D)* vorbei|fahren; [à pied] an etw *(D)* vorbei|gehen. **-4.** [aller]: **~ faire qqch** vorbei|kommen, um etw zu tun; **~ chercher qqn/qqch** jn/etw ab|holen; **ne faire que ~** nur kurz vorbei|schauen. **-5.** [changer]: **~ de qqch à qqch** [état] von etw zu etw über|gehen; [activité] von etw zu etw über|wechseln. **-6.** SCOL: **~ en sixième** in die Oberstufe kommen. **-7.** [se taire]: **~ sur qqch** etw aus|sparen OU beiseite lassen; **passons!** lassen wir das! **-8.** [temps] vergehen. **-9.** [douleur] vorüber|gehen. **-10.** [couleur] verbleichen. **-11.** [film] laufen; [pièce de théâtre] gespielt werden. **-12.** [aux cartes] passen. **-13.** [être consacré]: **~ dans qqch** für etw verbraucht werden. **-14.** [argent, mourir]: **y ~** *fam* drauf|gehen. ◇ *v attr*: **~ inaperçu** unbemerkt bleiben; **~ pour** gelten als; **se faire ~ pour qqn** sich als jd aus|geben. ◇ *vt* **-1.** [frontière, rivière] überqueren. **-2.** [soirée, vacances] verbringen. **-3.** [ligne] aus|lassen. **-4.** [caprice]: **~ qqch à qqn** jm etw durchgehen lassen. **-5.** [marchandise, drogue] durch|schmuggeln. **-6.** [peinture, vernis] auf|tragen. **-7.** [filtrer] durchlaufen lassen, filtern. **-8.** [film, diapositives] zeigen; [disque] spielen. **-9.** [vêtement]: **~ qqch** in etw *(A)* schlüpfen. **-10.** [transmettre]: **~ qqch à qqn** jm etw reichen OU geben. **-11.** [accord] ab|schließen. **-12.** [au téléphone]: **je vous passe M. Lebrun** ich verbinde Sie mit Herrn Lebrun. **-13.** *fam* [donner] geben.

◆ **se passer** *vp* **-1.** [événement] sich ereignen; [scène] spielen; **qu'est-ce qui se passe?** was ist los?; **il veut partir seul en vacances, mais ça ne se passera pas comme ça!** er will alleine in Urlaub fahren, das könnte ihm so passen! **-2.** [s'enduire]: **se ~ de la crème (sur qqch)** sich *(D)* (etw) eincremen. **-3.** [s'abstenir]: **se ~ de qqch** auf etw verzichten; **se ~ de faire qqch** darauf verzichten, etw zu tun.

◆ **en passant** *loc adv* unterwegs; *fig* nebenbei.

◆ **passe encore** *loc adv* nun gut.

passereau, x [pasro] *nm* Sperling *der*.

passerelle [pasrɛl] *nf* **-1.** [pont] Steg *der*. **-2.** [de bateau, d'avion] Laufsteg *der*, Gangway *die*.

passe-temps [pastɑ̃] *nm inv* Zeitvertreib *der*.

passe-thé [paste] *nm inv* Teesieb *das*.

passible [pasibl] *adj*: **être ~ de qqch** mit etw rechnen müssen; **il est ~ d'une peine maximum de 2 ans** er kann zu einer Höchststrafe von 2 Jahren verurteilt werden.

passif, ive [pasif, iv] *adj* **-1.** [sans réaction] passiv. **-2.** GRAM passivisch.

◆ **passif** *nm* **-1.** GRAM Passiv *das*. **-2.** FIN Passiva *Pl*, Schulden *Pl*.

passion [pasjɔ̃] *nf* Leidenschaft *die*; **avoir la ~ du jeu** ein leidenschaftlicher Spieler sein.

◆ **Passion** *nf* **-1.** RELIG: **la Passion (du Christ)** die Passion, das Leiden Christi. **-2.** MUS Passion *die*.

passionnant, e [pasjɔnɑ̃, ɑ̃t] *adj* spannend.

passionné, e [pasjɔne] ◇ *adj* **-1.** [personne] leidenschaftlich. **-2.** [récit] begeistert. ◇ *nm, f* [fanatique]: **un ~ de musique/d'échecs** ein leidenschaftlicher Musikliebhaber/Schachspieler.

passionnel, elle [pasjɔnɛl] *adj* leidenschaftlich; → **crime.**

passionnément [pasjɔnemɑ̃] *adv* leidenschaftlich.

passionner [3] [pasjɔne] *vt* **-1.** [personne] begeistern; **mon métier me passionne** ich gehe völlig in meinem Beruf auf. **-2.** [débat] beleben.
◆ **se passionner** *vp*: **se ~ pour qqn/qqch** sich für jn/etw leidenschaftlich interessieren.

passivement [pasivmɑ̃] *adv* passiv; **obéir ~** blind gehorchen.

passivité [pasivite] *nf* Passivität *die*.

passoire [paswar] *nf* Sieb *das*.

pastel [pastɛl] ◇ *nm* **-1.** [crayon] Pastellstift *der*. **-2.** [œuvre] Pastell *das*, Pastellbild *das*. ◇ *adj inv* Pastell-.

pastèque [pastɛk] *nf* Wassermelone *die*.

pasteur [pastœr] *nm* **-1.** RELIG Pastor *der*, -in *die*. **-2.** *littéraire* [berger] Hirt(e) *der*.

pasteurisation [pastœrizasjɔ̃] *nf* Pasteurisierung *die*.

pasteuriser [3] [pastœrize] *vt* pasteurisieren.

pastiche [pastiʃ] *nm* **-1.** LITTÉRATURE ≃ Parodie *die*. **-2.** MUS & ART Pasticcio *das*.

pastille [pastij] *nf* **-1.** [bonbon] Pastille *die*. **-2.** [motif] (großer) Punkt.

pastis [pastis] *nm vor allem als Aperitif getrunkener französischer Anisschnaps*.

pastoral, e, aux [pastɔral, o] *adj* **-1.** *littéraire* [de berger] Hirten-. **-2.** RELIG Pastoren-.
◆ **pastorale** *nf* **-1.** ART & MUS Pastorale *die*. **-2.** LITTÉRATURE Hirtendichtung *die*, Schäferdichtung *die*.

patagon, one OU **onne** [patagɔ̃, ɔn] *adj* patagonisch.
◆ **Patagon, one** OU **onne** *nm, f* Patagonier *der*, -in *die*.

Patagonie [patagɔni] *nf*: **la ~** Patagonien *nt*.

patapouf [patapuf] *nm fam* : **gros ~** Dickerchen *das*.

patate [patat] *nf fam* **-1.** [pomme de terre] Kartoffel *die*; **~ douce** Süßkartoffel. **-2.** [imbécile] Dummkopf *der*.

patati [patati] *interj*: **et ~ et patata!** *fam* und so weiter, und so fort!

patatras [patatra] *interj* bums.

pataud, e [pato, od] ◇ *adj* tolpatschig, unbeholfen. ◇ *nm, f* Tolpatsch *der*.

pataugeoire [patoʒwar] *nf* Planschbecken *das*.

patauger [17] [patoʒe] *vi* planschen; *fam fig* sich nicht mehr zurechtfinden.

patchouli [patʃuli] *nm* [parfum] Patschuli *das*.

patchwork [patʃwœrk] *nm* **-1.** [tissu] Patchwork *das*. **-2.** *fig* [ensemble] Mosaik *das*.

pâte [pat] *nf* **-1.** CULIN Teig *der*; **~ à pain** Brotteig; **~ à tarte** Teig für Tortenböden; **~ d'amandes** Marzipan *das*; **~ brisée** Mürbeteig; **~ de coings** Quittenbrot *das*; **~ feuilletée** Blätterteig; **~ de fruits** ≃ Fruchtschnitte *die*. **-2.** [mélange] Brei *der*. **-3.** *loc*: **être bonne ~** eine gute Haut sein.
◆ **pâtes** *nfpl* Teigwaren *Pl*, Nudeln *Pl*.

pâté [pate] *nm* **-1.** CULIN Pastete *die*; **~ de foie** ≃ Streichwurst *die*; **~ en croûte** Blätterteigpastete; **~ impérial** Frühlingsrolle *die*. **-2.** [tache] (Tinten)klecks *der*.

pâtée [pate] *nf* [pour animaux] Futter *das*.

patelin [patlɛ̃] *nm fam* Ort *der*.

patène [patɛn] *nf* Hostienteller *der*.

patente [patɑ̃t] *nf* Gewerbesteuer *die*.

patenté, e [patɑ̃te] *adj* **-1.** [commerçant] gewerbesteuerpflichtig. **-2.** *fam* [menteur, défenseur] anerkannt.

patère [patɛr] *nf* Kleiderhaken *der*.

paternalisme [patɛrnalism] *nm* **-1.** [de personne] patriarchalisches Wesen. **-2.** [d'État, d'entreprise] Bevormundung *die*.

paternaliste [patɛrnalist] ◇ *nmf* Vertreter *der*, -in *die* eines patriarchalischen Führungsstils. ◇ *adj* patriarchalisch.

paternel, elle [patɛrnɛl] *adj* **-1.** [amour, ton] väterlich. **-2.** [grands-parents]: **mes grands-parents ~s** meine Großeltern väterlicherseits.
◆ **paternel** *nm fam* alter Herr, Daddy *der*.

paternité [patɛrnite] *nf* Vaterschaft *die*; *fig* Urheberschaft *die*.

pâteux, euse [patø, øz] *adj* **-1.** [aliment] breiig. **-2.** [bouche] trocken. **-3.** [style] schwerfällig.

pathétique [patetik] ◇ *nm*: **le ~** [de scène] Ergreifende *das*; [de discours] Pathos *das*. ◇ *adj* [scène] ergreifend; [discours] pathetisch.

pathologie [patɔlɔʒi] *nf* Pathologie *die*.

pathologique [patɔlɔʒik] *adj* **-1.** MÉD pathologisch. **-2.** *fam* [maladif] krankhaft.

pathos [patos] *nm littéraire* & *péj* Pathetik *die*.

patibulaire [patibylɛr] *adj péj*: **mine ~** Galgengesicht *das*.

patiemment [pasjamɑ̃] *adv* geduldig.

patience [pasjɑ̃s] *nf* **-1.** [calme] Geduld *die*; **s'armer de ~** sich mit Geduld wappnen; **perdre ~** die Geduld verlieren. **-2.** [persévérance] Ausdauer *die*. **-3.** [jeu de cartes] Patience *die*.

patient, e [pasjɑ̃, ɑ̃t] ◇ *adj* geduldig. ◇ *nm, f* MÉD Patient *der*, -in *die*.

patienter [3] [pasjɑ̃te] *vi* sich gedulden, warten; **faire ~** warten lassen; **veuillez patienter** bitte warten.

patin [patɛ̃] *nm* **-1.** [chaussure]: **~ à glace** Schlittschuh *der*; **~ à roulettes** Rollschuh *der*. **-2.** [de feutre] *Stück Filz, das man unter den Schuh legt, um das Parkett zu schonen*.

patinage [patinaʒ] *nm* Schlittschuhlaufen *das;* **~ artistique** Eiskunstlauf *der;* **~ de vitesse** Eisschnellauf *der.*

patine [patin] *nf* Patina *die.*

patiner [3] [patine] ◇ *vi* **-1.** SPORT Schlittschuh laufen. **-2.** [roues] durch|drehen. ◇ *vt* patinieren.

◆ **se patiner** *vp* Patina an|setzen.

patineur, euse [patinœr, øz] *nm, f* Schlittschuhläufer *der,* -in *die.*

patinoire [patinwar] *nf* **-1.** SPORT [piste] Eisbahn *die;* [établissement] Eisstadion *das.* **-2.** [terrain glissant] Rutschbahn *die.*

patio [patjo, pasjo] *nm* Innenhof *der.*

pâtir [32] [patir] *vi:* **~ de qqch** unter etw *(D)* leiden.

pâtisserie [patisri] *nf* **-1.** [gén] Konditorei *die.* **-2.** [gâteau] Stück *das* Gebäck.

pâtissier, ère [patisje, ɛr] ◇ *adj:* **crème pâtissière** *Creme aus Milch, Eigelb, Mehl und Zucker.* ◇ *nm, f* Konditor *der,* -in *die.*

patois [patwa] *nm* Dialekt *der,* Mundart *die.*

patraque [patrak] *adj fam* : **être ~** sich nicht gut fühlen.

patriarcal, e, aux [patrijarkal, o] *adj* patriarchalisch.

patriarcat [patrijarka] *nm* Patriarchat *das.*

patriarche [patrijarʃ] *nm* **-1.** BIBLE Patriarch *der.* **-2.** [vieillard] ehrwürdiger Greis.

patrie [patri] *nf* [pays] Vaterland *das,* Heimat *die;* [ville] Vaterstadt *die,* Heimat *die;* **~ d'adoption** Wahlheimat.

patrimoine [patrimwan] *nm* Erbe *das.*

patriote [patrijɔt] ◇ *nmf* Patriot *der,* -in *die.* ◇ *adj* patriotisch.

patriotique [patrijɔtik] *adj* patriotisch.

patriotisme [patrijɔtism] *nm* Patriotismus *der.*

patron, onne [patrɔ̃, ɔn] *nm, f* **-1.** [d'entreprise] Arbeitgeber *der,* -in *die.* **-2.** [chef] Chef *der,* -in *die.* **-3.** RELIG Patron *der,* -in *die.*

◆ **patron** *nm* COUTURE Schnittmuster *das.*

patronage [patrɔnaʒ] *nm* **-1.** [protection] Schirmherrschaft *die.* **-2.** [de saint] Patronat *das,* Schutz *der.* **-3.** [organisation] Wohlfahrtsverband *der.*

patronal, e, aux [patrɔnal, o] *adj* **-1.** [intérêt, organisation] Arbeitgeber-, unternehmerisch; **charges ~es** Lohnnebenkosten *Pl.* **-2.** [fête] Patronats-.

patronat [patrɔna] *nm:* **le ~** die Arbeitgeber *Pl.*

patronnesse [patrɔnɛs] *adj f:* **dame ~** wohltätige Dame, Vorstandsdame *die (des Wohltätigkeitsvereins).*

patronyme [patrɔnim] *nm sout* Familienname *der.*

patronymique [patrɔnimik] *adj:* **nom ~** Familienname *der.*

patrouille [patruj] *nf* Streife *die.*

patrouiller [3] [patruje] *vi* patrouillieren.

patte [pat] *nf* **-1.** [de canin, de félin] Pfote *die;* [d'oiseau, d'insecte, de cheval] Bein *das;* **montrer ~ blanche** *fig* sich aus|weisen; **à quatre ~s** auf allen vieren; **se mettre à quatre ~s devant qqn** *fig* vor jm kriechen; **retomber sur ses ~s** *fig* wieder auf die Beine OU Füße fallen. **-2.** *fam* [jambe, pied] Hachse *die;* [main] Pfote *die;* **graisser la ~ à qqn** *fig* jn schmieren. **-3.** [de vêtement] Klappe *die.* **-4.** [attache] Halterung *die.*

◆ **pattes** *nfpl* [de cheveux] Koteletten *Pl.*

pattemouille [patmuj] *nf* (feuchtes) Bügeltuch.

pattes-d'oie [patdwa] *nfpl* [rides] Krähenfüße *Pl.*

pâturage [patyraʒ] *nm* Weide *die.*

pâture [patyr] *nf* Futter *das;* **donner** OU **offrir qqn/qqch en ~ à qqn/qqch** jm/etw jn/etw zum Fraß an|bieten; **jeter qqn/qqch en ~ à qqn/qqch** jm/etw jn/etw zum Fraß vor|werfen.

paume [pom] *nf* **-1.** [de la main] Handfläche. **-2.** [jeu] *historisches französisches Ballspiel.*

paumé, e [pome] *fam* ◇ *adj* **-1.** [personne] hilflos. **-2.** [lieu] verloren. ◇ *nm, f* gestrandete Existenz.

paumer [3] [pome] *vt fam* verlieren.

◆ **se paumer** *vp fam* [à pied] sich verlaufen; [en voiture] sich verfahren.

paupérisation [poperizasjɔ̃] *nf* Verelendung *die.*

paupière [popjɛr] *nf* (Augen)lid *das.*

paupiette [popjɛt] *nf* Roulade *die;* **~ de veau** Kalbsroulade.

pause [poz] *nf* Pause *die.*

pause-café [pozkafe] (*pl* **pauses-café**) *nf* Kaffeepause *die.*

pauvre [povr] ◇ *adj* **-1.** [gén] arm; **~ en qqch** arm an etw *(D).* **-2.** [habit, décoration] armselig; **il est un peu ~ d'esprit** er ist geistig ein wenig beschränkt. ◇ *nmf* Arme *der, die, das;* **le ~!** der OU die OU das Arme!

◆ **nouveau pauvre** *nm während der Wirtschaftskrise Verarmter.*

pauvrement [povrəmɑ̃] *adv* **-1.** [misérablement] ärmlich. **-2.** [médiocrement] kümmerlich.

pauvreté [povrəte] *nf* Armut *die.*

pavage [pavaʒ] *nm* **-1.** [action] Pflastern *das.* **-2.** [revêtement] Pflaster *das.*

pavaner [3] [pavane]

◆ **se pavaner** *vp* seine Schau ab|ziehen.

pavé, e [pave] *adj* gepflastert.

◆ **pavé** *nm* **-1.** [chaussée] Pflaster *das;* **être sur le ~** *fig* auf der Straße sitzen. **-2.** [de pierre]

Pflasterstein *der*; **jeter un ~ dans la mare** *fig* Aufsehen erregen. **-3.** *fam* [livre] Schinken *der*. **-4.** CULIN ≃ dickes Rindfleischstück. **-5.** PRESSE Kasten *der*. **-6.** INFORM: **~ numérique** numerischer Tastaturblock.

paver [3] [pave] *vt* pflastern.

pavillon [pavijɔ̃] *nm* **-1.** [bâtiment] Haus *das*; **~ de banlieue** Einfamilienhaus am Stadtrand; **~ de chasse** Jagdhütte *die*. **-2.** MUS Schalltrichter *der*. **-3.** ANAT: **~ de l'oreille** Ohrmuschel *die*. **-4.** [drapeau] Flagge *die*.

pavoiser [3] [pavwaze] ◇ *vt* beflaggen. ◇ *vi fam* (vor Freude) aus dem Häuschen sein.

pavot [pavo] *nm* Mohn *der*.

payable [pɛjabl] *adj* zahlbar; **~ le 15 du mois** am 15. des Monats fällig; **la chambre est ~ d'avance** das Zimmer muß im voraus bezahlt werden.

payant, e [pɛjɑ̃, ɑ̃t] *adj* **-1.** [hôte] zahlend. **-2.** [parking, service] gebührenpflichtig; [spectacle] eintrittspflichtig. **-3.** *fig* [effort, affaire] lohnend; **être ~** sich aus|zahlen.

paye = **paie**.

payement = **paiement**.

payer [11] [peje] ◇ *vt* **-1.** [gén] (be)zahlen; **~ qqch à qqn** jm etw bezahlen. **-2.** [expier] bezahlen, büßen; **il me le paiera!** das wird er mir büßen! ◇ *vi* **-1.** [verser de l'argent]: **~ (pour qqn/qqch)** (für jn/etw) (be)zahlen; **~ de sa poche** aus eigener Tasche (be)zahlen; **~ de sa personne** *fig* sich persönlich engagieren. **-2.** [être profitable] sich aus|zahlen, sich lohnen.

◆ **se payer** *vp*: **se ~ qqch** *fam* sich *(D)* etw zu|legen.

payeur, euse [pɛjœr, øz] ◇ *adj* Zahl-. ◇ *nm, f* Zahlende *der, die, das*.

◆ **payeur** *nm*: **mauvais ~** schlechter OU säumiger Zahler.

pays [pei] *nm* **-1.** [gén] Land *das*; **~ d'adoption** Wahlheimat *die*; **~ de cocagne** *fig* Schlaraffenland; **les ~ de l'Est** HIST die Ostblockstaaten *Pl*; **~ natal** Geburtsland; **il se comporte comme en ~ conquis** er führt sich auf, als ob er das Sagen hätte. **-2.** [région, province] Gegend *die*; **être du ~** ein Einheimischer sein; **le ~ de Galles** Wales *nt*; **au ~ de Galles** in Wales. **-3.** [village] Dorf *das*.

paysage [peizaʒ] *nm* Landschaft *die*.

paysager, ère [peizaʒe, ɛr] *adj*: **jardin ~** englischer Garten.

paysagiste [peizaʒist] ◇ *nmf* **-1.** [peintre] Landschaftsmaler *der*, -in *die*. **-2.** [concepteur de parcs] Landschaftsplaner *der*, -in *die*, Gartenarchitekt *der*, -in *die*. ◇ *adj* Landschafts-.

paysan, anne [peizɑ̃, an] ◇ *adj* bäuerlich. ◇ *nm, f* Bauer *der*, Bäuerin *die*.

paysannat [peizana] *nm* Bauernschaft *die*.

paysannerie [peizanri] *nf* Bauernschaft *die*.

Pays-Bas [pɛiba] *nmpl*: **les ~** die Niederlande *Pl*; **aux ~** in den Niederlanden.

PC *nm* **-1.** (*abr de* **Parti communiste**) KP *die*. **-2.** (*abr de* **personal computer**) PC *der*. **-3.** (*abr de* **prêt conventionné**) zinsgünstiges Darlehen. **-4.** (*abr de* **permis de construire**) Baugenehmigung *die*. **-5.** (*abr de* **poste de commandement**) Befehlsstelle *die*. **-6.** (*abr de* **Petite Ceinture**) [route] Pariser Ringstraße *die*; [bus] Pariser Ringbuslinie *die*.

pcc (*abr de* **pour copie conforme**) für die Richtigkeit der Abschrift.

PCF (*abr de* **Parti communiste français**) *nm* KPF *die*.

PCI (*abr de* **Parti communiste italien**) *nm* KPI *die*.

PCV (*abr de* **à percevoir**) *nm* R-Gespräch *das*.

P-D G *nm abr de* **président-directeur général**.

p.-ê. *abr de* **peut-être**.

PEA (*abr de* **plan d'épargne en actions**) *nm* Aktiensparplan *der*.

péage [peaʒ] *nm* **-1.** [droit] Straßenbenutzungsgebühr *die*, Maut *die*. **-2.** [poste] Mautstelle *die*.

peau, x [po] *nf* **-1.** [de personne, de lait] Haut *die*; **~ d'orange** [cellulite] Orangenhaut; **n'avoir que la ~ sur les os** *fig* nur noch Haut und Knochen sein; **être bien/mal dans sa ~** *fig* sich wohl/nicht wohl in seiner Haut fühlen; **risquer/sauver sa ~** *fig* seine Haut riskieren/retten. **-2.** [cuir] Leder *das*; **~ de chamois** Fensterleder; **~ de vache** *fam fig* Ekel *das*. **-3.** [de fruit] Schale *die*; [d'abricot, de pêche] Haut *die*; **~ de banane** Bananenschale.

peaufiner [3] [pofine] *vt* **-1.** [travail]: **~ qqch** einer Sache *(D)* den letzten Schliff geben. **-2.** [objet] ab|ledern.

pécari [pekari] *nm* **-1.** [animal] Pekari *das*, Nabelschwein *das*. **-2.** [cuir] Pekarileder *das*.

peccadille [pekadij] *nf sout* Lappalie *die*.

péché [peʃe] *nm* Sünde *die*; **le ~ originel** die Erbsünde; **un ~ mignon** eine (kleine) Schwäche.

pêche [pɛʃ] *nf* **-1.** [fruit] Pfirsich *der*; **~ Melba** Pfirsich Melba. **-2.** [activité] Fischerei *die*, Fischen *das*; **~ à la ligne** Angeln *das*; **~ sous-marine** Unterwasserjagd *die*. **-3.** [poissons] Fang *der*. **-4.** *loc*: **avoir la ~** *fam* in Form sein.

pécher [18] [peʃe] *vi* sündigen; **~ contre qqch** gegen etw verstoßen; **~ par qqch** an etw *(D)* kranken; **~ par omission** eine Unterlassungssünde begehen.

pêcher[1] [4] [peʃe] *vt* **-1.** [en mer] fischen; [à la ligne] angeln. **-2.** *fam* [trouver] auf|gabeln.

pêcher[2] [peʃe] *nm* Pfirsichbaum *der*.

pécheresse → **pécheur**.

pêcherie [pɛʃri] *nf* (Fisch)fanggebiet *das*.

pécheur, eresse [peʃœr, peʃrɛs] ◇ *adj* sündig. ◇ *nm, f* Sünder *der*, -in *die*.

pêcheur, euse [pɛʃœr, øz] *nm, f* [en mer] Fischer *der*, -in *die*; [à la ligne] Angler *der*, -in *die*.

pecnot = **péquenot**.

pectine [pɛktin] *nf* Pektin *das*.

pectoral, e, aux [pɛktɔral, o] *adj* Brust-; **pâte ~e** Hustenbonbon *das* OU *der*.

◆ **pectoraux** *nmpl* Brustmuskeln *Pl*.

pécule [pekyl] *nm* Rücklage *die*.

pécuniaire [pekynjɛr] *adj* finanziell.

pédagogie [pedagɔʒi] *nf* **-1.** [qualité] pädagogisches Talent. **-2.** [science] Pädagogik *die*.

pédagogique [pedagɔʒik] *adj* pädagogisch; **méthode ~** Lehrmethode *die*.

pédagogue [pedagɔg] ◇ *nmf* Pädagoge *der*, -gin *die*. ◇ *adj* pädagogisch; **il est ~** er ist ein guter Pädagoge.

pédale [pedal] *nf* **-1.** [gén] Pedal *das*; **perdre les ~s** *fam fig* den Kopf verlieren. **-2.** *vulg péj* [homosexuel] Schwuli *der*.

pédaler [3] [pedale] *vi* (in die Pedale) treten; **~ dans la choucroute** *fam fig* den Durchblick verloren haben.

pédalier [pedalje] *nm* **-1.** [de vélo] Tretkurbel *die*. **-2.** [d'orgue] Pedalklaviatur *die*.

Pédalo® [pedalo] *nm* Tretboot *das*.

pédant, e [pedɑ̃, ɑ̃t] ◇ *adj* schulmeisterlich. ◇ *nm, f* Schulmeister *der*, -in *die*.

pédé [pede] *nm tfam péj* Homo *der*.

pédéraste [pederast] *nm* Päderast *der*.

pédérastie [pederasti] *nf* Päderastie *die*.

pédestre [pedɛstr] *adj* Fuß-; **randonnée ~** (Fuß)wanderung *die*.

pédiatre [pedjatr] *nmf* Kinderarzt *der*, -ärztin *die*.

pédiatrie [pedjatri] *nf* Pädiatrie *die*.

pédicule [pedikyl] *nm* [de champignon] Stiel *der*.

pédicure [pedikyr] *nmf* Fußpfleger *der*, -in *die*.

pedigree [pedigre] *nm* Stammbaum *der*.

pédophile [pedɔfil] ◇ *nmf* Pädophile *der*, *die*. ◇ *adj* pädophil.

peeling [piliŋ] *nm* Peeling *das*, Schälkur *die*.

pègre [pɛgr] *nf* Unterwelt *die*.

peignais *etc* → **peindre**.

peigne [pɛɲ] *nm* **-1.** [pour démêler] Kamm *der*; **se donner un coup de ~** sich (rasch) kämmen; **être sale comme un ~** *fig* vor Schmutz starren; **passer qqch au ~ fin** *fig* durchkämmen. **-2.** [barrette] Kämmchen *das*. **-3.** [de tissage] Webkamm *der*. **-4.** [de filage] Hechel *die*.

peigner [4] [peɲe] *vt* **-1.** [cheveux, laine, coton] kämmen. **-2.** [chanvre, lin] hecheln.

◆ **se peigner** *vp* sich kämmen.

peignoir [pɛɲwar] *nm* **-1.** [sortie de bain]: **~ de bain** Bademantel *der*. **-2.** [déshabillé] Morgenrock *der*.

peinard, e [pɛnar, ard] *adj fam* locker; **être ~** seine Ruhe haben.

peindre [81] [pɛ̃dr] *vt* **-1.** [mur, porte] (an|)-streichen. **-2.** ART bemalen. **-3.** *fig* [décrire] schildern.

◆ **se peindre** *vp*: **se ~ dans/sur qqch** in/auf etw *(D)* zu lesen sein.

peine [pɛn] *nf* **-1.** [sanction] Strafe *die*; **sous ~ de poursuites** bei Strafe; **sous ~ d'amende** bei Geldstrafe; **~ capitale** OU **de mort** Todesstrafe; **~ incompressible** Strafe ohne Möglichkeit der Haftverkürzung. **-2.** [souffrance] Schmerz *der*, Kummer *der*; **avoir de la ~** Kummer haben; **faire de la ~ à qqn** [blesser] jm weh tun; [attrister] jm Kummer bereiten. **-3.** [effort, difficulté] Mühe *die*; **sans ~** mühelos *(adv)*; **se donner de la ~** sich *(D)* Mühe geben; **avoir toutes les ~s du monde à faire qqch** alle Mühe haben, etw zu tun; **c'est ~ perdue** das ist verlorene (Liebes)mühe; **prendre la ~ de faire qqch** sich *(D)* die Mühe machen, etw zu tun; **valoir la ~** sich lohnen.

◆ **à peine** *loc adv* kaum; [depuis peu] gerade erst; **à ~ étiez-vous parti qu'elle arrivait** kaum waren Sie weg, da kam sie.

peiner [4] [pene] ◇ *vt* bekümmern. ◇ *vi* **-1.** [s'efforcer] sich ab|mühen. **-2.** [faiblir] sich plagen.

peins *etc* → **peindre**.

peint, e [pɛ̃, pɛ̃t] *pp* → **peindre**.

peintre [pɛ̃tr] *nm* **-1.** [ouvrier]: **~ (en bâtiment)** Maler *der*, -in *die*. **-2.** AUTOM Lackierer *der*, -in *die*. **-3.** [artiste] Kunstmaler *der*, -in *die*, Maler *der*, -in *die*.

peinture [pɛ̃tyr] *nf* **-1.** [opération] Malen *das*. **-2.** [résultat] Anstrich *der*. **-3.** [produit] Farbe *die*. **-4.** [art] Malerei *die*. **-5.** [représentation] Gemälde *das*.

peinturlurer [3] [pɛ̃tyrlyre] *vt péj* grell bemalen.

◆ **se peinturlurer** *vp péj*: **se ~ (le visage)** sich fingerdick schminken.

péjoratif, ive [peʒɔratif, iv] *adj* abwertend.

Pékin [pekɛ̃] *n* Peking *nt*.

pékinois, e [pekinwa, az] *adj* Pekinger *(adj inv)*, von OU aus Peking.

◆ **pékinois** *nm* **-1.** [langue] Peking-Dialekt *der*. **-2.** [chien] Pekinese *der*.

◆ **Pékinois, e** *nm, f* Pekinger *der*, -in *die*.

PEL, Pel [pɛl, peəɛl] *(abr de* **plan d'épargne logement**) *nm* Bausparplan *der*.

pelage [pəlaʒ] *nm* Fell *das*.
pelé, e [pəle] *adj* kahl.
pêle-mêle [pɛlmɛl] *adv* (wild) durcheinander.
peler [25] [pəle] ◇ *vt* [orange, pomme] schälen; [tomate, oignon] pellen. ◇ *vi* sich schälen.
pèlerin [pɛlrɛ̃] *nm* Pilger *der*, -in *die*.
pèlerinage [pɛlrinaʒ] *nm* Pilgerfahrt *die*, Wallfahrt *die*; **aller en ~ à ...** nach ... pilgern, eine Wallfahrt nach ... machen.
pèlerine [pɛlrin] *nf* Umhang *der*.
pélican [pelikɑ̃] *nm* Pelikan *der*.
pelisse [pəlis] *nf* pelzgefütterter Mantel.
pelle [pɛl] *nf* **-1.** [instrument] Schaufel *die*; **~ à tarte** Tortenheber *der*; **à la ~** *fam fig* haufenweise. **-2.** [machine]: **~ (mécanique)** Bagger *der*.
pelletée [pɛlte] *nf*: **une ~ de sable** eine Schaufel voll Sand.
pelleter [27] [pɛlte] *vt* schaufeln.
pelleteuse [pɛltøz] *nf* Bagger *der*.
pellicule [pelikyl] *nf* Film *der*.
◆ **pellicules** *nfpl* Schuppen *Pl*.
pelote [pəlɔt] *nf* Knäuel *der* OU *das*; **~ de laine** Wollknäuel.
◆ **pelote basque** *nf* Pelota *die*.
peloter [3] [plɔte] *vt fam* befummeln.
peloton [plɔtɔ̃] *nm* **-1.** [de cyclistes] Hauptfeld *das*; **le ~ de tête** SPORT Spitzengruppe *die*; **être dans le ~ de tête** *fig* zu den Besten zählen. **-2.** [de soldats] Truppe *die*; **~ d'exécution** Erschießungskommando *das*. **-3.** [de laine] kleiner OU kleines Knäuel.
pelotonner [3] [pəlɔtɔne]
◆ **se pelotonner** *vp* sich zusammen|rollen; **se ~ contre qqn/qqch** sich an jn/etw schmiegen OU kuscheln.
pelouse [pəluz] *nf* Rasen *der*.
peluche [pəlyʃ] *nf* **-1.** [jouet] Stofftier *das*. **-2.** [tissu] Plüsch *der*. **-3.** [d'étoffe]: **les ~s** die Fusseln *Pl*.
pelucheux, euse [pəlyʃø, øz] *adj* fusselig.
pelure [pəlyr] *nf* **-1.** [de fruit, de légume] Schale *die*. **-2.** *fam* [habit] alter Mantel.
pénal, e, aux [penal, o] *adj* Straf-.
pénalisation [penalizasjɔ̃] *nf* **-1.** [sanction] Strafe *die*. **-2.** [désavantage] Benachteiligung *die*.
pénaliser [3] [penalize] *vt* **-1.** [sanctionner] bestrafen. **-2.** [désavantager] benachteiligen.
pénalité [penalite] *nf* Strafe *die*.
penalty [penalti] (*pl* **penaltys** OU **penalties**) *nm* Elfmeter *der*, Strafstoß *der*.
pénates [penat] *nmpl*: **regagner ses ~** *fam* in sein trautes Heim zurück|kehren.
penaud, e [pəno, od] *adj* betreten, verlegen.
penchant [pɑ̃ʃɑ̃] *nm* **-1.** [inclination] Neigung *die*. **-2.** [attirance]: **avoir un ~ pour qqn/qqch** jm/einer Sache zugeneigt sein.
penché, e [pɑ̃ʃe] *adj* geneigt.
pencher [3] [pɑ̃ʃe] ◇ *vi* **-1.** [être incliné - suspendu] schief hängen; [- couché] schief liegen; [- debout] schief stehen. **-2.** [préférer]: **~ pour qqch** zu etw neigen. ◇ *vt* neigen.
◆ **se pencher** *vp*: **se ~ sur qqn/qqch** sich über jn/etw beugen; **se ~ sur qqch** [problème, cas] sich mit etw befassen; **se ~ vers qqn/qqch** sich zu jm/etw nieder|beugen.
pendable [pɑ̃dabl] *adj*: **tour ~** übler Streich.
pendaison [pɑ̃dɛzɔ̃] *nf* Hängen *das*; **~ de crémaillère** Einweihungsfeier *die*.
pendant[1]**, e** [pɑ̃dɑ̃, ɑ̃t] *adj* **-1.** [bras, jambe] (herab)hängend. **-2.** JUR anhängig.
◆ **pendant** *nm* **-1.** [bijou] Hänger *der*. **-2.** [de paire] Gegenstück *das*. **-3.** [équivalent] Entsprechung *die*.
pendant[2] [pɑ̃dɑ̃] *prép*: **~ qqch** während etw *(G)*.
◆ **pendant que** *loc conj* während; **~ que j'y suis** wenn ich schon dabei bin; **~ que j'y pense** da fällt mir noch ein.
pendeloque [pɑ̃dlɔk] *nf* Gehänge *das*.
pendentif [pɑ̃dɑ̃tif] *nm* Anhänger *der*.
penderie [pɑ̃dri] *nf* [meuble] Kleiderschrank *der*; [pièce] Ankleide *die*.
pendis *etc* → **pendre**.
pendouiller [3] [pɑ̃duje] *vi fam* baumeln.
pendre [73] [pɑ̃dr] ◇ *vi* **-1.** [d'en haut] hängen. **-2.** [descendre trop bas] zu lang sein. ◇ *vt* **-1.** [rideau, tableau]: **~ qqch (à qqch)** etw (an etw *(D)*) auf|hängen, etw (an etw *(A)*) hängen. **-2.** [personne] auf|hängen, erhängen.
◆ **se pendre** *vp* **-1.** [s'accrocher]: **se ~ à qqch** sich an etw *(A)* hängen. **-2.** [se suicider] sich auf|hängen, sich erhängen.
pends *etc* → **pendre**.
pendu, e [pɑ̃dy] ◇ *pp* → **pendre**. ◇ *adj* **-1.** [accroché] aufgehängt; **être ~ à qqn/qqch** *fig* an jm/etw hängen. **-2.** [suicidé] erhängt; [exécuté] gehenkt. ◇ *nm, f* [suicidé] Erhängte *der, die*; [exécuté] Gehenkte *der, die*.
pendule [pɑ̃dyl] ◇ *nm* Pendel *das*. ◇ *nf* Standuhr *die*.
pendulette [pɑ̃dylɛt] *nf* kleine Standuhr.
pêne [pɛn] *nm* Riegel *der*.
pénétrant, e [penetrɑ̃, ɑ̃t] *adj* **-1.** [regard] durchdringend; [pluie] alles durchnässend. **-2.** [esprit] scharf.
pénétration [penetrasjɔ̃] *nf* **-1.** [de projectile] Durchdringung *die*. **-2.** [d'idée] Eindringen *das*. **-3.** [perspicacité] Scharfsinn *der*.
pénétré, e [penetre] *adj* tiefernst; **~ de** erfüllt von; *péj* eingenommen von.

pénétrer [18] [penetre] ◇ *vi* **-1.** [chose] ein|ziehen. **-2.** [personne] ein|dringen. ◇ *vt* **-1.** [transpercer] durchdringen. **-2.** [mystère, intention] durchschauen. **-3.** [toucher] bewegen, erfüllen. ◆ **se pénétrer** *vp*: **se ~ de qqch** sich von etw durchdringen lassen.

pénible [penibl] *adj* **-1.** [travail] beschwerlich, mühsam. **-2.** [nouvelle] schmerzvoll; [maladie] qualvoll. **-3.** *fam* [personne] lästig.

péniblement [penibləmɑ̃] *adv* **-1.** [avec difficulté] (nur) mit Mühe. **-2.** [cruellement] schmerzlich. **-3.** [à peine] mit Mühe und Not.

péniche [peniʃ] *nf* (Last)kahn *der*.

pénicilline [penisilin] *nf* Penizillin *das*.

péninsule [penɛ̃syl] *nf* Halbinsel *die*; **la ~ Ibérique** die Iberische Halbinsel; **la ~ d'Arabie** die Arabische Halbinsel.

pénis [penis] *nm* Penis *der*.

pénitence [penitɑ̃s] *nf* **-1.** RELIG [repentir] Bußfertigkeit *die*; [peine] Buße *die*. **-2.** [punition] Strafe *die*.

pénitencier [penitɑ̃sje] *nm* Strafanstalt *die*.

pénitent, e [penitɑ̃, ɑ̃t] ◇ *adj* bußfertig. ◇ *nm, f* **-1.** [qui se confesse] Beichtende *der, die*. **-2.** [de confrérie] *Angehöriger eines Büßerordens*.

pénitentiaire [penitɑ̃sjɛr] *adj* Strafvollzugs-.

penne [pɛn] *nf* [d'aile] Schwungfeder *die*; [de queue] Schwanzfeder *die*.

pénombre [penɔ̃br] *nf* Halbdunkel *das*.

pensable [pɑ̃sabl] *adj*: **ce n'est pas ~** das ist undenkbar.

pensant, e [pɑ̃sɑ̃, ɑ̃t] *adj* denkend.

pense-bête [pɑ̃sbɛt] (*pl* **pense-bêtes**) *nm* [signe] Merkzeichen *das*; [liste] Merkzettel *der*.

pensée [pɑ̃se] *nf* **-1.** [faculté] Denken *das*, Denkvermögen *das*. **-2.** [esprit, opinion] Gedanken *Pl*; **en** OU **par la ~** im Geist(e), in Gedanken. **-3.** [idée] Gedanke *der*; **la ~ de qqn/qqch** der Gedanke an jn/etw; **la ~ que** der Gedanke, daß. **-4.** [doctrine] Denken *das*, Gedankengut *das*. **-5.** BOT Stiefmütterchen *das*.

penser [3] [pɑ̃se] ◇ *vi* **-1.** [gén]: **~ (à qqn/qqch)** (an jn/etw) denken; **~ à faire qqch** daran denken, etw zu tun; **faire ~ à qqn/qqch** an jn/etw erinnern; **sans ~ à mal** ohne böse Absicht; **laisser** OU **donner à ~** nachdenklich stimmen; **n'y pensons plus!** denken wir nicht mehr daran! **-2.** [réfléchir]: **~ à qqch** sich *(D)* etw überlegen. ◇ *vt* denken; **~ que** (be)denken, daß; **je pense que oui** ich denke ja OU schon; **~ faire qqch** gedenken, etw zu tun; **ne pas en ~ moins** sich sein Teil denken; **pensez-vous!** wo denken Sie hin!

penseur [pɑ̃sœr] *nm* Denker *der*, -in *die*.

pensif, ive [pɑ̃sif, iv] *adj* nachdenklich.

pension [pɑ̃sjɔ̃] *nf* **-1.** [gén] Pension *die*; **en demi-pension** in Halbpension; **en ~ complète** in Vollpension; **~ alimentaire** Alimente *Pl*; **~ de famille** Familienpension. **-2.** SCOL Internat *das*.

pensionnaire [pɑ̃sjɔnɛr] *nmf* **-1.** [élève] Internatsschüler *der*, -in *die*. **-2.** [hôte] Pensionsgast *der*.

pensionnat [pɑ̃sjɔna] *nm* Internat *das*.

pensivement [pɑ̃sivmɑ̃] *adv* nachdenklich.

pensum [pɛ̃sɔm] *nm* lästige Arbeit.

pentagone [pɛ̃tagɔn] *nm* Fünfeck *das*.
◆ **Pentagone** *nm*: **le Pentagone** das Pentagon.

pentathlon [pɛ̃tatlɔ̃] *nm* Fünfkampf *der*.

pente [pɑ̃t] *nf* **-1.** [déclivité] Gefälle *das*; **en ~** abfallend; **~ douce** flacher Abhang; **être sur une mauvaise ~** *fig* auf Abwegen sein. **-2.** [de ski] Hang *der*; **remonter la ~** *fig* sich wieder auf|rappeln.

Pentecôte [pɑ̃tkot] *nf* Pfingsten *(das)*.

pénurie [penyri] *nf* Mangel *der*, Knappheit *die*.

PEP, Pep [pɛp] (*abr de* **plan d'épargne populaire**) *nm* Volkssparplan *der*.

pépé [pepe] *nm fam* Opa *der*.

pépère [pepɛr] *fam* ◇ *nm* Opa *der*; **gros ~** Dickerchen *das*. ◇ *adj* ruhig.

pépier [9] [pepje] *vi* piepen.

pépin [pepɛ̃] *nm* **-1.** [graine] Kern *der*. **-2.** *fam* [ennui] Malheur *das*, Problem *das*; **il a eu un ~** ihm ist was passiert. **-3.** *fam* [parapluie] Schirm *der*.

pépinière [pepinjɛr] *nf* **-1.** BOT Baumschule *die*. **-2.** [concentration]: **être une ~ de ...** viele ... hervor|bringen.

pépiniériste [pepinjerist] ◇ *nmf* Baumschulgärtner *der*, -in *die*. ◇ *adj* Baumschul-.

pépite [pepit] *nf* [petite] (Gold)korn *das*; [grande] (Gold)klumpen *der*.

péquenot, pecnot [pɛkno] *nm*, **péquenaud, e** [pɛkno, od] *nm, f fam péj* Bauernkerl *der*, Bauernweib *das*.

PER, Per (*abr de* **plan d'épargne retraite**) *nm* Rentensparplan *der*.

percale [pɛrkal] *nf* Perkal *der*.

perçant, e [pɛrsɑ̃, ɑ̃t] *adj* **-1.** [vue, regard] durchdringend, scharf. **-2.** [son, voix, cri] schrill. **-3.** [froid] schneidend.

percée [pɛrse] *nf* **-1.** [gén] Durchbruch *der*. **-2.** [trouée] Einschnitt *der*.

percement [pɛrsəmɑ̃] *nm* Durchbrechen *das*.

perce-neige [pɛrsənɛʒ] *nm* OU *nf inv* Schneeglöckchen *das*.

perce-oreille [pɛrsɔrɛj] (*pl* **perce-oreilles**) *nm* Ohrwurm *der*.

percepteur [pɛrsɛptœr] *nm* Steuereinnehmer *der*, -in *die*.

perceptible [pɛrsɛptibl] *adj* [par les sens] wahrnehmbar; [par l'esprit] bemerkbar.

perception [pɛrsɛpsjɔ̃] *nf* **-1.** [recouvrement] Erhebung *die*. **-2.** [bureau] ≃ Finanzamt *das*. **-3.** [sensation] Wahrnehmung *die*.

percer [16] [pɛrse] ◇ *vt* **-1.** [mur, fenêtre] durch|bohren; [coffre-fort] auf|brechen. **-2.** [traverser] durchdringen; **~ le cœur** *fig* das Herz zerreißen. **-3.** [mystère] ergründen; **~ qqn à jour** jn durchschauen. ◇ *vi* **-1.** [apparaître, se manifester] durchdringen. **-2.** [réussir] den Durchbruch schaffen.

perceuse [pɛrsøz] *nf* Bohrer *der*, Bohrmaschine *die*.

percevoir [52] [pɛrsəvwar] *vt* **-1.** [son, intention, nuance] wahr|nehmen. **-2.** [somme] ein|nehmen.

perche [pɛrʃ] *nf* **-1.** [de bois, de métal] Stange *die*; **saut à la ~** Stabhochsprung *der*; **tendre la ~ à qqn** *fig* jm goldene Brücken bauen. **-2.** [poisson] (Fluß)barsch *der*.

percher [3] [pɛrʃe] ◇ *vi* **-1.** [oiseau] (auf einem Baum) sitzen. **-2.** *fam* [personne] (hoch oben) wohnen. ◇ *vt*: **~ qqch sur qqch** etw oben auf etw *(A)* stellen.

◆ **se percher** *vp*: **se ~ sur qqch** sich auf etw *(A)* schwingen.

percheron [pɛrʃərɔ̃] *nm* *französische Zugpferdrasse.*

perchiste [pɛrʃist] *nmf* **-1.** SPORT Stabhochspringer *der*, -in *die*. **-2.** CIN & TÉLÉ Mikrophonassistent *der*, -in *die*.

perchoir [pɛrʃwar] *nm* **-1.** [d'oiseau] Sitzstange *die*. **-2.** *fam* [lieu] Hochsitz *der*; **le ~** *Platz des französischen Parlamentspräsidenten in der Nationalversammlung.*

perclus, e [pɛrkly, yz] *adj*: **~ de qqch** [rhumatismes] steif durch etw; *fig* [crainte] wie gelähmt vor etw *(D)*.

perçois *etc* → **percevoir**.

perçoive *etc* → **percevoir**.

percolateur [pɛrkɔlatœr] *nm* Espresso-Maschine *die*.

perçu, e [pɛrsy] *pp* → **percevoir**.

perçus *etc* → **percevoir**.

percussion [pɛrkysjɔ̃] *nf* Schlag *der*, Stoß *der*.

◆ **percussions** *nfpl* Schlaginstrumente *Pl.*

percussionniste [pɛrkysjɔnist] *nmf* [classique] Schlaginstrumentist *der*, -in *die*; [jazz] Percussionspieler *der*, -in *die*.

percutant, e [pɛrkytɑ̃, ɑ̃t] *adj* **-1.** [argument] durchschlagend. **-2.** [explosif] aufprallend, aufschlagend; **obus ~** Granate *die* mit Aufschlagzünder.

percuter [3] [pɛrkyte] ◇ *vt*: **~ qqch** gegen etw prallen. ◇ *vi*: **~ contre qqch** [bombe] in etw *(A)* ein|schlagen; [voiture, avion] gegen etw prallen.

perdant, e [pɛrdɑ̃, ɑ̃t] ◇ *adj*: **billet** OU **numéro ~** Niete *die*. ◇ *nm, f* Verlierer *der*, -in *die*.

perdis *etc* → **perdre**.

perdition [pɛrdisjɔ̃] *nf* **-1.** [ruine morale] Verdammnis *die*; **lieu de ~** Ort *der* des Lasters. **-2.** [détresse]: **en ~** in Seenot; *fig* vom Untergang bedroht.

perdre [77] [pɛrdr] ◇ *vt* **-1.** [gén] verlieren. **-2.** [ruiner, discréditer] ins Verderben stürzen. **-3.** *loc*: **vous ne perdez rien pour attendre!** wartet nur! ◇ *vi* verlieren.

◆ **se perdre** *vp* **-1.** [coutume] in Vergessenheit geraten. **-2.** [personne] sich verirren; **se ~ dans les détails** sich in Einzelheiten verlieren; **se ~ en conjectures** sich in Vermutungen ergehen. **-3.** [s'avarier] verderben.

perdreau, x [pɛrdro] *nm* junges Rebhuhn.

perdrix [pɛrdri] *nf* Rebhuhn *das*.

perds *etc* → **perdre**.

perdu, e [pɛrdy] ◇ *pp* → **perdre**. ◇ *adj* **-1.** [isolé] abgelegen. **-2.** [balle] verirrt. **-3.** [temps, récolte] verloren; [occasion] verpaßt; **emballage ~** Einweg(ver)packung *die*. **-4.** [malade]: **il est ~** er ist nicht mehr zu retten. **-5.** *fig* [égaré]: **être ~** nicht mehr mit|kommen.

perdurer [3] [pɛrdyre] *vi sout* an|dauern.

père [pɛr] *nm* **-1.** [parent, fondateur] Vater *der*; **~ de famille** Familienvater; **de ~ en fils** vom Vater auf den Sohn, von Generation zu Generation. **-2.** RELIG Pater *der*.

◆ **pères** *nmpl sout* [ancêtres] Urväter *Pl.*

◆ **père Noël** *nm* Weihnachtsmann *der*; **croire au ~ Noël** an den Weihnachtsmann glauben.

pérégrinations [peregrinasjɔ̃] *nfpl* **-1.** [voyage] lange Reise *(in ferne Länder)*. **-2.** [allées et venues] Lauferei *die (sans pl)*.

péremption [perɑ̃psjɔ̃] *nf* **-1.** JUR Verwirkung *die*. **-2.** [d'aliment]: **date de ~** Verfallsdatum *das*.

péremptoire [perɑ̃ptwar] *adj*: **ton/mine ~** Ton/Gesichtsausdruck, der keinen Widerspruch duldet.

pérennité [perenite] *nf* Fortdauer *die*.

péréquation [perekwasjɔ̃] *nf* **-1.** [répartition] Ausgleich *der*. **-2.** [rajustement] Angleichung *die*.

perfectible [pɛrfɛktibl] *adj* [chose] verbesserungsfähig; [personne] vervollkommnungsfähig.

perfection [pɛrfɛksjɔ̃] *nf* **-1.** [qualité] Vollkommenheit *die*, Perfektion *die*; **à la ~** meisterhaft. **-2.** [personne, chose]: **il est la ~ même** er ist ein Juwel.

perfectionné, e [pɛrfɛksjɔne] *adj* verbessert.

perfectionnement [pɛrfɛksjɔnmɑ̃] *nm* Verbesserung *die*, Vervollkommnung *die*.

perfectionner [3] [pɛrfɛksjɔne] *vt* verbessern.
◆ **se perfectionner** *vp* [technique] immer besser werden; [dans ses connaissances] vervollkommnen; **se ~ dans une langue** seine Sprachkenntnisse vervollkommnen.

perfectionnisme [pɛrfɛksjɔnism] *nm* Perfektionismus *der*.

perfectionniste [pɛrfɛksjɔnist] ◇ *nmf* Perfektionist *der*, -in *die*. ◇ *adj* perfektionistisch.

perfide [pɛrfid] *adj sout* **-1.** [personne] arglistig. **-2.** [propos] niederträchtig, perfid(e).

perfidement [pɛrfidmɑ̃] *adv sout* arglistig.

perfidie [pɛrfidi] *nf sout* Arglist *die*; **dire des ~s** Gemeinheiten von sich geben.

perforateur, trice [pɛrfɔratœr, tris] *adj*: **pince perforatrice** Lochzange *die*.
◆ **perforateur** *nm* **-1.** [machine] Bohrer *der*. **-2.** [de bureau] Locher *der*.
◆ **perforatrice** *nf* **-1.** [de bande] (Lochstreifen)locher *der*. **-2.** [de roche] Bohrhammer *der*, Gesteinsbohrer *der*.

perforation [pɛrfɔrasjɔ̃] *nf* **-1.** [action] Perforieren *das*, (Durch)lochen *das*. **-2.** [trou] Perforation *die*; **~ intestinale** Darm(durch)bruch *der*.

perforer [3] [pɛrfɔre] *vt* durchbohren; [carte] perforieren, lochen.

perforeuse [pɛrfɔrøz] *nf* Locher *der*.

performance [pɛrfɔrmɑ̃s] *nf* Leistung *die*.

performant, e [pɛrfɔrmɑ̃, ɑ̃t] *adj* leistungsfähig.

perfusion [pɛrfyzjɔ̃] *nf* Infusion *die*.

pergola [pɛrgɔla] *nf* Pergola *die*.

péricliter [3] [periklite] *vi*: **son commerce périclite** mit seinem Geschäft geht es abwärts.

péridural, e, aux [peridyral, o] *adj* Peridural-.
◆ **péridurale** *nf* Peridural-Anästhesie *die*.

péril [peril] *nm sout* Gefahr *die*; **au ~ de ma vie** unter Einsatz meines Lebens, unter Lebensgefahr; **il y a ~ en la demeure** Gefahr ist im Verzug.

périlleux, euse [perijø, øz] *adj* gefährlich, heikel.

périmé, e [perime] *adj* **-1.** [passeport] abgelaufen. **-2.** [idée] überholt.

périmètre [perimɛtr] *nm* **-1.** [contour] Umfang *der*. **-2.** [zone] Umkreis *der*.

périnatal, e, als OU **aux** [perinatal, o] *adj* perinatal.

périnée [perine] *nm* ANAT Damm *der*.

période [perjɔd] *nf* Zeit *die*.

périodique [perjɔdik] ◇ *nm* Zeitschrift *die*. ◇ *adj* periodisch (wiederkehrend); [publication] periodisch erscheinend; **serviette ~** Monatsbinde *die*.

périodiquement [perjɔdikmɑ̃] *adv* [régulièrement] regelmäßig; [souvent] immer wieder.

péripatéticienne [peripatetisjɛn] *nf hum* Gunstgewerblerin *die*.

péripétie [peripesi] *nf* Zwischenfall *der*.

périphérie [periferi] *nf* **-1.** [banlieue] Stadtrand *der*. **-2.** [contour] Peripherie *die*.

périphérique [periferik] ◇ *nm* **-1.** [boulevard] *Umgehungsstraße von Paris*. **-2.** INFORM Peripheriegerät *das*. ◇ *adj* **-1.** [quartier] am Stadtrand gelegen. **-2.** INFORM peripher. **-3.** → **boulevard**.

périphrase [perifraz] *nf* Umschreibung *die*.

périple [peripl] *nm* **-1.** NAVIG Fahrt *die*. **-2.** [voyage] (Rund)reise *die*.

périr [32] [perir] *vi sout* **-1.** [mourir] um|kommen. **-2.** [disparaître] unter|gehen; **~ corps et biens** mit Mann und Maus unter|gehen.

périscolaire [periskɔlɛr] *adj* außerschulisch.

périscope [periskɔp] *nm* Periskop *das*.

périssable [perisabl] *adj* **-1.** [denrée] verderblich. **-2.** *sout* [sentiment] vergänglich.

péristyle [peristil] *nm* Peristylium *das*.

péritonite [peritɔnit] *nf* Bauchfellentzündung *die*.

perle [pɛrl] *nf* **-1.** [gén] Perle *die*; **~ de sang** Bluttröpfchen *das*. **-2.** *fam* [erreur] Hammer *der*.

perlé, e [pɛrle] *adj* **-1.** [tissu] perlenbestickt. **-2.** [travail] sauber ausgeführt. **-3.** [ponctuel]: **grève ~e** Flackerstreik *der*.

perler [3] [pɛrle] *vi* perlen.

perlimpinpin [pɛrlɛ̃pɛ̃pɛ̃] *nm*: **poudre de ~** Wundermittel *das*.

permanence [pɛrmanɑ̃s] *nf* **-1.** [continuité] Beständigkeit *die*; **en ~** ständig *(adv)*. **-2.** [service] Bereitschaftsdienst *der*. **-3.** SCOL: **(salle de) ~** Gemeinschaftsraum *der*.

permanent, e [pɛrmanɑ̃, ɑ̃t] ◇ *adj* **-1.** [comité] ständig. **-2.** [cinéma] mit Dauerprogramm. ◇ *nm, f* hauptamtliches Mitglied.
◆ **permanente** *nf* Dauerwelle *die*.

perméable [pɛrmeabl] *adj* durchlässig; *fig* empfänglich; **~ à qqch** für etw durchlässig; **~ à l'eau** wasserdurchlässig; **~ à l'air** luftdurchlässig.

permets *etc* → **permettre**.

permettre [84] [pɛrmɛtr] *vt* gestatten, erlauben; **~ que** erlauben, daß; **~ qqch à qqn** jm etw erlauben; **~ à qqn de faire qqch** jm gestatten, etw zu tun; **vous permettez**? gestatten Sie?
◆ **se permettre** *vp* sich erlauben; **se ~ de faire qqch** es sich erlauben, etw zu tun; **se ~ un verre de vin** sich ein Glas Wein genehmigen.

permis, e [pɛrmi, iz] *pp* → **permettre**.
◆ **permis** *nm* Erlaubnis *die*; **~ de chasse** Jagdschein *der*; **~ de conduire** Führerschein *der*; **~ de séjour** Aufenthaltserlaubnis.
permissif, ive [pɛrmisif, iv] *adj* lax, freizügig.
permission [pɛrmisjɔ̃] *nf* **-1.** [autorisation] Erlaubnis *die*, Genehmigung *die*. **-2.** MIL Urlaub *der*.
permutable [pɛrmytabl] *adj* austauschbar.
permutation [pɛrmytasjɔ̃] *nf* Austauschen *das*.
permuter [3] [pɛrmyte] ◇ *vt* aus|tauschen. ◇ *vi*: **~ avec qqn** mit jm die Stelle tauschen.
pernicieux, euse [pɛrnisjø, øz] *adj* schädlich.
péroné [perɔne] *nm* Wadenbein *das*.
péroraison [perɔrɛzɔ̃] *nf* (Rede)schluß *der*.
pérorer [3] [perɔre] *vi péj* große Reden schwingen.
Pérou [peru] *nm*: **le ~** Peru *nt*; **au ~** in Peru; **c'est pas le ~** *fam* das ist nicht die Welt, das ist nicht gerade viel.
perpendiculaire [pɛrpɑ̃dikylɛr] ◇ *nf* Senkrechte *die*. ◇ *adj* [droite] senkrecht; **rue ~** Seitenstraße *die*; **~ à qqch** senkrecht zu etw.
perpendiculairement [pɛrpɑ̃dikylɛrmɑ̃] *adv*: **~ à qqch** [droite] zu etw senkrecht; [rue] zu etw im rechten Winkel.
perpète, perpette [pɛrpɛt] *nf arg crime*: **en prendre pour ~** lebenslänglich bekommen.
◆ **à perpète** *loc adv fam* [loin] weitab vom Schuß; [longtemps] in alle Ewigkeit.
perpétrer [18] [pɛrpetre] *vt* JUR begehen.
perpette = **perpète**.
perpétuel, elle [pɛrpetɥɛl] *adj* **-1.** [continu, fréquent] unaufhörlich. **-2.** [régulier] ständig. **-3.** [à vie] ewig.
perpétuellement [pɛrpetɥɛlmɑ̃] *adv* **-1.** [toujours, sans arrêt] unaufhörlich. **-2.** [régulièrement] ständig.
perpétuer [7] [pɛrpetɥe] *vt* fort|führen.
◆ **se perpétuer** *vp* fort|bestehen.
perpétuité [pɛrpetɥite] *nf sout* Ewigkeit *die*; **à ~** lebenslänglich.
perplexe [pɛrplɛks] *adj* **-1.** [personne] perplex. **-2.** [attitude] ratlos.
perplexité [pɛrplɛksite] *nf* Ratlosigkeit *die*.
perquisition [pɛrkizisjɔ̃] *nf* Haussuchung *die*.
perquisitionner [3] [pɛrkizisjɔne] ◇ *vi* eine Haussuchung machen. ◇ *vt* durchsuchen.
perron [pɛrɔ̃] *nm* Treppenvorbau *der*, Freitreppe *die*.
perroquet [pɛrɔkɛ] *nm* [oiseau] Papagei *der*.
perruche [pɛryʃ] *nf* [oiseau] Wellensittich *der*.
perruque [pɛryk] *nf* Perücke *die*.
pers [pɛrs] *adj m* blaugrün; **yeux ~** blaugrüne Augen.
persan, e [pɛrsɑ̃, an] *adj* persisch, Perser-.
◆ **persan** *nm* **-1.** [langue] Persisch(e) *(das)*. **-2.** [chat] Perserkatze *die*, Perser *der*.
◆ **Persan, e** *nm, f* Perser *der*, -in *die*.
perse [pɛrs] ◇ *adj* persisch. ◇ *nm* [langue] Persisch(e) *(das)*.
◆ **Perse** *nmf* Perser *der*, -in *die*.
persécuter [3] [pɛrsekyte] *vt* **-1.** [harceler] hetzen, bedrängen. **-2.** [martyriser] verfolgen.
persécuteur, trice [pɛrsekytœr, tris] ◇ *adj* verfolgend. ◇ *nm, f* Verfolger *der*, -in *die*.
persécution [pɛrsekysjɔ̃] *nf* Verfolgung *die*; **folie de la ~** Verfolgungswahn *der*.
persévérance [pɛrseverɑ̃s] *nf* Durchhaltevermögen *das*.
persévérant, e [pɛrseverɑ̃, ɑ̃t] *adj* ausdauernd.
persévérer [18] [pɛrsevere] *vi* durch|halten, entschlossen weiter|machen; **~ dans qqch** nicht von etw ab|lassen.
persienne [pɛrsjɛn] *nf* Jalousie *die*.
persiflage [pɛrsiflaʒ] *nm* Verspottung *die*.
persifler [3] [pɛrsifle] *vt sout* verspotten.
persifleur, euse [pɛrsiflœr, øz] ◇ *adj* spöttisch. ◇ *nm, f* Spötter *der*, -in *die*.
persil [pɛrsi] *nm* Petersilie *die*.
persillé, e [pɛrsije] *adj* **-1.** [plat] mit Petersilie. **-2.** [viande] leicht fettdurchwachsen. **-3.** [fromage] mit Edelschimmel durchsetzt.
Persique [pɛrsik] *adj*: **le golfe ~** der Persische Golf.
persistance [pɛrsistɑ̃s] *nf* **-1.** [obstination] Hartnäckigkeit *die*. **-2.** [continuité] Fortdauer *die*.
persistant, e [pɛrsistɑ̃, ɑ̃t] *adj* **-1.** [durable] andauernd. **-2.** BOT immergrün.
persister [3] [pɛrsiste] *vi* **-1.** [s'obstiner] dabei bleiben; **~ à faire qqch** etw hartnäckig tun; **je persiste à croire que** ich bleibe der Ansicht, daß; **~ dans qqch** an etw *(D)* fest|halten. **-2.** [continuer] an|dauern.
personnage [pɛrsɔnaʒ] *nm* **-1.** [dignitaire, caractère] Persönlichkeit *die*. **-2.** [protagoniste] Gestalt *die*. **-3.** *péj* [individu] Person *die*.
personnaliser [3] [pɛrsɔnalize] *vt* **-1.** [contrat] individualisieren. **-2.** [appartement] eine persönliche Note verleihen.
personnalité [pɛrsɔnalite] *nf* **-1.** [gén] Persönlichkeit *die*. **-2.** JUR Person *die*.
personne[1] [pɛrsɔn] *pron indéf* **-1.** [aucune personne] niemand; **ce manteau n'appartient à ~** dieser Mantel gehört niemandem; **~ ne viendra** niemand ou keiner wird kommen; **~ ne vient jamais me voir** nie besucht mich jemand; **il n'y a plus ~** es ist niemand ou keiner mehr da; **il n'y a jamais ~** nie ist jemand da; **~ d'autre** niemand anders. **-2.** [quelqu'un] (irgend) jemand; **je me demande si ~ arrivera un**

jour à le convaincre ich frage mich, ob es irgend jemandem eines Tages gelingen wird, ihn zu überzeugen.

personne[2] [pɛrsɔn] *nf* Person *die*; **des ~s** Leute *Pl*; **en ~** (höchst) persönlich; **par ~ interposée** über eine Mittelsperson; **les grandes ~s** die Großen; **~ civile** JUR Rechtsperson.

personnel, elle [pɛrsɔnɛl] *adj* **-1.** [gén] persönlich, eigen. **-2.** [égoïste] ichbezogen. **-3.** GRAM persönlich, Personal-.

◆ **personnel** *nm* Belegschaft *die*, Personal *das*; **~ navigant** Flugpersonal.

personnellement [pɛrsɔnɛlmɑ̃] *adv* persönlich.

personnification [pɛrsɔnifikasjɔ̃] *nf* **-1.** [incarnation]: **être la ~ de qqch** etw in Person sein. **-2.** [représentation] Verkörperung *die*.

personnifier [9] [pɛrsɔnifje] *vt* **-1.** [incarner] personifizieren. **-2.** [représenter] verkörpern.

perspective [pɛrspɛktiv] *nf* **-1.** [gén] Perspektive *die*. **-2.** [panorama] Ausblick *der*. **-3.** [projet] Aussicht *die*; **en ~** in Aussicht.

perspicace [pɛrspikas] *adj* weitsichtig, clever.

perspicacité [pɛrspikasite] *nf* Weitsichtigkeit *die*.

persuader [3] [pɛrsɥade] *vt*: **~ qqn de qqch** jn von etw überzeugen; **~ qqn de faire qqch** jn überreden, etw zu tun.

◆ **se persuader** *vp*: **se ~ que** sich ein|reden, daß; **se ~ de qqch** sich von etw überzeugen.

persuasif, ive [pɛrsɥazif, iv] *adj* überzeugend.

persuasion [pɛrsɥazjɔ̃] *nf* Überzeugen *das*, Überreden *das*; **pouvoir de ~** Überzeugungskraft *die*.

perte [pɛrt] *nf* **-1.** [gén] Verlust *der*; **à ~** mit Verlust; **en pure ~** für nichts und wieder nichts; **~ de mémoire** Gedächtnisschwund *der*. **-2.** [de procès, de bataille] Verlieren *das*. **-3.** [ruine, déchéance]: **courir** OU **aller à sa ~** sich ins Unglück stürzen.

◆ **pertes** *nfpl* [morts] Verluste *Pl*.

◆ **à perte de vue** *loc adv* so weit das Auge reicht.

pertinemment [pɛrtinamɑ̃] *adv* **-1.** [parfaitement] ganz genau. **-2.** [avec pertinence] treffend.

pertinence [pɛrtinɑ̃s] *nf* Richtigkeit *die*.

pertinent, e [pɛrtinɑ̃, ɑ̃t] *adj* treffend.

perturbateur, trice [pɛrtyrbatœr, tris] ◇ *adj* störend. ◇ *nm, f* Störenfried *der, die*.

perturbation [pɛrtyrbasjɔ̃] *nf* **-1.** [agitation] Aufruhr *der (sans pl)*. **-2.** [dysfonctionnement] Störung *die*. **-3.** MÉTÉOR Störung *die*, Tief *das*.

perturber [3] [pɛrtyrbe] *vt* stören, durcheinander|bringen.

péruvien, enne [peryvjɛ̃, ɛn] *adj* peruanisch.

◆ **Péruvien, enne** *nm, f* Peruaner *der*, -in *die*.

pervenche [pɛrvɑ̃ʃ] ◇ *adj inv* tiefblau. ◇ *nf* **-1.** BOT Immergrün *das*. **-2.** *fam* [contractuelle] Politesse *die*.

pervers, e [pɛrvɛr, ɛrs] ◇ *adj* **-1.** [vicieux] pervers. **-2.** [effet] ungewollt. ◇ *nm, f* pervers veranlagter Mensch.

perversion [pɛrvɛrsjɔ̃] *nf* **-1.** PSYCHOL Perversion *die*. **-2.** *sout* [corruption] Verfall *der*.

perversité [pɛrvɛrsite] *nf* Perversität *die*.

pervertir [32] [pɛrvɛrtir] *vt* [corrompre] verderben.

◆ **se pervertir** *vp* sich verderben lassen.

pesage [pəzaʒ] *nm* **-1.** [pesée] Abwiegen *das*, Wiegen *das*. **-2.** [pour jockeys] Wiegeplatz *der*.

pesamment [pəzamɑ̃] *adv* schwerfällig.

pesant, e [pəsɑ̃, ɑ̃t] *adj* **-1.** [geste] schwerfällig; [charge] schwergewichtig. **-2.** [atmosphère] drückend. **-3.** [architecture] plump.

◆ **pesant** *nm*: **valoir son ~ d'or** sein Geld wert sein; *fig* ein Bild für die Götter sein.

pesanteur [pəzɑ̃tœr] *nf* **-1.** PHYS Schwerkraft *die*. **-2.** [lenteur, lourdeur] Schwerfälligkeit *die*.

pèse-bébé [pɛzbebe] (*pl* **pèse-bébés** OU *inv*) *nm* Babywaage *die*.

pesée [pəze] *nf* **-1.** [opération] Wiegen *das*. **-2.** [pression] Druck *der*.

pèse-lettre [pɛzlɛtr] (*pl* **pèse-lettres** OU *inv*) *nm* Briefwaage *die*.

pèse-personne [pɛzpɛrsɔn] (*pl* **pèse-personnes** OU *inv*) *nm* Personenwaage *die*.

peser [19] [pəze] ◇ *vt* **-1.** [mesurer] (ab|)wiegen. **-2.** [considérer] ab|wägen; **tout bien pesé** nach reiflicher Überlegung. ◇ *vi* **-1.** [avoir un certain poids] schwer sein, einiges wiegen. **-2.** [appuyer]: **~ sur/contre qqch** auf/gegen etw *(A)* drücken OU lasten; **~ sur l'estomac** schwer im Magen liegen. **-3.** [ennuyer]: **~ à qqn** jn belasten. **-4.** [accabler]: **~ sur qqch** etw belasten. **-5.** [influer sur] Gewicht haben.

◆ **se peser** *vp* sich wiegen.

peseta [pezeta] *nf* Peseta *die*.

pessimisme [pesimism] *nm* Pessimismus *der*.

pessimiste [pesimist] ◇ *nmf* Pessimist *der*, -in *die*. ◇ *adj* pessimistisch.

peste [pɛst] *nf* **-1.** MÉD Pest *die*; **fuir/craindre qqn/qqch comme la ~** jn/etw meiden/fürchten wie die Pest. **-2.** [personne] Hexe *die*.

pester [3] [pɛste] *vi*: **~ (contre qqn/qqch)** (auf jn/etw) schimpfen OU fluchen.

pesticide [pɛstisid] ◇ *nm* Schädlingsbekämpfungsmittel *das*, Pestizid *das*. ◇ *adj* Schädlingsbekämpfungs-.

pestiféré, e [pɛstifere] ◇ *adj* [personne] pestkrank. ◇ *nm, f* Pestkranke *der, die*; **fuir qqn comme un ~** jn meiden wie die Pest.

pestilentiel, elle [pɛstilɑ̃sjɛl] *adj sout* widerwärtig, gräßlich.

pet [pɛ] *nm fam* Furz *der*.

pétale [petal] *nm* Blütenblatt *das*.

pétanque [petɑ̃k] *nf provenzalische Variante des französischen Boulespiels*.

pétant, e [petɑ̃, ɑ̃t] *adj fam* : **à huit heures ~es** (um) Punkt acht.

pétarader [3] [petarade] *vi* knattern, stottern.

pétard [petar] *nm* **-1.** [explosif] Knaller *der*. **-2.** *fam* [bruit] Radau *der*. **-3.** *fam* [revolver] Schießeisen *das*. **-4.** *fam* [postérieur] Po *der*, Hintern *der*. **-5.** *fam* [de haschisch] Joint *der*.

pet-de-nonne [pɛdnɔn] (*pl* **pets-de-nonne**) *nm kleiner Krapfen*.

péter [18] [pete] ◇ *vi* **-1.** *tfam* [personne] furzen. **-2.** *fam* [exploser] krachen. **-3.** *fam* [casser] kaputt gehen. ◇ *vt fam* kaputt machen.

pète-sec [pɛtsɛk] *fam* ◇ *adj inv* kaltschnäuzig. ◇ *nmf inv* kaltschnäuzige Person.

pétillant, e [petijɑ̃, ɑ̃t] *adj* **-1.** [liquide] Sprudel-, sprudelnd. **-2.** [yeux] funkelnd. **-3.** [esprit] spritzig.

pétiller [3] [petije] *vi* **-1.** [vin, eau] sprudeln. **-2.** [yeux] funkeln; **~ de qqch** vor etw sprühen.

petiot, e [pɔtjo, ɔt] *fam* ◇ *adj* klein. ◇ *nm, f* Kleine *der, die, das*.

petit, e [p(ə)ti, it] ◇ *adj* **-1.** *(avant ou après n)* [gén] klein; **un ~ écrivain** ein unbedeutender Schriftsteller. **-2.** [mesquin] kleinlich. **-3.** *(avant n)* [modeste] nieder; **les ~s commerçants** die Kleinhändler. ◇ *nm, f* Kleine *der, die, das*.

◆ **petit** ◇ *nm* **-1.** [d'animal] Junge *das*. **-2.** [personne]: **les ~s** die Kleinen; **ce sont toujours les ~s qui trinquent!** die Kleinen hängt man, die Großen läßt man laufen! ◇ *adv* klein; **ce modèle taille ~** dieses Modell fällt klein aus.

◆ **petit à petit** *loc adv* nach und nach.

petit-beurre [p(ə)tibœr] (*pl* **petits-beurre**) *nm* Butterkeks *der*.

petit-bourgeois, petite-bourgeoise [p(ə)tiburʒwa, p(ə)titburʒwaz] (*mpl* **petits-bourgeois,** *fpl* **petites-bourgeoises**) *péj* ◇ *adj* kleinbürgerlich, spießig. ◇ *nm, f* Spießer *der*, -in *die*.

petit déjeuner [p(ə)tideʒœne] (*pl* **petits déjeuners**) *nm* Frühstück *das*.

petite-fille [p(ə)titfij] (*pl* **petites-filles**) *nf* Enkelin *die*, Enkeltochter *die*.

petitement [p(ə)titmɑ̃] *adv* **-1.** [à l'étroit] beengt. **-2.** [chichement] in kleinen Verhältnissen, ärmlich. **-3.** [mesquinement] engstirnig, kleinlich.

petitesse [p(ə)titɛs] *nf* **-1.** [de taille] Kleinheit *die*; [de personne] Kleinwüchsigkeit *die*. **-2.** [de revenu] Niedrigkeit *die*. **-3.** [d'esprit] Kleinlichkeit *die*.

petit-fils [p(ə)tifis] (*pl* **petits-fils**) *nm* Enkel *der*, Enkelsohn *der*.

petit-four [p(ə)tifur] (*pl* **petits-fours**) *nm*: **des petits-fours** gemischtes Gebäck *(sans pl)*.

pétition [petisjɔ̃] *nf* Bittschrift *die*; **faire une ~** eine Unterschriftenaktion starten.

pétitionner [3] [petisjɔne] *vi* eine Bittschrift verfassen, eine Unterschriftenaktion durchführen.

petit-lait [p(ə)tilɛ] (*pl* **petits-laits**) *nm* Molke *die*; **ça se boit comme du ~** es geht runter wie Honig.

petit-nègre [p(ə)tinɛgr] *nm inv fam* Kauderwelsch *das*.

petits-enfants [p(ə)tizɑ̃fɑ̃] *nmpl* Enkel(kinder) *Pl*.

petit-suisse [p(ə)tisɥis] (*pl* **petits-suisses**) *nm Quark in Portionspackungen*.

peton [pɔtɔ̃] *nm fam* Füßchen *das*.

pétrifier [9] [petrifje] *vt* versteinern.

◆ **se pétrifier** *vp* erstarren.

pétrin [petrɛ̃] *nm* **-1.** [machine] Knetmaschine *die*. **-2.** *fam* [embarras] Schlamassel *der*; **se fourrer dans le ~** in einen Schlamassel geraten; **être dans le ~** im Schlamassel stecken.

pétrir [32] [petrir] *vt* **-1.** [pâte, muscle] (durch)kneten. **-2.** *fig* & *sout* [personne] prägen; **être pétri d'orgueil** hochnäsig sein.

pétrochimie [petrɔʃimi] *nf* Petrochemie *die*.

pétrochimique [petrɔʃimik] *adj* petrochemisch.

pétrodollar [petrɔdɔlar] *nm* Petrodollar *der*.

pétrole [petrɔl] *nm* Erdöl *das*; **lampe à ~** Petroleumlampe *die*.

pétrolier, ère [petrɔlje, ɛr] *adj* Erdöl-.

◆ **pétrolier** *nm* Erdöltanker *der*.

pétrolifère [petrɔlifɛr] *adj* Erdöl-.

pétulant, e [petylɑ̃, ɑ̃t] *adj sout* ungestüm.

pétunia [petynja] *nm* Petunie *die*.

peu [pø] ◇ *adv* [en quantité] wenig; [en fréquence] selten; **il travaille ~** er arbeitet wenig; **je le connais ~** ich kenne ihn kaum; **un livre ~ intéressant** ein nicht eben interessantes Buch; **~ distinctement** undeutlich; **~ souvent** recht selten; **très/bien/assez/trop ~** [fréquence] sehr/recht/ziemlich/zu selten; [quantité] sehr/recht/ziemlich/zu wenig; **~ de** wenig; **~ de temps** wenig Zeit; **il a ~ de travail** er hat wenig zu tun; **c'est (bien) ~ de chose** das ist (ja wohl) nicht der Rede wert; **il reste ~ de jours** er bleibt nur wenige Tage; **~ d'élèves l'ont compris** nur wenige Schüler haben das verstanden; **un ~** ein bißchen OU wenig; **je le connais un ~** ich kenne ihn ein bißchen OU wenig; **un (tout) petit ~** nur ein (ganz) kleines bißchen; **elle est un ~ sotte** sie ist ein bißchen dumm; **tu parles un ~ fort** du sprichst ein bißchen laut; **un ~ de pain** ein bißchen OU wenig Brot; **un (tout) petit ~ de qqch** ein (ganz) kleines bißchen etw; **un ~ plus/moins/trop de qqch** ein bißchen mehr/weniger/zuviel etw. ◇ *nm*: **le ~ de** das bißchen; **le ~ de sucre qu'il reste** das bißchen Zucker, das übrigbleibt; **avec mon/ce ~ de moyens** mit meinem/dem bißchen Geld. ◇ *pron* **-1.** [représente un substantif singulier] wenig. **-2.** [représente un substantif pluriel] wenige.

◆ **à peu de chose près** *loc adv* in etwa.

◆ **à peu près** *loc adv* ungefähr.

◆ **avant peu** *loc adv* schon bald.

◆ **de peu** *loc adv* um wenig.

◆ **depuis peu** *loc adv* seit kurzem.

◆ **peu à peu** *loc adv* allmählich.

◆ **pour peu que** *loc conj (+ subjonctif)* wenn ... nur, dann.

◆ **pour un peu** *loc adv* fast, um ein Haar.

◆ **si peu que** *loc conj (+ subjonctif)* wenn ... auch nur ein bißchen, dann.

◆ **sous peu** *loc adv* in Kürze.

◆ **(un) tant soit peu** *loc adv* nur ein klein wenig.

peuplade [pœplad] *nf* Volksstamm *der*.

peuple [pœpl] *nm* Volk *das*; **il y avait du ~!** *fam* es gab viel Volk!

peuplé, e [pœple] *adj* (stark) bevölkert.

peuplement [pœpləmɑ̃] *nm* **-1.** [démographie] Bevölkerung *die*. **-2.** [action] Bevölkern *das*.

peupler [5] [pœple] *vt* **-1.** [gén]: **~ qqch (de qqn/qqch)** etw (mit jm/etw) bevölkern. **-2.** *fig* [remplir] füllen.

◆ **se peupler** *vp* sich mit Menschen füllen.

peuplier [pøplije] *nm* Pappel *die*.

peur [pœr] *nf* Angst *die*, Furcht *die*; **avoir ~ de qqn/qqch** vor jm/etw Angst haben; **avoir ~ de faire qqch** Angst haben, etw zu tun; **avoir ~ que** *(+ subjonctif)* Angst haben, daß; **par** OU **de ~ de qqch** aus Angst vor etw *(D)*; **par** OU **de ~ de faire qqch** aus Angst, etw zu tun; **de** OU **par ~ que** *(+ subjonctif)* aus Angst, daß; **ne pas avoir ~ du ridicule** keine Angst vor einer Blamage haben; **avoir plus de ~ que de mal** mit dem Schrecken davon|kommen; **avoir une ~ bleue de qqn/qqch** eine Heidenangst vor jm/etw haben; **laid à faire ~** eine Beleidigung fürs Auge; **mourir de ~** vor Angst sterben; **prendre ~** es mit der Angst zu tun bekommen.

peureux, euse [pœrø, øz] ◇ *adj* ängstlich. ◇ *nm, f* Angsthase *der*.

peut [pø] → **pouvoir**.

peut-être [pøtɛtr] *adv*: **~ (que)** vielleicht; **~ que je viendrai demain** vielleicht komme ich morgen; **ils ne viendront ~ pas** vielleicht kommen sie nicht.

peux [pø] → **pouvoir**.

P. ex. (*abr de* **par exemple**) z.B., bspw.

pH (*abr de* **potential of hydrogen**) *nm* pH-Wert *der*.

phalange [falɑ̃ʒ] *nf* **-1.** ANAT [des doigts] Fingerglied *das*; [des orteils] Zehenglied *das*. **-2.** HIST Falange *die*.

phallique [falik] *adj* phallisch; **symbole ~** Phallussymbol *das*.

phallocrate [falɔkrat] ◇ *nm* Phallokrat *der*. ◇ *adj* phallokratisch.

phallus [falys] *nm* Phallus *der*.

phantasme = **fantasme**.

pharaon [faraɔ̃] *nm* Pharao *der*.

phare [far] *nm* **-1.** AUTOM Scheinwerfer *der*. **-2.** NAVIG Leuchtturm *der*. **-3.** *(en apposition)* [modèle] Leit-, bahnbrechend; **industrie ~** Spitzenindustrie *die*; **produit ~** Spitzenprodukt *das*.

pharmaceutique [farmasøtik] *adj* pharmazeutisch; **industrie ~** Pharmaindustrie *die*; **produit ~** Pharmakon *das*.

pharmacie [farmasi] *nf* **-1.** [magasin] Apotheke *die*; **~ de garde** Notdienst habende Apotheke. **-2.** [science] Pharmazie *die*. **-3.** [armoire, trousse] Hausapotheke *die*.

pharmacien, enne [farmasjɛ̃, ɛn] *nm, f* Apotheker *der*, -in *die*.

pharmacologie [farmakɔlɔʒi] *nf* Pharmakologie *die*.

pharyngite [farɛ̃ʒit] *nf* Rachenentzündung *die*.

pharynx [farɛ̃ks] *nm* Rachen *der*.

phase [faz] *nf* Phase *die*; **être en ~ avec qqn** *fig* auf der gleichen Wellenlänge wie jd liegen.

phénix [feniks] *nm* MYTH Phönix *der*.

phénoménal, e, aux [fenɔmenal, o] *adj* phänomenal.

phénomène [fenɔmɛn] *nm* **-1.** [gén] Phänomen *das*; **~ naturel** Naturphänomen. **-2.** *fam* [excentrique] Marke *die*; **tu es un sacré ~!** du bist vielleicht eine Marke!

philanthropie [filɑ̃trɔpi] *nf* Menschenfreundlichkeit *die*, Philanthropie *die*.

philanthropique [filɑ̃trɔpik] *adj* [humaniste] menschenfreundlich; [désintéressé] Wohltätigkeits-.

philatélie [filateli] *nf* Briefmarkenkunde *die*.

philatéliste [filatelist] *nmf* Briefmarkensammler *der*, -in *die*.

philharmonique [filarmɔnik] *adj* philharmonisch.

philippin, e [filipɛ̃, in] *adj* philippinisch.
◆ **Philippin, e** *nm, f* Philippiner *der*, -in *die*, Filipino *der*, -na *die*.

Philippines [filipin] *nfpl*: **les ~** die Philippinen; **aux ~** auf den Philippinen.

philistin [filistɛ̃] *sout* ◇ *adj* philisterhaft. ◇ *nm* Philister *der*.

philodendron [filɔdɛ̃drɔ̃] *nm* Philodendron *der*.

philologie [filɔlɔʒi] *nf* Philologie *die*.

philologique [filɔlɔʒik] *adj* philologisch.

philosophe [filɔzɔf] ◇ *nmf* **-1.** [penseur] Philosoph *der*, -in *die*. **-2.** [sage] Weise *der, die*. ◇ *adj* besonnen, gelassen.

philosopher [3] [filɔzɔfe] *vi* philosophieren.

philosophie [filɔzɔfi] *nf* **-1.** [gén] Philosophie *die*. **-2.** [sagesse] Gelassenheit *die*.

philosophique [filɔzɔfik] *adj* philosophisch.

philosophiquement [filɔzɔfikmɑ̃] *adv* **-1.** [avec raison] philosophisch. **-2.** [avec calme] gelassen.

philtre [filtr] *nm* Zaubertrunk *der*.

phlébite [flebit] *nf* Venenentzündung *die*.

Phnom Penh [pnɔmpɛn] *n* Phnom Penh *nt*.

phobie [fɔbi] *nf* Phobie *die*.

phobique [fɔbik] ◇ *nmf ein unter Phobien leidender Mensch*. ◇ *adj* Phobie-, phobisch.

phonème [fɔnɛm] *nm* Phonem *das*.

phonétique [fɔnetik] ◇ *nf* Phonetik *die*. ◇ *adj* phonetisch; **écriture ~** Lautschrift *die*.

phonétiquement [fɔnetikmɑ̃] *adv* in Lautschrift.

phonographe [fɔnɔgraf] *nm* Phonograph *der*, Grammophon *das*.

phoque [fɔk] *nm* Seehund *der*.

phosphate [fɔsfat] *nm* Phosphat *das*.

phosphaté, e [fɔsfate] *adj* phosphathaltig.

phosphore [fɔsfɔr] *nm* Phosphor *der*.

phosphorescent, e [fɔsfɔresɑ̃, ɑ̃t] *adj* phosphoreszierend.

photo [fɔto] ◇ *adj inv* Foto-. ◇ *nf* **-1.** [technique] Fotografie *die*. **-2.** [image] Foto *das*; **~ couleur** Farbfoto; **~ d'identité** Paßfoto; **~ noir et blanc** Schwarzweißfoto.

photocomposition [fɔtɔkɔ̃pozisjɔ̃] *nf* Fotosatz *der*.

photocopie [fɔtɔkɔpi] *nf* **-1.** [procédé] Fotokopieren *das*. **-2.** [document] Fotokopie *die*.

photocopier [9] [fɔtɔkɔpje] *vt* fotokopieren.

photocopieur [fɔtɔkɔpjœr] *nm*, **photocopieuse** [fɔtɔkɔpjøz] *nf* Fotokopierer *der*, Kopierer *der*.

photoélectrique [fɔtɔelɛktrik] *adj* photoelektrisch.

photogénique [fɔtɔʒenik] *adj* fotogen.

photographe [fɔtɔgraf] *nmf* **-1.** [artiste] Fotograf *der*, -in *die*. **-2.** [commerçant] Fotohändler *der*, -in *die*.

photographie [fɔtɔgrafi] *nf* **-1.** [technique, cliché] Fotografie *die*. **-2.** *fig* [reproduction] genaue Abbildung.

photographier [9] [fɔtɔgrafje] *vt* **-1.** PHOT fotografieren. **-2.** [mémoriser] sich ein|prägen, mit den Augen ab|tasten.

photographique [fɔtɔgrafik] *adj* **-1.** [reportage] Foto-. **-2.** [réalisme] fotografisch.

Photomaton® [fɔtɔmatɔ̃] *nm* Fotoautomat *der*.

photomontage [fɔtɔmɔ̃taʒ] *nm* Fotomontage *die*.

photoreportage [fɔtɔrəpɔrtaʒ] *nm* PRESSE Fotoreportage *die*.

photosensible [fɔtɔsɑ̃sibl] *adj* lichtempfindlich.

photothèque [fɔtɔtɛk] *nf* Fotothek *die*.

phrase [fraz] *nf* **-1.** LING Satz *der*. **-2.** MUS Tonsatz *der*.

phraséologie [frazeɔlɔʒi] *nf* Sprachgebrauch *der*, Phraseologie *die*; *péj* [verbiage] Phrasen *Pl*.

phraseur, euse [frazœr, øz] *nm, f péj* Phrasendrescher *der*.

phréatique [freatik] → **nappe**.

phrygien, enne [friʒjɛ̃, ɛn] *adj* phrygisch; **bonnet ~** Jakobinermütze *die*.
◆ **Phrygien, enne** *nm, f* Phrygier *der*, -in *die*.

phtisie [ftizi] *nf vieilli* Schwindsucht *die*.

phylloxéra, **phylloxera** [filɔksera] *nm* **-1.** [insecte] Reblaus *die*. **-2.** [maladie de la vigne] Reblausbefall *der*.

physicien, enne [fizisjɛ̃, ɛn] *nm, f* Physiker *der*, -in *die*.

physiologie [fizjɔlɔʒi] *nf* Physiologie *die*.

physiologique [fizjɔlɔʒik] *adj* physiologisch; → **sérum**.

physiologiquement [fizjɔlɔʒikmɑ̃] *adv* physiologisch.

physionomie [fizjɔnɔmi] *nf* **-1.** [faciès] Physiognomie *die*. **-2.** [apparence] Gestalt *die*.

physionomiste [fizjɔnɔmist] ◇ *nmf* Physiognom *der*, -in *die*. ◇ *adj* physiognomisch.

physiothérapie [fizjɔterapi] *nf* Physiotherapie *die*.

physique [fizik] ◇ *adj* **-1.** [matériel] physisch. **-2.** [du corps humain] körperlich; **éducation ~** Leibeserziehung *die*, Turnen *das*. **-3.** [propriétés] physikalisch. ◇ *nf* Physik *die*. ◇ *nm* **-1.** [constitution] Gestalt *die*, Körperliche *das*. **-2.** [apparence] Äußere *das*.

physiquement [fizikmɑ̃] *adv* **-1.** [d'apparence]

rein äußerlich, vom Aussehen her. **-2.** [corporellement] physisch.

phytothérapie [fitɔterapi] *nf* Pflanzenheilkunde *die*.

p.i. *abr de* **par intérim**.

piaf [pjaf] *nm fam* Piepmatz *der*.

piaffer [3] [pjafe] *vi* **-1.** [cheval] scharren. **-2.** [personne] von einem Bein aufs andere treten.

piaillement [pjajmɑ̃] *nm* **-1.** [d'oiseau] Gezwitscher *das (sans pl)*. **-2.** [d'enfant] Gequieke *das (sans pl)*.

piailler [3] [pjaje] *vi* **-1.** [oiseaux] zwitschern. **-2.** *fam* [enfant] quieken.

pianiste [pjanist] *nmf* Pianist *der*, -in *die*.

piano [pjano] ◇ *nm* Klavier *das*; **~ à demi-queue** kleiner Flügel; **~ droit** gewöhnliches Klavier; **~ à queue** Flügel *der*; **~ mécanique** Pianola *das*. ◇ *adv* **-1.** MUS piano. **-2.** *fam* [doucement] sachte.

pianoter [3] [pjanɔte] *vi* **-1.** [jouer du piano] auf dem Klavier klimpern. **-2.** [sur table] mit den Fingern hämmern.

piaule [pjol] *nf fam* Bude *die*.

piauler [3] [pjole] *vi* quieksen.

PIB (*abr de* **produit intérieur brut**) *nm* BIP *das*.

pic [pik] *nm* **-1.** [outil] Spitzhacke *die*. **-2.** [montagne] Bergspitze *die*. **-3.** [oiseau] Specht *der*.
◆ **à pic** *loc adv* **-1.** [verticalement] senkrecht; [fortement incliné] steil. **-2.** *fam fig* [à point nommé] gerade recht.

picard, e [pikar, ard] *adj* aus der Picardie.
◆ **Picard, e** *nm, f* Bewohner *der*, -in *die* der Picardie.

Picardie [pikardi] *nf*: **la ~** die Picardie.

pichenette [piʃnɛt] *nf fam* Schnipser *der*.

pichet [piʃɛ] *nm* kleiner Krug.

pickpocket [pikpɔkɛt] *nm* Taschendieb *der*, -in *die*.

pick-up [pikœp] *nm inv* Pick-up *der*.

picoler [3] [pikɔle] *vi fam* picheln, trinken.

picorer [3] [pikɔre] ◇ *vi* **-1.** [oiseau] picken. **-2.** [personne] wie ein Spatz essen. ◇ *vt* [sujet: oiseau] (auf|)picken.

picotement [pikɔtmɑ̃] *nm* Pieksen *das*.

picoter [3] [pikɔte] *vt* **-1.** [irriter] pieksen, kribbeln. **-2.** [becqueter]: **~ qqch** an etw *(D)* picken.

pictogramme [piktɔgram] *nm* Piktogramm *das*.

pictural, e, aux [piktyral, o] *adj* Mal-; **œuvre ~e** Malerei *die*.

pic-vert = **pivert**.

pie [pi] ◇ *adj inv* [cheval] scheckig. ◇ *nf* **-1.** [oiseau] Elster *die*. **-2.** [bavard] Quasselstrippe *die*.

pièce [pjɛs] *nf* **-1.** [élément] Teil *das*, Stück *das*; **mettre en ~s** in Stücke zerlegen; **~ détachée** Einzelteil; **en ~s détachées** in die Bestandteile zerlegt; **~ de musée** Museumsstück; **créer** OU **inventer qqch de toutes ~s** etw frei erfinden. **-2.** [unité, œuvre] Stück *das*; **acheter/vendre qqch à la ~** etw stückweise kaufen/verkaufen; **quinze francs ~** fünfzehn Francs das Stück; **~ de théâtre** Theaterstück. **-3.** [document] Schriftstück *das*; **~ à conviction** Beweisstück *das*; **~ d'identité** Ausweis *der*; **juger sur ~s** nach Akteneinsicht urteilen. **-4.** [argent]: **~ (de monnaie)** Münze *die*. **-5.** [salle] Raum *der*, Zimmer *das*. **-6.** COUTURE Flicken *der*.
◆ **pièce d'eau** *nf* Wasserbecken *das*.
◆ **pièce montée** *nf* CULIN *pyramidenartiges Dessert aus kleinen Windbeuteln*.

piécette [pjesɛt] *nf* kleine Münze.

pied [pje] *nm* **-1.** [gén] Fuß *der*; **à ~** zu Fuß; **à ~s joints** mit geschlossenen Füßen; **au ~ de la montagne** am Fuß(e) des Berges; **avoir ~** stehen können, Grund (unter den Füßen) haben; **faire du ~ à qqn** mit jm füßeln; **être/marcher ~s nus** OU **nu-~s** barfüßig OU barfuß sein/gehen; **mettre ~ à terre** ab|steigen; **~ bot** Klumpfuß; **~ de porc** CULIN Schweinsfuß. **-2.** [plant] Pflanze *die*; **sur ~** [blé] auf dem Halm; [fruit, légume] als ganze Pflanze; **~ de vigne** Weinstock *der*. **-3.** [de meuble] Bein *das*. **-4.** *loc*: **attendre qqn/qqch de ~ ferme** sich nicht von jm/etw einschüchtern lassen; **au ~ de la lettre** wortwörtlich; **ça te fera les ~s!** *fam* das hast du davon!; **casser les ~s à qqn** *fam* jm auf den Wecker gehen; **c'est le ~!** *fam* das ist spitze!; **comme un ~** *fam* hundsmiserabel; **de ~ en cap** von Kopf bis Fuß; **être au ~ du mur** in der Klemme sitzen; **être sur ~** (wieder) auf den Beinen sein; **faire le ~ de grue** sich die Beine in den Bauch stehen; **faire des ~s et des mains** alle Hebel in Bewegung setzen; **fouler qqch aux ~s** etw mit Füßen treten; **se lever du bon ~** gut aufgelegt sein; **se lever du ~ gauche** mit dem linken Fuß zuerst auf|stehen; **mettre qqch sur ~** etw auf die Beine stellen; **mettre qqn au ~ du mur** jn in die Enge treiben; **mettre les ~s dans le plat** *fam* ins Fettnäpfchen treten; **ne pas savoir sur quel ~ danser** nicht recht wissen, woran man ist; **ne pas se laisser marcher sur les ~s** sich nichts gefallen lassen, sich etwas nicht gefallen lassen; **prendre son ~** *fam* seinen Spaß haben; **retomber sur ses ~s** sich aus dem Schlamassel ziehen.

pied-à-terre [pjetatɛr] *nm inv* Quartier *das*.

pied-de-biche [pjedbiʃ] (*pl* **pieds-de-biche**) *nm* **-1.** [outil] Geißfuß *der*. **-2.** COUTURE Nähfuß *der*.

pied-de-poule [pjedpul] (*pl* **pieds-de-poule**) ◇ *nm* Hahnentrittmuster *das*. ◇ *adj inv* Hahnentritt-.

piédestal, aux [pjedɛstal, o] *nm* Sockel *der*; **mettre qqn sur un ~** jn an|himmeln.

piedmont = **piémont**.

pied-noir [pjenwar] (*pl* **pieds-noirs**) *nm* Algerienfranzose *der*, -ösin *die*.

piège [pjɛʒ] *nm* **-1.** [gén] Falle *die*; **être pris au ~** [animal] in die Falle gehen; *fig* in eine Falle geraten; **tendre un ~** eine Falle stellen. **-2.** *fig* [difficulté] Tücke *die*.

piéger [22] [pjeʒe] *vt* **-1.** [animal] fangen. **-2.** [colis, véhicule] mit Sprengstoff bestücken. **-3.** [personne]: **~ qqn** jm eine Falle stellen.

piémont, **piedmont** [pjemɔ̃] *nm* Piedmontfläche *die*.

pierraille [pjɛraj] *nf* Geröll *das*.

pierre [pjɛr] *nf* Stein *der*; **~ d'achoppement** *fig* Stolperstein; **~ ponce** Bimsstein; **~ précieuse** Edelstein; **faire d'une ~ deux coups** *fig* zwei Fliegen mit einer Klappe schlagen.

pierreries [pjɛrri] *nfpl* Juwelen *Pl*.

piété [pjete] *nf* **-1.** RELIG Frömmigkeit *die*. **-2.** *vieilli* [filiale] Ehren *das*, Ehrerbietung *die*.

piétiner [3] [pjetine] ◇ *vi* **-1.** [trépigner] auf der Stelle treten; **~ d'impatience** vor Ungeduld auf der Stelle treten. **-2.** *fig* [stagner] sich fest|fahren. ◇ *vt* **-1.** [écraser] nieder|trampeln. **-2.** *fig* [bafouer] mit Füßen treten.

piéton, onne [pjetɔ̃, ɔn] ◇ *nm, f* Fußgänger *der*, -in *die*. ◇ *adj* Fußgänger-.

piétonnier, ère [pjetɔnje, ɛr] *adj* Fußgänger-.

piètre [pjɛtr] *adj (avant n)* erbärmlich.

pieu, x [pjø] *nm* **-1.** [poteau] Pfahl *der*. **-2.** *fam* [lit] Falle *die*.

pieusement [pjøzmɑ̃] *adv* **-1.** [religieusement] fromm. **-2.** *fig* [respectueusement] ehrfurchtsvoll.

pieuter [3] [pjøte]
◆ **se pieuter** *vp fam* sich in die Falle hauen.

pieuvre [pjœvr] *nf* Krake *der*.

pieux, euse [pjø, øz] *adj* **-1.** [religieux] fromm. **-2.** *fig* [respectueux] ehrfürchtig.

pif [pif] *nm fam* [nez] Zinken *der*; **au ~** Pi mal Daumen.

pige [piʒ] *nf* **-1.** PRESSE: **travailler à la ~** auf Zeilenhonorar arbeiten. **-2.** *fam* [an]: **avoir 30 ~s** 30 Lenze zählen.

pigeon [piʒɔ̃] *nm* **-1.** ZOOL Taube *die*; **~ voyageur** Brieftaube. **-2.** *fam péj* [personne] Trottel *der*.

pigeonnant, e [piʒɔnɑ̃, ɑ̃t] *adj* **-1.** [soutien-gorge] mit Formbügel. **-2.** [poitrine] prall.

pigeonner [3] [piʒɔne] *vt fam* an der Nase herum|führen, herein|legen.

pigeonnier [piʒɔnje] *nm* **-1.** [pour pigeons] Taubenschlag *der*. **-2.** *fig* & *vieilli* [logement] Dachstube *die*.

piger [17] [piʒe] *vt* & *vi* kapieren; **tu piges**? kapierst du das?

pigiste [piʒist] *nmf per Zeilenhonorar bezahlter Journalist*.

pigment [pigmɑ̃] *nm* Pigment *das*; [de peinture] Farbstoff *der*.

pigmentation [pigmɑ̃tasjɔ̃] *nf* Pigmentation *die*, Pigmentierung *die*.

pignon [piɲɔ̃] *nm* **-1.** [de mur] Giebel *der*; **avoir ~ sur rue** *fig* anerkannt sein. **-2.** [d'engrenage] Ritzel *das*. **-3.** [de pomme de pin] Pinienkern *der*.

pilaf [pilaf] → **riz**.

pile [pil] ◇ *nf* **-1.** [électrique] Batterie *die*. **-2.** [tas] Stapel *der*. **-3.** [de pièce]: **~ ou face** Kopf oder Zahl. ◇ *adv fam* auf die Minute genau; **à 8 heures ~** um Punkt acht; **arriver ~ à l'heure** auf die Minute genau an|kommen; **tomber ~** genau hin|kommen.

piler [3] [pile] ◇ *vt* [broyer] zerstoßen, zerkleinern. ◇ *vi fam* [freiner] scharf (ab|)bremsen.

pileux, euse [pilø, øz] *adj* Haar-; **système ~** Behaarung *die*.

pilier [pilje] *nm* **-1.** [de construction, d'organisation] Pfeiler *der*. **-2.** *fig* & *péj* [habitué]: **~ de bar** Kneipengänger *der*, -in *die*. **-3.** SPORT [rugby] Prop-Forward *der*.

pillage [pijaʒ] *nm* Plünderung *die*.

pillard, e [pijar, ard] ◇ *adj* plündernd. ◇ *nm, f* Plünderer *der*, -in *die*.

piller [3] [pije] *vt* plündern.

pilon [pilɔ̃] *nm* **-1.** [de poulet] Hähnchenkeule *die*. **-2.** [jambe de bois] Holzbein *das*. **-3.** [de mortier] Stößel *der*; **mettre au ~** ein|stampfen.

pilonner [3] [pilɔne] *vt* **-1.** [écraser] zerstoßen, zerstampfen. **-2.** [livre] ein|stampfen. **-3.** MIL [bombarder] zerbomben, unter Trommelfeuer legen.

pilori [pilɔri] *nm* Pranger *der*; **mettre** OU **clouer qqn au ~** *fig* jn an den Pranger stellen.

pilotage [pilɔtaʒ] *nm* Führung *die*, Steuerung *die*; **~ automatique** Selbststeuerung.

pilote [pilɔt] *nm* **-1.** [conducteur] Pilot *der*, -in *die*; **~ de chasse** Jagdflieger *der*; **~ de course** Rennfahrer *der*; **~ d'essai** Testpilot; **~ de ligne** Linienflugpilot. **-2.** *(en apposition)* [expérimental] Pilot-.

piloter [3] [pilɔte] *vt* **-1.** [véhicule] führen, steuern. **-2.** [personne] herum|führen.

pilotis [pilɔti] *nm* Pfahl *der*; **sur ~** auf Pfählen gebaut, Pfahl-.

pilule [pilyl] *nf* Pille *die*; **prendre la ~** die Pille nehmen; **dorer la ~ à qqn** *fig* jm eine bittere Pille versüßen.

pimbêche [pɛ̃bɛʃ] *péj* ◇ *adj* aufgeblasen. ◇ *nf* Pute *die*.

piment [pimɑ̃] *nm* **-1.** [plante] Paprika *der*; **~**

rouge scharfer Paprika, Peperoni *die*. **-2.** *fig* [piquant] Würze *die*; **donner du ~ à qqch** einer Sache *(D)* die (rechte) Würze geben.

pimenter [3] [pimɑ̃te] *vt* **-1.** [plat] (scharf) würzen. **-2.** *fig* [récit] würzen.

pimpant, e [pɛ̃pɑ̃, ɑ̃t] *adj* fesch.

pin [pɛ̃] *nm* Kiefer *die*; **~ parasol** Pinie *die*.

pinacle [pinakl] *nm* First *der*, Zierabschluß *der*; **porter qqn au ~** *fig* jn in den Himmel heben.

pinailler [3] [pinaje] *vi fam* pingelig sein; **~ sur qqch** an etw *(D)* herum|nörgeln.

pinard [pinar] *nm fam* Wein *der*.

pince [pɛ̃s] *nf* **-1.** [instrument] Zange *die*; **~ à cheveux** Haarklemme *die*; **~ à épiler** Pinzette *die*; **~ à linge** Wäscheklammer *die*. **-2.** [de crabe] Schere *die*. **-3.** *fam* [main]: **serrer la ~ à qqn** jm die Hand schütteln. **-4.** *fam* [jambe]: **à ~s** zu Fuß. **-5.** COUTURE Abnäher *der*.

pincé, e [pɛ̃se] *adj* **-1.** [air, sourire] gezwungen. **-2.** [nez] spitz.

pinceau, x [pɛ̃so] *nm* Pinsel *der*; **s'emmêler les ~x** *fam* [trébucher] stolpern; [s'embrouiller] sich verheddern.

pincée [pɛ̃se] *nf* Prise *die*; **une ~ de sel** eine Prise Salz.

pincement [pɛ̃smɑ̃] *nm* Kneifen *das*; **~ au cœur** *fig* Stich *der* (ins Herz).

pince-monseigneur [pɛ̃smɔ̃sɛɲœr] (*pl* **pinces-monseigneur**) *nf* Brechstange *der*.

pince-nez [pɛ̃sne] *nm inv* Kneifer *der*, Zwicker *der*.

pincer [16] [pɛ̃se] *vt* **-1.** [serrer] zupfen; [lèvres] zusammen|pressen. **-2.** *fam fig* [arrêter] erwischen; **se faire ~** erwischt werden. **-3.** [sujet: froid] beißen. **-4.** *fam loc*: **ça pince** es ist lausig kalt; **en ~ pour qqn** von jm eingenommen sein.

◆ **se pincer** *vp*: **se ~ le doigt** sich den Finger klemmen; **se ~ le nez** sich die Nase zu|halten.

pince-sans-rire [pɛ̃ssɑ̃rir] *nmf inv*: **c'est un ~** er ist ein Mensch mit trockenem Humor.

pincette [pɛ̃sɛt] *nf* Feuerzange *die*; **il n'est pas à prendre avec des ~s** *fig* ihn muß man mit Glacéhandschuhen anfassen.

pinçon [pɛ̃sɔ̃] *nm* Kneiffleck *der*.

pinède [pinɛd], **pineraie** [pinrɛ], **pinière** [pinjɛr] *nf* Kiefernforst *der*.

pingouin [pɛ̃gwɛ̃] *nm* Pinguin *der*.

ping-pong [piŋpɔ̃g] (*pl* **ping-pongs**) *nm* Pingpong *das*.

pingre [pɛ̃gr] *péj* ◇ *nmf* Geizkragen *der*. ◇ *adj* geizig.

pingrerie [pɛ̃grəri] *nf péj* Geiz *der*.

pinière = **pinède**.

pinson [pɛ̃sɔ̃] *nm* Buchfink *der*; **gai comme un ~** putzmunter.

pintade [pɛ̃tad] *nf* Perlhuhn *das*.

pintadeau, x [pɛ̃tado] *nm* junges Perlhuhn.

pinte [pɛ̃t] *nf* **-1.** [mesure anglo-saxonne] Pint *das*. **-2.** *vieilli* [mesure française] Pinte *die*.

pin-up [pinœp] *nf inv* Pin-up-Girl *das*.

pioche [pjɔʃ] *nf* Kreuzhacke *die*, Hacke *die*.

piocher [3] [pjɔʃe] ◇ *vt* **-1.** [terre] hacken. **-2.** JEU [carte] auf|nehmen. **-3.** [se servir] sich bedienen. ◇ *vi* **-1.** [creuser] hacken. **-2.** [prendre]: **~ dans les réserves** ans Eingemachte gehen. **-3.** JEU auf|nehmen.

piolet [pjɔlɛ] *nm* Eispickel *der*.

pion, pionne [pjɔ̃, pjɔn] *nm, f fam* SCOL Aufseher *der*, -in *die*.

◆ **pion** *nm* Spielfigur *die*, Figur *die*; **damer le ~ à qqn** *fig* jn aus|schalten.

pionnier, ère [pjɔnje, ɛr] *nm, f* **-1.** [colon] Erstbesiedler *der*, -in *die*. **-2.** *fig* [initiateur] Pionier *der*, -in *die*.

pipe [pip] *nf* Pfeife *die*.

pipeline, **pipe-line** [pajplajn, piplin] (*pl* **pipelines**) *nm* Pipeline *die*, Fernleitung *die*.

piper [3] [pipe] *vt* **-1.** [truquer] zinken. **-2.** *loc*: **ne pas ~ (mot)** keinen Mucks sagen.

piperade [piperad] *nf baskisches Gericht mit Schaumeiern, Tomaten und Paprikaschoten.*

pipette [pipɛt] *nf* Pipette *die*.

pipi [pipi] *nm fam* Pipi *das*; **faire ~** Pipi machen.

piquant, e [pikɑ̃, ɑ̃t] *adj* **-1.** [barbe] kratzig. **-2.** [sauce] scharf. **-3.** [froid] beißend. **-4.** [détail] pikant.

◆ **piquant** *nm* **-1.** [épine - d'animal] Stachel *der*; [- de végétal] Dorn *der*. **-2.** *fig* [d'histoire] Würze *die*.

pique [pik] ◇ *nf* **-1.** [arme] Pike *die*. **-2.** *fig* [parole] Stichelei *die*; **lancer des ~s à qqn** jm Nadelstiche versetzen. ◇ *nm* [aux cartes] Pik *das*.

piqué, e [pike] *adj* **-1.** [taché] fleckig. **-2.** [troué] wurmstichig. **-3.** *fam* [dingue] übergeschnappt.

◆ **piqué** *nm* **-1.** [tissu] Pikee *der*. **-2.** AÉRON Sturzflug *der*.

pique-assiette [pikasjɛt] (*pl* **pique-assiettes** OU *inv*) *nm péj* Schmarotzer *der*, -in *die*.

pique-nique [piknik] (*pl* **pique-niques**) *nm* Picknick *das*.

pique-niquer [3] [piknike] *vi* picknicken.

piquer [3] [pike] ◇ *vt* **-1.** [sujet: insecte] stechen. **-2.** [avec pointe] piken; **~ un rôti d'ail** CULIN einen Braten mit Knoblauch spicken. **-3.** MÉD: **~ qqn** jm eine Spritze geben; **se faire ~ contre qqch** *fam* sich gegen etw impfen lassen, sich eine Spritze gegen etw geben lassen. **-4.** [animal] einlschläfern. **-5.** [sujet: tissu, barbe] kratzen. **-6.** [sujet: fumée, froid] beißen. **-7.** COUTURE (abl)steppen. **-8.** *fam* [voler] klauen, stibitzen. **-9.** [curiosité, intérêt] anlstacheln. **-10.** *fam* [voleur] erwischen; **se faire ~** erwischt werden. ◇ *vi* **-1.** [épine, ortie] piken. **-2.** [insecte] stechen. **-3.** [épice] scharf sein, brennen. **-4.** COUTURE nähen. **-5.** *fam* [voler] klauen. **-6.** [avion] einen Sturzflug machen.

◆ **se piquer** *vp* **-1.** [avec épingle] sich stechen. **-2.** [avec plante] sich piken. **-3.** *fam* [se droguer] spritzen. **-4.** *sout* [prétendre connaître]: **se ~ de qqch** sich mit etw brüsten; **se ~ de faire qqch** sich damit brüsten, etw zu tun.

piquet [pikɛ] *nm* Pflock *der*; **être au ~** *fig* (als Strafe) in der Ecke stehen.

◆ **piquet de grève** *nm* Streikposten *der*.

piqueter [27] [pikte] *vt* beflecken.

piquette [pikɛt] *nf fam schlechter Wein*; **prendre une** OU **la ~** *fam fig* eine Schlappe einlstecken.

piqûre [pikyr] *nf* **-1.** [d'insecte] Stich *der*. **-2.** [d'ortie] Brand *der*. **-3.** [injection] Spritze *die*. **-4.** COUTURE: **faire des ~s** reihen.

piranha [pirana], **piraya** [piraja] *nm* Piranha *der*.

piratage [pirataʒ] *nm* **-1.** RADIO & TÉLÉ unerlaubtes Senden. **-2.** INFORM Raubkopieren *das*.

pirate [pirat] ◇ *nm* [corsaire] Pirat *der*; **~ de l'air** Flugzeugentführer *der*, -in *die*. ◇ *adj* Piraten-; **disque ~** Raubkopie *die* (einer Platte); **enregistrement ~** unerlaubter Mitschnitt; **radio ~** Schwarzsender *der*.

pirater [3] [pirate] *vt* raubkopieren.

piraterie [piratri] *nf* **-1.** [gén] Piraterie *die*. **-2.** *fig* [escroquerie] Raub *der*.

piraya = **piranha**.

pire [pir] ◇ *adj* **-1.** [comparatif relatif] schlimmer,-e,-s. **-2.** [superlatif]: **le** OU **la ~** der OU die OU das schlimmste. ◇ *nm* Schlimmste *das*; **s'attendre au ~** auf das Schlimmste gefaßt sein. ◇ *nmf* Schlimmste *der, die, das*.

pirogue [pirɔg] *nf* Piroge *die*.

pirouette [pirwɛt] *nf* **-1.** [tour sur soi-même] Umdrehung *die*. **-2.** [de danse] Pirouette *die*. **-3.** *fig* [faux-fuyant] Ausflucht *die*; **répondre** OU **s'en tirer par une ~** sich herauslwinden.

pis[1] [pi] *nm* [de vache] Euter *das*.

pis[2] [pi] ◇ *adj sout* schlimme,-r,-s. ◇ *adv sout* schlimmer; **de mal en ~, de ~ en ~** immer schlimmer.

pis-aller [pizale] *nm inv* Notlösung *die*.

pisciculture [pisikyltyr] *nf* Fischzucht *die*.

piscine [pisin] *nf* Schwimmbad *das*; **~ couverte** Hallenbad *das*; **~ découverte** Freibad *das*; **~ olympique** olympisches Becken.

Pise [piz] *n* Pisa *nt*; **la tour de ~** der schiefe Turm von Pisa.

pisse [pis] *nf tfam* Pisse *die*.

pisse-froid [pisfrwa] *nm inv fam* Miesepeter *der*.

pissenlit [pisɑ̃li] *nm* Löwenzahn *der*; **manger les ~s par la racine** *fam fig* die Radieschen von unten anlsehen.

pisser [3] [pise] *tfam* ◇ *vt*: **~ le** OU **du sang** saumäßig bluten. ◇ *vi* pinkeln.

pissotière [pisɔtjɛr] *nf fam* Pissoir *das*.

pistache [pistaʃ] ◇ *nf* Pistazie *die*. ◇ *adj inv* pistaziengrün.

piste [pist] *nf* **-1.** [trace, d'enregistrement] Spur *die*; **suivre une ~** einer Spur folgen; **perdre une ~** eine Spur verlieren; **brouiller les ~s** *fig* die Spuren verwischen. **-2.** [zone aménagée]: **~ d'atterrissage** Landebahn *die*; **~ cyclable** Radweg *der*; **~ de danse** Tanzfläche *die*; **~ de ski** Skipiste *die*. **-3.** [chemin] Pfad *der*.

pister [3] [piste] *vt* **-1.** [gibier] auflspüren. **-2.** [suspect] nachlspüren.

pisteur [pistœr] *nm für die Pistenaufsicht zuständige Person*.

pistil [pistil] *nm* Blütenstempel *der*.

pistolet [pistɔlɛ] *nm* **-1.** [arme] Pistole *die*. **-2.** [à peinture] Spritzpistole *die*.

pistolet-mitrailleur [pistɔlɛmitrajœr] (*pl* **pistolets-mitrailleurs**) *nm* Maschinenpistole *die*.

piston [pistɔ̃] *nm* **-1.** TECHNOL Kolben *der*. **-2.** MUS [d'instrument] Ventil *das*. **-3.** *fig* [appui] Vitamin B *das*; **avoir du ~** Beziehungen haben; **donner un coup de ~ à qqn** jm unter die Arme greifen.

pistonner [3] [pistɔne] *vt*: **~ qqn** jm nachlhelfen; **se faire ~** begünstigt werden.

pistou [pistu] *nm Gemüse(suppe) mit Basilikum und Knoblauch*.

pitance [pitɑ̃s] *nf vieilli* & *péj* Süppchen *das*.

piteux, euse [pitø, øz] *adj* erbärmlich.

pitié [pitje] *nf* Mitleid *das*, Erbarmen *das*; **avoir ~ de qqn** mit jm Mitleid haben; **sans ~** erbarmungslos; **arrêtez, par ~!** hören Sie auf, um Gottes willen!

piton [pitɔ̃] *nm* **-1.** [clou] Ringnagel *der*. **-2.** [pic] Gipfel *der*; **~ rocheux** Felsklippe *die*.

pitoyable [pitwajabl] *adj* **-1.** [touchant] mitleiderregend. **-2.** [minable] erbärmlich.

pitre [pitr] *nm* Narr *der*; **faire le ~** Unfug treiben.

pitrerie [pitrəri] *nf* Schabernack *der*.

pittoresque [pitɔrɛsk] ◇ *nm*: **le ~** das Pikante. ◇ *adj* **-1.** [région] malerisch. **-2.** [détail] pikant.

pivert, **pic-vert** [pivɛr] (*pl* **pics-verts**) *nm* Grünspecht *der*.

pivoine [pivwan] *nf* Pfingstrose *die*.

pivot [pivo] *nm* **-1.** [de mécanisme] Zapfen *der*, Drehzapfen. **-2.** [de dent] Stift *der*. **-3.** SPORT [basket] mittlerer Angriffsspieler. **-4.** *fig* [centre] Dreh- und Angelpunkt *der*.

pivotant, e [pivɔtɑ̃, ɑ̃t] *adj*: **fauteuil ~** Drehsessel *der*.

pivoter [3] [pivɔte] *vi* **-1.** [personne] sich um|drehen. **-2.** [porte] schwingen; **faire ~ qqch** etw herum|schwenken.

pixel [piksɛl] *nm* Bildpunkt *der*.

pizza [pidza] *nf* Pizza *die*.

pizzeria [pidzerja] *nf* Pizzeria *die*.

PJ ◇ *nf* (*abr de* **police judiciaire**) ≃ Kripo *die*. ◇ (*abr de* **pièces jointes**) Anl. *(Anlage)*.

PL (*abr de* **poids lourd**) Lkw *der*, LKW *der*.

Pl., pl. (*abr de* **place**) Pl.

placage [plakaʒ] *nm* [de bois] Furnier *das*.

placard [plakar] *nm* **-1.** [armoire] (Wand)-schrank *der*; **mettre qqch au ~** *fam fig* etw in die hinterste Ecke tun; **mettre qqn au ~** *fam fig* jn beiseite schieben. **-2.** [affiche] Anschlag *der*; **~ publicitaire** Werbeanzeige *die*.

placarder [3] [plakarde] *vt* an|schlagen.

place [plas] *nf* **-1.** [gén] Platz *der*; **céder sa ~ à qqn** jm seinen Platz vermachen; **prendre de la ~** sperrig sein, viel Platz ein|nehmen; **prendre la ~ de qqn** js Platz ein|nehmen; **prendre ~** Platz nehmen; **~ assise** Sitzplatz; **faire ~ à qqch** *fig* einer Sache *(D)* weichen. **-2.** [emplacement, position] Stellung *die*; **changer qqch de ~** etw um|stellen; **ne pas tenir** OU **rester en ~** nicht still sitzen können; **à la ~ de qqn** an js Stelle; **se mettre à la ~ de qqn** *fig* sich an js Stelle versetzen; **remettre qqn à sa ~** *fig* jn zurecht|weisen. **-3.** [emploi] Arbeitsplatz *der*, Stelle *die*; **perdre sa ~** seine Stelle verlieren. **-4.** FIN: **~ (boursière)** (Börsen)platz *der*.

◆ **place forte** *nf* Festung *die*.

placebo [plasebo] *nm* Placebo *das*.

placement [plasmɑ̃] *nm* **-1.** [d'argent] Anlage *die*. **-2.** [d'employé] Stellenvermittlung *die*. **-3.** [de malade] Einweisung *die*.

placenta [plasɛ̃ta] *nm* Mutterkuchen *der*.

placer [16] [plase] *vt* **-1.** [mettre] stellen; [objet] hin|stellen, ein|räumen; **~ qqn dans une situation délicate** jn in eine heikle Lage bringen; **~ ses espérances en qqn/qqch** seine Hoffnung auf jn/etw setzen. **-2.** [invités, spectateurs]: **~ qqn** jm einen Platz zu|weisen; **être bien/mal placé** [au spectacle] einen guten/schlechten Platz haben; **être bien/mal placé pour faire qqch** *fig* es sich erlauben/nicht erlauben können, etw zu tun. **-3.** [dans l'entreprise] unter|bringen; **être haut placé** *fig* eine gehobene Stellung inne|haben. **-4.** [mot, anecdote] an|bringen. **-5.** [argent] an|legen.

◆ **se placer** *vp* **-1.** [prendre place] sich hin|setzen. **-2.** *fig* [se situer]: **se ~ du point de vue de qqn** sich in jn versetzen. **-3.** [se classer] rangieren.

placide [plasid] *adj* ruhig, gelassen.

placidité [plasidite] *nf* Gelassenheit *die*, Ruhe *die*.

plafond [plafɔ̃] *nm* **-1.** [de pièce] Decke *die*; **faux ~** Zwischendecke. **-2.** *fig* [limite] Obergrenze *die*.

plafonner [3] [plafɔne] *vi* [prix, salaire] die Obergrenze erreichen; **la voiture plafonne à 160 km/h** der Wagen erreicht eine Höchstgeschwindigkeit von 160 km/h.

plafonnier [plafɔnje] *nm* Deckenleuchte *die*.

plage [plaʒ] *nf* **-1.** [de sable] Strand *der*. **-2.** [de disque] Abschnitt *der*. **-3.** *fig* [de temps]: **~ horaire** Zeiteinteilung *die*; **~ musicale** musikalisches Spektrum.

◆ **plage arrière** *nf* [de voiture] Rückablage *die*.

plagiaire [plaʒjɛr] *nmf* Plagiator *der*.

plagiat [plaʒja] *nm* Plagiat *das*.

plagier [9] [plaʒje] *vt* plagiieren.

plagiste [plaʒist] *nmf* *Vermieter von Kabinen und Sonnenschirmen am Strand.*

plaid [plɛd] *nm* Plaid *das* OU *der*.

plaider [4] [plede] ◇ *vt* verteidigen. ◇ *vi* ein Plädoyer halten; **~ contre qqn** gegen jn aus|sagen; **~ pour qqn** [avocat] jn verteidigen; *fig* für jn sprechen.

plaideur, euse [plɛdœr, øz] *nm, f* JUR Prozeßführende *der, die*.

plaidoirie [plɛdwari] *nf* Plädoyer *das*.

plaidoyer [plɛdwaje] *nm* Plädoyer *das*.

plaie [plɛ] *nf* **-1.** [blessure] Wunde *die*. **-2.** *fam* [personne] Plage *die*.

plaignais *etc* → **plaindre**.

plaignant, e [plɛɲɑ̃, ɑ̃t] JUR ◇ *adj* klageführend. ◇ *nm, f* Kläger *der*, -in *die*.

plaindre [80] [plɛ̃dr] *vt* beklagen; **ne pas être à ~** nicht zu beklagen sein.

◆ **se plaindre** *vp* **-1.** [se lamenter] sich beklagen, sich beschweren. **-2.** [souffrir]: **se ~ de qqch** über etw *(A)* klagen. **-3.** [être mécontent]: **se ~ de qqn/qqch** sich über jn/etw beklagen.

plaine [plɛn] *nf* Ebene *die*.

plain-pied [plɛ̃pje]

◆ **de plain-pied** *loc adv* **-1.** [pièce] ebenerdig. **-2.** *fig* [directement] ohne Umschweife; **entrer de ~ dans le sujet** ohne Umschweife ein Thema an|gehen. **-3.** *fig* [sur le même plan] ebenbürtig.

plains *etc* → **plaindre**.

plaint, e [plɛ̃, plɛ̃t] *pp* → **plaindre**.

plainte [plɛ̃t] *nf* **-1.** [gémissement] Klage *die*, Wehklage. **-2.** [mécontentement, grief] Beschwerde *die*. **-3.** JUR Klage *die*, Anzeige *die*; **porter ~ contre qqn** gegen jn Anzeige erstatten, jn verklagen; **retirer sa ~** seine Klage zurück|ziehen; **~ contre X** Strafanzeige gegen Unbekannt.

plaintif, ive [plɛ̃tif, iv] *adj* jammernd.

plaire [110] [plɛr] *vi* gefallen; **~ à qqn** jm gefallen; **ça me plaît** es gefällt mir; **ça te plairait d'aller au cinéma**? hättest du Lust, ins Kino zu gehen?; **s'il vous** OU **te plaît** bitte; **ce modèle plaît beaucoup** dieses Modell kommt sehr gut an.

◆ **se plaire** *vp* **-1.** [s'aimer] sich mögen. **-2.** [se trouver bien]: **se ~ avec qqn/en France** sich mit jm/in Frankreich wohl|fühlen. **-3.** [prendre plaisir]: **se ~ à faire qqch** Gefallen daran haben, etw zu tun.

plaisance [plɛzɑ̃s]

◆ **de plaisance** *loc adj*: **navigation de ~** Segelsport *der*; **port de ~** Segel- und Yachthafen *der*.

plaisancier, ère [plɛzɑ̃sje, ɛr] *nm, f* Yachtsegler *der*, -in *die*.

plaisant, e [plɛzɑ̃, ɑ̃t] *adj* angenehm.

◆ **plaisant** *nm*: **mauvais ~** *péj* Spaßmacher *der*.

plaisanter [3] [plɛzɑ̃te] ◇ *vi* scherzen, Spaß machen; **tu plaisantes**? soll das ein Witz sein?; **~ avec** OU **sur qqch** mit etw scherzen. ◇ *vt* necken.

plaisanterie [plɛzɑ̃tri] *nf* **-1.** [gén] Scherz *der*, Witz *der*; **raconter une ~** einen Witz erzählen. **-2.** [humour]: **ne pas comprendre la ~** keinen Spaß verstehen. **-3.** [bagatelle] Lappalie *die*.

plaisantin [plɛzɑ̃tɛ̃] *nm* Witzbold *der*.

plaisir [plezir] *nm* **-1.** [joie] Freude *die*, Gefallen *der*; **avoir/prendre (du) ~ à faire qqch** Gefallen daran haben/finden, etw zu tun; **faire ~ à qqn** [service] jm einen Gefallen tun; [joie] jm eine Freude machen; **avec ~!** aber gerne!; **faire qqch avec ~** etw gerne tun; **j'ai le ~ de vous annoncer qqch** ich darf Ihnen etw an|kündigen; **j'ai le ~ de vous annoncer que** ich darf Ihnen an|kündigen, daß; **pour le** OU **son ~** nur zum Vergnügen; **se faire un ~ de faire qqch** es sich nicht nehmen lassen, etw zu tun; **prendre un malin ~ à faire qqch** sich ein Vergnügen daraus machen, etw zu tun. **-2.** [sexuel] Lust *die*.

◆ **plaisirs** *nmpl* Vergnügungen *Pl*.

plan¹, e [plɑ̃, an] *adj* eben.

plan² [plɑ̃] *nm* **-1.** [surface] Fläche *die*; **~ d'eau** Wasserfläche; **~ de travail** Arbeitsplatte *die*, Arbeitsfläche. **-2.** [dessin] Plan *der*; **sur ~** nach Plan. **-3.** MATHS Ebene *die*. **-4.** CIN Einstellung *die*; **gros ~** Nahaufnahme *die*. **-5.** [structure] Gliederung *die*. **-6.** [projet] Plan *der*, Vorhaben *das*; **faire des ~s** Pläne machen OU schmieden; **j'ai mon ~** ich habe da so eine Idee. **-7.** [domaine]: **sur tous les ~s** in jeder Hinsicht; **sur le ~ affectif** in gefühlsmäßiger Hinsicht.

◆ **au premier plan** *loc adv* [dans l'espace] im OU in den Vordergrund.

◆ **à l'arrière plan** *loc adv* im Hintergrund.

◆ **de tout premier plan** *loc adj* hervorragend.

◆ **en plan** *loc adv*: **laisser qqn en ~** jn sitzen lassen; **laisser qqch en ~** etw (stehen und) liegen lassen.

◆ **sur le même plan** ◇ *loc adj* gleichrangig. ◇ *loc adv*: **mettre sur le même ~** gleich|stellen.

planche [plɑ̃ʃ] *nf* **-1.** [en bois] Brett *das*; **~ à dessin** Zeichenbrett; **~ à repasser** Bügelbrett; **~ à voile** Surfbrett; **~ de salut** *fig* letzte Hoffnung; **faire la ~** den toten Mann machen. **-2.** [illustration] Bildtafel *die*.

◆ **planches** *nfpl* THÉÂTRE Bühne *die*; **monter sur les ~s** auf der Bühne stehen.

plancher¹ [plɑ̃ʃe] *nm* **-1.** [de maison] Fußboden *der*; **débarrasser le ~** *fam* verschwinden, ab|hauen. **-2.** [de voiture] Boden *der*; **avoir le pied au ~** *fam* mit Bleifuß fahren. **-3.** *fig* [minimum] untere Grenze; **prix ~** Mindestpreis *der*.

plancher² [3] [plɑ̃ʃe] *vi arg scol* eine Klausur schreiben.

◆ **plancher sur** *v prép fam* : **~ sur qqch** für etw büffeln.

planchiste [plɑ̃ʃist] *nmf* Windsurfer *der*, -in *die*.

plancton [plɑ̃ktɔ̃] *nm* Plankton *das*.

planer [3] [plane] *vi* **-1.** [voler - avion, oiseau] im Gleitflug schweben; [- feuille] schweben. **-2.** [fumée, vapeur] (in der Luft) hängen. **-3.** *fig* [doute, mystère]: **~ sur qqn/qqch** über jm/etw liegen. **-4.** *fam fig* [être dans la lune] in den Wolken schweben. **-5.** [ne pas être atteint par]: **~ au-dessus de qqch** über etw *(D)* stehen.

planétaire [planetɛr] *adj* **-1.** ASTRON Planeten-, planetarisch. **-2.** [mondial] weltweit.

planétarium [planetarjɔm] *nm* Planetarium *das*.

planète [planɛt] *nf* Planet *der*.

planeur [planœr] *nm* Segelflugzeug *das*.

planificateur, trice [planifikatœr, tris] ◇ *adj* Planungs-. ◇ *nm, f* Planer *der*, -in *die*.

planification [planifikasjɔ̃] *nf* ÉCON Planung *die*.

planifier [9] [planifje] *vt* ÉCON planen.

planisphère [planisfɛr] *nm* Planiglob *das*.

planning [planiŋ] *nm* **-1.** [d'entreprise] Produktionsplan *der*. **-2.** [personnel] Terminplan *der*, Programm *das*.

◆ **planning familial** *nm* **-1.** [contrôle des naissances] Familienplanung *die*. **-2.** [organisme] Beratungsstelle *die* für Familienplanung.
planque [plɑ̃k] *nf fam* **-1.** [cachette - d'armes] Versteck *das*; [- de malfaiteur] Unterschlupf *der*. **-2.** *fig* [travail privilégié] cooler Job.
planquer [3] [plɑ̃ke] *vt fam* verstecken.
◆ **se planquer** *vp fam* sich verstecken.
plant [plɑ̃] *nm* **-1.** [jeune plante] Setzling *der*. **-2.** [culture] Beet *das*.
plantain [plɑ̃tɛ̃] *nm* BOT Wegerich *der*.
plantaire [plɑ̃tɛr] *adj*: **verrue ~** Fußwarze *die*; **voûte ~** Fußgewölbe *das*.
plantation [plɑ̃tasjɔ̃] *nf* **-1.** [action] Pflanzen *das*. **-2.** [culture] Anbau *der*. **-3.** [exploitation agricole] Plantage *die*.
plante [plɑ̃t] *nf* **-1.** BOT Pflanze *die*; **~ grasse** Sukkulente *die*; **~s médicinales** Heilkräuter *Pl*; **~ verte** OU **d'appartement** OU **d'intérieur** Grünpflanze, Zimmerpflanze. **-2.** ANAT: **~ du pied** (Fuß)sohle *die*.
planter [3] [plɑ̃te] *vt* **-1.** [arbre] (ein|)pflanzen. **-2.** [terrain]: **~ qqch de qqch** etw mit etw bepflanzen. **-3.** [enfoncer - clou] ein|schlagen; [- pieu] ein|rammen; **~ un couteau dans le dos de qqn** jm ein Messer in den Rücken stoßen; **~ ses griffes/dents dans qqch** seine Krallen/Zähne in etw *(A)* schlagen. **-4.** [tente] auf|schlagen. **-5.** *fig* [décor] schildern. **-6.** *fam fig* [laisser tomber]: **~ là** stehen|lassen, im Stich lassen; **rester planté (qq part)** (irgendwo) (dumm) rum|stehen; **tout ~ (là)** den Krempel hin|schmeißen. **-7.** *fig* [chapeau, baiser] drücken; **~ son regard dans celui de qqn** jm geradeheraus in die Augen sehen.
◆ **se planter** *vp* **-1.** [se camper]: **se ~ devant qqn** sich vor jm auf|bauen. **-2.** *fam* [avoir un accident] einen Unfall bauen; **se ~ en voiture** einen Autounfall bauen. **-3.** *fam* [se tromper] daneben|liegen, falsch liegen; **se ~ (à un examen)** durch|fallen.
planteur [plɑ̃tœr] *nm* **-1.** [exploitant] Plantagenbesitzer *der*, -in *die*. **-2.** [cocktail]: **(punch) ~** *Rum-Cocktail*.
planton [plɑ̃tɔ̃] *nm* Ordonnanz *die*; **faire le ~** *fam fig* sich die Beine in den Bauch stehen.
plantureux, euse [plɑ̃tyrø, øz] *adj* **-1.** [repas, poitrine] üppig. **-2.** [femme] beleibt.
plaque [plak] *nf* **-1.** [objet plat] Platte *die*; **~ chauffante** OU **de cuisson** Herdplatte; **~ de chocolat** Schokoladentafel *die*. **-2.** [gravée] Schild *das*; **~ commémorative** Gedenktafel *die*; **~ d'identité** Erkennungsmarke *die*; **~ d'immatriculation** OU **minéralogique** Kraftfahrzeugkennzeichen *das*, Nummernschild. **-3.** [couche]: **glisser sur une ~ de verglas** auf dem Glatteis aus|rutschen; **~ dentaire** Zahnbelag *der*. **-4.** [sur la peau] großer Fleck. **-5.** *loc*: **être à côté de la ~** *fam* völlig daneben sein OU liegen.
◆ **plaque tournante** *nf* [ferroviaire] Knotenpunkt *der*; *fig* Drehscheibe *die*.
plaqué, e [plake] *adj* **-1.** [métal]: **~ or** vergoldet; **~ argent** versilbert. **-2.** [bois] Furnier-, furniert. **-3.** MUS [accord] voll angeschlagen. **-4.** [personne]: **être ~ contre un mur** an OU gegen eine Wand gedrückt sein; **être ~ au sol** flach auf dem Boden liegen.
◆ **plaqué** *nm* **-1.** [métal]: **du ~ or** Golddublee *das*. **-2.** [bois] Holz *das* mit Furnier.
plaquer [3] [plake] *vt* **-1.** [métal] plattieren. **-2.** [bois] furnieren. **-3.** [aplatir]: **~ qqn/qqch contre** OU **sur qqch** jn/etw gegen OU auf OU an etw *(A)* drücken; **~ ses cheveux** seine Haare glatt|bürsten. **-4.** [au rugby] nieder|werfen. **-5.** MUS [accord] (voll) an|schlagen. **-6.** *fam* [abandonner - personne] sitzen|lassen; [- situation]: **tout ~** alles auf|geben.
◆ **se plaquer** *vp* [s'aplatir]: **se ~ contre qqch** sich gegen etw drücken; **se ~ au sol** sich auf den Boden werfen; **se ~ les cheveux** sich die Haare glatt|bürsten.
plaquette [plakɛt] *nf* **-1.** [de métal, de chocolat] Tafel *die*. **-2.** CULIN: **une ~ de beurre** ein Paket Butter. **-3.** [de comprimés] Blister *der*; [de pilules contraceptives] Kalenderpackung *die*. **-4.** [publicitaire] Broschüre *die*.
◆ **plaquettes** *nfpl* [sanguines] Plättchen *Pl*.
plasma [plasma] *nm* Plasma *das*.
plastic [plastik] *nm* Sprengstoff *der*.
plasticage [plastikaʒ] *nm* Sprengstoffattentat *das*.
plastifié, e [plastifje] *adj* mit Kunststoffüberzug; **carte d'identité ~e** foliengeschützter Ausweis.
plastifier [9] [plastifje] *vt* mit einer Plastikfolie überziehen.
plastique [plastik] ◇ *adj* **-1.** [matériau, beauté] plastisch; **arts ~s** bildende Künste. **-2.** [synthétique]: **matière ~** Kunststoff *der*. ◇ *nf* Plastik *die*. ◇ *nm* Plastik *das*, Kunststoff *der*.
plastiquer [3] [plastike] *vt* (mit Plastikbomben) sprengen.
plastron [plastrɔ̃] *nm* [de chemise] Hemdbrust *die*.
plat, e [pla, plat] *adj* **-1.** [gén] flach. **-2.** [eau] ohne Kohlensäure. **-3.** *fig* [fade] langweilig.
◆ **plat** *nm* **-1.** [de four] feuerfeste Form; [de service] Platte *die*; **mettre les petits ~s dans les grands** *fig* keine Mühe scheuen *(für seine Gäste)*. **-2.** [mets] Gericht *das*; [de menu] Gang *der*; **~ du jour** Tagesgericht; **~ de résistance** Hauptgericht; **faire tout un ~ de qqch** *fam fig*

aus etw eine Staatsaktion machen. **-3.** [partie plate]: **le ~ de la main** die Handfläche. **-4.** [plongeon] Bauchklatscher *der*.

◆ **à plat** ◇ *loc adj* **-1.** [dégonflé] platt. **-2.** *fam* [épuisé] ausgelaugt. ◇ *loc adv* [horizontalement] flach; **poser à ~** flach|legen.

platane [platan] *nm* Platane *die*.

plateau, x [plato] *nm* **-1.** [de cuisine] Tablett *das*; **~ de fromages** Käseplatte *die*. **-2.** [de balance] Waagschale *die*. **-3.** GÉOGR Hochebene *die*. **-4.** [de théâtre] Bühne *die*; [de télévision] Studio *das*; **sur le ~** im Studio. **-5.** [de vélo] hinteres Kettenrad.

plateau-repas [platorəpa] (*pl* **plateaux-repas**) *nm* vollständige (auf einem Tablett servierte) Mahlzeit.

plate-bande [platbɑ̃d] (*pl* **plates-bandes**) *nf* Rabatte *die*, Beet *das*; **marcher sur les plates-bandes de qqn** *fam fig* jm ins Gehege kommen.

platée [plate] *nf*: **une ~ de qqch** ein Teller (voll) etw.

plate-forme [platfɔrm] (*pl* **plates-formes**) *nf* **-1.** [de bâtiment, de bus, POLIT] Plattform *die*; **toit en ~** Flachdach *das*. **-2.** GÉOGR Plateau *das*. **-3.** [dispositif] Rampe *die*; **~ de tir** Abschußrampe *die*; **~ de forage** OU **pétrolière** Bohrinsel *die*.

platement [platmɑ̃] *adv* **-1.** [banalement] langweilig. **-2.** [servilement]: **s'excuser ~** sich untertänig entschuldigen.

platine [platin] ◇ *adj inv*: **blond ~** wasserstoffblond, platinblond. ◇ *nm* [métal] Platin *das*. ◇ *nf* [électrophone]: **~ cassette** Kassettendeck *das*; **~ laser** CD-Player *der*.

platiné, e [platine] *adj* [couleur]: **une blonde ~e** eine platinblonde Frau.

platitude [platityd] *nf* **-1.** [médiocrité] Banalität *die*. **-2.** [banalité] abgedroschene Redewendung; **débiter des ~s** sich in Platitüden ergehen.

platonique [platɔnik] *adj* **-1.** [amour, amitié] platonisch. **-2.** *sout* [lutte] fruchtlos.

plâtras [platra] *nm* [gravats] Bauschutt *der*.

plâtre [platr] *nm* **-1.** CONSTR Gips *der*; **essuyer les ~s** *fig* es ausbaden müssen. **-2.** *péj* [nourriture indigeste] Kleister *der*; **ce camembert, c'est du vrai ~** dieser Camembert schmeckt wie Sägemehl. **-3.** [sculpture] Gipsfigur *die*, Gipsabguß *der*. **-4.** MÉD Gips(verband) *der*; **avoir qqch dans le ~** etw im Gips haben.

plâtrer [3] [platre] *vt* **-1.** [mur] vergipsen. **-2.** MÉD ein|gipsen.

plâtrier [platrije] *nm* Gipser *der*.

plausible [plozibl] *adj* plausibel.

play-back [plɛbak] *nm inv* Playback *das*; **chanter en ~** mit Playback singen.

play-boy [plɛbɔj] (*pl* **play-boys**) *nm* Playboy *der*.

plèbe [plɛb] *nf* **-1.** *vieilli* & *péj* [populace] Pöbel *der*. **-2.** HIST gemeines Volk.

plébéien, enne [plebejɛ̃, ɛn] *adj* HIST plebejisch.

plébiscite [plebisit] *nm* Volksabstimmung *die*.

plébisciter [3] [plebisite] *vt* **-1.** POLIT durch Volksabstimmung entscheiden. **-2.** [approuver] für gut befinden; **se faire ~** sich eine breite Zustimmung sichern; **ce modèle a été plébiscité par la clientèle** dieses Modell fand bei den Kunden großen Anklang.

pléiade [plejad] *nf sout* Heer *das*.

plein, e [plɛ̃, plɛn] *adj* **-1.** [gén] voll; **~ de qqch** voll mit etw; **une bouteille ~e d'eau** eine Flasche voll Wasser; **un vase ~ de fleurs** eine Vase voller Blumen; **un ~ panier** ein Korb voll; **être en ~e forme** in Hochform sein; **~e lune** Vollmond *der*; **~ à craquer** zum Brechen voll. **-2.** [bois] massiv.

◆ **plein** ◇ *nm* **-1.** [d'essence] Tankfüllung *die*; **faire le ~** AUTOM voll|tanken; *fig* [théâtre] ausverkauft sein. **-2.** *loc*: **battre son ~** auf dem Höhepunkt angelangt sein. ◇ *prép fam* : **il a du chocolat ~ les doigts** er hat die Hände voll von Schokolade.

◆ **pleine** *adj* [femelle] trächtig.

◆ **plein de** *loc prép fam* : **nous avons ~ de problèmes** wir haben massenhaft Schwierigkeiten.

◆ **en plein** *loc adv* mitten in (+ *D*); **mettre en ~ dans le mille** voll ins Schwarze treffen; **être en ~ dedans** mitten drin sein.

◆ **en plein sur** *loc prép*: **foncer en ~ sur qqn/qqch** voll auf jn/etw zu|steuern.

pleinement [plɛnmɑ̃] *adv* voll und ganz.

plein-temps [plɛ̃tɑ̃] (*pl* **pleins-temps**) *nm* Vollzeitjob *der*.

◆ **à plein-temps** ◇ *loc adj* Vollzeit-, Ganztags-. ◇ *loc adv*: **travailler à ~** ganztags arbeiten.

plénier, ère [plenje, ɛr] *adj*: **assemblée plénière** Vollversammlung *die*; **séance plénière** Plenarsitzung *die*.

plénipotentiaire [plenipɔtɑ̃sjɛr] ◇ *nm* [personne] Bevollmächtigte *der, die*. ◇ *adj* bevollmächtigt.

plénitude [plenityd] *nf sout* **-1.** [de forme, de son] Fülle *die*. **-2.** [totalité] Gänze *die*; **conserver la ~ de ses facultés** im Vollbesitz seiner Kräfte sein.

pléonasme [pleɔnasm] *nm* Pleonasmus *der*.

pléthorique [pletɔrik] *adj sout* [effectifs] überbesetzt; [classe] überfüllt.

pleurer [5] [plœre] ◇ *vi* **-1.** [verser des larmes] weinen; **~ de joie/rage** vor Freude/Wut weinen; **~ comme une Madeleine** zum Steinerweichen weinen. **-2.** *péj* [se plaindre] jammern; **aller ~ auprès de qqn** jm etw vor|jammern. **-3.** *péj* [réclamer]: **~ après qqn/qqch** nach jm/etw jammern. **-4.** [se lamenter]: **~ sur qqn/qqch** jn/etw beklagen. **-5.** [yeux] tränen. ◇ *vt* **-1.** [personne] beweinen. **-2.** [chose]: **~ qqch** um etw trauern.

pleurésie [plœrezi] *nf* Rippenfellentzündung *die*.

pleureur, euse [plœrœr, øz] *adj* weinerlich; **enfant ~** Heulsuse *die*.

◆ **pleureuse** *nf* Klageweib *das*.

pleurnicher [3] [plœrniʃe] *vi péj* **-1.** [pleurer] heulen. **-2.** [se lamenter] quengeln.

pleurnicheur, euse [plœrniʃœr, øz] *péj* ◇ *adj* **-1.** [sanglotant] weinerlich. **-2.** [plaintif] quengelig. ◇ *nm, f* **-1.** [qui sanglote] Heulpeter *der*, Heulsuse *die*. **-2.** [qui se plaint] Quengler *der*.

pleurs [plœr] *nmpl sout*: **les ~** die Tränen, das Weinen; **être en ~** in Tränen aufgelöst sein.

pleut [plø] → **pleuvoir**.

pleutre [pløtr] *sout* ◇ *nm* Feigling *der*. ◇ *adj* überängstlich.

pleuvoir [68] [pløvwar] *v impers*: **il pleut** es regnet; **il pleut qqch** [coups, insultes] es hagelt etw.

Plexiglas® [plɛksiglas] *nm* Plexiglas® *das*.

plexus [plɛksys] *nm* ANAT Plexus *der*; **~ solaire** Sonnengeflecht *das*.

pli [pli] *nm* **-1.** [de tissu, de peau] Falte *die*; **~ d'un pantalon** Bügelfalte; **faux ~** Knitterfalte; **ta robe fait des ~s** dein Kleid wirft Falten; **ça n'a pas fait un ~** *fam fig* das war vorauszusehen. **-2.** [de vêtement, de cheveux] Form *die*. **-3.** *fig* [habitude] Angewohnheit *die*; **prendre le ~** eine Angewohnheit an|nehmen; **il suffit de prendre le ~!** das ist Gewohnheitssache! **-4.** [lettre] Brief *der*. **-5.** [aux cartes] Stich *der*.

pliable [plijabl] *adj* [chaise] Klapp-, klappbar.

pliant, e [plijɑ̃, ɑ̃t] *adj* Klapp-, klappbar.

◆ **pliant** *nm* Klappstuhl *der*.

plier [10] [plije] ◇ *vt* **-1.** [papier, tissu] falten. **-2.** [vêtement] zusammen|falten. **-3.** [tente] ab|brechen. **-4.** [branche] biegen. **-5.** [bras, jambes] an|winkeln. **-6.** *fig* [personne]: **~ qqn à qqch** jn etw *(D)* unterwerfen. ◇ *vi* **-1.** [se courber] sich biegen. **-2.** *fig* [céder, faiblir]: **~ devant qqch** sich etw *(D)* fügen.

◆ **se plier** *vp* **-1.** [lit, table] sich zusammenklappen lassen. **-2.** [se soumettre]: **se ~ à qqch** sich etw *(D)* beugen.

plinthe [plɛ̃t] *nf* Fußbodenleiste *die*.

plissé, e [plise] *adj* **-1.** [jupe] Plissee-. **-2.** [peau] faltig. **-3.** [relief] gefaltet.

◆ **plissé** *nm* Plissee *das*.

plissement [plismɑ̃] *nm* **-1.** [de front] Runzeln *das*; [d'yeux] Zusammenkneifen *das*. **-2.** GÉOL Faltung *die*.

plisser [3] [plise] ◇ *vt* **-1.** COUTURE in Falten legen, plissieren. **-2.** [froncer - front] runzeln; [- yeux] zusammen|kneifen. ◇ *vi* [étoffe] zerknautschen.

◆ **se plisser** *vp* [étoffe] knittern.

pliure [plijyr] *nf* **-1.** [marque de pli] Knick *der*. **-2.** [d'articulation]: **~ du genou** Kniekehle *die*; **~ du bras** Ellenbeuge *die*.

plomb [plɔ̃] *nm* **-1.** [métal] Blei *das*; **ne pas avoir de ~ dans la tête** *fig* ohne Sinn und Verstand sein. **-2.** [de chasse] (Schrot)kugel *die*; **avoir du ~ dans l'aile** *fig* nicht mehr hoch|kommen. **-3.** ÉLECTR: **les ~s** die Sicherung. **-4.** [de pêche] Senker *der*. **-5.** [de vitrail] Bleifassung *die*.

plombage [plɔ̃baʒ] *nm* **-1.** [action] Verplomben *das*. **-2.** [de dent] Plombe *die*.

plombé, e [plɔ̃be] *adj* **-1.** [dent, wagon] plombiert. **-2.** [ciel, teint] bleiern.

plomber [3] [plɔ̃be] *vt* **-1.** [ligne] mit Blei beschweren. **-2.** [dent] plombieren. **-3.** [sceller] verplomben.

plomberie [plɔ̃bri] *nf* **-1.** [métier] Klempnerhandwerk *das*. **-2.** [installations] Heizungs- und Sanitärinstallationen *Pl*.

plombier [plɔ̃bje] *nm* Klempner *der*.

plonge [plɔ̃ʒ] *nf*: **faire la ~** Teller waschen.

plongeant, e [plɔ̃ʒɑ̃, ɑ̃t] *adj*: **une vue ~e sur qqch** ein Blick von oben herab auf etw *(A)*; **décolleté ~** tiefer Ausschnitt.

plongée [plɔ̃ʒe] *nf* **-1.** [immersion] Tauchen *das*. **-2.** PHOT & CIN Aufnahme *die* von oben.

plongeoir [plɔ̃ʒwar] *nm* Sprungbrett *das*.

plongeon [plɔ̃ʒɔ̃] *nm* **-1.** [dans l'eau] (Kopf)sprung *der*. **-2.** [chute] Sturz *der*; **la voiture fit un ~ dans le ravin** der Wagen stürzte kopfüber in den Abgrund. **-3.** [au football] Hechtsprung *der*. **-4.** *loc*: **faire le ~** *fam* Schiffbruch erleiden.

plonger [17] [plɔ̃ʒe] ◇ *vt* **-1.** [immerger] (ein|)tauchen; **~ qqch dans qqch** etw in etw *(A)* tauchen. **-2.** [enfoncer] stecken; **~ son regard dans celui de qqn** *fig* jm tief in die Augen sehen; **~ qqn dans qqch** [misère, désespoir] jn in etw *(A)* stürzen; **~ qqn dans l'embarras** *fig* jn in Verlegenheit bringen. ◇ *vi* **-1.** [sauter] ins Wasser springen; [s'immerger] tauchen. **-2.** [s'enfoncer]: **~ dans qqch** in etw *(D)* versinken. **-3.** [foncer]: **~ sur qqn/qqch** sich auf jn/etw stürzen. **-4.** [regard]: **~ sur qqch** sich auf etw *(A)* heften. **-5.** [au football] hechten. **-6.** *fig* [se lancer] ins kalte Wasser springen. **-7.** *fam fig* [avoir des problèmes] dran glauben müssen.

◆ **se plonger** *vp*: **se ~ dans qqch** [bain, lit] sich in etw *(A)* gleiten lassen; [livre, pensées] sich in etw *(A)* versenken.

plongeur, euse [plɔ̃ʒœr, øz] *nm, f* **-1.** SPORT Taucher *der,* -in *die.* **-2.** [en cuisine] Tellerwäscher *der,* -in *die.*

plot [plo] *nm* ÉLECTR Kontakt *der.*

plouc [pluk] *fam péj* ◇ *nmf* Hinterwäldler *der,* -in *die.* ◇ *adj* hinterwäldlerisch.

plouf [pluf] *interj* plumps.

ployer [13] [plwaje] *vi sout* **-1.** [plier] sich biegen; **faire ~ qqch** etw biegen. **-2.** *fig* [faiblir] nach|geben; **~ sous le joug de qqch** sich unter dem Joch einer Sache *(G)* krümmen.

plu [ply] *pp inv* → **plaire, pleuvoir.**

pluie [plɥi] *nf* **-1.** [averse] Regen *der;* **une ~ battante** ein strömender Regen; **des ~s diluviennes** sintflutartige Regenfälle *Pl;* **les cendres tombaient en ~** ein Ascheregen fiel herab; **faire la ~ et le beau temps** *fig* das Sagen haben; **ne pas être né de la dernière ~** *fig* nicht von gestern sein. **-2.** [de coups, d'injures] Hagel *der.*

plumage [plymaʒ] *nm* Gefieder *das.*

plumard [plymar] *nm fam* Federn *Pl.*

plume [plym] *nf* Feder *die;* **stylo ~** Federhalter *der;* **homme de ~** *fig* Schriftsteller *der;* **vivre de sa ~** *fig* von seiner Feder leben; **y laisser** OU **perdre des ~s** *fig* Federn lassen.

plumeau, x [plymo] *nm* Staubwedel *der.*

plumer [3] [plyme] *vt* **-1.** [volaille] rupfen. **-2.** *fam* [personne] aus|nehmen.

plumier [plymje] *nm* Federkasten *der.*

plupart [plypar] *nf*: **la ~ de** der Großteil von; **la ~ du temps** meistens; **pour la ~** zum Großteil, größtenteils.

pluralisme [plyralism] *nm* Pluralismus *der.*

pluralité [plyralite] *nf* Vielzahl *die.*

pluridimensionnel, elle [plyridimɑ̃sjɔnɛl] *adj* mehrdimensional.

pluridisciplinaire [plyridisiplinɛr] *adj* multidisziplinär.

pluriel, elle [plyrjɛl] *adj* **-1.** GRAM Plural-. **-2.** [société] multikulturell.

◆ **pluriel** *nm* GRAM Plural *der,* Mehrzahl *die.*

plus [ply(s)] ◇ *adv* **-1.** [en quantité] mehr; **il a ~ de travail cette année** er hat dieses Jahr mehr Arbeit; **il en veut ~** er will mehr davon; **je ne peux vous en dire ~** ich kann Ihnen nicht mehr dazu sagen; **beaucoup/un peu ~** viel/ein bißchen mehr; **il y a ~ de 15 ans** vor über 15 Jahren. **-2.** [comparatif]: **c'est ~ court par là** da entlang ist es kürzer; **viens ~ souvent** komm öfter; **c'est un peu ~ loin** das ist ein bißchen weiter; **il est ~ jeune que son frère** er ist jünger als sein Bruder; **c'est ~ simple qu'on ne le croit** das ist einfacher, als man denkt; **il a ~ d'argent que moi** er hat mehr Geld als ich; **~ j'y pense, ~ je me dis que** je mehr ich daran denke, desto mehr meine ich, daß; **~ ça va, ~ je me demande si** je länger das dauert, desto mehr frage ich mich, ob; **~ le temps passe, moins j'en ai envie** je mehr Zeit vergeht, desto weniger habe ich dazu Lust. **-3.** [superlatif]: **le ~** am meisten; **c'est lui qui travaille le ~** er arbeitet am meisten; **un de ses tableaux les ~ connus** eines seiner bekanntesten Gemälde; **le ~ souvent** meistens; **le ~ souvent possible** so oft wie möglich; **le ~ loin** am weitesten; **au ~ vite** so schnell wie möglich; **le ~ vite possible** so schnell wie möglich; **le ~ grand des deux** der größere von beiden. **-4.** [négation]: **(ne) ... ~ de** kein,-e,-r ... mehr; **~ de commentaires** keine Kommentare mehr; **~ un mot!** kein Wort mehr; **ne ... ~** nicht mehr; **je n'y comprends ~ rien** ich verstehe nichts mehr; **il ne voit ~ personne** er trifft niemanden mehr; **ne revenez ~ jamais!** kommen Sie nie mehr wieder!; **il n'y a ~ personne** es ist keiner mehr da. ◇ *nm* **-1.** [signe] Pluszeichen *das.* **-2.** *fig* [atout] Pluspunkt *der.* ◇ *prép* und, plus; **1 000 F ~ la T.V.A.** 1000 F zuzüglich MWSt; **trois ~ trois = six** drei plus drei = sechs.

◆ **au plus** *loc adv* höchstens; **tout au ~** allerhöchstens.

◆ **de plus** *loc adv* **-1.** [en supplément]: **un mot de ~ et je m'en vais** noch ein Wort und ich gehe; **une fois de ~, vous êtes en retard** Sie sind wieder einmal zu spät. **-2.** [en comparaison]: **une de ~ qu'hier** eine mehr als gestern. **-3.** [en outre] außerdem.

◆ **de plus en plus** *loc adv* immer mehr; **de ~ en ~ dangereux/haut/souvent** immer gefährlicher/höher/öfter.

◆ **de plus en plus de** *loc prép* immer mehr; **de ~ en ~ de gens** immer mehr Leute; **de ~ en ~ de demande pour un produit** eine immer größere Nachfrage nach einem Produkt.

◆ **des plus** *loc adv* absolut; **un homme des ~ désagréables** ein außerordentlich unangenehmer Mensch.

◆ **en plus** *loc adv* **-1.** [en supplément] extra; **et en ~ il m'a demandé de l'argent!** und dazu hat er mich noch um Geld gebeten! **-2.** [d'ailleurs] außerdem.

◆ **en plus de** *loc prép* **-1.** [temporel]: **en ~ de deux heures/vingt ans** in über OU mehr als zwei Stunden/zwanzig Jahren. **-2.** [outre]: **en ~ du squash, elle fait du tennis** außer Squash spielt sie auch noch Tennis.

◆ **et plus** *loc adv* ab; **enfants de 10 ans et ~** Kinder ab 10 Jahren.

◆ **ni plus ni moins** *loc adv* ganz einfach.

◆ **on ne peut plus** *loc adv* unwahrscheinlich; **il est on ne peut ~ bête** er ist so dumm, dümmer geht es (gar) nicht mehr.

◆ **plus ou moins** *loc adv* mehr oder weniger.

◆ **plus que** *loc adv* mehr als.
◆ **sans plus** *loc adv* und weiter nichts, das ist aber auch alles.
plusieurs [plyzjœr] ◇ *adj indéf pl* mehrere; **~ fois** mehrmals. ◇ *pron indéf pl*: **se mettre à ~ pour faire qqch** etw zu mehreren tun.
plus-que-parfait [plyskəparfɛ] *nm* Plusquamperfekt *das*.
plus-value [plyvaly] (*pl* **plus-values**) *nf* **-1.** [d'investissement] Wertzuwachs *der*. **-2.** [bénéfice] Mehrertrag *der*. **-3.** [surcoût] Aufpreis *der*.
plut [ply] → **plaire**, **pleuvoir**.
plutonium [plytɔnjɔm] *nm* Plutonium *das*.
plutôt [plyto] *adv* **-1.** [de préférence] lieber, eher; **une maladie qui touche ~ les enfants** eine Krankheit, die in erster Linie Kinder trifft. **-2.** [au lieu]: **~ que de** lieber OU besser als, anstatt; **~ que de me regarder, aide-moi** du solltest mir lieber helfen, als mich anzustarren. **-3.** [plus exactement] vielmehr; **ou ~** oder genauer gesagt. **-4.** [assez] ziemlich.
pluvial, e, aux [plyvjal, o] *adj* [eau] Regen-.
pluvieux, euse [plyvjø, øz] *adj* regnerisch.
pluviométrie [plyvjɔmetri] *nf* Regenmessung *die*.
pluviosité [plyvjozite] *nf* durchschnittliche Niederschlagsmenge.
p.m. (*abr de* **pour mémoire**) Z.E. *(zur Erinnerung)*.
PM ◇ *nf* **-1.** (*abr de* **préparation militaire**) vormilitärische Ausbildung. **-2.** (*abr de* **police militaire**) MP *(Militärpolizei)*. ◇ (*abr de* **petit modèle**) kleine Ausführung.
PMA ◇ *nf* (*abr de* **procréation médicalement assistée**) medizinisch unterstützte Zeugung. ◇ *nmpl* (*abr de* **pays les moins avancés**) LLDC *Pl (am wenigsten entwickelte Länder)*.
PME (*abr de* **petite et moyenne entreprise**) *nf* kleiner oder mittlerer Betrieb.
PMI *nf* **-1.** (*abr de* **petite et moyenne industrie**) mittelständische Industrie. **-2.** (*abr de* **protection maternelle et infantile**) *französische Fürsorgestelle für Schwangere und Mütter mit Kleinkindern*.
PMU (*abr de* **Pari mutuel urbain**) *nm französischer Totalisator mit Wettannahmestellen*.
PNB (*abr de* **produit national brut**) *nm* BSP *das*.
pneu [pnø] *nm* [de véhicule] Reifen *der*; **~ arrière** Hinterreifen; **~ avant** Vorderreifen; **~ à clous** Spike(sreifen).
pneumatique [pnømatik] ◇ *nm vieilli* [de véhicule] Reifen *der*. ◇ *adj* **-1.** [outil, machine] Druckluft-, pneumatisch; **marteau ~** Preßlufthammer *der*. **-2.** [gonflé à l'air]: **bateau ~** Schlauchboot *das*; **matelas ~** Luftmatratze *die*.
pneumonie [pnømɔni] *nf* Lungenentzündung *die*.
PNUD, **Pnud** [pnyd] (*abr de* **Programme des Nations unies pour le développement**) *nm* UNDP *das*.
PNUE, **Pnue** [pny] (*abr de* **Programme des Nations unies pour l'environnement**) *nm* UNEP *das*.
p.o. (*abr de* **par ordre**) i.A., I.A. *(im Auftrag)*.
PO (*abr de* **petites ondes**) MW *(Mittelwelle)*.
poche [pɔʃ] *nf* **-1.** [de vêtement] Tasche *die*; **~ revolver** Gesäßtasche; **c'est dans la ~ pour nous** *fam fig* das haben wir sicher; **faire les ~s à qqn** *fam fig* js Taschen ab|suchen; **se remplir** OU **s'en mettre plein les ~s** *fig* sich die Taschen füllen. **-2.** [de sac] Fach *das*. **-3.** [sac] (Trage)tasche *die*. **-4.** [d'air, de pétrole] Ansammlung *die*. **-5.** [déformation] Ausbeulung *die*; **sa robe fait des ~s** ihr Kleid sitzt nicht richtig. **-6.** [cerne]: **avoir des ~s sous les yeux** Tränensäcke unter den Augen haben.
◆ **de poche** *loc adj* Taschen-.
poché, e [pɔʃe] *adj* **-1.** CULIN pochiert. **-2.** *loc*: **avoir un œil ~** ein blaues Auge haben.
pocher [3] [pɔʃe] *vt* **-1.** CULIN pochieren. **-2.** *loc*: **~ un œil à qqn** jm ein blaues Auge schlagen.
pochette [pɔʃɛt] *nf* **-1.** [d'allumettes, de photos] Etui *das*. **-2.** [de disque] Hülle *die*. **-3.** [mouchoir] Einstecktuch *das*.
pochette-surprise [pɔʃɛtsyrpriz] (*pl* **pochettes-surprises**) *nf* Wundertüte *die*.
pochoir [pɔʃwar] *nm* Schablone *die*.
podium [pɔdjɔm] *nm* **-1.** SPORT Siegerpodest *das*. **-2.** [de spectacle] Podium *das*.
podologue [pɔdɔlɔg] *nmf* Fußspezialist *der*, -in *die*.
poêle [pwal] ◇ *nf* CULIN Pfanne *die*; **~ à frire** Bratpfanne. ◇ *nm* [de chauffage] Ofen *der*.
poêlée [pwale] *nf*: **une ~ de haricots** eine Pfanne voll Bohnen.
poêlon [pwalɔ̃] *nm* Kasserolle *die*.
poème [pɔɛm] *nm* Gedicht *das*.
poésie [pɔezi] *nf* **-1.** [genre littéraire, caractère poétique] Poesie *die*. **-2.** [poème] Gedicht *das*; **réciter une ~** ein Gedicht auf|sagen.
poète [pɔɛt] ◇ *adj* poetisch. ◇ *nm* **-1.** [écrivain] Dichter *der*, -in *die*. **-2.** *fig* & *hum* [rêveur] Träumer *der*, -in *die*.
poétique [pɔetik] *adj* **-1.** [œuvre] dichterisch. **-2.** [endroit] poetisch.
poétiquement [pɔetikmɑ̃] *adv* poetisch.
pognon [pɔɲɔ̃] *nm tfam* Knete *die*.
pogrom, **pogrome** [pɔgrɔm] *nm* Pogrom *das*.
poids [pwa] *nm* **-1.** [en kilos, de métal] Gewicht *das*; **perdre du ~** ab|nehmen; **prendre du ~**

zu|nehmen; **quel ~ fait-il?** wie schwer ist er?; **~ lourd** [boxe] Schwergewicht; [camion] Lastwagen *der*; **~ plume** [boxe] Federgewicht; **il ne fait pas le ~** *fig* das ist eine Nummer zu groß für ihn. **-2.** *fig* [force] Stellenwert *der*; **avoir du ~** einflußreich sein; **de ~** [personne] einflußreich; [argument] schwerwiegend; **donner plus de ~ à qqch** einer Sache *(D)* mehr Wichtigkeit verleihen. **-3.** *fig* [fardeau] Last *die*. **-4.** SPORT Kugel *die*; **lancer du ~** Kugelstoßen *das*.

poignant, e [pwaɲɑ̃, ɑ̃t] *adj* herzzerreißend.

poignard [pwaɲar] *nm* Dolch *der*.

poignarder [3] [pwaɲarde] *vt* erstechen.

poigne [pwaɲ] *nf* Kraft *die*; **avoir de la ~** Mumm haben; *fig* Autorität besitzen; **~ de fer** eiserne Faust.

◆ **à poigne** *loc adj fig* autoritär.

poignée [pwaɲe] *nf* **-1.** [manche] Griff *der*; **~ de porte** Türklinke *die*. **-2.** [petite quantité]: **une ~ de** ein Handvoll von.

◆ **poignée de main** *nf* Händedruck *der*.

poignet [pwaɲɛ] *nm* **-1.** [articulation] Handgelenk *das*. **-2.** [de chemise] Manschette *die*.

poil [pwal] *nm* **-1.** [de corps] Haar *das*; **être de bon/mauvais ~** *fam fig* gut/schlecht gelaunt OU drauf sein. **-2.** [pelage] Fell *das*; **à ~** [animal] Haar-; *fam* [tout nu] splitternackt; **de tout ~** aller Arten; **gibier à ~** Haarwild *das*; **avoir repris du ~ de la bête** *fig* über den Berg sein. **-3.** [de pinceau - fin] Haar *das*; [- épais] Borste *die*. **-4.** [de tapis] Flor *der*. **-5.** *fam* [quantité minime]: **il n'y a pas un ~ de différence** es ist haargenau gleich; **à un ~ près** um ein Haar.

poil-de-carotte [pwaldəkarɔt] *adj inv fam* feuerrot.

poiler [3] [pwale]

◆ **se poiler** *vp fam* sich kaputt|lachen.

poilu, e [pwaly] *adj* behaart.

◆ **poilu** *nm fam* HIST *französischer Soldat im ersten Weltkrieg.*

poinçon [pwɛ̃sɔ̃] *nm* **-1.** [sceau] Stempel *der*. **-2.** [outil] Punze *die*.

poinçonner [3] [pwɛ̃sɔne] *vt* **-1.** [bijou] punzen. **-2.** [billet] lochen. **-3.** [tôle] stanzen.

poinçonneuse [pwɛ̃sɔnøz] *nf* Stanzmaschine *die*.

poindre [82] [pwɛ̃dr] *vi sout* **-1.** [jour] an|brechen. **-2.** [plante] sprießen. **-3.** *fig* [sentiment] auf|kommen.

poing [pwɛ̃] *nm* Faust *die*; **dormir à ~s fermés** *fig* wie ein Murmeltier schlafen.

point [pwɛ̃] ◇ *nm* **-1.** [gén] Punkt *der*; **marquer un ~** SPORT einen Punkt machen; *fig* einen Erfolg verbuchen; **faire le ~** *fig* eine Zwischenbilanz ziehen; **~ d'appui** [support] Stütze *die*; **~ chaud** *fig* Krisenherd *der*; **~ de chute** Stützpunkt; **~ culminant** höchster Punkt; *fig* Höhepunkt; **~ de départ** Ausgangspunkt; **~ d'eau** Wasserstelle *die*; **~ d'ébullition** Siedepunkt; **~ d'exclamation** Ausrufezeichen *das*; **~ d'interrogation** Fragezeichen *das*; **~ faible** schwache Seite; **~ final** Schlußpunkt; **~ noir** [sur la peau] Mitesser *der*; [problème] dunkler Punkt; **~ de mire** *fig* Mittelpunkt; **~ névralgique** *fig* wunder Punkt; **~ de ralliement** Treffpunkt; **~ de repère** Anhaltspunkt; **~s de suspension** (drei) Pünktchen *Pl*; **~ de vente** COMM Verkaufsstelle *die*; **~ de vue** [panorama] Aussichtspunkt; [opinion] Standpunkt; **à ce ~** dermaßen; **au ~** OU **à tel ~ que** dermaßen ..., daß; **au ~ de faire qqch** so ..., daß; **je ne suis pas naïve au ~ de croire ça** ich bin nicht so naiv, daß ich das glaube; **au ~ où j'en suis, ça n'a plus d'importance** so wie die Dinge nun einmal liegen, ist das nicht mehr wichtig; **avoir un ~ commun avec qqn** etwas mit jm gemeinsam haben; **être mal en ~** gesundheitlich nicht auf der Höhe sein; **être sur le ~ de faire qqch** gerade dabei sein, etw zu tun; **mettre un ~ final à qqch** einen Schlußstrich unter etw *(A)* ziehen; **mettre qqch au ~** [machine] etw ein|stellen; [idée, projet] etw entwickeln. **-2.** COUTURE, TRICOT & MÉD Stich *der*; **~ de suture** MÉD Stich *der*; **j'ai eu des ~s de suture** ich bin genäht worden. **-3.** [question] Frage *die*, Punkt *der*. **-4.** [douleur] stechender Schmerz; **~ de côté** Seitenstechen *das*. **-5.** [endroit] Stelle *die*; [de région] Ort *der*. **-6.** *sout* [début]: **au ~ du jour** bei Tagesanbruch. ◇ *adv vieilli* [pas]: **ne ... ~** nicht.

◆ **à point** *loc adj* [cuisson] durch(gebraten).

◆ **à point (nommé)** *loc adv* zum richtigen Zeitpunkt.

◆ **points cardinaux** *nmpl* Himmelsrichtungen *Pl*.

pointage [pwɛ̃taʒ] *nm* **-1.** [comptage] Kontrolle *die*. **-2.** [de carte] Ausrichtung *die*. **-3.** [d'arme] Richten *das*.

pointe [pwɛ̃t] *nf* **-1.** [extrémité pointue] Spitze *die*; **en ~** spitz *(adj)*; **se hausser sur la ~ des pieds** sich auf die Zehenspitzen stellen; **~ d'asperge** Spargelspitze; **~ du nez** Nasenspitze. **-2.** [clou] Nagel *der*. **-3.** [de terre] Landzunge *die*. **-4.** [accélération]: **~ (de vitesse)** Spitzengeschwindigkeit *die*; **faire** OU **pousser une ~ (jusqu'à ...)** Spitzengeschwindigkeiten (bis zu ...) erreichen. **-5.** *fig* [d'humour, de jalousie] Spur *die*. **-6.** [d'ail, de piment] Messerspitze *die*. **-7.** [chaussons]: **des ~s** Schuhe *Pl* für den Spitzentanz; **faire des** OU **les ~s** (auf) Spitzen tanzen. **-8.** *loc*: **être à la ~ de qqch** in etw *(D)* führend sein.

◆ **de pointe** *loc adj* Spitzen-.

pointer [3] [pwɛ̃te] ◇ *vt* **-1.** [cocher] ab|haken. **-2.** [à l'usine]: **~ les employés** die Anwesenheit der Angestellten kontrollieren. **-3.** [diriger]: **~**

qqch vers OU sur qqn/qqch etw auf jn/etw richten. -4. [oreilles] auf|richten, stellen. ◇ vi -1. [à l'usine] stechen. -2. [au chômage] stempeln. -3. [seins, os] hervor|stechen. -4. [jour] an|brechen. -5. [sentiment] durch|schimmern. -6. [à la pétanque] auf das Ziel schießen.
◆ **se pointer** *vp fam* auf|kreuzen.

pointillé [pwɛ̃tije] *nm* gestrichelte Linie; **en ~** [ligne] gestrichelt; *fig* zwischen den Zeilen; **détacher suivant les ~s** an der gestrichelten Linie ab|trennen.

pointilleux, euse [pwɛ̃tijø, øz] *adj* pingelig; **être** OU **se montrer ~ sur qqch** auf etw *(A)* sehr großen Wert legen.

pointu, e [pwɛ̃ty] *adj* **-1.** [forme, nez] spitz. **-2.** [voix, ton] schrill. **-3.** [formation, méthode] hochspezialisiert. **-4.** [analyse] sehr gründlich.

pointure [pwɛ̃tyr] *nf* [de chaussure] Größe *die.*

point-virgule [pwɛ̃virgyl] (*pl* **points-virgules**) *nm* Strichpunkt *der.*

poire [pwar] ◇ *adj fam* : **être (bonne) ~** zu gutmütig sein. ◇ *nf* **-1.** [fruit] Birne *die;* **~ Belle-Hélène** Birne Helene; **couper la ~ en deux** *fig* sich auf halbem Wege entgegen|kommen. **-2.** *fam* [tête] Birne *die;* **prendre qqch en pleine ~** *fam* etw voll an die Birne kriegen. **-3.** [objet]: **~ électrique** *birnenförmiger Lichtschalter;* **~ à injection** Klistierspritze *die.* **-4.** *fam* [naïf] Blödian *der.*

poireau, x [pwaro] *nm* [légume] Lauch *der,* Porree *der;* **~x vinaigrette** Lauch mit Essig-Öl-Dressing.

poireauter, poiroter [3] [pwarote] *vi fam* warten, sich die Beine in den Bauch stehen.

poirier [pwarje] *nm* [arbre] Birnbaum *der;* **faire le ~** *fig* einen Kopfstand machen.

pois [pwa] *nm* **-1.** [plante, légume] Erbse *die;* **~ chiche** Kichererbse; **petits ~** grüne Erbsen; **~ de senteur** Wicke *die.* **-2.** *fig* [motif] Punkt *der;* **à ~** gepunktet.

poison [pwazɔ̃] ◇ *nm* Gift *das; fig* Plage *die.* ◇ *nmf fam* **-1.** [homme méchant] Giftzwerg *der;* [méchante femme] Giftschlange *die.* **-2.** [enfant insupportable] Nervensäge *die.*

poisse [pwas] *nf fam* Pech *das;* **porter la ~** Unglück bringen.

poisseux, euse [pwasø, øz] *adj* schmierig.

poisson [pwasɔ̃] *nm* Fisch *der;* **~ rouge** Goldfisch; **~ d'avril** *fig* Aprilscherz *der;* **~ d'avril!** April, April!; **noyer le ~** *fig* die Sache vertuschen.
◆ **Poissons** *nmpl* ASTRON & ASTROL Fische *die;* **sous le signe du Poissons** im Zeichen der Fische.

poisson-chat [pwasɔ̃ʃa] (*pl* **poissons-chats**) *nm* Wels *der.*

poissonnerie [pwasɔnri] *nf* **-1.** [boutique] Fischgeschäft *das.* **-2.** [métier] Fischhandel *der.*

poissonneux, euse [pwasɔnø, øz] *adj* fischreich.

poissonnier, ère [pwasɔnje, ɛr] *nm, f* Fischhändler *der,* -in *die.*

poitevin, e [pwatvɛ̃, in] *adj* aus dem Poitou.
◆ **Poitevin, e** *nm, f* Einwohner *der,* -in *die* des Poitou.

Poitou [pwatu] *nm*: **le ~** das Poitou.

poitrail [pwatraj] *nm* Brust *die (von Tieren).*

poitrinaire [pwatrinɛr] *vieilli* ◇ *nmf* Schwindsüchtige *der, die.* ◇ *adj* schwindsüchtig.

poitrine [pwatrin] *nf* **-1.** [thorax, viande] Brust *die;* **respirer à pleine ~** kräftig durch|atmen. **-2.** [seins] Busen *der.*

poivre [pwavr] *nm* Pfeffer *der;* **~ noir/blanc** schwarzer/weißer Pfeffer; **~ et sel** schwarzgrau meliert.

poivrer [3] [pwavre] *vt* pfeffern.
◆ **se poivrer** *vp fam* sich vollaufen lassen.

poivrier [pwavrije] *nm* **-1.** BOT Pfefferstrauch *der.* **-2.** [ustensile] Pfefferstreuer *der.*

poivrière [pwavrijɛr] *nf* **-1.** [plantation] Pfefferanpflanzung *die.* **-2.** [ustensile] Pfefferstreuer *der.*

poivron [pwavrɔ̃] *nm* Paprika *der;* **~ rouge/vert** roter/grüner Paprika.

poivrot, e [pwavro, ɔt] *nm, f fam* Säufer *der,* -in *die.*

poix [pwa] *nf* Pech *das (schwarze Masse).*

poker [pɔkɛr] *nm* Poker *der* OU *das;* **jouer au ~** Poker spielen.

polaire [pɔlɛr] *adj* **-1.** [cercle, région, climat] Polar-. **-2.** ÉLECTR Pol-.

polar [pɔlar] *nm fam* Krimi *der.*

polariser [3] [pɔlarize] *vt* **-1.** ÉLECTR polarisieren. **-2.** *fig* [attention] auf sich ziehen; [énergie] in Anspruch nehmen.
◆ **se polariser** *vp*: **se ~ sur qqch** sich auf etw *(A)* fixieren.

Polaroid® [pɔlarɔid] *nm* **-1.** [appareil] Polaroidkamera® *die,* Sofortbildkamera *die.* **-2.** [photo] Polaroidaufnahme® *die.*

polder [pɔldɛr] *nm* Polder *der.*

pôle [pol] *nm* **-1.** GÉOGR & ÉLECTR Pol *der;* **~ Nord** Nordpol; **~ Sud** Südpol. **-2.** [zone] Zentrum *das.* **-3.** *fig* [extrémité] Extrem *das.*

polémique [pɔlemik] ◇ *nf* Kontroverse *die,* Polemik *die.* ◇ *adj* polemisch.

polémiquer [3] [pɔlemike] *vi* polemisieren.

polenta [pɔlɛnta] *nf* Polenta *die.*

poli, e [pɔli] *adj* **-1.** [courtois] höflich. **-2.** [surface] poliert.

◆ **poli** *nm* [aspect] Glanz *der.*

police [pɔlis] *nf* **-1.** [administration] Polizei *die*; **être de/dans la ~** von/bei der Polizei sein; **faire la ~** Polizei spielen; **~ judiciaire** Kriminalpolizei; **~ secours** Überfallskommando *das*; **~ secrète** Geheimpolizei. **-2.** [contrat] Police *die*; **~ d'assurance** Versicherungspolice. **-3.** TYPO Schrift(art) *die.*

policé, e [pɔlise] *adj littéraire* gesittet.

polichinelle [pɔliʃinɛl] *nm* **-1.** [jouet] Kasperpuppe *die*; **secret de Polichinelle** offenes Geheimnis. **-2.** *fam* [personne] Hampelmann *der.*

policier, ère [pɔlisje, ɛr] *adj* **-1.** [chien, État] Polizei-; [mesure] polizeilich. **-2.** [roman, film] Kriminal-.

◆ **policier** *nm* **-1.** [roman] Krimi *der.* **-2.** [agent] Polizist *der*, -in *die.*

policlinique [pɔliklinik] *nf* Poliklinik *die.*

poliment [pɔlimɑ̃] *adv* höflich.

polio [pɔljo] (*abr de* **poliomyélite**) *nf* Kinderlähmung *die.*

poliomyélite [pɔljɔmjelit] *nf* Kinderlähmung *die.*

polir [32] [pɔlir] *vt* **-1.** [poncer] polieren. **-2.** *fig* [perfectionner] aus|feilen.

polissage [pɔlisaʒ] *nm* Polieren *das.*

polisson, onne [pɔlisɔ̃, ɔn] ◇ *adj* **-1.** [fripon] frech. **-2.** [grivois] anzüglich. ◇ *nm, f* Schlingel *der.*

politesse [pɔlitɛs] *nf* Höflichkeit *die*; **se faire des ~s** *hum* Höflichkeiten aus|tauschen.

politicard, e [pɔlitikar, ard] *péj* ◇ *adj* skrupellos taktierend. ◇ *nm, f* ränkeschmiedende Möchtegernpolitiker *der*, ränkeschmiedende Möchtegernpolitikerin *die.*

politicien, enne [pɔlitisjɛ̃, ɛn] ◇ *adj* taktierend; **politique ~ne** politische Querelen *Pl.* ◇ *nm, f* Politiker *der*, -in *die.*

politique [pɔlitik] ◇ *nf* Politik *die*; **faire de la ~** Politiker sein; **~ étrangère** Außenpolitik; **~ intérieure** Innenpolitik; **pratiquer la ~ de l'autruche** *fig* Vogel-Strauß-Politik betreiben. ◇ *nm* [personne] Politiker *der*, -in *die.* ◇ *adj* **-1.** [gén] politisch. **-2.** [habile] politisch geschickt.

politiquement [pɔlitikmɑ̃] *adv* politisch.

politisation [pɔlitizasjɔ̃] *nf* Politisierung *die.*

politiser [3] [pɔlitize] *vt* politisieren.

politologue [pɔlitɔlɔg] *nmf* Politologe *der*, -gin *die.*

polka [pɔlka] *nf* Polka *die.*

pollen [pɔlɛn] *nm* Pollen *der*, Blütenstaub *der.*

polluant, e [pɔlɥɑ̃, ɑ̃t] *adj* umweltschädlich; **non ~** umweltfreundlich.

◆ **polluant** *nm* Schadstoff *der.*

polluer [7] [pɔlɥe] *vt* verschmutzen.

pollution [pɔlysjɔ̃] *nf* Verschmutzung *die*; [de l'environnement] Umweltverschmutzung *die*; **~ atmosphérique** Luftverschmutzung.

polo [pɔlo] *nm* **-1.** [sport] Polo *das.* **-2.** [chemise] Polohemd *das.*

polochon [pɔlɔʃɔ̃] *nm fam große Nackenrolle.*

Pologne [pɔlɔɲ] *nf*: **la ~** Polen *nt.*

polonais, e [pɔlɔnɛ, ɛz] *adj* polnisch.

◆ **polonais** *nm* [langue] Polnisch(e) *(das).*

◆ **polonaise** *nf* [danse] Polonaise *die.*

◆ **Polonais, e** *nm, f* Pole *der*, -lin *die.*

poltron, onne [pɔltrɔ̃, ɔn] ◇ *adj* ängstlich. ◇ *nm, f* Angsthase *der.*

polyamide [pɔliamid] *nm* Polyamid *das.*

polychrome [pɔlikrom] *adj* mehrfarbig.

polyclinique [pɔliklinik] *nf Klinik mit mehreren Fachbereichen.*

polycopie [pɔlikɔpi] *nf* Vervielfältigung *die.*

polycopié, e [pɔlikɔpje] *adj* vervielfältigt.

◆ **polycopié** *nm* Skript *das.*

polycopier [9] [pɔlikɔpje] *vt* vervielfältigen.

polyculture [pɔlikyltyr] *nf* Mischkultur *die.*

polyester [pɔliɛstɛr] *nm* Polyester *der.*

polygame [pɔligam] ◇ *nm* in Polygamie lebende Person. ◇ *adj* polygam.

polygamie [pɔligami] *nf* Polygamie *die.*

polyglotte [pɔliglɔt] ◇ *nmf mehrere Sprachen beherrschende Person.* ◇ *adj* mehrsprachig, polyglott.

polygone [pɔligɔn] *nm* **-1.** MATHS Vieleck *das.* **-2.** MIL Artillerieschießplatz *der.*

polymère [pɔlimɛr] ◇ *nm* Polymer *das.* ◇ *adj* polymer.

polymorphe [pɔlimɔrf] *adj* vielgestaltig, polymorph.

Polynésie [pɔlinezi] *nf*: **la ~** Polynesien *nt*; **la ~ française** Französisch-Polynesien *nt.*

polynésien, enne [pɔlinezjɛ̃, ɛn] *adj* polynesisch.

◆ **polynésien** *nm* [langue] Polynesisch(e) *(das).*

◆ **Polynésien, enne** *nm, f* Polynesier *der*, -in *die.*

polype [pɔlip] *nm* Polyp *der.*

polyphonie [pɔlifɔni] *nf* Polyphonie *die.*

polysémique [pɔlisemik] *adj* polysem.

polystyrène [pɔlistirɛn] *nm* Styropor *das.*

polytechnicien, enne [pɔlitɛknisjɛ̃, ɛn] *nm, f Ingenieur mit einem Abschluß der französischen Eliteschule Polytechnique.*

Polytechnique [pɔlitɛknik] *n*: **l'École ~** *französische Ingenieurhochschule.*

ÉCOLE POLYTECHNIQUE:
Diese angesehene Schule in Palaiseau bei Paris untersteht dem Verteidigungsministerium und bildet Ingenieure für alle höheren, zivilen oder militärischen Funktionen aus. Sie wird auch einfach "X" genannt.

polythéisme [pɔliteism] *nm* Polytheismus *der*.
polythéiste [pɔliteist] ◇ *nmf* Polytheist *der*, -in *die*. ◇ *adj* polytheistisch.
polyvalent, e [pɔlivalɑ̃, ɑ̃t] *adj* **-1.** [objet, salle] Mehrzweck-. **-2.** [secrétaire, professeur] vielseitig.
pomelo [pɔmelo] *nm* Grapefruit *die*.
pommade [pɔmad] *nf* Salbe *die*.
pommader [3] [pɔmade] *vt* mit Salbe ein|reiben.
pomme [pɔm] *nf* **-1.** [fruit] Apfel *der*; **~ de pin** Tannenzapfen *der*. **-2.** [pomme de terre]: **~s allumettes** (dünne) Pommes frites *Pl*; **~s vapeur** Salzkartoffeln *Pl*. **-3.** [de canne] Knauf *der*. **-4.** *loc*: **ça, c'est pour ma/ta ~** *fam* jetzt muß ich/mußt du dran glauben; **tomber dans les ~s** *fam* in Ohnmacht fallen.
◆ **pomme d'Adam** *nf* Adamsapfel *der*.
pommeau, x [pɔmo] *nm* Knauf *der*.
pomme de terre [pɔmdətɛr] (*pl* **pommes de terre**) *nf* Kartoffel *die*; **pommes de terre à l'eau** Salzkartoffeln *Pl*; **pommes de terre au four** Folienkartoffeln *Pl*; **pommes de terre en robe des champs** Pellkartoffeln *Pl*; **pommes (de terre) sautées** Bratkartoffeln *Pl*.
pommelé, e [pɔmle] *adj* [ciel] mit Schäfchenwölkchen; **cheval ~** Apfelschimmel *der*.
pommette [pɔmɛt] *nf* Backenknochen *der*.
pommier [pɔmje] *nm* Apfelbaum *der*.
pompe [pɔ̃p] *nf* **-1.** [appareil] Pumpe *die*; **~ à essence** Zapfsäule *die*; **~ à incendie** Feuerspritze *die*. **-2.** [magnificence] Pomp *der*; **en grande ~** mit großem Pomp. **-3.** *fam* [chaussure] Schuh *der*; **être à côté de ses ~s** *fig* völlig daneben sein. **-4.** SPORT: **faire des ~s** Liegestütze machen.
◆ **pompes funèbres** *nfpl* Bestattungsinstitut *das*.
Pompéi [pɔ̃pei] *n* Pompeji *nt*.
pomper [3] [pɔ̃pe] *vt* **-1.** [aspirer, puiser] pumpen. **-2.** [absorber] auf|saugen. **-3.** *fam* [copier]: **~ (qqch sur qqn)** (etw bei jm) ab|schreiben.
pompette [pɔ̃pɛt] *adj fam* beschwipst.
pompeusement [pɔ̃pøzmɑ̃] *adv* pompös.
pompeux, euse [pɔ̃pø, øz] *adj* pompös.
pompier [pɔ̃pje] *nm* Feuerwehrmann *der*; **les ~s** die Feuerwehr.
pompiste [pɔ̃pist] *nmf* Tankwart *der*.
pompon [pɔ̃pɔ̃] *nm* Bommel *der*; **décrocher le ~** *fam iron* den Vogel ab|schießen; **c'est le ~!** *fam* das ist der Gipfel!
pomponner [3] [pɔ̃pɔne] *vt* heraus|putzen.
◆ **se pomponner** *vp* sich schön|machen.
ponce [pɔ̃s] *adj*: **pierre ~** Bimsstein *der*.
poncer [16] [pɔ̃se] *vt* (ab|)schleifen.
ponceuse [pɔ̃søz] *nf* Schleifmaschine *die*.
poncif [pɔ̃sif] *nm* Gemeinplatz *der*.
ponction [pɔ̃ksjɔ̃] *nf* **-1.** MÉD Punktion *die*. **-2.** *fig* [prélèvement] Aderlaß *der*.
ponctionner [3] [pɔ̃ksjɔne] *vt* **-1.** MÉD punktieren. **-2.** *fig* [prélever] schröpfen.
ponctualité [pɔ̃ktɥalite] *nf* Pünktlichkeit *die*.
ponctuation [pɔ̃ktɥasjɔ̃] *nf* Zeichensetzung *die*.
ponctuel, elle [pɔ̃ktɥɛl] *adj* **-1.** [à l'heure] pünktlich. **-2.** [sporadique] vereinzelt.
ponctuellement [pɔ̃ktɥɛlmɑ̃] *adv* **-1.** [à l'heure] pünktlich. **-2.** [sporadiquement] vereinzelt.
ponctuer [7] [pɔ̃ktɥe] *vt* **-1.** [texte] mit Satzzeichen versehen. **-2.** [marquer]: **~ qqch de qqch** etw mit etw begleiten.
pondéral, e, aux [pɔ̃deral, o] *adj* Gewichts-.
pondération [pɔ̃derasjɔ̃] *nf* **-1.** [circonspection] Besonnenheit *die*. **-2.** [dans calcul] Gewichtung *die*.
pondéré, e [pɔ̃dere] *adj* bedächtig.
pondérer [18] [pɔ̃dere] *vt* **-1.** [nuancer] ab|wägen. **-2.** [compenser] aus|gleichen.
Pondichéry [pɔ̃diʃeri] *n* Pondicherry *nt*.
pondis *etc* → **pondre**.
pondre [75] [pɔ̃dr] *vt* **-1.** [œuf] legen. **-2.** *fam* [projet, texte] produzieren, fabrizieren.
ponds *etc* → **pondre**.
pondu, e [pɔ̃dy] *pp* → **pondre**.
poney [pɔnɛ] *nm* Pony *das*.
pongiste [pɔ̃ʒist] *nmf* Tischtennisspieler *der*, -in *die*.
pont [pɔ̃] *nm* **-1.** [CONSTR, de navire] Brücke *die*; **~ aérien** Luftbrücke; **couper les ~s avec qqn** *fig* die Beziehung zu jm ab|brechen. **-2.** [congé] *verlängertes Wochenende (mit einem Urlaubstag zwischen Sonn- und Feiertag)*; **faire le ~** *sich den Tag oder die Tage zwischen zwei Feiertagen freinehmen*.
◆ **Ponts et Chaussées** *nmpl* ADMIN Hoch- und Tiefbauamt *das*.
ponte [pɔ̃t] ◇ *nf* (Eier)legen *das*. ◇ *nm fam* : **(grand) ~** hohes Tier.
pontife [pɔ̃tif] *nm* RELIG Kirchenfürst *der*; **souverain ~** Kirchenoberhaupt *das*.
pontifical, e, aux [pɔ̃tifikal, o] *adj* pontifikal.
pontificat [pɔ̃tifika] *nm* Pontifikat *das*.

pontifier [9] [pɔ̃tifje] *vi fam* dozieren, geschwollen reden.

pont-levis [pɔ̃ləvi] (*pl* **ponts-levis**) *nm* Zugbrücke *die*.

ponton [pɔ̃tɔ̃] *nm* Ponton *der*.

pool [pul] *nm* Pool *der*; **~ de dactylos** Schreibbüro *das*.

pop [pɔp] ◇ *nm* OU *nf* Popmusik *die*. ◇ *adj inv* Pop-.

pop-corn [pɔpkɔrn] *nm inv* Popcorn *das*.

pope [pɔp] *nm* Pope *der*.

popeline [pɔplin] *nf* Popelin(e) *der*; **chemise en ~** Popelin(e)hemd *das*.

popote [pɔpɔt] *fam* ◇ *adj inv* häuslich. ◇ *nf*: **faire** OU **préparer la ~** Essen machen.

populace [pɔpylas] *nf péj* gemeines Volk.

populaire [pɔpylɛr] *adj* **-1.** [du peuple] Volks-. **-2.** [folklorique] volkstümlich. **-3.** [demandé, apprécié] beliebt, populär.

populariser [3] [pɔpylarize] *vt* bekannt machen.

popularité [pɔpylarite] *nf* Popularität *die*.

population [pɔpylasjɔ̃] *nf* Bevölkerung *die*; **~ active** erwerbstätige Bevölkerung.

populiste [pɔpylist] ◇ *nmf* Populist *der*, -in *die*. ◇ *adj* populistisch.

populo [pɔpylo] *nm fam* [peuple] gemeines Volk.

porc [pɔr] *nm* **-1.** [animal] Schwein *das*. **-2.** [viande] Schweinefleisch *das*; **rôti de ~** Schweinebraten *der*. **-3.** [peau] Schweinsleder *das*. **-4.** *fam péj* [personne] Schwein *das*.

porcelaine [pɔrsəlɛn] *nf* **-1.** [matière, objet] Porzellan *das*. **-2.** [mollusque] Porzellanschnecke *die*.

porcelet [pɔrsəlɛ] *nm* Ferkel *das*.

porc-épic [pɔrkepik] (*pl* **porcs-épics**) *nm* Stachelschwein *das*.

porche [pɔrʃ] *nm* Vorhalle *die*.

porcherie [pɔrʃəri] *nf* Schweinestall *der*.

porcin, e [pɔrsɛ̃, in] *adj* Schweine-; **yeux ~s** Schweinsäuglein *Pl*.

◆ **porcins** *nmpl* Schweine *Pl*.

pore [pɔr] *nm* Pore *die*.

poreux, euse [pɔrø, øz] *adj* porös.

porno [pɔrno] *fam* ◇ *adj* Porno-. ◇ *nm* Porno *der*.

pornographie [pɔrnɔgrafi] *nf* Pornographie *die*.

pornographique [pɔrnɔgrafik] *adj* pornographisch, Porno-.

porridge [pɔridʒ] *nm* Porridge *der*.

port [pɔr] *nm* **-1.** [pour bateaux] Hafen *der*; **~ d'attache** Heimathafen; **~ de commerce** Handelshafen; **~ de pêche** Fischereihafen; **~ de plaisance** Jachthafen; **arriver à bon ~** [personne] gut nach Hause kommen; [chose] heil an|kommen. **-2.** [de casque, de vêtement] Tragen *das*; **~ d'armes** Tragen von Waffen. **-3.** [frais de transport] Fracht *die*, Porto *das*. **-4.** [allure] Haltung *die*.

portable [pɔrtabl] ◇ *nm* INFORM tragbarer Computer, Laptop *der*. ◇ *adj* tragbar.

portail [pɔrtaj] *nm* Portal *das*, Tor *das*.

portant, e [pɔrtɑ̃, ɑ̃t] *adj*: **être bien/mal ~** gut/schlecht zurecht sein.

◆ **portant** *nm* **-1.** CONSTR Stütze *die*. **-2.** THÉÂTRE Kulissenstütze *die*. **-3.** [présentoir] Kleiderstange *die*.

portatif, ive [pɔrtatif, iv] *adj* tragbar.

Port-au-Prince [pɔroprɛ̃s] *n* Port-au-Prince *nt*.

porte [pɔrt] *nf* **-1.** [de maison, de voiture] Tür *die*; **claquer la ~** die Tür zu|schlagen; *fig* ab|hauen; **claquer** OU **fermer la ~ au nez de qqn** jm die Tür vor der Nase zu|schlagen; **écouter aux ~s** an der Tür horchen; **être à la ~** vor verschlossener Tür stehen; **mettre qqn à la ~** jn raus|-werfen; **~ cochère** Einfahrtstor *das*; **~ de communication** Verbindungstür; **~ d'entrée** Eingangstür; **~ de secours** Notausgang *der*; **~ vitrée** Glastür. **-2.** [au ski, de ville] Tor *das*; **la ~ de Versailles** *Ausstellungs- und Messegelände in Paris*.

porte-à-faux [pɔrtafo] *nm inv* Überkragung *die*; **en ~** [mur, objet] freitragend; **être en ~ par rapport à qqch** *fig* im Konflikt mit etw stehen.

porte-à-porte [pɔrtapɔrt] *nm inv* Haustürverkauf *der*; **faire du ~** an der Haustür verkaufen.

porte-avions [pɔrtavjɔ̃] *nm inv* Flugzeugträger *der*.

porte-bagages [pɔrtbagaʒ] *nm inv* Gepäckträger *der*.

porte-bébé [pɔrtbebe] (*pl* **porte-bébés** OU *inv*) *nm* (Baby)tragetasche *die*.

porte-bonheur [pɔrtbɔnœr] *nm inv* Glücksbringer *der*.

porte-bouteilles [pɔrtbutɛj] *nm inv* Flaschenregal *das*.

porte-cartes [pɔrtəkart] *nm inv* Brieftasche *die* für Kreditkarten.

porte-clés, **porte-clefs** [pɔrtəkle] *nm inv* Schlüsselanhänger *der*.

porte-couteau [pɔrtkuto] (*pl* **porte-couteaux** OU *inv*) *nm* Messerbänkchen *das*.

porte-documents [pɔrtdɔkymɑ̃] *nm inv* Kollegmappe *die*.

porte-drapeau [pɔrtdrapo] (*pl* **porte-drapeaux** OU *inv*) *nm* Fahnenträger *der*.

portée [pɔrte] *nf* **-1.** [distance] Reichweite *die*; **à ~ de vue** in Sichtweite; **à ~ de main** griffbereit; **à la ~ de qqn** [physiquement] in js Reichweite; [financièrement] für jn erschwinglich; [intellectuellement] für jn verständlich; **ouvrage à la ~ de tous** allgemeinverständliches Werk; **hors de (la) ~ de qqn** [physiquement] außerhalb js Reichweite; [intellectuellement] zu hoch für jn; **ceci est hors de ma ~** das ist mir zu hoch. **-2.** [importance] Tragweite *die*. **-3.** MUS Notenlinien *Pl*. **-4.** [de chiots, de chatons] Wurf *der*.

porte-fenêtre [pɔrtfənɛtr] (*pl* **portes-fenêtres**) *nf* Fenstertür *die*.

portefeuille [pɔrtəfœj] *nm* **-1.** [objet] Brieftasche *die*. **-2.** [ministère] Geschäftsbereich *der*; **~ des Affaires étrangères** Außenministerium *das*. **-3.** COMM & FIN Portefeuille *das*.

porte-jarretelles [pɔrtʒartɛl] *nm inv* Straps *der*.

porte-malheur [pɔrtmalœr] *nm inv* [objet] unheilbringender Gegenstand; [personne] unheilbringender Mensch.

portemanteau, x [pɔrtmɑ̃to] *nm* [sur pied] Kleiderständer *der*; [mural] Kleiderhaken *der*.

portemine [pɔrtəmin] *nm* Drehbleistift *der*.

porte-monnaie [pɔrtmɔnɛ] *nm inv* Portemonnaie *das*.

porte-parapluies [pɔrtparaplɥi] *nm inv* Schirmständer *der*.

porte-parole [pɔrtparɔl] *nm inv* Sprecher *der*, -in *die*; **~ officiel du gouvernement** Regierungssprecher.

porte-plume [pɔrtəplym] *nm inv* Federhalter *der*.

porter [3] [pɔrte] ◇ *vt* **-1.** [gén] tragen. **-2.** [apporter, amener] bringen; **~ qqch à la poste** etw zur Post bringen; **~ qqn/qqch devant les tribunaux** jn/etw vor Gericht bringen; **~ un verre à ses lèvres** ein Glas an die Lippen führen. **-3.** [inciter]: **~ qqn à qqch** jn zu etw verleiten; **~ qqn à faire qqch** jn dazu verleiten, etw zu tun; **~ à croire que** dafür sprechen, daß. **-4.** [inscrire] ein|tragen; **porté disparu** (als) vermißt gemeldet. **-5.** [diriger] richten; **~ des accusations contre qqn** gegen jn Anschuldigungen erheben. ◇ *vi* **-1.** [traiter]: **ce film/livre porte sur** in diesem Film/Buch geht es um; **ce document porte sur la réforme** Gegenstand OU Thema dieses Dokuments ist die Reform; **sur quoi porte votre question**? worauf bezieht sich Ihre Frage? **-2.** [s'appuyer]: **~ sur qqch** sich auf etw *(A)* stützen. **-3.** [remarque, tir] treffen. **-4.** [voix] tragen.

◆ **se porter** ◇ *vp* **-1.** [personne]: **comment vous portez-vous**? wie geht es Ihnen?; **il se porte bien/mal** es geht ihm gut/schlecht. **-2.** [vêtement] getragen werden; **cette année, les pantalons se portent plutôt courts** dieses Jahr trägt man Hosen eher kurz. **-3.** [se diriger]: **se ~ sur qqn/qqch** [choix, regard] auf jn/etw fallen; [conversation] sich um etw drehen. ◇ *v attr*: **se ~ acquéreur** als Käufer auf|treten; **se ~ candidat à qqch** für etw kandidieren; **se ~ volontaire** sich freiwillig melden.

porte-savon [pɔrtsavɔ̃] (*pl* **porte-savons** OU *inv*) *nm* Seifenschale *die*.

porte-serviettes [pɔrtsɛrvjɛt] *nm inv* Handtuchhalter *der*.

porteur, euse [pɔrtœr, øz] ◇ *adj* **-1.** [mur] tragend. **-2.** [femme]: **mère porteuse** Leihmutter *die*. **-3.** [marché, créneau] vielversprechend. ◇ *nm, f* **-1.** [de bagages] Gepäckträger *der*. **-2.** [détenteur, FIN] Inhaber *der*, -in *die*; **être ~ de faux papiers** im Besitz falscher Papiere sein; **action au ~** Inhaberaktie *die*. **-3.** [de maladie] Träger *der*, -in *die*.

porte-voix [pɔrtəvwa] *nm inv* Megaphon *das*.

portier [pɔrtje] *nm* Portier *der*.

portière [pɔrtjɛr] *nf* (Auto)tür *die*.

portillon [pɔrtijɔ̃] *nm* Pforte *die*.

portion [pɔrsjɔ̃] *nf* **-1.** [part] (An)teil *der*; **être réduit à la ~ congrue** sich mit dem strikten Minimum begnügen müssen. **-2.** [ration] Portion *die*; **double ~** doppelte Portion. **-3.** [segment, tronçon] Teilstück *das*.

portique [pɔrtik] *nm* **-1.** ARCHIT Säulenvorbau *der*. **-2.** [de jeu] (Turn)gerüst *das*. **-3.** IND Laufkran *der*.

Port-Louis [pɔrlwi] *n* Port Louis *nt*.

porto [pɔrto] *nm* Portwein *der*.

Porto-Novo [pɔrtonɔvo] *n* Porto Novo *nt*.

portoricain, e [pɔrtɔrikɛ̃, ɛn] *adj* puertoricanisch.

◆ **Portoricain, e** *nm, f* Puertoricaner *der*, -in *die*.

Porto Rico [pɔrtoriko], **Puerto Rico** [pɥɛrtoriko] *n* Puerto Rico *nt*; **à ~** in Puerto Rico.

portrait [pɔrtrɛ] *nm* **-1.** ART & PHOT Porträt *das*; **être tout le ~ de qqn** jm wie aus dem Gesicht geschnitten sein. **-2.** [description] Beschreibung *die*.

portraitiste [pɔrtretist] *nmf* [peintre] Porträtmaler *der*, -in *die*; [photographe] Porträtfotograf *der*, -in *die*.

portrait-robot [pɔrtrɛrɔbo] (*pl* **portraits-robots**) *nm* Phantombild *das*.

portuaire [pɔrtɥɛr] *adj* Hafen-.

portugais, e [pɔrtygɛ, ɛz] *adj* portugiesisch.

◆ **portugais** *nm* [langue] Portugiesisch(e) *(das)*.

◆ **Portugais, e** *nm, f* Portugiese *der*, -sin *die*.

Portugal [pɔrtygal] *nm*: **le ~** Portugal *nt*; **au ~** in Portugal.

POS, Pos [pɔs] (*abr de* **plan d'occupation des sols**) *nm* Flächennutzungsplan *der*.

pose [poz] *nf* **-1.** [de serrure, de vitre] Anbringen *das*; [de câble, de moquette] Verlegen *das*; **~ de**

papier peint Tapezieren *das*. **-2.** [position] Pose *die*; **prendre la ~** eine Pose ein|nehmen. **-3.** PHOT Belichtung *die*; **temps de ~** Belichtungszeit *die*.

posé, e [poze] *adj* besonnen.

posément [pozemɑ̃] *adv* besonnen.

poser [3] [poze] ◇ *vt* **-1.** [à la verticale] (hin|)stellen; [à l'horizontale] (hin|)legen; **~ le vase sur la table** die Vase auf den Tisch stellen. **-2.** [installer, fixer] an|bringen; [moquette] verlegen; **~ du carrelage** kacheln; **~ du papier peint** tapezieren. **-3.** [principe, hypothèse] auf|stellen. **-4.** [soumettre - question, condition] stellen; [- problème] auf|werfen; [- énigme] auf|geben. ◇ *vi* **-1.** [modèle] Modell stehen. **-2.** *fig* [en société] sich in Szene setzen.

◆ **se poser** *vp* **-1.** [oiseau, avion] landen. **-2.** [s'arrêter]: **se ~ sur qqn/qqch** [regard] auf jn/etw fallen; [main] sich auf jn/etw legen. **-3.** [étagère] angebracht werden. **-4.** [personne]: **se ~ en défenseur de qqch** sich zum Verfechter einer Sache *(G)* erheben. **-5.** [question, problème] sich stellen.

poseur, euse [pozœr, øz] ◇ *adj* wichtigtuerisch, affektiert. ◇ *nm, f* Wichtigtuer *der*, -in *die*.

positif, ive [pozitif, iv] *adj* positiv.

◆ **positif** *nm* Positive *das*; **du ~** etwas Positives.

position [pozisjɔ̃] *nf* **-1.** [d'objet, de navire] Lage *die*. **-2.** [de troupe, situation] Position *die*. **-3.** [du corps] Haltung *die*. **-4.** [opinion] Einstellung *die*; **avoir une ~ commune** derselben Ansicht sein; **prendre ~** Stellung beziehen.

positionnement [pozisjɔnmɑ̃] *nm* Positionierung *die*.

positionner [3] [pozisjɔne] *vt* **-1.** [placer - debout] stellen; [- à plat] legen. **-2.** [situer] orten. **-3.** [produit, entreprise] positionieren.

◆ **se positionner** *vp* sich positionieren.

positivement [pozitivmɑ̃] *adv* **-1.** [gén] positiv. **-2.** [vraiment] eindeutig, in der Tat.

posologie [pozɔlɔʒi] *nf* Dosierung *die*.

possédant, e [pɔsedɑ̃, ɑ̃t] ◇ *adj* besitzend. ◇ *nm, f* Besitzende *der, die*.

possédé, e [pɔsede] ◇ *adj* besessen. ◇ *nm, f* Besessene *der, die*.

posséder [18] [pɔsede] *vt* **-1.** [biens, mémoire, sexuellement] besitzen; **~ la vérité** im Besitz der Wahrheit sein. **-2.** [langue, art] beherrschen. **-3.** [sujet: vice, démon]: **être possédé par qqch** von etw besessen sein. **-4.** *fam* [duper] übers Ohr hauen.

possesseur [pɔsesœr] *nm* **-1.** [de bien] Besitzer *der*, -in *die*. **-2.** [de secret] Träger *der*, -in *die*. **-3.** [de diplôme] Inhaber *der*, -in *die*.

possessif, ive [pɔsesif, iv] *adj* **-1.** [personne] besitzergreifend. **-2.** GRAM Possessiv-.

◆ **possessif** *nm* GRAM Possessivpronomen *das*.

possession [pɔsesjɔ̃] *nf* **-1.** [propriété] Besitz *der*; **être en ma/ta etc ~** in meinem/deinem etc Besitz sein; **prendre ~ de qqch** von etw Besitz ergreifen. **-2.** [chose possédée] Besitztum *das*. **-3.** [maîtrise] Beherrschung *die*; **être en ~ de qqch** im Besitz von etw sein; **reprendre ~ de soi-même** wieder zu sich kommen. **-4.** [envoûtement] Besessenheit *die*.

possibilité [pɔsibilite] *nf* Möglichkeit *die*; **~ de qqch** Aussicht *die* auf etw *(A)*.

◆ **possibilités** *nfpl* **-1.** [financières, culturelles] Möglichkeiten *Pl*. **-2.** [d'enfant, d'élève] Fähigkeiten *Pl*.

possible [pɔsibl] ◇ *adj* möglich; **il est ~ qu'elle vienne** möglicherweise kommt sie; **c'est/ce n'est pas ~** das ist/ist nicht möglich; **ce n'est plus ~** das ist nicht mehr tragbar OU auszuhalten; **le plus lentement/vite ~** so langsam/schnell wie möglich; **le plus d'argent ~** soviel Geld wie möglich. ◇ *nm* Mögliche *das*.

◆ **au possible** *loc adv* unwahrscheinlich.

postal, e, aux [pɔstal, o] *adj* Post-.

postdater [3] [pɔstdate] *vt* vordatieren.

poste [pɔst] ◇ *nf* Post *die*; **envoyer/recevoir par la ~** auf dem Postweg schicken/erhalten; **~ aérienne** Luftpost; **~ centrale** Hauptpost; **'~ restante'** 'postlagernd'. ◇ *nm* **-1.** [emplacement, emploi] Posten *der*; **~ de police** Polizeidienststelle *die*; **~ de secours** Unfallstation *die*; **être fidèle au ~** einsatzbereit sein. **-2.** [appareil]: **~ de radio** Radiogerät *das*; **~ de télévision** Fernsehgerät *das*; **~ émetteur** Sender *der*.

poster [3] [pɔste] *vt* **-1.** [lettre] auf|geben, ab|schicken. **-2.** [sentinelle] auf|stellen.

◆ **se poster** *vp* sich postieren.

postérieur, e [pɔsterjœr] *adj* **-1.** [date] später; **~ à qqch** später als etw; **~ à qqn** auf jn folgend. **-2.** [membre] Hinter-.

◆ **postérieur** *nm fam* Hintern *der*.

postérieurement [pɔsterjœrmɑ̃] *adv*: **~ à** nach.

posteriori [pɔsterjɔri]

◆ **a posteriori** *loc adv* im Nachhinein.

postériorité [pɔsterjɔrite] *nf* späteres Eintreffen.

postérité [pɔsterite] *nf* Nachwelt *die*.

postface [pɔstfas] *nf* Nachwort *das*.

posthume [pɔstym] *adj* post(h)um.

postiche [pɔstiʃ] ◇ *nm* [perruque] Perrücke *die*; [chignon] Haarteil *das*; [barbe] falscher Bart. ◇ *adj* **-1.** [cheveux] falsch. **-2.** *fig* [talent] eingebildet.

postier, ère [pɔstje, ɛr] *nm, f* Postbeamte *der*, -tin *die*.

postillon [pɔstijɔ̃] *nm* [salive] Speicheltröpfchen *das*.

postillonner [3] [pɔstijɔne] *vi* eine feuchte Aussprache haben.

postindustriel, elle [pɔstɛ̃dystrijɛl] *adj* postindustriell.

postmoderne [pɔstmɔdɛrn] *adj* postmodern.

postnatal, e, als OU **aux** [pɔstnatal, o] *adj* postnatal; **congé ~** *durch den Mutterschutz geregelte Beurlaubung berufstätiger Frauen nach der Entbindung.*

postopératoire [pɔstɔperatwar] *adj* postoperativ.

post-scriptum [pɔstskriptɔm] *nm inv* Nachsatz *der*, PS *das*.

postsynchronisation [pɔstsɛ̃krɔnizasjɔ̃] *nf* Nach-Synchronisation *die*.

postulant, e [pɔstylɑ̃, ɑ̃t] *nm, f* **-1.** [candidat] Bewerber *der*, -in *die*. **-2.** RELIG Postulant *der*, -in *die*.

postuler [3] [pɔstyle] ◇ *vi*: **~ à qqch** sich um etw bewerben. ◇ *vt*: **~ qqch** von einer Sache aus|gehen.

posture [pɔstyr] *nf* Haltung *die*; **être en mauvaise ~** *fig* in einer mißlichen Lage sein.

pot [po] *nm* **-1.** [récipient] Topf *der*; **~ de chambre** Nachttopf; **~ de fleur** Blumentopf; **découvrir le ~ aux roses** *fig* der Sache auf die Spur kommen; **tourner autour du ~** *fam fig* wie die Katze um den heißen Brei herum|schleichen. **-2.** AUTOM: **~ catalytique** Katalysator *der*; **~ d'échappement** Auspuff(topf) *der*. **-3.** *fam* [boisson] Drink *der*; **boire** OU **prendre un ~** etwas trinken. **-4.** *fam* [chance]: **avoir du ~** Schwein haben; **manquer de ~** Pech haben.

potable [pɔtabl] *adj* **-1.** [buvable] Trink-, trinkbar. **-2.** *fam* [acceptable] passabel.

potache [pɔtaʃ] *nm fam* Pennäler *der*.

potage [pɔtaʒ] *nm* Suppe *die*; **~ aux légumes** Gemüsesuppe.

potager, ère [pɔtaʒe, ɛr] *adj* Gemüse-.
◆ **potager** *nm* Gemüsegarten *der*.

potasse [pɔtas] *nf* Kali *das*.

potasser [3] [pɔtase] *vt fam* : **~ un examen** für eine Prüfung büffeln.

potassium [pɔtasjɔm] *nm* Kalium *das*.

pot-au-feu [pɔtofø] *nm inv gekochtes Rindfleisch mit Gemüse und Brühe.*

pot-de-vin [podvɛ̃] (*pl* **pots-de-vin**) *nm* Schmiergeld *das*.

pote [pɔt] *nm fam* Kumpel *der*.

poteau, x [pɔto] *nm* Pfosten *der*; **~ indicateur** Wegweiser *der*; **coiffer qqn au ~** jn knapp schlagen.

potée [pɔte] *nf Gericht aus gedünsteten Kartoffeln, Kohl und Speck.*

potelé, e [pɔtle] *adj* **-1.** [personne, visage] pummelig. **-2.** [mains] Patsch-.

potence [pɔtɑ̃s] *nf* **-1.** CONSTR Träger *der*. **-2.** [gibet] Galgen *der*.

potentat [pɔtɑ̃ta] *nm* Potentat *der*.

potentiel, elle [pɔtɑ̃sjɛl] *adj* potentiell.
◆ **potentiel** *nm* Potential *das*.

potentiellement [pɔtɑ̃sjɛlmɑ̃] *adv* potentiell.

poterie [pɔtri] *nf* **-1.** [art] Töpferhandwerk *das*. **-2.** [objet]: **les ~s** die Töpferwaren; **faire de la ~** töpfern.

potiche [pɔtiʃ] *nf* **-1.** [vase] *runde Porzellanvase.* **-2.** *fam* [personne] Marionette *die*.

potier, ère [pɔtje, ɛr] *nm, f* Töpfer *der*, -in *die*.

potin [pɔtɛ̃] *nm fam* **-1.** [bruit] Krach *der*; **faire du ~** Krach machen. **-2.** [ragot] Klatsch *der* (*sans pl*).

potion [posjɔ̃] *nf* Trank *der*.

potiron [pɔtirɔ̃] *nm* Kürbis *der*.

pot-pourri [popuri] (*pl* **pots-pourris**) *nm* Potpourri *das*.

pou, x [pu] *nm* Laus *die*.

pouah [pwa] *interj* igitt.

poubelle [pubɛl] *nf* Mülleimer *der*.

pouce [pus] ◇ *nm* **-1.** [doigt] Daumen *der*; **sucer son ~** am Daumen lutschen; **manger sur le ~** *fig* schnell etwas im Stehen essen. **-2.** [mesure] Zoll *der*; **ne pas reculer/avancer d'un ~** keinen Zollbreit zurück|weichen/vorwärts|kommen; **ne pas bouger d'un ~** sich nicht von der Stelle rühren. ◇ *interj*: **~!** aus!

poudre [pudr] *nf* **-1.** [poussière, explosif] Pulver *das*. **-2.** [fard] Puder *der*. **-3.** *fam loc*: **prendre la ~ d'escampette** sich aus dem Staub machen.

poudreux, euse [pudrø, øz] *adj* Pulver-, pulv(e)rig.
◆ **poudreuse** *nf* Pulverschnee *der*.

poudrier [pudrije] *nm* **-1.** [boîte] Puderdose *die*. **-2.** [fabricant] Pulverhersteller *der*, -in *die*.

poudrière [pudrijɛr] *nf* Pulverfaß *das*.

pouf [puf] ◇ *nm* [siège] Puff *der*. ◇ *interj*: **~!** bums!

pouffer [3] [pufe] *vi* kichern; **~ de rire** los|lachen.

pouilleux, euse [pujø, øz] ◇ *adj* **-1.** [qui a des poux] verlaust. **-2.** [miséreux] schäbig. ◇ *nm, f* **-1.** [gueux] armer Schlucker. **-2.** [personne couverte de poux] verlauster Mensch.

poulailler [pulaje] *nm* **-1.** [de ferme] Hühnerstall *der*. **-2.** THÉÂTRE Olymp *der*.

poulain [pulɛ̃] *nm* **-1.** ZOOL Fohlen *das*. **-2.** *fig* [débutant] Schützling *der*.

poularde [pulard] *nf* Poularde *die*.

poule [pul] *nf* **-1.** ZOOL Huhn *das*; **la ~ aux œufs d'or** *fig* das Huhn, das goldene Eier legt; **~ mouillée** *fig* Angsthase *der*. **-2.** *fam péj* [femme] Betthase *der*.

poulet [pulɛ] *nm* **-1.** ZOOL Hähnchen *das*; **~ de grain** *nur mit Körnern gefüttertes Hühnchen oder Hähnchen*; **~ rôti** Brathühnchen *das*, Brathähnchen. **-2.** *fam* [policier] Bulle *der*.

poulette [pulɛt] *nf* **-1.** ZOOL Hühnchen *das*. **-2.** *fam* [femme]: **ma ~** Schätzchen.

pouliche [puliʃ] *nf* Stut(en)fohlen *das*.

poulie [puli] *nf* Seilrolle *die*.

poulpe [pulp] *nm* Tintenfisch *der*.

pouls [pu] *nm* Puls *der*; **prendre** OU **tâter le ~ de qqn** jm den Puls fühlen.

poumon [pumɔ̃] *nm* Lunge *die*; **respirer à pleins ~s** kräftig durch|atmen.

poupe [pup] *nf* Heck *das*; **avoir le vent en ~** *fig* unter einem günstigen Stern stehen.

poupée [pupe] *nf* **-1.** [jouet] Puppe *die*. **-2.** [pansement] Fingerverband *der*.

poupin, e [pupɛ̃, in] *adj*: **visage ~** Babygesicht *das*.

poupon [pupɔ̃] *nm* **-1.** [jouet] Babypuppe *die*. **-2.** [bébé] Säugling *der*.

pouponner [3] [pupɔne] *vi sich (ganz) der Säuglingspflege widmen*.

pouponnière [pupɔnjɛr] *nf* Kinderkrippe *die*.

pour [pur] ◇ *prép* **-1.** [gén] für; **~ moi, il n'y a pas à hésiter** für mich gibt es kein Zögern; **être ~ qqn/qqch** für jn/etw sein; **~ ce qui est de qqch** was etw betrifft. **-2.** [vers] nach; **un billet ~** eine Fahrkarte nach. **-3.** [pour cause de] wegen; **condamner qqn ~ vol** jn wegen Diebstahls verurteilen. **-4.** [à l'occasion de] anläßlich *(+G)*; **~ le centenaire** anläßlich der Hundertjahrfeier. **-5.** [indique le but] zu; **je t'ai acheté qqch ~ ton anniversaire** ich habe dir etw zum Geburtstag gekauft; **voyager ~ son plaisir** zum Vergnügen reisen. **-6.** [comme] als. ◇ *adv*: **je suis ~!** ich bin dafür!; **n'être ni ~ ni contre** weder dafür, noch dagegen sein. ◇ *nm*: **le ~ et le contre** das Für und das Wider. ◇ *conj* **-1.** [gén] um ... zu; **je suis venu ~ vous voir** ich bin gekommen, um Sie zu sehen; **qu'a-t-il fait ~ vous mettre en colère**? was hat er getan, daß Sie wütend sind? **-2.** [indique la cause]: **~ m'avoir écouté** weil er auf mich gehört hat.

◆ **pour que** *loc conj (+ subjonctif)* **-1.** [gén] damit; **je l'ai appelé ~ qu'il vienne** ich habe ihn angerufen, damit er kommt. **-2.** [indique la conséquence] als ... daß; **il est trop égoïste ~ qu'on l'aide** er ist viel zu egoistisch, als daß wir ihm helfen würden.

pourboire [purbwar] *nm* Trinkgeld *das*.

pourceau, x [purso] *nm sout* Schwein *das*.

pourcentage [pursɑ̃taʒ] *nm* **-1.** [part] prozentualer Anteil. **-2.** [proportion pour cent] Prozentsatz *der*.

pourchasser [3] [purʃase] *vt* verfolgen.

pourfendeur, euse [purfɑ̃dœr, øz] *nm, f sout* Verfechter *der*, -in *die*.

pourlécher [3] [purleʃe]

◆ **se pourlécher** *vp*: **se ~ les babines** sich den Mund lecken.

pourparlers [purparle] *nmpl* Besprechungen *Pl*, Verhandlungen *Pl*.

pourpre [purpr] ◇ *nf* & *nm* Purpur *der*. ◇ *adj* purpurfarben.

pourquoi [purkwa] ◇ *adv* warum; **~ pas**? warum nicht?; **c'est ~** deshalb. ◇ *nm inv* **-1.** [raison] Warum *das*. **-2.** [questions]: **les ~** die Fragen.

pourrai *etc* → **pouvoir**.

pourri, e [puri] *adj* **-1.** [avarié] faul. **-2.** [corrompu, gâté] verdorben.

◆ **pourri** *nm* **-1.** [moisi] Faule *das*. **-2.** *fam* [personne] korrupte Person.

pourrir [32] [purir] ◇ *vt* verderben. ◇ *vi* verfaulen.

pourrissement [purismɑ̃] *nm* **-1.** [détérioration] Verfaulen *das*. **-2.** [dégénérescence] Verschlechterung *die*.

pourriture [purityr] *nf* **-1.** [putréfaction] Fäulnis *die*. **-2.** *fig* [corruption] Verdorbenheit *die*. **-3.** *péj* [personne] Schweinehund *der*.

poursuis *etc* → **poursuivre**.

poursuite [pursɥit] *nf* **-1.** [course] Verfolgung *die*; **se lancer à la ~ de qqn** jn verfolgen. **-2.** [recherche]: **la ~ de qqch** das Streben nach etw. **-3.** [continuation]: **la ~ de qqch** die Weiterführung einer Sache *(G)*. **-4.** JUR gerichtliche Verfolgung; **engager des ~s judiciaires contre qqn** jn gerichtlich belangen.

poursuivant, e [pursɥivɑ̃, ɑ̃t] *nm, f* Verfolger *der*, -in *die*.

poursuivi, e [pursɥivi] *pp* → **poursuivre**.

poursuivis *etc* → **poursuivre**.

poursuivre [89] [pursɥivr] *vt* **-1.** [gén] verfolgen; **~ un rêve impossible** einem unerfüllbaren Traum nach|hängen. **-2.** [continuer] weiter|führen; **poursuivez, je vous écoute!** fahren Sie fort, ich höre zu!

pourtant [purtɑ̃] *adv* und doch, dennoch.

pourtour [purtur] *nm* **-1.** [circonférence] Umfang *der*. **-2.** [abords] Umkreis *der*.

pourvoi [purvwa] *nm* JUR Rechtsmittel *das*; **~ en cassation** Revisionsverfahren *das*.

pourvoir [64] [purvwar] ◇ *vt*: **~ qqn/qqch de qqch** jn/etw mit etw versehen. ◇ *vi*: **~ à qqch** für etw auf|kommen.

◆ **se pourvoir** *vp* **-1.** [se munir]: **se ~ de qqch** sich mit etw ein|decken. **-2.** JUR: **se ~ en appel** Berufung ein|legen.

pourvois *etc* → **pourvoir**.

pourvoyais *etc* → **pourvoir**.

pourvoyeur, euse [purvwajœr, øz] *nm, f*: **~ de drogue** Rauschgifthändler *der*, -in *die*.

pourvu, e [purvy] *pp* → **pourvoir**.

◆ **pourvu que** *loc conj (+ subjonctif)* **-1.** [condition] vorausgesetzt, daß. **-2.** [souhait] hoffentlich; **~ qu'il ne soit rien arrivé de grave!** hoffentlich ist nichts Ernstes vorgefallen!

pourvus *etc* → **pourvoir**.

pousse [pus] *nf* **-1.** [croissance] Wachsen *das*. **-2.** [bourgeon] Trieb *der*; **~s de bambou** Bambussprossen *Pl*.

poussé, e [puse] *adj* **-1.** [technique] hochentwickelt. **-2.** [examen] schwierig. **-3.** [moteur] frisiert.

pousse-café [puskafe] *nm inv fam* Digestif *der*.

poussée [puse] *nf* **-1.** [pression] Druck *der*. **-2.** [montée] Anstieg *der*; **~ démographique** Bevölkerungsexplosion *die*. **-3.** [propulsion] Antriebskraft *die*. **-4.** [de l'eau, de l'air] Auftrieb *der*. **-5.** [de maladie, de fièvre] Anfall *der*.

pousse-pousse [puspus] *nm inv* Rikscha *die*.

pousser [3] [puse] ◇ *vt* **-1.** [faire avancer] schieben. **-2.** [bousculer] zur Seite drängen. **-3.** [moteur] hoch|jagen. **-4.** [cri, soupir] aus|stoßen. **-5.** [inciter]: **~ qqn à qqch** jn in etw *(A)* OU zu etw treiben; **~ qqn à faire qqch** jn dazu drängen, etw zu tun. ◇ *vi* **-1.** [grandir] wachsen. **-2.** [aller]: **~ jusqu'à Rome** bis nach Rom fahren. **-3.** *fam* [exagérer] übertreiben.

◆ **se pousser** *vp* Platz machen.

poussette [pusɛt] *nf* [d'enfant] Sportwagen *der*, Buggy *der*.

poussière [pusjɛr] *nf* Staub *der*; **avoir une ~ dans l'œil** ein Staubkorn im Auge haben; **mordre la ~** *fig* zu Boden gezwungen werden; **réduire qqn/qqch en ~** *fig* jm/etw den Garaus machen; **et des ~s** *fam* und ein paar Zerquetschte.

poussiéreux, euse [pusjerø, øz] *adj* **-1.** [meuble] staubig. **-2.** *fig* [administration, idées] verstaubt.

poussif, ive [pusif, iv] *adj* **-1.** [moteur] lahm; **ta voiture est un peu poussive** dein Auto bockt etwas. **-2.** [personne] kurzatmig.

poussin [pusɛ̃] *nm* **-1.** ZOOL Küken *das*. **-2.** SPORT *Jungsportler unter 11 Jahren*, ≃ E-Jugend *die*.

poussoir [puswar] *nm* Druckvorrichtung *die*.

poutre [putr] *nf* Balken *der*.

poutrelle [putrɛl] *nf* kleiner Balken.

pouvoir[1] [58] [puvwar] *vt* **-1.** [avoir la possibilité de] können; **pouvez-vous/peux-tu faire qqch**? können Sie/kannst du etw tun?; **je n'en peux plus** ich kann nicht mehr; **je n'en peux plus de rester là à ne rien faire** ich halte es nicht mehr aus, tatenlos zuzusehen; **je n'y peux rien** ich kann nichts dafür. **-2.** [avoir la permission de] dürfen, können.

◆ **se pouvoir** *v impers*: **il se peut que** *(+ subjonctif)* es kann sein, daß; **cela se peut/pourrait (bien)** das kann/könnte (gut) sein.

◆ **on ne peut plus** *loc adv* völlig.

pouvoir[2] [puvwar] *nm* **-1.** [gén] Macht *die*; **être au ~** an der Macht sein; **~ d'achat** ÉCON Kaufkraft *die*. **-2.** [législatif, exécutif] Gewalt *die*; **les ~s publics** die öffentliche Gewalt. **-3.** [faculté] Fähigkeit *die*. **-4.** JUR [procuration] Vollmacht *die*. **-5.** [compétence, responsabilité] Befugnis *die*.

pp *(abr de* **pages***)* ff.

p.p. *(abr de* **par procuration***)* P.P., i.V. *(in Vollmacht)*.

PQ ◇ *nm tfam (abr de* **papier-cul***)* Klopapier *das*. ◇ **-1.** *(abr de* **province de Québec***)* Provinz Quebec. **-2.** *(abr de* **premier quartier (de lune)***)* zunehmender Mond.

Pr *(abr de* **professeur***)* **-1.** [gén] Pr. **-2.** [au lycée] ≃ StR *(Studienrat)*.

PR ◇ *nm (abr de* **Parti républicain***) französische konservative Partei*. ◇ *abr de* **poste restante**.

pragmatique [pragmatik] *adj* pragmatisch.

pragois, e, praguois, e [pragwa, az] *adj* Prager *(adj inv)*.

◆ **Pragois, e, Praguois, e** *nm, f* Prager *der*, -in *die*.

Prague [prag] *n* Prag *nt*.

praguois, e = **pragois**.

praire [prɛr] *nf* Venusmuschel *die*.

prairie [preri] *nf* Wiese *die*.

praline [pralin] *nf* **-1.** [amande] gebrannte Mandel. **-2.** *Belg* [chocolat] Praline *die*.

praliné [praline] *nm* Praliné *das*.

praticable [pratikabl] ◇ *adj* **-1.** [carrossable] befahrbar. **-2.** [réalisable] durchführbar. ◇ *nm* THÉÂTRE Praktikabel *das*.

praticien, enne [pratisjɛ̃, ɛn] *nm, f* [médecin] praktizierender Arzt, praktizierende Ärztin.

pratiquant, e [pratikɑ̃, ɑ̃t] ◇ *adj* praktizierend. ◇ *nm, f* Kirchgänger *der*, -in *die*.

pratique [pratik] ◇ *adj* praktisch. ◇ *nf* **-1.** [expérience] Praxis *die*; **mettre qqch en ~** etw in die Praxis um|setzen. **-2.** [usage] Gepflogenheit *die*.

pratiquement [pratikmɑ̃] *adv* praktisch.

pratiquer [3] [pratike] *vt* **-1.** [métier] aus|üben. **-2.** RELIG: **~ une religion** strenggläubig sein. **-3.** [ouverture] an|bringen.

◆ **se pratiquer** *vp* **-1.** [habitude] üblich sein. **-2.** SPORT betrieben werden.

pré [pre] *nm* Wiese *die*.

préadolescent, e [preadolɛsɑ̃, ɑ̃t] *nm, f* Beinah-Teenager *der*, -in *die*.

préalable [prealabl] ◇ *nm*: **~ de qqch** Voraussetzung *die* für etw. ◇ *adj* vorherig; **~ à qqch** etw *(D)* vorangehend.

◆ **au préalable** *loc adv* zuvor.

préalablement [prealabləmɑ̃] *adv* zuvor.

préambule [preɑ̃byl] *nm* **-1.** [paragraphe] Präambel *die*. **-2.** [discours] Vorrede *die*. **-3.** [prélude] Auftakt *der*.

préau, x [preo] *nm* Pausenhalle *die*.

préavis [preavi] *nm* **-1.** [avertissement] Ankündigung *die*. **-2.** [délai - de grève] Frist *die* bis zum Streik; [- de licenciement] Kündigungsfrist *die*.

précaire [prekɛr] *adj* [situation] heikel; [santé] labil; [bonheur] unsicher.

précancéreux, euse [prekɑ̃serø, øz] *adj* präkanzerös.

précarité [prekarite] *nf* Ungewißheit *die*, Unsicherheit *die*; **~ de l'emploi** Unsicherheit OU Gefährdung *die* der Arbeitsplätze.

précaution [prekosjɔ̃] *nf* **-1.** [mesure] Vorsichtsmaßnahme *die*; **par ~** vorsichtshalber. **-2.** [prudence] Behutsamkeit *die*.

précautionneux, euse [prekosjɔnø, øz] *adj* behutsam.

précédemment [presedamɑ̃] *adv* vorher.

précédent, e [presedɑ̃, ɑ̃t] *adj* vorangehend, vorig.

◆ **précédent** *nm* JUR Präzedenzfall *der*; **sans ~** einzigartig.

précéder [18] [presede] *vt* **-1.** [venir avant]: **~ qqn/qqch** jm/etw voraus|gehen. **-2.** [marcher devant]: **~ qqn** vor jm her|gehen. **-3.** [arriver avant]: **~ qqn** vor jm ein|treffen.

précepte [presɛpt] *nm* Gebot *das*.

précepteur, trice [presɛptœr, tris] *nm, f* Privatlehrer *der*, -in *die*.

préchauffer [3] [preʃofe] *vt* [four] vor|heizen, vor|wärmen.

prêche [prɛʃ] *nm* Predigt *die*.

prêcher [4] [preʃe] ◇ *vt*: **~ qqch (à qqn)** (jm) etw predigen. ◇ *vi* predigen.

prêcheur, euse [prɛʃør, øz] ◇ *adj* Prediger-. ◇ *nm, f* **-1.** [prédicateur] Prediger *der*, -in *die*. **-2.** *fig* [moralisateur] Moralprediger *der*, -in *die*.

prêchi-prêcha [preʃipreʃa] *nm inv fam* Moralpredigt *die*.

précieusement [presjøzmɑ̃] *adv* **-1.** [avec soin] sorgfältig. **-2.** [avec préciosité] geziert.

précieux, euse [presjø, øz] *adj* **-1.** [de valeur] kostbar, wertvoll; [pierre, métal] Edel-. **-2.** [très utile] wertvoll. **-3.** [affecté] geziert. **-4.** LITTÉRATURE preziös.

préciosité [presjozite] *nf* **-1.** [affectation] Geziertheit *die*. **-2.** LITTÉRATURE Preziosität *die*.

précipice [presipis] *nm* Abgrund *der*.

précipitamment [presipitamɑ̃] *adv* überstürzt.

précipitation [presipitasjɔ̃] *nf* **-1.** [hâte] Überstürzung *die*; **avec ~** überstürzt *(adv)*. **-2.** CHIM Präzipitation *die*.

◆ **précipitations** *nfpl* MÉTÉOR Niederschläge *Pl*.

précipité [presipite] *nm* CHIM Niederschlag *der*.

précipiter [3] [presipite] *vt* **-1.** [hâter] überstürzen; **~ son départ** überstürzt ab|reisen. **-2.** [faire tomber]: **~ qqn/qqch du haut de qqch** jn/etw von etw hinunter|stürzen. **-3.** [projeter] fort|schleudern.

◆ **se précipiter** *vp* **-1.** [se jeter]: **se ~ dans qqch** sich in etw *(A)* stürzen. **-2.** [s'élancer, se hâter]: **se ~ (vers qqn)** sich (auf jn) stürzen. **-3.** [s'accélérer] sich überstürzen; **ne nous précipitons pas!** nur keine Überstürzung!

précis, e [presi, iz] *adj* präzis(e), genau; **il est arrivé à 6 heures ~es** er ist genau um 6 Uhr angekommen.

◆ **précis** *nm* Abriß *der*.

précisément [presizemɑ̃] *adv* genau; **pas ~** nicht gerade.

préciser [3] [presize] *vt* **-1.** [heure, lieu] genau an|geben. **-2.** [pensée] präzisieren.

◆ **se préciser** *vp* konkreter werden.

précision [presizjɔ̃] *nf* **-1.** [exactitude, rigueur] Präzision *die*. **-2.** [détail] genauere Angabe; **apporter** OU **donner des ~s** genauere Angaben machen.

précité, e [presite] *adj* vorgenannt.

précoce [prekɔs] *adj* **-1.** [plante, fruit] Früh-. **-2.** [enfant] frühreif.

précocité [prekɔsite] *nf* Frühreife *die*.

précolombien, enne [prekɔlɔ̃bjɛ̃, ɛn] *adj* präkolumbisch.

préconçu, e [prekɔ̃sy] *adj* vorgefaßt.

préconiser [3] [prekɔnize] *vt* empfehlen; **~ de faire qqch** empfehlen, etw zu tun; **~ que** *(+ subjonctif)* empfehlen, daß.

précuit, e [prekɥi, it] *adj* vorgekocht.

précurseur [prekyrsœr] ◇ *nm* Wegbereiter *der*, -in *die*. ◇ *adj m*: **signe ~** erstes Anzeichen.

prédateur, trice [predatœr, tris] *adj* räuberisch.

◆ **prédateur** *nm* Raubtier *das*.
prédécesseur [predesesœr] *nm* Vorgänger *der*, -in *die*.
prédécoupé, e [predekupe] *adj* vorgeschnitten.
prédestination [predɛstinasjɔ̃] *nf* Prädestination *die*.
prédestiner [3] [predɛstine] *vt* prädestinieren; **être prédestiné à qqch** für etw prädestiniert sein; **être prédestiné à faire qqch** dafür prädestiniert sein, etw zu tun.
prédéterminer [3] [predetɛrmine] *vt* vorherbestimmen.
prédicat [predika] *nm* Prädikat *das*.
prédicateur, trice [predikatœr, tris] *nm, f* Prediger *der*, -in *die*.
prédication [predikasjɔ̃] *nf* Predigt *die*.
prédiction [prediksjɔ̃] *nf* Voraussage *die*.
prédilection [predilɛksjɔ̃] *nf* Vorliebe *die*; **avoir une ~ pour qqn/qqch** eine Vorliebe für jn/etw haben; **mon sport de ~** mein Lieblingssport.
prédire [103] [predir] *vt* voraus|sagen.
prédisais *etc* → **prédire**.
prédisposer [3] [predispoze] *vt*: **~ qqn à qqch** für jn die Voraussetzung zu etw schaffen.
prédisposition [predispozisjɔ̃] *nf*: **~ à qqch** Veranlagung *die* für etw.
prédit, e [predi, it] *pp* → **prédire**.
prédominant, e [predɔminɑ̃, ɑ̃t] *adj* vorherrschend.
prédominer [3] [predɔmine] *vt* vor|herrschen.
préélectoral, e, aux [preelɛktɔral, o] *adj*: **climat ~** Wahlkampfklima *das*.
préemballé, e [preɑ̃bale] *adj* vorverpackt.
prééminence [preeminɑ̃s] *nf* Vormachtstellung *die*.
préemption [preɑ̃psjɔ̃] *nf* Vorkauf *der*.
préencollé, e [preɑ̃kɔle] *adj* gummiert.
préétabli, e [preetabli] *adj* vorher festgelegt.
préexistant, e [preɛgzistɑ̃, ɑ̃t] *adj* bereits (vorher) bestehend.
préfabriqué, e [prefabrike] *adj* **-1.** [maison] Fertig-. **-2.** [excuse, sourire] zurechtgelegt.
◆ **préfabriqué** *nm* Fertigbau *der*.
préface [prefas] *nf* Vorwort *das*.
préfacer [16] [prefase] *vt*: **~ un livre** das Vorwort für ein Buch schreiben.
préfectoral, e, aux [prefɛktɔral, o] *adj* Präfektoral-.
préfecture [prefɛktyr] *nf* Präfektur *die*.
préférable [preferabl] *adj*: **être ~** besser sein.
préféré, e [prefere] ◇ *adj* Lieblings-, bevorzugt. ◇ *nm, f* Liebling *der*.
préférence [preferɑ̃s] *nf* **-1.** [prédilection] Vorliebe *die*. **-2.** [choix] Vorzug *der*; **quelle est votre ~?** was ziehen Sie vor?; **de ~** vorzugsweise; **allez-y à pied de ~** Sie gehen am besten zu Fuß dorthin.
préférentiel, elle [preferɑ̃sjɛl] *adj* Vorzugs-.
préférer [18] [prefere] *vt* **-1.** [aimer mieux]: **~ (qqn/qqch à qqn/qqch)** (jn/etw jm/etw) vor|ziehen; **~ faire qqch** vorziehen, etw zu tun; **je préfère ça!** das ist mir lieber! **-2.** [affectionner] bevorzugen.
◆ **se préférer** *vp fam* sich besser gefallen.
préfet [prefɛ] *nm* Präfekt *der*.
préfigurer [3] [prefigyre] *vt* ahnen lassen.
préfixe [prefiks] *nm* Präfix *das*.
préhistoire [preistwar] *nf* Vorgeschichte *die*.
préhistorique [preistɔrik] *adj* vorgeschichtlich; **homme ~** Urmensch *der*.
préinscription [preɛ̃skripsjɔ̃] *nf* UNIV Voreinschreibung *die*.
préjudice [preʒydis] *nm* Schaden *der*; **porter ~ à qqn** jm Schaden zu|fügen.
préjudiciable [preʒydisjabl] *adj*: **~ (à qqn/qqch)** schädlich (für jn/etw).
préjugé [preʒyʒe] *nm* Vorurteil *das*; **~ sur** OU **contre qqn/qqch** Vorurteil gegen jn/etw.
préjuger [17] [preʒyʒe] *vi*: **~ de qqch** *sout* sich (von vornherein) über etw *(A)* eine Meinung bilden.
prélasser [3] [prelase]
◆ **se prélasser** *vp* sich rekeln.
prélat [prela] *nm* Prälat *der*.
prélavage [prelavaʒ] *nm* **-1.** [programme] Vorwaschgang *der*. **-2.** [action] Vorwäsche *die*.
prélèvement [prelɛvmɑ̃] *nm* **-1.** MÉD Entnahme *die*. **-2.** BANQUE Abheben *das*; **~ automatique** Dauerauftrag *der*; **~ mensuel** monatliches Einzugsverfahren. **-3.** ÉCON Abzug *der*, Einbehaltung *die*; **~s obligatoires** gesetzlich vorgeschriebene Abzüge.
prélever [19] [prelәve] *vt* **-1.** BANQUE: **~ qqch (sur qqch)** etw (von etw) ab|heben. **-2.** MÉD entnehmen.
préliminaire [preliminɛr] *adj* Vor-, vorangehend.
◆ **préliminaires** *nmpl* **-1.** [négociations] Vorverhandlungen *Pl*; **~s de la paix** Friedensvorverhandlungen. **-2.** [de discours] Einleitung *die*.
prélude [prelyd] *nm* **-1.** MUS Präludium *das*. **-2.** [commencement] Auftakt *der*; **~ (à qqch)** Auftakt (für etw).
préluder [3] [prelyde] *vi*: **~ à qqch** das erste Anzeichen für etw sein.
prématuré, e [prematyre] ◇ *adj* **-1.** [mort] vorzeitig; [décision] verfrüht. **-2.** [avant terme]: **en-**

fant ~ frühgeborenes Kind; **naissance ~e** Frühgeburt *die*. ◇ *nm, f* frühgeborenes Kind.

prématurément [prematyremɑ̃] *adv* [mourir] vorzeitig; [décider] verfrüht.

préméditation [premeditasjɔ̃] *nf* Vorbedacht *der*; **avec ~** mit Vorbedacht, vorsätzlich.

préméditer [3] [premedite] *vt* voraus|planen.

prémices [premis] *nfpl sout*: **les ~ de qqch** die ersten Anzeichen einer Sache *(G)*.

premier, ère [prəmje, ɛr] ◇ *adj* erste,-r,-s; **état ~** ursprünglicher Zustand; **principe ~** oberstes Prinzip. ◇ *nm, f* Erste *der, die, das*; **il est sorti ~ de sa promotion** er hat das beste Abschlußexamen seines Jahrgangs abgelegt.

◆ **premier** *nm* **-1.** [étage] erste Etage. **-2.** [arrondissement] erstes Arrondissement.

◆ **première** *nf* **-1.** [exploit, THÉÂTRE] Premiere *die*. **-2.** TRANSPORT erste Klasse. **-3.** SCOL ≃ elfte Klasse, *vorletzte Klasse vor dem Abitur in Frankreich*. **-4.** [vitesse] Erste *der*.

◆ **en premier** *loc adv* als erstes.

premièrement [prəmjɛrmɑ̃] *adv* erstens.

premier-né, première-née [prəmjene, prəmjɛrne] *(mpl* **premiers-nés,** *fpl* **premières-nées)** *nm, f* Erstgeborene *der, die, das*.

prémisse [premis] *nf* Prämisse *die*.

prémolaire [premɔlɛr] *nf* vorderer Backenzahn.

prémonition [premɔnisjɔ̃] *nf* Vorahnung *die*.

prémonitoire [premɔnitwar] *adj* ahnungsvoll; **signe ~** Vorzeichen *das*.

prémunir [32] [premynir] *vt*: **~ qqn contre qqch** jn vor etw *(D)* schützen.

◆ **se prémunir** *vp*: **se ~ (contre qqch)** sich (vor etw *(D)*) schützen.

prenais *etc* → **prendre**.

prenant, e [prənɑ̃, ɑ̃t] *adj* **-1.** [captivant] packend. **-2.** JUR: **partie ~e** Berechtigte *der, die*.

prénatal, e, als OU **aux** [prenatal, o] *adj* pränatal; **congé ~** Schwangerschaftsurlaub *der*.

prendre [79] [prɑ̃dr] ◇ *vt* **-1.** [saisir, utiliser] nehmen. **-2.** [emporter] mit|nehmen. **-3.** [aller chercher] ab|holen. **-4.** [repas, boisson] ein|nehmen; **vous prendrez quelque chose**? darf ich Ihnen etwas anbieten? **-5.** [mesures] ergreifen; [précaution] treffen. **-6.** [voleur] fest|nehmen; **se faire ~** erwischt werden. **-7.** [durer] in Anspruch nehmen. **-8.** [aborder - problème] an|packen; [- personne]: **~ qqn par la douceur** mit jm sanft um|gehen; **vous prenez mal le problème** Sie packen das Problem nicht richtig an; **à tout ~** im Grunde genommen; **~ qqch bien/mal** etw gut/schlecht, auf|nehmen. **-9.** [juger]: **~ qqn pour qqch** jn für etw halten. ◇ *vi* **-1.** [colle, sauce] fest werden. **-2.** [bouture] Wurzeln schlagen. **-3.** *loc*: **~ sur soi** [se contenir] sich beherrschen.

◆ **se prendre** *vp* **-1.** [s'accrocher] hängen|bleiben. **-2.** [se considérer]: **se ~ pour qqn** sich für jn halten. **-3.** *loc*: **s'en ~ à qqn/qqch** jn/etw an|greifen.

prends *etc* → **prendre**.

preneur, euse [prənœr, øz] *nm, f* Abnehmer *der*, -in *die*.

prenne *etc* → **prendre**.

prénom [prenɔ̃] *nm* Vorname *der*.

prénommer [3] [prenɔme] *vt*: **~ qqn Laurent** jm den Vornamen Laurent geben.

◆ **se prénommer** *vp*: **se ~ Laurent** mit Vornamen Laurent heißen.

prenons *etc* → **prendre**.

prénuptial, e, aux [prenypsjal, o] *adj* vorehelich.

préoccupant, e [preɔkypɑ̃, ɑ̃t] *adj* beunruhigend.

préoccupation [preɔkypasjɔ̃] *nf* Sorge *die*.

préoccupé, e [preɔkype] *adj* besorgt.

préoccuper [3] [preɔkype] *vt*: **~ qqn** jm Sorgen bereiten, jn beschäftigen.

◆ **se préoccuper** *vp*: **se ~ de qqn/qqch** sich um jn/etw kümmern.

préparateur, trice [preparatœr, tris] *nm, f* ≃ hilfswissenschaftliche Assistent *der*, hilfswissenschaftliche Assistentin *die*; **~ en pharmacie** ≃ Apothekenhelfer *der*, -in *die*.

préparatifs [preparatif] *nmpl* Vorbereitungen *Pl*.

préparation [preparasjɔ̃] *nf* **-1.** [préparatifs] Vorbereitung *die*; [de repas] Zubereitung *die*; **~ à qqch** Vorbereitung auf OU für etw *(A)*. **-2.** CHIM Präparat *das*.

préparatoire [preparatwar] *adj* Vor-, vorbereitend; **classes ~s** UNIV *Vorbereitungsklassen für die Grandes Écoles*.

préparer [3] [prepare] *vt* **-1.** [gén] vor|bereiten; **~ qqn à qqch** jn auf OU für etw *(A)* vor|bereiten. **-2.** [repas, plat] zu|bereiten. **-3.** CHIM an|setzen.

◆ **se préparer** *vp* **-1.** [s'entraîner]: **se ~ à qqch** sich auf etw *(A)* vor|bereiten; **se ~ à faire qqch** sich an|schicken, etw zu tun; **je me prépare à toute éventualité** ich mache mich auf alles gefaßt. **-2.** [être imminent] in Aussicht stehen.

prépondérance [prepɔ̃derɑ̃s] *nf* Überlegenheit *die*, Übermacht *die*.

prépondérant, e [prepɔ̃derɑ̃, ɑ̃t] *adj* ausschlaggebend, entscheidend.

préposé, e [prepoze] *nm, f*: **~ (des postes)** Briefträger *der*, -in *die*.

préposer [3] [prepoze] *vt* beauftragen; **être préposé à qqch** mit etw beauftragt sein; **être**

préposé à faire qqch damit beauftragt sein, etw zu tun.

préposition [prepozisjɔ̃] *nf* Präposition *die*.

prépuce [prepys] *nm* Vorhaut *die*.

préréglé, e [preregle] *adj* bereits eingestellt.

préretraite [prerətrɛt] *nf* Vorruhestand *der*.

prérogative [prerɔgativ] *nf* Vorrecht *das*.

près [prɛ] *adv* nahe; **il habite tout/assez ~** er wohnt ganz/ziemlich in der Nähe; **il habite vraiment tout ~** er wohnt wirklich in nächster Nähe.

◆ **à ceci près que, à cela près que** *loc conj* abgesehen davon, daß.

◆ **à peu de chose(s) près** *loc adv* grob geschätzt.

◆ **à peu près** *loc adv* ungefähr, zirka.

◆ **à ... près** *loc corrélative*: **je ne suis pas à 100 F/10 jours ~** es kommt mir nicht auf 100 F/10 Tage an; **il n'est pas à un mensonge ~** es kommt ihm nicht auf eine Lüge mehr oder weniger an; **il n'en est pas à ça ~** es kommt ihm nicht darauf an.

◆ **de près** *loc adv*: **suivre qqn de ~** dicht hinter jm her|gehen OU her|fahren; **regarder qqch de ~** etw genau an|schauen; **s'intéresser à qqch de plus ~** sich für etw näher interessieren.

◆ **près de** *loc prép* **-1.** [dans l'espace] in der Nähe von, bei; **il habite ~ de Paris** er wohnt in der Nähe von Paris; **être (situé) ~ de qqch** an etw *(A)* grenzen; **l'un ~ de l'autre** nahe beieinander; **~ d'ici** hier in der Nähe. **-2.** [dans le temps]: **il est ~ de la retraite** er geht bald in den Ruhestand. **-3.** [presque] beinahe; **ils sont ~ de 1000** sie sind beinahe 1000.

présage [prezaʒ] *nm* Ohmen *das*.

présager [17] [prezaʒe] *vt* [annoncer] vermuten lassen; **laisser ~ qqch** eine Vorahnung von etw geben.

pré-salé [presale] (*pl* **prés-salés**) *nm Fleisch von Schafen, die auf zeitweise vom Meerwasser überschwemmten Salzwiesen geweidet wurden.*

presbyte [prɛsbit] ◇ *nmf* Weitsichtige *der, die*. ◇ *adj* weitsichtig.

presbytère [prɛsbitɛr] *nm* Pfarrhaus *das*.

presbytérien, enne [prɛsbiterjɛ̃, ɛn] ◇ *nm, f* Presbyterianer *der*, -in *die*. ◇ *adj* presbyterianisch.

presbytie [prɛsbisi] *nf* Weitsichtigkeit *die*.

prescience [presjɑ̃s] *nf sout* Kenntnis *die* der Zukunft.

préscolaire [preskɔlɛr] *adj* Vorschul-.

prescription [prɛskripsjɔ̃] *nf* **-1.** MÉD Verschreibung *die*. **-2.** [de loi] Vorschrift *die*. **-3.** [de peine] Verjährung *die*; **il y a ~ pour ce crime** das Verbrechen ist verjährt.

prescrire [99] [prɛskrir] *vt* **-1.** MÉD verschreiben. **-2.** [mesures] vor|schreiben.

prescris *etc* → **prescrire**.

prescrit, e [prɛskri, it] *pp* → **prescrire**.

prescrivais *etc* → **prescrire**.

préséance [preseɑ̃s] *nf* Vortritt *der*.

présélection [preselɛksjɔ̃] *nf* **-1.** [de candidats] Vorauswahl *die*. **-2.** [de programme, de station de radio] Vorwahl *die*, Voreinstellung *die*.

présélectionner [3] [preselɛksjɔne] *vt* **-1.** [candidats] einer Vorauswahl unterziehen. **-2.** [programme, station de radio] vor|wählen, vorher ein|stellen.

présence [prezɑ̃s] *nf* **-1.** [assistance, assiduité, compagnie] Anwesenheit *die*; **honorer qqn de sa ~** jn (mit seiner Anwesenheit) beehren; **se trouver en ~ de qqch** mit etw konfrontiert sein; **en ~** (einander) gegenüberstehend; **en ~ de qqn** in js Gegenwart; **en ma/ta ~** in meiner/deiner Gegenwart. **-2.** [existence] Vorhandensein *das*. **-3.** [influence, prestance] Präsenz *die*. **-4.** [personnalité] Ausstrahlung *die*.

◆ **présence d'esprit** *nf* Geistesgegenwart *die*.

présent, e [prezɑ̃, ɑ̃t] *adj* **-1.** [concrètement] anwesend; **~!** hier! **-2.** [actuel] gegenwärtig. **-3.** [actif] präsent. **-4.** *(avant n)* [ce] vorliegend.

◆ **présent** *nm* **-1.** [période] Gegenwart *die*. **-2.** GRAM Präsens *das*. **-3.** *sout* [cadeau] Präsent *das*; **faire ~ à qqn de qqch** jm etw schenken.

◆ **à présent** *loc adv* jetzt.

◆ **à présent que** *loc conj* jetzt, da.

◆ **dès à présent** *loc adv* von heute an.

◆ **jusqu'à présent** *loc adv* bis heute.

◆ **par la présente** *loc adv* hiermit.

présentable [prezɑ̃tabl] *adj* **-1.** [chose] ansehnlich. **-2.** [personne] vorzeigbar.

présentateur, trice [prezɑ̃tatœr, tris] *nm, f* **-1.** [animateur] Ansager *der*, -in *die*. **-2.** [journaliste] Präsentator *der*, -in *die*.

présentation [prezɑ̃tasjɔ̃] *nf* **-1.** [d'invités]: **faire les ~s** die Gäste einander vor|stellen. **-2.** [aspect extérieur] Erscheinungsbild *das*, Erscheinung *die*; **une bonne/mauvaise/excellente ~** ein gutes/schlechtes/sehr gutes Auftreten. **-3.** [de pièces justificatives] Vorlegen *das*; **sur ~ de** gegen Vorlage von. **-4.** [exhibition] Vorführung *die*. **-5.** [exposé] Präsentation *die*. **-6.** [de texte, de marchandise] Aufmachung *die*; **~ de la marque** Produktaufmachung.

présentement [prezɑ̃tmɑ̃] *adv* gegenwärtig.

présenter [3] [prezɑ̃te] ◇ *vt* **-1.** [personne]: **~ qqn à qqn** jm jn vor|stellen. **-2.** [pièces justificatives, projet]: **~ qqch à qqn** jm etw vor|legen. **-3.** [exposer] dar|stellen. **-4.** [félicitations, condoléances]: **~ qqch à qqn** jm etw aus|sprechen. **-5.**

[avantage, caractéristique] auf|weisen. ◇ *vi fam* : **bien/mal ~** ein gutes/schlechtes Bild machen.

◆ **se présenter** *vp* **-1.** [se faire connaître]: **se ~ (à qqn)** sich (jm) vor|stellen. **-2.** [être candidat]: **se ~ à un examen** an einer Prüfung teil|nehmen; **se ~ à une élection** kandidieren. **-3.** [se rendre] erscheinen. **-4.** [occasion, situation] sich an|bieten. **-5.** [affaire, contrat]: **se ~ bien/mal** gut/schlecht aus|sehen.

présentoir [prezɑ̃twar] *nm* Ständer *der*.

préservatif [prezɛrvatif] *nm* Präservativ *das*, Kondom *das*.

préservation [prezɛrvasjɔ̃] *nf* Schutz *der*.

préserver [3] [prezɛrve] *vt* bewahren.

◆ **se préserver** *vp*: **se ~ de qqch** sich vor etw *(D)* schützen.

présidence [prezidɑ̃s] *nf* **-1.** [de groupe] Vorsitz *der*. **-2.** [d'État] Präsidentschaft *die*. **-3.** [résidence] Präsidentenpalast *der*.

président, e [prezidɑ̃, ɑ̃t] *nm, f* [de groupe] Vorsitzende *der, die*; **~ du conseil d'administration** Verwaltungsratsvorsitzende; **~-directeur général** ≃ Generaldirektor *der*.

◆ **président** *nm* [d'État] Präsident *der*, -in *die*; **~ de la République** Staatspräsident.

◆ **présidente** *nf* **-1.** [épouse du président] Frau des (Staats)präsidenten. **-2.** [en exercice] Präsidentin *die*.

présidentiable [prezidɑ̃sjabl] *adj*: **candidat ~** aussichtsreicher Präsidentschaftskandidat.

présidentiel, elle [prezidɑ̃sjɛl] *adj* Präsidenten-; **élections ~les** Präsidentschaftswahlen; **régime ~** Präsidialsystem *das*.

présider [3] [prezide] ◇ *vt* **-1.** [assemblée, débat]: **~ qqch** einer Sache *(D)* vor|sitzen. **-2.** [dîner]: **~ qqch** den Ehrenplatz bei etw haben. ◇ *vi*: **~ à qqch** [diriger] etw leiten; [caractériser] einer Sache *(D)* zugrunde liegen.

présomptif, ive [prezɔ̃ptif, iv] *adj* vermutlich.

présomption [prezɔ̃psjɔ̃] *nf* **-1.** [hypothèse] Mutmaßung *die*. **-2.** [prétention] Anmaßung *die*. **-3.** JUR Verdacht *der*.

présomptueux, euse [prezɔ̃ptɥø, øz] ◇ *adj* anmaßend. ◇ *nm, f* anmaßende Person.

presque [prɛsk] *adv* beinahe, fast.

presqu'île [prɛskil] *nf* Halbinsel *die*.

pressant, e [prɛsɑ̃, ɑ̃t] *adj* **-1.** [urgent] dringend. **-2.** [insistant] aufdringlich.

press-book [prɛsbuk] (*pl* **press-books**) *nm* Pressbook *das*.

presse [prɛs] *nf* Presse *die*; **avoir bonne/mauvaise ~** einen guten/schlechten Ruf haben.

pressé, e [prese] *adj* **-1.** [urgent] dringend; **être ~ (de faire qqch)** es eilig haben (,etw zu tun). **-2.** [citron] (aus)gepreßt.

◆ **pressé** *nm*: **aller au plus ~** das Wichtigste erledigen; **parer au plus ~** die wichtigsten Vorkehrungen treffen.

presse-citron [prɛssitrɔ̃] *nm inv* Zitruspresse *die*.

pressentiment [presɑ̃timɑ̃] *nm* Vorahnung *die*.

pressentir [37] [presɑ̃tir] *vt* **-1.** [chose] ahnen. **-2.** [personne]: **être pressenti pour un poste** für einen Posten in Frage kommen.

presse-papiers [prɛspapje] *nm inv* Briefbeschwerer *der*.

presse-purée [prɛspyre] *nm inv* Kartoffelstampfer *der*.

presser [4] [prese] ◇ *vt* **-1.** [fruit] aus|pressen. **-2.** [personne, bouton] drücken. **-3.** [harceler]: **~ qqn de questions** jn mit Fragen bestürmen. **-4.** [accélérer] beschleunigen. **-5.** [disque] pressen. ◇ *vi* eilen.

◆ **se presser** *vp* **-1.** [se dépêcher] sich beeilen; **sans se ~** ohne Eile; **pressons!** schnell! **-2.** [s'agglutiner] sich drängen. **-3.** [se serrer] sich drücken.

pressing [presiŋ] *nm* [commerce] Reinigung *die*.

pression [prɛsjɔ̃] *nf* **-1.** [gén] Druck *der*; **exercer une ~ sur qqn/qqch** auf jn/etw Druck aus|üben; **faire ~ sur qqn** auf jn ein|wirken; **sous ~** unter Druck; **~ atmosphérique** Luftdruck. **-2.** [bouton] Druckknopf *der*. **-3.** [boisson]: **(bière) ~** Faßbier *das*.

pressoir [prɛswar] *nm* **-1.** [machine] Presse *die*. **-2.** [bâtiment] Kelterei *die*.

pressurer [3] [presyre] *vt* **-1.** [comprimer] aus|pressen. **-2.** [exploiter] aus|nehmen.

pressurisation [presyrizasjɔ̃] *nf* Druckregulierung *die*.

pressurisé, e [presyrize] *adj* Druck-; **cabine ~e** Druckkabine *die*.

pressuriser [3] [presyrize] *vt*: **~ qqch** einen konstanten Druck in etw *(D)* halten.

prestance [prɛstɑ̃s] *nf* Stattlichkeit *die*; **avoir de la ~** eine stattliche Erscheinung sein.

prestataire [prɛstatɛr] *nmf* Leistungsträger *der*, -in *die*; **~ de service** Dienstleistungserbringer *der*.

prestation [prɛstasjɔ̃] *nf* Leistung *die*; **~ de service** Dienstleistung; **~s sociales** Sozialleistungen *Pl*.

◆ **prestation de serment** *nf* Vereidigung *die*.

preste [prɛst] *adj sout* geschwind.

prestement [prɛstəmɑ̃] *adv* geschwind.

prestidigitateur, trice [prɛstidiʒitatœr, tris] *nm, f* Taschenspieler *der*, -in *die*, Zauberkünstler *der*, -in *die*.

prestidigitation [prɛstidiʒitasjɔ̃] *nf* Taschenspielerei *die*.

prestige [prɛstiʒ] *nm* **-1.** [gloire] Ansehen *das*. **-2.** [réputation] Prestige *das*; **de ~** Prestige-.

prestigieux, euse [prɛstiʒjø, øz] *adj* **-1.** [palais] imposant. **-2.** [nom] angesehen.

présumé, e [prezyme] *adj* mutmaßlich; **coupable ou ~ tel** schuldig oder für schuldig gehalten.

présumer [3] [prezyme] ◇ *vt* an|nehmen; **~ que** mutmaßen, daß; **être présumé coupable/innocent** als schuldig/unschuldig gelten. ◇ *vi*: **~ de qqch** etw überschätzen.

présupposé [presypoze] *nm* Voraussetzung *die*.

présupposer [3] [presypoze] *vt* **-1.** [admettre]: **~ qqch** von etw aus|gehen. **-2.** [impliquer] voraus|setzen.

prêt, e [prɛ, prɛt] *adj* **-1.** [personne]: **être ~ à faire qqch** bereit sein, etw zu tun; **~ à tout** zu allem bereit. **-2.** [sportif, dossier, dîner] fertig; **~? partez!** fertig? los!

◆ **prêt** *nm*: **accorder un ~** FIN ein Darlehen gewähren.

prêt-à-porter [prɛtapɔrte] (*pl* **prêts-à-porter**) *nm* Konfektion(skleidung) *die (sans pl)*.

prétendant, e [pretɑ̃dɑ̃, ɑ̃t] *nm, f* Anwärter *der*, -in *die*.

◆ **prétendant** *nm hum* [soupirant] Bewerber *der*.

prétendis *etc* → **prétendre**.

prétendre [73] [pretɑ̃dr] ◇ *vt* **-1.** [faire semblant de] vor|geben. **-2.** [affirmer]: **~ que** behaupten, daß. ◇ *vi*: **~ à qqch** auf etw *(A)* Anspruch erheben.

◆ **se prétendre** *vp*: **se ~ qqch** behaupten, etw zu sein; **et ça se prétend acteur!** und das will ein Schauspieler sein!

prétends *etc* → **prétendre**.

prétendu, e [pretɑ̃dy] ◇ *pp* → **prétendre**. ◇ *adj (avant n)* angeblich.

prétendument [pretɑ̃dymɑ̃] *adv* angeblich.

prête-nom [prɛtnɔ̃] (*pl* **prête-noms**) *nm* Strohmann *der*.

prétentieux, euse [pretɑ̃sjø, øz] ◇ *adj* **-1.** [personne] eingebildet. **-2.** [chose] protzig. ◇ *nm, f* Angeber *der*, -in *die*.

prétention [pretɑ̃sjɔ̃] *nf* **-1.** [suffisance] Dünkel *der*. **-2.** [ambition] Vermessenheit *die*; **avoir la ~ de faire qqch** sich an|maßen, etw zu tun.

prêter [4] [prete] ◇ *vt* **-1.** [objet, argent]: **~ qqch à qqn** jm etw leihen. **-2.** [accorder]: **~ assistance** Hilfe leisten; **~ attention** Aufmerksamkeit schenken. **-3.** [qualité, propos]: **~ qqch à qqn** jm etw zu|schreiben. ◇ *vi*: **~ à qqch** zu etw Anlaß geben.

◆ **se prêter** *vp*: **se ~ à qqch** [participer à] sich zu etw her|geben, sich auf etw *(A)* ein|lassen; [convenir à] sich für etw eignen.

prétérit [preterit] *nm* Präteritum *das*.

prêteur, euse [prɛtœr, øz] *adj*: **ne pas être ~** nicht gerne verleihen.

◆ **prêteur** *nm*: **~ sur gages** Pfandleiher *der*.

prétexte [pretɛkst] *nm* **-1.** [excuse] Vorwand *der*; **sous aucun ~** unter welchem Vorwand auch immer; **sous ~ de faire qqch** unter dem Vorwand, etw zu tun; **sous ~ que** unter dem Vorwand, daß. **-2.** [occasion] Anlaß *der*.

prétexter [4] [pretɛkste] *vt* vor|geben.

Pretoria [pretɔrja] *n* Pretoria *nt*.

prêtre [prɛtr] *nm* Priester *der*.

prêtresse [prɛtrɛs] *nf* Priesterin *die*.

preuve [prœv] *nf* **-1.** [gén] Beweis *der*; **faire ~ de qqch** etw beweisen. **-2.** [justificatif] Nachweis *der*. **-3.** MATHS: **la ~ par neuf** die Neunerprobe.

preux [prø] *littéraire* ◇ *nm* Held *der*. ◇ *adj m* tapfer.

prévaloir [61] [prevalwar] *vi sout* vor|herrschen; **~ sur qqch** vor etw *(D)* Vorrang haben.

◆ **se prévaloir** *vp*: **se ~ de qqch** sich mit etw brüsten.

prévalu [prevaly] *pp inv* → **prévaloir**.

prévarication [prevarikasjɔ̃] *nf sout* Pflichtverletzung *die*.

prévaudrai *etc* → **prévaloir**.

prévaut [prevo] → **prévaloir**.

prévaux [prevo] → **prévaloir**.

prévenance [prevnɑ̃s] *nf* **-1.** [attitude] Zuvorkommenheit *die*. **-2.** [action] zuvorkommende Geste.

prévenant, e [prevnɑ̃, ɑ̃t] *adj* zuvorkommend.

prévenir [40] [prevnir] *vt* **-1.** [avertir] warnen; [police] verständigen. **-2.** [préparer]: **~ qqn de qqch** jn auf etw *(A)* vor|bereiten. **-3.** [anticiper]: **~ qqch** einer Sache *(D)* vor|beugen; **~ les désirs de qqn** jm zuvor|kommen.

préventif, ive [prevɑ̃tif, iv] *adj* **-1.** [mesure] vorbeugend. **-2.** MÉD Vorsorge-. **-3.** JUR: **détention préventive** Untersuchungshaft *die*.

prévention [prevɑ̃sjɔ̃] *nf* **-1.** [protection] Verhütung *die*. **-2.** JUR Untersuchungshaft *die*.

prévenu, e [prevny] ◇ *pp* → **prévenir**. ◇ *nm, f* JUR Angeklagte *der, die*.

préviendrai *etc* → **prévenir**.

prévins *etc* → **prévenir**.

prévis *etc* → **prévoir**.

prévisible [previzibl] *adj* vorhersehbar, voraussehbar.

prévision [previzjɔ̃] *nf* **-1.** [évaluation] Veran-

schlagung *die*. **-2.** FIN & ÉCON Prognose *die*. **-3.** [pronostic] Voraussagung *die*; **les ~s météorologiques** die Wettervorhersage.
◆ **en prévision de** *loc prép* im Hinblick auf.

prévisionnel, elle [previzjɔnɛl] *adj* veranschlagt; **budget ~** Haushaltsvoranschlag *der*.

prévoir [63] [prevwar] *vt* **-1.** [envisager] voraus|sehen. **-2.** [prédire] vorher|sehen. **-3.** [organiser, programmer] vor|sehen; **ne pas être prévu** nicht vorgesehen sein; **comme prévu** wie vorgesehen OU geplant.

prévois *etc* → **prévoir**.

prévoyais *etc* → **prévoir**.

prévoyance [prevwajɑ̃s] *nf* Voraussicht *die*; **caisse de ~** Vorsorgekasse *die*.

prévoyant, e [prevwajɑ̃, ɑ̃t] *adj* vorausschauend.

prévu, e [prevy] *pp* → **prévoir**.

prie-Dieu [pridjø] *nm inv* Betstuhl *der*.

prier [10] [prije] ◇ *vt* **-1.** [gén] bitten; **ne pas se faire ~ pour faire qqch** sich nicht bitten lassen, etw zu tun; **~ qqn de faire qqch** jn bitten, etw zu tun; **vous êtes priés de ne pas fumer** bitte unterlassen Sie das Rauchen; **je vous en prie** [de grâce] ich bitte Sie; [de rien] nichts zu danken. **-2.** RELIG: **~ qqn/qqch** zu jm/etw beten. ◇ *vi* RELIG beten.

prière [prijɛr] *nf* **-1.** [RELIG - recueillement] Beten *das*; [- formule] Gebet das. **-2.** [demande] Bitte *die*; **'~ de ne pas fumer'** 'bitte nicht rauchen'.

prieuré [prijœre] *nm* Priorat *das*.

primaire [primɛr] *adj* **-1.** *péj* [simpliste] primitiv. **-2.** GÉOL & ÉCON Primär-; **l'ère ~** das Erdaltertum. **-3.** [SCOL, fondamental] Grund-. **-4.** [premier] Vor-; **les élections ~s** die Vorwahlen.

primate [primat] *nm* **-1.** ZOOL Primat *der*. **-2.** *fam* [brute] Primitivling *der*.

primauté [primote] *nf* Vorrang *der*.

prime [prim] ◇ *nf* **-1.** [gratification, cotisation] Prämie *die*; **~ d'intéressement** gewinnabhängige Prämie; **~ d'objectif** Leistungsprämie. **-2.** [cadeau] Bonus *der*; **en ~** als Geschenk; *fig* als Zugabe. ◇ *adj* **-1.** MATHS: **a ~** a-Strich. **-2.** [premier]: **de ~ abord** auf den ersten Blick; **~ jeunesse** frühste Jugend.

primer [3] [prime] ◇ *vi* dominieren; **~ sur qqch** vor etw *(D)* den Vorrang haben. ◇ *vt* **-1.** [être supérieur]: **~ qqch** wichtiger sein als etw. **-2.** [récompenser] prämieren.

primerose [primroz] *nf* Stockrose *die*.

primesautier, ère [primsotje, ɛr] *adj littéraire* sprunghaft.

primeur [primœr] *nf*: **avoir la ~ de qqch** etw als erste,-r,-s erfahren.
◆ **primeurs** *nfpl*: **marchand de ~s** Obst- und Gemüsehändler *der*.

primevère [primvɛr] *nf* Primel *die*.

primitif, ive [primitif, iv] *adj* **-1.** [originel] Ur-. **-2.** [initial] ursprünglich. **-3.** [archaïque] primitiv.
◆ **primitif** *nm* ART früher Meister.

primo [primo] *adv* erstens.

primordial, e, aux [primɔrdjal, o] *adj* entscheidend, Grund-.

prince [prɛ̃s] *nm* **-1.** [souverain] Fürst *der*. **-2.** [non régnant] Prinz *der*; **~ consort** Prinzgemahl *der*; **~ héritier** Kronprinz.

prince-de-Galles [prɛ̃sdəgal] ◇ *nm inv* Glencheck *der*. ◇ *adj inv* in Glencheck gemustert, Glencheck-.

princesse [prɛ̃sɛs] *nf* **-1.** [non régnante] Prinzessin *die*. **-2.** [souveraine] Fürstin *die*.

princier, ère [prɛ̃sje, ɛr] *adj* **-1.** [famille] Fürsten-. **-2.** [luxe] fürstlich.

principal, e, aux [prɛ̃sipal, o] *adj* **-1.** [gén] Haupt-. **-2.** [résidence] Erst-.
◆ **principal** *nm* **-1.** [important]: **le ~** das Wichtigste, die Hauptsache. **-2.** SCOL Direktor *der*, -in *die*.

principalement [prɛ̃sipalmɑ̃] *adv* vor allem.

principauté [prɛ̃sipote] *nf* Fürstentum *das*.

principe [prɛ̃sip] *nm* **-1.** [règle individuelle] Grundsatz *der*; **par ~** aus Prinzip. **-2.** [hypothèse, loi générale] Prinzip *das*. **-3.** [rudiment] Grundlage *die*. **-4.** [élément]: **~ actif** Wirkstoff *der*.
◆ **en principe** *loc adv* im Prinzip.

printanier, ère [prɛ̃tanje, ɛr] *adj* **-1.** [climat] frühlingshaft. **-2.** [humeur, tissu] Frühlings-.

printemps [prɛ̃tɑ̃] *nm* **-1.** [saison] Frühling *der*, Frühjahr *das*; **au ~** im Frühjahr OU Frühling. **-2.** *littéraire* [jeunesse] Frühling *der*. **-3.** *littéraire* [année] Lenz *der*; **avoir 40 ~** 40 Lenze zählen.

priori [priɔri]
◆ **a priori** ◇ *loc adv* grundsätzlich, von vornherein. ◇ *adj inv* apriorisch. ◇ *nm inv* Apriori *das*.

prioritaire [prijɔritɛr] *adj* **-1.** [souci, mesure] vorrangig. **-2.** [voie, véhicule] vorfahrtsberechtigt.

priorité [prijɔrite] *nf* **-1.** [primauté] Vorrang *der*; **donner la ~** den Vorzug geben. **-2.** [en voiture] Vorfahrt *die*; **~ à droite** Vorfahrt von rechts.
◆ **en priorité** *loc adv* vorrangig; **venir en ~** vorrangig sein.

pris, prit *etc* → **prendre**.

pris, e [pri, iz] ◇ *pp* → **prendre**. ◇ *adj* **-1.** [occupé - personne] nicht frei; [- place assise] besetzt; **il est très ~ en ce moment** er hat zur Zeit sehr viel zu tun. **-2.** [envahi]: **~ de qqch** von etw ergriffen. **-3.** [malade] erkrankt.
◆ **prise** *nf* **-1.** [action de saisir] Fassen *das*; **avoir ~e sur qqch** auf etw *(D)* Halt haben; **avoir ~e**

sur qqn *fig* auf jn Einfluß ausüben können; **être aux ~es avec qqn** mit jm in Konflikt sein; **être aux ~es avec qqch** mit etw ringen. **-2.** SPORT Griff *der*; **faire une ~e à qqn** jn fassen. **-3.** [en escalade] Halt *der*; **lâcher ~e** los|lassen; *fig* auf|geben. **-4.** [de ville, de médicament] Einnahme *die*. **-5.** PÊCHE Fang *der*. **-6.** ÉLECTR: **~e (de courant)** Anschluß *der*; **~e femelle** Steckdose *die*; **~e mâle** Stecker *der*; **~e multiple** Mehrfachsteckdose *die*; **~e de terre** Erdung *die*.

◆ **prise de bec** *nf* Wortwechsel *der*.

◆ **prise de conscience** *nf* Bewußtwerdung *die*.

◆ **prise d'otages** *nf* Geiselnahme *die*.

◆ **prise de sang** *nf* Blutprobe *die*.

◆ **prise de son** *nf* Tonaufzeichnung *die*.

◆ **prise de vues** *nf* Aufnahme *die*.

prisé, e [prize] *adj* begehrt.

priser [3] [prize] *vt* **-1.** *sout* [apprécier] schätzen. **-2.** [tabac] schnupfen.

prisme [prism] *nm* Prisma *das*.

prison [prizɔ̃] *nf* Gefängnis *das*.

prisonnier, ère [prizɔnje, ɛr] ◇ *nm, f* **-1.** [détenu] Häftling *der*. **-2.** [captif] Gefangene *der, die*; **faire qqn ~** jn gefangen|nehmen. ◇ *adj* gefangen; *fig* gefesselt; **être ~ de qqch** (der) Sklave einer Sache *(G)* sein.

privatif, ive [privatif, iv] *adj* **-1.** JUR Privat-. **-2.** GRAM Negations-.

privation [privasjɔ̃] *nf* JUR Entzug *der*.

◆ **privations** *nfpl* Entbehrungen *Pl*.

privatisation [privatizasjɔ̃] *nf* Privatisierung *die*.

privatiser [3] [privatize] *vt* privatisieren.

privé, e [prive] *adj* Privat-.

◆ **privé** *nm* **-1.** ÉCON Privatwirtschaft *die*; **dans le ~** in der freien Wirtschaft. **-2.** [détective] Privatdetektiv *der*.

◆ **en privé** *loc adv* unter vier Augen.

priver [3] [prive] *vt* **-1.** [démunir]: **~ qqn de qqch** jn um etw bringen. **-2.** [déposséder]: **~ qqn de qqch** jn einer Sache *(G)* berauben. **-3.** [interdire]: **~ qqn de qqch** jm eine Sache entziehen.

◆ **se priver** *vp* **-1.** [s'abstenir]: **se ~ de qqch** sich *(D)* etw versagen; **ne pas se ~ de faire qqch** es sich nicht entgehen lassen, etw zu tun. **-2.** [économiser] sich nichts gönnen.

privilège [privilɛʒ] *nm* **-1.** [avantage] Privileg *das*. **-2.** [chance] Glück *das*. **-3.** [exclusivité] Vorrecht *das*.

privilégié, e [privileʒje] ◇ *adj* **-1.** [avantagé] bevorteilt. **-2.** [nanti] wohlhabend. **-3.** [exceptionnel] bevorzugt, ausgezeichnet. ◇ *nm, f* **-1.** [nanti] Privilegierte *der, die*. **-2.** [favorisé] bevorzugte Person.

privilégier [9] [privileʒje] *vt* bevorzugen.

prix [pri] *nm* Preis *der*; **à moitié ~** zum halben Preis; **à** OU **au ~ coûtant** zum Selbstkostenpreis; **à ~ fixe** zum Festpreis; **au ~ fort** zum vollen Preis; **hors de ~** unbezahlbar; **~ d'achat** Einkaufspreis; **~ d'ami** Freundschaftspreis; **~ à la consommation** Verbraucherpreis; **~ de gros** Großhandelspreis; **~ libre** frei angesetzter Preis; **~ net** Nettopreis; **~ Nobel** Nobelpreis; [lauréat] Nobelpreisträger *der*, -in *die*; **~ de revient** Selbstkostenpreis; **à aucun ~** um keinen Preis; **au ~ de** auf Kosten von; **à tout ~** um jeden Preis; **acheter/payer à ~ d'or** sehr teuer kaufen/bezahlen; **mettre la tête de qqn à ~** einen Preis auf js Kopf aus|setzen.

pro [pro] (*abr de* **professionnel**) *nmf fam* Profi *der*.

probabilité [prɔbabilite] *nf* Wahrscheinlichkeit *die*.

probable [prɔbabl] *adj* [vraisemblable] wahrscheinlich; **il est ~ qu'elle arrive à temps** wahrscheinlich wird sie rechtzeitig ankommen.

probablement [prɔbabləmɑ̃] *adv* wahrscheinlich.

probant, e [prɔbɑ̃, ɑ̃t] **-1.** [argument] stichhaltig. **-2.** [expérience] überzeugend. **-3.** JUR Beweis-.

probatoire [prɔbatwar] *adj* Probe-.

probité [prɔbite] *nf* Ehrenhaftigkeit *die*.

problématique [prɔblematik] ◇ *nf* Problematik *die*. ◇ *adj* **-1.** [avenir, victoire] fraglich. **-2.** [compliqué] problematisch.

problème [prɔblɛm] *nm* **-1.** [gén] Problem *das*; **poser un ~** Schwierigkeiten bereiten; **ça ne me pose aucun ~** das ist für mich überhaupt kein Problem; **(il n'y a) pas de ~!** *fam* kein Problem!; **un faux ~** ein Scheinproblem. **-2.** [exercice] Aufgabe *die*.

procédé [prɔsede] *nm* **-1.** [méthode] Verfahren *das*. **-2.** [conduite] Methode *die*.

procéder [18] [prɔsede] *vi* **-1.** [agir] vor|gehen. **-2.** [se livrer]: **~ à qqch** etw vor|nehmen. **-3.** *sout* [résulter]: **~ de qqch** aus etw hervor|gehen.

procédure [prɔsedyr] *nf* Verfahren *das*.

procédurier, ère [prɔsedyrje, ɛr] ◇ *adj* prozessierfreudig. ◇ *nm, f* Prozeßhansel *der*.

procès [prɔsɛ] *nm* Verfahren *das*, Prozeß *der*; **intenter un ~ à qqn** gegen jn ein Verfahren an|strengen, jn verklagen; **faire le ~ de qqn/qqch** *fig* jn/eine Sache scharf verurteilen.

processeur [prɔsesœr] *nm* Prozessor *der*.

procession [prɔsesjɔ̃] *nf* Prozession *die*; **en ~** in einem langen Zug.

processus [prɔsesys] *nm* Prozeß *der*.

procès-verbal [prɔsɛvɛrbal] (*pl* **procès-verbaux** [prɔsɛvɛrbo]) *nm* **-1.** [contravention] Strafmandat *das*. **-2.** [compte-rendu] Protokoll *das*.

prochain, e [prɔʃɛ̃, ɛn] *adj* **-1.** [suivant] nächste,-r,-s; **à la ~e!** *fam* bis zum nächsten Mal! **-2.** [imminent] nahe bevorstehend.
◆ **prochain** *nm* Nächste *der, die.*

prochainement [prɔʃɛnmɑ̃] *adv* demnächst.

proche [prɔʃ] *adj* **-1.** [imminent] nahe. **-2.** [rapproché]: **être ~** nahe beieinander sein OU stehen. **-3.** [intime]: **être ~** einander nahe sein. **-4.** [parent] nah. **-5.** [semblable] verwandt.
◆ **proches** *nmpl* nächste Angehörige *Pl.*
◆ **de proche en proche** *loc adv sout* nach und nach.

Proche-Orient [prɔʃɔrjɑ̃] *nm*: **le ~** der Nahe Osten, der Vordere Orient.

proclamation [prɔklamasjɔ̃] *nf* Erklärung *die.*

proclamer [3] [prɔklame] *vt* aus|rufen, verkünden; **~ son innocence** seine Unschuld bekunden.

procréation [prɔkreasjɔ̃] *nf* Zeugung *die*; **~ artificielle** künstliche Befruchtung.

procréer [15] [prɔkree] *vt* zeugen.

procuration [prɔkyrasjɔ̃] *nf* Vollmacht *die*; **voter par ~** durch einen Vertreter wählen.

procurer [3] [prɔkyre] *vt* **-1.** [sujet: personne]: **~ qqch à qqn** jm etw beschaffen. **-2.** [sujet: chose]: **~ qqch à qqn** jm etw bereiten.
◆ **se procurer** *vp*: **se ~ qqch** sich *(D)* etw beschaffen.

procureur [prɔkyrœr] *nm*: **~ général** Staatsanwalt *der (höhere Instanz)*; **~ de la République** Staatsanwalt *der (erste Instanz).*

prodigalité [prɔdigalite] *nf* Verschwendungssucht *die.*
◆ **prodigalités** *nfpl* verschwenderische Ausgaben.

prodige [prɔdiʒ] *nm* **-1.** [miracle] Wunder *das*; **un ~ de qqch** ein Ausbund an etw. **-2.** [génie] Genie *das.*

prodigieusement [prɔdiʒjøzmɑ̃] *adv* **-1.** [magnifiquement] wunderbar. **-2.** [énormément] ungemein.

prodigieux, euse [prɔdiʒjø, øz] *adj* unglaublich.

prodigue [prɔdig] *adj* verschwenderisch; **être ~ de** OU **en qqch** mit etw großzügig um|gehen.

prodiguer [3] [prɔdige] *vt* [donner]: **~ qqch** mit etw nicht sparen; **~ qqch à qqn** jn mit etw überhäufen.

producteur, trice [prɔdyktœr, tris] ◇ *nm, f* **-1.** [fabricant] Hersteller *der*, -in *die.* **-2.** AGRIC Erzeuger *der*, -in *die.* **-3.** CIN & TÉLÉ Produzent *der*, -in *die.* ◇ *adj*: **~ de pétrole** erdölproduzierend; **~ d'emplois** arbeitsplätzeschaffend.

productif, ive [prɔdyktif, iv] *adj* **-1.** [activité, personne] produktiv. **-2.** [capital] gewinnbringend.

production [prɔdyksjɔ̃] *nf* **-1.** [fabrication] Herstellung *die*, Produktion *die.* **-2.** ÉCON, CIN & LITTÉRATURE Produktion *die*; **biens de ~** Produktionsgüter *Pl*; **coût de ~** Produktionskosten *Pl.* **-3.** [formation] Erzeugung *die.* **-4.** TÉLÉ Produktionsleitung *die.* **-5.** [de pièces justificatives] Vorlegung *die.*

productivité [prɔdyktivite] *nf* Produktivität *die.*

produire [98] [prɔdɥir] *vt* **-1.** [fournir] her|stellen, produzieren; [sujet: terre] liefern. **-2.** [susciter] aus|lösen. **-3.** [créer] schaffen. **-4.** [émettre] erzeugen. **-5.** [financer] produzieren.
◆ **se produire** *vp* **-1.** [événement] sich ereignen. **-2.** [artiste] auf|treten.

produisais *etc* → **produire.**

produit, e [prɔdɥi, it] *pp* → **produire.**
◆ **produit** *nm* **-1.** [gén] Produkt *das*; **~ de beauté** Schönheitsmittel *das*; **~ de consommation** Konsumgut *das*; **~ de grande consommation** Gut *das* des täglichen Bedarfs; **~ industriel** Industrieerzeugnis *das*; **~s d'entretien** Putzmittel *Pl.* **-2.** CHIM Stoff *der*; **~s chimiques** Chemikalien *Pl.* **-3.** [naturel] Erzeugnis *das.* **-4.** [d'investissement] Ertrag *der*; **~ financier** Finanzerträge *Pl.* **-5.** [résultat] Ergebnis *das.*

proéminent, e [prɔeminɑ̃, ɑ̃t] *adj* vorstehend.

prof [prɔf] *nmf fam abr de* **professeur.**

profanation [prɔfanasjɔ̃] *nf* Schändung *die.*

profane [prɔfan] ◇ *nmf* **-1.** [non religieux] Ungeweihte *der, die.* **-2.** [novice] Laie *der.* ◇ *adj* **-1.** [laïc] weltlich. **-2.** [ignorant]: **être ~** ein Laie sein.

profaner [3] [prɔfane] *vt* **-1.** [église] entweihen. **-2.** [mémoire] schänden.

proférer [18] [prɔfere] *vt* aus|stoßen.

professer [4] [prɔfese] *vt* **-1.** *littéraire* [exprimer] kund|tun. **-2.** RELIG bekunden.

professeur [prɔfɛsœr] *nm* **-1.** [enseignant - d'école] Lehrer *der*, -in *die*; [- d'université] Professor *der*, -in *die.* **-2.** [titre] Professor *der.*

profession [prɔfɛsjɔ̃] *nf* **-1.** [métier] Beruf *der*; **de ~** von Beruf. **-2.** [corps de métier] Branche *die.*
◆ **profession de foi** *nf* Glaubensbekenntnis *das.*

professionnel, elle [prɔfɛsjɔnɛl] ◇ *adj* **-1.** [vie, maladie, lycée] Berufs-. **-2.** [comédien, sportif] professionell. ◇ *nm, f* **-1.** [spécialiste] Fachmann *der.* **-2.** SPORT Profi *der.*

professionnellement [prɔfɛsjɔnɛlmɑ̃] *adv* beruflich.

professoral, e, aux [prɔfɛsɔral, o] *adj péj* schulmeisterlich.

professorat [prɔfɛsɔra] *nm* Lehrberuf *der.*

profil [prɔfil] *nm* **-1.** [gén] Profil *das*. **-2.** [silhouette] Umrißlinie *die*. **-3.** [situation] Lage *die*.
◆ **de profil** *loc adv* **-1.** [visage, corps] im Profil. **-2.** [objet] von der Seite.

profiler [3] [prɔfile] *vt* hervor|heben.
◆ **se profiler** *vp* **-1.** [bâtiment, arbre] sich hervor|heben. **-2.** [solution] sich heraus|kristallisieren.

profit [prɔfi] *nm* **-1.** [avantage] Nutzen *der*; **il ne cherche que son ~** er ist nur auf seinen Vorteil bedacht; **au ~ de** zu Gunsten von; **tirer ~ de qqch** aus etw Nutzen ziehen. **-2.** ÉCON Profit *der*.

profitable [prɔfitabl] *adj* **-1.** [rentable] einträglich. **-2.** [bénéfique] nützlich; **être ~ à qqn** jm zuträglich sein.

profiter [3] [prɔfite] *vi* **-1.** [tirer avantage de]: **~ de qqn/qqch** jn/etw aus|nutzen. **-2.** [abuser]: **~ de qqch** eine Sache nutzen; **en ~** es aus|nutzen, es genießen; **en ~ pour faire qqch** die Gelegenheit nutzen, um etw zu tun. **-3.** [servir]: **~ à qqn** jm nutzen.

profiteroles [prɔfitrɔl] *nfpl*: **~ au chocolat** *mit Eis gefüllte Brandteigkugeln in Schokoladensoße*.

profiteur, euse [prɔfitœr, øz] *nm, f péj* Profitjäger *der*.

profond, e [prɔfɔ̃, ɔ̃d] *adj* **-1.** [gén] tief. **-2.** [pensée] tiefgründig, tiefschürfend. **-3.** PSYCHOL hochgradig.
◆ **profond** ◇ *nm*: **au plus ~ de** im tiefsten Innern von; **au plus ~ de moi-même** im tiefsten Innern meiner selbst. ◇ *adv* tief.

profondément [prɔfɔ̃demɑ̃] *adv* **-1.** [gén] tief. **-2.** [très]: **être ~ différents** grundverschieden sein.

profondeur [prɔfɔ̃dœr] *nf* **-1.** [gén] Tiefe *die*; **en ~** von Grund auf. **-2.** PHOT & CIN: **~ de champ** Schärfentiefe *die*.

profusion [prɔfyzjɔ̃] *nf*: **une ~ de** eine Unmenge von; **à ~** im Überfluß.

progéniture [prɔʒenityr] *nf* Nachkommenschaft *die*.

progiciel [prɔʒisjɛl] *nm* INFORM Programmpaket *das*.

programmable [prɔgramabl] *adj* programmierbar.

programmateur, trice [prɔgramatœr, tris] *nm, f* Programmgestalter *der*, -in *die*.
◆ **programmateur** *nm* TECHNOL Steuerung *die*.

programmation [prɔgramasjɔ̃] *nf* **-1.** INFORM Programmierung *die*; **faire de la ~** programmieren; **~ linéaire** lineare Programmierung. **-2.** TÉLÉ & RADIO Programmgestaltung *die*.

programme [prɔgram] *nm* **-1.** [gén] Programm *das*; **le ~ des réjouissances** *hum* das Programm (der Lustbarkeiten); **c'est tout un ~!** ein großes Programm! **-2.** SCOL Lehrplan *der*.

programmé, e [prɔgrame] *adj* Programm-, programmiert.

programmer [3] [prɔgrame] *vt* **-1.** [organiser] planen. **-2.** RADIO & TÉLÉ an|setzen. **-3.** TECHNOL ein|stellen. **-4.** INFORM programmieren.

programmeur, euse [prɔgramœr, øz] *nm, f* Programmierer *der*, -in *die*.

progrès [prɔgrɛ] *nm* Fortschritt *der*; **être en ~** sich (ver)bessern; **faire des ~** Fortschritte machen.

progresser [4] [prɔgrese] *vi* **-1.** [avancer] vor|dringen. **-2.** [maladie] fort|schreiten. **-3.** [élève] Fortschritte machen.

progressif, ive [prɔgresif, iv] *adj* **-1.** [méthode] schrittweise. **-2.** [difficulté] steigend. **-3.** GRAM Verlaufs-.

progression [prɔgresjɔ̃] *nf* **-1.** [avancée] Vormarsch *der*. **-2.** [développement, essor] Ausbreitung *die*.

progressiste [prɔgresist] POLIT ◇ *nmf* Progressist *der*, -in *die*. ◇ *adj* progressistisch.

progressivement [prɔgresivmɑ̃] *adv* schrittweise.

prohiber [3] [prɔibe] *vt* (gesetzlich) verbieten.

prohibitif, ive [prɔibitif, iv] *adj* **-1.** [dissuasif] horrend. **-2.** JUR Prohibitiv-.

prohibition [prɔibisjɔ̃] *nf* Verbot *das*; **la Prohibition** HIST die Prohibition.

proie [prwa] *nf* Beute *die*; **être la ~ de qqn** jm zur Beute fallen; **être la ~ de qqch** das Opfer einer Sache *(G)* werden; **être en ~ à qqch** einer Sache *(D)* anheim|fallen.

projecteur [prɔʒɛktœr] *nm* **-1.** [de lumière] Scheinwerfer *der*. **-2.** [d'images] Projektor *der*.

projectile [prɔʒɛktil] *nm* Geschoß *das*.

projection [prɔʒɛksjɔ̃] *nf* **-1.** [de film] Vorführung *die*. **-2.** [de liquide - résultat] Spritzer *der*; [- action] Spritzen *das*. **-3.** PSYCHOL & GÉOM Projektion *die*.

projectionniste [prɔʒɛksjɔnist] *nmf* Filmvorführer *der*, -in *die*.

projet [prɔʒɛ] *nm* **-1.** [perspective] Plan *der*, Vorhaben *das*. **-2.** [étude, ébauche] Projekt *das*.

projeter [27] [prɔʒte] *vt* **-1.** [envisager] planen, vor|haben; **~ de faire qqch** planen OU vor|haben, etw zu tun. **-2.** [peinture] spritzen. **-3.** [objets] werfen, schleudern. **-4.** [film, diapos] vor|führen. **-5.** PSYCHOL & GÉOM projizieren.
◆ **se projeter** *vp* **-1.** [se lancer] sich werfen. **-2.** [ombre]: **se ~ sur qqch** sich auf etw *(D)* ab|zeichnen. **-3.** *fig* [se transporter]: **se ~ dans l'avenir** sich in die Zukunft versetzen.

prolétaire [prɔletɛr] ◇ *nmf* Proletarier *der*, -in *die*. ◇ *adj* proletarisch.

prolétariat [prɔletarja] *nm* Proletariat *das*.
prolétarien, enne [prɔletarjɛ̃, jɛn] *adj* proletarisch.
prolifération [prɔliferasjɔ̃] *nf* (starke) Vermehrung.
proliférer [18] [prɔlifere] *vi* **-1.** [se multiplier] sich stark vermehren. **-2.** [être nombreux]: **qqch prolifère** es wimmelt von etw, es herrscht ein Überfluß an etw *(D)*.
prolifique [prɔlifik] *adj* fruchtbar.
prolixe [prɔliks] *adj* weitschweifig.
prolo [prɔlo] (*abr de* **prolétaire**) *nmf fam* Prolet *der*, -in *die*.
prologue [prɔlɔg] *nm* Prolog *der*; *fig* Vorspiel *das*.
prolongation [prɔlɔ̃gasjɔ̃] *nf* Verlängerung *die*; **jouer les ~s** SPORT eine Verlängerung spielen.
prolongement [prɔlɔ̃ʒmɑ̃] *nm* Verlängerung *die*; **se trouver dans le ~ de qqch** die Fortsetzung einer Sache *(G)* sein; **travaux de ~** weiterer Ausbau.
◆ **prolongements** *nmpl* [conséquences] Folgen *Pl*.
prolonger [17] [prɔlɔ̃ʒe] *vt*: **~ qqch (de qqch)** etw (um etw) verlängern.
◆ **se prolonger** *vp* **-1.** [repas, réunion] sich hin|ziehen. **-2.** [route] (weiter|)führen.
promenade [prɔmnad] *nf* **-1.** [balade - à pied] Spaziergang *der*; [- en véhicule] Spazierfahrt *die*; *fig* Ausflug *der*; **faire une ~** einen Spaziergang machen. **-2.** [lieu] Promenade *die*.
promener [19] [prɔmne] *vt* **-1.** [conduire - à pied] spazieren|führen; [- en voiture] spazieren|fahren. **-2.** *fig* [main, regard] gleiten lassen.
◆ **se promener** *vp* [à pied] spazieren|gehen; [en voiture] spazieren|fahren.
promeneur, euse [prɔmnœr, øz] *nm, f* Spaziergänger *der*, -in *die*.
promesse [prɔmɛs] *nf* Versprechen *das*; **faire une ~ (à qqn)** (jm) ein Versprechen geben; **manquer à sa ~** sein Versprechen nicht halten, sein Wort brechen; **tenir sa ~** sein Versprechen halten; **~s en l'air** leere Versprechungen; **~ d'achat** JUR Kaufvorvertrag *der*, Kaufversprechen; **~ de vente** JUR Verkaufsvorvertrag *der*, Verkaufsversprechen; **plein de ~s** *fig* vielversprechend *(adj)*.
promets *etc* → **promettre**.
prometteur, euse [prɔmetœr, øz] *adj* vielversprechend.
promettre [84] [prɔmɛtr] ◇ *vt* **-1.** [s'engager à] versprechen; **~ qqch à qqn** jm etw versprechen; **~ à qqn de faire qqch** jm versprechen, etw zu tun. **-2.** [assurer]: **~ à qqn que** jm versichern, daß. **-3.** [annoncer]: **~ qqch à qqn** jm etw voraus|sagen. ◇ *vi* zu großen Hoffnungen Anlaß geben; **ça promet!** *iron* da kann man sich auf einiges gefaßt machen!, das kann ja heiter werden!
◆ **se promettre** *vp*: **se ~ de faire qqch** sich (fest) vor|nehmen, etw zu tun.
promeus *etc* → **promouvoir**.
promeuve *etc* → **promouvoir**.
promis, e [prɔmi, iz] ◇ *pp* → **promettre**. ◇ *adj* versprochen; **être ~ à qqch** etw vor sich *(D)* haben. ◇ *nm, f hum* Zukünftige *der, die*.
promiscuité [prɔmiskɥite] *nf* enges Zusammenleben.
promontoire [prɔmɔ̃twar] *nm* Vorgebirge *das*.
promoteur, trice [prɔmɔtœr, tris] *nm, f* **-1.** [novateur] Initiator *der*, -in *die*, Wegbereiter *der*, -in *die*. **-2.** [constructeur] Bauunternehmer *der*, -in *die*; *péj* Baulöwe *der*.
promotion [prɔmɔsjɔ̃] *nf* **-1.** [avancement] Beförderung *die*; **obtenir une ~** befördert werden. **-2.** SCOL & MIL Jahrgang *der*. **-3.** [réclame] Promotion *die*; **~ des ventes** Verkaufsförderung *die*; **en ~** im Sonderangebot. **-4.** [soutien] Förderung *die*.
promotionnel, elle [prɔmɔsjɔnɛl] *adj* Werbe-.
promouvoir [56] [prɔmuvwar] *vt* **-1.** [aider] fördern. **-2.** [nommer] befördern; **il a été promu général** er ist zum General befördert worden.
prompt, e [prɔ̃, prɔ̃t] *adj* schnell, rasch; **être ~ à faire qqch** etw schnell tun.
promptitude [prɔ̃tityd] *nf* Schnelligkeit *die*.
promu, e [prɔmy] *pp* → **promouvoir**.
promulgation [prɔmylgasjɔ̃] *nf* JUR Verkündung *die*.
promulguer [3] [prɔmylge] *vt* JUR verkünden.
promus *etc* → **promouvoir**.
prôner [3] [prone] *vt* **-1.** [préconiser] predigen. **-2.** *sout* [louer] preisen.
pronom [prɔnɔ̃] *nm* Pronomen *das*, Fürwort *das*; **~ personnel** Personalpronomen; **~ possessif** Possessivpronomen; **~ relatif** Relativpronomen.
pronominal, e, aux [prɔnɔminal, o] *adj* [verbe] reflexiv.
prononcé, e [prɔnɔ̃se] *adj* stark ausgeprägt; **avoir un goût ~ pour qqch** eine ausgesprochene Vorliebe für etw haben.
prononcer [16] [prɔnɔ̃se] *vt* **-1.** [gén] aus|sprechen. **-2.** [dire] sagen; **ne pas ~ un mot** kein (einziges) Wort sprechen OU sagen. **-3.** [jugement] verkünden.
◆ **se prononcer** *vp* **-1.** [lettre, mot] ausgesprochen werden; **comment se prononce le mot «dichotomie»?** wie spricht man das Wort "dichotomie" aus? **-2.** [personne]: **se ~ sur qqch** sich zu etw OU über etw *(A)* äußern; **se ~**

pour/contre qqn/qqch sich für/gegen jn/etw auslsprechen.

prononciation [prɔnɔ̃sjasjɔ̃] *nf* **-1.** LING Aussprache *die*. **-2.** JUR Verkündung *die*.

pronostic [prɔnɔstik] *nm* Prognose *die*; [au tiercé] Tip *der*.

pronostiquer [3] [prɔnɔstike] *vt* **-1.** [annoncer] vorherlsagen. **-2.** MÉD prognostizieren.

pronostiqueur, euse [prɔnɔstikœr, øz] *nm, f Person, die Prognosen stellt*; SPORT *Person, die Tips gibt*.

propagande [prɔpagɑ̃d] *nf* Propaganda *die*.

propagation [prɔpagasjɔ̃] *nf* **-1.** [de feu, de maladie] Ausbreitung *die*; [de nouvelle, d'idée] Verbreitung *die*. **-2.** [d'espèce] Vermehrung *die*.

propager [17] [prɔpaʒe] *vt* [feu, maladie] auslbreiten; [nouvelle, idée] verbreiten.

◆ **se propager** *vp* **-1.** [incendie, maladie, PHYS] sich auslbreiten. **-2.** [idée, nouvelle] sich verbreiten.

propane [prɔpan] *nm* Propan *das*.

propension [prɔpɑ̃sjɔ̃] *nf*: **~ à qqch** Vorliebe *die* für etw, Hang *der* zu etw; **~ à faire qqch** Hang *der* OU Neigung *die*, etw zu tun.

prophète [prɔfɛt] *nm* Prophet *der*; **le Prophète** der Prophet.

prophétesse [prɔfetɛs] *nf* Prophetin *die*.

prophétie [prɔfesi] *nf* **-1.** RELIG Weissagung *die*. **-2.** [prédiction] Prophezeiung *die*.

prophétique [prɔfetik] *adj* prophetisch.

prophétiser [3] [prɔfetize] *vt* **-1.** RELIG weislsagen. **-2.** [prédire] prophezeien.

prophylactique [prɔfilaktik] *adj* prophylaktisch.

prophylaxie [prɔfilaksi] *nf* Prophylaxe *die*.

propice [prɔpis] *adj*: **~ (à qqch)** (für etw) günstig; **être ~ à qqch** etw begünstigen.

proportion [prɔpɔrsjɔ̃] *nf* [pourcentage] Anteil *der*; **en ~ de qqch** im Verhältnis OU Vergleich zu etw; **toutes ~s gardées** alles in allem.

◆ **proportions** *nfpl* **-1.** [dimensions] Ausmaß *das*. **-2.** [harmonie] Proportion *die*.

proportionné, e [prɔpɔrsjɔne] *adj*: **bien/mal ~** gut/schlecht proportioniert.

proportionnel, elle [prɔpɔrsjɔnɛl] *adj* proportional; **~ à qqch** einer Sache *(D)* entsprechend; **être ~ à qqch** im Verhältnis zu etw stehen, einer Sache *(D)* entsprechen.

◆ **proportionnelle** *nf* Verhältniswahlrecht *das*.

proportionnellement [prɔpɔrsjɔnɛlmɑ̃] *adv* verhältnismäßig; **~ à qqch** im Verhältnis zu etw.

propos [prɔpo] *nm* **-1.** [parole] Wort *das*, Äußerung *die*; **c'est à quel ~?** worum geht es?; **hors de ~** unangebracht. **-2.** [but] Absicht *die*; **de ~ délibéré** mit Absicht.

◆ **à propos** *loc adv* **-1.** [opportunément] im rechten Augenblick. **-2.** [au fait] übrigens, apropos.

◆ **à propos de** *loc prép*: **à ~ de qqch** was etw betrifft.

proposer [3] [prɔpoze] *vt* **-1.** [offrir] anlbieten; **~ qqch à qqn** jm etw anlbieten. **-2.** [suggérer] vorlschlagen; **~ qqn pour un poste** jn für einen Posten vorlschlagen; **~ à qqn de faire qqch** jm vorlschlagen, etw zu tun; **~ une loi/un amendement** eine Gesetzesvorlage/einen Änderungsantrag einlbringen.

◆ **se proposer** *vp* **-1.** [offrir ses services] sich (freiwillig) melden, sich bereit erklären. **-2.** [avoir l'intention]: **se ~ de faire qqch** sich vorlnehmen, etw zu tun.

proposition [prɔpozisjɔ̃] *nf* **-1.** [offre] Angebot *das*; **faire des ~s (malhonnêtes) à qqn** jm (unzweideutige) Vorschläge machen. **-2.** [suggestion] Vorschlag *der*. **-3.** GRAM Satz *der*; **~ conjonctive** Konjunktionalsatz.

◆ **proposition de loi** *nf* Gesetzesvorlage *die*.

propre [prɔpr] ◇ *adj* **-1.** [gén] sauber; **son petit chat est déjà ~** sein kleiner Kater ist schon stubenrein; **nous voilà ~s!** *fig* & *hum* jetzt stehen wir schön da! **-2.** [personnel] eigen; **~ à qqn** jm eigen(tümlich); **remettre qqch en mains ~s** etw dem Empfänger persönlich übergeben. **-3.** [approprié] passend; **~ à qqch** für OU zu etw geeignet. ◇ *nm* **-1.** [propreté]: **sentir le ~** sauber riechen. **-2.** JUR: **en ~** als persönliches Eigentum. **-3.** [particularité]: **le ~ de qqn** js Eigenart; **le ~ de qqch** die Eigenart einer Sache *(G)*.

◆ **au propre** *loc adv* **-1.** LING im eigentlichen Sinn(e). **-2.** [texte]: **mettre au ~** ins reine schreiben.

propre-à-rien [prɔprarjɛ̃] (*pl* **propres-à-rien**) *nmf* Taugenichts *der*, Nichtsnutz *der*.

proprement [prɔprəmɑ̃] *adv* **-1.** [convenablement] ordentlich. **-2.** [véritablement] nachgerade; **à ~ parler** genau gesagt. **-3.** [exclusivement] eigentlich.

◆ **proprement dit, proprement dite** *loc adj* eigentlich.

propret, ette [prɔprɛ, ɛt] *adj* schmuck.

propreté [prɔprəte] *nf* Sauberkeit *die*.

propriétaire [prɔprijetɛr] *nmf* **-1.** [possesseur] Eigentümer *der*, -in *die*, Besitzer *der*, -in *die*; **~ foncier** OU **terrien** Grundbesitzer. **-2.** [de maison] Hauseigentümer *der*, -in *die*; [d'appartement] Wohnungseigentümer *der*, -in *die*.

propriété [prɔprijete] *nf* **-1.** [possession, domaine] Besitz *der*; **avoir la ~ de qqch** im Besitz einer Sache *(G)* sein; **~ privée** Privatgrundstück *das*. **-2.** JUR Eigentum *das*; **~ industrielle** gewerbliches Eigentum. **-3.** [particularité, MATHS] Eigenschaft *die*.

propulser [3] [prɔpylse] *vt* **-1.** [faire avancer] an|treiben. **-2.** [projeter - objet] schleudern; [- fusée, satellite] schießen. **-3.** *fig* [personne]: **~ qqn à un poste** jn auf einen Posten hieven.

◆ **se propulser** *vp* sich fort|bewegen; *fig* sich katapultieren.

propulsion [prɔpylsjɔ̃] *nf* Antrieb *der*.

prorata [prɔrata]

◆ **au prorata** *loc adv* anteilmäßig.

◆ **au prorata de** *loc prép* im Verhältnis zu.

prorogation [prɔrɔgasjɔ̃] *nf* **-1.** [de délai] Verlängerung *die*. **-2.** POLIT Vertagung *die*.

proroger [17] [prɔrɔʒe] *vt* **-1.** JUR verlängern. **-2.** POLIT vertagen.

prosaïque [prozaik] *adj* prosaisch.

proscription [prɔskripsjɔ̃] *nf* [interdiction] Verbot *das*.

proscrire [99] [prɔskrir] *vt* **-1.** [interdire] untersagen. **-2.** *sout* [chasser]: **~ qqn/qqch de qqch** jn/etw aus etw verstoßen OU aus|schließen.

proscris *etc* → **proscrire**.

proscrit, e [prɔskri, it] ◇ *pp* → **proscrire**. ◇ *adj* **-1.** [interdit] untersagt. **-2.** [chassé] ausgeschlossen. ◇ *nm, f* Verbannte *der, die*.

proscrivais *etc* → **proscrire**.

prose [proz] *nf* **-1.** [expression] Prosa *die*; **en ~** in Prosa; **poème en ~** Prosagedicht *das*. **-2.** *hum* [travail écrit] Text *der*.

prosélyte [prɔzelit] *nmf* **-1.** RELIG Neubekehrte *der, die*. **-2.** [adepte] neuer Anhänger, neue Anhängerin; **faire des ~s** Proselyten machen.

prosélytisme [prɔzelitism] *nm* Bekehrungseifer *der*; **faire du ~** Proselytenmacherei betreiben.

prospecter [4] [prɔspɛkte] *vt* **-1.** GÉOL nach Lagerstätten durchforschen; **~ un endroit pour y découvrir de l'or** an einem Ort nach Gold schürfen. **-2.** COMM: **~ (une région/un marché)** (in einer Gegend/für einen Markt) Kunden werben.

prospecteur, trice [prɔspɛktœr, tris] *nm, f* Prospektor *der*, -in *die*.

prospectif, ive [prɔspɛktif, iv] *adj* prospektiv.

◆ **prospective** *nf* Zukunftsforschung *die*.

prospection [prɔspɛksjɔ̃] *nf* **-1.** [de minerais] Schürfen *das*; [de pétrole] Bohren *das*. **-2.** COMM Kundenwerbung *die*, Akquisition *die*.

prospectus [prɔspɛktys] *nm* Prospekt *der*.

prospère [prɔspɛr] *adj* blühend; **être ~** [affaires] blühen.

prospérer [18] [prɔspere] *vi* gedeihen, blühen.

prospérité [prɔsperite] *nf* Wohlstand *der*.

prostate [prɔstat] *nf* Prostata *die*, Vorsteherdrüse *die*.

prosterner [3] [prɔstɛrne]

◆ **se prosterner** *vp* sich nieder|beugen, sich verneigen; **se ~ devant qqn/qqch** sich vor jm/etw nieder|werfen.

prostitué, e [prɔstitɥe] *nm, f* Strichjunge *der*, Prostituierte *die*.

prostituer [7] [prɔstitɥe] *vt* prostituieren.

◆ **se prostituer** *vp* sich prostituieren.

prostitution [prɔstitysjɔ̃] *nf* Prostitution *die*.

prostration [prɔstrasjɔ̃] *nf* **-1.** PSYCHOL tiefe Niedergeschlagenheit. **-2.** RELIG Prostration *die*.

prostré, e [prɔstre] *adj* niedergeschlagen.

protagoniste [prɔtagɔnist] *nmf* Protagonist *der*, -in *die*, zentrale Gestalt.

protecteur, trice [prɔtɛktœr, tris] ◇ *adj* **-1.** [personne, attitude] gönnerhaft. **-2.** [mesures] Schutz-. **-3.** ÉCON protektionistisch. ◇ *nm, f* **-1.** [défenseur] Beschützer *der*, -in *die*. **-2.** [bienfaiteur] Protektor *der*, -in *die*. **-3.** ART Gönner *der*, -in *die*, Förderer *der*, -rin *die*.

◆ **protecteur** *nm* **-1.** [proxénète] Beschützer *der*. **-2.** *Can* POLIT: **le Protecteur du citoyen** ≃ der Bürgerbeauftragte.

protection [prɔtɛksjɔ̃] *nf* **-1.** [défense, sauvegarde, ÉCON] Schutz *der*; **~ contre qqn/qqch** Schutz gegen jn/etw; **se mettre sous la ~ de qqn** sich unter js Schutz stellen; **prendre qqn sous sa ~** js Schutz übernehmen; **~ de l'environnement** Umweltschutz. **-2.** [renfort] Schützer *der*; **~s aux genoux** Knieschützer *Pl*. **-3.** [parrainage] Protektion *die*.

protectionnisme [prɔtɛksjɔnism] *nm* Protektionismus *der*.

protectionniste [prɔtɛksjɔnist] ◇ *nmf* Protektionist *der*, -in *die*. ◇ *adj* protektionistisch.

protectorat [prɔtɛktɔra] *nm* Protektorat *das*.

protégé, e [prɔteʒe] ◇ *adj* geschützt. ◇ *nm, f* Schützling *der*.

protège-cahier [prɔtɛʒkaje] (*pl* **protège-cahiers**) *nm* Heftumschlag *der*, Schutzumschlag *der (für ein Heft)*.

protéger [22] [prɔteʒe] *vt* **-1.** [défendre] beschützen. **-2.** [préserver, garantir] schützen. **-3.** [pistonner] protegieren. **-4.** [promouvoir] fördern.

protéine [prɔtein] *nf* Protein *das*.

protestant, e [prɔtɛstɑ̃, ɑ̃t] ◇ *adj* protestantisch. ◇ *nm, f* Protestant *der*, -in *die*.

protestantisme [prɔtɛstɑ̃tism] *nm* Protestantismus *der*.

protestataire [prɔtɛstatɛr] ◇ *nmf* Protestierende *der, die*. ◇ *adj* protestierend, Protest-.

protestation [prɔtɛstasjɔ̃] *nf* **-1.** [contestation]

Protest *der*. **-2.** *sout* [déclaration] Beteuerung *die*; **~s d'amitié** Freundschaftsbeteuerungen.

protester [3] [prɔtɛste] *vi* **-1.** [contester] protestieren. **-2.** [objecter] Einspruch erheben. **-3.** *sout* [affirmer]: **~ de qqch** etw beteuern.

prothèse [prɔtɛz] *nf* Prothese *die*; **~ dentaire** Zahnprothese, Zahnersatz *der*.

protide [prɔtid] *nm* Eiweißkörper *der*.

protocolaire [prɔtɔkɔlɛr] *adj* protokollarisch.

protocole [prɔtɔkɔl] *nm* Protokoll *das*.

proton [prɔtɔ̃] *nm* Proton *das*.

prototype [prɔtɔtip] *nm* Prototyp *der*.

protubérance [prɔtyberɑ̃s] *nf* **-1.** ANAT Höcker *der*, Protuberanz *die*. **-2.** [relief] Unebenheit *die*.

protubérant, e [prɔtyberɑ̃, ɑ̃t] *adj* vorstehend, vorspringend.

proue [pru] *nf* Bug *der*.

prouesse [pruɛs] *nf* [exploit] Heldentat *die*; *fig* & *iron* außergewöhnliche Leistung; **accomplir des ~s** *fig* wahre Wunder vollbringen.

prouver [3] [pruve] *vt* beweisen.

◆ **se prouver** *vp* **-1.** [emploi réfléchi]: **se ~ qqch** sich *(D)* etw beweisen. **-2.** [emploi réciproque]: **se ~ qqch** sich einander etw beweisen.

provenance [prɔvnɑ̃s] *nf* Herkunft *die*; **en ~ de** aus.

provençal, e, aux [prɔvɑ̃sal, o] *adj* [de Provence] provenzalisch.

◆ **provençal** *nm* [langue] Provenzalisch(e) *(das)*.

◆ **Provençal, e, aux** *nm, f* Provenzale *der*, -lin *die*.

◆ **à la provençale** *loc adj* CULIN auf provenzalische Art *(mit Kräutern und Knoblauch)*.

Provence [prɔvɑ̃s] *nf*: **la ~** die Provence.

provenir [40] [prɔvnir] *vi*: **~ d'un endroit** aus einem Ort stammen; **~ de** *fig* herrühren von.

provenu, e [prɔvny] *pp* → **provenir**.

proverbe [prɔvɛrb] *nm* Sprichwort *das*.

proverbial, e, aux [prɔvɛrbjal, o] *adj* sprichwörtlich.

providence [prɔvidɑ̃s] *nf* **-1.** RELIG Vorsehung *die*. **-2.** *fig* [protecteur] Schutzengel *der*.

◆ **Providence** *nf* RELIG Vorsehung *die*.

providentiel, elle [prɔvidɑ̃sjɛl] *adj* von der Vorsehung gesandt, unverhofft.

proviendrai *etc* → **provenir**.

province [prɔvɛ̃s] *nf* Provinz *die*.

provincial, e, aux [prɔvɛ̃sjal, o] ◇ *adj* **-1.** *Can* [de province] Provinz-. **-2.** *péj* [de la campagne] provinziell. ◇ *nm, f* **-1.** [habitant de la province] Provinzbewohner *der*, -in *die*. **-2.** *péj* [rustre] Provinzler *der*.

provins *etc* → **provenir**.

proviseur [prɔvizœr] *nm* Direktor *der*, -in *die* *(einer Schule)*.

provision [prɔvizjɔ̃] *nf* **-1.** [réserve]: **~ de qqch** Vorrat *der* an etw *(D)*; **faire ~ de qqch** sich mit etw eindecken. **-2.** BANQUE Deckung *die*; **chèque sans ~** ungedeckter Scheck. **-3.** [acompte] Vorschuß *der*.

◆ **provisions** *nfpl* **-1.** [ravitaillement] Proviant *der*. **-2.** [achats] Einkäufe *Pl*; **faire ses** OU **aller aux ~s** einkaufen gehen.

provisionnel, elle [prɔvizjɔnɛl] *adj*: **acompte ~** Steuervorauszahlung *die*; **tiers ~** *Steuervorauszahlung, die ein Drittel der voraussichtlichen Gesamtsumme beträgt*.

provisoire [prɔvizwar] ◇ *adj* **-1.** [temporaire] provisorisch. **-2.** JUR vorläufig. ◇ *nm* Provisorium *das*, Notbehelf *der*; **c'est du ~** das ist eine Zwischenlösung.

provisoirement [prɔvizwarmɑ̃] *adv* provisorisch.

provocant, e [prɔvɔkɑ̃, ɑ̃t] *adj* **-1.** [agressif] provokativ. **-2.** [aguicheur] aufreizend.

provocateur, trice [prɔvɔkatœr, tris] ◇ *adj* provokant. ◇ *nm, f* **-1.** [gén] Provokateur *der*, -in *die*. **-2.** [manifestant] Unruhestifter *der*, -in *die*.

provocation [prɔvɔkasjɔ̃] *nf* Provokation *die*.

provoquer [3] [prɔvɔke] *vt* **-1.** [entraîner] verursachen. **-2.** [défier] provozieren; **~ qqn en duel** jn (zum Duell) fordern. **-3.** [exciter] aufreizen.

◆ **se provoquer** *vp* sich (gegenseitig) provozieren.

proxénète [prɔksenɛt] *nmf* Zuhälter *der*, Kupplerin *die*.

proxénétisme [prɔksenetism] *nm* Zuhälterei *die*, Kupplerei *die*.

proximité [prɔksimite] *nf* Nähe *die*; **à ~ de qqch** in der Nähe einer Sache *(G)*.

prude [pryd] ◇ *nmf* prüder Mensch; **faire la ~** recht prüde tun. ◇ *adj* prüde.

prudemment [prydamɑ̃] *adv* vorsichtig.

prudence [prydɑ̃s] *nf* Vorsicht *die*.

prudent, e [prydɑ̃, ɑ̃t] *adj* vorsichtig; **sois ~!** sei vorsichtig!

prud'homme [prydɔm] *nm* Arbeitsrichter *der*, -in *die*; **(conseil de) ~s** Arbeitsgericht *das*.

prune [pryn] ◇ *nf* **-1.** [fruit] Pflaume *die*; **ce que j'ai fait pour toi, ça compte pour des ~s** *fam* was ich für dich getan habe, das war für die Katz OU das habe ich für nichts und wieder nichts getan. **-2.** *fam* [contravention] Strafzettel *der*. ◇ *adj inv* [couleur] pflaumenblau.

pruneau, x [pryno] *nm* **-1.** [fruit] Backpflaume *die*, Dörrpflaume *die*. **-2.** *fam* [balle] blaue Bohne.

prunelle [prynɛl] *nf* ANAT Pupille *die*; **tenir à**

qqch comme à la ~ de ses yeux etw wie seinen Augapfel hüten.

prunier [prynje] *nm* Pflaumenbaum *der*; **secouer qqn comme un ~** *fam* jn tüchtig durch|schütteln.

prurit [pryrit] *nm* Juckreiz *der*.

Prusse [prys] *nf*: **la ~** Preußen *nt*.

prussien, enne [prysjɛ̃, ɛn] *adj* preußisch.
◆ **Prussien, enne** *nm, f* Preuße *der*, -ßin *die*.

PS¹ (*abr de* **Parti socialiste**) *nm französische sozialistische Partei*.

PS², **P-S** (*abr de* **post-scriptum**) *nm* PS *das*.

psalmodie [psalmɔdi] *nf* **-1.** RELIG Psalmodie *die*. **-2.** [ton monotone] Leiern *das*, Geleier *das*.

psalmodier [9] [psalmɔdje] ◇ *vt* herunter|leiern. ◇ *vi* leiern.

psaume [psom] *nm* Psalm *der*.

pseudonyme [psødɔnim] *nm* Pseudonym *das*.

PS-G (*abr de* **Paris St-Germain**) *nm Pariser Fußballverein*.

PSIG (*abr de* **Peloton de surveillance et d'intervention de la gendarmerie**) *nm Überwachungs- und Einsatzkommando der französischen Gendarmerie*.

PSU (*abr de* **Parti socialiste unifié**) *nm französische linkssozialistische Partei*.

psy [psi] *fam* ◇ *nmf* (*abr de* **psychiatre**) Nervenklempner *der*. ◇ *adj*: **elle est très ~** sie macht auf Psychiater.

psychanalyse [psikanaliz] *nf* Psychoanalyse *die*; **être en ~** eine Psychoanalyse machen.

psychanalyser [3] [psikanalize] *vt* **-1.** MÉD psychoanalytisch behandeln. **-2.** [observer] psychoanalytisch untersuchen.

psychanalyste [psikanalist] *nmf* Psychoanalytiker *der*, -in *die*.

psychanalytique [psikanalitik] *adj* psychoanalytisch.

psyché [psiʃe] *nf* Standspiegel *der (zum Kippen)*.

psychédélique [psikedelik] *adj* psychedelisch.

psychiatre [psikjatr] *nmf* Psychiater *der*, -in *die*.

psychiatrie [psikjatri] *nf* Psychiatrie *die*.

psychiatrique [psikjatrik] *adj* psychiatrisch.

psychique [psiʃik] *adj* psychisch, seelisch.

psychisme [psiʃism] *nm* Psyche *die*.

psychodrame [psikɔdram] *nm* Psychodrama *das*; *fig* Drama *das*.

psychologie [psikɔlɔʒi] *nf* **-1.** [caractère, SCIENCE] Psychologie *die*. **-2.** [compréhension] Einfühlungsvermögen *das*; **manquer de ~** wenig Einfühlungsvermögen haben.

psychologique [psikɔlɔʒik] *adj* **-1.** [théorie, étude] psychologisch. **-2.** [réaction] psychisch.

psychologiquement [psikɔlɔʒikmɑ̃] *adv* **-1.** SCIENCE psychisch. **-2.** [moralement] seelisch.

psychologue [psikɔlɔg] ◇ *nmf* Psychologe *der*, -gin *die*. ◇ *adj* [compréhensif] psychologisch geschickt; **ce n'était pas très ~** es war psychologisch nicht sehr geschickt.

psychomoteur, trice [psikɔmɔtœr, tris] *adj* psychomotorisch.

psychopathe [psikɔpat] *nmf* Psychopath *der*, -in *die*.

psychose [psikoz] *nf* Psychose *die*.

psychosomatique [psikɔsɔmatik] *adj* psychosomatisch.

psychothérapeute [psikɔterapøt] *nmf* Psychotherapeut *der*, -in *die*.

psychothérapie [psikɔterapi] *nf* Psychotherapie *die*.

PTA (*abr de* **peseta**) Pta.

Pte -1. *abr de* **porte**. **-2.** *abr de* **pointe**.

PTT (*abr de* **Postes, télécommunications et télédiffusion**) *nfpl frühere Bezeichnung für das französische Post- und Fernmeldewesen*.

pu [py] *pp inv* → **pouvoir**.

puant, e [pɥɑ̃, ɑ̃t] *adj* **-1.** [odeur] stinkend; **boule ~e** Stinkbombe *die*. **-2.** *fam* [attitude] aufgeblasen, eingebildet.

puanteur [pɥɑ̃tœr] *nf* Gestank *der*.

pub¹ [pyb] *nf fam* Werbung *die*; **une ~ pour un savon** eine Seifenwerbung; **regarder les ~s à la télé** sich die Fernsehwerbung an|sehen.

pub² [pœb] *nm* [bar] Pub *das* OU *der*.

pubère [pybɛr] *adj* geschlechtsreif.

puberté [pybɛrte] *nf* Pubertät *die*.

pubis [pybis] *nm* Schamberg *der*.

publiable [pyblijabl] *adj*: **être ~** druckreif sein.

public, ique [pyblik] *adj* **-1.** [ouvert à tous] öffentlich. **-2.** [affaire, scandale] bekannt. **-3.** [de l'État] staatlich; **services ~s** öffentlicher Dienst.
◆ **public** *nm* **-1.** [auditoire] Publikum *das*; **en ~** in der Öffentlichkeit; **parler en ~** vor einem Publikum sprechen; **être bon ~** ein dankbarer Zuhörer OU Zuschauer sein. **-2.** [population] Öffentlichkeit *die*.
◆ **grand public** *loc adj inv* für ein breites Publikum; **livre grand ~** Buch *das* für eine breite Leserschaft; **électronique grand ~** Consumer Electronics.

publication [pyblikasjɔ̃] *nf* **-1.** [sortie, ouvrage] Veröffentlichung *die*. **-2.** [de résultats, de bans] Bekanntmachung *die*.

publiciste [pyblisist] *nmf* Werbefachmann *der*, -frau *die*.

publicitaire [pyblisitɛr] ◇ *nmf* Werbefachmann *der*, -frau *die*. ◇ *adj* Werbe-.

publicité [pyblisite] *nf* **-1.** [domaine, réclame] Werbung *die*; **~ comparative** vergleichende Werbung; **~ institutionnelle** institutionelle Werbung; **~ mensongère** irreführende Werbung. **-2.** [caractère public] Öffentlichkeit *die*.

publier [10] [pyblije] *vt* **-1.** [éditer] veröffentlichen. **-2.** [communiquer] bekannt|machen, bekannt|geben.

publique → **public**.

publiquement [pyblikmɑ̃] *adv* öffentlich.

publireportage [pyblirəpɔrtaʒ] *nm* redaktionell gestaltete Werbung.

puce [pys] *nf* **-1.** [animal] Floh *der*; **mettre la ~ à l'oreille de qqn** *fig* jn hellhörig machen; **secouer les ~s à qqn** *fam fig* jn zusammen|stauchen, jm die Flötentöne bei|bringen. **-2.** INFORM Chip *der*; **carte à ~** Chipkarte *die*. **-3.** [terme affectueux]: **ma ~** mein Spatz.

◆ **puces** *nfpl* [marché]: **les ~s, le marché aux ~s** der Flohmarkt; **acheter qqch aux ~s** etw auf dem Flohmarkt kaufen.

puceau, x [pyso] *fam* ◇ *nm* unberührter Mann; *iron* jungfräulicher Mann. ◇ *adj m* unberührt; *iron* jungfräulich.

pucelle [pysɛl] *fam* ◇ *nf* Jungfrau *die*. ◇ *adj f* jungfräulich; **être ~** Jungfrau sein.

puceron [pysrɔ̃] *nm* Blattlaus *die*.

pudding [pudiŋ] *nm* englischer Pudding.

pudeur [pydœr] *nf* **-1.** [physique] Scham *die*; **attentat à la ~** unzüchtige Handlung. **-2.** [morale] Zurückhaltung *die*; **exprimer qqch avec ~** etw mit viel Zurückhaltung zum Ausdruck bringen.

pudibond, e [pydibɔ̃, ɔ̃d] *adj* übertrieben schamhaft, prüde.

pudibonderie [pydibɔ̃dri] *nf* übertriebene Schamhaftigkeit, Prüderie *die*.

pudique [pydik] *adj* **-1.** [physiquement] schamhaft. **-2.** [moralement] zurückhaltend, diskret.

pudiquement [pydikmɑ̃] *adv* **-1.** [physiquement] schamhaft. **-2.** [moralement] diskret.

puer [7] [pɥe] *fam* ◇ *vi* stinken. ◇ *vt*: **~ le tabac/le fric** nach Tabak/Geld stinken; **~ l'ennui** stinklangweilig sein.

puéricultrice [pɥerikyltris] *nf* Kinderpflegerin *die*.

puériculture [pɥerikyltyr] *nf* Säuglings- und Kleinkinderpflege *die*.

puéril, e [pɥeril] *adj* kindlich; *péj* kindisch.

puérilité [pɥerilite] *nf* kindisches Wesen.

Puerto Rico = **Porto Rico**.

PUF, Puf [pyf] (*abr de* **Presses Universitaires de France**) *nfpl französischer Verlag*.

pugilat [pyʒila] *nm* [bagarre] Schlägerei *die*.

pugnace [pygnas] *adj sout* kampflustig, draufgängerisch.

pugnacité [pygnasite] *nf* Kampfgeist *der*.

puis¹ [pɥi] → **pouvoir**.

puis² [pɥi] *adv* dann; **et ~** [d'ailleurs] nebenbei bemerkt; **et ~quoi** OU **après**? *fam* na und?

puisard [pɥizar] *nm* Senkgrube *die*.

puisatier [pɥizatje] *nm* Brunnenbauer *der*.

puiser [3] [pɥize] *vt* **-1.** [liquide] schöpfen. **-2.** *fig* [emprunter]: **~ qqch dans qqch** etw aus etw schöpfen; **~ dans la boîte de biscuits** sich in der Keksdose bedienen.

puisque [pɥiskə], **puisqu'** (*devant voyelle ou h muet*) *conj* **-1.** [introduit une cause] da, weil; **tu ne peux pas acheter de voiture ~ tu n'as pas d'argent** du kannst keinen Wagen kaufen, da du kein Geld hast. **-2.** [étant donné que] wenn; **~ vous voulez me parler, allons dans mon bureau** wenn Sie mit mir sprechen möchten, gehen wir (doch) in mein Büro; **je viendrai dîner, ~ vous insistez** ich komme zum Abendessen, wenn Sie darauf bestehen; **je ne sortirai pas, ~ ça t'inquiète** ich gehe nicht aus, wenn dich das beunruhigt; **bon, ~ tu le dis** na gut, wenn OU wie du meinst; **bon, ~ tu y tiens** na gut, wenn du darauf bestehst; **~ c'est comme ça, je m'en vais** wenn das so ist, gehe ich; **la terrasse est très ensoleillée puisqu'exposée au sud** die Terrasse ist aufgrund ihrer Südlage sehr sonnig; **puisqu'il en est ainsi** wenn dem so ist. **-3.** [renforce une affirmation] wenn ... doch; **mais ~ je te dis que je ne veux pas!** wenn ich dir doch sage, daß ich nicht will!; **mais puisqu'il m'attend!** aber er wartet doch auf mich!; **~ je te dis que je vais le faire!** wenn ich dir doch sage, daß ich es mache!; **tu vas vraiment y aller?** - **~ je te le dis!** gehst du wirklich dahin? - wenn ich es dir doch sage! **-4.** [introduit une justification] denn; **cette erreur, puisqu'erreur il y a,** dieser Fehler, denn das ist ja einer,.

puissamment [pɥisamɑ̃] *adv* **-1.** [avec force] mit aller Kraft, tatkräftig. **-2.** [considérablement] stark.

puissance [pɥisɑ̃s] *nf* **-1.** [pouvoir, nation] Macht *die*; **les grandes ~s** die Großmächte. **-2.** [force] Stärke *die*. **-3.** TECHNOL Leistungsstärke *die*. **-4.** MATHS Potenz *die*; **dix ~ quatre** zehn hoch vier.

◆ **en puissance** *loc adj* potentiell.

puissant, e [pɥisɑ̃, ɑ̃t] *adj* **-1.** [gén] stark. **-2.** [physiquement] kräftig. **-3.** TECHNOL leistungsstark.

◆ **puissant** *nm* Mächtige *der*.

puisse *etc* → **pouvoir**.

puits [pɥi] *nm* **-1.** [d'eau] Brunnen *der*. **-2.** [d'extraction] Bohrloch *das*; **~ de mine** Bergwerks-

schacht *der*; **~ de pétrole** [gisement] Ölquelle *die*; [forage] Bohrloch.
◆ **puits de science** *nm fig* gelehrter Mensch, wandelndes Wörterbuch.
pull [pyl], **pull-over** [pylɔvɛr] (*pl* **pull-overs**) *nm* Pulli *der*.
pulluler [3] [pylyle] *vi* **-1.** [insectes, animaux] aus|schwärmen, sich rasend vermehren. **-2.** *péj* [personne]: **ça pullule de journalistes ici!** hier wimmelt es nur so von Journalisten!
pulmonaire [pylmɔnɛr] *adj* Lungen-.
pulpe [pylp] *nf* [de fruit] Fruchtfleisch *das*.
pulpeux, euse [pylpø, øz] *adj* **-1.** [fruits] fruchtfleischhaltig. **-2.** *fig* [femme] mit weiblichen Formen.
pulsation [pylsasjɔ̃] *nf* [de cœur] Schlag *der*; [d'artère] Pulsschlag *der*; **avoir 80 ~s à la minute** einen Puls von 80 haben.
pulsion [pylsjɔ̃] *nf* Trieb *der*; **obéir à ses ~s** seinen Trieben nach|geben.
pulvérisateur [pylverizatœr] *nm* Zerstäuber *der*.
pulvérisation [pylverizasjɔ̃] *nf* **-1.** [projection] Besprühen *das*. **-2.** MÉD Spraybehandlung *die*.
pulvériser [3] [pylverize] *vt* **-1.** [liquide]: **~ qqch (sur qqch)** etw (auf etw *(A)*) sprühen; **~ du parfum** Parfum zerstäuben. **-2.** [détruire] zerfetzen. **-3.** [record] schlagen.
puma [pyma] *nm* Puma *der*.
punaise [pynɛz] ◇ *nf* **-1.** [clou] Heftzwecke *die*. **-2.** [insecte] Wanze *die*. **-3.** *fam* [personne] Mekkerliese *die*. ◇ *interj* Donnerwetter.
punch[1] [pɔ̃ʃ] *nm* [boisson] Punsch *der*.
punch[2] [pœnʃ] *nm inv fam* [énergie] Elan *der*, Mumm *der*.
punching-ball [pœnʃiŋbol] (*pl* **punching-balls**) *nm* Punchingball *der*.
puni, e [pyni] *adj* bestraft.
punir [32] [pynir] *vt* **-1.** [personne] bestrafen; **~ qqn de qqch** [mort, prison] jn mit etw bestrafen; [jalousie, égoïsme] jn für etw bestrafen. **-2.** [crime, infraction] ahnden.
punitif, ive [pynitif, iv] *adj* Straf-.
punition [pynisjɔ̃] *nf* Strafe *die*; **je t'invite à dîner, ce sera ma ~** zur Strafe lade ich dich zum Abendessen ein.
punk [pœnk] ◇ *nmf* Punker *der*, -in *die*. ◇ *adj inv* Punk-.
pupille [pypij] ◇ *nf* ANAT Pupille *die*. ◇ *nmf* [orphelin] *minderjähriges, verwaistes Mündel*; **~ de l'État** OU **la Nation** *staatlich unterstützter Kriegswaise*.
pupitre [pypitr] *nm* **-1.** [support] Pult *das*. **-2.** TECHNOL Schaltpult *das*, Konsole *die*. **-3.** SCOL [bureau] Schultisch *der*.
pur, e [pyr] *adj* **-1.** [gén] rein; **~ coton** reine Baumwolle; **~ et simple** schlicht und einfach; **jeune fille ~e** unberührtes Mädchen. **-2.** [intention] ehrlich. **-3.** [forme, style] klar.
purée [pyre] *nf* Püree *das*; **~ de pommes de terre** Kartoffelpüree.
◆ **purée de pois** *nf* [brouillard] dicke Suppe.
purement [pyrmɑ̃] *adv* (einfach) nur; **une relation ~ platonique** eine rein platonische Beziehung; **~ et simplement** schlicht und einfach.
pureté [pyrte] *nf* **-1.** [gén] Reinheit *die*. **-2.** [chasteté] Unberührtheit *die*.
purgatif, ive [pyrgatif, iv] *adj* abführend.
◆ **purgatif** *nm* Abführmittel *das*.
purgatoire [pyrgatwar] *nm* RELIG Fegefeuer *das*; *fig* Hölle *die*; **j'y vais le moins souvent possible, c'est mon ~** ich gehe so selten wie möglich dorthin, für mich ist das die Hölle.
purge [pyrʒ] *nf* **-1.** [organique] Abführen *das*, Entschlacken *das*. **-2.** [de chaudière, d'appareil] Entleeren *das*, Reinigen *das*; [de radiateur] Entlüften *das*. **-3.** [politique] Säuberungsaktion *die*.
purger [17] [pyrʒe] *vt* **-1.** [l'organisme] entschlacken; [chien, chat] entwurmen. **-2.** [appareil] entleeren, reinigen; [radiateur] entlüften. **-3.** [peine] ab|büßen. **-4.** [parti] säubern.
◆ **se purger** *vp* sich entschlacken.
purificateur, trice [pyrifikatœr, tris] *adj* säubernd; *fig* belebend, erneuernd.
◆ **purificateur** *nm* [appareil] Reiniger *der*.
purification [pyrifikasjɔ̃] *nf* **-1.** [d'eau, d'air] Reinigung *die*, Säuberung *die*. **-2.** RELIG Läuterung *die*.
purifier [9] [pyrifje] *vt* **-1.** [nettoyer] säubern, reinigen. **-2.** RELIG läutern.
◆ **se purifier** *vp* **-1.** [eau, air] sauber werden, sich klären. **-2.** RELIG sich läutern.
purin [pyrɛ̃] *nm* Jauche *die*.
puriste [pyrist] ◇ *nmf* Purist *der*, -in *die*. ◇ *adj* puristisch.
puritain, e [pyritɛ̃, ɛn] ◇ *adj* **-1.** RELIG Puritaner-. **-2.** [pudibond] puritanisch. ◇ *nm, f* Puritaner *der*, -in *die*.
puritanisme [pyritanism] *nm* Puritanismus *der*.
pur-sang [pyrsɑ̃] *nm inv* Vollblüter *der*.
purulent, e [pyrylɑ̃, ɑ̃t] *adj* eitrig.
pus[1] *etc* → **pouvoir**.
pus[2] [py] *nm* Eiter *der*.
pusillanime [pyzilanim] *adj sout* kleinmütig.
pusillanimité [pyzilanimite] *nf sout* Kleinmut *der*.
pustule [pystyl] *nf* **-1.** [bouton] Pustel *die*. **-2.** [de plante, de crapaud] Bläschen *das*.
putain [pytɛ̃] ◇ *nf vulg péj* [prostituée] Nutte *die*, Hure *die*. ◇ *interj tfam* [merde]: **~!** ver-

dammt!; **~ de porte** Scheißtür *die*; **~ de temps** Scheißwetter *das*; **~, merde! j'ai encore oublié mes clés!** verdammte Scheiße, ich hab schon wieder meine Schlüssel vergessen!

pute [pyt] *nf vulg* [prostituée] Nutte *die*; **(fils de) ~** *fig* & *péj* Hurensohn *der*.

putois [pytwa] *nm* Stinktier *das*.

putréfaction [pytrefaksjɔ̃] *nf* Verwesung *die*; en ~ verwesend.

putréfier [9] [pytrefje]

◆ **se putréfier** *vp* verwesen.

putrescent, e [pytrɛsɑ̃, ɑ̃t] *adj* verwesend.

putride [pytrid] *adj* **-1.** [chair] verwesend; [eau] vermodernd. **-2.** [odeur, miasme] Verwesungs-.

putsch [putʃ] *nm* Putsch *der*.

putschiste [putʃist] ◇ *nmf* Putschist *der*, -in *die*. ◇ *adj* Putschisten-.

puzzle [pœzl] *nm* Puzzle *das*; *fig* Mosaik *das*.

P-V *nm abr de* **procès-verbal**.

PVC (*abr de* **polyvinyl chloride**) *nm* PVC *das*.

PVD (*abr de* **pays en voie de développement**) *nm* Entwicklungsländer *Pl*.

px (*abr de* **prix**): **~ à déb.** Preis *der* nach Vereinbarung.

pygmée [pigme] *adj* pygmäisch.

◆ **Pygmée** *nmf* Pygmäe *der*, -äin *die*.

pyjama [piʒama] *nm* Pyjama *der*, Schlafanzug *der*.

pylône [pilon] *nm* **-1.** [électrique] Leitungsmast *der*. **-2.** [de pont] Stütze *die*.

Pyongyang [pjɔ̃gjɑ̃g] *n* Pyongyang *nt*, Pjöngjang *nt*.

pyramide [piramid] *nf* Pyramide *die*.

pyrénéen, enne [pireneɛ̃, ɛn] *adj* pyrenäisch.

◆ **Pyrénéen, enne** *nm, f* Einwohner *der*, - in *die* der Pyrenäen.

Pyrénées [pirene] *nfpl*: **les ~** die Pyrenäen.

Pyrex® [pirɛks] *nm* feuerfestes Glas, ≃ Jenaer Glas *das*.

pyrogravure [pirɔgravyr] *nf* **-1.** [procédé] Holzbrandmalerei *die*. **-2.** [résultat] Holzbrand *der*.

pyromane [pirɔman] *nmf* Pyromane *der*, -nin *die*.

pyrotechnique [pirɔtɛknik] *adj* Feuerwerks-, pyrotechnisch; **spectacle ~** Feuerwerk *das*.

python [pitɔ̃] *nm* Python *der*.

Q

q, Q [ky] *nm inv* [lettre] q *das*, Q *das*.

◆ **q** (*abr de* **quintal**) dz.

Qatar = **Katar**.

QCM (*abr de* **questionnaire à choix multiple**) *nm* Multiple-choice-Fragebogen *der*.

QG (*abr de* **quartier général**) *nm* StQ *das* (*Stabsquartier*).

QHS (*abr de* **quartier de haute sécurité**) *nm* Hochsicherheitstrakt *der*.

QI (*abr de* **quotient intellectuel**) *nm* IQ *der*.

qqch (*abr de* **quelque chose**) etw.

qqe *abr de* **quelque**.

qqes *abr de* **quelques**.

qqf *abr de* **quelquefois**.

qqn (*abr de* **quelqu'un**) jd, jn, jm.

qu' [k] → **que**.

quadragénaire [kwadraʒenɛr] ◇ *nmf* Vierziger *der*, - in *die*. ◇ *adj* vierzigjährig.

quadrangulaire [kwadrɑ̃gylɛr] *adj* viereckig.

quadrature [kwadratyr] *nf* Quadratur *die*; **c'est la ~ du cercle** *fig* das ist die Quadratur des Kreises OU Zirkels.

quadrichromie [kwadrikrɔmi] *nf* Vierfarbendruck *der*.

quadrilatère [kwadrilatɛr] *nm* **-1.** MATHS Viereck *das*. **-2.** MIL Festungsviereck *das*.

quadrillage [kadrijaʒ] *nm* **-1.** [de papier, de tissu] kariertes Muster. **-2.** [policier] Einteilung *die* in (Kontroll)zonen.

quadrille [kadrij] *nm* [danseurs] Quadrille *die*.

quadriller [3] [kadrije] *vt* **-1.** [papier] quadrieren. **-2.** [ville] in (Kontroll)zonen ein|teilen.

quadrimoteur [kwadrimɔtœr] ◇ *nm* viermotoriges Flugzeug. ◇ *adj m* viermotorig.

quadriphonie [kwadrifɔni] *nf* Quadrophonie *die*.

quadrumane [k(w)adryman] ◇ *nm* Vierhänder *der*. ◇ *adj* vierhändig.

quadrupède [k(w)adrypɛd] ◇ *nm* Vierfüßer *der*. ◇ *adj* vierfüßig.

quadruple [k(w)adrypl] ◇ *nm* Vierfache *das*. ◇ *adj* vierfach; **~ croche** MUS Vierundsechzigstelnote *die*.

quadrupler [3] [k(w)adryple] ◇ *vt* vervierfachen. ◇ *vi* sich vervierfachen.

quadruplés, ées [k(w)adryple] *nm, f pl* Vierlinge *Pl*.

quai [kɛ] *nm* **-1.** [de port] Kai *der*. **-2.** [rive aménagée] Uferstraße *die*; **prendre les ~s** die Uferstraße der Seine benutzen. **-3.** [de gare] Bahnsteig *der*.

QUAI:
Die Namen "Quai d'Orsay" und "Quai des Orfèvres" werden oft stellvertretend für jene Ministerien genannt, die an den gleichnamigen Ufern der Seine liegen, nämlich das Außen- und das Innenministerium. "Quai de Conti" steht jedoch für die "Académie française".

---

qualifiable [kalifjabl] *adj*: **ne pas être ~** unbeschreiblich sein.

qualificatif, ive [kalifikatif, iv] *adj* **-1.** GRAM: **adjectif ~** Adjektiv *das*. **-2.** SPORT Qualifikations-.

◆ **qualificatif** *nm* Bezeichnung *die*.

qualification [kalifikasjɔ̃] *nf* **-1.** [compétence, SPORT] Qualifikation *die*. **-2.** [titre] Attribut *das*.

qualifier [9] [kalifje] *vt* **-1.** [caractériser]: **~ qqn/qqch de qqch** jn/etw als etw bezeichnen. **-2.** GRAM näher bestimmen. **-3.** [professionnellement]: **être qualifié pour qqch** zu etw befähigt sein; **être qualifié pour faire qqch** dazu befähigt sein, etw zu tun. **-4.** SPORT: **~ qqn** jm die Qualifikation verschaffen.

◆ **se qualifier** *vp* SPORT sich qualifizieren.

qualitatif, ive [kalitatif, iv] *adj* qualitativ.

qualitativement [kalitativmɑ̃] *adv* qualitativ, was die Qualität betrifft.

qualité [kalite] *nf* **-1.** [caractéristique, condition] Eigenschaft *die*; **de bonne/mauvaise ~** von guter/schlechter Qualität; **~ de la vie** Lebensqualität *die*; **en ~ de** als. **-2.** [supériorité, perfection] Qualität *die*, Güte *die*. **-3.** [vertu] positive Eigenschaft; **avoir des ~s de finesse et de tact** Scharfsinn und Taktgefühl besitzen.

quand [kɑ̃] ◇ *conj* **-1.** [dans le passé ponctuel] als; **elle venait de partir ~ il arriva** sie war gerade weggegangen, als er ankam. **-2.** [dans le passé répétitif, dans le futur] wenn; **réveille-moi ~ tu partiras** weck mich, wenn du weggehst; **~ tu le verras, demande-lui de me téléphoner** wenn du ihn siehst, sag ihm, er solle mich anrufen. **-3.** [alors que] wo doch; **elle se promène ~ elle devrait garder la chambre** sie geht spazieren, wo sie doch das Zimmer hüten müßte; **pourquoi rester enfermé ~ il fait si beau dehors**? warum im Haus bleiben, wo es doch draußen so schön ist?; **pourquoi rester ici~ on pourrait partir en week-end**? warum sollen wir hierbleiben, wo wir doch übers Wochenende wegfahren könnten. **-4.** *sout* [introduit une hypothèse] selbst wenn; **et ~ tu accepterais!** und selbst wenn du annehmen würdest! ◇ *adv interr* wann; **~ arriveras-tu**? wann kommst du an?; **~ viendras-tu nous voir**? wann kommst du uns besuchen?; **je ne sais pas encore ~ je pars** ich weiß noch nicht, wann ich abfahre; **depuis ~ es-tu là**? seit wann bist du da?; **jusqu'à ~ restez-vous**? bis wann bleibt ihr?; **~ est-ce que tu y vas**? *fam* wann gehst OU fährst du hin?

◆ **quand même** ◇ *loc adv* trotzdem, trotz allem; **c'était ~ même bien** es war trotzdem gut; **je pense qu'il ne viendra pas, mais je l'inviterai ~ même** ich denke, daß er nicht kommen wird, aber ich werde ihn trotzdem einladen; **tu pourrais faire attention ~ même!** paß doch mal auf! ◇ *loc conj sout* selbst wenn; **~ même on lui dirait vingt fois, elle oublierait toujours** selbst wenn man es ihr zwanzigmal sagen würde, vergäße sie es immer noch. ◇ *interj*: **~ même, à son âge!** also wirklich, in seinem Alter!

◆ **quand bien même** *loc conj sout* und wenn; **je viendrai, ~ bien même je devrais y aller à pied!** ich komme, und wenn ich zu Fuß gehen müßte.

◆ **n'importe quand** *loc adv* irgendwann; **il vient n'importe ~** er kommt, wann es ihm gerade paßt; **tu peux venir n'importe ~** du kannst jederzeit kommen.

quant [kɑ̃]

◆ **quant à** *loc prép* was ... betrifft.

quant-à-soi [kɑ̃taswa] *nm inv* Zurückhaltung *die*, Reserviertheit *die*; **rester sur son ~** sich reserviert verhalten.

quantifiable [kɑ̃tifjabl] *adj* quantifizierbar.

quantifier [9] [kɑ̃tifje] *vt* **-1.** [déterminer la quantité de] quantifizieren. **-2.** PHYS quanteln, quantisieren.

quantitatif, ive [kɑ̃titatif, iv] *adj* quantitativ, mengenmäßig.

quantitativement [kɑ̃titativmɑ̃] *adv* quantitativ, mengenmäßig.

quantité [kɑ̃tite] *nf* **-1.** [mesure, abondance] Menge *die*; **une ~ de gens** eine Menge Leute; **en ~** in (großen) Mengen. **-2.** LING Quantität *die*. **-3.** MATHS & PHYS Größe *die*.

quarantaine [karɑ̃tɛn] *nf* **-1.** [nombre, âge] an die vierzig; **une ~ de personnes** etwa vierzig Leute; **avoir la ~** um die vierzig sein, an die vierzig Jahre alt sein. **-2.** [isolement] Quarantäne *die*; **être en ~** *fig* geschnitten werden; **mettre qqn en ~** *fig* jn schneiden.

quarante [karɑ̃t] ◇ *adj inv* & *pron inv* vierzig. ◇ *nm inv* Vierzig *die*; *voir aussi* **six**.

quarantième [karɑ̃tjɛm] ◇ *adj* vierzigste,-r,-s. ◇ *nmf* Vierzigste *der, die, das*; *voir aussi* **sixième**.

quart [kar] *nm* **-1.** [fraction] Viertel *das*; **un ~ de beurre** ein Viertel Butter; **deux heures moins le ~** Viertel vor zwei; **un ~ d'heure** eine Viertelstunde; **démarrer au ~ de tour** [moteur] sofort an|springen; [conducteur] schnell los|fahren, los|sausen; *fig* [s'emporter] gleich auf|brausen; **passer un mauvais ~ d'heure** etwas erleben. **-2.** NAVIG Wache *die*; **prendre son ~** die Wache übernehmen. **-3.** [gobelet] (Viertelliter)-becher *der*.

quarté [karte] *nm* Viererwette *die*.

quartette [kwartɛt] *nm* Quartett *das*.

quartier [kartje] *nm* **-1.** [de ville] (Stadt)viertel *das*, Stadtteil *der*; **les beaux ~s** die vornehmen (Stadt)viertel; **~ chaud** Rotlichtviertel; **~ résidentiel** Wohnviertel; **restaurant de ~** (einfaches) Speiselokal. **-2.** [portion, ASTRON] Viertel *das*. **-3.** [héraldique]: **avoir ses ~s de noblesse** blaues Blut in den Adern haben; *fig* anerkannt sein, sich durchgesetzt haben. **-4.** MIL: **~ général** Stabsquartier *das*, Hauptquartier *das*; **avoir/donner ~ libre** Ausgang haben/geben; *fig* freien Ausgang haben/geben; **avoir ~ libre le soir** den Abend zur freien Verfügung haben. **-5.** *Belg* kleine Wohnung.

quartier-maître [kartjemɛtr] (*pl* **quartiers-maîtres**) *nm* NAVIG Gefreite *der*.

quart-monde [karmɔ̃d] (*pl* **quarts-mondes**) *nm* [dans un pays] *im Elend lebender Bevölkerungsteil eines Industrielandes*.

quartz [kwarts] *nm* Quarz *der*; **à ~** Quarz-.

quasi [kazi] *adv* **-1.** [devant adjectif] sozusagen. **-2.** [devant terme quantitatif] beinahe.

quasi- [kazi] *préf*: **c'est un ~divorce** sie sind so gut wie geschieden; **la ~totalité des invités** fast alle Gäste.

quasiment [kazimɑ̃] *adv* fast.

quaternaire [kwatɛrnɛr] ◇ *adj* quartär. ◇ *nm*: **le ~** das Quartär.

quatorze [katɔrz] ◇ *adj inv* & *pron inv* vierzehn; **le ~ juillet** *französischer Nationalfeiertag (am 14. Juli in Erinnerung an den Sturm auf die Bastille)*. ◇ *nm inv* Vierzehn *die*; *voir aussi* **six**.

quatorzième [katɔrzjɛm] ◇ *adj* vierzehnte,-r,-s. ◇ *nmf* Vierzehnte *der, die, das*. ◇ *nm* [arrondissement] vierzehntes Arrondissement; *voir aussi* **sixième**.

quatrain [katrɛ̃] *nm* Vierzeiler *der*.

quatre [katr] ◇ *adj inv* & *pron inv* vier; **grimper les marches ~ à ~** die Stufen hinauf|eilen; **être plié en ~** *fam fig* sich schieflachen; **se mettre en ~** *fig* sein möglichstes tun. ◇ *nm inv* Vier *die*; *voir aussi* **six**.

quatre-quarts [katkar] *nm inv* ≃ Sandkuchen *der*.

quatre-saisons [katrsɛzɔ̃] *nf inv*: **marchand des ~** *fliegender Obst- und Gemüse- bzw. Blumenhändler*.

quatre-vingt, **quatre-vingts** [katrəvɛ̃] ◇ *adj* & *pron* achtzig; **les années ~s** die Achtzigerjahre. ◇ *nm* Achtzig *die*; *voir aussi* **six**.

quatre-vingt-dix [katrəvɛ̃dis] ◇ *adj inv* & *pron inv* neunzig. ◇ *nm inv* Neunzig *die*; *voir aussi* **six**.

quatre-vingt-dixième [katrəvɛ̃dizjɛm] ◇ *adj* neunzigste,-r,-s. ◇ *nmf* Neunzigste *der, die, das*; *voir aussi* **sixième**.

quatre-vingtième [katrəvɛ̃tjɛm] ◇ *adj* achtzigste,-r,-s. ◇ *nmf* Achtzigste *der, die, das*; *voir aussi* **sixième**.

quatre-vingts = **quatre-vingt**.

quatrième [katrijɛm] ◇ *adj* vierte,-r,-s. ◇ *nmf* Vierte *der, die, das*. ◇ *nf* **-1.** SCOL ≃ achte Klasse. **-2.** [danse] vierte Position. **-3.** [vitesse] Vierte *der*. ◇ *nm* **-1.** [fraction] Viertel *das*. **-2.** [arrondissement] viertes Arrondissement. **-3.** [étage] vierter Stock, vierte Etage; *voir aussi* **sixième**.

quatuor [kwatɥɔr] *nm* Quartett *das*.

que [kə], **qu'** (*devant voyelle ou h muet*) ◇ *conj* **-1.** [introduit une subordonnée] daß; **je sais ~** ich weiß, daß; **j'ai la certitude ~** ich bin sicher, daß, ich habe die Gewißheit, daß; **je ne tiens pas à ce ~ tout le monde le sache** es ist mir nicht daran gelegen, daß es jedermann erfährt. **-2.** [introduisant une hypothèse] ob; **il m'est indifférent ~ vous veniez ou non** es ist mir egal, ob Sie kommen oder nicht; **~ vous le vouliez ou non, il faut en passer par là** ob Sie es wollen oder nicht, darum kommt man nicht herum. **-3.** [reprend une autre conjonction]: **quand l'hiver arrive et~ les arbres perdent leurs feuilles** wenn der Winter kommt und die Bäume ihre Blätter verlieren; **s'il fait beau et ~ nous avons le temps** wenn es schön ist und wir Zeit haben. **-4.** [indique un ordre]: **qu'il vienne tout de suite!** er soll sofort kommen!; **~ tout le monde sorte!** alle (sollen) herauskommen OU hinausgehen! **-5.** [après un présentatif]: **voilà** OU **voici ~ ça recommence!** jetzt geht es wieder los!; **il y a huit jours qu'il est parti** er ist vor acht Tagen weggefahren. **-6.** [dans comparaison - égalité] wie; [- supériorité, infériorité]: **plus grand ~** größer als; **aussi grand ~** so groß wie. ◇ *pron rel* den, die, das; **la femme ~ j'aime** die Frau, die ich liebe; **le livre qu'il m'a prêté** das Buch, das er mir geliehen hat; **ce ~** was; **je me demande ce ~ vous en pensez** ich frage mich, was Sie davon halten; **lui avez-vous dit ce ~ vous savez?** haben Sie ihm OU ihr gesagt, was Sie wissen? ◇ *pron* *interr* was; **~ savez-vous au juste**? was wissen Sie eigentlich?; **qu'en savez-vous**? was wissen Sie davon?; **~ faire**? was tun?; **je me demande ~ faire** ich frage mich, was ich tun soll; **~ dire**? was soll man dazu sagen?; **~ devient-il**? was macht OU treibt er denn so? ◇ *adv exclamatif* wie; **qu'elle est belle!** wie schön sie ist!; **~ de monde!** wie viele Leute!

◆ **c'est que** *loc conj* dann weil; **si je vais me coucher, c'est ~ j'ai sommeil** wenn ich schlafen gehe, dann weil ich müde bin; **ce n'est pas qu'il est fainéant mais** nicht etwa, daß er faul wäre, sondern.

◆ **qu'est-ce que** *pron interr* was; **qu'est-ce ~ tu veux encore**? was willst du denn noch?

◆ **qu'est-ce qui** *pron interr*: **qu'est-ce qui t'arrive**? was ist los mit dir?

Québec [kebɛk] *nm* **-1.** [province]: **le ~** Quebec *nt*; **la province de** OU **du ~** die Provinz Quebec; **au ~** in Quebec. **-2.** [ville] Quebec *nt*; **à ~** in Quebec.

québécois, e [kebekwa, az] *adj* Quebec-, aus Quebec.

◆ **québécois** *nm* [langue] *das in Quebec gesprochene Französisch.*

◆ **Québécois, e** *nm, f* Quebecer *der*, -in *die*.

quel [kɛl] (*f* **quelle,** *mpl* **quels,** *fpl* **quelles**) ◇ *adj interr* welche,-r,-s, was für ein,-e; **quelle actrice serait capable de jouer ce rôle**? welche Schauspielerin wäre in der Lage, diese Rolle zu spielen?; **de ~ côté es-tu**? auf welcher Seite stehst du?; **~ spécialiste serait plus compétent**? welcher Spezialist wäre kompetenter?; **quelle heure est-il**? wie spät ist es?, wieviel Uhr ist es?; **je ne sais ~s sont ses projets** ich weiß nicht, was er vorhat. ◇ *adj exclamatif* was für ein,-e, welch, welche,-r,-s; **~ dommage!** wie schade!; **~ idiot!** was für ein Idiot!; **quelle honte!** was für eine OU welche Schande!; **~ beau temps!** was für ein OU welch schönes Wetter! ◇ *adj indéf*: **les insectes, ~s qu'ils soient** die Insekten, welcher Art auch immer; **il se baigne, ~ que soit le temps** er badet bei jedem Wetter; **il refuse de voir les nouveaux arrivants, ~s qu'ils soient** er weigert sich, die Neuankömmlinge zu sehen, was für Leute es auch immer sein mögen. ◇ *pron interr* welche,-r,-s; **~ est le plus jeune**? welches ist der jüngste?; **quelle était votre question**? wie lautete Ihre Frage?

quelconque [kɛlkɔ̃k] ◇ *adj indéf (avant ou après n)* irgendein,-e. ◇ *adj péj* [personne ordinaire] mittelmäßig; [chose ordinaire] Nullachtfünfzehn-.

quelque [kɛlk(ə)] ◇ *adj indéf* **-1.** *sout* [un certain] ein gewisser, eine gewisse, ein gewisses; **à ~ distance de là** in einiger Entfernung (von dort); **~ peu** ein wenig. **-2.** [un peu]: **il m'a répondu avec ~ retard** er hat mir mit einiger Verspätung geantwortet; **dans ~ temps** demnächst (mal). ◇ *adv sout* [approximation]: **ça m'a coûté ~ deux cents francs** das hat mich um die zweihundert Francs gekostet.

◆ **quelques** *adj indéf pl* [petite quantité] einige; **les ~s fleurs** die wenigen Blumen; **... et ~s** *fam* ein bißchen mehr als ...; **il est deux heures et ~s** *fam* es ist kurz nach zwei.

◆ **quelque chose** *pron indéf* etwas.

◆ **quelque ... que** *loc corrélative sout* [concessif] wie ... auch (immer); **~ solide que fût notre amitié, je lui en voulus** so fest unsere Freundschaft auch war, ich nahm es ihm doch übel; **pour ~ raison que ce soit** aus welchem Grunde auch immer.

quelquefois [kɛlkəfwa] *adv* manchmal.

quelques-uns, quelques-unes [kɛlkəzœ̃, kɛlkəzyn] *pron indéf pl* einige, manche; **c'est l'opinion de ~** das ist die Meinung einiger OU mancher Leute; **~ de** einige *(+ G)*, manche *(+ G)*; **j'ai invité ~ de nos amis** ich habe einige unserer Freunde eingeladen.

quelqu'un [kɛlkœ̃] *pron indéf m* jemand; **~ de grand** ein großer Mensch; **c'est ~ d'intelligent** er OU sie ist ein kluger Mensch; **je voulais devenir ~** ich wollte was werden.

quémander [3] [kemɑ̃de] *vt*: **~ qqch** um etw betteln.

qu'en-dira-t-on [kɑ̃diratɔ̃] *nm inv fam* Gerede *das* der Leute; **se moquer/se soucier du ~** auf das Gerede der Leute pfeifen/achten.

quenelle [kənɛl] *nf* Klößchen *das*.

quenotte [kənɔt] *nf fam* Beißerchen *das*.

querelle [kərɛl] *nf* Streit *der*; **chercher ~ à qqn** mit jm Streit suchen.

quereller [4] [kərele] *vt sout* aus|schelten.

◆ **se quereller** *vp*: **se ~ (avec qqn)** sich (mit jm) zanken.

querelleur, euse [kərɛlœr, øz] ◇ *adj* streitsüchtig, zänkisch. ◇ *nm, f* Streithahn *der*.

quérir [kerir] *vt (seulement à l'infinitif) sout*: **aller ~ qqn** nach jm schicken.

qu'est-ce que [kɛskə] → **que**.

qu'est-ce qui [kɛski] → **que**.

questeur [kɛstœr] *nm* ADMIN ≃ Aufseher *der*.

question [kɛstjɔ̃] *nf* **-1.** [gén] Frage *die*; **il est ~ de faire qqch** es ist die Rede davon, etw zu tun; **il n'en est pas ~** das kommt nicht in Frage; **là est toute la ~** das ist hier die Frage; **c'est une vaste ~** das ist ein weites Feld; **poser une ~ à qqn** jm eine Frage stellen; **remettre qqch en ~** etw in Frage stellen; **se remettre en ~** sich in Frage stellen; **y a-t-il des ~s**? gibt es dazu Fragen?; **~ subsidiaire** Stichfrage. **-2.** HIST [torture] Folter *die*.

questionnaire [kɛstjɔnɛr] *nm* Fragebogen *der.*
questionner [3] [kɛstjɔne] *vt* aus|fragen.
quête [kɛt] *nf* **-1.** *sout* [recherche] Suche *die;* **se mettre en ~ de qqn/qqch** sich auf die Suche nach jm/etw machen. **-2.** [collecte] Sammlung *die;* [à l'église] Kollekte *die;* **faire la ~ dans le métro** in der Metro betteln.
quêter [4] [kete] ◇ *vi* sammeln. ◇ *vt fig* [quémander] suchen; **~ une explication** um eine Erklärung bitten.
quetsche [kwɛtʃ] *nf* **-1.** [fruit] Zwetsch(g)e *die.* **-2.** [eau-de-vie] Zwetsch(g)enwasser *das.*
queue [kø] *nf* **-1.** [d'animal] Schwanz *der;* **faire une ~ de poisson à qqn** *fig* jn schneiden; **une histoire sans ~ ni tête** *fig* eine Geschichte, die weder Hand noch Fuß hat. **-2.** [de plante, d'objet] Stiel *der.* **-3.** [derniers éléments] Ende *das;* **être à la ~ de sa classe** der ou die Letzte seiner Klasse sein; **être à la ~ du peloton** hinten im Feld liegen; **wagon de ~** letzter ou hinterster Wagen. **-4.** [file] Schlange *die;* **faire la ~** Schlange stehen, an|stehen; **à la ~ leu leu** im Gänsemarsch. **-5.** *vulg* [sexe masculin] Schwanz *der.*
queue-de-cheval [kødʃəval] (*pl* **queues-de-cheval**) *nf* Pferdeschwanz *der.*
queue-de-pie [kødpi] (*pl* **queues-de-pie**) *nf* Schwalbenschwanz *der.*
qui [ki] ◇ *pron rel* **-1.** [sujet] der, die, das; **l'homme ~ parle** der Mann, der spricht, der sprechende Mann; **je l'ai vu ~ passait** ich habe ihn vorübergehen sehen; **la maison ~ est là** das Haus dort; **voilà ~ est fait** das wär's; **~ plus est** noch dazu. **-2.** [complément direct] wen, wem; **devine ~ j'ai rencontré** rate mal, wen ich getroffen habe; **tu vois ~ je veux dire** du weißt, wen ich meine; **tu sais ~ j'ai aidé?** weißt du, wem ich geholfen habe?; **invite ~ tu veux** lade ein, wen du willst. **-3.** [avec une préposition] der, die, das; **la personne à ~ je parle** die Person, mit der ich spreche. **-4.** [pronom indéfini] wer; **~ que tu sois** wer du auch (immer) bist ou sein magst; **~ que ce soit ~ ait téléphoné** wer auch (immer) angerufen hat. **-5.** [avec ce]: **ce ~** was; **je ne sais plus ce ~ est arrivé** ich weiß nicht mehr, was passiert ist; **il m'a raconté ce ~ s'était passé** er hat mir erzählt, was geschehen war. ◇ *pron interr* **-1.** [sujet] wer; **~ (est-ce ~) vit avec lui?** wer lebt mit ihm (zusammen)?; **je voudrais savoir ~ est là** ich möchte wissen, wer da ist; **~ es-tu?** wer bist du?; **je ne sais pas ~ tu es** ich weiß nicht, wer du bist. **-2.** [complément direct] wen, wem; **~ demandez-vous, ~ est-ce que vous demandez?** wen möchten Sie sprechen?; **dites-moi ~ vous demandez** sagen Sie mir, wen Sie sprechen möchten; **~ dois-je aider?** wem muß ich helfen? **-3.** [avec une préposition]: **pour ~ est-ce que tu te prends?** für wen hältst du dich?; **à ~ vas-tu donner ça?** wem gibst du es?; **pour ~ travailles-tu?** für wen arbeitest du?
◆ **qui plus est** *loc adv* noch dazu.
quiche [kiʃ] *nf Käsespeckkuchen;* **~ lorraine** Quiche Lorraine *die.*
quiconque [kikɔ̃k] ◇ *pron indéf* irgend jemand, jeder; **il est parti sans en avertir ~** er ist weggegangen, ohne irgend jemandem Bescheid zu sagen. ◇ *pron rel indéf* jeder; **pour ~ a l'habitude de la réflexion, ce livre est indispensable** für jeden, der es gewohnt ist, nachzudenken, ist dieses Buch ein Muß.
Quid [kwid] *nm*: **le Quid** *jährlich erscheinendes aktuelles Nachschlagewerk.*
quidam [kidam] *nm fam* : **un ~** irgendein Mensch.
quiétude [kjetyd] *nf sout*: **en toute ~** in aller Seelenruhe.
quignon [kiɲɔ̃] *nm fam* Kanten *der,* Ranken *der.*
quille [kij] *nf* **-1.** [de bateau] Kiel *der.* **-2.** JEU Kegel *der;* **jouer aux ~s** kegeln. **-3.** *arg mil*: **la ~** die Entlassung.
◆ **quilles** *nfpl fam* [jambes] Hachsen *Pl,* Stelzen *Pl.*
quincaillerie [kɛ̃kajri] *nf* **-1.** [ustensiles]: **la ~** Eisen- und Haushaltswaren *Pl.* **-2.** [magasin] Eisen- und Haushaltswarengeschäft *das.* **-3.** *fam* [bijoux]: **la ~** Klunker *Pl.*
quincaillier, ère [kɛ̃kaje, ɛr] *nm, f* Eisen- und Haushaltswarenhändler *der,* -in *die.*
quinconce [kɛ̃kɔ̃s]
◆ **en quinconce** ◇ *loc adj* versetzt angeordnet. ◇ *loc adv* versetzt.
quinine [kinin] *nf* Chinin *das.*
quinquagénaire [kɛ̃kaʒenɛr] ◇ *nmf* Fünfziger *der,* - in *die.* ◇ *adj* fünfzigjährig.
quinquennal, e, aux [kɛ̃kenal, o] *adj* [élection] alle fünf Jahre stattfindend; **plan ~** Fünfjahresplan *der.*
quinquina [kɛ̃kina] *nm* **-1.** [arbre] Chinarindenbaum *der.* **-2.** [apéritif] *chininhaltige Spirituose.*
quintal, aux [kɛ̃tal, o] *nm* Doppelzentner *der.*
quinte [kɛ̃t] *nf* **-1.** MUS Quint(e) *die.* **-2.** [jeu] *fünf aufeinanderfolgende Karten gleicher Farbe.* **-3.** [accès]: **~ (de toux)** Hustenanfall *der.*
quintessence [kɛ̃tesɑ̃s] *nf sout* Quintessenz *die.*
quintette [kɛ̃tɛt] *nm* Quintett *das.*
quintuple [kɛ̃typl] ◇ *nm* Fünffache *das.* ◇ *adj* fünffach.
quintupler [3] [kɛ̃typle] ◇ *vt* verfünffachen. ◇ *vi* sich verfünffachen.

quinzaine [kɛ̃zɛn] *nf* **-1.** [nombre]: **une ~** etwa fünfzehn; **une ~ de participants** etwa fünfzehn Teilnehmer. **-2.** [deux semaines] ≃ vierzehn Tage; **la première ~ de juillet** die erste Julihälfte; **~ commerciale** zweiwöchige Verkaufsaktion.

quinze [kɛ̃z] ◇ *adj inv* & *pron inv* fünfzehn; **dans ~ jours** ≃ in vierzehn Tagen. ◇ *nm inv* Fünfzehn *die*; **il habite au ~** er wohnt im Haus Nummer fünfzehn; **le ~ de France** SPORT *französische Rugbynationalmannschaft; voir aussi* **six**.

quinzième [kɛ̃zjɛm] ◇ *adj* fünfzehnte,-r,-s. ◇ *nmf* Fünfzehnte *der, die, das*. ◇ *nm* fünfzehntes Arrondissement; *voir aussi* **sixième**.

quiproquo [kiprɔko] *nm* Verwechslung *die*.

Quito [kito] *n* Quito *nt*.

quittance [kitɑ̃s] *nf* Quittung *die*; **~ d'électricité** Stromquittung; **~ de loyer** Mietquittung.

quitte [kit] *adj* quitt; **être ~ de qqch** etw *(A)* los sein; **en être ~ pour qqch** mit etw davon|kommen; **nous partons dès ce soir, ~ à nous arrêter en chemin** wir fahren heute abend los, auch wenn wir unterwegs Halt machen müssen; **jouer (à) ~ ou double** alles ein|setzen; *fig* alles aufs Spiel setzen.

quitter [3] [kite] *vt* **-1.** [renoncer à] auf|geben. **-2.** [au téléphone]: **ne quittez pas!** (einen) Moment bitte! **-3.** [lieu, personne] verlassen. **-4.** [vêtement] ab|legen.

◆ **se quitter** *vp* sich trennen; **se ~ bons amis** als gute Freunde auseinander|gehen.

quitus [kitys] *nm* Entlastung *die*; **donner ~ à qqn** jm (die) Entlastung erteilen, jn entlasten.

qui-vive [kiviv] *nm inv*: **être sur le ~** auf alles gefaßt sein.

quoi [kwa] ◇ *pron rel (après une préposition)* wo(r)... *(+ préposition)*; **ce à ~ je me suis intéressé** das, wofür ich mich interessiert habe; **de ~ s'agit-il**? worum handelt es sich?; **il ne sait pas de ~ il parle** er weiß nicht, wovon er spricht; **avoir de ~ faire qqch** etwas OU genug haben, um etw zu tun; **avoir de ~ manger/écrire** etwas zu essen/zum Schreibenhaben; **c'est en ~ vous avez tort** darin haben Sie unrecht; **nous sommes allés au jardin, après ~ il a fallu rentrer** wir sind in den Garten gegangen, woraufhin wir (dann) heimfahren mußten. ◇ *adv interr* was, wo(r) ... *(+ préposition)*; **je ne sais pas ~ dire** ich weiß nicht, was ich sagen soll; **à ~ penses-tu**? woran denkst du?; **à ~ bon**? wozu?, was nützt das schon?; **~ de neuf**? was gibt's Neues?; **~! tu as encore changé d'avis** was! du hast schon wieder deine Meinung geändert; **~? je n'ai pas compris** *fam* was? ich hab' dich nicht verstanden; **décide-toi, ~!** *fam* entscheide dich doch!; **tu viens ou ~?** *fam* kommst du oder nicht?

◆ **quoi que** *loc conj (+ subjonctif)* was ... auch (immer); **~ qu'il arrive** was auch (immer) geschieht OU geschehen mag; **~ qu'il dise** was er auch (immer) sagt OU sagen mag; **~ qu'il en soit** wie dem auch sei.

quoique [kwakə], **quoiqu'** *(devant voyelle ou h muet) conj* obwohl; **~ riche, il n'est pas généreux** obwohl er reich ist OU trotzseines Reichtums ist er nicht freigebig.

quolibet [kɔlibɛ] *nm sout* Anzüglichkeit *die*.

quorum [k(w)ɔrɔm] *nm* Quorum *das*, beschlußfähige Anzahl; **le ~ est atteint** die Versammlung ist OU die Anwesenden sind beschlußfähig.

quota [k(w)ɔta] *nm* Quote *die*.

quote-part [kɔtpar] *(pl* **quotes-parts**) *nf* Anteil *der*.

quotidien, enne [kɔtidjɛ̃, ɛn] *adj* täglich.

◆ **quotidien** *nm* **-1.** [vie quotidienne] Alltag *der*; **au ~** im Alltag. **-2.** [journal] Tageszeitung *die*; **acheter un ~ du matin** eine Morgenzeitung kaufen.

quotidiennement [kɔtidjɛnmɑ̃] *adv* (tag)täglich.

quotient [kɔsjɑ̃] *nm* Quotient *der*; **~ électoral** Sitzverteilungsschlüssel *der*; **~ familial** (Steuer)bewertungsziffer *die*; **~ intellectuel** Intelligenzquotient.

R

r, R [ɛr] *nm inv* [lettre] r *das*, R *das*.

◆ **r** (*abr de* **rue**) Str.

◆ **R -1.** (*abr de* **roentgen**) R. **-2.** (*abr de* **rand**) R.

rab [rab] *nm fam* Nachschlag *der*; **avoir qqch en ~** noch etw bekommen.

rabâchage [rabaʃaʒ] *nm fam* gebetsmühlenhaftes Wiederholen.

rabâcher [3] [rabaʃe] ◇ *vi* immer dasselbe labbern. ◇ *vt* ständig herunter|leiern.

rabais [rabɛ] *nm* Rabatt *der*, (Preis)nachlaß *der*.

◆ **au rabais** ◇ *loc adj* zweitklassig. ◇ *loc adv* zu herabgesetzten Preisen; **travailler au ~** für einen sehr niedrigen Lohn OU Hungerlohn arbeiten.

rabaisser [4] [rabɛse] *vt* **-1.** [rabattre, abaisser]: **~ l'orgueil de qqn** js Stolz beugen; **~ ses préten-**

tions seine Ansprüche zurück|schrauben. **-2.** [personne] herab|setzen, herab|würdigen.

◆ **se rabaisser** *vp* [s'humilier] sich (selbst) erniedrigen OU herab|setzen; **se ~ à faire qqch** sich erniedrigen, indem man etw tut OU etw tun.

rabat [raba] *nm* **-1.** [col] ≃ Beffchen *das.* **-2.** [de poche] Klappe *die;* [de sac à main] Überschlag *der.*

Rabat [raba] *n* Rabat *nt.*

rabat-joie [rabajwa] ◇ *adj inv* griesgrämig. ◇ *nm inv* Griesgram *der,* Spielverderber *der.*

rabats *etc* → **rabattre**.

rabatteur, euse [rabatœr, øz] *nm, f* **-1.** [de gibier] Treiber *der.* **-2.** *fig & péj* [vendeur] Marktschreier *der.*

rabattis *etc* → **rabattre**.

rabattre [83] [rabatr] ◇ *vt* **-1.** [vers le bas, aplatir, replier] herunter|drücken; [col, couvercle] herunter|klappen; **~ une balle** [au tennis] einen Ball schmettern. **-2.** [gibier] treiben. **-3.** *fig & péj* [clients] werben. **-4.** [décompter] Nachlaß gewähren. ◇ *vi:* **en ~** zurück|stecken.

◆ **se rabattre** *vp* **-1.** [se replier] sich umklappen lassen. **-2.** [en voiture] wieder ein|scheren. **-3.** [se contenter]: **se ~ sur qqn/qqch** mit jm/etw vorlieb|nehmen.

rabattu, e [rabaty] *pp* → **rabattre**.

rabbin [rabɛ̃] *nm* Rabbiner *der.*

rabibocher [3] [rabibɔʃe] *vt fam* **-1.** [réconcilier] versöhnen. **-2.** [rafistoler] zurecht|flicken.

◆ **se rabibocher** *vp fam* sich versöhnen.

rabiot [rabjo] *nm fam* [nourriture] Rest *der;* MIL Dienstverlängerung *die.*

râble [rabl] *nm* **-1.** [outil] Rührstange *die.* **-2.** [de lapin] Rücken *der.*

râblé, e [rable] *adj* stämmig.

rabot [rabo] *nm* Hobel *der.*

raboter [3] [rabɔte] *vt* hobeln.

raboteux, euse [rabɔtø, øz] *adj* holp(e)rig.

◆ **raboteuse** *nf* [machine-outil] Hobelmaschine *die.*

rabougri, e [rabugri] *adj* **-1.** [plante] verkümmert. **-2.** [personne] verkrüppelt; **vieillard ~** verhutzelter Greis.

rabrouer [3] [rabrue] *vt* (grob) an|fahren.

racaille [rakaj] *nf péj* Gesindel *das (sans pl).*

raccommodage [rakɔmɔdaʒ] *nm* Flicken *das.*

raccommoder [3] [rakɔmɔde] *vt* **-1.** [vêtement] flicken, stopfen. **-2.** *fam* [personnes] versöhnen.

◆ **se raccommoder** *vp fam* sich versöhnen.

raccompagner [3] [rakɔ̃paɲe] *vt* zurück|begleiten.

raccord [rakɔr] *nm* **-1.** [de peinture, de papier peint] Ansatz *der,* Nahtstelle *die.* **-2.** CIN Übergang *der.* **-3.** [de tuyau, de pompe] Anschlußstück *das.* **-4.** ÉLECTR Adapter *der.*

raccordement [rakɔrdəmɑ̃] *nm* Verbindung *die.*

raccorder [3] [rakɔrde] *vt:* **~ qqch (à qqch)** etw (mit etw) verbinden, etw (an etw *(A)*) an|schließen.

◆ **se raccorder** *vp:* **se ~ par qqch** durch etw verbunden sein; **se ~ à qqch** [être relié] mit etw verbunden werden, an etw *(A)* angeschlossen werden.

raccourci [rakursi] *nm* Abkürzung *die;* **prendre un ~** eine Abkürzung nehmen; **en ~** in geraffter Form.

raccourcir [32] [rakursir] ◇ *vt* kürzen. ◇ *vi* kürzer werden.

raccroc [rakro]

◆ **par raccroc** *loc adv* durch einen glücklichen Zufall.

raccrocher [3] [rakrɔʃe] ◇ *vt* wieder auf|hängen. ◇ *vi* **-1.** [au téléphone] auflegen; **elle lui a raccroché au nez** sie hat einfach aufgelegt. **-2.** *fam* [abandonner] seine (Sport)karriere an den Nagel hängen.

◆ **se raccrocher** *vp:* **se ~ à qqn/qqch** sich an jn/etw klammern.

race [ras] *nf* **-1.** [humaine, animale] Rasse *die;* **de ~** reinrassig; **cheval de ~** Vollblüter *der.* **-2.** *fig* [catégorie] Schlag *der.*

racé, e [rase] *adj* **-1.** [animal] reinrassig, Rasse-. **-2.** [distingué] rassig; **une femme ~e** ein Rasseweib.

rachat [raʃa] *nm* **-1.** JUR & FIN Rückkauf *der;* [d'entreprise] Ankauf *der;* [de dette] Ablösung *die.* **-2.** *fig* [expiation - de torts] Wiedergutmachung *die;* [- de péchés] Abbüßen *das.*

racheter [28] [raʃte] *vt* **-1.** [acheter - de nouveau] wieder kaufen; [- d'occasion]: **~ qqch à qqn** jm etw ab|kaufen. **-2.** [expier, compenser - sujet: personne] ab|büßen; [- sujet: chose] wieder gut|machen. **-3.** [prisonnier] frei|kaufen. **-4.** [sauver] retten; RELIG erlösen.

◆ **se racheter** *vp fig* seine Fehler wieder gut|machen.

rachitique [raʃitik] *adj* **-1.** MÉD rachitisch. **-2.** [maigre] spindeldürr.

rachitisme [raʃitism] *nm* Rachitis *die.*

racial, e, aux [rasjal, o] *adj* Rassen-.

racine [rasin] *nf* Wurzel *die;* **avoir de profondes ~s dans un pays** *fig* in einem Land stark verwurzelt sein; **être privé de ses ~s** *fig* entwurzelt sein; **~ carrée** Quadratwurzel.

racisme [rasism] *nm* Rassismus *der.*

raciste [rasist] ◇ *nmf* Rassist *der,* -in *die.* ◇ *adj* rassistisch.

racket [rakɛt] *nm* Erpressung *die.*

racketter [4] [rakɛte] *vt* erpressen.
racketteur [rakɛtœr] *nm* Erpresser *der*.
raclée [rakle] *nf fam* **-1.** [correction] Tracht Prügel *die*. **-2.** [défaite] Schlappe *die*; **prendre une ~** eine Schlappe erleiden.
raclement [rakləmɑ̃] *nm*: **~ de gorge** Räuspern *das*.
racler [3] [rakle] *vt* **-1.** [frotter] ab|kratzen; **~ le fond de la casserole** den Topf aus|kratzen. **-2.** [irriter]: **~ le gosier de qqn** jm im Hals kratzen.
◆ **se racler** *vp*: **se ~ la gorge** sich räuspern.
raclette [raklɛt] *nf* **-1.** CULIN Raclette *die* OU *das*. **-2.** [outil] Schaber *der*, Kratzer *der*.
racloir [raklwar] *nm* [outil] Schaber *der*, Kratzer *der*.
racolage [rakɔlaʒ] *nm* **-1.** [par une prostituée]: **~ sur la voie publique** öffentliche Aufforderung zur Unzucht. **-2.** [de clients] Kundenfang *der*.
racoler [3] [rakɔle] *vt* **-1.** [sujet: prostituée] auf|reißen. **-2.** *péj* [attirer]: **~ qqn** sich bei jm an|biedern; **~ des électeurs** auf Wählerfang gehen.
racoleur, euse [rakɔlœr, øz] *adj péj* [publicité] reißerisch; [sourire] einladend, aufreißerisch.
◆ **racoleuse** *nf péj* Dirne *die*.
racontar [rakɔ̃tar] *nm*: **les ~s** das Gerede, der Klatsch.
raconter [3] [rakɔ̃te] *vt* erzählen; **~ qqch à qqn** jm etw erzählen.
racorni, e [rakɔrni] *adj* verhornt.
racornir [32] [rakɔrnir] *vt* hart machen.
◆ **se racornir** *vp* [se durcir] (knochen)hart werden; [se ratatiner] schrumpelig werden.
radar [radar] *nm* Radar *der* OU *das*; **marcher au ~** *fam* wie benebelt sein.
rade [rad] *nf* Reede *die*, Hafenbucht *die*; **rester en ~** *fam fig* [personne] (allein) zurück|bleiben; [voiture] liegen|bleiben.
radeau, x [rado] *nm* Floß *das*.
radial, e, aux [radjal, o] *adj* Radial-, Speichen-; **nerf ~** Nervus radialis *der*.
radiateur [radjatœr] *nm* **-1.** [de chauffage] Heizkörper *der*; **~ électrique** elektrischer Heizkörper. **-2.** AUTOM Kühler *der*.
radiation [radjasjɔ̃] *nf* **-1.** [rayonnement] Strahlung *die*. **-2.** [de personne] Streichung *die*; **~ d'un avocat par le barreau** richterlich verfügtes Berufsverbot für einen Anwalt.
radical, e, aux [radikal, o] ◇ *adj* radikal; **traitement ~** Radikalkur *die*. ◇ *nm, f* HIST Radikale *der, die*, Radikalsozialist *der*, -in *die*.
◆ **radical** *nm* **-1.** LING (Wort)stamm *der*. **-2.** CHIM Radikal *das*. **-3.** MATHS Wurzelzeichen *das*.
radicalement [radikalmɑ̃] *adv* radikal.
radicaliser [3] [radikalize] *vt* radikalisieren.
◆ **se radicaliser** *vp* radikaler werden.
radier [9] [radje] *vt*: **~ d'une liste** aus einer Liste streichen; **~ qqn d'une profession** jm die Berufserlaubnis entziehen.
radiesthésiste [radjɛstezist] *nmf* (Wünschel)rutengänger *der*, -in *die*.
radieux, euse [radjø, øz] *adj* **-1.** [lumière, soleil] strahlend. **-2.** [personne, sourire] (freude)strahlend.
radin, e [radɛ̃, in] *fam péj* ◇ *adj* knauserig. ◇ *nm, f* Geizhals *der*, Geizkragen *der*.
radiner [3] [radine]
◆ **se radiner** *vp fam* angetanzt kommen; **tu te radines!** komm!, mach schon!
radio [radjo] ◇ *nf* **-1.** [transistor]: **allumer** OU **mettre la ~** das Radio ein|schalten OU an|stellen; **éteindre la ~** das Radio aus|schalten. **-2.** [diffusion] Rundfunk *der*; **~ pirate** Piratensender *der*. **-3.** [rayons X] Röntgenbild *das*; **passer une ~** sich röntgen lassen. ◇ *nm* Funker *der*.
radioactif, ive [radjɔaktif, iv] *adj* radioaktiv.
radioactivité [radjɔaktivite] *nf* Radioaktivität *die*.
radioamateur [radjɔamatœr] *nm* Amateurfunker *der*.
radiocassette [radjɔkasɛt] *nf* Radiorecorder *der*.
radiodiffuser [3] [radjɔdifyze] *vt* (im Rundfunk) senden.
radiodiffusion [radjɔdifyzjɔ̃] *nf* Rundfunk *der*.
radioélectrique [radjɔelɛktrik] *adj* Funk-.
radiographie [radjɔgrafi] *nf* **-1.** [image] Röntgenbild *das*, Röntgenaufnahme *die*; *fig* Nahaufnahme *die*. **-2.** [technique] Röntgenographie *die*.
radiographier [9] [radjɔgrafje] *vt* röntgen.
radiologie [radjɔlɔʒi] *nf* MÉD Röntgenologie *die*; **service de ~** Röntgenabteilung *die*.
radiologue [radjɔlɔg], **radiologiste** [radjɔlɔʒist] *nmf* Radiologe *der*, -gin *die*, Röntgenarzt *der*, -ärztin *die*.
radiophonique [radjɔfɔnik] *adj* Radio-, Rundfunk-; **pièce ~** Hörspiel *das*.
radioréveil, **radio-réveil** [radjɔrevɛj] (*pl* **radios-réveils**) *nm* Radiowecker *der*.
radioscopie [radjɔskɔpi] *nf* Durchleuchten *das*.
radio-taxi [radjɔtaksi] (*pl* **radio-taxis**) *nm* Funktaxi *das*.
radiotéléphone [radjɔtelefɔn] *nm* Funktelefon *das*.
radiotélévisé, e [radjɔtelevize] *adj* von Funk und Fernsehen übertragen.

radiothérapie [radjɔterapi] *nf* Strahlenbehandlung *die*.

radis [radi] *nm* [plante] Radieschen *das*; **~ noir** (schwarzer) Rettich; **ne plus avoir un ~** *fam fig* keinen Pfennig mehr haben, völlig abgebrannt sein.

radium [radjɔm] *nm* Radium *das*.

radius [radjys] *nm* Radius *der*.

radotage [radɔtaʒ] *nm* **-1.** [propos décousus] unsinniges Geschwätz. **-2.** [répétitions] endloses Wiederholen.

radoter [3] [radɔte] *vi* **-1.** [déraisonner] unsinniges Zeug reden. **-2.** [se répéter] immer dasselbe faseln.

radouber [3] [radube] *vt vieilli* flicken.

radoucir [32] [radusir] *vt* [température] ansteigen lassen.

◆ **se radoucir** *vp* **-1.** [temps] milder werden. **-2.** [personne] sich besänftigen.

radoucissement [radusismɑ̃] *nm* Milderung *die*.

rafale [rafal] *nf* **-1.** [de vent] Bö *die*; **le vent souffle en ~s** es bläst ein böiger Wind. **-2.** [de coups de feu] Salve *die*. **-3.** [d'applaudissements] Sturm *der*.

raffermir [32] [rafɛrmir] *vt* festigen.

◆ **se raffermir** *vp* **-1.** [muscle] straff werden. **-2.** [pouvoir] sich festigen.

raffinage [rafinaʒ] *nm* Raffination *die*.

raffiné, e [rafine] *adj* **-1.** [produit] raffiniert. **-2.** [personne] geschliffen.

raffinement [rafinmɑ̃] *nm* Schliff *der*; **un ~ de cruauté** eine ausgesuchte Grausamkeit.

raffiner [3] [rafine] *vt* **-1.** [matériau] raffinieren. **-2.** *sout* [comportement] verfeinern.

raffinerie [rafinri] *nf* Raffinerie *die*.

raffoler [3] [rafɔle] *vi*: **~ de qqn** für jn schwärmen; **~ de qqch** für etw eine Schwäche haben.

raffut [rafy] *nm fam* Radau *der*; **faire du ~** Krach schlagen.

rafiot, rafiau [rafjo] *nm fam* alter Kahn.

rafistoler [3] [rafistɔle] *vt fam* zusammen|flicken, reparieren.

rafle [rafl] *nf* Razzia *die*.

rafler [3] [rafle] *vt fam* **-1.** [s'emparer de] ein|kassieren. **-2.** [voler]: **~ qqch** sich *(D)* etw unter den Nagel reißen.

rafraîchir [32] [rafrɛʃir] ◇ *vt* **-1.** [refroidir] (ab|)-kühlen. **-2.** [appartement, tableau] auf|frischen; [coiffure] nach|schneiden (lassen). **-3.** [sujet: boisson] erfrischen. ◇ *vi* kühlen.

◆ **se rafraîchir** *vp* **-1.** [temps] (sich) ab|kühlen. **-2.** [personne] sich erfrischen.

rafraîchissant, e [rafrɛʃisɑ̃, ɑ̃t] *adj* erfrischend.

rafraîchissement [rafrɛʃismɑ̃] *nm* **-1.** [de temps] Abkühlung *die*; **~ des températures** Temperaturrückgang *der*. **-2.** [boisson] Erfrischung *die*; **prendre un ~** eine Erfrischung zu sich nehmen. **-3.** [rénovation] Auffrischen *das*.

raft [raft], **rafting** [raftiŋ] *nm* Rafting *das*.

ragaillardir [32] [ragajardir] *vt fam* auf|muntern.

rage [raʒ] *nf* **-1.** [maladie] Tollwut *die*. **-2.** [fureur, passion] Wut *die*; **être ivre** OU **fou de ~** außer sich vor Wut sein; **la ~ au ventre** OU **cœur** mit einer Wut im Bauch; **~ de lire** Lesewut. **-3.** *loc*: **faire ~** wüten.

◆ **rage de dents** *nf* heftige Zahnschmerzen *Pl*.

rageant, e [raʒɑ̃, ɑ̃t] *adj fam* : **c'est ~** das ist zum Ausrasten, das ist zum rasend werden.

rager [17] [raʒe] *vi*: **ça me fait ~** *fam* das macht mich rasend OU wütend.

rageur, euse [raʒœr, øz] *adj* **-1.** [ton] wütend. **-2.** *fam* [personne] jähzornig.

rageusement [raʒøzmɑ̃] *adv* wütend.

raglan [raglɑ̃] ◇ *nm* Raglan *der*. ◇ *adj inv* Raglan-.

ragot [rago] *nm fam* Klatsch *der (sans pl)*.

ragoût [ragu] *nm* Ragout *das*.

ragoûtant, e [ragutɑ̃, ɑ̃t] *adj*: **peu** OU **pas très ~** [idée] widerwärtig; [plat] unappetitlich.

rai [rɛ] *nm littéraire* Strahl *der*.

RAI [raj] (*abr de* **Radiotelevisione italiana**) *nf* RAI *die*.

raid [rɛd] *nm* **-1.** MIL & BOURSE Raid *der*; **~ (aérien)** Luftangriff *der*. **-2.** SPORT Langstreckenwettbewerb *der*.

raide [rɛd] ◇ *adj* **-1.** [cheveux] glatt. **-2.** [membre, démarche] steif. **-3.** [pente, escalier] steil. **-4.** *fam* [histoire] hart. **-5.** *fam* [sans le sou] blank. ◇ *adv* **-1.** [abruptement] steil. **-2.** *loc*: **tomber ~ mort** auf der Stelle tot um|fallen.

raideur [rɛdœr] *nf* **-1.** [de membre] Steifheit *die*. **-2.** [de principe] Starrheit *die*.

raidillon [rɛdijɔ̃] *nm* steiler Weg.

raidir [32] [rɛdir] *vt* spannen; [muscle] an|spannen.

◆ **se raidir** *vp* steif werden.

raie [rɛ] *nf* **-1.** [rayure] Streifen *der*. **-2.** [dans les cheveux] Scheitel *der*. **-3.** [poisson] Rochen *der*. **-4.** [des fesses] Spalt *der*.

raifort [rɛfɔr] *nm* Meerrettich *der*.

rail [raj] *nm* **-1.** [voie] Schiene *die*; **remettre qqn/qqch sur les ~s** jn/etw wieder auf die Beine bringen. **-2.** [chemin de fer] Bahn *die*.

railler [3] [raje] *vt sout* verspotten.

◆ **se railler** *vp*: **se ~ de qqn/qqch** über jn/etw spotten.

raillerie [rajri] *nf sout*: **les ~s** der Spott.

railleur, euse [rajœr, øz] *sout* ◇ *adj* spöttisch. ◇ *nm, f* Spötter *der*, -in *die*.

rainette [renɛt] *nf* Laubfrosch *der*.

rainure [rɛnyr] *nf* Rille *die*.

raisin [rɛzɛ̃] *nm* Traube *die*, Weintraube *die*; **du ~** Weintrauben *Pl*; **~ blanc/noir** grüne/blaue Trauben; **~s de Corinthe** Korinthen *Pl*; **~s secs** Rosinen *Pl*.

raison [rɛzɔ̃] *nf* **-1.** [motif] Grund *der*; **à plus forte ~** um so mehr; **~ de plus (de faire qqch)** ein Grund mehr (, etw zu tun); **en ~ de qqch** aufgrund einer Sache *(G)*. **-2.** [sagesse] Vernunft *die*; **mariage de ~** Vernunftehe *die*; **se faire une ~** sich damit ab|finden. **-3.** [entendement, lucidité] Verstand *der*; **perdre la ~** den Verstand verlieren; **recouvrer la ~** wieder zur Besinnung kommen. **-4.** *loc*: **avoir ~** recht haben; **avoir ~ de faire qqch** etw zu Recht tun; **avoir ~ de qqn/qqch** über jn/etw siegen; **donner ~ à qqn** jm Recht geben.

◆ **à raison de** *loc prép* zu, zum Preis von; **trois semaines à ~ d'une heure par semaine** drei Wochen lang eine Stunde pro Woche.

◆ **raison d'État** *nf* Staatsraison *die*.

◆ **raison sociale** *nf* Firmenname *der*.

raisonnable [rɛzɔnabl] *adj* **-1.** [enfant, prix] vernünftig. **-2.** [doué de raison] vernunftbegabt.

raisonnablement [rɛzɔnabləmɑ̃] *adv* **-1.** [parler, agir] vernünftig. **-2.** [boire, manger] mit Verstand.

raisonné, e [rɛzɔne] *adj* vernunftbetont.

raisonnement [rɛzɔnmɑ̃] *nm* **-1.** [faculté] Urteilsvermögen *das*. **-2.** [argumentation] Überlegung *die*.

raisonner [3] [rɛzɔne] ◇ *vt* zur Vernunft bringen. ◇ *vi* **-1.** [penser] nach|denken. **-2.** [discuter]: **~ avec qqn** mit jm vernünftig reden.

◆ **se raisonner** *vp* **-1.** [personne] Vernunft an|nehmen. **-2.** [passion] sich steuern lassen.

rajeunir [32] [raʒœnir] ◇ *vt* **-1.** [sujet: couleur, coiffure] jünger machen. **-2.** [équipement, installation] modernisieren. **-3.** [parti, organisation] verjüngen. ◇ *vi* jünger werden.

◆ **se rajeunir** *vp* sich für jünger aus|geben, als man ist.

rajeunissement [raʒœnismɑ̃] *nm* Verjüngung *die*.

rajout [raʒu] *nm* Zusatz *der*.

rajouter [3] [raʒute] *vt* hinzu|fügen; **en ~** *fam* etwas dazu|dichten, übertreiben.

rajustement [raʒystəmɑ̃], **réajustement** [reaʒystəmɑ̃] *nm* Angleichung *die*.

rajuster [raʒyste], **réajuster** [reaʒyste] [3] *vt* **-1.** [salaire] an|gleichen. **-2.** [tir] neu aus|richten. **-3.** [vêtement, coiffure] zurecht|rücken.

◆ **se rajuster** *vp* seine Kleider wieder in Ordnung bringen.

râle [ral] *nm* Röcheln *das*.

ralenti, e [ralɑ̃ti] *adj* verlangsamt, langsam.

◆ **ralenti** *nm* **-1.** [de moteur] Leerlauf *der*; **au ~** *fig* gemütlich *(adv)*. **-2.** CIN Zeitlupe *die*.

ralentir [32] [ralɑ̃tir] ◇ *vt* **-1.** [progression] verlangsamen; **~ l'allure** die Geschwindigkeit herab|setzen. **-2.** [diminuer] verringern. ◇ *vi* langsamer werden; [en véhicule] langsamer fahren.

◆ **se ralentir** *vp* langsamer werden.

ralentissement [ralɑ̃tismɑ̃] *nm* **-1.** [freinage] Verlangsamung *die*; **on signale un ~ sur l'autoroute** auf der Autobahn kommt es zu zähflüssigem Verkehr. **-2.** [diminution] Rückgang *der*.

râler [3] [rale] *vi* **-1.** [malade] röcheln. **-2.** *fam* [protester] meckern.

râleur, euse [ralœr, øz] *fam* ◇ *adj* motzig. ◇ *nm, f* Nörgler *der*, -in *die*.

ralliement [ralimɑ̃] *nm* **-1.** MIL Sammeln *das*. **-2.** [adhésion]: **~ à qqch** Anschließen *das* an etw *(A)*.

rallier [9] [ralje] *vt* **-1.** [parti, opinion]: **~ qqch** sich einer Sache *(D)* an|schließen. **-2.** [suffrage] zusammen|führen. **-3.** [troupes] sammeln. **-4.** [endroit] zurück|kehren zu.

◆ **se rallier** *vp* **-1.** [se regrouper] sich sammeln. **-2.** [rejoindre]: **se ~ à qqch** sich einer Sache *(D)* an|schließen.

rallonge [ralɔ̃ʒ] *nf* **-1.** [de table] Ausziehplatte *die*. **-2.** [de câble] Verlängerungsschnur *die*. **-3.** *fam* [d'argent] Aufgeld *das*; **demander une ~** um ein Aufgeld bitten; **obtenir une ~** ein Aufgeld erhalten.

rallonger [17] [ralɔ̃ʒe] ◇ *vt* verlängern; [vêtement] aus|lassen. ◇ *vi* länger werden.

rallumer [3] [ralyme] *vt* **-1.** [feu, cigarette] wieder an|zünden; [lampe] wieder an|machen. **-2.** [querelle] neu entfachen.

◆ **se rallumer** *vp* **-1.** [feu] wieder auf|lodern; [lumière] wieder an|gehen. **-2.** [querelle] wieder aus|brechen.

rallye [rali] *nm* SPORT Rallye *die*.

RAM, **Ram** [ram] *(abr de* **Random access memory***)* *nf* RAM *das*.

ramadan [ramadɑ̃] *nm* Ramadan *der*.

ramage [ramaʒ] *nm littéraire* Zwitschern *das*.

◆ **ramages** *nmpl* Rankenmuster *das*.

ramassage [ramasaʒ] *nm* (Auf)sammeln *das*; **~ scolaire** Schülerabholdienst *der*.

ramasse-miettes [ramasmjɛt] *nm inv* Tischbesen *der*.

ramasser [3] [ramase] *vt* **-1.** [rassembler] (an|)-sammeln; [copies] ein|sammeln. **-2.** [champi-

gnons, forces] sammeln. **-3.** [balle, enfant] auf|heben. **-4.** *fig* [pensée] zusammen|fassen. **-5.** *fam* [sujet: police] auf|greifen.
◆ **se ramasser** *vp* **-1.** [se replier] sich ducken. **-2.** *fam* [tomber] hin|fliegen. **-3.** *fam* [échouer]: **se ~ à un examen** bei einer Prüfung durch|fallen.
ramassis [ramasi] *nm*: **un ~ de** *péj* ein Haufen etw.
rambarde [rɑ̃bard] *nf* Reling *die*.
rame [ram] *nf* **-1.** [aviron] Ruder *das*. **-2.** [de wagons] Wagenzug *der*; **~ de métro** U-Bahn-Wagenzug. **-3.** [de papier] Ries *das*. **-4.** [de haricots] Stange *die*.
rameau, x [ramo] *nm* Zweig *der*.
◆ **Rameaux** *nmpl*: **dimanche des Rameaux** Palmsonntag *der*.
ramener [19] [ramne] *vt* **-1.** [reconduire] zurück|bringen; **~ qqn chez lui** jn heim|bringen. **-2.** [amener de nouveau] wieder hin|bringen. **-3.** [rapporter] mit|bringen. **-4.** *fig* [faire revenir] zurück|führen; **~ qqn à qqch** jn wieder zu etw bringen; **~ à la vie** wiederbeleben. **-5.** [paix, inquiétude] bringen. **-6.** [réduire]: **~ qqch à qqch** etw auf etw *(A)* bringen. **-7.** *loc*: **la ~** *fam* sich auf|spielen; **~ tout à soi** selbstsüchtig sein.
◆ **se ramener** *vp* **-1.** [se réduire]: **se ~ à qqch** auf etw *(A)* hinaus|laufen. **-2.** *fam* [venir] auf|kreuzen.
ramequin [ramkɛ̃] *nm* kleine Backform.
ramer [3] [rame] *vi* **-1.** SPORT rudern. **-2.** *fam* [peiner] es schwer haben.
rameur, euse [ramœr, øz] *nm, f* Ruderer *der*, -rin *die*.
rameuter [3] [ramøte] *vt* zusammen|rufen; **~ la foule** die Menge mobilisieren.
ramier [ramje] *nm* Ringeltaube *die*.
ramification [ramifikasjɔ̃] *nf* **-1.** [d'arbre] Verzweigung *die*. **-2.** [d'entreprise] Filialstruktur *die (sans pl)*.
ramifier [9] [ramifje]
◆ **se ramifier** *vp* sich verzweigen.
ramolli, e [ramɔli] ◇ *adj* **-1.** [matière] aufgeweicht. **-2.** *fam fig* [personne] verblödet. ◇ *nm, f fam fig* Schlappschwanz *der*.
ramollir [32] [ramɔlir] ◇ *vt* weich machen. ◇ *vi* [devenir mou] auf|weichen.
◆ **se ramollir** *vp* **-1.** [beurre] weich werden. **-2.** *fam fig* [personne] verblöden.
ramonage [ramɔnaʒ] *nm* Schornsteinfegen *das*.
ramoner [3] [ramɔne] *vt* [cheminée] fegen.
ramoneur [ramɔnœr] *nm* Schornsteinfeger *der*.
rampant, e [rɑ̃pɑ̃, ɑ̃t] *adj* **-1.** [animal, plante] kriechend. **-2.** [attitude] kriecherisch.
rampe [rɑ̃p] *nf* **-1.** [d'escalier] Geländer *das*; **lâcher la ~** *fam fig* den Löffel ab|geben. **-2.** [plan incliné]: **~ d'accès** Auffahrt *die*; **~ de lancement** Abschußrampe *die*.
ramper [3] [rɑ̃pe] *vi* kriechen; **~ devant qqn** vor jm kriechen.
rancard, rencard [rɑ̃kar] *nm fam* Date *das*.
rancart [rɑ̃kar] *nm*: **mettre au ~** *fam* zum alten Eisen werfen.
rance [rɑ̃s] ◇ *nm*: **sentir le ~** ranzig riechen. ◇ *adj* ranzig.
ranch [rɑ̃tʃ] *nm* Ranch *die*.
rancir [32] [rɑ̃sir] *vi* ranzig werden.
rancœur [rɑ̃kœr] *nf* Verstimmung *die*.
rançon [rɑ̃sɔ̃] *nf* Lösegeld *das*; *fig* Preis *der*.
rancune [rɑ̃kyn] *nf* Groll *der*; **garder** OU **tenir ~ à qqn de qqch** jm etw nach|tragen; **sans ~!** nichts für ungut!
rancunier, ère [rɑ̃kynje, ɛr] ◇ *adj* nachtragend. ◇ *nm, f* nachtragende Person.
randonnée [rɑ̃dɔne] *nf* **-1.** [à pied] Wanderung *die*. **-2.** [à bicyclette] Radtour *die*. **-3.** [à skis] Skiwanderung *die*.
randonneur, euse [rɑ̃dɔnœr, øz] *nm, f* Wanderer *der*, -erin *die*.
rang [rɑ̃] *nm* **-1.** [d'objets, de personnes] Reihe *die*; **se mettre en ~ par deux** sich in Zweierreihen auf|stellen; **en ~ d'oignon** *fam* in einer Reihe; **grossir les ~s d'un groupe** die Reihen einer Gruppe stärken. **-2.** [hiérarchie, au théâtre] Rang *der*; **de haut ~** von hohem Rang; **se mettre sur les ~s** sich bewerben. **-3.** *Can* [peuplement rural] Waldhufendorf *das*. **-4.** *Can* [chemin] *Verbindungsweg zwischen landwirtschaftlichen Betrieben*.
rangé, e [rɑ̃ʒe] *adj* ordentlich; [vie] solid.
◆ **rangée** *nf*: **une ~e de** eine Reihe von; **~e de chaises** Stuhlreihe *die*.
rangement [rɑ̃ʒmɑ̃] *nm* **-1.** [action] Aufräumen *das*. **-2.** [placard] Schrank *der*.
ranger [17] [rɑ̃ʒe] *vt* **-1.** [chambre] auf|räumen. **-2.** [dossier] sortieren. **-3.** [voiture] parken. **-4.** *fig* [livre, auteur]: **~ parmi qqch** zu etw zählen.
◆ **se ranger** *vp* **-1.** [élèves, soldats] sich auf|stellen. **-2.** [voiture] parken. **-3.** [piéton] zur Seite gehen. **-4.** [s'assagir] solide werden. **-5.** [se rallier]: **se ~ du côté de qqn** sich jm an|schließen.
Rangoon [rɑ̃gun] *n* Rangun *nt*.
ranimer [3] [ranime] *vt* **-1.** [personne] wiederbeleben, auf|muntern. **-2.** [feu, sentiment] neu entfachen.
◆ **se ranimer** *vp* **-1.** [personne] wieder zur Besinnung kommen. **-2.** [volcan] erwachen.
rap [rap] *nm* Rap *der*.
rapace [rapas] ◇ *nm* Greifvogel *der*. ◇ *adj* [cupide] habgierig.
rapacité [rapasite] *nf* Habgier *die*.

rapatrié, e [rapatrije] ◇ *nm, f* **-1.** [personne] Repatriierte *der, die*. **-2.** HIST *französischer Algerienflüchtling*. ◇ *adj* repatriiert.

rapatriement [rapatrimɑ̃] *nm* Repatriierung *die*; **~ de capitaux** Kapitalrückwanderung *die*.

rapatrier [10] [rapatrije] *vt* **-1.** [personne] repatriieren. **-2.** [capitaux] zurück|führen.

râpe [rap] *nf* **-1.** [de cuisine] Reibe *die*; **~ à fromage** Käsereibe. **-2.** [de menuisier] Raspel *die*. **-3.** *fam Helv* [avare] Knauser *der*.

râpé, e [rape] *adj* **-1.** CULIN gerieben. **-2.** [manteau] abgetragen. **-3.** *fam loc*: **c'est ~!** das wird wohl nichts mehr!

◆ **râpé** *nm* geriebener Käse.

râper [3] [rape] *vt* **-1.** CULIN reiben. **-2.** [bois, métal] raspeln. **-3.** [sujet: vin] kratzen.

râpeux, euse [rapø, øz] *adj* **-1.** [tissu] rauh. **-2.** [vin] sauer.

raphia [rafja] *nm* Raphia *die*, Raphiapalme *die*; **panier en ~** Bastkorb *der*.

rapide [rapid] ◇ *adj* **-1.** [gén] schnell. **-2.** [pente] steil. **-3.** [courant] reißend. ◇ *nm* **-1.** [train] Schnellzug *der*. **-2.** [de fleuve] Stromschnelle *die*.

rapidement [rapidmɑ̃] *adv* schnell.

rapidité [rapidite] *nf* Schnelligkeit *die*; **avec ~** schnell *(adv)*, rasch *(adv)*.

rapiécer [20] [rapjese] *vt* aus|bessern, zusammen|flicken.

rapière [rapjɛr] *nf* Rapier *das*.

rappel [rapɛl] *nm* **-1.** [de paiement] Nachzahlung *die*; **lettre de ~** Mahnschreiben *das*. **-2.** [de vaccination] Wiederholungsimpfung *die*. **-3.** [au spectacle] Herausrufen *das*. **-4.** [de personne] Zurück(be)rufen *das*. **-5.** [d'ambassadeur] Abberufung *die*; [de réserviste] Einberufen *das*. **-6.** [en alpinisme] Abseilen *das*. **-7.** TÉLÉCOM: **~ automatique** automatische Wahlwiederholung.

◆ **rappel à l'ordre** *nm* Ordnungsruf *der*.

rappeler [24] [raple] *vt* **-1.** [faire penser à]: **~ qqch à qqn** jn an etw *(A)* erinnern. **-2.** [personne, chien] zurück|rufen. **-3.** [ambassadeur] ab|berufen; [réserviste] ein|berufen. **-4.** [acteur] heraus|rufen. **-5.** *loc*: **~ qqn à l'ordre** jn zur Ordnung rufen.

◆ **se rappeler** *vp*: **se ~ (qqn/qqch)** sich (js/einer Sache) erinnern.

rappelle *etc* → **rappeler**.

rappliquer [3] [raplike] *vi fam* (an)|düsen.

rapport [rapɔr] *nm* **-1.** [corrélation] Zusammenhang *der*; **~ de causalité** Kausalzusammenhang; **je ne vois pas le ~** ich sehe keinen Zusammenhang. **-2.** [relation] Beziehung *die*; **avoir des ~s (sexuels) avec qqn** mit jm Geschlechtsverkehr haben. **-3.** [contact]: **se mettre en ~ avec qqn** sich mit jm in Verbindung setzen. **-4.** [compte rendu] Bericht *der*. **-5.** [profit] Ertrag *der*. **-6.** [ratio] Verhältnis *das*; **~ qualité-prix** Preis/Qualitätsverhältnis.

◆ **par rapport à** *loc prép* im Vergleich zu.

rapporter [3] [rapɔrte] ◇ *vt* **-1.** [de voyage]: **~ qqch (à qqn)** jm (etw) mit|bringen. **-2.** [apporter de nouveau] nochmals bringen. **-3.** [rendre]: **~ qqch (à qqn)** jm (etw) zurück|bringen. **-4.** [produire] ein|bringen. **-5.** [raconter] berichten. ◇ *vi* **-1.** [placement] Gewinn bringen. **-2.** [dénoncer] petzen.

◆ **se rapporter** *vp*: **se ~ à qqch** sich auf etw *(A)* beziehen.

rapporteur, euse [rapɔrtœr, øz] *nm, f* Petze *die*.

◆ **rapporteur** *nm* **-1.** [de commission] Berichterstatter *der*, -in *die*. **-2.** GÉOM Winkelmesser *der*.

rapproché, e [raprɔʃe] *adj* **-1.** [dans l'espace] Nah-. **-2.** [dans le temps] aufeinanderfolgend.

rapprochement [raprɔʃmɑ̃] *nm* **-1.** [de personnes, d'objets] Zusammenrücken *das*. **-2.** [comparaison]: **faire le ~** einen Zusammenhang sehen. **-3.** [de pays, de partis] Annäherung *die*.

rapprocher [3] [raprɔʃe] *vt* **-1.** [mettre plus près]: **~ qqch de qqch** etw an etw *(A)* heran|rücken; **~ qqn de qqch** jn an etw *(A)* an|nähern. **-2.** [unir] näher|bringen. **-3.** [comparer] in Zusammenhang bringen.

◆ **se rapprocher** *vp* **-1.** [approcher]: **se ~ de qqn/qqch** sich jm/etw nähern. **-2.** [se ressembler] sich gleichen. **-3.** [se réconcilier]: **se ~ (de qqn)** (jm) näher|kommen.

rapsodie = **rhapsodie**.

rapt [rapt] *nm* Entführung *die*.

raquette [rakɛt] *nf* **-1.** SPORT Schläger *der*. **-2.** [de neige] Schneeteller *der*.

rare [rar] *adj* **-1.** [peu fréquent, peu commun] selten. **-2.** [peu nombreux] wenig. **-3.** [peu dense] spärlich. **-4.** [surprenant] seltsam.

raréfaction [rarefaksjɔ̃] *nf* Verknappung *die*; [d'air] Verdünnung *die*.

raréfier [9] [rarefje] *vt* selten(er) werden lassen; [air] verdünnen.

◆ **se raréfier** *vp* selten werden; [air] dünner werden.

rarement [rarmɑ̃] *adv* selten.

rareté [rarte] *nf* **-1.** [gén] Seltenheit *die*. **-2.** [objet précieux] Rarität *die*.

rarissime [rarisim] *adj* sehr selten.

ras, e [ra, raz] *adj* **-1.** [herbe, cheveux] kurzgeschoren; **chien à poil ~** kurzhaariger Hund. **-2.** [mesure] gestrichen; **trois cuillères ~es de farine** drei gestrichene Löffel Mehl.

◆ **ras** *adv* kurz; **en avoir ~ le bol** *fam* die Nase (gestrichen) voll haben.

◆ **à ras** *loc adv* sehr kurz.
◆ **à ras de** *loc prép*: **à** OU **au ~ de qqch** knapp über etw *(D)*; **au ~ du sol** ebenerdig.
◆ **ras du cou** *loc adj* mit rundem Ausschnitt OU Kragen.
RAS *abr de* **rien à signaler**.
rasade [razad] *nf*: **une ~ de** ein Glas voll.
rasage [razaʒ] *nm* Rasieren *das*.
rasant, e [razɑ̃, ɑ̃t] *adj* **-1.** *fam* [livre, discours] todlangweilig. **-2.** [lumière] streifend; **tir ~** Flachfeuer *das*.
rascasse [raskas] *nf* Drachenkopf *der*.
rasé, e [raze] *adj* rasiert; **~ de frais** frisch rasiert; **~ de près** glattrasiert.
rase-mottes [razmɔt] *nm inv*: **vol en ~** Tiefflug *der*.
raser [3] [raze] *vt* **-1.** [couper - barbe] rasieren; [- cheveux] kahl|scheren. **-2.** [longer] streifen. **-3.** [détruire] zerstören. **-4.** *fam* [ennuyer] zu Tode langweilen.
◆ **se raser** *vp* **-1.** [au rasoir] sich rasieren. **-2.** *fam* [s'ennuyer] sich zu Tode langweilen.
raseur, euse [razœr, øz] *fam* ◇ *adj* langweilig. ◇ *nm, f* Oberlangweiler *der*, -in *die*.
ras-le-bol [ralbɔl] *nm inv fam* Unzufriedenheit *die*; **~!** genug jetzt!, jetzt reicht's!
rasoir [razwar] ◇ *nm* Rasierapparat *der*; **~ électrique** elektrischer Rasierapparat; **~ mécanique** Naßrasierer *der*. ◇ *adj fam* öde.
rassasier [9] [rasazje] *vt* sättigen.
◆ **se rassasier** *vp*: **se ~ de qqch** einer Sache *(G)* überdrüßig werden.
rassemblement [rasɑ̃bləmɑ̃] *nm* **-1.** [d'objets] Sammeln *das*. **-2.** [foule] Auflauf *der*. **-3.** [union, parti] Sammlungsbewegung *die*. **-4.** MIL Zusammenziehung *die*; **sonner le ~** zum Sammeln blasen.
rassembler [3] [rasɑ̃ble] *vt* **-1.** [personnes] versammeln. **-2.** [documents] (an|)sammeln. **-3.** [courage, idées] zusammen|nehmen; **~ ses esprits** sich sammeln.
◆ **se rassembler** *vp* **-1.** [manifestants] sich sammeln. **-2.** [famille] sich versammeln.
rasseoir [65] [raswar]
◆ **se rasseoir** *vp* sich wieder (hin|)setzen.
rasséréner [18] [raserene] *vt sout* beschwichtigen.
◆ **se rasséréner** *vp sout* sich wieder beruhigen.
rassis, e [rasi, iz] *adj* **-1.** [pain] altbacken, trokken. **-2.** *sout* [esprit] gesetzt.
rassurant, e [rasyrɑ̃, ɑ̃t] *adj* beruhigend.
rassuré, e [rasyre] *adj* beruhigt; **ne pas être ~** ein ungutes Gefühl haben.
rassurer [3] [rasyre] *vt* beruhigen.
◆ **se rassurer** *vp* sich beruhigen.
rat [ra] ◇ *nm* **-1.** ZOOL Ratte *die*; **être fait comme un ~** *fam* in der Falle sitzen. **-2.** *fam* [avare]: **quel ~!** so ein Geizkragen! ◇ *adj fam* knickrig.
◆ **petit rat** *nm* DANSE Ballettratte *die (der Pariser Oper)*.
ratage [rataʒ] *nm* Pleite *die*.
ratatiné, e [ratatine] *adj* **-1.** [fruit, personne] verschrumpelt. **-2.** *fam* [démoli]: **être ~** Schrott sein.
ratatiner [3] [ratatine] *vt* **-1.** [fruit, personne] (zusammen)schrumpfen lassen. **-2.** *fam* [véhicule] zu Schrott fahren.
◆ **se ratatiner** *vp* (zusammen|)schrumpfen; [gâteau] in sich zusammen|fallen.
ratatouille [ratatuj] *nf* Ratatouille *die*.
rate [rat] *nf* **-1.** [organe] Milz *die*. **-2.** [animal] Rattenweibchen *das*.
raté, e [rate] ◇ *adj* gescheitert. ◇ *nm, f* Versager *der*, -in *die*.
◆ **raté** *nm* **-1.** AUTOM Fehlzündung *die*; **avoir des ~s** aus|setzen. **-2.** [difficulté] Hindernis *das*.
râteau, x [rato] *nm* Rechen *der*.
râtelier [ratəlje] *nm* **-1.** [à fourrage] Raufe *die*; **manger à tous les ~s** *fig* auf mehreren Hochzeiten tanzen. **-2.** *fam* [dentier] Gebiß *das*.
rater [3] [rate] ◇ *vt* **-1.** [cible] verfehlen. **-2.** [train] verpassen. **-3.** [occasion] versäumen. **-4.** [ouvrage, plat] mißlingen. **-5.** [examen]: **~ qqch** bei etw *(D)* durch|fallen. ◇ *vi* scheitern; **faire ~ qqch** etw verderben.
ratification [ratifikasjɔ̃] *nf* [de contrat, d'alliance] Bestätigung *die*; [de traité] Ratifizierung *die*.
ratifier [9] [ratifje] *vt* [contrat, alliance] bestätigen; [traité] ratifizieren.
ration [rasjɔ̃] *nf* Ration *die*, Portion *die*; **~ alimentaire** Lebensmittelration.
rationalisation [rasjɔnalizasjɔ̃] *nf* Rationalisierung *die*.
rationaliser [3] [rasjɔnalize] *vt* rationalisieren.
rationnel, elle [rasjɔnɛl] *adj* **-1.** [MATHS, organisation] rational. **-2.** [esprit] vernünftig.
◆ **rationnels** *nmpl* rationale Zahlen *Pl*.
rationnellement [rasjɔnɛlmɑ̃] *adv* rational.
rationnement [rasjɔnmɑ̃] *nm* Rationierung *die*.
rationner [3] [rasjɔne] *vt* **-1.** [chose] rationieren. **-2.** [personne] auf Ration setzen.
Ratisbonne [ratisbɔn] *n* Regensburg *nt*.
ratissage [ratisaʒ] *nm* **-1.** [de jardin] Harken *das*. **-2.** [de quartier] Durchkämmen *das*.
ratisser [3] [ratise] ◇ *vt* **-1.** [jardin] harken. **-2.** [quartier] durch|kämmen. **-3.** *fam* [au jeu] aus|nehmen. ◇ *vi*: **~ large** *fam* nicht wählerisch sein.

raton [ratɔ̃] *nm* junge Ratte; **~ laveur** Waschbär *der*.

ratonnade, ratonade [ratɔnad] *nf fam péj rassistische Gewalttätigkeiten (gegen die Nordafrikaner)*.

RATP (*abr de* **Régie autonome des transports parisiens**) *nf Pariser Verkehrsbetriebe*.

rattachement [rataʃmɑ̃] *nm*: **~ à qqch** Angliederung *die* OU Anschluß *der* an etw *(A)*.

rattacher [3] [rataʃe] *vt* **-1.** [relier]: **~ qqch à qqch** etw an etw *(A)* an|gliedern; *fig* etw mit etw in Verbindung bringen. **-2.** [chien] wieder an|binden; [lacets] zu|binden; [cheveux] zusammen|binden. **-3.** [unir]: **~ qqn à qqch** jn mit etw verbinden.

◆ **se rattacher** *vp*: **se ~ à qqch** mit etw in Zusammenhang stehen.

rattrapage [ratrapaʒ] *nm* **-1.** [pour élève]: **cours de ~** Nachhilfestunde *die*. **-2.** [de salaires, de prix] Angleichung *die*.

rattraper [3] [ratrape] *vt* **-1.** [animal, prisonnier] wieder ein|fangen. **-2.** [temps] auf|holen. **-3.** [rejoindre] ein|holen. **-4.** [empêcher de tomber] auf|fangen. **-5.** [erreur] wiedergut|machen; [malfaçon] aus|bessern.

◆ **se rattraper** *vp* **-1.** [se retenir]: **se ~ à qqn/qqch** sich an jm/etw fest|halten. **-2.** [s'améliorer] sich verbessern. **-3.** [se faire pardonner]: **il s'est rattrapé** er hat es wieder gutgemacht.

rature [ratyr] *nf* Streichung *die*, durchgestrichene Stelle.

raturer [3] [ratyre] *vt* (durch)|streichen.

rauque [rok] *adj* rauh.

ravage [ravaʒ] *nm* Verwüstung *die*; **faire des ~s** *fig* Unheil an|richten.

ravagé, e [ravaʒe] *adj* **-1.** [visage] verwüstet. **-2.** *fam* [fou]: **être ~** vollkommen ausgeflippt sein.

ravager [17] [ravaʒe] *vt* **-1.** [dévaster] verwüsten. **-2.** [marquer] schwer mit|nehmen.

ravalement [ravalmɑ̃] *nm*: **~ (de façade)** Fassadenrenovierung *die*.

ravaler [3] [ravale] *vt* **-1.** [façade] renovieren. **-2.** [salive] wieder hinunter|schlucken. **-3.** [colère] hinunter|schlucken; [larmes] zurück|halten. **-4.** [dégrader] herab|setzen.

◆ **se ravaler** *vp* sich erniedrigen.

ravaudage [ravodaʒ] *nm* Stopfen *das*.

ravauder [3] [ravode] *vt* stopfen.

rave [rav] *nf* Rübe *die*.

ravi, e [ravi] *adj* entzückt; **~ de vous connaître** sehr erfreut, Sie kennenzulernen.

ravier [ravje] *nm* Vorspeisenteller *der*.

ravigotant, e [ravigɔtɑ̃, ɑ̃t] *adj fam* aufmunternd.

ravigote [ravigɔt] *nf* Kräutervinaigrette *die*.

ravigoter [3] [ravigɔte] *vt fam* auf die Beine bringen.

ravin [ravɛ̃] *nm* Schlucht *die*.

raviner [3] [ravine] *vt* **-1.** [sujet: eaux] aus|waschen. **-2.** [marquer] furchen.

ravioli [ravjɔli] (*pl inv* OU **raviolis**) *nm* Ravioli *Pl*.

ravir [32] [ravir] *vt* **-1.** [charmer] entzücken, bezaubern; **être ravi de qqch** von etw begeistert sein; **être ravi de faire qqch** begeistert sein, etw zu tun; **être ravi que** (+ *subjonctif*) hocherfreut darüber sein, daß. **-2.** *littéraire* [arracher]: **~ qqch à qqn** jn einer Sache *(G)* berauben; [proie] jm etw entreißen.

◆ **à ravir** *loc adv* hinreißend; **cette robe vous va à ~** dieses Kleid steht Ihnen ausgezeichnet.

raviser [3] [ravize]

◆ **se raviser** *vp* sich anders besinnen.

ravissant, e [ravisɑ̃, ɑ̃t] *adj* bezaubernd, entzückend.

ravissement [ravismɑ̃] *nm* **-1.** [enchantement] Entzücken *das*. **-2.** *littéraire* [rapt] Raub *der*.

ravisseur, euse [ravisœr, øz] *nm, f* Entführer *der*, -in *die*.

ravitaillement [ravitajmɑ̃] *nm* Versorgung *die*.

ravitailler [3] [ravitaje] *vt* **-1.** [en denrées] versorgen. **-2.** [en carburant] betanken.

◆ **se ravitailler** *vp* **-1.** [en denrées] sich versorgen. **-2.** [en carburant] auf|tanken.

raviver [3] [ravive] *vt* **-1.** [feu] schüren. **-2.** [couleurs] auf|frischen. **-3.** [douleur] wieder hervor|rufen.

ravoir [ravwar] *vt (seulement à l'infinitif)* **-1.** [jouet, livre] wieder|haben. **-2.** *fam* [nettoyer] sauber bekommen.

rayé, e [rɛje] *adj* **-1.** [tissu] gestreift. **-2.** [disque, vitre] verkratzt.

rayer [11] [rɛje] *vt* **-1.** [disque, vitre] verkratzen. **-2.** [nom, mot] (durch|)streichen; **~ qqn d'une liste** jn von einer Liste streichen.

rayon [rɛjɔ̃] *nm* **-1.** [de lumière, radiation] Strahl *der*; **~ laser** Laserstrahl; **~s X** Röntgenstrahlen *Pl*. **-2.** *fig* [d'espoir] Schimmer *der*. **-3.** [de roue] Speiche *die*. **-4.** GÉOM Radius *der*; **dans un ~ de** in einem Umkreis von. **-5.** [étagère] Regal *das*. **-6.** [de magasin] Abteilung *die*. **-7.** [de miel] Wabe *die*.

rayonnage [rɛjɔnaʒ] *nm* Regal *das*.

rayonnant, e [rɛjɔnɑ̃, ɑ̃t] *adj* strahlend; **~ de joie** freudestrahlend; **~ de santé** vor Gesundheit strotzend.

rayonne [rɛjɔn] *nf* Kunstseide *die*.

rayonnement [rɛjɔnmɑ̃] *nm* **-1.** PHYS Strahlung *die*. **-2.** *fig* [influence] (weitreichender) Einfluß. **-3.** *fig* [de personne] Ausstrahlung *die*.

rayonner [3] [rɛjɔne] *vi* **-1.** [soleil, personne] strahlen. **-2.** [culture] weithin Spuren hinterlassen. **-3.** [avenue, lignes] strahlenförmig auseinanderlaufen. **-4.** [touristes] Ausflüge machen; **~ autour de Paris** von Paris aus Ausflüge machen.

rayure [rɛjyr] *nf* **-1.** [raie] Streifen *der*; **à ~s** gestreift. **-2.** [éraflure] Kratzer *der*.

raz de marée, **raz-de-marée** [radmare] *nm inv* **-1.** [vague] Flutwelle *die*. **-2.** *fig* [révolution] Flut *die*.

razzia [razja] *nf* Beutezug *der*; **faire une ~ sur qqch** *fam* sich auf etw *(A)* stürzen.

razzier [9] [razje] *vt* auslrauben.

RBE (*abr de* **revenu brut d'exploitation**) *nm* Betriebsertrag *der*.

RBL (*abr de* **rouble**) Rbl *der*.

R-C (*abr de* **rez-de-chaussée**) EG.

r.d. *abr de* **rive droite**.

R-D (*abr de* **recherche-développement**) *nf* Forschung und Entwicklung *die*.

RDA (*abr de* **République démocratique allemande**) *nf* DDR *die*.

RDB (*abr de* **revenu disponible brut**) *nm* verfügbares Bruttoeinkommen.

RdC (*abr de* **rez-de-chaussée**) EG.

ré [re] *nm inv* d *das*, D *das*.

réabonnement [reabɔnmɑ̃] *nm* Abonnementsverlängerung *die*.

réabonner [3] [reabɔne] *vt*: **~ qqn** js Abonnement verlängern.

◆ **se réabonner** *vp*: **se ~ (à qqch)** (etw) neu abonnieren.

réac [reak] (*abr de* **réactionnaire**) *fam péj* ◇ *nmf* Reaktionär *der*, -in *die*. ◇ *adj* reaktionär.

réaccoutumer [3] [reakutyme] *vt*: **~ qqn à qqch** jn wieder an etw *(A)* gewöhnen.

◆ **se réaccoutumer** *vp*: **se ~ à qqn/qqch** sich wieder an jn/etw gewöhnen.

réacteur [reaktœr] *nm* Strahltriebwerk *das*; **~ nucléaire** Atomreaktor *der*, Atommeiler *der*.

réactif, ive [reaktif, iv] *adj* rückwirkend; **courant ~** Blindstrom *der*; **force réactive** Rückwirkungskraft *die*.

◆ **réactif** *nm* Reagens *das*.

réaction [reaksjɔ̃] *nf* Reaktion *die*; **en ~ contre qqn/qqch** als Reaktion auf jn/etw; **~ en chaîne** Kettenreaktion.

réactionnaire [reaksjɔnɛr] *péj* ◇ *nmf* Reaktionär *der*, -in *die*. ◇ *adj* reaktionär.

réactiver [3] [reaktive] *vt* wieder in Gang bringen.

réactualisation [reaktɥalizasjɔ̃] *nf* Neubearbeitung *die*.

réactualiser [3] [reaktɥalize] *vt* neu bearbeiten, auf den neuesten Stand bringen.

réadaptation [readaptasjɔ̃] *nf* Wiederanpassung *die*; [rééducation] Rehabilitation *die*.

réadapter [3] [readapte] *vt* **-1.** [adapter de nouveau] wieder anlpassen. **-2.** [rééduquer] die Funktionsfähigkeit wieder herlstellen.

◆ **se réadapter** *vp*: **se ~ à qqch** sich wieder an etw *(A)* anpassen.

réaffirmer [3] [reafirme] *vt* bekräftigen.

réagir [32] [reaʒir] *vi*: **~ (à qqch)** (auf etw *(A)*) reagieren; **~ contre qqch** sich gegen etw wehren; **~ sur qqch** sich auf etw *(A)* auslwirken.

réajustement = **rajustement**.

réajuster = **rajuster**.

réalisable [realizabl] *adj* realisierbar.

réalisateur, trice [realizatœr, tris] *nm, f* CIN Regisseur *der*, -in *die*.

réalisation [realizasjɔ̃] *nf* **-1.** [exécution] Verwirklichung *die*. **-2.** TÉLÉ & CIN Regie *die*.

réaliser [3] [realize] *vt* **-1.** [terminer] realisieren. **-2.** [concrétiser] verwirklichen. **-3.** TÉLÉ & CIN machen. **-4.** [se rendre compte de] begreifen.

◆ **se réaliser** *vp* **-1.** [se concrétiser] sich verwirklichen. **-2.** [s'épanouir] sich (selbst) verwirklichen.

réalisme [realism] *nm* Realismus *der*.

réaliste [realist] ◇ *nmf* Realist *der*, -in *die*. ◇ *adj* realistisch.

réalité [realite] *nf* **-1.** [existence] Realität *die*. **-2.** [réel] Wirklichkeit *die*; **en ~** in Wirklichkeit.

réaménagement [reamenaʒmɑ̃] *nm* **-1.** [projet] Neugestaltung *die*; **~ du territoire** Neugestaltung der Raumordnung. **-2.** [de taux d'intérêt] Angleichung *die*.

réamorcer [16] [reamɔrse] *vt* wieder in Gang bringen.

réanimation [reanimasjɔ̃] *nf* Wiederbelebung *die*; **être en ~** auf der Intensivstation sein.

réanimer [3] [reanime] *vt* wiederlbeleben.

réapparaître [91] [reaparɛtr] *vi* wieder erscheinen.

réapparition [reaparisjɔ̃] *nf* Wiedererscheinen *das*.

réapprendre [79] [reaprɑ̃dr] *vt* wieder erlernen.

réarmement [rearməmɑ̃] *nm* **-1.** [après désarmement] Wiederbewaffnung *die*. **-2.** [extension de l'armement] Aufrüstung *die*.

réassort [reasɔr] *nm* **-1.** [action] Auffüllen *das* des Warenbestands. **-2.** [résultat] ergänzter Warenbestand.

réassortiment [reasɔrtimɑ̃] *nm* Auffrischen *das* des Warenbestands.

réassurance [reasyrɑ̃s] *nf* Rückversicherung *die*.

rébarbatif, ive [rebarbatif, iv] *adj* **-1.** [air, personne, visage] abstoßend. **-2.** [travail, livre] öde.

rebâtir [32] [rəbatir] *vt* wieder auflbauen.

rebats *etc* → **rebattre**.
rebattis *etc* → **rebattre**.
rebattre [83] [rəbatr] *vt* **-1.** [cartes] wieder mischen. **-2.** *loc*: **~ les oreilles à qqn de qqch** jm mit etw in den Ohren liegen.
rebattu, e [rəbaty] ◇ *pp* → **rebattre**. ◇ *adj* abgedroschen.
rebelle [rəbɛl] *adj* **-1.** [personne]: **~ (à qqch)** rebellisch (gegen etw). **-2.** [mèche, boucle] widerspenstig. **-3.** [fièvre, maladie] hartnäckig.
rebeller [4] [rəbɛle]
◆ **se rebeller** *vp* rebellieren; **se ~ contre qqn** gegen jn rebellieren.
rébellion [rebɛljɔ̃] *nf* Rebellion *die*, Aufstand *der*.
rebiffer [3] [rəbife]
◆ **se rebiffer** *vp* sich widersetzen.
reblochon [rəblɔʃɔ̃] *nm französischer Weichkäse.*
reboiser [3] [rəbwaze] *vt* auf|forsten.
rebond [rəbɔ̃] *nm* Rückprall *der*.
rebondi, e [rəbɔ̃di] *adj* prall.
rebondir [32] [rəbɔ̃dir] *vi* **-1.** [objet] zurück|prallen. **-2.** *fig* [affaire] wieder in den Vordergrund treten.
rebondissement [rəbɔ̃dismɑ̃] *nm* neue Entwicklung.
rebord [rəbɔr] *nm* Rand *der*; **~ de fenêtre** Fensterbrett *das*.
reboucher [3] [rəbuʃe] *vt* **-1.** [trou] wieder zu|stopfen. **-2.** [bouteille] wieder verschließen.
rebours [rəbur]
◆ **à rebours** *loc adv* **-1.** [à l'envers] gegen den Strich; **compte à ~** Countdown *der* OU *das*. **-2.** *fig* [en dépit du bon sens] verkehrt.
rebouteux, euse [rəbutø, øz], **rebouteur, euse** [rəbutœr, øz] *nm, f* Heilpraktiker *der*, -in *die*.
reboutonner [3] [rəbutɔne] *vt* wieder zu|knöpfen.
rebrousse-poil [rəbruspwal]
◆ **à rebrousse-poil** *loc adv* gegen den Strich; **prendre qqn à ~** jn vor den Kopf stoßen.
rebrousser [3] [rəbruse] *vt* [poils] gegen den Strich bürsten OU kämmen; **~ chemin** *fig* um|kehren.
rebuffade [rəbyfad] *nf* Abfuhr *die*; **essuyer une ~** eine Abfuhr erhalten.
rébus [rebys] *nm* Rebus *der* OU *das*.
rebut [rəby] *nm* Abfall *der*; *fig* Abschaum *der*; **mettre qqch au ~** etw ausrangieren.
rebutant, e [rəbytɑ̃, ɑ̃t] *adj* widerlich.
rebuter [3] [rəbyte] *vt* **-1.** [décourager] ab|schrecken. **-2.** [choquer] ab|stoßen.
récalcitrant, e [rekalsitrɑ̃, ɑ̃t] ◇ *adj* widerspenstig; **se montrer ~ à qqch** einer Sache *(D)* ablehnend gegenüber|stehen. ◇ *nm, f* Widerspenstige *der, die*.
recaler [3] [rəkale] *vt fam* durchfallen lassen.
récapitulatif, ive [rekapitylatif, iv] *adj* zusammenfassend.
◆ **récapitulatif** *nm* Zusammenfassung *die*.
récapitulation [rekapitylasjɔ̃] *nf* Zusammenfassung *die*.
récapituler [3] [rekapityle] *vt* rekapitulieren; **voyons, récapitulons!** fassen wir nochmal zusammen!
recel [rəsɛl] *nm* Hehlerei *die*.
receler [25] [rəsəle] *vt* **-1.** [objet volé] verbergen. **-2.** *fig* [secret, trésor] verhehlen.
receleur, euse [rəsəlœr, øz] *nm, f* Hehler *der*, -in *die*.
récemment [resamɑ̃] *adv* kürzlich, unlängst.
recensement [rəsɑ̃smɑ̃] *nm* **-1.** [de population] Volkszählung *die*. **-2.** [de ressources, d'objets] Erfassung *die*.
recenser [3] [rəsɑ̃se] *vt* **-1.** [population] zählen. **-2.** [inventorier]: **~ qqch** eine Bestandsaufnahme einer Sache *(G)* machen.
récent, e [resɑ̃, ɑ̃t] *adj* neu; **les ~s événements** die neuesten Ereignisse.
recentrer [3] [rəsɑ̃tre] *vt* neu aus|richten.
récépissé [resepise] *nm* **-1.** [d'objet] Empfangsschein *der*. **-2.** [de paiement] Quittung *die*.
réceptacle [resɛptakl] *nm* Sammelbecken *das*.
récepteur, trice [resɛptœr, tris] *adj* Empfangs-.
◆ **récepteur** *nm* [de radio] Empfänger *der*.
réceptif, ive [resɛptif, iv] *adj* **-1.** [sensible]: **~ à qqch** für etw empfänglich; **être (très) ~** (sehr) aufgeschlossen sein. **-2.** MÉD: **~ (à qqch)** (für etw) anfällig.
réception [resɛpsjɔ̃] *nf* **-1.** [gén] Empfang *der*; **donner une ~** einen Empfang geben; **s'adresser à la ~** [hôtel] sich an den Empfang wenden. **-2.** SPORT: **~ (du ballon)** (Ball)annahme *die*.
réceptionnaire [resɛpsjɔnɛr] *nmf* **-1.** [de marchandises] Verantwortliche *der, die* für die Warenannahme. **-2.** [dans un hôtel] Empfangschef *der*, -dame *die*.
réceptionner [3] [resɛpsjɔne] *vt* an|nehmen.
réceptionniste [resɛpsjɔnist] *nmf* Empfangsangestellte *der, die*.
récessif, ive [resesif, iv] *adj* rezessiv.
récession [resesjɔ̃] *nf* ÉCON Rezession *die*.
recette [rəsɛt] *nf* **-1.** ÉCON Einnahme *die*; **faire ~** [spectacle] gut laufen; [article] ein Kassenschlager sein. **-2.** [CULIN, méthode] Rezept *das*; **la ~ du succès** das Erfolgsrezept.
recevable [rəsəvabl] *adj* **-1.** [acceptable] annehmbar. **-2.** JUR zulässig.
receveur, euse [rəsəvœr, øz] *nm, f* **-1.** ADMIN: **~**

des impôts Leiter *der*, -in *die* des Finanzamts; **~ des postes** Leiter *der*, -in *die* des Postamts; **s'adresser au ~ des impôts/postes** sich ans Finanzamt/Postamt wenden. **-2.** [de bus] Schaffner *der*, -in *die*. **-3.** MÉD Empfänger *der*, -in *die*; **~ universel** Universalempfänger.

recevoir [52] [rəsəvwar] *vt* **-1.** [obtenir, percevoir, être l'objet de] **erhalten**; [accueil] **finden**; [modifications] erfahren. **-2.** [invités] **empfangen**; **ce soir nous les recevons à dîner** heute abend haben wir sie zum Essen eingeladen. **-3.** [coups] ab|bekommen. **-4.** [admettre]: **être reçu à un examen** eine Prüfung bestehen.

◆ **se recevoir** *vp* SPORT: **se ~ bien/mal** gut/schlecht landen.

rechange [rəʃɑ̃ʒ]

◆ **de rechange** *loc adj* Ersatz-; **vêtements de ~** Kleider zum Wechseln.

réchapper [3] [reʃape] *vi*: **~ de** OU **à qqch** [danger, maladie] etw überstehen; [accident] etw überleben.

recharge [rəʃarʒ] *nf* **-1.** [de briquet, de stylo] Nachfüllung *die*. **-2.** [de batterie] (erneutes) (Auf)laden.

rechargeable [rəʃarʒabl] *adj* **-1.** [briquet, stylo] nachfüllbar. **-2.** [pile] (wieder) aufladbar.

recharger [17] [rəʃarʒe] *vt* **-1.** [véhicule] wieder beladen. **-2.** [arme] nach|laden. **-3.** [batterie] wieder (auf|)laden. **-4.** PHOT spannen.

réchaud [reʃo] *nm* Kocher *der*.

réchauffé, e [reʃofe] *adj* aufgewärmt.

◆ **réchauffé** *nm*: **c'est du ~** *fig* das sind alte Geschichten.

réchauffement [reʃofmɑ̃] *nm* Erwärmung *die*.

réchauffer [3] [reʃofe] *vt* auf|wärmen.

◆ **se réchauffer** *vp* **-1.** [personne] sich auf|wärmen. **-2.** [climat, terre] sich erwärmen.

rêche [rɛʃ] *adj* **-1.** [mains, drap] rauh. **-2.** [vin] kratzig.

recherche [rəʃɛrʃ] *nf* **-1.** [quête] Suche *die*; **être à la ~ de qqn/qqch** auf der Suche nach jm/etw sein; **faire** OU **effectuer des ~s** Nachforschungen an|stellen; **se mettre** OU **partir à la ~ de qqn/qqch** sich auf die Suche nach jm/etw machen OU begeben. **-2.** SCIENCE Forschung *die*; **faire de la ~** in der Forschung tätig sein.

◆ **avec recherche** *loc adv* gekonnt.

recherché, e [rəʃɛrʃe] *adj* **-1.** [rare] selten. **-2.** [raffiné] ausgesucht.

rechercher [3] [rəʃɛrʃe] *vt* suchen.

rechigner [3] [rəʃiɲe] *vi*: **~ à faire qqch** etw nur ungern tun; **~ à un travail** eine Arbeit nur widerwillig tun.

rechute [rəʃyt] *nf* Rückfall *der*.

rechuter [3] [rəʃyte] *vi* einen Rückfall haben.

récidive [residiv] *nf* Rückfall *der*.

récidiver [3] [residive] *vi* **-1.** JUR rückfällig werden. **-2.** MÉD wieder aus|brechen.

récidiviste [residivist] *nmf* Rückfällige *der, die*.

récif [resif] *nm* Riff *das*; **~ de corail** Korallenriff.

récipiendaire [resipjɑ̃dɛr] *nmf sout* **-1.** [d'assemblée] neues Mitglied. **-2.** [de diplôme] erfolgreicher Kandidat, erfolgreiche Kandidatin.

récipient [resipjɑ̃] *nm* Behälter *der*, Gefäß *das*.

réciproque [resiprɔk] ◇ *adj* **-1.** [mutuel] gegenseitig. **-2.** GRAM & MATHS reziprok. ◇ *nf*: **rendre la ~ à qqn** es jm heim|zahlen.

réciproquement [resiprɔkmɑ̃] *adv* [mutuellement] gegenseitig; **et ~** und umgekehrt.

récit [resi] *nm* Erzählung *die*, Bericht *der*.

récital, als [resital] *nm* Solistenkonzert *das*; **~ de piano** Klavierabend *der*.

récitatif [resitatif] *nm* Rezitativ *das*.

récitation [resitasjɔ̃] *nf* **-1.** [action] Aufsagen *das*. **-2.** [texte] Text *der* (zum Auswendiglernen).

réciter [3] [resite] *vt* [poème, leçon] auf|sagen.

réclamation [reklamasjɔ̃] *nf* Reklamation *die*; **faire une ~** eine Reklamation erheben.

réclame [reklam] *nf* Reklame *die*; **en ~** im (Sonder)angebot.

réclamer [3] [reklame] *vt* verlangen; **~ qqch à qqn** von jm etw verlangen.

◆ **se réclamer** *vp*: **se ~ de qqn/qqch** sich auf jn/etw berufen.

reclasser [3] [rəklase] *vt* **-1.** [dossiers, fiches] neu ordnen. **-2.** [chômeur] anderweitig unter|bringen. **-3.** [fonctionnaire] (in eine andere Besoldungsgruppe) ein|stufen.

reclus, e [rəkly, yz] ◇ *adj* zurückgezogen. ◇ *nm, f* Einsiedler *der*, -in *die*.

réclusion [reklyzjɔ̃] *nf* JUR Haft *die*; **~ à perpétuité** lebenslängliche Haft.

recoiffer [3] [rəkwafe] *vt*: **~ qqn** js Haare wieder in Ordnung bringen.

◆ **se recoiffer** *vp* seine Haare wieder in Ordnung bringen.

recoin [rəkwɛ̃] *nm* Winkel *der*.

reçois *etc* → **recevoir**.

reçoive *etc* → **recevoir**.

recoller [3] [rəkɔle] *vt* wieder zusammen|kleben.

récolter [3] [rekɔlte] *vt* **-1.** [fruits, céréales] ernten. **-2.** [renseignements] sammeln.

recommandable [rəkɔmɑ̃dabl] *adj* empfehlenswert; **peu ~** dubios.

recommandation [rəkɔmɑ̃dasjɔ̃] *nf* **-1.** [protection, conseil] Empfehlung *die*. **-2.** [exhortation] Ermahnung *die*.

recommandé, e [rəkɔmɑ̃de] *adj* **-1.** [envoi] ein-

geschrieben. **-2.** [conseillé] ratsam; **il est ~ de faire qqch** es wird empfohlen, etw zu tun.
◆ **recommandé** *nm* Einschreiben *das,* Einschreibesendung *die*; **en ~** per Einschreiben.
recommander [3] [rəkɔmɑ̃de] *vt* empfehlen; **~ à qqn de faire qqch** jm empfehlen, etw zu tun; **~ qqn à qqn** jn jm empfehlen; **~ la prudence à qqn** jm zur Vorsicht raten.
◆ **se recommander** *vp* **-1.** [se réclamer]: **se ~ de qqn** sich auf jn berufen. **-2.** [se distinguer]: **se ~ par qqch** wegen etw empfehlenswert sein.
recommencement [rəkɔmɑ̃smɑ̃] *nm* **-1.** [reprise] Neubeginn *der*. **-2.** [répétition] Wiederholung *die*.
recommencer [16] [rəkɔmɑ̃se] ◇ *vt* **-1.** [processus, récit] von neuem OU wieder von vorne an|fangen. **-2.** [travail, cours] wieder auf|nehmen. **-3.** [erreur, expérience] wieder machen. ◇ *vi* **-1.** [récidiver] wieder damit an|fangen; **~ à faire qqch** wieder an|fangen, etw zu tun. **-2.** [reprendre] wieder OU von neuem an|fangen.
récompense [rekɔ̃pɑ̃s] *nf* Belohnung *die*; **en ~ de** als Belohnung für.
récompenser [3] [rekɔ̃pɑ̃se] *vt* belohnen.
recompter [3] [rəkɔ̃te] *vt* **-1.** [monnaie] nach|zählen. **-2.** [recalculer] nach|rechnen.
réconciliation [rekɔ̃siljasjɔ̃] *nf* Versöhnung *die*.
réconcilier [9] [rekɔ̃silje] *vt* versöhnen.
◆ **se réconcilier** *vp*: **se ~ (avec qqn)** sich (mit jm) versöhnen.
reconductible [rəkɔ̃dyktibl] *adj* verlängerbar.
reconduction [rəkɔ̃dyksjɔ̃] *nf* **-1.** [de contrat, de budget] Verlängerung *die*; [de politique] Weiterführung *die*. **-2.** JUR Erneuerung *die*.
reconduire [98] [rəkɔ̃dɥir] *vt* **-1.** [accompagner] zurück|begleiten; [ramener] zurück|bringen. **-2.** [contrat, budget] verlängern; [politique] weiter|führen. **-3.** JUR erneuern.
reconduisais *etc* → **reconduire**.
reconduit, e [rəkɔ̃dɥi, it] *pp* → **reconduire**.
réconfort [rekɔ̃fɔr] *nm* Trost *der*; **chercher ~ dans qqch** in etw *(D)* Trost suchen.
réconfortant, e [rekɔ̃fɔrtɑ̃, ɑ̃t] *adj* tröstlich.
réconforter [3] [rekɔ̃fɔrte] *vt* trösten.
reconnais *etc* → **reconnaître**.
reconnaissable [rəkɔnɛsabl] *adj*: **être ~ à qqch** an etw *(D)* zu erkennen sein.
reconnaissais *etc* → **reconnaître**.
reconnaissance [rəkɔnɛsɑ̃s] *nf* **-1.** [gratitude] Dankbarkeit *die*; **avoir beaucoup de ~ envers qqn** jm sehr dankbar sein; **exprimer sa ~ à qqn** jm seine Dankbarkeit aus|sprechen. **-2.** [aveu] (Ein)geständnis *das*. **-3.** [de lieu]: **aller** OU **partir en ~** auf Erkundung (aus|)gehen. **-4.** [action de reconnaître] (Wieder)erkennung *die*; **signe de ~** Erkennungszeichen *das*; **~ vocale** INFORM Spracherkennung. **-5.** JUR [d'enfant, d'État] Anerkennung *die*; **~ de dette** Schuldschein *der*.
reconnaissant, e [rəkɔnɛsɑ̃, ɑ̃t] *adj* dankbar; **je vous en suis très ~** ich bin Ihnen sehr dankbar dafür; **je vous serais ~ de** ich wäre Ihnen sehr dankbar, wenn.
reconnaître [91] [rəkɔnɛtr] *vt* **-1.** [se souvenir de, identifier] wieder|erkennen; **~ qqn/qqch à qqch** jn/etw an etw *(D)* (wieder|)erkennen. **-2.** [fait, gouvernement, enfant] an|erkennen. **-3.** [avouer] ein|sehen. **-4.** [explorer] erkunden.
◆ **se reconnaître** *vp* **-1.** [s'identifier] sich wieder|erkennen; **se ~ dans** OU **en qqn** sich in jm wieder|erkennen. **-2.** [s'avouer]: **se ~ coupable** sich schuldig bekennen.
reconnecter [4] [rəkɔnɛkte]
◆ **se reconnecter** *vp* sich wieder an|schließen.
reconnu, e [rəkɔny] ◇ *pp* → **reconnaître**. ◇ *adj* anerkannt; **ce restaurant est le meilleur du coin, c'est ~** dieses Restaurant ist anerkanntermaßen das beste in der Gegend.
reconnus *etc* → **reconnaître**.
reconquérir [39] [rəkɔ̃kerir] *vt* zurück|erobern.
reconquerrai *etc* → **reconquérir**.
reconquête [rəkɔ̃kɛt] *nf* Zurückeroberung *die*.
reconquiers *etc* → **reconquérir**.
reconquis, e [rəkɔ̃ki, iz] *pp* → **reconquérir**.
reconsidérer [18] [rəkɔ̃sidere] *vt* noch einmal überprüfen.
reconstituant, e [rəkɔ̃stitɥɑ̃, ɑ̃t] *adj* stärkend.
◆ **reconstituant** *nm* Stärkungsmittel *das*.
reconstituer [7] [rəkɔ̃stitɥe] *vt* **-1.** [entité] wiederher|stellen; [puzzle] (wieder) zusammen|setzen. **-2.** [crime, délit] rekonstruieren.
reconstitution [rəkɔ̃stitysjɔ̃] *nf* **-1.** [d'entité] Wiederherstellung *die*; [de puzzle] Wiederzusammensetzen *das*. **-2.** [de crime, de délit] Rekonstruierung *die*. **-3.** CIN & TÉLÉ: **~ historique** geschichtlich getreue Nachstellung.
reconstruction [rəkɔ̃stryksjɔ̃] *nf* Wiederaufbau *der*.
reconstruire [98] [rəkɔ̃strɥir] *vt* **-1.** [immeuble, ville] wieder auf|bauen. **-2.** *fig* [fortune, société] neu auf|bauen.
reconstruisais *etc* → **reconstruire**.
reconstruit, e [rəkɔ̃strɥi, it] *pp* → **reconstruire**.
reconversion [rəkɔ̃vɛrsjɔ̃] *nf* **-1.** [de personne] Umschulung *die*. **-2.** [transformation] Umstellung *die*; **opérer une ~** die Produktion um|stellen; **~ économique/technique** wirtschaftliche/technische Umstellung.
reconvertir [32] [rəkɔ̃vɛrtir] *vt* **-1.** [personne]

um|schulen. **-2.** [transformer] um|stellen.

◆ **se reconvertir** *vp* [personne] sich umschulen lassen; **se ~ dans l'informatique/l'édition** in die Computerbranche/das Verlagswesen über|wechseln.

recopier [9] [rəkɔpje] *vt* ab|schreiben.

record [rəkɔr] ◇ *nm* Rekord *der*; **détenir/battre un ~** einen Rekord inne|haben/brechen. ◇ *adj inv* Rekord-.

recordman [rəkɔrdman] (*pl* **recordmans** OU **recordmen** [rəkɔrdmɛn]) *nm* Rekordinhaber *der*.

recordwoman [rəkɔrdwuman] (*pl* **recordwomans** OU **recordwomen** [rəkɔrdwumɛn]) *nf* Rekordinhaberin *die*.

recoucher [3] [rəkuʃe] *vt* wieder ins Bett bringen.

◆ **se recoucher** *vp* wieder schlafen OU ins Bett gehen.

recoudre [86] [rəkudr] *vt* [bouton] wieder an|nähen; [vêtement] reparieren.

recoupement [rəkupmɑ̃] *nm* Gegenüberstellung *die*; **par ~** durch Gegenüberstellung.

recouper [3] [rəkupe] ◇ *vt* **-1.** [pain, viande] noch einmal (ab|)schneiden. **-2.** [vêtement] ab|ändern. **-3.** [coïncider avec]: **~ qqch** mit etw überein|stimmen. ◇ *vi* [aux cartes] noch einmal ab|heben.

◆ **se recouper** *vp* **-1.** [lignes, cercles] sich überschneiden. **-2.** [témoignages, faits] sich decken.

recourber [3] [rəkurbe] *vt* um|biegen.

recourir [45] [rəkurir] *vi* **-1.** [s'adresser]: **~ à qqn/qqch** sich an jn/etw wenden. **-2.** [se servir]: **~ à qqch** zu etw greifen.

recourrai *etc* → **recourir**.

recours[1] *etc* → **recourir**.

recours[2] [rəkur] *nm* **-1.** [emploi]: **~ à qqch** Anwendung *die* OU Einsatz *der* einer Sache *(G)*; **avoir ~ à des mesures** Maßnahmen ergreifen; **avoir ~ à la violence** Gewalt an|wenden; **avoir ~ à qqn** sich an jn wenden. **-2.** [solution] (Hilfs)mittel *das*, Notlösung *die*; **en dernier ~** als letztes Mittel, zur Not. **-3.** JUR Rechtsbehelf *der*; [contestation] Berufung *die*; **avoir un ~ contre qqn** gegen jn Beschwerde ein|legen; **~ en justice** gerichtliche Beschwerde; **sans ~** unwiderruflich; *fig* ausweglos.

recouru [rəkury] *pp inv* → **recourir**.

recourus *etc* → **recourir**.

recouvert, e [rəkuvɛr, ɛrt] *pp* → **recouvrir**.

recouvrable [rəkuvrabl] *adj* eintreibbar.

recouvre *etc* → **recouvrir**.

recouvrement [rəkuvrəmɑ̃] *nm* **-1.** [de surface] Bedecken *das*; **~ par les eaux** Überflutung *die*. **-2.** [de créance, d'impôt] Eintreibung *die*.

recouvrer [3] [rəkuvre] *vt* **-1.** [retrouver] wiedererlangen; **~ la raison** wieder zu Verstand kommen. **-2.** [dette, impôt] ein|treiben.

recouvrir [34] [rəkuvrir] *vt* **-1.** [couvrir de nouveau - surface] (wieder) bedecken; [- toit] decken; [- dormeur] zu|decken. **-2.** [s'appliquer à] umfassen. **-3.** [couvrir entièrement]: **~ (de qqch)** (mit etw) bedecken. **-4.** [couvrir pour protéger - meuble] (neu) beziehen; [- livre] ein|binden. **-5.** *fig* [masquer] verbergen.

◆ **se recouvrir** *vp* **-1.** [se superposer] sich (gegenseitig) überdecken. **-2.** [se couvrir]: **se ~ (de qqch)** (mit etw) überzogen sein.

recracher [3] [rəkraʃe] *vt* aus|spucken.

récréatif, ive [rekreatif, iv] *adj* unterhaltend.

récréation [rekreasjɔ̃] *nf* **-1.** [à l'école] Pause *die*. **-2.** [détente] Entspannung *die*.

recréer [15] [rəkree] *vt* **-1.** [reconstituer] rekonstruieren. **-2.** *fig* [atmosphère] wieder erschaffen.

récrier [10] [rekrije]

◆ **se récrier** *vp* **-1.** *littéraire* [s'étonner] einen Aufschrei der Verwunderung tun. **-2.** [protester] (laut) protestieren.

récrimination [rekriminasjɔ̃] *nf* Nörgelei *die*.

récriminer [3] [rekrimine] *vi* nörgeln; **~ contre qqn/qqch** an jm/etw herum|nörgeln.

récrire = **réécrire**.

recroqueviller [3] [rəkrɔkvije]

◆ **se recroqueviller** *vp* **-1.** [personne]: **se ~ (sur soi-même)** sich zusammen|rollen; *fig* sich ab|kapseln. **-2.** [chose] zusammen|schrumpfen.

recru, e [rəkry] *adj*: **~ de fatigue** *littéraire* vor Müdigkeit völlig erschöpft.

recrudescence [rəkrydɛsɑ̃s] *nf* Zunahme *die*; [de maladie] Wiederausbruch *der*.

recrue [rəkry] ◇ *nf* **-1.** MIL Rekrut *der*. **-2.** [de groupe, de société] neues Mitglied; **faire une nouvelle ~** ein neues Mitglied werben. ◇ *adj* → **recru**.

recrutement [rəkrytmɑ̃] *nm* **-1.** MIL Rekrutierung *die*. **-2.** [de personnel] Einstellung *die*.

recruter [3] [rəkryte] *vt* **-1.** MIL rekrutieren. **-2.** [personnel] ein|stellen.

rectal, e, aux [rɛktal, o] *adj* rektal; **par voie ~e** rektal *(adv)*.

rectangle [rɛktɑ̃gl] *nm* Rechteck *das*.

rectangulaire [rɛktɑ̃gylɛr] *adj* rechteckig.

recteur [rɛktœr] *nm*: **~ (d'académie)** *Präsident eines französischen Hochschulbezirks*.

rectificatif, ive [rɛktifikatif, iv] *adj* berichtigend.

◆ **rectificatif** *nm* Berichtigung *die*.

rectification [rɛktifikasjɔ̃] *nf* Korrektur *die*; **~ d'une information** Berichtigung *die* einer Nachricht.

rectifier [9] [rɛktifje] *vt* korrigieren; [information] berichtigen.
rectiligne [rɛktiliɲ] *adj* geradlinig.
recto [rɛkto] *nm* Vorderseite *die*.
◆ **recto verso** *loc adv* beidseitig; **remplir qqch ~ verso** etw auf beiden Seiten aus|füllen.
rectorat [rɛktɔra] *nm Amt oder Sitz des Präsidenten eines französischen Schul- und Hochschulbezirks.*
rectum [rɛktɔm] *nm* Mastdarm *der*.
reçu, e [rəsy] *pp* → **recevoir**.
◆ **reçu** *nm* Quittung *die*, Beleg *der*.
recueil [rəkœj] *nm* Sammlung *die*.
recueillement [rəkœjmɑ̃] *nm* Andacht *die*.
recueilli, e [rəkœji] *adj* [prière, attitude] gesammelt.
recueillir [41] [rəkœjir] *vt* **-1.** [dons, fonds] sammeln. **-2.** [suffrages] erhalten, auf sich vereinigen. **-3.** [enfant, animal] auf|nehmen.
◆ **se recueillir** *vp* sich sammeln; **se ~ sur une tombe** in Andacht vor einem Grab verharren.
recuire [98] [rəkɥir] *vt* & *vi* noch einmal kochen.
recul [rəkyl] *nm* **-1.** [de troupes] Zurückweichen *das*. **-2.** [d'arme à feu] Rückstoß *der*. **-3.** [régression] Rückgang *der*. **-4.** [distance] Abstand *der*; **prendre du ~** *fig* Abstand gewinnen.
reculade [rəkylad] *nf* Zurückweichen *das*.
reculé, e [rəkyle] *adj* **-1.** [isolé] abgelegen. **-2.** [dans le temps] lang zurückliegend.
reculer [3] [rəkyle] ◇ *vt* **-1.** [véhicule] zurück|fahren; [objet, meuble] zurück|schieben. **-2.** [différer] verschieben. ◇ *vi* **-1.** [personne] zurück|weichen; **ne ~ devant rien** vor nichts zurück|schrecken. **-2.** [véhicule] zurück|fahren.
reculons [rəkylɔ̃]
◆ **à reculons** *loc adv* rückwärts.
récupération [rekyperasjɔ̃] *nf* Wiederverwertung *die*; **où as-tu trouvé cette table? - c'est de la ~** wo hast du denn den Tisch her? - vom Sperrmüll.
récupérer [18] [rekypere] ◇ *vt* **-1.** [reprendre] zurück|bekommen. **-2.** [collectionner] sammeln. **-3.** POLIT [idées] (für sich) vereinnahmen; [contestataires] für sich gewinnen. **-4.** [heures de travail] nach|holen. ◇ *vi* [se reposer] sich erholen.
récurer [3] [rekyre] *vt* scheuern.
récurrent, e [rekyrɑ̃, ɑ̃t] *adj* **-1.** [phénomène, terme] häufig wiederkehrend. **-2.** ANAT rückläufig, zurücklaufend. **-3.** MATHS rekursiv.
reçus *etc* → **recevoir**.
récuser [3] [rekyze] *vt* **-1.** JUR [témoin, juge] ab|lehnen. **-2.** [argument] zurück|weisen.
◆ **se récuser** *vp* sich für nicht zuständig erklären.
recyclage [rəsiklaʒ] *nm* **-1.** [de salarié] Umschulung *die*. **-2.** [d'objets] Wiederverwertung *die*, Recycling *das*.
recycler [3] [rəsikle] *vt* **-1.** [personne] um|schulen. **-2.** [objet] wieder|verwerten, recyceln.
◆ **se recycler** *vp* [personne] sich um|schulen, sich weiter|bilden.
rédacteur, trice [redaktœr, tris] *nm, f* Redakteur *der*, -in *die*; **~ en chef** Chefredakteur.
rédaction [redaksjɔ̃] *nf* **-1.** [de texte - action] Verfassen *das*; [- résultat] Formulierung *die*; **faire de la ~** als Redakteur tätig sein. **-2.** SCOL Aufsatz *der*. **-3.** [équipe, locaux] Redaktion *die*; **note de la ~** Anmerkung *die* der Redaktion.
rédactionnel, elle [redaksjɔnɛl] *adj* redaktionell, Redaktions-.
reddition [redisjɔ̃] *nf* MIL Kapitulation *die*.
redécouvrir [34] [rədekuvrir] *vt* wieder|entdecken.
redéfinir [32] [rədefinir] *vt* neu fest|legen, neu definieren.
redéfinition [rədefinisjɔ̃] *nf* Neubestimmung *die*.
redemander [3] [rədəmɑ̃de] *vt*: **~ qqch** erneut um etw bitten.
redémarrer [3] [rədemare] *vi* **-1.** [véhicule] wieder los|fahren. **-2.** [moteur] wieder an|springen. **-3.** *fig* [activité] wieder in Gang kommen.
rédempteur, trice [redɑ̃ptœr, tris] *adj* erlösend.
◆ **Rédempteur** *nm*: **le Rédempteur** der Erlöser.
rédemption [redɑ̃psjɔ̃] *nf* RELIG Erlösung *die*.
redéploiement [rədeplwamɑ̃] *nm* **-1.** ÉCON Umstrukturierung *die*. **-2.** MIL Reorganisation *die*.
redescendre [73] [rədesɑ̃dr] ◇ *vt* **-1.** [objet] wieder hinunter|bringen. **-2.** [escalier, montagne] wieder hinunter|steigen. **-3.** [en voiture] wieder hinunter|fahren. ◇ *vi* **-1.** [à pied] herab|kommen, wieder hinunter|gehen. **-2.** [en véhicule] hinunter|fahren.
redevable [rədəvabl] *adj*: **être ~ de qqch à qqn** [d'argent] jm etw schuldig sein; [de service] jm etw verdanken.
redevance [rədəvɑ̃s] *nf* **-1.** [taxe] Gebühr *die*. **-2.** [rente] Pacht *die*; [licence] (Lizenz)gebühr *die*.
redevenir [40] [rədəvnir] *vi* wieder werden.
rédhibitoire [redibitwar] *adj* abschreckend; **vice ~** JUR schwerwiegender Fehler.
rediffuser [3] [rədifyze] *vt* TÉLÉ erneut aus|strahlen, wiederholen.
rediffusion [rədifyzjɔ̃] *nf* Wiederholung *die*.
rédiger [17] [rediʒe] *vt* ab|fassen; **~ en anglais** in englisch verfassen.
redingote [rədɛ̃gɔt] *nf* **-1.** HIST [veste d'homme]

Gehrock *der*. **-2.** [manteau de femme] (taillierter) Damenmantel.

redire [102] [rədir] *vt* noch einmal sagen; **il redit toujours les mêmes choses** er sagt immer wieder dasselbe; **avoir** OU **trouver à ~ à qqch** an etw *(D)* etwas auszusetzen haben.

redisais *etc* → **redire**.

redistribuer [7] [rədistribɥe] *vt* [argent] um|verteilen; [rôles] neu verteilen; [cartes] neu aus|teilen.

redistribution [rədistribysjɔ̃] *nf* [d'argent] Umverteilung *die*; [de rôles] Neuverteilung *die*.

redit, e [rədi, it] *pp* → **redire**.

◆ **redite** *nf* (unnötige) Wiederholung.

redondance [rədɔ̃dɑ̃s] *nf* Weitschweifigkeit *die (sans pl)*.

redonner [3] [rədɔne] *vt* **-1.** [donner de nouveau]: **~ qqch à qqn** jm etw noch einmal geben. **-2.** [rendre]: **~ qqch à qqn** jm etw zurück|geben.

redoublant, e [rədublɑ̃, ɑ̃t] *nm, f Schüler, der eine Klasse wiederholt.*

redoublé, e [rəduble] *adj* (ver)doppelt, Doppel-; **à coups ~s** mit heftigen Schlägen.

redoubler [3] [rəduble] ◇ *vt* **-1.** [augmenter, répéter] verdoppeln. **-2.** SCOL wiederholen. ◇ *vi* sich verstärken; **~ d'efforts** sich noch mehr an|strengen; **~ de prudence** noch vorsichtiger sein.

redoutable [rədutabl] *adj* furchtbar; **avoir l'air ~** furchterregend aus|sehen.

redouter [3] [rədute] *vt*: **~ qqch** etw fürchten, sich vor etw *(D)* fürchten; **~ que** befürchten, daß.

redoux [rədu] *nm* Temperaturanstieg *der*; **période de ~** Warmwetterperiode *die*.

redressement [rədrɛsmɑ̃] *nm* **-1.** [de pays] Wiedererstarken *das*; [d'économie] Aufschwung *der*. **-2.** FIN: **~ fiscal** Nachforderung *die* fehlender Steuerbeträge.

redresser [4] [rədrɛse] *vt* **-1.** [relever] wieder auf|richten. **-2.** [tôle, barre] gerade|biegen. **-3.** *fig* [situation] wieder in Ordnung bringen.

◆ **se redresser** *vp* **-1.** [personne - se remettre debout] sich auf|richten; [- se tenir droit] sich gerade hin|setzen. **-2.** [pays] wieder erstarken; [économie] wieder in Schwung kommen.

redresseur [rədrɛsœr] *nm*: **~ de torts** Weltverbesserer *der*.

réducteur, trice [redyktœr, tris] *adj* **-1.** CHIM Reduktions-. **-2.** [appareil]: **engrenage ~** Untersetzungsgetriebe *das*. **-3.** *fig* [simpliste]: **analyse/vision réductrice** stark vereinfachende Analyse/Sichtweise.

◆ **réducteur** *nm* **-1.** CHIM Reduktionsmittel *das*. **-2.** [de vitesse] Untersetzungsgetriebe *das*.

réduction [redyksjɔ̃] *nf* **-1.** [diminution] Reduzierung *die*; **~ des effectifs** Personalabbau *der*; **~ du temps de travail** Arbeitszeitverkürzung *die*. **-2.** [rabais] Ermäßigung *die*; **bénéficier d'une ~** eine Ermäßigung erhalten. **-3.** [copie] Verkleinerung *die*. **-4.** MATHS Kürzung *die*.

réduire [98] [redɥir] ◇ *vt* **-1.** [diminuer] senken, reduzieren; **~ sa vitesse** die Fahrt verlangsamen. **-2.** [photo, tableau] verkleinern. **-3.** [transformer]: **~ en bouillie** zu Mus machen; **~ en miettes** zertrümmern. **-4.** MATHS kürzen. **-5.** [contraindre]: **~ qqn à qqch** jn zu etw nötigen; **être réduit à faire qqch** gezwungen sein, etw zu tun; **être réduit à qqch** zu etw gezwungen sein; **être réduit au silence** zum Schweigen verurteilt sein; **il en est réduit à mendier** es bleibt ihm nichts anderes übrig als zu betteln. **-6.** *Helv* [ranger] ein|räumen. **-7.** CULIN (durch Kochen) ein|dicken. ◇ *vi* CULIN ein|dicken.

◆ **se réduire** *vp* **-1.** [se restreindre] sich ein|schränken. **-2.** [se ramener]: **se ~ à qqch** nichts anderes als etw sein; **se ~ à peu de choses** sehr gering sein.

réduisais *etc* → **réduire**.

réduit, e [redɥi, it] ◇ *pp* → **réduire**. ◇ *adj* [moins cher] ermäßigt; **c'est tarif ~ aujourd'hui** heute ist es billiger.

◆ **réduit** *nm* **-1.** [local] (finsteres) Loch. **-2.** [renfoncement] Nische *die*, Winkel *der*.

rééchelonnement [reeʃəlɔnmɑ̃] *nm* [de prix, de tarifs] Neustaffelung *die*.

réécrire [reekrir], **récrire** [rekrir] [99] *vt* **-1.** [écrire de nouveau] noch einmal schreiben. **-2.** [corriger] um|schreiben.

rééditer [3] [reedite] *vt* **-1.** [œuvre] wieder heraus|geben, neu heraus|geben; **~ un auteur** die Werke eines Autors neu heraus|geben. **-2.** *fam* [crise, exploit] wiederholen.

réédition [reedisjɔ̃] *nf* Neuausgabe *die*.

rééducation [reedykasjɔ̃] *nf* **-1.** MÉD: **~ (motrice)** Krankengymnastik *die*. **-2.** [de délinquant] Umerziehung *die*.

rééduquer [3] [reedyke] *vt* **-1.** MÉD krankengymnastisch behandeln. **-2.** [délinquant] umerziehen.

réel, elle [reɛl] *adj* **-1.** [authentique] wirklich; **un ~ plaisir** ein echtes Vergnügen. **-2.** MATHS reell.

◆ **réel** *nm*: **le ~** die Wirklichkeit.

réélection [reelɛksjɔ̃] *nf* Wiederwahl *die*.

réélire [106] [reelir] *vt* wieder|wählen.

réellement [reɛlmɑ̃] *adv* wirklich.

réembaucher [3] [reɑ̃boʃe] *vt* wieder ein|stellen.

réemploi = **remploi**.

réemployer = **remployer**.

réengager = **rengager**.

rééquilibrer [3] [reekilibre] *vt* wieder ins Gleichgewicht bringen.

réescompte [reɛskɔ̃t] *nm* Rediskont *der*.

réessayer [reeseje], **ressayer** [reseje] [11] *vt* **-1.** [retenter] nochmals versuchen. **-2.** [vêtement] nochmals an|probieren; [magasin, restaurant] nochmals aus|probieren.

réévaluer [7] [reevalɥe] *vt* **-1.** [monnaie] auf|werten. **-2.** [salaire] auf|bessern.

réexaminer [3] [reɛgzamine] *vt* erneut prüfen.

réexpédier [9] [reɛkspedje] *vt* **-1.** [renvoyer] zurück|schicken. **-2.** [faire suivre] nach|senden.

réexporter [3] [reɛkspɔrte] *vt* wieder aus|führen.

réf. (*abr de* **référence**) Ref. *(Referenz), Zeichen.*

refaire [109] [rəfɛr] *vt* **-1.** [recommencer] noch einmal machen. **-2.** [appartement]: **~ les papiers/peintures** neu tapezieren/an|streichen; **~ un mur** eine Mauer neu bauen.

◆ **se refaire** *vp* **-1.** [se rétablir]: **se ~ une santé** sich erholen. **-2.** [se réhabituer]: **se ~ à qqch** sich wieder an etw *(A)* gewöhnen. **-3.** *fam* [au jeu] seine Verluste wett|machen.

refaisais *etc* → **refaire**.

refait, e [rəfɛ, ɛt] *pp* → **refaire**.

refasse *etc* → **refaire**.

réfection [refɛksjɔ̃] *nf* Ausbesserung *die*.

réfectoire [refɛktwar] *nm* Speisesaal *der*; [de monastère] Refektorium *das*.

referai *etc* → **refaire**.

référé [refere] *nm* JUR einstweilige Verfügung.

référence [referɑ̃s] *nf* **-1.** [source] Belegstelle *die*; **ouvrage de ~** Nachschlagewerk *das*. **-2.** [renvoi] Verweis *der*; **faire ~ à qqn/qqch** [citer] sich auf jn/etw beziehen.

◆ **références** *nfpl* Referenzen *Pl.*

référendum [referɛ̃dɔm] *nm* Volksentscheid *der*.

référer [18] [refere] *vi*: **en ~ à qqn** sich an jn wenden.

◆ **se référer** *vp* **-1.** [se rapporter]: **se ~ à qqn/qqch** sich auf jn/etw beziehen. **-2.** [recourir]: **se ~ à qqch** sich auf etw *(A)* verlassen.

refermer [3] [rəfɛrme] *vt* wieder zu|machen.

refiler [3] [rəfile] *vt fam* : **~ qqch à qqn** jm etw an|drehen; **~ la grippe à qqn** jn mit Grippe an|stecken.

refis *etc* → **refaire**.

réfléchi, e [refleʃi] *adj* **-1.** [action, démarche] wohlüberlegt; **c'est tout ~** es steht (für mich) fest. **-2.** [personne] besonnen. **-3.** GRAM reflexiv; **pronom ~** Reflexivpronomen *das*.

réfléchir [32] [refleʃir] ◇ *vt* reflektieren. ◇ *vi*: **~ (à** OU **sur qqch)** (über etw *(A)*) nach|denken.

◆ **se réfléchir** *vp* sich (wider)spiegeln.

réfléchissant, e [refleʃisɑ̃, ɑ̃t] *adj* reflektierend.

réflecteur [reflɛktœr] *nm* Reflektor *der*.

reflet [rəflɛ] *nm* **-1.** [de lumière] Widerschein *der*. **-2.** [de cheveux] Schimmer *der*. **-3.** [image] Spiegelbild *das*; *fig* Spiegel *der*.

refléter [18] [rəflete] *vt* **-1.** [réfléchir] reflektieren. **-2.** [exprimer] wider|spiegeln.

◆ **se refléter** *vp* sich (wider)spiegeln.

refleurir [32] [rəflœrir] *vi* **-1.** [plante] wieder blühen. **-2.** *fig* [renaître] wieder auf|blühen.

reflex [reflɛks] ◇ *nm inv* Spiegelreflexkamera *die*. ◇ *adj inv* Spiegelreflex-.

réflexe [reflɛks] ◇ *nm* Reflex *der*; **avoir de bons ~s** gute Reflexe haben; **~ conditionné** bedingter Reflex. ◇ *adj* Reflex-.

réflexion [reflɛksjɔ̃] *nf* **-1.** [remarque] Bemerkung *die*. **-2.** [méditation] Überlegen *das*, Nachdenken *das*; **à la ~** bei genauerem Nachdenken; **avec ~** mit Bedacht. **-3.** [de lumière, d'ondes] Reflexion *die*.

refluer [3] [rəflye] *vi* **-1.** [liquide] zurück|fließen. **-2.** [foule] zurück|strömen.

reflux [rəfly] *nm* **-1.** [gén] Zurückströmen *das*. **-2.** [des eaux] Ebbe *die*.

refondre [75] [rəfɔ̃dr] *vt* **-1.** [métal] ein|schmelzen. **-2.** [ouvrage] (völlig) überarbeiten.

refonte [rəfɔ̃t] *nf* **-1.** [de métal] Einschmelzen *das*. **-2.** [d'ouvrage] Überarbeitung *die*, Neufassung *die*.

reforestation [rəfɔrɛstasjɔ̃] *nf* Aufforstung *die*.

réformateur, trice [refɔrmatœr, tris] ◇ *adj* reformerisch. ◇ *nm, f* Reformer *der*, -in *die*.

réforme [refɔrm] *nf* Reform *die*.

réformé, e [refɔrme] ◇ *adj* **-1.** RELIG reformiert. **-2.** [matériel] ausrangiert. ◇ *nm, f* RELIG Reformierte *der, die*.

◆ **réformé** *nm* MIL ausgemusterter Soldat.

reformer [3] [rəfɔrme] *vt* neu zusammen|stellen, neu auf|stellen; **~ les rangs** MIL die Reihen neu formieren.

réformer [3] [refɔrme] *vt* **-1.** [améliorer] reformieren. **-2.** MIL [déclarer inapte] aus|mustern.

réformisme [refɔrmism] *nm* Reformismus *der*.

réformiste [refɔrmist] ◇ *nmf* Reformist *der*, -in *die*. ◇ *adj* reformistisch, Reform-.

refoulé, e [rəfule] ◇ *adj* **-1.** [pulsion, désir] verdrängt. **-2.** [personne] verklemmt. ◇ *nm, f* PSYCHOL verklemmter Mann, verklemmte Frau.

refoulement [rəfulmɑ̃] *nm* **-1.** [d'ennemi] Zurückdrängen *das*; [de réfugié] Abschieben *das*. **-2.** [de problème] Verdrängung *die*; [de sentiment, de haine] Unterdrückung *die*.

refouler [3] [rəfule] *vt* **-1.** [repousser] zurück|drängen; [réfugié] ab|schieben. **-2.** [problème] verdrängen; [sentiment, colère] unterdrücken.

réfractaire [refraktɛr] *adj* **-1.** [personne] widerspenstig; **être ~ à qqch** sich einer Sache *(D)* widersetzen. **-2.** [matière] hitzebeständig, feuerfest.

réfraction [refraksjɔ̃] *nf* Brechung *die*.

refrain [rəfrɛ̃] *nm* **-1.** MUS Refrain *der*. **-2.** *fig* [rengaine] Leier *die*.

refréner [18] [rəfrene] *vt* zügeln.

◆ **se refréner** *vp* sich zügeln.

réfrigérant, e [refriʒerɑ̃, ɑ̃t] *adj* Kühl-.

réfrigérateur [refriʒeratœr] *nm* Kühlschrank *der*.

réfrigération [refriʒerasjɔ̃] *nf* Kühlung *die*.

réfringent, e [refrɛ̃ʒɑ̃, ɑ̃t] *adj* PHYS lichtbrechend.

refroidir [32] [rəfrwadir] ◇ *vt* **-1.** [rendre froid] ab|kühlen. **-2.** *fig* [décourager] ab|schrecken. **-3.** *tfam* [tuer] kalt|machen. ◇ *vi* ab|kühlen, kalt werden.

◆ **se refroidir** *vp* **-1.** [devenir froid] sich ab|kühlen. **-2.** [prendre froid] sich erkälten.

refroidissement [rəfrwadismɑ̃] *nm* **-1.** [du temps] Temperaturrückgang *der*; [de moteur] Kühlung *die*. **-2.** [grippe] Erkältung *die*.

refuge [rəfyʒ] *nm* **-1.** [abri] Zuflucht *die*; **chercher ~ auprès de qqn** bei jm Zuflucht suchen. **-2.** [de montagne] Hütte *die*. **-3.** [sur la chaussée] Verkehrsinsel *die*.

réfugié, e [refyʒje] ◇ *adj* geflüchtet, geflohen. ◇ *nm, f* Flüchtling *der*.

réfugier [9] [refyʒje]

◆ **se réfugier** *vp* [s'abriter] sich flüchten; **se ~ dans qqch** *fig* sich in etw *(A)* flüchten.

refus [rəfy] *nm* **-1.** [d'offre, de cadeau] Ablehnung *die*. **-2.** [de demande, de désir] Verweigerung *die*; **essuyer un ~** einen Korb bekommen.

refuser [3] [rəfyze] *vt* **-1.** [cadeau, offre] ab|lehnen. **-2.** [demande, autorisation] verweigern; **~ de faire qqch** sich weigern, etw zu tun; **~ qqch à qqn** jm etw verweigern OU verwehren. **-3.** [clients, spectateurs] ab|weisen. **-4.** [candidat]: **être refusé à un examen** bei einer Prüfung durch|fallen.

◆ **se refuser** *vp*: **se ~ à qqch** etw ab|lehnen; **se ~ à faire qqch** sich weigern, etw zu tun; **ne rien se ~** sich *(D)* keinen Wunsch versagen.

réfutation [refytasjɔ̃] *nf* Widerlegung *die*.

réfuter [3] [refyte] *vt* widerlegen.

regagner [3] [rəgaɲe] *vt* **-1.** [reprendre] wieder|gewinnen; **~ du terrain** wieder an Boden gewinnen. **-2.** [retourner à] zurück|kehren in *(+A)*; **~ sa place** an seinen Platz zurück|kehren.

regain [rəgɛ̃] *nm* [retour]: **un ~ de** ein erneutes Ansteigen *(+ G)*; **un ~ de vie** neue Lebensfreude.

régal, als [regal] *nm* **-1.** [délice] Gaumenfreude *die*. **-2.** *fig* [plaisir] Genuß *der*; **un ~ pour les yeux** eine Augenweide.

régalade [regalad]

◆ **à la régalade** *loc adv*: **boire à la ~** *trinken, ohne das Gefäß mit den Lippen zu berühren.*

régaler [3] [regale] *vt* verwöhnen; **aujourd'hui, c'est moi qui régale** heute gebe ich einen aus.

◆ **se régaler** *vp* **-1.** [apprécier] es sich *(D)* schmecken lassen. **-2.** [s'amuser] es genießen.

regard [rəgar] *nm* Blick *der*; **soutenir le ~ de qqn** js Blick stand|halten; **fusiller** OU **foudroyer qqn du ~** *fig* jn scharf OU drohend an|sehen.

◆ **au regard de** *loc prép*: **au ~ de qqch** im Hinblick auf etw *(A)*.

◆ **en regard** *loc adv* gegenüberstehend.

regardant, e [rəgardɑ̃, ɑ̃t] *adj* **-1.** [économe] sparsam. **-2.** *péj* [minutieux]: **être très/peu ~ sur qqch** es sehr/nicht sogenau mit einer Sache nehmen.

regarder [3] [rəgarde] ◇ *vt* **-1.** [observer] an|sehen, an|schauen; **~ par la fenêtre** aus dem Fenster sehen; **~ qqn faire qqch** jm beim *(+ infinitif substantivé)* zu|sehen; **~ qqn manger** jm beim Essen zu|sehen; **~ la pluie tomber** zu|sehen, wie es regnet; **~ la télé** fern|sehen. **-2.** [contempler] betrachten. **-3.** [consulter] ein|sehen; **~ sa montre** auf die Uhr sehen OU schauen. **-4.** [envisager]: **~ qqch** auf etw *(A)* schauen; **~ qqn/qqch comme qqn/qqch** jn/etw für jn/etw halten. **-5.** [pour chercher] nach|sehen. **-6.** [concerner] an|gehen; **ça ne te regarde pas!** das geht dich nichts an! ◇ *vi*: **~ à qqch** auf etw *(A)* achten; **~ à la dépense** auf den Pfennig sehen; **y ~ à deux fois** *fig* es sich *(D)* zweimal überlegen.

◆ **se regarder** *vp* **-1.** *(emploi réfléchi)* sich an|schauen OU an|sehen; **il ne s'est pas regardé!** *fam fig* der soll erst mal vor der eigenen Haustür kehren. **-2.** *(emploi réciproque)* sich (gegenseitig) an|schauen OU an|sehen.

regarnir [32] [rəgarnir] *vt* wieder füllen.

régate [regat] *nf* Regatta *die*.

régence [reʒɑ̃s] *nf* Regentschaft *die*.

◆ **Régence** *nf* HIST *Regentschaft des Herzogs Philippe d'Orléans (1715-1723).*

régénérer [18] [reʒenere] *vt* **-1.** [organe] regenerieren. **-2.** *fig* [personne]: **~ qqn** jm neue Kräfte verleihen. **-3.** *fig* [chose] erneuern.

◆ **se régénérer** *vp* sich regenerieren.

régent, e [reʒɑ̃, ɑ̃t] *nm, f* Regent *der*, -in *die*.

régenter [3] [reʒɑ̃te] *vt péj* bestimmen.

reggae [rege] ◇ *nm* Reggae *der*. ◇ *adj inv* Reggae-.

régie [reʒi] *nf* **-1.** [entreprise] staatliches Unternehmen; **~ des tabacs** staatliches Tabakwarenmonopol. **-2.** [de spectacle] ≃ Veranstalter *der*. **-3.** [de radio, de télé] Regieraum *der*.

regimber [3] [rəʒɛ̃be] *vi* **-1.** [cheval, âne] bokken. **-2.** *fig* [personne] sich sträuben.

régime [reʒim] *nm* **-1.** [politique] Regierungsform *die*; **~ totalitaire** totalitäres Regime. **-2.** [administratif] System *das*, Wesen *das*; **~ carcéral** Strafvollzugsordnung *die*; **~ de Sécurité sociale** *französisches Sozialversicherungssystem*. **-3.** [alimentaire] Diät *die*; **se mettre au/suivre un ~** eine Diät an|fangen/machen; **~ amincissant** Schlankheitskur *die*. **-4.** [de moteur] Drehzahl *die*. **-5.** [de bananes] Fruchtstand *der*.

régiment [reʒimɑ̃] *nm* **-1.** MIL Regiment *das*. **-2.** *fam* [grande quantité]: **un ~ de** ein Heer von.

région [reʒjɔ̃] *nf* **-1.** [contrée] Gegend *die*, Region *die*; **~ parisienne** Pariser Raum *der*. **-2.** ADMIN ≃ Region *die*.

régional, e, aux [reʒjɔnal, o] *adj* regional.

régionalisation [reʒjɔnalizasjɔ̃] *nf* Regionalisierung *die*.

régionalisme [reʒjɔnalism] *nm* landschaftlicher Ausdruck.

régionaliste [reʒjɔnalist] ◇ *nmf* **-1.** POLIT Regionalist *der*, -in *die*. **-2.** LITTÉRATURE Heimatdichter *der*, -in *die*. ◇ *adj* Regional-.

régir [32] [reʒir] *vt* bestimmen.

régisseur [reʒisœr] *nm* **-1.** [intendant] Verwalter *der*. **-2.** [de spectacle] Intendant *der*.

registre [rəʒistr] *nm* **-1.** [livre, MUS] Register *das*; **~ du commerce** Handelsregister; **~s publics d'état civil** Standesregister. **-2.** [niveau de langue] Ton *der*.

réglable [reglabl] *adj* **-1.** [adaptable] verstellbar. **-2.** [payable] zahlbar, zu zahlend.

réglage [reglaʒ] *nm* [action] Einstellen *das*; [résultat] Einstellung *die*.

règle [rɛgl] *nf* **-1.** [instrument] Lineal *das*; **~ graduée** Lineal mit Längenskala. **-2.** [principe, loi] Regel *die*; **être de ~** üblich sein; **être en ~** sich *(D)* nichts zuschulden kommen lassen; **se mettre en ~** seine Situation in Ordnung bringen.

◆ **règles** *nfpl* [menstruation] Regel *die*, Tage *Pl*.

◆ **en règle générale** *loc adv* in der Regel.

réglé, e [regle] *adj* **-1.** [organisé] geregelt, geordnet. **-2.** [papier] liniert. **-3.** [moteur, appareil]: **bien/mal ~** richtig/falsch eingestellt.

◆ **réglée** *adj f*: **être ~e** (schon) seine Periode haben.

règlement [rɛgləmɑ̃] *nm* **-1.** [d'affaire] Erledigung *die*; [de conflit] Beilegung *die*; **~ de comptes** Abrechnung *die*; **~ judiciaire** Vergleichsverfahren *das*. **-2.** [arrêté, décret] Vorschrift *die (gén pl)*; **observer le ~** sich an die Vorschriften halten; **~ intérieur** Betriebsordnung *die*. **-3.** [paiement] Zahlung *die*, Begleichung *die*.

réglementaire [rɛgləmɑ̃tɛr] *adj* **-1.** [régulier] ordnungsgemäß. **-2.** [imposé] vorschriftsmäßig.

réglementation [rɛgləmɑ̃tasjɔ̃] *nf* **-1.** [action] Regelung *die*. **-2.** [ensemble de règles] Bestimmungen *Pl*, Vorschriften *Pl*; **~ du commerce** Handelsrecht *das*; **~ du travail** Arbeitsrecht *das*.

réglementer [3] [rɛgləmɑ̃te] *vt* gesetzlich regeln.

régler [18] [regle] *vt* **-1.** [affaire, problème] klären, regeln; [conflit] bei|legen; **je vous laisse ~ les détails avec ma secrétaire** klären Sie die Einzelheiten bitte mit meiner Sekretärin ab. **-2.** [appareil] ein|stellen; [montre] stellen. **-3.** [payer - personne] bezahlen; [- facture] begleichen.

◆ **se régler** *vp* **-1.** [suivre]: **se ~ sur qqn** sich nach jm richten. **-2.** [affaire, conflit] sich regeln lassen.

réglisse [reglis] ◇ *nm* [bonbon] Lakritz *der* OU *das*. ◇ *nf* BOT Süßholzstrauch *der*.

réglo [reglo] *adj inv fam* in Ordnung.

régnant, e [reɲɑ̃, ɑ̃t] *adj* regierend.

règne [rɛɲ] *nm* **-1.** [pouvoir] Herrschaft *die*; **sous le ~ de** unter der Herrschaft von. **-2.** SCIENCE Reich *das*; **~ animal** Tierreich.

régner [18] [reɲe] *vi*: **~ (sur qqn/qqch)** (über jn/etw) herrschen.

regonfler [3] [rəgɔ̃fle] *vt* **-1.** [pneu] wieder auf|pumpen; [ballon] wieder auf|blasen. **-2.** *fam* [personne] wiederauf|richten.

regorger [17] [rəgɔrʒe] *vi*: **~ de qqch** etw in Hülle und Fülle besitzen.

régresser [4] [regrese] *vi* **-1.** [sentiment, douleur] zurück|gehen. **-2.** [personne] Rückschritte machen.

régressif, ive [regresif, iv] *adj* regressiv.

régression [regresjɔ̃] *nf* **-1.** [recul] Rückgang *der*. **-2.** PSYCHOL Regression *die*.

regret [rəgrɛ] *nm* Bedauern *das*; **à ~** ungern; **sans ~s** ohne Bedauern; **n'avoir qu'un ~** nur eins bereuen; **avoir le** OU **être au ~ d'informer qqn que** jm zu seinem Bedauern mitteilen müssen, daß; **tous mes ~s!** tut mir leid!, ich bedaure!

regrettable [rəgrɛtabl] *adj* [fâcheux] bedauerlich.

regretter [4] [rəgrɛte] *vt* **-1.** [avoir la nostalgie de]: **~ qqch** etw *(D)* nach|trauern. **-2.** [se repentir] bereuen. **-3.** [déplorer] bedauern; **~ que**

(+subjonctif) bedauern, daß; **~ de faire qqch** es bedauern, etw zu tun; **je regrette de vous avoir fait attendre** es tut mir leid, daß ich Sie warten lassen mußte.

regroupement [rəgrupmɑ̃] *nm* Zusammenlegung *die*.

regrouper [3] [rəgrupe] *vt* zusammen|fassen; [personnes] (wieder)zusammen|bringen.

◆ **se regrouper** *vp* sich versammeln.

régulariser [3] [regylarize] *vt* **-1.** [situation] in Ordnung bringen. **-2.** [fleuve, débit] regulieren.

régularité [regylarite] *nf* **-1.** [de mouvement] Gleichmäßigkeit *die*. **-2.** [constance] Regelmäßigkeit *die*. **-3.** [assiduité] Beständigkeit *die*. **-4.** [conformité aux règles] Ordnungsmäßigkeit *die*.

régulateur, trice [regylatœr, tris] *adj* regulierend.

◆ **régulateur** *nm* Regler *der*.

régulation [regylasjɔ̃] *nf* Regelung *die*.

réguler [3] [regyle] *vt* regulieren.

régulier, ère [regylje, ɛr] *adj* **-1.** [uniforme] gleichmäßig. **-2.** [constant, GRAM] regelmäßig; **être ~ dans son travail** in seiner Arbeit beständig sein. **-3.** [légal] ordnungsgemäß. **-4.** *fam* [correct] korrekt.

régulièrement [regyljɛrmɑ̃] *adv* **-1.** [légalement] ordnungsgemäß. **-2.** [uniformément] gleichmäßig. **-3.** [souvent] regelmäßig.

réhabilitation [reabilitasjɔ̃] *nf* **-1.** [de personne] Rehabilitierung *die*. **-2.** [d'immeuble] Sanierung *die*.

réhabiliter [3] [reabilite] *vt* **-1.** [personne] rehabilitieren; **sa conduite l'a réhabilité** er hat sich durch sein Verhalten rehabilitiert. **-2.** [immeuble] sanieren.

◆ **se réhabiliter** *vp* sein Ansehen wiederher|stellen.

réhabituer [7] [reabitɥe] *vt*: **~ qqn/qqch à qqch** jn/etw wieder an etw *(A)* gewöhnen.

◆ **se réhabituer** *vp*: **se ~ à qqch** sich wieder an etw *(A)* gewöhnen.

rehausser [3] [rəose] *vt* **-1.** [surélever] erhöhen. **-2.** [mettre en valeur] auf|werten.

réimporter [3] [reɛ̃pɔrte] *vt* wieder ein|führen, reimportieren.

réimposer [3] [reɛ̃poze] *vt* zusätzlich besteuern.

réimpression [reɛ̃prɛsjɔ̃] *nf* Nachdruck *der*.

réimprimer [3] [reɛ̃prime] *vt* nach|drucken.

rein [rɛ̃] *nm* Niere *die*; **~ artificiel** künstliche Niere.

◆ **reins** *nmpl*: **les ~s** das Kreuz *(sans pl)*; **avoir les ~s solides** *fam fig* den nötigen (finanziellen) Rückhalt haben.

réincarnation [reɛ̃karnasjɔ̃] *nf* Reinkarnation *die*.

reine [rɛn] *nf* **-1.** [souveraine] Königin *die*. **-2.** [aux échecs, aux cartes] Dame *die*.

reine-claude [rɛnklod] (*pl* **reines-claudes**) *nf* Reineclaude *die*, Reneklode *die*.

reinette [rɛnɛt] *nf* Reinette *die*, Renette *die*.

réinscrire [99] [reɛ̃skrir] *vt*: **~ qqn à un examen** jn erneut zu einer Prüfung an|melden.

◆ **se réinscrire** *vp*: **se ~ à l'université** sich wieder an der Uni an|melden; **se ~ à un examen** sich erneut zu einer Prüfung an|melden.

réinsérer [18] [reɛ̃sere] *vt* wieder ein|gliedern.

◆ **se réinsérer** *vp* sich wieder ein|gliedern.

réinsertion [reɛ̃sɛrsjɔ̃] *nf* Wiedereingliederung *die*.

réintégrer [18] [reɛ̃tegre] *vt* **-1.** [lieu]: **~ qqch** wieder in etw *(A)* zurück|kehren. **-2.** [employé] wieder ein|setzen.

réintroduire [98] [reɛ̃trɔdɥir] *vt* **-1.** [loi, coutume] wieder ein|führen. **-2.** [mot, phrase] wieder ein|fügen.

réitérer [18] [reitere] *vt sout* wiederholen, erneut aus|sprechen.

rejaillir [32] [rəʒajir] *vi* (auf|)spritzen; **~ sur qqn** *fig* auf jn zurück|fallen.

rejet [rəʒɛ] *nm* **-1.** [refus] Zurückweisung *die*. **-2.** MÉD Abstoßung *die*. **-3.** BOT [pousse] Schößling *der*.

rejeter [27] [rəʒte] *vt* **-1.** [relancer] zurück|werfen. **-2.** MÉD [greffe] ab|stoßen. **-3.** [offre] zurück|weisen, aus|schlagen. **-4.** [personne] aus|stoßen, verstoßen. **-5.** [matière polluante] ab|lassen. **-6.** [imputer]: **~ la responsabilité sur qqn** die Verantwortung auf jn ab|wälzen. **-7.** [tête, bras] nach hinten werfen.

◆ **se rejeter** *vp*: **se ~ la faute l'un sur l'autre** sich gegenseitig die Schuld zu|schieben; **se ~ la responsabilité (de qqch)** sich die Verantwortung (für etw) zu|schieben.

rejeton [rəjtɔ̃] *nm* Knirps *der*.

rejette *etc* → **rejeter**.

rejoignais *etc* → **rejoindre**.

rejoindre [82] [rəʒwɛ̃dr] *vt* **-1.** [retrouver]: **~ qqn** jm nach|reisen; **je finis mon travail, je te rejoindrai plus tard** ich beende meine Arbeit und komme später nach. **-2.** [regagner]: **~ son pays** in sein Land zurück|kehren. **-3.** [concorder avec]: **cela rejoint ce que tu disais** das stimmt mit dem überein, was du sagtest.

◆ **se rejoindre** *vp* **-1.** [se rencontrer] sich treffen. **-2.** [se réunir] zusammen|laufen. **-3.** [concorder] miteinander überein|stimmen.

rejoint, e [rəʒwɛ̃, ɛ̃t] *pp* → **rejoindre**.

réjoui, e [reʒwi] *adj* fröhlich, heiter.

réjouir [32] [reʒwir] *vt* erfreuen.

◆ **se réjouir** *vp* sich freuen; **se ~ à l'idée** OU **la**

pensée de faire qqch sich darauf freuen, etw zu tun; **se ~ de qqch** sich über etw *(A)* freuen.

réjouissance [reʒwisɑ̃s] *nf* Freude *die*.

◆ **réjouissances** *nfpl* Festlichkeiten *Pl*.

réjouissant, e [reʒwisɑ̃, ɑ̃t] *adj* erfreulich.

relâche [rəlaʃ] *nf* THÉÂTRE Spielpause *die*; **faire ~** keine Vorstellung geben.

◆ **sans relâche** *loc adv* ununterbrochen.

relâché, e [rəlaʃe] *adj* locker.

relâchement [rəlaʃmɑ̃] *nm* **-1.** [d'étreinte] Lokkerung *die*. **-2.** [d'attention, d'effort] Nachlassen *das*. **-3.** [de prisonnier] Freilassung *die*.

relâcher [3] [rəlaʃe] *vt* **-1.** [étreinte, cordes] lokkern. **-2.** [attention, effort] erlahmen lassen. **-3.** [prisonnier] frei|lassen.

◆ **se relâcher** *vp* **-1.** [étreinte, cordes] sich lokkern. **-2.** [effort] nach|lassen. **-3.** [personne] sich gehen lassen.

relaie *etc* → **relayer**.

relais [rəlɛ] *nm* **-1.** [auberge] Raststätte *die*. **-2.** SPORT Staffellauf *der*; **prendre le ~ de qqn** *fig* jn ab|lösen; **passer le ~ à qqn** *fig* die Sache an jn ab|geben. **-3.** TÉLÉCOM Relaisstation *die*.

relance [rəlɑ̃s] *nf* **-1.** [économique] Aufschwung *der*. **-2.** [au jeu] höherer Einsatz.

relancer [16] [rəlɑ̃se] *vt* **-1.** [renvoyer] zurück|werfen. **-2.** [économie] (wieder) an|kurbeln; [projet] wieder auf|greifen; [moteur, machine] wieder an|lassen. **-3.** [personne] bedrängen; [client] mahnen.

relater [3] [rəlate] *vt sout* erzählen.

relatif, ive [rəlatif, iv] *adj* **-1.** [partiel] relativ; **tout est ~** alles ist relativ. **-2.** [concernant]: **~ à qqn/qqch** jn/etw betreffend.

◆ **relative** *nf* GRAM Relativsatz *der*.

relation [rəlasjɔ̃] *nf* **-1.** [entre personnes] Beziehung *die*; **mettre qqn en ~ avec qqn** zwischen jm und jm den Kontakt her|stellen. **-2.** [entre choses] Zusammenhang *der*.

◆ **relations** *nfpl* **-1.** [rapports] Beziehungen *Pl*; **avoir des ~s** Beziehungen haben; **~s internationales** internationale Beziehungen; **~s publiques** Öffentlichkeitsarbeit *die (sans pl)*, Public Relations *Pl*; **~s sexuelles** sexueller Kontakt. **-2.** [personnes] Bekannte *Pl*, Bekanntenkreis *der*.

relationnel, elle [rəlasjɔnɛl] *adj* PSYCHOL Beziehungs-.

relative → **relatif**.

relativement [rəlativmɑ̃] *adv* **-1.** [par comparaison]: **~ à** im Verhältnis zu. **-2.** [de façon relative] relativ.

relativiser [3] [rəlativize] *vt* relativieren.

relativité [rəlativite] *nf* Relativität *die*.

relax, relaxe [rəlaks] *adj fam* **-1.** [soirée, ambiance] zwanglos, locker. **-2.** [personne] entspannt, gelöst.

relaxant, e [rəlaksɑ̃, ɑ̃t] *adj* Entspannungs-, entspannend.

relaxation [rəlaksasjɔ̃] *nf* Entspannung *die*; **faire de la ~** Entspannungsübungen machen.

relaxe = **relax**.

relaxer [3] [rəlakse] *vt* **-1.** [muscle] entspannen. **-2.** JUR [libérer] frei|lassen.

◆ **se relaxer** *vp* sich entspannen.

relayer [11] [rəlɛje] *vt* **-1.** [remplacer] ab|lösen. **-2.** RADIO & TÉLÉ übertragen.

◆ **se relayer** *vp* sich ab|lösen.

relecture [rəlɛktyr] *nf* **-1.** [lecture] nochmaliges Lesen. **-2.** [correction] Korrekturlesen *das*.

reléguer [18] [rəlege] *vt* **-1.** [chose]: **~ qqch à/dans qqch** etw auf/in etw *(D)* ab|stellen. **-2.** [personne]: **~ qqn à qqch** jn in etw *(A)* verbannen.

relent [rəlɑ̃] *nm* **-1.** [mauvaise odeur] Gestank *der*. **-2.** *fig* [trace] Spur *die*.

relevé, e [rəlve] *adj* **-1.** [épicé] scharf, stark gewürzt. **-2.** [soutenu] gehoben.

◆ **relevé** *nm* Ablesen *das*; **faire le ~ de qqch** etw ablesen; **~ de compte** Kontoauszug *der*; **~ d'identité bancaire** (Nachweis *der* über die) Bankverbindung.

relève [rəlɛv] *nf* Ablösung *die*; **prendre la ~ de qqn** jn ab|lösen; *fig* [succession] js Nachfolge an|treten.

relèvement [rəlɛvmɑ̃] *nm* **-1.** [redressement] Wiederaufrichten *das*. **-2.** [hausse] Erhöhung *die*.

relever [19] [rəlve] ◇ *vt* **-1.** [redresser - personne, pays] (wieder)auf|richten; [- chaise] wieder hin|stellen; [- économie, entreprise] in Schwung bringen. **-2.** [remonter - store] hoch|ziehen; [- vitre] hoch|kurbeln; [- col] hoch|schlagen; [- manche] um|schlagen. **-3.** [partie du corps] heben. **-4.** [quota, niveau] erhöhen. **-5.** [ramasser] ein|sammeln; [courrier] holen. **-6.** CULIN [pimenter] würzen. **-7.** [adresse] auf|schreiben; [compteur] ab|lesen. **-8.** [erreur] entdecken. **-9.** [relayer] ab|lösen; **~ qqn de ses fonctions** jn seines Amtes entheben. ◇ *vi* **-1.** [se rétablir]: **~ de qqch** sich gerade von etw erholt haben. **-2.** [être du domaine]: **~ de qqch** eine Sache betreffen. **-3.** [être de la responsabilité]: **cela relève de qqn** jn ist dafür zuständig.

◆ **se relever** *vp* **-1.** [se remettre debout] wieder auf|stehen; [du lit] auf|stehen. **-2.** [se rétablir]: **se ~ de qqch** sich von etw erholen. **-3.** [se rehausser] sich anheben lassen; [accoudoir] sich hochklappen lassen.

relief [rəljɛf] *nm* Relief *das*; **carte en ~** Reliefkarte *die*; **mettre qqch en ~** *fig* etw heraus|stellen.

◆ **reliefs** *nmpl vieilli* Reste *Pl.*

relier [9] [rəlje] *vt* verbinden; [livre] binden; **~ qqch à qqch** etw mit etw verbinden; *fig* etw zu etw in Beziehung setzen.

relieur, euse [rəljœr, øz] *nm, f* Buchbinder *der*, -in *die*.

religieuse → **religieux**.

religieusement [rəliʒjøzmɑ̃] *adv* **-1.** [dans la religion] religiös; **se marier ~** kirchlich heiraten. **-2.** [scrupuleusement] peinlich genau. **-3.** [solennellement] andächtig.

religieux, euse [rəliʒjø, øz] ◇ *adj* **-1.** [mariage, cérémonie] kirchlich; [doctrine] religiös; **école religieuse** Konfessionsschule *die*. **-2.** [silence, respect] andächtig. ◇ *nm, f* Ordensbruder *der*, Ordensschwester *die*.

◆ **religieuse** *nf* CULIN: **religieuse au café** *Brandteiggebäck mit Mokkacremefüllung*.

religion [rəliʒjɔ̃] *nf* **-1.** [croyance] Religion *die*; **entrer en ~** einem Orden beiltreten. **-2.** [dévotion] Frömmigkeit *die*.

reliquaire [rəlikɛr] *nm* Reliquiar *das*, Reliquienschrein *der*.

reliquat [rəlika] *nm* (Rest)betrag *der*.

relique [rəlik] *nf (gén pl)* **-1.** RELIG Reliquie *die*. **-2.** *fam* [souvenir] Erinnerungsstück *das*.

relire [106] [rəlir] *vt* **-1.** [lire] nochmals lesen. **-2.** [corriger] Korrektur lesen.

◆ **se relire** *vp* sich seinen Text nochmals durchllesen.

relisais *etc* → **relire**.

reliure [rəljyr] *nf* **-1.** [action] Binden *das*. **-2.** [métier, art] Buchbinderei *die*. **-3.** [couverture] Bucheinband *der*, Einband *der*.

relogement [rəlɔʒmɑ̃] *nm* Unterbringung *die*, Umquartierung *die*.

reloger [17] [rəlɔʒe] *vt* unterlbringen, umlquartieren.

relu, e [rəly] *pp* → **relire**.

reluire [97] [rəlɥir] *vi* glänzen; **faire ~ qqch** etw glänzend machen, etw auf Hochglanz polieren.

reluisant, e [rəlɥizɑ̃, ɑ̃t] *adj* glänzend; **peu** OU **pas très ~** [avenir] nicht gerade rosig.

reluquer [3] [rəlyke] *vt fam* begaffen.

relus *etc* → **relire**.

remâcher [3] [rəmaʃe] *vt*: **~ sa colère** *fig* seinen Zorn nicht herunterschlucken können.

remailler [3] [rəmaje] *vt* flicken.

remake [rimɛk] *nm* CIN Remake *das*.

rémanent, e [remanɑ̃, ɑ̃t] *adj* zurückbleibend.

remaniement [rəmanimɑ̃] *nm* **-1.** [de livre, de projet] Überarbeitung *die*. **-2.** [d'organisation] Umbildung *die*; **~ ministériel** Kabinettsumbildung.

remanier [9] [rəmanje] *vt* **-1.** [texte] überarbeiten. **-2.** [équipe] umlorganisieren.

remarier [9] [rəmarje]

◆ **se remarier** *vp* wieder heiraten.

remarquable [rəmarkabl] *adj* **-1.** [événement] bemerkenswert. **-2.** [personne] hervorragend.

remarquablement [rəmarkabləmɑ̃] *adv* **-1.** [étonnamment] bemerkenswert. **-2.** [exceptionnellement] hervorragend.

remarque [rəmark] *nf* **-1.** [observation, critique] Bemerkung *die*; **faire une ~ à qqn sur qqch** jm gegenüber eine Bemerkung über etw *(A)* machen. **-2.** [annotation] Anmerkung *die*.

remarquer [3] [rəmarke] *vt* bemerken; **faire ~ qqch** auf etw *(A)* hinlweisen OU aufmerksam machen; **se faire ~** *péj* (unangenehm) auflfallen; **remarque, ce n'est pas l'idéal!** zugegeben, das Ideale ist das nicht!

◆ **se remarquer** *vp* auflfallen.

remballer [3] [rɑ̃bale] *vt* wieder einlpacken.

rembarquer [3] [rɑ̃barke] *vt* wieder verladen.

◆ **se rembarquer** *vp* [sur bateau] sich wieder einlschiffen.

rembarrer [3] [rɑ̃bare] *vt fam* ablwimmeln.

remblai [rɑ̃blɛ] *nm* Aufschüttung *die*.

remblayer [3] [rɑ̃bleje] *vt* **-1.** [route] auflschütten. **-2.** [fossé] zulschütten.

rembobiner [3] [rɑ̃bɔbine] *vt* zurücklspulen.

rembourrage [rɑ̃buraʒ] *nm* **-1.** [action - de fauteuil] Polstern *das*; [- de coussin, de matelas] Füllen *das*. **-2.** [matière - de fauteuil] Polsterung *die*; [- de coussin, de matelas] Füllung *die*.

rembourrer [3] [rɑ̃bure] *vt* [fauteuil] polstern; [coussin] füllen.

remboursable [rɑ̃bursabl] *adj* rückzahlbar; **l'accompte n'est pas ~** die Anzahlung wird nicht erstattet.

remboursement [rɑ̃bursəmɑ̃] *nm* Rückerstattung *die*; [de dette] Rückzahlung *die*; **contre ~** per Nachnahme.

rembourser [3] [rɑ̃burse] *vt* zurücklzahlen; **~ qqn de tous ses frais** jm sämtliche Auslagen erstatten.

rembrunir [32] [rɑ̃brynir]

◆ **se rembrunir** *vp* sich verfinstern.

remède [rəmɛd] *nm* (Heil)mittel *das*.

remédier [9] [rəmedje] *vi*: **~ à une situation** in einer Situation Abhilfe schaffen; **~ à un inconvénient** einen Nachteil beheben.

remembrement [rəmɑ̃brəmɑ̃] *nm* Flurbereinigung *die*.

remémorer [3] [rəmemɔre]

◆ **se remémorer** *vp sout*: **se ~ qqch** sich einer Sache *(G)* entsinnen.

remerciement [rəmɛrsimɑ̃] *nm* Dank *der (sans pl)*; **avec tous mes ~s** mit bestem Dank.

remercier [9] [rəmɛrsje] *vt* **-1.** [dire merci à]: **~ qqn** jm danken; **~ qqn de** OU **pour qqch** jm für etw danken; **non, je vous remercie!** nein danke! **-2.** [congédier] entlassen.

remets *etc* → **remettre**.

remettre [84] [rəmɛtr] *vt* **-1.** [replacer - à plat] zurück|legen; [- verticalement] zurück|stellen; [- dans sac, dans poche] zurück|stecken. **-2.** [rajouter - ingrédient] dazu|geben; [- carburant, liquide] nach|füllen. **-3.** [vêtement] wieder an|ziehen; [lunettes, chapeau] wieder auf|setzen. **-4.** [lumière, son] wieder an|machen; **~ une pendule à l'heure** eine Uhr stellen; **~ qqch à neuf** etw überholen. **-5.** [donner - dossier, document] ein|reichen; [- objet]: **~ qqch à qqn** jm etw übergeben; **~ une médaille à qqn** jm eine Medaille verleihen. **-6.** [ajourner]: **~ qqch à plus tard/à lundi/au 12 mai** etw auf später/auf Montag/auf den 12. Mai verschieben. **-7.** *fam* [reconnaître] einordnen können. **-8.** [guérir] wiederher|stellen.

◆ **se remettre** *vp* **-1.** [recommencer]: **se ~ à qqch** wieder mit etw an|fangen; **se ~ à faire qqch** wieder an|fangen, etw zu tun. **-2.** [se rétablir]: **se ~ (de qqch)** sich (von etw) erholen; **le temps s'est remis au beau** das Wetter hat sich wieder gebessert. **-3.** [se replacer]: **se ~ debout/au volant** sich wieder (hin|)stellen/ans Steuer setzen. **-4.** *loc*: **s'en ~ à qqn/qqch** sich auf jn/etw verlassen.

réminiscence [reminisɑ̃s] *nf sout* (dunkle) Erinnerung.

remis, e [rəmi, iz] *pp* → **remettre**.

remise [rəmiz] *nf* **-1.** [action]: **~ en marche** Wiederingangsetzen *das*; **~ en jeu** SPORT Einwurf *der*; **~ en question** OU **cause** (erneutes) Infragestellen. **-2.** [de document] Übergabe *die*; [de décoration] Verleihung *die*. **-3.** [réduction] Nachlaß *der*, Preisnachlaß *der*; **~ de peine** Strafnachlaß. **-4.** [hangar] Schuppen *der*.

remiser [3] [rəmize] *vt* **-1.** [garer] unter|stellen. **-2.** [ranger] ab|stellen.

rémission [remisjɔ̃] *nf* **-1.** RELIG [absolution] Vergebung *die*. **-2.** MÉD [diminution] vorübergehendes Abklingen.

◆ **sans rémission** *loc adv* schonungslos.

remmener [19] [rɑ̃mne] *vt* zurück|bringen.

remodeler [25] [rəmɔdle] *vt* **-1.** [objet] um|formen. **-2.** [projet, équipe] umgestalten.

remontant, e [rəmɔ̃tɑ̃, ɑ̃t] *adj* stärkend.

◆ **remontant** *nm* Stärkungsmittel *das*.

remontée [rəmɔ̃te] *nf* **-1.** [des eaux] Wiederansteigen *das*. **-2.** [de pente] Wiederaufstieg *der*. **-3.** SPORT Aufholen *das*. **-4.** SKI: **~ mécanique** Skilift *der*.

remonte-pente [rəmɔ̃tpɑ̃t] (*pl* **remonte-pentes**) *nm* Schlepplift *der*.

remonter [3] [rəmɔ̃te] ◇ *vt (aux: avoir)* **-1.** [escalier, pente - à pied] wieder hinauf|gehen; [- à vélo, en véhicule] wieder hinauf|fahren. **-2.** [assembler] wieder zusammen|bauen. **-3.** [relever - store] hoch|ziehen; [- manches] hoch|krempeln. **-4.** [mécanisme] auf|ziehen. **-5.** [ragaillardir] auf|muntern, stärken. **-6.** [fleuve]: **~ un fleuve** flußaufwärts gehen OU fahren. ◇ *vi (aux: être)* **-1.** [monter de nouveau - niveau] wieder steigen; [- personne] wieder hinauf|gehen; **~ dans sa voiture** wieder ins Auto steigen. **-2.** [dater]: **~ à la Renaissance** auf die Renaissance zurück|gehen; **ça remonte à une semaine** es liegt eine Woche zurück. **-3.** [vêtement] hoch|rutschen.

remontoir [rəmɔ̃twar] *nm* Stellrad *das*.

remontrance [rəmɔ̃trɑ̃s] *nf* Zurechtweisung *die*; **faire des ~s à qqn** jn zurecht|weisen.

remontrer [3] [rəmɔ̃tre] *vt* noch einmal zeigen.

remords [rəmɔr] *nm* Gewissensbisse *Pl*; **être bourrelé de ~** *fam* von Gewissensbissen gequält werden.

remorque [rəmɔrk] *nf* Anhänger *der*.

remorquer [3] [rəmɔrke] *vt* **-1.** [voiture, bateau] ab|schleppen. **-2.** *fam* [personne] mit|schleppen.

remorqueur [rəmɔrkœr] *nm* Schlepper *der*.

rémoulade [remulad] *nf* Remoulade *die*.

rémouleur [remulœr] *nm* Scherenschleifer *der*.

remous [rəmu] ◇ *nm* **-1.** [d'eau] Wirbel *der*, Strudel *der*. **-2.** [de bateau] Sog *der*. ◇ *nmpl* [agitation] Aufruhr *der*.

rempailler [3] [rɑ̃paje] *vt* mit Strohgeflecht auf|arbeiten.

rempart [rɑ̃par] *nm* Befestigungsanlage *die*; **les ~s (d'une ville)** die Stadtmauer.

rempiler [3] [rɑ̃pile] ◇ *vt* wieder auf|stapeln. ◇ *vi fam* MIL sich erneut verpflichten.

remplaçable [rɑ̃plasabl] *adj* ersetzbar.

remplaçant, e [rɑ̃plasɑ̃, ɑ̃t] *nm, f* Vertreter *der*, -in *die*; SPORT Ersatzspieler *der*, -in *die*.

remplacement [rɑ̃plasmɑ̃] *nm* **-1.** [de vitre, de pneu] Auswechseln *das*. **-2.** [intérim] Vertretung *die*; **faire un ~** eine Vertretung übernehmen.

remplacer [16] [rɑ̃plase] *vt* **-1.** [changer, joueur] aus|wechseln. **-2.** [tenir lieu de] ersetzen. **-3.** [personne]: **~ qqn** [malade] jn vertreten; [mutée, retraitée] an js Stelle treten.

rempli, e [rɑ̃pli] *adj* [occupé] ausgefüllt.

remplir [32] [rɑ̃plir] *vt* **-1.** [gén] füllen; **~ qqch de qqch** etw mit etw füllen; **~ qqn de joie/d'orgueil** jn mit Freude/Stolz erfüllen. **-2.** [questionnaire] aus|füllen. **-3.** [mission] erfüllen; [fonction] aus|üben.

◆ **se remplir** *vp* sich füllen.
remplissage [rɑ̃plisaʒ] *nm* Füllen *das*; **faire du ~** *fig* & *péj* leeres Stroh dreschen.
remploi [rɑ̃plwa], **réemploi** [reɑ̃plwa] *nm* Wiederverwendung *die*.
remployer [rɑ̃plwaje], **réemployer** [reɑ̃plwaje] [13] *vt* wieder|verwenden.
remplumer [3] [rɑ̃plyme]
◆ **se remplumer** *vp fam* **-1.** [financièrement] sich sanieren. **-2.** [physiquement] Speck an|setzen.
rempocher [3] [rɑ̃pɔʃe] *vt* wieder ein|stecken.
remporter [3] [rɑ̃pɔrte] *vt* **-1.** [partir avec] (wieder) mit|nehmen. **-2.** [gagner] erringen; [succès] davon|tragen.
rempoter [3] [rɑ̃pɔte] *vt* um|topfen.
remuant, e [rəmɥɑ̃, ɑ̃t] *adj* unruhig.
remue-ménage [rəmymenaʒ] *nm inv* **-1.** [déplacement d'objets] Gerumpel *das*, Gepolter *das*. **-2.** *fig* [agitation] Durcheinander *das*.
remuer [7] [rəmɥe] ◇ *vt* **-1.** [meuble] verschieben. **-2.** [mélanger] um|rühren. **-3.** [émouvoir, partie du corps] bewegen. ◇ *vi* [gesticuler] herum|zappeln.
◆ **se remuer** *vp* **-1.** [se mouvoir] sich bewegen. **-2.** *fig* [se démener] sich ins Zeug legen.
rémunérateur, trice [remyneratœr, tris] *adj* gewinnbringend, einträglich.
rémunération [remynerasjɔ̃] *nf* Bezahlung *die*, Vergütung *die*.
rémunérer [18] [remynere] *vt* bezahlen.
renâcler [3] [rənakle] *vi* murren; **~ à qqch** etw nur widerwillig tun; **faire qqch sans ~** etw tun, ohne die Nase zu rümpfen; **~ devant les difficultés** den Schwierigkeiten aus|weichen.
renaissance [rənɛsɑ̃s] *nf* [renouveau] erneutes Aufleben.
◆ **Renaissance** *nf*: **la Renaissance** HIST die Renaissance.
renaître [92] [rənɛtr] *vi* wieder auf|leben; [végétation] zu neuem Leben erwachen; **~ à la vie/l'espoir** wieder auf|leben/hoffen.
rénal, e, aux [renal, o] *adj* Nieren-.
renard [rənar] *nm* Fuchs *der*.
renardeau, x [rənardo] *nm* junger Fuchs.
rencard = **rancard**.
renchérir [32] [rɑ̃ʃerir] *vi* **-1.** [surenchérir]: **~ sur qqch** etw überbieten. **-2.** [augmenter] teurer werden; [prix] an|ziehen, steigen.
renchérissement [rɑ̃ʃerismɑ̃] *nm* Verteuerung *die*; [de prix] Anziehen *das*, Ansteigen *das*.
rencontre [rɑ̃kɔ̃tr] *nf* **-1.** [gén] Treffen *das*, Begegnung *die*; **aller** OU **marcher à la ~ de qqn** jm entgegen|gehen; **faire la ~ de qqn** mit jm Bekanntschaft machen; **venir à la ~ de qqn** jm entgegen|kommen. **-2.** SPORT: **~ amicale** Freundschaftsspiel *das*.
rencontrer [3] [rɑ̃kɔ̃tre] *vt* **-1.** [par hasard]: **~ qqn** jn treffen, jm begegnen. **-2.** [faire la connaissance de] kennen|lernen. **-3.** [obstacle, difficulté]: **~ qqch** auf etw *(A)* stoßen.
◆ **se rencontrer** *vp* **-1.** [gén] sich treffen, sich begegnen. **-2.** [faire connaissance] sich kennen|lernen.
rendement [rɑ̃dmɑ̃] *nm* **-1.** [productivité] Ertrag *der*. **-2.** [efficacité] Ergiebigkeit *die*.
rendez-vous [rɑ̃devu] *nm inv* **-1.** [rencontre] Verabredung *die*; **donner ~ à qqn** sich mit jm verabreden. **-2.** [lieu] Treffpunkt *der*.
rendormir [36] [rɑ̃dɔrmir]
◆ **se rendormir** *vp* wieder ein|schlafen.
rendre [73] [rɑ̃dr] ◇ *vt* **-1.** [objet, monnaie]: **~ qqch à qqn** jm etw zurück|geben. **-2.** [donner en retour]: **~ qqch à qqn** [invitation, politesse] sich für etw revanchieren; **~ des coups** zurück|schlagen. **-3.** JUR [jugement] erlassen. **-4.** [faire devenir]: **~ fou/nerveux** verrückt/nervös machen. **-5.** [pensée, style] wieder|geben. **-6.** [eau, jus] ab|geben; *fig* [résultats] ergeben. **-7.** [vomir] erbrechen. ◇ *vi* **-1.** [avoir un effet] aus|sehen. **-2.** [vomir] sich übergeben. **-3.** [produire] tragen, ertragreich sein.
◆ **se rendre** *vp* **-1.** [capituler] sich ergeben. **-2.** [aller]: **se ~ à qqch** sich zu etw begeben, zu etw gehen; **se ~ à Paris/en Afrique** sich nach Paris/Afrika begeben. **-3.** [devenir]: **se ~ utile/malade** sich nützlich/krank machen.
rêne [rɛn] *nf* Zügel *der*; **les ~s** *fig* Ruder *das*; **tenir/prendre les ~s de qqch** *fig* die Zügel einer Sache fest in der Hand haben/in die Hand nehmen.
renégat, e [rənega, at] *nm, f sout* Abtrünnige *der, die*.
renégocier [9] [rənegɔsje] *vt* neu aus|handeln.
reneiger [23] [rəneʒe] *v impers*: **il a reneigé** es hat erneut geschneit.
renfermé, e [rɑ̃fɛrme] *adj* unzugänglich.
◆ **renfermé** *nm*: **sentir le ~** muffig riechen.
renfermer [3] [rɑ̃fɛrme] *vt* **-1.** [enfermer] verschließen. **-2.** [contenir] enthalten. **-3.** *fig* [idées] beinhalten.
◆ **se renfermer** *vp* sich ab|schotten; **se ~ sur** OU **en soi-même** sich in sich selbst zurück|ziehen, sich ab|kapseln.
renfiler [3] [rɑ̃file] *vt* **-1.** [perles] wieder auf|reihen. **-2.** [aiguille] wieder ein|fädeln. **-3.** [vêtement] wieder an|ziehen.
renflé, e [rɑ̃fle] *adj* [partie] gewölbt.
renflement [rɑ̃fləmɑ̃] *nm* Verdickung *die*.
renflouer [3] [rɑ̃flue] *vt* **-1.** [bateau] wieder

flott|machen. **-2.** *fig* [entreprise, personne] (finanziell) auf Vordermann bringen.
◆ **se renflouer** *vp fam fig* seine Finanzen auf Vordermann bringen.
renfoncement [rɑ̃fɔ̃smɑ̃] *nm* Vertiefung *die*.
renfoncer [16] [rɑ̃fɔ̃se] *vt* **-1.** [chapeau] tiefer ins Gesicht schieben. **-2.** [bouchon] tiefer hinein|drücken.
renforcer [16] [rɑ̃fɔrse] *vt* **-1.** [mur, effectifs, politique] verstärken. **-2.** [paix, sentiment] stärken. **-3.** [couleur] kräftiger machen.
renfort [rɑ̃fɔr] *nm* **-1.** [assistance] Verstärkung *die*; **en ~** als Verstärkung; **à grand ~ de** mit Hilfe von (viel). **-2.** TECHNOL Verstärkungsteil *das*.
renfrogner [3] [rɑ̃frɔɲe]
◆ **se renfrogner** *vp* das Gesicht verziehen.
rengager [rɑ̃gaʒe], **réengager** [reɑ̃gaʒe] [17] *vt* **-1.** [combat] wieder auf|nehmen. **-2.** [soldat] wieder verpflichten. **-3.** [réembaucher] neu ein|stellen.
◆ **se rengager** *vp* MIL sich erneut verpflichten.
rengaine [rɑ̃gɛn] *nf* Schlager *der*; **c'est toujours la même ~** *fig* es ist immer das gleiche Lied.
rengainer [4] [rɑ̃gɛne] *vt* **-1.** [arme] wieder ein|stecken. **-2.** *fam fig*: **~ qqch** sich etw *(A)* verkneifen.
rengorger [17] [rɑ̃gɔrʒe]
◆ **se rengorger** *vp* sich auf|plustern.
reniement [rənimɑ̃] *nm* Verleugnen *das*.
renier [9] [rənje] *vt* verleugnen.
renifler [3] [rənifle] ◇ *vi* schnüffeln. ◇ *vt* **-1.** [odeur] schnuppern. **-2.** [fleur, plat]: **~ qqch** an etw *(D)* schnuppern. **-3.** *fam* [danger] wittern.
renne [rɛn] *nm* Ren(tier) *das*.
renom [rənɔ̃] *nm* Ansehen *das*; **de grand ~** hoch angesehen *(adj)*.
renommé, e [rənɔme] *adj* renommiert, bekannt; **~ pour qqch** für etw bekannt.
◆ **renommée** *nf* Renommee *das*, Ruf *der*.
renoncement [rənɔ̃smɑ̃] *nm*: **~ (à qqch)** Verzicht (auf etw *(A)*).
renoncer [16] [rənɔ̃se] *vi* auf|geben; **~ (à qqch)** (auf etw *(A)*) verzichten; **~ à faire qqch** darauf verzichten, etw zu tun; **~ à comprendre/chercher qqch** es auf|geben, etw zu verstehen/suchen; **~ au monde** der Welt entsagen.
renoncule [rənɔ̃kyl] *nf* Hahnenfuß *der*.
renouer [6] [rənwe] ◇ *vt* **-1.** [cravate, lacets] wieder binden. **-2.** [conversation, liaison] wieder auf|nehmen. ◇ *vi*: **~ avec qqn** wieder Kontakt zu jm auf|nehmen; **~ avec qqch** an etw *(A)* an|knüpfen.
renouveau, x [rənuvo] *nm* **-1.** [des sciences, des arts] Aufblühen *das*. **-2.** [regain] Wiederkehr *die*; [de succès] Neuauflage *die*.
renouvelable [rənuvlabl] *adj* **-1.** [passeport, bail, énergie] erneuerbar. **-2.** [expérience] wiederholbar. **-3.** POLIT [mandat] verlängerbar.
renouveler [24] [rənuvle] *vt* **-1.** [gén] erneuern; [assemblée] neu besetzen; [air] aus|tauschen. **-2.** [demande] erneut vor|bringen. **-3.** RELIG [vœux] erneut ab|legen.
◆ **se renouveler** *vp* **-1.** [incident, erreur] sich wiederholen. **-2.** [générations, clientèle] sich erneuern. **-3.** [innover] Neues bringen.
renouvelle *etc* → **renouveler**.
renouvellement [rənuvɛlmɑ̃] *nm* **-1.** [gén] Erneuerung *die*; **~ de tendance** Trendwechsel *der*. **-2.** [de bail] Verlängerung *die*.
rénovation [renɔvasjɔ̃] *nf* **-1.** [de bâtiment, d'appartement] Renovierung *die*. **-2.** [de parti, d'enseignement] Neugestaltung *die*.
rénover [3] [renɔve] *vt* **-1.** [immeuble, appartement] renovieren. **-2.** [parti, enseignement] erneuern, modernisieren.
renseignement [rɑ̃sɛɲmɑ̃] *nm* Auskunft *die*, Information *die*; **prendre ses ~s** Erkundigungen ein|holen.
◆ **renseignements** *nmpl* Auskunft *die*, Informationen *Pl*; **guichet des ~s** Informationsschalter *der*; **appeler les ~s** die Auskunft an|rufen.
◆ **Renseignements** *nmpl*: **les Renseignements (généraux)** der Nachrichtendienst.
renseigner [4] [rɑ̃seɲe] *vt*: **~ qqn (sur qqch)** jm (über etw *(A)*) Auskunft geben.
◆ **se renseigner** *vp*: **se ~ (sur qqn/qqch)** sich (über jn/etw) erkundigen.
rentabiliser [3] [rɑ̃tabilize] *vt* rentabilisieren.
rentabilité [rɑ̃tabilite] *nf* Rentabilität *die*; **seuil de ~** Rentabilitätsschwelle *die*.
rentable [rɑ̃tabl] *adj* **-1.** ÉCON rentabel, einträglich; **être ~** sich rentieren. **-2.** *fam* [payant]: **être ~** etwas OU viel bringen.
rente [rɑ̃t] *nf* **-1.** [revenu] Rente *die*; **~ viagère** Leibrente *die*; **vivre de ses ~s** von seinem Vermögen leben. **-2.** [de capital] Rendite *die*.
rentier, ère [rɑ̃tje, ɛr] *nm, f* Rentner *der*, -in *die*.
rentrée [rɑ̃tre] *nf* **-1.** [retour] Rückkehr *die*. **-2.** [reprise des activités] *Wiederaufnahme einer Tätigkeit nach der Ferienzeit*; **la ~ parlementaire** *Beginn der parlamentarischen Sitzungsperiode*; **la ~ des classes** der Schulbeginn. **-3.** [retour sur scène] Comeback *das*; **faire sa ~** ein Comeback erleben. **-4.** COMM [recette] Einnahme *die*.

RENTRÉE:
In Frankreich hat der Tag, an dem die Schüler wieder zur Schule gehen müssen, eine sehr große Bedeutung. Nach einer langen Unterbre-

chung durch die großen Sommerferien bezeichnet "la rentrée" die Zeit, in der Schule, Politik und Handel wieder in Gang kommen.

rentrer [3] [rɑ̃tre] ◇ *vi (aux: être)*. **-1.** [entrer de nouveau] wieder herein|kommen, wieder hinein|gehen. **-2.** [retourner] zurück|gehen, zurück|kommen. **-3.** [eau, odeur] ein|dringen. **-4.** [revenir chez soi]: **~ (chez soi)** [partir pour] nach Hause gehen; [arriver] nach Hause kommen. **-5.** [reprendre ses activités] *seine Tätigkeit nach der Ferienzeit wieder aufnehmen*; **les élèves rentrent demain** morgen ist Schulbeginn. **-6.** [s'enfoncer]: **~ dans qqch** sich in etw *(A)* einschieben lassen; **ça ne rentre pas** es paßt nicht. **-7.** *fig* [faire partie]: **~ dans qqch** zu etw gehören. **-8.** [travailler]: **~ dans une entreprise** bei einer Firma eingestellt werden. **-9.** [heurter]: **~ dans qqch** [sujet: voiture] gegen etw fahren; [sujet: personne] in etw *(A)* hinein|rennen. **-10.** [argent, fonds] rein|kommen. **-11.** *fam* [agresser]: **il m'est rentré dedans** er hat mich angemacht. ◇ *vt (aux: avoir)* **-1.** [plantes, linge] hinein|bringen; [voiture] in die Garage fahren; [foins] ein|fahren. **-2.** [dissimuler - ventre, griffes] ein|ziehen; [- train d'atterrissage] ein|fahren; [- vêtement] hinein|stecken; **~ sa chemise dans son pantalon** das Hemd in die Hose stecken. **-3.** *fig* [larmes, colère] unterdrücken.

renverrai *etc* → **renvoyer**.

renversant, e [rɑ̃vɛrsɑ̃, ɑ̃t] *adj* überraschend, umwerfend.

renverse [rɑ̃vɛrs]

◆ **à la renverse** *loc adv* auf den Rücken.

renversé, e [rɑ̃vɛrse] *adj* **-1.** [à l'envers] umgestülpt. **-2.** [bousculé] umgestoßen. **-3.** [tête] zurückgeneigt. **-4.** [stupéfait] (baß) erstaunt.

renversement [rɑ̃vɛrsəmɑ̃] *nm* **-1.** [mise à l'envers] Umkehrung *die*. **-2.** [de situation] Wende *die*; **~ des alliances** Umkehr *die* der Allianzen. **-3.** [de régime, de souverain] Sturz *der*. **-4.** [de tête, de buste] Zurücklehnen *das*.

renverser [3] [rɑ̃vɛrse] *vt* **-1.** [faire tomber] um|stoßen; **~ un piéton** einen Fußgänger um|fahren. **-2.** [liquide, sable] um|kippen. **-3.** [gouvernement] stürzen; [obstacle] aus dem Weg räumen. **-4.** [tête] zurück|lehnen; [avec élan] zurück|werfen. **-5.** [étonner] (baß) erstaunen. **-6.** [situation] um|kehren.

◆ **se renverser** *vp* **-1.** [en arrière] sich zurück|lehnen. **-2.** [véhicule] um|kippen.

renvoi [rɑ̃vwa] *nm* **-1.** [licenciement] Kündigung *die*; **notifier à qqn son ~** jm die Kündigung mit|teilen. **-2.** [de lettre, de paquet] Zurückschikken *das*. **-3.** [d'élève] Verweisung *die*. **-4.** [ajournement]: **~ à** Verschiebung *die* auf *(+A)*. **-5.** [référence]: **~ à** Verweis *der* auf *(+A)*. **-6.** JUR: **~ à** Verweisung *die* auf *(+A)*. **-7.** [éructation] Aufstoßen *das (sans pl)*.

renvoie *etc* → **renvoyer**.

renvoyer [30] [rɑ̃vwaje] *vt* **-1.** [faire retourner, réexpédier] zurück|schicken. **-2.** [congédier] kündigen; **il s'est fait ~ de l'école** er ist von der Schule verwiesen worden. **-3.** [balle, reflet] zurück|werfen; **~ l'ascenseur à qqn** *fig* sich bei jm revanchieren. **-4.** [à une note, à un ouvrage]: **~ à qqn/qqch** auf jn/etw verweisen. **-5.** [différer]: **~ à** verschieben auf *(+A)*.

réorganisation [reɔrganizasjɔ̃] *nf* Umorganisierung *die*.

réorganiser [3] [reɔrganize] *vt* um|organisieren.

◆ **se réorganiser** *vp* umorganisiert werden.

réorienter [3] [reɔrjɑ̃te] *vt* um|orientieren, um|stellen.

◆ **se réorienter** *vp*: **se ~ vers qqch** auf etw *(A)* um|satteln; **il s'est réorienté vers la recherche** er ist in den Bereich Forschung übergewechselt.

réouverture [reuvɛrtyr] *nf* **-1.** [d'établissement] Wiedereröffnung *die*. **-2.** [de débats] Wiedereröffnen *das*.

repaire [rəpɛr] *nm* **-1.** [d'animal] Höhle *die*. **-2.** [de malfaiteurs] Unterschlupf *der*.

repaissais *etc* → **repaître**.

repaître [91] [rəpɛtr]

◆ **se repaître** *vp sout*: **se ~ de qqch** [se rassasier] sich mit etw sättigen; *fig* sich an etw *(D)* weiden.

répandis *etc* → **répandre**.

répandre [74] [repɑ̃dr] *vt* **-1.** [gén] verbreiten. **-2.** [liquide, poudre] verschütten; [larmes] vergießen. **-3.** [prodiguer] aus|teilen; **~ des bienfaits** wohltätig sein.

◆ **se répandre** *vp* **-1.** [gén] sich aus|breiten; **le bruit s'est répandu que** es geht das Gerücht, daß. **-2.** [liquide] aus|laufen. **-3.** [sujet: personne]: **se ~ en qqch** sich in etw *(D)* ergehen.

répands *etc* → **répandre**.

répandu, e [repɑ̃dy] ◇ *pp* → **répandre**. ◇ *adj* (weit)verbreitet.

réparable [reparabl] *adj* reparabel.

reparaissais *etc* → **reparaître**.

reparaître [91] [rəparɛtr] *vi* wieder auf|tauchen, wieder erscheinen.

réparateur, trice [reparatœr, tris] ◇ *adj* erholsam, wohltuend. ◇ *nm, f* Reparateur *der*, -in *die*.

réparation [reparasjɔ̃] *nf* **-1.** [d'objet, de mécanisme] Reparatur *die*; **être en ~** repariert werden. **-2.** [d'offense] Wiedergutmachung *die*. **-3.**

[au football]: **surface de ~** Torraum *der*.
◆ **réparations** *nfpl* [à un pays] Reparationen *Pl*.
réparer [3] [repare] *vt* **-1.** [mécanisme, objet] reparieren. **-2.** [faute, oubli] wieder gut|machen.
reparler [3] [rəparle] *vi* **-1.** [mentionner de nouveau]: **~ de qqn/qqch** noch einmal über jn/etw sprechen. **-2.** [reprendre contact]: **~ à qqn** wieder mit jm sprechen.
◆ **se reparler** *vp* wieder miteinander sprechen.
repartie [rəparti] *nf* Schlagfertigkeit *die*; **avoir de la ~** nicht auf den Mund gefallen sein, schlagfertig sein.
repartir [43] [rəpartir] *vi* **-1.** [retourner - en véhicule] zurück|fahren; [- à pied] zurück|gehen. **-2.** [redémarrer] wieder an|fahren, weiter|fahren. **-3.** *fig* [recommencer] wieder an|fangen; **~ de** OU **à zéro** (noch einmal) von vorne an|fangen.
répartir [32] [repartir] *vt* **-1.** [gén] verteilen. **-2.** [classer]: **~ qqch en qqch** etw in etw *(A)* auf|teilen.
◆ **se répartir** *vp* untereinander auf|teilen; **se ~ en trois groupes** sich in drei Gruppen auf|teilen.
répartition [repartisjɔ̃] *nf* Aufteilung *die*; [géographique] Ausbreitung *die*.
reparu, e [rəpary] *pp* → **reparaître**.
reparus *etc* → **reparaître**.
repas [rəpa] *nm* Mahlzeit *die*, Essen *das*; **prendre son ~** seine Mahlzeit ein|nehmen; **~ d'affaires** Geschäftsessen.
repassage [rəpasaʒ] *nm* Bügeln *das*; **faire du ~** bügeln.
repasser [3] [rəpase] ◇ *vi* **-1.** [bus, personne] wieder vorbei|kommen. **-2.** [film] wiederholt werden, wieder laufen. ◇ *vt* **-1.** [linge] bügeln. **-2.** [examen] nochmal machen. **-3.** [spectacle] wiederholen. **-4.** [remettre]: **~ qqch au four** etw nochmal in den Ofen schieben. **-5.** *fam* [donner] weiter|geben, vermachen. **-6.** [ligne, frontière] erneut überqueren; [montagnes] erneut durchqueren.
repasseuse [rəpasøz] *nf* **-1.** [ouvrière] Büglerin *die*. **-2.** [machine] Bügelautomat *der*, Heißmangel *die*.
repayer [11] [rəpeje] *vt* erneut (be)zahlen.
repêchage [rəpeʃaʒ] *nm* Herausholen *das* (aus dem Wasser); **examen de ~** *fig* Nachholprüfung *die*.
repêcher [4] [rəpeʃe] *vt* **-1.** [dans l'eau] aus dem Wasser holen. **-2.** *fig* [candidat] durchkommen lassen.
repeignais *etc* → **repeindre**.
repeindre [81] [rəpɛ̃dr] *vt* neu (an|)streichen.
repeins *etc* → **repeindre**.
repeint, e [rəpɛ̃, ɛ̃t] *pp* → **repeindre**.
repenser [3] [rəpɑ̃se] ◇ *vt* [reconsidérer] neu überdenken. ◇ *vi* [se souvenir de] wieder denken an *(+ A)*.
repentir¹ [rəpɑ̃tir] *nm* **-1.** [regret] Reue *die*. **-2.** RELIG Buße *die*.
repentir² [37] [rəpɑ̃tir]
◆ **se repentir** *vp* **-1.** [regretter]: **se ~ d'avoir fait qqch** es bereuen, etw getan zu haben; **se ~ de qqch** etw bereuen. **-2.** RELIG Buße tun, büßen.
repérable [rəperabl] *adj* erkennbar.
repérage [rəperaʒ] *nm* [localisation] Ortung *die*.
◆ **repérages** *nmpl* CIN Drehortsuche *die*.
répercussion [reperkysjɔ̃] *nf* **-1.** [de son, de choc] Widerhall *der*. **-2.** [effet]: **~ de qqch sur qqch** Auswirkung *die* von etw auf etw *(A)*. **-3.** FIN: **~ de l'impôt** Abwälzung *die* der Steuer.
répercuter [3] [reperkyte] *vt* **-1.** [son, voix] wider|hallen, zurück|werfen. **-2.** [ordre, consigne] weiter|leiten. **-3.** FIN: **~ qqch sur qqch** etw auf etw *(A)* ab|wälzen.
◆ **se répercuter** *vp* **-1.** [reflet, son] zurückgeworfen werden. **-2.** [se ressentir]: **se ~ sur qqch** sich auf etw *(A)* aus|wirken.
repère [rəpɛr] *nm* Markierung *die*; **point de ~** Bezugspunkt *der*.
repérer [18] [rəpere] *vt* **-1.** [localiser] orten. **-2.** [marquer] markieren, durch Markierungen kennzeichnen. **-3.** *fam* [remarquer - lieu, objet] ausfindig machen, auf|spüren; [- personne] bemerken; **se faire ~** auf|fallen.
◆ **se repérer** *vp fam* sich zurecht|finden.
répertoire [repertwar] *nm* **-1.** [agenda] Adreßbuch *das*, Adressenverzeichnis *das*. **-2.** [inventaire] Verzeichnis *das*. **-3.** [de théâtre, d'artiste] Repertoire *das*. **-4.** INFORM Inhaltsverzeichnis *das*, Directory *das*. **-5.** *fig* [d'injures] Fundus *der*.
répertorier [9] [repertɔrje] *vt* **-1.** [établir un répertoire de]: **~ qqch** ein Verzeichnis von etw erstellen. **-2.** [inventorier]: **~ qqch** etw in ein Verzeichnis auf|nehmen.
répéter [18] [repete] *vt* **-1.** [redire, reproduire] wiederholen; **~ à qqn de faire qqch** jm wiederholt sagen, er solle etw tun; **~ que** nochmal sagen, daß; **ne pas se le faire ~ deux fois** es sich nicht zweimal sagen lassen. **-2.** [rapporter] weiter|sagen, weiter|erzählen. **-3.** [expérience] nochmal durch|machen. **-4.** [s'exercer - musicien] üben; [- acteur] ein|studieren.
◆ **se répéter** *vp* [personne, événement] sich wiederholen; [refrain] wiederholt werden.
répétitif, ive [repetitif, iv] *adj* wiederkehrend; **travail ~** eintönige Arbeit.
répétition [repetisjɔ̃] *nf* **-1.** [de mot, de geste, d'erreur] Wiederholung *die*; **arme à ~** Repetier-

gewehr *das*, Mehrlader *der*. **-2.** [exercice] Probe *die*; **~ générale** Generalprobe.

repeupler [5] [rəpœple] *vt* **-1.** [région, pays] wieder besiedeln. **-2.** [forêt] auf|forsten; [étang] den Fischbestand erneuern.

repiquage [rəpikaʒ] *nm* **-1.** [plantation] Pikieren *das*, Verpflanzen *das*. **-2.** *fam* [enregistrement] Überspielen *das*.

repiquer [3] [rəpike] ◇ *vt* **-1.** [replanter] pikieren, verpflanzen. **-2.** *fam* [copier] überspielen. **-3.** [épingle] wieder fest|stecken. **-4.** *fam* [recommencer]: **~ une classe** sitzen|bleiben. ◇ *vi fam* : **~ à qqch** mit etw wieder an|fangen.

répit [repi] *nm* Ruhe *die*; **sans ~** unermüdlich *(adv)*.

replacer [16] [rəplase] *vt* **-1.** [remettre en place] wieder an seinen Platz stellen; **~ un livre sur l'étagère** ein Buch wieder ins Regal stellen. **-2.** [situer] ein|ordnen.

◆ **se replacer** *vp*: **se ~ dans qqch** sich in etw *(A)* hineinversetzen.

replanter [3] [rəplɑ̃te] *vt* **-1.** [repiquer] wieder ein|pflanzen. **-2.** [repeupler] neu bepflanzen.

replat [rəpla] *nm* Absatz *der*.

replâtrer [3] [rəplatre] *vt* **-1.** [mur] neu gipsen; [fissure] zu|gipsen. **-2.** *fam* [couple, amitié] kitten.

replet, ète [rəplɛ, ɛt] *adj* pummelig, wohlbeleibt.

repli [rəpli] *nm* **-1.** [d'ourlet] Doppelfalte *die*, Doppelknick *der*. **-2.** MIL Rückzug *der*. **-3.** [recul] Rückgang *der*.

◆ **replis** *nmpl* [de rivière, d'intestin] Windungen *Pl*.

replier [10] [rəplije] *vt* **-1.** [journal, vêtement] zusammen|falten. **-2.** [ailes] an|legen. **-3.** MIL [troupes] zurück|ziehen.

◆ **se replier** *vp* **-1.** [objet, vêtement] sich falten. **-2.** MIL [troupes] den Rückzug antreten. **-3.** [se renfermer]: **se ~ sur soi-même** sich ab|kapseln.

réplique [replik] *nf* **-1.** [riposte] Erwiderung *die*; **sans ~** ohne Widerworte. **-2.** THÉÂTRE Antwort *die*; **donner la ~ à qqn** jn das Stichwort geben. **-3.** ART [copie] Replik *die*. **-4.** [sosie] Ebenbild *das*.

répliquer [3] [replike] ◇ *vt* erwidern, antworten; **~ qqch à qqn** jm etw antworten; **je lui ai répliqué que c'était faux** ich erwiderte ihm OU ihr, daß dies falsch sei. ◇ *vi* antworten; **~ à qqch** auf etw *(A)* antworten.

replonger [17] [rəplɔ̃ʒe] ◇ *vt*: **~ qqn/qqch dans qqch** jn/etw wieder in etw *(A)* ein|tauchen; *fig* jn/etw wieder in etw *(A)* stürzen. ◇ *vi* wieder tauchen.

◆ **se replonger** *vp*: **se ~ dans qqch** *fig* sich wieder in etw *(A)* stürzen.

répondant, e [repɔ̃dɑ̃, ɑ̃t] *nm, f* Bürge *der*, -gin *die*.

◆ **répondant** *nm fam* : **avoir du ~** finanziell abgesichert sein.

répondeur [repɔ̃dœr] *nm*: **~ téléphonique**, **~-enregistreur** (automatischer) Anrufbeantworter.

répondis *etc* → **répondre**.

répondre [75] [repɔ̃dr] ◇ *vi* **-1.** [gén] antworten; **~ (à qqn)** (jm) antworten; **~ à qqch** [donner une réponse] auf etw *(A)* antworten, etw beantworten; [réagir] einer Sache *(D)* antworten; **~ présent à l'appel** sich melden; **~ à qqn de faire qqch** jm antworten OU erwidern, er solle etw tun; **~ au nom de ...** auf den Namen ... hören; **~ par une lettre à qqn** jm einen Antwortbrief schreiben. **-2.** [répliquer]: **~ à qqch** [attaque, violence] etw erwidern. **-3.** [avec insolence] Widerworte geben. **-4.** [au téléphone] sich melden. **-5.** [mécanisme] an|sprechen. **-6.** [correspondre]: **~ à qqch** auf etw *(A)* ein|gehen; [attente, description] einer Sache *(D)* entsprechen. ◇ *vt* antworten; [répliquer] erwidern; **~ à qqn que** jm antworten OU erwidern, daß; **~ qqch à qqn** jm etw antworten OU erwidern.

◆ **répondre de** *v prép*: **~ de qqn/qqch** für jn/etw ein|stehen.

réponds *etc* → **répondre**.

répondu, e [repɔ̃dy] *pp* → **répondre**.

réponse [repɔ̃s] *nf* Antwort *die*; **en ~ à votre lettre** bezugnehmend auf Ihr Schreiben; **~ d'un problème** Lösung *die* eines Problems; **droit de ~** Recht *das* auf freie Meinungsäußerung; **~ musculaire** Muskelreaktion *die*.

report [rəpɔr] *nm* **-1.** [renvoi]: **~ de qqch (à qqch)** Verschiebung *die* einer Sache *(G)* (auf etw *(A)*). **-2.** COMM [d'écritures] Übertrag *der*. **-3.** BOURSE Report *der*.

reportage [rəpɔrtaʒ] *nm* **-1.** [article, enquête] Reportage *die*, Bericht *der*. **-2.** [métier] Reporterberuf *der*.

reporter[1] [rəpɔrtɛr] *nm* Reporter *der*, -in *die*.

reporter[2] [3] [rəpɔrte] *vt* **-1.** [rapporter] zurück|bringen, wieder|bringen. **-2.** [différer] verschieben, vertagen; **~ qqch à** etw verschieben auf *(+A)*. **-3.** [transférer]: **~ sur qqn/qqch** auf jn/etw übertragen; **~ ses voix sur un autre candidat** seine Stimmen einem anderen Kandidaten geben.

◆ **se reporter** *vp*: **se ~ à qqch** sich auf etw *(A)* beziehen; **reportez-vous au chapitre 3** siehe Kapitel 3.

repos [rəpo] *nm* **-1.** [détente, congé, sommeil] Erholung *die*, Ruhe *die*; **prendre du ~** sich aus|ruhen, aus|spannen. **-2.** [immobilité] Ruhestellung *die*. **-3.** [tranquillité] Ruhe *die*; **ne pas être de tout ~** mit viel Umtrieb verbunden sein. **-4.** MIL: **~!** rührt euch!

reposant, e [rəpozɑ̃, ɑ̃t] *adj* erholsam.

reposé, e [rəpoze] *adj* erholt, ausgeruht; **à tête ~e** mit klarem Kopf.

reposer [3] [rəpoze] ◇ *vt* **-1.** [poser de nouveau - à la verticale] wieder (hin|)stellen; [- à l'horizontale] wieder (hin|)legen. **-2.** [serrure] (neu) ein|bauen. **-3.** [question] nochmal stellen. **-4.** [appuyer]: **~ qqch sur qqch** etw auf etw *(A)* legen. **-5.** [délasser]: **~ la vue** OU **les yeux** erholsam OU eine Wohltat für die Augen sein. ◇ *vi* **-1.** [objet]: **~ sur qqch** auf etw *(D)* stehen. **-2.** [raisonnement, théorie]: **~ sur qqch** sich auf etw *(A)* stützen, auf etw *(D)* basieren. **-3.** CULIN ruhen. **-4.** *sout* [fleuve, quartier] still sein. **-5.** *sout* [mort]: **ici repose ...** hier ruht ...

◆ **se reposer** *vp* **-1.** [se délasser - en congé] sich erholen; [- un moment] sich aus|ruhen. **-2.** [compter]: **se ~ sur qqn** sich auf jn verlassen.

repositionner [3] [rəpozisjɔne] *vt* wieder aus|richten; [produit] neu positionieren.

◆ **se repositionner** *vp fig* seine Position definieren.

repoussant, e [rəpusɑ̃, ɑ̃t] *adj* abstoßend.

repoussé [rəpuse] → **cuir**.

repousser [3] [rəpuse] ◇ *vi* nach|wachsen. ◇ *vt* **-1.** [faire reculer - ennemi] zurück|drängen; [- objet] zurück|schieben. **-2.** [dégoûter] ab|stoßen. **-3.** [prétendant, offre] ab|weisen. **-4.** [différer] verschieben.

◆ **se repousser** *vp* [aimants] sich ab|stoßen.

repoussoir [rəpuswar] *nm*: **servir de ~ à qqn** *fig* nur dazu da|sein, um jn zur Geltung zu bringen.

répréhensible [repreɑ̃sibl] *adj* tadelnswert, verwerflich.

reprenais *etc* → **reprendre**.

reprendre [79] [rəprɑ̃dr] ◇ *vt* **-1.** [racheter] in Zahlung nehmen. **-2.** [récupérer] wieder mit|nehmen; **elle a repris mon appartement** sie hat meine Wohnung übernommen. **-3.** [COMM, remporter] zurück|nehmen; **ni repris ni échangé** Rückgabe oder Umtausch ausgeschlossen. **-4.** [revenir chercher] wieder ab|holen. **-5.** [prisonnier] wieder fassen. **-6.** [se resservir]: **~ (de) qqch** sich *(D)* etw nach|nehmen. **-7.** [activité, projet] wieder auf|nehmen; **~ la route** weiter|fahren. **-8.** [sujet: maladie] wieder an|fangen, wieder aus|brechen. **-9.** [jupe, ourlet] nach|nähen. **-10.** [nouvelle, rumeur] auf|greifen. **-11.** [chant, refrain] an|stimmen. **-12.** [corriger] verbessern. **-13.** [courage, espoir] wieder|finden; **~ haleine** OU **son souffle** wieder zu Atem kommen. **-14.** [répondre]: **«ainsi donc...», reprit-elle** " Also ... " fuhr sie fort. **-15.** *loc*: **on ne l'y reprendra plus** das wird ihm OU ihr nicht noch einmal unterlaufen. ◇ *vi* **-1.** [affaires] wieder in Gang kommen; [malade] wieder zu Kräften kommen. **-2.** [école] wieder an|fangen; [pluie, froid] wieder ein|setzen.

◆ **se reprendre** *vp* **-1.** [se ressaisir] sich wieder fassen. **-2.** [se corriger] sich verbessern. **-3.** [recommencer à]: **se ~ à faire qqch** etw erneut tun; **se ~ à espérer** erneut Hoffnung schöpfen; **s'y ~ à deux fois pour faire qqch** zweimal Anlauf nehmen, um etw zu tun.

reprends *etc* → **reprendre**.

repreneur [rəprənœr] *nm* Käufer *der*, -in *die*.

reprenne *etc* → **reprendre**.

représailles [rəprezaj] *nfpl* Vergeltungsmaßnahmen *Pl*, Repressalien *Pl*.

représentant, e [rəprezɑ̃tɑ̃, ɑ̃t] *nm, f* **-1.** [délégué] Vertreter *der*, -in *die*, Repräsentant *der*, -in *die*. **-2.** [vendeur] Vertreter *der*, -in *die*; **~ de commerce** Handelsvertreter.

représentatif, ive [rəprezɑ̃tatif, iv] *adj* repräsentativ; **~ (de qqch)** (für etw) repräsentativ.

représentation [rəprezɑ̃tasjɔ̃] *nf* **-1.** [expression, dessin] Darstellung *die*. **-2.** [spectacle] Aufführung *die*, Vorstellung *die*; **donner une ~** eine Vorstellung geben. **-3.** COMM [métier] Vertreterberuf *der*; [activité] (Handels)vertretung *die*. **-4.** [délégation] Repräsentation *die*.

représentativité [rəprezɑ̃tativite] *nf* Repräsentation *die*.

représenter [3] [rəprezɑ̃te] *vt* **-1.** [exprimer, dessiner] dar|stellen. **-2.** [remplacer] vertreten.

◆ **se représenter** *vp* **-1.** [s'imaginer]: **se ~ qqch** sich *(D)* etw vor|stellen. **-2.** [occasion] sich erneut bieten. **-3.** [réessayer]: **se ~ à un examen** eine Prüfung erneut ab|legen; **se ~ aux élections** sich noch einmal zur Wahl stellen.

répressif, ive [represif, iv] *adj* Straf-, repressiv.

répression [represjɔ̃] *nf* **-1.** [de crime] Ahndung *die*. **-2.** [de révolte, de liberté] Repression *die*. **-3.** PSYCHOL Unterdrückung *die*.

réprimande [reprimɑ̃d] *nf* Rüge *die*.

réprimander [3] [reprimɑ̃de] *vt* rügen.

réprimer [3] [reprime] *vt* **-1.** [envie] zügeln; [colère] unterdrücken. **-2.** [légalement] ahnden.

repris, e [rəpri, iz] *pp* → **reprendre**.

◆ **repris de justice** *nm* vorbestrafter Verbrecher.

reprisage [rəprizaʒ] *nm* Stopfen *das*.

reprise [rəpriz] *nf* **-1.** [des hostilités] Wiederaufleben *das*. **-2.** [économique] Konjunkturaufschwung *der*. **-3.** [de spectacle] Wiederaufführung *die*. **-4.** [de marchandise] Zurücknahme *die*. **-5.** [de cours] Wiederbeginn *der*; [de travail] Wiederaufnahme *die*. **-6.** SPORT [boxe] Runde *die*. **-7.** COUTURE: **faire une ~ à qqch** etw stopfen. **-8.** [somme d'argent] Abstand *der*. **-9.** AUTOM:

avoir une bonne ~ schnell auf Touren kommen.
◆ **à plusieurs reprises** *loc adv* mehrfach.
repriser [3] [rəprize] *vt* stopfen.
réprobateur, trice [reprɔbatœr, tris] *adj* vorwurfsvoll, mißbilligend.
réprobation [reprɔbasjɔ̃] *nf* Mißbilligung *die*.
reproche [rəprɔʃ] *nm* Vorwurf *der*.
reprocher [3] [rəprɔʃe] *vt*: **~ qqch à qqn** jm etw vor|werfen.
◆ **se reprocher** *vp*: **se ~ qqch** sich *(D)* etw vor|werfen; **ne rien avoir à se ~** sich nichts vorzuwerfen haben.
reproducteur, trice [rəprɔdyktœr, tris] *adj* Fortpflanzungs-.
reproduction [rəprɔdyksjɔ̃] *nf* **-1.** [d'espèce] Fortpflanzung *die*. **-2.** [de sons] Wiedergabe *die*. **-3.** [copie] Vervielfältigung *die*, Nachdruck *der*; [de tableau, de photographie] Repro(duktion) *die*; **~ interdite** [livre] Nachdruck verboten; [disque] Wiedergabe verboten.
reproduire [98] [rəprɔdɥir] *vt* **-1.** [sons] wieder|geben. **-2.** [copier - texte] nach|drucken; [- tableau, photographie] reproduzieren.
◆ **se reproduire** *vp* **-1.** [espèce] sich fort|pflanzen. **-2.** [événement, erreur] sich wiederholen.
reproduisais *etc* → **reproduire**.
reproduit, e [rəprɔdɥi, it] *pp* → **reproduire**.
reprogrammer [3] [rəprɔgrame] *vt* INFORM um|programmieren.
reprographie [rəprɔgrafi] *nf* Reprographie *die*.
réprouvé, e [repruve] *adj* [blâmé] mißbilligt, verwerflich.
réprouver [3] [repruve] *vt* [blâmer] mißbilligen, verwerfen.
reptation [rɛptasjɔ̃] *nf* Kriechen *das*.
reptile [rɛptil] *nm* Reptil *das*.
repu, e [rəpy] ◇ *pp* → **repaître**. ◇ *adj* gesättigt; **être ~ de qqch** *fig* einer Sache *(G)* überdrüssig sein.
républicain, e [repyblikɛ̃, ɛn] ◇ *adj* republikanisch. ◇ *nm, f* Republikaner *der*, -in *die*.
république [repyblik] *nf* Republik *die*; **la République centrafricaine** die Zentralafrikanische Republik; **la République populaire de Chine** die Volksrepublik China; **la République tchèque** die Tschechische Republik, Tschechien *nt*.
répudiation [repydjasjɔ̃] *nf* [d'épouse] Verstoßung *die*.
répudier [9] [repydje] *vt* verstoßen; *fig* nicht ein|halten, verwerfen.
répugnance [repyɲɑ̃s] *nf* **-1.** [répulsion] Abscheu *die*. **-2.** [manque d'enthousiasme] Widerwille *der*; **avec ~** widerwillig.
répugnant, e [repyɲɑ̃, ɑ̃t] *adj* widerwärtig.
répugner [3] [repyɲe] *vi*: **~ à qqn** jn an|ekeln; **qqn répugne à qqch** etw ist jm zuwider; **qqn répugne à faire qqch** es ist jm zuwider, etw zu tun.
répulsion [repylsjɔ̃] *nf* **-1.** [aversion]: **~ pour qqch** Abneigung *die* OU Ekel *der* gegen etw. **-2.** PHYS Abstoßung *die*.
repus *etc* → **repaître**.
réputation [repytasjɔ̃] *nf* Ruf *der*; **avoir bonne/mauvaise ~** einen guten/schlechten Ruf haben; **avoir une ~ de menteur** in dem Ruf eines Lügners stehen; **connaître qqn/qqch de ~** jn/etw dem Ruf nach kennen; **jouir d'une excellente ~** einen ausgezeichneten Ruf genießen.
réputé, e [repyte] *adj*: **~ (pour qqch)** (für etw) bekannt.
requérir [39] [rəkerir] *vt* **-1.** *sout* [solliciter] erbitten, ersuchen. **-2.** [nécessiter] erfordern. **-3.** JUR [peine] fordern.
requerrai *etc* → **requérir**.
requête [rəkɛt] *nf* **-1.** *sout* [demande] Bitte *die*, Gesuch *das*; **à la** OU **sur la ~ de qqn** auf js Ersuchen (hin). **-2.** JUR Antrag *der*. **-3.** INFORM Anforderung *die*, Anfrage *die*.
requiem [rekɥijɛm] *nm inv* Requiem *das*.
requière *etc* → **requérir**.
requiers *etc* → **requérir**.
requin [rəkɛ̃] *nm* **-1.** [animal] Hai(fisch) *der*. **-2.** *fig* [personne] Finanzhai *der*.
requinquer [3] [rəkɛ̃ke] *vt fam* auf|muntern, auf|möbeln.
◆ **se requinquer** *vp fam* sich auf|rappeln.
requis, e [rəki, iz] ◇ *pp* → **requérir**. ◇ *adj* gefordert, vorgeschrieben.
◆ **requis** *nm* ADMIN Dienstverpflichtete *der*.
réquisition [rekizisjɔ̃] *nf* **-1.** ADMIN [de biens] Beschlagnahmung *die*; [de personnes] *Heranziehen von Dienstverpflichteten*. **-2.** JUR Antrag *der*, Gesuch *das*.
réquisitionner [3] [rekizisjɔne] *vt* **-1.** ADMIN [biens] beschlagnahmen; [personnes] zwangsverpflichten. **-2.** *fam* [demander l'aide de] verdonnern.
réquisitoire [rekizitwar] *nm* JUR Strafantrag *der*; *fig* Anklagerede *die*.
RER (*abr de* **réseau express régional**) *nm Regionales Schnellbahnnetz*, ≃ S-Bahn *die*.
rescapé, e [rɛskape] ◇ *adj* überlebend, davongekommen. ◇ *nm, f* Überlebende *der, die*.
rescousse [rɛskus]
◆ **à la rescousse** *loc adv* zu Hilfe; **appeler qqn à la ~** jn zu Hilfe rufen; **venir à la ~ de qqn** jm zu Hilfe kommen.

réseau, x [rezo] *nm* **-1.** [de communication, commercial] Netz *das*; INFORM Netz *das*, Netzwerk *das*; **~ ferroviaire** Schienennetz; **~ routier** Straßennetz. **-2.** [vasculaire] Geflecht *das*. **-3.** [clandestin] Ring *der*.

réséda [rezeda] *nm* Reseda *die*.

réservation [rezɛrvasjɔ̃] *nf* **-1.** [de voyage] Buchung *die*. **-2.** [au théâtre] Vorbestellung *die*; [de train] Reservierung *die*. **-3.** [billet] Platzkarte *die*.

réserve [rezɛrv] *nf* **-1.** [restriction] Vorbehalt *der*; **sans ~** vorbehaltlos; **sous ~** unter Vorbehalt; **sous ~ de qqch** vorbehaltlich einer Sache *(G)*; **sous toute ~** ohne Gewähr. **-2.** [circonspection] Zurückhaltung *die*. **-3.** [provision] Reserve *die*; **en ~** in Reserve, auf Vorrat. **-4.** MIL: **officier de ~** Reserveoffizier *der*. **-5.** [territoire] Reservat *das*; **~ indienne** Indianerreservat; **~ naturelle** Naturschutzgebiet *das*. **-6.** [local] Lager *das*, Vorratsraum *der*.

réservé, e [rezɛrve] *adj* **-1.** [personne] reserviert. **-2.** [place, endroit] vorbestellt, reserviert; **~ à qqn/qqch** jm/einer Sache vorbehalten; **rue ~e aux piétons** Fußgängerzone *die*; **voie ~e à la circulation** Verkehrsstraße *die*.

réserver [3] [rezɛrve] *vt* **-1.** [louer] reservieren, vor|bestellen. **-2.** [place, table]: **~ qqch à qqn** etw für jn bestimmen. **-3.** [marchandise] zurück|legen. **-4.** [sort, châtiment]: **~ qqch à qqn** jm etw bestimmen. **-5.** [garder] auf|sparen; **~ le meilleur pour la fin** das Beste bis zuletzt auf|sparen.

◆ **se réserver** *vp* **-1.** [temps, place] für sich beanspruchen. **-2.** [se ménager] sich schonen. **-3.** [s'autoriser]: **se ~ de faire qqch** es sich vorbehalten, etw zu tun; **se ~ le droit de faire qqch** sich das Recht vorbehalten, etw zu tun.

réserviste [rezɛrvist] *nm* Reservist *der*.

réservoir [rezɛrvwar] *nm* Reservoir *das*, Behälter *der*; *fig* Vorrat *der*.

résidant, e [rezidɑ̃, ɑ̃t] *adj*: **membre ~** Vollmitglied *das*.

résidence [rezidɑ̃s] *nf* **-1.** [habitation] Wohnsitz *der*; **~ principale** Hauptwohnsitz; **~ secondaire** Zweitwohnsitz. **-2.** [groupe d'habitations] Wohnanlage *die*.

résident, e [rezidɑ̃, ɑ̃t] *nm, f* [ressortissant] Ansässige *der, die*.

résidentiel, elle [rezidɑ̃sjɛl] *adj* Wohn-.

résider [3] [rezide] *vi* **-1.** [habiter] ansässig sein. **-2.** *fig* [consister]: **~ en** OU **dans qqch** in etw *(D)* liegen.

résidu [rezidy] *nm* [reste] Rückstand *der*.

◆ **résidus** *nmpl* [déchets] Rückstände *Pl*.

résiduel, elle [rezidɥɛl] *adj* [substance] Rest-; [trace, dépôt] zurückbleibend.

résignation [reziɲasjɔ̃] *nf* Resignation *die*.

résigné, e [reziɲe] *adj* resigniert.

résigner [3] [reziɲe] *vt* [fonction] nieder|legen; [emploi] auf|geben.

◆ **se résigner** *vp* sich ab|finden; **se ~ à qqch** sich mit etw ab|finden; **se ~ à faire qqch** sich damit ab|finden, etw zu tun.

résiliation [reziljasjɔ̃] *nf* Kündigung *die*.

résilier [9] [rezilje] *vt* kündigen.

résine [rezin] *nf* **-1.** [de conifère] Harz *das*. **-2.** [plastique] Kunstharz *das*.

résiné, e [rezine] *adj* harzhaltig.

◆ **résiné** *nm* harzhaltiger Wein.

résineux, euse [rezinø, øz] *adj* harzig, Harz-; **bois ~** Nadelholz *das*.

◆ **résineux** *nm* Nadelbaum *der*.

résistance [rezistɑ̃s] *nf* **-1.** [gén]: **~ (à qqch)** Widerstand *der* (gegen etw); **opposer une ~** sich widersetzen, Widerstand leisten; **~ mécanique** mechanische Festigkeit; **~ passive** passiver Widerstand. **-2.** [endurance]: **~ (à qqch)** Widerstandsfähigkeit *die* (gegenüber einer Sache *(D)*).

◆ **Résistance** *nf*: **la Résistance** HIST *französische Widerstandsbewegung gegen die deutschen Besatzer im zweiten Weltkrieg.*

résistant, e [rezistɑ̃, ɑ̃t] ◇ *adj* **-1.** [matière, objet] fest. **-2.** [personne] widerstandsfähig. ◇ *nm, f* HIST Widerstandskämpfer *der*, -in *die*.

résister [3] [reziste] *vi* **-1.** [contester] Widerstand leisten. **-2.** [supporter]: **~ à qqch** [sentiment, objet] einer Sache *(D)* stand|halten; [personne] etw verkraften, etw aus|halten. **-3.** *fig* [lutter]: **~ à qqch** sich gegen etw wehren; **~ à la fatigue** gegen die Müdigkeit an|kämpfen.

résolu, e [rezɔly] ◇ *pp* → **résoudre**. ◇ *adj* entschlossen; **être bien ~ à faire qqch** fest entschlossen sein, etw zu tun.

résolument [rezɔlymɑ̃] *adv* entschieden.

résolus *etc* → **résoudre**.

résolution [rezɔlysjɔ̃] *nf* **-1.** [décision] Beschluß *der*; **prendre de bonnes ~s** gute Vorsätze fassen; **prendre la ~ de faire qqch** beschließen OU den Beschluß fassen, etw zu tun. **-2.** [détermination] Entschlossenheit *die*. **-3.** [de problème] Lösen *das*. **-4.** INFORM: **haute ~** hohe Auflösung.

résolvais *etc* → **résoudre**.

résonance [rezɔnɑ̃s] *nf* **-1.** PHYS & ÉLECTR Resonanz *die*; **caisse de ~** Klangkörper *der*. **-2.** *fig* [écho] Echo *das*; **ce poème éveille des ~s profondes** dieses Gedicht bewegt uns zutiefst.

résonner [3] [rezɔne] *vi* **-1.** [cloche] erklingen. **-2.** [salle, pas] wider|hallen; **~ de qqch** [rue, cour] von etw hallen.

résorber [3] [rezɔrbe] *vt* **-1.** [déficit, chômage]

beseitigen. **-2.** [enflure] zum Abschwellen bringen.

◆ **se résorber** *vp* **-1.** [disparaître] zurück|gehen. **-2.** MÉD ab|klingen.

résoudre [88] [rezudr] ◇ *vt* **-1.** [problème, équation] lösen. **-2.** [décider]: **~ qqn à faire qqch** jn überreden OU dazu bringen, etw zu tun. **-3.** [décomposer]: **~ qqch en qqch** etw in etw *(A)* auf|lösen. ◇ *vi*: **~ de faire qqch** beschließen, etw zu tun.

◆ **se résoudre** *vp*: **se ~ à faire qqch** sich entschließen, etw zu tun.

résous *etc* → **résoudre**.

respect [rɛspɛ] *nm* Respekt *der*, Ehrfurcht *die*; **avoir du ~ pour qqn/qqch** vor jm/etw Respekt haben, jm/etw gegenüber Respekt haben; **manquer de ~ à qqn** es jm gegenüber an Respekt fehlen lassen; **avec tout le ~ que je vous dois** bei allem Respekt; **sauf votre ~** mit Verlaub; **tenir qqn en ~** *fig* jn auf Abstand halten.

◆ **respects** *nmpl* Hochachtung *die (sans pl)*; **présenter ses ~s à qqn** jm gegenüber seine Hochachtung bezeugen; **mes ~s** meine Hochachtung.

respectabilité [rɛspɛktabilite] *nf* Ehrwürdigkeit *die*.

respectable [rɛspɛktabl] *adj* **-1.** [personne, endroit] ehrwürdig, respektabel. **-2.** [somme, nombre] beachtlich.

respecter [4] [rɛspɛkte] *vt* **-1.** [personne, principe] achten, respektieren. **-2.** [sommeil, tranquillité]: **~ qqch** auf etw *(A)* Rücksicht nehmen; **faire ~ la loi** für die Einhaltung des Gesetzes sorgen.

◆ **se respecter** *vp* etw auf sich *(A)* halten.

respectif, ive [rɛspɛktif, iv] *adj* jeweilige,-r,-s.

respectivement [rɛspɛktivmɑ̃] *adv* je(weils); **les accusés ont été condamnés ~ à deux et cinq ans de prison** die Angeklagten sind zu zwei beziehungsweise fünf Jahren Gefängnis verurteilt worden.

respectueusement [rɛspɛktɥøzmɑ̃] *adv* respektvoll.

respectueux, euse [rɛspɛktɥø, øz] *adj* respektvoll; **être ~ de qqch** einer Sache *(D)* gegenüber respektvoll sein; **il est très ~ du protocole** er achtet sehr aufs Protokoll.

respirable [rɛspirabl] *adj* erträglich; **pas ~** *fig* ungenießbar.

respiration [rɛspirasjɔ̃] *nf* **-1.** [fonction] Atmung *die*; **~ artificielle** künstliche Beatmung. **-2.** [souffle] Atem *der*.

respiratoire [rɛspiratwar] *adj* Atem-; **appareil ~** Atmungsorgane *Pl*.

respirer [3] [rɛspire] ◇ *vi* **-1.** [inhaler] (ein)atmen. **-2.** [être soulagé] auf|atmen. ◇ *vt* **-1.** [inhaler] (ein)atmen. **-2.** [santé, gentillesse] aus|strahlen.

resplendir [32] [rɛsplɑ̃dir] *vi sout* glänzen; **~ de qqch** von etw sprühen, vor etw *(D)* strahlen.

resplendissant, e [rɛsplɑ̃disɑ̃, ɑ̃t] *adj* hell leuchtend, strahlend; **~ de qqch** vor etw *(D)* strahlend.

responsabilisation [rɛspɔ̃sabilizasjɔ̃] *nf* Übertragung *die* von Verantwortung.

responsabiliser [3] [rɛspɔ̃sabilize] *vt*: **~ qqn** jn Verantwortungsgefühl vermitteln.

responsabilité [rɛspɔ̃sabilite] *nf* **-1.** [morale] Verantwortung *die*; **avoir la ~ de qqch** für etw die Verantwortung tragen; **avoir la ~ de faire qqch** die Verantwortung dafür tragen, daß; **assumer la ~ de qqch** für etw die Verantwortung übernehmen; **décliner toute ~** jegliche Verantwortung ab|lehnen; JUR keine Haftung übernehmen; **rejeter la ~ sur qqn** die Verantwortung auf jn ab|wälzen. **-2.** JUR Haftung *die*; **~ civile** Haftpflicht *die*.

responsable [rɛspɔ̃sabl] ◇ *nmf* **-1.** [auteur, coupable]: **~ (de qqch)** (für etw) Verantwortliche *der, die*. **-2.** [de décision, de groupe] zuständige Person; **~ syndical** Gewerkschaftsvertreter *der*, -in *die*. ◇ *adj* **-1.** [gén]: **~ (de qqch)** (für etw) verantwortlich; JUR (für etw) haftbar. **-2.** [raisonnable] verantwortungsvoll, verantwortungsbewußt. **-3.** [chargé]: **~ (de qqch)** (für etw) zuständig.

resquille [rɛskij] *nf*, **resquillage** [rɛskijaʒ] *nm* Vordrängeln *das*, Schummeln *das*.

resquiller [3] [rɛskije] *vi* [se faufiler] sich vor|drängeln.

resquilleur, euse [rɛskijœr, øz] *nm, f* Vordrängler *der*, -in *die*, Schummler *der*, -in *die*.

ressac [rəsak] *nm* Brandung *die*.

ressaisir [32] [rəsezir]

◆ **se ressaisir** *vp* sich zusammen|nehmen, sich fassen.

ressasser [3] [rəsase] *vt* **-1.** [paroles] herunter|leiern. **-2.** [regrets, images] wieder|käuen.

ressayer = **réessayer**.

ressemblance [rəsɑ̃blɑ̃s] *nf* Ähnlichkeit *die*.

ressemblant, e [rəsɑ̃blɑ̃, ɑ̃t] *adj* realitätsgetreu, dem Vorbild getreu.

ressembler [3] [rəsɑ̃ble] *vi*: **~ à qqn/qqch** [physiquement] jm/etw ähnlich sehen OU ähneln; [moralement] jm/etw ähnlich sein; **cela ne lui ressemble pas** das sieht ihm gar nicht ähnlich.

◆ **se ressembler** *vp* sich ähneln.

ressemeler [24] [rəsəmle] *vt* neu besohlen.

ressentiment [rəsɑ̃timɑ̃] *nm* Groll *der*, Ressentiment *das*.

ressentir [37] [rəsɑ̃tir] *vt* empfinden, verspüren.
◆ **se ressentir** *vp*: **se ~ de qqch** [sujet: travail] von etw geprägt sein; [sujet: pays, personne] die Nachwirkungen einer Sache *(G)* spüren.
resserre [rəsɛr] *nf* Verschlag *der*.
resserrer [4] [rəsere] *vt* **-1.** [ceinture] enger schnallen; [nœud] fester ziehen; [boulon, écrou] an|ziehen. **-2.** *fig* [union, relation] festigen.
◆ **se resserrer** *vp* **-1.** [route] sich verengen. **-2.** [nœud, corde] sich zusammen|ziehen. **-3.** [relations, union] enger werden.
resservir [38] [rəsɛrvir] ◇ *vt* **-1.** [plat] wieder auf|tischen; [vin] nach|schenken. **-2.** [personne] nach|geben. **-3.** *fig* [histoire] auf|tischen. ◇ *vi* nochmals gebraucht werden.
◆ **se resservir** *vp* **-1.** [réutiliser]: **se ~ de qqch** sich einer Sache *(G)* nochmals bedienen. **-2.** [à manger]: **se ~ (de qqch)** sich *(D)* (von etw) nach|nehmen.
ressort [rəsɔr] *nm* **-1.** [mécanisme] Feder *die*; *fig* Triebfeder *die*. **-2.** [énergie]: **qqn manque de ~** jm fehlt der Schwung. **-3.** [compétence] Zuständigkeitsbereich *der*. **-4.** *loc*: **en dernier ~** in letzter Instanz.
ressortir[1] [43] [rəsɔrtir] ◇ *vi* **-1.** [personne] wieder hinaus|gehen. **-2.** [couleur] heraus|kommen. **-3.** *(emploi impersonnel)*: **il ressort de qqch que** es ergibt sich aus einer Sache, daß. ◇ *vt* wieder hervor|holen; **~ une vieille histoire** wieder mit einer alten Geschichte an|kommen.
ressortir[2] [32] [rəsɔrtir] *vi sout*: **~ à qqch** zu etw gehören; JUR in js Zuständigkeitsbereich fallen.
ressortissant, e [rəsɔrtisɑ̃, ɑ̃t] *nm, f* **-1.** [national] Staatsangehörige *der, die*. **-2.** [étranger] ausländischer Staatsbürger, ausländische Staatsbürgerin.
ressouder [3] [rəsude] *vt* nach|schweißen; *fig* festigen.
ressource [rəsurs] *nf* [recours] Möglichkeit *die*; **avoir de la ~** *fig* wissen, was zu tun ist.
◆ **ressources** *nfpl* **-1.** [moyens financiers] Geldmittel *Pl*, Mittel *Pl*; **être sans ~s** mittellos sein. **-2.** [énergétiques] Ressourcen *Pl*; **~s minières** Bodenschätze *Pl*; **~s pétrolières** Erdölvorkommen *Pl*; **~s naturelles** natürliche Ressourcen. **-3.** [potentiel - financier] Hilfsmittel *Pl*; [- intellectuel] Möglichkeiten *Pl*, Künste *Pl*; **~s d'une langue** Sprachschatz *der*.
◆ **ressources humaines** *nfpl* Arbeitskräftereserven *Pl*.
ressourcer [16] [rəsurse]
◆ **se ressourcer** *vp* neue Kräfte tanken.
ressouvenir [40] [rəsuvnir]
◆ **se ressouvenir** *vp*: **se ~ de qqn/qqch** sich wieder auf jn/etw besinnen.
ressurgir = **resurgir**.
ressusciter [3] [resysite] ◇ *vi* **-1.** RELIG auf|erstehen. **-2.** [tradition, mode] wieder auf|leben. ◇ *vt* **-1.** [mort] auf|erwecken. **-2.** *fig* [guérir] gesund werden lassen. **-3.** *fig* [mode, tradition] wieder aufleben lassen.
restant, e [rɛstɑ̃, ɑ̃t] *adj* **-1.** [gén] übrig. **-2.** [personne] übriggeblieben. **-3.** → **poste**.
◆ **restant** *nm* Rest *der*.
restaurant [rɛstɔrɑ̃] *nm* Speiselokal *das*; **~ trois étoiles** Dreisternerestaurant *das*; **~ d'entreprise** Kantine *die*.
restaurateur, trice [rɛstɔratœr, tris] *nm, f* **-1.** CULIN Gastwirt *der*, -in *die*, Gastronom *der*, -in *die*. **-2.** ART Restaurator *der*, -in *die*.
restauration [rɛstɔrasjɔ̃] *nf* **-1.** CULIN Gaststättengewerbe *das*, Gastronomie *die*; **~ rapide** Fast-food-Gewerbe. **-2.** ART Restaurierung *die*.
◆ **Restauration** *nf* HIST: **la Restauration** die Restauration(szeit).
restaurer [3] [rɛstɔre] *vt* **-1.** [tableau, monument] restaurieren. **-2.** [paix, monarchie] wiederher|stellen.
◆ **se restaurer** *vp* [manger] sich stärken.
reste [rɛst] *nm* Rest *der*; **le ~ du temps** die übrige Zeit; **du** OU **au ~** übrigens; **être en ~ avec qqn** jm etwas schuldig sein.
◆ **restes** *nmpl* **-1.** [de repas] Reste *Pl*. **-2.** [de mort] Überreste *Pl*.
rester [3] [rɛste] ◇ *vi* **-1.** [demeurer] bleiben; **~ sur qqch** etw (zurück)behalten. **-2.** [être restant] übrig|bleiben. **-3.** *loc*: **en ~ à qqch** bei einer Sache stehen|bleiben; **en ~ là** es dabei belassen; **y ~** *fam* dabei drauf|gehen. ◇ *v impers*: **il en reste un peu** es ist noch etwas übrig; **il me reste du pain** ich habe noch Brot; **il reste beaucoup à faire** es gibt noch viel zu tun; **il reste que, il n'en reste pas moins que** nichtsdestoweniger; **reste à savoir si** es fragt sich nur, ob.
restituer [7] [rɛstitɥe] *vt* **-1.** [bien] zurück|geben. **-2.** [texte, plan] wiederher|stellen.
restitution [rɛstitysjɔ̃] *nf* **-1.** [de bien] Rückgabe *die*. **-2.** [de texte, d'archives] Wiederherstellung *die*.
resto [rɛsto] *(abr de* **restaurant***)* *nm fam* Gaststätte *die*; **aller au ~** essen gehen; **les ~s du cœur** *Essensausgabe für bedürftige Menschen*.
resto-U [rɛstoy] *(abr de* **restaurant universitaire***)* *nm fam* Mensa *die*.
restreignais *etc* → **restreindre**.
restreindre [81] [rɛstrɛ̃dr] *vt* beschränken; [budget] ein|schränken.

◆ **se restreindre** *vp* sich ein|schränken.

restreins *etc* → **restreindre**.

restreint, e [rɛstrɛ̃, ɛ̃t] *pp* → **restreindre**.

restrictif, ive [rɛstriktif, iv] *adj* einschränkend.

restriction [rɛstriksjɔ̃] *nf* **-1.** [condition] Einschränkung *die*; **sans ~** uneingeschränkt *(adv)*. **-2.** [limitation] Beschränkung *die*.

◆ **restrictions** *nfpl* Rationierung *die (sans pl)*.

restructuration [rəstryktyrasjɔ̃] *nf* Umstrukturierung *die*.

restructurer [3] [rəstryktyre] *vt* um|strukturieren.

résultant, e [rezyltɑ̃, ɑ̃t] *adj* hervorgehend.

◆ **résultante** *nf* **-1.** SCIENCE Resultante *die*. **-2.** [conséquence] Folge *die*.

résultat [rezylta] *nm* Ergebnis *das*.

résulter [3] [rezylte] *vi* **-1.** [être la conséquence]: **~ de qqch** das Ergebnis von etw sein. **-2.** *(emploi impersonnel)*: **il en résulte que** daraus folgt, daß; **de la discussion, il résulte que** aus der Diskussion ergibt sich, daß.

résumé [rezyme] *nm* Zusammenfassung *die*; **en ~** kurz (gesagt).

résumer [3] [rezyme] *vt* zusammen|fassen.

◆ **se résumer** *vp* **-1.** [personne] (nochmal) zusammen|fassen. **-2.** [se réduire]: **se ~ à qqch** sich auf etw *(A)* beschränken; **se ~ à faire qqch** sich darauf beschränken, etw zu tun; **sa vie se résume à son travail** sein ganzes Leben besteht nur aus Arbeit.

résurgence [rezyrʒɑ̃s] *nf* Wiederhervorquellen *das*; *fig* Wiederaufflammen *das*.

resurgir, ressurgir [32] [rəsyrʒir] *vi* wieder auf|tauchen.

résurrection [rezyrɛksjɔ̃] *nf* **-1.** [du Christ] Auferstehung *die*. **-2.** [de mort] Auferweckung *die*; [de malade] Wiederauferstehung *die*. **-3.** [de mode, d'idée] Wiederaufleben *das*.

rétablir [32] [retablir] *vt* wiederher|stellen; [vérité] richtig|stellen; [ordre] wieder bringen; **~ qqn dans qqch** jn wieder in etw *(A)* ein|setzen.

◆ **se rétablir** *vp* **-1.** [silence] sich wieder ein|stellen. **-2.** [malade] wieder gesund werden. **-3.** [gymnaste] sich wieder fangen.

rétablissement [retablismɑ̃] *nm* **-1.** [de loi, de peine] Wiedereinführung *die*. **-2.** [de ligne téléphonique] Wiederherstellung *die*. **-3.** [de fonctionnaire] Wiedereinsetzung *die*. **-4.** [de malade] Erholung *die*, Genesung *die*; **souhaiter un prompt ~ à qqn** jm gute Besserung wünschen.

retaper [3] [rətape] *vt* **-1.** *fam* [maison, canapé] auf Vordermann bringen. **-2.** [lettre] nochmal tippen. **-3.** *fam* [personne] wieder auf die Beine bringen.

◆ **se retaper** *vp fam* wieder zu Kräften kommen.

retard [rətar] *nm* **-1.** [de train, de personne] Verspätung *die*; **être en ~** Verspätung haben, spät dran sein; *fig* im Rückstand sein, Nachholbedarf haben; **se mettre en ~** sich verspäten; **rattraper son ~** seine Verspätung auf|holen; SCOL seinen Rückstand auf|holen. **-2.** MÉD geistige Behinderung. **-3.** [de développement] Rückstand *der*.

retardataire [rətardatɛr] ◇ *nmf* Nachzügler *der*, -in *die*. ◇ *adj* verspätet.

retardement [rətardəmɑ̃]

◆ **à retardement** ◇ *loc adv*: **comprendre à ~** erst im nachhinein verstehen. ◇ *loc adj* → **bombe**.

retarder [3] [rətarde] ◇ *vt* **-1.** [personne, train]: **~ qqn (dans qqch)** jn (bei etw) auf|halten. **-2.** [départ, rendez-vous] auf|schieben. **-3.** [montre] zurück|stellen. ◇ *vi* **-1.** [horloge, montre] nach|gehen. **-2.** *fam* [personne] nicht auf dem neuesten Stand sein; **~ sur qqch** hinter etw zurück sein.

◆ **se retarder** *vp* sich auf|halten.

retendre [73] [rətɑ̃dr] *vt* nach|spannen.

retenir [40] [rətnir] *vt* **-1.** [se souvenir de] (im Gedächtnis) behalten. **-2.** [projet, idée] auf|greifen; [candidature] berücksichtigen. **-3.** [réserver] vor|bestellen. **-4.** [prélever] ein|behalten. **-5.** [retarder] auf|halten; **~ qqn à dîner** jn zum Abendessen bei sich behalten. **-6.** [empêcher d'agir] ab|halten; **~ qqn de faire qqch** jn davon ab|halten, etw zu tun. **-7.** [cri, son] unterdrükken; [souffle] an|halten. **-8.** [otage] fest|halten. **-9.** [eau, chaleur, tirer en arrière] zurück|halten; [cheval] zügeln. **-10.** [attention] auf sich ziehen; [intérêt] wecken. **-11.** MATHS (im Sinn) behalten.

◆ **se retenir** *vp* **-1.** [s'accrocher]: **se ~ (à qqn/qqch)** sich (an jm/etw) fest|halten. **-2.** [se contenir] sich zurück|halten; **se ~ de faire qqch** sich beherrschen, um etw nicht zu tun.

rétention [retɑ̃sjɔ̃] *nf* MÉD Verhaltung *die*.

retentir [32] [rətɑ̃tir] *vi* **-1.** [son] schallen, erschallen; **~ de qqch** von etw hallen. **-2.** *fig* [affecter]: **~ sur qqch** etw in Mitleidenschaft ziehen.

retentissant, e [rətɑ̃tisɑ̃, ɑ̃t] *adj* **-1.** [son, cri] schallend. **-2.** [succès] aufsehenerregend.

retentissement [rətɑ̃tismɑ̃] *nm* **-1.** [gén] Auswirkung *die*. **-2.** [de spectacle] Wirkung *die*.

retenu, e [rətny] *pp* → **retenir**.

◆ **retenue** *nf* **-1.** [prélèvement] Abzug *der*; **~e à la source** Quellenbesteuerung *die*. **-2.** MATHS behaltene Zahl. **-3.** SCOL Nachsitzen *das*. **-4.**

[réserve] Zurückhaltung *die*; **sans ~e** ohne Hemmungen.

réticence [retisɑ̃s] *nf* Unschlüssigkeit *die*, Zögern *das*, Zurückhaltung *die*; **avec ~** mit Zögern; **sans ~** ohne zu zögern.

réticent, e [retisɑ̃, ɑ̃t] *adj* zurückhaltend; [sourire] verhalten.

retiendrai *etc* → **retenir**.

rétif, ive [retif, iv] *adj* **-1.** [animal] störrisch. **-2.** *fig* [personne] widerspenstig.

rétine [retin] *nf* Netzhaut *die*.

retins *etc* → **retenir**.

retiré, e [rətire] *adj* **-1.** [lieu] entlegen. **-2.** [personne, vie] zurückgezogen.

retirer [3] [rətire] *vt* **-1.** [vêtement] aus|ziehen. **-2.** [enlever]: **~ qqch à qqn** [permis] jm etw ab|nehmen; [objet] jm etw weg|nehmen; **~ qqch de son emballage** etw aus|packen. **-3.** [plainte] zurück|ziehen. **-4.** [noyé, blessé] heraus|ziehen, heraus|holen. **-5.** [reprendre] herunter|nehmen. **-6.** [avantage, profit]: **~ qqch (de qqch)** etw (aus etw) ziehen. **-7.** [argent] ab|heben. **-8.** [bagages, billet] ab|holen.

◆ **se retirer** *vp* **-1.** [gén]: **se ~ (de qqch)** sich (aus OU von einer Sache) zurück|ziehen. **-2.** [mer] zurück|gehen.

retombée [rətɔ̃be] *nf* Folge *die*, Auswirkung *die*.

◆ **retombées radioactives** *nfpl* radioaktive Niederschläge *Pl*.

retomber [3] [rətɔ̃be] *vi* **-1.** [atterrir] landen; [fusée] wieder hinunter|fallen. **-2.** [redevenir]: **~ malade** wieder krank werden. **-3.** [succomber de nouveau]: **~ dans qqch** wieder in etw *(A)* verfallen. **-4.** [colère, vent] sich legen. **-5.** [cheveux, col] herab|fallen. **-6.** [responsabilité]: **~ sur qqn** auf jn zurück|fallen.

retordre [rətɔrdr] → **fil**.

rétorquer [3] [retɔrke] *vt*: **~ à qqn que** jm entgegen|halten, daß.

retors, e [rətɔr, ɔrs] *adj* gewieft.

rétorsion [retɔrsjɔ̃] *nf* Vergeltung *die*.

retouche [rətuʃ] *nf* **-1.** COUTURE Änderung *die*. **-2.** PHOT & ART Retusche *die*.

retoucher [3] [rətuʃe] *vt* **-1.** COUTURE ändern. **-2.** [texte, tableau, photo] retuschieren.

retour [rətur] *nm* **-1.** [gén] Rückkehr *die*; **~ à qqch** Rückkehr zu etw; **à mon/ton etc ~** bei meiner/deiner etc Rückkehr; **au ~ de** nach der Rückkehr von; **être de ~ (de)** zurück(gekehrt) sein (aus); **avoir un ~ de flamme** *fig* erneut begeistert sein; **~ de manivelle** OU **de bâton** *fam fig* Bumerang *der*, Eigentor *das*; **~ en arrière** *fig* Rückblende *die*; **(être) sur le ~** *fig* nach|lassen. **-2.** [trajet] Rückweg *der*, Heimweg *der*. **-3.** [réexpédition] Rücksendung *die*; **~ à l'expéditeur** OU **l'envoyeur** zurück an Absender.

◆ **en retour** *loc adv* dafür.

retournement [rəturnəmɑ̃] *nm* Kehrtwendung *die*; **~ de situation** Wendung *die* (der Dinge).

retourner [3] [rəturne] ◇ *vt* **-1.** [renverser, tourner] um|drehen; [terre] um|graben. **-2.** [veste, pull] um|kehren; [poches] um|stülpen. **-3.** [compliment] erwidern. **-4.** [lettre, colis] zurück|senden. **-5.** *fig* [personne] auf|wühlen; **en être tout retourné** ganz durcheinander sein. ◇ *vi* **-1.** [gén]: **~ à** zurück|kehren zu; **~ faire qqch** wieder etw tun gehen. **-2.** [aller de nouveau]: **~ à ...** [à pied] wieder nach ... gehen; [en voiture] wieder nach ... fahren. **-3.** [chose]: **~ à qqn** an jn zurück|fallen.

◆ **se retourner** *vp* **-1.** [personne] sich um|drehen. **-2.** [chose, véhicule] sich überschlagen. **-3.** *fam* [s'adapter] sich zurecht|finden. **-4.** [rentrer]: **s'en ~ (chez soi)** wieder (heim)gehen. **-5.** [s'opposer]: **se ~ contre qqn/qqch** sich gegen jn/etw wenden.

retracer [16] [rətrase] *vt* **-1.** [modifier] neu zeichnen; [dessiner de nouveau] nach|zeichnen. **-2.** [décrire] schildern.

rétracter [3] [retrakte] *vt* **-1.** [griffes] ein|ziehen. **-2.** *sout* [parole] widerrufen.

◆ **se rétracter** *vp* **-1.** [muscle] sich zusammen|ziehen. **-2.** [personne] widerrufen.

retraduire [98] [rətradɥir] *vt* neu übersetzen.

retrait [rətrɛ] *nm* **-1.** [d'argent] Abheben *das*. **-2.** [de bagages] Abholen *das*. **-3.** [de permis] Entzug *der*. **-4.** [des eaux] Zurückfließen *das*. **-5.** [de troupes] Rückzug *der*.

◆ **en retrait** *loc adv* & *loc adj* zurückgesetzt; **rester en ~** sich im Hintergrund halten.

retraite [rətrɛt] *nf* **-1.** [cessation d'activité] Ruhestand *der*; **être à la ~** im Ruhestand sein; **prendre sa ~** in den Ruhestand gehen; **~ anticipée** Vorruhestand. **-2.** [revenu] Rente *die*. **-3.** [fuite] Rückzug *der*; **battre en ~** den Rückzug an|treten. **-4.** RELIG Exerzitien *Pl*.

retraité, e [rətrɛte] ◇ *adj* **-1.** [personne] im Ruhestand. **-2.** [déchet] wiederaufgearbeitet, wiederaufbereitet. ◇ *nm, f* Rentner *der*, -in *die*.

retraitement [rətrɛtmɑ̃] *nm* **-1.** [de déchets nucléaires] Wiederaufbereitung *die*. **-2.** [des eaux] Aufbereitung *die*.

retranchement [rətrɑ̃ʃmɑ̃] *nm* Verschanzung *die*; **pousser qqn dans ses derniers ~s** *fig* jn in die Enge treiben.

retrancher [3] [rətrɑ̃ʃe] *vt* **-1.** [supprimer] streichen. **-2.** [somme] ab|ziehen.

◆ **se retrancher** *vp*: **se ~ (derrière qqn/qqch)** sich (hinter jm/etw) verschanzen; **se ~ dans le silence** sich in Schweigen hüllen.

retranscrire [99] [rətrɑ̃skrir] *vt* **-1.** [exposé] nieder|schreiben. **-2.** [dans un autre alphabet] übertragen.

retransmets *etc* → **retransmettre**.

retransmettre [84] [rətrɑ̃smɛtr] *vt* übertragen.

retransmis, e [rətrɑ̃smi, iz] *pp* → **retransmettre**.

retransmission [rətrɑ̃smisjɔ̃] *nf* Übertragung *die*; **~ en direct** Live-Übertragung.

retravailler [3] [rətravaje] ◇ *vt* neu bearbeiten, überarbeiten. ◇ *vi* wieder arbeiten.

rétrécir [32] [retresir] ◇ *vt* enger machen. ◇ *vi* ein|laufen.

◆ **se rétrécir** *vp* sich verengen.

rétrécissement [retresismɑ̃] *nm* **-1.** [gén] Verengung *die*. **-2.** [de vêtement] Einlaufen *das*.

retremper [3] [rətrɑ̃pe] *vt* [linge] wieder ein|weichen.

◆ **se retremper** *vp* nochmal baden gehen; **se ~ dans qqch** *fig* sich wieder mit etw an|freunden.

rétribuer [7] [retribɥe] *vt* **-1.** [personne] entlohnen. **-2.** [travail] bezahlen.

rétribution [retribysjɔ̃] *nf* Bezahlung *die*.

rétro [retro] ◇ *nm* **-1.** [style] Retrolook *der*. **-2.** *fam* (*abr de* **rétroviseur**) Rückspiegel *der*. ◇ *adj inv* im Retrolook.

rétroactif, ive [retrɔaktif, iv] *adj* rückwirkend.

rétroactivement [retrɔaktivmɑ̃] *adv* rückwirkend.

rétrocéder [18] [retrɔsede] *vt* rückübertragen.

rétrocession [retrɔsɛsjɔ̃] *nf* Rückübertragung *die*.

rétrograde [retrɔgrad] *adj péj* rückschrittlich.

rétrograder [3] [retrɔgrade] ◇ *vt* im Dienstgrad herab|setzen; [officier] degradieren. ◇ *vi* **-1.** AUTOM zurück|schalten. **-2.** *fig* [régresser] Rückschritte machen, zurück|fallen.

rétroprojecteur [retrɔprɔʒɛktœr] *nm* Overheadprojektor *der*.

rétrospectif, ive [retrɔspɛktif, iv] *adj* **-1.** [examen, regard] retrospektiv. **-2.** [peur] nachträglich.

◆ **rétrospective** *nf* Retrospektive *die*.

rétrospectivement [retrɔspɛktivmɑ̃] *adv* im nachhinein.

retroussé, e [rətruse] *adj*: **lèvres ~es** aufgeworfene Lippen; **nez ~** Stupsnase *die*.

retrousser [3] [rətruse] *vt* **-1.** [pantalon, manche] hoch|krempeln. **-2.** [lèvres, jupe] schürzen.

retrouvailles [rətruvaj] *nfpl* Wiedersehen *das* (*sans pl*).

retrouver [3] [rətruve] *vt* **-1.** [objet] wieder|finden. **-2.** [fugitif] ausfindig machen. **-3.** [travail, occasion] wieder bekommen. **-4.** [reconnaître]: **je te retrouve bien là** das sieht dir ähnlich; **on retrouve chez le fils l'expression du père** der Sohn hat genau den gleichen Gesichtsausdruck wie der Vater. **-5.** [ami] (wieder) treffen. **-6.** [recouvrer]: **~ l'appétit** wieder Appetit haben; **~ goût à la vie** wieder Freude am Leben haben. **-7.** [remarquer] finden.

◆ **se retrouver** *vp* **-1.** [se rencontrer] sich (wieder) treffen. **-2.** [se présenter] vor|kommen. **-3.** [être] da|stehen. **-4.** [s'orienter] sich zurecht|finden. **-5.** [financièrement]: **s'y ~** *fam* sein Auskommen haben.

rétroviseur [retrɔvizœr] *nm* Rückspiegel *der*.

réunification [reynifikasjɔ̃] *nf* Wiedervereinigung *die*.

réunifier [9] [reynifje] *vt* wieder|vereinigen.

réunion [reynjɔ̃] *nf* **-1.** [de travail] Sitzung *die*; **rappelez plus tard, M. X est en ~** rufen Sie später noch mal an, Herr X hat eine Besprechung. **-2.** [d'amis, de famille] Treffen *das*. **-3.** [de documents] Zusammenstellung *die*. **-4.** [jonction] Vereinigung *die*.

Réunion [reynjɔ̃] *nf*: **(l'île de) la ~** (La) Reunion *nt*; **à la ~** auf (La) Reunion.

réunionnais, e [reynjɔnɛ, ɛz] *adj* aus OU von (La) Réunion.

◆ **Réunionnais, e** *nm, f* Bewohner *der*, -in *die* von (La) Réunion.

réunir [32] [reynir] *vt* **-1.** [personnes] versammeln; [après séparation] wieder zusammen|führen. **-2.** [documents] zusammen|stellen; [fonds] auf|bringen. **-3.** [rapprocher] zusammen|führen. **-4.** [qualités, avantages] vereinen.

◆ **se réunir** *vp* **-1.** [personnes] sich versammeln; [États] sich vereinigen. **-2.** [fleuves] zusammen|fließen; [rues] aufeinander|treffen.

réussi, e [reysi] *adj* gelungen, geglückt.

réussir [32] [reysir] ◇ *vi* **-1.** [personne] es schaffen; **~ à qqch** etw bestehen; **~ à faire qqch** es schaffen, etw zu tun. **-2.** [affaire, entreprise] gelingen, glücken. **-3.** [climat, situation]: **~ à qqn** jm bekommen. ◇ *vt*: **qqn réussit qqch** jm gelingt etw.

réussite [reysit] *nf* **-1.** [succès] Erfolg *der*. **-2.** [jeu de cartes] Patience *die*.

réutiliser [3] [reytilize] *vt* wieder|verwenden.

revaille *etc* → **revaloir**.

revaloir [60] [rəvalwar] *vt*: **~ qqch à qqn** [avec reconnaissance] sich bei jm für etw revanchieren; [avec hostilité] jm etw heim|zahlen.

revalorisation [rəvalɔrizasjɔ̃] *nf* [de monnaie, de théorie] Aufwertung *die*; [de salaire] Aufbesserung *die*.

revaloriser [3] [rəvalɔrize] *vt* [monnaie, théorie] auf|werten; [salaire] auf|bessern.

revalu, e [rəvaly] *pp* → **revaloir**.

revalus *etc* → **revaloir**.

revanchard, e [rəvɑ̃ʃar, ard] *péj* ◇ *adj* revanchistisch; **politique ~e** Revanchismus *der*. ◇ *nm, f* Revanchist *der*, -in *die*.

revanche [rəvɑ̃ʃ] *nf* **-1.** [vengeance] Rache *die*; **prendre sa ~** sich rächen. **-2.** JEU & SPORT Revanche *die*.

◆ **en revanche** *loc adv* hingegen.

rêvasser [3] [rɛvase] *vi* seinen Gedanken nach|hängen.

revaudrai *etc* → **revaloir**.

revaut [rəvo] → **revaloir**.

revaux [rəvo] → **revaloir**.

rêve [rɛv] *nm* Traum *der*; **de ~** Traum-.

rêvé, e [rɛve] *adj* [idéal] Traum-.

revêche [rəvɛʃ] *adj* kratzbürstig.

réveil [revɛj] *nm* **-1.** [de personne] Aufwachen *das*, Erwachen *das*; **au ~** beim Wachwerden. **-2.** [de volcan] Wiedererwachen *das*. **-3.** [horloge] Wecker *der*.

réveiller [4] [reveje] *vt* **-1.** [personne] (auf|)-wecken, wach machen. **-2.** [sentiment] erwekken; [appétit] an|regen.

◆ **se réveiller** *vp* **-1.** [personne] auf|wachen, wach werden. **-2.** [nature, jour] erwachen. **-3.** [douleur] wieder auf|leben. **-4.** [volcan] wieder aktiv werden.

réveillon [revɛjɔ̃] *nm* **-1.** [veille - de Noël] Heiligabend *der*; [- de nouvel an] Silvesterabend *der*. **-2.** [fête - de Noël] Weihnachtsfeier *die*; [- de nouvel an] Silvesterfeier *die*.

réveillonner [3] [revɛjɔne] *vi* [à Noël] Weihnachten feiern; [au nouvel an] Silvester feiern.

révélateur, trice [revelatœr, tris] *adj* aufschlußreich.

◆ **révélateur** *nm* **-1.** PHOT Entwickler *der*. **-2.** [signe] (An)zeichen *das*.

révélation [revelasjɔ̃] *nf* **-1.** [déclaration] Aufdeckung *die*; **faire des ~s à la police** der Polizei Enthüllungen machen. **-2.** [explication, découverte] Einsicht *die*. **-3.** [personne] Entdeckung *die*. **-4.** RELIG: **la Révélation** die Offenbarung.

révéler [18] [revele] *vt* **-1.** [divulguer] auf|dekken. **-2.** [être révélateur de] offenbaren. **-3.** [artiste] entdecken.

◆ **se révéler** *vp* **-1.** [apparaître] sich zeigen, sich offenbaren. **-2.** [s'avérer]: **se ~ qqch** sich als etw erweisen.

revenant, e [rəvnɑ̃, ɑ̃t] *nm, f* Gespenst *das*; **tiens, un ~!** *hum* wer taucht denn da aus der Versenkung auf?

revendeur, euse [rəvɑ̃dœr, øz] *nm, f* Händler *der*, -in *die*; **être ~ de matériel informatique** Hardware-Anbieter sein.

revendication [rəvɑ̃dikasjɔ̃] *nf* Forderung *die*.

revendiquer [3] [rəvɑ̃dike] *vt* **-1.** [dû]: **~ qqch** auf etw *(A)* Anspruch erheben. **-2.** [avantage] fordern, verlangen. **-3.** [responsabilité, attentat] sich zu etw bekennen.

revendis *etc* → **revendre**.

revendre [73] [rəvɑ̃dr] *vt* verkaufen; **avoir de qqch à ~** *fig* von etw reichlich haben.

revends *etc* → **revendre**.

revendu, e [rəvɑ̃dy] *pp* → **revendre**.

revenir [40] [rəvnir] *vi* **-1.** [venir de nouveau] wieder|kommen; **le froid/l'hiver est revenu** es ist wieder kalt/Winter geworden. **-2.** [rentrer, retourner] zurück|kommen; **~ à qqch** *fig* auf etw *(A)* zurück|kommen; **~ sur qqch** [sujet] auf etw *(A)* zurück|kommen; [décision, aveux] etw widerrufen; **~ de ...** von ... zurück|kommen. **-3.** [mot, thème] wieder|kehren. **-4.** [à l'esprit]: **~ à qqn** jm wieder ein|fallen. **-5.** [coûter]: **~ à qqn** jm kosten; **~ cher** ein teurer Spaß sein. **-6.** *(emploi impersonnel)*: **il revient à qqn (de faire qqch)** es kommt jm zu (, etw zu tun). **-7.** CULIN: **faire ~** [viande] an|braten; [oignons] an|dünsten. **-8.** [plaire]: **ne pas ~ à qqn** jm nicht gefallen. **-9.** [état, faculté]: **qqch revient à qqn** jd findet etw wieder. **-10.** *loc*: **cela revient au même** das läuft aufs Gleiche hinaus; **cela revient à dire que** das heißt mit anderen Worten, daß; **il en est revenu!** er ist davon geheilt!; **ne pas en ~** *fam* es nicht fassen können; **~ aux oreilles de qqn** jm zu Ohren kommen; **~ à soi** wieder zu sich kommen; **~ de loin** (noch einmal) davon|kommen.

revente [rəvɑ̃t] *nf* Verkauf *der*.

revenu, e [rəvny] *pp* → **revenir**.

◆ **revenu** *nm* Einkommen *das*; **avoir de gros ~s** erhebliche Einkünfte haben; **~ national** Volkseinkommen.

rêver [4] [rɛve] ◇ *vi* **-1.** [gén] träumen; **~ de** OU **à qqn/qqch** von jm/etw träumen; **~ de faire qqch** davon träumen, etw zu tun. **-2.** [rêvasser] vor sich hin träumen. ◇ *vt* träumen.

réverbération [revɛrberasjɔ̃] *nf* [de lumière] Widerschein *der*; [de chaleur] Zurückstrahlen *das*.

réverbère [revɛrbɛr] *nm* Straßenlaterne *die*.

réverbérer [18] [revɛrbere] *vt* zurück|strahlen.

reverdir [32] [rəvɛrdir] *vi* wieder grün werden.

révérence [reverɑ̃s] *nf* **-1.** [salut] Knicks *der*. **-2.** *littéraire* [déférence] Ehrerbietung *die*.

révérencieux, euse [reverɑ̃sjø, øz] *adj littéraire* ehrerbietig.

révérend, e [reverɑ̃, ɑ̃d] *adj* ehrwürdig.

◆ **révérend** *nm* Reverend *der*.

révérer [18] [revere] *vt littéraire* verehren; [Dieu] ehren.

rêverie [rɛvri] *nf* Träumerei *die*.

revers [rəvɛr] *nm* **-1.** [de main, de pièce] Rückseite *die*; **prendre à ~** [ennemi] von hinten überfallen; [au tennis] mit der Rückhand schlagen; **le ~ de la médaille** *fig* die Kehrseite der Medaille. **-2.** [de col] Revers *das*; [de pantalon] Aufschlag *der*. **-3.** TENNIS Rückhand *die*. **-4.** [échec] Rückschlag *der*; **~ de fortune** Schicksalsschlag *der*.

reverser [3] [rəvɛrse] *vt* **-1.** [liquide] nach|gießen. **-2.** [argent - sur compte] überweisen; [- rembourser] zurück|zahlen.

réversible [revɛrsibl] *adj* [vêtement] Wende-.

revêtement [rəvɛtmɑ̃] *nm* [de paroi] Verkleidung *die*; [de sol, de route] Belag *der*.

revêtir [44] [rəvɛtir] *vt* **-1.** [vêtement] an|legen. **-2.** [mur]: **~ qqch de qqch** etw mit etw bekleiden. **-3.** [aspect, caractère] an|nehmen. **-4.** [de dignité, d'autorité]: **~ qqn de qqch** jm etw verleihen.

revêts *etc* → **revêtir**.

revêtu, e [rəvɛty] *pp* → **revêtir**.

rêveur, euse [rɛvœr, øz] ◇ *adj* verträumt. ◇ *nm, f* Träumer *der*, -in *die*.

reviendrai *etc* → **revenir**.

revient [rəvjɛ̃] → **prix**.

revigorer [3] [rəvigɔre] *vt* kräftigen, stärken.

revins *etc* → **revenir**.

revirement [rəvirmɑ̃] *nm* Umschwenken *das*; **~ de situation** Wendung *die*.

révisable [revizabl] *adj* revidierbar.

réviser [3] [revize] *vt* **-1.** [texte, jugement] revidieren; [prix, tarif] neu fest|setzen; [position] überdenken. **-2.** [machine] überholen. **-3.** SCOL & UNIV wiederholen.

révision [revizjɔ̃] *nf* **-1.** [de texte] Überarbeitung *die*; [de constitution] Änderung *die*; [de procès] Wiederaufnahme *die*; [de jugement] Revision *die*. **-2.** [de machine] Inspektion *die*. **-3.** SCOL & UNIV Wiederholen *das*.

révisionnisme [revizjɔnism] *nm* Revisionismus *der*.

révisionniste [revizjɔnist] ◇ *nmf* Revisionist *der*, -in *die*. ◇ *adj* revisionistisch.

revisser [3] [rəvise] *vt* wieder fest|schrauben.

revitaliser [3] [rəvitalize] *vt* wieder kräftigen, beleben.

revivre [90] [rəvivr] ◇ *vi* **-1.** [personne] zu neuem Leben erwachen. **-2.** [espoir] auf|leben, wiederauf|leben. **-3.** [événement, souvenir]: **faire ~ qqch à qqn** jn etw nochmals erleben lassen. ◇ *vt* nochmals durchleben.

révocation [revɔkasjɔ̃] *nf* **-1.** [de loi] Widerruf *der*. **-2.** [de fonctionnaire] Absetzung *die*.

revoici [rəvwasi] *prép*: **me ~!** da bin ich wieder!

revoir [62] [rəvwar] *vt* **-1.** [voir de nouveau] wieder|sehen. **-2.** [réviser]: **~ qqch** sich *(D)* etw noch einmal an|sehen.

◆ **se revoir** *vp* sich wieder|sehen.

◆ **au revoir** *interj* auf Wiedersehen.

révoltant, e [revɔltɑ̃, ɑ̃t] *adj* empörend.

révolte [revɔlt] *nf* Aufstand *der*; **inciter** OU **pousser qqn à la ~** jn (zum Widerstand) auf|wiegeln.

révolter [3] [revolte] *vt* empören.

◆ **se révolter** *vp* sich auf|lehnen; **se ~ contre qqn/qqch** sich gegen jn/etw auf|lehnen.

révolu, e [revɔly] *adj* vergangen; **avoir quinze ans ~s** das fünfzehnte Lebensjahr vollendet haben.

révolution [revɔlysjɔ̃] *nf* **-1.** [changement, révolte] Revolution *die*; **la ~ culturelle** die Kulturrevolution. **-2.** *fam* [effervescence] Aufruhr *der*; **en ~** in Aufruhr. **-3.** ASTRON Umlauf *der*. **-4.** GÉOM: **axe de ~** Drehachse *die*.

révolutionnaire [revɔlysjɔnɛr] ◇ *nmf* Revolutionär *der*, -in *die*. ◇ *adj* **-1.** POLIT aufrührerisch. **-2.** [découverte] revolutionär.

révolutionner [3] [revɔlysjɔne] *vt* **-1.** [industrie] revolutionieren. **-2.** [quartier] in Aufruhr versetzen.

revolver [revɔlvɛr] *nm* Revolver *der*.

révoquer [3] [revɔke] *vt* **-1.** [fonctionnaire] aus dem Dienst entlassen. **-2.** [loi] widerrufen.

revue [rəvy] *nf* **-1.** [magazine] Zeitschrift *die*. **-2.** [inspection] Musterung *die*; **passer qqch en ~** etw mustern; *fig* etw durch|gehen. **-3.** [inventaire] Durchsicht *die*. **-4.** [spectacle] Revue *die*. **-5.** [défilé] Parade *die*.

◆ **revue de presse** *nf* Presseschau *die*.

révulsé, e [revylse] *adj* [yeux] verdreht.

révulser [3] [revylse] *vt* an|widern.

◆ **se révulser** *vp* [yeux] sich verdrehen.

rewriting [rirajtiŋ] *nm* Neuredigieren *das*.

Reykjavik [rɛkjavik] *n* Reykjavik *nt*.

rez-de-chaussée [redʃose] *nm inv* Erdgeschoß *das*.

rez-de-jardin [redʒardɛ̃] *nm inv* Gartengeschoß *das*.

RF *abr de* **République française**.

RFA (*abr de* **République fédérale d'Allemagne**) *nf* BRD *die*, D.

RFI (*abr de* **Radio France Internationale**) *nf* *französisches Rundfunkprogramm in Übersee.*

RFO (*abr de* **Radio-télévision française d'outre-mer**) *nf* *französische Fernseh- und Rundfunkanstalt in Übersee.*

r.g. *abr de* **rive gauche**.

RG (*abr de* **Renseignements généraux**) *nmpl* ≃ BND *(Bundesnachrichtendienst)*.

Rh (*abr de* **Rhésus**) Rh, rh.

rhabiller [3] [rabije] *vt* wieder an|ziehen.
◆ **se rhabiller** *vp* sich wieder an|ziehen; **il peut aller se ~** *fam fig* er kann einpacken.
rhapsodie, rapsodie [rapsɔdi] *nf* Rhapsodie *die.*
rhénan, e [renɑ̃, an] *adj* rheinländisch, rheinisch.
Rhénanie [renani] *nf*: **la ~** das Rheinland.
rhéostat [reɔsta] *nm* Rheostat *der.*
Rhésus [rezys] *nm* Rhesusfaktor *der;* **~ positif/négatif** positiver/negativer Rhesusfaktor.
rhétorique [retɔrik] *nf* **-1.** [art] Rhetorik *die.* **-2.** *péj* [emphase] Wortgeklingel *das.*
Rhin [rɛ̃] *nm*: **le ~** der Rhein.
rhinite [rinit] *nf* Nasenschleimhautentzündung *die.*
rhinocéros [rinɔserɔs] *nm* Nashorn *das.*
rhino-pharyngite [rinɔfarɛ̃ʒit] (*pl* **rhino-pharyngites**) *nf* Nasen- und Rachenschleimhautentzündung *die.*
Rhodes [rɔd] *n* Rhodos *nt;* **le colosse de ~** der Koloß von Rhodos.
Rhodésie [rɔdesi] *nf*: **la ~** Rhodesien *nt.*
rhododendron [rɔdɔdɛ̃drɔ̃] *nm* Rhododendron *der.*
Rhône [ron] *nm*: **le ~** die Rhône.
rhubarbe [rybarb] *nf* Rhabarber *der.*
rhum [rɔm] *nm* Rum *der.*
rhumatisant, e [rymatizɑ̃, ɑ̃t] ◇ *adj* an Rheuma leidend. ◇ *nm, f* Rheumatiker *der,* -in *die.*
rhumatismal, e, aux [rymatismal, o] *adj* rheumatisch.
rhumatisme [rymatism] *nm* Rheumatismus *der;* **~ articulaire** Gelenkrheumatismus.
rhumatologue [rymatɔlɔg] *nmf* Rheumatologe *der,* -gin *die.*
rhume [rym] *nm* Schnupfen *der;* **attraper un ~** sich erkälten; **~ des foins** Heuschnupfen.
ri [ri] *pp inv* → **rire**.
RI ◇ *nm* (*abr de* **régiment d'infanterie**) IR *das (Infanterieregiment).* ◇ *nmpl* (*abr de* **Républicains indépendants**) *französische liberal-konservative Partei.*
Riad = **Riyad**.
riant, e [rijɑ̃, ɑ̃t] *adj* fröhlich; *fig* lieblich.
RIB, Rib [rib] *nm abr de* **relevé d'identité bancaire**.
ribambelle [ribɑ̃bɛl] *nf*: **une ~ de** eine ganze Reihe von; **elle a eu une ~ d'enfants** *fam* sie hatte eine ganze Schar von Kindern.
ricanement [rikanmɑ̃] *nm* hämisches Lachen, Kichern *das.*
ricaner [3] [rikane] *vi* hämisch lachen.
RICE, Rice [ris] (*abr de* **relevé d'identité de caisse d'épargne**) *nm* Sparkassen-Kontodaten *Pl.*
richard, e [riʃar, ard] *nm, f fam péj* stinkreicher Mann, stinkreiche Frau.
riche [riʃ] ◇ *nmf* Reiche *der, die;* **nouveau ~** Neureiche. ◇ *adj* **-1.** [gén] reich; **~ en** OU **de qqch** *fig* reich an etw *(D);* **faire un ~ mariage** reich heiraten. **-2.** [vêtement, demeure] üppig. **-3.** [terre] ergiebig. **-4.** [aliment] nahrhaft. **-5.** [idée] ausgezeichnet.
richement [riʃmɑ̃] *adv* reich; **elle était ~ habillée** sie trug teure Kleider.
richesse [riʃɛs] *nf* **-1.** [de personne, de pays] Reichtum *der.* **-2.** [de décoration] Üppigkeit *die.* **-3.** [ressources]: **~ (en qqch)** Reichhaltigkeit *die* (an etw *(D)*).
◆ **richesses** *nfpl* Reichtümer *Pl.*
richissime [riʃisim] *adj* steinreich.
ricin [risɛ̃] *nm* Rizinus *der.*
ricocher [3] [rikɔʃe] *vi*: **~ sur qqch** an etw *(D)* ab|prallen.
ricochet [rikɔʃɛ] *nm* [rebond] Abprallen *das;* [caillou] Hüpfer *der;* **faire des ~s sur l'eau** auf der Wasseroberfläche hüpfen; **par ~** indirekt *(adv).*
rictus [riktys] *nm* verzerrtes Grinsen.
ride [rid] *nf* **-1.** [de peau] Falte *die.* **-2.** [de fruit] Runzel *die.* **-3.** [sur l'eau] Kräuselung *die.*
ridé, e [ride] *adj* **-1.** [personne] faltig. **-2.** [fruit] verschrumpelt.
rideau, x [rido] *nm* Vorhang *der;* **~ d'arbres** Baumreihe *die;* **~ de fer** [de magasin] Metallrollladen *der;* HIST Eiserner Vorhang.
rider [3] [ride] *vt* **-1.** [peau] faltig werden lassen. **-2.** [surface] kräuseln.
◆ **se rider** *vp* faltig werden.
ridicule [ridikyl] ◇ *nm*: **le ~** das Lächerliche; **se couvrir de ~** sich lächerlich machen; **tourner qqn/qqch en ~** jn/etw lächerlich machen. ◇ *adj* lächerlich.
ridiculement [ridikylmɑ̃] *adv* lächerlich.
ridiculiser [3] [ridikylize] *vt* lächerlich machen.
◆ **se ridiculiser** *vp* sich lächerlich machen.
ridule [ridyl] *nf* Fältchen *das.*
rien [rjɛ̃] ◇ *pron indéf* **-1.** [avec ne]: **ne ... ~** nichts; **il n'y a ~** es gibt nichts; **on n'y voit ~** man sieht überhaupt nichts; **je n'y comprends ~** ich verstehe rein gar nichts; **je n'en sais ~** ich habe keine Ahnung; **ça ne sert à ~** das ist vollkommen sinnlos; **je n'y peux ~** da kann ich nichts machen; **plus ~** nichts mehr. **-2.** [aucune chose] nichts; **~ à faire** nichts zu machen; **de ~** bitte, gern geschehen; **~ à dire!** dagegen gibt es nichts einzuwenden!; **c'est ça ou ~** entweder das oder gar nichts; **tout ou ~**

alles oder nichts; **pour ~** umsonst; **je n'y suis pour ~** ich kann nichts dafür; **compter pour ~** nicht zählen. **-3.** *sout* [quelque chose] (irgend) etwas; **sans ~ dire** ohne etwas zu sagen. ◇ *nm* Kleinigkeit *die*; **pour un ~** wegen nichts (und abernichts); **pour des ~s** wegen Kleinigkeiten; **en un ~ de temps** im Nu.

◆ **rien que** *loc adv* nur; **la vérité, ~ que la vérité** die reine Wahrheit, nichts als die Wahrheit; **~ que l'idée de qqch** schon allein der Gedanke an etw *(A)*.

◆ **un rien** *loc adv* ein wenig, eine Idee; **sa robe est un ~ trop étroite** ihr Kleid ist eine Kleinigkeit zu eng.

rieur, euse [rijœr, øz] *adj* fröhlich.

Riga [riga] *n* Riga *nt*.

rigide [riʒid] *adj* **-1.** [matériau] steif. **-2.** [morale] streng.

rigidité [riʒidite] *nf* **-1.** [de matériau] Steifheit *die*; TECHNOL Steifigkeit *die*. **-2.** [de morale, de principe, de méthode] Strenge *die*.

rigolade [rigɔlad] *nf fam* **-1.** [divertissement] Spaß *der*. **-2.** [blague] Scherz *der*. **-3.** [chose facile] Kleinigkeit *die*; **cet examen, c'est de la ~** die Prüfung mach' ich mit links.

rigolard, e [rigɔlar, ard] *adj fam* lustig.

rigole [rigɔl] *nf* Rinne *die*.

rigoler [3] [rigɔle] *vi fam* **-1.** [rire] lachen. **-2.** [plaisanter] Spaß machen; **~ de qqch** über etw *(A)* Witze reißen; **tu rigoles**? soll das ein Witz sein?

rigolo, ote [rigɔlo, ɔt] *fam* ◇ *adj* witzig. ◇ *nm, f* Spaßvogel *der*.

rigoriste [rigɔrist] ◇ *nmf* sittenstrenger Mensch. ◇ *adj* sittenstreng.

rigoureusement [rigurøzmɑ̃] *adv* **-1.** [durement] streng. **-2.** [exactement] vollkommen.

rigoureux, euse [rigurø, øz] *adj* **-1.** [gén] streng. **-2.** [analyse] gewissenhaft.

rigueur [rigœr] *nf* **-1.** [d'analyse] Genauigkeit *die*. **-2.** [de punition] Härte *die*. **-3.** [de climat] Strenge *die*. **-4.** *loc*: **être de ~** angebracht sein; **tenir ~ de qqch à qqn** jm etw verdenken.

◆ **à la rigueur** *loc adv* allenfalls; [en réponse] wenn's sein muß.

riions *etc* → **rire**.

rillettes [rijɛt] *nfpl Schweine- oder Entenpaste im eigenen Schmalz.*

rime [rim] *nf* Reim *der*; **sans ~ ni raison** *fig* ohne Sinn und Verstand.

rimer [3] [rime] *vi*: **~ (avec qqch)** sich (auf etw *(A)*) reimen; **ça ne rime à rien** *fig* das bringt nichts, das macht keinen Sinn.

Rimmel® [rimɛl] *nm* Wimperntusche *die*.

rinçage [rɛ̃saʒ] *nm* [à l'eau] (Aus)spülen *das*.

rince-doigts [rɛ̃sdwa] *nm inv mit Wasser gefülltes Schüsselchen oder Tuch zur Fingerreinigung.*

rincer [16] [rɛ̃se] *vt* **-1.** [laver] aus|spülen, ab|spülen. **-2.** [enlever le savon de] spülen. **-3.** *fam loc*: **se faire ~** [par la pluie] klatschnaß werden.

◆ **se rincer** *vp* [se laver] sich ab|brausen; **se ~ qqch** [cheveux, bouche] sich *(D)* etw aus|spülen.

ring [riŋ] *nm* Ring *der*.

ringard, e [rɛ̃gar, ard] *fam péj* ◇ *adj* **-1.** [chanson] schnulzig. **-2.** [décor] kitschig. **-3.** [personne] der alten Schule. ◇ *nm, f* [acteur] Schauspieler *der*, -in *die* aus der Mottenkiste; [personne] Vorgestrige *der, die*.

Rio de Janeiro [rijodʒanɛro] *n* Rio de Janeiro *nt*.

ripaille [ripaj] *nf*: **faire ~** *fam vieilli* ein Gelage ab|halten, sich der Völlerei hin|geben.

riposte [ripɔst] *nf* **-1.** [réponse] Rückantwort *die*. **-2.** [contre-attaque] Rückschlag *der*, Gegenschlag *der*.

riposter [3] [ripɔste] ◇ *vt*: **~ que** zurück|geben OU erwidern, daß. ◇ *vi* **-1.** [répondre]: **~ à qqn** jm (schlagfertig) antworten; **~ à qqch** auf etw *(A)* (scharf) reagieren. **-2.** [contre-attaquer] zurück|schlagen.

rire[1] [95] [rir] *vi* lachen; **~ de qqn/qqch** über jn/etw lachen; **tu veux** OU **vous voulez ~**? du scherzst OU Sie scherzen wohl?, soll das ein Scherz sein?; **c'était pour ~** *fam* das war (nur so) zum Spaß.

◆ **se rire** *vp sout*: **se ~ de qqn** [se moquer] sich über jn belustigen; **se ~ de qqch** [menaces, difficultés] sich über etw *(A)* hinweg|setzen.

rire[2] [rir] *nm* Lachen *das*; **avoir un** OU **le fou ~** einen Lachanfall bekommen OU haben, sich vor Lachen nicht mehr einkriegen können; **éclater de ~** lauthals lachen; **pouffer de ~** kichern, prusten.

ris[1] *etc* → **rire**.

ris[2] [ri] *nm* **-1.** CULIN: **~ de veau** Kalbsbries *das*. **-2.** NAVIG Reff *das*.

risée [rize] *nf* Gespött *das*; **être la ~ du village** zum Dorfgespött werden.

risette [rizɛt] *nf*: **faire (une) ~ à qqn** [enfant] jn an|lachen.

risible [rizibl] *adj* **-1.** [ridicule] lachhaft. **-2.** [drôle] lustig.

risotto [rizɔto] *nm* Risotto *der*.

risque [risk] *nm* Risiko *das*; **courir un ~** ein Risiko ein|gehen; **courir le ~ de faire qqch** Gefahr laufen, etw zu tun; **prendre des/tous les ~s** etwas/alles riskieren; **à tes** OU **vos etc ~s et périls** auf eigene Gefahr.

risqué, e [riske] *adj* **-1.** [entreprise, expédition] riskant. **-2.** [plaisanterie] gewagt.

risquer [3] [riske] *vt* **-1.** [gén] riskieren; **~ de**

faire qqch Gefahr laufen, etw zu tun; **ça ne risque pas d'arriver** das passiert ganz bestimmt nicht; **~ que** (+ *subjonctif*) Gefahr laufen, daß; **~ un regard** einen Blick riskieren; **~ gros** ein großes Risiko ein|gehen; **si votre trafic est découvert vous risquez gros** wenn die Schieberei auffliegt, blüht euch was; **~ le tout pour le tout** alles aufs Spiel setzen. **-2.** [tenter] wagen.
◆ **se risquer** *vp* [s'aventurer] sich wagen; **se ~ à qqch** sich auf etw *(A)* ein|lassen; **se ~ à faire qqch** sich darauf ein|lassen, etw zu tun.

risque-tout [riskətu] *nmf inv* höchst risikofreudiger (unvorsichtiger) Mensch.

rissoler [3] [risɔle] *vt* & *vi* braten; **faire ~** (goldbraun) braten.

ristourne [risturn] *nf* Preisnachlaß *der*, Rabatt *der*; **faire une ~ à qqn** *fam* jm einen Rabatt machen.

rite [rit] *nm* Ritual *das*; *fig* Gepflogenheit *die*.

ritournelle [riturnɛl] *nf* MUS Ritornell *das*; *fig* Leier *die*.

rituel, elle [ritɥɛl] *adj* Ritual-; *fig* ewig, unvermeidlich.
◆ **rituel** *nm* [religieux] Ritual *das*; *fig* Zeremonie *die*.

rituellement [ritɥɛlmɑ̃] *adv* dem Ritual gemäß; *fig* wie immer.

rivage [rivaʒ] *nm* Ufer *das*, Uferzone *die*.

rival, e, aux [rival, o] ◇ *adj* rivalisierend. ◇ *nm, f* Rivale *der*, -lin *die*.

rivaliser [3] [rivalize] *vi*: **~ avec qqn/qqch** mit jm/etw rivalisieren; **~ de qqch** sich an etw *(D)* (gegenseitig) überbieten.

rivalité [rivalite] *nf* Rivalität *die*.

rive [riv] *nf* [de rivière] Ufer *das*; **la ~ droite/gauche** das rechte/linke Seine-Ufer.

RIVE DROITE/GAUCHE:
An der "rive droite", dem rechten Seine-Ufer, liegen die Geschäftsviertel von Paris. Die Bewohner der "rive droite" haben den Ruf, konservativer zu sein als die Bewohner der "rive gauche". Links der Seine befinden sich die Kunstgalerien, Buchhandlungen und Universitäten.

---

river [3] [rive] *vt* **-1.** [clou, pointe] ab|knicken. **-2.** [fixer]: **~ qqch à qqch** etw an etw *(D)* befestigen; [riveter] etw an etw *(A)* nieten; **être rivé à qqch** [travail, télévision] von etw nicht wegzubekommen sein.

riverain, e [rivrɛ̃, ɛn] ◇ *adj* Anwohner-. ◇ *nm, f* Anwohner *der*, -in *die*; **'sauf ~s'** 'Anlieger frei'.

rivet [rivɛ] *nm* Niete *die*.

rivière [rivjɛr] *nf* **-1.** [cours d'eau] Fluß *der*. **-2.** *fig* [flux] Strom *der*; **il coulait des ~s de sang** das Blut floß in Strömen.
◆ **rivière de diamants** *nf* Diamantenkollier *das*.

rixe [riks] *nf* Schlägerei *die*.

Riyad, Riad [rijad] *n* Riad *nt*, Rijat *nt*, Riyat *nt*.

riz [ri] *nm* Reis *der*; **~ au lait** Milchreis; **~ pilaf** Pilawreis.

riziculture [rizikyltyr] *nf* Reisanbau *der*.

rizière [rizjɛr] *nf* Reisfeld *das*.

RMC (*abr de* **Radio Monte-Carlo**) *nf französischer Rundfunksender*.

RMI (*abr de* **revenu minimum d'insertion**) *nm* Sozialmindesthilfe *die*.

RMiste [ɛrɛmist] *nmf* Sozialmindesthilfeempfänger *der*, -in *die*.

RN (*abr de* **route nationale**) *nf* Nationalstraße *die*, ≃ Bundesstraße *die*.

RNIS (*abr de* **réseau numérique à intégration de services**) *nm französisches Lichtleiterübertragungssystem für Sprache, Daten und Bilder*.

ro *abr de* **recto**.

robe [rɔb] *nf* **-1.** [de femme] Kleid *das*; **~ chasuble** Kleiderrock *der*; **~ de grossesse** Umstandskleid; **~ de mariée** Brautkleid. **-2.** [peignoir]: **~ de chambre** Morgenmantel *der*. **-3.** [de magistrat] Talar *der*. **-4.** [de cheval] Fell *das*. **-5.** [de vin] Farbe *die*.

robinet [rɔbinɛ] *nm* Hahn *der*.

robinetterie [rɔbinɛtri] *nf* **-1.** [installation]: **la ~** die Armaturen. **-2.** [industrie] Armaturenbranche *die*. **-3.** [usine] Armaturenwerk *das*.

roboratif, ive [rɔbɔratif, iv] *adj sout* stärkend.

robot [rɔbo] *nm* **-1.** [gén] Roboter *der*. **-2.** [ménager] Küchenmaschine *die*.

robotique [rɔbɔtik] *nf* Automatisierungstechnik *die*.

robotisation [rɔbɔtizasjɔ̃] *nf* Umstellung *die* auf Roboter, Automatisierung *die*.

robotiser [3] [rɔbɔtize] *vt* auf Roboter um|stellen.

robuste [rɔbyst] *adj* **-1.** [personne] kräftig. **-2.** [arbre] widerstandsfähig. **-3.** [voiture, moteur, santé] robust.

robustesse [rɔbystɛs] *nf* **-1.** [de personne] Widerstandskraft *die*. **-2.** [de moteur] Robustheit *die*, Belastbarkeit *die*.

roc [rɔk] *nm* Fels *der*; **dur comme un ~** *fig* fest wie ein Fels.

rocade [rɔkad] *nf* [route] Umgehungsstraße *die*, Ring *der*.

rocaille [rɔkaj] ◇ *nf* **-1.** [cailloux] Geröll *das*. **-2.**

[terrain] Steinboden *der.* ◇ *adj inv* [style] Rokoko-.

rocailleux, euse [rɔkajø, øz] *adj* [terrain] steinig; *fig* rauh.

rocambolesque [rɔkɑ̃bɔlɛsk] *adj* haarsträubend.

roche [rɔʃ] *nf* **-1.** [bloc] Fels(en) *der.* **-2.** [matière] Gestein *das.*

rocher [rɔʃe] *nm* **-1.** [gén] Felsen *der;* **le ~ de Gibraltar** der Felsen von Gibraltar. **-2.** [confiserie]: **~ au chocolat** große(r) Schokoladentrüffel.

Rocheuses [rɔʃøz] *nfpl*: **les montagnes ~** die Rocky Mountains; **les ~** die Rockies.

rocheux, euse [rɔʃø, øz] *adj* Fels-.

rock [rɔk] ◇ *nm* **-1.** MUS Rock ('n Roll) *der,* Rockmusik *die.* **-2.** [danse] Rock 'n Roll *der.* ◇ *adj inv* Rock-.

rocker [rɔkœr] *nm,* **rockeur, euse** [rɔkœr, øz] *nm, f* **-1.** [chanteur] Rocksänger *der,* -in *die.* **-2.** [personne de style rock] Rocker *der,* Rockerbraut *die.*

rocking-chair [rɔkiŋtʃɛr] (*pl* **rocking-chairs**) *nm* Schaukelstuhl *der.*

rodage [rɔdaʒ] *nm* **-1.** [de véhicule] Einfahren *das;* **être en ~** eingefahren werden. **-2.** *fig* [de méthode] Sicheinspielen *das;* [de personne] Sicheinarbeiten *das.*

rodé, e [rɔde] *adj* **-1.** [voiture] eingefahren. **-2.** [méthode] eingespielt; [personne] eingearbeitet.

rodéo [rɔdeo] *nm* **-1.** [sport] Rodeo *das.* **-2.** *fig & hum* Hindernisrennen *das.*

roder [3] [rɔde] *vt* **-1.** [véhicule] ein|fahren. **-2.** [spectacle] ein|üben.

rôder [3] [rode] *vi* herum|streunen.

rôdeur, euse [rodœr, øz] *nm, f* Streuner *der,* -in *die.*

rodomontade [rɔdɔmɔ̃tad] *nf littéraire* Großsprecherei *die (sans pl).*

rogatoire [rɔgatwar] → **commission**.

rogne [rɔɲ] *nf fam* Wut *die;* **être/se mettre en ~** wütend sein/werden.

rogner [3] [rɔɲe] ◇ *vt* beschneiden; **~ les ailes à qqn** *fig* jm die Flügel stutzen. ◇ *vi*: **~ sur qqch** *fig* bei etw sparen.

rognon [rɔɲɔ̃] *nm* CULIN: **des ~s** Nieren *Pl.*

rognure [rɔɲyr] *nf* [de métal] Splitter *der;* [de viande] Rest *der;* **~s d'ongles** abgeschnittene Nägel.

rogue [rɔg] *adj sout* überheblich.

roi [rwa] *nm* **-1.** [monarque, figure de jeu] König *der;* **le ~ des animaux** der König der Tiere; **le ~ de l'arnaque** der Oberschwindler; **le ~ des imbéciles** der Obertrottel; **tirer les ~s** *Spiel am Tag der Heiligen Drei Könige, bei dem derjenige König wird, der in seinem Kuchenstück die Königsfigur findet;* **être plus royaliste que le ~** *fig* päpstlicher als der Papst sein. **-2.** *fig* [magnat] Mogul *der;* [expert] Spezialist *der;* **c'est le ~ du tango** er tanzt hervorragend Tango.

◆ **Rois mages** *nmpl*: **les Rois mages** die Heiligen Drei Könige.

roitelet [rwatlɛ] *nm* **-1.** [oiseau] Zaunkönig *der.* **-2.** *péj* [petit roi] Duodezfürst *der.*

Roland-Garros [rɔlɑ̃garɔs] *n* **-1.** [stade] *Tennisanlage in Paris.* **-2.** [tournoi] *Tennisturnier in Paris.*

rôle [rol] *nm* Rolle *die;* **jouer un ~** eine Rolle spielen; **avoir le beau ~** in einem günstigen Licht erscheinen.

rôle-titre [roltitr] (*pl* **rôles-titres**) *nm* Titelrolle *die.*

rollmops [rɔlmɔps] *nm* Rollmops *der.*

ROM, Rom [rɔm] (*abr de* **read only memory**) *nf* ROM *das.*

romain, e [rɔmɛ̃, ɛn] *adj* römisch.

◆ **romain** *nm* TYPO lateinische Schrift.

◆ **romaine** *nf* [salade] römischer Salat.

◆ **Romain, e** *nm, f* Römer *der,* -in *die.*

roman, e [rɔmɑ̃, an] *adj* romanisch.

◆ **roman** *nm* **-1.** [gén] Roman *der;* **~ d'action** Action-Roman; **~ d'anticipation** Science-fiction-Roman; **sa vie est un vrai ~** *fig* sein Leben ist der reinste Roman. **-2.** ARCHIT: **le ~** das Romanische, die Romanik.

romance [rɔmɑ̃s] *nf* [chanson] Liebeslied *das.*

romancer [16] [rɔmɑ̃se] *vt* zum Roman um|formen.

romanche [rɔmɑ̃ʃ] ◇ *nm* [langue] Rätoromanisch(e) *(das).* ◇ *adj* rätoromanisch.

romancier, ère [rɔmɑ̃sje, ɛr] *nm, f* Romanautor *der,* -in *die.*

romand, e [rɔmɑ̃, ɑ̃d] *adj*: **la Suisse ~e** die französischsprachige Schweiz.

◆ **Romand, e** *nm, f* französischsprachiger Schweizer, französischsprachige Schweizerin.

romanesque [rɔmanɛsk] *adj* **-1.** LITTÉRATURE Roman-. **-2.** [histoire, imagination] romanhaft.

roman-feuilleton [rɔmɑ̃fœjtɔ̃] (*pl* **romans-feuilletons**) *nm* Fortsetzungsroman *der.*

roman-fleuve [rɔmɑ̃flœv] (*pl* **romans-fleuves**) *nm* langatmiger Roman; *fig* Geschichte *die* ohne Ende.

romanichel, elle [rɔmaniʃɛl] *nm, f péj* Zigeuner *der,* -in *die.*

romaniste [rɔmanist] *nmf* LING Romanist *der,* -in *die.*

roman-photo [rɔmɑ̃fɔto] (*pl* **romans-photos**) *nm* Fotoroman *der.*

romantique [rɔmɑ̃tik] ◇ *nmf* Romantiker *der,* -in *die.* ◇ *adj* romantisch.

romantisme [rɔmɑ̃tism] *nm* **-1.** ART Romantik *die*. **-2.** [sensibilité] Empfindsamkeit *die*.
romarin [rɔmarɛ̃] *nm* Rosmarin *der*.
rombière [rɔ̃bjɛr] *nf fam péj* Scharteke *die*.
Rome [rɔm] *n* Rom *nt*.
rompis *etc* → **rompre**.
rompre [78] [rɔ̃pr] ◇ *vt* **-1.** [fiançailles] lösen; [relations] ab|brechen; [marché] rückgängig machen. **-2.** *sout* [casser] brechen; **le charme est rompu** der Zauber ist verflogen; **applaudir qqn/qqch à tout ~** jm/einer Sache tosenden Beifall spenden. ◇ *vi* **-1.** [casser] (durch|)-reißen. **-2.** [cesser les relations]: **~ avec qqn** [dans famille] mit jm brechen; [dans couple] sich von jm trennen, mit jm Schluß machen; **~ avec qqch** [tradition, habitudes] mit etw brechen.
◆ **se rompre** *vp* **-1.** [corde] (zer)reißen; [digue, branche] brechen. **-2.** [personne]: **se ~ qqch** sich *(D)* etw brechen.
romps *etc* → **rompre**.
rompu, e [rɔ̃py] ◇ *pp* → **rompre**. ◇ *adj sout* **-1.** [exténué]: **~ (de fatigue)** völlig erschöpft; **~ de travail** vor Arbeit völlig erschöpft. **-2.** [expérimenté]: **~ à qqch** in etw *(D)* gewandt OU geübt.
romsteck = **rumsteck**.
ronce [rɔ̃s] *nf* **-1.** [arbuste] Brombeerstrauch *der*. **-2.** [en ébénisterie] maserwüchsiges Holz.
ronchon, onne [rɔ̃ʃɔ̃, ɔn] *fam* ◇ *adj* knurrig. ◇ *nm, f* Knurrhahn *der*.
ronchonner [3] [rɔ̃ʃɔne] *vi fam* : **~ (après qqn/qqch)** (über jn/etw) knurren.
rond, e [rɔ̃, rɔ̃d] *adj* **-1.** [circulaire, exact] rund; **voilà, ça fait 100 francs tout ~!** so, das wären ganz genau 100 Franc! **-2.** [grassouillet - personne] beleibt; [- ventre] dick, rund; **joues ~es** Pausbacken *Pl*. **-3.** *fam* [ivre] voll, blau.
◆ **rond** ◇ *nm* **-1.** [cercle] Kreis *der*, Rundform *die*. **-2.** [anneau] Ring *der*; **~ de serviette** Serviettenring. **-3.** *fam* [argent]: **des ~s** Kröten *Pl*; **ne plus avoir un ~** keine müde Mark mehr haben. ◇ *adv*: **ça ne tourne pas ~** *fam fig* da ist was faul, da stimmt was nicht.
◆ **ronde** *nf* **-1.** [de surveillance] Rundgang *der*. **-2.** [danse] Reigen *der*; **faire la ~e** Ringelreihen tanzen. **-3.** MUS [note] Ganze *die*. **-4.** *loc*: **à 10 km à la ~e** in einem Umkreis von 10 km.
rond-de-cuir [rɔ̃dkɥir] (*pl* **ronds-de-cuir**) *nm vieilli* & *péj* Büromensch *der*, Schreibstubenhengst *der*.
rondelet, ette [rɔ̃dlɛ, ɛt] *adj* rundlich; **somme ~te** *fig* erkleckliche Summe.
rondelle [rɔ̃dɛl] *nf* Scheibe *die*.
rondement [rɔ̃dmɑ̃] *adv* [efficacement] mit Elan, zügig.
rondeur [rɔ̃dœr] *nf* **-1.** [forme] runde Form, Kreisförmigkeit *die*. **-2.** [partie charnue] Rundung *die*. **-3.** [de caractère] Offenheit *die*.
rondin [rɔ̃dɛ̃] *nm* Rundholz *das*.
rondouillard, e [rɔ̃dujar, ard] *adj fam* pummelig.
rond-point [rɔ̃pwɛ̃] (*pl* **ronds-points**) *nm* [place] kreisförmiger Platz, Kreisel *der*.
ronflant, e [rɔ̃flɑ̃, ɑ̃t] *adj péj* [prétentieux] hochtrabend.
ronflement [rɔ̃fləmɑ̃] *nm* **-1.** [de dormeur] Schnarchen *das*. **-2.** [de moteur] Brummen *das*. **-3.** [de poêle] Böllern *das*.
ronfler [3] [rɔ̃fle] *vi* **-1.** [personne] schnarchen. **-2.** [moteur] brummen.
ronger [17] [rɔ̃ʒe] *vt* **-1.** [grignoter, attaquer] zerfressen; [os] ab|nagen. **-2.** *fig* [miner] aus|mergeln, zermürben.
◆ **se ronger** *vp*: **se ~ les ongles** an den Nägeln kauen; **se ~ les sangs** sich ab|grämen.
rongeur, euse [rɔ̃ʒœr, øz] *adj* nagend, Nage-.
◆ **rongeur** *nm* Nagetier *das*.
ronron [rɔ̃rɔ̃] *nm* **-1.** [de chat] Schnurren *das*. **-2.** [de moteur] Surren *das*. **-3.** *fig* [routine] Trott *der*; **le ~ de la vie quotidienne** der Alltagstrott.
ronronnement [rɔ̃rɔnmɑ̃] *nm* **-1.** [de chat] Schnurren *das*. **-2.** [de moteur] Surren *das*.
ronronner [3] [rɔ̃rɔne] *vi* **-1.** [chat] schnurren. **-2.** [moteur] surren.
roquefort [rɔkfɔr] *nm* Roquefort(käse) *der*.
roquer [3] [rɔke] *vi* [aux échecs] eine Rochade aus|führen, rochieren.
roquet [rɔkɛ] *nm péj* **-1.** [chien] Kläffer *der*. **-2.** *fig* [personne] Möchtegern *der*, Maulheld *der*.
roquette [rɔkɛt] *nf* MIL Rakete *die*.
rosace [rozas] *nf* Rosette *die*.
rosaire [rozɛr] *nm* Rosenkranz *der*; **réciter son ~** den Rosenkranz beten.
rosâtre [rozatr] *adj* blaßrosa.
rosbif [rɔzbif] *nm* **-1.** [viande] Roastbeef *das*. **-2.** *fam péj* [Anglais] Tommy *der*.
rose [roz] ◇ *nf* [fleur] Rose *die*; **~ trémière** Stockrose; **frais comme une ~** frisch wie der junge Morgen; **envoyer qqn sur les ~s** *fam fig* jn in die Wüste schicken. ◇ *nm* [couleur] Rosa *das*. ◇ *adj* [couleur] rosa(farben); **~ bonbon** pink, grellrosa.
◆ **rose des vents** *nf* Windrose *die*.

ROSE:
In Frankreich ist die "Rose" das Emblem der Sozialistischen Partei. Daher wird das Adjektiv "rose" oft benutzt, um eine sozialistische Tendenz zu kennzeichnen: "ce maire est un peu moins rose que son prédécesseur".
Der Ausdruck bezieht sich auch auf die "mes-

sageries roses" und den "Minitel rose", Rufnummern für Telefonsex, die man über den Minitel anwählen kann.
Die "villes roses", die Städte Albi, Montauban und Toulouse, sind aus rotem Backstein erbaut. Das "carnet rose" ist der Name für die Rubrik "Hochzeiten und Geburten" in einer Zeitung.

---

rosé, e [roze] *adj* **-1.** [vin] Rosé-. **-2.** [teinte] rosig.
◆ **rosé** *nm* [vin] Rosé(wein) *der.*
roseau, x [rozo] *nm* Schilfrohr *das.*
rosée [roze] *nf* Tau *der.*
roseraie [rozrɛ] *nf* Rosengarten *der.*
rosette [rozɛt] *nf* **-1.** [nœud] Rosette *die.* **-2.** [insigne] Rosettenabzeichen *das.* **-3.** [saucisson]: **~ de Lyon** *luftgetrocknete Dauerwurst.*
rosier [rozje] *nm* Rosenstrauch *der,* Rose *die.*
rosir [32] [rozir] ◇ *vt* leicht erröten lassen. ◇ *vi* leicht erröten.
rosse [rɔs] *fam péj* ◇ *nf* **-1.** *vieilli* [cheval] Gaul *der.* **-2.** [personne] Schinder *der.* ◇ *adj* **-1.** [critique, caricature] scharf, harsch. **-2.** [personne] streng.
rosser [3] [rɔse] *vt* verdreschen, verprügeln.
rosserie [rɔsri] *nf fam* Grobheit *die.*
rossignol [rɔsiɲɔl] *nm* **-1.** [oiseau] Nachtigall *die.* **-2.** *fam* [article invendu] Ladenhüter *der.* **-3.** [passe-partout] Dietrich *der.*
rot [ro] *nm* Rülpser *der;* [de nourrisson] Bäuerchen *das;* **faire son ~** (ein) Bäuerchen machen.
rotatif, ive [rɔtatif, iv] *adj* Dreh-.
◆ **rotative** *nf* Rotationspresse *die.*
rotation [rɔtasjɔ̃] *nf* **-1.** [mouvement] (Achsen)-drehung *die;* [de planète] Umlauf *der.* **-2.** [alternance] abwechselnder Einsatz. **-3.** ÉCON Kreislauf *der.*
roter [3] [rote] *vi fam* rülpsen.
rôti, e [roti] *adj* CULIN Brat-.
◆ **rôti** *nm* CULIN Braten *der;* **~ de porc** Schweinebraten; **~ de veau** Kalbsbraten.
rotin [rɔtɛ̃] *nm* Rattan *das.*
rôtir [32] [rotir] *vt* & *vi* braten; **faire ~** braten, grillen.
◆ **se rôtir** *vp fam fig*: **se ~ au soleil** in der Sonne braten.
rôtisserie [rotisri] *nf* **-1.** [magasin] *Geschäft, in dem gegrilltes Fleisch verkauft wird.* **-2.** [restaurant] Grillrestaurant *das,* Rotisserie *die.*
rôtissoire [rotiswar] *nf* Grillgerät *das.*
rotonde [rɔtɔ̃d] *nf* **-1.** [bâtiment] Rundbau *der.* **-2.** [de bus] Rundsitzbank *die.*
rotor [rɔtɔr] *nm* Rotor *der.*
rotule [rɔtyl] *nf* Kniescheibe *die.*
roturier, ère [rɔtyrje, ɛr] ◇ *adj* nichtadelig. ◇ *nm, f* Nichtadelige *der, die.*
rouage [rwaʒ] *nm*: **les ~s** das Räderwerk.
roublard, e [rublar, ard] *fam* ◇ *adj* gerissen. ◇ *nm, f* gerissener Bursche, gerissenes Weib.
roublardise [rublardiz] *nf fam* **-1.** [de caractère] Gerissenheit *die.* **-2.** *vieilli* [acte] Gaunerei *die.*
rouble [rubl] *nm* Rubel *der.*
roucoulement [rukulmɑ̃] *nm* Gurren *das;* **les ~s** *fig* das Turteln.
roucouler [3] [rukule] *vi* **-1.** [pigeons] gurren. **-2.** *fig* [personnes] zwitschern.
roue [ru] *nf* **-1.** [gén] Rad *das;* **en ~ libre** AUTOM im Freilauf; **~ de secours** Reserverad; **~ arrière** Vorderrad; **~ avant** Hinterrad; **~ dentée** Zahnrad. **-2.** [de loterie] Glücksrad *das.*
rouer [6] [rwe] *vt*: **~ qqn de coups** jn verprügeln.
rouerie [ruri] *nf sout* **-1.** [caractère] Schläue *die.* **-2.** [action] Kniff *der.*
rouet [rue] *nm* [à filer] Spinnrad *das.*
rouge [ruʒ] ◇ *nm* **-1.** [couleur] Rot *das;* **le ~ lui monta aux joues** die Röte stieg ihr ins Gesicht. **-2.** *fam* [vin] Rotwein *der;* **un petit coup de ~?** ein(en) Schluck Rotwein?; **gros ~** *billiger Rotwein.* **-3.** [fard] Rouge *das;* **~ à lèvres** Lippenstift *der.* ◇ *nmf péj* [communiste] Rote *der, die.* ◇ *adj* **-1.** [couleur] rot. **-2.** [visage] rot (angelaufen); **~ de qqch** rot vor etw *(D).* **-3.** [incandescent] rot(glühend). **-4.** *péj* [communiste] rot. ◇ *adv*: **voir ~** rot sehen.
rougeâtre [ruʒatr] *adj* rötlich.
rougeaud, e [ruʒo, od] ◇ *adj* (hoch)rot, rotgesichtig. ◇ *nm, f* Rotgesicht *das.*
rouge-gorge [ruʒgɔrʒ] (*pl* **rouges-gorges**) *nm* Rotkehlchen *das.*
rougeoiement [ruʒwamɑ̃] *nm* rotes Leuchten.
rougeole [ruʒɔl] *nf* Masern *Pl.*
rougeoyer [13] [ruʒwaje] *vi* rot leuchten.
rouget [ruʒɛ] *nm* [poisson] Rotbarbe *die,* Rotbarsch *der.*
rougeur [ruʒœr] *nf* **-1.** [de ciel, de visage] Röte *die.* **-2.** [de peau] roter Fleck.
rougir [32] [ruʒir] ◇ *vt* **-1.** [colorer] röten, rot machen. **-2.** [chauffer] glühen. ◇ *vi* **-1.** [devenir rouge] rot werden; **~ de colère/de honte** vor Wut/Scham erröten. **-2.** [avoir honte]: **ne pas avoir à ~ de qqch** sich nicht für etw schämen müssen.
rougissant, e [ruʒisɑ̃, ɑ̃t] *adj* [ciel] glutrot.
rouille [ruj] ◇ *nf* **-1.** [oxyde] Rost *der.* **-2.** CULIN *Paprikamayonnaise mit Knoblauch.* ◇ *adj inv* rostfarben.
rouiller [3] [ruje] ◇ *vt* rosten. ◇ *vi* (ver)rosten.
◆ **se rouiller** *vp* rosten.
roulade [rulad] *nf* **-1.** [galipette] Rolle *die.* **-2.** CULIN Roulade *die.*

roulant, e [rulɑ̃, ɑ̃t] *adj* **-1.** [objet] Roll-. **-2.** [personnel] fahrend.

roulé, e [rule] *adj* **-1.** [enroulé] Roll-. **-2.** LING gerollt. **-3.** *loc*: **bien ~e** *fam* gut aussehend, knackig.

◆ **roulé** *nm* Biskuitrolle *die*.

rouleau, x [rulo] *nm* **-1.** [gén] Walze *die*; **~ compresseur** Dampfwalze; **~ encreur** Farbwalze; **~ à pâtisserie** Nudelholz *das*. **-2.** [instrument] Roller *der*; [pour peindre] Farbroller *der*. **-3.** [bigoudi] Haarwickler *der*. **-4.** [vague] Brecher *der*.

roulé-boulé [rulebule] (*pl* **roulés-boulés**) *nm*: **faire des roulés-boulés** ab|rollen.

roulement [rulmɑ̃] *nm* **-1.** [action, geste] Rollen *das*. **-2.** [rotation - FIN, de stock] Umschlag *der*; [- de personnel] Schichtarbeit *die*; **~ de capitaux** Kapitalumschlag; **faire un ~** sich ab|wechseln. **-3.** [de tonnerre, de tambour] Grollen *das*, Rollen *das*. **-4.** TECHNOL Lager *das*; **~ à billes** Kugellager.

rouler [3] [rule] ◇ *vt* **-1.** [tonneau, brouette] weg|rollen. **-2.** [tapis] auf|rollen; [cigarette] drehen. **-3.** LING rollen. **-4.** [pâte] aus|rollen; [boulettes] formen. **-5.** *fam* [duper] übers Ohr hauen. ◇ *vi* **-1.** [ballon, bateau] rollen. **-2.** [véhicule, conducteur] fahren. **-3.** [tonnerre] grollen, rollen. **-4.** *fam loc*: **ça roule** die Sache läuft.

◆ **se rouler** *vp* sich rollen; **se ~ en boule** sich zusammen|rollen; **se ~ par terre** sich auf dem Boden (herum|)wälzen.

roulette [rulɛt] *nf* **-1.** [de dentiste] Bohrer *der*. **-2.** [petite roue] Rädchen *das*; **comme sur des ~s** *fam fig* wie geschmiert. **-3.** [jeu] Roulette *das*; **~ russe** russisches Roulette.

roulis [ruli] *nm* Rollen *das*.

roulotte [rulɔt] *nf* [caravane] Wohnwagen *der*; [à cheval] Planwagen *der*.

roulure [rulyr] *nf tfam péj* [prostituée] Nutte *die*.

roumain, e [rumɛ̃, ɛn] *adj* rumänisch.

◆ **roumain** *nm* [langue] Rumänisch(e) *(das)*.

◆ **Roumain, e** *nm, f* Rumäne *der*, -nin *die*.

Roumanie [rumani] *nf*: **la ~** Rumänien *nt*.

round [rawnd] *nm* Runde *die*.

roupiller [3] [rupije] *vi fam* ratzen, pofen.

roupillon [rupijɔ̃] *nm fam* : **piquer un (petit) ~** ein Nickerchen machen.

rouquin, e [rukɛ̃, in] *fam* ◇ *adj* rothaarig. ◇ *nm, f* Rotkopf *der*, rothaarige Person.

rouspéter [18] [ruspete] *vi fam* meckern.

rousse → **roux**.

rousseur [rusœr] *nf* [couleur] Röte *die*; **taches de ~** Sommersprossen *Pl*.

roussi [rusi] *nm* Geruch *der* nach Angebranntem; **ça sent le ~** *fam fig* das gibt Zoff.

roussir [32] [rusir] ◇ *vt* **-1.** [rendre roux] rötlich färben. **-2.** [brûler légèrement] anbrennen lassen. ◇ *vi* **-1.** [feuilles, linge] rötlich werden. **-2.** [caramel, oignons] an|braten.

routage [rutaʒ] *nm* [de journaux] *Zusammenpakken von Zeitungen nach Zustellungsgebieten*.

routard, e [rutar, ard] *nm, f fam* Rucksacktourist *der*, -in *die*.

route [rut] *nf* **-1.** [gén] Straße *die*; **faire de la ~** viel (mit dem Auto) unterwegs sein; **prendre la ~** los|fahren; **~ à grande circulation** Hauptverkehrsstraße; **~ nationale** ≃ Bundesstraße. **-2.** [itinéraire]: **faire fausse ~** sich verfahren; *fig* auf dem Holzweg sein; **montrer la ~ à qqn** jm den Weg zeigen. **-3.** *fig* [voie] Weg *der*. **-4.** *loc*: **mettre en ~** [moteur] in Gang setzen; [projet] in die Wege leiten; **tenir la ~** AUTOM eine gute Straßenlage haben; *fig* Sinn machen.

◆ **en route** *loc adv* unterwegs; **en ~!** auf geht's!

routier, ère [rutje, ɛr] *adj* Straßen-.

◆ **routier** *nm* **-1.** [chauffeur] Lkw-Fahrer *der*, -in *die*; **vieux ~** *fig* alter Hase. **-2.** [restaurant] (einfaches) Lokal.

routine [rutin] *nf* Routine *die*.

routinier, ère [rutinje, ɛr] *adj* [travail] Routine-; **esprit ~** Gewohnheitsmensch *der*.

rouvert, e [ruvɛr, ɛrt] *pp* → **rouvrir**.

rouvre *etc* → **rouvrir**.

rouvrir [34] [ruvrir] ◇ *vt* **-1.** [porte, fenêtre, yeux] wieder auf|machen; [livre] wieder auf|schlagen. **-2.** [débat] wieder eröffnen. ◇ *vi* wieder auf|machen.

◆ **se rouvrir** *vp* **-1.** [porte] wieder auf|gehen. **-2.** [plaie] wieder auf|reißen.

roux, rousse [ru, rus] ◇ *adj* **-1.** [cheveux, feuilles] rot. **-2.** [sucre] braun. ◇ *nm, f* Rothaarige *der, die*.

◆ **roux** *nm* **-1.** [couleur] Rot *das*, Rotbraun *das*. **-2.** CULIN Mehlschwitze *die*.

royal, e, aux [rwajal, o] *adj* **-1.** [de roi] Königs-. **-2.** [magnifique] königlich, fürstlich.

royalement [rwajalmɑ̃] *adv* **-1.** [vivre, recevoir] fürstlich. **-2.** [complètement]: **elle s'en moque ~** das juckt sie überhaupt nicht. **-3.** *iron* [généreusement] großzügigerweise.

royaliste [rwajalist] ◇ *nmf* Royalist *der*, -in *die*. ◇ *adj* royalistisch.

royalties [rwajalti] *nfpl* [de brevet] Lizenzgebühr *die*; [d'auteur] Tantieme *die*.

royaume [rwajom] *nm* Königreich *das*; *fig* Reich *das*.

Royaume-Uni [rwajomyni] *nm*: **le ~** das Vereinigte Königreich.

royauté [rwajɔte] *nf* Königtum *das*.

RP ◇ *nfpl* (*abr de* **relations publiques**) PR.

◇ *nf* **-1.** (*abr de* **recette principale**) Hauptfinanzkasse *die*. **-2.** (*abr de* **région parisienne**) Pariser Region *die*.

R.P. (*abr de* **révérend père**) ehrwürdiger Vater.

RPR (*abr de* **Rassemblement pour la République**) *nm national-konservative französische Partei*.

RSVP (*abr de* **répondez s'il vous plaît**) u.A.w.g. *(um Antwort wird gebeten)*.

RTB (*abr de* **Radio-télévision belge**) *nf belgische Fernseh- und Rundfunkanstalt*.

rte (*abr de* **route**) LStr *(Landstraße)*.

RTL (*abr de* **Radio-télévision Luxembourg**) *n* **-1.** [programme] RTL *das*. **-2.** [station] *Luxemburger Fernseh- und Rundfunkanstalt*.

RTVE (*abr de* **Radio-télévision espagnole**) *nf spanische Fernseh- und Rundfunkanstalt*.

RU [ry] (*abr de* **restaurant universitaire**) *nm fam* Mensa *die*.

ruade [ryad] *nf* Ausschlagen *das (sans pl)*.

Ruanda, Rwanda [rwɑ̃da] *nm*: **le ~** Ruanda *nt*, Rwanda *nt*; **au ~** in Ruanda.

ruandais, e [rwɑ̃dɛ, ɛz] *adj* ruandisch, rwandisch.

◆ **ruandais** *nm* [langue] Kinyaruanda *(das)*.

◆ **Ruandais, e** *nm, f* Ruander *der*, -in *die*, Rwander *der*, -in *die*.

ruban [rybɑ̃] *nm* Band *das*; [de machine à écrire] Farbband *das*.

rubéole [rybeɔl] *nf* Röteln *die*.

rubicond, e [rybikɔ̃, ɔ̃d] *adj* hochrot.

rubis [rybi] ◇ *nm* Rubin *der*; **payer ~ sur l'ongle** gleich auf Heller und Pfennig bezahlen. ◇ *adj inv* rubinrot.

rubrique [rybrik] *nf* Rubrik *die*.

ruche [ryʃ] *nf* **-1.** [essaim d'abeilles] Bienenvolk *das*; *fig* Ameisenhaufen *der*. **-2.** [abri de l'essaim] Bienenstock *der*.

rucher [ryʃe] *nm* Bienenhaus *das*.

rude [ryd] *adj* **-1.** [surface] roh. **-2.** [ton, voix] schroff. **-3.** [personne, manières] ungehobelt. **-4.** [hiver, épreuve] hart; [adversaire] hartgesotten. **-5.** [appétit] Mords-.

rudement [rydmɑ̃] *adv* **-1.** [brutalement - répondre] barsch; [- tomber] böse. **-2.** *fam* [très] verdammt.

rudesse [rydɛs] *nf* **-1.** [de climat] Härte *die*. **-2.** [de comportement] Barschheit *die*.

rudimentaire [rydimɑ̃tɛr] *adj* [connaissances] lückenhaft; [installation] spartanisch.

rudiments [rydimɑ̃] *nmpl* Anfangsgründe *Pl*, Abc *das*.

rudoierai *etc* → **rudoyer**.

rudoyer [13] [rydwaje] *vt* unsanft behandeln.

rue [ry] *nf* Straße *die*; **~ piétonnière** Fußgängerzone *die*; **descendre dans la ~** *fig* auf die Straße gehen; **être à la ~** *fig* auf der Straße stehen; **jeter** OU **mettre à la ~** *fig* raus|werfen, hinaus|werfen; **ne pas courir les ~s** *fig* nicht leicht zu finden sein.

ruée [rɥe] *nf* Ansturm *der*; **la ~ vers l'or** der Goldrausch.

ruelle [rɥɛl] *nf* Gasse *die*.

ruer [7] [rɥe] *vi* aus|schlagen.

◆ **se ruer** *vp*: **se ~ sur qqn/qqch** sich auf jn/etw stürzen.

rugby [rygbi] *nm* Rugby *das*; **~ à treize/quinze** Rugby mit dreizehn/fünfzehn Spielern.

rugir [32] [ryʒir] ◇ *vt* aus|stoßen. ◇ *vi* **-1.** [animal, personne] brüllen. **-2.** [moteur] auf|heulen. **-3.** [vent] heulen. **-4.** [mer] tosen.

rugissement [ryʒismɑ̃] *nm* **-1.** [de lion] Brüllen *das*. **-2.** [de personne] Geheul *das*; **~ de colère** Wutgeheul. **-3.** [de moteur] Aufheulen *das*. **-4.** [de vent] Heulen *das*. **-5.** [de mer] Tosen *das*.

rugosité [rygozite] *nf* Rauheit *die (sans pl)*; **présenter des ~s** rauhe Stellen auf|weisen.

rugueux, euse [rygø, øz] *adj* rauh; [sol] uneben.

ruine [rɥin] *nf* **-1.** [de construction] Ruine *die*; **tomber en ~s** verfallen. **-2.** [effondrement, perte] Ruin *der*. **-3.** [vieille bâtisse] (halb)verfallenes Haus. **-4.** [acquisition] teurer Spaß.

ruiner [3] [rɥine] *vt* ruinieren; *iron* & *fig* in den Ruin stürzen.

◆ **se ruiner** *vp* sich ruinieren.

ruineux, euse [rɥinø, øz] *adj* ruinös.

ruisseau, x [rɥiso] *nm* Bach *der*; **des ~x de larmes** Tränenströme.

ruisseler [24] [rɥisle] *vi* [couler] rinnen; **~ de larmes/sueur** tränenüberströmt/schweißnaß sein.

ruissellement [rɥisɛlmɑ̃] *nm* **-1.** [de pluie] Rinnen *das*. **-2.** [de lumière] Funkeln *das*.

rumba [rumba] *nf* Rumba *die*.

rumeur [rymœr] *nf* **-1.** [bruit] Gemurmel *das*. **-2.** [nouvelle] Gerücht *das*.

ruminant, e [ryminɑ̃, ɑ̃t] *adj* wiederkäuend.

◆ **ruminant** *nm* Wiederkäuer *der*.

ruminer [3] [rymine] *vt* wieder|käuen; **~ qqch** *fig* über etw *(D ou A)* grübeln; **~ de mauvais souvenirs** unangenehmen Erinnerungen nach|hängen.

rumsteck, romsteck [rɔmstɛk] *nm* Rumpsteak *das*.

rupestre [rypɛstr] *adj* Fels-.

rupin, e [rypɛ̃, in] *fam* ◇ *adj* betucht. ◇ *nm, f* Krösus *der*; **les ~s** schwerreiche Leute.

rupture [ryptyr] *nf* **-1.** [cassure] Bruch *der*; [de câble, de tendon] Riß *der*. **-2.** *fig* [changement] abrupter Wandel; **~ de style** Stilbruch *der*; **être en ~ de ban avec qqn/qqch** *fig* jm/einer Sache gegenüber von allen Zwängen befreit sein. **-3.** COMM: **être en ~ de stock** nicht liefern können. **-4.** [annulation]: **~ de contrat** Vertragsbruch *der*; **~ de fiançailles** Entlobung *die*; **~ de négociation** Verhandlungsabbruch *der*. **-5.** [séparation] Trennung *die*. **-6.** INFORM: **~ de page** Seitenumbruch *der*.

rural, e, aux [ryral, o] ◇ *adj* ländlich. ◇ *nm, f* Landbewohner *der*, -in *die*.

ruse [ryz] *nf* List *die*.

rusé, e [ryze] ◇ *adj* listig, schlau. ◇ *nm, f* Schlitzohr *das*.

ruser [3] [ryze] *vi* eine List an|wenden; **~ avec qqn** jn überlisten.

rush [rœʃ] (*pl* **rushs** OU **rushes**) *nm* Ansturm *der*.
◆ **rushes** *nmpl* CIN erste Kopie *(sans pl)*.

russe [rys] ◇ *adj* russisch. ◇ *nm* [langue] Russisch(e) *(das)*.
◆ **Russe** *nmf* Russe *der*, -sin *die*; **Russe blanc** HIST Weißrusse *der*, -sin *die*.

Russie [rysi] *nf*: **la ~** Rußland *nt*.

Rustine® [rystin] *nf* Flicken *der (für Fahrrad)*.

rustique [rystik] ◇ *nm* rustikaler Stil. ◇ *adj* **-1.** [mobilier] rustikal. **-2.** [manières] bäurisch.

rustre [rystr] *péj* ◇ *nmf* Bauerntölpel *der*. ◇ *adj* ungehobelt.

rut [ryt] *nm* Brunst *die*; **être en ~** brünstig sein.

rutabaga [rytabaga] *nm* Kohlrabi *der*.

rutilant, e [rytilɑ̃, ɑ̃t] *adj* blitzend.

rutiler [3] [rytile] *vi* blitzen.

R-V *abr de* **rendez-vous**.

Rwanda = **Ruanda**.

rythme [ritm] *nm* **-1.** MUS Rhythmus *der*; **en ~** im Takt. **-2.** [de travail, de production] Tempo *das*. **-3.** [des saisons, des vagues] Rhythmus *der*; **~ cardiaque** Herzrhythmus; **au ~ de deux ou trois fois par semaine** zwei- bis dreimal wöchentlich.

rythmer [3] [ritme] *vt* einen Rhythmus geben; **~ son travail** seine Arbeit ein|teilen.

rythmique [ritmik] ◇ *nf* LITTÉRATURE Rhythmik *die*. ◇ *adj* rhythmisch.

S

s, S [ɛs] *nm inv* **-1.** [lettre] s *das*, S *das*. **-2.** [forme]: **en s** S-förmig; **virage en S** S-Kurve *die*.
◆ **s** (*abr de* **seconde**) s, Sek.
◆ **S** (*abr de* **sud**) S.

s' [s] → **se, si**.

sa → **son**.

SA (*abr de* **société anonyme**) *nf* ≃ AG *die*.

S.A. (*abr de* **Son Altesse**) I.H. *(Ihre Hoheit)*.

sabayon [sabajɔ̃] *nm* Weincremesauce *die*.

sabbat [saba] *nm* **-1.** RELIG Sabbat *der*. **-2.** [de sorcier] Hexensabbat *der*.

sabbatique [sabatik] *adj* **-1.** RELIG: **repos ~** Sabbatruhe *die*. **-2.** [congé]: **année ~** Urlaubsjahr *das*.

sable [sabl] ◇ *nm* Sand *der*; **de ~** Sand-; **~s mouvants** Treibsand *(sans pl)*. ◇ *adj inv* sandfarben.

sablé, e [sable] *adj* **-1.** [route] gestreut. **-2.** CULIN: **pâte ~e** Mürbeteig *der*.
◆ **sablé** *nm* (trockenes) Butterplätzchen.

sabler [3] [sable] *vt* **-1.** [route] streuen. **-2.** [façade] sandstrahlen. **-3.** [boire]: **~ le champagne à l'occasion d'une réjouissance** ein freudiges Ereignis (mit Champagner) begießen.

sableux, euse [sablø, øz] *adj* sandig.
◆ **sableuse** *nf* [de chaussée] Streuwagen *der*.

sablier [sablije] *nm* Sanduhr *die*.

sablière *nf* **-1.** [carrière] Sandgrube *die*. **-2.** [poutre] Grundbalken *der*.

sablon [sablɔ̃] *nm* Feinstsand *der*.

sablonneux, euse [sablɔnø, øz] *adj* sandig.

saborder [3] [sabɔrde] *vt* **-1.** [navire] versenken. **-2.** [entreprise]: **~ qqch** einer Sache *(D)* ein Ende machen.
◆ **se saborder** *vp* sich (selbst) versenken.

sabot [sabo] *nm* **-1.** [chaussure - en bois] Holzschuh *der*; [- en cuir et bois] Clog *der*. **-2.** [de cheval] Huf *der*. **-3.** AUTOM: **~ (de Denver)** Parkkralle *die*; **~ de frein** Bremsklotz *der*.

sabotage [sabɔtaʒ] *nm* **-1.** [volontaire] Sabotage *die*. **-2.** [bâclage] Verpfuschen *das*.

saboter [3] [sabɔte] *vt* **-1.** [volontairement] sabotieren. **-2.** [bâcler] verpfuschen.

saboteur, euse [sabɔtœr, øz] *nm, f* **-1.** [destructeur] Saboteur *der*, -in *die*. **-2.** [mauvais travailleur] Pfuscher *der*, -in *die*.

sabre [sabr] *nm* Säbel *der*.

sabrer [3] [sabre] *vt* **-1.** [texte] zusammen|streichen. **-2.** *fam* [critiquer] verreißen. **-3.** *fam* [travail] hin|schludern. **-4.** *fam* [candidat] durchfallen lassen. **-5.** *vieilli* [avec sabre]: **~ qqn** jm Säbelhiebe verpassen.

sac [sak] *nm* **-1.** [gén] Tasche *die*; **~ à dos** Rucksack *der*; **~ à main** Handtasche; **~ de voyage** Reisetasche. **-2.** [pour grains, charbon] Sack *der*. **-3.** *fam* [argent]: **10 ~s** 100 Franc. **-4.** *sout* [pillage]: **mettre à ~** plündern. **-5.** *loc*: **avoir plus d'un tour dans son ~** mit allen Wassern gewaschen sein; **prendre qqn la main dans le ~** jn auf frischer Tat ertappen; **vider son ~** sein Herz aus|schütten.

◆ **sac de couchage** *nm* Schlafsack *der*.

saccade [sakad] *nf* Stoß *der*.

saccadé, e [sakade] *adj* stoßartig; [façon de parler] abgehackt.

saccage [sakaʒ] *nm* Verwüstung *die*.

saccager [17] [sakaʒe] *vt* **-1.** [piller] plündern. **-2.** [dévaster] verwüsten; [travail] zunichte machen.

saccharine [sakarin] *nf* Saccharin *das*.

SACEM, Sacem [sasɛm] (*abr de* **Société des auteurs, compositeurs et éditeurs de musique**) *nf* Gesellschaft *die* für Musikautoren, Komponisten und Musikverleger.

sacerdoce [sasɛrdɔs] *nm* Priesteramt *das*; *fig* aufopferungsvolle Aufgabe.

sacerdotal, e, aux [sasɛrdɔtal, o] *adj* Priester-.

sache *etc* → **savoir**.

sachet [saʃɛ] *nm* Tüte *die*; **~ de thé** Teebeutel *der*.

sacoche [sakɔʃ] *nf* **-1.** [sac] Umhängetasche *die*. **-2.** [d'écolier] Schulranzen *der*. **-3.** [de médecin] Arztkoffer *der*. **-4.** [à outils] Werkzeugtasche *die*. **-5.** [de bicyclette] Satteltasche *die*.

sac-poubelle [sakpubɛl] (*pl* **sacs-poubelle**) *nm* Müllbeutel *der*.

sacquer, **saquer** [3] [sake] *vt fam* **-1.** [employé] feuern. **-2.** [élève]: **~ qqn** js Noten herunter|drücken. **-3.** *loc*: **ne pas pouvoir ~ qqn** *fam* jn nicht ausstehen können.

sacraliser [3] [sakralize] *vt*: **~ qqn** jn als Heiligen verehren.

sacre [sakr] *nm* **-1.** [de roi] Krönung *die*. **-2.** [d'évêque] Weihe *die*.

sacré, e [sakre] *adj* **-1.** [gén] heilig; **édifice ~** Sakralbau *der*; **musique ~e** Kirchenmusik *die*. **-2.** *fam* [maudit] verflixt. **-3.** *fam* [considérable]: **il a un ~ courage** er hat verdammt viel Mut.

sacrement [sakrəmɑ̃] *nm* Sakrament *das*; **les derniers ~s** die Letzte Ölung.

sacrément [sakremɑ̃] *adv fam* ganz schön; **elle est ~ contente de** sie freut sich riesig über *(+ A)*.

sacrer [3] [sakre] *vt* **-1.** [roi] krönen. **-2.** [évêque]: **~ qqn évêque** jn zum Bischof weihen. **-3.** [déclarer]: **~ qqn qqch** jn zu etw ernennen.

sacrifice [sakrifis] *nm* Opfer *das*; **faire un ~** ein Opfer bringen.

sacrifié, e [sakrifje] *adj* **-1.** [personne] geopfert. **-2.** COMM: **prix ~** Schleuderpreis *der*.

sacrifier [9] [sakrifje] ◇ *vt* **-1.** [abandonner]: **~ qqch (pour qqn/qqch)** (jm/etw) etw opfern; **~ qqch pour faire qqch** etw opfern, um etw zu tun. **-2.** [négliger]: **~ qqn/qqch à qqn/qqch** jn/etw zugunsten jm/etw auf|geben. ◇ *vi sout*: **~ à qqch** sich einer Sache *(D)* unter|werfen.

◆ **se sacrifier** *vp* [se dévouer]: **se ~ à** OU **pour qqn/qqch** sich für jn/etw auf|opfern.

sacrilège [sakrilɛʒ] ◇ *adj* gotteslästerlich; *fig* frevelhaft. ◇ *nm* Gotteslästerung *die*; *fig* Schande *die*. ◇ *nmf* Frevler *der*, -in *die*.

sacristain [sakristɛ̃] *nm* Küster *der*, -in *die*.

sacristie [sakristi] *nf* Sakristei *die*.

sacro-saint, e [sakrɔsɛ̃, ɛ̃t] (*mpl* **sacro-saints,** *fpl* **sacro-saintes**) *adj iron* allerheiligste, -r, -s.

sadique [sadik] ◇ *nmf* Sadist *der*, -in *die*. ◇ *adj* sadistisch.

sadisme [sadism] *nm* Sadismus *der*.

sadomaso [sadɔmazo] (*abr de* **sadomasochiste**) *adj fam* sadomasochistisch.

sadomasochiste [sadɔmazɔʃist] ◇ *nmf* Sadomasochist *der*, -in *die*. ◇ *adj* sadomasochistisch.

safari [safari] *nm* Safari *die*.

safari-photo [safarifɔto] (*pl* **safaris-photos**) *nm* Fotosafari *die*.

SAFER, Safer [safɛr] (*abr de* **Société d'aménagement foncier et d'établissement régional**) *nf* *französische Gesellschaft zur Gestaltung der Agrarstruktur und den Einsatz landwirtschaftlicher Betriebe.*

safran [safrɑ̃] ◇ *nm* **-1.** [épice] Safran *der*. **-2.** [de gouvernail] Ruderblatt *das*. ◇ *adj inv* safrangelb.

saga [saga] *nf* **-1.** [conte] Saga *die*. **-2.** [de famille] Geschichte *die*.

sagace [sagas] *adj* scharfsinnig.

sagacité [sagasite] *nf* Scharfsinn *der*.

sagaie [sage] *nf* Speer *der*.

sage [saʒ] ◇ *nm* Weise *der*, *die*. ◇ *adj* **-1.** [conseil] weise, klug. **-2.** [enfant, chien] **brav, artig**. **-3.** [jeune fille] anständig. **-4.** [goûts, vêtement, propos] maßvoll.

sage-femme [saʒfam] (*pl* **sages-femmes**) *nf* Hebamme *die*.

sagement [saʒmɑ̃] *adv* **-1.** [conseiller, agir] klug. **-2.** [attendre] brav.

sagesse [saʒɛs] *nf* **-1.** [bon sens] Weisheit *die*, Klugheit *die*; **la voix de la ~** die Stimme der Vernunft. **-2.** [docilité] Folgsamkeit *die*.

Sagittaire [saʒitɛr] *nm* ASTRON & ASTROL Schütze *der*; **sous le signe du ~** im Zeichen des Schützen.

sagouin, e [sagwɛ̃, in] *nm, f fam* Schmierfink *der*.

◆ **sagouin** *nm* ZOOL Pinseläffchen *das*.

Sahara [saara] *nm*: **le ~** die Sahara; **au ~** in der Sahara; **le ~ occidental** die Westsahara.

saharien, enne [saarjɛ̃, ɛn] *adj* aus der Sahara.

◆ **saharienne** *nf* Safarijacke *die*.

◆ **Saharien, enne** *nm, f* Einwohner *der*, -in *die* der Sahara.

saignant, e [sɛɲɑ̃, ɑ̃t] *adj* **-1.** [blessure] blutend, blutig. **-2.** [viande] (nur) halb gebraten. **-3.** *fam* [critique]: **c'était ~!** es ging hart zu!

saignée [seɲe] *nf* **-1.** MÉD & *fig* Aderlaß *der*. **-2.** [pli du bras] Armbeuge *die*. **-3.** [dans mur, dans sol] Rinne *die*.

saignement [sɛɲmɑ̃] *nm* Blutung *die*.

saigner [4] [seɲe] ◇ *vt* **-1.** MÉD zur Ader lassen. **-2.** [animal] ab|stechen. ◇ *vi* bluten.

◆ **se saigner** *vp*: **se ~ aux quatre veines** *fig* sein Letztes her|geben.

saillant, e [sajɑ̃, ɑ̃t] *adj* hervortretend, hervorstehend.

sailli, e [saji] *pp* → **saillir**.

saillie [saji] *nf* **-1.** [avancée] Vorsprung *der*; **en ~** vorspringend. **-2.** [accouplement] Begattung *die*.

saillir[1] [50] [sajir] *vi* hervor|springen.

saillir[2] [32] [sajir] *vt* bespringen.

sain, e [sɛ̃, sɛn] *adj* **-1.** [gén] gesund; **~ et sauf** wohlbehalten. **-2.** [lectures, goûts] vernünftig.

saindoux [sɛ̃du] *nm* Schweineschmalz *das*.

sainement [sɛnmɑ̃] *adv* **-1.** [vivre] gesund. **-2.** [raisonner] vernünftig.

saint, e [sɛ̃, sɛ̃t] ◇ *adj* heilig; **l'histoire ~e** die biblische Geschichte; **la Sainte Vierge** die Heilige Jungfrau Maria; **avoir une ~e horreur de qqch** eine heilige Abscheu vor etw haben. ◇ *nm, f* Heilige *der, die*; **le ~ des ~s** das Allerheiligste.

saint-bernard [sɛ̃bɛrnar] *nm inv* **-1.** [chien] Bernhardiner *der*. **-2.** *fig* [personne] (barmherziger) Samariter.

saintement [sɛ̃tmɑ̃] *adv* heilig.

saint-émilion [sɛ̃temiljɔ̃] *nm inv französischer Bordeaux-Rotwein*.

sainte-nitouche [sɛ̃tnituʃ] (*pl* **saintes-nitouches**) *nf péj* Unschuldsengel *der*.

Saint-Esprit [sɛ̃tɛspri] *nm*: **le ~** der Heilige Geist.

sainteté [sɛ̃tte] *nf* Heiligkeit *die*; **Sa Sainteté** [titre] Seine Heiligkeit.

Saint-Gall [sɛ̃gal] *n* Sankt Gallen *nt*.

saint-glinglin [sɛ̃glɛ̃glɛ̃]

◆ **à la saint-glinglin** *loc adv fam* am Nimmerleinstag.

saint-honoré [sɛ̃tɔnɔre] *nm inv Windbeutel mit Cremefüllung*.

Saint-Marin [sɛ̃marɛ̃] *n* San Marino *nt*; **à ~** in San Marino.

saint-marinais, e [sɛ̃marinɛ, ɛz] *adj* sanmarinesisch.

◆ **Saint-Marinais, e** *nm, f* Sanmarinese *der*, -sin *die*; **les Saint-Marinais** die Sanmarinesen.

Saint-Père [sɛ̃pɛr] *nm* Heiliger Vater.

Saint-Pétersbourg [sɛ̃petɛrsbur] *n* Sankt Petersburg *nt*.

Saint-Pierre [sɛ̃pjɛr] *n*: **la basilique ~** die Peterskirche, der Petersdom.

Saint-Siège [sɛ̃sjɛʒ] *nm*: **le ~** der Heilige Stuhl.

Saint-Sylvestre [sɛ̃silvɛstr] *nf*: **la ~** Silvester *das* OU *der*.

sais *etc* → **savoir**.

saisie [sezi] *nf* **-1.** JUR & FIN Pfändung *die*. **-2.** INFORM Datenerfassung *die*; **erreur de ~** Erfassungsfehler *der*.

saisir [32] [sezir] *vt* **-1.** [empoigner] ergreifen; [avec force] packen; **~ qqn aux épaules/à la gorge** jn an der Schulter/an der Gurgel packen; **~ une occasion** eine Gelegenheit ergreifen. **-2.** JUR & FIN pfänden. **-3.** INFORM erfassen, ein|geben. **-4.** [comprendre] begreifen. **-5.** [surprendre]: **être saisi par qqch** (zutiefst) beeindruckt sein. **-6.** CULIN an|braten.

◆ **se saisir** *vp*: **se ~ de qqn** jn in seine Gewalt bringen; **se ~ de qqch** [prendre] etw an sich *(A)* reißen; [se charger de] etw übernehmen.

saisissant, e [sezisɑ̃, ɑ̃t] *adj* **-1.** [spectacle] ergreifend; [ressemblance] frappierend. **-2.** [froid] durchdringend.

saisissement [sezismɑ̃] *nm* [émotion] Ergriffenheit *die*.

saison [sɛzɔ̃] *nf* **-1.** [de l'année] Jahreszeit *die*; **la belle ~** die warme Jahreszeit. **-2.** [époque] Zeit *die*; **c'est la bonne/mauvaise ~ pour qqch** das ist die richtige/falsche Zeit für etw; **c'est la bonne/mauvaise ~ pour faire qqch** das ist die richtige/falsche Zeit, um etw zu tun; **la ~ des amours** Paarungszeit. **-3.** [touristique] Saison *die*; **hors ~** außerhalb der Saison; **~ creuse** Nebensaison; **basse ~** Nachsaison; **haute ~** Hochsaison; **~ morte** flaue Saison.

saisonnalité [sɛzɔnalite] *nf* Saisoncharakter *der*.

saisonnier, ère [sɛzɔnje, ɛr] ◇ *adj* saisonabhängig. ◇ *nm, f* Saisonarbeiter *der*, -in *die*.

saké [sake] *nm* Sake *der*.

salace [salas] *adj sout* lüstern.

salade [salad] *nf* **-1.** [plante, plat] Salat *der*; **~ de fruits** Obstsalat; **~ niçoise** *gemischter Salat mit Bohnen, Sardellen und Oliven*. **-2.** *fam* [méli-mélo] Kuddelmuddel *das*. **-3.** *fam* [baratin] Gewäsch *das*; **raconter des ~s** flunkern; **ne me raconte pas de ~s** hör auf, mir was vorzuflunkern; **vendre sa ~** *fig* (seine) Lügengeschichten auf|tischen.

saladier [saladje] *nm* Salatschüssel *die*.

salaire [salɛr] *nm* **-1.** [rémunération - de cadre] Gehalt *das*; [- d'ouvrier] Lohn *der*; **~ de base** Grundgehalt; **~ brut** Bruttogehalt; **~ net** Nettogehalt. **-2.** [récompense] Lohn *der*.

salaison [salɛzɔ̃] *nf* **-1.** [procédé] Pökeln *das*. **-2.** [aliment - de poisson] eingesalzener Fisch; [- de viande] Pökelfleisch *das*.

salamalecs [salamalɛk] *nmpl fam* (umständliche) Höflichkeitsbekundungen *Pl*.

salamandre [salamɑ̃dr] *nf* Salamander *der*.

salami [salami] *nm* Salami *die*.

salant [salɑ̃] *adj m* Salz-; **marais ~** Salzgarten *der*.

salarial, e, aux [salarjal, o] *adj* Lohn-.

salariat [salarja] *nm* **-1.** [système] Angestelltenstatus *der*. **-2.** [salariés] Arbeitnehmer *Pl*.

salarié, e [salarje] ◇ *adj* **-1.** [personne] angestellt; **personne ~e** Angestellte *der, die*. **-2.** [travail] unselbständig. ◇ *nm, f* [personne] Beschäftigte *der, die*.

salaud [salo] *vulg* ◇ *nm péj* Schweinehund *der*. ◇ *adj m* gemein.

sale [sal] *adj* **-1.** [linge, couleur] schmutzig. **-2.** *fam* [déplaisant] eklig, fies; [coup] schlimm, übel; **~ tour** Gemeinheit *die*. **-3.** *péj* [bête] blöd. **-4.** *loc*: **avoir une ~ tête** [fatigué] schlecht aus|sehen.

salé, e [sale] *adj* **-1.** [eau, lac] Salz-; [beurre] gesalzen; [poisson] eingesalzen; [viande] Pökel-. **-2.** [histoire] deftig. **-3.** *fam* [addition] gesalzen, gepfeffert.

◆ **salé** *nm* **-1.** [aliment salé] Salzige *das*; **je préfère le ~ au sucré** ich esse lieber Salziges als Süßes. **-2.** [porc]: **petit ~ aux lentilles** *Kasseler mit Linsen*.

salement [salmɑ̃] *adv* **-1.** [malproprement]: **manger ~** wie ein Ferkel essen. **-2.** *fam* [très] ganz schön.

saler [3] [sale] *vt* **-1.** [plat] salzen. **-2.** [poisson, viande] ein|salzen. **-3.** [route] streuen. **-4.** *fam* [exagérer]: **~ la note** bei der Rechnung gewaltig zu|schlagen.

saleté [salte] *nf* **-1.** [de lieu] Unsauberkeit *die*; [de personne] Schmuddeligkeit *die*. **-2.** [salissure] Dreck *der (sans pl)*. **-3.** *fam* [pacotille] Ramsch *der*. **-4.** *fam* [maladie] Seuche *die*. **-5.** [obscénité] Schweinerei *die*. **-6.** [action] Gemeinheit *die*; **faire une ~ à qqn** jm einen gemeinen Streich spielen. **-7.** *fam péj* [personne] Miststück *das*.

salière [saljɛr] *nf* Salzstreuer *der*; **~ poivrière** Salz- und Pfefferstreuer.

salin, e [salɛ̃, in] *adj* salzhaltig.

salir [32] [salir] *vt* **-1.** [linge, mains] dreckig machen, beschmutzen. **-2.** [réputation] beflecken; [personne] in den Schmutz ziehen.

◆ **se salir** *vp* **-1.** [personne] sich dreckig machen, sich beschmutzen. **-2.** [vêtement] schmutzig werden.

salissant, e [salisɑ̃, ɑ̃t] *adj* **-1.** [travail] dreckig. **-2.** [tissu] schmutzempfindlich.

salissure [salisyr] *nf* Fleck *der*.

salivaire [salivɛr] *adj* Speichel-.

salive [saliv] *nf* Speichel *der*, Spucke *die*; **dépenser beaucoup de ~** *fam fig* quasseln; **perdre sa ~** *fam fig* sich den Mund fusselig reden.

saliver [3] [salive] *vi* Speichel ab|sondern; **faire ~ qqn** *fig* jm das Wasser im Munde zusammenlaufen lassen.

salle [sal] *nf* **-1.** [pièce] Raum *der*; **~ d'attente** Wartezimmer *das*; **~ de bains** Badezimmer *das*; **~ d'eau** Waschraum; **~ d'embarquement** Abflugwartehalle *die*, Wartehalle *die*; **~ des machines** Maschinenraum; **~ à manger** Eßzimmer *das*; **~ non-fumeur** Raum für Nichtraucher; **~ d'opération** OP-Saal *der*, Operationssaal *der*; **~ de séjour** Wohnzimmer *das*. **-2.** [de spectacle, public] Saal *der*; **~ de cinéma** Vorführraum *der*.

salmigondis [salmigɔ̃di] *nm* Mischmasch *der*.

salmis [salmi] *nm* Wildragout *das*.

salmonellose [salmɔneloz] *nf* Salmonellose *die*.

salon [salɔ̃] *nm* **-1.** [de maison] Wohnzimmer *das*, Salon *der*. **-2.** [commerce]: **~ de coiffure** Friseursalon *der*; **~ de thé** Tea-Room *der*. **-3.** [foire-exposition] Messe *die*.

salopard [salɔpar] *nm tfam péj* Halunke *der*.

salope [salɔp] *nf vulg péj* Schlampe *die*.

saloper [3] [salɔpe] *vt fam* **-1.** [vêtement] versauen. **-2.** [travail] (hin|)schludern.

saloperie [salɔpri] *nf tfam* **-1.** [pacotille] Schund *der*; [aliment] Junk-Food *das*, Mist *der*. **-2.** [maladie] Seuche *die*. **-3.** [salissure] Dreck *der*. **-4.** [action, propos] Gemeinheit *die*.

salopette [salɔpɛt] *nf* Latzhose *die*.

salpêtre [salpɛtr] *nm* Salpeter *der*.

salsa [salsa] *nf* Salsa *der*.

salsifis [salsifi] *nm* Schwarzwurzel *die*.

SALT [salt] (*abr de* **Strategic Arms Limitations Talks**) *n* SALT-Verhandlungen *Pl.*

saltimbanque [saltɛ̃bɑ̃k] *nmf* Gaukler *der*, -in *die*.

salubre [salybr] *adj* hygienisch einwandfrei; [climat] gesund.

salubrité [salybrite] *nf* hygienische Unbedenklichkeit; **la ~ publique** Hygienebedingungen *Pl.*

saluer [7] [salɥe] *vt* **-1.** [dire bonjour à] grüßen. **-2.** [accueillir] begrüßen. **-3.** [dire au revoir à] sich verabschieden. **-4.** MIL: **~ qqn/qqch** vor jm/etw salutieren; *fig* jm/etw seine Anerkennung aus|sprechen.

◆ **se saluer** *vp* sich grüßen.

salut [saly] ◇ *nm* **-1.** [signe] Gruß *der*. **-2.** [d'acteur] Verbeugung *die*. **-3.** [sauvegarde] Rettung *die*. **-4.** [de l'âme] Seelenheil *das*, Heil *das*. ◇ *interj fam* : **~!** [bonjour] hallo!; [au revoir] tschüs!

salutaire [salytɛr] *adj* **-1.** [conseil, réflexion] nützlich; [épreuve] heilsam. **-2.** [remède, repos] wohltuend.

salutation [salytasjɔ̃] *nf* Gruß *der*.

◆ **salutations** *nfpl*: **veuillez agréer mes ~s distinguées** mit freundlichen Grüßen, hochachtungsvoll; **avec mes sincères ~s** mit besten Grüßen.

salutiste [salytist] ◇ *nmf* Mitglied *das* der Heilsarmee. ◇ *adj* Heilsarmee-.

Salvador [salvadɔr] *nm*: **le ~** El Salvador *nt*; **au ~** in El Salvador.

salvadorien, enne [salvadɔrjɛ̃, ɛn] *adj* salvadorianisch.

◆ **Salvadorien, enne** *nm, f* Salvadorianer *der*, -in *die*.

salve [salv] *nf* [d'arme, de rire] Salve *die*; **~ d'applaudissements** Beifallssturm *der*.

Salzbourg [salsbur] *n* Salzburg *nt*.

samaritain, e [samaritɛ̃, ɛn] *adj* aus Samaria.

◆ **samaritain** *nm Helv* [secouriste] Sanitäter *der*.

◆ **Samaritain, e** *nm, f* Samariter *der*, -in *die*; **le bon Samaritain** der barmherzige Samariter.

samba [sɑ̃ba] *nf* Samba *die*.

samedi [samdi] *nm* Samstag *der*; **~ dernier/prochain** letzten/nächsten Samstag; **~ matin/midi/après-midi/soir** Samstag morgen/mittag/nachmittag/abend; **le ~ d'avant** vorletzten Samstag; **le ~** [date] (am) Samstag; [en général] samstags; **~ en huit/en quinze** Samstag nächster/übernächster Woche; **un ~ sur deux** jeden zweiten Samstag; **nous sommes** OU **c'est ~** heute ist Samstag; **tous les ~s** jeden Samstag.

Samoa [samɔa] *n* Samoainseln *die*; **à ~** auf den Samoainseln.

samoan, e [samɔɑ̃, an] *adj* samoanisch.

◆ **Samoan, e** *nm, f* Samoaner *der*, -in *die*.

samouraï, samuraï [samuraj] *nm* Samurai *der*.

samovar [samɔvar] *nm* Samowar *der*.

SAMU, Samu [samy] (*abr de* **Service d'aide médicale d'urgence**) *nm* Rettungsdienst *der*, Notarzt *der*.

samuraï = **samouraï**.

Sana'a [sanaa] *n* Sana *nt*, Sanaa *nt*.

sanatorium [sanatɔrjɔm] *nm* Sanatorium *das*.

sanctifier [9] [sɑ̃ktifje] *vt* heiligen.

sanction [sɑ̃ksjɔ̃] *nf* **-1.** [peine] Bestrafung *die*; [politique] Sanktion *die*; **prendre des ~s contre qqn/qqch** gegen jn/etw vor|gehen; [politique] gegen jn/etw Sanktionen verhängen. **-2.** [ratification] Billigung *die*. **-3.** [conséquence] Preis *der*.

sanctionner [3] [sɑ̃ksjɔne] *vt* **-1.** [punir] bestrafen. **-2.** [ratifier] billigen.

sanctuaire [sɑ̃ktɥɛr] *nm* RELIG **-1.** [d'église] Altarraum *der*. **-2.** [lieu saint] Heiligtum *das*.

sandale [sɑ̃dal] *nf* Sandale *die*.

sandalette [sɑ̃dalɛt] *nf* Sandalette *die*.

Sandow® [sɑ̃do] *nm* **-1.** [attache] Fahrradspanner *der*. **-2.** AÉRON Katapultseil *das*.

sandwich [sɑ̃dwitʃ] (*pl* **sandwiches** OU **sandwichs**) *nm* Sandwich *das*; **homme ~** Sandwichmann *der*; **prendre en ~** *fam* ein|klemmen; **être pris en ~** *fam* eingeklemmt sein.

sang [sɑ̃] *nm* Blut *das*; **en ~** blutüberströmt; **il a le rythme dans le ~** *fam* der Rhythmus liegt ihm im Blut; **un pur ~** ein Vollblüter; **se faire du mauvais ~** OU **un ~ d'encre** *fig* sich verrückt machen; **suer ~ et eau** *fig* Blut und Wasser schwitzen.

sang-froid [sɑ̃frwa] *nm inv* Kaltblütigkeit *die*; **de ~** kaltblütig; **perdre son ~** die Nerven verlieren; **conserver** OU **garder son ~** kaltes Blut bewahren.

sanglant, e [sɑ̃glɑ̃, ɑ̃t] *adj* **-1.** [combat] blutig. **-2.** *fig* vernichtend.

sangle [sɑ̃gl] *nf* Gurt *der*.

sangler [3] [sɑ̃gle] *vt* gurten.

sanglier [sɑ̃glije] *nm* Wildschwein *das*.

sanglot [sɑ̃glo] *nm* Schluchzer *der*; **éclater en ~s** zu schluchzen beginnen.

sangloter [3] [sɑ̃glɔte] *vi* schluchzen.

sangria [sɑ̃grija] *nf* Sangria *die*.

sangsue [sɑ̃sy] *nf* **-1.** ZOOL Blutegel *der*. **-2.** *sout* [personne, rapace] Blutsauger *der*. **-3.** *fam* [importun] Klette *die*.

sanguin, e [sɑ̃gɛ̃, in] *adj* **-1.** ANAT Blut-. **-2.** [couleur de sang] blutrot; **orange ~e** Blutorange *die*. **-3.** [tempérament] sanguinisch.

sanguinaire [sɑ̃ginɛr] *adj* **-1.** [tyran] blutrünstig. **-2.** [brute] blutig.
sanguine [sɑ̃gin] *nf* **-1.** GÉOL Roteisenstein *der*. **-2.** ART Rötelzeichnung *die*. **-3.** [crayon] Rötel(stift) *der*.
sanguinolent, e [sɑ̃ginɔlɑ̃, ɑ̃t] *adj* blutig.
Sanisette® [sanizɛt] *nf selbstreinigendes öffentliches WC.*
sanitaire [sanitɛr] *adj* **-1.** [service, mesure] Gesundheits-. **-2.** [installation, appareil] sanitär.
◆ **sanitaires** *nmpl* Sanitäreinrichtungen *Pl.*
sans [sɑ̃] ◇ *prép* ohne; **~ faire qqch** ohne etw zu tun; **~ défense** schutzlos *(adj)*; **~ retenue** hemmungslos *(adv)*. ◇ *adv* ohne.
◆ **non sans** *loc prép*: **non ~ hésitation** allerdings nur unter Zögern; **nous y sommes arrivés non ~ peine** mit viel Mühe haben wir es geschafft; **non ~ avoir vérifié** nicht ohne überprüft zu haben.
◆ **sans plus** *loc adv* mehr nicht.
◆ **sans que** *loc conj (+ subjonctif)* ohne daß; **~ que tu le saches** ohne daß du es weißt.
◆ **sans quoi** *loc adv* sonst.
sans-abri [sɑ̃zabri] *nmf inv* Obdachlose *der, die*.
San Salvador [sɑ̃salvadɔr] *n* San Salvador *nt*.
sanscrit [sɑ̃skri] *nm* Sanskrit *das*.
sans-emploi [sɑ̃zɑ̃plwa] *nmf inv* Stellungslose *der, die*.
sans-gêne [sɑ̃ʒɛn] ◇ *nm inv* Unverschämtheit *die*. ◇ *nmf inv* unverschämte Person. ◇ *adj inv* unverschämt.
sanskrit [sɑ̃skri] *nm* Sanskrit *das*.
sans-le-sou [sɑ̃lsu] *nmf inv fam* Hungerleider *der, -in die*.
sans-logis [sɑ̃lɔʒi] *nmf inv* Obdachlose *der*, Wohnungslose *die*.
sansonnet [sɑ̃sɔnɛ] *nm* Star *der*.
sans-travail [sɑ̃travaj] *nmf inv* Arbeitslose *der, die*.
santal [sɑ̃tal] *nm* Sandelbaum *der*; **bois de ~** Sandelholz *das*.
santé [sɑ̃te] *nf* Gesundheit *die*; **recouvrer la ~** (wieder) gesund werden; **~ de fer** eiserne Gesundheit; **à ta/votre ~!** auf dein/Ihr Wohl!; **boire à la ~ de qqn** auf js Wohl trinken.
santiag [sɑ̃tjag] *nf* Cowboystiefel *der*.
Santiago [sɑ̃tjago] *n* Santiago *nt*.
santon [sɑ̃tɔ̃] *nm* Krippenfigur *die*.
Santorin [sɑ̃tɔrɛ̃] *n* Santorin *nt*, Thera *nt*.
Sao Paulo [saopolo] *n* **-1.** [ville] São Paulo *nt*. **-2.** [État]: **l'État de ~** der Staat São Paulo.
saoudien, enne [saudjɛ̃, ɛn] *adj* saudiarabisch.
◆ **Saoudien, enne** *nm, f* Saudiaraber *der, -in die*.
saoul = **soûl**.
saouler = **soûler**.
saper [3] [sape] *vt* **-1.** [fondations] unterhöhlen. **-2.** [moral, autorité] unterminieren.
◆ **se saper** *vp fam* sich an|ziehen; **il s'était (bien) sapé** er hat sich schick gemacht.
sapeur [sapœr] *nm* Pionier *der*.
sapeur-pompier [sapœrpɔ̃pje] *(pl* **sapeurs-pompiers)** *nm* Feuerwehrmann *der*.
saphir [safir] *nm* Saphir *der*.
sapidité [sapidite] *nf* Schmackhaftigkeit *die*.
sapin [sapɛ̃] *nm* Tanne *die*; **en ~** aus Tanne; **~ de Noël** Weihnachtsbaum *der*.
sapinière [sapinjɛr] *nf* Tannenwald *der*.
sapristi [sapristi] *interj vieilli*: **~!** verflixt und zugenäht!
saquer = **sacquer**.
S.A.R. *(abr de* **Son Altesse royale)** I.K.H. *(Ihre Königliche Hoheit)*.
sarabande [sarabɑ̃d] *nf* **-1.** MUS Sarabande *die*. **-2.** *fam* [vacarme] Remmidemmi *das*.
Sarajevo [sarajevo] *n* Sarajevo *nt*, Sarajewo *nt*.
sarbacane [sarbakan] *nf* Blasrohr *das*.
sarcasme [sarkasm] *nm* Sarkasmus *der*.
sarcastique [sarkastik] *adj* sarkastisch.
sarcler [3] [sarkle] *vt* jäten.
sarcloir [sarklwar] *nm* Jäthacke *die*.
sarcophage [sarkɔfaʒ] *nm* Sarkophag *der*.
Sardaigne [sardɛɲ] *nf*: **la ~** Sardinien *nt*.
sarde [sard] *adj* sardinisch, sardisch.
◆ **Sarde** *nmf* Sardinier *der, -in die*, Sarde *der, -din die*.
sardine [sardin] *nf* Sardine *die*; **~s à l'huile** Ölsardinen; **être serré comme des ~s** *fam* wie die Ölsardinen zusammengedrängt sein.
sardinerie [sardinri] *nf* Ölsardinenfabrik *die*.
sardonique [sardɔnik] *adj* hämisch.
sari [sari] *nm* [vêtement] Sari *der*.
SARL, Sarl *(abr de* **société à responsabilité limitée)** *nf* GmbH *die*.
sarment [sarmɑ̃] *nm* Ranke *die*.
sarrasin, e [sarazɛ̃, in] *adj* sarazenisch.
◆ **sarrasin** *nm* BOT Buchweizen *der*.
◆ **Sarrasin, e** *nm, f* Sarazene *der, -nin die*.
sarrau [saro] *nm* Kittel *der*.
Sarrebruck [sarbryk] *n* Saarbrücken *nt*.
sarriette [sarjɛt] *nf* Bohnenkraut *das*.
sas [sas] *nm* **-1.** NAVIG & AÉRON Schleuse *die*. **-2.** [d'écluse] Schleusenbecken *das*.
S.A.S. *(abr de* **Son Altesse Sérénissime)** Ihre Durchlaucht.
satané, e [satane] *adj fam (avant n)* verflixt; **où est passé ce ~ gosse?** wo ist dieser Satansbraten?

satanique [satanik] *adj* satanisch.

satellisation [satelizasjɔ̃] *nf* **-1.** AÉRON Satellitenabschuß *der.* **-2.** POLIT Satellitendasein *das.*

satelliser [3] [satelize] *vt* in die Umlaufbahn bringen; **~ un pays** *fig* ein Land zu seinem Satelliten machen.

satellite [satelit] *nm* **-1.** [gén] Satellit *der;* **par ~** über Satellit; **~-relais** Relaissatellit. **-2.** [pignon] Planetenrad *das.*

satiété [sasjete] *nf*: **à ~** (mehr als) genug; *fig* bis zum Gehtnichtmehr.

satin [satɛ̃] *nm* Satin *der.*

satiné, e [satine] *adj* seidig.

◆ **satiné** *nm* Seidenglanz *der.*

satinette [satinɛt] *nf* **-1.** [coton et soie] Halbatlas *der.* **-2.** [coton seul] Baumwollsatin *der.*

satire [satir] *nf* Satire *die.*

satirique [satirik] *adj* satirisch.

satisfaction [satisfaksjɔ̃] *nf* **-1.** [de faim, de désir] Befriedigung *die.* **-2.** [plaisir] Genugtuung *die.*

satisfaire [109] [satisfɛr] ◇ *vt* befriedigen; [faim] stillen. ◇ *vi*: **~ à qqch** einer Sache *(D)* Genüge tun.

◆ **se satisfaire** *vp*: **se ~ de qqch** sich mit etw zufrieden|geben.

satisfaisais *etc* → **satisfaire**.

satisfaisant, e [satisfəzɑ̃, ɑ̃t] *adj* **-1.** [travail] zufriedenstellend. **-2.** [expérience] befriedigend.

satisfait, e [satisfɛ, ɛt] ◇ *pp* → **satisfaire**. ◇ *adj* **-1.** [content]: **~ (de qqch)** (mit etw) zufrieden; **~ ou remboursé** zufrieden oder Geld zurück. **-2.** [curiosité, désir] befriedigt.

satisfasse *etc* → **satisfaire**.

satisferai *etc* → **satisfaire**.

satisfis *etc* → **satisfaire**.

saturation [satyrasjɔ̃] *nf* Sättigung *die.*

saturé, e [satyre] *adj* **-1.** [gaz, marché] gesättigt. **-2.** [personne]: **être ~ de qqch** von etw übersättigt sein; **être ~ de travail** mit Arbeit überhäuft sein.

saturer [3] [satyre] *vt* **-1.** [gaz, marché] sättigen. **-2.** [personne]: **~ qqn de qqch** jn mit etw überhäufen.

satyre [satir] *nm* **-1.** MYTH Satyr *der.* **-2.** [homme lubrique] Lüstling *der.* **-3.** ZOOL Augenfalter *der.*

sauce [sos] *nf* CULIN Soße *die,* Sauce *die;* **en ~** in Soße, Soßen; **~ béchamel** Béchamelsoße; **~ blanche** helle Soße; **~ tartare** ≃ Remouladensoße; **~ tomate** Tomatensoße; **mettre une citation à toutes les ~s** das Zitat muß für alles herhalten.

saucer [16] [sose] *vt*: **~ qqch avec qqch** mit etw die Flüssigkeit von etw auf|saugen; **se faire ~** *fam fig* klatschnaß werden.

saucière [sosjɛr] *nf* Soßenschüssel *die.*

saucisse [sosis] *nf* Wurst *die;* **~ de Francfort** Frankfurter *die;* **~ sèche** luftgetrocknete Wurst.

saucisson [sosisɔ̃] *nm* (Dauer)wurst *die.*

saucissonner [3] [sosisɔne] *fam* ◇ *vi* kalt essen. ◇ *vt* [ficeler] zusammen|schnüren.

sauf[1]**, sauve** [sof, sov] *adj* gerettet.

sauf[2] [sof] *prép* **-1.** [à l'exclusion de]: **~ qqn/qqch** außer jm/etw; **~ que** außer daß. **-2.** [sous réserve] vorbehaltlich einer Sache *(G);* **~ erreur** Irrtum vorbehalten; **~ votre respect** *sout* mit Verlaub.

sauf-conduit [sofkɔ̃dɥi] (*pl* **sauf-conduits**) *nm* Passierschein *der.*

sauge [soʒ] *nf* Salbei *der.*

saugrenu, e [sogrəny] *adj* abstrus.

saule [sol] *nm* Weide *die;* **~ pleureur** Trauerweide.

saumâtre [somatr] *adj* salzhaltig; **la trouver ~** *fam fig* das für einen schlechten Witz halten.

saumon [somɔ̃] ◇ *nm* Lachs *der.* ◇ *adj inv* lachsfarben.

saumoné, e [somɔne] *adj* Lachs-; **rose ~** lachsrosa; **truite ~e** Lachsforelle *die.*

saumure [somyr] *nf* CULIN Salzlake *die.*

sauna [sona] *nm* Sauna *die.*

saupoudrer [3] [sopudre] *vt*: **~ qqch de qqch** CULIN eine Sache mit etw überstreuen; *fig* etw mit etw aus|schmücken.

saupoudreuse [sopudrøz] *nf* Streuer *der.*

saur [sɔr] *adj m*: **hareng ~** Bückling *der.*

saurai *etc* → **savoir**.

saurien [sɔrjɛ̃] *nm* Echse *die.*

saurons [sɔrɔ̃], **saurez** [sɔre] → **savoir**.

saut [so] *nm* Sprung *der.*

saute [sot] *nf* Umschwung *der;* **~ de vent** Winddrehung *die;* **avoir des ~s d'humeur** launisch sein.

sauté, e [sote] *adj* CULIN gebraten; **pommes de terre ~es** Bratkartoffeln *Pl.*

◆ **sauté** *nm* geröstetes Fleisch; **~ de veau** geröstetes Kalbfleisch.

saute-mouton [sotmutɔ̃] *nm inv*: **jouer à ~** Bock springen.

sauter [3] [sote] ◇ *vi* **-1.** [bondir] springen; **~ de joie** *fig* Freudensprünge machen. **-2.** [exploser] in die Luft fliegen. **-3.** [fusible] raus|springen. **-4.** [bouton, chaîne de vélo] ab|springen; [bouchon] hoch|knallen; [serrure] auf|springen. **-5.** *fam* [employé] raus|fliegen. **-6.** *fam* [être annulé] aus|fallen. **-7.** CULIN: **faire ~ qqch** etw an|braten. **-8.** *loc*: **et que ça saute!** *fam* hopphopp! ◇ *vt* **-1.** [fossé, obstacle]: **~ qqch** über etw *(A)* springen. **-2.** [page, repas, classe] überspringen. **-3.** *vulg* [personne] bumsen.

sauterelle [sotrɛl] *nf* Heuschrecke *die.*

sauterie [sotri] *nf vieilli* Tanzfest *das.*

sauternes [sotɛrn] *nm fruchtiger Weißwein aus Bordeaux.*

sauteur, euse [sotœr, øz] ◇ *adj* [insecte] hüpfend. ◇ *nm, f* [athlète] Springer *der,* -in *die.*

◆ **sauteur** *nm* [cheval] Springpferd *das.*

◆ **sauteuse** *nf* CULIN Bratpfanne *die.*

sautiller [3] [sotije] *vi* hüpfen.

sautoir [sotwar] *nm* **-1.** [bijou] (lange) Halskette *die;* **en ~** um den Hals. **-2.** SPORT Sprunganlage *die.*

sauvage [sovaʒ] ◇ *nmf* Wilde *der, die.* ◇ *adj* **-1.** [gén] wild; [plante] wildwachsend. **-2.** [paysage] unberührt. **-3.** [farouche] scheu.

sauvagement [sovaʒmɑ̃] *adv* brutal; **frapper qqn ~** wie wild auf jn ein|schlagen.

sauvageon, onne [sovaʒɔ̃, ɔn] *nm, f* [enfant] unbändiges Kind.

sauvagerie [sovaʒri] *nf* **-1.** [férocité] Barbarei *die.* **-2.** [misanthropie] Menschenscheu *die.*

sauve → **sauf.**

sauvegarde [sovgard] *nf* **-1.** [protection] Schutz *der.* **-2.** INFORM Sichern *das;* [copie] Sicherungskopie *die,* Datensicherung *die.*

sauvegarder [3] [sovgarde] ◇ *vt* **-1.** [réputation, liberté] wahren. **-2.** [monument] schützen. **-3.** INFORM sichern, ab|speichern. ◇ *vi* INFORM sichern.

sauve-qui-peut [sovkipø] *nm inv* Panik *die;* **~!** rette sich wer kann!

sauver [3] [sove] *vt:* **~ qqn/qqch (de qqch)** jn/eine Sache (vor etw *(D)*) retten; **~ les apparences** den Schein wahren.

◆ **se sauver** *vp* **-1.** [fuir] davon|laufen. **-2.** [s'échapper]: **se ~ de qqch** einer Sache *(D)* entkommen.

sauvetage [sovtaʒ] *nm* Rettung *die.*

sauveteur [sovtœr] *nm* Retter *der.*

sauvette [sovɛt]

◆ **à la sauvette** ◇ *loc adv* auf die Schnelle. ◇ *loc adj:* **revendeur à la ~** fliegender Händler.

sauveur [sovœr] *nm* Erlöser *der.*

SAV (*abr de* **service après-vente**) *nm* KD *der (Kundendienst).*

savamment [savamɑ̃] *adv* **-1.** [avec érudition] gelehrt. **-2.** [avec habileté] geschickt.

savane [savan] *nf* Savanne *die.*

savant, e [savɑ̃, ɑ̃t] *adj* **-1.** [érudit] gelehrt. **-2.** [habile] klug. **-3.** [animal] dressiert.

◆ **savant** *nm* Gelehrte *der, die.*

savarin [savarɛ̃] *nm* CULIN *mit Likör getränkter Napfkuchen.*

savate [savat] *nf* **-1.** [pantoufle] Schlappen *der.* **-2.** SPORT *Boxen mit Fußeinsatz.*

saveur [savœr] *nf* **-1.** [goût] Aroma *das.* **-2.** *fig* [de texte] Würze *die.*

Savoie [savwa] *nf:* **la ~** Savoyen *nt.*

savoir[1] [59] [savwar] *vt* **-1.** [gén] wissen; **faire ~ qqch à qqn** jn etw wissen lassen; **tu sais, vous savez** weißt du, wissen Sie; **si j'avais su!** wenn ich das gewußt hätte!; **tu ne peux pas ~ ...!** du ahnst ja nicht ...!; **en ~ long sur qqn/qqch** bestens über jn/etw Bescheid wissen; **que je sache** soweit ich weiß; **pas que je sache** nicht, daß ich wüßte; **reste à ~ si** (es) fragt sich nur, ob; **(ne pas) ~ de quoi il retourne** (nicht) wissen, worum es geht. **-2.** [être capable de] können; **sais-tu conduire**? kannst du fahren?; **~ faire qqch** etw tun können. **-3.** [nom, leçon] kennen.

◆ **se savoir** *vp:* **ça se sait** jeder weiß es; **ça va se ~** das kommt (bestimmt) heraus.

◆ **à savoir** *loc adv* das heißt.

savoir[2] [savwar] *nm* Wissen *das.*

savoir-faire [savwarfɛr] *nm inv* COMM Know-how *das.*

savoir-vivre [savwarvivr] *nm inv* Lebensart *die,* Kultiviertheit *die.*

savon [savɔ̃] *nm* **-1.** [matière, pain] Seife *die.* **-2.** *fam* [réprimande] Gardinenpredigt *die;* **passer un ~ à qqn** jm den Kopf waschen.

savonner [3] [savɔne] *vt* **-1.** [linge] ein|seifen. **-2.** *fam* [réprimander]: **~ qqn** jm den Kopf waschen.

◆ **se savonner** *vp* sich ein|seifen.

savonnette [savɔnɛt] *nf* kleines Seifenstück.

savonneux, euse [savɔnø, øz] *adj* Seifen-.

savourer [3] [savure] *vt* genießen.

savoureux, euse [savurø, øz] *adj* köstlich.

savoyard, e [savwajar, ard] *adj* savoyisch.

◆ **Savoyard, e** *nm, f* Savoyer *der,* -in *die.*

Saxe [saks] *nf:* **la ~** Sachsen *nt.*

saxophone [saksɔfɔn] *nm* Saxophon *das.*

saxophoniste [saksɔfɔnist] *nmf* Saxophonist *der,* -in *die.*

saynète [sɛnɛt] *nf vieilli* Einakter *der.*

SBB (*abr de* **Schweizerische Bundesbahn**) *nf* SBB *die.*

sbire [sbir] *nm péj* Scherge *der.*

sc. *abr de* **scène.**

s/c (*abr de* **sous couvert de**) C/O, bei.

scabreux, euse [skabrø, øz] *adj* **-1.** [propos] anstößig. **-2.** [entreprise] heikel.

scalp [skalp] *nm* [trophée] Skalp *der.*

scalpel [skalpɛl] *nm* Skalpell *das.*

scalper [3] [skalpe] *vt* skalpieren.

scampi [skɑ̃pi] *nmpl* Scampi *Pl.*

scandale [skɑ̃dal] *nm* **-1.** [fait choquant, tapage] Skandal *der*; **faire du ~** Krach schlagen. **-2.** [indignation] Entsetzen *das*.

scandaleusement [skɑ̃daløzmɑ̃] *adv* skandalös.

scandaleux, euse [skɑ̃dalø, øz] *adj* skandalös.

scandaliser [3] [skɑ̃dalize] *vt* empören. ◆ **se scandaliser** *vp*: **se ~ de qqch** an etw *(D)* Anstoß nehmen.

scander [3] [skɑ̃de] *vt* skandieren.

scandinave [skɑ̃dinav] *adj* skandinavisch. ◆ **Scandinave** *nmf* Skandinavier *der*, -in *die*.

Scandinavie [skɑ̃dinavi] *nf*: **la ~** Skandinavien *nt*.

scanner[1] [skanɛr], **scanneur** [skanœr] *nm* Scanner *der*; **saisir qqch avec un ~** etw ein|lesen.

scanner[2] [3] [skane] *vt* ab|tasten, scannen.

scanneur = **scanner** *nm*.

scaphandre [skafɑ̃dr] *nm* **-1.** [de plongeur] Taucheranzug *der*. **-2.** [d'astronaute] Raumanzug *der*.

scaphandrier [skafɑ̃drije] *nm* Taucher *der*.

scarabée [skarabe] *nm* Pillendreher *der*.

scarlatine [skarlatin] *nf* Scharlach *der*.

scarole [skarɔl] *nf* Endivie *die*.

scatologique [skatɔlɔʒik] *adj* skatologisch; **tenir des propos ~s** über schmutzige Dinge reden.

sceau, x [so] *nm* Siegel *das*; **sous le ~ du secret** *fig* unter dem Siegel der Verschwiegenheit.

scélérat, e [selera, at] *sout* ◇ *adj* ruchlos. ◇ *nm, f* Schuft *der*.

sceller [4] [sele] *vt* **-1.** [lettre, porte] versiegeln. **-2.** [promesse] besiegeln. **-3.** CONSTR ein|zementieren.

scellés [sele] *nmpl* (gerichtliche) Siegel *Pl*; **sous ~** (gerichtlich) versiegelt; **être mis sous ~** polizeilich geschlossen werden.

scénario [senarjo] *nm* **-1.** CIN, THÉÂTRE & LITTÉRATURE [histoire] Handlungsablauf *der*. **-2.** CIN [synopsis] Drehbuch *das*. **-3.** *fig* [rituel] Schema *das*.

scénariste [senarist] *nmf* Drehbuchautor *der*, -in *die*.

scène [sɛn] *nf* **-1.** [gén] Szene *die*; **~ de ménage** Ehekrach *der*. **-2.** [estrade] Bühne *die*.

scénique [senik] *adj* Bühnen-; **direction ~** Spielleitung *die*.

scepticisme [sɛptisism] *nm* **-1.** [incrédulité] Skepsis *die*. **-2.** PHILOSOPHIE & RELIG Skeptizismus *der*.

sceptique [sɛptik] ◇ *nmf* Skeptiker *der*, -in *die*. ◇ *adj* skeptisch.

sceptre [sɛptr] *nm* Zepter *das*.

SCH (*abr de* **schilling**) S, öS.

schah, shah [ʃa] *nm* Schah *der*.

schéma [ʃema] *nm* Schema *das*.

schématique [ʃematik] *adj* schematisch.

schématiquement [ʃematikmɑ̃] *adv* **-1.** [par dessin] schematisch. **-2.** [en résumé] in groben Zügen.

schématisation [ʃematizasjɔ̃] *nf* **-1.** [dessin] schematische Darstellung. **-2.** *péj* [généralisation] Schematisierung *die*.

schématiser [3] [ʃematize] *vt* schematisieren.

schisme [ʃism] *nm* **-1.** RELIG Schisma *das*. **-2.** [d'opinion] Spaltung *die*.

schiste [ʃist] *nm* Schiefer *der*.

schizo [skizo] (*abr de* **schizophrène**) *adj fam* schizo.

schizoïde [skizɔid] *adj* schizoid.

schizophrène [skizɔfrɛn] ◇ *nmf* Schizophrene *der, die*. ◇ *adj* schizophren.

schizophrénie [skizɔfreni] *nf* Schizophrenie *die*.

schizophrénique [skizɔfrenik] *adj* schizophren.

schlinguer, chlinguer [3] [ʃlɛ̃ge] *vi tfam* [puer] miefen.

schnock, chnoque [ʃnɔk] *nm fam* : **vieux ~** Kauz *der*, alter Knacker.

schuss [ʃus] ◇ *nm* Schußfahrt *die*. ◇ *adv* im Schuß.

sciatique [sjatik] ◇ *nf* Ischias *der*. ◇ *adj* Ischias-.

scie [si] *nf* **-1.** [outil] Säge *die*; **~ à métaux** Metallsäge; **~ sauteuse** Stichsäge. **-2.** *fam* [rengaine] (alte) Leier.

sciemment [sjamɑ̃] *adv* bewußt, mit (voller) Absicht.

science [sjɑ̃s] *nf* **-1.** [gén] Wissenschaft *die*; **~s humaines** Humanwissenschaften *Pl*; **~s naturelles** Naturwissenschaften *Pl*; **~s sociales** Sozialwissenschaften *Pl*. **-2.** [érudition] Wissen *das*; **je n'ai pas la ~ infuse** mir wurde es auch nicht in die Wiege gelegt.

science-fiction [sjɑ̃sfiksjɔ̃] (*pl* **sciences-fictions**) *nf* Science-fiction *die*.

Sciences Po (*abr de* **école des Sciences Politiques**) *n französische Hochschule für Politikwissenschaft*.

scientifique [sjɑ̃tifik] ◇ *nmf* Wissenschaftler *der*, -in *die*. ◇ *adj* wissenschaftlich.

scientifiquement [sjɑ̃tifikmɑ̃] *adv* wissenschaftlich.

scientisme [sjɑ̃tism] *nm* Szientismus *der*.

scier [9] [sje] *vt* **-1.** [bois] sägen. **-2.** *fam* [surprendre]: **~ qqn** jm die Sprache verschlagen.

scierie [siri] *nf* Sägewerk *das*.

scinder [3] [sɛ̃de] *vt* auf|spalten; **~ en deux** zweiteilen.
◆ **se scinder** *vp*: **se ~ en qqch** sich in etw *(A)* spalten; **se ~ en deux** sich zweiteilen.
scintillant, e [sɛ̃tijɑ̃, ɑ̃t] *adj* funkelnd.
scintillement [sɛ̃tijmɑ̃] *nm* Funkeln *das*.
scintiller [3] [sɛ̃tije] *vi* funkeln.
scission [sisjɔ̃] *nf* Spaltung *die*.
sciure [sjyr] *nf* Sägemehl *das*.
sclérose [skleroz] *nf* Sklerose *die*; *fig* Erstarrung *die*; **~ en plaques** multiple Sklerose.
sclérosé, e [skleroze] *adj* (sklerotisch) verhärtet; *fig* erstarrt.
scléroser [3] [skleroze]
◆ **se scléroser** *vp* (durch Sklerose) verhärten; *fig* erstarren.
scolaire [skɔlɛr] *adj* Schul-; [exposé] schulmeisterlich.
scolarisable [skɔlarizabl] *adj* einschulbar.
scolarisation [skɔlarizasjɔ̃] *nf* Einschulung *die*.
scolariser [3] [skɔlarize] *vt* ein|schulen.
scolarité [skɔlarite] *nf* **-1.** [études] Schulbesuch *der*, Schulausbildung *die*; **il a fait toute sa ~ en France** er ist in Frankreich zur Schule gegangen. **-2.** [durée] Schulzeit *die*.
scolastique [skɔlastik] ◇ *nf* Scholastik *die*. ◇ *adj* scholastisch.
scoliose [skɔljoz] *nf* Skoliose *die*.
scoop [skup] *nm* Scoop *der*.
scooter [skutœr] *nm* Motorroller *der*; **~ des mers** Jetski *der*; **~ des neiges** Schneeflitzer *der*.
scorbut [skɔrbyt] *nm* Skorbut *der*.
score [skɔr] *nm* Ergebnis *das*.
scorie [skɔri] *nf* Schlacke *die*.
scorpion [skɔrpjɔ̃] *nm* Skorpion *der*.
◆ **Scorpion** *nm* ASTRON & ASTROL Skorpion *der*; **sous le signe du Scorpion** im Zeichen des Skorpions.
scotch [skɔtʃ] *nm* [alcool] Scotch *der*.
Scotch® [skɔtʃ] *nm* [adhésif] Tesafilm® *der*.
scotcher [3] [skɔtʃe] *vt* [attacher] (mit Tesafilm) an|kleben; [fermer] (mit Tesafilm) zu|kleben.
scout, e [skut] ◇ *adj* Pfadfinder-. ◇ *nm, f* Pfadfinder *der*, -in *die*.
scoutisme [skutism] *nm* Pfadfinderbewegung *die*.
Scrabble® [skrabl] *nm* Scrabble® *das*.
scribe [skrib] *nm* HIST Schreiber *der*.
scribouillard, e [skribujar, ard] *nm, f péj* Schreiberling *der*.
script [skript] *nm* **-1.** TYPO Blockschrift *die*. **-2.** CIN & TÉLÉ Skript *das*.
scripte [skript] *nf* CIN & TÉLÉ Scriptgirl *das*.
scriptural, e, aux [skriptyral, o] *adj* Buch -.
scrotum [skrɔtɔm] *nm* Hodensack *der*.
scrupule [skrypyl] *nm* **-1.** [cas de conscience] Skrupel *der*; **sans ~s** skrupellos *(adj)*. **-2.** [rigueur, exigence] Gewissenhaftigkeit *die*.
scrupuleusement [skrypyløzmɑ̃] *adv* gewissenhaft.
scrupuleux, euse [skrypylø, øz] *adj* **-1.** [conscience] gewissenhaft. **-2.** [attention] pingelig.
scrutateur, trice [skrytatœr, tris] ◇ *adj* forschend. ◇ *nm, f* POLIT Stimmenzähler *der*, -in *die*.
scruter [3] [skryte] *vt* **-1.** [dans l'obscurité] mustern. **-2.** [horizon] ab|suchen. **-3.** [intention] ergründen.
scrutin [skrytɛ̃] *nm* **-1.** [vote] Wahl *die*; **tour de ~** Wahlgang *der*; **dépouiller un ~** die Stimmen aus|zählen. **-2.** [système] Wahlrecht *das*; **~ majoritaire** Mehrheitswahlrecht; **~ proportionnel** Verhältniswahlrecht.
sculpter [3] [skylte] *vt* **-1.** ART: **~ (qqch)** Skulpturen (aus etw) machen. **-2.** [façonner - pierre] (in Stein) meißeln; [- bois] (aus Holz) schnitzen.
sculpteur [skyltœr] *nm* Bildhauer *der*, -in *die*.
sculptural, e, aux [skyltyral, o] *adj* bildhauerisch; **d'une beauté ~e** *fig* bildschön.
sculpture [skyltyr] *nf* **-1.** ART Bildhauerei *die*. **-2.** [objet] Skulptur *die*.
sdb *abr de* **salle de bains**.
SDF (*abr de* **sans domicile fixe**) *nmf Person ohne festen Wohnsitz*.
SDN (*abr de* **Société des Nations**) *nf* Völkerbund *der*.
se [sə], **s'** *(devant voyelle ou h muet) pron pers* sich; **elle ~ regarde dans le miroir** sie betrachtet sich im Spiegel; **il ~ parle à lui-même** er führt Selbstgespräche; **ils ~ sont rencontrés hier** sie haben sich gestern getroffen; **ce produit ~ vend bien** dieses Erzeugnis verkauft sich gut; **elle ~ lave les mains** sie wäscht sich die Hände; **elles ~ parlaient** sie sprachen miteinander.
S.E. (*abr de* **Son Excellence**) S.E. *(Seine Exzellenz)*.
séance [seɑ̃s] *nf* **-1.** [réunion, période] Sitzung *die*; **lever la ~** die Sitzung auf|heben; **~ extraordinaire** außerordentliche Sitzung; **~ plénière** Plenarsitzung. **-2.** CIN & THÉÂTRE Vorstellung *die*. **-3.** *fam* [crise] Theater *das*. **-4.** *loc*: **~ tenante** stehenden Fußes.
séant, e [seɑ̃, ɑ̃t] *adj sout* schicklich.
◆ **séant** *nm*: **se dresser** OU **se mettre sur son ~** *sout* sich (im Bett) auf|richten.
seau, x [so] *nm* Eimer *der*; **~ à champagne** Champagnerkübel *der*; **~ à glace** Eiskübel *der*.
sébile [sebil] *nf* Schälchen *das*.

sébum [sebɔm] *nm* Talg *der*.

sec, sèche [sɛk, sɛʃ] *adj* **-1.** [gén] trocken. **-2.** [fruits] getrocknet. **-3.** [alcool] pur. **-4.** [maigre] vertrocknet. **-5.** *loc*: **être** OU **rester ~ sur un sujet** *fam* zu einem Thema nichts zu sagen haben.

◆ **sec** ◇ *adv* **-1.** [boire] schwer. **-2.** [frapper] hart; [démarrer] abrupt; **aussi ~** *fam* auf der Stelle. ◇ *nm*: **tenir qqch au ~** etw trocken lagern; **être à ~** [sans eau] versiegt sein; *fam fig* [sans argent] pleite sein.

sécable [sekabl] *adj* teilbar.

SECAM, Secam [sekam] (*abr de* **procédé séquentiel à mémoire**) ◇ *adj* SECAM-. ◇ *nm* SECAM-System *das*.

sécateur [sekatœr] *nm* Gartenschere *die*.

sécession [sesesjɔ̃] *nf* Sezession *die*; **faire ~** abtrünnig werden.

séchage [seʃaʒ] *nm* Trocknen *das*.

sèche [sɛʃ] ◇ *adj* → **sec**. ◇ *nf fam* Glimmstengel *der*.

sèche-cheveux [sɛʃʃəvø] *nm inv* Fön® *der*.

sèche-linge [sɛʃlɛ̃ʒ] *nm inv* Wäschetrockner *der*.

sèche-mains [sɛʃmɛ̃] *nm inv* Händetrockner *der*.

sèchement [sɛʃmɑ̃] *adv* **-1.** [accueillir] kühl. **-2.** [répondre] ruppig.

sécher [18] [seʃe] ◇ *vt* **-1.** [rendre sec] trocknen. **-2.** *arg scol* [manquer] schwänzen. ◇ *vi* **-1.** [linge, route] trocknen. **-2.** [pain] vertrocknen. **-3.** *arg scol* [ne pas répondre] die Antwort nicht wissen.

sécheresse [sɛʃrɛs] *nf* **-1.** [gén] Trockenheit *die*. **-2.** [de ton, de cœur] Schroffheit *die*; **répondre avec ~** schroff antworten.

séchoir [seʃwar] *nm* **-1.** [local] Trockenkammer *die*. **-2.** [appareil - étendoir] (Wäsche)trockner *der*; [- électrique] Haartrockner *der*; **~ à cheveux** Fön *der*.

second, e [səgɔ̃, ɔ̃d] ◇ *adj* zweite,-r,-s. ◇ *nm, f* Zweite *der, die, das*; **le ~ de la classe** der Zweitbeste der Klasse.

◆ **second** *nm* Helfer *der*, -in *die*.

◆ **seconde** *nf* **-1.** [unité de temps, instant] Sekunde *die*; **une ~e!** (eine) Sekunde bitte!; **je reviens dans une ~e** ich bin gleich wieder da. **-2.** SCOL ≃ zehnte Klasse. **-3.** [en train] zweite Klasse; **il voyage en ~e** er reist zweiter Klasse. **-4.** [vitesse] Zweite *der*.

secondaire [səgɔ̃dɛr] ◇ *adj* **-1.** [accessoire] untergeordnet; **rôle ~** Nebenrolle *die*. **-2.** GÉOL: **ère ~** Mesozoikum *das*. **-3.** MÉD Neben-; **effets ~s** *litt* & *fig* Nebenwirkungen *Pl*. **-4.** SCOL: **enseignement ~** ≃ Sekundarstufe *die*. ◇ *nm* **-1.** GÉOL Mesozoikum *das*. **-2.** SCOL ≃ Sekundarstufe *die*. **-3.** ÉCON sekundärer Sektor.

seconder [3] [səgɔ̃de] *vt*: **~ qqn** jm zur Hand gehen.

secouer [6] [səkwe] *vt* **-1.** [objet, arbre, tête] schütteln. **-2.** [brusquer] auf|rütteln. **-3.** [ébranler] erschüttern.

◆ **se secouer** *vp fam* sich auf|raffen.

secourable [səkurabl] *adj* hilfreich; **tendre une main ~ à qqn** jm hilfreich seine Hand reichen.

secourir [45] [səkurir] *vt*: **~ qqn** jm Hilfe leisten.

secourisme [səkurism] *nm* Rettungsdienst *der*.

secouriste [səkurist] *nmf* Sanitäter *der*, -in *die*.

secourrai *etc* → **secourir**.

secours[1] *etc* → **secourir**.

secours[2] [səkur] ◇ *nm* [aide] Hilfeleistung *die*; **appeler au ~** zu Hilfe rufen; **au ~!** (zu) Hilfe!; **porter ~ à qqn** jm Hilfe leisten; **voler au ~ de qqn** *fig* jm zu Hilfe eilen. ◇ *nmpl* **-1.** [dons] Hilfsgüter *Pl*. **-2.** [soins] Rettungsaktion *die*; **les premiers ~** die erste Hilfe; **apporter les premiers ~ à qqn** jm erste Hilfe leisten. **-3.** [renfort] Hilfstruppe *die*.

◆ **de secours** *loc adj* [poste, sortie] Not-; **roue de ~** Ersatzrad *das*; **trousse de ~** Verband(s)-kasten *der*.

secouru, e [səkury] *pp* → **secourir**.

secourus *etc* → **secourir**.

secousse [səkus] *nf* Stoß *der*; *fig* Erschütterung *die*.

secret, ète [səkrɛ, ɛt] *adj* **-1.** [confidentiel, caché] geheim; [pensée] heimlich. **-2.** [personne] verschwiegen.

◆ **secret** *nm* **-1.** [gén] Geheimnis *das*; **mettre qqn dans le ~** jn ein|weihen; **dans le plus grand ~** in aller Heimlichkeit; **un plat dont il a le ~** ein Gericht, wie nur er es zu machen weiß; **~ d'alcôve** Schlafzimmergeheimnis; **~ d'État** Staatsgeheimnis; **~ de polichinelle** offenes Geheimnis; **~ professionnel** Berufsgeheimnis. **-2.** [discrétion] Geheimhaltung *die*. **-3.** *loc*: **mettre qqn au ~** jn in Isolationshaft stekken.

secrétaire [səkretɛr] ◇ *nmf* [personne] Sekretär *der*, -in *die*; **~ de direction** Chefsekretär; **~ d'État** Staatssekretär; **~ de rédaction** Redaktionsekretär. ◇ *nm* [meuble] Sekretär *der*.

secrétariat [səkretarja] *nm* **-1.** [gén] Sekretariat *das*; **assurer le ~ de qqn** für jn die Büroarbeit erledigen. **-2.** [métier]: **suivre des études de ~** eine Ausbildung zum Bürokaufmann OU zur Bürokauffrau machen.

secrètement [səkrɛtmɑ̃] *adv* **-1.** [agir] heimlich. **-2.** [aimer, souffrir] insgeheim.

sécréter [18] [sekrete] *vt* ab|sondern; **~ l'ennui** *fig* Langeweile verbreiten.

sécrétion [sekresjɔ̃] *nf* **-1.** [fonction] Absondern *das*. **-2.** [substance] Absonderung *die*.

sectaire [sɛktɛr] ◇ *nmf* intoleranter Mensch. ◇ *adj* intolerant.

sectarisme [sɛktarism] *nm* Intoleranz *die*, Fanatismus *der*.

secte [sɛkt] *nf* Sekte *die*.

secteur [sɛktœr] *nm* **-1.** [zone] Sektor *der*. **-2.** *fam* [endroit] Gegend *die*. **-3.** ADMIN Bezirk *der*. **-4.** ÉCON Branche *die*; **~ primaire/secondaire/tertiaire** primärer/sekundärer/tertiärer Sektor; **~ privé** Privatsektor *der*; **~ public** öffentlicher Sektor. **-5.** ÉLECTR (Strom)netz *das*; **panne de ~** Netzausfall *der*; **sur ~** mit Netzanschluß. **-6.** GÉOM Ausschnitt *der*.

section [sɛksjɔ̃] *nf* **-1.** [dessin, MATHS] Schnitt *der*. **-2.** ADMIN Abteilung *die*; **~ électorale** Wahlbezirk *der*. **-3.** [de parcours, d'autoroute] Abschnitt *der*. **-4.** MUS Gruppe *die*; **~ rythmique** Rhythmusgruppe. **-5.** [action de couper] Abtrennen *das*.

sectionnement [sɛksjɔnmɑ̃] *nm* Durchtrennung *die*; *fig* Aufteilung *die*.

sectionner [3] [sɛksjɔne] *vt* **-1.** [trancher] ab|trennen; [artère] durch|trennen. **-2.** *fig* [diviser] auf|teilen.

◆ **se sectionner** *vp* [fil] reißen.

sectoriel, elle [sɛktɔrjɛl] *adj* branchenspezifisch.

sectorisation [sɛktɔrizasjɔ̃] *nf* Aufteilung *die* in Sektoren.

sectoriser [3] [sɛktɔrize] *vt* in Sektoren auf|teilen; INFORM sektorieren.

sécu [seky] *nf fam abr de* **Sécurité sociale**.

séculaire [sekylɛr] *adj* **-1.** [tradition, préjugé] jahrhundertealt; [arbre] hundertjährig. **-2.** [événement, fête] Jahrhundert-.

séculariser [3] [sekylarize] *vt* säkularisieren.

séculier, ère [sekylje, ɛr] *adj* weltlich; **prêtre ~** Säkularkleriker *der*.

secundo [səgɔ̃do] *adv* zweitens.

sécurisant, e [sekyrizɑ̃, ɑ̃t] *adj* beruhigend.

sécuriser [3] [sekyrize] *vt*: **~ qqn** jm ein beruhigendes Gefühl geben.

sécurité [sekyrite] *nf* **-1.** [d'esprit, physique] Sicherheit *die*; **~ de l'emploi** Arbeitsplatzsicherheit; **en toute ~** (ganz) beruhigt *(adv)*; **~ routière** Verkehrssicherheit. **-2.** [dispositif] Sicherung *die*.

◆ **Sécurité sociale** *nf französische Sozialversicherung.*

LA SÉCURITÉ SOCIALE:
Die Sozialversicherung, umgangssprachlich "sécu" genannt, wurde 1945/46 gegründet. Diese öffentliche Einrichtung für die soziale Absicherung der Bürger erstattet Krankheitskosten, zahlt Alters- und Witwenrenten und ersetzt Verdienstausfälle bei Krankheit und Mutterschaft. Die "Sécurité sociale" finanziert sich durch Beiträge der Unternehmer ("cotisations patronales") und der Beschäftigten ("cotisations salariales"). Viele Leute schließen eine zusätzliche Sozialversicherung, eine "mutuelle", ab. Sie übernimmt die Kosten, die nicht von der "Sécurité sociale" erstattet werden.

---

sédatif, ive [sedatif, iv] *adj* MÉD Beruhigungs-.

◆ **sédatif** *nm* MÉD Beruhigungsmittel *das*.

sédentaire [sedɑ̃tɛr] ◇ *nmf* Seßhafte *der, die*. ◇ *adj* seßhaft; **mener une vie trop ~** zu wenig Bewegung haben.

sédentarisation [sedɑ̃tarizasjɔ̃] *nf* Seßhaftmachung *die*.

sédentariser [3] [sedɑ̃tarize]

◆ **se sédentariser** *vp* [tribu] seßhaft werden.

sédentarité [sedɑ̃tarite] *nf* Seßhaftigkeit *die*.

sédiment [sedimɑ̃] *nm* Sediment *das*.

sédimentaire [sedimɑ̃tɛr] *adj* sedimentär; **roche ~** Sedimentgestein *das*.

sédimentation [sedimɑ̃tasjɔ̃] *nf* Sedimentation *die*; CHIM Ausfällung *die*.

séditieux, euse [sedisjø, øz] *adj sout* aufrührerisch.

sédition [sedisjɔ̃] *nf sout* Aufruhr *der*.

séducteur, trice [sedyktœr, tris] ◇ *adj* verführerisch. ◇ *nm, f* Verführer *der*, -in *die*.

séduction [sedyksjɔ̃] *nf* Verführung *die*; **pouvoir de ~** Anziehungskraft *die*.

séduire [98] [sedɥir] *vt* **-1.** [sujet: personne] verführen. **-2.** [sujet: projet, idée] reizen.

séduisais *etc* → **séduire**.

séduisant, e [sedɥizɑ̃, ɑ̃t] *adj* **-1.** [personne] verführerisch. **-2.** [offre] verlockend.

séduit, e [sedɥi, it] *pp* → **séduire**.

séfarade [sefarad] ◇ *adj* der Sephardim. ◇ *nmf*: **les ~s** die Sephardim.

segment [sɛgmɑ̃] *nm* Segment *das*; **~ de marché** Marktsegment; **~ de piston** Kolbenring *der*; **~ de frein** Bremsbacke *die*.

segmentation [sɛgmɑ̃tasjɔ̃] *nf* Segmentierung *die*.

segmenter [3] [sɛgmɑ̃te] *vt* in Teile zerlegen.

ségrégation [segregasjɔ̃] *nf* [discrimination] Segregation *die*; **~ raciale** Rassentrennung *die*.

ségrégationniste [segregasjɔnist] ◇ *nmf* Verfechter *der*, -in *die* der Rassentrennung. ◇ *adj*: **lois ~s** Rassengesetze *Pl*; **mesures ~s** Maßnahmen *Pl* zur Rassentrennung.

seiche [sɛʃ] *nf* Tintenfisch *der*.

seigle [sɛgl] *nm* Roggen *der*.

seigneur [sɛɲœr] *nm* **-1.** HIST Lehnsherr *der*. **-2.** *loc*: **faire le grand ~** den großen Herrn spielen; **vivre en grand ~** auf großem Fuß leben.

◆ **Seigneur** *nm* Herr(gott) *der*.

seigneurial, e, aux [sɛɲœrjal, o] *adj* herrschaftlich; **droits seigneuriaux** Lehnsrechte *Pl*.

sein [sɛ̃] *nm* **-1.** [mamelle, buste] Brust *die*; **donner le ~ (à un enfant)** (einem Kind) die Brust geben; **serrer qqn contre son ~** jn an sich *(A)* drücken. **-2.** *fig* [centre] Schoß *der*.

◆ **au sein de** *loc prép*: **au ~ de qqch** in etw *(D)*.

Seine [sɛn] *nf*: **la ~** die Seine.

séisme [seism] *nm* Erdbeben *das*.

SEITA, Seita [seita] (*abr de* **Société nationale d'exploitation industrielle des tabacs et allumettes**) *nf französischer staatlicher Betrieb für Zündholz- und Tabakwaren*.

seize [sɛz] ◇ *adj inv* & *pron inv* sechzehn. ◇ *nm inv* Sechzehn *die*; *voir aussi* **six**.

seizième [sɛzjɛm] ◇ *adj* sechzehnte,-r,-s. ◇ *nmf* Sechzehnte *der, die, das*. ◇ *nm* [arrondissement] sechzehntes Arrondissement; *voir aussi* **sixième**.

LE SEIZIÈME:
Der 16. Bezirk im Osten von Paris gilt als besonders wohlhabend. Der Ausdruck "seizième" bezeichnet das gesellschaftliche Milieu, den Lebensstandard und den Kleidungsstil der wohlhabenden Schichten der Bevölkerung.

---

séjour [seʒur] *nm* **-1.** [durée] Aufenthalt *der*; **être interdit de ~** Aufenthaltsverbot haben; **~ linguistique** Sprachaufenthalt. **-2.** [pièce] Wohnzimmer *das*; → **salle**.

séjourner [3] [seʒurne] *vi* sich auf|halten.

sel [sɛl] *nm* **-1.** [de table, CHIM] Salz *das*; **gros ~** Grobsalz. **-2.** *fig* [intérêt] Würze *die*; **cette situation ne manque pas de ~** diese Situation hat es in sich.

◆ **sels** *nmpl* Riechsalz *das*; **flacon de ~s** Riechfläschchen *das*; **~s de bain** Badesalz *das*.

sélect, e [selɛkt] *adj fam* nobel.

sélecteur [selɛktœr] *nm* **-1.** [dispositif] Wahlschalter *der*; **~ de température** Thermostat *der*. **-2.** [de moto] Fußschaltung *die*.

sélectif, ive [selɛktif, iv] *adj* selektiv.

sélection [selɛksjɔ̃] *nf* **-1.** [gén] Auswahl *die*. **-2.** [naturelle] Auslese *die*.

sélectionné, e [selɛksjɔne] *adj* ausgewählt.

sélectionner [3] [selɛksjɔne] *vt* aus|wählen.

sélectionneur, euse [selɛksjɔnœr, øz] *nm, f* SPORT *für die Mannschaftsaufstellung zuständiger Sportfunktionär*.

sélectivement [selɛktivmɑ̃] *adv* selektiv.

self [sɛlf] *nm fam* Cafeteria *die*.

self-control [sɛlfkɔ̃trol] (*pl* **self-controls**) *nm* Selbstbeherrschung *die*.

self-made-man [sɛlfmɛdman] (*pl* **self-made-men** [sɛlfmɛdmɛn]) *nm* Selfmademan *der*.

self-service [sɛlfsɛrvis] (*pl* **self-services**) *nm* Selbstbedienungsrestaurant *das*.

selle [sɛl] *nf* **-1.** [de cheval, de deux-roues] Sattel *der*; **se mettre en ~** auf|sitzen; **tous en ~!** aufgesessen! **-2.** [toilettes]: **aller à la ~** Stuhlgang haben. **-3.** CULIN Rücken *der*; **~ d'agneau** Lammrücken.

seller [4] [sele] *vt* satteln.

sellerie [sɛlri] *nf* **-1.** [commerce] Sattlerei *die*. **-2.** [lieu] Sattelkammer *die*.

sellette [sɛlɛt] *nf* Anklagebank *die*; **être sur la ~** *fig* der Kritik ausgesetzt sein; **mettre qqn sur la ~** *fig* jn ins Kreuzverhör nehmen.

sellier [selje] *nm* Sattler *der*.

selon [səlɔ̃] *prép* **-1.** [conformément à]: **~ qqch** gemäß einer Sache *(D)*. **-2.** [en fonction de] je nach; **c'est ~** *fam* je nachdem. **-3.** [d'après] nach; **~ lui** seiner Meinung nach; **l'Évangile ~ saint Matthieu** das Matthäusevangelium.

◆ **selon que** *loc conj* je nachdem, ob.

S.Em *abr de* **Son Éminence**.

semailles [səmaj] *nfpl* **-1.** [action de semer] Aussaat *die*. **-2.** [période] Saatzeit *die*.

semaine [səmɛn] *nf* **-1.** [période] Woche *die*; **à la ~** wochenweise; **en ~** die Woche über, wochentags; **la ~ sainte** die Karwoche; **à la petite ~** *fam* kurzsichtig. **-2.** [salaire] Wochenlohn *der*.

semainier, ère [səmenje, ɛr] *nm, f* Wochendiensthabende *der, die*.

◆ **semainier** *nm* **-1.** [bijou] *Armband mit sieben Reifen oder Perlen*. **-2.** [meuble] *Schränkchen mit sieben Schubladen*. **-3.** [calendrier] Wochenkalender *der*.

sémantique [semɑ̃tik] ◇ *nf* Semantik *die*. ◇ *adj* semantisch; **du point de vue ~** vom Sinn her.

sémaphore [semafɔr] *nm* **-1.** NAVIG Signalmast *der*. **-2.** [signal] (Haupt)signal *das*.

semblable [sɑ̃blabl] ◇ *nm* **-1.** [égal]: **mon ~** meinesgleichen. **-2.** [être humain] Mitmensch *der*. ◇ *adj* **-1.** [analogue] ähnlich; **être ~ à qqn/qqch** jm/einer Sache ähnlich sein. **-2.** *(avant n)* [tel] derartig.

semblant [sɑ̃blɑ̃] *nm*: **un ~ de** so etwas wie; **faire ~ de faire qqch** so tun, als ob man etw tun würde.

sembler [3] [sɑ̃ble] ◇ *v attr* zu sein scheinen; **il semble malade** er scheint krank zu sein. ◇ *vi*: **~ faire qqch** etw zu tun scheinen. ◇ *v impers*: **il semble que** es scheint, daß; **il me/te semble**

que mir/dir scheint, daß; **il me semble que vous étiez absent hier** mir scheint, Sie waren gestern nicht da.

semelle [səmɛl] *nf* **-1.** [de chaussure - extérieure] Sohle *die*; [- intérieure] Einlage *die*; **~s compensées** Plateausohlen *Pl*; **battre la ~** *fig* sich die Füße warm|treten; **ne pas quitter qqn d'une ~** *fig* jn keinen Moment allein lassen. **-2.** TECHNOL Unterlage *die*.

semence [səmɑ̃s] *nf* **-1.** [graine] Saat *die*. **-2.** [sperme] Samen *der*.

semer [19] [səme] *vt* **-1.** [graines, légumes] säen. **-2.** [répandre] verstreuen; *fig* verbreiten. **-3.** [couvrir]: **~ qqch de qqch** etw mit etw übersäen. **-4.** [personne] ab|schütteln. **-5.** *fam* [perdre] verlieren.

semestre [səmɛstr] *nm* Halbjahr *das*.

semestriel, elle [səmɛstrijɛl] *adj* **-1.** [assemblée, revue] halbjährlich. **-2.** [qui dure six mois] sechsmonatig.

semeur, euse [səmœr, øz] *nm, f* Säer *der*, -in *die*.

semi-automatique [səmiotɔmatik] *adj* halbautomatisch.

semi-fini [səmifini] *adj m*: **produit ~** Halbfertigware *die*.

semi-liberté [səmiliberte] (*pl* **semi-libertés**) *nf*: **placer qqn en ~** jm Freigang erteilen; **détenu en ~** Freigänger *der*.

sémillant, e [semijɑ̃, ɑ̃t] *adj sout* quicklebendig.

séminaire [seminɛr] *nm* Seminar *das*.

séminal, e, aux [seminal, o] *adj* **-1.** BOT Sporen-. **-2.** [chez l'homme] Samen-.

séminariste [seminarist] *nm* Seminarist *der*.

sémiologie [semjɔlɔʒi] *nf* Semiologie *die*.

semi-public, ique [səmipyblik] *adj* halbstaatlich.

semi-remorque [səmirəmɔrk] (*pl* **semi-remorques**) *nm* [camion] Sattelschlepper *der*.

semis [səmi] *nm* **-1.** [plant] Sämling *der*. **-2.** [terrain] Saatbeet *das*. **-3.** [méthode] Säen *das*.

sémite [semit] *adj* semitisch.

◆ **Sémite** *nmf* Semit *der*, -in *die*.

sémitique [semitik] *adj* semitisch.

semoir [səmwar] *nm* **-1.** [machine] Sämaschine *die*. **-2.** [sac] Sätuch *das*.

semonce [səmɔ̃s] *nf* Verweis *der*; **coup de ~** Warnschuß *der*.

semoule [səmul] *nf* Gries *der*; **~ de blé** Weizengries.

sempiternel, elle [sɑ̃pitɛrnɛl] *adj* ewig.

sénat [sena] *nm* **-1.** [assemblée] Senat *der*; **le Sénat** *der französische Senat*. **-2.** [édifice] Senatsgebäude *das*.

LE SÉNAT:
Der Senat stellt die zweite Kammer des französischen Parlaments dar. Seine Mitglieder werden von den Abgeordneten der Nationalversammlung und bestimmten Persönlichkeiten der Regierung für eine Dauer von neun Jahren gewählt. Der Präsident des Senats kann den Staatspräsidenten vorübergehend vertreten. Der Senat hat praktisch die gleichen Rechte wie die Nationalversammlung. Diese kann sich jedoch über Entscheidungen des Senats hinwegsetzen, wenn die beiden Kammern unterschiedlicher Auffassung sind.

---

sénateur [senatœr] *nm* Senator *der*, -in *die*.

Sénégal [senegal] *nm*: **le ~** Senegal *nt*; **au ~** in Senegal.

sénégalais, e [senegalɛ, ɛz] *adj* senegalesisch, senegalisch.

◆ **Sénégalais, e** *nm, f* Senegalese *der*, -sin *die*, Senegaler *der*, -in *die*.

sénile [senil] *adj* **-1.** MÉD senil. **-2.** *péj* [gâteux] altersschwachsinnig.

sénilité [senilite] *nf* Senilität *die*.

senior [senjɔr] SPORT ◇ *nmf* Senior *der*, -in *die*. ◇ *adj* Senioren-.

sens[1] *etc* → **sentir**.

sens[2] [sɑ̃s] ◇ *nm* **-1.** [fonction, signification] Sinn *der*; **au ~ propre/figuré** im eigentlichen/übertragenen Sinn; **au ~ strict (du terme)** im engeren Sinn (des Wortes); **vide de ~** sinnentleert; **à double ~** zweideutig. **-2.** [instinct]: **avoir le ~ de qqch** für etw ein Gespür haben; **avoir le ~ des affaires** Geschäftssinn haben; **avoir le ~ de l'humour** Sinn für Humor haben; **avoir le ~ de l'orientation** einen guten Orientierungssinn besitzen; **avoir un sixième ~** einen sechsten Sinn besitzen. **-3.** [avis]: **abonder dans le ~ de qqn** mit jm vollauf überein|stimmen; **à mon ~** meiner Ansicht nach. **-4.** [raison, sagesse] Verstand *der*; **plein de ~** äußerst sinnvoll; **bon ~** gesunder Menschenverstand; **tomber sous le ~** *fig* glasklar sein. **-5.** [direction] Richtung *die*; **couper dans le ~ de la longueur** der Länge nach schneiden; **dans le ~ de la marche** in Fahrtrichtung; **en ~ inverse** in entgegengesetzter Richtung; **refaire le chemin en ~ inverse** den ganzen Weg noch einmal zurück|gehen; **~ dessus dessous** in heilloser Unordnung; **~ giratoire** Kreisverkehr *der*; **~ interdit** OU **unique** Einbahnstraße *die*. ◇ *nmpl* Sinne *Pl*; **les plaisirs des ~** Sinnenfreuden *Pl*.

◆ **en ce sens que** *loc conj* insofern, als.

sensass [sɑ̃sas] *adj inv fam* (echt) toll.

sensation [sɑ̃sasjɔ̃] *nf* **-1.** [perception] Empfindung *die*; **~ tactile** Tastempfindung. **-2.** [impression] Gefühl *das*; **à ~** Sensations-; **faire ~** Aufsehen erregen.

sensationnel, elle [sɑ̃sasjɔnɛl] *adj* **-1.** [impressionnant] aufsehenerregend. **-2.** *fam* [super] einfach spitze.
◆ **sensationnel** *nm*: **le ~** das Sensationelle.

sensé, e [sɑ̃se] *adj* vernünftig.

sensibilisation [sɑ̃sibilizasjɔ̃] *nf* Sensibilisierung *die*; **campagne de ~** Aufklärungskampagne *die*.

sensibiliser [3] [sɑ̃sibilize] *vt* **-1.** MÉD sensibilisieren. **-2.** *fig* [informer]: **~ qqn à qqch** jm etw bewußt machen. **-3.** PHOT sensibilisieren, lichtempfindlich machen.

sensibilité [sɑ̃sibilite] *nf* **-1.** [de personne] Empfindsamkeit *die*. **-2.** PHOT (Licht)empfindlichkeit *die*. **-3.** PHYS [d'appareil] Empfindlichkeit *die*; **~ à la chaleur** Hitzeempfindlichkeit; **~ au froid** Kälteempfindlichkeit.

sensible [sɑ̃sibl] ◇ *adj* **-1.** [émotif] empfindsam. **-2.** [notable] spürbar. **-3.** [délicat] problematisch; **point ~** heikle Frage. **-4.** [perceptible]: **~ à qqch** für etw wahrnehmbar. **-5.** [peu résistant] empfindlich; **~ à qqch** [douleur] gegen etw empfindlich; [compliments] für etw empfänglich; **~ à la chaleur** hitzeempfindlich; **~ au froid** kälteempfindlich. **-6.** PHOT (licht)empfindlich. ◇ *nmf* sensible Person; *péj* Sensibelchen *das*.

sensiblement [sɑ̃sibləmɑ̃] *adv* **-1.** [quasiment] annähernd. **-2.** [notablement] spürbar.

sensiblerie [sɑ̃sibləri] *nf péj* Gefühlsduselei *die*.

sensoriel, elle [sɑ̃sɔrjɛl] *adj* Sinnes-.

sensualité [sɑ̃sɥalite] *nf* Sinnlichkeit *die*.

sensuel, elle [sɑ̃sɥɛl] *adj* sinnlich.

sentence [sɑ̃tɑ̃s] *nf* **-1.** [jugement] (Urteils)spruch *der*. **-2.** *vieilli* [maxime] Sentenz *die*.

sentencieux, euse [sɑ̃tɑ̃sjø, øz] *adj péj* sentenzenhaft.

senteur [sɑ̃tœr] *nf sout* Duft *der*.

sentier [sɑ̃tje] *nm* Pfad *der*; **~ de grande randonnée** Fernwanderweg *der*; **sortir des ~s battus** *fig* aus dem Rahmen fallen.

sentiment [sɑ̃timɑ̃] *nm* **-1.** [gén] Gefühl *das*; **faire du ~** auf die Tränendrüse drücken; **plein de bons ~s** voller Wohlwollen. **-2.** [opinion] Auffassung *die*. **-3.** [dans la correspondance]: **veuillez agréer, Monsieur, l'expression de mes ~s distingués** OU **cordiaux** OU **les meilleurs** ≃ mit freundlichen Grüßen.

sentimental, e, aux [sɑ̃timɑ̃tal, o] ◇ *adj* **-1.** [vie, chanson] Liebes-; **sur le plan ~** in Sachen Liebe. **-2.** [personne] gefühlvoll. ◇ *nm, f* gefühlsbetonte Person.

sentimentalisme [sɑ̃timɑ̃talism] *nm* Gefühlsbetontheit *die*.

sentinelle [sɑ̃tinɛl] *nf* Wache *die*.

sentir [37] [sɑ̃tir] ◇ *vt* **-1.** [à l'odorat] riechen; [au goût] **heraus|schmecken**; [au toucher] fühlen. **-2.** [sujet: chose] riechen; **~ la vanille/l'ail** nach Vanille/Knoblauch riechen; **~ le brûlé** angebrannt riechen. **-3.** [percevoir, pressentir] spüren; **faire ~ à qqn que** jn merken lassen, daß; **ça sent l'escroquerie!** *fam* das riecht nach Betrug. **-4.** [apprécier, goûter]: **~ qqch** für etw einen Sinn haben. **-5.** *loc*: **ne pas pouvoir ~ qqn** *fam* jn nicht riechen können; **la facture, je l'ai sentie passer** *fam* die Rechnung war ein (ganz schöner) Hammer. ◇ *vi* riechen; **~ bon/mauvais** gut/schlecht riechen.
◆ **se sentir** ◇ *vp* **-1.** [être perceptible] sich bemerkbar machen; **se faire ~** sich bemerkbar machen; **ça se sent!** das merkt man! **-2.** *loc*: **ne pas pouvoir se ~** *fam* sich nicht riechen können. ◇ *v attr*: **se ~ malade/fatigué** sich krank/müde fühlen; **ne pas se ~ la force de faire qqch** sich zu schwach fühlen, um etw zu tun.

seoir [67] [swar] *littéraire* ◇ *vi*: **~ à qqn** jm stehen. ◇ *v impers*: **comme il sied** wie es sich gehört.

Séoul [seul] *n* Seoul *nt*.

séparable [separabl] *adj* trennbar; **qqch n'est pas ~ de qqch** etw ist untrennbar mit etw verbunden.

séparation [separasjɔ̃] *nf* Trennung *die*.

séparatisme [separatism] *nm* Separatismus *der*.

séparatiste [separatist] *nmf* Separatist *der*, -in *die*.

séparé, e [separe] *adj* getrennt.

séparément [separemɑ̃] *adv* getrennt.

séparer [3] [separe] *vt* **-1.** [gén] trennen; **~ qqn/qqch de qqn/qqch** jn/etw von jm/etw trennen. **-2.** [partager]: **~ en deux** zweiteilen.
◆ **se séparer** *vp* **-1.** [gén]: **se ~ (de qqn/qqch)** sich (von jm/etw) trennen. **-2.** [se disjoindre] sich teilen; **se ~ en deux** [route, fleuve] sich gabeln.

sépia [sepja] ◇ *nf* **-1.** [matière] Sepia *die*. **-2.** [dessin] Sepiazeichnung *die*. ◇ *adj inv* [couleur] sepia(braun); [photo] sepiafarben.

sept [sɛt] ◇ *adj inv* & *pron inv* sieben. ◇ *nm inv* Sieben *die*; *voir aussi* **six**.

septante [sɛptɑ̃t] *adj num Helv* & *Belg* siebzig.

septembre [sɛptɑ̃br] *nm* September *der*; **le premier/trente ~** der erste/dreißigste September; **c'est arrivé le deux ~** es ist am zweiten September passiert; **de ~** September-; **en ~, au mois de ~** im September; **début ~, au début du mois de ~** Anfang September; **fin ~, à la fin du mois de ~** Ende September; **(à la) mi-~** Mitte September; **d'ici ~** bis September.

septennat [sɛptena] *nm siebenjähriges Mandat des französischen Staatspräsidenten*.

septentrional, e, aux [sɛptɑ̃trijɔnal, o] *adj* nördlich.

septicémie [sɛptisemi] *nf* Blutvergiftung *die*.

septième [sɛtjɛm] ◇ *adj* siebte,-r,-s; **le ~ art** die Filmkunst. ◇ *nmf* Siebte *der, die, das*. ◇ *nf* SCOL ≃ fünfte Klasse. ◇ *nm* **-1.** [fraction] Siebtel *das*. **-2.** [arrondissement] siebtes Arrondissement. **-3.** [étage] siebter Stock, siebte Etage; *voir aussi* **sixième**.

septièmement [sɛtjɛmmɑ̃] *adv* siebtens.

septique [sɛptik] *adj* septisch.

septuagénaire [sɛptɥaʒenɛr] ◇ *nmf* Siebziger *der*, -in *die*. ◇ *adj* siebzigjährig.

sépulcral, e, aux [sepylkral, o] *adj* Grabes-.

sépulcre [sepylkr] *nm sout* Grab *das*.

sépulture [sepyltyr] *nf* **-1.** [lieu] Grabstätte *die*. **-2.** [inhumation] Bestattung *die*.

séquelles [sekɛl] *nfpl* Folgeerscheinungen *Pl*.

séquence [sekɑ̃s] *nf* Sequenz *die*.

séquentiel, elle [sekɑ̃sjɛl] *adj* **-1.** [gén] fortlaufend. **-2.** INFORM sequentiell.

séquestration [sekɛstrasjɔ̃] *nf* [de personne] Freiheitsberaubung *die*.

séquestre [sekɛstr] *nm* JUR Zwangsverwaltung *die*; **mettre** OU **placer sous ~** unter Zwangsverwaltung stellen.

séquestrer [3] [sekɛstre] *vt* **-1.** [personne]: **~ qqn** jn seiner Freiheit berauben. **-2.** [biens] zwangsverwalten.

serai *etc* → **être**.

sérail [seraj] *nm* [palais] Serail *das*.

serbe [sɛrb] *adj* serbisch.

◆ **Serbe** *nmf* Serbe *der*, -bin *die*.

Serbie [sɛrbi] *nf*: **la ~** Serbien *nt*.

serbo-croate [sɛrbɔkrɔat] (*pl* **serbo-croates**) ◇ *adj* serbokroatisch. ◇ *nm* [langue] Serbokroatisch(e) *(das)*.

◆ **Serbo-Croate** *nmf* Serbokroate *der*, -tin *die*.

serein, e [sərɛ̃, ɛn] *adj* [calme] heiter.

sereinement [sərɛnmɑ̃] *adv* gelassen.

sérénade [serenad] *nf* **-1.** MUS Serenade *die*. **-2.** *fam* [tapage] Gejohle *das*; [reproches] Standpauke *die*.

sérénité [serenite] *nf* [calme] Abgeklärtheit *die*.

serf, serve [sɛr(f), sɛrv] *nm, f* HIST Leibeigene *der, die*.

serge [sɛrʒ] *nf*: **(toile de) ~** Serge *die*.

sergent [sɛrʒɑ̃] *nm* MIL ≃ Sergeant *der*.

sergent-chef [sɛrʒɑ̃ʃɛf] (*pl* **sergents-chefs**) *nm* MIL Obersergeant *der*.

sériciculture [serisikyltyr] *nf* Seidenraupenzucht *die*.

série [seri] *nf* **-1.** [succession, MATHS] Reihe *die*. **-2.** TÉLÉ Serie *die*; **~ B** zweitklassige Serie; CIN zweitklassiger Film. **-3.** SPORT Liga *die*.

◆ **en série** *loc adv* & *loc adj* **-1.** COMM & IND serienmäßig. **-2.** ÉLECTR: **montage en ~** Reihenschaltung *die*.

◆ **de série** *loc adj* Serien-.

◆ **hors série** *loc adj* Sonder-; **numéro hors ~** Sonderausgabe *die*.

◆ **série noire** *nf* **-1.** [catastrophes] Pechsträhne *die*. **-2.** LITTÉRATURE Kriminalromanreihe *die*; **c'est un vrai personnage de ~ noire** er ist wie eine Romanfigur aus einem Kriminalroman.

sérier [9] [serje] *vt* (der Reihenfolge nach) ordnen.

sérieusement [serjøzmɑ̃] *adv* **-1.** [consciencieusement] ernsthaft. **-2.** [gravement] ernstlich; **je parle ~** ich meine das ernst. **-3.** *fam* [vraiment] echt.

sérieux, euse [serjø, øz] *adj* **-1.** [grave, raisonnable] ernst; **ce n'est pas ~!** das ist doch wohl nicht ernst gemeint! **-2.** [fiable] ernsthaft. **-3.** [considérable] groß.

◆ **sérieux** *nm* **-1.** [application] Ernsthaftigkeit *die*. **-2.** [gravité] Ernst *der*; **garder son ~** ernst bleiben; **prendre qqn/qqch au ~** jn/etw ernst nehmen; **se prendre au ~** sich wichtig nehmen.

sérigraphie [serigrafi] *nf* Siebdruck *der*.

serin [sərɛ̃] *nm* **-1.** [oiseau] Zeisig *der*. **-2.** *fam* [niais] Strohkopf *der*.

seriner [3] [sərine] *vt*: **~ qqch à qqn** *fam* jm etw immer wieder sagen.

seringue [sərɛ̃g] *nf* Spritze *die*.

serment [sɛrmɑ̃] *nm* **-1.** [officiel] Eid *der*; **prêter ~** einen Eid ab|legen; **sous ~** unter Eid; **~ d'Hippocrate** hippokratischer Eid. **-2.** [promesse] Schwur *der*; **faire le ~ de faire qqch** schwören, etw zu tun.

sermon [sɛrmɔ̃] *nm* **-1.** RELIG Predigt *die*. **-2.** *péj* [remontrance] Gardinenpredigt *die*.

sermonner [3] [sɛrmɔne] *vt* schulmeistern.

SERNAM, Sernam [sɛrnam] (*abr de* **Service national de messageries**) *nm französischer Rollfuhrdienst*.

séronégatif, ive [serɔnegatif, iv] *adj* HIV-negativ.

séropositif, ive [serɔpozitif, iv] *adj* HIV-positiv, HIV-infiziert.

séropositivité [serɔpozitivite] *nf* (sero)positiver Zustand.

serpe [sɛrp] *nf* Hippe *die*.

serpent [sɛrpɑ̃] *nm* ZOOL Schlange *die*; **~ à sonnette** Klapperschlange; **~ monétaire** ÉCON Währungsschlange.

serpenter [3] [sɛrpɑ̃te] *vi* sich schlängeln.

serpentin [sɛrpɑ̃tɛ̃] *nm* **-1.** [de papier] Papierschlange *die*. **-2.** TECHNOL Schlange *die*.

serpillière [sɛrpijɛr] *nf* Scheuerlappen *der*.

serpolet [sɛrpɔlɛ] *nm* Quendel *der*.

serre [sɛr] *nf* [bâtiment] Gewächshaus *das*.
◆ **serres** *nfpl* ZOOL Krallen *Pl* (von Greifvögeln).

serré, e [sere] *adj* **-1.** [dense] gedrängt; [tissu] dichtgewebt; [tapis] eng geknüpft; **en rangs ~s** dicht gedrängt *(adv)*. **-2.** [vêtement, chaussures, écriture] eng. **-3.** [discussion, match] hart. **-4.** [contracté - gorge] zugeschnürt; [- poings] geballt; [- cœur] beklommen. **-5.** [café] stark. **-6.** [budget, résultat] knapp. **-7.** [style] straff.
◆ **serré** *adv*: **jouer ~** *fig* umsichtig vor|gehen.

serre-livres [sɛrlivr] *nm inv* Buchstütze *die*.

serrement [sɛrmɑ̃] *nm* **-1.** [de cœur] Beklemmung *die*; [de gorge] Zuschnüren *das*. **-2.** [de mains] Drücken *das*.

serrer [4] [sere] ◇ *vt* **-1.** [étreindre] drücken; **~ qqn dans ses bras** jn in die Arme schließen. **-2.** [rapprocher] zusammen|drängen; **~ les rangs** zusammen|rücken. **-3.** [dents] zusammen|beißen; [poings] ballen; [lèvres] zusammen|kneifen; **ça me serre le cœur** das schnürt mir das Herz zusammen. **-4.** [sujet: vêtement] kneifen; [sujet: chaussure] drücken. **-5.** [robinet] zu|schrauben; [vis] an|ziehen; [ceinture] enger|schnallen. **-6.** [se tenir près de]: **~ qqch** dicht an etw *(A)* heran|fahren. ◇ *vi* AUTOM: **~ à droite/gauche** sich rechts/links halten.
◆ **se serrer** *vp* **-1.** [se blottir]: **se ~ contre qqn/qqch** sich an jn/etw drücken; **se ~ autour de qqn/qqch** sich (dicht) um jn/etw drängen. **-2.** [se rapprocher] zusammen|rücken. **-3.** [se contracter - gorge] sich zu|schnüren; [- cœur] sich zusammen|schnüren.

serre-tête [sɛrtɛt] *nm inv* Haarreif *der*.

serrure [seryr] *nf* Schloß *das*.

serrurerie [seryrri] *nf* **-1.** [métier] Schlosserhandwerk *das*. **-2.** [ouvrage] Schlosserarbeit *die*.

serrurier [seryrje] *nm* Schlosser *der*, -in *die*.

sers *etc* → **servir**.

sertir [32] [sɛrtir] *vt* **-1.** [pierre précieuse] fassen. **-2.** TECHNOL um|falzen.

sérum [serɔm] *nm* Serum *das*; **sanguin** Blutserum; **~ thérapeutique** Heilserum; **~ physiologique** Kochsalzlösung *die*.

servage [sɛrvaʒ] *nm* HIST Leibeigenschaft *die*; *fig* Hörigkeit *die*.

servante [sɛrvɑ̃t] *nf* Magd *die*.

serve → **serf**.

serveur, euse [sɛrvœr, øz] *nm, f* **-1.** [de bar, de restaurant] Kellner *der*, -in *die*. **-2.** [aux cartes] gebender Spieler, gebende Spielerin. **-3.** SPORT Aufschläger *der*, -in *die*.
◆ **serveur** *nm* INFORM Dienstprogramm *das*, Server *der*.

servi, e [sɛrvi] *pp* → **servir**.

serviable [sɛrvjabl] *adj* hilfsbereit.

service [sɛrvis] *nm* **-1.** [fonction, ADMIN] Dienst *der*; **~ après vente** COMM Kundendienst; **~ de renseignements** Nachrichtendienst; **~ des postes** Postwesen *das*; **~ des transports** Transportwesen *das*; **~ public** öffentlicher Dienst. **-2.** [fonctionnement]: **être en/hors ~** in/außer Betrieb sein; **mettre qqch en ~** etw in Betrieb setzen. **-3.** [dans entreprise, hôpital] Abteilung *die*; **chef de ~** Abteilungsleiter *der*; **~ (de la) comptabilité** Buchhaltung *die*; **~ de réanimation** Intensivstation *die*. **-4.** MIL: **~ (militaire)** Wehrdienst *der*. **-5.** [aide] Gefälligkeit *die*; **demander un ~ à qqn** jn um einen Gefallen bitten; **rendre ~ à qqn** jm helfen; **rendre un ~ à qqn** jm einen Dienst erweisen. **-6.** [à table chez soi] Auftragen *das*. **-7.** [au restaurant] Bedienung *die*; **'~ (non) compris'** 'Bedienung (nicht) inbegriffen'. **-8.** [à café, de table] Service *das*. **-9.** RELIG Gottesdienst *der*; **~ funèbre** Trauergottesdienst.
◆ **services** *nmpl* **-1.** [travail] Dienste *Pl*; **offre de ~s** Serviceangebot *das*. **-2.** [aide] Hilfe *die*. **-3.** ÉCON: **les ~s** der Dienstleistungssektor; **société de ~s** Dienstleistungsunternehmen *das*.

serviette [sɛrvjɛt] *nf* **-1.** [de table] Serviette *die*. **-2.** [de toilette] Handtuch *das*; **~ de bain** Badetuch *das*; **~ hygiénique** (Damen)binde *die*. **-3.** [porte-documents] Aktentasche *die*.

serviette-éponge [sɛrvjɛtepɔ̃ʒ] (*pl* **serviettes-éponges**) *nf* Frottiertuch *das*.

servile [sɛrvil] *adj* **-1.** [personne] unterwürfig; [flatterie] kriecherisch; [obéissance] blind. **-2.** [imitation] stur. **-3.** [esclave] knechtisch.

servir [38] [sɛrvir] ◇ *vt* **-1.** [client] bedienen. **-2.** [convive]: **~ qqch à qqn** [aliment] jm etw auf den Teller geben; [plat] jm etw servieren; [boisson] jm etw ein|schenken; **qu'est-ce que je vous sers?** was darf ich Ihnen bringen? **-3.** [aider] nützen; **~ les intérêts de qqn** js Interessen dienen. **-4.** [patrie, gouvernement] dienen. ◇ *vi* **-1.** [avoir un usage, tenir le rôle]: **~ à faire qqch** zu etw dienen; **~ de** dienen als; **il nous a servi d'interprète au Japon** er war unser Dolmetscher in Japan; **ne pleure pas, ça ne sert à rien** weine nicht, das hilft (auch) nichts. **-2.** [être utile] nützlich sein; **cette boîte ne sert plus à rien** diese Dose ist zu nichts mehr nütze; **ça peut toujours** OU **encore ~** das kann (immer) nochmal nützlich sein. **-3.** SPORT [au tennis] auf|schlagen; [au ping-pong] an|geben. **-4.** [aux cartes] geben.
◆ **se servir** *vp* **-1.** [gén] sich bedienen; **se ~ de qqch** sich von etw nehmen; **servez-vous!** greifen Sie zu!; **se ~ de qqn/qqch** sich js/einer Sache bedienen. **-2.** [boisson]: **se ~ chaud/froid**

warm/kalt serviert werden. **-3.** [s'approvisionner]: **se ~ chez qqn** bei jm kaufen.

serviteur [sɛrvitœr] *nm* Diener *der*.

servitude [sɛrvityd] *nf* **-1.** [esclavage] Knechtschaft *die*. **-2.** *sout* [contrainte] Zwang *der*. **-3.** JUR Grunddienstbarkeit *die*.

ses → **son**.

sésame [sezam] *nm* **-1.** [plante] Sesam *der*; **graine de ~** Sesamkorn *das*. **-2.** [moyen] Erfolgsrezept *das*.

session [sesjɔ̃] *nf* **-1.** [d'assemblée] Sitzung *die*, Sitzungsdauer *die*; **~ (extra)ordinaire** (außer)ordentliche Sitzung(speriode). **-2.** UNIV Prüfdurchgang *der*; **à la ~ de juin/septembre** ≃ im 1./2. Prüfdurchgang.

set [sɛt] *nm* **-1.** SPORT Satz *der*. **-2.** [napperon]: **~ (de table)** Set *das*. **-3.** CIN aufgebaute Szene.

setter [setɛr] *nm* Setter *der*.

seuil [sœj] *nm* **-1.** [de porte] Schwelle *die*. **-2.** *fig* [limite] (Unter)grenze *die*.

seul, e [sœl] ◇ *adj* **-1.** [isolé, simple] allein; **le ~ fait que** allein die Tatsache, daß; **~ à ~** unter vier Augen. **-2.** [unique]: **le ~, la ~e** *(+ nom)* der OU die OU das einzige; **un ~, une ~e** *(+ nom)* ein einziger, eine einzige, ein einziges. **-3.** [célibataire] alleinstehend. ◇ *nm, f* [unique]: **le ~, la ~e** der OU die OU das einzige; **un ~, une ~e** ein einziger, eine einzige, ein einziges.

◆ **seul** *adv* **-1.** [gén] allein; **(tout) ~** (ganz) allein; **parler tout ~** Selbstgespräche führen; **ça va tout ~** das geht problemlos. **-2.** [uniquement] nur; **~ le hasard peut nous sauver** nur noch der Zufall kann uns retten.

seulement [sœlmɑ̃] *adv* **-1.** [gén] nur. **-2.** [pas plus tôt que] erst. **-3.** [même]: **pas ~** noch nicht einmal; **non ~... mais encore** OU **aussi** nicht nur ..., sondern auch.

sève [sɛv] *nf* **-1.** BOT Saft *der*. **-2.** *fig* [énergie] Lebenskraft *die*.

sévère [sevɛr] *adj* **-1.** [exigeant, austère] streng. **-2.** [perte, dégâts] schwer. **-3.** [lutte] unerbittlich.

sévèrement [sevɛrmɑ̃] *adv* **-1.** [durement - élever] streng; [- punir, critiquer] hart. **-2.** [gravement] schwer; **un malade ~ atteint** ein Schwerkranker.

sévérité [severite] *nf* **-1.** [dureté, austérité] Strenge *die*. **-2.** [de mesures, de peine] Härte *die*.

sévices [sevis] *nmpl* Mißhandlungen *Pl*; **infliger des ~ à qqn** jn mißhandeln; **subir des ~** mißhandelt werden.

Séville [sevij] *n* Sevilla *nt*.

sévir [32] [sevir] *vi* **-1.** [punir] hart durch|greifen; **~ contre qqn** gegen jn streng vor|gehen. **-2.** [épidémie] wüten.

sevrage [səvraʒ] *nm* **-1.** [d'enfant] Abstillen *das*. **-2.** [de toxicomane] Entzug *der*.

sevrer [19] [səvre] *vt* **-1.** [enfant] ab|stillen. **-2.** *fig* [priver]: **~ qqn de qqch** jm etw vor|enthalten.

sexagénaire [sɛksaʒenɛr] ◇ *nmf* Sechzigjährige *der, die*. ◇ *adj* sechzigjährig.

sex-appeal [sɛksapil] (*pl* **sex-appeals**) *nm* Sex-Appeal *der*.

S.Exc (*abr de* **Son Excellence**) S.Exz. *(Seine Exzellenz)*.

sexe [sɛks] *nm* **-1.** [catégorie] Geschlecht *das*; **le ~ fort/faible** *fam* das starke/schwache Geschlecht. **-2.** [organe] Geschlechtsteile *Pl*. **-3.** [sexualité] Sex *der*.

sexisme [sɛksism] *nm* Sexismus *der*.

sexiste [sɛksist] ◇ *nmf* Sexist *der*, -in *die*. ◇ *adj* sexistisch.

sexologie [sɛksɔlɔʒi] *nf* Sexualwissenschaft *die*.

sexologue [sɛksɔlɔg] *nmf* Sexualwissenschaftler *der*, -in *die*.

sex-shop [sɛksʃɔp] (*pl* **sex-shops**) *nm* Sexshop *der*.

sextant [sɛkstɑ̃] *nm* Sextant *der*.

sextuple [sɛkstypl] ◇ *nm* Sechsfache *das*. ◇ *adj* sechsfach.

sexualité [sɛksɥalite] *nf* Sexualität *die*, Geschlechtlichkeit *die*.

sexué, e [sɛksɥe] *adj* Geschlechts-.

sexuel, elle [sɛksɥɛl] *adj* geschlechtlich; **relations ~les** Geschlechtsverkehr *der (sans pl)*.

sexuellement [sɛksɥɛlmɑ̃] *adv* geschlechtlich; **maladie ~ transmissible** sexuell übertragbare Krankheit.

sexy [sɛksi] *adj inv fam* sexy.

seyait, seyaient [sejɛ] → **seoir**.

seyant, e [sɛjɑ̃, ɑ̃t] *adj* [vêtement] kleidsam; [coiffure] gefällig.

Seychelles [sɛʃɛl] *nfpl*: **les ~** die Seychellen, die Seschellen; **aux ~** auf den Seychellen.

SFIO (*abr de* **Section française de l'internationale ouvrière**) *nf französische sozialdemokratische Partei*.

SG (*abr de* **secrétaire général**) *nm* GSekr. *(Generalsekretär)*.

SGEN (*abr de* **Syndicat général de l'éducation nationale**) *nm französische Lehrer- und Erziehergewerkschaft*.

shah = **schah**.

shaker [ʃɛkœr] *nm* Shaker *der*.

shampooing, shampoing [ʃɑ̃pwɛ̃] *nm* **-1.** [produit] Shampoo *das*. **-2.** [lavage] Haarwäsche *die*; **faire un ~ à qqn** jm die Haare waschen.

shampouiner [3] [ʃɑ̃pwine] *vt*: **~ qqn** jm die Haare waschen.

shampouineur, euse [ʃɑ̃pwinœr, øz] *nm, f für die Haarwäsche zuständiger Friseurlehrling.*

Shanghai [ʃɑ̃gaj] *n* Shanghai *nt,* Schanghai *nt.*

shérif [ʃerif] *nm* Sheriff *der.*

sherry [ʃeri] (*pl* **sherrys** OU **sherries**) *nm* Sherry *der.*

shetland [ʃɛtlɑ̃d] *nm* **-1.** [laine] Shetlandwolle *die.* **-2.** [pull] Shetlandpullover *der.* **-3.** [poney] Shetlandpony *das.*

Shetland [ʃɛtlɑ̃d] *nfpl*: **les ~** die Shetlandinseln.

shooter [3] [ʃute] *vi* SPORT schießen; **~ dans qqch** *fam* gegen etw treten.

◆ **se shooter** *vp fam* spritzen *(Drogen).*

shopping [ʃɔpiŋ] *nm* Einkaufsbummel *der;* **faire du ~** einen Einkaufsbummel machen.

short [ʃɔrt] *nm* Shorts *Pl.*

show [ʃo] *nm* Show *die.*

show-business [ʃobiznɛs] *nm inv* Showbusineß *das.*

si¹ [si] *nm inv* MUS h *das,* H *das.*

si² [si], **s'** *(devant voyelle ou h muet)* ◇ *adv* **-1.** [gén] so; **elle est ~ belle** sie ist so schön; **ce n'est pas ~ facile** das ist gar nicht so einfach; **Pierre ne court pas ~ vite que Jean** Pierre läuft nicht so schnell wie Jean; **~ intelligente qu'elle soit** so intelligent sie auch sein mag. **-2.** [oui] doch; **tu ne l'as pas lu**? - **~!** hast du es nicht gelesen? - doch!; **il affirme qu'elle n'y était pas mais elle prétend que ~!** er behauptet, daß sie nicht da war, sie jedoch behauptet das Gegenteil. ◇ *conj* **-1.** [au cas où] wenn; **~ tu veux, on y va** wenn du willst, gehen wir; **~ tu faisais cela, je te détesterais** wenn du das tätest, würde ich dich verabscheuen. **-2.** [d'hypothèse improbable]: **~ elle gagnait au loto** falls sie im Lotto gewinnen sollte. **-3.** [interrogation] ob; **dites-moi ~ vous venez** sagt mir, ob ihr kommt; **je ne sais pas s'il est parti** ich weiß nicht, ob er weggefahren ist. **-4.** [suggestion]: **~ nous partions**? und wenn wir losgingen? **-5.** [que] daß; **c'est un miracle ~ nous sommes encore en vie** es ist ein Wunder, daß wir noch am Leben sind. **-6.** [alors que] während; **~ les uns sont contents, les autres sont déçus** während die einen zufrieden sind, sind die anderen enttäuscht. **-7.** *sout* [d'opposition]: **~ l'influence de l'Église recule, celle du parti augmente** der Einfluß der Kirche nimmt ab, wohingegen der Einfluß der Partei größer wird. ◇ *nm inv*: **il y a toujours des ~ et des mais** es gibt immer ein Wenn und ein Aber.

◆ **si bien que** *loc conj* so daß.

◆ **si ce n'est** *loc prép* wenn nicht (gar).

◆ **si ce n'est que** *loc conj* außer daß.

◆ **si tant est que** *loc conj* wenn es tatsächlich so ist, daß.

SI [si] *nm* **-1.** (*abr de* **syndicat d'initiative**) VA *das (Verkehrsamt).* **-2.** (*abr de* **système international**) internationales System.

siamois, e [sjamwa, az] *adj* siamesisch; **chat ~** Siamkatze *die;* **frères ~** siamesische Zwillinge; **sœurs ~es** siamesische Zwillinge; **ces deux amies sont de véritables sœurs ~es** diese zwei Freundinnen hängen zusammen wie Kletten.

Sibérie [siberi] *nf*: **la ~** Sibirien *nt.*

sibérien, enne [siberjɛ̃, ɛn] *adj* sibirisch.

◆ **Sibérien, enne** *nm, f* Sibirier *der,* -in *die,* Sibirjake *der,* -kin *die.*

sibyllin, e [sibilɛ̃, in] *adj* [obscur] rätselhaft.

sic [sik] *adv* sic.

SICAV, Sicav [sikav] (*abr de* **société d'investissement à capital variable**) *nf* **-1.** [société] Investmentgesellschaft *die* mit veränderlichem Kapital. **-2.** [action] SICAV-Investmentzertifikat *das.*

Sicile [sisil] *nf*: **la ~** Sizilien *nt.*

sicilien, enne [sisiljɛ̃, ɛn] *adj* sizilianisch, sizilisch.

◆ **Sicilien, enne** *nm, f* Sizilianer *der,* -in *die,* Sizilier *der,* -in *die.*

SICOB, Sicob [sikɔb] (*abr de* **Salon des Industries du Commerce et de l'Organisation du bureau**) *nm Pariser Informatikmesse.*

SIDA, sida [sida] (*abr de* **syndrome immunodéficitaire acquis**) *nm* Aids *das.*

side-car [sidkar] (*pl* **side-cars**) *nm* Beiwagen *der.*

sidéen, enne [sideɛ̃, ɛn] ◇ *nm, f* Aidsinfizierte *der, die,* Aidskranke *der, die.* ◇ *adj* aidsinfiziert, aidskrank.

sidéral, e, aux [sideral, o] *adj* ASTRON Stern-.

sidérant, e [siderɑ̃, ɑ̃t] *adj* unfaßbar.

sidéré, e [sidere] *adj* verblüfft.

sidérer [18] [sidere] *vt fam* fassungslos machen.

sidérurgie [sideryrʒi] *nf* **-1.** [industrie] Eisen- und Stahlindustrie *die.* **-2.** [technique] Eisenhüttenkunde *die.*

sidérurgique [sideryrʒik] *adj* eisenverarbeitend.

sidérurgiste [sideryrʒist] *nmf* Stahlarbeiter *der,* -in *die.*

sidologue [sidɔlɔg] *nmf* Aidsspezialist *der,* -in *die.*

siècle [sjɛkl] *nm* **-1.** [période, date] Jahrhundert *das;* **au XXᵉ ~** im 20. Jahrhundert. **-2.** [époque, âge] Zeitalter *das;* **le ~ des lumières** das Jahrhundert der Aufklärung; **le film du ~** der Film des Jahrhunderts. **-3.** *fam* [éternité] Ewigkeit *die*; **ça peut durer des ~s** das kann Ewigkeiten dauern; **ça fait des ~s que** es ist eine Ewigkeit her, daß.

sied, **siéent** [sje] → **seoir**.

siège [sjɛʒ] *nm* **-1.** [meuble, mandat, d'entreprise] Sitz *der*; **~ arrière** Rücksitz; **~ avant** Vordersitz; **~ éjectable** Schleudersitz; **~ social** Firmensitz, Unternehmenssitz. **-2.** MIL Belagerung *die*; **lever le ~** die Belagerung aufheben; **proclamer l'état de ~** den Belagerungszustand aus|rufen. **-3.** [centre] Herd *der*. **-4.** MÉD [postérieur] Steiß *der*; **l'enfant se présentait par le ~** das Kind befand sich in Steißlage.

siéger [22] [sjeʒe] *vi* **-1.** [personne, mal] sitzen. **-2.** [cour, tribunal - tenir séance] tagen; [- avoir son siège] seinen Sitz haben.

sien [sjɛ̃]

◆ **le sien** (*f* **la sienne** [lasjɛn], *mpl* **les siens** [lesjɛ̃], *fpl* **les siennes** [lesjɛn]) *pron poss* [à lui] seine,-r,-s, der OU die OU das seine; [à elle] ihre, -r,-s, der OU die OU das ihre; **ma voiture roule plus vite que la ~ne** mein Wagen ist schneller als seiner OU ihrer; **les ~s** die Seinen OU die Ihren, die Seinigen OU die Ihrigen; **y mettre du ~** sein(en) Teil dazu bei|tragen; **faire des ~nes** etwas an|stellen.

siéra [sjera], **siéront** [sjerɔ̃] → **seoir**.

sierra [sjera] *nf* Sierra *die*.

sieste [sjɛst] *nf* Mittagsschlaf *der*.

sifflant, e [siflɑ̃, ɑ̃t] *adj* zischend; **consonne ~e** Zischlaut *der*.

sifflement [sifləmɑ̃] *nm* Pfeifen *das*.

siffler [3] [sifle] ◇ *vi* **-1.** [gén] pfeifen. **-2.** [serpent] zischen. ◇ *vt* **-1.** [air, chanson] pfeifen. **-2.** [appeler]: **~ son chien** (nach) seinem Hund pfeifen; **~ une fille** hinter einem Mädchen her|pfeifen. **-3.** [huer] aus|pfeifen. **-4.** *fam* [avaler] herunter|kippen.

sifflet [siflɛ] *nm* **-1.** [instrument] (Triller)pfeife *die*. **-2.** [son, huée] Pfiff *der*. **-3.** SPORT: **coup de ~** [initial] Anpfiff; [final] Abpfiff.

sifflotement [siflɔtmɑ̃] *nm* leises Pfeifen.

siffloter [3] [siflɔte] *vi* & *vt* vor sich hin pfeifen.

sigle [sigl] *nm* Abkürzung *die*, Kürzel *das*.

signal, aux [siɲal, o] *nm* **-1.** [signe] Zeichen *das*. **-2.** [d'avertissement] Signal *das*; **donner le ~ (de qqch)** das Zeichen (zu etw) geben; **~ d'alarme** Alarmsignal; **~ de détresse** Notsignal; **~ lumineux** Leuchtsignal; **~ sonore** akustisches Signal.

signalement [siɲalmɑ̃] *nm* Beschreibung *die*.

signaler [3] [siɲale] *vt* **-1.** [indiquer] an|zeigen. **-2.** [attirer l'attention sur]: **~ qqch (à qqn)** (jn) auf etw *(A)* aufmerksam machen; **~ à qqn que** jn darauf aufmerksam machen, daß; **rien à ~** keine besonderen Vorkommnisse. **-3.** [dénoncer, annoncer] melden.

◆ **se signaler** *vp* **-1.** [se distinguer]: **se ~ par qqch** durch etw hervor|treten. **-2.** [se présenter] sich melden.

signalétique [siɲaletik] *adj*: **fiche ~** Personalbogen *der*; **plaque ~** Kennzeichen *das*, Schild *das*.

signalisation [siɲalizasjɔ̃] *nf* **-1.** [par panneaux] Beschilderung *die*, Ausschilderung *die*. **-2.** [lumineuse, acoustique] Signalsystem *das*; **~ routière** Verkehrszeichen *Pl*.

signataire [siɲatɛr] *nmf* Unterzeichner *der*, -in *die*.

signature [siɲatyr] *nf* **-1.** [nom, marque] Unterschrift *die*; **apposer sa ~ au bas d'une lettre** seine Unterschrift unter einen Brief setzen. **-2.** [acte] Unterzeichnung *die*.

signe [siɲ] *nm* **-1.** [gén] Zeichen *das*; **se parler par ~s** sich durch Zeichen miteinander verständigen; **en ~ de qqch** als Zeichen einer Sache *(G)*; **~ avant-coureur** Vorbote *der*; **~s extérieurs de richesse** äußere Anzeichen von Reichtum; **~ de ralliement** OU **reconnaissance** Erkennungszeichen; **c'est bon/mauvais ~** das ist ein gutes/schlechtes Zeichen; **donner ~ de vie** *fig* ein Lebenszeichen von sich geben. **-2.** [caractéristique] Kennzeichen *das*; **~ distinctif** Unterscheidungsmerkmal *das*; **~ particulier** besonderes Kennzeichen. **-3.** ASTROL Sternzeichen *das*; **sous le ~ de qqch** *litt* & *fig* im Zeichen einer Sache *(G)*. **-4.** MÉD Anzeichen *das*.

signer [3] [siɲe] *vt* unterschreiben.

◆ **se signer** *vp* sich bekreuzigen.

signet [siɲɛ] *nm* Lesezeichen *das*.

significatif, ive [siɲifikatif, iv] *adj*: **~ (de qqch)** (für etw) bezeichnend.

signification [siɲifikasjɔ̃] *nf* **-1.** [sens] Bedeutung *die*. **-2.** JUR Zustellung *die*.

signifier [9] [siɲifje] *vt* **-1.** [vouloir dire] bedeuten. **-2.** *sout* [faire connaître] kund|tun. **-3.** JUR zu|stellen.

silence [silɑ̃s] *nm* **-1.** [mutisme, pause] Schweigen *das*. **-2.** [tranquillité] Stille *die*; **~ de glace** eisiges Schweigen; **~ de mort** Totenstille. **-3.** [secret] (Still)schweigen *das*; **passer qqch sous ~** über etw *(A)* mit Stillschweigen hinweg|gehen. **-4.** MUS Pause *die*.

silencieusement [silɑ̃sjøzmɑ̃] *adv* leise.

silencieux, euse [silɑ̃sjø, øz] *adj* **-1.** [sans parler] still, stumm. **-2.** [taciturne] schweigsam. **-3.** [sans bruit - véhicule, mécanisme] geräuscharm; [- pas] leise; [- lieu] ruhig.

◆ **silencieux** *nm* **-1.** [d'arme] Schalldämpfer *der*. **-2.** [de moteur] Auspufftopf *der*.

silex [silɛks] *nm* Feuerstein *der*.

silhouette [silwɛt] *nf* **-1.** [au loin, à l'horizon] Sil-

houette *die*. **-2.** [dessin] Umriß *der*. **-3.** [corps] Figur *die*.
silice [silis] *nf* Kieselerde *die*.
siliceux, euse [silisø, øz] *adj* kieselerdehaltig; **roches siliceuses** Silikatgestein *das (sans pl)*.
silicium [silisjɔm] *nm* Silizium *das*.
silicone [silikon] *nf* Silikon *das*.
sillage [sijaʒ] *nm* NAVIG Kielwasser *das*; **marcher dans le ~ de qqn** *fig* in js Fußstapfen treten; **elle laissait un parfum capiteux dans son ~** *fig* sie zog einen betäubenden Duft hinter sich her.
sillon [sijɔ̃] *nm* **-1.** [tranchée, ride] Furche *die*. **-2.** [de disque] Rille *die*.
sillonner [3] [sijɔne] *vt* **-1.** [creuser] (durch)furchen; **visage sillonné de rides** zerfurchtes Gesicht. **-2.** [traverser] durchziehen. **-3.** [sujet: personne]: **~ qqch** durch etw ziehen.
silo [silo] *nm* Silo *der*.
simagrées [simagre] *nfpl péj* Getue *das (sans pl)*.
simiesque [simjɛsk] *adj* affenartig.
similaire [similɛr] *adj* gleichartig.
similarité [similarite] *nf* Gleichartigkeit *die*.
simili [simili] ◇ *nm fam* [imitation] Imitation *die*. ◇ *nf* Autotypie *die*.
similicuir [similikɥir] *nm* Kunstleder *das*.
similitude [similityd] *nf* Ähnlichkeit *die*.
simple [sɛ̃pl] ◇ *adj* einfach; **c'est ~ comme bonjour** das ist kinderleicht. ◇ *nm* **-1.** [naïf]: **~ d'esprit** Einfaltspinsel *der*. **-2.** [au tennis] Einzel *das*.
◆ **simples** *nmpl* BOT Heilkräuter *Pl*.
simplement [sɛ̃pləmɑ̃] *adv* einfach.
simplet, ette [sɛ̃plɛ, ɛt] *adj* **-1.** [naïf] einfältig. **-2.** *péj* [roman, histoire] billig.
simplicité [sɛ̃plisite] *nf* **-1.** [facilité] Einfachheit *die*; **c'est d'une ~ enfantine** das ist ein Kinderspiel. **-2.** [modestie] Natürlichkeit *die*; **femme d'une grande ~** eine sehr unkomplizierte Frau. **-3.** [naïveté] Einfältigkeit *die*. **-4.** [sobriété] Schlichtheit *die*.
simplificateur, trice [sɛ̃plifikatœr, tris] *adj* vereinfachend.
simplification [sɛ̃plifikasjɔ̃] *nf* Vereinfachung *die*.
simplifier [9] [sɛ̃plifje] *vt* **-1.** [faciliter] vereinfachen; **~ la tâche à qqn** es jm leicht machen. **-2.** MATHS kürzen.
simplisme [sɛ̃plism] *nm péj* übertriebene Vereinfachung.
simpliste [sɛ̃plist] *adj péj* einseitig, vergröbernd.
simulacre [simylakr] *nm* **-1.** *péj* [semblant] Trugbild *das*; **un ~ de gouvernement** eine Pseudoregierung. **-2.** [action simulée] Schein *der*; **~ de combat** Scheingefecht *das*.
simulateur, trice [simylatœr, tris] *nm, f péj* Simulant *der*, -in *die*.
◆ **simulateur** *nm* TECHNOL Simulator *der*; **~ de vol** Flugsimulator.
simulation [simylasjɔ̃] *nf* **-1.** [de sentiment] Vortäuschung *die*; [de maladie] Simulieren *das*. **-2.** TECHNOL Simulation *die*.
simuler [3] [simyle] *vt* **-1.** [feindre] vor|täuschen. **-2.** TECHNOL simulieren.
simultané, e [simyltane] *adj* gleichzeitig; **traduction ~e** Simultanübersetzung *die*.
simultanéité [simyltaneite] *nf* Gleichzeitigkeit *die*.
simultanément [simyltanemɑ̃] *adv* gleichzeitig.
Sinaï [sinaj] *n*: **le ~** Sinai *nt*.
sincère [sɛ̃sɛr] *adj* **-1.** [personne] ehrlich. **-2.** [regrets, sentiment] aufrichtig.
sincèrement [sɛ̃sɛrmɑ̃] *adv* **-1.** [franchement] ganz offen; **~, je crois que vous vous trompez** ehrlich gesagt glaube ich, daß Sie sich irren; **~ vôtre** hochachtungsvoll. **-2.** [vraiment] aufrichtig.
sincérité [sɛ̃serite] *nf* **-1.** [franchise] Ehrlichkeit *die*; **en toute ~** in aller Offenheit. **-2.** [honnêteté] Aufrichtigkeit *die*.
sinécure [sinekyr] *nf*: **ce n'est pas une ~** *fam* das ist kein Zuckerlecken.
sine qua non [sinekwanɔn] *loc adj inv*: **condition ~** unerläßliche Voraussetzung.
Singapour [sɛ̃gapur] *n* Singapur *nt*; **à ~** in Singapur.
singe [sɛ̃ʒ] *nm* Affe *der*.
singer [17] [sɛ̃ʒe] *vt péj* **-1.** [imiter] nach|äffen. **-2.** [feindre] vor|gaukeln.
singeries [sɛ̃ʒri] *nfpl* Nachäfferei *die (sans pl)*.
singulariser [3] [sɛ̃gylarize] *vt* von den anderen ab|heben.
◆ **se singulariser** *vp* sich von den anderen ab|heben.
singularité [sɛ̃gylarite] *nf* **-1.** *sout* [bizarrerie] Sonderbarkeit *die*. **-2.** [particularité] Eigentümlichkeit *die*.
singulier, ère [sɛ̃gylje, ɛr] *adj* **-1.** [bizarre] sonderbar. **-2.** [particulier] eigentümlich. **-3.** GRAM in der Einzahl. **-4.** [à deux]: **combat ~** Einzelkampf *der*.
◆ **singulier** *nm* GRAM Einzahl *die*.
singulièrement [sɛ̃gyljɛrmɑ̃] *adv* **-1.** [beaucoup] ganz besonders. **-2.** [notamment] insbesondere. **-3.** [bizarrement] sonderbar.
sinistre [sinistr] ◇ *nm* **-1.** [catastrophe] Unglück *das*, Katastrophe *die*. **-2.** JUR Schaden *der*. ◇ *adj* **-1.** [triste, ennuyeux] düster. **-2.** [inquiétant] fin-

ster; **bruit ~** beängstigendes Geräusch. **-3.** [de mauvais augure] unheilverkündend.

sinistré, e [sinistre] ◇ *adj* geschädigt. ◇ *nm, f* Geschädigte *der, die*.

sinistrose [sinistroz] *nf* **-1.** PSYCHOL Unfallneurose *die*. **-2.** *fam* [pessimisme] Schwarzseherei *die*.

sinologue [sinɔlɔg] *nmf* Sinologe *der*, -gin *die*.

sinon [sinɔ̃] *conj* **-1.** [autrement] sonst. **-2.** [sauf] außer. **-3.** [si ce n'est]: **il est ~ enthousiaste, du moins intéressé** er ist zwar nicht gerade begeistert, aber dennoch interessiert.

sinueux, euse [sinɥø, øz] *adj* gewunden; *fig* umständlich; **route sinueuse** kurvenreiche Straße.

sinuosité [sinɥozite] *nf* Windung *die*.

sinus [sinys] *nm* **-1.** ANAT Höhle *die*. **-2.** MATHS Sinus *der*.

sinusite [sinyzit] *nf* Nebenhöhlenentzündung *die*.

Sion [sjɔ̃] *n* Sitten *nt*.

sionisme [sjɔnism] *nm* Zionismus *der*.

sioniste [sjɔnist] ◇ *nmf* Zionist *der*, -in *die*. ◇ *adj* zionistisch.

sioux [sju] *adj* Sioux-, der Sioux.
◆ **Sioux** *nmf* Sioux *der*, Siouxfrau *die*.

siphon [sifɔ̃] *nm* **-1.** [de lavabo] Geruchverschluß *der*. **-2.** [tube] Saugheber *der*. **-3.** [bouteille] Siphon *der*.

siphonné, e [sifɔne] *adj fam* [fou] übergeschnappt.

siphonner [3] [sifɔne] *vt* ab|saugen.

sire [sir] *nm* **-1.** HIST [seigneur] Herr *der*; **un triste ~** *fam* eine traurige Gestalt. **-2.** [titre] Majestät *die*.

sirène [sirɛn] *nf* Sirene *die*.

sirocco, siroco [sirɔko] *nm* Schirokko *der*.

sirop [siro] *nm* Sirup *der*; **~ d'érable** Ahornsirup; **~ de grenadine** *roter süßer Sirup*; **~ de menthe** Pfefferminzsirup; **~ contre la toux** Hustensaft *der*.

siroter [3] [sirɔte] *vt fam* schlürfen.

SIRPA, Sirpa [sirpa] (*abr de* **Service d'information et de renseignement du public de l'armée**) *nm Pressedienst der französischen Armee*.

sirupeux, euse [sirypø, øz] *adj* **-1.** [liquide] sirupartig. **-2.** *péj* [musique, voix] schmalzig.

sismique [sismik] *adj* Erdbeben-; **secousse ~** Erdstoß *der*.

sismographe [sismɔgraf] *nm* Seismograph *der*.

sismologie [sismɔlɔʒi] *nf* Erdbebenkunde *die*.

site [sit] *nm* **-1.** [emplacement] Lage *die*; **~ historique/archéologique** historische/archäologische Stätte; **~ naturel** unberührte Landschaft. **-2.** [paysage] Landschaft *die*. **-3.** IND: **~ industriel** Industriestandort *der*; **~ (de production)** Produktionsstätte *die*; **sur ~** vor Ort.

sitôt [sito] *adv* sobald; **~ dit, ~ fait** gesagt, getan; **pas de ~** nicht so bald.
◆ **sitôt que** *loc conj* sobald.

situation [sitɥasjɔ̃] *nf* **-1.** [emplacement, contexte] Lage *die*; **~ de famille** Familienstand *der*. **-2.** [emploi] Stellung *die*.

situé, e [sitɥe] *adj*: **bien/mal ~** [emplacement] schön/ungünstig gelegen.

situer [7] [sitɥe] *vt* **-1.** [localiser] ausfindig machen. **-2.** [classer] ein|ordnen. **-3.** [placer] hin|stellen.

SIVOM, Sivom [sivɔm] (*abr de* **Syndicat intercommunal à vocation multiple**) *nm französischer Gemeindeverband*.

SIVP (*abr de* **stage d'insertion à la vie professionnelle**) *nm berufsvorbereitendes Praktikum für Arbeitslose*.

six [*en fin de phrase* sis, *devant consonne ou h aspiré* si, *devant voyelle ou h muet* siz] ◇ *adj inv* sechs; **il est arrivé le ~ mars** er ist am sechsten März angekommen; **le ~ janvier 1994** der sechste Januar 1994; **il a ~ ans** er ist sechs Jahre alt; **il est ~ heures** es ist sechs Uhr; **Charles ~** Karl der Sechste. ◇ *nm inv* Sechs *die*; **elle habite (au) ~ rue de Valois** sie wohnt in der Rue de Valois Nummer sechs; **perdre ~ à neuf** sechs zu neun verlieren; **le ~ de cœur** Herz Sechs. ◇ *pron inv* sechs; **à ~** zu sechst; **ils étaient ~** sie waren zu sechst; **en ~** in sechs Teile; **~ d'entre nous/vous** sechs von uns/euch; **~ par ~** in Sechsergruppen; **une fois sur ~** jedes sechste Mal; **cinq personnes sur ~** fünf Personen von sechs.

sixième [sizjɛm] ◇ *adj* sechste,-r,-s. ◇ *nmf* **-1.** [de position] Sechste *der, die, das*; **arriver** OU **se classer ~** Sechster werden, Sechste werden. **-2.** [pour compléter un groupe] sechster Mann, sechste Frau. ◇ *nf* SCOL ≃ sechste Klasse; **entrer en ~** in die sechste Klasse kommen; **être en ~** in der sechsten Klasse sein. ◇ *nm* **-1.** [fraction]: **le/un ~ de qqch** das/ein Sechstel von etw; **cinq ~s** fünf Sechstel. **-2.** [arrondissement] sechstes Arrondissement. **-3.** [étage] sechster Stock, sechste Etage.

sixièmement [sizjɛmmɑ̃] *adv* sechstens.

six-quatre-deux [siskatdø]
◆ **à la six-quatre-deux** *loc adv fam* auf die Schnelle.

Skaï® [skaj] *nm* Kunstleder *das*.

skateboard [skɛtbɔrd] *nm* Skateboard *das*.

sketch [skɛtʃ] (*pl* **sketches**) *nm* Sketch *der*.

ski [ski] *nm* **-1.** [patin] Ski *der*. **-2.** SPORT Skilaufen *das*; **faire du ~** Ski fahren; **~ acrobatique** Trickskilauf *der*; **~ alpin** alpiner Skilauf; **~ de fond** Langlauf *der*; **~ nautique** Wasserski *das*.

skier [10] [skje] *vi* Ski laufen.
skieur, euse [skjœr, øz] *nm, f* Skiläufer *der*, -in *die*.
skipper [skipœr] *nm* Skipper *der*.
slalom [slalɔm] *nm* Slalom *der*, Slalomlauf *der*; **~ géant** Riesenslalom; **~ spécial** Spezialslalom.
slalomer [3] [slalɔme] *vi* Slalom laufen.
slave [slav] ◇ *adj* slawisch. ◇ *nm* [langue] Slawisch(e) *(das)*.
◆ **Slave** *nmf* Slawe *der*, -win *die*.
slip [slip] *nm* Slip *der*; **~ de bain** Badehose *die*.
s.l.n.d. (*abr de* **sans lieu ni date**) o.O.u.J. *(ohne Ort und Jahr)*.
slogan [slɔgɑ̃] *nm* Schlagwort *das*; **~ publicitaire** Werbeslogan *der*.
slovaque [slɔvak] ◇ *adj* slowakisch. ◇ *nm* [langue] Slowakisch(e) *(das)*.
◆ **Slovaque** *nmf* Slowake *der*, -kin *die*.
Slovaquie [slɔvaki] *nf*: **la ~** die Slowakei.
slovène [slɔvɛn] ◇ *adj* slowenisch. ◇ *nm* [langue] Slowenisch(e) *(das)*.
◆ **Slovène** *nmf* Slowene *der*, -nin *die*.
Slovénie [slɔveni] *nf*: **la ~** Slowenien *nt*.
slow [slo] *nm* Slow *der*.
S.M. (*abr de* **Sa Majesté**) S.M. *(Seine Majestät)*, *I.M. (Ihre Majestät)*.
SMAG, Smag [smag] (*abr de* **salaire minimum agricole garanti**) *nm garantierter Mindestlohn in der Landwirtschaft*.
smala, smalah [smala] *nf* **-1.** [de chef arabe] *Gefolgschaft und Hausrat eines Araberfürsten*. **-2.** *fam* [famille nombreuse] Sippe *die*.
smasher [3] [smaʃe] *vi* schmettern.
SME (*abr de* **Système monétaire européen**) *nm* EWS *das*.
SMIC, Smic [smik] (*abr de* **salaire minimum interprofessionnel de croissance**) *nm* garantierter Mindestlohn.
smicard, e [smikar, ard] *nm, f fam* ≃ Mindestlohnempfänger *der*, -in *die*.
smocks [smɔk] *nmpl* gesmokte Kräuselung; **robe à ~** besmoktes Kleid.
smoking [smɔkiŋ] *nm* Smoking *der*.
SMUR, Smur [smyr] (*abr de* **Service médical d'urgence et de réanimation**) *nm* Rettungsdienst *der*, Notarztwagen *der*.
snack [snak] *nm* [restaurant] Imbiß *der*.
SNC *abr de* **service non compris**.
SNCB (*abr de* **Société nationale des chemins de fer belges**) *nf belgische Staatsbahnen*.
SNCF (*abr de* **Société nationale des chemins de fer français**) *nf französische Staatsbahnen*.
SNES, Snes [snɛs] (*abr de* **Syndicat national de l'enseignement secondaire**) *nm französische Gewerkschaft für Sekundarschullehrer*.
Sne-sup [snɛsyp] (*abr de* **Syndicat national de l'enseignement supérieur**) *nm linksorientierte französische Hochschullehrergewerkschaft*.
SNI (*abr de* **Syndicat national des instituteurs**) *nm französische Gewerkschaft für Volksschullehrer*.
SNJ (*abr de* **Syndicat national des journalistes**) *nm französische Journalistengewerkschaft*, ≃ DJV *der*.
snob [snɔb] ◇ *nmf* Snob *der*. ◇ *adj* snobistisch.
snober [3] [snɔbe] *vt* herablassend behandeln.
snobinard, e [snɔbinar, ard] *fam* ◇ *adj* snobistisch angehaucht. ◇ *nm, f* verkappter Snob.
snobisme [snɔbism] *nm* Snobismus *der*.
SNSM (*abr de* **Société nationale de sauvetage en mer**) *nf französischer Küsten- und Seerettungsdienst*.
sobre [sɔbr] *adj* **-1.** [modéré] enthaltsam; **être ~ en qqch** mit etw zurückhaltend sein; **être ~ en paroles** wortkarg sein. **-2.** [simple] schlicht.
sobrement [sɔbrəmɑ̃] *adv* **-1.** [modérément] mit Zurückhaltung. **-2.** [simplement] schlicht; **~ maquillé** dezent geschminkt.
sobriété [sɔbrijete] *nf* **-1.** [mesure] Mäßigkeit *die*. **-2.** [simplicité] Schlichtheit *die*.
sobriquet [sɔbrikɛ] *nm* Spitzname *der*.
soc [sɔk] *nm* Pflugschar *die*.
sociabilité [sɔsjabilite] *nf* Geselligkeit *die*.
sociable [sɔsjabl] *adj* gesellig.
social, e, aux [sɔsjal, o] *adj* **-1.** [de la société] gesellschaftlich; **classe ~e** ≃ Gesellschaftsklasse *die*. **-2.** [pour la collectivité, ADMIN] sozial; **assistante ~e** Sozialarbeiterin *die*; **service ~** Sozialabteilung *die*. **-3.** COMM: **raison ~e** Firmenname *der*; → **siège**.
◆ **social** *nm* Sozialbereich *der*.
social-démocrate, sociale-démocrate [sɔsjaldemɔkrat] (*mpl* **sociaux-démocrates** [sɔsjodemɔkrat], *fpl* **sociales-démocrates**) ◇ *nm, f* Sozialdemokrat *der*, -in *die*. ◇ *adj* sozialdemokratisch.
socialement [sɔsjalmɑ̃] *adv* gesellschaftlich.
socialisation [sɔsjalizasjɔ̃] *nf* **-1.** POLIT Sozialisierung *die*. **-2.** [de personne] Sozialisation *die*.
socialiser [3] [sɔsjalize] *vt* sozialisieren.
socialisme [sɔsjalism] *nm* Sozialismus *der*.
socialiste [sɔsjalist] ◇ *nmf* Sozialist *der*, -in *die*. ◇ *adj* sozialistisch.
sociétaire [sɔsjetɛr] *nmf* [d'association] Mitglied *das*; [de société] Gesellschafter *der*, -in *die*.
société [sɔsjete] *nf* Gesellschaft *die*; **en ~** in Gesellschaft; **la haute ~** die obere Gesellschaftsschicht; **~ anonyme** ≃ Aktiengesellschaft, AG *die*; **~ de bourse** Maklerfirma; **~**

holding Holding(gesellschaft); **~ mère** Muttergesellschaft; **~ nationale** [avec participation de l'état] gemischtwirtschaftliche Gesellschaft; [de l'état] nationale Gesellschaft; **~ en participation** stille Gesellschaft; **~ de personnes** Personengesellschaft; **~ à responsabilité limitée** ≃ Gesellschaft mit beschränkter Haftung, GmbH *die*; **~ secrète** Geheimverbindung *die*.

socioculturel, elle [sɔsjɔkyltyrɛl] *adj* soziokulturell.

socio-économique [sɔsjɔekɔnɔmik] (*pl* **socio-économiques**) *adj* sozioökonomisch.

sociologie [sɔsjɔlɔʒi] *nf* Soziologie *die*.

sociologique [sɔsjɔlɔʒik] *adj* soziologisch.

sociologue [sɔsjɔlɔg] *nmf* Soziologe *der*, -gin *die*.

socioprofessionnel, elle [sɔsjɔprɔfɛsjɔnɛl] *adj* Berufs-.

socle [sɔkl] *nm* ARCHIT Sockel *der*.

socquette [sɔkɛt] *nf* Söckchen *das*.

soda [sɔda] *nm* Sodawasser *das*.

sodium [sɔdjɔm] *nm* Natrium *das*.

sodomie [sɔdɔmi] *nf* Sodomie *die*.

sodomiser [3] [sɔdɔmize] *vt* sodomisieren.

sœur [sœr] *nf* Schwester *die*; **petite/grande ~** kleine/große Schwester; **~ de lait** *von der gleichen Amme gestilltes Kind*; **la poésie et la peinture sont ~s** *fig* die Dichtkunst und die Malerei sind wesensverwandt.

sofa [sɔfa] *nm* Sofa *das*.

Sofia [sɔfja] *n* Sofia *nt*.

SOFRES, **Sofres** [sɔfrɛs] (*abr de* **Société française d'enquête par sondages**) *nf französisches Meinungsforschungsinstitut*, ≃ EMNID *die*.

software [sɔftwɛr] *nm* INFORM Software *die*.

soi [swa] *pron pers* sich; **n'aimer que ~** nur sich selbst lieben; **être content de ~** mit sich zufrieden sein; **c'est chacun pour ~** jeder muß sich selbst durchschlagen; **cela va de ~** das versteht sich von selbst; **il va de ~ que** es versteht sich (von selbst), daß.

◆ **chez soi** *loc adv* zu Hause; **retourner chez ~** nach Hause gehen; **être bien chez ~** sich bei sich zu Hause wohl|fühlen.

◆ **en soi** *loc adj* an sich.

soi-disant [swadizɑ̃] ◇ *adj inv* **-1.** *péj* [qui se prétend] Pseudo-, selbsternannt. **-2.** [prétendu] vermeintlich. ◇ *adv fam* angeblich.

soie [swa] *nf* **-1.** [textile] Seide *die*; **en ~** aus Seide; **~ grège** Rohseide; **~ sauvage** Wildseide. **-2.** [poil] Borste *die*; **brosse en pure ~** Bürste *die* aus reinen Borsten.

soierie [swari] *nf* **-1.** [textile] Seidenstoffe *Pl*. **-2.** [industrie] Seidengewerbe *das*.

soif [swaf] *nf* Durst *der*; **avoir ~** Durst haben, durstig sein; **étancher sa ~** seinen Durst löschen; **jusqu'à plus ~** bis zum Gehtnichtmehr; **~ de qqch** *fig* Durst nach etw.

soigné, e [swaɲe] *adj* **-1.** [travail] sorgfältig. **-2.** [personne, mains] gepflegt. **-3.** *fam* [carabiné]: **c'était quelque chose de ~!** das hatte sich gewaschen!

soigner [3] [swaɲe] *vt* **-1.** [guérir] behandeln; **va te faire ~!** *fam* du bist wohl nicht ganz dicht! **-2.** [s'occuper de - personne] umsorgen; [- jardin, présentation] pflegen; **~ un travail** eine Arbeit sorgfältig erledigen.

◆ **se soigner** *vp* **-1.** [personne] sich gesund|pflegen; **la tuberculose, ça se soigne** Tuberkulose ist heilbar; **ça se soigne!** *fam fig* das ist ja krankhaft! **-2.** *fig* & *hum* [s'occuper de soi] etwas für sich tun.

soigneur [swaɲœr] *nm* Betreuer *der*, -in *die*.

soigneusement [swaɲøzmɑ̃] *adv* **-1.** [méticuleusement] sorgfältig. **-2.** [sérieusement] sorgsam.

soigneux, euse [swaɲø, øz] *adj* **-1.** [ordonné] gründlich. **-2.** [soucieux]: **~ de qqch** auf etw *(A)* bedacht. **-3.** [recherches] sorgfältig.

soi-même [swamɛm] *pron pers* sich selbst; **il faut toujours tout faire ~** man muß immer alles selber machen; **on n'est jamais si bien servi que par ~** selbst ist der Mann OU die Frau.

soin [swɛ̃] *nm* **-1.** [application] Sorgfalt *die*; **avec/sans ~** mit/ohne Sorgfalt; **avoir ~ de qqch** auf etw *(A)* achten; **avoir ~ de bien refermer le tube** darauf achten, die Tube wieder gut zu verschließen; **prendre ~ de qqch** mit etw sorgfältig um|gehen. **-2.** [souci] Erledigung *die*; **avoir le ~ de faire qqch** sich bemühen, etw zu tun; **prendre le ~ de faire qqch** sich die Mühe machen, etw zu tun. **-3.** [sollicitude]: **prendre ~ de qqn/qqch** für jn/etw sorgen; **aux bons ~s de qqn** bitte an jn weiterleiten.

◆ **soins** *nmpl* Behandlung *die (sans pl)*; **être aux petits ~s pour qqn** jn verwöhnen; **recevoir des ~s** verarztet werden.

soir [swar] *nm* Abend *der*; **le ~** abends; **ce ~** heute abend; **mardi ~** Dienstag abend.

soirée [sware] *nf* **-1.** [moment de la journée] Abend *der*. **-2.** [réception] Party *die*; **tenue de ~** Abendkleidung *die*; **charmante ~!** *iron* ein reizender Abend! **-3.** [spectacle] Abendvorstellung *die*; **en ~** in der Abendvorstellung; **~ de gala** Galavorstellung *die*.

sois *etc* → **être**.

soit[1] [swat] *adv sout*: **(eh bien) ~!** meinetwegen!, nun gut!

soit[2] [swa] ◇ *v* → **être**. ◇ *conj* **-1.** [c'est-à-dire] sprich; **il a perdu toute sa fortune, ~ plusieurs millions de francs** er hat sein ganzes Vermögen, sprich mehrere Millionen Francs, verloren. **-2.** [étant donné] gegeben; **~ une droite** gegeben sei eine Gerade. **-3.** *loc*: **~ dit en passant** nebenbei bemerkt.

◆ **soit ... soit** *loc corrélative* sei es ... sei es, entweder ... oder; **~ toi, ~ moi** entweder du oder ich; **c'est ~ l'un ~ l'autre** es ist entweder der eine oder der andere.

◆ **soit que ... soit que** *loc corrélative (+ subjonctif)*: **~ que vous veniez chez moi, ~ que j'aille chez vous ...** ob Sie nun zu mir kommen oder ich zu Ihnen, ...

◆ **(un) tant soit peu** *loc adv sout* ein (ganz) klein wenig.

soixantaine [swasɑ̃tɛn] *nf* an die sechzig; **une ~ de personnes** ungefähr sechzig Leute; **avoir la ~** um die sechzig sein, an die sechzig Jahre alt sein.

soixante [swasɑ̃t] ◇ *adj inv* & *pron inv* sechzig; **les années ~** die Sechzigerjahre. ◇ *nm inv* Sechzig *die*; *voir aussi* **six**.

soixante-dix [swasɑ̃tdis] ◇ *adj inv* & *pron inv* siebzig; **les années ~** die Siebzigerjahre. ◇ *nm inv* Siebzig *die*; *voir aussi* **six**.

soixante-dixième [swasɑ̃tdizjɛm] ◇ *adj* siebzigste,-r,-s. ◇ *nmf* Siebzigste *der, die, das*.

soixante-huitard, e [swasɑ̃tɥitar, ard] (*mpl* **soixante-huitards,** *fpl* **soixante-huitardes**) *fam* ◇ *adj* Achtundsechziger-. ◇ *nm, f* Achtundsechziger *der*, -in *die*.

soixantième [swasɑ̃tjɛm] ◇ *adj* sechzigste, -r,-s. ◇ *nmf* Sechzigste *der, die, das*.

soja [sɔʒa] *nm* Soja *die*.

sol [sɔl] ◇ *nm* Boden *der*; **gymnastique au ~** Bodengymnastik *die*. ◇ *nm inv* MUS g *das*, G *das*.

solaire [sɔlɛr] *adj* **-1.** [énergie, four] Solar-, Sonnen-. **-2.** [crème] Sonnen-.

solarium [sɔlarjɔm] *nm* Solarium *das*, Sonnenbank *die*.

soldat [sɔlda] *nm* Soldat *der*; **le ~ inconnu** der unbekannte Soldat; **~ de plomb** Zinnsoldat.

solde [sɔld] ◇ *nf* MIL Besoldung *die*; **être à la ~ de qqn** *fig* & *péj* in js Dienst stehen. ◇ *nm* **-1.** BANQUE [de compte] Kontorstand *der*, Saldo *der*; **~ créditeur** Haben *das*, Aktivsaldo; **~ débiteur** Soll *das*, Passivsaldo. **-2.** [de facture] Restbetrag *der*. **-3.** COMM [rabais]: **en ~** heruntergesetzt; **acheter qqch en ~** etw im Schlußverkauf kaufen.

◆ **soldes** *nmpl* COMM [articles] Schlußverkaufswaren *Pl*; **c'est l'époque des ~s** zur Zeit ist Schlußverkauf; **faire les ~s** im Schlußverkauf einkaufen gehen.

solder [3] [sɔlde] *vt* **-1.** BANQUE [compte] saldieren. **-2.** [stock] aus|verkaufen; [articles] herunter|setzen.

◆ **se solder** *vp*: **se ~ par qqch** BOURSE mit etw ab|schließen; *fig* etw zum Resultat haben; **se ~ par un échec** scheitern.

soldeur, euse [sɔldœr, øz] *nm, f* Resteverkäufer *der*, -in *die*.

sole [sɔl] *nf* ZOOL Seezunge *die*; **~ meunière** CULIN Seezunge Müllerinart.

solécisme [sɔlesism] *nm* Syntaxfehler *der*.

soleil [sɔlɛj] *nm* **-1.** [gén] Sonne *die*; **au ~** in der Sonne; **être en plein ~** [maison, terrasse] Sonne haben, auf der Sonnenseite sein; **~ couchant** untergehende Sonne; **~ levant** aufgehende Sonne; **~ de plomb** *fig* gleißende Sonne. **-2.** BOT Sonnenblume *die*. **-3.** SPORT Riesenwelle *die*.

solennel, elle [sɔlanɛl] *adj* feierlich.

solennellement [sɔlanɛlmɑ̃] *adv* feierlich.

solennité [sɔlanite] *nf* [gravité, raideur] Feierlichkeit *die*.

Soleure [sɔlœr] *n* Solothurn *nt*.

Solex® [sɔlɛks] *nm* Solex *das*.

solfège [sɔlfɛʒ] *nm* Musiklehre *die*.

solidaire [sɔlidɛr] *adj* **-1.** [lié]: **être ~ (de qqn)** (mit jm) solidarisch sein. **-2.** MÉCAN untrennbar miteinander verbunden.

solidariser [3] [sɔlidarize]

◆ **se solidariser** *vp*: **se ~ (avec qqn)** sich (mit jm) solidarisch erklären.

solidarité [sɔlidarite] *nf* [entraide] Solidarität *die*; **par ~** aus Solidarität.

solide [sɔlid] ◇ *adj* **-1.** [objet, meuble] solide (gebaut); **tu peux t'asseoir dessus, c'est ~!** du kannst dich ruhig daraufsetzen, das hält was aus! **-2.** [physiquement] kräftig; **ne pas être très ~ sur ses jambes** nicht sehr sicher auf den Beinen stehen. **-3.** [argument, raison] solide. **-4.** [couple, relation] fest. **-5.** [nerfs] stark. ◇ *nm* Feststoff *der*; **les ~s et les liquides** die Feststoffe und die Flüssigkeiten; **c'est du ~!** das ist etwas Handfestes!; **entre nous, c'est du ~** *fig* wir halten fest zusammen.

solidement [sɔlidmɑ̃] *adv* fest.

solidifier [9] [sɔlidifje] *vt* **-1.** [substance] fest machen. **-2.** [structure] festigen.

◆ **se solidifier** *vp* fest werden.

solidité [sɔlidite] *nf* Haltbarkeit *die*, Festigkeit *die*; [de mariage] Beständigkeit *die*.

soliloque [sɔlilɔk] *nm sout* [monologue] Selbstgespräch *das*.

soliste [sɔlist] *nmf* Solist *der*, -in *die*.

solitaire [sɔlitɛr] ◇ *adj* **-1.** [personne] einzelgängerisch. **-2.** [soirée, vie, contrée] einsam. ◇ *nmf* [individu] Einzelgänger *der*, -in *die*. ◇ *nm* [jeu, diamant] Solitär *der*.

solitude [sɔlityd] *nf* Einsamkeit *die*.

solive [soliv] *nf* CONSTR Deckenbalken *der*.

sollicitation [solisitasjɔ̃] *nf* Drängen *das (sans pl)*; **répondre aux ~s de qqn** auf js Drängen ein|gehen.

solliciter [3] [solisite] *vt* **-1.** [demander]: **~ qqch auprès de qqn** jn um etw ersuchen. **-2.** [relancer] bedrängen. **-3.** [faire appel à]: **~ qqn pour faire qqch** jn bitten, etw zu tun; **j'ai été sollicité pour le poste de ministre des Affaires étrangères** ich wurde gebeten, das Amt des Außenministers zu übernehmen; **je suis très sollicité en ce moment** ich habe zur Zeit sehr viel zu tun. **-4.** [susciter]: **~ l'attention/l'intérêt de qqn** js Aufmerksamkeit/Interesse zu wecken suchen.

sollicitude [solisityd] *nf* Besorgtheit *die*.

solo [solo] ◇ *nm* MUS Solo *das*; **jouer en ~** solo spielen; **~ de batterie** Schlagzeugsolo; **~ de guitare** Gitarrensolo. ◇ *adj* Solo-; **une carrière ~** eine Solokarriere.

solstice [solstis] *nm*: **~ d'été** Sommersonnenwende *die*; **~ d'hiver** Wintersonnenwende *die*.

solubilité [solybilite] *nf* Löslichkeit *die*.

soluble [solybl] *adj* **-1.** [matière] löslich; **café ~** Pulverkaffee *der*. **-2.** [problème] lösbar; **cette question n'est ~ que par la logique** diese Frage läßt sich nur durch logisches Denken lösen.

soluté [solyte] *nm* gelöster Stoff; **~ de chlorure de sodium** Natriumchloridlösung *die*.

solution [solysjɔ̃] *nf* Lösung *die*; **chercher/trouver la ~** die Lösung suchen/finden; **~ de facilité** bequemste Lösung.

solutionner [3] [solysjone] *vt* lösen.

solvabilité [solvabilite] *nf* Zahlungsfähigkeit *die*, Solvenz *die*.

solvable [solvabl] *adj* zahlungsfähig, solvent.

solvant [solvɑ̃] *nm* Lösungsmittel *das*.

Somalie [somali] *nf*: **la ~** Somalia *nt*.

somalien, enne [somaljɛ̃, ɛn], **somali, e** [somali] *adj* somalisch.

◆ **Somalien, enne**, **Somali, e** *nm, f* Somalier *der*, -in *die*.

sombre [sɔ̃br] *adj* **-1.** [sans lumière, soucieux, pessimiste] düster. **-2.** [couleur, costume, affaire] dunkel.

sombrer [3] [sɔ̃bre] *vi* **-1.** [bateau] versinken. **-2.** *fig* [se perdre]: **~ dans qqch** einer Sache *(D)* verfallen; **~ dans l'oubli** in Vergessenheit geraten.

sommaire [somɛr] ◇ *adj* **-1.** [exposé] knapp; [explication] spärlich. **-2.** [jugement] beschleunigt; [exécution] standrechtlich. **-3.** [confort, repas] spärlich. ◇ *nm* Inhaltsverzeichnis *das*.

sommairement [somɛrmɑ̃] *adv* **-1.** [en gros] zusammenfassend. **-2.** [superficiellement, sans formalités] im Schnellverfahren. **-3.** [peu] notdürftig.

sommation [somasjɔ̃] *nf* Aufforderung *die*; **~ du tribunal** gerichtliche Aufforderung.

somme [som] ◇ *nf* **-1.** [gén] Summe *die*; **faire la ~ de plusieurs choses** mehrere Dinge zusammen|zählen. **-2.** [ouvrage érudit] Gesamtdarstellung *die*. ◇ *nm* Schläfchen *das*, Nickerchen *das*.

◆ **en somme** *loc adv* kurz.

◆ **somme toute** *loc adv* alles in allem.

sommeil [somɛj] *nm* [repos] Schlaf *der*; **avoir ~** müde OU schläfrig sein; **tomber de ~** vor Müdigkeit um|fallen; **~ de plomb** *fig* bleierner Schlaf.

sommeiller [4] [someje] *vi sout* **-1.** [somnoler] vor sich hin dämmern. **-2.** *fig* [être latent] schlummern.

sommelier, ère [soməlje, ɛr] *nm, f* Kellermeister *der*, -in *die*.

sommer [3] [some] *vt*: **~ qqn de faire qqch** *sout* jn auf|forden, etw zu tun.

sommes [som] → **être**.

sommet [somɛ] *nm* **-1.** [haut] Gipfel *der*; **conférence au ~** Gipfelkonferenz *die*; **~ d'un organigramme** Spitze *die* eines Organigramms. **-2.** GÉOM Scheitel *der*.

sommier [somje] *nm* Bettboden *der*, Unterbett *das*; **~ à lattes** Lattenrost *der*.

sommité [somite] *nf* [personne] Größe *die*.

somnambule [somnɑ̃byl] ◇ *nmf* Schlafwandler *der*, -in *die*. ◇ *adj* schlafwandlerisch.

somnifère [somnifɛr] *nm* Schlafmittel *das*.

somnolence [somnolɑ̃s] *nf* [sommeil] Schläfrigkeit *die*.

somnolent, e [somnolɑ̃, ɑ̃t] *adj* schläfrig.

somnoler [3] [somnole] *vi* [s'assoupir] dösen.

somptueusement [sɔ̃ptɥøzmɑ̃] *adv* prunkvoll, prächtig.

somptueux, euse [sɔ̃ptɥø, øz] *adj* prunkvoll, prachtvoll.

somptuosité [sɔ̃ptɥozite] *nf* Pracht *die*.

son[1] [sɔ̃] (*f* **sa** [sa], *pl* **ses** [se]) *adj poss* **-1.** [possesseur défini] sein,-e, ihr,-e; **il aime ~ père** er liebt seinen Vater; **elle aime ~ père** sie liebt ihren Vater; **la ville a perdu de ~ charme** die Stadt hat an Reiz verloren. **-2.** [possesseur indéfini] sein (eigener), seine (eigene), sein (eigenes).

son[2] [sɔ̃] *nm* **-1.** [bruit] Ton *der*; **au ~ de ta voix/la harpe** zum Klang deiner Stimme/der Harfe; **(spectacle) ~ et lumière** *mit Text und Musik untermalte Lichtschau*. **-2.** PHYS Schall *der*. **-3.** [céréale] Kleie *die*.

sonar [sonar] *nm* Sonar *das*, Sonargerät *das*.

sonate [sonat] *nf* Sonate *die*.

sondage [sɔ̃daʒ] *nm* **-1.** [interview, vérification rapide] Umfrage *die*; **faire un ~ parmi ses amis** eine Umfrage im Bekanntenkreis machen; **~ d'opinion** Meinungsumfrage. **-2.** TECHNOL & MÉD Sondierung *die*; **effectuer des ~s en mer** Probebohrungen im Meer machen.

sonde [sɔ̃d] *nf* **-1.** MÉD Sonde *die*. **-2.** NAVIG Lot *das*.

sondé, e [sɔ̃de] *nm, f* Befragte *der, die*.

sonder [3] [sɔ̃de] *vt* **-1.** [gén] sondieren. **-2.** [demander l'opinion de] befragen. **-3.** *fig* [chercher à connaître] aus|horchen.

sondeur, euse [sɔ̃dœr, øz] *nm, f* **-1.** [en politique] Meinungsforscher *der*, -in *die*. **-2.** [commercial] Interviewer *der*, -in *die* (bei Meinungsumfragen).

◆ **sondeur** *nm* [appareil] Tiefenmesser *der*; **~ acoustique** Echolot *das*.

songe [sɔ̃ʒ] *nm sout* [rêve] Traum *der*; **en ~** im Traum.

songer [17] [sɔ̃ʒe] ◇ *vt*: **~ que** [prendre conscience] bedenken, daß. ◇ *vi*: **~ à qqch** an etw *(A)* denken; **~ à faire qqch** sich mit dem Gedanken tragen, etw zu tun.

songeur, euse [sɔ̃ʒœr, øz] *adj* nachdenklich.

sonnant, e [sɔnɑ̃, ɑ̃t] *adj*: **à dix heures ~es** (um) Punkt zehn.

sonné, e [sɔne] *adj* **-1.** [passé]: **il est trois heures ~es** es ist drei Uhr vorbei. **-2.** *fam* [révolu]: **avoir soixante ans bien ~s** gut sechzig sein. **-3.** *fam* [étourdi] benommen. **-4.** *fam* [fou]: **être ~** einen Schuß haben.

sonner [3] [sɔne] ◇ *vt* **-1.** [actionner]: **~ les cloches** die Glocken läuten. **-2.** [annoncer]: **~ l'alarme** Alarm aus|lösen; **~ la retraite** zum Rückzug blasen. **-3.** [appeler]: **~ qqn** (nach) jm läuten; **toi, je ne t'ai pas sonné!** *fam* du bist hier nicht gefragt! ◇ *vi* **-1.** [cloche] läuten, klingeln; **~ faux** falsch klingen. **-2.** [réveil, téléphone, personne] klingeln; **on sonne à la porte** es klingelt an der Tür. **-3.** MUS: **~ du cor/de la trompette** Horn/Trompete blasen.

sonnerie [sɔnri] *nf* **-1.** [bruit] Klingeln *das*, Läuten *das*. **-2.** [d'alarme, à l'école] Klingel *die*. **-3.** [air] Signal *das*. **-4.** [mécanisme]: **réparer la ~ du réveil** das Läutwerk des Weckers reparieren.

sonnet [sɔnɛ] *nm* Sonett *das*.

sonnette [sɔnɛt] *nf* Klingel *die*.

sono [sono] *nf fam* Verstärkeranlage *die*; **qui va s'occuper de la ~ à la soirée?** wer kümmert sich bei der Party um die Musik?

sonore [sɔnɔr] *adj* **-1.** [qui fait du bruit] akustisch, klanglich; **signal ~** Tonsignal *das*; **ondes ~s** Schallwellen *Pl*. **-2.** [voix] klangvoll; [rire] schallend; **elle lui fit un baiser ~** sie gab ihm einen Schmatz. **-3.** [salle] hallend; [appartement] hellhörig.

sonorisation [sɔnɔrizasjɔ̃] *nf* **-1.** TECHNOL [de film] Vertonung *die*; [de salle] Ausstattung *die* mit einer Verstärkeranlage. **-2.** [matériel] Verstärkeranlage *die*.

sonoriser [3] [sɔnɔrize] *vt* **-1.** [film] vertonen. **-2.** [salle] mit einer Verstärkeranlage aus|statten.

sonorité [sɔnɔrite] *nf* **-1.** [qualité sonore] Klang *der*. **-2.** [inflexions]: **avoir des ~s bizarres** einen komischen Klang haben. **-3.** [de salle] Akustik *die*.

sont [sɔ̃] → **être**.

sophisme [sɔfism] *nm* PHILOSOPHIE Sophismus *der*.

sophistication [sɔfistikasjɔ̃] *nf* **-1.** [affectation] Unnatürlichkeit *die*. **-2.** [perfectionnement] Vollendung *die*.

sophistiqué, e [sɔfistike] *adj* **-1.** [affecté] gekünstelt. **-2.** [évolué] hochentwickelt. **-3.** [raffiné] anspruchsvoll.

sophrologie [sɔfrɔlɔʒi] *nf* Sophrologie *die*.

soporifique [sɔpɔrifik] ◇ *adj* einschläfernd. ◇ *nm* [somnifère] Schlafmittel *das*.

soprano [sɔprano] ◇ *nm* [voix] Sopran *der*. ◇ *nmf* [personne] Sopranist *der*, -in *die*.

sorbet [sɔrbɛ] *nm* Sorbet *der* OU *das*; **~ au citron** Zitronensorbet; **~ à la fraise** Erdbeersorbet.

sorbetière [sɔrbətjɛr] *nf* CULIN Eismaschine *die* (für Halbgefrorenes).

sorbier [sɔrbje] *nm* Eberesche *die*.

Sorbonne [sɔrbɔn] *nf*: **la ~** die Sorbonne.

LA SORBONNE:
Die Sorbonne ist die älteste Pariser Universität. Sie umfaßt die literarische Fakultät („la Sorbonne" oder „Paris IV") und die juristische Fakultät („Panthéon-Sorbonne" oder „Paris I"). „Sorbonne nouvelle" bezeichnet die literarische Fakultät in der „Rue Censier", bekannter unter dem Namen „Paris III".

---

sorcellerie [sɔrsɛlri] *nf* [magie] Hexerei *die*.

sorcier, ère [sɔrsje, ɛr] *nm, f* [magicien] Hexenmeister *der*, Hexe *die*.

◆ **sorcier** ◇ *nm* [guérisseur] Medizinmann *der*, Wunderheiler *der*. ◇ *adj fam* : **ce n'est (pourtant) pas ~** das ist doch (gar) nicht schwer.

◆ **sorcière** *nf fam* [mégère]: **vieille sorcière** alte Hexe.

sordide [sɔrdid] *adj* dreckig; [mesquin, ignoble] düster.

sornettes [sɔrnɛt] *nfpl* leeres Gerede *(sans pl)*.

sors *etc* → **sortir**.

sort [sɔr] *nm* **-1.** [maléfice] Fluch *der*; **jeter un ~ à qqn** jn behexen. **-2.** [destinée] Schicksal *das*; **faire un ~ à qqch** *fam fig* [plat] etw restlos vertilgen; [boisson] etw restlos aus|trinken. **-3.** [condition, hasard] Los *das*; **tirer au ~** aus|losen.

sortable [sɔrtabl] *adj*: **ne pas être ~** nicht salonfähig OU vorzeigbar sein.

sortant, e [sɔrtɑ̃, ɑ̃t] *adj* **-1.** [gagnant]: **numéro ~** Gewinnzahl *die*. **-2.** POLIT bisherige,-r,-s.

sorte [sɔrt] *nf* Sorte *die*; **de la ~** so, derart; **faire en ~ que** dafür sorgen, daß; **une ~ de crainte/joie** eine Art Furcht/Freude; **toutes ~s de fruits/livres** Früchte/Bücher aller Art, alle möglichen Früchte/Bücher.

◆ **de (telle) sorte que** *loc conj* so daß, derart, daß.

◆ **en quelque sorte** *loc adv* in gewisser Weise, gewissermaßen.

sorti, e [sɔrti] *pp* → **sortir**.

sortie [sɔrti] *nf* **-1.** [issue] Ausgang *der*; **~ de secours** Notausgang; **à la ~** am Ausgang. **-2.** [départ d'un endroit] Verlassen *das*; **~ des bureaux** Büroschluß *der*. **-3.** [parution] Erscheinen *das*. **-4.** [dépense] Ausgabe *die*; **rentrées et ~s** Einnahmen und Ausgaben; **~s de caisse** Kassenausgänge *Pl*. **-5.** [loisir] Ausgehen *das*; **être de ~** Ausgang haben. **-6.** MIL [attaque] Ausbruch *der*. **-7.** INFORM: **~ papier** OU **imprimante** Ausdruck *der*, Hardcopy-Ausgabe *die*; **entrées et ~s** Input und Output. **-8.** [écoulement] Austreten *das*, Entweichen *das*.

sortie-de-bain [sɔrtidbɛ̃] (*pl* **sorties-de-bain**) *nf* Bademantel *der*.

sortilège [sɔrtilɛʒ] *nm* [maléfice] Verzauberung.

sortir [43] [sɔrtir] ◇ *vi* **-1.** [partir] gehen; **~ de qqch** [lieu] aus etw heraus|gehen; **~ de la maison** aus dem Haus gehen; **~ du travail/de l'école** von der Arbeit/aus der Schule kommen. **-2.** [aller dehors] hinaus|gehen. **-3.** [se distraire] aus|gehen. **-4.** [émerger]: **~ de qqch** aus etw heraus|ragen; **~ de terre** [maison] aus dem Boden schießen. **-5.** [guérir]: **~ d'une maladie** eine Krankheit (gerade) hinter sich *(D)* haben. **-6.** [dévier]: **~ de qqch** etw verlassen; **~ de la route** [voiture] von der Straße ab|kommen. **-7.** *fig* [quitter]: **~ de qqch** [période, adolescence] gerade etw hinter sich *(D)* haben; [ordinaire, domaine, sujet] über etw *(A)* hinaus|gehen; **~ de sa réserve** aus sich heraus|gehen; **ça m'est complètement sorti de la tête!** das ist mir vollkommen entfallen! **-8.** [livre, nouveauté] heraus|kommen; [film] an|laufen. **-9.** [au loto] gezogen werden. **-10.** [avoir fréquenté]: **~ de Polytechnique** von der École Polytechnique kommen; **mais d'où il sort, celui-là**? *fam* wo kommt denn der her? ◇ *vt* **-1.** [promener] aus|führen. **-2.** [extraire] heraus|nehmen; **~ l'appareil de sa boîte** das Gerät aus der Schachtel nehmen. **-3.** *fig* [aider]: **~ qqn de qqch** jm aus etw heraus|helfen. **-4.** [disque, livre] heraus|geben. **-5.** *fam* [dire] vom Stapel lassen.

◆ **se sortir** *vp*: **se ~ de qqch** [se tirer de] aus etw heraus|kommen; **comment va-t-on se ~ de ce pétrin**? wie können wir uns hier aus der Affäre ziehen?; **s'en ~** [en réchapper] davon|kommen; **j'ai trop de boulot, je ne m'en sors pas** ich habe zuviel Arbeit, ich schaffe es nicht.

S.O.S. (*abr de* **save our souls**) *nm* S.O.S. *das*; **lancer un ~** ein S.O.S. senden; *fig* um Hilfe rufen.

sosie [sɔzi] *nm* Doppelgänger *der*.

sot, sotte [so, sɔt] ◇ *adj* töricht. ◇ *nm, f* Tor *der*, Törin *die*.

sottement [sɔtmɑ̃] *adv* törichterweise.

sottise [sɔtiz] *nf* **-1.** [stupidité] Torheit *die*. **-2.** [parole, acte] Dummheit *die*.

sottisier [sɔtizje] *nm* Stilblütensammlung *die*.

sou [su] *nm* [pièce de monnaie] Groschen *der*; **être sans le ~** *fig* keinen Heller haben.

◆ **sous** *nmpl fam* [argent]: **les ~s** das Geld, die Kohle; **être près de ses ~s** *fig* jeden Pfennig dreimal um|drehen; **parler gros ~s** *fig* übers Geld reden.

souahéli, e = **swahili**.

soubassement [subasmɑ̃] *nm* CONSTR Unterbau *der*.

soubresaut [subrəso] *nm* **-1.** [de véhicule] Rukken *das (sans pl)*. **-2.** [de personne, de corps] Zusammenzucken *das*; **avoir un ~** zusammen|zucken.

soubrette [subrɛt] *nf* [servante] Kammerzofe *die*.

souche [suʃ] *nf* **-1.** [d'arbre] (Baum)stumpf *der*; **dormir comme une ~** *fig* wie ein Murmeltier schlafen. **-2.** [origine] Stamm *der*. **-3.** [de famille] Stammvater *der*, Stammutter *die*; **être de vieille ~** *fig* aus einer alten Familie stammen. **-4.** [talon] Stammabschnitt *der*; **carnet à ~(s)** Heft mit Stammabschnitten.

souci [susi] *nm* **-1.** [tracas, préoccupation] Sorge *die*; **se faire du ~** sich Sorgen machen; **c'est le dernier** OU **le cadet de mes ~s** das ist meine geringste Sorge. **-2.** BOT Ringelblume *die*.

soucier [9] [susje]

◆ **se soucier** *vp*: **se ~ de qqn/qqch** sich um jn/etw kümmern OU sorgen; **se ~ que** *(+ subjonctif) sout* darum besorgt sein, daß; **se ~ de qqch comme de sa première chemise** *fam* sich den Teufel um etw scheren.

soucieux, euse [susjø, øz] *adj* **-1.** [préoccupé] besorgt. **-2.** [concerné]: **être ~ de qqch** auf etw *(A)* bedacht sein; **être ~ de faire qqch** darauf bedacht sein, etw zu tun.

soucoupe [sukup] *nf* Untertasse *die*; **~ volante** fliegende Untertasse.
soudain, e [sudɛ̃, ɛn] *adj* plötzlich.
◆ **soudain** *adv* plötzlich.
soudainement [sudɛnmɑ̃] *adv* plötzlich.
Soudan [sudɑ̃] *nm*: **le ~** der Sudan, Sudan *nt*; **au ~** im Sudan, in Sudan.
soudanais, e [sudanɛ, ɛz] *adj* sudanesisch, sudanisch.
◆ **Soudanais, e** *nm, f* Sudanese *der*, -sin *die*, Sudaner *der*, -in *die*.
soude [sud] *nf* CHIM Soda *das*; **~ caustique** Ätznatron *das*.
souder [3] [sude] *vt* **-1.** TECHNOL schweißen. **-2.** *fig* [unir] zusammen|schweißen.
soudeur, euse [sudœr, øz] *nm, f* [personne] Schweißer *der*, -in *die*.
◆ **soudeuse** *nf* [machine] Schweißapparat *der*.
soudoyer [13] [sudwaje] *vt* bestechen.
soudure [sudyr] *nf* **-1.** TECHNOL Schweißen *das*; **atelier de ~** Schweißwerkstatt *die*. **-2.** [résultat] Schweißnaht *die*; **faire la ~** *fig* eine schwierige Zeit überbrücken. **-3.** MÉD Zusammenwachsen *das*.
souffert, e [sufɛr, ɛrt] *pp* → **souffrir**.
souffle [sufl] *nm* **-1.** [respiration] Atem *der*; **couper le ~ à qqn** *fig* jm den Atem rauben; **j'en ai eu le ~ coupé** *fig* mir blieb die Luft weg; **retenir son ~** *fig* den Atem an|halten. **-2.** [expiration] Atemstoß *der*. **-3.** *fig* [inspiration] Inspiration *die*; **manquer de ~** einfallslos sein. **-4.** [d'air, de vent] Hauch *der*. **-5.** [d'explosion] Druckwelle *die*. **-6.** MÉD: **avoir un ~ au cœur** ein Herzgeräusch haben. **-7.** TECHNOL Rauschen *das*.
soufflé, e [sufle] *adj* CULIN Auflauf-.
◆ **soufflé** *nm* CULIN Soufflé *das*; **~ au fromage** Käsesoufflé.
souffler [3] [sufle] ◇ *vt* **-1.** [bougie] aus|blasen. **-2.** TECHNOL [verre, émail] blasen. **-3.** [pulvériser] weg|blasen. **-4.** [chuchoter]: **~ qqch à qqn** jm etw zu|flüstern. **-5.** SCOL [aider]: **~ qqch à qqn** jm etw ein|blasen. **-6.** *fam* [prendre] weg|schnappen. **-7.** *fam* [époustoufler]: **alors là, ça m'a soufflé!** da bin ich baff! ◇ *vi* **-1.** [se calmer] verschnaufen; **~ un instant** ein wenig verschnaufen. **-2.** [expirer] blasen; **~ dans le ballon** [test] (ins Röhrchen) blasen OU pusten. **-3.** [vent] wehen; **~ fort** heftig blasen.
soufflerie [sufləri] *nf* **-1.** [compresseur] Gebläse *das*. **-2.** AÉRON Windkanal *der*.
soufflet [suflɛ] *nm* **-1.** [instrument] Blasebalg *der*. **-2.** [partie souple] Balg *der*. **-3.** *vieilli* [claque] Backpfeife *die*.
souffleur, euse [suflœr, øz] *nm, f* THÉÂTRE Souffleur *der*, -euse *die*.
◆ **souffleur** *nm*: **~ (de verre)** Glasbläser *der*.
souffrance [sufrɑ̃s] *nf* **-1.** [physique] Schmerz *der*. **-2.** [morale] Leid *das*.
souffrant, e [sufrɑ̃, ɑ̃t] *adj* unpäßlich, krank.
souffre *etc* → **souffrir**.
souffre-douleur [sufrədulœr] *nm inv* Prügelknabe *der*.
souffreteux, euse [sufrətø, øz] *adj* kränklich.
souffrir [34] [sufrir] ◇ *vi* leiden; **~ de qqch** unter etw *(D)* leiden; [maladie] an etw *(D)* leiden; **~ des dents** Zahnschmerzen haben; **~ du dos** Rückenschmerzen haben; **ma blessure me fait ~** meine Verletzung bereitet mir Schmerzen; **elle m'a beaucoup fait ~** sie hat mir viel Leid zugefügt; **j'ai beaucoup souffert à cet examen!** *fam fig* bei der Prüfung habe ich was durchgemacht! ◇ *vt* **-1.** [ressentir] erleiden. **-2.** *sout* [supporter - chose] ertragen; [- personne] aus|stehen. **-3.** *sout* [tolérer]: **souffrez que** gestatten Sie, daß.
◆ **se souffrir** *vp*: **ils ne peuvent pas se ~** *sout* sie können sich nicht leiden.
soufisme [sufism] *nm* RELIG Sufismus *der*.
soufre [sufr] *nm* CHIM Schwefel *der*; **sentir le ~** *fig* nach Ketzerei aus|sehen, anrüchig sein.
souhait [swɛ] *nm* Wunsch *der*; **à tes** OU **vos ~s!** Gesundheit!
◆ **à souhait** *loc adv* nach Wunsch.
souhaitable [swɛtabl] *adj* wünschenswert; **il serait ~ que** es wäre wünschenswert, daß.
souhaiter [4] [swete] *vt* **-1.** [désirer]: **~ qqch** sich etw *(D)* wünschen; **~ faire qqch** sich wünschen, etw zu tun. **-2.** [exprimer un vœu pour]: **~ que** *(+ subjonctif)* wünschen, daß; **~ qqch à qqn** jm etw wünschen; **~ à qqn de faire qqch** jm wünschen, etw zu tun.
souiller [3] [suje] *vt sout* verschmutzen, verunreinigen; *fig* besudeln.
souillon [sujɔ̃] *nf* schmutziges Frauenzimmer.
souillure [sujyr] *nf* **-1.** [déchet] Dreck *der*. **-2.** *sout* & *fig* Schandfleck *der*.
souk [suk] *nm* **-1.** [marché] Suk *der*. **-2.** *fam fig* [désordre] Räuberhöhle *die*; **c'est le ~ à la maison** hier sieht es aus wie in einer Räuberhöhle.
soul [sul] ◇ *adj inv* Soul-. ◇ *nf* Soul *der*.
soûl, e, saoul, e [su, sul] *adj* [ivre] betrunken, besoffen; **être ~ de qqch** *fig* von etw trunken sein.
◆ **soûl, saoul** *nm*: **tout mon** OU **ton etc ~** *fig* nach Herzenslust.
soulagement [sulaʒmɑ̃] *nm* Erleichterung *die*.
soulager [17] [sulaʒe] *vt* **-1.** [douleur, peine] lindern; **~ qqn** [malade] jm Linderung verschaffen. **-2.** [rendre moins lourd] entlasten. **-3.** [mora-

lement] erleichtern; **~ qqn de qqch** *iron* [somme, portefeuille] jn um etw erleichtern.

◆ **se soulager** *vp* **-1.** [se libérer] sein Herz erleichtern; **se sentir soulagé** sich erleichert fühlen. **-2.** *fam fig* [d'un besoin naturel] sich erleichtern.

soûler, saouler [3] [sule] *vt fam* **-1.** [enivrer] betrunken machen. **-2.** [ennuyer]: **~ qqn** jm auf die Nerven gehen.

◆ **se soûler, se saouler** *vp fam* sich betrinken; **se ~ de qqch** *fig* sich an etw *(D)* berauschen.

soûlerie [sulri] *nf fam* Besäufnis *das*.

soulèvement [sulɛvmɑ̃] *nm* Erhebung *die*, Aufstand *der*.

soulever [19] [sulve] *vt* **-1.** [élever] hoch|heben. **-2.** [rideau, couvercle] an|heben. **-3.** [question] auf|werfen; [objection] vor|bringen. **-4.** [provoquer] hervor|rufen. **-5.** [peuple, opinion]: **~ qqn contre qqn/qqch** jn gegen jn/etw auf|wiegeln. **-6.** [sujet: souffle, élan] beflügeln.

◆ **se soulever** *vp* sich erheben.

soulier [sulje] *nm* Schuh *der*, Schuhwerk *das*; **être dans ses petits ~s** *fam fig* verlegen sein.

souligner [3] [suliɲe] *vt* unterstreichen.

soumets *etc* → **soumettre**.

soumettre [84] [sumɛtr] *vt* **-1.** [dominer, vaincre, contraindre]: **~ qqn/qqch (à qqn/qqch)** jn/etw (jm/einer Sache) unterwerfen. **-2.** [proposer]: **~ qqch à qqn** jm etw unterbreiten; **~ un projet de loi à l'Assemblée nationale** der Nationalversammlung einen Gesetzesentwurf unterbreiten.

◆ **se soumettre** *vp* [obéir] sich unterwerfen; **se ~ à qqch** [loi] etw befolgen; [jugement] sich einer Sache *(D)* fügen.

soumis, e [sumi, iz] ◇ *pp* → **soumettre**. ◇ *adj* unterwürfig.

soumission [sumisjɔ̃] *nf* **-1.** [obéissance] Ergebenheit *die*, Folgsamkeit *die*. **-2.** [défaite]: **~ à qqn** Sichunterwerfen *das* jm gegenüber. **-3.** [subordination] Befolgung *die* von Vorschriften.

soupape [supap] *nf* TECHNOL Ventil *das*; **~ de sûreté** Sicherheitsventil; *fig* Hintertürchen *das*; **avoir une ~ de sûreté** *fig* sich ein Hintertürchen offen|halten.

soupçon [supsɔ̃] *nm* **-1.** [suspicion, intuition] Verdacht *der*; **de graves ~s pèsent contre lui** gegen ihn liegen schwerwiegende Verdachtsmomente vor; **être au-dessus de tout ~** über jeden Verdacht erhaben sein; **être à l'abri de tout ~** gegen jeden Verdacht gefeit sein. **-2.** [petite quantité]: **un ~ de qqch** eine Spur etw.

soupçonner [3] [supsɔne] *vt* **-1.** [suspecter] verdächtigen; **~ qqn de qqch** jn einer Sache *(G)* verdächtigen; **~ qqn de faire qqch** jn verdächtigen, etw zu tun. **-2.** [deviner] vermuten; **~ que** *(+ subjonctif)* vermuten, daß; **ne pas ~ que** *(+ subjonctif)* nicht ahnen, daß.

soupçonneux, euse [supsɔnø, øz] *adj* argwöhnisch.

soupe [sup] *nf* **-1.** [potage] Suppe *die*; **~ à l'oignon** Zwiebelsuppe; **~ populaire** Armenspeisung *die*; **être ~ au lait** *fig* sehr leicht reizbar sein. **-2.** *fam* [neige] Matsch *der*.

soupente [supɑ̃t] *nf* [sous un escalier] Abstellkammer *die*.

souper[1] [3] [supe] *vi* ein Nachtmahl zu sich nehmen; **en avoir soupé de qqch** *fam fig* etw satt haben.

souper[2] [supe] *nm* Nachtmahl *das*.

soupeser [19] [supəze] *vt* mit der Hand wiegen; *fig* ab|wägen; **soupèse ce melon, pour voir** nimm die Melone mal in die Hand.

soupière [supjɛr] *nf* Suppenschüssel *die*.

soupir [supir] *nm* **-1.** [souffle] Seufzer *der*; **pousser un ~** seufzen; **rendre le dernier ~** *sout* seinen letzten Seufzer tun. **-2.** MUS [silence] Viertelpause *die*.

soupirail, aux [supiraj, o] *nm* Kellerfenster *das*.

soupirant [supirɑ̃] *nm* [amoureux] Verehrer *der*.

soupirer [3] [supire] *vt* & *vi* seufzen; **~ après qqch** *fig* & *sout* sich nach etw sehnen.

souple [supl] *adj* **-1.** [agile] gelenkig. **-2.** [fluide] geschmeidig. **-3.** [mou, flexible] weich; **livre à couverture ~** Paperback(buch) *das*; **paquet ~** Weichpackung *die*. **-4.** [maniable, conciliant] beweglich.

souplesse [suplɛs] *nf* **-1.** [de corps] Gelenkigkeit *die*, Geschmeidigkeit *die*. **-2.** [d'esprit] Beweglichkeit *die*.

sourate = **surate**.

source [surs] *nf* Quelle *die*; **prendre sa ~ à** OU **dans qqch** in etw *(D)* entspringen; **tenir qqch de bonne ~** OU **de ~ sûre** etw aus zuverlässiger OU sicherer Quelle haben; **ça coule de ~** *fig* das ist doch klar; **puiser à la ~** *fig* sich Information aus erster Hand verschaffen.

sourcier, ère [sursje, ɛr] *nm, f* Wünschelrutengänger *der*, -in *die*.

sourcil [sursi] *nm* Augenbraue *die*; **froncer les ~s** die Stirn runzeln.

sourcilière [sursiljɛr] → **arcade**.

sourciller [3] [sursije] *vi* mit der Wimper zukken; **sans ~** ohne mit der Wimper zu zucken.

sourcilleux, euse [sursijø, øz] *adj* pedantisch; **être ~ sur qqch** peinlich auf etw *(A)* achten.

sourd[1] [sur] → **sourdre**.

sourd[2], **e** [sur, surd] ◇ *adj* **-1.** [non-entendant] taub; **être/rester ~ à qqch** *fig* für etw taub sein/bleiben. **-2.** [bruit, douleur] dumpf. **-3.** [lutte] verdeckt. ◇ *nm, f* Taube *der, die*.

sourdais *etc* → **sourdre**.

sourdement [surdəmɑ̃] *adv* dumpf; *fig* hinterhältig.

sourdine [surdin] *nf* MUS Dämpfer *der*; **en ~** im Stillen.

sourd-muet, sourde-muette [surmɥɛ, surdmɥɛt] (*mpl* **sourds-muets,** *fpl* **sourdes-muettes**) ◇ *adj* taubstumm. ◇ *nm, f* Taubstumme *der, die*.

sourdre [73] [surdr] *vi sout*: **~ de qqch** aus etw quellen; *fig* aus etw hoch|steigen; **on voyait l'eau ~ de dessous la roche** man sah das Wasser unter dem Stein hervorquellen.

souriant, e [surjɑ̃, ɑ̃t] *adj* lächelnd.

souriceau, x [suriso] *nm* Mäuschen *das*.

souricière [surisjɛr] *nf* Mauseloch *das*; *fig* Mausefalle *die*.

sourire[1] [95] [surir] *vi* lächeln; **~ à qqn** [sujet: personne, vie, avenir] jm zu|lächeln; [sujet: projet, proposition] jm behagen; **la chance lui sourit** er hat das Glück auf seiner Seite.

sourire[2] [surir] *nm* Lächeln *das*; **garder le ~** sich nichts anmerken lassen.

souris [suri] *nf* [animal & INFORM] Maus *die*; **~ grise/blanche** graue/weiße Maus.

sournois, e [surnwa, az] ◇ *adj* heimtückisch, hinterhältig. ◇ *nm, f* heimtückischer Mensch.

sournoisement [surnwazmɑ̃] *adv* heimtückisch.

sous [su] *prép* **-1.** [gén] unter; **être assis ~ la fenêtre** unter dem Fenster sitzen; **mettre ~ la table** unter den Tisch stellen; **~ les ordres/la direction de** unter den Anweisungen/der Leitung von; **~ cet aspect** unter diesem Aspekt; **~ cet angle** aus dieser Sicht. **-2.** [dans un délai de] binnen, innerhalb von; **~ huit jours** binnen acht Tagen.

sous-alimentation [suzalimɑ̃tasjɔ̃] (*pl* **sous-alimentations**) *nf* Unterernährung *die*.

sous-alimenté, e [suzalimɑ̃te] *adj* unterernährt.

sous-bois [subwa] *nm inv* Unterholz *das*.

sous-chef [suʃɛf] (*pl* **sous-chefs**) *nm* [de service] stellvertretender Abteilungsleiter, stellvertretende Abteilungsleiterin; [d'entreprise] stellvertretender Direktor, stellvertretende Direktorin.

souscripteur, trice [suskriptœr, tris] *nm, f* Zeichner *der*, - in *die*, Subskribent *der*, - in *die*.

souscription [suskripsjɔ̃] *nf* **-1.** [procédé] Zeichnung *die*, Subskription *die*. **-2.** [somme d'argent] Subskriptionspreis *der*.

souscrire [99] [suskrir] ◇ *vt* [abonnement] ein|gehen; [emprunt] zeichnen. ◇ *vi*: **~ à qqch** sich einer Sache *(D)* an|schließen.

sous-cutané, e [sukytane] *adj* subkutan.

sous-développé, e [sudevlɔpe] *adj* ÉCON unterentwickelt; **les pays ~s** die Entwicklungsländer.

sous-directeur, trice [sudirɛktœr, tris] (*mpl* **sous-directeurs,** *fpl* **sous-directrices**) *nm, f* stellvertretender Direktor, stellvertretende Direktorin.

sous-ensemble [suzɑ̃sɑ̃bl] (*pl* **sous-ensembles**) *nm* Teilmenge *die*.

sous-entendre [73] [suzɑ̃tɑ̃dr] *vt* bedeuten; **on sous-entend par là que** damit ist gemeint, daß.

sous-entendu [suzɑ̃tɑ̃dy] (*pl* **sous-entendus**) *nm* Anspielung *die*.

sous-équipé, e [suzekipe] *adj* ÉCON unzureichend ausgestattet.

sous-estimer [3] [suzɛstime] *vt* unterschätzen. ◆ **se sous-estimer** *vp* sich (selbst) unterschätzen.

sous-évaluer [7] [suzevalɥe] *vt* unterschätzen.

sous-exploiter [3] [suzɛksplwate] *vt* **-1.** [ÉCON - équipement] nicht voll nutzen; [- gisement] nicht voll ab|bauen. **-2.** *fig* [personne] nicht voll aus|lasten.

sous-exposé, e [suzɛspoze] *adj* unterbelichtet.

sous-fifre [sufifr] (*pl* **sous-fifres**) *nm fam* Gehilfe *der*, -fin *die*.

sous-jacent, e [suʒasɑ̃, ɑ̃t] *adj* **-1.** [en-dessous] tieferliegend. **-2.** *fig* [dissimulé] unterschwellig.

sous-lieutenant [suljøtnɑ̃] (*pl* **sous-lieutenants**) *nm* Leutnant *der*.

sous-location [sulɔkasjɔ̃] (*pl* **sous-locations**) *nf* Untervermietung *die*, Weitervermietung *die*.

sous-louer [6] [sulwe] *vt* untervermieten, weiter|vermieten.

sous-main [sumɛ̃] *nm inv* Schreibunterlage *die*; **en ~** unter der Hand.

sous-marin, e [sumarɛ̃, in] *adj* unterseeisch; → **pêche**.

◆ **sous-marin** (*pl* **sous-marins**) *nm* U-Boot *das*, Unterseeboot *das*.

sous-officier [suzɔfisje] (*pl* **sous-officiers**) *nm* Unteroffizier *der*.

sous-ordre [suzɔrdr] (*pl* **sous-ordres**) *nm* **-1.** ZOOL [espèce] Unterordnung *die*. **-2.** [personne] Untergebene *der, die*.

sous-payer [11] [supeje] *vt* unterbezahlen.

sous-peuplé, e [supœple] *adj* unterbevölkert.

sous-préfecture [suprefɛktyr] (*pl* **sous-préfectures**) *nf* Unterpräfektur *die*.

sous-préfet [suprefɛ] (*pl* **sous-préfets**) *nm* Unterpräfekt *der*.

sous-produit [suprɔdɥi] (*pl* **sous-produits**) *nm* **-1.** [objet] Nebenprodukt *das*. **-2.** *fig* [imitation] Abklatsch *der*.

sous-secrétaire [susəkretɛr] (*pl* **sous-secrétaires**) *nm*: ~ **d'État** stellvertretender Staatssekretär.

soussigné, e [susiɲe] ◇ *adj*: **je, ~** der Unterzeichnete; **nous, ~s** die Unterzeichneten; **je, ~ Pierre Dupont, certifie que** der Unterzeichnete, Pierre Dupont, bestätigt, daß. ◇ *nm, f* Unterzeichnete *der, die*.

sous-sol [susɔl] (*pl* **sous-sols**) *nm* **-1.** [sol] Boden *der*. **-2.** [de bâtiment] Untergeschoß *das*.

sous-tasse [sutas] (*pl* **sous-tasses**) *nf* Untertasse *die*.

sous-tendre [73] [sutɑ̃dr] *vt* **-1.** TECHNOL [étayer] verspannen. **-2.** *fig* [renforcer] untermauern.

sous-titre [sutitr] (*pl* **sous-titres**) *nm* Untertitel *der*.

sous-titrer [3] [sutitre] *vt* untertiteln.

soustraction [sustraksjɔ̃] *nf* **-1.** [action] Abziehen *das*. **-2.** [opération] Substraktion *die*.

soustraire [112] [sustrɛr] *vt* **-1.** [retrancher]: ~ **qqch de qqch** etw von etw subtrahieren, etw von etw ab|ziehen. **-2.** [voler]: ~ **qqch à qqn/de qqch** jm/einer Sache etw entwenden. **-3.** [protéger]: ~ **qqn à qqch** jn vor etw *(D)* bewahren. **-4.** [cacher]: ~ **qqn/qqch à qqn/qqch** jn/etw jm/einer Sache entziehen.

◆ **se soustraire** *vp*: **se ~ à qqch** sich einer Sache *(D)* entziehen.

soustrais *etc* → **soustraire**.

soustrait, e [sustrɛ, ɛt] *pp* → **soustraire**.

sous-traitance [sutrɛtɑ̃s] (*pl* **sous-traitances**) *nf* ÉCON *Auftragvergabe an bzw. Auftragnahme durch Zulieferer*.

sous-traitant, e [sutrɛtɑ̃, ɑ̃t] *adj* Zuliefer-.

◆ **sous-traitant** (*pl* **sous-traitants**) *nm* Zulieferer *der*, -rin *die*, Subunternehmer *der*, -in *die*.

sous-traiter [4] [sutrete] *vt* **-1.** [faire la sous-traitance de]: ~ **qqch** etw als Zulieferer erledigen. **-2.** [donner à sous-traiter] an (einen) Zulieferer vergeben.

soustrayais *etc* → **soustraire**.

sous-verre [suvɛr] *nm inv* Bild *das* unter Glas.

sous-vêtement [suvɛtmɑ̃] (*pl* **sous-vêtements**) *nm* Unterwäsche *die (sans pl)*.

soutane [sutan] *nf* Sutane *die*.

soute [sut] *nf* Frachtraum *der*; ~ **à bagages** Gepäckraum.

soutenable [sutnabl] *adj* **-1.** [défendable] verfechtbar. **-2.** [supportable] erträglich.

soutenance [sutnɑ̃s] *nf Verteidigung einer Diplomarbeit, Doktorarbeit o.ä.*

souteneur [sutnœr] *nm* [proxénète] Zuhälter *der*.

soutenir [40] [sutnir] *vt* **-1.** [gén] unterstützen. **-2.** [empêcher de tomber - immeuble] (ab|)-stützen; [- personne] stützen. **-3.** [effort, intérêt] aufrechterhalten. **-4.** [regard, comparaison]: ~ **qqch** einer Sache *(D)* stand|halten. **-5.** [affirmer] behaupten; ~ **une thèse** eine These verteidigen.

◆ **se soutenir** *vp* **-1.** [se maintenir] sich halten. **-2.** [se défendre] haltbar sein.

soutenu, e [sutny] ◇ *pp* → **soutenir**. ◇ *adj* **-1.** [style] gewählt. **-2.** [attention, effort] verstärkt. **-3.** [couleur, rythme] kräftig.

souterrain, e [sutɛrɛ̃, ɛn] *adj* **-1.** [sous terre] unterirdisch. **-2.** *fig* [secret] Untergrund-.

◆ **souterrain** *nm* unterirdischer Gang; [passage, tunnel] Unterführung *die*.

soutien [sutjɛ̃] *nm* Unterstützung *die*; **apporter son ~ à qqn/qqch** jm/einer Sache seine Unterstützung zuteil werden lassen, jn/etw unterstützen; ~ **de famille** Familienernährer *der*, -in *die*, Alleinverdiener *der*, - in *die*.

soutien-gorge [sutjɛ̃gɔrʒ] (*pl* **soutiens-gorge**) *nm* Büstenhalter *der*, BH *der*.

soutirer [3] [sutire] *vt* **-1.** [liquide] ab|zapfen. **-2.** [extorquer]: ~ **qqch à qqn** jm etw entlocken.

souvenance [suvnɑ̃s] *nf sout* Erinnerung *die*.

souvenir[1] [40] [suvnir]

◆ **se souvenir** *vp*: **se ~ de qqn/qqch** sich an jn/etw erinnern, sich js/einer Sache entsinnen; **se ~ que** sich entsinnen, daß, sich erinnern, daß.

souvenir[2] [suvnir] *nm* **-1.** [réminiscence] Erinnerung *die*; **garder un bon ~ de qqn** jn in guter Erinnerung behalten; **en ~ de qqn** zu js Andenken; **rappelez-moi au bon ~ de votre épouse** meine Empfehlungen an die Frau Gemahlin; **avec mes meilleurs ~s** mit besten Grüßen. **-2.** [objet] Andenken *das*, Souvenir *das*.

souvent [suvɑ̃] *adv* **-1.** [fréquemment] oft. **-2.** [généralement] oftmals; **le plus ~** meist, meistens.

souvenu, e [suvny] *pp* → **souvenir** *v*.

souverain, e [suvrɛ̃, ɛn] ◇ *adj* **-1.** [suprême] absolut. **-2.** POLIT [état] souverän. **-3.** [personne] selbstbestimmt, unabhängig. ◇ *nm, f* Herrscher *der*, - in *die*, Souverän *der*.

souverainement [suvrɛnmɑ̃] *adv* **-1.** [extrêmement] äußerst. **-2.** [avec autorité] unwiderruflich.

souveraineté [suvrɛnte] *nf* **-1.** [autorité] Herrschaft *die*. **-2.** [indépendance] Souveränität *die*, Hoheit *die*. **-3.** ÉCON [domination] Überlegenheit *die*.

souviendrai *etc* → **souvenir** *v*.

souvins *etc* → **souvenir** *v*.

soviet [sɔvjɛt] *nm* Sowjet *der*; **Soviet suprême** Oberster Sowjet.

soviétique [sɔvjetik] *adj* sowjetisch, Sowjet-. ◆ **Soviétique** *nmf* Sowjetrusse *der*, -sin *die*.

soviétologue [sɔvjetɔlɔg] *nmf* Sowjetologe *der*, -gin *die*.

soyeux, euse [swajø, øz] *adj* seidig, seidenweich.

SPA (*abr de* **Société protectrice des animaux**) *nf* Tierschutzverein *der*.

spacieux, euse [spasjø, øz] *adj* geräumig.

spaghetti [spagɛti] *nmpl* Spaghetti *Pl*.

sparadrap [sparadra] *nm* Heftpflaster *das*.

spartiate [sparsjat] *adj* spartanisch. ◆ **spartiates** *nfpl* [sandales] Jesuslatschen *Pl*. ◆ **à la spartiate** *loc adv* spartanisch.

spasme [spasm] *nm* Krampf *der*, Verkrampfung *die*.

spasmodique [spasmɔdik] *adj* spasmisch, spastisch, krampfartig.

spasmophilie [spasmɔfili] *nf* Spasmophilie *die*.

spatial, e, aux [spasjal, o] *adj* Raum-.

spatio-temporel, elle [spasjɔtɑ̃pɔrɛl] *adj* Raum-Zeit-.

spatule [spatyl] *nf* **-1.** CULIN Teigschaber *der*, Bratenwender *der*; [pour peindre] Spachtel *der*. **-2.** SPORT [de ski] Schaufel *die*.

speaker, speakerine [spikœr, spikrin] *nm, f* Ansager *der*, -in *die*.

spécial, e, aux [spesjal, o] *adj* **-1.** [particulier] Sonder-, Spezial-, speziell; **~ à qqn/qqch** jm/einer Sache eigen. **-2.** [réservé] Extra-. **-3.** [bizarre] speziell.

spécialement [spesjalmɑ̃] *adv* **-1.** [exprès] speziell. **-2.** [particulièrement] ausgesprochen, besonders; **pas ~** nicht sonderlich, nicht gerade; **je n'ai pas ~ envie de sortir ce soir** ich habe keine besondere Lust, heute abend auszugehen.

spécialisation [spesjalizasjɔ̃] *nf* Spezialisierung *die*; [dans les études] Fachrichtung *die*.

spécialisé, e [spesjalize] *adj* Fach-.

spécialiser [3] [spesjalize] *vt*: **~ qqn/qqch dans qqch** jn/etw auf etw *(A)* spezialisieren. ◆ **se spécialiser** *vp*: **se ~ (dans qqch)** sich (auf etw *(A)*) spezialisieren.

spécialiste [spesjalist] *nmf* **-1.** [expert] Fachmann *der*, Spezialist *der*, -in *die*. **-2.** [médecin] Facharzt *der*, -ärztin *die*.

spécialité [spesjalite] *nf* **-1.** [domaine] Fachgebiet *das*, Spezialität *die*. **-2.** CULIN Spezialität *die*. **-3.** *fam* [manie] Stärke *die*.

spécieux, euse [spesjø, øz] *adj sout* Schein-; **propos ~** scheinheilige Worte.

spécification [spesifikasjɔ̃] *nf* [indication] (näherer) Hinweis; [norme technique] Spezifikation *die*.

spécificité [spesifisite] *nf* Besonderheit *die*, Eigentümlichkeit *die*.

spécifier [9] [spesifje] *vt* **-1.** [oralement] (genau) sagen. **-2.** [par écrit] (genau) beschreiben, (genau) fest|legen.

spécifique [spesifik] *adj* **-1.** [particulier] (ganz) besondere,-r,-s, speziell. **-2.** [unique] ihm OU ihr eigen, ihm OU ihr eigentümlich.

spécifiquement [spesifikmɑ̃] *adv* speziell, ausdrücklich.

spécimen [spesimɛn] *nm* **-1.** [représentant] Exemplar *das*. **-2.** [exemplaire] Spezimen *das*, Muster *das*.

spectacle [spɛktakl] *nm* **-1.** THÉÂTRE Aufführung *die*; **le monde du ~** Showbusineß *das*, Schaugeschäft *das*; **se donner en ~** *fig* eine Schau ab|ziehen. **-2.** *fig* [tableau] Spektakel *das*, Anblick *der*; **offrir un triste ~** einen traurigen Anblick bieten.

spectaculaire [spɛktakylɛr] *adj* **-1.** [impressionnant] spektakulär. **-2.** [sensationnel] umwerfend.

spectateur, trice [spɛktatœr, tris] *nm, f* Zuschauer *der*, -in *die*.

spectre [spɛktr] *nm* **-1.** [fantôme, menace] Gespenst *das*; **le ~ de qqch** *fig* das Gespenst einer Sache *(G)*. **-2.** PHYS Spektrum *das*.

spéculateur, trice [spekylatœr, tris] *nm, f* Spekulant *der*, -in *die*.

spéculatif, ive [spekylatif, iv] *adj* Spekulations-.

spéculation [spekylasjɔ̃] *nf* Spekulation *die*.

spéculer [3] [spekyle] *vi*: **~ sur qqch** mit etw spekulieren.

speech [spitʃ] (*pl* **speechs** OU **speeches**) *nm* Speech *der*.

spéléologie [speleɔlɔʒi] *nf* Speläologie *die*, Höhlenkunde *die*.

spéléologue [speleɔlɔg] *nmf* Speläologe *der*, -gin *die*.

spencer [spɛnsɛr] *nm* Spenzer *der*.

spermatozoïde [spɛrmatɔzɔid] *nm* Samenfaden *der*, Samenzelle *die*.

sperme [spɛrm] *nm* Sperma *das*, Samenflüssigkeit *die*.

spermicide [spɛrmisid] ◇ *nm* Spermizid *das*. ◇ *adj* Spermizid-.

sphère [sfɛr] *nf* Kugel *die*; **les hautes ~s de qqch** *fig* die höheren Sphären einer Sache *(G)*, die oberen Etagen einer Sache *(G)*; **~ d'influence** POLIT & ÉCON Einflußbereich *der*.

sphérique [sferik] *adj* kugelförmig.

sphincter [sfɛ̃ktɛr] *nm* Schließmuskel *der*.

sphinx [sfɛ̃ks] *nm* **-1.** MYTH & ART Sphinx *die*. **-2.** ZOOL Nachtfalter *der*.

spirale [spiral] *nf* Spirale *die*; **en ~** spiralförmig.

spiritisme [spiritism] *nm* Spiritismus *der*.

spiritualité [spiritɥalite] *nf* Spiritualität *die*, Verinnerlichung *die*.

spirituel, elle [spiritɥɛl] *adj* **-1.** [personne] geistreich. **-2.** [de l'âme] spirituell, geistig. **-3.** [moral] geistlich.

spirituellement [spiritɥɛlmɑ̃] *adv* **-1.** [avec humour] geistreich, gewitzt. **-2.** [moralement] geistig.

spiritueux [spiritɥø] *nm* Spirituose *die*.

spleen [splin] *nm littéraire* Schwermut *die*.

splendeur [splɑ̃dœr] *nf* **-1.** [beauté] Pracht *die*. **-2.** [prospérité] Herrlichkeit *die*. **-3.** [merveille]: **c'est une ~!** das ist ein Prachtstück!

splendide [splɑ̃did] *adj* herrlich.

spolier [9] [spɔlje] *vt* berauben.

spongieux, euse [spɔ̃ʒjø, øz] *adj* schwammartig.

sponsor [spɔ̃sɔr] *nm* Sponsor *der*.

sponsoring [spɔ̃sɔriŋ] *nm* Sponsoring *das*.

sponsorisation [spɔ̃sɔrizasjɔ̃] *nf* Sponsern *das*.

sponsoriser [3] [spɔ̃sɔrize] *vt* sponsern.

spontané, e [spɔ̃tane] *adj* **-1.** [instinctif] spontan. **-2.** [sincère] aufrichtig.

spontanéité [spɔ̃taneite] *nf* Spontaneität *die*.

spontanément [spɔ̃tanemɑ̃] *adv* **-1.** [instinctivement] ganz spontan. **-2.** [naturellement] aus eigenem Antrieb; **laissons les choses se faire ~** lassen wir die Dinge auf uns zukommen.

sporadique [spɔradik] *adj* sporadisch, vereinzelt.

sporadiquement [spɔradikmɑ̃] *adv* sporadisch, hier und da.

sport [spɔr] ◇ *nm* **-1.** [activité] Sport *der*; **faire du ~** Sport treiben; **de ~** Sport-. **-2.** [discipline] Sportart *die*, Sport *der*; **~ de combat** Kampfsport(art); **~ d'équipe** Mannschaftssport(art); **~s d'hiver** Wintersport(art); **aller aux ~s d'hiver** in den Skiurlaub fahren. ◇ *adj inv* **-1.** [style]: **les vêtements ~** die Sportswear. **-2.** [fairplay] sportlich, fair.

sportif, ive [spɔrtif, iv] ◇ *adj* **-1.** [du sport] Sport-. **-2.** [qui pratique le sport] sportlich. **-3.** [fair-play] sportlich, fair. ◇ *nm, f* Sportler *der*, -in *die*.

spot [spɔt] *nm* **-1.** [lampe] Spot *der*, Strahler *der*. **-2.** [film]: **~ (publicitaire)** (Werbe)spot *der*.

SPOT, Spot [spɔt] (*abr de* **satellite pour l'observation de la terre**) *nm* Erderkundungssatellit *der*.

sprint [sprint] *nm* SPORT [accélération] Sprint *der*, (End)spurt *der*; [course] Sprint *der*, Kurzstreckenlauf *der*; **piquer un ~** *fam* einen Sprint OU Spurt ein|legen.

sprinter[1] [3] [sprinte] *vi* sprinten, spurten.

sprinter[2] [sprintœr] *nm* Sprinter *der*, - in *die*.

squale [skwal] *nm* Hai *der*.

square [skwar] *nm* Grünanlage *die*.

squash [skwaʃ] *nm* Squash *das*.

squat [skwat] *nm* besetztes Haus.

squatter[1] [skwate], **squattériser** [skwaterize] [3] *vt* (unrechtmäßig) besetzen; **elle a squatté ma chambre** *fam* sie hat mein Zimmer mit Beschlag belegt.

squatter[2] [skwatœr] *nm* Hausbesetzer *der*, - in *die*.

squelette [skəlɛt] *nm* **-1.** ANAT Skelett *das*. **-2.** *fig* [armature] Gerippe *das*.

squelettique [skəletik] *adj* **-1.** [corps] spindeldürr, dürr. **-2.** *fig* [peu fourni] dürftig.

Sri Lanka [srilɑ̃ka] *nm*: **le ~** Sri Lanka *nt*; **au ~** auf Sri Lanka.

sri lankais, e [srilɑ̃kɛ, ɛz] *adj* srilankisch.
◆ **Sri Lankais, e** *nm, f* Srilanker *der*, - in *die*.

SS ◇ *abr de* **Sécurité sociale**. ◇ *nf* (*abr de* **Schutzstaffel**) SS *die*. ◇ *nm* (*abr de* **Schutzstaffel**): **un ~** ein SS-Mann.

S.S. *abr de* **Sa Sainteté**.

S/S (*abr de* **steamship**) S/S.

SSR (*abr de* **Société suisse de radiodiffusion et télévision**) *nf* Schweizerische Radio- und Fernsehgesellschaft.

St (*abr de* **saint**) hl., St.

stabilisateur, trice [stabilizatœr, tris] *adj* stabilisierend.

stabilisation [stabilizasjɔ̃] *nf* Stabilisierung *die*.

stabiliser [3] [stabilize] *vt* **-1.** [gén] stabilisieren. **-2.** [meuble] (gegen Umfallen) sichern, sicher hin|stellen.
◆ **se stabiliser** *vp* **-1.** [chose] sich stabilisieren. **-2.** [personne] sich fangen, sein OU ihr Gleichgewicht (wieder|)finden.

stabilité [stabilite] *nf* **-1.** [gén] Stabilität *die*. **-2.** [aplomb - de meuble] Standsicherheit *die*; [- de maison] Statik *die*. **-3.** [de caractère] Beständigkeit *die*, Ausgeglichenheit *die*.

stable [stabl] *adj* **-1.** [d'aplomb] standsicher. **-2.** [durable] stabil. **-3.** [équilibré] beständig, ausgeglichen.

stade [stad] *nm* **-1.** [terrain] Stadion *das*. **-2.** [étape] Stadium *das*; **en être au ~ de** OU **où** an einem Punkt angelangt sein, wo, ein Stadium erreicht haben, wo.

staff [staf] *nm* Führungsteam *das*, leitende Mitarbeiter *Pl*.

stage [staʒ] *nm* Praktikum *das*; **être en ~** im Praktikum sein.

stagiaire [staʒjɛr] ◇ *nmf* Praktikant *der*, -in *die*. ◇ *adj*: **avocat ~** ≃ Assessor *der*; **professeur ~** Lehramtsanwärter *der*, -in *die*.

stagnant, e [stagnɑ̃, ɑ̃t] *adj* stagnierend.

stagnation [stagnasjɔ̃] *nf* **-1.** [immobilité] Stagnieren *das*. **-2.** *fig* [marasme] Stagnation *die*.

stagner [3] [stagne] *vi* **-1.** [eau, commerce] stagnieren. **-2.** *fig* [personne] nicht vom Fleck kommen.

stakhanoviste [stakanɔvist] ◇ *nmf Anhänger der Stachanow-Theorie*. ◇ *adj* Stachanow-.

stalactite [stalaktit] *nf* Stalaktit *der*.

stalagmite [stalagmit] *nf* Stalagmit *der*.

stalle [stal] *nf* **-1.** [d'église] Chorstuhl *der*. **-2.** [d'écurie] Box *die*.

stand [stɑ̃d] *nm* Stand *der*; **~ de tir** Schießstand.

standard [stɑ̃dar] ◇ *adj inv* **-1.** [conforme à la norme] Standard-. **-2.** *fig* [conventionnel] routinemäßig. ◇ *nm* **-1.** [norme] Standard *der*. **-2.** [téléphonique] Telefonvermittlung *die*, Vermittlung *die*.

standardisation [stɑ̃dardizasjɔ̃] *nf* **-1.** [normalisation] Standardisierung *die*. **-2.** *fig* [uniformisation] Normung *die*, Vereinheitlichung *die*.

standardiser [3] [stɑ̃dardize] *vt* **-1.** [normaliser] standardisieren. **-2.** *fig* [uniformiser] normen.

standardiste [stɑ̃dardist] *nmf* Telefonist *der*, -in *die*.

standing [stɑ̃diŋ] *nm* Niveau *das*; **de grand ~** für höchste Ansprüche.

staphylocoque [stafilɔkɔk] *nm* Staphylokokkus *der*.

star [star] *nf* Star *der*, Filmstar *der*.

starlette [starlɛt] *nf* Starlet(t) *das*.

starter [startɛr] *nm* Starterklappe *die*, Choke *der*.

starting-block [startiŋblɔk] (*pl* **starting-blocks**) *nm* Startblock *der*.

station [stasjɔ̃] *nf* **-1.** [de bus, de métro] Haltestelle *die*, Station *die*. **-2.** [installation]: **~ d'épuration** Klärwerk *das*; **~ spatiale** Raumstation *die*; **~ de travail** INFORM Workstation *die*, Arbeitsplatzstation *die*. **-3.** [ville]: **~ balnéaire** Badeort *der*; **~ de ski** OU **de sports d'hiver** Wintersportort *der*. **-4.** [position]: **~ debout** aufrechte Stellung, Stehen *das*.

stationnaire [stasjɔnɛr] *adj* unverändert.

stationnement [stasjɔnmɑ̃] *nm* Parken *das*; **~ en épi** *Parkplatz mit diagonal angeordneten Parklücken*.

stationner [3] [stasjɔne] *vi* **-1.** [se garer] parken. **-2.** MIL [troupes]: **être stationné** stationiert sein.

station-service [stasjɔ̃sɛrvis] (*pl* **stations-service**) *nf* Tankstelle *die*.

statique [statik] *adj* **-1.** [personne] regungslos, unbeweglich. **-2.** [situation] festgefahren. **-3.** PHYS statisch.

statisticien, enne [statistisjɛ̃, ɛn] *nm, f* Statistiker *der*, -in *die*.

statistique [statistik] ◇ *adj* statistisch. ◇ *nf* Statistik *die*.

statistiquement [statistikmɑ̃] *adv* (rein) statistisch.

statuaire [statɥɛr] *nf* Statuenkunst *die*, Bildhauerei *die*.

statue [staty] *nf* Statue *die*, Standbild *das*.

statuer [7] [statɥe] *vi*: **~ (sur qqch)** (in einer Sache *(D)*) entscheiden.

statuette [statɥɛt] *nf* ART kleine Statue, Statuette *die*.

statu quo [statykwo] *nm inv* Status quo *der*.

stature [statyr] *nf* **-1.** [taille] Statur *die*, Körperbau *der*. **-2.** *fig* [valeur] Format *das*.

statut [staty] *nm* **-1.** [de société] Statut *das*. **-2.** [de personne] Status *der*.

◆ **statuts** *nmpl* Satzung *die*.

statutaire [statytɛr] *adj* satzungsgemäß, satzungskonform.

Ste (*abr de* **sainte**) hl., St.

Sté (*abr de* **société**) Ges. *(Gesellschaft)*, Fa. *(Firma)*.

steak [stɛk] *nm* Steak *das*; **~ frites** Steak mit Pommes frites; **~ haché** Hacksteak; **~ tartare** Tartarbeefsteak.

stèle [stɛl] *nf* Gedenkstein *der*; **~ funéraire** Grabstein *der*.

stellaire [stelɛr] *adj* Stern-.

stencil [stɛnsil] *nm* Schablone *die*.

sténo [steno] *nf* Steno *die*.

sténodactylo [stenɔdaktilo] *nmf* Stenotypist *der*, -in *die*.

sténodactylographie [stenɔdaktilɔgrafi] *nf Stenographie und Maschinenschreiben*.

sténographe [stenɔgraf] *nmf* Stenograph *der*, -in *die*.

sténographie [stenɔgrafi] *nf* Stenographie *die*; **en ~** in Steno, in Stenographie.

sténographier [9] [stenɔgrafje] *vt* stenographieren.

sténographique [stenɔgrafik] *adj* stenographisch.

sténotypiste [stenɔtipist] *nmf* Stenotypist *der*, -in *die*.

stentor [stɑ̃tɔr] → **voix**.

steppe [stɛp] *nf* Steppe *die*.

stéréo [stereo] ◇ *adj inv* Stereo-. ◇ *nf* Stereoanlage *die*; **en ~** in Stereo, stereo(phon).

stéréotype [stereɔtip] *nm* Stereotyp *das*.

stéréotypé, e [stereɔtipe] *adj* stereotyp.

stérile [steril] *adj* **-1.** [aride] unfruchtbar, steril. **-2.** [sans microbe] steril, keimfrei.

stérilet [sterilɛ] *nm* Spirale *die*.

stérilisateur [sterilizatœr] *nm* Sterilisator *der*.

stérilisation [sterilizasjɔ̃] *nf* **-1.** [de personne] Sterilisation *die*. **-2.** [d'instrument] Sterilisieren *das*.

stériliser [3] [sterilize] *vt* **-1.** [personne, instrument] sterilisieren. **-2.** *fig* [créativité] im Keim ersticken.

stérilité [sterilite] *nf* **-1.** [de personne, de terre] Unfruchtbarkeit *die*, Sterilität *die*. **-2.** [d'instrument] Sterilität *die*, Keimfreiheit *die*. **-3.** *fig* [marasme] Unergiebigkeit *die*.

sternum [stɛrnɔm] *nm* Brustbein *das*.

stéthoscope [stetɔskɔp] *nm* Stethoskop *das*.

steward [stiwart] *nm* Steward *der*.

stick [stik] *nm* Stift *der*; **déodorant en ~** Deostift.

stigmate [stigmat] *nm (gén pl)* Narbe *die*.
◆ **stigmates** *nmpl* RELIG Wundmale *Pl*.

stigmatiser [3] [stigmatize] *vt* stigmatisieren.

stimulant, e [stimylɑ̃, ɑ̃t] *adj* anregend.
◆ **stimulant** *nm* **-1.** [remontant] anregendes Mittel, Aufputschmittel *das*. **-2.** [motivation] Anreiz *der*.

stimulateur [stimylatœr] *nm*: **~ cardiaque** Herzschrittmacher *der*.

stimulation [stimylasjɔ̃] *nf* **-1.** [encouragement] Anregung *die*, Ansporn *der*. **-2.** BIOL [excitation] Stimulierung *die*.

stimuler [3] [stimyle] *vt* **-1.** [personne] stimulieren, an|regen. **-2.** [appétit, énergie] an|regen.

stipuler [3] [stipyle] *vt* bekannt geben; **il est stipulé que** es wurde festgelegt, daß; **il est stipulé ici-même qu'il faut s'y rendre à 15 heures** hier steht doch, daß man um 15 Uhr da sein muß; **l'accord/le contrat stipule que** die Abmachung/der Vertrag sieht vor, daß.

stock [stɔk] *nm* **-1.** [de marchandises] Lager *das*, Lagerbestand *der*; **renouveler le ~** das Lager erneuern. **-2.** [réserve] Vorrat *der*; **en ~** vorrätig, auf Lager; **avoir toujours un ~ d'histoires** immer Geschichten auf Lager haben.

stockage [stɔkaʒ] *nm* Lagern *das*, Lagerung *die*.

stocker [3] [stɔke] *vt* lagern.

Stockholm [stɔkɔlm] *n* Stockholm *nt*.

stoïcisme [stɔisism] *nm* **-1.** PHILOSOPHIE Stoizismus *der*. **-2.** *fig* [courage] Gelassenheit *die*, Ungerührtheit *die*.

stoïque [stɔik] ◇ *nmf* Stoiker *der*, -in *die*. ◇ *adj* stoisch.

stoïquement [stɔikmɑ̃] *adv* mit stoischer Ruhe OU Gelassenheit.

stomacal, e, aux [stɔmakal, o] *adj* Magen-.

stomatologie [stɔmatɔlɔʒi] *nf* Stomatologie.

stomatologiste [stɔmatɔlɔʒist], **stomatologue** [stɔmatɔlɔg] *nmf* Stomatologe *der*, -gin *die*.

stop [stɔp] ◇ *interj* stopp, halt. ◇ *nm* **-1.** [feu] Bremslicht *das*. **-2.** [panneau] Stoppschild *das*. **-3.** [auto-stop] Trampen *das*; **faire du ~** trampen, per Anhalter fahren; **en ~** per Anhalter.

stopper [3] [stɔpe] ◇ *vt* stoppen; **~ un véhicule** ein Fahrzeug an|halten. ◇ *vi* an|halten.

store [stɔr] *nm* **-1.** [de fenêtre - à lamelles] Jalousette *die*; [- en tissu] Rollo *das*. **-2.** [de magasin] Gitter *das*.

strabisme [strabism] *nm* MÉD Strabismus *der*.

strangulation [strɑ̃gylasjɔ̃] *nf* Erdrosseln *das*, Erwürgen *das*.

strapontin [strapɔ̃tɛ̃] *nm* [siège] Klappsitz *der*.

Strasbourg [strasbur] *n* Straßburg *nt*.

strass [stras] *nm* Straß *der*.

stratagème [strataʒɛm] *nm* List *die*.

strate [strat] *nf* [niveau] Schicht *die*.

stratège [stratɛʒ] *nm* Stratege *der*, -gin *die*.

stratégie [strateʒi] *nf* Strategie *die*; **~ de communication** Kommunikationstrategie, PR-Strategie.

stratégique [strateʒik] *adj* **-1.** MIL strategisch. **-2.** *fig* [primordial] strategisch (wichtig).

stratifié, e [stratifje] *adj* **-1.** GÉOL Schicht-. **-2.** TECHNOL laminiert; **matériau ~** Laminat *das*.

stratosphère [stratɔsfɛr] *nf* Stratosphäre *die*.

stress [strɛs] *nm* Streß *der*.

stressant, e [strɛsɑ̃, ɑ̃t] *adj* stressig.

stressé, e [strɛse] *adj* gestreßt.

stresser [4] [strɛse] ◇ *vt* stressen. ◇ *vi* gestreßt sein.

Stretch® [strɛtʃ] *nm inv* Stretch *der*.

stretching [strɛtʃiŋ] *nm* Stretching *das*.

strict, e [strikt] *adj* **-1.** [personne] streng. **-2.** [règlement] strikt. **-3.** [tenue] überkorrekt. **-4.** [absolu]: **~ minimum** absolutes Minimum; **~e vérité** reine Wahrheit.

strictement [striktəmɑ̃] *adv* **-1.** [rigoureusement] streng. **-2.** [sobrement] überkorrekt, streng.

strident, e [stridɑ̃, ɑ̃t] *adj* markerschütternd, gellend.

stridulation [stridylasjɔ̃] *nf* Zirpen *das*.

strie [stri] *nf* **-1.** [relief] Rille *die*. **-2.** [rayure] Streifen *der*.

strié, e [strije] *adj* **-1.** GÉOL geriffelt. **-2.** [rayé] gestreift; **un tissu ~ de fines raies** ein mit feinen Streifen durchzogener Stoff.

strier [10] [strije] *vt* **-1.** [marquer de stries] riffeln. **-2.** [rayer] mit Streifen versehen.

string [striŋ] *nm* String-Tanga *der*.

strip-tease [striptiz] (*pl* **strip-teases**) *nm* Striptease *der*.

strip-teaseuse [striptizøz] (*pl* **strip-teaseuses**) *nf* Strippteasetänzerin *die*, Stripperin *die*.

striure [strijyr] *nf* Streifen *der*.

strophe [strɔf] *nf* Strophe *die*.

structural, e, aux [stryktyral, o] *adj* strukturell.

structuralisme [stryktyralism] *nm* Strukturalismus *der*.

structure [stryktyr] *nf* Struktur *die*, Aufbau *der*; **~(s) d'accueil** Aufnahmemöglichkeiten *Pl*, Unterbringungsmöglichkeiten *Pl*.

structurel, elle [stryktyrɛl] *adj* Struktur-, strukturell; **chômage ~** strukturbedingte Arbeitslosigkeit.

structurer [3] [stryktyre] *vt* strukturieren.

◆ **se structurer** *vp* strukturiert werden.

strychnine [striknin] *nf* Strychnin *das*.

stuc [styk] *nm* **-1.** [plâtre] Stuck *der*. **-2.** *(gén pl)* [ornement] Stukkatur *die*, Stuckarbeit *die*.

studieusement [stydjøzmɑ̃] *adv* eifrig, fleißig, beflissen.

studieux, euse [stydjø, øz] *adj* **-1.** [personne] eifrig, beflissen. **-2.** [vacances] dem Lernen gewidmet, lernintensiv.

studio [stydjo] *nm* **-1.** [de peintre, cinéma] Studio *das*. **-2.** [appartement] Einzimmerwohnung *die*.

stupéfaction [stypefaksjɔ̃] *nf* Verblüffung *die*, (großes) Erstaunen.

stupéfait, e [stypefɛ, ɛt] *adj* sehr erstaunt, verblüfft, fassungslos.

stupéfiant, e [stypefjɑ̃, ɑ̃t] *adj* verblüffend, (höchst) erstaunlich.

◆ **stupéfiant** *nm* Betäubungsmittel *das*.

stupéfier [9] [stypefje] *vt* verblüffen, (sehr) erstaunen.

stupeur [stypœr] *nf* Verblüffung *die*, Fassungslosigkeit *die*.

stupide [stypid] *adj* dumm; **une mort ~** ein sinnloser Tod.

stupidement [stypidmɑ̃] *adv* dumm, dümmlich.

stupidité [stypidite] *nf* Dummheit *die*.

style [stil] *nm* **-1.** [gén] Stil *der*; **meuble de ~ Louis XIII** Möbel im Stil Ludwig XIII; **~ de vie** Lebensstil. **-2.** GRAM: **~ direct/indirect** direkte/indirekte Rede.

styliser [3] [stilize] *vt* stilisieren.

stylisme [stilism] *nm* COUTURE Styling *das*.

styliste [stilist] *nmf* Stylist *der*, -in *die*.

stylistique [stilistik] ◇ *adj* stilistisch, Stil-. ◇ *nf* Stilistik *die*.

stylo [stilo] *nm* Stift *der*; **~ (à) bille** Kugelschreiber *der*.

stylo-feutre [stiloføtr] (*pl* **stylos-feutres**) *nm* Filzstift *der*.

Styrie [stiri] *nf*: **la ~** die Steiermark.

su[1], **e** [sy] *pp* → **savoir**.

su[2] [sy]

◆ **au vu et au su de** *loc prép*: **au vu et au ~ de tout le monde** vor aller Augen.

suave [sɥav] *adj* **-1.** [parfum] lieblich. **-2.** [voix, musique] sanft.

suavité [sɥavite] *nf* **-1.** [de parfum] Lieblichkeit *die*. **-2.** [de voix, de musique] Sanftheit *die*.

subalpin, e [sybalpɛ̃, in] *adj* subalpin.

subalterne [sybaltɛrn] ◇ *nmf* Untergebene *der, die*. ◇ *adj* **-1.** [personne] untergeben. **-2.** [rôle, emploi] untergeordnet.

subaquatique [sybakwatik] *adj* Unterwasser-.

subconscient, e [sybkɔ̃sjɑ̃, ɑ̃t] *adj* unterbewußt.

◆ **subconscient** *nm* Unterbewußtsein *das*.

subdiviser [3] [sybdivize] *vt* unterteilen, untergliedern.

◆ **se subdiviser** *vp*: **se ~ en qqch** in etw *(A)* untergliedert sein, sich in etw *(A)* unterteilen.

subdivision [sybdivizjɔ̃] *nf* **-1.** [action] Aufteilung *die*, Unterteilung *die*. **-2.** [partie] Unterabteilung *die*.

subir [32] [sybir] *vt* **-1.** [autorité, personne] ertragen. **-2.** [examen, traitement] durch|machen, über sich ergehen lassen. **-3.** [hausse, modification] erfahren. **-4.** [dommages, pertes] erleiden.

subit, e [sybi, it] *adj* (ganz) plötzlich.

subitement [sybitmɑ̃] *adv* (ganz) plötzlich.

subjectif, ive [sybʒɛktif, iv] *adj* subjektiv.

subjectivité [sybʒɛktivite] *nf* Subjektivität *die*.

subjonctif [sybʒɔ̃ktif] *nm* Subjunktiv *der*, Konjunktiv *der*.

subjuguer [3] [sybʒyge] *vt* (ganz für sich) ein|nehmen, fesseln.

sublimation [syblimasjɔ̃] *nf* Sublimieren *das*.

sublime [syblim] ◇ *adj* vollendet, erhaben; [personne] überragend. ◇ *nm* Erhabene *das*.

sublimer [3] [syblime] *vt* sublimieren.

submergé, e [sybmɛrʒe] *adj*: **être ~ de qqch** *fig* mit etw überhäuft sein; **être ~ de travail** in Arbeit ersticken; **le service de sécurité a été ~ par les manifestants** der Ordnungsdienst konnte den Demonstranten nicht standhalten.

submerger [17] [sybmɛrʒe] *vt* [inonder] überschwemmen.

submersible [sybmɛrsibl] ◇ *adj* (ins Wasser) versenkbar. ◇ *nm* Unterseeboot *das,* U-Boot *das.*

subodorer [3] [sybɔdɔre] *vt fam* wittern.

subordination [sybɔrdinasjɔ̃] *nf* **-1.** [soumission] Unterstellung *die,* Unterordnung *die.* **-2.** [dépendance] Zurückstellen *das.*

subordonné, e [sybɔrdɔne] *nm, f* Untergebene *der, die.*

◆ **subordonnée** *nf* GRAM Nebensatz *der.*

subordonner [3] [sybɔrdɔne] *vt* **-1.** [personne]: **~ qqn à qqn** jn jm unterstellen, jn jm unter|ordnen. **-2.** [chose]: **~ qqch à qqch** etw von etw abhängig machen.

subornation [sybɔrnasjɔ̃] *nf* JUR [corruption] Bestechung *die;* [pression] Zeugenbeeinflussung *die.*

suborner [3] [sybɔrne] *vt* **-1.** JUR [corrompre] bestechen; [faire pression] beeinflussen. **-2.** *littéraire* [séduire] betören.

subreptice [sybrɛptis] *adj sout* heimtückisch.

subrepticement [sybrɛptismɑ̃] *adv sout* heimlich, klammheimlich.

subroger [17] [sybrɔʒe] *vt*: **~ qqn** an js Stelle ein|setzen; **~ qqch à qqn** etw an jn übertragen.

subséquent, e [sybsekɑ̃, ɑ̃t] *adj sout*: **~ à qqch** sich aus etw *(D)* ergebend.

subside [sypsid] *nm (gén pl)* Hilfsgelder *Pl.*

subsidiaire [sybzidjɛr] *adj* zusätzlich; **question ~** Stichfrage *die.*

subsistance [sybzistɑ̃s] *nf* Unterhalt *der.*

subsister [3] [sybziste] *vt* **-1.** [chose] fort|bestehen, übrig|bleiben. **-2.** [personne] seinen Unterhalt verdienen, sein Auskommen haben.

subsonique [sypsɔnik] *adj* Unterschall-.

substance [sypstɑ̃s] *nf* Substanz *die,* Stoff *der;* **en ~** im wesentlichen.

substantiel, elle [sypstɑ̃sjɛl] *adj* **-1.** [nourrissant] gehaltvoll. **-2.** [important] substantiell. **-3.** [essentiel] wesentlich.

substantif [sypstɑ̃tif] *nm* Substantiv *das,* Hauptwort *das.*

substituer [7] [sypstitɥe] *vt*: **~ qqch à qqch** etw durch etw ersetzen, etw mit etw vertauschen.

◆ **se substituer** *vp*: **se ~ à qqn/qqch** an js Stelle/die Stelle einer Sache *(G)* treten.

substitut [sypstity] *nm* Stellvertreter *der,* -in *die* des Staatsanwalts.

substitution [sypstitysjɔ̃] *nf* Ersetzen *das,* Substituieren *das.*

substrat [sypstra] *nm* Substrat *das.*

subterfuge [syptɛrfyʒ] *nm* List *die.*

subtil, e [syptil] *adj* **-1.** [perspicace] scharfsinnig. **-2.** [ingénieux] findig. **-3.** [ténu] geringfügig. **-4.** [délicat] fein.

subtilement [syptilmɑ̃] *adv* raffiniert.

subtiliser [3] [syptilize] *vt* stibitzen.

subtilité [syptilite] *nf* **-1.** [de personne] Scharfsinn *der.* **-2.** [de parfum, de pensée] Feinheit *die.*

subtropical, e, aux [syptrɔpikal, o] *adj* subtropisch.

suburbain, e [sybyrbɛ̃, ɛn] *adj* Vorstadt-.

subvenir [40] [sybvənir] *vi*: **~ à qqch** für etw auf|kommen; **~ aux besoins de qqn** für js Lebensunterhalt auf|kommen.

subvention [sybvɑ̃sjɔ̃] *nf* Subvention *die.*

subventionner [3] [sybvɑ̃sjɔne] *vt* subventionieren.

subvenu [sybvəny] *pp inv* → **subvenir.**

subversif, ive [sybvɛrsif, iv] *adj* subversiv.

subversion [sybvɛrsjɔ̃] *nf* Subversion *die.*

subviendrai *etc* → **subvenir.**

subvins *etc* → **subvenir.**

suc [syk] *nm* **-1.** [liquide] Saft *der;* **~ gastrique** Magensaft. **-2.** *sout* [quintessence] Substanz *die.*

succédané [syksedane] *nm* **-1.** MÉD Surrogat *das.* **-2.** [ersatz]: **~ de café** Kaffee-Ersatz *der.*

succéder [18] [syksede] *vi*: **~ à qqn/qqch** jm/ einer Sache folgen; **la nuit succède au jour** die Nacht folgt auf den Tag.

◆ **se succéder** *vp* [se suivre] aufeinander|folgen.

succès [syksɛ] *nm* Erfolg *der;* **sans/avec ~** ohne/mit Erfolg; **avoir du ~** Erfolg haben; **à ~** mit Erfolg; **avoir un ~ fou** Riesenerfolg haben; **se tailler un franc ~** durchschlagenden Erfolg haben.

successeur [syksesœr] *nm* **-1.** [continuateur] Nachfolger *der,* -in *die.* **-2.** JUR [héritier] Erbe *der,* -bin *die.*

successif, ive [syksesif, iv] *adj* nachfolgend.

succession [syksesjɔ̃] *nf* **-1.** [série] Folge *die.* **-2.** JUR [héritage] Erbschaft *die;* **droits de ~** Erbschaftssteuer *die.* **-3.** [suite] Nachfolge *die;* **prendre la ~ de qqn** js Nachfolge an|treten.

successivement [syksesivmɑ̃] *adv* nacheinander.

succinct, e [syksɛ̃, ɛ̃t] *adj* **-1.** [bref] knapp. **-2.** [peu abondant] dürftig.

succinctement [syksɛ̃tmɑ̃] *adv* knapp.

succion [syksjɔ̃, sysjɔ̃] *nf* Saugen *das.*

succomber [3] [sykɔ̃be] *vi* **-1.** [mourir] sterben; **~ à qqch** einer Sache *(D)* erliegen. **-2.** [céder]: **~ à qqch** einer Sache *(D)* erliegen.

succulent, e [sykylɑ̃, ɑ̃t] *adj* lecker.

succursale [sykyrsal] *nf* Filiale *die,* Zweigstelle *die.*

sucer [16] [syse] *vt* lutschen.

sucette [sysɛt] *nf* Lutscher *der*; **~ au caramel** Karamellutscher.
suçon [sysɔ̃] *nm* Knutschfleck *der*.
sucre [sykr] *nm* Zucker *der*; **~ candi** Kandiszucker; **~ cristallisé** Kristallzucker; **~ glace** Puderzucker; **~ en morceaux** Würfelzucker; **~ en poudre** Streuzucker; **~ d'orge** Zuckerstange *die*; **casser du ~ sur le dos de qqn** *fam fig* jn schlecht machen.
sucrer [3] [sykre] *vt* **-1.** [café, thé] süßen, zukkern. **-2.** *fam* [supprimer] streichen.
◆ **se sucrer** *vp fam* **-1.** [se servir en sucre] (sich) Zucker nehmen. **-2.** [s'octroyer une part] sich bedienen, abkassieren.
sucrerie [sykrəri] *nf* Zuckerraffinerie *die*.
◆ **sucreries** *nfpl* Süßigkeiten *Pl*.
Sucrette® [sykrɛt] *nf* Süßstofftablette *die*.
sucrier, ère [sykrije, ɛr] *adj* Zucker-.
◆ **sucrier** *nm* **-1.** [doseur] Zuckerstreuer *der*. **-2.** [récipient] Zuckerdose *die*.
sud [syd] ◇ *adj inv* Süd-, südlich. ◇ *nm inv*: **le ~** der Süden.
◆ **Sud** *nm inv*: **le Sud** der Süden.
sud-africain, e [sydafrikɛ̃, ɛn] (*mpl* **sud-africains,** *fpl* **sud-africaines**) *adj* südafrikanisch.
◆ **Sud-Africain, e** *nm, f* Südafrikaner *der*, -in *die*.
sud-américain, e [sydamerikɛ̃, ɛn] (*mpl* **sud-américains,** *fpl* **sud-américaines**) *adj* südamerikanisch.
◆ **Sud-Américain, e** *nm, f* Südamerikaner *der*, -in *die*.
sudation [sydasjɔ̃] *nf* Schweißbildung *die*, Schwitzen *das*.
sud-coréen, enne [sydkɔreɛ̃, ɛn] (*mpl* **sud-coréens,** *fpl* **sud-coréennes**) *adj* südkoreanisch.
◆ **Sud-Coréen, enne** *nm, f* Südkoreaner *der*, -in *die*.
sud-est [sydɛst] ◇ *adj inv* Südost-, südöstlich. ◇ *nm inv*: **le ~** der Südosten.
sud-ouest [sydwɛst] ◇ *adj inv* Südwest-, südwestlich. ◇ *nm inv*: **le ~** der Südwesten.
Suède [syɛd] *nf*: **la ~** Schweden *nt*.
suédois, e [syedwa, az] *adj* schwedisch.
◆ **suédois** *nm* [langue] Schwedisch(e) *(das)*.
◆ **Suédois, e** *nm, f* Schwede *der*, -din *die*.
suée [sye] *nf fam* Schweißausbruch *der*; **attraper une bonne ~** sich einen ab|schwitzen.
suer [7] [sye] ◇ *vi* schwitzen; **faire ~ qqn** *fam fig* jm den letzten Nerv rauben; **se faire ~** *fam fig* sich an|öden. ◇ *vt*: **~ qqch** *fig* vor etw strotzen.
sueur [syœr] *nf* Schweiß *der*; **être en ~** in Schweiß gebadet sein; **avoir des ~s froides** *fig* ins Schwitzen geraten.
Suez [syɛz] *n*: **le canal de ~** der Suezkanal.
suffi [syfi] *pp inv* → **suffire**.
suffire [100] [syfir] ◇ *vi* (aus|)reichen; **~ pour qqch** für etw (aus|)reichen; **~ pour faire qqch** (aus|)reichen, um etw zu tun; **ça suffit!** es reicht! ◇ *v impers*: **il suffit de faire qqch** man braucht nur etw tun; **il suffit que** *(+ subjonctif)* es reicht, wenn; **il ne suffit pas à qqn que** jd begnügt sich nicht damit, daß.
◆ **se suffire** *vp*: **se ~ à soi-même** sich selbst genügen.
suffisais *etc* → **suffire**.
suffisamment [syfizamɑ̃] *adv* genug, genügend.
suffisance [syfizɑ̃s] *nf* Selbstgefälligkeit *die*.
suffisant, e [syfizɑ̃, ɑ̃t] *adj* **-1.** [satisfaisant] ausreichend. **-2.** *péj* [vaniteux] selbstgefällig.
suffixe [syfiks] *nm* Suffix *das*, Nachsilbe *die*.
suffocant, e [syfɔkɑ̃, ɑ̃t] *adj* **-1.** [étouffant] erstickend. **-2.** *fig* [stupéfiant] atemberaubend.
suffocation [syfɔkasjɔ̃] *nf* Atemnot *die*, Erstickungsanfall *der*.
suffoquer [3] [syfɔke] ◇ *vt* **-1.** [sujet: chaleur, fumée]: **~ qqn** jm die Luft ab|schnüren. **-2.** [sujet: colère]: **~ qqn** jm den Atem verschlagen. ◇ *vi* einen Erstickungsanfall bekommen; *fig* nach Luft schnappen.
suffrage [syfraʒ] *nm* (abgegebene) Stimme; **rallier tous les ~s** alle Stimmen auf sich vereinigen; **~ restreint/universel/indirect** beschränktes/allgemeines/indirektes Wahlrecht.
suffragette [syfraʒɛt] *nf* Suffragette *die*, Frauenrechtlerin *die*.
suggérer [18] [sygʒere] *vt* **-1.** [proposer]: **~ qqch (à qqn)** (jm) etw vor|schlagen, (jm) etw nahe|legen; **je vous suggère d'agir sans attendre** ich rate Ihnen, unverzüglich zu handeln. **-2.** [évoquer] anklingen lassen.
suggestif, ive [sygʒɛstif, iv] *adj* **-1.** [aguicheur] aufreizend. **-2.** [évocateur] anregend, suggestiv.
suggestion [sygʒɛstjɔ̃] *nf* **-1.** [conseil] Anregung *die*. **-2.** PSYCHOL Suggestion *die*.
suicidaire [sɥisidɛr] *adj* selbstmordgefährdet; [acte] selbstmörderisch.
suicide [sɥisid] *nm* Selbstmord *der*.
suicider [3] [sɥiside]
◆ **se suicider** *vp* sich um|bringen, Selbstmord begehen.
suie [sɥi] *nf* Ruß *der*.
suif [sɥif] *nm* Talg *der*.
suintant, e [sɥɛ̃tɑ̃, ɑ̃t] *adj* **-1.** [plaie] näßend. **-2.** [mur] schwitzend.
suintement [sɥɛ̃tmɑ̃] *nm* **-1.** [de plaie] Näßen *das*. **-2.** [de mur] Schwitzen *das*.
suinter [3] [sɥɛ̃te] *vi* **-1.** [liquide] durch|sickern. **-2.** [plaie] näßen. **-3.** [mur] schwitzen.

suis[1] [sɥi] → **être**.

suis[2] *etc* → **suivre**.

suisse [sɥis] *adj* schweizerisch, Schweizer-.

◆ **Suisse** ◇ *nf*: **la Suisse** die Schweiz. ◇ *nmf* (*f inv* OU **Suissesse**) Schweizer *der*, -in *die*.

suite [sɥit] *nf* **-1.** [de liste, de feuilleton] Folge *die*. **-2.** [série] Reihe *die*. **-3.** [succession]: **prendre la ~ de qqn** js Nachfolge an|treten; **à la ~ de** nach; **~ à qqch** infolge einer Sache *(G)*. **-4.** [escorte] Gefolge *das*. **-5.** [MUS, appartement d'hôtel] Suite *die*.

◆ **suites** *nfpl* [conséquences] Folgen *Pl*.

suivais *etc* → **suivre**.

suivant, e [sɥivɑ̃, ɑ̃t] ◇ *adj* nächste,-r,-s. ◇ *nm, f* Nächste *der, die, das*; **au ~!** der Nächste bitte!

◆ **suivant** *prép* je nach.

◆ **suivant que** *loc conj* je nachdem, ob.

suiveur [sɥivœr] *nm* **-1.** SPORT Begleiter *der (beim Radrennen)*. **-2.** [imitateur] Nachmacher *der*, -in *die*.

suivi, e [sɥivi] ◇ *pp* → **suivre**. ◇ *adj* **-1.** [régulier] regelmäßig. **-2.** [cohérent] schlüssig.

◆ **suivi** *nm* **-1.** [de personne] Betreuung *die*. **-2.** [de dossier] Bearbeitung *die*.

suivis *etc* → **suivre**.

suivre [89] [sɥivr] ◇ *vt* **-1.** [gén]: **~ qqn/qqch** jm/einer Sache folgen; **faire ~** bitte nachsenden; **à ~** Fortsetzung folgt. **-2.** [discours, match] verfolgen. **-3.** [sujet: médecin] betreuen. ◇ *vi* **-1.** [venir après] nach|kommen. **-2.** SCOL mit|kommen.

◆ **se suivre** *vp* [se succéder - logiquement] aufeinander|folgen; [- dans le temps] einander folgen.

sujet, ette [syʒɛ, ɛt] ◇ *adj*: **être ~ à qqch** für etw anfällig sein; **être ~ à faire qqch** dazu neigen, etw zu tun; **être ~ à caution** fragwürdig sein. ◇ *nm, f* Untertan *der*.

◆ **sujet** *nm* **-1.** [thème] Thema *das*; **au ~ de qqch** wegen etw *(G)*; **c'est à quel ~?** in welcher Angelegenheit?, worum geht es?; **~ de conversation** Gesprächsthema. **-2.** [motif]: **~ de qqch** Grund *der* für etw. **-3.** [cobaye] Versuchsperson *die*, Proband *der*, -in *die*. **-4.** GRAM Subjekt *das*, Satzgegenstand *der*.

sulfate [sylfat] *nm* Sulfat *das*.

sulfure [sylfyr] *nm* Sulfid *das*.

sulfureux, euse [sylfyrø, øz] *adj* **-1.** [de soufre] schwefelhaltig, schwefelig. **-2.** *fig* [subversif] frevelhaft.

sulfurique [sylfyrik] *adj* Schwefel-.

sulfurisé [sylfyrize] → **papier**.

sultan [syltɑ̃] *nm* Sultan *der*.

sultanat [syltana] *nm* Sultanat *das*.

Sumatra [symatra] *n* Sumatra *nt*; **à ~** auf Sumatra.

summum [sɔmɔm] *nm* Gipfel *der*.

super [sypɛr] *fam* ◇ *adj inv* super. ◇ *nm* Super(benzin) *das*.

superbe [sypɛrb] ◇ *adj* prächtig. ◇ *nf littéraire* Hochmut *der*.

superbement [sypɛrbəmɑ̃] *adv* fantastisch.

supercarburant [sypɛrkarbyrɑ̃] *nm* Superkraftstoff *der*.

supercherie [sypɛrʃəri] *nf* Schwindel *der*.

supérette [syperɛt] *nf* kleiner Supermarkt.

superfétatoire [sypɛrfetatwar] *adj sout* überflüssig.

superficie [sypɛrfisi] *nf* **-1.** [surface] Fläche *die*. **-2.** *fig* [aspect superficiel] Oberfläche *die*.

superficiel, elle [sypɛrfisjɛl] *adj* oberflächlich.

superficiellement [sypɛrfisjɛlmɑ̃] *adv* oberflächlich.

superflu, e [sypɛrfly] *adj* überflüssig.

◆ **superflu** *nm* Unwesentliche *das*, Drumherum *das*, Nebensächlichkeiten *Pl*.

superforme [sypɛrfɔrm] *nf fam* Topform *die*.

super-huit [sypɛrɥit] ◇ *adj inv* Super-8-. ◇ *nm inv* **-1.** [film] Super-8-Film *der*. **-2.** [technique] Super-8-Filmtechnik *die*.

supérieur, e [syperjœr] ◇ *adj* **-1.** [du dessus] obere,-r,-s. **-2.** [plus élevé]: **être ~ à qqch** über etw *(D)* liegen. **-3.** [de meilleure qualité]: **être ~ à qqn/qqch** jm/einer Sache überlegen sein. **-4.** *fig* [condescendant] hochnäsig, herablassend. ◇ *nm, f* **-1.** [hiérarchique] Vorgesetzte *der, die*. **-2.** RELIG Superior *der*, Superiorin *die*, Oberin *die*.

supériorité [syperjɔrite] *nf* Überlegenheit *die*.

superlatif [sypɛrlatif] *nm* Superlativ *der*.

supermarché [sypɛrmarʃe] *nm* Supermarkt *der*.

superposable [sypɛrpozabl] *adj* übereinanderstellbar.

superposé, e [sypɛrpoze] *adj*: **lits ~s** Etagenbett *das*.

superposer [3] [sypɛrpoze] *vt* **-1.** [debout] aufeinander|stellen. **-2.** [couché] aufeinander|legen, stapeln.

◆ **se superposer** *vp*: **se ~ à qqch** sich zu etw gesellen.

superposition [sypɛrpozisjɔ̃] *nf* **-1.** [action - debout] Aufeinanderstellen *das*; [- couché] Aufeinanderlegen *das*, Stapeln *das*. **-2.** [résultat] Stapel *der*. **-3.** *fig* [d'influences] Sichüberlagern *das*, Sichüberlappen *das*.

superproduction [sypɛrprɔdyksjɔ̃] *nf* Superproduktion *die*.

superpuissance [sypɛrpɥisɑ̃s] *nf* Supermacht *die.*

supersonique [sypɛrsɔnik] *adj* Überschall-.

superstar [sypɛrstar] *nf* Superstar *der.*

superstitieux, euse [sypɛrstisjø, øz] ◇ *adj* abergläubisch. ◇ *nm, f* abergläubischer Mensch.

superstition [sypɛrstisjɔ̃] *nf* Aberglaube *der.*

superviser [3] [sypɛrvize] *vt* überwachen.

supervision [sypɛrvizjɔ̃] *nf* Überwachung *die.*

supplanter [3] [syplɑ̃te] *vt* verdrängen.

suppléance [sypleɑ̃s] *nf* Stellvertretung *die.*

suppléant, e [sypleɑ̃, ɑ̃t] ◇ *adj* stellvertretend. ◇ *nm, f* ADMIN Stellvertreter *der,* -in *die.*

suppléer [15] [syplee] ◇ *vt* **-1.** *sout* [carence, lacune] schließen. **-2.** [remplacer - personne] vertreten; [- chose] ersetzen. ◇ *vi*: **~ à qqch** etw wett|machen.

supplément [syplemɑ̃] *nm* **-1.** [surplus] Zusatz *der;* **~ d'information** zusätzliche Informationen. **-2.** [de journal] Beilage *die.* **-3.** [somme] Zuschlag *der;* **être en ~** extra berechnet werden.

supplémentaire [syplemɑ̃tɛr] *adj* zusätzlich, Zusatz-; **train ~** Sonderzug *der.*

supplication [syplikasjɔ̃] *nf* Anflehung *die.*

supplice [syplis] *nm* Marter *die; fig* [souffrance] Qual *die;* **être/mettre au ~** Qualen erleiden/erleiden lassen; **~ de Tantale** Tantalusqualen *Pl.*

supplicié, e [syplisje] *nm, f* zu Tode Gefolterte *der, die.*

supplier [10] [syplije] *vt*: **~ qqn de faire qqch** jn an|flehen, etw zu tun, jn inständig bitten, etw zu tun; **je t'en/vous en supplie** ich bitte dich/Sie.

supplique [syplik] *nf* Bittschreiben *das.*

support [sypɔr] *nm* Träger *der,* Stütze *die;* **~ de communication** Trägermedium *das;* **~ publicitaire** Werbeträger; **~s audiovisuels** audiovisuelle Medien *Pl.*

supportable [sypɔrtabl] *adj* erträglich.

supporter [3] [sypɔrte] *vt* **-1.** [soutenir] tragen. **-2.** [endurer] ertragen; **~ que** *(+ subjonctif)* es ertragen, daß. **-3.** [résister à] vertragen, aus|halten. **-4.** SPORT [encourager] an|spornen.

◆ **se supporter** *vp* sich ertragen.

supposé, e [sypoze] *adj* vermutlich.

supposer [3] [sypoze] *vt* **-1.** [imaginer] an|nehmen; **en supposant** OU **à ~ que** *(+ subjonctif)* (einmal) angenommen, (daß). **-2.** [impliquer] voraus|setzen.

supposition [sypozisjɔ̃] *nf* Annahme *die.*

suppositoire [sypozitwar] *nm* Zäpfchen *das.*

suppôt [sypo] *nm sout* Komplize *der,* -zin *die;* **~ du diable** Teufelsbraten *der;* **~ de satan** Satansbraten *der.*

suppression [sypresjɔ̃] *nf* [d'emplois, d'aides] Abbau *der.*

supprimer [3] [syprime] *vt* **-1.** [document] vernichten. **-2.** [mot, passage] streichen. **-3.** [loi, poste] ab|schaffen. **-4.** [tuer] beseitigen. **-5.** [permis]: **~ qqch à qqn** jm etw ab|nehmen. **-6.** [douleur] stillen.

suppurer [3] [sypyre] *vi* eitern.

supputation [sypytasjɔ̃] *nf* Vermutung *die.*

supputer [3] [sypyte] *vt sout* **-1.** [calculer] berechnen. **-2.** [évaluer] (sich) aus|rechnen.

supranational, e, aux [sypranasjɔnal, o] *adj* überstaatlich.

suprématie [sypremasi] *nf* Vorherrschaft *die,* Vormacht *die;* **~ intellectuelle** intellektuelle Vormachtstellung.

suprême [syprɛm] ◇ *adj* **-1.** [au-dessus de tout] oberste,-r,-s. **-2.** [extrême] höchste,-r,-s. **-3.** *sout* [dernier] letzte,-r,-s. ◇ *nm Fisch oder Geflügel in heller Soße.*

suprêmement [syprɛmmɑ̃] *adv* außergewöhnlich.

sur [syr] *prép* **-1.** [position]: **être ~ qqch** auf etw *(D)* sein; **poser ~ qqch** auf etw *(A)* stellen. **-2.** [direction]: **~ la droite/gauche** rechter/linker Hand, auf der rechten/linkenSeite; **~ le côté** zur Seite, auf die Seite. **-3.** [distance]: **~ 10 km** über eine Strecke von 10 km; **~ les 300 derniers mètres** auf den letzten 300 Metern; **~ toute la longueur** über die gesamte Länge. **-4.** [proportion]: **9 ~ 10** 9 von 10; **un jour ~ deux** jeden zweiten Tag, alle zwei Tage; **une fois ~ deux** jedes zweite Mal. **-5.** [au sujet de]: **~ qqn/qqch** über jn/etw.

sûr, e [syr] *adj* **-1.** [sans danger, certain] sicher; **être ~ de qqch** sich einer Sache *(G)* sicher sein; **~ et certain** ganz sicher. **-2.** [digne de confiance] zuverlässig.

surabondance [syrabɔ̃dɑ̃s] *nf* Überfluß *der.*

surabondant, e [syrabɔ̃dɑ̃, ɑ̃t] *adj* üppig.

surabonder [3] [syrabɔ̃de] *vi* im Überfluß vorhanden sein.

suractivité [syraktivite] *nf* (übertriebene) Geschäftigkeit, Hyperaktivität *die.*

suraigu, ë [syregy] *adj* (extrem) schrill.

surajouter [3] [syraʒute] *vt* (zusätzlich) hinzu|fügen.

◆ **se surajouter** *vp* noch dazu|kommen.

suralimenter [3] [syralimɑ̃te] *vt* **-1.** [personne] überernähren. **-2.** [moteur] auf|laden.

suranné, e [syrane] *adj sout* überaltert, antiquiert.

surate [syrat], **sourate** [surat] *nf* Sure *die.*

surcharge [syrʃarʒ] *nf* **-1.** [excès de poids] Überlast *die.* **-2.** [surabondance]: **~ de qqch** Übermaß *das* an etw *(D)*, Überladensein *das* mit etw. **-3.** [rature] Nachtrag *der*, Änderung *die*.

surcharger [17] [syrʃarʒe] *vt* **-1.** [en poids, texte] überladen. **-2.** [de travail, d'impôts]: **~ qqn de qqch** jn mit etw überlasten.

surchauffe [syrʃof] *nf* **-1.** [d'appareil, de moteur] Überhitzung *die*, Heißlaufen *das*. **-2.** *fig* [de l'économie] Überhitzung *die*.

surchauffé, e [syrʃofe] *adj fig* überhitzt.

surchauffer [3] [syrʃofe] *vt* überheizen; [appareil, moteur] überhitzen.

surclasser [3] [syrklase] *vt* deklassieren, überragen.

surconsommation [syrkɔ̃sɔmasjɔ̃] *nf* übermäßiger Verbrauch, übersteigerter Konsum.

surcroît [syrkrwa] *nm*: **un ~ de travail** Mehrarbeit *die*; **un ~ d'inquiétude** zusätzliche Sorge; **de** OU **par ~** *sout* überdies, obendrein.

surdi-mutité [syrdimytite] (*pl* **surdi-mutités**) *nf* Taubstummheit *die*.

surdité [syrdite] *nf* Taubheit *die*.

surdose [syrdoz] *nf* Überdosis *die*.

surdoué, e [syrdwe] *adj* überdurchschnittlich begabt, hochbegabt.

sureau, x [syro] *nm* Holunder *der*.

sureffectif [syrefɛktif] *nm* überflüssiges Personal *(sans pl)*; **être en ~** überbesetzt sein.

surélever [19] [syrɛlve] *vt* erhöhen; [immeuble] auf|stocken.

sûrement [syrmɑ̃] *adv* sicher, sicherlich; **~ pas!** *fam* ganz bestimmt nicht!

surenchère [syrɑ̃ʃɛr] *nf* Überbieten *das*; **faire de la ~** immer größere Versprechungen machen; **~ électorale** Wählerfang *der*.

surenchérir [32] [syrɑ̃ʃerir] *vi* überbieten.

surendetté, e [syrɑ̃dɛte] *adj* überschuldet.

surendettement [syrɑ̃dɛtmɑ̃] *nm* Überschuldung *die*.

surestimer [3] [syrɛstime] *vt* überbewerten.

◆ **se surestimer** *vp* sich überschätzen.

sûreté [syrte] *nf* **-1.** [sécurité] Sicherheit *die*; **en ~** in Sicherheit. **-2.** [fiabilité] Zuverlässigkeit *die*.

◆ **Sûreté** *nf*: **la Sûreté** ≃ die Schutzpolizei.

surexcitation [syrɛksitasjɔ̃] *nf* höchste Erregung.

surexciter [3] [syrɛksite] *vt* aufs höchste erregen.

surexposer [3] [syrɛkspoze] *vt* überbelichten.

surf [sœrf] *nm* Surfen *das*, Wellenreiten *das*, Surfing *das*.

surface [syrfas] *nf* **-1.** [partie extérieure] Oberfläche *die*; **faire ~** [sous-marin] auf|tauchen; **en ~** oberflächlich. **-2.** [étendue] Fläche *die*; **grande ~** Verbrauchermarkt *der*; **moyenne ~** Supermarkt *der*.

surfait, e [syrfɛ, ɛt] *adj* überbewertet; **réputation ~e** ungerechtfertigter Ruf.

surfer [3] [sœrfe] *vi* surfen, wellen|reiten.

surfeur, euse [sœrfœr, øz] *nm, f* Surfer *der*, -in *die*.

surfiler [3] [syrfile] *vt* heften.

surfin, e [syrfɛ̃, in] *adj* extrafein.

surgelé, e [syrʒəle] *adj* tiefgefroren.

◆ **surgelé** *nm* Tiefkühlprodukt *das*; **les ~s** Tiefkühlkost *die (sans pl)*.

surgeler [25] [syrʒəle] *vt* ein|frieren.

surgir [32] [syrʒir] *vi* auf|tauchen.

surhomme [syrɔm] *nm* Übermensch *der*.

surhumain, e [syrymɛ̃, ɛn] *adj* übermenschlich.

surimposer [3] [syrɛ̃poze] *vt* überbesteuern.

surimpression [syrɛ̃presjɔ̃] *nf* PHOT Doppelbelichtung *die*.

Surinam, **Suriname** [syrinam] *nm*: **le ~** Surinam *nt*; **au ~** in Surinam.

surjet [syrʒɛ] *nm* COUTURE überwendliche Naht; **coudre en ~** überwendlich nähen.

sur-le-champ [syrləʃɑ̃] *loc adv* auf der Stelle.

surlendemain [syrlɑ̃dmɛ̃] *nm* übernächster Tag.

surligner [3] [syrliɲe] *vt* mit dem Textmarker an|streichen.

surligneur [syrliɲœr] *nm* Leuchtstift *der*, Textmarker *der*.

surmenage [syrmənaʒ] *nm* Überarbeitung *die*.

surmené, e [syrməne] *adj* überarbeitet.

surmener [19] [syrməne] *vt* überanstrengen.

◆ **se surmener** *vp* sich überanstrengen.

surmontable [syrmɔ̃tabl] *adj* überwindbar.

surmonter [3] [syrmɔ̃te] *vt* **-1.** [obstacle, peur] überwinden. **-2.** [être placé au-dessus de]: **~ qqch** sich über etw *(D)* befinden.

surnager [17] [syrnaʒe] *vi* **-1.** [flotter] an der Oberfläche schwimmen. **-2.** *fig* [subsister] übrig bleiben.

surnaturel, elle [syrnatyrɛl] *adj* übernatürlich.

◆ **surnaturel** *nm* Übernatürliche *das*.

surnom [syrnɔ̃] *nm* Spitzname *der*.

surnombre [syrnɔ̃br]

◆ **en surnombre** *loc adv* überzählig.

surnommer [3] [syrnɔme] *vt* nennen.

surpasser [3] [syrpase] *vt* übertreffen.

◆ **se surpasser** *vp* sich selbst übertreffen.

surpayer [11] [syrpeje] *vt* überbezahlen.

surpeuplé, e [syrpœple] *adj* überbevölkert, übervölkert.

surpeuplement [syrpœpləmɑ̃] *nm* Überbevölkerung *die*, Übervölkerung *die*.

surplace [syrplas] *nm*: **faire du ~** nicht von der Stelle kommen.

surplomb [syrplɔ̃] *nm* Überhang *der*; **en ~** überhängend.

surplomber [3] [syrplɔ̃be] ◇ *vt*: **~ qqch** über etw *(A)* über|hängen, über etw *(D)* hoch|ragen. ◇ *vi* über|hängen.

surplus [syrply] *nm* **-1.** [excédent]: **~ de qqch** Überschuß *der* an etw *(D)*. **-2.** [magasin]: **~ (américains)** *Laden zum Verkauf von (amerikanischen) Armee(rest)beständen.*

◆ **au surplus** *loc adv* im übrigen.

surpopulation [syrpɔpylasjɔ̃] *nf* Übervölkerung *die*.

surprenais *etc* → **surprendre**.

surprenant, e [syrprənɑ̃, ɑ̃t] *adj* **-1.** [étonnant] überraschend. **-2.** [remarquable] erstaunlich.

surprendre [79] [syrprɑ̃dr] *vt* **-1.** [gén] überraschen. **-2.** [secret, conversation] (zufällig) mit|bekommen.

◆ **se surprendre** *vp*: **se ~ à faire qqch** sich bei etw ertappen.

surprends *etc* → **surprendre**.

surpris, e [syrpri, iz] *pp* → **surprendre**.

◆ **surprise** *nf* Überraschung *die*; **attaquer qqn par ~e** jn überrumpeln; **faire une ~e à qqn** jm eine Überraschung machen.

surproduction [syrprɔdyksjɔ̃] *nf* Überproduktion *die*.

surréalisme [syrrealism] *nm* ART Surrealismus *der*.

surréel, elle [syrreɛl] *adj littéraire* surreal.

sursaut [syrso] *nm* **-1.** [mouvement brusque] Hochschrecken *das*; **avoir un ~** hoch|schrekken; **se réveiller en ~** aus dem Schlaf hoch|fahren. **-2.** [regain] Aufwallung *die*.

sursauter [3] [syrsote] *vi* (vor Schreck) hoch|fahren.

surseoir [66] [syrswar] *vi*: **~ à qqch** etw auf|schieben.

sursis [syrsi] *nm* **-1.** [délai] Aufschub *der*. **-2.** JUR Bewährung *die*; **six mois avec ~** sechs Monate mit Bewährung.

sursitaire [syrsitɛr] *adj* **-1.** [étudiant] zurückgestellt. **-2.** [condamné] auf Bewährung.

surtaxe [syrtaks] *nf* Nachgebühr *die*.

surtension [syrtɑ̃sjɔ̃] *nf* INFORM Überspannung *die*.

surtout [syrtu] *adv* vor allem; **~, ne dites rien!** sagen Sie ja nichts!; **~ pas!** bloß nicht!; **je ne veux ~ pas d'histoires avec eux** ich möchte bloß keine Scherereien mit ihnen.

◆ **surtout que** *loc conj fam* zumal.

survécu [syrveky] *pp inv* → **survivre**.

survécus *etc* → **survivre**.

surveillance [syrvɛjɑ̃s] *nf* Aufsicht *die*; **être/mettre sous ~** unter Aufsicht stehen/stellen.

surveillant, e [syrvɛjɑ̃, ɑ̃t] *nm, f* Aufseher *der*, -in *die*.

surveiller [4] [syrvɛje] *vt* **-1.** [enfants, travaux] überwachen; [examen] Aufsicht führen. **-2.** [soigner]: **~ son langage** auf seine Ausdrucksweise achten.

◆ **se surveiller** *vp* auf|passen.

survenir [40] [syrvənir] *vi* **-1.** [personne] auf|tauchen. **-2.** [événement] sich ereignen.

survenu, e [syrvəny] *pp* → **survenir**.

survêtement [syrvɛtmɑ̃] *nm* SPORT Trainingsanzug *der*.

survie [syrvi] *nf* **-1.** [de malade] Überleben *das*; **accorder à un malade quelques mois de ~** einem Kranken noch ein paar Monate geben. **-2.** [d'âme] Weiterleben *das*.

surviendrai *etc* → **survenir**.

survins *etc* → **survenir**.

survis *etc* → **survenir**.

survivant, e [syrvivɑ̃, ɑ̃t] ◇ *nm, f* Überlebende *der, die*. ◇ *adj* überlebend.

survivre [90] [syrvivr] *vi*: **~ (à qqn/qqch)** (jn/etw) überleben.

survol [syrvɔl] *nm* Überfliegen *das*.

survoler [3] [syrvɔle] *vt* überfliegen.

survolté, e [syrvɔlte] *adj* [excité] aufgeregt.

sus[1] *etc* → **savoir**.

sus[2] [sy(s)] *adv*: **~ à l'ennemi!** *littéraire* ran an den Feind!

◆ **en sus** *loc adv*: **en ~ (de qqch)** zusätzlich (zu etw).

susceptibilité [sysɛptibilite] *nf* Empfindlichkeit *die*.

susceptible [sysɛptibl] *adj* **-1.** [chatouilleux] (über)empfindlich. **-2.** [apte]: **~ d'être amélioré** verbesserungsfähig; **une proposition ~ de vous intéresser** ein Vorschlag, der Sie interessieren könnte.

susciter [3] [sysite] *vt* hervor|rufen.

susdit, e [sysdi, it] JUR ◇ *adj* obenstehend. ◇ *nm, f* Obengenannte *der, die*.

susnommé, e [sysnɔme] JUR ◇ *adj* obengenannt. ◇ *nm, f* Obengenannte *der, die*.

suspect, e [syspɛ, ɛkt] ◇ *adj* **-1.** [personne, attitude] verdächtig; **être ~ de qqch** unter dem Verdacht von etw stehen. **-2.** [témoignage] fragwürdig. ◇ *nm, f* Verdächtige *der, die*.

suspecter [4] [syspɛkte] *vt* **-1.** [personne] verdächtigen; **~ qqn de qqch** jn einer Sache *(G)* verdächtigen; **~ qqn de faire qqch** jn verdächtigen, etw zu tun. **-2.** [fait] in Frage stellen.

suspendis *etc* → **suspendre**.

suspendre [73] [syspɑ̃dr] *vt* **-1.** [accrocher] auf|hängen; **~ qqch au mur** etw an der Wand auf|hängen. **-2.** [interrompre - négociations, parution] ein|stellen; [- séance] auf|heben. **-3.** [fonctionnaire] vom Dienst suspendieren.
◆ **se suspendre** *vp* sich hängen.

suspends *etc* → **suspendre**.

suspendu, e [syspɑ̃dy] ◇ *pp* → **suspendre**. ◇ *adj* AUTOM aufgehängt; **une voiture bien/mal ~e** ein Fahrzeug mit einer guten/schlechten Aufhängung.

suspens [syspɑ̃]
◆ **en suspens** *loc adv* in der Schwebe.

suspense [syspɛns] *nm* Spannung *die*.

suspension [syspɑ̃sjɔ̃] *nf* **-1.** [interruption] Einstellung *die*; [d'audience] Aufhebung *die*. **-2.** [de fonctionnaire] Suspendierung *die*. **-3.** [lustre] Hängelampe *die*. **-4.** AUTOM Aufhängung *die*.

suspicieux, euse [syspisjø, øz] *adj* mißtrauisch, argwöhnisch.

suspicion [syspisjɔ̃] *nf* Argwohn *der*.

sustenter [3] [systɑ̃te]
◆ **se sustenter** *vp sout* sich stärken.

susurrer [3] [sysyre] ◇ *vt* flüstern. ◇ *vi* säuseln.

suture [sytyr] → **point**.

suzeraineté [syzrɛnte] *nf* Lehnsherrschaft *die*.

svastika, **swastika** [svastika] *nm* Swastika *die*.

svelte [zvɛlt] *adj* schlank.

sveltesse [zvɛltɛs] *nf* Schlankheit *die*.

SVP *abr de* **s'il vous plaît**.

swahili, e [swaili], **souahéli, e** [swaeli] *adj* Swahili-, Suaheli-.
◆ **swahili**, **souahéli** *nm* [langue] Swahili *das*, Suaheli *das*.

swastika = **svastika**.

Swaziland [swazilɑ̃d] *nm*: **le ~** Swasiland *nt*.

sweat-shirt [switʃœrt] (*pl* **sweat-shirts**) *nm* Sweatshirt *das*.

Sydney [sidnɛ] *n* Sydney *nt*.

syllabe [silab] *nf* Silbe *die*.

sylphide [silfid] *nf littéraire* Sylphide *die*.

sylviculture [silvikyltyr] *nf* Forstwirtschaft *die*.

symbiose [sɛ̃bjoz] *nf* Symbiose *die*.

symbole [sɛ̃bɔl] *nm* **-1.** [signe, image] Symbol *das*. **-2.** [personnification] Sinnbild *das*.

symbolique [sɛ̃bɔlik] ◇ *adj* symbolisch. ◇ *nf* Symbolik *die*.

symboliquement [sɛ̃bɔlikmɑ̃] *adv* symbolisch.

symboliser [3] [sɛ̃bɔlize] *vt* symbolisieren, versinnbildlichen.

symbolisme [sɛ̃bɔlism] *nm* **-1.** [système de symboles] Symbolik *die*. **-2.** ART Symbolismus *der*.

symétrie [simetri] *nf* Symmetrie *die*.

symétrique [simetrik] *adj* symmetrisch.

symétriquement [simetrikmɑ̃] *adv* symmetrisch.

sympa [sɛ̃pa] *adj fam* nett; **son mari est ~** ihr Mann ist in Ordnung.

sympathie [sɛ̃pati] *nf* **-1.** [entente, amitié] Sympathie *die*; **avoir de la ~ pour qqn** für jn Sympathie empfinden. **-2.** [bonne disposition] Wohlwollen *das*. **-3.** [condoléances] Mitgefühl *das*.

sympathique [sɛ̃patik] *adj* sympathisch.

sympathisant, e [sɛ̃patizɑ̃, ɑ̃t] *nm, f* Sympathisant *der*, -in *die*.

sympathiser [3] [sɛ̃patize] *vi* sich gut verstehen; **~ avec qqn** sich mit jm an|freunden.

symphonie [sɛ̃fɔni] *nf* Sinfonie *die*.

symphonique [sɛ̃fɔnik] *adj* sinfonisch.

symposium [sɛ̃pozjɔm] *nm* Symposium *das*.

symptomatique [sɛ̃ptɔmatik] *adj* symptomatisch.

symptôme [sɛ̃ptom] *nm* Symptom *das*.

synagogue [sinagɔg] *nf* Synagoge *die*.

synchrone [sɛ̃krɔn] *adj* Synchron-; [mouvement] synchron.

synchronique [sɛ̃krɔnik] *adj* synchronisch.

synchronisation [sɛ̃krɔnizasjɔ̃] *nf* **-1.** [concordance] Gleichlauf *der*. **-2.** CIN Synchronisierung *die*.

synchroniser [3] [sɛ̃krɔnize] *vt* **-1.** [harmoniser] (zeitlich) aufeinander ab|stimmen; **des feux synchronisés à 70 km/h** grüne Welle bei 70 km/h. **-2.** CIN synchronisieren.

syncope [sɛ̃kɔp] *nf* **-1.** [évanouissement] (kurze) Ohnmacht *die*; **tomber en ~** ohnmächtig werden. **-2.** MUS Synkope *die*.

syncopé, e [sɛ̃kɔpe] *adj* MUS synkopisch.

syndic [sɛ̃dik] *nm* (Haus)verwaltung *die*.

syndical, e, aux [sɛ̃dikal, o] *adj* **-1.** [relatif à une association professionnelle] berufsständisch; **chambre ~e** Berufskammer *die*. **-2.** [relatif au syndicalisme] Gewerkschafts-.

syndicalisme [sɛ̃dikalism] *nm* Gewerkschaftsbewegung *die*; **faire du ~** in der Gewerkschaft tätig sein.

syndicaliste [sɛ̃dikalist] ◇ *nmf* Gewerkschafter *der*, -in *die*. ◇ *adj* Gewerkschafts-.

syndicat [sɛ̃dika] *nm* Gewerkschaft *die*.
◆ **syndicat d'initiative** *nm* Fremdenverkehrsbüro *das*.

syndiqué, e [sɛ̃dike] ◇ *adj* gewerkschaftlich organisiert. ◇ *nm, f* Gewerkschaftsmitglied *das*.

syndiquer [3] [sɛ̃dike] *vt* gewerkschaftlich organisieren.

◆ **se syndiquer** *vp* **-1.** [se grouper] sich gewerkschaftlich organisieren. **-2.** [adhérer à un syndicat] einer Gewerkschaft beiltreten.

syndrome [sɛ̃drom] *nm* Syndrom *das*.

synergie [sinɛrʒi] *nf* Zusammenwirken *das (sans pl)*; ÉCON Synergie *die*.

synode [sinɔd] *nm* Synode *die*; **le saint-~** der Heilige Synod.

synonyme [sinɔnim] ◇ *nm* Synonym *das*. ◇ *adj* synonym.

synoptique [sinɔptik] *adj* synoptisch; **tableau ~** Übersicht(stafel) *die*.

synovie [sinɔvi] *nf* Gelenkschmiere *die*.

syntagme [sɛ̃tagm] *nm* Wortgruppe *die*.

syntaxe [sɛ̃taks] *nf* Satzbau *der*.

synthé [sɛ̃te] (*abr de* **synthétiseur**) *nm fam* Synthesizer *der*.

synthèse [sɛ̃tɛz] *nf* **-1.** [gén] Synthese *die*; **avoir l'esprit de ~** den Überblick behalten. **-2.** [résumé] Zusammenfassung *die*.

synthétique [sɛ̃tetik] *adj* **-1.** [gén] synthetisch; **vanille ~** künstliches Vanillearoma. **-2.** [exposé] zusammenfassend.

synthétiser [3] [sɛ̃tetize] *vt* **-1.** [résumer] zusammenfassend darlstellen. **-2.** [obtenir par synthèse] künstlich herlstellen.

synthétiseur [sɛ̃tetizœr] *nm* MUS Synthesizer *der*.

syphilis [sifilis] *nf* Syphilis *die*.

Syrie [siri] *nf*: **la ~** Syrien *nt*.

syrien, enne [sirjɛ̃, ɛn] *adj* syrisch.

◆ **Syrien, enne** *nm, f* Syrer *der*, -in *die*.

systématique [sistematik] *adj* systematisch; **il a l'esprit ~** er ist ein Systematiker.

systématiquement [sistematikmɑ̃] *adv* systematisch.

systématiser [3] [sistematize] *vi* & *vt* systematisieren.

◆ **se systématiser** *vp* [devenir fréquent] zur Gewohnheit werden.

système [sistɛm] *nm* System *das*; **~ bureautique** Bürokommunikationssystem; **~ clé en main** schlüsselfertiges System; **~ de conception et de fabrication** INFORM CAM/CAD-System; **~ expert** INFORM Expertensystem; **~ d'exploitation** INFORM Betriebssystem; **~ intégré** INFORM integriertes System; **~ intégré de gestion** INFORM Managementinformationssystem, ≃ Mis; **le ~ D** das Sichdurchboxen; **~ nerveux** Nervensystem; **~ politique** Staatsform *die*; **~ de traitement transactionnel** INFORM Transaktionsverarbeitungssystem.

T

t, T [te] *nm inv* [lettre] t *das*, T *das*.

◆ **t** (*abr de* **tonne**) t.

t' [t] → **te**.

ta → **ton**.

TAA (*abr de* **train autos accompagnées**) *nm* Autoreisezug *der*.

tabac [taba] *nm* **-1.** [plante] Tabak *der*; **~ blond/brun/gris** heller/dunkler/grauer Tabak; **~ à priser** Schnupftabak. **-2.** [magasin] Tabakwarengeschäft *der*. **-3.** *loc*: **faire un ~** *fam* Riesenerfolg haben; **passer à ~** *fam* verdreschen.

tabagisme [tabaʒism] *nm* **-1.** [intoxication] Nikotinmißbrauch *der*. **-2.** [abus] Rauchen *das*.

tabasser [3] [tabase] *vt fam* verprügeln.

tabatière [tabatjɛr] *nf* Tabakdose *die*.

tabernacle [tabɛrnakl] *nm* Tabernakel *das* OU *der*.

table [tabl] *nf* Tisch *der*; **à ~!** zu Tisch!; **mettre la ~** den Tisch decken; **se mettre à ~** sich zu Tisch setzen; **~ basse** Couchtisch; **~ gigogne** Satztisch; **~ de jeu** OU **à jouer** Spieltisch; **~ de nuit** OU **de chevet** Nachttisch; **~ d'opération** Operationstisch; **~ ronde** runder Tisch; *fig* Gesprächsrunde *die*; **~ roulante** Servierwagen *der*; **~ de travail** Arbeitstisch; **les plaisirs de la ~** die Tafelfreuden.

◆ **table d'écoute** *nf* Abhöranlage *die*.

◆ **table des matières** *nf* Inhaltsverzeichnis *das*.

◆ **table de multiplication** *nf* Einmaleins *das*.

tableau, x [tablo] *nm* **-1.** [peinture, description] Bild *das*; **~ de chasse** *fig* Jagdtrophäen *Pl*; **~ de maître** Meisterwerk *das*; **noircir le ~** *fig* schwarzlmalen. **-2.** [panneau, liste] Tafel *die*; **~ d'affichage** Anzeigetafel; **~ de bord** AÉRON Instrumententafel; AUTOM Armaturenbrett *das*; **~ d'honneur** Bestenliste *die*; **~ noir** Tafel. **-3.** THÉÂTRE Aufzug *der*.

tablée [table] *nf* Tafelrunde *die*.

tabler [3] [table] *vi*: **~ sur qqch** auf etw *(A)* setzen.

tablette [tablɛt] *nf* **-1.** [planchette] Ablage *die*. **-2.** [de chocolat] Tafel *die*.

tableur [tablœr] *nm* INFORM Tabellenkalkulationsprogramm *das*.

tablier [tablije] *nm* **-1.** [de cuisinière] Schürze *die*; [d'écolier] Schulkittel *der*; **rendre son ~** *fig* seinen Job an den Nagel hängen. **-2.** [de cheminée] Umlaufblech *das*. **-3.** CONSTR [de pont] Fahrbahnplatte *die*.

tabloïd, tabloïde [tablɔid] *nm* **-1.** [journal de petit format] Kleinformatzeitung *die*. **-2.** *péj* [journal populaire] Boulevardzeitung *die*.

tabou, e [tabu] *adj* verboten; **être ~** tabu sein.
◆ **tabou** *nm* Tabu *das*.

taboulé [tabule] *nm kaltes orientalisches Gericht aus Gries mit Olivenöl, Minze, Zitrone und Tomaten*.

tabouret [taburɛ] *nm* Hocker *der*; **~ de bar** Barhocker; **~ de cuisine** Küchenschemel *der*; **~ de piano** Klavierhocker.

tabulateur [tabylatœr] *nm* Tabulator *der*.

tac [tak] *nm*: **du ~ au ~** schlagfertig *(adv)*.

TAC (*abr de* **train auto-couchettes**) *nm* Autoreisezug *der*.

tache [taʃ] *nf* **-1.** [gén] Fleck *der*; **~s de rousseur** OU **de son** Sommersprossen *Pl*; **faire ~ d'huile** *fig* sich ein|bürgern. **-2.** *sout* [morale] Makel *der*.

tâche [taʃ] *nf* Aufgabe *die*; **travailler à la ~** im Akkord arbeiten; **faciliter la ~ à qqn** jm die Arbeit erleichtern; **se tuer à la ~** *fig* sich zu Tode arbeiten.

tacher [3] [taʃe] *vt* beflecken.
◆ **se tacher** *vp* **-1.** [personne] sich beschmutzen. **-2.** [nappe] schmutzig werden.

tâcher [3] [taʃe] ◇ *vi*: **~ de faire qqch** sich bemühen, etw zu tun. ◇ *vt*: **~ que** *(+ subjonctif)* zu|sehen, daß; **tâche que ça ne se reproduise plus!** sieh zu, daß das nicht wieder vorkommt!

tâcheron [taʃrɔ̃] *nm péj* Handlanger *der*.

tacheté, e [taʃte] *adj* gesprenkelt; **~ de blanc** weißgetüpfelt.

tacheter [27] [taʃte] *vt* sprenkeln.

tachycardie [takikardi] *nf* Herzjagen *das*.

tacite [tasit] *adj* stillschweigend.

tacitement [tasitmɑ̃] *adv* stillschweigend.

taciturne [tasityrn] *adj* schweigsam.

tacot [tako] *nm fam* Rostlaube *die*, alte Mühle.

tact [takt] *nm* [délicatesse] Takt *der*; **avoir du ~** Takt haben; **manquer de ~** keinen Takt haben.

tacticien, enne [taktisjɛ̃, ɛn] *nm, f* **-1.** MIL [stratège] Taktiker *der*, -in *die*. **-2.** *fig* [personne habile] Taktierer *der*, -in *die*.

tactile [taktil] *adj* Tast-.

tactique [taktik] ◇ *adj* taktisch. ◇ *nf* Taktik *die*.

Tadjikistan [tadʒikistɑ̃] *nm*: **le ~** Tadschikistan *nt*.

tænia = **ténia**.

taffetas [tafta] *nm* Taft *der*.

tag [tag] *nm* Graffiti *das*.

tagine = **tajine**.

tagliatelles [ta(g)ljatɛl] *nfpl* Tagliatelle *Pl*.

taguer [3] [tage] ◇ *vt*: **~ qqch** etw mit Graffiti besprühen. ◇ *vi* Graffiti sprühen.

tagueur, euse [tagœr, øz] *nm, f* Graffisprüher *der*, -in *die*.

Tahiti [taiti] *n* Tahiti *nt*; **à ~** auf Tahiti.

tahitien, enne [taisjɛ̃, ɛn] *adj* aus OU von Tahiti.
◆ **tahitien** *nm* [langue] Tahitisch(e) *(das)*.
◆ **Tahitien, enne** *nm, f* Bewohner *der*, -in *die* von Tahiti.

taïaut, tayaut [tajo] *interj* Halali.

taie [tɛ] *nf* **-1.** [enveloppe]: **~ (d'oreiller)** Kopfkissenbezug *der*. **-2.** MÉD [d'œil] Hornhautfleck *der*.

taïga [tajga] *nf* Taiga *die*.

taillader [3] [tajade] *vt* zerschneiden.
◆ **se taillader** *vp* sich schneiden.

taille [taj] *nf* **-1.** [action de tailler - plante] Stutzen *das*; [- pierre] Behauen *das*; [- diamant] Schleifen *das*. **-2.** [stature, dimensions] Größe *die*; **vous faites quelle ~ en pantalon** welche Hosengröße haben Sie?; **cette veste n'est pas à ta ~** diese Jacke paßt dir nicht; **une erreur de ~** *fig* ein großer Fehler; **être de ~ (à faire qqch)** *fig* in der Lage sein, (etw zu tun). **-3.** [milieu du corps] Taille *die*; **~ de guêpe** *fig* Wespentaille.

taillé, e [taje] *adj* **-1.** [coupé] gestutzt. **-2.** [capable]: **être ~ pour qqch** für etw geschaffen sein.

taille-crayon [tajkrɛjɔ̃] (*pl* **taille-crayons**) *nm* (Bleistift)spitzer *der*.

tailler [3] [taje] *vt* [bois, pierre] zu|richten; [arbre] stutzen; [crayon] an|spitzen.
◆ **se tailler** *vp* **-1.** [obtenir]: **se ~ un succès** Erfolg haben. **-2.** *fam* [se sauver] sich aus dem Staub machen.

tailleur [tajœr] *nm* **-1.** [couturier] Schneider *der*, -in *die*. **-2.** [vêtement] Kostüm *das*. **-3.** [artisan]: **~ de diamants** Diamantschleifer *der*; **~ de pierres** Steinmetz *der*. **-4.** *loc*: **s'asseoir en ~** sich im Schneidersitz hin|setzen.

tailleur-pantalon [tajœrpɑ̃talɔ̃] (*pl* **tailleurs-pantalons**) *nm* Hosenanzug *der*.

taillis [taji] *nm* Niederwald *der*.

tain [tɛ̃] *nm* Spiegelbelag *der*.

taire [111] [tɛr] *vt* verschweigen; **faire ~ qqn** [enfant] jn zur Ruhe bringen; [témoin] jn zum Schweigen bringen.
◆ **se taire** *vp* **-1.** [rester sans parler] schweigen. **-2.** [cesser de parler] still sein; **tais-toi!, taisez-vous!** sei still!, seien Sie still! **-3.** [musique, cris] verstummen.

taisais *etc* → **taire**.

Taiwan [tajwan] *n* Taiwan *nt*, Formosa *nt*; **à ~** auf Taiwan, auf Formosa.

taiwanais, e [tajwanɛ, ɛz] *adj* taiwanisch.
◆ **Taiwanais, e** *nm, f* Taiwaner *der*, -in *die*.

tajine, tagine [taʒin] *nm nordafrikanisches Ragout*.

talc [talk] *nm* (Talk)puder *der*.

talent [talɑ̃] *nm* Talent *das*; **avoir du ~** Talent besitzen.

talentueux, euse [talɑ̃tɥø, øz] *adj* talentiert.

talion [taljɔ̃] *nm*: **la loi du ~** die Talionslehre; **c'est la loi du ~** wie du mir, so ich dir.

talisman [talismɑ̃] *nm* Talisman *der*, Glücksbringer *der*.

talkie-walkie [tɔkiwɔki] (*pl* **talkies-walkies**) *nm* Walkie-talkie *das*.

taloche [talɔʃ] *nf* **-1.** *fam* [gifle] Ohrfeige *die*. **-2.** [outil] Kelle *die*.

talon [talɔ̃] *nm* **-1.** [du pied, de chaussette] Ferse *die*; **~ d'Achille** *fig* Achillesferse; **être sur les ~s de qqn** *fig* jm auf den Fersen sein; **marcher sur les ~s de qqn** *fig* sich jm an die Fersen heften; **tourner les ~s** *fig* kehrt|machen, weg|gehen. **-2.** [de chaussure] Absatz *der*; **~s aiguilles** Stökkelabsätze; **~s hauts/plats** hohe/flache Absätze. **-3.** [de pain, de jambon] Reststück *das*. **-4.** [de chèque, de cartes] Talon *der*.

talonner [3] [talɔne] *vt* **-1.** [suivre]: **~ qqn/qqch** jm/etw auf den Fersen sein. **-2.** [harceler] jm keine Ruhe lassen.

talonnette [talɔnɛt] *nf* **-1.** [de chaussure] Ferseneinlage *die*. **-2.** COUTURE [de pantalon] Stoßborte *die*.

talquer [3] [talke] *vt* (ein|)pudern.

talus [taly] *nm* Böschung *die*.

tamarin [tamarɛ̃] *nm* BOT Tamarinde *die*.

tamarinier [tamarinje] *nm* Tamarinde *die*.

tambouille [tɑ̃buj] *nf fam* Essen *das*; **faire la ~** *tfam* kochen.

tambour [tɑ̃bur] *nm* **-1.** [instrument, cylindre] Trommel *die*; **sans ~ ni trompette** *fig* sang- und klanglos; **~ battant** *fig* energisch, forsch. **-2.** [musicien] Trommler *der*. **-3.** [porte] Flügeltür *die*. **-4.** [à broder] Stickrahmen *der*.

tambourin [tɑ̃burɛ̃] *nm* Tamburin *das*.

tambouriner [3] [tɑ̃burine] ◇ *vt* trommeln. ◇ *vi*: **~ sur/à/contre qqch** auf/an/gegen etw *(A)* trommeln.

tambour-major [tɑ̃burmaʒɔr] (*pl* **tambours-majors**) *nm* Tambourmajor *der*.

tamis [tami] *nm* **-1.** [crible] Sieb *das*; **passer au ~** sieben. **-2.** [de raquette] Bespannung *die*.

tamisé, e [tamize] *adj* [éclairage] gedämpft.

tamiser [3] [tamize] *vt* **-1.** [farine] sieben. **-2.** [lumière] dämpfen.

tampon [tɑ̃pɔ̃] *nm* **-1.** [de coton] Bausch *der*; **~ hygiénique** OU **périodique** Tampon *der*. **-2.** [éponge] Schwamm *der*. **-3.** [cachet] Stempel *der*; **~ encreur** Stempelkissen *das*. **-4.** [bouchon] Pfropfen *der*. **-5.** [cheville] Dübel *der*. **-6.** [amortisseur] Puffer *der*.

tamponner [3] [tɑ̃pɔne] *vt* **-1.** [meuble] ab|wischen. **-2.** [plaie] ab|tupfen. **-3.** [document] (ab|)stempeln. **-4.** [heurter] rammen.
◆ **se tamponner** *vp* zusammen|stoßen, aufeinander|prallen.

tamponneuse [tɑ̃pɔnøz] → **auto**.

tam-tam [tamtam] (*pl* **tam-tams**) *nm* afrikanische Trommel.

tancer [16] [tɑ̃se] *vt sout* schelten.

tanche [tɑ̃ʃ] *nf* Schleie *die*.

tandem [tɑ̃dɛm] *nm* **-1.** [vélo] Tandem *das*. **-2.** [duo] Gespann *das*; **en ~** im (Zweier)gespann.

tandis que [tɑ̃dikə], **tandis qu'** (*devant voyelle ou h muet*) *loc conj* während *(+ G)*.

tangage [tɑ̃gaʒ] *nm* Stampfen *das*.

tangent, e [tɑ̃ʒɑ̃, ɑ̃t] *adj* **-1.** MATHS: **une droite ~e à qqch** eine Tangente zu etw. **-2.** [juste] haarscharf.
◆ **tangente** *nf* Tangente *die*.

tangible [tɑ̃ʒibl] *adj* greifbar.

tango [tɑ̃go] *nm* Tango *der*.

tanguer [3] [tɑ̃ge] *vi* stampfen.

tanière [tanjɛr] *nf* Bau *der*; *fig* Höhle *die*.

tanin, tannin [tanɛ̃] *nm* Gerbsäure *die*.

tank [tɑ̃k] *nm* **-1.** MIL [char] Panzer *der*. **-2.** *fam* [voiture] Straßenkreuzer *der*.

tannage [tanaʒ] *nm* Gerben *das (sans pl)*.

tannant, e [tanɑ̃, ɑ̃t] *adj fam* [énervant] nervtötend.

tanner [3] [tane] *vt* **-1.** [peau] gerben. **-2.** *fam* [personne] nerven.

tannerie [tanri] *nf* Gerberei *die*.

tanneur [tanœr] *nm* Gerber *der*.

tannin = **tanin**.

tant [tɑ̃] *adv* **-1.** [tellement]: **~ de** so viel; **il y a ~ de livres à lire** es gibt so viele Bücher zu lesen; **elle a ~ de travail qu'elle ne peut plus sortir** sie hat so viel Arbeit, daß sie nicht mehr ausgehen kann. **-2.** [employé seul] so sehr; **il l'aime ~** er liebt sie so sehr. **-3.** [valeur indéfinie] soundso viel; **ça coûte ~** das kostet soundso viel. **-4.** [date]: **le ~** der Soundsovielte. **-5.** [comparatif]: **elle n'aime pas ~ les cerises que les fraises** sie mag Kirschen nicht so gerne wie Erdbeeren. **-6.** [valeur temporelle]: **~ que** solange.
◆ **en tant que** *loc conj* als; **en ~ que tel** als solche,-r,-s *(adj)*.

◆ **tant bien que mal** *loc adv* mehr schlecht als recht.
◆ **tant et plus** *loc adv* sehr viel; **il en connaissait ~ et plus** er wußte darüber bestens Bescheid.
◆ **tant et si bien que** *loc conj*: **faire ~ et si bien que** es fertig|bringen, daß.
◆ **tant mieux** *loc adv* um so besser.
◆ **tant pis** *loc adv* Pech gehabt; **~ pis pour lui!** sein Pech!
◆ **tant qu'à** *loc conj* wenn (es) schon (sein muß); **~ qu'à partir, partons maintenant** wenn wir schon gehen müssen, dann gleich; **~ qu'à faire** wennschon, dennschon.
◆ **(un) tant soit peu** *loc adv* auch nur ein bißchen.

Tantale [tɑ̃tal] → **supplice**.

tante [tɑ̃t] *nf* **-1.** [parente] Tante *die*. **-2.** *vulg péj* [homosexuel] Tunte *die*.

tantinet [tɑ̃tinɛ] *nm*: **un ~ exagéré** ein (klein) wenig OU etwas übertrieben.

tantôt [tɑ̃to] *adv* **-1.** [parfois]: **~ le matin, ~ le soir** erst morgens, dann abends, bald morgens, bald abends. **-2.** *fam* [après-midi] heute nachmittag.

Tanzanie [tɑ̃zani] *nf*: **la ~** Tansania *nt*.

tanzanien, enne [tɑ̃zanjɛ̃, ɛn] *adj* tansanisch.
◆ **Tanzanien, enne** *nm, f* Tansanier *der*, -in *die*.

TAO (*abr de* **traduction assistée par ordinateur**) *nf* maschinengestützte Übersetzung.

taoïsme [taɔism] *nm* Taoismus *der*.

taon [tɑ̃] *nm* Bremse *die*.

tapage [tapaʒ] *nm* Lärm *der*; **~ nocturne** nächtliche Ruhestörung; **faire beaucoup de ~ autour de qqch** *fig* von etw viel Aufheben(s) machen.

tapageur, euse [tapaʒœr, øz] *adj* **-1.** [bruyant] lärmend. **-2.** [voyant, scandaleux] aufdringlich.

tapant, e [tapɑ̃, ɑ̃t] *adj* [heure]: **il faut que tu sois là à huit heures ~es** du mußt um Glockenschlag OU Punkt acht da sein.

tape [tap] *nf* [claque] Klaps *der*.

tape-à-l'œil [tapalœj] ◇ *adj inv* pompös. ◇ *nm inv* Schein *der*, Schaustellerei *die*.

tapenade [tapənad] *nf provenzalischer Brotaufstrich aus Oliven, Anchovis, Olivenöl und Kapern.*

taper [3] [tape] ◇ *vt* **-1.** [personne, animal] schlagen, hauen; **~ un coup à la porte** gegen die Tür schlagen, an der Tür klopfen. **-2.** [dactylographier] (ab|)tippen; **~ qqch à la machine** etw tippen. **-3.** [code] ein|geben. **-4.** *fam* [emprunter]: **~ qqn de 100 francs, ~ 100 francs à qqn** jn um 100 Franc an|pumpen. ◇ *vi* **-1.** [donner un coup] schlagen; **~ sur qqn** auf jn ein|schlagen; **~ dans ses mains** (in die Hände) klatschen. **-2.** [écrire]: **~ (à la machine)** tippen. **-3.** *fam* [soleil] stechen; [vin] zu Kopfe steigen. **-4.** *fig* [critiquer]: **~ sur qqn** über jn her|ziehen. **-5.** *fam* [puiser]: **~ dans qqch** sich über etw *(A)* her|machen.
◆ **se taper** *vp fam* **-1.** [manger, boire] verdrükken, sich rein|ziehen. **-2.** [corvée]: **se ~ qqch** etw auf sich nehmen. **-3.** [supporter]: **se ~ qqn** sich mit jm herum|schlagen.

tapette [tapɛt] *nf* **-1.** [pour tapis] Teppichklopfer *der*. **-2.** [contre les mouches] Fliegenklatsche *die*. **-3.** [piège à souris] Mausefalle *die*. **-4.** *fam vieilli* [langue]: **avoir une bonne ~** nicht (gerade) auf den Mund gefallen sein. **-5.** *vulg péj* [homosexuel] Schwuchtel *die*.

tapinois [tapinwa]
◆ **en tapinois** *loc adv* klammheimlich.

tapioca [tapjɔka] *nm* Tapioka(stärke) *die*.

tapir[1] [32] [tapir]
◆ **se tapir** *vp* **-1.** [animal] sich ein|rollen, sich verschanzen; **une petite maison tapie au creux de la vallée** *fig* ein in die Talmulde eingenistetes Häuschen. **-2.** [personne] sich ein|igeln.

tapir[2] [tapir] *nm* ZOOL Tapir *der*.

tapis [tapi] *nm* Teppich *der*; **~ de bain** Badeteppich; **~ de sol** [de camping] Campingmatte *die*; [de gymnase] Gymnastikmatte die, Turnmatte *die*; **~ roulant** [pour personnes] Laufband *das*; [pour objets] Transportband *das*; **(re)mettre un sujet sur le ~** *fig* ein Thema (wieder) zur Sprache bringen.

tapis-brosse [tapibrɔs] (*pl* **tapis-brosses**) *nm* Fußabtreter *der*.

tapisser [3] [tapise] *vt* **-1.** [sujet: personne] tapezieren. **-2.** [sujet: objets, papier, feuilles] überziehen; **un horrible papier à fleurs tapissait les murs** die Wände waren mit einer grauenhaften Blumentapete überzogen.

tapisserie [tapisri] *nf* **-1.** [papier peint] Tapete *die*. **-2.** [canevas] Teppichknüpferei *die*. **-3.** ART gewirkter Wandbehang. **-4.** *loc*: **faire ~** das Mauerblümchen sein.

tapissier, ère [tapisje, ɛr] *nm, f* **-1.** [commerçant] Polsterer *der*, -rin *die*. **-2.** [décorateur] Tapezierer *der*, -in *die*. **-3.** [sur métier] Teppichknüpfer *der*, -in *die*.

tapotement [tapɔtmɑ̃] *nm* [petite tape] Klopfen *das*.

tapoter [3] [tapɔte] ◇ *vt*: **~ qqch** auf etw *(A)* klopfen. ◇ *vi*: **~ sur qqch** [table, objet] auf etw *(D)* herum|klopfen; [piano, clavier] auf etw *(D)* herum|klimpern.

taquet [takɛ] *nm* **-1.** [butée] Anschlag *der*. **-2.** [loquet] Riegel *der*.

taquin, e [takɛ̃, in] ◇ *adj* schelmisch, keck. ◇ *nm, f* Schelm *der*.

taquiner [3] [takine] *vt* [personne] auf|ziehen, auf die Schippe nehmen.

taquinerie [takinri] *nf* Stichelei *die*.

tarabiscoté, e [tarabiskɔte] *adj* **-1.** [meuble] verschnörkelt. **-2.** [histoire] verwickelt.

tarabuster [3] [tarabyste] *vt* **-1.** [sujet: personne] bearbeiten, zu|setzen. **-2.** [sujet: histoire, idée] zu schaffen machen.

tarama [tarama] *nm Brotaufstrich aus Fischeiern.*

tarauder [3] [tarode] *vt* **-1.** [percer]: **~ qqch** in etw *(A)* ein Gewinde ein|bohren. **-2.** *fam* [tourmenter] martern.

tard [tar] *adv* spät; **plus ~** später; **au plus ~** spätestens; **trop ~** zu spät; **sur le ~** [en fin de journée] spät, spätabends, spätnachmittags; [vers la fin de sa vie] im nachhinein, zuletzt.

tarder [3] [tarde] ◇ *vi* **-1.** [personne]: **~ à faire qqch** zögern, etw zu tun; **le médecin ne va pas ~ (à arriver)** der Arzt wird gleich kommen; **je ne vais pas ~ à en avoir assez** bald habe ich davon die Nase voll. **-2.** [chose, événement]: **ça ne va pas ~** es wird nicht mehr lange dauern; **la bombe ne va pas ~ à exploser** es wird nicht mehr lange dauern, bis die Bombe explodiert. ◇ *v impers*: **il me/nous tarde de faire qqch** ich sehne mich/wir sehnen uns danach, etw zu tun; **il me tarde que ce soit fini** ich sehne mich danach, daß es zu Ende geht.

tardif, ive [tardif, iv] *adj* spät.

tardivement [tardivmɑ̃] *adv* (erst) spät.

tare [tar] *nf* **-1.** [de balance] Eigengewicht *das*. **-2.** [défaut] Fehler *der*, Makel *der*.

taré, e [tare] ◇ *adj* **-1.** [héréditairement] vorbelastet. **-2.** *fam péj* [idiot] beschränkt, bekloppt. ◇ *nm, f fam péj* [idiot] Bekloppte *der, die*.

tarentule [tarɑ̃tyl] *nf* Tarantel *die*.

targette [tarʒɛt] *nf* Riegel *der*.

targuer [3] [targe]

◆ **se targuer** *vp sout*: **se ~ de qqch** sich mit etw brüsten; **se ~ de faire qqch** sich damit brüsten, etw zu tun.

tarif [tarif] *nm* **-1.** [prix - de service] Gebühr *die*; [- de marchandise] Preis *der*; **plein ~** voller Preis; **~ dégressif** degressiver Tarif; **~ préférentiel** Vorzugspreis; **~ réduit** ermäßigter Preis; **~ syndical** Verbandstarif *der*. **-2.** [tableau des prix] Tarif *der*; **les ~s** die Preisliste.

tarifaire [tarifɛr] *adj* Tarif-, Gebühren-, Preis-.

tarifer [3] [tarife] *vt* tariflich fest|legen.

tarification [tarifikasjɔ̃] *nf* [action] Tariffestlegung *die*; [résultat] Tarifordnung *die*, Gebührenordnung *die*.

tarir [32] [tarir] ◇ *vt* versiegen lassen. ◇ *vi* versiegen; **ne pas ~ d'éloges sur qqn/qqch** *fig* nicht genug Worte des Lobes über jn/etw finden können.

◆ **se tarir** *vp* versiegen.

tarot [taro] *nm* ≃ Tarock *das*.

◆ **tarots** *nmpl* ≃ Tarockkarten *Pl*; **tirer les ~s à qqn** jm die Zukunft aus Tarockkarten voraus|sagen.

tartare [tartar] *adj* tatarisch; **sauce ~** Tatarensauce *die*; **(steak) ~** Tatarsteak *das*.

◆ **Tartare** *nmf* HIST Tatar *der*, -in *die*.

tarte [tart] ◇ *nf* **-1.** [gâteau] Torte *die*, Kuchen *der*; **~ aux pommes** Apfelkuchen; **~ Tatin** *Kuchen mit karamelisierten Apfelhälften*. **-2.** *fam* [gifle]: **flanquer une ~ à qqn** jm eine kleben OU runter|hauen. **-3.** *fam loc*: **c'est pas de la ~!** das ist kein Leichtes OU Vergnügen!; **~ à la crème** alter Hut. ◇ *adj fam* [bête] tumb.

tartelette [tartəlɛt] *nf* Törtchen *das*, Tortelett *das*.

tartine [tartin] *nf* **-1.** [de pain] Butterbrot *das*; **~ de confiture** Marmeladenbrot *das*; **~ grillée** Scheibe *die* Toastbrot. **-2.** *fam loc*: **faire toute une ~ sur qqch** sich lang und breit über etw *(A)* aus|lassen; **en mettre une ~** OU **des ~s** Romane schreiben.

tartiner [3] [tartine] *vt* **-1.** [pain] bestreichen, schmieren; **fromage à ~** Streichkäse *der*. **-2.** *fam fig* [pages] runter|schreiben, zusammen|schreiben.

tartre [tartr] *nm* **-1.** [calcaire] Kesselstein *der*. **-2.** [des dents] Zahnstein *der*.

tartufe, tartuffe [tartyf] *nm* [hypocrite] Heuchler *der*.

tas [ta] *nm* [monceau] Haufen *der*; **un ~ de qqch** jede Menge etw, ein Haufen etw; **apprendre sur le ~** *fig* in der Praxis lernen.

Tass [tas] *(abr de* **Telegrafnoïe Aguentstvo Sovietskogo Soïouza**) *n* TASS *die*.

tasse [tas] *nf* Tasse *die*; **~ à café** Kaffeetasse; **~ à thé** Teetasse; **~ de café/de thé** Tasse Kaffee/Tee; **boire la ~** [en nageant] Wasser schlucken; [entreprise] pleite gehen.

tassé, e [tase] *adj*: **un whisky bien ~** *fam* ein kräftiger Schluck Whisky; **il a cinquante ans bien ~s** *fam* er ist gut und gerne fünfzig Jahre alt.

tasseau, x [taso] *nm* Holzleiste *die*, Holzunterlage *die*.

tassement [tasmɑ̃] *nm* [affaissement, diminution] Absacken *das*; [de neige, de terre] Hartwerden *das*; **~ des vertèbres** Stauchung *die* der Wirbel.

tasser [3] [tase] *vt* **-1.** [neige, terre] fest|stampfen, fest|treten. **-2.** [objets, personnes]: **~ qqn/qqch dans qqch** jn/etw in etw *(A)* stopfen.

◆ **se tasser** *vp* **-1.** [s'affaisser] ab|sacken. **-2.** [vieillard] zusammen|schrumpfen. **-3.** [se serrer] zusammen|rücken. **-4.** *fam* [s'arranger] in Ordnung kommen.

taste-vin [tastəvɛ̃], **tâte-vin** [tatvɛ̃] *nm inv* Weintester *der*, Probierbecher *der (für Wein)*.

tata [tata] *nf* **-1.** [tante] *"Tante" in der Kindersprache*. **-2.** *fam péj* [homosexuel] Tunte *die*.

tâter [3] [tate] ◇ *vt* betasten, an|tippen; *fig* erkunden; **~ le terrain** sich um|sehen (wie die Verhältnisse sind). ◇ *vi*: **~ de qqch** etw aus|probieren.

◆ **se tâter** *vp fam fig* sich *(D)* unschlüssig sein.

tâte-vin = **taste-vin**.

tatillon, onne [tatijɔ̃, ɔn] ◇ *adj* pingelig. ◇ *nm, f* pingeliger Mensch.

tâtonnement [tatɔnmɑ̃] *nm* **-1.** [dans le noir] (Ab|)tasten *das*. **-2.** [tentative] zögernde Versuche *Pl*; **~s** Probeläufe *Pl*; **procéder par ~s** sich vor|tasten.

tâtonner [3] [tatɔne] *vi* sich vor|tasten; *fig* herum|suchen.

tâtons [tatɔ̃]

◆ **à tâtons** *loc adv* tastend; **avancer à ~** *litt* & *fig* sich vor|tasten.

tatou [tatu] *nm* Gürteltier *das*.

tatouage [tatwaʒ] *nm* **-1.** [action] Tätowieren *das*. **-2.** [dessin] Tätowierung *die*; **~ antivol** AUTOM *Diebstahlabsicherung durch Eingravieren der Kfz-Nummer in die Fensterscheiben*.

tatouer [6] [tatwe] *vt* tätowieren.

taudis [todi] *nm* Behausung *die*, Elendsquartier *das*; *fig* & *péj* Saustall *der*.

taulard, e = **tôlard**.

taule = **tôle**.

taulier, ère = **tôlier**.

taupe [top] *nf* Maulwurf *der*; *fig* Schnüffler *der*; **être myope comme une ~** *fig* blind wie ein Maulwurf sein.

taupinière [topinjɛr] *nf* Maulwurfshügel *der*.

taureau, x [tɔro] *nm* [animal] Stier *der*; **prendre le ~ par les cornes** *fig* den Stier bei den Hörnern packen.

◆ **Taureau** *nm* ASTRON & ASTROL Stier *der*; **être Taureau** Stier sein; **sous le signe du Taureau** im Zeichen des Stiers.

tauromachie [tɔrɔmaʃi] *nf* Stierkampf *der*.

taux [to] *nm* **-1.** [cours] Kurs *der*, Satz *der*; **~ de change** Wechselkurs; **~ d'escompte** Diskontsatz; **~ d'intérêt** Zinssatz. **-2.** [pourcentage] Rate *die*; **~ de cholestérol** Cholesterinspiegel *der*; **~ de mortalité** Sterberate; **~ de natalité** Geburtenrate.

taverne [tavɛrn] *nf* **-1.** [auberge] Wirtshaus *das*. **-2.** [bar] Bierkeller *der*. **-3.** *Can* [réservée aux hommes] Männerkneipe *die*.

taxation [taksasjɔ̃] *nf* Besteuerung *die*.

taxe [taks] *nf* [redevance] Steuer *die*, Abgabe *die*; **hors ~s** ohne Steuern; **~ foncière** Grundsteuer; **~ professionnelle** Gewerbesteuer.

taxer [3] [takse] *vt* **-1.** [imposer] besteuern, mit einer Steuer OU Abgabebelegen. **-2.** [traiter]: **~ qqn de qqch** jn als etw bezeichnen; [accuser] jm etw vor|werfen; **il m'a encore taxé d'imbécile** er hat mich wieder mal zum Idioten abgestempelt. **-3.** *fam* [prendre] an|pumpen; **~ qqch à qqn** bei jm etw ab|stauben; **~ une cigarette à qqn** von jm eine Zigarette schnorren.

taxi [taksi] *nm* **-1.** [voiture] Taxi *das*. **-2.** *fam* [chauffeur] Taxifahrer *der*.

taxidermiste [taksidɛrmist] *nmf* Taxidermist *der*, -in *die*.

taximètre [taksimɛtr] *nm* [compteur] Fahrpreisanzeiger *der*.

taxinomie [taksinɔmi] *nf* Taxonomie *die*.

Taxiphone® [taksifɔn] *nm* Münzfernsprecher *der*.

tayaut = **taïaut**.

TB, tb *abr de* **très bien**.

TBE, tbe (*abr de* **très bon état**) in sehr gutem Zustand.

TCA (*abr de* **taxe sur le chiffre d'affaires**) *nf* USt *(Umsatzsteuer)*.

TCF (*abr de* **Touring Club de France**) *nm französischer Automobilclub*.

Tchad [tʃad] *nm*: **le ~** der Tschad, Tschad *nt*; **au ~** im OU in Tschad.

tchadien, enne [tʃadjɛ̃, ɛn] *adj* tschadisch.

◆ **tchadien** *nm* [langue] Tschadisch(e) *(das)*.

◆ **Tchadien, enne** *nm, f* Tschader *der*, -in *die*.

tchador [tʃadɔr] *nm* Tschador *der*.

tchécoslovaque [tʃekɔslɔvak] *adj* tschechoslowakisch.

◆ **Tchécoslovaque** *nmf* Tschechoslowake *der*, -kin *die*.

Tchécoslovaquie [tʃekɔslɔvaki] *nf*: **la ~** die Tschechoslowakei.

tchèque [tʃɛk] ◇ *adj* tschechisch. ◇ *nm* [langue] Tschechisch(e) *(das)*.

◆ **Tchèque** *nmf* Tscheche *der*, -chin *die*.

TCS (*abr de* **Touring Club de Suisse**) *nm Schweizer Automobilclub*.

TD (*abr de* **travaux dirigés**) *nmpl* ≃ Ü *die (Übung)*.

TdF (*abr de* **Télévision de France**) *nf französische Filmvertriebsgesellschaft*.

te [tə], **t'** *(devant voyelle ou h muet) pron pers* **-1.** [complément d'objet, réfléchi] dich, dir; **ça t'a fait plaisir** es hat dich gefreut; **il t'a remercié** er dankte dir. **-2.** [avec un présentatif]: **~ voici/voilà!** hier/da bist du ja!; **~ voilà bien avancé!** das hast du nun davon!; **~ voilà enfin!** da bist du ja endlich!

té [te] *nm* **-1.** [à dessin] Reißschiene *die*. **-2.** [de menuiserie] Winkeleisen *das*.
technicien, enne [tɛknisjɛ̃, ɛn] *nm, f* Techniker *der*, -in *die*.
technicité [tɛknisite] *nf* (technische) Komplexität; **d'une grande ~** High-Tech.
technico-commercial, e [tɛknikokɔmɛrsjal] (*mpl* **technico-commerciaux** [tɛknikokɔmɛrsjo], *fpl* **technico-commerciales**) ◇ *adj*: **ingénieur ~** Verkaufsingenieur *der*. ◇ *nm, f* Techniker *der*, -in *die* im Außendienst.
Technicolor® [tɛknikɔlɔr] *nm* Technicolor® *das*.
technique [tɛknik] ◇ *adj* **-1.** [gén] technisch. **-2.** [terme, revue] Fach-. ◇ *nf* Technik *die*.
techniquement [tɛknikmɑ̃] *adv* technisch.
technocrate [tɛknɔkrat] *nm péj* Technokrat *der*.
technologie [tɛknɔlɔʒi] *nf* Technologie *die*; **de haute ~** hochentwickelt, High-Tech-.
technologique [tɛknɔlɔʒik] *adj* technologisch.
technologue [tɛknɔlɔg], **technologiste** [tɛknɔlɔʒist] *nmf* Technologe *der*, -gin *die*.
teck, tek [tɛk] *nm* Teak(holz) *das*.
teckel [tekɛl] *nm* Dackel *der*.
tectonique [tɛktɔnik] ◇ *adj* tektonisch. ◇ *nf* GÉOL [science] Tektonik *die*; **~ des plaques** Plattentektonik.
TEE (*abr de* **Trans-Europ-Express**) *nm* TEE *der*.
teen-ager [tinedʒœr] (*pl* **teen-agers**) *nmf* Teenager *der*.
tee-shirt (*pl* **tee-shirts**), **T-shirt** (*pl* **T-shirts**) [tiʃœrt] *nm* T-shirt *das*.
Téflon® [teflɔ̃] *nm* Teflon® *das*.
TEG (*abr de* **taux effectif garanti**) *nm* garantierter effektiver Zins.
Téhéran [teerɑ̃] *n* Teheran *nt*.
teignais *etc* → **teindre**.
teigne [tɛɲ] *nf* **-1.** [papillon] Motte *die*. **-2.** [maladie] Krätze *die*. **-3.** *fam* [personne] Zimtzicke *die*, Giftspritze *die*.
teigneux, euse [tɛɲø, øz] *fam fig* ◇ *adj* zickig, garstig. ◇ *nm, f* Giftnickel *der*, Giftnudel *die*.
teindre [81] [tɛ̃dr] *vt* [colorer] färben.
◆ **se teindre** *vp*: **se ~ qqch** sich *(D)* etw färben; **se ~ de rouge/bleu** sich rot/blau färben.
teins *etc* → **teindre**.
teint, e [tɛ̃, tɛ̃t] ◇ *pp* → **teindre**. ◇ *adj* gefärbt.
◆ **teint** *nm* **-1.** [carnation] Teint *der*. **-2.** [couleur]: **tissu bon** OU **grand ~** farbechter Stoff; **bon ~** *fig* stramm.
teinte [tɛ̃t] *nf* Farbton *der*; **une ~ de qqch** *fig* eine Spur von etw.
teinté, e [tɛ̃te] *adj* getönt; **~ de qqch** *fig* mit etw durchsetzt, von etw durchzogen.
teinter [3] [tɛ̃te] *vt* [colorer] färben.
◆ **se teinter** *vp sout*: **se ~ de rouge** sich rot färben; **se ~ de qqch** *fig* von etw durchzogen werden.
teinture [tɛ̃tyr] *nf* **-1.** [action] Färben *das*. **-2.** [produit] Färbemittel *das*.
◆ **teinture d'iode** *nf* Iodtinktur *die*.
teinturerie [tɛ̃tyrri] *nf* [pressing] Reinigung *die*.
teinturier, ère [tɛ̃tyrje, ɛr] *nm, f* **-1.** [qui nettoie] Reinigungsfachmann *der*; **porter un costume chez le ~** einen Anzug in die Reinigung bringen. **-2.** [qui teint] Färbereifachmann *der*.
tek = **teck**.
tel [tɛl] (*f* **telle**, *mpl* **tels**, *fpl* **telles**) ◇ *adj* **-1.** [valeur indéterminée] diese,-r,-s; **dans telle ou telle circonstance** unter diesen oder jenen Umständen; **il m'a dit telle et telle chose** er sagte mir dieses und jenes. **-2.** [semblable] solche,-r,-s; **je n'ai rien dit de ~** ich habe nichts dergleichen gesagt. **-3.** [reprend ce qui a été énoncé]: **telle fut l'histoire qu'il nous raconta** das war die Geschichte, die er uns erzählte; **il n'est pas avare, mais il passe pour ~** er ist kein Geizkragen, aber er wird als solcher abgestempelt. **-4.** [valeur intensive] solche,-r,-s, derartige,-r,-s; **c'est un ~ pianiste!** er ist ein so großartiger Pianist!; **un ~ bonheur** ein solches Glück; **elle est d'une telle gentillesse!** sie ist so nett!; **~ que** so groß, daß, derartige,-r,-s, daß; **un bonheur ~ qu'il ne pouvait y croire** ein Glück, wie er es gar nicht fassen konnte; **il a fait un~ bruit qu'il a réveillé toute la maisonnée** er machte einen derartigen Lärm, daß er das ganze Haus weckte. **-5.** [introduit un exemple, une énumération, une comparaison]: **~ (que)** wie; **il est ~ que je l'avais toujours rêvé** er ist so, wie ich es mir schon immer erträumt hatte; **~ quel** [inchangé] unverändert, (so) wie zuvor; CULIN [nature] ohne alles, nature; **tout est resté ~ quel depuis ton départ** seit deiner Abreise hat sich nichts verändert. ◇ *pron indéf* **-1.** [désigne des personnes ou des choses indéterminées] diese,-r,-s; **~ ou ~** diese,-r,-s oder jene,-r,-s. **-2.** [évoque une personne]: **(Monsieur) un ~** Herr Soundso.
◆ **à tel point que** *loc conj* so sehr, daß.
◆ **de telle manière que** *loc conj (+ subjonctif)* so, daß.
◆ **de telle sorte que** *loc conj (+ subjonctif)* so, daß.
tél. (*abr de* **téléphone**) Tel.
télé [tele] *nf fam* Fernseher *der*.
téléachat [teleaʃa] *nm* Einkauf *der* per Bildschirmtext.
télébenne [telebɛn], **télécabine** [telekabin] *nf* Kabinenbahn *die*.
Télécarte® [telekart] *nf* Telefonkarte *die*.

télécommande [telekɔmɑ̃d] *nf* Fernbedienung *die*.

télécommander [3] [telekɔmɑ̃de] *vt* fern|bedienen; *fig* fern|steuern.

télécommunication [telekɔmynikasjɔ̃] *nf* Telekommunikation *die*.

téléconférence [telekɔ̃ferɑ̃s] *nf* **-1.** [conférence] Telekonferenz *die*. **-2.** [procédé] Konferenzschaltung *die*.

télécopie [telekɔpi] *nf* Fernkopie *die*, Telefax *das*.

télécopieur [telekɔpjœr] *nm* Fernkopierer *der*, Telefaxgerät *das*.

télédétection [teledetɛksjɔ̃] *nf* Fernwarnsystem *das*.

télédiffuser [3] [teledifyze] *vt* im Fernsehen senden OU übertragen.

télédiffusion [teledifyzjɔ̃] *nf* Fernsehübertragung *die*.

télédistribution [teledistribysjɔ̃] *nf* Ausstrahlung *die* im Fernsehen.

télé-enseignement [teleɑ̃sɛɲmɑ̃] (*pl* **télé-enseignements**) *nm* Fernunterricht *der*.

téléfilm [telefilm] *nm* Fernsehspiel *das*, Fernsehfilm *der*.

télégramme [telegram] *nm* Telegramm *das*, Fernschreiben *das*.

télégraphe [telegraf] *nm* Telegraf *der*.

télégraphie [telegrafi] *nf* Telegrafie *die*.

télégraphier [9] [telegrafje] *vt* telegrafieren.

télégraphique [telegrafik] *adj* **-1.** [fil, poteau] Telegrafen-. **-2.** [message] telegrafisch; **en style ~** [en abrégé] im Telegrammstil.

télégraphiste [telegrafist] *nmf* **-1.** [technicien] Telegraphist *der*, -in *die*. **-2.** [porteur] Telegrammbote *der*.

téléguidage [telegidaʒ] *nm* Fernsteuerung *die*, Fernlenkung *die*.

téléguider [3] [telegide] *vt* fern|steuern.

téléinformatique [teleɛ̃fɔrmatik] *nf* INFORM Datenfernverarbeitung *die*.

télématique [telematik] ◇ *nf* Fernmelde- und Datenverarbeitungstechnik *die*; INFORM Telematik *die*. ◇ *adj* der Fernmelde- und Datenverarbeitungstechnik.

téléobjectif [teleɔbʒɛktif] *nm* Teleobjektiv *das*.

télépathie [telepati] *nf* Telepathie *die*.

télépathique [telepatik] *adj* telepathisch.

téléphérique [teleferik] *nm* Seilbahn *die*.

téléphone [telefɔn] *nm* Telefon *das*; **~ cellulaire** OU **sans fil** schnurloses Telefon, Mobil(funk)telefon; **~ de voiture** Autotelefon.

téléphoner [3] [telefɔne] ◇ *vt*: **~ une nouvelle à qqn** jm eine Nachricht telefonisch mit|teilen. ◇ *vi* telefonieren; **~ à qqn** jn an|rufen.

téléphonique [telefɔnik] *adj* Telefon-.

téléphoniste [telefɔnist] *nmf* Telefonist *der*, -in *die*.

télescopage [teleskɔpaʒ] *nm* Zusammenstoß *der*, Aufprall *der*; *fig* Überlagerung *die*, gegenseitiges Überschneiden.

télescope [teleskɔp] *nm* Teleskop *das*.

télescoper [3] [teleskɔpe] *vt*: **~ qqch** etw mit|reißen, gegen etw prallen, auf etw *(A)* auf|prallen.

◆ **se télescoper** *vp* aufeinander auf|fahren; *fig* sich überschneiden.

télescopique [teleskɔpik] *adj* **-1.** ASTRON [observation] teleskopisch. **-2.** [antenne] Teleskop-.

téléscripteur [teleskriptœr] *nm* Fernschreiber *der*.

télésiège [telesjɛʒ] *nm* Sessellift *der*.

téléski [teleski] *nm* Skilift *der*.

téléspectateur, trice [telespɛktatœr, tris] *nm, f* Fernsehzuschauer *der*, -in *die*.

télésurveillance [telesyrvejɑ̃s] *nf* Fernüberwachung *die*.

Télétex® [teletɛks] *nm* Teletex *das*.

télétraitement [teletrɛtmɑ̃] *nm* Fernbehandlung *die*.

télétransmission [teletrɑ̃smisjɔ̃] *nf* Fernübertragung *die*.

Télétype® [teletip] *nm* Fernschreibgerät *das*.

téléviser [3] [televize] *vt* im Fernsehen aus|strahlen.

téléviseur [televizœr] *nm* Fernseher *der*, Fernsehgerät *das*.

télévision [televizjɔ̃] *nf* **-1.** [technique, services] Fernsehen *das*; **~ câblée** Kabelfernsehen; **studio de ~** Fernsehstudio *das*. **-2.** [téléviseur] Fernseher *der*, Fernsehgerät *das*, Fernsehapparat *der*.

télévisuel, elle [televizɥɛl] *adj* Fernseh-, TV-.

télex [telɛks] *nm* Telex *das*, Fernschreiber *der*.

télexer [4] [telekse] *vt* per Fernschreiben übersenden.

tellement [tɛlmɑ̃] *adv* **-1.** [avec adjectif] so, dermaßen; [avec comparatif] soviel; **pas ~** nicht sonderlich. **-2.** [autant] so; **~ de** so viele; **on ne comprend rien à ce qu'il dit, ~ il parle vite** man versteht überhaupt nichts von dem, was er sagt, so schnell spricht er; **~ ... que** so ..., daß; **il travaille ~ qu'il n'a plus le temps de sortir** er arbeitet so viel, daß er keine Zeit mehr zum Ausgehen hat; **il y avait ~ de monde qu'on n'a pas pu trouver de place** es waren so viele Leute da, daß wir keinen Platz bekommen haben. **-3.** [avec négation]: **ne ... plus ~** eigentlich kaum mehr.

téméraire [temerɛr] ◇ *adj* **-1.** [personne] wagemutig. **-2.** [projet, idée] waghalsig. ◇ *nmf* [personne] unerschrockene Person.

témérité [temerite] *nf* Waghalsigkeit *die*.

témoignage [temwaɲaʒ] *nm* **-1.** JUR (Zeugen)-aussage *die*. **-2.** [gage] Beweis *der*, Zeugnis *das*; **en ~ de qqch** als Beweis für etw. **-3.** [récit] Zeugnis *das*; **porter un ~ sur qqch** von etw Zeugnis ab|legen.

témoigner [3] [temwaɲe] ◇ *vt* **-1.** [laisser paraître - sujet: personne] zeigen; [- sujet: attitude]: **~ qqch** von etw zeugen; **~ que** bezeugen, daß. **-2.** [en justice]: **~ que** aus|sagen, daß, zu Protokoll geben, daß. ◇ *vi* eine Zeugenaussage machen, als Zeuge aus|sagen; **~ en faveur de/contre qqn** eine Zeugenaussage zu js Gunsten/gegen jn machen; **~ de qqch** [révéler] von etw zeugen; [certifier] etw bezeugen.

témoin [temwɛ̃] ◇ *nm* **-1.** [gén] Zeuge *der*; **être ~ de qqch** Zeuge einer Sache *(G)* sein; **prendre qqn à ~ (de qqch)** jn zum Zeugen (für etw) an|rufen. **-2.** JUR Zeuge *der*, -gin *die*; **~ à charge** Zeuge der Anklage. **-3.** [de mariage] Trauzeuge *der*, -gin *die*. **-4.** SPORT Staffelstab *der*. **-5.** INFORM Warnanzeige *die*. ◇ *adj* **-1.** [maison] Muster-. **-2.** [tube, lampe] Kontroll-.

tempe [tɑ̃p] *nf* Schläfe *die*.

tempérament [tɑ̃peramɑ̃] *nm* Temperament *das*; **avoir du ~** Temperament haben, temperamentvoll sein.

tempérance [tɑ̃perɑ̃s] *nf sout* Mäßigung *die*.

tempérant, e [tɑ̃perɑ̃, ɑ̃t] *adj sout* maßvoll.

température [tɑ̃peratyr] *nf* Temperatur *die*; **avoir de la ~** (erhöhte) Temperatur OU Fieber haben; **prendre sa ~** die Temperatur messen.

tempéré, e [tɑ̃pere] *adj* gemäßigt.

tempérer [18] [tɑ̃pere] *vt* **-1.** [rigueur, climat] mildern. **-2.** [douleur, peine] lindern. **-3.** *fig* [enthousiasme] zügeln.

tempête [tɑ̃pɛt] *nf* Sturm *der*; **~ de neige** Schneesturm; **~ de sable** Sandsturm; **une ~ de qqch** *fig* ein Sturm von etw; **~ d'applaudissements** stürmischer Beifall; **~ de rires** schallendes Gelächter.

tempêter [4] [tɑ̃pete] *vi* auf|brausen.

temple [tɑ̃pl] *nm* **-1.** [de l'Antiquité] Tempel *der*. **-2.** [protestant] (evangelische) Kirche.

tempo [tɛmpo] *nm* Tempo *das*; *fig* Handlungsgeschwindigkeit *die*.

temporaire [tɑ̃pɔrɛr] *adj* **-1.** [nomination, modification] vorläufig. **-2.** [arrangement, directeur] Interims-. **-3.** [travail] Zeit-.

temporairement [tɑ̃pɔrɛrmɑ̃] *adv* vorübergehend.

temporel, elle [tɑ̃pɔrɛl] *adj* **-1.** [défini dans le temps] zeitlich. **-2.** GRAM Temporal-. **-3.** [non spirituel] weltlich, irdisch.

temporisateur, trice [tɑ̃pɔrizatœr, tris] ◇ *adj* [stratégie] Verzögerungs-. ◇ *nm, f* [personne] Verzögerer *der*.

temporiser [3] [tɑ̃pɔrize] *vi* [différer] verzögern, hinaus|schieben.

temps [tɑ̃] *nm* **-1.** [gén] Zeit *die*; **combien de ~ restez-vous**? wie lange bleiben Sie?; **combien de ~ avez-vous**? wieviel Zeit haben Sie?; **avoir le ~ de faire qqch** Zeit genug haben, etw zu tun; **avoir tout son ~** sich *(D)* Zeit lassen können; **un certain ~** eine Weile OU Zeitlang; **ces ~-ci, ces derniers ~** in letzter Zeit; **les premiers ~** anfangs, die erste Zeit; **en ~ normal** normalerweise; **en ~ utile** zum gegebenen Zeitpunkt, rechtzeitig; **le ~ est venu de faire qqch** es ist an der Zeit, etw zu tun; **le ~ presse** es eilt; **il y a peu de ~** vor kurzem; **il est (grand) ~ que** *(+ subjonctif)* es ist (höchste) Zeit, daß; **il est (grand) ~ de faire qqch** es ist (höchste) Zeit, etw zu tun; **il était ~!** *iron* das wurde ja auch Zeit!; **faire qqch en un ~ record** etw in Rekordzeit machen; **gagner du ~** Zeit gewinnen; **passer le ~** sich *(D)* die Zeit vertreiben; **~ libre** freie Zeit, Freizeit; **~ mort** SPORT Auszeit; *fig* Leerlauf *der*, Zeitraum *der* ohne Ereignisse; **ne pas laisser à qqn le ~ de se retourner** *fig* jm keine Zeit zum Verschnaufen lassen; **rattraper le ~ perdu** *fig* Versäumtes nach|holen; **tuer le ~** *fig* die Zeit tot|schlagen. **-2.** [époque, période] Zeiten *Pl*; **de mon ~** zu meiner Zeit; **en ~ de guerre** in Kriegszeiten; **par les ~ qui courent** in der heutigen Zeit. **-3.** MUS & TECHNOL Takt *der*. **-4.** GRAM Zeitform *die*. **-5.** MÉTÉOR Wetter *das*; **(par) gros ~** (bei) Schlechtwetter.

◆ **à plein temps** *loc adv* ganztags.

◆ **à temps** *loc adv* rechtzeitig.

◆ **au temps de, du temps de** *loc prép*: **au** OU **du ~ de qqn/qqch** zur Zeit js/einer Sache; **au ~ de ma jeunesse** in meiner Jugend.

◆ **au temps où, du temps où** *loc conj* zu Zeiten, als.

◆ **dans le temps** *loc adv* annodazumal, früher.

◆ **de temps à autre** *loc adv* von Zeit zu Zeit.

◆ **de temps en temps** *loc adv* von Zeit zu Zeit, ab und zu.

◆ **en même temps** *loc adv* gleichzeitig.

◆ **tout le temps** *loc adv* andauernd, ständig.

tenable [tənabl] *adj*: **pas ~** unerträglich; **plus ~** nicht länger erträglich; **une situation (qui n'est) pas ~** eine unhaltbare Situation.

tenace [tənas] *adj* **-1.** [gén] hartnäckig. **-2.** [colle] stark haftend.

ténacité [tenasite] *nf* Hartnäckigkeit *die*.

tenailler [3] [tənaje] *vt* zernagen.

tenailles [tənaj] *nfpl* [outil] Zange *die*.

tenancier, ère [tənɑ̃sje, ɛr] *nm, f* [de bar, d'hôtel] Geschäftsführer *der*, -in *die*.

tenant [tənɑ̃] *nm* **-1.** [défenseur] Verfechter *der*. **-2.** [de coupe, de titre] Verteidiger *der*. **-3.** *loc*: **d'un seul ~** [morceau] an einem Stück; **les ~s et les aboutissants** der genaue Sachverhalt.

tendance [tɑ̃dɑ̃s] *nf* **-1.** [disposition] Neigung *die*, Hang *der*; **avoir ~ à qqch** zu etw neigen OU tendieren; **avoir ~ à faire qqch** dazu neigen OU tendieren,etw zu tun. **-2.** [courant, mouvement] Trend *der*, Tendenz *die*; [artistique, de mode] Trend *der*; **des personnalités de ~s différentes** Persönlichkeiten verschiedener Couleur. **-3.** [évolution]: **~ à la hausse/baisse** steigende/fallende Tendenz; **les prix ont ~ à monter** die Preise haben steigende Tendenz.

tendancieusement [tɑ̃dɑ̃sjøzmɑ̃] *adv péj* tendenziös.

tendancieux, euse [tɑ̃dɑ̃sjø, øz] *adj péj* tendenziös.

tendeur [tɑ̃dœr] *nm* **-1.** [gén] Spanner *der*. **-2.** [Sandow] Gummispannring *der*.

tendinite [tɑ̃dinit] *nf* Sehnen(scheiden)entzündung *die*.

tendis *etc* → **tendre** *v*.

tendon [tɑ̃dɔ̃] *nm* Sehne *die*; **~ d'Achille** Achillessehne.

tendre[1] [tɑ̃dr] ◇ *adj* **-1.** [aliment, couleur] zart. **-2.** [matériau] weich. **-3.** [personne] sanft. **-4.** [parole] zärtlich. ◇ *nmf* [personne] zärtlicher Mensch.

tendre[2] [73] [tɑ̃dr] ◇ *vt* **-1.** [corde, tissu] spannen. **-2.** [donner]: **~ qqch à qqn** jm etw reichen. **-3.** [bras, jambe] aus|strecken. **-4.** [piège, embuscade] auf|stellen. ◇ *vi*: **~ à** OU **vers qqch** [évoluer vers] zu etw tendieren; [viser à] auf etw *(A)* ab|zielen; **~ à** OU **vers la perfection** Vollkommenheit an|streben.

◆ **se tendre** *vp* sich spannen; *fig* sich an|spannen.

tendrement [tɑ̃drəmɑ̃] *adv* zärtlich.

tendresse [tɑ̃drɛs] *nf* **-1.** [sentiment] Zärtlichkeit *die*. **-2.** [indulgence] Nachsicht *die*; **avoir de la ~ pour qqch** etwas für etw übrig haben; **garder des ~s pour un parti/un auteur** eine Schwäche für eine Partei/einen Autor haben.

tendron [tɑ̃drɔ̃] *nm* [viande] Brustschnitte *die*.

tends *etc* → **tendre** *v*.

tendu, e [tɑ̃dy] ◇ *pp* → **tendre** *v*. ◇ *adj* **-1.** [fil, corde] gespannt. **-2.** [tapissé]: **~ de qqch** mit etw ausgekleidet. **-3.** [personne] angespannt. **-4.** [ambiance, rapports] spannungsgeladen. **-5.** [main, bras] ausgestreckt.

ténèbres [tenɛbr] *nfpl sout* Finsternis *die*, Dunkelheit *die*; *fig* Abgründe *Pl*.

ténébreux, euse [tenebrø, øz] *adj* **-1.** *sout* [forêt] finster, düster. **-2.** [affaire, dessein] dunkel.

teneur [tənœr] *nf* Gehalt *der*; **~ en alcool** Alkoholgehalt; **~ en cuivre** Kupfergehalt.

ténia, tænia [tenja] *nm* Bandwurm *der*.

tenir [40] [tənir] ◇ *vt* **-1.** [avoir à la main] (fest|)-halten. **-2.** [maintenir, retenir] halten; **~ les yeux fermés** die Augen zu|halten OU geschlossen halten; **~ les bras levés** die Arme hoch|halten. **-3.** [conserver] auf|bewahren. **-4.** [détenir] besitzen. **-5.** [engagement, promesse] ein|halten. **-6.** [hôtel, commerce] führen, leiten. **-7.** [apprendre]: **~ qqch de qqn** etw von jm haben. **-8.** [considérer]: **~ qqn pour qqch** jn für etw halten. ◇ *vi* **-1.** [être solide, durer] halten. **-2.** [pouvoir être contenu] hinein|passen; **ça tient en combien de pages**? wieviele Seiten macht das? **-3.** [être attaché]: **~ à qqn/qqch** an jm/etw hängen. **-4.** [vouloir]: **~ à qqch** auf etw *(A)* Wert legen; **~ beaucoup à qqn** große Stücke auf jn halten; **~ à ce que** darauf bestehen, daß. **-5.** [ressembler]: **~ de qqn** viel von jm haben. **-6.** [relever]: **~ de qqch** an etw *(A)* grenzen. **-7.** *loc*: **~ bon** [résister] durch|halten; **qu'à cela ne tienne** daran soll es nicht scheitern; **à quoi ça tient**? woran liegt das?; **tiens, tenez!** da!, hier!; [d'ailleurs] ach!

◆ **se tenir** *vp* **-1.** [avoir lieu] statt|finden, abgehalten werden. **-2.** [emploi réciproque] sich halten; **se ~ par la main** sich die Hand geben. **-3.** [se trouver] sich auf|halten, sich befinden. **-4.** [raisonnement] schlüssig sein. **-5.** [se conduire]: **(bien) se ~** sich (gut) benehmen. **-6.** [s'accrocher] sich fest|halten. **-7.** *loc*: **s'en ~ à qqch** sich an etw *(A)* halten; **je m'en tiendrai là** ich werde es dabei belassen.

tennis [tenis] ◇ *nm* **-1.** [sport] Tennis *das*. **-2.** [terrain] Tennisplatz *der*. ◇ *nmpl* [chaussures] Tennisschuhe *Pl*.

tennisman [tenisman] (*pl* **tennismen** [tenismɛn]) *nm* Tennisspieler *der*.

ténor [tenɔr] ◇ *adj* [instrument de musique] Tenor-. ◇ *nm* Tenor *der*; *fig* Star *der*.

tensioactif, ive [tɑ̃sjɔaktif, iv] *adj* grenzflächenaktiv.

◆ **tensioactif** *nm* Tensid *das*.

tension [tɑ̃sjɔ̃] *nf* **-1.** [contraction, ÉLECTR] Spannung *die*; **basse ~** Niedrigspannung; **haute ~** Hochspannung. **-2.** [d'esprit] Anspannung *die*. **-3.** [de relations, de situation] Angespanntheit *die*. **-4.** MÉD: **~ (artérielle)** Blutdruck *der*; **avoir de la ~** Bluthochdruck haben.

tentaculaire [tɑ̃takylɛr] *adj* ZOOL mit Fangarmen; *fig* alles überwuchernd, unkontrolliert wuchernd.

tentacule [tɑ̃takyl] *nm* ZOOL Fangarm *der*, Tentakel *das*.

tentant, e [tɑ̃tɑ̃, ɑ̃t] *adj* verlockend.

tentateur, trice [tɑ̃tatœr, tris] ◇ *adj* versucherisch. ◇ *nm, f* Versucher *der*, -in *die*.

tentation [tɑ̃tasjɔ̃] *nf* Versuchung *die*; **succomber** OU **céder à la ~** der Versuchung erliegen; **résister à la ~** der Vesuchung widerstehen.

tentative [tɑ̃tativ] *nf* Versuch *der*; **~ d'homicide** Mordversuch; **~ de suicide** Selbstmordversuch.

tente [tɑ̃t] *nf* Zelt *das*; **~ à oxygène** Sauerstoffzelt.

tenter [3] [tɑ̃te] *vt* **-1.** [entreprendre] versuchen. **-2.** [attirer] in Versuchung führen; **être tenté de faire qqch** geneigt sein, etw zu tun; **être tenté par qqch** einer Sache *(D)* zugeneigt sein; **ça ne me tente pas** das reizt mich nicht.

tenture [tɑ̃tyr] *nf* Behang *der*, Wandbehang *der*.

tenu, e [təny] ◇ *pp* → **tenir**. ◇ *adj* **-1.** [obligé]: **être ~ à qqch** an etw *(A)* gebunden sein; **être ~ de faire qqch** gehalten sein, etw zu tun. **-2.** [en ordre]: **bien/mal ~** gut/schlecht gehalten.

ténu, e [teny] *adj* [fin] hauchdünn.

tenue [təny] ◇ *adj* → **tenu**. ◇ *nf* **-1.** [entretien] Führung *die*; **~ des comptes** Buchführung. **-2.** [manières, attitude] Haltung *die*. **-3.** [habillement] Bekleidung *die*; **~ réglementaire** vorschriftsmäßige Bekleidung; **~ de soirée** Abendgarderobe *die*.

◆ **tenue de route** *nf* AUTOM Straßenlage *die*.

tequila [tekila] *nf* Tequila *der*.

ter [tɛr] *adv*: **12 ~, rue de Rennes** Rue de Rennes 12 c.

térébenthine [terebɑ̃tin] *nf* Terpentin *das*.

Tergal® [tɛrgal] *nm* Tergal® *das*.

tergiversation [tɛrʒivɛrsasjɔ̃] *nf* Ausflucht *die*.

tergiverser [3] [tɛrʒivɛrse] *vi* Ausflüchte machen.

terme [tɛrm] *nm* **-1.** [fin] Abschluß *der*; **mettre un ~ à qqch** einer Sache *(D)* ein Ende machen; **être arrivée à ~** am Ende der Schwangerschaft sein; **naissance avant ~** Frühgeburt *die*. **-2.** [échéance] Termin *der*; **à ~** ÉCON Termin-; **à court ~** kurzfristig; **à moyen ~** mittelfristig; **à long ~** langfristig. **-3.** [paiement] Fälligkeitsdatum *das*. **-4.** [mot] Begriff *der*. **-5.** [élément] Glied *das*.

◆ **termes** *nmpl* **-1.** [mots]: **les ~s du contrat** der Vertragswortlaut; **en d'autres ~s** mit anderen Worten. **-2.** [relations]: **être en bons/mauvais ~s avec qqn** ein gutes/schlechtes Verhältnis zu jm haben.

terminaison [tɛrminɛzɔ̃] *nf* GRAM Endung *die*.

◆ **terminaisons nerveuses** *nfpl* Nervenenden *Pl.*

terminal, e, aux [tɛrminal, o] *adj* Schluß-.

◆ **terminal** *nm* **-1.** INFORM Terminal *das*. **-2.** [aérogare, de déchargement] Terminal *der* OU *das*.

◆ **terminale** *nf* SCOL *letzte Gymnasialklasse in Frankreich*.

terminer [3] [tɛrmine] *vt* ab|schließen, beenden; **~ qqch par qqch** eine Sache mit etw beschließen.

◆ **se terminer** *vp* **-1.** [prendre fin] zu Ende gehen. **-2.** [se conclure] enden, aus|gehen; **se ~ par qqch** mit etw ab|schließen; **se ~ en qqch** auf etw *(A)* enden.

terminologie [tɛrminɔlɔʒi] *nf* Terminologie *die*.

terminus [tɛrminys] *nm* Endstation *die*.

termite [tɛrmit] *nm* Termite *die*.

termitière [tɛrmitjɛr] *nf* Termitenhügel *der*.

ternaire [tɛrnɛr] *adj* **-1.** [nombre] dreistellig. **-2.** MUS & LITTÉRATURE Dreier-.

terne [tɛrn] *adj* **-1.** [couleur] stumpf. **-2.** [vie, journée] stumpfsinnig. **-3.** [personne] farblos.

ternir [32] [tɛrnir] *vt* **-1.** [salir] glanzlos machen. **-2.** *fig* [flétrir]: **~ qqch** einer Sache *(D)* den Glanz nehmen.

◆ **se ternir** *vp* seinen Glanz verlieren.

terrain [tɛrɛ̃] *nm* **-1.** [gén] Gelände *das*; **véhicule tout ~** Geländewagen *der*. **-2.** [parcelle] Grundstück *das*; **~ à bâtir** Baugrundstück, Bauland *das*; **~ vague** ungenutztes Gelände. **-3.** [domaine d'étude] Feld *das (sans pl)*. **-4.** *loc*: **s'aventurer en ~ glissant** sich auf unsicheren Boden begeben; **céder du ~ à qqn** (jm) Zugeständnisse machen; **déblayer le ~** Vorarbeit leisten; **gagner/perdre du ~** an Boden gewinnen/verlieren; **gagner du ~ sur qqn** jm das Feld streitig machen.

terrasse [tɛras] *nf* Terrasse *die*.

terrassement [tɛrasmɑ̃] *nm* Erdarbeiten *Pl.*

terrasser [3] [tɛrase] *vt* nieder|schmettern; **être terrassé par la maladie** krank danieder|liegen.

terrassier [tɛrasje] *nm* Erdarbeiter *der*.

terre [tɛr] *nf* **-1.** [sol, matière] Erde *die*; **s'asseoir par ~** sich auf den Boden setzen; **sous ~** unterirdisch *(adv)*; **sur la ~ ferme** auf festem Boden; **~ cuite** Terrakotta *die*; **~ glaise** Ton *der*; **~ à ~** *fig* prosaisch. **-2.** [territoire, parcelle] Land *das*; **~ natale** Geburtsland; **la Terre promise** das Gelobte Land; **la Terre sainte** das Heilige Land; **posséder des ~s** Ländereien besitzen.

◆ **Terre** *nf* ASTRON: **la Terre** die Erde.

terreau, x [tɛro] *nm* Blumenerde *die*.

terre-neuve [tɛrnœv] *nm inv* Neufundländer *der*.

Terre-Neuve [tɛrnœv] *n* Neufundland *nt*; **à ~** auf Neufundland.

terre-plein [tɛrplɛ̃] (*pl* **terre-pleins**) *nm* [de route] Mittelstreifen *der*.

terrer [4] [tɛre]

◆ **se terrer** *vp* sich ein|graben.

terrestre [tɛrɛstr] *adj* **-1.** [de la planète] Erd-. **-2.** [du sol] Land-. **-3.** [plaisir, paradis] irdisch.

terreur [tɛrœr] *nf* Schrecken *der*.

◆ **Terreur** *nf* HIST: **la Terreur** die Schreckensherrschaft.

terreux, euse [tɛrø, øz] *adj* **-1.** [propre à la terre] irden, Erd-. **-2.** [boueux] mit Erde beschmiert. **-3.** [blafard] fahl.

terri = **terril**.

terrible [tɛribl] *adj* **-1.** [gén] schrecklich; **j'ai un travail ~** ich habe schrecklich viel Arbeit. **-2.** *fam* [étonnant, excellent] toll.

terriblement [tɛribləmɑ̃] *adv* schrecklich.

terrien, enne [tɛrjɛ̃, ɛn] ◇ *adj* **-1.** [foncier]: **propriétaire ~** Grundbesitzer *der*, -in *die*. **-2.** [paysan] bäuerlich. ◇ *nm, f* [habitant de la Terre] Erdbewohner *der*, -in *die*.

terrier [tɛrje] *nm* **-1.** [tanière] Bau *der*. **-2.** [chien] Terrier *der*.

terrifier [9] [tɛrifje] *vt* in Angst und Schrecken versetzen.

terril [tɛril], **terri** [tɛri] *nm* Halde *die*.

terrine [tɛrin] *nf* **-1.** [récipient] Terrine *die*. **-2.** CULIN [pâté] Pastete *die*.

territoire [tɛritwar] *nm* **-1.** [d'État] Hoheitsgebiet *das*; **les ~s d'outre-mer** die Überseegebiete. **-2.** [d'animal] Territorium *das*.

territorial, e, aux [tɛritɔrjal, o] *adj* Territorial-; **eaux ~es** Hoheitsgewässer *das*.

terroir [tɛrwar] *nm* Anbaugebiet *das*; **produit du ~** Regionalprodukt *das*; **un accent du ~** ein (regional)typischer Akzent; **poète du ~** Heimatdichter *der*, -in *die*.

terroriser [3] [tɛrɔrize] *vt* in Schrecken versetzen, terrorisieren.

terrorisme [tɛrɔrism] *nm* Terrorismus *der*.

terroriste [tɛrɔrist] ◇ *adj* terroristisch. ◇ *nmf* Terrorist *der*, -in *die*.

tertiaire [tɛrsjɛr] ◇ *adj* tertiär; **ère ~** Tertiär *das*. ◇ *nm* ÉCON tertiärer Sektor, Dienstleistungssektor *der*.

tertio [tɛrsjo] *adv* drittens.

tes → **ton**.

Tessin [tesɛ̃] *nm*: **le ~** [région] das Tessin.

tesson [tesɔ̃] *nm* Scherbe *die*; **~ de bouteille** Glasscherbe.

test [tɛst] *nm* Test *der*; **~ de grossesse** Schwangerschaftstest.

testament [tɛstamɑ̃] *nm* Testament *das*; **Ancien/Nouveau Testament** Altes/Neues Testament.

testamentaire [tɛstamɑ̃tɛr] *adj* Testaments-.

tester [3] [tɛste] ◇ *vt* testen. ◇ *vi sout* ein Testament machen, testieren.

testicule [tɛstikyl] *nm* Hoden *der*.

tétaniser [3] [tetanize] *vt* **-1.** [muscle] verkrampfen. **-2.** *fig* [stupéfier] erstarren lassen.

tétanos [tetanos] *nm* Tetanus *der*, Wundstarrkrampf *der*.

têtard [tɛtar] *nm* Kaulquappe *die*.

tête [tɛt] *nf* **-1.** [gén] Kopf *der*; **de la ~ aux pieds** von Kopf bis Fuß; **la ~ en bas** den Kopf nach unten; **~ chercheuse** Zielsuchkopf; **~ d'écriture** Schreibkopf; **~ de lecture** Lesekopf; **~ de linotte** kopfloser Mensch; **~ de mort** Totenkopf; **par ~** pro Kopf; **calculer qqch de ~** etw im Kopf aus|rechnen. **-2.** [visage] Gesicht *das*; **il a une sale ~** [malade] er sieht schlecht aus; [peu sympathique] er sieht finster aus. **-3.** [direction, devant] Spitze *die*; **en ~** an der Spitze; **en ~ de liste** oben auf der Liste; **être à la ~ de qqch** an der Spitze einer Sache *(G)* stehen. **-4.** *loc*: **avoir la grosse ~** *fam* sich viel ein|bilden; **avoir la ~ sur les épaules** mit beiden Beinen auf der Erde stehen; **se casser la ~** *fam* sich den Kopf zerbrechen; **être ~ en l'air** zerstreut sein; **garder la ~ froide** einen kühlen Kopf bewahren; **se payer la ~ de qqn** *fam* sich über jn lustig machen; **perdre la ~** den Kopf verlieren; **piquer une ~** *fam* einen Kopfsprung machen.

tête-à-queue [tɛtakø] *nm inv*: **faire un ~** sich um die eigene Achse drehen.

tête-à-tête [tɛtatɛt] *nm inv* vertrauliches Beisammensein; **en ~** unter vier Augen.

tête-bêche [tɛtbɛʃ] *loc adv* umgekehrt nebeneinander(liegend).

tête-de-nègre [tɛtdənɛgr] *adj inv* schwarzbraun.

tétée [tete] *nf*: **donner une ~ à un bébé** [au sein] ein Baby stillen; [au biberon] einem Baby das Fläschchen geben.

téter [18] [tete] ◇ *vt* saugen. ◇ *vi*: **il tète encore** er wird noch gestillt.

tétine [tetin] *nf* **-1.** [de biberon] Sauger *der*. **-2.** [sucette] Schnuller *der*. **-3.** [mamelle] Zitze *die*.

téton [tetɔ̃] *nm fam* [sein] Brust *die*; **les ~s** der Busen.

tétralogie [tetralɔʒi] *nf* Tetralogie *die*.

tétraplégique [tetrapleʒik] *adj* an allen vier Gliedmaßen gelähmt.

têtu, e [tety] *adj* starrköpfig.

teuf-teuf [tœftœf] (*pl* **teufs-teufs**) *nm* OU *nf fam* Töfftöff *das*.

teuton, onne [tøtɔ̃, ɔn] *péj* ◇ *adj* teutonisch. ◇ *nm, f* Teutone *der*, -in *die*.

texte [tɛkst] *nm* Text *der*; **dans le ~** im Orginal; **~ intégral** ungekürzter Text.

textile [tɛkstil] ◇ *adj* Textil-. ◇ *nm* **-1.** [matière] Textilie *die.* **-2.** [industrie] Textilbranche *die.*
textuel, elle [tɛkstɥɛl] *adj* wörtlich; **analyse ~le** Textanalyse *die*; **il a dit ça, ~!** das hat er wortwörtlich gesagt!
textuellement [tɛkstɥɛlmɑ̃] *adv* wortwörtlich.
texture [tɛkstyr] *nf* Textur *die*, Beschaffenheit *die.*
TF1 (*abr de* **Télévision Française 1**) *nf französische Privatfernsehanstalt für das 1. Programm.*
TG (*abr de* **Trésorerie générale**) *nf Finanzbehörde eines Départements.*
TGI (*abr de* **tribunal de grande instance**) *nm* ≃ LG *(Landgericht).*
TGV (*abr de* **train à grande vitesse**) *nm französischer Hochgeschwindigkeitszug*, ≃ ICE *der.*
thaï, e [taj] *adj* Thai-.
◆ **thaï** *nm* [langue] Thai *(das).*
◆ **Thaï, e** *nm, f* Thai *der, die.*
thaïlandais, e [tajlɑ̃dɛ, ɛz] *adj* thailändisch.
◆ **Thaïlandais, e** *nm, f* Thailänder *der*, -in *die.*
Thaïlande [tajlɑ̃d] *nf*: **la ~** Thailand *nt.*
thalasso [talasɔ] *nf fam abr de* **thalassothérapie**.
thalassothérapie [talasɔterapi] *nf* MÉD Thalassotherapie *die.*
thaumaturge [tomatyrʒ] *nmf* Wundertäter *der*, -in *die.*
thé [te] *nm* Tee *der*; **~ au lait/citron** Tee mit Milch/Zitrone; **prendre son ~ nature** seinen Tee schwarz trinken.
théâtral, e, aux [teatral, o] *adj* Theater-; *fig* theatralisch.
théâtralement [teatralmɑ̃] *adv* theatralisch.
théâtre [teatr] *nm* Theater *das*; **notre ville a été le ~ d'événements inhabituels** unsere Stadt war der Schauplatz ungewöhnlicher Ereignisse.
théière [tejɛr] *nf* Teekanne *die.*
théine [tein] *nf* Thein *das.*
thématique [tematik] ◇ *adj* thematisch. ◇ *nf* LITTÉRATURE Thematik *die.*
thème [tɛm] *nm* **-1.** [sujet, motif] Thema *das.* **-2.** SCOL [traduction] Hinübersetzung *die.*
◆ **thème astral** *nm* ASTROL Horoskop *das.*
théocratie [teɔkrasi] *nf* Theokratie *die.*
théologie [teɔlɔʒi] *nf* Theologie *die.*
théologien, enne [teɔlɔʒjɛ̃, ɛn] *nm, f* Theologe *der*, -gin *die.*
théologique [teɔlɔʒik] *adj* theologisch.
théorème [teɔrɛm] *nm* MATHS Theorem *das.*
théoricien, enne [teɔrisjɛ̃, ɛn] *nm, f* Theoretiker *der*, -in *die.*
théorie [teɔri] *nf* Theorie *die*; **en ~** in der Theorie.
théorique [teɔrik] *adj* theoretisch.
théoriquement [teɔrikmɑ̃] *adv* theoretisch.
théoriser [3] [teɔrize] *vt* & *vi* theoretisieren.
thérapeute [terapøt] *nmf* MÉD Therapeut *der*, -in *die.*
thérapeutique [terapøtik] ◇ *adj* therapeutisch. ◇ *nf* Therapeutik *die.*
thérapie [terapi] *nf* PSYCHOL Therapie *die.*
thermal, e, aux [tɛrmal, o] *adj* Thermal-.
thermalisme [tɛrmalism] *nm* Heilbäderbetrieb *der.*
thermes [tɛrm] *nmpl* Thermen *Pl.*
thermique [tɛrmik] *adj* Wärme-.
thermodynamique [tɛrmɔdinamik] ◇ *adj* thermodynamisch. ◇ *nf* Thermodynamik *die.*
thermomètre [tɛrmɔmɛtr] *nm* Thermometer *das.*
thermonucléaire [tɛrmɔnykleɛr] *adj* Thermonuklear-.
Thermos® [tɛrmos] *nm* OU *nf* Thermosgefäß *das*; **(bouteille) ~** Thermosflasche *die.*
thermostat [tɛrmɔsta] *nm* Thermostat *der*, Temperaturregler *der.*
thésard, e [tezar, ard] *nm, f fam* UNIV Doktorand *der*, -in *die.*
thésauriser [3] [tezɔrize] *vt* & *vi* horten.
thésaurus, thesaurus [tezɔrys] *nm* Thesaurus *der.*
thèse [tɛz] *nf* **-1.** [opinion] These *die*, Behauptung *die*; **roman à ~** Lehrroman *der.* **-2.** UNIV Dissertation *die*; **~ de doctorat** Doktorarbeit *die.*
thon [tɔ̃] *nm* Thunfisch *der.*
thoracique [tɔrasik] *adj* thorakal; **cage ~** Brustkorb *der.*
thorax [tɔraks] *nm* Brustkorb *der.*
thriller [srilœr, trilœr] *nm* Thriller *der.*
thune, tune [tyn] *nf tfam* Knete *die.*
Thurgovie [tyrgɔvi] *nf*: **la ~** der Thurgau.
Thuringe [tyrɛ̃ʒ] *nf*: **la ~** Thüringen *nt.*
thuya [tyja] *nm* Lebensbaum *der.*
thym [tɛ̃] *nm* Thymian *der.*
thyroïde [tirɔid] *nf* Schilddrüse *die.*
TI *abr de* **tribunal d'instance**.
Tibet [tibɛ] *nm*: **le ~** Tibet *nt*; **au ~** in Tibet.
tibétain, e [tibetɛ̃, ɛn] *adj* tibetisch, tibetanisch.
◆ **tibétain** *nm* [langue] Tibetisch(e) *(das).*
◆ **Tibétain, e** *nm, f* Tibeter *der*, -in *die*, Tibetaner *der*, -in *die.*
tibia [tibja] *nm* Schienbein *das.*
tic [tik] *nm* Tick *der.*
ticket [tikɛ] *nm* [de bus, de métro] Fahrschein *der*; **~ modérateur** *Selbstbeteiligung des Patienten an den Behandlungskosten*; **~ de rationnement**

Lebensmittelkarte *die*; **~-repas** Essensmarke *die*; **avoir un ~** *fam fig* eine Eroberung gemacht haben.

tic-tac [tiktak] *nm inv* Ticktack *das*; **faire ~** tikken.

tiédasse [tjedas] *adj péj* lau(warm).

tiède [tjɛd] ◇ *adj* lauwarm; [air, vent] lau. ◇ *adv* lauwarm.

tièdement [tjɛdmɑ̃] *adv* lau, nicht gerade begeistert.

tiédeur [tjedœr] *nf* **-1.** [chaleur modérée] angenehme Wärme. **-2.** *fig* [manque d'ardeur] Lauheit *die*.

tiédir [32] [tjedir] ◇ *vt* erwärmen. ◇ *vi* an|wärmen.

tien [tjɛ̃]

◆ **le tien** (*f* **la tienne** [latjɛn], *mpl* **les tiens** [letjɛ̃], *fpl* **les tiennes** [letjɛn]) *pron poss* deine,-r,-s, der OU die OU das deine; **mon appartement est plus grand que le ~** meine Wohnung ist größer als deine; **les ~s** die Dein(ig)en; **mets-y du ~!** trag das deine dazu bei!; **à la tienne!** auf dein Wohl!

tiendrai *etc* → **tenir**.

tienne → **tien**.

tierce [tjɛrs] *nf* **-1.** MUS & ESCRIME Terz *die*. **-2.** [aux cartes] Dreierreihe *die*.

tiercé [tjɛrse] *nm* Pferdewette *die*.

tiers, tierce [tjɛr, tjɛrs] *adj*: **une tierce personne** ein Dritter.

◆ **tiers** *nm* **-1.** [personne] Dritte *der*. **-2.** [fraction] Drittel *das*; **le ~ des élèves a échoué au bac** ein Drittel der Schüler ist beim Abi durchgefallen; **~ payant** *Direktleistung des Versicherers an Artz, Krankenhaus oder Apotheke*; **~ provisionnel** *die in Frankreich je zu einem Drittel zu entrichtende Steuervorauszahlung*.

tiers-monde [tjɛrmɔ̃d] *nm* dritte Welt.

tiers-mondisation [tjɛrmɔ̃dizasjɔ̃] *nf Zurückfallen auf das Niveau von Entwicklungsländern*.

tiers-mondiste [tjɛrmɔ̃dist] (*pl* **tiers-mondistes**) ◇ *adj mit der dritten Welt solidarisch*. ◇ *nmf jemand, der sich mit der dritten Welt solidarisch erklärt*.

tif [tif] *nm fam* : **les ~s** die Haare.

TIG (*abr de* **travail d'intérêt général**) *nm gemeinnützige Arbeit im Rahmen eines Strafvollzugs in Frankreich*.

tige [tiʒ] *nf* **-1.** [de plante] Stiel *der*. **-2.** [de bois, de métal] Stift *der*.

tignasse [tiɲas] *nf fam voller, ungezähmter Haarschopf*.

tigre [tigr] *nm* Tiger *der*; **jaloux comme un ~** schrecklich eifersüchtig.

tigré, e [tigre] *adj* **-1.** [rayé] getigert. **-2.** [tacheté] gescheckt.

tigresse [tigrɛs] *nf* Tigerin *die*.

tilleul [tijœl] *nm* Linde *die*.

tilt [tilt] *nm*: **faire ~** *fam* Klick machen.

timbale [tɛ̃bal] *nf* **-1.** [gobelet] Metallbecher *der*; **décrocher la ~** *fig* den Vogel ab|schießen. **-2.** CULIN [moule] Auflaufform *die*. **-3.** MUS Pauke *die*.

timbrage [tɛ̃braʒ] *nm* Frankieren *das*.

timbre [tɛ̃br] *nm* **-1.** [de la poste] Briefmarke *die*. **-2.** [vignette] Marke *die*; **~ fiscal** Steuermarke. **-3.** [sonorité] Timbre *das*. **-4.** [sonnette] Klingel *die*.

timbré, e [tɛ̃bre] ◇ *adj* **-1.** [enveloppe] frankiert. **-2.** *fam* [fou] bekloppt. ◇ *nm, f fam* Verrückte *der, die*.

timbrer [3] [tɛ̃bre] *vt* **-1.** [document] ab|stempeln. **-2.** [lettre] frankieren.

timide [timid] ◇ *adj* schüchtern. ◇ *nmf* Schüchterne *der, die*.

timidement [timidmɑ̃] *adv* schüchtern.

timidité [timidite] *nf* **-1.** [de personne] Schüchternheit *die*. **-2.** [de protestation] Zaghaftigkeit *die*.

timing [tajmiŋ] *nm* Zeitplan *der*; **avoir un ~ serré** einen vollen Terminkalender haben.

timonier [timɔnje] *nm* Steuermann *der*.

timoré, e [timɔre] *adj* ängstlich.

tins *etc* → **tenir**.

tintamarre [tɛ̃tamar] *nm fam* Krach *der*, Radau *der*.

tintement [tɛ̃tmɑ̃] *nm* Klingen *das (sans pl)*.

tinter [3] [tɛ̃te] *vi* **-1.** [cloche, horloge] schlagen. **-2.** [métal] klingeln.

tintin [tɛ̃tɛ̃] *interj fam* Pustekuchen.

tintouin [tɛ̃twɛ̃] *nm fam* **-1.** [vacarme] Krach *der*. **-2.** [souci] Ärger *der*.

TIP [tip] (*abr de* **titre interbancaire de paiement**) *nm* Abbuchungsauftrag *der*.

Tipp-Ex® [tipɛks] *nm* Tipp-Ex® *das*.

tique [tik] *nf* Zecke *die*.

tiquer [3] [tike] *vi fam* : **~ (sur qqch)** (bei etw) zusammen|zucken.

tir [tir] *nm* **-1.** [action] Schießen *das*; **~ à l'arc** Bogenschießen; **~ au pigeon** (Wurf)taubenschießen. **-2.** [coup] Schuß *der*. **-3.** [salve] Beschuß *der*. **-4.** [lieu d'entraînement] Schießstand *der*.

TIR [teiɛr, tir] (*abr de* **transports internationaux routiers**) IRU *die (Internationale Straßentransport-Union)*.

tirade [tirad] *nf* Tirade *die* .

tirage [tiraʒ] *nm* **-1.** [de journal] Auflage *die*; **à grand ~** mit großer Auflage, auflagenstark *(adj)*; **~ limité** limitierte Auflage. **-2.** [de film, de cheminée] Abzug *der*. **-3.** [du loto] Ziehung *die*;

~ au sort Auslosung *die*. **-4.** [du vin] Zapfen *das (sans pl)*. **-5.** *loc*: **il y a du ~** *fam* es knistert im Gebälk.

tiraillement [tirajmɑ̃] *nm* [crampe] Ziehen *das (sans pl)*.

◆ **tiraillements** *nmpl* [conflit] Reibereien *Pl*.

tirailler [3] [tiraje] ◇ *vt* **-1.** [tirer]: **~ qqn/qqch** an jm/etw herum|zerren. **-2.** [écarteler]: **être tiraillé entre deux choses** zwischen zwei Dingen hin- und hergerissen sein. ◇ *vi* schießen.

tirailleur [tirajœr] *nm* Schütze *der*.

Tirana [tirana] *n* Tirana *nt*.

tire [tir] *nf tfam* [voiture] Schlitten *der*.

◆ **à la tire** *loc adj*: **vol à la ~** Taschendiebstahl *der*; **voleur à la ~** Taschendieb *der*.

tiré, e [tire] *adj*: **avoir les traits ~s** OU **le visage ~** abgespannt aus|sehen.

tire-au-flanc [tiroflɑ̃] *nm inv fam* Drückeberger *der*.

tire-botte [tirbɔt] (*pl* **tire-bottes**) *nm* Stiefelknecht *der*.

tire-bouchon [tirbuʃɔ̃] (*pl* **tire-bouchons**) *nm* Korkenzieher *der*.

◆ **en tire-bouchon** *loc adj* gekringelt.

tire-bouchonner [3] [tirbuʃɔne] ◇ *vt* kringeln. ◇ *vi* sich kringeln.

tire-d'aile [tirdɛl]

◆ **à tire-d'aile** *loc adv* in Windeseile.

tire-fesses [tirfɛs] *nm inv fam* Sessellift *der*.

tire-lait [tirlɛ] *nm inv* Milchpumpe *die*.

tire-larigot [tirlarigo]

◆ **à tire-larigot** *loc adv fam* tüchtig, in rauhen Mengen.

tirelire [tirlir] *nf* Sparbüchse *die*.

tirer [3] [tire] ◇ *vt* **-1.** [gén] ziehen; **~ qqch de sa poche** etw aus der Tasche ziehen; **~ la langue** die Zunge heraus|strecken; **~ parti de qqch** aus etw Nutzen ziehen. **-2.** [imprimer]: **~ un roman à 5 000 exemplaires** einen Roman mit einer Auflage von 5 000 Exemplaren drucken. **-3.** [liquide] zapfen. **-4.** [avec arme] (ab|)schießen. **-5.** *fam* [passer]: **~ 6 mois de prison** 6 Monate ab|sitzen. **-6.** *loc*: **~ qqch au clair** in etw *(A)* Licht bringen. ◇ *vi* **-1.** [gén] ziehen; **~ sur qqch** an etw *(D)* ziehen; **~ sur sa pipe/sa cigarette** an der Pfeife/Zigaretteziehen. **-2.** [avec arme]: **~ sur qqn/qqch** auf jn/etw schießen. **-3.** PRESSE: **ce journal tire à 10 000 exemplaires** diese Zeitung hat eine Auflage von 10 000 (Stück). **-4.** [couleur]: **un bleu qui tire sur le vert** ein Blau, das ins Grünliche geht. **-5.** *loc*: **~ à sa fin** dem Ende zu|gehen.

◆ **se tirer** *vp* **-1.** *fam* [s'en aller] ab|hauen. **-2.** [se sortir]: **se ~ d'affaire** sich aus der Affäre ziehen; **s'en ~ de justesse** *fam* nochmal davon|kommen.

tiret [tirɛ] *nm* Bindestrich *der*.

tirette [tirɛt] *nf* **-1.** [planchette] Ausziehbrett *das*. **-2.** *Belg* [fermeture éclair] Reißverschluß *der*. **-3.** [commande] Zug *der*.

tireur, euse [tirœr, øz] *nm, f* **-1.** [avec arme à feu] Schütze *der*, -zin *die*; **~ d'élite** Meisterschütze. **-2.** [de chèque] Aussteller *der*, -in *die*. **-3.** [cartomancier]: **~ de cartes** Kartenleger *der*, -in *die*.

tiroir [tirwar] *nm* Schublade *die*.

tiroir-caisse [tirwarkɛs] (*pl* **tiroirs-caisses**) *nm* (Laden)kasse *die*.

tisane [tizan] *nf* Kräutertee *der*.

tison [tizɔ̃] *nm* glühendes Stück Holz.

tisonnier [tizɔnje] *nm* Schürhaken *der*.

tissage [tisaʒ] *nm* Weben *das*.

tisser [3] [tise] *vt* **-1.** [laine, vêtement] weben. **-2.** [sujet: araignée] spinnen.

tisserand, e [tisrɑ̃, ɑ̃d] *nm, f* Weber *der*, -in *die*.

tissu [tisy] *nm* Gewebe *das*, Stoff *der*; **~ conjonctif** BIOL Bindegewebe.

tissu-éponge [tisyepɔ̃ʒ] (*pl* **tissus-éponges**) *nm* Frottee *das* OU *der*.

titan [titɑ̃] *nm* Titan *der*; **de ~** titanisch *(adj)*.

titiller [3] [titije] *vt* kitzeln; **l'envie de nous parler le titille** es juckt ihn, mit uns zu sprechen.

titrage [titraʒ] *nm* **-1.** [d'œuvre] Betiteln *das*. **-2.** CHIM Titration *die*.

titre [titr] *nm* **-1.** [gén] Titel *der*. **-2.** [de presse] Überschrift *die*; **gros ~** Schlagzeile *die*. **-3.** JUR Urkunde *die*; **~ de propriété** Eigentumsurkunde. **-4.** FIN Wertpapier *das*. **-5.** *loc*: **à aucun ~** in keiner Weise; **à juste ~** zu Recht; **à ~ d'exemple** als Beispiel; **à ~ gracieux** unentgeltlich; **à ~ gratuit** umsonst *(adv)*; **à ~ indicatif** OU **d'information** zur Information.

◆ **titre de transport** *nm* Fahrkarte *die*.

◆ **en titre** *loc adj* **-1.** [titulaire] festangestellt; **professeur en ~** Lehrstuhlinhaber *der*, -in *die*. **-2.** [attitré] offiziell.

titrer [3] [titre] ◇ *vt* **-1.** [œuvre] betiteln. **-2.** CHIM titrieren. ◇ *vi* [alcool]: **~ à 40%** einen Titer von 40% haben.

tituber [3] [titybe] *vi* torkeln.

titulaire [titylɛr] ◇ *adj* **-1.** [nommé] festangestellt; **professeur ~** Lehrstuhlinhaber *der*, -in *die*. **-2.** [en possession]: **être ~ de qqch** Inhaber *der*, -in *die* einer Sache *(G)* sein. ◇ *nmf* Inhaber *der*, -in *die*.

titulariser [3] [titylarize] *vt* ins Beamtenverhältnis übernehmen, verbeamten.

TNT (*abr de* **trinitrotoluène**) *nm* TNT *das*.

toast [tost] *nm* **-1.** [pain grillé] Toast *der*. **-2.** [en buvant] Trinkspruch *der*; **porter un ~ à qqn/qqch** einen Trinkspruch auf jn/etw aus|bringen.

toasteur [tostœr] *nm* Toaster *der.*

toboggan [tɔbɔgɑ̃] *nm* **-1.** [gén] Rutschbahn *die.* **-2.** [sur route]: **Toboggan**® Überführung *die.*

toc [tɔk] ◇ *interj*: **~!** zack! ◇ *nm fam* unechter Schmuck; **en ~** falsch, unecht.

tocsin [tɔksɛ̃] *nm* Sturmgeläut *das*; **sonner le ~** die Sturmglocke läuten.

Togo [tɔgo] *nm*: **le ~** Togo *nt*; **au ~** in Togo.

togolais, e [tɔgɔlɛ, ɛz] *adj* togoisch.

◆ **Togolais, e** *nm, f* Togoer *der*, -in *die.*

tohu-bohu [tɔybɔy] *nm inv* Tohuwabohu *das.*

toi [twa] *pron pers* **-1.** [avec un impératif, complément] dich, dir; **lave-~ les mains!** wasch dir die Hände!; **réveille-~!** wach auf!; **tais-~!** sei still!; **tourne-~!** dreh dich um!; **ce livre est à ~** dieses Buch gehört dir; **on lui a parlé de ~** man hat ihm von dir erzählt; **je te fais confiance, à ~** dir vertraue ich; **qui te l'a dit, à ~**? wer hat es dir gesagt? **-2.** [sujet, avec présentatif, avec comparatif, en renforcement de tu] du; **qui a fait ça**? **~**? wer hat das gemacht? du?; **~ aussi** du auch; **~ non plus** du auch nicht; **~ non plus, tu n'as rien à faire ce soir**? du hast heute abend auch nichts zu tun, oder?; **~ seul** du allein; **~ seul possèdes la clé** du allein besitzt den Schlüssel; **c'est ~**? bist du es?; **c'est ~ qui l'as fait**? hast du das getan?; **qu'est-ce que tu en sais ~**? was weißt du schon darüber?; **je le sais aussi bien que ~** ich weiß es genausogut wie du; **il vous a invités, Pierre et ~** er hat Pierre und dich eingeladen; **je t'aime bien, ~** dich mag ich gern.

toile [twal] *nf* **-1.** [étoffe] Leinen *das*; **~ cirée** Wachstuch *das.* **-2.** [tableau] Gemälde *das*; **~ de maître** Meisterwerk *das* (der Malerei). **-3.** NAVIG [de voile] Tuch *das.* **-4.** *fam* [film]: **se faire une ~** sich *(D)* einen Film rein|ziehen.

◆ **toile d'araignée** *nf* Spinn(en)gewebe *das.*

◆ **toile de fond** *nf* Hintergrund *der.*

toilettage [twalɛtaʒ] *nm*: **~ pour chiens** Hundepflege *die.*

toilette [twalɛt] *nf* **-1.** [de personne]: **faire sa ~** sich waschen. **-2.** [vêtements] Toilette *die*; **~ de bal** Balltoilette; **~ du soir** Abendtoilette. **-3.** [d'objet] Reinigung *die*; **faire la ~ d'un monument** ein Denkmal restaurieren.

◆ **toilettes** *nfpl* Toilette *die*; **aller aux ~s** zur Toilette gehen.

toi-même [twamɛm] *pron pers* du selbst; **fais-le ~** mach es selbst.

toise [twaz] *nf* [tige graduée] Meßstab *der.*

toiser [3] [twaze] *vt* mustern.

◆ **se toiser** *vp* sich gegenseitig mustern.

toison [twazɔ̃] *nf* **-1.** [pelage] Fell *das.* **-2.** [chevelure] Mähne *die.*

toit [twa] *nm* Dach *das*; **~ ouvrant** Schiebedach; **recevoir qqn sous son ~** jn bei sich zu Hause empfangen.

toiture [twatyr] *nf* Bedachung *die*, Dach *das.*

Tokyo [tɔkjo] *n* Tokio *nt*, Tokyo *nt.*

tôlard, e, taulard, e [tolar, ard] *nm, f tfam* Knasti *der*, Knacki *der.*

tôle[1] [tol] *nf* [plaque] Blech *das*; **~ ondulée** Wellblech.

tôle[2], **taule** [tol] *nf tfam* Knast *der*; **être en ~** im Knast sitzen.

tolérable [tɔlerabl] *adj* **-1.** [supportable] erträglich. **-2.** [excusable] tolerierbar.

tolérance [tɔlerɑ̃s] *nf* **-1.** [largeur d'esprit, respect, MÉD] Toleranz *die*; **~ à qqch** Toleranz gegenüber einer Sache *(D)*. **-2.** [liberté] Duldung *die*; **~ orthographique** zulässige Schreibweise. **-3.** [écart] zulässige Abweichung; **marge de ~** Toleranzbereich *der.*

tolérant, e [tɔlerɑ̃, ɑ̃t] *adj* tolerant.

tolérer [18] [tɔlere] *vt* **-1.** [autoriser]: **~ que** *(+ subjonctif)* es hin|nehmen, daß. **-2.** [supporter] (er)dulden. **-3.** MÉD vertragen.

◆ **se tolérer** *vp* einander tolerieren, miteinander aus|kommen.

tôlier, ère, taulier, ère [tolje, ɛr] *nm, f tfam* [propriétaire] Hauswirt *der*, -in *die.*

tollé [tɔle] *nm* Gezeter *das*; **soulever un ~ général** einen allgemeinen Proteststurm aus|lösen.

tomate [tɔmat] *nf* Tomate *die.*

tombant, e [tɔ̃bɑ̃, ɑ̃t] *adj* **-1.** [épaules] hängend; [moustaches, cheveux] herunterhängend. **-2.** [qui commence]: **à la nuit ~e** bei Einbruch der Dunkelheit.

tombe [tɔ̃b] *nf* **-1.** [fosse] Grab *das.* **-2.** [pierre tombale] Grabstein *der.*

tombeau, x [tɔ̃bo] *nm* Grabmal *das*; **rouler à ~ ouvert** *fig* wie ein Wahnsinniger rasen.

tombée [tɔ̃be] *nf*: **à la ~ de la nuit** OU **du jour** bei Einbruch der Nacht.

tomber [3] [tɔ̃be] ◇ *vi* **-1.** [gén] fallen; [feuille] ab|fallen; [cheveux, dent] aus|fallen; **faire ~ qqn** jn zu Fall bringen; **~ (bien) bas** (sehr) tief fallen; **bien ~** [vêtement] schön fallen; **~ juste** auf|gehen; **le 3 janvier tombe un lundi** der dritte Januar fällt auf einen Montag; **il tombe de gros flocons** es fallen dicke Schnee|flocken; **~ de haut** *fig* aus allen Wolken fallen; **bien/mal ~** [événement] sich gut/schlecht treffen; [personne] wie gerufen/ungelegen kommen. **-2.** [perdre le pouvoir] gestürzt werden. **-3.** [décliner - jour] zur Neige gehen; [- fièvre] sinken; [- vent, enthousiasme] nach|lassen; [- colère] verfliegen; [- nuit] herein|brechen. **-4.** [rencontrer]: **~ sur qqn/qqch** auf jn/etw stoßen. **-5.** [attaquer]: **~ sur qqn** über jn her|fallen. **-6.** [dans un état]: **~ sous qqch** *fig* unter etw *(A)* fallen; **~ dans l'alcool/la dépression** dem Alkohol/in Depressionen verfallen; **~ dans l'oubli** in Vergessenheit geraten; **~ en disgrâce/syncope** in Ungnade/Ohnmacht fallen; **~ sous la domination d'un ennemi** unter feindliche Herrschaft geraten. **-7.** [épaules, oreilles, poitrine] herab|hängen. ◇ *vt fam* [séduire] herum|kriegen.

tombeur [tɔ̃bœr] *nm fam* [séducteur] Herzensbrecher *der.*

tombola [tɔ̃bɔla] *nf* [jeu] Tombola *die.*

tome [tɔm] *nm* Band *der;* **dans le ~ III** im dritten Band.

tomette = **tommette**.

tomme [tɔm] *nf französische Hartkäsesorte;* **~ de Savoie** *Hartkäse aus Savoyen.*

tommette, **tomette** [tɔmɛt] *nf* sechseckige Fließe.

ton¹ [tɔ̃] (*f* **ta** [ta], *pl* **tes** [te]) *adj poss* dein,-e.

ton² [tɔ̃] *nm* **-1.** [de discours] Ton *der,* Tonart *die.* **-2.** [de voix] Stimme *die.* **-3.** [couleur] Farbton *der.*

tonalité [tɔnalite] *nf* **-1.** MUS Tonart *die.* **-2.** [au téléphone] Wählton *der.* **-3.** [atmosphère] Grundstimmung *die.*

tondeuse [tɔ̃døz] *nf* **-1.** [à gazon] Rasenmäher *der.* **-2.** [à cheveux] Haarschneider *der.* **-3.** [pour toison d'animal] Scherapparat *der.*

tondre [75] [tɔ̃dr] *vt* **-1.** [raser - animal] scheren; [- cheveux] kahl|scheren. **-2.** [gazon] mähen. **-3.** *fam fig* [dépouiller]: **se faire ~ par qqn** sich von jm schröpfen lassen.

tonds *etc* → **tondre**.

tondu, e [tɔ̃dy] ◇ *pp* → **tondre**. ◇ *adj* **-1.** [animal, cheveux] (kahl)geschoren. **-2.** [pelouse] gemäht.

tonicité [tɔnisite] *nf* **-1.** [de l'air] anregende Wirkung. **-2.** [des cheveux, de la peau] Spannkraft *die,* Elastizität *die.*

tonifiant, e [tɔnifjɑ̃, ɑ̃t] *adj* **-1.** [remède] stärkend. **-2.** [climat, lecture, lotion] erfrischend.

tonifier [9] [tɔnifje] *vt* **-1.** [corps] stärken. **-2.** [peau] erfrischen. **-3.** [esprit] beleben.

tonique [tɔnik] ◇ *adj* **-1.** [revigorant] stärkend; **boisson ~** Stärkungstrunk *der;* **lotion ~** Gesichtswasser *das.* **-2.** MUS tonisch. **-3.** LING betont; **accent ~** Betonung *die.* ◇ *nm* [remède] Tonikum *das.* ◇ *nf* MUS Grundton *der,* Tonika *die.*

tonitruant, e [tɔnitryɑ̃, ɑ̃t] *adj* dröhnend.

tonnage [tɔnaʒ] *nm* Tonnengehalt *der.*

tonnant, e [tɔnɑ̃, ɑ̃t] *adj* donnernd.

tonne [tɔn] *nf* **-1.** [1000 kg, tonneau] Tonne *die;* **~ à bière** Bierfaß *das.* **-2.** *fam* [grande quantité]: **des ~s de qqch** Unmengen *Pl* von etw.

tonneau, x [tɔno] *nm* **-1.** [baril] Faß *das.* **-2.** [acrobatie] Rolle *die.* **-3.** [accident]: **la voiture a fait un ~** das Auto hat sich überschlagen.

tonnelet [tɔnlɛ] *nm* Fäßchen *das.*

tonnelle [tɔnɛl] *nf* Laube *die.*

tonner [3] [tɔne] *vi* **-1.** [orage, canon] donnern. **-2.** [personne] wettern.

tonnerre [tɔnɛr] *nm* Donner *der;* **coup de ~** Donnerschlag *der; fig* furchtbarer Schlag; **~ d'applaudissements** tosender Beifall; **du ~** *fam* umwerfend *(adj).*

tonsure [tɔ̃syr] *nf* [sur la tête] Tonsur *die.*

tonte [tɔ̃t] *nf* Schur *die.*

tonton [tɔ̃tɔ̃] *nm "Onkel" in der Kindersprache.*

tonus [tɔnys] *nm* **-1.** [dynamisme] Schwung *der;* **manquer de ~** schlaff sein. **-2.** BIOL Tonus *der;* **~ musculaire** Muskeltonus.

top [tɔp] *nm* [signal] Tonsignal *das;* **au quatrième ~, il sera 20 heures** beim vierten Schlag ist es 20 Uhr.

topaze [tɔpaz] *nf* Topas *der.*

topinambour [tɔpinɑ̃bur] *nm* Topinambur *der* OU *die.*

topique [tɔpik] ◇ *adj sout* treffend. ◇ *nm* MÉD *örtlich wirkendes Arzneimittel.* ◇ *nf* PHILOSOPHIE Topik *die.*

top niveau [tɔpnivo] (*pl* **top niveaux**) *nm fam* : **être au ~** [gén] spitze sein; SPORT in Höchstform sein.

topo [tɔpo] *nm fam* [exposé] Vortrag *der;* **c'est toujours le même ~** *fam fig* es ist immer das gleiche Lied.

topographie [tɔpɔgrafi] *nf* Topographie *die.*

topographique [tɔpɔgrafik] *adj* topographisch.

toponymie [tɔpɔnimi] *nf* Ortsnamenkunde *die.*

top secret [tɔpsəkrɛ] *adj inv* streng geheim.

toquade [tɔkad] *nf fam* : **avoir une ~ pour qqn/qqch** an jm/etw einen Narren gefressen haben.

toque [tɔk] *nf* **-1.** [coiffure] Mütze *die;* [de magistrat] Barett *das;* **~ de cuisinier** Kochmütze; **~ en fourrure** Pelzmütze. **-2.** [cuisinier]: **grande ~** Meisterkoch *der.*

toqué, e [tɔke] *fam* ◇ *adj* gestört; **être ~ de qqn** in jn verknallt sein. ◇ *nm, f* Gestörte *der, die.*

torche [tɔrʃ] *nf* Fackel *die;* **~ électrique** Stablampe *die.*

torcher [3] [tɔrʃe] *vt fam* **-1.** [essuyer] ab|wischen. **-2.** [bâcler] hin|schlampen. **-3.** [finir - repas] weg|putzen; [- bouteille] leeren.

◆ **se torcher** *vp*: **je m'en torche!** *tfam* das ist mir piepegal!

torchis [tɔrʃi] *nm* Strohlehm *der.*

torchon [tɔrʃɔ̃] *nm* **-1.** [serviette] Wischtuch *das*. **-2.** *fam* [travail bâclé] Schmiererei *die*. **-3.** *fam* [journal mensonger] Schundblatt *das*.

tordant, e [tɔrdɑ̃, ɑ̃t] *adj fam* urkomisch; **c'est ~** das ist zum Totlachen.

tord-boyaux [tɔrbwajo] *nm inv fam* Fusel *der*.

tordis *etc* → **tordre**.

tordre [76] [tɔrdr] *vt* **-1.** [essorer] aus|wringen. **-2.** [partie du corps] um|drehen; **~ le cou à qqn** jm den Hals um|drehen. **-3.** [plier] um|biegen; [barre de fer] verbiegen. **-4.** *fig* [déformer] verzerren.

◆ **se tordre** *vp*: **se ~ la cheville/le poignet** sich das Fußgelenk/Handgelenk verstauchen; **se ~ de douleur** sich vor Schmerz krümmen; **se ~ de rire** *fam* sich vor Lachen biegen.

tords *etc* → **tordre**.

tordu, e [tɔrdy] ◇ *pp* → **tordre**. ◇ *adj fam* [bizarre, fou] spleenig; [idée] abartig; **avoir l'esprit ~** absonderliche Ideen haben. ◇ *nm, f fam* [fou] Spinner *der*, -in *die*.

toréador [tɔreadɔr] *nm vieilli* Stierkämpfer *der*.

torero [tɔrero] *nm* Stierkämpfer *der*.

tornade [tɔrnad] *nf* MÉTÉOR Tornado *der*.

torpeur [tɔrpœr] *nf* Erstarrung *die*; **tirer qqn de sa ~** jn aus der Betäubung reißen.

torpille [tɔrpij] *nf* **-1.** MIL Torpedo *der*. **-2.** [poisson] Zitterrochen *der*.

torpiller [3] [tɔrpije] *vt* **-1.** [attaquer] torpedieren. **-2.** *fig* [projet, négociations] zu Fall bringen.

torpilleur [tɔrpijœr] *nm* [bateau] Torpedoboot *das*.

torréfaction [tɔrefaksjɔ̃] *nf* Rösten *das*.

torréfier [9] [tɔrefje] *vt* rösten.

torrent [tɔrɑ̃] *nm* **-1.** [cours d'eau] Wildbach *der*; **pleuvoir à ~s** *fig* in Strömen regnen. **-2.** [de lave, de boue] Strom *der*; **des ~s de** eine Flut von.

torrentiel, elle [tɔrɑ̃sjɛl] *adj*: **pluie ~le** Wolkenbruch *der*.

torride [tɔrid] *adj* heiß; **chaleur ~** sengende Hitze.

tors, e [tɔr, tɔrs] *adj* **-1.** [jambe] krumm; **fil ~** Zwirn *der*. **-2.** ARCHIT gewunden.

torsade [tɔrsad] *nf* Kordel *die*; **pull à ~s** Pullover *der* mit Zopfmuster.

torsader [3] [tɔrsade] *vt* verwinden; **cheveux torsadés** zu einem Zopf gedrehte Haare.

torse [tɔrs] ◇ *adj* → **tors**. ◇ *nm* [buste] Oberkörper *der*; **se promener ~ nu** mit freiem Oberkörper herum|laufen; **bomber le ~** *fig* sich in die Brust werfen.

torsion [tɔrsjɔ̃] *nf* **-1.** [gén] Verwindung *die*. **-2.** [de fil métallique] Verdrillung *die*.

tort [tɔr] *nm* **-1.** [erreur] Fehler *der*; **avoir ~** unrecht haben; **j'ai/tu as ~ de faire qqch** es ist ein Fehler von mir/von dir, etw zu tun; **à ~** zu Unrecht; **à ~ ou à raison** (sei es) zu Recht oder zu Unrecht; **à ~ et à travers** unbesonnen; **être dans son** OU **en ~** im Unrecht sein; **reconnaître ses ~s** sein Unrecht ein|sehen. **-2.** [préjudice] Schaden *der*; **causer** OU **faire du ~ à qqn** jm schaden, jm Unrecht zu|fügen.

torticolis [tɔrtikɔli] *nm* steifer Hals; **attraper un ~** sich einen steifen Hals zu|ziehen.

tortillement [tɔrtijmɑ̃] *nm* Zusammendrehen *das*.

tortiller [3] [tɔrtije] ◇ *vt* (zusammen|)drehen; **~ sa moustache** seinen Schnurrbart zwirbeln. ◇ *vi*: **~ des fesses** mit dem Hintern wackeln; **il n'y a pas à ~** *fam fig* da ist nichts zu wollen.

◆ **se tortiller** *vp* sich winden; **se ~ sur sa chaise** auf dem Stuhl hin- und her|rutschen.

tortionnaire [tɔrsjɔnɛr] *nmf* Folterknecht *der*.

tortue [tɔrty] *nf* ZOOL Schildkröte *die*; *fig* lahme Ente.

tortueux, euse [tɔrtɥø, øz] *adj* gewunden; *fig* undurchsichtig; **manœuvres tortueuses** dunkle Machenschaften.

torture [tɔrtyr] *nf* **-1.** [supplice] Folter *die*; **sous la ~** unter Folterqualen. **-2.** *fig* [souffrance] Qual *die*.

torturer [3] [tɔrtyre] *vt* **-1.** [supplicier] foltern. **-2.** [tourmenter] quälen.

◆ **se torturer** *vp* [moralement] sich zermürben; **se ~ pour qqch** sich wegen etw *(G)* verrückt machen.

torve [tɔrv] *adj* [œil, regard] schief.

tôt [to] *adv* **-1.** [de bonne heure] früh; **~ ou tard** früher oder später. **-2.** [vite] zeitig; **ce n'est pas trop ~!** *fam* na endlich!

◆ **au plus tôt** *loc adv* frühestens.

total, e, aux [tɔtal, o] *adj* **-1.** [complet, parfait] vollständig; **confiance ~e** vollstes Vertrauen; **réussite ~e** voller Erfolg. **-2.** [global] Gesamt-.

◆ **total** ◇ *nm* Gesamtsumme *die*; **faire le ~** zusammen|rechnen; **au ~** insgesamt. ◇ *adv fam* kurz und gut.

totalement [tɔtalmɑ̃] *adv* **-1.** [complètement] völlig. **-2.** [absolument] vollkommen.

totaliser [3] [tɔtalize] *vt* **-1.** [additionner] zusammen|zählen. **-2.** [réunir au total] auf sich vereinigen.

totalitaire [tɔtalitɛr] *adj* totalitär.

totalitarisme [tɔtalitarism] *nm* Totalitarismus *der*.

totalité [tɔtalite] *nf* Gesamtheit *die*; **la ~ des livres/des places** sämtliche Bücher/Karten; **en ~** im ganzen.

totem [tɔtɛm] *nm* Totem *das*.

touareg, ègue [twarɛg] *adj* Tuareg-.
◆ **touareg** *nm* [langue] Tuareg *(das)*.
◆ **Touareg, ègue** *nm, f* Targi *der*, Targifrau *die*; **les Touaregs** die Tuareg.

toubib [tubib] *nm fam* Onkel Doktor *der*.

toucan [tukɑ̃] *nm* Tukan *der*.

touchant, e [tuʃɑ̃, ɑ̃t] *adj* ergreifend.

touche [tuʃ] *nf* **-1.** [de clavier] Taste *die*; **~ alphanumérique** INFORM alphanumerische Taste; **~ de fonction** INFORM Funktionstaste. **-2.** [de peinture] Pinselstrich *der*; **une ~ de** *fig* ein Hauch von. **-3.** *fam* [allure]: **avoir une drôle de ~** komisch aus|sehen. **-4.** [à la pêche] Anbeißen *das*; **avoir une ~ (pour un boulot)** *fam fig* Aussichten (auf einen Job) haben; **faire une ~ avec qqn** *fam fig* es jm an|tun. **-5.** [football] Seitenlinie *die*; **sortie en ~** Ausball *der*; **être mis sur la ~** *fig* aufs Abstellgleis gestellt werden. **-6.** [escrime] Treffer *der*.

touche-à-tout [tuʃatu] *nmf inv* Hansdampf *der* in allen Gassen.

toucher[1] [3] [tuʃe] *vt* **-1.** [effleurer, émouvoir, concerner] berühren. **-2.** [avec les mains] an|fassen. **-3.** [palper] befühlen. **-4.** [atteindre] treffen; **~ le port** in den Hafen ein|laufen. **-5.** [argent, tiercé] bekommen; **~ le gros lot** das große Los ziehen. **-6.** [jouxter]: **~ qqch** an etw *(A)* grenzen.
◆ **toucher à** *v prép* **-1.** [manipuler, entamer, agresser] an|rühren; **les enfants ne doivent pas ~ aux allumettes** Kinder dürfen nicht mit Streichhölzern herum|spielen. **-2.** [modifier] verändern. **-3.** [aborder]: **~ à qqch** auf etw *(A)* zu sprechen kommen; **~ à sa fin** sich dem Ende zu|neigen.
◆ **se toucher** *vp* [être contigu] aneinander|grenzen.

toucher[2] [tuʃe] *nm*: **le ~** der Tastsinn; **être doux au ~** sich weich an|fühlen.

touffe [tuf] *nf* [d'herbe] Büschel *das*; [de cheveux] Haarbüschel *das*.

touffu, e [tufy] *adj* buschig; *fig* verworren; **forêt ~e** dichter Wald.

touiller [3] [tuje] *vt fam* um|rühren.

toujours [tuʒur] *adv* **-1.** [éternellement, chaque fois] immer; **elle est ~ en retard** sie kommt immer zu spät; **ils s'aimeront ~** sie werden sich immer lieben; **~ plus/moins** immer mehr/weniger; **~ plus belle** immer hübscher; **être ~ plus/moins nombreux** immer mehr/weniger werden; **depuis ~** schon immer. **-2.** [encore] immer noch; **elle est ~ malade** sie ist immer noch krank; **tu travailles ~?** arbeitest du immer noch? **-3.** [de toute façon] ja mal; **tu peux ~ lui écrire** du kannst ihr ja mal schreiben; **c'est ~ ça de pris!** *fam* immerhin etwas!
◆ **de toujours** *loc adj* (ur)alt; **des amis de ~** alte Freunde; **elle se retrouvait face à son public de ~** sie stand einem treuen Publikum gegenüber.
◆ **toujours est-il que** *loc conj*: **~ est-il qu'il n'est pas venu** jedenfalls ist er nicht gekommen.

Toulouse [tuluz] *n* Toulouse *nt*.

toundra [tundra] *nf* Tundra *die*.

toupet [tupɛ] *nm* **-1.** [de cheveux] Haarbüschel *das*, Schopf *der*. **-2.** *fam* [audace] Dreistigkeit *die*; **avoir du** OU **ne pas manquer de ~** unverschämt sein.

toupie [tupi] *nf* Kreisel *der*.

tour [tur] ◇ *nm* **-1.** [périmètre] Umfang *der*; **faire un ~** eine Runde drehen; **faire le ~ de qqch** [lieu] um etw *(A)* herum|gehen; [question] etw erörtern; **la nouvelle avait fait le ~ du village** die Neuigkeit hatte im Dorf die Runde gemacht; **~ d'horizon** *fig* Überblick *der*; **~ du monde** Weltreise *die*; **~ de taille** Taillenweite *die*. **-2.** [rotation] Drehung *die*; **fermer qqch à double ~** etw zweimal ab|schließen; **à ~ de bras** *fig* wie besessen; **en un ~ de main** *fig* im Handumdrehen. **-3.** [attraction, plaisanterie] Trick *der*; **le ~ est joué!** das ist schon alles!; **jouer un mauvais ~ à qqn** jm einen üblen Streich spielen; **jouer un ~ pendable à qqn** jm übel mit|spielen; **~ de force** Meisterstück *das*; **~ de passe-passe** Taschenspielertrick; *fig* Trick. **-4.** [succession, rang] Reihe *die*; **c'est ton ~!** du bist dran!; **plus souvent qu'à mon/ton etc ~** öfter als ich sollte/du solltest etc; **passer son ~** passen; **à ~ de rôle** der Reihe nach; **~ à ~** abwechselnd *(adv)*; **~ de scrutin** Wahlgang *der*. **-5.** [d'événement, d'histoire] Wendung. **-6.** [machine-outil] Drehbank *die*; **~ de potier** Töpferscheibe *die*. ◇ *nf* **-1.** [monument, aux échecs] Turm *der*. **-2.** [immeuble] Hochhaus *das*.
◆ **tour de contrôle** *nf* Kontrollturm *der*, Tower *der*.

tourbe [turb] *nf* Torf *der*.

tourbière [turbjɛr] *nf* Torfmoor *das*.

tourbillon [turbijɔ̃] *nm* [de vent, de poussière] Wirbel *der*; [d'eau] Strudel *der*; **un ~ d'enfants** *fig* eine Schar tobender Kinder; **le ~ de la vie** *fig* der Trubel des Lebens.

tourbillonnant, e [turbijɔnɑ̃, ɑ̃t] *adj* [vent] wirbelnd; [jupe] (weit)schwingend.

tourbillonner [3] [turbijɔne] *vi* (herum|)-wirbeln; *fig* wirbeln; **des pensées qui tourbillonnent dans ma tête** Gedanken, die mir durch den Kopf wirbeln.

tourelle [turɛl] *nf* Türmchen *das*.

tourisme [turism] *nm* Fremdenverkehr *der*, Tourismus *der*.

touriste [turist] *nmf* Tourist *der*, -in *die*; **en ~** als Tourist; **classe ~** Touristenklasse *die*.

touristique [turistik] *adj* **-1.** [activité, secteur] Fremdenverkehrs-, Tourismus-; **guide ~** Reiseführer *der*. **-2.** [région, lieu] touristisch; **attraction ~** Touristenattraktion *die*.

tourment [turmɑ̃] *nm sout* Qual *die*.

tourmente [turmɑ̃t] *nf sout* Unwetter *das*; *fig* Wirren *Pl*.

tourmenté, e [turmɑ̃te] *adj* **-1.** [personne, mer] aufgewühlt. **-2.** [période] bewegt.

tourmenter [3] [turmɑ̃te] *vt* quälen.

◆ **se tourmenter** *vp* sich Sorgen machen.

tournage [turnaʒ] *nm* CIN Dreharbeiten *Pl*.

tournailler [3] [turnaje] *vi fam* hin- und her|gehen; **~ autour de qqn/qqch** um jn/etw herum|schleichen.

tournant, e [turnɑ̃, ɑ̃t] *adj* drehbar; **fauteuil ~** Drehsessel *der*; **pont ~** Drehbrücke *die*.

◆ **tournant** *nm* Biegung *die*; *fig* Wendepunkt *der*; **attendre qqn au ~** *fam fig* es jm bei erstbester Gelegenheit heim|zahlen.

tourné, e [turne] *adj* [lait, crème] geronnen; **bien/mal ~** [formulé] schön/schlecht formuliert; [disposé] gut/schlecht gelaunt; **avoir l'esprit mal ~** abartige Gedanken haben.

tournebroche [turnəbrɔʃ] *nm* Drehspieß *der*.

tourne-disque [turnədisk] (*pl* **tourne-disques**) *nm* Plattenspieler *der*.

tournedos [turnədo] *nm* Rindslendenschnitte *die*.

tournée [turne] *nf* **-1.** [voyage] Geschäftsreise *die*; **~ électorale** Wahlkampftournee *die*; **~ d'inspection** Inspektionsfahrt *die*; **~ théâtrale** Tournee *die*. **-2.** *fam* [au bar] Runde *die*.

tournemain [turnəmɛ̃]

◆ **en un tournemain** *loc adv* im Handumdrehen.

tourner [3] [turne] ◇ *vt* **-1.** [gén] drehen; [clé] um|drehen; **~ qqch en dérision** OU **ridicule** *fig* etw ins Lächerliche ziehen. **-2.** [tête, pas]: **~ le dos à qqn** jm den Rücken zu|wenden. **-3.** [regard, attention]: **~ qqch vers qqch** etw auf etw *(A)* richten. **-4.** [page] um|blättern. **-5.** [loi, obstacle] umgehen. **-6.** *fig* [problème, question]: **bien ~ qqch** etw gut formulieren. ◇ *vi* **-1.** [décrire un cercle] sich drehen; **~ autour de qqch** sich um etw drehen; [sujet, problème] einer Sache *(D)* aus|weichen; **~ autour de qqn** *fig* um jn herum|scharwenzeln; **l'heure tourne** die Zeit vergeht. **-2.** [véhicule] ab|biegen; **~ à gauche/droite** nach links/rechts ab|biegen; [piéton] links/rechts gehen. **-3.** [chemin] kurvenreich sein. **-4.** *fam* [fonctionner] laufen. **-5.** [acteur] drehen. **-6.** [évoluer]: **bien/mal ~** eine gute/schlechte Wendung nehmen; **mal ~** [personne] auf die schiefe Bahn geraten. **-7.** [lait, crème] sauer werden.

◆ **se tourner** *vp* **-1.** [se retourner] sich um|drehen. **-2.** [s'intéresser]: **se ~ vers qqch** sich etw *(D)* zu|wenden.

tournesol [turnəsɔl] *nm* [plante] Sonnenblume *die*.

tourneur, euse [turnœr, øz] *nm, f* Dreher *der*, -in *die*.

tournevis [turnəvis] *nm* Schraubenzieher *der*.

tournicoter [3] [turnikɔte] *vi fam* hin- und her|gehen.

tourniquet [turnike] *nm* Drehkreuz *das*.

tournis [turni] *nm fam* : **avoir le ~** den Drehwurm haben; **cela m'a donné le ~** mir ist schwindlig geworden; **des prix qui donnent le ~** schwindelerregende Preise.

tournoi [turnwa] *nm* Turnier *das*.

tournoiement [turnwamɑ̃] *nm* Drehen *das*.

tournoyer [13] [turnwaje] *vi* sich im Kreise drehen; **tomber en tournoyant** wirbelnd zu Boden fallen.

tournure [turnyr] *nf* **-1.** [forme]: **prendre ~** Gestalt an|nehmen. **-2.** [évolution] Wendung *die*; **prendre une ~ inattendue** eine überraschende Wendung nehmen. **-3.** [formulation]: **~ (de phrase)** Redewendung *die*.

tour-opérateur [turɔperatœr] (*pl* **tour-opérateurs**) *nm* Reiseveranstalter *der*.

tourte [turt] *nf gefüllte runde Pastete*.

tourteau, x [turto] *nm* **-1.** [crabe] Taschenkrebs *der*. **-2.** [pour bétail] Ölkuchen *der*.

tourtereaux [turtəro] *nmpl hum* [amoureux] Turteltäubchen *Pl*.

tourterelle [turtərɛl] *nf* Turteltaube *die*.

tourtière [turtjɛr] *nf* [moule] *runde Kuchen- bzw Pastetenform*.

Toussaint [tusɛ̃] *nf* Allerheiligen *(sans art déf)*; **à la ~** an Allerheiligen.

tousser [3] [tuse] *vi* husten.

toussotement [tusɔtmɑ̃] *nm* Hüsteln *das*.

toussoter [3] [tusɔte] *vi* hüsteln.

tout [tu] (*f* **toute** [tut], *mpl* **tous** [tus], *fpl* **toutes** [tut]) ◇ *adj qualificatif* ganze,-r,-s; **~e la journée** den ganzen Tag; **~e la nuit** die ganze Nacht. ◇ *adj indéf* **-1.** [exprime la totalité ou la fréquence] alle; **tous** OU **~es les deux/trois** alle beide/drei. **-2.** [avec un pronom démonstratif] alle; **~ ceci/cela** all das/dies; **tous ceux que j'ai vus** alle, die ich gesehen habe; **tous les jours** alle Tage; **~es les semaines** jede Woche; **tous les (deux/trois) ans** alle (zwei/drei) Jahre; **~es les fois** jedesmal; **~ ce que** OU **qui** alles was. **-3.** [n'importe quel] jede,-r,-s; **~ homme** jeder. ◇ *pron indéf* **-1.** [représente le pluriel] alle,-r,-s; **ils sont tous venus** sie sind alle gekommen; **je ne les ai pas**

~es vues ich habe sie nicht alle gesehen. **-2.** [toutes les choses]: **c'est ~** das ist alles; **il sait ~** er weiß alles.
◆ **tout** ◇ *adv* ganz; **ils étaient ~ seuls** sie waren ganz alleine; **il est ~ jeune** er ist sehr jung; **~ en haut** ganz oben; **~ autour** rund herum; **~ près/contre** ganz nah/dicht; **~ à côté de moi** dicht neben mir. ◇ *nm*: **un ~** ein Ganzes; **le ~ est de faire qqch** die Hauptsache ist, etw zu tun; **risquer le ~ pour le ~** alles aufs Spiel setzen.
◆ **du tout au tout** *loc adv* von Grund auf.
◆ **pas du tout** *loc adv* überhaupt nicht; **je n'ai pas du ~ peur** ich habe überhaupt keine Angst.
◆ **rien du tout** *loc adj* gar OU überhaupt nichts.
◆ **tout à fait** *loc adv* **-1.** [complètement] voll und ganz. **-2.** [exactement] ganz genau.
◆ **tout autant** *loc adv* ebensosehr.
◆ **tout comme** *loc conj* genau(so) wie.
◆ **tout de suite** *loc adv* sofort.
◆ **tout en** *loc prép* **-1.** [même si]: **~ en étant riche, elle vit simplement** obwohl sie reich ist, lebt sie bescheiden. **-2.** [en même temps]: **ils parlaient ~ en marchant** sie sprachen miteinander, während sie weitergingen.
tout-à-l'égout [tutalegu] *nm inv* Kanalisation *die*.
toutefois [tutfwa] *adv* dennoch.
toutou [tutu] *nm fam* Wauwau *der*.
tout-petit [tup(ə)ti] (*pl* **tout-petits**) *nm* Kleinkind *das*.
tout-puissant, toute-puissante [tupɥisɑ̃, tutpɥisɑ̃t] (*mpl* **tout-puissants,** *fpl* **toutes-puissantes**) *adj* allmächtig.
◆ **Tout-Puissant** *nm*: **le Tout-Puissant** der Allmächtige.
tout-venant [tuvnɑ̃] *nm inv* **-1.** [n'importe qui]: **ce n'est pas pour le ~** das ist nichts für jeden Dahergelaufenen. **-2.** [n'importe quoi]: **il n'est pas difficile, il prend le ~** er ist unkompliziert; er nimmt, was gerade kommt. **-3.** TECHNOL Förderkohle *die*.
toux [tu] *nf* Husten *der*.
toxicité [tɔksisite] *nf* Giftigkeit *die*.
toxicologie [tɔksikɔlɔʒi] *nf* Toxikologie *die*.
toxicomane [tɔksikɔman] *nmf* Süchtige *der, die*.
toxicomanie [tɔksikɔmani] *nf* Süchtigkeit *die*.
toxine [tɔksin] *nf* Giftstoff *der*.
TP ◇ *nmpl abr de* **travaux publics**. ◇ *nm abr de* **Trésor public**.
TPG (*abr de* **trésorier payeur général**) *nm Leiter der Finanzbehörde eines Départements*.
tps *abr de* **temps**.

trac [trak] *nm* Lampenfieber *das*.
tracas [traka] *nm* Schererei *die*.
tracasser [3] [trakase] *vt* plagen.
◆ **se tracasser** *vp* sich verrückt machen.
tracasserie [trakasri] *nf* Schikane *die*; **~s administratives** Schikanen der Bürokratie.
tracassier, ère [trakasje, ɛr] *adj* schikanös.
trace [tras] *nf* Spur *die*; **~s de brûlures** Brandnarben *Pl*; **~s de coups** Schlagwunden *Pl*; **suivre un animal à la ~** der Fährte eines Tieres nach|gehen.
tracé [trase] *nm* **-1.** [plan] Riß *der*. **-2.** [de route] Verlauf *der*.
tracer [16] [trase] ◇ *vt* **-1.** [dessiner] auf|zeichnen; **~ un tableau/portrait de qqn/qqch** *fig* ein Bild/Porträt von jm/etw entwerfen. **-2.** [route, piste] trassieren; **~ la voie** OU **le chemin à qqn** *fig* jm den Weg OU die Bahn vor|zeichnen. ◇ *vi fam* [aller vite] rasen.
traceur [trasœr] *nm* INFORM Plotter *der*.
trachée-artère [traʃeartɛr] (*pl* **trachées-artères**) *nf* Luftröhre *die*.
trachéite [trakeit] *nf* Luftröhrenentzündung *die*.
tract [trakt] *nm* Flugblatt *das*.
tractations [traktasjɔ̃] *nfpl* zähe Verhandlungen *Pl*.
tracter [3] [trakte] *vt* schleppen.
tracteur [traktœr] *nm* Traktor *der*.
traction [traksjɔ̃] *nf* **-1.** [remorquage, TECHNOL] Ziehen *das*, Schleppen *das*; **~ arrière** AUTOM Hinterradantrieb *der*; **~ avant** AUTOM Vorderradantrieb *der*. **-2.** SPORT [à la barre] Klimmzug *der*; [au sol] Liegestütz *der*.
trad [trad] (*abr de* **traduction**) *nf fam* Übersetzung *die*.
tradition [tradisjɔ̃] *nf* Tradition *die*; **renouer avec la ~** an die (alte) Tradition an|knüpfen; **selon la ~** traditionsgemäß.
traditionaliste [tradisjɔnalist] ◇ *adj* traditionsbewußt. ◇ *nmf* Traditionalist *der*, -in *die*.
traditionnel, elle [tradisjɔnɛl] *adj* traditionell.
traditionnellement [tradisjɔnɛlmɑ̃] *adv* traditionsgemäß.
traducteur, trice [tradyktœr, tris] *nm, f* Übersetzer *der*, -in *die*.
◆ **traducteur** *nm* INFORM Sprachübersetzer *der*.
traduction [tradyksjɔ̃] *nf* **-1.** [action] Übersetzen *das*. **-2.** [texte] Übersetzung *die*. **-3.** *littéraire* [expression] Umsetzung *die*.
traduire [98] [tradɥir] *vt* **-1.** [texte] übersetzen. **-2.** [révéler]: **~ qqch** Ausdruck einer Sache *(G)*

sein. **-3.** [sentiment, pensée] wieder|geben. **-4.** JUR: **~ qqn en justice** jn gerichtlich belangen.

traduisible [tradɥizibl] *adj* übersetzbar.

trafic [trafik] *nm* **-1.** [commerce] Schwarzhandel *der*; **faire du ~ de qqch** mit etw Schwarzhandel treiben; **~ d'armes** Waffenhandel; **~ de drogue** Rauschgifthandel. **-2.** [circulation] Verkehr *der*; **~ aérien** Flugverkehr; **~ maritime** Schiffsverkehr.

◆ **trafic d'influence** *nm* passive Bestechung.

trafiquant, e [trafikɑ̃, ɑ̃t] *nm, f* Schwarzhändler *der*, -in *die*; **~ de drogue** Dealer *der*, -in *die*.

trafiquer [3] [trafike] ◇ *vt* **-1.** [falsifier - papiers] fälschen; [- vin] panschen; [- moteur] frisieren. **-2.** *fam* [faire] treiben. ◇ *vi* Schwarzhandel (be)treiben.

tragédie [traʒedi] *nf* Tragödie *die*.

tragédien, enne [traʒedjɛ̃, ɛn] *nm, f* Tragödiendarsteller *der*, -in *die*.

tragi-comédie [traʒikɔmedi] (*pl* **tragi-comédies**) *nf* Tragikomödie *die*.

tragi-comique [traʒikɔmik] *adj* tragikomisch.

tragique [traʒik] ◇ *adj* tragisch. ◇ *nm* **-1.** [auteur tragique] Tragiker *der*. **-2.** [caractère]: **le ~ (de qqch)** das Tragische (an etw *(D)*); **prendre qqch au ~** etw tragisch nehmen; **tourner au ~** eine tragische Wendung nehmen.

tragiquement [traʒikmɑ̃] *adv* tragisch.

trahir [32] [trair] *vt* **-1.** [livrer, révéler] verraten. **-2.** [abandonner] im Stich lassen. **-3.** [dénaturer] verfälschen.

◆ **se trahir** *vp* sich verraten.

trahison [traizɔ̃] *nf* **-1.** [de pays] Verrat *der*. **-2.** [infidélité, de promesse] Untreue *die*.

train [trɛ̃] *nm* **-1.** [chemin de fer] Zug *der*; **~ corail** ≃ Intercity-Zug; **~ à grande vitesse** Hochgeschwindigkeitszug. **-2.** [allure] Gangart *die*; **ralentir le ~** eine langsamere Gangart ein|legen; **au ~ où vont les choses** bei der Geschwindigkeit, mit der sich die Dinge entwikkeln; **être en ~** *fig* fit sein. **-3.** [de lois, de mesures]: **un ~ de qqch** eine Serie von etw.

◆ **train de vie** *nm* Lebensstandard *der*.

◆ **en train de** *loc prép*: **être en ~ de lire/manger** gerade beim Lesen/Essen sein.

traînailler = **traînasser**.

traînant, e [trɛnɑ̃, ɑ̃t] *adj* schleppend; **d'une voix ~e** mit schleppender Stimme.

traînard, e [trɛnar, ard] *nm, f fam* **-1.** [qui marche derrière] Nachzügler *der*, -in *die*. **-2.** [au travail] Trantüte *die*.

traînasser [trɛnase], **traînailler** [trɛnaje] [3] *vi fam* **-1.** [dans les rues] sich herum|treiben. **-2.** [être lent] herum|bummeln.

traîne [trɛn] *nf* **-1.** [de robe] Schleppe *die*. **-2.** PÊCHE Schleppnetz *das*. **-3.** *loc*: **être à la ~** zurück|bleiben.

traîneau, x [trɛno] *nm* Schlitten *der*.

traînée [trene] *nf* **-1.** [trace] Streifen *der*; **~ de sang** Blutspur *die*; **se répandre comme une ~ de poudre** *fig* sich wie ein Lauffeuer verbreiten. **-2.** *tfam péj* [prostituée] Flittchen *das*.

traîner [4] [trene] ◇ *vt* **-1.** [tirer, emmener] schleppen; **~ les pieds** schlurfen. **-2.** [trimbaler] (mit|)schleppen. **-3.** [rhume, maladie] mit sich herum|schleppen. ◇ *vi* **-1.** [s'attarder, errer] bummeln; **~ dans la rue** sich auf der Straße herum|treiben. **-2.** [durer] sich hin|ziehen. **-3.** [pendre]: **~ (par terre)** (bis auf den Boden) herunter|hängen. **-4.** [être éparpillé] herum|liegen.

◆ **se traîner** *vp* **-1.** [personne] sich schleppen. **-2.** [négociation, réunion] sich dahin|schleppen.

training [trɛniŋ] *nm* [entraînement] Training *das*.

train-train [trɛ̃trɛ̃] *nm inv fam* (üblicher) Trott.

traire [112] [trɛr] *vt* melken.

trait [trɛ] *nm* **-1.** [ligne] Strich *der*; **~ d'union** Bindestrich; **tirer un ~ sur qqch** *fig* einen Strich unter etw *(A)* ziehen. **-2.** [caractéristique, acte] Zug *der*; **~ de caractère** Charakterzug; **~ d'esprit** intelligente Bemerkung; **~ de génie** genialer Einfall; **ressembler à qqn ~ pour ~** jm zum Verwechseln ähnlich sehen. **-3.** [traction]: **animal de ~** Zugtier *das*. **-4.** *loc*: **avoir ~ à qqn/qqch** sich auf jn/etw beziehen; **boire qqch d'un ~** etw in einem Zug aus|trinken.

◆ **traits** *nmpl* [du visage] Gesichtszüge *Pl*.

traitant, e [trɛtɑ̃, ɑ̃t] *adj* **-1.** [crème, shampooing] Pflege-. **-2.** [médecin] behandelnd.

traite [trɛt] *nf* **-1.** [de vache] Melken *das*. **-2.** FIN Wechsel *der*, Tratte *die*. **-3.** [trafic]: **~ des esclaves** Sklavenhandel *der*.

◆ **d'une seule traite** *loc adv* in einem Zug.

traité [trete] *nm* **-1.** [ouvrage] Abhandlung *die*. **-2.** POLIT Abkommen *das*.

traitement [trɛtmɑ̃] *nm* **-1.** [manière d'agir, médical] Behandlung *die*; **faire subir des mauvais ~s à qqn** jn mißhandeln; **~ de faveur** Sonderbehandlung. **-2.** [rémunération] Bezüge *Pl*, Besoldung *die*. **-3.** [de matériau] Bearbeitung *die*; **~ antireflet** Entspiegelung *die*; **~ antirouille** Rostschutzbehandlung *die*. **-4.** [de problème] Behandeln *das*. **-5.** INFORM Verarbeitung *die*; **~ de texte** Textverarbeitung; **~ de la parole** Sprachverarbeitung.

traiter [4] [trete] ◇ *vt* **-1.** [gén] behandeln; **bien/mal ~ qqn** jn gut/schlecht behandeln; **se faire ~** in ärztlicher Behandlung sein. **-2.** [qualifier]: **~ qqn de qqch** jn etw nennen; **~ qqn d'imbécile** jn einen Idioten schimpfen. **-3.** [matériau] bearbeiten. **-4.** INFORM verarbeiten. ◇ *vi* [négocier] verhandeln.

traiteur [trɛtœr] *nm* Feinkosthändler *der*, -in *die*; **chez le ~** im Feinkostgeschäft.

traître, esse [trɛtr, ɛs] ◇ *adj* **-1.** [déloyal, perfide] verräterisch. **-2.** *fig* [dangereux] heimtückisch. ◇ *nm, f* [personne] Verräter *der*, -in *die*.

traîtreusement [trɛtrøzmɑ̃] *adv* heimtückisch.

traîtrise [trɛtriz] *nf sout* **-1.** [déloyauté] Verrat *der*; **avec ~** verräterisch *(adv)*. **-2.** [acte] verräterische Handlung.

trajectoire [traʒɛktwar] *nf* Flugbahn *die*; *fig* Laufbahn *die*; **~ individuelle** Lebensweg *der*.

trajet [traʒɛ] *nm* **-1.** [distance] Strecke *die*. **-2.** [itinéraire] Weg *der*; **c'est sur mon ~** es liegt auf meinem Weg. **-3.** [voyage] Fahrt *die*.

tralala [tralala] *nm fam péj* Heckmeck *der*, Klimbim *der*.

trame [tram] *nf* **-1.** [de tissu] Schuß *der*. **-2.** *fig* [de récit] Rahmenhandlung *die*.

tramer [3] [trame] *vt sout* schmieden.

◆ **se tramer** *vp* **-1.** [chose, complot] sich zusammen|brauen. **-2.** *(emploi impersonnel)*: **il se trame quelque chose** es braut sich etwas zusammen.

trampoline [trɑ̃pɔlin] *nm* Trampolin *das*.

tramway [tramwɛ] *nm* Straßenbahn *die*, Tram *die*.

tranchant, e [trɑ̃ʃɑ̃, ɑ̃t] *adj* **-1.** [instrument] scharf. **-2.** [ton] schneidend. **-3.** [personne] entschieden.

◆ **tranchant** *nm* Schneide *die*; **à double ~** *fig* zweischneidig.

tranche [trɑ̃ʃ] *nf* **-1.** [d'aliment] Scheibe *die*; **une ~ de gâteau** ein Stück Kuchen. **-2.** [bord] Rand *der*; **~ d'un livre** Steg *der* eines Buches. **-3.** [période] Abschnitt *der*; **première ~ d'une émission** erster Teil einer Sendung; **~ horaire** TÉLÉ & RADIO Sendezeit *die*; **~ de vie** Lebensabschnitt. **-4.** [catégorie]: **~ d'âge** Altersgruppe *die*; **~ d'imposition** Steuerklasse *die*.

tranchée [trɑ̃ʃe] *nf* MIL Schützengraben *der*.

trancher [3] [trɑ̃ʃe] ◇ *vt* **-1.** [sectionner - câble, gorge] durch|schneiden; [- doigt] ab|schneiden. **-2.** [couper en tranches] schneiden. **-3.** [question] endgültig klären. ◇ *vi* **-1.** [décider] eine Entscheidung fällen. **-2.** [contraster]: **~ sur** OU **avec qqch** sich von etw ab|heben.

tranchoir [trɑ̃ʃwar] *nm* **-1.** [couteau] Tranchiermesser *das*. **-2.** [planche] Tranchierbrett *das*.

tranquille [trɑ̃kil] *adj* **-1.** [paisible, sans histoire] ruhig; **laisser qqn ~** jn in Ruhe lassen; **se tenir** OU **rester ~** [ne pas bouger] still|halten; [être raisonnable] sich ruhig verhalten; **bonheur ~** stilles Glück; **homme ~** friedlicher Mensch. **-2.** [rassuré] unbesorgt; **je ne serai pas ~ tant que ...** solange ..., werde ich keine Ruhe haben.

tranquillement [trɑ̃kilmɑ̃] *adv* **-1.** [lentement] in aller Ruhe. **-2.** [sereinement] unbesorgt.

tranquillisant, e [trɑ̃kilizɑ̃, ɑ̃t] *adj* beruhigend.

◆ **tranquillisant** *nm* MÉD Beruhigungsmittel *das*.

tranquilliser [3] [trɑ̃kilize] *vt* beruhigen.

◆ **se tranquilliser** *vp* sich beruhigen.

tranquillité [trɑ̃kilite] *nf* Ruhe *die*; **~ d'esprit** innere Ruhe.

transaction [trɑ̃zaksjɔ̃] *nf* **-1.** COMM Geschäft *das*. **-2.** FIN Transaktion *die*.

transactionnel, elle [trɑ̃zaksjɔnɛl] *adj* vermittelnd; **analyse ~le** PSYCHOL Transaktionsanalyse *die*.

transalpin, e [trɑ̃zalpɛ̃, in] *adj* jenseits der Alpen.

transat [trɑ̃zat] ◇ *nm* Liegestuhl *der*. ◇ *nf* Transatlantikrennen *das*.

transatlantique [trɑ̃zatlɑ̃tik] ◇ *nm* [paquebot] Überseedampfer *der*. ◇ *nf* [course] Transatlantikrennen *das*.

transbahuter [3] [trɑ̃sbayte] *vt fam* schleppen.

transbordement [trɑ̃sbɔrdəmɑ̃] *nm* Umladen *das*, Umschlag *der*.

transcendant, e [trɑ̃sɑ̃dɑ̃, ɑ̃t] *adj* **-1.** *fam* [extraordinaire] überwältigend. **-2.** PHILOSOPHIE transzendent.

transcender [3] [trɑ̃sɑ̃de] *vt*: **~ qqch** über etw *(A)* hinaus|gehen.

◆ **se transcender** *vp* sich selbst übertreffen.

transcoder [3] [trɑ̃skɔde] *vt* INFORM umkodieren.

transcription [trɑ̃skripsjɔ̃] *nf* **-1.** [copie] Abschreiben *das*. **-2.** [dans un autre alphabet] Umschreiben *das*; **~ phonétique** Lautschrift *die*. **-3.** MUS Transkription *die*.

transcrire [99] [trɑ̃skrir] *vt* **-1.** [copier] ab|schreiben. **-2.** [dans un autre alphabet] um|schreiben. **-3.** MUS transkribieren.

transcris *etc* → **transcrire**.

transcrit, e [trɑ̃skri, it] *pp* → **transcrire**.

transcrivais *etc* → **transcrire**.

transe [trɑ̃s] *nf* Trance *die*; **être en ~** in Trance sein; **entrer en ~** *fig* in Erregung geraten.

transférer [18] [trɑ̃sfere] *vt* verlegen.

transfert [trɑ̃sfɛr] *nm* **-1.** [déplacement - de population] Umsiedelung *die*; [- de prisonniers] Überstellung *die*; [- de marchandises, de fonds] Transfer *der*. **-2.** [de locaux] Verlegung *die*. **-3.** JUR [transmission] Übertragung *die*. **-4.** PSYCHOL Transfer *der*.

transfigurer [3] [trɑ̃sfigyre] *vt* **-1.** [personne] verklären. **-2.** [chose] verwandeln.

transformable [trɑ̃sfɔrmabl] *adj*: **canapé ~** Schlafcouch *die*.

transformateur, trice [trɑ̃sfɔrmatœr, tris] *adj* **-1.** [industrie] weiterverarbeitend. **-2.** *fig* [qui modifie] verwandelnd; **pouvoir ~** Verwandlungsfähigkeit *die*.

◆ **transformateur** *nm* Transformator *der*.

transformation [trɑ̃sfɔrmasjɔ̃] *nf* **-1.** [changement] Veränderung *die*. **-2.** [de matière] Weiterverarbeitung *die*. **-3.** [au rugby] Verwandlung *die*.

transformer [3] [trɑ̃sfɔrme] *vt* **-1.** [lieu, objet, matière] um|gestalten; **~ qqch en qqch** etw in etw *(A)* verwandeln. **-2.** [personne] wandeln. **-3.** [au rugby] verwandeln.

◆ **se transformer** *vp*: **se ~ en qqch** sich in etw *(A)* verwandeln.

transfuge [trɑ̃sfyʒ] *nmf* Überläufer *der*, -in *die*.

transfuser [3] [trɑ̃sfyze] *vt* [sang] übertragen.

transfusion [trɑ̃sfyzjɔ̃] *nf* Transfusion *die*; **~ sanguine** Bluttransfusion.

transgresser [4] [trɑ̃sgrese] *vt* übertreten.

transgression [trɑ̃zgrɛsjɔ̃] *nf* Übertretung *die*.

transhumance [trɑ̃zymɑ̃s] *nf* Almauftrieb *der*.

transi, e [trɑ̃zi] *adj*: **être ~ de froid/peur** vor Kälte/Angst starr sein.

transiger [17] [trɑ̃ziʒe] *vi*: **ne pas ~ sur qqch** auf etw *(A)* bestehen.

transistor [trɑ̃zistɔr] *nm* **-1.** [composant] Transistor *der*. **-2.** [radio] Transistorradio *das*.

transit [trɑ̃zit] *nm* Transit *der*; **en ~** Transit-.

transitaire [trɑ̃zitɛr] *nm* Transithändler *der*.

transiter [3] [trɑ̃zite] ◇ *vt* im Transitverkehr verfrachten. ◇ *vi* **-1.** [marchandise] im Transitverkehr durch|gehen. **-2.** [voyageur] durch|reisen; **~ par Paris/la Grèce** über Paris/Griechenland reisen.

transitif, ive [trɑ̃zitif, iv] *adj* transitiv.

transition [trɑ̃zisjɔ̃] *nf* **-1.** [passage, étape] Übergang *der*; **~ de qqch à qqch** Übergang von etw zu etw; **sans ~** übergangslos. **-2.** [dans un texte] Überleitung *die*.

transitivité [trɑ̃zitivite] *nf* Transitivität *die*.

transitoire [trɑ̃zitwar] *adj* [passager] vorübergehend; **mesures ~s** Übergangsmaßnahmen *Pl*.

translucide [trɑ̃slysid] *adj* durchscheinend.

transmets *etc* → **transmettre**.

transmettre [84] [trɑ̃smɛtr] *vt* **-1.** [objet]: **~ qqch à qqn** etw an jn weiter|geben. **-2.** [ordre, nouvelle, message] übermitteln. **-3.** [patrimoine, héritage] vermachen. **-4.** [émission, pouvoir, fonction, signal] übertragen.

◆ **se transmettre** *vp* **-1.** [maladie, courant, ondes] übertragen werden. **-2.** [circuler] weitergeleitet werden.

transmis, e [trɑ̃smi, iz] *pp* → **transmettre**.

transmissible [trɑ̃smisibl] *adj* übertragbar.

transmission [trɑ̃smisjɔ̃] *nf* **-1.** [de biens, de maladie] Übertragung *die*. **-2.** [de message] Übermittlung *die*; **~ de connaissances** Wissensvermittlung *die*. **-3.** TECHNOL Kraftübertragung *die*; **~ par courroie** Riemenantrieb *der*.

transocéanique [trɑ̃zɔseanik] *adj* **-1.** [au-delà de l'océan] transozeanisch. **-2.** [qui traverse l'océan] Übersee-.

transparaître [91] [trɑ̃sparɛtr] *vi*: **laisser ~ qqch** etw erkennen lassen; **un ton où ne transparaissait aucun humour** ein Tonfall, der keinerlei Humor erkennen ließ; **~ à travers qqch** durch etw durch|scheinen.

transparence [trɑ̃sparɑ̃s] *nf* **-1.** [d'objet, de matériau] Durchsichtigkeit *die*. **-2.** [de regard] Klarheit *die*; [de teint] Zartheit *die*. **-3.** *fig* [d'allusion, de sentiment] Durchschaubarkeit *die*. **-4.** *fig* [de l'information] Transparenz *die*.

transparent, e [trɑ̃sparɑ̃, ɑ̃t] *adj* **-1.** [objet, matériau] durchsichtig. **-2.** [teint, peau] zart. **-3.** *fig* [clair, évident] durchschaubar.

◆ **transparent** *nm* [pour rétroprojecteur] Overheadfolie *die*.

transpercer [16] [trɑ̃spɛrse] *vt* **-1.** [perforer] durchbohren. **-2.** [sujet: pluie, froid] durchdringen.

transpiration [trɑ̃spirasjɔ̃] *nf* [de personne] Schwitzen *das*.

transpirer [3] [trɑ̃spire] *vi* **-1.** [suer] schwitzen. **-2.** *fig* [secret, information] durch|sickern.

transplant [trɑ̃splɑ̃] *nm* Transplantat *das*.

transplantation [trɑ̃splɑ̃tasjɔ̃] *nf* **-1.** [d'arbre] Umpflanzung *die*. **-2.** [d'organe] Transplantation *die*. **-3.** *fig* [déplacement] Umsiedlung *die*.

transplanter [3] [trɑ̃splɑ̃te] *vt* **-1.** [arbre] um|pflanzen. **-2.** [organe] transplantieren. **-3.** *fig* [déplacer] um|siedeln.

transport [trɑ̃spɔr] *nm* **-1.** [gén] Transport *der*, Beförderung *die*; **~ aérien** Luftverkehr *der*; **~ ferroviaire** Bahntransport; **~ maritime** Seetransport; **~s en commun** öffentliche Verkehrsmittel *Pl*. **-2.** *sout* [émotion]: **~s amoureux** Leidenschaft *die*; **~s de colère** Wutausbruch *der*.

transportable [trɑ̃spɔrtabl] *adj* **-1.** [marchandise] transportabel. **-2.** [blessé] transportfähig.

transporter [3] [trɑ̃spɔrte] *vt* transportieren, befördern; *fig* mit|reißen; **être transporté de joie/bonheur** *fig* vor Freude/Glück außer sich sein.

transporteur [trɑ̃spɔrtœr] *nm* **-1.** [personne] Spediteur *der*; **~ routier** Straßentransportunternehmer *der*. **-2.** [machine] Förderanlage *die*.

transposer [3] [trɑ̃spoze] *vt* **-1.** [situation, intrigue] übertragen. **-2.** [adapter] um|schreiben; **~ un roman à l'écran** einen Roman verfilmen. **-3.** [mots, lettres] um|stellen.

transposition [trɑ̃spozisjɔ̃] *nf* **-1.** [de situation, d'intrigue] Übertragung *die*. **-2.** [adaptation]: **~ à l'écran** Verfilmung *die*. **-3.** [de mots, de lettres] Umstellung *die*.

transsexuel, elle [trɑ̃ssɛksɥɛl] ◇ *adj* transsexuell. ◇ *nm, f* Transsexuelle *der, die*.

transvaser [3] [trɑ̃svaze] *vt* um|füllen.

transversal, e, aux [trɑ̃svɛrsal, o] *adj* Quer-.

trapèze [trapɛz] *nm* **-1.** [GÉOM, de gymnastique] Trapez *das*. **-2.** ANAT [muscle] Trapezmuskel *der*.

trapéziste [trapezist] *nmf* Trapezkünstler *der*, -in *die*.

trappe [trap] *nf* **-1.** [ouverture] Bodenluke *die*. **-2.** [piège] Fallgrube *die*.

trappeur [trapœr] *nm* Trapper *der*.

trapu, e [trapy] *adj* **-1.** [personne] gedrungen. **-2.** [édifice] wuchtig.

traquenard [traknar] *nm* **-1.** [piège] Falle *die*; **tomber dans un ~** in eine Falle gehen. **-2.** *fig* [difficulté] Tücke *die*.

traquer [3] [trake] *vt* **-1.** [animal] hetzen. **-2.** [personne] in die Enge treiben. **-3.** *fig* [erreur] hinterher|sein.

traumatisant, e [tromatizɑ̃, ɑ̃t] *adj*: **être ~ pour qqn** für jn ein Schock sein.

traumatiser [3] [tromatize] *vt* **-1.** [psychiquement]: **~ qqn** jm einen Schock versetzen. **-2.** MÉD verletzen.

traumatisme [tromatism] *nm* **-1.** [psychique] Schock *der*. **-2.** MÉD Trauma *das*; **~ crânien** Schädeltrauma.

traumatologie [tromatɔlɔʒi] *nf* Traumatologie *die*.

travail [travaj] *nm* **-1.** [gén] Arbeit *die*; **se mettre au ~** sich an die Arbeit machen; **qqch demande du ~** etw ist arbeitsaufwendig; **~ intérimaire** OU **temporaire** Zeitarbeit; **~ au noir** Schwarzarbeit; **~ précaire** unsicherer Arbeitsplatz; **abattre du ~** zügig arbeiten; **mâcher le ~ à qqn** jm die Arbeit vor|kauen. **-2.** [de matériau]: **~ du bois** Holzbearbeitung *die*; **~ du métal** Metallverarbeitung *die*. **-3.** [fermentation] Gären *das*.

◆ **travaux** *nmpl* **-1.** [chantier] Bauarbeiten *Pl*; **travaux sur la voie publique** Straßenbauarbeiten; **(le bâtiment et les) travaux publics** (Hoch- und) Tiefbau *der*. **-2.** SCOL: **travaux dirigés** Übungen *Pl*; **travaux manuels** Werkunterricht *der*; **travaux pratiques** praktische Übungen *Pl*.

◆ **travaux d'approche** *nmpl* [démarches] Vorarbeit *die*.

travaillé, e [travaje] *adj* **-1.** [matériau] bearbeitet. **-2.** [style] ausgefeilt. **-3.** [personne]: **être ~ par qqch** von etw geplagt sein.

travailler [3] [travaje] ◇ *vi* arbeiten; **~ chez IBM/dans l'édition** bei IBM/im Verlagswesen arbeiten; **~ sur** OU **à qqch** an etw *(D)* arbeiten. ◇ *vt* **-1.** [s'exercer à, étudier] üben. **-2.** [matière, personne] bearbeiten. **-3.** [sujet: idée, doute] beschäftigen. **-4.** CULIN: **~ la pâte** den Teig kneten.

travailleur, euse [travajœr, øz] ◇ *adj* [appliqué] arbeitsam. ◇ *nm, f* Arbeiter *der*, -in *die*; **~ immigré** Gastarbeiter; **~ à domicile** Heimarbeiter; **~ indépendant** Selbständige *der, die*.

travailliste [travajist] POLIT ◇ *adj* der Labour-Partei. ◇ *nmf* Anhänger *der*, -in *die* der Labour-Partei.

travée [trave] *nf* **-1.** ARCHIT Joch *das*. **-2.** [rangée] Reihe *die*.

traveller's cheque (*pl* **traveller's cheques**), **traveller's check** (*pl* **traveller's checks**) [travloerzʃɛk] *nm* Travellerscheck *der*.

travelling [travliŋ] *nm* Fahraufnahme *die*.

travelo [travlo] *nm tfam* Transvestit *der*.

travers [travɛr] *nm* [défaut] Eigenart *die*.

◆ **à travers** *loc adv* & *loc prép* durch.

◆ **au travers** *loc adv*: **ce pull est tellement usé qu'on voit au ~** dieser Pulli ist so abgenutzt, daß man hindurchsehen kann; **passer au ~** davon|kommen.

◆ **au travers de** *loc prép*: **au ~ de qqch** durch etw hindurch.

◆ **de travers** *loc adv* **-1.** [pas droit, de biais] schief; **avaler de ~** sich verschlucken; **marcher de ~** torkeln. **-2.** *fig* [mal] falsch; **aller de ~** schief|gehen; **comprendre qqch de ~** etw mißverstehen; **prendre qqch de ~** etw übel|nehmen, etw falsch verstehen; **regarder qqn de ~** jn schief an|sehen.

◆ **en travers** *loc adv*: **scier une planche en ~** ein Brett quer durch|sägen; **la route était barrée parce qu'un arbre était tombé en ~** die Straße war wegen eines querliegenden Baums gesperrt.

◆ **en travers de** *loc prép*: **en ~ de qqch** quer über etw *(D)*; **le chien était couché en ~ de la porte** der Hund lag quer vor der Tür.

traverse [travɛrs] *nf* Bahnschwelle *die*; **chemin de ~** Abkürzung *die*.

traversée [travɛrse] *nf* **-1.** [de lieu] Durchquerung *die*, Durchfahrt *die*. **-2.** [en bateau] Überfahrt *die*.

traverser [3] [travɛrse] *vt* **-1.** [rue, pièce, mer] überqueren. **-2.** [montagne, tunnel, foule] durchqueren. **-3.** [transpercer] durchdringen; **le clou a traversé la cloison** der Nagel hat die Zwischenwand durchbohrt. **-4.** [vivre] durchlaufen; **~ une crise** eine Krise durch|machen. **-5.** [temps, événement] überdauern.

traversin [travɛrsɛ̃] *nm* [coussin] ≃ Nackenrolle *die*.

travestir [32] [travɛstir] *vt* verkleiden; *fig* entstellen.

◆ **se travestir** *vp* **-1.** [pour un bal] sich verkleiden. **-2.** [s'habiller en femme] sich transvestieren.

travestissement [travɛstismɑ̃] *nm* Verkleidung *die*; *fig* Entstellung *die*.

trayeuse [trɛjøz] *nf* [machine] Melkanlage *die*.

trébucher [3] [trebyʃe] *vi* stolpern; **~ sur** OU **contre qqch** über etw *(A)* stolpern.

trèfle [trɛfl] *nm* **-1.** [plante] Klee *der*; **~ à quatre feuilles** vierblättriges Kleeblatt. **-2.** [aux cartes] Kreuz *(das)*.

tréfonds [trefɔ̃] *nm sout* Tiefe *die*; **jusqu'au ~ de qqch** bis in die Abgründe einer Sache *(G)*.

treillage [trɛjaʒ] *nm* [clôture] Gitterzaun *der*.

treille [trɛj] *nf* **-1.** [de vigne] Kletterrebe *die*. **-2.** [tonnelle] Weinlaube *die*.

treillis [trɛji] *nm* **-1.** [clôture] Gitter(werk) *das*. **-2.** [toile] Drillich *der*. **-3.** MIL Drillichanzug *der*.

treize [trɛz] ◇ *adj inv* & *pron inv* dreizehn. ◇ *nm inv* Dreizehn *die*; *voir aussi* **six**.

treizième [trɛzjɛm] ◇ *adj* dreizehnte,-r,-s; **~ mois** dreizehntes Monatsgehalt. ◇ *nmf* Dreizehnte *der, die, das*. ◇ *nm* [arrondissement] dreizehntes Arrondissement; *voir aussi* **sixième**.

trekking [trɛkiŋ] *nm* Trekking *das*.

tréma [trema] *nm* [français] Trema *das*; [allemand] Umlaut *der*.

tremblant, e [trɑ̃blɑ̃, ɑ̃t] *adj* **-1.** [de froid, voix] zitternd. **-2.** [d'émotion] bebend; **être tout ~** heftig zittern. **-3.** [lumière] flackernd.

tremble [trɑ̃bl] *nm* Espe *die*.

tremblement [trɑ̃bləmɑ̃] *nm* Zittern *das*; **~ de terre** Erdbeben *das*.

trembler [3] [trɑ̃ble] *vi* **-1.** [de froid, voix] zittern. **-2.** [d'émotion, terre] beben. **-3.** *fig* [avoir peur]: **~ pour qqn/qqch** um jn/etw zittern; **~ de faire qqch** Angst haben, etw zu tun; **~ que** *(+ subjonctif) sout* befürchten, daß. **-4.** [lumière] flackern.

tremblotant, e [trɑ̃blɔtɑ̃, ɑ̃t] *adj* **-1.** [personne] zitternd. **-2.** [voix] zittrig. **-3.** [lumière] flimmernd.

trembloter [3] [trɑ̃blɔte] *vi* **-1.** [personne, voix] zittern. **-2.** [lumière] flimmern.

trémière [tremjɛr] → **rose**.

trémolo [tremɔlo] *nm* Tremolo *das*; **avoir des ~s dans la voix** *hum* ein leichtes Beben in der Stimme haben.

trémousser [3] [tremuse]

◆ **se trémousser** *vp* sich hin- und herwiegen.

trempe [trɑ̃p] *nf* **-1.** [force de caractère]: **de cette/ta ~** von diesem/deinem Schlag. **-2.** *fam* [coups] Prügel *Pl*; **donner une ~ à qqn** jm Prügel verabreichen.

trempé, e [trɑ̃pe] *adj* durchnäßt; **~ jusqu'aux os** naß bis auf die Haut.

tremper [3] [trɑ̃pe] ◇ *vt* **-1.** [mouiller] durchnässen. **-2.** [plonger]: **~ qqch dans qqch** etw in etw *(A)* ein|tauchen. **-3.** [métal] härten. ◇ *vi* **-1.** [linge] (ein|)weichen; **faire ~ qqch** [linge] etw (ein|)weichen; [légumes] etw ins Wasser legen. **-2.** [se compromettre]: **~ dans qqch** in etw *(A)* verwickelt sein.

◆ **se tremper** *vp* **-1.** [se mouiller] sich naß machen. **-2.** [se baigner] (kurz) ins Wasser gehen.

trempette [trɑ̃pɛt] *nf*: **faire ~** *fam* kurz ins Wasser gehen.

tremplin [trɑ̃plɛ̃] *nm* **-1.** [gén] Sprungbrett *das*; **servir de ~ à qqn** *fig* jm als Sprungbrett dienen. **-2.** [au ski] Sprungschanze *die*.

trench-coat [trɛnʃkot] (*pl* **trench-coats**) *nm* Trenchcoat *der*.

trentaine [trɑ̃tɛn] *nf* an die dreißig; **une ~ de personnes** etwa dreißig Leute; **avoir la ~** um die Dreißig sein, an die dreißig Jahre alt sein.

trente [trɑ̃t] ◇ *adj inv* & *pron inv* dreißig. ◇ *nm inv* Dreißig *die*; **se mettre sur son ~ et un** *fig* sich in Schale werfen; *voir aussi* **six**.

trente-trois tours [trɑ̃ttrwatur] *nm inv* Langspielplatte *die*.

trentième [trɑ̃tjɛm] ◇ *adj* dreißigste,-r,-s. ◇ *nmf* Dreißigste *der, die, das*; *voir aussi* **sixième**.

trépaner [3] [trepane] *vt* trepanieren.

trépas [trepa] *nm littéraire* Verscheiden *das*; **passer de vie à ~** aus dem Leben scheiden.

trépasser [3] [trepase] *vi littéraire* verscheiden.

trépidant, e [trepidɑ̃, ɑ̃t] *adj* **-1.** [rythme] rasant. **-2.** [vie] unruhig.

trépidation [trepidasjɔ̃] *nf* Erschütterung *die*.

trépied [trepje] *nm* Dreifuß *der*.

trépignement [trepiɲmɑ̃] *nm* Trampeln *das*.

trépigner [3] [trepiɲe] *vi* trampeln.

très [trɛ] *adv* sehr; **elles sont ~ amies** sie sind eng befreundet; **ils sont arrivés ~ en retard** sie sind mit großer Verspätung gekommen; **avoir ~ peur/envie** große Angst/Lust haben; **avoir ~ faim** großen Hunger haben; **être ~ au-dessus de qqch** weit über etw *(D)* sein.

trésor [trezɔr] *nm* **-1.** [gén] Schatz *der*; **mon ~** *fig* mein Schatz. **-2.** *fig* [abondance de]: **des ~s de qqch** ein großes Maß an etw *(D)*.

◆ **Trésor public** *nm* **-1.** [finances] Staatskasse *die*. **-2.** [institution] ≃ Finanzamt *das*.

trésorerie [trezɔrri] *nf* **-1.** [d'entreprise] Kasse *die*, Finanzen *Pl*. **-2.** [gestion] Kassenführung *die*. **-3.** [fonds disponibles] Liquiditäten *Pl*; **avoir des problèmes de ~** Liquiditätsprobleme haben.

trésorier, ère [trezɔrje, ɛr] *nm, f* [d'association, de parti] Kassenführer *der*, -in *die*; [de club] Kassenwart *der*.

tressaillement [tresajmɑ̃] *nm* **-1.** [de joie] Erbeben *das*. **-2.** [de douleur] Zusammenzucken *das*.

tressaillir [47] [tresajir] *vi* **-1.** [de joie] erbeben. **-2.** [de douleur] zusammen|zucken. **-3.** [sursauter] auf|schrecken.

tressauter [3] [tresote] *vi* **-1.** [sursauter] hoch|fahren. **-2.** [bringuebaler] gerüttelt werden; **faire ~** durch|rütteln.

tresse [trɛs] *nf* **-1.** [de cheveux] Zopf *der*. **-2.** [de rubans] Geflecht *das*.

tresser [4] [trese] *vt* flechten; **~ une guirlande** eine Girlande winden.

tréteau, x [treto] *nm* Bock *der*.

treuil [trœj] *nm* Winde *die*.

trêve [trɛv] *nf* **-1.** [cessez-le-feu] Waffenruhe *die*. **-2.** *fig* [répit] Rast *die*; **~ de plaisanteries** Spaß beiseite.

◆ **sans trêve** *loc adv* ohne Unterlaß.

tri [tri] *nm* **-1.** [de lettres] Sortieren *das*; **faire le ~ dans qqch** etw aus|sortieren. **-2.** [de candidats] Aussortieren *das*.

triage [trijaʒ] *nm* [classement] Sortieren *das*.

triangle [trijɑ̃gl] *nm* **-1.** [figure] Dreieck *das*; **~ isocèle/rectangle** gleichschenkliges/rechtwinkliges Dreieck. **-2.** MUS Triangel *der*.

triangulaire [trijɑ̃gylɛr] *adj* dreieckig, Dreiecks-.

triathlon [triatlɔ̃] *nm* Dreikampf *der*.

tribal, e, aux [tribal, o] *adj* Stammes-.

tribord [tribɔr] *nm* Steuerbord *das*; **à ~** nach Steuerbord.

tribu [triby] *nf* **-1.** [ethnie] Volksstamm *der*. **-2.** [groupe] Sippschaft *die*.

tribulations [tribylasjɔ̃] *nfpl* Unbill *die (sans pl)*.

tribun [tribœ̃] *nm* **-1.** HIST [magistrat]: **~ de la plèbe** Volkstribun *der*. **-2.** [orateur] Volksredner *der*.

tribunal, aux [tribynal, o] *nm* Gericht *das*; **~ correctionnel** ≃ Strafgericht; **~ d'exception** Sondergericht; **~ de grande instance** ≃ Landgericht; **~ d'instance** ≃ Amtsgericht; **~ de police** ≃ Polizeigericht; **~ pour enfants** Jugendgericht.

tribune [tribyn] *nf* **-1.** [d'orateur, de stade] Tribüne *die*. **-2.** *fig* [lieu d'expression] Forum *das*; **~ libre** Meinungsforum.

tribut [triby] *nm littéraire* Tribut *der*; **payer un lourd ~ à qqch** einer Sache *(D)* einen hohen Tribut zahlen.

tributaire [tribytɛr] *adj*: **être ~ de qqn/qqch** auf jn/etw angewiesen sein.

tricentenaire [trisɑ̃tnɛr] ◇ *adj* dreihundertjährig. ◇ *nm* dreihundertster Jahrestag.

triceps [trisɛps] *nm* Trizeps *der*.

triche [triʃ] *nf fam* : **c'est de la ~** das ist Schummelei.

tricher [3] [triʃe] *vi* **-1.** [au jeu] schummeln. **-2.** [à examen] spicken. **-3.** [mentir]: **~ sur qqch** etw falsch an|geben; **~ sur la qualité** die wahre Qualität verschleiern; **~ en affaires** krumme Geschäfte machen.

tricherie [triʃri] *nf* [au jeu] Schummelei *die*.

tricheur, euse [triʃœr, øz] *nm, f* [au jeu] Mogler *der*, -in *die*.

tricolore [trikɔlɔr] *adj* **-1.** [à trois couleurs] dreifarbig. **-2.** [français]: **drapeau ~** Trikolore *die*; **équipe ~** französische Nationalmannschaft.

tricot [triko] *nm* **-1.** [étoffe] Strick *der*. **-2.** [ouvrage] Strickarbeit *die*; **faire du ~** stricken. **-3.** [vêtement] Strickoberteil *das*; **~ de corps** Unterhemd *das*.

tricoter [3] [trikɔte] *vt* & *vi* stricken.

tricycle [trisikl] *nm* Dreirad *das*.

trident [tridɑ̃] *nm* **-1.** [de pêche] Fischspeer *der*. **-2.** [fourche] Heugabel *die*. **-3.** [symbole] Dreizack *der*.

tridimensionnel, elle [tridimɑ̃sjɔnɛl] *adj* dreidimensional.

triennal, e, aux [trienal, o] *adj* **-1.** [qui dure trois ans] dreijährig. **-2.** [qui a lieu tous les trois ans] dreijährlich.

trier [10] [trije] *vt* **-1.** [classer] sortieren. **-2.** [sélectionner] aus|wählen; **~ sur le volet** sorgfältig aus|wählen.

trifouiller [3] [trifuje] *vi fam* herum|wühlen.

trigonométrie [trigɔnɔmetri] *nf* Trigonometrie *die*.

trilingue [trilɛ̃g] ◇ *adj* **-1.** [revue] in drei Sprachen. **-2.** [personne] dreisprachig. ◇ *nmf* dreisprachige Person.

trille [trij] *nf* **-1.** MUS Triller *der*. **-2.** [d'oiseau] Trillern *das*.

trilogie [trilɔʒi] *nf* Trilogie *die*.

trim. -1. *abr de* **trimestre**. **-2.** *abr de* **trimestriel**.

trimaran [trimarɑ̃] *nm* Trimaran *der*.

trimbaler [3] [trɛ̃bale] *vt fam* **-1.** [personne] mit|schleppen. **-2.** [chose] mit sich herum|schleppen.

◆ **se trimbaler** *vp fam* herum|laufen.

trimer [3] [trime] *vi fam* schuften.

trimestre [trimɛstr] *nm* **-1.** [période] Vierteljahr *das*, Quartal *das*. **-2.** [somme] Vierteljahreszahlung *die*.

trimestriel, elle [trimɛstrijɛl] *adj* **-1.** [publication, bulletin] vierteljährlich. **-2.** [charge] Quartals-.

trimoteur [trimɔtœr] ◇ *adj m* dreimotorig. ◇ *nm* dreimotoriges Flugzeug.

tringle [trɛ̃gl] *nf* Stange *die*; **~ à rideaux** Gardinenstange.

Trinité [trinite] *nf* RELIG Dreieinigkeit *die*.

trinquer [3] [trɛ̃ke] *vi* **-1.** [boire] an|stoßen; **~ à la santé de qqn** auf js Gesundheit an|stoßen. **-2.** *fam* [être endommagé] schwer mitgenommen sein. **-3.** *fam* [se faire réprimander] eins auf den Deckel kriegen.

trio [trijo] *nm* Trio *das*.

triomphal, e, aux [trijɔ̃fal, o] *adj* triumphal.

triomphalement [trijɔ̃falmɑ̃] *adv* **-1.** [en triomphe] glanzvoll. **-2.** [fièrement] triumphierend.

triomphalisme [trijɔ̃falism] *nm* selbstgefällige Siegesgewißheit.

triomphant, e [trijɔ̃fɑ̃, ɑ̃t] *adj* triumphierend.

triomphateur, trice [trijɔ̃fatœr, tris] ◇ *adj* triumphierend. ◇ *nm, f* Sieger *der*, -in *die*.

triomphe [trijɔ̃f] *nm* **-1.** [succès] Triumph *der*. **-2.** [victoire] Sieg *der*; **en ~** als Sieger; **porter qqn en ~** jn auf den Schultern tragen. **-3.** [exultation] Jubelgeschrei *das*; **air de ~** Siegermiene *die*; **cri de ~** Siegesschrei *der*.

triompher [3] [trijɔ̃fe] *vi* **-1.** [gagner, réussir] triumphieren; **~ de qqn/qqch** jn/etw bezwingen. **-2.** [s'imposer] (ob|)siegen; **faire ~ qqch** etw durch|setzen. **-3.** [crier victoire] frohlocken.

trip [trip] *nm* [au LSD] Trip *der*.

triparti, e [triparti], **tripartite** [tripartit] *adj* **-1.** [accord] Dreier-. **-2.** [gouvernement] Dreiparteien-. **-3.** BOT dreiteilig.

tripatouiller [3] [tripatuje] *vt fam* : **~ qqch** [tripoter] an etw *(D)* herum|fingern; [remanier] an etw *(D)* herum|werkeln; **~ les comptes** die Buchführung frisieren.

triperie [tripri] *nf* **-1.** [commerce, magasin] Innereienhandel *der*. **-2.** [aliments] Innereien *Pl*.

tripes [trip] *nfpl* **-1.** [d'animal] Eingeweide *Pl*. **-2.** CULIN Kaldaunen *Pl*. **-3.** *fam* [de personne]: **avoir des ~** Mumm in den Knochen haben; **prendre qqn aux ~** *fig* jm an die Nieren gehen.

tripier, ère [tripje, ɛr] *nm, f* Innereienverkäufer *der*, -in *die*.

triple [tripl] ◇ *adj* dreifach. ◇ *nm* Dreifache *das*.

triplé [triple] *nm* **-1.** [au turf] Dreiersieg *der*. **-2.** SPORT dreifacher Sieg.

◆ **triplés, ées** *nm, f pl* [bébés] Drillinge *Pl*.

triplement [tripləmɑ̃] ◇ *adv* dreifach. ◇ *nm* Verdreifachung *die*.

tripler [3] [triple] ◇ *vt* verdreifachen. ◇ *vi* sich verdreifachen.

Tripoli [tripoli] *n* Tripolis *nt*.

triporteur [tripɔrtœr] *nm* dreirädriges Lieferfahrzeug.

tripot [tripo] *nm péj* Spielhölle *die*.

tripotage [tripɔtaʒ] *nm fam* [manigances] faule Tricks; **~s électroraux** Wahlmanipulation *die*.

tripoter [3] [tripɔte] *fam* ◇ *vt* **-1.** [objet]: **~ qqch** mit etw herum|spielen. **-2.** [personne]: **~ qqn** an jm herum|fummeln. ◇ *vi*: **~ dans qqch** [fouiller] in etw *(D)* herum|wühlen; [trafiquer] bei etw mit|mischen.

triptyque [triptik] *nm* **-1.** ART Triptychon *das*. **-2.** [trilogie] dreiteiliges Werk.

trique [trik] *nf* Knüppel *der*.

triste [trist] *adj* **-1.** [personne] traurig; **être ~ de qqch** über etw *(A)* traurig sein; **être ~ de faire qqch** etw mit Bedauern tun. **-2.** [pénible] betrüblich; **~ épreuve** schmerzliche Erfahrung. **-3.** [morne] trostlos. **-4.** *(avant n)* [lamentable] traurig; **c'est une ~ époque** es ist eine beklagenswerte Zeit.

tristement [tristəmɑ̃] *adv* **-1.** [d'un air triste] traurig; **il est ~ célébre** er hat es zu einer traurigen Berühmtheit gebracht. **-2.** [lugubrement] trostlos.

tristesse [tristɛs] *nf* **-1.** [chagrin] Traurigkeit *die*. **-2.** [de ville, de paysage] Trostlosigkeit *die*.

tristounet, ette [tristunɛ, ɛt] *adj fam* **-1.** [personne] betrübt. **-2.** [chose] trist.

triton [tritɔ̃] *nm* **-1.** ZOOL Wassermolch *der*. **-2.** PHYS Triton *das*.

triturer [3] [trityre] *vt* [malaxer] zerknautschen.

trivial, e, aux [trivjal, o] *adj* **-1.** [banal] gewöhnlich. **-2.** *péj* [vulgaire] ordinär.

trivialité [trivjalite] *nf* **-1.** [banalité] Trivialität *die*. **-2.** *péj* [vulgarité] Unanständigkeit *die*.

tr/mn, tr/min (*abr de* **tour par minute**) U/ min *(Umdrehung/Minute)*.

troc [trɔk] *nm* **-1.** [échange] Tausch *der*. **-2.** ÉCON Tauschhandel *der*.

troène [trɔɛn] *nm* Liguster *der*.

troglodyte [trɔglɔdit] *nm* [personne] Höhlenbewohner *der*.

trogne [trɔɲ] *nf fam* Visage *die*, Fratze *die*.

trognon [trɔɲɔ̃] ◇ *nm* Kerngehäuse *das*. ◇ *adj fam* niedlich.

troïka [trɔika] *nf* Troïke *die*.

trois [trwa] ◇ *adj inv* & *pron inv* drei; **les ~ jours** [à l'armée] *dreitägige Musterung beim französischen Militär*; **c'est ~ fois rien** das ist nicht der Rede wert. ◇ *nm inv* Drei *die*; *voir aussi* **six**.

trois-étoiles [trwazetwal] ◇ *adj* Dreisterne-. ◇ *nm* [hôtel] Dreisternehotel *das*; [restaurant] Dreisternerestaurant *das*.

trois-huit [trwayit] *nm inv*: **faire les ~** in drei Schichten arbeiten.

troisième [trwazjɛm] ◇ *adj* dritte,-r,-s. ◇ *nmf* Dritte *der, die, das.* ◇ *nf* **-1.** SCOL ≃ neunte Klasse. **-2.** [vitesse] Dritte *der.* ◇ *nm* **-1.** [fraction] Drittel *das.* **-2.** [arrondissement] drittes Arrondissement. **-3.** [étage] dritter Stock, dritte Etage; *voir aussi* **sixième**.

troisièmement [trwazjɛmmɑ̃] *adv* drittens.

trois-mâts [trwama] *nm* Dreimaster *der.*

trois-quarts [trwakar] *nm* SPORT Centrespieler *der,* Centre *der.*

trolleybus [trɔlɛbys], **trolley** [trɔlɛ] *nm* Trolleybus *der,* Obus *der.*

trombe [trɔ̃b] *nf*: **en ~** blitzschnell; **~s d'eau** Regenguß *der;* **il tombe des ~s d'eau** es gießt (wie aus Eimern).

trombone [trɔ̃bɔn] *nm* **-1.** [agrafe] Büroklammer *die.* **-2.** [MUS - instrument] Posaune *die;* [- musicien] Posaunist *der,* -in *die;* **~ à coulisse** Zugposaune.

trompe [trɔ̃p] *nf* **-1.** [instrument] Horn *das.* **-2.** [d'éléphant] Rüssel *der;* [d'insecte] Saugrüssel. **-3.** ANAT Tuba *die,* Tube *die;* **~ utérine** Eileiter *der.*

trompe-l'œil [trɔ̃plœj] *nm inv* Trompe-l'œil *der; fig* Augenwischerei *die.*

tromper [3] [trɔ̃pe] *vt* **-1.** [berner, être infidèle à] betrügen. **-2.** [déjouer, induire en erreur] täuschen. **-3.** [faim, ennui] überlisten.

◆ **se tromper** *vp* sich täuschen, sich irren; **se ~ d'heure/d'adresse** sich in der Uhrzeit/Adresse irren; **se ~ de 30 francs** sich um 30 Franc verrechnen; **se ~ de numéro** sich verwählen.

tromperie [trɔpri] *nf* Täuschung *die,* Betrug *der.*

trompette [trɔ̃pɛt] *nf* Trompete *die.*

trompettiste [trɔ̃petist] *nmf* Trompeter *der,* -in *die.*

trompeur, euse [trɔ̃pœr, øz] ◇ *adj* **-1.** [chose] täuschend, trügerisch; **les apparences sont trompeuses** der Schein trügt. **-2.** [personne] betrügerisch. ◇ *nm, f* Betrüger *der,* -in *die;* **à ~, ~ et demi** wie du mir, so ich dir.

trompeusement [trɔ̃pøzmɑ̃] *adv* trügerisch, täuschend.

tronc [trɔ̃] *nm* **-1.** [d'arbre] Stamm *der.* **-2.** [torse] Rumpf *der.* **-3.** [d'église] Opferstock *der.*

◆ **tronc commun** *nm* **-1.** [partie commune] gemeinsamer Teil. **-2.** SCOL & UNIV Grundstudium *das.*

tronche [trɔ̃ʃ] *nf fam péj* Fratze *die,* Birne *die;* **faire la ~** ein langes Gesicht ziehen.

tronçon [trɔ̃sɔ̃] *nm* **-1.** [d'objet] Abschnitt *der.* **-2.** [de route, de voie] Streckenabschnitt *der.*

tronçonner [3] [trɔ̃sɔne] *vt* (in Teile) sägen, zersägen.

tronçonneuse [trɔ̃sɔnøz] *nf* Motorsäge *die.*

trône [tron] *nm* Thron *der.*

trôner [3] [trone] *vi* thronen.

tronquer [3] [trɔ̃ke] *vt* verstümmeln.

trop [tro] *adv* **-1.** [excessivement - en quantité] zuviel; [- en fréquence] zu oft; [- en intensité] zu sehr; **nous étions ~ (nombreux)** wir waren zu viele; **il mange ~** er ißt zuviel; **~ de café** zuviel Kaffee; **~ de monde** zu viele Leute; **bien** OU **beaucoup ~** viel zu(viel); **avoir ~ peur** übergroße Angst haben. **-2.** [avec un adjectif] (all)zu; **il a ~ chaud/froid** ihm ist es zu warm/kalt; **la maison est ~ chauffée** das Haus ist überheizt. **-3.** [avec une négation]: **pas ~** nicht sonderlich; **c'est pas ~ mal** es ist gar nicht so schlecht; **je ne le connais pas ~** ich kenne ihn nicht näher; **je n'aime pas ~ ça** das mag ich nicht so gerne; **on ne se voit plus ~** wir sehen uns kaum mehr; **je ne sais pas ~** ich weiß nicht recht; **sans ~ savoir pourquoi** ohne zu wissen, warum eigentlich.

◆ **de trop, en trop** *loc adv* zuviel; **10 francs de** OU **en ~** 10 Franc zuviel; **se sentir en** OU **de ~** sich überflüssig vor|kommen.

◆ **trop peu** *loc adv* zuwenig; [en fréquence] zu selten.

trophée [trɔfe] *nm* Trophäe *die.*

tropical, e, aux [trɔpikal, o] *adj* tropisch, Tropen-.

tropique [trɔpik] *nm* Wendekreis *der;* **~ du Cancer/du Capricorne** Wendekreis des Krebses/des Steinbocks.

◆ **tropiques** *nmpl* Tropen *Pl.*

trop-perçu [trɔpɛrsy] (*pl* **trop-perçus**) *nm* zuviel erhobener Betrag; [d'impôt] überhöhte Steuerzahlung.

trop-plein [trɔplɛ̃] (*pl* **trop-pleins**) *nm* **-1.** [ce qui déborde] überschüssige Menge; **un ~ de qqch** *fig* ein Übermaß an etw *(D).* **-2.** [déversoir] Überlauf *der.*

troquer [3] [trɔke] *vt*: **~ qqch contre qqch** [biens] etw gegen etw tauschen; *fig* etw gegen etw ein|tauschen; **je troquerais bien ma situation contre la tienne** ich würde gern mit dir tauschen.

troquet [trɔkɛ] *nm fam* Kneipe *die.*

trot [tro] *nm* Trab *der;* **au ~!** im Trab!; *fam fig* dalli dalli!

trotter [3] [trɔte] *vi* **-1.** [cheval] traben. **-2.** [personne] herum|rennen, herum|tippeln.

trotteur, euse [trɔtœr, øz] *nm, f* Traber *der.*

◆ **trotteuse** *nf* Sekundenzeiger *der.*

trottiner [3] [trɔtine] *vi* **-1.** [cheval] leicht traben, im langsamen Trab laufen. **-2.** [personne] trippeln, einher|traben.

trottinette [trɔtinɛt] *nf* Roller *der.*

trottoir [trɔtwar] *nm* Bürgersteig *der*, Gehsteig *der*; **faire le ~** *fam fig* auf den Strich gehen.

trou [tru] *nm* Loch *das*; **~ d'air** [en avion] Luftloch; **~ de mémoire** Gedächtnislücke *die*; **~ de la serrure** Schlüsselloch; **mettre qqn au ~** *fam* jn ein|lochen.

troublant, e [trublɑ̃, ɑ̃t] *adj* **-1.** [déconcertant] verwirrend; **ressemblance ~e** täuschende Ähnlichkeit. **-2.** [femme, décolleté] verführerisch.

trouble [trubl] ◇ *adj* **-1.** [liquide] trüb(e). **-2.** [image] unscharf; **avoir la vue ~** verschwommen sehen. **-3.** [affaire, situation] undurchsichtig, unklar. ◇ *nm* **-1.** [désordre, émotion] Verwirrung *die*. **-2.** [dérèglement] Störung *die*; **~s circulatoires** Kreislaufstörungen; **~s moteurs** motorische Störungen; **~s respiratoires** Atmungsstörungen, Atembeschwerden.

◆ **troubles** *nmpl* [émeutes] Unruhen *Pl.*

trouble-fête [trubləfɛt] *nmf inv* Spielverderber *der*, -in *die*, Miesmacher *der*.

troubler [3] [truble] *vt* **-1.** [liquide, esprit, raison] trüben. **-2.** [vue] verschwommen machen, trüben. **-3.** [perturber] stören. **-4.** [rendre perplexe] verwirren. **-5.** [inquiéter] beunruhigen. **-6.** [émouvoir] ergreifen.

◆ **se troubler** *vp* **-1.** [liquide] trübe werden, sich trüben. **-2.** [personne] verlegen werden.

trouée [true] *nf* **-1.** [large ouverture] Schneise *die*. **-2.** MIL Durchbruch *der*. **-3.** GÉOGR Talsenke *die*.

trouer [3] [true] *vt* **-1.** [percer]: **~ qqch** etw (durch)löchern, in etw *(A)* Löcher machen. **-2.** [sujet: lumière] durchdringen, durchbrechen.

troufion [trufjɔ̃] *nm fam* einfacher Soldat.

trouillard, e [trujar, ard] *fam* ◇ *adj* überängstlich. ◇ *nm, f* Angsthase *der*, Hosenscheißer *der*.

trouille [truj] *nf fam* Schiß *der*, Muffe *die*; **avoir la ~** Schiß OU Muffe haben; **foutre la ~ à qqn** *vulg* jm Angst ein|jagen.

troupe [trup] *nf* **-1.** MIL & THÉÂTRE Truppe *die*. **-2.** [groupe] Gruppe *die*.

troupeau, x [trupo] *nm* Herde *die*.

trousse [trus] *nf* Etui *das*, Necessaire *das*; **~ d'écolier** Federmäppchen *das*; **~ de secours** Verbandstasche *die*; **~ de toilette** Toilettenetui.

◆ **trousses** *nfpl*: **avoir qqn à ses ~s** jn auf den Fersen haben; **être aux ~s de qqn** jm auf den Fersen sein.

trousseau, x [truso] *nm* **-1.** [de clés] Schlüsselbund *der*. **-2.** [de mariée] *zur Aussteuer gehörende Wäsche und Kleidung.*

trousser [3] [truse] *vt* **-1.** [manches] auf|rollen, auf|krempeln; [jupes] hoch|heben. **-2.** CULIN zusammen|binden.

trouvaille [truvaj] *nf* **-1.** [découverte] Glückstreffer *der*; **faire une ~** fündig werden, ein Schnäppchen machen. **-2.** [idée, invention] glücklicher Einfall.

trouvé, e [truve] *adj*: **bien ~** treffend; **tout ~** gebrauchsfertig; **c'est une solution toute ~e** diese Lösung bietet sich geradezu an.

trouver [3] [truve] *vt* **-1.** [gén] finden; **~ du charme/de l'esprit à qqn** jn charmant/geistreich finden; **mais qu'est-ce qu'elle lui trouve?** was findet sie an ihm?; **je te trouve bonne mine** ich finde, daß gut aussiehst; **~ du plaisir à faire qqch** Gefallen daran finden, etw zu tun; **~ la maison vide** ein leeres Haus vor|finden; **~ bon que** es gut finden, daß; **~ mauvais que** es nicht gut OU schlecht finden, daß; **il a trouvé à s'occuper** er hat etwas zu tun gefunden; **aller ~ qqn** jn auf|suchen. **-2.** [par déduction] heraus|finden. **-3.** [par hasard] entdecken; **j'ai trouvé un petit café très sympa** ich habe ein nettes, kleines Café entdeckt.

◆ **se trouver** ◇ *vp* **-1.** [dans un lieu, dans un état] sich befinden; **se ~ mal** [s'évanouir] die Besinnung verlieren, zusammen|brechen. **-2.** [problème, solution] liegen. **-3.** [s'estimer]: **se ~ beau/gros** sich schön/dick finden. ◇ *v impers*: **il se trouve que** der Zufall will, daß; **si ça se trouve** womöglich.

truand [tryɑ̃] *nm* Gauner *der*, -in *die*.

truander [3] [tryɑ̃de] *fam* ◇ *vt* übers Ohr hauen, über den Tisch ziehen. ◇ *vi*: **il truande tout le temps** er mogelt andauernd.

trublion [tryblijɔ̃] *nm* Unruhestifter *der*, -in *die*, Randalierer *der*, -in *die*.

truc [tryk] *nm fam* **-1.** [combine] Trick *der*. **-2.** [chose] Ding *das*, Teil *das*; **l'opéra, c'est pas mon ~** ich stehe nicht auf Opernmusik.

trucage = **truquage**.

truchement [tryʃmɑ̃] *nm*: **par le ~ de** durch.

trucider [3] [tryside] *vt fam* ab|murksen.

truculence [trykylɑ̃s] *nf* **-1.** [de langage] Unverblümtheit *die*. **-2.** [de personnage] Urwüchsigkeit *die*.

truculent, e [trykylɑ̃, ɑ̃t] *adj* **-1.** [langage, passage] unverblümt. **-2.** [personnage] urwüchsig.

truelle [tryɛl] *nf* Spachtel *der*, Kelle *die*.

truffe [tryf] *nf* **-1.** [champignon, friandise] Trüffel *die*; **~ en chocolat** Schokoladentrüffel. **-2.** [museau] Nase *die*.

truffer [3] [tryfe] *vt* CULIN mit Trüffeln füllen; **~ qqch de qqch** *fig* etw mit etw voll|stopfen OU spicken.

truie [trɥi] *nf* Sau *die*.

truite [trɥit] *nf* Forelle *die*; **~ meunière** Forelle nach Müllerinart.

truquage, **trucage** [trykaʒ] *nm* **-1.** CIN Trick

der, Trickaufnahme *die*. **-2.** [falsification] Fälschung *die*, Betrug *der*.
truquer [3] [tryke] *vt* [dés] zinken; **~ des élections** Wahlbetrug begehen; **~ une scène de film** eine Trickaufnahme von einer Szene machen.
trust [trœst] *nm* **-1.** [groupement] Trust *der*. **-2.** [entreprise puissante] Multi *der*, Konzern *der*.
ts *abr de* **tous**.
tsar, **tzar** [tsar, dzar] *nm* Zar *der*.
tsé-tsé [tsetse] *nf inv*: **(mouche) ~** Tsetsefliege *die*.
tsigane [tsigan], **tzigane** [dzigan] *adj* Zigeuner-.
◆ **Tsigane**, **Tzigane** *nmf* Zigeuner *der*, -in *die*.
TSVP (*abr de* **tournez s'il vous plaît**) b. w.
tt *abr de* **tout**.
TT, **TTA** (*abr de* **transit temporaire (autorisé)**) begrenzte Durchfuhr(berechtigung).
ttes *abr de* **toutes**.
TTX *abr de* **traitement de texte**.
tu[1], **e** [ty] *pp* → **taire**.
tu[2] [ty] *pron pers* du; **se dire ~** sich duzen.
TU (*abr de* **temps universel**) *nm* WZ *(Weltzeit)*.
tuant, e [tɥɑ̃, ɑ̃t] *adj* **-1.** [épuisant] aufreibend, aufzehrend. **-2.** [énervant] nervtötend.
tuba [tyba] *nm* **-1.** MUS Tuba *die*. **-2.** [de plongée] Schnorchel *der*.
tube [tyb] *nm* **-1.** [tuyau] Rohr *das*, Röhrchen *das*; **~ cathodique** Kathodenstrahlröhre *die*; **~ au néon** Neonröhre *die*; **à pleins ~s** *fam fig* volles Rohr. **-2.** [de colle, de crème] Tube *die*; [d'aspirine] Röhrchen *das*. **-3.** *fam* [chanson] Hit *der*, Schlager *der*.
◆ **tube digestif** *nm* Verdauungstrakt *der*.
tubercule [tybɛrkyl] *nm* **-1.** BOT Wurzelknolle *die*. **-2.** ANAT Höcker *der*.
tuberculeux, euse [tybɛrkylø, øz] ◇ *adj* tuberkulös. ◇ *nm, f* Tuberkulosekranke *der, die*.
tuberculose [tybɛrkyloz] *nf* Tuberkulose *die*.
tubulaire [tybylɛr] *adj* **-1.** [cylindrique] rohrförmig. **-2.** [structure, meuble] Rohr-.
TUC, **Tuc** [tyk] (*abr de* **travail d'utilité collective**) *nm in Frankreich befristeter Arbeitsvertrag für arbeitslose Jugendliche*.
tue-mouches [tymuʃ] *adj inv*: **amanite ~** Fliegenpilz *der*; **papier ~** Fliegenpapier *das*.
tuer [7] [tɥe] *vt* **-1.** [faire mourir] töten; [plante] eingehen lassen; **se faire ~** um|kommen. **-2.** *fig* [épuiser] um|bringen.
◆ **se tuer** *vp* **-1.** [se suicider] sich um|bringen. **-2.** [accidentellement] ums Leben kommen; **se ~ en voiture** bei einem Autounfall um|kommen. **-3.** [s'épuiser]: **se ~ à faire qqch** etw bis zum Gehtnichtmehr OU Erbrechen tun; **je me tue à te le répéter** ich rede mir mit dir noch den Mund fusselig.
tuerie [tyri] *nf* Gemetzel *das*.
tue-tête [tytɛt]
◆ **à tue-tête** *loc adv* lauthals.
tueur, euse [tɥœr, øz] *nm, f* **-1.** [assassin] Mörder *der*, -in *die*; **~ à gages** gedungener Mörder. **-2.** [d'abattoir] Schlächter *der*, -in *die*.
tuile [tɥil] *nf* **-1.** [de toit] (Dach)ziegel *der*. **-2.** *fam* [problème] Mißgeschick *das*, Malheur *das*; **quelle ~!** so ein Pech!
tulipe [tylip] *nf* Tulpe *die*.
tulle [tyl] *nm* Tüll *der*.
tuméfié, e [tymefje] *adj* aufgequollen, geschwollen.
tumeur [tymœr] *nf* Tumor *der*, Geschwulst *die*.
tumoral, e, aux [tymɔral, o] *adj* tumorartig.
tumulte [tymylt] *nm* **-1.** [bruit] Tumult *der*, Auflauf *der*. **-2.** *littéraire* [agitation] Wirrwarr *der*, Wogen *Pl*.
tumultueux, euse [tymyltɥø, øz] *adj* bewegt.
tune = **thune**.
tuner [tynɛr] *nm* Tuner *der*.
tungstène [tœ̃kstɛn] *nm* Wolfram *das*.
tunique [tynik] *nf* [chemise] Tunika *die*.
Tunis [tynis] *n* Tunis *nt*.
Tunisie [tynizi] *nf*: **la ~** Tunesien *nt*.
tunisien, enne [tynizjɛ̃, ɛn] *adj* tunesisch.
◆ **Tunisien, enne** *nm, f* Tunesier *der*, -in *die*.
tunisois, e [tynizwa, az] *adj* aus OU von Tunis.
◆ **Tunisois, e** *nm, f* Einwohner *der*, -in *die* von Tunis.
tunnel [tynɛl] *nm* Tunnel *der*.
TUP [typ] (*abr de* **titre universel de paiement**) *nm* universelles Zahlungsmittel.
turban [tyrbɑ̃] *nm* Turban *der*.
turbin [turbɛ̃] *nm tfam* : **aller au ~** malochen.
turbine [tyrbin] *nf* Turbine *die*.
turbo [tyrbo] ◇ *nm* [moteur] Turbo *der*, Turbolader *der*. ◇ *nf* [voiture] Turbo *der*.
turboréacteur [tyrbɔreaktœr] *nm* Turboluftstrahltriebwerk *das*, TL-Triebwerk *das*.
turbot [tyrbo] *nm* Steinbutt *der*.
turbotrain [tyrbɔtrɛ̃] *nm* Gasturbinenzug *der*.
turbulence [tyrbylɑ̃s] *nf* **-1.** [de personne] Lebhaftigkeit *die*. **-2.** MÉTÉOR Störung *die*.
turbulent, e [tyrbylɑ̃, ɑ̃t] *adj* [enfant] unruhig, lebhaft.
turc, turque [tyrk] *adj* türkisch.
◆ **turc** *nm* [langue] Türkisch(e) *(das)*.
◆ **Turc, Turque** *nm, f* Türke *der*, -kin *die*.
turf [tœrf] *nm* [activité] Pferderennsport *der*.
turfiste [tœrfist] *nmf* Liebhaber *der*, -in *die* von Pferderennen.

turkmène [tyrkmɛn] ◇ *adj* turkmenisch. ◇ *nm* [langue] Turkmenisch(e) *(das)*.
◆ **Turkmène** *nmf* Turkmene *der*, -nin *die*.

turlupiner [3] [tyrlypine] *vt fam* jn kribbelig machen; **ça me turlupine** das geht mir nicht aus dem Kopf.

turnover [tœrnɔvœr] *nm* Personalfluktuation *die*.

turpitude [tyrpityd] *nf littéraire* Verwerflichkeit *die*.

turque → **turc**.

Turquie [tyrki] *nf*: **la ~** die Türkei.

turquoise [tyrkwaz] ◇ *nf* Türkis *der*. ◇ *adj inv* türkis.

tus *etc* → **taire**.

tutelle [tytɛl] *nf* **-1.** JUR Vormundschaft *die*; **juge des ~s** Vormundschaftsrichter *der*. **-2.** [dépendance] Vorherrschaft *die*. **-3.** [protection] Schutz *der*; **être sous la ~ des lois** unter dem Schutz des Gesetzes stehen. **-4.** ADMIN: **ministre de ~** die Dienstaufsicht ausübender Minister.

tuteur, trice [tytœr, tris] *nm, f* Vormund *der*.
◆ **tuteur** *nm* [bâton] Stütze *die*.

tutoiement [tytwamɑ̃] *nm* Duzen *das*.

tutoyer [13] [tytwaje] *vt* duzen.

tutu [tyty] *nm* Tüllröckchen *das*, Ballettröckchen *das*.

tuyau, x [tɥijo] *nm* **-1.** [conduit] Rohr *das*; **~ d'arrosage** Gartenschlauch *der*. **-2.** *fam* [renseignement] Tip *der*.

tuyauter [3] [tɥijote] *vt*: **~ qqn** *fam* jm einen Tip geben.

tuyauterie [tɥijotri] *nf* Rohrleitungsystem *das*.

TV (*abr de* **télévision**) *nf* TV *das*.

TVA (*abr de* **taxe sur la valeur ajoutée**) *nf* MwST, Mw.-St.

TVHD (*abr de* **télévision haute définition**) *nf* HDTV *das*.

tweed [twid] *nm* Tweed *der*.

twin-set [twinsɛt] (*pl* **twin-sets**) *nm* Twinset *das*.

tympan [tɛ̃pɑ̃] *nm* **-1.** ANAT Trommelfell *das*. **-2.** ARCHIT Tympanon *das*, Giebelfeld *das*.

type [tip] *nm* **-1.** [genre] Typ *der*; **avoir le ~ nordique/slave** ein nordischer/slawischer Typ sein; **conforme au ~ réglementaire** mit dem vorgeschriebenen Muster übereinstimmend. **-2.** *fam* [personne] Kerl *der*; **c'est un chic ~** er ist ein netter Kerl. **-3.** *(en apposition)* typisch; **c'est la provinciale ~** sie ist eine typische Landbewohnerin.

typé, e [tipe] *adj* ausgeprägten Typs; **être très ~** ein stark ausgeprägter Typ sein.

typhoïde [tifɔid] *adj*: **fièvre ~** Bauchtyphus *der*, typhoides Fieber.

typhon [tifɔ̃] *nm* Taifun *der*.

typhus [tifys] *nm* Fleckfieber *das*, Flecktyphus *der*.

typique [tipik] *adj*: **~ (de qqch)** (für etw) typisch.

typiquement [tipikmɑ̃] *adv* typisch.

typographe [tipɔgraf] *nmf* Setzer *der*, -in *die*.

typographie [tipɔgrafi] *nf* **-1.** [technique] Buchdruck *der*. **-2.** [présentation] Typographie *die*.

typographique [tipɔgrafik] *adj* typographisch; **erreur ~** Druckfehler *der*.

typologie [tipɔlɔʒi] *nf* Typologie *die*.

tyran [tirɑ̃] *nm* Tyrann *der*, -in *die*.

tyrannie [tirani] *nf* Tyrannei *die*; **la ~ de la mode** der Modezwang.

tyrannique [tiranik] *adj* tyrannisch; **pouvoir ~** Willkürherrschaft *die*.

tyranniser [3] [tiranize] *vt* tyrannisieren.

Tyrol [tirɔl] *nm*: **le ~** Tirol *nt*.

tyrolien, enne [tirɔljɛ̃, ɛn] *adj* Tiroler-, tirolerisch.
◆ **tyrolienne** *nf* [air] Jodler *der*.
◆ **Tyrolien, enne** *nm, f* Tiroler *der*, -in *die*.

tzar = **tsar**.

tzigane = **tsigane**.

U

u, U [y] *nm inv* [lettre] u *das*, U *das*.

ubiquité [ybikɥite] *nf* RELIG Allgegenwart *die*; **avoir le don d' ~** an mehreren Orten gleichzeitig sein können.

UDF (*abr de* **Union pour la démocratie française**) *nf französische liberal-konservative Partei.*

UEFA (*abr de* **Union of European Football Associations**) *nf* UEFA *die*.

UEO (*abr de* **Union de l'Europe occidentale**) *nf* WEU *die*.

UER *nf* **-1.** (*abr de* **unité d'enseignement et de recherche**) ≃ FB *der (Fachbereich)*. **-2.** (*abr de* **Union européenne de radiodiffusion**) ≃ EBU *die (Europäische Rundfunk-Union)*.

UFC (*abr de* **Union fédérale des consomma-**

teurs) *nf französische Verbraucherschutzorganisation,* ≃ DVS *der.*
UFR (*abr de* **unité de formation et de recherche**) *nf* ≃ FB *der (Fachbereich).*
UHF (*abr de* **ultra-haute fréquence**) *nf* UHF *die.*
UHT (*abr de* **ultra-haute température**) *nf* UHT *die.*
Ukraine [ykrɛn] *nf*: **l' ~** die Ukraine.
ukrainien, enne [ykrɛnjɛ̃, ɛn] *adj* ukrainisch.
◆ **ukrainien** *nm* [langue] Ukrainisch(e) *(das).*
◆ **Ukrainien, enne** *nm, f* Ukrainer *der,* -in *die.*
ulcère [ylsɛr] *nm* Geschwür *das;* **~ à l'estomac** Magengeschwür.
ulcérer [18] [ylsere] *vt* **-1.** MÉD ein Geschwür bilden. **-2.** *fig* [scandaliser] empören.
◆ **s'ulcérer** *vp* MÉD ein Geschwür bilden.
ulcéreux, euse [ylserø, øz] *adj* geschwürig.
ULM (*abr de* **ultraléger motorisé**) *nm* Ultraleichtflugzeug *das.*
Ulster [ylstɛr] *nm*: **l'~** Ulster *nt.*
ultérieur, e [ylterjœr] *adj* später.
ultérieurement [ylterjœrmɑ̃] *adv* zu einem späteren Zeitpunkt.
ultimatum [yltimatɔm] *nm* Ultimatum *das;* **envoyer un ~ à qqn** jm ein Ultimatum stellen.
ultime [yltim] *adj* (aller)letzte,-r,-s.
ultramoderne [yltramɔdɛrn] *adj* hochmodern.
ultrasensible [yltrasɑ̃sibl] *adj* hochempfindlich.
ultrason [yltrasɔ̃] *nm* Ultraschall *der.*
ultraviolet, ette [yltravjɔlɛ, ɛt] *adj* ultraviolett.
◆ **ultraviolet** *nm* Ultraviolett *das.*
ululement, hululement [ylylmɑ̃] *nm* Eulengeschrei *das.*
ululer, hululer [3] [ylyle] *vi* schreien.
un [œ̃, *devant voyelle ou h muet* œ̃n] (*f* **une** [yn], *pl* **des** [de]) *art indéf* ein, -e; **il y a des enfants qui jouent dans la rue** Kinder spielen auf der Straße; **j'ai reçu des lettres** ich habe Briefe bekommen; **des livres bon marché** billige Bücher.
◆ **un** (*f* **une**) ◇ *pron indéf* einer, eine, eins; **pas ~ seul** kein einziger; **l'~, l'une** der OU die OU das eine; **les ~s jouent, les autres travaillent** die einen spielen, die anderen arbeiten; **~ par ~** einer nach dem anderen; **l'~ et l'autre** beide, der eine wie der andere; **l'~ ou l'autre** der eine oder der andere; **ni l'~ ni l'autre** weder der eine noch der andere; **l'~ l'autre** gegenseitig *(adv)*; **l' ~ à l'autre** einander; **l'~ avec l'autre** miteinander; **l'~ après l'autre** nacheinander; **l'~ contre l'autre** gegeneinander; **l'~ pour l'autre** füreinander; **~ de ceux qui** einer der; **l'~ de ceux qui chantent** einer der Sänger; **l'~ d'eux** einer von ihnen. ◇ *adj num* ein,-e; [page, chapitre] eins; **cent ~** hunderteins; **ne faire ni une ni deux** *fam fig* nicht lange fackeln.
◆ **un** *nm inv* Eins *die; voir aussi* **six**.
◆ **une** *nf* PRESSE Titelseite *die;* **être à la une** in den Schlagzeilen stehen; **faire la une** Schlagzeilen machen.
unanime [ynanim] *adj* einstimmig; **être ~s à faire qqch** geschlossen etw tun.
unanimement [ynanimmɑ̃] *adv* einstimmig.
unanimité [ynanimite] *nf* allgemeine Zustimmung; **à l'~** einstimmig *(adv).*
underground [œndœrgraund] ◇ *nm inv* Underground *der.* ◇ *adj inv* Underground-.
UNEF, Unef [ynɛf] (*abr de* **Union nationale des étudiants de France**) *nf französischer Studentenverband,* ≃ ASTA *der (Allgemeiner Studentenausschuß).*
UNESCO, Unesco [ynɛsko] (*abr de* **United Nations Educational, Scientific and Cultural Organization**) *nf* UNESCO *die.*
uni, e [yni] *adj* **-1.** [joint, réuni] geeint, vereint. **-2.** [famille, couple] harmonisch. **-3.** [égal, lisse] eben, gleichförmig. **-4.** [uniforme] einfarbig, uni. **-5.** *littéraire* [monotone] einförmig.
UNICEF, Unicef [ynisɛf] (*abr de* **United Nations International Children's Emergency Fund**) *nf* UNICEF *die.*
unicité [ynisite] *nf* Einmaligkeit *die.*
unificateur, trice [ynifikatœr, tris] *adj* Vereinigungs-.
unification [ynifikasjɔ̃] *nf* Vereinigung *die.*
unifier [9] [ynifje] *vt* **-1.** [pays, régions] vereinen. **-2.** [programmes] vereinheitlichen.
◆ **s'unifier** *vp* sich vereinen.
uniforme [ynifɔrm] ◇ *adj* **-1.** [monotone, homogène] gleichbleibend. **-2.** [semblable] gleich, Einheits-. **-3.** [mouvement] einheitlich. ◇ *nm* Uniform *die.*
uniformément [ynifɔrmemɑ̃] *adv* **-1.** [avec monotonie] einförmig, eintönig. **-2.** [semblablement] einheitlich, gleich. **-3.** [régulièrement] gleichmäßig.
uniformisation [ynifɔrmizasjɔ̃] *nf* Vereinheitlichung *die.*
uniformiser [3] [ynifɔrmize] *vt* vereinheitlichen.
uniformité [ynifɔrmite] *nf* **-1.** [monotonie] Eintönigkeit *die.* **-2.** [de mouvement] Gleichmäßigkeit *die.*
unijambiste [yniʒɑ̃bist] ◇ *adj* beinamputiert. ◇ *nmf* Beinamputierte *der, die.*
unilatéral, e, aux [ynilateral, o] *adj* **-1.** [gén] einseitig. **-2.** JUR einseitig bindend.
unilatéralement [ynilateralmɑ̃] *adv* einseitig.
union [ynjɔ̃] *nf* **-1.** [combinaison] Verbindung

die. **-2.** [mariage] Gemeinschaft *die*, Bindung *die*; **~ conjugale** eheliche Gemeinschaft, Ehegemeinschaft; **~ libre** wilde Ehe, eheähnliche Gemeinschaft. **-3.** ÉCON Union *die*; **~ douanière** Zollunion. **-4.** [entente, harmonie] Einigkeit *die*. **-5.** [groupement] Verband *der*; **~ syndicale** Berufsverband.

Union soviétique [ynjɔ̃sɔvjetik] *nf*: **l'ex-~** die ehemalige Sowjetunion.

unique [ynik] *adj* **-1.** [seul en son genre] einzige,-r,-s; **enfant ~** Einzelkind *das*. **-2.** [prix, règle] einheitlich. **-3.** [exceptionnel] einzigartig. **-4.** *fam* [impayable] einmalig; **c'est quelqu'un d'~!** er OU sie ist ein Unikum!

uniquement [ynikmɑ̃] *adv* nur.

unir [32] [ynir] *vt* **-1.** [assembler] vereinen; [sujet: sentiment] einen; **~ qqch à qqch** [rassembler] etw mit etw vereinigen; [conjuguer] etw mit etw verbinden; **un même idéal les unit** das selbe Ideal verbindet sie; **~ des États** Staaten vereinigen. **-2.** [marier] vermählen, trauen.

◆ **s'unir** *vp* **-1.** [s'associer, se joindre] sich vereinigen. **-2.** [par le mariage] sich vermählen.

unisexe [ynisɛks] *adj* für beide Geschlechter; **mode ~** Mode *die* für Sie und Ihn.

unisson [ynisɔ̃] *nm* [consonance] Einklang *der*; **à l'~** im Einklang.

unitaire [ynitɛr] *adj* **-1.** [à l'unité] Stück-, Einheits-. **-2.** [unifié] einheitlich.

unité [ynite] *nf* Einheit *die*; **à l'~** Stück-, pro Stück; **~ centrale** INFORM Zentraleinheit; **~ de mesure** Einheit, Maßeinheit.

univers [ynivɛr] *nm* Universum *das*; *fig* Welt *die*.

universaliser [3] [ynivɛrsalize] *vt* universell machen, verallgemeinern.

◆ **s'universaliser** *vp* universell werden, sich verallgemeinern.

universalité [ynivɛrsalite] *nf* **-1.** [de connaissances] Universalität *die*. **-2.** [de jugement, de vérité] Allgemeingültigkeit *die*.

universel, elle [ynivɛrsɛl] *adj* **-1.** [valable pour tous] allgemeingültig; **remède ~** Allheilmittel *das*. **-2.** [savoir] universell.

universellement [ynivɛrsɛlmɑ̃] *adv* universell, weltweit.

universitaire [ynivɛrsitɛr] ◇ *adj* Universitäts-. ◇ *nmf* Lehrbeauftragte *der, die*, Hochschullehrer *der*, -in *die*.

université [ynivɛrsite] *nf* Universität *die*, Hochschule *die*.

univoque [ynivɔk] *adj* unzweideutig.

untel, unetelle [œ̃tɛl, yntɛl] *nm, f* Herr Sowieso, Frau Sowieso.

uppercut [ypɛrkyt] *nm* Aufwärtshaken *der*, Uppercut *der*.

uranium [yranjɔm] *nm* Uran *das*.

Uranus [yranys] *n* ASTRON Uranus *der*.

urbain, e [yrbɛ̃, ɛn] *adj* **-1.** [de la ville] städtisch, Stadt-. **-2.** *sout* [affable] urban, weltgewandt.

urbanisation [yrbanizasjɔ̃] *nf* Verstädterung *die*.

urbaniser [3] [yrbanize] *vt* verstädtern.

◆ **s'urbaniser** *vp* verstädtern.

urbanisme [yrbanism] *nm* Städtebau *der*, Stadtplanung *die*.

urbaniste [yrbanist] *nmf* Stadtplaner *der*, -in *die*.

urbanité [yrbanite] *nf sout* Urbanität *die*, Weltgewandtheit *die*.

urée [yre] *nf* Harnstoff *der*.

urémie [yremi] *nf* Harnvergiftung *die*.

urgence [yrʒɑ̃s] *nf* **-1.** [gén] Dringlichkeit *die*. **-2.** MÉD Notfall *der*; **les ~s** die Notfallstation.

◆ **d'urgence** *loc adv* dringend.

urgent, e [yrʒɑ̃, ɑ̃t] *adj* **-1.** [besoin, convocation] dringend. **-2.** [affaire, travail] eilig.

urinaire [yrinɛr] *adj* Harnwegs-; **appareil ~** Harnwege *Pl*.

urine [yrin] *nf* Harn *der*, Urin *der*.

uriner [3] [yrine] *vi* urinieren.

urinoir [yrinwar] *nm* **-1.** [toilettes publiques] Pissoir *das*. **-2.** [cuvette] Urinal *das*.

urne [yrn] *nf* Urne *die*.

urologie [yrɔlɔʒi] *nf* Urologie *die*.

URSS [yɛrɛsɛs, yrs] (*abr de* **Union des républiques socialistes soviétiques**) *nf*: **l'ex-~** die ehemalige UdSSR.

URSSAF, Urssaf [yrsaf] (*abr de* **Union pour le recouvrement des cotisations de la Sécurité sociale et des Allocations familiales**) *nf Union für die Beitragszahlungen der Sozialversicherung und der Familienbeihilfen*.

urticaire [yrtikɛr] *nf* Nesselausschlag *der*.

Uruguay [yrygwɛ] *nm*: **l' ~** Uruguay *nt*.

uruguayen, enne [yrygwejɛ̃, ɛn] *adj* uruguayisch.

◆ **Uruguayen, enne** *nm, f* Uruguayer *der*, -in *die*.

us [ys] *nmpl*: **les ~ et coutumes** die Sitten und Gebräuche.

USA (*abr de* **United States of America**) *nmpl*: **les ~** die USA *Pl*.

usage [yzaʒ] *nm* **-1.** [utilisation] Verwendung *die*; **à l'~** im Gebrauch; **en ~** üblich *(adj)*, gebräuchlich; **à ~ externe** zur äußeren Anwendung; **à ~ interne** zum Einnehmen; **à l'~ de qqn** für jn; **faire ~ de qqch** von etw Gebrauch machen. **-2.** [fonctionnement] Gebrauch *der*; **hors d'~** außer Gebrauch. **-3.** [coutume] Brauch *der*, Gepflogenheit *die*; **d'~** gebräuchlich *(adj)*, üblich *(adj)*. **-4.** [usufruit] Nutzung *die*. **-5.** LING Sprachgebrauch *der*.

usagé, e [yzaʒe] *adj* gebraucht.

usager [yzaʒe] *nm* [utilisateur] Benutzer *der*, -in *die*; **~s de la route** Verkehrsteilnehmer *Pl*.

usé, e [yze] *adj* **-1.** [objet, plaisanterie] abgenutzt; [vêtement] abgetragen; **eaux ~es** Abwässer *Pl*. **-2.** [personne] verbraucht.

user [3] [yze] ◇ *vt* **-1.** [abîmer] ab|nutzen. **-2.** [affaiblir] auf|zehren, strapazieren; **~ sa santé** seine Gesundheit ruinieren. **-3.** [consommer] verbrauchen. ◇ *vi*: **~ de qqch** etw ein|setzen; **~ d'un droit** ein Recht geltend machen. ◆ **s'user** *vp* **-1.** [objet, vêtement, amour] sich ab|nutzen. **-2.** [personne] sich auf|zehren; **s'~ au travail** sich bei der Arbeit auf|zehren.

usinage [yzinaʒ] *nm* (industrielle) Bearbeitung.

usine [yzin] *nf* Fabrik *die*, Werk *das*.

usiner [3] [yzine] *vt* **-1.** [pièce] (industriell) bearbeiten. **-2.** [produit] her|stellen, fertigen.

usité, e [yzite] *adj* gebräuchlich; **très/peu ~** sehr/kaum gebräuchlich.

ustensile [ystɑ̃sil] *nm* Hilfsmittel *das*, Utensil *das*; **les ~s de cuisine** das Kochzubehör.

usuellement [yzɥɛlmɑ̃] *adv* für gewöhnlich.

usufruit [yzyfrɥi] *nm* Nießbrauch *der*.

usure [yzyr] *nf* **-1.** [détérioration] Abnutzung *die*. **-2.** [affaiblissement] Aufzehren *das*, Strapazieren *das*. **-3.** [intérêt] Wucherzins *der*.

usurier, ère [yzyrje, ɛr] *nm, f* Wucherer *der*, -in *die*.

usurpateur, trice [yzyrpatœr, tris] ◇ *adj* unrechtmäßig, usurpatorisch. ◇ *nm, f* Usurpator *der*, -in *die*.

usurpation [yzyrpasjɔ̃] *nf* unrechtmäßige Aneignung, Usurpation *die*.

usurper [3] [yzyrpe] *vt* unrechtmäßig erwerben, usurpieren.

ut [yt] *nm inv* c *das*, C *das*.

UTA (*abr de* **Union des transporteurs aériens**) *nf französische Luftfahrtgesellschaft*.

utérin, e [yterɛ̃, in] *adj* Gebärmutter-, Uterin-.

utérus [yterys] *nm* Gebärmutter *die*, Uterus *der*.

utile [ytil] ◇ *adj* **-1.** [gén] nützlich; **~ à qqn/qqch** für jn/etw nützlich; **puis-je vous être ~?** kann ich Ihnen behilflich sein? **-2.** [TECHNOL, animal] Nutz-. ◇ *nm*: **joindre l'~ à l'agréable** das Angenehme mit dem Nützlichen verbinden.

utilement [ytilmɑ̃] *adv* nützlich, mit Gewinn.

utilisable [ytilizabl] *adj* verwendbar, einsetzbar.

utilisateur, trice [ytilizatœr, tris] *nm, f* **-1.** [gén] Benutzer *der*, -in *die*. **-2.** INFORM Anwender *der*, -in *die*, Benutzer *der*, -in *die*; **~ étranger** Fremdbenutzer.

utilisation [ytilizasjɔ̃] *nf* Benutzung *die*, Verwendung *die*.

utiliser [3] [ytilize] *vt* verwenden, benutzen.

utilitaire [ytilitɛr] ◇ *adj* **-1.** [objet, véhicule] Nutz-. **-2.** *péj* [intéressé] eigennützig. ◇ *nm* **-1.** INFORM Dienstprogramm *das*. **-2.** AUTOM Nutzfahrzeug *das*.

utilité [ytilite] *nf* Nutzen *der*; **association reconnue d'~ publique** gemeinnütziger Verein; **jouer les ~s** THÉÂTRE & *fig* eine Nebenrolle spielen.

utopie [ytɔpi] *nf* Utopie *die*, Wunschdenken *das*.

utopique [ytɔpik] *adj* utopisch.

utopiste [ytɔpist] *nmf* Utopist *der*, -in *die*.

UV ◇ *nf* (*abr de* **unité de valeur**) Leistungsnachweis *der*, ≃ Schein *der*. ◇ *nm* (*abr de* **ultraviolet**) UV *das*.

V

v, V [ve] *nm inv* [lettre] v *das*, V *das*; **col en V** V-Ausschnitt *der*; **moteur en V** V-Motor *der*.

v. -1. *abr de* **vers**. **-2.** (*abr de* **verset**) V. *(Vers)*.

◆ **v., V.** (*abr de* **voir**) s. *(siehe)*.

va [va] ◇ *v* → **aller**. ◇ *interj*: **courage, ~!** nur Mut!; **~ donc!** so geh doch!; **~ pour cette fois** also gut, diesmal (ja).

VA (*abr de* **voltampère**) VA.

vacance [vakɑ̃s] *nf* [de poste] freie Stelle, Vakanz *die*; **~ du pouvoir** *Zeit, in der ein Amt nicht bekleidet wird*.

◆ **vacances** *nfpl* Ferien *Pl*, Urlaub *der*; **bonnes ~s!** schöne Ferien!; **les grandes ~s** ≃ die Sommerferien.

vacancier, ère [vakɑ̃sje, ɛr] *nm, f* Urlauber *der*, -in *die*, Feriengast *der*.

vacant, e [vakɑ̃, ɑ̃t] *adj* **-1.** [poste] unbesetzt, vakant. **-2.** [logement] frei, unbelegt.

vacarme [vakarm] *nm* Lärm *der*, Krach *der*.

vacataire [vakatɛr] ◇ *adj* Aushilfs-, vertretend. ◇ *nmf* Aushilfskraft *die*; UNIV Assistent *der*, -in *die* mit Zeitvertrag.

vacation [vakasjɔ̃] *nf* Sitzung *die*.

vaccin [vaksɛ̃] *nm* **-1.** [substance] Impfstoff *der*. **-2.** [injection] Impfung *die*; **~ antirabique** Tollwutimpfung; **faire un ~ à qqn** jn impfen.

vaccination [vaksinasjɔ̃] *nf* Impfung *die*.

vacciner [3] [vaksine] *vt* MÉD impfen; *fig* immun machen.

vache [vaʃ] ◇ *nf* **-1.** ZOOL Kuh *die*. **-2.** *fam péj* [personne] Biest *das*. **-3.** *loc*: **la ~!** *fam* Donnerwetter! ◇ *adj fam* : **être ~ avec qqn** mit OU zu jm gemein sein; **c'est ~ (ce qui lui arrive)** das ist ja hart (was ihm passiert).

vachement [vaʃmɑ̃] *adv fam* total.

vacherie [vaʃri] *nf fam* Gemeinheit *die*.

vacherin [vaʃrɛ̃] *nm* Eistorte *die*.

vachette [vaʃɛt] *nf* **-1.** [animal] junge Kuh. **-2.** [cuir] Rind(s)leder *das*.

vacillant, e [vasijɑ̃, ɑ̃t] *adj* **-1.** [jambe] wankend, wackelig; [lumière] flackernd. **-2.** [caractère] wankelmütig; [mémoire] unzuverlässig; [santé] wackelig.

vaciller [3] [vasije] *vi* **-1.** [personne] wanken. **-2.** [lumière] flackern. **-3.** [raison, mémoire] nach|lassen.

vacuité [vakɥite] *nf sout* Leere *die*, Öde *die*.

vade-mecum [vademekɔm] *nm inv littéraire* Vademekum *das*.

vadrouille [vadruj] *nf fam* Bummel *der*, Tour *die*; **être en ~** auf Achse sein; **partir en ~** auf Tour gehen.

vadrouiller [3] [vadruje] *vi fam* sich herum|treiben.

va-et-vient [vaevjɛ̃] *nm inv* **-1.** [allées et venues] Hin und Her *das*. **-2.** [de balancier] Pendeln *das*, Hin- und Herschwingen *das*. **-3.** [de porte] Pendelachse *die*; **porte à ~** Pendeltür *die*. **-4.** ÉLECTR Wechselschalter *der*.

vagabond, e [vagabɔ̃, ɔ̃d] ◇ *adj* **-1.** [errant] zerstreut, rastlos. **-2.** [imagination, esprit] wirr, abschweifend; [humeur] schwankend. ◇ *nm, f* Landstreicher *der*, -in *die*.

vagabondage [vagabɔ̃daʒ] *nm* **-1.** [de personne] Landstreicherei *die*. **-2.** [d'esprit, d'imagination] Abschweifung *die*.

vagabonder [3] [vagabɔ̃de] *vi* **-1.** [personne] umher|streifen. **-2.** [imagination, esprit] ab|schweifen.

vagin [vaʒɛ̃] *nm* Scheide *die*.

vaginal, e, aux [vaʒinal, o] *adj* Scheiden-, Vaginal-.

vaginite [vaʒinit] *nf* Scheidenentzündung *die*, Vaginitis *die*.

vagir [32] [vaʒir] *vi* schreien.

vagissement [vaʒismɑ̃] *nm* Schreien *das*.

vague [vag] ◇ *adj* **-1.** [imprécis] ungenau, vage. **-2.** [ample] weitgeschnitten. **-3.** *(avant n)* [quelconque] irgend so ein; **il a un ~ travail dans un bureau** er hat irgend so einen Job in einem Büro. **-4.** *(avant n)* [lointain] entfernt; **c'est un ~ cousin à nous** er ist ein entfernter Vetter von uns. ◇ *nm*: **rester dans le ~** [personne] vage bleiben; **il a du ~ à l'âme** er hat Kummer, ihm ist das Herz schwer. ◇ *nf* Welle *die*; **la nouvelle ~** CIN die Nouvelle Vague; **une ~ de froid** eine Kältewelle; **une ~ de touristes** eine Touristenwelle.

vaguelette [vaglɛt] *nf* (Wasser)kräuselung *die*, kleine Welle.

vaguement [vagmɑ̃] *adv* sehr ungenau.

vahiné [vaine] *nf tahitische Frau.*

vaillamment [vajamɑ̃] *adv littéraire* couragiert, tapfer.

vaillance [vajɑ̃s] *nf littéraire* Tapferkeit *die*.

vaillant, e [vajɑ̃, ɑ̃t] *adj* **-1.** [vigoureux] kräftig. **-2.** *littéraire* [brave] tapfer.

vaille *etc* → **valoir**.

vain, e [vɛ̃, vɛn] *adj* **-1.** [inutile] vergeblich; **tout me paraît ~** alles kommt mir sinnlos vor; **en ~** vergeblich *(adv)*, umsonst *(adv)*. **-2.** *littéraire* [vaniteux] eitel.

vaincre [114] [vɛ̃kr] *vt* besiegen.

vaincs *etc* → **vaincre**.

vaincu, e [vɛ̃ky] ◇ *pp* → **vaincre**. ◇ *adj* besiegt, unterlegen; **s'avouer ~** sich geschlagen geben. ◇ *nm, f* Besiegte *der, die*, Unterlegene *der, die*.

vainement [vɛnmɑ̃] *adv* vergebens, vergeblich.

vainquais *etc* → **vaincre**.

vainqueur [vɛ̃kœr] ◇ *nm* Sieger *der*, -in *die*. ◇ *adj m* siegreich.

vairon [vɛrɔ̃] ◇ *adj m* verschiedenfarbig. ◇ *nm* ZOOL Elritze *die*.

vais [vɛ] → **aller**.

vaisseau, x [vɛso] *nm* **-1.** NAVIG Schiff *das*; **~ spatial** Raumschiff. **-2.** ARCHIT (Kirchen)schiff *das*. **-3.** ANAT Gefäß *das*.

vaisselier [vɛsəlje] *nm* Geschirrschrank *der*.

vaisselle [vɛsɛl] *nf* [service] Geschirr *das (sans pl)*; **faire** OU **laver la ~** ab|waschen, spülen.

val [val] *(pl* **vals** OU **vaux** [vo]) *nm* Tal *das*.

valable [valabl] *adj* **-1.** [valide] gültig. **-2.** [acceptable - excuse] vernünftig, brauchbar; [- raison] triftig. **-3.** [de valeur] ordentlich; [personne] tüchtig; **interlocuteur ~** kompetenter Gesprächspartner.

Valais [valɛ] *nm*: **le ~** das Wallis.

valériane [valerjan] *nf* Baldrian *der*.

valet [valɛ] *nm* **-1.** [serviteur] Diener *der*; *fig* Lakai *der*; **~ de pied** Lakai; **~ de chambre** Kammerdiener. **-2.** [aux cartes] Bube *der*, Bauer *der*.

valeur [valœr] *nf* **-1.** [gén] Wert *der*; **prendre de la ~** an Wert gewinnen; **perdre de sa ~** an Wert verlieren; **de (grande) ~** [cher] (sehr) wertvoll; [de mérite] (vor)trefflich *(adv)*; **mettre en ~** [talents, qualités] zur Geltung bringen; [mot] hervor|heben; [terre] nutzen; **se mettre en**

~ [s'arranger] sich zurecht|machen; **~ absolue** Absolutwert. **-2.** FIN: **~ ajoutée** Mehrwert *der*; **date de ~** Wertstellungsdatum *das*. **-3.** BOURSE [cote] Börsenwert *der*; [titre] Wertpapier *das*. **-4.** MUS (Noten)wert *der*.

valeureusement [valœrøzmɑ̃] *adv* tapfer.

valeureux, euse [valœrø, øz] *adj* tapfer.

validation [validasjɔ̃] *nf* Bestätigung *die*.

valide [valid] *adj* **-1.** [personne] rüstig. **-2.** [contrat, passeport] gültig.

valider [3] [valide] *vt* bestätigen; INFORM frei|geben.

validité [validite] *nf* Gültigkeit *die*.

valise [valiz] *nf* Koffer *der*; **faire sa ~** OU **ses ~s** [bagages] seinen Koffer packen; *fam fig* ab|hauen; **~ diplomatique** Diplomatengepäck *das*.

vallée [vale] *nf* Tal *das*.

vallon [valɔ̃] *nm* kleines Tal.

vallonné, e [valɔne] *adj* hügelig.

valoir [60] [valwar] ◇ *vi* **-1.** [coûter] kosten; **combien ça vaut**? wieviel kostet das? **-2.** [mériter]: **~ qqch** etw wert sein; **ce village vaut le détour** dieses Dorf ist den Umweg wert; **ça ne vaut pas la peine** das lohnt sich nicht. **-3.** [être équivalent à] genausoviel wert sein wie; **un bon film vaut (bien) une pièce de théâtre** ein guter Film ist genausoviel wert wie ein Theaterstück. **-4.** *fig* [avoir du mérite] taugen; **ne rien ~** nichts taugen; **ce climat ne me vaut rien** dieses Klima ist nichts für mich. **-5.** [s'appliquer]: **~ pour qqn** für jn gelten; **faire ~** [droit] geltend machen; [argument, opinion] zum Tragen bringen. ◇ *vt*: **~ qqch à qqn** jm etw (ein|)bringen. ◇ *v impers*: **il vaut mieux que** *(+ subjonctif)* es ist besser, wenn; **il vaut mieux que tu sois là** es ist besser, wenn du da bist; **il vaudrait mieux que** *(+ subjonctif)* es wäre besser wenn; **il vaudrait mieux que tu sois là** es wäre besser, wenn du da wärest; **il vaut mieux faire qqch** es ist besser, etw zu tun; **ça vaut mieux** *fam* es ist besser so.

◆ **se valoir** *vp* gleichwertig sein.

valorisant, e [valɔrizɑ̃, ɑ̃t] *adj* dankbar.

valorisation [valɔrizasjɔ̃] *nf* Aufwertung *die*.

valoriser [3] [valɔrize] *vt* auf|werten; **je veux que mon travail soit valorisé** ich möchte, daß meine Arbeit anerkannt wird.

valse [vals] *nf* **-1.** [danse] Walzer *der*. **-2.** *fam fig* [changement]: **~ des ministres** ständige Kabinettsumbildung; **~ des prix** ständige Preisschwankungen *Pl*.

valser [3] [valse] *vi* **-1.** [danser] tanzen. **-2.** *fam* [être projeté] fliegen; **faire ~ qqn** jn (rücksichtslos) weg|stoßen; **faire ~ l'argent** mit Geld um sich werfen.

valseur, euse [valsœr, øz] *nm, f* Walzertänzer *der*, -in *die*.

valu, e [valy] *pp* → **valoir**.

valus *etc* → **valoir**.

valve [valv] *nf* **-1.** TECHNOL & ÉLECTR Ventil *das*. **-2.** ZOOL Muschelschale *die*.

vamp [vɑ̃p] *nf* Vamp *der*.

vamper [3] [vɑ̃pe] *vt fam* bezirzen.

vampire [vɑ̃pir] *nm* **-1.** [fantôme] Vampir *der*. **-2.** *fig* [personne] Blutsauger *der*.

vampiriser [3] [vɑ̃pirize] *vt* zur Marionette machen.

van [vɑ̃] *nm* [fourgon] Transporter *der*.

vandale [vɑ̃dal] *nmf* Vandale *der*, -lin *die*.

vandalisme [vɑ̃dalism] *nm* Vandalismus *der*.

vanille [vanij] *nf* Vanille *die*.

vanillé, e [vanije] *adj* Vanille-.

vanité [vanite] *nf* Eitelkeit *die*.

vaniteux, euse [vanitø, øz] ◇ *adj* eingebildet. ◇ *nm, f* eingebildeter Mensch.

vanity-case [vanitikɛz] *nm* Kosmetikkoffer *der*.

vanne [van] *nf* **-1.** [dispositif] Ventil *das*. **-2.** *fam* [remarque] Jux *der*; **envoyer des ~s à qqn** jn veräppeln.

vanné, e [vane] *adj fam* [crevé] gerädert.

vanner [3] [vane] *vt* **-1.** [grain] worfeln. **-2.** *fam* [fatiguer] fertig|machen. **-3.** *fam* [se moquer de] auf|ziehen.

vannerie [vanri] *nf* **-1.** [fabrication] Korbmacherei *die*. **-2.** [objets] Korbwaren *Pl*.

vannier [vanje] *nm* Korbflechter *der*, -in *die*.

vantail, aux [vɑ̃taj, o] *nm* [de porte] Türflügel *der*; [de fenêtre] Fensterflügel *der*.

vantard, e [vɑ̃tar, ard] ◇ *adj* angeberisch; **c'est fou ce qu'il est ~** er ist unglaublich eingebildet. ◇ *nm, f* Angeber *der*, -in *die*.

vantardise [vɑ̃tardiz] *nf* Angeberei *die*.

vanter [3] [vɑ̃te] *vt* [louer] rühmen; **~ sa marchandise** seine Waren an|preisen.

◆ **se vanter** *vp* an|geben; **se ~ de qqch** mit etw prahlen; **se ~ de faire qqch** damit an|geben, etw zu tun.

Vanuatu [vanwatu] *n* Vanuatu *nt*.

va-nu-pieds [vanypje] *nmf inv fam* Habenichts *der*.

vapes [vap] *nfpl fam* : **être dans les ~** [troublé] daneben sein; **tomber dans les ~** [s'évanouir] um|kippen.

vapeur [vapœr] ◇ *nf* **-1.** [dans l'air] Dampf *der*; **faire cuire à la ~** CULIN dämpfen; **renverser la ~** TECHNOL Gegendampf geben; *fig* das Steuer herum|reißen. **-2.** [sur une vitre] Dunst *der*. ◇ *nm* NAVIG Dampfer *der*.

◆ **vapeurs** *nfpl littéraire* & *hum* **-1.** [malaise]: **avoir des ~s** sich unwohl fühlen. **-2.** [ivresse] Rauschwirkung die *(sans pl)*.

vapocuiseur [vapokɥizœr] *nm* Dampfkochtopf *der.*

vaporeux, euse [vapɔrø, øz] *adj littéraire* **-1.** [lumière] gedämpft. **-2.** [ciel] dunstig. **-3.** [cheveux, tissu] duftig.

vaporisateur [vapɔrizatœr] *nm* **-1.** [atomiseur] Zerstäuber *der.* **-2.** IND Verdampfer *der.*

vaporisation [vapɔrizasjɔ̃] *nf* **-1.** [pulvérisation] Versprühen *das.* **-2.** [évaporation] Verdampfen *das.*

vaporiser [3] [vapɔrize] *vt* **-1.** [pulvériser] versprühen. **-2.** [rendre gazeux] verdampfen.
◆ **se vaporiser** *vp*: **se ~ de l'eau sur le visage** sich das Gesicht mit Wasser besprühen.

vaquer [3] [vake] *vi*: **~ à qqch** einer Sache *(D)* nach|gehen.

varan [varɑ̃] *nm* Waran *der.*

varappe [varap] *nf* Klettern *das.*

varappeur, euse [varapœr, øz] *nm, f* Kletterer *der.*

varech [varɛk] *nm* Seetang *der.*

vareuse [varøz] *nf* **-1.** [de marin] Matrosenbluse *die.* **-2.** [veste] Sportjacke *die*; [d'uniforme] Uniformjacke *die.*

variable [varjabl] ◇ *adj* **-1.** [temps] veränderlich. **-2.** [varié] unterschiedlich. **-3.** [réglable] verstellbar; **horaires ~s** Gleitzeit *die (sans pl).* ◇ *nf* MATHS Variable *die.*

variante [varjɑ̃t] *nf* Variante *die.*

variateur [varjatœr] *nm* [de lampe] Dimmer *der.*

variation [varjasjɔ̃] *nf* **-1.** [changement] Schwankung *die*; **~ saisonnière** FIN saisonbedingte Schwankung. **-2.** MUS Variation *die.*

varice [varis] *nf* Krampfader *die.*

varicelle [varisɛl] *nf* Windpocken *Pl.*

varié, e [varje] *adj* **-1.** [programme] vielseitig; [couleurs, produits] unterschiedlich. **-2.** [sans monotonie] abwechslungsreich.

varier [9] [varje] ◇ *vt* [diversifier] abwechslungsreich gestalten. ◇ *vi* **-1.** [ne pas être constant] wechselhaft sein; **elle n'a jamais varié sur ce point** das war schon immer ihre Meinung. **-2.** [différer] verschieden sein; **les mœurs varient d'un pays à l'autre** die Sitten sind von Land zu Land verschieden.

variété [varjete] *nf* **-1.** [diversité] Vielfalt *die.* **-2.** [catégorie, espèce] Sorte *die*; **il existe plusieurs ~s d'oranges** es gibt mehrere Sorten Orangen.
◆ **variétés** *nfpl* Varieté *das.*

variole [varjɔl] *nf* Pocken *Pl.*

variqueux, euse [varikø, øz] *adj* krampfadrig, varikös.

Varsovie [varsɔvi] *n* Warschau *nt*; **le pacte de ~** der Warschauer Pakt.

vas [va] → **aller.**

vasculaire [vaskylɛr] *adj* Gefäß -.

vase [vaz] ◇ *nm* [récipient] Vase *die*; **principe des ~s communiquants** Prinzip *das* der kommunizierenden Röhren; **en ~ clos** *fig* von der Außenwelt abgeschlossen. ◇ *nf* Schlick *der.*

vaseline [vazlin] *nf* Vaseline *die.*

vaseux, euse [vazø, øz] *adj* **-1.** [boueux] schlammig. **-2.** *fam* [fatigué, malade]: **être ~** nicht auf dem Damm sein. **-3.** *fam* [explication, excuse] schwammig.

vasistas [vazistas] *nm* Klappfenster *das*; [de toit] Dachfenster *das.*

vasoconstricteur, trice [vazɔkɔ̃striktœr, tris] *adj* gefäßverengend.

vasodilatateur, trice [vazɔdilatatœr, tris] *adj* gefäßerweiternd.

vasque [vask] *nf* **-1.** [de fontaine] Becken *das.* **-2.** [coupe décorative] Schale *die.*

vassal, e, aux [vasal, o] *nm, f* Vasall *der*; **pays ~** *fig* Vasallenstaat *der.*

vaste [vast] *adj* groß(zügig).

Vatican [vatikɑ̃] *nm*: **le ~** der Vatikan; **l'État de la cité du ~** der Vatikanstaat; **au ~** im Vatikanstaat; **le premier/deuxième concile du ~** das erste/zweite vatikanische Konzil.

va-tout [vatu] *nm inv*: **jouer son ~** *fig* alles auf eine Karte setzen.

Vaud [vo] *nm*: **le canton de ~** die Waadt.

vaudeville [vodvil] *nm* Boulevardkomödie *die.*

vaudevillesque [vodvilɛsk] *adj* possenhaft.

vaudou [vodu] *nm* Wodu *der.*

vaudrai *etc* → **valoir.**

vau-l'eau [volo]
◆ **à vau-l'eau** *loc adv*: **aller à ~** *fig* in die Binsen gehen.

vaurien, enne [vorjɛ̃, ɛn] *nm, f* Taugenichts *der.*

vaut [vo] → **valoir.**

vautour [votur] *nm* (Aas)geier *der*; *fig* Geier *der.*

vautrer [3] [votre]
◆ **se vautrer** *vp* **-1.** [se rouler] sich wälzen. **-2.** [s'affaler]: **se ~ dans qqch** sich in ou auf etw *(D)* räkeln; *fig* [se complaire] sich in etw *(D)* suhlen.

vaux [vo] → **valoir.**

va-vite [vavit]
◆ **à la va-vite** *loc adv* auf die Schnelle.

vd *abr de* **vend.**

VDQS (*abr de* **vin délimité de qualité supérieure**) *nm* Qualitätswein *der.*

vds *abr de* **vends.**

veau, x [vo] *nm* **-1.** [animal] Kalb *das*; **le ~ d'or** RELIG & *fig* das Goldene Kalb. **-2.** [viande] Kalbfleisch *das.* **-3.** [peau] Kalb(s)leder *das.* **-4.** *fam péj* [personne] Laschi *der*, träger Mensch.

vecteur [vɛktœr] *nm* **-1.** MATHS Vektor *der.* **-2.**

MÉD Überträger *der*. **-3.** [intermédiaire] Übertragungsmedium *das*. **-4.** MIL Träger *der*.
vécu, e [veky] ◇ *pp* → **vivre**. ◇ *adj* erlebt; **histoire ~e** wahre Geschichte.
vécus *etc* → **vivre**.
vedettariat [vədɛtarja] *nm* Starsystem *das*; **accéder au ~** ein Star werden.
vedette [vədɛt] *nf* **-1.** [bateau] Schnellboot *das*; [pour touristes] Ausflugsboot *das*. **-2.** [star] Star *der*; **mettre qqch en ~** etw hervor|heben; **mettre qqn en ~** jn in den Vordergrund stellen.
végétal, e, aux [veʒetal, o] *adj* Pflanzen-; **savon ~** Seife *die* aus Pflanzenöl.
végétarien, enne [veʒetarjɛ̃, ɛn] ◇ *adj* vegetarisch. ◇ *nm, f* Vegetarier *der*, -in *die*.
végétarisme [veʒetarism] *nm* Vegetarismus *der*.
végétatif, ive [veʒetatif, iv] *adj* vegetativ; **mener une vie végétative** *fig* & *péj* (dahin|)-vegetieren.
végétation [veʒetasjɔ̃] *nf* BOT Vegetation *die*.
◆ **végétations** *nfpl* MÉD Wucherungen *Pl*.
végéter [18] [veʒete] *vi* vegetieren; *fig* & *péj* verkümmern.
véhémence [veemɑ̃s] *nf* Heftigkeit *die*.
véhément, e [veemɑ̃, ɑ̃t] *adj* heftig; **discours ~** leidenschaftliche Rede.
véhicule [veikyl] *nm* **-1.** [moyen de transport] Fahrzeug *das*; **~ banalisé** getarntes (Polizei)-fahrzeug. **-2.** *fig* [vecteur] Träger *der*.
véhiculer [3] [veikyle] *vt* **-1.** [transporter] befördern. **-2.** *fig* [transmettre] übermitteln.
veille [vɛj] *nf* **-1.** [jour précédent] Vortag *der*; **la ~ de Noël** Heiliger Abend; **la ~ au soir** am Abend davor; **à la ~ de qqch** *fig* unmittelbar vor etw *(D)*. **-2.** [éveil] wacher Zustand; **être en état de ~** wach sein. **-3.** [privation de sommeil] Aufbleiben das. **-4.** [garde de nuit] Nachtdienst *der*; **être de ~** Nachtdienst haben.
veillée [veje] *nf* **-1.** [soirée] Abend *der*. **-2.** [de mort]: **~ (funèbre)** Totenwache *die*.
veiller [4] [veje] ◇ *vi* **-1.** [rester éveillé] auf|bleiben; **~ tard** lange auf|bleiben. **-2.** [rester vigilant]: **~ à qqch** auf etw *(A)* achten; **~ à faire qqch** darauf achten, etw zu tun; **~ sur qqn/qqch** auf jn/etw achten. ◇ *vt*: **~ qqn** bei jm wachen.
veilleur [vejœr] *nm* Nachtwächter *der*; [soldat] Wachposten *der*.
veilleuse [vejøz] *nf* **-1.** [lampe] Nachtlicht *das*. **-2.** AUTOM Parklicht *das*. **-3.** [d'appareil] Kontrollampe *die*.
veinard, e [vɛnar, ard] *fam* ◇ *adj*: **être ~** Glück haben. ◇ *nm, f* Glückspilz *der*.
veine [vɛn] *nf* **-1.** [gén] Ader *die*; **~s et artères** Venen und Arterien; **s'ouvrir les ~s** sich die Pulsadern auf|schneiden; **~ cave** Hohlvene *die*; **être en ~ de qqch** *fig* zu etw aufgelegt sein; **se saigner aux quatre ~s** *fig* sich krumm|legen. **-2.** [de bois, de pierre] Maserung *die*. **-3.** *fam* [chance] (saumäßiges) Glück; **avoir de la ~** (saumäßiges) Glück haben; **avoir une ~ de cocu** *fig* Dusel haben.
veiné, e [vene] *adj* gemasert.
veineux, euse [venø, øz] *adj* ANAT Venen-.
veinule [venyl] *nf* **-1.** ANAT Äderchen *das*. **-2.** BOT feine Blattader.
Velcro® [vɛlkro] *nm* Klettverschluß *der*.
vêler [4] [vele] *vi* kalben.
vélin [velɛ̃] *nm* **-1.** [peau] Kalbspergament *das*. **-2.** [papier] feines Papier.
véliplanchiste [veliplɑ̃ʃist] *nmf* Windsurfer *der*, - in *die*.
velléitaire [veleitɛr] ◇ *adj* willensschwach. ◇ *nmf* willensschwacher Mensch.
velléité [veleite] *nf* Anwandlung *die*.
vélo [velo] *nm* (Fahr)rad *das*.
véloce [velɔs] *adj sout* flink.
vélocité [velɔsite] *nf* **-1.** MUS Geläufigkeit *die*. **-2.** *sout* [vitesse] Schnelligkeit *die*.
vélodrome [velɔdrom] *nm* Radrennbahn *die*.
vélomoteur [velɔmɔtœr] *nm* Moped *das*.
velours [vəlur] *nm* **-1.** [tissu] Samt *der*. **-2.** [douceur] samtige Haut.
velouté, e [vəlute] *adj* **-1.** [papier, peau, voix] samtig. **-2.** *littéraire* [lumière] sanft.
◆ **velouté** *nm* **-1.** [douceur] samtige Weiche. **-2.** [potage]: **~ d'asperges** Spargelcremesuppe *die*; **~ de tomates** Tomatencremesuppe *die*.
velu, e [vəly] *adj* (stark) behaart.
venaison [vənɛzɔ̃] *nf* Wild(bret) *das*.
vénal, e, aux [venal, o] *adj* **-1.** [personne] bestechlich. **-2.** [charge, amour] käuflich; **valeur ~e** Verkaufswert *der*.
vénalité [venalite] *nf* [cupidité] Bestechlichkeit *die*.
venant [vənɑ̃]
◆ **à tout venant** *loc adv*: **raconter qqch à tout ~** etw dem Erstbesten erzählen.
vendange [vɑ̃dɑ̃ʒ] *nf* **-1.** [raisins] Weinlese *die*. **-2.** [période] Weinlesezeit *die*.
vendanger [17] [vɑ̃dɑ̃ʒe] ◇ *vt* ernten. ◇ *vi* Trauben ernten.
vendangeur, euse [vɑ̃dɑ̃ʒœr, øz] *nm, f* Weinleser *der*, -in *die*.
vendéen, enne [vɑ̃deɛ̃, ɛn] *adj* aus der Vendée.
◆ **Vendéen, enne** *nm, f* Bewohner *der*, -in *die* der Vendée.
vendetta [vɑ̃deta] *nf* Blutrache *die*.
vendeur, euse [vɑ̃dœr, øz] *nm, f* **-1.** [employé]

Verkäufer *der*, -in *die*. **-2.** [marchand] Händler *der*, -in *die*.

vendis *etc* → **vendre**.

vendre [73] [vɑ̃dr] *vt* **-1.** [céder] verkaufen; **'à ~'** 'zu verkaufen'. **-2.** [faire le commerce de]: **~ qqch** mit etw handeln. **-3.** *fam* [trahir] verraten. ◆ **se vendre** *vp* **-1.** [se mettre en valeur] sich verkaufen. **-2.** [marchandise] verkauft werden, gehen. **-3.** [se trahir]: **se ~ (à qqn)** sich (jm) verkaufen.

vendredi [vɑ̃drədi] *nm* Freitag *der*. ◆ **vendredi saint** *nm* Karfreitag *der*; *voir aussi* **samedi**.

vends *etc* → **vendre**.

vendu, e [vɑ̃dy] ◇ *pp* → **vendre**. ◇ *adj* [corrompu] bestochen. ◇ *nm, f péj* Verräter *der*, -in *die*.

venelle [vənɛl] *nf* Gäßchen *das*.

vénéneux, euse [venenø, øz] *adj* giftig.

vénérable [venerabl] *adj* ehrwürdig.

vénération [venerasjɔ̃] *nf* Verehrung *die*.

vénérer [18] [venere] *vt* verehren.

vénerie [vɛnri] *nf* Hetzjagd *die*.

vénérien, enne [venerjɛ̃, ɛn] *adj* Geschlechts-, venerisch.

Venezuela [venezɥela] *nm*: **le ~** Venezuela *nt*; **au ~** in Venezuela.

vénézuélien, enne [venezɥeljɛ̃, ɛn] *adj* venezolanisch. ◆ **Vénézuélien, enne** *nm, f* Venezolaner *der*, -in *die*.

vengeance [vɑ̃ʒɑ̃s] *nf* Rache *die*.

venger [17] [vɑ̃ʒe] *vt* rächen. ◆ **se venger** *vp* sich rächen; **se ~ de qqn/qqch** sich an jm/für etw rächen.

vengeur, eresse [vɑ̃ʒœr, vɑ̃ʒrɛs] ◇ *adj* rächend. ◇ *nm, f* Rächer *der*, -in *die*.

véniel, elle [venjɛl] *adj* verzeihlich.

venimeux, euse [vənimø, øz] *adj* giftig; **serpent ~** Giftschlange *die*.

venin [vənɛ̃] *nm* Gift *das*.

venir [40] [vənir] *vi* **-1.** [gén] kommen; **~ de qqch** [lieu, origine] aus etw kommen; [être dû] von etw kommen; **~ à maturité** die Reife erlangen; **où veux-tu en ~?** worauf willst du hinaus?; **en ~ à qqch** [fait, question] zu etw kommen; **en ~ aux insultes** ausfallend werden; **en ~ aux mains** handgreiflich werden. **-2.** [envie, bouton, idée]: **qqch vient à qqn** jd bekommt etw. **-3.** [croître] gedeihen. **-4.** [niveau, surface] reichen; **l'eau vient jusqu'aux genoux de qqn** das Wasser reicht jm bis zu den Knien. **-5.** [marque une éventualité]: **s'il venait à mourir** falls er sterben sollte. **-6.** [marque le passé proche]: **~ de faire qqch** gerade etw getan haben; **je viens de la voir** ich habe sie gerade gesehen. ◆ **à venir** *loc adj*: **la génération à ~** die kommende Generation.

Venise [vəniz] *n* Venedig *nt*.

vénitien, enne [venisjɛ̃, ɛn] *adj* venezianisch. ◆ **Vénitien, enne** *nm, f* Venezianer *der*, -in *die*.

vent [vɑ̃] *nm* **-1.** [gén] Wind *der*; **~ contraire** NAVIG Gegenwind; **avoir ~ de qqch** *fig* von etw Wind bekommen; **bon ~!** [bonne chance] gute Fahrt!; [bon débarras] auf Nimmerwiedersehen!; **contre ~s et marées** *fig* allen Widerständen zum Trotz; **être dans le ~** *fig* in sein. **-2.** [gaz intestinal]: **avoir des ~s** Blähungen haben.

vente [vɑ̃t] *nf* Verkauf *der*; **en ~ libre** frei verkäuflich; **ne pas être en ~ libre** [médicament] rezeptpflichtig sein; **~ de charité** Wohltätigkeitsverkauf; **~ à la criée** OU **aux enchères** Versteigerung *die*; **~ en gros** Großhandel *der*; **~ en demi-gros** Zwischenhandel *der*; **~ au détail** Einzelhandel *der*; **~ directe** Direktverkauf; **~ par correspondance** Versandhandel *der*. ◆ **ventes** *nfpl* COMM Absatz *der (sans pl)*.

venteux, euse [vɑ̃tø, øz] *adj* windig.

ventilateur [vɑ̃tilatœr] *nm* Ventilator *der*.

ventilation [vɑ̃tilasjɔ̃] *nf* **-1.** [aération] Lüftung *die*, Belüftung *die*. **-2.** *fig* [répartition] Aufschlüsselung *die*.

ventiler [3] [vɑ̃tile] *vt* **-1.** [aérer] (be)lüften. **-2.** *fig* [répartir] verteilen.

ventouse [vɑ̃tuz] *nf* **-1.** [de caoutchouc, ZOOL] Saugnapf *der*. **-2.** MÉD Schröpfkopf *der*. **-3.** [d'aération] Luftloch *das*.

ventral, e, aux [vɑ̃tral, o] *adj* Bauch-.

ventre [vɑ̃tr] *nm* **-1.** [gén] Bauch *der*; **avoir/prendre du ~** einen Bauch haben/an|setzen; **avoir mal au ~** Bauchschmerzen haben; **avoir le ~ ballonné** einen aufgeblähten Bauch haben; **être à plat ~** auf dem Bauch liegen; **~ à terre** *fig* in Windeseile; **avoir quelque chose dans le ~** *fig* Mumm haben. **-2.** [de bouteille] Wölbung *die*.

ventricule [vɑ̃trikyl] *nm* Herzkammer *die*.

ventriloque [vɑ̃trilɔk] *nmf* Bauchredner *der*, -in *die*.

ventripotent, e [vɑ̃tripɔtɑ̃, ɑ̃t] *adj fam* wohlbeleibt.

ventru, e [vɑ̃try] *adj* **-1.** [personne] dickbäuchig. **-2.** [cruche, commode] bauchig.

venu, e [vəny] ◇ *pp* → **venir**. ◇ *adj*: **être bien ~** gelegen kommen; **mal ~** fehl am Platz; **il serait mal ~ de faire qqch** es gehört sich nicht, etw zu tun. ◇ *nm, f*: **nouveau ~** Neuling *der*. ◆ **venue** *nf* [de personne] Ankunft *die*; [d'événement] Eintreffen *das*.

Vénus [venys] *n* ASTRON Venus *die*; **sur ~** auf Venus.

vêpres [vɛpr] *nfpl* RELIG Vesper *die (sans pl)*.
ver [vɛr] *nm* Wurm *der*; **~ luisant** Glühwürmchen *das*; **~ à soie** Seidenraupe *die*; **~ de terre** Regenwurm; **~ solitaire** MÉD Bandwurm; **nu comme un ~** *fig* splitternackt; **tirer les ~s du nez à qqn** *fig* jm die Würmer aus der Nase ziehen.
véracité [verasite] *nf* Zuverlässigkeit *die*.
véranda [verɑ̃da] *nf* Veranda *die*.
verbal, e, aux [vɛrbal, o] *adj* **-1.** [oral] mündlich. **-2.** GRAM Verbal-.
verbalement [vɛrbalmɑ̃] *adv* mündlich.
verbaliser [3] [vɛrbalize] *vi* ein Strafprotokoll aus|stellen.
verbe [vɛrb] *nm* **-1.** GRAM Verb *das*; **~ impersonnel** unpersönliches Verb. **-2.** *sout* [parole, langage] Wort *das*.
verbeux, euse [vɛrbø, øz] *adj* weitschweifig, wortreich.
verbiage [vɛrbjaʒ] *nm* Gerede *das*.
verdâtre [vɛrdatr] *adj* grünlich.
verdeur [vɛrdœr] *nf* **-1.** [de langage] Derbheit *die*. **-2.** [vigueur] jugendliche Frische. **-3.** [de fruits, de vin] Säure *die*.
verdict [vɛrdikt] *nm* JUR Urteilsspruch *der*; *fig* Urteil *das*.
verdir [32] [vɛrdir] ◇ *vt* grün(lich) erscheinen lassen. ◇ *vi* grün werden.
verdoyant, e [vɛrdwajɑ̃, ɑ̃t] *adj* grün.
verdoyer [13] [vɛrdwaje] *vi* grünen.
verdure [vɛrdyr] *nf* **-1.** [végétation, couleur] Grün *das*; **un rideau de ~** dichtes Grün. **-2.** [salade, crudités] Grünzeug *das*.
véreux, euse [verø, øz] *adj* **-1.** [fruit] wurmstichig. **-2.** *fig* [personne] anrüchig.
verge [vɛrʒ] *nf* **-1.** ANAT Glied *das*. **-2.** *sout* [baguette] Rute *die*.
verger [vɛrʒe] *nm* Obstgarten *der*.
vergeture [vɛrʒətyr] *nf* Schwangerschaftsstreifen *der*.
verglacé, e [vɛrglase] *adj* vereist.
verglas [vɛrgla] *nm* Glatteis *das*.
vergogne [vɛrgɔɲ]
◆ **sans vergogne** *loc adv* schamlos.
vergue [vɛrg] *nf* Rah *die*.
véridique [veridik] *adj* **-1.** [témoignage, récit] wahr. **-2.** *sout* [historien, personne] aufrichtig.
vérifiable [verifjabl] *adj* nachprüfbar.
vérificateur, trice [verifikatœr, tris] *nm, f* Prüfer *der*, -in *die*.
vérification [verifikasjɔ̃] *nf* **-1.** [examen, contrôle] Überprüfung *die*. **-2.** [d'hypothèse] Nachweis *der*; [d'affirmation] Bestätigung *die*.
vérifier [9] [verifje] *vt* **-1.** [contrôler] nach|prüfen. **-2.** [confirmer] nach|weisen.
◆ **se vérifier** *vp* sich bestätigen.
vérin [verɛ̃] *nm* Hebebock *der*; **~ hydraulique** Hydraulikzylinder *der*.
véritable [veritabl] *adj* **-1.** [gén] echt; **or/cuir ~** echtes Gold/Leder. **-2.** [nom, identité] wirklich.
véritablement [veritabləmɑ̃] *adv* wirklich.
vérité [verite] *nf* **-1.** [gén] Wahrheit *die*; **dire ses quatre ~s à qqn** *fam* jm die Meinung sagen. **-2.** [sincérité] Aufrichtigkeit *die*. **-3.** [ressemblance] Echtheit *die*; **un portrait d'une grande ~** ein wirklichkeitstreues Portrait.
◆ **en vérité** *loc adv* in Wirklichkeit.
verlan [vɛrlɑ̃] *nm* *französische Jugendsprache, bei der die Silben vertauscht werden*.
vermeil, eille [vɛrmɛj] *adj* leuchtend rot; **carte ~le** Seniorenkarte *die*.
◆ **vermeil** *nm* vergoldetes Silber.
vermicelle [vɛrmisɛl] *nm* Fadennudeln *Pl*.
vermifuge [vɛrmifyʒ] ◇ *adj*: **produit ~** Mittel *das* gegen Würmer. ◇ *nm* Wurmmittel *das*.
vermillon [vɛrmijɔ̃] ◇ *nm* **-1.** [poudre] Zinnober *der*. **-2.** [couleur] Zinnoberrot *das*. ◇ *adj inv* zinnoberrot.
vermine [vɛrmin] *nf* Ungeziefer *das*; *fig* Gesindel *das*.
vermisseau, x [vɛrmiso] *nm* Würmchen *das*.
vermoulu, e [vɛrmuly] *adj* wurmstichig.
vermouth [vɛrmut] *nm* Wermut *der*.
vernaculaire [vɛrnakylɛr] *adj*: **langue ~** Mundart *die*.
verni, e [vɛrni] *adj* **-1.** *fam* [chanceux]: **être ~** ein Glückspilz sein. **-2.** [chaussure] Lack-.
vernir [32] [vɛrnir] *vt* lackieren.
vernis [vɛrni] *nm* **-1.** [enduit] Lack *der*; **~ à ongles** Nagellack. **-2.** *fig* [apparence] Anstrich *der*.
vernissage [vɛrnisaʒ] *nm* **-1.** [de surface] Lackieren *das*. **-2.** [d'exposition] Vernissage *die*.
vérole [verɔl] *nf*: **petite ~** Pocken *Pl*; **attraper la ~** *fam* sich etwas holen.
verrai *etc* → **voir**.
verrat [vera] *nm* Eber *der*.
verre [vɛr] *nm* Glas *das*; **~ dépoli** Mattglas; **un ~ d'eau** ein Glas Wasser; **je te sers un ~?** darf ich dir etwas zu trinken an|bieten?; **(aller) boire un ~** einen trinken (gehen); **~ ballon** rundwandiges Weinglas; **~ à dents** Zahnputzglas; **~ à moutarde** Senfglas; **~ à pied** Stielglas; **~ à vin** Weinglas; **~s antireflet** entspiegelte Gläser *Pl*; **~s de contact** Kontaktlinsen *Pl*.
verrerie [vɛrri] *nf* **-1.** [fabrication] Glasbläserei *die*. **-2.** [usine] Glashütte *die*. **-3.** [objets] Glaswaren *Pl*.
verrier [vɛrje] *nm* **-1.** [ouvrier] Glasarbeiter *der*, -in *die*. **-2.** [artiste] Glasmaler *der*, -in *die*.
verrière [vɛrjɛr] *nf* **-1.** [baie vitrée] Fensterfront

die. **-2.** ARCHIT Glasdach *das*. **-3.** AÉRON transparentes Kabinendach.

verroterie [verɔtri] *nf* Glasperlenschmuck *der*; **collier en ~** Glasperlenkette *die*.

verrou [vεru] *nm* **-1.** [de porte] Riegel *der*; **mettre qqn sous les ~s** jn hinter Schloß und Riegel bringen; **être sous les ~s** im Gefängnis sitzen. **-2.** [d'arme] Sicherung *die*.

verrouillage [vεrujaʒ] *nm* [dispositif] Verriegelung *die*; **~ automatique des portes** Zentralverriegelung.

verrouiller [3] [vεruje] *vt* **-1.** [porte, quartier] ab|sperren. **-2.** INFORM verschlüsseln.

◆ **se verrouiller** *vp* sich ein|schließen.

verrue [vεry] *nf* Warze *die*.

vers[1] [vεr] *nm* Vers *der*.

vers[2] [vεr] *prép* **-1.** [dans la direction de] in Richtung auf *(+A)*, nach, zu; **aller ~ Berlin** in Richtung OU nach Berlin fahren; **aller ~ la Seine** in Richtung OU zur Seine gehen; **du bas ~ le haut** von unten nach oben; **~ le nord/le sud** gegen Norden/Süden; **elle se dirigea ~ moi** sie kam auf mich zu. **-2.** [auprès de] zu; **c'est lui qui m'a dirigé ~ vous** er hat mich zu Ihnen geschickt. **-3.** [aux environs de]: **~ la fin du mois** [temporel] gegen Ende des Monats; **~ Orléans** [spatial] etwa bei Orléans.

Versailles [vεrsaj] *n* Versailles *nt*; **le château de ~** das Schloß von Versailles.

versant [vεrsɑ̃] *nm* **-1.** [de vallée] Seite *die*. **-2.** [de montagne] Hang *der*.

versatile [vεrsatil] *adj* unbeständig.

verse [vεrs]

◆ **à verse** *loc adv*: **pleuvoir à ~** in Strömen gießen.

versé, e [vεrse] *adj*: **être ~ dans qqch** *sout* in etw *(D)* bewandert sein.

Verseau [vεrso] *nm* ASTRON & ASTROL Wassermann *der*; **sous le signe du ~** im Zeichen des Wassermanns.

versement [vεrsəmɑ̃] *nm* [paiement] Zahlung *die*; **en trois ~s** in drei Teilzahlungen; **~s échelonnés** FIN Raten *Pl*.

verser [3] [vεrse] ◇ *vt* **-1.** [liquide] gießen; [larmes, sang] vergießen. **-2.** [payer] (be)zahlen. ◇ *vi* **-1.** [voiture] kippen. **-2.** *fig* [personne]: **~ dans qqch** in etw *(A)* verfallen.

verset [vεrsε] *nm* Vers *der*.

verseur [vεrsœr] ◇ *adj m*: **bec ~** Tülle *die*, Schnabel *der*; **bouchon ~** Ausgießer *der*. ◇ *nm* **-1.** [ouvrier] Gießer *der*. **-2.** [appareil] Kipper *der*.

verseuse [vεrsøz] *nf* Kaffeekanne *die*.

versification [vεrsifikasjɔ̃] *nf* Verskunst *die*.

version [vεrsjɔ̃] *nf* **-1.** [traduction] Übersetzung *die (in die Muttersprache)*; **faire une ~ latine** einen Text aus dem Lateinischen übersetzen. **-2.** [variante] Version *die*; **~ originale** Originalfassung *die*; **~ française/allemande** französische/deutsche Fassung.

verso [vεrso] *nm* Rückseite *die*; → **recto**.

versus [vεrsys] *prép* gegen.

vert, e [vεr, vεrt] *adj* **-1.** [couleur, bois, légumes] grün. **-2.** [pas mûr] unreif, grün; **vin ~** saurer Wein. **-3.** *fig* [vieillard] rüstig. **-4.** *(avant n)* [rude] herb. **-5.** *loc*: **(en entendre) des ~es et des pas mûres** *fam* wilde Stories (zu hören bekommen).

◆ **vert** *nm* Grün *das*; **~ d'eau** blaßgrün; **~ tendre** zartgrün; **~ pomme** giftgrün; **~ bouteille** flaschengrün; **~ bronze** braungrün; **se mettre au ~** im Grünen aus|spannen.

◆ **Verts** *nmpl*: **les Verts** [équipe] *Fußballmannschaft von Saint-Étienne*; [parti] ≃ Die Grünen.

vert-de-gris [vεrdəgri] ◇ *nm inv* Grünspan *der*. ◇ *adj inv* graugrün.

vertébral, e, aux [vεrtebral, o] *adj* Wirbel-; **colonne ~e** Wirbelsäule *die*.

vertèbre [vεrtεbr] *nf* Wirbel *der*.

vertébré, e [vεrtebre] *adj* Wirbel-.

vertement [vεrtəmɑ̃] *adv* unverblümt; **reprendre qqn ~** jn energisch zurecht|weisen.

vertical, e, aux [vεrtikal, o] *adj* senkrecht, vertikal.

◆ **verticale** *nf* Senkrechte *die*; **à la ~e** senkrecht *(adv)*.

verticalement [vεrtikalmɑ̃] *adv* senkrecht.

vertige [vεrtiʒ] *nm* **-1.** [peur du vide, étourdissement] Schwindel *der*; **j'ai le ~** mir ist schwindelig, ich bin nicht schwindelfrei; **donner le ~ à qqn** jn (ganz) schwindelig machen; **avoir des ~s** Schwindelgefühle haben. **-2.** *fig* & *sout* [trouble] Rausch *der*.

vertigineux, euse [vεrtiʒinø, øz] *adj* [vitesse, prix] schwindelerregend.

vertu [vεrty] *nf* **-1.** [morale, chasteté] Tugend *die*; **de petite ~** [femme] mit unsittlichem Lebenswandel. **-2.** [pouvoir] Wirkung *die*.

◆ **en vertu de** *loc prép*: **en ~ de qqch** [principes] unter Berufung auf etw *(A)*; [loi, article] einer Sache *(D)* gemäß.

vertueusement [vεrtɥøzmɑ̃] *adv* tugendhaft.

vertueux, euse [vεrtɥø, øz] *adj* **-1.** [sage] anständig. **-2.** [chaste] sittsam.

verve [vεrv] *nf* [brio] Schwung *der*; **être en ~** in Schwung sein.

verveine [vεrvεn] *nf* **-1.** [plante] Eisenkraut *das*. **-2.** [infusion] Eisenkrauttee *der*.

vésicule [vezikyl] *nf* Bläschen *das*; **~ biliaire** Gallenblase *die*.

Vespa® [vεspa] *nf* Vespa® *die*.

vespasienne [vεspazjεn] *nf* *vieilli* Pissoir *das*.

vespéral, e, aux [vεsperal, o] *adj* *sout* abendlich.

vessie [vesi] *nf* ANAT Blase *die*.
veste [vɛst] *nf* [d'homme] Jackett *das*; [de femme] Blazer *der*; [de sport] Jacke *die*; **~ croisée** Zweireiher *der*; **~ droite** Einreiher *der*; **retourner sa ~** *fam fig* das Mäntelchen nach dem Wind hängen; **ramasser** OU **prendre une ~** *fam fig* einen Reinfall erleben.
vestiaire [vɛstjɛr] *nm* **-1.** [de musée, de théâtre] Garderobe *die*. **-2.** [de gymnase] Umkleideraum *der*.
vestibule [vɛstibyl] *nm* **-1.** [pièce] Eingangshalle *die*. **-2.** [couloir] Flur *der*.
vestige [vɛstiʒ] *nm* Überreste *Pl*.
vestimentaire [vɛstimɑ̃tɛr] *adj*: **dépenses ~s** Ausgaben *Pl* für Kleidung; **tenue ~** Bekleidung *die*.
veston [vɛstɔ̃] *nm* Jackett *das*.
vêtement [vɛtmɑ̃] *nm* Kleidungsstück *das*; **les ~s** die Kleidung *(sans pl)*, die Kleider *Pl*.
vétéran [veterɑ̃] *nm* Veteran *der*.
vétérinaire [veterinɛr] ◇ *adj* tierärztlich. ◇ *nmf* Tierarzt *der*, -ärztin *die*.
vétille [vetij] *nf* Lappalie *die*.
vêtir [44] [vetir] *vt littéraire* an|kleiden.
◆ **se vêtir** *vp* sich (an|)kleiden.
vétiver [vetivɛr] *nm* [parfum] Vetiver *der*.
veto [veto] *nm inv* POLIT Veto *das*; **mettre son ~ à qqch** (s)ein Veto gegen etw ein|legen; [s'opposer à] etw vereiteln.
vêts *etc* → **vêtir**.
vêtu, e [vety] ◇ *pp* → **vêtir**. ◇ *adj*: **~ de qqch** mit etw bekleidet, in etw *(A)* gekleidet; **à demi-~** halbnackt.
vétuste [vetyst] *adj* **-1.** [immeuble, locaux] baufällig, verkommen. **-2.** [outil, meuble] veraltet.
vétusté [vetyste] *nf* Baufälligkeit *die*.
veuf, veuve [vœf, vœv] ◇ *adj* verwitwet. ◇ *nm, f* Witwer *der*, Witwe *die*.
veuille *etc* → **vouloir**.
veule [vøl] *adj* schlaff.
veulerie [vølri] *nf* Schlaffheit *die*.
veut [vø] → **vouloir**.
veuvage [vœvaʒ] *nm* [de femme] Witwenschaft *die*; [d'homme] Witwerschaft *die*.
veuve → **veuf**.
veux [vø] → **vouloir**.
vexant, e [vɛksɑ̃, ɑ̃t] *adj* **-1.** [contrariant] ärgerlich. **-2.** [blessant] beleidigend.
vexation [vɛksasjɔ̃] *nf* **-1.** [humiliation] Kränkung *die*. **-2.** [abus] Schikane *die*.
vexatoire [vɛksatwar] *adj* schikanös.
vexer [4] [vɛkse] *vt* kränken.
◆ **se vexer** *vp* beleidigt sein; **elle se vexe pour un rien** sie ist wegen nichts und wieder nichts beleidigt.

VF *abr de* **version française**.
VHF (*abr de* **very high frequency**) *nf* VHF.
VHS (*abr de* **video home system**) *nm* VHS.
via [vja] *prép*: **~ qqn/qqch** über jn/etw.
viabiliser [3] [vjabilize] *vt* erschließen.
viabilité [vjabilite] *nf* **-1.** [de route] Befahrbarkeit *die*. **-2.** [d'entreprise] Lebensfähigkeit *die*; [de projet] Durchführbarkeit *die*.
viable [vjabl] *adj* **-1.** [route] befahrbar. **-2.** [enfant, entreprise] lebensfähig. **-3.** [projet] durchführbar.
viaduc [vjadyk] *nm* Viadukt *das*.
viager, ère [vjaʒe, ɛr] *adj* auf Lebenszeit; **rente viagère** Leibrente *die*.
◆ **viager** *nm* Leibrente *die*; **en ~** auf Leibrentenbasis.
viande [vjɑ̃d] *nf* Fleisch *das*; **~ froide** kalter Braten; **~ rouge/blanche** dunkles/helles Fleisch.
viatique [vjatik] *nm* **-1.** *vieilli* [de voyage] Wegzehrung *die*. **-2.** RELIG letzte Kommunion. **-3.** *fig* & *sout* [soutien] Hilfe *die*.
vibrant, e [vibrɑ̃, ɑ̃t] *adj* **-1.** [corde] vibrierend; [voix] zitternd; **être ~ de colère/d'émotion** vor Wut/Erregung zittern. **-2.** [discours] mitreißend.
vibraphone [vibrafɔn] *nm* Vibraphon *das*.
vibration [vibrasjɔ̃] *nf* **-1.** [oscillation] Schwingung *die*, Vibration *die*. **-2.** [de voix] Beben *das*.
vibratoire [vibratwar] *adj* Vibrations-.
vibrer [3] [vibre] *vi* **-1.** [osciller] vibrieren. **-2.** *fig* [corps, cœur] beben.
vibromasseur [vibromasœr] *nm* Vibrator *der*.
vicaire [vikɛr] *nm* Vikar *der*.
vice [vis] *nm* **-1.** [penchant, débauche] Laster *das*. **-2.** [défaut] Fehler *der*; **~ caché** versteckter Mangel; **~ de forme** JUR Formfehler.
vice-consul [viskɔ̃syl] (*pl* **vice-consuls**) *nm* Vizekonsul *der*.
vice-présidence [visprezidɑ̃s] (*pl* **vice-présidences**) *nf* Vizepräsidentschaft *die*.
vice-président, e [visprezidɑ̃, ɑ̃t] (*mpl* **vice-présidents**, *fpl* **vice-présidentes**) *nm, f* Vizepräsident *der*, -in *die*.
vice versa [vis(e)vɛrsa] *loc adv* umgekehrt.
vichy [viʃi] *nm* **-1.** [tissu] Vichy *der*. **-2.** [eau] stilles Wasser.
vicié, e [visje] *adj* [air] verbraucht, stickig.
vicier [9] [visje] *vt* **-1.** [polluer] verderben. **-2.** JUR ungültig machen.
vicieux, euse [visjø, øz] *adj* **-1.** [regard, air, personne] pervers. **-2.** [animal] bös. **-3.** [attaque, coup] hinterhältig. **-4.** [défectueux] fehlerhaft; **cercle ~** *fig* Teufelskreis *der*.
vicinal, e, aux [visinal, o] *adj*: **chemin ~** Feldweg *der*.

vicissitudes [visisityd] *nfpl sout* [tribulations] Auf und Ab *das*.
vicomte [vikɔ̃t] *nm* Vicomte *der*.
vicomtesse [vikɔ̃tɛs] *nf* Vicomtesse *die*.
victime [viktim] *nf* Opfer *das*.
victoire [viktwar] *nf* Sieg *der*; **remporter la ~** den Sieg davon|tragen; **chanter** OU **crier ~** sich über einen OU den Sieg freuen.
victorieux, euse [viktɔrjø, øz] *adj* **-1.** [gén] Sieger-; **air ~** Siegermiene *die*; **marche victorieuse** Siegeszug *der*. **-2.** MIL siegreich.
victuailles [viktɥaj] *nfpl* Proviant *der*.
vidange [vidɑ̃ʒ] *nf* **-1.** TECHNOL Entleerung *die*. **-2.** AUTOM Ölwechsel *der*; **faire une ~** das Öl wechseln. **-3.** [mécanisme] Abfluß *der*.
vidanger [17] [vidɑ̃ʒe] *vt* [fosse, réservoir] entleeren.
vidangeur [vidɑ̃ʒœr] *nm Person, die Senkgruben entleert.*
vide [vid] ◇ *nm* **-1.** [gouffre, vacuité] Leere *die*; **à ~** leer *(adv)*; **tourner à ~** leer laufen. **-2.** [espace sans air] Vakuum *das*; **emballé sous ~** vakuumverpackt. **-3.** [ouverture, fente] Hohlraum *der*; *fig* Lücke *die*. **-4.** *loc*: **faire le ~** [se détendre] ab|schalten; [ranger] Platz schaffen; **faire le ~ autour de soi** sich die Mitmenschen vom Leibe halten; **parler dans le ~** [sans objet] Phrasendrescherei betreiben; [sans auditeur] in den Wind reden; **regarder dans le ~** ins Leere blikken. ◇ *adj* **-1.** [récipient] leer; [fauteuil, place] unbesetzt; [maison] unbewohnt. **-2.** [sans intérêt] inhaltslos; **~ de sens** sinnlos.
vidé, e [vide] *adj fam* [épuisé] ausgelaugt, kaputt.
vidéo [video] ◇ *nf* **-1.** [cassette] Videofilm *der*. **-2.** [système] Video(technik) *die*. ◇ *adj inv* Video-.
vidéocassette [videɔkasɛt] *nf* Videokassette *die*.
vidéodisque [videɔdisk] *nm* Bildplatte *die*, Videoplatte *die*.
vide-ordures [vidɔrdyr] *nm inv* Müllschlucker *der*.
vidéothèque [videɔtɛk] *nf* Videothek *die*.
vidéotransmission [videɔtrɑ̃smisjɔ̃] *nf* Videoübertragung *die*.
vide-poches [vidpɔʃ] *nm inv* **-1.** [chez soi] *Schälchen für Kleingeld und anderen Tascheninhalt.* **-2.** [de voiture] Kleingeldablage *die*.
vide-pomme [vidpɔm] (*pl* **vide-pommes** OU **vide-pomme**) *nm* Apfelentkerner *der*.
vider [3] [vide] *vt* **-1.** [ôter le contenu de] (aus|)-leeren; **~ qqch de son contenu** den Inhalt einer Sache *(G)* aus|leeren. **-2.** [ôter de son contenant]: **~ l'eau d'une piscine** das Wasser aus einem Schwimmbad ab|lassen. **-3.** [boire] leeren, aus|trinken. **-4.** [quitter, évacuer] räumen; **~ les lieux** das Feld räumen; **~ les ordures** den Müll weg|bringen. **-5.** [volaille] aus|nehmen. **-6.** *fam* [épuiser] fertig machen. **-7.** *fam* [expulser] raus|werfen; **se faire ~** raus|fliegen.
◆ **se vider** *vp* **-1.** [eau, baignoire, lavabo] ab|laufen. **-2.** [salle, rue] sich leeren. **-3.** *loc*: **se ~ de son sang** verbluten.
vie [vi] *nf* **-1.** [gén] Leben *das*; **attenter à la ~ de qqn** jm nach dem Leben trachten; POLIT auf jn ein Attentat verüben; **coûter la ~ à qqn** jm das Leben kosten; **être en ~** leben, am Leben sein; **être entre la ~ et la mort** zwischen Leben und Tod schweben; **gagner sa ~** Geld verdienen, seinen Lebensunterhalt verdienen; **plein de ~** lebendig; **refaire sa ~** wieder heiraten; **sa ~ durant** sein OU ihr ganzes Leben lang; **coût de la ~** Lebenshaltungskosten *Pl*; **niveau de ~** Lebensstandard *der*; **~ privée** Privatleben; **~ professionnelle** Berufsleben; **une ~ de chien** *fam* ein Hundeleben; **enterrer sa ~ de garçon** seinen Abschied vom Junggesellenleben feiern; **mener la ~ dure à qqn** jm das Leben schwer machen; **prendre la ~ du bon côté** dem Leben die guten Seiten abgewinnen; **voir la ~ en rose** alles durch eine rosa Brille betrachten. **-2.** [biographie] Lebensgeschichte *die*.
vieil → **vieux**.
vieillard [vjɛjar] *nm* alter Mann, Greis *der*; **les ~s** die alten Leute.
vieille → **vieux**.
vieillerie [vjɛjri] *nf* [objet]: **des ~s** Trödel *der*, alter Kram.
vieillesse [vjejɛs] *nf* **-1.** [période de la vie] Alter *das*; **assurance ~** Rentenversicherung *die*. **-2.** [vieillards]: **la ~** die Senioren *Pl*.
vieilli, e [vjeji] *adj* **-1.** [personne] gealtert. **-2.** [démodé] veraltet.
vieillir [32] [vjejir] ◇ *vi* **-1.** [devenir vieux] altern, alt werden. **-2.** [paraître vieux] (sichtlich) altern; **bien ~** [physiquement] für sein Alter sehr gut aussehend OU rüstig sein; **mal ~** [physiquement] vorschnell altern. **-3.** [fromage] reifen; [vin] altern. **-4.** [mode, expression] veralten. ◇ *vt* älter machen; **~ qqn de cinq ans** jn fünf Jahre älter schätzen.
◆ **se vieillir** *vp* sich älter machen, als man ist.
vieillissement [vjejismɑ̃] *nm* **-1.** [de personne, de peau] Altern *das*; **~ de la population** Überalterung *die* der Bevölkerung. **-2.** [de mot, d'idée] Veralten *das*. **-3.** [de fromage] Reifen *das*; [de vin] Altern *das*.
vieillot, otte [vjejo, ɔt] *adj* altmodisch.
vielle [vjɛl] *nf* Drehleier *die*.
viendrai *etc* → **venir**.
Vienne [vjɛn] *n* **-1.** [en France] *Stadt im französischen Département Isère.* **-2.** [en Autriche] Wien *nt*; **le congrès de ~** der Wiener Kongreß.

viennois, e [vjenwa, az] *adj* Wiener; **baguette ~e** leicht süße Hefebaguette.
◆ **Viennois, e** *nm, f* Wiener *der*, -in *die*.
viennoiserie [vjenwazri] *nf* Hefe- und Blätterteiggebäck *das*.
vierge [vjɛrʒ] ◇ *nf* **-1.** [pucelle] Jungfrau *die*. **-2.** [madone] Madonna *die*. ◇ *adj* **-1.** [personne]: **être ~** Jungfrau sein; **une femme ~** eine Jungfrau. **-2.** [intact - page] unbeschrieben, weiß; [- cassette] unbespielt; [- film] unbelichtet; **avoir un casier judiciaire ~** nicht vorbestraft sein; **~ de qqch** frei von etw. **-3.** [inexploité]: **forêt ~** Urwald *der*; **terre ~** Wildnis *die*.
◆ **Vierge** *nf* **-1.** ASTRON & ASTROL Jungfrau *die*; **sous le signe de la Vierge** im Sternzeichen der Jungfrau. **-2.** RELIG: **la (Sainte) Vierge** die Mutter Gottes.
Viêt-nam [vjɛtnam] *nm*: **le ~** Vietnam *nt*; **au ~** in Vietnam; **le Nord ~** Nord-Vietnam *nt*; **le Sud ~** Süd-Vietnam *nt*.
vietnamien, enne [vjɛtnamjɛ̃, ɛn] *adj* vietnamesisch.
◆ **vietnamien** *nm* [langue] Vietnamesisch(e) *(das)*.
◆ **Vietnamien, enne** *nm, f* Vietnamese *der*, -sin *die*.
vieux, vieille [vjø, vjɛj] (**vieil** [vjɛj], *devant voyelle ou h muet*) ◇ *adj* **-1.** [gén] alt; **se faire ~** alt werden; **~ client** Stammkunde *der*; **~ habitués** Stammgäste *Pl*. **-2.** [invétéré] hartnäckig; **~ garçon** eingefleischter Junggeselle; **vieille fille** alte Jungfer. ◇ *nm, f* **-1.** [personne âgée] Alte *der, die*; **un petit ~** ein alter Opa; **une petite vieille** eine alte Omi. **-2.** *fam* [ami]: **mon ~, ma vieille** mein Lieber, meine Liebe. **-3.** *tfam* [parents] Alte *der, die*.
◆ **vieux** *nm*: **le ~** [appartement] Altbauten *Pl*; [meubles] alte Möbel *Pl*; **habiter dans du ~** in einer Altbauwohnung wohnen; **prendre un coup de ~** *fam fig* plötzlich alt werden.
vif, vive [vif, viv] *adj* **-1.** [enfant, œil, esprit] lebhaft. **-2.** [couleur] leuchtend; **jaune ~** leuchtendgelb; **rouge ~** knallrot. **-3.** [violent, intense] heftig. **-4.** [vivant] lebendig; **brûler ~** bei lebendigem Leibe verbrennen.
◆ **vif** *nm* **-1.** JUR Lebende *der, die*. **-2.** PÊCHE (lebender) Köder. **-3.** *loc*: **entrer dans le ~ du sujet** zum Kern der Sache kommen; **prendre sur le ~** schnell skizzieren; **photo (prise) sur le ~** Schnappschuß *der*; **piquer au ~** tief treffen; **trancher dans le ~** kurzen Prozeß machen.
◆ **à vif** *loc adj* **-1.** [chair] blank; [blessure] offen. **-2.** *fig* [nerfs] gereizt.
vif-argent [vifarʒɑ̃] (*pl* **vifs-argents**) *nm* Quecksilber *das*.
vigie [viʒi] *nf* [NAVIG - personne] Matrose *der* im Ausguck; [- poste] Ausguck *der*.
vigilance [viʒilɑ̃s] *nf* Wachsamkeit *die*.
vigilant, e [viʒilɑ̃, ɑ̃t] *adj* wachsam.
vigile [viʒil] *nm* [veilleur] Wachmann *der*; **les ~s** das Sicherheitspersonal.
vigne [viɲ] *nf* **-1.** [plante] Weinstock *der*. **-2.** [vignoble] Weinberg *der*, Weingarten *der*.
◆ **vigne vierge** *nf* wilder Weinstock.
vigneron, onne [viɲrɔ̃, ɔn] *nm, f* Winzer *der*, -in *die*.
vignette [viɲɛt] *nf* **-1.** [timbre] Marke *die*; [automobile] *Kfz-Steuermarke*; [de médicament] *Preisschild auf Arzneimittelpackungen, das an die französische Krankenkasse eingeschickt werden muß*. **-2.** ART [motif] Zierbildchen *das*, Zierleiste *die*.
vignoble [viɲɔbl] *nm* **-1.** [vigne] Weinberg *der*, Weingarten *der*. **-2.** [région] Weingegend *die*.
vigoureusement [vigurøzmɑ̃] *adv* **-1.** [avec force] energisch. **-2.** [avec santé] kräftig, tüchtig.
vigoureux, euse [vigurø, øz] *adj* **-1.** [robuste] kräftig. **-2.** [attaque, sentiment] heftig.
vigueur [vigœr] *nf* **-1.** [robustesse] Kraft *die*. **-2.** [énergie morale] Energie *die*. **-3.** [de sentiment, de réaction] Heftigkeit *die*; **style plein de ~** kraftvoller Stil.
◆ **en vigueur** ◇ *loc adj* gültig. ◇ *loc adv*: **entrer en ~** in Kraft treten.
vil, e [vil] *adj sout* niederträchtig.
vilain, e [vilɛ̃, ɛn] *adj* **-1.** [méchant] böse; **être ~ avec qqn** zu jm böse sein. **-2.** [malhonnête] niederträchtig. **-3.** [laid] häßlich. **-4.** [temps] scheußlich. **-5.** [blessure, toux] schlimm.
◆ **vilain** *nm* **-1.** HIST [paysan] Bauer *der*. **-2.** *fam* [scandale]: **il va y avoir du ~** bald gibt's Krach.
vilebrequin [vilbrəkɛ̃] *nm* **-1.** [outil] Bohrkurbel *die*. **-2.** AUTOM Kurbelwelle *die*.
vilenie [vileni] *nf sout* **-1.** [caractère] Niedertracht *die*. **-2.** [action, parole] Niederträchtigkeit *die*.
vilipender [3] [vilipɑ̃de] *vt sout* verunglimpfen.
villa [vila] *nf* **-1.** [maison] Villa *die*. **-2.** [voie privée] *private Straße*.
village [vilaʒ] *nm* Dorf *das*; **~ de vacances** Feriendorf.
villageois, e [vilaʒwa, az] ◇ *adj* dörflich. ◇ *nm, f* Dorfbewohner *der*, -in *die*; **les ~** die Dörfler.
ville [vil] *nf* Stadt *die*; **à la** OU **en ~** in der Stadt; **vivre en ~** in der Stadt leben; **~ dortoir** Schlafstadt; **~ nouvelle** Satellitenstadt; **~ champignon** schnellwachsendes Ballungszentrum.
villégiature [vileʒjatyr] *nf* [séjour] Sommerfrische *die*.
Villette [vilɛt] *nf*: **la ~** *wissenschaftlich-technisches Informations- und Veranstaltungszentrum*.
Vilnious [vilnjys] *n* Wilna *nt*.
vin [vɛ̃] *nm* Wein *der*; **~ blanc** Weißwein; **~**

champagnisé *nach dem Champagnerverfahren hergestellter Schaumwein*; **~ résiné** Retsina *der*, mit Harz versetzter Wein; **~ rosé** Rosé *der*; **~ rouge** Rotwein; **~ de table** Tischwein.
◆ **vin d'honneur** *nm* Stehempfang *der*.

vinaigre [vinɛgr] *nm* Essig *der*; **~ de framboise** Himbeeressig; **~ de vin** Weinessig; **tourner au ~** *fig* aus|arten.

vinaigrer [4] [vinegre] *vt* mit Essig an|machen.

vinaigrette [vinɛgrɛt] *nf* Vinaigrette *die*, Salatsauce *die*; **à la** OU **en ~** mit Vinaigrette.

vinasse [vinas] *nf péj* (schlechter) Wein.

vindicatif, ive [vɛ̃dikatif, iv] *adj* rachsüchtig.

vindicte [vɛ̃dikt] *nf*: **~ publique** JUR gerichtliche Verfolgung.

vingt [vɛ̃] ◇ *adj inv* & *pron inv* zwanzig. ◇ *nm inv* Zwanzig *die*; *voir aussi* **six**.

vingtaine [vɛ̃tɛn] *nf* ungefähr zwanzig; **une ~ de soldats** an die OU ungefähr zwanzig Soldaten; **une femme d'une ~ d'années** eine Frau um die Zwanzig.

vingtième [vɛ̃tjɛm] ◇ *adj* zwanzigste,-r,-s. ◇ *nmf* Zwanzigste *der, die, das*. ◇ *nm* **-1.** [fraction] Zwanzigstel *das*. **-2.** [arrondissement] zwanzigstes Arrondissement; *voir aussi* **sixième**.

vinicole [vinikɔl] *adj* Weinbau-.

vinification [vinifikasjɔ̃] *nf* Weinherstellung *die*.

vinyle [vinil] *nm* Vinyl *das*.

viol [vjɔl] *nm* **-1.** [sexuel] Vergewaltigung *die*. **-2.** [profanation] Schändung *die*.

violacé, e [vjɔlase] *adj* blaurot.

violation [vjɔlasjɔ̃] *nf* [de droit] Verletzung *die*; [d'engagement] Nichteinhaltung *die*; **~ de domicile** JUR Hausfriedensbruch *der*.

viole [vjɔl] *nf* Viola *die*.

violemment [vjɔlamɑ̃] *adv* heftig, gewaltsam.

violence [vjɔlɑ̃s] *nf* **-1.** [brutalité, contrainte] Gewalt *die*; **avoir recours à la ~** zu gewaltsamen Mitteln greifen; **se faire ~** sich zusammen|reißen. **-2.** [de tempête, de sentiment] Heftigkeit *die*.

violent, e [vjɔlɑ̃, ɑ̃t] *adj* **-1.** [tempête, sentiment] heftig. **-2.** [homme] gewalttätig. **-3.** [mort] gewaltsam. **-4.** [sport] hart.

violenter [3] [vjɔlɑ̃te] *vt*: **~ qqn** jm Gewalt an|tun.

violer [3] [vjɔle] *vt* **-1.** [personne] vergewaltigen. **-2.** [enfreindre - loi] verletzen; [- serment] brechen. **-3.** [profaner] schänden.

violet, ette [vjɔlɛ, ɛt] *adj* violett.
◆ **violet** *nm* [couleur] Violett *das*.
◆ **violette** *nf* Veilchen *das*.

violeur [vjɔlœr] *nm* Vergewaltiger *der*.

violon [vjɔlɔ̃] *nm* **-1.** [instrument, musicien] Geige *die*; **accorder ses ~s** *fig* sich einigen. **-2.** *fam* [prison] Kittchen *das*.
◆ **violon d'Ingres** *nm* [loisir] Steckenpferd *das*.

violoncelle [vjɔlɔ̃sɛl] *nm* **-1.** [instrument] Violoncello *das*, Cello *das*. **-2.** [musicien] Cello *das*.

violoncelliste [vjɔlɔ̃selist] *nmf* Cellist *der*, -in *die*.

violoneux [vjɔlɔnø] *nm péj* (Sonntags)fiedler *der*.

violoniste [vjɔlɔnist] *nmf* Geiger *der*, -in *die*.

VIP [viajpi, veipe] (*abr de* **very important person**) *nm* VIP(-Person) *die*.

vipère [vipɛr] *nf* Viper *die*; **(langue de) ~** *fig* & *péj* Giftschlange *die*.

virage [viraʒ] *nm* **-1.** [sur la route] Kurve *die*; **prendre un ~** eine Kurve nehmen; **rater un ~** aus der Kurve geschleudert werden; **~ en épingle à cheveux** Haarnadelkurve. **-2.** *fig* [changement d'orientation] Wende *die*; **~ à droite** POLIT Rechtsruck *der*. **-3.** CHIM Farbwechsel *der*. **-4.** MÉD: **~ de cuti-réaction** *Hautreaktion beim Tuberkulosetest*.

viral, e, aux [viral, o] *adj* Virus-.

virée [vire] *nf fam* Spritztour *die*, Tour *die*; **faire une ~** [en voiture] eine Spritztour machen; [dans les bars] einen Kneipenbummel machen.

virement [virmɑ̃] *nm* **-1.** FIN Überweisung *die*; **~ bancaire** Banküberweisung; **~ postal** Postüberweisung. **-2.** NAVIG: **~ de bord** Wende *die*.

virer [3] [vire] ◇ *vi* **-1.** [tourner]: **~ à droite/à gauche** nach rechts/links ab|biegen; **~ de bord** NAVIG wenden. **-2.** [changer]: **~ au jaune/bleu** sich gelblich/bläulich verfärben; **~ au vinaigre** [vin] in Essig um|schlagen. **-3.** PHOT [négatif] schwarz werden. ◇ *vt* **-1.** FIN überweisen. **-2.** *fam* [personne] raus|werfen; **il s'est fait ~ du lycée** er ist vom Gymnasium geflogen.

virevolte [virvɔlt] *nf* Drehung um die eigene Achse; *fig* Kehrtwendung *die*.

virevolter [3] [virvɔlte] *vi* **-1.** [tourner sur soi] sich um die eigene Achse drehen. **-2.** [papillonner] umher|schwirren.

virginal, e, aux [virʒinal, o] *adj* jungfräulich.

virginité [virʒinite] *nf* **-1.** [physique] Jungfräulichkeit *die*. **-2.** [candeur] Reinheit *die*.

virgule [virgyl] *nf* Komma *das*.

viril, e [viril] *adj* männlich.

virilité [virilite] *nf* Männlichkeit *die*.

virologie [virɔlɔʒi] *nf* Virologie *die*.

virtualité [virtɥalite] *nf* Virtualität *die*.

virtuel, elle [virtɥɛl] *adj* virtuell.

virtuellement [virtɥɛlmɑ̃] *adv* **-1.** [potentiellement] im Prinzip. **-2.** [pratiquement] sozusagen.

virtuose [virtɥoz] *nmf* **-1.** MUS Virtuose *der*, -sin *die*. **-2.** *fig* [artiste] Meister *der*, -in *die*; **c'est un ~ de la photo** er ist ein meisterhafter Fotograf.

virtuosité [virtɥozite] *nf* Virtuosität *die*.

virulence [virylɑ̃s] *nf* **-1.** [gén] Heftigkeit *die*. **-2.** MÉD Virulenz *die*.

virulent, e [virylɑ̃, ɑ̃t] *adj* **-1.** [gén] bissig. **-2.** MÉD virulent.

virus [virys] *nm* MÉD & INFORM Virus *der*; *fig* Fieber *das*; **avoir le ~ de la lecture** ein Büchernarr sein.

vis[1], **vit** [vi] → **vivre, voir.**

vis[2] [vis] *nf* Schraube *die*; **serrer la ~ à qqn** *fig* jn an die Kandare nehmen.

visa [viza] *nm* Visum *das*; **donner son ~ à qqch** *fig* zu etw sein Amen geben; **~ de censure** Zensurvermerk *der*.

visage [vizaʒ] *nm* **-1.** [face] Gesicht *das*. **-2.** [expression] Gesichtsausdruck *der*; **à ~ découvert** *fig* unverhüllt.

visagiste [vizaʒist] *nmf* Visagist *der*, -in *die*.

vis-à-vis [vizavi] *nm* **-1.** [personne] Gegenüber *das*. **-2.** [tête-à-tête] Gespräch *das* unter vier Augen. **-3.** [immeuble] Visavis *das*.

◆ **vis-à-vis de** *loc prép* **-1.** [envers, en face]: **~ de qqn/qqch** jm/etw gegenüber; **nous étions placés l'un ~ de l'autre** wir saßen einander gegenüber. **-2.** [en comparaison]: **~ de qqch** im Vergleich zu etw.

viscéral, e, aux [viseral, o] *adj* **-1.** ANAT Eingeweide-. **-2.** [peur] tiefsitzend; **avoir une haine ~e de qqch** einen Horror vor etw *(D)* haben.

viscères [visɛr] *nmpl* Eingeweide *Pl*.

viscose [viskoz] *nf* Viskose *die*.

viscosité [viskozite] *nf* **-1.** [de liquide] Viskosität *die*, Zähflüssigkeit *die*. **-2.** [de surface] schleimige Beschaffenheit.

visé, e [vize] *adj* **-1.** [concerné] getroffen. **-2.** [objectif] angestrebt, gewollt.

visée [vize] *nf* [d'arme] Zielen *das*.

◆ **visées** *nfpl* [intention] Absicht *die*; **avoir des ~s politiques/belliqueuses** politische/kriegerische Absichten verfolgen.

viser [3] [vize] ◇ *vt* **-1.** [cible]: **~ qqn/qqch** auf jn/etw zielen. **-2.** *fig* [objectif] an|streben. **-3.** [concerner] betreffen. **-4.** *fam* [regarder] (mal) an|schauen; **vise un peu la nana!** schau mal die Tussi an! **-5.** [passeport, document] mit einem Sichtvermerk versehen. ◇ *vi* **-1.** [pour tirer] zielen; **~ à qqch** auf etw *(A)* zielen; **ne pas ~ juste** [ponctuellement] sein Ziel verfehlen; [en général] nicht zielen können. **-2.** [avoir des ambitions]: **~ haut** hoch hinaus|wollen. **-3.** [s'efforcer]: **~ à qqch** auf etw *(A)* ab|zielen; **~ à faire qqch** darauf ab|zielen, etw zu tun.

viseur [vizœr] *nm* **-1.** [d'arme] Zielrohr *das*, Visier *das*. **-2.** PHOT Sucher *der*.

visibilité [vizibilite] *nf* **-1.** [de phénomène] Sichtbarkeit *die*. **-2.** [en voiture] Sicht *die*. **-3.** [en avion] Sichtweite *die*.

visible [vizibl] *adj* **-1.** [perceptible] sichtbar; **~ à l'œil nu** mit bloßem Auge sichtbar. **-2.** [évident] (offen)sichtlich. **-3.** *fam* [disponible]: **il n'est pas ~ pour le moment** er ist gerade nicht zu sprechen.

visiblement [viziblǝmɑ̃] *adv* [manifestement] offensichtlich.

visière [vizjɛr] *nf* **-1.** [de casque] Visier *das*. **-2.** [de casquette] Schirm *der*. **-3.** [de protection] Augenschirm *der*, Schirm *der*.

vision [vizjɔ̃] *nf* Sehen *das*, Sehvermögen *das*; **avoir une bonne ~** gute Augen haben; **troubles de la ~** Sehstörungen; **~ du monde** Weltanschauung *die*; **~ réaliste** realistische Sehweise; **avoir des ~s** Halluzinationen haben.

visionnaire [vizjɔnɛr] ◇ *nmf* Visionär *der*, -in *die*. ◇ *adj* visionär.

visionner [3] [vizjɔne] *vt* sichten *(in einem Film-/Diabetrachter)*.

visionneuse [vizjɔnøz] *nf* [de films, de diapos] Film-/ Diabetrachter *der*; [de microfiches] Lesegerät *das*.

visite [vizit] *nf* **-1.** [chez une personne] Besuch *der*; **faire une** OU **rendre ~ à qqn** einen Besuch bei jm machen, jm einen Besuch ab|statten; **~ chez le médecin** Arztbesuch; **~ du médecin** Hausbesuch. **-2.** [de monument] Besichtigung *die*. **-3.** [visiteur]: **avoir de la** OU **une ~** Besuch haben. **-4.** [inspection - de douane] Durchsuchung *die*; [- de navire] Inspektion *die*; [- d'expert, de médecin] Untersuchung *die*; [- à l'hôpital] Visite *die (des Arztes in seiner Station)*; **~ médicale** ärztliche Untersuchung.

visiter [3] [vizite] *vt* **-1.** [malade, prisonnier, pays] besuchen. **-2.** [ville, monument, appartement] besichtigen.

visiteur, euse [vizitœr, øz] *nm, f* Besucher *der*, -in *die*.

vison [vizɔ̃] *nm* **-1.** [animal, fourrure] Nerz *der*. **-2.** [manteau] Nerzmantel *der*, Nerz *der*.

visqueux, euse [viskø, øz] *adj* **-1.** [liquide] zähflüssig. **-2.** [surface, personne, manières] schleimig.

visser [3] [vise] *vt* **-1.** [fixer avec des vis] fest|schrauben. **-2.** [couvercle, robinet] zu|drehen. **-3.** *fam* [personne] an die Kandare nehmen.

visu [vizy]

◆ **de visu** *loc adv* mit eigenen Augen.

visualisation [vizɥalizasjɔ̃] *nf* INFORM Sichtanzeige *die*, Visualisierung *die*.

visualiser [3] [vizɥalize] *vt* **-1.** [rendre visible] sichtbar machen. **-2.** [imaginer]: **~ qqch** sich *(D)* etw bildlich vor|stellen.

visuel, elle [vizɥɛl] *adj* Seh-; **acuité ~le** Sehschärfe *die*; **mémoire ~le** optisches Gedächtnis.

visuellement [vizɥɛlmɑ̃] *adv* bildlich.

vital, e, aux [vital, o] *adj* lebenswichtig.

vitalité [vitalite] *nf* Vitalität *die*, Lebenskraft *die*.

vitamine [vitamin] *nf* Vitamin *das*.

vitaminé, e [vitamine] *adj* mit Vitaminen angereichert.

vite [vit] *adv* schnell; **faire ~** schnell machen; **avoir ~ fait de faire qqch** etw im Handumdrehen tun.

vitesse [vitɛs] *nf* **-1.** [rapidité, allure] Geschwindigkeit *die*; **à toute ~** in aller Eile; **excès de ~** Überschreitung *die* des Tempolimits; **~ de croisière** [de véhicule] Reisegeschwindigkeit; *fig* stabiles Wachstum. **-2.** [hâte] Schnelligkeit *die*; **prendre qqn de ~** jm zuvor|kommen. **-3.** AUTOM Gang *der*; **changer de ~, passer les ~s** schalten; **en quatrième ~** *fam fig* in Windeseile, mit einem Affenzahn.

viticole [vitikɔl] *adj* Weinbau-.

viticulteur, trice [vitikyltœr, tris] *nm, f* Winzer *der*, -in *die*.

viticulture [vitikyltyr] *nf* Weinbau *der*.

vitrage [vitraʒ] *nm* **-1.** [verrière] Verglasung *die*. **-2.** [pose de vitres] Verglasen *das*.

vitrail, aux [vitraj, o] *nm* Buntglasfenster *das*, Kirchenfenster *das*.

vitre [vitr] *nf* [de maison] Scheibe *die*, Fensterscheibe *die*; [de véhicule] Fenster *das*; **nettoyer** OU **faire les ~s** Fenster putzen.

vitré, e [vitre] *adj*: **baie ~e** Fensterfront *die*; **porte ~e** Glastür *die*.

vitrer [3] [vitre] *vt* verglasen.

vitreux, euse [vitrø, øz] *adj* **-1.** [œil, regard] glasig. **-2.** [matériau] glasartig.

vitrier [vitrije] *nm* Glaser *der*, -in *die*.

vitrification [vitrifikasjɔ̃] *nf* **-1.** [de parquet] Versiegeln *das*. **-2.** [de matériau] *Verschmelzung zu einer glasartigen Masse*.

vitrifier [9] [vitrifje] *vt* **-1.** [parquet] versiegeln. **-2.** [matériau] zu einer glasartigen Masse verschmelzen.

vitrine [vitrin] *nf* **-1.** [de boutique] Schaufenster *das*. **-2.** [meuble] Vitrine *die*.

vitriol [vitrijɔl] *nm* [acide] Vitriol *das*; **au ~** *fig* extrem bissig.

vitupération [vityperasjɔ̃] *nf (gén pl) sout* Schmähung *die*.

vitupérer [18] [vitypere] *vi sout*: **~ contre qqn/qqch** gegen jn/etw vom Leder ziehen.

vivable [vivabl] *adj* erträglich.

vivace [vivas] *adj* **-1.** [robuste] zäh, langlebig. **-2.** [plante] mehrjährig. **-3.** *fig* [préjugé] hartnäkkig; [haine] tief verwurzelt.

vivacité [vivasite] *nf* **-1.** [d'esprit, d'enfant] Lebhaftigkeit *die*. **-2.** [de couleur] Frische *die*. **-3.** [de propos, de réaction] Heftigkeit *die*.

vivant, e [vivɑ̃, ɑ̃t] *adj* **-1.** [en vie, durable] lebend; **souvenir ~** lebendige Erinnerung. **-2.** [vif] lebhaft. **-3.** [rue, quartier] belebt.

◆ **vivant** *nm* **-1.** [vie]: **du ~ de qqn** zu js Lebzeiten. **-2.** [personne] Lebende *der, die*; **un bon ~** ein Genießer.

vivarium [vivarjɔm] *nm* Vivarium *das*.

vivat [viva] *nm* Hochruf *der*; **les ~s** die jubelnden Zurufe.

vive[1] [viv] *nf* Stachelfisch *der*.

vive[2] [viv] *interj*: **~ la démocratie!** es lebe die Demokratie!

vivement [vivmɑ̃] ◇ *adv* **-1.** [promptement] rasch. **-2.** [répondre] (recht) scharf. **-3.** [profondément] tief. ◇ *interj*: **~ les vacances!** hoffentlich gibt es bald Ferien!; **~ qu'elle s'en aille!** hoffentlich geht sie bald!; **~ que l'été arrive!** hoffentlich ist bald Sommer!

vivier [vivje] *nm* [élevage] Fischteich *der*; *fig* Hort *der*; **cette université est un ~ de génies** an dieser Universität wimmelt es nur so von Genies.

vivifiant, e [vivifjɑ̃, ɑ̃t] *adj* belebend.

vivifier [9] [vivifje] *vt* beleben.

vivipare [vivipar] *adj* lebendgebärend.

vivisection [vivisɛksjɔ̃] *nf* Tierversuch *der*, Vivisektion *die*.

vivoter [3] [vivɔte] *vi* **-1.** [personne] kümmerlich vor sich *(A)* hin|leben. **-2.** [affaire, commerce] schlecht und recht über die Runden kommen.

vivre[1] [90] [vivr] ◇ *vi* leben; **faire ~ qqn** js Lebensunterhalt bestreiten. ◇ *vt* erleben; **~ des moments difficiles** schwere Zeiten durch|machen; **~ sa vie** leben, wie es einem gefällt.

vivre[2] [vivr] *nm*: **le ~ et le couvert** Verpflegung und Unterkunft.

◆ **vivres** *nmpl* Verpflegung *die*; **couper les ~s à qqn** *fig* jm den Hahn ab|drehen.

vivrière [vivriɛr] → **culture**.

vizir [vizir] *nm* Wesir *der*.

VL (*abr de* **véhicule lourd**) *nm* Schwerlastwagen *der*.

vlan [vlɑ̃] *interj* bums.

vo *abr de* **verso**.

VO *abr de* **version originale**.

vocable [vɔkabl] *nm* Vokabel *die*.

vocabulaire [vɔkabylɛr] *nm* **-1.** [de personne] Wortschatz *der*; **elle n'a pas un ~ très recherché** sie drückt sich nicht sehr gewählt aus. **-2.** [terminologie] Vokabular *das*. **-3.** [livre] Vokabelverzeichnis *das*.

vocale [vɔkal] → **corde**.

vocalise [vɔkaliz] *nf*: **faire des ~s** Stimmübungen machen.
vocaliser [3] [vɔkalize] *vi* MUS Stimmübungen machen.
vocatif [vɔkatif] *nm* Vokativ *der*.
vocation [vɔkasjɔ̃] *nf* **-1.** [goût, RELIG] Berufung *die*. **-2.** [mission] Bestimmung *die*; **avoir pour ~ de faire qqch** die Aufgabe haben, etw zu tun.
vociférations [vɔsiferasjɔ̃] *nfpl* Gezeter *das (sans pl)*.
vociférer [18] [vɔsifere] ◇ *vt* brüllen. ◇ *vi* zetern; **~ contre qqn** über jn schimpfen.
vodka [vɔdka] *nf* Wodka *der*.
vœu, x [vø] *nm* **-1.** [souhait, requête] Wunsch *der*; **faire un ~** sich etwas wünschen; **~ pieux** frommer Wunsch. **-2.** [résolution] Schwur *der*; **faire le ~ de faire qqch** sich schwören, etw zu tun. **-3.** RELIG Gelübde *das*; **faire ~ de chasteté** Keuschheit geloben.
◆ **vœux** *nmpl* Glückwünsche *Pl*; **meilleurs ~x** herzlichen Glückwunsch; **tous nos ~x de bonheur (à qqn)** wir wünschen (jm) viel Glück.
vogue [vɔg] *nf* [succès] Beliebtheit *die*; **qqn/qqch connaît une ~ extraordinaire** jd/etw erfreut sich außerordentlicher Beliebtheit; **être en ~** in sein.
voguer [3] [vɔge] *vi* **-1.** [gén] fahren. **-2.** [voilier] segeln.
voici [vwasi] *prép* **-1.** [pour désigner] hier ist OU sind; **vous ~ déjà!** Sie sind schon da!; **le/la ~ qui revient** hier ist er/sie wieder; **vous vouliez les clés: les ~** Sie wollten die Schlüssel: hier bitte; **vous cherchiez des allumettes? en ~** Sie wollten Streichhölzer: bitte sehr; **l'homme/le livre que ~** dieser Mann/dieses Buch hier. **-2.** [pour introduire] folgendes; **~ ce que je pense** ich denke folgendes; **~ ce qui s'est passé** es hat sich also folgendes ereignet. **-3.** [il y a]: **j'y suis allé ~ trois mois/ans** ich war vor drei Monaten/Jahren dort; **~ quelques années que je ne l'ai pas vu** ich habe ihn schon seit einigen Jahren nicht mehr gesehen.
voie [vwa] *nf* **-1.** [route, artère] Straße *die*; **~ principale** Hauptstraße; **~ secondaire** Nebenstraße; **~ navigable** NAVIG Schiffahrtsstraße; **route à trois ~s** dreispurige Straße; **~ sans issue** Sackgasse *die*; **sur la ~ publique** in der Öffentlichkeit. **-2.** [de chemin de fer]: **~ (ferrée)** Gleis *das*; **~ de garage** Abstellgleis. **-3.** [chemin, filière, moyen] Weg *der*; **arriver par la ~ des airs** auf dem Luftweg an|kommen; **être en bonne ~** gute Fortschritte machen; **être en ~ de faire qqch** auf dem Wege sein, etw zu tun; **être en ~ d'extinction** vom Aussterben bedroht sein; **mettre qqn sur la ~** jm auf die Sprünge helfen; **ouvrir la ~** den Weg ebnen; **pays en ~ de développement** Entwicklungsland *das*; **la ~ royale** *fig* der ideale Weg, der Königsweg; **~ hiérarchique** Dienstweg; **~ maritime** Seeweg; **être sur la bonne/mauvaise ~** richtig/falsch liegen; **trouver sa ~** den idealen Beruf finden. **-4.** ANAT Bahn *die*; **par ~ buccale** OU **orale** zum Einnehmen; **par ~ rectale** rektal *(adv)*; **~s digestives** Verdauungstrakt *der*; **~s respiratoires** Luftwege *Pl*.
◆ **voie d'eau** *nf* Leck *das*.
◆ **voie de fait** *nf* JUR Tätlichkeit *die*.
◆ **Voie lactée** *nf* ASTRON Milchstraße *die*.
voilà [vwala] *prép* **-1.** [pour désigner] dort ist OU sind, dort siehst du OU sehen Sie; **me ~** hier bin ich (schon); **le ~ qui arrive** da kommt er (schon); **vous vouliez les clés: les ~** Sie wollten die Schlüssel: da sind sie; **vous cherchiez de l'encre: en ~** Sie wollten Tinte: da ist welche; **la maison/l'homme que ~** das Haus/der Mann dort. **-2.** [temporel] jetzt (endlich); **~ qu'il se met à pleuvoir** jetzt fängt es an zu regnen; **le ~ endormi** jetzt schläft er endlich. **-3.** [pour introduire]: **~ ce que j'ai dit** da habe ich also folgendes gesagt; **~ ce que j'en pense** dazu meine ich folgendes; **mais ~** zwar aber. **-4.** [en conclusion]: **~ ce qui s'est passé** so war das; **~ ce qui arrive quand on ne fait pas attention** so geht es eben, wenn man nicht aufpaßt; **~ tout** das ist alles, das war's; **et ~! c'est fini** so, das war's; **et ~! j'en étais sûr!** das hatte ich doch gesagt! **-5.** [il y a]: **Pierre est arrivé ~ dix jours** Pierre ist vor zehn Tagen angekommen; **~ dix ans que je le connais** ich kenne ihn seit zehn Jahren.
voilage [vwalaʒ] *nm* [rideau] Store *der*.
voile [vwal] ◇ *nf* **-1.** [de bateau] Segel *das*; **mettre les ~s** *fam fig* sich ab|setzen, sich verdrükken. **-2.** SPORT Segeln *das*, Segelsport *der*; **faire de la ~** segeln. ◇ *nm* **-1.** [gén] Schleier *der*; **lever le ~ sur qqch** *fig* etw auf|decken; **~ de brume** *fig* Nebelschleier *Pl*; **~ de mariée** Brautschleier; **~ au poumon** MÉD Schatten *der* auf der Lunge; **~ du palais** ANAT Gaumensegel *das*. **-2.** [de coton, à rideaux] Voile *der*.
voilé, e [vwale] *adj* **-1.** [femme, PHOT] verschleiert. **-2.** [termes, allusion] verhüllt. **-3.** [ciel, regard] trübe. **-4.** [porte, surface] verzogen; [roue] verbogen. **-5.** [voix] belegt; [son] gedämpft.
voiler [3] [vwale] *vt* **-1.** [statue, objet] verhüllen. **-2.** [vérité, regard, ciel, femme] verschleiern. **-3.** [roue] verbiegen.
◆ **se voiler** *vp* **-1.** [yeux, ciel, femme] sich verschleiern; **se ~ la face** *fig* sich etwas vor|machen. **-2.** [roue] sich verbiegen; [étagère, surface] sich verziehen.
voilette [vwalɛt] *nf* [de chapeau] Schleier *der*.
voilier [vwalje] *nm* [bateau] Segelboot *das*.
voilure [vwalyr] *nf* **-1.** [de bateau] Besegelung

die. **-2.** [d'avion] Tragwerk *das*. **-3.** [de parachute] Schirmkappe *die*.

voir [62] [vwar] ◇ *vt* **-1.** [gén] sehen; **~ qqn faire qqch** jn etw tun sehen, sehen, wie jd etw tut; **faire ~ qqch (à qqn)** (jm) etw zeigen; **fais ~!** zeig her!; **laisser ~ qqch** *fig* etw zeigen; **tu vois, j'avais raison** siehst du, ich hatte recht; **faire qqch pour ~** [par curiosité] etw tun, um sich *(D)* selbst ein Bild zu machen; **essaye un peu pour ~!** versuch es doch, du wirst schon sehen!; **voyons!** mal sehen!; **voyons maintenant votre problème/ce dossier!** und jetzt zu Ihrem Problem/diesem Fall!; **il faudra ~ ça avec votre chef** das müssen Sie mit Ihrem Chef besprechen; **~ ce qu'on peut faire** zu|sehen, was man machen kann; **ni vu ni connu** *fam* klammheimlich. **-2.** [imaginer, se représenter] sich vor|stellen; **~ qqn en** sich jn als ... vorstellen können; **~ qqn faire qqch** sich vorstellen können, daß jd etw tut; **~ les choses du bon côté** einer Sache *(D)* die beste Seite abgewinnen; **ne pas ~ de quoi il s'agit** nicht verstehen, worum es geht; **ne pas ~ où/quand/comment** keine Ahnung haben wo/wann/wie; **je ne vois pas où il a pu perdre ses clés** ich habe keine Ahnung, wo er seine Schlüssel verloren hat. **-3.** [rencontrer]: **aller ~ qqn** [ami, parent] jn besuchen; [avocat, médecin] jn auf|suchen; **j'ai vu** OU **je suis allé voir un médecin/avocat** ich war bei einem Arzt/Anwalt; **avoir assez vu qqn** *fam* von jm die Nase voll haben. **-4.** *loc*: **(ne rien) avoir à ~ avec qqn/qqch** (nichts) mit jm/etw zu tun haben. ◇ *vi* sehen; **ne pas ~ clair** schlecht sehen; **il faut ~!** das muß man ab|warten!; **(il) faudrait ~ à faire qqch** *fam* man sollte daran denken, etw zu tun.

◆ **se voir** *vp* **-1.** [se regarder] sich (an|)sehen; **mais tu t'es vu**? weißt du eigentlich, wie du aussiehst? **-2.** [se rencontrer] sich sehen. **-3.** [détail, défaut] auf|fallen. **-4.** [s'imaginer] sich vor|stellen; **se ~ président/clochard** sich schon als Präsident/Penner sehen. **-5.** [se produire]: **ça ne se voit pas souvent** das sieht man nicht oft. **-6.** *(suivi d'un infinitif)*: **il s'est vu refuser l'accès de la bibliothèque** ihm wurde der Zutritt zur Bibliothek verweigert.

voire [vwar] *adv* oder sogar.

voirie [vwari] *nf* **-1.** ADMIN Straßenbauamt *das*. **-2.** [décharge] Müllabfuhr *die*.

vois, voit [vwa] → **voir**.

voisin, e [vwazɛ̃, in] ◇ *adj* **-1.** [chambre, ville] Nachbar-; **le champ ~ de la route** das Feld gleich neben der Straße. **-2.** [semblable] ähnlich. ◇ *nm, f* Nachbar *der*, -in *die*.

voisinage [vwazinaʒ] *nm* Nachbarschaft *die*.

voisiner [3] [vwazine] *vi*: **~ avec qqn/qqch** neben jm/etw stehen OU liegen.

voiture [vwatyr] *nf* **-1.** [gén] Auto *das*, Wagen *der*; **~ d'enfant** Kinderwagen; **~ de fonction** Dienstwagen; **~ de location** Mietwagen; **~ d'occasion** Gebrauchtwagen; **~ de sport** Sportwagen. **-2.** [de train] Wagon *der*, Wagen *der*; **~ de première/seconde classe** Wagen erster/zweiter Klasse; **~ fumeur** Raucherwagen; **~ non-fumeur** Nichtraucherwagen.

voix [vwa] *nf* **-1.** [gén] Stimme *die*; **à ~ basse** leise *(adv)*; **à ~ haute** laut *(adv)*; **à mi-~** halblaut *(adv)*; **de vive ~** persönlich *(adv)*; **recueillir des ~** Stimmen erhalten; **~ caverneuse** Grabesstimme; **~ de fausset** Falsettstimme; *fig* hohe quietschige Stimme; **~ off** CIN Stimme aus dem Off; **~ de stentor** Stentorstimme; **~ de ténor** Tenorstimme; **~ chevrotante** zittrige Stimme; **avoir ~ au chapitre** *fig* etwas zu sagen haben. **-2.** GRAM: **~ active** Aktiv *das*; **~ passive** Passiv *das*.

vol [vɔl] *nm* **-1.** [d'avion, d'oiseau] Flug *der*; **en plein ~** mitten im Flug; **attraper qqch au ~** etw auf|fangen; **prendre son ~** sich in die Lüfte erheben; **c'est à 3 kilomètres d'ici à ~ d'oiseau** von hier aus sind es 3 km Luftlinie. **-2.** [groupe d'oiseaux] Schwarm *der*. **-3.** [délit] Diebstahl *der*; **~ avec effraction** Einbruchdiebstahl; **~ à l'étalage** Ladendiebstahl; **~ à la tire** Taschendiebstahl.

◆ **vol à voile** *nm* Segelfliegen *das*.

vol. (*abr de* **volume**) Bd.

volage [vɔlaʒ] *adj sout* flatterhaft.

volaille [vɔlaj] *nf* Vogel *der*; **la ~** das Geflügel.

volant, e [vɔlɑ̃, ɑ̃t] *adj* fliegend; **le personnel ~** AÉRON das Flugpersonal; **feuille ~e** loses Blatt.

◆ **volant** *nm* **-1.** [de voiture] Lenkrad *das*. **-2.** [de jupe] Rüsche *die*. **-3.** [de badminton] Federball *der*.

volatil, e [vɔlatil] *adj* flüchtig.

◆ **volatile** *nm* [oiseau] Vogel *der*.

volatiliser [3] [vɔlatilize] *vt* [substance] verflüchtigen lassen; *fig* stibitzen.

◆ **se volatiliser** *vp* [substance] sich verflüchtigen; *fig* sich in Luft auf|lösen.

vol-au-vent [vɔlovɑ̃] *nm inv* Blätterteigpastete *die*.

volcan [vɔlkɑ̃] *nm* GÉOL Vulkan *der*; **être assis sur un ~** *fig* wie auf einem Vulkan leben.

volcanique [vɔlkanik] *adj* GÉOL vulkanisch; *fig* leidenschaftlich.

volcanologue [vɔlkanɔlɔg], **vulcanologue** [vylkanɔlɔg] *nmf* Vulkanologe *der*, -gin *die*.

volée [vɔle] *nf* **-1.** [groupe d'oiseaux] Schwarm *der*. **-2.** [de flèches, de coups] Hagel *der*. **-3.** *fam* [gifle] Tracht Prügel *die*.

◆ **à la volée** *loc adv* SPORT im Fluge; **attraper une balle à la ~** [tennis] einen Ball volley nehmen.

voler [3] [vɔle] ◇ *vi* fliegen, eilen; **~ au secours de qqn** *fig* jm zu(r) Hilfe eilen. ◇ *vt* [dérober] stehlen; **~ qqch à qqn** jm etw stehlen.

volet [vɔlɛ] *nm* **-1.** [de maison] Fensterladen *der*; **~ roulant** Rolladen *der*. **-2.** [partie] Teil *der*; **plan en trois ~s** Gliederung *die* in drei Teilen. **-3.** INFORM Laufwerksklappe *die*.

voleter [27] [vɔlte] *vi* flattern.

voleur, euse [vɔlœr, øz] ◇ *adj* diebisch. ◇ *nm, f* Dieb *der*, -in *die*; **au ~!** haltet den Dieb!

volière [vɔljɛr] *nf* Voliere *die*.

volley-ball [vɔlɛbol] (*pl* **volley-balls**) *nm* Volleyball *der*.

volleyeur, euse [vɔlɛjœr, øz] *nm, f* Volleyballspieler *der*, -in *die*.

volontaire [vɔlɔ̃tɛr] ◇ *nmf* Freiwillige *der, die*. ◇ *adj* **-1.** [voulu] bewußt, absichtlich. **-2.** [non obligatoire] freiwillig. **-3.** [déterminé] energisch.

volontairement [vɔlɔ̃tɛrmɑ̃] *adv* absichtlich, bewußt.

volontariat [vɔlɔ̃tarja] *nm* freiwilliger Dienst.

volontariste [vɔlɔ̃tarist] ◇ *nmf* Voluntarist *der*, -in *die*. ◇ *adj* voluntaristisch.

volonté [vɔlɔ̃te] *nf* Wille *der*; **bonne ~** guter Wille; **y mettre de la mauvaise ~** es an gutem Willen fehlen lassen; **les dernières ~s de qqn** js letzter Wille; **faire les quatre ~s de qqn** *fam fig* nach js Pfeife tanzen.

◆ **à volonté** *loc adj* & *loc adv* beliebig viel (*adv*), nach Belieben.

volontiers [vɔlɔ̃tje] *adv* **-1.** [avec plaisir] gern(e). **-2.** [souvent] ohne weiteres, leicht.

volt [vɔlt] *nm* Volt *das*.

voltage [vɔltaʒ] *nm* Spannung *die*.

volte [vɔlt] *nf* **-1.** [en équitation] Volte *die*. **-2.** *sout* [pirouette] Drehung *die*.

volte-face [vɔltəfas] *nf inv* Kehrtwendung *die*.

voltige [vɔltiʒ] *nf* **-1.** [au trapèze]: **(haute) ~** Trapezakt *der*; *fam fig* Akrobatik *die*. **-2.** [à cheval] Voltige *die*. **-3.** [en avion] Kunstflug *der*.

voltiger [17] [vɔltiʒe] *vi* **-1.** [neige, papier, au trapèze] durch die Luft wirbeln. **-2.** [insecte, oiseau] umher|schwirren.

voltigeur [vɔltiʒœr] *nm* [acrobate] Trapezkünstler *der*, -in *die*.

volubile [vɔlybil] *adj* redselig.

volubilis [vɔlybilis] *nm* Winde *die*.

volubilité [vɔlybilite] *nf* Beredsamkeit *die*.

volume [vɔlym] *nm* **-1.** [capacité, masse] Volumen *das*; **doubler de ~** doppelt so groß werden. **-2.** [tome] Band *der*. **-3.** [d'eau, d'alcool] Menge *die*. **-4.** [sonore] Lautstärke *die*; **monter le ~ de la radio** das Radio lauter stellen. **-5.** GÉOM Körper *der*.

volumineux, euse [vɔlyminø, øz] *adj* **-1.** [objet, meuble] voluminös. **-2.** [dossier] umfangreich.

volupté [vɔlypte] *nf* **-1.** [des sens] Sinnenfreude *die*. **-2.** [morale, esthétique] Genuß *der*; **écouter qqch avec ~** etw (*D*) genüßlich zu|hören.

voluptueusement [vɔlyptɥøzmɑ̃] *adv* genüßlich.

voluptueux, euse [vɔlyptɥø, øz] ◇ *adj* [sensuel] sinnlich. ◇ *nm, f* sinnlicher Mensch.

volute [vɔlyt] *nf* **-1.** [de fumée] (Rauch)kringel *der*. **-2.** ARCHIT Volute *die*.

vomi [vɔmi] *nm fam* Erbrochene *das*.

vomir [32] [vɔmir] ◇ *vt* **-1.** [repas] erbrechen. **-2.** *sout* [fumée, injures, menaces] aus|stoßen. ◇ *vi* sich übergeben.

vomissement [vɔmismɑ̃] *nm* **-1.** [action] Erbrechen *das*. **-2.** [vomissure] Erbrochene *das*.

vomitif, ive [vɔmitif, iv] *adj* Brechreiz hervorrufend; **être ~** *fam fig* zum Kotzen sein.

◆ **vomitif** *nm* MÉD Brechmittel *das*.

vorace [vɔras] *adj* **-1.** [animal, personne] gefräßig. **-2.** *fig* [curiosité] unersättlich.

voracement [vɔrasmɑ̃] *adv* gierig.

voracité [vɔrasite] *nf* Gefräßigkeit *die*; *fig* Gier *die*.

vos → **votre**.

votant, e [vɔtɑ̃, ɑ̃t] *nm, f* Wähler *der*, -in *die*, Wahlbeteiligte *der, die*.

vote [vɔt] *nm* **-1.** [suffrage, voix] Stimme *die*. **-2.** [élection] Abstimmung *die*, Wahl *die*; **droit de ~** Wahlrecht *das*; **~ à main levée** Abstimmung mit erhobener Hand; **~ à bulletins secrets** geheime Abstimmung mit Stimmzetteln.

voter [3] [vɔte] ◇ *vi* wählen. ◇ *vt* **-1.** [budget, crédits] nach Abstimmung an|nehmen. **-2.** [loi] verabschieden.

votre [vɔtr] (*pl* **vos** [vo]) *adj poss* [de vouvoiement] Ihr,-e; [collectif] euer,-e.

vôtre [votr]

◆ **le vôtre** (*f* **la vôtre**, *pl* **les vôtres**) *pron poss* [de vouvoiement] Ihre,-r,-s, der OU die OU das Ihre; [collectif] eure,-r,-s, der OU das OU die eurige; **ma voiture roule plus vite que la ~** mein Wagen ist schneller als Ihrer OU eurer; **les ~s** die Ihren; **je suis des ~s** ich bin auf Ihrer OU eurer Seite; **vous devriez y mettre du ~** Sie müssen das Ihrige OU ihr müßt das Eure dazu bei|tragen; **à la ~!** Prost!

voudrai *etc* → **vouloir**.

vouer [6] [vwe] *vt* **-1.** [éprouver]: **~ de la haine à qqn** Haß gegen jn nähren; **~ de l'affection à qqn** Zuneigung für jn hegen. **-2.** [consacrer]: **~ du temps à qqn/qqch** jm/etw Zeit widmen. **-3.** [condamner]: **être voué à qqch** zu etw bestimmt sein; **être voué à l'échec** zum Scheitern verurteilt sein.

◆ **se vouer** *vp*: **se ~ à qqch** sich einer Sache (*D*) widmen.

vouloir[1] [57] [vulwar] ◇ *vt* **-1.** [gén] wollen; **~ que** *(+ subjonctif)* wollen, daß; **comme tu veux!** wie du willst!; **~ faire qqch** etw tun wollen; **~ bien faire qqch** bereit sein, etw zu tun; **moi je veux bien, c'est elle qui n'est pas d'accord!** von mir aus gerne, nur sie ist damit nicht einverstanden!; **~ qqch (de qqn)** etw (von jm) wollen OU verlangen; **combien voulez-vous de** OU **pour votre maison**? was verlangen Sie für Ihr Haus?; **veux-tu cesser!** willst du endlich aufhören! **-2.** [souhaiter] mögen; **voulez-vous boire qqch**? möchten Sie etw trinken?; **faire qqch sans le ~** etw unabsichtlich tun; **tu l'auras voulu!** das hast du davon! **-3.** [requérir - sujet: loi] vor|schreiben; [- sujet: raison] erfordern; [- sujet: coutume, tradition]: **la tradition veut que l'on** traditionsgemäß muß man; **que voulez-vous!** was soll man dagegen tun!, da läßt sich eben nichts machen! **-4.** [s'attendre à]: **comment voulez-vous que je vous croie**? wie soll ich Ihnen das glauben?; **que voulez-vous que j'y fasse**? was soll ich (dagegen) tun?; **~ dire** [terme] heißen; [personne] meinen. ◇ *vi*: **ne pas ~ de qqch** etw nicht (haben) wollen; **ne pas ~ de qqn** jn (dabei) nicht haben wollen, von jm nichts wissen wollen; **en ~** nicht locker lassen; **en ~ à qqn** auf jn schlecht zu sprechen sein; **en ~ à qqn de qqch** jm etw übel nehmen; **s'en ~ de qqch** sich wegen etw *(G)* Vorwürfe machen; **s'en ~ de faire qqch** sich Vorwürfe machen, weil man etw tut.
◆ **se vouloir** *vp*: **le livre se veut objectif** das Buch soll objektiv sein; **il se veut tolérant** er gibt sich tolerant.

vouloir[2] [vulwar] *nm*: **bon ~** Bereitwilligkeit *die*.

voulu, e [vuly] ◇ *pp* → **vouloir**. ◇ *adj* **-1.** [requis] vorgeschrieben; **au moment ~** im geeigneten Augenblick. **-2.** [délibéré] gewünscht.

voulus *etc* → **vouloir**.

vous [vu] *pron pers* **-1.** [désigne plusieurs personnes - sujet, dans comparaison] ihr; [- complément, avec verbe pronominal] euch; **~ le saviez, ~**? wußtet ihr das?; **aussi ... que ~** so ... wie ihr; **plus ... que ~** ... als ihr; **c'est à ~ de le faire** ihr müßt es tun; **qui ~ l'a dit, à ~**? wer hat euch das gesagt?; **habillez-~!** zieht euch an!; **réveillez-~!** aufwachen!; **dites-~ bien que ce n'est pas fini** ihr sollt euch im klaren darüber sein,daß es noch (lange) nicht vorbei ist. **-2.** [désigne une personne - sujet, dans comparaison] Sie; [- complément, avec verbe pronominal] Sie, Ihnen; **~ seul** Sie allein; **qui est là**? **c'est ~**? wer ist da? sind Sie das?; **qui a dit ça**? **c'est ~**? wer hat das gesagt? waren Sie das?; **aussi ... que ~** so ... wie Sie; **plus ... que ~** ... als Sie; **qui ~ l'a dit, à ~**? wer hat Ihnen das gesagt?; **je ~ fais confiance, à ~** Ihnen vertraue ich; **habillez-~!** ziehen Sie sich an!; **réveillez-~!** wachen Sie auf!; **dites-~ bien que ce n'est pas fini!** Sie sollten sich im klaren darüber sein, daß es noch (lange) nicht vorbei ist.

vous-même [vumɛm] *pron pers* Sie selbst.

vous-mêmes [vumɛm] *pron pers* ihr selbst; **vous devez faire les autres exercices ~** ihr müßt die anderen Aufgaben selbst lösen.

voûte [vut] *nf* **-1.** ARCHIT Gewölbe *das*; *fig* Dach *das*; **~ céleste** Himmelsgewölbe. **-2.** ANAT Wölbung *die*; **~ du palais** Gaumenbogen *der*; **~ plantaire** Fußwölbung.

voûté, e [vute] *adj* [cave] gewölbt; [dos] krumm, bucklig.

voûter [3] [vute] *vt* überwölben.
◆ **se voûter** *vp* krumm werden, einen Buckel bekommen.

vouvoiement [vuvwamɑ̃] *nm* Siezen *das*.

vouvoyer [13] [vuvwaje] *vt* siezen.

voyage [vwajaʒ] *nm* **-1.** [assez lointain] Reise *die*; **bon ~!** gute Reise!; **~ d'affaires** Geschäftsreise; **~ de noces** Hochzeitsreise; **~ organisé** Gruppenreise. **-2.** [trajet]: **ils ont dû faire trois ~s** sie mußten dreimal hin- und her|fahren.

voyager [17] [vwajaʒe] *vi* **-1.** [faire du tourisme] reisen. **-2.** [se déplacer] unterwegs sein. **-3.** [marchandises] befördert werden; **bien/mal ~** den Transport gut/schlecht vertragen OU überstehen.

voyageur, euse [vwajaʒœr, øz] *nm, f* **-1.** [gén] Reisende *der, die*; **~ de commerce** COMM Handelsreisende. **-2.** [explorateur] Entdeckungsreisende *der, die*.

voyagiste [vwajaʒist] *nm* Reiseveranstalter *der*.

voyais *etc* → **voir**.

voyance [vwajɑ̃s] *nf* Hellsehen *das*.

voyant, e [vwajɑ̃, ɑ̃t] ◇ *adj* auffallend. ◇ *nm, f* **-1.** [devin] Hellseher *der*, -in *die*; **~e extralucide** Hellseherin. **-2.** [qui voit] Sehende *der, die*.
◆ **voyant** *nm* Kontrollicht *das*; **~ d'essence** Benzinwarnlicht *das*; **~ d'huile** Ölwarnlicht *das*.

voyelle [vwajɛl] *nf* Vokal *der*.

voyeur, euse [vwajœr, øz] *nm, f* Voyeur *der*, -in *die*.

voyeurisme [vwajœrism] *nm* Voyeurismus *der*.

voyou [vwaju] *nm* **-1.** [enfant] Schlingel *der*. **-2.** [vaurien] Ganove *der*.

VPC *abr de* **vente par correspondance**.

vrac [vrak]
◆ **en vrac** *loc adj* & *loc adv* **-1.** [sans emballage, au poids] lose. **-2.** [en désordre] durcheinander.

vrai, e [vrɛ] *adj* **-1.** [authentique, non simulé, problème] echt. **-2.** [histoire, sentiment, ami, art] wahr. **-3.** [exact] richtig; **c'est** OU **il est ~ que** es ist richtig, daß, es stimmt, daß; **c'est ~ que ...**? stimmt es, daß ...?; **c'est pas ~!** *fam* [marque

l'étonnement] das darf doch nicht wahr sein! **-4.** [nom] eigentlich.
◆ **vrai** *nm*: **le ~** die Wahrheit; **être dans le ~** recht haben; **à ~ dire, à dire ~** ehrlich gesagt.
vraiment [vrɛmɑ̃] *adv* wirklich; **~, tu dépasses les limites!** du gehst jetzt aber wirklich zu weit!
vraisemblable [vrɛsɑ̃blabl] *adj* wahrscheinlich.
vraisemblablement [vrɛsɑ̃blabləmɑ̃] *adv* (höchst)wahrscheinlich.
vraisemblance [vrɛsɑ̃blɑ̃s] *nf* Wahrscheinlichkeit *die*; **selon toute ~** aller Wahrscheinlichkeit nach.
V/Réf (*abr de* **Votre référence**) Ihr Zeichen.
vrille [vrij] *nf* **-1.** [outil] Handbohrer *der*. **-2.** BOT Ranke *die*.
◆ **en vrille** ◇ *loc adj*: **escalier en ~** Wendeltreppe *die*. ◇ *loc adv*: **descendre en ~** ab|trudeln.
vriller [3] [vrije] ◇ *vi* **-1.** [avion] trudeln. **-2.** [parachute, corde] sich verdrehen. ◇ *vt* durch|bohren.
vrombir [32] [vrɔ̃bir] *vi* dröhnen.
vrombissement [vrɔ̃bismɑ̃] *nm* Gedröhne *das*.
VRP (*abr de* **voyageur représentant placier**) *nm* Handelsvertreter *der*.
V.T.T. (*abr de* **vélo tout terrain**) *nm* Mountainbike *das*.
vu, e [vy] ◇ *pp* → **voir**. ◇ *adj* **-1.** [perçu] gesehen. **-2.** [compris] kapiert.
◆ **vu** *prép*: **~ qqch** in Anbetracht einer Sache *(G)*.
◆ **vu que** *loc conj* da.
◆ **vue** *nf* **-1.** [sens] Augenlicht *das*; **perdre la ~e** das Augenlicht verlieren. **-2.** [vision] Augen *Pl*; **sa ~e a baissé** seine Augen haben nachgelassen; **perdre qqn de ~e** jn aus den Augen verlieren; **la ~e de qqch** der Anblick einer Sache *(G)*; **à première ~e** auf den ersten Blick; **à ~e** auf Sicht; **à ~e d'œil** OU **de nez** über den Daumen gepeilt; **de ~e** vom Sehen; **hors de ma ~e!** geh OU geht mir aus den Augen!; **en mettre plein la ~e à qqn** *fam* jm imponieren. **-3.** [panorama] Aussicht *die*; **~e panoramique** schöne Aussicht. **-4.** CIN → **prise**. **-5.** [idée] Ansicht *die*; **échange de ~es** Meinungsaustausch *der*; **~e d'ensemble** Überblick *der*. **-6.** *loc*: **avoir qqch en ~e** etw im Auge haben; **avoir qqn en ~e** ein Auge auf jn geworfen haben.
◆ **vues** *nfpl*: **avoir des ~es sur qqn** Absichten auf jn haben; **avoir des ~es sur qqch** ein Auge auf etw haben.
◆ **en vue de** *loc prép* für; **en ~e de faire qqch** um etw zu tun, in der Absicht, etw zu tun.
vulcaniser [3] [vylkanize] *vt* vulkanisieren.
vulcanologue = **volcanologue**.
vulgaire [vylgɛr] *adj* **-1.** *péj* [grossier] vulgär, ordinär. **-2.** *péj* [quelconque] ganz gewöhnlich. **-3.** [courant] volkstümlich.
vulgairement [vylgɛrmɑ̃] *adv* **-1.** [grossièrement] vulgär, ordinär. **-2.** [communément] im Volksmund.
vulgarisation [vylgarizasjɔ̃] *nf* populärwissenschaftliche Darstellung.
vulgariser [3] [vylgarize] *vt* populärwissenschaftlich dar|stellen.
vulgarité [vylgarite] *nf* Geschmacklosigkeit *die*.
vulnérabilité [vylnerabilite] *nf* Verletzlichkeit *die*.
vulnérable [vylnerabl] *adj* **-1.** [psychologiquement] verletzlich; **point ~** wunder Punkt. **-2.** [aux maladies] anfällig. **-3.** [à l'ennemi] ungeschützt. **-4.** [à la critique] angreifbar.
vulve [vylv] *nf* Vulva *die*.
VVF (*abr de* **village vacances famille**) *nm* Familienferiendorf *das*.
vx *abr de* **vieux**.

W

w, W [dubləve] *nm inv* [lettre] w *das*, W *das*.
wagon [vagɔ̃] *nm* Wagen *der (vom Zug)*; **~ de marchandises** Güterwagen.
wagon-citerne [vagɔ̃sitɛrn] (*pl* **wagons-citernes**) *nm* Kesselwagen *der*.
wagon-lit [vagɔ̃li] (*pl* **wagons-lits**) *nm* Schlafwagen *der*.
wagonnet [vagɔnɛ] *nm* Kipplore *die*.
wagon-restaurant [vagɔ̃rɛstɔrɑ̃] (*pl* **wagons-restaurants**) *nm* Speisewagen *der*.
Walkman® [wɔkman] *nm* Walkman® *der*.
wallon, onne [walɔ̃, ɔn] *adj* wallonisch.
◆ **wallon** *nm* [langue] Wallonisch(e) *(das)*.
◆ **Wallon, onne** *nm, f* Wallone *der*, -nin *die*.
Wallonie [walɔni] *nf*: **la ~** Wallonien *nt*.
Washington [waʃiŋtɔn] *n* Washington *nt*.
water-polo [watɛrpɔlo] (*pl* **water-polos**) *nm* Wasserball *der*.
watt [wat] *nm* Watt *das*.
Wb (*abr de* **weber**) Wb.
W.-C. [vese] (*abr de* **water-closet**) *nmpl* WC *das*.
week-end [wikɛnd] (*pl* **week-ends**) *nm* Wo-

chenende *das*; **bon ~!** schönes Wochenende!; **partir en ~** übers Wochenende weg|fahren.

Wellington [wɛliŋtɔn] *n* Wellington *nt*.

western [wɛstɛrn] *nm* Western *der*.

Westphalie [vɛstfali] *nf*: **la ~** Westfalen *nt*.

Wh (*abr de* **wattheure**) Wh.

whisky [wiski] (*pl* **whiskys** OU **whiskies**) *nm* Whisky *der*; **~ sec** Whisky pur.

whist [wist] *nm* Whist *das*.

white-spirit [wajtspirit] (*pl* **white-spirits**) *nm* Terpentinersatz *der*, Verdünner *der*.

Wurtemberg [wyrtɛ̃bɛr] *nm*: **le ~** Württemberg *nt*.

WYSIWYG [wiziwig] (*abr de* **what you see is what you get**) WYSIWYG.

XY

x, X [iks] *nm inv* **-1.** [lettre] x *das*, X *das*. **-2.** [forme]: **jambes en x** X-Beine. **-3.** [algèbre] X *das*. **-4.** [personne inconnue] X; **déposer une plainte contre X** Anzeige gegen Unbekannt erstatten; **Monsieur X** Herr X.

◆ **X** *n*: **l'X** *fam* [École Polytechnique] *französische Ingenieurhochschule*.

xénophobe [gzenɔfɔb] ◇ *nmf* fremdenfeindlich eingestellter Mensch. ◇ *adj* fremdenfeindlich, ausländerfeindlich.

xénophobie [gzenɔfɔbi] *nf* Fremdenfeindlichkeit *die*, Ausländerfeindlichkeit *die*.

xérès [gzerɛs] *nm* Sherry *der*.

xylophone [ksilɔfɔn] *nm* Xylophon *das*.

y, Y [igrɛk] *nm inv* [lettre] y *das*, Y *das*.

◆ **y** ◇ *adv* da, dorthin; **j'y suis allé** ich bin (schon) da gewesen; **j'y vais!** [au téléphone] ich gehe schon, ich gehe hin, ich gehe dran; **va voir sur la table si les clés y sont** schau mal auf dem Tisch, ob die Schlüssel da sind. ◇ *pron*: **mets-y du sel** füg noch etwas Salz hinzu; **pensez-y, à mon offre** Sie sollten sich mein Angebot durch den Kopf gehen lassen; **n'y pensez plus** vergessen Sie's; **n'y comptez pas** darauf sollten Sie sich nicht verlassen; **je n'y manquerai pas** natürlich, gern!; **j'y suis!** ich hab's!, ich bin soweit!

yacht [jot] *nm* Jacht *die*.

yacht-club [jotklœb] (*pl* **yacht-clubs**) *nm* Jachtklub *der*.

Yaoundé [jaunde] *n* yaoundé *nt*, Yaunde *nt*, Jaunde *nt*.

yaourt [jaurt], **yogourt**, **yoghourt** [jɔgurt] *nm* Joghurt *der*; **~ aux fruits** Früchtejoghurt; **~ nature** Naturjoghurt.

yaourtière [jaurtjɛr] *nf* Joghurtbereiter *der*.

yard [jard] *nm* Yard *das*.

Yémen [jemɛn] *nm*: **le ~** Jemen *nt*, Yemen *nt*; **au ~** in Jemen; **le ~ du Nord** Nord-Jemen *nt*; **le ~ du Sud** Süd-Jemen *nt*.

yéménite [jemenit] *adj* jemenitisch.

◆ **Yéménite** *nmf* Jemenit *der*, -tin *die*.

yen [jɛn] *nm* Yen *der*.

yeux → **œil**.

yé-yé [jeje] *vieilli* ◇ *nmf inv Person im Stil der Sechzigerjahre*. ◇ *adj inv* im Stil der Sechzigerjahre.

yiddish [jidiʃ] ◇ *nm inv* Jiddisch *das*. ◇ *adj inv* jiddisch.

yoga [jɔga] *nm* Yoga *das*.

yoghourt = **yaourt**.

yogi [jɔgi] *nm* Yogi *der*.

yogourt = **yaourt**.

yougoslave [jugɔslav] *adj* jugoslawisch.

◆ **Yougoslave** *nmf* Jugoslawe *der*, -win *die*.

Yougoslavie [jugɔslavi] *nf*: **la ~** Jugoslawien *nt*.

youpi [jupi] *interj* hurra.

youyou [juju] *nm* [bateau] *kurzes, breites (Bei)-boot*.

Yo-Yo® [jojo] *nm inv* Jo-Jo *das*.

yucca [juka] *nm* Yucca *die*.

Z

z, Z [zɛd] *nm inv* [lettre] z *das*, Z *das*.

ZAC, Zac [zak] (*abr de* **zone d'aménagement concerté**) *nf* Gebiet *das* für konzertierte Raumplanung.

ZAD, Zad [zad] (*abr de* **zone d'aménagement différé**) *nf* Bauerwartungsland *das*.

Zagreb [zagrɛb] *n* Zaghreb *nt*, Agram *nt*.

Zaïre [zair] *nm*: **le ~** Zaire *nt*; **au ~** in Zaire.

zaïrois, e [zairwa, az] *adj* zairisch.

◆ **Zaïrois, e** *nm, f* Zairer *der*, -in *die*.

zakouski [zakuski] *nmpl russische Apertifbeilagen*.

Zambie [zɑ̃bi] *nf*: **la ~** Sambia *nt*.

zambien, enne [zɑ̃bjɛ̃, ɛn] *adj* sambisch. ◆ **Zambien, enne** *nm, f* Sambier *der*, -in *die*.
zapper [3] [zape] *vi* zappen.
zapping [zapiŋ] *nm* (ständiges) Umschalten.
zèbre [zɛbr] *nm* Zebra *das*; **drôle de ~** *fam* komischer Kauz.
zébré, e [zebre] *adj* mit Zebrastreifen, gestreift; **un veston ~ de rouge** eine rotgestreifte Jacke.
zébrer [18] [zebre] *vt* mit Streifen versehen.
zébrure [zebryr] *nf* **-1.** [de pelage] Streifen *der*. **-2.** [marque] Striemen *der*.
zébu [zeby] *nm* Zebu *das* ou *der*.
zélateur, trice [zelatœr, tris] *nm, f sout* Eiferer *der*, -in *die*.
zèle [zɛl] *nm* Eifer *der*; **faire du ~** *péj* den Musterschüler spielen, übereifrig sein.
zélé, e [zele] *adj* eifrig.
zen [zɛn] ◇ *nm* Zen *das*. ◇ *adj inv* Zen-.
zénith [zenit] *nm* ASTRON Zenit *der*; **être au ~ (de qqch)** *fig* auf dem Höhepunkt (einer Sache *(G)*) sein.
ZEP, **Zep** [zɛp] (*abr de* **zone d'éducation prioritaire**) *nf* schulisches Notstandsgebiet.
zéro [zero] ◇ *nm* **-1.** [chiffre] Null *die*. **-2.** [MATHS, dans nombre] null. **-3.** [dans graduation] Nullpunkt *der*; **à ~** auf dem Nullpunkt; **au-dessus/au-dessous de ~** über/unter Null; **deux (buts) à ~** Zwei zu Null; **repartir à** ou **de ~** *fig* wieder von vorn an|fangen. **-4.** *fam* [personne] Null *die*. ◇ *adj* keine,-r,-s.
zeste [zɛst] *nm*: **~ de citron** Zitronenschale *die*; **un ~ d'ironie** *fig* ein Quentchen Ironie.
zézaiement [zezɛmɑ̃] *nm* Lispeln *das*.
zézayer [11] [zezeje] *vi* lispeln.
ZI (*abr de* **zone industrielle**) *nf* Industriegebiet *das*.
zibeline [ziblin] *nf* Zobel *der*.
zieuter, **zyeuter** [3] [zjøte] *vt fam* beäugen.
ZIF [zif] (*abr de* **zone d'intervention foncière**) *nf* vorrangig zu bebauendes Gebiet.
zigoto [zigɔto] *nm fam* komischer Vogel.
zigouiller [3] [ziguje] *vt tfam* um|legen.
zigzag [zigzag] *nm* Zickzack *der*; **en ~** im Zickzack.
zigzaguer [3] [zigzage] *vi* im Zickzack (ver)laufen.
Zimbabwe [zimbabwe] *nm*: **le ~** Simbabwe *nt*; **au ~** in Simbabwe.
zimbabwéen, enne [zimbabweɛ̃, ɛn] *adj* simbabwisch. ◆ **Zimbabwéen, enne** *nm, f* Simbabwer *der*, -in *die*.
zinc [zɛ̃g] *nm* **-1.** [matière] Zink *das*. **-2.** *fam* [comptoir] Theke *die*. **-3.** *fam vieilli* [avion] (fliegende) Kiste, Flieger *der*.
zinzin [zɛ̃zɛ̃] *adj fam* übergeschnappt.
Zip® [zip] *nm* Reißverschluß *der*.
zipper [3] [zipe] *vt* mit einem Reißverschluß versehen.
zizanie [zizani] *nf*: **semer la ~** Unfrieden stiften.
zizi [zizi] *nm fam* Pimmel *der*.
zodiacal, e, aux [zɔdjakal, o] *adj* Tierkreis-; **lumière ~e** Zodiakallicht *das*.
zodiaque [zɔdjak] *nm* Tierkreis *der*.
zombie, **zombi** [zɔ̃bi] *nm* Zombie *der*.
zona [zona] *nm* Gürtelrose *die*.
zone [zon] *nf* **-1.** [région] Gebiet *das*, Bereich *der*; **~ d'action** Wirkungsbereich; **~ érogène** erogene Zone; **~ franche** Freihandelszone *die*; **~ industrielle** Industriegebiet. **-2.** *fam* [banlieue défavorisée] öder Vorort.
zoo [zo(o)] *nm* Zoo *der*.
zoologie [zɔɔlɔʒi] *nf* Zoologie *die*.
zoologiste [zɔɔlɔʒist] *nmf* Zoologe *der*, -gin *die*.
zoom [zum] *nm* Zoom *das*.
zoophile [zɔɔfil] ◇ *nmf* Sodomit *der*, -in *die*. ◇ *adj* sodomitisch.
Zoug [zug] *n* Zug *nt*.
zoulou, e [zulu] *adj* Zulu-, von den Zulu. ◆ **Zoulou, e** *nm, f*: **les Zoulous** die Zulu.
zozo [zozo] *nm fam* Dummerjan *der*.
zozoter [3] [zɔzɔte] *vi fam* lispeln.
ZUP, **Zup** [zyp] (*abr de* **zone à urbaniser par priorité**) *nf* Gebiet *das* vorrangiger städtebaulicher Erschließung.
Zurich [zyrik] *n* Zürich *nt*.
zut [zyt] *interj fam* : **~!** verflixt!; **et puis ~ à la fin!** zur Hölle damit, was soll das alles!
zyeuter = **zieuter**.
zygomatique [zigɔmatik] *adj* Jochbein-.

Kleine Landeskunde

Deutschland Schweiz Österreich

Inhalt

Staat und Verwaltung 2
Wirtschaft und Arbeitswelt 6
Bankwesen 9
Transport und Verkehr 10
Bildungswesen 12
Handel und Gastronomie 15
Post und Telekommunikation 18
Medien 20
Gesundheitswesen 22
Natur und Umweltschutz 24
Freizeit 26
Kultur 28
Sprache 30
Kirche 32

STAAT UND VERWALTUNG 2

Schweizer Kantone

1 AARGAU
2 APPENZELL
3 BASEL
4 FRIBOURG
5 GENÈVE
6 GLARUS
7 LUZERN
8 NEUCHÂTEL
9 UNTERWALDEN
10 SCHAFFHAUSEN
11 SCHWYZ
12 SOLOTHURN
13 ST. GALLEN
14 THURGAU
15 URI
16 ZUG
17 ZÜRICH

■ Bundeshauptstadt

0 100 km

DEUTSCHLAND Die *Bundesrepublik Deutschland* wurde 1949 gegründet. Sie hat seit der Wiedervereinigung mit der ehemaligen DDR 79,4 Millionen Einwohner und eine Fläche von 357 010 km². Sie grenzt im Westen an die Niederlande, an Belgien, Luxemburg und Frankreich, im Süden an die Schweiz und an Österreich, im Osten an Tschechien und Polen und im Norden an Dänemark. Die Bevölkerungsdichte beläuft sich auf 223 EW/km². *Berlin* (3,4 Mio EW) ist seit 1991 wieder die Hauptstadt. Bundesregierung und Parlament werden bis 1998 ihren Sitz von Bonn nach Berlin verlegen. Die Bundesrepublik Deutschland ist nach der Verfassung, dem *Grundgesetz*, eine parlamentarische Demokratie und ein föderalistischer Staat. Sie besteht aus sechzehn *Bundesländern* mit eigenen Parlamenten und Regierungen. Es ist Mitglied der *Europäischen Gemeinschaft*, des *Nordatlantischen Verteidigungsbündnisses*, des *Europarats* und der *Vereinten Nationen*.

Millionenstädte in Deutschland

Berlin	3 434 000 Einwohner
Hamburg	1 652 000 Einwohner
München	1 229 000 Einwohner
Köln	1 000 000 Einwohner

Der Bund Die 656 Abgeordneten des deutschen Parlaments, des *Bundestages*, werden alle vier Jahre direkt gewählt. Die Zahl der Sitze einer Partei entspricht dem Anteil an Wählerstimmen (Verhältniswahlrecht). Eine Partei muß mindestens fünf Prozent der Stimmen oder drei Direktmandate bekommen, um im Parlament vertreten zu sein.

▶ **Bundeskanzler** Der Bundestag wählt auf Vorschlag des Bundespräsidenten den *Bundeskanzler*. Dieser bildet mit seinen Ministern die *Bundesregierung* und bestimmt die Regierungspolitik.

▶ **Bundesrat** Der *Bundesrat* ist die Vertretung der Bundesländer und setzt sich aus den Delegierten der Landesregierungen (zwischen drei und sechs pro Bundesland) zusammen. Der Bundesrat wirkt an der Gesetzgebung mit.

▶ **Bundespräsident** Das Staatsoberhaupt, der *Bundespräsident*, wird nicht direkt, sondern von Parlament und Bundesrat für fünf Jahre gewählt. Er vertritt die Bundesrepublik völkerrechtlich nach außen. Seine Aufgaben sind staatsrechtlicher und repräsentativer Art.

▶ **Bundesverfassungsgericht** Das *Bundesverfassungsgericht* prüft, ob Gesetze mit dem Grundgesetz übereinstimmen und entscheidet über Streitigkeiten, die Bundesorgane oder Länder beteffen. Es kann durch Verfassungsbeschwerden von den Bürgern direkt angerufen werden, wenn sie sich in ihren Grundrechten verletzt fühlen. Das Bundesverfassungsgericht ist befugt, Parteien zu verbieten, wenn deren Programm gegen die freiheitlich-demokratische Gesinnung verstößt.

▶ **Landessicherheit** Zu den Aufgaben des Bundes gehört die Sicherung der Grenzen durch den *Bundesgrenzschutz* und die Verteidigung des Landes durch die *Bundeswehr*. Es besteht eine allgemeine Wehrpflicht von zwölf Monaten. Der Wehrdienst kann durch einen fünfzehnmonatigen Zivildienst ersetzt werden.

Parteien in Deutschland

- *SPD (Sozialdemokratische Partei Deutschlands)*
- *CDU (Christlich-Demokratische Union)*
- *CSU (Christlich-Soziale Union)*
- *F.D.P. (Freie Demokratische Partei)*
- *Bündnis '90 / die Grünen*
- *PDS (Partei des Demokratischen Sozialismus).*

Länder, Kreise und Gemeinden Der Föderalismus geht historisch auf die große Zahl souveräner Feudalstaaten zurück, die bis ins 19. Jahrhundert existierten. Die heutigen Grenzen der Bundesländer entstanden nach dem Zweiten Weltkrieg und stimmen nicht mehr mit den historischen Staaten überein. Die föderalistische Struktur des Landes führte zur Bildung mehrerer wirtschaftlicher, politischer und kultureller Zentren.

▶ **Bundesländer** Die sechzehn Bundesländer haben eigene Verfassungen, demokratisch gewählte Parlamente und Regierungen mit einem Ministerpräsidenten an der Spitze. Bundesländer und Bund kooperieren bei der Gesetzgebung und teilen sich die Aufgaben der Verwaltung. Bildungs- und Sicherheitswesen sind ausschließlich Sache der Länder.

▶ **Landkreise** Kreise und Gemeinden bilden die unterste Ebene der bundesstaatlichen Hierarchie. Sie besitzen gewählte Vertretungen (Kreistage bzw. Stadt- und Gemeinderäte) und regeln ihre Angelegenheiten eigenständig.

SCHWEIZ Die Schweiz gehört mit eine Fläche von 41 293 km² und 6,8 Millionen Einwohnern zu den kleineren Ländern. Sie grenzt im Norden an Deutschland, im Westen an Frankreich, im Süden an Italien und im Osten an Österreich und Liechtenstein. Die Hauptstadt ist Bern. Die *"Schweizerische Eidgenossenschaft"*, so der offizielle Name, wurde 1291 gegründet. Heute ist sie eine parlamentarische Bundesrepublik. Sie setzt sich aus 26 Kantonen zusammen. Bei sechs Kantonen handelt es sich um sogenannte Halbkantone, die durch die Teilung eines einzigen Kantons entstanden (Unterwalden nid/$ob dem Wald, Basel-Stadt/Land, Appenzell Außerrhoden/Innerrhoden). Die Verfassung stammt aus dem Jahre 1874. Föderalismus und direkte Demokratie haben eine lange Tradition. In einigen der 26 *Kantone* existiert noch die seltene Form der reinen direkten Demokratie, d.h. Entscheidungen werden in einer öffentlichen Versammlung aller Bürger gefällt. Das Land hat schon 1815 die unbedingte Neutralität zum obersten Grundsatz erhoben.

Parteien in der Schweiz

- *FDP (Freisinnig-demokratische Partei)*
- *SPS (Sozialdemokratische Partei der Schweiz)*
- *CVP (Christlich-demokratische Volkspartei)*
- *SVP (Schweizer Volkspartei)*

Volksabstimmungen Volksabstimmungen sind auf allen Ebenen des politischen Systems möglich. Auf diese Weise können Gesetze verhindert oder die Bundesverfassung geändert werden. Von *fakultativem Referendum* spricht man, wenn das Volk einen Antrag auf eine Gesetzes- oder Verfassungsänderung stellt. Zur endgültigen Annahme einer Verfassungsänderung ist ein *obligatorisches Referendum* nötig. In einer Volksabstimmung haben sich die Schweizer beispielsweise gegen den Beitritt in die Europäische Gemeinschaft ausgesprochen.

Die größten Städte

Zürich	345 200 Einwohner
Basel	171 900 Einwohner
Genf	169 500 Einwohner
Bern	135 500 Einwohner
Lausanne	124 700 Einwohner

Parlament Das parlamentarische System besteht aus zwei Kammern, dem direkt gewählten *Nationalrat* und dem *Ständerat*, in dem die Kantone vertreten sind. Beide zusammen bilden die *Bundesversammlung*. Sie entscheidet über die Verfassungskonformität der Gesetze. Es gibt kein Verfassungsgericht.

▶ **Bundesrat** Die Regierung ist der sogenannte *Bundesrat*, der alle vier Jahre von der

Bundesversammlung gewählt wird. Die sieben aus unterschiedlichen Kantonen stammenden Bundesräte führen ihre jeweiligen Ministerien und bilden als Kollektiv das oberste Organ der Exekutive.

▶ **Bundespräsident** Für jeweils ein Jahr wählt die Bundesversammlung einen der Bundesräte zum *Bundespräsidenten*. Er ist nicht als Staatsoberhaupt anzusehen, sondern sitzt dem Bundesrat vor und vertritt die Schweiz nach innen und außen.

▶ **Landessicherheit** Zur Landesverteidigung tragen alle Männer zwischen 19 und 50 Jahren bei. Sie haben Waffe und Ausrüstung zu Hause und absolvieren in regelmäßigen Abständen Übungen. Seit 1992 können Kriegsdienstverweigerer von der Möglichkeit eines Arbeitsdienstes Gebrauch machen und werden nicht mehr zu Gefängnisstrafen verurteilt. Die allgemeine Wehrpflicht beläuft sich auf 331 Tage.

ÖSTERREICH

ÖSTERREICH Österreich hat etwa 7,8 Millionen Einwohner und eine Fläche von 83 855 km². Österreich grenzt im Norden an die Bundesrepublik Deutschland und an Tschechien, im Osten an die Slowakei und Ungarn, im Süden an Slowenien und Italien und im Westen an die Schweiz und Liechtenstein. Die Hauptstadt ist Wien. Das Land ist eine parlamentarische Bundesrepublik mit neun Bundesländern. Die geltende Verfassung stammt aus dem Jahre 1920. Österreich hat sich 1955 zur *"immerwährenden Neutralität"* verpflichtet und ist Mitglied der Europäischen Gemeinschaft.

Parteien in Österreich

- *SPÖ (Sozialdemokratische Partei Österreichs)*
- *ÖVP (Österreichische Volkspartei)*
- *FPÖ (Freiheitliche Partei Österreichs)*
- *Grüne Alternative.*

Parlament Die beiden Kammern des parlamentarischen Systems sind der direkt gewählte *Nationalrat*, der das Bundesvolk repräsentiert, und der *Bundesrat*, die Vertretung der Länder. Zusammen bilden sie die *Bundesversammlung*.

▶ **Bundeskanzler** Regierungschef ist der vom Bundespräsidenten ernannte *Bundeskanzler*, der zusammen mit dem Vizekanzler und den vierzehn Bundesministern die Bundesregierung bildet.

▶ **Bundespräsident** Das Staatsoberhaupt, der *Bundespräsident*, wird für eine Dauer von sechs Jahren vom Volk direkt gewählt. Ihm fällt die Verwaltung des Bundes zu. Er ist Oberbefehlshaber des *Bundesheeres*. Seine Stellung ist stärker als die des deutschen Bundespräsidenten.

▶ **Bundesländer** Die österreichischen Bundesländer haben eigene Parlamente und Regierungen, die von den *Landeshauptmännern* und den ihnen unterstehenden Behörden geführt werden.

Die größten Städte

Wien	1 487 600 Einwohner
Graz	243 400 Einwohner
Linz	201 000 Einwohner
Salzburg	137 900 Einwohner
Innsbruck	125 500 Einwohner

▶ **Volksabstimmungen** Die Bürger haben die Möglichkeit, durch ein *Volksabstimmung* ein Gesetzgebungsverfahren einzuleiten. In einer Volksabstimmung hat sich die österreichische Bevölkerung gegen den Bau von Atomkraftwerken entschieden.

▶ **Landessicherheit** Der Grundwehrdienst beläuft sich in Österreich auf sechs Monate, mit anschließenden Truppenübungen von insgesamt 60 Tagen.

DEUTSCHLAND Die Bundesrepublik Deutschland ist eine moderne Dienstleistungs- und Industriegesellschaft. Sie ist Mitglied der Europäischen Wirtschaftsgemeinschaft und gehört zu den sieben führenden Industrieländern der Welt *(Gruppe der G-7)*. Ihrer wirtschaftlichen Leistung zufolge liegt sie im internationalen Vergleich auf dem vierten Rang. Das Bruttosozialprodukt lag 1993 bei etwa 22 000 Dollar pro Einwohner und Jahr.

Marktwirtschaft Das Wirtschaftssystem ist eine soziale Marktwirtschaft. Es gibt sehr wenige staatliche Unternehmen. Im Rahmen der europaweiten Liberalisierung der Märkte zieht sich der Staat durch Privatisierung von Post, Bahn und Luftfahrtunternehmen aus der Wirtschaft zurück.

Industrie Die Bundesrepublik Deutschland besitzt außer Stein- und Braunkohle wenig Bodenschätze. Die Schwerindustrie (Kohle und Stahl) hat ihre frühere wirtschaftliche Bedeutung verloren.

▶ **Energie** Die meisten Rohstoffe und Energieträger, vor allem Erdöl, werden importiert und in Grundstoffe und chemische Produkte verwandelt. Bei der Stromerzeugung liegt der Anteil der Kernenergie bei etwa 30%.

▶ **Verarbeitende Industrie** Die Stärke der verarbeitenden Industrie liegt in der Herstellung hochwertiger Güter und Waren aller Art für den landeseigenen Bedarf sowie den Export. Die Großkonzerne des Fahrzeug- und Maschinenbaus stehen auch im internationalen Vergleich auf den vorderen Rängen.

Großkonzerne	Sektor
Daimler-Benz *(Stuttgart)*	Automobilbau
Volkswagen *(Wolfsburg)*	Automobilbau
Veba AG *(Düsseldorf)*	Energie
RWE AG *(Essen)*	Energie
Hoechst AG *(Frankfurt)*	Chemie
BASF AG *(Ludwigshafen)*	Chemie
Bayer AG *(Leverkusen)*	Chemie
Siemens *(München)*	Elektronik
Thyssen *(Duisburg)*	Stahl
Bosch *(Stuttgart)*	Elektronik
BMW *(München)*	Automobilbau

Großkonzerne Das Bundeskartellamt in Berlin kann Zusammenschlüsse von großen Unternehmen verhindern, wenn die Gefahr besteht, daß sie eine monopolartige Stellung auf dem Markt erlangen.

Import/Export Deutschland unterhält gute Handelsbeziehungen mit praktisch allen Ländern der Welt. Es ist das zweitgrößte Exportland der Welt nach den Vereinigten Staaten. Durch den Export erzielt die deutsche Wirtschaft in der Regel hohe Überschüsse in der Handelsbilanz. Die wichtigsten Handelspartner sind Frankreich, die Niederlande und Italien. Haupteinfuhrgüter sind Agrarprodukte und Textilien, Ausfuhrgüter vor allem Maschinen, chemische und elektrotechnische Erzeugnisse, Kraftfahrzeuge, Eisen und Stahl.

Handel und Dienstleistungen Für die Volkswirtschaft hat die Bedeutung von Handel und Dienstleistungsunternehmen (z.B. Banken und Versicherungen) in den letzten Jahrzehnten zugenommen. Dieser Wirtschaftssektor ist inzwischen mit 60% an der Gesamtwirtschaft beteiligt. Auch die Zahl der Beschäftigten ist größer als in der Industrie.

Handelszentren Wirtschaftlich bedeutende Regionen sind das *Ruhrgebiet*, das *Rhein-Main-Gebiet* (Frankfurt a. M.) und das *Rhein-Neckar-Gebiet* (Stuttgart). Auch die meisten Großstädte sind zugleich Wirtschaftszentren und Messeplätze. Die Hannover-Messe ist die größte Industriemesse der Welt.

7 WIRTSCHAFT UND ARBEITSWELT

Landwirtschaft Die Landwirtschaft trägt nur noch mit 1,2% zur Gesamtwirtschaft bei. Sie dominiert in Norddeutschland und in den Mittelgebirgsregionen. Die durchschnittliche Größe der Bauernhöfe liegt bei 18 Hektar. Künstliche Düngemittel und industrielle Anbau- und Zuchtmethoden haben zu einer Überproduktion geführt.

▶ **Hilfsmaßnahmen** Die Europäische Union muß die Preise für landwirtschaftliche Produkte stützen und zahlt Prämien für die Stillegung landwirtschaftlicher Flächen und die Reduzierung der Tierbestände. Die Subventionen übersteigen den Gesamtwert der landwirtschaftlichen Produktion.

Gewerkschaften und Verbände Etwa 40% der Arbeitnehmer sind gewerkschaftlich organisiert. Die Gewerkschaften sind weder parteipolitisch noch weltanschaulich orientiert.

▶ **Einzelgewerkschaften** Die größten Einzelgewerkschaften sind die *Industriegewerkschaft Metall (IG Metall)* und die *Gewerkschaft Öffentliche Dienste, Transport und Verkehr (ÖTV)*. Jede Einzelgewerkschaft vertritt die Interessen der Arbeitnehmer in einer bestimmten Branche. Andere Gewerkschaften gehören nicht zum *Deutschen Gewerkschaftsbund*, sondern vertreten branchenübergreifend die Interessen z.B. von Angestellten (*Deutsche Angestellten-Gewerkschaft*) oder Beamten (*Deutscher Beamtenbund*).

▶ **Betriebsräte** Arbeitnehmer haben in den Betrieben ein gesetzliches Mitbestimmungsrecht. Der *Betriebsrat* vertritt ihre Interessen und ist an vielen Entscheidungen der Unternehmensführung beteiligt.

▶ **Arbeitgeber** Die Arbeitgeber sind in zahlreichen Branchen- und Berufsverbänden organisiert. Ihr Dachverband ist die *Bundesvereinigung der deutschen Arbeitgeberverbände (BDA)*. Der *Bundesverband der deutschen Industrie (BDI)* vertritt ihre wirtschaftspolitischen und steuerpolitischen Interessen gegenüber der Politik.

▶ **Tarifverträge** Gewerkschaften und Arbeitgeber schließen ohne staatlichen Einfluß zeitlich befristete *Tarifverträge* für bestimmte Branchen und Regionen ab. Darin sind Umfang und Verteilung der Arbeitszeit, Löhne, und sonstige Leistungen festgelegt. Meist finden die Tarifpartner in Verhandlungen einen Kompromiß, so daß es selten zum Streik kommt. Erst wenn die Verhandlungen scheitern und bei einer *Urabstimmung* der betroffenen Arbeitnehmer drei Viertel für einen Streik stimmen, wird dieses Mittel eingesetzt. Die Gewerkschaften sehen in der weiteren Verkürzung der Arbeitszeit ein Mittel zum Abbau der hohen Arbeitslosigkeit.

Gewerkschaften und Dachverbände

- DGB - *Deutscher Gewerkschaftsbund* (16 Einzelgewerkschaften, 10 Mio Mitglieder)
- DBB - *Deutscher Beamtenbund* (50 Verbände, 1 Mio Mitglieder)
- DAG - *Deutsche Angestellten-Gewerkschaft* (580 000 Mitglieder)
- CGB - *Christlicher Gewerkschaftsbund* (16 Einzelgewerkschaften, 316 000 Mitglieder)

▶ **Arbeitszeit** Die Mindestarbeitszeit beträgt etwa 38,5 Stunden pro Woche. Die Zahl der Überstunden ist gesetzlich nicht beschränkt. Arbeitnehmer haben Anspruch auf durchschnittlich 30 Tage Urlaub im Jahr.

▶ **Löhne und Gehälter** Angestellte in öffentlichen Verwaltungen erhalten meist ein *13. Monatsgehalt*, Arbeitnehmer in Großbetrieben erhalten freiwillige Leistungen wie *Weihnachtsgeld* oder *Urlaubsgeld*. Arbeitgeber und Arbeitnehmer zahlen jeweils zur Hälfte die Beiträge zur Arbeitslosen-, Renten- und Krankenversicherung.

▶ **Arbeitsimmigration** 1991 waren rund zwei Millionen ausländische Arbeitnehmer in der Bundesrepublik beschäftigt. Sie stammen vor allem aus der Türkei, dem ehemaligen Jugoslawien, Italien, Griechenland und Spanien. Viele leben mit ihren Familien schon in der zweiten Generation in Deutschland. Seit dem Niedergang der sozialistischen Systeme kommen immer mehr Arbeitnehmer aus osteuropäischen Ländern, wie zum Beispiel aus Polen.

Arbeitslosigkeit Die Zahl der Arbeitslosen ist seit den 70er Jahren ständig gestiegen. Sie lag 1994 im Landesdurchschnitt bei etwa 8,5%, in den neuen Bundesländern bei ca. 15%. Die hohe Arbeitslosigkeit in Ostdeutschland ist hauptsächlich auf den Wechsel von der Planwirtschaft zur sozialen Marktwirtschaft zurückzuführen. Gegenmaßnahmen sind *Vorruhestand, Arbeitsbeschaffung, berufliche Fortbildung* und *Kurzarbeit*.

▶ **Arbeitslosenunterstützung** Arbeitslose erhalten von der *Bundesanstalt für Arbeit* für längstens ein Jahr Arbeitslosengeld (60 - 67% des letzten Nettolohnes). Bei älteren Personen kann die Frist auf 32 Monate ausgedehnt werden. Nach Ablauf dieses Anspruches kann *Arbeitlosenhilfe* beantragt werden (53 - 57% des letzten Nettolohns).

▶ **Sozialhilfe** Die *Sozialhilfe* der Kommunen ermöglicht eine minimale Grundversorgung. Die Anzahl der Sozialhilfeempfänger ist auf über zwei Millionen gestiegen. Man spricht auch in der Bundesrepublik von einer neuen Armut.

SCHWEIZ

SCHWEIZ Das Alpenland ist mit einem Bruttosozialprodukt von ungefähr 36 000 Dollar pro Einwohner (1993) eines der wohlhabendsten Länder der Welt. Zum wirtschaftlichen Erfolg trägt insbesondere die Finanz- und Versicherungswirtschaft sowie die Industrie bei.

Großkonzerne Internationale Konzerne wie *Nestlé* (Nahrungsmittel) und *Asea Brown Boveri* (Elektrotechnik) haben ihren Sitz in der Schweiz, erwirtschaften ihre Gewinne aber überwiegend im Ausland. Bedeutend ist auch die chemische Industrie (*Ciba-Geigy, Sandoz, Hoffmann - La Roche*), die in Basel konzentriert ist. Der Umsatz der zehn größten Unternehmen beträgt drei Viertel der Gesamtwirtschaft.

Import/Export Die schweizerische Industrie exportiert hochwertige Waren vor allem nach Deutschland, Frankreich und Italien. Trotz umfangreicher Importe ist die Handelsbilanz dank des Tourismus ausgeglichen.

ÖSTERREICH

Das Bruttosozialprodukt pro Kopf beträgt etwa 21 000 Dollar (1993). Ein Fünftel der Beschäftigten arbeitet in der Industrie, die vor allem in den Bundesländern Vorarlberg, Oberösterreich und Wien angesiedelt ist und mit einem Drittel zur Gesamtleistung der Wirtschaft beiträgt. Es gibt viele Klein- und Mittelbetriebe.

Großkonzerne Zahlreiche Großunternehmen in der Schwerindustrie (*Voest-Alpine*) und in der Grundstoffindustrie sind verstaatlicht und in der *Österreichischen Industrieholding AG (ÖIAG)* zusammengeschlossen.

Import/Export Beim Außenhandel nimmt die Bundesrepublik Deutschland mit rund 40% der Importe und Exporte eine dominierende Stellung ein. Beträchtliche Einnahmen erzielt Österreich auch durch den Tourismus mit etwa 80 Millionen Übernachtungen pro Jahr. 65% der Gäste sind Deutsche.

DEUTSCHLAND

Das Bankenzentrum Deutschlands ist Frankfurt am Main. Zahlreiche Geldinstitute und die *Deutsche Börse* haben hier ihren Sitz. Der *Deutsche Aktienindex (DAX)* zeigt die durchschnittliche Entwicklung der Aktienkurse. Seit 1990 gibt es die *Deutsche Terminbörse (DTB)*.

❑ **Währung: Deutsche Mark** (DM). 1 DM = 100 Pfennig (Pf).

Bundesbank Die *Bundesbank* in Frankfurt a. M. ist die Zentral- und Notenbank der Bundesrepublik Deutschland. Sie trifft ihre finanzpolitischen Entscheidungen unabhängig vom Staat. Ihr wichtigstes Instrument ist die Festlegung des Zinsniveaus, mit der sie die Kapitalströme und die wirtschaftliche Konjunktur beeinflußt.

Zahlungsverkehr In Deutschland werden kleinere Beträge bis 100,- DM meist bar bezahlt. Die Tendenz zum bargeldlosen Verkehr nimmt jedoch zu.

Deutsches Geld

Scheine	Münzen
1 000 DM	5 DM
500 DM	2 DM
200 DM	1 DM
100 DM	50 Pfennig
50 DM	10 Pfennig
20 DM	5 Pfennig
10 DM	2 Pfennig
5 DM	1 Pfennig

▶ **Bargeldloser Verkehr** Löhne und Gehälter werden in der Regel auf ein *Girokonto* überwiesen. Einzelne Rechnungen können durch *Überweisungen* beglichen werden; für regelmäßige Zahlungen kann man der Bank einen *Dauerauftrag* erteilen.

▶ **Bankschecks** Die Inhaber eines Girokontos erhalten einfache Bankschecks, die als Zahlungsmittel im Handel jedoch wenig verbreitet sind, weil die Banken keine Garantie für deren Einlösung übernehmen.

▶ **Eurochequesystem** Das weit verbreitete Eurochequesystem besteht aus *Eurocheques* und der dazugehörigen *Eurocheque-Karte*, mit der sich der Besitzer ausweist. Die Einlösung der Eurocheques wird bis zu einer Höhe von 400,- DM pro Scheck von der Bank garantiert. In Geschäften mit elektronischer Kasse kann die Eurocheque-Karte zusammen mit einer persönlichen Geheimnummer als Barzahlungsmittel benutzt werden.

Für Deutschlandreisende empfehlen sich *DM-* oder *Dollar-Reiseschecks*, die in allen Banken eingelöst werden können.

▶ **Kreditkarten** Reine Kreditkarten werden nicht in allen Geschäften akzeptiert, auch wenn diese mit elektronischen Kassen ausgestattet sind.

SCHWEIZ

Die Schweiz, und insbesondere Zürich, ist einer der wichtigsten Finanzplätze der Welt. Das Land verdankt seinen Reichtum nicht zuletzt seiner harten Währung und der geschickten Finanzpolitik seiner Banken. Die Zentralbank der Schweiz ist die *Schweizerische Nationalbank*.

❑ **Währung: Schweizer Franken** (SF). 1 SF = 100 Rappen (Rp).

Bankgeheimnis Das schweizerische *Bankgeheimnis*, nach dem die Bank die Identität ihrer Kunden nicht preisgeben darf, hat wohlhabende Leute in aller Welt veranlaßt, ihr Geld sicher auf schweizerischen Konten anzulegen. Es kann jedoch aufgehoben werden, wenn das Geld aus kriminellen Geschäften stammt.

ÖSTERREICH

Die *Österreichische Nationalbank* ist die zentrale Notenbank der Republik Österreich. Österreich besitzt nach Angaben der Nationalbank das dichteste Bankfilialnetz der Welt. Unter den sieben großen Geldinstituten des Landes dominiert die mehrheitlich staatliche *Creditanstalt-Bankverein*.

❑ **Währung: Österreichischer Schilling** (öS). 1 öS = 100 Groschen (Gr).

TRANSPORT UND VERKEHR 10

Geschwindigkeitsbegrenzungen

- Autobahn: kein Tempolimit
- Landstraßen/Autostraßen: 100 km/h
- Ortschaften: 50 km/h
- Reine Wohngebiete: 30 km/h

DEUTSCHLAND Deutschland hat ein gut ausgebautes, dichtes Verkehrsnetz. Durch seine zentrale geographische Lage ist es zugleich eine Drehscheibe für den europäischen Fernverkehr. Das Autobahnnetz ist das zweitgrößte der Welt nach den Vereinigten Staaten. Die meisten Verkehrsachsen verlaufen in Nord-Süd-Richtung. Die Ost-West-Verbindungen und die Infrastruktur der ehemaligen DDR werden seit der Vereinigung wiederhergestellt und modernisiert.

Straßennetz Das Straßennetz umfaßt 221 000 km, davon sind 11 000 km Bundesautobahn. Ihre Benutzung ist bislang kostenfrei, denn sie wurden mit Steuermitteln des Bundes finanziert.

Güterverkehr Der Güterverkehr verlagert sich immer mehr auf die Straße. Rund 62% der Waren werden per LKW transportiert. Zur Entlastung des privaten Verkehrs gilt an Wochenenden und Feiertagen ein allgemeines LKW-Fahrverbot.

Technischer Überwachungsverein (TÜV) Der TÜV prüft die Sicherheit der Fahrzeuge im Abstand von zwei Jahren. Außerdem muß man jedes Jahr die Abgaswerte kontrollieren lassen. Für Neuwagen ist ein *Katalysator* vorgeschrieben, der den Ausstoß schädlicher Abgase reduziert. Die Personenwagen verbrauchen in der Regel bleifreies Benzin oder Diesel.

Promille Der Alkoholspiegel darf nicht mehr als 0,8 Promille betragen.

Punktesystem Wer gegen die Verkehrsregeln verstößt, erhält eine Geldstrafe und Strafpunkte, die in einer zentralen Punktekartei in Flensburg registriert werden. Bei mehrfachen oder gravierenden Verstößen kann dies zum Führerscheinentzug führen.

Die BahnCard

1 Jahr lang halber Fahrpreis auf deutschen Bahnstrecken.

- Erwachsene 220,- DM
- Junioren, Ehepartner, Senioren und Familien: 110,- DM
- Kinder und Teens: 50,- DM.

Bahn Moderne *Intercity-Züge* verbinden die meisten größeren Städte im Stundentakt miteinander. Der deutsche Hochgeschwindigkeitszug ist der *Intercity-Express (ICE)*. Er verkehrt seit 1991 auf neuen und modernisierten Strecken mit einer Geschwindigkeit bis zu 280 km/h. Das Schienennetz für Hochgeschwindigkeitszüge soll bis zum Jahr 2010 auf eine Länge von 3200 km erweitert und mit dem französischen Streckennetz des *Train à grande vitesse (TGV)* verbunden werden.

Reisezeit

- ICE Hamburg - München (800 km): ca. 5 Std. 30 Min.
- ICE Berlin - München (875 km): ca. 6 Std. 30 Min.

▶ **Die Deutsche Bahn** Die beiden früheren Staatsunternehmen Deutsche Bundesbahn und Deutsche Reichsbahn wurden in eine Deutsche Bahn AG umgewandelt, die in staatlichem Besitz ist, aber nach unternehmerischen Grundsätzen wirtschaftet. Die Deutsche Bahn AG gehört mit etwa 500 000 Beschäftigten zu den größten Arbeitgebern der Bundesrepublik.

Luftverkehr Es gibt etwa 14 große Flughäfen in der Bundesrepublik. Der mit Abstand größte ist der Rhein-Main-Flughafen in Frankfurt. Die größte deutsche Luftfahrtgesellschaft ist die *Lufthansa*.

Verkehr der Zukunft

Die elektronische Leitung des Straßenverkehrs soll Störungen und Staus vermeiden. Alle Fahrzeughersteller planen Elektroautos. Außerdem gibt es ehrgeizige und umstrittene Großprojekte wie zum Beispiel die Magnetschwebebahn *"Transrapid"*.

▶ **Privatisierung** Waren die großen Fluggesellschaften früher staatliche Unternehmen, so werden sie sich in Zukunft als private Unternehmen dem nationalen und internationalen Wettbewerb stellen müssen. Ab 1997 dürfen EG-Gesellschaften in anderen Mitgliedsländern reine Inlandsflüge durchführen.

Schiffsverkehr Als Export- und Importland besitzt die Bundesrepublik auch eine moderne Handelsflotte mit 1066 Schiffen. Die wichtigste Wasserstraße ist der Rhein. Der *Duisburger Rhein-Hafen* ist der größte Binnenhafen der Welt. Der *Mittellandkanal* (321 km) verbindet Berlin mit der Nordsee, und der *Rhein-Main-Donau-Kanal* (171 km) schafft eine Verbindung zwischen der Nordsee und dem Schwarzen Meer.

Öffentliche Verkehrsmittel Die öffentlichen Verkehrsmittel sind schneller und billiger als das Autofahren. Die Verkehrsbetriebe sind meist in kommunalen oder regionalen Verbänden zusammengeschlossen. Züge, S-Bahnen, U-Bahnen und Busse sind aufeinander abgestimmt und die Fahrkarten einheitlich.

SCHWEIZ Die Benutzung der schweizerischen Autobahnen ist gebührenpflichtig. Eine Vignette auf der Windschutzscheibe zeigt an, daß die Gebühren bezahlt sind.

Transitverkehr Der Transitverkehr nach Italien geht vor allem über die Pässe des Großen Skt. Bernhard und des Skt. Gotthard. Zur Entlastung der Alpenpässe hat die Schweiz zahlreiche Tunnel gebaut. Der Skt. Gotthard-Tunnel ist mit 17 km der längste Straßentunnel der Welt.

Kombinierter Verkehr Auch der kombinierte Verkehr, d.h. der vorübergehende Transport von LKWs auf besonderen Bahnwaggons, hat sich bewährt und gilt als umweltfreundliche Lösung des Verkehrsproblems.

Schiffsverkehr Der Transport von Massengütern geht vor allem über den Rhein, der bis Basel schiffbar ist. Die Alpenrepublik unterhält eine Hochseeflotte von 22 Schiffen, um in Krisenzeiten die Versorgung des Landes zu garantieren.

Luftverkehr Die drei internationalen Flughäfen sind Zürich, Genf und Basel. Die größte schweizerische Luftfahrtgesellschaft ist die *Swissair*.

ÖSTERREICH Selbst entlegene Gebiete in den Alpen sind erschlossen und über Straßen gut erreichbar. Autobahnen und Hochalpenstraßen sind oft gebührenpflichtig.

Transitverkehr Die österreichischen Verkehrswege stellen eine wichtige Verbindung nach Süd- und Südosteuropa dar. Ein großer Teil des Transitverkehrs verläuft über den Brenner-Paß.

Kombinierter Verkehr Da Lärm und Abgase entlang der Transitstrecken eine starke Belastung für die Umwelt darstellen, ist der weitere Ausbau des kombinierten Verkehrs vorgesehen.

Schiffsverkehr Die wichtigste Wasserstraße ist die Donau, die sowohl für den Güterverkehr als auch den touristischen Personenverkehr genutzt wird.

Luftverkehr Die österreichische Luftfahrtgesellschaft ist die *Austrian Airlines (AUA)*. Der wichtigste internationale Flughafen ist Wien.

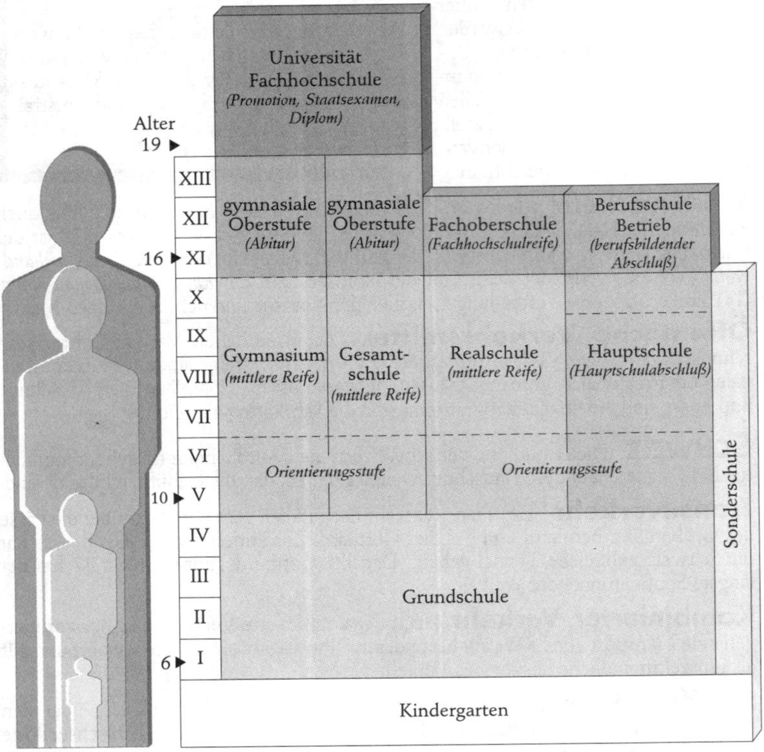

DEUTSCHLAND Ein Grundmerkmal des Föderalismus in der Bundesrepublik Deutschland ist die *Kulturhoheit* der Bundesländer. Die 16 Kultusminister sind für das Bildungs- und Hochschulwesen in ihren Ländern zuständig.

Schulunterricht Jedes Kind muß vom 6. bis zum 15. Lebensjahr die Schule besuchen. Der Unterricht ist kostenlos und findet normalerweise in gemischten Klassen vormittags statt. Eine Unterrichtsstunde dauert 45 Minuten.

Schulferien Die Länder haben unterschiedliche Ferienregelungen. Die großen Sommerferien an den Schulen dauern sechs Wochen.

Elementarbereich (Alter bis 6 Jahre) Der Staat überläßt den Eltern die Erziehung der Kinder. Einrichtungen für Kleinkinder sind selten. 70% der Kinder ab drei Jahren besuchen einen *Kindergarten*. Der Besuch ist freiwillig und muß von den Eltern bezahlt werden. Kindergärten werden von Gemeinden, Kirchen oder Wohlfahrtsverbänden eingerichtet. Auf Grund der mangelnden Zahl an Kindergartenplätzen werden Wartelisten erstellt.

Notensystem

- 1 - sehr gut
- 2 - gut
- 3 - befriedigend
- 4 - ausreichend
- 5 - mangelhaft
- 6 - ungenügend

Grundschule (6-9 Jahre) Alle Kinder besuchen die *Grundschule* (1. bis 4. Klasse); sie bereitet durch die Vermittlung von Grundkenntnissen auf den Besuch der weiterführenden Schulen vor.

Sekundarbereich I (10-15 Jahre) In der Sekundarstufe I stehen drei Schularten mit unterschiedlichem Leistungsniveau zur Wahl:

▶ **Hauptschule** Die *Hauptschule* endet nach der 9. oder 10. Klasse mit dem Hauptschulabschluß, der eine Voraussetzung für die Erlernung praktischer Berufe ist.

▶ **Realschule** Die *Realschule* endet nach der 10. Klasse mit der *mittleren Reife* als Voraussetzung für mittlere Berufe oder weiterführende Schulen.

▶ **Gymnasium** Beim *Gymnasium* ist die mittlere Reife eine Zwischenetappe auf dem Weg zum *Abitur*. Die Gesamtzahl der Schüler verteilt sich zu jeweils einem Drittel auf die drei Schularten. In der *Orientierungsstufe* (Klassen 5 und 6) können die Schüler die Schulart noch ohne größere Probleme wechseln.

▶ **Gesamtschule** Parallel zu diesem *dreigliedrigen Schulsystem* haben einige Bundesländer *Gesamtschulen* geschaffen. Die Schüler können hier entsprechend ihrer Leistung die verschiedenen Abschlüsse bis hin zum Abitur innerhalb einer Schule erreichen.

▶ **Sonderschule** Sonderschulen sind allgemeinbildende Einrichtungen für lernbehinderte oder schwererziehbare Schüler (etwa 4%).

Sekundarbereich II (16-19 Jahre) Nach der mittleren Reife können die Schüler in der Sekundarstufe II entweder eine *Fachoberschule* oder eine *gymnasiale Oberstufe* besuchen. Das *Fachabitur* nach dem 12. Schuljahr berechtigt zum Studium an *Fachhochschulen*, die im allgemeinen kürzere Studienzeiten als die Universitäten haben.

▶ **Abitur** Das 13. Schuljahr endet mit dem Abitur als Voraussetzung für ein Studium an *Universitäten* und *Hochschulen*. In den Klassen zwölf und dreizehn der gymnasialen Oberstufe wurde der traditionelle Klassenverband durch ein System von wählbaren Grund- und Leistungskursen ersetzt. Die einzelnen Ergebnisse tragen zur Gesamtnote im Abitur bei. Der Anteil der Abiturienten pro Jahrgang beträgt ca. 35% und steigt weiter an.

> 14% der Abiturienten entscheiden sich für eine Lehre, vor allem in kaufmännischen Berufen und im öffentlichen Dienst.

Duales System Nach dem Hauptschulabschluß oder der mittleren Reife folgt meist eine dreijährige Lehre in einem Handwerksbetrieb, einem Unternehmen oder in einem Verwaltungsbetrieb. Der *Auszubildende* (Azubi) hat mit dem Unternehmen einen Ausbildungsvertrag und bekommt ein Gehalt. Er lernt im Unternehmen die praktischen Grundlagen seines Berufes und besucht an ein oder zwei Tagen pro Woche eine *Berufsschule*, in der er die theoretischen Grundlagen erwirbt. Die Industrie- und Handelskammern definieren die Anforderungen und nehmen die Prüfungen ab.

Tertiärer Bereich Es gibt 243 staatliche und staatlich anerkannte Hochschulen. Sie entscheiden selbst über Lehrangebot, Studienordnung und Besetzung von Stellen. Wegen der steigenden Studentenzahlen und fehlender Kapazitäten hat man für viele Fächer eine Mindestnote *(Numerus clausus)* und für Medizin zusätzlich noch einen Test eingeführt. Für das Studium selbst werden keine Gebühren erhoben. Die Zahl der Studenten liegt bei 1,9 Millionen (1994).

▶ **Fachhochschulen** Die praxisorientierten Fachhochschulen bilden zu wirtschaftlichen, sozialen und technischen Berufen aus.

▶ **Studienabschlüsse** Das Studium an den Fachhochschulen schließt mit einem *Diplom* ab. Auch die Universitäten verleihen Diplome, vor allem in den Wirtschaftswissenschaften. In den Geisteswissenschaften kann nach einem fünf- bis sechsjährigen Studium ein *Magister-Grad* erworben werden. Lehramtsanwärter, Medizin- und Jurastudenten legen nach etwa sieben Jahren ein *Staatsexamen* ab. Das durchschnittliche Alter der Hochschulabsolventen liegt bei 28 Jahren.

Bundesausbildungsförderungsgesetz (Bafög) Auszubildende und Studenten können eine finanzielle Unterstützung *(Bafög)* erhalten. Die Höhe ist abhängig vom Einkommen der Eltern. Die Hälfte des Betrages wird als zinsloses Darlehen gewährt.

Weiterbildung/Erwachsenenbildung *Industrie- und Handelskammern* sowie *Berufsakademien* bieten Programme und Kurse für die gezielte Weiterbildung von Berufstätigen an. Der Anspruch auf berufliche Weiterbildung ist gesetzlich geregelt.

Volkshochschulen Das breite Bildungsangebot der *Volkshochschulen* richtet sich an Erwachsene und findet hauptsächlich in Form von Abendkursen statt. Es reicht von Hobbykursen über Sprachkurse bis zur Vorbereitung auf staatlich anerkannte Prüfungen.

SCHWEIZ

Das Bildungswesen ist in seinen Grundzügen mit dem deutschen vergleichbar. Dies betrifft vor allem die Zuständigkeit der 26 Kantone und das dreigliedrige System in der Sekundarstufe I.

Schulunterricht Der Primärbereich umfaßt sechs Klassen, die Sekundarstufe I drei oder vier Klassen. Die mittleren Schulabschlüsse und die berufliche Ausbildung (drei bis vier Jahre) haben in der Schweiz eine große Bedeutung. Die Zahl der Abiturienten ist dagegen mit 11% der entsprechenden Jahrgänge vergleichsweise niedrig.

Berufsausbildung Neben den Gymnasien, die zum Abitur führen, gibt es eine große Zahl an Fachschulen für mittlere und gehobene Berufe, an denen auch Grundschullehrer ausgebildet werden. Das Schul- und Bildungswesen zeigt allgemein eine sehr große Vielfalt und zum Teil beträchtliche Unterschiede von einem Kanton zum anderen.

Studium Bund und Kantone teilen sich die Finanzierung der elf Hochschulen des Landes (1994 etwa 70 000 Studenten).

ÖSTERREICH

Das Bildungswesen ist in Österreich teils föderalistisch, teils zentralistisch geprägt. Für weiterführende Schulen und Universitäten sind die Bundesministerien zuständig.

Schulunterricht Es wird zwischen Pflichtschulen, wie zum Beispiel Volks-, Haupt- und Sonderschulen, sowie höheren Schulen, wie Gymnasien, Realgymnasien usw. unterschieden.

Berufsausbildung Die berufliche Ausbildung nach Abschluß der Klasse neun erfolgt in einer Lehre nach dem dualen System oder an berufsbildenden mittleren oder höheren Schulen (vier bis fünf Jahre).

Studium Die *Matura* am Ende der Sekundarstufe II ist Voraussetzung für das Studium an einer der 18 Universitäten und Hochschulen (ca. 200 000 Studenten).

15 HANDEL UND GASTRONOMIE

DEUTSCHLAND Für Geschäfte gelten in der Bundesrepublik *gesetzliche Ladenschlußzeiten*. An Sonntagen und gesetzlichen Feiertagen sind die Geschäfte grundsätzlich geschlossen. Viele Geschäfte in den Stadtzentren sind donnerstags bis 20.30 Uhr geöffnet. Außerdem dürfen sie an jedem ersten Samstag im Monat und an den vier Samstagen vor Weihnachten bis 16.00 bzw. 18.00 Uhr öffnen. Die Bevölkerung und die Beschäftigten im Einzelhandel lehnen eine weitere Liberalisierung der Ladenschlußzeiten überwiegend ab.

> **Ladenöffnungszeiten**
>
> **Montag - Mittwoch, Freitag:** 9.00 - 18.00 Uhr (bzw. 18.30 Uhr).
> **Verkaufsoffener Donnerstag:** 9.00 - 20.30 Uhr
> **Samstag:** 9.00 - 14.00 Uhr.
> **Verkaufsoffener Samstag:** 9.00 - 16.00 bzw. 18.00 Uhr
> In kleineren Städten sind die Geschäfte mittags vorübergehend geschlossen.

❑ **Post:** Die Postschalter schließen wochentags spätestens um 18.00 Uhr und samstags grundsätzlich um 12.00 Uhr. Nur in Großstädten gibt es Spät- und Nachtschalter.

❑ **Banken:** Die Banken schließen wochentags bereits um 16.30 Uhr und am verkaufsoffenen Donnerstag um 17.30 Uhr (bzw. 18.00 Uhr). An Samstagen sind sie grundsätzlich geschlossen.

Wochenmärkte Die Wochenmärkte haben in Deutschland keine sehr große Bedeutung. In den 70er Jahren waren sie in vielen Städten völlig verschwunden. Inzwischen hat man sie oft wieder eingeführt, denn sie tragen zur Belebung der Innenstädte bei. In der Regel kann man auf dem Wochenmarkt nur Lebensmittel kaufen.

Fachgeschäfte Eine große Bedeutung haben in Deutschland die sogenannten *Fachgeschäfte*. Die Angestellten haben meist eine dreijährige Ausbildung für den Einzelhandel in der jeweiligen Branche absolviert. Sie sind in der Kundenberatung und im Verkauf geschult und besitzen meist eine gute Kenntnis der angebotenen Waren und Produkte. Oft ist mit dem Geschäft auch ein entsprechender Handwerksbetrieb verbunden. Viele Geschäfte haben eine Stammkundschaft und sind deshalb bemüht, ihren guten Ruf zu wahren.

Handelsketten *Warenhäuser, Supermärkte* und *Discountläden* gehören meist einer großen Handelskette an, die ihre Waren zentral einkauft und deshalb billig anbieten kann. Kleine Lebensmittelgeschäfte, die sogenannten *Tante-Emma-Läden*, sind heute meist verschwunden, weil sie der Konkurrenz nicht standhalten konnten.

Versand Darüber hinaus gibt es in Deutschland sehr große Versandhandelsunternehmen. Das Angebot entspricht etwa dem eines mittleren Warenhauses. Die Ware wird per Katalog ausgewählt und telefonisch oder schriftlich bestellt.

Verbraucherschutz In Deutschland gibt es einen ausgeprägten Verbraucherschutz. Für alle Geräte und Waren außer für Verbrauchsgüter müssen Geschäft oder Hersteller eine Garantie von mindestens sechs Monaten übernehmen. Die Einzelheiten sind gesetzlich geregelt. Viele Hersteller übernehmen freiwillig eine längere Garantie für ihre Produkte.

Verbraucherberatung Das Warenangebot ist so groß, daß man sich als Konsument und Laie oft kein eigenes Urteil über die Qualität der Produkte bilden kann. In vielen Städten gibt es deshalb Beratungsstellen für Verbraucher, die objektiv über die Produkte informieren. Die *Stiftung Warentest* veröffentlicht regelmäßig Testberichte über Produkte und Dienstleistungen aller Art. Die entscheidenden

Kriterien sind Preis, Qualität und Umweltbelastung. Vergleichende Tests gibt es z. B. für Autos, Versicherungen oder Waschmittel. Die deutschen Verbraucher sind in der Regel sehr gut über Produkte und Preise informiert und treffen bei größeren Anschaffungen meist eine gut überlegte Kaufentscheidung. Wichtig ist für sie das sogenannte *Preis-Leistungsverhältnis*.

Preisnachlaß Bei größeren Anschaffungen kann man den Verkäufer nach einem Preisnachlaß fragen. Bei Barzahlung gewähren viele Geschäfte 3% *Skonto*. Ansonsten ist das Handeln im Geschäft nicht üblich. Im Schaufenster müssen die Waren ein deutlich lesbares Preisschild tragen.

Lebensstandard Der Lebensstandard in der Bundesrepublik ist im internationalen Vergleich sehr hoch. Eine vierköpfige Familie bewohnt meist eine 4-Zimmerwohnung mit Küche und Bad, die eine Gesamtfläche von etwa 90 m^2 hat. Neue Einfamilienhäuser haben in der Regel eine Wohnfläche von 130 m^2 und ein Grundstück von wenigstens 400 m^2. Obwohl die Gebühren für Strom, Wasser und Entsorgung sowie die Mieten überdurchschnittlich gestiegen sind und inzwischen mehr als ein Drittel eines durchschnittlichen Monatseinkommens ausmachen, sind die privaten Haushalte gut ausgestattet.

Kaufverhalten Die Deutschen geben besonders viel Geld für ihr Auto und die Wohnungseinrichtung aus. Allein vier Millionen neue PKWs werden jedes Jahr in der Bundesrepublik angemeldet. Für Nahrung geben die Deutschen 20% ihres Einkommens aus, für Kleidung und Schuhe 8% und für Freizeit und Bildung 10%.

Gastronomie Das Angebot im Bereich der Gastronomie ist vielfältig und international. Die deutsche Küche hat sich vor allem unter dem Einfluß des französischen Vorbilds gewandelt. Es gibt sehr gute deutsche Restaurants von internationalem Rang, die einen eigenen Stil gefunden haben. Die Deutschen lieben deftige Gerichte und ausreichende Portionen. Die regionale Vielfalt Deutschlands spiegelt sich auch in der Gastronomie wieder, so sind z.B. *Knödel mit Sauerbraten* für das Rheinland bekannt, *Sauerkraut mit Würstchen oder Rippchen* für den südwestdeutschen Raum und *Schweinshaxen* für Bayern.

Biersorten

Pils, Export, Kölsch, Weißbier, Alt, Bockbier, Rauchbier

▶ **Gastwirtschaft** Die Gastwirtschaft, kurz "Wirtschaft" oder "Kneipe" genannt, ist meist etwas dunkel und rustikal eingerichtet, die Küche "gutbürgerlich", d.h. traditionell. Speiseraum und Schankraum sind heute nur noch selten getrennt. Die Stammgäste treffen sich meist an der Theke. Der *Stammtisch* dagegen ist für bestimmte Tischrunden reserviert, die hier regelmäßig zu einem Glas Bier oder Wein zusammenkommen.

▶ **Kaffee** Das traditionelle *Café* oder *Kaffee* bietet eine breite Auswahl an Kuchen und Torten, wie z.B. Schwarzwälder Kirschtorte, Cremetorte, Käse-, Apfel- und Nußkuchen. Für den Kaffee selbst werden in Deutschland überwiegend hochwertige südamerikanische Kaffeesorten verwendet, die nur schwach geröstet sind.

▶ **Imbißstände** Abgesehen von diesen beiden typischen Formen der Gastronomie gibt es zahlreiche Restaurants mit internationaler Küche, Pizzerien, Fast foods und vor allem Imbißstände, an denen man je nach Region *Frankfurter Würstchen, Bratwurst, Currywurst, Frikadellen* oder *Kartoffelpuffer* zu sich nehmen kann.

▶ **Wein** Außer Bier wird in Deutschland auch gerne deutscher Wein getrunken. Er wird in den Tälern des Rheins und dessen Nebenflüssen angebaut. Die bekanntesten Weine sind die *Rheinhessenweine*, die *Rheinpfalz*- und die *Moselweine*.

▶ **Brot** Die deutschen Bäckereien bieten eine große Vielfalt an Brot und Brötchen. Außer dem aus Sauerteig hergestellten Schwarzbrot oder Mischbrot gibt es zahlreiche Vollkornbrotvariationen. Das dunkle Brot wird aus Roggenmehl zubereitet, wohingegen das Weißbrot und die traditionellen hellen Frühstücksbrötchen mit Weizenmehl gebacken werden. Typisch sind auch die mit Salz bestreuten *Brezeln* oder der schwarze kräftige *Pumpernickel.*

Ernährungsgewohnheiten Die Ernährungsgewohnheiten der Deutschen haben sich in den vergangenen Jahrzehnten stark verändert. Der steigende Wohlstand hat dazu geführt, daß die Deutschen vergleichsweise viel essen. Typisch für die deutsche Küche ist die Dreierkombination von Beilage (Kartoffeln, Reis oder Nudeln), Gemüse und Fleisch auf einem Teller. Separat wird meist ein gemischter Salat serviert. Als Vorspeise sind Suppen sehr beliebt.

SCHWEIZ Der Lebensstandard in der Schweiz ist allgemein sehr hoch. Er weist allerdings regional beträchtliche Unterschiede auf. So ist das Pro-Kopf-Volkseinkommen im Kanton Zug doppelt so hoch wie im Kanton Jura.

Ladenöffnungszeiten Die Ladenöffnungszeiten werden von den Kantonen festgelegt. An Sonn- und Feiertagen sind die Geschäfte generell geschlossen. Montags bis freitags haben sie normalerweise von 8.30 bis 18.30 Uhr geöffnet, samstags nur bis 16.00 Uhr.

Gastronomie Hotellerie und Gastronomie der Schweiz sind weltbekannt. Luxuriöse Grand Hotels sind gewissermaßen eine schweizerische Erfindung, die mit dem Namen des schweizerischen Hoteliers *César Ritz* verbunden ist. Die Küche ist sehr abwechslungsreich und hat zahlreiche Einflüsse der Nachbarkulturen aufgenommen. Zu den Spezialitäten des Landes gehören vor allem die Wildgerichte und *Fondues.* Auch die Schweizer Schokolade gelangte zu weltweitem Ruhm.

ÖSTERREICH Der Lebensstandard in Österreich ist allgemein hoch, wenngleich er teilweise von Region zu Region stark variieren kann.

Ladenöffnungszeiten Die Geschäfte sind in der Regel abends und an Sonn- und Feiertagen geschlossen. In Ferienorten gibt es jedoch Ausnahmen. Generell schließen die Geschäfte an Werktagen um 18.00 Uhr bzw. 18.30 Uhr. Viele kleine Postämter sind samstags geschlossen, nur die größeren öffnen von 8.00 - 10.00 Uhr.

Kaffeehäuser Die Hauptstadt Wien ist für ihre sehr schönen *Kaffeehäuser* bekannt. Es sind regelrechte Institutionen mit besonderem Flair und ruhiger Atmosphäre, wo der Ober den Kaffee auf dem Silbertablett serviert. Hier liest man seine Zeitung oder trifft sich zum Gespräch. Das Angebot an Speisen ist eher klein. Meist gehört zum Café eine Konditorei mit köstlichen Süßspeisen und Torten, die weltweit bekannt sind wie zum Beispiel der *Apfelstrudel,* die *Linzer Torte* oder die *Sachertorte.*

Kaffeezubereitungen

Einspänner, Kapuziner, großer Brauner, Melange.

Gastronomie Bei den Speisen gibt es eine Verwandtschaft mit der süddeutschen, böhmischen und ungarischen Küche. Deftige Gerichte sind *Gulasch* und *Knödel,* aber auch Mehlspeisen wie *Palatschinken* und *Kaiserschmarren* gehören zu den Spezialitäten des Landes. Spricht man von einem *Beisl,* meint man damit eine gemütliche Gaststätte.

POST UND TELEKOMMUNIKATION 18

DEUTSCHLAND **[Landesvorwahl: 49]** Post und Telekommunikation haben in der Bundesrepublik eine große Bedeutung für Wirtschaft und Gesellschaft. Der technische Fortschritt zeigt sich am deutlichsten im Bereich der Kommunikation.

Geschichte Im Jahr 1490 verkehrten die ersten regelmäßigen Boten. Später gehörte das *Postmonopol* zu den hoheitlichen Aufgaben der Nationalstaaten, und schließlich war das Telefon bis zu den 60er Jahren ein relativer Luxus. Heute gibt es ein Telefon in über 90% der Haushalte.

Monopolaufhebung Das staatliche Postmonopol hat man in den 80er Jahren schrittweise aufgehoben. Die Post erhielt nach und nach Konkurrenz durch private Unternehmen, die zum Beispiel Päckchen und Pakete befördern. Telefone, Telefax-Geräte und Funktelefone kann man heute auf dem freien Markt kaufen.

Deutsche Bundespost Durch eine Reform im Jahre 1989 hat man die *Deutsche Bundespost* in drei staatliche Unternehmen aufgeteilt: *Postdienst, Postbank, Telekom.* Die einzelnen Unternehmen haben damit eine relative Selbständigkeit und einen größeren unternehmerischen Freiraum erhalten. Insbesondere die Telekom ist dadurch in der Lage, am internationalen Wettbewerb teilzunehmen. Die Umwandlung der genannten Unternehmen in Aktiengesellschaften ist ein Zwischenschritt zur langfristig angestrebten Privatisierung.

Datenschutz Durch die Möglichkeiten der modernen Kommunikationstechnik und der elektronischen Speicherung von Daten steigt auch die Gefahr der unerlaubten Sammlung und Weitergabe persönlicher Daten. Der *Datenschutz* ist deshalb streng geregelt. Aufsicht und Kontrolle liegen beim Staat und bei den Datenschutzbeauftragten in den Unternehmen. Auch das *Post- und Fernmeldegeheimnis* ist gesetzlich geschützt. Nur in ganz besonderen Ausnahmefällen kann ein Ausschuß des Parlaments die Überwachung von Telefon- und Briefverkehr erlauben, wenn sich dies zum Schutz des demokratischen Staates und zur Bekämpfung von Verbrechen als notwendig erweist.

> Seit 1994 gibt es in der Bundesrepublik neue fünfstellige *Postleitzahlen.*

Postdienst Der *Postdienst* ist mit 385 000 Beschäftigten der größte Arbeitgeber der Bundesrepublik. Die Post befördert Briefe, Päckchen und Pakete per LKW, Bahn oder Flugzeug. Briefsendungen im Gebiet der Bundesrepublik sind meist innerhalb von zwei Tagen beim Empfänger. Päckchen und Pakete brauchen etwas länger. Die Post unternimmt große Anstrengungen, ihren Service zu verbessern. Sie hat bislang noch das Monopol für die Beförderung von Briefen.

Private Dienste Privatunternehmen haben bei der Paketbeförderung einen Anteil von etwa 30%. In vielen Städten gibt es auch private Botendienste. Manche befördern ihre Sendungen per Fahrradboten.

Telefon und Telekommunikation Eine bedeutende Leistung von Telekom und Postdienst ist sicher die Modernisierung der Infrastruktur in den Ländern der früheren DDR. Man schätzt den Investitionsaufwand auf 60 Milliarden DM. In der DDR hatten nur 7% der Haushalte einen Telefonanschluß.

▶ **Die Telekom** Die *Telekom* erreicht mit einem Umsatz von 54 Milliarden DM einen Anteil von rund 8% am Volumen des Weltmarktes für Telekommunikation und wird in Zukunft ihr internationales Engagement erweitern. Die Telekommunikation gilt weltweit als Wachstumsbranche der Zukunft, denn immer mehr Unternehmen sind miteinander vernetzt und die internationale Arbeitsteilung nimmt zu. Viele Großunternehmen sind international tätig und deshalb auf diese Kommunikationsmöglichkeiten angewiesen.

Telefonieren in Deutschland

Tarifeinheiten:
normal: 0,23 DM
per Telefonkarte: 0,25 DM
per Münztelefon: 0,30 DM

Billigtarif:
Sonn- und Feiertage,
werktags 18.00 - 8.00 Uhr

Ferngespräch:
Nummer beginnt mit 0

Auslandsgespräch:
Nummer beginnt mit 00

Übertragungssysteme Zahlreiche technische Möglichkeiten dienen vor allem Unternehmen und professionellen Nutzern. Moderne *digitale Netze, Glasfaserkabel* und *Satellitenübertragung* kennzeichnen den fortgeschrittensten Stand der Technik. Weltweiter Transfer von Daten, Bildtelefone und Videokonferenzen sind auf diese Weise möglich. Apotheken können Medikamente sofort bestellen und sie innerhalb von wenigen Stunden bekommen; Buchhandlungen können die Lieferung eines nicht verfügbaren Titels meist für den folgenden Tag garantieren.

▶ **ISDN** Die Zukunft wird dem *Integrierten Service- und Datennetz (ISDN)* gehören. Es kann mehrere Kommunikationsfunktionen gleichzeitig erfüllen wie z.B. die Übertragung von Texten, Daten, Sprache und Bildern. Die Übertragungsgeschwindigkeit beträgt 64 000 Bit/sec.

▶ **Bildschirmtext** Etwa 500 000 Benutzer sind an das Informationssystem *Btx*, oder *Datex-J*, angeschlossen, das dem französischen *Minitel* bzw. *Teletel* entspricht. Die notwendigen Geräte kann man im Handel kaufen oder bei der Telekom gegen Gebühr leihen. Für den Anschluß zahlt man eine monatliche Grundgebühr und die Benutzung der angebotenen Dienste. Dazu gehören öffentliche Dienste wie das elektronische Telefonbuch sowie private Informationsdienste für die internationalen Börsenkurse, Fahrplan- und Flugplanauskünfte und viele andere mehr. Einige Dienste sind interaktiv. Der Benutzer kann z.B. eine Reise buchen und Bankaufträge erteilen *(Electronic Banking)*. Auch das Versenden und Empfangen von Mitteilungen ist möglich.

SCHWEIZ

[Landesvorwahl: 41] Das Post- und Fernmeldewesen ist Aufgabe des Bundes. Die staatliche *PTT (Schweizerische Post-, Telefon- und Telegrafenbetriebe)* übernimmt den Postdienst sowie den Telefon- und Teleinformatikdienst. Außerdem betreibt sie die Sendeeinrichtungen von Rundfunk und Fernsehen. Die PTT befördert Briefe und Personen in entlegenen Gebieten per Omnibus, dem sogenannten *Postauto*. Es gibt drei Millionen Telefonanschlüsse.

ÖSTERREICH

[Landesvorwahl: 43] Die *Österreichische Post- und Telegraphenverwaltung (ÖPTV)* ist auch für das Telefon und die Telekommunikation zuständig. Außerdem erhebt sie die Radio- und Fernsehgebühren. Auf den Postämtern kann man auch Bankgeschäfte abwickeln. Auch in Österreich betreibt die Post Autobuslinien.

Gemeinschaftsanschlüsse Etwa 40% der Telefonanschlüsse sind Gemeinschaftsanschlüsse für jeweils vier Teilnehmer, sogenannte *"Vierteltelefone"*. Sie wurden nach dem Zweiten Weltkrieg eingeführt, um möglichst viele Teilnehmer kostengünstig an das Netz anschließen zu können. Seit Beginn der 80er Jahre baut auch die österreichische Post das digitale Kommunikationsnetz aus. In Österreich ist ein dem deutschen Btx vergleichbares Informationssystem verbreitet. Für die Kommunikation in den alpinen Regionen spielt der Funkverkehr eine große Rolle.

DEUTSCHLAND Die Bundesrepublik hat eine sehr umfangreiche und vielfältige Medienlandschaft. Das Grundrecht auf Information und freie Meinungsäußerung ist durch die Verfassung garantiert. Eine Zensur findet nicht statt. Es gibt keine Quoten für in- oder ausländische Filme.

Öffentlich-rechtliches Radio und Fernsehen Die bedeutendsten Fernseh- und Radiosender haben einen *öffentlich-rechtlichen* Status. Es sind unabhängige und nichtkommerzielle Gesellschaften. Ein *Rundfunkrat* wacht über die Ausgewogenheit der Programme. In ihm sind die wichtigsten gesellschaftlichen Gruppen wie Parteien, Kirchen, Gewerkschaften usw. vertreten. Die Sender finanzieren sich durch die *Rundfunk- und Fernsehgebühren*. Umfang und Länge der Werbung ist gesetzlich auf 20 Minuten vor 20.00 Uhr beschränkt. Die beiden größten Fernsehanstalten sind die *ARD (Arbeitsgemeinschaft der Rundfunkanstalten Deutschlands - 1. Programm)* und das *ZDF (Zweites Deutsches Fernsehen - 2. Programm)*.

▶ **ARD** Die *ARD* hat eine föderalistische Struktur. In ihr sind elf Landesrundfunkanstalten zusammengeschlossen, um gemeinsam das bundesweit ausgestrahlte erste Programm zu gestalten.

▶ **ZDF** Das *ZDF* dagegen ist nicht regional gegliedert und hat keine Radioprogramme. Es wurde 1961 durch einen von allen Ländern unterzeichneten Staatsvertrag gegründet.

▶ **Regionalprogamme** Die Landesrundfunkanstalten, deren Sendegebiete einzelne oder mehrere Bundesländer umfassen, senden außerdem eigene regionale Fernsehprogramme, die sogenannten *3. Programme*, und zahlreiche regionale Radioprogramme.

▶ **Private Radio- und Fernsehsender** Es gibt heute etwa 200 meist lokale Radiosender. Die privaten Fernsehsender, *RTL, SAT 1, Pro 7* oder *Tele 5* können landesweit empfangen werden und stellen eine Konkurrenz für die öffentlich-rechtlichen Anstalten dar.

Deutsche Rundfunkanstalten

- RB (Bremen)
- NDR (Hamburg)
- SFB (Berlin)
- ORB (Potsdam)
- WDR (Köln)
- MDR (Leipzig)
- HR (Frankfurt)
- SWF (Baden-Baden)
- SR (Saarbrücken)
- SDR (Stuttgart)
- BR (München)

▶ **Kabelfernsehen** Etwa 40 weitere, regionale, inländische oder ausländische Programme können über einen *Kabelanschluß* oder eine *Parabolantenne*, d.h. per Satellit, empfangen werden. Über 70% der Haushalte haben einen Kabelanschluß.

❑ **ARTE:** Das über ein Kabel zu empfangende *ARTE* ist ein deutsch-französischer Sender mit einem anspruchsvollen Kulturprogramm. Mit seiner Gründung wurde der Grundstein für einen europäischen öffentlich-rechtlichen Fernsehkanal gelegt.

Presse Drei von vier Deutschen lesen täglich eine Zeitung. Fast jeder Haushalt hat ein Abonnement für eine Tageszeitung. Der Straßenverkauf ist dagegen von geringerer Bedeutung, außer bei den Sensations- und Boulevardblättern. Die wichtigsten Tageszeitungen sind die *Bildzeitung*, die *Westdeutsche Allgemeine Zeitung (WAZ)*, die *Süddeutsche Zeitung (SZ)* und die *Frankfurter Allgemeine Zeitung (FAZ)*. Die bedeutendste Wochenzeitung ist *Die Zeit* (Auflage: 500 000). Nachrichtenmagazine sind *Der Spiegel* (1 Million) und *Focus* (560 000). 600 Zeitschriften und Illu-

Presseagenturen

Die bedeutendsten Presseagenturen sind die *Deutsche Presseagentur (DPA)* und der *Deutsche Depeschendienst (DPD)*.

strierten bieten ein reichhaltiges Angebot für alle denkbaren Lebensbereiche und Interessen. Auf lokaler Ebene haben sich die reinen *Anzeigenzeitungen* stark entwikkelt. Bundesweit gibt es 1000 solcher Titel mit einer Gesamtauflage von über 40 Millionen. Eine Neuheit sind die rund 140 *Stadtmagazine*. Sie berichten über kommunale Politik und kulturelle Veranstaltungen.

Tageszeitungen	Auflage
Bildzeitung	4,3 Mio
WAZ	1,2 Mio
SZ	400 000
FAZ	400 000
Die Welt	200 000
Frankfurter Rundschau	190 000
Handelsblatt	130 000

Medienkonzerne Die Konzentration von privaten Fernsehsendern, Radiostationen sowie Zeitungen und Zeitschriften nimmt weiter zu. Die *Bertelsmann AG* ist der zweitgrößte Medienkonzern der Welt. Weitere einflußreiche Medienkonzerne sind die *CLT* (*Compagnie Luxembourgoise de Télévision*), die *Kirch-Gruppe* und der *Springer-Verlag*. Bei den insgesamt 386 Tageszeitungen ist die Zahl der eigenständigen Redaktionen auf 137 zurückgegangen. Mehr als 80% der verkauften Zeitungen in den neuen Bundesländern werden von wenigen westdeutschen Verlagen herausgegeben.

SCHWEIZ

Die Mehrsprachigkeit der Schweiz hat eine vielfältige Medienlandschaft geschaffen. Die *Schweizerische Radio- und Fernsehgesellschaft (SRG)* betreibt jeweils drei volle Radio- und Fernsehprogramme in deutscher und französischer Sprache und ein italienischsprachiges Programm. Teile des Programms werden in rätoromanischer Sprache ausgestrahlt. Die *SRG* ist an den Satellitenprogrammen *3 SAT* und *TV 5* beteiligt.

Presse Von den 103 Tageszeitungen erscheinen 80 in deutscher, 18 in französischer und 5 in italienischer Sprache. Die bedeutendsten überregionalen Tageszeitungen sind die *Neue Zürcher Zeitung* (Auflage: 152 000), die *Berner Zeitung* (124 000) und der *Tages Anzeiger* (272 000).

ÖSTERREICH

Der *Österreichische Rundfunk (ORF)* betreibt die beiden überregionalen Programme *FS 1* und *FS 2* sowie ein drittes Programm für Lokalnachrichten und Sport. Er produziert 60% seiner Fernsehsendungen selbst, kooperiert bei größeren Produktionen mit anderen deutschsprachigen Fernsehsendern und betreibt mehrere Hörfunkprogramme. Er ist zusammen mit dem deutschen *ZDF* und dem schweizerischen *SRG* am deutschsprachigen Satellitenprogramm *3 SAT* beteiligt.

Presse Mit rund 350 verkauften Zeitungen pro 1000 Einwohnern gehört Österreich zu den Ländern, in denen viel Zeitung gelesen wird. Die wichtigsten überregionalen Tageszeitungen sind die *Neue Kronen-Zeitung* (Auflage: 1,3 Mio), der *Kurier* (340 000) und die *Kleine Zeitung* (300 000). Zusammen mit ihren zahlreichen Regionalausgaben beherrschen sie etwa 65% des Zeitungsmarktes. Überregional verbreitet sind auch *Die Presse* (100 000) und *Der Standard* (90 000). Daneben gibt es regionale Tageszeitungen, die vor allem in den Landeshauptstädten Linz, Salzburg, Innsbruck und Bregenz erscheinen. Das monatlich herausgegebene Wirtschaftsmagazin *Trend*, die Nachrichtenmagazine *Profil* und *Wochenpresse* und die Zeitung *Kurier* gehören dem Medienkonzern *Kurier Zeitungsverlag und Druckerei AG* an.

Nachrichtenmagazine	
News	270 000
Profil	100 000
Wochenpresse	50 000

**Alle Auflagenzahlen beziehen sich auf 1994.*

DEUTSCHLAND Die Bundesrepublik Deutschland bietet landesweit eine gute medizinische Versorgung. Auf 400 Einwohner kommt durchschnittlich ein Arzt. Krankenhäuser und Pflegeheime werden von öffentlich-rechtlichen Körperschaften, gemeinnützigen Organisationen und von den Kirchen unterhalten. Da das öffentliche Gesundheitswesen sehr leistungsfähig ist, haben private Kliniken nur eine geringe Bedeutung.

Verantwortung des Staates Der Bundesminister für Gesundheit ist für Fragen der Organisation, Finanzierung und Leistungen des Gesundheitswesens zuständig. Gesetze und Verordnungen sorgen z.B. für eine einheitliche Ausbildung der Ärzte und Apotheker und regeln die Zulassung von Medikamenten und den Umgang mit Betäubungsmitteln. Das Ministerium für Umwelt, Naturschutz und Reaktorsicherheit definiert im Rahmen des Gesundheitsschutzes die zulässigen Höchstwerte für schädliche Substanzen und Strahlung. Die Durchführung und Kontrolle der Bestimmungen liegt bei den Ländern.

Gesetzliche Krankenversicherung Knapp 90% der Bevölkerung sind in einer gesetzlichen Krankenkasse versichert. Allgemein gilt das Prinzip der Pflichtversicherung, d.h. jeder Arbeitnehmer muß krankenversichert sein. Arbeitnehmer und Arbeitgeber tragen jeweils zur Hälfte die Beiträge zur Krankenversicherung. Die Krankenversicherung zahlt die Kosten für den Arztbesuch und notwendige medizinische Untersuchungen zu 100% und bei längerer Krankheit den Lohnausfall. Der Patient geht mit einem Formular oder einem Ausweis seiner Krankenkasse zum Arzt. Dieser rechnet die Kosten direkt mit der Krankenkasse ab. Der Patient erfährt in der Regel nicht, wieviel die Behandlung gekostet hat.

Geburtenrate: 11‰

Säuglingssterblichkeit: 7‰

Lebenserwartung:
- Frauen: 79 Jahre
- Männer: 73 Jahre

Häufigste Todesursachen:
- Herz-Kreislauf-Erkrankungen: 50%
- Krebs: 24%

Gesundheitsreform Das Krankenversicherungssystem hat unter anderem dazu beigetragen, daß die Gesamtkosten im Gesundheitswesen stark gestiegen sind. Nach einer großen Reform des Gesundheitswesens hat der Staat Patienten, Ärzte und pharmazeutische Industrie zum Sparen verpflichtet. Der Patient muß heute pro Rezept eine Gebühr zahlen und vor allem Zahnersatzkosten, Brillen und teure Behandlungsmethoden, zu denen es billigere Alternativen gibt, größtenteils selbst tragen.

Privatversicherung Arbeitnehmer, deren Einkommen einen bestimmten Betrag übersteigt, sind von der Versicherungspflicht befreit und können sich ebenso wie Selbstständige und Beamte im gewünschten Umfang privat versichern. Beamte sind insofern privilegiert, als der Staat ihnen aus Steuermitteln eine sogenannte *Beihilfe* zu den Krankheitskosten gewährt, so daß sie nur 50% der Kosten durch eine eigene Versicherung abdecken müssen. Private Krankenkassen müssen nicht jeden als Mitglied aufnehmen. Da Ärzte bei privat Versicherten höhere Honorare berechnen können, genießen Privatpatienten gewisse Privilegien. Privatpatienten zahlen die Arzt- und Medikamentenrechnung zunächst selbst und lassen sie anschließend erstatten.

Überalterung Die Zukunft der sozialen Sicherheit und des Gesundheitswesens ist an die demographische Entwicklung gebunden. Die sehr schwachen Geburtenraten führen zu einem sich ständig vergrößernden Prozentsatz älterer Menschen. Bis zum Jahr 2030 könnte der Anteil der über 60jährigen bei 35% liegen.

Nach dem geltenden *Generationenvertrag* müßten dann 100 Beitragszahler rund 50 Rentner und Pensionäre finanzieren. Die Kosten für die Unterbringung in einem Alten- oder Pflegeheim sind heute mindestens doppelt so hoch wie die durchschnittliche Rente und müssen durch die Sozialhilfe ausgeglichen werden.

> **Empfängnisverhütung**
>
> Kondome kann man in jeder Apotheke und an Automaten kaufen. Für andere Verhütungsmittel, besonders für die Antibaby-Pille, ist das Rezept eines Gynäkologen notwendig. Die Krankenkasse trägt nur die Kosten für die medizinische Untersuchung.

Schwangerschaftsabbruch Bei einer ungewollten Schwangerschaft besteht, unter Einhaltung der *Fristenregelung* von 12 Wochen (bei sozialer Notlage und nach Vergewaltigung), bzw. 22 Wochen (bei Erbgutschädigungen) und nach einer Pflichtberatung, die Möglichkeit zum Abbruch der Schwangerschaft.

Mutterschutz Schwangere werden umfassend medizinisch betreut und genießen einen besonderen Kündigungsschutz. Sechs Wochen vor und acht Wochen nach der Entbindung sind sie von der Arbeit freigestellt und erhalten ihren vollen Lohn.

Erziehungsurlaub Auf Wunsch können Mutter oder Vater bis zu drei Jahren Erziehungsurlaub nehmen und anschließend die Arbeit im selben Betrieb wieder aufnehmen. Die Eltern können den Erziehungsurlaub auch untereinander aufteilen. Der Staat zahlt maximal zwei Jahre lang *Erziehungsgeld*, dessen Höhe vom Gesamteinkommen der Familie abhängt.

SCHWEIZ

Die Lebenserwartung für Männer liegt bei 74 Jahren und für Frauen bei 81 Jahren. Die Säuglingssterblichkeit beträgt 6,2 pro 1000 Lebendgeburten.

Krankenversicherung Da in der Schweiz keine Versicherungspflicht besteht, wird die Krankenversicherung von staatlich anerkannten privaten Krankenkassen getragen, oder von öffentlichen Krankenkassen, die von den Kantonen oder Gemeinden eingerichtet wurden. Trotz der freiwilligen Versicherung sind 98% der Bevölkerung krankenversichert. Das Gesundheitswesen und das System der sozialen Sicherheit weisen je nach Kanton große Unterschiede auf.

Mutterschutz Für werdende Mütter besteht acht Wochen vor und nach der Entbindung ein Beschäftigungs- und Kündigungsverbot.

Schwangerschaftsabbruch Ein Abbruch der Schwangerschaft ist nur nach Einholung eines Gutachtens und im Falle einer medizinischen Indikation zulässig.

ÖSTERREICH

Die Säuglingssterblichkeit beträgt etwa 8 pro 1000. Die Lebenserwartung für Männer liegt bei 73 Jahren, die der Frauen bei 79 Jahren.

Krankenversicherung In Österreich hat die Arbeiterschaft ein umfassendes System der sozialen Sicherheit durchgesetzt, das auf dem Prinzip einer allgemeinen gesetzlichen Pflichtversicherung beruht. Österreich zählt zu den sozial höchstentwickelten Ländern der Welt. Ein Arzt betreut im Durchschnitt 273 Personen.

Mutterschutz Nach der Geburt eines Kindes können Mutter oder Vater für zwei Jahre einen *Karenzurlaub* nehmen oder alternativ drei Jahre lang einer Teilzeitarbeit nachgehen.

Schwangerschaftsabbruch Für den Abbruch der Schwangerschaft ist eine Indikation notwendig. Er muß in den ersten drei Monaten nach Beginn der Schwangerschaft durchgeführt werden (*Fristenlösung*).

DEUTSCHLAND Man unterscheidet drei Landschaftsformen. Die *Norddeutsche Tiefebene* umfaßt das nördliche Drittel der Bundesrepublik. Die Landschaft ist flach und reicht bis zur Nord- und Ostseeküste mit einigen vorgelagerten Inseln. Das Zentrum ist durch die *Mittelgebirge* geprägt. Typisch sind die waldreichen Berglandschaften mit Erhebungen bis 1000 m und die engen, dicht besiedelten Flußtäler von Rhein, Main, Weser, Elbe und Donau. Im Süden hat die Bundesrepublik einen kleinen Anteil an den *Alpen*. Die höchste Erhebung ist die Zugspitze mit 2 963 m.

Flächennutzung 13% der Gesamtfläche sind Siedlungs- und Verkehrsflächen, etwa 50% ist landwirtschaftliche Nutzfläche und 30% sind Wälder. Der Wald ist in der Regel ein künstlich angepflanzter Nutzwald. Wilde unberührte Landschaft gibt es praktisch nicht mehr. Dort, wo die Natur trotz der zahlreichen Eingriffe des Menschen ihren Artenreichtum erhalten konnte, hat man Naturschutzgebiete und Nationalparks eingerichtet.

Lebensqualität Die Bevölkerung legt einen immer größeren Wert auf *Lebensqualität*. Der Begriff meint eine ideale Verbindung von gesunder natürlicher Umwelt, attraktiven Arbeitsplätzen und hohem Freizeitwert. Die Städte haben viel dafür getan, Wohn- und Industriegebiete zu trennen und den Durchgangsverkehr von den Innenstädten fernzuhalten. In vielen Stadtzentren hat man *Fußgängerzonen* eingerichtet, die ganz für den Verkehr gesperrt sind. Straßenbahnen und Busverkehr wurden modernisiert, und schließlich ist das Fahrradfahren sehr beliebt.

Umweltschutz Der *Umweltschutz* hat sich dank engagierter Bürger, unabhängiger Wissenschaftler und der Medien zu einem der zentralen Themen der Gesellschaft entwickelt. Der Bewußtseinswandel hat inzwischen alle Bevölkerungsgruppen und Parteien erfaßt. Man hat die Gesetze verschärft, so daß der Umweltschutz einen hohen Stand erreicht hat. Die wilden Müllkippen gehören der Vergangenheit an, Landschaften und Städte sind sauber und gepflegt. Andere Gefahren für Mensch und Natur sind jedoch sehr komplex und weniger sichtbar, dafür aber umso gravierender.

▶ **Wasser** Etwa 200 000 Bodenflächen der Bundesrepublik sind durch sogenannte Altlasten vor allem der Industrie verseucht. Obwohl die Abwässer von Industrie und Haushalten zu 90% in Kläranlagen gereinigt werden, sind zahlreiche Flüsse durch Umweltgifte wie *Schwermetalle*, *Pestizide*, *Nitrate* und *Phosphate* aus Industrie, Landwirtschaft und privaten Haushalten stark belastet. Es gibt nur noch wenig natürliche Binnengewässer, in denen man unbesorgt baden kann. Die Aufbereitung von Trinkwasser verursacht zunehmend Probleme und hohe Kosten. In Westdeutschland sind drei Viertel der Reptilien- und Fischarten sowie etwa die Hälfte der Säugetiere und Vögel vom Aussterben bedroht oder bereits ausgestorben.

• ***Rhein*** Die Wasserqualität des Rheins, der wichtigsten Schiffahrtsstraße, hat sich insgesamt verbessert, doch leider kommt es immer wieder zu Chemieunfällen, die von den Anrainerstaaten verursacht werden.

• ***Küste*** Die ökologisch sehr sensible *Wattenküste* der Nordsee ist stark gefährdet und ein Viertel der Ostsee ist biologisch tot. Schadstoffe gelangen in die Nahrungskette und ins Grundwasser.

▶ **Luft** Autoverkehr, Kraftwerke und Heizungen belasten die Luft mit 2,9 Millionen Tonnen schädlicher *Stickoxide* und 5,7 Millionen Tonnen *Schwefeldioxid* pro Jahr.

▶ **Boden** In Verbindung mit Regenwasser bilden die Schadstoffe der Luft Säuren (saurer Regen). Sie gelten als Hauptverursacher des *Waldsterbens*. Der Wald ist zu 39% schwach und zu einem Viertel bereits stark geschädigt.

Schadensbeseitigung Öffentliche Kritik und wissenschaftliche Aufklärung haben zu einer Verschärfung der Gesetze und Strafen geführt. Der Verursacher trägt grundsätzlich die Verantwortung für die Beseitigung von Umweltschäden (*Verursacherprinzip*). Zahlreiche schädliche Stoffe dürfen heute nicht mehr hergestellt oder verwendet werden. Die Beseitigung von *Altlasten* aus früheren Zeiten, wie z.B. das krebserregende *Asbest* in Gebäuden, verursacht enorme Kosten.

▶ **Atomenergie** In deutschen Atomkraftwerken sind bis heute 9000 Tonnen hochradioaktive Abfälle entstanden, die eine große Gefährdung für alle künftigen Generationen darstellen und deshalb für immer absolut sicher gelagert werden müssen. Diese Endlagerung radioaktiver Abfälle ist jedoch immer noch ungeklärt. Transport und vorübergehende Lagerung radioaktiver Brennelemente bergen das Risiko einer erhöhten Strahlenbelastung.

▶ **Umwelttechnik** Zahlreiche Maßnahmen und der Einsatz moderner Technik dienen der Einsparung und Rückgewinnung von Energie, Wasser und Rohstoffen. *Umwelttechnik* und *Entsorgungswirtschaft* gehören heute zu den Wachstumsbranchen der deutschen Industrie. Relativ neu ist die Nutzung von *Wind-* und *Sonnenenergie* sowie die Erzeugung von Biotreibstoff und Biogas aus *nachwachsenden Rohstoffen*.

▶ **Abfalltrennung**
Verpackungsabfälle werden vom Handel und in den Haushalten getrennt gesammelt und in bestimmten Unternehmen nach Materialarten sortiert. Papier, Glas und Metalle werden anschließend zu einem hohen Prozentsatz wiederverwertet. Gesetzlich sind bestimmte Quoten vorgeschrieben. Die große Menge und die Vielfalt der Kunststoffe bereitet Probleme.

Abfälle

Deutschland produziert jedes Jahr 230 Millionen Tonnen Abfall. Ein besonderes Problem stellen die 10 Millionen Tonnen *Giftmüll* oder *Sondermüll* dar, dessen Behandlung und Lagerung immer schwieriger wird. In den Haushalten fallen jährlich 30 Millionen Tonnen Hausmüll an (370 kg pro Kopf).

SCHWEIZ

SCHWEIZ Landschaft und Natur der Schweiz sind durch die Alpen geprägt. Ein Viertel der Landesfläche besteht aus einer landwirtschaftlich nicht nutzbaren Berg- und Hochgebirgslandschaft. Siedlungs- und Verkehrsflächen machen sechs Prozent aus, der Rest verteilt sich auf Landwirtschaft und Wald.

Umweltschäden Auch in der Schweiz ist der Wald zu 44% schwach und zu 17% stark geschädigt. Bodenerosion und erhöhte Lawinengefahr in den Bergen sind die Folge. Auch die Nutzung der 40 000 Skipisten führt zu großen, teilweise irreparablen Flächenschädigungen. Die Schweiz hat zahlreiche Flüsse und Seen, deren ökologisches Gleichgewicht gefährdet ist.

ÖSTERREICH Österreich wird als Gebirgsland von den Ostalpen dominiert. Die bedeutendsten Siedlungs- und Wirtschaftsräume befinden sich in den Flach- und Hügelländern.

Umweltschäden Die durch den Transitverkehr entstehenden Abgase stellen eine starke Belastung für die Natur dar. 40% des Waldes sind schwach, 9% stark geschädigt. Der Naturschutz ist Sache der Länder.

Donau

Die Donau durchfließt Österreich auf einer Länge von 350 km. Östlich von Wien führt sie durch Europas größte erhaltene Auenlandschaft, die zum Nationalpark erklärt wurde.

DEUTSCHLAND Allgemein hat sich die tariflich festgelegte Arbeitszeit in Deutschland immer weiter reduziert und liegt heute bei etwa 38,5 Stunden pro Woche, vereinzelt sogar darunter. Abzüglich der 30 Tage Jahresurlaub und den gesetzlichen Feiertagen ergibt sich eine Zahl von ungefähr 1730 Arbeitsstunden pro Jahr. Dieser Wert ist weltweit der niedrigste.

Freizeitgestaltung Laut Umfragen gibt ein Haushalt heute etwa ein Fünftel seines Einkommens für die Freizeitgestaltung aus. Die Wirtschaft fördert diesen Trend: die Freizeitindustrie ist zu einem blühenden Wirtschaftszweig geworden. Sie lanciert neue Unterhaltungs- und Freizeitideen für Jugendliche und junge Erwachsene und verkauft dazu die notwendige Bekleidung und Ausrüstung: Surfbretter, Skates und Mountainbikes.

Vereine Die Deutschen lieben gemeinsame Aktivitäten und Geselligkeit. Eine große Bedeutung hat daher das Vereinsleben. Jeder fünfte Deutsche ist Mitglied in einem Sportverein und zwei Millionen Menschen sind Mitglied in einem Gesangsverein. Es gibt Vereine für Schützen und Briefmarkensammler, Tierzüchter, Natur- und Heimatfreunde, Karnevalisten, Amateurfunker und Kleingärtner. Bei älteren Menschen sind Kegeln oder Wandern sehr beliebt. Bei der jüngeren Generation ist ein deutlicher Trend zu individuelleren Formen der Freizeitgestaltung zu verzeichnen.

Bürgerinitiativen Die Bürger engagieren sich oft in *Bürgerinitiativen*, die die Interessen der Gemeinden vertreten (z.B. soziale Einrichtungen oder Umweltschutz) und Einfluß auf die Politik nehmen.

Sport In Deutschland wird viel Sport getrieben. Kinder verbringen die durch das Schulsystem bedingten freien Nachmittage mit den verschiedensten sportlichen Beschäftigungen. Bei Mädchen ist *Ballettunterricht* sehr beliebt. Jungens ziehen *Turnen* und *Fußballspielen* vor. Auch an den Unversitäten werden zahlreiche Sportveranstaltungen zu vergünstigten Bedingungen angeboten. Die *Fitness-Center* ziehen durch ihr Aerobic- und Krafttrainingsangebot vor allem junge Erwachsene an. In *Tanzsportclubs* treffen sich Menschen jeder Altersstufe. Das Fahrradfahren, das schon immer sehr beliebt war, wurde durch die neue Fahrradgeneration der Mountainbikes zu einer Art Volkssport.

▶ **Fußball** Fußball ist noch immer der populärste Sport in Deutschland. Der *Deutsche Fußball-Bund (DFB)* hat 5,2 Millionen Mitglieder. Praktisch in jedem Dorf gibt es einen Verein. Die höchste Liga ist die *Bundesliga*, in der 18 Vereine mit professionellen Spielern um die Deutsche Meisterschaft spielen. Bei der Fußball-Weltmeisterschaft 1990 in Italien gewann die Nationalmannschaft zum dritten Mal den Titel.

▶ **Tennis/Golf** Tennis ist durch die internationalen Erfolge von Boris Becker und Steffi Graf sehr populär geworden. Golf, das bisher als exklusive Sportart galt, erfreut sich in den letzten Jahren einer ständig wachsenden Beliebtheit.

Hobbykurse Im Rahmen des Angebots der Volkshochschulen und Privatschulen werden als

Bundesliga

Borussia Dortmund
Werder Bremen
Bayer Leverkusen
Borussia Mönchengladbach
Bayern München
VfB Stuttgart
SC Freiburg
Hamburger SV
1. FC Kaiserslautern
Karlsruher SC
Eintracht Frankfurt
Schalke 04
Dynamo Dresden
1. FC Köln
Bayer Uerdingen
TSV 1860 München
Vfl Bochum
MSV Duisburg

Freizeitbeschäftigung und Hobby alle Arten von Kursen und Seminaren besucht, wie z.B. Sprachkurse, Yoga, autogenes Training.

Musik In Deutschland herrscht eine lange Tradition des Musizierens. So spielt fast jeder zweite Jugendliche ein Musikinstrument. Klavier, Blockflöte oder Geige sind die bevorzugten Instrumente. Die musikalische Erziehung findet häufig in öffentlichen Musikschulen statt. In Städten und Gemeinden, Schulen und Universitäten gibt es rund 15 000 Chöre und viele Laienorchester.

Urlaub Da das Sommerwetter in Deutschland unbeständig ist, verbringen die Deutschen ihren Urlaub am liebsten dort, wo garantiert die Sonne scheint. Sie erwarten vor allem saubere Unterkünfte und ein Mindestmaß an Komfort. Von den sechswöchigen Schulferien im Sommer werden im Durchschnitt zwei bis drei Wochen für einen Urlaub außerhalb des Wohnortes genutzt. Die Weihnachtsferien (zwei Wochen) verbringen die Deutschen gerne in Wintersportgebieten.

▶ **Massentourismus** Die Deutschen haben beträchtlich zum Massentourismus in Europa beigetragen. Der wachsende Wohlstand und der Besitz eines eigenen Autos setzte in den 60er Jahren die erste große Reisewelle nach Italien in Gang. Frankreich und Spanien kamen in den folgenden Jahren hinzu und haben Italien als Reiseziel heute verdrängt.

▶ **Pauschalreisen** Obwohl der Campingurlaub auch heute noch bei vielen beliebt ist, setzte durch die Kombination von Charterflug und Hotelaufenthalt in den 80er Jahren eine ganz neue Entwicklung ein. Der sogenannte Pauschalurlaub bietet den Vorteil, daß man sich um Transport, Unterbringung und Verpflegung nicht kümmern braucht. Die deutschen Reiseveranstalter haben diese Form des Urlaubs systematisch ausgebaut und neue Reiseziele für den Tourismus entdeckt. Auch der günstige Wechselkurs der D-Mark trägt dazu bei, daß man eine kleine Flugreise mit einwöchigem Hotelaufenthalt schon für weniger als 500,- DM buchen kann. Sehr populär und günstig sind ein- oder mehrwöchige Pauschalreisen nach Spanien (vor allem Mallorca), in die Türkei, nach Griechenland, Tunesien und auf die Kanarischen Inseln.

▶ **Fernreisen** Immer mehr Deutsche unternehmen Fernreisen in alle Teile der Welt. Die Geheimtips von Rucksacktouristen werden innerhalb kurzer Zeit zu Topangeboten für Pauschalreisende.

SCHWEIZ

Aufgrund der natürlichen Gegebenheiten spielt in der Schweiz der Wintersport und im Sommer der Alpinismus eine große Rolle.

Reisen Die Mehrsprachigkeit der Schweizer und der günstige Wechselkurs des Schweizer Franken stellen gute Voraussetzungen für exklusive und weite Reisen dar. Die Schweizer sind sehr weltgewandt, und man trifft sie daher vor allem als Individualtouristen in der ganzen Welt an.

ÖSTERREICH

Österreich ist selbst eines der bedeutendsten Urlaubsländer mit 1,3 Millionen Gästebetten. Auch die Österreicher nutzen die vielen Freizeitmöglichkeiten, die die Alpen und die zahlreichen Seen im Sommer wie im Winter bieten. Die beliebtesten Freizeitbeschäftigungen sind Skifahren und Wandern.

Folklore Eine große Rolle spielt in den ländlichen Regionen die Traditionspflege in Musik und Tanz, wenngleich viele folkloristische Veranstaltungen vor allem der Förderung des Tourismus dienen.

Reisen Ein bevorzugtes Reiseland der Österreicher ist Ungarn. Der ungünstige Wechselkurs des österreichischen Schilling macht Fernreisen relativ teuer.

DEUTSCHLAND Kultur und Kunst der Bundesrepublik Deutschland sind ausgesprochen vielfältig und kontrastreich. München, Stuttgart oder Köln mit ihrem Museumsangebot für bildende Kunst, Berlin mit der größten Anzahl an Bühnen oder die Medienstadt Hamburg sind Zentren des Kulturlebens.

Musik An deutschen und österreichischen Fürstenhöfen hat sich im 18. Jahrhundert die *Klassische Musik* entwickelt. *Bach* und *Händel, Beethoven* und *Mozart* sind heute in aller Welt ein Begriff. Die Komponisten des 20. Jahrhunderts wie *Henze* und *Stockhausen* bleiben meist einem kleinen Publikum vorbehalten. Die seit 1876 stattfindenden *Bayreuther Festspiele* sind ausschließlich *Richard Wagner* gewidmet. Das *Schleswig-Holstein Musikfestival* versucht neue Akzente zu setzen und mit klassischer und moderner Musik ein breites Publikum anzusprechen.

Bekannte Orchester

- *Berliner Philharmonisches Orchester*
- *Staatskapelle Dresden*
- *Münchner Philharmoniker*
- *Gewandhausorchester Leipzig*

▶ **Zeitgenössische Musik** *Jazz* und *Rock'n Roll* verbreiteten sich durch die amerikanische Präsenz in Westdeutschland und prägten die jüngere Generation. Heute hat sich der deutsche Jazz vom amerikanischen Vorbild gelöst und eigene Stilrichtungen ausgeprägt. Die internationale *Popmusik* hielt Anfang der 60er Jahre mit den *Beatles* ihren Einzug, verband sich mit dem Protest der 68er Generation und erreichte in den 70er Jahren mit den *Rolling Stones, Genesis* und anderen ihren Höhepunkt.

❑ **Liedermacher** Anspruchsvolle Texte und eigenwillige musikalische Gestaltung findet man bei Liedermachern wie *Wolf Biermann* und *Konstantin Wecker*, die in etwa die Stellung der bekannteren Chanson-Sänger in Frankreich einnehmen.

❑ **Popmusiker** Einige Musiker wie *Udo Lindenberg, Marius Müller-Westernhagen, Klaus Lage, Werner Grönemeyer* und *Nina Hagen* haben der deutschen Pop- und Rockmusik zu internationaler Anerkennung verholfen.

❑ **Volksmusik** Bei der älteren Generation ist nach wie vor die *Volksmusik* sehr beliebt. Gemeint sind Blaskapellen und Sänger in originellen Trachten, die mit volkstümlichen Liedern vor allem ein traditionelles Publikum ansprechen.

Bildende Kunst Die von Walter Gropius 1919 in Weimar gegründete Kunsthochschule und Künstlergruppe für moderne Architektur und Malerei "Das Bauhaus" fand mit ihrem Leitgedanken des Funktionalismus ihre Vertreter in *Lyonel Feininger, Wassily Kandinsky oder Ludwig Mies van der Rohe*. Unter dem Naziregime wurde die deutsche moderne Malerei, wie sie z.B. *Max Beckmann* oder *Emil Nolde* vertraten, oder die Skulpturen von *Ernst Barlach* als "entartete Kunst" verboten. Auf den deutschen Expressionismus folgte der Surrealismus mit *Max Ernst* als Hauptvertreter oder auch der krasse Realismus von *Otto Dix*. Daran schloß sich der abstrakte Expressionismus von *Ernst Wilhelm Nay* oder *Willi Baumeister* an. Die wohl bekanntesten Vertreter der neuzeitlichen Kunst sind der Aktionskünstler *Joseph Beuys* oder die Neoexpressionisten *A.R. Penck und Georg Baselitz*. In der ehemaligen DDR herrschte vor allem die Kunstrichtung des "sozialistischen Realismus" vor, der die Kunst als Sprachrohr der politischen Ideologie ansah. Sie wurde in den 70er Jahren durch die Bilder von *Willi Sitte* oder *Bernhard Heisig* aufgelockert.

Theater Insgesamt gibt es in der Bundesrepublik ungefähr 420 Theater. Staat, Länder und Gemeinden unterhalten etwa 140 Theater und 95 Musiktheater. Die Theater können nur durch finanzielle Subventionen überleben, die mehr als 80% ihres Budgets ausmachen.

▶ **Bühnenrepertoire** Die Klassiker, besonders *Goethe, Schiller, Lessing* gehören nach wie vor zum Grundrepertoire der Bühnen. *Brecht* hat wie kein anderer das moderne Theater des 20. Jahrhunderst geprägt und wird auch heute noch oft gespielt. Hinzu kommen zeitgenössische Autoren wie *Rolf Hochhuth* oder *Heiner Müller.*

> **Ballett**
>
> In Deutschland gibt es eine lange Tradition des Tanztheaters, das sich vor allem mit den Choreographinnen *Mary Wigman* (1886-1973) und *Pina Bausch* (Tanztheater Wuppertal) verbindet.

Film In den 20er Jahren begründeten die Filmregisseure *Fritz Lang* und *Ernst Lubitsch* sowie die Schauspielerin *Marlene Dietrich* den legendären Ruf des deutschen Films. In der Nachkriegszeit dominierte in Westdeutschland vor allem der unpolitische *Heimatfilm.*

> **Bekannte Filmfestivals**
>
> - *Berliner Filmfestspiele (Berlinale)*
> - *Internationale Filmtage* (Hof)
> - *Kurzfilmtage* (Recklinghausen).

▶ **Neuer deutscher Film** Erst in den 60er Jahren begründete eine jüngere Generation von Filmemachern mit gesellschaftskritischen Themen und Literaturverfilmungen *(Heinrich Böll, Günter Grass* und *Peter Handke*) den sogenannten *Neuen Deutschen Film.* Zu ihnen gehören: *Rainer-Werner Faßbinder, Werner Herzog, Alexander Kluge* und *Volker Schlöndorff, Margarethe von Trotta* und *Doris Dorrie.* Großen internationalen Erfolg hat heute *Wim Wenders.* Die bekanntesten deutschen Schauspieler der Gegenwart sind *Hanna Schygulla, Mario Adorf* und *Bruno Ganz.*

SCHWEIZ

SCHWEIZ Einen wichtigen Beitrag zur zeitgenössischen Musik hat *Arthur Honegger* geleistet. Auch das *Jazzfestival in Montreux* und das von *Maurice Béjart* gegründete moderne Tanztheater in Lausanne genießt einen internationalen Ruf.

Bildende Kunst Bekannte Vertreter der bildenden Kunst sind der Symbolismus-Maler *Arnold Böcklin,* der Expressionist *Paul Klee,* der Bildhauer *Alberto Giacometti* und der für seine kinetischen Skulpturen bekannte *Jean Tinguely.*

Theater Zu den bekanntesten Theatern gehört das *Züricher Schauspielhaus.* Die Stücke von *Max Frisch* und *Friedrich Dürrenmatt* werden auf den internationalen Bühnen gespielt.

Volksmusik Die schweizerische Volkskultur der Hirten und Senner ist auch heute noch weit verbreitet und lebendig. Wettbewerbe im Jodeln und Alphornblasen erfreuen sich nach wie vor großer Beliebtheit.

ÖSTERREICH Die *Salzburger Festspiele* sind *Wolfgang Amadeus Mozart* gewidmet. Außerdem besitzt Salzburg das international bekannte *Mozarteum,* eine Pflegestätte der Mozartmusik und -forschung sowie eine Ausbildungsstätte für Musik und darstellende Kunst.

Bildende Kunst Berühmte Vertreter der bildenden Kunst sind die Expressionisten *Oskar Kokoschka* und *Egon Schiele* oder der Jugendstilmaler *Gustav Klimt.* Vertreter neuer zeitgenössischer Strömungen sind *Friedensreich Hundertwasser oder Arnulf Rainer.*

Theater Zu den bedeutendsten Theatern in Österreich gehört das *Burgtheater* in Wien. *Peter Handke* und *Thomas Bernhard* sind die bekanntesten Theaterschriftsteller des Landes. *Thomas Bernhard* löste mit seinen Stücken Skandale aus und verfügte in seinem Testament, daß sie in Österreich nicht aufgeführt werden dürfen.

DEUTSCHLAND Das Deutsche ist im Rahmen der indogermanischen Sprachgruppe eine germanische Sprache. Seine Verwandtschaft mit dem Niederländischen, Englischen und den skandinavischen Sprachen ist heute noch erkennbar.

Entwicklung Die *deutsche Hochsprache* entwickelte sich aus jenen deutschen Dialekten, die in der geographischen Mitte der heutigen Bundesrepublik verbreitet waren, denn hier war der Ursprung der *Reformation*, die sich auch gegen die Verwendung der lateinischen Sprache in der Liturgie richtete. *Luther* selbst prägte die deutsche Hochsprache durch seine erstmalige Übersetzung der Bibel ins Deutsche, und die Schriftsteller der *Weimarer Klassik* haben viel zu ihrer Verfeinerung und Verbreitung beigetragen. Ende des 19. Jahrhunderts setzte sich durch das *Orthographische Wörterbuch von Konrad Duden* erstmals eine einheitliche Schreibweise durch.

▶ **Fremdwörter** Die deutsche Sprache hat viele Wörter aus anderen Sprachen aufgenommen. Schätzungsweise 100 000 Fremdwörter sind Bestandteil der deutschen Sprache geworden und bieten durch das gleichzeitige Bestehen eines deutschen Wortes die Möglichkeit, im Sprachniveau zu variieren.

Hochsprache Die Anwendung der Hochsprache hat heute durch die größere Mobilität der Bevölkerung und vor allem durch die Massenmedien zugenommen. Dennoch hat sich die dialektale Vielfalt bis heute erhalten. Der Wortschatz der Hochsprache umfaßt 300 000 - 500 000 Wörter.

Deutsche Dialekte

Niederdeutsch:	Niedersächsisch
	Niederfränkisch
	Mecklenburgisch
	Ostniederdeutsch
	Märkisch-Brandenburgisch
Mitteldeutsch:	Mittelfränkisch
	Rheinfränkisch
	Thüringisch
	Obersächsisch
Oberdeutsch:	Alemannisch
	Schwäbisch
	Südfränkisch
	Ostfränkisch
	Bayrisch

Dialekte Es gibt keine staatlich gelenkte Sprachpolitik. Die verschiedenen Dialekte sind auch heute noch weit verbreitet und tragen zur kulturellen Identität und zum Reichtum der deutschen Sprache bei.

Die deutsche Sprache im Ausland Im Vergleich zu den Weltsprachen Englisch und Französisch gehört Deutsch, mit weltweit rund 100 Millionen Sprechern, zu den kleineren Sprachen. Abgesehen von Deutschland, Österreich und der Schweiz ist die deutsche Sprache in weiteren 37 Ländern der Welt verbreitet. Diese deutschsprachigen Minderheiten umfassen nach vorsichtigen Schätzungen insgesamt etwa 7,6 Millionen Menschen.

▶ **Nachbarländer** Die deutschsprachigen Minderheiten in den angrenzenden Nachbarländern Deutschlands, Österreichs und der Schweiz sind das Ergebnis von Besiedelungsgeschichte, wechselhafter Ausdehnung der Nationalstaaten, Kriegen und politischen Grenzen.

▶ **Osteuropa** Eine große Gruppe stellen die deutschsprachigen Minderheiten in Polen, in den Staaten der früheren Sowjetunion, Ungarn und Rumänien dar. Sie gelten nach bundesdeutschem Recht teilweise als deutsche Staatsbürger.

▶ **Auswanderung** Andere deutschsprachige Bevölkerungsgruppen sind durch Kolonisierung und Auswanderung in zahlreiche Länder in Nord- und Südamerika und nach Australien gelangt. Sie haben sich dort oft in deutschen "Kolonien" zusammengefunden. Etwa 95 000 deutschsprachige Juden leben heute in Israel.

Sprachliche Minderheiten in Deutschland Anerkannte Minderheitensprachen der Bundesrepublik Deutschland sind *Sorbisch* (65 000 Sprecher) und *Dänisch* (30000 Sprecher). Auch das *Friesische* weist so starke Abweichungen vom Deutschen auf, daß es als Minderheitensprache gilt.

▶ **Arbeitsimmigration** Andere, überregional verbreitete sprachliche Minderheiten sind durch die Arbeitsimmigration entstanden. Die Türken stellen die größte nichtdeutsche Sprachgemeinschaft dar. Gastarbeiter und ihre Familien aus Italien, aus dem früheren Jugoslawien, Griechenland, Spanien und Portugal bilden weitere Gemeinschaften. Wichtige öffentliche Mitteilungen und Informationen, wie zum Beispiel Gebrauchsanleitungen und Hinweise bei Medikamenten, werden in diese Sprachen übersetzt. Seit dem Ende der sozialistischen Systeme in den östlichen Nachbarländern nimmt die Arbeitsimmigration vor allem aus Polen zu.

Fremdsprachenkenntnisse Fremdsprachenkenntnisse sind in Deutschland weit verbreitet. Englisch und Französisch werden als Fremdsprachen an den Schulen besonders im Westen gefördert. In der früheren DDR war dagegen Russisch die erste Fremdsprache. Das Lateinische ist an den Schulen immer noch von Bedeutung, zum einen, um die humanistische Bildung zu fördern, zum anderen, weil für viele Studiengänge Lateinkenntnisse vorausgesetzt werden.

SCHWEIZ

SCHWEIZ Die vier Nationalsprachen sind Deutsch, Italienisch, Französisch und Rätoromanisch. Sie tragen zur multikulturellen Identität des Landes bei.

Die offiziellen Amtssprachen

Deutsch (74% der Bevölkerung)
Französisch (20%)
Italienisch (4,5%)

Rätoromanisch Rätoromanisch wird unter anderem in Teilen des Kantons *Graubünden* gesprochen und spaltet sich wiederum in mehrere Dialekte auf. Sein Fortbestand ist jedoch stark gefährdet.

Schwyzerdütsch Das gesprochene Deutsch, das Schwyzerdütsch, ist ein alemannischer Dialekt. Die Schriftsprache ist Hochdeutsch, enthält jedoch zahlreiche lexikalische Besonderheiten. Im Gegensatz zu Deutschland spricht man in der Schweiz auch in den Medien, in der Kirche und in der Schule Schwyzerdütsch.

ÖSTERREICH Das in Österreich gesprochene Deutsch unterscheidet sich deutlich von der deutschen Hochsprache. Die Aussprache ähnelt dem benachbarten bayrischen Dialekt, enthält aber viele Wörter, die aus den Minderheitensprachen des Landes und dem kulturellen Kontakt zu den Balkanländern herrühren. Die Schriftsprache ist Hochdeutsch. Grundlage der Rechtschreibung in Schulen und Ämtern ist das *Österreichische Wörterbuch*.

Minderheiten Zu den bedeutendsten sprachlichen Minderheiten gehören rund 26 000 Kroaten im Burgenland sowie 15 000 Ungarn und 18 000 Slowenen vor allem in Kärnten. Die Rechte der kroatischen und slowenischen Sprachminderheiten sind im Staatsvertrag festgelegt. Sie sind jedoch nur teilweise verwirklicht und Gegenstand eines latenten Konflikts. In Österreich gibt es außerdem noch eine kleinere Zahl Tschechen und Rätoromanen.

Slowenisch Slowenisch ist, neben Deutsch, eine regionale Amtssprache in Kärnten und der Steiermark und wird an einigen Schulen unterrichtet.

> **Kirchliche Feiertage**
> - Weihnachten
> - Ostern
> - Karfreitag
> - Christi Himmelfahrt
> - Pfingsten
> - Fronleichnam
> - Buß- und Bettag

DEUTSCHLAND Das Grundgesetz garantiert die *Glaubensfreiheit.* Es gibt in Deutschland keine Staatskirche, doch die christlichen Kirchen haben als öffentlich-rechtliche Körperschaften weitgehende Rechte.

Konfessionsverteilung 37% der Bevölkerung sind protestantisch und 35% katholisch. Die geographische Verteilung von Katholiken und Protestanten ist das Ergebnis von Reformation und Glaubenskriegen im 16. Jahrhundert. Der Norden und Osten des Landes ist überwiegend protestantisch, der Westen und Süden überwiegend katholisch.

Kirchensteuer Die Kirche finanziert sich durch die *Kirchensteuer* ihrer Mitglieder, die 9% der Lohn- und Einkommenssteuer ausmacht.

Wohlfahrtsverbände Die Wohlfahrtsverbände, der katholische *Deutsche Caritasverband* und das evangelische *Diakonische Werk,* betreiben Krankenhäuser, Heime, Kindergärten, Einrichtungen für Behinderte und Beratungsstellen.

Kirchenaustritte Jedes Jahr treten mehr als 200 000 Menschen aus der Kirche aus. Bundesweit sind 8% der Bevölkerung konfessionslos, davon über 60% in den östlichen Bundesländern. Die Zahl der Kirchenaustritte nimmt jedes Jahr um 37% zu.

Glaubensgemeinschaften In der Bundesrepublik leben etwa 500 000 orthodoxe Christen, bei denen es sich überwiegend um Griechen und Serben handelt. Von den 1,8 Millionen Muslimen sind 1,4 Millionen Türken, die meist der sunnitischen Richtung des Islam angehören. Die jüdische Glaubensgemeinschaft zählt heute etwa 30 000 Mitglieder. Der *Zentralrat der Juden in Deutschland* ist der Dachverband der jüdischen Gemeinden und Sprecher gegenüber Politik und Öffentlichkeit.

SCHWEIZ Der *Calvinismus* als ein Zweig der Reformation hatte sein Zentrum in Genf und hinterließ in der Schweiz deutliche Spuren. Die zahlenmäßige Dominanz der Protestanten nahm jedoch immer mehr ab, insbesondere in den 60er Jahren. Heute sind 48% der Bevölkerung römisch-katholisch und 44% protestantisch. Überwiegend protestantisch sind die Kantone *Waadt (Lausanne), Bern* und *Zürich,* überwiegend katholisch die Kantone *Wallis, Tessin* und *Uri.*

Kirchensteuer Die Entscheidung über die Erhebung von Kirchensteuern obliegt den Kantonen. Außer in den Kantonen *Genf, Neuenburg* und *Waadt* wird jedoch überall ein Zuschlag zur Einkommens- und Vermögenssteuer gefordert.

Glaubensgemeinschaften In ca. 20 Städten gibt es jüdische Gemeinden. 8% der Bevölkerung gehören anderen Religionsgemeinschaften an.

ÖSTERREICH Österreich ist traditionell ein katholisches Land. 84% der Bevölkerung gehören der römisch-katholischen und nur 5,6% der evangelischen Kirche an. 5,9% der Bevölkerung sind ohne Bekenntnis.

Kirchensteuer Die österreichischen Kirchen finanzieren sich durch die Kirchenbeiträge ihrer volljährigen Mitglieder. Der Beitrag beläuft sich auf etwa 1,25 % des steuerpflichtigen Einkommens des Mitglieds.

Glaubensgemeinschaften Juden, Mormonen, Buddhisten, Methodisten und Moslems stellen religiöse Minderheiten in Österreich dar.

DEUTSCH-FRANZÖSISCH
ALLEMAND-FRANÇAIS

A

a, A [aː] (*Pl* - ODER **-s**) *das* **-1.** [Buchstabe] a *m inv*, A *m inv*. **-2.** MUS la *m inv*. **-3.** *RW*: **das A und O** la clef de voûte; **von A bis Z** de A à Z.

◆ **A** (*Pl* -) ◇ *die* (*Abk für* **Autobahn**) A *f*. ◇ (*Abk für* **Ampere**) A.

a. (*Abk für* **am**): **a. Rhein** sur le Rhin.

AA (*Abk für* **Auswärtiges Amt**) *das* (*ohne Pl*) *ministère allemand des affaires étrangères*.

Aachen *nt* Aix-la-Chapelle.

Aachener (*Pl* -) ◇ *der* habitant *m* d'Aix-la-Chapelle. ◇ *Adj* d'Aix-la-Chapelle.

Aachenerin (*Pl* **-nen**) *die* habitante *f* d'Aix-la-Chapelle.

Aal (*Pl* **-e**) *der* anguille *f*.

aalen

◆ **sich aalen** *ref fam* se prélasser.

aalglatt *Adj abw* très glissant(e) *(comme une anguille)*; *fig* insaisissable.

a. a. O. (*Abk für* **am angegebenen Ort**) loc. cit.

Aarau *nt* Aarau.

Aargau *der* Argovie *f*; **im ~** en Argovie.

Aargauer (*Pl* -) *der* Argovien *m*.

Aargauerin (*Pl* **-nen**) *die* Argovienne *f*.

Aas (*Pl* **-e** ODER **Äser**) *das* **-1.** *(Pl Aase)* [Kadaver] charogne *f*. **-2.** *(Pl Äser) salopp abw* [Luder] crapule *f*; **kein ~** personne.

aasen *intr fam* : **mit etw ~** [Kraft, Nahrung] gaspiller qqch; [Geld] claquer qqch.

aasig *Adv fam* diablement.

ab ◇ *Präp (+ D)* à partir de; **~ heute** à partir d'aujourd'hui; **~ München** à partir de Munich; **~ Köln 15.30 Uhr** [Zug] départ de Cologne à 15 h 30; **'freigegeben ~ 16 Jahren'** 'interdit aux moins de 16 ans'. ◇ *Adv* **-1.** [los] (allez) hop!; **~ ins Bett!** allez hop, au lit!; **~ mit dir** ODER **euch!** allez, en avant! **-2.** MIL: **Gewehr ~!** reposez arme!

◆ **ab und zu, ab und an** *Adv* de temps en temps.

ab|ändern *tr* modifier.

Ab|änderung *die* modification *f*.

ab|arbeiten *tr* [Schuld, Schulden] s'acquitter de *(en travaillant)*.

◆ **sich abarbeiten** *ref* se tuer à la tâche.

Ab|art *die* variété *f*.

abartig *Adj* pervers(e).

Abb. (*Abk für* **Abbildung**) fig.

Ab|bau *der (ohne Pl)* **-1.** [von Gerüst, Bühne, Zelt] démontage *m*. **-2.** [von Arbeitsplätzen] **réduction** *f*. **-3.** [von Kohle, Erz] **extraction** *f*. **-4.** CHEM & BIOL décomposition *f*.

ab|bauen ◇ *tr* **-1.** [Gerüst, Bühne, Zelt] **démonter**. **-2.** [Defizit, Personal] **réduire**. **-3.** [Vorurteil, Ängste] éliminer. **-4.** [Kohle, Erz] **extraire**. **-5.** CHEM & BIOL décomposer. ◇ *intr fam* baisser.

ab|beißen *tr (unreg)* arracher avec les dents.

ab|beizen *tr* décaper.

ab|bekommen *tr (unreg)* **-1.** [erhalten] recevoir. **-2.** *fam* [Partner]: **eine** ODER **einen ~** trouver chaussure à son pied. **-3.** [abkriegen] encaisser; [Prügel] se prendre. **-4.** *fam* [ablösen]: **etw ~** faire partir qqch.

ab|berufen *tr (unreg)* révoquer.

ab|bestellen *tr* **-1.** [Termin, Zimmer] annuler; [Abonnement] résilier. **-2.** [Person]: **jn ~** annuler son rendez-vous avec qqn.

ab|bezahlen *tr* [Haus, Auto] payer; [Schulden] s'acquitter de.

ab|biegen (*Perf* **hat/ist abgebogen**) *(unreg)* ◇ *intr (ist)* tourner. ◇ *tr (hat) fam* [Plan, Thema] éluder.

Abbiege|spur *die* voie *f* de sélection.

Ab|bild *das* reflet *m*.

ab|bilden *tr* représenter.

Abbildung (*Pl* **-en**) *die* **-1.** [Bild] illustration *f*. **-2.** [Wiedergabe] reflet *m*.

ab|binden *tr (unreg)* **-1.** [Schürze, Tuch] défaire. **-2.** [Gliedmaße] mettre un garrot à.

ab|blasen *tr (unreg) fam* annuler.

ab|blättern *intr* s'écailler.

ab|bleiben *intr (unreg)*: **wo ist das Buch abgeblieben**? où est passé ce livre?

ab|blenden *tr* **-1.** [Licht] tamiser. **-2.** [beim Autofahren]: **die Scheinwerfer ~** se mettre en codes ODER feux de croisement. **-3.** PHOT fermer le diaphragme.

Abblend|licht *das* codes *mpl*, feux *mpl* de croisement.

ab|blitzen *intr fam* se faire rembarrer; **jn ~ lassen** envoyer paître qqn.

ab|blocken *tr* [Person] neutraliser; [Angriff] parer.

ab|brausen ◇ *tr* [reinigen] rincer à la douche. ◇ *intr fam* [wegfahren] partir en trombe.

ab|brechen (*Perf* **hat/ist abgebrochen**) *(unreg)* ◇ *tr (hat)* **-1.** [Ast] casser. **-2.** [abreißen] démolir. **-3.** [Experiment, Streik, Studium] interrompre. **-4.** [Verhandlung, Beziehung] rompre. **-5.** EDV interrompre. **-6.** *salopp RW*: **sich keinen ~** ne pas se fouler. ◇ *intr* **-1.** *(hat)* [Person] s'arrêter net. **-2.** *(ist)* [Musik, Gelächter] cesser.

ab|bremsen *tr* & *intr* freiner.

ab|brennen (*Perf* **hat/ist abgebrannt**) *(unreg)* ◇ *tr (hat)* **-1.** [Haus, Dorf] incendier. **-2.** [Feuerwerk] tirer. ◇ *intr (ist)* être réduit(e) en cendres.

ab|bringen *tr (unreg)* **-1.** [ablenken]: **jn von etw ~** détourner qqn de qqch. **-2.** [beeinflussen]: **jn davon ~, etw zu tun** dissuader qqn de faire qqch.

ab|bröckeln (*Perf* **ist abgebröckelt**) *intr* s'effriter.

Ab|bruch *der* **-1.** [von Reise, Wettkampf] interruption *f*; [von Beziehung, Verhandlung] rupture *f*. **-2.** [von Haus, Viertel] démolition *f*. **-3.** *RW*: **etw** *(D)* **keinen ~ tun** ne pas nuire à qqch.

Abbruch|firma *die* entreprise *f* de démolition.

abbruchreif *Adj* délabré(e).

ab|buchen *tr* WIRTSCH prélever.

ab|bürsten *tr* brosser.

Abc [a(:)be(:) 'tse:] *das (ohne Pl)* alphabet *m*.

ab|checken *tr* vérifier.

Abc-|Schütze *der* élève *mf* de cours préparatoire.

ABC-Waffen (*Abk für* **Atomwaffen, biologische und chemische Waffen**) *Pl* armes *fpl* N.B.C.

ab|dampfen *intr fam* mettre les voiles.

ab|danken *intr* abdiquer.

Abdankung (*Pl* **-en**) *die* abdication *f*.

ab|decken *tr* **-1.** [zudecken] recouvrir. **-2.** [Bedürfnis, Punkt] couvrir. **-3.** [Tisch] desservir. **-4.** WIRTSCH compenser.

Abdecker (*Pl* **-**) *der* équarisseur *m*.

Abdeckung (*Pl* **-en**) *die* **-1.** [zum Schutz] couverture *f*. **-2.** WIRTSCH compensation *f*.

ab|dichten *tr* [Fenster, Tür] calfeutrer.

Ab|dichtung *die* **-1.** [Gegenstand] joint *m*. **-2.** [von Tür, Fenster] calfeutrage *m*.

ab|drängen *tr* écarter.

ab|drehen ◇ *tr* **-1.** [Wasser, Gas] couper. **-2.** [Knopf, Schraube] détacher *(en tournant)*. **-3.** [Film, Szene] tourner. ◇ *intr* [den Kurs ändern] virer.

ab|drosseln *tr* étrangler.

Ab|druck (*Pl* **Abdrücke**) *der* **-1.** [von Fuß, Pfote] empreinte *f*; **einen ~ nehmen** ODER **machen** prendre une empreinte. **-2.** [von Text] publication *f*.

ab|drucken *tr* publier.

ab|drücken ◇ *tr fam* **-1.** [umarmen] couvrir de baisers. **-2.** [abquetschen] écraser. ◇ *intr* appuyer sur la détente.

◆ **sich abdrücken** *ref* laisser une empreinte.

ab|ebben *intr* se calmer.

abend *Adv*: **gestern/morgen ~** hier/demain soir; **heute ~** ce soir.

Abend (*Pl* **-e**) *der* **-1.** [Tageszeit] soir *m*; **jeden ~** tous les soirs; **am ~** le soir; **guten ~!** bonsoir!; **zu ~ essen** dîner. **-2.** [Beisammensein, Zeitdauer] soirée *f*; **bunter ~** *soirée au programme varié*.

Abend|brot *das* repas *m* du soir.

Abend|essen *das* dîner *m*.

Abend|kasse *die* vente *f* au guichet.

Abend|kleid *das* robe *f* du soir.

Abend|kurs *der* cours *m* du soir.

Abend|land *das (ohne Pl)* Occident *m*.

abendlich *Adj* du soir.

Abend|mahl *das* REL Cène *f*; [Kommunion] communion *f*; **zum ~ gehen** (aller) communier.

Abend|programm *das* programme *m* du soir.

Abend|rot *das (ohne Pl)* crépuscule *m* (du soir) *(ciel empourpré)*.

abends *Adv* le soir; **um acht Uhr ~** à huit heures du soir; **spät ~** tard dans la soirée.

Abend|schule *die* cours *mpl* du soir.

Abend|vorstellung *die* représentation *f* en soirée.

Abenteuer (*Pl* **-**) *das* aventure *f*.

abenteuerlich *Adj* **-1.** [Unternehmen, Reise] aventureux(euse). **-2.** [phantastisch] extravagant(e).

Abenteuerspiel|platz *der* aire *f* de jeux récréatifs.

Abenteurer, in (*mPl* -; *fPl* **-nen**) *der, die* aventurier *m*, -ère *f*.

aber ◇ *Konj* mais. ◇ *Adv* mais; **wie kannst du ~ nur so dumm sein!** mais comment peux-tu être aussi bête!; **jetzt komm ~ endlich!** alors, tu viens?; **du bist ~ groß!** mais que tu es grand!; **~ ja** ODER **sicher** mais oui; **~ wirklich!** mais franchement!

◆ **aber aber!** *Interj* allons!

Aber|glaube, **Aber|glauben** *der* superstition *f*.

abergläubisch *Adj* superstitieux(euse).

aberhundert *Num*: **es gibt ~ Möglichkeiten** il existe des centaines de possibilités.

ab|erkennen *tr (unreg)*: **jm etw ~** déclarer qqn déchu(e) de qqch.

Aberkennung (*Pl* **-en**) *die* déchéance *f*.

abermalig *Adj* nouveau(elle).

abermals *Adv geh* une fois de plus.

ab|ernten *tr* récolter; **ein Feld/einem Baum ~** récolter les légumes ODER les céréales d'un champ/les fruits d'un arbre.

abertausend *Num* des milliers de.

aberwitzig *Adj* fou (folle).

ab|essen *tr (unreg)* manger; **die Körner vom Maiskolben ~** manger les graines de l'épi de maïs.

Abf. (*Abk für* **Abfahrt**) Dép.

ab|fahren (*Perf* **hat/ist abgefahren**) *(unreg)* ◇ *intr (ist)* [losfahren] partir; **wieder ~** repartir; **auf jn/etw ~** *fam fig* craquer pour qqn/qqch. ◇ *tr (hat)* **-1.** [abtransportieren] emmener. **-2.** [Straße, Stadt] parcourir. **-3.** [Reifen, Ski] user. **-4.** [Fahrkarte] profiter à fond de.

Ab|fahrt *die* **-1.** [Start] départ *m*; **planmäßige ~** départ prévu. **-2.** [Autobahnabfahrt] sortie *f*. **-3.** [Skiabfahrt] descente *f*.

abfahrtbereit *Adj* prêt(e) à partir.

Abfahrts|lauf *der* SPORT descente *f*.

Abfahrts|zeit *die* heure *f* de départ.

Ab|fall *der* **-1.** [Müll] déchets *mpl*. **-2.** *(ohne Pl)* [von Temperatur, Leistung] baisse *f*.

Abfall|beseitigung *die* élimination *f* des déchets.

ab|fallen (*Perf* **ist abgefallen**) *intr (unreg)* **-1.** [herunterfallen] tomber. **-2.** [übrigbleiben]: **für jn ~** revenir à qqn. **-3.** *geh* [sich lossagen]: **von jm/etw ~** renier qqn/qqch. **-4.** [schlechter sein]: **gegen jn/etw ~** être franchement moins bon (bonne) que qqn/qqch. **-5.** [sich neigen] descendre. **-6.** [Druck, Leistung, Temperatur] baisser.

abfällig ◇ *Adj* désobligeant(e). ◇ *Adv* de façon désobligeante.

Abfall|produkt *das* **-1.** [zum Wegwerfen] déchet *m*. **-2.** [Nebenprodukt] sous-produit *m*. **-3.** [aus Abfall] produit *m* de récupération.

Abfallver|wertung *die* récupération *f* ODER recyclage *m* des déchets.

ab|fangen *tr (unreg)* **-1.** [Brief, Transport, Flugzeug] intercepter. **-2.** [abpassen] harponner *(au passage)*. **-3.** [Angriff] repousser.

Abfang|jäger *der* MIL chasseur *m* d'interception.

ab|färben *intr* déteindre; **auf jn/etw ~** *fig* déteindre sur qqn/qqch.

ab|fassen *tr* rédiger.

ab|federn ◇ *intr* SPORT rebondir. ◇ *tr* **-1.** TECH équiper de ressorts. **-2.** [Stoß] amortir.

ab|feiern *tr fam* récupérer.

ab|feilschen *tr abw*: **jm etw ~** acheter qqch à qqn après avoir marchandé.

ab|fertigen *tr* enregistrer; [bei Paßkontrolle] contrôler; **jn kurz ~** expédier qqn.

Abfertigung (*Pl* **-en**) *die* enregistrement *m*; [bei Paßkontrolle] contrôle *m*.

ab|feuern *tr* [Schuß] tirer; [Rakete] lancer.

ab|finden *tr (unreg)*: **jn mit etw ~** indemniser qqn de qqch.

◆ **sich abfinden** *ref*: **sich mit etw ~** finir par accepter qqch; **sich nicht mit etw ~ können** ne pas parvenir à accepter qqch.

Abfindung (*Pl* **-en**) *die* dédommagement *m*, indemnisation *f*.

Abfindungs|summe *die* indemnité *f*.

ab|flachen (*Perf* **hat/ist abgeflacht**) ◇ *tr (hat)* aplatir. ◇ *intr (ist)* baisser.

ab|flauen (*Perf* **ist abgeflaut**) *intr* faiblir.

ab|fliegen (*Perf* **ist abgeflogen**) *intr (unreg)* décoller, partir.

ab|fließen (*Perf* **ist abgeflossen**) *intr (unreg)* s'écouler.

Ab|flug *der* décollage *m*, départ *m*.

Ab|fluß *der* **-1.** [Rohr] bonde *f*. **-2.** [von Kapital] fuite *f*. **-3.** [Abfließen] écoulement *m*.

Abfluß|rohr *das* tuyau *m* d'écoulement.

ab|fordern *tr*: **jm etw ~** exiger qqch de qqn.

ab|fragen *tr*: **jn etw ~** interroger qqn sur qqch.

ab|frottieren *tr* frictionner.

Abfuhr (*Pl* **-en**) *die*: **jm eine ~ erteilen** envoyer promener qqn; **sich** *(D)* **eine ~ holen, eine ~ einstecken** essuyer un refus.

ab|führen ◇ *tr* **-1.** [Subj: Polizei] emmener. **-2.** [von Thema] éloigner. **-3.** [zahlen]: **etw an jn ~** verser qqch à qqn. ◇ *intr* MED avoir un effet laxatif.

Abführ|mittel *das* laxatif *m*.

ab|füllen *tr* **-1.** [Flüssigkeit]: **etw ~** mettre qqch en bouteille. **-2.** [Flaschen, Säcke] remplir. **-3.** *fam* [betrunken machen] saouler.

ab|füttern *tr* [Kleidungsstück] doubler.

Ab|gabe *die (ohne Pl)* **-1.** [Übergabe] remise *f.* **-2.** [Verkauf] vente *f.*

◆ **Abgaben** *Pl* [Steuern] taxes *fpl.*

abgabenfrei *Adj* non imposable.

abgabenpflichtig *Adj* imposable.

Abgabe|termin *der* date *f* de remise.

Ab|gang *der* **-1.** [gen] départ *m*; **sich einen guten** ODER **glänzenden ~ verschaffen** terminer en beauté. **-2.** SPORT sortie *f.*

Abgangs|zeugnis *das* certificat *m* de fin d'études.

Abgase *Pl* gaz *mpl* d'échappement.

Abgas|untersuchung *die* contrôle *m* des gaz d'échappement.

abgearbeitet *Adj* **-1.** [Person] éreinté(e) (par le travail). **-2.** [Hände] fatigué(e).

ab|geben *tr (unreg)* **-1.** [Unterlagen, Arbeit, Geschenk] remettre; [an der Garderobe] déposer. **-2.** [verkaufen]: **billig ~** brader. **-3.** [teilen]: **jm etw ~** donner à qqn une part de qqch. **-4.** [Erklärung, Meinung] donner. **-5.** [abtreten] céder. **-6.** [darstellen] faire. **-7.** SPORT [Ball] passer. **-8.** [Wärme, Sauerstoff] dégager. **-9.** [Schuß] tirer.

◆ **sich abgeben** *ref*: **sich mit etw ~** s'occuper de qqch; **sich mit jm ~** s'acoquiner avec qqn.

abgebrannt *Adj* **-1.** [verbrannt] détruit(e) par les flammes. **-2.** *fam* [bankrott] fauché(e).

abgebrüht *Adj fam* endurci(e).

abgedroschen *Adj* éculé(e); **ein ~es Argument** une tarte à la crème.

abgegriffen *Adj* **-1.** [abgenutzt] usé(e). **-2.** [nichtssagend] rebattu(e).

abgehackt ◇ *Adj* haché(e). ◇ *Adv* de manière hachée.

abgehangen *Adj* rassis(e).

ab|gehen (*Perf* **ist abgegangen**) *(unreg)* ◇ *intr* **-1.** [Farbe, Fleck] s'en aller; [Knopf] se détacher. **-2.** [von Schule, Bühne]: **von etw ~** quitter qqch. **-3.** [Zug, Schiff, Sendung] partir. **-4.** [abgerechnet werden]: **von der Summe gehen noch 20 % ab** il faut retirer encore 20 % de la somme. **-5.** [Weg, Straße]: **von etw ~** partir de qqch. **-6.** [von Meinung, Forderung]: **von etw ~** renoncer à qqch. **-7.** [verlaufen] se passer. **-8.** [fehlen]: **jm geht etw ab** qqn manque de qqch. ◇ *tr* parcourir.

abgekämpft *Adj* éreinté(e).

abgekartet *Adj*: **das ist ein ~es Spiel** les dés sont pipés.

abgeklärt ◇ *Adj* serein(e). ◇ *Adv* sereinement.

abgelegen *Adj* isolé(e).

ab|gelten *tr (unreg)* acquitter.

abgemacht *Adj* conclu(e); **~!** entendu!

abgemagert *Adj* amaigri(e).

abgeneigt *Adj*: **einer Sache** *(D)* **(nicht) ~ sein** (ne pas) être hostile ODER opposé(e) à qqch.

abgenutzt *Adj* usé(e).

Abgeordnete (*Pl* **-n**) *der, die* député *m.*

abgeplattet *Adj* aplati(e).

abgerissen ◇ *PP* → **abreißen**. ◇ *Adj* [Person, Kleidung] déguenillé(e). ◇ *Adv* [heruntergekommen]: **~ gekleidet sein** être vêtu(e) de guenilles.

Ab|gesandte *der, die* envoyé *m*, -e *f.*

abgeschieden *Adj* isolé(e).

Abgeschiedenheit *die (ohne Pl)* isolement *m.*

abgeschlagen *Adj* **-1.** SPORT battu(e) à plates coutures. **-2.** [erschöpft] épuisé(e).

abgeschlossen ◇ *PP* → **abschließen**. ◇ *Adj* **-1.** [vollendet] achevé(e). **-2.** [unabhängig] indépendant(e).

abgeschmackt *Adj* de mauvais goût.

abgesehen *Adv*: **~ von jm/etw** à part qqn/qqch.

◆ **abgesehen davon, daß** *Konj* mis à part le fait que.

abgespannt *Adj* épuisé(e).

abgestanden *Adj* [Wasser] croupi(e); [Bier] éventé(e); [Luft] vicié(e).

abgestorben ◇ *PP* → **absterben**. ◇ *Adj* mort(e).

abgestumpft *Adj* apathique.

abgetragen *Adj* usé(e).

abgewetzt *Adj* élimé(e).

ab|gewinnen *tr (unreg)*: **jm/einer Sache etw ~** trouver qqch à qqn/qqch; **jm Achtung/Sympathie ~** gagner l'estime/la sympathie de qqn.

ab|gewöhnen *tr*: **jm etw ~** déshabituer qqn de qqch; **er gewöhnt sich das Rauchen ab** il essaie d'arrêter de fumer.

ab|gießen *tr (unreg)* [Flüssigkeit] enlever le trop-plein; [Kartoffeln, Nudeln] égoutter.

Ab|glanz *der (ohne Pl)* pâle reflet *m.*

ab|gleiten (*Perf* **ist abgeglitten**) *intr (unreg)* glisser.

Ab|gott *der* idole *f.*

abgöttisch *Adv*: **~ lieben** ODER **verehren** idolâtrer.

ab|graben *tr (unreg)*: **jm das Wasser ~** *fig* retirer à qqn le pain de la bouche.

ab|grasen *tr* **-1.** [Subj: Tier] brouter l'herbe de. **-2.** *fam* [absuchen, erforschen] ratisser.

ab|greifen *tr* user.

ab|grenzen *tr* délimiter.

◆ **sich abgrenzen** *ref* se démarquer.

Abgrenzung (*Pl* **-en**) *die* **-1.** [von Land] limite *f.* **-2.** [von Begriffen] délimitation *f.*

Ab|grund *der* **-1.** [Tiefe] précipice *m.* **-2.** [Unglück] abîme *m.*

abgrundtief ◇ *Adj* immense. ◇ *Adv* profondément.

ab|gucken *tr fam* : **etw von** ODER **bei jm ~** pomper qqch sur qqn.

Ab|guß *der* moulage *m.*

ab|haben *tr (unreg) fam* : **kann ich ein Stück ~?** est-ce que je peux en avoir un bout?

ab|hacken *tr* trancher.

ab|haken *tr* [Namen] cocher; **das ist längst abgehakt** *fig* c'est une affaire réglée depuis longtemps.

ab|halten *tr (unreg)* **-1.** [veranstalten] tenir. **-2.** [fernhalten]: **jn von der Arbeit ~** empêcher qqn de travailler; **jn davon ~, etw zu tun** dissuader qqn de faire qqch.

Ab|haltung *die* tenue *f.*

ab|handeln *tr* **-1.** [Thema, Fall] traiter. **-2.** [abkaufen]: **jm etw ~** réussir à obtenir qqch de qqn.

abhanden *Adv*: **jm kommt etw ~** qqn égare qqch.

Ab|handlung *die* traité *m (scientifique).*

Ab|hang *der* versant *m.*

ab|hängen ◇ *tr (reg)* **-1.** [gen] décrocher. **-2.** [Verfolger] semer. ◇ *intr (unreg)*: **von jm/etw ~** dépendre de qqn/qqch; **davon hängt viel ab** l'enjeu est de taille.

abhängig *Adj*: **von jm ~ sein** être dépendant(e) de qqn; **von etw ~ sein** dépendre de qqch; **etw von jm/etw ~ machen** faire dépendre qqch de qqn/qqch.

Abhängigkeit (*Pl* **-en**) *die* dépendance *f.*

ab|härten *tr* & *intr* endurcir.

◆ **sich abhärten** *ref* s'aguerrir.

Abhärtung *die (ohne Pl)* endurcissement *m.*

ab|hauen (*Perf* **ist abgehauen**) *intr salopp* [verschwinden] déguerpir, ficher le camp.

ab|heben *(unreg)* ◇ *tr* **-1.** [Geld] retirer. **-2.** [Hörer] décrocher. **-3.** [beim Kartenspiel] couper. ◇ *intr* [abfliegen] décoller.

◆ **sich abheben** *ref*: **sich von jm/etw** ODER **gegen jn/etw ~** trancher sur qqn/qqch.

ab|heften *tr* classer.

ab|heilen (*Perf* **ist abgeheilt**) *intr* guérir.

ab|helfen *intr (unreg)* remédier à.

ab|hetzen *tr* forcer.

◆ **sich abhetzen** *ref* courir comme un dératé.

Ab|hilfe *die (ohne Pl)*: **einer Sache** *(D)* **~ schaffen** remédier à qqch.

ab|holen *tr* **-1.** [Paket, Ware] réceptionner. **-2.** [Person] aller ODER venir chercher.

Abholer, in (*mPl* **-**; *fPl* **-nen**) *der, die personne qui va chercher qqch.*

ab|holzen *tr* déboiser.

ab|horchen *tr* MED ausculter.

ab|hören *tr* **-1.** [am Telefon] mettre sur écoute. **-2.** [Schüler]: **jm etw ~** interroger qqn sur qqch. **-3.** [Patienten] ausculter.

Abhör|gerät *das* micro *m (caché).*

Abi (*Pl* **-s**) *das* bac *m.*

Abidjan *nt* Abidjan.

Abitur (*Pl* **-e**) *das* baccalauréat *m.*

ABITUR:
Équivalent allemand du baccalauréat, l'«Abitur» est un examen de fin d'études des lycées qui intervient après 12 ou 13 ans de scolarité. Chaque Land en détermine les modalités et chaque élève choisit une matière principale et des options qu'il présentera lors de l'épreuve.

Abiturient, in [abituri̯'ɛnt, ɪn] (*mPl* **-en**; *fPl* **-nen**) *der, die* bachelier *m,* -ère *f.*

Abitur|zeugnis *das* diplôme *m* du baccalauréat.

ab|jagen *tr*: **jm etw ~** arracher qqch à qqn *fig.*

ab|kanzeln *tr fam* enguirlander.

ab|kapseln

◆ **sich abkapseln** *ref* s'isoler.

ab|kaufen *tr* **-1.** [kaufen]: **jm etw ~** acheter qqch à qqn. **-2.** *fam* [glauben]: **das kaufe ich dir nicht ab** tu ne vas pas me faire avaler ça.

Abkehr *die (ohne Pl)*: **~ von etw** abandon *m* de qqch.

ab|kehren *tr* **-1.** [abwenden] détourner. **-2.** [abfegen] balayer.

ab|klappern *tr fam* : **alle Geschäfte nach etw ~** faire tous les magasins à la recherche de qqch.

ab|klären *tr* clarifier.

Abklatsch *der (ohne Pl)* pâle copie *f.*

ab|klemmen *tr* **-1.** [abtrennen] sectionner. **-2.** [zusammenpressen] comprimer.

ab|klingen (*Perf* **ist abgeklungen**) *intr (unreg)* diminuer.

ab|klopfen *tr* **-1.** [Patienten] examiner (par petits tapotements). **-2.** [Staub, Schnee] faire tomber en tapotant.

ab|knallen *tr salopp* flinguer.

ab|knapsen *tr fam* : **sie hat sich den Mantel vom Haushaltsgeld abgeknapst** elle a rogné sur l'argent du ménage pour se payer le manteau.

ab|knicken ◇ *tr* casser. ◇ *intr* faire un coude.

ab|knöpfen *tr fam* : **jm etw ~** soutirer qqch à qqn.

ab|kochen *tr* faire bouillir.

ab|kommandieren *tr* MIL envoyer en service commandé; **jn zu etw ~** *iron* envoyer qqn faire qqch.

ab|kommen (*Perf* **ist abgekommen**) *intr (unreg)*: **von etw ~** [Weg, Kurs] s'écarter de qqch; [Thema] s'éloigner de qqch.

Abkommen (*Pl* -) *das* accord *m*.

abkömmlich *Adj* disponible.

Abkömmling (*Pl* -e) *der* descendant *m*, -e *f*.

ab|können *tr (unreg) salopp* : **etw nicht ~** ne pas pouvoir supporter qqch.

ab|koppeln *tr* dételer, décrocher.

ab|kratzen ◇ *intr salopp* clamser. ◇ *tr* gratter.

ab|kriegen *tr fam* **-1.** [abbekommen] recevoir. **-2.** [Partner]: **eine** ODER **einen ~** trouver chaussure à son pied. **-3.** [entfernen] faire partir. **-4.** [Schaden erleiden] encaisser.

ab|kühlen (*Perf* **hat/ist abgekühlt**) *intr* **-1.** [kühler werden] refroidir. **-2.** [weniger werden] tiédir.
◆ **sich abkühlen** *ref* se rafraîchir; **es hat sich abgekühlt** le temps s'est rafraîchi.

Abkühlung *die (ohne Pl)* rafraîchissement *m*; [von Beziehungen] refroidissement *m*.

abkupfern *tr fam* pomper.

ab|kürzen *tr* **-1.** [Weg] raccourcir. **-2.** [Wort, Verfahren] abréger. **-3.** [Reise] écourter.

Ab|kürzung *die* **-1.** [von Weg, Strecke] raccourci *m*. **-2.** [von Worten] abréviation *f*.

ab|laden *tr (unreg)* **-1.** [Last, Wagen] décharger. **-2.** *fam* [erzählen] déballer.

Ab|lage *die* **-1.** [für Papiere, Akten] classeur *m*. **-2.** [Abheften] classement *m*.

ab|lagern ◇ *tr* entreposer. ◇ *intr* [Wein] vieillir.
◆ **sich ablagern** *ref* se déposer.

Ab|lagerung *die* **-1.** [Sediment] dépôt *m*. **-2.** [Lagerung] entreposage *m*.

Ablaß (*Pl* **-lässe**) *der* REL indulgence *f*.

ab|lassen *(unreg)* ◇ *tr* **-1.** [Flüssigkeit, Gas]: **etw ~** laisser (s')échapper qqch. **-2.** *fam* [nicht aufsetzen]: **etw ~** ne pas mettre qqch. ◇ *intr*: **von jm ~** [in Ruhe lassen] laisser qqn tranquille; **von etw ~** [aufgeben] renoncer à qqch.

Ab|lauf *der* **-1.** [Verlauf] déroulement *m*. **-2.** *(ohne Pl)* [Ende] échéance *f*.

ab|laufen (*Perf* **ist abgelaufen**) *(unreg)* ◇ *tr* **-1.** [Strecke, Straße] parcourir. **-2.** [Schuhe, Sohlen] user *(en marchant)*. ◇ *intr* **-1.** [Flüssigkeit] s'écouler. **-2.** [Zeit, Frist] expirer. **-3.** [Entwicklung, Veranstaltung, Tonband] se dérouler.

Ab|leben *das (ohne Pl) geh* décès *m*.

ab|lecken *tr* lécher.

ab|ledern *tr* essuyer *(avec une peau de chamois)*.

ab|legen *tr* **-1.** [Jacke, Mantel] retirer. **-2.** [Gewohnheit, Vorurteil] abandonner. **-3.** [leisten]: **einen Eid ~** prêter serment. **-4.** [Prüfung] passer. **-5.** [Akten] ranger.

Ableger (*Pl* -) *der* **-1.** [von Pflanzen] bouture *f*. **-2.** [Filiale] filiale *f*.

ab|lehnen *tr* **-1.** [gen] refuser; [Vorschlag, Anfrage] rejeter. **-2.** [Verantwortung, Einladung] décliner.

Ablehnung (*Pl* **-en**) *die* refus *m*; [von Vorschlag, Anfrage] rejet *m*.

ab|leisten *tr* effectuer.

ab|leiten *tr* **-1.** [Gas, Rauch] évacuer. **-2.** [folgern, zurückführen]: **etw von** ODER **aus etw ~** [Wort, Formel] dériver qqch de qqch; [Recht] justifier qqch par qqch.

Ab|leitung *die* **-1.** [von Gas, Rauch] évacuation *f*. **-2.** [von Wort, Formel] dérivation *f*.

ab|lenken *tr* détourner; [zerstreuen] distraire.

Ablenkung (*Pl* **-en**) *die* **-1.** [Richtungsänderung] déviation *f*. **-2.** [Zerstreuung] distraction *f*.

ab|lesen *tr (unreg)* **-1.** [Text, Rede] lire. **-2.** [Zählerstand] relever. **-3.** [erraten]: **etw von** ODER **an etw ~** lire qqch dans ODER sur qqch.

ab|leugnen *tr* nier.

ab|lichten *tr* **-1.** [fotokopieren] photocopier. **-2.** [fotografieren] photographier.

ab|liefern *tr* livrer; [Kind] déposer.

ab|lösen *tr* **-1.** [Kollegen] relayer. **-2.** [abmachen] décoller.
◆ **sich ablösen** *ref* **-1.** [sich abwechseln] se relayer. **-2.** [abgehen] se décoller.

Ablöse|summe *die* SPORT prime *f* de transfert.

Ab|lösung *die* relève *f*.

ab|luchsen ['aplʊksn̩] *tr fam* : **jm etw ~** soutirer qqch à qqn.

ABM (*Pl* **-s**) (*Abk für* **Arbeitsbeschaffungsmaßnahme**) *die* ≃ C.E.S. *m (Contrat Emploi Solidarité)*.

ab|machen *tr* **-1.** [entfernen] retirer, enlever. **-2.** [verabreden]: **etw ~** convenir de qqch.

Abmachung (*Pl* **-en**) *die* accord *m*; **eine ~ treffen** passer un accord.

ab|magern (*Perf* **ist abgemagert**) *intr* maigrir.

Abmagerungs|kur *die* cure *f* d'amaigrissement.

ab|malen *tr* peindre.

Ab|marsch *der (ohne Pl)* départ *m*.

ab|marschieren (*Perf* **ist abmarschiert**) *intr* partir.

ab|melden *tr* **-1.** [Person] rayer des listes. **-2.** [Telefon]: **das Telefon ~** résilier son abonnement de téléphone. **-3.** *RW*: **er ist bei mir abgemeldet** *fam* je ne veux plus entendre parler de lui.

Ab|meldung *die* radiation *f (des listes)*.

ab|messen *tr (unreg)* mesurer.

Ạb|messung *die* [Handlung] mesurage *m*.
◆ **Abmessungen** *Pl* [Maße] dimensions *fpl*.
ạb|montieren *tr* démonter.
ABM-|Stelle *die emploi d'utilité publique*.
ạb|mühen
◆ **sich abmühen** *ref* suer sang et eau.
ạb|murksen *tr salopp* refroidir.
ạbnabeln *tr* couper le cordon (ombilical) à.
◆ **sich abnabeln** *ref* couper le cordon.
ạb|nagen *tr* ronger.
ạb|nähen *tr* rétrécir.
Ạbnahme *die (ohne Pl)* **-1.** [Rückgang, Verlust] baisse *f*. **-2.** [Kauf] achat *m*; **~ finden** se vendre. **-3.** [Zulassung] réception *f*.
ạb|nehmen *(unreg)* ◇ *tr* **-1.** [Hut, Deckel] enlever; [Telefon, Bild, Wäsche] décrocher. **-2.** [wegnehmen]: **jm etw ~** [gen] enlever qqch à qqn; [Erlaubnis] retirer qqch à qqn. **-3.** [Last, Arbeit]: **jm etw ~** décharger qqn de qqch. **-4.** [Baustelle, Werkstück] réceptionner. **-5.** [kaufen] prendre. **-6.** [stehlen] dérober. **-7.** *fam* [glauben]: **das nehme ich dir nicht ab** tu ne me feras pas avaler ça. **-8.** [Prüfung] faire passer. **-9.** [amputieren]: **jm etw ~** amputer qqn de qqch. **-10.** [Blut] prélever. **-11.** [Gewicht verlieren] perdre. ◇ *intr* **-1.** [Person] maigrir. **-2.** [sich verringern] diminuer; [Mond] décroître.
Ạbnehmer, in (*mPl* **-**; *fPl* **-nen**) *der, die* acheteur *m*, -euse *f*; **~ finden** trouver preneur.
Ạb|neigung *die* aversion *f*.
abnọrm *Adj* anormal(e).
ạb|nötigen *tr*: **jm etw ~** [Erklärung, Kompliment] arracher qqch à qqn.
ạb|nutzen, **ạb|nützen** *tr* user.
◆ **sich abnutzen**, **sich abnützen** *ref* s'user.
Ạb|nutzung, **Ạbnützung** *die* usure *f*.
Ạbo *fam* = **Abonnement**.
Abonnement [abɔnə'mɑ̃ː], **Ạbo** (*Pl* **-s**) *das* abonnement *m*; **ein ~ eingehen** souscrire un abonnement.
abonnieren *tr* s'abonner à.
ạb|ordnen *tr* déléguer.
Ạb|ordnung *die* délégation *f*.
ạb|packen *tr* empaqueter, emballer.
ạb|passen *tr* guetter.
ạb|perlen (*Perf* **ist ạbgeperlt**) *intr* dégoutter.
ạb|pflücken *tr* cueillir.
ạb|pinnen *tr salopp* pomper.
ạb|prallen (*Perf* **ist ạbgeprallt**) *intr* **-1.** [Ball, Kugel] rebondir. **-2.** [Vorwurf, Worte]: **an** ODER **von jm ~** ne pas toucher qqn.
ạb|putzen *tr* nettoyer; **sich die Schuhe ~** s'essuyer les pieds.

ạb|quälen
◆ **sich abquälen** *ref* [sich plagen]: **sich mit etw ~** se donner du mal pour faire qqch.
ạb|qualifizieren *tr* dénigrer.
ạb|rackern
◆ **sich abrackern** *ref fam* se démener.
Abraham: **wie in ~s Schoß** *fig* en toute sécurité.
ạb|raten *intr (unreg)*: **(jm) von etw ~** déconseiller qqch (à qqn).
ạb|räumen *tr* débarrasser.
ạb|reagieren *tr*: **etw an jm ~** passer qqch sur qqn.
◆ **sich abreagieren** *ref*: **sich (an jm) ~** se défouler (sur qqn).
ạb|rechnen ◇ *intr* **-1.** [Kasse machen] faire les comptes. **-2.** [mit Person]: **mit jm ~** *eigtl* & *fig* régler ses comptes avec qqn. ◇ *tr* [abziehen] déduire.
Ạb|rechnung *die* **-1.** [Bilanz, Rechnung] comptes *mpl*. **-2.** [Rache] règlement *m* de comptes.
Ạb|rede *die (ohne Pl)*: **etw in ~ stellen** contester qqch.
ạb|regen
◆ **sich abregen** *ref fam* se calmer.
ạb|reiben *tr (unreg)* **-1.** [Schmutz, Hände] frotter. **-2.** [Kind, Hund] bien sécher.
Ạbreibung (*Pl* **-en**) *die* raclée *f*.
Ạb|reise *die* départ *m*.
ạb|reisen (*Perf* **ist ạbgereist**) *intr* partir; **wieder ~** repartir.
ạb|reißen (*Perf* **hat/ist ạbgerissen**) *(unreg)* ◇ *tr (hat)* **-1.** [Zettel] détacher; [Tapete] arracher. **-2.** [Gebäude] démolir. ◇ *intr (ist)* **-1.** [zerreißen] s'arracher. **-2.** [Verbindung] cesser.
ạb|richten *tr* dresser.
ạb|riegeln *tr* **-1.** [Tür, Raum] verrouiller. **-2.** [Gelände] barrer.
ạb|ringen *tr (unreg)*: **jm etw ~** arracher qqch de force à qqn; **sich etw ~** se contraindre à faire qqch.
Ạb|riß *der* **-1.** [von Gebäude] démolition *f*. **-2.** [Text] précis *m*, abrégé *m*.
ạb|rollen (*Perf* **hat/ist ạbgerollt**) ◇ *tr (hat)* [abspulen] dérouler. ◇ *intr (ist)* **-1.** [Band, Veranstaltung] se dérouler. **-2.** SPORT terminer par une roulade.
ạb|rubbeln *tr fam* frictionner.
ạb|rücken (*Perf* **hat/ist ạbgerückt**) ◇ *tr (hat)* écarter. ◇ *intr (ist)* **-1.** [wegrücken]: **von jm/etw ~** s'écarter de qqn/qqch; *fig* prendre ses distances à l'égard de qqn/qqch. **-2.** *fam* [fortgehen] se tirer.

Ab|ruf *der* EDV appel *m*.
◆ **auf Abruf** *Adv* sur demande.
ab|rufen *tr (unreg)* appeler.
ab|runden *tr* **-1.** [Zahl, Summe, Ecke] arrondir. **-2.** [Küche, Programm] compléter.
abrupt ◇ *Adj* brusque. ◇ *Adv* brusquement.
ab|rüsten *intr* & *tr* désarmer.
Ab|rüstung *die (ohne Pl)* désarmement *m*.
ab|rutschen (*Perf* **ist abgerutscht**) *intr* **-1.** [wegrutschen] glisser; [beim Bergsteigen] dévisser. **-2.** [Leistung] dégringoler.
Abs. **-1.** (*Abk für* **Absender**) exp. **-2.** (*Abk für* **Absatz**) alinéa *m*.
ABS (*Abk für* **Antiblockiersystem**) *das (ohne Pl)* ABS *m*.
ab|sacken (*Perf* **ist abgesackt**) *intr* **-1.** [Gebäude] s'affaisser; [Flugzeug] perdre brusquement de l'altitude. **-2.** [Leistung] s'effondrer.
Ab|sage *die* annulation *f*; **eine ~ an etw** *(A)* un refus de qqch; **jm/etw eine ~ erteilen** adresser un refus à qqn/qqch.
ab|sagen ◇ *tr* annuler. ◇ *intr* se décommander; **jm ~** annuler un rendez-vous avec qqn.
ab|sägen *tr* **-1.** [sägen] scier. **-2.** *fam* [entlassen] virer.
ab|sahnen *fam* ◇ *tr* rafler. ◇ *intr* se sucrer.
Ab|satz *der* **-1.** [vom Schuh] talon *m*; **auf dem ~ kehrtmachen** ODER **umkehren** *fig fam* repartir aussi sec. **-2.** [Verkauf] vente *f*; **reißenden ~ finden** se vendre comme des petits pains. **-3.** [im Text] paragraphe *m*.
Absatz|markt *der* débouché *m*.
ab|saufen (*Perf* **ist abgesoffen**) *intr (unreg) fam* [Motor]: **den Motor ~ lassen** noyer le moteur.
ab|schaffen *tr* **-1.** [Institution] supprimer; [Gesetz] abroger; [Todesstrafe] abolir. **-2.** [Haustier, Auto] se débarrasser de.
Ab|schaffung *die* abolition *f*.
ab|schalten ◇ *tr* [Strom, Gas] couper; [Radio, Fernsehen] éteindre. ◇ *intr fam* [nicht zuhören] déconnecter.
ab|schätzen *tr* **-1.** [Menge, Zahl] estimer. **-2.** [Menschen] jauger.
abschätzig ◇ *Adj* méprisant(e). ◇ *Adv* avec mépris.
Ab|schaum *der (ohne Pl)* lie *f*.
Ab|scheu *die* ODER *der (ohne Pl)* dégoût *m*; **vor jm/etw ~ haben** ODER **empfinden** éprouver du dégoût pour qqn/qqch.
abscheulich ◇ *Adj* horrible. ◇ *Adv* horriblement.
ab|schicken *tr* envoyer.
Abschiebe|haft *die* détention *f* aux fins de refoulement.
ab|schieben (*Perf* **hat/ist abgeschoben**) *(unreg)* ◇ *tr (hat)* **-1.** [außer Landes] expulser; [an der Grenze] refouler. **-2.** *fam abw* [versetzen] reléguer. ◇ *intr (ist) salopp abw* [fortgehen] décaniller, déguerpir.
Ab|schiebung *die* expulsion *f*, refoulement *m*.
Abschied (*Pl* **-e**) *der* **-1.** [Trennung, Weggehen] adieux *mpl*; **zum ~** en prenant congé; **von jm/etw ~ nehmen** prendre congé de qqn/qqch. **-2.** [Entlassung] départ *m*; **seinen ~ nehmen** quitter son poste, partir.
ab|schießen *tr (unreg)* **-1.** [Flugzeug, Wild] abattre. **-2.** [Pfeil] décocher; [Rakete] lancer. **-3.** [Gewehr] décharger. **-4.** *fam* [aus einer Stellung] virer.
ab|schinden *(unreg)*
◆ **sich abschinden** *ref fam* s'échiner.
ab|schirmen *tr* protéger.
ab|schlachten *tr salopp* abattre, massacrer.
Ab|schlag *der* **-1.** [Anzahlung] acompte *m*; [Nachlaß] réduction *f*. **-2.** SPORT dégagement *m*.
ab|schlagen *tr (unreg)* **-1.** [verweigern]: **jm etw ~** refuser qqch à qqn. **-2.** [abtrennen] couper.
abschlägig ◇ *Adj* négatif(ive). ◇ *Adv* par la négative.
Abschlags|zahlung *die* paiement *m* échelonné.
ab|schleifen *tr (unreg)* poncer.
◆ **sich abschleifen** *ref* **-1.** [sich abnützen] s'élimer. **-2.** [Benehmen] s'adoucir.
Abschlepp|dienst *der* service *m* de dépannage.
ab|schleppen *tr* **-1.** [Auto] dépanner; [durch Polizei] enlever. **-2.** *fam* [Person]: **er hat eine Tussi abgeschleppt** il a ramené une nana.
◆ **sich abschleppen** *ref fam* : **sich mit etw ~** se trimbaler qqch.
Abschlepp|seil *das* câble *m* de remorquage.
ab|schließen *(unreg)* ◇ *tr* **-1.** [verschließen]: **etw ~** fermer qqch à clef. **-2.** [beenden - Studium, Arbeit] terminer; [- Angelegenheit] classer; [- Rede] clore. **-3.** [Vertrag, Geschäft] conclure. **-4.** [isolieren] isoler. ◇ *intr* **-1.** [mit etw enden]: **mit etw ~** [Erfolg, Verlust] se solder par qqch; [Diplom] obtenir qqch. **-2.** [sich zurückziehen]: **mit etw ~** en avoir fini avec qqch.
abschließend ◇ *Adj* final(e). ◇ *Adv* en guise de conclusion, en conclusion.
Ab|schluß *der* **-1.** [Ende] fin *f*, conclusion *f*; **zum ~** pour conclure; **zum ~ kommen** en venir à la conclusion. **-2.** [von Vertrag, Versicherung] conclusion *f*. **-3.** [von Schule, Studium] diplôme *m* de fin d'études.
Abschluß|prüfung *die* examen *m* final, examen *m* de fin d'études.

Ạbschlußlzeugnis *das* certificat *m* de fin d'études.

ạblschmecken *tr* vérifier l'assaisonnement de.

ạblschmettern *tr fam* refuser catégoriquement.

ạblschminken *tr*: **jn ~** démaquiller qqn.
◆ **sich abschminken** *ref* se démaquiller; **das kannst du dir ~** *salopp fig* tu peux toujours courir.

ạblschnallen (*Perf* **hat/ist ạbgeschnallt**) ◇ *tr (hat)* détacher. ◇ *intr (ist)*: **da schnallst du ab** *salopp fig* tu en seras baba.
◆ **sich abschnallen** *ref* détacher sa ceinture.

ạblschneiden *(unreg)* ◇ *tr* couper. ◇ *intr*: **gut/schlecht ~** obtenir un bon/mauvais résultat.

Ạblschnitt *der* **-1.** [im Text] paragraphe *m*. **-2.** [von Formular, Karte] talon *m*. **-3.** [von Strecken] tronçon *m*. **-4.** [Zeitraum] tranche *f*, période *f*. **-5.** MATH segment *m*.

ạbschnittweise *Adv* par tranches, par étapes.

ạblschnüren *tr*: **jm die Luft ~** couper la respiration à qqn; **jm den Arm ~** serrer le bras de qqn *(avec un garrot etc)*.

ạblschöpfen *tr* **-1.** [Rahm] écrémer; [Fett] dégraisser. **-2.** [Gewinn, Kaufkraft] absorber.

ạblschotten *tr*: **jn/etw gegen jn/etw ~** isoler qqn/qqch de qqn/qqch.

ạblschrägen *tr* augmenter la pente de.

ạblschrauben *tr* dévisser.

ạblschrecken *tr* **-1.** [abhalten] dissuader, rebuter; **er ist durch nichts abzuschrecken** il n'a peur de rien. **-2.** [mit kaltem Wasser] passer sous l'eau froide.

ạbschreckend *Adj* dissuasif(ive).

Ạbschreckung (*Pl* **-en**) *die* dissuasion *f*.

ạblschreiben *tr (unreg)* **-1.** [Text] copier. **-2.** WIRTSCH déduire. **-3.** *fam* [aufgeben] considérer comme perdu(e); **etw ~ können** *fam* faire son deuil de qqch.

Ạbschreibung (*Pl* **-en**) *die* WIRTSCH amortissement *m*.

Ạblschrift *die* copie *f*.

ạblschrubben *tr fam* brosser.

ạblschürfen *tr* érafler, écorcher.

Ạblschuß *der* **-1.** [von Geschossen] départ *m* d'un coup. **-2.** [von Wild] chasse *f*. **-3.** [von Flugzeugen] destruction *f* en vol.

ạbschüssig *Adj* [Ufer, Straße] en pente raide.

ạblschütteln *tr* **-1.** [Obst] faire tomber. **-2.** [Gegner] semer; **sich nicht ~ lassen** s'accrocher aux branches.

ạblschwächen *tr* atténuer.
◆ **sich abschwächen** *ref* s'atténuer.

ạblschwatzen *tr*: **jm etw ~** soutirer qqch à qqn (en baratinant).

ạblschweifen (*Perf* **ist ạbgeschweift**) *intr* **-1.** [Gedanke] divaguer; [Blick] s'égarer. **-2.** [vom Thema] s'écarter.

ạblschwellen (*Perf* **ist ạbgeschwollen**) *intr (unreg)* **-1.** [Schwellung] désenfler. **-2.** [Geräusch] faiblir.

ạblschwenken (*Perf* **ist ạbgeschwenkt**) *intr* changer de direction.

ạblschwirren (*Perf* **ist ạbgeschwirrt**) *intr salopp* ficher le camp.

ạblschwören *intr (unreg) geh*: **seinem Glauben ~** renier ODER abjurer sa foi; **dem Alkohol ~** renoncer à l'alcool.

ạblsegnen *tr fam* donner sa bénédiction à.

ạbsehbar *Adj* prévisible.

ạblsehen *(unreg)* ◇ *tr* **-1.** [voraussehen] prévoir. **-2.** [nachmachen] imiter. ◇ *intr* **-1.** [verzichten]: **von etw ~** renoncer à qqch. **-2.** [ausnehmen]: **von etw ~** passer sur qqch. **-3.** [wollen]: **es auf etw abgesehen haben** avoir des visées sur qqch. **-4.** [ärgern]: **es auf jn abgesehen haben** faire de qqn sa bête noire.

ạblseifen *tr* savonner.

ạblseilen *tr* descendre au moyen d'une corde.
◆ **sich abseilen** *ref* **-1.** [mit einem Seil] descendre en rappel. **-2.** *fam* [verschwinden] se défiler.

ạblsein (*Perf* **ist ạbgewesen**) *intr (unreg) fam* **-1.** [entfernt sein] être éloigné(e). **-2.** [abgetrennt sein] être détaché(e).

ạbseits ◇ *Präp*: **~ eines Ortes** ODER **von einem Ort** à l'écart d'un endroit. ◇ *Adv* à l'écart; **sich ~ halten** se tenir à l'écart.

Ạbseits *das (ohne Pl)* **-1.** SPORT hors-jeu *m*; **im ~ stehen** être hors jeu. **-2.** [Isolation]: **im ~ stehen** être à l'écart; **ins ~ geraten** être mis(e) à l'écart.

ạblsenden *tr* envoyer.

Ạblsender *der* expéditeur *m*.

Ạbsenderin (*Pl* **-nen**) *die* expéditrice *f*.

ạblsenken *tr* abaisser.
◆ **sich absenken** *ref* descendre, s'abaisser.

ạblservieren *tr* **-1.** [Tisch, Geschirr] desservir. **-2.** *fam* [Person] virer.

ạblsetzen *tr* **-1.** [Mitfahrer] déposer; [König] destituer; [Koffer, Stift, Glas] poser. **-2.** [Hut, Brille] enlever. **-3.** [Betrag]: **etw (von etw) ~** déduire qqch (de qqch). **-4.** [Ware] vendre. **-5.** [Film, Stück] retirer. **-6.** [Medikament] arrêter de prendre.
◆ **sich absetzen** *ref* **-1.** [fliehen] s'enfuir. **-2.** [am Boden] se déposer. **-3.** [sich entfernen]: **sich von etw ~** s'éloigner de qqch. **-4.** [als Kontrast]: **sich gegen etw ~** se détacher de qqch.

ab|sichern *tr* protéger.
◆ **sich absichern** *ref*: **sich gegen etw ~** se protéger contre qqch.
Ab|sicherung *die* protection *f*.
Ab|sicht *die* intention *f*; **mit ~** intentionnellement; **ohne ~** sans faire exprès; **in bester ~** avec les meilleures intentions.
absichtlich ◇ *Adj* intentionnel(elle). ◇ *Adv* intentionnellement.
ab|sinken (*Perf* **ist abgesunken**) *(unreg) intr* baisser.
ab|sitzen (*Perf* **hat/ist abgesessen**) *(unreg)* ◇ *tr (hat) fam* [Strafe] purger. ◇ *intr (ist)*: **von etw ~** descendre de qqch.
absolut ◇ *Adj* absolu(e). ◇ *Adv* absolument.
Absolution (*Pl* **-en**) *die* absolution *f*.
Absolutismus *der (ohne Pl)* absolutisme *m*.
absolutistisch ◇ *Adj* absolutiste; [Herrscher] absolu(e). ◇ *Adv* en absolutiste.
Absolvent, in [apzɔl'vɛnt, ɪn] (*mPl* **-en**; *fPl* **-nen**) *der, die geh* diplômé *m*, -e *f*.
absolvieren [apzɔl'viːrən] *tr* [Kursus, Lehrgang] suivre, mener à bien; [Prüfung] être reçu(e) à.
absonderlich ◇ *Adj* bizarre. ◇ *Adv* bizarrement.
ab|sondern *tr* **-1.** [isolieren] isoler. **-2.** [Sekret] sécréter.
◆ **sich absondern** *ref* s'isoler.
Absonderung (*Pl* **-en**) *die* **-1.** [Isolation] isolement *m*. **-2.** [aus Körper] sécrétion *f*.
absorbieren *tr* absorber.
Absorption (*Pl* **-en**) *die* PHYS & CHEM absorption *f*.
ab|spalten *tr* CHEM séparer.
◆ **sich abspalten** *ref*: **sich von etw ~** se détacher de qqch.
ab|spannen *tr* dételer.
Ab|spannung *die* épuisement *m*.
ab|sparen *tr*: **sich** *(D)* **etw von etw ~** économiser sur qqch pour s'acheter qqch.
ab|specken *fam* ◇ *tr* enregistrer. ◇ *intr* perdre du gras.
ab|speichern *tr* EDV vider.
ab|speisen *tr*: **jn mit leeren Versprechungen ~** payer qqn de vaines promesses.
abspenstig *Adj*: **jm jn ~ machen** prendre qqn à qqn.
ab|sperren *tr* **-1.** [Straße] barrer. **-2.** [Tür, Gebiet] verrouiller.
Ab|sperrung *die* barrage *m*.
ab|spielen *tr* jouer.
◆ **sich abspielen** *ref* se dérouler.
Ab|sprache *die* entente *f*.
ab|sprechen *tr (unreg)* **-1.** [vereinbaren] convenir de. **-2.** [Recht, Fähigkeit]: **jm etw ~** contester qqch à qqn.
◆ **sich absprechen** *ref* se mettre d'accord.
ab|springen (*Perf* **ist abgesprungen**) *intr (unreg)* **-1.** [Person, Fahrradkette] sauter. **-2.** [Lack] s'écailler. **-3.** *fam* [zurücktreten]: **(von etw) ~** retirer ses billes de qqch.
ab|spritzen *tr* [abwaschen] nettoyer au jet d'eau.
Ab|sprung *der* **-1.** [Sprung] appel *m*. **-2.** [Loslösung]: **den ~ schaffen** bien démarrer.
ab|spulen *tr* débobiner, dérouler.
ab|spülen ◇ *tr* **-1.** [Geschirr] laver. **-2.** [Schmutz] enlever au jet d'eau. ◇ *intr* faire la vaisselle.
ab|stammen *intr*: **von jm/etw ~** descendre de qqn/qqch.
Abstammung *die (ohne Pl)* descendance *f*, origine *f*.
Abstand (*Pl* **-stände**) *der* intervalle *m*; **von jm/etw ~ halten** garder ses distances avec qqn/qqch; **von etw ~ nehmen** renoncer à qqch.
◆ **mit Abstand** *Adv* de loin.
ab|statten *tr*: **jm einen Besuch ~** rendre visite à qqn.
ab|stauben *tr* [putzen] épousseter.
ab|stechen *(unreg)* ◇ *tr* **-1.** [abtrennen] couper, délimiter. **-2.** [töten] saigner. ◇ *intr*: **von etw ~** trancher sur qqch; **von jm ~** se distinguer de qqn.
Abstecher (*Pl* -) *der* détour *m*.
ab|stecken *tr* **-1.** [Gebiet] délimiter; [Strecke] jalonner. **-2.** [mit Nadeln] épingler.
ab|stehen (*Perf* **ist abgestanden**) *intr (unreg)*: **von etw ~** [Möbel] être éloigné(e) de qqch; **die Haare stehen ihm ab** ses cheveux se dressent sur sa tête.
abstehend *Adj*: **~e Ohren** oreilles *fpl* décollées.
Absteige (*Pl* **-n**) *die fam abw* hôtel *m* minable.
ab|steigen (*Perf* **ist abgestiegen**) *intr (unreg)* **-1.** [gen] descendre; **im Hotel ~** descendre à l'hôtel. **-2.** SPORT descendre.
Absteiger (*Pl* -) *der* SPORT *équipe reléguée en division inférieure*.
ab|stellen *tr* **-1.** [Gerät] éteindre. **-2.** [Last, Möbel] déposer; [Auto] garer; [Fahrrad] poser. **-3.** [Strom, Wasser] couper. **-4.** [Mißstand, Problem] mettre fin à. **-5.** [freistellen]: **jn zu etw ~** détacher qqn pour qqch. **-6.** [zuschneiden]: **etw auf etw ~** adapter qqch à qqch.
Abstell|gleis *das* voie *f* de garage.
Abstell|kammer *die* débarras *m*.
Abstell|raum *der* débarras *m*.
ab|stempeln *tr* **-1.** [Brief] tamponner; **der Brief ist gestern abgestempelt** la lettre porte le ca-

chet d'hier. **-2.** *abw* [anprangern]: **jn zu** ODER **als etw ~** étiqueter qqn comme qqch.

ab|sterben (*Perf* **ist abgestorben**) *intr (unreg)* **-1.** [Pflanze] dessécher. **-2.** [Gliedmaßen] se nécroser.

Abstieg (*Pl* **-e**) *der* **-1.** [vom Berg] descente *f.* **-2.** [sozial, finanziell] déclin *m.* **-3.** SPORT descente *f.*

ab|stimmen ◇ *intr* [wählen] voter; **über etw ~** se prononcer sur qqch. ◇ *tr* **-1.** [einstellen]: **etw auf jn/etw ~** adapter qqch à qqn/qqch; **Farben aufeinander ~** harmoniser les couleurs. **-2.** [absprechen]: **etw mit jm ~** convenir de qqch avec qqn.

◆ **sich abstimmen** *ref*: **sich mit jm (über etw** *(A)***) ~** s'accorder avec qqn (sur qqch).

Ab|stimmung *die* **-1.** [Wahl] vote *m.* **-2.** [Koordinierung] harmonisation *f.* **-3.** [Absprache] accord *m.*

abstinent [apsti'nɛnt] *Adj* abstinent(e).

Abstinenz [apsti'nɛnts] *die (ohne Pl)* abstinence *f.*

ab|stoppen *tr* [anhalten] arrêter.

ab|stoßen *tr (unreg)* **-1.** [Boot] pousser. **-2.** [verkaufen] écouler. **-3.** [anekeln] dégoûter. **-4.** [Ecke] abîmer.

◆ **sich abstoßen** *ref* se donner de l'élan.

abstoßend ◇ *Adj* dégoûtant(e). ◇ *Adv* d'une manière répugnante.

ab|stottern *tr fam* payer à crédit.

abstrahieren [apstra'hiːrən] *tr geh* abstraire.

abstrakt *Adj* abstrait(e).

Abstraktion [apstrak'tsi̯oːn] (*Pl* **-en**) *die* abstraction *f.*

ab|strampeln

◆ **sich abstrampeln** *ref fam* se démener.

ab|streichen *tr (unreg)* **-1.** [säubern] essuyer. **-2.** [abziehen] déduire.

ab|streifen *tr* **-1.** [Kleidung] retirer. **-2.** [Gewohnheit, Vorurteil] se défaire de.

ab|streiten *tr (unreg)* contester.

Ab|strich *der* **-1.** [Einschränkungen] réserve *f*; **~e machen** faire des sacrifices. **-2.** MED frottis *m.*

abstrus [ap'struːs] *geh* ◇ *Adj* confus(e). ◇ *Adv* de manière confuse.

ab|stufen *tr* **-1.** [Preise, Gehälter] échelonner. **-2.** [Farben] faire un dégradé de. **-3.** [Haare] dégrader.

Abstufung (*Pl* **-en**) *die* **-1.** [von Löhnen, von Preisen] échelonnement *m.* **-2.** [von Farben] dégradé *m.*

ab|stumpfen (*Perf* **hat/ist abgestumpft**) ◇ *tr (hat)* abrutir. ◇ *intr (ist)*: **gegen etw ~** devenir insensible à qqch.

Ab|sturz *der* [von Flugzeugen] crash *m.*

ab|stürzen (*Perf* **ist abgestürzt**) *intr* **-1.** [Flugzeug] s'écraser. **-2.** [Computer, Programm] planter.

ab|stützen *tr* étayer.

◆ **sich abstützen** *ref* s'appuyer.

ab|suchen *tr* **-1.** [Gelände, Wohnung]: **etw (nach jm/etw) ~** fouiller qqch (pour trouver qqn/qqch). **-2.** [Horizont] inspecter.

absurd *Adj* absurde.

Absurdität (*Pl* **-en**) *die* absurdité *f.*

Abt (*Pl* **Äbte**) *der* abbé *m.*

Abt. (*Abk für* **Abteilung**) dépt.

ab|tasten *tr* tâter; [Körper] palper.

ab|tauen (*Perf* **hat/ist abgetaut**) ◇ *tr (hat)* décongeler. ◇ *intr (ist)* [Kühlschrank] se décongeler; [Eis, Schnee] fondre.

Abtei (*Pl* **-en**) *die* abbaye *f.*

Ab|teil *das* compartiment *m.*

ab|teilen *tr* séparer.

Ab|teilung[1] *die* **-1.** [einer Firma] département *m.* **-2.** [im Kaufhaus] rayon *m.* **-3.** MIL détachement *m*, section *f.*

Ab|teilung[2] *die* [Trennung] séparation *f.*

Abteilungs|leiter, in *der, die* [in Firma] chef *m* de département; [in Kaufhaus] chef *m* de rayon.

ab|tippen *tr fam* taper *(copier)*.

Äbtissin (*Pl* **-nen**) *die* abbesse *f.*

ab|tönen *tr* dégrader *(une couleur)*.

ab|tragen *tr (unreg)* **-1.** [Erde, Steine] emporter. **-2.** [Kleidung] user. **-3.** [Schulden] amortir.

abträglich *Adj geh*: **jm/etw ~ sein** être défavorable à qqn/qqch.

Ab|transport *der* enlèvement *m*, transport *m.*

ab|transportieren *tr* enlever, transporter.

ab|treiben (*Perf* **hat/ist abgetrieben**) *(unreg)* ◇ *tr (hat)* **-1.** [Kind] avorter. **-2.** [Boot] déporter. ◇ *intr (ist)* **-1.** MED avorter. **-2.** [Boot] aller à la dérive.

Abtreibung (*Pl* **-en**) *die* avortement *m.*

ab|trennen *tr* **-1.** [Coupon] détacher; [Ärmel, Knopf] enlever. **-2.** [abteilen] séparer.

Ab|trennung *die* séparation *f.*

ab|treten *tr (unreg)* **-1.** [Schuh] user. **-2.** [abgeben]: **etw (an jn) ~** céder qqch (à qqn). **-3.** [von Bühne] sortir de scène.

Abtreter (*Pl* **-**) *der* paillasson *m.*

Abtretung (*Pl* **-en**) *die* cession *f.*

ab|trocknen *tr* essuyer; **sich** *(D)* **etw ~** s'essuyer qqch.

◆ **sich abtrocknen** *ref* s'essuyer.

ab|tropfen (*Perf* **ist abgetropft**) *intr* goutter; **das Geschirr ~ lassen** laisser égoutter la vaisselle.

abtrünnig *Adj geh*: **jm ~ werden** abandonner qqn.

ab|tun *tr (unreg)* [Bedenken, Vorschlag]: **etw kurz ~** ne faire aucun cas de qqch.
ab|tupfen *tr* tamponner; **sich die Stirn ~** s'éponger le front.
ab|urteilen *tr* condamner.
ab|verlangen *tr*: **jm etw ~** exiger qqch de qqn.
ab|wägen *tr* évaluer; [Urteil, Worte] soupeser; **etw gegeneinander ~** peser le pour et le contre de qqch.
ab|wählen *tr* **-1.** [absetzen] ne plus réélire. **-2.** [Schulfach] abandonner.
ab|wälzen *tr*: **etw auf jn ~** rejeter qqch sur qqn.
ab|wandeln *tr* modifier.
ab|wandern (*Perf* **ist abgewandert**) *intr* [fortgehen] quitter le pays.
Ab|wanderung *die* [von Arbeitskräften] émigration *f*; [von Kapital] fuite *f*.
Ab|wandlung *die* modification *f*.
Ab|wärme *die (ohne Pl)* chaleur *f* perdue.
ab|warten ◇ *tr* attendre; **es nicht ~ können, etw zu tun** avoir terriblement hâte de faire qqch. ◇ *intr* attendre.
abwärts *Adv* vers le bas.
abwärts|gehen (*Perf* **ist abwärtsgegangen**) *intr (unreg)*: **mit jm/etw geht es abwärts** qqn/qqch décline.
Abwasch *der (ohne Pl)* vaisselle *f* (sale); **das ist ein ~** *fig* ça fera d'une pierre deux coups.
abwaschbar *Adj* lessivable.
ab|waschen *(unreg)* ◇ *tr* laver. ◇ *intr* faire la vaisselle.
Abwasch|wasser *das (ohne Pl)* eau *f* de vaisselle.
Ab|wasser *das* eaux *fpl* usées.
Abwasser|kanal *der* égout *m*.
Abwasser|reinigung *die* épuration *f* des eaux usées.
ab|wechseln
◆ **sich abwechseln** *ref* **-1.** [Personen]: **sich (mit jm) ~** se relayer avec qqn. **-2.** [Zustände] alterner.
abwechselnd *Adv* tour à tour.
Abwechselung, **Abwechslung** (*Pl* **-en**) *die* changement *m*.
◆ **zur Abwechslung** *Adv* pour changer.
abwechslungsreich ◇ *Adj* varié(e), plein(e) de diversité. ◇ *Adv* de manière variée.
Abwege *Pl*: **auf ~ geraten** s'écarter du droit chemin.
abwegig *Adj* bizarre.
Abwehr *die (ohne Pl)* défense *f*; **auf ~ stoßen** se heurter à une résistance.
ab|wehren ◇ *tr* **-1.** [Schlag] parer; [Angriff] repousser. **-2.** [Neugierige] écarter. ◇ *intr* refuser.
ab|weichen (*Perf* **ist abgewichen**) *intr (unreg)*: **von etw ~** s'écarter de qqch.
abweichend *Adj* divergent(e).
Abweichung (*Pl* **-en**) *die* écart *m*.
ab|weisen *tr (unreg)* **-1.** [Bitte] refuser; [Antrag] rejeter. **-2.** [Person] ne pas recevoir.
abweisend ◇ *Adj* [Bemerkung] négatif(ive); [Handbewegung] de refus. ◇ *Adv*: **sich ~ verhalten** avoir une attitude de refus.
ab|wenden *tr (unreg)* **-1.** [Augen, Blick] détourner; [Kopf] tourner. **-2.** [Unglück] prévenir.
◆ **sich abwenden** *ref*: **sich (von jm/etw) ~** se détourner (de qqn/qqch).
ab|werben *tr (unreg)* débaucher.
ab|werfen *tr (unreg)* **-1.** [Subj: Flugzeug] larguer; [Subj: Pferd] désarçonner. **-2.** [Gewinn] rapporter.
ab|werten *tr* **-1.** [Währung] dévaluer. **-2.** [herabsetzen] déprécier.
Ab|wertung *die* **-1.** [von Währungen] dévaluation *f*. **-2.** [Herabsetzung] dépréciation *f*.
abwesend ◇ *Adj* absent(e). ◇ *Adv* d'un air absent.
Abwesende (*Pl* **-n**) *der, die* absent *m*, -e *f*.
Abwesenheit *die (ohne Pl)* absence *f*; **in js ~** en l'absence de qqn.
ab|wetzen *tr* user.
ab|wickeln *tr* **-1.** [Garn, Kabel] dévider. **-2.** [Geschäft] conclure.
Abwicklung (*Pl* **-en**) *die* [von Geschäft] conclusion *f*.
ab|wiegen *tr (unreg)* peser.
ab|wimmeln *tr fam* se débarrasser de.
ab|winken *intr (unreg)* refuser d'un geste.
ab|wirtschaften *intr fam* tomber ODER être en déconfiture.
ab|wischen *tr* **-1.** [Gegenstand] essuyer. **-2.** *fam* [Popo] torcher. **-3.** [Staub] enlever; [mit Schwamm] éponger.
Ab|wurf *der* **-1.** [von Hilfsgütern, Bomben] largage *m*. **-2.** SPORT dégagement *m*.
ab|würgen *tr fam* **-1.** [Motor]: **den Motor ~** caler. **-2.** [Gespräch, Kritik] étouffer.
ab|zahlen *tr* payer à tempérament.
ab|zählen ◇ *tr*: **Kleingeld ~** préparer l'appoint; **etw ist genau abgezählt** il y a le compte juste de qqch. ◇ *intr* [im Kinderspiel] chanter ODER dire une comptine.
Abzähl|reim *der* comptine *f*.
Ab|zahlung *die* paiement *m* à tempérament.
ab|zapfen *tr* **-1.** [Bier] tirer. **-2.** *fam* [Strom] détourner *(en partie)*.

ab|zappeln
◆ **sich abzappeln** *ref salopp* se démener.
ab|zäunen *tr* clôturer.
Ab|zeichen *das* insigne *m*.
ab|zeichnen *tr* copier.
◆ **sich abzeichnen** *ref* se profiler.
ab|ziehen (*Perf* **hat/ist abgezogen**) *(unreg)* ◇ *tr (hat)* **-1.** [Schlüssel, Soldaten] retirer. **-2.** [Zahl, Summe] déduire. **-3.** [Bett] défaire. **-4.** [Frucht] peler. **-5.** [Fotos] tirer. **-6.** [Hase] dépouiller. ◇ *intr (ist)* **-1.** [Rauch] s'échapper. **-2.** *fam* [fortgehen]: **zieh' ab!** fous le camp!
ab|zielen *intr*: **auf jn/etw ~** viser qqn/qqch.
ab|zirkeln *tr* mesurer *(avec précision)*.
Ab|zug *der* **-1.** [Kamin, Belüftung] conduit *m* de ventilation. **-2.** [Foto] tirage *m*. **-3.** [Subtraktion] déduction *f*. **-4.** *(ohne Pl)* [von Soldaten] retrait *m*; **jm freien ~ gewähren** accorder à qqn les honneurs de la guerre. **-5.** [am Gewehr] détente *f*, gâchette *f*.
abzüglich *Präp*: **~ einer Sache** *(G)* déduction faite de qqch.
ab|zweigen ◇ *intr*: **von etw ~** partir de qqch. ◇ *tr* mettre de côté.
Abzweigung (*Pl* **-en**) *die* embranchement *m*.
Accessoire [aksɛ'so̯aːɐ̯] (*Pl* **-s**) *das* accessoire *m*.
ach *Interj* ah, oh.
◆ **Ach** *das*: **mit Ach und Krach** *fam fig* à grand-peine.
◆ **ach deshalb!** *Interj* c'est donc ça!
◆ **ach ja!** *Interj* ah oui!
◆ **ach nein!** *Interj* ah non!
◆ **ach so!** *Interj* ah bon!
Achse ['aksə] (*Pl* **-n**) *die* axe *m*; [von Autos] essieu *m*; **auf ~ sein** *fig* être sur les routes.
Achsel ['aksl] (*Pl* **-n**) *die* aisselle *f*; **mit den ~n zucken** hausser les épaules.
Achsel|höhle *die* creux *m* de l'aisselle.
achselzuckend *Adv* en haussant les épaules.
Achsen|bruch *der* rupture *f* d'essieu.
acht[1] *Num* huit; *siehe auch* **sechs**.
acht[2]
◆ **außer acht** *Adv*: **etw außer ~ lassen** ne pas tenir compte de qqch.
◆ **in acht** *Adv*: **sich (vor etw) in ~ nehmen** prendre garde (à qqch).
Acht (*Pl* **-en**) *die* huit *m*; *siehe auch* **Sechs**.
achtbar *Adj geh* respectable.
achte, r, s *Adj* huitième; *siehe auch* **sechste**.
Achte (*Pl* **-n**) *der, die, das* huitième *mf*; *siehe auch* **Sechste**.
Achteck (*Pl* **-e**) *das* octogone *m*.
achteckig *Adj* octogonal(e).
achtel *Adj* huitième; *siehe auch* **sechstel**.
Achtel (*Pl* -) *das* **-1.** [Teil] huitième *m*. **-2.** MUS croche *f*; *siehe auch* **Sechstel**.
Achtel|finale *das* SPORT huitième *m* de finale.
achteln *tr* partager en huit.
achten ◇ *tr* respecter. ◇ *intr*: **auf jn/etw ~** faire attention à qqn/qqch.
ächten *tr* proscrire.
Achter (*Pl* -) *der* SPORT huit *m*.
Achter|bahn *die* montagnes *fpl* russes.
achtern *Adv* SCHIFF en poupe.
achtfach *Adv* huit fois.
acht|geben *intr (unreg)* faire attention; **auf jn/etw ~** prendre garde à qqn/qqch.
achthundert *Num* huit cents.
achtkantig *Adv*: **jn ~ hinauswerfen** *fam fig* flanquer qqn à la porte.
achtlos ◇ *Adj* négligent(e). ◇ *Adv* par négligence.
achtmal *Adv* huit fois.
achtsam *geh* ◇ *Adj* attentif(ive). ◇ *Adv* avec soin.
Achtstunden|tag *der* journée *f* de huit heures.
achttausend *Num* huit mille.
Achtundsechziger (*Pl* -) *der* soixante-huitard *m*.
Achtung *die (ohne Pl)* respect *m*; **alle ~!** chapeau!; **~!** attention!; **~, fertig, los!** SPORT à vos marques, prêts, partez!
achtzehn *Num* dix-huit; *siehe auch* **sechs**.
Achtzehn (*Pl* **-en**) *die* dix-huit *m*; *siehe auch* **Sechs**.
achtzig *Num* quatre-vingt, quatre-vingts; **jn auf ~ bringen** *fig* mettre qqn en boule; *siehe auch* **sechs**.
Achtzig *die (ohne Pl)* quatre-vingt *m*; *siehe auch* **Sechs**.
achtziger *Adj*: **die ~ Jahre** les années quatre-vingt.
ächzen *intr* gémir.
Acker (*Pl* **Äcker**) *der* champ *m*.
Acker|bau *der* agriculture *f*.
ackern *intr fam* bosser.
Action ['ɛkʃ(ə)n] *die (ohne Pl)* action *f*.
a. d. (*Abk für* **an der**): **~ Donau** sur le Danube.
a.D. *Abk für* **außer Dienst**.
A.D. (*Abk für* **Anno Domini**) A.D.
ADAC (*Abk für* **Allgemeiner Deutscher Automobil-Club**) *der (ohne Pl)* Automobile-Club *m* allemand.
Adam: **bei ~ und Eva anfangen** *fam fig* remonter jusqu'au Déluge.
Adams|apfel *der* pomme *f* d'Adam.
Adapter (*Pl* -) *der* ELEKTR adaptateur *m*.

adäquat ◇ *Adj* adéquat(e), approprié(e). ◇ *Adv* de façon adéquate.

a.d.D. (*Abk für* **auf dem Dienstweg**) par la voie hiérarchique.

addieren *tr* MATH additionner.
◆ **sich addieren** *ref*: **sich auf zehn Mark ~** s'élever à dix marks.

Addis Abeba *nt* Addis-Abeba.

Addition (*Pl* **-en**) *die* MATH addition *f*.

ade *Adv Süddt*: **~!** adieu!

Adel *der (ohne Pl)* noblesse *f*.

adelig = **adlig**.

adeln *tr* anoblir.

Ader (*Pl* **-n**) *die* veine *f*.

Aderlaß (*Pl* **-lässe**) *der* saignée *f*.

ADFC (*Abk für* **Allgemeiner Deutscher Fahrrad-Club**) *der (ohne Pl) club allemand des adeptes du vélo*.

Adj. (*Abk für* **Adjektiv**) adj.

Adjektiv (*Pl* **-e**) *das* GRAM adjectif *m*.

adjektivisch GRAM ◇ *Adj* adjectif(ive), adjectival(e). ◇ *Adv* adjectivement.

Adjutant (*Pl* **-en**) *der* MIL adjudant *m*.

Adler (*Pl* **-**) *der* aigle *m*.

adlig, **adelig** *Adj* noble.

Adlige (*Pl* **-n**) *der, die* noble *mf*.

Admiral (*Pl* **-e** ODER **Admiräle**) *der* MIL amiral *m*.

adoptieren *tr* adopter.

Adoption (*Pl* **-en**) *die* adoption *f*.

Adoptiv|eltern *Pl* parents *mpl* adoptifs.

Adoptiv|kind *das* enfant *m* adoptif.

Adressat (*Pl* **-en**) *der* destinataire *mf*.

Adreß|buch *das* [privat] carnet *m* d'adresses; [öffentlich] registre *m* d'adresses.

Adresse (*Pl* **-n**) *die* adresse *f*; **an die falsche ~ kommen** ODER **geraten** se tromper d'adresse; **sich an die richtige ~ wenden** s'adresser au bon endroit.

adressieren *tr*: **(etw an jn) ~** adresser (qqch à qqn).

adrett ◇ *Adj* soigné(e). ◇ *Adv* joliment.

Adria *die* Adriatique *f*, mer *f* Adriatique.

Adriatische Meer *das* mer *f* Adriatique.

A-Dur *das (ohne Pl)* MUS la *m inv* majeur.

Adv. (*Abk für* **Adverb**) adv.

Advent [at'vɛnt] *der* Avent *m*; **erster/zweiter ~** premier/deuxième dimanche de l'Avent.

ADVENT:
Les quatre semaines qui précèdent Noël sont placées en Allemagne sous le signe de la tradition et du folklore: les marchés de Noël dans les villes, la confection de la couronne de l'Avent ou la préparation de petits fours (Plätzchen) dans les foyers rythment le mois de décembre dans tout le pays.

Advents|kranz *der* couronne *f* de l'Avent.

Adverb [at'vɛrp] (*Pl* **-ien**) *das* GRAM adverbe *m*.

adverbial [atvɛr'bi̯a:l] GRAM ◇ *Adj* adverbial(e). ◇ *Adv* adverbialement.

Adverbial|bestimmung *die* GRAM locution *f* adverbiale.

Aerobic [ɛ'ro:bik] *das (ohne Pl)* aérobic *m*.

Aero|dynamik *die* PHYS aérodynamique *f*.

Affäre (*Pl* **-n**) *die* **-1.** [Angelegenheit] affaire *f*; **sich aus der ~ ziehen** se tirer d'affaire, s'en sortir. **-2.** [Verhältnis] aventure *f (amoureuse)*.

Affe (*Pl* **-n**) *der* [Tier] singe *m*; **(ich denke), mich laust der ~!** *fam fig* j'en suis baba!

Affekt (*Pl* **-e**) *der*: **im ~ handeln** *amt* agir sous l'emprise de l'émotion.

affektiert *abw* ◇ *Adj* **-1.** [Verhalten] affecté(e). **-2.** [Person] maniéré(e). ◇ *Adv* avec affectation.

affenartig *Adj*: **mit ~er Geschwindigkeit** *fam* à une vitesse folle.

Affen|theater *das fam abw*: **so ein ~** quel cirque!, quel cinéma!

affig *fam abw* ◇ *Adj* ridicule. ◇ *Adv* ridiculement.

Afghane (*Pl* **-n**) *der* **-1.** [Person] Afghan *m*. **-2.** [Hund] lévrier *m* afghan.

Afghanin (*Pl* **-nen**) *die* Afghane *f*.

afghanisch *Adj* afghan(e).

Afrika *nt* Afrique *f*.

Afrikaner, in (*mPl* **-**; *fPl* **-nen**) *der, die* Africain *m*, -e *f*.

afrikanisch *Adj* africain(e).

After (*Pl* **-**) *der* anus *m*.

AG (*Pl* **-s**) (*Abk für* **Aktiengesellschaft**) *die* ≃ SA *f*.

Ägäis *die* mer *f* Égée.

ägäisch *Adj* égéen(enne).

Agäische Meer *das* mer *f* Égée.

Agave [a'ga:və] (*Pl* **-n**) *die* agave *f*.

Agens *das* **-1.** [Kraft] moteur *m*. **-2.** GRAM agent *m*.

Agent, in (*mPl* **-en**; *fPl* **-nen**) *der, die* agent *m*.

Agenten|tätigkeit *die* activité *f* d'espion.

Agentur (*Pl* **-en**) *die* agence *f*.

Aggregat (*Pl* **-e**) *das* agrégat *m*.

Aggregatzu|stand *der* CHEM état *m* de la matière.

Aggression (*Pl* **-en**) *die* agression *f*.

aggressiv ◇ *Adj* agressif(ive). ◇ *Adv* de façon agressive.

agieren *intr geh* agir.

agil *Adj geh* agile.
Agitator (*Pl* **Agitatoren**) *der* POL agitateur *m*.
agitieren *intr* POL: **für/gegen jn/etw ~** faire de la propagande pour/contre qqn/qqch.
agrarisch *Adj* agraire, agricole.
Agrar|politik *die* politique *f* agricole.
Agrar|reform *die* réforme *f* agraire.
Agreement [əˈgriːmənt] (*Pl* **-s**) *das* accord *m*.
Ägypten *nt* Égypte *f*.
Ägypter, in (*mPl* -; *fPl* **-nen**) *der, die* Égyptien *m*, -enne *f*.
ägyptisch *Adj* égyptien(enne).
ah *Interj*: **~!** ah!
aha! *Interj*: **~!** ah, oui!
Aha-|Erlebnis *das* révélation *f*.
ahd. (*Abk für* **althochdeutsch**) en vieux haut allemand.
Ahn (*Pl* **-en**) *der geh* aïeul *m*.
ahnden *tr geh* punir.
ähneln *intr*: **jm/etw ~** ressembler à qqn/qqch.
ahnen *tr* **-1.** [im voraus fühlen] pressentir. **-2.** [vermuten] se douter de, présumer. **-3.** *RW*: **du ahnst es nicht!** *fam* pas possible!
ähnlich ◇ *Adj* semblable; **jm/etw ~ sein** ressembler à qqn/qqch. ◇ *Adv*: **jm/etw ~ sehen** ressembler à qqn/qqch; **das sieht ihm ~!** c'est tout à fait lui!
Ähnlichkeit (*Pl* **-en**) *die* ressemblance *f*; **mit jm/etw ~ haben** avoir des traits communs avec qqn/qqch.
Ahnung (*Pl* **-en**) *die* **-1.** [Vorgefühl] pressentiment *m*. **-2.** *fam* [Vorstellung, Vermutung] idée *f*; **(von etw) keine ~ haben** n'avoir aucune idée (de qqch). **-3.** *RW*: **hast du eine ~!** tu parles!, mon œil!
ahnungslos ◇ *Adj* inconscient(e). ◇ *Adv* sans se douter de rien.
Ahnungslosigkeit *die (ohne Pl)* inconscience *f*.
ahoi *Interj* SCHIFF: **~!** ohé!
Ahorn (*Pl* **-e**) *der* érable *m*.
Ähre (*Pl* **-n**) *die* épi *m*.
ai (*Abk für* **Amnesty International**) AI.
Aids [ˈeidz] (*Abk für* **Acquired Immune Deficiency Syndrome**) *das (ohne Pl)* S.I.D.A. *m*, sida *m*.
Aids|kranke *der, die* sidéen *m*, -enne *f*, sidatique *mf*.
Aikido *das (ohne Pl)* SPORT aïkido *m*.
Airbag [ˈɛːɐ̯bɛk] (*Pl* **-s**) *der* AUTO airbag *m*, coussin *m* gonflable.
Air|bus *der* airbus *m*.
Akademie (*Pl* **-n**) *die* académie *f*.
Akademiker, in (*mPl* -; *fPl* **-nen**) *der, die homme ou femme qui a une formation universitaire*.
akademisch *Adj* universitaire.
Akazie (*Pl* **-n**) *die* acacia *m*.
akklimatisieren
◆ **sich akklimatisieren** *ref geh* s'acclimater.
Akkord (*Pl* **-e**) *der* MUS accord *m*.
◆ **im Akkord** *Adv* WIRTSCH aux pièces.
Akkord|arbeit *die* travail *m* aux pièces.
Akkordeon (*Pl* **-s**) *das* accordéon *m*.
Akkord|lohn *der* salaire *m* à la pièce ODER aux pièces.
Akku (*Pl* **-s**) (*Abk für* **Akkumulator**) *der* accus *mpl*.
Akkumulator (*Pl* **-latoren**) *der* accumulateur *m*.
akkumulieren *tr geh* accumuler.
akkurat ◇ *Adj* **-1.** [ordentlich] soigné(e). **-2.** [genau] minutieux(euse). ◇ *Adv* **-1.** [ordentlich] avec soin. **-2.** [genau] avec minutie.
Akkusativ (*Pl* **-e**) *der* GRAM accusatif *m*.
Akkusativ|objekt *das* GRAM complément *m* d'objet direct.
Akne *die* MED acné *f*.
akribisch ◇ *Adj* méticuleux(euse). ◇ *Adv* méticuleusement.
Akrobat, in (*mPl* **-en**; *fPl* **-nen**) *der, die* acrobate *mf*.
akrobatisch ◇ *Adj* acrobatique. ◇ *Adv* de façon acrobatique.
Akt (*Pl* **-e**) *der* **-1.** [Bild] nu *m*. **-2.** [im Theater] acte *m*. **-3.** [Handlung] acte *m*, action *f*.
Akte (*Pl* **-n**) *die* **-1.** [von Polizei, Gericht] pièces *fpl*. **-2.** [Personalakte] dossier *m*; **etw zu den ~n legen** *fam fig* considérer qqch comme une affaire classée.
aktenkundig *Adj* enregistré(e).
Akten|tasche *die* porte-documents *m*.
Akteur, in [akˈtøːɐ̯, rɪn] (*mPl* **-e**; *fPl* **-nen**) *der, die* acteur *m*, -trice *f*.
Aktie [ˈaktsi̯ə] (*Pl* **-n**) *die* WIRTSCH action *f*; **die ~n steigen/fallen** les actions sont en hausse/baisse.
Aktien|gesellschaft *die* WIRTSCH ≃ société *f* anonyme.
Aktien|kurs *der* WIRTSCH cours *m* (des actions).
Aktion (*Pl* **-en**) *die* **-1.** [Tätigkeit] action *f*; **in ~ sein/treten** *fig* être en/passer à l' action. **-2.** [Veranstaltung] opération *f*.
Aktionär, in [aktsi̯oˈnɛːɐ̯, rɪn] (*mPl* **-e**; *fPl* **-nen**) *der, die* WIRTSCH actionnaire *mf*.
Aktions|radius *der* rayon *m* d'action.
aktiv ◇ *Adj* actif(ive). ◇ *Adv* activement.
Aktiv *das (ohne Pl)* GRAM actif *m*.

aktivieren [akti'viːrən] *tr* activer.
Aktivierung [akti'viːrʊŋ] (*Pl* **-en**) *die* activation *f*.
Aktivität [aktivi'tɛːt] (*Pl* **-en**) *die* activité *f*.
aktualisieren *tr* actualiser, mettre à jour.
Aktualität *die (ohne Pl)* actualité *f*.
aktuell *Adj* [modisch] actuel(elle); [wichtig] d'actualité.
Akupunktur (*Pl* **-en**) *die* MED acupuncture *f*.
Akustik *die (ohne Pl)* acoustique *f*.
akustisch ◇ *Adj* acoustique. ◇ *Adv*: **ich habe Sie ~ nicht verstanden** je ne vous ai pas bien entendu.
akut *Adj* **-1.** [vordringlich] urgent(e). **-2.** MED aigu(uë).
AKW (*Pl* **-s**) *das Abk für* **Atomkraftwerk**.
Akzent (*Pl* **-e**) *der* accent *m*; **den ~ auf etw legen** *fig* mettre l'accent sur qqch.
akzentfrei *Adj* & *Adv* sans accent.
akzentuieren *tr* accentuer.
akzeptabel ◇ *Adj* acceptable. ◇ *Adv* de façon acceptable, passablement.
Akzeptanz *die (ohne Pl)* acceptation *f*.
akzeptieren *tr* accepter.
AL (*Abk für* **Alternative Liste**) *die (ohne Pl)* liste *f* alternative *(groupe parlementaire alternatif à Berlin)*.
alaaf *Interj vivat utilisé lors du carnaval à Cologne.*
Alabaster *der* albâtre *m*.
Alarm (*Pl* **-e**) *der* [Notsignal] alarme *f*; **~ schlagen** donner l'alarme; **blinder ~** *fig* fausse alerte.
Alarm|anlage *die* dispositif *m* d'alarme, alarme *f*.
Alarm|bereitschaft *die (ohne Pl)* état *m* d'alerte.
alarmieren *tr* **-1.** [aufschrecken] alarmer. **-2.** [rufen] alerter.
Alarm|zustand *der (ohne Pl)* état *m* d'alerte.
Alaska *nt* Alaska *m*.
Albaner, in (*mPl* **-**; *fPl* **-nen**) *der, die* Albanais *m*, -e *f*.
Albanien *nt* Albanie *f*.
albanisch *Adj* albanais(e).
Albatros (*Pl* **-se**) *der* albatros *m*.
albern ◇ *Adj* puéril(e), bête. ◇ *Adv* bêtement, stupidement. ◇ *intr* faire l'imbécile.
Albernheit *die (ohne Pl)* puérilité *f*.
◆ **Albernheiten** *Pl* niaiseries *fpl*.
Albino (*Pl* **-s**) *der* albinos *mf*.
Album (*Pl* **-ben**) *das* album *m*.
Alcantara® *das (ohne Pl) matière synthétique imitant le cuir retourné.*
Al|chemie *die (ohne Pl)* alchimie *f*.
Aldehyd (*Pl* **-e**) *der* CHEM aldéhyde *m*.
Aldi® (*Pl* **-s**) *der chaîne allemande de supermarchés distribuant, dans une présentation simple, des produits à très bas prix.*
Alemanne (*Pl* **-n**) *der* Alaman *m*.
Alemannin (*Pl* **-nen**) *die* Alamanne *f*.
alemannisch *Adj* alémanique.
Alexandria *nt* Alexandrie.
Alexandriner (*Pl* **-**) *der* alexandrin *m*.
Algarve *die* Algarve *f*; **an der ~** en Algarve.
Alge (*Pl* **-n**) *die* algue *f*.
Algebra *die* MATH algèbre *f*.
algebraisch [alge'braːɪʃ] *Adj* MATH algébrique.
Algerien *nt* Algérie *f*.
Algerier, in [al'geːriɐ, rɪn] (*mPl* **-**; *fPl* **-nen**) *der, die* Algérien *m*, -enne *f*.
algerisch *Adj* algérien(enne).
Algier ['alʒiːɐ̯] *nt* Alger.
ALGOL ['algɔl] *nt* EDV (*Abk für* **algorithmic oriented language**) ALGOL.
Algorithmus (*Pl* **-men**) *der* MATH & EDV algorithme *m*.
alias *Adv* alias.
Alibi (*Pl* **-s**) *das* alibi *m*.
Alibi|funktion *die* prétexte *m*.
Alimente *Pl* pension *f* alimentaire.
Alkali *das* CHEM alcali *m*.
alkalisch *Adj* CHEM alcalin(e).
Alkohol (*Pl* **-e** ODER **Alkoholika**) *der* **-1.** *(Pl Alkohole)* CHEM alcool *m*. **-2.** *(Pl Alkoholika)* [Getränk] alcool *m*, boissons *fpl* alcoolisées.
alkoholabhängig *Adj* alcoolique.
alkoholarm *Adj* peu alcoolisé(e).
Alkohol|ein|fluß *der*: **unter ~** sous l'emprise de l'alcool.
alkoholfrei *Adj* sans alcool.
Alkohol|gehalt *der* teneur *f* en alcool.
Alkoholiker, in (*mPl* **-**; *fPl* **-nen**) *der, die* alcoolique *mf*.
alkoholisch *Adj* alcoolisé(e).
alkoholisiert *Adj* [Person] en état d'ivresse.
Alkoholismus *der (ohne Pl)* alcoolisme *m*.
Alkohol|vergiftung *die* MED intoxication *f* par l'alcool.
all *Det*: **all dies/jenes** tout ceci/cela; **~ dies dumme Zeug** toutes ces bêtises; **all mein/sein ...** tout mon/son ...
All *das (ohne Pl)* univers *m*.
allabendlich ◇ *Adj* du soir. ◇ *Adv* tous les soirs.
alldem = **alledem**.
alle (*nt* **-s**) ◇ *Det* tout le, toute la, tous les, toutes les; **~ fünf Minuten** toutes les cinq mi-

nutes; **~ fünf Meter** tous les cinq mètres; **in ~r Eile/Ruhe** en toute hâte/tranquillité. ◇ *Pron* tous, toutes; **~ auf einmal** tous à la fois; **~ beide** tous les deux; **~ zusammen** tous ensemble; **wir ~** nous tous ODER toutes; **~ sind da** tout le monde est là. ◇ *Adj fam* : **etw ist ~** il n'y a plus de qqch.

◆ **alles** *Pron* [insgesamt] tout; **~s auf einmal** tout à la fois; **das ist ~s** c'est tout; **~s andere als** ... tout sauf ...; **~s in allem** tout compte fait; **~s und jedes** absolument tout.

◆ **trotz allem** *Adv* malgré tout.

◆ **vor allem** *Adv* avant tout.

alledem, alldem *Det*: **nach ~** après tout cela; **trotz ~** malgré tout; **wegen ~** à cause de tout cela.

Allee (*Pl* **-n**) *die* [Straße] avenue *f*.

Allegorie (*Pl* **-n**) *die* KUNST allégorie *f*.

allegorisch KUNST ◇ *Adj* allégorique. ◇ *Adv* de façon allégorique, par allégorie.

Allegretto (*Pl* **-s** ODER **-gretti**) *das* MUS allégretto *m*.

Allegro (*Pl* **-s**) *das* MUS allegro *m*.

allein ◇ *Adj* seul(e). ◇ *Adv* **-1.** [gen] seul(e); **~ dastehen** rester seul(e); **ganz ~** tout seul, toute seule. **-2.** [nur]: **~ Petra** seule Petra; **schon ~ etw** qqch à lui seul, qqch à elle seule. ◇ *Konj geh* mais.

◆ **von allein** *Adv* tout seul, toute seule.

Allein|erbe *der* légataire *m* universel.

Allein|erbin *die* légataire *f* universelle.

alleinerziehend *Adj*: **~e Mutter** mère *f* célibataire.

Allein|gang *der*: **etw im ~ tun** n'avoir besoin de personne pour faire qqch.

Allein|herrschaft *die* autocratie *f*.

alleinig *Adj* unique.

alleinstehend *Adj* qui vit ODER est seul(e).

Alleinstehende (*Pl* **-n**) *der, die* personne *f* qui vit seule.

allemal *Adv fam* à coup sûr; **ein für ~** une fois pour toutes.

allenfalls *Adv* tout au plus.

allerbeste, r, s *Adj* le meilleur de tous, la meilleure de toutes.

allerdings *Adv* **-1.** [als Antwort] effectivement. **-2.** [aber] toutefois.

allererste, r, s *Adj* tout premier, toute première.

Allergie (*Pl* **-n**) *die* MED allergie *f*.

allergisch ◇ *Adj* allergique; **gegen etw ~ sein** MED être allergique à qqch. ◇ *Adv* de façon allergique.

allerhand *Adj (unver) fam* pas mal de; **das ist ja ~!** c'est un peu fort!

Allerheiligen *nt (ohne Artikel)* Toussaint *f*.

allerhöchstens *Adv* tout au plus.

allerlei *Det* toutes sortes de.

allerletzte, r, s *Adj* **-1.** [letzte] tout dernier, toute dernière. **-2.** [schlecht] pire; **das ist das ~!** c'est la pire des choses!

allerliebste, r, s *Adj* adoré(e).

allermeiste, r, s *Adj* **-1.** [in der Mehrzahl]: **die ~n Leute** la plupart des gens. **-2.** [als Superlativ]: **das ~ Geld** le plus d'argent.

allerneuste, r, s *Adj* tout dernier, toute dernière.

Allerseelen *nt (ohne Artikel)* jour *m* des Morts.

allerseits *Adv*: **guten Tag/Abend ~** bonjour/bonsoir à tous.

Allerwelts|name *der* nom *m* passe-partout.

allerwenigstens *Adv* au moins.

Allerwerteste (*Pl* **-n**) *der hum* derrière *m*.

alles → **alle**.

allesamt *Adv*: **seine Schulden ~ bezahlen** payer toutes ses dettes; **sie sind ~ verrückt** ils sont tous fous.

Alles|kleber *der* colle *f* universelle.

Allgäu *das* Allgäu *m*.

allgemein ◇ *Adj* **-1.** [gemeinsam] commun(e); **die ~e Wehrpflicht** le service militaire obligatoire; **das ~e Wahlrecht** le suffrage universel. **-2.** [nicht detailliert] général(e). ◇ *Adv* **-1.** [bei allen] en général. **-2.** [von Einzelheiten absehend] de façon générale; **im ~en** en général.

Allgemein|befinden *das* état *m* général.

Allgemein|bildung *die* culture *f* générale.

allgemeingültig ◇ *Adj* généralement reconnu(e). ◇ *Adv* de manière générale ODER universelle.

Allgemein|gut *das* bien *m* public.

Allgemeinheit *die (ohne Pl)* **-1.** [Öffentlichkeit] opinion *f* publique. **-2.** [Undifferenziertheit] généralité *f*.

◆ **Allgemeinheiten** *Pl* [Floskel] généralités *fpl*.

Allgemein|platz *der* lieu *m* commun.

allgemeinverständlich ◇ *Adj* à la portée de tout le monde. ◇ *Adv* de façon compréhensible par tout le monde.

Allgemein|wissen *das (ohne Pl)* connaissances *fpl (d'ordre général)*.

Allheil|mittel *das* panacée *f*.

Allianz (*Pl* **-en**) *die* alliance *f*.

Alligator (*Pl* **-gatoren**) *der* alligator *m*.

alliieren

◆ **sich alliieren** *ref* s'allier.

alliiert *Adj* allié(e).

Alliierte *Pl* alliés *mpl*; HIST: **die ~n** les Alliés *mpl*.

alljährlich ◇ *Adj* annuel(elle). ◇ *Adv* tous les ans.
allmächtig *Adj* tout-puissant, toute-puissante.
allmählich ◇ *Adj* progressif(ive). ◇ *Adv* progressivement.
allmonatlich ◇ *Adj* mensuel(elle). ◇ *Adv* tous les mois.
allmorgendlich ◇ *Adj* du matin. ◇ *Adv* tous les matins.
Allradan|trieb *der* transmission *f* intégrale.
allseits *Adv* partout.
All|tag *der (ohne Pl)* vie *f* quotidienne; **der graue ~** le train-train quotidien.
alltäglich *Adj* quotidien(enne).
Alltäglichkeit (*Pl* **-en**) *die* banalité *f*.
Alltags|trott *der (ohne Pl)* ronron *m* quotidien.
allumfassend *geh* ◇ *Adj* universel(elle). ◇ *Adv* de façon universelle.
Allüre (*Pl* **-n**) *die abw* allure *f*.
allwissend *Adj* [Person] qui sait tout; [Schöpfer] omniscient(e).
allwöchentlich ◇ *Adj* hebdomadaire. ◇ *Adv* toutes les semaines.
allzu *Adv* bien trop.
allzusehr *Adv* beaucoup trop.
allzuviel *Adv* beaucoup trop.
Allzweck|tuch *das* chiffon *m* multi-usages.
Alm (*Pl* **-en**) *die* alpage *m*.
Almanach (*Pl* **-e**) *der* almanach *m*.
Almosen (*Pl* **-**) *das* [Gabe] aumône *f*.
Aloe ['a:loe] (*Pl* **-n**) *die* aloès *m*.
Alp (*Pl* **-e**) *die geh* spectre *m*.
Alpaka (*Pl* **-s**) *das* alpaga *m*.
Alp|druck *der (ohne Pl)* sensation *f* de cauchemar.
Alpen *Pl*: **die ~** les Alpes *fpl*.
Alpen|veilchen *das* cyclamen *m*.
Alpen|verein *der* club *m* alpin.
Alpenvorland *das (ohne Pl)* contreforts *mpl* des Alpes.
Alpha (*Pl* **-s**) *das* alpha *m inv*.
Alphabet [alfa'be:t] (*Pl* **-e**) *das* alphabet *m*.
alphabetisch ◇ *Adj* alphabétique. ◇ *Adv* par ordre alphabétique.
alpin *Adj* alpin(e).
Alp|traum *der* cauchemar *m*.
als *Konj* **-1.** [temporal] quand, lorsque; **er fuhr erst, ~ die Arbeit fertig war** il n'est parti que lorsqu'il eut fini son travail. **-2.** [zur Angabe einer Relation] que; **größer ~** plus grand que; **mehr ~ drei Jahre** plus de trois ans; **der Film ist besser, ~ ich gedacht hatte** le film est meilleur que je (ne) le pensais. **-3.** [zur Angabe einer Annahme] comme si; **es sieht so aus, ~ habe er ...** on dirait qu'il a ...; **~ ob** comme si; **es sieht so aus, ~ ob ...** on dirait que ... **-4.** [zur Angabe eines Urteils, eines Verwendungszweckes] comme. **-5.** [zur Angabe der Identität] en tant que; **~ Kind aß ich gerne Eis** quand j'étais petit, j'aimais manger de la glace; **~ Mönch verkleidet** déguisé(e) en moine.
also ◇ *Interj* mais alors; **~, ich finde, daß er recht hat** eh bien, je trouve qu'il a raison; **~ doch!, na ~!** vous voyez, tu vois; **~ gut** ODER **schön!** bon d'accord!; **~ dann, tschüß!** *fam* à plus (tard)!, salut!; **~ bitte!** allez! ◇ *Konj* **-1.** [das heißt] c'est-à-dire. **-2.** [demnach] alors, donc; **da lag ~ der Fehler!** c'est donc là qu'était la faute! ◇ *Adv* alors; **du wußtest es ~ schon** alors tu le savais déjà.
Alster|wasser *das Norddt* panaché *m*.
alt (*Kompar* **älter**, *Superl* **älteste**) *Adj* **-1.** [Lebewesen] vieux (vieille), âgé(e); **wie ~ bist du**? quel âge as-tu?; **er ist zehn Jahre ~** il a dix ans; **sie ist zwei Jahre älter** elle a deux ans de plus; **sein älterer Bruder** son frère aîné; **sie ist drei Jahre älter als ich** [für Schwester] elle est mon aînée de trois ans; **~ und jung** (les) jeunes et (les) moins jeunes. **-2.** [antik, ehemalig] ancien(enne); **alles beim ~en lassen** ne rien changer. **-3.** [benützt, vertraut] vieux (vieille); **ganz der/die ~e** *fig* toujours le/la même. **-4.** *abw* [typisch] sacré(e). **-5.** *RW*: **~ aussehen** *salopp* être dans de beaux ODER sales draps.
Alt (*Pl* **-e** ODER **-**) ◇ *der (Pl Alte)* MUS alto *m*. ◇ *das (Pl Alt)* = **Altbier**.
Altar (*Pl* **Altäre**) *der* autel *m*.
Altar|gemälde *das* retable *m*.
Altar|raum *der* sanctuaire *m*.
altbacken ◇ *Adj* **-1.** [Brot] rassis(e). **-2.** *fam* [altmodisch] vieux jeu. ◇ *Adv fam* [altmodisch] vieux jeu.
Alt|bau *der* bâtiment *m* ancien.
Altbau|wohnung *die* logement *m* ancien.
altbekannt *Adj* bien connu(e).
altbewährt *Adj* éprouvé(e).
Alt|bier *das*, **Alt** *das sorte de bière brune d'origine rhénane*.
altdeutsch *Adj* traditionnel(elle).
Altdorf *nt* Altdorf.
Alte (*Pl* **-n**) ◇ *der, die* **-1.** [Greis, Greisin] **vieux** *m*, vieille *f*. **-2.** *salopp abw* [Elternteil, Vorgesetzter] vieux *m*, vieille *f*. ◇ *das (ohne Pl)* passé *m*.
altehrwürdig *Adj* d'âge respectable.
alteingesessen *Adj* établi(e) de longue date.
Alten|heim = **Altersheim**.
Alten|hilfe *die (ohne Pl)* aide *f* vieillesse.
Alten|pfleger, in *der, die* infirmier *m* spéciali-

sé en gériatrie, infirmière *f* spécialisée en gériatrie.

Altentages|stätte *die* club *m* du troisième âge.

Alten|teil *das* rente *f* viagère; **sich aufs ~ zurückziehen** *fig* passer la main.

Alter (*Pl* -) *das* **-1.** [Lebensalter] âge *m*; **ein hohes ~** un âge respectable. **-2.** *(ohne Pl)* [Altsein] vieillesse *f*; **im ~** avec l'âge.

älter *Adj* **-1.** → **alt**. **-2.** [ziemlich alt] d'un certain âge.

Ältere (*Pl* **-n**) *der*: **Holbein, der ~** Holbein l'Ancien ODER le Vieux.

altern (*Perf* **ist gealtert**) *intr* vieillir.

alternativ ◇ *Adj* **-1.** [wahlweise] autre. **-2.** [unkonventionell] alternatif(ive). ◇ *Adv* **-1.** [wahlweise] comme autre possibilité. **-2.** [unkonventionell] de façon marginale.

Alternative [alterna'tiːvə] (*Pl* **-n**) *die* alternative *f*; **die ~ zu etw** l'alternative à qqch.

alternieren *intr geh* alterner.

alters *Adv*: **von ~ her** *geh* de tout temps.

Altersan|gabe *die* mention *f* de l'âge.

altersbedingt *Adj* dû (due) à l'âge.

Altersbeschwerden *Pl* troubles *mpl* du vieillissement.

Alters|genosse *der* qqn du même âge *(de sexe masculin)*.

Alters|genossin *die* qqn du même âge *(de sexe féminin)*.

Alters|grenze *die* limite *f* d'âge.

Altersgründe *Pl*: **aus ~n** en raison de son âge.

Alters|gruppe *die* classe *f* d'âge.

Alters|heim, **Alten|heim** *das* maison *f* de retraite.

Alters|klasse *die* SPORT catégorie *f (d'âge)*.

Alters|rente *die* retraite *f (revenu)*.

altersschwach *Adj* **-1.** [Person] sénile. **-2.** [Gegenstände] vétuste.

Alters|schwäche *die (ohne Pl)* vieillesse *f*.

Alters|unterschied *der* différence *f* d'âge.

Alters|versicherung *die* assurance *f* vieillesse.

Alters|versorgung *die* pension *f* de retraite.

Altertum *das (ohne Pl)* [Antike]: **das ~** l'Antiquité *f*.

◆ **Altertümer** *Pl* [antike Objekte] antiquités *fpl*.

altertümlich ◇ *Adj* **-1.** [antik] ancien(enne). **-2.** *abw* [altmodisch] suranné(e). ◇ *Adv* [altmodisch] de façon désuète.

Älteste (*Pl* **-n**) *der, die* **-1.** [ältestes Kind] aîné *m*, -e *f*. **-2.** [älteste Person] ancien *m*, -enne *f*.

altgedient *Adj* émérite.

altgewohnt *Adj* habituel(elle).

Alt|glas *das* verre *m* recyclable.

Altglas|container *der* conteneur *m* de récupération du verre.

althergebracht *Adj* traditionnel(elle).

Althoch|deutsch *das* vieux haut allemand *m*.

altklug ◇ *Adj* [Kind] arrogant(e). ◇ *Adv* [reden] de façon arrogante.

ältlich *Adj* d'un certain âge.

Alt|material *das* matériel *m* usagé.

Alt|meister, in *der, die* SPORT ancien champion *m*, ancienne championne *f*.

Alt|metall *das* ferraille *f*.

altmodisch ◇ *Adj* démodé(e). ◇ *Adv* de façon démodée.

Alt|öl *das* huile *f* de vidange, huiles *fpl* usagées.

Alt|papier *das (ohne Pl)* papier *m* recyclable.

Altpapier|container *der* conteneur *m* destiné au papier recyclable.

Alt|philologe, |philologin *der, die* spécialiste *mf* des langues anciennes.

Altruismus *der geh* altruisme *m*.

altruistisch *Adj geh* altruiste.

altsprachlich *Adj* → **Gymnasium**.

Alt|stadt *die* vieille ville *f*.

altvertraut *Adj* familier(ère).

Altweiber|sommer *der* été *m* de la saint Martin, été *m* indien.

Alu *das (ohne Pl) fam* alu *m*.

Alu|folie *die* papier *m* aluminium.

Aluminium *das (ohne Pl)* aluminium *m*.

am *Präp* **-1.** [räumlich]: **~ Schreibtisch** au bureau; **~ Meer** au bord de la mer; **Frankfurt ~ Main** Francfort-sur-le-Main. **-2.** [zeitlich]: **er kommt ~ Montag** il viendra lundi; **er kommt ~ Wochenende** il viendra ce week-end; **~ 4. Oktober** le 4 octobre; **~ Ende des Jahres** à la fin de l'année. **-3.** [zum Ausdruck des Superlativs]: **~ besten** le mieux. **-4.** *fam* [zum Ausdruck einer Tätigkeit]: **ich bin ~ Arbeiten** je suis en train de travailler.

a.M. (*Abk für* **am Main**) sur-le-Main.

Amalgam (*Pl* **-e**) *das* amalgame *m*.

Amateur [ama'tøːɐ̯] (*Pl* **-e**) *der* amateur *m*.

amateurhaft *abw* ◇ *Adj* d'amateur. ◇ *Adv* en amateur.

Amateurin [ama'tøːrɪn] (*Pl* **-nen**) *die* amateur *m*.

Amateur|sportler *der* sportif *m* amateur.

Amazonas *der* Amazone *f*.

Ambiente [am'bi̯ɛntə] *das (ohne Pl)* ambiance *f*.

Ambiguität [am'bigui̯tɛːt] (*Pl* **-en**) *die geh* ambiguité *f*.

Ambition [ambitsjo:n] (*Pl* **-en**) *die geh* ambition *f*.
ambitioniert [ambitsjo'ni:ɐt] *geh* ◇ *Adj* ambitieux(euse). ◇ *Adv* ambitieusement.
ambivalent [ambi'valɛnt] ◇ *Adj* ambivalent(e). ◇ *Adv* de façon ambivalente, avec ambivalence.
Amboß (*Pl* **Ambosse**) *der* enclume *f*.
ambulant MED ◇ *Adj* ambulatoire. ◇ *Adv*: **jn ~ behandeln** traiter qqn en consultation externe.
Ambulanz (*Pl* **-en**) *die* MED urgences *fpl*.
Ameise (*Pl* **-n**) *die* fourmi *f*.
Ameisen|haufen *der* fourmilière *f*.
amen *Interj*: **~!** amen!
Amen *das* [Zustimmung] aval *m*; **so sicher wie das ~ in der Kirche** aussi sûr que deux et deux font quatre.
Amerika *nt* Amérique *f*.
Amerikaner, in (*mPl* **-**; *fPl* **-nen**) *der, die* Américain *m*, -e *f*.
amerikanisch *Adj* américain(e).
Amethyst (*Pl* **-e**) *der* améthyste *f*.
Ami (*Pl* **-s**) *der salopp* amerloque *m*, ricain *m*.
Amino|säure *die* CHEM acide *m* aminé.
Ammen|märchen *das* histoire *f* à dormir debout.
Ammoniak *das (ohne Pl)* CHEM ammoniaque *m*.
Amnestie (*Pl* **-n**) *die* amnistie *f*.
amnestieren *tr* amnistier.
Amnesty International ['ɛmnəsti intɐ'nɛʃ(ə)nəl] *die (ohne Pl)* Amnesty International.
Amöbe (*Pl* **-n**) *die* BIOL amibe *f*.
Amok *der*: **~ laufen** être pris(e) d'un accès de folie meurtrière.
a-Moll *das (ohne Pl)* la *m inv* mineur.
amoralisch ◇ *Adj* amoral(e). ◇ *Adv* de façon amorale.
amorph *Adj* amorphe.
amortisieren *tr* WIRTSCH amortir.
◆ **sich amortisieren** *ref* s'amortir.
Ampel (*Pl* **-n**) *die* feu *m (de circulation)*.
Ampere [am'pɛ:ɐ] (*Pl* **-**) *das* ampère *m*.
Amphibie [am'fi:bjə] (*Pl* **-n**) *die* BIOL amphibien *m*, batracien *m*.
Amphibien|fahrzeug *das* véhicule *m* amphibie.
amphibisch *Adj* amphibie.
Amphi|theater *das* amphithéâtre *m*.
Ampulle (*Pl* **-n**) *die* ampoule *f*.
Amputation (*Pl* **-en**) *die* amputation *f*.
amputieren *tr*: **(jm) etw ~** amputer (qqn) de qqch.
Amsel (*Pl* **-n**) *die* merle *m*.
Amsterdam *nt* Amsterdam.
Amsterdamer (*Pl* **-**) ◇ *der* habitant *m* d'Amsterdam. ◇ *Adj* d'Amsterdam.
Amsterdamerin (*Pl* **-nen**) *die* habitante *f* d'Amsterdam.
Amt (*Pl* **Ämter**) *das* **-1.** [Behörde] service *m*, office *m*. **-2.** [Stellung] poste *m*; **im ~ sein** être en fonction; **sein ~ quittieren** quitter son poste. **-3.** [Pflicht, Aufgabe] mission *f*; **seines ~es walten** s'acquitter de ses fonctions.
amtieren *intr* être en fonction; **als Bürgermeister ~** occuper les fonctions de maire.
amtlich ◇ *Adj* **-1.** [behördlich] administratif(ive). **-2.** [offiziell bestätigt] officiel(elle). ◇ *Adv* [behördlich]: **etw ~ beglaubigen** certifier qqch conforme.
Amt|mann (*Pl* **-männer** ODER **-leute**) *der* haut fonctionnaire *m*.
Amtmännin (*Pl* **-nen**) haut fonctionnaire *m*.
Amts|arzt, |ärztin *der, die* médecin-conseil *m*.
Amts|bereich *der* compétence *f*.
Amts|deutsch *das* allemand *m* administratif.
Amts|geheimnis *das* secret *m* professionnel.
Amts|gericht *das* tribunal *m* d'instance.
Amtsgeschäfte *Pl* fonctions *fpl*.
Amts|handlung *die* acte *m* administratif.
Amts|schimmel *der (ohne Pl)*: **den ~ reiten** *fig* être à cheval sur le règlement.
Amts|sitz *der* siège *m*.
Amts|sprache *die* langue *f* officielle.
Amts|weg *der* voie *f* administrative.
Amts|zeit *die* durée *f* du mandat.
Amulett (*Pl* **-e**) *das* amulette *f*.
amüsant ◇ *Adj* amusant(e). ◇ *Adv* de façon amusante.
amüsieren *tr* amuser.
◆ **sich amüsieren** *ref* s'amuser; **sich über jn ~** se moquer de qqn; **sich über etw** *(A)* **~** s'amuser de qqch.
an ◇ *Präp* **-1.** *(+ D, + A)* [räumlich] à; **~ der Mauer** au ODER sur le mur; **Frankfurt ~ der Oder** Francfort-sur-l'Oder; **~ dieser Stelle** à cet endroit; **~ mehreren Stellen** en plusieurs endroits; **~ die Ecke gehen** aller au coin de la rue. **-2.** *(+ D)* [zeitlich]: **~ diesem Tag** ce jour-là; **~ einem Morgen im August** un matin d'août; **~ meinem Geburtstag** le jour de mon anniversaire. **-3.** *(+ D)* [zur Angabe der Zugehörigkeit] à, dans; **er ist Lehrer ~ einem Gymnasium** il est professeur dans un lycée. **-4.** *(+ D)* [mit] avec; **~ der Krücke gehen** marcher avec une béquille; **~ der Leine führen** tenir en laisse. **-5.**

(+D) [von einer Menge]: **viel/wenig/genug ~ etw haben** avoir beaucoup/peu/assez de qqch. **-6.** [zur Angabe einer Ankunftszeit]: **~ Berlin zehn Uhr** [Zug] arrivée à Berlin à dix heures. **-7.** *fam* [um]: **~ die** environ; **~ die 30 sein** avoir la trentaine. **-8.** *RW*: **~ und für sich** en général; **~ sich** en soi; **sie hat etwas Faszinierendes ~ sich** elle a quelque chose de fascinant. ◇ *Adv* **-1.** [anstellen]: **Licht ~!** lumière! **-2.** [anziehen]: **schnell die Hose ~!** enfile vite ton pantalon! **-3.** [ab]: **von heute ~** à partir d'aujourd'hui; **von Köln ~** à partir de Cologne.

a.N. (*Abk für* **am Neckar**) sur-le-Neckar.

Anachronismus (*Pl* **-men**) *der* anachronisme *m*.

anachronistisch ◇ *Adj* anachronique. ◇ *Adv* de façon anachronique.

anal *Adj* anal(e).

analog ◇ *Adj* **-1.** *geh* [ähnlich] analogue. **-2.** EDV analogique. ◇ *Adv geh* de façon analogue.

Analogie (*Pl* **-n**) *die geh* analogie *f*.

Analogrechner *der* EDV calculateur *m* analogique.

Analphabet, in (*mPl* **-en**; *fPl* **-nen**) *der, die* analphabète *mf*.

Analyse (*Pl* **-n**) *die* analyse *f*.

analysieren *tr* analyser.

Analytiker, in (*mPl* **-**; *fPl* **-nen**) *der, die* analyste *mf*.

analytisch *Adj* analytique.

Ananas (*Pl* **-se**) *die* ananas *m*.

Anarchie (*Pl* **-n**) *die* anarchie *f*.

anarchisch ◇ *Adj* anarchique. ◇ *Adv* de manière anarchique.

Anarchist, in (*mPl* **-en**; *fPl* **-nen**) *der, die* POL anarchiste *mf*.

anarchistisch POL *Adj* anarchiste.

Anästhesie (*Pl* **-n**) *die* MED anesthésie *f*.

Anästhesist, in (*mPl* **-en**; *fPl* **-nen**) *der, die* MED anesthésiste *mf*.

Anatolien *nt* Anatolie *f*.

Anatolier, in (*mPl* **-**; *fPl* **-nen**) *der, die* habitant *m*, -e *f* d'Anatolie.

anatolisch *Adj* d'Anatolie.

Anatom (*Pl* **-en**) *der* anatomiste *m*.

Anatomie (*Pl* **-n**) *die* anatomie *f*.

Anatomin (*Pl* **-nen**) *die* anatomiste *f*.

anatomisch *Adj* anatomique, d'anatomie.

an|bahnen *tr* entamer; [Ehe] arranger.

◆ **sich anbahnen** *ref* s'annoncer.

Anbahnung (*Pl* **-en**) *die*: **~ einer Sache** *(G)* la préparation à qqch.

an|bändeln *intr*: **mit jm ~** entamer une liaison avec qqn.

An|bau *der* **-1.** [am Gebäude] annexe *f*. **-2.** *(ohne Pl)* [Bauen] construction *f (d'annexe)*. **-3.** *(ohne Pl)* [von Pflanzen] culture *f*.

an|bauen *tr* **-1.** [Gebäude] construire *(annexe)*. **-2.** [Pflanze] cultiver.

Anbau|fläche *die* surface *f* cultivable.

Anbau|möbel *das* meuble *m* intégré.

An|beginn *der (ohne Pl) geh*: **von ~ (an)** depuis le tout début.

an|behalten *tr (unreg) fam* garder.

anbei *Adv amt* ci-joint.

an|beißen *(unreg)* ◇ *tr*: **etw ~** mordre dans qqch. ◇ *intr* **-1.** [Fisch] mordre. **-2.** *fig* [sich entscheiden] se décider.

◆ **Anbeißen** *das*: **zum ~ sein** *fam* être à croquer.

an|bekommen *tr (unreg)* **-1.** [Kleidung, Schuhe] arriver à mettre. **-2.** [Ofen, Zigarette] arriver à allumer.

an|belangen *tr*: **was jn/etw anbelangt** en ce qui concerne qqn/qqch.

an|bellen *tr*: **jn ~** aboyer après ODER contre qqn.

an|beraumen *tr amt* fixer.

an|beten *tr* **-1.** [verehren] adorer. **-2.** [in Kirche] vénérer.

Anbetracht *der*: **in ~ einer Sache** *(G) geh* au vu de qqch.

an|betreffen *tr (unreg)*: **was jn/etw anbetrifft** en ce qui concerne qqn/qqch.

Anbetung (*Pl* **-en**) *die* adoration *f*.

an|biedern

◆ **sich anbiedern** *ref abw*: **sich bei jm ~** essayer de se faire bien voir de qqn.

an|bieten *tr (unreg)* offrir.

◆ **sich anbieten** *ref* **-1.** [Mensch] se proposer. **-2.** [Sache] convenir. **-3.** [Lösung, Möglichkeit] être indiqué(e).

Anbieter, in (*mPl* **-**; *fPl* **-nen**) *der, die* fournisseur *m*, -euse *f*.

an|binden *tr (unreg)* attacher.

An|blick *der* **-1.** [Betrachten] vue *f*. **-2.** [Bild] spectacle *m*.

an|blicken *tr* regarder.

an|braten *tr (unreg)* saisir *(viande)*.

an|brauchen *tr fam* entamer.

an|brechen (*Perf* **hat/ist angebrochen**) *(unreg)* ◇ *tr (hat)* **-1.** [Packung] entamer; [Geldschein] casser. **-2.** [Knochen] fêler. ◇ *intr (ist) geh* se lever.

an|brennen (*Perf* **hat/ist angebrannt**) ◇ *tr (hat)* [Brennbares]: **etw ~** mettre le feu à qqch. ◇ *intr (ist)* [Essen] brûler.

an|bringen *tr (unreg)* **-1.** [befestigen] fixer. **-2.** [äußern] formuler. **-3.** *fam abw* [mitbringen] ramener.

An|bruch *der (ohne Pl)*: **bei ~ der Dunkelheit** à la tombée du jour.

an|brüllen *tr fam* engueuler; **gegen den Lärm ~** couvrir un bruit *(en criant)*.

ANC (*Abk für* **African National Congress**) *der (ohne Pl)* ANC *m*.

Andacht (*Pl* **-en**) *die* **-1.** [Meditation] recueillement *m*. **-2.** [Gottesdienst] prières *fpl*.

andächtig ◇ *Adj* recueilli(e). ◇ *Adv* avec recueillement.

Andalusien *nt* Andalousie *f*.

Andalusier, in (*mPl* **-**; *fPl* **-nen**) *der, die* Andalou *m*, Andalouse *f*.

andalusisch *Adj* andalou(se).

Andante (*Pl* **-s**) *das* MUS andante *m*.

an|dauern *intr* se prolonger; [Regen] persister.

andauernd ◇ *Adj* persistant(e). ◇ *Adv* constamment.

Anden *Pl* Andes *fpl*.

Andenken (*Pl* -) *das* **-1.** *(ohne Pl)* [Erinnerung] mémoire *f*; **zum ~ an jn/etw** en souvenir de qqn/qqch. **-2.** [Gegenstand] souvenir *m*.

andere, r, s ◇ *Adj* autre. ◇ *Pron*: **der** ODER **die** ODER **das ~** l'autre; **ein ~r** un autre; **eine ~** une autre; **~ (Leute)** d'autres (personnes); **etwas ~s** autre chose; **unter ~m** entre autres.

anderenfalls = **andernfalls**.

andererseits, **andrerseits** *Adv* d'autre part.

andermal
◆ **ein andermal** *Adv* une autre fois.

ändern *tr* changer; **das läßt sich nicht ~** on ne peut rien y changer ODER faire; **das ändert die Sache** ça change tout.
◆ **sich ändern** *ref* changer.

andernfalls, **anderenfalls** *Adv* autrement, sinon.

anders ◇ *Adv* **-1.** [andersartig, verschieden] autrement; **sie sieht ganz ~ aus als ihre Schwester** elle ne ressemble pas du tout à sa sœur. **-2.** [sonst]: **irgendwo ~** quelque part ailleurs; **irgendjemand ~** quelqu'un d'autre; **jemand/niemand ~ als ...** quelqu'un/personne d'autre que ... ◇ *Adj* différent(e); **ganz ~** tout autre; **~ werden** changer; **das ist nun einmal nicht ~!** c'est comme ça!; **mir wird ganz ~** *fig* je me sens mal.

andersartig *Adj* différent(e).

Andersdenkende (*Pl* **-n**) *der, die* personne *f* dont les opinions sont différentes.

andersherum *Adv* **-1.** [in die andere Richtung] dans l'autre sens. **-2.** *fam* [homosexuell]: **er ist ~** il en est.

anderslautend *Adj* divergent(e).

anderswo *Adv* ailleurs.

anderswoher *Adv* d'ailleurs.

anderswohin *Adv* ailleurs.

anderthalb *Num* un et demi, une et demie.

Änderung (*Pl* **-en**) *die* modification *f*.

anderweitig ◇ *Adj* autre. ◇ *Adv* par ailleurs.

an|deuten *tr* **-1.** [ansprechen]: **etw ~** faire allusion à qqch; **~, daß** laisser entendre que. **-2.** [skizzieren] esquisser.
◆ **sich andeuten** *ref* s'annoncer.

An|deutung *die* allusion *f*.

andeutungsweise *Adv* par allusions.

Andorra *nt* Andorre *f*; **in ~** en Andorre.

Andorraner, in (*mPl* **-**; *fPl* **-nen**) *der, die* Andorran *m*, -e *f*.

andorranisch *Adj* andorran(e).

An|drang *der (ohne Pl)* cohue *f*.

Andreas|kreuz *das* **-1.** REL croix *f* de Saint-André. **-2.** [Schild] *croix en forme d'X indiquant un passage à niveau.*

an|drehen *tr fam* [verkaufen]: **jm etw ~** fourguer qqch à qqn.

andrerseits = **andererseits**.

an|drohen *tr*: **jm etw ~** menacer qqn de qqch.

An|drohung *die*: **unter ~ von etw** en menaçant de qqch.

an|drücken *tr* fixer en appuyant.

an|ecken (*Perf* **ist angeeckt**) *intr* **-1.** [stoßen]: **an etw** *(D)* **~** se cogner contre qqch. **-2.** [sich unbeliebt machen]: **bei jm/überall ~** se faire mal voir de qqn/tout le monde.

an|eignen *tr*: **sich** *(D)* **etw ~** *abw* [nehmen] s'approprier qqch; [lernen] assimiler qqch.

An|eignung *die (ohne Pl)* **-1.** [Stehlen] appropriation *f*. **-2.** [Lernen] assimilation *f*.

aneinander *Adv* l'un (l'une) contre l'autre.

aneinander|fügen *tr* assembler.
◆ **sich aneinanderfügen** *ref* s'assembler.

aneinander|geraten (*Perf* **ist aneinandergeraten**) *intr (unreg) fam* avoir une prise de bec.

aneinander|grenzen *intr* être voisins.

aneinander|hängen *intr (unreg)* [einander lieben] être unis (unies).

aneinander|hängen ◇ *intr (unreg)* [verbunden sein] être attachés les uns aux autres (être attachées les unes aux autres). ◇ *tr* [verbinden] attacher les uns (les unes) aux autres.

aneinander|legen *tr* assembler.

aneinander|reihen *tr* juxtaposer.
◆ **sich aneinanderreihen** *ref* se succéder.

aneinander|stoßen (*Perf* **hat/ist aneinandergestoßen**) *(unreg)* ◇ *intr (ist)* **-1.** [zusammenstoßen] se heurter; [Autos] se rentrer dedans. **-2.** [aneinandergrenzen] se toucher. ◇ *tr (hat)* [stoßen] entrechoquer.

Anekdote (*Pl* **-n**) *die* anecdote *f*.

ạn|ekeln *tr* dégoûter.

Anemone (*Pl* **-n**) *die* BIOL anémone *f*.

ạnerkannt *Adj* reconnu(e); **staatlich ~** agréé(e) (d'État).

ạnerkanntermaßen *Adv* de l'aveu de tous.

ạn|erkennen *tr (unreg)* reconnaître.

ạnerkennenswert *Adj* louable.

Ạnerkennung (*Pl* **-en**) *die* **-1.** [Würdigung] éloge *m*. **-2.** [Bestätigung] reconnaissance *f*.

ạn|erziehen *tr (unreg)*: **jm etw ~** inculquer qqch à qqn.

ạn|fachen *tr* attiser.

ạn|fahren (*Perf* **hat/ist ạngefahren**) *(unreg)* ◇ *tr (hat)* **-1.** [auf der Straße] renverser. **-2.** [Ziel] se diriger vers. **-3.** [Last] acheminer. **-4.** *fig* [tadeln] réprimander. ◇ *intr (ist)* [starten] démarrer.

Ạn|fahrt *die* trajet *m*.

Ạnfahrts|weg *der* **-1.** [Zufahrt] chemin *m* d'accès. **-2.** [Distanz] trajet *m*.

Ạn|fall *der* MED crise *f*; **einen ~ bekommen** ODER **kriegen** avoir une crise.

ạn|fallen (*Perf* **hat/ist ạngefallen**) *(unreg)* ◇ *intr (ist)* [Kosten] résulter. ◇ *tr (hat)* attaquer.

ạnfällig *Adj*: **für etw ~ sein** être sujet(ette) à qqch.

Ạnfälligkeit *die (ohne Pl)* vulnérabilité *f*.

Ạn|fang *der* début *m*; **von ~ an** dès le début; **den ~ machen** commencer; **von ~ bis Ende** du début à la fin.

◆ **am Anfang** *Adv* au début.

◆ **zu Anfang** *Adv* au début.

ạn|fangen *(unreg)* ◇ *intr* **-1.** [beginnen] commencer; **mit etw ~** commencer qqch; **wieder (mit etw) ~** *fam* recommencer (à faire qqch); **das fängt ja gut an!** *iron* & *fig* ça commence bien! **-2.** [machen]: **etw mit etw ~** faire qqch de qqch; **mit etw nichts ~ können** [gebrauchen] ne pouvoir rien faire de qqch; [verstehen] ne rien comprendre à qqch. ◇ *tr* [beginnen] commencer.

Ạnfänger, in (*mPl* -; *fPl* **-nen**) *der, die* débutant *m*, -e *f*.

ạnfänglich ◇ *Adj* initial(e). ◇ *Adv* au début.

ạnfangs *Adv* au début.

Ạnfangs|buchstabe *der* initiale *f*.

Ạnfangs|gehalt *das* salaire *m* de départ.

Ạnfangs|stadium *das* début *m*.

ạn|fassen ◇ *tr* **-1.** [berühren] toucher. **-2.** *fig* [behandeln] traiter. **-3.** *fig* [anfangen] aborder. ◇ *intr* [helfen] aider; **mit ~** donner un coup de main.

◆ **sich anfassen** *ref*: **sich weich/hart ~** être doux (douce)/dur(e) au toucher.

ạn|fechten *tr (unreg)* [anzweifeln] contester.

Ạnfechtung (*Pl* **-en**) *die* RECHT contestation *f*, action *f* en nullité.

ạn|feinden *tr* attaquer.

Ạnfeindung (*Pl* **-en**) *die* attaques *fpl*.

ạn|fertigen *tr* **-1.** [Kleidung] confectionner; [Möbel] fabriquer. **-2.** [schreiben] rédiger.

Ạnfertigung *die (ohne Pl)* **-1.** [von Kleidung] confection *f*; [von Möbeln] fabrication *f*. **-2.** [von Texten] rédaction *f*.

ạn|feuchten *tr* humecter.

ạn|feuern *tr* encourager.

ạn|flehen *tr* supplier.

ạn|fliegen (*Perf* **hat/ist ạngeflogen**) *(unreg)* ◇ *tr (hat)* [Subj: Flugzeug] approcher de; [Subj: Fluggesellschaft] desservir. ◇ *intr (ist)*: **angeflogen kommen** arriver.

Ạn|flug *der* **-1.** FLUG: **im ~ sein** être en approche. **-2.** [Spur] soupçon *m*; [von Lächeln] esquisse *f*.

ạn|fordern *tr* exiger.

Ạn|forderung *die* **-1.** *(ohne Pl)* [Bestellung] commande *f*. **-2.** [Anspruch] exigence *f*; **~en stellen** être exigeant(e).

Ạn|frage *die amt* demande *f*; [im Parlament] question *f*.

ạn|fragen *intr* demander.

ạn|freunden

◆ **sich anfreunden** *ref*: **sich (mit jm) ~** devenir amis (amies) (avec qqn); **sich mit etw ~** se faire à qqch.

ạn|fügen *tr* ajouter.

ạn|fühlen *tr* toucher.

◆ **sich anfühlen** *ref*: **sich rauh/weich ~** être rugueux(euse)/doux (douce) au toucher.

ạn|führen *tr* **-1.** [nennen] mentionner. **-2.** [täuschen] blouser. **-3.** [Gruppe] mener.

Ạn|führer, in *der, die* meneur *m*, -euse *f*.

Ạn|führung *die* **-1.** [Zitieren] énumération *f*. **-2.** [Leitung]: **unter js ~** sous la conduite de qqn.

Ạnführungs|zeichen *das* guillemet *m*; **in ~** entre guillemets.

Ạn|gabe *die* **-1.** [Hinweis] indication *f*; **~n über jn/etw machen** fournir des indications au sujet de qqn/qqch. **-2.** [Aufschneiderei] frime *f*.

ạn|geben *(unreg)* ◇ *tr* **-1.** [nennen, bestimmen] indiquer; **seine Personalien ~** fournir son identité; **den Takt ~** donner la mesure. **-2.** [behaupten] déclarer. ◇ *intr* [aufschneiden] crâner; **mit etw ~** crâner avec qqch.

Ạngeber (*Pl* -) *der* crâneur *m*.

Angeberei (*Pl* **-en**) *die* esbroufe *f*.

Ạngeberin (*Pl* **-nen**) *die* crâneuse *f*.

ạngeberisch ◇ *Adj* crâneur(euse). ◇ *Adv* en crânant.

angeblich ◇ *Adj* prétendu(e). ◇ *Adv* il paraît que.

angeboren *Adj* [Krankheit] congénital(e); [Talent] inné(e).

Angebot (*Pl* **-e**) *das* **-1.** [Anbieten] offre *f*; **~ und Nachfrage** l'offre et la demande. **-2.** [Sortiment] choix *m*; **eine Ware nicht im ~ haben** ne pas faire un article.

angebracht ◇ *PP* → **anbringen**. ◇ *Adj* convenable; **nicht ~** déplacé(e).

angebunden ◇ *PP* → **anbinden**. ◇ *Adj*: **kurz ~ sein** *fam* être peu loquace.

angegossen *Adj*: **wie ~ sitzen** *fam* aller comme un gant.

angegriffen ◇ *PP* → **angreifen**. ◇ *Adj* attaqué(e).

angeheiratet *Adj* par alliance.

angeheitert *Adj* émoustillé(e).

an|gehen (*Perf* **hat/ist angegangen**) *(unreg)* ◇ *intr (ist)* **-1.** [Licht] s'allumer. **-2.** [Feuer] commencer à brûler. **-3.** [akzeptabel sein]: **es geht nicht an, daß** il est inadmissible que *(+ subjonctif)*. **-4.** [vorgehen]: **gegen jn/etw ~** lutter contre qqn/qqch, s'opposer à qqn/qqch. ◇ *tr (hat)* [betreffen] concerner; **jn etwas ~** regarder qqn.

angehend *Adj* futur(e).

an|gehören *intr*: **einer Sache** *(D)* **~** appartenir à qqch.

Angehörige (*Pl* **-n**) *der, die* **-1.** [Verwandte] parent *m*, -e *f*. **-2.** [Mitglied] membre *m*.

Angeklagte (*Pl* **-n**) *der, die* accusé *m*, -e *f*.

Angel (*Pl* **-n**) *die* **-1.** [zum Fischen] canne *f* à pêche. **-2.** [Scharnier] gond *m*; **etw aus den ~n heben** *fig* bouleverser complètement qqch.

angelaufen ◇ *PP* → **anlaufen**. ◇ *Adj* terni(e).

An|gelegenheit *die* affaire *f*.

angelegentlich *Adv geh* instamment.

angeln ◇ *intr* **-1.** [fischen] pêcher à la ligne. **-2.** [fassen]: **nach etw ~** chercher à attraper qqch. ◇ *tr* pêcher.

Angel|punkt *der* point *m* essentiel.

angelsächsisch ['aŋlzɛksɪʃ] *Adj* anglo-saxon (onne).

angemessen ◇ *Adj*: **einer Sache** *(D)* **~** approprié(e) à qqch. ◇ *Adv* convenablement.

angenehm ◇ *Adj* agréable. ◇ *Adv* agréablement; **(sehr) ~!** enchanté(e)!

angenommen ◇ *PP* → **annehmen**. ◇ *Adj* **-1.** [Kind] adoptif(ive). **-2.** [Name] d'emprunt.
◆ **angenommen, daß** *Adv* supposons ODER à supposer que *(+ subjonctif)*.

angeregt ◇ *Adj* animé(e). ◇ *Adv* vivement.

angesagt *Adj fam* : **heute abend ist Kino ~** ce soir on a prévu un ciné.

angeschlagen *Adj* **-1.** [Gegenstand] ébréché(e). **-2.** *fam* [krank]: **sich ~ fühlen** ne pas se sentir bien.

angesehen ◇ *PP* → **ansehen**. ◇ *Adj* de renom; **in einem Bereich ~ sein** être considéré(e) dans un domaine.

An|gesicht *das (ohne Pl)*: **im ~ einer Sache** *(G)* face à ODER en face de qqch; **von ~ zu ~** face à face.

angesichts *Präp*: **~ einer Sache** *(G)* eu égard à qqch.

angespannt ◇ *Adj* tendu(e). ◇ *Adv* avec attention.

angestellt *Adj* employé(e).

Angestellte (*Pl* **-n**) *der, die* employé *m*, -e *f*; [leitend] cadre *m*.

Angestellten|verhältnis *das*: **im ~ stehen** avoir le statut d'employé(e).

Angestellten|versicherung *die* assurance *f* sociale pour employés.

angestrengt *Adv* avec concentration.

angetan ◇ *PP* → **antun**. ◇ *Adj*: **von etw ~ sein** être séduit(e) par qqch; **ich bin von jm ~** qqn me plaît.

angetrunken ◇ *PP* → **antrinken**. ◇ *Adj* gris(e).

angewandt ◇ *PP* → **anwenden**. ◇ *Adj* appliqué(e).

angewiesen ◇ *PP* → **anweisen**. ◇ *Adj*: **auf jn/etw ~ sein** dépendre de qqn/qqch.

an|gewöhnen *tr*: **jm etw ~** habituer qqn à qqch; **sich ~, etw zu tun** prendre l'habitude de faire qqch.

An|gewohnheit *die* habitude *f*.

angewurzelt *Adv*: **wie ~ stehenbleiben** rester cloué(e) sur place.

Angina (*Pl* **Anginen**) *die* MED angine *f*.

an|gleichen *tr (unreg)*: **etw einer Sache** *(D)* **~** réajuster qqch à qqch; **etw jm ~** adapter qqch à qqn.

An|gleichung *die* réajustement *m*.

Angler, in (*mPl* **-**; *fPl* **-nen**) *der, die* pêcheur *m*, -euse *f* (à la ligne).

an|gliedern *tr*: **etw einer Sache** *(D)* **~** rattacher qqch à qqch.

An|gliederung *die* rattachement *m*.

anglikanisch ◇ *Adj* anglican(e). ◇ *Adv* dans la religion anglicane.

Anglist (*Pl* **-en**) *der* angliciste *m*.

Anglistik *die (ohne Pl)* philologie *f* anglaise; **~ studieren** faire des études d'anglais.

Anglistin (*Pl* **-nen**) *die* angliciste *f*.

Angola *nt* Angola *m*; **in ~** en Angola.

Angolaner, in (*mPl* **-**; *fPl* **-nen**) *der, die* Angolais *m*, -e *f*.

angolanisch *Adj* angolais(e).

Angoralwolle *die* laine *f* angora, angora *m*.
angreifbar *Adj* attaquable.
an|greifen *(unreg)* ◇ *tr* **-1.** [bekämpfen, beschädigen, kritisieren] attaquer. **-2.** [krank machen] affecter. **-3.** [Vorrat] entamer. **-4.** *Süddt* [anfassen] toucher. ◇ *intr* attaquer.
Angreifer, in (*mPl* **-**; *fPl* **-nen**) *der, die* **-1.** [im Krieg] assaillant *m*, -e *f*. **-2.** [im Sport] attaquant *m*, -e *f*.
an|grenzen *intr*: **an etw** *(A)* **~** toucher qqch.
An|griff *der* attaque *f*; **etw in ~ nehmen** *fig* attaquer ODER entreprendre qqch.
Angriffs|fläche *die*: **eine ~ bieten** donner ODER laisser prise à.
angriffslustig ◇ *Adj* agressif(ive). ◇ *Adv* de manière agressive.
Angriffs|punkt *der* point *m* critiquable.
angst *Adj*: **jm ~ machen** faire peur à qqn; **jm wird es ~ und bange** qqn commence à avoir très peur.
Angst (*Pl* **Ängste**) *die* peur *f*; **vor jm/etw ~ haben** avoir peur de qqn/qqch; **~ haben um jn/etw** avoir peur pour qqn/qqch.
angsterfüllt *Adj* angoissé(e).
Angst|hase *der fam abw* trouillard *m*, -e *f*.
ängstigen *tr* faire peur à.
◆ **sich ängstigen** *ref*: **sich vor jm/etw ~** avoir peur de qqn/qqch; **sich um jn/etw ~** s'inquiéter pour qqn/qqch.
ängstlich ◇ *Adj* [Person] peureux *m*, -euse *f*; [Tier] craintif(ive). ◇ *Adv* **-1.** [furchtsam] craintivement. **-2.** [genau] scrupuleusement.
Ängstlichkeit *die (ohne Pl)* timidité *f*.
Angstzustände *Pl* anxiété *f*.
an|gucken *tr fam* : **(sich** *(D)* **jn/etw) ~** regarder (qqn/qqch).
an|gurten *tr* attacher la ceinture de.
◆ **sich angurten** *ref* attacher sa ceinture.
Anh. *Abk für* **Anhang**.
an|haben *tr (unreg)* **-1.** [tragen] porter. **-2.** [schaden]: **jm/etw nichts ~ können** n'avoir aucune prise sur qqn/qqch.
an|haften *intr*: **jm/etw ~** *fig* poursuivre qqn/qqch.
An|halt[1] *der (ohne Pl)* indice *m*.
An|halt[2] *nt* Anhalt *m*.
an|halten *(unreg)* ◇ *intr* **-1.** [stoppen] s'arrêter. **-2.** [andauern] persister. ◇ *tr* **-1.** [stoppen] arrêter; [Atem] bloquer. **-2.** [ermahnen]: **jn zu etw ~** exhorter qqn à qqch.
anhaltend *Adj* persistant(e).
Anhalter (*Pl* **-**) ◇ *der* **-1.** [Mitfahrer] auto-stoppeur *m*; **per ~ fahren** faire de l'auto-stop. **-2.** [Einwohner von Anhalt] habitant *m* de l'Anhalt. ◇ *Adj (unver)* de l'Anhalt.
Anhalterin (*Pl* **-nen**) *die* **-1.** [Mitfahrerin] autostoppeuse *f*. **-2.** [Einwohnerin von Anhalt] habitante *f* de l'Anhalt.
anhaltisch *Adj* de l'Anhalt.
Anhalts|punkt *der* repère *m*; [bei Verbrechen] indice *m*.
anhand, an Hand *Präp*: **~ einer Sache** *(G)* à l'aide de qqch.
An|hang *der (ohne Pl)* **-1.** [Nachwort] annexe *f*. **-2.** *fam* [Personen - Familie] smala *f*; [- Partner]: **mit ~ kommen** venir accompagné(e).
an|hängen *tr* **-1.** [ankoppeln]: **etw an etw** *(A)* **~** [Waggon] accrocher qqch à qqch; [Anhänger] attacher qqch à qqch. **-2.** [hinzufügen]: **etw an etw** *(A)* **~** ajouter qqch à qqch. **-3.** [anlasten]: **jm etw ~** mettre qqch sur le dos de qqn.
Anhänger (*Pl* **-**) *der* **-1.** [von Fahrzeugen] remorque *f*. **-2.** [Person - religiös] adepte *m*; [- politisch] partisan *m*. **-3.** [Schmuck] pendentif *m*.
Anhängerin (*Pl* **-nen**) *die* **-1.** [religiös] adepte *f*. **-2.** [politisch] partisane *f*.
anhänglich *Adj* [Kind] affectueux(euse).
Anhänglichkeit *die (ohne Pl)* attachement *m*.
Anhängsel (*Pl* **-**) *das* **-1.** [Anhänger] breloque *f*. **-2.** *abw* [Person] compagnie *f* insignifiante.
an|hauchen *tr*: **etw ~** souffler sur qqch; **jn ~** faire sentir son haleine à qqn.
an|hauen *tr fam* **-1.** [stoßen]: **sich** *(D)* **etw ~** se cogner qqch. **-2.** [anschnorren]: **jn um etw ~** taper qqch à qqn.
an|häufen *tr* accumuler.
◆ **sich anhäufen** *ref* s'accumuler.
Anhäufung (*Pl* **-en**) *die* accumulation *f*.
an|heben *tr (unreg)* **-1.** [Gegenstand] soulever. **-2.** [Niveau, Betrag] relever.
an|heften *tr* attacher.
anheimelnd *Adj* intime.
anheim|stellen *tr geh*: **jm etw ~** laisser qqn libre de qqch.
an|heizen *tr* **-1.** [Ofen] allumer. **-2.** *fig* [Stimmung, Diskussion] attiser.
an|herrschen *tr* invectiver.
an|heuern ◇ *tr* **-1.** [auf Schiff] enrôler. **-2.** *abw* [einstellen] engager, embaucher. ◇ *intr* être enrôlé(e).
Anhieb
◆ **auf Anhieb** *Adv* d'emblée.
an|himmeln *tr fam* idolâtrer.
An|höhe *die* hauteur *f*.
an|hören *tr* **-1.** [hören]: **sich** *(D)* **etw ~** écouter qqch; **etw mit ~** être témoin de qqch; *fig* supporter qqch. **-2.** [erraten]: **jm etw ~** deviner qqch à travers les paroles de qqn. **-3.** [befragen] entendre.

◆ **sich anhören** *ref* sonner; *fig* sembler.
Anhörung (*Pl* **-en**) *die* audition *f*; [im Bundestag] audience *f*.
Anilin *das (ohne Pl)* CHEM aniline *f*.
animalisch *Adj abw* animal(e).
Animateur, in [anima'tøːɐ̯, rɪn] (*mPl* **-e**; *fPl* **-nen**) *der, die* animateur *m*, -trice *f*.
animieren *tr*: **jn zu etw ~** inciter qqn à faire qqch.
Anion ['anioːn] (*Pl* **-en**) *das* PHYS anion *m*.
Anis *der (ohne Pl)* anis *m*.
Ank. (*Abk für* **Ankunft**) Arr.
an|kämpfen *intr*: **gegen jn/etw ~** lutter contre qqn/qqch.
Ankara *nt* Ankara.
An|kauf *der* achat *m*; **An- und Verkauf** achat *m* et vente *f*.
an|kaufen *tr* acheter.
Anker (*Pl* **-**) *der* ancre *f*; **vor ~ liegen** être au mouillage ODER à l'ancre.
ankern *intr* mouiller.
an|ketten *tr* attacher.
An|klage *die* accusation *f*; **gegen jn ~ erheben** porter plainte contre qqn; **unter ~ stehen** être accusé(e).
an|klagen *tr* **-1.** [Person] accuser. **-2.** [Zustand] dénoncer.
an|klammern *tr*: **etw an etw ~** agrafer qqch à qqch.
◆ **sich anklammern** *ref*: **sich an jm/etw ~** s'agripper à qqn/qqch.
An|klang *der*: **(bei jm) ~ finden** avoir du succès (auprès de qqn).
◆ **Anklänge** *Pl*: **Anklänge an jn/etw** réminiscences *fpl* de qqn/qqch.
an|kleben *tr* coller.
an|kleckern (*Perf* **ist angekleckert**) *intr fam*: **angekleckert kommen** se pointer.
Ankleide|kabine *die* **-1.** [im Schwimmbad] cabine *f*. **-2.** [im Laden] cabine *f* d'essayage.
an|kleiden
◆ **sich ankleiden** *ref geh* s'habiller.
an|klingen (*Perf* **ist angeklungen**) *intr (unreg)* **-1.** [erinnern an] évoquer. **-2.** [als Unterton] affleurer.
an|klopfen *intr* frapper *(à la porte)*.
an|knüpfen ◇ *tr* **-1.** [knoten]: **etw an etw** *(A)* **~** attacher qqch à qqch. **-2.** *fig* [beginnen]: **ein Gespräch ~** lier conversation. ◇ *intr fig*: **an etw** *(A)* **~** partir de qqch.
Anknüpfungs|punkt *der* point *m* de départ.
an|kommen (*Perf* **ist angekommen**) *intr (unreg)* **-1.** [am Ziel, näherkommen] arriver; **mit etw ~** venir avec qqch. **-2.** [erfolgreich] avoir la cote; **bei jm ~** avoir la cote auprès de qqn; [Publikum] bien passer auprès de qqn. **-3.** [sich durchsetzen]: **gegen jn/etw nicht ~** ne pas pouvoir s'imposer face à qqn/qqch. **-4.** [wichtig sein]: **es kommt auf jn/etw an** cela dépend de qqn/qqch; **jm kommt es auf jn/etw an** qqn/qqch importe à qqn. **-5.** [abhängen]: **es kommt darauf an** cela dépend. **-6.** [riskieren]: **es auf etw** *(A)* **~ lassen** risquer qqch; **es darauf ~ lassen** laisser venir les choses; **wenn es darauf ankommt** s'il le faut.
Ankömmling (*Pl* **-e**) *der* arrivant *m*, -e *f*.
an|können *intr (unreg) fam* : **gegen jn/etw nicht ~** ne rien pouvoir contre qqn/qqch.
an|kotzen *tr salopp* débecter.
an|kratzen *tr* **-1.** [Lack, Farbe] érafler. **-2.** *fig* [Ruf, Image] ternir, porter atteinte à.
an|kreiden *tr fam* : **jm etw ~** en vouloir à qqn pour qqch.
an|kreuzen *tr* cocher.
an|kündigen *tr* annoncer.
◆ **sich ankündigen** *ref* s'annoncer; [Person] prévenir de son arrivée.
An|kündigung *die* annonce *f*.
Ankunft *die (ohne Pl)* arrivée *f*; **planmäßige ~** arrivée prévue.
an|kurbeln *tr* stimuler.
Anl. (*Abk für* **Anlage**) PJ *(pièce jointe)*.
an|lächeln *tr* sourire à.
an|lachen *tr* **-1.** [lachen]: **jn ~** regarder qqn en riant. **-2.** [erobern]: **sich** *(D)* **jn ~** faire la conquête de qqn.
An|lage *die* **-1.** [Gelände] terrain *m*. **-2.** [Park] jardin *m* (public). **-3.** [Geldanlage] investissement *m*. **-4.** [Schreiben] pièce *f* jointe; **'in der/als ~ sende ich Ihnen ...'** *amt* 'veuillez trouver ci-joint ...'. **-5.** [Talent] don *m*. **-6.** [zu Krankheit] prédisposition *f*. **-7.** [Bau] installation *f*.
Anlage|berater, in *der, die* conseiller *m* financier.
an|langen *tr*: **was jn/etw anlangt** en ce qui concerne qqn/qqch.
Anlaß (*Pl* **Anlässe**) *der* **-1.** [Grund] raison *f*; **etw zum ~ nehmen, etw zu tun** prendre qqch comme motif pour faire qqch. **-2.** [Ereignis] occasion *f*.
an|lassen *tr (unreg)* **-1.** [Licht, Gerät]: **etw ~** laisser qqch allumé(e). **-2.** [starten] démarrer. **-3.** [Kleidungsstück] garder.
Anlasser (*Pl* **-**) *der* AUTO démarreur *m*.
anläßlich *Präp*: **~ einer Sache** *(G)* à l'occasion de qqch.
an|lasten *tr*: **jm etw ~** imputer qqch à qqn.
An|lauf *der* **-1.** [Schwung] élan *m*; **~ nehmen** prendre son élan. **-2.** [Beginn] essai *m*.
an|laufen (*Perf* **hat/ist angelaufen**) *(unreg)* ◇ *intr*

(ist) **-1.** [beginnen] débuter. **-2.** [Film] sortir. **-3.** [Motor, Maschine] démarrer. **-4.** [Körperteil]: **rot ~** rougir; **blau ~** bleuir. **-5.** [Metall] se ternir. **-6.** [sich nähern]: **angelaufen kommen** accourir. ◇ *tr (hat)* **-1.** [ansteuern] mettre le cap sur. **-2.** [zu Stopp] faire escale à.

Anlauf|stelle *die* point *m* de chute.

Anlauf|zeit *die* période *f* de mise en route.

an|legen ◇ *tr* **-1.** [Garten] aménager. **-2.** [Straße] construire. **-3.** [Kartei, Verzeichnis] constituer. **-4.** [Vorrat] faire. **-5.** [beabsichtigen]: **es auf etw** *(A)* **~** chercher qqch. **-6.** [investieren] placer. **-7.** [anlehnen]: **etw an etw** *(A)* **~** appuyer qqch contre qqch. **-8.** [umbinden, anziehen] mettre. **-9.** [Schußwaffe]: **etw ~** mettre qqch en joue. ◇ *intr* **-1.** [an Land] accoster. **-2.** [zielen]: **auf jn/etw ~** mettre qqn/qqch en joue.
◆ **sich anlegen** *ref*: **sich mit jm ~** se quereller avec qqn.

Anlege|stelle *die* embarcadère *m*.

an|lehnen *tr* **-1.** [Tür, Fenster] laisser entrouvert(e). **-2.** [stützend] appuyer; **etw an etw** *(A)* **~** appuyer qqch contre qqch.
◆ **sich anlehnen** *ref* **-1.** [sich stützen]: **sich an etw** *(A)* **~** [gen] s'appuyer contre qqch; [mit Rücken] s'adosser à qqch. **-2.** *fig* [nachahmen]: **sich an etw** *(A)* **~** s'inspirer de qqch.

Anlehnung *(Pl* **-en***)* *die*: **in ~ an jn/etw** en s'inspirant de qqn/qqch.

anlehnungsbedürftig *Adj*: **~ sein** avoir besoin de tendresse.

an|leiern *tr fam* lancer.

Anleihe *(Pl* **-n***)* *die* emprunt *m*.

an|leinen *tr* mettre en laisse.

an|leiten *tr* instruire, former; **jn zu etw ~** faire acquérir qqch à qqn.

An|leitung *die* **-1.** [zum Gebrauch] mode *m* d'emploi. **-2.** [Führung]: **unter js ~** sous la direction de qqn.

an|lernen *tr* former.

an|liefern *tr* livrer.

an|liegen *intr (unreg)* **-1.** [sitzen]: **eng ~** être moulant(e). **-2.** *fam* [zu erledigen sein]: **was liegt an?** qu'est-ce qu'il y a à faire?

Anliegen *(Pl* **-***)* *das* requête *f*.

anliegend *Adj* **-1.** [Ortschaften] limitrophe; [Grundstücke] attenant(e). **-2.** [Kleidungsstück]: **eng ~** moulant(e).

Anlieger *(Pl* **-***)* *der* riverain *m*; **'~ frei'** '(interdit) sauf riverains'.

Anlieger|verkehr *der (ohne Pl)* circulation *f* des riverains.

an|locken *tr* attirer.

an|lügen *tr (unreg)* mentir à.

Anm. *Abk für* **Anmerkung**.

an|machen *tr* **-1.** [einschalten] allumer. **-2.** [Salat] assaisonner. **-3.** *salopp* [ansprechen] draguer.

an|malen *tr* peindre.
◆ **sich anmalen** *ref fam abw* se peinturlurer.

An|marsch *der (ohne Pl)*: **im ~ sein** être en route ODER sur le chemin.

an|maßen
◆ **sich anmaßen** *ref*: **sich etw ~** se permettre qqch; **sich ~, etw zu tun** avoir l'audace de faire qqch.

anmaßend *Adj* prétentieux(euse).

Anmaßung *(Pl* **-en***)* *die* prétention *f*.

Anmelde|formular *das* bulletin *m* d'inscription.

an|melden *tr* **-1.** [amtlich] déclarer; [Telefon] s'abonner à; [Patent] déposer; [Auto] immatriculer. **-2.** [einschreiben] inscrire. **-3.** [für Termin]: **angemeldet sein** avoir un rendez-vous.
◆ **sich anmelden** *ref* **-1.** [sich einschreiben] s'inscrire. **-2.** [für Termin] prendre rendez-vous.

anmeldepflichtig *Adj* [Ware] à déclarer.

An|meldung *die* **-1.** [amtlich] déclaration *f*. **-2.** [Einschreibung] inscription *f*. **-3.** [für Termin] rendez-vous *m*.

an|merken *tr* **-1.** [spüren]: **jm etw ~** remarquer qqch chez qqn; **sich** *(D)* **nichts ~ lassen** ne rien laisser paraître. **-2.** [sagen] faire remarquer.

Anmerkung *(Pl* **-en***)* *die* remarque *f*.

an|mieten *tr* louer.

An|mut *die (ohne Pl) geh* grâce *f*.

anmutig *geh* ◇ *Adj* gracieux(euse). ◇ *Adv* gracieusement.

an|nageln *tr* clouer.

an|nähen *tr* coudre.

an|nähern *tr* rapprocher.
◆ **sich annähern** *ref*: **sich einander ~** se rapprocher l'un (l'une) de l'autre ODER les uns (les unes) des autres.

annähernd *Adv* approximativement; **nicht ~ so teuer sein** être loin d'être aussi cher (chère).

Annäherung *(Pl* **-en***)* *die* approche *f*; **eine ~ an etw** *(A)* un rapprochement à qqch.

Annäherungs|versuch *der* tentative *f* d'approche.

Annahme *(Pl* **-n***)* *die* **-1.** [Meinung] hypothèse *f*. **-2.** [Empfang] réception *f*.

annehmbar ◇ *Adj* acceptable. ◇ *Adv* passablement.

an|nehmen *tr (unreg)* **-1.** [empfangen] recevoir. **-2.** [Kind, Antrag] adopter. **-3.** [akzeptieren] accepter. **-4.** [vermuten] supposer. **-5.** [Gewohnheit, Form] prendre.
◆ **sich annehmen** *geh*: **sich js/einer Sache ~** s'occuper de qqn/qqch.

Annehmlichkeit (*Pl* **-en**) *die* agrément *m.*
annektieren *tr* annexer.
Anno *Adv*: **~ dazumal** ODER **Tobak** *fig* il y a belle lurette; **~ Domini** après Jésus-Christ.
Annonce [a'nɔŋsə] (*Pl* **-n**) *die* annonce *f.*
annoncieren [anɔŋ'siːrən] ◇ *intr* passer une annonce. ◇ *tr*: **etw ~** passer qqch par annonce.
annullieren *tr* annuler.
Anode (*Pl* **-n**) *die* ELEKTR anode *f.*
an|öden *tr fam* : **jn ~** barber qqn, ennuyer qqn à mourir.
anomal ◇ *Adj* anormal(e). ◇ *Adv* anormalement.
Anomalie (*Pl* **-n**) *die* anomalie *f.*
anonym ◇ *Adj* anonyme. ◇ *Adv* anonymement.
Anonymität *die (ohne Pl) geh* anonymat *m.*
Anorak (*Pl* **-s**) *der* anorak *m.*
an|ordnen *tr* **-1.** [befehlen] ordonner. **-2.** [Gegenstände] disposer.
An|ordnung *die* **-1.** [Befehl, Klassifizierung] ordre *m*; **auf js ~** sur ordre de qqn; **eine ~ treffen** prendre une disposition. **-2.** [von Gegenständen] disposition *f.*
anormal ◇ *Adj* anormal(e). ◇ *Adv* anormalement.
an|packen *fam* ◇ *tr* **-1.** [mit Händen] saisir. **-2.** [behandeln] traiter; **jn hart ~** traiter qqn à la dure. **-3.** *fam* [angehen] attaquer. ◇ *intr* [helfen]: **(mit) ~** mettre la main à la pâte.
an|passen *tr* adapter.
◆ **sich anpassen** *ref* s'adapter.
Anpassung (*Pl* **-en**) *die* adaptation *f.*
anpassungsfähig *Adj* qui a de bonnes facultés d'adaptation.
an|peilen *tr* **-1.** SCHIFF, FLUG mettre le cap sur; [per Funk] repérer. **-2.** *fam fig* [anvisieren] viser.
an|pfeifen *tr (unreg)* **-1.** SPORT donner le coup d'envoi. **-2.** *fam* [maßregeln] enguirlander.
An|pfiff *der* **-1.** SPORT coup *m* de sifflet *(marquant le début d'une partie)*. **-2.** *fam* [Tadel]: **einen ~ bekommen** se faire passer un savon.
an|pflanzen *tr* planter.
an|pflaumen *tr salopp* charrier.
an|pöbeln *tr fam* : **jn ~** prendre qqn à partie.
an|prangern *tr*: **jn/etw ~** mettre qqn/qqch au pilori.
an|preisen *tr (unreg)* vanter.
an|preschen *intr*: **angeprescht kommen** *fam* arriver au galop.
An|probe *die* essayage *m.*
an|probieren *tr* essayer.
an|pumpen *tr fam* : **jn (um 20 Mark) ~** taper qqn (de 20 marks).
an|quatschen *tr fam* aborder.
Anrainer (*Pl* -) *der* riverain *m.*
Anrainer|staat *der* état *m* riverain.
an|raten *tr (unreg)*: **jm etw ~** conseiller qqch à qqn.
Anraten *das (ohne Pl)*: **auf js ~** sur les conseils de qqn.
an|rechnen *tr* **-1.** [einbeziehen] prendre en compte; **ich rechne dir etw hoch an** je te suis fort reconnaissant(e) de qqch. **-2.** [berechnen] compter.
An|recht *das*: **ein ~ auf etw** *(A)* **haben** ODER **besitzen** avoir droit à qqch.
An|rede *die formule utilisée pour s'adresser à une personne.*
an|reden ◇ *tr* aborder; **jn mit Vornamen ~** appeler qqn par son prénom. ◇ *intr*: **gegen etw ~** couvrir qqch de sa voix.
an|regen *tr* **-1.** [beleben] stimuler; [Appetit] ouvrir. **-2.** [initiieren] être l'instigateur(trice) de. **-3.** [ermutigen]: **jn zu etw ~** inciter qqn à (faire) qqch.
anregend ◇ *Adj* stimulant(e). ◇ *Adv* de façon stimulante.
An|regung *die* incitation *f*; **~en geben** donner des idées; **auf ~ von jm, auf js ~ (hin)** à l'instigation de qqn; **zur ~** pour stimuler.
an|reichern *tr* enrichir.
Anreicherung (*Pl* **-en**) *die* enrichissement *m.*
An|reise *die* voyage *m* aller.
an|reisen (*Perf* **ist angereist**) *intr* venir.
an|reißen *tr (unreg)* **-1.** [Packung] entamer. **-2.** [Thema] effleurer.
An|reiz *der* incitation *f*; **ein ~ zu etw** une incitation à qqch.
an|reizen *tr* effleurer, exciter; **jn zu etw ~** inciter qqn à qqch.
an|rempeln *tr fam* bousculer.
an|rennen (*Perf* **ist angerannt**) *intr (unreg)*: **gegen etw ~** *eigtl* & *fig* attaquer qqch; **angerannt kommen** arriver en courant.
an|richten *tr* **-1.** [Essen] préparer. **-2.** [Schaden] causer.
anrüchig *Adj* malfamé(e).
an|rücken (*Perf* **ist angerückt**) *intr* s'avancer.
An|ruf *der* appel *m (téléphonique).*
Anrufbeantworter (*Pl* -) *der* répondeur *m.*
an|rufen *(unreg)* ◇ *tr* [telefonieren] appeler. ◇ *intr*: **bei jm ~** appeler qqn.
an|rühren *tr* **-1.** [Person] toucher. **-2.** [Thema] aborder. **-3.** [Kleister, Teig] mélanger.
ans *Präp (an + das)*: **~ Fenster klopfen** frapper à la fenêtre.

An|sage *die* annonce *f*.
an|sagen *tr* annoncer.
◆ **sich ansagen** *ref* s'annoncer, annoncer sa visite.
Ansager, in (*mPl* **-**; *fPl* **-nen**) *der, die* présentateur *m*, -trice *f*.
an|sammeln *tr* accumuler.
◆ **sich ansammeln** *ref* **-1.** [anhäufen] s'accumuler. **-2.** [Personen] s'attrouper.
An|sammlung *die* **-1.** [Anhäufung] accumulation *f*. **-2.** [von Personen] attroupement *m*.
ansässig *Adj*: **~ sein** être installé(e).
An|satz *der* **-1.** [Methode] démarche *f*. **-2.** [Anzeichen] début *m*; **gute Ansätze** de bonnes dispositions; **einen ~ zu etw machen** s'apprêter à faire qqch. **-3.** [von Körperteilen] naissance *f*.
Ansatz|punkt *der* point *m* de départ.
an|saugen *tr* aspirer.
an|schaffen ◇ *tr*: **sich** *(D)* **etw ~** se procurer ODER s'acheter qqch. ◇ *intr salopp* [Prostituierte]: **~ gehen** faire le tapin.
An|schaffung *die* acquisition *f*.
Anschaffungs|kosten *Pl* coût *m* d'acquisition.
an|schalten *tr* **-1.** [Licht, Fernsehen] allumer. **-2.** [Maschine]: **etw ~** mettre qqch en marche.
an|schauen *tr* regarder; **sich** *(D)* **etw ~** regarder qqch.
anschaulich ◇ *Adj* clair(e). ◇ *Adv* clairement.
Anschauung (*Pl* **-en**) **-1.** [Meinung] conception *f*. **-2.** [Erfahrung]: **aus eigener ~** d'expérience.
Anschauungs|material *das* matériel *m* pédagogique.
An|schein *der (ohne Pl)* apparence *f*; **dem** ODER **allem ~ nach** tout porte à croire que; **den ~ erwecken** donner l'impression.
anscheinend *Adv* apparemment.
an|schicken
◆ **sich anschicken** *ref geh*: **sich zu etw ~** se disposer à faire qqch.
an|schieben *tr (unreg)* pousser.
an|schießen (*Perf* **hat/ist angeschossen**) *tr (unreg)* **-1.** *(hat)* [Tier] blesser *(par balle)*. **-2.** *(hat) fam* [kritisieren] descendre. **-3.** *(ist) fam* [sich nähern]: **angeschossen kommen** arriver en trombe.
Anschiß (*Pl* **Anschisse**) *der salopp* engueulade *f*.
An|schlag *der* **-1.** [Attentat] attentat *m*; **einen ~ auf jn/etw verüben** commettre un attentat contre qqn/qqch. **-2.** [Zettel] annonce *f*; [Plakat] affiche *f*. **-3.** [einer Schraube]: **bis zum ~** à fond. **-4.** [auf Schreibmaschine - Druckart] frappe *f*; [- Zeichen] caractère *m*. **-5.** [am Klavier] toucher *m*, frappe *f*.
an|schlagen *(unreg)* ◇ *tr* **-1.** [aufhängen] afficher. **-2.** [beschädigen] ébrécher. **-3.** [Ton, Redeweise] prendre. **-4.** [Taste] frapper. **-5.** [Maschen] monter. **-6.** [Körperteil]: **sich** *(D)* **etw an etw** *(A)* **~** se cogner qqch contre qqch. ◇ *intr* **-1.** [Medikament] agir. **-2.** [Hund] aboyer.
an|schleichen *intr (unreg)*: **angeschlichen kommen** [leise] arriver sur la pointe des pieds; [schuldbewußt] arriver l'air penaud.
◆ **sich anschleichen** *ref* s'approcher à pas de loup.
an|schleppen *tr* **-1.** [schleppen]: **jn ~** faire démarrer qqn en le remorquant. **-2.** *fam* [Person] amener.
an|schließen *tr (unreg)* **-1.** [Gerät] brancher. **-2.** [folgen lassen] enchaîner. **-3.** [mit Schloß] attacher.
◆ **sich anschließen** *ref* **-1.** [mitmachen]: **sich jm/etw ~** se rallier à qqn/qqch. **-2.** [folgen]: **sich an etw** *(A)* **~** suivre qqch.
anschließend ◇ *Adj* suivant(e). ◇ *Adv* ensuite.
An|schluß *der* **-1.** [Zug] correspondance *f*; **den ~ verpassen** [Zug] rater la correspondance; *fig* perdre pied. **-2.** [Telefonanschluß] ligne *f (téléphonique)*; **kein ~ unter dieser Nummer** il n'y a pas d'abonné au numéro que vous avez demandé. **-3.** [Kontakt]: **~ finden** établir des contacts. **-4.** [Folge]: **im ~ an etw** *(A)* à la suite de qqch. **-5.** POL rattachement *m (d'un territoire)*.
an|schmiegen
◆ **sich anschmiegen** *ref*: **sich an jn/etw ~** se blottir contre qqn/qqch.
anschmiegsam *Adj* câlin(e).
an|schmieren *tr fam fig* avoir, rouler; **er hat mich angeschmiert** il m'a eu.
an|schnallen *tr* attacher.
◆ **sich anschnallen** *ref* attacher sa ceinture *(de sécurité)*.
an|schnauzen *tr salopp* engueuler.
an|schneiden *tr (unreg)* **-1.** [Brot, Wurst, Kuchen] entamer. **-2.** *fig* [ansprechen] aborder.
an|schrauben *tr* visser.
an|schreiben *(unreg)* ◇ *tr* **-1.** [per Brief] écrire à. **-2.** [an Tafel] écrire. ◇ *intr*: **~ lassen** acheter à crédit; **bei jm gut/schlecht angeschrieben sein** être bien/mal vu(e) auprès de qqn.
an|schreien *tr (unreg)*: **jn ~** apostropher qqn violemment.
An|schrift *die* adresse *f*.
an|schuldigen *tr geh*: **jn (wegen etw) ~** accuser qqn (de qqch).
Anschuldigung (*Pl* **-en**) *die* accusation *f*.
an|schwärzen *tr fam* : **jn bei jm ~** descendre qqn auprès de qqn.
an|schwellen (*Perf* **ist angeschwollen**) *intr (un-*

reg) **-1.** [Körperteil] enfler. **-2.** [Gewässer] grossir. **-3.** [Geräusch] s'intensifier.

ạn|schwemmen *tr* charrier.

ạn|sehen *(unreg)* ◇ *tr* **-1.** [anblicken] regarder; **jn scharf ~** fixer qqn; **jn böse ~** lancer des regards noirs à qqn. **-2.** [prüfend]: **sich** *(D)* **jn/etw ~** examiner qqn/qqch. **-3.** [betrachten]: **sich** *(D)* **etw ~** [als Zuschauer] aller voir qqch; [als Tourist] visiter qqch. **-4.** [erkennen]: **man sieht ihr ihr Alter nicht an** elle ne fait pas son âge; **man sieht ihr ihre Müdigkeit nicht an** chez elle, la fatigue ne se voit pas. **-5.** [erachten]: **jn/etw als etw ~** considérer qqn/qqch comme qqch. **-6.** [ertragen]: **etw nicht (mit) ~ können** ne pas pouvoir supporter qqch. ◇ *intr*: **sieh mal an!** regarde!, incroyable!

Ạnsehen *das (ohne Pl)* **-1.** [Ruf] image *f*; **in hohem ~ stehen** être bien vu(e). **-2.** [Anblick]: **jn vom ~ kennen** connaître qqn de vue.

ạnsehnlich *Adj* **-1.** [groß] non négligeable, appréciable. **-2.** [schön] de toute beauté.

ạn|seilen

◆ **sich anseilen** *ref* s'encorder.

ạn|sein (*Perf* **ist ạngewesen**) *intr (unreg) fam* être allumé(e).

ạn|setzen ◇ *tr* **-1.** [in Stellung bringen-Werkzeug] mettre, poser, placer; [- Blasinstrument] emboucher; [- Trinkgefäß] porter à la bouche. **-2.** [Termin, Preis] fixer. **-3.** [Kosten] estimer. **-4.** [Stoff]: **etw an etw** *(A)* **~** fixer qqch sur qqch. **-5.** [Person]: **jn auf etw** *(A)* **~** mettre qqn sur qqch. **-6.** [ziehen lassen - Bowle] laisser macérer; [- Teig] laisser lever. **-7.** [anlagern - Fett] grossir; [- Rost] être en train de rouiller. ◇ *intr* **-1.** [Haar, Augenbrauen] commencer. **-2.** [zu Handlung]: **zu etw ~** [Flugzeug, Sprecher] se préparer à qqch; [zum Sprung] prendre son élan pour faire qqch. **-3.** [Argumentation]: **an etw** *(D)* **~** partir de qqch. **-4.** [im Kochtopf] attacher.

◆ **sich ansetzen** *ref* se déposer.

Ạnsicht (*Pl* **-en**) *die* **-1.** [Meinung] avis *m*; **der gleichen/anderer ~ sein** être du même/d'un autre avis; **meiner ~ nach** à mon avis, d'après moi. **-2.** *(ohne Pl)* [Betrachtung]: **zur ~** [zur Probe] à titre d'essai. **-3.** [Abbildung] vue *f*.

◆ **Ansichten** *Pl* idées *fpl*.

Ạnsichts|karte *die* carte *f* postale.

Ạnsichts|sache *die*: **das ist (reine) ~** à chacun son point de vue.

ạn|siedeln *tr* **-1.** [Industrie] implanter. **-2.** [in Bereich, Epoche] situer.

◆ **sich ansiedeln** *ref* [Person] s'établir; [Betrieb] s'implanter.

Ạnsiedlung (*Pl* **-en**) *die* **-1.** [von Industrie, Pflanzen] implantation *f*; [von Personen] installation *f*. **-2.** [Dorf, Gehöft] agglomération *f*; [Kolonie] colonie *f*.

ansọnsten *Adv* sinon, à part cela.

ạn|spannen *tr* **-1.** [Muskel] bander. **-2.** [Seil] tendre. **-3.** [anstrengen] être stressant(e) pour. **-4.** [Pferd] atteler.

Ạnspannung (*Pl* **-en**) *die* effort *m*; **nervöse ~** tension *f* nerveuse.

ạn|sparen *tr*: **etw ~** mettre qqch de côté.

ạn|spielen ◇ *intr*: **auf jn/etw ~** faire allusion à qqn/qqch. ◇ *tr* SPORT passer le ballon à.

Ạnspielung (*Pl* **-en**) *die*: **eine ~ auf jn/etw** une allusion à qqn/qqch.

ạn|spinnen *tr (unreg)* [Beziehung] entamer; [Gespräch] engager.

◆ **sich anspinnen** *ref* [Verschwörung] se tramer; [Gespräch] s'amorcer.

ạn|spitzen *tr* **-1.** [Bleistift] tailler. **-2.** *fam* [Person]: **jn zu etw ~** inciter qqn à faire qqch.

Ạnsporn *der (ohne Pl)* aiguillon *m geh*; **jm einen ~ geben** motiver qqn.

ạn|spornen ['anʃpɔrnən] *tr* stimuler; **jn zu etw ~** pousser qqn à qqch.

Ạnsprache (*Pl* **-n**) *die* allocution *f*; **eine ~ halten** faire une allocution.

ạnsprechbar *Adj*: **nicht ~ sein** [aus Zeitgründen] ne pas être disponible; [geistig, körperlich] être inabordable.

ạn|sprechen *(unreg)* ◇ *tr* **-1.** [Person, Thema] aborder; **jn auf ein Thema ~** aborder un sujet avec qqn. **-2.** [Subj: Musik, Malerei] interpeller. ◇ *intr* [reagieren] répondre; **auf etw** *(A)* **~** réagir à qqch.

ạnsprechend ◇ *Adj* attrayant(e). ◇ *Adv* d'une manière plaisante.

ạn|springen (*Perf* **hat/ist ạngesprungen**) *(unreg)* ◇ *tr (hat)* sauter sur. ◇ *intr (ist)* **-1.** [Auto, Motor] démarrer. **-2.** *fam* [reagieren]: **auf etw** *(A)* **~** être emballé(e) par qqch.

Ạn|spruch *der* prétention *f*, exigence *f*; **auf etw ~ haben** pouvoir prétendre à qqch; **jn/etw in ~ nehmen** [Subj: Person] faire appel à qqn/qqch; **jn in ~ nehmen** [Subj: Sache] solliciter qqn; **das nimmt viel Zeit in ~** cela prend beaucoup de temps; **auf etw ~ erheben** revendiquer qqch.

ạnspruchslos *Adj* **-1.** [Leben] sans prétention(s). **-2.** [Person, Lektüre, Publikum] simple. **-3.** [Pflanze] qui demande peu de soins.

ạnspruchsvoll *Adj* exigeant(e); [Programm, Unterricht] poussé(e).

ạn|stacheln ['anʃtaxl̩n] *tr* exciter; **jn zu etw ~** inciter qqn à qqch.

Ạnstalt (*Pl* **-en**) *die* **-1.** [Institution] institut *m*. **-2.** [Irrenanstalt] asile *m*. **-3.** *(Pl)* [Vorbereitung]: **keinerlei ~en machen** ODER **treffen** ne pas faire mine de; **~en machen** ODER **treffen** s'apprêter à.

Anstand *der (ohne Pl)* bonnes mœurs *fpl*, convenances *fpl*; **keinen ~ besitzen** manquer de manières.

anständig ◇ *Adj* **-1.** [ordentlich, integer] convenable. **-2.** *fam* [groß] sacré(e). ◇ *Adv* **-1.** [ordentlich, integer] convenablement, comme il faut. **-2.** *fam* [kräftig] vachement.

anstandshalber *Adv* par correction.

anstandslos *Adv* sans aucune difficulté.

an|starren *tr* fixer (du regard).

anstatt ◇ *Konj* au lieu de. ◇ *Präp (+ G)* au lieu de, à la place de.

◆ **anstatt daß** *Konj fam* au lieu que *(+ subjonctif)*.

◆ **anstatt zu** *Konj* au lieu de.

an|stechen *tr (unreg)* **-1.** [Kuchen, Fleisch] piquer. **-2.** [Faß] mettre en perce.

an|stecken ◇ *tr* **-1.** [infizieren, mitreißen] contaminer; **jn mit etw ~** passer qqch à qqn. **-2.** [anzünden] allumer. **-3.** [Orden, Brosche] épingler. ◇ *intr* être contagieux(euse).

◆ **sich anstecken** *ref*: **sich (bei jm) mit etw ~** attraper qqch (au contact de qqn).

ansteckend *Adj* contagieux(euse).

Ansteck|nadel *die* **-1.** [Schmucknadel] épingle *f* (de cravate). **-2.** [Button] badge *m*.

Ansteckung *(Pl* **-en***) die* contamination *f*.

Ansteckungs|gefahr *die* risque *m* de contamination.

an|stehen *intr (unreg)* **-1.** [in Schlange] faire la queue; **nach etw ~** faire la queue pour qqch. **-2.** [Angelegenheit] être en suspens. **-3.** *geh* [passen]: **jm gut/schlecht/nicht ~** bien/mal/ne pas convenir à qqn.

an|steigen *(Perf* **ist angestiegen***) intr (unreg)* **-1.** [nach oben - Straße, Berg, Skala] monter; [- Gelände] être en pente. **-2.** [zunehmen] augmenter.

anstelle *Präp*: **~ js/einer Sache, ~ von jm/etw** à la place de qqn/qqch.

an|stellen *tr* **-1.** [Gerät, Wasser] mettre en marche. **-2.** [Person - einstellen] embaucher, engager; [- beschäftigen] employer. **-3.** [zustande bringen] faire.

◆ **sich anstellen** *ref* **-1.** [Schlange stehen] faire la queue. **-2.** [sich benehmen] faire des manières; **stell dich nicht so an!** arrête tes histoires!

Anstellung *(Pl* **-en***) die* place *f*, emploi *m*.

Anstich *(Pl* **-e***) der* ouverture *f (d'un tonneau)*.

Anstieg *(Pl* **-e***) der* **-1.** *(ohne Pl)* [Zunahme] hausse *f*. **-2.** [von Straße, Berg] montée *f*.

an|stiften *tr*: **jn zu etw ~** inciter qqn à (faire) qqch.

Anstifter *(Pl* **-***) der* instigateur *m*.

Anstiftung *(Pl* **-en***) die*: **die ~ zu etw** l'incitation *f* à qqch.

an|stimmen *tr* [Lied] entonner; **ein Geschrei ~** se mettre à crier.

An|stoß *der* **-1.** [Anlaß] impulsion *f*; **den ~ zu etw geben** être le point de départ de ODER ouvrir la voie à qqch. **-2.** *(ohne Pl)* [Ärger]: **(bei jm) ~ erregen** choquer (qqn); **an etw** *(D)* **~ nehmen** s'offusquer de qqch. **-3.** SPORT coup *m* d'envoi.

an|stoßen *(Perf* **hat/ist angestoßen***) (unreg)* ◇ *tr (hat)* [mit Körperteil]: **jn/etw (mit etw) ~** pousser qqn/qqch (de qqch); **sich** *(D)* **etw ~** se cogner qqch. ◇ *intr* **-1.** *(ist)* [mit Körperteil]: **mit etw an etw ~** se cogner qqch contre qqch. **-2.** *(hat)* [angrenzen]: **an etw** *(D)* **~** jouxter qqch, être attenant(e) à qqch. **-3.** *(hat)* [mit Gläsern]: **auf jn ~** porter un toast à qqn; **(mit jm) auf etw ~** boire ODER trinquer (avec qqn) à qqch. **-4.** *(hat)* SPORT donner le coup d'envoi.

anstößig *Adj* choquant(e); [Geschichte] grivois(e).

an|strahlen *tr* **-1.** [beleuchten] éclairer. **-2.** [anlächeln]: **jn ~** faire un grand sourire à qqn.

an|streben *tr geh* viser, briguer.

an|streichen *tr (unreg)* **-1.** [mit Pinsel] peindre. **-2.** [mit Stift] souligner.

Anstreicher, in *(mPl* **-***; fPl* **-nen***) der, die* peintre *m (en bâtiment)*.

an|strengen ['anʃtrɛŋən] *tr* **-1.** [ermüden] fatiguer. **-2.** [Kräfte, Phantasie]: **etw ~** se servir de ODER faire travailler qqch; **seinen Kopf ~** se remuer les méninges.

◆ **sich anstrengen** *ref* [sich bemühen] se donner du mal ODER de la peine.

an|strengend *Adj* fatigant(e), stressant(e).

Anstrengung *(Pl* **-en***) die* effort *m*; **mit großer ~** à grand-peine.

Anstrich *der (ohne Pl)* **-1.** [Farbe] peinture *f*. **-2.** [Schein]: **einer Sache** *(D)* **einen neuen ~ geben** donner un coup de neuf à qqch; **einer Sache** *(D)* **einen seriösen ~ geben** conférer un certain sérieux à qqch.

Ansturm *der (ohne Pl)* assaut *m*.

an|stürmen *(Perf* **ist angestürmt***) intr*: **gegen jn/etw ~** se jeter sur ODER assaillir qqn/qqch.

Antagonismus *(Pl* **-men***) der* antagonisme *m*.

Antagonist *(Pl* **-en***) der* antagoniste *m*.

antagonistisch *Adj* antagoniste.

an|tanzen *(Perf* **ist angetanzt***) intr fam* se pointer; **jn ~ lassen** *fam* faire venir qqn.

Antarktis *die* Antarctique *f*.

antarktisch *Adj* antarctique.

an|tasten *tr* **-1.** [Ehre, Recht] porter atteinte à. **-2.** [Vermögen, Vorrat, Essen] toucher à.

Anteil *(Pl* **-e***) der* **-1.** [Teil] part *f*; [an Kosten] participation *f*. **-2.** [Hilfe]: **an etw** *(D)* **~ neh-**

men [mitleidig] compatir à qqch; [aktiv] participer à qqch.

Anteilnahme *die (ohne Pl)* **-1.** [bei Trauerfall] sympathie. **-2.** [aktiv] participation *f*; [Interesse] intérêt *m*.

Antenne (*Pl* **-n**) *die* **-1.** TV antenne *f*. **-2.** [Gefühl]: **eine/keine ~ für etw haben** avoir/ne pas avoir le sens de qqch.

Anthologie [antolo'giː] (*Pl* **-n**) *die* anthologie *f*.

Anthrazit [antra'tsiːt] *der* anthracite *m*.

Anthropologie [antropolo'giː] (*Pl* **-n**) *die* anthropologie *f*.

Anti|alkoholiker, in [anti|alko'hoːlikɐ, rın] (*mPl* **-**; *fPl* **-nen**) *der, die* antialcoolique *mf*.

antiautoritär [anti|autori'tɛːɐ̯] *Adj* permissif(ive), libéral(e).

Antibiotikum [anti'bioːtikum] (*Pl* **-biotika**) *das* antibiotique *m*.

Antichrist *der (ohne Pl)* REL antéchrist *m*.

antifaschistisch *Adj* antifasciste.

antik *Adj* **-1.** [klassisch] antique. **-2.** [alt] ancien(enne) *(nachgestellt)*.

Antike *die (ohne Pl)*: *die* **~** l'Antiquité *f*.

antikommunistisch *Adj* anticommuniste.

Antikörper (*Pl* **-**) *der* MED anticorps *m*.

Antilope (*Pl* **-n**) *die* antilope *f*.

Antipathie [antipa'tiː] (*Pl* **-n**) *die* antipathie *f*.

an|tippen *tr* effleurer.

Antiquariat [antikva'ri̯aːt] (*Pl* **-e**) *das* **-1.** [Geschäft] librairie *f* de livres anciens. **-2.** [Abteilung] rayon *m* de livres d'occasion.

antiquarisch *Adj* d'occasion *(livre)*.

antiquiert [anti'kviːrt] *Adj geh* dépassé(e).

Antiquität [antikvi'tɛːt] (*Pl* **-en**) *die* antiquité *f*.

Antisemit, in [antize'miːt, in] (*mPl* **-en**; *fPl* **-nen**) *der, die* antisémite *mf*.

antisemitisch *Adj* antisémite.

Antisemitismus *der (ohne Pl)* antisémitisme *m*.

antiseptisch *Adj* MED antiseptique.

antistatisch *Adj* antistatique.

Antithese [anti'teːzə] (*Pl* **-n**) *die* antithèse *f*.

antithetisch *Adj* antithétique.

Antlitz [antlɪts] (*Pl* **-e**) *das geh* face *f*.

an|törnen = **anturnen**.

Antrag ['antraːk] (*Pl* **Anträge**) *der* **-1.** [Gesuch] demande *f*; [in Parlament, Verein] proposition *f*, motion *f*; **einen ~ (auf etw** *(A)***) stellen** faire une demande (de qqch). **-2.** [Heiratsantrag]: **jm einen ~ machen** demander qqn en mariage.

Antrags|formular *das* (formulaire *m* de) demande *f*.

Antragsteller (*Pl* **-**) *der amt* demandeur *m*.

an|treffen *tr (unreg)* trouver.

an|treiben *tr (unreg)* **-1.** [Wagen, Gerät] entraîner, propulser. **-2.** [Person] stimuler; **jn dazu ~, etw zu tun** pousser ODER inciter qqn à faire qqch. **-3.** [anschwemmen] charrier.

an|treten (*Perf* **hat/ist angetreten**) *(unreg)* ◇ *tr (hat)* **-1.** [beginnen] commencer. **-2.** [Erbschaft]: **ein Erbe ~** entrer en possession d'un héritage. ◇ *intr (ist)* **-1.** [sich aufstellen] se mettre en rang. **-2.** [kämpfen]: **gegen jn ~** entrer en lice contre qqn.

Antrieb *der (ohne Pl)* **-1.** [von Geräten] entraînement *m*, propulsion *f*. **-2.** [von Personen] impulsion *f*; **etw aus eigenem ~ tun** faire qqch de sa propre initiative.

Antriebs|kraft *die* **-1.** [von Maschinen] force *f* motrice ODER de propulsion. **-2.** *fig* [von Personen] moteur *m*.

an|trinken *tr (unreg)*: **sich** *(D)* **Mut ~** boire pour se donner du courage; **sich** *(D)* **einen Schwips ~** boire un petit coup de trop.

Antritt *der (ohne Pl)* **-1.** [Beginn] début *m*, commencement *m*; **~ eines Dienstes** entrée *f* en fonction. **-2.** MIL: **zum ~** en rang.

Antritts|besuch *der*: **seinen ~ machen** présenter ses lettres de créance.

an|trocknen (*Perf* **ist angetrocknet**) *intr* commencer à sécher; **die Farbe ist noch nicht angetrocknet** la peinture n'est pas encore sèche.

an|tun *tr (unreg)* **-1.** [Schaden]: **jm etw ~** faire du mal à qqn. **-2.** [Gutes]: **jm zuviel Ehre ~** faire trop d'honneur à qqn. **-3.** [lieben]: **es jm angetan haben** plaire à qqn.

an|turnen, **an|törnen** ['antœ(r)nən] *tr salopp* **-1.** [anmachen] brancher. **-2.** [Subj: Rauschmittel] faire planer.

Antwerpen *nt* Anvers.

Antwort ['antvɔrt] (*Pl* **-en**) *die* réponse *f*; **die ~ auf etw** *(A)* la réponse à qqch; **(keine) ~ geben** (ne pas) répondre.

antworten *intr* & *tr* répondre; **auf etw** *(A)* **~** répondre à qqch.

Antwort|schein *der* coupon-réponse *m*.

an|vertrauen *tr*: **jm etw ~** confier qqch à qqn. ◆ **sich anvertrauen** *ref* se confier.

Anverwandte (*Pl* **-n**) *der, die* parent *m*, -e *f*.

an|visieren ['anviziːrən] *tr* viser.

an|wachsen (*Perf* **ist angewachsen**) *intr (unreg)* **-1.** [Pflanze] prendre (racine). **-2.** [mehr werden] augmenter, s'accroître.

an|wählen *tr* appeler.

Anwalt ['anvalt] (*Pl* **Anwälte**) *der* avocat *m*.

Anwältin ['anvɛltɪn] (*Pl* **-nen**) *die* **-1.** [Rechtsanwältin] avocate *f*. **-2.** *fig* [Fürsprecherin] avocat *m*.

Anwalts|büro *das* cabinet *m* d'avocat.

Anwandlung (*Pl* **-en**) *die*: **in einer ~ von**

Großzügigkeit/Größenwahn dans un accès de générosité/mégalomanie.

an|wärmen *tr* chauffer.

Anwärter, in (*mPl* -; *fPl* **-nen**) *der, die*: **~ (auf etw** *(A)*) **sein** être candidat(e) (à qqch).

an|weisen *tr (unreg)* **-1.** [beauftragen]: **jn ~, etw zu tun** donner à qqn l'instruction de faire qqch. **-2.** [Betrag] virer *(de l'argent)*.

Anweisung (*Pl* **-en**) *die* **-1.** [Befehl] instruction *f*. **-2.** [Zahlung - per Bank] virement *m*; [- per Post] mandat *m*.

anwendbar *Adj*: **(auf jn/etw) ~** applicable (à qqn/qqch).

an|wenden *tr (unreg)* **-1.** [Hilfsmittel, Gewalt, List] utiliser, employer. **-2.** [Methode, Regel]: **etw auf jn/etw ~** appliquer qqch à qqn/qqch.

Anwender (*Pl* -) *der* EDV utilisateur *m*.

Anwendung (*Pl* **-en**) *die* **-1.** [von Hilfsmitteln] utilisation *f*; [von Gewalt] usage *m*; [von List] emploi *m*. **-2.** [von Methode, Regel] application *f*; **zur ~ kommen** ODER **gelangen** *amt* être appliqué(e).

Anwendungs|programm *das* EDV programme *m* d'application.

an|werben *tr (unreg)* recruter.

an|werfen *tr (unreg)*: **einen Motor ~** mettre un moteur en marche.

Anwesen (*Pl* -) *das* propriété *f*.

anwesend *Adj* présent(e); **bei etw ~ sein** être présent à qqch.

Anwesende (*Pl* **-n**) *der, die* personne *f* présente.

Anwesenheit *die (ohne Pl)* présence *f*; **in js ~, in ~ von jm** en présence de qqn.

Anwesenheits|liste *die* liste *f* de présence.

an|widern ['anviːdɐn] *tr* dégoûter.

Anwohner (*Pl* -) *der* riverain *m*.

Anz. ◇ *Abk für* **Anzahlung**. ◇ *Abk für* **Anzeige**.

Anzahl *die (ohne Pl)* nombre *m*.

an|zahlen *tr* verser un acompte; **100 Mark ~** verser un acompte de 100 marks.

Anzahlung (*Pl* **-en**) *die* acompte *m*.

an|zapfen *tr* **-1.** [Faß] mettre en perce. **-2.** *fam* [Leitung - von Telefon] mettre sur écoute; [- für Wasser, Strom] pirater.

Anzeichen (*Pl* -) *das* signe *m*, indice *m*; [von Krankheiten] symptôme *m*.

Anzeige ['antsaigə] (*Pl* **-n**) *die* **-1.** [Bekanntgabe - in Zeitung, auf Tafel] annonce *f*; [- als Brief] faire-part *m*. **-2.** [Strafanzeige] plainte *f*; **gegen jn/etw ~ erstatten** porter plainte contre qqn/qqch.

an|zeigen *tr* **-1.** [Person] signaler. **-2.** [Subj: Schild] indiquer; [am Bahnhof, bei Wettkampf] afficher.

Anzeigen|blatt *das* journal *m* d'annonces.

Anzeigen|teil *der* petites annonces *fpl*.

an|zetteln ['antsɛtl̩n] *tr* provoquer.

an|ziehen *(unreg)* ◇ *tr* **-1.** [Kleidung]: **jm etw ~** mettre qqch à qqn. **-2.** [bekleiden]: **jn ~** habiller qqn; **sich** *(D)* **etw ~** mettre qqch. **-3.** [Subj: Magnet] attirer. **-4.** [Schraube, Bremse] serrer. **-5.** [Draht, Tau] tendre. **-6.** [Knie, Arm] plier. ◇ *intr* **-1.** WIRTSCH être en hausse. **-2.** [beschleunigen] accélérer.

◆ **sich anziehen** *ref* **-1.** [sich ankleiden] s'habiller. **-2.** [aufeinander wirken]: **sich (gegenseitig) ~** s'attirer.

anziehend *Adj* attirant(e).

Anziehungs|kraft *die* force *f* d'attraction.

Anzug (*Pl* **Anzüge**) *der* **-1.** [Kleidungsstück] costume *m*; **dreiteiliger ~** (costume) trois-pièces *m*. **-2.** [Nähern]: **im ~ sein** [Gefahr, Feind] se préparer, approcher.

anzüglich ['antsyːklɪç] ◇ *Adj* salace. ◇ *Adv* de façon salace.

an|zünden *tr* allumer; [Haus] incendier; [Streichholz] frotter, gratter.

anzunehmen *Adj*: **es ist ~, daß** il est probable que.

an|zweifeln *tr*: **etw ~** mettre qqch en doute.

a.O. (*Abk für* **an der Oder**) sur l'Oder.

AOK (*Abk für* **Allgemeine Ortskrankenkasse**) *die (ohne Pl) caisse primaire allemande d'assurance maladie*.

Aorta [a'ɔrta] (*Pl* **Aorten**) *die* MED aorte *f*.

apart ◇ *Adj geh* raffiné(e). ◇ *Adv*: **sie ist ~ angezogen** ses vêtements ont beaucoup d'allure.

Apartheid [a'paːɐ̯thait] *die (ohne Pl)* POL apartheid *m*.

Apartment = **Appartement**.

Apartment|haus *das résidence composée exclusivement de studios*.

Apathie [apa'tiː] (*Pl* **-n**) *die* apathie *f*.

apathisch [a'paːtɪʃ] *Adj* apathique.

Apennin *der* Apennins *mpl*; **im ~** dans les Appenins.

Aperitif (*Pl* **-s**) *der* apéritif *m*.

Apfel ['apfl̩] (*Pl* **Äpfel**) *der* pomme *f*; **in den sauren ~ beißen (müssen)** (devoir) avaler la pilule.

Apfel|baum *der* pommier *m*.

Apfel|kuchen *der* tarte *f* aux pommes.

Apfel|mus *das* compote *f* de pommes.

Apfel|saft *der* jus *m* de pommes.

Apfelsine [apfl̩'ziːnə] (*Pl* **-n**) *die* orange *f*.

Apfelstrudel (*Pl* -) *der* strudel *m*, *gâteau aux pommes, aux raisins et à la cannelle, roulé en pâte feuilletée*.

Apfel|wein *der* cidre *m*.
Aphorismus [afo'rɪsmʊs] (*Pl* **Aphorismen**) *der* aphorisme *m*.
Apokalypse *die* apocalypse *f*.
apokalyptisch *Adj* apocalyptique.
Apostel (*Pl* -) *der* apôtre *m*.
apostolisch *Adj* apostolique.
Apostroph [apo'stro:f] (*Pl* **-e**) *der* apostrophe *f*.
Apotheke [apo'te:kə] (*Pl* **-n**) *die* pharmacie *f*.
Apotheker, in (*mPl* **-**; *fPl* **-nen**) *der, die* pharmacien *m*, -enne *f*.
App. (*Abk für* **Appartement**) appt.
Apparat [apa'ra:t] (*Pl* **-e**) *der* **-1.** [Gerät, politisch] appareil *m*. **-2.** [Telefon]: **wer ist am ~**? qui est à l'appareil? **-3.** *salopp* [Riesending] engin *m*.
Apparatschik (*Pl* **-s**) *der abw* apparatchik *m*.
Apparatur [apara'tu:ɐ̯] (*Pl* **-en**) *die* appareillage *m*.
Appartement [apartə'mɑ̃:], **Apartment** [a'partmənt] (*Pl* **-s**) *das* **-1.** [privat] studio *m*. **-2.** [im Hotel] suite *f*.
Appell [a'pɛl] (*Pl* **-e**) *der* appel *m*; **einen ~ an jn richten** lancer un appel à qqn.
appellieren *intr*: **an jn ~, etw zu tun** exhorter qqn à faire qqch; **an etw** *(A)* **~** en appeler à qqch.
Appenzell *nt* canton *m* d'Appenzell.
Appenzell Außerrhoden *nt* Appenzell *m* Rhodes-Extérieures.
Appenzeller (*Pl* -) ◇ *der* [Person] Appenzellois *m*. ◇ *Adj (unver)* d'Appenzell; **~ Käse** Appenzell *m*.
Appenzellerin (*Pl* **-nen**) *die* Appenzelloise *f*.
Appenzell Innerrhoden *nt* Appenzell *m* Rhodes-Intérieures.
Appetit [ape'ti:t] *der (ohne Pl)* appétit *m*; **(keinen) ~ auf etw** *(A)* **haben** (ne pas) avoir envie de (manger) qqch; **guten ~!** bon appétit!
appetitanregend ◇ *Adj* qui stimule l'appétit. ◇ *Adv* de façon appétissante.
appetitlich ◇ *Adj* appétissant(e). ◇ *Adv* de façon appétissante.
Appetitlosigkeit *die (ohne Pl)* manque *m* d'appétit.
Appetitzügler (*Pl* -) *der* coupe-faim *m*.
applaudieren [aplau̯'di:rən] *intr* applaudir; **jm ~** applaudir qqn.
Applaus [a'plau̯s] *der (ohne Pl)* applaudissements *mpl*; **~ bekommen** être applaudi(e).
Apple® ['æpl] *(ohne Pl) der* EDV Apple® *m*.
Applikation (*Pl* **-en**) *die* **-1.** [Anwendung] application *f*. **-2.** [Stickerei]: **eine Tischdecke mit ~en** une nappe en appliqué.
Apposition (*Pl* **-en**) *die* GRAM apposition *f*.
Approbation (*Pl* **-en**) *die* ≃ admission *f* à l'ordre *(des médecins, des pharmaciens)*.
Après-Ski [aprɛ'ʃi:] *das (ohne Pl)* après-ski *m*.
Aprikose (*Pl* **-n**) *die* abricot *m*.
April *der (ohne Pl)* avril *m*; **~, ~!** poisson d'avril!; **jn in den ~ schicken** *fig* faire un poisson d'avril à qqn; *siehe auch* **September**.
April|schauer *der* giboulée *f* de mars.
April|scherz *der* poisson *m* d'avril.
April|wetter *das* temps *m* incertain.
apropos [apro'po:] *Adv* à propos de.
Apsis (*Pl* **-siden**) *die* ARCHIT abside *f*.
Aquaplaning [akva'pla:nɪŋ] *das (ohne Pl)* aquaplanage *m*.
Aquarell [akva'rɛl] (*Pl* **-e**) *das* aquarelle *f*; **in ~ malen** peindre à l'aquarelle.
Aquarien|fisch *der* poisson *m (d'aquarium)*.
Aquarium [a'kva:ri̯ʊm] (*Pl* **Aquarien**) *das* aquarium *m*.
Äquator [ɛ'kva:tɔr] *der (ohne Pl)* GEOGR équateur *m*.
äquatorial *Adj* équatorial(e).
Aquavit [akva'vi:t] (*Pl* **-e**) *der* aquavit *m*, akvavit *m*.
äquivalent [ɛkviva'lɛnt] *Adj* équivalent(e).
Äquivalent (*Pl* **-e**) *das* équivalent *m*.
Ar (*Pl* **-e** ODER **-**) *der* ODER *das* are *m*.
Ära (*Pl* **Ären**) *die* ère *f*.
Araber, in (*mPl* **-**; *fPl* **-nen**) *der, die* Arabe *mf*.
Arabeske (*Pl* **-n**) *die* arabesque *f*.
Arabien *nt* Arabie *f*.
arabisch *Adj* arabe.
Arabisch *das (ohne Pl)* arabe *m*, langue *f* arabe.
Arabistik *die (ohne Pl)* études *fpl* d'arabe.
Aral|see *der (ohne Pl)* mer *f* d'Aral.
Arbeit ['arbai̯t] (*Pl* **-en**) *die* **-1.** [gen] travail *m*; **etw ist in ~** on travaille à ODER sur qqch; **an die ~ gehen, sich an die ~ machen** se mettre au travail; **ganze** ODER **gründliche ~ leisten** ne pas faire les choses à moitié; **jm viel ~ machen** donner beaucoup de travail à qqn. **-2.** [künstlerisch] œuvre *f*. **-3.** [wissenschaftlich] mémoire *m*. **-4.** [Klassenarbeit] devoir *m* sur table.
arbeiten ◇ *intr* **-1.** [gen] travailler; **an etw** *(D)* **~** travailler à ODER sur qqch; **an sich** *(D)* **~** accomplir un travail sur soi-même. **-2.** [Maschine, Herz] fonctionner, marcher. ◇ *tr*: **was arbeitet er**? qu'est-ce qu'il fait?
◆ **sich arbeiten** *ref*: **sich müde ~** travailler jusqu'à épuisement; **sich nach oben ~** faire carrière; **es arbeitet sich gut/schlecht mit jm/etw** on travaille bien/mal avec qqn/qqch.
Arbeiter (*Pl* -) *der* **-1.** [im Beruf] ouvrier *m*. **-2.** [als Eigenschaft] travailleur *m*.

Arbeiter|bewegung *die* POL mouvement *m* ouvrier.

Arbeiterin (*Pl* **-nen**) *die* ouvrière *f*.

Arbeiter|klasse *die (ohne Pl)* classe *f* ouvrière.

Arbeiter|partei *die* parti *m* ouvrier.

Arbeiterschaft *die (ohne Pl)*: **die ~** les travailleurs *mpl*.

Arbeiter|wohlfahrt *die (ohne Pl) association d'assistance pour les ouvriers*.

Arbeitgeber, in (*mPl* **-**; *fPl* **-nen**) *der, die* employeur *m*, -euse *f*.

Arbeitgeber|verband *der* organisation *f* patronale.

Arbeitnehmer, in (*mPl* **-**; *fPl* **-nen**) *der, die* salarié *m*, -e *f*.

Arbeitnehmer|organisation *die* organisation *f* syndicale.

Arbeits|amt *das* agence *f* pour l'emploi.

Arbeits|aufwand *der (ohne Pl)* temps *m* de travail investi, investissement *m* en travail.

Arbeits|ausfall *der* heures *fpl* de travail non effectuées.

Arbeitsbedingungen *Pl* conditions *fpl* de travail.

Arbeits|bereich *der* **-1.** [Zuständigkeitsbereich] secteur *m* d'activité. **-2.** [Arbeitsort] champ *m* d'opération ODER d'intervention.

Arbeitsbeschaffungs|maßnahme *die* mesure *f* en faveur de l'emploi.

Arbeitsbeschaffungs|programm *das* plan *m* en faveur de l'emploi.

Arbeits|eifer *der (ohne Pl)* ardeur *f* au travail.

Arbeits|erlaubnis *die* permis *m* de travail.

Arbeits|erleichterung *die*: **für mich war das eine große ~** ça m'a beaucoup soulagé dans mon travail.

Arbeits|essen *das* repas *m* d'affaires.

arbeitsfähig *Adj* apte au travail.

arbeitsfrei *Adj*: **einen ~en Tag haben** avoir un jour de congé.

Arbeits|gang *der* étape *f* de travail.

Arbeits|gemeinschaft *die* groupe *m* d'études.

Arbeits|gericht *das* tribunal *m* du travail, ≃ conseil *m* de prud'hommes.

Arbeits|geschwindigkeit *die* EDV vitesse *f* de traitement.

arbeitsintensiv *Adj* qui demande beaucoup de travail; [Zeit] chargé(e).

Arbeits|kampf *der* conflit *m* du travail.

Arbeits|kleidung *die* vêtements *mpl* de travail; **in ~** en tenue de travail.

Arbeits|klima *das (ohne Pl)* ambiance *f* (de travail).

Arbeits|kraft *die (ohne Pl)* [Leistungsfähigkeit] capacité *f* de travail.
◆ **Arbeitskräfte** *pl* main-d'œuvre *f*.

Arbeits|kreis *der* cercle *m* d'études.

Arbeits|leben *das (ohne Pl)* vie *f* active.

Arbeits|leistung *die* rendement *m*.

Arbeits|lohn *der* salaire *m*.

arbeitslos *Adj* au chômage, sans travail.

Arbeitslose (*Pl* **-n**) *der, die* chômeur *m*, -euse *f*.

Arbeitslosen|geld *das (ohne Pl)* allocation *f* de chômage; **~ beziehen** toucher des indemnités de chômage.

Arbeitslosen|hilfe *die (ohne Pl)* ≃ allocation *f* de fin de droits.

Arbeitslosen|versicherung *die* assurance-chômage *f*.

Arbeitslosen|zahl *die* nombre *m* de chômeurs.

Arbeitslosigkeit *die (ohne Pl)* chômage *m*.

Arbeits|markt *der* marché *m* du travail ODER de l'emploi.

Arbeits|minister, in *der, die* ministre *m* du Travail.

Arbeits|moral *die (ohne Pl)* déontologie *f*.

Arbeitsniederlegung (*Pl* **-en**) *die* débrayage *m*.

Arbeits|ort *der* lieu *m* de travail.

Arbeits|papier *das* [Bericht] document *m* de travail.
◆ **Arbeitspapiere** *(Pl)* [Dokumente] dossier *m (de salarié)*.

Arbeits|plan *der* planning *m*, plan *m* de travail.

Arbeits|platz *der* **-1.** [Stellung, Job] emploi *m*. **-2.** [Ort] lieu *m* de travail.

Arbeits|recht *das (ohne Pl)* droit *m* du travail.

arbeitsscheu *Adj* fainéant(e).

Arbeits|schutz *der (ohne Pl)* protection *f* du travail.

Arbeits|speicher *der* EDV mémoire *f* vive ODER de travail.

Arbeits|stelle *die* [Stellung] poste *m*, emploi *m*; [Abteilung] service *m*.

Arbeits|suche *die* recherche *f* d'emploi.

Arbeits|tag *der* journée *f* de travail.

Arbeits|teilung *die* division *f* du travail.

arbeitsunfähig *Adj* inapte au travail.

Arbeits|unfall *der* accident *m* du travail.

Arbeits|verhältnis *das* contrat *m* de travail; **ein ~ eingehen** signer un contrat d'embauche.

Arbeits|vermittlung *die* bureau *m* de placement.

Arbeits|vertrag *der* contrat *m* de travail.

Arbeits|weise *die* méthode *f* de travail.

Arbeits|welt *die* monde *m* du travail.
Arbeits|zeit *die* horaires *mpl* de travail.
Arbeitszeitver|kürzung *die* réduction *f* du temps de travail.
Arbeits|zimmer *das* bureau *m*.
archaisch *adj* archaïque.
Archäologe [arçεo'lo:gə] (*Pl* **-n**) *der* archéologue *m*.
Archäologin [arçεo'lo:gɪn] (*Pl* **-nen**) *die* archéologue *f*.
archäologisch *adj* archéologique.
Arche ['arçə] (*Pl* **-n**) *die*: **die ~ Noah** l'arche *f* de Noé.
Archetyp (*Pl* **-en**) *der* archétype *m*.
Archipel [arçi'pe:l] (*Pl* **-e**) *der* archipel *m*.
Architekt, in [arçi'tεkt, ɪn] (*mPl* **-en**; *fPl* **-nen**) *der, die* architecte *mf*.
architektonisch *Adj* architectonique.
Architektur [arçitεk'tu:ɐ̯] *die (ohne Pl)* architecture *f*.
Archiv [ar'çi:f] (*Pl* **-e**) *das* archives *fpl*.
archivieren *tr* archiver.
ARD (*Abk für* **Arbeitsgemeinschaft der Rundfunkanstalten Deutschlands**) *die (ohne Pl) première chaîne de télévision allemande.*
Ardennen *Pl* Ardennes *fpl*.
Areal [are'a:l] (*Pl* **-e**) *das* terrain *m*, zone *f*.
Arena (*Pl* **Arenen**) *die* arène *f*.
arg [ark] (*Kompar* **ärger**, *Superl* **ärgste**) ◇ *Adj* **-1.** [schlimm] mauvais(e); **sein ärgster Feind** son pire ennemi; **etw liegt im argen** qqch pose problème. **-2.** [Schmerzen, Enttäuschung] cuisant(e). ◇ *Adv* [schlimm, sehr] très; **es zu ~ treiben** dépasser les bornes.
Argentinien *nt* Argentine *f*.
Argentinier, in (*mPl* **-**; *fPl* **-nen**) *der, die* Argentin *m*, -e *f*.
argentinisch *Adj* argentin(e).
Ärger *der (ohne Pl)* **-1.** [Verärgerung] colère *f*. **-2.** [Problem] ennuis *mpl*; **~ über jn/etw** problèmes *mpl* avec qqn/qqch; **mit jm/etw ~ haben** avoir des ennuis avec qqn/qqch; **mach keinen ~** calme-toi.
ärgerlich *Adj* **-1.** [verärgert]: **auf jn/über etw** *(A)* **~ sein** être en colère contre qqn/à cause de qqch; **~ werden** se mettre en colère. **-2.** [unangenehm] fâcheux(euse).
ärgern *tr* énerver.
◆ **sich ärgern** *ref* s'énerver; **sich über jn/etw ~** se mettre en colère contre qqn/à cause de qqch.
Ärgernis (*Pl* **-se**) *das* [Ärgerliches] sujet *m* d'énervement.
arglistig *Adj* sournois(e).
arglos ◇ *Adj* innocent(e). ◇ *Adv* sans arrière-pensée, en toute naïveté.
Argon *das (ohne Pl)* CHEM argon *m*.
Argument (*Pl* **-e**) *das* argument *m*; **~e vorbringen** argumenter; **~e widerlegen** réfuter des arguments.
argumentieren *intr* argumenter.
Argwohn *der (ohne Pl)* suspicion *f*; **mit ~** avec défiance.
argwöhnen *tr geh* suspecter.
argwöhnisch ◇ *Adj* [Blick, Mensch] soupçonneux(euse). ◇ *Adv* d'un air soupçonneux, avec méfiance.
a.Rh. (*Abk für* **am Rhein**) sur-le-Rhin.
Arie ['a:ri̯ə] (*Pl* **-n**) *die* air *m (d'opéra)*.
arisch *Adj* aryen(enne).
Aristokrat, in (*mPl* **-en**; *fPl* **-nen**) *der, die* aristocrate *mf*.
aristokratisch *Adj* aristocratique.
Arithmetik *die (ohne Pl)* arithmétique *f*.
arithmetisch *Adj* arithmétique.
Arkade (*Pl* **-n**) *die* ARCHIT arcade *f*.
Arktis *die* Arctique *m*.
arktisch *Adj* arctique.
arm (*Kompar* **ärmer**, *Superl* **ärmste**) ◇ *Adj* pauvre; **~ an etw** *(D)* **sein** être pauvre en qqch; **~ dran sein** *fam* être mal barré(e). ◇ *Adv* [mittellos] pauvrement.
Arm (*Pl* **-e**) *der* **-1.** [gen] bras *m*; **jn/etw im ~ halten** tenir qqn/qqch dans ses bras. **-2.** [Ärmel] manche *f*. **-3.** *RW*: **jn auf den ~ nehmen** se payer la tête de qqn; **jm in den ~ fallen** mettre des bâtons dans les roues à qqn; **jm unter die ~e greifen** donner un (petit) coup de main à qqn; **jn mit offenen ~en aufnehmen** accueillir qqn à bras ouverts.
◆ **Arm in Arm** *Adv* bras dessus, bras dessous.
Armatur (*Pl* **-en**) *die* armature *f*.
◆ **Armaturen** *Pl* robinetterie *f*.
Armaturen|brett *das* AUTO tableau *m* de bord.
Arm|band *das* bracelet *m*.
Armband|uhr *die* montre *f*.
Arm|bewegung *die* mouvement *m* de bras.
Arm|binde *die* brassard *m*.
Arm|brust *die* arbalète *f*.
Arme (*Pl* **-n**) *der, die* pauvre *mf*.
Armee [ar'me:] (*Pl* **-n**) *die* armée *f*.
Ärmel (*Pl* **-**) *der* manche *f*; **mit langen/kurzen ~n** à manches longues/courtes; **die ~ hochkrempeln** *eigtl* & *fig* retrousser ses manches; **etw aus dem ~ schütteln** faire qqch avec une grande facilité.
Ärmelkanal *der* Manche *f*.

ärmellos *Adj* sans manches.
Armenien *nt* Arménie *f*.
Armenier, in (*mPl* **-**; *fPl* **-nen**) *der, die* Arménien *m*, -enne *f*.
armenisch *Adj* arménien(enne).
Armlänge *die* longueur *f* de bras.
Armlehne *die* accoudoir *m*.
Armleuchter *der* **-1.** [Leuchter] candélabre *m*. **-2.** *fam* [Idiot] andouille *f*.
ärmlich ◇ *Adj* misérable. ◇ *Adv* de manière misérable, pauvrement.
armselig *Adj* misérable; [Gehalt] de misère.
Armut *die (ohne Pl)* pauvreté *f*.
Arnika (*Pl* **-s**) *die* arnica *m* ODER *f*.
Aroma (*Pl* **-s** ODER **Aromen**) *das* arôme *m*.
aromatisch *Adj* [duftend] aromatique.
Arrak (*Pl* **-s**) *der* arak *m*, arac *m*.
arrangieren [arɑŋ'ʒiːrən] *tr* **-1.** [organisieren] mettre sur pied; [Treffen] arranger. **-2.** [Musik] faire l'arrangement de.
◆ **sich arrangieren** *ref*: **sich mit jm ~** [sich verständigen] s'arranger avec qqn.
Arrest (*Pl* **-e**) *der* arrêts *mpl*.
arriviert [ari'viːɐ̯t] *Adj* **-1.** [erfolgreich] qui a réussi. **-2.** *abw* [emporgekommen] parvenu(e).
arrogant ◇ *Adj* arrogant(e). ◇ *Adv* avec arrogance.
Arroganz *die (ohne Pl)* arrogance *f*.
Arsch (*Pl* **Ärsche**) *der salopp* **-1.** [Gesäß] cul *m*. **-2.** [Blödmann] con *m*. **-3.** *RW*: **im ~ sein** *vulg* être nase ODER naze; **jm in den ~ kriechen** *vulg* faire de la lèche à qqn.
Arschkriecher (*Pl* **-**) *der salopp* lèche-cul *m*.
Arschloch *das vulg* enfoiré *m*, -e *f*.
Arsen *das (ohne Pl)* CHEM arsenic *m*.
Arsenal (*Pl* **-e**) *das* arsenal *m*.
Art (*Pl* **-en**) *die* **-1.** [Weise] façon *f*, manière *f*; **auf seine ~** à sa façon ODER manière; **auf eine andere ~** d'une autre façon ODER manière; **in der ~ von etw** ODER **einer Sache** *(G)* dans le style de qqch; **die ~ und Weise (wie)** la façon ODER la manière (dont); **(Schwarzwälder Kirschtorte) nach ~ des Hauses** KÜCHE (une forêt noire) maison. **-2.** *(ohne Pl)* [Wesen, Verhalten] nature *f*, caractère *m*; **es ist nicht meine/ seine ~, etw zu tun** ce n'est pas dans ma/sa nature de faire qqch. **-3.** [Sorte] genre *m*, espèce *f*; **eine ~ von jm/etw** une espèce de qqn/ qqch; **aller** ODER **jeder ~** en tout genre ODER tous genres; **in seiner ~** dans ODER en son genre; **in dieser ~** sous cette forme; **aus der ~ schlagen** *fig* se distinguer du reste de la famille. **-4.** BIOL espèce *f*.
Art. (*Abk für* **Artikel**) art.
Artenschutz *der (ohne Pl)* protection *f* des espèces.
Artensterben *das (ohne Pl)* disparition *f* des espèces.
Arterie (*Pl* **-n**) *die* artère *f*.
arteriell *Adj* artériel(elle).
Arteriosklerose *die* MED artériosclérose *f*.
artfremd *Adj* BIOL hors normes.
Arthritis *die* MED arthrite *f*.
artig ◇ *Adj* sage. ◇ *Adv* sagement, gentiment.
Artikel (*Pl* **-**) *der* article *m*; **der bestimmte/unbestimmte ~** l'article défini/indéfini.
artikulieren *tr* **-1.** [Laute, Wörter] articuler. **-2.** [Gedanken] exprimer.
◆ **sich artikulieren** [ausdrücken] s'exprimer.
Artillerie (*Pl* **-n**) *die* MIL artillerie *f*.
Artischocke (*Pl* **-n**) *die* artichaut *m*.
Artist, in (*mPl* **-en**; *fPl* **-nen**) *der, die* [im Zirkus] saltimbanque *mf*.
artistisch *Adj* acrobatique.
Arznei (*Pl* **-en**) *die* médicament *m*, remède *m*.
Arzneimittel *das* médicament *m*, remède *m*.
Arzt [aːɐ̯tst] (*Pl* **Ärzte**) *der* médecin *m*; **zum ~ gehen** aller chez le médecin; **der praktische ~** le généraliste.
Ärztehaus *das* centre *m* médical.
Ärzteschaft *die (ohne Pl)* corps *m* médical.
Arzthelfer, in *der, die* secrétaire médical *m*, secrétaire médicale *f*.
Ärztin ['ɛːɐ̯tstɪn] (*Pl* **-nen**) *die* médecin *m*.
ärztl. (*Abk für* **ärztlich**) méd.
ärztlich *Adj* médical(e).
Arztpraxis *die* cabinet *m* médical.
As (*Pl* **-se**) *das* **-1.** [Spielkarte, Person] as *m*. **-2.** MUS la *m* bémol.
Asbest (*Pl* **-e**) *das* amiante *m*.
Asche (*Pl* **-n**) *die* cendre *f*, cendres *fpl*.
Aschenbahn *die* SPORT piste *f (d'athlétisme) cendrée f*.
Aschenbecher *der* cendrier *m*.
Aschenputtel (*Pl* **-**) *das* cendrillon *f*.
Aschermittwoch *der* mercredi *m* des Cendres; **der politische ~** *le Congrès annuel de la CSU*.
aschfahl *Adj* blême, livide.
aschgrau *Adj* gris cendré.
ASCII ['aski] *das (ohne Pl)* EDV (*Abk für* **American Standard Code for Information**) ASCII *m*.
ASCII-Tabelle *die* EDV table *f* des codes ASCII.
ASCII-Zeichen *das* EDV code *m* ASCII.
ASEAN [aːzean] (*Abk für* **Association of South**

East Asian Nations) *die (ohne Pl)* ASEAN *m*, ANASE *f*.

Aserbaidschaner, in (*mPl* **-**; *fPl* **-nen**) *der, die* Azerbaïdjanais *m*, -e *f*, Azéri *m*, -e *f*.

aserbaidschanisch *Adj* azerbaïdjanais(e), azéri(e).

Aserbaidschan *nt* Azerbaïdjan *m*; **in ~** en Azerbaïdjan.

asexuell *Adj* asexué(e).

Asiat, in (*mPl* **-en**; *fPl* **-nen**) *der, die* Asiatique *mf*.

asiatisch *Adj* asiatique.

Asien *nt* Asie *f*.

Askese *die (ohne Pl)* ascèse *f*.

Asket (*Pl* **-en**) *der* ascète *m*.

asketisch *Adj* ascétique.

asozial ◇ *Adj* asocial(e). ◇ *Adv* de manière asociale.

Aspekt (*Pl* **-e**) *der* aspect *m*; **unter diesem ~** vu(e) sous cet angle.

Asphalt [as'falt] (*Pl* **-e**) *der* asphalte *m*.

asphaltieren *tr* goudronner.

Aspik (*Pl* **-e**) *der* aspic *m*.

Aspirant, in [aspi'rant, ɪn] (*mPl* **-en**; *fPl* **-nen**) *der, die*: **~ für/auf etw** *(A)* candidat *m*, -e *f* à qqch.

aß *Prät* → **essen**.

Assel (*Pl* **-n**) *die* cloporte *m*.

Assessor (*Pl* **Assessoren**) *der* SCHULE professeur *m (en début de carrière)*; ADMIN cadre *m* de la fonction publique *(jeune)*.

Assessorin (*Pl* **-nen**) *die* SCHULE professeur *m (en début de carrière)*; ADMIN cadre *m* de la fonction publique *(jeune)*.

Assimilation (*Pl* **-en**) *die* assimilation *f*.

assimilieren *tr* assimiler.
◆ **sich assimilieren** *ref* [sich anpassen] s'assimiler.

Assistent, in (*mPl* **-en**; *fPl* **-nen**) *der, die* assistant *m*, -e *f*; **der wissenschaftliche ~** l'assistant *(à la faculté)*.

Assistenz|arzt, |ärztin *der, die* ≃ interne *mf (des hôpitaux)*.

assistieren *intr*: **jm bei etw ~** assister qqn pendant qqch.

Assoziation (*Pl* **-en**) *die geh* [Gedankenverbindung] association *f*.

assoziieren *tr geh* [Gedanken] associer.
◆ **sich assoziieren** *ref* [sich verbinden] s'associer.

Ast (*Pl* **Äste**) *der* branche *f*; **auf dem absteigenden ~ sein** *fig* [nachlassen] être en perte de vitesse.

AStA ['asta] (*Pl* **-(s)** ODER **ASten**) (*Abk für* **Allgemeiner Studentenausschuß**) *der comité des étudiants allemands*.

Astat *das (ohne Pl)* CHEM astate *m*.

Aster (*Pl* **-n**) *die* aster *m*.

Ast|gabel *die* fourche *f*.

Ästhetik [ɛs'teːtɪk] (*Pl* **-en**) *die* esthétique *f*.

ästhetisch *Adj* esthétique.

Asthma *das (ohne Pl)* asthme *m*.

Ast|loch *das* nœud *m (dans le bois)*.

astrein *salopp* ◇ *Adj* super, d'enfer; **nicht ganz ~** [anrüchig] pas très catholique. ◇ *Adv* super bien.

Astrologe (*Pl* **-n**) *der* astrologue *m*.

Astrologie *die (ohne Pl)* astrologie *f*.

Astrologin (*Pl* **-nen**) *die* astrologue *f*.

astrologisch *Adj* astrologique.

Astronaut, in (*mPl* **-en**; *fPl* **-nen**) *der, die* astronaute *mf*.

Astronomie *die (ohne Pl)* astronomie *f*.

astronomisch *Adj* astronomique.

Astro|physik *die* astrophysique *f*.

Asyl (*Pl* **-e**) *das* **-1.** *(ohne Pl)* [Zuflucht] asile *m*; **um ~ bitten** ODER **nachsuchen** demander l'asile *(politique)*. **-2.** [Obdachlosenasyl] asile *m* de nuit, foyer *m*.

Asylant (*Pl* **-en**) *der* réfugié *m* politique.

Asylanten|wohnheim *das* foyer *m* de demandeurs d'asile.

Asylantin (*Pl* **-nen**) *die* réfugiée *f* politique.

Asyl|bewerber, in *der, die* demandeur *m* d'asile.

Asyl|recht *das (ohne Pl)* droit *m* d'asile.

Asymmetrie (*Pl* **-n**) *die* asymétrie *f*.

asymmetrisch *Adj* asymétrique.

Asymptote (*Pl* **-en**) *die* MATH asymptote *f*.

Aszendent (*Pl* **-en**) *der* ASTRO ascendant *m*.

AT *Abk für* **Altes Testament**.

Atelier [ate'li̯eː] (*Pl* **-s**) *das* atelier *m*.

Atelier|wohnung *die* loft *m*.

Atem *der (ohne Pl)* **-1.** [Atmung] respiration *f*, souffle *m*; **außer ~ sein** être essoufflé(e) ODER à bout de souffle. **-2.** [Atemluft] air *m*; **~ holen** [einatmen] respirer; [sich ausruhen] souffler. **-3.** *RW*: **jn in ~ halten** [in Spannung versetzen] tenir qqn en haleine; **jm den ~ verschlagen** [verblüffen] couper le souffle à qqn, laisser qqn pantois.

atemberaubend ◇ *Adj* époustouflant(e). ◇ *Adv* incroyablement.

Atembeschwerden *Pl* difficultés *fpl* respiratoires.

atemlos ◇ *Adj* **-1.** [außer Atem] (tout) essoufflé, (toute) essoufflée, hors d'haleine. **-2.** [Stille] absolu(e). ◇ *Adv* **-1.** [außer Atem] à perdre haleine. **-2.** [lauschen] en retenant son souffle.

Atem|not *die (ohne Pl)* manque *m* de souffle; MÉD difficultés *fpl* respiratoires.

Atem|pause *die* pause *f (pour reprendre son souffle).*

Atem|zug *der* inspiration *f*; **im selben** ODER **in einem ~** [gleichzeitig] dans le même temps.

Atheismus [ate'ɪsmʊs] *der (ohne Pl)* athéisme *m.*

Atheist, in (*mPl* **-en**; *fPl* **-nen**) *der, die* athée *mf.*

atheistisch *Adj* athée.

Athen *nt* Athènes.

Athener (*Pl* -) ◇ *der* Athénien *m.* ◇ *Adj* athénien(enne), d'Athènes.

Athenerin (*Pl* **-nen**) *die* Athénienne *f.*

Äther *der (ohne Pl)* CHEM éther *m.*

ätherisch *Adj* éthéré(e).

Äthiopien *nt* Éthiopie *f.*

Äthiopier, in (*mPl* -; *fPl* **-nen**) *der, die* Éthiopien *m,* -enne *f.*

äthiopisch *Adj* éthiopien(enne).

Athlet, in (*mPl* **-en**; *fPl* **-nen**) *der, die* athlète *mf.*

athletisch ◇ *Adj* athlétique; **~er Körper** corps *m* d'athlète. ◇ *Adv* de manière athlétique.

Atlantik *der* Atlantique *m.*

atlantisch *Adj* atlantique.

Atlas (*Pl* **-se** ODER **Atlanten**) *der* [Buch] atlas *m.*

atm (*Abk für* **Atmosphäre**) atm.

atmen *intr* & *tr* respirer.

Atmosphäre (*Pl* **-n**) *die* **-1.** [Luft] atmosphère *f.* **-2.** *(ohne Pl)* [Stimmung] atmosphère *f,* ambiance *f.*

Atmosphären|überdruck *der (ohne Pl)* atmosphère *f* hyperbare.

atmosphärisch *Adj* atmosphérique.

Atmung *die (ohne Pl)* respiration *f.*

Ätna *der* Etna *m.*

Atoll (*Pl* **-e**) *das* GEOGR atoll *m.*

Atom (*Pl* **-e**) *das* atome *m.*

atomar *Adj* **-1.** [von Atomen] atomique. **-2.** [Energie, Zerstörung] nucléaire.

Atom|bombe *die* bombe *f* atomique, bombe *f* A.

Atom|energie *die (ohne Pl)* énergie *f* nucléaire.

Atom|gewicht *das* masse *f* atomique.

Atom|kern *der* noyau *m* atomique.

Atom|kraft *die (ohne Pl)* énergie *f* nucléaire, nucléaire *m.*

Atom|kraftwerk *das* centrale *f* nucléaire.

Atom|krieg *der* guerre *f* nucléaire.

Atom|macht *die* puissance *f* nucléaire.

Atommeiler (*Pl* -) *der* réacteur *m* nucléaire.

Atom|müll *der (ohne Pl)* déchets *mpl* radioactifs.

Atom|physik *die (ohne Pl)* physique *f* nucléaire.

Atom|rakete *die* fusée *f* nucléaire.

Atom|sprengkopf *der* ogive *f* nucléaire.

Atom|test *der* essai *m* nucléaire.

Atom|waffe *die* arme *f* nucléaire.

atonal *Adj* MUS atonal(e).

Atrium (*Pl* **Atrien**) *das* atrium *m.*

ätsch *Interj fam* nananère!

Attaché [ata'ʃeː] (*Pl* **-s**) *der* attaché *m,* -e *f.*

Attacke (*Pl* **-n**) *die* MIL & MED attaque *f.*

attackieren *tr* [angreifen] attaquer.

Attentat (*Pl* **-e**) *das* attentat *m*; **ein ~ auf jn/etw verüben** perpétrer un attentat contre qqn/qqch.

Attentäter, in (*mPl* -; *fPl* **-nen**) *der, die* auteur *m* d'un attentat.

Attest (*Pl* **-e**) *das* certificat *m (médical).*

attestieren *tr* confirmer.

Attraktion (*Pl* **-en**) *die* **-1.** [Anziehungskraft] pouvoir *m* d'attraction. **-2.** [Sehenswürdigkeit] attraction *f.*

attraktiv *Adj* **-1.** [Frau] séduisant(e). **-2.** [Preis, Angebot] intéressant(e).

Attraktivität *die (ohne Pl)* pouvoir *m* d'attraction.

Attrappe (*Pl* **-n**) *die* leurre *m.*

Attribut (*Pl* **-e**) *das* GRAM complément *m*; [als Adjektiv] épithète *m.*

attributiv *Adj* GRAM: **~es Adjektiv** adjectif *m* épithète.

atü [at'yː] (*Pl* -) (*Abk für* **Atmosphärenüberdruck**) bar.

atypisch *Adj* atypique.

ätzen ◇ *tr* attaquer, ronger. ◇ *intr* être caustique ODER corrosif(ive).

ätzend *Adj* **-1.** [Säure, Chemikalie] corrosif(ive); [Geruch] âcre. **-2.** [spöttisch] caustique. **-3.** *salopp* [langweilig, dumm - Sache] nul (nulle); [- Person] chiant(e).

au *Interj* **-1.** [Ausdruck von Schmerz]: **~!** aïe! **-2.** [Ausdruck von Begeisterung]: **~ ja!** chouette!

AU (*Pl* **-s**) *die Abk für* **Abgasuntersuchung**.

Aubergine [obɛr'ʒiːnə] (*Pl* **-n**) *die* aubergine *f.*

auch *Adv* **-1.** [ebenfalls, sogar] aussi; [in Verneinungen] non plus; **ich ~ nicht** moi non plus; **~ das noch!** il ne manquait plus que ça!; **dann ~ das noch** et par-dessus le marché. **-2.** [bestimmt] bien; **hast du dich ~ entschuldigt?** tu t'es bien excusé? **-3.** [zum Ausdruck einer Begründung]: **so sieht er ~ aus** il en a bien l'air. **-4.** [zum Ausdruck der Beliebigkeit]: **wo du ~ immer**

bist où que tu sois; **was ~ immer geschehen mag** quoi qu'il arrive; **wieviel das ~ kosten mag** quel qu'en soit le prix; **wie dem ~ sei** quoi qu'il en soit.

Audienz (*Pl* **-en**) *die* audience *f*.

Audimax (*Abk für* **Auditorium maximum**) (*Pl* **-**) *das* UNI grand amphi *m*.

audiovisuell *Adj* audiovisuel(elle).

Auditorium (*Pl* **Auditorien**) *das* **-1.** [Hörsaal] amphithéâtre *m*. **-2.** [Publikum] auditoire *m*.

Aue (*Pl* **-n**) *die* pré *m (près d'une rivière)*.

Auer|hahn *der* coq *m* de bruyère.

Auer|ochse *der* aurochs *m*.

auf ◇ *Präp* **-1.** *(+ D, + A)* [zur Angabe einer Position, oben auf] **sur**; [für Straße, Insel, Welt] **dans**; **sie ist ~ ihrem Zimmer** elle est dans sa chambre; **~ dem Land** à la campagne; **~ der Post** à la poste. **-2.** *(+ D)* [während] **à, pendant**; **~ Reisen** en voyage; **~ der Hochzeit** au mariage. **-3.** *(+ A)* [zu einem Ereignis, zu einer Beschäftigung] **à**; **~ die Arbeit** au travail; **~ die Universität** à l'université. **-4.** *(+ A)* [zur Angabe der Art und Weise]: **~ diese Weise** de cette manière; **~ deutsch** en allemand; **~ jeden Fall** en tout cas; **was hat es damit ~ sich**? *fig* que se passe-t-il donc? **-5.** *(+ A)* [zur Angabe einer Zeitspanne] **pour**. **-6.** *(+ A)* [zur Angabe eines Anlasses]: **~ js Rat** sur le conseil de qqn; **~ etw hin** à la suite de qqch. **-7.** *(+ A)* [zur Angabe einer Abfolge] **à**; **von jetzt ~ gleich** en deux temps trois mouvements; **in der Nacht von Freitag ~ Samstag** dans la nuit de vendredi à samedi; **Schlag ~ Schlag** coup sur coup. **-8.** *(+ A)* [zur Angabe eines Wunsches] **à**; **~ dein Wohl!** à ta santé!; **~ daß** (pour) que. **-9.** *(+ A)* [zur Angabe eines Abstandes] **à**; **bis ~ 50 Meter** à 50 mètres. **-10.** *(+ A)* [zur Angabe eines Verhältnisses] **pour**; **~ ein Kilo Obst kommt ein Pfund Zucker** une livre de sucre pour un kilo de fruits. ◇ *Adv* **-1.** [aufmachen]: **Mund/Tür ~!** ouvre ODER ouvrez la bouche/la porte! **-2.** [aufgestanden] **debout**. ◇ *Interj* [los, weg] **allez!**; **~ und davon** déjà loin. ◆ **auf und ab** *Adv* **-1.** [herauf und herunter] de haut en bas, de bas en haut. **-2.** [hin und her] de long en large.

auf|arbeiten *tr* **-1.** [erledigen]: **einen Rückstand ~** rattraper un retard. **-2.** [Möbelstück] **remettre à neuf**. **-3.** [Erlebnisse, Eindrücke] **travailler sur**.

auf|atmen *intr* pousser un soupir de soulagement; **(wieder) ~ können** pouvoir (de nouveau) souffler.

auf|bahren *tr*: **einen Toten ~** exposer un mort sur le catafalque.

Aufbau (*Pl* **-ten**) *der* **-1.** *(ohne Pl)* [von Gerüst, Tribüne] **montage** *m*; [von Lagern] **installation** *f*; [von Orten] **construction** *f*. **-2.** *(ohne Pl)* [von Betrieb, Organisation] **création** *f*; [von Systemen] **mise** *f* **en place**. **-3.** *(ohne Pl)* [Struktur] **structure** *f*; [von Gedichten] **plan** *m*; [von Symphonien] **construction** *f*. **-4.** [auf Gebäuden, Schiffen etc] **structure** *f*.

auf|bauen ◇ *tr* **-1.** [bauen - gen] **construire**; [- Gerüst] **monter**; [- Zelt] **planter**; **wieder ~** reconstruire. **-2.** [Betrieb, Organisation] **créer**; [System] **mettre en place**. **-3.** [zusammensetzen] **monter**; **aus etw aufgebaut sein** se composer de qqch. **-4.** [ordnen - Waren, Geschenke] **disposer**; [- Roman, Rede] **organiser**. **-5.** [fördern]: **jn zu** ODER **als etw ~** faire de qqn qqch. **-6.** *fam* [trösten]: **jn ~** remonter le moral à qqn. **-7.** [begründen]: **etw auf etw** *(D)* **~** appuyer ODER fonder qqch sur qqch. ◇ *intr* [fußen]: **auf etw** *(D)* **~** reposer ODER s'appuyer sur qqch. ◆ **sich aufbauen** *ref* **-1.** *fam* [sich hinstellen] **se camper**. **-2.** [sich zusammensetzen]: **sich aus etw ~** se composer de qqch.

Aufbau|gymnasium *das lycée donnant l'accès à l'université aux élèves ayant suivi un cycle court.*

auf|bäumen
◆ **sich aufbäumen** *ref* **-1.** [Pferd] **se cabrer**. **-2.** [Person]: **sich gegen jn/etw ~** s'insurger contre qqn/qqch.

auf|bauschen *tr* **-1.** [übertreiben]: **etw ~** monter qqch en épingle. **-2.** [bauschen] **faire bouffer**.

auf|begehren *intr geh*: **gegen jn/etw ~** s'élever contre qqn/qqch.

auf|behalten *tr (unreg)* **garder**.

auf|bekommen *tr (unreg)* **-1.** [öffnen] **réussir à ouvrir**. **-2.** *fam* [Essen] **arriver à finir** *(plat)*; [Teller] **vider**. **-3.** [Schulaufgabe] **avoir à** ODER **devoir faire**.

auf|bereiten *tr* **traiter**.

Aufbereitung (*Pl* **-en**) *die* **traitement** *m (préalable)*.

auf|bessern *tr* [Kenntnisse] **améliorer**; **sein Gehalt ~** arrondir ses fins de mois.

Aufbesserung (*Pl* **-en**) *die* **amélioration** *f*.

auf|bewahren *tr* **garder**; [Lebensmittel] **conserver**; **etw kühl/trocken ~** conserver qqch au frais/dans un endroit sec.

Aufbewahrung *die (ohne Pl)* **garde** *f*; [von Lebensmitteln] **conservation** *f*.

auf|bieten *tr (unreg)* **-1.** [Kraft, Einfluß] **user de**. **-2.** [Polizei, Militär] **mobiliser**.

Aufbietung *die (ohne Pl)*: **unter ~ aller Kräfte** en mobilisant ODER y mettant toutes mes ODER tes etc forces.

auf|binden *tr (unreg)* **-1.** [Schnürsenkel, Knoten] **défaire**. **-2.** [befestigen] **attacher**.

auf|blähen *tr* [Backen, Segel, Struktur] **gonfler**; [Bauch] **ballonner**.

auf|blasen *tr (unreg)* [Ballon, Luftmatratze] gonfler.
auf|bleiben (*Perf* **ist aufgeblieben**) *intr (unreg)* **-1.** [Person] rester debout ODER éveillé(e). **-2.** [Tür, Geschäft] rester ouvert(e).
auf|blenden ◇ *tr*: **die Scheinwerfer ~** mettre les phares. ◇ *intr* faire un appel de phares.
auf|blicken *intr* **-1.** [hochsehen] lever les yeux. **-2.** [bewundern]: **zu jm ~** admirer qqn.
auf|blitzen *intr* jaillir.
auf|blühen (*Perf* **ist aufgeblüht**) *intr* **-1.** [Blume, Person] s'épanouir. **-2.** [Industrie, Region] être en plein essor.
auf|brauchen *tr* épuiser.
auf|brausen (*Perf* **ist aufgebraust**) *intr* **-1.** [Lärm, Beifall] éclater. **-2.** [Person] s'emporter.
auf|brausend *Adj* soupe au lait.
auf|brechen (*Perf* **hat/ist aufgebrochen**) *(unreg)* ◇ *tr (hat)* [öffnen - mit Gewalt] forcer, fracturer; [- in krimineller Absicht] pénétrer de force dans. ◇ *intr (ist)* **-1.** [abreisen] se mettre en route; **nach London ~** partir pour Londres. **-2.** [Wunde] se rouvrir; [Erde] se craqueler.
auf|bringen *tr (unreg)* **-1.** [beschaffen]: **die Kraft/den Mut ~, etw zu tun** trouver la force/le courage de faire qqch; **Geld ~** réunir des fonds. **-2.** [Gerücht, Mode] lancer. **-3.** [wütend machen]: **jn gegen jn/etw ~** monter qqn contre qqn/qqch. **-4.** *fam* [öffnen können] arriver à ouvrir.
Aufbruch *der (ohne Pl)* départ *m*.
auf|brummen *tr fam* : **jm etw ~** flanquer ODER coller qqch à qqn.
auf|bürden *tr*: **jm etw ~** charger qqn de qqch; **sich** *(D)* **etw ~** se charger de qqch, se mettre qqch sur le dos.
auf|decken ◇ *tr* **-1.** [Laken, Decke] retirer. **-2.** [Geheimnis, Verbrechen] lever le voile sur. **-3.** [Spielkarten]: **seine Karten** ODER **sein Spiel ~** dévoiler son jeu. **-4.** [im Bett]: **jn ~** retirer la couverture à qqn. ◇ *intr* mettre le couvert.
◆ **sich aufdecken** *ref* se découvrir.
auf|donnern
◆ **sich aufdonnern** *ref fam abw* se pomponner.
auf|drängen *tr*: **jm etw ~** contraindre qqn à accepter qqch.
◆ **sich aufdrängen** *ref* s'imposer; **sich jm ~** imposer sa présence à qqn.
auf|drehen ◇ *tr* **-1.** [öffnen] ouvrir; [Schraube] dévisser. **-2.** *fam* [Radio, Lautsprecher] monter le volume de. ◇ *intr fam* [schnell fahren] mettre les gaz.
aufdringlich ◇ *Adj* [Person] importun(e); [Farbe] voyant(e); [Geruch] incommodant(e). ◇ *Adv* de manière insistante.
auf|dröseln *tr* démêler.
auf|drucken *tr*: **etw auf etw** *(A)* **~** imprimer qqch sur qqch.
auf|drücken ◇ *tr* **-1.** [Tür, Fenster] pousser. **-2.** [Stempel, Siegel] apposer. ◇ *intr* [drücken]: **mit etw ~** appuyer (fortement) avec qqch.
aufeinander *Adv* **-1.** [einer auf dem anderen] l'un (l'une) sur l'autre, les uns (les unes) sur les autres; **~ stapeln** empiler. **-2.** [gegenseitig] l'un (l'une) l'autre, les uns (les unes) les autres, mutuellement; **~ aufpassen** se surveiller.
aufeinander|drücken *tr* [Hände] presser les mains l'une contre l'autre.
aufeinander|folgen *intr* se succéder; **dicht ~** se suivre de près.
aufeinander|legen *tr* superposer.
aufeinander|liegen *intr (unreg)* être l'un (l'une) sur l'autre.
aufeinander|prallen (*Perf* **sind aufeinandergeprallt**) *intr* **-1.** [Autos] entrer en collision. **-2.** [Meinungen] s'opposer.
aufeinander|stoßen (*Perf* **sind aufeinandergestoßen**) *intr (unreg)* **-1.** [Autos] entrer en collision. **-2.** [Köpfe, Schwerter] s'entrechoquer. **-3.** [Meinungen] s'opposer.
aufeinander|treffen (*Perf* **sind aufeinandergetroffen**) *intr (unreg)* se rencontrer.
Aufenthalt (*Pl* **-e**) *der* **-1.** [Anwesenheit] séjour *m*. **-2.** [Unterbrechung] arrêt *m*, étape *f*.
Aufenthalts|genehmigung *die* permis *m* de séjour.
Aufenthalts|ort *der* lieu *m* de séjour.
auf|erlegen *tr geh*: **jm etw ~** imposer qqch à qqn; **sich** *(D)* **etw ~** s'imposer qqch.
auf|erstehen (*Perf* **ist auferstanden**) *intr (unreg)* ressusciter; **von den Toten ~** ressusciter des morts ODER d'entre les morts.
Auferstehung *die (ohne Pl)* résurrection *f*.
auf|erwecken *tr geh* ressusciter.
auf|essen *tr (unreg)* finir *(de manger)*.
auf|fädeln *tr* enfiler.
auf|fahren (*Perf* **ist aufgefahren**) *(unreg)* ◇ *intr* **-1.** [Auto]: **dicht ~** s'approcher de très près; **auf jn/etw ~** heurter qqn/qqch par derrière. **-2.** [erschrecken] sursauter; **aus etw ~** sortir de qqch. ◇ *tr* **-1.** [Geschütze] mettre en batterie. **-2.** *fam* [anbieten] se fendre de.
Auffahrt (*Pl* **-en**) *die* **-1.** [zur Autobahn] bretelle *f* d'accès. **-2.** [zu Gebäude] chemin *m* d'accès. **-3.** *Schweiz* [Himmelfahrt] Ascension *f*.
Auffahr|unfall *der* collision *f*.
auf|fallen (*Perf* **ist aufgefallen**) *intr (unreg)*: **jd/etw fällt jm auf** qqn remarque qqn/qqch; **durch etw ~** se distinguer par qqch; **unangenehm ~** faire mauvaise impression.
auffallend ◇ *Adj* [Schönheit, Intelligenz] remar-

quable; [Ähnlichkeit] frappant(e); [Kleidung] voyant(e). ◇ *Adv* particulièrement.

auffällig ◇ *Adj* [Verhalten, Erscheinung] singulier(ère). ◇ *Adv* **-1.** [geschminkt] outrageusement. **-2.** [häufig] étonnamment.

auf|fangen *tr (unreg)* **-1.** [Ball] attraper. **-2.** [Signale] capter. **-3.** [Schlag, Sturz] amortir. **-4.** [Inflation, Preise] freiner. **-5.** [Flüssigkeit, Flüchtlinge] recueillir.

Auffang|lager *das* camp *m* d'accueil *(de réfugiés)*.

auf|fassen *tr* comprendre, saisir; **etw als etw ~** prendre qqch pour qqch; **etw falsch/richtig ~** mal/bien comprendre qqch.

Auffassung *(Pl* **-en**) *die* opinion *f*; **zu der ~ kommen, daß** en arriver à la conclusion que; **nach js ~** selon qqn.

Auffassungs|gabe *die* capacité *f* de compréhension.

auf|finden *tr (unreg)* retrouver.

auf|flackern (*Perf* **ist aufgeflackert**) *intr* **-1.** [Licht, Kerze] jeter une lueur vacillante. **-2.** [Mißtrauen] faire surface.

auf|fliegen (*Perf* **ist aufgeflogen**) *intr (unreg)* **-1.** [Vögel, Papier] s'envoler. **-2.** [Tür, Fenster] s'ouvrir brusquement. **-3.** *fam fig* [Pläne, Bande] être démasqué(e).

auf|fordern *tr* **-1.** [bitten]: **jn dazu ~, etw zu tun** inviter qqn à faire qqch. **-2.** [befehlen]: **jn zu etw ~** ordonner qqch à qqn; **jn dazu ~, etw zu tun** ordonner à qqn de faire qqch. **-3.** [zum Tanz]: **jn ~** inviter qqn à danser.

Aufforderung (*Pl* **-en**) *die* **-1.** [Bitte] invitation *f*. **-2.** [Befehl] ordre *m*.

auf|forsten *tr* boiser.

auf|fressen *tr (unreg)* **-1.** [fressen] dévorer; *fig* manger. **-2.** *fam* [Subj: Arbeit, Sorgen]: **sich von etw ~ lassen** se laisser bouffer par qqch.

auf|frischen ◇ *tr* [Erinnerung, Kenntnisse] rafraîchir. ◇ *intr* [Wind] fraîchir.

auf|führen *tr* **-1.** [auf Bühne] représenter. **-2.** [auf Liste] énumérer.

◆ **sich aufführen** *ref abw* [sich benehmen] se conduire; **sich unmöglich ~** avoir un comportement impossible.

Aufführung (*Pl* **-en**) *die* [Vorstellung] représentation *f*.

auf|füllen *tr* **-1.** [Benzin, Kaffee] faire le plein de. **-2.** [Tank, Dose] remplir. **-3.** [Vorräte] reconstituer.

Aufgabe (*Pl* **-n**) *die* **-1.** [Pflicht] tâche *f*; **eine ~ übernehmen** se charger d'une tâche; **sich** *(D)* **etw** *(A)* **zur ~ machen** se faire un devoir de qqch. **-2.** *(ohne Pl)* [Kapitulation] abandon *m*. **-3.** *(ohne Pl)* [von Geschäften] fermeture *f*. **-4.** *(ohne Pl)* [von Briefen] envoi *m*. **-5.** [Schulaufgabe - schriftlich] devoir *m*; [- mündlich] leçon *f*; [- in der Mathematik] problème *m*.

auf|gabeln *tr fam abw* pêcher; [Krankheit] choper.

Aufgaben|bereich *der* domaine *m* de compétence, compétence *f*.

Aufgaben|stellung *die* problème *m* à résoudre.

Aufgang (*Pl* **Aufgänge**) *der* **-1.** [Treppe] escalier *m*. **-2.** [Weg] montée *f*. **-3.** [von Sonne, Mond] lever *m*.

auf|geben *(unreg)* ◇ *tr* **-1.** [Gewohnheit] arrêter; **das Rauchen ~** arrêter de fumer. **-2.** [Stelle, Beruf] quitter; [Geschäft] fermer. **-3.** [Person, Plan, Spiel] abandonner. **-4.** [Schulaufgabe]: **jm etw ~** donner qqch à faire à qqn. **-5.** [Anzeige] faire passer; [Bestellung] passer. **-6.** [Brief, Telegramm] envoyer, expédier. ◇ *intr* [aufhören, kapitulieren] abandonner.

aufgebläht *Adj* **-1.** [Bauch] ballonné(e). **-2.** [System] hypertrophié(e).

Auf|gebot *das* **-1.** [Einsatz] mobilisation *f*. **-2.** [einer Hochzeit] bans *mpl*; **das ~ bestellen** faire publier les bans.

aufgebracht ◇ *PP* → **aufbringen**. ◇ *Adj* [wütend] exaspéré(e).

aufgedonnert *Adj fam* trop pomponné(e).

aufgedreht *Adj fam* survolté(e).

aufgedunsen *Adj* bouffi(e).

aufgefächert *Adj* mis(e) en éventail.

auf|gehen (*Perf* **ist aufgegangen**) *intr (unreg)* **-1.** [Sonne, Mond, Sterne] se lever. **-2.** [sich lösen] se défaire. **-3.** [sich öffnen] s'ouvrir. **-4.** [Rechnung, Gleichung] tomber juste. **-5.** [verschwinden]: **in etw** *(D)* **~** disparaître dans ODER en qqch. **-6.** [sich einsetzen]: **in etw** *(D)* **~** s'investir totalement dans qqch. **-7.** [deutlich werden]: **jm ~** apparaître à qqn. **-8.** [aufquellen] monter.

aufgehoben ◇ *PP* → **aufheben**. ◇ *Adj*: **(bei jm) gut/schlecht ~ sein** être/ne pas être entre de bonnes mains (avec qqn).

aufgeklärt *Adj* éclairé(e).

aufgekratzt *Adj fam* survolté(e).

aufgelegt *Adj*: **gut/schlecht ~ sein** être bien/mal disposé(e); **zu etw ~ sein** être enclin(e) à qqch.

aufgelöst *Adj* [fassungslos] décomposé(e).

aufgepaßt *Interj*: **~!** attention!

aufgeräumt *Adj* **-1.** [ordentlich] (bien) rangé(e). **-2.** [fröhlich] enjoué(e).

aufgeregt ◇ *Adj* énervé(e), excité(e). ◇ *Adv* avec excitation.

aufgeschlossen ◇ *PP* → **aufschließen**. ◇ *Adj* ouvert(e); **für etw** ODER **etw gegenüber ~ sein** être ouvert(e) à qqch.

aufgeschmissen *Adj fam* : **~ sein** être fichu(e).

aufgeschwemmt *Adj* [Gesicht] bouffi(e).

aufgetakelt *Adj fam* attifé(e).

aufgeweckt *Adj* éveillé(e).

auf|gießen *tr (unreg)* verser de l'eau chaude sur; **Kaffee ~** faire du café; **Tee ~** faire infuser du thé.

auf|gliedern *tr*: **etw in etw** *(A)* **~** diviser qqch en qqch.

auf|greifen *tr (unreg)* **-1.** [fangen] ramasser. **-2.** [übernehmen] s'inspirer de.

aufgrund *Präp*: **~ einer Sache** *(G)* à la suite de qqch, en raison de qqch; **~ von etw** en raison de qqch.

Auf|guß *der* **-1.** [von Kräutern] infusion *f*. **-2.** *abw* [Neufassung] pâle reflet *m*.

auf|haben ◇ *tr (unreg)* **-1.** SCHULE: **etw ~** avoir qqch à faire. **-2.** [tragen] porter. **-3.** *fam* [offenlassen] laisser ouvert(e); [Mantel] laisser déboutonné(e); [Knopf] avoir défait(e). **-4.** *fam* [aufgegessen haben] avoir fini (de manger); [Teller] vider. ◇ *intr* [geöffnet sein] être ouvert(e).

auf|halsen *tr fam* : **jm etw ~** filer qqch à qqn; **sich** *(D)* **etw ~** se coltiner qqch.

auf|halten *tr (unreg)* **-1.** [offenhalten] tenir ouvert(e); **jm die Tür ~** tenir la porte à qqn. **-2.** [anhalten - Ablauf] enrayer; [- Inflation] freiner. **-3.** [stören] retenir; **ich möchte Sie nicht ~** je ne veux pas vous retarder.

◆ **sich aufhalten** *ref* **-1.** [sich befinden] séjourner. **-2.** *abw* [sprechen]: **sich über jn/etw ~** critiquer qqn/qqch.

auf|hängen ◇ *tr* **-1.** [hinhängen - Mantel, Bild] accrocher; [- Lampe] suspendre; **die Wäsche ~** étendre le linge. **-2.** [erhängen] pendre. **-3.** [begründen]: **etw an etw** *(D)* **~** fonder qqch sur qqch. ◇ *intr* [am Telefon] raccrocher.

◆ **sich aufhängen** *ref fam* [sich erhängen] se pendre.

Aufhänger *(Pl -) der* **-1.** [Halterung] attache *f*. **-2.** *fig* [Grund, Anstoß] point *m* de départ.

Aufhänge|vorrichtung *die* système *m* d'accrochage.

auf|häufen *tr* entasser.

◆ **sich aufhäufen** *ref* s'entasser.

auf|heben *tr (unreg)* **-1.** [nehmen] ramasser. **-2.** [Hand, Kopf] lever; [Baby] soulever. **-3.** [aufbewahren] garder. **-4.** [Gesetz, Verordnung] abolir. **-5.** [ausgleichen]: **einander** ODER **sich ~** s'égaliser, s'équilibrer. **-6.** [beenden] → **Tafel**.

Aufheben *das (ohne Pl)*: **viel ~s von jm/etw machen** faire beaucoup de bruit autour de qqn/qqch, beaucoup parler de qqn/qqch.

Aufhebung *(Pl -en) die* suppression *f*; [von Embargos] levée *f*.

auf|heitern *tr* [Person] dérider, distraire; [Abend] animer.

◆ **sich aufheitern** *ref* **-1.** [fröhlich werden] se dérider. **-2.** [sonnig werden] s'éclaircir.

auf|heizen *tr* **-1.** [Wasser, Gas] chauffer. **-2.** [Stimmung, Spannung] faire monter.

◆ **sich aufheizen** *ref* se réchauffer.

auf|hellen *tr* éclaircir.

◆ **sich aufhellen** *ref* s'éclaircir.

auf|hetzen *tr abw* provoquer; **jn gegen jn/etw ~** monter qqn contre qqn/qqch.

auf|heulen *intr* hurler; [Motor] vrombir.

auf|holen ◇ *tr* rattraper. ◇ *intr* gagner du terrain, rattraper son retard.

auf|horchen *intr* **-1.** [horchen] tendre l'oreille. **-2.** [aufschrecken]: **jn ~ lassen** faire dresser l'oreille à qqn.

auf|hören *intr* **-1.** [beenden, kündigen] arrêter; **~, etw zu tun** arrêter de faire qqch; **mit etw ~** arrêter qqch. **-2.** [zu Ende sein] se terminer; [Lärm, Regen] s'arrêter; [Nebel] se lever.

auf|kaufen *tr* racheter.

auf|keimen *(Perf* **ist aufgekeimt)** *intr* germer; **in jm ~** naître dans l'esprit de qqn.

auf|klappen *tr* ouvrir.

auf|klaren *intr* s'éclaircir.

auf|klären *tr* **-1.** [Verbrechen] élucider; [Mißverständnis] dissiper. **-2.** [informieren]: **jn über etw** *(A)* **~** informer qqn de qqch. **-3.** [über Sexualität informieren] faire l'éducation sexuelle de.

◆ **sich aufklären** *ref* **-1.** [sich auflösen] s'expliquer. **-2.** [sonnig werden] s'éclaircir.

Auf|klärung *die (ohne Pl)* **-1.** [von Verbrechen, Irrtum] explication *f*. **-2.** [Information] information *f*. **-3.** [Information über Sexualität] éducation *f* sexuelle. **-4.** HIST: **die ~** les Lumières.

auf|kleben *tr* coller.

Auf|kleber *der* autocollant *m*.

auf|knacken *tr* **-1.** [Nuß, Schale] casser. **-2.** *fam* [Auto, Tresor] forcer.

auf|knöpfen *tr* déboutonner.

auf|knoten *tr* défaire.

auf|kochen *intr*: **~ lassen** faire bouillir.

auf|kommen *(Perf* **ist aufgekommen)** *intr (unreg)* **-1.** [entstehen] apparaître, naître *(fig)*; [Sturm] se lever; **etw (nicht) ~ lassen** (ne pas) laisser qqch s'installer. **-2.** [zahlen]: **für etw ~** [Kosten] prendre qqch en charge; [Schaden] répondre de qqch. **-3.** [aufstehen] se relever. **-4.** [landen - Turner] se réceptionner; [- Fallschirmspringer] atterrir.

Aufkommen *(Pl -) das* **-1.** [Anzahl] nombre *m*. **-2.** [Entstehen] apparition *f*. **-3.** [Einnahme] recettes *fpl*.

auf|kratzen *tr* gratter.

aufkrempeln *tr*: **sich** *(D)* **die Ärmel/die Hosenbeine ~** retrousser ses manches/son pantalon.
aufkreuzen *(Perf* **ist aufgekreuzt**) *intr fam* débarquer.
aufkriegen *tr fam* **-1.** [öffnen können] arriver à ouvrir; [Knoten] arriver à défaire. **-2.** [aufessen]: **etw nicht ~** ne pas arriver à finir qqch.
aufkündigen *tr*: **jm die Freundschaft ~** retirer son amitié à qqn.
Aufl. (*Abk für* **Auflage**) éd.
auflachen *intr* éclater de rire.
aufladen *tr (unreg)* **-1.** [lasten]: **etw auf etw** *(A)* **~** charger qqch sur qqch. **-2.** [aufbürden]: **jm etw ~** charger qqn de qqch; **sich** *(D)* **etw ~** s'imposer qqch. **-3.** [Batterie] recharger.
◆ **sich aufladen** *ref* être en charge.
Auflage *die* **-1.** [von Büchern, von Zeitungen] édition *f*; [Anzahl] tirage *m*. **-2.** [Bedingung] obligation *f*; **jm etw zur ~ machen** obliger qqn à faire qqch.
Auflagenhöhe *die* tirage *m*.
auflassen *tr (unreg)* **-1.** [geöffnet lassen] laisser ouvert(e). **-2.** [Hut, Mütze] garder.
auflauern *intr*: **jm ~** guetter qqn.
Auflauf *der* **-1.** [Speise] gratin *m*. **-2.** [Menschenansammlung] attroupement *m*.
auflaufen *(Perf* **ist aufgelaufen**) *intr (unreg)* **-1.** [Schiff]: **auf etw** *(A)* **~** s'échouer sur qqch. **-2.** *fam fig* [abblocken]: **jn ~ lassen** envoyer qqn sur les roses.
aufleben *(Perf* **ist aufgelebt**) *intr* **-1.** [aktiv werden] reprendre vie. **-2.** [sich beleben] s'animer; **etw wieder ~ lassen** faire revivre qqch.
auflegen ◇ *tr* **-1.** [hinlegen] poser, mettre. **-2.** [sich schminken mit] (se) mettre. **-3.** [Buch]: **neu ~** rééditer. **-4.** [Telefon, Hörer] raccrocher. ◇ *intr* [am Telefon] raccrocher.
auflehnen
◆ **sich auflehnen** *ref*: **sich gegen jn/etw ~** s'élever contre qqn/qqch.
auflesen *tr* **-1.** [aufsammeln] ramasser. **-2.** *fam* [mitnehmen] dégoter. **-3.** *fam* [sich anstecken] choper; **sich** *(D)* **etw ~** se choper qqch.
aufleuchten *intr* s'allumer.
auflisten *tr* faire la liste de.
auflockern *tr* **-1.** [Erde] ameublir. **-2.** [Muskel, Stimmung] détendre.
◆ **sich auflockern** *ref* **-1.** [entspannen] se détendre. **-2.** [Bewölkung] se disperser.
Auflockerung *die (ohne Pl)* **-1.** [von Boden] ameublissement *m*. **-2.** [von Muskeln] détente *f*. **-3.** [Aufheiterung] animation *f*.
auflodern *(Perf* **ist aufgelodert**) *intr* **-1.** [Flamme] s'élever. **-2.** [Haß] s'embraser.
auflösen *tr* **-1.** [in Flüssigkeit, in Bestandteile] dissoudre; **etw in etw** *(D)* **~** dissoudre qqch dans qqch. **-2.** [beenden] rompre; [Versammlung] dissoudre; [Demonstration] disperser. **-3.** [aufgeben] liquider. **-4.** [Mißverständnis] dissiper.
◆ **sich auflösen** *ref* **-1.** [sich lösen] se dissoudre; **sich in etw** *(D)* **~** se dissoudre dans qqch; **sich in Luft ~** se volatiliser. **-2.** [Nebel] se dissiper. **-3.** [Knoten] se relâcher. **-4.** [sich zerstreuen] se disperser. **-5.** [Rätsel, Schwierigkeit] se résoudre.
Auflösung *die* **-1.** [Ende, Beendigung] rupture *f*; [von Versammlung, Haushalt] dissolution *f*. **-2.** [Antwort] solution *f*. **-3.** [von Bildschirm] définition *f*.
aufmachen ◇ *tr* **-1.** [gen] ouvrir. **-2.** [gestalten]: **etw modern ~** présenter qqch de façon moderne. ◇ *intr* ouvrir; **jm ~** ouvrir (la porte) à qqn.
◆ **sich aufmachen** *ref* [abreisen] partir, se mettre en route.
Aufmacher *(Pl -) der* accroche *f (dans la presse)*.
Aufmachung *(Pl* **-en**) *die* présentation *f*.
aufmalen *tr* peindre.
Aufmarsch *der* défilé *m*.
aufmarschieren *(Perf* **ist aufmarschiert**) *intr* défiler.
aufmerken *intr* dresser l'oreille.
aufmerksam ◇ *Adj* **-1.** [konzentriert] attentif(ive); **jn auf jn/etw ~ machen** attirer l'attention de qqn sur qqn/qqch; **auf jn/etw ~ werden** remarquer qqn/qqch. **-2.** [höflich] attentionné(e). ◇ *Adv* attentivement, avec attention.
Aufmerksamkeit *(Pl* **-en**) *die* **-1.** [Konzentration] attention *f*; **js ~ erregen** attirer l'attention de qqn. **-2.** [Mitbringsel] petit cadeau *m*.
aufmöbeln *tr fam* **-1.** [Person] requinquer. **-2.** [Gegenstand] retaper.
aufmucken *intr*: **gegen jn/etw ~** *fam* pester contre qqn/qqch.
aufmuntern *tr* encourager; [belustigen] égayer.
aufmunternd ◇ *Adj* d'encouragement. ◇ *Adv*: **jm ~ zureden** parler à qqn pour l'encourager.
aufmüpfig *Adj fam* rebelle.
Aufnahme *(Pl* **-n**) *die* **-1.** [Empfang] accueil *m*; **die ~ in etw** *(A)* admission *f* à qqch; **~ finden** être accueilli(e). **-2.** [Beginn] début *m*. **-3.** [Aufzeichnung] enregistrement *m*. **-4.** [Fotografie] photo *f*. **-5.** [Krankenhausabteilung] admissions *fpl*. **-6.** [von Geld] acceptation *f*.
aufnahmefähig *Adj* réceptif(ive).
Aufnahmeprüfung *die* examen *m* ODER concours *m* d'entrée.
aufnehmen *tr (unreg)* **-1.** [aufheben, ergreifen]

ramasser. **-2.** [einfügen, empfangen] admettre, accueillir; **jn in etw** *(D)* **~** [Verein] accueillir qqn dans qqch; **jn bei sich** *(D)* **~** accueillir ODER héberger qqn chez soi; **etw in etw** *(D)* **~** intégrer qqch à qqch. **-3.** [Gelerntes] assimiler; [Nahrung] absorber. **-4.** [reagieren]: **etw mit Begeisterung ~** accueillir qqch avec enthousiasme. **-5.** [beginnen] entamer; **Kontakt ~** prendre contact. **-6.** [identifizieren]: **die Fährte ~** suivre la piste. **-7.** [konkurrieren]: **es mit jm/etw ~ können** pouvoir rivaliser avec qqn/qqch. **-8.** [aufschreiben] prendre (en notes). **-9.** [sich leihen] emprunter. **-10.** [fotografieren] photographier. **-11.** [auf Tonband] enregistrer.

Aufnehmer *(Pl -) der Norddt* serpillière *f*.

auf|nötigen *tr*: **jm etw ~** imposer qqch à qqn.

auf|oktroyieren *tr*: **jm etw ~** imposer qqch à qqn.

auf|opfern
◆ **sich aufopfern** *ref* se sacrifier.

aufopfernd ◇ *Adj* dévoué(e). ◇ *Adv* avec dévouement.

auf|packen *tr*: **etw auf etw** *(A)* **~** charger qqch sur qqch.

auf|päppeln *tr fam* remettre sur pied.

auf|passen *intr* [aufmerksam sein] faire attention; [im Unterricht] être attentif(ive); **auf etw** *(A)* **~** faire attention à qqch; **auf jn ~** surveiller qqn; **paß auf!** fais attention!

Aufpasser, in *(mPl -; fPl -nen) der, die abw* surveillant *m*, -e *f*.

auf|peitschen *tr* agiter; *fig* donner un coup de fouet à.

auf|pflanzen *tr* planter.
◆ **sich aufpflanzen** *ref fam* se camper.

auf|platzen *(Perf* **ist aufgeplatzt***) intr* craquer.

auf|plustern *tr* hérisser.
◆ **sich aufplustern** *ref* **-1.** [Vogel] hérisser ses plumes. **-2.** *fam fig* [Person] se faire mousser.

Aufprall *(Pl -e) der* choc *m*.

auf|prallen *(Perf* **ist aufgeprallt***) intr*: **auf etw** *(A)* **~** entrer en collision avec qqch.

Auf|preis *der* supplément *m*; **gegen ~** moyennant un supplément.

auf|pumpen *tr* gonfler.

auf|putschen *tr* exciter.
◆ **sich aufputschen** *ref* se doper.

Aufputsch|mittel *das* stimulant *m*.

auf|quellen *(Perf* **ist aufgequollen***) intr (unreg)* gonfler.

auf|raffen
◆ **sich aufraffen** *ref* **-1.** [aufstehen] se relever. **-2.** [sich entschließen]: **sich dazu ~, etw zu tun** se résoudre à faire qqch.

auf|ragen *intr* se dresser.

auf|rappeln
◆ **sich aufrappeln** *ref fam* se remettre d'aplomb *fig*.

auf|rauhen *tr* rendre rugueux(euse).

auf|räumen ◇ *tr* ranger. ◇ *intr* **-1.** [ordnen] ranger, faire du rangement. **-2.** [Schluß machen]: **mit etw ~** en finir avec qqch.

auf|rechnen *tr*: **etw gegen etw ~** compenser qqch par qqch.

Auf|rechnung *die* compensation *f*.

aufrecht ◇ *Adj* droit(e). ◇ *Adv* **-1.** [gerade] droit(e); **~ sitzen** être assis(e) bien droit; **sich ~ halten** se tenir droit(e). **-2.** *fig* [bestärken]: **jn ~ halten** permettre à qqn de tenir (le coup).

aufrecht|erhalten *tr (unreg)* maintenir.

Aufrecht|erhaltung *die* maintien *m*.

auf|regen *tr* énerver.
◆ **sich aufregen** *ref* s'énerver; **sich über jn ~** s'énerver contre qqn; **sich über etw** *(A)* **~** s'indigner de qqch.

aufregend *Adj* excitant(e).

Aufregung *(Pl* **-en***) die* excitation *f*, effervescence *f*; **jn in ~ versetzen** affoler qqn.

auf|reiben *tr (unreg)* **-1.** [schwächen] éreinter. **-2.** [vernichten] exterminer.
◆ **sich aufreiben** *ref* [sich überanstrengen] s'éreinter.

aufreibend *Adj* [anstrengend] éreintant(e).

auf|reihen *tr* aligner.

auf|reißen *(Perf* **hat/ist aufgerissen***) (unreg)* ◇ *tr (hat)* **-1.** [Fenster, Schublade] ouvrir violemment; [Mund, Augen] ouvrir grand. **-2.** [Brief, Karton] ouvrir (en déchirant); [Straße] défoncer. **-3.** *salopp* [kennenlernen] draguer. ◇ *intr (ist)* [Naht] se découdre.

aufreizend *Adj* **-1.** [erregend] provocant(e). **-2.** [ärgerlich] irritant(e).

auf|richten *tr* **-1.** [Person] redresser. **-2.** [Schild, Pfahl] dresser. **-3.** [trösten] remonter.
◆ **sich aufrichten** *ref* **-1.** [sich hochziehen] se redresser. **-2.** [sich trösten] reprendre courage, se consoler.

aufrichtig ◇ *Adj* sincère. ◇ *Adv* sincèrement.

Auf|richtigkeit *die (ohne Pl)* sincérité *f*.

Auf|riß *der* plan *m*.

auf|rollen *tr* **-1.** [zusammenrollen] enrouler. **-2.** [auseinanderrollen] dérouler. **-3.** SPORT: **das Feld von hinten ~** remonter le peloton.

auf|rücken *(Perf* **ist aufgerückt***) intr* avancer; **zum Direktor ~** être promu directeur.

Auf|ruf *der* appel *m*.

auf|rufen *tr (unreg)* **-1.** [nennen, rufen] appeler. **-2.** [auffordern]: **jn zu etw ~** exhorter qqn à qqch.

Aufruhr (*Pl* **-e**) *der* **-1.** [Aufstand] soulèvement *m.* **-2.** *(ohne Pl)* [Unruhe] effervescence *f.*
aufrühren *tr geh* remuer, réveiller.
aufrührerisch *Adj* séditieux(euse).
auf|runden *tr* arrondir.
auf|rüsten *intr* réarmer.
Auf|rüstung *die* réarmement *m.*
auf|rütteln *tr* ébranler.
aufs *Präp (auf + das)*: **es kommt ~ Wetter an** ça dépend du temps; **er setzt sich ~ Sofa/Bett** il s'assoit sur le canapé/lit.
auf|sagen *tr* réciter.
auf|sammeln *tr* ramasser.
aufsässig *Adj* indocile.
Auf|satz *der* **-1.** [Schularbeit] rédaction *f.* **-2.** [Abhandlung] article *m.* **-3.** [Aufbau] chapiteau *m.*
auf|saugen *tr* absorber.
auf|schauen *intr* **-1.** [mit Bewunderung]: **zu jm ~** regarder qqn avec admiration. **-2.** *Süddt* [aufblicken] lever les yeux.
auf|scheuchen *tr* **-1.** [verscheuchen] effrayer; [Wild] débusquer. **-2.** *fig* [stören] déloger.
auf|schieben *tr (unreg)* **-1.** [verschieben] repousser. **-2.** [öffnen] pousser.
auf|schießen (*Perf* **ist aufgeschlossen**) *intr (unreg)* **-1.** [wachsen] pousser très vite. **-2.** [Flamme, Wasserstrahl] jaillir.
Auf|schlag *der* **-1.** [Aufprall] choc *m.* **-2.** [auf den Preis] supplément *m.* **-3.** [am Hosenbein, am Ärmel] revers *m.* **-4.** SPORT service *m.*
auf|schlagen (*Perf* **hat/ist aufgeschlagen**) *(unreg)* ◇ *tr (hat)* **-1.** [öffnen] ouvrir. **-2.** [Schale, Eis] casser. **-3.** [verletzen]: **sich** *(D)* **etw ~** s'ouvrir qqch. **-4.** [aufbauen] installer; [Zelt] planter. **-5.** [dazurechnen]: **10 DM auf etw** *(A)* **~** augmenter qqch de 10 DM. ◇ *intr (ist)* **-1.** [aufprallen] rebondir. **-2.** *(hat)* SPORT servir.
auf|schließen *(unreg)* ◇ *tr* ouvrir. ◇ *intr* **-1.** [öffnen] ouvrir. **-2.** [nachrücken] avancer.
auf|schlitzen *tr* **-1.** [Brief] ouvrir. **-2.** [Bauch] éventrer.
Auf|schluß *der (ohne Pl)*: **über etw** *(A)* **~ geben** donner des éclaircissements sur qqch.
auf|schlüsseln *tr* répartir, ventiler.
aufschlußreich *Adj* instructif(ive).
auf|schnappen *tr fam* aller pêcher *fig.*
auf|schneiden *(unreg)* ◇ *tr* ouvrir (en coupant). ◇ *intr fam* [angeben] fanfaronner.
Auf|schnitt *der (ohne Pl)* charcuterie *f* (en tranches).
auf|schnüren *tr* défaire.
auf|schrauben *tr* ouvrir (en dévissant).
auf|schrecken (*Perf* **hat/ist aufgeschreckt**) ◇ *tr (hat)* effrayer. ◇ *intr (ist)* sursauter.
Auf|schrei *der* cri *m.*
auf|schreiben *tr (unreg)* [notieren] noter; **sich** *(D)* **etw ~** noter qqch.
auf|schreien *intr (unreg)* crier.
Auf|schrift *die* inscription *f.*
Auf|schub *der*: **etw duldet keinen ~** qqch ne tolère aucun retard; **jm ~ gewähren** accorder un délai à qqn.
auf|schütten *tr* **-1.** [nachfüllen] remettre. **-2.** [Damm, Wall] remblayer.
auf|schwatzen *tr*: **jm etw ~** convaincre qqn de prendre qqch.
auf|schwingen
◆ **sich aufschwingen** *ref (unreg)*: **sich zu etw ~** prendre sur soi pour faire qqch.
Auf|schwung *der* **-1.** [Auftrieb] essor *m.* **-2.** SPORT [Felgaufschwung] renversement *m.*
auf|sehen *intr (unreg)* **-1.** [hochschauen] lever les yeux. **-2.** [mit Bewunderung]: **zu jm ~** regarder qqn avec admiration.
Aufsehen *das (ohne Pl)*: **~ erregen** faire sensation.
aufsehenerregend *Adj* qui fait sensation.
Aufseher, in (*mPl* **-**; *fPl* **-nen**) *der, die* surveillant *m*, -e *f.*
auf|sein (*Perf* **ist aufgewesen**) *intr (unreg) fam* **-1.** [offen sein] être ouvert(e). **-2.** [wach sein] être debout.
auf|setzen ◇ *tr* **-1.** [anziehen] mettre. **-2.** [annehmen] arborer. **-3.** [schreiben] rédiger. **-4.** [auf den Herd stellen] mettre à chauffer. **-5.** [niedersetzen] poser. ◇ *intr* [landen] se poser.
◆ **sich aufsetzen** *ref* se redresser.
auf|seufzen *intr* soupirer.
Auf|sicht *die (ohne Pl)* **-1.** [Kontrolle] surveillance *f*; **unter js ~** sous la surveillance de qqn. **-2.** [Person] surveillant *m*, -e *f.*
Aufsichts|behörde *die* autorité *f* de tutelle.
Aufsichts|pflicht *die* obligation *f* de surveillance.
Aufsichts|rat *der* conseil *m* de surveillance.
auf|sitzen (*Perf* **hat/ist aufgesessen**) *intr (unreg)* **-1.** *(ist)* [beim Pferd, Motorrad] se mettre en selle. **-2.** *(ist)* [sich täuschen lassen]: **jm ~** *fam* se laisser duper par qqn. **-3.** *(hat)* [wachbleiben] rester éveillé(e).
auf|spalten *tr* faire éclater; [Holz] fendre; [Molekül] séparer.
◆ **sich aufspalten** *ref (unreg)* éclater.
auf|spannen *tr* ouvrir.
auf|sparen *tr*: **sich** *(D)* **etw ~** se garder qqch, se mettre qqch de côté.
auf|sperren *tr* **-1.** [aufschließen] ouvrir. **-2.** [offenhalten] ouvrir grand.

auf|spielen
◆ **sich aufspielen** *ref* se faire mousser; **sich als jd/etw ~** se donner des airs de qqn/qqch.
auf|spießen *tr* piquer.
auf|splittern *tr* faire éclater.
◆ **sich aufsplittern** *ref* éclater.
auf|springen (*Perf* **ist aufgesprungen**) *intr (unreg)* **-1.** [vor Schreck] **sursauter**; [vor Begeisterung] **bondir**. **-2.** [Tür, Blüte] **s'ouvrir**. **-3.** [Haut, Hände] **(se) gercer**. **-4.** [springen]: **auf etw** *(A)* **~** sauter dans ODER sur qqch.
auf|spritzen (*Perf* **ist aufgespritzt**) *intr* gicler.
auf|spüren *tr* dépister.
auf|stacheln *tr* pousser.
auf|stampfen *intr* frapper du pied.
Auf|stand *der* soulèvement *m*, insurrection *f*; **einen ~ machen** *fam fig* [zornig werden] **faire un esclandre**.
aufständisch *Adj* insurrectionnel(elle).
Aufständische (*Pl* **-n**) *der, die* insurgé *m*, -e *f*.
auf|stapeln *tr* empiler.
auf|stauen *tr* retenir.
◆ **sich aufstauen** *ref* s'accumuler.
auf|stecken *tr* **-1.** [hochstecken] **relever**. **-2.** *fam* [aufgeben, abbrechen] **laisser tomber**.
auf|stehen (*Perf* **hat/ist aufgestanden**) *intr (unreg)* **-1.** *(ist)* [sich erheben] **se lever**. **-2.** *(hat)* [offenstehen] **être ouvert(e)**.
auf|steigen (*Perf* **ist aufgestiegen**) *intr (unreg)* **-1.** [nach oben] **monter**; **auf etw** *(A)* **~** monter sur qqch. **-2.** [Erinnerung, Gedanken]: **in jm ~** revenir à l'esprit de qqn. **-3.** [Erfolg haben] **monter en grade**; **zu etw ~** être promu(e) à qqch.
Aufsteiger (*Pl* **-**) *der* **-1.** [Mannschaft] **équipe *f* promue**. **-2.** [Person] **arriviste *m***.
Aufsteigerin (*Pl* **-nen**) *die* [Person] **arriviste *f***.
auf|stellen *tr* **-1.** [hinstellen] **placer**. **-2.** [Gerüst] **construire**. **-3.** [Theorie, Behauptung] **avancer**. **-4.** [Spieler, Kandidaten] **sélectionner**. **-5.** [aufrichten - Stacheln] **dresser**; [- Kragen] **relever**.
◆ **sich aufstellen** *ref* **-1.** [sich hinstellen] **se placer**. **-2.** [sich aufrichten] **se hérisser**.
Auf|stellung *die* **-1.** [Hinstellen] **mise en place *f*, disposition *f***; **~ nehmen** prendre place, se mettre en place. **-2.** [von Behauptung, These, Programm] **établissement *m***. **-3.** [von Spielern, Kandidaten] **sélection *f***.
auf|stemmen *tr* fracturer.
Aufstieg (*Pl* **-e**) *der* **-1.** [Aufsteigen] **ascension *f***. **-2.** [Erfolg] **avancement *m*, promotion *f***.
Aufstiegs|chance *die* perspective *f* de promotion.
auf|stöbern *tr* **-1.** [Gegenstand] **dénicher**. **-2.** [Wild] **débusquer**.
auf|stocken *tr* **-1.** [höher bauen] **surélever**. **-2.** [vergrößern] **augmenter**.
auf|stoßen (*Perf* **hat/ist aufgestoßen**) *(unreg)* ◇ *tr (hat)* **ouvrir** *(en poussant)*. ◇ *intr* **-1.** *(ist)* [stoßen]: **mit etw auf etw** *(A)* **~** frapper avec qqch sur qqch. **-2.** *(hat)* [rülpsen] **avoir des renvois**.
aufstrebend *Adj* [Person] **en pleine réussite**; [Stadt, Industrie] **en plein essor**.
auf|stützen *tr* appuyer.
◆ **sich aufstützen** *ref* s'appuyer.
auf|suchen *tr* [Arzt, Beratungsstelle] **consulter**; **die Toilette ~** aller aux toilettes.
Auf|takt *der* **-1.** [Anfang] **amorce *f***. **-2.** MUS **anacrouse *f***.
auf|tanken ◇ *tr*: **Benzin ~** prendre de l'essence. ◇ *intr* faire le plein.
auf|tauchen (*Perf* **ist aufgetaucht**) *intr* **-1.** [aus dem Wasser] **émerger**. **-2.** [sichtbar werden] **apparaître**. **-3.** [aufkommen] **se faire jour, naître**. **-4.** [gefunden werden, ankommen]: **wieder ~** réapparaître.
auf|tauen (*Perf* **hat/ist aufgetaut**) ◇ *tr (hat)* décongeler. ◇ *intr (ist)* décongeler.
auf|teilen *tr* **-1.** [verteilen] **répartir**; **etw unter sich** *(D)* **~** se répartir qqch. **-2.** [einteilen] **partager, diviser**; **etw in etw** *(A)* **~** partager ODER diviser qqch en qqch; **Personen in Gruppen ~** répartir des gens en groupes.
Auf|teilung *die* **-1.** [Verteilung] **répartition *f***; **die ~ unter Personen** la répartition entre personnes. **-2.** [Einteilung] **partage *m*, division *f***; **die ~ in etw** *(A)* le partage ODER la division en qqch.
auf|tischen *tr* servir.
Auftr. *Abk für* **Auftrag**.
Auftrag (*Pl* **-träge**) *der* **-1.** [Befehl, Aufgabe] **ordre *m*, mission *f***; **jm einen ~ geben** ODER **erteilen** donner un ordre ODER une mission à qqn; **in js ~ handeln** agir au nom de qqn. **-2.** [Bestellung] **commande *f***.
auf|tragen ◇ *tr (unreg)* **-1.** [Farbe, Creme] **appliquer**; **etw auf etw** *(A)* **~** appliquer qqch sur qqch; **etw dick/dünn ~** appliquer qqch en couche épaisse/fine. **-2.** [bestellen]: **jm ~, etw zu tun** charger qqn de faire qqch. **-3.** [Kleidungsstück] **user**. ◇ *intr*: **dick ~** *fam* en rajouter.
Auftraggeber, in (*mPl* **-**; *fPl* **-nen**) *der, die* client *m*, -e *f*, commanditaire *mf*.
Auftrags|bestätigung *die* confirmation *f* de commande.
Auftrags|lage *die* situation *f* des commandes.
auf|treffen (*Perf* **ist aufgetroffen**) *intr (unreg)* heurter.
auf|treiben *tr (unreg)* **-1.** *fam* [finden] **dénicher**; **nicht mehr aufzutreiben sein** être introuvable. **-2.** [aufquellen] **gonfler**.
auf|trennen *tr* défaire.

auf|treten *(Perf* **ist aufgetreten***) intr (unreg)* **-1.** [treten] poser le pied. **-2.** [sich benehmen]: **schüchtern ~** avoir l'air timide. **-3.** [erscheinen - Schauspieler] se produire; [- Problem, Gefahr] apparaître, se manifester.

Auftreten *das (ohne Pl)* **-1.** [Benehmen] attitude *f*, présentation *f*. **-2.** [Erscheinen] apparition *f*.

Auf|trieb *der (ohne Pl)* poussée *f*; **jm/etw ~ geben** *fig* donner de l'élan à qqn/qqch.

auf|trumpfen *intr* triompher, imposer sa supériorité.

auf|tun *(unreg)* ◇ *tr fam* [finden] dégoter. ◇ *intr* [servieren] servir.

◆ **sich auftun** *ref* **-1.** *geh* [sich öffnen] s'ouvrir. **-2.** [Perspektiven]: **sich jm ~** s'offrir à qqn.

auf|türmen *tr* amonceler.

◆ **sich auftürmen** *ref* s'amonceler.

auf|wachen *(Perf* **ist aufgewacht***) intr* se réveiller.

auf|wachsen *(Perf* **ist aufgewachsen***) intr (unreg)* grandir.

Aufwand *der (ohne Pl)* **-1.** [Einsatz] investissement *m*. **-2.** [Luxus] dépenses *fpl*; **viel** ODER **großen ~ treiben** faire des frais.

Aufwands|entschädigung *die* indemnité *f* de représentation.

auf|wärmen *tr* **-1.** [Essen] réchauffer. **-2.** *fam fig* [Thema, Geschichte] remettre sur le tapis.

◆ **sich aufwärmen** *ref* se réchauffer.

auf|warten *intr*: **mit etw ~** offrir qqch.

aufwärts *Adv* vers le haut, en amont.

aufwärts|gehen *(Perf* **ist aufwärtsgegangen***) intr (unreg)*: **mit etw geht es aufwärts** qqch est en progression; **mit ihm geht es aufwärts** il progresse de jour en jour.

Aufwärts|trend *der* progression *f*; **im ~ liegen** avoir le vent en poupe.

Aufwasch *der (ohne Pl)* vaisselle *f (à laver)*; **den ~ machen** faire la vaisselle; **das geht in einem** ODER **das ist ein ~** *fam fig* faire d'une pierre deux coups.

auf|waschen *(unreg)* ◇ *tr* laver *(vaisselle)*. ◇ *intr* faire la vaisselle.

auf|wecken *tr* réveiller.

auf|weichen ◇ *tr* **-1.** [Boden] détremper; [Brot, Papier] ramollir. **-2.** [Disziplin, Regeln] adoucir. ◇ *intr* se ramollir.

auf|weisen *tr (unreg)* [zeigen] montrer, présenter; **etwas/allerhand aufzuweisen haben** avoir quelque chose/beaucoup à son actif.

auf|wenden *tr* investir.

aufwendig ◇ *Adj* dispendieux(euse); [Film] à gros budget. ◇ *Adv* largement.

Auf|wendung *die* [Einsatz] investissement *m*.

◆ **Aufwendungen** *Pl* [Kosten] frais *mpl*.

auf|werfen *tr (unreg)* **-1.** [anhäufen]: **Sand ~** amonceler du sable. **-2.** [ansprechen]: **ein Problem ~** soulever un problème.

auf|werten *tr* [Geld] réévaluer; [Ansehen] revaloriser.

Auf|wertung *die* [von Geld] réévaluation *f*; [von Beruf] revalorisation *f*.

auf|wickeln *tr* enrouler.

auf|wiegeln *tr abw*: **jn zum Streik ~** inciter qqn à faire grève; **jn gegen jn ~** monter qqn contre qqn.

Auf|wind *der* vent *m* favorable; **~ bekommen** *fig* recevoir une impulsion favorable; **~ haben** *fig* avoir le vent en poupe.

auf|wirbeln ◇ *intr* s'élever en tourbillonnant. ◇ *tr* soulever des tourbillons de.

auf|wischen *tr* nettoyer, essuyer.

auf|wühlen *tr* **-1.** [Erde] retourner. **-2.** [erregen] remuer, retourner.

auf|zählen *tr* énumérer.

Auf|zählung *die* énumération *f*.

auf|zäumen *tr* brider.

auf|zehren *tr* épuiser.

auf|zeichnen *tr* **-1.** [zeichnen] tracer. **-2.** [Sendung] enregistrer.

Auf|zeichnung *die* [Aufnahme] enregistrement *m*.

◆ **Aufzeichnungen** *Pl* [Notizen] notes *fpl*; **sich ~ machen** prendre des notes.

auf|zeigen *tr* mettre en évidence.

auf|ziehen *(Perf* **hat/ist aufgezogen***) (unreg)* ◇ *tr (hat)* **-1.** [Uhr, Spielzeug] remonter. **-2.** [erziehen] élever. **-3.** [öffnen] ouvrir. **-4.** *fam* [nekken] narguer. **-5.** *fam* [organisieren] mettre sur pied. ◇ *intr (ist)* approcher.

Auf|zucht *die* élevage *m*.

Auf|zug *der* **-1.** [Lift] ascenseur *m*. **-2.** *abw* [Aufmachung] accoutrement *m*. **-3.** [Akt] acte *m*.

auf|zwingen *tr (unreg)*: **jm etw ~** imposer qqch à qqn.

◆ **sich aufzwingen** *ref* s'imposer.

Aug|apfel *der* globe *m* oculaire; **etw wie seinen ~ hüten** *fig* tenir à qqch comme à la prunelle de ses yeux.

Auge *(Pl* **-n***) das* **-1.** [Sehorgan] œil *m*; **ein blaues ~** un œil au beurre noir; **mit bloßem ~** à l'œil nu; **jn/etw mit eigenen ~n gesehen haben** avoir vu qqn/qqch de ses propres yeux; **unter vier ~n** entre quatre yeux; **vor aller ~n** devant tout le monde; **ihm wurde schwarz vor ~n** il a eu un étourdissement. **-2.** [Würfelpunkt] point *m (de dé)*. **-3.** *RW*: **etw vor ~n haben** avoir qqch à l'esprit; **seinen ~n nicht trauen** ne pas en croire ses yeux; **jn aus den ~n verlieren**

perdre qqn de vue; **jm die ~en öffnen** ouvrir les yeux à qqn; **ein ~ für etw haben** avoir l'œil pour qqch; **ein ~ zudrücken** fermer les yeux *(fig)*; **jm gehen die ~n auf** qqn commence à voir clair; **etw im ~ haben** avoir qqch en vue; **jn/etw im ~ behalten** garder un œil sur qqn/qqch; **in js ~n** aux yeux de qqn; **ins ~ fallen** ODER **springen** sauter aux yeux; **jn/etw ins ~ fassen** penser à qqn/qqch; **jn/etw mit anderen** ODER **neuen~n sehen** voir qqn/qqch d'un autre œil; **er ist mit einem blauen ~ davongekommen!** il l'a échappé belle!; **jn/etw nicht aus den ~n lassen** ne pas quitter qqn/qqch des yeux.

äugen *intr* lancer des regards.

Augen|arzt, |ärztin *der, die* ophtalmologiste *mf*.

Augen|blick *der* **-1.** [kurze Zeit] instant *m*, moment *m*; **einen ~ bitte!** un instant, je vous prie!; **alle ~e** à chaque instant, à tout moment. **-2.** [Zeitpunkt] moment *m*; **im ~** pour l'instant, pour le moment; **jeden ~** d'un moment à l'autre.

augenblicklich ◇ *Adj* **-1.** [sofortig] immédiat(e). **-2.** [jetzig] actuel(elle). ◇ *Adv* **-1.** [umgehend] tout de suite. **-2.** [jetzig] pour le moment.

Augen|braue *die* sourcil *m*.

augenfällig *Adj* évident(e).

Augen|farbe *die* couleur *f* des yeux.

Augen|höhe *die*: **in ~** à (la) hauteur des yeux.

Augen|höhle *die* orbite *f (de l'œil)*.

Augen|licht *das (ohne Pl) geh*: **das ~ verlieren** perdre la vue.

Augen|maß *das (ohne Pl)*: **ein gutes ~ haben** avoir le compas dans l'œil.

Augenmerk *das (ohne Pl)* attention *f*; **sein ~ auf jn/etw richten** concentrer son attention sur qqn/qqch.

Augenränder *Pl* cernes *mpl*.

Augen|schein *der (ohne Pl) geh* apparence *f*; **jn/etw in ~ nehmen** examiner qqn/qqch.

augenscheinlich *geh* ◇ *Adj* visible. ◇ *Adv* visiblement.

Augen|weide *die (ohne Pl)* régal *m* pour les yeux.

Augen|winkel *der*: **jn/etw aus den ~n beobachten** observer qqn/qqch du coin de l'œil.

Augenwischerei *(Pl* **-en)** *die* poudre *f* aux yeux.

Augen|zeuge, |zeugin *der, die* témoin *m* oculaire.

augenzwinkernd ◇ *Adj* de connivence. ◇ *Adv* d'un air complice.

August *der (ohne Pl)* août *m*; *siehe auch* **September**.

Auktion [auk'tsio:n] *(Pl* **-en)** *die* vente *f* aux enchères.

Auktionator [auktsio'na:tɔr] *(Pl* **-natoren)** *der* commissaire-priseur *m*.

Aula *(Pl* **-s)** *die* SCHULE préau *m*; UNI grande salle *f (d'activités)*.

Au-pair-|Mädchen [o'pɛ:r|mɛ:tçən] *das* (jeune) fille *f* au pair.

Aura *die (ohne Pl) geh* aura *f*.

aus ◇ *Präp (+ D)* **-1.** [gen] de; **~ dem Haus gehen** sortir de la maison; **~ Frankreich** de France; **~ Paris** de Paris; **~ den siebziger Jahren** des années soixante-dix; **~ dem Französischen übersetzen** traduire du français; **ein Tisch ~ Holz** une table de ODER en bois; **~ dem Fenster** par la fenêtre. **-2.** [zur Angabe einer Entfernung] à; **~ 30 Metern Entfernung** à une distance de 30 mètres. **-3.** [zur Angabe eines Anlasses, einer Ursache] par; **~ Liebe** par amour; **~ diesem Grunde** pour cette raison. ◇ *Adv* **-1.** [zu Ende]: **es ist ~** c'est fini; **es ist ~ mit jm/etw** c'en est fini de qqn/qqch; **etw ist ~ und vorbei** qqch est bien fini. **-2.** [ausschalten]: **Licht ~!** éteins ODER éteignez la lumière! **-3.** *RW*: **bei jm ein und ~ gehen** être comme chez soi chez qqn; **weder ein noch ~ wissen** ne plus savoir à quel saint se vouer.

Aus *das (ohne Pl)* fin *f*; **ins ~ gehen** SPORT sortir *(du terrain)*.

aus|arbeiten *tr* [Plan] élaborer; [Text] rédiger.

Ausarbeitung *(Pl* **-en)** *die* [von Plänen] élaboration *f*; [von Texten] rédaction *f*.

aus|arten *(Perf* **ist ausgeartet)** *intr*: **in etw** *(A)* ODER **zu etw ~** dégénérer en qqch.

aus|atmen *intr* expirer.

aus|baden *tr fam* : **etw ~ müssen** devoir payer les pots cassés.

aus|balancieren *tr* équilibrer.
◆ **sich ausbalancieren** *ref* s'équilibrer.

aus|baldowern *tr salopp* dégoter, dégotter.

Aus|bau *der (ohne Pl)* **-1.** [von Haus] agrandissement *m*; [von Verkehrsnetz] extension *f*; [von Kontakten] développement *m*. **-2.** [von Motor] démontage *m*.

aus|bauen *tr* **-1.** [Haus] agrandir; [Verkehrsnetz] étendre; [Vorsprung] augmenter; [Kontakt] développer. **-2.** [Motor] démonter.

ausbaufähig *Adj* susceptible d'être étendu(e).

ausbedingen *(Prät* **bedang aus**, *Perf* **hat ausbedungen)** *tr*: **sich** *(D)* **etw ~** se réserver qqch.

aus|beißen *ref (unreg)*: **sich** *(D)* **einen Zahn ~** se casser une dent.

aus|bessern *tr* réparer; [Kleidungsstück] raccommoder.

Ausbesserungs|arbeit *die* **-1.** [umfangreich] réparations *fpl*, travaux *mpl*. **-2.** [klein] retouche *f*.

aus|beulen *tr* **-1.** [glätten] débosseler. **-2.** [verformen] déformer.

◆ **sich ausbeulen** *ref* [Beulen bilden] se déformer.

Ausbeute *die* rendement *m*.

ausbeuten *tr* exploiter.

Ausbeutung (*Pl* **-en**) *die* exploitation *f*.

ausbezahlen *tr* payer.

ausbilden *tr* **-1.** [Schüler] former. **-2.** [Begabung] développer.

◆ **sich ausbilden** *ref* **-1.** [Schüler] suivre une formation (professionnelle); **sich zu etw ~ lassen** suivre une formation de qqch. **-2.** [entstehen] se former.

Ausbilder, in (*mPl* **-**; *fPl* **-nen**) *der, die* formateur *m*, -trice *f*; MIL instructeur *m*.

Ausbildung *die* **-1.** [gen] formation *f*; **in der ~ sein** être en formation. **-2.** [handwerklich] apprentissage *m*. **-3.** [an Universität] formation *f* universitaire.

Ausbildungsförderung *die* financement *m* des études.

Ausbildungsplatz *der* emploi *m* formation.

Ausbildungsvertrag *der* contrat *m* de formation.

Ausbildungszeit *die* **-1.** [gen] durée *f* de formation. **-2.** [im Handwerk] durée *f* d'apprentissage.

ausbitten *tr* *(unreg)*: **sich** *(D)* **etw ~** *geh* demander qqch; **das möchte ich mir ausgebeten haben** c'est la moindre des choses.

ausblasen *tr* *(unreg)* [Kerze] souffler; [Flamme, Streichholz] éteindre.

ausbleiben (*Perf* **ist ausgeblieben**) *intr* *(unreg)* **-1.** [Zug, Person] ne pas venir; **lange ~** sortir longtemps. **-2.** [Ereignis] ne pas se produire; **es bleibt nicht aus, daß** il est inévitable, que.

ausblenden *tr* TV faire disparaître de l'écran.

◆ **sich ausblenden** *ref* TV rendre l'antenne.

Ausblick *der* vue *f*; **ein ~ auf etw** *(A)* une vue d'ensemble sur qqch.

ausbluten (*Perf* **ist ausgeblutet**) *intr* **-1.** [Tier, Mensch] se vider de son sang. **-2.** *fig* [Land]: **ein Land ~ lassen** rendre un pays exsangue.

ausbooten *tr* *fam* évincer.

ausborgen *tr* prêter; **sich** *(D)* **etw ~** emprunter qqch.

ausbrechen (*Perf* **hat/ist ausgebrochen**) *(unreg)* ◇ *intr (ist)* **-1.** [fliehen] s'échapper; **aus etw ~** [gen] s'échapper de qqch; [Häftling] s'évader de qqch. **-2.** [entstehen - Krieg, Streit] éclater; [- Krankheit, Feuer] se déclarer; [- Vulkan] entrer en éruption; [- Panik] se déclencher. **-3.** [verfallen]: **in Jubel/Tränen ~** éclater de joie/en sanglots. ◇ *tr (hat)* [herausbrechen] arracher.

Ausbrecher, in (*mPl* **-**; *fPl* **-nen**) *der, die* *fam* évadé *m*, -e *f*.

ausbreiten *tr* **-1.** [Decke]: **etw (über jn/etw) ~** étaler qqch (sur qqn/qqch). **-2.** [Waren, Geschenke] présenter. **-3.** [Arme] étendre.

◆ **sich ausbreiten** *ref* se répandre.

ausbrennen (*Perf* **hat/ist ausgebrannt**) *intr* *(unreg)* **-1.** *(hat)* [Kerze, Feuer] s'éteindre. **-2.** *(ist)* [Haus, Fahrzeug]: **etw ist ausgebrannt** qqch a été détruit(e) par les flammes.

ausbringen *tr* *(unreg)*: **einen Trinkspruch (auf jn) ~** porter un toast (à qqn).

Ausbruch *der* **-1.** [von Häftlingen] évasion *f*. **-2.** [Beginn - von Krieg, Feuer, Panik] déclenchement *m*; [- von Krankheit] apparition *f*; [- von Vulkan] éruption *f*; **etw kommt zum ~** qqch se déclare. **-3.** [von Gefühl] accès *m*.

Ausbruchsversuch *der* tentative *f* d'évasion.

ausbrüten *tr* **-1.** [Eier] couver. **-2.** *fam fig* [Plan] manigancer.

ausbuddeln *tr* *fam* déterrer.

ausbügeln *tr* **-1.** [mit Bügeleisen] repasser. **-2.** *fam fig* [Fehler] réparer.

Ausbund *der (ohne Pl)*: **ein ~ an** ODER **von etw** un parangon de qqch.

ausbürgern *tr*: **jn ~** priver qqn de sa nationalité.

Ausbürgerung (*Pl* **-en**) *die* privation *f* de la nationalité.

ausbürsten *tr* **-1.** [Haare, Kleidung] brosser. **-2.** [Fleck, Staub] enlever *(en brossant)*.

ausbüxen (*Perf* **ist ausgebüxt**) *intr* *fam* se tailler.

Ausdauer *die (ohne Pl)* endurance *f*.

ausdauernd ◇ *Adj* résistant(e). ◇ *Adv* avec ténacité.

ausdehnbar *Adj* extensible.

ausdehnen *tr* **-1.** [räumlich] étendre. **-2.** [zeitlich] prolonger.

◆ **sich ausdehnen** *ref* **-1.** [räumlich] s'étendre; **sich auf etw ~** *(A)* s'étendre à qqch. **-2.** [zeitlich] se prolonger.

Ausdehnung *die* **-1.** [räumlich] extension *f*, élargissement *m*. **-2.** [zeitlich] prolongation *f*.

ausdenken *tr* *(unreg)*: **sich** *(D)* **etw ~** avoir l'idée de qqch; **es ist nicht auszudenken, was** c'est inimaginable, ce que.

ausdiskutieren *tr*: **ein Thema ~** épuiser un sujet.

Ausdruck (*Pl* **-drücke** ODER **-e**) *der* **-1.** *(Pl Ausdrücke)* [gen] expression *f*; **das ist gar kein ~!** c'est peu dire; **etw zum ~ bringen** exprimer qqch; **etw kommt (in etw** *(D)***) zum ~** qqch s'exprime (dans qqch). **-2.** *(Pl Ausdrucke)* [EDV - Blatt] sortie *f*; [- Drucken] impression *f*.

ausdrucken *tr* EDV imprimer.

ausdrücken *tr* **-1.** [auspressen] presser. **-2.** [Gedanke, Gefühl] exprimer. **-3.** [Zigarette] éteindre. ◆ **sich ausdrücken** *ref* s'exprimer.

ausdrücklich ◇ *Adj* formel(elle). ◇ *Adv* expressément.

ausdruckslos ◇ *Adj* inexpressif(ive). ◇ *Adv* de manière inexpressive.

ausdrucksvoll ◇ *Adj* expressif(ive). ◇ *Adv* de manière expressive.

Ausdrucks|weise *die* manière *f* de s'exprimer.

aus|dünsten *tr* exhaler.

Ausdünstung (*Pl* **-en**) *die* relent *m*.

auseinander *Adv* **-1.** [räumlich]: **~ liegen** être distant(e) (l'un (l'une) de l'autre); **~!** séparez-vous! **-2.** *fam* [getrennt]: **~ sein** être séparés (séparées). **-3.** *fam* [zeitlich]: **die Brüder sind sechs Jahre ~** les frères ont six ans d'écart.

auseinander|brechen (*Perf* **hat/ist auseinandergebrochen**) *(unreg)* ◇ *intr (ist)* se disloquer. ◇ *tr (hat)* briser.

auseinander|bringen *tr (unreg) fam* séparer.

auseinander|entwickeln
◆ **sich auseinanderentwickeln** *ref* prendre des chemins différents.

auseinander|fallen (*Perf* **ist auseinandergefallen**) *intr (unreg)* [Gebäude] tomber en ruines; [Gegenstand] tomber en morceaux; [Gruppe] se disloquer.

auseinander|fliegen (*Perf* **ist auseinandergeflogen**) *intr (unreg)* **-1.** [Vögel, Blätter] s'envoler *(dans tous les sens)*. **-2.** [explodieren] voler en éclats.

auseinander|gehen (*Perf* **ist auseinandergegangen**) *intr (unreg)* **-1.** [sich trennen] se séparer. **-2.** [Meinungen] diverger. **-3.** [Ehe] se briser. **-4.** *fam* [dick werden] s'épaissir.

auseinander|halten *tr (unreg)* distinguer.

auseinander|klamüsern *tr fam* démêler.

auseinander|laufen (*Perf* **ist auseinandergelaufen**) *intr (unreg)* **-1.** [Gruppe] se disperser. **-2.** [Flüssigkeit] couler.

auseinander|leben
◆ **sich auseinanderleben** *ref* ne plus avoir de vie commune.

auseinander|nehmen *tr (unreg)* démonter.

auseinander|reißen *tr (unreg)* déchirer.

auseinander|rücken (*Perf* **hat/ist auseinandergerückt**) ◇ *tr (hat)* écarter. ◇ *intr (ist)* s'écarter.

auseinander|setzen *tr*: **jm etw ~** expliquer qqch à qqn.
◆ **sich auseinandersetzen** *ref* **-1.** [sich beschäftigen]: **sich mit etw ~** se pencher sur qqch. **-2.** [sich streiten]: **sich mit jm ~** s'expliquer avec qqn.

Auseinandersetzung (*Pl* **-en**) *die* **-1.** [Beschäftigung] réflexion *f*. **-2.** [Streit] dispute *f*, conflit *m*.

auseinander|streben (*Perf* **ist auseinandergestrebt**) *intr* [Kräfte, Meinungen] diverger.

auseinander|treiben *tr (unreg)* disperser.

auserkoren *Adj geh*: **zu etw ~ sein** être choisi(e) comme qqch.

auserlesen *Adj geh* exquis(e).

aus|ersehen *tr (unreg) geh*: **jn zu** ODER **für etw ~** pressentir qqn comme qqch.

aus|erwählen *tr geh* choisir.

auserwählt *Adj* élu(e).

ausfahrbar *Adj* TECH mobile.

aus|fahren (*Perf* **hat/ist ausgefahren**) *(unreg)* ◇ *tr (hat)* **-1.** [spazierenfahren] promener *(en voiture)*. **-2.** [Fahrwerk, Antenne] sortir. **-3.** [Waren] livrer. **-4.** [Auto] pousser *(à fond)*. ◇ *intr (ist)* **-1.** [spazierenfahren] se promener *(en voiture)*. **-2.** [hinausfahren] sortir.

Aus|fahrt *die* sortie *f*; **'~ freihalten'** 'sortie de voiture'.

Ausfahrts|schild (*Pl* **-er**) *das* panneau *m* de sortie.

Ausfahrts|straße *die* sortie *f*.

Aus|fall *der* **-1.** *(ohne Pl)* [von Haaren] chute *f*. **-2.** *(ohne Pl)* [von Person, Maschine] défaillance *f*. **-3.** [von Veranstaltungen] annulation *f*. **-4.** [Verlust] perte *f*. **-5.** [Resultat] résultat *m*.

aus|fallen (*Perf* **ist ausgefallen**) *intr (unreg)* **-1.** [herausfallen]: **jm fallen die Haare/die Zähne aus** les cheveux/les dents de qqn tombent. **-2.** [Veranstaltung] être annulé(e). **-3.** [Mitarbeiter, Einnahme] manquer. **-4.** [Bremse, Signal, Maschine] ne pas fonctionner. **-5.** [sich erweisen]: **gut/schlecht ~** donner de bons/mauvais résultats.

aus|fällen *tr* CHEM précipiter.

ausfallend *Adj* injurieux(euse); **~ werden** devenir agressif(ive).

Ausfalls|erscheinung *die* MED déficience *f*.

Ausfall|straße *die* voie *f* rapide *(pour sortir de la ville)*.

aus|fechten *tr (unreg)* [Streit] vider.

aus|fegen *tr* & *intr* balayer.

aus|feilen *tr* **-1.** [Rede, Aufsatz] peaufiner. **-2.** [Gegenstand] limer.

aus|fertigen *tr amt* établir.

Ausfertigung (*Pl* **-en**) *die amt* exemplaire *m*; **in doppelter ~** en double exemplaire.

aus|fetten *tr* beurrer.

ausfindig *Adv*: **jn/etw ~ machen** finir par trouver qqn/qqch.

aus|fliegen (*Perf* **hat/ist ausgeflogen**) *(unreg)* ◇ *intr (ist)* s'envoler. ◇ *tr (hat)* évacuer (par avion).

aus|fließen (*Perf* **ist ausgeflossen**) *intr (unreg)* s'écouler.

aus|flippen (*Perf* **ist ausgeflippt**) *intr fam* flipper.

Ausflucht (*Pl* **-flüchte**) *die* échappatoire *f*; **Ausflüchte machen** utiliser des échappatoires

Aus|flug *der* excursion *f*, tour *m*.

Ausflügler, in (*mPl* -; *fPl* **-nen**) *der, die* promeneur *m*, -euse *f*, touriste *mf*.

Ausflugs|lokal *das* restaurant *m* touristique.

Ausflugs|ziel *das* but *m* de promenade.

Aus|fluß *der* **-1.** *(ohne Pl)* [gen] écoulement *m*. **-2.** [im Waschbecken] tuyau *m* d'écoulement, orifice *m* d'écoulement.

aus|formen *tr* [Gegenstand] façonner; [Text] élaborer.

aus|formulieren *tr* formuler.

aus|forschen *tr* explorer.

aus|fragen *tr* questionner.

aus|fressen *tr (unreg)*: **etwas ausgefressen haben** *fam* avoir fait une bêtise.

Ausfuhr (*Pl* **-en**) *die* exportation *f*.

Ausfuhrbestimmungen *Pl* réglementation *f* des exportations.

aus|führen *tr* **-1.** [spazierenführen] sortir. **-2.** [exportieren] exporter. **-3.** [Arbeit] effectuer. **-4.** [Befehl] exécuter. **-5.** [Plan] réaliser. **-6.** [erklären] expliquer.

Ausführende (*Pl* **-n**) *der, die* interprète *mf*.

Ausfuhr|land (*Pl* **-länder**) *das* pays *m* exportateur.

ausführlich ◇ *Adj* détaillé(e). ◇ *Adv* en détail.

Ausfuhr|sperre *die* embargo *m* sur les exportations.

Ausführung (*Pl* **-en**) *die* **-1.** *(ohne Pl)* [Realisierung] exécution *f*, réalisation *f*; **etw kommt** ODER **gelangt zur ~** qqch est mis(e) en œuvre. **-2.** [Modell] version *f*, modèle *m*. **-3.** [Erklärung] explication *f*.

Ausfuhr|verbot *das* embargo *m* sur les exportations.

aus|füllen *tr* **-1.** [Formular] remplir. **-2.** [Loch] combler. **-3.** [zufriedenstellen] satisfaire. **-4.** [Raum] occuper. **-5.** [Zeitspanne]: **seine Zeit mit etw ~** consacrer son temps à qqch.

Ausg. (*Abk für* **Ausgabe**) éd.

Aus|gabe *die* **-1.** *(ohne Pl)* [Ausgeben] distribution *f*. **-2.** [von Geld] dépense *f*. **-3.** [von Buch] édition *f*.

Aus|gang *der* **-1.** [gen] sortie *f*. **-2.** *(ohne Pl)* [Ausgeherlaubnis]: **~ haben** [gen] avoir la permission de sortir; MIL avoir une permission; **etw nimmt seinen ~** qqch prend naissance. **-3.** *(ohne Pl)* [Ende] fin *f*.

Ausgangs|basis *die* base *f (de départ)*.

Ausgangs|lage *die* conditions *fpl* de départ.

Ausgangs|punkt *der* point *m* de départ.

Ausgangs|sperre *die* couvre-feu *m*.

aus|geben *tr (unreg)* **-1.** [verteilen] distribuer. **-2.** [Banknoten, Aktien] émettre. **-3.** [Befehl] donner. **-4.** [Geld] dépenser. **-5.** *fam* [spendieren]: **jm einen ~** offrir un pot à qqn. **-6.** [bezeichnen]: **sich für** ODER **als jn/etw ~** se faire passer pour qqn/qqch.

ausgeblichen *Adj* délavé(e), passé(e).

ausgebucht *Adj* complet(ète).

ausgebufft *Adj fam* qui connaît les ficelles, roué(e).

Aus|geburt *die geh & abw*: **eine ~ des Bösen** une créature maléfique.

ausgedient *Adj*: **~ haben** avoir fait son temps.

ausgedörrt *Adj* desséché(e).

ausgefallen ◇ *PP* → **ausfallen**. ◇ *Adj* original(e). ◇ *Adv* de manière originale.

ausgefeilt *Adj* fignolé(e).

ausgeflippt *Adj fam* flippé(e).

ausgefranst *Adj* effiloché(e).

ausgefuchst ['ausgəfukst] *Adj fam* rusé(e).

ausgeglichen ◇ *PP* → **ausgleichen**. ◇ *Adj* équilibré(e).

Ausgeglichenheit *die (ohne Pl)* équilibre *m*.

aus|gehen (*Perf* **ist ausgegangen**) *intr (unreg)* **-1.** [nach draußen] sortir. **-2.** [Licht, Feuer, Ofen] s'éteindre. **-3.** [Geschichte] se terminer. **-4.** [hervorgebracht werden]: **von jm ~** émaner de qqn. **-5.** [zugrunde legen]: **von etw ~** partir de qqch. **-6.** [ausfallen]: **jm gehen die Haare/Zähne aus** qqn perd ses cheveux/dents. **-7.** [zu Ende gehen]: **jm gehen die Vorräte/Ideen aus** qqn est à court de provisions/d'idées.

ausgehend *Adj*: **im ~en 20. Jahrhundert** à la fin du XXe siècle.

ausgehungert *Adj* affamé(e).

ausgeklügelt *Adj* sophistiqué(e).

ausgekocht *Adj fam abw* rusé(e).

ausgelassen ◇ *PP* → **auslassen**. ◇ *Adj* turbulent(e). ◇ *Adv* avec entrain.

Aus|gelassenheit *die (ohne Pl)* exubérance *f*.

ausgelastet *Adj* utilisé(e) au maximum (de ses capacités); **voll ~** [Person] bien occupé(e).

ausgelaugt *Adj* épuisé(e).

ausgemacht ◇ *Adj* **-1.** [abgemacht] convenu(e). **-2.** [völlig] parfait(e). ◇ *Adv* [ausgesprochen] vraiment.

ausgemergelt *Adj* affaibli(e).

ausgenommen ◇ *PP* → **ausnehmen**. ◇ *Konj* sauf si.

ausgepowert ['ausgəpauɐt] *Adj fam* vidé(e).

ausgeprägt *Adj* prononcé(e).
ausgerechnet *Adv* justement.
ausgereift *Adj* longuement mûri(e).
ausgeschlafen ◇ *PP* → **ausschlafen**. ◇ *Adj fam* [gewitzt] malin(igne).
ausgeschlossen ◇ *PP* → **ausschließen**. ◇ *Adj* exclu(e).
ausgespielt *Adj*: **bei jm ~ haben** avoir perdu la confiance de qqn.
ausgesprochen ◇ *PP* → **aussprechen**. ◇ *Adj* véritable. ◇ *Adv* vraiment.
aus|gestalten *tr* **-1.** [Thema] élaborer. **-2.** [Feier] organiser. **-3.** [Raum] aménager.
Aus|gestaltung *die (ohne Pl)* organisation *f*.
ausgestorben ◇ *PP* → **aussterben**. ◇ *Adj*: **wie ~** désert(e).
ausgesucht ◇ *Adj* **-1.** [Wein, Speisen] exquis(e). **-2.** [Höflichkeit] extrême. ◇ *Adv* [erlesen] extrêmement.
ausgetreten ◇ *pp* → **austreten**. ◇ *Adj* **-1.** [Weg] très fréquenté(e). **-2.** [Schuh] avachi(e).
ausgewachsen ['ausgevaksn̩] *Adj* **-1.** [Lebewesen] adulte. **-2.** *fam* [Skandal] grand(e).
ausgewogen *Adj* équilibré(e).
Ausgewogenheit *die (ohne Pl)*: **die ~ des Programms** un programme savamment dosé.
ausgezeichnet ◇ *Adj* excellent(e). ◇ *Adv* à la perfection.
ausgiebig ◇ *Adj* long (longue). ◇ *Adv* longtemps; **~ frühstücken** faire un petit-déjeuner copieux.
aus|gießen *tr (unreg)* vider.
Ausgleich (*Pl* **-e**) *der* **-1.** [Gleichgewicht] compensation *f*; **einen ~ schaffen** trouver une compensation. **-2.** *(ohne Pl)* SPORT égalisation *f*.
aus|gleichen *(unreg)* ◇ *tr* **-1.** [gen] équilibrer. **-2.** [Gegensatz] harmoniser. **-3.** [Schaden] compenser. **-4.** [Mängel] remédier à. ◇ *intr* SPORT égaliser.
◆ **sich ausgleichen** *ref* [sich angleichen] s'harmoniser.
Ausgleichs|fonds *der* WIRTSCH fonds *m* de compensation.
Ausgleichs|sport *der* sport *m* de compensation.
aus|gleiten (*Perf* **ist ausgeglitten**) *intr (unreg) geh* [ausrutschen] déraper.
aus|gliedern *tr* isoler.
aus|graben *tr (unreg)* **-1.** [aus Erde] déterrer. **-2.** [Vergessenes] faire ressurgir.
Aus|grabung *die* fouille *f*.
aus|grenzen *tr* exclure.
Ausguck (*Pl* **-e**) *der fam* poste *m* d'observation, observatoire *m*.
aus|gucken *intr fam* observer.
Aus|guß *der* évier *m*.
aus|haben *(unreg) fam* ◇ *tr* **-1.** [Kleidungsstück]: **ich habe den Mantel aus** j'ai enlevé mon manteau. **-2.** [Buch] finir. ◇ *intr* [Schulschluß haben]: **ich habe um 12 Uhr aus!** mes cours finissent à midi.
aus|hacken *tr* **-1.** [mit Hacke] arracher. **-2.** [mit Schnabel] arracher à coups de bec.
aus|haken *tr* décrocher; **es hakt bei jm aus** *fam fig* qqn déraille.
aus|halten *(unreg)* ◇ *tr* **-1.** [ertragen] supporter; **hier läßt es sich ~** on est bien ici; **mit ihm ist es nicht auszuhalten** il est vraiment impossible. **-2.** *fam abw* [Person] entretenir. ◇ *intr* [durchhalten] tenir bon.
aus|handeln *tr* négocier.
aus|händigen *tr* remettre.
Aus|hang *der* annonce *f*, placard *m*.
aus|hängen ◇ *intr (unreg)* [Bekanntmachung] être affiché(e). ◇ *tr* **-1.** [Bekanntmachung] afficher. **-2.** [Tür] décrocher, enlever de ses gonds.
Aushänge|schild (*Pl* **-er**) *das* enseigne *f*.
aus|harren *intr geh* tenir bon.
aus|heben *tr (unreg)* **-1.** [Loch, Erde] creuser. **-2.** [Bande] démanteler.
aus|hecken *tr* manigancer.
aus|heilen (*Perf* **ist ausgeheilt**) *intr* guérir.
aus|helfen *intr (unreg)* aider.
aus|heulen
◆ **sich ausheulen** *ref fam* : **sich bei jm ~** pleurer sur l'épaule de qqn.
Aus|hilfe *die* auxiliaire *mf*, travailleur *m*, -euse *f* temporaire; **zur ~ arbeiten** avoir un travail auxiliaire.
Aushilfs|kraft *die* aide *f*.
aushilfsweise *Adv* temporairement.
aus|höhlen *tr* creuser.
aus|holen *intr* **-1.** [mit dem Arm] prendre son élan *(pour frapper, pour lancer)*. **-2.** [beim Erzählen]: **weit ~** raconter de A à Z.
aus|horchen *tr* sonder.
aus|hungern *tr* affamer.
aus|kämmen *tr* peigner.
aus|kennen
◆ **sich auskennen** *ref*: **sich (mit/in etw *(D)*) ~** s'y connaître (en/dans qqch).
aus|kippen *tr* vider.
aus|klammern *tr* exclure.
Aus|klang *der geh* finale *m*.
ausklappbar *Adj* pliant(e).
aus|klappen *tr* déplier.
aus|kleiden *tr* [Gegenstände] tapisser.
aus|klingen (*Perf* **hat/ist ausgeklungen**) *intr*

(unreg) **-1.** *(hat, ist)* [Musik] s'achever. **-2.** *(ist)* [zu Ende gehen] se terminer.

aus|klinken (*Perf* **hat/ist ausgeklinkt**) ◇ *tr (hat)* décrocher. ◇ *intr (ist)* se décrocher, se détacher.

◆ **sich ausklinken** *ref* se détacher.

aus|klopfen *tr* **-1.** [Teppich, Mantel] battre, secouer. **-2.** [Pfeife] débourrer. **-3.** [Schmutz] enlever.

aus|klügeln *tr* concocter.

aus|knipsen *tr fam* éteindre.

aus|knobeln *tr fam* **-1.** [auslosen] tirer au sort. **-2.** [ausklügeln] combiner.

aus|kommen (*Perf* **ist ausgekommen**) *intr (unreg)* **-1.** [zurechtkommen] se débrouiller; **mit etw ~** avoir qqch en quantité suffisante. **-2.** [sich vertragen]: **mit jm (gut/schlecht/nicht) ~** (bien/mal/ne pas) s'entendre avec qqn.

◆ **Auskommen** *das (ohne Pl)* **-1.** [Lebensunterhalt] revenus *mpl*; **sein ~ haben** avoir de quoi vivre. **-2.** [Zusammenleben]: **mit jm ist kein ~** qqn est insupportable ODER invivable.

auskömmlich ◇ *Adj* convenable, correct(e). ◇ *Adv* convenablement.

aus|kosten *tr geh* savourer.

aus|kratzen *tr* gratter.

aus|kugeln *tr* démettre, déboîter.

aus|kühlen (*Perf* **hat/ist ausgekühlt**) ◇ *intr (ist)* se refroidir. ◇ *tr (hat)* refroidir.

aus|kundschaften *tr* explorer.

Auskunft (*Pl* **-künfte**) *die* **-1.** [Hinweis] renseignement *m*; **eine ~ geben** ODER **erteilen** donner un renseignement. **-2.** *(ohne Pl)* [Auskunftsschalter] guichet *m* d'information; **die ~ anrufen** appeler les renseignements.

Auskunfts|schalter *der* guichet *m* d'information.

Auskunfts|stelle *die* renseignements *mpl*.

aus|kuppeln *intr* AUTO débrayer.

aus|kurieren *tr fam* guérir.

aus|lachen *tr* se moquer de.

aus|laden *tr (unreg)* **-1.** [Fahrzeug, Fracht] décharger. **-2.** [Gast] décommander.

ausladend *Adj* ample.

Aus|lage *die* étalage *m*.

◆ **Auslagen** *Pl* dépenses *fpl*.

aus|lagern *tr* [Kunstwerk] transporter en lieu sûr.

Aus|land *das (ohne Pl)* étranger *m*.

Ausländer (*Pl* **-**) *der* étranger *m*.

ausländerfeindlich ◇ *Adj* xénophobe. ◇ *Adv* de manière xénophobe.

Ausländer|feindlichkeit *die* xénophobie *f*.

Ausländerin (*Pl* **-nen**) *die* étrangère *f*.

ausländisch *Adj* étranger(ère).

Auslands|abteilung *die* service *m* international.

Auslands|aufenthalt *der* séjour *m* à l'étranger.

Auslandsbeziehungen *Pl* relations *fpl* extérieures.

Auslands|geschäft *das* contrat *m* à l'étranger; **das ~** les affaires avec l'étranger.

Auslands|gespräch *das* communication *f* internationale.

Auslands|korrespondent, in *der, die* correspondant à l'étranger *m*, correspondante à l'étranger *f*.

Auslands|reise *die* voyage *m* à l'étranger.

Auslandsschutz|brief *der* AUTO *assurance automobile complémentaire pour un voyage à l'étranger.*

Auslands|vertretung *die* bureau *m* à l'étranger.

aus|lassen *tr (unreg)* **-1.** [Einzelheit] sauter. **-2.** [Gelegenheit] laisser passer. **-3.** [abreagieren]: **seine Wut/seinen Ärger an jm ~** passer sa colère/sa mauvaise humeur sur qqn.

◆ **sich auslassen** *ref* [sich äußern] s'expliquer; **sich über jn/etw ~** dire tout ce qu'on a à dire sur qqn/qqch.

Auslassung (*Pl* **-en**) *die* omission *f*.

aus|lasten *tr* **-1.** [nutzen] employer (au maximum). **-2.** [Person]: **mit etw ausgelastet sein** être accaparé(e) par qqch.

Aus|lauf *der (ohne Pl)* espace *m* libre.

aus|laufen (*Perf* **ist ausgelaufen**) *intr (unreg)* **-1.** [Behälter] se vider. **-2.** [Flüssigkeit] couler. **-3.** [Schiff] prendre la mer. **-4.** [Rad, Läufer] s'arrêter *(progressivement)*. **-5.** [Modell] ne plus être fabriqué(e). **-6.** [Vertrag] arriver à son terme.

Aus|läufer *der* contrefort *m*.

aus|laugen *tr* lessiver.

aus|lauten *intr*: **auf einen Vokal ~** se terminer par une voyelle.

aus|leben *tr geh* vivre, assumer pleinement.

◆ **sich ausleben** *ref* vivre sa vie.

aus|lecken *tr* lécher.

aus|leeren *tr* vider.

aus|legen *tr* **-1.** [öffentlich] exposer. **-2.** [Köder] poser, tendre. **-3.** [Boden] revêtir. **-4.** [Summe] avancer. **-5.** [interpretieren] expliquer, interpréter.

Auslegung (*Pl* **-en**) *die* interprétation *f*.

aus|leiern (*Perf* **hat/ist ausgeleiert**) *fam* ◇ *intr (ist)* se détendre. ◇ *tr (hat)* déformer.

Ausleihe (*Pl* **-n**) *die* prêt *m*.

aus|leihen *tr (unreg)*: **jm etw ~** prêter qqch à qqn; **sich** *(D)* **etw ~** emprunter qqch.

aus|lernen *intr* terminer sa formation; [im Handwerk] terminer son apprentissage.

Auslese *die (ohne Pl)* **-1.** [Auswahl] sélection *f*. **-2.** [Wein] vin *m* de cru.
aus|lesen *tr (unreg)* **-1.** *geh* [auswählen] sélectionner, choisir. **-2.** *fam* [zu Ende lesen] finir, terminer.
aus|leuchten *tr* bien éclairer.
aus|liefern *tr* **-1.** [gen] livrer. **-2.** [Ausländer] extrader.
Aus|lieferung *die* **-1.** [von Waren] livraison. **-2.** [von Personen] extradition *f*.
Auslieferungs|antrag *der* demande *f* d'extradition.
aus|liegen *intr (unreg)* être exposé(e).
aus|löffeln *tr* finir à la cuillère; **~ müssen, was man sich eingebrockt hat** *fig* devoir payer ses erreurs.
aus|löschen *tr* **-1.** [Licht, Feuer] éteindre. **-2.** [Spuren] effacer.
aus|losen *tr* tirer au sort.
aus|lösen *tr* déclencher; [Freude] susciter; [Krieg, Panik] provoquer.
Auslöser *(Pl -) der* **-1.** PHOT déclencheur *m*. **-2.** [Ursache] cause *f*.
aus|loten *tr eigtl* & *fig* sonder.
aus|lüften *tr* aérer.
aus|machen *tr* **-1.** *fam* [ausschalten] éteindre. **-2.** [vereinbaren] fixer; **~, etw zu tun** décider de faire qqch; **etw mit jm ~** convenir de qqch avec qqn. **-3.** [stören] ennuyer; **das macht (jm) nichts aus** ça ne fait rien (à qqn). **-4.** [betragen] représenter. **-5.** [bedeuten]: **viel/wenig ~** changer beaucoup/peu de choses. **-6.** [erkennen] *geh* distinguer. **-7.** [bilden] faire.
aus|malen *tr* **-1.** [mit Farbe] colorier. **-2.** [schildern] dépeindre. **-3.** [sich vorstellen]: **sich** *(D)* **etw ~** se faire une image de qqch.
Aus|maß *das* étendue *f*.
aus|merzen *tr* supprimer.
aus|messen *tr (unreg)* mesurer.
aus|misten *tr* **-1.** [Stall] nettoyer. **-2.** *fam* [Ordnung schaffen]: **etw ~** faire le ménage dans qqch.
aus|mustern *tr* **-1.** MIL réformer. **-2.** *fam* [aussondern] mettre au rancart.
Ausnahme *(Pl -n) die* exception *f*; **eine ~ machen** faire une exception; **mit ~ von** à l'exception de.
Ausnahme|fall *der* exception *f*.
Ausnahme|situation *die* situation *f* exceptionnelle.
Ausnahme|zustand *der*: **den ~ verhängen** proclamer l'état d'exception.
ausnahmslos *Adv* sans exception.
ausnahmsweise *Adv* exceptionnellement.
aus|nehmen *tr (unreg)* **-1.** [Tier] vider. **-2.** [ausschließen] exclure. **-3.** *fam abw* [Person] plumer.
ausnehmend *Adv geh* extraordinairement.
aus|nüchtern *intr* désenivrer, dessoûler.
aus|nutzen, aus|nützen *tr* **-1.** [nutzen] utiliser. **-2.** [mißbrauchen] exploiter.
Aus|nutzung, Aus|nützung *die* exploitation *f*.
aus|packen ◇ *tr* déballer. ◇ *intr fam* [verraten] tout déballer.
aus|plaudern *tr* divulguer.
aus|plündern *tr* **-1.** [Person] dévaliser. **-2.** [Gebiet, Land] piller.
aus|polstern *tr* [Sitz, Kleidungsstück] rembourrer; [Sessel, Tür] capitonner.
aus|posaunen *tr fam* crier sur les toits.
aus|prägen
◆ **sich ausprägen** *ref* s'accentuer.
Aus|prägung *die fig* accentuation *f*.
aus|pressen *tr* **-1.** [Frucht] presser. **-2.** [ausbeuten] pressurer. **-3.** [ausfragen] harceler.
aus|probieren *tr* essayer.
Auspuff *(Pl -e) der* pot *m* d'échappement.
aus|pumpen *tr* pomper; **jm den Magen ~** faire un lavage d'estomac à qqn.
aus|punkten *tr*: **seinen Gegner ~** battre son adversaire aux points.
aus|pusten *tr fam* [Kerze] souffler; [Ei] vider *(en soufflant)*.
aus|quartieren *tr* déloger.
aus|quetschen *tr* **-1.** [Obst] presser. **-2.** *fam* [ausfragen]: **jn über etw** *(A)* **~** cuisiner qqn sur qqch.
aus|radieren *tr* **-1.** [mit Radiergummi] gommer. **-2.** *fig* [Stadt, Gegend] rayer de la carte.
aus|rangieren *tr fam* mettre au rancart.
aus|rasieren *tr* raser.
aus|rasten *(Perf* **ist ausgerastet**) *intr* **-1.** *fam* [Person] sortir de ses gonds. **-2.** [Gegenstand] se déboîter.
aus|rauben *tr* dévaliser.
aus|räuchern *tr* désinfecter, fumiger.
aus|räumen *tr* **-1.** [entfernen, ausrauben] vider. **-2.** [Mißverständnis, Zweifel] balayer.
aus|rechnen *tr* calculer; **sich** *(D)* **etw ~ können** pouvoir s'imaginer qqch.
Aus|rede *die* prétexte *m*.
aus|reden ◇ *intr* finir (de parler). ◇ *tr*: **jm etw ~** détourner qqn de qqch.
aus|reichen *intr* suffire.
ausreichend ◇ *Adj* **-1.** [genügend] suffisant(e). **-2.** SCHULE passable. ◇ *Adv* suffisamment.
aus|reifen *(Perf* **ist ausgereift**) *intr* mûrir.
Aus|reise *die* sortie *f* (du territoire).

Ausreise|genehmigung *die* autorisation *f* de sortie (du territoire).
aus|reisen (*Perf* **ist ausgereist**) *intr*: **aus einem Land ~** quitter un pays; **nach Deutschland/ Spanien ~** partir pour l'Allemagne/l'Espagne.
aus|reißen (*Perf* **hat/ist ausgerissen**) *(unreg)* ◇ *intr (ist) fam* se tirer; [Kind, Jugendlicher] fuguer, faire une fugue. ◇ *tr (hat)* arracher.
Ausreißer, in (*mPl* **-**; *fPl* **-nen**) *der, die fam* fugueur(euse).
aus|reiten (*Perf* **ist ausgeritten**) *intr (unreg)* faire une promenade à cheval.
aus|reizen *tr* [beim Kartenspiel]: **sein Blatt ~** surenchérir.
aus|renken *tr*: **sich** *(D)* **etw ~** se démettre qqch; **jm etw ~** démettre qqch à qqn.
aus|richten *tr* **-1.** [Grüße, Nachricht] transmettre; **kann ich etwas ~?** puis-je transmettre un message? **-2.** [erreichen]: **(bei jm) etw ~** obtenir qqch (auprès de qqn). **-3.** [anordnen] aligner. **-4.** [an etw orientieren]: **etw auf etw** *(A)* ODER **nach etw ~** orienter qqch vers qqch; **etw auf jn** ODER **nach jm ~** diriger qqch vers qqn.
Aus|ritt *der* promenade *f* à cheval.
aus|rollen *tr* **-1.** [Teig] étaler. **-2.** [Teppich] dérouler.
aus|rotten *tr* exterminer.
Ausrottung *die (ohne Pl)* extermination *f*.
aus|rücken (*Perf* **ist ausgerückt**) *intr* **-1.** MIL se mettre en marche. **-2.** *fam* [weglaufen] faire une fugue.
Aus|ruf *der* exclamation *f*.
aus|rufen *tr (unreg)* **-1.** [rufen] s'exclamer. **-2.** [mit Lautsprecher] annoncer; **jn ~ lassen** faire appeler qqn par haut-parleur. **-3.** [proklamieren] proclamer.
Ausrufe|zeichen, Ausrufungs|zeichen *das* point *m* d'exclamation.
aus|ruhen ◇ *intr* se reposer. ◇ *tr* reposer.
◆ **sich ausruhen** *ref* se reposer.
aus|rupfen *tr* arracher.
aus|rüsten *tr* équiper.
◆ **sich ausrüsten** *ref* s'équiper.
Aus|rüstung *die* équipement *m*.
aus|rutschen (*Perf* **ist ausgerutscht**) *intr* [auf Boden] déraper; [aus Hand] glisser des mains.
Ausrutscher (*Pl* **-**) *der fam* faux pas *m*.
aus|säen *tr* semer.
Aus|sage *die* **-1.** [vor Gericht] déposition *f*. **-2.** [Inhalt] expression *f*.
Aussage|kraft *die (ohne Pl)* puissance *f* d'expression.
aussagekräftig *Adj* parlant(e).
aus|sagen ◇ *tr* **-1.** [ausdrücken]: **etw über jn/ etw ~** dire qqch sur qqn/qqch. **-2.** [vor Gericht] déclarer. ◇ *intr* faire une déposition.
aus|saugen *tr geh* sucer.
aus|schaben *tr* [leermachen] vider en râclant le fond.
aus|schachten *tr* creuser.
aus|schalten *tr* **-1.** [Licht, Gerät] éteindre. **-2.** [Konkurrent] écarter. **-3.** [Gefühl] faire abstraction de.
Ausschank (*Pl* **-schänke**) *der* **-1.** *(ohne Pl)* [Vorgang] vente *f*. **-2.** [Gastwirtschaft] buvette *f*.
Aus|schau *die (ohne Pl)*: **nach jm/etw ~ halten** guetter qqn/qqch.
aus|schauen *intr* **-1.** [mit Augen]: **nach jm/etw ~** chercher qqn/qqch des yeux. **-2.** [aussehen]: **es schaut mit jm gut/schlecht aus** qqn a/n'a pas l'air bien; **es schaut mit etw gut/schlecht aus** qqch s'annonce bien/mal.
aus|schaufeln *tr* creuser *(à la pelle)*.
aus|scheiden (*Perf* **hat/ist ausgeschieden**) *(unreg)* ◇ *intr (ist)* **-1.** [aus Gruppe]: **aus etw ~** quitter qqch. **-2.** SPORT être éliminé(e). **-3.** [wegfallen] ne pas entrer en ligne de compte. ◇ *tr (hat)* éliminer.
Aus|scheidung *die* **-1.** *(ohne Pl)* [aus Wettkampf] élimination *f*. **-2.** *(ohne Pl)* [aus Dienst, Amt] départ *m*. **-3.** *(ohne Pl)* [von Sekreten] sécrétion *f*. **-4.** [Wettkampf] éliminatoires *fpl*.
◆ **Ausscheidungen** *Pl* [von Drüsen] sécrétions *fpl*; [vom Darm] excréments *mpl*.
Ausscheidungs|kampf *der* éliminatoires *fpl*.
aus|schenken *tr* débiter.
aus|scheren (*Perf* **ist ausgeschert**) *intr* déboîter.
aus|schicken *tr* envoyer.
aus|schildern *tr* baliser.
aus|schimpfen *tr* gronder.
aus|schlachten *tr fam* **-1.** [Auto, Motor] désosser. **-2.** *abw* [journalistisch] exploiter jusqu'à la moëlle.
aus|schlafen *intr (unreg)* dormir tout son soûl.
Aus|schlag *der* **-1.** [auf Haut] éruption *f* (cutanée). **-2.** [das Entscheidende]: **den ~ geben** être déterminant(e).
aus|schlagen (*Perf* **hat/ist ausgeschlagen**) *(unreg)* ◇ *tr (hat)* **-1.** [Zahn] casser. **-2.** [ablehnen] décliner. ◇ *intr* **-1.** *(hat)* [Tier] ruer. **-2.** *(hat, ist)* [Pendel, Zeiger] dévier. **-3.** *(hat, ist)* [Pflanze] faire des rejets.
ausschlaggebend *Adj* déterminant(e).
aus|schließen *tr (unreg)*: **(jn von etw) ~** exclure (qqn de qqch).
◆ **sich ausschließen** *ref* s'exclure.
ausschließlich, ausschließlich ◇ *Adj* exclusif(ive). ◇ *Adv* exclusivement.

Aus|schluß *der* exclusion *f*; **unter ~ der Öffentlichkeit** à huis clos.
aus|schmücken *tr* **-1.** [Raum] décorer. **-2.** [Geschichte] enjoliver.
aus|schneiden *tr (unreg)* découper.
Aus|schnitt *der* **-1.** [von Kleid, Bluse] décolleté *m*. **-2.** [aus Zeitungen] coupure *f*. **-3.** [Auszug] extrait *m*.
aus|schöpfen *tr* **-1.** [Gefäß] vider; [Boot] écoper. **-2.** *fig* [Möglichkeiten] épuiser.
aus|schreiben *tr (unreg)* **-1.** [Zahl] écrire en toutes lettres; [Wort] écrire en entier. **-2.** [Scheck, Rechnung, Rezept] établir. **-3.** [Wahl, Wettbewerb] ouvrir; [Stelle] publier; **ein Geschäft ~** lancer un appel d'offres.
Ausschreibung (*Pl* **-en**) *die* [von Wettbewerben] ouverture *f*; [von Geschäften] appel *m* d'offres; [von Stellen] publication *f*.
aus|schreiten (*Perf* **ist ausgeschritten**) *intr (unreg) geh* marcher à grands pas.
Ausschreitungen *Pl* excès *mpl*.
Aus|schuß *der* **-1.** [Gremium] comité *m*. **-2.** *(ohne Pl)* [Ware] rebut *m*.
Ausschuß|ware *die* produit *m* de rebut.
aus|schütteln *tr* secouer.
aus|schütten *tr* **-1.** [Gefäß] vider. **-2.** [Flüssigkeit] jeter. **-3.** [Prämie, Gewinn] verser.
aus|schwärmen (*Perf* **ist ausgeschwärmt**) *intr* **-1.** [Insekten] essaimer. **-2.** [Menschen] se disséminer.
ausschweifend ◇ *Adj* **-1.** [Phantasie] débordant(e). **-2.** [Leben] dissolu(e). ◇ *Adv*: **~ leben** vivre dans la débauche.
aus|schweigen *(unreg)*
◆ **sich ausschweigen** *ref*: **sich über etw ~** garder le silence sur qqch.
aus|schwenken *tr* pivoter.
aus|schwitzen *tr* éliminer; **eine Erkältung ~** éliminer un rhume en transpirant.
aus|sehen *intr (unreg)* avoir l'air; **sie sieht gut aus** elle est jolie; **es sieht danach aus, als** ODER **daß ...** on dirait que ...; **es sieht nach Regen aus** on dirait qu'il va pleuvoir; **sehe ich danach aus, als würde ich stehlen**? est-ce que j'ai l'air d'un voleur?; **es sieht mit jm/etw gut/schlecht aus** ça se présente bien/mal pour qqn/qqch; **wie sieht's aus**? *fam* qu'est-ce que tu fais ODER vous faites?; **nach nichts ~** *fam* ne ressembler à rien; **so siehst du aus!** *fam fig* tu parles!
Aussehen *das (ohne Pl)* air *m*, aspect *m*.
aus|sein (*Perf* **ist ausgewesen**) *intr (unreg) fam* **-1.** [zu Ende sein] être fini(e); **mit dem Faulenzen ist es jetzt aus** c'est fini la paresse; **es ist aus zwischen ihnen** c'est fini entre eux. **-2.** [nicht eingeschaltet] être éteint(e). **-3.** SPORT [Tennis] être out; [Fußball] être sorti(e). **-4.** [erpicht sein]: **auf etw** *(A)* **~** tenir à faire qqch; **er ist auf dieses Amt aus** il tient à avoir ce poste.
außen *Adv* à l'extérieur; **nach ~** vers l'extérieur; **von ~** de l'extérieur.
◆ **außen vor** *Adv Norddt*: **etw ~ vor lassen** laisser qqch de côté.
Außen|ansicht *die* vue *f* extérieure.
Außen|antenne *die* antenne *f* extérieure.
Außen|arbeiten *Pl* travaux *mpl* (extérieurs).
Außen|bezirk *der* périphérie *f*.
Außenbord|motor *der* hors-bord *m*.
aus|senden *tr* **-1.** [Nachrichten] émettre. **-2.** [Personen] envoyer.
Außen|dienst *der* **-1.** [für Behörde] service *m* extérieur. **-2.** [für Verkauf] force *f* de vente.
Außen|handel *der (ohne Pl)* commerce *m* extérieur.
Außenhandels|bilanz *die* balance *f* du commerce extérieur.
außenliegend *Adj* situé(e) à l'extérieur, extérieur(e).
Außen|minister, in *der, die* ministre *m* des Affaires étrangères.
Außen|ministerium *das* ministère *m* des Affaires étrangères ODER extérieures.
Außen|politik *die (ohne Pl)* politique *f* étrangère.
außenpolitisch *Adj* relatif(ive) à la politique étrangère ODER extérieure.
Außen|seite *die* face *f* extérieure.
Außenseiter, in (*mPl* **-**; *fPl* **-nen**) *der, die* outsider *m*.
Außen|spiegel *der* rétroviseur *m* extérieur.
Außenstände *Pl* créances *fpl*.
Außenstehende (*Pl* **-n**) *der, die* non averti *m*, non avertie *f*.
Außen|stelle *die* antenne *f*.
Außen|temperatur *die* température *f* extérieure.
Außen|welt *die* monde *m* extérieur.
außer ◇ *Präp* **-1.** *(+ D)* [ausgenommen] excepté; **~ ihm** excepté lui; **~ Betrieb** hors service. **-2.** *(+ D)* [neben] à part. **-3.** *(+ D, + G)* [aus, außerhalb] hors de; **~ Haus sein** être sorti(e); **~ sich** *(D)* **sein** *fig* être hors de soi; **~ sich** *(D)* **geraten** sortir de ses gonds. ◇ *Konj* sauf si; **~ wenn** sauf quand; **ich habe nichts getan, ~ schlafen** je n'ai fait que dormir.
außerberuflich *Adj* extra-professionnel(elle).
außerdem *Adv* en outre.
außerdienstlich *Adj* & *Adv* en dehors du service.
äußere, r, s *Adj* extérieur(e).
Äußere *das (ohne Pl)* apparence *f*.

außergewöhnlich ◇ *Adj* extraordinaire. ◇ *Adv* extraordinairement.
außerhalb ◇ *Präp*: ~ **einer Sache** *(G)* [räumlich] à l'extérieur de qqch; [zeitlich] en dehors de qqch. ◇ *Adv* [räumlich] à l'extérieur.
außerirdisch *Adj* extraterrestre.
Außerkraftsetzung *die (ohne Pl) amt* annulation *f*.
äußerlich ◇ *Adj* **-1.** [an der Außenseite] externe. **-2.** [nach außen hin] extérieur(e). ◇ *Adv* [nach außen hin] à l'extérieur.
Äußerlichkeiten *Pl* **-1.** [Umgangsform] apparence *f*. **-2.** [Unwesentliches] détails *mpl* insignifiants.
äußern *tr* exprimer.
◆ **sich äußern** *ref* **-1.** [seine Meinung sagen]: **sich über jn/etw ~** donner son avis sur qqn/qqch; **sich zu etw ~** se prononcer sur qqch. **-2.** [sich zeigen]: **sich in etw** *(D)* **~** s'exprimer dans qqch.
außerordentlich ◇ *Adj* extraordinaire. ◇ *Adv* extraordinairement.
außerplanmäßig *Adj* **-1.** [unvorhergesehen] non prévu(e); **~e Ausgaben** dépenses *fpl* non prévues au budget. **-2.** [Transportmittel]: **~er Zug** train *m* supplémentaire.
äußerst *Adv* extrêmement.
außerstande *Adj*: **zu etw ~ sein** être incapable de qqch; **sich ~ sehen, etw zu tun** se voir dans l'incapacité de faire qqch.
äußerste, r, s *Adj* **-1.** [entfernt] le plus éloigné, la plus éloignée; **die ~ Schicht** la couche extérieure. **-2.** [letzte] dernier(ère); **der ~ Termin** la date limite. **-3.** [höchste, schlimmste] extrême; **im ~n Fall** au pire.
◆ **Äußerste** *das*: **bis zum Äußersten gehen** aller jusqu'au bout; **auf das Äußerste gefaßt sein** s'attendre au pire.
Äußerung *(Pl* **-en***) die* déclaration *f*.
aus|setzen ◇ *tr* **-1.** [Kind, Tier] abandonner. **-2.** [Belohnung, Preis] offrir. **-3.** [ausliefern] exposer. **-4.** [beanstanden]: **etw an jm/etw auszusetzen haben** avoir qqch à reprocher à qqn/qqch. ◇ *intr* **-1.** [aufhören] s'arrêter brusquement. **-2.** [pausieren] s'interrompre.
◆ **sich aussetzen** *ref*: **sich einer Sache** *(D)* **~** s'exposer à qqch.
Aus|sicht *(Pl* **-en***) die* **-1.** [Sicht] vue *f*. **-2.** [Zukunftsperspektive] perspectives *fpl*; **etw in ~ haben** avoir qqch en vue; **in ~ stehen** être en vue; **jm etw in ~ stellen** promettre qqch à qqn; **das sind ja schöne ~en!** *iron* ça promet!
aussichtslos *Adj* sans issue.
Aussichtslosigkeit *die (ohne Pl)* caractère *m* désespéré.
aussichtsreich *Adj* prometteur(euse).
Aussichts|turm *der* point *m* de vue *(tour)*.
aus|sieben *tr* passer au crible, cribler.
aus|siedeln *tr* déplacer *(des populations)*.
Aus|siedler, in *der, die personne d'origine allemande ayant vécu dans un pays de l'Est et retournant en Allemagne pour s'y installer définitivement.*
aus|söhnen *tr* réconcilier.
◆ **sich aussöhnen** *ref*: **sich mit jm/etw ~** se réconcilier avec qqn/qqch.
Aussöhnung *(Pl* **-en***) die* réconciliation *f*.
aus|sondern *tr* trier.
aus|sorgen *intr fam* : **er hat ausgesorgt** il peut voir venir.
aus|sortieren *tr* trier.
aus|spannen ◇ *tr* **-1.** [Netz, Tuch] étendre; [Flügel] déployer. **-2.** *fam* [wegnehmen]: **jm die Freundin/den Freund ~** piquer son amie/ami à qqn. ◇ *intr* se détendre.
aus|sparen *tr* **-1.** [Platz] réserver. **-2.** [Thema] laisser de côté, ne pas aborder.
Aussparung *(Pl* **-en***) die* espace *m* réservé.
aus|sperren *tr* **-1.** [ausschließen]: **jn ~** enfermer qqn dehors. **-2.** [beim Streik]: **Arbeiter ~** faire un lock-out.
Aus|sperrung *die* lock-out *m*.
aus|spielen **-1.** [einsetzen] faire jouer. **-2.** [manipulieren]: **jn gegen jn ~** monter qqn contre qqn.
aus|spionieren *tr* espionner.
Aus|sprache *die* **-1.** [von Worten] prononciation *f*. **-2.** [Gespräch] explication *f*.
aus|sprechen *tr (unreg)* **-1.** [Wort, Laut, Urteil] prononcer. **-2.** [Meinung, Verdacht, Wunsch] exprimer.
◆ **sich aussprechen** *ref* **-1.** [sich äußern] s'épancher. **-2.** [Stellung nehmen]: **sich gegen/für jn/etw ~** se prononcer contre/pour qqn/qqch. **-3.** [offen sprechen]: **sich mit jm ~** s'expliquer avec qqn.
Aus|spruch *der* mot *m* ODER phrase *f* (célèbre).
aus|spucken ◇ *intr* cracher. ◇ *tr* **-1.** [spucken, ausgeben] cracher. **-2.** *fam* [erbrechen] recracher.
aus|spülen *tr* rincer; **den Mund ~** se rincer la bouche.
ausstaffieren *tr* **-1.** [Person] accoutrer. **-2.** [Raum] équiper.
Aus|stand *der* **-1.** [Streik] débrayage *m*. **-2.** [Abschied]: **seinen ~ geben** faire un pot d'adieu.
aus|stanzen *tr* poinçonner.
aus|statten *tr*: **jn/etw mit etw ~** équiper qqn/qqch de qqch.
Ausstattung *(Pl* **-en***) die* **-1.** [Handlung] installation *f*. **-2.** [Ausrüstung, Einrichtung] équipement *m*.
aus|stechen *tr (unreg)* **-1.** [Person] éclipser. **-2.**

[Kekse] découper à l'emporte-pièces. **-3.** [Augen] crever.

aus|stehen *(unreg)* ◇ *intr*: **etw steht noch aus** on attend toujours qqch. ◇ *tr* [Schmerzen] supporter; [Angst, Sorge] avoir; **jn/etw nicht ~ können** *fam* ne pas pouvoir encaisser qqn/qqch; **ausgestanden sein** être passé(e).

aus|steigen (*Perf* **ist ausgestiegen**) *intr (unreg)* **-1.** [aus Fahrzeug] descendre. **-2.** *fam* [aus Geschäft, Projekt] se retirer. **-3.** *fam* [aus Gesellschaft] se marginaliser.

Aussteiger, in (*mPl* **-**; *fPl* **-nen**) *der, die fam* marginal *m*, -e *f*.

aus|stellen *tr* **-1.** [öffentlich] exposer. **-2.** [Dokument] établir. **-3.** *fam* [Gerät] éteindre.

Aussteller, in (*mPl* **-**; *fPl* **-nen**) *der, die* exposant *m*, -e *f*.

Aus|stellung *die* exposition *f*.

Ausstellungs|fläche *die* surface *f* d'exposition.

Ausstellungs|katalog *der* catalogue *m* de l'exposition.

Ausstellungs|stück *das* modèle *m* d'exposition.

aus|sterben (*Perf* **ist ausgestorben**) *intr (unreg)* disparaître.

Aus|steuer *die* dot *f*.

aus|steuern *tr* ELEKTR régler.

Ausstieg (*Pl* **-e**) *der* **-1.** [von Fahrzeugen] sortie *f*. **-2.** *(ohne Pl)* [aus Projekt] retrait *m*.

aus|stopfen *tr* **-1.** [Kissen, Decke] rembourrer. **-2.** [Tier] empailler.

Aus|stoß *der* **-1.** [von Maschinen] rendement *m*. **-2.** [von Schadstoffen] émission *f*.

aus|stoßen *tr (unreg)* **-1.** [Person] expulser. **-2.** [Schrei, Fluch] pousser. **-3.** [Gas, Rauch] rejeter.

aus|strahlen ◇ *tr* **-1.** [Wärme, Licht, Programm] diffuser. **-2.** [Gefühl]: **etw ~** rayonner de qqch. ◇ *intr* [strahlen] briller.

Aus|strahlung *die* **-1.** [von Personen] rayonnement *m*. **-2.** [im Fernsehen] diffusion *f*.

aus|strecken *tr* [Körperteil] étendre; [Fühler] sortir.

◆ **sich ausstrecken** *ref* s'étendre.

aus|streichen *tr (unreg)* [durchstreichen] rayer.

aus|streuen *tr* [Samen] disséminer; [Gerücht] répandre.

aus|strömen (*Perf* **hat/ist ausgeströmt**) ◇ *tr (hat)* dégager. ◇ *intr (ist)*: **aus etw ~** s'échapper de qqch.

aus|suchen *tr* choisir.

Aus|tausch *der* échange *m*.

austauschbar *Adj* échangeable.

aus|tauschen *tr* **-1.** [gen] échanger. **-2.** [ersetzen] changer.

aus|teilen *tr* distribuer.

Aus|teilung *die* distribution *f*.

Auster (*Pl* **-n**) *die* huître *f*.

aus|toben *tr* déverser.

◆ **sich austoben** *ref* se défouler.

aus|tragen *tr (unreg)* **-1.** [Waren, Post] distribuer. **-2.** [Konflikt] régler. **-3.** [Wettkampf] avoir lieu.

Austragung *die (ohne Pl)* tenue *f*.

Australien *nt* Australie *f*.

Australier, in [aus'traːliɐr, rɪn] (*mPl* **-**; *fPl* **-nen**) *der, die* Australien *m*, -enne *f*.

australisch *Adj* australien(enne).

aus|treiben *tr (unreg)* **-1.** [Teufel, Geister] chasser; **jm den Teufel ~** exorciser qqn. **-2.** *fam* [Gewohnheit, Eigenschaft]: **jm etw ~** faire passer qqch à qqn.

aus|treten (*Perf* **hat/ist ausgetreten**) *(unreg)* ◇ *tr (hat)* **-1.** [Zigarette, Feuer] éteindre avec le pied. **-2.** [Treppe] user. **-3.** [Schuhe] élargir. ◇ *intr (ist)* **-1.** [aus Organisation]: **aus etw ~** quitter qqch. **-2.** *fam* [zur Toilette gehen]: **~ müssen** devoir aller aux toilettes.

aus|tricksen *tr*: **er hat mich ausgetrickst** il m'a eu(e).

aus|trinken *(unreg)* ◇ *tr* [Gefäß] vider; [Flüssigkeit] finir *(de boire)*. ◇ *intr* finir *(de boire)*.

Aus|tritt *der* départ *m*.

Austritts|erklärung *die* déclaration *f* de retrait d'adhésion.

aus|trocknen (*Perf* **hat/ist ausgetrocknet**) ◇ *intr (ist)* [Haut, Brot] se dessécher; [Gewässer, Boden] s'assécher. ◇ *tr (hat)* [Haut, Brot] dessécher; [Gewässer, Boden] assécher.

aus|tüfteln *tr fam* concocter.

aus|üben *tr* exercer.

Aus|übung *die (ohne Pl)* exercice *m*.

aus|ufern (*Perf* **ist ausgeufert**) *intr* dépasser les bornes.

Aus|verkauf *der* soldes *mpl*.

ausver|kaufen *tr* solder.

ausverkauft *Adj* [Ware] épuisé(e); [Konzert, Veranstaltung] complet(ète).

aus|wachsen

◆ **sich auswachsen** *ref* [sich entwickeln]: **sich zu etw ~** se transformer en qqch.

Aus|wahl *die* choix *m*; **es stehen mehrere Dinge zur ~** on propose plusieurs choses.

aus|wählen *tr* choisir.

aus|walzen *tr* **-1.** [Blech] laminer. **-2.** *fam* [Geschichte, Thema] délayer.

Aus|wanderer, **Aus|wandrer** *der* émigrant *m*, émigré *m*.

Aus|wanderin, **Aus|wandrerin** *die* émigrante *f*, émigrée *f*.

aus|wandern (*Perf* **ist ausgewandert**) *intr* émigrer.
Aus|wanderung *die (ohne Pl)* émigration *f*.
Aus|wandrer = **Auswanderer**.
Aus|wandrerin = **Auswanderin**.
auswärtig *Adj* **-1.** [fern] extérieur(e). **-2.** [von außen] **d'ailleurs**; [Mannschaft] **invité(e)**. **-3.** [außenpolitisch] étranger(ère).
Auswärtige Amt *das ministère des Affaires étrangères allemand.*
auswärts *Adv* à l'extérieur.
Auswärts|spiel *das* match *m* à l'extérieur.
aus|waschen *tr (unreg)* [Kleidung, Pinsel] laver; [Fleck] enlever.
aus|wechseln *tr* remplacer; **wie ausgewechselt sein** être transformé(e).
Aus|weg *der* issue *f*.
ausweglos *Adj* sans issue.
Ausweglosigkeit *die* absence *f* d'issue.
aus|weichen (*Perf* **ist ausgewichen**) *intr (unreg)* **-1.** [gen]: **jm/etw ~** éviter qqn/qqch. **-2.** [zurückgreifen]: **auf etw** *(A)* **~** se rabattre sur qqch.
ausweichend *Adj* évasif(ive).
Ausweich|manöver *das* écart *m*.
aus|weinen
◆ **sich ausweinen** *ref*: **sich bei jm ~** pleurer (tout son soûl) auprès de qqn.
Ausweis (*Pl* **-e**) *der* [Personalausweis] carte *f* d'identité.
aus|weisen *tr (unreg)* **-1.** [aus Land] expulser. **-2.** [erkennen lassen]: **jn als etw ~** prouver que qqn est qqch.
◆ **sich ausweisen** *ref* montrer ses papiers (d'identité).
Ausweis|kontrolle *die* contrôle *m* d'identité.
Ausweispapiere *Pl* papiers *mpl* d'identité.
aus|weiten *tr* **-1.** [dehnen] élargir. **-2.** [ausbreiten] étendre.
◆ **sich ausweiten** *ref* **-1.** [sich dehnen] se détendre. **-2.** [sich ausbreiten] s'étendre.
Ausweitung (*Pl* **-en**) *die* extension *f*.
auswendig *Adv* par cœur; **etw ~ lernen** apprendre qqch par cœur.
aus|werfen *tr (unreg)* jeter.
aus|werten *tr* exploiter.
Aus|wertung *die* exploitation *f*.
aus|wiegen *tr (unreg)* peser.
aus|wirken
◆ **sich auswirken** *ref* avoir des répercussions; **sich auf jn/etw ~** se répercuter sur qqn/qqch.
Aus|wirkung *die* répercussions *fpl*; **die ~ auf jn/etw** les répercussions sur qqn/qqch.
aus|wischen *tr* essuyer; **jm eins ~** *fam fig* faire une crasse à qqn.
aus|wringen *tr (unreg)* essorer *(à la main)*.
Aus|wuchs (*Pl* **-wüchse**) *der* excès *m*, débordement *m*.
aus|wuchten *tr* équilibrer.
Aus|wurf *der* MED crachat *m*.
aus|zahlen *tr* payer.
◆ **sich auszahlen** *ref* être payant(e).
aus|zählen *tr* [Stimmzettel] dépouiller.
Aus|zahlung *die* paiement *m*.
aus|zeichnen *tr* **-1.** [Waren] étiqueter. **-2.** [Personen]: **jn ~** remettre un prix à qqn. **-3.** [Subj: Eigenschaft] caractériser.
◆ **sich auszeichnen** *ref*: **sich durch etw ~** se distinguer par qqch.
Aus|zeichnung *die* distinction *f*.
◆ **mit Auszeichnung** *Adv* avec mention.
ausziehbar *Adj* [Tisch] à rallonges; [Couch] convertible; [Antenne, Leiter] téléscopique.
aus|ziehen (*Perf* **hat/ist ausgezogen**) *(unreg)* ◇ *tr (hat)* **-1.** [Kleidung] enlever. **-2.** [Person] déshabiller. **-3.** [Tisch] mettre les rallonges; [Couch] mettre en position lit; [Antenne] sortir. ◇ *intr (ist)* [umziehen] déménager.
◆ **sich ausziehen** *ref* se déshabiller.
Auszieh|tisch *der* table *f* à rallonges.
Auszubildende (*Pl* **-n**) *der, die* apprenti *m*, -e *f*.
Aus|zug *der* **-1.** [aus Text, Rede, Konto] extrait *m*. **-2.** [aus Wohnung] déménagement *m*.
auszugsweise *Adv* par extraits.
autark *Adj* autarcique.
authentisch *Adj* authentique.
Autismus *der* MED autisme *m*.
Auto (*Pl* **-s**) *das* voiture *f*.
Auto|atlas *der* atlas *m* routier.
Auto|bahn *die* autoroute *f*.

AUTOBAHN:
Le réseau routier allemand est d'une grande densité. L'Allemagne possède 10 000 km d'autoroutes (ce qui la place au deuxième rang mondial, juste après les États-Unis). Elles ont été construites dès les années 30. Elles sont gratuites, et la vitesse n'y est généralement pas limitée.

Autobahnauf|fahrt *die* bretelle *f* d'autoroute.
Autobahnaus|fahrt *die* sortie *f* d'autoroute.
Autobahn|gebühr *die* droit *m* de péage, péage *m*.
Autobahn|kreuz *das* échangeur *m*.
Autobahnmeisterei (*Pl* **-en**) *die* centre *m* d'entretien autoroutier.
Autobahn|polizei *die* police *f* de la route.
Autobahn|raststätte *die* relais *m* d'autoroute.
Auto|biographie *die* autobiographie *f*.
autobiographisch *Adj* autobiographique.

Auto|bombe *die bombe placée sous une voiture.*
Auto|bus *der* autobus *m.*
Autodidakt, in (*mPl* **-en**; *fPl* **-nen**) *der, die* autodidacte *mf.*
Auto|dieb *der* voleur *m* de voitures.
Auto|fähre *die* car-ferry *m.*
Auto|fahrer, in *der, die* automobiliste *mf.*
Auto|friedhof *der fam* cimetière *m* de voitures.
autogen *Adj* autogène.
autogene Training *das* autorelaxation *f.*
Auto|gramm *das* autographe *m.*
Auto|industrie *die* industrie *f* automobile.
Auto|karte *die* carte *f* routière.
Automat (*Pl* **-en**) *der* **-1.** [für Waren, Fahrkarten] distributeur *m.* **-2.** [zur Produktion] **robot** *m.*
Automatik (*Pl* **-en**) *die* dispositif *m* automatique.
Automatik|getriebe *das* boîte *f* (de vitesses) automatique.
automatisch ◇ *Adj* **-1.** [Maschine] automatique. **-2.** [Geste] machinal(e). ◇ *Adv* **-1.** [Maschine] automatiquement. **-2.** [Person] machinalement.
automatisieren *tr* automatiser.
Automatismus (*Pl* **-men**) *der* automatisme *m.*
autonom *Adj* autonome; [Staat] indépendant(e).
Autonome (*Pl* **-n**) *der, die* autonome *mf.*
Autonomie (*Pl* **-n**) *die* autonomie *f.*
Auto|nummer *die* numéro *m* d'immatriculation.
Autopsie (*Pl* **-n**) *die* MED autopsie *f.*
Autor (*Pl* **-en**) *der* auteur *m.*
Auto|radio *das* autoradio *m.*
Auto|reifen *der* pneu *m* (de voiture).
Autoreise|zug *der* ≃ train *m* auto-couchettes.
Auto|rennen *das* course *f* automobile.
Autorin (*Pl* **-nen**) auteur *m.*
autoritär *Adj* autoritaire.
Autorität (*Pl* **-en**) *die* **-1.** *(ohne Pl)* [Eigenschaft] autorité *f.* **-2.** [Person] sommité *f*; **eine ~ sein** faire autorité.
autoritätsgläubig *Adj* qui respecte aveuglément l'autorité.
Auto|schlange *die* file *f* de voitures.
Auto|telefon *das* téléphone *m* de voiture.
Auto|unfall *der* accident *m* de voiture.
Auto|verkehr *der* trafic *m.*
Auto|wrack *das* épave *f.*
Avance [a'vɑ̃:sə] (*Pl* **-n**) *die*: **jm ~n machen** *geh* faire des avances *fpl* à qqn.
Avantgarde [avɑ̃'gard(ə)] *die* avant-garde *f.*
avantgardistisch [avɑ̃'gardɪstiʃ] *Adj* d'avant-garde.
Aversion (*Pl* **-en**) *die*: **eine ~ gegen jn/etw haben** avoir de l'aversion pour ODER contre qqn/qqch.
Avocado (*Pl* **-s**) *die* avocat *m.*
Avus (*Abk für* **Automobil-Verkehrs-und Übungsstraße (Berlin)**) *die (ohne Pl) tronçon autoroutier berlinois autrefois utilisé comme piste dans le cadre des courses automobiles.*
AWO ['a:wo] *die (ohne Pl) Abk für* **Arbeiterwohlfahrt**.
Axt (*Pl* **Äxte**) *die* hache *f.*
Azalee (*Pl* **-n**) *die* azalée *f.*
Azoren *Pl* Açores *fpl*; **auf den ~** aux Açores.
Azubi (*Pl* **-s**) *der, die fam* apprenti *m*, -e *f.*
azurblau *Adj* bleu azur.

B

b, B [be:] (*Pl* - ODER **-s**) *das* **-1.** [Buchstabe] b *m inv*, B *m inv.* **-2.** [MUS - Note] si *m* bémol; [- Vorzeichen] bémol *m.*
◆ **B** (*Pl* -) *die* (*Abk für* **Bundesstraße**) ≃ RN *f.*
b. (*Abk für* **bei**) chez, c/o.
BA (*Abk für* **Bundesanstalt für Arbeit**) *die (ohne Pl)* agence *f* fédérale pour l'emploi, ≃ ANPE *f.*
Baby ['be:bi] (*Pl* **-s** ODER **Babies**) *das* bébé *m.*
Baby|jahr *das* majoration *f* enfant *(pour la retraite).*
Baby|nahrung *die* aliments *mpl* pour bébés.
Babysitter ['be:bisitɐ] (*Pl* -) *der* baby-sitter *mf.*
Bach (*Pl* **Bäche**) *der* ruisseau *m.*
Bachstelze (*Pl* **-n**) *die* bergeronnette *f.*
Back|blech *das* plaque *f* à pâtisserie.
Back|bord *das (ohne Pl)* SCHIFF bâbord *m.*
Backe (*Pl* **-n**) *die* **-1.** [Wange] joue *f*; **au ~!** *fam* zut alors! **-2.** *fam* [Hinterbacke] fesse *f.*
backen (*Präs* **backt** ODER **backt**, *Prät* **backte** ODER **buk**, *Perf* **hat gebacken**) ◇ *tr* **-1.** [in Backofen] faire cuire *(au four).* **-2.** [Brot, Kuchen] faire. ◇ *intr* **-1.** [Brot, Kuchen] cuire. **-2.** [Person] faire de la pâtisserie.
Backen|zahn *der* molaire *f.*
Bäcker (*Pl* -) *der* boulanger *m.*

Bäckerei (*Pl* **-en**) *die* boulangerie *f*.
Bäckerin (*Pl* **-nen**) *die* boulangère *f*.
Back|form *die* moule *m* à pâtisserie.
Background ['bɛkgraunt] (*Pl* **-s**) *der* arrière-plan *m*, background *m*.
Back|obst *das* fruits *mpl* séchés.
Back|ofen *der* four *m*.
Back|pflaume *die* pruneau *m*.
Back|pulver *das* levure *f* chimique.
Back|stein *der* brique *f*.
bäckt *Präs* → **backen**.
Backup *das* EDV sauvegarde *f*.
Backwaren *Pl* *pain, pâtisserie et viennoiserie*.
Bad (*Pl* **Bäder**) *das* **-1.** [Badezimmer] salle *f* de bains. **-2.** [Baden - im Meer] baignade *f*; [- in der Wanne] bain *m*; **ein ~ nehmen** prendre un bain. **-3.** [Schwimmbad] piscine *f*. **-4.** [Kurort] station *f* thermale.
Bade|anzug *der* maillot *m* de bain *(pour femme)*.
Bade|hose *die* maillot *m* de bain *(pour homme)*, slip *m* de bain.
Bade|kappe *die* bonnet *m* de bain.
Bade|mantel *der* peignoir *m*.
Bade|meister, in *der, die* maître *m* nageur.
baden ◇ *tr* baigner. ◇ *intr* [in der Wanne] prendre un bain; [schwimmen] se baigner; **~ gehen** aller se baigner; **(bei** ODER **mit etw) ~ gehen** *fam fig* se planter dans qqch.
◆ **sich baden** *ref* prendre un bain.
Badener, in (*mPl* **-**; *fPl* **-nen**) *der, die* Badois *m*, -e *f*.
Baden-Württemberg *nt* Bade-Wurtemberg *m*.
Baden-Württemberger, in (*mPl* **-**; *fPl* **-nen**) *der, die* habitant *m*, -e *f* du Land de Bade-Wurtemberg.
baden-württembergisch *Adj* du Land de Bade-Wurtemberg.
Bade|ort *der* station *f* balnéaire.
Badesachen *Pl* affaires *fpl* de bain.
Bade|saison *die* saison *f* balnéaire.
Bade|tuch *das* serviette *f* de bain.
Bade|wanne *die* baignoire *f*.
Bade|zimmer *das* salle *f* de bains.
badisch *Adj* badois(e).
Bad Ischl *nt* Bad Ischl.
Badminton ['bɛtmɪntən] *das (ohne Pl)* badminton *m*.
baff *Adj*: **(ganz) ~ sein** *fam* être épaté(e).
BAföG, Bafög ['baːfœk] (*Abk für* **Bundesausbildungsförderungsgesetz**) *das (ohne Pl) loi fédérale sur les bourses d'études*; **~ bekommen** recevoir une bourse (d'études).

Bagatelle (*Pl* **-n**) *die* bagatelle *f*.
Bagatell|schaden *der* dégâts *mpl* mineurs.
Bagdad *nt* Bagdad.
Bagger (*Pl* **-**) *der* excavatrice *f*.
baggern *tr* creuser, excaver.
Bagger|see *der* lac *m* artificiel.
Bahamas *Pl* Bahamas *fpl*; **auf den ~** aux Bahamas.
Bahn (*Pl* **-en**) *die* **-1.** [Eisenbahn] chemin *m* de fer; **mit der ~ fahren** aller en train; **jm von der ~ abholen** aller chercher qqn à la gare. **-2.** [Institution] chemins *mpl* de fer. **-3.** [Umlaufstrekke, Spur] trajectoire *f*. **-4.** SPORT [beim Schwimmen] longueur *f*; [beim Spurt] couloir *m*. **-5.** [Weg, Fahrbahn] voie *f*; **freie ~ haben** avoir la voie libre; *fig* avoir le champ libre. **-6.** [Straßenbahn] tram *m*. **-7.** [Streifen] lé *m*. **-8.** *RW*: **auf die schiefe ~ geraten** mal tourner.
Bahn|beamte *der* employé *m* des chemins de fer.
Bahn|beamtin *die* employée *f* des chemins de fer.
bahnbrechend *Adj* révolutionnaire.
Bahncard ['baːnkaːd] (*Pl* **-s**) *die carte offrant une réduction de 50% sur les chemins de fer allemands*.
Bahn|damm *der* remblai *m*.
bahnen *tr*: **jm einen Weg ~** ouvrir un passage à qqn; **sich** *(D)* **einen Weg ~** se frayer un passage.
Bahn|hof *der* gare *f*; **nur ~ verstehen** *fam fig* y comprendre que dalle.
Bahnhofs|halle *die* hall *m* de gare.
Bahnhofs|mission *die* service d'accueil caritatif dans les gares.
Bahn|polizei *die* police *f* des chemins de fer.
Bahnsteig (*Pl* **-e**) *der* quai *m (de gare)*.
Bahnsteig|karte *die* ticket *m* de quai.
Bahn|übergang *der* passage *m* à niveau; **beschrankter/unbeschrankter ~** passage à niveau gardé/non gardé.
Bahn|verbindung *die* liaison *f* ferroviaire.
Bahrain *nt* Bahrein *m*; **in ~** au Bahrein.
Bahre (*Pl* **-n**) *die* brancard *m*, civière *f*.
Baiser [bɛ'zeː] (*Pl* **-s**) *das* meringue *f*.
Bakterie (*Pl* **-n**) *die* microbe *m*.
Balance [ba'laŋsə] *die* équilibre *m*.
balancieren [balaŋ'siːrən] (*Perf* **hat/ist balanciert**) ◇ *tr (hat)* tenir en équilibre. ◇ *intr (ist)* se tenir en équilibre.
bald *Adv* **-1.** [in Kürze, endlich] bientôt; **~ ist Weihnachten** c'est bientôt Noël. **-2.** *fam* [fast] un peu plus et.
◆ **bis bald!** *Interj* à bientôt!
baldig *Adj* *geh* prochain(e).
Baldrian (*Pl* **-e**) *der* valériane *f*.

Balearen *Pl* Baléares *fpl*; **auf den ~** aux Baléares.

balgen *intr* se chamailler.
◆ **sich balgen** *ref*: **sich (mit jm um etw) ~** se chamailler (avec qqn pour (avoir) qqch).

Balkan *der* Balkans *mpl*; **auf dem ~** dans les Balkans.

Balken (*Pl* -) *der* poutre *f*.

Balkon (*Pl* **-s** ODER **-e**) *der* balcon *m*.

Balkonmöbel *Pl* meubles *mpl* de balcon.

Balkon|tür *die* porte-fenêtre *f*, porte *f* de balcon.

Ball (*Pl* **Bälle**) *der* **-1.** [für Kinder, im Tennis] balle *f*. **-2.** SPORT ballon *m*. **-3.** [Kugel] boule *f*. **-4.** [Fest] bal *m*. **-5.** *RW*: **am ~ bleiben** s'accrocher, ne pas lâcher prise.

Ballade (*Pl* **-n**) *die* ballade *f*.

Ballast *der* lest *m*; **~ abwerfen** lâcher ODER jeter du lest.

Ballaststoffe *Pl* fibres *fpl*.

ballen *tr*: **die Faust ~** fermer le poing.
◆ **sich ballen** *ref* **-1.** [Schnee] s'agglomérer. **-2.** [Fehler, Schwierigkeiten] s'accumuler.

Ballen (*Pl* -) *der* **-1.** [Stroh] botte *f*; [Stoff] rouleau *m*. **-2.** [der Hand] paume *f* de la main; [des Fußes] plante *f* du pied.

ballern ◇ *intr* **-1.** *fam* [schießen] tirer. **-2.** *fam* [schlagen]: **(gegen etw) ~** tambouriner (contre ODER sur qqch). ◇ *tr fam* [werfen] balancer.

Ballett (*Pl* **-e**) *das* **-1.** [Bühnentanz, Musik] ballet *m*; **ins ~ gehen** aller voir un ballet. **-2.** [Tanzgruppe] compagnie *f* de ballet. **-3.** [klassischer Tanz] danse *f* classique.

Ballett|tänzer, in *der, die* danseur (de ballet) *m*, danseuse (de ballet) *f*.

Ballistik *die (ohne Pl)* balistique *f*.

Ballon (*Pl* **-s**) *der* **-1.** [Luftballon] ballon *m (de baudruche)*. **-2.** [Fesselballon] ballon *m*, montgolfière *f*.

Ball|spiel *das* jeu *m* de balle ODER ballon.

Ballungs|gebiet *das*, **-|raum** *der* agglomération *f*, conurbation *f*.

Balsam *der* baume *m*.

Balte (*Pl* **-n**) *der* Balte *m*.

Baltikum *das* pays *mpl* Baltes; **im ~** dans les pays Baltes.

Baltin (*Pl* **-nen**) *die* Balte *f*.

baltisch *Adj* balte.

Balustrade (*Pl* **-n**) *die* balustrade *f*.

Balz (*Pl* **-en**) *die* parade *f* (amoureuse).

balzen *intr* être en rut.

Bambus (*Pl* **-se**) *der* bambou *m*.

banal ◇ *Adj* **-1.** [einfach] banal(e). **-2.** *abw* [platt - Erkenntnis] insignifiant(e); [- Gerede] plat(e). ◇ *Adv* **-1.** [einfach] d'une manière banale, banalement. **-2.** *abw* [platt] d'une manière plate, platement.

Banane (*Pl* **-n**) *die* banane *f*.

Banause (*Pl* **-n**) *der abw* personne *f* inculte.

band *Prät* → **binden**.

Band[1] (*Pl* **Bänder** ODER **Bände**) ◇ *das (Pl Bänder)* **-1.** [aus Stoff] **ruban** *m*. **-2.** [Tonband] bande *f (magnétique)*. **-3.** [Fließband] chaîne *f*. **-4.** [aus Bindegewebe] ligament *m*. **-5.** *RW*: **am laufenden ~** sans arrêt ODER cesse. ◇ *der (Pl Bände)* [Buch] volume *m*.

Band[2] [bɛnt] (*Pl* **-s**) *die* groupe *m*.

Bandage [ban'da:ʒə] (*Pl* **-n**) *die* [Verband] bandage *m*; **eine ~ anlegen** appliquer un bandage.

bandagieren [banda'ʒi:rən] *tr* bander.

Band|breite *die fig* [an Angeboten] choix *m*; [an Ideen] variété *f*.

Bande (*Pl* **-n**) *die* **-1.** [Verbrecher] bande *f*, gang *m*. **-2.** [Gruppe, von Spielflächen] bande *f*.

Banderole (*Pl* **-n**) *die* [von Zigarren] bague *f (fiscale)*.

Bänder|riß *der* déchirure *f* ligamentaire.

Bänder|zerrung *die* élongation *f*.

bändigen *tr* [Raubtier, Kind] dresser; [Pferd] maîtriser.

Bandit (*Pl* **-en**) *der* bandit *m*, brigand *m*.

Band|maß *das* mètre *m* à ruban.

Band|nudel *die* nouille *f* plate.

Band|säge *die* scie *f* à ruban.

Band|scheibe *die* disque *m (intervertébral)*.

Band|wurm *der* [Wurm] ver *m* solitaire.

bange *Adj* plein(e) d'angoisse ODER d'inquiétude; **jm ist** ODER **wird ~** qqn a peur.

Bange *die (ohne Pl)*: **keine ~!** ne crains ODER craignez rien!

bangen *intr*: **um jn/etw ~** *geh* se faire du souci pour qqn/qqch.

Bangkok *nt* Bangkok.

Bangladesh *nt* Bangladesh *m*; **in ~** au Bangladesh.

Banjo ['banjo] (*Pl* **-s**) *das* MUS banjo *m*.

Bank (*Pl* **-en** ODER **Bänke**) *die* **-1.** *(Pl Bänke)* [Sitzgelegenheit] banc *m*; **durch die ~** sans exception. **-2.** *(Pl Banken)* [Geldinstitut] banque *f*.

Bank|angestellte *der, die* employé de banque *m*, employée de banque *f*.

Bank|anweisung *die* virement *m* bancaire.

Banker ['bɛŋkɐ] (*Pl* -) *der fam* banquier *m*.

Bankett (*Pl* **-e**) *das* banquet *m*.

Bank|geheimnis *das* secret *m* bancaire.

Bank|guthaben *das* avoir *m* en banque.

Bankier [baŋ'ki̯e:] (*Pl* **-s**) *der* banquier *m*, -ère *f*.

Bank|kauffrau *die* employée *f* de banque.

Bank|kaufmann *der* employé *m* de banque.

Bank|konto *das* compte *m* bancaire.
Bankleit|zahl *die* code *m* (de la) banque.
Bank|note *die* billet *m* de banque.
Bank|raub *der* hold-up *m (d'une banque)*.
Bank|räuber, in *der, die* auteur *m* d'un hold-up *(d'une banque)*.
bankrott *Adj*: **~ gehen/sein** faire/être en faillite.
Bankrott (*Pl* **-e**) *der* faillite *f*; **in den ~ treiben** conduire à la faillite.
Bankschließ|fach *das* coffre *m (dans une banque)*.
Bank|überfall *der* hold-up *m (d'une banque)*.
Bank|verbindung *die* références *fpl* bancaires, ≃ relevé *m* d'identité bancaire.
Bann *der (ohne Pl)* [Einfluß] charme *m*; **jn in seinen ~ ziehen** ODER **schlagen** envoûter ODER charmer qqn.
bannen *tr* **-1.** [fesseln] subjuguer, captiver. **-2.** [besiegen, vertreiben] conjurer.
Banner (*Pl* **-**) *das* bannière *f*.
Bann|meile *die périmètre autour des bâtiments officiels dans lequel les rassemblements sont interdits*.
Baptist, in (*mPl* **-en**; *fPl* **-nen**) *der, die* REL baptiste *mf*.
bar ◇ *Adj* **-1.** [Geld] liquide. **-2.** [pur] pur(e); **das ist ~er Unsinn!** c'est vraiment n'importe quoi! ◇ *Adv* [in Bargeld] en espèces, (au) comptant.
◆ **gegen bar** *Adv* contre espèces.
◆ **in bar** *Adv* en espèces, (au) comptant.
Bar (*Pl* **-s**) *die* **-1.** [Nachtlokal] bar *m*, night-club *m*. **-2.** [Theke, Hausbar] bar *m*.
Bär (*Pl* **-en**) *der* ours *m*; **jm einen ~en aufbinden** *fig* faire marcher qqn.
Baracke (*Pl* **-n**) *die* baraque *f*.
Barbar, in (*mPl* **-en**; *fPl* **-nen**) *der, die* barbare *mf*.
barbarisch ◇ *Adj* barbare. ◇ *Adv* de façon barbare.
Barcelona [bartse'loːna] *nt* Barcelone.
Bar|dame *die* barmaid *f*, serveuse *f* (de bar).
Bären|hunger *der*: **einen ~ haben** avoir une faim de loup.
Barentsee *die* mer *f* de Barents.
barfuß *Adv* pieds nus.
barg *Prät* → **bergen**.
Bar|geld *das* espèces *fpl*, argent *m* liquide.
Bargeld|automat *der* distributeur *m* de billets de banque.
bargeldlos ◇ *Adj* par virement. ◇ *Adv* avec un titre de paiement.
Bar|hocker *der* tabouret *m* de bar.
Bariton (*Pl* **-e**) *der* baryton *m*; **~ singen** être baryton.
Barium *das (ohne Pl)* baryum *m*.
Bar|kauf *der* achat *m* au comptant.
Barke (*Pl* **-n**) *die* barque *f*.
Barkeeper ['baːɐ̯kiːpɐ] (*Pl* **-**) *der* barman *m*.
barmherzig *Adj geh* charitable.
Bar|mixer *der* barman *m*.
barock *Adj* baroque.
Barock *der* ODER *das (ohne Pl)* baroque *m*.
Barometer (*Pl* **-**) *das* baromètre *m*.
Baron (*Pl* **-e**) *der* baron *m*.
Baronesse [baro'nɛs(ə)] (*Pl* **-n**) *die* baronne *f (fille d'un baron)*.
Baronin (*Pl* **-nen**) *die* baronne *f (épouse d'un baron)*.
Bar|preis *der* prix *m* comptant.
Barrel ['bɛrəl] (*Pl* **-s** ODER **-**) *das* baril *m*.
Barren (*Pl* **-**) *der* **-1.** [Block] lingot *m*. **-2.** [Turngerät] barre *f*.
Barriere [ba'ri̯eːrə] (*Pl* **-n**) *die* barrière *f*.
Barrikade (*Pl* **-n**) *die* barricade *f*; **auf die ~n gehen** *fig* se révolter.
barsch (*Superl* **barsch(e)ste**) ◇ *Adj* sec (sèche), bourru(e). ◇ *Adv* d'un ton sec ODER bourru.
Barsch (*Pl* **-e**) *der* [Fisch] perche *f*.
Barschaft (*Pl* **-en**) *die* argent *m* liquide.
Bar|scheck *der* chèque *m* payable au comptant.
barst *Prät* → **bersten**.
Bart (*Pl* **Bärte**) *der* **-1.** [Gesichtshaar] barbe *f*. **-2.** [Schlüsselbart] panneton *m*. **-3.** *RW*: **jm um den ~ gehen** ODER **streichen** passer de la pommade à qqn.
Bart|haar *das* poil *m* de barbe.
bärtig *Adj* barbu(e).
bartlos *Adj* imberbe.
Bar|zahlung *die* paiement *m* comptant; **eine ~ leisten** payer comptant; **gegen ~** au comptant.
Basalt (*Pl* **-e**) *der* basalte *m*.
Basar, **Bazar** (*Pl* **-e**) *der* [orientalisch] bazar *m*; [karitativ] vente *f* de charité.
Base (*Pl* **-n**) *die* **-1.** *Süddt* [Cousine] cousine *f*. **-2.** *Schweiz* [Tante] tante *f*. **-3.** CHEM base *f*.
Baseball ['beːsboːl] *der (ohne Pl)* base-ball *m*.
Basel *nt* Bâle.
BASIC ['bæsik] *(ohne Pl) das* EDV (*Abk für* **Beginner's All-purpose Symbolic Instruction Code**) BASIC *m*.
basieren *intr*: **auf etw** *(D)* **~** reposer sur qqch.
Basilika (*Pl* **Basiliken**) *die* basilique *f*.
Basilikum *das (ohne Pl)* basilic *m*.

Basis (*Pl* **Basen**) *die* base *f*; **an der ~ arbeiten** faire un travail de terrain.

basisch *Adj* CHEM basique.

Basis|demokratie *die* démocratie *f* directe.

Baske (*Pl* **-n**) *der* Basque *m*.

Baskenland *das* Pays *m* basque; **im ~** au Pays basque.

Basken|mütze *die* béret *m* basque.

Basket|ball ['ba:skətbal] *der* basket-ball *m*, basket *m*.

Baskin (*Pl* **-nen**) *die* Basque *f*.

baskisch *Adj* basque.

Baskisch *das (ohne Pl)* basque *m*; *siehe auch* Englisch.

Basler (*Pl* -) ◇ *der* Bâlois *m*. ◇ *Adj (unver)* bâlois(e).

Baslerin, Baselerin (*Pl* **-nen**) *die* Bâloise *f*.

baslerisch *Adj* bâlois(e).

Baß (*Pl* **Bässe**) *der* **-1.** [Stimme, Sänger] basse *f*; **~ singen** être basse. **-2.** [Instrument] basse *f*.

Bassin [ba'sɛ̃:] (*Pl* **-s**) *das* bassin *m*.

Bassist, in (*mPl* **-en**; *fPl* **-nen**) *der, die* [Musiker] bassiste *mf*.

◆ **Bassist** *der* [Sänger] basse *f*.

Baß|schlüssel *der* MUS clef *f* de fa.

Bast (*Pl* **-e**) *der* raphia *m*.

basta *Interj*: **und damit ~!** et basta!

Bastard (*Pl* **-e**) *der* **-1.** *vulg abw* [als Schimpfwort] bâtard *m*. **-2.** BIOL hybride *m*.

Bastelei (*Pl* **-en**) *die* **-1.** [Handlung] bricolage *m*. **-2.** [Objekt] objet *m* de sa propre fabrication.

basteln ◇ *tr* bricoler. ◇ *intr* fabriquer *(soi-même)*; **an etw** *(D)* **~** être en train de bricoler qqch.

Bastion (*Pl* **-en**) *die* bastion *m*.

Bastler, in (*mPl* **-**; *fPl* **-nen**) *der, die* bricoleur *m*, -euse *f*.

bat *Prät* → **bitten**.

BAT (*Abk für* **Bundesangestelltentarif**) *der (ohne Pl) conventions collectives pour les employés (non fonctionnarisés) de la fonction publique en Allemagne.*

Batallion [batal'jo:n] (*Pl* **-e**) *die* bataillon *m*.

Batch|betrieb ['bætʃbətri:b] *der* EDV traitement *m* par lot.

Batch|datei *die* EDV fichier *m* séquentiel.

Batik (*Pl* **-en**) *die* batik *m*.

Batist (*Pl* **-e**) *der* batiste *f*.

Batterie (*Pl* **-n**) *die* **-1.** [für Auto] batterie *f*. **-2.** [für Radio, Uhr] pile *f*; **leere ~** pile déchargée.

batteriebetrieben *Adj* à piles.

Batzen (*Pl* -) *der fam* : **ein ~ Geld** une belle somme d'argent.

Bau (*Pl* **-ten** ODER **-e**) *der* **-1.** *(ohne Pl)* [das Bauen] construction *f*; **in ~ sein** être en construction. **-2.** *(ohne Pl)* [Baustelle] chantier *m*. **-3.** *(Pl Bauten)* [Gebäude] bâtiment *m*. **-4.** *(ohne Pl)* [Körperbau] stature *f*, constitution *f*. **-5.** *(Pl Baue)* [Höhle] terrier *m*, tanière *f*. **-6.** *(ohne Pl) salopp* [Gefängnis]: **im ~** en tôle ODER cabane.

Bau|abschnitt *der* tranche *f* de travaux.

Bau|amt *das* service *m* de l'urbanisme.

Bau|arbeiten *Pl* travaux *mpl*.

Bau|arbeiter, in *der, die* ouvrier *m*, -ère *f* du bâtiment.

Bau|aufsicht *die* surveillance *f* des travaux.

Bauch (*Pl* **Bäuche**) *der* ventre *m*; **(mit etw) auf den ~ fallen** *fig* se casser la figure (avec qqch).

Bauch|fell *das* péritoine *m*.

Bauch|höhle *die* cavité *f* abdominale.

bauchig *Adj* bombé(e).

Bauch|landung *die* atterrissage *m* sur le ventre; *fig* loupé *m*.

Bauch|nabel *der* nombril *m*.

Bauch|schmerzen *Pl*, **Bauchweh** *das (ohne Pl)*: **~ haben** avoir mal au ventre.

Bauchspeichel|drüse *die* pancréas *m*.

Bauch|tanz *der* danse *f* du ventre.

Bauch|weh = **Bauchschmerzen**.

Bau|denkmal *das* monument *m* historique.

Bau|element *das* élément *m* de construction.

bauen ◇ *tr* **-1.** [Straße, Maschine, Haus] construire; [Stadt] bâtir; [Kanal, Höhle] creuser. **-2.** [Instrument] fabriquer. **-3.** *fam* [verursachen]: **einen Unfall ~** provoquer un accident; **Mist ~** faire des bourdes *fpl*. ◇ *intr* **-1.** [als Bauherr] faire construire. **-2.** [arbeiten]: **an etw** *(D)* **~** travailler à qqch. **-3.** [vertrauen]: **auf jn/etw ~** compter sur qqn/qqch.

Bauer (*Pl* **-n** ODER **-**) ◇ *der (G Bauern, Pl Bauern)* **-1.** [Landwirt] paysan *m*, fermier *m*. **-2.** [Schachfigur] pion *m*. **-3.** [Spielkarte] valet *m*. ◇ *der* ODER *das (G Bauers, Pl Bauer)* [Vogelkäfig] cage *f*.

Bäuerchen (*Pl* -) *das*: **ein ~ machen** [rülpsen] faire son rot.

Bäuerin (*Pl* **-nen**) *die* paysanne *f*, fermière *f*.

bäuerlich ◇ *Adj* rural(e); [Verhalten] paysan(anne). ◇ *Adv* [abw] comme un paysan, comme une paysanne.

Bauern|frühstück *das repas constitué de pommes de terres sautées, d'oeufs brouillés et de lard.*

Bauern|haus *das* maison *f* paysanne.

Bauern|hof *der* ferme *f*.

Bauern|möbel *Pl* meubles *mpl* rustiques.

baufällig *Adj* délabré(e), vétuste.

Bau|firma *die* entreprise *f* de construction.

Bau|genehmigung *die* permis *m* de construire.

Bau|gerüst *das* échafaudage *m*.

Bauhaus *das* Bauhaus *m.*
Bau|herr, in *der, die* maître *m* d'ouvrage.
Bau|holz *das (ohne Pl)* bois *m* de construction.
Bau|jahr *das* année *f* de construction.
Bau|kasten *der* jeu *m* de construction ODER de cubes.
Bau|klotz *der* cube *m.*
Bau|kosten *Pl* coûts *mpl* de construction.
Bau|land *das (ohne Pl)* terrain *m* à bâtir.
baulich ◇ *Adj* architectural(e). ◇ *Adv* au niveau de la construction.
Baum *(Pl* **Bäume**) *der* arbre *m*; **Bäume ausreißen (können)** *fam fig* (pouvoir) déplacer des montagnes.
Bau|material *das* matériau *m* de construction.
baumeln *intr*: **(an etw) ~** pendiller (sur qqch); **mit etw ~** balancer qqch; **etw ~ lassen** laisser pendre qqch.
Baum|grenze *die* limite *f* de la zone de forêts.
Baum|kuchen *der* pièce *f* montée.
Baum|schule *die* pépinière *f.*
Baum|stamm *der* tronc *m* d'arbre.
Baum|sterben *das* dépérissement *m* des arbres *(dû à la pollution).*
Baum|struktur *die* EDV arborescence *f.*
Baum|stumpf *der* souche *f* d'arbre.
Baum|wolle *die* coton *m.*
Bau|ordnung *die* règlement *m* dans la construction dimensionnelle.
Bau|plan *der* plan *m* (d'architecte).
Bau|platz *der* terrain *m* à bâtir.
Bau|polizei *die (ohne Pl)* ≈ service *m* départemental de l'urbanisme et de l'habitation.
Bau|ruine *die* construction *f* inachevée.
Bau|satz *der* kit *m.*
Bausch *(Pl* **-e** ODER **Bäusche**) *der*: **~ Watte** tampon *m* d'ouate ODER de ouate.
bauschen *tr* gonfler; **gebauschte Ärmel** manches *f* bouffantes.
◆ **sich bauschen** *ref* gonfler, être bouffant(e).
bausparen *intr* avoir un plan d'épargne-logement.
Bausparer, in *(mPl* **-**; *fPl* **-nen**) *der, die titulaire d'un compte ou d'un plan d'épargne-logement.*
Bau|sparkasse *die* caisse *f* d'épargne-logement.

BAUSPARKASSE:
Établissement de crédit qui reçoit les dépôts d'épargne des futurs propriétaires immobiliers. Le prêt consenti est proportionnel au capital épargné. La «Bausparkasse» jouit d'une grande confiance au sein de la population allemande.

Bau|stein *der* **-1.** [zum Bauen] pierre *f* à bâtir. **-2.** [zum Spielen] cube *m.* **-3.** [Bestandteil] élément *m.*
Bau|stelle *die* chantier *m.*
Bau|stil *der* style *m* de construction.
Bau|stoff *der* matériau *m* de construction.
Bau|stopp *der* interdiction *f* de construire.
Bauten *Pl* → **Bau.**
Bau|träger *der* entrepreneur *m* en bâtiment.
Bau|unternehmer, in *der, die* entrepreneur *m* (de travaux publics).
Bau|weise *die* mode *m* de construction.
Bau|werk *das* édifice *m.*
Bauxit [bau'ksiːt] *(Pl* **-e**) *der* bauxite *f.*
Bau|zaun *der* clôture *f* de chantier.
b.a.w. *Abk für* **bis auf weiteres.**
Ba.-Wü. *Abk für* **Baden-Württemberg.**
Bay. *Abk für* **Bayern.**
Bayer, in *(mPl* **-n**; *fPl* **-nen**) *der, die* Bavarois *m*, -e *f.*
bayerisch, bayrisch ◇ *Adj* bavarois(e). ◇ *Adv* [kleiden] comme un bavarois (une bavaroise).
Bayerisch, Bayrisch *das (ohne Pl)* [Sprache] bavarois *m.*
Bayern *nt* Bavière *f.*
Bayreuther Festspiele *Pl* festival *m* de Bayreuth *(où sont présentées, pour l'essentiel, des œuvres de Richard Wagner).*
Bayrischer Wald *der* forêt *f* bavaroise.
Bazille *(Pl* **-n**) *die fam* bacille *m.*
Bazillus *(Pl* **Bazillen**) *der* bacille *m.*
Bd. *(Abk für* **Band**) vol.
BDI *(Abk für* **Bundesverband der Deutschen Industrie**) *der (ohne Pl)* fédération *f* de l'industrie allemande.
B-Dur *das (ohne Pl)* si *m* majeur bémol.
BE *(Abk für* **Broteinheit**) équivalent *m* en pain.
beabsichtigen *tr*: **~, etw zu tun** envisager ODER avoir l'intention de faire qqch.
beachten *tr* **-1.** [Hinweisschild] respecter; [Vorschrift] suivre. **-2.** [berücksichtigen]: **etw ~** prendre qqch en considération; **jn ~** tenir compte de qqn.
beachtlich ◇ *Adj* [Erfolg, Fortschritt] considérable, remarquable; [Position] respectable. ◇ *Adv* considérablement.
Beachtung *die (ohne Pl)* **-1.** [Befolgung] respect *m.* **-2.** [Berücksichtigung] considération *f*; **jm/etw ~ schenken** tenir compte de qqn/qqch; **~ finden** être pris(e) en considération.
Beamte *(Pl* **-n**) *der* fonctionnaire *m.*

BEAMTE:
Le statut de fonctionnaire est régi et garanti par

la loi fondamentale. Les fonctionnaires doivent dévouement et fidélité à l'État. Ils ont le droit d'adhérer à un syndicat mais la grève leur est interdite.

Beamtenschaft *die (ohne Pl)*: **die ~** les fonctionnaires *mpl*.

Beamtin (*Pl* **-nen**) *die* fonctionnaire *f*.

beängstigend ◇ *Adj* inquiétant(e). ◇ *Adv* de manière inquiétante.

beanspruchen *tr* **-1.** [fordern] réclamer, revendiquer; **etw ~ können** être en droit de réclamer qqch. **-2.** [abnutzen]: **stark beansprucht** usé(e). **-3.** [Subj: Baby, Beruf]: **jn stark ~** prendre toute son énergie à qqn. **-4.** [Raum, Zeit, Energie] nécessiter, requérir.

Beanspruchung (*Pl* **-en**) *die*: **starke ~** [einer Sache, der Nerven] usure *f*; [durch Baby, Beruf] sollicitation *f*.

beanstanden *tr* contester; **nichts zu ~** rien à objecter.

Beanstandung (*Pl* **-en**) *die* contestation *f*.

beantragen *tr* **-1.** [verlangen] demander. **-2.** [vorschlagen] proposer.

beantworten *tr* répondre à.

Beantwortung (*Pl* **-en**) *die*: **die ~ dieser Frage ist schwierig** il est difficile de répondre à cette question; **mit der ~ eines Briefes zögern** hésiter à répondre à une lettre.

bearbeiten *tr* **-1.** [mit Werkzeug] travailler. **-2.** [Text] remanier; MUS arranger. **-3.** [für Film, Theater]: **etw für etw ~** adapter qqch à qqch. **-4.** [Antrag, Fall] être chargé(e) de. **-5.** *fam* [mißhandeln] taper sur.

Bearbeiter, in (*mPl* **-**; *fPl* **-nen**) *der, die* responsable *mf (d'un dossier)*.

Bearbeitung (*Pl* **-en**) *die* **-1.** [von Rohmaterial, Antrag] traitement *m*. **-2.** [von Werkstück] travail *m*. **-3.** [von Texten] adaptation *f*; MUS arrangement *m*.

Bearbeitungs|gebühr *die* frais *mpl* de dossier.

beatmen *tr*: **jn künstlich ~** pratiquer la respiration artificielle sur qqn.

Beatmung (*Pl* **-en**) *die* assistance *f* respiratoire; **künstliche ~** respiration *f* artificielle.

beaufsichtigen *tr* surveiller; [im Betrieb] superviser.

beauftragen *tr*: **jn ~, etw zu tun** charger qqn de faire qqch; **jn mit etw ~** charger qqn de qqch.

Beauftragte (*Pl* **-n**) *der, die* chargé de mission *m*, chargée de mission *f*.

bebauen *tr* **-1.** [mit Gebäuden]: **etw (mit etw) ~** construire (qqch) sur qqch. **-2.** [bepflanzen] cultiver.

Bebauung (*Pl* **-en**) *die* **-1.** [mit Gebäuden]: **die ~ des Geländes** les constructions *fpl* sur le terrain. **-2.** [von Acker, Feld] culture *f*.

beben *intr* trembler.

Beben (*Pl* **-**) *das* tremblement *m*.

Becher (*Pl* **-**) *der* gobelet *m*; [für Joghurt, Sahne] pot *m*.

bechern *intr fam* picoler.

Becken (*Pl* **-**) *das* **-1.** [Gefäß, Schwimmbecken, Körperteil] bassin *m*; [Waschbecken] lavabo *m*; [Spülbecken] évier *m*. **-2.** [Instrument] cymbales *fpl*.

Becquerel [bɛkəˈrɛl] (*Pl* **-**) *das* becquerel *m*.

bedacht ◇ *PP* → **bedenken**. ◇ *Adj* **-1.** [vorsichtig] réfléchi(e). **-2.** [bemüht]: **auf etw** *(A)* **~ sein** veiller à qqch; **darauf ~ sein, etw zu tun** veiller à faire qqch. ◇ *Adv* [vorsichtig] prudemment, avec circonspection.

Bedacht *der (ohne Pl)*: **mit/ohne ~** de manière réfléchie/irréfléchie.

bedächtig ◇ *Adj* **-1.** [langsam - Mensch] posé(e); [- Schritte] mesuré(e). **-2.** [nachdenklich] réfléchi(e). ◇ *Adv* **-1.** [langsam] doucement. **-2.** [überlegt] avec pondération.

bedanken

◆ **sich bedanken** *ref* dire merci; **sich bei jm für etw ~** remercier qqn de qqch.

Bedarf *der (ohne Pl)* besoins *mpl*; **~ an etw** *(D)* besoins en qqch; **~ an etw** *(D)* **haben** avoir besoin de qqch; **mein ~ ist gedeckt!** *fam* j'ai eu mon compte!

◆ **bei Bedarf** *Adv* en cas de besoin.

bedauerlich *Adj* regrettable.

bedauerlicherweise *Adv geh* malheureusement.

bedauern ◇ *tr*: **jn ~** plaindre qqn; **etw ~** regretter qqch; **~, daß** regretter que *(+ subjonctif)*; **ich bedauere, daß ich nicht kommen kann** je regrette de ne pas pouvoir venir. ◇ *intr*: **bedaure!** *geh* je regrette!

Bedauern *das (ohne Pl)* regret *m*; **zu meinem/seinem/etc größten ~** *geh* à mon/son/etc grand regret.

bedauernswert *Adj* [Irrtum] regrettable; [Mensch] à plaindre.

bedecken *tr* couvrir; [Subj: Schnee] recouvrir.

◆ **sich bedecken** *ref* se couvrir; **sich bedeckt halten** rester discret(ète).

bedeckt *Adj* [Himmel] couvert(e).

bedenken (*Prät* **bedachte**, *Perf* **hat bedacht**) *tr*: **etw ~** réfléchir à qqch; **jn mit etw ~** *geh* offrir qqch à qqn; **man muß** ODER **sollte ~, daß** il ne faut pas oublier que.

Bedenken (*Pl* **-**) *das* **-1.** [Nachdenken]: **kurzes ~** moment *m* de réflexion. **-2.** [Zweifel] réserve *f*, scrupule *m*; **~ gegen etw haben** émettre des réserves au sujet de qqch.

bedenkenlos *Adv* **-1.** [ohne Zweifel] sans hésiter. **-2.** [skrupellos] sans scrupules.

bedenklich *Adj* **-1.** [prekär - Zustand, Wendung] préoccupant(e); [- Lage] délicat(e). **-2.** [besorgt] préoccupé(e). **-3.** [fragwürdig] douteux(euse).

Bedenk|zeit *die* temps *m* de réflexion.

bedeuten *tr* **-1.** [heißen] signifier. **-2.** [wichtig sein]: **nichts ~** ne rien vouloir dire; **jm viel/wenig ~** représenter beaucoup/peu pour qqn; **jm nichts ~** ne rien représenter pour qqn; **das hat nichts zu ~** cela ne veut rien dire. **-3.** [Zukünftiges anzeigen] annoncer.

bedeutend ◇ *Adj* important(e); [Leistung] considérable. ◇ *Adv* [sehr] considérablement.

bedeutsam ◇ *Adj* **-1.** *geh* [wichtig] mémorable. **-2.** [vielsagend] éloquent(e). ◇ *Adv* [vielsagend] de façon éloquente.

Bedeutung (*Pl* **-en**) *die* **-1.** [Sinn] signification *f*. **-2.** [Wichtigkeit] importance *f*; **einer Sache** *(D)* **große ~ beimessen** accorder une grande importance à qqch; **von ausschlaggebender ~ sein** être d'une importance décisive.

bedeutungslos *Adj* insignifiant(e).

Bedeutungslosigkeit *die (ohne Pl)* insignifiance *f*.

bedeutungsvoll ◇ *Adj* **-1.** [wichtig] significatif(ive). **-2.** [vielsagend] qui en dit long, qui en disent long. ◇ *Adv* [vielsagend]: **jn ~ ansehen** lancer à qqn un regard qui en dit long.

Bedeutungs|wandel *der* glissement *m* de sens.

bedienen ◇ *tr* **-1.** [versorgen] servir; **mit jm/etw schlecht bedient sein** *fam fig* ne pas être gâté avec qqn/qqch. **-2.** [Hebel] actionner; [Maschine] faire fonctionner. ◇ *intr* servir.

◆ **sich bedienen** *ref* se servir; **~ Sie sich!** servez-vous!

Bedienstete (*Pl* **-n**) *der, die* **-1.** [von Behörden] fonctionnaire *mf*. **-2.** [Hausangestellter] domestique *mf*.

Bedienung (*Pl* **-en**) *die* **-1.** *(ohne Pl)* [im Geschäft] service *m*. **-2.** *(ohne Pl)* [Steuerung, Anwendung] utilisation *f*. **-3.** [Kellner, Kellnerin] **serveur** *m*, -euse *f*.

Bedienungs|anleitung *die* mode *m* d'emploi.

Bedienungs|fehler *der* erreur *f* de manipulation.

Bedienungshand|buch *das* EDV manuel *m* d'utilisation.

bedingen *tr* **-1.** [verursachen] être à l'origine de; **durch etw bedingt sein** être dû (due) à qqch. **-2.** [verlangen] nécessiter.

bedingt ◇ *Adj* sous condition. ◇ *Adv* dans certaines conditions.

Bedingung (*Pl* **-en**) *die* condition *f*; **eine ~ stellen** poser une condition; **unter einer ~** à une (seule) condition.

bedingungslos ◇ *Adj* absolu(e), total(e). ◇ *Adv* sans conditions.

bedrängen *tr*: **jn (mit etw) ~** harceler qqn (de qqch).

Bedrängnis (*Pl* **-se**) *die geh* embarras *m*.

bedrohen *tr* menacer.

bedrohlich ◇ *Adj* [Miene] menaçant(e); [Lage] dangereux(euse); [Nähe] inquiétant(e). ◇ *Adv* de façon inquiétante; [blicken] d'un air menaçant.

Bedrohung (*Pl* **-en**) *die*: **~ (einer Sache** *(G)***)** menace *f* (pour qqch).

bedrucken *tr* imprimer.

bedrücken *tr* déprimer.

bedrückend *Adj* oppressant(e).

bedrückt *Adj* **-1.** [Mensch] déprimé(e). **-2.** [Stimmung] pesant(e).

Beduine (*Pl* **-n**) *der* bédouin *m*, -e *f*.

bedürfen (*Präs* **bedarf,** *Prät* **bedurfte,** *Perf* **hat bedurft**) *intr geh*: **js/einer Sache ~** avoir besoin de qqn/qqch.

Bedürfnis (*Pl* **-se**) *das* besoin *m*.

bedürfnislos *Adj* [Leben] simple; [Mensch]: **~ sein** ne pas être matérialiste.

bedürftig *Adj* nécessiteux(euse), dans le besoin.

Beefsteak ['bi:fste:k] (*Pl* **-s**) *das* bifteck *m*.

beehren [bə'le:rən] *tr*: **jn mit etw ~** *geh* & *iron* honorer qqn de qqch.

beeiden *tr*: **eine Aussage ~** faire une déclaration sous serment.

beeilen [bə'ai̯lən]

◆ **sich beeilen** *ref* se dépêcher; **sich ~, etw zu tun** se dépêcher de faire qqch; **sich mit dem Essen ~** se dépêcher de manger.

Beeilung *die (ohne Pl)*: **los** ODER **ein bißchen ~!** *fam* grouille-toi!, grouillez-vous!

beeindrucken [bə'lai̯ndrʊkn̩] *tr* & *intr* impressionner.

beeindruckend ◇ *Adj* impressionnant(e). ◇ *Adv* de manière impressionnante.

beeinflußbar *Adj* influençable.

beeinflussen *tr* influencer.

beeinträchtigen *tr* nuire à.

Beeinträchtigung (*Pl* **-en**) *die* [von Konzentration, Reflex] diminution *f*; [von Appetit, Qualität, Stimmung] altération *f*; [von Wert, Spielraum] réduction *f*; [Schaden] préjudice *m*.

beenden [bə'lɛndn̩] *tr* terminer; [Unterhaltung] mettre fin à.

beendigen [bə'lɛndɪgn̩] *tr geh* mettre fin à.

beengt *Adv* à l'étroit.

beerben [bə'lɛrbn̩] *tr*: **jn ~** hériter de qqn.

beerdigen [bəˈleːɐ̯dɪgn̩] *tr* enterrer.
Beerdigung (*Pl* **-en**) *die* enterrement *m*.
Beerdigungs|institut *das* pompes *fpl* funèbres.
Beere (*Pl* **-n**) *die* baie *f*.
Beet (*Pl* **-e**) *das* [mit Blumen] parterre *m*; [mit Gemüse] carré *m* de jardin.
Beete
◆ **rote Beete** *die* betterave *f* (rouge).
befähigen *tr*: **jn ~, etw zu tun** qualifier qqn pour faire qqch; **jn zu etw ~** qualifier qqn pour qqch.
Befähigung (*Pl* **-en**) *die*: **die ~ für etw** ODER **zu etw haben** être qualifié(e) pour qqch.
befahl *Prät* → **befehlen**.
befahrbar *Adj* **-1.** [Straße] praticable. **-2.** [Fluß] navigable.
befahren (*Präs* **befährt**, *Prät* **befuhr**, *Perf* **hat befahren**) ◇ *tr* emprunter. ◇ *Adj*: **stark ~** très fréquenté(e).
Befall *der* (*ohne Pl*): **der ~ mit Schädlingen** la contamination parasitaire.
befallen (*Präs* **befällt**, *Prät* **befiel**, *Perf* **hat befallen**) *tr*: **von etw ~ sein** [von Krankheit] être atteint(e) de qqch; [von Schädlingen] être attaqué(e) par qqch.
befangen ◇ *Adj* **-1.** [schüchtern] emprunté(e). **-2.** RECHT partial(e). ◇ *Adv* timidement.
Befangenheit *die* (*ohne Pl*) **-1.** [Schüchternheit] gêne *f*. **-2.** RECHT partialité *f*.
befassen *tr*: **jn mit etw ~** charger qqn de qqch.
◆ **sich befassen** *ref*: **sich mit etw ~** étudier qqch; **sich mit jm ~** s'occuper de qqn.
Befehl (*Pl* **-e**) *der* **-1.** [Aufforderung] ordre *m*; [dienstlich] directive *f*. **-2.** EDV: **externer ~** commande *f* externe; **interner ~** commande *f* interne.
◆ **zu Befehl** *Interj* MIL à vos ordres.
befehlen (*Präs* **befiehlt**, *Prät* **befahl**, *Perf* **hat befohlen**) ◇ *tr*: **(jm) etw ~** ordonner qqch (à qqn). ◇ *intr*: **über jn/etw ~** commander qqn/qqch.
Befehls|form *die* GRAM impératif *m*.
Befehlshaber (*Pl* **-**) *der* MIL commandant *m*.
Befehls|parameter *der* EDV paramètre *m* de commande.
Befehls|prozessor *der* EDV processeur *m* de commande.
Befehls|ton *der* (*ohne Pl*) ton *m* impérieux.
Befehls|verweigerung *die* MIL refus *m* d'obéissance.
befeinden *tr geh*: **jn/etw ~** se montrer hostile envers qqn/qqch.
◆ **sich befeinden** *ref geh* s'affronter.
befestigen *tr* **-1.** [anbringen] attacher. **-2.** [Straße, Ufer] stabiliser; [Stadt] fortifier.
Befestigung (*Pl* **-en**) *die* **-1.** [Anbringen] fixation *f*. **-2.** [von Ufer, Straße] stabilisation *f*; [von Städten] fortification *f*.
Befestigungs|anlage *die* fortifications *fpl*.
befeuchten *tr* humecter.
befiehlt *Präs* → **befehlen**.
befinden (*Prät* **befand**, *Perf* **hat befunden**) *tr*: **etw für gut** ODER **richtig ~** *geh* trouver qqch valable.
◆ **sich befinden** *ref* se trouver.
Befinden *das* (*ohne Pl*) état *m* de santé; **sich nach js ~ erkundigen** s'enquérir de la santé de qqn.
befindlich *Adj geh* situé(e); **der im ersten Stock ~e Raum** la pièce qui se trouve au premier étage.
befingern *tr fam abw* tripoter.
beflecken *tr* tacher.
beflügeln *tr*: **jn ~** donner des ailes à qqn.
befohlen *PP* → **befehlen**.
befolgen *tr* [Rat] suivre; [Vorschrift, Befehl] obéir à.
Befolgung *die* (*ohne Pl*) **-1.** [von Empfehlungen]: **die ~ deines Rates fällt mir schwer** il m'est pénible de suivre ton conseil. **-2.** [von Befehlen] exécution *f*; [von Vorschriften] observation *f*.
befördern *tr* **-1.** [Waren, Lasten] transporter. **-2.** [im Beruf] promouvoir.
Beförderung (*Pl* **-en**) *die* **-1.** (*ohne Pl*) [Transport] transport *m*. **-2.** [im Beruf] promotion *f*.
Beförderungs|mittel *das* moyen *m* de transport.
befrachten *tr* charger.
befragen *tr* [Person] interroger.
Befragung (*Pl* **-en**) *die* **-1.** [von Angeklagten] interrogatoire *m*. **-2.** [Umfrage] sondage *m*.
befreien *tr*: **jn (von etw) ~** [gen] libérer qqn (de qqch); [vom Unterricht] dispenser qqn (de qqch); [von Schmerzen] délivrer qqn (de qqch).
Befreier, in (*mPl* **-**; *fPl* **-nen**) *der, die* libérateur *m*, -trice *f*.
Befreiung *die* (*ohne Pl*) **-1.** [gen] libération *f*. **-2.** [vom Unterricht] dispense *f*.
Befreiungs|bewegung *die* mouvement *m* de libération.
befremden *tr* surprendre.
Befremden *das* (*ohne Pl*) surprise *f*; **zu meinem ~** à ma grande surprise.
befremdend ◇ *Adj* surprenant(e), étrange. ◇ *Adv* de manière surprenante ODER étrange.

befreunden
◆ **sich befreunden** *ref*: **sich mit jm ~** devenir ami(e) avec qqn; **sich mit etw ~** se faire à qqch.
befreundet *Adj* ami(e); **mit jm ~ sein** être ami(e) avec qqn; **miteinander ~ sein** être amis (amies).
befriedigen *tr* satisfaire.
◆ **sich befriedigen** *ref*: **sich selbst ~** se masturber.
befriedigend ◇ *Adj* **-1.** [gen] satisfaisant(e). **-2.** [als Note] passable. ◇ *Adv* de manière satisfaisante.
Befriedigung *die (ohne Pl)* satisfaction *f*.
befristen *tr*: **etw ~** limiter qqch dans le temps.
befruchten *tr* féconder.
Befruchtung (*Pl* **-en**) *die* fécondation *f*; **künstliche ~** fécondation in vitro.
Befugnis (*Pl* **-se**) *die* autorisation *f*, pouvoir *m*.
befugt *Adj*: **dazu ~ sein, etw zu tun** être habilité(e) à faire qqch.
Befund (*Pl* **-e**) *der* diagnostic *m*; **positiver/negativer ~** résultat *m* positif/négatif; **'ohne ~'** MED 'résultat: néant'.
befürchten *tr* craindre, redouter.
Befürchtung (*Pl* **-en**) *die* crainte *f*.
befürworten *tr* soutenir.
Befürworter, in (*mPl* **-**; *fPl* **-nen**) *der, die* partisan *m*.
begabt *Adj* doué(e); **für etw ~ sein** être doué(e) pour qqch.
Begabten|förderung *die bourse attribuée à un élève ou un étudiant méritant.*
Begabung (*Pl* **-en**) *die* don *m*; **eine ~ (für etw) haben** être doué(e) (pour qqch).
begann *Prät* → **beginnen**.
begatten *tr* s'accoupler avec.
◆ **sich begatten** *ref* s'accoupler.
begeben (*Präs* **begibt**, *Prät* **begab**, *Perf* **hat begeben**)
◆ **sich begeben** *ref* **-1.** *geh* [gehen]: **sich nach etw** ODER **auf etw** *(A)* ODER **in etw** *(A)* **~** se rendre à ODER sur qqch; **sich in Gefahr ~** aller au-devant du danger. **-2.** [passieren] arriver, se produire.
Begebenheit (*Pl* **-en**) *die* fait *m*; **wahre ~** fait réel.
begegnen *intr*: **jm ~** rencontrer qqn; **etw** *(D)* **~** affronter qqch.
◆ **sich begegnen** *ref* se rencontrer.
Begegnung (*Pl* **-en**) *die* rencontre *f*.
begehbar *Adj* praticable.
begehen (*Prät* **beging**, *Perf* **hat begangen**) *tr* **-1.** [Verbrechen] commettre. **-2.** *geh* [Jubiläum, Fest] célébrer. **-3.** [Weg] emprunter.
begehren *tr* désirer, convoiter; **sehr begehrt sein** être très demandé(e).
Begehren *das (ohne Pl)* désir *m*.
begehrenswert *Adj* désirable.
Begehung (*Pl* **-en**) *die* **-1.** [zur Kontrolle] inspection *f*. **-2.** [von Verbrechen] perpétration *f*. **-3.** [von Fest] célébration *f*.
begeistern *tr* enthousiasmer; **jn für etw ~** passionner qqn pour qqch.
◆ **sich begeistern** *ref*: **sich für etw ~** [Hobby] être passionné(e) de qqch; [Buch, Film] être passionné(e) par qqch.
begeistert ◇ *Adj* [Publikum] enthousiaste; [passioniert] passionné(e); **von jm/etw ~ sein** être enchanté(e) par qqn/de qqch. ◇ *Adv* avec enthousiasme.
Begeisterung *die (ohne Pl)* enthousiasme *m*; **etw mit ~ tun** adorer faire qqch.
Begierde (*Pl* **-n**) *die*: **~ (nach jm/etw)** désir *m* (de qqn/qqch).
begierig ◇ *Adj* avide; **~ darauf sein, etw zu tun** brûler de faire qqch; **nach etw** ODER **auf etw** *(A)* **~ sein** désirer qqch; *fig* avoir soif de qqch. ◇ *Adv* avidement.
begießen (*Prät* **begoß**, *Perf* **hat begossen**) *tr* arroser.
Beginn *der (ohne Pl)* début *m*.
◆ **zu Beginn** *Adv* au départ, au début.
beginnen (*Prät* **begann**, *Perf* **hat begonnen**) ◇ *tr* commencer. ◇ *intr* commencer; **mit etw ~** [gen] commencer qqch; [als erstes tun] commencer par qqch; **mit der Arbeit ~** commencer à travailler.
beglaubigen *tr* certifier, authentifier; [Kopie] certifier conforme.
Beglaubigung (*Pl* **-en**) *die* certification *f*, authentification *f*; **offizielle ~** [Schein] certificat *m* conforme.
begleichen (*Prät* **beglich**, *Perf* **hat beglichen**) *tr* [Rechnung] régler; [Schulden] s'acquitter de.
begleiten *tr* accompagner.
Begleiter, in (*mPl* **-**; *fPl* **-nen**) *der, die* **-1.** [Kamerad] compagnon *m*, compagne *f*. **-2.** [bei Musik, Reise] accompagnateur *m*, -trice *f*.
Begleit|erscheinung *die* [bei Krankheit] symptôme *m* secondaire; [bei Behandlung] effet *m* secondaire.
Begleit|musik *die* musique *f* de fond.
Begleit|person *die* accompagnateur *m*, -trice *f*.
Begleit|schreiben *das* lettre *f* d'accompagnement.
Begleit|umstand *der* contexte *m*.

Begleitung (*Pl* **-en**) *die* **-1.** [Anwesenheit] compagnie *f*; **in js ~** en compagnie de qqn. **-2.** [bei Musik] accompagnement *m*.
beglücken *tr* rendre heureux(euse); **jn mit etw ~** *iron* faire à qqn l'honneur de qqch.
beglückwünschen *tr*: **jn zu etw ~** féliciter qqn pour ODER de qqch.
begnadigen *tr* gracier.
Begnadigung (*Pl* **-en**) *die* grâce *f*; **~ durch den Präsidenten** grâce présidentielle.
begnügen
◆ **sich begnügen** *ref*: **sich mit etw ~** se contenter ODER se satisfaire de qqch.
begonnen *PP* → **beginnen**.
begraben (*Präs* **begräbt**, *Prät* **begrub**, *Perf* **hat begraben**) *tr* enterrer; **jn/etw unter sich** *(D)* **~** ensevelir qqn/qqch.
Begräbnis (*Pl* **-se**) *das* enterrement *m*.
begradigen *tr* rendre rectiligne; [Weg] rectifier le tracé de.
begreifen (*Prät* **begriff**, *Perf* **hat begriffen**) ◇ *tr* [Problem, Aufgabe] saisir, comprendre; [Menschen] comprendre. ◇ *intr* comprendre.
begreiflich *Adj* compréhensible; **jm etw ~ machen** faire comprendre qqch à qqn.
begrenzen *tr* **-1.** [Dauer, Geschwindigkeit] limiter. **-2.** [Fläche] délimiter.
begrenzt ◇ *Adj* limité(e). ◇ *Adv* partiellement.
Begrenzung (*Pl* **-en**) *die* **-1.** [von Dauer, Geschwindigkeit] limitation *f*. **-2.** [von Flächen] délimitation *f*.
Begriff (*Pl* **-e**) *der* **-1.** [Wort] terme *m*. **-2.** [Vorstellung] notion *f*; **im ~ sein** ODER **stehen, etw zu tun** être sur le point de faire qqch; **jm ein ~ sein** être (bien) connu(e) de qqn; **das ist mir kein ~** ça ne me dit rien; **schwer** ODER **langsam von ~ sein** *fam* être dur(e) à la détente.
begriffen *Adj*: **in etw** *(D)* **~ sein** être en cours de.
begrifflich *Adj* **-1.** [in Bezug auf Wörter]: **~e Exaktheit** exactitude *f* dans le choix des termes. **-2.** [konzeptuell] abstrait(e), théorique.
Begriffs|bestimmung *die* définition *f*.
begriffsstutzig *Adj abw* borné(e), obtus(e).
begründen *tr* **-1.** [Urteil, Meinung]: **(etw mit etw) ~** fonder (qqch sur qqch). **-2.** [Theorie] bâtir. **-3.** [Abwesenheit] justifier.
Begründer, in (*mPl* **-**; *fPl* **-nen**) *der, die* fondateur *m*, -trice *f*.
Begründung (*Pl* **-en**) *die* **-1.** [von Argumenten] justification *f*. **-2.** [Gründung] fondation *f*; [von Stil] création *f*.
begrünen *tr* aménager un espace vert.
begrüßen *tr* **-1.** [grüßen] accueillir. **-2.** [gut finden] approuver.
begrüßenswert *Adj* positif(ive).
Begrüßung (*Pl* **-en**) *die* salut *m*, salutation *f*; [offiziell] (discours d')accueil *m*.
begucken *tr fam* : **sich** *(D)* **jn/etw ~** regarder qqn/qqch.
begünstigen *tr* favoriser.
Begünstigung (*Pl* **-en**) *die* **-1.** [Bevorzugung] fait *m* de privilégier. **-2.** RECHT protection *f*, complicité *f*.
begutachten *tr* **-1.** [kritisch] examiner. **-2.** [durch Gutachten] expertiser.
begütert *Adj* aisé(e).
begütigend ◇ *Adj* d'apaisement, apaisant(e). ◇ *Adv*: **auf jn ~ einreden** parler à qqn pour l'apaiser.
behaart *Adj* poilu(e); [Kopf] chevelu(e); **dicht ~** velu(e).
behäbig ◇ *Adj* **-1.** [Mensch] pépère. **-2.** [Bewegung] lourd(e). ◇ *Adv* posément.
behaftet *Adj*: **mit etw ~ sein** [Mensch] être affecté(e) de qqch; [Sache] présenter qqch.
behagen *intr*: **jm ~** plaire à qqn.
Behagen *das (ohne Pl)* satisfaction *f*, aise *f*.
behaglich ◇ *Adj* **-1.** [Atmosphäre] agréable. **-2.** [Zimmer, Einrichtung] confortable. ◇ *Adv* confortablement.
behalten (*Präs* **behält**, *Prät* **behielt**, *Perf* **hat behalten**) *tr* **-1.** [nicht abgeben] garder; **etw für sich ~** garder qqch pour soi. **-2.** [sich merken] retenir.
Behälter (*Pl* **-**) *der* réservoir *m*.
behandeln *tr* **-1.** [gen] traiter; **jn/etw gut/schlecht ~** bien/mal traiter qqn/qqch; **etw mit Fett/Wachs ~** traiter qqch à la graisse/cire; **jn mit Penizillin ~** soigner qqn à la pénicilline. **-2.** [Subj: Text] traiter de.
Behandlung (*Pl* **-en**) *die* **-1.** [gen] traitement *m*; **ärztliche ~** traitement médical; **sofortige ~** soins *mpl* immédiats; **ambulante/stationäre ~** traitement ambulatoire/en hôpital. **-2.** [mit Fett] graissage *m*.
behängen *tr*: **etw mit etw ~** pendre ODER suspendre qqch à qqch.
◆ **sich behängen** *ref fam abw*: **sich (mit etw) ~** se parer (de qqch).
beharren *intr*: **auf etw** *(D)* **~** tenir fermement à qqch; **darauf ~, etw zu tun** s'obstiner à faire qqch.
beharrlich ◇ *Adj* obstiné(e). ◇ *Adv* obstinément; **~ weiterarbeiten** persévérer dans son travail.
behaupten *tr* **-1.** [versichern] affirmer, préten-

dre. **-2.** [Standpunkt, Stellung] maintenir.
◆ **sich behaupten** *ref* **-1.** [sich durchsetzen] s'affirmer. **-2.** [gewinnen]: **sich gegen jn ~** s'imposer face à qqn.
Behauptung (*Pl* **-en**) *die* **-1.** [Versicherung] affirmation *f*. **-2.** [von Standpunkt, Stellung] maintien *m*.
Behausung (*Pl* **-en**) *die* logis *m*.
beheben (*Prät* **behob,** *Perf* **hat behoben**) *tr* remédier à, réparer.
beheimatet *Adj*: **~ in** *(+ D)* [Mensch] domicilié(e) à ODER en; [Tier, Pflanze] originaire de.
beheizen *tr* chauffer; **mit Kohle/Gas ~** chauffer au charbon/gaz.
Behelf (*Pl* **-e**) *der* expédient *m*.
behelfen (*Präs* **behilft,** *Prät* **behalf,** *Perf* **hat beholfen**)
◆ **sich behelfen** *ref*: **sich mit etw ~** se contenter de qqch; **sich ohne etw ~** se passer de qqch.
behelfsmäßig ◇ *Adj* de fortune. ◇ *Adv* avec les moyens du bord.
behelligen *tr*: **jn mit etw ~** importuner qqn avec qqch.
behend, behende ◇ *Adj* agile. ◇ *Adv* avec agilité.
Behendigkeit *die* agilité *f*.
beherbergen *tr* héberger.
beherrschen *tr* **-1.** [Land, Markt, Situation] dominer. **-2.** [Sprache, Instrument, Gefühle] maîtriser; [Auto] avoir le contrôle de. **-3.** [Subj: Thema] être le leitmotiv de.
◆ **sich beherrschen** *ref* se dominer, se retenir.
beherrscht ◇ *Adj* maître de soi. ◇ *Adv* avec retenue.
Beherrschung *die (ohne Pl)* **-1.** [von Gefühl, Sprache, Instrument] maîtrise *f*; **die ~ verlieren** perdre contenance ODER son sang-froid. **-2.** [von Land, Markt] domination *f*.
beherzigen *tr* prendre à cœur.
beherzt ◇ *Adj* hardi(e). ◇ *Adv* hardiment.
behilflich *Adj*: **jm bei etw ~ sein** aider qqn à faire qqch.
behindern *tr* **-1.** [gen]: **(jn bei etw) ~** gêner (qqn dans qqch). **-2.** [Verkehr, Sicht] boucher.
behindert *Adj* handicapé(e); **geistig ~** handicapé mental (handicapée mentale); **körperlich ~** handicapé physique (handicapée physique).
Behinderte (*Pl* **-n**) *der, die* handicapé *m*, -e *f*.
behindertengerecht ◇ *Adj* aménagé(e) pour les handicapés. ◇ *Adv*: **~ konzipieren/anlegen** concevoir/aménager en fonction des besoins des handicapés.
Behindertensport *der* sport *m* pour handicapés.
Behinderung (*Pl* **-en**) *die* **-1.** [von Verkehr, Sicht, Arbeit]: **~ von etw** obstacle *m* à qqch. **-2.** *(ohne Pl)* [Handicap] handicap *m*.
Behörde (*Pl* **-n**) *die* administration *f*.
◆ **Behörden** *Pl*: **die ~n** l'administration *f*.
behüten *tr*: **jn (vor etw** *(D)***) ~** protéger qqn (de qqch); **jn davor ~, etw zu tun** empêcher qqn de faire qqch.
behutsam ◇ *Adj* prudent(e). ◇ *Adv* prudemment; [berühren] doucement.
bei *Präp (+ D)* **-1.** [räumlich - in Institution, auf Veranstaltung] à; [- zu Hause, mit einer Person] chez; [- in der Nähe] près ODER à côté de; **~ der Post** à la poste; **~ uns** chez nous; **~ der Ärztin** chez le médecin; **~ Goethe** chez Goethe. **-2.** [zusammen mit einer Person] auprès de. **-3.** [unter einer Menge] parmi. **-4.** [zur Angabe von Umständen] par; **~ Sonnenschein** par beau temps; **~ guter Gesundheit sein** être en bonne santé; **~ einem Unfall** dans un accident. **-5.** [zur Angabe der Ursache, der Voraussetzung] avec; **~ deinem Talent** avec le talent que tu as. **-6.** [zeitlich - Angabe eines Zeitpunktes] à; [- Angabe einer Zeitspanne] pendant; **~ Gelegenheit** à l'occasion; **~ Alarm** en cas d'alerte; **~ Tag/Nacht** de jour/nuit. **-7.** [für] pour. **-8.** [trotz] malgré.
◆ **bei sich** *Adv*: **etw ~ sich haben** avoir qqch sur ODER avec soi; **nicht ~ sich sein** *fig* ne pas avoir toute sa tête (à soi).
beibehalten *tr (unreg)* conserver.
Beiblatt *das* feuille *f* jointe.
Beiboot *das* canot *m* de bord.
beibringen *tr (unreg)* **-1.** [lehren]: **jm etw ~** apprendre ODER enseigner qqch à qqn; **jm ~, wie man etw tut** apprendre à qqn à faire qqch; **jm ~, wie etw funktioniert** montrer à qqn comment qqch fonctionne. **-2.** [Nachricht]: **etw ~** faire part de qqch; **jm etw schonend ~** annoncer qqch à qqn avec ménagement. **-3.** [Schaden, Verletzung]: **jm etw ~** infliger qqch à qqn. **-4.** *amt* [bringen] fournir; [Zeugen] citer.
Beichte (*Pl* **-n**) *die* confession *f*; **zur ~ gehen** aller à confesse.
beichten ◇ *tr*: **(jm etw) ~** confesser (qqch à qqn). ◇ *intr* se confesser.
Beichtgeheimnis *das* secret *m* de la confession.
Beichtstuhl *der* confessionnal *m*.
Beichtvater *der* confesseur *m*.
beide ◇ *Pron* les deux; **alle ~** tous les deux, toutes les deux. ◇ *Adj* [zwei] deux.
◆ **beides** *Pron* les deux (choses).
beiderlei *Det*: **Menschen ~ Geschlechts** les personnes des deux sexes.

beiderseitig *Adj* mutuel(elle), réciproque; **in ~em Einverständnis** d'un commun accord.

beiderseits *Präp* des deux côtés de, de part et d'autre de.

beides → **beide**.

beidhändig *Adv* avec les ODER des deux mains.

beidseitig ◇ *Adj* réciproque, mutuel(elle). ◇ *Adv* des deux côtés.

beieinander *Adv* ensemble, réuni(e).

beieinander|haben *tr (unreg)* avoir réuni ODER rassemblé; **sie nicht alle ~** *fam abw & fig* avoir une case en moins.

beieinander|sein (*Perf* **ist beieinandergewesen**) *intr (unreg) fam*: **gut/schlecht ~** être en bonne/mauvaise forme; **nicht ganz ~** ne pas avoir toute sa tête.

beieinander|sitzen *intr (unreg)* être réuni(e).

Beifahrer, in (*mPl* **-**; *fPl* **-nen**) *der, die* passager *m*, -ère *f (en voiture)*.

Beifahrer|sitz *der* siège *m* du passager.

Beifall *der (ohne Pl)* applaudissements *mpl*; **~ spenden** ODER **klatschen** applaudir; **tosender** ODER **rauschender ~** tonnerre *m* d'applaudissements.

beifällig ◇ *Adj* approbateur(trice). ◇ *Adv* avec approbation.

Beifalls|sturm *der* tonnerre *m* d'applaudissements.

bei|fügen *tr*: **etw** *(D)* **etw ~** joindre qqch à qqch.

beige [beːʃ] *Adj* beige.

bei|geben *(unreg)* ◇ *tr* ajouter. ◇ *intr*: **klein ~** *fig* faire marche arrière.

Beigeordnete (*Pl* **-n**) *der, die* adjoint *m*, -e *f*.

Beigeschmack *der (ohne Pl)* arrière-goût *m*; **übler ~** *fig* connotation *f* négative.

Beihilfe (*Pl* **-n**) *die* **-1.** [finanziell] soutien *m* (financier); [für Beamte] allocation *f*. **-2.** *(ohne Pl)* [kriminell] complicité *f*; **~ zum Mord** complicité de meurtre.

bei|kommen (*Perf* **ist beigekommen**) *intr (unreg)*: **jm/etw ist nicht beizukommen** ne pas pouvoir venir à bout de qqn/qqch.

beil. *Abk für* **beiliegend**.

Beil (*Pl* **-e**) *das* hache *f*.

Beilage (*Pl* **-n**) *die* **-1.** *amt* [das Beilegen]: **wir bitten um die ~ eines Umschlags** prière de joindre une enveloppe. **-2.** [zu einer Zeitung] supplément *m*. **-3.** [Speise] garniture *f*.

beiläufig ◇ *Adj* accessoire. ◇ *Adv* en passant, incidemment.

bei|legen *tr* **-1.** [beifügen]: **einer Sache** *(D)* **etw ~** joindre qqch à qqch. **-2.** [Streit, Disput] régler.

Beilegung (*Pl* **-en**) *die* règlement *m*.

beileibe *Adv*: **~ nicht!** *geh* en aucun cas!

Beileid *das (ohne Pl)* condoléances *fpl*; **herzliches** ODER **aufrichtiges ~** sincères condoléances; **jm sein ~ aussprechen** présenter ses condoléances à qqn.

bei|liegen *intr (unreg)* être joint(e) à, accompagner.

beiliegend *Adj amt* ci-joint(e).

beim *Präp (bei + dem)*: **ich bin ~ Essen** je suis en train de manger; **er war ~ Arzt** il était chez le médecin; **~ letzten Test** lors du dernier test.

bei|mengen *tr* incorporer.

bei|messen *tr (unreg)*: **einer Sache** *(D)* **etw ~** attacher ODER accorder qqch à qqch.

Bein (*Pl* **-e**) *das* **-1.** [von Mensch, Pferd, Hose] jambe *f*; [von Hund, Katze] patte *f*; **in die ~e gehen** [Musik] donner des fourmis dans les jambes; [Fußmarsch] donner des courbatures; **jm ~e machen** *fig* presser qqn; **jm ein ~ stellen** faire un croche-pied à qqn; *fig* tendre un piège à qqn. **-2.** [von Möbeln] pied *m*. **-3.** *RW*: **etw auf die ~e stellen** mettre qqch sur pied; **mit beiden ~en im Leben stehen** avoir les pieds sur terre; **sich** *(D)* **die ~e vertreten** se dégourdir les jambes; **sich** *(D)* **kein ~ ausreißen** ne pas se fouler.

beinah(e) *Adv* presque.

Bei|name *der* surnom *m*.

Bein|bruch *der* fracture *f* de la jambe; **das ist doch kein ~!** *fam fig* ce n'est pas un drame!

beinhalten [bəˈɪnhaltn̩] *tr* **-1.** [Dose] contenir, comprendre. **-2.** [Brief] inclure.

bei|ordnen *tr* **-1.** [zur Beratung] adjoindre. **-2.** [Anwalt] commettre d'office.

Beipack|zettel *der* notice *f*.

bei|pflichten *intr*: **einer Sache** *(D)* **~** souscrire à qqch, adhérer à qqch; **jm ~** approuver qqn.

Bei|rat *der* comité *m* consultatif.

beirren [bəˈɪrən] *tr* déconcerter, ébranler; **sich durch etw ~ lassen** se laisser déconcerter par qqch.

Beirut [ˈbai̯ruːt] *nt* Beyrouth.

beisammen *Adv* ensemble, réuni(e).

Beisammensein *das (ohne Pl)* réunion *f*; **ein geselliges ~** une réunion informelle.

Beischlaf *der (ohne Pl) amt* rapport *m* sexuel, relations *fpl* sexuelles.

Beisein *das (ohne Pl)*: **im ~ von jm, in js ~** en présence de qqn.

beiseite *Adv* sur le côté; **~ stehen** être à part, se tenir à l'écart; **~ lassen/legen** laisser/mettre de côté; **~ schaffen** *fam* mettre à gauche; **~ treten** céder le passage, faire de la place.

bei|setzen *tr geh* inhumer, porter en terre.

Beisetzung (*Pl* **-en**) *die* obsèques *fpl*.

Beisitzer, in (*mPl* **-**; *fPl* **-nen**) *der, die* assesseur *m*.

Beispiel *das* **-1.** [Exempel] exemple *m*. **-2.** [Person] modèle *m*; **sich ein ~ an jm/etw nehmen** prendre exemple sur qqn/qqch; **mit gutem ~ vorangehen** donner l'exemple.
◆ **zum Beispiel** *Adv* par exemple.

beispielhaft ◇ *Adj* exemplaire. ◇ *Adv* de manière exemplaire.

beispiellos ◇ *Adj* [Haltung] sans pareil(eille); [Handlung] sans précédent. ◇ *Adv* sans pareil.

beispielsweise *Adv* par exemple.

beißen (*Prät* **biß,** *Perf* **hat gebissen**) ◇ *tr* mordre; [Subj: Insekt] piquer. ◇ *intr* **-1.** [mit den Zähnen] mordre; **auf etw** *(A)* **~** tomber sur qqch. **-2.** [Rauch]: **der Rauch beißt in den Augen** la fumée pique les yeux.
◆ **sich beißen** *ref* **-1.** [mit Zähnen] se mordre. **-2.** [Farben] jurer.

Beistand *der* [professionell] assistance *f*; [freundschaftlich] soutien *m*.

beistehen *intr (unreg)*: **jm ~** assister qqn.

Beistelltisch *der* table *f* d'appoint.

beisteuern *tr* [Geld, Beitrag]: **etw zu etw ~** contribuer à qqch par qqch.

beistimmen *intr*: **jm ~** être de l'avis de qqn; **einer Sache** *(D)* **~** approuver qqch.

Beitrag (*Pl* **-träge**) *der* **-1.** [Geld, Mitarbeit] contribution *f*. **-2.** [Zeitung] article *m*.

beitragen *(unreg)* ◇ *tr* contribuer; **sie hat einiges/wenig beigetragen** elle s'est beaucoup/peu investie. ◇ *intr*: **(mit etw) zu etw ~** contribuer à qqch (par qqch).

Beitragszahlung *die* paiement *m* d'une cotisation.

beitreten (*Perf* **ist beigetreten**) *intr (unreg)*: **einer Partei** *(D)* **~** adhérer à un parti.

Beitritt *der* adhésion *f*.

Beitrittserklärung *die* déclaration *f* d'adhésion.

Beiwagen *der* side-car *m*.

Beiwerk *das* accessoires *mpl*.

beiwohnen *intr geh*: **einer Sache** *(D)* **~** assister à qqch.

Beize (*Pl* **-n**) *die* **-1.** [für Holz] décapant *m*. **-2.** KÜCHE marinade *f*.

beizeiten *Adv* **-1.** [frühmorgens] de bonne heure. **-2.** [rechtzeitig] à temps.

beizen *tr* [Holz] teinter.

bejahen *tr* **-1.** [Frage]: **etw ~** répondre à qqch par l'affirmative. **-2.** [Standpunkt] approuver.

bejammern *tr abw* se lamenter sur.

bejubeln *tr* acclamer.

bekämpfen *tr* combattre; [Krankheit] lutter contre.

Bekämpfung *die (ohne Pl)*: **~ einer Sache** *(G)* lutte *f* contre qqch.

bekannt *Adj* connu(e); **mit jm ~ sein** connaître qqn; **etw als ~ voraussetzen** considérer qqch comme connu(e); **jn mit jm ~ machen** présenter qqn à qqn; **jn mit etw ~ machen** familiariser qqn avec qqch; **jm ~ vorkommen** ODER **sein** ne pas être inconnu(e) à qqn.

Bekannte (*Pl* **-n**) *der, die* connaissance *f*.

Bekanntenkreis *der* cercle *m* d'amis.

bekanntermaßen *Adv* comme on sait.

Bekanntgabe *die (ohne Pl)* annonce *f*.

bekanntgeben *tr (unreg)* annoncer.

Bekanntheit *die (ohne Pl)* **-1.** [von Gegenstand, Person] popularité *f*. **-2.** [von Theorien] notoriété *f*.

Bekanntheitsgrad *der (ohne Pl)* degré *m* de notoriété.

bekanntlich *Adv* notoirement.

bekanntmachen *tr* **-1.** [für Öffentlichkeit] rendre public. **-2.** [Geheimnis] divulguer.

Bekanntmachung (*Pl* **-en**) *die* avis *m (au public)*.

Bekanntschaft (*Pl* **-en**) *die* **-1.** [Person]: **die ~** les connaissances *fpl*. **-2.** [Kontakt] amitié *f*; **mit etw ~ machen** *iron* faire connaissance avec qqch; **mit jm ~ schließen** lier connaissance avec qqn.

bekanntwerden (*Perf* **ist bekanntgeworden**) *intr (unreg)* s'ébruiter.

bekehren *tr* convertir.
◆ **sich bekehren** *ref*: **sich (zu etw) ~** se convertir (à qqch).

Bekehrung (*Pl* **-en**) *die* conversion *f*.

bekennen (*Prät* **bekannte,** *Perf* **hat bekannt**) *tr* [Sünde, Schuld] reconnaître.
◆ **sich bekennen** *ref*: **sich zu etw ~** se réclamer de qqch; **sich zu einem Glauben ~** professer une croyance.

Bekennerschreiben *das* lettre *f* de revendication.

Bekenntnis (*Pl* **-se**) *das* **-1.** [von Schuld] aveu *m*. **-2.** [Glaubenbekenntnis] profession *f* de foi.

beklagen *tr* déplorer.
◆ **sich beklagen** *ref*: **sich bei jm über jn/etw ~** se plaindre de qqn/qqch auprès de qqn.

beklagenswert *Adj* déplorable.

Beklagte (*Pl* **-n**) *der, die* RECHT défendeur *m*, -eresse *f*.

bekleben *tr*: **etw mit etw ~** coller qqch sur qqch.

bekleckern *tr* tacher; **etw mit etw ~** tacher qqch de qqch.

◆ **sich bekleckern** *ref* se barbouiller; **sich mit etw ~** se barbouiller de qqch.

bekleiden *tr* [Posten] occuper; **ein Amt ~** exercer une fonction.

bekleidet *Adj*: **mit etw ~ sein** être vêtu(e) de qqch.

Bekleidung *die (ohne Pl)* **-1.** [Kleidung] vêtements *mpl*. **-2.** [von Posten, Amt] **exercice** *m*.

beklemmend *Adj* oppressant(e).

Beklemmung (*Pl* **-en**) *die* angoisse *f*.

beklommen *Adj* [Miene] oppressé(e); [Schweigen] pesant(e).

bekloppt *Adj salopp abw* taré(e).

bekommen (*Prät* **bekam**, *Perf* **hat/ist bekommen**) ◇ *tr (hat)* **-1.** [gen] recevoir; **etw geschenkt ~** recevoir qqch en cadeau; **etw geliehen ~** se faire prêter qqch; **etw zu essen/trinken ~** avoir qqch à manger/boire; **etw zu spüren ~** ressentir qqch; **jd bekommt von jm etw zu sehen** qqn fait voir qqch à qqn; **einen Zahn gezogen ~** se faire arracher une dent. **-2.** [Lob, Kritik] faire l'objet de. **-3.** [Ware] **trouver**; **was ~ Sie?** que désirez-vous?; **was ~ Sie dafür?** je vous dois combien? **-4.** [Urlaub, Unterstützung] obtenir. **-5.** [Angst, Hunger, Falten, etc] **commencer à avoir**; [Krankheit] **attraper**. **-6.** [Kind, Besuch, Wetter] **attendre**. **-7.** [Verkehrsmittel] **attraper**. **-8.** [entfernen]: **etw aus etw ~** faire partir qqch de qqch. **-9.** [hineinpassen]: **etw in etw ~** faire rentrer qqch dans qqch. ◇ *intr (ist)*: **etw bekommt jm gut/schlecht** qqn supporte bien/mal qqch.

bekömmlich *Adj* digeste.

beköstigen *tr* nourrir.

bekräftigen *tr* **-1.** [Meinung] conforter; **jn in etw** *(D)* **~** conforter qqn dans qqch. **-2.** [Kritik] renforcer.

Bekräftigung (*Pl* **-en**) *die* appui *m*; **zur ~ seiner Aussage** pour renforcer son témoignage.

bekreuzigen

◆ **sich bekreuzigen** *ref* se signer.

bekriegen *tr* faire la guerre à.

◆ **sich bekriegen** *ref* se combattre.

bekritzeln *tr* griffonner sur.

bekümmern *tr* donner du souci, inquiéter.

Bekümmernis (*Pl* **-se**) *die* souci *m*.

bekümmert ◇ *Adj* soucieux(euse). ◇ *Adv* d'un air soucieux.

bekunden *tr geh* manifester.

belächeln *tr abw* sourire de.

belachen *tr abw* rire de.

beladen (*Präs* **belädt**, *Prät* **belud**, *Perf* **hat beladen**) *tr*: **etw (mit etw) ~** charger qqch (de qqch).

Belag (*Pl* **Beläge**) *der* **-1.** [für Straße, Fußboden] **revêtement** *m*. **-2.** [auf Brot] **garniture** *f*. **-3.** [am Zahn] **plaque** *f* (dentaire). **-4.** [auf der Zunge]: **einen ~ auf der Zunge haben** avoir la langue chargée.

Belagerer (*Pl* -) *der* assiégeant *m*.

belagern *tr* assiéger.

Belagerung (*Pl* **-en**) *die* siège *m (de ville)*.

Belagerungs|zustand *der* RECHT état *m* de siège.

Belang (*Pl* **-e**) *der* **-1.** *(ohne Pl)* [Wichtigkeit]: **von ~ sein** être important; **ohne ~ sein** être sans importance. **-2.** [von Person, Behörde] **intérêts** *mpl*.

belangen *tr* RECHT: **jn gerichtlich ~** attaquer qqn en justice; **jn für etw ~** poursuivre qqn pour qqch.

belanglos *Adj* sans importance.

belassen (*Präs* **beläßt**, *Prät* **beließ**, *Perf* **hat belassen**) *tr geh* laisser; **es dabei ~** s'en tenir là.

belastbar *Adj* **-1.** [Person] solide *(nerveusement)*. **-2.** [Material] résistant(e).

belasten *tr* **-1.** [mit Anklage, Gewicht] **charger**; **etw mit etw ~** charger qqch de qqch. **-2.** [schädigen - Magen, Leber] **embarrasser**; [- Umwelt] **être néfaste à**. **-3.** [beanspruchen]: **jn mit etw ~** importuner qqn avec qqch; **das belastet ihn** ça lui pèse. **-4.** [beunruhigen] **préoccuper**. **-5.** [Konto] **débiter**; **etw mit etw ~** [mit Schulden, Hypothek] **grever** qqch de qqch.

belastend *Adj* **-1.** [Arbeit, Aufgabe] **écrasant(e)**. **-2.** [Sorge, Krankheit] **préoccupant(e)**. **-3.** RECHT compromettant(e).

belästigen *tr* importuner; [sexuell] **harceler**; **jn mit etw ~** accabler qqn de qqch.

Belästigung (*Pl* **-en**) *die* harcèlement *m*.

Belastung (*Pl* **-en**) *die* **-1.** [gen] **charge** *f*. **-2.** [von Konto] **débit** *m*. **-3.** [psychisch] **poids** *m*.

Belastungs|zeuge *der* RECHT témoin *m* à charge.

belauern *tr* **-1.** [Person] épier. **-2.** [Verhalten] guetter.

belaufen (*Präs* **beläuft**, *Prät* **belief**, *Perf* **hat belaufen**)

◆ **sich belaufen** *ref*: **sich auf etw** *(A)* **~** s'élever à qqch.

belauschen *tr* épier *(en écoutant)*.

beleben *tr* **-1.** [stimulieren] **ranimer**; [Subj: Kaffee, Medikament] **stimuler**. **-2.** [lebendig gestalten] égayer.

◆ **sich beleben** *ref* s'animer.

belebt *Adj* animé(e).

Belebung *die (ohne Pl)* **-1.** [Stimulierung] **stimulation** *f*. **-2.** [lebendige Gestaltung]: **zur ~ des Raumes** pour égayer la pièce. **-3.** [durch Menschen, Fahrzeuge] **animation** *f*.

Beleg (*Pl* **-e**) *der* **-1.** [Quittung] justificatif *m.* **-2.** [für Behauptung] illustration *f.*

belegen *tr* **-1.** [mit Belag]: **etw (mit etw) ~** [Boden] revêtir qqch (de qqch); [Brot] garnir qqch (de qqch). **-2.** [Kursus] s'inscrire à. **-3.** [Haus, Raum] occuper. **-4.** [Rang] se classer à. **-5.** [versehen]: **etw mit einer Strafe ~** punir qqch; **etw mit einer Steuer ~** imposer qqch. **-6.** [nachweisen] justifier; [Behauptung, Argument] étayer.

Beleg|exemplar *das* pièce *f* justificative.

Belegschaft (*Pl* **-en**) *die* personnel *m.*

belegt *Adj* **-1.** [Brot] garni(e). **-2.** [Zimmer, Sitzplatz, Telefonanschluß] occupé(e); **voll ~** complet(ète). **-3.** [Zunge] chargé(e).

Belegung *die (ohne Pl)* occupation *f.*

belehren *tr*: **jn (über etw** *(A)***) ~** informer qqn de qqch.

Belehrung (*Pl* **-en**) *die* [informativ] information *f*; [schulmeisterlich] leçon *f* de morale.

beleibt *Adj* corpulent(e).

beleidigen *tr* offenser.

Beleidigung (*Pl* **-en**) *die* offense *f.*

beleihen (*Prät* **belieh,** *Perf* **hat beliehen**) *tr* gager.

belesen *Adj* lettré(e).

beleuchten *tr* éclairer.

Beleuchtung (*Pl* **-en**) *die* **-1.** [mit Licht] éclairage *m.* **-2.** *(ohne Pl)* [Untersuchung] éclaircissement *m.*

Belfast *nt* Belfast.

Belgien *nt* Belgique *f.*

Belgier, in ['bɛlgiɐ, rın] (*mPl* **-**; *fPl* **-nen**) *der, die* Belge *mf.*

belgisch *Adj* belge.

Belgrad *nt* Belgrade.

Belgrader (*Pl* **-**) ◇ *der* habitant *m* de Belgrade. ◇ *Adj (unver)* de Belgrade.

Belgraderin (*Pl* **-nen**) *die* habitante *f* de Belgrade.

belichten *tr* exposer.

Belichtung (*Pl* **-en**) *die* PHOT exposition *f.*

Belichtungs|messer *der* PHOT posemètre *m.*

Belichtungs|zeit *die* PHOT temps *m* de pose.

Belieben *das*: **nach ~** à volonté.

beliebig ◇ *Adj* **-1.** [irgendein] n'importe quel (quelle). **-2.** [Betrag, Summe] de mon ODER ton etc choix. ◇ *Adv*: **du kannst ~ lange bleiben** tu peux rester autant que tu voudras; **~ viel** peu importe le nombre ODER la quantité.

beliebt *Adj* **-1.** [geschätzt]: **~ (bei jm)** apprécié(e) (de qqn); **sich bei jm ~ machen** se faire bien voir de qqn. **-2.** [populär] populaire. **-3.** [gängig] répandu(e).

Beliebtheit *die (ohne Pl)* popularité *f.*

beliefern *tr*: **jn (mit etw) ~** fournir qqn (en qqch).

Belieferung (*Pl* **-en**) *die* livraison *f.*

bellen *intr* aboyer.

Belletristik *die (ohne Pl)* belles lettres *fpl.*

belletristisch *Adj*: **~e Literatur** belles lettres *fpl.*

Bellinzona *nt* Bellinzona.

belobigen *tr* féliciter.

belohnen *tr* récompenser.

Belohnung (*Pl* **-en**) *die* récompense *f.*

belüften *tr* aérer.

Belüftung *die (ohne Pl)* aération *f.*

belügen (*Prät* **belog,** *Perf* **hat belogen**) *tr* mentir à.

◆ **sich belügen** *ref*: **sich selbst ~** se leurrer.

belustigen *tr* amuser.

Belustigung *die (ohne Pl)* amusement *m.*

bemächtigen

◆ **sich bemächtigen** *ref geh*: **sich einer Sache** *(G)* **~** s'emparer de qqch.

bemalen *tr* peindre.

◆ **sich bemalen** *ref fam abw* se peinturlurer.

Bemalung (*Pl* **-en**) *die* peinture *f.*

bemängeln *tr* critiquer.

bemannt ◇ *Adj* habité(e); **mit fünf Astronauten ~** avec un équipage de cinq astronautes. ◇ *Adv* avec équipage.

bemerkbar *Adj* sensible; **sich ~ machen** [durch Rufen] se faire remarquer; [sichtbar werden] se voir.

bemerken *tr* **-1.** [sehen] remarquer. **-2.** [sagen]: **~, daß** faire remarquer que; **nebenbei bemerkt** soit dit en passant.

bemerkenswert ◇ *Adj* remarquable. ◇ *Adv* remarquablement.

Bemerkung (*Pl* **-en**) *die* remarque *f.*

bemessen (*Präs* **bemißt,** *Prät* **bemaß,** *Perf* **hat bemessen**) *tr* calculer; **etw ist knapp ~** qqch est calculé(e) juste.

◆ **sich bemessen** *ref*: **sich nach etw ~** se calculer à partir de qqch.

bemitleiden *tr* avoir pitié de.

bemitleidenswert *Adj* pitoyable, qui inspire la pitié.

bemühen *tr geh* avoir recours à.

◆ **sich bemühen** *ref* **-1.** [sich anstrengen]: **sich ~, etw zu tun** s'efforcer de faire qqch; **~ Sie sich nicht!** ne vous dérangez pas! **-2.** [sich kümmern]: **sich um jn ~** être empressé(e) auprès de qqn.

Bemühung (*Pl* **-en**) *die* effort *m.*

bemüßigt *Adv*: **sich ~ fühlen** ODER **sehen, etw zu tun** *geh & iron* se sentir ODER voir obligé(e) de faire qqch.

bemuttern *tr* materner.
benachbart *Adj* voisin(e).
benachrichtigen *tr* prévenir.
Benachrichtigung (*Pl* **-en**) *die* information *f*; [schriftlich] courrier *m*, avis *m*.
benachteiligen *tr* désavantager.
Benachteiligung (*Pl* **-en**) *die* discrimination *f*.
Benediktiner, in (*mPl* **-**; *fPl* **-nen**) *der, die* bénédictin *m*, -e *f*.
Benefiz|konzert *das* concert *m* de bienfaisance.
benehmen (*Präs* **benimmt**, *Prät* **benahm**, *Perf* **hat benommen**)
◆ **sich benehmen** *ref* se comporter; **sich gut/ schlecht ~** bien/mal se conduire; **sich zu ~ wissen** savoir se tenir.
Benehmen *das (ohne Pl)* comportement *m*.
beneiden *tr* envier; **jn um etw ~** envier qqch à qqn.
beneidenswert ◇ *Adj* **-1.** [Person, Glück] enviable. **-2.** [Mut, Intelligenz] admirable. ◇ *Adv* admirablement.
Benelux-Länder *Pl* pays *mpl* du Benelux.
benennen (*Prät* **benannte**, *Perf* **hat benannt**) *tr* **-1.** [Straße, Kind]: **jn/etw nach jm/etw ~** donner le nom de qqn/qqch à qqn/qqch. **-2.** RECHT: **jn als Zeugen ~** désigner qqn comme témoin.
Benennung (*Pl* **-en**) *die* désignation *f*, dénomination *f*.
Bengale (*Pl* **-n**) *der* Bengali *m*.
Bengalin (*Pl* **-nen**) *die* Bengali *f*.
bengalisch *Adj* bengali.
Bengel (*Pl* **-**) *der* garnement *m*.
benommen ◇ *Adj* étourdi(e). ◇ *Adv*: **~ dastehen** rester hébété(e).
benoten *tr* noter.
benötigen *tr* avoir besoin de.
Benotung (*Pl* **-en**) *die* notation *f*.
benutzbar *Adj* utilisable.
benutzen, benützen *tr* **-1.** [Gegenstand] utiliser; [Treppe, Auto] prendre. **-2.** [Person] se servir de.
Benutzer, in (*mPl* **-**; *fPl* **-nen**) *der, die* utilisateur *m*, -trice *f*; [von Telefon, Verkehrsmitteln] usager *m*.
benutzerfreundlich *Adj* EDV convivial(e).
Benutzer|programm *das* EDV programme *m* utilisateur.
Benutzung *die (ohne Pl)* utilisation *f*.
Benutzungs|gebühr *die* taxe *f* d'utilisation.
Benzin (*Pl* **-e**) *das* essence *f*; **~ tanken** prendre de l'essence; **bleifreies ~** essence sans plomb.
Benzin|kanister *der* bidon *m* d'essence.
Benzin|preis *der* prix *m* de l'essence.
Benzin|tank *der* réservoir *m* d'essence.
Benzin|verbrauch *der* consommation *f* d'essence.
beobachten *tr* **-1.** [mit Augen] observer. **-2.** [bemerken] constater.
Beobachter, in (*mPl* **-**; *fPl* **-nen**) *der, die* observateur *m*, -trice *f*.
Beobachtung (*Pl* **-en**) *die* **-1.** [mit Augen] observation *f*. **-2.** [von Tatsachen] constatation *f*.
Beobachtungs|gabe *die* esprit *m* d'observation.
bepackt *Adj* chargé(e).
bepflanzen *tr*: **etw mit etw ~** planter qqch de qqch.
Bepflanzung (*Pl* **-en**) *die* plantation *f*; **die ~ beginnen** commencer les plantations.
bequem ◇ *Adj* **-1.** [Kleidung, Sitzmöbel] confortable; **es sich ~ machen** se mettre à l'aise. **-2.** [Person] indolent(e). ◇ *Adv* confortablement.
bequemen
◆ **sich bequemen** *ref*: **sich dazu ~, etw zu tun ~** daigner faire qqch.
Bequemlichkeit (*Pl* **-en**) *die* **-1.** [Komfort] confort *m*. **-2.** *(ohne Pl)* [von Personen] fainéantise *f*.
beraten (*Präs* **berät**, *Prät* **beriet**, *Perf* **hat beraten**) ◇ *tr* [Person] conseiller; **gut/schlecht ~ sein** être bien/mal avisé(e). ◇ *intr* délibérer; **über etw** *(A)* **~** discuter de qqch.
◆ **sich beraten** *ref*: **sich mit jm ~** consulter qqn; **sich mit jm über etw** *(A)* **~** s'entretenir de qqch avec qqn.
Berater, in (*mPl* **-**; *fPl* **-nen**) *der, die* conseiller *m*, -ère *f*.
beratschlagen *intr* se concerter; **über etw** *(A)* **~** concerter qqch.
Beratung (*Pl* **-en**) *die* **-1.** [juristisch, ärztlich] consultation *f*; [durch Psychologen] aide *f*. **-2.** [im Ausschuß] délibération *f*.
Beratungs|stelle *die* centre *m* d'information.
berauben *tr*: **jn einer Sache** *(G)* **~** [von Gegenständen] dérober qqch à qqn; [von Gefühlen] ôter qqch à qqn.
berauschend *Adj* **-1.** [Duft, Alkohol] grisant(e). **-2.** [Schönheit] troublant(e).
Berber (*mPl* **-**) *der* **-1.** [Volk] Berbère *m*. **-2.** [Teppich] tapis *m* berbère. **-3.** *fam* [Obdachlose] clodo *m*.
Berberin (*Pl* **-nen**) *die* **-1.** [Volk] Berbère *f*. **-2.** *fam* [Obdachlose] clodo *f*.
Berber|teppich *der* tapis *m* berbère.
Berchtesgaden *nt* Berchtesgaden.
berechenbar *Adj* **-1.** [mathematisch] mesurable. **-2.** [Reaktion] prévisible.
Berechenbarkeit *die (ohne Pl)* prévisibilité *f*.
berechnen *tr* **-1.** [ausrechnen] calculer. **-2.** [für

Kunden]: **jm für eine Leistung 100 DM ~** facturer un service 100 DM à qqn.
berechnend ◇ *Adj* calculateur(trice). ◇ *Adv* par calcul.
Berechnung (*Pl* **-en**) *die* **-1.** [Rechnung] calcul *m*; **aus ~** par calcul. **-2.** *(ohne Pl)* [von Plan, Vorhaben] préparation *f* méthodique. **-3.** *(ohne Pl)* [aus Egoismus] calcul *m*.
berechtigen *tr*: **etw berechtigt jn zu etw** qqch donne droit à qqn à qqch.
berechtigt *Adj* justifié(e).
berechtigterweise *Adv* à juste titre.
Berechtigung (*Pl* **-en**) *die* **-1.** [gen] autorisation *f*; [beruflich] habilitation *f*. **-2.** [von Frage, Aussage] bien-fondé *m*.
bereden *tr* **-1.** [besprechen] discuter de. **-2.** *fam abw* [Person] baratiner.
Bereich (*Pl* **-e**) *der* **-1.** [Gegend] région *f*. **-2.** [Aufgabe, Thema] domaine *m*. **-3.** *RW*: **etw liegt im ~ des Möglichen** qqch est du domaine du possible.
bereichern *tr* enrichir.
◆ **sich bereichern** *ref* s'enrichir; **sich an jm ~** s'enrichir sur le compte de qqn; **sich an etw** *(D)* **~** s'enrichir en profitant de qqch.
Bereicherung (*Pl* **-en**) *die* enrichissement *m*.
Bereifung (*Pl* **-en**) *die* pneus *mpl*.
bereinigen *tr* [Konflikt] régler.
Bereinigung (*Pl* **-en**) *die* règlement *m*.
bereisen *tr* parcourir.
bereit ◇ *Adj*: **(zu etw) ~ sein** être prêt(e) (à qqch); **etw ~ haben** avoir qqch à portée de main. ◇ *Adv*: **sich (zu etw) ~ erklären** se déclarer prêt(e) (à qqch).
bereiten *tr* **-1.** [Essen] préparer. **-2.** [machen]: **jm Sorgen ~** causer du souci à qqn; **jm Ärger ~** agacer qqn; **jm Freude ~** réjouir qqn.
bereit|halten *tr (unreg)* garder à portée de main; **etw für jn ~** tenir qqch à la disposition de qqn.
◆ **sich bereithalten** *ref*: **sich zu** ODER **für etw ~** se tenir prêt(e) pour qqch.
bereit|machen *tr* préparer.
◆ **sich bereitmachen** *ref* se préparer.
bereits *Adv* déjà.
Bereitschaft *die* **-1.** [Wille]: **~, etw zu tun** disposition *f* à faire qqch; **in ~ sein** être prêt(e). **-2.** [Personal] personnel *m* de garde; **~ haben** être de garde.
Bereitschafts|dienst *der* service *m* de permanence.
Bereitschafts|polizei *die* ≃ compagnies *fpl* républicaines de sécurité, ≃ C.R.S.
Bereitschafts|zeichen *das* EDV invite *f*.
bereit|stehen *intr (unreg)* être prêt(e).
bereit|stellen *tr*: **etw ~** mettre qqch à disposition.
Bereit|stellung *die* mise *f* à disposition.
bereitwillig ◇ *Adj* empressé(e). ◇ *Adv* de bon cœur.
bereuen *tr* regretter; [Verbrechen, Sünde] se repentir de.
Berg (*Pl* **-e**) *der* montagne *f*; **über alle ~e sein** *fig* avoir pris le large; **über den ~ sein** *fig* remonter la pente.
◆ **Berge** *Pl* montagne *f*; **in die ~e fahren** aller à la montagne.
bergab *Adv*: **~ fahren** ODER **laufen** descendre une côte; **mit etw geht es ~** qqch est sur le déclin; **mit jm geht es ~** qqn est sur une mauvaise pente.
bergan = **bergauf**.
Berg|arbeiter *der* mineur *m*.
bergauf, bergan *Adv*: **~ fahren** ODER **laufen** monter une côte; **die Straße führt ~** la route monte; **mit jm/etw geht es ~** qqn/qqch remonte la pente.
Berg|bau *der* industrie *f* minière.
bergen (*Präs* **birgt**, *Prät* **barg**, *Perf* **hat geborgen**) *tr* **-1.** [Person] porter secours à; [Tote] dégager. **-2.** [Gegenstand] enlever. **-3.** *geh* [enthalten]: **etw in sich** *(D)* **~** comporter qqch.
bergeweise *Adv*: **~ Obst verdrücken** *fam* avaler des tonnes de fruits.
Berg|führer, in *der, die* guide *mf* de haute montagne.
Berg|hütte *die* chalet *m*.
bergig *Adj* montagneux(euse).
Berg|land *das* région *f* montagneuse.
Berg|mann (*Pl* **-leute**) *der* mineur *m*.
Berg|predigt *die (ohne Pl)* REL Sermon *m* sur la Montagne.
Berg|rücken *der* croupe *f (d'une montagne)*.
Berg|schuh *der* chaussure *f* de montagne.
Berg|spitze *die* sommet *m* ODER faîte *m* ODER cime *f* d'une montagne.
Berg|station *die terminus d'un téléphérique au sommet d'une montagne*.
Bergsteigen *das (ohne Pl)* alpinisme *m*.
Bergsteiger, in (*mPl* **-**; *fPl* **-nen**) *der, die* alpiniste *mf*.
Berg|tour *die* excursion *f* en montagne.
Bergung (*Pl* **-en**) *die* [von Personen] sauvetage *m*; [von Fahrzeugen] enlèvement *m*; [von Toten] évacuation *f*.
Bergwacht *die (ohne Pl)* service *m* de sauvetage en montagne.
Bergwandern *das (ohne Pl)* randonnée *f* en montagne.
Berg|werk *das* mine *f*.

Bericht (*Pl* **-e**) *der* rapport *m*; **über etw** *(A)* **~ erstatten** faire un rapport sur qqch.
berichten ◇ *tr* relater. ◇ *intr* faire un rapport; **von jm** ODER **über jn ~** parler de qqn; **von etw** ODER **über etw** *(A)* **~** rendre compte de qqch.
Berichterstatter, in (*mPl* -; *fPl* **-nen**) *der, die* correspondant *m*, -e *f*.
Berichterstattung (*Pl* **-en**) *die* reportage *m*.
berichtigen *tr* corriger.
◆ **sich berichtigen** *ref* se reprendre.
Berichtigung (*Pl* **-en**) *die* correction *f*.
berieseln *tr* **-1.** [mit Wasser]: **etw (mit etw) ~** arroser qqch (de qqch). **-2.** *fam abw* [mit Reizen]: **jn mit etw ~** abreuver qqn de qqch.
Berieselung (*Pl* **-en**) *die* **-1.** [mit Wasser] irrigation *f*. **-2.** *fam abw* [mit Musik] diffusion *f* continue.
Beringstraße *die* détroit *m* de Béring.
beritten *Adj*: **~e Polizei** police *f* montée.
Berlin *nt* Berlin.
Berliner (*Pl* -) ◇ *der* **-1.** [Person] Berlinois *m*. **-2.** [Gebäck] *beignet fourré*. ◇ *Adj (unver)* de Berlin; **~ Weiße mit Schuß** *bière blonde aromatisée au jus de framboise*.
Berlinerin (*Pl* **-nen**) *die* Berlinoise *f*.
berlinerisch *Adj* berlinois(e).
Berliner Mauer *die (ohne Pl)* mur *m* de Berlin.

BERLINER MAUER:
Construit en 1961 pour enrayer l'exode des citoyens de RDA, le mur de Berlin divisait la ville en deux, isolant Berlin-Ouest au milieu de la RDA. Jusqu'en 1989 - date de sa chute - il fut la preuve tangible de la partition de l'Allemagne. Les mines, les barbelés, les gardes-frontières le rendaient infranchissable pour tout Allemand de l'Est.

Berliner Philharmoniker *Pl* orchestre *m* philharmonique de Berlin.
Bern *nt* Berne.
Berner (*Pl* -) ◇ *der* Bernois *m*. ◇ *Adj (unver)* de Berne.
Bernerin (*Pl* **-nen**) *die* Bernoise *f*.
Bern|stein *der (ohne Pl)* ambre *m*.
bersten (*Präs* **birst,** *Prät* **barst,** *Perf* **ist geborsten**) *intr* [Glas, Eis] se briser.
◆ **Bersten** *das (ohne Pl)*: **bis zum Bersten gefüllt** ODER **voll** plein(e) à craquer.
berüchtigt *Adj* tristement célèbre; **für** ODER **wegen etw ~ sein** être bien connu(e) pour qqch.
berücksichtigen *tr* tenir compte de.
Berücksichtigung *die (ohne Pl)* prise *f* en compte; **unter ~ einer Sache** *(G)* compte tenu de qqch.
Beruf (*Pl* **-e**) *der* profession *f*; [nach Lehre] métier *m*; **etw von ~ sein** [gen] exercer la profession de; [nach Lehre] être qqch de métier.
berufen ◇ *Adj*: **zu etw ~ sein** avoir la vocation de qqch; **er ist ein ~er Lehrer** c'est un professeur né. ◇ *tr*: **jn zum Minister ~** nommer qqn ministre.
◆ **sich berufen** *ref*: **sich auf jn ~** se recommander de qqn; **sich auf etw** *(A)* **~** se référer à qqch.
beruflich ◇ *Adj* professionnel(elle). ◇ *Adv* pour raisons professionnelles.
Berufs|anfänger, in *der, die* personne qui débute dans la vie professionnelle.
Berufs|armee *die* armée *f* de métier.
Berufs|ausbildung *die* formation *f* professionnelle.
Berufs|berater, in *der, die* conseiller d'orientation *m*, conseillère d'orientation *f*.
Berufs|beratung *die* orientation *f* professionnelle.
Berufs|krankheit *die* maladie *f* professionnelle.
Berufs|leben *das (ohne Pl)* vie *f* professionnelle.
Berufs|risiko *das* risque *m* du métier.
Berufs|schule *die* ≃ centre *m* de formation d'apprentis *(CFA)*.
Berufs|soldat *der* militaire *m* de carrière.
berufstätig *Adj* actif(ive); **~ sein** être en activité, avoir une activité professionnelle.
Berufstätige (*Pl* **-n**) *der, die* personne *f* en activité, actif *m*; **die ~n** la population active.
Berufs|verkehr *der (ohne Pl)* trafic *m* aux heures de pointe.
Berufung (*Pl* **-en**) *die* **-1.** [zu einem Amt] nomination *f*. **-2.** [in andere Stadt] mutation *f*. **-3.** RECHT appel *m*; **~ einlegen** faire appel. **-4.** [Begabung] vocation *f*. **-5.** [Bezug] référence *f*; **unter ~ auf jn/etw** en référence à qqn/qqch.
beruhen *intr*: **auf etw** *(D)* **~** reposer sur qqch; **etw auf sich** *(D)* **~ lassen** laisser qqch de côté.
beruhigen *tr* calmer.
◆ **sich beruhigen** *ref* se calmer.
Beruhigung (*Pl* **-en**) *die* **-1.** [von Personen] apaisement *m*. **-2.** [von Meer] retour *m* au calme.
Beruhigungs|mittel *das* tranquillisant *m*.
berühmt *Adj* célèbre; **wegen** ODER **für etw ~ sein** être célèbre pour qqch.
Berühmtheit (*Pl* **-en**) *die* célébrité *f*; **~ erlangen** *geh* parvenir à la célébrité.
berühren *tr* toucher.
Berührung (*Pl* **-en**) *die* contact *m*; **mit jm/etw in ~ kommen** entrer en contact avec qqn/qqch.
Berührungs|punkt *der* point *m* de contact.

bes. *Abk für* **besonders**.
besagen *tr* vouloir dire; **nichts ~** ne rien vouloir dire.
besagt *Adj amt* déjà cité(e).
besaitet *Adj*: **zart ~ sein** *fam* être une âme sensible.
besänftigen *tr* **-1.** [Person] apaiser. **-2.** [Tier] calmer.
Besänftigung (*Pl* **-en**) *die* apaisement *m*.
Besatz (*Pl* **Besätze**) *der* garniture *f*.
Besatzung (*Pl* **-en**) *die* **-1.** [Personal] équipage *m*. **-2.** MIL occupation *f*.
Besatzungs|macht *die* puissance *f* d'occupation.
besaufen (*Präs* **besäuft**, *Prät* **besoff**, *Perf* **hat besoffen**) *ref*
◆ **sich besaufen** *salopp* se cuiter, se soûler.
beschädigen *tr* endommager.
Beschädigung (*Pl* **-en**) *die* **-1.** *(ohne Pl)* [Beschädigen] dégradation *f*. **-2.** [Schaden] dégâts *mpl*.
beschaffen ◇ *tr*: **jm etw ~** procurer qqch à qqn; **sich** *(D)* **etw ~** se procurer qqch. ◇ *Adj*: **so ~ sein, daß** être à même de *(+ infinitif)*.
Beschaffenheit *die (ohne Pl)* nature *f*, qualité *f*.
beschäftigen *tr* **-1.** [Angestellte, Arbeiter] employer; **bei jm beschäftigt sein** travailler chez qqn. **-2.** [Kinder, Kranke] occuper. **-3.** [Subj: Problem, Frage] préoccuper.
◆ **sich beschäftigen** *ref*: **sich mit jm/etw ~** s'occuper de qqn/qqch; **sich mit Philosophie ~** se consacrer à la philosophie.
Beschäftigte (*Pl* **-n**) *der, die* employé *m*, -e *f*.
Beschäftigung (*Pl* **-en**) *die* **-1.** [Tätigkeit] occupation *f*, activité *f*. **-2.** *(ohne Pl)* [in Betrieb] emploi *m*. **-3.** *(ohne Pl)* [Auseinandersetzung]: **~ mit etw** réflexion *f* sur qqch.
Beschäftigungs|therapie *die* ergothérapie *f*.
beschämen *tr* troubler, gêner.
beschämend *Adj* humiliant(e).
beschatten *tr* **-1.** [Verdächtigen, Agenten] prendre en filature. **-2.** *geh* [Subj: Bäume] ombrager.
beschauen *tr* contempler.
beschaulich ◇ *Adj* paisible. ◇ *Adv* paisiblement.
Bescheid (*Pl* **-e**) *der* avis *m*; **~ wissen** être au courant; **jm ~ geben** ODER **sagen** [benachrichtigen] prévenir (qqn); *fam* [die Meinung sagen] dire son fait à qqn.
bescheiden[1] ◇ *Adj* **-1.** [Mensch, Leben, Wohnung] modeste. **-2.** [Essen] frugal. **-3.** [Ergebnis, Leistung] médiocre. ◇ *Adv* simplement.
bescheiden[2] (*Prät* **beschied**, *Perf* **hat beschieden**)
◆ **sich bescheiden** *ref geh* [sich begnügen]: **sich mit etw ~** se contenter de qqch.
Bescheidenheit *die (ohne Pl)* modestie *f*.
bescheinigen *tr* attester; **sich etw ~ lassen** se faire délivrer un certificat ODER une attestation de qqch.
Bescheinigung (*Pl* **-en**) *die* attestation *f*.
bescheißen (*Prät* **beschiß**, *Perf* **hat beschissen**) *tr salopp* : **jn um fünf Mark ~** arnaquer qqn de cinq marks; **er hat uns beschissen** il nous a entubés.
beschenken *tr*: **jn ~** faire des cadeaux à qqn.
bescheren *tr* [schenken] offrir *(pour Noël)*.
Bescherung (*Pl* **-en**) *die* remise *f* des cadeaux de Noël; **das ist ja eine schöne/reizende ~!** *fam iron* nous voilà bien!, nous voilà frais!
bescheuert *Adj fam* débile.
beschießen (*Prät* **beschoß**, *Perf* **hat beschossen**) *tr* tirer sur.
beschildern *tr* signaliser.
Beschilderung (*Pl* **-en**) *die* signalisation *f*.
beschimpfen *tr* insulter; **sich gegenseitig ~** se lancer des injures; **jn als etw ~** traiter qqn de qqch.
Beschimpfung (*Pl* **-en**) *die* insulte *f*.
Beschiß *der (ohne Pl) salopp* **-1.** [Betrug] arnaque *f*. **-2.** [Lüge] bobards *mpl*.
beschissen ◇ *PP* → **bescheißen**. ◇ *Adj salopp* [Situation, Wetter] pourri(e); [Job] nul (nulle). ◇ *Adv salopp* de façon dégueulasse; **es geht ihr ~** elle va hyper mal.
Beschlag (*Pl* **Beschläge**) *der* renfort *m* métallique, ferrure *f*; **jn/etw in ~ nehmen** ODER **mit ~ belegen** *fig* accaparer qqn/qqch, monopoliser qqn/qqch.
beschlagen (*Präs* **beschlägt**, *Prät* **beschlug**, *Perf* **hat/ist beschlagen**) ◇ *tr (hat)* ferrer; **mit Nägeln ~** clouter. ◇ *intr (ist)* se couvrir de buée. ◇ *Adj* **-1.** [Glasscheibe] couvert(e) de buée. **-2.** [Person] calé(e); **in etw** *(D)* **~ sein** être calé en qqch.
Beschlagnahme *die* confiscation *f*.
beschlagnahmen *tr* saisir, confisquer.
beschleichen (*Prät* **beschlich**, *Perf* **hat beschlichen**) *tr* **-1.** [überkommen] gagner; **ein Gefühl beschleicht jn** un sentiment s'insinue dans l'âme de qqn. **-2.** [beobachten] épier.
beschleunigen ◇ *tr* accélérer; [Abreise] précipiter. ◇ *intr* accélérer.
◆ **sich beschleunigen** *ref* s'accélérer.
Beschleunigung (*Pl* **-en**) *die* accélération *f*.
beschließen (*Prät* **beschloß**, *Perf* **hat beschlossen**) ◇ *tr* décider; [Gesetz] arrêter; [Vorhaben] adopter; *geh* [beenden] finir, achever; **~, etw zu tun** décider de faire qqch; **etw mit etw ~** conclure qqch par qqch. ◇ *intr* [beraten]: **über etw** *(A)* **~** délibérer sur qqch.

Beschluß (*Pl* **Beschlüsse**) *der* décision *f*; **einen ~ fassen** prendre une décision.

beschlußfähig *Adj* en mesure de délibérer.

beschmieren *tr* **-1.** [Kleidung, Wand]: **mit etw ~** barbouiller de qqch. **-2.** [bestreichen] tartiner. ◆ **sich beschmieren** *ref* se barbouiller.

beschmutzen *tr* salir; **sich** *(D)* **etw ~** se salir qqch; **js Namen ~** salir le nom de qqn. ◆ **sich beschmutzen** *ref* se salir, se tacher.

beschneiden (*Prät* **beschnitt,** *Perf* **hat beschnitten**) *tr* **-1.** [Baum, Hecke] tailler. **-2.** [einschränken] restreindre; [Rechte] amputer. **-3.** MED & REL circoncire.

Beschneidung (*Pl* **-en**) *die* **-1.** [von Bäumen] taille *f*. **-2.** [von Rechten, Freiheit] limitation *f*. **-3.** MED & REL circoncision *f*.

beschnuppern *tr* **-1.** [Subj: Tier] renifler. **-2.** *fam* [kennenlernen] faire connaissance de.

beschönigen *tr* [Sachverhalt] arranger; [Fehler] minimiser.

beschränken *tr* limiter; [Waren, Plätze] contingenter. ◆ **sich beschränken** *ref*: **sich auf etw** *(A)* **~** se limiter à qqch; **sich in etw** *(D)* **~** se limiter dans qqch.

beschränkt *Adj* **-1.** *abw* [engstirnig - Ansichten] limité(e); [- Mensch] borné(e). **-2.** [Verantwortung, Mittel] limité(e), réduit(e).

Beschränktheit *die* **-1.** [von Personen] manque *m* d'intelligence. **-2.** [von Ansichten] étroitesse *f*. **-3.** [von Mitteln] limites *fpl*.

Beschränkung (*Pl* **-en**) *die* limitation *f*; [von Waren, Plätzen] contingentement *m*.

beschreiben (*Prät* **beschrieb,** *Perf* **hat beschrieben**) *tr* **-1.** [darstellen] décrire; **den Weg ~** indiquer le chemin. **-2.** [Blatt, Seite] remplir. **-3.** [formen] décrire.

Beschreibung (*Pl* **-en**) *die* description *f*; [von Menschen] portrait *m*; **aller** ODER **jeder ~ spotten** *fig* défier toute description.

beschreiten (*Prät* **beschritt,** *Perf* **hat beschritten**) *tr geh* emprunter; **neue Wege ~** *fig* s'engager sur de nouvelles voies.

beschriften *tr* [Brief] écrire l'adresse sur; [Etikett] écrire sur.

Beschriftung (*Pl* **-en**) *die* **-1.** *(ohne Pl)* [Schreiben] inscription *f*, mention *f*. **-2.** [Schrift] écriture *f*.

beschuldigen *tr* accuser; **jn einer Sache** *(G)* **~** accuser qqn de qqch.

Beschuldigung (*Pl* **-en**) *die* accusation *f*.

Beschuß *der (ohne Pl)*: **jn/etw unter ~ nehmen** prendre qqn/qqch à partie; **unter ~ geraten** ODER **stehen** être sous le feu des critiques.

beschützen *tr* protéger; **jn vor jm/etw ~** protéger qqn de qqn/qqch.

Beschützer, in (*mPl* **-**; *fPl* **-nen**) *der, die* protecteur *m*, -trice *f*.

Beschwerde (*Pl* **-n**) *die* [Klage] plainte *f*, réclamation *f*; **~ gegen jn/etw führen/einlegen** déposer une plainte contre qqn/qqch. ◆ **Beschwerden** *Pl* [Schmerzen] ennuis *mpl (de santé)*; **jm ~n machen** faire souffrir qqn.

beschweren *tr* [Briefe, Papier] poser un presse-papier sur. ◆ **sich beschweren** *ref* [sich beklagen] se plaindre; **sich über jn/etw ~** se plaindre de qqn/qqch.

beschwerlich *Adj* pénible.

beschwichtigen *tr* [Zorn, Wut] apaiser; [Person] tranquilliser.

beschwindeln *tr*: **jn ~** monter un bateau à qqn, mener qqn en bateau.

beschwingt ◇ *Adj* entraînant(e). ◇ *Adv* avec entrain.

beschwipst *Adj fam* éméché(e).

beschwören (*Prät* **beschwor,** *Perf* **hat beschworen**) *tr* **-1.** [beeiden]: **etw ~** affirmer qqch sous serment. **-2.** [erscheinen lassen - Geister] invoquer, conjurer; [- Erinnerungen, Vergangenheit] évoquer. **-3.** [bitten]: **jn ~, etw zu tun** exhorter qqn à faire qqch.

Beschwörung (*Pl* **-en**) *die* **-1.** [Beschwören] conjuration *f*. **-2.** [Zauberformel] incantation *f*. **-3.** [Bitte] exhortation *f*.

besehen (*Präs* **besieht,** *Prät* **besah,** *Perf* **hat besehen**) *tr* examiner.

beseitigen *tr* **-1.** [entfernen - Flecken, Schnee] enlever; [- Spuren] effacer; [- Ungerechtigkeit] lever; [- Schwierigkeiten] aplanir. **-2.** [ermorden] éliminer.

Beseitigung (*Pl* **-en**) *die* élimination *f*.

Besen (*Pl* **-**) *der* balai *m*.

Besen|schrank *der* armoire *f* à balais.

Besen|stiel *der* manche *m* à balai.

besessen ◇ *PP* → **besitzen**. ◇ *Adj* **-1.** [gen] possédé(e). **-2.** [begeistert]: **von einer Idee/einem Gedanken ~ sein** être obsédé(e) par une idée/une pensée.

Besessene (*Pl* **-n**) *der, die* possédé *m*, -e *f*; **wie eine ~/ein ~r** comme une folle/un fou.

besetzen *tr* **-1.** [gen] occuper. **-2.** [verzieren]: **mit etw ~** orner de qqch, agrémenter de qqch.

besetzt *Adj* occupé(e).

Besetzt|zeichen *das tonalité d'une ligne occupée.*

Besetzung (*Pl* **-en**) *die* **-1.** [Vergeben]: **~ eines Postens** nomination *f* à un poste. **-2.** [Team] distribution *f*. **-3.** [Eroberung] occupation *f*.

besichtigen *tr* visiter.

Besichtigung (*Pl* **-en**) *die* visite *f (d'une ville, d'un monument)*.
besiedeln *tr* peupler; [kolonisieren] coloniser; **dicht/dünn besiedelt** à forte/faible densité de population.
Besiedlung (*Pl* **-en**) *die* peuplement *m*; [Kolonisierung] colonisation *f*.
besiegeln *tr* sceller.
besiegen *tr* vaincre.
Besiegte (*Pl* **-n**) *der, die* vaincu *m*, -e *f*.
besinnen (*Prät* **besann**, *Perf* **hat besonnen**)
◆ **sich besinnen** *ref* **-1.** [überlegen] réfléchir; **sich eines Besseren ~** se raviser. **-2.** [sich erinnern]: **sich auf jn/etw ~** se rappeler qqn/qqch.
besinnlich *Adj* recueilli(e); [Mensch] méditatif(ive).
Besinnung *die (ohne Pl)* **-1.** [Bewußtsein]: **die ~ verlieren** perdre connaissance; **zur ~ kommen** reprendre connaissance. **-2.** [Nachdenken]: **nicht mehr zur ~ kommen** ne pas savoir où donner de la tête.
besinnungslos *Adj* **-1.** [bewußtlos] inconscient(e). **-2.** [kopflos]: **~ vor Wut** fou (folle) de rage.
Besitz *der (ohne Pl)* **-1.** [Eigentum] propriété *f*. **-2.** [Besitzen] possession *f*; [von Waffen] détention *f*; **im ~ einer Sache** *(G)* **sein** être en possession de qqch. **-3.** [Landgut] domaine *m*, terres *fpl*.
Besitz|anspruch *der* droit *m* de propriété.
besitzanzeigend *Adj*: **~es Fürwort** pronom *m* possessif.
besitzen (*Prät* **besaß**, *Perf* **hat besessen**) *tr* posséder; [Waffen] détenir.
Besitzer, in (*mPl* **-**; *fPl* **-nen**) *der, die* propriétaire *mf*; [von Fabrik] patron *m*, -onne *f*.
besitzlos *Adj* sans biens.
Besitztum (*Pl* **-tümer**) *das* propriété *f*.
Besitzverhältnisse *Pl* répartition *f* des richesses.
besoffen ◇ *PP* → **besaufen**. ◇ *Adj salopp* soûl (e), rond(e).
besohlen *tr*: **neu ~** ressemeler.
besolden *tr* rémunérer *(militaires et fonctionnaires)*.
Besoldung (*Pl* **-en**) *die* [von Soldaten] solde *f*; [von Beamten] traitement *m*.
besondere, r, s *Adj* particulier(ère), spécial(e); **im ~n** en particulier.
Besonderheit (*Pl* **-en**) *die* caractéristique *f*.
besonders ◇ *Adv* **-1.** [vor allem] en particulier, particulièrement. **-2.** [sehr] particulièrement, très. **-3.** [gut]: **nicht ~** pas très bien. ◇ *Adj*: **nicht ~ sein** ne pas être génial(e) ODER fameux(euse).
besonnen ◇ *PP* → **besinnen**. ◇ *Adj* réfléchi(e). ◇ *Adv* d'une façon réfléchie.
Besonnenheit *die (ohne Pl)* pondération *f*.
besorgen *tr* [beschaffen]: **jm etw ~** procurer qqch à qqn; **hast du etwas zu ~**? as-tu des courses à faire?; **sich etw ~** se trouver qqch.
Besorgnis (*Pl* **-se**) *die*: **die ~** les soucis *mpl*.
besorgniserregend *Adj* préoccupant(e).
besorgt *Adj* soucieux(euse); **um jn ~ sein** se faire du souci pour qqn.
Besorgung (*Pl* **-en**) *die* **-1.** [Einkäufe] course *f*, emplette *f*. **-2.** *(ohne Pl)* [Besorgen] achat *m*.
bespannen *tr* [Wand] tapisser; [Tennisschläger] corder.
Bespannung (*Pl* **-en**) *die* **-1.** SPORT cordage *m*. **-2.** MUS cordes *fpl*. **-3.** [von Möbeln] garniture *f*.
bespielbar *Adj* [Spielfeld] praticable.
bespielen *tr* enregistrer.
bespitzeln *tr* espionner.
besprechen (*Präs* **bespricht**, *Prät* **besprach**, *Perf* **hat besprochen**) *tr* **-1.** [erörtern]: **etw mit jm ~** discuter de qqch avec qqn. **-2.** [rezensieren] faire la critique de. **-3.** [aufnehmen] enregistrer.
◆ **sich besprechen** *ref* se concerter.
Besprechung (*Pl* **-en**) *die* **-1.** [Beratung] réunion *f*; **in einer ~ sein** être en réunion. **-2.** [Rezension] critique *f*, compte-rendu *m*.
bespritzen *tr* éclabousser.
besprühen *tr* vaporiser; [mit Farbe] peindre à la bombe.
besser ◇ *Adj* **-1.** [als Komparativ von gut] meilleur(e). **-2.** [verbessert] amélioré(e). **-3.** [vornehm] bon (bonne); **die ~en Leute** les gens bien. ◇ *Adv* **-1.** [als Komparativ von gut] mieux. **-2.** [lieber]: **du solltest ~ aufhören** tu ferais mieux d'arrêter.
Bessere (*Pl* **-n**) *der, die, das* meilleur *m*, -e *f*; **ich habe ~s zu tun** j'ai mieux à faire; **sich eines ~n besinnen** se raviser.
besser|gehen *intr (unreg)* aller mieux, se porter mieux.
bessern *tr* améliorer.
◆ **sich bessern** *ref* s'améliorer.
Besserung *die (ohne Pl)* amélioration *f*; **auf dem Weg der ~** en voie de guérison.
◆ **gute Besserung!** *Interj* bon rétablissement!
Besserwessi (*Pl* **-s**) *der abw Allemand de l'Ouest arrogant aux yeux d'un Allemand de l'Est*.
Besserwisser, in (*mPl* **-**; *fPl* **-nen**) *der, die abw* donneur *m*, -euse *f* de leçons.
Bestand (*Pl* **-stände**) *der* **-1.** *(ohne Pl)* [Bestehen] existence *f*; **~ haben** avoir de la consistance. **-2.** [Vorrat] stock *m*.
bestanden ◇ *PP* → **bestehen**. ◇ *Adj*: **mit etw** *(D)* **~ sein** être planté(e) de qqch.

beständig ◇ *Adj* **-1.** [dauernd] perpétuel(elle), permanent(e). **-2.** [gleichbleibend - Wetter] stable; [- Freund, Mitarbeiter] **fiable**. **-3.** [widerstandsfähig]: **gegen etw ~ sein** être résistant(e) à qqch. ◇ *Adv* **-1.** [dauernd] continuellement. **-2.** [arbeiten] avec constance.

Beständigkeit *die (ohne Pl)* **-1.** [Zuverlässigkeit] constance *f*. **-2.** [Widerstandsfähigkeit] résistance *f*.

Bestands|aufnahme *die* inventaire *m*; **eine ~ machen** faire l'inventaire.

Bestand|teil *der* élément *m*; **sich in seine ~e auflösen** se décomposer.

bestärken *tr* renforcer; **jn in etw** *(D)* **~** conforter qqn dans qqch.

bestätigen *tr* confirmer; **jn in etw** *(D)* **~** confirmer qqn dans qqch.

◆ **sich bestätigen** *ref* se confirmer.

Bestätigung (*Pl* **-en**) *die* confirmation *f*.

bestatten *tr geh* inhumer.

Bestattung (*Pl* **-en**) *die geh* inhumation *f*.

Bestattungs|institut *das* entreprise *f* des pompes funèbres.

bestäuben *tr* **-1.** [bestreuen] saupoudrer. **-2.** BIOL féconder par pollinisation.

bestaunen *tr* regarder avec étonnement.

bestbezahlt *Adj*: **der ~e Schauspieler** l'acteur le mieux payé.

beste, r, s ◇ *Adj* [als Superlativ von gut] meilleur(e). ◇ *Adv* **-1.** [als Superlativ von gut] **mieux**; **am ~n** le mieux. **-2.** *RW*: **es steht nicht zum ~n mit jm/etw** qqn/qqch n'est pas au mieux; **etw zum ~n geben** [Anekdote] raconter qqch *(en société)*; **jn zum ~n halten** se payer la tête de qqn.

Beste (*Pl* **-n**) *der, die, das* meilleur *m*, -e *f*; **das ~ aus etw machen** *fig* faire ce que l'on peut de qqch.

bestechen (*Präs* **besticht**, *Prät* **bestach**, *Perf* **hat bestochen**) ◇ *tr* corrompre. ◇ *intr*: **durch etw ~** séduire par qqch.

bestechlich *Adj* corruptible.

Bestechung (*Pl* **-en**) *die* corruption *f*.

Bestechungs|versuch *der* tentative *f* de corruption.

Besteck (*Pl* **-e**) *das* **-1.** [Eßbesteck] couverts *mpl*. **-2.** [Instrumente] instruments *mpl* chirurgicaux.

bestehen (*Prät* **bestand**, *Perf* **hat bestanden**) ◇ *intr* **-1.** [existieren] exister. **-2.** [sich zusammensetzen]: **aus etw ~** se composer de qqch; **der Rahmen besteht aus Plastik** le cadre est en plastique. **-3.** [beinhalten]: **in etw** *(D)* **~** consister dans ODER en qqch; **darin ~, daß** résider dans le fait que. **-4.** [beharren]: **auf etw** *(D)* **~** ne pas démordre de qqch. **-5.** [standhalten]: **vor jm/etw** *(D)* **~** résister à qqn/qqch. ◇ *tr* réussir.

◆ **Bestehen** *das (ohne Pl)* existence *f*; **hundertjähriges Bestehen** centenaire *m*.

bestehen|bleiben *intr (unreg)* **-1.** [übrigbleiben] subsister. **-2.** [erhalten bleiben] maintenir.

bestehlen (*Präs* **bestiehlt**, *Prät* **bestahl**, *Perf* **hat bestohlen**) *tr*: **jn um etw ~** voler qqch à qqn.

besteigen (*Prät* **bestieg**, *Perf* **hat bestiegen**) *tr* **-1.** [Berg, Turm] faire l'ascension de. **-2.** [Zug, Bus] monter dans. **-3.** [Thron] monter sur.

Besteigung (*Pl* **-en**) *die* ascension *f*.

bestellen ◇ *tr* **-1.** [anfordern] commander. **-2.** [reservieren] réserver, retenir. **-3.** [Person] convoquer. **-4.** [ausrichten]: **einer Person etw von jm ~** transmettre qqch à une personne de la part de qqn. **-5.** [Acker, Land] cultiver; **es ist um die Firma schlecht bestellt** la situation de l'entreprise est critique. ◇ *intr* commander, passer commande.

Bestell|formular *das* bon *m* de commande.

Bestell|nummer *die* numéro *m* de commande.

Bestell|schein *der* bon *m* de commande.

Bestellung (*Pl* **-en**) *die* **-1.** [von Waren] commande *f*. **-2.** [Reservierung] réservation *f*. **-3.** [von Acker, Land] labourage *m*.

◆ **auf Bestellung** *Adv* sur commande.

Bestell|zettel *der* bon *m* de commande.

bestenfalls *Adv* dans le meilleur des cas, au mieux.

bestens *Adv* très bien.

besteuern *tr* [Einkommen, Vermögen] imposer; [Waren] taxer.

Besteuerung (*Pl* **-en**) *die* imposition *f*, taxation *f*.

Best|form *die (ohne Pl)* SPORT: **in ~ sein** être au mieux de sa forme.

bestialisch ◇ *Adj* **-1.** *abw* [grausam] bestial(e). **-2.** *fam* [Arbeit] inhumain(e). ◇ *Adv* **-1.** *abw* [grausam] de manière bestiale ODER brutale. **-2.** *fam* [unerträglich] horriblement.

Bestie (*Pl* **-n**) *die* **-1.** [Raubtier] bête *f* féroce. **-2.** *abw* [Unmensch] bête *f*, brute *f*.

bestimmbar *Adj* définissable.

bestimmen ◇ *tr* **-1.** [Preis, Termin] fixer; **jn zum Nachfolger ~** désigner qqn comme successeur. **-2.** [vorsehen]: **für jn/etw bestimmt sein** être destiné(e) à qqn/qqch. **-3.** [ermitteln, prägen] déterminer. ◇ *intr* **-1.** [entscheiden] décider. **-2.** [verfügen]: **über jn/etw ~** disposer de qqn/qqch.

bestimmend ◇ *Adj* dominant(e). ◇ *Adv* de manière dominante.

bestimmt ◇ *Adj* **-1.** [gewiß] (bien) précis(e). **-2.** [festgelegt] fixé(e). **-3.** [entschieden] détermi-

né(e). ◇ *Adv* **-1.** [entschieden] avec détermination. **-2.** [sicher] sûrement, certainement.
◆ **ganz bestimmt** *Adv* très certainement, sans faute.
Bestimmtheit *die (ohne Pl)* assurance *f*.
◆ **mit Bestimmtheit** *Adv* **-1.** [sagen, wissen] avec certitude. **-2.** [ablehnen] sans hésitation.
Bestimmung (*Pl* **-en**) *die* **-1.** *(ohne Pl)* [von Preis, Frist etc] fixation *f*. **-2.** [Vorschrift] disposition *f*. **-3.** *(ohne Pl)* [Zweck] destination *f (d'un objet)*. **-4.** [Definition] définition *f*. **-5.** GRAM: **adverbiale ~** complément *m* circonstanciel.
Bestimmungs|ort *der* destination *f*.
Best|leistung *die* SPORT meilleure performance *f*, record *m*.
Best.-Nr. (*Abk für* **Bestellnummer**) numéro *m* de commande.
bestrafen *tr* punir; **jn für etw ~** punir qqn pour qqch.
Bestrafung (*Pl* **-en**) *die* **-1.** [Bestrafen] punition *f*. **-2.** [Strafe] peine *f*.
bestrahlen *tr* **-1.** [erleuchten] éclairer. **-2.** MED traiter aux rayons.
Bestrahlung (*Pl* **-en**) *die* MED traitement *m* par rayons.
Bestreben *das (ohne Pl)* désir *m*.
bestrebt *Adj*: **~ sein etw zu tun** être désireux(euse) de faire qqch.
Bestrebung (*Pl* **-en**) *die* tentative *f*.
bestreichen (*Prät* **bestrich**, *Perf* **hat bestrichen**) *tr*: **etw mit etw ~** étaler qqch sur qqch; **Brot mit Butter ~** beurrer du pain.
bestreiken *tr*: **dieser Betrieb wird bestreikt** le personnel de cette entreprise fait grève.
bestreiten (*Prät* **bestritt**, *Perf* **hat bestritten**) *tr* **-1.** [leugnen] contester; **das läßt sich nicht ~!** c'est indéniable! **-2.** [finanzieren] payer. **-3.** [gestalten] assumer.
bestreuen *tr*: **mit etw ~** saupoudrer de; [mit Sand] sabler.
Bestseller ['bɛstsɛlɐ] (*Pl* **-**) *der* best-seller *m*.
Bestseller|liste *die* liste *f* des best-sellers.
bestürmen *tr* **-1.** [angreifen] prendre d'assaut. **-2.** [bedrängen]: **jn mit etw ~** assaillir qqn de qqch.
bestürzt ◇ *Adj*: **über etw** *(A)* **~ sein** être consterné(e) par qqch. ◇ *Adv* avec consternation.
Bestürzung *die (ohne Pl)* consternation *f*.
Best|zeit *die* SPORT record *m*, meilleur temps *m*.
Besuch (*Pl* **-e**) *der* **-1.** [Besuchen] visite *f*; [von Schule] fréquentation *f*; **jm einen ~ machen** rendre visite à qqn; **bei jm zu ~ sein** être en visite chez qqn. **-2.** [Gast] invité *m*, -e *f*; **~ haben** avoir des invités ODER de la visite.
besuchen *tr* **-1.** [Mensch] rendre visite à. **-2.** [Institution, Veranstaltung] aller à.
Besucher, in (*mPl* **-**; *fPl* **-nen**) *der, die* visiteur *m*, -euse *f*.
Besucher|zahl *die* nombre *m* de visiteurs.
Besuchs|zeit *die* heures *fpl* de visite.
besucht *Adj*: **gut/schlecht ~** très/peu fréquenté(e).
betagt *Adj geh* très âgé(e).
betasten *tr* [Gegenstand] toucher, tâter; [Patienten] palper.
betätigen *tr* actionner.
◆ **sich betätigen** *ref*: **sich politisch ~** avoir une activité politique; **sich als Vermittler ~** agir en tant que médiateur.
Betätigung (*Pl* **-en**) *die* **-1.** [Tätigkeit] activité *f*. **-2.** *(ohne Pl)* [Bedienen] fait *m* d'actionner.
Betätigungs|feld *das* champ *m* d'activité.
betäuben *tr* **-1.** MED anesthésier; **jn örtlich ~** anesthésier qqn localement. **-2.** [unterdrücken]: **seinen Kummer mit Alkohol ~** noyer son chagrin dans l'alcool.
Betäubung (*Pl* **-en**) *die* **-1.** MED anesthésie *f*. **-2.** [Benommenheit] étourdissement *m*.
Betäubungs|mittel (*Pl* **-**) *das* stupéfiant *m*.
beteiligen *tr*: **jn an etw** *(D)* **~** faire participer qqn à qqch; **jn am Gewinn ~** intéresser qqn aux bénéfices.
◆ **sich beteiligen** *ref*: **sich an etw** *(D)* **~** participer ODER prendre part à qqch.
beteiligt *Adj*: **an etw** *(D)* **~ sein** participer à qqch.
Beteiligte (*Pl* **-n**) *der, die* participant *m*, -e *f*.
Beteiligung (*Pl* **-en**) *die*: **~ an etw** *(D)* participation *f* à qqch.
beten ◇ *intr* prier. ◇ *tr* réciter; **das Vaterunser ~** dire le Notre-Père.
beteuern *tr* affirmer; **seine Unschuld ~** clamer son innocence.
Beteuerung (*Pl* **-en**) *die* affirmation *f*.
betiteln *tr* **-1.** [Buch, Gedicht etc] intituler. **-2.** *fam* [bezeichnen]: **jn als etw ~** traiter qqn de qqch.
Beton [be'tɔŋ] (*Pl* **-s** ODER **-e**) *der* béton *m*.
Beton|bau *der* construction *f* en béton.
betonen *tr* **-1.** [Wort, Silbe] accentuer. **-2.** [hervorheben] souligner.
betont ◇ *Adj* [Wort, Silbe] accentué(e). ◇ *Adv* [hervorgehoben] souligné(e); **~ gleichgültig/lässig** clairement indifférent(e)/décontracté(e).
Betonung (*Pl* **-en**) *die* **-1.** [von Wörtern, Silben] accentuation *f*. **-2.** [Hervorhebung]: **die ~ von etw** l'accent *m* mis sur qqch.
betören *tr geh* envoûter.
betr. *Abk für* **betreffend, betreffs**.

Betracht *(ohne Artikel)*
◆ **in Betracht** *Adv*: **jn/etw in ~ ziehen** prendre qqn/qqch en considération.
◆ **außer Betracht** *Adv*: **etw außer ~ lassen** ne pas tenir compte de qqch, ne pas prendre qqch en considération.
betrachten *tr* **-1.** [ansehen] contempler, regarder. **-2.** [beurteilen]: **jn/etw ~ als** considérer qqn/qqch comme.
◆ **sich betrachten** *ref* se regarder.
Betrachter, in *(mPl -; fPl* **-nen***) der, die* observateur *m*, -trice *f*.
beträchtlich ◇ *Adj* important(e), considérable. ◇ *Adv* considérablement.
Betrachtung *(Pl* **-en***) die* **-1.** *(ohne Pl)* [Betrachten] contemplation *f*; **bei näherer ~** en y regardant de plus près. **-2.** [Überlegung] considération *f*; **über etw** *(A)* **~en anstellen** se livrer à des considérations ODER réflexions sur qqch.
Betrachtungs|weise *die* manière *f* de voir.
Betrag *(Pl* **Beträge***) der* montant *m*, somme *f* d'argent.
betragen *(Präs* **beträgt**, *Prät* **betrug**, *Perf* **hat betragen***) intr* [Preis, Miete] s'élever à; [Entfernung, Temperatur] être de.
◆ **sich betragen** *ref*: **sich gut/schlecht ~** se conduire bien/mal.
Betragen *das (ohne Pl)* conduite *f*, attitude *f*.
betrauen *tr*: **jn mit etw ~** confier qqch à qqn.
betrauern *tr* [Angehörigen] porter le deuil de; [Sache] déplorer.
betreffen *(Präs* **betrifft**, *Prät* **betraf**, *Perf* **hat betroffen***) tr* concerner; **was mich betrifft** en ce qui me concerne.
betreffend *Adj* en question.
Betreffende *(Pl* **-n***) der, die* intéressé *m*, -e *f*, personne *f* concernée.
betreffs *Präp amt* en ce qui concerne, relativement à.
betreiben *(Prät* **betrieb**, *Perf* **hat betrieben***) tr* **-1.** [Forschungen, Studien] faire. **-2.** [führen] exercer; **ein Geschäft ~** tenir un commerce. **-3.** [antreiben]: **mit etw betrieben werden** fonctionner à qqch.
◆ **Betreiben** *das (ohne Pl)*: **auf js Betreiben (hin)** à l'instigation de qqn.
Betreiber, in *(mPl -; fPl* **-nen***) der, die* exploitant *m*, -e *f*.
betreten[1] *(Präs* **betritt**, *Prät* **betrat**, *Perf* **hat betreten***) tr* entrer dans; [Rasen] marcher sur; **die Bühne ~** entrer en scène.
◆ **Betreten** *das (ohne Pl)* accès *m*; **'Betreten verboten'** 'Entrée interdite', 'Défense d'entrer'.
betreten[2] ◇ *Adj* embarrassé(e); **über etw** *(A)* **~ sein** être confus de qqch. ◇ *Adv* avec embarras ODER gêne.
betreuen *tr* s'occuper de.
Betreuer, in *(mPl -; fPl* **-nen***) der, die* [von Kindern] animateur *m*, -trice *f*; [von Touristen] accompagnateur *m*, -trice *f*; [von Sportlern] entraîneur *m*.
Betreuung *die (ohne Pl)*: **ärztliche ~** surveillance *f* médicale.
Betrieb *(Pl* **-e***) der* **-1.** [Unternehmen] entreprise *f*. **-2.** *(ohne Pl)* [Treiben, Verkehr]: **es ist** ODER **herrscht viel ~** il y a foule.
◆ **in Betrieb** *Adv* en marche.
◆ **außer Betrieb** *Adv* hors service.
betrieblich *Adj* de l'entreprise.
betriebsam *Adj* affairé(e).
Betriebsamkeit *die (ohne Pl)* activité *f* débordante.
Betriebs|anleitung *die* mode *m* d'emploi, notice *f* d'utilisation.
Betriebs|ausflug *der* excursion *f* (annuelle) d'entreprise.
Betriebs|ferien *die* fermeture *f* annuelle.
Betriebs|kapital *das* fonds *m* de roulement.
Betriebs|klima *das* ambiance *f* de travail.
Betriebskosten *Pl* coûts *mpl* d'exploitation.
Betriebs|leiter, in *der, die* chef *m* d'entreprise.
Betriebs|leitung *die* direction *f* de l'entreprise.
Betriebs|rat *der* ≃ comité *m* d'entreprise.
betriebssicher *Adj* qui fonctionne bien.
Betriebs|störung *die* incident *m* de fonctionnement.
Betriebs|system *das* EDV système *m* d'exploitation.
Betriebs|unfall *der* accident *m* du travail.
Betriebs|vereinbarung *die* accord *m* d'entreprise.
Betriebs|wirt, in *der, die* diplômé *m*, -e *f* en gestion des entreprises, gestionnaire *mf*.
Betriebs|wirtschaft *die* gestion *f* des entreprises, micro-économie *f*.
betrinken *(Prät* **betrank**, *Perf* **hat betrunken***)*
◆ **sich betrinken** *ref* s'enivrer.
betroffen ◇ *PP* → **betreffen**. ◇ *Adj* **-1.** [gerührt] consterné(e); **über etw** *(A)* **~ sein** être affecté(e) par qqch. **-2.** [nicht verschont]: **von etw ~ sein** être concerné(e) par qqch. ◇ *Adv* avec consternation.
Betroffenheit *die (ohne Pl)* consternation *f*, stupéfaction *f*.
betrüben *tr* attrister.
betrüblich *Adj* attristant(e).
betrübt *adj* [Gesicht] soucieux(euse); [Stim-

mung] triste; [Person]: **über etw** *(A)* **~ sein** être attristé(e) par qqch.

Betrug *der (ohne Pl)* escroquerie *f*; RECHT fraude *f*; **das ist ~!** c'est du vol!

betrügen (*Prät* **betrog**, *Perf* **hat betrogen**) *tr* & *intr* tromper; **jn um 50 DM ~** voler qqn de 50 marks.

Betrüger (*Pl* -) *der* escroc *m*.

Betrügerei (*Pl* **-en**) *die* tromperie *f*; RECHT fraude *f*.

Betrügerin (*Pl* **-nen**) *die* escroc *m*.

betrügerisch *Adj* frauduleux(euse).

betrunken ◇ *PP* → **betrinken**. ◇ *Adj* ivre, soûl(e).

Bett (*Pl* **-en**) *das* **-1.** [gen] lit *m*; **ins** ODER **zu ~ gehen** aller au lit ODER se coucher; **das ~ machen** faire le lit; **mit jm ins ~ gehen** ODER **steigen** *fam* coucher avec qqn. **-2.** [Federbett] couette *f*.

Bett|bezug *der* housse *f* de couette.

Bett|decke *die* couverture *f*.

bettelarm *Adj* indigent(e).

betteln *intr* mendier; **um etw ~** quémander qqch.

betten *tr*: **jn auf etw** *(A)* **~** coucher qqn sur qqch.

bettlägerig *Adj* grabataire.

Bett|laken *das* drap *m* (de lit).

Bettler, in (*mPl* -; *fPl* **-nen**) *der, die* mendiant *m*, -e *f*.

Bett|ruhe *die* repos *m*.

Bett|schwere *die*: **die nötige ~ haben** être mûr(e) pour aller au lit.

Bettuch (*Pl* **Bettücher**) *das* drap *m*.

Bettvorleger (*Pl* -) *der* descente *f* de lit.

Bett|wäsche *die* linge *m* de lit.

Bett|zeug *das (ohne Pl)* draps *mpl*, couette *f* et oreiller *m*.

betucht *Adj fam* rupin(e).

betulich *Adj* prévenant(e), empressé(e).

beugen *tr* **-1.** [biegen] courber. **-2.** [flektieren - Verben] conjuguer; [- Nomen] décliner.

◆ **sich beugen** *ref* **-1.** [sich lehnen] se pencher; **sich nach vorn/hinten ~** se pencher en avant/arrière. **-2.** [sich unterwerfen]: **sich einer Sache** *(D)* **~** se plier à qqch.

Beule (*Pl* **-n**) *die* bosse *f*.

beunruhigen [bə'|ʊnruːɪgn̩] *tr* inquiéter; **über etw** *(A)* **beunruhigt sein** être inquiet(ète) de qqch.

◆ **sich beunruhigen** *ref* s'inquiéter.

beurkunden [bə'|uːɐ̯kʊndn̩] *tr* certifier, attester.

beurlauben [bə'|uːɐ̯laʊ̯bn̩] *tr* [von Unterricht, Arbeit] donner congé à; [vom Dienst] **suspendre.**

beurteilen [bə|uːɐ̯taɪ̯ln̩] *tr* juger.

Beurteilung [bə|uːɐ̯taɪ̯lʊŋ] (*Pl* **-en**) *die* appréciation *f*.

Beute *die (ohne Pl)* proie *f*.

Beutel (*Pl* -) *der* **-1.** [Sack] sac *m*; [aus Plastik] sachet *m*. **-2.** [von Tieren] poche *f*.

bevölkern *tr* **-1.** [bewohnen] peupler; **dicht bevölkert** à forte densité de population. **-2.** [füllen] envahir.

◆ **sich bevölkern** *ref* se remplir (de monde).

Bevölkerung (*Pl* **-en**) *die* population *f*.

Bevölkerungs|dichte *die* densité *f* de population.

Bevölkerungs|explosion *die* explosion *f* démographique.

Bevölkerungs|gruppe *die* groupe *m* de population.

Bevölkerungs|schwund *der* réduction *f* de la population.

Bevölkerungs|zunahme *die* croissance *f* démographique.

bevollmächtigen *tr* donner procuration à.

Bevollmächtigte (*Pl* **-n**) *der, die* mandataire *mf*, fondé de pouvoir *m*, fondée de pouvoir *f*.

Bevollmächtigung (*Pl* **-en**) *die* procuration *f*.

bevor *Konj* avant que *(+ subjonctif)*.

bevormunden *tr* étouffer *fig*.

Bevormundung (*Pl* **-en**) *die* tutelle *f*.

bevor|stehen *intr (unreg)* être imminent(e).

bevorzugen *tr* **-1.** [vorziehen]: **etw einer Sache** *(D)* **~** préférer qqch à qqch. **-2.** [bevorzugt behandeln] favoriser.

Bevorzugung (*Pl* **-en**) *die*: **~ js/einer Sache** préférence *f* ODER faveur *f* accordée à qqn/qqch.

bewachen *tr* garder.

Bewacher, in (*mPl* -; *fPl* **-nen**) *der, die* gardien *m*, -enne *f*.

bewachsen (*Präs* **bewächst**, *Prät* **bewuchs**, *Perf* **hat bewachsen**) *tr* recouvrir *(de plantes)*.

Bewachung (*Pl* **-en**) *die* garde *f*, surveillance *f*.

bewaffnen *tr* armer.

◆ **sich bewaffnen** *ref*: **sich (mit etw) ~** s'armer (de qqch).

Bewaffnung (*Pl* **-en**) *die* armement *m*.

bewahren *tr* **-1.** [Person]: **jn vor etw** *(D)* **~** préserver qqn de qqch. **-2.** [Ruhe] garder.

bewähren

◆ **sich bewähren** *ref* faire ses preuves.

bewahrheiten

◆ **sich bewahrheiten** *ref* s'avérer juste.

bewährt *Adj* [Methode, Mittel] éprouvé(e); [Mitarbeiter] confirmé(e).

Bewahrung *die (ohne Pl)* préservation *f*.

Bewährung *(Pl* **-en)** *die* **-1.** [von Methoden] efficacité *f*. **-2.** RECHT: **auf** ODER **zur** ODER **mit ~** avec sursis.

Bewährungs|frist *die* sursis *m*.

Bewährungs|helfer *der* agent *m* de probation.

Bewährungs|probe *die* mise *f* à l'épreuve.

bewaldet *Adj* boisé(e).

bewältigen *tr* [Vergangenheit, Problem] surmonter; [Arbeit] venir à bout de.

bewandert *Adj*: **auf einem Gebiet** ODER **in etw** *(D)* **~ sein** être versé(e) dans un domaine ODER dans qqch.

Bewandtnis *(Pl* **-se)** *die geh*: **damit hat es folgende ~** voilà de quoi il retourne.

bewässern *tr* irriguer.

Bewässerung *(Pl* **-en)** *die* irrigation *f*.

bewegen *(Prät* **bewegte** ODER **bewog,** *Perf* **hat bewegt** ODER **bewogen)** *tr* **-1.** *(reg)* [Körperteil, Gegenstand] bouger. **-2.** *(reg)* [rühren] toucher. **-3.** *(reg)* [Subj: Frage, Problem] tracasser. **-4.** *(unreg) geh* [veranlassen]: **jn dazu ~ etw zu tun** inciter qqn à faire qqch.

◆ **sich bewegen** *ref* **-1.** [äußerlich] bouger. **-2.** [sich verhalten] se comporter; **sich in einem Kreis ~** évolver dans un milieu.

Beweg|grund *der* motif *m*.

beweglich *Adj* **-1.** [Teil] mobile. **-2.** [Person, Turner] souple. **-3.** [Arm, Bein] articulé(e). **-4.** [geistig] vif (vive).

Beweglichkeit *die (ohne Pl)* **-1.** [von Gegenständen] mobilité *f*. **-2.** [von Person, Turner] souplesse *f*. **-3.** [geistig] vivacité *f*.

bewegt *Adj* **-1.** [Leben, Meer] agité(e). **-2.** [Stimme, Worte] ému(e).

Bewegung *(Pl* **-en)** *die* **-1.** [von Körperteil, Gegenstand, politisch] mouvement *m*; **etw in ~ setzen** mettre qqch en branle; **sich in ~ setzen** [Auto, Zug] démarrer; *fam* [Mensch] se bouger. **-2.** [im Freien] exercice *m*. **-3.** [innerlich] émotion *f*.

Bewegungs|freiheit *die (ohne Pl) fig* liberté *f* d'action.

bewegungslos ◇ *Adj* immobile. ◇ *Adv* sans bouger.

beweinen *tr* pleurer.

Beweis *(Pl* **-e)** *der* preuve *f*; **den ~ für etw erbringen** fournir ODER apporter la preuve de qqch.

Beweis|aufnahme *die* enquête *f (juridique)*.

beweisbar *Adj* prouvable.

beweisen *(Prät* **bewies,** *Perf* **hat bewiesen)** *tr* prouver.

◆ **sich beweisen** *ref* faire ses preuves.

Beweis|führung *die* argumentation *f*.

beweiskräftig *Adj* probant(e).

Beweis|material *das (ohne Pl)* preuves *fpl*.

Beweis|stück *das* pièce *f* à conviction.

bewenden *(Prät* **bewandte,** *Perf* **hat bewandt)** *tr*: **es bei etw ~ lassen** s'en tenir à qqch, se contenter de qqch.

bewerben *(Präs* **bewirbt,** *Prät* **bewarb,** *Perf* **hat beworben)**

◆ **sich bewerben** *ref*: **(sich um etw) ~** postuler (pour qqch).

Bewerber, in *(mPl* **-;** *fPl* **-nen)** *der, die* candidat *m*, -e *f*.

Bewerbung *(Pl* **-en)** *die* candidature *f*.

Bewerbungs|gespräch *das* entretien *m* d'embauche.

Bewerbungs|schreiben *das* lettre *f* de candidature.

Bewerbungsunterlagen *Pl* dossier *m* de candidature.

bewerfen *(Präs* **bewirft,** *Prät* **bewarf,** *Perf* **hat beworfen)** *tr*: **jn/etw mit etw ~** bombarder qqn/qqch de qqch.

bewerkstelligen *tr* venir à bout de; **wie soll ich das ~?** comment m'y prendre?

bewerten *tr* évaluer.

Bewertung *(Pl* **-en)** *die* évaluation *f*.

bewilligen *tr* accorder.

Bewilligung *(Pl* **-en)** *die* octroi *m*.

bewirken *tr* **-1.** [Subj: Person] provoquer; **~, daß** faire en sorte que. **-2.** [Subj: Maßnahme] amener; **~, daß** avoir pour effet que.

bewirten *tr*: **jn (mit etw) ~** servir (qqch) à qqn.

bewirtschaften *tr* exploiter.

Bewirtung *(Pl* **-en)** *die*: **die ~ der Gäste** l'accueil des hôtes.

bewohnen *tr* habiter.

Bewohner, in *(mPl* **-;** *fPl* **-nen)** *der, die* habitant *m*, -e *f*.

bewölken

◆ **sich bewölken** *ref* se couvrir.

bewölkt *Adj* couvert(e); **stark/leicht ~** très/légèrement couvert(e).

Bewölkung *die (ohne Pl)* nuages *mpl*.

Bewunderer *(Pl* **-)** *der* admirateur *m*.

Bewunderin *(Pl* **-nen)** *die* admiratrice *f*.

bewundern *tr* admirer.

bewundernswert ◇ *Adj* admirable. ◇ *Adv* admirablement.

Bewunderung *die (ohne Pl)* admiration *f*.

bewußt ◇ *Adj* **-1.** [mit Absicht] délibéré(e). **-2.**

[mit Überlegung] conscient(e); **sich** *(D)* **einer Sache** *(G)* **~ sein** être conscient de qqch; **sich** *(D)* **einer Sache** *(G)* **~ werden** se rendre compte de qqch; **etw ist jm ~** qqn est conscient de qqch; **etw wird jm ~** qqn prend conscience de qqch. **-3.** [bekannt] en question. ◇ *Adv* **-1.** [absichtlich] sciemment. **-2.** [bedacht] en connaissance de cause; **~ leben** mener une vie équilibrée.

bewußtlos *Adj* sans connaissance.

Bewußtlosigkeit *die (ohne Pl)* inconscience *f.*

bewußt|machen *tr*: **jm etw ~** faire prendre conscience de qqch à qqn; **sich** *(D)* **etw ~** prendre conscience de qqch.

Bewußtsein *das (ohne Pl)* conscience *f*; **das ~ verlieren** perdre connaissance.

bez. *Abk für* **bezahlt**.

Bez. ◇ *Abk für* **Bezeichnung**. ◇ *Abk für* **Bezirk**.

bezahlen *tr* & *intr* payer.

bezahlt *Adj* payé(e); **sich ~ machen** [finanziell] être rentable; *fig* valoir le coup.

Bezahlung *die (ohne Pl)* **-1.** [von Ware, Rechnung] paiement *m.* **-2.** [Entgelt] rémunération *f.*

bezähmen *tr* dompter, maîtriser.

◆ **sich bezähmen** *ref* se dominer, se maîtriser.

bezaubern *tr* enchanter.

bezaubernd ◇ *Adj* enchanteur(eresse). ◇ *Adv* de manière enchanteresse.

bezeichnen *tr* désigner; **jn/etw als etw ~** traiter qqn/qqch de qqch.

bezeichnend *Adj* caractéristique.

Bezeichnung *(Pl* **-en***) die* **-1.** [Benennung] désignation *f.* **-2.** *(ohne Pl)* [Markierung] marquage *m.*

bezeugen *tr* attester.

bezichtigen *tr*: **jn einer Sache** *(G)* **~** *geh* accuser qqn de qqch.

Bezichtigung *(Pl* **-en***) die* accusation *f.*

beziehbar *Adj* **-1.** [Haus, Wohnung] habitable. **-2.** [Waren] disponible, en vente.

beziehen *(Prät* **bezog**, *Perf* **hat bezogen***) tr* **-1.** [überziehen]: **etw mit etw ~** couvrir qqch de qqch. **-2.** [Bett] faire. **-3.** [Wohnraum]: **ein Haus ~** emménager dans une maison. **-4.** [Zeitung, Waren] recevoir *(régulièrement)*. **-5.** MIL [einnehmen]: **Stellung ~** occuper une position. **-6.** [anwenden]: **etw auf sich/jn ~** rapporter qqch à soi/qqn.

◆ **sich beziehen** *ref* **-1.** [angewendet werden]: **sich auf jn/etw ~** concerner qqn/qqch. **-2.** [sich berufen]: **sich auf etw** *(A)* **~** faire référence à qqch. **-3.** [sich bewölken]: **der Himmel bezieht sich** le ciel se couvre.

Beziehung *(Pl* **-en***) die* **-1.** [mit Personen, Staaten] relation *f.* **-2.** [Zusammenhang] rapport *m.* **-3.** [Hinsicht]: **in dieser ~** sur ce plan, à cet égard; **in jeder ~** sous tous rapports.

Beziehungs|kiste *die fam* relation *f.*

beziehungslos *Adj* & *Adv* sans rapport.

beziehungsweise *Konj* **-1.** [genauer gesagt] plus précisément. **-2.** [oder] ou; **die Kinder sind ins Kino ~ ins Schwimmbad gegangen** certains des enfants sont allés au cinéma, les autres à la piscine. **-3.** [jeweils] respectivement; **die Uhren kosten dreitausend ~ viertausend Mark** les montres coûtent respectivement trois mille et quatre mille marks.

Bezirk *(Pl* **-e***) der* [geographisch] secteur *m*; [Verwaltungsbezirk] circonscription *f.*

Bezug *(Pl* **Bezüge***) der* **-1.** [für Decke, Kissen] housse *f.* **-2.** *(ohne Pl)* [von Wohnraum] emménagement *m.* **-3.** *(ohne Pl)* [von Waren] achat *m*; [von Zeitungen] abonnement *m.* **-4.** *(ohne Pl) amt*: **auf etw** *(A)* **~ nehmen** [Beziehung] faire référence à qqch.

◆ **Bezüge** *Pl* revenus *mpl.*

bezüglich ◇ *Präp amt*: **~ einer Sache** *(G)* en ce qui concerne qqch. ◇ *Adj* relatif(ive).

Bezugs|person *die* modèle *m*, référence *f.*

Bezugs|punkt *der* point *m* de référence.

Bezugs|quelle *die* source *f* d'approvisionnement.

bezuschussen *tr* subventionner.

bezwecken *tr*: **etw (mit etw) ~** viser qqch (avec qqch).

bezweifeln *tr* douter de.

bezwingen *(Prät* **bezwang**, *Perf* **hat bezwungen***) tr* vaincre.

BGB *(Abk für* **Bürgerliches Gesetzbuch***) das (ohne Pl) code civil allemand.*

BGH *(Abk für* **Bundesgerichtshof***) der (ohne Pl)* ≃ cour *f* de cassation.

BGS *der (ohne Pl) Abk für* **Bundesgrenzschutz**.

BH *(Pl* **-s***) der Abk für* **Büstenhalter**.

Bhf. *Abk für* **Bahnhof**.

BHW *(Abk für* **Beamten-Heimstättenwerk***) das (ohne Pl) organisme allemand chargé de la gestion des logements réservés aux fonctionnaires.*

Bibel *(Pl* **-n***) die* Bible *f.*

Biber *(Pl* **-***)* ◇ *der* [Tier] castor *m.* ◇ *der* ODER *das (ohne Pl)* [Stoff] ≃ coton *m* molletonné.

Bibliographie *(Pl* **-n***) die* bibliographie *f.*

bibliographisch *Adj* bibliographique.

Bibliothek *(Pl* **-en***) die* bibliothèque *f.*

Bibliothekar, in *(mPl* **-e**; *fPl* **-nen***) der, die* bibliothécaire *mf.*

biblisch *Adj* biblique.

bieder ◇ *Adj* **-1.** *abw* [Einrichtung, Kleidung] vieux jeu. **-2.** [Person, Ansichten] **brave**. ◇ *Adv* de façon ringarde.

Biedermeier *das (ohne Pl)* Biedermeier *m*.

biegen (*Prät* **bog,** *Perf* **hat gebogen**) ◇ *tr* courber. ◇ *intr* tourner.

◆ **sich biegen** *ref* plier.

Biegen *das (ohne Pl)*: **auf ~ und Brechen** à tout prix.

biegsam *Adj* flexible, souple.

Biegsamkeit *die (ohne Pl)* flexibilité *f*, souplesse *f*.

Biegung (*Pl* **-en**) *die* tournant *m*.

Bielefeld *nt* Bielefeld.

Biene (*Pl* **-n**) *die* abeille *f*.

Bienen|honig *der* miel *m*.

Bienen|königin *die* reine *f* des abeilles.

Bienen|stich *der* **-1.** [Insektenstich] piqûre *f* d'abeille. **-2.** [Gebäck] *gâteau à pâte levée garni en son milieu de crème à la vanille et recouvert d'un mélange d'amandes pilées, de beurre et de sucre.*

Bienen|wachs *das* cire *f* d'abeille.

Bier (*Pl* **-e**) *das* bière *f*; **~ vom Faß** bière pression; **das ist nicht dein ~!** *salopp fig* ce ne sont pas tes oignons!

BIER:
L'Allemagne est connue pour la variété et la qualité de ses bières. Plus de 1000 brasseurs répartis dans le pays produisent environ 5000 sortes de bières différentes. La «Loi de la pureté», édictée en 1516 et toujours strictement en vigueur, garantit la qualité de la bière allemande et la distingue des bières importées.

Bier|deckel *der* dessous *m* de verre *(en carton)*.

Bier|dose *die* canette *f* de bière *(boîte)*.

bierernst *fam* ◇ *Adj* sérieux(euse) comme un pape. ◇ *Adv* avec beaucoup de sérieux.

Bier|flasche *die* bouteille *f* de bière.

Bier|garten *der jardin ou terrasse où l'on consomme de la bière.*

BIERGARTEN:
Outre la bière, on y sert quelques plats rustiques, même les pique-niques sont tolérés. Ces endroits participent de la vie de quartier et sont nombreux en Bavière.

Bier|glas *das* verre *m* à bière.

Bier|krug *der* chope *f*.

Bier|zelt *das grande tente où l'on boit de la bière dans le cadre d'une fête populaire.*

Biest (*Pl* **-er**) *das* [Tier] sale bête *f*; [Frau, Kind] peste *f*.

bieten (*Prät* **bot,** *Perf* **hat geboten**) *tr* **-1.** [anbieten]: **(jm) etw ~** offrir qqch à (qqn); [Subj: Person] proposer qqch (à qqn); **viel zu ~ haben** [Sache] offrir de nombreux avantages; [Person] offrir de nombreuses qualités. **-2.** [Anblick] présenter. **-3.** [gefallen]: **sich etw nicht ~ lassen** ne pas tolérer qqch.

◆ **sich bieten** *ref*: **sich jm ~** s'offrir à qqn; **es bietet sich die Möglichkeit, etw zu tun** il y a la possibilité de faire qqch.

Bigamie (*Pl* **-n**) *die* bigamie *f*.

Bilanz (*Pl* **-en**) *die* bilan *m*; **(aus etw) ~ ziehen** faire le bilan (de qqch).

bilateral *Adj* bilatéral(e).

Bild (*Pl* **-er**) *das* **-1.** [Abbild] image *f*; [Gemälde] tableau *m*; [Foto] photographie *f*. **-2.** [Anblick] spectacle *m*; **ein ~ für die Götter** un spectacle hilarant; **ein schwaches ~!** *fam* triste tableau!; **sich ein ~ von jm/etw machen** se faire une idée de qqn/qqch. **-3.** *RW*: **jn (über etw) ins ~ setzen** mettre qqn au courant (de qqch).

Bild|ausfall *der* coupure *f* d'image.

Bild|band *der* album *m (livre)*.

bilden ◇ *tr* **-1.** [gen] former. **-2.** [Kapital] constituer. ◇ *intr* instruire.

◆ **sich bilden** *ref* **-1.** [sich formen] se former. **-2.** [sich informieren] s'instruire.

Bilder|buch *das* livre *m* d'images.

Bilder|rahmen *der* cadre *m*.

Bild|fläche *die*: **auf der ~ erscheinen** faire son apparition; **von der ~ verschwinden** disparaître de la circulation.

Bildhauer, in (*mPl* **-**; *fPl* **-nen**) *der, die* sculpteur *m*.

Bildhauerei (*Pl* **-en**) *die* sculpture *f*.

bildhübsch *Adj* ravissant(e).

bildlich ◇ *Adj* imagé(e). ◇ *Adv* de façon imagée.

Bildnis (*Pl* **-se**) *das* portrait *m*.

Bild|platte *die* vidéodisque *m*.

Bild|röhre *die* tube *m* cathodique.

Bild|schirm *der* écran *m*.

Bildschirm|text *der* ≃ vidéotex® *m*.

bildschön *Adj* superbe.

Bild|telefon *das* vidéophone *m*, visiophone *m*.

Bildung *die (ohne Pl)* formation *f*.

Bildungs|grad *der* degré *m* d'instruction.

Bildungs|politik *die* politique *f* en matière d'éducation.

Bildungs|reise *die* voyage *m* culturel.

Bildungs|urlaub *der* congé *m* de formation.

Bildungs|weg *der*: **der zweite ~** *formation pour obtenir le baccalauréat ou un autre diplôme après avoir interrompu le cursus scolaire normal.*

Bild|zeitung *die* Bild *m (journal à sensation ayant le plus gros tirage de la presse allemande).*

BILDZEITUNG:
Le quotidien le plus lu en Allemagne. La politique y est peu développée alors que le sport et

les articles à sensation y occupent une place importante.

Billard ['bıljart] *das* billard *m*.

billig ◇ *Adj* **-1.** [gen] bon marché. **-2.** *abw* [Vergnügen, Ausrede] facile. ◇ *Adv* à bon marché.

billigen *tr* approuver.

Billig|flug *der* vol *m* bon marché.

Billigung (*Pl* **-en**) *die* approbation *f*.

Billig|ware *die* marchandise *f* bon marché.

Billion (*Pl* **-en**) *die* billion *m*.

bimmeln *intr* [Klingel, Glocke] tinter; [Wecker] sonner.

Bims|stein *der* pierre *f* ponce.

bin *Präs* → **sein**.

Binär|code *der* EDV code *m* binaire.

Binärdaten *Pl* EDV données *fpl* numériques.

Binde (*Pl* **-n**) *die* **-1.** [aus Stoff] bande *f*; [Verband] bandage *m*; [für Augen] bandeau *m*. **-2.** [Damenbinde] serviette *f* hygiénique.

Binde|gewebe *das* tissu *m* conjonctif.

Binde|glied *das* lien *m*.

Binde|haut *die* conjonctive *f*.

Bindehaut|entzündung *die* conjonctivite *f*.

Binde|mittel *das* liant *m*.

binden (*Prät* **band**, *Perf* **hat gebunden**) ◇ *tr* **-1.** [mit Seil, Faden] attacher. **-2.** [Schnürsenkel, Krawatte] nouer. **-3.** [in Ehe, Versprechen, KÜCHE] lier. **-4.** [Buch, Heft] relier. ◇ *intr* lier.

◆ **sich binden** *ref* se lier.

bindend ◇ *Adj* ferme. ◇ *Adv*: ~ **zusagen** s'engager.

Binde|strich *der* trait *m* d'union.

Bind|faden *der* ficelle *f*; **es regnet Bindfäden** *fig* il tombe des cordes.

Bindung (*Pl* **-en**) *die* **-1.** [emotional] lien *m*. **-2.** [von Skiern] fixation *f*.

binnen *Präp*: ~ **eines Monats** dans un délai d'un mois.

Binnen|hafen *der* port *m* fluvial.

Binnen|handel *der* commerce *m* intérieur.

Binnen|markt *der* marché *m* intérieur.

Binse (*Pl* **-n**) *die* **-1.** [Pflanze] jonc *m*. **-2.** *RW*: **in die ~n gehen** *fam fig* [nicht stattfinden] tomber à l'eau; [danebengehen] capoter.

Binsen|weisheit *die* vérité *f* de la Palice, lapalissade *f*.

Bio|chemie *die* biochimie *f*.

Bio|chemiker, in *der, die* biochimiste *mf*.

biochemisch *Adj* biochimique.

biodynamisch ◇ *Adj*: **~er Anbau** culture *f* biologique. ◇ *Adv*: ~ **anbauen** cultiver de manière biologique.

Bio|gas *das* biogaz *m*.

Biographie (*Pl* **-n**) *die* biographie *f*.

Bio|kost *die* produits *mpl* biologiques ODER naturels.

Bio|laden *der* magasin *m* de produits biologiques ODER naturels.

Biologe (*Pl* **-n**) *der* biologiste *m*.

Biologie *die (ohne Pl)* biologie *f*.

Biologin (*Pl* **-nen**) *die* biologiste *f*.

biologisch *Adj* biologique.

Bio|masse *die (ohne Pl)* biomasse *f*.

Bio|physik *die (ohne Pl)* biophysique *f*.

Bio|physiker, in *der, die* biophysicien *m*, -enne *f*.

Bio|rhythmus *der* biorythme *m*.

Biotop (*Pl* **-e**) *der* ODER *das* biotope *m*.

BIP (*Abk für* **Bruttoinlandsprodukt**) *das (ohne Pl)* PIB *m*.

bipolar *Adj* bipolaire.

birgt *Präs* → **bergen**.

Birke (*Pl* **-n**) *die* bouleau *m*.

Birmane (*Pl* **-n**) *der* Birman *m*.

Birmanin (*Pl* **-nen**) *die* Birmane *f*.

birmanisch *Adj* birman(e).

Birmingham *nt* Birmingham.

Birn|baum *der* poirier *m*.

Birne (*Pl* **-n**) *die* **-1.** [Frucht] poire *f*. **-2.** [Glühbirne] ampoule *f*. **-3.** *fam* [Kopf] caboche *f*.

birst *Präs* → **bersten**.

bis ◇ *Präp (+ A)* **-1.** [zeitlich, räumlich] jusqu'à; ~ **heute** jusqu'à présent; ~ **in die späte Nacht hinein** jusque tard dans la nuit; ~ **wann**? jusqu'à quand?; ~ **morgen/Sonntag/demnächst/später!** à demain/dimanche/bientôt/plus tard!; ~ **Frankfurt** jusqu'à Francfort; ~ **Österreich** jusqu'en Autriche; ~ **wo**? jusqu'où? **-2.** [zwischen] ou, à; **sieben ~ acht Tage** sept à huit jours. ◇ *Konj* jusqu'à ce que; **warte, ~ ich komme** attends que je vienne; ~ **du fertig bist, ...** avant que ODER en attendant que tu aies fini, ...

◆ **bis auf** *Präp* à part.

◆ **bis zu** *Präp* jusqu'à; **Geldstrafe ~ zu 1000 Mark** amende *f* pouvant atteindre 1000 marks.

Bischof (*Pl* **Bischöfe**) *der* évêque *m*.

bischöflich *Adj* épiscopal(e).

Bischofs|konferenz *die* conférence *f* épiscopale.

Bischofs|sitz *der* siège *m* épiscopal.

bisexuell *Adj* bisexuel(elle).

Bisexuelle (*Pl* **-n**) *der, die* bisexuel *m*, -elle *f*.

bisher *Adv* **-1.** [bis jetzt] jusqu'ici. **-2.** [noch] pour l'instant.

bisherig *Adj* **-1.** [ehemalig] ancien(enne). **-2.**

[bisher gewesen]: **seine ~e Stellung** le poste qu'il a occupé jusqu'à maintenant.

Biskaya *die* golfe *m* de Gascogne.

Biskuit [bɪs'kviːt] (*Pl* **-s** ODER **-e**) *der* ODER *das* biscuit *m*.

bislang *Adv* **-1.** [bisher] jusqu'à présent. **-2.** [noch] pour l'instant.

Bison (*Pl* **-s**) *der* bison *m*.

biß *Prät* → **beißen**.

Biß (*Pl* **Bisse**) *der* **-1.** [von Tier, Insekt] morsure *f*. **-2.** [von Argumenten] mordant *m*.

bißchen *Adj* [wenig] peu de.

◆ **ein bißchen** ◇ *Adj* [etwas] un peu de. ◇ *Adv* [ein wenig] un peu.

◆ **kein bißchen** ◇ *Adj* pas du tout de. ◇ *Adv* pas du tout.

◆ **ach du liebes bißchen!** *Interj* mon Dieu!

Bissen (*Pl* **-**) *der* bouchée *f*; **keinen ~ anrühren** ne rien avaler; **mir blieb der ~ im Hals(e) stekken** *fig* j'ai failli m'étrangler.

bissig *Adj* **-1.** [Tier] méchant(e). **-2.** [Bemerkung, Antwort] mordant(e).

Bissigkeit (*Pl* **-en**) *die* **-1.** *(ohne Pl)* [von Tier] hargne *f*. **-2.** [von Person, Kommentar] mordant *m*.

bist *Präs* → **sein**.

Bistum (*Pl* **-tümer**) *das* évêché *m*.

bisweilen *Adv geh* de temps à autre.

Bit (*Pl* **-s**) *das* EDV bit *m*.

bitte ◇ *Adv* [als Bitte] s'il te plaît, s'il vous plaît; **wie ~?** comment? ◇ *Interj* **-1.** [gen] je t'en prie, je vous en prie; **~ sehr** ODER **schön!** [Antwort auf einen Dank] je t'en prie, je vous en prie; [im Laden] je peux vous aider?, vous désirez?; **~, was wünschen Sie**? vous désirez?; **~, bedienen Sie sich!** servez-vous!; **möchten Sie mitfahren? - ja, ~!** je vous emmène? - volontiers! **-2.** [am Telefon]: **ja ~** allo, oui. **-3.** *RW*: **na ~!** alors, tu vois ODER vous voyez!

Bitte (*Pl* **-n**) *die* requête *f*, prière *f*; **ich habe eine ~ an dich** j'ai quelque chose à te demander; **eine ~ um etw** une demande de qqch; **eine ~ an jn richten** adresser une requête à qqn.

bitten (*Prät* **bat**, *Perf* **hat gebeten**) ◇ *tr* **-1.** [höflich auffordern] prier; **jn um etw ~** demander qqch à qqn. **-2.** [einladen]: **jn zu sich ~** convoquer qqn; **(aber) ich ~ Sie!** **(mais** ODER **enfin)** voyons! ◇ *intr* **-1.** [Bitte aussprechen]: **um etw ~** demander qqch. **-2.** [einladen]: **ich bitte zu Tisch!** *geh* passons à table! **-3.** *RW*: **da muß ich doch sehr ~!** voyons!; **wenn ich ~ darf!** je te ODER vous prie.

bitter ◇ *Adj* **-1.** [Geschmack, Enttäuschung, Vorwurf] amer(ère). **-2.** [Armut, Unrecht] extrême. **-3.** [Kälte] mordant(e). **-4.** [Ironie] acerbe. **-5.** [verbittert] aigri(e). ◇ *Adv* **-1.** [schmecken]: **~ schmecken** avoir un goût amer. **-2.** [bereuen, beklagen, enttäuscht sein] amèrement. **-3.** [sprechen, lächeln] avec amertume.

bitterböse ◇ *Adj* furieux(euse). ◇ *Adv* très méchamment.

Bitterkeit *die (ohne Pl)* amertume *f*.

bitterlich *Adv* [weinen, klagen] amèrement; [frieren] épouvantablement.

Bittsteller, in (*mPl* **-**; *fPl* **-nen**) *der, die* pétitionnaire *mf*, solliciteur *m*, -euse *f*.

Biwak (*Pl* **-s** ODER **-e**) *das* bivouac *m*.

bizarr *Adj* bizarre.

Bizeps (*Pl* **-e**) *der* biceps *m*.

BKA (*Abk für* **Bundeskriminalamt**) *das (ohne Pl) office fédéral des affaires criminelles,* ≃ PJ *f*.

Blabla *das (ohne Pl) fam abw* bla-bla *m*.

Blackout ['blɛkaut] (*Pl* **-s**) *der* ODER *das* [Gedächtnisausfall] trou *m* de mémoire.

blähen ◇ *tr* [aufblasen] gonfler. ◇ *intr* [Blähungen machen] donner des ballonnements.

◆ **sich blähen** *ref* [sich aufblasen] se gonfler.

Blähung *die*

◆ **Blähungen** *Pl*: **~en haben** avoir des gaz.

Blamage [bla'maːʒə] (*Pl* **-n**) *die* honte *f*.

blamieren *tr* ridiculiser.

◆ **sich blamieren** *ref* se ridiculiser.

blank *Adj* **-1.** [Schuhe, Boden, Münze] brillant(e). **-2.** [Neid, Unsinn] pur(e). **-3.** *fam* [unbedeckt] nu(e); **~ sein** *fam* être fauché(e).

Blanko|scheck *der* chèque *m* en blanc.

Blanko|vollmacht *die* blanc-seing *m*, plein pouvoir *m*.

Blase (*Pl* **-n**) *die* **-1.** [auf der Haut] ampoule *f*. **-2.** [Luftblase] bulle *f*. **-3.** [Harnblase] vessie *f*.

Blasebalg (*Pl* **-bälge**) *der* soufflet *m*.

blasen (*Präs* **bläst**, *Prät* **blies**, *Perf* **hat geblasen**) ◇ *tr* **-1.** [pusten] souffler sur. **-2.** [wehen] emporter. **-3.** [Trompete, Posaune] jouer de. **-4.** *RW*: **jm was ~** *salopp* envoyer qqn paître. ◇ *intr* souffler; **es bläst** *fam* ça souffle.

Bläser, in (*mPl* **-**; *fPl* **-nen**) *der, die* [Musiker] *musicien(enne) qui joue d'un instrument à vent.*

blasiert ◇ *Adj abw* [arrogant] blasé(e). ◇ *Adv abw* [arrogant] de manière blasée.

Blas|instrument *das* instrument *m* à vent.

Blas|kapelle *die* fanfare *f*, orchestre *m* de cuivres.

Blas|musik *die musique jouée par des cuivres.*

Blasphemie (*Pl* **-n**) *die* blasphème *m*.

blaß (*Kompar* **blasser** ODER **blässer**, *Superl* **blasseste** ODER **blässeste**) *Adj* **-1.** [Haut, Farbe] pâle. **-2.** [Erinnerung, Hoffnung] vague.

Blässe *die (ohne Pl)* pâleur *f*.

bläst *Präs* → **blasen**.

Blatt (*Pl* **Blätter**) *das* **-1.** [von Pflanze, aus Papier] feuille *f*; **vom ~ singen/spielen** chanter/jouer à vue. **-2.** [Zeitung] journal *m*. **-3.** *RW*: **kein ~ vor den Mund nehmen** parler sans ambages; **das ~ hat sich gewendet** le vent a tourné; **das steht auf einem anderen ~** c'est une autre histoire.

blättern (*Perf* **hat/ist geblättert**) ◇ *intr* **-1.** *(hat)* [in Buch, Heft]: **in etw** *(D)* **~** feuilleter qqch. **-2.** *(ist)* [abblättern] **s'écailler.** ◇ *tr (hat)* [Scheine, Karten] étaler.

Blätter|teig *der* pâte *f* feuilletée.

Blatt|laus *die* puceron *m*.

Blatt|pflanze *die* plante *f* verte.

blau (*Kompar* **blauer,** *Superl* **blau(e)ste**) *Adj* **-1.** [Farbe] bleu(e). **-2.** [geschwänzt]: **er hat einen ~en Montag gemacht** il a prolongé son week-end d'une journée. **-3.** *RW*: **~ sein** *fam* être soûl(e).

Blau *das (ohne Pl)* [Farbe] bleu *m*.

blauäugig *Adj* **-1.** [Augen] aux yeux bleus. **-2.** [naiv - Person] **crédule**; [- Verhalten] **naïf(ive).**

Blau|beere *die* myrtille *f*.

Blaue (*Pl* **-n**) ◇ *das* **-1.** *(ohne Pl)* [Farbe] bleu *m*. **-2.** *(ohne Pl)* [Unbekannte]: **ins ~** [Ausflug, Fahrt] sans but précis; [fahren] à l'aventure; [reden] dans le vague. **-3.** *RW*: **das ~ vom Himmel lügen** mentir comme un arracheur de dents. ◇ *der fam* [Hundertmarkschein] *billet de cent marks.*

blaugrau *Adj* [Farbe] gris bleu.

blaugrün *Adj* [Farbe] bleu vert.

Blau|helm *der* casque *m* bleu.

bläulich *Adj* [Farbe] bleuâtre.

Blau|licht *das* [Signal] gyrophare *m*.

blau|machen *intr fam* [schwänzen] se faire porter malade.

Blau|säure *die (ohne Pl)* acide *m* prussique ODER cyanhydrique.

Blazer ['ble:zɐ] (*Pl* -) *der* [Jackett] blazer *m*.

Blech (*Pl* **-e**) *das* **-1.** [Metall] tôle *f*. **-2.** [zum Backen] plaque *f (de four)*. **-3.** *fam (ohne Pl)* [Unsinn] bêtises *fpl*; **~ reden** dire des bêtises.

Blech|dose *die* boîte *f* en fer-blanc.

blechen *tr* & *intr fam* [bezahlen] casquer.

blechern *Adj* **-1.** [aus Blech] en fer-blanc. **-2.** [Klang] creux(euse).

Blech|instrument *das* instrument *m* de cuivre; **~e** cuivres *mpl*.

Blech|schaden *der* dégâts *mpl* matériels.

Blei *das* [Metall] plomb *m*.

Bleibe (*Pl* **-n**) *die* gîte *m*.

bleiben (*Prät* **blieb,** *Perf* **ist geblieben**) *intr* rester; **wo bleibst du denn so lange**? mais qu'est-ce que tu fabriques?; **bei etw ~** s'en tenir à qqch; **es bleibt dabei!** ça tient toujours!; **das bleibt unter uns** *fig* cela reste entre nous.

bleibend *Adj* durable.

bleiben|lassen *tr (unreg)* laisser tomber.

Bleibe|recht *das* autorisation *f* de séjour provisoire.

bleich *Adj* pâle.

bleichen *tr* & *intr* décolorer.

bleiern *Adj* **-1.** [aus Blei] de ODER en plomb. **-2.** [schwer] de plomb.

bleifrei *Adj* sans plomb.

Blei|gießen *das (ohne Pl) coutume de la St. Sylvestre où l'on jette du plomb dans de l'eau pour lire l'avenir à partir des figures ainsi obtenues.*

bleihaltig *Adj* qui contient du plomb, plombifère.

Blei|stift *der* crayon *m*.

Bleistiftspitzer (*Pl* -) *der* taille-crayon *m*.

Blende (*Pl* **-n**) *die* **-1.** [Lichtschutz] écran *m*; [im Auto] pare-soleil *m*. **-2.** PHOT diaphragme *m*; **große/kleine ~** grande/petite ouverture.

blenden ◇ *tr* [blind machen - durch Licht] éblouir; [- als Strafe] crever les yeux. ◇ *intr* [Licht] être aveuglant(e).

blendend ◇ *Adj* éblouissant(e). ◇ *Adv* à merveille.

Blick (*Pl* **-e**) *der* **-1.** [der Augen, Urteil] regard *m*; **den ~ senken** baisser les yeux. **-2.** [Aussicht] vue *f*; **jn/etw keines ~es würdigen** ignorer qqn/qqch; **auf den ersten ~** au premier regard; **einen ~ riskieren** jeter un œil; **jn mit ~en durchbohren** transpercer qqn du regard. **-3.** *RW*: **einen ~ hinter die Kulissen werfen** savoir ce qui se passe dans les coulisses; **keinen ~ für etw haben** ne pas avoir l'œil pour qqch.

blicken *intr* **-1.** [schauen] regarder; **sich ~ lassen** se montrer; **tief ~ lassen** *fig* en dire long. **-2.** [aussehen]: **ernst/streng/freundlich ~** avoir l'air sérieux/sévère/aimable.

Blick|fang *der* pôle *m* d'attraction.

Blick|feld *das* champ *m* visuel.

Blick|punkt *der*: **im allgemeinen ~** sous les feux de l'actualité.

Blick|winkel *der* angle *m (de vue)*; **aus diesem ~ betrachtet** vu(e) sous cet angle.

blieb *Prät* → **bleiben.**

blies *Prät* → **blasen.**

blind ◇ *Adj* **-1.** [gen] aveugle; **~ für etw sein** être aveugle à qqch. **-2.** ; → **Passagier. -3.** ; → **Alarm. -4.** [Spiegel, Glas] terne. ◇ *Adv* **-1.** [ohne hinzusehen] sans regarder; [vorangehen] à l'aveuglette. **-2.** [kritiklos] aveuglément.

Blind|darm *der* appendice *m*.

Blinddarm|entzündung *die* appendicite *f*.

Blinde (*Pl* **-n**) *der, die* aveugle *mf*; **das sieht ja ein ~r** *fig* cela crève les yeux.

Blindekuh *die*: **~ spielen** jouer à colin-maillard.
Blindenschrift *die* braille *m*.
Blindflug *der* pilotage *m* sans visibilité.
Blindgänger (*Pl* -) *der* raté *m*.
Blindheit *die (ohne Pl)* **-1.** [der Augen] cécité *f*. **-2.** [der Gefühle] aveuglement *m*.
blindlings *Adv* aveuglément.
Blindschleiche (*Pl* **-n**) *die* orvet *m*.
blindwütig ◇ *Adj* fou furieux (folle furieuse). ◇ *Adv* furieusement.
blinken *intr* **-1.** [Stern, Diamant] scintiller. **-2.** [Blinker, Warnlampe] clignoter; **rechts/links ~** mettre son clignotant à droite/gauche.
Blinker (*Pl* -) *der* clignotant *m*.
Blinklicht *das* feu *m* clignotant.
Blinkzeichen *das* signe *m* lumineux.
blinzeln *intr* cligner des yeux.
Blitz (*Pl* **-e**) *der* **-1.** [am Himmel] éclair *m*; [Blitzschlag] foudre *f*; **wie der ~** comme l'éclair; **wie vom ~ getroffen** comme frappé(e) par la foudre. **-2.** *fam* [Blitzlicht] flash *m*.
Blitzableiter (*Pl* -) *der* paratonnerre *m*.
blitzblank ◇ *Adj* étincelant(e). ◇ *Adv*: **~ putzen** astiquer.
blitzen ◇ *intr* **-1.** [am Himmel]: **es blitzt** il y a des éclairs. **-2.** [Metall, Schmuck] briller; [Wohnung, Geschirr] être étincelant(e). ◇ *tr fam* [fotografieren] prendre au flash; **geblitzt werden** se faire prendre au flash.
Blitzgerät *das* **-1.** [Radargerät] radar *m (muni d'un flash)*. **-2.** [am Fotoapparat] flash *m*.
Blitzkrieg *der* guerre *f* éclair.
Blitzlicht *das* flash *m*.
Blitzschlag *der* foudre *f*.
blitzschnell ◇ *Adj* rapide comme l'éclair. ◇ *Adv* **-1.** [laufen] à toute vitesse. **-2.** [reagieren] en un rien de temps.
Block (*Pl* **Blöcke** ODER **-s**) *der* **-1.** *(Pl Blöcke)* [gen] bloc *m*. **-2.** *(Pl Blöcke, Blocks)* [Häuserblock] pâté *m* de maisons.
Blockade (*Pl* **-n**) *die* blocus *m*.
Blockflöte *die* flûte *f* à bec.
blockfrei *Adj* non-aligné(e).
Blockhaus *das* cabane *f*.
blockieren ◇ *tr* bloquer. ◇ *intr* se bloquer.
Blockschrift *die* caractères *mpl* d'imprimerie.
blöd, blöde *fam* ◇ *Adj* idiot(e). ◇ *Adv* bêtement.
blödeln *intr fam* faire l'idiot(e).
Blödsinn *der fam* idioties *fpl*.
blödsinnig *salopp* ◇ *Adj* débile. ◇ *Adv* de manière idiote.
blöken *intr* bêler.
blond *Adj* blond(e).
blondieren *tr* blondir.
Blondine (*Pl* **-n**) *die* blonde *f*.
bloß ◇ *Adv fam* **-1.** [lediglich] juste; **ich habe ~ noch zwei** je n'en ai plus que deux. **-2.** [zum Ausdruck von Ratlosigkeit] bien; **was war ~ los mit dir**? mais qu'est-ce qui t'a pris? **-3.** [zum Ausdruck von Ärger] donc. **-4.** [zum Ausdruck einer Drohung] maintenant; **hau ~ ab!** maintenant, dégage!; **~ nicht!** surtout pas! **-5.** [zum Ausdruck einer Aufforderung] surtout. **-6.** [zum Ausdruck eines Wunsches]: **hätte ich ~ nichts gesagt** si seulement je n'avais rien dit. ◇ *Adj* **-1.** [nackt] nu(e). **-2.** [rein]: **der ~e Gedanke daran** rien que (le fait) d'y penser.
Blöße (*Pl* **-n**) *die*: **jm eine ~ bieten** prêter le flanc aux critiques de qqn; **sich eine ~ geben** dévoiler son talon d'Achille.
bloßlegen *tr* dégager.
bloßstellen *tr*: **jn ~** mettre qqn dans une situation délicate.
Blouson (*Pl* **-s**) [blu'zɔ̃] *der* ODER *das* blouson *m*.
blubbern *intr fam* **-1.** [Blasen werfen] faire des bulles, bouillonner. **-2.** *abw* [sprechen] parler pour ne rien dire.
Bluejeans ['blu:dʒi:ns] *Pl* blue-jean(s) *m*.
Blues [blu:s] *der (ohne Pl)* Blues *m*.
Bluff (*Pl* **-s**) [blœf] *der abw* bluff *m*.
bluffen [blœfn̩] *tr* & *intr abw* bluffer.
blühen *intr* **-1.** [Pflanze] fleurir; [Garten, Park] être en fleurs. **-2.** [Geschäft] être florissant(e). **-3.** *fam* [drohen]: **das kann dir auch noch ~** ça te pend au nez.
blühend *Adj* **-1.** [Pflanze, Garten] en fleurs. **-2.** [Aussehen, Gesicht] resplendissant(e). **-3.** [Phantasie] débordant(e).
Blume (*Pl* **-n**) *die* **-1.** [Pflanze] fleur *f*; **etw durch die ~ sagen** *fig* dire qqch à mots couverts. **-2.** [des Bieres] mousse *f*. **-3.** [des Weins] bouquet *m*.
Blumenbeet *das* parterre *m*, massif *m* de fleurs.
Blumenhändler, in *der, die* fleuriste *mf*.
Blumenkasten *der* bac *m* à fleurs, jardinière *f*.
Blumenkohl *der (ohne Pl)* chou-fleur *m*.
Blumenstrauß *der* bouquet *m* (de fleurs).
Blumentopf *der* pot *m* de fleurs; **damit ist kein ~ zu gewinnen** *fig* cela ne rapporte rien.
blumig *Adj* **-1.** [Wein] bouqueté(e). **-2.** [Sprache, Stil, Geruch] fleuri(e).
Bluse (*Pl* **-n**) *die* corsage *m*, chemisier *m*.
Blut *das (ohne Pl)* sang *m*; **~ spenden** donner son sang; **venöses/arterielles ~** sang *m* veineux/artériel; **bis aufs ~ reizen** pousser à bout; **etw liegt jm im ~** *fig* qqn a qqch dans le

sang; **ruhig ~ bewahren** garder son sang-froid.
Blut|abnahme *die* prise *f* de sang.
blutarm *Adj* anémique.
Blut|bad *das* bain *m* de sang, carnage *m*.
Blut|bank (*Pl* **-en**) *die* MED banque *f* du sang.
Blut|bild *das* MED hémogramme *m*.
Blut|blase *die* ampoule *f*, cloque *f* (*pleine de sang*).
Blut|druck *der* (*ohne Pl*) tension *f* (artérielle); **hoher ~** hypertension *f*; **niedriger ~** hypotension *f*; **den ~ messen** prendre la tension.
blutdrucksenkend *Adj*: **~es Mittel** hypotenseur *m*.
blutdrucksteigernd *Adj*: **~es Mittel** hypertenseur *m*.
Blüte (*Pl* **-n**) *die* **-1.** [am Baum] **fleur** *f*; [an Blume] bouton *m*. **-2.** (*ohne Pl*) [das Blühen] **floraison** *f*; **in voller ~ stehen** être en fleur. **-3.** (*ohne Pl*) [Aufschwung] apogée *m*.
Blutegel (*Pl* **-**) *der* sangsue *f*.
bluten *intr*: **(aus etw) ~** saigner (de qqch).
Bluter (*Pl* **-**) *der* hémophile *m*.
Blut|erguß *der* hématome *m*.
Bluterin (*Pl* **-nen**) *die* hémophile *f*.
Bluter|krankheit *die* (*ohne Pl*) hémophilie *f*.
Blüte|zeit *die* [von Pflanzen] floraison *f*; [von Kulturen] apogée *f*.
Blut|fleck, -en *der* tache *f* de sang.
Blut|gefäß *das* vaisseau *m* sanguin.
Blutgerinnsel (*Pl* **-**) *das* caillot *m* de sang.
Blut|gruppe *die* groupe *m* sanguin.
Bluthoch|druck *der* (*ohne Pl*) hypertension *f*.
blutig ◇ *Adj* **-1.** [Körperteil] en sang; [Hemd, Verband] taché(e) de sang. **-2.** [gewaltsam] sanglant(e). ◇ *Adv*: **~ niederschlagen** réprimer dans le sang.
Blut|konserve *die* sang *m* (*destiné à la transfusion*).
Blutkörperchen (*Pl* **-**) *das*: **weiße/rote ~** globules *mpl* blancs/rouges.
Blut|kreislauf *der* circulation *f* sanguine.
blutleer *Adj* exsangue.
Blutplasma (*Pl* **-s** ODER **-plasmen**) *das* plasma *m* sanguin.
Blut|probe *die* prise *f* de sang.
Blut|rache *die* (*ohne Pl*) vendetta *f*.
blutrot *Adj* rouge sang.
Blut|spender, in *der*, *die* donneur de sang *m*, donneuse de sang *f*.
blutstillend *Adj* hémostatique.
blutsverwandt *Adj* consanguin(e).
Blut|übertragung *die* transfusion *f* sanguine.
Blutung (*Pl* **-en**) *die* **-1.** [aus Wunde] hémorragie *f*. **-2.** [Menstruation] règles *fpl*.
blutunterlaufen *Adj* ecchymosé(e).
Blutvergießen *das* (*ohne Pl*) effusion *f* de sang.
Blut|vergiftung *die* septicémie *f*.
Blut|verlust *der* perte *f* de sang.
Blut|wurst *die* boudin *m*.
BLZ *Abk für* **Bankleitzahl**.
BMFT (*Abk für* **Bundesministerium für Forschung und Technik**) *das* (*ohne Pl*) ministère *m* fédéral de la Recherche et de la Technologie.
b-Moll *das* (*ohne Pl*) si *m* bémol.
BMW *der* **-1.** (*ohne Artikel*) [Firma] BMW. **-2.** [Auto] BMW *f*.
BND (*Abk für* **Bundesnachrichtendienst**) *der* (*ohne Pl*) *service fédéral des renseignements généraux*, ≃ RG.
Bö = **Böe**.
Boa (*Pl* **-s**) *die* boa *m*.
Bob (*Pl* **-s**) *der* SPORT bobsleigh *m*, bob *m*.
Bochum *nt* Bochum.
Bock (*Pl* **Böcke**) *der* **-1.** [Tier] bouc *m*; **stur wie ein ~** têtu(e) comme une mule. **-2.** SPORT mouton *m*. **-3.** [Gestell] tréteau *m*. **-4.** *RW*: **den ~ zum Gärtner machen** mettre le loup dans la bergerie; **einen ~ schießen** faire une bourde; **darauf habe ich keinen** ODER **null ~** *fam* ça me branche pas.
Bock|bier *das* bière *f* de mars.
bocken *intr* se cabrer.
bockig ◇ *Adj* entêté(e). ◇ *Adv* avec entêtement.
Bocks|horn *das*: **jn ins ~ jagen** déstabiliser qqn.
Bockspringen *das* (*ohne Pl*) **-1.** SPORT saut *m* au mouton. **-2.** [Spiel] saute-mouton *m*.
Bock|wurst *die* saucisse *f* de Strasbourg.
Boden (*Pl* **Böden**) *der* **-1.** [gen] sol *m*; **etw vom ~ aufheben** ramasser qqch par terre; **den ~ unter den Füßen verlieren** [Halt] perdre pied. **-2.** [von Gefäß, Koffer, Meer] fond *m*. **-3.** [Speicher] grenier *m*. **-4.** *RW*: **am ~ zerstört** effondré(e); **an ~ gewinnen/verlieren** gagner/perdre du terrain; **auf dem ~ der Tatsachen bleiben** garder les pieds sur terre; **auf fruchtbaren ~ fallen** porter ses fruits, fructifier; **den ~ für jn/etw vorbereiten** préparer le terrain à qqn/pour qqch; **etw aus dem ~ stampfen** faire sortir qqch de terre.
Boden|belag *der* revêtement *m* de sol.
Boden|belastung *die* pollution *f* du sol.
bodenlos *Adj* **-1.** [tief] vertigineux(euse). **-2.** [unglaublich] inouï(e).
Boden|personal *das* personnel *m* au sol.

Bodenschätze *Pl* ressources *fpl* naturelles.
Bodensee *der* lac *m* de Constance.
bodenständig *Adj* **-1.** [Bauer] attaché(e) à la terre. **-2.** [Brauch] du terroir.
Bodenturnen *das (ohne Pl)* gymnastique *f* au sol.
Bodybuilding [bɔdibɪldɪŋ] *das (ohne Pl)* bodybuilding *m*.
Böe (*Pl* **-n**), **Bö** (*Pl* **-en**) *die* rafale *f (de vent)*.
bog *Prät* → **biegen**.
Bogen (*Pl* - ODER **Bögen**) *der* **-1.** [Biegung] courbe *f*; **einen ~ um jn/etw machen** éviter qqn/qqch; **in hohem ~ hinausfliegen** se faire virer sans ménagement; **den ~ heraushaben** avoir trouvé le truc. **-2.** ARCHIT arc *m*. **-3.** [Waffe] arc *m*; **den ~ spannen** bander l'arc; **den ~ überspannen** trop tirer sur la corde. **-4.** [von Instrumenten] archet *m*. **-5.** [Blatt] feuille *f* de papier.
Bogenschießen *das (ohne Pl)* tir *m* à l'arc.
Bogotą *nt* Bogota.
Bohle (*Pl* **-n**) *die* madrier *m*.
Böhme (*Pl* **-n**) *der* Bohémien *m*.
Böhmen *nt* Bohême *f*.
Böhmin (*Pl* **-nen**) *die* Bohémienne *f*.
böhmisch *Adj* bohémien(enne).
Bohne (*Pl* **-n**) *die* **-1.** [Gemüse] haricot *m*; **dicke ~n** fèves *fpl*. **-2.** [Kaffeebohnen] grain *m (de café)*. **-3.** *fam RW*: **nicht die ~** pas du tout.
Bohnen|stange *die* **-1.** [für Pflanzen] rame *f*. **-2.** [Person] asperge *f*.
Bohnen|stroh *das (ohne Pl)*: **dumm wie ~** bête à manger du foin.
bohnern *tr* cirer.
Bohner|wachs *das* encaustique *f*.
bohren ◇ *tr* **-1.** [Loch, Brunnen, Schacht] creuser; **ein Loch in die Wand ~** faire un trou dans le mur. **-2.** [hineinstoßen] enfoncer. ◇ *intr* **-1.** [mit Bohrmaschine] percer; [Zahnarzt] passer la fraise. **-2.** *fam* [drängen] insister.
◆ **sich bohren** *ref* [eindringen] s'enfoncer.
bohrend *Adj* [Blick] perçant(e); [Schmerz] aigu(uë).
Bohrer (*Pl* -) *der* [Gerät] perceuse *f*.
Bohr|insel *die* plate-forme *f* de forage.
Bohr|maschine *die* perceuse *f*.
Bohr|turm *der* derrick *m*.
Bohrung (*Pl* **-en**) *die* forage *m*.
böig *Adj* [Wind] en rafales; [Wetter] à bourrasques.
Boiler [bɔyl̥ɐ] (*Pl* -) *der* chauffe-eau *m*.
Boje (*Pl* **-n**) *die* balise *f*.
Bolivianer, in (*mPl* -; *fPl* **-nen**) *der, die* Bolivien *m*, -enne *f*.
bolivianisch *Adj* bolivien(enne).
Bolivien *nt* Bolivie *f*.
Boll|werk *das* **-1.** [Festung] bastion *m*. **-2.** [Schutzsystem] rempart *m*.
bolschewistisch *Adj* bolchevique.
Bolzen (*Pl* -) *der* boulon *m*.
bombardieren *tr*: **(mit etw) ~** bombarder (de qqch).
bombastisch *Adj abw* [Rede] emphatique; [Gebäude] colossal(e).
Bombay ['bɔmbeː] *nt* Bombay.
Bombe (*Pl* **-n**) *die* bombe *f*; **etw schlägt ein wie eine ~, etw schlägt wie eine ~ ein** *fig* qqch fait l'effet d'une bombe.
Bomben|anschlag *der* attentat *m* à la bombe.
Bomben|drohung *die* alerte *f* à la bombe.
Bomben|erfolg *der fam* succès *m* fou.
Bomben|stimmung *die (ohne Pl) fam* ambiance *f* du tonnerre.
Bon [bɔŋ] (*Pl* **-s**) *der* ticket *m*.
Bonbon [bɔŋ'bɔŋ] (*Pl* **-s**) *der* ODER *das* bonbon *m*.
Bonn *nt* Bonn.
Bonner (*Pl* -) ◇ *der* habitant *m* de Bonn. ◇ *Adj (unver)* de Bonn.
Bonnerin (*Pl* **-nen**) *die* habitante *f* de Bonn.
Bonus (*Pl* **-se**) *der* **-1.** WIRTSCH rabais *m*. **-2.** AUTO bonus *m*. **-3.** [Vorteil] bonification *f*.
Bonze (*Pl* **-n**) *der abw* [in Partei] grosse légume *f*.
Boom [buːm] (*Pl* **-s**) *der* boom *m*.
Boot (*Pl* **-e**) *das* bateau *m*; **~ fahren** faire du bateau; **in einem** ODER **im selben ~ sitzen** *fig* être logé(e) à la même enseigne.
Boots|fahrt *die* excursion *f* en bateau.
Boots|haus *das* hangar *m* à bateaux.
Boots|verleih *der* location *f* de bateaux.
Bor *das (ohne Pl)* CHEM bore *m*.
Bord (*Pl* **-e**) ◇ *das* [Brett] étagère *f*. ◇ *der (ohne Pl)* SCHIFF & FLUG bord *m*; **von ~ gehen** [Flugzeug] descendre de l'avion; [Schiff] débarquer; **etw über ~ werfen** [wegwerfen] jeter qqch par-dessus bord; [Ratschläge, Vorsicht] renoncer à qqch.
◆ **an Bord** ◇ *Adv* à bord. ◇ *Präp* à bord.
◆ **über Bord** *Adv* par-dessus bord.
Bordcase ['bɔrtkeɪs] (*Pl* **-(s)**) *der* ODER *das* bagage *m* de cabine.
Bordeaux *nt* Bordeaux.
Bordell (*Pl* **-e**) *das* bordel *m*.
Bord|karte *die* carte *f* d'accès à bord.
Bord|stein *der* bordure *f* du trottoir.
Bordstein|kante *die* bord *m* du trottoir.
borgen *tr* **-1.** [entleihen]: **etw von** ODER **bei jm ~** emprunter qqch à qqn; **sich** *(D)* **etw ~** em-

prunter qqch. **-2.** [verleihen]: **jm etw ~** prêter qqch à qqn.
Borke *(Pl* **-n***) die* écorce *f.*
Borneo *nt* Bornéo; **auf ~** à Bornéo.
Bornholm *nt* Bornholm.
borniert *Adj* borné(e).
Börse *(Pl* **-n***) die* **-1.** [Geldbeutel] bourse *f.* **-2.** WIRTSCH Bourse *f.*
Börsen|aufsicht *die (ohne Pl) instance de surveillance de la bourse,* ≃ COB *f.*
Börsen|bericht *der* rubrique *f* boursière.
Börsen|kurs *der* cours *m* de la ODER en Bourse.
Börsen|makler, in *der, die* agent *m* de change.
Borste *(Pl* **-n***) die* **-1.** [vom Schwein] soie *f.* **-2.** *fam fig* [Haar] tif *m.*
borstig *Adj* **-1.** [Bart] hirsute. **-2.** *fig* [Wesen] revêche.
Borte *(Pl* **-n***) die* galon *m.*
bösartig *Adj* **-1.** [Verhalten] méchant(e). **-2.** [Krankheit] malin(igne).
Böschung *(Pl* **-en***) die* talus *m.*
böse ◇ *Adj* **-1.** [bösartig - Lebewesen] méchant(e); [- Omen, Vorzeichen] mauvais(e). **-2.** *fam* [wütend]: **jm** ODER **auf jn ~ sein** en vouloir à qqn; **bist du mir ~**? tu m'en veux?; **~ sein** être fâché(e); **~ werden** se fâcher; **über etw** *(A)* **~ sein** être mécontent(e) de qqch. **-3.** *fam* [schlimm] grave. **-4.** *fam* [ungezogen] vilain(e). ◇ *Adv* **-1.** [schlimm] gravement. **-2.** [bösartig]: **ich habe es nicht ~ gemeint** je n'ai pas pensé à mal. **-3.** [wütend] méchamment.
Böse *(Pl* **-n***) der, die, das* méchant *m,* -e *f;* **etw ~s sagen** dire qqch de méchant; **etw ~s vorhaben** préparer un mauvais coup; **nichts ~s ahnen** ne pas se douter de qqch.
Bösewicht *(Pl* **-er** ODER **-e***) der* **-1.** [Schuft] malfrat *m.* **-2.** [Schlingel] chenapan *m.*
boshaft ◇ *Adj* **-1.** [böse] mauvais(e). **-2.** [höhnisch] malveillant(e). ◇ *Adv* [höhnisch] méchamment.
Bosheit *(Pl* **-en***) die* méchanceté *f.*
Bosnien-Herzegowina *nt* Bosnie-Herzégovine *f.*
Bosnier, in ['bɔsniɐ, rɪn] *(mPl* **-**; *fPl* **-nen***) der, die* Bosniaque *mf.*
bosnisch *Adj* bosniaque.
Bosporus *der* Bosphore *m.*
Boß *(Pl* **Bosse***) der fam* patron *m.*
böswillig ◇ *Adj* malveillant(e). ◇ *Adv* [handeln] avec malveillance.
bot *Prät* → **bieten**.
Botanik *die (ohne Pl)* botanique *f.*
botanisch *Adj* botanique.
Bote *(Pl* **-n***) der* **-1.** [von Firma] coursier *m.* **-2.** [Überbringer, Vorbote] messager *m.*
Boten|gang *der* course *f;* **Botengänge machen** être coursier.
Botin *(Pl* **-nen***) die* **-1.** [von Firma] coursière *f.* **-2.** [Überbringerin] messagère *f.*
Botschaft *(Pl* **-en***) die* **-1.** [Mitteilung] message *m;* **die frohe ~** la bonne nouvelle. **-2.** [von Staaten] ambassade *f.*
Botschafter, in *(mPl* **-**; *fPl* **-nen***) der, die* ambassadeur *m,* -drice *f.*
Botswana *nt* Botswana *m;* **in ~** au Botswana.
Bottich *(Pl* **-e***) der* tonneau *m.*
Bouillon [bʊl'jɔŋ] *(Pl* **-s***) die* bouillon *m.*
Boulette = **Bulette**.
Boulevard [bul(ə)'vaːɐ̯] *(Pl* **-s***) der* boulevard *m.*
Boulevard|blatt *das abw* journal *m* à sensation.
Boulevard|presse *die (ohne Pl) abw* presse *f* à sensation.
Boulevard|theater *das* théâtre *m* de boulevard.
Boulevard|zeitung *die* journal *m* à sensation.
Boutique [bu'tiːk] *(Pl* **-n***) die* magasin *m* de vêtements.
Bowle ['boːlə] *(Pl* **-n***) die punch à base de fruits, vin blanc et mousseux.*
Bowling ['boʊːlɪŋ] *(Pl* **-s***) das* bowling *m.*
Box *(Pl* **-en***) die* **-1.** [Stand] box *m.* **-2.** [Kasten] boîte *f.* **-3.** [Lautsprecher] baffle *m.*
boxen ◇ *tr* boxer. ◇ *intr* faire de la boxe.
◆ **sich boxen** *ref* [kämpfen] se battre à coups de poing.
◆ **Boxen** *das (ohne Pl)* boxe *f.*
Boxer *(Pl* **-***) der* **-1.** [Sportler] boxeur *m.* **-2.** [Hund] boxer *m.*
Boxerin *(Pl* **-nen***) die* boxeuse *f.*
Box|kampf *der* combat *m* de boxe.
Boykott [bɔy'kɔt] *(Pl* **-s** ODER **-e***) der* boycott *m,* boycottage *m.*
boykottieren [bɔykɔ'tiːrən] *tr* boycotter.
Bozen *nt* Bolzano.
BP *die (ohne Pl) Abk für* **Bundespost**.
BR *(Abk für* **Bayrischer Rundfunk***) der (ohne Pl)* Radio *f* Munich.
Brabanter, in *(mPl* **-**; *fPl* **-nen***) der, die* Brabançon *m,* -onne *f.*
brabantisch *Adj* brabançon(onne).
brach *Prät* → **brechen**.
brach|liegen *intr (unreg)* **-1.** [unbeackert] être en jachère. **-2.** [Fähigkeit] être laissé(e) en friche.
brachte *Prät* → **bringen**.
Brack|wasser *das* eau *f* saumâtre.
Brainstorming *das (ohne Pl)* brainstorming *m.*
Branche ['brãːʃə] *(Pl* **-n***) die* branche *f.*

branchenfremd *Adj* étranger(ère) à la branche.

branchenkundig *Adj* spécialiste d'une branche.

Branchen|verzeichnis *das* pages jaunes *fpl*.

Brand (*Pl* **Brände**) *der* **-1.** [Feuer] incendie *m*; **etw in ~ setzen** ODER **stecken** mettre le feu à qqch; **in ~ geraten** s'enflammer. **-2.** *fam* [Durst] soif *f* épouvantable.

Brand|anschlag *der* incendie *m* criminel.

Brand|blase *die* cloque *f (due à une brûlure)*.

Brandenburg *nt* Brandebourg *m*.

Brandenburger, in (*mPl* -; *fPl* **-nen**) *der, die* Brandebourgeois *m*, -e *f*.

Brandenburger Tor *das (ohne Pl)* porte *f* de Brandebourg *(monument berlinois qui se trouvait dans le no man's land à l'époque de la division entre la RFA et la RDA)*.

brandenburgisch *Adj* brandebourgeois(e).

brandmarken *tr* stigmatiser.

brandneu *Adj* [Erfindung] tout récent, toute récente; [Modell] dernier cri.

Brandstifter, in (*mPl* -; *fPl* **-nen**) *der, die* incendiaire *mf*.

Brand|stiftung *die* incendie *m* criminel.

Brand|teig *der* KÜCHE pâte *f* à choux.

Brandung (*Pl* **-en**) *die* ressac *m*.

Brand|wunde *die* brûlure *f*.

brannte *Prät* → **brennen**.

Brannt|wein *der* eau-de-vie *f*.

Brasilianer, in (*mPl* -; *fPl* **-nen**) *der, die* Brésilien *m*, -enne *f*.

brasilianisch *Adj* brésilien(enne).

Brasilien *nt* Brésil *m*; **in ~** au Brésil.

braten (*Präs* **brät**, *Prät* **briet**, *Perf* **hat gebraten**) ◇ *tr* faire cuire *(à la poêle)*. ◇ *intr* cuire.

Braten (*Pl* -) *der* rôti *m*; **den ~ riechen** *fig* sentir le coup venir.

Braten|soße *die* jus *m (de rôti)*.

Brat|hähnchen *das* poulet *m* rôti.

Brat|hering *der hareng frit et mariné*.

Bratkartoffeln *Pl* pommes de terre *fpl* sautées.

Brat|pfanne *die* poêle *f* à frire.

Brat|röhre *die* four *m*.

Bratsche (*Pl* **-n**) *die* alto *m*.

Brat|wurst *die* [roh] saucisse *f* à griller; [gebraten] saucisse *f* grillée.

Brauch (*Pl* **Bräuche**) *der* coutume *f*.

brauchbar ◇ *Adj* **-1.** [Kleidung] mettable; [Material] utilisable. **-2.** [akzeptabel] passable. ◇ *Adv* passablement.

brauchen ◇ *tr* **-1.** [benötigen] avoir besoin de; **jn/etw für** ODER **zu etw ~** avoir besoin de qqn/qqch pour qqch; **ich brauche drei Stunden für diese Arbeit** il me faut trois heures pour ce travail. **-2.** [verbrauchen] consommer. **-3.** [verwenden]: **jn/etw ~ können** pouvoir avoir besoin de qqn/qqch; **jn/etw nicht ~ können** ne pas avoir besoin de qqn/qqch. ◇ *aux* [müssen]: **etw nicht zu tun ~** ne pas avoir besoin de faire qqch; **du brauchst nicht zu lachen!** inutile de rire!; **bloß** ODER **nur etw zu tun ~** n'avoir qu'à faire qqch.

Brauchtum (*Pl* **-tümer**) *das* usages *mpl*, coutumes *fpl*.

Braue (*Pl* **-n**) *die* sourcil *m*; **die ~n hochziehen** froncer les sourcils.

brauen *tr* [Bier] brasser; [Tee, Trank] préparer.

Brauerei (*Pl* **-en**) *die* brasserie *f (usine)*.

braun ◇ *Adj* **-1.** [Farbe - Haar] brun(e); [- Augen] marron; [- gebräunt] bronzé(e); [- Pferd] bai(e); **~e Butter** beurre *m* roux. **-2.** [nationalsozialistisch] brun(e). ◇ *Adv* [farbig] en marron.

Braun *das* marron *m*.

Bräune *die (ohne Pl)* bronzage *m*.

bräunen (*Perf* **hat/ist gebräunt**) ◇ *tr (hat)* **-1.** [braun machen] faire bronzer. **-2.** KÜCHE [Butter, Zwiebeln] faire roussir; [Zucker] caraméliser. ◇ *intr* **-1.** *(hat)* bronzer. **-2.** *(ist)* KÜCHE roussir. ◆ **sich bräunen** *ref (hat)* [braun werden - Haut] bronzer; [- Person] se bronzer.

braungebrannt *Adj* bronzé(e), noir(e).

Braun|kohle *die (ohne Pl)* lignite *m*.

bräunlich *Adj* brunâtre.

Brause (*Pl* **-n**) *die* [Dusche] douche *f*.

brausen (*Perf* **hat/ist gebraust**) *intr* **-1.** *(hat)* [rauschen - Gewässer] gronder; [- Wind] mugir; [- Beifall] retentir. **-2.** *(ist)* [sich fortbewegen] foncer.

◆ **Brausen** *das (ohne Pl)* bruissement *m*.

Brause|tablette *die* comprimé *m* effervescent.

Braut (*Pl* **Bräute**) *die* **-1.** [am Hochzeitstag] mariée *f*. **-2.** [Verlobte] fiancée *f*. **-3.** *salopp* [Mädchen] minette *f*.

Braut|führer *der* garçon *m* d'honneur.

Bräutigam (*Pl* **-e**) *der* **-1.** [am Hochzeitstag] marié *m*. **-2.** [Verlobter] fiancé *m*.

Braut|kleid *das* robe *f* de mariée.

Braut|paar *das* mariés *mpl*.

brav ◇ *Adj* gentil(ille); **~ sein** être sage. ◇ *Adv* sagement.

bravo ['bra:vo] *Interj* bravo.

Bravour [bra'vu:ɐ̯] *die (ohne Pl)*: **mit ~** avec brio *m*.

BRD (*Abk für* **Bundesrepublik Deutschland**) *die (ohne Pl)* RFA *f*.

Brech|bohne *die* haricot *m* vert.

Brech|eisen *das* pince-monseigneur *f.*

brechen (*Präs* **bricht,** *Prät* **brach,** *Perf* **hat/ist gebrochen**) ◇ *tr* **-1.** *(hat)* [Brot] rompre; [Ast] casser, briser; [Blume] cueillir; **sich etw ~** se casser qqch. **-2.** *(hat)* [Widerstand] briser; [Rekord] battre. **-3.** *(hat)* [Abkommen] rompre; [Recht, Eid] violer. **-4.** *(hat)* [Kontakt abbrechen]: **mit jm ~** rompre avec qqn. **-5.** *(hat)* [erbrechen] vomir. ◇ *intr* **-1.** *(ist)* [Ast, Rohr] se casser ODER briser. **-2.** *(hat)* *fam* [erbrechen] vomir.
◆ **sich brechen** *ref* [Licht, Schall] se réfracter; [Wellen] se briser.

brechend *Adv*: **~ voll** plein(e) à craquer.

Brech|mittel *das* vomitif *m.*

Brech|reiz *der* nausée *f.*

Brech|stange *die* pince-monseigneur *f.*

Brechung (*Pl* **-en**) *die* PHYS réfraction *f.*

Bregenz *nt* Bregenz.

Brei (*Pl* **-e**) *der* bouillie *f*; **um den heißen ~ herumreden** *fig* tourner autour du pot.

breiig *Adj* en bouillie.

breit ◇ *Adj* **-1.** [gen] large; **30 cm ~ sein** faire 30 cm de large. **-2.** [Mund, Interesse, Publikum] grand(e). **-3.** [Aussprache] traînant(e). ◇ *Adv*: **~ gebaut** large de carrure; **~ lächeln** avoir un large sourire; **~ darstellen** exposer en long et en large.

breitbeinig *Adv* les jambes écartées; **~ gehen** avoir une démarche pataude.

Breite (*Pl* **-n**) *die* **-1.** [Ausdehnung] largeur *f*; **von drei Meter ~** d'une largeur de trois mètres. **-2.** [geographische Lage] latitude *f.*

breiten *tr (geh)* [legen]: **etw über jn/etw ~** étendre qqch sur qqn/qqch.
◆ **sich breiten** *ref*: **sich über etw ~** recouvrir qqch.

Breiten|grad *der* parallèle *m.*

breitgefächert *Adj* varié(e).

breit|machen *tr*: **die Beine ~** écarter les jambes.
◆ **sich breitmachen** *ref fam* . **-1.** [in Sessel, Bett] s'étaler. **-2.** [sich einquartieren] prendre ses aises. **-3.** [Unsitte] se répandre.

breit|schlagen *tr (unreg) fam* [überreden] embobiner.

breitschultrig, breitschulterig *Adj* aux épaules larges.

Breit|seite *die* [des Schiffes] flanc *m.*

breit|treten *tr (unreg) fam abw* ressasser.

Breit|wand *die* grand écran *m.*

Bremen *nt* Brême.

Bremer (*Pl* **-**) ◇ *der* Brémois *m.* ◇ *Adj (unver)* de Brême.

Bremerin (*Pl* **-nen**) *die* Brémoise *f.*

Brems|belag *der* garniture *f* de frein.

Bremse (*Pl* **-n**) *die* **-1.** [in Auto, Zug] frein *m*; **auf die ~ treten** appuyer sur le frein. **-2.** [Insekt] taon *m.*

bremsen *intr* & *tr* freiner; **jd ist nicht zu ~** *fam fig* on ne peut plus arrêter qqn.
◆ **sich bremsen** *ref fam* : **ich kann mich ~** je ne suis pas fou (folle).

Brems|flüssigkeit *die* AUTO liquide *m* de frein(s).

Brems|leuchte *die* feu *m* stop.

Brems|licht *das* feu *m* stop.

Brems|pedal *das* pédale *f* de frein.

Brems|scheibe *die* AUTO disque *m* de freinage.

Brems|spur *die* traces *fpl* de freinage.

Brems|weg *der* distance *f* de freinage.

brennbar *Adj* inflammable.

Brenn|element *das* TECH élément *m* combustible.

brennen (*Prät* **brannte,** *Perf* **hat gebrannt**) ◇ *intr* **-1.** [Haus, Sonne, Wunde] brûler; **es brennt!** au feu! **-2.** [Lampe] être allumé(e). **-3.** [erregt sein]: **vor etw** *(D)* **~** brûler de qqch; **darauf ~, etw zu tun** brûler de faire qqch. ◇ *tr* **-1.** [einbrennen]: **ein Loch in etw ~** *(A)* faire un trou dans qqch. **-2.** [Ton] cuire; [Schnaps] distiller.

brennend ◇ *Adj* **-1.** [Kerze, Zigarette] allumé(e). **-2.** [Problem, Frage] brûlant(e). ◇ *Adv* [sehr]: **sich ~ für etw interessieren** se passionner pour qqch; **etw ~ gern tun** adorer faire qqch.

Brenner *der* Brenner *m.*

Brennerei (*Pl* **-en**) *die* **-1.** *(ohne Pl)* [Brennen] distillation *f.* **-2.** [Betrieb] distillerie *f.*

Brennessel (*Pl* **-n**) *die* ortie *f.*

Brenn|holz *das (ohne Pl)* bois *m* de chauffage.

Brenn|punkt *der* **-1.** PHYS foyer *m.* **-2.** [Zentrum] centre *m.*

Brenn|stoff *der* carburant *m.*

Brenn|weite *die* PHYS & PHOT distance *f* focale.

brenzlig *Adj* **-1.** [Geruch] de brûlé. **-2.** *fam* [Lage] qui sent le roussi.

Bresche (*Pl* **-n**) *die* [Lücke] brèche *f*; **eine ~ schlagen** ouvrir une brèche; **für jn/etw in die ~ springen** *fig* [einspringen] remplacer qqn/qqch.

Bretagne *die* Bretagne *f.*

Bretone (*Pl* **-n**) *der* Breton *m.*

Bretonin (*Pl* **-nen**) *die* Bretonne *f.*

bretonisch *Adj* breton(onne).

Brett (*Pl* **-er**) *das* **-1.** [aus Holz] planche *f (de bois)*; **das Schwarze ~** le panneau d'affichage. **-2.** [Schachbrett] échiquier *m*; [Damebrett] damier *m.* **-3.** *RW*: **ein ~ vor dem Kopf haben** *fam*

[nichts begreifen] être bouché(e) à l'émeri.
◆ **Bretter** *Pl* **-1.** [Bühne] planches *fpl.* **-2.** [Skier] skis *mpl.*
Bretter|bude *die* baraque *f.*
Bretter|zaun *der* palissade *f.*
Brett|spiel *das jeu de société se jouant sur un échiquier, un damier, etc.*
Brezel (*Pl* **-n**) *die* bretzel *m.*
bricht *Präs* → **brechen**.
Bridge [brɪtʃ] *das (ohne Pl)* bridge *m.*
Brief (*Pl* **-e**) *der* lettre *f*; **blauer ~** [Schule] lettre d'avertissement; [Betrieb] lettre de licenciement; **ein offener ~** une lettre ouverte.
Brief|bogen *der* feuille *f* de papier à lettre.
Brief|bombe *die* lettre *f* piégée.
Briefdruck|sache *die* imprimé *m.*
Brief|freund, in *der, die* correspondant *m*, -e *f.*
Brief|geheimnis *das (ohne Pl)* secret *m* postal.
Brief|karte *die* carte-lettre *f.*
Brief|kasten *der* boîte *f* aux lettres.
Briefkasten|firma *die* société *f* fantôme.
Brief|kopf *der* en-tête *m.*
brieflich ◇ *Adj* écrit(e). ◇ *Adv* par courrier.
Brief|marke *die* timbre *m.*
Briefmarken|sammlung *die* collection *f* de timbres.
Brief|papier *das* papier *m* à lettres.
Brief|tasche *die* portefeuille *m.*
Brief|taube *die* pigeon *m* voyageur.
Brief|träger, in (*mPl* **-**; *fPl* **-nen**) *der, die* facteur *m*, -trice *f.*
Brief|umschlag *der* enveloppe *f.*
Brief|wahl *die (ohne Pl)* vote *m* par correspondance.
Brief|wechsel *der* correspondance *f.*
briet *Prät* → **braten**.
Brigade (*Pl* **-n**) *die* MIL brigade *f.*
Brikett (*Pl* **-s**) *das* briquette *f.*
brillant [brɪl'jant] ◇ *Adj* brillant(e). ◇ *Adv* brillamment.
Brillant [brɪl'jant] (*Pl* **-en**) *der* diamant *m.*
Brille (*Pl* **-n**) *die* **-1.** [Sehhilfe] lunettes *fpl.* **-2.** *fam* [Klosettbrille] lunette *f (de W.-C.).* **-3.** *RW*: **etw durch eine rosa ~ sehen** voir la vie en rose.
Brillen|etui *das* étui *m* à lunettes.
Brillenträger, in (*mPl* **-**; *fPl* **-nen**) *der, die* porteur *m*, -euse *f* de lunettes.
bringen (*Prät* **brachte,** *Perf* **hat gebracht**) *tr* **-1.** [Gegenstände]: **(jm etw) ~** apporter (qqch à qqn). **-2.** [Personen] emmener; **jn nach Hause ~** ramener qqn à la maison. **-3.** [verursachen - Ergebnis] amener; [- Gewinn] rapporter; **etw mit sich ~** entraîner qqch; **er bringt mich zur Raserei** il me rend fou (folle); **er bringt mich dazu, nachzugeben** il me fait céder. **-4.** [zu Erfolg, Ansehen]: **es zu etw ~** [gen] atteindre à qqch; [im Beruf] réussir à devenir qqch; **es weit ~** aller loin. **-5.** *fam* [Subj: Presse] faire paraître; [Subj: Fernsehen] diffuser. **-6.** *fam* [Leistung]: **Leistung** ODER **Einsatz ~** faire des efforts; **das bringt nichts** *fam* ça ne sert à rien. **-7.** *RW*: **etw hinter sich** *(A)* **~** se débarrasser de qqch; **es nicht über sich** *(A)* **~, etw zu tun** ne pas pouvoir se résoudre à faire qqch; **jn um etw ~** faire perdre qqch à qqn.
brisant *Adj* [heikel] explosif(ive).
Brisanz *die (ohne Pl)* [Wichtigkeit] caractère *m* explosif.
Brise (*Pl* **-n**) *die* brise *f.*
Brite (*Pl* **-n**) *der* Britannique *m.*
Britin (*Pl* **-nen**) *die* Britannique *f.*
britisch *Adj* britannique.
Britische Inseln *Pl* îles *fpl* Britanniques.
Broccoli, Brokkoli ['brɔkoli] *der (ohne Pl)* brocoli *m.*
bröckeln (*Perf* **hat/ist gebröckelt**) ◇ *intr* **-1.** *(hat)* [Brot] s'émietter; [Wand] s'effriter. **-2.** *(ist)* [sich lösen]: **von etw ~** tomber de qqch. ◇ *tr (hat)* [zerkleinern] émietter.
Brocken (*Pl* **-**) *der eigtl & fig* morceau *m*; **ein harter ~** *fam fig* un gros morceau; **ein paar ~ Französisch sprechen** parler quelques bribes de français.
brodeln *intr* bouillonner; **es brodelt** il y a de l'effervescence.
Brokat (*Pl* **-e**) *der* brocart *m.*
Brokkoli = **Broccoli**.
Brom *das (ohne Pl)* CHEM brome *m.*
Brom|beere *die* mûre *f.*
Bronchien ['brɔnçiən] *Pl* bronches *fpl.*
Bronchitis [brɔn'çi:tɪs] *die* MED bronchite *f.*
Bronze ['brɔŋsə] (*Pl* **-n**) *die* bronze *m.*
Bronze|medaille *die* médaille *f* de bronze; **die ~ gewinnen** remporter la médaille de bronze.
Bronze|zeit *die (ohne Pl)* âge *m* du bronze.
Brosche (*Pl* **-n**) *die* broche *f.*
Broschüre (*Pl* **-n**) *die* brochure *f.*
Brot (*Pl* **-e**) *das* **-1.** *(ohne Pl)* [als Laib] pain *m.* **-2.** [als Scheibe] tranche *f* de pain; **belegtes ~** sandwich *m.* **-3.** *(ohne Pl)* [Lebensunterhalt]: **sich sein ~ verdienen** gagner sa vie.

BROT:
Les boulangeries allemandes proposent une grande variété de pains (environ 200 sortes) dont les plus typiques sont le pain aux céréales, le pain bis ou encore le pain noir qui se dégustent accompagnés de fromage ou de charcuterie au cours du repas du soir (Abendbrot). Au

petit déjeuner, on sert généralement des petits pains blancs (Brötchen).

Brotaufstrich (*Pl* **-e**) *der* pâte *f* à tartiner.
Brötchen (*Pl* -) *das* petit pain *m*; **kleine ~ backen (müssen)** *fam fig* [gen] adopter un profil bas; [finanziell] (devoir) se serrer la ceinture; **seine ~ verdienen** *fam fig* gagner sa croûte.
Brot|erwerb *der* gagne-pain *m*.
brotlos *Adj* sans ressources; **~e Kunst** art *m* peu lucratif.
Brot|maschine, Brotschneide|maschine *die* machine *f* à couper le pain.
Brot|zeit *die Süddt* casse-croûte *m*.
BRT (*Abk für* **Bruttoregistertonne**) tonneau *m*.
Bruch (*Pl* **Brüche**) *der* **-1.** [gen] rupture *f*; **zu ~ gehen** se casser; **in die Brüche gehen** se briser. **-2.** [Bruchstelle] cassure *f*; **es kommt zum ~** c'est la rupture. **-3.** [MED -von Knochen] fracture *f*; [-von Eingeweiden] hernie *f*; **sich einen ~ heben** avoir une hernie. **-4.** MATH [Bruchzahl] fraction *f*.
Bruch|bude *die fam abw* baraque *f*.
brüchig *Adj* [Material, Beziehung] fragile; [Gestein] friable; [Stimme] cassé(e).
Bruch|landung *die* crash *m*.
Bruch|rechnung *die* calcul *m* de fractions ODER fractionnaire.
Bruch|strich *der* barre *f* de fraction.
Bruch|stück *das* **-1.** [von Gegenständen] morceau *m*, débris *m*. **-2.** [Fragment] fragment *m*.
bruchstückhaft ◇ *Adj* fragmenté(e), fragmentaire. ◇ *Adv* [wahrnehmen] par bribes; [überliefern] de manière fragmentée ODER fragmentaire.
Bruch|teil *der* fraction *f*.
Brücke (*Pl* **-n**) *die* **-1.** [gen] pont *m*. **-2.** [im Gebiß] bridge *m*. **-3.** [Teppich] carpette *f*. **-4.** *RW*: **jm goldene ~n bauen** tendre la perche à qqn; **eine ~ schlagen** [Turnübung] faire le pont; [zwischen Völkern] jeter un pont.
Brücken|pfeiler *der* pile *f* de pont.
Bruder (*Pl* **Brüder**) *der* [Geschwister, Mönch] frère *m*; **js jüngerer ~** (frère) cadet *m* de qqn.
◆ **unter Brüdern** *Adv* entre nous/vous etc.
brüderlich ◇ *Adj* fraternel(elle). ◇ *Adv* en frères, fraternellement.
Brüderlichkeit *die (ohne Pl)* fraternité *f*.
Brüderschaft *die (ohne Pl)*: **mit jm ~ trinken** proposer à qqn le tutoiement *(en trinquant)*.
Brügge *nt* Bruges.
Brühe (*Pl* **-n**) *die* **-1.** [Suppe] bouillon *m*. **-2.** *abw* [Wasser] flotte *f*. **-3.** *fam* [Schweiß]: **ihm läuft die ~ herunter** il est en nage. **-4.** *abw* [Tee, Kaffee] jus *m* de chaussette.
brühwarm *Adv*: **jm etw ~ weitererzählen** *fam* s'empresser de répéter qqch à qqn.
Brüh|würfel *der* bouillon *m* cube.
brüllen ◇ *tr* hurler. ◇ *intr* **-1.** [Person] hurler. **-2.** [Löwe] rugir; [Rind] mugir.
brummen ◇ *intr* **-1.** [Bär] grogner; [Insekt] bourdonner. **-2.** [Motor] ronfler. **-3.** *fam* [im Gefängnis] être en taule. ◇ *tr* **-1.** [Lied, Melodie] fredonner. **-2.** [sprechen] marmonner.
brummig ◇ *Adj* grognon(onne); **~er Mensch** ours *m* (mal léché); **~e Antwort** réponse *f* donnée de mauvaise grâce. ◇ *Adv* en grommelant.
Brunch [bran(t)ʃ] (*Pl* **-(e)s** ODER **-e**) *der* brunch *m*.
brünett *Adj* brun(e).
Brunnen (*Pl* -) *der* **-1.** [zum Wasserholen] puits *m*. **-2.** [Springbrunnen] fontaine *f*. **-3.** [Wasser] eau *f* minérale.
Brunst (*Pl* **Brünste**) *die* rut *m*.
brüsk ◇ *Adj* brusque. ◇ *Adv* brusquement, avec brusquerie.
brüskieren *tr* brusquer.
Brüssel *nt* Bruxelles.
Brüsseler, in (*mPl* **-**; *fPl* **-nen**) *der, die* Bruxellois *m*, -e *f*.
Brust (*Pl* **Brüste**) *die* **-1.** *(ohne Pl)* [Thorax] poitrine *f*; **sich in die ~ werfen** gonfler le torse ODER la poitrine. **-2.** [Busen] sein *m*, poitrine *f*; **die ~ geben** donner le sein.
Brust|bein *das* sternum *m*.
Brust|beutel *der* bourse *f* portée autour du cou.
brüsten
◆ **sich brüsten** *ref abw* se pavaner; **sich mit etw ~** se vanter de qqch.
Brust|korb *der* cage *f* thoraxique.
Brust|schwimmen *das* brasse *f*.
Brust|tasche *die* poche *f* de poitrine; [Innentasche] poche *f* intérieure.
Brust|ton *der*: **im ~ der Überzeugung** d'un ton profondément convaincu.
Brust|umfang *der* tour *m* de poitrine.
Brüstung (*Pl* **-en**) *die* balustrade *f*.
Brust|warze *die* mamelon *m*.
Brut *die* **-1.** [von Vögeln] couvée *f*. **-2.** [Brüten] couvaison *f*. **-3.** *fam iron* [Kinder] nichée *f*. **-4.** *abw* [Pack] engeance *f*.
brutal ◇ *Adj* brutal(e). ◇ *Adv* brutalement, avec brutalité.
Brutalität (*Pl* **-en**) *die* [von Menschen, Verbrechen] brutalité *f*; [in Gesellschaft, Film] violence *f*.
brüten *intr* **-1.** [Vögel] couver. **-2.** *fig* [nachdenken]: **über etw** *(D)* **~** ruminer qqch.
Brüter (*Pl* -) *der*: **der schnelle ~** surgénérateur *m*, surrégénérateur *m*.

Brutkasten *der* couveuse *f*.
brutto *Adv* brut; **2000 Mark ~ verdienen** gagner 2000 marks bruts.
Brutto|einkommen *das* revenu *m* brut.
Brutto|gewicht *das* poids *m* brut.
Bruttosozial|produkt *das* produit *m* national brut.
brutzeln ◇ *intr* grésiller. ◇ *tr fam* (faire) mijoter.
bsd. *Abk für* **besonders**.
BSP (*Abk für* **Bruttosozialprodukt**) *das (ohne Pl)* PNB *m*.
Btr. *Abk für* **Beitrag**.
Btx *das (ohne Pl) Abk für* **Bildschirmtext**.
Bube (*Pl* **-n**) *der* **-1.** [Junge] garçon *m*; **kleiner ~** gamin *m*. **-2.** [Spielkarte] valet *m*.
Buch (*Pl* **Bücher**) *das* livre *m*; **jm ein ~ mit sieben Siegeln sein** être de l'hébreu pour qqn; **wie es im ~e steht** exemplaire; **ein Schwindler wie er im ~e steht** le type même de l'escroc; **über etw** *(A)* **~ führen** tenir registre de qqch; **zu ~e schlagen** peser lourd dans les comptes.
Buchbinder, in (*mPl* **-**; *fPl* **-nen**) *der, die* relieur *m*, -euse *f*.
Buche (*Pl* **-n**) *die* hêtre *m*; **aus ~** en (bois de) hêtre.
Buchecker (*Pl* **-n**) *die* faîne *f*.
buchen *tr* **-1.** [reservieren] réserver; **einen Flug ~** réserver une place dans un avion. **-2.** [verbuchen] comptabiliser.
Bücher|bord *das* étagère *f* à livres.
Bücher|brett *das* étagère *f* ODER tablette *f* à livres.
Bücherei (*Pl* **-en**) *die* bibliothèque *f*.
Bücher|regal *das* bibliothèque *f*.
Bücher|schrank *der* bibliothèque *f* (vitrée).
Bücher|stütze *die* serre-livres *m inv*.
Buch|führung *die* comptabilité *f*; **doppelte ~** comptabilité en partie double.
Buchhalter, in (*mPl* **-**; *fPl* **-nen**) *der, die* comptable *mf*.
Buch|haltung *die* comptabilité *f*.
Buch|handel *der* (secteur *m* de la) librairie *f*.
Buch|händler, in *der, die* libraire *mf*.
Buch|handlung *die* librairie *f*.
Buch|laden *der* librairie *f*.
Buchmacher, in (*mPl* **-**; *fPl* **-nen**) *der, die* bookmaker *m*.
Buch|markt *der* marché *m* du livre.
Buch|messe *die* salon *m* du livre.
Buch|prüfer, in *der, die* expert-comptable *m*.
Buchs|baum ['bʊksbaum] *der* buis *m*.
Buchse ['bʊksə] (*Pl* **-n**) *die* ELEKTR fiche *f* femelle.
Büchse ['byksə] (*Pl* **-n**) *die* **-1.** [Dose] boîte *f*. **-2.** [Gewehr] carabine *f*, fusil *m* de chasse.
Büchsen|fleisch *das* viande *f* en conserve ODER en boîte.
Büchsen|milch *die* lait *m* concentré ODER en boîte.
Büchsen|öffner *der* ouvre-boîtes *m inv*.
Buchstabe (*Pl* **-n**) *der* [des Alphabets] lettre *f*; [im Druck] caractère *m*; **großer ~** majuscule *f*; **kleiner ~** minuscule *f*.
buchstabieren *tr* épeler.
buchstäblich *Adv* littéralement.
Bucht (*Pl* **-en**) *die* [groß] baie *f*; [klein] crique *f*.
Buchung (*Pl* **-en**) *die* **-1.** [Reservierung] réservation *f*. **-2.** [Verbuchung] comptabilisation *f*.
Buchungs|beleg *der* pièce *f* comptable.
Buch|weizen *der* sarrasin *m*, blé *m* noir.
Buckel (*Pl* **-**) *der* bosse *f*; **rutsch mir den ~ runter!** *fam abw* lâche-moi (les baskets)!
bücken
◆ **sich bücken** *ref* se baisser, se courber; **sich nach etw ~** se baisser pour ramasser qqch.
bucklig *Adj* **-1.** [Mensch] bossu(e). **-2.** [Straße] cabossé(e).
Bucklige (*Pl* **-n**) *der, die* bossu *m*, -e *f*.
Bückling (*Pl* **-e**) *der* **-1.** *fam iron* [Verbeugung] courbette *f*. **-2.** [Hering] hareng *m* fumé ODER saur.
Budapest *nt* Budapest.
buddeln ◇ *intr*: **in etw** *(D)* **~** creuser qqch, fouiller qqch. ◇ *tr* creuser.
Buddhist, in (*mPl* **-en**; *fPl* **-nen**) *der, die* bouddhiste *mf*.
buddhistisch *Adj* bouddhiste.
Bude (*Pl* **-n**) *die* **-1.** [Verkaufsstand - auf Straße, Kirmes] stand *m*. **-2.** *fam abw* [Zimmer] piaule *f*; **sturmfreie ~ haben** *fam* avoir la maison ODER l'appart à soi; **jm auf die ~ rücken** *fam* débarquer chez qqn.
Budget [by'dʒeː] (*Pl* **-s**) *das* budget *m*.
Buenos Aires *nt* Buenos Aires.
Büffel (*Pl* **-**) *der* buffle *m*.
büffeln *fam* ◇ *intr* bosser, bûcher. ◇ *tr* potasser.
Büffet [by'feː] (*Pl* **-s**) *das* **-1.** [für Speisen]: **(kaltes) ~** buffet *m* (froid). **-2.** [Schrank] buffet *m*.
Bug (*Pl* **-e**) *der* [von Flugzeugen] nez *m*; [von Schiffen] proue *f*.
BUGA ['buːga] (*Pl* **-s**) *die Abk für* **Bundesgartenschau**.
Bügel (*Pl* **-**) *der* **-1.** [Brillenbügel] branche *f*. **-2.** [Kleiderbügel] cintre *m*. **-3.** [Steigbügel] étrier *m*. **-4.** [Griff] poignée *f* renforcée.
Bügel|brett *das* planche *f* à repasser.
Bügel|eisen *das* fer *m* à repasser.

Bügel|falte *die* pli *m (de pantalon).*
bügelfrei *Adj* qui ne se repasse pas.
bügeln *tr* & *intr* repasser.
buhen *intr fam* huer.
Bühne (*Pl* **-n**) *die* **-1.** [im Theater] scène *f*; **etw auf die ~ bringen** monter qqch *(une pièce)*; **glatt über die ~ gehen** *fam* marcher comme sur des roulettes. **-2.** [Theater] théâtre *m.*
Bühnen|bild *das* décors *mpl.*
Bühnenbildner, in (*mPl* -; *fPl* **-nen**) *der, die* décorateur (de théâtre) *m*, décoratrice (de théâtre) *f.*
buk *Prät* → **backen**.
Bukarest *nt* Bucarest.
Bulette, Boulette (*Pl* **-n**) *die* boulette *f* (de viande).
Bulgare (*Pl* **-n**) *der* Bulgare *m.*
Bulgarien *nt* Bulgarie *f.*
Bulgarin (*Pl* **-nen**) *die* Bulgare *f.*
bulgarisch *Adj* bulgare.
Bulgarisch *das (ohne Pl)* bulgare *m*; *siehe auch* **Englisch**.
Bulgarische *das (ohne Pl)* bulgare *m*; *siehe auch* **Englische**.
Bull|auge *das* hublot *m.*
Bull|dogge *die* bouledogue *m.*
Bulldozer ['bʊldoːzɐ] (*Pl* -) *der* bulldozer *m.*
Bulle (*Pl* **-n**) ◇ *der* **-1.** [Tier] taureau *m.* **-2.** *salopp abw* [Polizist] flic *m*, poulet *m.* ◇ *die*: **päpstliche ~** bulle *f* du pape.
Bumerang (*Pl* **-s** ODER **-e**) *der* boomerang *m.*
Bummel (*Pl* -) *der* balade *f*; **einen ~ durch die Geschäfte machen** faire les magasins.
Bummelei (*Pl* **-en**) *die fam abw*: **hört auf mit dieser ~!** arrêtez de traînasser!
bummeln (*Perf* **hat/ist gebummelt**) *intr* **-1.** *(ist)* [spazieren] flâner. **-2.** *(hat)* [langsam sein] traîner.
Bummel|streik *der* grève *f* du zèle.
Bummel|zug *der* tortillard *m.*
bumsen (*Perf* **hat/ist gebumst**) ◇ *intr* **-1.** *(hat) fam* [knallen]: **es hat gebumst** [Lärm] il y a eu un grand boum; [beim Unfall] il y a eu un accident. **-2.** *(ist) fam* [prallen]: **gegen** ODER **an etw** *(A)* **~** se cogner contre qqch. **-3.** *(hat) fam* [schlagen]: **gegen** ODER **an etw** *(A)* **~** cogner à qqch. **-4.** *(hat) vulg* [koitieren] baiser. ◇ *tr (hat) vulg* baiser.
Bund (*Pl* **Bünde** ODER **-e**) ◇ *der* **-1.** *(Pl Bünde)* [Zusammenschluß] alliance *f*, union *f*; **einen ~ schließen** s'allier; **mit jm im ~(e) sein** être allié(e) avec qqn. **-2.** *(ohne Pl)* [Bundesrepublik] l'État *m* fédéral. **-3.** *(ohne Pl) fam* [Bundeswehr]: **der ~** *abréviation désignant l'armée allemande ou le service militaire en Allemagne.* **-4.** *(Pl Bünde)* [an Kleidung] taille *f.* **-5.** *(Pl Bünde)* [an Instrumenten] frette *f.* ◇ *das (Pl Bunde)* [von Gemüse] botte *f.*
BUND (*Abk für* **Bund für Umwelt und Naturschutz in Deutschland**) *der (ohne Pl) association allemande pour la protection de l'environnement et de la nature.*
Bündel (*Pl* -) *das* **-1.** [aus Wäsche] paquet *m*; [von Geldscheinen] liasse *f.* **-2.** [aus Stroh] botte *f.*
bündeln *tr* [Papier] faire un paquet de; [Banknoten] faire une liasse de.
Bundes|anleihe *die* emprunt *m* de l'État fédéral allemand.
Bundes|bahn → **Deutsche Bundesbahn**.
Bundes|bank → **Deutsche Bundesbank**.
Bundes|bürger, in *der, die* citoyen d'Allemagne fédérale *m*, citoyenne d'Allemagne fédérale *f.*
Bundesgarten|schau *die* floralies *fpl* allemandes.
Bundes|gebiet *das*: **das ~** le territoire d'Allemagne fédérale.
Bundes|genosse *der* allié *m*, -e *f.*
Bundes|genossin *die* alliée *f.*
Bundesgrenz|schutz *der police fédérale des frontières en Allemagne.*
Bundeshaupt|stadt *die* capitale *f* fédérale.
Bundes|kanzler, in *der, die* chancelier *m* fédéral.
Bundes|land *das* Land *m (région autonome de la RFA)*; **die fünf neuen Bundesländer** les cinq nouveaux Länder; **die alten/neuen Bundesländer** les anciens/nouveaux Länder.

BUNDESLAND:
L'Allemagne se compose de 16 Länder dotés chacun d'une Constitution et largement autonomes. La loi fondamentale fixe le rôle imparti au Land et celui réservé à l'État. L'éducation et la culture relèvent par exemple du Land alors que la politique étrangère se décide à l'échelon national.

Bundes|liga *die* SPORT *division nationale allemande*; **erste/zweite ~** première/deuxième division (nationale allemande).
Bundes|minister, in *der, die* ministre *m* fédéral; **der ~ des Inneren/der Justiz** le ministre fédéral de l'Intérieur/de la Justice; **der ~ für Wirtschaft/Verkehr** le ministre fédéral de l'Économie/des Transports.
Bundes|post → **Deutsche Bundespost**.
Bundes|präsident, in *der, die* président *m* de la République fédérale.
Bundes|rat *der* **-1.** [Parlament] Bundesrat *m*, conseil *m* fédéral. **-2.** [Parlamentarier] membre *m* du Bundesrat.

BUNDESRAT:
C'est l'une des deux chambres qui forment le

Parlement allemand. Elle est composée de représentants des 16 Länder qui peuvent agir sur le plan législatif et administratif et faire ainsi contrepoids au gouvernement et au Bundestag. Toute modification de la loi fondamentale requiert son approbation. Le Bundesrat exerce avant tout une fonction de contrôle.

Bundesrätin (*Pl* **-nen**) *die* membre *m* du Bundesrat.

Bundes|regierung *die* gouvernement *m* fédéral.

Bundes|republik *die* **-1.** [gen] république *f* fédérale. **-2.** → **Bundesrepublik Deutschland**.

bundesrepublikanisch *Adj* de la République fédérale.

Bundesrepublik Deutschland *die* République *f* fédérale d'Allemagne.

Bundesrepublik Österreich *die* République *f* fédérale d'Autriche.

Bundes|staat *der* État *m* fédéral.

Bundes|straße *die* ≃ route *f* nationale.

Bundes|tag *der* → **Deutsche Bundestag**.

Bundesverdienst|kreuz *das* médaille *f* du mérite *(allemand)*.

Bundesverfassungs|gericht *das (ohne Pl)* Cour *f* constitutionnelle allemande.

BUNDESVERFASSUNGSGERICHT:
La Cour constitutionnelle fédérale, qui a son siège à Karlsruhe, est composée de 16 juges répartis dans 2 assemblées et élus à vie par une commission parlementaire. Son rôle est de veiller au respect de la loi fondamentale. Elle peut faire interdire un parti politique ou empêcher la promulgation d'une loi parce qu'elle les juge anticonstitutionnels.

Bundes|wehr *die (ohne Pl)* Bundeswehr *f, armée allemande*.

bundesweit ◇ *Adj* qui concerne toute l'Allemagne, dans toute l'Allemagne. ◇ *Adv* dans toute l'Allemagne.

bündig ◇ *Adj* concis(e). ◇ *Adv* brièvement.

Bündnis (*Pl* **-se**) *das* alliance *f*; **mit jm ein ~ eingehen** s'allier avec qqn.

Bündnis 90/Grüne *das parti constitué d'écologistes de l'ancienne Allemagne de l'Ouest et de l'ex-RDA.*

Bungalow ['buŋgalo] (*Pl* **-s**) *der* bungalow *m*.

Bunker (*Pl* **-**) *der* [Schutzraum] abri *m*; HIST bunker *m*.

bunt ◇ *Adj* **-1.** [vielfarbig] multicolore, bariolé(e). **-2.** [abwechslungsreich] varié(e); **~er Abend** soirée *f* d'animation. **-3.** [durcheinander] confus(e), désordonné(e); **es wird mir zu ~!** c'en est trop pour moi! ◇ *Adv* **-1.** [vielfarbig] en couleurs. **-2.** [abwechslungsreich]: **~ gemischt** hétéroclite; **es zu ~ treiben** aller trop loin, dépasser les bornes.

Bunt|metall *das* métal *m* panaché.

Bunt|stift *der* crayon *m* de couleur.

Bürde (*Pl* **-n**) *die* fardeau *m*.

Burg (*Pl* **-en**) *die* château (fort) *m*.

Bürge (*Pl* **-n**) *der* caution *f*, garant *m*, -e *f*.

bürgen *intr*: **für jn ~** cautionner qqn, se porter garant(e) pour qqn; **für etw ~** *eigtl* cautionner qqch, se porter garant(e) de qqch; *fig* être la garantie de qqch.

Burgenland *das* Burgenland *m*.

Burgenländer, in (*mPl* **-**; *fPl* **-nen**) *der, die* habitant *m*, -e *f* du Burgenland.

burgenländisch *Adj* du Burgenland.

Bürger, in (*mPl* **-**; *fPl* **-nen**) *der, die* **-1.** [Mitbürger] citoyen *m*, -enne *f*. **-2.** [Bourgeois] bourgeois *m*, -e *f*.

Bürger|initiative *die* [in Stadt] association *f* de quartier.

Bürger|krieg *der* guerre *f* civile.

bürgerlich ◇ *Adj* **-1.** [Rechte, Plichten] civil(e). **-2.** [Leben, Partei] bourgeois(e). **-3.** *abw* [spießig] petit-bourgeois (petite-bourgeoise). ◇ *Adv* **-1.** [leben] bourgeoisement. **-2.** *abw* [spießig] comme un petit-bourgeois ODER une petite-bourgeoise. **-3.** [wählen] à droite.

Bürger|meister, in *der, die* maire *m*, bourgmestre *m Helv* & *Belg*.

◆ **regierender Bürgermeister** *maire et chef du gouvernement d'une ville-État*.

bürgernah *Adj* proche du peuple ODER des gens.

Bürger|recht *das* droits *mpl* civiques.

Bürgerrechtler, in (*mPl* **-**; *fPl* **-nen**) *der, die militant du mouvement pour les droits civiques*.

Bürgerschaft (*Pl* **-en**) *die* **-1.** [Gemeinschaft] ensemble *m* des citoyens. **-2.** [in Hamburg, Bremen] conseil *m* municipal.

Bürgersteig (*Pl* **-e**) *der* trottoir *m*.

Bürgertum *das (ohne Pl)* bourgeoisie *f*.

Bürgschaft (*Pl* **-en**) *die*: **~ (für jn/etw)** caution *f* (pour qqn/qqch); **gegen ~** sous caution.

Burgund *nt* Bourgogne *f*; **in ~** en Bourgogne.

Burgunder (*Pl* **-**) *der* **-1.** [Person] Bourguignon *m*. **-2.** [Wein] bourgogne *m*.

Burgunderin (*Pl* **-nen**) *die* Bourguignonne *f*.

burgundisch *Adj* bourguignon(onne).

Burkina Faso *nt* Burkina Faso *m*; **in ~** au Burkina Faso.

Büro [by'ro:] (*Pl* **-s**) *das* bureau *m*; [von Sekretärinnen] pool *m*.

Büro|angestellte *der, die* employé de bureau *m*, employée de bureau *f*.

Büro|arbeit *die* travail *m* de bureau.
Bürokauf|frau *die* assistante *f* commerciale.
Bürokauf|mann *der* assistant *m* commercial.
Büro|klammer *die* trombone *m*.
Bürokrat (*Pl* **-en**) *der* bureaucrate *m*.
Bürokratie [byrokra'tiː] (*Pl* **-n**) *die* bureaucratie *f*.
bürokratisch ◇ *Adj* bureaucratique. ◇ *Adv* **-1.** [verwaltungstechnisch] suivant les procédures administratives. **-2.** *abw* [schematisch] en se limitant strictement aux règlements.
Büro|material *das* matériel *m* ODER fournitures *fpl* de bureau.
Bürostunden *Pl* heures *fpl* de bureau.
Büro|zeit *die* heures *fpl* de bureau.
Bursche (*Pl* **-n**) *der* **-1.** [Junge] garçon *m*. **-2.** *abw* type *m*. **-3.** [Fisch, Wild]: **prächtiger ~** belle pièce *f*.
burschikos ◇ *Adj* garçonnier(ère). ◇ *Adv* comme un garçon.
Bürste (*Pl* **-n**) *die* [Gerät] brosse *f*.
bürsten *tr* brosser.
Burundi *nt* Burundi *m*; **in ~** au Burundi.
Bus (*Pl* **-se**) *der* **-1.** [Omnibus] bus *m*. **-2.** [Reisebus] car *m*.
Bus|bahnhof *der* gare *f* routière.
Busch (*Pl* **Büsche**) *der* **-1.** [Strauch] buisson *m*; **auf den ~ klopfen** *fam* tâter le terrain. **-2.** GEOGR brousse *f*.
Büschel (*Pl* -) *das* touffe *f*.
buschig *Adj* **-1.** [Augenbrauen, Gelände] broussailleux(euse). **-2.** [Pflanze] touffu(e).
Busen (*Pl* -) *der* poitrine *f*, seins *mpl*.
Bus|fahrer, in *der, die* **-1.** [von Omnibussen] conducteur de bus *m*, conductrice de bus *f*. **-2.** [von Reisenbussen] chauffeur *m* de car.
Bushalte|stelle *die* arrêt *m* de bus.
Bussard (*Pl* **-e**) *der* buse *f*.
Buße (*Pl* **-n**) *die* **-1.** REL pénitence *f*; **~ tun** se repentir. **-2.** RECHT amende *f*.
büßen ◇ *tr* **-1.** [Sünde] expier. **-2.** [Untat] payer *fig*. ◇ *intr*: **für etw ~** REL faire pénitence pour qqch; [für eine Untat] payer qqch *fig*.
Buß|geld *das* amende *f*.
Bußgeld|bescheid *der* contravention *f*.
Bus|spur *die* couloir *m* d'autobus.
Buß- und Bet|tag *der mercredi (férié) précédant Christ Roi, jour de pénitence et de prière pour les protestants luthériens allemands*.
Büste (*Pl* **-n**) *die* buste *m*.
Büstenhalter (*Pl* -) *der* soutien-gorge *m*.
Butter *die (ohne Pl)* beurre *m*; **alles in ~** *salopp fig* ça ODER tout baigne.
Butter|brot *das* tartine *f* beurrée; **jm etw immer wieder aufs ~ schmieren** ODER **streichen** *fam fig* reprocher toujours la même chose à qqn.
Butter|dose *die* beurrier *m*.
Butter|fahrt *die excursion en bateau permettant d'acheter des produits bon marché ou hors taxes*.
Butter|milch *die* babeurre *m*.
BVA (*Abk für* **Bundesversicherungsanstalt für Angestellte**) *die (ohne Pl)* caisse *f* centrale des assurances sociales des employés et cadres.
BVG *das (ohne Pl) Abk für* **Bundesverfassungsgericht**.
b. w. (*Abk für* **bitte wenden**) T.S.V.P.
BW *Abk für* **Baden-Württemberg**.
BWL (*Abk für* **Betriebswirtschaftslehre**) *die (ohne Pl)* gestion *f*.
Bypass ['baipas] (*Pl* **-pässe**) *der* **-1.** MED pontage *m*. **-2.** TECH by-pass *m inv*, bipasse *m*.
Byte [bait] (*Pl* **-s**) *das* EDV octet *m*.
byzantinisch *Adj* byzantin(e).
bzg. *Abk für* **bezüglich**.
bzw. *Abk für* **beziehungsweise**.

C

c, C [tseː] (*Pl* - ODER **-s**) *das* **-1.** [Buchstabe] c *m inv*, C *m inv*. **-2.** MUS do *m*, ut *m*.
◆ **C** (*Abk für* **Celsius**) C.
ca. (*Abk für* **circa**) env.
Cabaret [kaba'reː] (*Pl* **-s**) *das* cabaret *m*, café-théâtre *m*.
Cabrio, Kabrio ['kaːbrio] (*Pl* **-s**) *das* (voiture) décapotable *f*.
CAD (*Abk für* **Computer Aided Design**) *das (ohne Pl)* DAO *m*.
Cadmium, Kadmium ['katmiʊm] *das (ohne Pl)* CHEM cadmium *m*.
Café [ka'feː] (*Pl* **-s**) *das* café *m*, salon *m* de thé.
Cafeteria [kafetə'riːa] (*Pl* **-s**) *die* cafétéria *f*.
cal (*Abk für* **Kalorie**) cal.
Callgirl ['koːlgøːɐl] (*Pl* **-s**) *das* call-girl *f*.
Calzium, Kalzium ['kaltsiʊm] *das (ohne Pl)* CHEM calcium *m*.
CAM (*Abk für* **Computer Aided Manufacturing**) *das (ohne Pl)* FAO *f*.

Camembert ['kaməmbeːɐ̯] (*Pl* **-s**) *der* camembert *m*.

campen ['kɛmpn̩] *intr* camper, faire du camping.

Camper, in ['kɛmpɐ, rɪn] (*mPl* **-**; *fPl* **-nen**) *der, die* campeur *m*, -euse *f*.

Camping ['kɛmpɪŋ] *das (ohne Pl)* camping *m*.

Camping|bus *der* camping-car *m*.

Camping|platz *der* terrain *m* de camping, camping *m*.

cand. *Abk für* **Kandidat**.

Cape [keːp] (*Pl* **-s**) *das* cape *f*.

Caracas *nt* Caracas.

Casablanca *nt* Casablanca.

Cäsium ['tsɛːzi̯ʊm] *das* CHEM césium *m*.

Cassetten-|Recorder [ka'sɛtn̩re'kɔrdɐ] *der* lecteur *m* de cassettes, magnétophone *m*.

catchen ['kɛtʃn̩] *intr* faire du catch.

cbd (*Abk für* **cash before delivery**) paiement *m* avant livraison.

CB-Funker [tseː'beːfʊŋkɐ] *der* cibiste *mf*.

ccm (*Abk für* **Kubikzentimeter**) cm^3.

CD [tseː'deː] (*Pl* **-s**) (*Abk für* **Compact-Disc**) *die* CD *m*.

CD-ROM [tseːdeː'rɔm] (*Pl* **-**) *die* EDV (*Abk für* **Compact-Disk read only memory**) CD-ROM *m*.

CD-|Spieler [tseː'deːʃpiːlɐ] *der* lecteur *m* de disques compacts, platine *f* laser.

CDU [tseːdeː'uː] (*Abk für* **Christlich-Demokratische Union**) *die (ohne Pl) parti démocrate-chrétien allemand*.

C-Dur ['tseːduːɐ̯] *das (ohne Pl)* do *m* ODER ut *m* majeur.

Cello ['tʃɛlo] (*Pl* **-s**) *das* violoncelle *m*.

Celsius ['tsɛlzi̯ʊs]: **10 Grad ~** 10 degrés Celsius.

Cembalo ['tʃɛmbalo] (*Pl* **-s**) *das* clavecin *m*.

Cent [(t)sɛnt] (*Pl* **-s** ODER **-**) *der* cent *m* (américain).

Ceylon *nt* Ceylan; **auf ~** à Ceylan.

Chamäleon [ka'mɛːleɔn] (*Pl* **-s**) *das* caméléon *m*.

Champagner [ʃam'panjɐ] (*Pl* **-**) *der* champagne *m*.

Champignon ['ʃampɪnjɔŋ] (*Pl* **-s**) *der* champignon *m* de Paris.

Champion ['tʃɛmpi̯ən] (*Pl* **-s**) *der* champion *m*, -onne *f*.

Chance ['ʃɑ̃ːs(ə)] (*Pl* **-n**) *die* [Möglichkeit] chance *f*; **jm eine ~ geben** donner une ODER sa chance à qqn; **~n (bei jm) haben** avoir ses chances (auprès de qqn).

Chancen|gleichheit *die* égalité *f* des chances.

Chanson [ʃɑ̃'sɔ̃] (*Pl* **-s**) *das* chanson *f* (satirique).

Chaos ['kaːɔs] *das (ohne Pl)* chaos *m*.

Chaot, in [ka'oːt, ɪn] (*mPl* **-en**; *fPl* **-nen**) *der, die fam abw* **-1.** [politisch] casseur *m*. **-2.** [menschlich, charakterlich] déséquilibré *m*, -e *f*.

chaotisch [ka'oːtɪʃ] ◇ *Adj* désordonné(e). ◇ *Adv* de manière désordonnée; **~ handeln** faire n'importe quoi.

Charakter [ka'raktɐ] (*Pl* **-tere**) *der* **-1.** [gen] caractère *m*. **-2.** [Mensch] personnalité *f*.

Charakter|eigenschaft *die* trait *m* de caractère.

charakterfest *Adj* qui a du caractère ODER une forte personnalité.

charakterisieren [karakteri'ziːrən] *tr* caractériser.

Charakteristik [karakte'rɪstɪk] (*Pl* **-en**) *die* caractéristique *f*.

charakteristisch [karakte'rɪstɪʃ] ◇ *Adj* caractéristique; **für jn/etw ~ sein** être caractéristique de qqn/qqch. ◇ *Adv* de manière caractéristique.

charakterlich [ka'raktɐlɪç] *Adj* de caractère.

charakterlos [ka'raktɐloːs] ◇ *Adj* dépourvu(e) de caractère. ◇ *Adv* de façon amorale.

Charakter|zug *der* trait *m* de caractère.

Charisma ['çaːrɪsma] (*Pl* **Charismen**) *das* charisme *m*.

charmant [ʃar'mant] ◇ *Adj* charmant(e). ◇ *Adv* de façon charmante.

Charme [ʃarm] *der (ohne Pl)* charme *m*.

Charta ['karta] (*Pl* **-s**) *die* charte *f*.

Charter|flug ['tʃartɐfluːk] *der* vol *m* charter.

Charter|flugzeug *das* charter *m*.

Charter|gesellschaft *die* compagnie *f* charter.

Charter|maschine *die* charter *m*.

chartern ['tʃartɐn] *tr* affréter.

Chassis [ʃa'siː] (*Pl* **-**) *das* châssis *m*.

Chauffeur, in [ʃɔ'føːɐ̯, rɪn] (*mPl* **-e**; *fPl* **-nen**) *der, die* chauffeur *m*.

chauffieren [ʃɔ'fiːrən] *tr* conduire.

Chaussee [ʃo'seː] (*Pl* **-n**) *die* chaussée *f*.

Chauvi ['ʃoːvi] (*Pl* **-s**) *der fam abw* macho *m*.

Chauvinismus [ʃovi'nɪsmʊs] *der (ohne Pl) abw* **-1.** [Sexismus] machisme *m*. **-2.** [Nationalismus] chauvinisme *m*.

Chauvinist [ʃovi'nɪst] (*Pl* **-en**) *der abw* **-1.** [Sexist] machiste *m*. **-2.** [Nationalist] chauvin *m*.

Chauvinistin [ʃovi'nɪstɪn] (*Pl* **-nen**) *die abw* [Nationalistin] chauvine *f*.

chauvinistisch [ʃovi'nɪstɪʃ] *abw* ◇ *Adj* [sexistisch] machiste; [nationalistisch] chauvin(e). ◇ *Adv* **-1.** [sexistisch] comme un machiste. **-2.** [nationalistisch] comme un chauviniste.

checken ['tʃɛkn̩] *tr* **-1.** [untersuchen] vérifier. **-2.** *fam* [verstehen] piger.
Checkliste ['tʃɛklɪstə] *die* liste *f* de contrôle.
Chef [ʃɛf] (*Pl* **-s**) *der* chef *m*, patron *m*.
Chefarzt, ärztin *der, die* médecin-chef *m*.
Chefetage *die* étage *m* de la direction.
Chefin (*Pl* **-nen**) *die* chef *m*, patronne *f*.
Chefredakteur, in *der, die* rédacteur *m*, rédactrice *f* en chef.
Chefsekretär, in *der, die* secrétaire *mf* de direction.
chem. (*Abk für* **chemisch**) chim.
Chemie [çe'miː] *die (ohne Pl)* **-1.** [Wissenschaft] chimie *f*; **organische/anorganische ~** chimie *f* organique/anorganique. **-2.** *fam* [Chemikalien] produits *mpl* chimiques.
Chemiefaser *die* fibre *f* synthétique.
Chemikalie [çemi'kaːli̯ə] (*Pl* **-n**) *die* produit *m* chimique.
Chemiker, in ['çeːmikɐ, rɪn] (*mPl* **-**; *fPl* **-nen**) *der, die* chimiste *mf*.
chemisch ['çeːmiʃ] ◇ *Adj* chimique. ◇ *Adv* chimiquement.
Chemnitz *nt* Chemnitz.
Chemotherapie [çemotera'piː] *die* chimiothérapie *f*.
Chicago *nt* Chicago.
Chicorée ['ʃikore] (*Pl* **-s**) *die* ODER *der* endive *f*.
Chiemsee *der* Chiemsee *m*.
Chiffre ['ʃifrə] (*Pl* **-n**) *die* **-1.** [Zeichen] chiffre *m*. **-2.** [von Anzeigen] référence *f*; **unter ~** sous une référence.
chiffrieren [ʃɪ'friːrən] *tr* coder, crypter.
Chile ['tʃiːle] *nt* Chili *m*; **in ~** au Chili.
Chilene [tʃi'leːnə] (*Pl* **-n**) *der* Chilien *m*.
Chilenin [tʃi'leːnɪn] (*Pl* **-nen**) *die* Chilienne *f*.
chilenisch [tʃi'leːnɪʃ] *Adj* chilien(enne).
Chili ['tʃiːli] *der (ohne Pl)* **-1.** [Schote] piment *m*. **-2.** [Gewürz] poivre *m* de Cayenne.
China ['çiːna] *nt (ohne Pl)* Chine *f*.
Chinakohl *der* chou *m* chinois.
Chinese [çi'neːzə] (*Pl* **-n**) *der* Chinois *m*.
Chinesin [çi'neːzin] (*Pl* **-nen**) *die* Chinoise *f*.
chinesisch [çi'neːzɪʃ] *Adj* chinois(e).
Chinesisch *das (ohne Pl)* chinois *m*; *siehe auch* **Englisch**.
Chinesische *das (ohne Pl)* chinois *m*; *siehe auch* **Englische**.
Chinin [çi'niːn] *das (ohne Pl)* quinine *f*.
Chip [tʃɪp] (*Pl* **-s**) *der* **-1.** ELEKTR puce *f*, microprocesseur *m*. **-2.** [beim Spiel] jeton *m*.
Chips [tʃɪps] *Pl* chips *fpl*.
Chirurg [çi'rʊrk] (*Pl* **-en**) *der* chirurgien *m*.
Chirurgie [çirʊr'giː] (*Pl* **-n**) *die* chirurgie *f*.
Chirurgin [çi'rʊrgɪn] (*Pl* **-nen**) *die* chirurgienne *f*.
chirurgisch [çi'rʊrgɪʃ] ◇ *Adj* chirurgical(e). ◇ *Adv* par la chirurgie.
Chlor [kloːɐ̯] *das (ohne Pl)* CHEM chlore *m*.
chlorfrei ◇ *Adj* sans chlore, non chloré(e). ◇ *Adv*: **~ bleichen** blanchir sans chlore.
Chloroform [kloro'fɔrm] *das (ohne Pl)* chloroforme *m*.
Chlorophyll [kloro'fyl] *das (ohne Pl)* chlorophylle *f*.
Choke [tʃoːk] (*Pl* **-s**) *der* starter *m*.
Cholera ['koːlera] *die (ohne Pl)* choléra *m*.
cholerisch [ko'leːrɪʃ] ◇ *Adj* coléreux(euse), colérique. ◇ *Adv* violemment.
Cholesterin [kolɛste'riːn] *das (ohne Pl)* cholestérol *m*.
Chor [koːɐ̯] (*Pl* **Chöre**) *der* **-1.** MUS chœur *m*, chorale *f*; **im ~** en chœur. **-2.** ARCHIT chœur *m*.
Choral [ko'raːl] (*Pl* **Choräle**) *der* MUS choral *m*.
Choreograph [koreo'graːf] (*Pl* **-en**) *der* chorégraphe *m*.
Choreographie [koreogra'fiː] (*Pl* **-n**) *die* chorégraphie *f*.
Choreographin (*Pl* **-nen**) *die* chorégraphe *f*.
Chorleiter, in *der, die* chef *m* de chœur.
Chr. (*Abk für* **Christus**) J.-C.
Christ ['krɪst] (*Pl* **-en**) *der* chrétien *m*; **der ~** le Christ.
Christbaum *der* arbre *m* ODER sapin *m* de Noël.
Christdemokrat, in *der, die* démocrate-chrétien *m*, -enne *f*.
Christentum ['krɪstn̩tuːm] *das (ohne Pl)* christianisme *m*.
Christi Himmelfahrt *(ohne Artikel)* [Feiertag] Ascension *f*.
Christin ['krɪstɪn] (*Pl* **-nen**) *die* chrétienne *f*.
Christkind *das (ohne Pl)* **-1.** [Jesuskind] enfant Jésus *m*. **-2.** [zu Weihnachten]: **das ~** ≃ le Père Noël.
christlich ['krɪstlɪç] ◇ *Adj* chrétien(enne). ◇ *Adv* en bon chrétien.
Christmette (*Pl* **-n**) *die* messe *f* de minuit.
Christstollen *der* KÜCHE *gâteau de forme allongée contenant des fruits confits, des amandes et des raisins secs que l'on confectionne pour Noël.*
Christus ['krɪstʊs] *der (ohne Pl)* Christ *m*.
Chrom [kroːm] *das (ohne Pl)* chrome *m*.
Chromosom [kromo'zoːm] (*Pl* **-en**) *das* BIOL chromosome *m*.
Chronik ['kroːnɪk] (*Pl* **-en**) *die* chronique *f*.
chronisch ['kroːnɪʃ] *Adj* MED chronique.

chronologisch [krono'loːgɪʃ] ◇ *Adj* chronologique. ◇ *Adv* dans l'ordre chronologique.
Chrysantheme [kryzan'teːmə] (*Pl* **-n**) *die* chrysanthème *m*.
Chur [kuːɐ̯] *nt* Coire.
CIO (*Abk für* **Internationales Olympisches Komitee**) *das (ohne Pl)* CIO *m*.
circa, **zirka** ['tsɪrka] *Adv* environ.
Cis ['tsɪs] (*Pl* **-**) *das* MUS do *m* dièse.
City ['sɪti] (*Pl* **-s** ODER **-ies**) *die* centre-ville *m*.
clever ['klɛvɐ] ◇ *Adj* futé(e). ◇ *Adv*: **das hat er ~ hingekriegt** il s'est bien débrouillé.
Clinch ['klɪntʃ] *der (ohne Pl)* SPORT corps à corps *m*; **mit jm im ~ liegen** *fig* être en bisbille avec qqn.
Clip ['klɪp] (*Pl* **-s**) *der* clip *m*.
Clique ['klɪkə] (*Pl* **-n**) *die* **-1.** [Gruppe] bande *f (d'amis, de jeunes)*. **-2.** *abw* [Verbrecher] clique *f*.
Cliquen|wirtschaft *die (ohne Pl) abw* système *m* de coterie.
Clou [kluː] (*Pl* **-s**) *der* clou *m*.
Clown, in [klaun, ɪn] (*mPl* **-s**; *fPl* **-nen**) *der, die* clown *m*.
cm (*Abk für* **Zentimeter**) cm.
c-Moll ['tseːmɔl] *das (ohne Pl)* MUS do *m* mineur.
c. o. (*Abk für* **care of**) c/o, a/s.
CO_2 (*Abk für* **Kohlendioxid**) *das (ohne Pl)* CO_2 *m*.
Cockerspaniel ['kɔkɐspaːnjəl] (*Pl* **-s** ODER **-**) *der* cocker *m*.
Cockpit ['kɔkpɪt] (*Pl* **-s**) *das* cockpit *m*.
Cocktail ['kɔkteːl] (*Pl* **-s**) *der* cocktail *m*.
Code, **Kode** ['koːt] (*Pl* **-s**) *der* code *m*.
codieren, **kodieren** [ko'diːrən] *tr* coder.
Cognac®, **Kognak®** ['kɔnjak] (*Pl* **-s**) *der* cognac *m*.
Cola ['koːla] (*Pl* **-s**) *die* ODER *das fam* coca(-cola) *m*.
Collage [kɔ'laːʒə] (*Pl* **-n**) *die* collage *m*.
Colt® [kɔlt] (*Pl* **-s**) *der* colt® *m*.
Comeback [kam'bɛk] (*Pl* **-s**) *das* come back *m*, retour *m*.
Comic ['kɔmɪk] (*Pl* **-s**) *der* bande *f* dessinée.
Compiler [kɔm'pailə] (*Pl* **-**) *der* EDV compilateur *m*.
Computer [kɔm'pjuːtɐ] (*Pl* **-**) *der* ordinateur *m*.
Computer|ausdruck (*Pl* **-e**) *der* sortie *f* papier.
computergesteuert *Adj* assisté(e) par ordinateur.
Computer|kriminalität *die* EDV délinquance *f* informatique.
Computer|spiel *das* EDV jeu *m* sur ordinateur.
Computer|virus *der* EDV virus *m* informatique.
Conférencier [kõferɑ̃'sjeː] (*Pl* **-s**) *der* animateur *m*.
Container [kɔn'teːnɐ] (*Pl* **-**) *der* conteneur *m*; [für Abfall] benne *f*.
Container|schiff *das* porte-conteneurs *m inv*.
contra, **kontra** ['kɔntra] *Präp* RECHT contre.
cool [kuːl] *Adj* & *Adv fam* cool.
Co|pilot, **Ko|pilot** ['koːpiloːt] *der* copilote *m*.
Co|pilotin, **Ko|pilotin** ['koːpiloːtɪn] *die* copilote *f*.
Co|prozessor *der* EDV coprocesseur *m*.
Copyright ['kɔpirait] (*Pl* **-s**) *das* copyright *m*.
Cord, **Kord** [kɔrt] *der* velours *m* (côtelé).
Cord|hose, **Kord|hose** ['kɔrt|hoːzə] *die* pantalon *m* en velours (côtelé).
Cornedbeef, **Corned beef** ['kɔrnət'biːf] *das (ohne Pl)* corned-beef *m*.
Cornflakes, **Corn-flakes**, **Corn flakes** ['koːɐ̯nfleːks] *Pl* corn-flakes *mpl*.
Cornwall *nt* Cornouailles *f*; **in ~** en Cornouailles.
Costa Rica *nt* Costa Rica *m*; **in ~** au Costa Rica.
Côte d'Azur *die* Côte d'Azur *f*; **an der ~** sur la Côte d'Azur.
Couch [kautʃ] (*Pl* **-s** ODER **-en**) *die* divan *m*.
Couch|tisch *der* table *f* basse.
Countdown ['kaunt'daun] (*Pl* **-s**) *der* ODER *das* compte *m* à rebours; **der ~ läuft** le compte à rebours est lancé.
Country Musik, **Country-music** ['kʌntrɪmjuːzɪk] *die (ohne Pl)* musique *f* country, country music *f*.
Coup [kuː] (*Pl* **-s**) *der* coup *m*; **einen (großen) ~ landen** frapper un grand coup.
Coupé [ku'peː] (*Pl* **-s**) *das* AUTO coupé *m*.
Coupon, **Kupon** [ku'põ] (*Pl* **-s**) *der* coupon *m*.
Courage [ku'raːʒə] *die (ohne Pl)* courage *m*.
Cousin [ku'zɛ̃] (*Pl* **-s**) *der* cousin *m*.
Cousine, **Kusine** [ku'ziːnə] (*Pl* **-n**) *die* cousine *f*.
Cover ['kavɐ] (*Pl* **-s** ODER **-**) *das* **-1.** [von Schallplatten] pochette *f*. **-2.** [von Zeitschriften] couverture *f*.
Cowboy ['kaubɔy] (*Pl* **-s**) *der* cow-boy *m*.
Creme [kreːm, krɛːm] (*Pl* **-s** ODER **-n**) *die* crème *f*.
cremig, **kremig** ['kreːmɪç] ◇ *Adj* [Ei, Joghurt] onctueux(euse). ◇ *Adv*: **etw ~ schlagen** battre qqch pour le rendre onctueux.
Crew [kruː] (*Pl* **-s**) *die* **-1.** [Besatzung] équipage *m*. **-2.** [Team] équipe *f*.
CSU [tseː|ɛs'|uː] (*Abk für* **Christlich-Soziale Union**) *die (ohne Pl) parti social-chrétien en Bavière*.

c.t. (*Abk für* **cum tempore (mit akademischem Viertel)**) avec un quart d'heure de retard.

Cup [kap] (*Pl* **-s**) *der* SPORT coupe *f*.

Curry ['kœri] (*Pl* **-s**) *das* curry *m*.

Curry|wurst *die saucisse grillée à la sauce curry et ketchup*.

Cursor ['kø:sə] (*Pl* **-en**) *der* EDV curseur *m*.

CVJM (*Abk für* **Christlicher Verein Junger Männer**) *der (ohne Pl)* Union *f* chrétienne de jeunes gens.

CVP [tse:|fau|pe:] (*Abk für* **Christliche Volkspartei (der Schweiz)**) *die (ohne Pl) parti populiste chrétien suisse*.

D

d, D [de:] (*Pl* **-** ODER **-s**) *das* **-1.** [Buchstabe] d *m inv*, D *m inv*. **-2.** MUS ré *m inv*.

da ◇ *Adv* **-1.** [gen] là; **~ liegt deine Tasche** ton sac est là; **der Mann ~** cet homme-là; **~ bist du ja!** te voilà!; **~ drüben** là-bas; **~ lang** par là; **von ~ an** à partir de ce moment-là. **-2.** [als Satzanfang]: **~ fällt mir gerade ein!** tiens ODER tenez, je viens de penser à quelque chose! **-3.** [deshalb] alors. ◇ *Konj* **-1.** [weil] comme; **~ dem so ist** puisqu'il en est ainsi. **-2.** *geh* [nachdem] puisque.

◆ **da und dort** *Adv* ici et là.

d.Ä. *Abk für* **der Ältere**.

da|behalten *tr (unreg)* garder.

dabei, dabei *Adv* **-1.** [räumlich]: **etw ist nicht ~** il n'y a pas qqch; **nahe ~** tout près. **-2.** [gleichzeitig] en même temps; **~ sein, etw zu tun** être en train de faire qqch; **essen und ~ reden** discuter en mangeant. **-3.** [bei etwas] dans cette affaire; **jm ~ helfen, etw zu tun** aider qqn à faire qqch; **es bleibt ~** c'est entendu; **es ist nichts ~** *fam* il n'y a pas de mal à qqch; **was ist schon ~!** *fam* qu'est-ce que ça fait? **-4.** [doch] pourtant.

dabei|bleiben (*Perf* **ist dabeigeblieben**) *intr (unreg)* rester; **es bleibt dabei** on en reste là.

dabei|haben *tr (unreg)* **-1.** [Gegenstand] avoir sur soi. **-2.** [Person] avoir avec soi; **jn (nicht) ~ wollen** (ne pas) vouloir que qqn vienne.

dabei|sein (*Perf* **ist dabeigewesen**) *intr (unreg)* être là ODER présent(e); **~, etw zu tun** être en train de faire qqch; **ich bin dabei!** j'en suis!

da|bleiben (*Perf* **ist dageblieben**) *intr (unreg)* rester.

Dach (*Pl* **Dächer**) *das* toit *m*; **ein ~ über dem Kopf haben** *fam* avoir un toit pour dormir; **unter einem ~ wohnen/leben** habiter/vivre sous le même toit; **jm aufs ~ steigen** *fam* passer un savon à qqn; **jm eins aufs ~ geben** *fam* [verprügeln] en coller une à qqn; [tadeln] remonter les bretelles à qqn.

◆ **unter Dach und Fach** *Adv* **-1.** [geschützt] à l'abri. **-2.** [beendet] réglé(e), casé(e).

Dach|boden *der* grenier *m*.

Dachdecker (*Pl* **-**) *der* couvreur *m*.

Dach|fenster *das* lucarne *f*.

Dach|garten *der* jardin *m* sur le toit.

Dach|gepäckträger *der* galerie *f*.

Dach|geschoß *das* combles *mpl*.

Dach|kammer *die* mansarde *f*.

Dach|luke *die* lucarne *f*.

Dach|organisation *die* groupement *m (de sociétés, syndicats, associations)*.

Dach|pappe *die* carton *m* bitumé.

Dach|pfanne *die* tuile *f* flamande ODER panne.

Dach|rinne *die* gouttière *f*.

Dachs [daks] (*Pl* **-e**) *der* blaireau *m*.

Dach|schaden *der* dégâts *mpl* de toiture; **einen ~ haben** *salopp fig* être fêlé(e).

Dach|stuhl *der* charpente *f*.

dachte *Prät* → **denken**.

Dach|terrasse *die* terrasse *f* sur le toit.

Dach|verband *der* organisme *m* coordinateur.

Dach|wohnung *die* appartement *m* sous les combles.

Dach|ziegel *der* tuile *f*.

Dackel (*Pl* **-**) *der* teckel *m*.

Dadaismus [dada'ɪsmʊs] *der (ohne Pl)* dadaïsme *m*.

Dadaist, in [dada'ɪst, ɪn] (*mPl* **-en**; *fPl* **-nen**) *der, die* dadaïste *mf*.

dadurch, dadurch *Adv* **-1.** [räumlich] par là. **-2.** [deshalb] de ce fait.

◆ **dadurch, daß** *Konj* du fait que.

DAF [daf] (*Abk für* **Deutsch als Fremdsprache**) *das (ohne Pl)* allemand *m* langue étrangère, ≃ FLE.

dafür, dafür *Adv* **-1.** [für etwas] pour ODER à cela, en, y; **~ zahlen** payer pour cela; **~ verantwortlich sein** en être responsable; **sich ~ interessieren** s'y intéresser, s'intéresser à cela; **~ sein** être pour; **~ sprechen, daß** donner à penser que. **-2.** [trotzdem] par contre; **schön, aber ~ unpraktisch** beau, mais par contre peu pratique.

◆ **dafür, daß** *Konj* bien que.

dafürlhalten *intr (unreg) geh*: **~, daß** être d'avis que *(+ subjonctif)*.

◆ **Dafürhalten** *das (ohne Pl)*: **nach js ~** selon qqn.

dafürlkönnen *tr (unreg)*: **nichts ~** *fam* n'y être pour rien; **was kann ich dafür**? *fam* qu'est-ce que j'y peux?

DAG (*Abk für* **Deutsche Angestellten-Gewerkschaft**) *die (ohne Pl) syndicat des employés et cadres allemands*.

dagegen, dagegen *Adv* **-1.** [gegen etwas] contre cela; **etw ~ lehnen** appuyer qqch contre cela; **~ kämpfen** lutter contre cela; **~ sein** être contre. **-2.** [im Gegensatz] par contre. **-3.** [im Vergleich] en comparaison; **nichts ~ sein** n'être rien en comparaison.

dagegenlhaben *tr (unreg)*: **etwas ~ (, daß)** être contre (le fait que *(+ subjonctif)*); **nichts ~** n'avoir rien contre.

dagegenlsetzen *tr* opposer à cela.

dagegenlsprechen *intr (unreg)* s'opposer à.

dagegenlstellen

◆ **sich dagegenstellen** *ref* s'opposer à.

dagewesen *PP*: **noch nie ~** qui ne s'est jamais présenté(e).

daheim *Adv Südd, Österr & Schweiz* à la maison.

Daheim *das (ohne Pl) Süddt, Österr & Schweiz*: **mein ~** mon chez-moi *m*; **sein ~** son chez-soi *m*.

daher *Adv* **-1.** [von da] de là. **-2.** [dadurch]: **~, daß** du fait que. **-3.** [deswegen] donc.

dahin, dahin ◇ *Adv* **-1.** [räumlich] là, là-bas, y; **etw ~ legen** poser qqch là ODER là-bas; **~ fahren** ODER **gehen** y aller; **sich ~ drehen** se tourner de ce côté-là. **-2.** [zeitlich]: **bis ~** jusque-là. ◇ *Adj*: **~ sein** [kaputt] être cassé(e); [verschwunden] être parti(e).

dahingegen *Adv geh* en revanche.

dahinlgehen (*Perf* **ist dahingegangen**) *intr (unreg) geh* [verstreichen] passer.

dahingestellt *PP*: **~ sein lassen, ob** passons sur le fait que; **etw bleibt** ODER **sei ~** qqch reste à prouver.

dahinten *Adv* là-bas.

dahinter *Adv* derrière; **es ist** ODER **steckt nicht viel ~** c'est du vent ODER de l'esbroufe.

dahinterlkommen (*Perf* **ist dahintergekommen**) *intr (unreg) fam* découvrir le pot aux roses; **~, wie/was/daß/etc** découvrir comment/ce que/que/etc.

dahinterlstecken *intr fam* se cacher derrière; **es steckt nichts dahinter** c'est du vent.

dahinterlstehen *intr (unreg)* **-1.** [gemeinsam] faire bloc. **-2.** [zugrundeliegen] être à la base de.

DAK (*Abk für* **Deutsche Angestellten-Krankenkasse**) *die (ohne Pl) caisse allemande d'assurance-maladie des employés*.

Dakar *nt* Dakar.

Dakka *nt* Dacca.

dallassen *tr (unreg) fam* laisser.

dalliegen *intr (unreg)* [Mensch] être étendu(e); [Ort] être là; [Gegenstand]: **Zeitungen lagen da** il y avait des journaux.

Dallas *nt* Dallas.

Dalmatien *nt* Dalmatie *f*.

Dalmatiner (*Pl* -) *der* **-1.** [Person] Dalmate *m*. **-2.** [Hunde] dalmatien *m*.

Dalmatinerin (*Pl* **-nen**) *die* [Person] Dalmate *f*.

dalmatinisch, dalmatisch *Adj* dalmate.

damalig *Adj* de l'époque.

damals *Adv* à cette époque; **seit ~** depuis lors.

Damaskus *nt* Damas.

Damast (*Pl* **-e**) *der* damas *m*.

Dame (*Pl* **-n**) *die* **-1.** [Frau, als Karte] dame *f*; **ältere ~** femme *f* d'un certain âge; **meine (sehr verehrten) ~n und Herren** Mesdames, Messieurs. **-2.** *(ohne Pl)* [Spiel]: **~ spielen** jouer aux dames *fpl*.

Damenlbekleidung *die* vêtements *mpl* pour dames.

Damenlbinde *die* serviette *f* hygiénique.

Damenlfahrrad *das* vélo *m* de dame.

Damenlfriseur *der* coiffeur *m* pour dames.

damenhaft ◇ *Adj* de dame. ◇ *Adv* comme une dame.

Damenmoden *Pl* mode *f* féminine.

Damenltoilette *die* toilettes *fpl* pour dames.

Damenlwahl *die (ohne Pl)* choix *m* des dames.

damit ◇ *Konj* pour que. ◇ *Adv* **-1.** [mit etwas] avec cela, en; **hör auf ~!** arrête ça!; **~ zufrieden sein** en être content; **~ etw beweisen** prouver qqch par là; **~ hat er recht** pour ça, il a raison. **-2.** [dadurch] de ce fait.

dämlich *fam abw* ◇ *Adj* idiot(e). ◇ *Adv* bêtement.

Damm (*Pl* **Dämme**) *der* **-1.** [Deich] digue *f*. **-2.** MED périnée *m*. **-3.** *RW*: **(wieder) auf dem ~ sein** *fam* être (de nouveau) sur pied.

dämmen *tr* **-1.** [Wasser, Epidemie] endiguer. **-2.** [Schall, Wärme] isoler de.

dämmerig = **dämmrig**.

Dämmerllicht *das (ohne Pl)* **-1.** [am Abend] lumière *f* crépusculaire; [am Morgen] lumière *f* de l'aube. **-2.** [Halbdunkel] pénombre *f*.

dämmern *intr* **-1.** [einsetzen]: **es dämmert** [am Morgen] le jour se lève; [am Abend] la nuit tombe. **-2.** [halb schlafen]: **(vor sich hin) ~** sommeiller, somnoler. **-3.** *fam* [bewußt werden]: **jm dämmert es** qqn commence à comprendre.

Dämmerung (*Pl* **-en**) *die* **-1.** [am Morgen] aube *f*; **bei Anbruch der ~** au petit jour. **-2.** [am Abend] crépuscule *m*.

Dämmer|zustand *der* état *m* de somnolence.

dämmrig, dämmerig *Adj* sombre.

Dämon (*Pl* **-en**) *der* démon *m*.

dämonisch *Adj* démoniaque.

Dampf (*Pl* **Dämpfe**) *der* vapeur *f*; [im Bad] buée *f*; [von Speisen] fumée *f*; **~ ablassen** *fam fig* se défouler; **~ hinter etw machen** *fam* activer qqch; **wir müssen mehr ~ dahinter machen** nous devons passer à la vitesse supérieure; **der ~ ist (aus etw) raus** *fam* le cœur n'y est plus.

Dampf|bad *das* bain *m* de vapeur.

Dampf|bügeleisen *das* fer *m* (à repasser) à vapeur.

dampfen *intr* fumer.

dämpfen *tr* **-1.** [dünsten] cuire à l'étuvée. **-2.** [Ton, Licht] adoucir; [Stoß] amortir. **-3.** [Zorn] apaiser; [Begeisterung] calmer.

Dampfer (*Pl* **-**) *der* [für Ausflug] bateau *m* à vapeur; [Ozeandampfer] paquebot *m*; **auf dem falschen ~ sein** *fam fig* se mettre le doigt dans l'œil.

Dämpfer (*Pl* **-**) *der*: **jm einen ~ aufsetzen** ODER **verpassen** refroidir qqn.

Dampfer|fahrt *die* excursion *f* en bateau.

Dampf|heizung *die* chauffage *m* central *(à vapeur)*.

Dampf|kessel *der* chaudière *f* à vapeur.

Dampf|kochtopf *der* autocuiseur *m*.

Dampf|lokomotive *die* locomotive *f* à vapeur.

Dampf|maschine *die* machine *f* à vapeur.

Dampf|walze *die* rouleau *m* compresseur.

danach, danach *Adv* **-1.** [zeitlich] après; **kurz ~** peu après; **davor ... und ~ ...** avant ... et après ...; **zuerst ... und ~ ...** d'abord ... et ensuite ... **-2.** [nach etwas] après cela, y; **sich ~ richten** s'y conformer; **~ fragen** poser des questions à ce sujet. **-3.** [entsprechend]: **es sieht ~ aus, daß ...** on dirait, que ...; **jm ist ~, etw zu tun** qqn a envie de faire qqch.

Däne (*Pl* **-n**) *der* Danois *m*.

daneben *Adv* **-1.** [nebenan] à côté. **-2.** [vergleichend] en comparaison. **-3.** [dazu] en plus.

daneben|benehmen *(unreg)*

◆ **sich danebenbenehmen** *ref fam* se conduire mal.

daneben|gehen (*Perf* **ist danebengegangen**) *intr (unreg)* **-1.** [danebenzielen] manquer son but. **-2.** *fam* [mißlingen] échouer.

daneben|greifen *intr (unreg)* **-1.** [greifen] taper à côté. **-2.** *fam* [sich irren] se planter.

daneben|hauen *intr (unreg)* **-1.** [nicht treffen] frapper à côté. **-2.** *fam* [sich irren] se gourer, taper à côté.

daneben|liegen *intr (unreg) fam* être à côté de la plaque.

Dänemark *nt* Danemark *m*; **in ~** au Danemark.

Dänin (*Pl* **-nen**) *die* Danoise *f*.

dänisch *Adj* danois(e).

Dänisch *das (ohne Pl)* danois *m*; *siehe auch* **Englisch**.

Dänische *das (ohne Pl)* danois *m*; *siehe auch* **Englische**.

dank *Präp*: **~ einer Sache** *(G)* grâce à qqch.

Dank *der (ohne Pl)* remerciement *m*; **zum ~ für** en reconnaissance de; **mit ~** avec gratitude; **vielen** ODER **schönen** ODER **besten ~ auch!** merci beaucoup!; **jm (für etw) ~ schulden** devoir un grand merci à qqn (pour qqch); **jm zu ~ verpflichtet sein** être obligé(e) envers qqn.

dankbar ◇ *Adj* **-1.** [voller Dank] reconnaissant(e); **jm (für etw) ~ sein** être reconnaissant à qqn (de qqch). **-2.** [Aufgabe, Investition] gratifiant(e). ◇ *Adv* [voller Dank] avec reconnaissance.

Dankbarkeit *die (ohne Pl)* reconnaissance *f*.

danke *Interj* merci; **~ gleichfalls!** merci, vous de même ODER toi aussi!; **~ sehr** ODER **schön!** merci beaucoup!

danken *intr*: **jm (für etw) ~** remercier qqn (de ODER pour qqch); **nichts zu ~!** de rien!, il n'y a pas de quoi!

dankenswert *Adj* méritoire.

Dankeschön *das (ohne Pl)* grand merci *m*; **als ~** pour dire merci.

Dank|schreiben *das* lettre *f* de remerciement.

dann ◇ *Adv* **-1.** [danach, dahinter] ensuite, puis. **-2.** [zu dieser Zeit] alors; **erst ~, wenn er kommt** seulement quand il viendra. **-3.** [dazu]: **~ (auch) das noch** et par-dessus le marché. **-4.** *fam* [demnächst, irgendwann] bientôt; **bis ~** ODER **denn!** *fam* à bientôt! ◇ *Konj* alors; **erst ~ wenn** c'est seulement quand.

◆ **also dann!** *Interj* allez!

◆ **dann und wann** *Adv* de temps en temps.

Danzig *nt* Dantzig, Gdansk.

Danziger (*Pl* **-**) *der* habitant *m* de Dantzig ODER Gdansk.

Danzigerin (*Pl* **-nen**) habitante *f* de Dantzig ODER Gdansk.

DARA ['da:ra] (*Abk für* **Deutsche Agentur für**

Raumfahrtangelegenheiten) *die (ohne Pl)* ≃ CNES.

daran, **daran**, **dran** *Adv* **-1.** [räumlich] y; **~ kleben** y coller; **nah ~** tout près. **-2.** [an etwas] à cela, y, en; **jn ~ erkennen** reconnaître qqn à cela; **~ denken** y penser; **~ zweifeln** en douter; **~ sterben** en mourir; **sich ~ machen** s'y mettre.

daran|gehen (*Perf* **ist darangegangen**) *intr (unreg)* se mettre à.

daran|setzen *tr*: **alles ~, etw zu tun** mettre tout en œuvre pour faire qqch.

darauf, **drauf** *Adv* **-1.** [räumlich] (là-)dessus. **-2.** [zeitlich] après; **am Tag ~** le lendemain. **-3.** [sagen] à cela. **-4.** [final]: **~ hinauswollen** vouloir en venir à cela; **~ spekulieren** spéculer là-dessus.

daraufhin *Adv* **-1.** [aus einem Grund] sur ce, à la suite de cela. **-2.** [zu einem Zweck]: **~ prüfen, ob** tester pour voir si.

daraus, **draus** *Adv* **-1.** [aus Behältnis, Material] y. **-2.** [aus Plan, Tatsache] en; **mach dir nichts ~!** ne t'en fais pas!; **ich mache mir nichts ~!** je m'en moque!

dar|bieten *tr (unreg) geh* présenter.

◆ **sich darbieten** *ref* se présenter, s'offrir.

Darbietung (*Pl* **-en**) *die geh* **-1.** *(ohne Pl)* [Zeigen] démonstration *f*. **-2.** [Aufführung] représentation *f*; [Ausführung] exécution *f*.

darein *Adv geh* **-1.** [in ein Ding, Ort] à l'intérieur, (là-)dedans. **-2.** [in einen Sachverhalt] dedans.

darf *Präs* → **dürfen**.

darin, **drin** *Adv* **-1.** [örtlich] (là-)dedans. **-2.** [in diesem Sachverhalt] en cela.

dar|legen *tr* exposer.

Darlegung (*Pl* **-en**) *die* exposé *m*.

Darlehen (*Pl* **-**) *das* **-1.** [für Geber] prêt *m*. **-2.** [für Nehmer] emprunt *m*; **ein ~ aufnehmen** faire un emprunt.

Darm (*Pl* **Därme**) *der* **-1.** [Organ] intestin *m*. **-2.** *(ohne Pl)* [Material] boyau *m*.

Darm|flora *die* MED flore *f* intestinale.

Darm|grippe *die* grippe *f* intestinale.

Darm|infektion *die* infection *f* intestinale.

dar|stellen *tr* **-1.** [Subj: Bild] représenter. **-2.** [beschreiben] présenter. **-3.** [Subj: Schauspieler] interpréter. **-4.** [sein] représenter; **etwas ~** représenter quelque chose; **nichts ~** ne rien valoir.

◆ **sich darstellen** *ref* [sich zeigen] s'avérer.

Darsteller, in (*mPl* **-**; *fPl* **-nen**) *der, die* interprète *mf*.

Darstellung (*Pl* **-en**) *die* **-1.** [als Bild] représentation *f*. **-2.** [als Rolle] interprétation *f*. **-3.** [Bericht] présentation *f*.

darüber, **darüber**, **drüber** *Adv* **-1.** [räumlich] au-dessus; **~ (hinweg)** par-dessus. **-2.** [über etw] en, y, sur cela; **~ sprechen** en parler; **~ nachdenken** y réfléchir; **~ schreiben** écrire sur cela; **~ hinaus** *fig* en outre; **~ hinaussein** *fig* en être sorti(e). **-3.** [mehr] plus.

darüber|stehen *intr (unreg)* être au-dessus de.

darum, **drum** *Adv* **-1.** [um eine Sache herum] autour; **~ geht es nicht!** *fig* ce n'est pas le problème! **-2.** [deswegen] c'est pourquoi.

darunter, **darunter**, **drunter** *Adv* **-1.** [räumlich] en dessous; **~ hindurch** par dessous. **-2.** [unter etwas] sous cela, en, par là; **~ versteckt** caché sous cela; **sich etwas ~ vorstellen** en avoir une idée; **~ verstehen, daß** comprendre par là que. **-3.** [weniger] moins; **20 Jahre und ~** 20 ans et moins. **-4.** [zu der Menge] parmi ceux-là ODER celles-là; **~ fallen** être parmi ceux-là ODER celles-là.

darunter|fallen (*Perf* **ist daruntergefallen**) *intr (unreg)* être concerné(e).

Darwinismus *der (ohne Pl)* darwinisme *m*.

darwinistisch *Adj* darwinien(enne).

das ◇ *Det (Nominativ Singular)* **-1.** [vor Substantiven] le, la, l'; **~ Buch** le livre; **~ Mädchen** la fille; **~ Kind** l'enfant *mf*. **-2.** [vor Verben]: **sich ~ Rauchen abgewöhnen** arrêter de fumer; **~ Segeln lernen** apprendre à faire de la voile. ◇ *Pron (Nominativ Singular)* **-1.** [Demonstrativ] ça, cela; **~ macht nichts** cela ODER ça ne fait rien; **~ dort** celui-là, celle-là; **~ ist alles** c'est tout; **~ hier ist unser Haus** voici notre maison; **~ und ~** ceci et cela, toutes sortes de choses. **-2.** [Relativpronomen] qui, que; **~ Auto, ~ da steht** la voiture qui se trouve là; **~ Mädchen, ~ ich kenne** la jeune fille que je connais. **-3.** *fam* [bei unpersönlichen Verben] il; **wie ~ schneit!** comme il neige!

da|sein (*Perf* **ist dagewesen**) *intr (unreg)* **-1.** [vorrätig sein]: **es ist etw da** il y a qqch. **-2.** [anwesend sein, leben] être là; **gleich wieder ~** revenir tout de suite. **-3.** [eingetreten sein] se présenter. **-4.** *fam* [wach sein]: **geistig voll ~** être en pleine possession de ses moyens.

◆ **Dasein** *das (ohne Pl)* **-1.** [Leben] existence *f*. **-2.** [Anwesenheit] présence *f*.

Daseins|berechtigung *die* raison *f* d'être.

da|sitzen *intr (unreg)* **-1.** [auf Stuhl] être assis(e) là. **-2.** *fam* [in Situation] se retrouver là.

dasjenige ◇ *Det*: **~ Kind, das** l'enfant qui. ◇ *Pron*: **~, das** celui *m* ODER celle *f* qui.

daß *Konj* **-1.** [gen] que; **ich weiß, ~ das stimmt** je sais que c'est vrai; **nicht ~ ich wüßte** pas que je sache; **so ..., ~** tellement ... que. **-2.** *fam* [zum Ausdruck einer Drohung]: **~ das nicht wieder vorkommt** que ça ne se reproduise pas. **-3.** *fam* [zum Ausdruck der Überraschung]: **~ du**

noch kommst! c'est pas vrai, te voilà! **-4.** *fam* [zum Ausdruck des Mißfallens]: **~ die U-Bahn schon wieder streikt!** c'est pas vrai que le métro soit encore en grève!

dasselbe ◇ *Det* le même, la même. ◇ *Pron* le même, la même.

da|stehen *intr (unreg)* **-1.** [örtlich] se tenir là. **-2.** [in persönlicher Lage] se trouver; **gut** ODER **glänzend ~** être en bonne posture; **wie stehe ich jetzt da**? de quoi ai-je l'air maintenant?

DAT [dat] (*Abk für* **Digital Audio Tape**) *das (ohne Pl)* DAT.

Datei (*Pl* **-en**) *die* EDV fichier *m*.

Datei|name *der* EDV nom *m* de fichier.

Datei|verwaltung *die* EDV gestion *f* de fichiers.

Datei-Zuweisungs|tabelle *die* EDV table *f* d'allocation de fichiers.

Daten *Pl* **-1.** [Zeiten] → **Datum**. **-2.** [technische] données *fpl*; **~ eingeben** entrer des données.

Daten|bank (*Pl* **-en**) *die* EDV banque *f* de données.

Daten|erfassung *die (ohne Pl)* saisie *f* de données.

Daten|material *das (ohne Pl)* ensemble *m* des données.

Daten|schutz *der* EDV protection *f* des données.

Datenschutz|gesetz *das (ohne Pl)* loi *f* informatique et libertés.

Datentypist, in (*mPl* **-en**; *fPl* **-nen**) *der, die* opérateur *m*, -trice *f*.

datenverarbeitend *Adj* informatique.

Daten|verarbeitung *die* **-1.** EDV informatique *f*. **-2.** [Bearbeitung] traitement *m* de données; **elektronische ~** informatique *f*.

datieren *tr* dater; **etw im voraus ~** postdater qqch.

Datierung (*Pl* **-en**) *die* datation *f*.

Dativ (*Pl* **-e**) *der* datif *m*.

Dativ|objekt *das* complément *m* d'objet indirect.

dato

◆ **bis dato** *Adv* jusqu'ici.

Datum (*Pl* **Daten**) *das* date *f*; **neueren/älteren ~s** de fraîche/longue date.

Datums|angabe *die* mention *f* de la date.

Datum(s)|stempel *der* timbre *m* dateur, dateur *m*.

Dauer *die (ohne Pl)* durée *f*; **auf (die) ~** à la longue; **etw ist von ~** qqch est durable.

Dauer|arbeitslosigkeit *die* chômage *m* longue durée.

Dauer|auftrag *der* ordre *m* de virement permanent.

Dauer|belastung *die* charge *f* permanente.

Dauer|beschäftigung *die* emploi *m* stable.

dauerhaft ◇ *Adj* durable. ◇ *Adv* [langfristig] de façon durable; [endgültig] une bonne fois pour toutes.

Dauer|karte *die* abonnement *m*.

Dauer|lauf *der* course *f* de fond.

dauern *intr* durer; **es dauert** ça dure.

dauernd ◇ *Adj* permanent(e). ◇ *Adv* toujours.

Dauer|regen *der* pluie *f* continuelle.

Dauer|welle *die* permanente *f*.

Dauer|wurst *die genre de saucisson sec.*

Dauer|zustand *der* état *m* permanent.

Däumchen (*Pl* -) *das*: **~ drehen** *fam* se tourner les pouces.

Daumen (*Pl* -) *der* pouce *m*; **jm die ~ drücken** ODER **halten** *fam fig* croiser les doigts pour qqn; **über den ~ gepeilt** *fam fig* au pif.

Daune (*Pl* **-n**) *die* duvet *m*.

Daunen|decke *die* édredon *m*.

Daunen|kissen *das* coussin *m* en duvet.

DAV (*Abk für* **Deutscher Alpenverein**) *der (ohne Pl)* ≃ CAF *(club alpin français)*.

davon, **davon** *Adv* **-1.** [räumlich] de là; **nicht weit ~** non loin de là. **-2.** [von etwas] de cela, en; **~ weiß ich nichts** je n'en sais rien; **das hängt ~ ab** ça dépend; **das kommt ~!** voilà le résultat! **-3.** [von der Gesamtheit] en; **~ ein Stück nehmen/abreißen** en prendre/arracher un morceau.

davon|kommen (*Perf* **ist davongekommen**) *intr (unreg)* s'en tirer.

davon|laufen (*Perf* **ist davongelaufen**) *intr (unreg)* se sauver; **jm ~** [Ehepartner] quitter qqn; [Verfolger] semer qqn.

◆ **Davonlaufen** *das (ohne Pl)*: **zum ~ sein** *fam* être nul (nulle).

davon|machen

◆ **sich davonmachen** *ref fam* se débiner.

davor, **davor** *Adv* **-1.** [räumlich] devant. **-2.** [zeitlich] avant; **kurz ~** juste avant. **-3.** [vor etwas] de cela, en; **~ Angst haben** en avoir peur; **~ fliehen** fuir (devant cela).

Davos *nt* Davos.

DAX [daks] (*Abk für* **Deutscher Aktienindex**) *der (ohne Pl) indice des valeurs à la bourse de Francfort*, ≃ CAC 40.

dazu, **dazu** *Adv* **-1.** [zu etwas] à cela, en, y; **Lust ~ haben** en avoir envie; **~ beitragen** y contribuer; **nicht ~ kommen, etw zu tun** ne pas arriver à faire qqch. **-2.** [außerdem] en plus. **-3.** [daneben] avec cela.

dazu|geben *tr (unreg)* ajouter.

dazu|gehören *intr* **-1.** [zu etw gehören]: **zu jm ~**

être avec qqn; **(zu etw) ~** aller avec (qqch). **-2.** [nötig sein]: **es gehört Mut** ODER **einiges dazu (, etw zu tun)** il en faut du courage (pour faire qqch).

dazugehörig *Adj* qui va ODER vont avec, correspondant(e).

dazu|kommen (*Perf* **ist dazugekommen**) *intr (unreg)* [ankommen]: **zu jm ~** se joindre à qqn; **kommen noch viele dazu?** il en manque encore beaucoup?; **kommt noch was dazu?** et avec ça?

dazu|rechnen *tr* ajouter *(à une somme)*.

dazu|tun *tr (unreg) fam* ajouter.

◆ **Dazutun** *das (ohne Pl)*: **ohne js Dazutun** sans l'aide de qqn.

dazu|zählen *tr* compter.

dazwischen *Adv* entre les deux.

dazwischen|fahren (*Perf* **ist dazwischengefahren**) *intr (unreg)* **-1.** [bei Streit] s'interposer. **-2.** [ins Gespräch] intervenir.

dazwischen|kommen (*Perf* **ist dazwischengekommen**) *intr (unreg)* **-1.** [dazwischengeraten]: **mit dem Finger ~** se prendre le doigt dedans. **-2.** [ungeplant]: **ihr kommt etw dazwischen** elle a un empêchement.

dazwischen|rufen *(unreg)* ◇ *tr* crier. ◇ *intr* faire des remarques à haute voix.

dazwischen|treten (*Perf* **ist dazwischengetreten**) *intr (unreg)* s'interposer.

DB (*Abk für* **Deutsche Bundesbahn**) *die (ohne Pl) entreprise de chemins de fer allemands*, ≃ SNCF *f*.

DBB (*Abk für* **Deutscher Beamtenbund**) *der (ohne Pl)* Union *f* allemande des fonctionnaires.

DCC (*Abk für* **Digital Compact Cassette**) *die (ohne Pl)* DCC.

DDR (*Abk für* **Deutsche Demokratische Republik**) *die (ohne Pl)* RDA *f*.

D-Dur *das (ohne Pl)* ré *m* majeur.

Deal [diːl] (*Pl* **-s**) *der* deal *m*.

dealen [diːlən] *intr fam* : **(mit etw) ~** dealer (qqch).

Dealer, in ['diːlɐ, rɪn] (*mPl* **-**; *fPl* **-nen**) *der, die* dealer *m*.

Debakel (*Pl* **-**) *das* débâcle *f*.

Debatte (*Pl* **-n**) *die* débat *m*; **zur ~ stehen** être à l'ordre du jour; **zur ~ stellen** mettre sur le tapis *fig*.

debattieren ◇ *tr* débattre. ◇ *intr*: **über etw** *(A)* **~** débattre de qqch.

debil *Adj* débile.

Debüt [de'byː] (*Pl* **-s**) *das* débuts *mpl*; **sein ~ geben** faire ses débuts.

Debütant, in [deby'tant, ɪn] (*mPl* **-en**; *fPl* **-nen**) *der, die* débutant *m*, -e *f*.

debütieren [deby'tiːrən] *intr* débuter, faire ses débuts.

dechiffrieren *tr* déchiffrer.

Deck (*Pl* **-s**) *das* pont *m*.

◆ **an Deck** *Adv* sur le pont.

Deck|adresse *die* adresse *f* de couverture.

Deck|blatt *das* couverture *f*.

Decke (*Pl* **-n**) *die* **-1.** [Tischdecke] nappe *f*. **-2.** [warm] couverture *f*. **-3.** [von Zimmern] plafond *m*. **-4.** *RW*: **(mit jm) unter einer ~ stecken** *fam* être de mèche avec qqn; **jm fällt die ~ auf den Kopf** *fam* qqn a le cafard; **(vor Freude) bis an die ~ springen** sauter au plafond (de joie); **an die ~ gehen** *fam* sortir de ses gonds.

Deckel (*Pl* **-**) *der* **-1.** [von Gefäßen] couvercle *m*. **-2.** [von Büchern] couverture *f*. **-3.** *RW*: **jm eins auf den ~ geben** *fam* passer un savon à qqn; **eins auf den ~ bekommen** ODER **kriegen** *fam* se faire passer un savon.

decken ◇ *tr*: **etw über etw** *(A)* **~** couvrir qqch de qqch; **etw über jn ~** étendre qqch sur qqn. ◇ *intr* **-1.** [den Tisch decken]: **für fünf Personen ~** mettre cinq couverts. **-2.** [Farbe] être couvrant(e).

◆ **sich decken** *ref* coïncider.

Decken|lampe *die* suspension *f*.

Deck|farbe *die* gouache *f*.

Deck|mantel *der (ohne Pl)*: **unter dem ~ einer Sache** *(G)* sous le couvert de qqch.

Deck|name *der* pseudonyme *m*.

Deckung (*Pl* **-en**) *die* **-1.** [gen] couverture *f*; **~ geben** couvrir; **in ~ gehen** se mettre à couvert. **-2.** *(ohne Pl)* [Übereinstimmung] coïncidence *f*.

deckungsgleich *Adj* concordant(e); MATH congruent(e).

decodieren, **dekodieren** *tr* décoder.

Defätismus, **Defaitismus** *der (ohne Pl) abw* défaitisme *m*.

Defätist, in, **Defaitist, in** (*mPl* **-en**; *fPl* **-nen**) *der, die abw* défaitiste *mf*.

defätistisch, **defaitistisch** *Adj abw* défaitiste.

defekt *Adj* cassé(e).

Defekt (*Pl* **-e**) *der* panne *f*.

defensiv [defen'ziːf] ◇ *Adj* défensif(ive). ◇ *Adv*: **sich ~ verhalten** être sur la défensive.

Defensive [defen'ziːvə] (*Pl* **-n**) *die* défensive *f*.

definieren *tr* définir.

◆ **sich definieren** *ref* se définir.

Definition (*Pl* **-en**) *die* définition *f*.

definitiv ◇ *Adj* définitif(ive). ◇ *Adv* définitivement.

Defizit (*Pl* **-e**) *das* **-1.** [finanziell] déficit *m*; **ein ~**

ausgleichen combler un déficit. **-2.** [Mangel] manque *m*.

Deflation (*Pl* **-en**) *die* WIRTSCH déflation *f*.

deformieren *tr* déformer.

deftig *Adj fam* **-1.** [Essen] consistant(e). **-2.** [Reden] cru(e).

Degen (*Pl* **-**) *der* épée *f*.

degenerieren (*Perf* **ist degeneriert**) *intr* dégénérer.

degradieren *tr* [demütigen] humilier; MIL dégrader; **jn zu etw ~** ravaler qqn au rang de qqch; MIL rétrograder qqn au rang de qqch.

dehnbar *Adj* **-1.** [Stoff] extensible; [Gummi] élastique; [Metall] malléable. **-2.** *fig* [Begriff] vague, ambigu(uë).

dehnen *tr* **-1.** [Stoff] étirer; [Gummiband] distendre. **-2.** [Körperteil] étendre, allonger. **-3.** [Wort] prononcer lentement; [Laut, Silbe] allonger.

◆ **sich dehnen** *ref* **-1.** [Textilie, Person] s'étirer. **-2.** [sich erstrecken]: **sich (in die Länge) ~** [zeitlich] se prolonger; [räumlich] s'étendre.

Dehnung (*Pl* **-en**) *die* [von Lauten] allongement *m*.

Deich (*Pl* **-e**) *der* digue *f*.

Deichsel ['daiksl̩] (*Pl* **-n**) *die* timon *m*.

deichseln ['daiksl̩n] *tr fam* arranger.

dein, e *Det* ton, ta, tes; **der Vater ~es Neffen/~er Nichte** le père de ton neveu/ta nièce.

deine, r, s *Pron* le tien, la tienne, les tiens, les tiennes.

deiner *Pron (Genitiv von du)* de toi.

deinerseits *Adv* de ton côté, en ce qui te concerne.

deinesgleichen *Pron*: **(du und) ~** (toi et) tes semblables.

deinetwegen *Adv* **-1.** [für dich] pour toi. **-2.** [wegen dir] à cause de toi.

deinetwillen

◆ **um deinetwillen** *Adv* par égard pour toi.

deinige (*Pl* **-n**) *Pron (mit Artikel)* tien(ne).

dekadent *Adj* décadent(e).

Dekadenz *die (ohne Pl)* décadence *f*.

Dekan (*Pl* **-e**) *der* doyen *m*, -enne *f*.

Dekanat (*Pl* **-e**) *das* décanat *m*.

deklamieren *tr* & *intr* déclamer.

deklarieren *tr* déclarer.

Deklination (*Pl* **-en**) *die* déclinaison *f*.

deklinieren *tr* décliner.

dekodieren = **decodieren**.

Dekodierung (*Pl* **-en**) *die* décodage *m*.

Dekolleté [dekɔl'te:] (*Pl* **-s**) *das* décolleté *m*.

dekolletiert *Adj* décolleté(e).

Dekor (*Pl* **-s** ODER **-e**) ◇ *der* ODER *das* [Verzierung] décor *m*. ◇ *das (ohne Pl)* [im Theater, Film] décor *m*.

Dekorateur, in [dekora'tø:ɐ̯, rın] (*mPl* **-e**; *fPl* **-nen**) *der, die* décorateur *m*, -trice *f*; [von Schaufenstern] étalagiste *mf*.

Dekoration (*Pl* **-en**) *die* **-1.** [von Schaufenster, Raum] décoration *f*. **-2.** [Kulisse] décor *m*.

dekorativ *Adj* décoratif(ive).

dekorieren *tr* décorer.

Dekret (*Pl* **-e**) *das* décret *m*.

Delegation (*Pl* **-en**) *die* délégation *f*.

Delegationsmitglied *das* membre *m* de délégation.

delegieren *tr* déléguer.

Delegierte (*Pl* **-n**) *der, die* délégué *m*, -e *f*.

Delegiertenversammlung *die* assemblée *f* de délégués.

Delémont *nt* Delémont.

Delhi ['de:li] *nt* Delhi.

delikat ◇ *Adj* **-1.** [Speise] exquis(e). **-2.** [Angelegenheit] délicat(e). ◇ *Adv* [behutsam] avec délicatesse.

Delikatesse (*Pl* **-n**) *die* produit *m* d'épicerie fine; **dieses Gericht ist eine ~** ce plat est un régal.

Delikatessengeschäft *das* épicerie *f* fine.

Delikt (*Pl* **-e**) *das* délit *m*.

Delinquent, in (*mPl* **-en**; *fPl* **-nen**) *der, die* délinquant *m*, -e *f*.

Delirium [de'li:ri̯ʊm] (*Pl* **-ien**) *das* délire *m*; **im ~ liegen** ODER **sein** délirer, être en proie au délire.

Delle (*Pl* **-n**) *die* creux *m*; **das Auto hat ~n** la voiture est cabossée.

Delphin (*Pl* **-e**) ◇ *der* [Säugetier] dauphin *m*. ◇ *das (ohne Pl)* [Sportart] papillon *m*.

Delta (*Pl* **-s**) *das* delta *m*.

dem ◇ *Det (Dativ Singular von der, das)* au, à la, à l'; **mit ~ Wagen** en voiture. ◇ *Pron (Dativ Singular)* **-1.** [Demonstrativ von der, das] lui. **-2.** [Relativpronomen von der, das] auquel, à laquelle.

Demagoge (*Pl* **-n**) *der abw* démagogue *m*.

Demagogie *die abw* démagogie *f*.

Demagogin (*Pl* **-nen**) *die abw* démagogue *f*.

demagogisch *abw* ◇ *Adj* démagogique, démagogue. ◇ *Adv* avec démagogie.

Demarkationslinie *die* ligne *f* de démarcation.

demaskieren *tr* [entlarven] démasquer, confondre.

◆ **sich demaskieren** *ref* [sich entlarven]: **sich als jd ~** se révéler être qqn.

Demaskierung (*Pl* **-en**) *die*: **die ~ der Täter**

war schwierig il a été difficile de confondre les coupables.

Dementi (*Pl* **-s**) *das* démenti *m*.

dementieren *tr* démentir.

dementsprechend ◇ *Adj* approprié(e), en conséquence. ◇ *Adv* en conséquence.

demgegenüber *Adv* au contraire.

demgemäß *Adv* en conséquence.

demnach *Adv* donc, par conséquent.

demnächst *Adv* prochainement, bientôt.

Demographie (*Pl* **-n**) *die* démographie *f*.

demographisch *Adj* démographique.

Demokrat (*Pl* **-en**) *der* démocrate *m*.

Demokratie (*Pl* **-n**) *die* démocratie *f*.

Demokratin (*Pl* **-nen**) *die* démocrate *f*.

demokratisch ◇ *Adj* démocratique; **~e Gesinnung** esprit *m* démocrate. ◇ *Adv* démocratiquement.

demokratisieren *tr* démocratiser.

Demokratisierung (*Pl* **-en**) *die* démocratisation *f*.

demolieren *tr* démolir.

Demonstrant, in (*mPl* **-en**; *fPl* **-nen**) *der, die* manifestant *m*, -e *f*.

Demonstration (*Pl* **-en**) *die* manifestation *f*.

Demonstrations|recht *das (ohne Pl)* droit *m* de manifester.

demonstrativ ◇ *Adj* **-1.** [auffällig] ostensible. **-2.** [anschaulich] démonstratif(ive). ◇ *Adv* de manière ostentatoire.

Demonstrativ|pronomen *das* GRAM pronom *m* démonstratif.

demonstrieren ◇ *intr*: **gegen/für etw ~** manifester contre/pour qqch. ◇ *tr* **-1.** [bekunden] manifester. **-2.** [zeigen] démontrer.

Demontage [demɔn'taːʒə] (*Pl* **-n**) *die* démontage *m*.

demontieren *tr* démonter.

demoralisieren *tr* démoraliser.

Demoskopie (*Pl* **-n**) *die* **-1.** [Wissenschaft] analyse *f* de sondages (d'opinion). **-2.** [Umfrage] sondage *m* (d'opinion).

demoskopisch ◇ *Adj*: **~(es Institut)** (institut *m*) de sondage. ◇ *Adv* par (voie de) sondage.

Demut *die (ohne Pl)* **-1.** [Ergebenheit] humilité *f*. **-2.** [Unterwürfigkeit] soumission *f*.

demütig *Adj* **-1.** [ergeben] humble. **-2.** [unterwürfig] soumis(e).

demütigen *tr* humilier.

◆ **sich demütigen** *ref* s'humilier; **sich vor jm ~** courber l'échine devant qqn.

demütigend *Adj* humiliant(e).

Demütigung (*Pl* **-en**) *die* humiliation *f*.

demzufolge *Adv* par conséquent, en conséquence.

den ◇ *Det* **-1.** [Akkusativ Singular von der] le, la, l'. **-2.** [Dativ Plural von der, die, das] **les**. ◇ *Pron (Akkusativ Singular)* **-1.** [Demonstrativ von der] celui-là, celle-là. **-2.** [Relativpronomen von der] **qui**, que.

denen *Pron (Dativ Plural)* **-1.** [Demonstrativpronomen von der, die, das] **à ceux-là, à celles-là. -2.** [Relativpronomen von der, die, das] **à qui**, auxquels, auxquelles.

Den Haag *nt* La Haye.

Denk|anstoß *der* impulsion *f*; **jm einen ~ geben** provoquer un déclic chez qqn.

Denk|art *die* [Denkweise] façon *f* de penser, idées *fpl*; [Mentalität] mentalité *f*.

denkbar ◇ *Adj* imaginable, possible; **nicht ~** impensable. ◇ *Adv* éminemment.

denken (*Prät* **dachte**, *Perf* **hat gedacht**) ◇ *intr* **-1.** [gen] penser; **an jn/etw ~** penser à qqn/qqch; **ich denke ja** je pense que oui; **über jn/etw ~** penser de qqn/qqch; **ich denke nicht daran!** je n'en ai pas l'intention! **-2.** [planen]: **an etw** *(A)* **~** songer à qqch. **-3.** [eingestellt sein]: **konventionell ~** avoir des idées conventionnelles. ◇ *tr* **-1.** [überlegen]: **einen Gedanken zu Ende ~** aller au bout de sa pensée. **-2.** [glauben, meinen] penser; **wer hätte das gedacht!** qui l'eût cru! **-3.** [sich vorstellen]: **sich** *(D)* **etw ~** s'imaginer qqch; **das habe ich mir gleich gedacht** je m'en suis douté.

◆ **Denken** *das (ohne Pl)* [Überlegen] pensée *f*.

Denker, in (*mPl* **-**; *fPl* **-nen**) *der, die* **-1.** [Intellektueller] penseur *m*, -euse *f*. **-2.** [Philosoph] philosophe *mf*.

denkfaul *Adj* qui n'aime pas les efforts intellectuels; **~ sein** être d'une grande paresse intellectuelle.

Denk|fehler *der* erreur *f* de raisonnement.

Denkmal (*Pl* **-mäler** ODER **-e**) *das* monument *m*; **jm ein ~ setzen** rendre gloire à qqn; **sich** *(D)* **ein ~ setzen** s'immortaliser.

Denkmals|pflege, **Denkmal|pflege** *die entretien et restauration d'œuvres et de monuments d'intérêt historique ou esthétique.*

Denkmals|schutz, **Denkmal|schutz** *der (ohne Pl)* protection *f* des monuments; **unter ~ stehen/stellen** être classé(e)/classer monument historique.

Denk|prozeß *der* réflexion *f*.

Denk|schrift *die* mémoire *m*.

denkste *Interj fam* : **~!** tu rêves!

Denk|vermögen *das (ohne Pl)* capacités *fpl* intellectuelles.

Denk|weise *die* [Denkart] mode *m* de penser; [Mentalität] mentalité *f*.

denkwürdig *Adj* mémorable.

Denk|zettel *der* leçon *f fig*; **jm einen (gehörigen) ~ geben** ODER **verpassen** donner une (bonne) leçon à qqn.

denn ◇ *Konj* **-1.** [zur Angabe einer Begründung] car. **-2.** *geh* [zur Angabe einer Relation, als] que. ◇ *Adv* donc; **wo ist er ~?** où est-il donc?; **was ist ~?** qu'est-ce qui se passe?; **es sei ~,...** à moins que ... ne.

dennoch *Adv* néanmoins.

Denunziant, in (*mPl* **-en**; *fPl* **-nen**) *der, die abw* dénonciateur *m*, -trice *f*.

denunzieren *tr abw* dénoncer.

Deodorant, Deo (*Pl* **-s**) *das* déodorant *m*.

deplaziert *Adj* déplacé(e).

Deponie (*Pl* **-n**) *die* décharge *f*.

deponieren *tr* déposer.

Deportation (*Pl* **-en**) *die* déportation *f*.

deportieren *tr* déporter.

Depot (*Pl* **-s**) *das* **-1.** [Lager] entrepôt *m*. **-2.** [in Bank] salle *f* des coffres. **-3.** [für Verkehrsmittel] dépôt *m*.

Depp [dɛp] (*Pl* **-en**) *der fam Österr, Schweiz & Süddt abw* crétin *m*.

Depression (*Pl* **-en**) *die* dépression *f* (nerveuse); **~en haben** faire une dépression.

depressiv *Adj* **-1.** [Person, Charakter] dépressif(ive). **-2.** [Stimmung] triste, morose.

deprimieren *tr* déprimer.

deprimiert *Adj* déprimé(e).

der ◇ *Det* **-1.** [Nominativ Singular] le, la, l'. **-2.** [Genitiv und Dativ Singular von die] du, de la, au, à la; **die Straßen ~ Stadt** les rues de la ville; **der Kiosk an ~ Ecke** le kiosque au coin de la rue. **-3.** [Genitiv Plural von der, die, das] des. ◇ *Pron* **-1.** [Nominativ Singular von Demonstrativpronomen] celui-là, celle-là; **~ und ~** untel. **-2.** [Relativpronomen - von der] qui; [- von die im Dativ Singular] à laquelle, auquel, à qui.

DER® (*Abk für* **Deutsches Europäisches Reisebüro**) *das (ohne Pl) agence de voyages allemande*.

derart *Adv* autant, comme cela.

◆ **derart, daß** *Konj* tellement que.

derartig *Adj* tel (telle).

derb ◇ *Adj* **-1.** [Art, Witz] grossier(ère). **-2.** [Kost] consistant(e). **-3.** [Material] solide. **-4.** [Schlag] fort(e). ◇ *Adv* **-1.** [fest] solidement. **-2.** [grob] crûment, sans ménagement.

Derby ['dərbi] (*Pl* **-s**) *das* derby *m*.

deren ◇ *Det* **-1.** [Genitiv Singular von die] de celle-ci. **-2.** [Genitiv Plural von der, die, das] de ceux-ci, de celles-ci. ◇ *Pron* [Relativpronomen - Genitiv Singular von die] dont; [- Genitiv Plural von der, die, das] dont.

derentwegen ◇ *Adv* **-1.** [für sie] pour eux ODER elles. **-2.** [wegen ihnen] à cause d'eux ODER d'elles. **-3.** [wegen ihr] à cause d'elle. ◇ *Pron* **-1.** [für die] pour laquelle ODER lesquels ODER lesquelles. **-2.** [wegen der, denen] à cause de laquelle ODER desquels ODER desquelles.

derentwillen

◆ **um derentwillen** ◇ *Adv* pour elle ODER eux ODER elles. ◇ *Pron* pour qui, pour laquelle ODER lesquels ODER lesquelles.

dergestalt

◆ **dergestalt, daß** *Konj geh* de telle façon ODER sorte que.

dergleichen *Pron* des choses pareilles, de telles choses.

◆ **nichts dergleichen** *Adv* rien de tel.

◆ **und dergleichen mehr** *Adv* et cetera, et tutti quanti.

derjenige ◇ *Det*: **~ Mensch, der** l'homme qui. ◇ *Pron*: **~, der** celui qui.

dermaßen

◆ **dermaßen, daß** *Konj* tellement que.

Dermatologe (*Pl* **-n**) *der* dermatologue *m*.

Dermatologin (*Pl* **-nen**) *die* dermatologue *f*.

derselbe ◇ *Det* le même, la même. ◇ *Pron* le même, la même.

derzeit *Adv* en ce moment, actuellement.

derzeitig *Adj* du moment, actuel.

Des (*Pl* **-**) *das* MUS ré *m* bémol.

Desaster (*Pl* **-**) *das* désastre *m*.

desensibilisieren *tr* MED désensibiliser.

Deserteur, in (*mPl* **-e**; *fPl* **-nen**) *der, die* déserteur *m*.

desertieren (*Perf* **hat/ist desertiert**) *intr* déserter; **er ist zum Feind desertiert** il est passé à l'ennemi ODER dans le camp adverse.

desgleichen ◇ *Adv* de même. ◇ *Konj* de même que.

deshalb ◇ *Adv* pour cette raison, à cause de cela; **ach, ~!** ah, c'est pour ça! ◇ *Konj* c'est pourquoi.

◆ **deshalb, weil** *Konj* parce que.

Design [di'zain] (*Pl* **-s**) *das* design *m*; [modisches] forme *f*.

Designer, in [di'zainɐ, rɪn] (*mPl* **-**; *fPl* **-nen**) *der, die* designer *m*, stylicien *m*, -enne *f*.

Des|illusion *die* désillusion *f*.

desillusionieren *tr* faire perdre ses illusions à, désillusionner.

Des|infektion *die* désinfection *f*.

Desinfektions|mittel *das* désinfectant *m*.

desinfizieren *tr* désinfecter.

Des|information *die* désinformation *f*.

Des|interesse *das (ohne Pl)* désintérêt *m*; **sein ~ an etw** *(D)* ODER **für etw zeigen** montrer son désintérêt ODER manque d'intérêt pour qqch.

desinteressiert *Adj* désintéressé(e); **an etw** *(D)* **~ sein** ne pas s'intéresser à qqch.

deskriptiv ◇ *Adj* descriptif(ive). ◇ *Adv* de manière descriptive.

Desktop-publishing ['dɛsktɔppʌbliʃiŋ] *(ohne Pl) das* EDV publication *f* assistée par ordinateur.

desolat *Adj*: **in einem ~en Zustand sein** être dans un triste état.

desorientiert *Adj* désorienté(e).

Despot, in (*mPl* **-en**; *fPl* **-nen**) *der, die* despote *m*.

despotisch ◇ *Adj* despotique. ◇ *Adv* **-1.** [herrschen] en despote. **-2.** *abw* [handeln] de façon despotique.

dessen ◇ *Det* [Genitiv Singular von der, das] de celui-ci, de celle-ci. ◇ *Pron* [Relativpronomen von der, das] dont.

Dessert [dɛ'seːɐ̯] (*Pl* **-s**) *das* dessert *m*.

◆ **zum Dessert** *Adv* en dessert.

Dessous [dɛ'suː] *Pl* dessous *mpl*.

destabilisieren *tr* déstabiliser.

Destabilisierung (*Pl* **-en**) *die* déstabilisation *f*.

destillieren *tr* distiller.

desto *Konj*: **je ..., ~ ...** plus ..., plus ...; **je schneller du arbeitest, ~ eher bist du fertig** plus tu travailleras vite, plus tu finiras tôt; **je eher, ~ besser** le plus tôt sera le mieux; **je mehr ich esse, ~ weniger rauche ich** plus je mange, moins je fume.

◆ **desto besser!** *Interj* tant mieux!

destruktiv ◇ *Adj* destructeur(trice). ◇ *Adv* de manière destructrice.

deswegen ◇ *Adv* pour cette raison, pour cela. ◇ *Konj* c'est pour cela que, c'est la raison pour laquelle.

◆ **deswegen, weil** *Konj* parce que.

Detail [de'taj] (*Pl* **-s**) *das* détail *m*; **ins ~ gehen** entrer dans les détails.

◆ **im Detail** *Adv* dans le détail.

Detail|frage *die* point *m* de détail; **sich in ~n verlieren** se perdre dans les détails.

detailliert ◇ *Adj* détaillé(e). ◇ *Adv* de manière détaillée, en détail.

Detektiv, in (*mPl* **-e**; *fPl* **-nen**) *der, die* détective *m*.

detektivisch *Adj* de détective.

determinieren *tr* déterminer.

Detonation (*Pl* **-en**) *die* détonation *f*.

detonieren (*Perf* **ist detoniert**) *intr* détoner.

Deut: **keinen** ODER **nicht einen ~ besser sein** ne pas valoir mieux; **sich keinen ~ um etw kümmern** ne pas se soucier le moins du monde de qqch.

deuteln *intr*: **daran gibt es nichts zu ~** ça ne se discute pas.

deuten ◇ *tr* interpréter; **etw falsch ~** mal interpréter qqch; **etw richtig ~** interpréter correctement qqch. ◇ *intr* **-1.** [Person]: **auf jn/etw ~** désigner qqn/qqch. **-2.** [Sache]: **auf etw** *(A)* **~** indiquer qqch; **darauf ~, daß** porter à croire ODER indiquer que.

deutlich ◇ *Adj* clair(e); [Bild] net (nette); **jm etw ~ machen** faire comprendre qqch à qqn; **(sehr) ~ werden** être (très) explicite. ◇ *Adv* clairement; **klar und ~** de manière claire et nette.

Deutlichkeit *die (ohne Pl)* clarté *f*; **der ~ halber** par souci de clarté.

◆ **mit aller Deutlichkeit** *Adv* [nachdrücklich] très clairement, explicitement.

deutlichkeitshalber *Adv* par souci de clarté.

deutsch ◇ *Adj* **-1.** [aus Deutschland] allemand(e). **-2.** [Sprache] allemand(e). ◇ *Adv*: **auf** ODER **in ~** en allemand; **mit jm ~ reden** *fam* parler franchement à qqn; *siehe auch* **englisch**.

◆ **auf gut deutsch** *Adv fam* en clair.

Deutsch *das (ohne Pl)* allemand *m*; **fließend ~ sprechen** parler couramment l'allemand; **kein ~ mehr verstehen** *fam* y perdre son latin; *siehe auch* **Englisch**.

Deutsche (*Pl* **-n**) ◇ *der, die* [Person] Allemand *m*, -e *f*. ◇ *das (ohne Pl)* **-1.** [deutsche Sprache]: **das ~** l'allemand *m*. **-2.** [deutsche Wesensart]: **das (typisch) ~ an jm** le côté (typiquement) allemand de qqn; *siehe auch* **Englische**.

Deutsche Bucht *die (ohne Pl)* baie *f* d'Helgoland.

Deutsche Bundesbahn *die (ohne Pl) chemins de fer allemands*.

Deutsche Bundesbank *die (ohne Pl)* Bundesbank *f*.

DEUTSCHE BUNDESBANK:
La banque centrale de la République fédérale qui siège à Francfort a été créée en 1957. Elle veille depuis ce jour à la stabilité du DM tout en bénéficiant d'une large autonomie vis-à-vis du gouvernement. Elle est chargée de l'émission des billets, du financement des établissements de crédit et de la gestion des réserves monétaires.

Deutsche Bundespost *die (ohne Pl) Poste allemande*.

Deutsche Bundestag *der (ohne Pl)* Bundestag *m*.

DEUTSCHER BUNDESTAG:
Le Bundestag, l'une des deux chambres qui composent le Parlement allemand, est l'assem-

blée nationale de la République fédérale d'Allemagne. Ses membres sont élus au suffrage universel pour quatre ans. Son rôle est de voter les lois, d'élire le chancelier et de contrôler le gouvernement.

Deutsche Demokratische Republik *die (ohne Pl)* République *f* démocratique allemande.

Deutsche Gewerkschaftsbund *der (ohne Pl)* confédération *f* syndicale allemande.

DEUTSCHER GEWERKSCHAFTSBUND: La plus importante organisation syndicale en Allemagne, constituée de 16 syndicats individuels, dont la particularité est de souscrire au principe du syndicat industriel: ils accueillent tous les ouvriers et employés d'une même branche de l'économie, indépendamment de leur position dans l'entreprise. Les syndicats sont indépendants vis-à-vis des partis politiques.

Deutsche Mark *die (ohne Pl)* deutschemark *m.*

Deutsche Reich *das (ohne Pl) l'Empire allemand (1871-1945).*

Deutsche Reichs|bahn *die (ohne Pl) société des chemins de fer de l'ex-RDA.*

deutsch-französisch *Adj* **-1.** [zwischen Deutschland und Frankreich] franco-allemand(e). **-2.** [zweisprachig] français-allemand(e).

Deutschland *nt* Allemagne *f.*

Deutschland|funk *der (ohne Pl) radio nationale allemande émettant en Allemagne et à l'étranger.*

Deutschland|lied *das (ohne Pl) hymne national allemand.*

deutschsprachig *Adj* germanophone.

deutschstämmig *Adj* d'origine ODER de souche allemande.

Deutsch|unterricht *der (ohne Pl)* cours *m* d'allemand.

Deutung *(Pl* **-en***) die* **-1.** [gen] interprétation *f.* **-2.** [der Sterne] observation *f.*

Devise *(Pl* **-n***) die* devise *f.*

◆ **Devisen** *Pl* devises *fpl.*

Devisen|kontrolle *die* contrôle *m* des changes.

Devisen|kurs *der* taux *m* de change.

Devisen|makler *der* agent *m* de change.

Devisen|markt *der* marché *m* des changes.

devot *geh & abw* ◇ *Adj* obséquieux(euse), servile. ◇ *Adv* obséquieusement.

Dez. *Abk für* **Dezember.**

Dezember *der (ohne Pl)* décembre *m*; *siehe auch* **September.**

dezent ◇ *Adj* discret(ète); [Lächeln] réservé(e). ◇ *Adv* discrètement, avec discrétion.

dezentral ◇ *Adj* décentralisé(e). ◇ *Adv* de façon décentralisée.

dezentralisieren *tr amt* décentraliser.

Dezentralisierung *(Pl* **-en***) die amt* décentralisation *f.*

Dezernat *(Pl* **-e***) das* service *m*; [der Polizei] division *f.*

Dezernent, in *(mPl* **-en**; *fPl* **-nen***) der, die* chef de service *m.*

dezidiert *geh* ◇ *Adj* décidé(e). ◇ *Adv* de manière décidée.

dezimal *Adj* décimal(e).

Dezimal|stelle *die* décimale *f.*

Dezimal|system *das (ohne Pl)* système *m* décimal.

Dezimal|zahl *die* nombre *m* décimal.

Dezi|meter *der* ODER *das* décimètre *m.*

dezimieren *tr* décimer.

◆ **sich dezimieren** *ref* diminuer.

DFB *(Abk für* **Deutscher Fußball-Bund***) der (ohne Pl)* ligue *f* allemande de football.

DFG *(Abk für* **Deutsche Forschungsgemeinschaft***) die (ohne Pl) organisme allemand de recherche scientifique,* ≃ CNRS *m.*

DFJW *(Abk für* **Deutsch-französisches Jugendwerk***) das (ohne Pl)* OFAJ *m.*

DFÜ *(Abk für* **Datenfernübertragung***) die (ohne Pl)* transmission *f* des données.

DGB *Abk für* **Deutscher Gewerkschaftsbund.**

dgl. *Abk für* **dergleichen.**

d.Gr. *(Abk für* **der Große***)* le Grand.

d.h. *(Abk für* **das heißt***)* c.-à-d.

d.i. *(Abk für* **das ist***)* c.-à.-d.

Di. *(Abk für* **Dienstag***)* mar.

Dia *(Pl* **-s***) das* diapo *f.*

Diabetes *der (ohne Pl)* diabète *m.*

Diabetiker, in *(mPl* **-**; *fPl* **-nen***) der, die* diabétique *mf.*

diabolisch *geh* ◇ *Adj* diabolique. ◇ *Adv* diaboliquement, de façon diabolique.

Diachronie *die (ohne Pl)* diachronie *f.*

diachronisch ◇ *Adj* diachronique. ◇ *Adv* de façon diachronique.

Diagnose *(Pl* **-n***) die* diagnostic *m*; **die ~ auf etw** *(A)* **stellen** diagnostiquer qqch; **eine ~ stellen** faire un diagnostic.

diagnostizieren *tr* diagnostiquer.

diagonal ◇ *Adj* diagonal(e). ◇ *Adv fam* : **etw ~ lesen** *fig* lire qqch en diagonale.

Diagonale *(Pl* **-n***) die* diagonale *f.*

Diagramm *(Pl* **-e***) das* diagramme *m.*

Diakon *(Pl* **-e***) der* diacre *m.*

Diakonie *die (ohne Pl) organisme protestant se consacrant à des œuvres caritatives.*

Diakonisse (*Pl* **-n**) *die* diaconesse *f.*

Dialekt (*Pl* **-e**) *der* dialecte *m.*

DIALEKT:
L'Allemagne est caractérisée par une grande richesse de dialectes et de patois qui permettent de maintenir une identité linguistique régionale parallèlement à la pratique de la langue standard (Hochdeutsch).

Dialektik *die (ohne Pl)* dialectique *f.*

dialektisch ◇ *Adj* dialectique. ◇ *Adv* dialectiquement, de manière dialectique.

Dialog (*Pl* **-e**) *der* dialogue *m.*

Dialyse [dia'lyːzə] (*Pl* **-n**) *die* MED dialyse *f.*

Diamant (*Pl* **-en**) *der* diamant *m*; **roher/geschliffener ~** diamant brut/taillé.

diametral ◇ *Adj* MATH diamétral(e). ◇ *Adv*: **~ entgegengesetzt** diamétralement opposé(e).

Diaprojektor (*Pl* **-en**) *der* projecteur *m* de diapositives.

Diarrhöe (*Pl* **-n**) *die* MED diarrhée *f.*

diät *Adv*: **~ kochen** faire de la cuisine diététique; **~ essen** ODER **leben** suivre un régime.

Diät (*Pl* **-en**) *die* régime *m*; **~ halten (müssen)** être au régime.

Diät|assistent, in *der, die* diététicien *m*, -enne *f.*

Diäten *Pl* [in der Politik] indemnités *fpl* parlementaires.

Diät|kost *die (ohne Pl)* aliments *mpl* diététiques.

Diät|küche *die* cuisine *f* diététique.

Diät|plan *der* plan *m* de régime.

dich *Pron (Akkusativ Singular)* **-1.** [Personalpronomen von du] te, t'. **-2.** [Reflexivpronomen] te, t', toi; **du beeilst ~** tu te dépêches; **du hast ~ verletzt** tu t'es blessé(e); **wasch ~!** lave-toi!

dicht ◇ *Adj* **-1.** [undurchlässig - Behälter] étanche; [- Jacke] imperméable; **nicht ~ sein** [Dach, Schuhe] prendre l'eau; [Eimer, Windel] fuir. **-2.** [Wald, Nebel, Haar] épais(aisse); [Verkehr] dense. **-3.** *RW*: **bist du nicht** ODER **nicht mehr ganz ~**? *fam abw* t'es pas un peu fêlé(e)? ◇ *Adv* **-1.** [undurchlässig] de façon étanche ODER hermétique; **etw ~ machen** colmater qqch; **~ schließen** bien fermer. **-2.** [eng]: **~ bevölkert** très peuplé(e); **~ behaart** très poilu(e). **-3.** [ganz nahe]: **~ dabei/davor/daneben stehen** être juste là/devant/à côté.

dichtbesiedelt *Adj* très peuplé(e).

Dichte *die (ohne Pl)* **-1.** [Undurchlässigkeit] étanchéité *f.* **-2.** [von Nebel] épaisseur *f*; [von Verkehr] densité *f.* **-3.** [PHYS, Gedrängtheit] densité *f.*

dichten ◇ *tr* **-1.** [dichtmachen] colmater; [Dach] réparer. **-2.** [verfassen] écrire. ◇ *intr* [Verse schreiben] faire des vers.

Dichter, in (*mPl* **-**; *fPl* **-nen**) *der, die* [Lyriker] poète *m*, poétesse *f*; [Autor] auteur *m.*

dichterisch ◇ *Adj* poétique. ◇ *Adv* de manière poétique.

Dichter|lesung *die* lecture *f.*

dichtgedrängt *Adj* serrés les uns contre les autres, serrées les unes contre les autres; **eine ~ Menschenmenge** une foule dense.

dicht|halten *intr (unreg) fam* ne pas cracher ODER lâcher le morceau.

Dichtkunst *die (ohne Pl)* poésie *f.*

dicht|machen *tr fam* fermer.

Dichtung (*Pl* **-en**) *die* **-1.** [Kunstwerk] œuvre *f.* **-2.** *(ohne Pl)* [Literatur] littérature *f.* **-3.** [aus Gummi] joint *m.*

Dichtungs|masse *die* mastic *m.*

Dichtungs|ring *der* joint *m (d'étanchéité).*

dick ◇ *Adj* **-1.** [gen] gros (grosse); **~e Freunde** de grands amis. **-2.** [geschwollen] enflé(e). **-3.** [Scheibe, Flüssigkeit] épais(aisse). **-4.** [in Maßangaben]: **zwei Meter ~ sein** faire deux mètres d'épaisseur. ◇ *Adv* **-1.** [Farbe, Creme] en couche épaisse. **-2.** *fam* [sehr]: **mit jm ~ befreundet sein** être très ami(e) avec qqn. **-3.** *RW*: **es nicht so ~ haben** *fam* ne pas être trop argenté(e); **mit jm durch ~ und dünn gehen** ne jamais faire faux bond à qqn.

Dick|darm *der* gros intestin *m.*

Dicke (*Pl* **-n**) ◇ *die (G Dicke)* **-1.** [in Maßangaben] épaisseur *f.* **-2.** *(ohne Pl)* [von Bäumen] grosseur *f*; [von Personen] corpulence *f.* ◇ *der, die (G Dicken)* [Person] gros *m*, grosse *f.*

dickfellig *Adj fam abw* coriace.

dickflüssig *Adj* épais(aisse); [Öl] visqueux (euse).

Dickhäuter (*Pl* **-**) *der* pachyderme *m.*

Dickicht (*Pl* **-e**) *das* sous-bois *m.*

Dick|kopf *der abw* **-1.** [Person] tête *f* de lard. **-2.** [Haltung]: **einen ~ haben** avoir la tête dure.

dickköpfig *Adj abw* têtu(e) (comme une mule).

Dick|milch *die (ohne Pl)* lait *m* caillé.

dick|tun
◆ **sich dicktun** *ref (unreg) fam abw*: **sich (mit etw) ~** se faire mousser (avec qqch).

dickwandig *Adj* à paroi épaisse.

Didaktik *die* didactique *f.*

didaktisch ◇ *Adj* **-1.** [pädagogisch] didactique. **-2.** [lehrreich] éducatif(ive). ◇ *Adv* [lehrreich] de manière didactique.

die ◇ *Det* **-1.** [Nominativ und Akkusativ Singular] le, la, l'. **-2.** [Nominativ und Akkusativ Plural von der, die, das] les. ◇ *Pron* **-1.** [Nominativ und Akkusativ Singular von Demonstrativpronomen] celui-là, celle-là. **-2.** [Relativpronomen von die] qui, que; **~ Kollegin, ~ hier arbeitet** la collègue qui travaille ici; **~ Zeitungen, ~ ich lese** les journaux que je lis. **-3.** [Nominativ und Akkusativ Plural von der, die, das] ceux-ci, celles-ci.

Dieb (*Pl* **-e**) *der* voleur *m*.

Diebes|gut *das* chose *f* volée, bien *m* volé.

Diebin (*Pl* **-nen**) *die* voleuse *f*.

diebisch ◇ *Adj* **-1.** *fam* [Freude, Vergnügen] malin(igne). **-2.** [Elster, Person] voleur(euse). ◇ *Adv*: **sich ~ freuen** *fam* éprouver une joie maligne.

Diebstahl (*Pl* **-stähle**) *der* vol *m*.

diejenige ◇ *Det*: **~ Frau, die** la femme qui. ◇ *Pron*: **~, die** celle qui.

Diele (*Pl* **-n**) *die* **-1.** [Flur] entrée *f*, vestibule *m*. **-2.** [Brett] latte *f*.

dienen *intr* **-1.** [nützen]: **jm/etw ~** servir à qqn/qqch; **(jm) als etw ~** servir de qqch (à qqn); **zu etw ~** servir à qqch. **-2.** [für etw wirken]: **jm/etw ~** être au service de qqn/qqch; **womit kann ich ~**? vous désirez?, que puis-je faire pour toi ODER vous? **-3.** [Soldat sein] servir (dans l'armée).

Diener, in (*mPl* **-**; *fPl* **-nen**) *der, die* serviteur *m*, servante *f*; **ein ~ des Gesetzes sein** être au service de la loi.

dienlich *Adj*: **jm/etw ~ sein** être utile à qqn/qqch.

Dienst (*Pl* **-e**) *der* **-1.** [gen] service *m*; **den ~ antreten/quittieren** entrer dans/quitter une entreprise; **jn vom ~ suspendieren** suspendre qqn de ses fonctions; **der öffentliche ~** la fonction publique; **im ~ einer Sache stehen** être au service de qqch; **jm einen (guten) ~ erweisen** ODER **leisten** (bien) rendre service à qqn; **(jm) den ~ versagen** lâcher (qqn). **-2.** *(ohne Pl)* [Arbeit, Pflicht] travail *m*; **zum ~ gehen** prendre son service; **~ haben** être de service; **~ nach Vorschrift** la grève *f* du zèle.

◆ **außer Dienst** *Adv* à la retraite.

◆ **im Dienst** *Adv*: **im ~ sein** être en service ODER au travail.

◆ **vom Dienst** *Adv* de service.

Dienstag (*Pl* **-e**) *der* mardi *m*; *siehe auch* **Samstag**.

dienstags *Adv* le mardi; *siehe auch* **samstags**.

Dienst|alter *das* ancienneté *f*.

Dienstälteste (*Pl* **-n**) *der, die* le plus ancien *m*, la plus ancienne *f* du service.

Dienst|antritt *der* entrée *f* en fonction(s).

dienstbereit *Adj* de garde.

Dienst|bote *der* serviteur *m*.

Dienst|botin *die* servante *f*.

Dienst|geheimnis *das* secret *m* professionnel.

Dienst|grad *der* grade *m*.

diensthabend *Adj* [Arzt] de service; [Wache, Apotheke] de garde.

Diensthabende (*Pl* **-n**) *der, die* personne *f* de service.

Dienst|leistung *die* **-1.** WIRTSCH prestation *f* de service. **-2.** [Dienst] service *m*.

Dienstleistungs|abend *der* nocturne *f*.

Dienstleistungs|gewerbe *das* secteur *m* tertiaire.

Dienstleistungs|unternehmen *das* prestataire *m* de services.

dienstlich *amt* ◇ *Adj* **-1.** [Schreiben, Termin] professionnel(elle), de service. **-2.** [unpersönlich] impersonnel(elle). ◇ *Adv* [verreisen] pour des raisons professionnelles.

Dienst|programm *das* EDV (programme *m*) utilitaire *m*.

Dienst|reise *die*: **(auf) ~** (en) déplacement *m* *(professionnel)*.

Dienst|schluß *der (ohne Pl)* fin *f* du service.

Dienst|stelle *die* service *m*, autorités *fpl*.

Dienststunden *Pl* heures *fpl* de service.

Dienst|wagen *der* voiture *f* de service ODER fonction.

Dienst|weg *der (ohne Pl)* voie *f* hiérarchique.

Dienst|wohnung *die* logement *m* de fonction.

Dienst|zeit *die* horaires *mpl* de travail.

dies *Pron* ceci; **~ und das** ODER **jenes** *fig* ceci et cela.

diesbezüglich ◇ *Adj* à ce sujet. ◇ *Adv*: **~ habe ich eine Frage** j'ai une question à ce sujet.

diese, r, s ODER **dies** ◇ *Det* ce, cet, cette; **~s Jahr** cette année-ci. ◇ *Pron* celui-ci, celle-ci.

Diesel (*Pl* **-**) *der* **-1.** *(ohne Pl)* [Kraftstoff] gas-oil *m*, gazole *m*. **-2.** [Auto] diesel *m*.

dieselbe ◇ *Det* le même, la même. ◇ *Pron* le même, la même.

Diesel|motor *der* moteur *m* diesel.

Diesel|öl *das (ohne Pl)* gazole *m*, gas-oil *m*, gasoil *m*.

diesig *Adj* brumeux(euse).

diesjährig *Adj* annuel(elle).

diesmal *Adv* cette fois.

diesseitig *Adj* **-1.** [auf dieser Seite gelegen] de ce côté. **-2.** [irdisch] d'ici-bas.

diesseits *Adv* [auf dieser Seite]: **~ eines Ortes** de ce côté(-ci) d'un endroit.

Diesseits *das (ohne Pl)* monde *m* (terrestre), bas monde *m*.

Dietrich (*Pl* **-e**) *der* passe-partout *m*; **mit dem ~ öffnen** crocheter.

diffamieren *tr* diffamer, calomnier.

Diffamierung (*Pl* **-en**) *die* diffamation *f*.
Differentialgetriebe *das* différentiel *m*.
Differentialrechnung *die* MATH calcul *m* différentiel.
Differenz (*Pl* **-en**) *die* **-1.** [gen] différence *f*. **-2.** [Fehlbetrag] écart *m*.
◆ **Differenzen** *Pl* différends *mpl*.
differenzieren ◇ *tr* nuancer. ◇ *intr* faire la part des choses.
◆ **sich differenzieren** *ref* se spécialiser.
differieren *intr geh* différer; **um 20 DM differieren** différer de 20 DM.
diffus *Adj* **-1.** [wirr] confus(e). **-2.** [Licht] diffus(e).
digital *Adj* EDV numérique.
Digitalanzeige *die* affichage *m* numérique.
Digitalrechner *der* EDV calculateur *m* numérique.
Digitaltechnik *die* EDV technologie *f* numérique.
Digitaluhr *die* montre *f* (à affichage) numérique.
DIHT (*Abk für* **Deutscher Industrie- und Handelstag**) *der (ohne Pl)* fédération *f* des chambres de commerce et d'industrie allemandes.
Diktat (*Pl* **-e**) *das* **-1.** [Nachschrift] dictée *f*. **-2.** *geh* [Zwang] diktat *m*.
Diktator, Diktatorin (*mPl* **-toren**; *fPl* **-nen**) *der, die abw* dictateur *m*.
diktatorisch ◇ *Adj abw* dictatorial(e). ◇ *Adv abw* de façon dictatoriale.
Diktatur (*Pl* **-en**) *die* dictature *f*.
diktieren *tr* dicter; **jm etw ~** [Text] dicter qqch à qqn.
Diktiergerät *das* dictaphone® *m*.
Dilemma (*Pl* **-s**) *das* dilemme *m*.
Dilettant, in (*mPl* **-en**; *fPl* **-nen**) *der, die geh* dilettante *mf*.
dilettantisch *Adj abw* d'amateur, de dilettante.
Dill (*Pl* **-e**) *der* aneth *m*.
Dimension (*Pl* **-en**) *die* dimension *f*.
diminutiv *Adj* GRAM diminutif(ive).
Diminutiv (*Pl* **-e**) *das* GRAM diminutif *m*.
DIN [di:n] (*Abk für* **Deutsche Industrienorm**) DIN.
Diner [di'ne:] (*Pl* **-s**) *das geh* repas *m* de fête.
Ding (*Pl* **-e** ODER **-er**) *das* **-1.** *(Pl Dinge)* [gen] chose *f*; **vor allen ~en** avant tout; **unverrichteter ~e** bredouille; **den ~en ihren Lauf lassen** laisser les choses aller leur cours; **nicht mit rechten ~en zugehen** être truqué(e); **wie die ~e liegen** dans l'état actuel des choses; **guter ~e sein** être de bonne humeur. **-2.** *fam (Pl Dinger)* [unbekannte Sache] machin *m*, truc *m*. **-3.** *(Pl Dinger)* [Mädchen]: **ein junges ~** une jeune créature. **-4.** *fam (Pl Dinger) RW*: **das is' (ja) 'n ~!** ça alors!; **ein ~ drehen** faire un mauvais coup; **krumme ~er machen** faire des magouilles.
dingfest *Adj*: **jn ~ machen** arrêter qqn.
Dings *(ohne Pl) fam* ◇ *der, die* [Person]: **der** ODER **die ~** Machin *m*, -e *f*. ◇ *das* [Gegenstand] truc *m*, machin *m*.
Dinosaurier (*Pl* **-**) *der* dinosaure *m*.
Dioptrie (*Pl* **-n**) *die* MED dioptrie *f*.
Dioxyd (*Pl* **-e**) *das* CHEM dioxyde *m*.
Diözese (*Pl* **-n**) *die* diocèse *m*.
Dipl.Ing. *Abk für* **Diplomingenieur**.
Dipl.Kfm. (*Abk für* **Diplomkaufmann**) ≃ diplômé(e) d'une école supérieure de commerce.
Diplom (*Pl* **-e**) *das* diplôme *m*.
Diplomarbeit *die* mémoire *m*.
Diplomat (*Pl* **-en**) *der* diplomate *m*.
Diplomatenkoffer *der* attaché-case *m*, mallette *f*.
Diplomatie *die (ohne Pl)* diplomatie *f*.
Diplomatin (*Pl* **-nen**) *die* diplomate *f*.
diplomatisch ◇ *Adj* **-1.** [zwischen Staaten] diplomatique. **-2.** [Person] diplomate; [Reden] diplomatique. ◇ *Adv* **-1.** [staatlich] diplomatiquement. **-2.** [taktisch] avec diplomatie.
Diplomingenieur, in *der, die* ingénieur *m* diplômé.
dir *Pron (Dativ Singular von du)* te, t', toi; **ich sage ~ ...** je te dis ...; **das gehört ~** cela t'appartient; **ich komme mit ~** je viens avec toi.
Dir. *Abk für* **Direktor**.
Directory [dai'rɛktɔri] (*Pl* **Directories**) *das* EDV répertoire *m*.
direkt ◇ *Adj* **-1.** [ohne Umwege] direct(e). **-2.** [Person] franc (franche). ◇ *Adv* **-1.** [sofort] immédiatement; TV en direct. **-2.** [nahe] juste; **~ an** ODER **neben** ODER **bei** juste à côté de. **-3.** [unmittelbar] directement. **-4.** [unverblümt] franchement.
Direktflug *der* vol *m* direct.
Direktheit *die (ohne Pl)* franchise *f*.
Direktion (*Pl* **-en**) *die* direction *f*.
Direktive (*Pl* **-n**) *die geh* directive *f*.
Direktmandat *das* POL mandat *m* direct.
Direktmarketing *das* marketing *m* direct.
Direktor (*Pl* **Direktoren**) *der* directeur *m*; [von Abteilung] chef *m* de service; [von Gymnasium] proviseur *m*.
Direktorin (*Pl* **-nen**) *die* directrice *f*; [von Abteilung] chef *m* de service; [von Gymnasium] proviseur *m*.
Direktübertragung *die* (re)transmission *f* en direct.
Direktverbindung *die* **-1.** [bei der Eisenbahn]

train *m* direct; [im Flugwesen] vol *m* direct. **-2.** TELEKOM communication *f* directe.
Direktverkauf *der* vente *f* directe.
Dirigent, in (*mPl* **-en**; *fPl* **-nen**) *der, die* [von Orchester] chef *m* d'orchestre; [von Chor] chef *m* de chœur.
dirigieren *tr* & *intr* diriger.
Dirndlkleid *das robe du costume bavarois.*
Dirne (*Pl* **-n**) *die* fille *f* de joie.
Dis *das* MUS ré *m* dièse.
Diskette (*Pl* **-n**) *die* EDV disquette *f*; **eine ~ formatieren/kopieren** formater/copier une disquette.
Diskettenkapazität *die* EDV capacité *f* de disquette.
Disketten-Laufwerk *das* EDV lecteur *m* de disquettes.
Diskjockey ['dɪskdʒɔke] *der* disc-jockey *mf*, D.J. *mf*.
Disko (*Pl* **-s**) *die fam* boîte *f (de nuit)*; **in die ~ gehen** aller en boîte.
Diskont (*Pl* **-e**) *der* WIRTSCH escompte *m*.
Diskontsatz *der* WIRTSCH taux *m* d'escompte.
Diskothek (*Pl* **-en**) *die* boîte *f* de nuit, discothèque *f*.
diskreditieren *tr* discréditer.
Diskrepanz (*Pl* **-en**) *die* décalage *m*.
diskret ◇ *Adj* discret(ète). ◇ *Adv* **-1.** [unauffällig] discrètement. **-2.** [taktvoll] avec tact.
Diskretion *die (ohne Pl)* discrétion *f*; **~ wahren** rester discret(ète).
diskriminieren *tr* discriminer.
Diskriminierung (*Pl* **-en**) *die* discrimination *f*.
Diskus (*Pl* **-se**) *der* SPORT disque *m*.
Diskussion (*Pl* **-en**) *die* discussion *f*; **zur ~ stehen** être à débattre; **das steht nicht zur ~** là n'est pas notre propos.
Diskussionsbeitrag *der* contribution *f* à la discussion.
Diskussionsleiter, in *der, die* meneur de débat *m*, meneuse de débat *f*.
Diskussionsrunde *die* cercle *m* de discussion, table ronde *f*.
Diskussionsthema *das* sujet *m* de discussion.
Diskuswerfen *das (ohne Pl)* SPORT lancer *m* du disque.
diskutabel (*Kompar* **diskutabler**, *Superl* **diskutabelste**) *Adj* à débattre.
diskutieren ◇ *intr* discuter; **über jn ~** parler de qqn; **über etw** *(A)* **~** discuter ODER débattre de qqch. ◇ *tr* discuter.
Disneyland® *nt* Disneyland.
disponieren *intr*: **über etw ~** disposer de qqch.
disproportional *Adj* disproportionné(e).
Disqualifikation (*Pl* **-en**) *die* SPORT disqualification *f*.
disqualifizieren *tr* SPORT disqualifier.
Dissens (*Pl* **-e**) *der* dissension *f*.
Dissertation (*Pl* **-en**) *die* thèse *f* de doctorat.
Dissident, in (*mPl* **-en**; *fPl* **-nen**) *der, die* dissident *m*, -e *f*.
Dissonanz (*Pl* **-en**) *die* dissonance *f*.
Distanz (*Pl* **-en**) *die* **-1.** [Entfernung] distance *f*. **-2.** *(ohne Pl)* [persönlich] distance *f*; **aus der ~ heraus** avec du recul.
distanzieren
◆ **sich distanzieren** *ref*: **sich von jm/etw ~** prendre ses distances vis-à-vis de qqn/qqch; **sich von einem Beschluß ~** se désolidariser d'une décision.
distanziert ◇ *Adj* distant(e). ◇ *Adv* avec distance.
Distanzierung (*Pl* **-en**) *die*: **~ (gegenüber jm)** prise *f* de distance (vis-à-vis de qqn); **~ (gegenüber einer Sache** *(D)***)** recul *m* (par rapport à qqch).
Distel (*Pl* **-n**) *die* chardon *m*.
distinguiert [dɪstɪŋ'giːɐ̯t] *Adj geh* distingué(e).
Distrikt (*Pl* **-e**) *der* district *m*.
Disziplin (*Pl* **-en**) *die* discipline *f*.
disziplinarisch ◇ *Adj* disciplinaire. ◇ *Adv*: **~ vorgehen** prendre des mesures disciplinaires.
Disziplinarstrafe *die* SPORT sanction *f* disciplinaire.
diszipliniert ◇ *Adj* discipliné(e). ◇ *Adv* de manière disciplinée; [arbeiten] avec discipline.
Diva (*Pl* **-s**) *die* diva *f*.
Divergenz (*Pl* **-en**) *die* divergence *f*.
diverse (*Superl* **diverseste**) *Adj Pl* divers (diverses).
Dividende (*Pl* **-n**) *die* dividende *m*.
dividieren *tr* diviser.
Division (*Pl* **-en**) *die* division *f*.
Diwan (*Pl* **-e**) *der* divan *m*.
d.J. ◇ (*Abk für* **der Jüngere**) le Jeune. ◇ (*Abk für* **dieses Jahres**) de cette année.
Djerba *nt* Djerba; **auf ~** à Djerba.
DJH (*Abk für* **Deutscher Jugendherbergsverband**) *der (ohne Pl)* fédération *f* allemande des auberges de jeunesse, ≃ FUAJ.
DKP (*Abk für* **Deutsche Kommunistische Partei**) *die (ohne Pl)* DKP *m*.
DLRG (*Abk für* **Deutsche Lebensrettungsgesellschaft**) *die (ohne Pl)* société *f* de sauvetage allemande.

d.M. (*Abk für* **dieses Monats**) de ce mois.
DM (*Abk für* **Deutsche Mark**) DM.
D-Mark ['de:mark] (*Abk für* **Deutsche Mark**) *die (ohne Pl)* deutschemark *m.*
DNS (*Abk für* **Desoxyribonukleinsäure**) *die (ohne Pl)* ADN *m.*
Do. (*Abk für* **Donnerstag**) jeu.
doch ◇ *Adv* **-1.** [zum Ausdruck der Konzession] pourtant; **er kam ~ noch** il est venu quand même; **das wußte ich ~ nicht** mais je ne le savais pas. **-2.** [zur Verstärkung]: **sei ~ nicht so dickköpfig** ne sois donc pas si entêté(e); **das kann ~ nicht wahr sein!** mais ce n'est pas vrai! ◇ *Interj* si. ◇ *Konj* pourtant.
◆ **ja doch!** *Interj* mais si!
◆ **nicht doch!** *Interj* mais non!
Docht (*Pl* **-e**) *der* mèche *f (de bougie).*
Dock (*Pl* **-s**) *das* dock *m.*
Documenta *die (ohne Pl) exposition d'art moderne se tenant à Kassel tous les quatre ou cinq ans.*
Dogge (*Pl* **-n**) *die* dogue *m.*
Dogma (*Pl* **Dogmen**) *das* dogme *m.*
dogmatisch *Adj abw* dogmatique.
Dohle (*Pl* **-n**) *die* choucas *m.*
Doktor (*Pl* **Doktoren**) *der* **-1.** *(ohne Pl)* [Titel] titre *m* de docteur; **seinen ~ machen** passer son doctorat. **-2.** [Träger des Titels] docteur *m*; **~ der Biologie** docteur en biologie. **-3.** *fam* [Arzt] docteur *m.*
Doktorand, in (*mPl* **-en**; *fPl* **-nen**) *der, die* étudiant *m*, -e *f* en doctorat.
Doktor|arbeit *die* thèse *f* de doctorat.
Doktorin (*Pl* **-nen**) *die* docteur *m*, doctoresse *f.*
Doktor|titel *der* titre *m* de docteur.
Doktor|vater *der* directeur *m* de thèse.
Doktrin (*Pl* **-en**) *die* doctrine *f.*
Dokument (*Pl* **-e**) *das* document *m.*
Dokumentar|film *der* film *m* documentaire, documentaire *m.*
dokumentarisch ◇ *Adj* documentaire. ◇ *Adv* [belegen] documents à l'appui.
Dokumentation (*Pl* **-en**) *die* **-1.** [Informationsmaterial] documentation *f.* **-2.** *(ohne Pl)* [Darstellung] illustration *f.*
dokumentieren *tr* **-1.** [darstellen] illustrer *(par des documents).* **-2.** [bekunden] illustrer, être l'expression de.
Dolch (*Pl* **-e**) *der* poignard *m.*
Dolde (*Pl* **-n**) *die* ombelle *f.*
Dollar (*Pl* **-s**) *der* dollar *m.*
dolmetschen ◇ *intr* servir d'interprète. ◇ *tr* traduire.
Dolmetscher, in (*mPl* **-**; *fPl* **-nen**) *der, die* interprète *mf.*
Dolomiten *Pl* Dolomites *fpl.*
Dom (*Pl* **-e**) *der* cathédrale *f.*
Domäne (*Pl* **-n**) *die* **-1.** [Staatsbesitz] domaine *m.* **-2.** [Spezialgebiet] (domaine de) spécialité *f.*
dominant *Adj* **-1.** [überlegen] dominateur(trice). **-2.** BIOL dominant(e).
Dominante (*Pl* **-n**) *die* MUS dominante *f.*
Dominanz (*Pl* **-en**) *die* **-1.** [Vorherrschaft] prédominance *f.* **-2.** BIOL dominance *f.*
dominieren ◇ *intr* prédominer. ◇ *tr* dominer.
Dominikaner, in (*mPl* **-**; *fPl* **-nen**) *der, die* dominicain *m*, -e *f.*
Domino (*Pl* **-s**) *das* jeu *m* de dominos, dominos *mpl.*
Domizil (*Pl* **-e**) *das geh* domicile *m.*
Dompteur (*Pl* **-e**) *der* dompteur *m.*
Dompteuse (*Pl* **-n**) *die* dompteuse *f.*
Don *der* Don *m.*
Donau *die* Danube *m.*
Donner *der (ohne Pl)* coup *m* de tonnerre, tonnerre *m.*
donnern (*Perf* **hat/ist gedonnert**) ◇ *intr* **-1.** *(hat)* [beim Gewitter]: **es donnert** il tonne. **-2.** *(ist)* [mit Macht]: **durch etw ~** traverser qqch dans un bruit d'enfer. **-3.** *fam (hat)* [schlagen]: **gegen** ODER **an etw** *(A)* **~** tambouriner contre ODER à qqch. **-4.** *fam (ist)* [prallen]: **gegen etw ~** heurter violemment qqch. ◇ *tr (hat) fam* balancer.
◆ **Donnern** *das (ohne Pl)* tonnerre *m.*
Donner|schlag *der* coup *m* de tonnerre.
Donners|tag *der* jeudi *m*; *siehe auch* **Samstag**.
donnerstags *Adv* le jeudi; *siehe auch* **samstags**.
Donner|wetter *das fam* : **das gibt ein ~!** ça va barder!; **zum ~!** nom d'une pipe!; **~!** mince (alors)!, diable!
doof ◇ *Adj* **-1.** *fam* [einfältig] idiot(e); **die ist vielleicht ~** qu'est-ce qu'elle est bête! **-2.** *fam* [langweilig] barbant(e). **-3.** [ärgerlich] bête. ◇ *Adv* bêtement.
dopen ['do:pn̩] *tr* doper.
◆ **sich dopen** *ref* se doper.
Doping ['do:pɪŋ] (*Pl* **-s**) *das* dopage *m.*
Doping|kontrolle *die* contrôle *m* antidopage.
Doppel (*Pl* **-**) *das* double *m*; **gemischtes ~** double *m* mixte.
Doppel|belastung *die* double charge *f.*
Doppel|besteuerung *die* double imposition *f.*
Doppel|bett *das* lit *m* double.
Doppeldecker (*Pl* **-**) *der* **-1.** FLUG biplan *m.* **-2.** [Omnibus] autobus *m* à impériale.
doppeldeutig *Adj* équivoque.
Doppel|fenster *das* double fenêtre *f.*

Doppelgänger, in (*mPl* **-**; *fPl* **-nen**) *der, die* sosie *m*.
Doppel|haus *das* maison *f* mitoyenne.
Doppel|kinn *das* double menton *m*.
Doppel|kopf *der (ohne Pl)* [Kartenspiel] *jeu de cartes allemand se jouant à quatre.*
Doppel|leben *das* double vie *f*.
Doppel|moral *die (ohne Pl)* morale *f* équivoque.
Doppel|name *der* [Vorname] nom *m* composé; [Nachname] double patronyme *m*.
Doppel|punkt *der* deux-points *m*.
doppelseitig *Adj* **-1.** MED double. **-2.** [Anzeige, Broschüre] de deux pages.
Doppel|stecker *der* prise *f* double.
doppelt ◇ *Adj* **-1.** [zweifach] double; **in ~er Ausfertigung** en double (exemplaire). **-2.** [gesteigert] redoublé(e). ◇ *Adv* en double; **~ soviel** le double; **~ gemoppelt** *fam* redondant; **~ und dreifach** *fam* cent fois; **~ sehen** *fam* voir double.
◆ **Doppelte** *das (ohne Pl)*: **das Doppelte** le double.
Doppelverdiener, in (*mPl* **-**; *fPl* **-nen**) *der, die*: **~ sein** avoir deux salaires, cumuler.
Doppel|zimmer *das* chambre *f* double.
Dorf (*Pl* **Dörfer**) *das* **-1.** [Ort] village *m*; **auf dem ~** à la campagne. **-2.** *fam RW*: **das sind böhmische Dörfer für mich** c'est du chinois pour moi.
Dorf|bewohner, in *der, die* villageois *m*, -e *f*.
dörflich *Adj* campagnard(e).
Dorn (*Pl* **-en**) *der* épine *f*; **jm ein ~ im Auge sein** *fig* être la bête noire de qqn.
Dornen|krone *die* couronne *f* d'épines.
dornig *Adj* épineux(euse).
Dornröschen *das* la Belle au bois dormant.
Dörr|obst *das* fruits *mpl* secs.
Dorsch (*Pl* **-e**) *der* morue *f*.
dort *Adv* là-bas; **da und ~** ça et là; **von ~ aus** de là(-bas); **~ drüben** là-bas.
dorther *Adv* de là-bas.
dorthin *Adv* [in Ferne] là-bas; [in Nähe] là.
dorthinaus *Adv* par là-bas; **bis ~** *fam fig* drôlement, rudement.
dortig *Adj* local(e).
Dortmund *nt* Dortmund.
Dose (*Pl* **-n**) *die* **-1.** [Behälter, Konserve] boîte *f*. **-2.** [Bierdose] canette *f* (de bière).
dösen *intr fam* [schlafen] somnoler; [träumen] rêvasser.
Dosen|bier *das* bière *f* en boîte.
Dosen|milch *die* lait *m* concentré.
Dosen|öffner *der* ouvre-boîtes *m inv*.
dosieren *tr* doser.
Dosierung (*Pl* **-en**) *die* dosage *m*.
Dosis (*Pl* **Dosen**) *die* dose *f*.
dotieren *tr*: **mit etw ~** [Preis] doter de qqch; **mit 300 DM ~** [Stellung] rémunérer à 300 DM.
Dotter (*Pl* **-**) *der* ODER *das* jaune *m* d'œuf.
dottergelb *Adj* (couleur) jaune d'œuf.
Double ['du:bl] (*Pl* **-s**) *das* **-1.** [Schauspieler] doublure *f*. **-2.** [Doppelgänger] sosie *m*.
Dover *nt* Douvres.
down [daun] *Adj fam* : **~ sein** [müde] être vanné(e); [niedergeschlagen] être à bout.
Dozent, in (*mPl* **-en**; *fPl* **-nen**) *der, die* maître *m* de conférences, chargé *m*, -e *f* de cours.
dozieren *intr* **-1.** [an Hochschulen] enseigner, donner des cours. **-2.** *abw* [belehrend reden] donner des leçons.
dpa (*Abk für* **Deutsche Presseagentur**) *die (ohne Pl)* agence *f* de presse allemande.
Dr. *Abk für* **Doktor**.
DR *Abk für* **Deutsche Reichsbahn**.
Drache (*Pl* **-n**) *der* dragon *m*.
Drachen (*Pl* **-**) *der* **-1.** [Spielzeug] cerf-volant *m*; **einen ~ steigen lassen** faire voler un cerf-volant. **-2.** *abw* [Frau] mégère *f*.
Drachenfliegen *das (ohne Pl)* vol *m* libre.
Drachenflieger, in (*mPl* **-**; *fPl* **-nen**) *der, die personne qui pratique le vol libre.*
Dragée, Dragee [dra'ʒe:] (*Pl* **-s**) *das* dragée *f*.
Draht (*Pl* **Drähte**) *der* **-1.** [aus Metall] fil *m* de fer. **-2.** [Leitung] ligne *f (téléphonique)*; **über ~** par câble; **der heiße ~** [zwischen Regierungschefs] le téléphone rouge. **-3.** *RW*: **auf ~ sein** *fam* être futé(e); **jn auf ~ bringen** *fam* pousser qqn à se secouer; **einen guten ~ zu jm haben** avoir un bon contact avec qqn.
Draht|bürste *die* brosse *f* métallique.
Draht|esel *der fam* bécane *f*.
drahtig *Adj* svelte.
drahtlos *Adj* & *Adv* sans fil.
Draht|seil *das* câble *m* en fils d'acier.
Drahtseil|bahn *die* [hängend] téléphérique *m*; [auf Schienen] funiculaire *m*.
Drahtzieher, in (*mPl* **-**; *fPl* **-nen**) *der, die* [Hintermann] instigateur *m*, -trice *f*.
drakonisch ◇ *Adj* draconien(enne). ◇ *Adv* de façon draconienne.
drall *Adj* plantureux(euse).
Drall (*Pl* **-e**) *der* [von Kugeln] effet *m*.
Drama (*Pl* **Dramen**) *das* drame *m*.
Dramatiker, in (*mPl* **-**; *fPl* **-nen**) *der, die* auteur *m* dramatique.
dramatisch *Adj* dramatique.

dramatisieren *tr* dramatiser; **etw ~** faire un drame de qqch.

Dramaturg, in (*mPl* **-en**; *fPl* **-nen**) *der, die assistant(e) du metteur en scène qui choisit et adapte les textes.*

dramaturgisch *Adj* dramaturgique.

dran *Adv fam* **-1.** = **daran**. **-2.** [von Bedeutung]: **da ist was ~!** il y a du vrai *(là-dedans)!*; **da ist alles ~!** tout y est!; **da ist nichts ~** il n'en est rien. **-3.** [an der Reihe]: **ich bin/du bist ~** c'est mon/ton tour; *fig* ça va être ma/ta fête; **wer ist ~?** à qui le tour? **-4.** *RW*: **~ glauben müssen** y laisser sa peau.

dran|bleiben (*Perf* **ist drangeblieben**) *intr (unreg) fam* **-1.** [am Telefon]: **bitte bleiben Sie dran!** ne quittez pas, s'il vous plaît! **-2.** [an Person]: **an jm ~** ne pas quitter qqn d'une semelle.

drang *Prät* → **dringen**.

Drang *der (ohne Pl)* besoin *m*, désir *m*.

dran|geben *tr (unreg)* sacrifier.

Drängelei (*Pl* **-en**) *die* **-1.** [durch Schieben] bousculade *f*. **-2.** [durch Reden] pression *f*, insistance *f*.

drängeln ◇ *intr* **-1.** [durch Schieben] jouer des coudes. **-2.** [durch Reden] insister. ◇ *tr* **-1.** [durch Schieben] pousser. **-2.** [durch Reden] harceler.

◆ **sich drängeln** *ref*: **sich durch etw ~** se frayer un chemin à travers qqch; **sich nach vorn ~** se presser devant.

drängen ◇ *intr* **-1.** [schieben] se presser. **-2.** [nicht warten]: **auf etw** *(A)* **~** exiger qqch. ◇ *tr* pousser; **(jn) ~, etw zu tun** pousser (qqn) à faire qqch.

◆ **sich drängen** *ref* se presser, jouer des coudes.

drangsalieren *tr abw* harceler.

dran|halten

◆ **sich dranhalten** *ref (unreg) fam* se magner.

dran|kommen (*Perf* **ist drangekommen**) *intr (unreg) fam* passer.

drapieren *tr*: **(mit etw) ~** [Raum] draper (de qqch); [Möbel] recouvrir (de qqch).

drastisch ◇ *Adj* **-1.** [einschneidend] drastique. **-2.** [grob] cru(e). ◇ *Adv* **-1.** [stark] de façon spectaculaire. **-2.** [grob] crûment.

drauf *Adv fam* **-1.** = **darauf**. **-2.** *RW*: **es kommt ~ an (, wie das Wetter ist)** ça dépend (du temps); **etw ~ haben** [Fähigkeit] maîtriser qqch; **gut ~ sein** être en forme ODER bien luné(e); **~ und dran sein, etw zu tun** faillir faire qqch.

Draufgänger, in (*mPl* **-**; *fPl* **-nen**) *der, die* fonceur *m*, -euse *f*.

drauf|geben *tr (unreg) fam* : **jm eins ~** [schlagen] flanquer un coup à qqn; [zurechtweisen] remettre qqn à sa place.

drauf|gehen (*Perf* **ist draufgegangen**) *intr fam (unreg)* **-1.** [umkommen] passer l'arme à gauche. **-2.** [verbraucht werden] y passer.

drauf|kommen (*Perf* **ist draufgekommen**) *intr (unreg) fam* piger.

drauflos|gehen (*Perf* **ist drauflosgegangen**) *intr (unreg) fam* foncer.

drauf|machen *tr fam* : **einen ~** faire la noce.

drauf|zahlen *fam* ◇ *tr* payer en plus. ◇ *intr* en être de sa poche.

draus *fam* = **daraus**.

draußen *Adv* dehors.

◆ **nach draußen** *Adv* dehors.

◆ **von draußen** *Adv* de dehors.

drechseln *tr* tourner.

Dreck *der (ohne Pl) fam* **-1.** [Schmutz] crasse *f*; **~ machen** faire des saletés. **-2.** *RW*: **es interessiert mich einen ~** *salopp* j'en ai rien à foutre; **aus dem gröbsten ~ heraus sein** être presque tiré(e) d'affaire; **jn wie den letzten ~ behandeln** *abw* traiter qqn comme le dernier des derniers ODER la dernière des dernières; **sich um jeden ~ kümmern** s'occuper de tout; **jn/etw in den ~ ziehen** traîner qqn/qqch dans la boue.

Dreck|arbeit *die fam* **-1.** [schmutzig] sale boulot *m*. **-2.** [unangenehm] travail *m* de forçat.

dreckig ◇ *Adj* **-1.** *fam* [schmutzig] crasseux(euse); [Geschirr] sale; **sich ~ machen** se salir. **-2.** *salopp abw* [Witz] salace. ◇ *Adv* **-1.** *fam abw* [grinsen] grossièrement. **-2.** *fam RW* [schlecht]: **jm geht es ~** qqn va hyper mal.

Dreck|spatz *der fam* petit cochon *m fig*.

Dreh (*Pl* **-s** ODER **-e**) *der fam* : **den (richtigen) ~ heraushaben** avoir (pigé) le truc; **(so) um den ~** dans ces eaux-là.

Dreh|bank *die* tour *m*.

drehbar *Adj* tournant(e).

Dreh|bewegung *die* rotation *f*.

Dreh|buch *das* scénario *m*.

Drehbuch|autor, in *der, die* scénariste *mf*.

Dreh|bühne *die* scène *f* tournante, plateau *m* tournant.

drehen ◇ *tr* **-1.** [Kopf, Kurbel, Film] tourner. **-2.** *fam* [einstellen]: **etw laut/leise ~** monter/baisser le son de qqch. **-3.** [Zigarette] rouler. **-4.** *RW*: **etw ~ und wenden** tourner qqch dans tous les sens. ◇ *intr* **-1.** [Fahrzeug] tourner. **-2.** [am Knopf, Schalter]: **an etw** *(D)* **~** tourner qqch.

◆ **sich drehen** *ref* tourner; **sich auf den Rükken ~** se retourner sur le dos; **sich um die eigene Achse ~** tourner sur soi-même; **mir dreht sich alles** *fam* la tête me tourne; **es dreht sich um jn/etw** il s'agit de qqn/qqch.

Dreh|kreuz *das* tourniquet *m*.

Dreh|orgel *die* orgue *m* de barbarie.

Dreh|punkt *der*: **Dreh- und Angelpunkt** pivot *m*.
Dreh|scheibe *die* plaque *f* tournante.
Dreh|strom *der* courant *m* triphasé.
Dreh|stuhl *der* chaise *f* pivotante.
Dreh|tür *die* porte *f* tambour.
Drehung (*Pl* **-en**) *die* tour *m*; [der Erde] rotation *f*.
Dreh|wurm *der*: **einen** ODER **den ~ kriegen** *fam fig* avoir ODER attraper le tournis.
Dreh|zahl *die* nombre *m* de tours; AUTO régime *m*.
Drehzahl|messer *der* compte-tours *m inv*; TECH tachymètre *m*.
drei *Num* **-1.** [Zahl] trois. **-2.** *RW*: **für ~ essen** manger comme quatre; **nicht bis ~ zählen können** *fam* être bête (comme ses pieds); *siehe auch* **sechs**.
Drei (*Pl* **-en**) *die* trois *m*; [Schulnote] ≃ 12/20; *siehe auch* **Sechs**.
dreidimensional ◇ *Adj* tridimensionnel(elle). ◇ *Adv* en trois dimensions.
Dreieck (*Pl* **-e**) *das* triangle *m*.
dreieckig *Adj* triangulaire.
Dreier (*Pl* **-**) *der* **-1.** [Drei] trois *m*. **-2.** [beim Lotto] *combinaison gagnante à trois chiffres*, ≃ trois bons numéros. **-3.** *fam* [Sprungbrett] plongeoir *m* de trois mètres.
dreierlei *Adj*: **auf ~ Weise** de trois façons; **mit ~ Maß** selon trois critères.
dreifach *Num* triple.
Dreifaltigkeit *die (ohne Pl)* REL trinité *f*.
dreihundert *Num* trois cents.
Drei|klang *der* accord *m* de trois notes.
Dreikönigs|fest *das* Épiphanie *f*.
dreimal *Adv* trois fois.
Drei|rad *das* tricycle *m*.
Drei|satz *der (ohne Pl)* règle *f* de trois.
Drei|sprung *der (ohne Pl)* SPORT triple saut *m*.
dreißig *Num* trente; *siehe auch* **sechs**.
Dreißig *die (ohne Pl)* trente *m*; *siehe auch* **Sechs**.
dreißiger *Adj*: **die ~ Jahre** les années trente.
dreist ◇ *Adj* effronté(e). ◇ *Adv* de manière effrontée.
Dreistigkeit (*Pl* **-en**) *die* **-1.** *(ohne Pl)* [Wesen, Verhalten] hardiesse *f*. **-2.** [Handlung] impudence *f*.
dreistöckig *Adj* de ODER à trois étages; [Torte] en trois couches.
dreitausend *Num* trois mille.
Drei|tausender *der* [Berg] sommet *m* de trois mille mètres.
dreiteilig *Adj* en trois parties.
dreiviertel *Num* trois quarts.
Dreiviertel|takt *der* trois-quatre *m inv*.
dreizehn *Num* treize; **jetzt schlägt's (aber) ~!** *fam fig* ça dépasse les bornes!; *siehe auch* **sechs**.
Dreizehn (*Pl* **-en**) *die* treize *m*; *siehe auch* **Sechs**.
Dreizimmer|wohnung *die* trois-pièces *m inv*.
Dresche *die (ohne Pl) salopp* : **~ kriegen** ODER **beziehen** prendre une raclée.
dreschen (*Präs* **drischt,** *Prät* **drosch,** *Perf* **hat gedroschen**) ◇ *tr* **-1.** [Getreide] battre. **-2.** *salopp* [prügeln]: **jn ~** casser la gueule à qqn. **-3.** *salopp* [schießen] shooter. ◇ *intr salopp* [schlagen]: **gegen etw ~** marteler qqch.
Dresch|maschine *die* batteuse *f*.
Dresden *nt* Dresde.
Dresdener (*Pl* **-**) ◇ *der* habitant *m* de Dresde. ◇ *Adj (unver)* de Dresde.
Dresdnerin (*Pl* **-nen**) *die* habitante *f* de Dresde.
Dreß (*Pl* **Dresse**) *der* tenue *f* (de sport).
dressieren *tr* dresser.
Dressing (*Pl* **-s**) *das* sauce *f*; [von Salat] assaisonnement *m*.
Dressur (*Pl* **-en**) *die* dressage *m*.
Dressur|reiten *das* dressage *m*.
Dr. h. c. (*Abk für* **Doktor honoris causa**) docteur honoris causa.
dribbeln *intr* SPORT dribbler.
driften (*Perf* **ist gedriftet**) *intr* dériver.
Drill *der (ohne Pl)* dressage *m*.
drillen *tr* **-1.** MIL entraîner. **-2.** [streng erziehen] dresser.
Drilling (*Pl* **-e**) *der* triplé *m*.
drin *Adv fam* **-1.** = **darin**. **-2.** [möglich]: **~ sein** être possible. **-3.** [gewöhnt]: **~ sein** être dans le bain.
dringen (*Prät* **drang,** *Perf* **hat/ist gedrungen**) *intr* **-1.** *(ist)* [eindringen]: **in etw ~** [Stachel, Geruch] pénétrer dans qqch; [Wasser] s'infiltrer dans qqch; **durch etw ~** traverser qqch; **in jn ~** *fig* presser qqn. **-2.** *(hat)* [drängen]: **auf etw** *(A)* **~** réclamer qqch avec insistance; **darauf ~, etw zu tun** insister pour faire qqch.
dringend ◇ *Adj* urgent(e). ◇ *Adv* **-1.** [bitten] instamment. **-2.** [weg müssen] tout de suite.
Dringlichkeit *die (ohne Pl)* urgence *f*.
Drink [drɪŋk] (*Pl* **-s**) *der* boisson *f (alcoolisée)*; **möchtest du einen ~?** tu veux un verre?
drinnen *Adv* à l'intérieur.
drin|stecken *intr fam* : **in ihm steckt viel drin** il a un bon potentiel.
drischt *Präs* → **dreschen**.
dritt
◆ **zu dritt** *Num* à trois.
dritte, r, s *Adj* troisième; *siehe auch* **sechste**.

Dritte *der, die, das* troisième *mf*; **der lachende ~ sein** être le troisième larron; *siehe auch* **Sechste**.

drittel *Adj* tiers; *siehe auch* **sechstel**.

Drittel (*Pl* -) *das* tiers *m*; *siehe auch* **Sechstel**.

dritteln *tr* partager en trois.

drittens *Adv* troisièmement.

Dritte Reich *das (ohne Pl)*: **das ~** le troisième Reich.

DRK (*Abk für* **Deutsches Rotes Kreuz**) *das (ohne Pl)* croix *f* rouge allemande, ≃ CRF *f*.

Dr. med. (*Abk für* **Doktor der Medizin**) docteur *m* en médecine.

Droge (*Pl* **-n**) *die* drogue *f*; **weiche/harte Droge** drogue douce/dure.

drogenabhängig *Adj* toxicomane.

Drogenabhängige (*Pl* **-n**) *der, die* drogué *m*, -e *f*, toxicomane *mf*.

Drogen|beratungs|stelle *die* centre *m* d'assistance aux drogués.

Drogen|handel *der* trafic *m* de drogue.

Drogen|händler, in *der, die* dealer *m*.

Drogen|konsum *der* consommation *f* de drogue; *amt* usage *m* de stupéfiants.

Drogen|mißbrauch *der* consommation *f* de drogue.

drogensüchtig *Adj* drogué(e).

Drogen|szene *die* milieu *m* des toxicomanes.

Drogerie (*Pl* **-n**) *die* droguerie *f*.

Drogist, in (*mPl* **-en**; *fPl* **-nen**) *der, die* droguiste *mf*.

Droh|brief *der* lettre *f* de menace.

drohen *tr*: **jm (mit etw) ~** menacer qqn (de qqch); **~, etw zu tun** menacer de faire qqch.

Drohne (*Pl* **-n**) *die* [Biene] faux bourdon *m*.

dröhnen *intr* **-1.** [Musik] résonner; [Beifall] retentir; **~de Stimme** voix *f* tonitruante. **-2.** *salopp* [berauschen] faire planer.

Drohung (*Pl* **-en**) *die* menace *f*.

drollig ◇ *Adj* drôle. ◇ *Adv* **-1.** [niedlich] de manière amusante; **er spielt ~** il est mignon quand il joue. **-2.** *iron* [seltsam] bizarrement.

Dromedar (*Pl* **-e**) *das* dromadaire *m*.

Drops (*Pl* -) *der* ODER *das* bonbon *m* aux fruits.

drosch *Prät* → **dreschen**.

Drossel (*Pl* **-n**) *die* grive *f*.

drosseln *tr* réduire.

Drosselung (*Pl* **-en**) *die* **-1.** [von Geschwindigkeit] décélération *f*. **-2.** [von Maschinen] baisse *f* de régime.

Dr. phil. (*Abk für* **Doktor der Philosophie**) docteur *m* ès lettres.

drüben *Adv* **-1.** [nebenan] à côté; [auf der anderen Seite] de l'autre côté. **-2.** *fam abw* [DDR] RDA *f*.

drüber *fam* = **darüber**.

Druck (*Pl* **-e**) *der* **-1.** *(ohne Pl)* [gen] pression *f*; **jn unter ~ setzen** faire pression sur qqn; **unter ~ stehen** être sous pression. **-2.** *(ohne Pl)* [Drukken] impression *f*; **in** ODER **im ~ sein** être en cours d'impression ODER sous presse. **-3.** [Gravur] gravure *f*.

Druck|buchstabe *der* caractère *m* d'imprimerie.

Drückeberger, in (*mPl* **-**; *fPl* **-nen**) *der, die abw* tire-au-flanc *m inv*.

druckempfindlich *Adj* sensible (à la pression).

drucken *tr* imprimer.

drücken ◇ *tr* **-1.** [pressen] appuyer sur; **jn/etw an sich** *(A)* **~** serrer qqn/qqch contre soi. **-2.** *fam* [umarmen] embrasser. **-3.** [mindern] faire baisser. ◇ *intr* **-1.** [pressen] appuyer; **etw drückt auf die Laune** qqch met de mauvaise humeur. **-2.** [Schuh] serrer.

◆ **sich drücken** *ref* **-1.** [sich pressen]: **sich an etw** *(A)* **~** se coller contre qqch. **-2.** [sich entziehen]: **sich vor etw** *(D)* **~** *fam abw* se défiler devant qqch.

drückend *Adj* accablant(e).

Drucker (*Pl* -) *der* **-1.** [Beruf] imprimeur *m*. **-2.** [Apparat] imprimante *f*.

Drücker (*Pl* -) *der* **-1.** [Türdrücker] poignée *f* de porte. **-2.** *RW*: **auf den letzten ~** *fam* au dernier moment; **am ~ sitzen** *fam* commander.

Druckerei (*Pl* **-en**) *die* imprimerie *f*.

Druckerin (*Pl* **-nen**) *die* imprimeur *m*.

Druckertreiber (*Pl* -) *der* EDV pilote *m* d'impression.

Druck|fahne *die* épreuve *f*.

Druck|fehler *der* coquille *f*, faute *f* d'impression.

druckfertig *Adj* bon (bonne) à tirer.

Druck|knopf *der* bouton-pression *m*, pression *f*.

Druck|luft *die (ohne Pl)* air *m* comprimé.

Druck|mittel *das* moyen *m* de pression.

druckreif ◇ *Adj* **-1.** [Text] bon (bonne) à tirer. **-2.** [Ausdrucksweise] impeccable. ◇ *Adv* impeccablement.

Druck|sache *die* imprimé *m*.

Druck|schrift *die* caractères *mpl* ODER lettres *fpl* d'imprimerie.

Drugstore ['dragstɔːɐ] (*Pl* **-s**) *der* drugstore *m*.

drum *Adv fam* = **darum**.

◆ **Drum** *das*: **das ganze Drum und Dran** *fam* et tout le tralala; **mit allem Drum und Dran** *fam* avec tout le tremblement.

drunter *Adv fam* **-1.** = **darunter**. **-2.** *RW*: **alles** ODER **es geht ~ und drüber** *fig* tout est sens dessus dessous.
Drüse (*Pl* **-n**) *die* glande *f*.
Dschungel (*Pl* -) *der* jungle *f*.
DSG (*Abk für* **Deutsche Schlafwagen- und Speisewagen-Gesellschaft**) *die (ohne Pl)* compagnie *f* allemande des wagons-lits et wagons-restaurants.
dt. *Abk für* **deutsch**.
Dtzd. *Abk für* **Dutzend**.
du *Pron* tu; [betont] toi; **mit jm auf ~ und ~ stehen** être à tu et à toi avec qqn; **mit jm per ~ sein** tutoyer qqn.
Duale System *das système privé de recyclage des déchets*.
dualistisch *Adj* dualiste.
Dübel (*Pl* -) *der* cheville *f (pour vis)*.
dübeln *tr* fixer avec des chevilles.
dubios *Adj geh* douteux(euse).
Dublin ['dablın] *nt* Dublin.
Dubliner ['dablınɐ] (*Pl* -) ◇ *der* Dublinois *m*. ◇ *Adj (unver)* de Dublin, dublinois(e).
Dublinerin ['dablınərın] (*Pl* **-nen**) *die* Dublinoise *f*.
ducken
◆ **sich ducken** *ref* se baisser.
dudeln *fam abw* ◇ *intr* jouer une rengaine. ◇ *tr* jouer de manière monotone.
Dudel|sack *der* cornemuse *f*.
Duell [du'ɛl] (*Pl* **-e**) *das* duel *m*.
duellieren [duɛli:rn̩]
◆ **sich duellieren** *ref* se battre en duel.
Duett [du'ɛt] (*Pl* **-e**) *das* duo *m (de chant)*.
Duft (*Pl* **Düfte**) *der* parfum *m*.
duften *intr* sentir bon; **nach etw ~** sentir qqch.
duftig *Adj* [Kleid] léger(ère).
Duft|note *die* note *f* (d'un parfum).
Duisburg [dy:sburk] *nt* Duisbourg.
dulden *tr geh* tolérer.
duldsam *Adj* **-1.** [Mensch] tolérant(e), indulgent(e). **-2.** [Miene] résigné(e).
Duldsamkeit *die (ohne Pl)* tolérance *f*, indulgence *f*.
Duldung *die (ohne Pl)* acceptation *f*.
dumm (*Kompar* **dümmer,** *Superl* **dümmste**) ◇ *Adj* **-1.** [unintelligent] bête. **-2.** [töricht, unangenehm] idiot(e); **~es Zeug** idioties *fpl*; **jm ist** ODER **wird etw zu ~** qqn commence à en avoir assez de qqch. ◇ *Adv* **-1.** [töricht]: **~ gucken** regarder d'un air idiot; **~ daherreden** débiter des bêtises; **~ fragen** poser des questions idiotes. **-2.** *fam* [unangenehm] bêtement; **jm ~ kommen** *fam abw* embêter qqn. **-3.** *RW*: **~ und dämlich** *salopp* comme un malade.
dummdreist *abw* ◇ *Adj* impertinent(e). ◇ *Adv* d'un air impertinent.
Dumme (*Pl* **-n**) *der, die*: **der ~ sein** être le dindon de la farce; **einen ~n finden** trouver une bonne poire.
dummerweise *Adv fam* [leider] malheureusement.
Dummheit (*Pl* **-en**) *die* bêtise *f*.
Dumm|kopf *der* imbécile *mf*.
dümmlich ◇ *Adj* niais(e). ◇ *Adv* bêtement.
dumpf ◇ *Adj* **-1.** [Klang] sourd(e). **-2.** [Schmerz] diffus(e); [Befürchtung, Verdacht] vague. ◇ *Adv* [dunkel] sourdement.
Dumping|preis ['dampıŋprais̯] *der* prix *m* de dumping.
Düne (*Pl* **-n**) *die* dune *f*.
Dung *der (ohne Pl)* fumier *m*.
Dünge|mittel *das* engrais *m*.
düngen ◇ *tr* mettre de l'engrais dans; [Feld] fumer. ◇ *intr* fumer.
Dünger (*Pl* -) *der* engrais *m*.
Düngung (*Pl* **-en**) *die* fertilisation *f*, fumage *m*.
dunkel ◇ *Adj* **-1.** [Licht] sombre, obscur(e); **im ~n tappen** *fig* tâtonner. **-2.** [Farbe] foncé(e); [Bier] brun(e). **-3.** [Ton] grave. **-4.** [schlimm, dubios] sombre. **-5.** [unklar] vague; **jn über etw** *(A)* **im ~n lassen** laisser qqn dans l'incertitude à propos de qqch. ◇ *Adv* **-1.** [streichen, färben] en foncé. **-2.** [tönen]: **~ klingen** produire un son grave. **-3.** [unklar] vaguement.
Dunkel *das (ohne Pl) geh* obscurité *f*.
Dünkel *der (ohne Pl) abw* suffisance *f*, prétention *f*.
dunkelblau ◇ *Adj* bleu foncé. ◇ *Adv* en bleu foncé.
dunkelblond ◇ *Adj* blond foncé. ◇ *Adv* en blond foncé.
dunkelgrau ◇ *Adj* gris foncé. ◇ *Adv*: **~ färben** teindre en gris foncé.
dunkelgrün ◇ *Adj* vert foncé. ◇ *Adv*: **~ färben** teindre en vert foncé.
dunkelhaarig *Adj* aux cheveux foncés.
dunkelhäutig *Adj* à la peau brune.
Dunkelheit *die (ohne Pl)* obscurité *f*.
Dunkel|kammer *die* chambre *f* noire.
dunkelrot ◇ *Adj* rouge foncé. ◇ *Adv*: **~ färben** teindre en rouge foncé.
Dunkel|ziffer *die* estimation *f* non officielle.
Dünkirchen *nt* Dunkerque.
dünn ◇ *Adj* **-1.** [Person, Bleistift, Buch] mince; [Körperteil] **maigre**; [Teppich] **peu épais(aisse)**. **-2.** [Luft, Farbe, Getränk] **léger(ère)**. **-3.** [Stimme, Argument] faible. **-4.** [Haar - schütter] clairse-

mé(e); [- fein] fin(e). ◇ *Adv* peu; ~ **auftragen** appliquer en couches minces.

dünnbesiedelt *Adj* faiblement peuplé(e).

Dünnbrett|bohrer *der fam abw* partisan *m* du moindre effort.

Dünn|darm *der* intestin *m* grêle.

dünnflüssig *Adj* fluide.

dünnmachen

◆ **sich dünnmachen** *ref* filer à l'anglaise.

Dunst (*Pl* **Dünste**) *der* **-1.** (*ohne Pl*) [Nebel] brume *f*. **-2.** [von Zigaretten] fumée *f*; [in der Küche] vapeur *f*. **-3.** *RW*: **keinen (blassen) ~ von etw haben** *fam* ne pas avoir la moindre idée de qqch.

dünsten *tr* cuire à la vapeur.

Dunst|glocke *die* nuage *m* de pollution.

dunstig *Adj* **-1.** [neblig] brumeux(euse). **-2.** [rauchig] enfumé(e).

Dunst|kreis *der* sillage *m*.

Dunst|wolke *die* effluves *mpl*.

Duo (*Pl* **-s**) *das* **-1.** MUS duo *m*. **-2.** *fam iron* [zwei Personen] tandem *m*.

Duplikat (*Pl* **-e**) *das* duplicata *m*.

Dur *das (ohne Pl)* MUS mode *m* majeur; **in C-~** en do majeur.

durch ◇ *Präp (+ A)* **-1.** [hindurch, mit Hilfe] par; **~ etw gehen** ODER **fahren** traverser qqch; **~ Drehen des Verschlusses** en tournant le bouchon. **-2.** [kreuz und quer] à travers; **~ Frankreich wandern** randonner à travers la France. **-3.** [in Wasser, Luft, Schnee] dans; **~ den Schnee gehen** marcher dans la neige. **-4.** [wegen] à cause de; **~ vieles Arbeiten** à force de travail. **-5.** [zeitlich]: **die ganze Nacht ~** toute la nuit, la nuit durant. ◇ *Adv* **-1.** *fam* [mit einer Uhrzeit]: **zehn Uhr ~** dix heures passées. **-2.** *fam* [durchgebraten] bien cuit(e). **-3.** [durchfahren, durchgehen]: **darf ich ~**? est-ce que je peux passer? **-4.** *fam* [durchsprechen]: **etw ~ haben, mit etw ~ sein** en avoir fini avec qqch. **-5.** *RW*: **~ und ~** *fam* complètement, dans l'âme; **etw geht jm ~ und ~** qqch transperce qqn.

durch|arbeiten ◇ *tr* [Text] étudier à fond. ◇ *intr* [durchgehend arbeiten] travailler sans interruption.

◆ **sich durcharbeiten** *ref* **-1.** [durch Menschenmenge] se frayer un passage. **-2.** [durch Text] venir à bout de.

durch|atmen *intr* respirer à fond.

durchaus, durchaus *Adv* **-1.** [gut, ohne weiteres] tout à fait. **-2.** [unbedingt] absolument. **-3.** [absolut, überhaupt]: **~ nicht** pas du tout.

durch|beißen *tr (unreg)* couper avec les dents.

◆ **sich durchbeißen** *ref (unreg)* s'en sortir.

durch|blättern *tr* feuilleter.

Durch|blick *der (ohne Pl)*: **den ~ verlieren** *fam* ne plus suivre; **keinen ~ haben** *fam* ne rien piger.

durch|blicken[1] *intr* **-1.** [durchsehen]: **(durch etw) ~** [Fernglas] regarder (à travers qqch); [Loch] regarder (par qqch). **-2.** *fam* [etw verstehen] piger. **-3.** *RW*: **etw ~ lassen** laisser entrevoir qqch.

durchblicken[2] *tr* percer à jour.

durchblutet *Adj* irrigué(e) par le sang.

Durch|blutung *die* circulation *f (sanguine)*.

Durchblutungs|störung *die* troubles *fpl* circulatoires.

durch|bohren[1] *tr* percer.

durchbohren[2] *tr* **-1.** [Blick]: **~ (mit)** transpercer (de). **-2.** [Kugel] cribler.

durch|boxen *tr* imposer, faire accepter.

◆ **sich durchboxen** *ref fam* se battre.

durch|braten *tr (unreg)* faire bien cuire.

durch|brechen[1] (*Perf* **hat/ist durchgebrochen**) *(unreg)* ◇ *tr (hat)* **-1.** [zerbrechen] casser (en deux). **-2.** [einreißen] percer. ◇ *intr (ist)* **-1.** [Ast, Bleistift] se casser en deux; [Boden] s'enfoncer; [Decke] s'écrouler. **-2.** [Abszeß] crever; [Truppe] faire une percée.

durchbrechen[2] (*Präs* **durchbricht**, *Prät* **durchbrach**, *Perf* **hat durchbrochen**) *tr* enfoncer.

Durchbrechung (*Pl* **-en**) *die* franchissement *m*.

durch|brennen (*Perf* **ist durchgebrannt**) *intr (unreg)* **-1.** [Sicherung] sauter; [Glühbirne] griller. **-2.** *fam* [weglaufen] faire une fugue.

durch|bringen *tr (unreg)* **-1.** [ernähren] faire vivre. **-2.** [Kranke]: **jn ~** tirer qqn d'affaire. **-3.** [Geld] dilapider. **-4.** [durchsetzen - Gesetz, Vorschlag] faire adopter; [- Person] faire accepter.

Durch|bruch *der* **-1.** [Erfolg] percée *f*; **jm zum ~ verhelfen** aider qqn à percer. **-2.** [Öffnung]: **~ (durch)** ouverture *f* (dans).

durch|checken *tr* **-1.** [kontrollieren] contrôler systématiquement; [Wagen] réviser. **-2.** *fam* [untersuchen]: **jn ~** faire un check-up à qqn.

durchdacht *Adj* **-1.** [Text] élaboré(e). **-2.** [Vorschlag] mûrement réfléchi(e).

durch|denken[1] *tr (unreg)*: **etw ~** réfléchir à qqch.

durchdenken[2] (*Prät* **durchdachte**, *Perf* **hat durchdacht**) *tr* [Problem] examiner à fond; [Vorschlag] réfléchir à.

durch|diskutieren *tr* discuter dans le détail.

durch|drängen

◆ **sich durchdrängen** *ref* se frayer un passage.

durch|drehen (*Perf* **hat/ist durchgedreht**) ◇ *intr* **-1.** *fam* [verrückt werden] perdre la tête. **-2.** [Räder] patiner. ◇ *tr (hat)* passer à la moulinette.

durch|dringen[1] (*Perf* **ist durchgedrungen**) *intr (unreg)* **-1.** [Licht] traverser; [Geräusch] s'entendre; [Wasser] s'infiltrer. **-2.** [Gerücht] se répandre; [Information] filtrer.

durchdringen[2] (*Prät* **durchdrang,** *Perf* **hat durchdrungen**) *tr* **-1.** [Subj: Geschoß, Sonne] percer. **-2.** *fig* [Subj: Gedanke] saisir.

Durchdringung *die (ohne Pl).* **-1.** [mit Flüssigkeit] infiltration *f.* **-2.** [von Text, Thema] compréhension *f* approfondie.

durch|drücken *tr* **-1.** *fam* [durchsetzen] arriver à imposer. **-2.** [Rücken] redresser; [Knie] raidir. **-3.** [passieren] presser.

durchdrungen *PP* → **durchdringen** *tr.*

durcheinander *Adv* pêle-mêle; **(ganz) ~ sein** *fig* ne plus savoir où on en est.

Durcheinander *das (ohne Pl)* **-1.** [von Dingen] désordre *m.* **-2.** [von Menschen] confusion *f.* **-3.** [Gemisch] mélange *m.*

durcheinander|bringen *tr (unreg)* **-1.** [Person] déconcerter. **-2.** [Dinge] mettre en désordre. **-3.** [verwechseln] confondre.

durcheinander|kommen (*Perf* **ist durcheinandergekommen**) *intr (unreg) fam* se mélanger.

durcheinander|laufen (*Perf* **sind durcheinandergelaufen**) *intr (unreg)* courir ODER aller dans tous les sens.

durch|exerzieren *tr fam* **-1.** [Übung] bûcher. **-2.** [Möglichkeiten] passer en revue.

durch|fahren[1] (*Perf* **ist durchgefahren**) *intr (unreg)* **-1.** *fam* [durchqueren]: **durch etw ~** [Stadt, Gegend, Tunnel] traverser qqch *(en véhicule)*; [Unterführung] passer sous qqch. **-2.** [durchgehend fahren] rouler sans s'arrêter.

durchfahren[2] (*Präs* **durchfährt,** *Prät* **durchfuhr,** *Perf* **hat durchfahren**) *tr fig* s'emparer de.

Durch|fahrt *die* **-1.** *(ohne Pl)* [Durchfahren] traversée *f*; **'~ verboten'** 'passage interdit'. **-2.** [Durchreise, Weg] passage *m*; **auf der ~ sein** être de passage.

Durchfahrts|straße *die route (prioritaire) qui traverse une localité.*

Durch|fall *der* [Diarrhöe] diarrhée *f.*

durch|fallen (*Perf* **ist durchgefallen**) *intr (unreg)* **-1.** [beim Examen] échouer; [im Theater] faire un four. **-2.** [durch eine Öffnung]: **(durch etw) ~** passer à travers (qqch).

durch|feiern ◇ *tr fam* : **3 Tage ~** faire la fête pendant 3 jours. ◇ *intr fam* faire la fête toute la nuit.

durch|finden *intr (unreg)*: **durch etw ~** s'y retrouver dans qqch.

◆ **sich durchfinden** *ref*: **sich durch etw ~** s'y retrouver dans qqch.

durch|fließen (*Perf* **ist durchgeflossen**) *intr (unreg)* s'écouler par.

durch|forschen *tr* **-1.** [Text] étudier à fond. **-2.** [Gegend] explorer.

durchforsten *tr* **-1.** [Gegend] explorer; [Text] étudier à fond. **-2.** [Wald] éclaircir.

durch|fragen

◆ **sich durchfragen** *ref*: **sich (zu etw) ~** demander son chemin (pour parvenir à qqch).

durchführbar *Adj* réalisable.

durch|führen ◇ *tr* [Experiment, Projekt] réaliser. ◇ *intr* traverser.

Durch|führung *die* réalisation *f.*

Durch|gang *der* **-1.** [Phase] étape *f.* **-2.** [Weg] passage *m*; **'~ verboten'** 'passage interdit'. **-3.** [bei der Wahl] tour *m.*

durchgängig ◇ *Adj* [Meinung] répandu(e); [Tendenz] général(e). ◇ *Adv* en grande majorité.

Durchgangs|verkehr *der (ohne Pl)* circulation *f* en transit.

durch|geben *tr (unreg)* transmettre.

durchgebraten ◇ *PP* → **durchbraten.** ◇ *Adj*: **gut ~** bien cuit(e).

durchgefroren *Adj* gelé(e).

durch|gehen (*Perf* **ist durchgegangen**) *(unreg)* ◇ *intr* **-1.** [weitergehen] aller plus loin; **bis hinten ~** [im Saal] aller jusqu'au fond; [in Verkehrsmittel] avancer dans le fond. **-2.** [durchdringen] traverser. **-3.** [durch eine Öffnung]: **durch etw ~** [Tür] passer par qqch; [Tor] passer sous qqch. **-4.** [durchpassen] passer. **-5.** [Pferd] s'emballer; **mit jm ~** ne plus obéir à qqn. **-6.** [Verkehrsmittel] être direct(e). **-7.** [akzeptiert werden]: **~ (lassen)** (laisser) passer; **er geht als 40-jähriger durch** on lui donne 40 ans; **(jm) etw ~ lassen** passer qqch (à qqn). **-8.** *RW*: **die Nerven gehen mit ihm durch** il craque; **das Temperament geht mit ihm durch** il est impétueux. ◇ *tr* examiner.

durchgehend *Adj* direct(e); **~ geöffnet** ouvert(e) toute la journée ODER (en) non-stop.

durch|greifen *intr (unreg)* **-1.** [einschreiten]: **~ (bei)** intervenir (en cas de). **-2.** [durch eine Öffnung]: **(durch etw) ~** passer la main (par qqch).

durchgreifend *Adj* radical(e).

durch|halten *(unreg)* ◇ *intr* tenir bon. ◇ *tr* aller jusqu'au bout de; [Belastung] supporter.

Durchhalte|vermögen *das (ohne Pl)* endurance *f.*

durch|kämmen[1] *tr* [gen] peigner; [Fell] lisser.

durchkämmen[2] *tr* passer au peigne fin.

durch|kommen (*Perf* **ist durchgekommen**) *intr (unreg)* **-1.** [gen] passer; **durch etw ~** traverser qqch; [Wasser] s'infiltrer par qqch. **-2.** [Telefon] obtenir la communication. **-3.** [überleben] survivre. **-4.** [erfolgreich sein] s'en tirer; [beim Examen] réussir; **mit etw ~** avoir du succès avec qqch.

durchkreuzen[1] *tr* contrecarrer.

durch|kreuzen[2] *tr* barrer d'une croix.

Durchlaß (*Pl* **-lässe**) *der* passage *m*.

durch|lassen *tr (unreg)* laisser passer.

durchlässig *Adj* perméable.

Durch|lässigkeit *die (ohne Pl)* perméabilité *f*.

Durch|lauf *der* SPORT tour *m*.

durch|laufen[1] (*Perf* **hat/ist durchgelaufen**) *(unreg)* ◇ *intr (ist)* **-1.** [durch eine Öffnung] franchir. **-2.** [durchsickern] passer. ◇ *tr* **-1.** *(ist)* [durchgehend laufen]: **3 Stunden ~** courir pendant 3 heures (sans interruption). **-2.** *(hat)* [Schuhe, Sohlen] user.

durchlaufen[2] (*Präs* **durchläuft**, *Prät* **durchlief**, *Perf* **hat durchlaufen**) *tr* [phase] traverser; [Ausbildung, Karriere] faire.

Durchlauferhitzer (*Pl* **-**) *der* chauffe-eau *m*.

durchleben *tr* [Zeiten] vivre; [Phase] traverser.

durchleiden (*Prät* **durchlitt**, *Perf* **hat durchlitten**) *tr* endurer.

durch|lesen *tr (unreg)* **-1.** [Text] lire à fond. **-2.** [Buch] finir de lire, lire jusqu'au bout.

durchleuchten *tr* **-1.** [röntgen] faire une radio de; [Gepäck] passer aux rayons X. **-2.** [untersuchen] tirer au clair.

Durchleuchtung (*Pl* **-en**) *die* **-1.** [medizinisch] radiographie *f*. **-2.** [Untersuchung] examen *m*.

durchlöchern *tr* [maschinell] perforer; [durch Abnutzung] trouer.

durch|lüften *tr* bien aérer.

durch|machen ◇ *tr* **-1.** *fam* [durchfeiern, weiterarbeiten]: **die Nacht ~** passer une nuit blanche. **-2.** [durchleiden] traverser; **viel ~** passer par des épreuves. ◇ *intr fam* passer une nuit blanche.

Durch|messer *der* diamètre *m*.

durch|nehmen *tr* étudier.

durch|numerieren *tr* numéroter.

Durchnumerierung *die (ohne Pl)* numérotation *f*.

durchqueren *tr* traverser.

durch|rechnen *tr* calculer (du début à la fin).

durch|regnen *intr*: **es regnet durch** la pluie rentre; **es regnet durchs Dach** la pluie traverse le toit.

Durchreiche (*Pl* **-n**) *die* passe-plat *m*.

Durch|reise *die*: **~ (durch)** traversée *f* (de); **auf der ~ sein** être de passage.

durch|reisen *intr* traverser (sans s'arrêter).

durch|reißen (*Perf* **hat/ist durchgerissen**) *(unreg)* ◇ *tr (hat)* **-1.** [Papier, Stoff] déchirer (de part en part). **-2.** [Faden] casser. ◇ *intr (ist)* **-1.** [Stoff] se déchirer. **-2.** [Faden, Draht]: **durchgerissen sein** être cassé(e).

durch|ringen

◆ **sich durchringen** *ref (unreg)*: **sich zu etw ~** se résoudre à faire qqch.

durch|rosten *intr* rouiller *(complètement)*.

Durchsage (*Pl* **-n**) *die* annonce *f*.

durch|sagen *tr* annoncer.

durchschaubar *Adj* facile à deviner.

durch|schauen[1] *tr*: **etw ~** regarder qqch de près; **durch etw ~** regarder à travers qqch.

durchschauen[2] *tr* **-1.** [Person] cerner. **-2.** [Grund] percer à jour. **-3.** [Angebot, Bemerkung]: **etw ~** comprendre ce que cache qqch.

durch|scheinen *intr (unreg)*: **(durch etw) ~** traverser (qqch).

durchscheinend *Adj* transparent(e), translucide.

durch|schimmern *intr* **-1.** [Licht] filtrer. **-2.** [Gefühle] transparaître.

durch|schlafen *(unreg)* ◇ *tr*: **eine Nacht/zehn Stunden ~** dormir toute la nuit/dix heures d'affilée. ◇ *intr* dormir sans se réveiller; [Baby] faire ses nuits.

Durch|schlag *der* **-1.** [Kopie] copie *f* carbone. **-2.** [Sieb] passoire *f*.

durch|schlagen[1] (*Perf* **hat/ist durchgeschlagen**) *(unreg)* ◇ *tr (hat)* **-1.** [Glas, Brett] casser (en frappant); [Wand] défoncer. **-2.** [Nagel] enfoncer. ◇ *intr (ist)* [Eigenschaft] ressortir.

◆ **sich durchschlagen** *ref* **-1.** [durch Gegend]: **sich durch etw ~** arriver à traverser qqch; **sich bis zu etw ~** parvenir à qqch. **-2.** [durch Zeit] se débrouiller.

durchschlagen[2] (*Präs* **durchschlägt**, *Prät* **durchschlug**, *Perf* **hat durchschlagen**) *tr* traverser.

durchschlagend *Adj* décisif(ive).

Durchschlag|papier *das* **-1.** [dünnes Papier] papier *m* pelure. **-2.** [Kohlepapier] **papier** *m* carbone.

Durchschlags|kraft *die (ohne Pl)* force *f* d'impact.

durch|schleusen *tr* **-1.** [Schiff] faire passer l'écluse à. **-2.** [Person] faire passer.

durch|schlüpfen (*Perf* **ist durchgeschlüpft**) *intr* se glisser à travers.

durch|schneiden *tr (unreg)* couper; [Kehle] trancher, couper.

Durch|schnitt *der* moyenne *f*.

durchschnittlich ◇ *Adj* **-1.** [im Durchschnitt] moyen(enne). **-2.** *abw* [mittelmäßig] médiocre. ◇ *Adv* passablement.

Durchschnitts|alter *das* âge *m* moyen.

Durchschnitts|einkommen *das* revenu *m* moyen.

Durchschnitts|geschwindigkeit *die* vitesse *f* moyenne.

Durchschnittslmensch *der* individu *m* lambda.

Durchschnittslwert *der* valeur *f* moyenne.

Durchlschrift *die* double *m*.

durchlschütteln *tr* [Flüssigkeit] agiter; [Person] secouer.

durchlschwitzen *tr* tremper de sueur.

durchlsehen *(unreg)* ◇ *tr*: **etw ~** regarder qqch de près. ◇ *intr*: **durch etw ~** regarder à travers qqch.

durchlsein (*Perf* **ist durchgewesen**) *intr (unreg) fam* **-1.** [Zug, Gesetz] être passé(e). **-2.** [fertig sein] avoir fini. **-3.** [gar sein] être cuit(e). **-4.** [kaputt sein] être troué(e). **-5.** *RW*: **bei jm unten ~** *fam abw* être grillé(e) auprès de qqn.

durchlsetzen *tr* imposer.

◆ **sich durchsetzen** *ref* s'imposer.

durchsetzt *Adj*: **~ mit** lamé(e) de.

Durchsetzungslvermögen *das (ohne Pl)* autorité *f*.

Durchlsicht *die* examen *m*.

durchsichtig *Adj* transparent(e).

Durchsichtigkeit *die (ohne Pl)* transparence *f*.

durchlsickern (*Perf* **ist durchgesickert**) *intr* **-1.** [Flüssigkeit]: **(durch etw) ~** s'infiltrer (dans qqch). **-2.** [öffentlich werden] transpirer.

durchlsieben[1] *tr* tamiser.

durchsieben[2] *tr*: **etw mit Kugeln ~** cribler qqch de balles.

durchlsprechen *tr (unreg)* discuter en détail de.

durchlstarten (*Perf* **hat/ist durchgestartet**) ◇ *intr (ist)* mettre les gaz. ◇ *tr (hat)* réaccélérer.

durchlstehen *tr (unreg)* endurer.

durchlstellen *tr* passer.

durchstöbern *tr* fouiller de fond en comble.

durchlstoßen[1] *tr (unreg)* enfoncer.

durchstoßen[2] (*Präs* **durchstößt**, *Prät* **durchstieß**, *Perf* **hat durchstoßen**) *tr* percer.

durchlstreichen *tr (unreg)* barrer, rayer.

durchstreifen *tr geh* parcourir.

durchsuchen *tr* fouiller.

Durchsuchung (*Pl* **-en**) *die* fouille *f*; [polizeilich] perquisition *f*.

Durchsuchungslbefehl *der* mandat *m* de perquisition.

durchtrainiert ['dʊrçtrɛniːɐ̯t] *Adj* [Person] musclé(e); [Muskeln] développé(e).

durchtrennen[1] *tr* couper; [Sehne] sectionner.

durchltrennen[2] *tr* couper; [Sehne] sectionner.

durchtrieben ◇ *Adj* [Person] rusé(e); [Frage] insidieux(euse). ◇ *Adv* insidieusement.

Durchtriebenheit *die (ohne Pl)* rouerie *f*.

durchlwachsen[1] (*Perf* **ist durchgewachsen**) *intr*: **durch etw ~** pousser à travers qqch.

durchwachsen[2] *Adj* **-1.** [mit Fleisch]: **~er Speck** lard *m*. **-2.** *fam* [mittelmäßig] maussade.

Durchlwahl *die (ohne Pl)* ligne *f* directe.

durchlwählen *intr* appeler directement *(au téléphone)*.

Durchwahllnummer *die* numéro *m* (d'appel) direct.

durchweg *Adv* d'un bout à l'autre, généralement.

durchwühlen[1] *tr* fouiller (dans).

durchlwühlen[2] *tr* fouiller (dans).

◆ **sich durchwühlen** *ref fam* : **(sich durch etw) ~** se frayer un chemin (à travers qqch); *fig* essayer de s'y retrouver (dans qqch).

durchlzählen *tr* compter un à un.

durchlziehen[1] (*Perf* **hat/ist durchgezogen**) *(unreg)* ◇ *tr (hat)* **-1.** [durch eine Öffnung]: **(etw durch etw) ~** glisser (qqch dans qqch). **-2.** *fam* [verwirklichen, beenden] aller jusqu'au bout de. ◇ *intr (ist)* **-1.** [durch eine Gegend] passer; **durch etw ~** traverser qqch. **-2.** [in Marinade - Fleisch] mariner; [- Gemüse] macérer.

◆ **sich durchziehen** *ref*: **sich durch das ganze Werk ~** se retrouver dans toute l'œuvre.

durchziehen[2] *tr (unreg)* **-1.** [Gegend] traverser, parcourir. **-2.** [Subj: Thema, Motiv] se retrouver dans.

Durchlzug *der* **-1.** [Wetter] passage *m*. **-2.** *(ohne Pl)* [Zugluft] courant *m* d'air; **auf ~ schalten** *fam fig* déconnecter.

dürfen (*Präs* **darf**, *Prät* **durfte**, *Perf* **hat gedurft** ODER **-**) ◇ *aux (Perf hat dürfen)* **-1.** [als Erlaubnis] avoir le droit de; **im Urlaub darf man faul sein** pendant les vacances on a droit à la paresse; **ich darf kein Bier trinken** la bière m'est interdite. **-2.** [als Höflichkeit, Berechtigung] pouvoir. **-3.** [in Aufforderung, als Ratschlag] devoir. **-4.** [als Annahme]: **das dürfte eine Hyazinthe sein** ça doit être une jacinthe. ◇ *intr (Perf hat gedurft)* [als Erlaubnis] avoir le droit. ◇ *tr (Perf hat gedurft) fam* [als Erlaubnis]: **darf ich ein Eis essen**? je peux manger une glace?; **das darfst du nicht** tu n'as pas le droit.

durfte *Prät* → **dürfen**.

dürftig ◇ *Adj* **-1.** [ärmlich] pauvre, misérable; [Einkünfte] maigre. **-2.** *abw* [unzureichend] qui laisse à désirer. **-3.** [Bewuchs] clairsemé(e). ◇ *Adv* **-1.** [ärmlich] pauvrement. **-2.** *abw* [unzureichend] insuffisamment.

Dürftigkeit *die (ohne Pl)* **-1.** [Ärmlichkeit] pauvreté *f*. **-2.** [von Einkünften] indigence *f*. **-3.** [von Ergebnissen] médiocrité *f*.

dürr *Adj* **-1.** [mager] maigre. **-2.** [trocken] desséché(e); [Boden] aride. **-3.** [knapp] sec (sèche).

Dürre (*Pl* **-n**) *die* sécheresse *f*.

Dürre|katastrophe *die* grande sécheresse *f*.

Durst *der (ohne Pl)* **-1.** [Gefühl]: **~ (nach etw** ODER **auf etw** *(A)***)** soif *f* (de qqch); **~ haben** avoir soif. **-2.** *RW*: **einen über den ~ trinken** *iron* boire un coup de trop.

dürsten *intr*: **nach etw ~** *geh* avoir soif de qqch.

durstig ◇ *Adj*: **~ sein** avoir soif. ◇ *Adv* avidement.

durstlöschend *Adj* qui étanche la soif.

Durst|strecke *die* traversée *f* du désert.

Dusche (*Pl* **-n**) *die* douche *f*; **etw ist (für jn)** ODER **wirkt (auf jn) wie eine kalte ~** qqch fait l'effet d'une douche froide à qqn.

duschen ◇ *intr* prendre une douche. ◇ *tr* doucher.

◆ **sich duschen** *ref* se doucher; **sich heiß ~** prendre une douche très chaude.

Dusch|gel *das* gel *m* douche.

Dusch|raum *der* douches *fpl*.

Dusch|vorhang *der* rideau *m* de douche.

Düse (*Pl* **-n**) *die* gicleur *m*.

Dusel *der (ohne Pl)*: **~ haben** *fam* avoir de la veine.

düsen (*Perf* **ist gedüst**) *intr fam* [Person]: **(nach etw) ~** filer (à qqch).

Düsen|antrieb *der* propulsion *f* par réaction.

Düsen|flugzeug *das* avion *m* à réaction.

Düsen|jäger *der* avion *m* de chasse *(à réaction)*.

Düsentrieb|werk *das* moteur *m* à réaction.

Dussel (*Pl* -) *der fam* idiot *m*, -e *f*.

Düsseldorf *nt* Düsseldorf.

Düsseldorfer (*Pl* -) ◇ *der* habitant *m* de Düsseldorf. ◇ *Adj* de Düsseldorf.

Düsseldorferin (*Pl* **-nen**) *die* habitante *f* de Düsseldorf.

dusselig, **dußlig** *fam* ◇ *Adj* idiot(e). ◇ *Adv* stupidement.

düster ◇ *Adj* **-1.** [Nacht, Haus] sombre; [Wetter] gris(e). **-2.** [Gedanken, Mensch] lugubre. ◇ *Adv* d'un air lugubre.

Duty-free-Shop ['djuːtɪ'friːʃɔp] (*Pl* **-s**) *der* duty-free *m*, magasin *m* dédouané.

Dutzend (*Pl* -) *das* [zwölf]: **(im) ~** (à la) douzaine.

◆ **Dutzende** *Pl* [viele]: **~e von** des dizaines de; **zu ~en** par dizaines.

dutzendfach *Adv* à de multiples reprises.

dutzendmal *Adv*: **ich habe es dir ~ gesagt** je te l'ai dit cent fois.

dutzendweise *Adv* **-1.** [im Dutzend] par douzaines, à la douzaine. **-2.** [in Mengen] en grande quantité.

duzen *tr* tutoyer.

◆ **sich duzen** *ref* se tutoyer; **sich mit jm ~** tutoyer qqn.

Duz|freund, in *der, die* ami intime *m*, amie intime *f*.

DW (*Abk für* **Deutsche Welle**) *die (ohne Pl) station publique de radiodiffusion allemande.*

Dynamik *die (ohne Pl)* **-1.** [PHYS, Kraft] dynamique *f*. **-2.** MUS: **die ~** les nuances *fpl*.

dynamisch ◇ *Adj* **-1.** [PHYS, Person, Bewegung] dynamique. **-2.** [Entwicklung, Anpassung] rapide. ◇ *Adv* avec dynamisme.

Dynamit *das (ohne Pl)* dynamite *f*.

Dynamo (*Pl* **-s**) *der* dynamo *f*.

Dynastie (*Pl* **-n**) *die* dynastie *f*.

dz. *Abk für* **derzeit**.

DZ *Abk für* **Doppelzimmer**.

D-Zug *der* rapide *m*.

E

e, E [eː] (*Pl* - ODER **-s**) *das* **-1.** [Buchstabe] e *m inv*, E *m inv*. **-2.** MUS mi *m inv*.

E *der (ohne Pl) Abk für* **Eilzug**.

Ebbe (*Pl* **-n**) *die* marée *f* basse; **~ und Flut** le flux et le reflux; **in etw ist** ODER **herrscht ~** *fig* qqch est à sec.

ebd. (*Abk für* **ebenda**) op. cit., ibid.

eben ◇ *Adj* plat(e). ◇ *Adv* **-1.** [vor kurzem]: **jd hat ~ etw getan** qqn vient (juste) de faire qqch. **-2.** *fam Norddt* [kurz] en vitesse. **-3.** [knapp] de justesse. **-4.** [zum Ausdruck der Geringfügigkeit]: **da kann man ~ nichts machen** on ne peut rien y faire. **-5.** [genau] justement, précisément; **~ das wollte ich sagen** c'est justement ce que j'allais dire. ◇ *Interj* **-1.** [zum Ausdruck von Einverständnis] exactement. **-2.** [zum Ausdruck von Widerspruch, Ironie] justement.

Eben|bild *das* portrait *m*.

ebenbürtig *Adj* de même valeur; **jm/einer Sache ~ sein** égaler qqn/qqch.

ebenda *Adv* **-1.** [dort] précisément à cet endroit. **-2.** [von dort] de là.

ebendarum *Adv* c'est justement pour cette raison que.

ebendeshalb *Adv* c'est justement pour cela que.

ebendeswegen *Adv* c'est justement pour cela que.

Ebene (*Pl* **-n**) *die* **-1.** [Flachland] plaine *f*. **-2.** [Niveau, PHYS & MATH] plan *m*; **auf gleicher** ODER **der gleichen ~** sur le même plan; **auf höchster ~** au plus haut niveau.

ebenfalls *Adv* **-1.** [auch] également. **-2.** [gleichfalls] pareillement.

Eben|holz *das* ébène *f*; **aus ~** en ébène.

Eben|maß *das (ohne Pl)* [von Gesicht, Versen] régularité *f*; [von Körpern] **harmonie** *f*.

ebenmäßig *Adj* régulier(ère); [Körperbau] harmonieux(euse).

ebenso *Adv* aussi; **~ wie** comme.

ebensogut *Adv* aussi bien.

Eber (*Pl* -) *der* verrat *m*, sanglier *m* mâle.

ebnen *tr* aplanir.

Ebro *der* Èbre *m*.

ec *Abk für* **Eurocheque**.

EC [eː'tseː] (*Pl* **-s**) (*Abk für* **EuroCity**) *der* EC *m*.

Echo (*Pl* **-s**) *das* écho *m*; **ein lebhaftes** ODER **starkes ~ finden** *fig* connaître un vif succès.

Echo|lot *das* echosondeur *m*.

Echse ['ɛksə] (*Pl* **-n**) *die* saurien *m*.

echt ◇ *Adj* vrai(e); [Gefühl] véritable; [Unterschrift, Wertsache] authentique. ◇ *Adv* vraiment.

Echtheit *die (ohne Pl)* authenticité *f*.

Eck (*Pl* **-e** ODER **-en**) *das Süddt* & *Österr* [Ecke] angle *m*.

◆ **über Eck** *Adv* en diagonale.

Eck|ball *der* corner *m*.

Eck|bank (*Pl* **-bänke**) *die* banquette *f* ODER canapé *m* d'angle.

Ecke (*Pl* **-n**) *die* **-1.** [gen] coin *m*; **um die ~** *fam* dans le coin. **-2.** *fam* [Strecke] trotte *f*. **-3.** [Eckball] corner *m*. **-4.** *RW*: **jn um die ~ bringen** *salopp* [töten] zigouiller ODER buter qqn; **mit jm um fünf** ODER **sechs ~n verwandt sein** *fam* être vaguement apparenté(e) à qqn.

Eck|haus *das* maison *f* qui fait l'angle.

eckig ◇ *Adj* **-1.** [Form] anguleux(euse). **-2.** [Bewegung, Art] **brusque**. ◇ *Adv* **-1.** [sich bewegen] de façon heurtée. **-2.** [sich benehmen] de manière brusque.

Eck|lohn *der* WIRTSCH salaire *m* de référence.

Eck|pfeiler *der* **-1.** [von Gebäuden] pilier *m* d'angle. **-2.** [von Theorie, Gedanken] pierre *f* angulaire.

Eck|zahn *der* canine *f*.

ECU [eː'ky] (*Pl* - ODER **-s**) (*Abk für* **European Currency Unit**) *der* ECU *m*.

Ecuador *nt* Équateur *m*; **in ~** en Équateur.

Ecuadorianer, in (*mPl* -; *fPl* **-nen**) *der, die* Équatorien *m*, -enne *f*.

ecuadorianisch *Adj* équatorien(enne).

edel (*Kompar* **edler**, *Superl* **edelste**) ◇ *Adj* **-1.** *geh* [vornehm] noble. **-2.** *geh* [von schöner Form] **aux** formes harmonieuses. **-3.** [hochwertig] noble. **-4.** [reinrassig] de race. ◇ *Adv*: **~ denken** avoir de nobles pensées.

Edel|boutique *die* boutique *f* de luxe.

Edel|gas *das* CHEM gaz *m* rare.

Edel|metall *das* métal *m* précieux.

Edel|stahl *der* acier *m* de qualité supérieure.

Edel|stein *der* pierre *f* précieuse.

Edel|tanne *die* sapin *m* argenté.

Edelweiß (*Pl* **-e**) *das* edelweiss *m*.

Edikt (*Pl* **-e**) *das* HIST édit *m*.

Edinburgh ['ɛdinbʊrk] *nt* Édimbourg.

Edition (*Pl* **-en**) *die* édition *f*.

E-Dur *das (ohne Pl)* mi *m* majeur.

EDV (*Abk für* **elektronische Datenverarbeitung**) *die (ohne Pl)* informatique *f*.

EEG (*Pl* **-s**) (*Abk für* **Elektroenzephalogramm**) *das* électroencéphalogramme *m*.

Efeu *der (ohne Pl)* lierre *m*.

Effeff *das*: **etw aus dem ~ beherrschen** *fam* savoir qqch sur le bout du doigt.

Effekt (*Pl* **-e**) *der* effet *m*.

Effekthascherei (*Pl* **-en**) *die abw* recherche *f* d'effets.

effektiv ◇ *Adj* efficace; [tatsächlich] réel(elle). ◇ *Adv* efficacement; **~ nichts** strictement rien.

Effektivität [ɛfɛktivi'tɛːt] *die (ohne Pl)* efficacité *f*.

effektvoll ◇ *Adj* spectaculaire. ◇ *Adv* de façon spectaculaire.

Effizienz (*Pl* **-en**) *die* efficience *f*.

EFTA ['ɛfta] (*Abk für* **European Free Trade Association**) *die (ohne Pl)* AELE *f*.

EG (*Abk für* **Europäische Gemeinschaft**) *die (ohne Pl)* CE *f*.

egal *Adj* **-1.** *fam* [gleichgültig] sans importance; **es** ODER **das ist ~** cela n'a pas d'importance; **etw ist jm ~** qqch est égal à qqn. **-2.** [gleichartig] égal(e).

◆ **egal ob** *Konj* peu importe que *(+ subjonctif)*.

egalisieren *tr* SPORT égaliser.

Egge (*Pl* **-n**) *die* herse *f*.

Ego (*Pl* **-s**) *das* égo *m*.

Egoismus *der (ohne Pl)* égoïsme *m*.

Egoist, in (*mPl* **-en**; *fPl* **-nen**) *der, die* égoïste *mf*.

egoistisch ◇ *Adj* égoïste. ◇ *Adv* égoïstement.

egozentrisch *Adj* égocentrique.

eh ◇ *Interj fam* **-1.** [heda] eh. **-2.** [vor Erstaunen] hein. ◇ *Adv* **-1.** *fam Süddt* & *Österr* [sowieso] de toute façon. **-2.** [immer]: **seit ~ und je** de tout temps; **wie ~ und je** comme toujours.

ehe *Konj geh* avant que.

Ehe (*Pl* **-n**) *die* mariage *m*; **in wilder ~ leben** vivre en concubinage ODER maritalement.

eheähnlich *Adj*: **sie leben in einem ~en Verhältnis** ils vivent maritalement.

Ehe|beratung *die* conseiller *m* conjugal, conseillère *f* conjugale.

Ehe|bett *das* lit *m* conjugal.

Ehe|bruch *der* adultère *m*.

Ehe|frau *die* épouse *f*.

Ehe|gatte *der geh* époux *m*.

◆ **Ehegatten** *Pl amt* époux *mpl*.

Ehe|gattin *die geh* épouse *f*.

Ehe|krise *die* crise *f* conjugale.

Ehe|leute *Pl* époux *mpl*.

ehelich *Adj* **-1.** [in der Ehe] conjugal(e). **-2.** [legitim] légitime.

ehem. *Abk für* **ehemalig**

ehemalig *Adj* ancien(enne); **~er Mann** ex-mari *m*; **~e Frau** ex-femme *f*.

ehemals *Adv* jadis.

Ehe|mann (*Pl* **-männer**) *der* mari *m*.

Ehe|paar *das* couple *m* marié.

Ehe|partner *der* conjoint *m*, -e *f*.

eher *Adv* **-1.** [vorher] plus tôt. **-2.** [lieber, vielmehr] plutôt.

Ehe|ring *der* alliance *f*.

Ehe|scheidung *die* divorce *m*.

Ehe|schließung *die* mariage *m* civil.

Ehe|vertrag *der* contrat *m* de mariage.

ehrbar *geh Adj* honorable.

Ehre (*Pl* **-n**) *die* honneur *m*; **jm zu ~n** en l'honneur de qqn; **etw in ~n halten** honorer qqch; **jm ~ machen** faire honneur à qqn; **diese Tat macht ihm ~** cet acte est tout à son honneur; **wieder zu ~n kommen** retrouver son crédit; **auf ~ und Gewissen** sur l'honneur; **zuviel der ~** trop d'honneur.

ehren *tr* honorer.

Ehren|amt *das* fonction *f* honorifique.

ehrenamtlich ◇ *Adj* bénévole. ◇ *Adv* bénévolement.

Ehren|bürger, in *der, die* citoyen d'honneur *m*, citoyenne d'honneur *f*.

Ehren|gast *der* invité *m*, -e *f* d'honneur.

ehrenhaft ◇ *Adj* honorable. ◇ *Adv* honorablement.

ehrenhalber *Adv* à titre honorifique.

Ehren|mann (*Pl* **-männer**) *der* homme *m* d'honneur.

Ehren|mitglied *das* membre *m* d'honneur.

Ehren|platz *der* place *f* d'honneur.

ehrenrührig *Adj* diffamant(e).

Ehren|runde *die* tour *m* d'honneur; **eine ~ drehen** faire un tour d'honneur; *iron* redoubler.

Ehren|sache *die* affaire *f* d'honneur; **das ist doch ~!** *fam* ça va de soi!

Ehren|tag *der geh* anniversaire *m*.

ehrenwert *Adj geh* honorable.

Ehren|wort (*Pl* **-worte**) *das* parole *f* d'honneur; **sein ~ geben** donner sa parole d'honneur; **(großes) ~!** *fam* c'est promis!

ehrerbietig ['eːɐ̯lɛɐ̯biːtɪç] *geh* ◇ *Adj* déférent(e). ◇ *Adv* avec déférence.

Ehr|furcht *die (ohne Pl)* profond respect *m*.

ehrfürchtig ◇ *Adj* plein(e) de respect. ◇ *Adv* avec un profond respect.

Ehr|geiz *der* ambition *f*.

ehrgeizig ◇ *Adj* ambitieux(euse). ◇ *Adv* avec ambition.

ehrlich ◇ *Adj* honnête; **~ währt am längsten** l'honnêteté paie. ◇ *Adv* honnêtement; **~ gesagt** honnêtement.

Ehrlichkeit *die (ohne Pl)* honnêteté *f*.

ehrlos ◇ *Adj* indigne. ◇ *Adv* de manière honteuse.

Ehrung (*Pl* **-en**) *die*: **(js) ~** hommage *m* (rendu à qqn).

ehrwürdig *Adj* **-1.** [Person] respectable; [Gebäude, Brauch] vénérable. **-2.** REL révérend(e).

Ei (*Pl* **-er**) *das* **-1.** [gelegt] œuf *m*; **jn/etw wie ein rohes ~ behandeln** tenir à qqn/qqch comme à la prunelle de ses yeux; **sich** *(D)* **gleichen wie ein ~ dem anderen** se ressembler comme deux gouttes d'eau. **-2.** [Eizelle] ovule *m*.

Eiche (*Pl* **-n**) *die* chêne *m*.

Eichel (*Pl* **-n**) *die* gland *m*.

eichen *tr* étalonner; [Gefäß] jauger.

Eichhörnchen (*Pl* -) *das* écureuil *m*.

Eid (*Pl* **-e**) *der* serment *m*; **an ~es Statt** RECHT sur l'honneur.

◆ **unter Eid** *Adv* sous serment.

Eidechse ['aidɛksə] (*Pl* **-n**) *die* lézard *m*.

eidesstattlich ◇ *Adj* solennel(elle). ◇ *Adv* sur l'honneur.

Eid|genosse *der* citoyen *m* helvétique.

Eid|genossenschaft *die* Confédération *f* helvétique.

Eid|genossin *die* citoyenne *f* helvétique.

Ei|dotter *der* ODER *das* jaune *m* d'œuf.

Eier|becher *der* coquetier *m*.

Eier|kuchen *der* omelette *f*.

Eier|likör *der liqueur composée d'eau-de-vie, d'œufs, de crème et de sucre.*

eiern *intr salopp* [Rad] être voilé(e); [Schallplatte] être gondolé(e).
Eier|schale *die* coquille *f* d'œuf.
Eier|stich *der (ohne Pl)* KÜCHE *petits morceaux d'omelette servis dans un bouillon.*
Eier|stock *der* ovaire *m.*
Eier|uhr *die* minuteur *m*; [Sanduhr] sablier *m.*
Eifel *die* Eifel *m*; **in der ~** dans l'Eifel.
Eifer *der (ohne Pl)* zèle *m*; **im ~ des Gefechts** dans le feu de l'action.
Eifer|sucht *die* jalousie *f.*
eifersüchtig ◇ *Adj* jaloux(ouse); **auf jn ~ sein** être jaloux de qqn. ◇ *Adv* avec jalousie.
eifrig ◇ *Adj* plein(e) de zèle. ◇ *Adv* avec zèle.
Eigelb *(Pl -* ODER **-e**) *das* jaune *m* d'œuf.
eigen *Adj* propre; **sich** *(D)* **etw zu ~ machen** adopter qqch; **in einer Sache ~ sein** être pointilleux(euse) sur qqch.
Eigen|art *die* caractéristique *f.*
eigenartig ◇ *Adj* bizarre. ◇ *Adv* bizarrement.
Eigen|bedarf *der (ohne Pl)* besoins *mpl* personnels.
Eigenbrötler, in *(mPl -; fPl* **-nen**) *der, die* excentrique *mf.*
eigenbrötlerisch ◇ *Adj* individualiste. ◇ *Adv* en solitaire.
Eigen|finanzierung *die* WIRTSCH autofinancement *m.*
eigenhändig *Adj* & *Adv* de ma ODER ta ODER sa etc propre main.
Eigen|heim *das* maison *f* individuelle.
Eigenheit *(Pl* **-en**) *die* manie *f.*
Eigen|liebe *die (ohne Pl)* amour-propre *m.*
eigenmächtig ◇ *Adj* arbitraire. ◇ *Adv* de son propre chef.
Eigen|name *der* nom *m* propre.
eigennützig ◇ *Adj* intéressé(e). ◇ *Adv* par intérêt.
eigens *Adv* uniquement.
Eigenschaft *(Pl* **-en**) *die* caractéristique *f*; **gute ~** qualité *f*; **in seiner ~ als etw** en sa qualité de.
Eigenschafts|wort *(Pl* **-wörter**) *das* adjectif *m.*
Eigen|sinn *der (ohne Pl)* obstination *f.*
eigensinnig ◇ *Adj* obstiné(e). ◇ *Adv* avec obstination.
eigenständig ◇ *Adj* autonome. ◇ *Adv* de manière autonome.
eigentlich ◇ *Adv* **-1.** [im Grunde] en fait, à vrai dire; **~ ist es schon zu spät** à vrai dire, il est déjà trop tard; **~ hat er recht** au fond il a raison. **-2.** [übrigens] au fait; **hast du ~ etwas von Tim gehört**? au fait, tu as des nouvelles de Tim? **-3.** [zum Ausdruck von Ärger]: **bist du ~ verrückt**? mais tu es fou (folle)? **-4.** [wirklich] en fait ODER réalité. ◇ *Adj* [wirklich] véritable.
Eigen|tor *das* **-1.** SPORT: **ein ~ schießen** marquer un but contre son camp. **-2.** *fig* [Flop] erreur *f* tactique.
Eigentum *das (ohne Pl)* propriété *f.*
Eigentümer, in *(mPl* **-**; *fPl* **-nen**) *der, die* propriétaire *mf.*
eigentümlich ◇ *Adj* **-1.** [seltsam] bizarre. **-2.** [eigen] propre. ◇ *Adv* bizarrement.
Eigentums|wohnung *die appartement en copropriété.*
eigenverantwortlich ◇ *Adj* dont on assume la responsabilité; [Entscheidung] assumé(e). ◇ *Adv* en toute responsabilité.
eigenwillig *Adj* **-1.** [eigen] original(e). **-2.** [starrsinnig] têtu(e).
Eiger *der* Eiger *m.*
eignen
◆ **sich eignen** *ref* convenir; **sich als etw ~** [Person] être apte à qqch; [Gegenstand] pouvoir servir de qqch; **sich zu** ODER **für etw ~** [Gegenstand] être approprié(e) à qqch; [Person] être bon (bonne) à qqch.
Eignung *die (ohne Pl)*: **~ als etw** aptitude *f* à faire qqch.
Eignungs|prüfung *die* examen *m* d'aptitude.
Eignungs|test *der* test *m* d'aptitude.
eigtl. *Abk für* **eigentlich**.
Eil|bote *der* porteur *m* spécial.
Eil|brief *der* lettre *f* exprès.
Eile *die (ohne Pl)* hâte *f*; **in ~ sein** être pressé(e); **etw hat keine ~** qqch n'est pas urgent(e).
eilen *(Perf* **hat/ist geeilt**) *intr* **-1.** *(ist)* [Person] se presser; **zu jm ~** se dépêcher d'aller chez qqn; **zu** ODER **nach etw ~** se dépêcher d'aller à qqch. **-2.** *(hat)* [Angelegenheit] presser; **eilt!** urgent; **mit etw eilt es nicht** qqch ne presse pas.
◆ **sich eilen** *ref (hat)* se dépêcher.
Eil|gut *das* [Sendung] colis *m* exprès; [Versandart] envoi *m* par exprès.
eilig ◇ *Adj* **-1.** [hastig] pressé(e); **es ~ haben** être pressé. **-2.** [dringend] urgent(e). ◇ *Adv* en hâte.
Eil|tempo *das fam* : **im ~** à toute allure.
Eil|zug *der* train *m* express, express *m.*
Eil|zustellung *die* remise *f* par exprès.
Eimer *(Pl -) der* seau *m*; **im ~ sein** *salopp* [kaputt sein] être foutu(e).
eimerweise *Adv* par seaux entiers.
ein, e ◇ *Det* un, une; **~ Buch** un livre; **~e Mappe** une serviette; **~e Vase** un vase; **da ist ~ Herr X am Telefon** il y a un certain monsieur X au téléphone; **~es Tages** un jour. ◇ *Adj* **-1.** [als Zahl] un, une; **nur noch der ~e**

plus que celui-ci; **es ist ~ Uhr** il est une heure; **~ für allemal** *fam fig* une fois pour toutes; **in ~em fort** *fig* sans discontinuer; **js ~ und alles sein** *fig* être tout pour qqn. **-2.** [derselbe, dieselbe, dasselbe] le même, la même; **~er Meinung sein** être du même avis; **das ist ~ und dasselbe** c'est du pareil au même. ◇ *Pron* **-1.** [Teil aus Menge] un, une. **-2.** [Dativ und Akkusativ von man] vous; **er läßt ~en nicht ausreden** il ne vous laisse pas parler. ◇ *Adv*: **~ - aus** marche-arrêt; **(bei jm) ~ und aus gehen** *fig* être tout le temps chez qqn; **nicht ~ noch aus wissen** *fig* ne pas savoir comment s'en tirer.

Einakter *(Pl -) der* pièce *f* en un acte.

einander *Pron geh* l'un (l'une) l'autre, les uns (unes) les autres.

ein|arbeiten *tr* **-1.** [Person] briefer. **-2.** [Bestandteil] incorporer.
◆ **sich einarbeiten** *ref* s'accoutumer.

Einarbeitung *(Pl* **-en***) die* adaptation *f*.

einarmig *Adj* manchot(e).

ein|äschern *tr* **-1.** [Dorf, Gebäude] réduire en cendres, ravager. **-2.** [Leichnam] incinérer.

ein|atmen ◇ *tr* inhaler. ◇ *intr* inspirer.

einäugig *Adj* borgne.

Einbahn|straße *die* rue *f* à sens unique, sens *m* unique.

ein|balsamieren *tr* embaumer.

Ein|band *(Pl* **-bände***) der* reliure *f*.

Ein|bau *der (ohne Pl)* **-1.** [von Möbeln] installation *f*; [von Motor, Lampe] pose *f*. **-2.** [in Text] insertion *f*.

ein|bauen *tr* **-1.** [Bauteil] installer; [Motor, Ersatzteil] monter. **-2.** [in Text] insérer.

Einbau|küche *die* cuisine *f* intégrée.

Einbau|schrank *der* placard *m*.

ein|behalten *tr (unreg)* retenir.

einbeinig *Adj* unijambiste.

ein|berufen *tr (unreg)* **-1.** [Beteiligte, Versammlung] convoquer. **-2.** MIL appeler sous les drapeaux.

Einberufung *(Pl* **-en***) die* **-1.** [Zusammenrufen] convocation *f*. **-2.** [zur Wehrpflicht] appel *m* (sous les drapeaux).

Einberufungs|befehl *der* avis *m* d'incorporation.

ein|betten *tr* envelopper.

ein|beziehen *tr (unreg)* **-1.** [Sache] inclure. **-2.** [Person]: **jn in etw ~** associer qqn à qqch.

Einbeziehung *die (ohne Pl)* **-1.** [von Sachen] prise *f* en compte. **-2.** [von Personen] association *f*.

ein|biegen *(Perf* **hat/ist eingebogen***) (unreg)* ◇ *intr (ist)* tourner. ◇ *tr (hat)* [verbiegen] tordre *(vers l'intérieur)*.

ein|bilden *tr* **-1.** [sich einreden]: **sich** *(D)* **etw ~** s'imaginer qqch; **sich** *(D)* **~, jd/etw zu sein** s'imaginer être qqn/qqch. **-2.** [stolz sein]: **sich** *(D)* **viel auf etw** *(A)* **~** se croire quelqu'un en raison de qqch; **sich** *(D)* **nichts auf etw** *(A)* **~** ne pas se glorifier de qqch.

Einbildung *(Pl* **-en***) die* **-1.** [Phantasie] imagination *f*. **-2.** *(ohne Pl)* [Hochmut] vanité *f*.

Einbildungs|kraft *die (ohne Pl)* imagination *f*.

ein|binden *tr (unreg)* **-1.** [Buch] relier. **-2.** [integrieren]: **etw in etw** *(A)* **~** intégrer qqch à qqch; **jn in etw** *(A)* **~** associer qqn à qqch.

ein|blenden *tr* TV [einschalten] insérer.
◆ **sich einblenden** *ref* TV [sich einschalten] prendre l'antenne.

ein|bleuen *tr*: **jm etw ~** seriner qqch à qqn.

Ein|blick *der* **-1.** [in Unterlagen] accès *m*; **~ in etw** *(A)* **haben** ODER **gewähren** avoir/donner accès à qqch; **~ in etw** *(A)* **nehmen** examiner qqch. **-2.** [Verstehen] aperçu *m*; **~ in etw** *(A)* **gewinnen** avoir un aperçu de qqch.

ein|brechen *(Perf* **hat/ist eingebrochen***) intr (unreg)* **-1.** *(hat)* [Dieb]: **in etw** *(A)* **~** cambrioler qqch. **-2.** *(ist)* [Gebäude] s'effondrer. **-3.** *(ist)* [auf Eis] passer à travers la glace. **-4.** *(ist)* [zur Eroberung] faire irruption. **-5.** *(ist) geh* [beginnen - Jahreszeit] arriver; [- Nacht] tomber.

Einbrecher *(Pl -) der* cambrioleur *m*.

ein|bringen *tr (unreg)* **-1.** [Ernte] rentrer. **-2.** [verschaffen] rapporter. **-3.** [Vorschlag] présenter. **-4.** *amt* [in Ehe, Verband] apporter.
◆ **sich einbringen** *ref*: **sich in etw** *(A)* **~** prendre part à qqch.

ein|brocken *tr fam* : **sich** *(D)* **etwas ~** s'attirer des ennuis.

Ein|bruch *der* **-1.** [in Wohnung, Gebäude] cambriolage *m*. **-2.** [an Börse] effondrement *m*. **-3.** [von Wetter] irruption *f*. **-4.** *fam* [bei Wahl] échec *m* électoral. **-5.** [Beginn - von Jahreszeit] arrivée *f*; [- von Nacht] tombée *f*; **bei ~ der Dunkelheit** au crépuscule.

einbruchsicher, **einbruchssicher** *Adj* équipé(e) d'une alarme.

einbürgern *tr* [Person] naturaliser.
◆ **sich einbürgern** *ref* [üblich werden] s'établir, s'installer.

Einbürgerung *(Pl* **-en***) die* naturalisation *f*.

Ein|buße *die* perte *f*.

ein|büßen ◇ *tr* perdre. ◇ *intr*: **an etw** *(D)* **~** perdre en qqch.

ein|checken ◇ *tr* enregistrer. ◇ *intr* se présenter à l'enregistrement.

ein|cremen *tr*: **jn/etw ~** enduire qqn/qqch de crème.
◆ **sich eincremen** *ref* s'enduire de crème.

ein|dämmen *tr* endiguer; [Brand] circonscrire.

ein|decken *tr fam* [überhäufen]: **jn mit etw ~**

[mit Vorrat] approvisionner qqn en qqch; [mit Arbeit] fournir qqch à qqn.
◆ **sich eindecken** *ref* [sich versorgen]: **sich mit etw ~** s'approvisionner en qqch.
eindeutig ◇ *Adj* net (nette); [Befehl] clair(e), univoque. ◇ *Adv* nettement; [erklären] clairement.
Eindeutigkeit *die (ohne Pl)* univocité *f.*
ein|deutschen *tr* germaniser.
ein|dicken *tr* épaissir.
eindimensional *Adj* unidimensionnel(elle); [Sichtweise] étriqué(e).
ein|drehen *tr* visser; **sich die Haare ~** se faire une mise en plis.
ein|dringen (*Perf* **ist eingedrungen**) *intr (unreg)* **-1.** [hineingelangen] pénétrer. **-2.** [Einbrecher, Armee] faire irruption.
eindringlich ◇ *Adj* insistant(e). ◇ *Adv* avec insistance.
Eindringling (*Pl* **-e**) *der* intrus *m*, -e *f.*
Eindruck (*Pl* **-drücke**) *der* impression *f*; **einen ~ von etw bekommen** ODER **erhalten** se faire une idée de qqch; **~ auf jn machen** faire impression sur qqn; **bei jm ~ schinden** *fam* épater qqn.
ein|drücken *tr* **-1.** [gewaltsam] enfoncer. **-2.** [Spur, Vertiefung] imprimer.
eindrucksvoll ◇ *Adj* impressionnant(e). ◇ *Adv* de manière impressionnante.
eine → **ein.**
ein|ebnen *tr* aplanir.
eineiig *Adj*: **~e Zwillinge** vrais jumeaux *mpl*, vraies jumelles *fpl.*
eineinhalb *Num* un et demi, une et demie; **~ Stunden** une heure et demie.
ein|engen *tr* **-1.** [Subj: Kleidung] serrer. **-2.** [Freiheit, Begriff] restreindre.
einerlei *Adj* indifférent(e); **etw ist jm ~** qqch est égal à qqn.
einerseits *Adv*: **~ ... andererseits** d'une part ... d'autre part.
Einf. (*Abk für* **Einführung**) intr.
einfach ◇ *Adj* simple. ◇ *Adv* simplement; **etw ~ falten** plier qqch en deux.
Einfachheit *die (ohne Pl)* simplicité *f*; **der ~ halber** par souci de simplicité.
ein|fädeln *tr* **-1.** [Faden] enfiler. **-2.** *fam* [bewerkstelligen] manigancer.
◆ **sich einfädeln** *ref* se ranger.
ein|fahren (*Perf* **hat/ist eingefahren**) *(unreg)* ◇ *intr (ist)* entrer *(en gare)*. ◇ *tr (hat)* **-1.** [Ernte, Antenne, Fahrwerk] rentrer. **-2.** [beschädigen] enfoncer. **-3.** [Fahrzeug] roder.
Ein|fahrt *die (ohne Pl)* [Einfahren] entrée *f*; **~ haben** [Zug] entrer en gare; **'~ freihalten!'** 'sortie de voiture'.
Ein|fall *der* **-1.** [Idee] idée *f.* **-2.** *(ohne Pl)* [von Licht] pénétration *f.* **-3.** MIL invasion *f.*
ein|fallen (*Perf* **ist eingefallen**) *intr (unreg)* **-1.** [in den Sinn kommen]: **etw fällt mir ein** qqch me vient à l'esprit; **sich** *(D)* **etwas ~ lassen** trouver une idée; **was fällt dir/Ihnen ein**? qu'est-ce qui te/vous prend? **-2.** [wieder in den Sinn kommen]: **etw fällt jm ein** qqn se rappelle qqch. **-3.** [Licht] pénétrer. **-4.** MIL: **in etw** *(A)* **~** envahir qqch, faire irruption dans qqch. **-5.** [einstimmen] entrer en jeu, entrer en lice. **-6.** [Gebäude] s'écrouler.
einfallslos ◇ *Adj* dénué(e) d'imagination. ◇ *Adv* sans originalité.
einfallsreich *Adj* **-1.** [Person] plein(e) d'imagination. **-2.** [Plan] ingénieux(euse).
Einfalls|winkel *der* PHYS angle *m* d'incidence.
Einfalt *die (ohne Pl)* naïveté *f.*
einfältig *Adj* **-1.** [arglos] candide. **-2.** [beschränkt] niais(e).
Einfamilien|haus *das* maison *f* individuelle.
ein|fangen *tr (unreg)* **-1.** [Lebewesen] capturer. **-2.** [wiedergeben] restituer. **-3.** *fam* [bekommen]: **sich** *(D)* **etw ~** [Krankheit] choper qqch; [Prügel] prendre qqch.
einfarbig *Adj* uni(e).
ein|fassen *tr* **-1.** [Edelstein] sertir. **-2.** [Stoff] border. **-3.** [mit Mauer] enclore.
Einfassung (*Pl* **-en**) *die* **-1.** [von Edelsteinen] sertissage *m.* **-2.** [von Stoff] bordure *f.* **-3.** [mit Mauer] clôture *f.*
ein|fetten *tr* [Maschine, Leder] graisser; [Backform] beurrer; [Hände, Gesicht] enduire de crème.
ein|finden
◆ **sich einfinden** *ref (unreg)* se retrouver.
ein|flechten *tr (unreg)* **-1.** [Band] entremêler. **-2.** [in Gespräch] glisser.
ein|fließen (*Perf* **ist eingeflossen**) *intr (unreg)* **-1.** [Luft] se répandre. **-2.** [Wasser] couler. **-3.** [Bemerkung]: **etw ~ lassen** glisser qqch.
ein|flößen *tr* **-1.** [Getränk] faire boire. **-2.** [Gefühl] inspirer.
Einflug|schneise *die* FLUG zone *f* d'approche.
Ein|fluß *der* influence *f*; **auf jn/etw ~ haben** ODER **ausüben** avoir ODER exercer une influence sur qqn/qqch.
Einfluß|bereich *der* zone *f* d'influence.
Einflußnahme *die (ohne Pl)* influence *f.*
einflußreich *Adj* influent(e).
einförmig ◇ *Adj* monotone. ◇ *Adv* avec monotonie.
ein|frieren (*Perf* **hat/ist eingefroren**) *(unreg)*

◇ *tr (hat)* **-1.** [Lebensmittel] congeler. **-2.** [stoppen] geler. ◇ *intr (ist)* geler.

ein|fügen *tr* insérer.

◆ **sich einfügen** *ref* s'intégrer.

ein|fühlen

◆ **sich einfühlen** *ref*: **sich in etw** *(A)* **~** rentrer dans qqch.

einfühlsam *Adj* compréhensif(ive).

Einfühlungs|vermögen *das* empathie *f.*

Einfuhr (*Pl* **-en**) *die* importation *f.*

ein|führen *tr* **-1.** [gen] introduire; **jn bei jm/in etw** *(A)* **~** introduire qqn chez qqn/dans qqch. **-2.** [Waren] importer. **-3.** [einweisen]: **jn in etw** *(A)* **~** initier qqn à qqch.

◆ **sich einführen** *ref* [sich präsentieren] se présenter.

Einfuhr|genehmigung *die* licence *f* d'importation.

Einführung (*Pl* **-en**) *die* **-1.** [gen] introduction *f*; [Geldschein] mise *f* en circulation. **-2.** [Belehrung]: **~ (in etw** *(A)***)** initiation *f* (à qqch).

Einfuhr|zoll (*Pl* **-zölle**) *der* WIRTSCH taxe *f* à l'importation.

ein|füllen *tr*: **etw in etw** *(A)* **~** remplir qqch de qqch.

Ein|gabe *die* **-1.** [Gesuch] requête *f.* **-2.** EDV entrée *f*, saisie *f.*

Ein|gang *der* **-1.** [Tür] entrée *f.* **-2.** *(ohne Pl)* [von Post] arrivée *f.*

eingängig *Adj* [Melodie] facile à retenir; [Worte] facile à comprendre.

eingangs *Adv* au début.

Eingangs|datum *das* date *f* de réception.

Eingangs|halle *die* hall *m* d'entrée.

ein|geben *tr (unreg)* EDV entrer, saisir.

eingebildet *Adj* **-1.** [hochmütig] prétentieux(euse). **-2.** [Gefahr, Zustand] imaginaire.

Eingeborene, **Eingeborne** (*Pl* **-n**) *der, die* indigène *mf.*

Eingebung (*Pl* **-en**) *die geh* inspiration *f.*

eingefleischt *Adj* → **Junggeselle**.

ein|gehen (*Perf* **ist eingegangen**) *(unreg)* ◇ *intr* **-1.** [ankommen] arriver. **-2.** [Tier, Pflanze] dépérir. **-3.** [Firma] fermer. **-4.** [Person]: **auf jn/etw ~** prêter attention à qqn/qqch; **auf etw** *(A)* **~** [auf Angebot] accepter qqch. **-5.** [Textilie] rétrécir. **-6.** *geh* [in Geschichte] entrer. ◇ *tr* **-1.** [Bündnis, Ehe] contracter. **-2.** [Verpflichtung, Risiko] prendre.

eingehend ◇ *Adj* détaillé(e). ◇ *Adv* minutieusement; [besprechen] en long et en large.

Eingemachte *das (ohne Pl)* conserves *fpl.*

ein|gemeinden *tr* rattacher; **etw in etw** *(A)* **~** rattacher qqch à qqch.

Eingemeindung (*Pl* **-en**) *die* rattachement *m.*

eingenommen ◇ *PP* → **einnehmen**. ◇ *Adj*: **(von sich) ~** imbu(e) (de sa personne); **für/gegen etw ~ sein** être favorable/défavorable à qqch; **von jm/etw ~ sein** être séduit(e) par qqn/qqch.

eingeschlossen *PP* → **einschließen**.

eingeschnappt *Adj fam abw*: **~ sein** prendre la mouche.

eingespielt *Adj* rodé(e); **aufeinander ~ sein** former une bonne équipe.

Eingeständnis (*Pl* **-se**) *das* aveu *m.*

ein|gestehen *tr (unreg)* reconnaître, admettre.

eingetragen ◇ *PP* → **eintragen**. ◇ *Adj* [Firma] enregistré(e).

Eingeweide *Pl* entrailles *fpl.*

Eingeweihte (*Pl* **-n**) *der, die* initié *m*, -e *f.*

ein|gewöhnen

◆ **sich eingewöhnen** *ref*: **sich in etw** *(D)* **~** s'habituer ODER se faire à qqch; **sich bei jm ~** prendre ses aises chez qqn.

Eingewöhnung *die (ohne Pl)* accoutumance *f.*

ein|gießen *tr (unreg)* verser; **jm etw ~** servir qqch à qqn.

eingleisig ◇ *Adj* **-1.** [Bahnlinie] à voie unique. **-2.** [schematisch] simpliste. ◇ *Adv* de manière simpliste.

ein|gliedern *tr*: **jn/etw (in etw** *(A)***) ~** intégrer qqn/qqch (à qqch).

◆ **sich eingliedern** *ref* s'intégrer.

ein|graben *(unreg) tr* **-1.** [in den Boden] enterrer. **-2.** [eindrücken] graver.

◆ **sich eingraben** *ref*: **sich (in etw** *(A)***) ~** [Tier] se terrer (dans qqch); [Schrift, Spuren] rester gravé(e) (dans qqch).

ein|greifen *intr (unreg)*: **(bei etw) ~** intervenir (dans qqch); **in etw** *(A)* **~** s'immiscer dans qqch.

ein|grenzen *tr* **-1.** [räumlich] clôturer. **-2.** [thematisch] délimiter.

Ein|griff *der* **-1.** [operativ, schlichtend] intervention *f.* **-2.** [in Privatsphäre] immixtion *f.*

ein|haken ◇ *tr* attacher, fermer. ◇ *intr fam* intervenir *(pour donner son avis).*

◆ **sich einhaken** *ref*: **sich bei jm ~** prendre qqn par le bras.

Ein|halt *der geh*: **einer Sache** *(D)* **~ gebieten** mettre fin à qqch.

ein|halten *(unreg)* ◇ *tr* [befolgen, erfüllen] respecter. ◇ *intr* [stoppen] s'interrompre; **in etw** *(D)* **~** interrompre qqch.

Ein|haltung *die (ohne Pl)* respect *m.*

ein|handeln *tr*: **sich** *(D)* **etw ~** *fam* se récolter qqch.

einhändig *Adv* d'une seule main.

ein|hängen ◇ *tr* **-1.** [Tür, Fenster] bloquer. **-2.** [Hörer] reposer. ◇ *intr* raccrocher.
◆ **sich einhängen** *ref*: **sich bei jm ~** prendre le bras de qqn.
ein|heften *tr*: **etw ~** mettre qqch dans un classeur.
einheimisch *Adj* local(e), autochtone.
Einheimische (*Pl* **-n**) *der, die* autochtone *mf*.
ein|heimsen *tr fam* . **-1.** [Gewinn] ramasser. **-2.** [Ohrfeige] se prendre.
ein|heiraten *intr*: **in eine Familie ~** entrer dans une famille *(par mariage)*.
Einheit (*Pl* **-en**) *die* unité *f*.
einheitlich ◇ *Adj* **-1.** [geregelt] uniforme. **-2.** [gleich] homogène. ◇ *Adv* de manière uniforme; [gliedern] de manière cohérente.
Einheits|partei *die* parti *m* unifié.
Einheits|preis *der* prix *m* unique.
ein|heizen *tr* chauffer.
einhellig ◇ *Adj* [Zustimmung] général(e); [Meinung] unanime. ◇ *Adv* d'une même voix.
ein|holen ◇ *tr* **-1.** [Person, Vorsprung] rattraper. **-2.** [Erlaubnis, Rat] demander. **-3.** [Netz] ramener. **-4.** *fam* [Essen] acheter. ◇ *intr*: **~ gehen** *fam* faire des courses.
ein|hüllen *tr* envelopper.
◆ **sich einhüllen** *ref*: **sich in etw** *(A)* **~** s'envelopper dans qqch.
einhundert *Num* cent; *siehe auch* **sechs**.
einig *Adj* uni(e); **(sich) über jn ~ sein/werden** être/se mettre d'accord au sujet de qqn; **(sich) über etw ~ sein** être d'accord sur qqch.
einige ◇ *Det* **-1.** [ein paar] quelques; **~ Hundert Angestellte** quelques centaines d'employés. **-2.** [reichlich] pas mal de; **es braucht ~ Überzeugung** cela demande beaucoup de conviction. **-3.** [etwas] un peu. ◇ *Pron* un bon nombre, quelques-uns(unes).
◆ **einiges** ◇ *Pron* pas mal ODER beaucoup de choses. ◇ *Adv* pas mal.
einigen *tr* unir.
◆ **sich einigen** *ref* se mettre d'accord.
einigermaßen *Adv* relativement.
einiges → **einige**.
Einigkeit *die (ohne Pl)* entente *f*.
Einigung (*Pl* **-en**) *die* **-1.** [in Streitfall] accord *m*, entente *f*. **-2.** [von Ländern] union *f*.
ein|impfen *tr fam* : **jm etw ~** inculquer qqch à qqn.
einjährig *Adj* **-1.** [Kind, Tier] (âgé(e)) d'un an; [Pflanze] annuel(elle). **-2.** [Vertrag, Laufzeit] d'un an.
ein|kalkulieren *tr* tenir compte de *(dans ses calculs)*.
Ein|kauf *der* **-1.** [Handlung] achat *m*. **-2.** [Ware] commissions *fpl*. **-3.** *(ohne Pl)* WIRTSCH [im Betrieb] service *m* des achats.
ein|kaufen ◇ *tr* acheter. ◇ *intr*: **~ gehen** (aller) faire les ODER des courses.
◆ **sich einkaufen** *ref*: **sich in ein Unternehmen ~** prendre des parts dans une entreprise.
Ein|käufer, in *der, die* acheteur *m*, -euse *f*.
Einkaufs|bummel *der* shopping *m*; **einen ~ machen** faire du lèche-vitrines.
Einkaufs|preis *der* prix *m* d'achat.
Einkaufs|tasche *die* cabas *m*.
Einkaufs|wagen *der* chariot *m*, caddie® *m*.
Einkaufs|zentrum *das* centre *m* commercial.
ein|kehren (*Perf* **ist eingekehrt**) *intr* faire une halte *(dans un café, un hôtel)*.
ein|kellern *tr*: **etw ~** mettre qqch en cave.
ein|kesseln *tr* encercler.
ein|klagen *tr*: **Schulden ~** poursuivre le recouvrement d'une dette.
ein|klammern *tr* mettre entre parenthèses.
Ein|klang *der (ohne Pl)*: **in** ODER **im ~** en harmonie *f*.
ein|kleben *tr* coller.
ein|kleiden *tr* habiller.
◆ **sich einkleiden** *ref*: **sich (völlig) neu ~** renouveler (toute) sa garde-robe.
ein|klemmen *tr* coincer.
ein|kochen ◇ *tr* [Gemüse, Obst] faire des conserves de. ◇ *intr* [Soße] épaissir.
Einkommen (*Pl* -) *das* revenu *m*.
Einkommens|gefälle *das* écarts *mpl* de revenu.
einkommensschwach *Adj* à faibles revenus.
Einkommens|steuer *die* impôt *m* sur le revenu.
Einkommenssteuer|erklärung *die* déclaration *f* d'impôt sur le revenu.
ein|kreisen *tr* **-1.** [mit Stift] entourer. **-2.** [Lebewesen, Stadt, Problem] cerner.
ein|kriegen
◆ **sich einkriegen** *ref*: **sich nicht mehr ~** *fam* ne plus pouvoir se calmer.
Einkünfte *Pl* revenus *mpl*.
ein|laden *tr (unreg)* **-1.** [Gast]: **jn (zu etw) ~** inviter qqn (à qqch). **-2.** [Last] charger.
einladend ◇ *Adj* accueillant(e); **nicht sehr ~** pas très engageant(e). ◇ *Adv* de façon engageante.
Ein|ladung *die* invitation *f*; **~ zum Essen** invitation à manger.
Ein|lage *die* **-1.** [im Schuh] semelle *f* orthopédique. **-2.** KÜCHE garniture *f*. **-3.** [im Programm] interlude *m*. **-4.** WIRTSCH dépôt *m*.
ein|lagern *tr* stocker, entreposer.

Einlaß *der (ohne Pl)* entrée *f*; **jm ~ gewähren** laisser entrer qqn.

ein|lassen *tr (unreg)* **-1.** [Person] faire ODER laisser entrer. **-2.** [Wasser] faire couler. **-3.** [in Material] enchâsser.

◆ **sich einlassen** *ref*: **sich auf etw** *(A)* **~** se laisser entraîner dans qqch; **sich mit jm ~** fréquenter qqn.

Ein|lauf *der* **-1.** SPORT arrivée *f*. **-2.** MED lavement *m*.

ein|laufen (*Perf* **hat/ist eingelaufen**) *(unreg)* ◇ *intr (ist)* **-1.** SPORT arriver. **-2.** [Wasser] couler. **-3.** [einfahren - Zug] entrer en gare; [- Schiff] entrer dans le port. **-4.** [Stoff] rétrécir. ◇ *tr (hat)* [Schuhe] faire (à son pied).

◆ **sich einlaufen** *ref* s'échauffer.

ein|leben

◆ **sich einleben** *ref*: **sich in etw** *(A)* **~** s'habituer à qqch; **sich in einem Ort ~** s'adapter à un endroit.

ein|legen *tr* **-1.** [Kassette, Film] mettre. **-2.** [Gang]: **den zweiten Gang ~** passer en seconde. **-3.** KÜCHE faire macérer; [einmachen]: **etw ~** mettre qqch en conserve. **-4.** [beim Friseur]: **die Haare ~** faire une mise en plis. **-5.** [Ruhetag] prendre; **eine Pause ~** faire une pause. **-6.** [vorbringen]: **ein gutes Wort für jn ~** intervenir en faveur de qqn. **-7.** WIRTSCH verser.

Einlege|sohle *die* semelle *f (amovible)*.

ein|leiten *tr* **-1.** [Untersuchung, Diskussion, Tagung] entamer. **-2.** [Geburt] déclencher. **-3.** [Wasser] déverser.

einleitend ◇ *Adj* introductif(ive). ◇ *Adv* en guise d'introduction.

Ein|leitung *die* **-1.** [Einführung] introduction *f*. **-2.** [von Untersuchungen] ouverture *f*. **-3.** [von Geburten] déclenchement *m*.

ein|lenken *intr* se montrer conciliant(e).

ein|leuchten *intr* être convaincant(e); **etw leuchtet jm ein** qqn comprend qqch.

einleuchtend ◇ *Adj* convaincant(e). ◇ *Adv* de manière convaincante.

ein|liefern *tr* conduire, amener.

Ein|lieferung *die* **-1.** [ins Krankenhaus] transport *m*. **-2.** [ins Gefängnis] transfert *m*.

Einlieger|wohnung *die appartement indépendant à l'intérieur d'un pavillon, souvent destiné à la location*.

ein|lösen *tr* **-1.** [Subj: Empfänger] encaisser; [Subj: Zahler] payer. **-2.** [Gutschein] échanger. **-3.** [wahr machen]: **sein Versprechen ~** tenir promesse.

Ein|lösung *die* **-1.** [von Schecks - durch Empfänger] encaissement *m*; [- durch Auszahler] paiement *m*. **-2.** [von Gutscheinen] échange *m*.

ein|machen *tr*: **etw ~** faire des conserves de qqch.

Einmach|glas *das* bocal *m* (à conserves).

einmal *Adv* **-1.** [ein einzelnes Mal] une fois; **noch ~** encore une fois. **-2.** [irgendwann] un jour; **es war ~** ... il était une fois ... **-3.** [mal, bitte] donc; **komm ~ her!** viens un peu ici!

◆ **auf einmal** *Adv* **-1.** [plötzlich] tout à coup. **-2.** [gleichzeitig] tout d'un coup.

◆ **nicht einmal** *Adv* même pas.

Einmaleins *das (ohne Pl)* **-1.** [Zahlenreihe] table *f* de multiplication; **das kleine ~** *table de multiplication de 1 à 10*; **das große ~** *table de multiplication de 1 à 20*. **-2.** [Grundwissen] B.A.-Ba *m*.

einmalig *Adj* **-1.** [einzig] unique. **-2.** [außergewöhnlich, erstklassig] exceptionnel(elle).

Ein|marsch *der* entrée *f*.

ein|marschieren *intr* entrer.

ein|massieren *tr*: **Creme/Salbe ~** faire pénétrer la crème/la pommade en massant.

ein|mischen

◆ **sich einmischen** *ref* mettre son grain de sel; **sich in etw** *(A)* **~** mettre son nez dans qqch.

Ein|mischung *die* intervention *f*.

einmotorig *Adj*: **ein ~es Flugzeug** un monomoteur.

ein|motten *tr eigtl* & *fig* mettre au placard.

ein|münden (*Perf* **ist eingemündet**) *intr* **-1.** [Straße] déboucher. **-2.** [Gewässer] se jeter.

einmütig ◇ *Adj* unanime. ◇ *Adv* à l'unanimité.

Einmütigkeit *die (ohne Pl)* unanimité *f*; **es besteht ~ über ein Thema** un sujet fait l'unanimité.

ein|nähen *tr* **-1.** [in Kleidungsstück] coudre. **-2.** [enger nähen] rétrécir.

Einnahme (*Pl* **-n**) *die* **-1.** [finanziell] rentrée *f*, recette *f*; **~n und Ausgaben** recettes et dépenses *fpl*. **-2.** *(ohne Pl)* [von Arznei, Stadt] prise *f*.

Einnahme|quelle *die* source *f* de revenus.

ein|nehmen *tr (unreg)* **-1.** [gen] prendre; **jn für sich ~** conquérir qqn. **-2.** [Geld] gagner.

einnehmend *Adj* agréable.

ein|nicken (*Perf* **ist eingenickt**) *intr* s'assoupir, piquer du nez *fam* .

ein|nisten

◆ **sich einnisten** *ref fam abw* s'incruster.

Ein|öde *die* région *f* déserte.

ein|ordnen *tr* classer, ranger.

◆ **sich einordnen** *ref* **-1.** [im Verkehr] se ranger. **-2.** [in Gruppe] trouver sa place.

ein|packen ◇ *tr* **-1.** [in Papier] emballer. **-2.** [in Koffer] mettre. **-3.** *fam* [warm] emmitoufler.

◇ *intr fam abw*: ~ **können** être foutu(e).
◆ **sich einpacken** *ref fam* (bien) s'emmitoufler.
ein|parken ◇ *tr* garer. ◇ *intr* se garer; **rückwärts** ~ faire un créneau.
ein|passen *tr* ajuster.
ein|pendeln
◆ **sich einpendeln** *ref* se stabiliser.
ein|pflanzen *tr* **-1.** [Pflanze] planter. **-2.** MED implanter.
ein|planen *tr* prévoir.
ein|prägen *tr* **-1.** [in Metall] graver; **etw in etw** *(A)* ~ graver qqch sur qqch. **-2.** [ins Gedächtnis]: **sich** *(D)* **etw** ~ se mettre qqch dans la tête; **jm etw** ~ apprendre qqch à qqn.
◆ **sich einprägen** *ref*: **das hat sich mir für immer eingeprägt** ça reste ODER c'est resté gravé dans ma mémoire.
einprägsam *Adj* qui se retient facilement.
ein|quartieren *tr* installer.
◆ **sich einquartieren** *ref* s'installer.
ein|rahmen *tr* encadrer.
ein|räumen *tr* **-1.** [in Schrank, Zimmer] ranger. **-2.** [Kredit, Frist] accorder. **-3.** [zugeben] avouer.
ein|rechnen *tr* inclure, comprendre.
ein|reden *intr*: **auf jn** ~ baratiner qqn; **jm etw** ~ faire croire qqch à qqn.
ein|regnen
◆ **sich einregnen** *ref*: **es hat sich eingeregnet** la pluie s'est installée.
ein|reiben *tr (unreg)* **-1.** [Creme, Öl] faire pénétrer. **-2.** [Körperteil] passer de la crème sur; [Rücken] passer de la crème dans.
ein|reichen *tr* **-1.** [Antrag] déposer. **-2.** [Arbeit] remettre.
ein|reihen *tr* inclure.
◆ **sich einreihen** *ref*: **sich in etw** *(A)* ~ se joindre à qqch.
einreihig ◇ *Adj* [Kleidungsstück] à boutonnage simple. ◇ *Adv*: ~ **geknöpft** à une seule rangée de boutons.
Ein|reise *die* entrée *f*.
Einreise|erlaubnis *die* autorisation *f* d'entrée.
ein|reisen *intr* entrer; **nach Deutschland** ~ passer la frontière allemande.
Einreise|verbot *das interdiction d'entrer sur le territoire*.
Einreise|visum *das* visa *m* d'entrée.
ein|reißen (*Perf* **hat/ist eingerissen**) *(unreg)* ◇ *tr (hat)* **-1.** [Gebäude] démolir. **-2.** [Papier, Stoff] déchirer. ◇ *intr (ist)* **-1.** [Papier, Stoff] se déchirer. **-2.** [Unsitte] se développer.
ein|renken *tr* **-1.** [Gelenk] remettre en place. **-2.** [Konflikt] régler.
◆ **sich einrenken** *ref*: **sich wieder** ~ rentrer dans l'ordre.
ein|rennen *tr (unreg)* enfoncer; **sich** *(D)* **den Schädel** ODER **den Kopf** ~ *fam* se cogner le crâne ODER la tête.
ein|richten *tr* **-1.** [Wohnung] décorer. **-2.** [Institution, Arbeitsstelle] créer. **-3.** [organisieren]: **etw so** ~, **daß man etw tun kann** faire en sorte de pouvoir faire qqch.
◆ **sich einrichten** *ref* **-1.** [mit Möbeln] se meubler. **-2.** [sich einstellen]: **sich auf etw** *(A)* ~ se préparer à qqch.
Ein|richtung *die* **-1.** [Möbel] aménagement *m*. **-2.** *(ohne Pl)* [Möblieren] décoration *f*. **-3.** *(ohne Pl)* [Schaffung] création *f*. **-4.** [Institution] organisme *m*, service *m*; **eine öffentliche** ~ un établissement public.
ein|rollen (*Perf* **hat/ist eingerollt**) ◇ *tr (hat)* **-1.** [Papier] enrouler. **-2.** [Teppich] rouler. ◇ *intr (ist)* [Zug] entrer en gare.
◆ **sich einrollen** *ref* **-1.** [Person] se pelotonner. **-2.** [Katze] se rouler en boule.
ein|rosten (*Perf* **ist eingerostet**) *intr* **-1.** [Gegenstand] rouiller. **-2.** [Person, Gelenk] s'encroûter.
ein|rücken (*Perf* **hat/ist eingerückt**) ◇ *intr (ist)* [Armee] entrer. ◇ *tr (hat)* [in Text] décrocher.
eins **-1.** [Zahl] un (une); ~ **A** excellent(e); **es steht** ~ **zu null für Bayern München** le Bayern de Munich mène un à zéro. **-2.** *RW*: **das ist mir** ~ *fam* je m'en fiche; **mit jm** ~ **werden** [verschmelzen] ne faire plus qu'un avec qqn; [einig werden] se mettre d'accord avec qqn; *siehe auch* **sechs**.
Eins (*Pl* **-en**) *die* **-1.** [Zahl] un *m*. **-2.** [Schulnote] ≃ 20/20; *siehe auch* **Sechs**.
ein|sacken *tr* **-1.** [in Säcke] mettre en sac. **-2.** *fam* [Geld, Gewinn] empocher, encaisser. **-3.** [in Schlamm, Sumpf] s'embourber.
einsam *Adj* **-1.** [Person] seul(e). **-2.** [Haus, Gegend] isolé(e).
Einsamkeit *die (ohne Pl)* solitude *f*.
ein|sammeln *tr* ramasser.
Ein|satz *der* **-1.** [Geld] mise *f*. **-2.** [persönlich] engagement *m*. **-3.** [Verwendung] utilisation *f*; **unter** ~ **einer Sache** *(G)* en employant qqch; **zum** ~ **kommen** entrer en action. **-4.** [militärisch] intervention *f*. **-5.** MUS départ *m*; [nach Pause] entrée *f*. **-6.** [Fach] compartiment *m*.
einsatzbereit *Adj* **-1.** [Person] prêt(e) (à intervenir). **-2.** [Gerät] en état de marche.
Einsatz|bereitschaft *die (ohne Pl)* **-1.** [Engagement] disponibilité *f*. **-2.** [von Truppen, Polizei] état *m* d'alerte.
ein|schalten *tr* **-1.** [Gerät] allumer. **-2.** [Person] faire intervenir.

◆ **sich einschalten** *ref* **-1.** [Gerät] se mettre en marche. **-2.** [Person] intervenir.

Einschalt|quote *die* indice *m* d'écoute.

Ein|schaltung *die* **-1.** [von Geräten] mise *f* en marche. **-2.** [von Personen] intervention *f*.

ein|schärfen *tr*: **jm ~, etw zu tun** rappeler à qqn de faire qqch.

ein|schätzen *tr* évaluer; **etw richtig/falsch ~** bien/mal évaluer qqch; **jn richtig ~** apprécier qqn à sa juste valeur; **jn falsch ~** se tromper sur le compte de qqn.

Ein|schätzung *die* appréciation *f*.

ein|schenken *tr* servir.

ein|schicken *tr* envoyer.

ein|schieben *tr (unreg)* [zeitlich] intercaler.

ein|schießen (*Perf* **hat eingeschossen**) *tr (unreg)* [Fenster] faire voler en éclats.

◆ **sich einschießen** *ref*: **sich auf jn ~** prendre qqn pour cible.

ein|schiffen *tr* embarquer.

◆ **sich einschiffen** *ref*: **sich nach Australien ~** embarquer pour l'Australie.

einschl. *Abk für* **einschließlich**.

ein|schlafen (*Perf* **ist eingeschlafen**) *intr (unreg)* **-1.** [aus Müdigkeit] s'endormir. **-2.** [Körperteil] s'ankyloser; **meine Hand ist eingeschlafen** j'ai la main engourdie. **-3.** [Kontakt] se relâcher. **-4.** *geh* [sterben] s'éteindre.

ein|schläfern *tr* **-1.** [töten] piquer. **-2.** [in Schlaf versetzen] endormir.

einschläfernd *Adj* qui endort.

Ein|schlag *der* **-1.** [von Schuß, Bombe] impact *m*. **-2.** [Anteil] composante *f*.

ein|schlagen (*Perf* **hat/ist eingeschlagen**) *(unreg)* ◇ *intr* **-1.** *(hat, ist)* [Blitz, Bombe] éclater. **-2.** *(hat, ist)* [Neuheit] faire un tabac; [Skandal] faire beaucoup de bruit. **-3.** *(hat)* [mit dem Lenkrad] braquer. **-4.** *(hat)* [bei Geschäft, Wette] toper; **schlag ein!** tope là! **-5.** *(hat)* [mit Faust, Knüppel]: **auf jn ~** rouer qqn de coups. ◇ *tr (hat)* **-1.** [Nagel] enfoncer. **-2.** [Glas, Tür] casser. **-3.** [in Papier] envelopper. **-4.** [einbinden] couvrir. **-5.** [Richtung] choisir.

einschlägig ◇ *Adj* [Literatur] spécialisé(e); [Methode] adapté(e). ◇ *Adv*: **~ vorbestraft sein** être connu(e) comme récidiviste.

ein|schleichen

◆ **sich einschleichen** *ref (unreg)* se glisser.

ein|schleppen *tr* introduire *(maladie)*.

ein|schleusen *tr* **-1.** [Person] faire entrer (en fraude). **-2.** [Gegenstand] introduire en fraude.

ein|schließen *tr (unreg)* **-1.** [zur Strafe] enfermer. **-2.** [Wertsachen] mettre sous clé. **-3.** [enthalten] inclure. **-4.** [Stadt, Armee] cerner.

einschließlich *Präp* & *Adv* inclus; **~ Bedienung** service compris; **bis ~ Seite 15** jusqu' à la page 15 incluse.

ein|schmeicheln

◆ **sich einschmeicheln** *ref*: **sich bei jm ~** *abw* se concilier les bonnes grâces de qqn.

ein|schmuggeln *tr* introduire en fraude.

◆ **sich einschmuggeln** *ref*: **sich bei etw ~** s'introduire dans qqch.

ein|schnappen (*Perf* **ist eingeschnappt**) *intr* **-1.** [Schloß] s'enclencher; [Tür] se fermer. **-2.** *fam abw* [Person] prendre la mouche.

ein|schneiden *(unreg)* ◇ *intr* [Träger, Stoff] couper la peau. ◇ *tr* entailler.

einschneidend ◇ *Adj* radical(e). ◇ *Adv* de manière radicale.

ein|schneien (*Perf* **ist eingeschneit**) *intr*: **eingeschneit sein** [Dorf, Haus] être (complètement) enneigé(e); [Person] être bloqué(e) par la neige.

Ein|schnitt *der* **-1.** [mit Messer] incision *f*. **-2.** [Wunde] entaille *f*. **-3.** [in Text] coupure *f*. **-4.** [im Leben] tournant *m*.

ein|schränken *tr* limiter; **jn in seiner Freiheit ~** entraver la liberté de qqn.

◆ **sich einschränken** *ref* se serrer la ceinture.

Einschränkung (*Pl* **-en**) *die* **-1.** [Einschränken] limitation *f*; **eine ~ meiner Freiheit** une entrave à ma liberté. **-2.** [Vorbehalt] restriction *f*.

ein|schreiben *tr (unreg)* **-1.** [Name, Text] inscrire. **-2.** [Sendung]: **~ lassen, eingeschrieben schicken** envoyer en recommandé.

◆ **sich einschreiben** *ref* s'inscrire.

Ein|schreiben *das* recommandé *m*; **als ~** en recommandé.

ein|schreiten (*Perf* **ist eingeschritten**) *intr (unreg)* intervenir.

Ein|schub *der* insertion *f*.

ein|schüchtern *tr* intimider.

Einschüchterung (*Pl* **-en**) *die* intimidation *f*.

ein|schulen *tr* scolariser.

Ein|schulung *die* scolarisation *f*; [für ABC-Schützen] *le premier jour d'école primaire (d'un enfant)*.

ein|schweißen *tr* **-1.** [in Folie - Lebensmittel] mettre sous cellophane; [- Buch, CD] mettre sous film plastique. **-2.** [Metall] souder.

ein|sehen ◇ *tr (unreg)* **-1.** [Fehler, Schuld] reconnaître. **-2.** [Papiere] examiner. ◇ *intr*: **nicht ~, warum** ne pas voir pourquoi.

Einsehen *das (ohne Pl)*: **(mit jm) kein/ein ~ haben** ne pas se montrer/se montrer compréhensif(ive) (envers qqn).

ein|seifen *tr* [waschen] savonner.

einseitig ◇ *Adj* **-1.** [subjektiv] qui manque d'objectivité, partial(e). **-2.** [auf einer Seite] d'un seul côté. **-3.** [Beziehung] unilatéral(e). ◇ *Adv* **-1.** [subjektiv] avec partialité. **-2.** [auf einer Seite] sur un seul côté. **-3.** [essen] de manière peu équilibrée.

ein|senden *tr (unreg)* envoyer.

Ein|sendung *die* envoi *m*.

ein|setzen ◇ *tr* **-1.** [hineinsetzen] mettre. **-2.** [gebrauchen]: **etw ~** [Transportmittel, Gerät] mettre qqch en place; [Hilfsmittel] avoir recours à qqch. **-3.** [Person]: **die Polizei ~** faire intervenir la police. **-4.** [in Amt] nommer. **-5.** [riskieren] mettre en jeu; [Geld] miser; [Leben] risquer. ◇ *intr* **-1.** [anfangen] commencer; **der Regen setzt ein** la pluie commence à tomber. **-2.** MUS commencer à jouer.

◆ **sich einsetzen** *ref* s'engager; **sich für jn ~** prendre la défense ODER le parti de qqn; **sich für etw ~** s'engager en faveur de qqch.

Einsetzung (*Pl* **-en**) *die* [von Bischof, Präsident] investiture *f*.

Ein|sicht *die* **-1.** [Erkenntnis] prise *f* de conscience; **zur ~ kommen** devenir raisonnable; **zu der ~ kommen, daß** réaliser que. **-2.** *(ohne Pl)* [in Papiere] coup *m* d'œil.

einsichtig ◇ *Adj* [Person, Verhalten] sensé(e). ◇ *Adv* [vernünftig] avec discernement, raisonnablement.

einsickern *intr* s'infiltrer.

Ein|siedler, in *der, die* ermite *m*.

einsilbig ◇ *Adj* **-1.** [Person] laconique, pas très bavard(e). **-2.** [Antwort] bref (brève). **-3.** [aus einer Silbe] monosyllabique, monosyllabe. ◇ *Adv*: **~ antworten** répondre par monosyllabes.

ein|sinken (*Perf* **ist eingesunken**) *intr (unreg)* **-1.** [versinken] s'enfoncer; [in Schlamm] s'embourber. **-2.** [Mauer] s'effondrer.

ein|spannen *tr* **-1.** [Pferd] atteler. **-2.** [zur Arbeit] faire travailler. **-3.** [Blatt] introduire.

ein|sparen *tr* économiser.

Einsparung (*Pl* **-en**) *die* économie *f*.

ein|sperren *tr* enfermer; [im Gefängnis] emprisonner.

ein|spielen *tr* **-1.** [Geld] rapporter; [Unkosten] couvrir. **-2.** RADIO & TV intercaler.

◆ **sich einspielen** *ref* **-1.** SPORT s'échauffer. **-2.** MUS se chauffer (les doigts). **-3.** [Arbeitsablauf, Zusammenarbeit] se mettre en place; **sich aufeinander ~** s'adapter les uns aux autres.

einsprachig ◇ *Adj* monolingue, unilingue. ◇ *Adv* [aufwachsen] dans une seule langue.

ein|springen (*Perf* **ist eingesprungen**) *intr (unreg)*: **für jn ~** remplacer qqn.

Einspritz|motor *der* moteur *m* à injection.

Ein|spruch *der* recours *m*; **~ (gegen etw) erheben** protester (contre qqch); **~!** [bei Gericht] objection!

einspurig ◇ *Adj* à une seule voie. ◇ *Adv*: **nur ~ befahrbar** réduit(e) à une seule voie.

einst *Adv geh* jadis.

Einstand (*Pl* **-stände**) *der*: **seinen ~ geben** faire un pot *(pour fêter son nouveau travail avec ses collègues)*.

ein|stecken *tr* **-1.** [in Tasche] prendre *(sur soi)*. **-2.** [Kritik, Niederlage, Verlust] encaisser. **-3.** [Stekker] brancher. **-4.** [Brief] poster. **-5.** [stehlen] empocher.

ein|stehen *intr (unreg)*: **für jn ~** répondre de qqn; **für etw ~** se porter garant de qqch.

ein|steigen (*Perf* **ist eingestiegen**) *intr (unreg)* **-1.** [in Fahrzeug] monter. **-2.** [in Haus] s'introduire. **-3.** [anfangen] débuter.

einstellbar *Adj* réglable; [Frequenz] modulable.

ein|stellen *tr* **-1.** [Arbeitskraft] embaucher; [Arzt, Lehrer] recruter. **-2.** [regulieren] régler. **-3.** [anmachen] allumer. **-4.** [beenden] arrêter; [Zahlungen] interrompre.

◆ **sich einstellen** *ref* [sich anpassen]: **sich auf jn/etw ~** se régler sur qqn/qqch.

einstellig *Adj* à un chiffre.

Ein|stellung *die* **-1.** [von Arbeitskräften] embauche *f*. **-2.** [Regulierung] réglage *m*. **-3.** [Anpassung] adaptation *f*. **-4.** [Meinung, Haltung] position *f*. **-5.** [im Film] scène *f*. **-6.** [Beendigung] arrêt *m*; [von Zahlungen] suspension *f*.

Einstellungs|gespräch *das* entretien *m* d'embauche.

Ein|stich *der* piqûre *f*.

Einstieg (*Pl* **-e**) *der* **-1.** [beruflich] entrée *f*. **-2.** [Einführung]: **~ (in etw** *(A)***)** entrée *f* en matière (pour qqch). **-3.** [in Verkehrsmittel] montée *f*.

einstig *Adj geh* d'antan.

ein|stimmen ◇ *intr*: **in etw** *(A)* **~** joindre sa voix à qqch. ◇ *tr*: **jn auf etw** *(A)* **~** mettre qqn en condition pour qqch.

einstimmig ◇ *Adj* **-1.** MUS à une seule voix. **-2.** [übereinstimmend] unanime. ◇ *Adv* **-1.** MUS à l'unisson. **-2.** [übereinstimmend] à l'unanimité.

einstöckig ◇ *Adj* à un seul étage. ◇ *Adv*: **~ bauen** construire une maison à un seul étage.

ein|streichen *tr (unreg)* **-1.** [bestreichen]: **etw mit etw ~** enduire qqch de qqch. **-2.** *fam abw* [Geld, Gewinn] encaisser, ramasser.

ein|strömen *intr* affluer.

ein|studieren *tr* **-1.** [Subj: Regisseur, Dirigent] répéter. **-2.** [Rolle] étudier.

ein|stufen *tr* classer; [in Klasse, Kategorie] répartir par niveau.

einstündig *Adj* d'une heure.

Ein|sturz *der* écroulement *m*.

ein|stürzen (*Perf* **ist eingestürzt**) *intr* **-1.** [Gebäude, Gerüst] s'écrouler. **-2.** *fig*: **etw stürzt auf jn ein** [Eindrücke] qqch s'empare de qqn; [Problem, Arbeit] qqch tombe sur le dos de qqn.

Einsturz|gefahr *die* risque *m* d'éboulement.

einstweilen *Adv geh* **-1.** [zunächst einmal] pour l'instant. **-2.** [inzwischen] pendant ce temps.
einstweilig ◇ *Adj* provisoire. ◇ *Adv* à titre provisoire.
eintägig *Adj* d'une journée.
Eintags|fliege *die* **-1.** [Insekt] éphémère *m.* **-2.** *fam abw* [Idee] idée *f* passagère; [Mode] passade *f.*
ein|tauchen (*Perf* **hat/ist eingetaucht**) ◇ *tr (hat)* tremper. ◇ *intr (ist)* plonger.
ein|tauschen *tr*: **etw gegen etw ~** échanger qqch contre qqch.
eintausend *Num* mille.
ein|teilen *tr* **-1.** [klassifizieren] classer; **etw nach etw ~** classer qqch par qqch; **etw in etw ~** découper qqch en qqch. **-2.** [Geld, Vorrat, Zeit] répartir. **-3.** [für einen Dienst]: **jn für etw ~** affecter qqn à qqch.
einteilig *Adj* d'une seule pièce.
Ein|teilung *die* **-1.** [Klassifizierung] classement *m*; [in Abschnitte] découpage *m.* **-2.** [von Geld, Vorrat, Zeit] répartition *f.* **-3.** [für einen Dienst]: **~ für etw** affectation *f* à qqch.
eintönig ◇ *Adj* monotone. ◇ *Adv* de manière monotone.
Ein|topf *der sorte de pot-au-feu.*
Ein|tracht *die (ohne Pl)* harmonie *f.*
einträchtig ◇ *Adj* harmonieux(euse). ◇ *Adv* en accord.
Eintrag (*Pl* **-träge**) *der* **-1.** [Notiz] inscription *f.* **-2.** [ins Klassenbuch] *avertissement inscrit dans le cahier d'appel.*
ein|tragen *tr (unreg)* **-1.** [notieren, registrieren] inscrire; → **Verein, Warenzeichnen**. **-2.** [einbringen] rapporter.
◆ **sich eintragen** *ref*: **sich (für etw) ~** s'inscrire (à qqch).
einträglich *Adj* [Job] bien payé(e).
ein|treffen (*Perf* **ist eingetroffen**) *intr (unreg)* **-1.** [Person, Lieferung, Zug] arriver. **-2.** [wahr werden] se réaliser.
ein|treiben *tr (unreg)* faire rentrer.
ein|treten (*Perf* **hat/ist eingetreten**) *(unreg)* ◇ *intr (ist)* **-1.** [in Raum, Phase] entrer. **-2.** [in Gruppe]: **in etw** *(A)* **~** adhérer à qqch. **-3.** [helfend]: **für etw ~** s'engager en faveur de qqch; **für jn ~** prendre la défense de qqn. **-4.** [Ereignis] avoir lieu, se produire. ◇ *tr (hat)* enfoncer.
ein|trichtern *tr*: **jm etw ~** inculquer qqch à qqn; **sich** *(D)* **etw ~** se mettre qqch dans la tête.
Ein|tritt *der* **-1.** [gen] entrée *f*; **'~ frei'** 'entrée libre'; **'~ verboten!'** 'défense d'entrer'; **der ~ des Todes** le moment du décès. **-2.** [in Gruppe] adhésion *f.* **-3.** [helfend] engagement *m.*
Eintritts|geld *das* droit *m* d'entrée, entrée *f.*
Eintritts|karte *die* billet *m.*
ein|trocknen (*Perf* **ist eingetrocknet**) *intr* sécher.
ein|trüben
◆ **sich eintrüben** *ref* se couvrir; **es trübt sich ein** le temps se couvre.
ein|trudeln (*Perf* **ist eingetrudelt**) *intr fam* se pointer.
ein|üben *tr* répéter.
Ein|übung *die* répétition *f.*
ein|verleiben *tr* ajouter; **sich** *(D)* **etw ~** s'envoyer qqch.
Einvernehmen *das (ohne Pl)* entente *f*, accord *m.*
einvernehmlich *amt* ◇ *Adj* unanime. ◇ *Adv* à l'unisson, d'un commun accord.
einverstanden ◇ *Adj*: **mit jm/etw ~ sein** être d'accord avec qqn/qqch. ◇ *Adv*: **sich mit etw ~ erklären** donner son accord pour qqch; **sich damit ~ erklären, daß** être d'accord pour que.
◆ **einverstanden!** *Interj* d'accord!
Ein|verständnis *das (ohne Pl)* accord *m.*
Ein|wand *der* objection *f*; **~ gegen etw** objection contre qqch.
Ein|wanderer *der* immigrant *m*, immigré *m.*
Ein|wanderin *die* immigrante *f*, immigrée *f.*
ein|wandern (*Perf* **ist eingewandert**) *intr* immigrer.
Ein|wanderung *die* immigration *f.*
einwandfrei ◇ *Adj* **-1.** [Material] impeccable, en parfait état. **-2.** [Verhalten] irréprochable. **-3.** [Nachweis] irréfutable. ◇ *Adv* **-1.** [funktionieren] à merveille. **-2.** [sich verhalten] parfaitement.
einwärts *Adv* vers l'intérieur.
ein|wecken *tr* faire des conserves de.
Einweg|flasche *die* bouteille *f* non consignée.
Einweg|verpackung *die* emballage *m* jetable.
ein|weichen *tr* faire tremper.
ein|weihen *tr* [Gebäude] inaugurer; **eine neue Wohnung ~** pendre la crémaillère; **jn in etw** *(A)* **~** *fig* [in Künste] initier qqn à qqch; [in Geheimnis] confier qqch à qqn.
Einweihung (*Pl* **-en**) *die* [von Gebäuden] inauguration *f*; [von Wohnung] crémaillère *f.*
ein|weisen *tr (unreg)* **-1.** [Patient, Verbrecher] faire admettre. **-2.** [in Tätigkeit]: **jn in etw** *(A)* **~** mettre qqn au courant de qqch. **-3.** [Fahrer] guider.
Ein|weisung *die* **-1.** [von Patient, Verbrecher] transfert *m*; **~ ins Krankenhaus** hospitalisation *f.* **-2.** [in Tätigkeit] initiation *f.* **-3.** [von Fahrer] guidage *m.*
ein|wenden *tr (unreg)* objecter; **dagegen ist nichts einzuwenden** il n'y a rien à dire à cela.
Ein|wendung *die* objection *f.*

ein|werfen *tr (unreg)* **-1.** [Brief] poster; [Münze] introduire. **-2.** [Ball, Frage, Bemerkung] lancer; [Glasscheibe] casser.
ein|wickeln *tr* **-1.** [Ding] envelopper. **-2.** *fam abw* [Person] embobiner.
ein|willigen *intr* acquiescer; **in etw** *(A)* **~** consentir à qqch.
Einwilligung (*Pl* **-en**) *die* consentement *m.*
ein|wirken *intr* **-1.** [Salbe] agir. **-2.** [Person]: **auf jn/etw ~** exercer une influence sur qqn/qqch.
Einwohner, in (*mPl* -; *fPl* **-nen**) *der, die* habitant *m*, -e *f.*
Einwohnermelde|amt *das service municipal chargé de répertorier les arrivées et les départs des habitants d'une ville.*
Einwohner|zahl *die* nombre *m* d'habitants.
Ein|wurf *der* **-1.** [Ausspruch] remarque *f.* **-2.** [von Bällen] lancement *m.* **-3.** [von Münzen] introduction *f.* **-4.** [von Briefen] postage *m.*
Ein|zahl *die (ohne Pl)* singulier *m.*
ein|zahlen *tr* verser.
Ein|zahlung *die* versement *m.*
Einzahlungs|schein *der* bordereau *m* de versement.
ein|zeichnen *tr*: **etw in etw** *(A)* **~** dessiner qqch sur qqch.
einzeilig *Adj* d'une seule ligne.
Einzel (*Pl* -) *das* simple *m.*
Einzelblattein|zug *der (ohne Pl)* EDV alimentation *f* feuille à feuille.
Einzel|fall *der* cas *m* isolé.
Einzelgänger, in (*mPl* -; *fPl* **-nen**) *der, die* solitaire *mf.*
Einzel|haft *die* isolement *m* cellulaire.
Einzel|handel *der* commerce *m* de détail.
Einzel|händler, in *der, die* détaillant *m*, -e *f.*
Einzelheit *die* détail *m.*
◆ **in allen Einzelheiten** *Adv* par le menu.
Einzelkämpfer, in (*mPl* -; *fPl* **-nen**) *der, die*: **er ist ein ~** *fig* il fait toujours cavalier seul.
Einzel|kind *das* enfant *mf* unique.
einzeln ◇ *Adj* **-1.** [vereinzelt] isolé(e); **jedes ~e Exemplar** chaque exemplaire séparément. **-2.** [ohne Gegenstück] seul(e). ◇ *Adv* **-1.** [nacheinander] un par un, une par une. **-2.** [extra] séparément. ◇ *Det (nur Pl)*: **~e Personen/Regentropfen** quelques rares personnes/gouttes de pluie.
einzelne (*m* **-r**, *n* **-s**) ◇ *Pron* **-1.** [vereinzelt - Personen] quelques personnes *fpl*; [- Sachen] certaines choses *fpl.* **-2.** [Individuum] seul homme *m*, seule femme *f*; **jeder** ODER **jede** ODER **jedes ~e** chacun(e). ◇ *das*: **bis ins ~e** jusque dans le détail; **ins ~e gehen** entrer dans le détail.

◆ **im einzelnen** *Adv* en détail.
Einzel|person *die* individu *m.*
einzelstehend, **einzelnstehend** *Adj* isolé(e).
Einzel|stück *das* exemplaire *m* unique.
Einzel|teil *das* pièce *f*; TECH composant *m.*
Einzel|zimmer *das* chambre *f* simple.
ein|ziehen (*Perf* **hat/ist eingezogen**) *(unreg)* ◇ *tr (hat)* **-1.** [Körperteil, Fahrgestell] rentrer; [Netz] amener. **-2.** [Band] enfiler; **einen Faden ~** enfiler une aiguille. **-3.** [Wand] poser, installer. **-4.** [zur Armee] enrôler. **-5.** [fordern] encaisser; [Steuern] (pré)lever. **-6.** [beschlagnahmen] confisquer. **-7.** [zurückziehen] retirer de la circulation. **-8.** [einsaugen] inhaler. **-9.** *amt* [Informationen] recueillir. ◇ *intr (ist)* **-1.** [in Wohnung] emménager. **-2.** [Einzug halten] faire son entrée. **-3.** [Fett] pénétrer; [Flüssigkeit] s'infiltrer.
einzig ◇ *Adj (ohne Kompar)* **-1.** [alleinig] seul(e). **-2.** [total] véritable. ◇ *Adv* seulement; **~ und allein** purement et simplement.
einzigartig ◇ *Adj* unique. ◇ *Adv* remarquablement; [schlecht] abominablement.
einzige (*m* **-r**, *n* **-s**) *Pron* seul(e).
Einzimmer|appartement *das* studio *m.*
Einzimmer|wohnung *die* studio *m.*
Einzug (*Pl* **-züge**) *der* **-1.** [von Jahreszeit] arrivée *f*; [von Armee, Sportlern] entrée *f.* **-2.** [in Wohnung] emménagement *m.* **-3.** [von Geld] encaissement *m*; [von Steuern] prélèvement *m.*
Einzugs|gebiet *das* **-1.** [von Flüssen] bassin-versant *m.* **-2.** [von Orten] banlieue *f.* **-3.** [von Schulen] secteur *m.*
Eis *das (ohne Pl)* **-1.** [auf Gewässer, zum Essen] glace *f.* **-2.** [Würfel] glaçon *m*; **etw auf ~ legen** *fig* [Projekt] geler qqch; **das ~ ist gebrochen** la glace est rompue; **~ am Stiel** Esquimau® *m.*
Eis|bär *der* ours *m* blanc.
Eis|becher *der* coupe *f* glacée.
Eis|bein *das (ohne Pl)* jambonneau *m.*
Eis|berg *der* iceberg *m.*
Eis|blume *die* cristaux *mpl* de glace.
Eis|bombe *die* bombe *f* glacée.
Eis|café *das* glacier *m.*
Ei|schnee *der* œufs *mpl* en neige.
Eis|creme *die (ohne Pl)* crème *f* glacée.
Eis|diele *die* glacier *m.*
Eisen *das* **-1.** *(ohne Pl)* [Metall, Metallstück] fer *m.* **-2.** *RW*: **ein heißes ~** sujet *m* brûlant; **zum alten ~ zählen** ODER **gehören** *fam* être bon pour la casse.
Eisenach *nt* Eisenach.
Eisen|bahn *die* **-1.** [Zug] train *m.* **-2.** [Institution] chemin *m* de fer; **(es ist) höchste ~!** *fam* il est grand temps!

Eisenbahn|brücke *die* pont *m* de chemin de fer.
Eisenbahner, in (*mPl* -; *fPl* **-nen**) *der, die fam* cheminot *m*.
Eisenbahn|fahrplan *der* horaires *mpl* des trains.
Eisenbahn|netz *das* réseau *m* ferré.
Eisen|erz *das* minerai *m* de fer.
Eisengießerei (*Pl* **-en**) *die* fonderie *f*.
eisenhaltig *Adj* ferreux(euse); [Nahrung] riche en fer.
Eisen|mangel *der (ohne Pl)* hyposidérémie *f*.
Eisenstadt *nt* Eisenstadt.
Eisenverhüttung (*Pl* **-en**) *die* sidérurgie *f*.
Eisenwaren|handlung *die* quincaillerie *f*.
Eisen|zeit *die (ohne Pl)* âge *m* de ODER du fer.
eisern ◇ *Adj* **-1.** [aus Eisen] en fer. **-2.** [unnachgiebig] de fer; **~ bleiben** rester inflexible. ◇ *Adv* [unnachgiebig] fermement; [sparen] dur.
Eiserne Kreuz *das* croix *f* de fer.
eisfrei *Adj* en eau libre.
eisgekühlt *Adj* glacé(e).
Eisheiligen *Pl* Saints *mpl* de glace.
Eis|hockey *das* hockey *m* sur glace.
eisig ◇ *Adj* glacial(e). ◇ *Adv*: **es ist ~ kalt** il fait un froid glacial; **~ begrüßen** réserver un accueil glacial; **~ lächeln** afficher un sourire glacial.
Eis|kaffee *der* café *m* liégeois.
eiskalt ◇ *Adj* **-1.** [Körperteil, Getränk] glacé(e); [Luft] glacial(e). **-2.** [Blick, Mensch] glacial(e); [Mord] de sang-froid. ◇ *Adv* **-1.** [gekühlt] glacé(e). **-2.** [herzlos] froidement.
Eiskunst|lauf *der (ohne Pl)* patinage *m* artistique.
Eisschnell|lauf *der (ohne Pl)* patinage *m* de vitesse.
Eis|scholle *die* bloc *m* de glace.
Eis|schrank *der* réfrigérateur *m*.
Eis|stadion *das* patinoire *f*.
Eis|zapfen *der* stalactite *f* de glace.
Eis|zeit *die* période *f* glaciaire.
eitel *Adj* vaniteux(euse).
Eitelkeit (*Pl* **-en**) *die* vanité *f*.
Eiter *der (ohne Pl)* pus *m*.
eiterig = **eitrig**.
eitern *intr* suppurer.
eitrig, eiterig *Adj* purulent(e).
Eiweiß (*Pl* **-e**) *das* **-1.** *(ohne Pl)* [im Ei] blanc *m* d'œuf. **-2.** BIOL & CHEM albumine *f*.
eiweißarm *Adj* pauvre en albumine.
Eiweiß|mangel *der* carence *f* en albumine.
eiweißreich *Adj* riche en albumine.

Ei|zelle *die* ovule *m*.
Ejakulation (*Pl* **-en**) *die* éjaculation *f*.
ejakulieren *intr* éjaculer.
EKD (*Abk für* **Evangelische Kirche in Deutschland**) *die (ohne Pl)* Église *f* évangélique d'Allemagne.
Ekel (*Pl* -) ◇ *der (ohne Pl)* [Abscheu] dégoût *m*; **~ vor etw empfinden** être dégoûté(e) de qqch. ◇ *das fam abw* [Person] personne *f* infecte.
ekelhaft ◇ *Adj* répugnant(e). ◇ *Adv* de façon écœurante.
ekelig = **eklig**.
ekeln ◇ *tr* dégoûter; **jn aus dem Haus ~** *fam fig* faire fuir qqn. ◇ *intr*: **es ekelt jn** ODER **jm vor etw** qqch dégoûte qqn.
◆ **sich ekeln** *ref* être dégoûté(e); **sich vor jm/etw ~** être écœuré(e) par qqn/qqch.
EKG (*Pl* **-s**) (*Abk für* **Elektrokardiogramm**) *das* électrocardiogramme *m*.
Eklat [e'kla(:)] (*Pl* **-s**) *der* tollé *m*; **es kam zum ~** il y eut un éclat.
eklatant *Adj geh* [Widerspruch] flagrant(e); [Erfolg] éclatant(e).
eklig, ekelig ◇ *Adj* **-1.** [ekelerregend] répugnant(e); [Geruch] fétide. **-2.** *fam* [gemein] abject(e). ◇ *Adv* de façon abjecte.
Ekstase (*Pl* **-n**) *die* extase *f*.
Ekzem (*Pl* **-e**) *das* MED eczéma *m*.
Elan *der (ohne Pl) geh* enthousiasme *m*, vitalité *f*; **mit ~** avec entrain.
elastisch *Adj* **-1.** [Gummi, Feder] élastique. **-2.** [Mensch, Gang] souple.
Elastizität *die (ohne Pl)* **-1.** [von Gummis] élasticité *f*. **-2.** [von Menschen] souplesse *f*.
Elbe *die* Elbe *f*.
Elch (*Pl* **-e**) *der* élan *m*.
Elefant (*Pl* **-en**) *der* éléphant *m*.
elegant ◇ *Adj* élégant(e). ◇ *Adv* avec élégance.
Eleganz *die (ohne Pl)* élégance *f*.
elektr. (*Abk für* **elektrisch**) électr.
elektrifizieren *tr* ELEKTR électrifier.
Elektriker, in (*mPl* -; *fPl* **-nen**) *der, die* électricien *m*, -enne *f*.
elektrisch ◇ *Adj* électrique. ◇ *Adv* à l'électricité.
elektrisieren *tr* électriser.
◆ **sich elektrisieren** *ref* s'électrocuter, recevoir une décharge électrique.
Elektrizität *die (ohne Pl)* électricité *f*.
Elektrizitäts|werk *das* centrale *f* électrique.
Elektrode (*Pl* **-n**) *die* électrode *f*.
Elektro|gerät *das* appareil *m* électroménager.

Elektro|geschäft *das fam* magasin *m* d'électroménager.
Elektro|herd *der* cuisinière *f* électrique.
Elektrolyse [elɛktro'ly:zə] *(Pl* **-n**) *die* PHYS & CHEM électrolyse *f*.
Elektro|motor *der* moteur *m* électrique.
Elektron *(Pl* **-en**) *das* PHYS électron *m*.
Elektronen|mikroskop *das* microscope *m* électronique.
Elektronik *die* électronique *f*.
elektronisch ◇ *Adj* électronique. ◇ *Adv* électroniquement.
Elektro|technik *die (ohne Pl)* électrotechnique *f*.
Element *(Pl* **-e**) *das* **-1.** [Bestandteil, Person, Urstoff, CHEM] élément *m*. **-2.** *(ohne Pl)* [Lebensraum] élément *m*; **in seinem ~ sein** être dans son élément; **ein chemisches ~** un élément chimique.
elementar *Adj* élémentaire.
elend ◇ *Adj* **-1.** [erbärmlich] misérable. **-2.** [krank] pitoyable. ◇ *Adv* **-1.** [erbärmlich] misérablement. **-2.** [schlecht] mal fichu(e); **~ aussehen** avoir mauvaise mine; **sich ~ fühlen** être mal en point.
Elend *das (ohne Pl)* **-1.** [Unglück] malheur *m*; **es ist ein ~ mit jm** *fam* qqn est une catastrophe; **ein langes ~** *fam* une grande perche. **-2.** [Ärmlichkeit] misère *f*.
Elends|viertel *das* bidonville *m*.
elf *Num* onze; *siehe auch* **sechs**.
Elf *(Pl* **-en**) ◇ *die* onze *m*. ◇ *der* elfe *m*; *siehe auch* **Sechs**.
Elfe *(Pl* **-n**) *die* elfe *m*.
Elfen|bein *das (ohne Pl)* ivoire *m*.
elfenbeinfarben *Adj* ivoire.
Elfenbeinküste *die* Côte d'Ivoire *f*; **in** ODER **an der ~** en Côte d'Ivoire.
Elfenbein|turm *der fig* tour *f* d'ivoire.
elfhundert *Num* mille cent.
elfmal *Adv* onze fois.
Elf|meter *der* penalty *m*.
elftausend *Num* onze mille.
elfte, r, s *Adj* onzième; *siehe auch* **sechste**.
Elfte *(Pl* **-n**) *der, die, das* onzième *mf*; *siehe auch* **Sechste**.
elftel *Num* onzième; *siehe auch* **sechstel**.
Elftel *(Pl* **-**) *das* onzième *m*; *siehe auch* **Sechstel**.
elitär ◇ *Adj* élitiste. ◇ *Adv* de façon élitiste.
Elite *(Pl* **-n**) *die* élite *f*.
Elite|schule *die* grande école *f*.
Elite|universität *die* université *f* prestigieuse; *abw* université *f* élitiste.
Elixier [elɪ'ksi:ɐ̯] *(Pl* **-e**) *das* élixir *m*.
Ellbogen, Ellenbogen *(Pl* **-**) *der* coude *m*; **seine ~ gebrauchen** ODER **benutzen** *fam fig* jouer des coudes; **keine ~ haben** *fam* ne pas savoir défendre son bifteck.
Ellbogen|freiheit *die (ohne Pl)* liberté *f* d'action.
Elle *(Pl* **-n**) *die* **-1.** [Knochen] cubitus *m*. **-2.** [Maßeinheit] aune *f*.
Ellen|bogen = **Ellbogen**.
Ellipse *(Pl* **-n**) *die* MATH ellipse *f*.
ellipsenförmig *Adj* ellipsoïdal(e), en forme d'ellipse.
eloquent *Adj geh* éloquent(e).
Eloquenz *die (ohne Pl) geh* éloquence *f*.
El Salvador *nt* Salvador *m*; **in ~** au Salvador.
Elsaß *das* Alsace *f*.
Elsässer *(Pl* **-**) ◇ *der* Alsacien *m*. ◇ *Adj (unver)* alsacien(enne).
Elsässerin *(Pl* **-nen**) *die* Alsacienne *f*.
elsässisch *Adj* alsacien(enne).
Elster *(Pl* **-n**) *die* pie *f*; **diebische ~** *fig* chapardeur *m*, -euse *f*.
elterlich *Adj* parental(e).
Eltern *Pl* parents *mpl*; **nicht von schlechten ~ sein** *fam fig* ne pas être piqué(e) des vers ODER hannetons.
Eltern|abend *der* réunion *f* parents-professeurs.
Eltern|haus *das* foyer *m* familial; **aus gutem ~ kommen** être de bonne famille.
elternlos ◇ *Adj* orphelin(e). ◇ *Adv*: **~ aufwachsen** grandir sans ses parents.
Elternsprech|tag *der* réunion *f* de parents d'élèves.
Eltern|teil *der* l'un des parents; **beide ~e** les deux parents.
EM *(Pl* **-s**) (*Abk für* **Europameisterschaft**) *die* championnat *m* d'Europe.
Email [e'mai̯] *das* émail *m*.
Emaille [e'maljə] *(Pl* **-n**) *die* émail *m*.
Emanze *(Pl* **-n**) *die fam abw* féministe *f* pure et dure, MLF *f*.
Emanzipation *die (ohne Pl)* émancipation *f*.
emanzipieren
◆ **sich emanzipieren** *ref* s'émanciper.
Embargo *(Pl* **-s**) *das* embargo *m*.
Emblem [ɛm'ble:m] *(Pl* **-e**) *das* emblème *m*.
Embryo *(Pl* **-s** ODER **-onen**) *der* embryon *m*.
emeritieren *tr* mettre à la retraite *(professeur d'université)*.
Emeritierung *(Pl* **-en**) *die* départ *m* à la retraite *(titulaire de chaire)*.
Emigrant, in *(mPl* **-en**; *fPl* **-nen**) *der, die* émigrant *m*, -e *f*.

Emigration (*Pl* **-en**) *die* émigration *f*; **in der ~ leben** vivre en exil.

emigrieren (*Perf* **ist emigriert**) *intr* émigrer.

Eminenz (*Pl* **-en**) *die* éminence *f*; **die graue ~** *fig* l'éminence grise.

Emission (*Pl* **-en**) *die* émission *f*.

Emissionswerte *Pl* niveau *m* des émissions.

EMNID® ['ɛmnit] (*Abk für* **Erforschung, Meinung, Nachrichten, Informationsdienst**) *die (ohne Pl) institut de sondage allemand.*

e-Moll *das (ohne Pl)* mi *m* mineur.

Emotion (*Pl* **-en**) *die* émotion *f*.

emotional ◇ *Adj* émotionnel(elle); [Mensch] émotif(ive). ◇ *Adv* de façon émotionnelle.

Empf. (*Abk für* **Empfänger**) dest.

empfahl *Prät* → **empfehlen**.

empfand *Prät* → **empfinden**.

Empfang (*Pl* **Empfänge**) *der* **-1.** *(ohne Pl)* [Erhalt] réception *f*; **den ~ quittieren** signer le récépissé; **etw in ~ nehmen** réceptionner qqch. **-2.** [Begrüßung] accueil *m*; **jn in ~ nehmen** *fam* accueillir qqn. **-3.** *(ohne Pl)* TV réception *f*. **-4.** [Fest, Rezeption] réception *f*.

empfangen (*Präs* **empfängt**, *Prät* **empfing**, *Perf* **hat empfangen**) *tr* **-1.** [erhalten, begrüßen] recevoir. **-2.** TV recevoir, capter.

Empfänger (*Pl* **-**) *der* **-1.** [Gerät] récepteur *m*. **-2.** [Adressat] destinataire *m*; [von Kindergeld] allocataire *m*.

Empfängerin (*Pl* **-nen**) *die* [Adressatin] destinataire *f*; [von Kindergeld] allocataire *f*.

empfänglich *Adj* sensible; **für etw ~ sein** être sensible à qqch.

Empfänglichkeit *die (ohne Pl)* sensibilité *f*.

Empfängnis *die (ohne Pl)* conception *f*.

empfängnisverhütend *Adj* contraceptif(ive).

Empfängnisverhütung *die (ohne Pl)* contraception *f*; **Mittel zur ~** contraceptif *m*.

Empfangs|bescheinigung *die* accusé *m* de réception.

Empfangs|chef *der* réceptionniste *m*.

Empfangs|dame *die* réceptionniste *f*.

empfängt *Präs* → **empfangen**.

empfehlen (*Präs* **empfiehlt**, *Prät* **empfahl**, *Perf* **hat empfohlen**) *tr* conseiller, recommander; **jm etw wärmstens** ODER **sehr ~** recommander qqch chaudement ODER vivement à qqn.
◆ **sich empfehlen** *ref* **-1.** [sich anbieten] être tout indiqué(e); **es empfiehlt sich, etw zu tun** il est indiqué de faire qqch. **-2.** *geh* [sich verabschieden] prendre congé.

empfehlenswert *Adj* recommandable; [ratsam] recommandé(e).

Empfehlung (*Pl* **-en**) *die* **-1.** [Ratschlag, Beurteilung] recommandation *f*; **auf js ~** sur les conseils de qqn. **-2.** *geh* [Gruß]: **meine ~en** mes respects.

Empfehlungs|schreiben *das* lettre *f* de recommandation.

empfiehlt *Präs* → **empfehlen**.

empfinden (*Prät* **empfand**, *Perf* **hat empfunden**) *tr* ressentir; [Liebe] éprouver.
◆ **Empfinden** *das (ohne Pl)* sens *m*; **nach meinem ~** selon moi, à mon sens.

empfindlich ◇ *Adj* **-1.** [Haut, Film] sensible. **-2.** [verletzlich] susceptible. **-3.** [anfällig] vulnérable; **gegen etw ~ sein** être sensible à qqch. **-4.** [spürbar] sensible. **-5.** [Material] fragile. ◇ *Adv* **-1.** [reagieren] avec susceptibilité; **~ auf etw (A) reagieren** prendre mal qqch. **-2.** [merklich] sensiblement. **-3.** [sehr] bigrement.

Empfindlichkeit (*Pl* **-en**) *die* **-1.** [von Haut, Film] sensibilité *f*. **-2.** [Verletzlichkeit] susceptibilité *f*. **-3.** *(ohne Pl)* [Anfälligkeit] fragilité *f*.

empfindsam *Adj* **-1.** [Person] très sensible. **-2.** [Roman] sentimental(e).

Empfindsamkeit *die (ohne Pl)* **-1.** [von Personen] sensiblerie *f*. **-2.** [Epoche] sentimentalisme *m*.

Empfindung (*Pl* **-en**) *die* **-1.** [Wahrnehmung] sensation *f*. **-2.** [Emotion] sentiment *m*.

empfindungslos *Adj* **-1.** [Mensch] insensible. **-2.** [Körperteil] ankylosé(e).

empfing *Prät* → **empfangen**.

empfohlen *PP* → **empfehlen**.

empf. Preis (*Abk für* **empfohlener Preis**) prix *m* conseillé.

empfunden *PP* → **empfinden**.

empirisch ◇ *Adj* empirique. ◇ *Adv* de façon empirique.

empor *Adv geh* vers le haut.

empören *tr* révolter.
◆ **sich empören** *ref* s'indigner; **sich über etw** *(A)* **~** s'indigner de qqch.

empörend *Adj* révoltant(e).

empor|kommen (*Perf* **ist emporgekommen**) *intr (unreg) geh* **-1.** [Sonne] s'élever; [aus Wasser] refaire surface. **-2.** [vorankommen] faire carrière.

Emporkömmling (*Pl* **-e**) *der abw* arriviste *m*.

empor|ragen *intr geh*: **zu etw** *(D)* **~** s'élever vers qqch.

empört ◇ *Adj* indigné(e). ◇ *Adv* avec indignation.

Empörung *die (ohne Pl)* indignation *f*.

Ems ◇ *nt* [Stadt]: **Bad ~** Ems. ◇ *die* [Fluß] Ems *m*.

emsig ◇ *Adj* affairé(e). ◇ *Adv* avec zèle.

End|abnehmer *der* WIRTSCH consommateur *m* final.

Enddreißiger, in (*mPl* -; *fPl* **-nen**) *der, die* personne *f* qui approche de la quarantaine.

Ende (*Pl* **-n**) *das* **-1.** *(ohne Pl)* [Schluß] fin *f*; **zu ~ sein** être terminé(e); **zu ~ gehen** toucher à sa fin; **ein/kein ~ nehmen** prendre/ne pas prendre fin; **einer Sache** *(D)* **ein ~ machen** *geh* faire cesser qqch, arrêter qqch; **ein böses** ODER **kein gutes ~ nehmen** mal finir ODER se terminer; **kein ~ finden (können)** [Person] ne pas pouvoir s'arrêter; [Tag, Nacht] ne pas en finir; **am ~ der Welt** au bout du monde. **-2.** *(ohne Pl) geh* [Tod] fin *f*. **-3.** [von Wurst, Schnur, Straße] bout *m*; **etw am verkehrten ~ anfassen** *fig* s'y prendre mal avec qqch. **-4.** *fam (ohne Pl)* [Wegstrecke] trotte *f*. **-5.** *RW*: **am ~ sein** *fam* être à bout; **das ~ vom Lied (ist, daß)** *fam* la morale de l'histoire (est que); **das dicke ~ kommt noch** *fam* le plus dur est encore à venir.
◆ **am Ende** *Adv* en fin de compte.
◆ **letzten Endes** *Adv* finalement.

End|effekt
◆ **im Endeffekt** *Adv* au bout du compte.

enden (*Perf* **hat/ist geendet**) *intr* **-1.** *(hat)* [zu Ende gehen] se terminer; **mit etw ~** se terminer par qqch; **gut/schlecht ~** bien/mal se terminer; **nicht ~ wollend** interminable. **-2.** *(hat, ist)* [sterben] finir.

End|ergebnis *das* résultat *m* final.

endgültig ◇ *Adj* définitif(ive). ◇ *Adv* définitivement.

Endivie [ɛn'diːvi̯ə] (*Pl* **-n**) *die* [kraus] chicorée *f*; [glatt] scarole *f*.

Endivien|salat *der* salade *f* de chicorée.

End|lagerung *die* stockage *m* définitif.

endlich ◇ *Adv* **-1.** [nach langem Warten] enfin. **-2.** [zuletzt] finalement. ◇ *Adj* fini(e).

Endlichkeit *die (ohne Pl)* finitude *f*.

endlos ◇ *Adj* infini(e). ◇ *Adv* sans fin.

Endlos|papier *das* EDV papier *m* continu.

End|produkt *das* produit *m* fini.

End|runde *die* finale *f*.

End|silbe *die* syllabe *f* finale.

End|spiel *das* finale *f*.

End|spurt *der* sprint *m* final.

End|station *die* terminus *m*.

End|summe *die* total *m*.

Endung (*Pl* **-en**) *die* terminaison *f*.

End|verbraucher, in *der, die* WIRTSCH consommateur *m* final.

End|ziel *das* but *m* final.

End|ziffer *die* dernier chiffre *m*.

Energie (*Pl* **-n**) *die* énergie *f*.

Energie|bedarf *der (ohne Pl)* besoins *mpl* énergétiques.

Energie|bündel *das fam* force *f* de la nature.

energiegeladen *Adj* plein(e) d'énergie.

Energie|krise *die* crise *f* du pétrole.

energielos *Adj* mou (molle).

Energie|politik *die* politique *f* énergétique.

energiepolitisch *Adj* (en matière) de politique énergétique.

Energie|quelle *die* source *f* d'énergie.

Energie|reserve *die* [von Ländern] ressources *fpl* énergétiques; [bei Personen] réserves *fpl* d'énergie.

Energie|verbrauch *der (ohne Pl)* consommation *f* d'énergie.

Energie|versorgung *die (ohne Pl)* approvisionnement *m* en énergie.

energisch ◇ *Adj* énergique. ◇ *Adv* de façon énergique, énergiquement.

eng ◇ *Adj* étroit(e); [Freund, Verwandter] proche; **es ist ~ in etw** *(D)* on est à l'étroit dans qqch; **dein Pulli ist zu ~** ton pull te serre trop; **im ~eren Sinn** au sens strict. ◇ *Adv* **-1.** [dichtgedrängt]: **~ beieinander stehen** être tout près l'un de l'autre; **~ umschlungen** enlacé(e); **~ schreiben** avoir une écriture serrée. **-2.** [Kleidung]: **~ anliegen** être moulant(e). **-3.** [eingeschränkt] littéralement; **etw nicht so ~ sehen** *fam fig* être tolérant(e). **-4.** [nah] étroitement; **mit jm ~ befreundet sein** être un ami ODER une amie très proche de qqn.

Engadin *das* Engadine *f*.

Engagement [ɑ̃gaʒə'mɑ̃ː] (*Pl* **-s**) *das* **-1.** *(ohne Pl)* [Einsatz] engagement *m*. **-2.** [von Künstlern] engagement *m*.

engagieren [ɑ̃ga'ʒiːrən] *tr* engager.
◆ **sich engagieren** *ref* s'engager; **sich für jn/etw ~** s'engager en faveur de qqn/qqch.

engagiert [ɑ̃ga'ʒiːɐt] ◇ *Adj* engagé(e). ◇ *Adv* en s'investissant.

enganliegend *Adj* moulant(e).

engbefreundet *Adj*: **~ sein** être des amis (amies) proches.

Enge *die (ohne Pl)* étroitesse *f*; **jn in die ~ treiben** *fig* pousser qqn dans ses derniers retranchements.

Engel (*Pl* -) *der* ange *m*.

Engels|geduld *die (ohne Pl)* patience *f* d'ange.

England *nt* Angleterre *f*.

Engländer, in (*mPl* -; *fPl* **-nen**) *der, die* Anglais *m*, -e *f*.

englisch ◇ *Adj* anglais(e). ◇ *Adv*: **auf** ODER **in ~** en anglais; **wie heißt das auf ~?** comment dit-on cela en anglais?; **etw ~ aussprechen** prononcer qqch à l'anglaise.

Englisch *das (ohne Pl)* **-1.** [Sprache] anglais *m*; **~ sprechen** parler anglais; **fehlerfreies ~ sprechen** parler un anglais parfait; **~ ist eine**

schwere Sprache l'anglais est une langue difficile. -2. [Lehrfach] anglais *m*; ~ lernen/unterrichten apprendre/enseigner l'anglais; die Aufgaben/die Schulnote in ~ les devoirs/la note d'anglais.

Englische *das (ohne Pl)*: **aus dem ~n** de l'anglais; **ins ~** vers l'anglais, en anglais; **die Aussprache des ~n** la prononciation de l'anglais.

engmaschig *Adj* à mailles serrées.

Eng|paß *der* goulot *m* d'étranglement.

engstirnig ◇ *Adj* [Mensch] borné(e); [Verhalten] étriqué(e). ◇ *Adv* de façon bornée.

Enkel, in *(mPl -; fPl -nen) der, die* petit-fils *m*, petite-fille *f*.

Enkel|kind *das* petit-fils *m*, petite-fille *f*; **~er** petits-enfants *mpl*.

enorm ◇ *Adj* [Größe, Kosten] énorme; [Leistung] extraordinaire. ◇ *Adv* énormément; **~ schwer** extrêmement lourd(e).

Ensemble [ɑ̃'sɑ̃:bḷ] *(Pl -s) das* ensemble *m*.

entarten *(Perf* **ist entartet***) intr* dégénérer.

entartet *Adj* dégénéré(e).

entbehren ◇ *tr* **-1.** [Dinge] se passer de. **-2.** *geh* [Person]: **ich entbehre ihn sehr** il me manque beaucoup. ◇ *intr*: **einer Sache** *(G)* **~** *geh* être dénué(e) de qqch.

entbehrlich *Adj* inutile.

Entbehrung *(Pl -en) die* privation *f*; **eine Zeit voller ~en** une période de vaches maigres.

entbehrungsreich *Adj* (fait(e)) de privations.

entbinden *(Prät* **entband**, *Perf* **hat entbunden***)* ◇ *tr* **-1.** [befreien]: **jn von etw ~** libérer ODER dégager qqn de qqch; **jn von einem Amt ~** relever qqn de ses fonctions; **jn einer Sache** *(G)* **~** *geh* dégager ODER dispenser qqn de qqch. **-2.** [Frau] accoucher. ◇ *intr* [gebären] accoucher; **sie wurde von einer Tochter entbunden** elle a accouché d'une fille.

Entbindung *(Pl -en) die* **-1.** [Befreiung] dégagement *m*. **-2.** [Gebären] accouchement *m*.

entblößen *tr* **-1.** [Körper] découvrir. **-2.** [freilegen] mettre à nu.

◆ **sich entblößen** *ref* [sich ausziehen] se dévêtir.

entdecken *tr* découvrir.

Entdecker, in *(mPl -; fPl -nen) der, die* découvreur *m*.

Entdeckung *(Pl -en) die* découverte *f*.

Entdeckungs|reise *die* voyage *m* d'exploration, expédition *f*.

Ente *(Pl -n) die* **-1.** [Tier, in Zeitung] canard *m*. **-2.** *fam* [Citroën 2 CV] deudeuche *f*.

entehren *tr* déshonorer.

enteignen *tr* exproprier.

Enteignung *(Pl -en) die* expropriation *f*.

enterben *tr* déshériter.

entern *tr* aborder.

Entertainer [ɛntɐ'te:nɐ] *(Pl -) der* animateur *m*.

entfachen *tr geh* **-1.** [Feuer] allumer; [Glut] attiser; [Brand] provoquer. **-2.** [hervorrufen] déclencher.

entfahren *(Präs* **entfährt**, *Prät* **entfuhr**, *Perf* **ist entfahren***) intr*: **jm entfährt etw** qqn laisse échapper qqch.

entfallen *(Präs* **entfällt**, *Prät* **entfiel**, *Perf* **ist entfallen***) intr* **-1.** *eigtl & fig* échapper. **-2.** [sich verteilen]: **auf jn ~** revenir à qqn.

entfalten *tr* **-1.** [öffnen] déplier. **-2.** [entwickeln - Fähigkeit] développer; [- Energie] déployer. **-3.** [Plan, Gedanken] exposer.

◆ **sich entfalten** *ref* **-1.** [Blüte] éclore. **-2.** [Fallschirm] s'ouvrir. **-3.** [Mensch, Talent] s'épanouir.

Entfaltung *(Pl -en) die* **-1.** [von Aktivitäten] déploiement *m*. **-2.** [von Menschen, Eigenschaften] épanouissement *m*; **zur ~ kommen** s'exprimer ODER se développer totalement. **-3.** [eines Blatts] dépliage *m*.

entfernen *tr* **-1.** [beseitigen] enlever; **jn/etw von jm ~** enlever qqn/qqch à qqn; **jn/etw von etw ~** enlever qqn/qqch de qqch. **-2.** [wegführen]: **jn aus seinem Amt ~** écarter qqn de ses fonctions ODER de son poste. **-3.** EDV supprimer.

◆ **sich entfernen** *ref* [weggehen] s'absenter; **sich von etw ~** s'éloigner de qqch.

entfernt ◇ *Adj* **-1.** [fort, weitläufig] éloigné(e); **zwei Kilometer ~ von hier** à deux kilomètres d'ici; **weit davon ~ sein, etw zu tun** *fig* être loin de faire qqch. **-2.** [gering] vague. **-3.** [abgelegen] reculé(e). ◇ *Adv* **-1.** [weitläufig] de loin. **-2.** [kaum] vaguement; **nicht im ~esten** *fig* pas le moins du monde.

Entfernung *(Pl -en) die* **-1.** [Distanz] distance *f*; **in einer ~ von 2 km** à une distance de 2 km; **aus der ~ zugucken** regarder de loin. **-2.** [Beseitigung] élimination *f*; [Weggehen] départ *m*.

entfesseln *tr* déclencher; [Leidenschaft] déchaîner.

entfliehen *(Prät* **entfloh**, *Perf* **ist entflohen***) intr* s'enfuir; **einer Sache** *(D)* **~** fuir qqch.

entfremden *tr* **-1.** [Person]: **jn jm ~** éloigner qqn de qqn. **-2.** [zweckentfremden]: **etw als etw ~** se servir de qqch comme de qqch.

◆ **sich entfremden** *ref* [Person]: **sich jm/einer Sache ~** se détacher de qqn/qqch.

entführen *tr* [Mensch] enlever; [Verkehrsmittel] détourner.

Ent|führer, in *der, die* ravisseur *m*, -euse *f*.

Entführung *(Pl -en) die* [von Menschen] enlèvement *m*; [von Verkehrsmitteln] détournement *m*.

entgegen ◇ *Präp (+ D)* contrairement à. ◇ *Adv*: **sie fahren der Sonne ~** ils partent vers le soleil.

entgegen|bringen *tr (unreg)*: **jm etw ~** témoigner qqch à qqn.

entgegen|gehen (*Perf* **ist entgegengegangen**) *intr (unreg)*: **jm/etw ~** aller au devant de qqn/qqch; **dem Ende ~** toucher à sa fin.

entgegengesetzt ◇ *Adj* opposé(e). ◇ *Adv* [liegen] à l'opposé; [denken] de façon opposée.

entgegen|halten *tr (unreg)* **-1.** [nähern] tendre. **-2.** [entgegnen] opposer.

entgegen|kommen (*Perf* **ist entgegengekommen**) *intr (unreg)* **-1.** [herankommen]: **jm ~** [Subj: Person] aller à la rencontre de qqn; [Subj: Fahrzeug] se diriger vers qqn. **-2.** [auf Wünsche]: **js Erwartungen ~** satisfaire les attentes de qqn; **das kommt mir sehr entgegen** cela m'arrange.
◆ **Entgegenkommen** *das (ohne Pl)* bonne volonté *f*.

entgegenkommend ◇ *Adj* conciliant(e). ◇ *Adv* avec empressement.

entgegen|nehmen *tr (unreg)* recevoir.

entgegen|sehen *intr (unreg)*: **jm/einer Sache ~** regarder en direction de qqn/qqch.

entgegen|setzen *tr* opposer.

entgegen|stehen *intr (unreg)*: **einer Sache** *(D)* **~** faire obstacle à qqch; **dem steht nichts entgegen** rien ne s'y oppose.

entgegen|stellen *tr* opposer.
◆ **sich entgegenstellen** *ref*: **sich jm/einer Sache** *(D)* **~** barrer le chemin à qqn/qqch.

entgegen|treten (*Perf* **ist entgegengetreten**) *intr (unreg)*: **jm/etw ~** s'opposer à qqn/qqch; **dem Tod ~** affronter la mort.

entgegnen *tr* répliquer.

Entgegnung (*Pl* **-en**) *die* réplique *f*.

entgehen (*Prät* **entging**, *Perf* **ist entgangen**) *intr*: **jm/etw ~** échapper à qqn/qqch.

entgeistert ◇ *Adj* désemparé(e). ◇ *Adv* d'un air désemparé.

Entgelt *das (ohne Pl)* rétribution *f*.

entgelten (*Prät* **entgalt**, *Perf* **hat entgolten**) *tr geh* récompenser.

entgiften *tr* désintoxiquer.

entgleisen (*Perf* **ist entgleist**) *intr eigtl & fig* dérailler.

Entgleisung (*Pl* **-en**) *die* **-1.** [von Zügen] déraillement *m*. **-2.** [Taktlosigkeit] dérapage *m*.

entgleiten (*Prät* **entglitt**, *Perf* **ist entglitten**) *intr* [Angelegenheit] échapper; **jm** ODER **js Händen ~** glisser des mains à qqn.

enthaaren *tr* épiler.

enthalten (*Präs* **enthält**, *Prät* **enthielt**, *Perf* **hat enthalten**) *tr* contenir.
◆ **sich enthalten** *ref* **-1.** *geh* [auf etw verzichten] faire abstinence; **sich einer Sache** *(G)* **~** s'abstenir de qqch. **-2.** [nicht abstimmen]: **sich der Stimme ~** s'abstenir.

enthaltsam ◇ *Adj*: **~es Leben** vie *f* d'abstinence. ◇ *Adv* avec tempérance.

Enthaltsamkeit *die (ohne Pl)* abstinence *f*.

Enthaltung (*Pl* **-en**) *die* abstention *f*.

enthaupten *tr* décapiter.

entheben (*Prät* **enthob**, *Perf* **hat enthoben**) *tr geh*: **jn eines Amtes ~** relever qqn de ses fonctions.

enthemmen *tr* désinhiber.

enthüllen *tr* dévoiler.
◆ **sich enthüllen** *ref*: **sich (als etw) ~** [sich offenbaren] se révéler (être qqch).

Enthüllung (*Pl* **-en**) *die* **-1.** [von Denkmal] inauguration *f*. **-2.** [Entlarvung] révélation *f*.

Enthusiasmus *der (ohne Pl)* enthousiasme *m*.

enthusiastisch ◇ *Adj* enthousiaste. ◇ *Adv* avec enthousiasme.

entjungfern *tr* déflorer.

entkalken *tr* détartrer.

entkernen *tr* **-1.** [Kirsche, Pfirsich] dénoyauter. **-2.** [Zitrusfrucht, Apfel] épépiner.

entkleiden *tr* déshabiller.
◆ **sich entkleiden** *ref* se déshabiller.

entkommen (*Prät* **entkam**, *Perf* **ist entkommen**) *intr* s'échapper; **jm ~** échapper à qqn.

entkräftet *Adj* **-1.** [Mensch] affaibli(e). **-2.** [Verdacht, Behauptung] écarté(e).

entkrampfen *tr* [auflockern] détendre.
◆ **sich entkrampfen** *ref* se détendre.

entladen (*Präs* **entlädt**, *Prät* **entlud**, *Perf* **hat entladen**) *tr* décharger.
◆ **sich entladen** *ref* **-1.** [Gewitter, Aggressionen] éclater. **-2.** ELEKTR se décharger.

Entladung (*Pl* **-en**) *die* déchargement *m*.

entlang *Präp & Adv*: **den Weg** ODER **am Weg ~**, **~ des Weges** le long du chemin.

entlang|fahren (*Perf* **ist entlanggefahren**) *intr (unreg)* **-1.** [mit Fahrzeug]: **etw** ODER **an etw** *(D)* **~** longer qqch. **-2.** [mit Finger] suivre.

entlang|gehen (*Perf* **ist entlanggegangen**) *intr (unreg)* **-1.** [am Rand]: **etw** ODER **an etw** *(D)* **~** longer qqch. **-2.** [Weg] suivre.

entlang|laufen (*Perf* **ist entlanggelaufen**) *intr (unreg)* **-1.** [zu Fuß]: **etw** ODER **an etw** *(D)* **~** courir le long de qqch, longer qqch. **-2.** [Grenze]: **an etw** *(D)* **~** suivre qqch; **der Bach läuft hier entlang** le ruisseau passe ici.

entlarven *tr* démasquer; **jn als Lügner ~** démasquer le menteur en qqn.

entlassen (*Präs* **entläßt,** *Prät* **entließ,** *Perf* **hat entlassen**) *tr* **-1.** [gehen lassen - aus Krankenhaus] laisser sortir; [- aus Gefängnis] **relâcher**; [- aus Armee] **libérer**. **-2.** [kündigen] **licencier**.

Entlassung (*Pl* **-en**) *die* **-1.** [Entlassen - aus Krankenhaus] **sortie** *f*; [- aus Gefängnis] **mise** *f* **en liberté**; [- aus Armee] **libération** *f*. **-2.** [Kündigung] licenciement *m*.

Entlassungs|feier *die* fête *f* de fin d'études.

Entlassungs|zeugnis *das* certificat *m* de fin d'études.

entlasten *tr* **-1.** [gen] décharger. **-2.** [Verkehr] décongestionner. **-3.** [Konto] créditer.

Entlastung (*Pl* **-en**) *die* **-1.** RECHT décharge *f*. **-2.** [Mindern von Belastung - für Personen] soulagement *m*; [- für Verkehr] **délestage** *m*.

entlaufen (*Präs* **entläuft,** *Prät* **entlief,** *Perf* **ist entlaufen**) *intr*: **jm ~** échapper à qqn; **aus etw ~** s'évader de qqch.

entlausen *tr* épouiller, traiter contre les poux.

entledigen

◆ **sich entledigen** *ref geh*: **sich einer Sache** *(G)* **~** s'acquitter de qqch; [von Kleidung] se défaire de qqch.

entleeren *tr* vider.

◆ **sich entleeren** *ref* se vider.

entlegen *Adj* éloigné(e).

entleihen (*Prät* **entlieh,** *Perf* **hat entliehen**) *tr* emprunter; **eine Sache von jm/aus etw ~** emprunter qqch à qqn/qqch.

entlocken *tr* arracher.

entlohnen *tr* payer.

entlüften *tr* aérer; [Heizung] purger.

Entlüftung (*Pl* **-en**) *die* aération *f*; [von Heizungen] purge *f*.

entmachten *tr* destituer.

Entmachtung (*Pl* **-en**) *die* destitution *f*.

entmilitarisieren *tr* démilitariser.

Entmilitarisierung (*Pl* **-en**) *die* démilitarisation *f*.

entmündigen *tr*: **jn ~** mettre qqn en tutelle.

Entmündigung (*Pl* **-en**) *die* mise *f* sous tutelle.

entmutigen *tr* décourager.

Entnahme (*Pl* **-n**) *die* prélèvement *m*.

entnehmen (*Präs* **entnimmt,** *Prät* **entnahm,** *Perf* **hat entnommen**) *tr*: **etw aus etw ~** [herausnehmen] prendre qqch de ODER dans qqch; [schließen] déduire qqch de qqch.

entnervt *Adj* à bout de nerfs.

entpuppen

◆ **sich entpuppen** *ref*: **sich als etw ~** se révéler (être) qqch.

entrahmt *Adj* écrémé(e).

enträtseln *tr* déchiffrer; [Geheimnis] découvrir.

entrechten *tr*: **jn ~** priver qqn de ses droits.

entreißen (*Prät* **entriß,** *Perf* **hat entrissen**) *tr* arracher.

entrichten *tr amt* acquitter.

entrinnen (*Prät* **entrann,** *Perf* **ist entronnen**) *intr (unreg) geh* échapper.

entrollen *tr* dérouler.

entrümpeln *tr* débarrasser *(d'objets inutiles)*.

entrüsten *tr* indigner.

◆ **sich entrüsten** *ref*: **sich über etw** *(A)* **~** s'indigner de qqch.

entrüstet ◇ *Adj* indigné(e). ◇ *Adv* avec indignation.

Entrüstung (*Pl* **-en**) *die* indignation *f*.

entsagen *intr geh*: **einer Sache** *(D)* **~** renoncer à qqch.

entschädigen *tr* indemniser; **jn für etw ~** indemniser qqn de qqch.

Entschädigung (*Pl* **-en**) *die* **-1.** [Zahlung] indemnisation *f*. **-2.** [Betrag] indemnité *f*.

entschärfen *tr* **-1.** [Bombe] désamorcer. **-2.** [Kritik] adoucir. **-3.** [Debatte] apaiser.

Entscheid (*Pl* **-e**) *der* décision *f*.

entscheiden (*Prät* **entschied,** *Perf* **hat entschieden**) ◇ *intr*: **über etw** *(A)* **~** décider de qqch. ◇ *tr* trancher; SPORT être décisif(ive) pour.

◆ **sich entscheiden** *ref* **-1.** [sich entschließen]: **sich für jn/etw ~** se décider pour qqn/qqch; **sich gegen jn/etw ~** se prononcer contre qqn/qqch; **sich nicht ~ können** ne pas pouvoir se décider. **-2.** [sich herausstellen]: **es wird sich ~** on saura.

entscheidend ◇ *Adj* décisif(ive). ◇ *Adv* de façon décisive.

Entscheidung (*Pl* **-en**) *die* décision *f*; **eine ~ treffen** prendre une décision; **zu einer ~ kommen** parvenir à (prendre) une décision.

entschieden ◇ *PP* → **entscheiden**. ◇ *Adj* décidé(e); [Verteidiger] convaincu(e); [Gegner] acharné(e). ◇ *Adv* **-1.** [mit Entschiedenheit] catégoriquement. **-2.** [eindeutig] décidément.

Entschiedenheit (*Pl* **-en**) *die* détermination *f*.

entschlacken *tr* purger *(l'organisme)*.

entschlafen (*Präs* **entschläft,** *Prät* **entschlief,** *Perf* **ist entschlafen**) *intr geh* s'éteindre.

entschließen (*Prät* **entschloß,** *Perf* **hat entschlossen**)

◆ **sich entschließen** *ref* se décider; **sich zu etw ~** se résoudre à faire qqch.

entschlossen ◇ *Adj* **-1.** [Mensch, Auftreten] résolu(e). **-2.** [Handlung] décidé(e); **zum Kauf von etw ~ sein** être décidé(e) à acheter qqch; **fest ~ sein** être fermement résolu(e). ◇ *Adv* sans hésitation; **kurz ~** aussitôt.

Entschlossenheit *die (ohne Pl)* résolution *f*.

entschlüpfen (*Perf* **ist entschlüpft**) *intr* échapper.
Ent|schluß *der* décision *f*; **einen ~ fassen** prendre une décision.
entschlüsseln *tr* déchiffrer.
entschlußfreudig ◇ *Adj* qui a l'esprit de décision. ◇ *Adv* en faisant preuve d'esprit de décision.
Entschluß|kraft *die (ohne Pl)* détermination *f*.
entschuldbar *Adj* excusable.
entschulden *tr* désendetter.
entschuldigen *tr* excuser.
◆ **entschuldige bitte!** *Interj* excuse-moi!
◆ **entschuldigen Sie bitte!** *Interj* excusez-moi!
◆ **sich entschuldigen** *ref* s'excuser; **sich für etw ~** s'excuser de qqch; **sich bei jm ~** s'excuser auprès de qqn.
Entschuldigung (*Pl* **-en**) *die* **-1.** [Rechtfertigung] excuse *f*. **-2.** SCHULE mot *m* d'excuse. **-3.** [Nachsicht]: **jn um ~ bitten** présenter ses excuses à qqn.
Entschuldung (*Pl* **-en**) *die* désendettement *m*.
entschwinden (*Prät* **entschwand,** *Perf* **ist entschwunden**) *intr geh*: **in etw** *(D)* **~** disparaître dans qqch; **er entschwindet ihrem Blick** il se dérobe à sa vue.
entsenden (*Prät* **entsandte** ODER **entsendete,** *Perf* **hat entsandt** ODER **entsendet**) *tr* envoyer.
entsetzen *tr* indigner.
◆ **sich entsetzen** *ref* s'indigner; **sich über etw** *(A)* **~** s'indigner de qqch.
Entsetzen *das (ohne Pl)* effroi *m*; **zu meinem/deinem/etc ~** à ma/ta/etc grande frayeur.
entsetzlich ◇ *Adj* épouvantable. ◇ *Adv* [sehr] épouvantablement.
entsetzt ◇ *Adj*: **(über etw** *(A)***) ~** épouvanté(e) (de qqch). ◇ *Adv* avec effroi.
entsichern *tr* enlever le cran de sûreté de.
entsinnen (*Prät* **entsann,** *Perf* **hat entsonnen**)
◆ **sich entsinnen** *ref*: **sich js/einer Sache** *(G)* **~** se souvenir de qqn/qqch.
entsorgen *tr* [Fabrik, Gelände] éliminer les déchets dangereux de.
Entsorgung (*Pl* **-en**) *die* collecte *f* des déchets.
entspannen *tr* détendre.
◆ **sich entspannen** *ref* se détendre.
entspannt *Adj* détendu(e).
Ent|spannung *die (ohne Pl)* détente *f*.
Entspannungs|politik *die* politique *f* de détente.
Entspannungs|übung *die* exercice *m* de relaxation.
entspinnen (*Prät* **entspann,** *Perf* **hat entsponnen**)
◆ **sich entspinnen** *ref* se tisser.
entspr. *Abk für* **entsprechend**.
entsprechen (*Präs* **entspricht,** *Prät* **entsprach,** *Perf* **hat entsprochen**) *intr* **-1.** [genügen] correspondre; [einem Zweck] répondre. **-2.** [einer Bitte, einem Antrag]: **einer Sache** *(D)* **~** satisfaire à qqch.
entsprechend ◇ *Adj* **-1.** [angemessen] correspondant(e). **-2.** [dementsprechend] en rapport. **-3.** [zuständig - Abteilung] approprié(e); [- Person] compétent(e). ◇ *Adv* de façon adéquate. ◇ *Präp*: **einer Sache** *(D)* **~** conformément à qqch.
Entsprechung (*Pl* **-en**) *die* **-1.** [Analogie] correspondance *f*. **-2.** [Äquivalent] équivalent *m*.
entspringen (*Prät* **entsprang,** *Perf* **ist entsprungen**) *intr* **-1.** [Fluß] prendre sa source. **-2.** [entstehen aus]: **einer Sache** *(D)* **~** provenir de qqch. **-3.** [entfliehen]: **aus etw ~** s'évader ODER s'échapper de qqch.
entstammen (*Perf* **ist entstammt**) *intr* être issu(e) de qqch.
entstehen (*Prät* **entstand,** *Perf* **ist entstanden**) *intr* **-1.** [konstruiert werden] être créé(e); **aus** ODER **durch etw ~** naître de qqch, résulter de qqch. **-2.** [anfangen] naître. **-3.** [Text] voir le jour. **-4.** [Schaden]: **jm entsteht ein Schaden durch etw** qqch occasionne un dommage à qqn.
Entstehung (*Pl* **-en**) *die* **-1.** [prozeßhaft] genèse *f*. **-2.** [Anfang] naissance *f*.
Entstehungs|geschichte *die* genèse *f*.
entstellen *tr* défigurer, déformer.
Entstellung (*Pl* **-en**) *die* **-1.** [von Personen - Vorgang] déformation *f*; [- Zustand] difformité *f*. **-2.** [eines Sachverhaltes] altération *f*.
entstören *tr* **-1.** [Leitung] rétablir. **-2.** [Gerät] déparasiter.
enttäuschen *tr* & *intr* décevoir.
enttäuscht ◇ *Adj* déçu(e); **von jm ~ sein** être déçu par qqn; **von etw** ODER **über etw** *(A)* **~ sein** être déçu par ODER de qqch. ◇ *Adv* l'air déçu.
Ent|täuschung *die* déception *f*.
entwachsen (*Präs* **entwächst,** *Prät* **entwuchs,** *Perf* **ist entwachsen**) *intr* **-1.** [einer Person]: **der Sohn entwächst seinen Eltern** les parents perdent leur autorité sur leur fils. **-2.** [einem Zustand]: **er ist dem Kindergartenalter ~** il a dépassé l'âge d'aller à la maternelle.
entwaffnen *tr* désarmer.
Ent|warnung *die* fin *f* de l'alerte.
entwässern *tr* assécher; [Körper] drainer.
entweder
◆ **entweder ... oder** *Konj* **-1.** [satzeinleitend] ou (bien) ..., ou (bien); **~ du kommst, oder du**

gehst ou bien tu viens, ou bien tu pars. **-2.** [worteinleitend] soit ..., soit; **~ rot oder grün** soit rouge, soit vert.

entweichen (*Prät* **entwich,** *Perf* **ist entwichen**) *intr* s'échapper.

entwenden *tr geh* dérober.

entwerfen (*Präs* **entwirft,** *Prät* **entwarf,** *Perf* **hat entworfen**) *tr* **-1.** [gen] faire l'ébauche de. **-2.** [Gebäude] concevoir le plan de.

entwerten *tr* **-1.** [Ticket] composter; [Briefmarke] oblitérer. **-2.** [Geld] dévaluer.

Entwerter (*Pl* -) *der* composteur *m*.

entwickeln *tr* **-1.** [entfalten, PHOT] développer. **-2.** [ausarbeiten] élaborer.

◆ **sich entwickeln** *ref* se développer; [Angelegenheit] évoluer; [Dämpfe] se former; **sich aus etw ~** naître de qqch; **aus der Raupe entwickelt sich ein Schmetterling** la chenille se transforme en papillon; **sich zu jm/etw ~** devenir qqn/qqch.

Entwicklung (*Pl* **-en**) *die* **-1.** [Entfaltung, PHOT] développement *m*; **in der ~** en évolution. **-2.** [Ausarbeitung] élaboration *f*. **-3.** [von Dämpfen] formation *f*.

Entwicklungs|dienst *der (ohne Pl)* coopération *f*.

entwicklungsfähig *Adj* susceptible de progresser.

Entwicklungs|geschichte *die* évolution *f*.

Entwicklungs|helfer, in *der, die* coopérant *m*.

Entwicklungs|hilfe *die* aide *f* aux pays en voie de développement.

Entwicklungs|land *das* pays *m* en voie de développement.

entwirren *tr* démêler.

entwischen (*Perf* **ist entwischt**) *intr fam* : **(jm) ~** filer (entre les doigts de qqn).

entwöhnen *tr* sevrer.

◆ **sich entwöhnen** *ref geh*: **sich einer Sache** *(G)* **~** se désaccoutumer de qqch.

Entwöhnung (*Pl* **-en**) *die* **-1.** [von Milch] sevrage *m*. **-2.** [vom Rauchen, Trinken] désintoxication *f*.

entwürdigend *Adj* dégradant(e).

Ent|wurf *der* **-1.** [Zeichnung] plan *m*. **-2.** [Konzept] ébauche *f*.

entwurzeln *tr* déraciner.

entzerren *tr* **-1.** [strecken] étaler. **-2.** [Verkehr] réguler. **-3.** [Bild, Ton] régler.

entziehen (*Prät* **entzog,** *Perf* **hat entzogen**) *tr*: **jm etw ~** retirer qqch à qqn.

◆ **sich entziehen** *ref*: **sich einer Sache** *(D)* **~** se soustraire à qqch.

Entziehungs|kur *die* cure *f* de désintoxication.

entziffern *tr* déchiffrer.

entzücken *tr* enchanter.

Entzücken *das (ohne Pl)* ravissement *m*.

entzückend *Adj* ravissant(e).

Ent|zug *der (ohne Pl)* **-1.** [Wegnehmen] retrait *m*. **-2.** [von Drogen, Alkohol] désintoxication *f*.

Entzugs|erscheinung *die* symptôme *m* de manque.

entzünden *tr* allumer; [Streichholz] gratter.

◆ **sich entzünden** *ref* **-1.** [durch Feuer, Krankheitskeim] s'enflammer. **-2.** [Auseinandersetzung]: **sich an etw** *(D)* **~** être déclenché(e) par qqch.

Entzündung (*Pl* **-en**) *die* inflammation *f*.

entzündungshemmend *Adj* anti-inflammatoire.

entzwei *Adj*: **~ sein** être en morceaux.

entzwei|gehen (*Perf* **ist entzweigegangen**) *intr (unreg)* se casser (en morceaux).

Enzian (*Pl* **-e**) *der* gentiane *f*.

Enzyklopädie (*Pl* **-n**) *die* encyclopédie *f*.

Enzym (*Pl* **-e**) *das* BIOL & CHEM enzyme *f*.

Epidemie (*Pl* **-n**) *die* épidémie *f*.

epidemisch *Adj* épidémique.

Epik *die (ohne Pl)* genre *m* épique.

Epilepsie (*Pl* **-n**) *die* épilepsie *f*.

Epileptiker, in (*mPl* **-**; *fPl* **-nen**) *der, die* épileptique *mf*.

epileptisch *Adj* épileptique.

Epilog (*Pl* **-e**) *der* épilogue *m*.

episch *Adj* épique.

Episode (*Pl* **-n**) *die* épisode *m*.

episodenhaft *Adj* épisodique.

Epoche (*Pl* **-n**) *die* époque *f*.

epochemachend *Adj* qui fait date.

Epos (*Pl* **Epen**) *das* épopée *f*.

er *Pron* il, elle; [betont] lui; **~ lacht** il rit; **der Tisch ist schön, aber ~ ist zu klein** la table est belle, mais elle est trop petite; **ausgerechnet ~** justement lui; **~ selber** lui-même.

erachten *tr*: **jn/etw als** ODER **für etw ~** considérer qqn/qqch comme qqch; **etw als notwendig ~** juger qqch nécessaire.

Erachten *das (ohne Pl)*: **meinem ~ nach, nach meinem ~, meines ~s** à mon avis.

erahnen *tr* deviner; [im Dunkeln] entrevoir.

erarbeiten *tr* **-1.** [Stellung, Wissen] acquérir *(par le travail)*; **sich** *(D)* **etw ~** acquérir qqch *(par le travail)*. **-2.** [Konzept] élaborer.

Erb|anlage *die* disposition *f* héréditaire.

erbarmen

◆ **sich erbarmen** *ref geh*: **sich js ~** avoir pitié de qqn.

Erbarmen *das (ohne Pl)* pitié *f*; **mit jm/etw ~ haben** avoir pitié de qqn/qqch.
◆ **zum Erbarmen** *Adv* à faire pitié.
erbärmlich ◇ *Adj* **-1.** [Leben, Zustand] pitoyable. **-2.** *abw* [Leistung] lamentable. **-3.** *abw* [Person] minable. ◇ *Adv* terriblement.
erbarmungslos ◇ *Adj* impitoyable. ◇ *Adv* sans pitié.
erbauen *tr* édifier.
◆ **sich erbauen** *ref geh*: **sich an etw** *(D)* **~** élever son âme par qqch.
Erbauer, in *(mPl -; fPl* **-nen**) *der, die* constructeur *m*, -trice *f*.
erbaulich *Adj* édifiant(e).
erbaut *Adj*: **von etw** ODER **über etw** *(A)* **nicht ~ sein** ne pas être enchanté(e) de qqch.
Erbauung *die (ohne Pl)* édification *f*.
Erbe *(Pl* **-n**) ◇ *das (ohne Pl & G Erbes)* héritage *m*; **sein ~ antreten** entrer en possession de son héritage. ◇ *der (G Erben)* héritier *m*; **jn zum** ODER **als ~n einsetzen** instituer qqn héritier.
erbeben *(Perf* **ist erbebt**) *intr* **-1.** [Sache] trembler. **-2.** *geh* [Person] frissonner.
erben ◇ *tr* hériter de; **etw von jm ~** hériter qqch de qqn. ◇ *intr* hériter.
erbeuten *tr* prendre *(à l'ennemi)*.
Erb|folge *die* ordre *m* de succession.
Erb|gut *das* BIOL patrimoine *m* génétique.
Erbin *(Pl* **-nen**) *die* héritière *f*.
erbittert ◇ *Adj* acharné(e). ◇ *Adv* avec acharnement.
Erbitterung *die (ohne Pl)* exaspération *f*.
Erb|krankheit *die* maladie *f* héréditaire.
erblassen *(Perf* **ist erblaßt**) *intr geh* blêmir.
Erb|last *die* lourd héritage *m*.
erbleichen *(Perf* **ist erbleicht**) *intr geh* pâlir.
erblich ◇ *Adj* héréditaire. ◇ *Adv*: **~ belastet sein** avoir une lourde hérédité.
erblicken *tr geh* apercevoir.
erblinden *(Perf* **ist erblindet**) *intr* perdre la vue.
erblühen *(Perf* **ist erblüht**) *intr geh* fleurir.
Erb|masse *die* **-1.** BIOL facteurs *mpl* héréditaires. **-2.** RECHT masse *f* successorale.
Erb|onkel *der fam* oncle *m* à héritage.
erbost *Adj* irrité(e); **über jn ~ sein** être en colère contre qqn; **über etw** *(A)* **~ sein** être irrité(e) de qqch.
erbrechen *(Präs* **erbricht**, *Prät* **erbrach**, *Perf* **hat erbrochen**) *tr* vomir.
◆ **sich erbrechen** *ref* vomir.
Erbrechen *das (ohne Pl)* vomissement *m*.
Erb|recht *das* RECHT droit *m* de succession.
erbringen *(Prät* **erbrachte**, *Perf* **hat erbracht**) *tr* **-1.** [ergeben] apporter. **-2.** [finanziell] rapporter. **-3.** [Nachweis, Leistung] fournir.
Erbschaft *(Pl* **-en**) *die* héritage *m*.
Erbschafts|steuer *die* droits *mpl* de succession.
Erbschleicher, in *(mPl -; fPl* **-nen**) *der, die abw* captateur *m*, -trice *f* d'héritage.
Erbse *(Pl* **-n**) *die* pois *m*; **grüne ~n** petits pois.
Erbsen|suppe *die* soupe *f* de pois.
Erb|stück *das* objet *m* hérité.
Erb|tante *die fam* tante *f* à héritage.
Erb|teil *das* part *f* d'héritage.
Erd|ball *der (ohne Pl)* globe *m* terrestre.
Erdbeben *(Pl -) das* tremblement *m* de terre.
Erd|beere *die* fraise *f*.
Erd|boden *der* **-1.** [Boden] sol *m*; **auf dem ~** sur le sol, par terre. **-2.** *RW*: **etw dem ~ gleichmachen** raser qqch; **er ist wie vom ~ verschluckt** il s'est volatilisé.
Erde *die (ohne Pl)* **-1.** [gen] terre *f*; **zu ebener ~** au niveau du sol; [wohnen] au rez-de-chaussée; **auf der ~ bleiben** *fig* garder les pieds sur terre; **etw aus der ~ stampfen** *fam* faire pousser qqch comme des champignons; **unter der ~ sein** ODER **liegen** reposer en terre. **-2.** [Welt] monde *m*; **auf ~n** *geh* sur terre.
erden *tr* ELEKTR: **etw ~** mettre qqch à la terre.
erdenklich *Adj* imaginable.
◆ **alles Erdenkliche** *Adv* tout mon ODER ton ODER son etc possible.
Erd|gas *das* gaz *m* naturel.
Erdgas|leitung *die* gazoduc *m*.
Erd|geschoß *das*: **(im) ~** (au) rez-de-chaussée *m*.
erdig *Adj* **-1.** [aus Erde, wie Erde] de terre. **-2.** [beschmutzt] plein(e) de terre.
Erd|kabel *das* câble *m* souterrain.
Erd|kugel *die (ohne Pl)* globe *m* terrestre.
Erd|kunde *die (ohne Pl)* géographie *f*.
Erd|nuß *die* cacahuète *f*.
Erd|öl *das* pétrole *m*.
erdölexportierend *Adj* exportateur(trice) de pétrole.
Erdöl|produktion *die* production *f* de pétrole.
Erd|reich *das* terrain *m*.
erdreisten
◆ **sich erdreisten** *ref geh* avoir l'audace de.
erdrosseln *tr* étrangler.
erdrücken *tr* écraser.
erdrückend *Adj* écrasant(e).
Erdrutsch *(Pl* **-e**) *der* glissement *m* de terrain; [politisch] effondrement *m*.
Erd|teil *der* continent *m*.

erdulden *tr* endurer.

Erd|wärme *die* température *f* terrestre.

ereifern

◆ **sich ereifern** *ref* s'échauffer; **sich über etw** *(A)* ~ s'échauffer au sujet de qqch.

ereignen

◆ **sich ereignen** *ref* se passer, se produire; [Unglück] arriver.

Ereignis (*Pl* **-se**) *das* événement *m*; **ein freudiges ~** un heureux événement.

ereignisreich *Adj* riche en événements.

ereilen *tr geh*: **der Tod ereilte ihn** la mort l'a surpris.

Eremit, in (*mPl* **-en**; *fPl* **-nen**) *der, die* ermite *m*.

erfahren (*Präs* **erfährt,** *Prät* **erfuhr,** *Perf* **hat erfahren**) ◇ *tr* **-1.** [Neuigkeit] apprendre; **etw von jm/etw** ODER **durch jn/etw ~** apprendre qqch par qqn/qqch. **-2.** [erleben - Gefühl] éprouver; [- Entwicklung] connaître. ◇ *Adj* expérimenté(e).

Erfahrung (*Pl* **-en**) *die* **-1.** [Kenntnis] expérience *f*; **~en besitzen** ODER **haben** avoir de l'expérience. **-2.** [durch Nachforschen]: **etw in ~ bringen** prendre connaissance de qqch.

Erfahrungs|austausch *der* échange *m* d'expériences.

erfahrungsgemäß *Adv* par expérience.

erfassen *tr* **-1.** [mitreißen - Subj: Wasser] entraîner; [- Subj: Fahrzeug] faucher. **-2.** [begreifen, ergreifen, eingeben] saisir. **-3.** [registrieren] recenser. **-4.** [berücksichtigen] comprendre.

Erfassung (*Pl* **-en**) *die* **-1.** [Begreifen] fait *m* de comprendre. **-2.** [Registrieren] recensement *m*. **-3.** [von Daten] saisie *f*.

erfinden (*Prät* **erfand,** *Perf* **hat erfunden**) *tr* inventer.

Erfinder, in (*mPl* **-**; *fPl* **-nen**) *der, die* inventeur *m*, -trice *f*.

erfinderisch *Adj* inventif(ive).

Erfindung (*Pl* **-en**) *die* [Entwicklung] invention *f*; **eine ~ machen** faire une découverte.

Erfolg (*Pl* **-e**) *der* succès *m*; [verdient] réussite *f*; **~ haben** avoir du succès; **von ~ gekrönt werden** ODER **sein** être couronné(e) de succès.

◆ **mit Erfolg** *Adv* avec succès.

◆ **viel Erfolg!** *Adv* bonne chance!

erfolgen (*Perf* **ist erfolgt**) *intr* s'ensuivre; **auf etw** *(A)* **~** suivre qqch.

erfolglos ◇ *Adj* [Suche] infructueux(euse); [Person] malchanceux(euse). ◇ *Adv* sans succès.

erfolgreich ◇ *Adj* couronné(e) de succès. ◇ *Adv* avec succès.

Erfolgsaussichten *Pl* perspectives *fpl* de succès.

Erfolgs|chance *die* chance *f* de réussite.

Erfolgs|erlebnis *das* sentiment *m* de satisfaction.

Erfolgs|zwang *der (ohne Pl)* obligation *f* de réussir; **unter ~ stehen** être dans l'obligation de réussir.

erfolgversprechend ◇ *Adj* prometteur(euse). ◇ *Adv* de façon prometteuse.

erforderlich *Adj* requis(e); **zu etw ~ sein** être requis pour qqch.

erfordern *tr* exiger.

Erfordernis (*Pl* **-se**) *das* condition *f* nécessaire.

erforschen *tr* étudier (à fond); [Land, Gelände] explorer; [Gewissen] interroger.

Er|forschung *die* étude *f* approfondie; [geographisch] exploration *f*.

erfragen *tr* demander.

erfreuen *tr* faire plaisir à.

◆ **sich erfreuen** *ref*: **sich an etw** *(D)* **~** se réjouir de qqch; **sich einer Sache** *(G)* **~** jouir de qqch.

◆ **sehr erfreut!** *Adv* enchanté(e)!

erfreulich *Adj* réjouissant(e).

erfreulicherweise *Adv* heureusement.

erfrieren (*Prät* **erfror,** *Perf* **ist erfroren**) *intr* **-1.** [Person - sterben] mourir de froid; [- leiden] être transi(e) (de froid); **sich** *(D)* **etw ~** avoir des engelures à qqch. **-2.** [Pflanze] geler. **-3.** *fig* [Lächeln] se figer.

Erfrierung (*Pl* **-en**) *die* engelure *f*.

erfrischen *tr* & *intr* **-1.** [körperlich] rafraîchir. **-2.** [moralisch] réconforter.

◆ **sich erfrischen** *ref* se rafraîchir.

erfrischend *Adj* **-1.** [durch Kühle] rafraîchissant(e). **-2.** [Humor] décapant(e); [Gespräch] stimulant(e).

Erfrischung (*Pl* **-en**) *die* rafraîchissement *m*.

Erfrischungs|raum *der* [in Betrieb, Kaufhaus] caféteria *f*; [in Theater] foyer *m*.

erfüllen *tr* **-1.** [Bedingung] remplir. **-2.** [Pflicht] accomplir. **-3.** [Wunsch] exaucer. **-4.** [Subj: Duft] envahir. **-5.** [befriedigen] combler. **-6.** [Subj: Gefühl]: **etw erfüllt jn** qqn est rempli(e) de qqch.

◆ **sich erfüllen** *ref* se réaliser.

Er|füllung *die (ohne Pl)* **-1.** [von Wunsch] réalisation *f*. **-2.** [von Pflicht, Vertrag] exécution *f*; **in ~ gehen** se réaliser.

Erfurt *nt* Erfurt.

ergänzen *tr* **-1.** [vervollständigen] compléter. **-2.** [hinzufügen] ajouter.

◆ **sich ergänzen** *ref* se compléter.

Ergänzung (*Pl* **-en**) *die* **-1.** [Vervollständigung] action *f* de compléter. **-2.** [Zusatz] complément *m*; [zu Gesetz] annexe *f*.

ergattern *tr fam* dégotter.

ergaunern *tr* escroquer.
ergeben[1] *geh* ◇ *Adj* dévoué(e). ◇ *Adv* avec dévotion.
ergeben[2] (*Präs* **ergibt**, *Prät* **ergab**, *Perf* **hat ergeben**) *tr* **-1.** [beweisen] révéler. **-2.** [erbringen] rapporter.
◆ **sich ergeben** *ref* **-1.** [erfolgen] apparaître; **sich aus etw ~** résulter de qqch; **das hat sich so ~** ça s'est fait comme ça. **-2.** [kapitulieren] se rendre.
Ergebenheit *die (ohne Pl)* dévouement *m*.
Ergebnis (*Pl* **-se**) *das* résultat *m*.
ergebnislos *Adj* infructueux(euse).
ergehen (*Prät* **erging**, *Perf* **ist ergangen**) *intr*: **es ist jm gut/schlecht ergangen** cela s'est bien/ mal passé pour qqn; **etw über sich ~ lassen** endurer qqch.
◆ **sich ergehen** *ref*: **sich in etw** *(D)* **~** se perdre en qqch.
ergiebig *Adj* abondant(e); [Thema] riche.
ergießen (*Prät* **ergoß**, *Perf* **hat ergossen**)
◆ **sich ergießen** *ref* **-1.** [Wasser] se déverser; [Fluß] se jeter. **-2.** [Personen]: **sich in etw** *(A)* **~** déferler sur qqch.
ergreifen (*Prät* **ergriff**, *Perf* **hat ergriffen**) *tr* **-1.** [gen] saisir. **-2.** [Verbrecher] arrêter. **-3.** [Beruf] embrasser. **-4.** [übernehmen] prendre.
ergreifend ◇ *Adj* saisissant(e). ◇ *Adv* d'une façon saisissante.
Ergreifung *die (ohne Pl)* **-1.** [von Tätern] capture *f*. **-2.** [von Macht] prise *f*.
ergriffen ◇ *PP* → **ergreifen**. ◇ *Adj*: **~ sein** être bouleversé(e).
ergründen *tr* élucider.
Er|guß *der* épanchement *m*.
erh. (*Abk für* **erhalten**) reçu.
erhaben *Adj* **-1.** [feierlich, großartig] sublime. **-2.** [überlegen]: **über jn ~ sein** être supérieur(e) à qqn; **über etw** *(A)* **~ sein** être au-dessus de qqch.
Erhalt *der (ohne Pl) amt* réception *f*.
erhalten (*Präs* **erhält**, *Prät* **erhielt**, *Perf* **hat erhalten**) *tr* **-1.** [bekommen] recevoir; [Note] avoir. **-2.** [bewahren] maintenir; **gut ~** en bon état; **der alte Hausmeister ist uns ~ geblieben** le vieux concierge nous est resté; **~ bleiben** [am Leben bleiben] se maintenir en vie.
◆ **sich erhalten** *ref* **-1.** [Person] se maintenir. **-2.** [Pflanze] se conserver.
erhältlich *Adj* disponible.
Er|haltung *die (ohne Pl)* maintien *m*; [von Lebewesen] sauvegarde *f*.
erhängen *tr* pendre.
◆ **sich erhängen** *ref* se pendre.
erhärten *tr* **-1.** [hart werden] durcir. **-2.** [Verdacht, Zweifel] confirmer.
erheben (*Prät* **erhob**, *Perf* **hat erhoben**) *tr* **-1.** [in die Höhe] lever; [Stimme] élever. **-2.** [Gebühren] lever; [Eintrittsgeld] percevoir. **-3.** [Daten] collecter, réunir. **-4.** [vorbringen]: **Anklage ~** porter une accusation; **auf etw** *(A)* **Anspruch ~** prétendre à qqch; **Einspruch ~** [gen] protester; RECHT soulever une objection. **-5.** [erhöhen]: **etw zu etw ~** ériger qqch en qqch; **jn zu etw ~** élever qqn au rang de qqch.
◆ **sich erheben** *ref* **-1.** [aufstehen] se lever. **-2.** [losfliegen - Vogel] s'élever; [- Flugzeug] décoller. **-3.** [überragen]: **sich über jn/etw ~** s'élever au-dessus de qqn/qqch. **-4.** [rebellieren]: **sich gegen jn/etw ~** se soulever contre qqn/qqch.
erheblich ◇ *Adj* considérable. ◇ *Adv* considérablement.
Erhebung (*Pl* **-en**) *die* **-1.** [Hügel] élévation *f*. **-2.** [Aufstand] soulèvement *m*. **-3.** [von Daten] collecte *f*; [Umfrage] enquête *f*. **-4.** [von Steuern] perception *f*.
erheitern *tr* divertir.
◆ **sich erheitern** *ref* [Gesicht] s'éclairer; [Himmel] s'éclaircir.
erhellen *tr* éclairer.
◆ **sich erhellen** *ref* [Miene, Gesicht] s'éclairer; [Himmel] s'éclaircir.
erhitzen *tr* **-1.** [Gegenstand] chauffer. **-2.** [Person] échauffer.
◆ **sich erhitzen** *ref* **-1.** [Gegenstand] chauffer. **-2.** [Person] s'échauffer.
erhoffen *tr* escompter; **sich** *(D)* **etw von jm ~** attendre qqch de qqn.
erhöhen *tr* **-1.** [steigern] augmenter. **-2.** [Mauer, Gebäude] surélever.
◆ **sich erhöhen** *ref* [steigen] augmenter.
Erhöhung (*Pl* **-en**) *die* augmentation *f*.
erholen
◆ **sich erholen** *ref* **-1.** [von Krankheit] se remettre; **sich von etw ~** se remettre de qqch. **-2.** [Börsenkurs] se redresser.
erholsam *Adj* reposant(e).
Erholung *die (ohne Pl)* **-1.** [nach Krankheit] rétablissement *m*. **-2.** [nach Arbeit, Anstrengung] repos *m*.
erholungsbedürftig *Adj* qui a besoin de repos.
Erholungs|gebiet *das* aire *f* de loisirs.
erinnern *tr* & *intr* **-1.** [mahnen]: **(jn) an etw** *(A)* **~** rappeler qqch (à qqn). **-2.** [ins Gedächtnis rufen]: **(jn) an jn/etw ~** rappeler qqn/qqch (à qqn).
◆ **sich erinnern** *ref*: **sich (an jn/etw) ~** se souvenir (de qqn/qqch).
Erinnerung (*Pl* **-en**) *die* **-1.** [Gedanke, Andenken]: **~ (an jn/etw)** souvenir *m* (de qqn/qqch). **-2.** *(ohne Pl)* [Gedenken]: **zur ~ an** en souvenir de; [feierlich] à la mémoire de; **jn/etw in guter/**

schlechter ~ behalten garder un bon/mauvais souvenir de qqn/qqch. **-3.** *(ohne Pl)* [Gedächtnis] mémoire *f*.

Erinnerungs|vermögen *das (ohne Pl)* mémoire *f*.

erkälten *tr*: **sich** *(D)* **etw ~** prendre ODER attraper froid à qqch.

◆ **sich erkälten** *ref* prendre froid.

Erkältung (*Pl* **-en**) *die* refroidissement *m*, rhume *m*.

erkämpfen *tr*: **etw ~** se battre pour (obtenir) qqch; **einen Sieg ~** remporter une victoire; **sich** *(D)* **etw ~** se battre pour (obtenir) qqch.

erkennbar *Adj* [mit den Augen] reconnaissable; [Motiv, Ursache] apparent(e).

erkennen (*Prät* **erkannte,** *Perf* **hat erkannt**) *tr* reconnaître; **sich zu ~ geben** révéler son identité.

erkenntlich *Adj*: **sich ~ zeigen** faire preuve de gratitude.

Erkenntnis (*Pl* **-se**) *die* **-1.** [Wissen] connaissances *fpl*. **-2.** *(ohne Pl)* [Erkennen] connaissance *f*; **zu der ~ kommen** ODER **gelangen, daß** se rendre compte que.

Erkennungs|zeichen *das* signe *m* de reconnaissance.

Erker (*Pl* **-**) *der* ARCHIT encorbellement *m*.

erklärbar *Adj* explicable.

erklären *tr* **-1.** [erläutern] expliquer; **etw an einem Beispiel ~** expliquer qqch à l'aide d'un exemple. **-2.** [verkünden, ansagen] déclarer; **seinen Rücktritt ~** démissionner; **einem Staat den Krieg ~** déclarer la guerre à un État; **jn zu seinem Nachfolger ~** nommer qqn son successeur; **jn zum Sieger ~** déclarer qqn vainqueur; **jn für tot/vermißt ~** déclarer qqn décédé(e)/disparu(e).

◆ **sich erklären** *ref* **-1.** [sich klarmachen]: **sich** *(D)* **etw ~** s'expliquer qqch. **-2.** [sich äußern] se déclarer; **sich (mit etw) einverstanden ~** donner son accord (à qqch); **sich zu etw bereit ~** se déclarer prêt(e) à qqch. **-3.** [sich ergeben]: **etw erklärt sich aus etw** qqch s'explique par qqch.

erklärlich [Verhalten, Gründe] compréhensible; [Phänomen] explicable.

Erklärung (*Pl* **-en**) *die* **-1.** [Erläuterung] explication *f*. **-2.** [Mitteilung] déclaration *f*; **eine ~ abgeben** faire une déclaration.

erklingen (*Prät* **erklang,** *Perf* **ist erklungen**) *intr* retentir.

erkranken (*Perf* **ist erkrankt**) *intr* tomber malade; **an etw** *(D)* **~** contracter ODER attraper qqch; **an etw** *(D)* **erkrankt sein** être atteint(e) de qqch.

Erkrankung (*Pl* **-en**) *die* [von Personen] maladie *f*; [von Organ, Körperteil] affection *f*.

erkunden *tr* explorer; MIL reconnaître.

erkundigen

◆ **sich erkundigen** *ref* se renseigner; **sich nach jm ~** prendre des nouvelles de qqn; **sich nach etw ~** se renseigner sur qqch.

Erkundigung (*Pl* **-en**) *die*: **~en über jn/etw einziehen** ODER **einholen** recueillir des renseignements sur qqn/qqch.

Erkundung (*Pl* **-en**) *die* MIL reconnaissance *f*.

erlahmen (*Perf* **ist erlahmt**) *intr* [Körperteil] s'engourdir; *fig* décliner.

erlangen *tr* parvenir à; [Zustimmung, Erlaubnis] obtenir.

Erlaß (*Pl* **Erlasse** ODER **Erlässe**) *der* **-1.** [Vorschrift] décret *m*. **-2.** [Befreiung] **remise** *f* **(de peine).**

erlassen (*Präs* **erläßt,** *Prät* **erließ,** *Perf* **hat erlassen**) *tr* **-1.** [Richtlinie, Dekret] publier; [Gesetz] promulguer; [Haftbefehl] délivrer. **-2.** [ersparen]: **jm etw ~** dispenser qqn de qqch.

erlauben *tr*: **(jm) etw ~** permettre qqch (à qqn); **sich** *(D)* **etw ~** [sich herausnehmen] se permettre qqch; [sich genehmigen] s'accorder qqch; **erlaube mal!** non mais dis donc!

Erlaubnis *die (ohne Pl)* permission *f*; [amtlich] autorisation *f*; **jm die ~ zu etw erteilen** *amt* donner l'autorisation à qqn de faire qqch; **um ~ bitten** demander la permission ODER l'autorisation.

erläutern *tr* expliciter.

Erläuterung (*Pl* **-en**) *die* explication *f* (détaillée).

Erle (*Pl* **-n**) *die* aune *f*, aulne *f*.

erleben *tr* **-1.** [erfahren] vivre; **du kannst was ~!** *fam* tu vas voir (ce que tu vas voir)! **-2.** [noch miterleben]: **etw ~** vivre jusqu'à qqch.

Erlebnis (*Pl* **-se**) *das* expérience *f (vécue)*.

erledigen *tr* **-1.** [Auftrag] exécuter; [Arbeit] expédier, liquider; [Frage, Angelegenheit] classer, régler; [Einkäufe] faire. **-2.** *fam* [töten] descendre. **-3.** *fam* [Gegner] écraser.

◆ **sich erledigen** *ref* se régler.

erledigt *Adj* **-1.** [Arbeit, Angelegenheit] classé(e). **-2.** *fam* [erschöpft]: **~ sein** être claqué(e).

erleichtern *tr* **-1.** [Arbeit, Verständnis] faciliter. **-2.** [von Gewicht, Last] alléger. **-3.** [befreien] soulager. **-4.** [bestehlen]: **jn um etw** *(A)* **~** *fam iron* délester qqn de qqch.

◆ **sich erleichtern** *ref* soulager son cœur.

erleichtert ◇ *Adj*: **~ sein** être soulagé(e). ◇ *Adv* avec soulagement.

Erleichterung (*Pl* **-en**) *die* **-1.** *(ohne Pl)* [Befreiung] soulagement *m*. **-2.** [von Aufgabe, Bedingungen] allègement *m*.

erleiden (*Prät* **erlitt,** *Perf* **hat erlitten**) *tr* [Schmerzen] souffrir; [Verlust, Unrecht, Niederlage] subir.

erlernbar *Adj* qui peut s'acquérir; **leicht/schwer ~** facilement/difficilement assimilable.

erlernen *tr* [Beruf, Sprache] apprendre; [Methode, Fertigkeit] acquérir.

erlesen *Adj* [Publikum] de choix; [Wein, Mahl] exquis(e).

erleuchten *tr* **-1.** [erhellen] éclairer. **-2.** *geh* [inspirieren] illuminer.

Erleuchtung (*Pl* **-en**) *die* illumination *f.*

erliegen (*Prät* **erlag,** *Perf* **ist erlegen**) *intr geh* **-1.** [unterliegen]: **einer Sache** *(D)* **~** succomber à qqch; **der Versuchung ~** succomber à la tentation. **-2.** [sterben an]: **einer Krankheit ~** être emporté(e) par une maladie.

Erliegen *das (ohne Pl)*: **zum ~ kommen** être paralysé(e).

erlischt *Präs* → **erlöschen.**

erlogen ◇ *PP* → **erstunken.** ◇ *Adj* mensonger(ère).

Erlös (*Pl* **-e**) *der* produit *m.*

erlöschen (*Präs* **erlischt,** *Prät* **erlosch,** *Perf* **ist erloschen**) *intr* **-1.** [Licht, Gefühle, Leben, Feuer] s'éteindre. **-2.** [Mitgliedschaft, Vertrag] arriver à son terme.

erlösen *tr*: **jn (von etw) ~** délivrer qqn (de qqch).

Erlöser (*Pl* **-**) *der* **-1.** [Befreier] libérateur *m.* **-2.** *(ohne Pl)* REL Rédempteur *m.*

Erlösung *die (ohne Pl)* délivrance *f.*

Erm. (*Abk für* **Ermäßigung**) réd.

ermächtigen *tr*: **jn zu etw ~** habiliter qqn à faire qqch.

Ermächtigung (*Pl* **-en**) *die* habilitation *f.*

ermahnen *tr*: **jn (zu etw) ~** exhorter qqn (à qqch).

Ermahnung (*Pl* **-en**) *die* exhortation *f.*

Ermangelung

◆ **in Ermangelung** *Präp*: **in ~ einer Sache** *(G) geh* à défaut de qqch.

ermäßigt *Adj* réduit(e).

Ermäßigung (*Pl* **-en**) *die* réduction *f.*

ermessen (*Präs* **ermißt,** *Prät* **ermaß,** *Perf* **hat ermessen**) *tr* mesurer.

Ermessen *das (ohne Pl)* jugement *m*; **nach meinem ~** autant que je puisse en juger; **es liegt in deinem ~, zu entscheiden, ob** c'est à toi d'apprécier si; **nach menschlichem ~** selon toute vraisemblance.

Ermessens|frage *die* question *f* d'appréciation.

Ermessensspiel|raum *der (ohne Pl)* marge *f* d'appréciation.

ermitteln ◇ *tr* déterminer. ◇ *intr* enquêter.

Ermittlung (*Pl* **-en**) *die* recherche *f*; [gerichtlich] instruction *f*; [polizeilich] enquête *f.*

Ermittlungs|verfahren *das* procédure *f* d'enquête.

ermöglichen *tr*: **(jm etw) ~** permettre (qqch à qqn).

ermorden *tr* assassiner.

Ermordung (*Pl* **-en**) *die* assassinat *m.*

ermüden (*Perf* **hat/ist ermüdet**) ◇ *intr (ist)* (se) fatiguer. ◇ *tr (hat)* fatiguer.

Ermüdung *die (ohne Pl)* fatigue *f.*

ermuntern *tr*: **jn (zu etw) ~** encourager qqn (à faire qqch).

Ermunterung (*Pl* **-en**) *die* encouragement *m.*

ermutigen *tr*: **jn (zu etw) ~** encourager qqn (à faire qqch).

ernähren *tr* nourrir.

◆ **sich ernähren** *ref* **-1.** [sich verpflegen]: **sich (mit** ODER **von etw) ~** se nourrir (de qqch). **-2.** [sich unterhalten]: **sich von seiner Arbeit ~** vivre de son travail.

Ernährung *die (ohne Pl)* **-1.** [Verpflegung] alimentation *f.* **-2.** [Lebensunterhalt] subsistance *f.*

ernennen (*Prät* **ernannte,** *Perf* **hat ernannt**) *tr*: **jn (zu etw) ~** nommer qqn (qqch).

erneuern [ɛɐ̯'nɔyɐn] *tr* **-1.** [gen] renouveler. **-2.** [Gebäude] rénover. **-3.** [Freundschaft] renouer (des liens).

◆ **sich erneuern** *ref* [sich regenerieren] se renouveler.

Erneuerung [ɛɐ̯'nɔyərʊŋ] (*Pl* **-en**) *die* **-1.** [gen] renouvellement *m.* **-2.** [von Gebäuden] rénovation *f.* **-3.** [von Beziehungen] reprise *f.*

erneut ◇ *Adj* nouveau(elle). ◇ *Adv* de ODER à nouveau.

erniedrigen *tr* **-1.** [Person] rabaisser. **-2.** [Preis, Tempo, Anzahl] réduire.

◆ **sich erniedrigen** *ref* [Person] s'abaisser.

Erniedrigung (*Pl* **-en**) *die* **-1.** [von Personen] humiliation *f.* **-2.** [von Tempo, Preis, Anzahl] réduction *f.*

ernst ◇ *Adj* **-1.** [Wesen, Film, Buch] grave; **~ bleiben** garder mon ODER ton etc sérieux. **-2.** [Krankheit, Angebot, Angelegenheit] sérieux(euse). ◇ *Adv* sérieusement; **jn ~ ansehen** regarder qqn d'un air grave; **es ~ meinen** être sérieux(euse); **mein Vorschlag ist ~ gemeint** ma proposition est sérieuse; **jn/etw ~ nehmen** prendre qqn/qqch au sérieux.

Ernst *der (ohne Pl)* **-1.** [Wesen] sérieux *m.* **-2.** [Aufrichtigkeit]: **mit etw ~ machen** passer aux actes; **das ist mein (voller) ~** je ne plaisante pas. **-3.** [von Angelegenheit, Worten] gravité *f*; **der ~ der Lage** la gravité de la situation; **der ~**

des Lebens *fig* la dure réalité de la vie.
◆ **im Ernst**? *Interj* sérieusement?

Ernstfall *der*: **im ~** en situation critique.

ernstgemeint *Adj* sérieux(euse).

ernstgenommen *Adj* pris(e) au sérieux.

ernsthaft ◇ *Adj* **-1.** [Mensch, Miene, Angebot] sérieux(euse). **-2.** [Angelegenheit, Krankheit] grave. ◇ *Adv* **-1.** [ansehen] d'un air grave. **-2.** [bemühen, wünschen, sprechen] sérieusement. **-3.** [erkranken, gefährden] gravement.

Ernsthaftigkeit *die (ohne Pl)* sérieux *m*.

ernstlich ◇ *Adv* **-1.** [krank werden, bedrohen] gravement. **-2.** [bereuen, beabsichtigen, tadeln] sérieusement. ◇ *Adj* **-1.** [Erkrankung, Bedrohung] grave. **-2.** [Wille, Bedenken, Tadel] sérieux(euse).

Ernte (*Pl* **-n**) *die* récolte *f*; [von Obst] **cueillette** *f*; [von Getreide] **moisson** *f*; [von Trauben] **vendanges** *fpl*.

Erntedankfest *das* fête *f* de la moisson.

ernten *tr* **-1.** [gen] récolter; [Obst] cueillir; [Getreide] moissonner; [Kartoffeln] arracher. **-2.** [Undank] récolter. **-3.** [Applaus]: **Beifall ~** être couvert(e) d'applaudissements.

ernüchtern *tr* **-1.** [desillusionieren]: **jn ~** enlever ses illusions à qqn. **-2.** [Betrunkene] dégriser.

Ernüchterung (*Pl* **-en**) *die* **-1.** [Desillusionierung] désillusion *f*, désenchantement *m*. **-2.** [von Betrunkenen] dégrisement *m*.

Eroberer (*Pl* -) *der* conquérant *m*.

Eroberin (*Pl* **-nen**) *die* conquérante *f*.

erobern *tr* conquérir.

Eroberung (*Pl* **-en**) *die* conquête *f*; **eine ~ machen** *fig* faire une conquête.

eröffnen *tr* **-1.** [gen] ouvrir. **-2.** [Ausstellung] inaugurer. **-3.** [bekanntgeben]: **jm etw ~** annoncer qqch à qqn.
◆ **sich eröffnen** *ref* [Möglichkeit]: **sich jm ~** s'offrir à qqn.

Eröffnung (*Pl* **-en**) *die* **-1.** [gen] ouverture *f*. **-2.** [von Ausstellung] vernissage *m*. **-3.** [Bekanntgabe] communication *f*.

erörtern *tr* débattre de.

Erörterung (*Pl* **-en**) *die* [mündlich] débat *m*; [schriftlich] dissertation *f*.

Erosion (*Pl* **-en**) *die* érosion *f*.

Erotik *die (ohne Pl)* érotisme *m*.

erotisch ◇ *Adj* érotique. ◇ *Adv* de façon érotique.

erpicht *Adj*: **auf etw** *(A)* **~ sein** être avide de qqch; **darauf ~ sein, etw zu tun** mourir d'envie de faire qqch.

erpreßbar *Adj* que l'on peut faire chanter.

erpressen *tr*: **jn (mit etw) ~** faire chanter qqn (avec qqch); **etw von jm ~** extorquer qqch à qqn.

Erpresser, in (*mPl* **-**; *fPl* **-nen**) *der, die* maître chanteur *m*.

Erpresserbrief *der* lettre *f* de menaces.

erpresserisch ◇ *Adj* menaçant(e). ◇ *Adv* en maître chanteur; **~e Entführung** enlèvement avec demande de rançon.

Erpressung (*Pl* **-en**) *die* chantage *m*.

Erpressungsversuch *der* tentative *f* de chantage.

erproben *tr* [Methode, Zuverlässigkeit] **mettre à l'épreuve**; [Medikament] **tester**; [Maschine] **essayer**.

Erprobung (*Pl* **-en**) *die* mise *f* à l'épreuve.

erraten (*Präs* **errät**, *Prät* **erriet**, *Perf* **hat erraten**) *tr* deviner.

errechnen *tr* calculer.
◆ **sich errechnen** *ref*: **sich (aus etw) ~** se calculer (à partir de qqch).

erregbar *Adj* irritable.

erregen *tr* **-1.** [aufregen] énerver. **-2.** [anregen] exciter. **-3.** [verursachen - Aufmerksamkeit, Mitleid] éveiller; [- Widerspruch] susciter.
◆ **sich erregen** *ref* [sich aufregen]: **sich (über jn) ~** s'énerver (contre qqn); **sich über etw** *(A)* **~** s'irriter ODER s'émouvoir de qqch.

Erreger (*Pl* -) *der* MED agent *m* pathogène.

Erregung (*Pl* **-en**) *die* **-1.** [Aufregung] énervement *m*. **-2.** [Anregung] excitation *f*. **-3.** [Verursachen]: **~ öffentlichen Ärgernisses** RECHT attentat *m* à la pudeur.

erreichbar *Adj* [Ort] accessible; [Person] joignable.

erreichen *tr* **-1.** [Ziel, Ort] **arriver à**; [Geschwindigkeit, Alter] **atteindre**; [Zug] **attraper**. **-2.** [Person] **joindre**. **-3.** [berühren] **atteindre**. **-4.** [durchsetzen] **obtenir**.

erretten *tr geh* sauver.

errichten *tr* **-1.** [Gebäude] ériger; [Gerüst] dresser. **-2.** [gründen] créer; [Herrschaft] **instaurer**.

Errichtung *die (ohne Pl)* **-1.** [von Gebäuden] élévation *f*. **-2.** [Gründung] **création** *f*; [von Herrschaft] **instauration** *f*.

erringen (*Prät* **errang**, *Perf* **hat errungen**) *tr* [Sieg, Vorteil] **remporter**; [Freundschaft, Vertrauen] **gagner**.

error *nt* EDV erreur *f*.

erröten (*Perf* **ist errötet**) *intr* rougir; **vor** ODER **aus Wut/Freude ~** rougir de colère/plaisir.

Errungenschaft (*Pl* **-en**) *die* acquis *m*.

Ersatz *der (ohne Pl)* **-1.** [Ausgleich] **remplacement** *m*; **als ~ für jn/etw** en remplacement de qqn/qqch. **-2.** [von Schaden, Verlust] **dédommagement** *m*.

Ersatzbefriedigung *die* compensation *f*.

Ersatzdienst *der (ohne Pl)* service *m* civil; **~ leisten** faire son service civil.

Ersatzkasse *die caisse parallèle d'assurance maladie du service public.*

ersatzlos *Adj* & *Adv* sans contrepartie.

Ersatzmann (*Pl* **-männer** ODER **-leute**) *der* remplaçant *m*.

Ersatzrad *das* roue *f* de secours.

Ersatzteil *das* pièce *f* de rechange.

erschaffen (*Prät* **erschuf**, *Perf* **hat erschaffen**) *tr geh* créer.

Erschaffung *die (ohne Pl) geh* création *f*.

erscheinen (*Prät* **erschien**, *Perf* **ist erschienen**) *intr* **-1.** [kommen, sich zeigen] apparaître; [vor Gericht] comparaître; **im Traum ~** apparaître en rêve ODER songe. **-2.** [Buch, Zeitung] paraître. **-3.** [wirken] paraître.

Erscheinung (*Pl* **-en**) *die* **-1.** [Ereignis] phénomène *m*; **in ~ treten** faire (son) apparition. **-2.** [Gestalt] allure *f*; **äußere ~** allure *f*, physique *m*. **-3.** [Vision] apparition *f*.

erschießen (*Prät* **erschoß**, *Perf* **hat erschossen**) *tr* abattre; MIL fusiller.

◆ **sich erschießen** *ref* se suicider d'un coup de feu.

erschlaffen (*Perf* **ist erschlafft**) *intr* [Muskeln] se relâcher; [Wille] s'affaiblir.

erschlagen ◇ *tr* (*Präs* **erschlägt**, *Prät* **erschlug**, *Perf* **hat erschlagen**) abattre; **vom Blitz ~ werden** être foudroyé(e). ◇ *Adj*: **~ sein** *fig* [todmüde, sprachlos] être abattu(e).

erschließen (*Prät* **erschloß**, *Perf* **hat erschlossen**) *tr* **-1.** [Gegend, Markt]: **etw (für etw) ~** ouvrir (qqch à qqch). **-2.** [Rohstoffe, Bodenschätze] exploiter; [Bauland] aménager. **-3.** [ermitteln]: **etw (aus etw) ~** déduire qqch (de qqch).

◆ **sich erschließen** *ref geh* [verständlich werden]: **sich jm ~** devenir intelligible pour qqn.

erschöpfen *tr* épuiser.

◆ **sich erschöpfen** *ref* **-1.** [sich beschränken]: **sich in etw** *(D)* **~** se limiter à qqch. **-2.** [nachlassen] s'épuiser.

erschöpft ◇ *Adj* épuisé(e); [Geduld] à bout. ◇ *Adv* [müde] d'un air épuisé.

Erschöpfung *die (ohne Pl)* épuisement *m*.

erschrecken (*Präs* **erschreckt** ODER **erschrickt**, *Prät* **erschreckte** ODER **erschrak**, *Perf* **hat erschreckt** ODER **ist erschrocken**) ◇ *tr (hat & reg)*: **jn/ein Tier ~** effrayer qqn/un animal; **du hast mich erschreckt** tu m'as fait sursauter. ◇ *intr (ist & unreg)* être effrayé(e); **vor jm/etw ~** avoir peur de qqn/qqch; **über etw** *(A)* **~** s'alarmer de qqch.

◆ **sich erschrecken** *ref fam* s'effrayer.

erschreckend ◇ *Adj* effroyable. ◇ *Adv* effroyablement.

erschrickt *Präs* → **erschrecken**.

erschrocken *PP* → **erschrecken**.

erschüttern *tr* ébranler.

erschütternd *Adj* bouleversant(e).

Erschütterung (*Pl* **-en**) *die* **-1.** [Wanken] secousse *f*. **-2.** *(ohne Pl)* [Ergriffenheit] bouleversement *m*. **-3.** *(ohne Pl)* [von Vertrauen, Ruf] atteinte *f*; **die ~ des Vertrauens** l'atteinte à la confiance.

erschweren *tr* rendre (plus) difficile.

erschwindeln *tr*: **sich** *(D)* **etw ~** se procurer qqch en fraude.

erschwinglich *Adj* abordable.

ersetzbar *Adj* remplaçable.

ersetzen *tr* **-1.** [auswechseln] remplacer. **-2.** [Schaden, Verlust]: **jm etw ~** dédommager qqn de qqch.

ersichtlich ◇ *Adj* [verständlich] compréhensible; [offensichtlich] manifeste. ◇ *Adv* manifestement.

erspähen *tr* épier.

ersparen *tr* **-1.** [Geld] économiser. **-2.** [Ärger, Enttäuschung]: **jm etw ~** épargner qqch à qqn; **sich** *(D)* **etw ~** [Geld] économiser qqch; [Mühe] s'épargner qqch.

Ersparnis *die (ohne Pl)* économie *f*.

◆ **Ersparnisse** *Pl* économies *fpl*.

erst *Adv* **-1.** [gen] seulement, ne ... que; **er ist ~ zwanzig** il n'a que vingt ans; **~ als** seulement quand ODER lorsque; **~ als wir ihn sahen, ...** c'est seulement lorsque nous l'avons vu que ... **-2.** [vor kurzem] pas plus tard que. **-3.** [zum Ausdruck einer Steigerung]: **aber ihr Bruder ~!** mais alors son frère!

◆ **erst einmal** *Adv* **-1.** [nur einmal] une seule fois. **-2.** [zuerst] d'abord.

◆ **erst recht nicht** *Adv* encore moins.

erstarren (*Perf* **ist erstarrt**) *intr* [Person] se raidir; [Gesicht] se figer; [Gips, Zement] se solidifier; **vor Angst** ODER **Schreck ~** se pétrifier de peur.

erstatten *tr* **-1.** [zurückzahlen] rembourser. **-2.** [Bericht, Meldung] rendre compte à; **(gegen jn) Anzeige ~** dénoncer qqn.

Erstattung (*Pl* **-en**) *die* **-1.** [von Kosten] remboursement *m*. **-2.** *(ohne Pl)* [von Anzeige] dépôt *m (d'une plainte)*.

Erstaufführung *die* première *f*.

erstaunen (*Perf* **hat/ist erstaunt**) ◇ *tr (hat)* étonner. ◇ *intr (ist)*: **über etw** *(A)* **erstaunt sein** s'étonner de qqch.

Erstaunen *das (ohne Pl)* étonnement *m*; **jn in ~ (ver)setzen** stupéfier qqn.

erstaunlich ◇ *Adj* étonnant(e). ◇ *Adv* étonnamment.

erstaunt *Adj* étonné(e).

Erstaus|gabe *die* édition *f* originale.

erstbeste, r, s ◇ *Adj* premier ... venu, première ... venue; **das ~ Auto** la première voiture venue. ◇ *Pron*: **der** ODER **die** ODER **das ~** le premier venu, la première venue.

erste, r, s *Adj* premier(ère).

◆ **als erstes** *Adv* en premier lieu; **etw als ~s tun** commencer par faire qqch.

◆ **fürs erste** *Adv* dans un premier temps; *siehe auch* **sechste**.

Erste *der, die, das* premier *m*, -ère *f*; *siehe auch* **Sechste**.

erstechen (*Präs* **ersticht**, *Prät* **erstach**, *Perf* **hat erstochen**) *tr* poignarder.

erstehen (*Prät* **erstand**, *Perf* **hat/ist erstanden**) ◇ *intr (ist) geh* **-1.** [entstehen] naître. **-2.** [auferstehen] ressusciter. ◇ *tr (hat)* acquérir; *geh*: **sich** *(D)* **etw ~** s'offrir ODER acquérir qqch.

ersteigen (*Prät* **erstieg**, *Perf* **hat erstiegen**) *tr* escalader.

erstellen *tr amt* **-1.** [ausarbeiten] établir. **-2.** [Gebäude] élever.

erstens *Adv* premièrement.

Erstgeborene (*Pl* **-n**) *der, die, das* aîné(e).

ersticken (*Perf* **hat/ist erstickt**) ◇ *intr (ist)* étouffer; **in Arbeit ~** *fam* crouler sous le travail. ◇ *tr (hat)* étouffer.

Erstickung *die (ohne Pl)* asphyxie *f*.

erstklassig ◇ *Adj* [Hotel, Restaurant] de (toute) première qualité; [Ausbildung, Material] de (tout) premier ordre; [Person] émérite. ◇ *Adv* magistralement; **~ kochen können** être un cordon bleu.

Erst|kommunion *die* REL première communion *f*.

erstmalig ◇ *Adj* premier(ère). ◇ *Adv fam* pour la première fois.

erstmals *Adv* pour la première fois.

erstrangig ◇ *Adj* **-1.** [vorrangig] prioritaire. **-2.** [erstklassig] de (tout) premier ordre. ◇ *Adv* prioritairement.

erstreben *tr* aspirer à.

erstrebenswert *Adj* motivant(e).

erstrecken

◆ **sich erstrecken** *ref* **-1.** [sich ausdehnen]: **sich ~ bis** s'étendre jusqu'à; **sich über etw** *(A)* **~** [zeitlich] s'étaler sur qqch; [räumlich] s'étendre sur qqch. **-2.** [betreffen]: **sich auf jn/etw ~** s'appliquer à qqn/qqch.

Erst|stimme *die première des deux voix dont dispose l'électeur lors des élections législatives allemandes; elle est destinée au candidat.*

erstunken *Adj*: **das ist ~ und erlogen** *fam fig & abw* c'est du pipeau.

erstürmen *tr* [Festung] prendre; [Gipfel] vaincre.

ersuchen *tr geh*: **jn um etw ~** *geh* prier qqn de faire qqch.

Ersuchen (*Pl* -) *das* requête *f*, demande *f*.

ertappen *tr* prendre (sur le fait); **jn bei etw ~** surprendre qqn en train de faire qqch; **jn auf frischer Tat ~** prendre qqn en flagrant délit.

◆ **sich ertappen** *ref*: **sich bei etw ~** se surprendre à faire qqch.

erteilen *tr*: **jm etw ~** donner qqch à qqn.

ertönen (*Perf* **ist ertönt**) *intr* retentir.

Ertrag (*Pl* **Erträge**) *der* rendement *m*; **~ abwerfen** avoir du rendement.

ertragen (*Präs* **erträgt**, *Prät* **ertrug**, *Perf* **hat ertragen**) *tr* supporter.

erträglich ◇ *Adj* supportable. ◇ *Adv* de façon supportable.

ertragreich *Adj* [Boden] productif(ive); [Jahr] à haut rendement.

Ertrags|lage *die* niveau *m* de rendement.

ertränken *tr* noyer.

◆ **sich ertränken** *ref* se noyer *(par suicide)*.

erträumen *tr*: **sich** *(D)* **etw ~** s'imaginer qqch en rêve.

ertrinken (*Prät* **ertrank**, *Perf* **ist ertrunken**) *intr* se noyer *(par accident)*.

Ertüchtigung (*Pl* **-en**) *die* entraînement *m*.

erübrigen *tr*: **für jn/etw Zeit/Geld ~** trouver du temps/de l'argent pour qqn/qqch.

◆ **sich erübrigen** *ref* être superflu(e); **das erübrigt sich** c'est inutile.

Erw. *Abk für* **Erwachsene**.

erwachen (*Perf* **ist erwacht**) *intr* s'éveiller.

Erwachen *das (ohne Pl)* éveil *m*.

erwachsen[1] ◇ *Adj* adulte. ◇ *Adv* en adulte.

erwachsen[2] (*Präs* **erwächst**, *Prät* **erwuchs**, *Perf* **ist erwachsen**) *intr*: **aus etw ~** résulter de qqch.

Erwachsene (*Pl* **-n**) *der, die* adulte *mf*.

Erwachsenen|bildung *die (ohne Pl)* formation *f* des adultes.

erwägen (*Prät* **erwog**, *Perf* **hat erwogen**) *tr* [Vorschlag, Vorhaben] peser; [Kauf] considérer.

Erwägung (*Pl* **-en**) *die* considération *f*; **etw in ~ ziehen** envisager qqch; **nach reiflicher ~** après mûre réflexion.

erwähnen *tr* mentionner.

erwähnenswert *Adj* remarquable.

Erwähnung (*Pl* **-en**) *die* mention *f*.

erwärmen *tr* **-1.** [erhitzen] réchauffer. **-2.** *fam* [begeistern] emballer.
◆ **sich erwärmen** *ref* **-1.** [sich aufwärmen] s'échauffer. **-2.** [sich begeistern]: **sich für etw (nicht) ~ können** *fam* (ne pas) arriver à se passionner pour qqch.
Erwärmung *die (ohne Pl)* réchauffement *m*.
erwarten *tr* **-1.** [warten auf] attendre. **-2.** [erhoffen] s'attendre à.
Erwartung (*Pl* **-en**) *die* attente *f*; **in ~ js/einer Sache** dans l'attente de qqn/qqch; **~en in jn setzen** placer ses espoirs en qqn.
erwartungsvoll ◇ *Adj* plein(e) d'espoir. ◇ *Adv* avec espoir.
erwecken *tr* **-1.** [Gefühle] susciter. **-2.** [Tote] ressusciter.
erwehren
◆ **sich erwehren** *ref*: **sich einer Sache** *(G)* **~** *geh* se défendre de qqch.
erweichen *tr fig*: **sich (nicht) ~ lassen** (ne pas) se laisser attendrir.
erweisen (*Prät* **erwies,** *Perf* **hat erwiesen**) *tr* **-1.** [bezeugen]: **jm einen Dienst** ODER **Gefallen ~** rendre service à qqn; **jm Ehre ~** faire honneur à qqn. **-2.** [beweisen] établir.
◆ **sich erweisen** *ref* [sich zeigen]: **sich als etw ~** se révéler être qqch.
erweitern *tr* [Wissen, Horizont, Freundeskreis] élargir; [räumlich] agrandir; [Pupille] dilater.
◆ **sich erweitern** *ref* s'élargir; [Pupille] se dilater.
Erweiterung (*Pl* **-en**) *die* [von Wissen, Horizont, Freundeskreis] élargissement *m*; [räumlich] agrandissement *m*; [von Pupillen] dilatation *f*.
Erwerb *der* **-1.** [mit Geld, von Kenntnissen] acquisition *f*. **-2.** [Verdienst] gains *mpl*.
erwerben (*Präs* **erwirbt,** *Prät* **erwarb,** *Perf* **hat erworben**) *tr* acquérir.
erwerbsfähig *Adj* capable d'exercer une activité professionnelle.
erwerbslos *Adj* sans travail.
erwerbstätig *Adj* actif(ive).
erwerbsunfähig *Adj* en invalidité.
Erwerbsun|fähigkeit *die* invalidité *f*.
erwidern *tr* **-1.** [Antwort] rétorquer. **-2.** [Besuch, Gefälligkeit, Gruß] rendre.
Erwiderung (*Pl* **-en**) *die* **-1.** [Antwort] réplique *f*. **-2.** [von Besuch, Gefälligkeit, Gruß] fait *m* de rendre; [von Gefühlen] réponse *f*.
erwiesen ◇ *PP* → **erweisen**. ◇ *Adj* avéré(e).
erwiesenermaßen *Adv* de manière avérée ODER attestée; **~ war er der Täter** il s'est avéré qu'il était coupable.
erwirken *tr* obtenir.
erwirtschaften *tr* réaliser.
erwischen *tr* **-1.** [ertappen]: **jn (bei etw) ~** attraper qqn (en train de faire qqch). **-2.** [Taxi, Flugzeug] attraper; [Person]: **jn am Telefon ~** réussir à joindre qqn au téléphone. **-3.** [Karte, Platz] obtenir de justesse. **-4.** *RW*: **ihn hat es erwischt** *fam* [krank sein] il a été secoué; [verletzt sein] il est touché; [verliebt sein] il est mordu; [tot sein] il a été fauché.
erwog *Prät* → **erwägen**.
erwogen *PP* → **erwägen**.
erwünscht *Adj* souhaité(e).
erwürgen *tr* étrangler.
Erz (*Pl* **-e**) *das* minerai *m*.
Erz. (*Abk für* **Erzeugnis**) prod.
erzählen *tr* **-1.** [Geschichte, Witz] raconter; **jm von etw ~** parler à qqn de qqch. **-2.** *RW*: **du kannst mir viel ~!** *fam* tu parles!
erzählenswert *Adj* qui mérite d'être raconté(e).
Erzähler, in (*mPl* **-**; *fPl* **-nen**) *der, die* narrateur *m*, -trice *f*.
Erzählung (*Pl* **-en**) *die* récit *m*; [Kurzgeschichte] nouvelle *f*.
Erz|bischof *der* archevêque *m*.
erzbischöflich *Adj* archiépiscopal(e).
Erz|bistum *das* archevêché *m*, archiépiscopat *m*.
Erz|engel *der* archange *m*.
erzeugen *tr* produire.
Erzeuger (*Pl* **-**) *der* **-1.** [von Produkten] producteur *m*; [von Strom] générateur *m*. **-2.** [Vater] géniteur *m*.
Erzeugerin (*Pl* **-nen**) *die* productrice *f*.
Erzeugnis (*Pl* **-se**) *das* produit *m*.
Erzeugung *die (ohne Pl)* production *f*.
Erz|feind, in *der, die* ennemi juré *m*, ennemie jurée *f*.
Erzgebirge *das* Erzgebirge *m*.
erzhaltig *Adj* qui contient du minerai.
erziehbar
◆ **schwer erziehbar** *Adj* difficile.
erziehen (*Prät* **erzog,** *Perf* **hat erzogen**) *tr* élever; **jn zu etw ~** éduquer qqn à qqch; **jn zu jm ~** faire de qqn qqn.
Erzieher, in (*mPl* **-**; *fPl* **-nen**) *der, die* instituteur *m*, -trice *f*.
erzieherisch *Adj* éducatif(ive).
Erziehung *die (ohne Pl)* éducation *f*.
Erziehungsberechtigte (*Pl* **-n**) *der, die personne qui dispose de l'autorité parentale.*
Erziehungs|geld *das* ≃ allocation *f* parentale d'éducation.
Erziehungs|urlaub *der* congé *m* parental d'éducation.

Erziehungs|wissenschaft *die* sciences *fpl* de l'éducation.

erzielen *tr*: **etw ~** [Kompromiß] parvenir à qqch; [Ertrag, Gewinn] **réaliser** qqch.

erzogen ◇ *PP* → **erziehen**. ◇ *Adj*: **gut/schlecht ~** bien/mal élevé(e).

erzürnen *tr geh* courroucer.

◆ **sich erzürnen** *ref*: **sich mit jm ~** se fâcher avec qqn.

erzwingen (*Prät* **erzwang,** *Perf* **hat erzwungen**) *tr* forcer.

es *Pron* **-1.** [Personalpronomen - im Nominativ] il, elle; [- im Akkusativ] le, la, l'; **das Heft? ~ ist dort** le cahier? il est là; **~ ist offen, das Fenster** elle est ouverte, la fenêtre; **wer ist ~** qui est-ce?; **ich glaube ~ nicht** je ne le crois pas; **ich weiß ~ nicht** je ne (le) sais pas. **-2.** [unpersönliches Pronomen] il; **~ regnet/schneit** il pleut/neige; **~ ist vier Uhr** il est quatre heures; **~ ärgert mich** ça m'ennuie; **~ gibt viel zu erzählen** il y a beaucoup à raconter; **~ ist gut** c'est bien; **~ nicht aushalten** ne pas tenir; **~ wird etwas getan** on fait quelque chose.

Es (*Pl* -) *das* **-1.** MUS mi *m inv* bémol. **-2.** (*ohne Pl*) [psychologisch] ça *m*.

ESA ['e:za] (*Abk für* **Europäische Weltraumbehörde**) *die (ohne Pl)* ASE *f*.

escape [ɛs'kep] *nt* EDV échappement *m*.

Esche (*Pl* **-n**) *die* frêne *m*.

Esel (*Pl* -) *der* **-1.** [Tier] âne *m*. **-2.** *fam* [Schimpfwort] imbécile *mf*.

Eselin (*Pl* **-nen**) *die* ânesse *f*.

Esels|brücke *die* moyen *m* mnémotechnique.

Esels|ohr *das fam* corne *f (d'une page)*.

ESG (*Pl* **-s**) (*Abk für* **Evangelische Studentengemeinde**) *die* association *f* des étudiants protestants.

Eskalation (*Pl* **-en**) *die* escalade *f*.

eskalieren *intr* s'intensifier.

Eskimo (*Pl* - ODER **-s**) ◇ *der* [Person] Esquimau *m*, Eskimo *m*. ◇ *das (ohne Pl)* [Sprache] esquimau *m*, eskimo *m*.

Eskimo|frau *die* Esquimaude *f*, Eskimo *f*.

Eskorte (*Pl* **-n**) *die* escorte *f*.

Esoterik *die (ohne Pl)* ésotérisme *m*.

Espe (*Pl* **-n**) *die* tremble *m*.

Espen|laub *das fig*: **zittern wie ~** trembler comme une feuille.

Esperanto *das (ohne Pl)* espéranto *m*; *siehe auch* **Englisch**.

Espresso [ɛs'prɛso] (*Pl* - ODER **-s**) *der* **-1.** [Tasse Kaffee] express *m*. **-2.** (*ohne Pl*) [Kaffeeart] expresso *m*.

Espresso|maschine *die* [im Lokal] percolateur *m*; [zu Hause] cafetière *f* expresso.

Essay ['ɛse] (*Pl* **-s**) *der* ODER *das* essai *m*.

eßbar *Adj* comestible.

Eß|besteck *das* couverts *mpl*.

essen (*Präs* **ißt,** *Prät* **aß,** *Perf* **hat gegessen**) *tr* & *intr* manger; **~ gehen** aller (manger) au restaurant; **gut ~** bien manger; **etw gern ~** aimer qqch.

Essen (*Pl* -) *das* **-1.** [Mahlzeit] repas *m*; **beim ~ sein** être en train de manger; **~ machen** ODER **kochen** faire le repas ODER à manger. **-2.** [Nahrung] nourriture *f*; **~ und Trinken** le manger et le boire.

Essen *nt* Essen.

essentiell [ɛsɛn'tsi̯ɛl] *Adj geh* essentiel(elle).

Essenz (*Pl* **-en**) *die* essence *f*.

Eß|geschirr *das (ohne Pl)* vaisselle *f*.

Essig (*Pl* **-e**) *der* vinaigre *m*; **mit etw ist es ~** *fam fig* qqch tombe à l'eau.

Essig|säure *die (ohne Pl)* acide *m* acétique.

Eß|löffel *der* cuillère *f* à soupe.

Eß|tisch *der* table *f*.

Eß|zimmer *das* salle *f* à manger.

Este (*Pl* **-n**) *der* Estonien *m*.

Ester (*Pl* -) *der* CHEM ester *m*.

Estin (*Pl* **-nen**) *die* Estonienne *f*.

Estland *nt* Estonie *f*.

estnisch *Adj* estonien(enne).

Estragon *der (ohne Pl)* estragon *m*.

Estrich (*Pl* **-e**) *der* **-1.** [Fußboden] plancher *m*. **-2.** *Schweiz* [Dachboden] grenier *m*.

ETA ['e:ta] (*Abk für* **Euzkadi ta Azkatazuna**) *die (ohne Pl)* ETA *m*.

etablieren *tr* établir.

◆ **sich etablieren** *ref* **-1.** [Partei, Firma, Fachmann] s'établir; **sich als Arzt in Bonn ~** s'installer comme médecin à Bonn. **-2.** [sich durchsetzen - Mensch] trouver sa place; [- Trend] s'imposer.

etabliert *Adj* établi(e).

Etage [e'ta:ʒə] (*Pl* **-n**) *die* étage *m*.

Etagen|wohnung *die* appartement *m*.

Etappe (*Pl* **-n**) *die* étape *f*.

Etat [e'ta:] (*Pl* **-s**) *der* budget *m*.

etepetete *fam* ◇ *Adj*: **~ sein** être maniéré(e) ODER affecté(e). ◇ *Adv* avec affectation.

Ethik (*Pl* **-en**) *die* éthique *f*.

ethisch ◇ *Adj* éthique. ◇ *Adv* selon l'éthique.

ethnisch *Adj* ethnique.

Ethos *das (ohne Pl)* [von Arbeit, Beruf] déontologie *f*.

Etikett (*Pl* **-e(n)** ODER **-s**) *das* étiquette *f*; **jn/etw mit einem ~ versehen** *abw* & *fig* étiqueter ODER cataloguer qqn/qqch.

Etikette *die (ohne Pl)* étiquette *f*.

etliche, r, s ◇ *Det* beaucoup de. ◇ *Pron* beaucoup.
◆ **etliches** *Pron* bien des choses.
Etsch *die* Adige *m.*
Etui [ɛt'viː] (*Pl* **-s**) *das* étui *m.*
etwa *Adv* **-1.** [zirka, ungefähr] à peu près. **-2.** [zum Beispiel] notamment; **Nahrungsmittel, ~ Kartoffeln** les aliments, les pommes de terre par exemple. **-3.** [zum Ausdruck der Beunruhigung, eines Vorwurfs]: **ist es ~ schon Mitternacht**? serait-il déjà minuit?; **hast du ~ wieder getrunken**? tu as encore bu?
◆ **in etwa** *Adv* à quelque chose près, à peu près.
etwaig *Adj* éventuel(elle).
etwas, was *fam* ◇ *Pron* **-1.** [ein Ding, ein Umstand] quelque chose; **~ anderes** quelque chose d'autre; **~ Neues/Komisches** quelque chose de nouveau/drôle; **ohne ~ zu bemerken** sans rien remarquer; **so ~** une chose pareille, une telle chose; **so ~ wie** ... quelque chose du genre de ... **-2.** [ein wenig] un peu. **-3.** [etwas Besonderes] quelque chose (de particulier); **das ist doch ~!** c'est déjà quelque chose!; **~ werden** aller loin. ◇ *Det* [ein wenig] un peu de; **~ Salz** un peu de sel. ◇ *Adv* [ein wenig] un peu.
Etymologie (*Pl* **-n**) *die* étymologie *f.*
etymologisch ◇ *Adj* étymologique. ◇ *Adv* étymologiquement.
EU (*Abk für* **Europäische Union**) *die* Union *f* européenne.
euch *Pron (Akkusativ und Dativ von ihr)* vous.
Eucharistie [ɔʏçarɪs'tiː] (*Pl* **-n**) *die* REL Eucharistie *f.*
euer, e ODER **eure** *Det* votre, vos.
Euphorie *die (ohne Pl)* euphorie *f.*
euphorisch ◇ *Adj* euphorique. ◇ *Adv* de façon euphorique.
eure, r, s ◇ *Pron* le vôtre, la vôtre, les vôtres. ◇ *Det* → **euer**.
EUREKA ['ɔyreka] (*Abk für* **European Research Coordination Agency**) *die (ohne Pl)* EUREKA, Eurêka.
eurer *Pron (Genitiv von ihr)* de vous.
eurerseits *Adv* de votre côté ODER part.
eures → **eure**.
euresgleichen *Pron* vos semblables.
euretwegen *Adv* à cause de vous, pour vous.
euretwillen *Adv*: **um ~** par égard pour vous, pour vous.
Eurocard® ['ɔyrokaɐ̯d] (*Pl* **-s**) *die* eurocard® *f.*
Eurocheque, Euro|scheck ['ɔyroʃɛk] (*Pl* **-s**) *der* eurochèque *m.*
EuroCity ['ɔyrosɪti] (*Pl* **-s**) *der train rapide international.*
Europa *nt* Europe *f.*
Europäer, in (*mPl* **-**; *fPl* **-nen**) *der, die* Européen *m*, -enne *f.*
europäisch *Adj* européen(enne).
Europa|meister, in *der, die* champion *m*, -onne *f* d'Europe.
Europa|meisterschaft *die* championnat *m* d'Europe.
Europa|parlament *das (ohne Pl)* Parlement *m* européen.
Europa|pokal *der* coupe *f* d'Europe.
Europa|rat *der (ohne Pl)* Conseil *m* de l'Europe.
Euro|scheck = **Eurocheque**.
Euroscheck|karte, **Eurocheque|karte** *die* carte *f* eurochèque.
Euter (*Pl* **-**) *der* ODER *das* pis *m.*
ev. *Abk für* **evangelisch**.
e.V. *Abk für* **eingetragener Verein**.
evakuieren [evaku'iːrən] *tr* évacuer.
Evakuierung [evɐku'iːrʊŋ] (*Pl* **-en**) *die* évacuation *f.*
evangelisch [evaŋ'geːlɪʃ] *Adj* protestant(e).
Evangelium [evaŋ'geːli̯ʊm] (*Pl* **-gelien**) *das* Évangile *m.*
eventuell [evɛn'tu̯ɛl] ◇ *Adj* éventuel(elle). ◇ *Adv* éventuellement.
ev.-luth. (*Abk für* **evangelisch-lutherisch**) de l'Église *f* luthérienne.
Evolution [evolu'tsi̯oːn] (*Pl* **-en**) *die* évolution *f.*
ev.-ref. (*Abk für* **evangelisch-reformiert**) de l'Église *f* réformée.
evtl. *Abk für* **eventuell**.
EWF (*Abk für* **Europäischer Währungsfonds**) *der (ohne Pl)* F.M.E. *m.*
ewig ◇ *Adj* **-1.** [nie endend] éternel(elle). **-2.** *fam abw* [überlang] interminable. **-3.** *fam abw* [Klage, Gejammer] sempiternel(elle). ◇ *Adv* **-1.** [endlos] éternellement. **-2.** *fam abw* [zu lange]: **~ warten** attendre une éternité. **-3.** [immer wieder] toujours.
◆ **auf ewig** *Adv* [für immer] à tout jamais.
Ewigkeit (*Pl* **-en**) *die* éternité *f.*
EWR (*Abk für* **Europäischer Wirtschaftsraum**) *der (ohne Pl)* E.E.E. *m.*
EWS (*Abk für* **Europäisches Währungssystem**) *das (ohne Pl)* SME *m.*
ex *Adv fam* : **etw (auf) ~ trinken** boire qqch cul sec.
◆ **ex und hopp** *Adv fam abw* cul sec.
exakt ◇ *Adj* exact(e); [Arbeit] précis(e). ◇ *Adv* exactement; [arbeiten] avec précision; **~ um neun Uhr** à neuf heures précises.
Exaktheit *die (ohne Pl)* exactitude *f*; [von Arbeit] précision *f.*

exaltiert ◇ *Adj* exalté(e). ◇ *Adv* avec exaltation, de manière exaltée.
Examen (*Pl* -) *das* examen *m (de fin d'études)*; **~ machen** passer son diplôme.
Examens|arbeit *die* mémoire *m*.
Examens|kandidat *der* candidat *m* à un examen *(de fin d'études)*.
Exekution (*Pl* **-en**) *die* exécution *f*.
Exekutive [ɛkseku'tiːvə] *die (ohne Pl)* pouvoir *m* exécutif, exécutif *m*.
Exempel (*Pl* -) *das*: **das ~ (für etw)** le modèle (de qqch).
Exemplar (*Pl* **-e**) *das* exemplaire *m*.
exemplarisch ◇ *Adj* exemplaire. ◇ *Adv* de façon exemplaire.
exerzieren *intr* MIL faire l'exercice.
Exil (*Pl* **-e**) *das* exil *m*; **im ~** en exil.
Exil|regierung *die* gouvernement *m* en exil.
existent *Adj* existant(e).
Existentialismus [ɛksɪstɛntsi̯a'lɪsmʊs] *der (ohne Pl)* existentialisme *m*.
existentialistisch [ɛksɪstɛntsi̯a'lɪstɪʃ] *Adj* existentialiste.
existentiell [ɛksɪstɛn'tsi̯ɛl] *Adj* existentiel(elle).
Existenz (*Pl* **-en**) *die* **-1.** *(ohne Pl)* [Bestehen, Unabhängigkeit] existence *f*; **(sich** *(D)***) eine ~ gründen** faire sa vie. **-2.** *abw* [Person] individu *m*; **gescheiterte** ODER **verkrachte ~** raté *m*, -e *f*.
Existenz|angst *die* peur *f* existentielle.
Existenz|grundlage *die* moyens *mpl* de subsistance.
Existenz|kampf *der* lutte *f* pour survivre.
Existenz|minimum *das (ohne Pl)* minimum *m* vital.
existieren *intr* **-1.** [bestehen] exister. **-2.** [auskommen] subsister.
exklusiv ◇ *Adj* **-1.** [Geschäft] de luxe. **-2.** [Personenkreis] distingué(e). **-3.** [Klub, Verein] fermé(e). **-4.** [Privileg, Meldung] exclusif(ive). ◇ *Adv* **-1.** [vornehm] de manière raffinée ODER distinguée. **-2.** [ausschließlich] exclusivement.
Exklusivität [ɛkskluzivi'tɛːt] *die (ohne Pl)* **-1.** [Ausschließlichkeit] exclusivité *f*. **-2.** [Besonderheit] distinction *f*.
Exkurs (*Pl* **-e**) *der* digression *f*.
Exkursion (*Pl* **-en**) *die* excursion *f*.
Exmatrikulation (*Pl* **-en**) *die* UNI *radiation des listes des étudiants inscrits à l'université*.
exmatrikulieren *tr* UNI *radier un étudiant des listes d'inscription à l'université*.
◆ **sich exmatrikulieren** *ref* UNI *se faire rayer des listes d'inscription à l'université*.
Exot (*Pl* **-en**), **Exote** (*Pl* **-n**) *der personne, animal ou plante originaire d'un pays exotique*.
Exotik *die (ohne Pl)* exotisme *m*.
Exotin (*Pl* **-nen**) *die fille ou femme originaire d'un pays exotique*.
exotisch *Adj* & *Adv* exotique.
expandieren *intr* WIRTSCH être en expansion.
Expansion (*Pl* **-en**) *die* WIRTSCH, POL expansion *f*.
Expedition (*Pl* **-en**) *die* **-1.** [Reise, Gruppe] expédition *f*. **-2.** [in Firma] service *m* des expéditions.
Experiment (*Pl* **-e**) *das* **-1.** [Versuch]: **~ (mit etw)** expérience *f* (sur qqch). **-2.** [Wagnis] expérimentation *f*.
experimentell ◇ *Adj* expérimental(e). ◇ *Adv* expérimentalement; **~ beweisen** prouver par l'expérience.
experimentieren *intr*: **(mit etw) ~** faire des expériences (sur qqch).
experimentierfreudig *Adj* friand(e) d'expériences nouvelles.
Experte (*Pl* **-n**) *der* expert *m*.
Expertin (*Pl* **-nen**) *die* expert *m*.
explizit *geh* ◇ *Adj* explicite. ◇ *Adv* explicitement.
explodieren (*Perf* **ist explodiert**) *intr* **-1.** [Gegenstand] exploser. **-2.** *fig* [Person] éclater.
Explosion (*Pl* **-en**) *die* explosion *f*.
Explosions|gefahr *die* danger *m* d'explosion.
explosiv *Adj* **-1.** [Gegenstand] explosif(ive). **-2.** *fig* [Person] colérique.
Export (*Pl* **-e**) *der* **-1.** *(ohne Pl)* [Ausfuhr] exportation *f*. **-2.** [Ausgeführtes] exportations *fpl*.
Export|artikel *der* article *m* d'exportation.
Exporteur [ɛkspɔr'tøːɐ̯] (*Pl* **-e**) *der* exportateur *m*.
exportieren *tr* & *intr* exporter.
Expreß *der (ohne Pl) Österr*: **der ~ (nach)** l'express (pour).
Expressionismus *der (ohne Pl)* expressionnisme *m*.
Expressionist, in (*mPl* **-en**; *fPl* **-nen**) *der, die* expressionniste *mf*.
expressionistisch ◇ *Adj* expressionniste. ◇ *Adv* dans le style expressionniste.
exquisit ◇ *Adj* **-1.** [Nahrung, Geschmack] exquis(e). **-2.** [Ware] de choix. ◇ *Adv* de façon exquise.
extra ◇ *Adj* supplémentaire. ◇ *Adv* **-1.** [separat] à part, séparément. **-2.** [zusätzlich] en plus. **-3.** [speziell] exprès.
◆ **Extra** (*Pl* **-s**) *das* **-1.** [Aufwand] extra *m*. **-2.** [Zusatzteil] option *f*.
Extra|blatt *das* édition *f* spéciale.
Extrakt (*Pl* **-e**) *der* **-1.** [Substanz] extrait *m*. **-2.** [aus Text] résumé *m*.

extravagant ['ɛkstravagant] ◇ *Adj* extravagant(e). ◇ *Adv* de façon extravagante.
Extra|wurst *die (ohne Pl)*: **jm eine ~ braten** *fam fig* faire une fleur à qqn.
extrem ◇ *Adj* extrême. ◇ *Adv* extrêmement; **~ rechts/links** très à droite/gauche.
Extrem (*Pl* **-e**) *das* extrême *m*.
Extremist, in (*mPl* **-en**; *fPl* **-nen**) *der, die* extrémiste *mf*.
exzellent ◇ *Adj* excellent(e). ◇ *Adv* à merveille; **~ schmecken** être excellent(e).
exzentrisch *abw* ◇ *Adj* excentrique. ◇ *Adv* de façon excentrique.
Exzeß (*Pl* **Exzesse**) *der* excès *m*; **etw bis zum ~ treiben** pousser qqch trop loin.
EZ *Abk für* **Einzelzimmer**.

F

f, F [ɛf] (*Pl* - ODER **-s**) *das* **-1.** [Buchstabe] f *m inv*, F *m inv*. **-2.** MUS fa *m inv*.
◆ **F** (*Abk für* **Fahrenheit**) F.
f. *Abk für* **für**.
Fa. (*Abk für* **Firma**) sté.
Fabel (*Pl* **-n**) *die* [Erzählung] fable *f*.
fabelhaft ◇ *Adj* fabuleux(euse). ◇ *Adv* fabuleusement; [sich verhalten, kleiden] fabuleusement bien.
Fabrik (*Pl* **-en**) *die* usine *f*; **in der ~** à l'usine.
Fabrikant, in (*mPl* **-en**; *fPl* **-nen**) *der, die* fabricant *m*, -e *f*.
Fabrik|arbeiter, in *der, die* ouvrier d'usine *m*, ouvrière d'usine *f*.
Fabrikat (*Pl* **-e**) *das* produit *m* (manufacturé); **das Auto ist ein deutsches ~** la voiture est de fabrication allemande.
Fabrikation (*Pl* **-en**) *die* fabrication *f*.
Fabrik|gelände *das* enceinte *f* d'usine.
fabrikneu *Adj* sortant de l'usine.
fabrizieren *tr* fabriquer.
Facette [fa'sɛtə] (*Pl* **-n**) *die* facette *f*.
Fach (*Pl* **Fächer**) *das* **-1.** [Teil - von Schrank, Koffer] compartiment *m*; [- für Post] boîte *f*. **-2.** [Fachgebiet] domaine *m*; **vom ~ sein** être du métier. **-3.** [Schulfach] matière *f*. **-4.** [Studienfach] discipline *f*.
Fach|abitur *das* baccalauréat *m* technique.
Fach|arbeiter, in *der, die* ouvrier qualifié *m*, ouvrière qualifiée *f*.
Fach|arzt, |ärztin *der, die* spécialiste *mf*.
fachärztlich ◇ *Adj* d'un (d'une) spécialiste; [Untersuchung] par un (une) spécialiste. ◇ *Adv* par un (une) spécialiste.
Fach|ausdruck *der* terme *m* technique.
Fach|bereich *der* **-1.** [Fachgebiet] spécialité *f*, domaine *m*. **-2.** UNI ≃ Unité *f* de formation et de recherche.
Fach|buch *das* livre *m* spécialisé.
Fächer (*Pl* -) *der* éventail *m*.
Fach|frau *die* spécialiste *f*.
Fach|gebiet *das* spécialité *f*, domaine *m*.
fachgerecht ◇ *Adj* dans les règles de l'art. ◇ *Adv* selon les règles de l'art.
Fach|geschäft *das* magasin *m* spécialisé.
Fachhoch|schule *die institut universitaire préparant à un diplôme comparable au BTS*.
Fach|kenntnis *die* connaissances *fpl* spécialisées.
Fach|kraft *die* spécialiste *mf*.
fachkundig ◇ *Adj* **-1.** [Handlung] spécialisé(e). **-2.** [Person] expert(e). ◇ *Adv* en spécialiste ODER expert(e).
fachlich ◇ *Adj* spécialisé(e). ◇ *Adv* [sich äußern] en spécialiste; **sich ~ weiterbilden** se spécialiser.
Fach|literatur *die* littérature *f* spécialisée.
Fach|mann (*Pl* **-leute**) *der*: **~ (für etw)** spécialiste *m* (de qqch).
fachmännisch ◇ *Adj* d'un (d'une) spécialiste. ◇ *Adv* en spécialiste.
Fach|richtung *die* branche *f*.
fachsimpeln *intr fam* parler boutique.
Fach|sprache *die* langage *m* technique.
Fachwerk|haus *das* maison *f* à colombages.
Fach|wissen *das* savoir *m* spécialisé.
Fackel (*Pl* **-n**) *die* flambeau *m*.
fackeln
◆ **nicht lange fackeln** *intr fam* ne faire ni une ni deux.
fade *Adj abw* **-1.** [Nahrung, Geschmack] fade. **-2.** [Person] terne.
Faden (*Pl* **Fäden**) *der* **-1.** [Faser] fil *m*. **-2.** *RW*: **den ~ verlieren** perdre le fil; **sich wie ein roter ~ durch etw ziehen** être le fil conducteur de qqch.
fadenscheinig *Adj* **-1.** *abw* [unglaubwürdig] cousu(e) de fil blanc. **-2.** [Stoff] usé(e) jusqu'à la corde.
Fagott (*Pl* **-e**) *das* basson *m*.

fähig *Adj* capable; **zu etw ~ sein** être capable de qqch; **zu allem ~ sein** être capable de tout.

Fähigkeit (*Pl* **-en**) *die* capacité *f*.

fahl *Adj* [Licht, Farbe] blafard(e); [im Gesicht] blême.

fahnden *intr*: **nach jm/etw ~** rechercher qqn/qqch.

Fahnder, in (*mPl* -; *fPl* **-nen**) *der, die* enquêteur *m*, -euse ODER -trice *f*.

Fahndung (*Pl* **-en**) *die* recherches *fpl*.

Fahndungs|foto *das* photo *f (sur un avis de recherche)*.

Fahndungs|liste *die* liste *f* des personnes recherchées.

Fahne (*Pl* **-n**) *die* drapeau *m*; **eine ~ haben** *fam fig* sentir l'alcool à plein nez.

Fahnen|eid *der* MIL serment *m* de fidélité au drapeau.

Fahnen|flucht *die (ohne Pl)* MIL désertion *f*; **~ begehen** déserter.

Fahnen|mast *der* mât *m (pour drapeau)*; [aus Holz] hampe *f*.

Fahr|ausweis *der* **-1.** [Fahrschein] titre *m* de transport. **-2.** *Schweiz* [Führerschein] permis *m* de conduire.

Fahr|bahn *die* chaussée *f*.

Fahr|dienst *der* service *m* de transport.

Fähre (*Pl* **-n**) *die* [klein] bac *m*; [groß] ferry *m*, ferryboat *m*.

fahren (*Präs* **fährt**, *Prät* **fuhr**, *Perf* **hat/ist gefahren**) ◇ *intr (ist)* **-1.** [Fahrer] conduire; [mit Verkehrsmittel] aller; **mit etw ~** aller en qqch; **mit etw gut ~** *fam fig* bien s'en tirer de qqch; **durch etw ~** traverser qqch; **über Berlin ~** passer par Berlin; **wir sind die ganze Nacht gefahren** on a roulé toute la nuit. **-2.** [Fahrzeug] rouler; **200 km/h ~** faire du 200 à l'heure. **-3.** [Verkehrsmittel] circuler; **alle zehn Minuten ~** passer toutes les dix minutes. **-4.** [mit Hand]: **über etw** *(A)* **~** passer (la main) sur qqch. ◇ *tr* **-1.** *(hat)* [Fahrzeug, Person] conduire. **-2.** *(ist)* [Entfernung] parcourir; [Strecke, Route] prendre. **-3.** *(ist)* SPORT: **Schlitten/Ski ~** faire de la luge/du ski.

Fahrenheit *nt* degré *m* Fahrenheit.

Fahrer (*Pl* -) *der* conducteur *m*; [beruflich] chauffeur *m*.

Fahrer|flucht *die (ohne Pl)* délit *m* de fuite; **~ begehen** commettre un délit de fuite.

Fahrerin (*Pl* **-nen**) *die* conductrice *f*; [beruflich] chauffeur *m*.

Fahr|erlaubnis *die amt* permis *m* de conduire.

Fahr|gast *der* passager *m*, -ère *f*.

Fahr|geld *das* frais *mpl* de transport.

Fahr|gemeinschaft *die groupe de personnes qui s'organisent pour utiliser la même voiture afin de se rendre sur leur lieu de travail.*

Fahr|geschwindigkeit *die* vitesse *f*.

Fahr|gestell *das* **-1.** [von Autos] châssis *m*. **-2.** [von Flugzeugen] train *m* d'atterrissage.

fahrig ◇ *Adj* fébrile. ◇ *Adv* fébrilement.

Fahr|karte *die* billet *m*.

Fahrkarten|automat *der* distributeur *m* automatique de billets.

Fahrkarten|schalter *der* guichet *m*.

Fahr|kosten = **Fahrtkosten**.

fahrlässig ◇ *Adj* négligent(e); [Tötung] involontaire. ◇ *Adv* par négligence.

Fahrlässigkeit (*Pl* **-en**) *die* négligence *f*.

Fahr|lehrer, in *der, die* moniteur d'auto-école *m*, monitrice d'auto-école *f*.

Fahr|plan *der* horaire *m*.

fahrplanmäßig ◇ *Adj* conforme à l'horaire. ◇ *Adv* **-1.** [laut Fahrplan] selon l'horaire. **-2.** [pünktlich] à l'heure.

Fahr|preis *der* prix *m* du transport.

Fahr|prüfung *die* examen *m* du permis de conduire; **die ~ bestehen** réussir son permis.

Fahr|rad *das* bicyclette *f*; **mit dem ~ fahren** aller à bicyclette.

Fahrrad|schloß *das* antivol *m*.

Fahrrad|ständer *der* support *m* pour bicyclettes.

Fahr|schein *der* billet *m*, ticket *m*; **einen ~ lösen** acheter un ticket.

Fahrschein|automat *der* distributeur *m* automatique de billets.

Fahr|schule *die* auto-école *f*.

Fahr|schüler, in *der, die* **-1.** [in einer Fahrschule] élève *mf* d'auto-école. **-2.** [als Pendler] *enfant qui va à l'école en utilisant un moyen de transport public.*

Fahr|stuhl *der* ascenseur *m*.

Fahr|stunde *die* leçon *f* de conduite.

Fahrt (*Pl* **-en**) *die* **-1.** *(ohne Pl)* [Fortbewegung] trajet *m*; **auf der ~ nach Berlin sein** être en route pour Berlin; **Sie haben freie ~ auf der A1** la circulation est fluide sur la A1. **-2.** [Ausflug] sortie *f*; [Reise] voyage *m*. **-3.** *(ohne Pl)* [Geschwindigkeit] vitesse *f*; **in voller ~** à toute vitesse ODER allure. **-4.** *RW*: **in ~ kommen** ODER **geraten** *fam* se mettre en train; *fam fig* se mettre en rogne.

◆ **gute Fahrt!** *Interj* bon voyage!

fährt *Präs* → **fahren**.

Fährte (*Pl* **-n**) *die* trace *f*, piste *f*; **auf der falschen/richtigen ~ sein** *fig* être sur la mauvaise/bonne piste.

Fahrten|messer *das* couteau *m* de voyage.

Fahrten|schreiber *der* AUTO tachygraphe *m*.

Fahrtkosten, **Fahrkosten** *Pl* frais *mpl* de déplacement.

Fahrtrichtung *die* sens *m* de la marche; **gegen die ~** dans le sens contraire de la marche.

fahrtüchtig *Adj* **-1.** [Fahrzeug] en état de marche. **-2.** [Mensch] en état de conduire.

Fahrtwind *der (ohne Pl)* vent *m* de face.

Fahrverbot *das* **-1.** [Führerscheinentzug] retrait *m* temporaire du permis (de conduire). **-2.** [während der Ölkrise] *interdiction temporaire d'utiliser son véhicule afin de limiter la consommation d'essence.*

Fahrwasser *das* chenal *m*; **in js ~ geraten** *fam fig* être sous la coupe de qqn.

Fahrzeug (*Pl* **-e**) *das* véhicule *m*.

Fahrzeughalter, in (*mPl* **-**; *fPl* **-nen**) *der, die* détenteur *m*, -trice *f* d'un véhicule.

Fahrzeugpapiere *Pl* papiers *mpl* du véhicule.

fair [fɛːɐ̯] ◇ *Adj* loyal(e); SPORT fair-play; [Urteil] juste. ◇ *Adv* loyalement; SPORT avec fair-play.

Fairneß ['fɛːɐ̯nɛs] *die (ohne Pl)* loyauté *f*; SPORT fair-play *m inv*.

Fair play ['fɛːɐ̯'pleː] *das (ohne Pl)* SPORT fair-play *m inv*.

Fäkalien [fɛ'kaːli̯ən] *Pl* matières *fpl* fécales.

faktisch ◇ *Adj* réel(elle). ◇ *Adv* réellement, en réalité.

Faktor (*Pl* **Faktoren**) *der* facteur *m*.

Faktum (*Pl* **Fakten**) *das* fait *m*.

Fakultät (*Pl* **-en**) *die* UNI faculté *f*.

fakultativ *Adj* facultatif(ive).

Falke (*Pl* **-n**) *der* faucon *m*.

Falkland-Inseln *Pl* Malouines *fpl*, îles *fpl* Falkland; **auf den ~** aux îles Malouines.

Fall (*Pl* **Fälle**) *der* **-1.** *(ohne Pl)* [Sturz] chute *f*; **zu ~ kommen** faire une chute; **jn/etw zu ~ bringen** *fig* renverser qqn/qqch. **-2.** [Situation, Vorkommnis, in Grammatik] cas *m*; **etw von ~ zu ~ entscheiden** décider qqch au cas par cas. **-3.** [Rechtsfall] affaire *f*. **-4.** *RW*: **sie ist ganz mein ~** elle est tout à fait mon genre; **etw ist ganz mein ~** qqch est vraiment mon truc.

◆ **auf jeden Fall** *Adv* en tout cas.

◆ **auf alle Fälle** *Adv* **-1.** [unbedingt] de toute façon. **-2.** [vorsichtshalber] en tout cas.

◆ **auf keinen Fall** *Adv* en aucun cas.

◆ **für den Fall** *Konj*: **für den ~, daß** au cas où *(+ conditionnel)*.

◆ **gesetzt den Fall** *Konj*: **gesetzt den ~, daß** à supposer que *(+ subjonctif)*.

◆ **im Fall(e), daß** *Konj* au cas où *(+ conditionnel)*.

◆ **klarer Fall!** *Interj fam* bien sûr, c'est évident!

Falle (*Pl* **-n**) *die* **-1.** [zum Fangen] piège *m*; **jm/etw eine ~ stellen** *fig* tendre un piège à qqn/qqch; **in eine ~ geraten** *eigtl* & *fig* tomber dans un piège. **-2.** *fam* [Bett] pieu *m*.

fallen (*Präs* **fällt**, *Prät* **fiel**, *Perf* **ist gefallen**) *intr* **-1.** [gen] tomber; **in etw** *(A)* **~** tomber dans qqch. **-2.** [Temperatur, Preise, Kurse] baisser. **-3.** [bei Prüfung]: **durch etw ~** *fam* rater qqch. **-4.** [geschehen]: **plötzlich fiel ein Schuß** soudain un coup est parti; **Weihnachten fällt auf einen Montag** Noël tombe un lundi; **das Tor fiel in der zehnten Minute** le but a été marqué à la dixième minute.

fällen *tr* **-1.** [Baum] abattre. **-2.** [Entscheidung] prendre. **-3.** [Urteil - persönlich] porter; [- richterlich] rendre.

fallenlassen *tr (unreg)* **-1.** [Person, Vorhaben] laisser tomber. **-2.** [aussprechen] lâcher.

fällig *Adj* **-1.** [Wechsel] arrivé(e) à échéance, dû (due); **am 1. 10. ~** payable le 01/10. **-2.** [abzugeben]: **die Arbeit ist am 1.10. ~** le devoir doit être rendu le 01/10. **-3.** [notwendig] (devenu(e)) nécessaire.

Fallobst *das* fruits *mpl* tombés.

falls *Konj* si.

Fallschirm *der* parachute *m*; **mit dem ~** en parachute.

Fallschirmjäger *der* MIL parachutiste *m*.

Fallschirmspringer, in (*mPl* **-**; *fPl* **-nen**) *der, die* parachutiste *mf*.

Fallstudie *die* étude *f* de cas.

fällt *Präs* → **fallen**.

Falltür *die* trappe *f*.

falsch ◇ *Adj* **-1.** [gen] faux (fausse). **-2.** [aus Irrtum, irreführend] mauvais(e). ◇ *Adv* **-1.** [nicht korrekt] mal; **~ singen** chanter faux; **~ fahren** se tromper de route. **-2.** [hinterhältig, irreführend] faussement.

Falschaussage *die* RECHT fausse déclaration *f*.

Falsche (*Pl* **-n**) *der, die, das*: **das ~ tun** ne pas faire ce qu'il faut; **den ~n fragen** ne pas demander à la bonne personne; **an den ~n** ODER **die ~ geraten** *fam* se tromper d'adresse.

fälschen *tr* falsifier; [Karten] truquer; [Würfel] piper.

Fälscher, in (*mPl* **-**; *fPl* **-nen**) *der, die* faussaire *mf*.

Falschfahrer, in *der, die personne qui conduit à contresens.*

Falschgeld *das (ohne Pl)* fausse monnaie *f*.

Falschheit *die (ohne Pl)* **-1.** [von Gegenstand, Aussage] fausseté *f*. **-2.** *abw* [von Personen] sournoiserie *f*.

fälschlich ◇ *Adj* **-1.** [falsch] faux (fausse). **-2.** [irrtümlich] erroné(e). ◇ *Adv* **-1.** [falsch] à tort. **-2.** [irrtümlich] par erreur.

fälschlicherweise *Adv* à tort.

Falsch|meldung *die* fausse nouvelle *f*.

Fälschung (*Pl* **-en**) *die* **-1.** *(ohne Pl)* [Handlung] falsification *f*. **-2.** [Gegenstand] faux *m*.

fälschungssicher *Adj* infalsifiable.

Falt|blatt *das* dépliant *m*.

Falt|boot *das* canot *m* pliant.

Falte (*Pl* **-n**) *die* **-1.** [Kniff] pli *m*; **voller ~n** tout fripé, toute fripée. **-2.** [Hautfalte] ride *f*; **die Stirn in ~n legen** plisser le front.

falten *tr* **-1.** [Stoff, Papier] plier. **-2.** [Hände] joindre. **-3.** [Stirn] plisser.
◆ **sich falten** *ref* se rider.

Falten|rock *der* jupe *f* plissée.

Falter (*Pl* -) *der* papillon *m*.

faltig *Adj* **-1.** [Haut] ridé(e). **-2.** [Stoff] plein(e) de plis.

familiär ◇ *Adj* **-1.** [die Familie betreffend] familial(e). **-2.** [vertraut] familier(ère). ◇ *Adv* familièrement.

Familie [fa'mi:liə] (*Pl* **-n**) *die* famille *f*; **~ haben** avoir une famille ODER des enfants.

Familien|anschluß *der (ohne Pl)* hébergement *m* en famille.

Familien|betrieb *der* entreprise *f* familiale.

Familien|feier *die* fête *f* de famille.

Familien|kreis *der* cercle *m* familial; **im ~** en famille; **im engsten ~** dans la plus stricte intimité.

Familien|leben *das (ohne Pl)* vie *f* familiale ODER de famille.

Familien|mitglied *das* membre *m* de la famille.

Familien|name *der* nom *m* de famille; *amt* nom *m* patronymique, patronyme *m*.

Familien|planung *die (ohne Pl)* planning *m* familial.

Familien|stand *der (ohne Pl)* situation *f* familiale.

Familien|vater *der* père *m* de famille.

famos [fa'mo:s] *fam* ◇ *Adj* fameux(euse), épatant(e). ◇ *Adv* de manière épatante.

Fan (*Pl* **-s**) *der* fan *mf*; SPORT supporter *m*, supporteur *m*, -trice *f*.

Fanatiker, in (*mPl* -; *fPl* **-nen**) *der, die abw* fanatique *mf*.

fanatisch *abw* ◇ *Adj* fanatique. ◇ *Adv* fanatiquement.

Fanatismus *der (ohne Pl) abw* fanatisme *m*.

fand *Prät* → **finden**.

Fanfare (*Pl* **-n**) *die* **-1.** [Instrument] clairon *m*. **-2.** [Signal] sonnerie *f*.

Fang *der (ohne Pl)* prise *f*; **einen guten ~ machen** [als Beute] faire une belle prise; [als Gewinn, Erfolg] faire une bonne affaire.

fangen (*Präs* **fängt**, *Prät* **fing**, *Perf* **hat gefangen**) *tr* attraper; [Fisch] prendre.
◆ **sich fangen** *ref* **-1.** [Tier] se faire prendre (au piège). **-2.** [Mensch] se reprendre.
◆ **Fangen** *das (ohne Pl)*: **Fangen spielen** jouer à chat perché.

Fang|frage *die* question *f* piège.

Fango|packung *die* cataplasme *m* de boue.

fängt *Präs* → **fangen**.

Fan|klub, **Fanclub** *der* fan-club *m*.

Farad (*Pl* -) *das* PHYS farad *m*.

Farb|aufnahme *die* photo *f* couleur.

Farb|band (*Pl* **-bänder**) *das* ruban *m* (encreur).

Farbe (*Pl* **-n**) *die* **-1.** [Eigenschaft, Symbol] couleur *f*; [von Pferden] robe *f*; **in ~** en couleurs; **~ bekommen** *fig* prendre des couleurs. **-2.** [zum Malen, Streichen] peinture *f*. **-3.** *RW*: **~ bekennen** *fam* jouer cartes sur table.

farbecht *Adj* grand teint.

färben ◇ *tr* teindre. ◇ *intr* déteindre.
◆ **sich färben** *ref* se colorer.

farbenblind *Adj* daltonien(enne).

farbenfreudig *Adj* aux couleurs gaies.

farbenprächtig *Adj* éclatant(e) de couleurs.

Farb|fernsehen *das* télévision *f* en couleurs.

Farb|fernseher *der* téléviseur *m* couleur.

Farb|film *der* **-1.** [für Fotos] pellicule *f* couleur. **-2.** [Spielfilm] film *m* en couleurs.

Farb|foto *das* photo *f* couleur.

farbig ◇ *Adj* **-1.** [in Farbe] en couleurs; [Person, Papier] de couleur; [Bildschirm] couleur. **-2.** [farbenfroh] coloré(e). **-3.** [anschaulich, lebhaft] haut(e) en couleur. ◇ *Adv* **-1.** [farbenfroh] avec beaucoup de couleurs. **-2.** [anschaulich, lebhaft]: **~ schildern** faire un exposé haut en couleur.

Farbige (*Pl* **-n**) *der, die* homme de couleur *m*, femme de couleur *f*.
◆ **Farbigen** *Pl*: **die ~n** les personnes *fpl* de couleur.

farblich ◇ *Adj* des couleurs. ◇ *Adv* sur le plan des couleurs.

farblos *Adj* **-1.** [durchsichtig] incolore. **-2.** [nichtssagend] terne.

Farb|stift *der* crayon *m* de couleur.

Farb|stoff *der* colorant *m*.

Farb|ton *der* ton *m (de couleur)*.

Färbung (*Pl* **-en**) *die* coloration *f*.

Farce ['fars(ə)] (*Pl* **-n**) *die* **-1.** [Posse, Füllung] farce *f*; **mit einer ~ füllen** farcir. **-2.** [lächerliches Geschehen]: **zu einer ~ werden** virer à la plaisanterie.

Farm (*Pl* **-en**) *die* ferme *f*.

Farmer, in (*mPl* -; *fPl* **-nen**) *der, die* fermier *m*, -ière *f*.

Farn (*Pl* **-e**) *der* fougère *f*.

Fasan (*Pl* **-e** ODER **-en**) *der* faisan *m*.
Fasching (*Pl* **-e** ODER **-s**) *der Österr & Süddt*, **Fast|nacht** *die (ohne Pl) période de carnaval*; **~ feiern** fêter le carnaval.
Faschismus *der (ohne Pl)* fascisme *m*.
Faschist, in (*mPl* **-en**; *fPl* **-nen**) *der, die* fasciste *mf*.
faseln *fam abw* ◇ *tr*: **Unsinn ~** raconter n'importe quoi. ◇ *intr* parler à tort et à travers.
Faser (*Pl* **-n**) *die* fibre *f*.
faserig *Adj* fibreux(euse).
fasern *intr* **-1.** [Holz] s'effriter. **-2.** [Gewebe] s'effilocher.
Faß (*Pl* **Fässer**) *das* tonneau *m*; **das ist ein ~ ohne Boden** *fig* c'est un gouffre.
◆ **vom Faß** *Adv* [Bier] à la pression; [Wein] en fût.
Fassade (*Pl* **-n**) *die* façade *f*.
fassen (*Präs* **faßt**, *Prät* **faßte**, *Perf* **hat gefaßt**) ◇ *tr* **-1.** [mit den Händen] saisir; **am Arm ~** saisir par le bras; **jn/etw zu ~ bekommen** réussir à saisir qqn/qqch. **-2.** [Verbrecher] arrêter. **-3.** [begreifen]: **es nicht ~ können** ne pas pouvoir y croire. **-4.** [Text] rédiger; **seine Gedanken in Worte ~** articuler sa pensée; **sich kurz ~** être bref(ève). **-5.** [Entschluß, Beschluß] prendre. **-6.** [als Inhalt] avoir une contenance de. ◇ *intr*: **in** ODER **an etw** *(A)* **~** toucher qqch.
◆ **sich fassen** *ref* se contenir; **faß dich!** remets-toi!; **sich auf etw** *(A)* **gefaßt machen** *fig* s'attendre à qqch.
Fasson [fa'sɔŋ] (*Pl* **-s**) *die* forme *f*; **aus der ~ geraten** *fam fig* [Kleidung] perdre sa forme; **jeder nach seiner ~** chacun à sa manière.
Fassung (*Pl* **-en**) *die* **-1.** [für Glühbirnen] douille *f*. **-2.** [von Brille, Schmuck] monture *f*. **-3.** [von Text, Rede] version *f*. **-4.** *RW*: **jn aus der ~ bringen** faire perdre contenance à qqn; **etw mit ~ tragen** supporter qqch avec dignité.
fassungslos ◇ *Adj* bouleversé(e). ◇ *Adv* d'un air bouleversé.
Fassungs|vermögen *das (ohne Pl)* contenance *f*.
fast *Adv* presque, pratiquement; **~ wäre sie gekommen** elle a failli venir.
fasten *intr* jeûner.
Fasten|zeit *die* jeûne *m*; [katholisch] carême *m*.
Fastnacht = **Fasching**.
Faszination *die (ohne Pl)* fascination *f*.
faszinieren *tr* fasciner.
fatal *Adj* fatal(e); [Situation] fâcheux(euse).
Fatalismus *der (ohne Pl)* fatalisme *m*.
fatalistisch ◇ *Adj* fataliste. ◇ *Adv* avec fatalisme; **~ eingestellt sein** être fataliste.
fauchen *intr* **-1.** [Tier] feuler. **-2.** [Mensch] pester. **-3.** [Maschine] siffler.
faul ◇ *Adj* **-1.** [Essen, Holz] pourri(e); [Fleisch] avarié(e). **-2.** [Person] paresseux(euse). **-3.** *fam* [zweifelhaft - Witz, Ausrede] douteux(euse); [- Geschäft] louche; [- Friede] incertain(e). ◇ *Adv* paresseusement.
faulen (*Perf* **hat/ist gefault**) *intr* pourrir; [Wasser] croupir.
faulenzen *intr* paresser.
Faulenzer, in (*mPl* **-**; *fPl* **-nen**) *der, die abw* paresseux *m*, -euse *f*.
Faulheit *die (ohne Pl)* paresse *f*.
faulig ◇ *Adj* putride. ◇ *Adv*: **~ riechen** sentir mauvais; **~ schmecken** avoir un goût de pourri.
Fäulnis *die (ohne Pl)* putréfaction *f*.
Faul|pelz *der fam abw* fainéant *m*, -e *f*.
Faul|tier *das* **-1.** [Tier] paresseux *m*. **-2.** *fam abw* [Faulpelz] fainéant *m*, -e *f*.
Fauna *die* BIOL faune *f*.
Faust (*Pl* **Fäuste**) *die* poing *m*; **die ~ ballen** serrer le poing; **auf eigene ~** *fig* de son propre chef.
Faust|ball *der (ohne Pl) jeu opposant 2 équipes qui se renvoient un ballon avec le poing au-dessus d'un filet.*
Fäustchen (*Pl* **-**) *das*: **sich** *(D)* **(eins) ins ~ lachen** *fig* rire sous cape.
faustdick ◇ *Adj* **-1.** [wie eine Faust] gros(se) comme le poing. **-2.** [sehr groß]: **eine ~e Lüge** un mensonge gros comme une maison. ◇ *Adv*: **~ auftragen** *fam fig* en rajouter.
Fausthand|schuh *der* moufle *f*.
Fäustling (*Pl* **-e**) *der* moufle *f*.
Faust|regel *die* règle *f* de base.
Faust|schlag *der* coup *m* de poing.
Favorit, in (*mPl* **-en**; *fPl* **-nen**) *der, die* favori *m*, -ite *f*.
Fax (*Pl* **-** ODER **-e**) *das* fax *m*.
faxen *tr* faxer.
Faxen *Pl fam* bêtises *fpl*; **~ machen** faire des âneries; **mach keine ~** ne fais pas l'imbécile!
Fax|modem *das* EDV fax-modem *m*.
FAZ [fats] (*Abk für* **Frankfurter Allgemeine Zeitung**) *die (ohne Pl)* F.A.Z. *f*.
Fazit (*Pl* **-s** ODER **-e**) *das* bilan *m*; **~ ziehen** dresser un bilan; **das ~ aus etw ziehen** faire le bilan de qqch.
FC (*Abk für* **Fußballclub**) *der (ohne Pl)* F.C. *m*.
FCKW (*Abk für* **Fluorchlorkohlenwasserstoff**) *der (ohne Pl)* CFC *m*.
FD (*Pl* **-s**) (*Abk für* **Fernschnellzug**) *der* train *m* direct.
FDP (*Abk für* **Freie Demokratische Partei**) *die (ohne Pl) parti libéral allemand.*

F-Dur *das (ohne Pl)* MUS fa *m inv* majeur.

Februar *der (ohne Pl)* février *m*; *siehe auch* **September**.

fechten (*Präs* **ficht**, *Prät* **focht**, *Perf* **hat gefochten**) *intr* faire de l'escrime; **mit jm ~** SPORT croiser le fer avec qqn; *fig* se quereller avec qqn.

Fechter, in (*mPl* -; *fPl* **-nen**) *der, die* escrimeur *m*, -euse *f*.

Feder (*Pl* **-n**) *die* **-1.** [von Vogel, zum Schreiben] plume *f*; **~n lassen müssen** *fam fig* y laisser ODER perdre des plumes. **-2.** [Metallteil] ressort *m*.

◆ **Federn** *Pl*: **noch in den ~n liegen** *fam* être encore au plumard.

Feder|ball *der* **-1.** *(ohne Pl)* [Spiel]: **~ spielen** jouer au volant. **-2.** [Ball] volant *m*.

Feder|bett *das* édredon *m*.

federleicht ◇ *Adj* léger(ère) comme une plume. ◇ *Adv* avec une légèreté d'oiseau.

Federlesen *das (ohne Pl)*: **ohne viel** ODER **langes ~** *fig* sans chichis.

federn ◇ *intr* faire ressort. ◇ *tr* **-1.** [Fahrzeug] suspendre. **-2.** [Bett] munir de ressorts. **-3.** [Vogel] plumer.

Federung (*Pl* **-en**) *die* **-1.** [am Fahrzeug] suspension *f*. **-2.** [im Bett] ressorts *mpl*.

Federweiße (*Pl* **-n**) *der vin dont la fermentation n'est pas achevée.*

Feder|zeichnung *die* dessin *m* à la plume.

Fee (*Pl* **-n**) *die* fée *f*.

Feedback ['fiːdbɛk] (*Pl* **-s**) *das* réaction *f*.

Feeling ['fiːlɪŋ] (*Pl* **-s**) *das* sensation *f*, feeling *m*; **ein ~ für etw haben** avoir le sens de qqch.

Fege|feuer *das (ohne Pl)* purgatoire *m*.

fegen (*Perf* **hat/ist gefegt**) ◇ *tr (hat)* balayer. ◇ *intr* **-1.** *(hat)* [säubern] balayer. **-2.** *(ist)* [rasen]: **über etw** *(A)* **~** [Sturm, Wind] balayer qqch; **durch etw ~** [Person] passer en trombe à travers qqch.

fehl *Adv*: **~ am Platz sein** être déplacé(e).

Fehl|anzeige *die fam* : **~!** des clous!

Fehl|betrag *der* déficit *m (dans la caisse)*.

Fehl|diagnose *die* mauvais diagnostic *m*, erreur *f* de diagnostic.

fehlen *intr* **-1.** [nicht vorhanden sein] manquer; **es fehlt an etw** *(D)* on manque de qqch; **das fehlte gerade noch** *fam iron* il ne manquait plus que ça. **-2.** [vermißt werden]: **jd/etw fehlt jm** qqn/qqch manque à qqn. **-3.** [irren]: **weit gefehlt** tu te trompes ODER vous vous trompez lourdement. **-4.** [erkrankt sein]: **was fehlt dir** ODER **Ihnen**? qu'est-ce qui ne va pas?

Fehl|entscheidung *die* mauvaise décision *f*.

Fehler (*Pl* -) *der* **-1.** [in Text, bei Aussprache] faute *f*. **-2.** [Irrtum] erreur *f*. **-3.** [von Material, Charakter] défaut *m*; **js ~ sein** être la faute de qqn; **Geiz ist sein ~** il a le défaut d'être avare.

fehlerfrei ◇ *Adj* [Text, Aussprache] sans fautes; [Material, Mensch] sans défauts. ◇ *Adv* sans faire de fautes, impeccablement.

fehlerhaft ◇ *Adj* [Text] contenant des fautes; [Aussprache] incorrect(e); [Material, Maschine] défectueux(euse). ◇ *Adv* en faisant des fautes; **etw ist ~ verarbeitet** qqch a des défauts.

fehlerlos ◇ *Adj* [Text, Aufsatz] sans fautes; [Mensch] parfait(e). ◇ *Adv* sans faire de fautes, impeccablement.

Fehler|meldung *die* EDV message *m* (d')erreur.

Fehler|quelle *die* source *f* d'erreur.

Fehl|geburt *die* fausse couche *f*; **eine ~ haben** faire une fausse couche.

fehl|gehen (*Perf* **ist fehlgegangen**) *intr (unreg)* **-1.** [nicht treffen] manquer son but. **-2.** [sich irren] faire erreur.

Fehl|griff *der* erreur *f*; [Einkauf] mauvais achat *m*.

Fehl|schlag *der* coup *m* manqué.

fehl|schlagen (*Perf* **ist fehlgeschlagen**) *intr (unreg)* échouer.

Fehl|start *der* **-1.** SPORT faux départ *m*. **-2.** [von Flugzeugen] décollage *m* raté; [von Rakete, Satellit] lancement *m* raté.

Fehl|urteil *das* **-1.** [bei Gericht] erreur *f* judiciaire. **-2.** [Beurteilung] jugement *m* erroné.

Fehl|verhalten *das* mauvaise conduite *f*.

Fehl|zündung *die* ratés *mpl* (d'allumage).

Fehmarn *nt* Fehmarn, île *f* de Fehmarn; **auf ~** à Fehmarn.

Feier (*Pl* **-n**) *die* fête *f*; **zur ~ des Tages** pour fêter l'événement.

Feier|abend *der soirée après le travail*; **~ machen** arrêter de travailler *(en fin de journée)*; **mit dem Radfahren ist ~!** *fam fig* le vélo, c'est fini!

◆ **nach Feierabend** *Adv* après le travail.

feierlich ◇ *Adj* solennel(elle). ◇ *Adv* solennellement.

Feierlichkeit *die (ohne Pl)* solennité *f*.

◆ **Feierlichkeiten** *Pl* festivités *fpl*.

feiern ◇ *tr* **-1.** [Fest] fêter. **-2.** [Person] faire (la) fête à. ◇ *intr* faire la fête.

Feier|stunde *die* hommage *m*, commémoration *f*.

Feier|tag *der* jour *m* férié; [gesetzlich, kirchlich] fête *f*.

feiertags *Adv* les jours fériés.

feige *abw* ◇ *Adj* lâche. ◇ *Adv* lâchement.

Feige (*Pl* **-n**) *die* **-1.** [Frucht] figue *f*. **-2.** [Baum] figuier *m*.

Feigheit *die (ohne Pl) abw* lâcheté *f*.

Feigling (*Pl* **-e**) *der abw* lâche *mf*.
Feile (*Pl* **-n**) *die* lime *f*.
feilen ◇ *tr* limer. ◇ *intr*: **an etw** *(D)* **~** [Text] peaufiner qqch.
feilschen *intr*: **um den Preis einer Sache** *(G)* **~** marchander le prix de qqch.
fein ◇ *Adj* **-1.** [gen] fin(e). **-2.** [vornehm] distingué(e); **sich ~ machen** se faire beau (belle). **-3.** *fam* [schön, erfreulich] génial(e); **das hast du aber ~ gemacht!** *fam iron* c'est réussi! **-4.** *fam* [sympathisch] chic. ◇ *Adv* **-1.** [dünn, pulverig] finement. **-2.** *fam* [gut] bien; **~ heraussein** *fig* bien s'en sortir ODER s'en tirer. **-3.** [vornehm] avec élégance. **-4.** *fam* [anständig, brav] gentiment.
◆ **vom Feinsten** *Adj* de la meilleure qualité.
Fein|abstimmung *die* réglage *m* (de précision).
Fein|arbeit *die* travail *m* de précision.
Feind (*Pl* **-e**) *der* ennemi *m*.
Feindin (*Pl* **-nen**) *die* ennemie *f*.
feindlich ◇ *Adj* ennemi(e); [ablehnend] hostile. ◇ *Adv* en ennemi.
Feindlichkeit (*Pl* **-en**) *die* hostilité *f*.
Feindschaft (*Pl* **-en**) *die* inimitié *f*; **sich** *(D)* **js ~ zuziehen** s'attirer l'inimitié de qqn.
feindschaftlich ◇ *Adj* hostile. ◇ *Adv* avec hostilité.
feindselig ◇ *Adj* hostile. ◇ *Adv* avec hostilité.
Feind|seligkeit *die (ohne Pl)* hostilité *f*.
◆ **Feindseligkeiten** *Pl* hostilités *fpl*.
feinfühlig ◇ *Adj* fin(e). ◇ *Adv* avec beaucoup de sensibilité.
Fein|gefühl *das (ohne Pl)* délicatesse *f*.
Feinheit (*Pl* **-en**) *die* **-1.** *(ohne Pl)* [von Gegenstand, Benehmen] finesse *f*. **-2.** [Detail] nuance *f*.
Feinkost|geschäft *das* épicerie *f* fine.
feinmaschig *Adj* à mailles fines.
Fein|mechanik *die (ohne Pl)* mécanique *f* de précision.
Feinschmecker, in (*mPl* **-**; *fPl* **-nen**) *der, die* gourmet *m*.
Fein|wäsche *die (ohne Pl)* linge *m* délicat.
feixen *intr fam* ricaner.
Feld (*Pl* **-er**) *das* **-1.** [Acker, ELEKTR] champ *m*; **auf dem ~ arbeiten** travailler aux champs. **-2.** *(ohne Pl)* [Bereich] domaine *m*. **-3.** [von Formular, Brettspiel] case *f*. **-4.** [SPORT - Platz] terrain *m*; [- Gruppe] peloton *m*. **-5.** *RW*: **das ~ räumen** plier bagages; **jm das ~ überlassen** céder la place à qqn.
Feld|bett *das* lit *m* de camp.
Feld|blume *die* fleur *f* des champs.
Feld|flasche *die* gourde *f*.
Feld|jäger *der* membre *m* de la police militaire.
◆ **Feldjäger** *Pl* police *f* militaire.
Feld|maus *die* campagnol *m*.
Feld|salat *der (ohne Pl)* mâche *f*.
Feldstecher (*Pl* **-**) *der* jumelles *fpl*.
Feldwebel (*Pl* **-**) *der* adjudant *m*.
Feld|weg *der* chemin *m* rural.
Feld|zug *der* campagne *f*.
Felge (*Pl* **-n**) *die* **-1.** [am Rad] jante *f*. **-2.** SPORT soleil *m*.
Felgen|bremse *die* frein *m* sur jante.
Fell (*Pl* **-e**) *das* **-1.** *(ohne Pl)* [Haarkleid] pelage *m*. **-2.** [Material] peau *f*. **-3.** *RW*: **jm das ~ über die Ohren ziehen** *fam* arnaquer qqn.
Fels (*Pl* **-en**) *der* **-1.** *(G Fels & ohne Pl)* [Gestein] roche *f*. **-2.** *(G Felsens) geh* [Felsen] rocher *m*.
Fels|block (*Pl* **-blöcke**) *der* bloc *m* rocheux.
Felsen (*Pl* **-**) *der* rocher *m*.
felsenfest ◇ *Adj* inébranlable. ◇ *Adv* dur comme fer; **von etw ~ überzeugt sein** croire dur comme fer à qqch.
felsig *Adj* rocheux(euse).
Fels|wand *die* paroi *f* rocheuse.
feminin ◇ *Adj* **-1.** [weiblich, GRAM] féminin(e). **-2.** *abw* [unmännlich] efféminé(e). ◇ *Adv* **-1.** [weiblich] de manière féminine. **-2.** *abw* [unmännlich] de manière efféminée.
Femininum (*Pl* **Feminina**) *das* GRAM féminin *m*.
Feminismus *der (ohne Pl)* féminisme *m*.
Feminist, in (*mPl* **-en**; *fPl* **-nen**) *der, die* féministe *mf*.
feministisch ◇ *Adj* féministe. ◇ *Adv* de manière féministe.
Fenchel *der (ohne Pl)* fenouil *m*.
Fenster (*Pl* **-**) *das* **-1.** [Öffnung] fenêtre *f*. **-2.** [Scheibe] vitre *f*. **-3.** EDV fenêtre *f*. **-4.** *RW*: **weg vom ~ sein** *fam* tomber dans les oubliettes.
Fenster|bank (*Pl* **-bänke**) *die* appui *m* de fenêtre.
Fenster|brett *das* appui *m* de fenêtre.
Fenster|laden *der* volet *m*.
Fenster|platz *der* place *f* côté fenêtre.
Fenster|rahmen *der* cadre *m* de fenêtre.
Fenster|scheibe *die* vitre *f*.
Ferien *Pl* vacances *fpl*; **in den ~** pendant les vacances; **in die ~ fahren** partir en vacances.
Ferien|gast *der* vacancier *m*, -ère *f*.
Ferien|haus *das* maison *f* de vacances.
Ferien|kurs *der* cours *m* de vacances.
Ferien|lager *das* colonie *f* de vacances.
Ferien|ort *der* lieu *m* de villégiature.
Ferien|tag *der* jour *m* de vacances.

Ferien|wohnung *die* appartement *m* de vacances.

Ferkel (*Pl* -) *das* **-1.** [Tier] porcelet *m*. **-2.** *fam* [Mensch - dreckig] porc *m*; [- unanständig] cochon *m*.

Ferment (*Pl* **-e**) *das* ferment *m*.

fern ◇ *Adj* lointain(e). ◇ *Adv* loin. ◇ *Präp geh*: **~ einer Sache** *(G)* loin de qqch.

Fern|bedienung *die* télécommande *f*.

fern|bleiben (*Perf* **ist ferngeblieben**) *intr (unreg) geh*: **der Arbeit/dem Unterricht ~** ne pas aller travailler/en cours.

Ferne *die (ohne Pl)* **-1.** [räumlich] lointain *m*; **in der ~** au loin; **aus der ~** de loin. **-2.** [zeitlich]: **in weiter ~ liegen** ne pas être pour demain.

Ferne Osten *der* Extrême-Orient *m*.

ferner ◇ *Konj* en outre; **unter " ~ liefen "** *fig* en queue de peloton. ◇ *Adv geh* à l'avenir. ◇ *Adj (Kompar)* → **fern**.

Fern|fahrer, in *der, die* routier *m*.

Fern|gespräch *das* communication *f* longue distance.

ferngesteuert *Adj* téléguidé(e).

Fern|glas *das* jumelles *fpl*.

fern|halten *tr (unreg)*: **jn/etw von jm/etw ~** tenir qqn/qqch éloigné(e) de qqn/qqch.

◆ **sich fernhalten** *ref*: **sich von jm ~** éviter qqn; **sich von etw ~** se tenir à l'écart de qqch.

Fern|heizung *die* chauffage *m* urbain.

Fern|kurs, Fern|kursus *der* cours *m* par correspondance.

Fernleihe *die (ohne Pl) prêt entre bibliothèques de villes différentes*.

Fern|licht *das (ohne Pl)* feux *mpl* de route.

fern|liegen *intr (unreg)*: **es liegt mir fern, etw zu tun** loin de moi l'idée de faire qqch.

fernliegend *Adj* éloigné(e).

Fernmelde|wesen *das (ohne Pl)* télécommunications *fpl*.

Fern|rohr *das* télescope *m*.

Fern|schreiben *das* télex *m*.

Fern|schreiber *der* télex *m*.

Fernseh|ansager, in *der, die* présentateur de télévision *m*, présentatrice de télévision *f*.

Fernseh|apparat *der* téléviseur *m*.

fern|sehen *intr (unreg)* regarder la télé.

Fernsehen *das (ohne Pl)* **-1.** [Fernsehanstalt] télévision *f*; **im ~** à la télévision. **-2.** *fam* [Fernsehgerät] télé *f*.

Fernseher (*Pl* -) *der* télé *f*.

Fernseh|film *der* téléfilm *m*.

Fernseh|gerät *das* téléviseur *m*.

Fernseh|programm *das* **-1.** [Sendungen] programmes *mpl (de télévision)*. **-2.** [Programmheft] programme *m* (de télévision).

Fernseh|sender *der* chaîne *f* (de télévision).

Fernseh|sendung *die* émission *f* de télévision.

Fernseh|übertragung *die* retransmission *f* télévisée.

Fernseh|werbung *die* publicité *f* télévisée.

Fernseh|zuschauer, in *der, die* téléspectateur *m*, -trice *f*.

Fern|sprecher *der amt* téléphone *m*; **öffentlicher ~** cabine *f* téléphonique.

Fern|steuerung *die* téléguidage *m*.

Fern|straße *die* route *f* principale.

Fern|studium *das* cours *mpl* par correspondance.

Fern|verkehr *der* transports *mpl* longues distances; [für Zugreisende] grandes lignes *fpl*.

Fern|wärme *die* chauffage *m* urbain.

Ferse (*Pl* **-n**) *die* talon *m*; **jm auf den ~n sein** *fig* être sur les talons de qqn.

fertig *Adj* **-1.** [vollendet, bereit] prêt(e); **(zur Abreise) ~ sein** être prêt (à partir). **-2.** [am/zu Ende]: **~ sein** avoir terminé; **mit etw ~ sein** avoir fini de faire qqch. **-3.** [Person]: **~ sein** *fam* [physisch] être crevé(e); [psychisch] être à bout. **-4.** *RW*: **mit etw (nicht) ~ werden** (ne pas) s'accommoder de qqch; **mit jm ~ werden** *fam* venir à bout de qqn.

fertig|bringen *tr (unreg)* **-1.** [zustande bringen] réussir. **-2.** [übers Herz bringen]: **es nicht ~** ne pas arriver à faire qqch. **-3.** [zu Ende bringen]: **etw nicht ~** ne pas arriver à terminer qqch.

fertigen *tr* fabriquer.

Fertig|gericht *das* plat *m* cuisiné.

Fertig|haus *das* maison *f* préfabriquée.

Fertigkeit *die (ohne Pl)* aptitude *f*.

◆ **Fertigkeiten** *Pl* capacités *fpl*.

fertig|machen *tr* **-1.** [beenden] terminer. **-2.** [bereitmachen] préparer. **-3.** *fam* [zurechtweisen] sonner les cloches à. **-4.** *fam* [zur Verzweiflung bringen, zusammenschlagen] achever.

◆ **sich fertigmachen** *ref* **-1.** [sich bereitmachen] se préparer. **-2.** *fam* [sich überanstrengen] se crever.

fertig|stellen *tr* achever.

Fertig|ware *die* produit *m* fini ODER manufacturé.

fesch *Adj Österr* chic.

Fessel (*Pl* **-n**) *die* **-1.** [Strick, Zwang] lien *m*; **jm ~n anlegen** ligoter qqn. **-2.** [Körperteil - bei Tieren] paturon *m*; [- bei Menschen] cheville *f*.

Fessel|ballon *der* ballon *m* captif.

fesseln *tr* **-1.** [binden] ligoter; **jn an den Händen ~** ligoter les mains de qqn. **-2.** [Subj:

Krankheit]: **jn ans Bett ~** clouer qqn au lit. **-3.** [faszinieren] captiver.

fẹsselnd ◇ *Adj* captivant(e). ◇ *Adv* de manière captivante.

fẹst ◇ *Adj* **-1.** [eng] serré(e). **-2.** [kräftig] fort(e). **-3.** [verbindlich, sicher] ferme. **-4.** [Essen, Material, Kleidung] solide. **-5.** [ständig] fixe. **-6.** [Schlaf] profond(e). ◇ *Adv* **-1.** [gen] fermement. **-2.** [straff] solidement. **-3.** [schlafen] profondément. **-4.** *fam* [tüchtig] activement.

Fẹst (*Pl* **-e**) *das* fête *f*.

◆ **frohes Fest!** *Interj* joyeuses fêtes!

fẹstangestellt *Adj ayant un contrat à durée indéterminée.*

Fẹst|betrag *der* somme *f* fixe.

fẹst|binden *tr (unreg)* attacher.

Fẹst|essen *das* repas *m* de fête.

fẹst|fahren (*Perf* **ist fẹstgefahren**) *intr (unreg)*: **festgefahren sein** *eigtl* & *fig* s'être enlisé(e).

◆ **sich festfahren** *ref* s'enliser.

fẹstgefügt *Adj* solide.

fẹst|halten *(unreg)* ◇ *tr* **-1.** [mit Hand] retenir; [Gegenstand] tenir. **-2.** [bildlich] fixer. **-3.** [feststellen] constater. ◇ *intr*: **an jm/etw ~** tenir à qqn/qqch.

◆ **sich festhalten** *ref*: **sich an jm/etw ~** se cramponner à qqn/qqch.

fẹstigen *tr* consolider.

◆ **sich festigen** *ref* se consolider.

Fẹstiger (*Pl* **-**) *der* [Gel] gel *m* fixant.

Fẹstigkeit *die (ohne Pl)* **-1.** [von Material] solidité *f*. **-2.** [Charakterzug] fermeté *f*.

Fẹstigung *die (ohne Pl)* consolidation *f*, raffermissement *m*.

Fẹstival (*Pl* **-s**) *das* festival *m*.

Fẹst|land *das (ohne Pl)* [von Schiffen aus] terre *f* ferme; [von Inseln aus] continent *m*.

fẹst|legen *tr* **-1.** [Termin, Preis, Ablauf] fixer. **-2.** [Person]: **jn auf etw** *(A)* **~** lier qqn par qqch. **-3.** [Geld] bloquer.

◆ **sich festlegen** *ref* faire son choix.

fẹstlich ◇ *Adj* de fête. ◇ *Adv* **-1.** [geschmückt, gekleidet] pour la fête. **-2.** [bewirten] royalement.

Fẹstlichkeit *die (ohne Pl)* caractère *m* solennel.

◆ **Festlichkeiten** *Pl* festivités *fpl*.

fẹst|liegen *intr (unreg)* **-1.** [nicht weiterkommen] être bloqué(e). **-2.** [Termin, Preis] être fixé(e).

fẹst|machen *tr* **-1.** [befestigen] fixer; [Boot] attacher. **-2.** [Argument]: **etw an etw** *(D)* **~** rattacher qqch à qqch.

Fẹst|mahl *das geh* festin *m*.

fẹst|nageln *tr* **-1.** [mit Nägeln] clouer. **-2.** *fam* [auf Versprechen, Zusage]: **jn (auf etw) ~** contraindre qqn à faire qqch.

Fẹstnahme (*Pl* **-n**) *die* arrestation *f*.

fẹst|nehmen *tr (unreg)* arrêter.

Fẹst|platte *die* EDV disque *m* dur.

Fẹstplattenlauf|werk *das* EDV lecteur *m* de disque dur.

Fẹst|preis *der* prix *m* fixe.

Fẹst|rede *die* discours *m (prononcé à l'occasion d'une cérémonie)*.

Fẹst|schrift *die* publication *f* commémorative.

fẹst|setzen *tr* fixer.

◆ **sich festsetzen** *ref* **-1.** [Ablagerung] se déposer. **-2.** [Krankheit] s'installer. **-3.** [Gedanke] se fixer.

fẹst|sitzen *intr (unreg)* **-1.** [haften] être solidement fixé(e). **-2.** [nicht weiterkommen] être bloqué(e).

Fẹstspiele *Pl* festival *m*.

fẹst|stehen *intr (unreg)* **-1.** [Termin] être fixé(e). **-2.** [Tatsache, Entscheidung] être établi(e).

fẹststehend *Adj* établi(e).

fẹst|stellen *tr* **-1.** [ermitteln] déterminer. **-2.** [beobachten, anmerken] constater.

Fẹst|stellung *die* constatation *f*; **eine ~ machen** constater.

Fẹst|tag *der* jour *m* de fête.

Fẹstung (*Pl* **-en**) *die* forteresse *f*.

fẹstverzinslich *Adj* WIRTSCH à intérêt fixe; **~e Wertpapiere** valeurs *fpl* à revenu fixe.

Fẹst|zug *der* procession *f*.

Fete ['feːtə] (*Pl* **-n**) *die fam* soirée *f*.

Fetischịst, in (*mPl* **-en**; *fPl* **-nen**) *der, die* fétichiste *mf*.

fẹtt ◇ *Adj* **-1.** [Nahrung, Boden] gras (grasse). **-2.** [Lebewesen, Erbe, Beute] gros (grosse); **~ werden** grossir. ◇ *Adv* **-1.** [essen] gras. **-2.** [drucken] en (caractères) gras.

Fẹtt (*Pl* **-e**) *das* **-1.** [zum Kochen] matière *f* grasse. **-2.** *(ohne Pl)* [im Körper] graisse *f*; **~ ansetzen** faire du lard.

fẹttarm ◇ *Adj* pauvre en matières grasses; [Kost] allégé(e). ◇ *Adv* avec peu de matières grasses.

Fẹtt|auge *das* œil *m (à la surface de la soupe)*.

fẹtten *tr* & *intr* graisser.

Fẹtt|fleck *der* tache *f* de graisse.

fẹttgedruckt *Adj* imprimé(e) en (caractères) gras.

Fẹtt|gehalt *der (ohne Pl)* teneur *f* en graisse.

fẹttig *Adj* gras (grasse).

Fẹttnäpfchen *das (ohne Pl)*: **ins ~ treten** *fam fig* mettre les pieds dans le plat.

fẹtzen (*Perf* **hat/ist gefẹtzt**) *fam* ◇ *tr (hat)* arracher. ◇ *intr* **-1.** *(ist)* [rennen, fahren] passer en

trombe. **-2.** *(hat)* [Begeisterung wecken] être génial(e).
Fetzen *(Pl -) der* lambeau *m*; [von Gesprächen] bribe *f*; **daß die ~ fliegen** *fam fig* violemment.
fetzig *Adj fam* d'enfer.
feucht ◇ *Adj* humide. ◇ *Adv*: **~ wischen** passer une serpillière humide.
Feuchtigkeit *die (ohne Pl)* humidité *f*.
Feuchtigkeits|creme *die* crème *f* hydratante.
feuchtwarm *Adj* chaud(e) et humide.
feudal ◇ *Adj* **-1.** HIST féodal(e). **-2.** [aristokratisch] aristocrate. **-3.** *fam* [vornehm] huppé(e). ◇ *Adv fam* [vornehm] de manière princière.
Feuer *(Pl -) das* **-1.** [gen] feu *m*; **~ machen** *fam* faire du feu; **jm ~ geben** donner du feu à qqn; **(an etw *(D)*) ~ legen** mettre le feu (à qqch); **~ fangen** prendre feu. **-2.** *(ohne Pl)* [Temperament] fougue *f*. **-3.** *RW*: **für jn durchs ~ gehen** être prêt(e) à tout (faire) pour qqn; **(für jn/etw) ~ und Flamme sein** *fam* être tout feu tout flamme (pour qqn/qqch).
◆ **Feuer!** *Interj* [Ausruf - bei Brand] au feu!; [- zum Schießen] Feu!
Feuer|alarm *der (ohne Pl)* alerte *f* au feu.
Feuer|eifer *der* ardeur *f* zélée.
feuerfest *Adj* thermorésistant(e); [für Backofen] qui va au four.
Feuer|gefahr *die (ohne Pl)* danger *m* d'incendie.
feuergefährlich *Adj* inflammable.
Feuerland *nt* Terre de Feu *f*.
Feuer|leiter *die* échelle *f* d'incendie.
Feuerlöscher *(Pl -) der* extincteur *m*.
Feuermelder *(Pl -) der* avertisseur *m* d'incendie.
feuern ◇ *tr* **-1.** *fam* [Angestellten] virer. **-2.** *fam* [schleudern] balancer. ◇ *intr* [schießen]: **auf jn/etw ~** ouvrir le feu sur qqn/qqch.
Feuer|stein *der* pierre *f* à briquet.
Feuer|versicherung *die* assurance *f* incendie.
Feuer|wache *die* **-1.** [Gebäude] caserne *f* des pompiers. **-2.** [Personen] (sapeurs-)pompiers *mpl*.
Feuerwehr *(Pl* **-en***) die* pompiers *mpl*.
Feuerwehr|mann *(Pl* **-männer** ODER **-leute***) der* pompier *m*.
Feuer|werk *das* feu *m* d'artifice.
Feuerwerks|körper *der* pièce *f* d'artifice.
Feuerzangen|bowle *die punch chaud à base de vin rouge et de sucre flambé au rhum.*
Feuer|zeug *das* briquet *m*.
Feuilleton [fœjəˈtɔ̃] *(Pl* **-s***) das* **-1.** [Kulturteil] pages *fpl* culturelles. **-2.** [Artikel] chronique *f* littéraire.
feurig *Adj* fougueux(euse).
ff. *(Abk für* **folgende Seiten***)* et suiv.
FH *(Pl* **-s***) die Abk für* **Fachhochschule**.
Fiasko *(Pl* **-s***) das* fiasco *m*.
Fibel *(Pl* **-n***) die* **-1.** [Lesebuch] abécédaire *m*. **-2.** [Lehrbuch] manuel *m* d'initiation.
ficht *Präs* → **fechten**.
Fichte *(Pl* **-n***) die* **-1.** [Baum] épicéa *m*. **-2.** [Holz] sapin *m*.
ficken *vulg tr* & *intr* baiser.
fidel *Adj fam* gai(e).
Fieber *das (ohne Pl)* **-1.** [Temperatur] fièvre *f*; **~ haben** avoir de la fièvre; **~ messen** prendre sa température. **-2.** *geh* [Besessenheit] virus *m fig*.
fieberfrei *Adj* sans fièvre.
fieberhaft ◇ *Adj* **-1.** [Krankheit] accompagné(e) de fièvre. **-2.** [hektisch] fébrile. ◇ *Adv* fébrilement.
fiebern *intr* **-1.** [Fieber haben] avoir de la fièvre. **-2.** [angespannt warten]: **(nach etw) ~** attendre fiévreusement (qqch).
Fieber|thermometer *das* thermomètre *m (médical)*.
fiebrig *Adj* fiévreux(euse).
fiel *Prät* → **fallen**.
fies *fam abw* ◇ *Adj* infect(e). ◇ *Adv* de manière infecte.
fifty-fifty [ˈfɪftɪˈfɪftɪ] *Adv*: **~ machen** *fam* faire fifty-fifty.
Fig. *Abk für* **Figur**.
Figur *(Pl* **-en***) die* **-1.** [Körperform] silhouette *f*. **-2.** [Person] personnage *m*. **-3.** [Darstellung] statue *f*. **-4.** [geometrische, beim Tanz] figure *f*. **-5.** [Spielstein] pion *m*; [Schach] pièce *f*. **-6.** *RW*: **eine gute/schlechte ~ abgeben** ODER **machen** faire bonne/mauvaise figure.
Fiktion *(Pl* **-en***) die* fiction *f*.
fiktiv ◇ *Adj* fictif(ive). ◇ *Adv* de manière fictive.
Filet [fiˈleː] *(Pl* **-s***) das* filet *m*.
Filet|stück *das* filet *m*.
Filiale *(Pl* **-n***) die* succursale *f*.
Filial|leiter, in *der, die* gérant de succursale *m*, gérante de succursale *f*.
Film *(Pl* **-e***) der* **-1.** [gen] film *m*. **-2.** [für Kamera] pellicule *f*. **-3.** *(ohne Pl)* [Filmbranche]: **beim ~ sein** ODER **arbeiten** faire du cinéma.
Film|branche *die (ohne Pl)* secteur *m* cinématographique.
filmen ◇ *tr* filmer. ◇ *intr* tourner.
Film|kamera *die* caméra *f*.
Film|musik *die* musique *f* de film.
Film|produzent *der* producteur *m* de film.
Film|riß *der (ohne Pl) fam* : **einen ~ haben** *fig* avoir un trou.

Filmschau|spieler, in *der, die* acteur *m*, -trice *f*.

Film|star *der* vedette *f* de cinéma.

Film|verleih *der* société *f* de distribution de films.

Filter (*Pl* -) *der* ODER *das* filtre *m*; **Zigarette mit/ohne ~** cigarette filtre/sans filtre.

Filter|kaffee *der (ohne Pl)* café *m* filtre.

filtern *tr* filtrer.

Filter|tüte *die* filtre *m* à café.

Filter|zigarette *die* cigarette *f* filtre.

filtrieren *tr* filtrer.

Filz (*Pl* **-e**) *der* **-1.** [Stoff] feutre *m*. **-2.** *fam (ohne Pl) abw* [Vetternwirtschaft] magouille *f*.

filzen *tr fam* fouiller.

Filz|stift *der* crayon *m* feutre.

Fimmel (*Pl* -) *der fam abw* manie *f*.

Finale (*Pl* -) *das* finale *f*.

Finanz|amt *das* perception *f*.

Finanz|beamte *der* fonctionnaire *m* des contributions.

Finanz|beamtin *die* fonctionnaire *f* des contributions.

Finanz|bedarf *der* besoins *mpl* financiers.

Finanzen *Pl* finances *fpl*.

finanziell [finan'tsi̯ɛl] ◇ *Adj* financier(ère). ◇ *Adv* financièrement.

finanzieren *tr* financer.

Finanzierung (*Pl* **-en**) *die* financement *m*.

Finanz|minister, in *der, die* ministre *m* des Finances.

Finanz|ministerium *das* ministère *m* des Finances.

finden (*Prät* **fand,** *Perf* **hat gefunden**) ◇ *tr* **-1.** [gen] trouver. **-2.** [Beifall, Unterstützung] avoir; **Anerkennung ~** être reconnu(e); **nichts dabei ~, daß** ne rien trouver à redire à ce que. ◇ *intr* trouver.

◆ **sich finden** *ref* se retrouver; **das** ODER **es wird sich schon (alles) ~** *fig* on verra bien.

Finder (*Pl* -) *der* inventeur *m (d'un objet perdu)*.

Finder|lohn *der* récompense *f*.

findig *Adj* ingénieux(euse).

fing *Prät* → **fangen**.

Finger (*Pl* -) *der* doigt *m*; **der kleine ~** l'auriculaire *m*, le petit doigt; **jm mit dem ~ drohen** menacer qqn du doigt; **jn/etw in die ~ kriegen** ODER **bekommen** *fam fig* mettre la main sur qqn/qqch; **keinen ~ krumm machen** *fam abw* se rouler les pouces; **mit dem ~ auf jn zeigen** montrer qqn du doigt; **sich** *(D)* **die ~ verbrennen** *fam* se brûler les doigts; **überall seine ~ drin** ODER **dazwischen haben** *fam abw* tremper dans toutes les affaires.

Finger|abdruck *der* empreinte *f* (digitale).

fingerbreit *Adj* de la largeur d'un doigt.

fingerfertig ◇ *Adj* habile de ses doigts. ◇ *Adv* avec dextérité.

Fingerhand|schuh *der* gant *m*.

Finger|hut *der* **-1.** [zum Nähen] dé *m* à coudre. **-2.** [Blume] digitale *f*.

Finger|nagel *der* ongle *m*.

Finger|spitze *die* bout *m* des doigts.

Fingerspitzen|gefühl *das (ohne Pl)* doigté *m*; **~ haben** ODER **besitzen** ODER **beweisen** faire preuve de doigté.

Fingerzeig (*Pl* **-e**) *der*: **jm einen ~ geben** donner un tuyau à qqn.

fingieren *tr geh* simuler.

Fink (*Pl* **-en**) *der* pinson *m*.

Finne (*Pl* **-n**) *der* Finlandais *m*.

Finnin (*Pl* **-nen**) *die* Finlandaise *f*.

finnisch *Adj* [Staat] finlandais(e); [Sprache, Brauch] finnois(e).

Finnisch *das (ohne Pl)* finnois *m*; *siehe auch* **Englisch**.

Finnische *das (ohne Pl)* finnois *m*; *siehe auch* **Englisch**.

Finnland *nt* Finlande *f*.

finster ◇ *Adj* **-1.** [Nacht, Miene] sombre; **im ~n tappen** *fig* être dans le noir le plus complet. **-2.** [Person, Gegend] sinistre. ◇ *Adv* [unfreundlich] d'un air sombre.

Finsteraarhorn *das* Finsteraarhorn *m*.

Finsternis (*Pl* **-se**) *die* obscurité *f*.

Finte (*Pl* **-n**) *die* feinte *f*.

Firlefanz *der (ohne Pl) fam abw* fioritures *fpl*.

firm *Adj*: **in etw** *(D)* **~ sein** *geh* exceller en qqch.

Firma (*Pl* **Firmen**) *die* entreprise *f*, société *f*.

Firmen|inhaber, in *der, die* propriétaire *mf* (d'une entreprise).

Firmen|name *der* raison *f* sociale.

Firmen|wagen *der* voiture *f* de fonction.

Firmung (*Pl* **-en**) *die* REL confirmation *f*.

Fis (*Pl* -) *das* MUS fa *m inv* dièse.

Fisch (*Pl* **-e**) *der* **-1.** [Tier] poisson *m*; **stumm wie ein ~ sein** être muet(ette) comme une carpe. **-2.** ASTRO Poisson *m*. **-3.** *RW*: **kleine ~e** *fam* menu fretin *m*.

Fisch|besteck *das* couvert *m* à poisson.

Fisch|brötchen *das* sandwich *m* au poisson.

Fische *Pl* ASTRO Poissons *mpl*.

fischen *tr* & *intr* pêcher.

Fischer, in (*mPl* -; *fPl* **-nen**) *der, die* pêcheur *m*, -euse *f*.

Fischer|boot *das* barque *f* de pêcheur.

Fischerei *die (ohne Pl)* pêche *f*.

Fischerei|flotte *die* flotte *f* de pêche.

Fischerei|hafen *der* port *m* de pêche.

Fischlfang *der (ohne Pl)* pêche *f.*
Fischlhändler, in *der, die* poissonnier *m*, -ère *f.*
fischig *Adj* de poisson.
Fischlmarkt *der* marché *m* au poisson.
Fischlstäbchen *das* bâtonnet *m* de poisson.
Fiskus *der (ohne Pl)* fisc *m*, trésor *m* public.
fit *Adj* en forme.
Fitneß ['fɪtnɛs] *die (ohne Pl)* bonne condition *f.*
Fitneßcenter (*Pl* -) *das* centre *m* de remise en forme.
Fittiche *Pl fig*: **jn unter seine ~ nehmen** *fam* prendre qqn sous son aile.
fix ◇ *Adj* **-1.** *fam* [Person] preste. **-2.** [Kosten] fixe. **-3.** *RW*: **~ und fertig sein** *fam* être sur les rotules. ◇ *Adv* [schnell] promptement.
fixen *fam* ◇ *tr* se shooter à. ◇ *intr* se shooter.
Fixer, in (*mPl* -; *fPl* **-nen**) *der, die fam* junkie *mf.*
fixieren *tr* fixer.
◆ **sich fixieren** *ref*: **sich auf jn/etw ~** se focaliser sur qqn/qqch.
Fixierung (*Pl* **-en**) *die* fixation *f.*
Fixlkosten *Pl* frais *mpl* fixes.
Fjord (*Pl* **-e**) *der* fjord *m.*
FKK *das (ohne Pl) Abk für* **Freikörperkultur**.
flach ◇ *Adj* **-1.** [gen] plat(e). **-2.** [Wasser] peu profond(e). **-3.** *abw* [oberflächlich] superficiel(elle). ◇ *Adv* [niedrig] à plat.
Flachldach *das* toit *m* plat.
Fläche (*Pl* **-n**) *die* **-1.** [Gebiet] surface *f.* **-2.** [geometrisch] superficie *f.*
Flächenlbrand *der* nappe *f* de feu.
flachlfallen (*Perf* **ist flachgefallen**) *intr (unreg) fam* tomber à l'eau.
Flachlland *das (ohne Pl)* plaine *f.*
Flachs [flaks] *der (ohne Pl)* **-1.** [Pflanze] lin *m.* **-2.** *fam* [Unsinn] bêtises *fpl.*
flachsen ['flaksn̩] *intr fam* : **über jn/etw ~** rigoler de qqn/qqch.
flackern *intr* vaciller.
Fladen (*Pl* -) *der* galette *f.*
Flagge (*Pl* **-n**) *die* pavillon *m (de bateau).*
Flair [flɛːɐ̯] *der* ODER *das (ohne Pl)* atmosphère *f*; [von Personen] style *m.*
flambieren *tr* flamber.
Flame (*Pl* **-n**) *der* Flamand *m.*
Flämin (*Pl* **-nen**) *die* Flamande *f.*
Flamingo (*Pl* **-s**) *der* flamant *m* rose.
flämisch *Adj* flamand(e).
Flämisch *das (ohne Pl)* flamand *m*; *siehe auch* **Englisch**.
Flamme (*Pl* **-n**) *die* **-1.** [von Feuer] flamme *f*; **etw steht in ~n** qqch est en flammes; **in ~n aufgehen** s'embraser. **-2.** [von Herd] feu *m*; **auf kleiner/großer ~ kochen** cuire à feu doux/vif.
flammend *Adj* **-1.** [mitreißend] enflammé(e). **-2.** [leuchtend] flamboyant(e).
Flandern *nt* Flandres *fpl.*
Flanell (*Pl* **-e**) *der* flanelle *f.*
flanieren (*Perf* **ist/hat flaniert**) *intr geh* flâner.
Flanke (*Pl* **-n**) *die* **-1.** [gen] flanc *m.* **-2.** SPORT aile *f.*
flankierend *Adj*: **~e Maßnahmen** mesures *fpl* d'accompagnement.
Flasche (*Pl* **-n**) *die* **-1.** [Gefäß] bouteille *f.* **-2.** *salopp abw* [Versager] cloche *f.*
Flaschenlbier *das* bière *f* en canette.
Flaschenlöffner *der* décapsuleur *m.*
Flaschenlpfand *das (ohne Pl)* consigne *f.*
Flaschenlzug *der* treuil *m.*
flatterhaft *Adj* volage.
flatterig, flattrig *Adj* **-1.** [Person] inconstant(e). **-2.** [Herz, Puls] irrégulier(ère).
flattern (*Perf* **hat/ist geflattert**) *intr* **-1.** *(hat)* [schlagen] battre des ailes; **im Wind ~** flotter au vent. **-2.** *(hat)* [Hände] trembloter; [Herz] palpiter. **-3.** *(ist)* [fliegen]: **durch die Luft ~** voleter.
flattrig = **flatterig**.
flau ◇ *Adj* **-1.** [übel]: **jm ist ~ (im Magen)** qqn est barbouillé(e). **-2.** [schlecht] morose. ◇ *Adv* [schlecht] avec morosité.
Flaum *der (ohne Pl)* duvet *m.*
flauschig *Adj* moelleux(euse).
Flausen *Pl*: **nur ~ im Kopf haben** n'avoir que des bêtises en tête.
Flaute (*Pl* **-n**) *die* **-1.** [wirtschaftlich] marasme *m.* **-2.** [Windstille] calme *m* plat.
Flechte (*Pl* **-n**) *die* **-1.** [Pflanze] lichen *m.* **-2.** [Hautausschlag] dartre *f.*
flechten (*Präs* **flicht**, *Prät* **flocht**, *Perf* **hat geflochten**) *tr* tresser.
Fleck (*Pl* **-e** ODER **-en**) *der* **-1.** [Klecks] tache *f*; **blauer ~** bleu *m.* **-2.** [Ort] coin *m.*
◆ **vom Fleck weg** *Adv* sur le champ, aussitôt.
fleckenlos ◇ *Adj* **-1.** [sauber] sans tache. **-2.** [tadellos] impeccable. ◇ *Adv* [ohne Flecken] impeccablement.
Fleckentferner (*Pl* -) *der* détachant *m.*
fleckig *Adj* **-1.** [schmutzig] taché(e). **-2.** [gefleckt] tacheté(e).
Flederlmaus *die* chauve-souris *f.*
Flegel (*Pl* -) *der abw* voyou *m.*
flegelhaft *abw* ◇ *Adj* grossier(ère). ◇ *Adv* avec muflerie.
Flegeljahre *Pl* âge *m* ingrat ODER bête.
flehen *intr*: **um etw ~** implorer qqch.
Fleisch *das (ohne Pl)* **-1.** [Muskelgewebe] chair *f.* **-2.** [Nahrungsmittel] viande *f.* **-3.** [Fruchtfleisch]

pulpe *f*. **-4.** *RW*: **etw geht jm in ~ und Blut über** qqch devient une seconde nature pour qqn.

Fleischbrühe *die* bouillon *m (de viande)*.

Fleischer (*Pl* -) *der* boucher *m*.

Fleischerei (*Pl* **-en**) *die* boucherie *f*.

Fleischerin (*Pl* **-nen**) *die* bouchère *f*.

fleischfressend *Adj* carnivore.

fleischig *Adj* charnu(e).

fleischlos ◇ *Adj* **-1.** [vegetarisch] végétarien(enne). **-2.** [dünn] décharné(e). ◇ *Adv* [vegetarisch]: **sich ~ ernähren** être végétarien(enne).

Fleischsalat *der salade à base de saucisse, de cornichons et de mayonnaise*.

Fleischvergiftung *die intoxication due à la viande*.

Fleischwolf *der* hachoir *m* à viande.

Fleischwurst *die* cervelas *m*.

Fleiß *der (ohne Pl)* assiduité *f*.

fleißig ◇ *Adj* travailleur(euse). ◇ *Adv* **-1.** [eifrig] assidûment. **-2.** *fam* [oft, viel] sacrément.

flennen *intr fam abw* chialer.

Flensburg *nt*: **fünf Punkte in ~ haben** avoir cinq points de pénalité à son permis.

fletschen *tr*: **die Zähne ~** montrer les dents.

flexibel ◇ *Adj* souple. ◇ *Adv* de manière souple.

Flexibilität *die (ohne Pl)* flexibilité *f*.

flicht *Präs* → **flechten**.

flicken *tr* **-1.** [nähen] raccommoder. **-2.** [reparieren] réparer.

Flicken (*Pl* -) *der* pièce *f (de tissu)*.

Flickwerk *das (ohne Pl) abw* bricolage *m*.

Flickzeug *das* nécessaire *m* ODER kit *m* de réparation.

Flieder (*Pl* -) *der* lilas *m*.

Fliege (*Pl* **-n**) *die* **-1.** [Insekt] mouche *f*. **-2.** [Schleife] nœud *m* papillon. **-3.** *RW*: **keiner ~ etwas zuleide tun (können)** ne pas (pouvoir) faire du mal à une mouche; **zwei ~n mit einer Klappe schlagen** *fam* faire d'une pierre deux coups.

fliegen (*Prät* **flog**, *Perf* **hat/ist geflogen**) ◇ *intr (ist)* **-1.** [Vogel, Flugzeug, Ball] voler. **-2.** [Person] prendre l'avion; **nach Berlin ~** aller à Berlin en avion; **über London ~** passer par Londres. **-3.** *fam* [stürzen]: **auf den Hintern ~** s'étaler. **-4.** *fam* [entlassen werden] se faire virer. **-5.** *RW*: **auf jn ~** être fou de qqn. ◇ *tr* **-1.** *(hat)* [Person, Gegenstand] acheminer. **-2.** *(hat)* [Flugzeug] piloter. **-3.** *(hat/ist)* [Strecke] desservir.

Fliegengewicht *das* **-1.** *(ohne Pl)* SPORT poids mouche *m*. **-2.** *fam* [Person] poids plume *m*.

Fliegenklatsche (*Pl* **-n**) *die* tapette *f*.

Fliegenpilz *der* tue-mouche *m*.

Flieger (*Pl* -) *der* **-1.** [Pilot] aviateur *m*. **-2.** *fam* [Flugzeug] coucou *m*.

Fliegerei *die (ohne Pl)* aviation *f*.

Fliegerin (*Pl* **-nen**) *die* aviatrice *f*.

fliehen (*Prät* **floh**, *Perf* **hat/ist geflohen**) ◇ *intr (ist)*: **~ aus** s'enfuir de; **aus dem Gefängnis ~** s'évader de prison; **aus einem Land ~** fuir un pays; **vor jm/etw ~** s'enfuir devant qqn/qqch; **zu jm ~** se réfugier chez qqn. ◇ *tr (hat) geh* fuir.

Fliese (*Pl* **-n**) *die* carreau *m*; **~n legen** poser du carrelage.

fliesen *tr* carreler.

Fließband (*Pl* **-bänder**) *das* chaîne *f* (de montage); **am ~ arbeiten** travailler à la chaîne.

fließen (*Prät* **floß**, *Perf* **ist geflossen**) *intr* **-1.** [gen] couler. **-2.** [Haare] flotter.

fließend ◇ *Adj* **-1.** [Wasser] courant(e). **-2.** [Übergang] flou(e). **-3.** [Verkehr] fluide. **-4.** [weich fallend] flottant(e). ◇ *Adv* **-1.** [sprechen] couramment. **-2.** [unscharf] de manière floue.

flimmern *intr* scintiller; [Luft] vibrer.

flink ◇ *Adj* leste; [Person] alerte. ◇ *Adv* lestement.

Flinte (*Pl* **-n**) *die* fusil *m*; **die ~ ins Korn werfen** *fig* jeter le manche après la cognée.

Flipper (*Pl* -) *der* flipper *m*.

flippern *intr fam* jouer au flipper.

Flirt [flœɐ̯t] (*Pl* **-s**) *der* flirt *m*.

flirten ['flœrtn̩] *intr* flirter; **mit jm ~** flirter avec qqn.

Flittchen (*Pl* -) *das fam abw* salope *f*.

Flitterwochen *Pl* lune *f* de miel.

flitzen (*Perf* **ist geflitzt**) *intr fam* filer.

fl.k.u.w.W. (*Abk für* **fließend kaltes und warmes Wasser**) eau *f* courante chaude et froide.

flocht *Prät* → **flechten**.

Flocke (*Pl* **-n**) *die* flocon *m*.

◆ **Flocken** *Pl salopp* [Geld] fric *m*.

flockig ◇ *Adj* floconneux(euse). ◇ *Adv* en flocons.

flog *Prät* → **fliegen**.

floh *Prät* → **fliehen**.

Floh (*Pl* **Flöhe**) *der* puce *f*; **jm einen ~ ins Ohr setzen** *fam fig* mettre à qqn une idée dans la tête.

Flohmarkt *der* marché *m* aux puces.

Floppydisk ['flɔpidɪsk] (*Pl* **-s**) *die* EDV disquette *f*.

Flora *die* flore *f*.

Florenz *nt* Florence.

Florett (*Pl* **-e**) *das* fleuret *m*.

Florida *nt* Floride *f*.

florieren *intr* être florissant(e).
Florist, in (*mPl* **-en;** *fPl* **-nen**) *der, die* fleuriste *mf.*
Floskel (*Pl* **-n**) *die* paroles *fpl* creuses; **höfliche ~** formule *f* de politesse.
floß *Prät* → **fließen**.
Floß (*Pl* **Flöße**) *das* radeau *m.*
Flosse (*Pl* **-n**) *die* **-1.** [von Tieren] nageoire *f.* **-2.** [Schwimmflosse] palme *f.* **-3.** *fam abw* [Hand] paluche *f;* [Fuß] patte *f.*
Flöte (*Pl* **-n**) *die* flûte *f.*
flöten ◇ *intr* **-1.** [Flöte spielen] jouer de la flûte. **-2.** [pfeifen] siffler. **-3.** *fam abw* [einschmeichelnd sprechen] susurrer. ◇ *tr* **-1.** [spielen]: **etw ~** jouer qqch à la flûte. **-2.** [pfeifen] siffler. **-3.** *fam abw* [einschmeichelnd sagen] susurrer.
flöten|gehen (*Perf* **ist flötengegangen**) *intr (unreg) fam* [Geld] se volatiliser.
Flötist, in (*mPl* **-en;** *fPl* **-nen**) *der, die* flûtiste *mf.*
flott ◇ *Adj* **-1.** *fam* [schick] chic. **-2.** *fam* [schnell] rapide; [Tanz] enlevé(e); [Person] dégourdi(e). **-3.** [fahrtüchtig]: **wieder ~ sein** être remis(e) en état de marche. ◇ *Adv* **-1.** *fam* [schnell, lebhaft] vite. **-2.** *fam* [schick] avec chic.
Flotte (*Pl* **-n**) *die* flotte *f.*
flott|machen *tr* **-1.** [Schiff] mettre à flot. **-2.** [Fahrzeug] remettre en état.
Fluch (*Pl* **Flüche**) *der* **-1.** [Schimpfwort] juron *m.* **-2.** *(ohne Pl)* [Verwünschung] malédiction *f.*
fluchen *intr* jurer; **über jn/etw ~** pester contre qqn/qqch.
Flucht *die (ohne Pl)* [aus Land] fuite *f;* [aus Gefängnis] évasion *f;* **die ~ ergreifen** prendre la fuite; **jn in die ~ schlagen** faire fuire qqn.
fluchtartig ◇ *Adj* précipité(e). ◇ *Adv* précipitamment.
flüchten (*Perf* **ist geflüchtet**) *intr*: **aus etw ~** s'enfuir de qqch ODER quelque part; **nach Amerika/Frankreich etc ~** se réfugier en Amérique/France etc; **vor jm/etw ~** s'enfuir devant qqn/qqch.
◆ **sich flüchten** *ref*: **sich in etw** *(A)* **~** se réfugier dans qqch.
Flucht|helfer, in *der, die* passeur *m,* -euse *f.*
flüchtig ◇ *Adj* **-1.** [Blick, Berührung] fugitif(ive); [Gruß, Abschied] rapide; [Augenblick] fugace. **-2.** [ungenau] superficiel(elle). **-3.** [flüchtend] en fuite. ◇ *Adv* **-1.** [ungenau] superficiellement. **-2.** [kurz] rapidement.
Flüchtigkeits|fehler *der* faute *f* d'étourderie.
Flüchtling (*Pl* **-e**) *der* réfugié *m,* -e *f.*
Flüchtlings|lager *das* camp *m* de réfugiés.
Flucht|punkt *der* KUNST perspective *f.*
Flucht|versuch *der* tentative *f* d'évasion.
Flucht|weg *der* issue *f* de secours.
Flug (*Pl* **Flüge**) *der* vol *m;* **wie im ~(e)** *fig* à toute allure.
Flug|bahn *die* trajectoire *f.*
Flug|blatt *das* tract *m.*
Flügel (*Pl* **-**) *der* **-1.** [gen] aile *f.* **-2.** [von Tür, Fenster] battant *m.* **-3.** [Musikinstrument] piano *m* à queue. **-4.** *RW*: **die ~ hängen lassen** *fam* se laisser abattre; **jm ~ verleihen** donner des ailes à qqn.
Flügel|schraube *die* papillon *m,* écrou *m* à ailettes.
Flug|gast *der* passager *m,* -ère *f (d'avion).*
flügge *Adj* prêt(e) à quitter le nid.
Flug|gesellschaft *die* compagnie *f* aérienne.
Flug|hafen *der* aéroport *m.*
Flug|lotse *der* aiguilleur *m* du ciel.
Flug|platz *der* aérodrome *m.*
Flug|verkehr *der* trafic *m* aérien.
Flug|zeug *das* avion *m;* **mit dem ~ fliegen** prendre l'avion.
Flugzeugent|führung *die* détournement *m* d'avion.
Flugzeug|träger *der* porte-avions *m inv.*
Fluktuation (*Pl* **-en**) *die* fluctuation *f.*
Flunder (*Pl* **-n**) *die* flet *m.*
flunkern *intr fam* raconter des histoires.
Fluor *das (ohne Pl)* fluor *m.*
Flur (*Pl* **-e** ODER **-en**) ◇ *der (G Flur(e)s & Pl Flure)* [Korridor] couloir *m.* ◇ *die (G Flur & Pl Fluren)* [Gelände] champ *m.*
Flurbe|reinigung *die* remembrement *m.*
Fluß (*Pl* **Flüsse**) *der* **-1.** [Wasserlauf - groß] fleuve *m;* [- klein] rivière *f.* **-2.** *(ohne Pl)* [Bewegung] flux *m.*
flußabwärts *Adv* en aval.
flußaufwärts *Adv* en amont.
Fluß|bett *das* lit *m (de fleuve).*
flüssig ◇ *Adj* **-1.** [gen] liquide; [Metall, Butter] fondu(e). **-2.** [Stil, Ausdruck] aisé(e); [Verkehr] fluide. **-3.** [zahlungsfähig]: **nicht ~ sein** ne pas avoir d'argent. ◇ *Adv* [sprechen] couramment.
Flüssigkeit (*Pl* **-en**) *die* liquide *m.*
Fluß|lauf *der* cours *m (de fleuve).*
Fluß|pferd *das* hippopotame *m.*
Fluß|ufer *das* rive *f,* berge *f.*
flüstern ◇ *intr* chuchoter. ◇ *tr* murmurer; **jm etw ins Ohr ~** murmurer qqch à l'oreille de qqn.
Flüster|ton *der (ohne Pl)*: **im ~ sprechen** parler à voix basse.
Flut (*Pl* **-en**) *die* **-1.** *(ohne Pl)* [Wasserstand] marée *f* haute; [Ansteigen] flux *m.* **-2.** *geh* [Wasser] flot *m.* **-3.** *RW*: **eine ~ von etw** un flot de qqch.
fluten (*Perf* **hat/ist geflutet**) ◇ *intr (ist) geh* [flie-

ßen]: **in etw** *(A)* **~** inonder qqch. ◇ *tr (hat)* SCHIFF remplir.

Flutlicht *das (ohne Pl)* projecteur *m*.

f-Moll *das (ohne Pl)* MUS fa *m inv* mineur.

focht *Prät* → **fechten**.

föderal *Adj* fédéral(e).

Föderalismus *der (ohne Pl)* fédéralisme *m*.

föderalistisch *Adj* fédéraliste.

Föderation *(Pl* **-en**) *die* fédération *f*.

föderativ *Adj* fédératif(ive).

Fohlen *(Pl* -) *das* poulain *m*.

Föhn *(Pl* **-e**) *der* fœhn *m*.

Folge *(Pl* **-n**) *die* **-1.** [Konsequenz] conséquence *f*; **etw hat etw zur ~** qqch a qqch pour conséquence. **-2.** [Fortsetzung] épisode *m*. **-3.** [Serie] série *f*. **-4.** *amt* [Befolgung]: **einer Sache** *(D)* **~ leisten** donner suite à qqch.

Folgeerscheinung *die* conséquence *f*; [gesundheitlich] séquelle *f*.

folgen *(Perf* **ist gefolgt**) *intr* **-1.** [gen]: **jm/etw ~** suivre qqn/qqch. **-2.** [sich anschließen]: **auf etw** *(A)* **~** succéder à qqch. **-3.** [sich logisch ergeben]: **aus etw ~** résulter de qqch.

◆ **wie folgt** *Adv* comme suit.

folgendermaßen *Adv* de la façon suivante, comme suit.

folgenschwer *Adj* lourd(e) de conséquences.

folgerichtig ◇ *Adj* conséquent(e). ◇ *Adv* logiquement.

folgern *tr*: **aus etw ~, daß** déduire de qqch que.

Folgerung *(Pl* **-en**) *die* conclusion *f*; [logisch] déduction *f*.

Folgezeit *die (ohne Pl)*: **in der ~** par la suite.

folglich *Adv* par conséquent.

folgsam ◇ *Adj* docile. ◇ *Adv* docilement.

Folgsamkeit *die (ohne Pl)* docilité *f*.

Folie ['fo:li̯ə] *(Pl* **-n**) *die* [für Lebensmittel] **film** *m* (étirable); [für Overheadprojektor] **transparent** *m*.

Folklore *die (ohne Pl)* folklore *m*.

folkloristisch *Adj* folklorique.

Folter *(Pl* **-n**) *die* torture *f*; **jn auf die ~ spannen** *fig* mettre qqn au supplice.

foltern *tr* torturer.

Fön *(Pl* **-e**) *der* sèche-cheveux *m inv*.

Fonds [fɔ̃] *(Pl* -) *der* fonds *m*.

Fondue [fɔ̃'dy:] *(Pl* **-s**) *die* ODER *das* fondue *f*.

fönen *tr*: **sich** *(D)* **die Haare ~** se sécher les cheveux.

Fontäne *(Pl* **-n**) *die* jet *m*.

Football ['futbɔ:l] *der (ohne Pl)*: **(American) ~** football *m* américain.

foppen *tr fam* berner.

forcieren [fɔr'si:rən] *tr* forcer.

forciert [fɔr'si:ɐ̯t] *Adj* **-1.** [verstärkt, beschleunigt] accru(e). **-2.** *abw* [Höflichkeit, Freundlichkeit] forcé(e).

Förderkreis *der* association *f* de soutien.

Förderkurs *der* SCHULE cours *m* de soutien.

förderlich *Adj geh* profitable.

fordern *tr* **-1.** [verlangen] demander, exiger. **-2.** [beanspruchen] solliciter.

fördern *tr* **-1.** [unterstützen] aider; [finanziell] subventionner; [Begabung] encourager. **-2.** [abbauen] extraire *(charbon, minerais)*.

Forderung *(Pl* **-en**) *die* **-1.** [Verlangen] exigence *f*. **-2.** [finanzieller Anspruch] arriéré *m (finance)*.

Förderung *(Pl* **-en**) *die* **-1.** [Unterstützung] aide *f*. **-2.** [Abbau] extraction *f (de charbon, minerais)*.

Forelle *(Pl* **-n**) *die* truite *f*.

Form *(Pl* **-en**) *die* **-1.** [gen] forme *f*; **in ~ von** sous forme de; **in ~ sein** être en forme; **in aller ~** en bonne et due forme. **-2.** [für Kuchen] moule *m (à gâteaux)*.

formal ◇ *Adj* formel(elle). ◇ *Adv* formellement.

Formalität *(Pl* **-en**) *die* formalité *f*.

Format *(Pl* **-e**) *das* **-1.** [Größe] format *m*. **-2.** *(ohne Pl)* [Niveau] envergure *f*.

formatieren *tr* EDV formater.

Formatierung *(Pl* **-en**) *die* EDV formatage *m*.

Formation *(Pl* **-en**) *die* formation *f*.

formbar *Adj* malléable.

formbeständig *Adj* qui garde sa forme.

Formel *(Pl* **-n**) *die* formule *f*.

formell ◇ *Adj* formel(elle). ◇ *Adv* **-1.** [höflich, distanziert] selon les formes. **-2.** [offiziell] officiellement. **-3.** [formal] formellement.

formen *tr* former.

◆ **sich formen** *ref* [sich bilden] se former.

Formfehler *der* vice *m* de forme.

formieren *tr* former.

◆ **sich formieren** *ref* se former.

Formierung *(Pl* **-en**) *die* formation *f*.

förmlich ◇ *Adj* **-1.** *abw* [steif] guindé(e). **-2.** [offiziell] cérémonieux(euse). ◇ *Adv* **-1.** *abw* [steif] de façon guindée. **-2.** [offiziell] en bonne et due forme. **-3.** [regelrecht] véritablement.

formlos ◇ *Adj* **-1.** [Antrag, Bewerbung] sous forme libre. **-2.** [amorph] informe. **-3.** [ungezwungen] informel(elle). ◇ *Adv* **-1.** [beantragen, sich bewerben] sous forme libre. **-2.** [ungezwungen] sans façon.

Formsache *die*: **reine ~ sein** être une pure formalité.

Formular *(Pl* **-e**) *das* formulaire *m*; **ein ~ ausfüllen** remplir un formulaire.

formulieren *tr* formuler.

Formulierung (*Pl* **-en**) *die* **-1.** [Handlung] formulation *f.* **-2.** [Wendung] formule *f.*

formvollendet ◇ *Adj* **-1.** [Benehmen, Bewegung] exécuté(e) dans les règles de l'art. **-2.** [Werk] composé(e) dans les règles de l'art. ◇ *Adv* dans les règles de l'art.

forsch ◇ *Adj* **-1.** [Mensch] fougueux(euse). **-2.** [Benehmen] décidé(e). ◇ *Adv* **-1.** [energisch] avec fougue. **-2.** [bestimmt] d'un air décidé.

forschen *intr* **-1.** [Wissenschaftler] faire de la recherche. **-2.** [etw ermitteln]: **in js Augen ~** scruter le regard de qqn; **nach jm/etw ~** rechercher qqn/qqch.

Forscher, in (*mPl* -; *fPl* **-nen**) *der, die* chercheur *m,* -euse *f.*

Forschung (*Pl* **-en**) *die* recherche *f.*

Forschungs|auftrag *der* mission *f* de recherche.

Forschungs|institut *das* institut *m* de recherche.

Forschungs|ministerium *das* ministère *m* de la Recherche.

Forst (*Pl* **-e(n)**) *der* forêt *f.*

Forst|amt *das* centre *m* de gestion forestière.

Förster, in (*mPl* -; *fPl* **-nen**) *der, die* garde *m* forestier.

Forst|haus *das* maison *f* forestière.

Forsythie [fɔrˈzyːtsi̯ə] (*Pl* **-n**) *die* forsythia *m.*

fort *Adv*: **~ sein** [Person] être parti(e); [Ding] avoir disparu.

◆ **und so fort** *Adv* et cetera.

◆ **in einem fort** *Adv* sans arrêt.

fortan *Adv geh* désormais.

Fort|bestand *der (ohne Pl)* pérennité *f.*

fort|bestehen *intr (unreg)* se perpétuer; [Situation] se maintenir; [Regierung] rester en place; [Staat] demeurer.

fort|bewegen *tr* déplacer.

◆ **sich fortbewegen** *ref* se déplacer.

Fort|bewegung *die*: **zur ~** pour se déplacer.

Fortbewegungs|mittel *das* moyen *m* de locomotion.

fort|bilden *tr* assurer la formation continue de.

◆ **sich fortbilden** *ref* suivre une formation continue.

Fort|bildung *die (ohne Pl)* formation *f* continue.

fort|dauern *intr* persister.

fort|fahren (*Perf* **hat/ist fortgefahren**) *(unreg)* ◇ *intr* **-1.** *(ist)* [wegfahren] partir. **-2.** *(hat, ist)* [etw weiter tun] continuer; **~, etw zu tun** continuer à faire qqch; **in etw** *(D)* **~** poursuivre qqch. ◇ *tr (hat)* [wegfahren] emmener.

fort|fallen (*Perf* **ist fortgefallen**) *intr (unreg)* être supprimé(e).

fort|führen *tr* **-1.** [weitermachen] poursuivre, continuer; [Geschäft] reprendre; [Methode, Taktik] suivre. **-2.** [fortbringen] emmener.

Fort|führung *die (ohne Pl)* poursuite *f*; [von Familienbetrieben] reprise *f.*

Fort|gang *der* **-1.** *(ohne Pl)* [Fortsetzung] poursuite *f.* **-2.** [Fortgehen] départ *m.*

fort|gehen (*Perf* **ist fortgegangen**) *intr (unreg)* **-1.** [Person] partir, s'en aller. **-2.** [Angelegenheit] continuer.

fortgeschritten ◇ *PP* → **fortschreiten.** ◇ *Adj* **-1.** [zeitlich, modern] avancé(e). **-2.** [Schüler] confirmé(e).

Fortgeschrittene (*Pl* **-n**) *der, die* non débutant *m,* non débutante *f.*

fort|kommen (*Perf* **ist fortgekommen**) *intr (unreg)* **-1.** [wegkommen] s'en aller. **-2.** [fortgebracht werden]: **etw kommt fort** on se débarrasse de qqch. **-3.** [abhanden kommen]: **jm kommt etw fort** qqn égare qqch.

Fort|kommen *das (ohne Pl)* [beruflich] avancement *m.*

fort|laufen (*Perf* **ist fortgelaufen**) *intr (unreg)* **-1.** [Kind, Katze] se sauver; [Partner]: **jm ~** quitter qqn. **-2.** [Straße, Prozeß] continuer.

fortlaufend ◇ *Adj* continuel(elle); [Numerierung] continu(e). ◇ *Adv* continuellement, sans arrêt; [durchnumerieren] en continu.

fort|pflanzen

◆ **sich fortpflanzen** *ref* **-1.** [Lebewesen] se reproduire. **-2.** [Welle, Lachen] se propager.

Fortpflanzung *die (ohne Pl)* reproduction *f.*

Forts. *Abk für* **Fortsetzung.**

fort|schreiten (*Perf* **ist fortgeschritten**) *intr (unreg)* progresser; [Prozeß] avancer; [Zeit] s'écouler.

Fort|schritt *der* progrès *m.*

fortschrittlich ◇ *Adj* progressiste. ◇ *Adv*: **~ denken** avoir des idées progressistes.

fort|setzen *tr* poursuivre.

◆ **sich fortsetzen** *ref* continuer; [Film] avoir une suite.

Fortsetzung (*Pl* **-en**) *die* suite *f*; **'~ folgt'** 'à suivre'.

Fortsetzungs|roman *der* roman-feuilleton *m.*

fortwährend ◇ *Adj* continuel(elle). ◇ *Adv* continuellement.

fort|ziehen (*Perf* **hat/ist fortgezogen**) *(unreg)* ◇ *intr (ist)* déménager. ◇ *tr (hat)* éloigner; [Hand] retirer.

Fossil (*Pl* **-ien**) *das* fossile *m.*

Foto, Photo (*Pl* **-s**) *das* photo *f.*

Foto|album *das* album *m* photo.

Foto|apparat *der* appareil photo *m*.
Fotograf (*Pl* **-en**) *der* photographe *m*.
Fotografie (*Pl* **-n**) *die* photographie *f*.
fotografieren ◇ *tr* photographier. ◇ *intr* prendre des photos.
Fotografin (*Pl* **-nen**) *die* photographe *f*.
Foto|kopie *die* photocopie *f*.
fotokopieren ◇ *tr* photocopier. ◇ *intr* faire des photocopies.
Fotokopierer *der* (*Pl* -), **Fotokopier|gerät** *das* photocopieuse *f*, photocopieur *m*.
Foto|modell *das* mannequin *m*.
Fötus (*Pl* **-se** ODER **Föten**) *der* MED fœtus *m*.
Foul ['faul] (*Pl* **-s**) *das* SPORT faute *f*.
foulen ['faulən] SPORT ◇ *tr* faire une faute sur. ◇ *intr* commettre une faute.
Foxtrott (*Pl* **-e** ODER **-s**) *der* fox-trot *m*.
FPÖ (*Abk für* **Freiheitliche Partei Österreichs**) *die (ohne Pl) parti libéral autrichien*.
Fr. -1. (*Abk für* **Frau**) Mme. **-2.** (*Abk für* **Freitag**) ven.
Fracht (*Pl* **-en**) *die* fret *m*.
Fracht|brief *der* COMM connaissement *m*.
Frachter (*Pl* -) *der* cargo *m*.
Fracht|gut *das* chargement *m (d'un train de marchandises)*.
Fracht|schiff *das* cargo *m*.
Frack (*Pl* **Fräcke**) *der* frac *m*.
Frage (*Pl* **-n**) *die* question *f*; **jm ~n stellen** interroger qqn; **das ist nur eine ~ des Geldes/der Zeit** ce n'est qu'une question d'argent/de temps; **das kommt nicht in ~** c'est hors de question; **etw in ~ stellen** [bezweifeln] remettre qqch en question; [gefährden] mettre qqch en cause; **etw steht außer ~** qqch est assuré(e) ODER certain(e).
◆ **ohne Frage** *Adv* sans aucun ODER le moindre doute.
Frage|bogen *der* questionnaire *m*.
fragen ◇ *tr* demander à; **jn nach jm ~** [sich erkundigen] demander à qqn des nouvelles de qqn; [für Treffen] demander à voir qqn à qqn; **jn nach etw ~** demander qqch à qqn. ◇ *intr* poser des questions.
◆ **sich fragen** *ref* se demander.
Frage|stellung *die* **-1.** [Art der Frage] formulation *f (d'une question)*. **-2.** [Angelegenheit] question *f*.
Frage|stunde *die* POL: **~ im Bundestag** séance *f* de questions libres au Parlement.
Frage|wort (*Pl* **-wörter**) *das* pronom *m* interrogatif.
Frage|zeichen *das* point *m* d'interrogation.
fraglich *Adj* **-1.** [zweifelhaft] incertain(e). **-2.** [in Frage kommend] en question.
fraglos *Adv* incontestablement.
Fragment (*Pl* **-e**) *das* fragment *m*.
fragwürdig *Adj* **-1.** [zweifelhaft] douteux(euse). **-2.** *abw* [zwielichtig] louche.
Fraktion [frak'tsio:n] (*Pl* **-en**) *die* groupe *m* parlementaire.
Fraktions|vorsitzende *der, die* président *m* d'un groupe parlementaire.
Fraktur (*Pl* **-en**) *die* MED fracture *f*.
Franc [frɑ̃:] (*Pl* **-s** ODER -) *der* franc *m*.
frank
◆ **frank und frei** *Adv* sans détour.
Franke (*Pl* **-n**) *der* **-1.** [Einwohner] Franconien *m*. **-2.** HIST Franc *m*.
Franken (*Pl* -) ◇ *nt* Franconie *f*. ◇ *der* franc *m*.
Franken|wein *der* vin *m* de Franconie.
Frankfurt am Main *nt* Francfort-sur-le-Main.
Frankfurt an der Oder *nt* Francfort-sur-l'Oder.
Frankfurter (*Pl* -) ◇ *der* Francfortais *m*. ◇ *Adj (unver)* francfortais(e).
Frankfurter Allgemeine Zeitung *die (ohne Pl) quotidien de tendance conservatrice paraissant à Francfort*.
Frankfurter Buchmesse *die (ohne Pl)* foire *f* du livre de Francfort.
Frankfurterin (*Pl* **-nen**) *die* Francfortaise *f*.
frankieren *tr* affranchir.
Frankier|maschine *die* machine *f* à affranchir.
Fränkin (*Pl* **-nen**) *die* **-1.** [Einwohnerin] Franconienne *f*. **-2.** HIST Franque *f*.
fränkisch *Adj* **-1.** [aus Franken] franconien(enne). **-2.** HIST franc (franque).
Frankreich *nt* France *f*.
Franse (*Pl* **-n**) *die* frange *f*.
franz. (*Abk für* **französisch**) fr.
Franziskaner, in (*mPl* **-**; *fPl* **-nen**) *der, die* Franciscain *m*, -e *f*.
Franzose (*Pl* **-n**) *der* Français *m*.
Französin (*Pl* **-nen**) *die* Française *f*.
französisch *Adj* français(e); *siehe auch* **englisch**.
Französisch *das (ohne Pl)* français *m*; *siehe auch* **Englisch**.
Französische *das (ohne Pl)* français *m*; *siehe auch* **Englische**.
frappieren *tr geh* frapper.
Fräse (*Pl* **-n**) *die* fraise *f*.
fräsen *tr* fraiser.
fraß *Prät* → **fressen**.
Fraß *der (ohne Pl)* **-1.** [für Tier] pitance *f*. **-2.** *salopp abw* [für Mensch] tambouille *f*.
Fratze (*Pl* **-n**) *die* **-1.** [Grimasse] grimace *f*; **(jm)**

eine ~ **schneiden** faire une grimace (à qqn). **-2.** *fam abw* [Gesicht - von Menschen] **tronche** *f*; [- von Tieren] **gueule** *f*.

Frau (*Pl* **-en**) *die* **-1.** [Erwachsene, Gattin] **femme** *f*. **-2.** [als Anrede] Madame; [vor Titel]: ~ **Doktor** docteur.

Frauen|arzt, |ärztin *der, die* gynécologue *mf*.

Frauen|bewegung *die (ohne Pl)* mouvement *m* féministe.

frauenfeindlich ◇ *Adj* misogyne. ◇ *Adv* avec misogynie.

Frauenfeld *nt* Frauenfeld.

Frauen|haus *das centre d'accueil pour femmes battues.*

Frauen|parkplatz *der parking surveillé réservé aux femmes.*

Frauen|zimmer *das fam abw* bonne femme *f*.

Fräulein (*Pl* -) *das* **-1.** [ledig] demoiselle *f*. **-2.** [als Anrede] Mademoiselle.

fraulich ◇ *Adj* féminin(e). ◇ *Adv* avec féminité.

frdl. *Abk für* **freundlich**.

Freak [fri:k] (*Pl* **-s**) *der fam* fana *mf*.

frech ◇ *Adj* **-1.** [dreist] effronté(e); [Lüge] éhonté(e). **-2.** [keß - Person] impertinent(e); [- Kleidung] audacieux(euse). ◇ *Adv* **-1.** [dreist] avec insolence. **-2.** [keß]: **sich ~ kleiden** porter des tenues audacieuses.

Frech|dachs *der fam* fripon *m*.

Frechheit (*Pl* **-en**) *die* impudence *f*.

Freeclimbing ['fri:klaimbiŋ] *das (ohne Pl)* escalade *f* libre ODER naturelle.

Fregatte (*Pl* **-n**) *die* frégate *f*.

frei ◇ *Adj* **-1.** [gen] libre; ~ **von etw** libre de qqch. **-2.** [nackt]: **sich ~ machen** se déshabiller. **-3.** CHEM & PHYS libéré(e). ◇ *Adv* **-1.** [gen] librement; ~ **haben** [Schüler] ne pas avoir cours; [Arbeitnehmer] être en congé. **-2.** [nicht inhaftiert] en liberté. **-3.** [gratis] gratuitement.

◆ **im Freien** *Adv* en plein air, à l'air libre; **im Freien übernachten** dormir à la belle étoile.

Frei|bad *das* piscine *f* (découverte).

freiberuflich ◇ *Adj* indépendant(e). ◇ *Adv* à son compte.

Frei|betrag *der* WIRTSCH [bei Versicherung] franchise *f*; [bei Steuern] abattement *m* à la base.

Frei|bier *das (ohne Pl)* tournée *f* gratuite *(de bière)*.

Frei|brief *der* passe-droit *m*; **etw ist kein ~ für etw** qqch ne donne pas le droit de faire qqch.

Freiburg *nt* Fribourg.

◆ **Freiburg im Breisgau** *nt* Fribourg-en-Brisgau.

Freiburger (*Pl* -) ◇ *der* Fribourgeois *m*. ◇ *Adj (unver)* fribourgeois(e).

Freiburgerin (*Pl* **-nen**) *die* Fribourgeoise *f*.

Frei|exemplar *das* exemplaire *m* gratuit.

Frei|gabe *die* **-1.** [von Straße, Brücke] **ouverture** *f*. **-2.** [von Bällen] **remise** *f* en jeu. **-3.** JUR mainlevée *f*. **-4.** [von Guthaben] déblocage *m*.

frei|geben *(unreg)* ◇ *tr* **-1.** [Gefangene] libérer. **-2.** [Guthaben] débloquer. **-3.** [Zeit] donner. **-4.** [Film] autoriser la projection de; **'freigegeben ab 18 Jahre'** 'interdit aux moins de 18 ans'. ◇ *intr* [einem Untergebenen]: **jm ~** libérer qqn.

freigebig *Adj* généreux(euse).

Frei|geist (*Pl* **-er**) *der* libre penseur *m*.

frei|halten *tr (unreg)* **-1.** [Person] offrir un repas à; [Tischrunde] offrir une tournée. **-2.** [Einfahrt, Straße, von Schnee] dégager. **-3.** [Platz] garder.

Freihandels|zone *die* zone *f* de libre-échange.

freihändig *Adv* [zeichnen] à main levée; [Radfahren] sans les mains.

Freiheit (*Pl* **-en**) *die* liberté *f*; [Privileg] privilège *m*; **sich** *(D)* **die ~ nehmen, etw zu tun** prendre la liberté de faire qqch.

Freiheits|strafe *die* peine *f* de prison.

freiheraus *Adv* sans détour.

Frei|karte *die* carton *m* d'invitation, entrée *f* gratuite.

Freikörper|kultur *die (ohne Pl)* naturisme *m*.

frei|lassen *tr (unreg)* libérer; [Tier] lâcher.

Freilassung *die (ohne Pl)* mise *f* en liberté; JUR relaxe *f*.

freilich ◇ *Adv* **-1.** [jedoch] cependant. **-2.** *Süddt* [sicher] bien sûr. ◇ *Konj* quoique.

Freilicht|bühne *die* théâtre *m* en plein air.

Freilicht|museum *das* musée *m* en plein air.

frei|machen ◇ *tr* affranchir. ◇ *intr fam* avoir congé.

◆ **sich freimachen** *ref fam* se libérer.

Frei|maurer *der* franc-maçon *m*.

freimütig ◇ *Adj* franc (franche). ◇ *Adv* franchement.

Frei|raum *der* espace *m* de liberté.

freischaffend *Adj* indépendant(e) *(professionnellement)*.

frei|sprechen *tr (unreg)* acquitter.

Frei|spruch *der* acquittement *m*.

frei|stehen *intr (unreg)* **-1.** [Raum, Haus] être libre. **-2.** [erlaubt sein]: **es steht jm frei, etw zu tun** libre à qqn de faire qqch.

frei|stellen *tr* **-1.** [von Pflicht]: **jn von etw ~** exempter qqn de qqch. **-2.** [überlassen]: **jm ~, etw zu tun** laisser qqn libre de faire qqch.

Frei|stoß *der* SPORT coup *m* franc.

Frei|stunde *die* heure *f* de battement.

Frei|tag *der* vendredi *m*; *siehe auch* **Samstag**.

freitags *Adv* le vendredi; *siehe auch* **samstags**.
Frei|tod *der geh* suicide *m*.
Frei|wild *das (ohne Pl)* gibier *m*.
freiwillig ◇ *Adj* **-1.** [nicht erzwungen] volontaire. **-2.** [unbezahlt] bénévole. ◇ *Adv* **-1.** [ohne Zwang] de plein gré; **sich ~ melden** se porter volontaire. **-2.** [unbezahlt] bénévolement.
Freiwillige *(Pl* **-n***) der, die* volontaire *mf*.
Frei|zeichen *das* tonalité *f (de téléphone)*.
Frei|zeit *die* **-1.** *(ohne Pl)* [nach Arbeit] loisirs *mpl*. **-2.** [Reise] colonie *f* de vacances.
Freizeit|gestaltung *die* organisation *f* des loisirs.
Freizeit|verhalten *das (ohne Pl)* loisirs *mpl*.
freizügig ◇ *Adj* **-1.** [großzügig] généreux(euse). **-2.** [gewagt] audacieux(euse); [Abbildung] osé(e). ◇ *Adv* **-1.** [großzügig] généreusement, avec libéralité. **-2.** [gewagt] avec audace.
Freizügigkeit *(Pl* **-en***) die* **-1.** *(ohne Pl)* [Ortsungebundenheit] liberté *f* de choix de résidence. **-2.** [Großzügigkeit] libéralité *f*. **-3.** [im Verhalten, Denken] liberté *f* d'esprit.
fremd *Adj* **-1.** [ausländisch, unvertraut] étranger(ère); **ich bin hier ~** je ne suis pas d'ici. **-2.** [Besitz, Angelegenheit] d'autrui.
fremdartig *Adj* étrange.
Fremde *(Pl* **-n***)* ◇ *der, die (G Fremden)* étranger *m*, -ère *f*. ◇ *die (G Fremde & ohne Pl)* pays *m* lointain; **in der ~** loin de chez soi.
Fremden|führer, in *der, die* guide *m (touristique)*.
Fremden|haß *der* xénophobie *f*.
Fremden|legion *die (ohne Pl)* Légion *f* étrangère.
Fremden|verkehr *der* tourisme *m*.
Fremdenverkehrs|büro *das* syndicat *m* d'initiative; [in Großstadt] office *m* de tourisme.
Fremden|zimmer *das* chambre *f* d'hôte.
fremd|gehen *(Perf* **ist fremdgegangen***) intr (unreg) fam* être infidèle.
Fremd|körper *der* corps *m* étranger.
Fremd|sprache *die* langue *f* étrangère.
Fremdsprachen|korrespondent, in *der, die* [zweisprachig] secrétaire *mf* bilingue; [dreisprachig] secrétaire *mf* trilingue.
fremdsprachig *Adj* en langue étrangère; [Wort] étranger(ère).
Fremd|wort *(Pl* **-wörter***) das* mot *m* étranger; **etw ist für jn ein ~** *fig* qqch est étranger(ère) à qqn.
Fremdwörter|buch *das* dictionnaire *m* des mots savants d'origine étrangère.
Frequenz *(Pl* **-en***) die* **-1.** *geh* [von Besuchern] fréquentation *f*. **-2.** PHYS fréquence *f*.
Fressalien [frɛ'saːli̯ən] *Pl salopp* bouffe *f*.
Fresse *(Pl* **-n***) die vulg* gueule *f*; **die ~ halten** fermer sa gueule.
fressen *(Präs* **frißt**, *Prät* **fraß**, *Perf* **hat gefressen***)* ◇ *tr* **-1.** [Subj: Tier] manger. **-2.** *salopp abw* [Subj: Mensch, Schädling] bouffer. **-3.** *fam* [verbrauchen - Benzin, Strom] consommer; [- Zeit] prendre. **-4.** *RW*: **etw in sich** *(A)* **~** garder qqch pour soi *(problèmes)*. ◇ *intr*: **an etw** *(D)* **~** ronger qqch; [Reinigungsmittel] attaquer qqch; **an jm ~** [an Seele] miner qqn.
◆ **sich fressen** *ref*: **sich in etw** *(A)* **~** ronger qqch.
◆ **Fressen** *das (ohne Pl)* **-1.** [für Tier] pitance *f*; [für Hund, Katze] pâtée *f*. **-2.** *vulg abw* [für Mensch] bouffe *f*. **-3.** *RW fam* : **etw ist ein gefundenes Fressen für jn** qqch est une occasion rêvée ODER aubaine pour qqn.
Frettchen *(Pl* **-***) das* furet *m*.
Freude *(Pl* **-n***) die* joie *f*; **an etw** *(D)* **~ haben** être content(e) de qqch; **jd hat an jm ~** qqn comble qqn de joie; **jm eine ~ machen** faire plaisir à qqn.
◆ **mit Freuden** *Adv* avec joie ODER plaisir.
◆ **Freuden** *Pl geh* joies *fpl*.
Freuden|haus *das* maison *f* close.
freudestrahlend *Adj* rayonnant(e) de joie.
freudig ◇ *Adj* **-1.** [Mensch, Äußerung] joyeux (euse). **-2.** [Nachricht, Ereignis] heureux(euse). ◇ *Adv* **-1.** [erfreut] joyeusement. **-2.** [überrascht, erregt] agréablement.
freudlos *Adj & Adv* sans joie.
freuen *tr* réjouir.
◆ **sich freuen** *ref*: **sich über etw** *(A)* **~** se réjouir de qqch, être content(e) de qqch; **sich an etw** *(D)* **~** prendre plaisir à qqch.
Freund *(Pl* **-e***) der* **-1.** [Vertrauter] ami *m*; **dicke ~e sein** *fam* être de grands amis (grandes amies). **-2.** [Geliebter] petit ami *m*. **-3.** [der Kunst] amateur *m*. **-4.** [als Anrede]: **alter ~** mon vieux.
Freundes|kreis *der* cercle *m* d'amis.
Freundin *(Pl* **-nen***) die* **-1.** [Vertraute] amie *f*. **-2.** [Geliebte] petite amie *f*.
freundlich ◇ *Adj* **-1.** [Mensch, Charakter, Gruß] aimable. **-2.** [Stimmung] agréable; [Gegend, Umgebung] hospitalier(ère); [Haus, Farbe] pimpant(e). **-3.** [Rat] amical(e). ◇ *Adv* **-1.** [nett] aimablement. **-2.** [wohlwollend] amicalement.
Freundlichkeit *(Pl* **-en***) die* **-1.** *(ohne Pl)* [von Person] amabilité *f*. **-2.** *(ohne Pl)* [von Einrichtung] caractère *m* accueillant. **-3.** [Gefälligkeit] gentillesse *f*.
Freundschaft *(Pl* **-en***) die* amitié *f*; **mit jm ~ schließen** se lier d'amitié avec qqn.
freundschaftlich ◇ *Adj* amical(e). ◇ *Adv* amicalement.

Freundschafts|dienst *der* service *m* entre amis; **jm einen ~ erweisen** rendre à qqn un service d'ami.

Freundschafts|spiel *das* match *m* amical.

Frevel (*Pl* -) *der geh* sacrilège *m*.

frevelhaft *geh* ◇ *Adj* scélérat(e); [gotteslästerlich] sacrilège. ◇ *Adv* de manière sacrilège.

Frh. (*Abk für* **Freiherr**) bar.

Frieden, Friede *der (ohne Pl)* paix *f*; **jn in ~ lassen** laisser qqn en paix; **~ schließen** faire la paix.

Friedens|bewegung *die* mouvement *m* pacifiste.

Friedens|politik *die (ohne Pl)* politique *f* de paix.

Friedenspreis des deutschen Buchhandels *der (ohne Pl) prix décerné annuellement par la profession du livre en Allemagne à un auteur servant la cause de la paix.*

Friedens|vertrag *der* traité *m* de paix.

friedfertig *Adj* pacifique.

Fried|hof *der* cimetière *m*.

friedlich ◇ *Adj* **-1.** [ohne Krieg, Streit] pacifique. **-2.** [still, harmonisch] paisible. ◇ *Adv* **-1.** [ohne Krieg, Streit] de manière pacifique. **-2.** [still, harmonisch] paisiblement.

frieren (*Prät* **fror**, *Perf* **hat/ist gefroren**) *intr* **-1.** *(hat)* [Lebewesen] avoir froid. **-2.** *(hat)* [kalt sein]: **es friert** il gèle. **-3.** *(ist)* [Wasser] geler.

Frikadelle (*Pl* **-n**) *die* boulette *f (de viande hachée).*

Frikassee [frika'se:] (*Pl* **-s**) *das* fricassée *f*.

Frisbee ['frɪsbi] (*Pl* **-s**) *das* frisbee *m*.

frisch ◇ *Adj* **-1.** [neu, kühl, wach] frais (fraîche). **-2.** [sauber] propre. **-3.** [Ereignis] récent(e); [Briefbogen] nouveau(elle). **-4.** [gesund] en forme. ◇ *Adv* **-1.** [gerade erst] fraîchement; **'frisch gestrichen'** 'peinture fraîche!'. **-2.** [direkt] directement.

Frische *die (ohne Pl)* fraîcheur *f*; [Sauberkeit] propreté *f*.

Frisch|käse *der* fromage *m* frais.

Friseur, Frisör, in [fri'zø:ɐ̯, rɪn] (*mPl* **-e**; *fPl* **-nen**) *der, die* coiffeur *m*, -euse *f*.

Friseur|salon, Frisier|salon *der* salon *m* de coiffure.

Friseuse, Frisöse [fri'zø:zə] (*Pl* **-n**) *die* coiffeuse *f*.

frisieren *tr* **-1.** [Haar] coiffer. **-2.** *fam* [fälschen] truquer. **-3.** *fam* AUTO trafiquer.

◆ **sich frisieren** *ref* se coiffer.

Frisier|salon = **Friseursalon.**

Frisör, in = **Friseur.**

Frisöse = **Friseuse.**

frißt *Präs* → **fressen.**

Frist (*Pl* **-en**) *die* délai *m*.

fristen *tr*: **sein Leben ~** vivoter.

Fristen|regelung *die législation autorisant l'avortement s'il est effectué dans un certain délai après la conception.*

fristgerecht ◇ *Adj* effectué(e) dans les délais. ◇ *Adv* dans les délais.

fristlos ◇ *Adj* immédiat(e). ◇ *Adv* sur-le-champ.

Frisur (*Pl* **-en**) *die* coiffure *f*.

frivol [fri'vo:l] ◇ *Adj* frivole. ◇ *Adv* avec frivolité.

Frl. (*Abk für* **Fräulein**) Mlle.

froh *Adj* **-1.** [vergnügt, Fest] joyeux(euse). **-2.** *fam* [erleichtert] content(e); **über etw** *(A)* **~ sein** être content(e) de qqch. **-3.** [Nachricht, Ereignis] heureux(euse).

fröhlich ◇ *Adj* gai(e). ◇ *Adv* gaiement.

Fröhlichkeit *die (ohne Pl)* gaieté *f*.

Froh|sinn *der (ohne Pl)* joie *f*, gaieté *f*.

fromm (*Kompar* **frommer** ODER **frömmer**, *Superl* **frommste** ODER **frömmste**) ◇ *Adj* **-1.** [gläubig] pieux(euse). **-2.** [heuchlerisch] fourbe. ◇ *Adv* **-1.** [gläubig] pieusement. **-2.** [heuchlerisch] avec un air de sainte-nitouche.

Fronleichnam *(ohne Pl & ohne Artikel)* Fête-Dieu *f*.

Front (*Pl* **-en**) *die* front *m*; [von Gebäude] façade *f*; **gegen jn/etw ~ machen** s'opposer à qqn/qqch.

frontal ◇ *Adj* frontal(e). ◇ *Adv* de front; [abbilden] de face.

Frontalzusammen|stoß *der* collision *f* frontale.

Front|antrieb *der* AUTO traction *f* avant.

Front|wechsel *der* revirement *m*.

fror *Prät* → **frieren.**

Frosch (*Pl* **Frösche**) *der* grenouille *f*; **einen ~ im Hals haben** *fam fig* avoir un chat dans la gorge.

Frosch|mann *der* homme-grenouille *m*.

Frosch|schenkel *der* cuisse *f* de grenouille.

Frost (*Pl* **Fröste**) *der* gel *m*.

frösteln *intr* frissonner.

Frost|gefahr *die (ohne Pl)* risque *m* de gelées.

frostig ◇ *Adj* glacial(e). ◇ *Adv* froidement.

Frost|schaden *der* dégât *m* provoqué par le gel.

Frottee [frɔ'te:] (*Pl* **-s**) *der* ODER *das* tissu-éponge *m*.

Frotteehand|tuch *das* serviette-éponge *f*.

frottieren *tr* frictionner.

◆ **sich frottieren** *ref* se frictionner.

frotzeln *fam* ◇ *tr* asticoter, titiller. ◇ *intr* railler.
Frucht (*Pl* **Früchte**) *die* fruit *m*; **etw trägt Früchte** *fig* qqch porte ses fruits.
fruchtbar *Adj* **-1.** [Pflanze, Land, Regen] **fertile**. **-2.** [Lebewesen, Tag, Gespräch] **fécond(e)**. **-3.** [Untersuchung] **fructueux(euse)**.
Fruchtbarkeit *die (ohne Pl)* **-1.** [von Lebewesen, Gespräch] **fécondité** *f*. **-2.** [von Boden] **fertilité** *f*.
Früchtchen (*Pl* **-**) *das fig*: **ein schönes** ODER **sauberes ~** *fam abw* [männlich] un sacré loustic; [weiblich] une sacrée gamine.
fruchten *intr*: **nichts ~** ne mener à rien.
fruchtig *Adj* fruité(e).
fruchtlos *Adj* infructueux(euse).
Frucht|saft *der* jus *m* de fruit.
früh ◇ *Adj* **-1.** [frühzeitig] matinal(e); **am ~en Morgen/Abend** tôt le matin/soir. **-2.** [jung] jeune. **-3.** [vorzeitig] précoce. ◇ *Adv* tôt; **gestern/heute/morgen ~** hier/ce/demain matin; **~er oder später** tôt ou tard.
◆ **zu früh** *Adv* trop tôt; **zu ~ dran sein** *fam* être en avance.
Frühaufsteher, in (*mPl* **-**; *fPl* **-nen**) *der, die* lève-tôt *mf*.
Frühe *die (ohne Pl)* matin *m*.
◆ **in aller Frühe** *Adv* au petit matin.
◆ **in der Frühe** *Adv* tôt le matin.
früher ◇ *Adj* ancien(enne). ◇ *Adv* autrefois.
frühestens *Adv* au plus tôt.
Früh|geburt *die* **-1.** [Ereignis] accouchement *m* prématuré. **-2.** [Baby] prématuré *m*, -e *f*.
Früh|jahr *das* printemps *m*.
◆ **im Frühjahr** *Adv* au printemps.
Frühling (*Pl* **-e**) *der* printemps *m*.
◆ **im Frühling** *Adv* au printemps.
Frühlings|anfang *der (ohne Pl)* début *m* du printemps.
frühlingshaft *Adj* printanier(ère).
frühmorgens *Adv* au petit matin.
frühreif *Adj* précoce.
Früh|rentner, in *der, die* préretraité *m*, -e *f*.
Frühschoppen (*Pl* **-**) *der* apéritif *m* du matin.
Früh|sport *der (ohne Pl)* sport *m* matinal.
Früh|start *der* SPORT faux départ *m*.
Früh|stück *das* petit déjeuner *m*.
frühstücken ◇ *intr* prendre son petit déjeuner. ◇ *tr*: **etw ~** prendre qqch au petit déjeuner.
Frühstücks|pause *die* pause *f* petit déjeuner.
frühzeitig ◇ *Adj* [Jahreszeit] précoce. ◇ *Adv* tôt; [sterben] jeune; [beenden] de façon prématurée.
Frust *der (ohne Pl) fam* frustration *f*.
frustrieren *tr* frustrer.
frz. (*Abk für* **französisch**) fr.
FS ◇ *die (ohne Pl)* (*Abk für* **Fachschule**) institut *m* de formation professionnelle. ◇ *die* (*Pl* **FS**) (*Abk für* **Fachschaft**) association *f* professionnelle.
FU [ɛf'|uː] (*Abk für* **Freie Universität**) *die (ohne Pl)*: **die ~ Berlin** l'Université *f* libre de Berlin.
Fuchs (*Pl* **Füchse**) *der* **-1.** [Tier, Fell] **renard** *m*. **-2.** *fam* [Mensch]: **ein schlauer ~** un vieux renard.
Fuchsie (*Pl* **-n**) *die* fuchsia *m*.
Füchsin (*Pl* **-nen**) *die* renarde *f*.
Fuchs|schwanz *der* **-1.** [Schwanz] queue *f* de renard. **-2.** [Säge] égoïne *f*. **-3.** [Pflanze] amarante *f*.
fuchsteufelswild *Adj fam* furieux(euse).
Fuchtel *die (ohne Pl) fig*: **unter js ~ stehen** *fam* être sous la férule de qqn.
fuchteln *intr fam* gesticuler.
Fudschijama *der* Fuji-Yama *m*.
Fug
◆ **mit Fug und Recht** *Adv* à juste titre.
Fuge (*Pl* **-n**) *die* **-1.** [Ritze] jointure *f*; **etw gerät aus den ~n** qqch s'effondre. **-2.** MUS fugue *f*.
fügen *tr* [Gegenstand]: **ein Teil an ein anderes ~** assembler des pièces; **etw in etw** *(A)* **~** incorporer qqch à qqch.
◆ **sich fügen** *ref* **-1.** [Gegenstand]: **sich in etw** *(A)* **~** s'adapter à qqch. **-2.** [Person] obéir; **sich einer Sache** *(D)* **~** se plier à qqch. **-3.** *geh* [Verlauf] s'arranger.
fügsam ◇ *Adj* docile. ◇ *Adv* docilement.
Fügung (*Pl* **-en**) *die* **-1.** [Schicksal] fatalité *f*. **-2.** [Handlung]: **glückliche ~** heureux concours de circonstances.
fühlbar ◇ *Adj* **-1.** [Änderung] **sensible**. **-2.** [Schmerz, Witterung] **pénible**. **-3.** [Schlag] **douloureux(euse)**. ◇ *Adv* **sensiblement**.
fühlen ◇ *tr* **-1.** [empfinden] **ressentir**. **-2.** [ahnen] **sentir**. ◇ *intr* **-1.** [empfinden] **avoir des sensations**. **-2.** [tasten]: **nach etw ~** chercher qqch à tâtons.
◆ **sich fühlen** *ref* **-1.** [krank, glücklich] se sentir. **-2.** [sich für etw halten] s'estimer; **sich zu etw berufen ~** se sentir une vocation de ODER pour qqch.
Fühler (*Pl* **-**) *der* antenne *f (d'un insecte)*; **seine ~ ausstrecken** tâter le terrain.
Fühlung *die (ohne Pl)* contact *m*.
fuhr *Prät* → **fahren**.
Fuhre (*Pl* **-n**) *die* **-1.** [Wagenladung] **chargement** *m*. **-2.** [Taxifahrt] **course** *f*.
führen ◇ *tr* **-1.** [Person] **guider**. **-2.** [leiten] **diriger**. **-3.** [Verhandlung, Diskussion] **mener**. **-4.** [Ware] **faire**. **-5.** [registrieren] **enregistrer**. **-6.** [Liste, Tagebuch, Haushalt] **tenir**. **-7.** [Schüler, Solda-

ten, Tiere] mener. **-8.** [Werkzeug] manier; **die Tasse zum Mund ~** amener la tasse à ses lèvres. **-9.** [Bezeichnung, Namen] porter. ◇ *intr* **-1.** [im Sport] mener. **-2.** [zu Ergebnis]: **zu etw ~** conduire à qqch; **etw führt zu nichts** *fig* qqch ne mène à rien.
◆ **sich führen** *ref* se comporter.

führend *Adj* [Rolle, Stellung] de premier ordre; [Unternehmen] leader; **ein ~er Politiker** un leader politique.

Führer, in (*mPl* **-**; *fPl* **-nen**) *der, die* **-1.** [Leiter] chef *m*. **-2.** [touristisch] guide *m*.

Führer|schein *der* permis *m* de conduire.

Fuhr|park parc *m* automobile.

Führung (*Pl* **-en**) *die* **-1.** *(ohne Pl)* [Leitung] direction *f*; **unter (der) ~ von** sous la direction de. **-2.** *(ohne Pl)* [führende Stellung]: **die ~ haben** être en position de leader; **in ~ liegen** mener. **-3.** [Besichtigung] visite *f* guidée. **-4.** *(ohne Pl)* [erzieherisch] encadrement *m*. **-5.** *(ohne Pl)* [Verhalten, Handhabung] conduite *f*.

Führungsan|spruch *der* prétentions *fpl* à la direction.

Führungs|spitze *die* tête *f*.

Führungs|zeugnis
◆ **polizeiliches Führungszeugnis** *das* extrait *m* du casier judiciaire.

Fülle *die (ohne Pl)* **-1.** [Menge] abondance *f*; [von Aufgaben] quantité *f*. **-2.** [körperlich] embonpoint *m*.

füllen *tr* **-1.** [Gefäß] remplir; **etw in etw** *(A)* **~** mettre qqch en qqch. **-2.** [Speisen - salzig] farcir; [- süß] fourrer. **-3.** [Raum] occuper; [Lücke] combler. **-4.** [Zahn] plomber.
◆ **sich füllen** *ref* [voll werden]: **sich mit etw ~** se remplir de qqch.

Füller (*Pl* **-**) *der fam* stylo *m* plume.

Füllfederhalter (*Pl* **-**) *der* stylo *m* plume.

füllig *Adj* rondouillard(e); [Busen] généreux(euse); **~ werden** s'empâter.

Füllung (*Pl* **-en**) *die* **-1.** [für Speisen - salzig] farce *f*; [- süß] garniture *f*. **-2.** [in Zahn] plombage *m*. **-3.** *(ohne Pl)* [Handlung] remplissage *m*.

Fummel (*Pl* **-**) *der fam abw* robe *f* de quatre sous.

fummeln *intr fam* [tasten]: **an etw** *(D)* **~** tripatouiller qqch.

Fund (*Pl* **-e**) *der* **-1.** [Entdeckung] découverte *f*. **-2.** [Fundsache] objet *m* trouvé; [originell] trouvaille *f*.

Fundament (*Pl* **-e**) *das* **-1.** [von Gebäude] fondations *fpl*. **-2.** [Grundlage] fondements *mpl*.

fundamental ◇ *Adj* fondamental(e). ◇ *Adv* de manière fondamentale.

Fundamentalist, in (*mPl* **-en**; *fPl* **-nen**) *der, die* fondamentaliste *mf*, intégriste *mf*.

Fund|büro *das* bureau *m* des objets trouvés.

Fund|grube *die* mine *f*.

fundiert *Adj* solide; [Kritik] fondé(e).

fündig *Adj*: **~ werden** voir ses recherches aboutir.

Fund|sache *die* objet *m* trouvé.

fünf *Num* cinq; **~ gerade sein lassen** *fam fig* ne pas y regarder de si près; *siehe auch* **sechs**.

Fünf (*Pl* **-en**) *die* **-1.** [Zahl] cinq *m*. **-2.** [Schulnote] ≃ 4/20; *siehe auch* **Sechs**.

Fünfeck *das* pentagone *m*.

fünfeckig *Adj* pentagonal(e).

fünffach *Adj* quintuple.

fünfhundert *Num* cinq cents.

Fünfjahres|plan *der* plan *m* quinquennal.

Fünfkampf *der* pentathlon *m*.

fünfmal *Adv* cinq fois.

Fünfmark|stück *das* pièce *f* de cinq marks.

Fünfprozentklausel (*Pl* **-n**) *die* clause *f* des cinq pour cent *(au Bundestag)*.

FÜNFPROZENTKLAUSEL:
N'entrent au Bundestag (Parlement allemand) que les partis qui ont réussi à obtenir 5 % des voix ou trois mandats directs. Cette clause, fondée sur l'expérience de la République de Weimar, a pour but d'éviter l'éclatement du paysage politique.

---

fünfstellig *Adj* à cinq chiffres.

fünfstöckig *Adj* à cinq étages.

fünft
◆ **zu fünft** *Adv* à cinq.

fünftausend *Num* cinq mille.

fünfte *Num* cinquième; *siehe auch* **sechste**.

Fünfte (*Pl* **-n**) *der, die, das* cinquième *mf*; *siehe auch* **Sechste**.

fünftel *Num* cinquième; *siehe auch* **sechstel**.

Fünftel (*Pl* **-**) *das* cinquième *m*; *siehe auch* **Sechstel**.

fünfzehn *Num* quinze; *siehe auch* **sechs**.

Fünfzehn *die* quinze *m*; *siehe auch* **Sechs**.

fünfzig *Num* cinquante; *siehe auch* **sechs**.

Fünfzig *die (ohne Pl)* cinquante *m*; *siehe auch* **Sechs**.

fünfziger *Adj*: **die ~ Jahre** les années cinquante.

Funk *der (ohne Pl)* radio *f*; **über** ODER **per ~** par radio.

Funkaus|stellung *die* exposition *f* des techniques radiophoniques et télévisuelles.

Funke (*Pl* **-n**), **Funken** (*Pl* **-**) *der* étincelle *f*; **daß die ~n sprühen** ODER **fliegen** *fig* à toute allure; **keinen ~n von etw haben** ODER **besitzen** ne pas avoir un brin de qqch.

funkeln *intr* étinceler.

funkelnagelneu *Adj fam* flambant neuf (neuve).

funken ◇ *tr*: **etw ~** transmettre qqch par radio. ◇ *intr* faire des étincelles; **bei jm hat es gefunkt** *fam* qqn a pigé; **bei den beiden hat es gefunkt** *fam* ils ont eu le coup de foudre l'un pour l'autre.

Funken = **Funke**.

Funker, in (*mPl* **-**; *fPl* **-nen**) *der, die* opérateur *m*, -trice *f* radio.

Funk|gerät *das* poste *m* radio *(d'émission)*.

Funk|haus *das* maison *f* de la radio.

Funk|stille *die (ohne Pl)* [im Funk] silence *m* radio.

Funk|telefon *das* radio-téléphone *m*.

Funktion [funk'tsio:n] (*Pl* **-en**) *die* **-1.** [Aufgabe, Tätigkeit, mathematisch] fonction *f*; **in ~ sein/treten** être/entrer en fonction, être/se mettre en marche. **-2.** [Position]: **in js ~ als** en qualité de.

funktional ◇ *Adj* fonctionnel(elle). ◇ *Adv* de manière fonctionnelle.

Funktionär, in (*mPl* **-e**; *fPl* **-nen**) *der, die* permanent *m*, -e *f*.

funktionell ◇ *Adj* fonctionnel(elle). ◇ *Adv* de manière fonctionnelle.

funktionieren *intr* fonctionner.

Funktions|taste *die* EDV touche *f* de fonction.

funktionstüchtig *Adj* en état de fonctionnement.

Funk|verbindung *die* liaison *f* radio.

Funzel (*Pl* **-n**) *die fam abw* loupiote *f*.

für ◇ *Präp (+ A)* **-1.** [gen] pour; **~ fünf Uhr** pour cinq heures; **~ sein Alter** pour son âge; **jn ~ klug/glaubwürdig halten** prendre qqn pour quelqu'un d'intelligent/de crédible. **-2.** [zur Angabe der Folge] après; **Tag ~ Tag** jour après jour; **Punkt ~ Punkt** point par point; **Jahr ~ Jahr** d'une année sur ODER à l'autre. ◇ *Adv* **-1.** [pro]: **etw hat etw ~ sich** qqch a qqch pour lui ODER elle. **-2.** *RW*: **was ~ ein** ODER **eine** ODER **einen ...?** quel genre de ...?; **was ~ eine herrliche Landschaft!** quel magnifique paysage!

◆ **Für** *das (ohne Pl)*: **das Für und Wider** le pour et le contre.

Furche (*Pl* **-n**) *die* **-1.** [in Erde] sillon *m*. **-2.** [in Gesicht] ride *f*.

Furcht *die (ohne Pl)* crainte *f*; **aus ~ vor jm/etw** par crainte de qqn/qqch.

furchtbar ◇ *Adj* terrible. ◇ *Adv fam* énormément.

fürchten ◇ *tr* craindre. ◇ *intr*: **um jn/etw ~** craindre pour qqn/qqch.

◆ **sich fürchten** *ref* avoir peur; **sich vor jm/etw ~** avoir peur de qqn/qqch.

fürchterlich ◇ *Adj* épouvantable. ◇ *Adv fam* [sehr] terriblement.

furchterregend ◇ *Adj* effrayant(e). ◇ *Adv* horriblement.

furchtlos ◇ *Adj* intrépide. ◇ *Adv* sans crainte.

furchtsam ◇ *Adj* craintif(ive). ◇ *Adv* craintivement.

füreinander *Adv* l'un (l'une) pour l'autre, les uns (unes) pour les autres.

Furie ['fu:ri̯ə] (*Pl* **-n**) *die abw* furie *f*.

Furnier (*Pl* **-e**) *das* placage *m*.

Furore

◆ **Furore machen** *intr* faire fureur.

fürs *Präp (für + das)*: **alles ~ Kind** tout pour l'enfant; **~ neue Auto** pour la nouvelle voiture.

Für|sorge *die (ohne Pl)* **-1.** [Unterstützung - menschlich] assistance *f*; [- öffentlich] aide *f* sociale. **-2.** [Sozialamt] assistance *f* publique.

fürsorglich *Adj* prévenant(e).

Für|sprache *die* intervention *f*; **bei jm ~ (für jn) einlegen** intervenir auprès de qqn (en faveur de qqn).

Für|sprecher, in *der, die* intercesseur *m*.

Fürst (*Pl* **-en**) *der* prince *m*.

Fürstentum (*Pl* **-tümer**) *das* principauté *f*.

Fürstin (*Pl* **-nen**) *die* princesse *f*.

fürstlich ◇ *Adj* princier(ère). ◇ *Adv* comme un prince.

Furunkel (*Pl* **-**) *der* ODER *das* furoncle *m*.

Furz (*Pl* **Fürze**) *der salopp* pet *m*.

furzen *intr salopp* péter.

Fusel *der (ohne Pl) fam abw* tord-boyaux *m*.

Fusion (*Pl* **-en**) *die* fusion *f*.

fusionieren *intr* fusionner.

Fuß (*Pl* **Füße**) *der* **-1.** [von Lebewesen, Gegenstand, Berg] pied *m*; **sich** *(D)* **die Füße vertreten** se dégourdir les jambes. **-2.** *RW*: **auf eigenen Füßen stehen** être indépendant(e); **(festen) ~ fassen** prendre pied; **etw mit Füßen treten** fouler qqch aux pieds; **jm zu Füßen liegen** aduler qqn; **kalte Füße bekommen** ODER **kriegen** *fam* se dégonfler.

◆ **zu Fuß** *Adv* à pied.

Fußabtreter (*Pl* **-**) *der* [Rost] gratte-pieds *m*; [Matte] paillasson *m*.

Fuß|bad *das* bain *m* de pieds.

Fuß|ball *der* **-1.** [Ball] ballon *m* de foot. **-2.** *(ohne Pl)* [Spiel] football *m*, foot *m*; **~ gucken** regarder un match de foot *(à la télé)*.

Fußballer, in (*mPl* **-**; *fPl* **-nen**) *der, die fam* footballeur *m*, -euse *f*.

Fußball|mannschaft *die* équipe *f* de football.

Fußball|platz *der* terrain *m* de football.

Fußball|spiel *das* match *m* de football.

Fußball|spieler, in *der, die* footballeur *m*, -euse *f*.
Fußball|verein *der* club *m* de football.
Fuß|bank (*Pl* **-bänke**) *die* repose-pied(s) *m*.
Fuß|boden *der* plancher *m*.
Fußboden|belag *der* revêtement *m* de sol.
Fußbreit *der (ohne Pl)* **-1.** [Maßeinheit] pied *m*. **-2.** [ein wenig] pouce *m*.
Fussel (*Pl* **-(n)**) *die* ODER *der* peluche *f*.
fusseln *intr* pelucher.
fußen *intr*: **etw fußt auf etw** *(D)* qqch est fondé(e) sur qqch.
Fuß|ende *das* pied *m (du lit)*.
Fußgänger (*Pl* -) *der* piéton *m*.
Fußgänger|ampel *die* feu *m* pour piétons.
Fußgängerin (*Pl* **-nen**) *die* piétonne *f*.
Fußgängerüber|weg *der* passage *m* protégé.
Fußgänger|zone *die* zone *f* piétonne.
Fuß|gelenk *das* cheville *f*.
Fuß|matte *die* paillasson *m*.
Fuß|note *die* note *f* en bas de page.
Fuß|pflege *die* pédicurie *f*.
Fuß|pilz *der (ohne Pl)* mycose *f* des pieds.
Fuß|sohle *die* plante *f* du pied.
Fuß|spur *die* trace *f (de pas)*.
Fußstapfen (*Pl* -) *der* empreinte *f (de pas)*; **in js ~ treten** *fig* suivre les traces de qqn, marcher sur les traces de qqn.
Fuß|tritt *der* coup *m* de pied.
Fuß|volk *das (ohne Pl) abw* base *f*.
Fuß|weg *der* **-1.** [geteert] trottoir *m*. **-2.** [zwischen Feldern] chemin *m*.
futsch *Adj fam* : **~ sein** [kaputt] être foutu(e); [weg] avoir disparu.
Futter (*Pl* -) *das* **-1.** *(ohne Pl)* [für Tiere] aliments *mpl*; [für Vieh] fourrage *m*. **-2.** [Stoff] doublure *f*.
futtern *fam* ◇ *tr* se gaver de. ◇ *intr* avoir un bon coup de fourchette.
füttern *tr* **-1.** [nähren - Tier] donner à manger à; [- Kind, Patient] faire manger; [- Computer] entrer des données dans. **-2.** [Heu, Rüben] donner (à manger). **-3.** [Kleidung - mit Stoff] doubler; [- mit Fell] fourrer.
Futter|napf *der* écuelle *f*.
Futter|neid *der* **-1.** [von Tieren] envie *f*. **-2.** *fam* [Neid] jalousie *f*.
Fütterung (*Pl* **-en**) *die* **-1.** [von Tieren] distribution *f* de la nourriture. **-2.** [mit Stoff] doublage *m*; [mit Fell] fourrage *m*.
Futur (*Pl* **-e**) *das* GRAM futur *m*.
futuristisch ◇ *Adj* futuriste. ◇ *Adv* de manière futuriste.

G

g, G [geː] (*Pl* - ODER **-s**) *das* **-1.** g *m inv*, G *m inv*. **-2.** MUS sol *m inv*.
◆ **g** (*Abk für* **Gramm**) g.
gab *Prät* → **geben**.
Gabe (*Pl* **-n**) *die* **-1.** *geh* [Geschenk] présent *m*; **eine milde ~** l'aumône *f*. **-2.** [Talent] don *m*.
Gabel (*Pl* **-n**) *die* **-1.** [Besteck] fourchette *f*. **-2.** [am Fahrrad, Werkzeug] fourche *f*. **-3.** [vom Telefon]: **den Hörer auf die ~ legen** raccrocher.
gabeln
◆ **sich gabeln** *ref* **-1.** [Weg] bifurquer; [Ast] former une fourche. **-2.** [sich nehmen]: **sich** *(D)* **jn ~** *fam* se dégotter qqn; **sich** *(D)* **etw ~** *fam* attraper qqch.
Gabelung, Gablung (*Pl* **-en**) *die* bifurcation *f*; [von Ast] fourche *f*.
Gaben|tisch *der table où sont disposés des cadeaux*.
gackern *intr* glousser.
gaffen *intr fam abw* regarder bouche bée.
Gag [gɛ(ː)k] (*Pl* **-s**) *der* **-1.** *fam* [Witz] gag *m*. **-2.** [Besonderheit] astuce *f*.
Gage [ˈgaːʒə] (*Pl* **-n**) *die* cachet *m*.
gähnen *intr* **-1.** [Person] bâiller. **-2.** *geh* [Abgrund] être béant(e); **~der Abgrund** abîme *m* largement ouvert.
GAL (*Abk für* **Grüne-Alternative Liste**) *die liste écologiste en Allemagne*.
Gala *die (ohne Pl)* **-1.** [Vorstellung] gala *m*. **-2.** [Kleidung] tenue *f* de soirée.
galaktisch *Adj* galactique.
galant *geh* ◇ *Adj* galant(e). ◇ *Adv* avec galanterie, galamment.
Galapagos-Inseln *Pl* îles *fpl* Galapagos; **auf den ~** aux Galapagos.
Galavor|stellung = Gala.
Galaxis (*Pl* **Galaxien**) *die* **-1.** *(ohne Pl)* [Milchstraße] Voie *f* lactée. **-2.** [Sternsystem] galaxie *f*.
Galeere (*Pl* **-n**) *die* galère *f*.
Galerie (*Pl* **-n**) *die* galerie *f*.
Galerist, in (*mPl* **-en**; *fPl* **-nen**) *der, die* directeur *m*, -trice *f* de galerie.
Galgen (*Pl* -) *der* gibet *m*.

Galgen|frist *die (ohne Pl)* délai *m* de grâce.
Galgen|humor *der* humour *m* noir.
Galions|figur *die* figure *f* de proue.
Gälisch *das (ohne Pl)* gaélique *m*; *siehe auch* **Englisch**.
Galizien *nt* Galicie *f*.
Galle (*Pl* **-n**) *die* **-1.** [Organ] vésicule *f* biliaire. **-2.** [Flüssigkeit] bile *f*; **mir kommt die ~ hoch** *fam fig* la moutarde me monte au nez.
Gallen|stein *der* calcul *m* biliaire.
gallertartig *Adj* gélatineux(euse).
Gallien ['galɪ̯ən] *nt* Gaule *f*.
Gallier, in ['galɪ̯ɐ, rɪn] (*mPl* **-**; *fPl* **-nen**) *der, die* Gaulois *m*, -e *f*.
Galopp (*Pl* **-s** ODER **-e**) *der* galop *m*.
◆ **im Galopp** *Adv* au galop.
galoppieren (*Perf* **hat/ist galoppiert**) *intr* galoper.
Galopp|rennen *das* course *f* de galop.
Galosche (*Pl* **-n**) *die fam abw* savate *f*.
galt *Prät* → **gelten**.
galvanisieren *tr* galvaniser.
gammeln *intr fam* **-1.** *abw* [Person] traîner. **-2.** [Essen] se gâter.
gang *Adj*: **~ und gäbe sein** être monnaie courante.
Gang[1] (*Pl* **Gänge**) *der* **-1.** [Flur] couloir *m*. **-2.** [von Fahrzeugen] vitesse *f*. **-3.** [von Menüs] plat *m*. **-4.** [Gangart] démarche *f*. **-5.** [Spaziergang] tour *m*. **-6.** *(ohne Pl)* [Bewegung]: **etw in ~ bringen** ODER **setzen** démarrer qqch; **etw kommt in ~** qqch démarre. **-7.** *(ohne Pl)* [Ablauf] cours *m*; **etw ist in** ODER **im ~e** qqch est en cours.
Gang[2] [gɛŋ] (*Pl* **-s**) *die* [von Jugendlichen] bande *f*; [von Kriminellen] gang *m*.
Gang|art *die* allure *f*.
gangbar *Adj* praticable.
gängeln *tr fam abw*: **jn ~** tenir qqn en laisse *fig*.
Ganges *der* Gange *m*.
gängig *Adj* courant(e).
Gang|schaltung *die* [von Autos] boîte *f* de vitesse; [von Fahrrädern] dérailleur *m*.
Gangster ['gɛŋstɐ] (*Pl* -) *der* gangster *m*.
Gangway ['gɛŋweː] (*Pl* **-s**) *die* passerelle *f*.
Ganove [ga'noːvə] (*Pl* **-n**) *der* malfrat *m*.
Gans (*Pl* **Gänse**) *die* **-1.** [Vogel, Fleisch] oie *f*. **-2.** *fam abw* [als Schimpfwort] bécasse *f*, oie *f* blanche.
Gänseblümchen (*Pl* -) *das* pâquerette *f*.
Gänse|braten *der* oie *f* rôtie.
Gänsefüßchen *Pl fam* guillemets *mpl*; **in ~ setzen** mettre entre guillemets.
Gänse|haut *die (ohne Pl)* chair *f* de poule.
Gänse|marsch
◆ **im Gänsemarsch** *Adv (ohne Pl)* à la queue leu leu.
Gänserich (*Pl* **-e**) *der* jars *m*.
Gänse|schmalz *das (ohne Pl)* graisse *f* d'oie.
ganz ◇ *Adj* **-1.** [komplett] tout(e), entier(ère); **die ~e Stadt** toute la ville; **~ Deutschland** toute l'Allemagne; **ein ~er Monat** un mois entier; **auf der ~en Welt** dans le monde entier. **-2.** *fam* [alle] tous (toutes); **die ~en Bewohner** tous les habitants. **-3.** *fam* [heil]: **etw ~ machen** rafistoler qqch; **etw bleibt ~** qqch tient le coup. **-4.** [zum Ausdruck der Geringfügigkeit] pas plus de. **-5.** [zum Ausdruck großer Bedeutung] bon (bonne). ◇ *Adv* **-1.** [total, komplett] complètement; **hast du den Wein ~ getrunken**? tu as bu tout le vin?; **~ bestimmt** très certainement; **~ und gar nicht** pas du tout, absolument pas. **-2.** [sehr] tout à fait; **er ist ~ der Vater** c'est tout à fait son père. **-3.** [ziemlich] assez; **das hat ~ gut geschmeckt** ce n'était pas mauvais; **er ist ~ nett** il a l'air sympathique.
◆ **im ganzen** *Adv* globalement.
Ganze *das (ohne Pl)* tout *m*; **aufs ~ gehen** jouer le tout pour le tout; **es geht ums ~** c'est quitte ou double.
Gänze *die (ohne Pl)*: **in seiner** ODER **ihrer ~** *geh* dans sa totalité.
◆ **zur Gänze** *Adv* dans son ensemble.
ganzheitlich ◇ *Adj* global(e). ◇ *Adv* globalement.
ganzjährig ◇ *Adj* qui dure toute l'année. ◇ *Adv* toute l'année.
gänzlich ◇ *Adj* total(e). ◇ *Adv* totalement.
ganzseitig *Adj* pleine page.
ganztägig ◇ *Adj* d'une journée. ◇ *Adv* toute la journée.
ganztags *Adv*: **~ arbeiten** travailler à plein temps.
Ganztags|schule *die école fréquentée le matin et l'après-midi par les élèves.*
gar ◇ *Adv* **-1.** [überhaupt]: **~ nicht** pas du tout; **~ nicht übel** pas mal du tout; **~ keine Lust haben** ne pas avoir du tout envie; **das war ~ keine gute Idee** ce n'était vraiment pas une bonne idée; **~ nichts** rien du tout. **-2.** [sogar]: **wenn nicht ~** voire. **-3.** [ganz, viel] bien; **~ nicht** vraiment pas. ◇ *Adj* [Gemüse, Kuchen] cuit(e); [Fleisch] à point.
Garage (*Pl* **-n**) *die* garage *m*.
Garagen|wagen *der voiture qui a toujours été rangée dans un garage.*
Garant (*Pl* **-en**) *der* garant *m*.
Garantie (*Pl* **-n**) *die* garantie *f*; **~ haben** être sous garantie; **die ~ für etw übernehmen** garantir qqch.

◆ **unter Garantie** *Adv* sans aucun doute.

garantieren *tr* & *intr*: **(für) etw ~** garantir qqch.

garantiert ◇ *Adj* garanti(e). ◇ *Adv fam* à coup sûr.

Garantieschein *der* bon *m* de garantie.

Garaus *der (ohne Pl) fig*: **jm/einer Sache den ~ machen** *fam iron* régler son compte à qqn/qqch.

Gardasee *der* lac *m* de Garde.

Garde (*Pl* **-n**) *die* **-1.** [Leibgarde] garde *f*; **noch (einer) von der alten ~ sein** *fig* faire encore partie de la vieille garde. **-2.** [Gruppe] cortège *m*.

Garderobe (*Pl* **-n**) *die* **-1.** [Kleidung, in Wohnung] garde-robe *f*. **-2.** [in Theater, Museum, Restaurant] vestiaire *m*. **-3.** [für Künstler] loge *f*.

Garderobenfrau *die* dame *f* du vestiaire.

Garderobenmarke *die* ticket *m* ODER numéro *m* de vestiaire.

Garderobenständer *der* portemanteau *m*.

Gardine (*Pl* **-n**) *die* rideau *m*.

Gardinenstange *die* tringle *f* à rideaux.

garen *tr* mijoter.

gären (*Prät* **gor** ODER **gärte,** *Perf* **hat/ist gegoren** ODER **gegärt**) *intr* **-1.** *(ist & unreg)* [Wein, Trauben] fermenter. **-2.** *(hat)* [bei Menschen] couver.

Garmisch-Partenkirchen *nt* Garmisch-Partenkirchen.

Garn (*Pl* **-e**) *das* fil *m*.

Garnele (*Pl* **-n**) *die* crevette *f*.

garnieren *tr*: **(etw mit etw) ~** garnir (qqch de qqch).

Garnison (*Pl* **-en**) *die* garnison *f*.

Garnitur (*Pl* **-en**) *die* **-1.** [Set - von Unterwäsche] parure *f*; [- von Kleidung] tenue *f*; [- von Möbeln] salon *m (composé d'un canapé et de deux fauteuils)*. **-2.** [eßbar] garniture *f*. **-3.** [Klasse, Kategorie]: **erste ~** *fam* gratin *m*; **zweite ~** *fam* second cercle *m*.

Garonne *die* Garonne *f*.

garstig ◇ *Adj* **-1.** [Zwerg, Ungeheuer, Wetter] vilain(e). **-2.** [Gefühl] détestable. ◇ *Adv* [frech, böse] méchamment.

Garten (*Pl* **Gärten**) *der* jardin *m*; **quer durch den ~** *fam fig* un peu de tout.

◆ **botanische Garten** *der* jardin *m* botanique.

◆ **englische Garten** *der* jardin *m* anglais.

◆ **zoologische Garten** *der* jardin *m* ODER parc *m* zoologique.

Gartenarbeit *die* jardinage *m*.

Gartenarchitekt, in *der, die* paysagiste *mf*.

Gartenbau *der (ohne Pl)* horticulture *f*.

Gartenfest *das* garden-party *f*.

Gartengerät *das* outil *m* de jardinage.

Gartenhaus *das* pavillon *m* de jardin.

Gartenlaube *die* tonnelle *f*.

Gartenschere *die* sécateur *m*.

Gartenzaun *der* clôture *f* (de jardin).

Gartenzwerg *der* nain *m* de jardin.

Gärtner (*Pl* -) *der* jardinier *m*.

Gärtnerei (*Pl* **-en**) *die* **-1.** [Betrieb] jardinerie *f*. **-2.** *fam (ohne Pl)* [Gartenarbeit] jardinage *m*.

Gärtnerin (*Pl* **-nen**) *die* jardinière *f*.

gärtnern *intr* jardiner.

Gärung (*Pl* **-en**) *die* fermentation *f*.

Garzeit *die* temps *m* de cuisson.

Gas (*Pl* **-e**) *das* **-1.** [gen] gaz *m*. **-2.** *(ohne Pl)* [beim Fahrzeug]: **~ geben** accélérer; **(das) ~ wegnehmen** lever le pied.

Gasexplosion *die* explosion *f* de gaz.

Gasflasche *die* bouteille *f* de gaz.

gasförmig *Adj* gazeux(euse).

Gashahn *der* robinet *m* de gaz.

Gasheizung *die* chauffage *m* au gaz.

Gasherd *der* gazinière *f*.

Gaskocher *der* réchaud *m*.

Gasleitung *die* conduite *f* de gaz.

Gasmann *der fam* contrôleur *m* du gaz.

Gasmaske *die* masque *m* à gaz.

Gaspedal *das* accélérateur *m*.

Gaspistole *die* pistolet *m* à gaz.

Gasse (*Pl* **-n**) *die* ruelle *f*.

Gassi

◆ **Gassi gehen** *intr (unreg) fam* : **mit dem Hund ~ gehen** sortir le chien.

Gast (*Pl* **Gäste**) *der* **-1.** [Eingeladene] invité *m*, -e *f*, hôte *m*; **bei jm zu ~ sein** être invité(e) chez qqn; **Gäste haben** avoir du monde; **jn zu ~ haben** avoir un invité ODER une invitée. **-2.** [im Lokal, Hotel] client *m*, -e *f*. **-3.** [Tourist] visiteur *m*.

Gastarbeiter, in *der, die* travailleur immigré *m*, travailleuse immigrée *f*.

Gästebett *das* lit *m* (pour les invités).

Gästebuch *das* **-1.** [von Familie, Stadt] livre *m* d'or. **-2.** [im Hotel] registre *m*.

Gästehandtuch *das* serviette *f* (pour les invités).

Gästezimmer *das* chambre *f* d'amis.

gastfreundlich *Adj* hospitalier(ère).

Gastfreundschaft *die (ohne Pl)* hospitalité *f*.

Gastgeber, in (*mPl* **-**; *fPl* **-nen**) *der, die* **-1.** [Einladende] hôte *m*, hôtesse *f*. **-2.** SPORT équipe *f* qui reçoit.

Gasthaus *das* auberge *f*.

Gasthof *der* auberge *f*.

Gast|hörer, in *der, die* UNI auditeur libre *m*, auditrice libre *f*.
gastieren *intr* être en tournée.
Gast|land *das* pays *m* d'accueil.
gastlich ◇ *Adj* hospitalier(ère); [Haus] accueillant(e). ◇ *Adv* avec hospitalité.
Gast|mannschaft *die* visiteurs *mpl*.
Gastronomie *die (ohne Pl)* **-1.** [Gewerbe] restauration *f*. **-2.** [Kochkunst] gastronomie *f*.
gastronomisch *Adj* gastronomique.
Gast|spiel *das spectacle donné au cours d'une tournée*.
Gast|stätte *die* auberge *f*.
Gast|stube *die* salle *f* d'auberge.
Gast|wirt, in *der, die* aubergiste *mf*.
Gast|wirtschaft *die* auberge *f*.
Gas|vergiftung *die* intoxication *f* par le gaz.
Gas|werk *das* usine *f* à gaz.
GATT [gat] (*Abk für* **General Agreement on Tarifs and Trade**) *das (ohne Pl)* GATT *m*, AGETAC *m*.
Gatte (*Pl* **-n**) *der* époux *m*.
Gatter (*Pl* -) *das* **-1.** [Zaun] clôture *f*. **-2.** [Tor] barrière *f*.
Gattin (*Pl* **-nen**) *die* épouse *f*.
Gattung (*Pl* **-en**) *die* **-1.** BIOL espèce *f*. **-2.** [Typ, Stilrichtung] genre *m*.
GAU [gau] (*Pl* **-s**) (*Abk für* **Größter anzunehmender Unfall**) *der* accident *m* maximal prévisible.
Gaudi *die* ODER *das (ohne Pl) fam Süddt & Österr* plaisir *m*.
Gaukler, in (*mPl* -; *fPl* **-nen**) *der, die* saltimbanque *m*.
Gaul (*Pl* **Gäule**) *der abw* canasson *m*.
Gaumen (*Pl* -) *der* palais *m*.
Gauner (*Pl* -) *der* **-1.** [Betrüger] escroc *m*. **-2.** *fam* [Spitzbube] filou *m*.
Gaunerei (*Pl* **-en**) *die* escroquerie *f*.
Gaunerin (*Pl* **-nen**) *die* escroc *m*.
Gazastreifen *der* bande *f* de Gaza.
Gaze ['ga:zə] *die (ohne Pl)* gaze *f*.
Gazelle (*Pl* **-n**) *die* gazelle *f*.
Gde. *Abk für* **Gemeinde**.
G-Dur *das (ohne Pl)* MUS sol *m* majeur.
geädert *Adj* veiné(e).
geartet *Adj* d'un genre; **anders ~** d'un autre genre.
Geäst *das (ohne Pl)* branchage *m*.
geb. -1. (*Abk für* **geborene**) née. **-2.** *Abk für* **geboren**.
Geb. -1. *Abk für* **Gebäude**. **-2.** *Abk für* **Gebühren**.
Gebäck (*Pl* **-e**) *das* petits fours *mpl*.
gebacken ◇ *PP* → **backen**. ◇ *Adj* cuit(e); **frisch ~es Brot** du pain frais.
Gebälk (*Pl* **-e**) *das* charpente *f*.
gebar *Prät* → **gebären**.
Gebärde (*Pl* **-n**) *die* geste *m*.
gebärden
◆ **sich gebärden** *ref* se comporter.
gebären (*Präs* **gebärt**, *Prät* **gebar**, *Perf* **hat geboren**) *tr* accoucher de.
Gebär|mutter *die* utérus *m*.
Gebäude (*Pl* -) *das* **-1.** [Bauwerk] bâtiment *m*. **-2.** [gedanklich] édifice *m*.
Gebäude|komplex *der* ensemble *m* de bâtiments.
Gebäude|reinigung *die* nettoyage *m* de bâtiments.
gebaut *Adj*: **gut ~ sein** *fam* être bien fait(e).
Gebell, Gebelle *das (ohne Pl)* aboiements *mpl*.
geben (*Präs* **gibt**, *Prät* **gab**, *Perf* **hat gegeben**) ◇ *tr* **-1.** [gen]: **(jm) etw ~** donner qqch (à qqn); **etw gibt jm zu denken** qqch donne à réfléchir à qqn; **dem habe ich es aber gegeben** *fam fig* il en a eu pour son grade; **etw von sich ~** *fam abw & fig* sortir qqch. **-2.** [Interview, Rabatt, Chance] accorder; **viel/wenig/etwas auf etw** *(A)* **~** accorder beaucoup/peu/un peu d'importance à qqch. **-3.** [vorhanden sein]: **es gibt** [es existiert] il y a; [in Zukunft] il y aura; **was gibt's zu essen**? qu'est-ce qu'il y a à manger?; **das gibt es doch nicht!** *fam fig* c'est pas possible! **-4.** [im Küchenrezept] mettre. **-5.** [am Telefon] passer. **-6.** *fam* [ergeben] faire; **das gibt doch nie etwas!** ça ne donnera rien! ◇ *intr fam* [beim Kartenspiel] donner; **du gibst!** à toi de donner.
◆ **sich geben** *ref* **-1.** [sich verhalten]: **sich lässig ~** jouer le décontracté ODER la décontractée ODER les décontracté(e)s. **-2.** [aufhören]: **das gibt sich (wieder)** ça se remettra.
Geber, in (*mPl* -; *fPl* **-nen**) *der, die* donneur *m*, -euse *f*.
Gebet (*Pl* **-e**) *das* prière *f*.
Gebet|buch *das* livre *m* de prières.
gebeten *PP* → **bitten**.
Gebiet (*Pl* **-e**) *das* **-1.** [geographisch] région *f*. **-2.** [Bereich] domaine *m*.
gebieten (*Prät* **gebot**, *Perf* **hat geboten**) ◇ *tr* **-1.** [befehlen]: **jm ~, etw zu tun** intimer à qqn l'ordre de faire qqch. **-2.** [empfehlen]: **geboten sein** être de rigueur. ◇ *intr*: **über etw** *(A)* **~** commander qqch.
Gebieter, in (*mPl* -; *fPl* **-nen**) *der, die* maître *m*, maîtresse *f*.
gebieterisch ◇ *Adj* impérieux(euse). ◇ *Adv* impérieusement.
Gebiets|anspruch *der* revendication *f* territoriale.

Gebietsǀreform *die* réforme *f* territoriale ODER régionale.
gebietsweise *Adv* par endroit.
Gebilde (*Pl* -) *das* figure *f*.
gebildet ◇ *Adj* cultivé(e). ◇ *Adv* de façon cultivée.
Gebirge (*Pl* -) *das* montagne *f*.
gebirgig *Adj* montagneux(euse).
Gebirgsǀdorf *das* village *m* de montagne.
Gebirgsǀlandschaft *die* paysage *m* de montagne.
Gebirgsǀpaß *der* col *m* de montagne.
Gebiß (*Pl* **Gebisse**) *das* **-1.** [echt] dentition *f*. **-2.** [künstlich] dentier *m*; **künstliches ~** dentier *m*.
gebissen *PP* → **beißen**.
Gebläse (*Pl* -) *das* ventilation *f*.
geblasen *PP* → **blasen**.
geblieben *PP* → **bleiben**.
geblümt *Adj* **-1.** [Stoff, Tapete] à fleurs. **-2.** [Sprache] fleuri(e).
gebogen ◇ *PP* → **biegen**. ◇ *Adj* **-1.** [Linie] courbe. **-2.** [Körperteil] crochu(e). **-3.** [Metall] cintré(e).
gebongt *Adj*: **das ist ~** *salopp* O.K.
geboren ◇ *PP* → **gebären**. ◇ *Adj* né(e); **zu etw ~ sein** *fig* être prédestiné(e) à qqch.
geborgen ◇ *PP* → **bergen**. ◇ *Adj* en sécurité. ◇ *Adv*: **sich bei jm ~ fühlen** se sentir en sécurité auprès de qqn.
Geborgenheit *die (ohne Pl)* sentiment *m* de sécurité.
geborsten *PP* → **bersten**.
Gebot (*Pl* **-e**) *das* **-1.** [Befehl] ordre *m*; [göttlich] commandement *m*; [moralisch] devoir *m*. **-2.** [bei Versteigerung] offre *f*.
◆ **Zehn Gebote** *Pl* REL: **die Zehn ~e** les dix commandements, le décalogue.
geboten ◇ *PP* → **bieten, gebieten**; **etw für sein Geld ~ bekommen** en avoir pour son argent. ◇ *Adj* requis(e).
Gebr. (*Abk für* **Gebrüder**) Frères.
gebracht *PP* → **bringen**.
gebrannt ◇ *PP* → **brennen**. ◇ *Adj* grillé(e).
gebraten ◇ *PP* → **braten**. ◇ *Adj* [Fleisch] cuit(e) *(à la poêle)*; [Fisch] frit(e); [Kartoffeln] sauté(e).
Gebräu (*Pl* **-e**) *das abw* breuvage *m*.
Gebrauch [gə'braux] *der (ohne Pl)* emploi *m*; [regelmäßig] usage *m*; **etw in ~ nehmen** mettre qqch en service; **von etw ~ machen** faire usage de qqch.
◆ **Gebräuche** *Pl* coutumes *fpl*.
gebrauchen *tr* **-1.** [verwenden] utiliser; **jd ist zu nichts zu ~** *fam* qqn n'est bon (bonne) à rien. **-2.** *fam Norddt* [brauchen] avoir besoin de.
gebräuchlich *Adj* courant(e), usuel(elle).
Gebrauchsǀanweisung *die* mode *m* d'emploi.
gebrauchsfertig *Adj* prêt(e) à l'emploi.
Gebrauchsǀgegenstand *der* objet *m* utilitaire.
gebraucht *Adj* d'occasion.
Gebrauchtǀwagen *der* voiture *f* d'occasion.
gebrechlich *Adj* fragile.
gebrochen ◇ *PP* → **brechen**. ◇ *Adj* **-1.** [Sprache] mauvais(e). **-2.** [Mensch] brisé(e). ◇ *Adv*: **~ Deutsch sprechen** mal parler l'allemand.
Gebrüder *Pl* frères *mpl*.
Gebrüll *das (ohne Pl)* [von Raubtieren] rugissement *m*; [von Rindern] mugissement *m*; [von Menschen] hurlement *m*.
Gebühr (*Pl* **-en**) *die* **-1.** [Tarif] tarif *m*. **-2.** [Beitrag] frais *mpl*; [für Autobahn] péage *m*; [für Rundfunk] redevance *f*.
◆ **nach Gebühr** *Adv* à sa ODER leur juste valeur.
◆ **über Gebühr** *Adv* outre mesure.
gebühren *intr geh*: **jm/etw gebührt Anerkennung/Strafe** qqn/qqch mérite reconnaissance/une punition.
◆ **sich gebühren** *ref geh*: **es gebührt sich** cela se fait; **wie es sich gebührt** comme il se doit.
gebührend ◇ *Adj* dû (due); **die ihm ~e Achtung** les égards qui lui sont dus. ◇ *Adv* comme il se doit.
Gebührenǀeinheit *die* TELEKOM unité *f (de téléphone)*.
gebührenfrei ◇ *Adj* **-1.** [Lieferung] gratuit(e). **-2.** [Brief, Paket] franco de port. ◇ *Adv* **-1.** [liefern] sans frais. **-2.** [verschicken] franco de port.
gebührenpflichtig *Adj* payant(e).
gebunden ◇ *PP* → **binden**. ◇ *Adj* lié(e).
Geburt (*Pl* **-en**) *die* **-1.** [Geborenwerden, Herkunft] naissance *f*. **-2.** [Entbindung] accouchement *m*; **von ~ an** de naissance.
Geburtenǀkontrolle *die (ohne Pl)* contrôle *m* des naissances.
Geburtenǀreg(e)lung *die (ohne Pl)* régulation *f* des naissances.
Geburtenǀrückgang *der* dénatalité *f*.
geburtenschwach *Adj* à faible natalité.
geburtenstark *Adj* à forte natalité.
gebürtig *Adj* de naissance.
Geburtsǀanzeige *die* faire-part *m inv* de naissance.
Geburtsǀdatum *das* date *f* de naissance.
Geburtsǀort *der* lieu *m* de naissance.
Geburtsǀtag *der* **-1.** [Fest] anniversaire *m*. **-2.** *amt* [Datum] date *f* de naissance.
Geburtstagsǀfeier *die* fête *f* d'anniversaire, anniversaire *m*.

Geburtstags|kind *das personne dont c'est l'anniversaire.*

Geburts|urkunde *die* extrait *m* d'acte de naissance, acte *m* de naissance.

Gebüsch (*Pl* **-e**) *das* buissons *mpl.*

Geck (*Pl* **-en**) *der abw* dandy *m.*

gedacht ◇ *PP* → **denken, gedenken**. ◇ *Adj*: **~ sein als** être censé(e) servir de; **anders ~ sein** être prévu(e) autrement; **etw ist für jn ~** qqch est destiné(e) à qqn.

Gedächtnis (*Pl* **-se**) *das* **-1.** [Fähigkeit] mémoire *f*; **kein ~ für etw haben** ne pas avoir la mémoire de qqch; **etw im ~ behalten** garder qqch en mémoire. **-2.** [an Person] souvenir *m*; **(zum) ~ an jn** (en) souvenir de qqn.

◆ **aus dem Gedächtnis** *Adv* de mémoire.

Gedächtnis|feier *die* commémoration *f.*

Gedächtnis|lücke *die* trou *m* de mémoire.

Gedächtnis|schwund *der* perte *f* de la mémoire; **unter ~ leiden** souffrir d'amnésie.

Gedächtnis|stütze *die* moyen *m* mnémotechnique.

gedämpft *Adj* **-1.** [Geräusch] étouffé(e). **-2.** [Licht] tamisé(e). **-3.** [Stimmung] terni(e).

Gedanke (*Pl* **-n**) *der* **-1.** [Denken] pensée *f*; **etw (ganz) in ~n tun** faire qqch la tête ailleurs; **der bloße ~, daß** la simple pensée que. **-2.** [Plan]: **sich** *(D)* **~n über etw machen** réfléchir à qqch. **-3.** [Sorge]: **sich** *(D)* **~n über jn/etw machen** s'inquiéter de qqn/qqch. **-4.** [Vorstellung, Vorhaben] idée *f.*

◆ **Gedanken** *Pl* idées *fpl.*

Gedanken|austausch *der* échange *m* de vues ODER d'idées.

Gedanken|blitz *der fam* étincelle *f*, éclair *m.*

Gedanken|gang *der* raisonnement *m.*

Gedanken|gut *das (ohne Pl)* pensée *f.*

gedankenlos ◇ *Adj* **-1.** [Handlung] irréfléchi(e). **-2.** [Mensch] distrait(e). ◇ *Adv* **-1.** [ohne nachzudenken] sans réfléchir. **-2.** [unaufmerksam] distraitement.

Gedanken|strich *der* tiret *m.*

Gedanken|übertragung *die* transmission *f* de pensée.

gedankenverloren *Adv* distraitement.

gedanklich ◇ *Adj* des idées. ◇ *Adv* par la pensée.

Gedeck (*Pl* **-e**) *das* **-1.** [für Gäste] couvert *m*. **-2.** [Speisenfolge] menu *m.*

Gedeih

◆ **auf Gedeih und Verderb** *Adv* pour le meilleur et pour le pire.

gedeihen (*Prät* **gedieh**, *Perf* **ist gediehen**) *intr* **-1.** [Tier, Pflanze, Unternehmen] prospérer. **-2.** [Mensch, Projekt] se développer.

gedenken (*Prät* **gedachte**, *Perf* **hat gedacht**) *intr geh* **-1.** [sich erinnern]: **js/einer Sache ~** évoquer le souvenir de qqn/qqch. **-2.** [planen]: **etw zu tun ~** envisager de faire qqch.

◆ **Gedenken** *das (ohne Pl) geh*: **zum Gedenken an jn, jm zum ~** à la mémoire de qqn; **zum Gedenken an etw** *(A)*, **einer Sache** *(D)* **zum Gedenken** en souvenir de qqch.

Gedenk|feier *die* commémoration *f.*

Gedenk|minute *die (ohne Pl)* minute *f* de silence.

Gedenk|stätte *die* mémorial *m.*

Gedenk|tafel *die* plaque *f* commémorative.

Gedicht (*Pl* **-e**) *das* poème *m*; **etw ist ein ~** *fam fig* qqch est une (vraie) merveille.

gediegen ◇ *Adj* **-1.** [Gold, Silber] massif(ive). **-2.** [Einrichtung, Kenntnisse] solide. ◇ *Adv* [solide] solidement.

gedieh *Prät* → **gedeihen**.

gediehen *PP* → **gedeihen**.

Gedöns *das (ohne Pl) fam* tapage *m*; **er macht ein solches ~ darum!** il en fait tout un plat.

Gedränge *das (ohne Pl)* bousculade *f.*

gedrängt ◇ *Adj* condensé(e); [zeitlich] bousculé(e); [Schrift] ramassé(e). ◇ *Adv* de façon condensée; [schreiben] de façon ramassée.

gedroschen *PP* → **dreschen**.

gedrückt *Adj* abattu(e).

gedrungen ◇ *PP* → **dringen**. ◇ *Adj* trapu(e).

Gedudel *das (ohne Pl) fam abw musique à rythme répétitif et sans valeur.*

Geduld *die (ohne Pl)* patience *f*; **die ~ verlieren** perdre patience; **mit jm ~ haben** être patient(e) avec qqn.

gedulden

◆ **sich gedulden** *ref* patienter.

geduldig ◇ *Adj* patient(e). ◇ *Adv* patiemment.

Gedulds|faden *der (ohne Pl)*: **ihm reißt der ~** *fam fig* la moutarde lui monte au nez.

Gedulds|probe *die (ohne Pl)* épreuve *f* de patience.

gedurft *PP* → **dürfen**.

geeignet *Adj* approprié(e); [Zeitpunkt] opportun(e); **für etw (nicht) ~ sein** (ne pas) être fait(e) pour qqch.

Gefahr (*Pl* **-en**) *die* danger *m*, péril *m*; **~ laufen, etw zu tun** risquer de faire qqch.

◆ **auf eigene Gefahr** *Adv* à mes ODER tes ODER ses etc risques et périls.

gefährden *tr* **-1.** [gen]: **jn/etw ~** mettre qqn/qqch en danger ODER péril. **-2.** [Gesundheit] nuire à.

Gefährdung (*Pl* **-en**) *die* mise *f* en péril ODER danger.

gefahren *PP* → **fahren**.

Gefahren|zone *die* zone *f* dangereuse.

Gefahren|zulage *die* prime *f* de risques.

gefährlich ◇ *Adj* dangereux(euse); [Krankheit] grave; [Alter] critique. ◇ *Adv* dangereusement; [erkrankt] gravement.

gefahrlos *Adj* & *Adv* sans danger ODER risque.

Gefährte (*Pl* **-n**) *der geh* compagnon *m*.

Gefährtin (*Pl* **-nen**) *die geh* compagne *f*.

Gefälle (*Pl* **-**) *das* [geographisch] dénivelé *m*; [statistisch] écart *m*.

gefallen[1] (*Präs* **gefällt**, *Prät* **gefiel**, *Perf* **hat gefallen**) *intr* plaire; **sich** *(D)* **nichts ~ lassen** ne pas se laisser faire; **das laß ich mir ~** cela me plaît.

◆ **sich gefallen** *ref* se complaire.

gefallen[2] ◇ *PP* → **fallen**. ◇ *Adj* **-1.** [Soldat] tombé(e). **-2.** [Engel, Mädchen] déchu(e).

Gefallen (*Pl* **-**) ◇ *der* service *m*; **jm einen ~ tun** rendre (un) service à qqn; **jn um einen ~ bitten** demander un service à qqn. ◇ *das (ohne Pl)*: **an jm ~ finden** trouver du charme à qqn; **an etw** *(D)* **~ finden** trouver de l'attrait à qqch.

gefällig ◇ *Adj* **-1.** [entgegenkommend] serviable. **-2.** [hübsch] avenant(e). **-3.** [genehm]: **noch ein Bier ~**? désirez-vous encore une bière? ◇ *Adv* de façon plaisante.

Gefälligkeit (*Pl* **-en**) *die* **-1.** [Dienst] service *m*. **-2.** [Hilfsbereitschaft]: **aus ~** pour te ODER lui etc rendre service. **-3.** *(ohne Pl)* [Schönheit] attrait *m*, charme *m*.

gefälligst *Adv*: **hör ~ auf!** veux-tu bien arrêter!

gefangen ◇ *PP* → **fangen**. ◇ *Adj*: **in etw** *(D)* **~ sein** être prisonnier(ère) de qqch.

Gefangene (*Pl* **-n**) *der, die* prisonnier *m*, -ère *f*.

gefangen|halten *tr (unreg)* **-1.** [einsperren] retenir prisonnier(ère). **-2.** *geh* [in Bann halten] captiver.

Gefangennahme *die (ohne Pl)* capture *f*.

gefangen|nehmen *tr (unreg)* **-1.** [in Krieg]: **jn ~** faire qqn prisonnier(ère). **-2.** [betören] subjuguer.

Gefangenschaft *die (ohne Pl)* captivité *f*; **in ~ geraten** être mis(e) en captivité, être fait(e) prisonnier(ère).

Gefängnis (*Pl* **-se**) *das* prison *f*; **mit ~ bestrafen** punir d'emprisonnement; **ins ~ kommen** être mis(e) en prison; **im ~ sitzen** être en prison ODER derrière les barreaux.

Gefängnis|strafe *die* peine *f* de prison.

Gefängnis|wärter, in *der, die* gardien de prison *m*, gardienne de prison *f*.

Gefängnis|zelle *die* cellule *f* de prison.

gefärbt *Adj* teint(e).

Gefasel *das (ohne Pl) fam abw* bavardages *mpl*.

Gefäß (*Pl* **-e**) *das* **-1.** [Behältnis] récipient *m*. **-2.** [in Körper] vaisseau *m*.

gefaßt ◇ *Adj* **-1.** [gelassen] calme. **-2.** [vorbereitet]: **auf etw** *(A)* **~ sein, sich auf etw** *(A)* **~ machen** *fam* s'attendre à qqch; **auf etw** *(A)* **nicht ~ sein** être pris(e) de court. ◇ *Adv* avec calme.

Gefecht (*Pl* **-e**) *das* combat *m*; **jn außer ~ setzen** *fig* mettre qqn hors combat.

gefeit *Adj*: **(gegen etw) ~ sein** *geh* être protégé(e) contre qqch; [Kälte] être protégé(e) de qqch.

Gefieder (*Pl* **-**) *das* plumage *m*.

Geflecht (*Pl* **-e**) *das* entrelacs *m*; **aus ~** tressé(e).

Geflimmer *das (ohne Pl)* scintillement *m*.

geflissentlich ◇ *Adj* intentionnel(elle). ◇ *Adv* intentionnellement.

geflochten ◇ *PP* → **flechten**. ◇ *Adj* tressé(e).

geflogen *PP* → **fliegen**.

geflohen *PP* → **fliehen**.

geflossen *PP* → **fließen**.

Geflügel *das (ohne Pl)* volaille *f*.

Geflügel|farm *die* ferme *f* avicole.

Geflügel|schere *die* cisaille *f* à volaille.

geflügelt *Adj* [Insekt] ailé(e) → **Wort**.

Geflüster *das (ohne Pl)* chuchotements *mpl*.

gefochten *PP* → **fechten**.

Gefolge *das (ohne Pl)* suite *f*, escorte *f*.

Gefolgschaft (*Pl* **-en**) *die* **-1.** *(ohne Pl)* [Loyalität]: **jm ~ leisten** être loyal(e) envers qqn. **-2.** [Anhängerschaft] partisans *mpl*.

gefragt *Adj* demandé(e).

gefräßig *Adj abw* vorace, glouton(onne).

Gefreite (*Pl* **-n**) *der* caporal *m*.

gefressen *PP* → **fressen**.

gefrieren (*Prät* **gefror**, *Perf* **hat/ist gefroren**) *intr (ist)* geler; **es hat gefroren** il a gelé.

Gefrier|fach *das* freezer *m*.

Gefrier|schrank *der* armoire *f* frigorifique.

Gefrier|truhe *die* congélateur *m*.

gefroren ◇ *PP* → **frieren, gefrieren**. ◇ *Adj* gelé(e); [Nahrung] congelé(e).

Gefüge (*Pl* **-**) *das* structure *f*.

gefügig *Adj* docile.

Gefühl (*Pl* **-e**) *das* **-1.** [physisch] sensation *f*; [in Glied]: **ohne ~ sein** avoir perdu sa sensibilité. **-2.** [psychisch, Instinkt] sentiment *m*; **mit gemischten ~n** avec un sentiment mitigé. **-3.** *(ohne Pl)* [Vorahnung] intuition *f*; **etw im ~ haben** sentir qqch *(par instinct)*. **-4.** [Gespür] sens *m*; **ein ~ für etw** le sens de qqch.

gefühllos ◇ *Adj* insensible. ◇ *Adv* sans pitié.

gefühls|arm *Adj* sans sentiment.

gefühlsbetont ◇ *Adj* émotif(ive). ◇ *Adv* avec émotivité.

Gefühlsduselei (*Pl* **-en**) *die fam abw* sentimentalisme *m*, sensiblerie *f*.

Gefühls|leben *das (ohne Pl)* vie *f* affective.

gefühlsmäßig ◇ *Adj* affectif(ive). ◇ *Adv* affectivement.

gefühlvoll ◇ *Adj* **-1.** [Person] sensible. **-2.** [Reaktion, Film, Darstellung] sentimental(e). ◇ *Adv* avec sensibilité.

gefunden *PP* → **finden**.

Gefunkel *das (ohne Pl)* scintillement *m*.

gegangen *PP* → **gehen**.

gegeben ◇ *PP* → **geben**. ◇ *Adj* **-1.** [vorhanden] établi(e); **in der ~en Situation** dans cette situation donnée. **-2.** [geeignet]: **zum ~en Zeitpunkt** au moment voulu.

gegebenenfalls *Adv* le cas échéant.

Gegebenheit (*Pl* **-en**) *die* donnée *f*.

gegen *Präp (+ A)* **-1.** [gen] contre; **~ einen Baum** contre un arbre; **~ Kälte** contre le froid; **etwas ~ jn haben** avoir quelque chose contre qqn. **-2.** [zur Angabe eines Widerspruchs] contre, à l'encontre de. **-3.** [zeitlich] vers; **~ Ende des Films** vers la fin du film. **-4.** [zur Angabe einer Relation] à côté de.

Gegen|angriff *der* contre-attaque *f*.

Gegen|antrag *der* contre-proposition *f*; **einen ~ stellen** faire une contre-proposition.

Gegen|argument *das* argument *m* contraire.

Gegen|bewegung *die* mouvement *m* contraire.

Gegen|beweis *der* preuve *f* du contraire.

Gegend (*Pl* **-en**) *die* **-1.** [Gebiet, Bereich] région *f*; **in der ~ sein** être dans les parages; **in der ~** *fam* [ungefähr] dans ces eaux-là. **-2.** [Nachbarschaft] quartier *m*.

Gegen|darstellung *die* **-1.** [andere Meinung] réponse *f*. **-2.** [Richtigstellung] version *f* contraire.

gegeneinander *Adv* l'un (l'une) contre l'autre, les uns (les unes) contre les autres.

gegeneinander|halten *tr (unreg)* **-1.** [aneinanderhalten] tenir l'un (l'une) à côté de l'autre. **-2.** [vergleichen] comparer.

gegeneinander|stellen *tr* **-1.** [aneinanderstellen] mettre l'un (l'une) à côté de l'autre. **-2.** [vergleichen] confronter.

Gegen|fahrbahn *die* autre côté *m* de la chaussée.

Gegen|frage *die* question *f (en réponse à une question)*.

Gegen|gewicht *das* contrepoids *m*; **ein ~ zu etw bilden** *fig* contrebalancer qqch.

Gegen|gift *das* contrepoison *m*.

Gegen|information *die* information *f* contraire.

Gegen|kandidat, in *der, die* candidat concurrent *m*, candidate concurrente *f*.

Gegen|klage *die* contre-accusation *f*, demande *f* reconventionnelle.

gegenläufig ◇ *Adj* inverse. ◇ *Adv* en sens inverse.

Gegen|leistung *die* contrepartie *f*.

gegen|lenken *intr* contre-braquer.

gegen|lesen *tr (unreg)* relire.

Gegen|liebe *die (ohne Pl)* amour *m (réciproque)*; **auf (keine) ~ stoßen, (keine) ~ finden** (ne pas) susciter l'enthousiasme.

Gegen|maßnahme *die* contre-mesure *f*.

Gegen|mittel *das* antidote *m*.

Gegen|partei *die* partie *f* adverse.

Gegen|pol *der* **-1.** ELEKTR pôle *m* opposé. **-2.** [Person] contraire *m*.

Gegen|richtung *die (ohne Pl)* sens *m* inverse, direction *f* opposée.

Gegen|satz *der* **-1.** [Gegenteil] contraire *m*; **im ~ zu** contrairement à. **-2.** [Widerspruch] contraste *m*.

◆ **Gegensätze** *Pl* oppositions *fpl*.

gegensätzlich ◇ *Adj* contraire, opposé(e). ◇ *Adv*: **sich ~ verhalten** avoir des comportements opposés.

Gegen|schlag *der* riposte *f*; **zum ~ ausholen** riposter.

Gegen|seite *die* **-1.** [Gegenpartei] partie *f* adverse; SPORT camp *m* adverse. **-2.** [andere Seite] côté *m* opposé.

gegenseitig ◇ *Adj* réciproque; **im ~en Einvernehmen** d'un commun accord. ◇ *Adv* réciproquement; **sich ~ helfen** s'entraider.

Gegenseitigkeit *die (ohne Pl)* réciprocité *f*; **auf ~ beruhen** être réciproque.

Gegen|spieler, in *der, die* **-1.** [Gegner] adversaire *mf*. **-2.** [im Theater] antagoniste *mf*.

Gegensprech|anlage *die* Interphone® *m*.

Gegenstand (*Pl* **-stände**) *der* objet *m*.

gegenständlich *Adj* réaliste.

gegenstandslos *Adj* **-1.** [Kritik, Verdächtigung] sans objet. **-2.** [Einwand, Problem]: **~ werden** perdre sa raison d'être.

Gegen|stimme *die* **-1.** [bei Wahl] voix *f* contre. **-2.** [bei Diskussion] opposition *f*.

Gegen|stück *das* pendant *m*.

Gegen|teil *das (ohne Pl)* contraire *m*; **das ~ von jm/etw sein** être le contraire de qqn/qqch.

◆ **(ganz) im Gegenteil** *Adv* (bien) au contraire.

gegenteilig *Adj* contraire.

gegenüber ◇ *Präp (+ D)* **-1.** [räumlich] en face

de; ~ **der Post** en face de la poste. **-2.** [zur Angabe einer Beziehung]: **jm ~** vis-à-vis de qqn. **-3.** [zur Angabe einer Relation] par rapport à. ◇ *Adv* en face; **der Garten ~** le jardin d'en face.

◆ **Gegenüber** *das (ohne Pl)* vis-à-vis *m*.

gegenüber|liegen *intr (unreg)* être situé(e) en face.

◆ **sich gegenüberliegen** *ref* être face à face, se faire face.

gegenüber|sitzen *intr (unreg)*: **jm ~** être assis(e) en face de qqn.

◆ **sich gegenübersitzen** *ref* se faire face, être assis(e) face à face.

gegenüber|stehen *intr (unreg)* **-1.** [frontal]: **jm/etw ~** être face à qqn/qqch. **-2.** [gegenübergestellt sein]: **einer Sache** *(D)* **~** être confronté(e) à qqch; **jm/einer Sache feindlich ~** être hostile à qqn/qqch.

◆ **sich gegenüberstehen** *ref* **-1.** [frontal] être ODER se tenir face à face. **-2.** [Meinungen, in Spiel] s'affronter.

gegenüber|stellen *tr* **-1.** [Personen] confronter. **-2.** [vergleichen]: **etw einer Sache** *(D)* **~** mettre qqch en parallèle avec qqch.

Gegenüber|stellung *die* confrontation *f*.

gegenüber|treten (*Perf* **ist gegenübergetreten**) *intr (unreg)* faire face à.

Gegen|verkehr *der* trafic *m* en sens inverse.

Gegen|vorschlag *der* contre-proposition *f*.

Gegenwart *die (ohne Pl)* **-1.** [Jetzt, GRAM] présent *m*; **bis in die ~** jusqu'à maintenant; **Kunst der ~** art *m* actuel. **-2.** [von Personen] présence *f*; **in ~ von jm** en présence de qqn.

gegenwärtig ◇ *Adj* **-1.** [jetzig] actuel(elle). **-2.** [präsent] présent(e); **etw ist jm ~** qqn a qqch à l'esprit. ◇ *Adv* [jetzt] actuellement.

Gegenwehr *die (ohne Pl)* résistance *f*.

Gegen|wert *der* contre-valeur *f*.

Gegen|wind *der* vent *m* debout ODER contraire.

gegen|zeichnen *tr* contresigner.

gegessen *PP* → **essen**.

geglichen *PP* → **gleichen**.

geglitten *PP* → **gleiten**.

geglommen *PP* → **glimmen**.

Gegner, in (*mPl* **-**; *fPl* **-nen**) *der, die* adversaire *mf*.

gegnerisch *Adj* adverse; [Argument] contraire.

gegolten *PP* → **gelten**.

gegoren ◇ *PP* → **gären**. ◇ *Adj* fermenté(e).

gegossen *PP* → **gießen**.

gegr. (*Abk für* **gegründet**) fondé(e).

gegraben *PP* → **graben**.

gegriffen *PP* → **greifen**.

geh. *Abk für* **geheim**.

Gehabe *das (ohne Pl) abw* manières *fpl* (affectées).

gehabt *PP* → **haben**.

Gehackte *das (ohne Pl)* haché *m*, viande *f* hachée.

Gehalt (*Pl* **Gehälter**) ◇ *das* salaire *m*. ◇ *der (ohne Pl)* **-1.** [geistig] contenu *m*. **-2.** [Anteil]: **~ an etw** *(A)* [gering] teneur *f* en qqch; [bedeutend] proportion *f* de qqch.

gehalten ◇ *PP* → **halten**. ◇ *Adj*: **~ sein, etw zu tun** *geh* être tenu(e) de faire qqch.

gehaltlos *Adj* **-1.** [Roman, Unterhaltung] creux(se). **-2.** [Lebensmittel] sans valeur nutritive.

Gehalts|abrechnung *die* bulletin *m* de salaire.

Gehalts|abzug *der* retenue *f* sur salaire.

Gehalts|empfänger, in *der, die* salarié *m*, -e *f*.

Gehalts|erhöhung *die* augmentation *f* de salaire.

Gehalts|kürzung *die* réduction *f* de salaire.

Gehalts|stufe *die* tranche *f* ODER échelon *m* de salaire.

Gehalts|zahlung *die* versement *m* du salaire.

Gehalts|zulage *die* supplément *m* de salaire.

gehandikapt [ge'hɛndikɛpt] *Adj* handicapé(e) *(momentanément)*.

gehangen *PP* → **hängen**.

gehässig *abw* ◇ *Adj* méchant(e). ◇ *Adv* avec méchanceté.

Gehässigkeit (*Pl* **-en**) *die* méchanceté *f*; **etw aus (reiner) ~ tun** faire qqch par pure méchanceté.

Gehäuse (*Pl* **-**) *das* **-1.** [Hülle] boîtier *m*; [von Schnecken] coquille *f*. **-2.** [von Früchten] trognon *m*.

gehbehindert *Adj* incapable de marcher *(suite à un handicap physique)*.

Gehege (*Pl* **-**) *das* enclos *m*; **jm ins ~ kommen** *fig* marcher sur les plates-bandes de qqn.

geheim ◇ *Adj* **-1.** [heimlich] secret(ète). **-2.** [magisch] mystérieux(euse). ◇ *Adv* [nicht offen]: **~ abstimmen** voter à bulletins secrets.

◆ **im geheimen** *Adv* en secret ODER cachette.

Geheim|agent, in *der, die* agent *m* secret.

Geheim|dienst *der* services *mpl* secrets.

Geheim|fach *das* compartiment *m* ODER tiroir *m* secret.

geheim|halten *tr (unreg)* garder secret(ète).

Geheim|haltung *die (ohne Pl)* conservation *f* du secret.

Geheimnis (*Pl* **-se**) *das* secret *m*; [rätselhaft] mystère *m*; **etw ist ein offenes ~** qqch est un secret de polichinelle.

Geheimnistuerei *die (ohne Pl) fam abw* cachotteries *fpl*.

geheimnisvoll ◇ *Adj* mystérieux(euse). ◇ *Adv* mystérieusement.

Geheim|nummer *die* [von Telefonen] numéro *m* sur (la) liste rouge; [von Tresoren] code *m* secret; [bei Bank] code *m* confidentiel.

Geheim|polizei *die* police *f* secrète.

Geheimratsecken *Pl fam* : **er hat ~** son crâne commence à se dégarnir.

Geheim|tip *der* tuyau *m*.

Geheim|zahl *die* code *m* secret.

geheißen *PP* → **heißen**.

gehemmt ◇ *Adj* gêné(e), embarrassé(e). ◇ *Adv* d'un air gêné ODER embarrassé.

gehen (*Prät* **ging**, *Perf* **ist gegangen**) ◇ *intr* **-1.** [gen] aller; **zum Film ~** aller travailler dans le cinéma; **ins Kloster ~** entrer au couvent; **ins Exil ~** s'exiler; **sie geht mir bis zur Schulter** elle m'arrive à l'épaule; **es geht nichts über ...** *(A) fig* il n'y a rien de mieux que; **mit jm ~** *fam fig* sortir avec qqn; **zu weit ~** *fig* aller trop loin. **-2.** [zu Fuß gehen, funktionieren, sich verkaufen] marcher. **-3.** [weggehen - kündigen] s'en aller; [- Zug] partir. **-4.** [passen]: **durch etw ~** passer par qqch; **in etw** *(A)* **~** tenir dans qqch. **-5.** [bewegt werden] passer; **die Kugel ging daneben** la balle passa à côté. **-6.** *fam* [annehmbar sein]: **es geht** ça peut aller. **-7.** [ergehen]: **es geht jm gut/schlecht** qqn va bien/mal; **wie geht es dir/Ihnen**? comment vas-tu/allez-vous?; **wie geht's**? *fam* comment ça va? **-8.** [sich handeln]: **um etw ~** s'agir de qqch. **-9.** [geschehen] se passer; **etw geht vor sich** il se passe qqch. **-10.** [anfassen]: **an etw** *(A)* **~** toucher à qqch. **-11.** *fam* [Telefon, Schelle] sonner. **-12.** [gerichtet sein]: **auf etw** *(A)* ODER **nach etw ~** donner sur qqch. **-13.** [Postsendung]: **an jn ~** être destiné(e) à qqn; **nach Paris ~** aller à Paris. **-14.** [Hefe] lever. ◇ *tr* faire.

gehen|lassen *tr (unreg) fam*

◆ **sich gehenlassen** *ref* se laisser aller.

geheuer *Adj*: **etw ist jm nicht (ganz) ~** qqch n'inspire pas (une grande) confiance à qqn.

Geheul, Geheule *das (ohne Pl)* **-1.** [von Tier, Wind, Sirene] hurlement *m*. **-2.** *fam abw* [von Personen] pleurnicherie *f*.

Geh|gips *der* plâtre *m* de marche.

Gehilfe (*Pl* **-n**) *der* **-1.** [Titel] assistant *m*. **-2.** [Helfer] aide *m*.

Gehilfin (*Pl* **-nen**) *die* **-1.** [Titel] assistante *f*. **-2.** [Helferin] aide *f*.

Gehirn (*Pl* **-e**) *das* **-1.** [Organ] cerveau *m*. **-2.** *(ohne Pl) fam* [graue Zellen] méninges *fpl*.

Gehirn|erschütterung *die* commotion *f* cérébrale.

Gehirn|schlag *der (ohne Pl)* attaque *f* cérébrale.

Gehirn|wäsche *die* lavage *m* de cerveau.

gehoben ◇ *PP* → **heben**. ◇ *Adj* **-1.** [Position, Anspruch, Interesse] élevé(e). **-2.** [gewählt] choisi(e). **-3.** [Stimmung] gai(e).

Gehöft (*Pl* **-e**) *das* ferme *f*.

geholfen *PP* → **helfen**.

Gehölz (*Pl* **-e**) *das* bosquet *m*.

Gehör (*Pl* **-e**) *das* ouïe *f*; **nach dem ~ singen** chanter à l'oreille; **jm/einer Sache (kein) ~ schenken** (ne pas) prêter l'oreille à qqn/qqch; **sich** *(D)* **~ verschaffen** se faire entendre.

gehorchen *intr* obéir.

gehören *intr* **-1.** [als Besitz]: **jm ~** appartenir à qqn. **-2.** [Gefühle]: **ihr gehört meine ganze Zuneigung** elle a toute ma sympathie. **-3.** [an einen Ort] avoir sa place. **-4.** [als Bestandteil]: **zu jm/etw ~** faire partie de qqn/qqch. **-5.** [als Notwendigkeit]: **zum Basteln gehört Geschick** le bricolage exige de l'adresse; **es gehört Mut dazu, dies zu tun** faire ceci exige du courage. **-6.** *fam* [müssen]: **das gehört verboten!** ça devrait être interdit!

◆ **sich gehören** *ref*: **es** ODER **das gehört sich nicht** cela ne se fait pas.

Gehör|gang *der* MED conduit *m* auditif.

gehörig ◇ *Adj* **-1.** [gebührend] qui convient. **-2.** [beachtlich] gros (grosse); [Portion, Tracht Prügel] bon (bonne). ◇ *Adv* **-1.** [gebührend] selon les convenances. **-2.** [beachtlich] sérieusement; [ansteigen] sensiblement.

gehörlos *Adj* sourd(e).

Gehörlose (*Pl* **-n**) *der, die* sourd *m*, -e *f*.

gehorsam *Adj* obéissant(e); **jm ~ sein** obéir à qqn.

Gehorsam *der*, **Gehorsamkeit** *die (ohne Pl)* obéissance *f*; [gegenüber Gesetz] respect *m*.

Gehör|sinn *der (ohne Pl)* ouïe *f*.

Gehsteig (*Pl* **-e**) *der* trottoir *m*.

Geh|weg *der* **-1.** [Gehsteig] trottoir *m*. **-2.** [Fußweg] chemin *m* pour piétons.

Geier (*Pl* **-**) *der* vautour *m*.

◆ **weiß der Geier!** *Interj fam* Dieu sait!

geifern *intr* **-1.** [sabbern] baver. **-2.** *geh* & *abw* [schimpfen]: **gegen jn ~** baver sur qqn.

Geige (*Pl* **-n**) *die* violon *m*; **die erste/zweite ~ spielen** *fam fig* jouer les premiers/seconds rôles.

geigen ◇ *intr fam* jouer du violon. ◇ *tr fam* : **etw ~** jouer qqch au violon.

Geiger|zähler *der* compteur *m* Geiger.

geil ◇ *Adj* **-1.** *abw* [lüstern] lubrique; [Person] excitant(e); **auf jn ~ sein** trouver qqn excitant(e). **-2.** *salopp* [toll] d'enfer. ◇ *Adv abw* avec lubricité.

Geisel (*Pl* **-n**) *die* otage *m*.

Geisel|drama *das* drame *m* de la prise d'otages.

Geiselnahme (*Pl* **-n**) *die* prise *f* d'otages.

Geiselnehmer, in (*mPl* **-**; *fPl* **-nen**) *der, die* preneur *m*, -euse *f* d'otages.

geißeln *tr geh* **-1.** [mit Worten] fustiger. **-2.** [körperlich] flageller.

◆ **sich geißeln** *ref* [körperlich] se flageller.

Geist (*Pl* **-e** ODER **-er**) *der* **-1.** (*ohne Pl*) [gen] esprit *m*; **den ~ aufgeben** *fam fig* rendre l'âme; **jm auf den ~ gehen** *fam fig* taper sur le système de qqn. **-2.** (*Pl Geister*) [Gespenst] fantôme *m*. **-3.** (*Pl Geiste*) [Spirituose] eau-de-vie *f*.

◆ **im Geist(e)** *Adv* en pensée.

Geister|bahn *die* train *m* fantôme.

Geister|fahrer, in *der, die fam* personne qui conduit à contresens.

geisterhaft *Adj* fantomatique.

Geister|hand *die* (*ohne Pl*): **wie von** ODER **durch ~** comme par miracle.

Geister|stunde *die* (*ohne Pl*) heure *f* des fantômes.

geistesabwesend ◇ *Adj* absent(e); [Reaktion] distrait(e). ◇ *Adv* d'un air absent, distraitement.

Geistes|blitz *der fam* éclair *m* de génie.

Geistes|gegenwart *die* présence *f* d'esprit.

geistesgegenwärtig ◇ *Adj* qui montre de la présence d'esprit. ◇ *Adv* avec présence d'esprit.

geistesgestört *Adj* qui montre des troubles mentaux.

Geistes|haltung *die* mentalité *f*.

geisteskrank *Adj* mentalement handicapé(e).

Geistes|kranke *der, die* handicapé mental *m*, handicapée mentale *f*.

geistesverwandt *Adj* appartenant à une même famille de pensée.

Geistes|wissenschaft *die* sciences *fpl* humaines.

geisteswissenschaftlich *Adj* des sciences humaines.

Geistes|zustand *der* (*ohne Pl*) état *m* mental.

geistig ◇ *Adj* [intellektuell] intellectuel(elle); [Kraft] mental(e); [Freiheit] de l'esprit. ◇ *Adv* intellectuellement; **~ behindert** handicapé *m* mental, handicapée *f* mentale.

geistlich ◇ *Adj* spirituel(elle). ◇ *Adv* spirituellement.

Geistliche (*Pl* **-n**) *der* ecclésiastique *m*.

geistlos ◇ *Adj* dépourvu(e) d'esprit. ◇ *Adv* sans esprit.

geistreich ◇ *Adj* plein(e) d'esprit. ◇ *Adv* avec esprit.

geistvoll *Adj* spirituel(elle).

Geiz *der* (*ohne Pl*) avarice *f*.

geizen *intr*: **mit etw ~** être avare de qqch.

Geiz|hals *der abw* avare *mf*.

geizig ◇ *Adj* avare. ◇ *Adv* avec avarice.

Geiz|kragen *der fam abw* pingre *mf*, radin *m*, -e *f*.

Gejammer *das* (*ohne Pl*) *fam abw* jérémiades *fpl*.

gekannt *PP* → **kennen**.

Gekicher *das* (*ohne Pl*) *fam abw* rires *mpl* étouffés.

geklungen *PP* → **klingen**.

gekniffen *PP* → **kneifen**.

Geknister *das* (*ohne Pl*) *abw* crépitement *m*.

gekommen *PP* → **kommen**.

gekonnt ◇ *PP* → **können**. ◇ *Adj* (bien) maîtrisé(e). ◇ *Adv* avec adresse.

Gekreisch, Gekreische *das* (*ohne Pl*) piaillement *m*.

Gekritzel *das* (*ohne Pl*) *abw* griffonnage *m*.

gekrochen *PP* → **kriechen**.

gekünstelt *abw* ◇ *Adj* affecté(e). ◇ *Adv* avec affectation.

Gel (*Pl* **-e**) *das* gel *m*.

Gelächter (*Pl* **-**) *das* rires *mpl*.

gelackmeiert *Adj salopp* : **er wurde ~** il s'est fait rouler.

geladen ◇ *PP* → **laden**. ◇ *Adj*: **~ sein** *fam* être en rogne.

Gelage (*Pl* **-**) *das* festin *m*, banquet *m*.

gelähmt *Adj* paralysé(e).

Gelähmte (*Pl* **-n**) *der, die* paralytique *mf*.

Gelände (*Pl* **-**) *das* **-1.** [Land] étendue *f* de terre, terre *f*; **auf freiem ~** en pleine campagne. **-2.** [Grundstück] terrain *m*.

Gelände|fahrzeug *das* véhicule *m* tout-terrain.

geländegängig *Adj* tout-terrain.

Gelände|lauf *der* cross *m*, cross-country *m*.

Geländer (*Pl* **-**) *das* [von Treppen] rampe *f*; [von Brücken] rambarde *f*; [von Balkon] balustrade *f*.

gelang *Prät* → **gelingen**.

gelangen (*Perf* **ist gelangt**) *intr*: **an etw** (*A*) **~** parvenir à qqch; **in js Hände ~** échouer entre les mains de qqn; **in js Besitz ~** rentrer en la possession de qqn; **zu etw ~** accéder à qqch.

gelassen ◇ *PP* → **lassen**. ◇ *Adj* placide. ◇ *Adv* avec placidité.

Gelassenheit *die* (*ohne Pl*) placidité *f*.

Gelatine *die (ohne Pl)* gélatine *f*.
gelaufen *PP* → **laufen**.
geläufig ◇ *Adj* courant(e); **etw ist jm ~** qqch est familier(ère) à qqn. ◇ *Adv* couramment.
gelaunt *Adj*: **wie ist der Chef heute ~?** de quelle humeur est le patron aujourd'hui?; **gut/schlecht/übel ~ sein** être de bonne/mauvaise/méchante humeur.
gelb ◇ *Adj* jaune. ◇ *Adv* en jaune.
Gelb *das (ohne Pl)* jaune *m*.
◆ **bei Gelb** *Adv* [Ampel] à l'orange.
Gelbe *das (ohne Pl)* jaune *m*; **etw ist (auch nicht) das ~ vom Ei** *fam fig* qqch est (n'est quand même pas) l'idéal.
gelblich ◇ *Adj* jaunâtre. ◇ *Adv*: **~ schimmern** avoir des reflets jaunes.
Gelb|sucht *die (ohne Pl)* jaunisse *f*.
Geld *das (ohne Pl)* argent *m*; **kleines ~** monnaie *f*; **großes ~** billets *mpl*; **etw geht ins ~** *fam* qqch revient cher; **etw zu ~ machen** *fam* convertir qqch en espèces sonnantes et trébuchantes; **das große ~ machen** *fam* se faire plein de fric; **etw ist sein ~ wert** qqch vaut son prix.
◆ **Gelder** *Pl* fonds *mpl*.
Geldan|lage *die* placement *m* (financier).
Geld|automat *der* distributeur *m* de billets.
Geld|beutel *der* porte-monnaie *m inv*.
Geld|börse *die* porte-monnaie *m inv*.
Geld|buße *die* amende *f*.
Geld|geber, in *der, die* bailleur *m* de fonds.
Geld|geschäft *das* opération *f* financière.
geldgierig *abw* ◇ *Adj* cupide. ◇ *Adv* avec cupidité.
Geld|hahn *der (ohne Pl)*: **(jm) den ~ abdrehen** ODER **zudrehen** *fam fig* couper les vivres (à qqn).
Geld|mittel *Pl* moyens *mpl* financiers.
Geld|quelle *die* source *f* d'argent ODER financière.
Geld|schein *der* billet *m* de banque.
Geld|schrank *der* coffre-fort *m*.
Geldspiel|automat *der* machine *f* à sous.
Geld|strafe *die* amende *f*.
Geld|stück *das* pièce *f* de monnaie.
Geld|wert *der* valeur *f*.
geleckt *Adj*: **wie ~ aussehen** *fam fig* [Person] être tiré(e) à quatre épingles; *fam fig* [Gegenstand] avoir l'air flambant neuf (neuve).
Gelee [ʒə'leː] *(Pl* **-s***) der* ODER *das* gelée *f*.
Gelege *(Pl* **-***) das* ponte *f*.
gelegen ◇ *PP* → **liegen**. ◇ *Adj* **-1.** [passend] opportun(e); **etw ist jm ~** qqch convient à qqn. **-2.** [Gebäude, Dorf] situé(e). **-3.** [bedeutsam]: **jm ist an etw** *(D)* **~** qqn tient à qqch.
Gelegenheit *(Pl* **-en***) die* occasion *f*; **die ~ beim Schopfe packen/fassen** *fig* saisir la balle au bond.
◆ **bei Gelegenheit** *Adv* à l'occasion.
Gelegenheits|arbeit *die* travail *m* occasionnel.
Gelegenheits|arbeiter, in *der, die* travailleur occasionnel *m*, travailleuse occasionnelle *f*.
gelegentlich ◇ *Adj* occasionnel(elle). ◇ *Adv* **-1.** [bei Gelegenheit] à l'occasion. **-2.** [manchmal] de temps à autre.
gelehrig *Adj* vif (vive) (d'esprit).
gelehrt ◇ *Adj* érudit(e). ◇ *Adv* avec érudition.
Gelehrte *(Pl* **-n***) der, die* érudit *m*, -e *f*.
Geleit *das (ohne Pl) geh* escorte *f*.
geleiten *tr geh* accompagner.
Geleit|schutz *der* escorte *f*.
Gelenk *(Pl* **-e***) das* articulation *f*.
Gelenk|bus *der* autobus *m* articulé.
Gelenkent|zündung *die* arthrite *f*.
gelenkig ◇ *Adj* souple. ◇ *Adv* avec souplesse.
gelernt *Adj* [Arbeiter, Angestellte] qualifié(e); [Handwerker] de métier.
gelesen *PP* → **lesen**.
Geliebte *(Pl* **-n***) der, die* amant *m*, maîtresse *f*.
geliefert *Adj*: **~ sein** *salopp fig* être fait(e) (comme un rat).
geliehen *PP* → **leihen**.
gelinde *Adj geh* léger(ère).
◆ **gelinde gesagt** *Adv* pour ne pas dire autre chose.
gelingen *(Prät* **gelang**, *Perf* **ist gelungen***) intr*: **etw gelingt jm** qqn réussit qqch; **es gelingt jm, etw zu tun** qqn réussit à faire qqch.
Gelingen *das (ohne Pl)* réussite *f*.
gelitten *PP* → **leiden**.
gellen *intr* retentir.
gellend ◇ *Adj* perçant(e). ◇ *Adv* d'une voix perçante.
geloben *tr geh*: **jm etw ~** faire le serment de qqch à qqn; **sich** *(D)* **etw ~** se jurer qqch.
Gelöbnis *(Pl* **-se***) das geh* serment *m*.
gelockt *Adj*: **~es Haar** cheveux *mpl* bouclés.
gelogen *PP* → **lügen**.
gelöst ◇ *Adj* détendu(e). ◇ *Adv* d'un air détendu.
gelten *(Präs* **gilt**, *Prät* **galt**, *Perf* **hat gegolten***) intr* **-1.** [gültig sein] être valable; [Gesetz] être en vigueur; **für jn/etw ~** concerner qqn/qqch. **-2.** *fam* SPORT: **nicht ~** ne pas compter. **-3.** [anerkannt sein]: **als etw ~** être considéré(e) comme qqch. **-4.** [akzeptieren]: **etw ~ lassen** accepter qqch. **-5.** [angebracht sein] être de mise. **-6.**

[adressiert sein an]: **etw gilt jm** qqch s'adresse à qqn. **-7.** [müssen]: **es gilt, etw zu tun** il s'agit de faire qqch.

geltend *Adj* en vigueur; **etw ~ machen** faire valoir qqch.

Geltung *die (ohne Pl)* **-1.** [Gültigkeit] **validité** *f*. **-2.** [Wirkung] importance *f*; **zur ~ kommen** être mis(e) en valeur; **an ~ verlieren** [Person] perdre de son crédit; [Methode] perdre de son importance.

Geltungs|bedürfnis *das (ohne Pl)* besoin *m* de reconnaissance.

gelungen ◇ *PP* → **gelingen**. ◇ *Adj* réussi(e).

gem. *Abk für* **gemäß**.

gemächlich ◇ *Adj* tranquille. ◇ *Adv* tranquillement.

Gemahl, in *(mPl* **-e**; *fPl* **-nen)** *der, die geh* époux *m*, épouse *f*.

Gemälde *(Pl* **-e)** *das* tableau *m*.

Gemäldeaus|stellung *die* exposition *f* de peinture.

Gemälde|galerie *die* galerie *f* de peinture.

gemasert *Adj* veiné(e).

gemäß ◇ *Präp* selon. ◇ *Adj*: **etw ist jm ~** qqch est à l'image de qqn; **etw ist einer Sache** *(D)* **~** qqch est en conformité avec qqch.

gemäßigt *Adj* modéré(e).

Gemecker, Gemeckere *das (ohne Pl)* **-1.** [von Ziegen] bêlement *m*. **-2.** *fam abw* [von Menschen] rouspétance *f*.

gemein ◇ *Adj* **-1.** [niederträchtig] odieux(euse). **-2.** *fam* [ärgerlich] dégoûtant(e). **-3.** [gewöhnlich, allgemein] commun(e). ◇ *Adv* **-1.** [gemeinsam]: **etw mit jm/etw ~ haben** avoir qqch en commun avec qqn/qqch. **-2.** [niederträchtig] de façon odieuse. **-3.** *fam* [sehr] vachement.

Gemeinde *(Pl* **-n)** *die* **-1.** [Kommune] commune *f*. **-2.** [Konfession] communauté *f*. **-3.** [kirchlich] paroisse *f*; **die ~** [beim Gottesdienst] les fidèles.

Gemeinde|amt *das* municipalité *f*.

Gemeinde|rat *der* conseil *m* municipal.

Gemeinde|schwester *die infirmière payée par la commune pour aller soigner à domicile les malades et les personnes âgées.*

Gemeinde|vertretung *die* représentation *f* municipale.

Gemeinde|wahl *die* élections *fpl* municipales.

Gemeinde|zentrum *das bâtiment(s) de la commune regroupant les services administratifs et la salle des fêtes.*

gemeingefährlich ◇ *Adj*: **~e Verbrecher** danger *m* public. ◇ *Adv* en danger public.

Gemein|gut *das (ohne Pl) geh* domaine *m* public.

Gemeinheit *(Pl* **-en)** *die* **-1.** *(ohne Pl)* [Wesen] bassesse *f*. **-2.** [Handlung] coup *m* bas. **-3.** *(ohne Pl) fam* [Ärgernis] poisse *f*.

gemeinhin *Adv* communément.

Gemeinnutz *der (ohne Pl)* intérêt *m* général.

gemeinnützig ◇ *Adj* d'utilité publique. ◇ *Adv* dans l'intérêt général.

Gemein|platz *der abw* lieu *m* commun.

gemeinsam ◇ *Adv* ensemble; **etw ~ haben** avoir qqch en commun. ◇ *Adj* commun(e).

Gemeinsame Markt *der fam* Marché *m* commun.

Gemeinsamkeit *(Pl* **-en)** *die* **-1.** [gleiche Eigenschaft] point *m* commun. **-2.** *(ohne Pl)* [Zusammengehörigkeit] complicité *f*.

Gemeinschaft *(Pl* **-en)** *die* communauté *f*; **in ~ mit jm** en commun avec qqn.

gemeinschaftlich ◇ *Adj* commun(e). ◇ *Adv* en commun.

Gemeinschafts|antenne *die* antenne *f* collective.

Gemeinschafts|arbeit *die (ohne Pl)* travail *m* d'équipe.

Gemeinschafts|geist *der (ohne Pl)* esprit *m* de groupe ODER d'équipe.

Gemeinschafts|kunde *die (ohne Pl)* SCHULE *enseignement qui regroupe l'histoire, la géographie, l'instruction civique et la sociologie.*

Gemeinschafts|praxis *die* cabinet *m* collectif.

Gemeinschafts|produktion *die* production *f* collective.

Gemeinschafts|raum *der* salle *f* commune.

gemeint *Adj*: **das war nicht so ~** *fam* ce n'est pas ce que je voulais dire; **das ist ernst ~** c'est sérieux; **das ist gut ~** ça part d'une bonne intention.

gemeinverständlich ◇ *Adj* accessible à tous. ◇ *Adv* de façon accessible à tous.

Gemein|wesen *das (ohne Pl)* communauté *f*.

Gemein|wohl *das (ohne Pl)* intérêt *m* général.

gemessen ◇ *PP* → **messen**. ◇ *Adj* mesuré(e). ◇ *Adv* de façon mesurée.

Gemetzel *(Pl* **-)** *das* carnage *m*.

gemieden *PP* → **meiden**.

Gemisch *(Pl* **-e)** *das* mélange *m*.

gemischt *Adj* **-1.** [Gegenstände] mélangé(e). **-2.** [Klasse, Chor] mixte.

gemocht *PP* → **mögen**.

gemolken *PP* → **melken**.

Gemse *(Pl* **-n)** *die* chamois *m*.

Gemurmel *das (ohne Pl)* murmure *m*.

Gemüse *(Pl* **-)** *das* légumes *mpl*; **junges ~** *fam fig* la jeunesse.

Gemüse|eintopf *der* potée *f*.

Gemüse|garten *der* jardin *m* potager.
Gemüse|händler, in *der, die* primeur *m*.
Gemüse|suppe *die* soupe *f* aux légumes.
gemußt *PP* → **müssen**.
gemustert *Adj* imprimé(e).
Gemüt *das (ohne Pl)* **-1.** [Wesen] tempérament *m*. **-2.** [Gefühl] moral *m*; **etw schlägt jm aufs ~** qqch donne le cafard à qqn; **sich** *(D)* **etw zu ~e führen** [Ratschläge] prendre qqch à cœur; [Essen, Getränke] se régaler de qqch.
◆ **Gemüter** *Pl* esprits *mpl*.
gemütlich ◇ *Adj* **-1.** [Restaurant, Umgebung] chaleureux(euse); [Bett, Sofa] douillet(ette); **es sich** *(D)* **~ machen** se mettre à l'aise. **-2.** [Abend, Reise] agréable; [Treffen] informel(elle). **-3.** [Person] débonnaire. ◇ *Adv* **-1.** [behaglich] confortablement. **-2.** [ohne Zwang, Stress] paisiblement.
Gemütlichkeit *die (ohne Pl)* **-1.** [Komfort] confort *m*. **-2.** [Zwanglosigkeit] tranquillité *f*; **in aller ~** en toute tranquillité.
Gemüts|mensch *der fam* homme *m* doux.
Gemüts|ruhe *die* quiétude *f*.
Gemütszu|stand *der* état *m* d'âme.
Gen *(Pl* **-e***)* *das* gène *m*.
genannt *PP* → **nennen**.
genas *Prät* → **genesen**.
genau ◇ *Adj* précis(e). ◇ *Adv* **-1.** [für Zeitangabe] pile; **auf die Minute ~** à la minute pile. **-2.** [gründlich] précisément; [kennen, wissen] parfaitement; **es mit etw nicht so ~ nehmen** ne pas être si regardant(e) sur qqch. **-3.** [gerade]: **~ als** juste au moment où.
◆ **genau!** *Interj* tout à fait!
genaugenommen *Adv* à vrai dire.
Genauigkeit *die (ohne Pl)* précision *f*.
genauso *Adv* exactement de la même manière; **~ gut/schlecht/schnell wie** tout aussi bien/mal/vite que.
genehm *Adj geh*: **jm ~ sein** convenir à qqn.
genehmigen *tr* autoriser; [Antrag, Plan] agréer; **sich** *(D)* **etw ~** *fam* s'accorder qqch.
Genehmigung *(Pl* **-en***)* *die* autorisation *f*.
genehmigungspflichtig *Adj amt* soumis(e) à l'approbation administrative.
geneigt *Adj* **-1.** [bereit]: **zu etw ~ sein** être disposé(e) à qqch. **-2.** *geh* [freundlich gesinnt]: **jm ~ sein** être (bien) disposé(e) envers qqn.
General *(Pl* **-e** ODER **-räle***)* *der* général *m*.
General|direktor, in *der, die* (président) directeur *m* général, P.-D.G. *m*.
General|intendant, in *der, die* directeur de théâtre *m*, directrice de théâtre *f*.
generalisieren *intr geh* généraliser.
Generalisierung *(Pl* **-en***)* *die geh* généralisation *f*.
General|probe *die* répétition *f* générale.
General|sekretär, in *der, die* secrétaire général *m*, secrétaire générale *f*.
General|stab *der* état-major *m*.
General|streik *der* grève *f* générale.
generalüberholen *tr*: **etw ~** effectuer la révision générale de qqch.
Generalver|sammlung *die* assemblée *f* générale.
General|vertreter, in *der, die* concessionnaire *mf*.
Generation *(Pl* **-en***)* *die* génération *f*.
Generations|konflikt *der* conflit *m* des générations.
Generations|wechsel *der* renouvellement *m* de génération.
Generator *(Pl* **-toren***)* *der* générateur *m*.
generell ◇ *Adj* général(e). ◇ *Adv* en général.
genesen *(Prät* **genas**, *Perf* **ist genesen***)* *intr geh* guérir.
Genesung *die (ohne Pl) geh* guérison *f*.
Genetik *die (ohne Pl)* BIOL génétique *f*.
genetisch BIOL ◇ *Adj* génétique. ◇ *Adv* génétiquement.
Genf *nt* Genève.
Genfer *(Pl* **-***)* ◇ *der* Genevois *m*. ◇ *Adj* genevois(e).
Genferin *(Pl* **-nen***)* *die* Genevoise *f*.
Genfer See *der* lac *m* Léman.
genial ◇ *Adj* génial(e). ◇ *Adv* de manière géniale.
Genick *(Pl* **-e***)* *das* nuque *f*; **sich das ~ brechen** se rompre le cou; *fam fig* se casser la figure; **einer Sache das ~ brechen** *fam fig* faire échouer qqch.
Genickstarre *die (ohne Pl)* torticolis *m*.
Genie [ʒe'niː] *(Pl* **-s***)* *das* génie *m*.
genieren [ʒe'niːrən] *tr* gêner.
◆ **sich genieren** *ref* **-1.** [sich schämen] avoir honte; **sich vor jm ~** être gêné(e) devant qqn. **-2.** [sich nicht trauen] ne pas oser.
genießbar *Adj*: **nicht mehr ~** [Essen] immangeable; [Getränke] imbuvable.
genießen *(Prät* **genoß**, *Perf* **hat genossen***)* *tr* **-1.** [auskosten - Speisen, Getränke] savourer; [- Leben, Urlaub] profiter de. **-2.** [Erziehung, Studium] bénéficier de.
Genießer, in *(mPl* **-**; *fPl* **-nen***)* *der, die* [im Leben] épicurien *m*, -enne *f*; [beim Essen] gourmet *m*.
genießerisch ◇ *Adj* épicurien(enne). ◇ *Adv* en gourmet, en connaisseur.
Genital|bereich *der (ohne Pl)* région *f* génitale.

Genitalien *Pl* parties *fpl* génitales.
Genitiv (*Pl* **-e**) *der* GRAM génitif *m*.
genommen *PP* → **nehmen**.
genormt *Adj* standard, normalisé(e).
genoß *Prät* → **genießen**.
Genosse (*Pl* **-n**) *der* camarade *m*.
genossen *PP* → **genießen**.
Genossenschaft (*Pl* **-en**) *die* coopérative *f*.
Genossin (*Pl* **-nen**) *die* camarade *f*.
Genre ['ʒɑ̃:rə] (*Pl* **-s**) *das geh* genre *m* (littéraire ODER artistique).
Gent *nt* Gand.
Gen|technik *die (ohne Pl)* BIOL génie *m* génétique.
Gen|technologie *die (ohne Pl)* BIOL génie *m* génétique.
Gentleman ['dʒɛntlmɛn] (*Pl* **-men**) *der* gentleman *m*.
Genua *nt* Gênes.
genug *Adv* assez; **~ (von etw) haben** en avoir assez (de qqch).
Genüge *die (ohne Pl)*: **einer Sache** *(D)* **~ tun** *geh* satisfaire à qqch.
◆ **zur Genüge** *Adv abw* suffisamment.
genügen *intr* **-1.** [ausreichen] suffire; **jm ~** suffire à qqn. **-2.** [Anforderungen, Vorschriften]: **einer Sache** *(D)* **~** satisfaire à qqch.
◆ **das genügt!** *Interj* ça suffit!
genügend ◇ *Adj* suffisant(e). ◇ *Adv* suffisamment.
genügsam ◇ *Adj* simple, peu exigeant(e). ◇ *Adv* simplement.
Genugtuung *die (ohne Pl)* satisfaction *f*; **~ für etw** réparation *f* pour qqch.
◆ **mit Genugtuung** *Adv*: **mit ~ stelle ich fest, daß** je me félicite de constater que.
Genus (*Pl* **Genera**) *das* GRAM genre *m*.
Genuß (*Pl* **Genüsse**) *der* **-1.** *(ohne Pl)* [von Lebensmitteln] consommation *f*. **-2.** [Befriedigung] plaisir *m*, régal *m*. **-3.** *RW*: **in den ~ von etw kommen** bénéficier de qqch.
genüßlich ◇ *Adj* qui procure du plaisir. ◇ *Adv* avec plaisir.
Genuß|mittel *das* **-1.** WIRTSCH produits *mpl* de (demi-)luxe. **-2.** stimulants *mpl (alcools, tabac, café)*.
Geograph (*Pl* **-en**) *der* géographe *m*.
Geographie *die (ohne Pl)* géographie *f*.
Geographin (*Pl* **-nen**) *die* géographe *f*.
geographisch ◇ *Adj* géographique. ◇ *Adv* géographiquement.
Geologe (*Pl* **-n**) *der* géologue *m*.
Geologie *die (ohne Pl)* géologie *f*.
Geologin (*Pl* **-nen**) *die* géologue *f*.
geologisch ◇ *Adj* géologique. ◇ *Adv* géologiquement.
Geometrie *die (ohne Pl)* géométrie *f*.
geometrisch ◇ *Adj* géométrique. ◇ *Adv* géométriquement.
Geo|physik *die* géophysique *f*.
geordnet *Adj* rangé(e), réglé(e).
Georgien *nt* Géorgie *f*.
Georgier, in (*mPl* **-**; *fPl* **-nen**) *der, die* Géorgien *m*, -enne *f*.
georgisch *Adj* géorgien(enne).
Gepäck *das (ohne Pl)* bagages *mpl*.
Gepäckabfertigung *die (ohne Pl)* enregistrement *m* des bagages.
Gepäckab|lage *die* compartiment *m* à bagages.
Gepäck|annahme *die (ohne Pl)* guichet *m* d'enregistrement *(des bagages)*.
Gepäckaufbe|wahrung *die* consigne *f (des bagages)*.
Gepäckaus|gabe *die (ohne Pl)* [im Bahnhof] guichet *m* de remise des bagages; [im Flughafen] carrousel *m*.
Gepäck|kontrolle *die* contrôle *m* des bagages.
Gepäck|schalter *der* (guichet *m* d')enregistrement *m* des bagages.
Gepäck|schein *der* bulletin *m* de bagages.
Gepäckschließ|fach *das* consigne *f* automatique.
Gepäck|stück *das* bagage *m*.
Gepäck|träger *der* **-1.** [Person] porteur *m*. **-2.** [vom Fahrrad] porte-bagages *m inv*; [auf Auto] galerie *f*.
Gepäck|wagen *der* voiture *f* à bagages.
Gepard (*Pl* **-e**) *der* guépard *m*.
gepfeffert *Adj fam* [Rechnung] salé(e); [Preis] exorbitant(e).
gepfiffen *PP* → **pfeifen**.
gepflegt ◇ *Adj* **-1.** [Haus, Garten] entretenu(e). **-2.** [Kleidung, Äußeres, Stil] soigné(e). **-3.** [Restaurant, Wein] de qualité. ◇ *Adv* bien.
Gepflogenheit (*Pl* **-en**) *die geh* coutume *f*.
Geplänkel (*Pl* **-**) *das fam* chamaillerie *f*.
Geplauder *das (ohne Pl) fam* bavardage *m*.
Gepolter *das (ohne Pl)* bruit *m* sourd, vacarme *m*.
gepr. (*Abk für* **geprüft**) examiné.
gepriesen *PP* → **preisen**.
gepunktet *Adj* **-1.** [Stoff, Bluse] à pois. **-2.** [Linie] pointillé(e).
Gequassel *das (ohne Pl) fam abw* caquetage *m*.
gequollen *PP* → **quellen**.
gerade ◇ *Adv* **-1.** [vor kurzem]: **sie ist ~ gegan-**

gen elle vient de sortir. **-2.** [jetzt] tout de suite; **hast du ~ Zeit**? tu as cinq minutes?; **wir sind ~ beim Essen** nous sommes en train de manger. **-3.** [in diesem Moment]: **ich war ~ eingeschlafen** je venais juste de m'endormir; **er wollte ~ fortgehen** il allait partir. **-4.** [senkrecht, waagerecht, unkompliziert] droit(e); **er steht ~** il se tient droit. **-5.** [besonders]: **~ du als Psychologin solltest das wissen!** en tant que psychologue, tu devrais (bien) le savoir!; **~ deshalb** c'est justement pour cela que. **-6.** [genau] exactement. **-7.** [knapp]: **~ noch** juste; **das hat ~ noch gefehlt** il ne manquait plus que cela. ◇ *Adj* droit(e).

◆ **nicht gerade** *Adv iron* pas vraiment.

Gerade (*Pl* **-n**) *die* **-1.** MATH droite *f*. **-2.** SPORT ligne *f* droite.

geradeaus *Adv* tout droit.

gerade|biegen *tr (unreg)* **-1.** [Gegenstand] redresser. **-2.** *fam* [Angelegenheit] réparer.

gerade|halten *tr (unreg)* tenir droit(e).

◆ **sich geradehalten** *ref* se tenir droit.

geradeheraus *fam* ◇ *Adj*: **~ sein** être direct(e), y aller franchement. ◇ *Adv* carrément, franchement.

gerade|stehen *intr (unreg)* **-1.** [aufrecht stehen] se tenir droit(e). **-2.** [einstehen]: **für jn/etw ~** répondre de qqn/qqch.

geradewegs *Adv* **-1.** [ohne Umweg] directement. **-2.** [unmittelbar] immédiatement.

geradezu *Adv* franchement.

geradlinig ◇ *Adj* rectiligne. ◇ *Adv* droit, en ligne droite.

gerammelt

◆ **gerammelt voll** *Adj*: **~ voll sein** *fam* être plein(e) à craquer.

Gerangel *das (ohne Pl) fam* bagarre *f*.

Geranie (*Pl* **-n**) *die* géranium *m*.

gerannt *PP* → **rennen**.

gerät *Präs* → **geraten**.

Gerät (*Pl* **-e**) *das* **-1.** [Apparat] appareil *m*. **-2.** *(ohne Pl)* [Ausrüstung] matériel *m*, équipement *m*.

geraten (*Präs* **gerät**, *Prät* **geriet**, *Perf* **ist geraten**) ◇ *intr* **-1.** [gelangen]: **an jn ~** tomber sur qqn; **in etw** *(A)* **~** tomber dans qqch. **-2.** [ähneln]: **nach jm ~** ressembler à qqn. ◇ *Adj* **-1.** [sinnvoll] judicieux(euse). **-2.** [gemacht]: **schlecht/gut ~ sein** être mal/bien réussi(e). **-3.** [gelingen]: **etw ist jm gut ~** qqn a réussi qqch. ◇ *PP* → **raten**.

Gerätetreiber (*Pl* -) *der* EDV gestionnaire *m* de périphériques.

Geräte|turnen *das* gymnastique *f* aux agrès.

Geratewohl

◆ **aufs Geratewohl** *Adv* au petit bonheur (la chance).

geraum *Adj geh*: **eine ~e Weile/Zeit** un bon moment.

geräumig *Adj* spacieux(euse).

Geräusch (*Pl* **-e**) *das* bruit *m*.

geräuschempfindlich *Adj* sensible au bruit.

Geräusch|kulisse *die* fond *m* sonore.

geräuschlos ◇ *Adj* silencieux(euse). ◇ *Adv* discrètement, sans bruit.

geräuschvoll ◇ *Adj* bruyant(e). ◇ *Adv* bruyamment.

gerben *tr* tanner.

gerecht ◇ *Adj* juste, équitable; **einer Sache** *(D)* **~ werden** [Anforderung] être à la hauteur de qqch. ◇ *Adv* équitablement.

Gerechtigkeit *die (ohne Pl)* justice *f*; **ausgleichende ~** juste compensation *f*.

Gerede *das (ohne Pl) abw* **-1.** *fam* [Geschwätz] bla-bla *m*, bavardage *m*. **-2.** [Klatsch]: **ins ~ kommen** faire parler de soi; **jn ins ~ bringen** nuire à la réputation de qqn.

geregelt ◇ *Adj* régulier(ère), réglé(e). ◇ *Adv* de façon régulière.

gereizt ◇ *Adj* tendu(e). ◇ *Adv* nerveusement.

Gericht (*Pl* **-e**) *das* **-1.** [Speise] plat *m*. **-2.** [Institution] tribunal *m*, cour *f*; **vor ~ gehen** aller en justice; **vor ~ stehen** être jugé(e). **-3.** [Richter] cour *f*. **-4.** [Gebäude] palais *m* de justice. **-5.** *(ohne Pl)* [Richten]: **über jn ~ halten** juger qqn.

gerichtlich ◇ *Adj* judiciaire. ◇ *Adv* judiciairement; **jn ~ verfolgen** poursuivre qqn en justice.

Gerichtsbe|schluß *der* verdict *m* du tribunal.

Gerichtsent|scheidung *die* décision *f* de justice.

Gerichts|hof *der* cour *f (de justice)*.

Gerichts|kosten *Pl* frais *mpl* de justice.

Gerichts|mediziner, in *der, die* médecin *m* légiste.

Gerichts|saal *der* salle *f* d'audience (du tribunal).

Gerichts|urteil *das* jugement *m* du tribunal.

Gerichts|verfahren *das* procédure *f* judiciaire.

Gerichtsver|handlung *die* délibéré *m*.

Gerichtsvollzieher, in (*mPl* -; *fPl* **-nen**) *der, die* huissier *m*.

Gerichts|weg *der* voie *f* judiciaire; **auf dem ~** par voie *f* judiciaire.

gerieben *PP* → **reiben**.

geriet *Prät* → **geraten**.

gering ◇ *Adj* [Menge] peu important(e), petit(e); [Preis] bas (basse); [Problem] mineur(e); [Gewicht] faible; [Dauer] court(e); [Chance, Rolle]

minime. ◇ *Adv*: **er schätzte seine Chancen ~ ein** il estimait que ses chances étaient faibles.
◆ **nicht im geringsten** *Adv* pas le moins du monde.
◆ **nicht das geringste** *Adv* pas du tout.
geringelt *Adj* à rayures.
geringfügig ◇ *Adj* minime, infime. ◇ *Adv* légèrement.
gering|schätzen *tr* [Person] estimer peu; [Erfolg] faire peu de cas de.
geringschätzig ◇ *Adj* dédaigneux(euse). ◇ *Adv* avec dédain.
gerinnen (*Präs* **gerinnt**, *Prät* **gerann**, *Perf* **ist geronnen**) *intr* [Milch] se cailler; [Blut] se coaguler.
Gerippe (*Pl* -) *das* squelette *m*.
gerissen ◇ *PP* → **reißen**. ◇ *Adj fam* malin(igne), futé(e). ◇ *Adv fam* astucieusement.
Gerissenheit *die (ohne Pl)* rouerie *f*.
geritten *PP* → **reiten**.
germ. *Abk für* **germanisch**.
Germane (*Pl* **-n**) *der* Germain *m*.
Germanin (*Pl* **-nen**) *die* Germaine *f*.
germanisch *Adj* germanique.
Germanist (*Pl* **-en**) *der* germaniste *m*.
Germanistik *die (ohne Pl)* études *fpl* de littérature et de civilisation allemandes.
Germanistin (*Pl* **-nen**) *die* germaniste *f*.
gern, gerne (*Kompar* **lieber**, *Superl* **am liebsten**) *Adv* **-1.** [mit Vergnügen, problemlos] avec plaisir; **~ etw tun** bien aimer faire qqch; **ich möchte ~** j'aimerais bien; **~ geschehen** il n'y a pas de quoi. **-2.** [zum Ausdruck der Zuneigung]: **~ haben** ODER **mögen** bien aimer; **jd kann mich** ODER **uns mal ~ haben** *salopp fig* & *abw* qqn peut toujours courir. **-3.** [oft, leicht] souvent.
Gernegroß *der fam* fanfaron *m*.
gerochen *PP* → **riechen**.
Geröll *das* éboulis *m*.
geronnen *PP* → **rinnen**.
Gerste *die (ohne Pl)* orge *f*.
Gersten|korn *das* **-1.** [Getreide] grain *m* d'orge. **-2.** [Augenentzündung] orgelet *m*.
Gerte (*Pl* **-n**) *die* badine *f*, baguette *f*.
Geruch (*Pl* **Gerüche**) *der* odeur *f*.
geruchlos *Adj* sans odeur, inodore.
Geruchs|sinn *der (ohne Pl)* odorat *m*.
Gerücht (*Pl* **-e**) *das* bruit *m*, rumeur *f*.
gerufen *PP* → **rufen**.
geruhen *intr geh* & *iron* daigner.
geruhsam ◇ *Adj* tranquille, paisible. ◇ *Adv* tranquillement.
Gerümpel *das (ohne Pl) abw* fatras *m*, bric-à-brac *m*.
Gerundium (*Pl* **-dien**) *das* GRAM gérondif *m*.
gerungen *PP* → **ringen**.
Gerüst (*Pl* **-e**) *das* **-1.** [beim Bauen] échafaudage *m*. **-2.** [von Text, Roman] charpente *f*.
ges. (*Abk für* **gesammelt**) collecté(e).
Ges. (*Abk für* **Gesellschaft**) sté *f*, Cie *f*.
gesalzen ◇ *PP* → **salzen**. ◇ *Adj fam* salé(e).
gesammelt ◇ *Adj* recueilli(e). ◇ *Adv* avec recueillement.
gesamt ◇ *Adj* tout(e), l'ensemble de. ◇ *Adv* entièrement.
Gesamtaus|gabe *die* œuvres *fpl* complètes.
Gesamt|betrag *der* montant *m* total.
gesamtdeutsch *Adj* interallemand(e).
Gesamt|eindruck *der* impression *f* d'ensemble.
Gesamt|einnahme *die* recette *f* totale.
Gesamtheit *die (ohne Pl)* ensemble *m*, totalité *f*.
Gesamthoch|schule *die* établissement *m* polyvalent d'enseignement supérieur.
Gesamt|schule *die collège polyvalent du second degré (en Allemagne)*.
Gesamtum|satz *der* chiffre *m* (d'affaires) global.
gesandt *PP* → **senden**.
Gesandte (*Pl* **-n**) *der, die* envoyé *m*, -e *f*, chargé d'affaires *m*, chargée d'affaires *f*.
Gesandtschaft (*Pl* **-en**) *die* légation *f*.
Gesang (*Pl* **Gesänge**) *der* **-1.** *(ohne Pl)* [Singen] chant *m*. **-2.** REL [Lied] cantique *m*.
Gesang|buch *das* livre *m* de cantiques.
Gesang|verein *der* chorale *f*.
Gesäß (*Pl* **-e**) *das geh* séant *m*.
Gesäß|tasche *die* poche *f* revolver.
gesättigt *Adj* CHEM saturé(e).
gesch. *Abk für* **geschieden**.
Geschädigte (*Pl* **-n**) *der, die* sinistré *m*, -e *f*.
geschaffen *PP* → **schaffen**.
Geschäft (*Pl* **-e**) *das* **-1.** [gen] affaire *f*; **mit jm ~e machen** faire des affaires avec qqn. **-2.** [Laden] magasin *m*; [Firma] entreprise *f*.
geschäftig ◇ *Adj* [Treiben] intense; [Person] actif(ive). ◇ *Adv* activement, avec entrain.
geschäftlich ◇ *Adj* **-1.** [beruflich] commercial(e). **-2.** [unpersönlich] impersonnel(elle). ◇ *Adv* **-1.** [beruflich] pour (les) affaires. **-2.** [unpersönlich] de façon impersonnelle; [reden] d'un ton impersonnel.
Geschäftsauf|gabe *die* cessation *f* de commerce ODER d'activité.
Geschäftsbedingungen *Pl* conditions *fpl* de vente et d'achat.
Geschäftsbeziehungen *Pl* relations *fpl* d'affaires ODER commerciales.

Geschäfts|brief *der* lettre *f* commerciale.
Geschäfts|frau *die* femme *f* d'affaires.
Geschäfts|freund *der* relation *f* d'affaires.
geschäftsführend *Adj* gérant(e).
Geschäfts|führer, in *der, die* **-1.** [von Unternehmen] gérant *m*, -e *f*. **-2.** [von Partei, Organisation] secrétaire général *m*, secrétaire générale *f*, dirigeant *m*, -e *f*.
Geschäfts|führung *die (ohne Pl)* **-1.** [Person] direction *f*. **-2.** [Verwaltung] gestion *f*.
Geschäfts|inhaber, in *der, die* propriétaire *mf* d'une affaire.
Geschäfts|jahr *das* exercice *m*.
Geschäfts|lage *die* **-1.** [wirtschaftlich] situation *f*. **-2.** [örtlich] emplacement *m*.
Geschäfts|leute *Pl* hommes *mpl* d'affaires.
Geschäfts|mann (*Pl* **-leute** ODER **-männer**) *der* homme *m* d'affaires.
geschäftsmäßig ◇ *Adj* **-1.** [geschäftlich] d'affaires, professionnel(elle). **-2.** [Tonfall, Auftreten] impersonnel(elle). ◇ *Adv* **-1.** [erledigen] de façon professionnelle. **-2.** [sprechen, auftreten] de façon impersonnelle.
Geschäfts|ordnung *die* règlement *m* intérieur.
Geschäfts|partner, in *der, die* **-1.** [Teilhaber] associé *m*, -e *f*. **-2.** [Kunde] partenaire commercial *m*, partenaire commerciale *f*.
Geschäfts|reise *die* voyage *m* d'affaires.
geschäftsschädigend *Adj* préjudiciable aux affaires.
Geschäfts|schluß *der (ohne Pl)* fermeture *f* du magasin ODER des magasins.
Geschäfts|stelle *die* agence *f*; [von Partei] secrétariat *m* de section.
Geschäfts|straße *die* rue *f* commerçante.
geschäftstüchtig *Adj* qui a le sens des affaires.
Geschäftsver|bindung *die* relation *f* commerciale.
Geschäfts|zeit *die* heures *fpl* d'ouverture.
Geschäfts|zweig *der* secteur *m* commercial.
geschah *Prät* → **geschehen**.
gescheckt *Adj* moucheté(e).
geschehen (*Präs* **geschieht**, *Prät* **geschah**, *Perf* **ist geschehen**) *intr* **-1.** [sich ereignen] se produire, arriver, se passer. **-2.** [widerfahren]: **etw geschieht jm** qqch arrive à qqn; **etw geschieht jm (ganz) recht** *abw* qqch est bien fait pour qqn. **-3.** [verloren sein]: **es ist um etw ~** c'en est fait de qqch; **es ist um jn ~** *eigtl* & *fig* c'en est fait de qqn.
◆ **Geschehen** *das (ohne Pl)* événements *mpl*.
gescheit ◇ *Adj* intelligent(e); **nicht recht** ODER **ganz ~ sein** *abw* ne pas avoir tout son bon sens. ◇ *Adv* avec sagacité.
Geschenk (*Pl* **-e**) *das* cadeau *m*.
Geschenk|artikel *der* article *m* cadeau.
Geschenk|packung *die* paquet-cadeau *m*.
Geschichte (*Pl* **-n**) *die* histoire *f*; **~ machen** faire date; **~n machen** *fig* & *iron* faire des histoires.
geschichtlich ◇ *Adj* historique. ◇ *Adv* historiquement.
Geschichts|unterricht *der (ohne Pl)* cours *m* d'histoire.
Geschick *das (ohne Pl)* **-1.** [Talent] adresse *f*. **-2.** *geh* [Schicksal] sort *m*.
◆ **Geschicke** *Pl* destinée *f*.
Geschicklichkeit *die (ohne Pl)* adresse *f*.
geschickt ◇ *Adj* adroit(e). ◇ *Adv* adroitement.
geschieden ◇ *PP* → **scheiden**. ◇ *Adj* divorcé(e). ◇ *Adv*: **~ leben** vivre séparés.
geschieht *Präs* → **geschehen**.
geschienen *PP* → **scheinen**.
Geschimpfe *das (ohne Pl) fam abw* rouspétance *f*.
Geschirr (*Pl* **-e**) *das* **-1.** *(ohne Pl)* [für Essen] vaisselle *f*; **~ spülen** ODER **abwaschen** faire la vaisselle. **-2.** [für Zugtiere] harnais *m*.
Geschirrspül|maschine *die* lave-vaisselle *m*.
Geschirr|tuch *das* torchon *m*.
geschissen *PP* → **scheißen**.
geschlafen *PP* → **schlafen**.
geschlagen ◇ *PP* → **schlagen**. ◇ *Adj* **-1.** *fam* [Stunde] bon (bonne). **-2.** [bestraft]: **mit jm/etw ~ sein** *fam abw* ne pas avoir de chance avec qqn/qqch.
Geschlecht (*Pl* **-er**) *das* **-1.** [biologisch] sexe *m*; **das starke/schwache ~** *fam* le sexe fort/faible. **-2.** [Familie] famille *f*, lignée *f*. **-3.** GRAM genre *m*.
geschlechtlich *Adj* sexuel(elle); [Fortpflanzung] sexué(e).
Geschlechts|krankheit *die* maladie *f* vénérienne ODER sexuellement transmissible.
Geschlechts|merkmal *das* caractère *m* sexuel.
Geschlechts|organ *das* organes *mpl* génitaux.
geschlechtsreif *Adj* pubère.
Geschlechts|verkehr *der (ohne Pl)* rapport *m* sexuel.
geschlichen *PP* → **schleichen**.
geschliffen ◇ *PP* → **schleifen**. ◇ *Adj* peaufiné(e). ◇ *Adv* de manière soignée.
geschlossen ◇ *PP* → **schließen**. ◇ *Adj* **-1.** [Tür, Anstalt] fermé(e). **-2.** [gemeinsam] solidaire. **-3.** [einheitlich] homogène. ◇ *Adv* [gemeinsam] à l'unisson.

geschlungen *PP* → **schlingen**.
Geschmack (*Pl* **Geschmäcke** ODER **Geschmäcker**) *der* goût *m*; **jd hat ~** qqn a du goût; **auf den ~ kommen** y prendre goût.
geschmacklich ◇ *Adj* de goût. ◇ *Adv* du point de vue du goût.
geschmacklos ◇ *Adj* **-1.** [fade] insipide. **-2.** [unfein] de mauvais goût; [Person] dépourvu(e) de goût, sans goût. ◇ *Adv* sans goût.
Geschmacklosigkeit (*Pl* **-en**) *die* **-1.** *(ohne Pl)* [Eigenschaft] manque *m* de goût. **-2.** [Handlung] grossièreté *f*.
Geschmack|sache = **Geschmackssache**.
Geschmacks|richtung *die* **-1.** [von Nahrungsmitteln] parfum *m*. **-2.** [Stilrichtung] goût *m*.
Geschmacks|sache, **Geschmack|sache** *die (ohne Pl)*: **das ist ~** c'est une affaire de goût.
Geschmacks|sinn *der (ohne Pl)* goût *m*.
Geschmacksverirrung *die (ohne Pl) abw* manque *m* de goût.
geschmackvoll ◇ *Adj* de bon goût. ◇ *Adv* avec goût.
Geschmeide (*Pl* -) *das geh* parure *f*.
geschmeidig ◇ *Adj* souple. ◇ *Adv* avec souplesse.
geschmissen *PP* → **schmeißen**.
geschmolzen *PP* → **schmelzen**.
Geschnetzelte *das (ohne Pl) viande (en général filet) coupée en fines lanières, servie avec une sauce.*
geschnitten *PP* → **schneiden**.
geschoben *PP* → **schieben**.
gescholten *PP* → **schelten**.
Geschöpf (*Pl* **-e**) *das* **-1.** [real] créature *f*. **-2.** [erfunden] personnage *m*.
geschoren *PP* → **scheren**.
Geschoß (*Pl* **Geschosse**) *das* **-1.** [Munition] projectile *m*. **-2.** [Stockwerk] étage *m*.
geschossen *PP* → **schießen**.
geschraubt *abw* ◇ *Adj* emphatique; [Stil] tarabiscoté(e). ◇ *Adv* de manière emphatique.
Geschrei *das (ohne Pl) abw* **-1.** [Schreien] cris *mpl*. **-2.** *fam* [Gezeter] criailleries *fpl*.
geschrieben *PP* → **schreiben**.
geschrien *PP* → **schreien**.
geschritten *PP* → **schreiten**.
Geschütz (*Pl* **-e**) *das* pièce *f* d'artillerie; **schweres ~ auffahren** sortir l'artillerie lourde.
Geschw. *Abk für* **Geschwister**.
Geschwader (*Pl* -) *das* [von Flugzeugen] escadrille *f*; [von Schiffen] escadre *f*.
Geschwafel *das (ohne Pl) fam abw* verbiage *m*.
Geschwätz *das (ohne Pl) fam abw* **-1.** [Gerede] bavardage *m*. **-2.** [Tratsch] ragot *m*.
geschwätzig *Adj abw* bavard(e).
geschweige
◆ **geschweige denn** *Konj* encore moins.
geschwiegen *PP* → **schweigen**.
geschwind *Süddt* ◇ *Adj* rapide. ◇ *Adv* rapidement.
Geschwindigkeit (*Pl* **-en**) *die* vitesse *f*; **mit einer ~ von** à une vitesse de.
Geschwindigkeits|begrenzung *die* limitation *f* de vitesse.
Geschwindigkeitsüberschreitung (*Pl* **-en**) *die* excès *m* de vitesse.
Geschwister *Pl* frères et sœurs *mpl*.
geschwollen ◇ *PP* → **schwellen**. ◇ *Adj* **-1.** [Körperteil] enflé(e). **-2.** *abw* [Sprache] emphatique; [Stil] ampoulé(e). ◇ *Adv abw* avec emphase.
geschwommen *PP* → **schwimmen**.
geschworen *PP* → **schwören**.
Geschworene (*Pl* **-n**) *der, die* juré *m*.
Geschwulst (*Pl* **Geschwülste**) *die* tumeur *f*.
geschwunden *PP* → **schwinden**.
geschwungen ◇ *PP* → **schwingen**. ◇ *Adj* [Linie] courbe.
Geschwür (*Pl* **-e**) *das* abcès *m*.
gesehen *PP* → **sehen**.
Geselle (*Pl* **-n**) *der* compagnon *m*.
gesellen
◆ **sich gesellen** *ref*: **sich zu jm/etw ~** s'associer ODER se joindre à qqn/qqch.
Gesellen|prüfung *die* ≃ CAP *m*.
Gesellen|stück *das* chef-d'œuvre *m* (d'un compagnon).
gesellig ◇ *Adj* **-1.** [kontaktfreudig] sociable. **-2.** [Treffen, Abend] convivial(e). ◇ *Adv* **-1.** [kontaktfreudig]: **~ leben** être sociable. **-2.** [in Gesellschaft] en société.
Geselligkeit *die (ohne Pl)* convivialité *f*.
Gesellin (*Pl* **-nen**) *die* **-1.** [Handwerkerin] compagnon *m*. **-2.** [Gefährtin] compagne *f*.
Gesellschaft (*Pl* **-en**) *die* **-1.** [gen] société *f*. **-2.** *(ohne Pl)* [freundschaftlich] compagnie *f*; **jm ~ leisten** tenir compagnie à qqn; **sich in guter/schlechter ~ befinden** se trouver ODER être en bonne/mauvaise compagnie. **-3.** [Fest] réception *f*. **-4.** [Vereinigung] association *f*.
gesellschaftlich ◇ *Adj* social(e). ◇ *Adv* socialement.
Gesellschafts|kritik *die (ohne Pl)* critique *f* de la société.
Gesellschafts|ordnung *die* ordre *m* social.
gesellschaftspolitisch ◇ *Adj* de politique sociale. ◇ *Adv* sur le plan de la politique sociale.
Gesellschafts|spiel *das* jeu *m* de société.
gesessen *PP* → **sitzen**.

Gesetz (*Pl* -e) *das* loi *f*.
◆ **laut Gesetz** *Adv* selon la loi.
Gesetz|buch *das* code *m (législation)*.
Gesetzent|wurf *der* projet *m* de loi.
Gesetzesvor|lage *die* projet *m* de loi.
gesetzgebend *Adj* législatif(ive).
Gesetz|geber *der* législateur *m*.
Gesetzgebung *die (ohne Pl)* législation *f*.
gesetzlich ◇ *Adj* légal(e). ◇ *Adv* légalement; **~ geschützt** protégé(e) par la loi.
gesetzlos ◇ *Adj* **-1.** [Person] sans foi ni loi. **-2.** [Handlung] illégal(e). ◇ *Adv* en hors-la-loi.
gesetzmäßig *Adj* **-1.** [erwartungsgemäß] conforme à la loi; [rechtmäßig] légitime. **-2.** [gesetzlich] légal(e).
gesetzt *Adj* d'âge mûr.
◆ **gesetzt den Fall, daß** *Konj* à supposer que (+ *subjonctif*).
gesetzwidrig ◇ *Adj* illégal(e). ◇ *Adv* illégalement.
gesichert *Adj* assuré(e).
Gesicht (*Pl* **-er** ODER **-e**) *das* **-1.** *(Pl Gesichter)* [von Personen] visage *m*; **jm etw ins ~ sagen** dire qqch à qqn en face; **jn/etw zu ~ bekommen** voir qqn/qqch; **sein** ODER **das ~ verlieren** *fig* perdre la face; **sein** ODER **das ~ wahren** *fig* sauver la face. **-2.** *(Pl Gesichte)* [Vision] vision *f*.
Gesichts|ausdruck *der (ohne Pl)* expression *f*.
Gesichts|creme *die* crème *f* pour le visage.
Gesichts|farbe *die (ohne Pl)* teint *m*.
Gesichts|kreis *der (ohne Pl)* horizon *m*.
Gesichts|punkt *der* point *m* de vue.
Gesichts|wasser *das* lotion *f* pour le visage.
Gesichtszüge *Pl* traits *mpl*.
Gesindel *das (ohne Pl)* racaille *f*.
gesinnt *Adj*: **demokratisch/liberal ~ sein** avoir des opinions démocrates/libérales; **jm gut/übel ~ sein** être bien/mal disposé(e) envers qqn.
Gesinnung (*Pl* **-en**) *die* mentalité *f*; [politisch] opinion *f*.
Gesinnungs|genosse *der* camarade *m*; **wir sind ~n** nous partageons les mêmes opinions.
Gesinnungs|wandel *der (ohne Pl)* changement *m* d'opinion.
gesittet ◇ *Adj* civilisé(e). ◇ *Adv* avec civilité.
Gesocks *das (ohne Pl) salopp abw* racaille *f*.
Gesöff (*Pl* **-e**) *das salopp abw* pisse *f* d'âne; [Kaffee] jus *m* de chaussette.
gesoffen *PP* → **saufen**.
gesogen *PP* → **saugen**.
gesondert ◇ *Adj* séparé(e). ◇ *Adv* séparément.
gespalten *Adj* **-1.** [Baum, Holz] fendu(e). **-2.** [Haarspitzen] fourchu(e). **-3.** [Meinung, Ansicht] partagé(e).
gespannt ◇ *Adj* **-1.** [Gegenstand, Lage] tendu(e). **-2.** [Person] impatient(e); **auf etw** *(A)* **~ sein** attendre qqch avec impatience. ◇ *Adv* **-1.** [warten] impatiemment. **-2.** [zuhören] attentivement.
Gespenst (*Pl* **-er**) *das* fantôme *m*.
gespenstisch *Adj* fantomatique.
gespien *PP* → **speien**.
gesponnen *PP* → **spinnen**.
Gespött *das (ohne Pl)* moquerie *f*; **jn zum ~ der Leute machen** livrer qqn à la risée publique; **sich zum ~ der Leute machen** être la risée de tous.
Gespräch (*Pl* **-e**) *das* **-1.** [Konversation] conversation *f*; **etw ist im ~** il est question de qqch; **mit jm im ~ bleiben** *fig* rester en contact avec qqn. **-2.** [Telefonanruf] appel *m*.
gesprächig ◇ *Adj* bavard(e). ◇ *Adv* en bavardant.
gesprächsbereit ◇ *Adj* ouvert(e) ODER prêt(e) au dialogue. ◇ *Adv* en étant ouvert(e) au dialogue.
Gesprächs|einheit *die* taxe *f* de base.
Gesprächs|partner, in *der, die* interlocuteur *m*, -trice *f*.
Gesprächs|stoff *der (ohne Pl)* sujet *m* de conversation.
Gesprächs|thema *das* sujet *m* de conversation.
gesprochen *PP* → **sprechen**.
gesprossen *PP* → **sprießen**.
gesprungen *PP* → **springen**.
Gespür *das (ohne Pl)*: **~ (für etw)** sens *m* (de qqch).
Gestalt (*Pl* **-en**) *die* **-1.** [Person] personnage *m*; [zwielichtig] individu *m*. **-2.** *(ohne Pl)* [Form] silhouette *f*; **einer Sache** *(D)* **~ geben** ODER **verleihen** donner forme à qqch.
◆ **in Gestalt**: **in ~ einer Sache** *(G)* sous forme de qqch.
gestalten *tr* **-1.** [organisieren] organiser. **-2.** [arrangieren - Wohnung] aménager; [- Rede] mettre en forme. **-3.** [entwerfen] créer.
◆ **sich gestalten** *ref* prendre tournure.
gestalterisch ◇ *Adj* créatif(ive). ◇ *Adv*: **~ tätig sein** exercer un métier de création.
Gestaltung *die (ohne Pl)* **-1.** [Organisation] organisation *f*. **-2.** [Arrangieren - von Wohnung] aménagement *m*; [- von Vortrag] mise *f* en forme. **-3.** [Entwerfen] création *f*.
gestanden ◇ *PP* → **stehen, gestehen**. ◇ *Adj* chevronné(e).

gestạndig *Adj* qui passe aux aveux, qui avoue.
Gestạndnis (*Pl* **-se**) *das* aveu *m*; **ein ~ ablegen** faire des aveux.
Gestạnk *der (ohne Pl)* puanteur *f*.
Gestapo (*Abk für* **Geheime Staatspolizei**) *die (ohne Pl)* Gestapo *f*.
gestạtten *tr* permettre; **sich** *(D)* **etw ~** se permettre qqch.
◆ **gestatten Sie**? *Interj* vous permettez?
Geste (*Pl* **-n**) *die* geste *m*.
Gestẹck (*Pl* **-e**) *das* arrangement *m* (floral).
gestehen (*Prät* **gestạnd,** *Perf* **hat gestạnden**) *tr* & *intr* avouer.
Gestein (*Pl* **-e**) *das* roche *f*.
Gestẹll (*Pl* **-e**) *das* **-1.** [Gerüst] échafaudage *m*. **-2.** [Rahmen] cadre *m*.
gẹstern *Adv* hier; **~ früh** ODER **morgen/mittag/abend** hier matin/midi/soir.
gestiegen *PP* → **steigen**.
Gestik *die (ohne Pl)* gestuelle *f*.
gestikulieren *intr* gesticuler.
Gestịrn (*Pl* **-e**) *das* astre *m*.
gestochen *PP* → **stechen**.
gestohlen *PP* → **stehlen**.
gestorben *PP* → **sterben**.
gestoßen *PP* → **stoßen**.
gestreift *Adj* rayé(e).
gestrịchelt *Adj*: **~e Linie** ligne *f* pointillée.
gestrịchen ◇ *PP* → **streichen**. ◇ *Adj* ras(e); **ein ~er Löffel Mehl** une cuillerée rase de farine. ◇ *Adv*: **~ voll** à ras bord.
gẹstrig *Adj* d'hier.
gestritten *PP* → **streiten**.
Gestrüpp *das (ohne Pl)* fourré *m*.
gestunken *PP* → **stinken**.
Gestüt (*Pl* **-e**) *das* haras *m*.
Gesuch (*Pl* **-e**) *das* demande *f*, requête *f*.
gesucht ◇ *PP* → **suchen**. ◇ *Adj* recherché(e).
gesụnd (*Kompar* **gesụnder** ODER **gesụnder,** *Superl* **gesụndeste** ODER **gesụndeste**) ◇ *Adj* sain(e); [Person] en bonne santé. ◇ *Adv* **-1.** [nicht krank]: **jn ~ pflegen** remettre qqn sur pied. **-2.** [gesundheitsfördernd] sainement.
Gesụndheit *die (ohne Pl)* santé *f*; **auf js ~ trinken** ODER **anstoßen** boire ODER trinquer à la santé de qqn.
◆ **Gesundheit!** *Interj* à tes ODER vos souhaits!
gesụndheitlich ◇ *Adj* de santé. ◇ *Adv*: **sich ~ übernehmen** se surmener; **sich ~ schonen** se ménager.
Gesụndheits|amt *das* office *m* de la santé publique.
gesụndheitsschädlich ◇ *Adj* **-1.** [Ernährung] malsain(e). **-2.** [Stoff] nocif(ive) pour la santé. ◇ *Adv* d'une façon malsaine.
Gesụndheits|wesen *das (ohne Pl)* santé *f* publique.
Gesụndheits|zeugnis *das* certificat *m* médical.
Gesụndheitszu|stand *der (ohne Pl)* état *m* (de santé).
gesund|schrumpfen *tr fam* assainir.
◆ **sich gesundschrumpfen** *ref fam* se soumettre à une restructuration.
gesungen *PP* → **singen**.
gesunken *PP* → **sinken**.
getan *PP* → **tun**.
geteilt *Adj* **-1.** [Meinung, Ansicht] partagé(e). **-2.** [Land] divisé(e).
◆ **geteilt durch** *Konj* divisé(e) par.
Getöse *das (ohne Pl)* vacarme *m*.
getragen *PP* → **tragen**.
Getrạnk (*Pl* **-e**) *das* boisson *f*.
Getrạnke|automat *der* distributeur *m* de boissons.
getrauen
◆ **sich getrauen** *ref*: **sich ~, etw zu tun** oser faire qqch.
Getreide *das (ohne Pl)* céréales *fpl*.
Getreidean|bau *der (ohne Pl)* culture *f* céréalière.
getrẹnnt ◇ *Adj* séparé(e). ◇ *Adv* séparément; **~ zahlen** payer séparément; **(von jm) ~ leben** vivre séparé(e) (de qqn).
getreten *PP* → **treten**.
getreu ◇ *Adj* fidèle. ◇ *Adv* fidèlement. ◇ *Präp*: **einer Sache** *(D)* **~** conformément à qqch.
Getriebe (*Pl* -) *das* boîte *f* de vitesses, transmission *f*.
getrieben *PP* → **treiben**.
getroffen *PP* → **treffen, triefen**.
getrogen *PP* → **trügen**.
getrost *Adv* en toute tranquillité, tranquillement.
getrunken *PP* → **trinken**.
Gẹtto = **Ghetto**.
Getue [gəˈtuːə] *das (ohne Pl)* chichi *m*.
Getụmmel *das (ohne Pl)* cohue *f*.
GEW (*Abk für* **Gewerkschaft Erziehung und Wissenschaft**) *die (ohne Pl) syndicat des enseignants allemands*.
Gewạchs (*Pl* **-e**) *das* plante *f*.
gewachsen ◇ *PP* → **wachsen**. ◇ *Adj*: **jm ~ sein** être de taille à tenir tête; **etw ~ sein** être à la hauteur de qqch.
Gewạchs|haus *das* serre *f*.

gewagt ◇ *Adj* osé(e). ◇ *Adv* de manière osée.
gewählt ◇ *Adj* **-1.** [Person] élu(e). **-2.** [Sprache] châtié(e). ◇ *Adv* en termes choisis.
gewahr *Adj geh*: **js/einer Sache ~ werden, jn/etw ~ werden** prendre conscience de la présence de qqn/qqch.
Gewähr *die (ohne Pl)* responsabilité *f*.
◆ **ohne Gewähr** *Adv* sans garantie.
gewähren ◇ *tr*: **(jm) etw ~** accorder qqch (à qqn). ◇ *intr*: **jn ~ lassen** laisser qqn faire.
gewährleisten *tr* garantir.
Gewahrsam *der (ohne Pl)* **-1.** [Obhut]: **etw in ~ nehmen** mettre qqch en lieu sûr. **-2.** [Haft]: **jn in ~ nehmen** placer qqn en détention.
Gewalt (*Pl* **-en**) *die* **-1.** *(ohne Pl)* [Brutalität, Kraft] violence *f*; **mit aller ~** de toutes mes ODER tes ODER ses etc forces; **jn mit ~ zu etw zwingen** contraindre qqn par force à qqch; **etw ist höhere ~** qqch est un cas de force majeure. **-2.** [politisch] pouvoir *m*; **jn in der ~ haben** avoir qqn en son pouvoir; **sich in der ~ haben** se maîtriser; **etw in der ~ haben** maîtriser qqch. **-3.** *(ohne Pl)* [Willkür]: **einer Sache** *(D)* **~ antun** déformer qqch.
Gewaltanwendung *die* usage *m* de la force.
Gewaltenteilung *die (ohne Pl)* séparation *f* des pouvoirs.
gewaltfrei ◇ *Adj* non violent(e). ◇ *Adv* de manière non violente.
Gewaltherrschaft *die* despotisme *m*.
gewaltig ◇ *Adj* **-1.** [viel] énorme. **-2.** [riesig] immense. ◇ *Adv fam* énormément.
gewaltlos ◇ *Adj* non violent(e). ◇ *Adv* sans violence.
gewaltsam ◇ *Adj* violent(e). ◇ *Adv* de force.
Gewalttat *die* acte *m* de violence.
gewalttätig ◇ *Adj* brutal(e). ◇ *Adv*: **~ veranlagt** enclin(e) à la brutalité.
Gewaltverbrechen *das* acte *m* de violence.
Gewand (*Pl* **Gewänder**) *das* robe *f*, habit *m*.
Gewandhausorchester *das (ohne Pl)* orchestre *m* du Gewandhaus *(orchestre philharmonique de Leipzig)*.
gewandt ◇ *PP* → **wenden**. ◇ *Adj* adroit(e). ◇ *Adv* adroitement, avec adresse.
Gewandtheit *die (ohne Pl)* aisance *f*.
gewann *Prät* → **gewinnen**.
Gewäsch *das (ohne Pl) fam abw* baratin *m*.
gewaschen *PP* → **waschen**.
Gewässer (*Pl* **-**) *das* eaux *fpl*.
Gewässerschutz *der (ohne Pl)* protection *f* des eaux.
Gewebe (*Pl* **-**) *das* tissu *m*.
Gewehr (*Pl* **-e**) *das* fusil *m*.
Gewehrkolben *der* crosse *f*.
Gewehrlauf *der* canon *m (de fusil)*.
Geweih (*Pl* **-e**) *das* bois *mpl (de gibier)*.
Gewerbe (*Pl* **-**) *das* **-1.** [Beruf] métier *m*; **ein ~ ausüben** exercer une activité. **-2.** *(ohne Pl)* [Bereich] secteur *m*, domaine *m*.
Gewerbefreiheit *die (ohne Pl)* liberté *f* d'entreprise.
Gewerbegebiet *das* zone *f* d'activités industrielles et commerciales.
Gewerbeschein *der* licence *f*.
Gewerbesteuer *die* taxe *f* professionnelle.
gewerblich ◇ *Adj* **-1.** [beruflich] professionnel(elle). **-2.** [geschäftlich] commercial(e). ◇ *Adv*: **~ nutzen** utiliser à des fins professionnelles.
gewerbsmäßig ◇ *Adj* professionnel(elle). ◇ *Adv* professionnellement.
Gewerkschaft (*Pl* **-en**) *die* syndicat *m*.
Gewerkschaft(l)er, in (*mPl* **-**; *fPl* **-nen**) *der, die* syndicaliste *mf*.
gewerkschaftlich ◇ *Adj* syndical(e). ◇ *Adv* en syndicat.
Gewerkschaftsbund *der (ohne Pl)* confédération *f* de syndicats.
Gewerkschaftsmitglied *das* syndiqué *m*, -e *f*.
gewesen *PP* → **sein**.
gewichen *PP* → **weichen**.
Gewicht (*Pl* **-e**) *das* poids *m*; **etw fällt ins ~** qqch a une importance décisive.
Gewichtheben *das (ohne Pl)* haltérophilie *f*.
gewichtig ◇ *Adj* **-1.** [wichtig] important(e). **-2.** [schwer] imposant(e). ◇ *Adv* [bedeutungsvoll] avec importance.
Gewichtsklasse *die* SPORT catégorie *f* de poids.
gewieft *fam* ◇ *Adj* roublard(e). ◇ *Adv* avec roublardise.
gewiesen *PP* → **weisen**.
gewillt *Adj*: **(nicht) ~ sein, etw zu tun** (ne pas) être disposé(e) à faire qqch.
Gewinde (*Pl* **-**) *das* pas *m (de vis)*.
Gewinn (*Pl* **-e**) *der* **-1.** [Profit - materiell] bénéfice *m*; [- ideell] avantage *m*. **-2.** [Preis] lot *m*, prix *m*. **-3.** [Sieg]: **~ (einer Sache** *(G)***)** victoire *f* (dans qqch).
◆ **mit Gewinn** *Adv* avec bénéfice.
Gewinnbeteiligung *die* participation *f* aux bénéfices.
gewinnbringend ◇ *Adj* lucratif(ive). ◇ *Adv* avec profit.
gewinnen (*Prät* **gewann**, *Perf* **hat gewonnen**) ◇ *intr* **-1.** [gen] gagner; **im Lotto ~** gagner au loto; **an etw** *(D)* **~** gagner en qqch. **-2.** [besser werden]: **durch etw ~** s'améliorer grâce à qqch.

◇ *tr* **-1.** [gen] gagner; **jn für etw ~** gagner qqn à qqch. **-2.** [extrahieren, produzieren]: **etw aus etw ~** tirer qqch de qqch. **-3.** [abbauen] extraire.
gewinnend ◇ *Adj* séduisant(e). ◇ *Adv*: **~ lächeln** avoir un sourire séducteur.
Gewinner, in (*mPl* -; *fPl* **-nen**) *der, die* gagnant *m*, -e *f*; [bei Wettkampf] vainqueur *m*.
Gewinn|spanne *die* marge *f* bénéficiaire.
Gewinnung *die (ohne Pl)* extraction *f*.
Gewirr, Gewirre *das (ohne Pl)* **-1.** [hörbar] bruits *mpl* confus. **-2.** [sichtbar] enchevêtrement *m*.
gewiß ◇ *Adj* **-1.** [unbestimmt] certain(e). **-2.** [minimal] minimum *m*; **ein gewisses Maß an etw** *(D)* un minimum de qqch. **-3.** [sicher] ferme; **(sich** *(D)*) **einer Sache** *(G)* **~ sein** être certain(e) de qqch. ◇ *Adv* [sicherlich] certainement.
Gewissen *das (ohne Pl)* conscience *f*; **jn auf dem ~ haben** [töten] avoir la mort de qqn sur la conscience; **jm ins ~ reden** faire appel à la conscience de qqn.
gewissenhaft ◇ *Adj* consciencieux(euse). ◇ *Adv* consciencieusement.
gewissenlos *Adj* & *Adv* sans scrupules.
Gewissenlosigkeit *die (ohne Pl)* manque *m* de scrupules.
Gewissensbisse *Pl* remords *mpl*.
Gewissens|frage *die (ohne Pl)* problème *m* de conscience.
Gewissensgründe *Pl* raisons *fpl* morales.
◆ **aus Gewissensgründen** *Adv* pour des raisons morales.
Gewissens|konflikt *der* conflit *m* de conscience.
gewissermaßen *Adv* en quelque sorte.
Gewißheit *die (ohne Pl)* certitude *f*.
Gewitter (*Pl* -) *das* orage *m*.
gewittern *intr*: **es gewittert** il y a de l'orage.
Gewitter|wolke *die* nuage *m* orageux.
gewittrig *Adj* orageux(euse).
gewitzt ◇ *Adj* astucieux(euse). ◇ *Adv* astucieusement.
gewogen ◇ *PP* → **wiegen**. ◇ *Adj*: **jm/etw ~ sein** *geh* être bien disposé(e) à l'égard de qqn/qqch.
gewöhnen *tr*: **jn an jn/etw ~** habituer qqn à qqn/qqch.
◆ **sich gewöhnen** *ref*: **sich an jn/etw ~** s'habituer à qqn/qqch; **sich daran ~, etw zu tun** s'habituer à faire qqch.
Gewohnheit (*Pl* **-en**) *die* habitude *f*.
gewohnheitsmäßig ◇ *Adj* habituel(elle). ◇ *Adv* par habitude; **~er Trinker** buveur *m* invétéré.
Gewohnheits|recht *das (ohne Pl)* droit *m* coutumier.
gewöhnlich ◇ *Adj* **-1.** [normal, gewohnt] habituel(elle). **-2.** [primitiv] commun(e). ◇ *Adv* **-1.** [normalerweise] habituellement. **-2.** [primitiv] d'une manière commune.
◆ **wie gewöhnlich** *Adv* comme d'habitude.
gewohnt *Adj* habituel(elle); **etw ~ sein** être habitué(e) à qqch.
gewöhnt *Adj*: **an etw** *(A)* **~ sein** être habitué(e) à qqch.
Gewöhnung *die (ohne Pl)* habitude *f*.
Gewölbe (*Pl* -) *das* voûte *f*.
gewonnen *PP* → **gewinnen**.
geworben *PP* → **werben**.
geworden *PP* → **werden**.
geworfen *PP* → **werfen**.
Gewühl *das (ohne Pl) abw* **-1.** [Menschenmenge] cohue *f*. **-2.** [Wühlen] fouillis *m*.
gewunden ◇ *PP* → **winden**. ◇ *Adj* **-1.** [sich schlängelnd] sinueux(euse). **-2.** [Reden] contourné(e). ◇ *Adv* [umständlich] de manière contournée.
Gewürz (*Pl* **-e**) *das* épice *f*.
Gewürz|gurke *die* ≃ cornichon *m (au vinaigre)*.
gewußt *PP* → **wissen**.
gez. *Abk für* **gezeichnet**.
GEZ (*Abk für* **Gebühreneinzugszentrale**) *die (ohne Pl) organe central de collecte des redevances télévision et radio en Allemagne.*
Gezänk, Gezanke *das (ohne Pl) abw* disputes *fpl*.
gezeichnet ◇ *PP* → **zeichnen**. ◇ *Adj* **-1.** [gemalt] dessiné(e). **-2.** [gekennzeichnet]: **(von** ODER **mit etw) ~** marqué(e) (de qqch).
Gezeiten *Pl* marée *f*.
Gezeitenkraft|werk *das* usine *f* marémotrice.
Gezeter *das (ohne Pl) abw*: **~ (über jn/etw)** criailleries *fpl* (à propos de qqn/qqch).
gezielt ◇ *Adj* ciblé(e); **eine ~e Frage** question *f* ciblée. ◇ *Adv* dans un but précis.
geziert *abw* ◇ *Adj* précieux(euse). ◇ *Adv* avec affectation; **sich ~ verhalten** faire des manières.
gezogen *PP* → **ziehen**.
Gezwitscher *das (ohne Pl)* gazouillis *m*.
gezwungen ◇ *PP* → **zwingen**. ◇ *Adj* forcé(e). ◇ *Adv*: **~ lächeln** avoir un sourire forcé.
gezwungenermaßen *Adv* contraint et forcé.
gg. *Abk für* **gegen**.
GG *das (ohne Pl) Abk für* **Grundgesetz**.
ggf. *Abk für* **gegebenenfalls**.

Ghana *nt* Ghana *m*; **in ~** au Ghana.
Ghetto, Getto (*Pl* **-s**) *das* ghetto *m*.
Gibraltar *nt* Gibraltar; **in ~** à Gibraltar.
gibt *Präs* → **geben**.
Gicht *die (ohne Pl)* goutte *f*.
Giebel (*Pl* -) *der* **-1.** [Dachgiebel] pignon *m*. **-2.** [über Fenster, Tür] fronton *m*.
Giebel|fenster *das* fenêtre *f* de pignon.
Gier *die (ohne Pl)* avidité *f*.
gierig ◇ *Adj* avide; **~ nach** ODER **auf etw** *(A)* avide de qqch. ◇ *Adv* avidement.
gießen (*Prät* **goß**, *Perf* **hat gegossen**) ◇ *tr* **-1.** [schütten] verser. **-2.** [verschütten]: **etw (über** ODER **auf etw** *(A)***) ~** renverser qqch (sur qqch). **-3.** [Pflanzen] arroser. **-4.** [in Formen] couler. ◇ *intr* [regnen]: **es gießt** il pleut des cordes.
Gieß|kanne *die* arrosoir *m*.
Gift (*Pl* **-e**) *das* poison *m*; [von Tieren] venin *m*; **etw ist ~ für jn/etw** *fig* qqch est mauvais pour qqn/qqch.
Gift|gas *das* gaz *m* toxique.
giftgrün ◇ *Adj* vert acide. ◇ *Adv* en vert acide.
giftig ◇ *Adj* **-1.** [Substanz] toxique; [Tier] venimeux(euse); [Pflanze] vénéneux(euse). **-2.** *fam abw* [gehässig] fielleux(euse). **-3.** [grell] acide. ◇ *Adv fam abw* de manière fielleuse.
Gift|müll *der (ohne Pl)* déchets *mpl* toxiques.
Gift|pilz *der* champignon *m* vénéneux.
Gift|schlange *die* serpent *m* venimeux.
Gift|stoff *der* substance *f* toxique.
Gigant, in (*mPl* **-en**; *fPl* **-nen**) *der, die* géant *m*, -e *f*.
gigantisch *Adj* gigantesque.
Gigolo ['ʒiːgolo] (*Pl* **-s**) *der* gigolo *m*.
gilt *Präs* → **gelten**.
Gin [dʒɪn] *der (ohne Pl)* gin *m*.
ging *Prät* → **gehen**.
Ginster (*Pl* -) *der* genêt *m*.
Gipfel (*Pl* -) *der* sommet *m*; **das ist (doch) der ~!** *fam* c'est le bouquet!
Gipfel|konferenz *die* conférence *f* au sommet.
gipfeln *intr*: **etw gipfelt in etw** *(D)* qqch se termine par qqch.
Gipfel|treffen *das* rencontre *f* au sommet.
Gips *der (ohne Pl)* plâtre *m*.
Gips|bein *das* jambe *f* plâtrée.
Gips|verband *der* plâtre *m*.
Giraffe (*Pl* **-n**) *die* girafe *f*.
Girlande (*Pl* **-n**) *die* guirlande *f*.
Giro|konto ['ʒiːro|kɔnto] *das* compte *m* courant.
Gis, gis (*Pl* -) *das* MUS sol *m* dièse.
Gischt *die (ohne Pl)* écume *f*.
Gitarre (*Pl* **-n**) *die* guitare *f*.
Gitarrist, in (*mPl* **-en**; *fPl* **-nen**) *der, die* guitariste *mf*.
Gitter (*Pl* -) *das* grille *f*; [für Pflanzen] treillage *m*. ◆ **hinter Gittern** *Adv fam* derrière les barreaux.
GKV (*Abk für* **Gesetzliche Krankenversicherung**) *die (ohne Pl)* assurance-maladie *f* obligatoire, ≃ CPAM.
Gladiole (*Pl* **-n**) *die* glaïeul *m*.
Glanz *der (ohne Pl)* éclat *m*; **mit ~ und Gloria** *fam* avec brio; *fam iron* en beauté.
glänzen *intr* briller.
glänzend *fam* ◇ *Adj* brillant(e). ◇ *Adv* **-1.** [bestehen, lösen] brillamment. **-2.** [sich fühlen] merveilleusement.
Glanz|leistung *die* performance *f* remarquable.
glanzlos *Adj* terne.
glanzvoll *Adj* **-1.** [Leistung, Sieg] brillant(e). **-2.** [Fest, Anblick] fastueux(euse).
Glarner (*Pl* -) ◇ *der* habitant *m* de Glaris. ◇ *Adj* de Glaris.
Glarnerin (*Pl* **-nen**) *die* habitante *f* de Glaris.
glarnerisch *Adj* de Glaris.
Glarus *nt* Glaris.
Glas (*Pl* **Gläser**) *das* **-1.** [gen] verre *m*; **hinter ~** sous verre; **aus ~** en verre; **zu tief ins ~ schauen** ODER **blicken** *fam fig* boire un coup de trop. **-2.** [für Eingemachtes] bocal *m*.
Glaser, in (*mPl* -; *fPl* **-nen**) *der, die* vitrier *m*.
Glas|faser *die* **-1.** [für Isolierung] fibre *f* de verre. **-2.** [für Lichtleiter] fibre *f* optique.
Glasgow *nt* Glasgow.
glasieren *tr* **-1.** [Keramik] vernisser. **-2.** [Speisen] glacer.
glasig ◇ *Adj* **-1.** [Blick, Ausdruck] vitreux(euse). **-2.** [beim Braten] translucide. ◇ *Adv*: **etw ~ anbraten** faire suer qqch.
glasklar ◇ *Adj* limpide. ◇ *Adv* avec limpidité.
Glas|scheibe *die* vitre *f*.
Glas|scherbe *die* débris *m* de verre.
Glas|splitter *der* éclat *m* de verre.
Glas|tür *die* porte *f* vitrée.
Glasur (*Pl* **-en**) *die* **-1.** [für Keramik] glaçure *f*. **-2.** [für Speisen] glaçage *m*.
glatt ◇ *Adj* **-1.** [eben] lisse. **-2.** [rutschig] glissant(e). **-3.** [Bruch] net (nette). **-4.** [Landung] en douceur. **-5.** [Angelegenheit] simple. **-6.** *fam* [eindeutig] pur(e). **-7.** [Person] obséquieux(euse). ◇ *Adv* **-1.** [eben]: **etw ~ machen** lisser qqch; **~ gestrickt** tricoté(e) en point jersey. **-2.** [reibungs-

los] sans incidents; **etw geht ~** qqch se déroule bien. **-3.** *fam* [eindeutig] carrément.

Glätte *die (ohne Pl)* **-1.** [Ebenheit] aspect *m* lisse. **-2.** [von Boden, Fahrbahn] état *m* glissant.

Glatt|eis *das (ohne Pl)* verglas *m*; **jn aufs ~ führen** *fig* rouler qqn dans la farine.

glätten *tr* lisser.

◆ **sich glätten** *ref* **-1.** [Wogen] se calmer. **-2.** [Stirn]: **seine Stirn glättet sich** les rides de son front disparaissent.

glattweg *Adv fam* purement et simplement.

Glatze (*Pl* **-n**) *die* calvitie *f*; **er hat eine ~** il est chauve.

Glaube *der (ohne Pl)* foi *f*; **in gutem** ODER **im guten ~n** en toute confiance; **jm/einer Sache ~n schenken** accorder du crédit à qqn/qqch.

glauben *tr* & *intr* croire; **jm ~** croire qqn; **jn etw ~ machen wollen** vouloir faire croire qqch à qqn; **das ist (doch) nicht zu ~!** *fam* ce n'est pas croyable!; **an jn ~** croire en qqn; **an etw** *(A)* **~** croire à qqch.

Glaubens|bekenntnis *das (ohne Pl)* **-1.** REL Credo *m*. **-2.** [Weltanschauung] credo *m*.

Glaubens|freiheit *die (ohne Pl)* liberté *f* de culte.

glaubhaft ◇ *Adj* crédible. ◇ *Adv* de manière crédible; **~ wirken** paraître crédible.

gläubig *Adj* **-1.** [fromm] croyant(e). **-2.** [vertrauensselig] crédule.

Gläubige (*Pl* **-n**) *der, die* croyant *m*, -e *f*.

Gläubiger, in (*mPl* **-**; *fPl* **-nen**) *der, die* créancier *m*, -ère *f*.

glaubwürdig ◇ *Adj* crédible. ◇ *Adv* d'une manière crédible.

gleich ◇ *Adj* même; **etw ist jm (völlig) ~** *fam* qqch est (complètement) égal(e) à qqn. ◇ *Adv* **-1.** [gleichermaßen] de la même façon; **sie sind ~ groß** l'un est aussi grand que l'autre. **-2.** [sofort] tout de suite. **-3.** [unmittelbar] juste. **-4.** [noch] déjà. **-5.** [ebensogut] aussi bien. ◇ *Präp geh* à l'instar de.

◆ **bis gleich!** *Interj* à tout de suite!

gleichaltrig, **gleichalterig** *Adj* du même âge.

gleichartig ◇ *Adj* semblable. ◇ *Adv* de la même façon.

gleichbedeutend *Adj* de sens équivalent; **~ mit etw sein** équivaloir à qqch.

gleichberechtigt ◇ *Adj* égal(e) en droits; **jm ~ sein** avoir les mêmes droits que qqn. ◇ *Adv* avec les mêmes droits.

Gleich|berechtigung *die (ohne Pl)* égalité *f*.

gleich|bleiben (*Perf* **ist gleichgeblieben**) *intr (unreg)* ne pas changer.

◆ **sich gleichbleiben** *ref* rester égal à soi-même.

gleichen (*Prät* **glich**, *Perf* **hat geglichen**) *intr*: **jm/einer Sache ~** ressembler à qqn/qqch; **sich** *(D)* **~** se ressembler.

gleichermaßen *Adv* pareillement.

gleichfalls *Adv* également.

◆ **danke, gleichfalls!** *Interj* merci, à toi ODER vous aussi!

gleichförmig ◇ *Adj* uniforme, régulier(ère). ◇ *Adv* de façon uniforme.

gleichgesinnt *Adj* qui partage les vues de qqn.

Gleich|gewicht *das (ohne Pl)* équilibre *m*; **im ~** en équilibre; **das ~ halten** garder l'équilibre; **aus dem ~ geraten** [Person] perdre son équilibre; [Sache] être bouleversé(e).

gleichgültig ◇ *Adj* **-1.** [desinteressiert] indifférent(e); **jd/etw ist jm ~** qqn/qqch est indifférent à qqn. **-2.** [einerlei] peu importe. ◇ *Adv* avec indifférence.

Gleichheit *die (ohne Pl)* **-1.** [Übereinstimmung] similitude *f*. **-2.** [Gleichberechtigung] égalité *f*.

Gleichheits|prinzip *das (ohne Pl)* principe *m* d'égalité.

Gleich|klang *der (ohne Pl)* harmonie *f*.

gleich|kommen (*Perf* **ist gleichgekommen**) *intr (unreg)*: **einer Sache ~** équivaloir à qqch; **jm an etw** *(D)* **~** égaler qqn en qqch.

gleichlautend ◇ *Adj* identique. ◇ *Adv* en termes identiques.

gleichmäßig ◇ *Adj* régulier(ère). ◇ *Adv* régulièrement.

Gleichmäßigkeit *die (ohne Pl)* régularité *f*.

Gleich|mut *der (ohne Pl)* égalité *f* d'humeur, impassibilité *f*.

gleichmütig ◇ *Adj* impassible. ◇ *Adv* impassiblement.

Gleichnis (*Pl* **-se**) *das* parabole *f*.

gleichrangig ◇ *Adj* [Person] du même rang; [Problem, Arbeit] d'égale importance. ◇ *Adv* au même niveau.

gleichsam *Adv geh*: **das ist ~ eine Beleidigung** c'est pour ainsi dire une offense.

gleich|schalten *tr* synchroniser; [politisch] mettre au pas.

gleichschenklig, **gleichschenkelig** *Adj* MATH: **~es Dreieck** triangle *m* isocèle.

Gleich|schritt *der (ohne Pl)*: **(im) ~** (au) pas *m* cadencé.

gleichseitig *Adj* équilatéral(e); **~es Dreieck** triangle *m* équilatéral.

gleich|setzen *tr* mettre au même niveau.

gleich|stellen *tr*: **jn (mit) jm ~** mettre qqn au même niveau ODER sur le même plan que qqn.

Gleich|strom *der (ohne Pl)* courant *m* continu.

gleich|tun *tr (unreg)*: **es jm ~** suivre la voie de qqn.

Gleichung (*Pl* **-en**) *die* équation *f*.
gleichviel *Adv* peu importe.
gleichwertig ◇ *Adj* de valeur équivalente, de même valeur. ◇ *Adv* de manière équivalente.
gleichzeitig ◇ *Adj* simultané(e). ◇ *Adv* en même temps.
gleich|ziehen (*Perf* **ist gleichgezogen**) *intr (unreg)*: **mit jm ~** égaler qqn.
Gleis (*Pl* **-e**) *das* voie *f*; **aus den ~en geraten** dérailler; **sich in ausgefahrenen ~en bewegen** *fig* suivre les sentiers battus.
gleiten (*Prät* **glitt**, *Perf* **hat/ist geglitten**) *intr* **-1.** *(ist)* [sich fortbewegen, rutschen] **glisser**; **aus etw ~** glisser de qqch. **-2.** *(hat) fam* [Arbeitnehmer] avoir des horaires flexibles.
Gleit|zeit *die* horaire *m* flexible.
Gletscher (*Pl* -) *der* glacier *m*.
glich *Prät* → **gleichen**.
Glied (*Pl* **-er**) *das* **-1.** [von Finger, Zeh] **phalange** *f*. **-2.** [Gliedmaßen, Penis, Einzelteil] **membre** *m*; **etw steckt** ODER **sitzt jm in den ~ern** *fig* qqch poursuit qqn. **-3.** [Bindeglied] **chaînon** *m*.
gliedern *tr* ordonner.
◆ **sich gliedern** *ref*: **(sich in etw** *(A)***) ~** se diviser (en qqch).
Gliederung (*Pl* **-en**) *die* **-1.** [von Texten] division *f*; **eine ~ machen** faire un plan. **-2.** [von Gruppe, Gebäude] **structure** *f*. **-3.** [gedanklich] articulation *f*.
Gliedmaßen *Pl* membres *mpl*.
glimmen (*Prät* **glimmte** ODER **glomm**, *Perf* **hat geglimmt** ODER **geglommen**) *intr* rougeoyer.
glimpflich ◇ *Adj* **-1.** [ohne Schaden] convenable. **-2.** [nachsichtig] **indulgent(e)**; [Strafe] léger(ère). ◇ *Adv* **-1.** [ohne Schaden] **assez bien**; **~ davonkommen** s'en tirer à bon compte. **-2.** [nachsichtig] **avec indulgence**.
glitschig *Adj fam* glissant(e).
glitt *Prät* → **gleiten**.
glitzern *intr* scintiller.
global ◇ *Adj* **-1.** [weltumfassend] international(e), mondial(e). **-2.** [vielseitig] **général(e)**. **-3.** [allgemein] **global(e)**. ◇ *Adv* **-1.** [weltumfassend] à l'échelle mondiale. **-2.** [vielseitig] **sur le plan général**. **-3.** [allgemein] **globalement**.
Globetrotter (*Pl* -) *der* globe-trotter *m*.
Globus (*Pl* **-se** ODER **Globen**) *der* globe *m*.
Glocke (*Pl* **-n**) *die* cloche *f*; **etw an die große ~ hängen** *fam fig* crier qqch sur les toits.
Glocken|blume *die* campanule *f*.
Glocken|schlag *der* coup *m* d'horloge.
Glocken|spiel *das* carillon *m*.
Glocken|turm *der* clocher *m*.
glomm *Prät* → **glimmen**.
glorreich ◇ *Adj* glorieux(euse). ◇ *Adv* glorieusement.
Glossar (*Pl* **-e**) *das* glossaire *m*.
Glosse (*Pl* **-n**) *die* chronique *f*.
Glotze *die (ohne Pl) salopp* télé *f*.
glotzen *intr fam abw* faire des yeux ronds; **aus etw ~** regarder niaisement par ODER de qqch.
Glück *das (ohne Pl)* **-1.** [Glücksfall, Fortuna] chance *f*; **~ haben** avoir de la chance; **bei jm ~ haben** avoir du succès auprès de qqn; **mit jm/etw kein ~ haben** ne pas avoir de chance avec qqn/qqch; **sein ~ versuchen** tenter sa chance; **von ~ sagen** ODER **reden können** pouvoir s'estimer heureux(euse); **~ im Unglück** de la chance dans le malheur. **-2.** [Segen] bonheur *m*; **~ bringen** porter bonheur.
◆ **auf gut Glück** *Adv* au petit bonheur.
◆ **viel Glück!** *Interj* bonne chance!
◆ **zum Glück** *Adv* heureusement.
Glucke (*Pl* **-n**) *die* poule *f (couveuse)*.
glücken (*Perf* **ist geglückt**) *intr*: **jm glückt etw** qqn réussit qqch.
gluckern *intr* glouglouter.
glücklich ◇ *Adj* heureux(euse). ◇ *Adv* **-1.** [beglückt] d'un air heureux; **~ verheiratet** heureux(euse) en ménage. **-2.** [günstig] favorablement; **~ enden** trouver une fin heureuse. **-3.** [letztendlich] finalement.
glücklicherweise *Adv* heureusement.
Glücksbringer (*Pl* -) *der* porte-bonheur *m inv*.
glückselig ◇ *Adj* bienheureux(euse). ◇ *Adv* comme un bienheureux ODER une bienheureuse.
Glücks|fall *der* coup *m* de chance.
Glücks|pilz *der fam* veinard *m*, -e *f*.
Glücks|sache *die (ohne Pl)* question *f* de chance.
Glücks|spiel *das* **-1.** [um Geld] jeu *m* de hasard. **-2.** *fig* [Glückssache] loterie *f*.
Glücks|strähne *die* période *f* de chance.
glückstrahlend ◇ *Adj* rayonnant(e) de bonheur. ◇ *Adv* de façon rayonnante; **~ lächeln/blicken** avoir un sourire/un regard rayonnant.
Glück|wunsch *der* félicitation *f*; **herzlichen ~ zum Geburtstag!** joyeux anniversaire!
◆ **herzliche Glückwünsche!** *Interj* toutes mes ODER nos félicitations!
Glückwunsch|karte *die* carte *f* de voeux.
Glückwunsch|telegramm *das* télégramme *m* de félicitations.
Glucose = **Glukose**.
Glüh|birne *die* ampoule *f* (électrique).
glühen *intr* **-1.** [brennen] rougeoyer. **-2.** *geh* [bewegt sein] brûler; **vor Liebe zu jm ~** brûler d'amour pour qqn.

glühend ◇ *Adj* **-1.** [heiß] incandescent(e); [Hitze] brûlant(e). **-2.** [leidenschaftlich] fervent(e); [Haß] féroce. ◇ *Adv* [leidenschaftlich] passionnément.
Glüh|lampe *die* lampe *f* à incandescence.
Glüh|wein *der* vin *m* chaud.
Glukose, Glucose *die (ohne Pl)* CHEM glucose *m.*
Glut (*Pl* **-en**) *die* **-1.** [in Feuer] braise *f.* **-2.** *geh* [Inbrunst, Hitze] ardeur *f.*
Glut|hitze *die (ohne Pl)* chaleur *f* torride.
GmbH (*Pl* **-s**) (*Abk für* **Gesellschaft mit beschränkter Haftung**) *die* ≃ SARL *f.*
g-Moll *das (ohne Pl)* MUS sol *m* mineur.
Gnade *die (ohne Pl)* **-1.** [Gunst] faveur *f*; **in ~n** avec bienveillance. **-2.** [Erbarmen - menschlich] miséricorde *f*; [- göttlich] grâce *f.*
Gnaden|frist *die (ohne Pl)* délai *m* de grâce.
gnadenlos ◇ *Adj* impitoyable; [Hitze] accablant(e). ◇ *Adv* impitoyablement.
Gnaden|stoß *der (ohne Pl)* coup *m* de grâce.
gnädig ◇ *Adj* **-1.** [wohlmeinend] bienveillant(e). **-2.** [barmherzig] miséricordieux(euse). ◇ *Adv* avec bienveillance.
◆ **gnädige Frau!** *Interj* Madame!
Gnom (*Pl* **-en**) *der* gnome *m.*
Gobelin [gobəˈlɛ̃ː] (*Pl* **-s**) *der* Gobelin *m.*
Gockel (*Pl* -) *der Süddt* coq *m.*
Gold *das (ohne Pl)* or *m*; **~ wert sein** *fig* valoir de l'or, être précieux(euse).
Gold|barren *der* lingot *m* d'or.
golden ◇ *Adj* **-1.** [aus Gold] en or. **-2.** [goldfarben] doré(e). **-3.** [großartig - Epoche] d'or; [- Augenblick] en or; **~e Jahre** années *fpl* prospères. ◇ *Adv* avec l'éclat de l'or.
Gold|fisch *der* poisson *m* rouge.
goldgelb ◇ *Adj* jaune d'or. ◇ *Adv*: **~ glänzen** avoir un reflet jaune d'or.
Gold|grube *die fam* mine *f* d'or.
Gold|hamster *der* hamster *m* (doré).
goldig *Adj fam* mignon(ne).
Gold|medaille *die* médaille *f* d'or.
Gold|münze *die* pièce *f* d'or.
Gold|schmied, in *der, die* orfèvre *mf.*
Gold|waage *die* trébuchet *m*; **alles** ODER **jedes Wort auf die ~ legen** *fam fig* [alles wörtlich auffassen] tout prendre au pied de la lettre; *fam fig* [sich bedächtig äußern] peser ses mots.
Golf (*Pl* **-e**) ◇ *der* golfe *m.* ◇ *das (ohne Pl)* golf *m.*
Golf|platz *der* terrain *m* de golf.
Golf|spieler, in *der, die* golfeur *m*, -euse *f.*
Golfstaaten *Pl* États *mpl* du Golfe.
Golfstrom *der* Gulf Stream *m.*
Gondel (*Pl* **-n**) *die* gondole *f.*
Gong [gɔŋ] (*Pl* **-s**) *der* gong *m.*
gönnen *tr*: **jm etw ~** [genehmigen] accorder qqch à qqn; [neidlos] souhaiter qqch à qqn de bon cœur; **sich** *(D)* **etw ~** s'accorder qqch.
Gönner (*Pl* -) *der* protecteur *m*; [für Kunst] mécène *m.*
gönnerhaft *abw* ◇ *Adj* suffisant(e). ◇ *Adv* d'un air suffisant.
Gönnerin (*Pl* **-nen**) *die* protectrice *f*; [für Kunst] mécène *m.*
Göre (*Pl* **-n**) *die Norddt abw* **-1.** [Kind] gosse *mf.* **-2.** [unartiges Mädchen] sale gosse *f.*
Gorilla (*Pl* **-s**) *der* gorille *m.*
goß *Prät* → **gießen**.
Gosse (*Pl* **-n**) *die* caniveau *m*; **in der ~ landen** ODER **enden** *fig & abw* tomber ODER finir dans le ruisseau.
Gote (*Pl* **-n**) *der* goth *m.*
Göteborg *nt* Göteborg.
Gotik *die (ohne Pl)* gothique *m.*
Gotin (*Pl* **-nen**) *die* goth *f.*
gotisch *Adj* gothique.
Gott (*Pl* **Götter**) *der* **-1.** *(ohne Pl)* [christlich] Dieu *m*; **du lieber ~!, oh (mein) ~!** mon Dieu!; **über ~ und die Welt reden** *fam fig* parler de tout et de tout le monde. **-2.** [Gottheit] dieu *m.*
◆ **Gott sei Dank!** *Interj fam* Dieu soit loué!
◆ **grüß Gott!** *Interj Süddt* bonjour!
◆ **in Gottes Namen** *Adv fam* pour l'amour du ciel.
◆ **leider Gottes** *Adv fam* malheureusement.
◆ **weiß Gott** *Adv fam* : **Sie hätten mir weiß ~ keine Blumen mitbringen müssen** vous n'auriez vraiment pas dû m'apporter des fleurs.
Götter|speise *die (ohne Pl) dessert gélifié aromatisé.*
Gottes|dienst *der* office *m*; [evangelisch] culte *m.*
Gotteslästerung (*Pl* **-en**) *die* blasphème *m.*
Gottheit (*Pl* **-en**) *die* [Gott, Göttin] divinité *f.*
Göttin (*Pl* **-nen**) *die* déesse *f.*
Göttingen *nt* Göttingen.
göttlich ◇ *Adj* divin(e). ◇ *Adv* divinement.
gottlos ◇ *Adj* **-1.** [respektlos] impie. **-2.** [ungläubig] incroyant(e). ◇ *Adv* de manière impie.
gottverlassen *Adj* **-1.** *fam* [Ort] paumé(e). **-2.** [Mensch] abandonné(e).
Götze (*Pl* **-n**) *der* idole *f.*
Gouvernante [guvɛrˈnantə] (*Pl* **-n**) *die* gouvernante *f.*
Gouverneur, in [guvɛrˈnøːɐ̯, rɪn] (*mPl* **-e**; *fPl* **-nen**) *der, die* gouverneur *m.*
GPS (*Abk für* **Grüne Partei der Schweiz**) *die (ohne Pl) parti écologiste suisse.*

Grab (*Pl* **Gräber**) *das* tombe *f*; **jn ins ~ bringen** pousser qqn dans la tombe.

graben (*Präs* **gräbt,** *Prät* **grub,** *Perf* **hat gegraben**) ◇ *tr* creuser. ◇ *intr*: **in etw** *(D)* **~** creuser qqch; **nach etw ~** chercher qqch.

◆ **sich graben** *ref*: **sich in etw** *(A)* **~** s'enfoncer dans qqch.

Graben (*Pl* **Gräben**) *der* fossé *m*; MIL tranchée *f*.

Grabmal (*Pl* **-mäler** ODER **-e**) *das* [von Soldaten] monument *m* aux morts; [Grabstein] monument *m* funéraire.

Grab|stätte *die* sépulture *f*.

Grab|stein *der* pierre *f* tombale.

gräbt *Präs* → **graben**.

Grabung (*Pl* **-en**) *die* fouille *f*.

Grad (*Pl* **-e**) *der* **-1.** [Maß] degré *m*. **-2.** [Rang] grade *m*.

graduell ◇ *Adj* graduel(elle). ◇ *Adv* graduellement.

gradweise *Adv* graduellement.

Graf (*Pl* **-en**) *der* comte *m*.

Graffiti [gra'fɪtɪ] (*Pl* **-s**) *das* graffiti *m*.

Grafik, **Graphik** (*Pl* **-en**) *die* **-1.** *(ohne Pl)* [Kunst] arts *mpl* graphiques. **-2.** [Kunstwerk] œuvre *f* graphique. **-3.** [Schema] graphique *m*.

Grafiker, **Graphiker** (*Pl* **-**) *der* graphiste *m*.

Grafikerin, **Graphikerin** (*Pl* **-nen**) *die* graphiste *f*.

Grafik|karte *die* EDV carte *f* graphique.

Grafik|programm *das* EDV programme *m* graphique.

Gräfin (*Pl* **-nen**) *die* comtesse *f*.

grafisch, **graphisch** ◇ *Adj* graphique. ◇ *Adv* graphiquement.

Grafschaft (*Pl* **-en**) *die* comté *m*.

Gram *der (ohne Pl) geh* tourment *m*.

grämen *tr geh* chagriner.

◆ **sich grämen** *ref geh* se chagriner.

Gramm (*Pl* **-e** ODER **-**) *das* gramme *m*.

Grammatik (*Pl* **-en**) *die* grammaire *f*.

grammatikalisch, **grammatisch** ◇ *Adj* **-1.** [Problem, Regel] de grammaire. **-2.** [Struktur] grammatical(e). ◇ *Adv* grammaticalement.

Granada *nt* Grenade.

Granat|apfel *der* grenade *f*.

Granate (*Pl* **-n**) *die* obus *m*.

grandios ◇ *Adj* grandiose. ◇ *Adv* avec brio.

Granit *der (ohne Pl)* granite *m*.

grantig *fam Süddt & Österr* ◇ *Adj* bougon(onne); **~ sein** être bougon(onne). ◇ *Adv* avec mauvaise humeur.

Grapefruit ['greːpfruːt] (*Pl* **-s**) *die* pamplemousse *m*.

Graphik = **Grafik**.

Graphiker = **Grafiker**.

Graphikerin = **Grafikerin**.

graphisch = **grafisch**.

graphologisch ◇ *Adj* graphologique. ◇ *Adv*: **~ untersuchen** faire une étude graphologique.

Gras (*Pl* **Gräser**) *das* herbe *f*; **darüber ist ~ gewachsen** *fam* depuis il est passé de l'eau sous les ponts; **ins ~ beißen** *salopp* casser sa pipe.

grasen *intr* brouter.

Gras|fläche *die* pelouse *f*.

grasgrün ◇ *Adj* vert pomme. ◇ *Adv* en vert pomme.

Gras|halm *der* brin *m* d'herbe.

grassieren *intr* sévir.

gräßlich ◇ *Adj* horrible. ◇ *Adv* horriblement.

Grat (*Pl* **-e**) *der* crête *f*.

Gräte (*Pl* **-n**) *die* arête *f*.

gratis ◇ *Adv* gratuitement. ◇ *Adj*: **etw ist ~** qqch est gratuit(e).

Gratis|probe *die* échantillon *m* gratuit.

Gratisvor|stellung *die* représentation *f* gratuite.

Grätsche (*Pl* **-n**) *die* **-1.** [Sprung] saut *m* à l'écart. **-2.** [im Stand]: **in der ~** les jambes écartées.

grätschen (*Perf* **hat/ist gegrätscht**) ◇ *tr (hat)*: **die Beine ~** écarter les jambes. ◇ *intr (ist)* sauter jambes écartées.

Gratulant, in (*mPl* **-en**; *fPl* **-nen**) *der, die* personne *f* qui félicite.

Gratulation (*Pl* **-en**) *die* félicitations *fpl*.

gratulieren *intr*: **(jm zu etw) ~** féliciter (qqn pour ODER de qqch).

◆ **sich gratulieren** *ref*: **sich** *(D)* **zu jm/etw ~ können** *fam fig* pouvoir être fier (fière) de qqn/qqch.

grau ◇ *Adj* **-1.** [Farbe] gris(e); **~ in ~** grisâtre. **-2.** [trist] morne. ◇ *Adv* en gris.

◆ **in grauer Vorzeit** *Adv* dans la nuit des temps.

Grau *das (ohne Pl)* **-1.** [graue Farbe] gris *m*. **-2.** [Tristheit] grisaille *f*.

graublau ◇ *Adj* bleu-gris. ◇ *Adv* en bleu-gris.

Grau|brot *das* pain *m* bis.

Graubünden *nt* Grisons *mpl*.

Graubündner, in (*mPl* **-**; *fPl* **-nen**) *der, die* Grison *m*, -onne *f*.

graubündnerisch *Adj* des Grisons.

grauen *intr* **-1.** *geh* [dämmern]: **der Morgen graut** le jour se lève. **-2.** [Angst haben]: **es graut ihm** il a peur.

◆ **sich grauen** *ref* [Angst haben]: **jd graut sich vor jm/etw** qqn/qqch fait frémir qqn d'horreur.

Grauen (*Pl* -) *das* **-1.** *(ohne Pl)* [Angst, Schrecken] effroi *m*. **-2.** [Ereignis] horreurs *fpl*.

grauenhaft, **grauenvoll** ◇ *Adj* épouvantable. ◇ *Adv* épouvantablement.

grauhaarig *Adj* aux cheveux gris.

gräulich ◇ *Adj* grisâtre. ◇ *Adv* de couleur grisâtre.

graumeliert *Adj* poivre et sel.

Graupel|schauer *der* giboulée *f*.

Graupe (*Pl* **-n**) *die* gruau *m*.

Graus *der (ohne Pl)* horreur *f*.

grausam ◇ *Adj* **-1.** [brutal] cruel(elle). **-2.** [fürchterlich, unangenehm] terrible, horrible. ◇ *Adv* **-1.** [brutal] avec cruauté. **-2.** [fürchterlich, unangenehm] terriblement, horriblement.

Grausamkeit (*Pl* **-en**) *die* **-1.** *(ohne Pl)* [einer Person] cruauté *f*. **-2.** [Tat] acte *m* de cruauté.

grausen *intr*: **es graust jm** qqn frémit d'horreur.

◆ **sich grausen** *ref*: **sich vor jm/etw ~** avoir horriblement peur de qqn/qqch.

grausig ◇ *Adj* effroyable. ◇ *Adv* épouvantablement.

Grau|zone *die* flou *m*, zone *f* de flou.

gravieren [gra'viːrən] *tr* graver; **etw in etw ~** graver qqch sur qqch.

gravierend ◇ *Adj* grave. ◇ *Adv* gravement.

Gravur [gra'vuːɐ̯] (*Pl* **-en**) *die* gravure *f*.

Graz *nt* Graz.

Grazer (*Pl* -) ◇ *der* habitant *m* de Graz. ◇ *Adj (unver)* de Graz.

Grazerin (*Pl* **-nen**) *die* habitante *f* de Graz.

Grazie *die (ohne Pl)* grâce *f*.

◆ **Grazien** *Pl* Grâces *fpl*.

grazil *Adj* gracile.

graziös ◇ *Adj* gracieux(euse). ◇ *Adv* gracieusement, avec grâce.

Greenhorn ['griːnhɔːɐ̯n] (*Pl* **-s**) *das* novice *m*.

Greenpeace ['griːnpiːs] *nt* Greenpeace.

greifbar ◇ *Adj* **-1.** [in Reichweite]: **etw ~ haben** avoir qqch sous la main. **-2.** [parat] disponible. **-3.** [absehbar] tangible. ◇ *Adv*: **~ nahe** tout proche.

greifen (*Prät* **griff**, *Perf* **hat gegriffen**) ◇ *tr* **-1.** [mit Hand, Werkzeug] saisir; **das liegt zum Greifen nahe** *fig* c'est à portée de main. **-2.** [erwischen]: **jn/etw an etw** *(D)*) **~** attraper (qqn/qqch par qqch). **-3.** MUS [Klavierakkord] plaquer. ◇ *intr* **-1.** [fassen]: **zu etw ~** *geh* [etw wählen] choisir qqch; [zu Mittel] avoir recours à qqch; **nach etw ~** [nach Gegenstand, Hand] saisir qqch; [besitzergreifend] s'emparer de qqch. **-2.** [langen]: **in/hinter/unter etw** *(A)* **~** mettre la main dans/derrière/sous qqch. **-3.** [Reifen] avoir une bonne adhérence; **nicht ~** patiner. **-4.** [einrasten] bien s'engrener. **-5.** [funktionieren] *fig* marcher. **-6.** *RW*: **um sich ~** s'étendre; **zu hoch/niedrig ~** viser trop haut/bas.

Greif|vogel *der* oiseau *m* de proie.

Greis, in (*mPl* **-e**; *fPl* **-nen**) *der, die* vieillard *m*.

grell ◇ *Adj* **-1.** [Licht] cru(e). **-2.** [Farbe] criard(e). **-3.** [Geräusch] strident(e). ◇ *Adv* **-1.** [blendend] d'un éclat vif. **-2.** [farbig] d'un ton vif. **-3.** [klingen, rufen] de manière aiguë.

Gremium (*Pl* **Gremien**) *das* commission *f*.

Grenz|beamte *der* douanier *m*.

Grenz|beamtin *die* douanière *f*.

Grenz|bereich *der* **-1.** *(ohne Pl)* [von Ländern] région *f* frontalière. **-2.** [von Leistung, Fachgebiet] limites *fpl*.

Grenze (*Pl* **-n**) *die* **-1.** [Trennlinie] frontière *f*. **-2.** [Beschränkung, Endpunkt] limites *fpl*; **die ~ zu etw überschreiten** dépasser les limites de qqch; **keine ~n kennen** ne pas connaître de limites; **etw** *(D)* **sind keine ~n gesetzt** qqch ne connaît pas de limite.

◆ **grüne Grenze** *die*: **über die grüne ~ gehen** passer clandestinement la frontière en rase campagne.

grenzen *intr*: **an etw** *(A)* **~** border qqch; *fig* frôler qqch; **aneinander ~** être limitrophes.

grenzenlos ◇ *Adj* illimité(e). ◇ *Adv* infiniment.

Grenz|fall *der* cas *m* limite.

Grenz|konflikt *der* conflit *m* frontalier.

Grenz|kontrolle *die* contrôle *m* douanier.

Grenz|posten *der* poste *m* frontière.

Grenz|schutz *der (ohne Pl)* protection *f* des frontières; [in Deutschland] → **Bundesgrenzschutz**.

Grenzüber|gang *der* **-1.** [Handlung] passage *m* de la frontière. **-2.** [Ort] poste *m* frontière.

grenzüberschreitend ◇ *Adj* transfrontalier(ère). ◇ *Adv* à l'échelle internationale.

Grenz|verkehr *der (ohne Pl)* trafic *m* frontalier.

Grenz|wert *der* valeur *f* limite.

Greuel (*Pl* -) *der geh* atrocité *f*; **jd ist jm ein ~** qqn a qqn en horreur; **etw ist jm ein ~** qqch est un calvaire pour qqn.

Greuel|tat *die* atrocité *f*.

greulich ◇ *Adj* **-1.** [entsetzlich] atroce. **-2.** *fam* [unerfreulich] horrible. ◇ *Adv* atrocement.

Grieche (*Pl* **-n**) *der* Grec *m*.

Griechenland *nt* Grèce *f*.

Griechin (*Pl* **-nen**) *die* Grecque *f*.

griechisch *Adj* grec (grecque).

Griechisch *das (ohne Pl)* grec *m*; *siehe auch* **Englisch**.

Griechische *das (ohne Pl)* grec *m*; *siehe auch* **Englische**.

griesgrämig ◇ *Adj* grincheux(euse). ◇ *Adv* de manière grincheuse.

Grieß *der (ohne Pl)* semoule *f*.

Grieß|brei *der* bouillie *f* de semoule.

griff *Prät* → **greifen**.

Griff *(Pl* **-e**) *der* **-1.** [Bewegung]: **beim ~ in die Tasche** en cherchant dans sa poche; **mit einem ~** en un tour de main; **einen festen ~ haben** avoir de la poigne. **-2.** SPORT prise *f*; **etw im ~ haben** *fig* avoir qqch bien en main; **jn/etw in den ~ bekommen** ODER **kriegen** *fig* venir à bout de qqn/qqch. **-3.** [hilfesuchend] recours *m*. **-4.** [Teil - von Korb] anse *f*; [- von Tür] poignée *f*; [- von Werkzeug] manche *m*.

griffbereit *Adj* & *Adv* à portée de main.

Griffel *(Pl* -) *der* **-1.** [Stift] crayon *m* d'ardoise. **-2.** *salopp* [Finger] griffe *f*.

griffig *Adj* **-1.** [handlich] maniable. **-2.** [gut greifend] qui présente une bonne adhérence; [Schnee] bon (bonne).

Grill *(Pl* **-s**) *der* gril *m*.

Grille *(Pl* **-n**) *die* **-1.** [Insekt] grillon *m*. **-2.** *fam* [verrückte Idee] lubie *f*.

grillen ◇ *tr* griller. ◇ *intr* faire un barbecue.

Grill|fest *das* barbecue *m*.

Grimasse *(Pl* **-n**) *die* grimace *f*; **~n schneiden** faire des grimaces.

grimmig ◇ *Adj* **-1.** [wütend] furieux(euse); [furchterregend] féroce. **-2.** [Kälte, Hunger] terrible. ◇ *Adv* d'un air furieux; [furchterregend] d'un air féroce.

grinsen *intr* **-1.** [dumm] sourire bêtement. **-2.** [frech] avoir un sourire moqueur.
◆ **Grinsen** *das (ohne Pl)* sourire *m* moqueur.

Grippe *(Pl* **-n**) *die* grippe *f*.

Grippeschutz|impfung *die* vaccination *f* contre la grippe.

Grips *der (ohne Pl) fam* matière *f* grise; **seinen ~ anstrengen** faire travailler sa matière grise.

grob *(Kompar* **gröber**, *Superl* **gröbste**) ◇ *Adj* **-1.** [gen] grossier(ère). **-2.** [Salz] gros (grosse). **-3.** [Papier, Haut] rugueux(euse). **-4.** *RW*: **aus dem Gröbsten heraus sein** avoir passé le cap le plus difficile. ◇ *Adv* **-1.** [mahlen] grossièrement. **-2.** [planen, schätzen] en gros. **-3.** [schwerwiegend]: **~ fahrlässig handeln** commettre une grave négligence. **-4.** [unhöflich] avec grossièreté.

Grobheit *(Pl* **-en**) *die* grossièreté *f*.

grobkörnig *Adj* à gros grains.

grobmaschig *Adj* à grosses mailles.

grobschlächtig *Adj abw* rustre.

Grog *(Pl* **-s**) *der* grog *m*.

groggy ['grɔgi] *Adj fam* crevé(e).

grölen *tr* & *intr abw* brailler.

Groll *der (ohne Pl) geh* rancœur *f*; **einen ~ auf jn haben** en vouloir à qqn.

grollen *intr geh* **-1.** [Mensch] fulminer; **jm ~** en vouloir à qqn. **-2.** [Donner, Kanone] gronder.

Grönland *nt* Groenland *m*.

Grönländer, in (*mPl* **-**; *fPl* **-nen**) *der, die* Groenlandais *m*, -e *f*.

grönländisch *Adj* groenlandais(e).

Gros [gro:] *(Pl* -) *das* gros *m*.

Groschen *(Pl* -) *der* **-1.** [deutsche Münze] *pièce de dix pfennigs*. **-2.** [österreichische Münze] groschen *m*. **-3.** *RW*: **der ~ ist gefallen** *fam fig* ça a fait tilt.

groß *(Kompar* **größer**, *Superl* **größte**) ◇ *Adj* **-1.** [gen] grand(e); [Buchstabe] majuscule; **sich ~e Mühe geben** se donner beaucoup de peine. **-2.** [mit Maßangabe]: **zwei Meter ~ sein** mesurer deux mètres (de haut); **eine 60 m^2 ~e Wohnung** un appartement de 60 m^2; **wie ~ ist sie**? combien mesure-t-elle? **-3.** [Kosten, Vermögen, Appetit] gros (grosse). ◇ *Adv* **-1.** [räumlich]: **~ wirken** paraître vaste; **etw ~ schreiben** écrire qqch avec une majuscule. **-2.** [zeitlich]: **~ und breit** en long et en large. **-3.** [wesentlich]: **im ~en und ganzen** en gros, globalement. **-4.** [erstaunt]: **jn ~ ansehen** regarder qqn avec de grands yeux. **-5.** [glanzvoll] en grande pompe. **-6.** *fam* [besonders]: **nicht ~** pas tellement.
◆ **groß und klein** *Pron* petits et grands.

großartig ◇ *Adj* **-1.** [hervorragend] magnifique. **-2.** [angeberisch] pompeux(euse). ◇ *Adv* **-1.** [hervorragend] à merveille. **-2.** [angeberisch] pompeusement.

Groß|aufnahme *die* gros plan *m*.

Großbritannien *nt* Grande-Bretagne *f*.

Groß|buchstabe *der* lettre *f* capitale, capitale *f*, majuscule *f*.

Größe *(Pl* **-n**) *die* **-1.** [gen] taille *f*. **-2.** [von Schuh, Handschuh] pointure *f*. **-3.** [Bedeutsamkeit, Wert] grandeur *f*. **-4.** [Persönlichkeit] sommité *f*. **-5.** MATH: **eine unbekannte ~** une inconnue.

Groß|einkauf *der*: **einen ~ machen** faire un ravitaillement *(courses)*.

Groß|einsatz *der* [von Personen] déploiement *m* massif; [von Gegenständen, Maschinen] utilisation *f* massive.

Groß|eltern *Pl* grands-parents *mpl*.

Größen|ordnung *die*: **in einer ~ von** de l'ordre de.

großenteils *Adv* en grande partie.

Größen|unterschied *der* différence *f* de taille.

Größen|wahn *der (ohne Pl) abw* mégalomanie *f*, folie *f* des grandeurs.

größenwahnsinnig *Adj* mégalomane.

größer *Adj* **-1.** [Komparativ von groß] **plus grand(e)**. **-2.** [von mittlerer Größe] **d'une certaine importance.**
Groß|fahndung *die* ≃ plan *m* épervier.
Groß|familie *die* grande famille *f*.
Groß|format *das* grand format *m*.
großgeschrieben *PP* → **großschreiben**.
Großglockner *der* Grossglockner *m*.
Großgrund|besitzer, in *der, die* grand propriétaire terrien *m*, grande propriétaire terrienne *f*.
Groß|handel *der (ohne Pl)* commerce *m* de gros.
Groß|händler, in *der, die* grossiste *mf*.
Groß|handlung *die* magasin *m* de gros.
großherzig *geh* ◇ *Adj* généreux(euse). ◇ *Adv* avec générosité.
Groß|industrie *die* grande industrie *f*.
Groß|küche *die* cuisines *fpl*.
Groß|macht *die* grande puissance *f*.
Groß|maul *das fam abw* crâneur *m*, -euse *f*.
großmütig ◇ *Adj* magnanime. ◇ *Adv* avec grandeur d'âme.
Groß|mutter *die* grand-mère *f*.
Großraum|büro *das* bureau *m* paysager.
Großraum|wagen *der* [von Zug] voiture salle *f*.
Großreinemachen *das (ohne Pl) fam* grand nettoyage *m*.
groß|schreiben *tr (unreg)* **-1.** [Wort, Buchstabe] écrire en majuscules; **großgeschrieben werden** prendre une majuscule. **-2.** [wichtig sein]: **bei uns wird Teamarbeit großgeschrieben** nous accordons beaucoup d'importance au travail en équipe.
Großschreibung *die (ohne Pl)* majuscules *fpl*.
großspurig *abw* ◇ *Adj* prétentieux(euse). ◇ *Adv* d'un air prétentieux.
Groß|stadt *die* grande ville *f*.
Groß|städter, in *der, die* habitant *m*, -e *f* d'une grande ville.
großstädtisch *Adj* des grandes villes.
Groß|teil *der (ohne Pl)* la plupart; **zum ~** en grande partie.
größtenteils *Adv* pour la plupart.
größtmöglich *Adj* le plus grand possible, la plus grande possible.
groß|tun *intr (unreg) abw* faire l'important(e).
◆ **sich großtun** *ref* prendre de grands airs.
Groß|unternehmer, in *der, die* chef *m* d'une grande entreprise.
Groß|vater *der* grand-père *m*.
Großverdiener, in *(mPl -; fPl* **-nen**) *der, die* gros salaire *m*; **~ sein** avoir un gros salaire.
groß|ziehen *tr (unreg)* élever.
großzügig ◇ *Adj* **-1.** [gen] généreux(euse). **-2.** [Raum, Haus] vaste. ◇ *Adv* **-1.** [freigebig] avec largesse. **-2.** [weiträumig] spacieusement. **-3.** [großmütig] avec générosité.
grotesk ◇ *Adj* grotesque. ◇ *Adv* de manière grotesque.
Grotte *(Pl* **-n**) *die* grotte *f*.
grub *Prät* → **graben**.
Grübchen *(Pl* **-**) *das* fossette *f*.
Grube *(Pl* **-n**) *die* [in der Erde] excavation *f*; [Bergwerk] mine *f*.
Grübelei *(Pl* **-en**) *die* rumination *f*.
grübeln *intr*: **(über etw** *(A)* ODER *(D)*) **~** ruminer (qqch).
◆ **Grübeln** *das (ohne Pl)*: **ins Grübeln kommen** se mettre à ruminer.
Gruft *(Pl* **Grüfte**) *die* caveau *m*.
Grufti *(Pl* **-s**) *der salopp* [Erwachsener] croulant *m*.
grün ◇ *Adj* **-1.** [gen] vert(e); **~ werden** verdir. **-2.** [unerfahren] inexpérimenté(e). **-3.** *RW*: **jn ~ und blau schlagen** *fam* passer qqn à tabac; **jm nicht ~ sein** *fam* ne pas pouvoir voir qqn en peinture. ◇ *Adv* **-1.** [farbig] en vert. **-2.** [ökologisch] vert.
Grün *(Pl-* ODER **-s**) *das* **-1.** [Farbe] vert *m*. **-2.** *(ohne Pl)* [Pflanzen] verdure *f*. **-3.** *(ohne Pl)* [bei Ampel] feu *m* vert, vert *m*. **-4.** [bei Golf] green *m*. **-5.** *RW*: **das ist dasselbe in ~** c'est kif-kif.
◆ **bei Grün** *Adv* au (feu) vert.
Grün|anlage *die* espace *m* vert.
Grund *(Pl* **Gründe**) *der* **-1.** [Ursache] raison *f*. **-2.** *(ohne Pl)* [von Gewässern] fond *m*. **-3.** [Erdboden] sol *m*; **~ und Boden** terres *fpl*. **-4.** *RW*: **etw** *(D)* **auf den ~ gehen** examiner qqch à fond; **in ~ und Boden** au plus profond.
◆ **auf Grund** *Präp (+ G)* en raison de.
◆ **im Grunde** *Adv* dans le fond, au fond.
◆ **von Grund auf** *Adv* de fond en comble.
Grund|ausbildung *die (ohne Pl)* MIL classes *fpl*.
Grund|bedürfnis *das* besoin *m* vital.
Grund|begriff *der* bases *fpl*.
Grund|besitz *der* propriété *f* foncière.
Grund|buch *das* cadastre *m*.
gründen ◇ *tr* [schaffen] fonder. ◇ *intr* [basieren]: **auf etw** *(D)* **~** se fonder sur qqch.
◆ **sich gründen** *ref*: **sich auf etw** *(A)* **~** se fonder sur qqch.
Gründer, in *(mPl -; fPl* **-nen**) *der, die* fondateur *m*, -trice *f*.
grundfalsch *Adj* entièrement faux (fausse).
Grund|gebühr *die* taxe *f* de base; [bei Telefon] abonnement *m*.
Grund|gedanke *der* idée *f* de base.

Grundgesetz *das (ohne Pl)* loi *f* fondamentale.

GRUNDGESETZ:
Lors de sa création en 1949, la République fédérale promulgua une Constitution provisoire appelée loi fondamentale. Celle-ci s'avéra être une assise solide pour la démocratie et fut maintenue. Après la réunification, on modifia le préambule et l'article final. Elle entra en vigueur le 3 octobre 1990 pour l'Allemagne réunifiée.

grundieren *tr* passer une couche d'apprêt sur.
Grundkenntnisse *Pl* connaissances *fpl* de base.
Grundkurs *der* **-1.** [Anfängerkurs] cours *m* pour débutants. **-2.** SCHULE *tronc commun obligatoire pour tous les élèves.*
Grundlage *die* fondement *m*, base *f*.
grundlegend ◇ *Adj* fondamental(e). ◇ *Adv* fondamentalement.
gründlich ◇ *Adj* [Mensch, Arbeit, Reinigung] minutieux(euse); [Kenntnisse, Ausbildung] approfondi(e). ◇ *Adv* **-1.** [gewissenhaft] à fond. **-2.** [sehr] carrément; **er hat sich ~ getäuscht** il s'est complètement trompé.
Gründlichkeit *die (ohne Pl)* minutie *f*.
Grundlohn *der* salaire *m* de base.
grundlos ◇ *Adj* sans fondement. ◇ *Adv* sans raison.
Grundmauer *die* fondations *fpl*.
Grundnahrungsmittel *das* aliment *m* de base.
Gründonnerstag *der (ohne Pl)* jeudi *m* saint.
Grundrecht *das* droit *m* fondamental.
Grundriß *der* **-1.** ARCHIT plan *m*. **-2.** [Schema] esquisse *f*.
Grundsatz *der* principe *m*.
grundsätzlich ◇ *Adj* **-1.** [grundlegend] fondamental(e). **-2.** [aus Prinzip] de principe. **-3.** [bedingungslos] radical(e). ◇ *Adv* **-1.** [eigentlich] en principe. **-2.** [bedingungslos] radicalement. **-3.** [grundlegend] fondamentalement.
Grundschule *die* école *f* primaire.
Grundstein *der (ohne Pl)*: **den ~ zu etw legen** poser la première pierre de qqch; *fig* poser les fondements de qqch.
Grundsteuer *die* impôt *m* foncier.
Grundstück *das* terrain *m*.
Grundton *der* **-1.** [Farbton] fond *m*. **-2.** MUS son *m* fondamental.
Gründung *(Pl* **-en**) *die* fondation *f*; [von Stiftung] création *f*.
grundverschieden ◇ *Adj* foncièrement différents (différentes). ◇ *Adv*: **die Brüder sehen ~ aus** les frères ne se ressemblent pas du tout.
Grundwasser *das (ohne Pl)* [im Boden] nappe *f* phréatique.
Grundwasserspiegel *der* niveau *m* de la nappe phréatique.
Grundzahl *die* MATH nombre *m* cardinal.
Grüne *(Pl* **-n**) ◇ *das (ohne Pl)* **-1.** [Farbe] vert *m*. **-2.** [Natur]: **im ~n** dans la verdure. ◇ *der, die* POL écologiste *mf*; **die ~n** les Verts.
grünen *intr geh* verdir.
Grünen *Pl*: **die ~** les Verts *mpl*.
Grüne Punkt *der (ohne Pl)* point *m* éco-emballage.
Grünfläche *die* **-1.** [Park] espace *m* vert. **-2.** [Rasen] pelouse *f*.
Grünfutter *das (ohne Pl)* fourrage *m* vert.
Grünkohl *der (ohne Pl)* chou *m* vert.
grünlich ◇ *Adj* verdâtre. ◇ *Adv*: **~ glänzen** avoir des reflets verdâtres.
Grünschnabel *der abw* blanc-bec *m*.
Grünspan *der (ohne Pl)* vert-de-gris *m*.
grunzen *intr* grogner.
Gruppe *(Pl* **-n**) *die* groupe *m*.
Gruppenarbeit *die (ohne Pl)* travail *m* de groupe.
Gruppenbild *das* photo *f* de groupe.
Gruppendynamik *die (ohne Pl)* dynamique *f* de groupe.
Gruppenreise *die* voyage *m* organisé.
Gruppensex *der (ohne Pl)* partouze *f*.
gruppenweise *Adv* par groupes.
Gruppenzwang *der* pression *f* du groupe.
gruppieren *tr* regrouper.
◆ **sich gruppieren** *ref* se regrouper.
Gruppierung *(Pl* **-en**) *die* **-1.** [politisch] groupement *m*. **-2.** [Anordnung] regroupement *m*.
gruselig *Adj* qui donne le frisson.
gruseln *tr*: **es gruselt jm** ODER **jn (vor jm/etw)** qqn frissonne d'horreur (devant qqn/qqch).
◆ **sich gruseln** *ref*: **sich (vor jm/etw) ~** frissonner d'horreur (devant qqn/qqch).
Gruß *(Pl* **Grüße**) *der* **-1.** [Handlung] salut *m*. **-2.** [Resultat] bonjour *m*; **jm Grüße bestellen** ODER **ausrichten** transmettre le bonjour à qqn.
◆ **herzliche Grüße!** *Interj* meilleurs souvenirs.
◆ **viele Grüße!** *Interj* avec mon meilleur souvenir!
grüßen ◇ *tr* **-1.** [begrüßen] saluer qqn. **-2.** [Gruß senden]: **jd läßt jn ~** saluer qqn de la part de qqn; **jn ~ lassen** faire ses amitiés à qqn; **deine Kollegin läßt dich ~!** tu as le bonjour de

ta collègue! ◇ *intr* [begrüßen] dire bonjour.
◆ **grüß dich!** *Interj* salut!
◆ **grüß Gott!** *Interj Süddt* bonjour!

grußlos *Adv* sans saluer.

Grußwort (*Pl* **-e**) *das* petit discours *m* de bienvenue.

Grütze (*Pl* **-n**) *die* bouillie *f (de céréales)*; **rote ~** gelée *f* de fruits rouges.

GSG 9 (*Abk für* **Grenzschutzgruppe**) *die (ohne Pl) troupe d'intervention antiterroriste.*

Guatemala *nt* Guatemala *m*; **in ~** au Guatemala.

Guatemalteke (*Pl* **-n**) *der* Guatémaltèque *m.*

Guatemaltekin (*Pl* **-nen**) *die* Guatémaltèque *f.*

guatemaltekisch *Adj* guatémaltèque.

gucken *fam* ◇ *intr* regarder; **aus dem Fenster ~** regarder par la fenêtre. ◇ *tr* regarder.

Guerilla [ge'rılja] (*Pl* **-s**) *die* guérilla *f.*

Guerillakrieg *der* guérilla *f.*

Guillotine [gijo'tiːnə] (*Pl* **-n**) *die* guillotine *f.*

Guineer, in [gi'neːɐ, rın] (*mPl* **-**; *fPl* **-nen**) *der, die* Guinéen *m*, -ne *f.*

Gulasch (*Pl* **-e** ODER **-s**) *der* ODER *das* goulasch *m*, goulache *m.*

Gulaschkanone *die* cuisine *f* roulante, roulante *f.*

Gulaschsuppe *die* soupe *f* au goulasch ODER goulache.

Gulden (*Pl* **-**) *der* florin *m.*

Gully (*Pl* **-s**) *der* bouche *f* d'égout.

gültig *Adj* valable.

Gültigkeit *die (ohne Pl)* validité *f.*

Gummi (*Pl* **-s**) ◇ *der* ODER *das* **-1.** *(ohne Pl)* [Material] caoutchouc *m.* **-2.** *fam* [Band] élastique *m.* ◇ *der* **-1.** [zum Radieren] gomme *f.* **-2.** *salopp* [Kondom] capote *f* (anglaise).

Gummiball *der* balle *f* en caoutchouc.

Gummiband (*Pl* **-bänder**) *das* élastique *m.*

Gummibärchen (*Pl* **-**) *das* nounours *m (bonbon).*

Gummibaum *der* caoutchouc *m.*

Gummihandschuh *der* gant *m* en caoutchouc.

Gummiknüppel *der* matraque *f* (en caoutchouc).

Gummiparagraph *der fam* article *m* (juridique) élastique.

Gummireifen *der* pneu *m.*

Gummiring *der* **-1.** [Band] élastique *m.* **-2.** [Dichtung] joint *m.*

Gummistiefel *der* botte *f* de ODER en caoutchouc.

Gunst *die (ohne Pl)* faveur *f*; **zu js ~en** en faveur de qqn.

günstig ◇ *Adj* [Gelegenheit, Umstände] favorable, propice; [Preis] avantageux(euse). ◇ *Adv* favorablement; [kaufen] à des conditions avantageuses.

Gurgel (*Pl* **-n**) *die* gorge *f.*

gurgeln *intr* **-1.** [Person] se gargariser, faire des gargarismes. **-2.** [Bach, Flüssigkeit] gargouiller.

Gurke (*Pl* **-n**) *die* concombre *m*; [eingelegt] cornichon *m.*

gurken (*Perf* **ist gegurkt**) *intr salopp* rouler.

gurren *intr* roucouler.

Gurt (*Pl* **-e**) *der* **-1.** [im Auto, Flugzeug] ceinture *f* (de sécurité). **-2.** [zum Tragen, Halten] sangle *f.*

Gürtel (*Pl* **-**) *der* ceinture *f*; **den ~ enger schnallen** *fig* se serrer la ceinture.

Gürtellinie *die (ohne Pl)*: **unter der ~** [unfair] odieux(euse); [anzüglich] au dessous de la ceinture.

Gürtelreifen *der* pneu *m* à carcasse.

Gürtelschnalle *die* boucle *f* de ceinture.

Gurtpflicht *die (ohne Pl)* obligation *f* de mettre la ceinture (de sécurité).

Guru (*Pl* **-s**) *der* gourou *m.*

GUS [gʊs] (*Abk für* **Gemeinschaft unabhängiger Staaten**) *die (ohne Pl)* CEI *f.*

Guß (*Pl* **Güsse**) *der* **-1.** [Gießen - von Metall] fonte *f*; [- von Beton] coulée *f.* **-2.** [Wasserstrahl] jet *m.* **-3.** [Regen] averse *f.* **-4.** KÜCHE glaçage *m.* **-5.** *RW*: **(wie) aus einem ~** d'un (seul) jet.

Gußeisen *das (ohne Pl)* fonte *f.*

gußeisern *Adj* en fonte.

Gusto (*Pl* **-s**) *der*: **nach meinem/deinem/seinem ~** à mon/ton/son goût.

gut (*Kompar* **besser**, *Superl* **beste**) ◇ *Adj* [gen] bon (bonne); **es ~ sein lassen** *fam fig* en rester là; **es ~ haben** avoir de la chance; **in etw** *(D)* **~ sein** être bon en qqch; **sei so ~** sois gentil(ille). ◇ *Adv* **-1.** [gen] bien; **~ gelaunt** de bonne humeur; **~ gehen** [Produkt] bien partir; [Geschäft] bien marcher; **du tätest ~ daran, mehr zu arbeiten** tu ferais bien de travailler davantage; **du hast ~ reden!** tu peux parler! **-2.** *RW*: **~ und gern** *fam* au bas mot; **so ~ wie** *fam* quasiment.

Gut (*Pl* **Güter**) *das* **-1.** [Bauernhof] domaine *m.* **-2.** [Ware] marchandise *f.* **-3.** [Eigentum] bien *m.*

Gutachten (*Pl* **-**) *das* **-1.** [juristisch] rapport *m* d'expertise. **-2.** [vom Arzt] certificat *m* médical. **-3.** [in der Schule] rapport *m.*

Gutachter, in (*mPl* **-**; *fPl* **-nen**) *der, die* expert *m.*

gutartig *Adj* **-1.** [Mensch, Tier] bon (bonne). **-2.** MED bénin(igne).

gutaussehend *Adj* beau, bel (belle).

gutbezahlt *Adj* bien payé(e).

gutbürgerlich *Adj* bourgeois(e).

Gutdünken *das (ohne Pl)*: **nach meinem/deinem/seinem etc ~** à ma/ta/sa etc guise.

Gute *das (ohne Pl)* bien *m*.

◆ **alles Gute!** *Interj* tous mes ODER nos vœux!

Güte *die (ohne Pl)* **-1.** [Haltung] bonté *f*. **-2.** [Qualität] (bonne) qualité *f*.

Güte|klasse *die* catégorie *f*.

Güter|bahnhof *der* gare *f* de marchandises.

Güter|gemeinschaft *die (ohne Pl)* communauté *f* de biens.

Güter|trennung *die (ohne Pl)* séparation *f* de biens.

Güter|verkehr *der (ohne Pl)* trafic *m* de marchandises.

Güter|wagen *der* wagon *m* de marchandises.

Güter|zug *der* train *m* de marchandises.

Güte|zeichen *das* label *m* de qualité.

gut|gehen (*Perf* **ist gutgegangen**) *intr (unreg)* **-1.** [gesundheitlich]: **jm geht es gut** qqn va bien. **-2.** [Projekt, Handlung] bien tourner. **-3.** [im Verkauf] bien se vendre.

gutgehend *Adj* qui marche bien.

gutgelaunt *Adj* de bonne humeur.

gutgemeint *Adj* fait(e) dans une bonne intention.

gutgläubig *Adj* crédule.

Guthaben (*Pl* -) *das* avoir *m*.

gut|heißen *tr (unreg)* approuver.

gütig ◇ *Adj* plein(e) de bonté. ◇ *Adv* avec bonté.

gütlich ◇ *Adj* (à l') amiable. ◇ *Adv*: **sich ~ einigen** s'arranger à l'amiable.

gutmütig *Adj* débonnaire.

Gutmütigkeit *die (ohne Pl)* bonhomie *f*; **js ~ ausnutzen** abuser de la bonté de qqn.

Guts|besitzer, in *der, die* propriétaire terrien *m*, propriétaire terrienne *f*.

Gut|schein *der* bon *m*.

gut|schreiben *tr (unreg)*: **jm etw ~** créditer qqn de qqch.

Gut|schrift *die* **-1.** [Handlung] crédit *m*. **-2.** [Quittung] avis *m* de crédit.

gutsituiert *Adj* aisé(e).

gut|tun *intr (unreg)*: **etw tut jm/etw gut** qqch fait du bien à qqn/qqch.

gutwillig *Adj* de bonne volonté.

Guyana *nt* Guyane *f*.

Guyaner, in (*mPl* -; *fPl* **-nen**) *der, die* Guyanais *m*, -e *f*.

Gymnasial|lehrer, in *der, die* professeur *m* de lycée.

Gymnasiast, in (*mPl* **-en**; *fPl* **-nen**) *der, die* lycéen *m*, -enne *f*.

Gymnasium (*Pl* **Gymnasien**) *das* lycée *m*; **altsprachliches/neusprachliches ~** lycée classique/moderne.

Gymnastik *die (ohne Pl)* gymnastique *f*.

Gynäkologe (*Pl* **-n**) *der* gynécologue *m*.

Gynäkologie *die (ohne Pl)* gynécologie *f*.

Gynäkologin (*Pl* **-nen**) *die* gynécologue *f*.

Gyros *das (ohne Pl) spécialité grecque de viande cuite verticalement à la broche.*

H

h, **H** [ha:] (*Pl* - ODER **-s**) *das* **-1.** [Buchstabe] h *m inv*, H *m inv*. **-2.** MUS si *m inv*.

◆ **h** (*Abk für* **Stunde, Uhr**) h.

ha (*Abk für* **Hektar**) ha.

ha *Interj*: **~!** ha!

Haager (*Pl* -) ◇ *der* habitant *m* de La Haye. ◇ *Adj (unver)* de La Haye.

Haagerin (*Pl* **-nen**) *die* habitante *f* de La Haye.

Haar (*Pl* **-e**) *das* **-1.** [auf Kopf] cheveu *m*; [an Körper] poil *m*; **sich** *(D)* **die ~e schneiden lassen** se faire couper les cheveux. **-2.** *RW*: **sie kann niemandem ein ~ krümmen** elle ne ferait pas de mal à une mouche; **da stehen einem die ~e zu Berge!** c'est à faire dresser les cheveux sur la tête; **kein gutes ~ an jm/etw lassen** dire pis que pendre de qqn/qqch; **sich** *(D)* **die ~e raufen** s'arracher les cheveux; **sich in die ~e kriegen** ODER **geraten** *fam* s'accrocher; **um ein ~** à un cheveu près.

Haar|ansatz *der* implantation *f* des cheveux.

Haarausfall *der (ohne Pl)* chute *f* des cheveux.

Haar|bürste *die* brosse *f* à cheveux.

haaren *intr* perdre ses poils.

Haares|breite *die (ohne Pl)*: **um ~** à un cheveu près.

Haar|farbe *die* couleur *f* de cheveux.

Haar|festiger *der* fixateur *m* (pour les cheveux).

haargenau ◇ *Adj* très précis(e). ◇ *Adv* [beobachten] à la loupe; **stimmt ~!** exactement!

haarig *Adj* **-1.** [Beine, Körper] poilu(e). **-2.** *fam* [Problem] épineux(euse).

haarklein *Adv* par le menu.

Haar|nadel *die* épingle *f* à cheveux.

Haarnadel|kurve *die* virage *m* en épingle à cheveux.

Haar|netz *das* résille *f*.

haarscharf ◇ *Adj* extrêmement précis(e). ◇ *Adv* **-1.** [sehr nah]: **das Auto fuhr ~ an dem Fahrrad vorbei** la voiture a frôlé le vélo; **etw** *(D)* **~ entgehen** éviter qqch de justesse. **-2.** [sehr genau]: **etw ~ beobachten** observer qqch dans les moindres détails.

Haar|schnitt *der* coupe *f* (de cheveux).

Haarspalterei *die (ohne Pl) abw* querelles *fpl* byzantines; **das ist ~** tu coupes ODER il coupe etc les cheveux en quatre.

Haar|spange *die* barrette *f* (pour cheveux).

Haar|spray *der* ODER *das* spray *m* (pour cheveux), laque *f*.

haarsträubend *Adj* **-1.** [empörend] exaspérant(e). **-2.** [grauenhaft] à faire dresser les cheveux sur la tête.

Haar|teil *das (ohne Pl)* postiche *m*.

Haarwasch|mittel *das* shampooing *m*.

Haar|wasser *das* lotion *f* capillaire.

Haarwuchs *der (ohne Pl)*: **einen dichten** ODER **spärlichen ~ haben** avoir beaucoup/peu de cheveux.

Hab

◆ **Hab und Gut** *das geh* biens *mpl*.

Habe *die (ohne Pl) geh* biens *mpl*.

haben (*Präs* **hat**, *Prät* **hatte**, *Perf* **hat gehabt**) ◇ *aux* avoir; **ich habe mich gewaschen** je me suis lavé(e). ◇ *tr* **-1.** [gen] avoir; **Dienst ~** être de service; **frei ~** être en congé; **etw ist zu ~** qqch est disponible; **das kann ich nicht ~** *fam* je ne supporte pas ça; **jn bei sich ~** avoir qqn avec soi; **etw bei sich ~** avoir qqch sur soi. **-2.** [Fläche, Temperatur] faire. **-3.** [mit Zeitangabe]: **wir ~ zehn Uhr** il est dix heures; **wir ~ bald Winter** c'est bientôt l'hiver; **welchen Tag ~ wir**? quel jour sommes-nous? **-4.** *RW*: **sie nicht mehr alle ~** *fam* avoir un grain; **da hast du's** *fam* te voilà dans de beaux draps!; **etw hinter sich** *(D)* **~** en avoir fini avec qqch; **jd hat etw vor sich** *(D)* qqch attend qqn; **etwas mit jm ~** *fam* avoir une liaison avec qqn; **damit hat es sich** *fam* c'est fini; **das hat nichts auf sich** cela ne veut rien dire; **es eilig ~** être pressé(e); **es schwer ~** avoir du mal; **es schön ~** avoir la belle vie; **Spaß** ODER **Freude an jm/etw ~** bien aimer qqn/qqch; **etw an sich** *(D)* **~** *fam* avoir qqch; **etw gegen jn ~** avoir qqch contre qqn; **~ Sie etw dagegen, wenn ich rauche**? est-ce que cela vous dérange si je fume?; **etw hat es in sich** *fam* qqch n'est pas de tout repos; **da hast du nichts von** ça ne te rapporte rien.

◆ **sich haben** *ref fam* faire des chichis.

◆ **Haben** *das (ohne Pl)* avoir *m*.

Habenichts (*Pl* **-e**) *der abw* traîne-misère *m*.

Hab|gier *die (ohne Pl) abw* cupidité *f*.

habgierig *Adj abw* cupide.

habhaft *Adj geh*: **js/einer Sache ~ werden** mettre la main sur qqn/qqch.

Habilitation (*Pl* **-en**) *die* doctorat *m* d'État.

habilitieren

◆ **sich habilitieren** *ref* passer son doctorat d'État.

Habseligkeiten *Pl* babioles *fpl*.

Hab|sucht *die abw* cupidité.

habsüchtig *Adj* cupide.

Hack|braten *der viande hachée présentée sous forme de rôti et cuite au four.*

Hacke (*Pl* **-n**) *die* **-1.** [am Fuß, Schuh] talon *m*. **-2.** [Gartengerät] pioche *f*. **-3.** *RW*: **jm auf den ~n sein** ODER **bleiben** ODER **sitzen** être sur les talons de qqn.

hacken[1] ['hækən] *intr* EDV pirater.

hacken[2] ◇ *tr* **-1.** [zerkleinern - Lebensmittel] hacher; [- Holz] fendre. **-2.** [schlagen]: **ein Loch in etw** *(A)* **~** faire un trou dans qqch. **-3.** [im Garten] piocher. ◇ *intr* **-1.** [im Garten] travailler à la pioche. **-2.** [mit dem Schnabel]: **nach jm/etw ~** becqueter qqn/qqch.

Hacker, in ['hækə', rɪn] (*mPl* **-**; *fPl* **-nen**) *der, die* EDV pirate *m*.

Hack|fleisch *das* viande *f* hachée.

Hack|ordnung *die* **-1.** [unter Vögeln] *organisation hiérarchique régissant la vie des oiseaux de basse-cour.* **-2.** *fam* [unter Menschen] ordre *m* hiérarchique.

hadern *intr geh*: **mit etw ~** s'en prendre à qqch.

Hafen (*Pl* **Häfen**) *der* port *m*; **in einen ~ einlaufen** entrer dans un port.

Hafenanlagen *Pl* installations *fpl* portuaires.

Hafen|arbeiter, in *der, die* docker *m*.

Hafen|einfahrt *die (ohne Pl)* entrée *f* du port.

Hafen|kneipe *die* bistrot *m* du port.

Hafenrund|fahrt *die* tour *m* du port.

Hafen|stadt *die* ville *f* portuaire.

Hafen|viertel *das* port *m (quartier)*.

Hafer *der (ohne Pl)* avoine *f*.

Hafer|brei *der* bouillie *f* d'avoine.

Haferflocken *Pl* flocons *mpl* d'avoine.

Hafer|schleim *der* bouillie *f* d'avoine.

Haft *die (ohne Pl)* détention *f*; **lebenslängliche ~** réclusion *f* criminelle à perpétuité; **jn aus der ~ entlassen** relâcher qqn de prison.

Haft|anstalt *die* maison *f* d'arrêt.

haftbar *Adj*: **für etw ~ sein** être responsable de qqch; **jn für etw ~ machen** rendre qqn responsable de qqch.

Haftbedingungen *Pl* conditions *fpl* de détention.

Haft|befehl *der (ohne Pl)* mandat *m* d'arrêt.
Haft|dauer *die* durée *f* de détention.
haften *intr* **-1.** [kleben] adhérer. **-2.** [bürgen]: **für jn ~** répondre (des actes) de qqn.
haften|bleiben (*Perf* **ist haftengeblieben**) *intr (unreg)* rester collé(e).
Haft|entlassung *die* mise *f* en liberté.
Häftling (*Pl* **-e**) *der* détenu *m*, -e *f*.
Haftpflicht|versicherung *die* assurance *f* responsabilité civile.
Haft|schale *die* lentille *f* de contact.
Haft|strafe *die* peine *f* de prison.
Haftung *die (ohne Pl)* **-1.** [Verantwortung] responsabilité *f*; **mit beschränkter ~** à responsabilité limitée. **-2.** [Kontakt] adhésion *f*.
Hagebutte (*Pl* **-n**) *die* **-1.** [Strauch] églantier *m*. **-2.** [Frucht] cynorhodon *m*.
Hagel *der (ohne Pl)* grêle *f*.
Hagel|korn *das* grêlon *m*.
hageln ◇ *intr*: **es hagelt** il grêle. ◇ *tr fig* pleuvoir.
Hagel|schauer *der* averse *f* de grêle.
hager *Adj* grêle.
Hahn (*Pl* **Hähne**) *der* **-1.** [Vogel] coq *m*. **-2.** [für Wasser, Gas] robinet *m*; **den ~ aufdrehen/zudrehen** ouvrir/fermer le robinet. **-3.** *RW*: **~ im Korb sein** être le coq du village; **nach jm/etw kräht kein ~ (mehr)** (plus) personne ne se soucie de qqn/qqch.
Hähnchen (*Pl* -) *das* **-1.** [Brathähnchen] poulet *m*. **-2.** [kleiner Hahn] coquelet *m*.
Hahnen|kampf *der* combat *m* de coqs.
Hai, Haifisch (*Pl* **-e**) *der* requin *m*.
Haiti *nt* Haïti; **in ~** en Haïti.
Häkchen (*Pl* -) *das* **-1.** [aus Metall] petit crochet *m*. **-2.** [Zeichen] coche *f*.
Häkel|arbeit *die* travail *m* de crochet.
häkeln ◇ *tr*: **etw ~** faire qqch au crochet. ◇ *intr* faire du crochet.
Häkel|nadel *die* crochet *m*.
Haken (*Pl* -) *der* **-1.** [Aufhänger, beim Boxen] crochet *m*. **-2.** [Zeichen] coche *f*; **einen ~ an etw** *(A)* **machen** cocher qqch. **-3.** [Problem] hic *m*; **etw hat einen ~** il y a un hic dans qqch. **-4.** *RW*: **einen ~ schlagen** zigzaguer.
Haken|kreuz *das* croix *f* gammée.
Haken|nase *die* nez *m* crochu ODER busqué.
halb ◇ *Adj (ohne Kompar)* **-1.** [fünfzig Prozent] demi(e); **auf ~er Strecke** à mi-chemin; **~ und ~** *fam* moitié-moitié; **~ drei** deux heures et demie. **-2.** [unvollständig, vermindert]: **~e Sachen machen** faire les choses à moitié; **mit ~em Ohr zuhören** n'écouter que d'une oreille. **-3.** [fast ganz]: **ein ~er Fachmann** presque un expert; **die ~e Stadt** presque toute la ville. ◇ *Adv* à moitié; [zerteilen] en deux.
halbamtlich *Adj* officieux(euse).
halbautomatisch *Adj* semi-automatique.
Halb|bruder *der* demi-frère *m*.
Halb|dunkel *das (ohne Pl)* pénombre *f*.
Halbe (*Pl* **-n**) *der* ODER *das* moitié *f*; **ein ~s** [Bier] demi *m*; **etw ist nichts ~s und nichts Ganzes** qqch n'est ni fait ni à faire.
Halbedel|stein *der* pierre *f* fine.
halbe-halbe *Adv* moitié-moitié.
halbfertig *Adj* à moitié terminé(e).
halbfett ◇ *Adj* **-1.** KÜCHE allégé(e). **-2.** [Schrift] demi-gras. ◇ *Adv* en demi-gras.
Halb|finale *das* demi-finale *f*.
halbherzig ◇ *Adj* hésitant(e); [Antwort] pas très enthousiaste. ◇ *Adv* mollement.
halbieren *tr* partager en deux; [Summe] diviser par deux; [Investitionen] réduire de moitié. ◆ **sich halbieren** *ref* diminuer de moitié.
Halb|insel *die* [klein] presqu'île *f*; [groß] péninsule *f*.
Halb|jahr *das* semestre *m*.
halbjährig ◇ *Adj* [Kurs] semestriel(elle); [Vertrag, Ausbildung] de six mois. ◇ *Adv* pour une durée de six mois.
halbjährlich ◇ *Adj* semestriel(elle). ◇ *Adv* deux fois par an; [Zeitschrift]: **~ erscheinen** avoir une parution semestrielle.
Halb|kreis *der* demi-cercle *m*.
Halb|kugel *die* **-1.** [Figur] hémisphère *m*. **-2.** [Erdteil] hémisphère *m*.
halblang *Adj* mi-long (mi-longue); **nun** ODER **jetzt mach (mal)~!** *fig* arrête un peu!
halblaut ◇ *Adj* faible; [Gespräch] à mi-voix. ◇ *Adv* doucement; [sprechen] à mi-voix.
Halb|leiter *der* PHYS semi-conducteur *m*.
halblinks *Adv*: **~ spielen** jouer milieu gauche.
halbmast *Adv*: **auf ~** en berne.
Halb|mond *der (ohne Pl)* quartier *m* de lune.
halbnackt *Adj* à moitié nu(e).
halboffen *Adj* entrouvert(e).
Halb|pension *die (ohne Pl)* demi-pension *f*; **ein Zimmer mit ~** une chambre en demi-pension.
halbrechts *Adv*: **~ spielen** jouer milieu droit.
Halb|schlaf *der (ohne Pl)* demi-sommeil *m*.
Halb|schuh *der* chaussure *f* basse.
Halbschwer|gewicht (*Pl* **-e**) *das* SPORT **-1.** [Person] poids *m* mi-lourd. **-2.** (*ohne Pl*) [Kampf] catégorie *f* mi-lourd.
Halb|schwester *die* demi-sœur *f*.
Halbstarke (*Pl* **-n**) *der fam abw* loubard *m*.
halbstündig *Adj* d'une demi-heure.

hạlbstündlich ◇ *Adj* qui a lieu toutes les demi-heures. ◇ *Adv* toutes les demi-heures.

hạlbtags *Adv*: **~ arbeiten** travailler à mi-temps.

Hạlbtags|arbeit *die (ohne Pl)* travail *m* à mi-temps.

Hạlbtags|beschäftigung *die* travail *m* à mi-temps.

Hạlbtags|kraft *die* employé *m*, -e *f* à mi-temps.

Hạlb|ton (*Pl* **-töne**) *der* MUS demi-ton *m*.

hạlbtot *Adj* à moitié mort(e).

hạlbtrocken *Adj* demi-sec.

hạlbvoll *Adj* à moitié plein(e).

hạlbwach *Adj* (encore) à moitié endormi(e).

Hạlb|wahrheit *die* demi-mensonge *m*.

Hạlb|waise *die*: **er/sie ist ~** il/elle est à moitié orphelin/orpheline.

hạlbwegs *Adv* à peu près; **~ gut** pas trop mauvais(e).

Hạlbwerts|zeit *die* PHYS période *f (de radioactivité)*.

Hạlb|wissen *das (ohne Pl) abw* pseudoculture *f*, vernis *m* de culture.

hạlbwüchsig ['halpvy:ksiç] *Adj* adolescent(e).

Hạlb|zeit *die* mi-temps *f*.

Hạlde (*Pl* **-n**) *die* **-1.** [Aufschüttung] terril *m*. **-2.** [Vorrat]: **auf ~** en stock.

half *Prät* → **helfen**.

Hạ̈lfte (*Pl* **-n**) *die* moitié *f*.

◆ **zur Hälfte** *Adv* à moitié.

Hạlfter (*Pl* -) ◇ *der* ODER *das* [für Pferde] licou *m*. ◇ *das* [für Pistole] étui *m*.

Hạlle¹ (*Pl* **-n**) *die* salle *f*; [von Hotels] hall *m*; [zum Reiten] manège *m* couvert; [zum Turnen] gymnase *m*.

Hạlle² *nt* Halle.

hạllen *intr* résonner.

Hạllen|bad *das* piscine *f* couverte.

Hạllen|fußball *der (ohne Pl)* football *m* en salle.

Hạllen|handball *der (ohne Pl)* handball *m* à sept.

Hạllig (*Pl* **-en**) *die îlot inondable sur la côte de Frise*.

hạllo *Interj* **-1.** [Gruß] salut. **-2.** [am Telefon] allô.

Hallo̱ (*Pl* **-s**) *das* salut *m*.

Halluzinatio̱n (*Pl* **-en**) *die* hallucination *f*.

Hạlm (*Pl* **-e**) *der* tige *f*.

Hạlma *das (ohne Pl) jeu de société qui se joue avec des pions et une plaque en forme d'étoile*.

Haloge̱n (*Pl* **-e**) *das* CHEM halogène *m*.

Haloge̱n|lampe *die* lampe *f* halogène.

Hạls (*Pl* **Hälse**) *der* **-1.** [Körperteil - außen] cou *m*; [- innen] gorge *f*. **-2.** [Teil - von Flasche] goulot *m*; [- von Instrument] manche *m*. **-3.** *RW*: **aus vollem ~(e)** [schreien] à pleine gorge; [lachen] à gorge déployée; **bis zum** ODER **über den ~** *fam* jusqu'au cou; **er fällt mir um den ~** il me saute au cou; **etw hängt jm zum ~ heraus** *fam abw* qqn en a jusque-là de qqch; **etw in den falschen ~ bekommen** *fam* mal prendre qqch; **~ über Kopf** *fam* avec précipitation; **jm den ~ umdrehen** *fam* tordre le cou à qqn; **jn/etw am ~ haben** *fam abw* avoir qqn/qqch sur le dos; **sich** *(D)* **jn/etw vom ~ halten** *fam* ne pas se laisser importuner par qqn/qqch.

Hạlsab|schneider, in *der, die fam abw* requin *m*.

Hạlsaus|schnitt *der* encolure *f*.

Hạlsband (*Pl* **-bänder**) *das* collier *m*.

hạlsbrecherisch ◇ *Adj* (très) risqué(e). ◇ *Adv* dangereusement.

Hạls|bruch *der (ohne Pl)*: **Hals- und Beinbruch!** bonne chance!

Hạls|entzündung *die* angine *f*.

Hạls|kette *die* collier *m*.

Hals-Nasen-O̱hren-|Arzt, |Ärztin *der, die* oto-rhino(-laryngologiste) *mf*.

Hạlsschlag|ader *die* carotide *f*.

Hạlsschmerzen *Pl* mal *m* de gorge; **~ haben** avoir mal à la gorge.

hạlsstarrig *abw* ◇ *Adj* têtu(e). ◇ *Adv* obstinément.

Hạls|tuch *das* foulard *m*; [aus Wolle] châle *m*.

Hạls|wirbel vertèbre *f* cervicale.

hạlt ◇ *Interj*: **~!** halte-là!; **~ sagen** dire stop. ◇ *Adv Süddt, Österr & Schweiz*: **er hat ~ Angst** il a peur, tout simplement.

Hạlt (*Pl* **-e** ODER **-s**) *der* **-1.** *(ohne Pl)* [Stütze] appui *m*; **den ~ verlieren** perdre l'équilibre. **-2.** [Stopp] arrêt *m*.

hạltbar *Adj* **-1.** [Essen] qui se conserve; **'mindestens ~ bis'** 'à consommer de préférence avant le'. **-2.** [Material, Schuhe] solide. **-3.** [These, Annahme] plausible.

Hạltbarkeit *die (ohne Pl)* **-1.** [von Essen] durée *f* de conservation. **-2.** [von Material] solidité *f*.

Hạltbarkeits|datum *das* date *f* de péremption.

hạlten (*Präs* **hält**, *Prät* **hie̱lt**, *Perf* **hat gehạlten**) ◇ *tr* **-1.** [gen] tenir; **die Kinder sind nicht zu ~** les enfants sont intenables. **-2.** [beibehalten] maintenir; **den Takt ~** garder le rythme. **-3.** [binden, zurückhalten] **retenir**. **-4.** SPORT [Ball, Schuß] arrêter. **-5.** [Vorsprung, Position] conserver. **-6.** [Haustiere] élever. **-7.** [ausführen, komponieren]: **das Kleid ist schlicht gehalten** la robe est d'un style sobre. **-8.** *RW*: **etw auf sich** *(A)* **~**

avoir de l'estime pour soi; **jn/etw für jn/etw ~** tenir qqn/qqch pour qqn/qqch; **viel/wenig von jm/etw ~** avoir beaucoup/peu d'estime pour qqn/qqch. ◇ *intr* **-1.** [Fahrzeug, Fahrer] s'arrêter. **-2.** [Gegenstand, Partnerschaft] tenir. **-3.** *RW*: **zu jm ~** être du côté de qqn; **an sich** *(A)* **~** se retenir.

◆ **sich halten** *ref* **-1.** [in Zustand - Lebensmittel] se garder; [- Person] *fam* être bien conservé(e); **sich fit/jung ~** se maintenir en forme/jeune. **-2.** [in Position, an Ort] rester; **sich rechts/links ~** rester à droite/à gauche. **-3.** [sich festhalten] se retenir. **-4.** [in Körperhaltung]: **sich gerade ~** se tenir droit. **-5.** [bei Herausforderung]: **sich gut ~** bien se défendre.

Halterung *(Pl* **-en**) *die* support *m*.

Halte|stelle *die* arrêt *m*.

Halte|verbot *das (ohne Pl)* interdiction *f* de s'arrêter ODER stationner; **absolutes ~** arrêt *m* interdit; **eingeschränktes ~** stationnement *m* interdit.

haltlos ◇ *Adj* [grundlos] non fondé(e). ◇ *Adv*: **~ weinen** pleurer sans pouvoir s'arrêter.

halt|machen *intr* faire (une) halte; **vor jm/etw nicht ~** *fig* ne pas reculer devant qqn/qqch.

Haltung *(Pl* **-en**) *die* **-1.** [Körperhaltung] position *f*; **eine schlechte ~ haben** se tenir mal. **-2.** [Einstellung] attitude *f*. **-3.** [Beherrschung] maîtrise *f* de soi; **~ bewahren** garder le contrôle de soi; **~ verlieren** perdre contenance. **-4.** [von Tieren]: **'die ~ von Haustieren ist verboten'** 'interdiction d'avoir des animaux domestiques'.

Haltungs|fehler *der* **-1.** MED mauvaise tenue *f*. **-2.** SPORT mauvaise position *f*.

Halunke *(Pl* **-n**) *der* **-1.** [Gauner] crapule *f*. **-2.** *iron* [Lausejunge] garnement *m*.

Hamburg *nt* Hambourg.

Hamburger *(Pl* -) ◇ *der* **-1.** [Person] Hambourgeois *m*. **-2.** [zum Essen] hamburger *m*. ◇ *Adj (unver)* de Hambourg.

Hamburgerin *(Pl* **-nen**) *die* Hambourgeoise *f*.

hämisch ◇ *Adj* perfide. ◇ *Adv* d'un air perfide.

Hammel *(Pl* -) *der* **-1.** [Tier, Fleisch] mouton *m*. **-2.** *salopp abw* [Schimpfwort] enfoiré *m*, -e *f*.

Hammel|fleisch *das (ohne Pl)* viande *f* de mouton.

Hammer *(Pl* **Hämmer**) *der* **-1.** [gen] marteau *m*. **-2.** *fam abw* [Frechheit]: **das ist ja der ~** c'est dingue. **-3.** *RW*: **einen ~ haben** être marteau; **unter den ~ kommen** être vendu(e) aux enchères.

hämmern ◇ *intr* **-1.** [mit Hammer] donner des coups de marteau. **-2.** [mit Faust] tambouriner. **-3.** [Herz, Puls] battre fort. ◇ *tr* marteler.

Hammerwerfen *das (ohne Pl)* lancer *m* du marteau.

Hammerwerfer, in *(mPl* -; *fPl* **-nen**) *der, die* lanceur *m*, -euse *f* de marteau.

Hammond|orgel ['hɛmənd'ɔrgl̩] *die* orgue *m* (électro-accoustique) de Hammond.

Hämorrhoide [hɛmɔro'iːdə] *(Pl* **-n**) *die* hémorroïde *f*.

Hampel|mann *der* **-1.** [Spielzeug] pantin *m*. **-2.** *salopp abw* [Person] rigolo *m*.

hampeln *intr fam* gigoter.

Hamster *(Pl* -) *der* hamster *m*.

Hamster|kauf *der* achat *m* de précaution.

hamstern *tr* faire des stocks de *(provisions)*.

Hand *(Pl* **Hände**) *die* main *f*; **Hände hoch!** les mains en l'air!; **jn an die ~ nehmen** prendre qqn par la main; **etw in die ~ nehmen** [ergreifen] prendre qqch dans la main; [initiativ werden] prendre qqch en main; **alle Hände voll zu tun haben** être très occupé(e); **auf der ~ liegen** être évident; **aus erster/zweiter ~** de première/seconde main; **die öffentliche ~** l'État; **etw aus der ~ geben** renoncer à qqch; **etw bei der ~ haben** avoir qqch sous la main; **etw von der ~ weisen** repousser qqch; **freie ~ haben** avoir carte blanche; **~ anlegen** mettre la main à la pâte; **~ in ~ arbeiten** travailler (la) main dans la main; **~ und Fuß haben** être solide; **in festen Händen sein** être casé(e); **in js ~ sein** être sous la coupe ODER à la merci de qqn; **jm in die Hände fallen** tomber entre les mains de qqn; **jm zur ~ gehen** donner un coup de main à qqn; **jn an der ~ haben** avoir qqn sous la main; **jn in der ~ haben** tenir qqn; **js rechte ~** le bras droit de qqn; **linker/rechter ~** à gauche/droite; **um js ~ anhalten** demander la main de qqn; **unter der ~** sous le manteau; **zur ~ sein** être à portée de main; **zwei linke Hände haben** s'y prendre comme un manche.

◆ **an Hand** = **anhand**.

◆ **zu Händen** *Adv*: **'zu Händen Herrn Fromm'** 'à l'attention de M. Fromm'.

Hand|arbeit *die* **-1.** *(ohne Pl)* [Herstellung] fabrication *f* artisanale. **-2.** *(ohne Pl)* [Artikel] produit *m* artisanal. **-3.** [als Hobby, Schulfach] travaux *mpl* d'aiguille. **-4.** [Textilien] ouvrage *m*.

handarbeiten *intr* faire des travaux d'aiguille.

Hand|ball *der (ohne Pl)* handball *m*.

Handballer, in *(mPl* -; *fPl* **-nen**) *der, die fam* handballeur *m*, -euse *f*.

Handball|spieler, in *der, die* joueur de handball *m*, joueuse de handball *f*.

Hand|betrieb *der (ohne Pl)* commande *f* manuelle; **per ~** à la main.

Hand|bewegung *die* geste *m* ODER mouvement *m* de la main.

handbreit ◇ *Adj* de la largeur d'une main. ◇ *Adv*: **~ offenstehen** être entrouvert(e).

Hand|bremse *die* frein *m* à main.

Hand|buch *das* manuel *m*, précis *m*.

Händchen (*Pl* -) *das*: **~ halten** se tenir la main.

Hand|creme *die* crème *f* pour les mains.

Hände|druck *der (ohne Pl)* poignée *f* de main.

Handel *der (ohne Pl)* commerce *m*; **illegaler ~** trafic *m*; **~ treiben** faire du commerce; **schwungvoller ~** commerce *m* florissant; **in den ~ kommen** être mis(e) sur le marché.

handeln ◇ *intr* **-1.** [Handel treiben]: **mit etw ~** faire le commerce de qqch. **-2.** [feilschen] marchander; **mit jm um etw ~** marchander qqch auprès de qqn. **-3.** [zupacken, vorgehen] agir. **-4.** [von Thema]: **von etw ~** traiter ODER parler de qqch. ◇ *tr* [verkaufen] vendre.

◆ **sich handeln** *ref*: **es handelt sich um** il s'agit de.

Handels|abkommen *das* accord *m* commercial.

Handels|bank *die* banque *f* du commerce.

Handelsbeziehungen *Pl* relations *fpl* commerciales.

Handels|bilanz *die* balance *f* commerciale.

handelseinig *Adj*: **mit jm ~ werden** faire affaire avec qqn.

Handels|gericht *das* tribunal *m* de commerce.

Handels|gesellschaft *die* société *f* commerciale.

Handels|hafen *der* port *m* de commerce.

Handels|kammer *die* chambre *f* de commerce.

Handels|marine *die (ohne Pl)* marine *f* marchande.

Handels|partner *der* partenaire *m* commercial.

Handels|recht *das (ohne Pl)* droit *m* commercial.

Handels|register *das* registre *m* du commerce.

Handels|schiff *das* navire *m* marchand.

Handels|schule *die* école *f* de commerce.

handelsüblich *Adj* usuel(elle), standard.

Handels|vertrag *der* contrat *m* commercial.

Handels|vertreter, in *der, die* représentant *m*, -e *f*.

Handels|ware *die* marchandise *f*, produit *m* commercialisé.

handeltreibend *Adj*: **~es Volk** peuple *m* de commerçants.

händeringend *Adv* désespérément.

Handfeger (*Pl* -) *der* balayette *f*.

handfest *Adj* **-1.** [Person] robuste. **-2.** [Beweis] concret(ète).

Hand|fläche *die* paume *f*.

Hand|gelenk *das* poignet *m*; **etw aus dem ~ schütteln** *fig* faire qqch comme par magie.

Handgemenge *das (ohne Pl)* mêlée *f*.

Hand|gepäck *das (ohne Pl)* bagage *m* à main.

handgeschrieben *Adj* manuscrit(e); [Manuskript] écrit(e) à la main.

handgestrickt *Adj* **-1.** [Kleidung] tricoté(e) (à la) main. **-2.** *abw* [Lösung, Methode] bricolé(e).

Hand|granate *die* grenade *f* (à main).

handgreiflich *Adj*: **~ werden** en venir aux mains.

Handgreiflichkeit (*Pl* **-en**) *die* voie *f* de fait.

Hand|griff *der* **-1.** [Geste] geste *m* (de la main). **-2.** [Haltegriff] poignée *f*; [von Werkzeug] manche *m*.

Handhabe *die*: **keine ~ gegen jn haben** ne rien pouvoir retenir contre qqn.

handhaben *tr* **-1.** [Gerät, Vorschrift] manier, manipuler. **-2.** [Fall] traiter.

Handhabung (*Pl* **-en**) *die* **-1.** [Anwendung] maniement *m*. **-2.** [Behandlung] traitement *m*.

Handicap, Handikap ['hɛndikɛp] (*Pl* **-s**) *das* handicap *m*.

Hand|koffer *der* petite valise *f*.

Hand|kuß *der* baisemain *m*.

Handlanger (*Pl* -) *der* **-1.** [Hilfsarbeiter] manœuvre *m*. **-2.** *abw* [Zuarbeiter] sous-fifre *m*.

Handlangerdienste *Pl abw* basses besognes *fpl*.

Händler, in (*mPl* -; *fPl* **-nen**) *der, die* marchand *m*, -e *f*.

handlich *Adj* pratique.

Handlung (*Pl* **-en**) *die* **-1.** [Tat] acte *m*. **-2.** [in Texten] action *f*. **-3.** [Laden] magasin *m*.

Handlungs|ablauf *der* déroulement *m* de l'action.

handlungsfähig *Adj*: **~ sein** avoir la capacité d'agir.

Handlungs|freiheit *die (ohne Pl)* liberté *f* d'action; **jm völlige ~ einräumen** donner carte blanche à qqn.

Handlungs|weise *die* manière *f* d'agir.

Handout ['hɛndaut] (*Pl* **-s**) *das* plan *m*.

Hand|rücken *der* dos *m* de la main.

Handschellen *Pl* menottes *fpl*; **jm ~ anlegen** passer les menottes à qqn.

Hand|schlag *der (ohne Pl)* **-1.** [Händeschütteln]: **durch** ODER **per ~** en topant. **-2.** *RW*: **keinen ~ tun** *abw fam* ne pas en ficher une rame.

Hand|schrift *die* **-1.** [Schrift] écriture *f*; **etw trägt js ~** qqch porte le sceau de qqn. **-2.** [Text] manuscrit *m*.

handschriftlich *Adj* manuscrit(e).
Hand|schuh *der* gant *m*.
Handschuh|fach *das* boîte *f* à gants.
Hand|stand *der* SPORT équilibre *m*.
Hand|tasche *die* sac *m* à main.
Hand|tuch *das* serviette *f*; **das ~ werfen** ODER **schmeißen** *fam fig* jeter l'éponge.
Handumdrehen *das (ohne Pl)*: **im ~** en moins de deux.
Handvoll (*Pl* -) *die*: **eine ~ Demonstranten** une poignée de manifestants.
Hand|werk *das* **-1.** [Beruf] métier *m* artisanal; **jm das ~ legen** *fig* mettre un terme aux agissements de qqn. **-2.** [Berufsstand] artisanat *m*.
Handwerker, in (*mPl* **-**; *fPl* **-nen**) *der, die* artisan *m*, -e *f*.
handwerklich ◇ *Adj* artisanal(e); [Beruf] d'artisan. ◇ *Adv*: **~ geschickt** doué(e) de ses mains; **~ gut gearbeitet** bien travaillé(e).
Handwerks|betrieb *der* entreprise *f* artisanale.
Handwerks|kammer *die* chambre *f* des métiers.
Handwerks|zeug *das (ohne Pl)* **-1.** [von Handwerkern] outils *mpl*, matériel *m*. **-2.** [von Intellektuellen] panoplie *f*.
Hand|zeichen *das* signe *m* de la main; **durch ~ abstimmen** voter à main levée.
Hand|zeichnung *die* dessin *m* (fait à la main).
Hand|zettel *der* tract *m*.
Hanf *der (ohne Pl)* chanvre *m*.
Hang (*Pl* **Hänge**) *der* **-1.** [Abhang] pente *f*. **-2.** *(ohne Pl)* [Vorliebe]: **einen ~ zu etw haben** avoir tendance à faire qqch.
Hängebacken *Pl* bajoues *fpl*.
Hänge|brücke *die* pont *m* suspendu.
Hänge|busen *der* poitrine *f* tombante.
Hänge|lampe *die* suspension *f*.
hangeln (*Perf* **ist/hat gehangelt**) *intr*: **an etw** *(D)* **~** avancer à la force des bras.
◆ **sich hangeln** *ref*: **sich nach unten/drüben ~** descendre/traverser en s'agrippant.
Hänge|matte *die* hamac *m*.
hängen (*Prät* **hing** ODER **hängte,** *Perf* **hat gehangen** ODER **gehängt**) ◇ *tr (reg)* **-1.** [anbringen]: **etw an etw** *(A)* **~** accrocher qqch à qqch. **-2.** [Körperteil]: **~ lassen** [Gliedmaßen] laisser pendre; [Schultern] laisser tomber. **-3.** [am Galgen] pendre. ◇ *intr (unreg)* **-1.** [angebracht sein] être accroché(e). **-2.** [emotional]: **an jm/etw ~** tenir à qqn/qqch. **-3.** [herunterhängen] tomber. **-4.** [Schwaden, Geruch] flotter. **-5.** [haften] être collé(e).
◆ **sich hängen** *ref* s'accrocher.
◆ **Hängen** *das (ohne Pl) fam* : **mit Hängen und Würgen** à grand-peine.
hängen|bleiben (*Perf* **ist hängengeblieben**) *intr (unreg)* **-1.** [festhängen]: **an etw** *(D)* **~** rester accroché(e) à qqch. **-2.** *fam* [länger bleiben] traîner. **-3.** [Lernstoff] rester. **-4.** [Arbeit]: **diese Arbeit bleibt immer an mir hängen** c'est toujours sur moi que retombe ce travail. **-5.** *fam* [sitzenbleiben] redoubler.
hängen|lassen *tr (unreg)* **-1.** [vergessen] laisser. **-2.** [Person]: **jn ~** laisser tomber qqn, laisser qqn en rade.
◆ **sich hängenlassen** *ref* se laisser aller.
Hänge|schrank *der* placard *m*.
Hannover *nt* Hanovre.
Hannoveraner (*Pl* -) ◇ *der* Hanovrien *m*. ◇ *Adj (unver)* de Hanovre.
Hannoveranerin *die* Hanovrienne *f*.
hannoverisch *Adj* de Hanovre.
Hanse *die (ohne Pl)*: **die ~** la Hanse.
Hanseat, in (*mPl* **-en**; *fPl* **-nen**) *der, die* habitant *m*, -e *f* d'une ville hanséatique.
hänseln *tr* se moquer de.
Hanse|stadt *die* ville *f* hanséatique.

HANSESTÄDTE:
La Hanse fut du XIIe au XVIIe s une association de cités marchandes qui par leur puissance économique obtinrent la liberté politique vis-à-vis de l'Empire. Elles eurent un fort rayonnement culturel. Ces villes étaient toutes situées au Nord de l'Europe, généralement sur les côtes de la mer du Nord ou de la Baltique. Parmi celles-ci on peut citer Brême, Hambourg, Lübeck ou Rostock.

Hans|wurst *der (ohne Pl)* **-1.** [nicht ernstzunehmender Mensch] pantin *m*. **-2.** [Clown] polichinelle *m*.
Hantel (*Pl* **-n**) *die* haltère *m*.
hapern *intr* **-1.** [fehlen]: **es hapert an etw** *(D)* qqch manque. **-2.** [nicht funktionieren]: **es hapert mit etw** qqch ne fonctionne pas correctement.
Häppchen (*Pl* -) *das* canapé *m*, amuse-gueule *m*.
happig *fam* ◇ *Adj* faramineux(euse). ◇ *Adv* énormément.
happy ['hɛpi] *Adj fam* content(e).
Happy End ['hɛpi'lɛnt] (*Pl* **-s**) *das* happy end *m*.
Hard Rock ['haː(r)d'lrɔk] *der (ohne Pl)* hard (rock) *m*.
Hardthöhe *die ministère de la Défense de la RFA*.
Hardware ['haː(r)dwɛə] (*Pl* **-s**) *die* EDV matériel *m*.

Harem (*Pl* **-s**) *der* harem *m*.
Harfe (*Pl* **-n**) *die* harpe *f*.
Harke (*Pl* **-n**) *die* râteau *m*.
harken *tr* ratisser.
harmlos ◇ *Adj* **-1.** [ungefährlich - Tier] inoffensif(ive); [- Krankheit] bénin(igne); [- Medikament] anodin(e). **-2.** [naiv] innocent(e). ◇ *Adv* **-1.** [ungefährlich]: **~ verlaufen** évoluer normalement. **-2.** [naiv] d'un air innocent.
Harmlosigkeit (*Pl* **-en**) *die* **-1.** [Ungefährlichkeit] innocuité *f*. **-2.** [Arglosigkeit] innocence *f*.
Harmonie (*Pl* **-n**) *die* harmonie *f*.
harmonieren *intr*: **miteinander ~** [Farben, Töne] s'harmoniser; [Personen] être bien assortis (assorties).
Harmonika (*Pl* **-s**) *die* harmonica *m*.
harmonisch ◇ *Adj* harmonieux(euse). ◇ *Adv* de manière harmonieuse; [zusammenleben] en harmonie; **~ klingen** être harmonieux(euse).
harmonisieren *tr* harmoniser.
Harmonium (*Pl* **Harmonien** ODER **-s**) *das* harmonium *m*.
Harn (*Pl* **-e**) *der* urine *f*.
Harn|blase *die* vessie *f*.
Harpune (*Pl* **-n**) *die* harpon *m*.
hart (*Kompar* **härter**, *Superl* **härteste**) ◇ *Adj* **-1.** [gen] dur(e); **es geht ~ auf ~** *fig* on se livre une lutte acharnée. **-2.** [Winter] rude. **-3.** [Geld] fort(e). ◇ *Adv* **-1.** [gen] durement; **~ arbeiten** travailler dur; **Eier ~ kochen** faire des œufs durs. **-2.** [nah]: **~ an etw** *(D)* tout près de qqch.
Härte (*Pl* **-n**) *die* **-1.** [von Material, Wasser] dureté *f*. **-2.** [sozial] injustice *f*. **-3.** [Strenge] sévérité *f*. **-4.** *fam abw* [Zumutung]: **das ist die ~** c'est trop.
Härte|fall *der* cas *m* extrême.
Härte|grad *der*: **~ des Wassers** dureté *f* de l'eau.
härten *tr* durcir.
hartgekocht *Adj*: **~es Ei** œuf *m* dur.
Hart|geld *das (ohne Pl)* pièces *fpl* (de monnaie).
hartgesotten *Adj fam* endurci(e).
hartherzig *Adj* dur(e), insensible.
Hart|holz *das* bois *m* dur.
hartnäckig ◇ *Adj* opiniâtre; [Verfolger] assidu(e); [Krankheit] tenace. ◇ *Adv* avec opiniâtreté ODER obstination; [verfolgen] assidûment.
Harz *der* Harz *m*.
Harzer *Adj (unver)* du Harz.
Hasch *das (ohne Pl) fam* hasch *m*.
haschen *intr* **-1.** [fangen]: **nach jm/etw ~** essayer d'attraper qqn/qqch. **-2.** [rauchen] fumer du haschisch.
Haschisch *der* ODER *das (ohne Pl)* haschisch *m*, haschich *m*.
Hase (*Pl* **-n**) *der* lièvre *m*; **ein alter ~ sein** *fig* être un vieux de la vieille; **falscher ~** KÜCHE *préparation de viande hachée et d'œufs en forme de rôti*.
Hasel|nuß *die* noisette *f*.
Hasen|braten *der* rôti *m* de lièvre.
Hasen|scharte *die* bec-de-lièvre *m*.
Haß *der (ohne Pl)* haine *f*; **~ auf jn** haine pour qqn; **~ auf etw** *(A)* haine de qqch.
hassen *tr* haïr; **etw ~** détester qqch.
haßerfüllt *Adj* haineux(euse).
häßlich ◇ *Adj* **-1.** [unattraktiv] laid(e). **-2.** [gemein] méchant(e). ◇ *Adv* **-1.** [unattraktiv] vilainement, sans goût. **-2.** [gemein]: **von jm ~ sprechen** dire du mal de qqn.
Häßlichkeit *die (ohne Pl)* laideur *f*.
Haß|liebe *die (ohne Pl)* amour *m* mêlé de haine.
hast *Präs* → **haben**.
Hast *die (ohne Pl)* hâte *f*; **etw in ~ tun** faire qqch à la hâte.
hasten (*Perf* **ist gehastet**) *intr* aller à la hâte.
hastig ◇ *Adj* brusque. ◇ *Adv* avec précipitation; [gehen] à toute allure.
hat *Präs* → **haben**.
hätscheln *tr* faire des câlins à.
hatschi *Interj fam* : **~!** atchoum!
hatte *Prät* → **haben**.
Haube (*Pl* **-n**) *die* **-1.** [Kopfbedeckung] coiffe *f*. **-2.** [von Autos] capot *m*. **-3.** [Trockenhaube] casque *m*. **-4.** *RW*: **unter die ~ kommen** convoler en justes noces.
Hauch *der (ohne Pl)* **-1.** [Wind] brise *f*. **-2.** *geh* [Atemzug] souffle *m*. **-3.** [Spur]: **ein ~ von etw** un soupçon de qqch.
hauchdünn ◇ *Adj* très fin(e), fin(e) comme du papier à cigarettes. ◇ *Adv* en fines couches; [schneiden] en tranches fines.
hauchen *tr* & *intr*: **(auf** ODER **gegen etw** *(A)*) **~** souffler (sur qqch).
Haue *die (ohne Pl) fam* raclée *f*, coups *mpl*; **~ kriegen** prendre une raclée.
hauen (*Prät* **haute** ODER **hieb**, *Perf* **hat gehauen**) ◇ *tr* **-1.** *fam* [Person] cogner. **-2.** [Gegenstand]: **etw in etw** *(A)* **~** enfoncer qqch dans qqch *(en frappant avec un outil)*. ◇ *intr fam* : **jm in** ODER **auf etw** *(A)* **~** [schlagen] frapper qqn à qqch.
◆ **sich hauen** *ref* **-1.** *fam* [sich prügeln] se bagarrer. **-2.** *salopp* [sich hinlegen]: **sich in** ODER **auf etw** *(A)* **~** s'avachir dans qqch.
Häufchen (*Pl* **-**) *das* **-1.** [kleiner Haufen] petit tas *m*. **-2.** [Handvoll] poignée *f*.
Haufen (*Pl* **-**) *der* tas *m*; **ein ~ Freunde** un tas

d'amis; **etw auf einen ~ legen** faire un tas de qqch; **auf einem ~ stehen** *fig* être regroupé(e); **etw über den ~ werfen** *fam fig* chambarder qqch; **jn über den ~ rennen** ODER **fahren** *fam fig* culbuter qqn.

häufen *tr* entasser, amasser.

◆ **sich häufen** *ref* **-1.** [Gegenstand] s'entasser, s'amasser. **-2.** [Vorfall, Beweis] s'accumuler, se multiplier.

haufenweise *Adv fam* plein de.

häufig ◇ *Adj* fréquent(e). ◇ *Adv* fréquemment.

Häufigkeit (*Pl* **-en**) *die* fréquence *f*.

Häufung (*Pl* **-en**) *die* **-1.** [von Gegenständen] entassement *m*, amoncellement *m*. **-2.** [von Vorfällen] accumulation *f*, multiplication *f*.

Haupt (*Pl* **Häupter**) *das geh* **-1.** [Kopf] tête *f*. **-2.** [Oberhaupt] chef *m*.

Haupt|aktionär *der* actionnaire *m* principal.

hauptamtlich ◇ *Adj* de carrière. ◇ *Adv* à titre professionnel.

Haupt|bahnhof *der* gare *f* centrale.

Haupt|beruf *der* principale activité *f* professionnelle.

hauptberuflich ◇ *Adj*: **~e Tätigkeit** activité *f* principale. ◇ *Adv*: **er ist ~ Lehrer** l'enseignement est son activité principale.

Haupt|beschäftigung *die* occupation *f* principale; [Beruf] emploi *m* principal.

Haupt|bestandteil *der* élément *m* principal.

Haupt|darsteller, in *der, die* interprète principal *m*, interprète principale *f*.

Haupt|eingang *der* entrée *f* principale.

Haupt|fach *das* matière *f* principale.

Haupt|figur *die* personnage *m* principal, protagoniste *mf*.

Haupt|gericht *das* plat *m* principal.

Hauptgeschäfts|stelle *die* bureau *m* ODER secrétariat *m* principal.

Hauptgeschäfts|straße *die* principale rue *f* commerçante.

Hauptgeschäfts|zeit *die* heures *fpl* d'affluence ODER de pointe.

Haupt|gewinn *der* gros lot *m*.

Haupt|grund *der* raison *f* principale.

Häuptling (*Pl* **-e**) *der* chef *m* de tribu.

Haupt|mahlzeit *die* repas *m* principal.

Haupt|mann (*Pl* **-leute**) *der* MIL capitaine *m*.

Haupt|merkmal *das* caractère *m* principal.

Haupt|person *die* vedette *f*; [von Theaterstück] personnage *m* principal, protagoniste *mf*.

Haupt|post *die (ohne Pl)* poste *f* centrale.

Haupt|postamt *das* poste *m* centrale.

Haupt|quartier *das* quartier *m* général.

Hauptreise|zeit *die* période *f* ODER saison *f* touristique; **zur ~** en période touristique.

Haupt|rolle *die* rôle *m* principal; [in Film] premier rôle *m*.

Haupt|sache *die* principal *m*, essentiel *m*.

◆ **in der Hauptsache** *Adv* principalement, en premier lieu.

hauptsächlich ◇ *Adv* essentiellement. ◇ *Adj* principal(e), essentiel(elle).

Haupt|saison *die* haute saison *f*; **in der ~** en haute saison.

Haupt|satz *der* (phrase) principale *f*.

Haupt|schuldige *der, die* principal coupable *m*, principale coupable *f*.

Haupt|schule *die collège qui offre un cycle court jusqu'à la troisième.*

Haupt|schüler, in *der, die* élève *mf* de Hauptschule.

Hauptschul|lehrer, in *der, die* enseignant de Hauptschule *m*, enseignante de Hauptschule *f*.

Haupt|speicher *der* EDV mémoire *f* centrale.

Haupt|stadt *die* capitale *f*.

Haupt|straße *die* rue *f* ODER route *f* principale.

Haupt|teil *der* partie *f* principale; [in Rede, Text] développement *m*.

Hauptverkehrs|straße *die* route *f* à grande circulation ODER à grand trafic.

Hauptverkehrs|zeit *die* heures *fpl* d'affluence ODER de pointe.

Haupt|versammlung *die* WIRTSCH assemblée *f* générale.

Haupt|wohnsitz *der* domicile *m* principal.

Haupt|wort (*Pl* **-wörter**) *das* substantif *m*.

Haus (*Pl* **Häuser**) *das* **-1.** [gen] maison *f*; [Wohnhaus] immeuble *m*; **~ und Hof** l'ensemble de mes ODER tes ODER ses etc biens. **-2.** [Theater] salle *f*. **-3.** *RW*: **altes ~!** mon pote!, mon vieux!, ma vieille!

◆ **nach Haus(e)** *Adv* à la maison, chez soi.

◆ **zu Haus(e)** *Adv* **-1.** [Wohnort] à la maison, chez soi. **-2.** [in Wissensgebiet]: **in etw** *(D)* **zu ~ sein** être sur son terrain en qqch.

Haus|angestellte *der, die* employé de maison *m*, employée de maison *f*.

Haus|apotheke *die* **-1.** [Medikamente] pharmacie *f*. **-2.** [Schrank] armoire *f* à pharmacie.

Haus|arbeit *die* **-1.** [im Haushalt] travaux *mpl* domestiques. **-2.** [schriftlich - für Schule] devoirs *mpl (à la maison)*; [- für Universität] *mémoire rendu à chaque fin de semestre universitaire.*

Haus|arrest *der* assignation *f* à résidence, interdiction *f* de sortir.

Haus|arzt, ärztin *der, die* médecin *m* de famille.

Haus|aufgabe *die* devoirs *mpl (à la maison).*
hausbacken *Adj* [Person] pot-au-feu; [Ansichten, Kleidung] plouc.
Haus|bar *die* bar *m (personnel).*
Hausbesetzer, in (*mPl* **-**; *fPl* **-nen**) *der, die* squatter *m.*
Hausbesetzung (*Pl* **-en**) *die* squatt *m.*
Haus|besitzer, in *der, die* propriétaire *mf (d'une maison).*
Haus|bewohner, in *der, die* habitant *m,* -e *f (d'un immeuble).*
Häuschen ['hɔyzçən] (*Pl* **-**) *das* [Haus] maisonnette *f;* **ganz aus dem ~ sein** *fam* être dans tous ses états.
Haus|durchsuchung *die* perquisition *f* à domicile.
hauseigen *Adj* privé(e).
Haus|eigentümer, in *der, die* propriétaire *mf (d'un immeuble).*
hausen *intr* **-1.** *fam* [wohnen] loger. **-2.** *fam* [Sturm, Krieg] faire des ravages.
Häuser|block (*Pl* **-blöcke**) *der* pâté *m* de maisons.
Häuser|front *die* façade *f* de maisons.
Haus|flur *der* vestibule *m.*
Haus|frau *die* femme *f* au foyer.
Haus|freund *der* amant *m (de femme mariée).*
Hausfriedens|bruch *der (ohne Pl)* RECHT violation *f* de domicile.
Haus|gast *der* hôte *mf.*
Haus|gebrauch *der (ohne Pl)*: **für den ~** *fam* [Gemüse, Obst] pour la consommation personnelle; [Tischdecke, Geschirr] pour ODER de tous les jours.
hausgemacht *Adj* fait(e) maison.
Haus|gemeinschaft *die ensemble des habitants d'une maison.*
Haushalt (*Pl* **-e**) *der* **-1.** [Hausarbeit, Familie] ménage *m;* **im ~ helfen** aider à la maison; **den ~ machen** *fam* faire le ménage. **-2.** WIRTSCH budget *m.*
haus|halten *intr (unreg)* gérer son budget, tenir le ménage; **mit etw ~** [Vorrat] économiser qqch; [Kräfte] ménager qqch.
Haushälter, in (*mPl* **-**; *fPl* **-nen**) *der, die* gérant *m,* -e *f* d'une maison.
Haushalts|artikel *der* article *m* ménager.
Haushalts|debatte *die* POL débat *m* budgétaire.
Haushalts|defizit *das* WIRTSCH déficit *m* budgétaire.
Haushalts|geld *das (ohne Pl)* argent *m* du ménage.
Haushalts|jahr *das* WIRTSCH année *f* budgétaire, exercice *m.*
Haushalts|plan *der* WIRTSCH budget *m (de l'État).*
Haus|herr *der* maître *m* de maison.
Haus|herrin *die* maîtresse *f* de maison.
haushoch ◇ *Adj* immense; [Niederlage, Sieg] écrasant(e). ◇ *Adv* **-1.** [anwachsen] de façon spectaculaire. **-2.** [gewinnen] franchement; **jm ~ überlegen sein** être de beaucoup supérieur(e) à qqn; **jn ~ schlagen** battre qqn à plate couture; **~ gewinnen** gagner haut la main; **~ verlieren** être écrasé(e).
hausieren *intr* faire du porte-à-porte; **mit etw ~ (gehen)** *fam fig* & *abw* colporter qqch.
Hausierer, in (*mPl* **-**; *fPl* **-nen**) *der, die* colporteur *m,* -euse *f,* démarcheur *m,* -euse *f.*
Haus|lehrer, in *der, die* précepteur *m,* -trice *f.*
häuslich ◇ *Adj* **-1.** [Angelegenheit] familial(e); [Arbeit] à la maison; [Pflege] à domicile. **-2.** [Person] casanier(ère). ◇ *Adv*: **sich ~ niederlassen** *fam* s'installer.
Haus|mädchen *das* bonne *f,* employée *f* de maison.
Haus|mann (*Pl* **-männer**) *der* homme *m* au foyer.
Hausmanns|kost *die (ohne Pl)* cuisine *f* maison.
Haus|marke *die* [im Restaurant] cuvée *f* du patron.
Haus|meister, in *der, die* concierge *mf.*
Haus|mittel *das* remède *m* de bonne femme.
Haus|müll *der (ohne Pl)* ordures *fpl* ménagères.
Haus|musik *die (ohne Pl) musique pratiquée en cercle privé.*
Haus|nummer *die* numéro *m (de la maison).*
Haus|ordnung *die* règlement *m* intérieur.
Haus|rat *der (ohne Pl) effets mobiliers du ménage.*
Hausrat|versicherung *die* assurance *f* mobilière.
Haus|recht *das (ohne Pl)* RECHT droit *m* du propriétaire.
Haus|schlüssel *der* clé *f* de la maison.
Haus|schuh *der* chausson *m.*
Hausse ['hoːs(ə)] (*Pl* **-n**) *die* WIRTSCH hausse *f.*
Haus|segen *der (ohne Pl)*: **bei jm hängt der ~ schief** *fam* le torchon brûle chez qqn.
Haussuchung (*Pl* **-en**) *die* visite *f* ODER perquisition *f* domiciliaire.
Haus|telefon *das* téléphone *m* intérieur.
Haus|tier *das* animal *m* domestique.
Haus|tür *die* porte *f* de la maison.
Haus|verbot *das* interdiction *f* d'entrée.
Haus|verwalter, in *der, die* syndic *m.*
Haus|verwaltung *die* [Büro] syndic *m.*

Haus|wirt, in *der, die* propriétaire *mf (d'un immeuble).*

Haus|wirtschaft *die (ohne Pl)* économie *f* domestique.

Haut (*Pl* **Häute**) *die* **-1.** [organisch] peau *f.* **-2.** [künstlich] membrane *f.* **-3.** *RW*: **aus der ~ fahren** sortir de ses gonds; **jm ist nicht wohl in seiner ~** qqn ne se sent pas bien dans sa peau; **mit heiler ~ davonkommen** s'en sortir sain et sauf.

Hautabschürfung (*Pl* **-en**) *die* écorchure *f.*

Haut|arzt, ärztin *der, die* dermatologue *mf.*

Haut|ausschlag *der* éruption *f* cutanée.

Haut|creme *die* crème *f (pour la peau).*

häuten *tr* peler; [Tier] dépouiller.

◆ **sich häuten** *ref* muer.

hauteng *Adj* moulant(e).

Haut|farbe *die* couleur *f* de la peau; **mit heller ~** à la peau claire.

Haut|krankheit *die* maladie *f* de peau ODER cutanée.

Haut|krebs *der (ohne Pl)* cancer *m* de la peau.

hautnah ◇ *Adj* [Darstellung] proche de la réalité. ◇ *Adv* [direkt] de très près.

Haut|pflege *die (ohne Pl)* soins *mpl* de la peau.

Hawaii *nt* Hawaii; **in ~** à Hawaii.

Hbf. *Abk für* **Hauptbahnhof**.

H-Bombe (*Pl* **-n**) *die* bombe *f* H.

HDTV (*Abk für* **High Definition Television**) *das (ohne Pl)* TVHD *f.*

H-Dur *das (ohne Pl)* MUS si *m inv* majeur.

Hebamme (*Pl* **-n**) *die* sage-femme *f.*

Hebel (*Pl* **-**) *der* levier *m*; [Schalter] manette *f*; **am längeren ~ sitzen** *fig* être du côté du manche.

Hebel|wirkung *die* effet *m* de levier.

heben (*Prät* **hob,** *Perf* **hat gehoben**) *tr* **-1.** [hochnehmen] lever; [Last] soulever; **jn/etw auf etw** *(A)* **~** poser qqn/qqch sur qqch. **-2.** [Niveau] relever; [Umsatz] augmenter; [Ansehen] améliorer. **-3.** [bergen - Schiff] renflouer; [- Schatz] déterrer. **-4.** *RW*: **einen ~** *fam* boire un coup.

◆ **sich heben** *ref* **-1.** [Vorhang, Schranke, Nebel] se lever. **-2.** [Brustkorb] se soulever. **-3.** [Niveau] être en hausse, augmenter; [Stimmung] s'améliorer.

hebräisch *Adj* hébraïque.

Hebräisch *das (ohne Pl)* hébreu *m*; *siehe auch* **Englisch**.

Hebriden *Pl* Hébrides *fpl*, îles *fpl* Hébrides; **auf den ~** aux Hébrides.

Hebung (*Pl* **-en**) *die* **-1.** *(ohne Pl)* [von Schätzen] mise *f* à jour; [von Schiff, Wrack] renflouage *m.* **-2.** *(ohne Pl)* [Verbesserung] élévation *f.* **-3.** [im Vers] syllabe *f* accentuée.

hecheln *intr* [atmen] haleter.

Hecht (*Pl* **-e**) *der* brochet *m*; **ein toller ~ sein** *fam fig* être un sacré gaillard.

Hecht|sprung *der* **-1.** [über Hindernis] saut *m* de carpe ODER carpé. **-2.** [in Wasser] plongeon *m.*

Heck (*Pl* **-e** ODER **-s**) *das* **-1.** [von Auto, Flugzeug] arrière *m.* **-2.** [von Schiffen] poupe *f.*

Hecke (*Pl* **-n**) *die* haie *f.*

Hecken|schere *die* cisaille *f* à haies.

Hecken|schütze *der* franc-tireur *m.*

Heck|klappe *die* hayon *m.*

Heckmeck *der (ohne Pl) fam abw* tintouin *m.*

Heck|motor *der* moteur *m* arrière.

Heck|scheibe *die* lunette *f* arrière.

Heckscheiben|heizung *die* AUTO dégivrage *m* (de la vitre) arrière.

Heck|scheibenwischer *der* AUTO essuie-glace *m* arrière.

Heck|spoiler ['hɛkspɔylɐ] *der* AUTO béquet *m.*

Heer (*Pl* **-e**) *das* armée *f.*

Hefe (*Pl* **-n**) *die* levure *f.*

Hefe|teig *der pâte préparée avec de la levure de boulanger.*

Heft (*Pl* **-e**) *das* **-1.** [Schulheft] cahier *m.* **-2.** [von Zeitschriften] numéro *m.* **-3.** [dünnes Buch] fascicule *m.*

heften *tr* **-1.** [befestigen]: **etw an etw** *(D)* **~** fixer qqch sur qqch; [mit Büroklammer] attacher qqch à qqch. **-2.** [mit Faden] bâtir, surfiler. **-3.** [richten]: **die Augen auf etw** *(A)* **~** avoir les yeux rivés sur qqch.

◆ **sich heften** *ref*: **sich auf etw** *(A)* **~** se fixer sur qqch.

Hefter (*Pl* **-**) *der* classeur *m.*

heftig ◇ *Adj* violent(e); [Schmerz] vif (vive). ◇ *Adv* violemment.

Heft|klammer *die* agrafe *f.*

Heft|pflaster *das* sparadrap *m.*

Heftzwecke (*Pl* **-n**) *die* punaise *f.*

hegen *tr* **-1.** [empfinden] éprouver; [Hoffnung] nourrir; **einen Verdacht gegen jn ~** soupçonner qqn. **-2.** [hüten] protéger; **etw ~ und pflegen** prendre soin de qqch.

Hehl *der* ODER *das*: **kein(en) ~ aus etw machen** ne pas faire mystère de qqch.

Hehler (*Pl* **-**) *der* receleur *m.*

Hehlerei (*Pl* **-en**) *die* recel *m.*

Hehlerin (*Pl* **-nen**) *die* receleuse *f.*

Heide (*Pl* **-n**) ◇ *die (G Heide)* lande *f.* ◇ *der (G Heiden)* païen *m.*

Heide|kraut *das (ohne Pl)* bruyère *f.*

Heidel|beere *die* myrtille *f.*

Heidenlangst *die (ohne Pl) fam* : **eine ~ haben** avoir une peur bleue.

Heidenlgeld *das (ohne Pl) fam* argent *m* fou.

Heidenlspaß *der (ohne Pl) fam* plaisir *m* fou; **einen ~ haben** s'amuser beaucoup.

Heidentum *das (ohne Pl)* paganisme *m*.

Heidin (*Pl* **-nen**) *die* païenne *f*.

heidnisch *Adj* païen(enne).

heikel (*Kompar* **heikler,** *Superl* **heikelste**) *Adj* **-1.** [kompliziert] délicat(e). **-2.** [anspruchsvoll] difficile.

heil *Adj* **-1.** [unzerstört] intact(e); [Welt] parfait(e). **-2.** [geheilt] guéri(e).

Heil *das (ohne Pl)* salut *m*.

Heiland *der (ohne Pl)* Sauveur *m*.

Heillanstalt *die* maison *f* de santé; [für Suchtkranke] centre *m* de désintoxication.

Heillbad *das* **-1.** [Ort] station *f* thermale, ville *f* d'eau. **-2.** [Baden] bain *m* (thérapeutique).

heilbar *Adj* curable; [Wunde] guérissable.

heilen (*Perf* **hat/ist geheilt**) ◇ *tr (hat)*: **(jn von etw) ~** guérir (qqn de qqch). ◇ *intr (ist)* guérir; [Wunde] cicatriser.

heilfroh *Adj fam* : **~ (über etw** *(A)***)** très content(e) après coup (de qqch).

heilig *Adj* **-1.** [Gegenstand] sacré(e); [Ort, Person, Tag] saint(e); **etw ist jm ~** qqch est sacré pour qqn. **-2.** *fam* [groß] terrible.

◆ **Heilige Geist** *der* Saint-Esprit *m*, Esprit *m* Saint.

◆ **Heilige Jungfrau** *die* Sainte Vierge *f*.

◆ **Heilige Land** *das* Terre *f* sainte.

◆ **Heilige Nacht** *die* Nuit *f* sainte.

◆ **Heilige Schrift** *die* Écritures *fpl*.

Heiliglabend *der* veille *f* de Noël.

Heilige (*Pl* **-n**) *der, die* saint *m*, -e *f*.

heiligen *tr* santifier; **geheiligte Stätte** lieu *m* saint.

Heiligenlschein *der* auréole *f*.

Heiligtum (*Pl* **-tümer**) *das* **-1.** [Ort] sanctuaire *m*, lieu *m* saint. **-2.** [Gegenstand] relique *f*.

Heillkraft *die* vertu *f* médicinale.

Heillkraut *das* herbe *f* médicinale.

Heillkunde *die (ohne Pl)* médecine *f*.

heillos *Adj* épouvantable.

Heillmittel *das* remède *m*.

Heillpflanze *die* plante *f* médicinale.

Heillpraktiker, in *der, die praticien dans le domaine de la médecine parallèle.*

Heillquelle *die* source *f* thermale.

heilsam *Adj* salutaire.

Heilslarmee *die (ohne Pl)* Armée *f* du salut.

Heilung (*Pl* **-en**) *die* guérison *f*; [von Wunden] cicatrisation *f*.

Heilungslprozeß *der* processus *m* de guérison; [von Wunden] processus *m* de cicatrisation.

heim *Adv* à la maison, chez soi.

Heim (*Pl* **-e**) *das* **-1.** [Zuhause] chez-soi *m*. **-2.** [Anstalt - für Hilfsbedürftige] foyer *m*; [- für Kur, Erholung] maison *f*.

Heimlarbeit *die (ohne Pl)* travail *m* à domicile.

Heimlarbeiter, in *der, die* travailleur à domicile *m*, travailleuse à domicile *f*.

Heimat *die* **-1.** [von Personen] patrie *f*. **-2.** [von Tieren] pays *m* d'origine.

Heimatlanschrift *die* adresse *f* de la résidence principale.

Heimatlfilm *der* film *m* sentimental régionaliste.

Heimatlhafen *der* port *m* d'attache.

Heimatlkunde *die (ohne Pl)* SCHULE *enseignement de la géographie, de l'histoire, de la faune et de la flore régionales à l'école primaire.*

Heimatlland (*Pl* **-länder**) *das* patrie *f*.

heimatlich *Adj* natal(e), du pays (natal); [vertraut] familier(ère).

heimatlos *Adj* **-1.** [Mensch] apatride, sans patrie. **-2.** [Tier] errant(e).

Heimatlmuseum *das* musée *m* régional.

Heimatlort (*Pl* **-e**) *der* ville *f* natale.

Heimatlvertriebene *der, die* expatrié *m*, -e *f*.

Heimchen (*Pl* **-**) *das*: **ein ~ am Herd** *fam abw* une popote à ses fourneaux.

Heimlcomputer *der* EDV ordinateur *m* familial ODER individuel.

Heimlfahrt *die* retour *m* (chez soi ODER à la maison).

heimisch *Adj* **-1.** [hiesig] local(e); [Lebewesen, Pflanze] indigène. **-2.** [zuhause] chez soi; **~ werden** s'acclimater.

Heimkehr *die (ohne Pl)* retour *m* (chez soi ODER à la maison).

heimlkehren (*Perf* **ist heimgekehrt**) *intr* revenir (chez soi ODER à la maison).

Heimkehrer, in (*mPl* **-**; *fPl* **-nen**) *der, die* celui *m*, celle *f* qui rentre chez soi.

heimlkommen (*Perf* **ist heimgekommen**) *intr (unreg)* rentrer chez soi ODER à la maison.

Heimlleiter, in *der, die* directeur de foyer *m*, directrice de foyer *f*.

heimlich ◇ *Adj* secret(ète); [illegal] clandestin(e). ◇ *Adv* secrètement; [illegal] clandestinement.

Heimlichkeit *die (ohne Pl)* caractère *m* mystérieux; **in aller ~** dans le plus grand secret.

◆ **Heimlichkeiten** *Pl* cachotteries *fpl*.

Heimlichtuerei (*Pl* **-en**) *die fam abw* manie *f* de faire des mystères ODER des cachotteries.

Heimreise *die* retour *m* (chez soi ODER à la maison).
heimreisen (*Perf* **ist heimgereist**) *intr* retourner à la maison ODER chez soi.
Heimspiel *das* match *m* à domicile.
heimsuchen *tr* **-1.** [plagen] frapper *(d'un mal)*. **-2.** *iron* [belästigen] importuner.
Heimsuchung (*Pl* **-en**) *die* épreuve *f*.
Heimtrainer *der* home-trainer *m*.
heimtückisch ◇ *Adj* perfide, sournois(e). ◇ *Adv* sournoisement, perfidement.
Heimvorteil *der* SPORT avantage *m* du terrain.
heimwärts *Adv*: **~ gehen** ODER **ziehen** rentrer chez soi.
Heimweg *der* chemin *m* du retour.
Heimweh *das (ohne Pl)* mal *m* du pays; **nach etw ~ haben** avoir la nostalgie de qqch.
heimzahlen *tr*: **jm etw ~** faire payer qqch à qqn.
Heinzelmännchen *das lutin exécutant pendant la nuit le travail des humains.*
Heirat (*Pl* **-en**) *die* mariage *m*.
heiraten ◇ *intr* se marier; **standesamtlich/kirchlich ~** se marier civilement ODER à la mairie/religieusement ODER à l'église. ◇ *tr* épouser.
Heiratsannonce *die* annonce *f* matrimoniale.
Heiratsantrag *der* demande *f* en mariage; **jm einen ~ machen** demander qqn en mariage.
heiratsfähig *Adj* nubile, en âge de se marier.
Heiratsschwindler *der* coureur *m* de dot.
Heiratsurkunde *die* acte *m* de mariage.
Heiratsvermittlung *die* agence *f* matrimoniale.
heiser ◇ *Adj* enroué(e). ◇ *Adv* d'une voix enrouée; **sich ~ schreien** s'égosiller.
Heiserkeit (*Pl* **-en**) *die* enrouement *m*, extinction *f* de voix.
heiß ◇ *Adj* **-1.** [Temperatur, Diskussion] chaud(e); **jm ist ~** qqn a chaud. **-2.** [hitzig] ardent(e); **jn überläuft es ~ und kalt** qqn a des sueurs froides. **-3.** *fam* [Sonne, Stirn, Thema] brûlant(e). **-4.** [Ware] illégal(e). **-5.** [Zeit] trouble. **-6.** [aufreizend] excitant(e). **-7.** [Tip, Spur] bon (bonne). **-8.** *fam* [toll] super, génial(e). ◇ *Adv* **-1.** [warm]: **~ duschen** prendre une douche chaude. **-2.** [innig] ardemment. **-3.** [lebhaft]: **es geht ~ her** ça chauffe.
heißblütig *Adj* fougueux(euse).
heißen (*Prät* **hieß**, *Perf* **hat geheißen**) *intr* **-1.** [mit Namen] s'appeler; **wie heißt du mit Vornamen/Nachnamen**? quel est ton prénom/nom de famille? **-2.** [bedeuten] vouloir dire; **wie heißt das auf Englisch**? comment cela se dit en anglais?; **das heißt ...** [erklärend] c'est-à-dire ...; [einschränkend] du moins. **-3.** [Titel, Slogan] être.
heißgeliebt *Adj* adoré(e).
Heißhunger *der (ohne Pl)* appétit *m* dévorant; **einen ~ auf etw** *(A)* **haben** avoir une fringale de qqch.
heißlaufen (*Perf* **ist heißgelaufen**) *intr (unreg)* chauffer.
◆ **sich heißlaufen** *ref* s'échauffer.
Heißluftballon *der* montgolfière *f*.
heiter *Adj* **-1.** [fröhlich] serein(e); [Ausdruck] enjoué(e). **-2.** [sonnig] clair(e); [Tag] beau (belle).
Heiterkeit *die (ohne Pl)* **-1.** [Fröhlichkeit] gaieté *f*. **-2.** [als Ausdruck] ton *m* enjoué.
heizbar *Adj* qui peut être chauffé(e).
Heizdecke *die* couverture *f* chauffante.
heizen ◇ *intr* se chauffer; **elektrisch/mit Gas ~** se chauffer à l'électricité/au gaz. ◇ *tr* chauffer.
Heizer, in (*mPl* **-**; *fPl* **-nen**) *der, die* chauffeur *m (d'une chaudière)*.
Heizkessel *der* chaudière *f*.
Heizkissen *das* coussin *m* chauffant.
Heizkörper *der* radiateur *m*.
Heizkraftwerk *das* centrale *f* thermique.
Heizlüfter (*Pl* **-**) *der* radiateur *m* soufflant.
Heizöl *das (ohne Pl)* mazout *m*.
Heizsonne *die* radiateur *m* portable à résistance.
Heizung (*Pl* **-en**) *die* chauffage *m*.
Heizungskeller *der* chaufferie *f*.
Hektar (*Pl* **-e** ODER **-**) *der* ODER *das* hectare *m*.
Hektik *die (ohne Pl)* agitation *f* fébrile, frénésie *f*.
hektisch ◇ *Adj* trépidant(e), frénétique. ◇ *Adv* avec fébrilité ODER frénésie; **~ werden** s'agiter, s'exciter.
Hektoliter *der* ODER *das* hectolitre *m*.
Held (*Pl* **-en**) *der* héros *m*.
heldenhaft ◇ *Adj* héroïque. ◇ *Adv* héroïquement, avec héroïsme.
Heldentat *die* action *f* héroïque, exploit *m*.
Heldentum *das (ohne Pl)* héroïsme *m*.
Heldin (*Pl* **-nen**) *die* héroïne *f*.
helfen (*Präs* **hilft**, *Prät* **half**, *Perf* **hat geholfen**) *intr* **-1.** [Hilfe leisten]: **jm (bei etw) ~** aider qqn (dans qqch); **jm ~, etw zu tun** aider qqn à faire qqch; **sich** *(D)* **zu ~ wissen** se débrouiller. **-2.** [nützlich sein]: **(jm) ~** servir ODER être utile (à qqn); **gegen etw ~** agir contre qqch.
Helfer, in (*mPl* **-**; *fPl* **-nen**) *der, die* aide *mf*, assistant *m*, -e *f*.
Helfershelfer, in *der, die abw* complice *mf*.
Helgoland *nt* Helgoland; **auf ~** à Helgoland.

Helgoländer (*Pl* -) ◇ *der* habitant *m* d'Helgoland. ◇ *Adj (unver)* d'Helgoland.

Helgoländerin (*Pl* **-nen**) *die* habitante *f* d'Helgoland.

Helium *das (ohne Pl)* CHEM hélium *m*.

hell ◇ *Adj* **-1.** [Raum, Ton, Farbe] clair(e); **es wird ~** le jour se lève. **-2.** [leuchtend - Licht, Flamme] vif (vive); [- Lampe] qui éclaire bien; [- Stern] brillant(e). **-3.** *fig* [schlau] lucide; [Moment] de lucidité. **-4.** [Freude] profond(e); [Wahnsinn] pur(e). ◇ *Adv* **-1.** [leuchtend]: **~ leuchten** [Licht] bien éclairer; [Stern] être très brillant(e). **-2.** [hoch]: **~ lachen/singen** avoir un rire clair/une voix claire. **-3.** [sehr] très; **~ begeistert** très enthousiaste.

hellblau *Adj* bleu clair.

hellblond *Adj* blond clair.

helle *Adj* futé(e).

Heller (*Pl* -) *der*: **auf ~ und Pfennig zurückzahlen** *fam* payer rubis sur l'ongle, payer jusqu'au dernier centime.

hellgelb *Adj* jaune clair.

hellgrün *Adj* vert clair.

hellhörig *Adj* **-1.** [mißtrauisch]: **~ werden** dresser l'oreille. **-2.** [Raum] sonore.

hellicht: **am ~en Tage** en plein jour.

Helligkeit (*Pl* **-en**) *die* clarté *f*; [von Sternen] luminance *f*.

hellrot *Adj* rouge clair.

hell|sehen *intr (unreg)* avoir le don de voyance.

Hellseher, in (*mPl* -; *fPl* **-nen**) *der, die* voyant *m*, -e *f*.

hellwach *Adj* **-1.** [wach] parfaitement réveillé(e). **-2.** *fam* [rege] éveillé(e).

Helm (*Pl* **-e**) *der* casque *m*.

Helsinki *nt* Helsinki.

Hemd (*Pl* **-en**) *das* **-1.** [Oberhemd] chemise *f*. **-2.** [Unterhemd] maillot *m (de corps)*.

Hemd|bluse *die* chemisier *m*.

hemdsärmelig *Adj* [Person] débraillé(e); [Auftreten] décontracté(e).

Hemi|sphäre *die* hémisphère *m*.

hemmen *tr* **-1.** [bremsen] freiner. **-2.** [behindern] entraver.

Hemmnis (*Pl* **-se**) *das* obstacle *m*.

Hemm|schuh *der* [Bremsklotz] sabot *m* d'enrayage; [Hindernis] poids *m* mort.

Hemm|schwelle *die* blocage *m*.

Hemmung (*Pl* **-en**) *die* **-1.** [Handlung] action *f* d'entraver. **-2.** [Hindernis] obstacle *m*, frein *m*.
◆ **Hemmungen** *Pl* gêne *f*, complexes *mpl*; **~en haben (etw zu tun)** se sentir gêné(e) (de faire qqch).

hemmungslos ◇ *Adj* **-1.** [ohne Hemmungen] sans gêne. **-2.** [ungebändigt] impétueux(euse). ◇ *Adv* **-1.** [ohne Hemmungen] sans gêne. **-2.** [ungebändigt] impétueusement.

Hengst (*Pl* **-e**) *der* étalon *m*.

Henkel (*Pl* -) *der* anse *f*.

Henker, in (*mPl* -; *fPl* **-nen**) *der, die* bourreau *m*.

Henne (*Pl* **-n**) *die* poule *f*.

Hepatitis *die* hépatite *f*.

her *Adv* **-1.** [räumlich] par ici; **Bier ~!** de la bière!; **~ damit!** donne-moi ça! **-2.** [zeitlich]: **von früher** ODER **damals ~** d'autrefois. **-3.** [unter dem Aspekt]: **von ... ~** au point de vue de ...

herab *Adv geh* vers le bas.

herab|blicken *intr geh*: **auf etw** *(A)* **~** regarder qqch; **auf jn ~** *fig* & *geh* regarder qqn de haut.

herab|lassen *tr (unreg) geh* faire descendre.
◆ **sich herablassen** *ref*: **sich ~, etw zu tun** daigner faire qqch.

herablassend ◇ *Adj* condescendant(e). ◇ *Adv* avec condescendance.

Herablassung *die (ohne Pl)* condescendance *f*.

herab|sehen *intr (unreg) geh*: **auf jn ~** *fig* regarder qqn de haut.

herab|setzen *tr* **-1.** [Betrag] réduire. **-2.** [Person] rabaisser.

heran, ran *Adv*: **an etw** *(A)* **~** près de qqch.

heran|fahren (*Perf* **ist herangefahren**) *(unreg)* ◇ *intr* s'approcher. ◇ *tr* approcher.

heran|führen *tr*: **jn an etw** *(A)* **~** amener qqn à qqch.

heran|kommen (*Perf* **ist herangekommen**) *intr (unreg)* **-1.** [sich nähern] s'approcher; **an jn ~** *fig* égaler qqn. **-2.** [zu fassen kriegen]: **an etw** *(A)* **~** accéder à qqch. **-3.** *fam* [sich verschaffen]: **an etw** *(A)* **~** se procurer qqch.

heran|lassen *tr (unreg)* laisser approcher; **jn nicht an sich ~** *fig* ne pas se laisser approcher par qqn; **niemanden** ODER **keinen an sich** *(A)* **~** *fig* être inabordable.

heran|machen
◆ **sich heranmachen** *ref*: **sich an etw** *(A)* **~** se mettre à qqch; **sich an jn ~** *fam fig* & *abw* draguer qqn.

heran|reichen *intr*: **an jn/etw ~** égaler qqn/qqch.

heran|rücken (*Perf* **ist/hat herangerückt**) ◇ *intr (ist)*: **an etw** *(A)* **~** s'approcher de qqch. ◇ *tr (hat)*: **etw an etw** *(A)* **~** approcher qqch de qqch.

heran|tasten
◆ **sich herantasten** *ref*: **sich an etw** *(A)* **~** s'approcher de qqch à tâtons.

heran|treten (*Perf* **ist herangetreten**) *intr (unreg)*: **an jn ~** s'adresser à qqn.

heranlwachsen (*Perf* **ist herangewachsen**) *intr (unreg)* grandir.
Heranwachsende (*Pl* **-n**) *der, die* adolescent *m*, -e *f*.
heranlwagen
◆ **sich heranwagen** *ref*: **sich an jn/etw ~** oser s'approcher de qqn/qqch.
heranlziehen (*Perf* **hat/ist herangezogen**) *(unreg)* ◇ *tr (hat)* **-1.** [Gegenstand] approcher *(en tirant)*. **-2.** [befragen] consulter. **-3.** [erziehen] former. ◇ *intr (ist)* s'approcher.
herauf, rauf *Adv* vers le haut.
herauflbeschwören *tr (unreg)* **-1.** [verursachen] provoquer. **-2.** [Vergangenes] évoquer.
herauflkommen (*Perf* **ist heraufgekommen**) *tr* & *intr (unreg)* monter.
herauflziehen (*Perf* **hat/ist heraufgezogen**) *(unreg)* ◇ *intr (ist)* [drohend] se préparer, menacer. ◇ *tr (hat)* [aufwärts] hisser.
heraus, raus *Adv* dehors; **~ mit dem Geld!** *fam* file l'argent!; **~ mit der Sprache!** parle!
herauslbekommen *tr (unreg)* **-1.** [Lösung] deviner; [Geheimnis] percer. **-2.** [entfernen] parvenir à extraire. **-3.** [Wechselgeld]: **ich bekam zwei Mark heraus** on m'a rendu deux marks; **sie bekommen noch zwei Mark heraus** je vous dois deux marks.
herauslbilden
◆ **sich herausbilden** *ref* se développer.
herauslbringen *tr (unreg)* sortir; **etw aus jm ~** *fam fig* tirer qqch de qqn.
herauslfallen (*Perf* **ist herausgefallen**) *intr (unreg)* **-1.** [Gegenstand]: **(aus etw) ~** tomber (de qqch). **-2.** [auffallen]: **(aus etw) ~** sortir du lot (de qqch).
herauslfinden *(unreg)* ◇ *tr* parvenir à trouver. ◇ *intr*: **(aus etw) ~** trouver la sortie (de qqch).
herauslfliegen (*Perf* **hat/ist herausgeflogen**) *(unreg)* ◇ *intr (ist)* **-1.** [fliegen]: **(aus etw) ~** [Tier] sortir (de qqch) *(en volant)*; *fam* [Gegenstand] valser (de qqch). **-2.** *fam* [entlassen werden] se faire virer. **-3.** *fam* [wegkommen] se débarrasser. **-4.** *fam* [herausfallen]: **(aus etw) ~** tomber (de qqch). ◇ *tr (hat)*: **jn ~** évacuer qqn par avion.
herauslfließen (*Perf* **ist herausgeflossen**) *intr (unreg)* couler.
Herausforderer (*Pl* -) *der* challenger *m*.
Herausforderin (*Pl* **-nen**) *die* challenger *m*.
herauslfordern *tr*: **jn ~** provoquer qqn; SPORT être le challenger de qqn.
herausfordernd ◇ *Adj* provocant(e). ◇ *Adv* de manière provocante.
Herauslforderung *die* **-1.** [zum Kräftemessen] défi *m*. **-2.** [Provokation] provocation *f*.
Herauslgabe *die (ohne Pl)* **-1.** [Rückgabe, Freilassung] restitution *f*. **-2.** [Veröffentlichung] publication *f*.
herauslgeben *tr (unreg)* **-1.** [veröffentlichen] publier. **-2.** [geben]: **jm etw ~** tendre qqch à qqn. **-3.** [Gefangene] restituer. **-4.** [Wechselgeld] rendre; **auf 100 Mark ~** rendre la monnaie sur 100 marks.
Herausgeber, in (*mPl* -; *fPl* **-nen**) *der, die* éditeur *m*, -trice *f*.
herauslgehen (*Perf* **ist herausgegangen**) *intr (unreg)* **-1.** *fam* [sich lösen] partir. **-2.** [nach draußen] sortir; **aus sich ~** *fig* prendre de l'assurance.
herauslgreifen *tr (unreg)*: **jn/etw (aus etw) ~** choisir qqn/qqch.
herauslgucken *intr fam* **-1.** [schauen]: **(aus etw) ~** regarder (par qqch). **-2.** [sichtbar sein] dépasser.
herauslhaben *tr (unreg) fam* **-1.** [Lösung, Dreh] trouver. **-2.** [entfernt haben] avoir enlevé.
herauslhalten *(unreg) tr* **-1.** [nach draußen] tenir (dehors). **-2.** *fam* [fernhalten]: **jn aus etw ~** tenir qqn à l'écart de qqch.
◆ **sich heraushalten** *ref*: **sich aus etw ~** rester en dehors de qqch.
herauslhängen ◇ *tr (reg)* accrocher; **~ lassen** *fam fig* & *abw* afficher. ◇ *intr (unreg)* pendre.
◆ **sich heraushängen** *ref fam* : **sich aus dem Fenster ~** se pencher par la fenêtre.
herauslholen *tr* **-1.** [holen]: **jn/etw aus etw ~** sortir qqn/qqch de qqch. **-2.** *fam* [Information]: **etw aus jm ~** tirer qqch de qqn. **-3.** *fam* [Leistung]: **alles aus jm ~** pousser qqn à fond. **-4.** *fam* [Gewinn]: **aus etw einen Gewinn ~** tirer profit de qqch.
herauslhören *tr* **-1.** [erahnen]: **etw (aus etw) ~** déduire qqch (de qqch). **-2.** [hören] percevoir.
herauslkommen (*Perf* **ist herausgekommen**) *intr (unreg)* **-1.** [nach draußen]: **(aus etw) ~** sortir (de qqch). **-2.** *fam* [Resultat]: **etw kommt heraus** on arrive à qqch; **das kommt auf dasselbe heraus** *fam* ça revient au même. **-3.** [Buch] paraître. **-4.** [Ware] sortir. **-5.** [Verbrechen]: **es ist jetzt herausgekommen, daß** on sait maintenant que. **-6.** [entkommen]: **aus etw ~** se sortir de qqch. **-7.** *fam* [deutlich werden] ressortir. **-8.** *fam* [beim Musizieren] perdre le rythme. **-9.** [beim Kartenspiel] entamer. **-10.** *fam* [sagen]: **(mit etw) ~** déballer (qqch). **-11.** *RW*: **(ganz) groß ~** avoir beaucoup de succès.
herauslkristallisieren
◆ **sich herauskristallisieren** *ref* se profiler.
herauslnehmen *tr (unreg)* **-1.** [Gegenstand, Lebewesen]: **etw (aus etw) ~** sortir qqch (de qqch). **-2.** [wagen]: **sich** *(D)* **etw ~** se permettre qqch.

herausǀragen *intr* **-1.** [Person]: **über jn ~** surpasser qqn. **-2.** [Gegenstand] dépasser.

herausragend ◇ *Adj* excellent(e). ◇ *Adv* excellemment.

herausǀreden

◆ **sich herausreden** *ref*: **sich damit ~, daß** *fam* se tirer d'affaire en disant que.

herausǀreißen *tr (unreg)* **-1.** [entfernen]: **jn/etw (aus etw) ~** arracher qqn/qqch (de qqch). **-2.** *fam* [entlasten] tirer d'affaire. **-3.** *fam* [ausgleichen] rattraper.

herausǀrücken (*Perf* **hat/ist herausgerückt**) *fam* ◇ *tr (hat)* débourser. ◇ *intr (ist)*: **mit etw ~** avouer qqch.

herausǀschlagen (*Perf* **hat/ist herausgeschlagen**) *(unreg)* ◇ *tr (hat)* **-1.** [Gegenstand] faire sortir. **-2.** *fam* [Gewinn]: **aus etw Gewinn ~** tirer des bénéfices de qqch. ◇ *intr (ist)* [Feuer]: **aus etw ~** sortir de qqch.

herausǀsein (*Perf* **ist herausgewesen**) *intr (unreg)* **-1.** [Person]: **(aus etw) ~** être sorti(e) (de qqch). **-2.** [Produkt] être sorti(e). **-3.** *fam* [entfernt sein] être retiré(e); [Fleck] être parti(e). **-4.** *fam* [klar sein] être établi(e).

herausǀstellen *tr* **-1.** [nach draußen] sortir. **-2.** [hervorheben]: **etw ~** mettre qqch en évidence.

◆ **sich herausstellen** *ref* [klar werden] apparaître; **sich als falsch/richtig ~** se révéler juste/faux (fausse).

herausǀstrecken *tr* tendre; [Zunge] tirer.

herausǀstreichen *tr (unreg)* **-1.** [hervorheben] souligner. **-2.** [wegstreichen] supprimer.

herausǀsuchen *tr*: **etw (aus etw) ~** choisir qqch (dans qqch); **jm etw ~** chercher qqch pour qqn.

herausǀziehen *tr (unreg)*: **etw (aus etw) ~** tirer qqch (de qqch).

herb, herbe ◇ *Adj* **-1.** [Geschmack] âpre; [Wein] sec (sèche). **-2.** [Person] dur(e). **-3.** [schlimm] rude. **-4.** [beißend] acerbe. ◇ *Adv* **-1.** [leicht bitter]: **~ schmecken/riechen** avoir un goût/une odeur âpre. **-2.** [schlimm] rudement.

Herbarium (*Pl* **Herbarien**) *das* herbier *m*.

herbe = **herb**.

herbei *Adv* par ici.

herbeiǀführen *tr* provoquer.

herbeiǀrufen *tr (unreg)* appeler.

herbeiǀschaffen *tr (unreg)* rapporter.

herǀbemühen *tr geh*: **jn ~** prier qqn de venir.

◆ **sich herbemühen** *ref geh* se donner la peine de venir.

Herberge (*Pl* **-n**) *die* auberge *f*.

Herbergsǀeltern *Pl* aubergistes *pl*.

Herbergsǀmutter (*Pl* **-mütter**) *die* mère *f* aubergiste.

Herbergsǀvater (*Pl* **-väter**) *der* père *m* aubergiste.

herǀbestellen *tr* convoquer.

herǀbitten *tr (unreg)*: **jn ~** prier qqn de venir.

herǀbringen *tr (unreg)* apporter.

Herbst (*Pl* **-e**) *der* automne *m*.

◆ **im Herbst** *Adv* en automne.

Herbstǀanfang *der* début *m* de l'automne.

Herbstǀferien *Pl* vacances *fpl* d'automne.

herbstlich *Adj* automnal(e).

Herd (*Pl* **-e**) *der* **-1.** [Gerät] cuisinière *f*; **etw vom ~ nehmen** retirer qqch du feu. **-2.** [Ausgangspunkt] foyer *m*.

Herde (*Pl* **-n**) *die* troupeau *m*.

Herdenǀtrieb *der (ohne Pl)* instinct *m* grégaire.

Herdǀplatte *die* plaque *f* chauffante.

herein, rein *Adv* dedans.

◆ **herein!** *Interj* entrez!

hereinǀbrechen (*Perf* **ist hereingebrochen**) *intr (unreg)* **-1.** [Nacht] tomber. **-2.** [Unglück]: **über jn ~** s'abattre sur qqn.

hereinǀfallen (*Perf* **ist hereingefallen**) *intr (unreg)* **-1.** [Person] tomber dans le panneau; **auf jn/etw ~** se faire avoir par qqn/qqch. **-2.** [Gegenstand] tomber. **-3.** [Licht] entrer.

hereinǀkommen (*Perf* **ist hereingekommen**) *intr (unreg)* **-1.** [Person] entrer. **-2.** *fam* [Ware] rentrer.

hereinǀlassen *tr (unreg)* faire entrer.

hereinǀlegen *tr* **-1.** *fam* [Person] rouler. **-2.** [Gegenstand] ranger.

hereinǀspazieren (*Perf* **ist hereinspaziert**) *intr fam* entrer tranquillement.

◆ **hereinspaziert!** *Interj fam* entrez!

herǀfahren (*Perf* **hat/ist hergefahren**) *(unreg)* ◇ *intr (ist)* venir. ◇ *tr (hat)* [Gegenstand, Fahrzeug] amener; [Person] conduire.

Herǀfahrt *die* aller *m*.

herǀfallen (*Perf* **ist hergefallen**) *intr (unreg)*: **über jn/etw** *(A)* **~** [Nahrung, Person] se jeter sur qqn/qqch; **über jn ~** [kritisieren] s'en prendre à qqn.

Herǀgang *der (ohne Pl)* déroulement *m*.

herǀgeben *tr (unreg)* **-1.** [geben] donner. **-2.** [erbringen] apporter.

◆ **sich hergeben** *ref*: **sich zu etw ~** *abw* se prêter à qqch.

hergeholt *Adj*: **weit ~** tiré(e) par les cheveux.

hergelaufen ◇ *PP* → **herlaufen**. ◇ *Adj abw* de bas étage.

herǀhaben *tr (unreg) fam* tirer; **wo hast du das her?** d'où est-ce que tu sors ça?

herǀhalten *(unreg)* ◇ *intr abw*: **als etw ~** servir de qqch; **er mußte für den verreisten Direktor ~** il devait représenter le directeur parti en vacances. ◇ *tr* tendre.

her|holen *tr* aller chercher.
her|hören *intr* écouter.
Hering *(Pl* **-e)** *der* **-1.** [Fisch] hareng *m.* **-2.** [am Zelt] piquet *m.*
Herings|salat *der salade composée principalement de filets de hareng, de mayonnaise, d'oignons et de betteraves rouges.*
Herisau *nt* Herisau.
her|kommen *(Perf* **ist hergekommen)** *intr (unreg)* **-1.** [Person] venir. **-2.** [Sache] provenir.
herkömmlich ◇ *Adj* traditionnel(elle). ◇ *Adv* de manière traditionnelle.
Herkunft *die (ohne Pl)* origine *f.*
Herkunfts|land *(Pl* **-länder)** *das* pays *m* d'origine.
her|laufen *(Perf* **ist hergelaufen)** *intr (unreg)*: **neben jm/etw ~** courir à côté de qqn/qqch.
her|leiten *tr* (faire) dériver.
her|machen *intr fam* : **viel ~** faire de l'effet; **wenig ~** ne pas payer de mine.
◆ **sich hermachen** *ref fam* : **sich über etw** *(A)* **~** se jeter sur qqch.
Hermelin *(Pl* **-e)** ◇ *das* [Tier] hermine *f.* ◇ *der* [Fell] hermine *f.*
hermetisch ◇ *Adj* hermétique. ◇ *Adv* hermétiquement.
her|nehmen *tr (unreg)* tirer.
Heroin[1] *das (ohne Pl)* héroïne *f.*
Heroin[2] *(Pl* **-nen)** *die geh* héroïne *f.*
heroisch ◇ *Adj* héroïque. ◇ *Adv* héroïquement.
Heroismus *der (ohne Pl)* héroïsme *m.*
Herr *(Pl* **-en)** *der* **-1.** [Mann] monsieur *m*; **meine ~en!** Messieurs! **-2.** [Gott] Seigneur *m.* **-3.** [Gebieter] maître *m.* **-4.** *RW*: **aus aller ~en Länder** de tous pays; **~ der Lage sein** être maître de la situation.
Herrchen *(Pl* **-)** *das* maître *m (de chien).*
Herrenbe|kleidung *die (ohne Pl)* prêt-à-porter *m* masculin.
Herrenfahr|rad *das* bicyclette *f* d'homme.
Herren|friseur *der* coiffeur *m* pour hommes.
herrenlos *Adj* sans propriétaire; [Tier] errant(e).
Herren|mode *die* mode *f* masculine.
Herren|toilette *die* toilettes *fpl* pour hommes.
Herr|gott *der (ohne Pl)* Seigneur *m.*
◆ **Herrgott noch mal!** *Interj* nom d'une pipe!
Herrgotts|frühe *die (ohne Pl)*: **in aller ~** au chant du coq.
her|richten *tr* **-1.** [vorbereiten] préparer. **-2.** [reparieren] restaurer.
Herrin *(Pl* **-nen)** *die* maîtresse *f.*
herrisch ◇ *Adj* autoritaire. ◇ *Adv* de façon autoritaire.
herrlich ◇ *Adj* superbe; **ein ~er Abend** une magnifique soirée. ◇ *Adv* superbement; **~ schmecken** être délicieux(euse).
Herrlichkeit *(Pl* **-en)** *die* **-1.** *(ohne Pl)* [Qualität] splendeur *f.* **-2.** [Sache] merveille *f.*
Herrschaft *die (ohne Pl)* domination *f*; **die ~ über jn/etw verlieren** perdre le contrôle de qqn/qqch.
◆ **Herrschaften** *Pl* personnes *fpl*; **meine ~en!** Mesdames et Messieurs!
herrschaftlich ◇ *Adj* princier(ère). ◇ *Adv* princièrement.
herrschen *intr* **-1.** [regieren]: **in etw** *(D)* **~** dominer qqch; **über jn/etw ~** régner sur qqn/qqch. **-2.** [bestehen] régner.
Herrscher, in *(mPl* **-**; *fPl* **-nen)** *der, die* souverain *m*, -e *f.*
herrschsüchtig *abw* ◇ *Adj* autoritaire. ◇ *Adv* autoritairement.
her|sagen *tr* réciter.
her|schieben *tr (unreg)* approcher *(en poussant)*; **etw vor sich** *(D)* **~** [Gegenstand] pousser qqch devant soi; *fig* [vertagen] repousser qqch.
her|sein *(Perf* **ist hergewesen)** *intr (unreg)* **-1.** [Ereignis] faire; **es ist erst drei Tage her** cela ne fait que trois jours. **-2.** [Person]: **~ von** venir de. **-3.** *RW*: **es ist nicht weit her mit jm** qqn ne fait pas le poids; **hinter jm/etw ~** courir après qqn/qqch.
her|stellen *tr* **-1.** [Ware] fabriquer. **-2.** [Ruhe, Ordnung] instaurer. **-3.** [Gesundheit, Person]: **wieder hergestellt werden** être rétabli(e). **-4.** *fam* [Stuhl, Tasse] poser.
◆ **sich herstellen** *ref fam* s'approcher.
Hersteller, in *(mPl* **-**; *fPl* **-nen)** *der, die* fabricant *m*, -e *f.*
Her|stellung *die* **-1.** [von Waren] fabrication *f.* **-2.** [von Ruhe, Ordnung] établissement *m.*
Hertz *(Pl* **-)** *das* PHYS hertz *m.*
herüber, **rüber** *Adv* par ici.
herüber|gehen *(Perf* **ist herübergegangen)** *intr (unreg)* **-1.** [nach nebenan] faire un saut. **-2.** [über Brücke] traverser.
herüber|kommen *(Perf* **ist herübergekommen)** *intr (unreg)* venir.
herüber|ziehen *(Perf* **hat/ist herübergezogen)** *(unreg)* ◇ *tr (hat)* tirer *(vers soi)*. ◇ *intr (ist)* déménager.
herum, **rum**
◆ **um ... herum** *Adv* **-1.** [gen] (tout) autour de; **um den See ~** tout autour du lac. **-2.** *fam* [circa] vers; **um 60 Mark ~** dans les 60 marks.

herụm|ärgern
◆ **sich herumärgern** *ref*: **sich mit jm/etw ~** *fam* se miner à cause de qqn/qqch.
herụm|drehen ◇ *tr* retourner; [Schlüssel] tourner. ◇ *intr*: **an etw** *(D)* **~** tourner qqch.
◆ **sich herumdrehen** *ref fam* se retourner.
herụm|fahren (*Perf* **hat/ist herụmgefahren**) *(unreg)* ◇ *intr (ist)* **-1.** [im Kreis]: **um etw ~** contourner qqch. **-2.** *fam* [umherfahren] se balader. **-3.** *fam* [sich umdrehen] se retourner *(en sursautant)*. ◇ *tr (hat)* balader.
herụm|führen ◇ *tr* **-1.** [in Stadt, Haus] faire voir; **jn in etw ~** faire voir qqch à qqn. **-2.** [um etw herum]: **jn um etw ~** faire faire à qqn le tour de qqch. ◇ *intr* contourner.
herụm|geben *tr (unreg)* faire circuler ODER passer.
herụm|gehen (*Perf* **ist herụmgegangen**) *intr (unreg)* **-1.** *fam* [spazieren] flâner. **-2.** [zwischen Personen] aller de l'un à l'autre. **-3.** [im Kreis]: **um etw ~** faire le tour de qqch. **-4.** [Gerücht] se répandre. **-5.** *fam* [Zeit]: **schnell ~** passer vite.
herụm|hängen *intr (unreg) fam* **-1.** [Person] glander. **-2.** [Sache] traîner.
herụm|kommandieren *tr fam* régenter.
herụm|kommen (*Perf* **ist herụmgekommen**) *intr (unreg) fam* **-1.** [in der Welt] bourlinguer. **-2.** [gehen, fahren]: **um etw ~** passer autour de qqch. **-3.** [vermeiden]: **um etw (nicht) ~** (ne pas) pouvoir éviter qqch.
herụm|kriegen *tr fam* **-1.** [Person]: **jn ~** mettre qqn dans sa poche; [verführen] séduire qqn. **-2.** [Zeit, Gegenstand] arriver à faire passer.
herụm|laufen (*Perf* **ist herụmgelaufen**) *intr (unreg)* **-1.** *fam* [umhergehen] se balader. **-2.** [um etw laufen, gehen]: **um etw ~** faire le tour de qqch. **-3.** [verlaufen]: **um etw ~** contourner qqch. **-4.** *fam* [gekleidet sein]: **wie läufst du wieder herum**? comment es-tu encore fagoté?
herụm|liegen *intr (unreg)* traîner; **um etw ~** se trouver autour de qqch.
herụm|lungern (*Perf* **hat/ist herụmgelungert**) *intr fam* glander.
herụm|posaunen *tr fam* claironner.
herụm|reichen *tr* [von Getränk, Essen] offrir à la ronde.
herụm|reiten (*Perf* **ist herụmgeritten**) *intr (unreg)*: **auf etw** *(D)* **~** *fam* s'acharner sur qqch.
herụm|schlagen *tr (unreg)*: **etw um etw ~** mettre qqch autour de qqch.
◆ **sich herumschlagen** *ref fam* : **sich mit etw ~** se battre avec qqch.
herụm|sitzen *intr (unreg)* **-1.** *fam* [tatenlos] traîner. **-2.** [im Kreis]: **um etw ~** être assis(e) autour de qqch.
herụm|sprechen
◆ **sich herumsprechen** *ref (unreg)* se répandre.
herụm|stehen *intr (unreg)* **-1.** *fam* [Person, Gegenstand] traîner. **-2.** [im Kreis]: **um jn/etw ~** entourer qqn/qqch.
herụm|stochern *intr*: **in etw** *(D)* **~** *fam* [in Dingen] trifouiller dans qqch; *fam fig* [in Vergangenheit, Leben] fouiller dans qqch.
herụm|treiben
◆ **sich herumtreiben** *ref (unreg) fam abw* traîner.
Herụmtreiber, in (*mPl* **-**; *fPl* **-nen**) *der, die fam* glandeur *m*, -euse *f*.
herụm|trödeln *intr fam* flemmarder.
herụm|wickeln *tr*: **etw um etw ~** entourer qqch de qqch, poser qqch autour de qqch.
herụm|zeigen *tr*: **etw ~** montrer qqch *(à plusieurs personnes)*.
herụm|ziehen (*Perf* **hat/ist herumgezogen**) *(unreg)* ◇ *intr (ist)* **-1.** *fam* [in Welt] aller de par le monde. **-2.** [Gruppe]: **um etw ~** faire le tour de qqch. ◇ *tr (hat)*: **etw um etw ~** faire passer qqch autour de qqch; [zur Umzäunung] clôturer qqch avec qqch.
◆ **sich herumziehen** *ref*: **sich um etw ~** entourer qqch.
herụnter, **rụnter** *Adv* en bas.
herụnter|bekommen *tr (unreg) fam* **-1.** [schlucken] pouvoir avaler. **-2.** [nach unten] parvenir à descendre. **-3.** [entfernen können] parvenir à enlever.
herụntergekommen ◇ *PP* → **herunterkommen**. ◇ *Adj* **-1.** [Haus, Geschäft] délabré(e). **-2.** [Person] à la dérive.
herụnter|hauen *tr fam* : **jm eine ~** *fam* flanquer une gifle à qqn.
herụnter|holen *tr* descendre.
herụnter|lassen *tr (unreg)* **-1.** [senken] baisser. **-2.** [herunterbefördern] faire descendre; **etw an etw** *(D)* **~** faire descendre qqch à l'aide de qqch.
herụnter|laufen (*Perf* **ist herụntergelaufen**) *intr (unreg)* **-1.** [Person] dévaler. **-2.** [Wasser]: **(an etw** *(D)***) ~** couler (le long de qqch).
herụnter|machen *tr*: **jn/etw ~** *fam* descendre qqn/qqch.
herụnter|reißen *tr (unreg)* **-1.** [abreißen]: **etw (von etw) ~** arracher qqch (de qqch). **-2.** *fam* [Studium, Militärdienst] se débarrasser rapidement de.
herụnter|schlucken *tr* avaler.
herụnter|schrauben *tr* rabaisser.
herụnter|spielen *tr* **-1.** [bagatellisieren]: **etw ~** minimiser qqch. **-2.** [Musik] jouer.
herụnter|ziehen (*Perf* **hat/ist herụnter-**

gezogen) *(unreg)* ◇ *tr (hat)* **-1.** [gen] tirer. **-2.** [Hose] baisser. ◇ *intr (ist)* **-1.** [umziehen] déménager. **-2.** [gehen, fahren] descendre.

hervor *Adv* en avant.

hervor|bringen *tr (unreg)* **-1.** [Ton] proférer. **-2.** [entwickeln] produire.

hervor|gehen (*Perf* **ist hervorgegangen**) *intr (unreg)*: **aus etw ~** [entstehen] procéder de qqch; [Person] sortir de qqch; [aus Worten] ressortir de qqch.

hervor|heben *tr (unreg)* **-1.** [in Text] faire ressortir. **-2.** [lobend] souligner.

hervor|holen *tr*: **etw (aus etw) ~** extraire qqch (de qqch).

hervor|ragen *intr* **-1.** [herausstehen] faire saillie. **-2.** [auffallen] se distinguer.

hervorragend ◇ *Adj* remarquable. ◇ *Adv* remarquablement bien.

hervor|rufen *tr (unreg)* **-1.** [verursachen] provoquer. **-2.** [rufen] rappeler.

hervor|stechen *intr (unreg)* se faire remarquer.

hervor|treten (*Perf* **ist hervorgetreten**) *intr (unreg)* **-1.** [nach vorne kommen] s'avancer. **-2.** [erkennbar werden] ressortir.

hervor|tun

◆ **sich hervortun** *ref (unreg)* **-1.** [auffallen] s'illustrer. **-2.** *abw* [angeben] se mettre en avant.

Her|weg *der (ohne Pl)* aller *m*.

Herz (*Pl* **-en**) *das* **-1.** [gen] cœur *m*. **-2.** *RW*: **ein ~ für jn/etw haben** aimer qqn/qqch; **es nicht übers ~ bringen, etw zu tun** ne pas avoir le courage de faire qqch; **etw auf dem ~en haben** avoir qqch sur le cœur; **jd/etw liegt jm am ~en** qqn/qqch tient à cœur à qqn; **jm das ~ brechen** briser le cœur de qqn; **jm lacht das ~** qqn a le cœur en fête; **jm sein ~ ausschütten** s'épancher auprès de qqn; **jn/etw auf ~ und Nieren prüfen** examiner qqn/qqch sous toutes les coutures; **jn ins ~ schließen** adopter qqn; **js ~ hängt an etw** *(D)* qqn tient à qqch; **leichten/schweren ~ens** le cœur léger/lourd; **seinem ~en Luft machen** vider son sac; **sich** *(D)* **ein ~ fassen** prendre son courage à deux mains; **sich** *(D)* **etw zu ~en nehmen** prendre qqch à cœur.

◆ **von ganzem Herzen** *Adv* de tout cœur.

Herz|anfall *der* crise *f* cardiaque.

Herzensbrecher, in (*mPl* **-**; *fPl* **-nen**) *der, die* bourreau *m* des cœurs.

herzensgut *Adj* plein(e) de bonté.

Herzens|lust

◆ **nach Herzenslust** *Adv* [essen, trinken] à volonté.

herzerfrischend ◇ *Adj* **-1.** [Person] plein(e) d'entrain. **-2.** [Eigenschaft] rafraîchissant(e). ◇ *Adv* gaiement.

herzergreifend ◇ *Adj* émouvant(e). ◇ *Adv* de façon émouvante.

Herz|fehler *der* déficience *f* cardiaque.

herzförmig *Adj* en forme de cœur.

herzhaft ◇ *Adj* **-1.** [Nahrung] savoureux(euse). **-2.** [Biß] à pleines dents; [Kuß] chaleureux(euse). ◇ *Adv*: **~ zubeißen** mordre à pleines dents.

her|ziehen (*Perf* **hat/ist hergezogen**) *(unreg)* ◇ *tr (hat)* approcher *(en tirant)*; **etw hinter sich ~** traîner qqch derrière soi. ◇ *intr (ist/hat)* [lästern]: **über jn ~** *fam abw* casser du sucre sur le dos de qqn.

herzig ◇ *Adj* mignon(onne). ◇ *Adv* gentiment.

Herz|infarkt *der* infarctus *m* (du myocarde).

Herz|kammer *die* ventricule *m*.

Herz|klopfen *das (ohne Pl)* palpitations *fpl*.

herzkrank *Adj* cardiaque.

Herz|leiden *das* maladie *f* de cœur.

herzlich ◇ *Adj* **-1.** [freundlich] cordial(e). **-2.** [aufrichtig] sincère. ◇ *Adv* **-1.** [freundlich] cordialement. **-2.** [aufrichtig] sincèrement. **-3.** [sehr] profondément; **~ wenig** très peu.

herzlos *Adj* & *Adv* sans cœur.

Herzlosigkeit (*Pl* **-en**) *die* **-1.** *(ohne Pl)* [Eigenschaft] dureté *f*. **-2.** [herzlose Tat] méchanceté *f*.

Herz|massage *die* massage *m* cardiaque.

Herz|mittel *das* remède *m* pour le cœur.

Herzog, in (*mPl* **Herzöge**; *fPl* **-nen**) *der, die* duc *m*, duchesse *f*.

Herzogtum (*Pl* **-tümer**) *das* duché *m*.

Herz|patient, in *der, die* cardiaque *mf*.

Herz|schlag *der* pouls *m*.

Herz|schmerz *der* douleur *f* cardiaque.

Herzschrittmacher (*Pl* **-**) *der* stimulateur *m* cardiaque.

Herz|stillstand *der (ohne Pl)* arrêt *m* cardiaque.

Herzverpflanzung (*Pl* **-en**) *die* transplantation *f* cardiaque.

herzzerreißend ◇ *Adj* déchirant(e). ◇ *Adv* de manière déchirante.

Hesse (*Pl* **-n**) *der* Hessois *m*.

Hessen *nt* Hesse *f*.

Hessin (*Pl* **-nen**) *die* Hessoise *f*.

hessisch *Adj* hessois(e).

heterogen ◇ *Adj* hétérogène. ◇ *Adv* de façon hétérogène.

heterosexuell ['heterosɛksuɛl] *Adj* hétérosexuel(elle).

Hetze *die (ohne Pl)* **-1.** [zeitlich] précipitation *f*.

-2. [Lästern]: **~ (gegen jn)** harcèlement *m* (de qqn).
hetzen (*Perf* **hat/ist gehetzt**) ◇ *intr* **-1.** *(ist)* [rennen] courir. **-2.** *(hat)* [lästern] semer la zizanie; **gegen jn ~** attiser les haines contre qqn. ◇ *tr (hat)*: **jn/etw auf jn ~** dresser qqn/qqch contre qqn.
◆ **sich hetzen** *ref* se presser.
Hetz|jagd *die* **-1.** [Jagd] chasse *f* à courre. **-2.** *fig* [Hast] course *f*.
Hetz|kampagne *die abw* campagne *f* de dénigrement.
Heu *das (ohne Pl)* foin *m*.
Heu|boden *der* grenier *m* à foin.
Heuchelei (*Pl* **-en**) *die abw* hypocrisie *f*.
heucheln *tr* & *intr* feindre.
Heuchler, in (*mPl* **-**; *fPl* **-nen**) *der, die* hypocrite *mf*.
heuchlerisch ◇ *Adj* hypocrite. ◇ *Adv* de manière hypocrite.
heuer *Adv Süddt, Österr* & *Schweiz* cette année.
Heuer (*Pl* **-n**) *die* SCHIFF solde *f*.
Heu|ernte *die* **-1.** [Ernte] fenaison *f*. **-2.** [Heu] foin *m*.
heulen *intr* **-1.** *fam* [Person] chialer. **-2.** [Tier, Gerät] hurler.
◆ **Heulen** *das (ohne Pl)*: **es ist zum Heulen** *fam* c'est à en chialer.
Heul|ton *der* hurlement *m*.
Heu|schnupfen *der (ohne Pl)* rhume *m* des foins.
Heuschrecke (*Pl* **-n**) *die* sauterelle *f*.
heute *Adv* aujourd'hui; **~ früh** ODER **morgen/mittag/abend** ce matin/midi/soir; **~ in vierzehn Tagen/einer Woche** aujourd'hui en quinze/en huit; **von ~ auf morgen** *fig* du jour au lendemain.
heutig *Adj* **-1.** [von heute] d'aujourd'hui; **bis zum ~en Tag** jusqu'à aujourd'hui. **-2.** [gegenwärtig] actuel(elle).
heutzutage *Adv* de nos jours.
Hexe (*Pl* **-n**) *die* sorcière *f*.
Hexen|schuß *der (ohne Pl)* lumbago *m*.
Hexerei (*Pl* **-en**) *die* magie *f*, sorcellerie *f*.
Hibiskus *der* hibiscus *m*.
Hieb (*Pl* **-e**) *der* coup *m*.
hiebfest
◆ **hieb- und stichfest** *Adj* irréfutable.
hielt *Prät* → **halten**.
hier ◇ *Adv* **-1.** [gen] ici; **~ bin ich** me voilà; **von ~ aus** d'ici; **von ~ an** ODER **ab** à partir d'ici. **-2.** [dort] là; **fahren Sie ~ rechts** là, prenez à droite; **mit dieser Maschine ~** avec cette machine-là; **der** ODER **die** ODER **das ~** celui-ci (celle-ci). ◇ *Interj* voilà!; **~, nimm!** tiens!
◆ **hier und da** *Adv* **-1.** [räumlich] par endroits. **-2.** [zeitlich] de temps en temps.
hieran, hieran *Adv* **-1.** [an dieser Sache] à ceci. **-2.** [an dieser Stelle] ici.
Hierarchie (*Pl* **-n**) *die* hiérarchie *f*.
hierauf *Adv* **-1.** [auf dieser Sache] là-dessus. **-2.** [auf diese Sache] à ceci. **-3.** [auf diese Stelle] ici *(sur qqch)*. **-4.** [daraufhin] là-dessus.
hieraufhin *Adv geh* là-dessus.
hieraus *Adv* **-1.** [aus dieser Sache] de ceci. **-2.** [aus diesem Material] à partir de ceci.
hier|behalten *tr (unreg) fam* : **jn/etw ~** garder qqn/qqch auprès de soi.
hierbei *Adv* **-1.** [gleichzeitig] à cette occasion. **-2.** [dazu] à ceci.
hier|bleiben (*Perf* **ist hiergeblieben**) *intr (unreg)* rester sur place.
hierdurch *Adv* **-1.** [örtlich] par ici. **-2.** [ursächlich] ainsi.
hierfür, hierfür *Adv* pour ceci.
hierher, hierher *Adv* par ici.
hierhin, hierhin *Adv* par ici.
hierin *Adv* **-1.** [örtlich] à l'intérieur (de ceci). **-2.** [in dieser Angelegenheit] en ceci.
hiermit *Adv* **-1.** [mit etwas] avec ceci. **-2.** *amt* [mit dieser Handlung, in Brief] par la présente.
hiernach *Adv* **-1.** [zeitlich] là-dessus. **-2.** [nach etw] à cela; **~ fragen** demander cela.
hier|sein (*Perf* **ist hiergewesen**) *intr (unreg)* être ici.
hierüber *Adv* **-1.** [örtlich] au-dessus de ceci. **-2.** [über etw] à ce sujet.
hierum *Adv* **-1.** [örtlich] autour de ceci. **-2.** [um diese Sache] pour cela.
hierunter *Adv* **-1.** [örtlich] là-dessous. **-2.** [unter dieser Sache] à ce sujet. **-3.** [unter dieser Menge] parmi ceci.
hiervon *Adv* **-1.** [von diesem Gegenstand] de ceci. **-2.** [von dieser Angelegenheit] de cela. **-3.** [örtlich] de là. **-4.** [ursächlich] de là. **-5.** [von dieser Menge] dont.
hierzu *Adv* **-1.** [zu dieser Angelegenheit] à cela. **-2.** [zu diesem Gegenstand] à ceci. **-3.** [zu dieser Menge - von Gegenständen] à ceci ODER cela; [- von Personen] à eux ODER elles.
hierzulande *Adv* ici.
hiesig *Adj* local(e).
hieß *Prät* → **heißen**.
High-Society ['haisə'saiətɪ] *die (ohne Pl)* haute société *f*.
High-Tech ['haitɛk] *die (ohne Pl)* high-tech *m*.
Hilfe (*Pl* **-n**) *die* aide *f*; **mit ~ von etw** à l'aide de qqch; **mit ~ von jm, mit js ~** avec l'aide de

qqn; **jn/etw zu ~ nehmen** avoir recours à qqn/qqch; **um ~ rufen** appeler au secours.
◆ **Hilfe!** *Interj* au secours!
◆ **Erste Hilfe** *die* secourisme *m*; **(jm) Erste ~ leisten** prodiguer les premiers soins (à qqn).
Hilfe|leistung *die* assistance *f*; **unterlassene ~** non-assistance *f* à personne en danger.
Hilfe|ruf *der* appel *m* au secours.
Hilfe|stellung *die*: **jm ~ geben** SPORT aider qqn; *fig* prêter son aide à qqn.
hilfesuchend ◇ *Adj* suppliant(e). ◇ *Adv* d'un air suppliant.
hilflos ◇ *Adj* **-1.** [hilfsbedürftig] désemparé(e); [wegen Krankheit] impotent(e). **-2.** [ratlos] impuissant(e). ◇ *Adv* **-1.** [hilfsbedürftig] en détresse. **-2.** [ratlos]: **~ lächeln** avoir un sourire embarrassé.
hilfreich ◇ *Adj* [Mittel, Werkzeug] pratique; [Mensch] précieux(euse). ◇ *Adv* avec obligeance.
Hilfs|aktion *die* opération *f* d'aide humanitaire.
Hilfs|arbeiter, in *der, die* ouvrier spécialisé *m*, ouvrière spécialisée *f*; [beim Bau] manœuvre *m*.
hilfsbedürftig *Adj* [arm] indigent(e); [schwach] sans défense.
hilfsbereit *Adj* serviable.
Hilfs|bereitschaft *die (ohne Pl)* serviabilité *f*.
Hilfs|kraft *die* auxiliaire *mf*.
Hilfs|mittel *das* aide *f*.
Hilfs|motor *der* moteur *m* auxiliaire.
Hilfs|programm *das* EDV programme *m* d'aide.
Hilfs|verb *das* GRAM auxiliaire *m*.
hilft *Präs* → **helfen**.
Himalaja, Himalaja *der* Himalaya *m*.
Him|beere *die* framboise *f*.
Himmel *(Pl -) der* **-1.** *(ohne Pl)* [gen] ciel *m*; **in den** ODER **im ~** au ciel; **unter freiem ~** en plein air; **unter freiem ~ schlafen** dormir à la belle étoile. **-2.** *RW*: **ach du lieber ~** *fam* juste ciel!; **aus heiterem ~** à l'improviste; **um ~s willen** *fam* pour l'amour du ciel!
Himmel|bett *das* lit *m* à baldaquin.
himmelblau *Adj* bleu ciel.
Himmel|fahrt *die* **-1.** [Vorgang] ascension *f*. **-2.** *(ohne Artikel)* [Feiertag] Ascension *f*.
himmelschreiend *Adj* scandaleux(euse).
Himmels|körper *der* corps *m* céleste.
Himmels|richtung *die* point *m* cardinal; **die Vögel fliegen in alle ~en davon** les oiseaux s'envolent dans toutes les directions.
himmelweit ◇ *Adj* énorme. ◇ *Adv* énormément; **von etw ~ entfernt sein** *fam* être bien loin de qqch.
himmlisch ◇ *Adj* **-1.** [des Himmels] céleste. **-2.** [wunderbar] sublime. ◇ *Adv* [wunderbar] sublimement.
hin *Adv* **-1.** [zum Ausdruck einer Richtung]: **nach** ODER **zu/bis ... ~** vers/jusqu'à ...; **der Weg zum Stadium ~** le chemin du stade; **München ~ und zurück** un aller-retour pour Munich; **nach außen ~** *fig* extérieurement; **vor sich** *(A)* **~** *fig* tout seul, toute seule. **-2.** [zum Ausdruck einer Strecke]: **über Kilometer ~** sur des kilomètres. **-3.** [in Richtung auf Zeitpunkt]: **gegen Mittag ~** vers midi. **-4.** [zum Ausdruck eines zeitlichen Verlaufs]: **über Jahre ~** pendant des années. **-5.** *RW*: **jn/etw auf etw** *(A)* **~ untersuchen** rechercher qqch sur qqn/qqch; **auf js Rat/Hinweis ~** sur les conseils/les indications de qqn; **Regen ~, Regen her, wir müssen jetzt los** pluie ou pas, il faut qu'on parte.
◆ **hin und her** *Adv*: **~ und her laufen** ODER **gehen** aller et venir.
◆ **hin und wieder** *Adv* de temps à autre.
◆ **Hin** *das (ohne Pl)*: **das Hin und Her** le va-et-vient.
hinab *Adv*: **die Treppe/den Berg ~** en descendant l'escalier/la côte.
hinab|gehen *(Perf* **ist hinabgegangen**) *tr & intr (unreg) geh* descendre.
hin|arbeiten *intr*: **auf etw** *(A)* **~** travailler en vue de qqch.
hinauf *Adv*: **die Treppe/den Berg ~** en montant l'escalier/la côte.
hinauf|arbeiten
◆ **sich hinaufarbeiten** *ref* s'élever par son travail.
hinauf|gehen *(Perf* **ist hinaufgegangen**) *(unreg)* ◇ *intr* **-1.** [gen] monter; **es geht hinauf** ça monte. **-2.** *fam* [Preis, Miete] grimper; **mit etw ~** augmenter qqch. ◇ *tr* [Treppe, Leiter] monter; [Weg, Berg] gravir.
hinauf|reichen ◇ *tr* tendre. ◇ *intr*: **bis zu etw ~** arriver à qqch.
hinauf|sehen *intr (unreg)*: **zu jm/etw ~** lever les yeux vers qqn/qqch.
hinauf|steigen *(Perf* **ist hinaufgestiegen**) *intr (unreg)*: **auf einen Berg ~** escalader une montagne.
hinauf|treiben *tr (unreg)* **-1.** [Vieh] mener. **-2.** [Preise, Mieten] faire grimper.
hinauf|ziehen *(Perf* **hat/ist hinaufgezogen**) *(unreg)* ◇ *tr (hat)* tirer. ◇ *intr (ist)* monter.
◆ **sich hinaufziehen** *ref (hat)* [nach oben] se hisser.
hinaus *Adv* **-1.** [nach draußen] vers l'extérieur; **ein Fenster zur Straße ~** une fenêtre qui donne sur la rue. **-2.** [zeitlich]: **über etw** *(A)* **~** au-delà de qqch.

◆ **auf ... hinaus** *Adv* à l'avance.
◆ **über ... hinaus** *Adv* outre.
hinaus|befördern *tr* (faire) sortir.
hinaus|begleiten *tr* accompagner *(jusqu'à la porte)*.
hinaus|beugen *tr*: **den Kopf zum Fenster ~** passer la tête par la fenêtre.
◆ **sich hinausbeugen** *ref* se pencher (au dehors).
hinaus|gehen (*Perf* **ist hinausgegangen**) *intr (unreg)* **-1.** [nach draußen] sortir. **-2.** [gerichtet sein]: **in etw** *(A)* ODER **zu etw** ODER **nach etw ~** donner sur qqch; **wo geht es hinaus**? où est la sortie?; **durch diese Tür geht es in den Garten hinaus** cette porte donne sur le jardin. **-3.** [überschreiten]: **über etw** *(A)* **~** aller au-delà de qqch.
hinaus|kommen (*Perf* **ist hinausgekommen**) *intr (unreg)* pouvoir sortir; **über etw** *(A)* **~** aller au-delà de qqch.
hinaus|laufen (*Perf* **ist hinausgelaufen**) *intr (unreg)* **-1.** [nach draußen] sortir en courant. **-2.** [abzielen]: **auf etw** *(A)* **~** aboutir à qqch; **das läuft auf dasselbe hinaus** cela revient au même.
hinaus|lehnen *tr*: **den Kopf zum Fenster ~** passer la tête par la fenêtre.
◆ **sich hinauslehnen** *ref* se pencher (au-dehors).
hinaus|schicken *tr* faire sortir.
hinaus|schieben *tr (unreg)* **-1.** [nach draußen] pousser (au-dehors). **-2.** [zeitlich] reporter.
◆ **sich hinausschieben** *ref* **-1.** [örtlich] se frayer un chemin pour sortir. **-2.** [zeitlich] être reporté(e).
hinaus|wagen
◆ **sich hinauswagen** *ref* se risquer au-dehors.
hinaus|werfen *tr (unreg)* **-1.** [nach draußen]: **etw ~** jeter qqch (au-dehors). **-2.** *fam* [ausweisen] vider. **-3.** *fam* [kündigen] virer.
hinaus|wollen *intr (unreg)* **-1.** [nach draußen] vouloir sortir. **-2.** [auf ein Ziel]: **auf etw** *(A)* **~** *fam* vouloir en venir à qqch. **-3.** *RW*: **(zu) hoch ~** *fam* viser (trop) haut.
hinaus|zögern *tr*: **etw ~** faire traîner qqch en longueur.
◆ **sich hinauszögern** *ref* traîner en longueur.
hin|bekommen *tr (unreg) fam* réussir; **etw wieder ~** réparer qqch.
hin|bestellen *tr* faire venir; **jn zu jm ~** convoquer qqn chez qqn.
hin|biegen *tr (unreg) fam* combiner.
Hin|blick *der (ohne Pl)*: **in** ODER **im ~ auf etw** vu qqch.
hin|bringen *tr (unreg)* amener.
hin|denken *intr (unreg)*: **wo denkst du (denn) hin**? *fam* que vas-tu t'imaginer?
hinderlich *Adj*: **jm/etw ~ sein** gêner qqn/qqch.
hindern *tr*: **(jn an etw** *(A)***) ~** empêcher (qqn de faire qqch).
Hindernis (*Pl* **-se**) *das* obstacle *m*.
Hinderungs|grund *der*: **für jn ein ~ sein** représenter un obstacle pour qqn.
hin|deuten *intr* **-1.** [mit der Hand]: **auf jn/etw ~** indiquer qqn/qqch. **-2.** [erkennen lassen]: **etw deutet darauf hin, daß** qqch porte à croire que.
Hindi *das (ohne Pl)* [Sprache] hindi *m*; *siehe auch* **Englisch**.
Hindu (*Pl* **-s**) *der* Hindou *m*.
Hindukusch *der* Hindou-Kouch *m*.
hindurch *Adv* **-1.** [zeitlich] sans interruption. **-2.** [örtlich] à travers.
hinein *Adv* **-1.** [örtlich] à l'intérieur. **-2.** [zeitlich]: **bis in die Nacht ~** jusque tard dans la nuit.
hinein|bitten *tr (unreg)* inviter à entrer.
hinein|denken
◆ **sich hineindenken** *ref (unreg)*: **sich in jn ~** se mettre à la place de qqn; **sich in etw** *(A)* **~** se représenter qqch.
hinein|fressen *tr (unreg)*: **etw in sich ~** engloutir qqch; *fam fig* ravaler qqch.
◆ **sich hineinfressen** *ref*: **sich in etw** *(A)* **~** attaquer qqch.
hinein|gehen (*Perf* **ist hineingegangen**) *intr (unreg)* **-1.** [nach drinnen] rentrer. **-2.** [hineinpassen] pouvoir contenir.
hinein|geraten (*Perf* **ist hineingeraten**) *intr (unreg)*: **in etw** *(A)* **~** se retrouver dans qqch.
hinein|reden *intr*: **jm (in eine Angelegenheit) ~** *abw* [sich einmischen] s'immiscer dans les affaires de qqn.
hinein|steigern
◆ **sich hineinsteigern** *ref*: **sich in etw** *(A)* **~** se monter la tête avec qqch.
hinein|versetzen
◆ **sich hineinversetzen** *ref*: **sich in jn** ODER **in js Lage ~** se mettre à la place de qqn.
hinein|wählen *tr*: **jn in etw** *(A)* **~** élire qqn à qqch.
hinein|ziehen (*Perf* **hat/ist hineingezogen**) *(unreg)* ◇ *tr (hat)* **-1.** [nach drinnen] attirer. **-2.** [verwickeln]: **jn in etw** *(A)* **~** entraîner qqn dans qqch. ◇ *intr (ist)* **-1.** [in Haus, Wohnung] emménager. **-2.** [gehen] entrer.
hin|fahren (*Perf* **hat/ist hingefahren**) *(unreg)* ◇ *intr (ist)* partir *(en véhicule)*. ◇ *tr (hat)* emmener *(en véhicule)*.
Hin|fahrt *die* aller *m*.

hin|fallen (*Perf* **ist hingefallen**) *intr (unreg)* tomber; **wem ist der Teller hingefallen**? qui a laissé tomber l'assiette?
hinfällig *Adj* [ungültig] caduc (caduque).
Hin|flug *der* aller *m (en avion)*.
hin|führen ◇ *tr* **-1.** [an einen Ort] guider. **-2.** [zu Fähigkeit, Eigenschaft]: **zu etw ~** conduire à qqch. ◇ *intr* mener.
hing *Prät* → **hängen**.
Hingabe *die (ohne Pl)* dévouement *m*.
◆ **mit Hingabe** *Adv* avec dévouement.
hin|geben *tr (unreg) geh* donner.
◆ **sich hingeben** *ref*: **sich einer Sache** *(D)* **~** [Aufgabe] se consacrer à qqch; [Gefühl] s'adonner à qqch.
hingegen *Konj* en revanche.
hin|gehen (*Perf* **ist hingegangen**) *intr (unreg)* **-1.** [gehen]: **zu jm ~** aller chez qqn. **-2.** *geh* [Zeit] passer. **-3.** *RW*: **das mag (gerade) (noch) ~** passe encore (pour cette fois).
hin|gehören *intr fam* **-1.** [zu Hause sein] appartenir à. **-2.** [Gegenstände] se mettre.
hin|halten *tr (unreg)* **-1.** [reichen] tendre. **-2.** [vertrösten] faire attendre.
hin|hauen (*Perf* **hat/ist hingehauen**) *(unreg)* ◇ *tr (hat) salopp* **-1.** [Gegenstand] balancer. **-2.** *abw* [Arbeit] bâcler. **-3.** [erschüttern] anéantir. ◇ *intr* **-1.** *(ist) fam* [stürzen] se casser la figure. **-2.** *(hat) salopp* [stimmen] coller.
◆ **sich hinhauen** *ref (hat) salopp* [sich hinlegen] s'allonger.
hin|hocken
◆ **sich hinhocken** *ref* s'accroupir.
hinken (*Perf* **hat/ist gehinkt**) *intr* **-1.** *(hat)* [humpeln] boiter. **-2.** *(ist)* [an einen Ort]: **über die Straße ~** traverser la rue en boitant.
hin|knien
◆ **sich hinknien** *ref* s'agenouiller.
hin|kommen (*Perf* **ist hingekommen**) *intr (unreg)* **-1.** [ankommen] arriver. **-2.** *fam* [hingehören] se ranger. **-3.** *fam* [hingeraten] passer. **-4.** *fam* [auskommen]: **kommen wir mit der Milch hin**? est-ce qu'il y aura assez de lait? **-5.** *fam* [zutreffen] tomber juste.
hin|kriegen *tr fam* **-1.** [schaffen] réussir. **-2.** [reparieren] remettre en état. **-3.** [heilen] remettre sur pied.
hinlänglich ◇ *Adj* suffisant(e). ◇ *Adv* suffisamment.
hin|legen *tr* **-1.** [Gegenstand] poser; [Nachricht] laisser. **-2.** [ins Bett] coucher. **-3.** *fam* [bezahlen] allonger *(de l'argent)*.
◆ **sich hinlegen** *ref* **-1.** [sich legen] s'allonger. **-2.** *fam* [stürzen] s'étaler.
hin|nehmen *tr (unreg)* **-1.** [ertragen]: **etw ~** accepter qqch bon gré mal gré. **-2.** *fam* [mitnehmen]: **jn (zu jm) mit ~** emmener qqn (chez qqn); **etw (zu jm) mit ~** apporter qqch (chez qqn).
hin|passen *intr fam* aller.
hin|pflanzen *tr* planter.
◆ **sich hinpflanzen** *ref fam* [sich hinstellen]: **sich (vor jn) ~** se planter (devant qqn).
hin|reichen ◇ *tr* [reichen]: **jm etw ~** tendre qqch à qqn. ◇ *intr* **-1.** [sich erstrecken] s'étendre. **-2.** [ausreichen] suffire.
Hin|reise *die (ohne Pl)* aller *m*.
hin|reißen *tr (unreg)* **-1.** [ziehen]: **jn/etw zu sich ~** tirer qqn/qqch (vers soi). **-2.** [begeistern] transporter. **-3.** [verleiten]: **sich (von jm) zu etw ~ lassen** se laisser entraîner (par qqn) à faire qqch.
hinreißend *Adj* irrésistible.
hin|richten *tr* exécuter.
Hin|richtung *die* exécution *f*.
hin|schauen *intr* regarder.
hin|schicken *tr* envoyer.
hin|sehen *intr (unreg)* regarder.
hin|sein (*Perf* **ist hingewesen**) *intr (unreg) fam*: **etw ist hin** [Gegenstand] qqch est cassé(e); [Tier] qqch est crevé(e); **jd ist hin** [begeistert] qqn est comblé(e); [erschöpft] qqn est crevé(e).
hin|setzen *tr* [Gegenstand] poser; [Kind] asseoir.
◆ **sich hinsetzen** *ref* **-1.** [sich setzen] s'asseoir. **-2.** *fam* [stürzen] tomber sur le derrière.
Hin|sicht *die (ohne Pl)*: **in dieser ~** à cet égard; **in jeder ~** en tous points; **in ~ auf etw** *(A)* compte tenu de qqch.
hinsichtlich *Präp (+ G) amt* en ce qui concerne.
hin|stellen *tr* **-1.** [Gegenstand] poser. **-2.** [darstellen]: **jn/etw als etw ~** présenter qqn/qqch comme qqch.
◆ **sich hinstellen** *ref* **-1.** [sich stellen] se camper. **-2.** [sich darstellen]: **sich als jn/etw ~** se présenter comme qqn/qqch.
hinten *Adv* **-1.** [am Ende] à la fin. **-2.** [räumlich] au fond; [im Fahrzeug] à l'arrière. **-3.** [an der Rückseite] à l'arrière, derrière. **-4.** [als Richtungsangabe]: **nach ~** en arrière; **von ~** par-derrière; **von ~ nach vorne** depuis la fin jusqu'au début. **-5.** [dort]: **da ~** là-bas.
hintenherum *Adv fam* **-1.** [um etw herum] par derrière. **-2.** [indirekt] indirectement.
hinter *Präp* **-1.** *(+ D, + A)* [räumlich] derrière; **~ dem Hotel** derrière l'hôtel; **~ das Haus gehen** aller derrière la maison; **~ js Rücken** dans le dos de qqn. **-2.** *(+ D)* [zeitlich] derrière; **etw ~ sich** *(A)* **bringen** en terminer avec qqch; **das haben wir jetzt ~ uns!** c'est une bonne chose de faite! **-3.** *(+ D)* [zur Angabe einer Reihenfolge] après.
Hinter|achse *die* essieu *m* arrière.

Hinter|ausgang *der* porte *f* de derrière, sortie *f* de service.
Hinterbliebene (*Pl* **-n**) *der, die* survivant *m*, -e *f*.
hintere, r, s *Adj* de derrière, arrière.
Hintere (*Pl* **-n**) *der, die* celui qui est situé derrière, celle qui est située derrière.
hintereinander *Adv* **-1.** [räumlich] l'un derrière l'autre, l'une derrière l'autre. **-2.** [zeitlich] de suite.
Hinter|eingang *der* porte *f* de derrière.
hinterfragen *tr* mettre en question.
Hinter|gedanke *der* arrière-pensée *f*.
hintergehen (*Prät* **hinterging**, *Perf* **hat hintergangen**) *tr* tromper.
Hinter|grund *der* arrière-plan *m*; [akustisch] fond *m*; [von Tat] raison *f* cachée; **im ~ bleiben** rester dans l'ombre; **in den ~ geraten** ODER **treten** passer au second plan.
hintergründig ◇ *Adj* sibyllin(e). ◇ *Adv* énigmatiquement.
Hintergrund|information *die* information *f* sur le contexte.
Hinterhalt (*Pl* **-e**) *der*: **im ~ liegen** être à l'affût; **in einen ~ geraten** ODER **fallen** tomber dans une embuscade.
hinterhältig *Adj* sournois(e).
Hinter|hand *die* arrière-main *f*; **(noch) etw in der ~ haben** *fig* avoir qqch en réserve.
Hinter|haus *das* immeuble *m* sur cour.
hinterher[1] *Adv* [räumlich] derrière.
hinterher[2] *Adv* [zeitlich] après.
hinterher|fahren (*Perf* **ist hinterhergefahren**) *intr (unreg)*: **jm/etw ~** suivre qqn/qqch *(en véhicule)*.
hinterher|gehen (*Perf* **ist hinterhergegangen**) *intr (unreg)*: **jm ~** suivre qqn *(à pied)*.
hinterher|sein (*Perf* **ist hinterhergewesen**) *intr (unreg) fam* : **jm/etw ~** courir après qqn/qqch.
Hinter|hof *der* arrière-cour *f*.
Hinter|kopf *der* occiput *m*; **etw im ~ haben** ODER **behalten** *fam fig* garder qqch en mémoire.
Hinter|land *das (ohne Pl)* arrière-pays *m*.
hinterlassen (*Präs* **hinterläßt**, *Prät* **hinterließ**, *Perf* **hat hinterlassen**) *tr* **-1.** [vererben]: **(jm) etw ~** léguer qqch (à qqn). **-2.** [zurücklassen] laisser.
Hinterlassenschaft (*Pl* **-en**) *die* héritage *m*.
hinterlegen *tr*: **etw bei jm ~** [gen] déposer qqch chez qqn.
hinterletzte *Adj salopp abw*: **das ist das ~!** c'est le bouquet!
Hinter|list *die (ohne Pl)* ruse *f*.
hinterlistig ◇ *Adj* fourbe. ◇ *Adv* perfidement.
Hinter|mann (*Pl* **-männer**) *der* **-1.** [örtlich] celui (celle) qui est derrière. **-2.** [Drahtzieher] gros bonnet *m*.
Hintern (*Pl* -) *der fam* derrière *m*; **jm den ~ versohlen** *fam* donner une raclée à qqn; **sich auf den ~ setzen** *fam fig* [arbeiten] donner un coup de collier; [vor Staunen] **(en)** tomber sur le derrière.
Hinter|rad *das* roue *f* arrière.
hinterrücks *Adv abw* par-derrière.
Hinter|seite *die* arrière *m*.
Hinterste *der, die, das* dernier *m*, -ère *f*.
Hinter|teil *das fam* derrière *m*.
Hinter|treffen *das (ohne Pl) fam* : **ins ~ geraten** se retrouver à la traîne.
hintertreiben (*Prät* **hintertrieb**, *Perf* **hat hintertrieben**) *tr* saper.
Hinter|treppe *die* escalier *m* de service.
Hinter|tür *die* porte *f* de derrière; **sich** *(D)* **eine ~ offenhalten** ODER **offenlassen** *fig* se ménager une porte de sortie.
Hinterwäldler, in (*mPl* -; *fPl* **-nen**) *der, die abw* rustre *mf*.
hinterziehen (*Prät* **hinterzog**, *Perf* **hat hinterzogen**) *tr*: **Steuern ~** frauder le fisc.
hin|treten (*Perf* **hat/ist hingetreten**) *intr (unreg)* **-1.** *(ist)* [an einen Ort]: **zu etw ~** s'avancer vers qqch; **vor jn ~** se présenter à qqn. **-2.** *(hat)* [mit Fuß] frapper du pied.
hin|tun *tr (unreg) fam* mettre.
hinüber, rüber *Adv*: **bis** ODER **zu etw ~** jusqu'à qqch; **nach rechts/links ~** vers la droite/gauche.
hinüber|gehen (*Perf* **ist hinübergegangen**) *intr (unreg)* **-1.** [zum jm] aller. **-2.** [über Straße] traverser.
hinüber|helfen *intr (unreg)*: **jm ~ (über etw)** aider qqn (à passer qqch).
hinüber|retten *tr* **-1.** [über Grenze] mettre en sûreté à l'étranger. **-2.** [über Zeit] sauver.
◆ **sich hinüberretten** *ref* réussir à survivre.
hinüber|sein (*Perf* **ist hinübergewesen**) *intr (unreg) fam* **-1.** [am Ende sein] être fichu(e); [betrunken sein] être bourré(e). **-2.** [gehen] faire un saut.
hinunter, runter *Adv*: **bis ~** jusque *(en bas)*; **den Berg ~** en descendant la montagne.
hinunter|blicken *intr*: **in etw** *(A)* **~** regarder dans qqch; **auf jn ~** *fig* regarder qqn de haut.
hinunter|gehen (*Perf* **ist hinuntergegangen**) *tr* & *intr (unreg)* descendre.
hinunter|reichen ◇ *tr* tendre. ◇ *intr* **-1.** [gen] s'étendre. **-2.** [bis auf den Boden] aller.
hinunter|schlucken *tr* **-1.** [Nahrung] avaler. **-2.** *fam* [Gefühle, Kritik] encaisser.

hinunter|stürzen (*Perf* **hat/ist hinuntergestürzt**) ◇ *tr* **-1.** *(hat)* [werfen] précipiter. **-2.** *fam* [trinken] avaler d'un trait. ◇ *intr (ist)* [hinunterfallen] dégringoler.
◆ **sich hinunterstürzen** *ref* [sich hinunterwerfen] se jeter.
hinweg *Adv geh*: **über jn/etw ~** par-dessus qqn/qqch; **über Jahre ~** par-delà les années.
Hin|weg *der (ohne Pl)* aller *m*; **auf dem ~** à l'aller.
hinweg|gehen (*Perf* **ist hinweggegangen**) *intr (unreg)*: **über etw** *(A)* **~** ne pas tenir compte de qqch.
hinweg|kommen (*Perf* **ist hinweggekommen**) *intr (unreg)*: **über etw** *(A)* **~** surmonter qqch.
hinweg|sehen *intr (unreg)*: **über jn/etw ~** voir par-dessus qqn/qqch; **über etw** *(A)* **~** *fig* fermer les yeux sur qqch.
hinweg|setzen
◆ **sich hinwegsetzen** *ref*: **sich über etw** *(A)* **~** passer outre (à) qqch.
hinweg|täuschen *tr*: **jn über etw** *(A)* **~** dissimuler qqch à qqn.
Hinweis (*Pl* **-e**) *der* indication *f*; **ein ~ für** ODER **auf etw** *(A)* un signe de qqch; **jm einen ~ geben** donner une indication à qqn; **unter ~ auf** en se référant à.
hin|weisen *(unreg)* ◇ *intr* indiquer. ◇ *tr*: **jn auf etw** *(A)* **~** faire remarquer qqch à qqn.
Hinweis|schild (*Pl* **-er**) *das* pancarte *f*.
Hinweis|tafel *die* panneau *m*.
hin|wenden *tr (unreg)*: **etw zu jm/etw ~** tourner qqch vers qqn/qqch.
◆ **sich hinwenden** *ref*: **sich zu jm/etw ~** se tourner vers qqn/qqch.
hin|werfen *tr (unreg)* **-1.** [werfen] jeter (par terre). **-2.** *fam* [Arbeit, Projekt] laisser tomber. **-3.** [Skizze] ébaucher. **-4.** [Frage, Satz] lancer.
◆ **sich hinwerfen** *ref* se jeter par terre.
Hinz: **~ und Kunz** *fam abw* Pierre et Paul.
hin|ziehen (*Perf* **hat/ist hingezogen**) *(unreg)* ◇ *tr (hat)* **-1.** [anziehen]: **jn/etw zu sich ~** attirer qqn/qqch vers soi; **sich zu jm/etw hingezogen fühlen** se sentir attiré(e) par qqn/qqch. **-2.** [zeitlich] faire traîner en longueur. ◇ *intr (ist)* [umziehen] s'installer.
◆ **sich hinziehen** *ref* [lange dauern] se prolonger.
hinzu *Adv* en plus.
hinzu|denken *tr (unreg)*: **sich** *(D)* **etw (zu etw) ~** (s')imaginer qqch (allant avec qqch).
hinzu|fügen *tr*: **(etw zu etw) ~** ajouter (qqch à qqch).
hinzu|kommen (*Perf* **ist hinzugekommen**) *intr (unreg)* **-1.** [Personen]: **zu jm/etw ~** se joindre à qqn/qqch. **-2.** [Dinge, Sachen] venir s'ajouter; **es kommt hinzu** ODER **hinzu kommt, daß** à cela s'ajoute le fait que.
hinzu|setzen *tr* ajouter.
hinzu|treten (*Perf* **ist hinzugetreten**) *intr (unreg)*: **zu jm ~** se joindre à qqn.
hinzu|zählen *tr* additionner.
hinzu|ziehen *tr (unreg)* consulter.
Hiobs|botschaft *die* nouvelle *f* désastreuse.
Hippie (*Pl* **-s**) *der* hippie *mf*.
Hirn (*Pl* **-e**) *das* **-1.** [Gehirn] cerveau *m*. **-2.** *fam* [Denkvermögen] cervelle *f*.
Hirngespinst (*Pl* **-e**) *das abw* élucubration *f*.
Hirnhaut|entzündung *die* MED méningite *f*.
hirnrissig *fam abw Adj* aberrant(e).
hirnverbrannt *Adj fam abw* hallucinant(e).
Hiroshima *nt* Hiroshima.
Hirsch (*Pl* **-e**) *der* cerf *m*.
Hirsch|geweih *das* bois *mpl* de cerf.
Hirsch|käfer *der* cerf-volant *m*.
Hirsch|kalb *das* faon *m*.
Hirsch|kuh *die* biche *f*.
Hirse *die (ohne Pl)* mil *m*.
Hirte (*Pl* **-n**), **Hirt** (*Pl* **-en**) *der* berger *m*.
Hirtin (*Pl* **-nen**) *die* bergère *f*.
his, **His** (*Pl* **-**) *das* MUS si *m inv* dièse.
hissen *tr* hisser.
Historiker, in (*mPl* **-**; *fPl* **-nen**) *der, die* historien *m*, -enne *f*.
historisch ◇ *Adj* historique. ◇ *Adv* [geschichtlich] du point de vue historique.
Hit (*Pl* **-s**) *der fam* tube *m*.
Hit|parade *die* hit-parade *m*.
Hitze *die (ohne Pl)* chaleur *f*.
hitzebeständig *Adj* [in Technik] thermorésistant(e); [Geschirr] résistant(e) à la chaleur.
hitzefrei *Adj*: **~ haben** *être en congé scolaire à cause de la chaleur.*
Hitze|welle *die* vague *f* de chaleur.
hitzig ◇ *Adj* **-1.** [Mensch, Temperament] fougueux(euse). **-2.** [Diskussion, Streit] véhément(e). ◇ *Adv* [lebhaft] avec véhémence.
Hitz|kopf *der* personne *f* soupe au lait.
hitzköpfig *Adj* soupe au lait.
Hitz|schlag *der* insolation *f*.
HIV-positiv *Adj* MED séropositif(ive).
Hiwi (*Pl* **-s**) *der fam* UNI *étudiant assistant.*
hl. (*Abk für* **heilig**) St, Ste.
H-|Milch *die (ohne Pl)* lait *m* UHT.
h-Moll *das (ohne Pl)* MUS si *m inv* mineur.
HNO-|Arzt, -|Ärztin (*Abk für* **Hals-Nasen-Ohren-Arzt**) *der, die* ORL *mf*.
hob *Prät* → **heben**.
Hobby ['hɔbi] (*Pl* **-s**) *das* hobby *m*.

Hobby|keller *der sous-sol aménagé pour les loisirs.*
Hobby|koch *der* cuisinier *m* amateur.
Hobby|köchin *die* cuisinière *f* amateur.
Hobby|raum *der pièce réservée à un passe-temps.*
Hobel (*Pl* -) *der* **-1.** [Werkzeug] rabot *m*. **-2.** [Küchengerät] râpe *f*.
Hobel|bank (*Pl* **-bänke**) *die* établi *m*.
hobeln ◇ *tr* [Holz] raboter; [Gemüse] émincer. ◇ *intr* raboter.
hoch (*Kompar* **höher,** *Superl* **höchste**) ◇ *Adj* **-1.** [lang, ranghoch] haut(e). **-2.** [weit oben, beträchtlich, gehoben] élevé(e). **-3.** [mit Maßangabe] de haut, de hauteur; **ein zwei Meter hoher Baum** un arbre de deux mètres (de haut). **-4.** [Klang] aigu(uë). **-5.** MATH: **zehn ~ zwei** dix puissance deux. **-6.** *RW*: **etw ist jm zu ~** *fam* qqch dépasse qqn; **wenn es ~ kommt** *fam* tout au plus. ◇ *Adv* **-1.** [lang, sehr] très; **zu ~ gegriffen sein** *fig* être trop élevé(e). **-2.** [in Höhe, klingen] haut. **-3.** [beträchtlich] gros.
Hoch (*Pl* **-s**) *das* **-1.** [Jubelruf] vivat *m*. **-2.** [meteorologisch] anticyclone *m*.
Hoch|achtung *die* haute considération *f*; **~ vor jm haben** avoir un grand respect pour qqn.
hochachtungsvoll *Adv* 'veuillez agréer, Madame, Monsieur, mes salutations distinguées'.
Hoch|adel *der* haute noblesse *f*.
hochaktuell *Adj* [Thema, Buch] d'une actualité brûlante; [Mode, Kleidungsstück] du dernier cri.
Hoch|amt *das* REL grand-messe *f*.
hochangesehen *Adj geh* [Person] très bien vu(e); [Buch, Zeitung] très apprécié(e); [Meinung, Politik] très prisé(e).
hochanständig ◇ *Adj* très respectable. ◇ *Adv* de manière très respectable.
hoch|arbeiten
◆ **sich hocharbeiten** *ref* s'élever par le travail.
Hoch|bau *der (ohne Pl)* bâtiment *m*.
hochbegabt *Adj* extrêmement doué(e).
Hoch|betrieb *der (ohne Pl) fam* : **es herrscht ~** ça grouille de monde.
hochbezahlt *Adj* très bien payé(e).
Hoch|burg *die* haut lieu *m*.
hochdeutsch ◇ *Adj* haut allemand(e). ◇ *Adv* en haut allemand.
hoch|drehen *tr* **-1.** [Schranke] lever; [Fenster] fermer. **-2.** [Motor] pousser.
Hoch|druck *der (ohne Pl)* **-1.** [technisch] haute pression *f*; **unter ~ stehen** être sous haute pression. **-2.** [meteorologisch] anticyclone *m*. **-3.** *fam* [Hochbetrieb] coup *m* de bourre.
Hochdruck|gebiet *das* front *m* de hautes pressions.
Hoch|ebene *die* plateau *m*.
hochempfindlich *Adj* hypersensible.
hocherfreut ◇ *Adj* ravi(e). ◇ *Adv* avec enthousiasme.
◆ **hocherfreut!** *Interj geh* enchanté(e)!
hoch|fahren (*Perf* **hat/ist hochgefahren**) *(unreg)* ◇ *intr* **-1.** *fam* [nach oben] monter. **-2.** [erschrekken] se lever en sursaut. **-3.** [zornig] s'emporter. ◇ *tr fam* [nach oben] monter.
Hochfinanz *die (ohne Pl)* haute finance *f*.
hoch|fliegen (*Perf* **ist hochgeflogen**) *intr (unreg)* **-1.** [geschleudert werden] être projeté(e) en l'air. **-2.** [Vogel, Flugzeug] s'envoler.
Hoch|form *die (ohne Pl)*: **in ~ sein** être en pleine forme.
Hoch|format *das*: **im ~** au format vertical.
Hoch|frequenz *die* PHYS haute fréquence *f*.
Hoch|gebirge *das* haute montagne *f*.
Hoch|gefühl *das*: **im ~ einer Sache** *(G)* dans l'euphorie de qqch.
hoch|gehen (*Perf* **ist hochgegangen**) *intr (unreg)* **-1.** [Schranke, Vorhang] se lever. **-2.** [Person] monter. **-3.** *fam* [Bombe, Drogenring] sauter; **jn ~ lassen** [verraten] donner qqn; [verhaften] arrêter qqn. **-4.** *fam* [wütend werden] monter sur ses grands chevaux.
Hoch|genuß *der*: **etw ist (jm) ein ~** qqch est un vrai régal (pour qqn).
hoch|geschlossen ◇ *Adj* à col montant. ◇ *Adv* avec des vêtements boutonnés jusqu'en haut.
Hochgeschwindigkeits|zug *der* train *m* à grande vitesse.
hochgespannt *Adj* élevé(e).
hochgesteckt *Adj* ambitieux(euse).
hochgestellt *Adj* de haut rang.
Hoch|glanz *der* brillant *m*; **etw auf ~ bringen** *fig* astiquer qqch.
hochgradig ◇ *Adj* intense. ◇ *Adv* extrêmement.
hoch|halten *tr (unreg)* **-1.** [Gegenstand, Arme] lever. **-2.** [Verfassung, Wahrheit] tenir en haute estime; [Tradition] perpétuer.
Hoch|haus *das* tour *f (immeuble)*.
hoch|heben *tr (unreg)*: **jn/etw ~** soulever qqn/ qqch.
hochintelligent *Adj* très intelligent(e).
hochinteressant *Adj* passionnant(e).
hoch|jubeln *tr abw fam* encenser.
hochkant *Adv* de chant; **jn ~ rauswerfen** *fam fig* ficher qqn dehors.
hoch|klappen (*Perf* **hat/ist hochgeklappt**) ◇ *tr (hat)* relever. ◇ *intr (ist)* se relever.

hochklettern (*Perf* **ist hochgeklettert**) *intr fam*: **an etw** *(D)* **~** grimper à qqch.
hochkommen (*Perf* **ist hochgekommen**) *intr (unreg) fam* **-1.** [nach oben] monter. **-2.** [vom Boden] se relever. **-3.** [beruflich] gravir les échelons. **-4.** [erbrechen]: **jm kommt es/etw hoch** cela/qqch donne la nausée à qqn.
Hochkonjunktur *die* expansion *f*.
hochkrempeln *tr* retrousser.
Hochland (*Pl* **-länder**) *das* hauts plateaux *mpl*.
hochleben *intr*: **jn/etw ~ lassen** acclamer qqn/qqch; **das Hochzeitspaar lebe hoch!** vive les mariés!
hochlegen *tr* hausser.
Hochleistungssport *der (ohne Pl)* sport *m* de compétition.
hochmodisch *Adj* & *Adv* très à la mode.
Hochmoor *das* marais *m*.
Hochmut *der* morgue *f*.
hochmütig *Adj* hautain(e).
hochnäsig *fam abw Adj* prétentieux(euse).
hochnehmen *tr (unreg)* **-1.** [nehmen] relever; **jn/etw mit ~** monter qqn/qqch. **-2.** *fam* [verspotten] faire marcher. **-3.** *fam* [verhaften] arrêter.
Hochofen *der* haut-fourneau *m*.
Hochparterre *das* rez-de-chaussée *m inv* surélevé.
hochprozentig *Adj* fortement concentré(e) en qqch; [Alkohol] fortement alcoolisé(e).
hochqualifiziert *Adj* hautement qualifié(e).
hochrechnen *tr* calculer à partir d'estimations.
Hochrechnung *die* estimation *f*.
hochrot *Adj* écarlate.
Hochsaison *die* haute saison *f*.
hochschätzen *tr geh* avoir une grande estime pour.
hochschlagen (*Perf* **hat/ist hochgeschlagen**) *(unreg)* ◇ *tr (hat)* relever. ◇ *intr (ist)* s'élever.
hochschrecken (*Prät* **schreckte** ODER **schrak hoch,** *Perf* **hat/ist hochgeschreckt**) ◇ *tr (hat & reg)* [Person] faire sursauter; [Tiere] effrayer. ◇ *intr (ist)* sursauter.
Hochschulabschluß *der* UNI diplôme *m* de fin d'études.
Hochschule *die* établissement *m* d'enseignement supérieur.
Hochschullehrer, in *der, die* professeur *m* dans l'enseignement supérieur.
Hochschulreife *die* baccalauréat *m*.
hochschwanger *Adj* en fin de grossesse.
Hochseefischerei *die* pêche *f* hauturière.
Hochseeflotte *die* flotte *f* de haute mer.
Hochsommer *der* plein été *m*.
Hochspannung *die (ohne Pl)* **-1.** [Strom] haute tension *f*. **-2.** [Stimmung] atmosphère *f* survoltée.
Hochspannungsleitung *die* ligne *f* haute tension.
Hochspannungsmast *der* pylône *m* pour ligne haute tension.
hochspielen *tr* monter en épingle.
Hochsprache *die* langue *f* standard.
hochspringen (*Perf* **ist hochgesprungen**) *intr (unreg)* bondir.
Hochspringer, in *der, die* SPORT sauteur *m*, -euse *f* en hauteur.
Hochsprung *der (ohne Pl)* SPORT saut *m* en hauteur.
höchst *Adv* extrêmement.
Höchstalter *das (ohne Pl)* âge *m* limite.
Hochstapelei (*Pl* **-en**) *die* imposture *f*.
Hochstapler, in (*mPl* **-**; *fPl* **-nen**) *der, die* imposteur *m*.
Höchstbelastung *die* charge *f* maximale.
hochstellen *tr* relever; **hochgestellte Zahl** exposant *m*.
höchstens *Adv* tout au plus.
Höchstfall *der (ohne Pl)*: **im ~** au maximum.
Höchstform *die (ohne Pl)*: **in ~ sein** être au meilleur de sa forme.
Höchstgeschwindigkeit *die* vitesse *f* maximale.
Höchstgrenze *die* plafond *m*.
Hochstimmung *die (ohne Pl)* atmosphère *f* extrêmement gaie; **in ~ sein** être en train.
Höchstleistung *die* performance *f* record.
Höchstmaß *das* maximum *m*; **ein ~ an** un maximum de.
höchstmöglich *Adj* le plus élevé possible, la plus élevée possible.
Höchstpreis *der* prix *m* plafond.
Hochstraße *die* **-1.** [in den Bergen] route *f* des crêtes. **-2.** [über andere Straßen] route *f* surélevée.
Höchststand *der* niveau *m* maximal.
Höchststrafe *die* peine *f* maximale.
höchstwahrscheinlich *Adv* très vraisemblablement.
höchstzulässig *Adj*: **~es Gewicht** poids *m* maximal autorisé.
Hochtour *die*: **auf ~en laufen** [Maschinen] fonctionner à plein régime; [Vorbereitungen] aller bon train.
hochtrabend *abw* ◇ *Adj* ronflant(e). ◇ *Adv* pompeusement.
hochtreiben *tr (unreg)* faire monter.

Hochverrat *der (ohne Pl)* haute trahison *f*.

Hochwasser *das (ohne Pl)* crue *f*; **~ haben** être en crue.

hochwerfen *tr (unreg)* lancer (en l'air).

hochwertig *Adj* de bonne qualité.

hochwirksam *Adj* très efficace.

Hochwürden *(ohne Artikel, ohne Pl)* **geh** [als Anrede] Mon Père.

Hochzeit *die* mariage *m*; **silberne/goldene ~** noces *fpl* d'argent/d'or.

Hochzeitsgeschenk *das* cadeau *m* de mariage.

Hochzeitskleid *das* robe *f* de mariée.

Hochzeitsnacht *die* nuit *f* de noces.

Hochzeitspaar *das* mariés *mpl*.

Hochzeitsreise *die* voyage *m* de noces.

Hochzeitstag *der* [Trauung] jour *m* du mariage; [Jahrestag] anniversaire *m* de mariage.

hochziehen *tr (unreg)* **-1.** [ziehen] relever; [Segel, Flagge] hisser. **-2.** [Augenbrauen] lever; [Schultern] hausser; [Nase] renifler. **-3.** *fam* [bauen] monter.

◆ **sich hochziehen** *ref*: **sich an etw** *(D)* **~** se relever en s'agrippant à qqch; *fig* faire ses choux gras de qqch.

Hocke *(Pl* **-n***)* *die* **-1.** *(ohne Pl)* [Haltung]: **in die ~ gehen** s'accroupir. **-2.** [Sprung] saut *m* groupé.

hocken *intr* **-1.** [kauern] être ODER se tenir accroupi(e). **-2.** *fam* [sitzen] être assis(e).

◆ **sich hocken** *ref* **-1.** [sich kauern] s'accroupir. **-2.** *fam* [sich setzen] s'asseoir.

Hocker *(Pl* -*)* *der* tabouret *m*.

Höcker *(Pl* -*)* *der* bosse *f*.

Hockey *das (ohne Pl)* hockey *m*; **~ spielen** jouer au hockey.

Hockeyspieler, in *der, die* joueur de hockey *m*, joueuse de hockey *f*.

Hoden *(Pl* -*)* *der* testicule *m*.

Hof *(Pl* **Höfe***)* *der* **-1.** [gen] cour *f*. **-2.** [landwirtschaftlich] ferme *f*. **-3.** *RW*: **jm den ~ machen** faire la cour à qqn.

Hofbräuhaus *das (ohne Pl) célèbre brasserie munichoise*.

hoffen ◇ *tr* espérer. ◇ *intr*: **auf jn ~** mettre son espoir en qqn; **auf etw** *(A)* **~** espérer qqch.

hoffentlich *Adv* pourvu que *(+ subjonctif)*; **~ regnet es morgen** pourvu qu'il pleuve demain.

Hoffnung *(Pl* **-en***)* *die* espoir *m*; **voller ~ sein** être plein(e) d'espoir; **die ~ (nicht) aufgeben** (ne pas) perdre espoir.

hoffnungslos ◇ *Adj* désespéré(e). ◇ *Adv* **-1.** [ohne Hoffnung] sans espoir. **-2.** [völlig] complètement.

Hoffnungslosigkeit *die (ohne Pl)* [von Menschen] désespoir *m*; [von Situationen] caractère *m* désespéré.

Hoffnungsschimmer *der* lueur *f* d'espoir.

hoffnungsvoll ◇ *Adj* **-1.** [optimistisch] plein(e) d'espoir. **-2.** [erfolgversprechend] prometteur(euse). ◇ *Adv* **-1.** [optimistisch] plein(e) d'espoir. **-2.** [erfolgversprechend] de façon prometteuse ODER encourageante.

höflich ◇ *Adj* poli(e). ◇ *Adv* poliment.

Höflichkeit *(Pl* **-en***)* *die* politesse *f*.

Höflichkeitsbesuch *der* visite *f* de politesse ODER courtoisie.

Höhe *(Pl* **-n***)* *die* **-1.** [Maß, Hügel] hauteur *f*. **-2.** [von Preis, Betrag] montant *m*. **-3.** [Richtung]: **in die ~** en l'air; **in die ~ steigen** [Gegenstand] s'élever; **in die ~ gehen** [Preis] être en hausse. **-4.** [Linie]: **auf der** ODER **in ~ von jm/etw** à hauteur de qqn/qqch; **auf gleicher ~** à la même hauteur. **-5.** *RW*: **auf der ~ sein** [informiert sein] être à la page; [gesund sein] être sur pied; **das ist die ~!** *fam* c'est le comble!

Hoheit *(Pl* **-en***)* *die* **-1.** *(ohne Pl)* [Herrschaft] souveraineté *f*. **-2.** [als Anrede] Altesse *f*.

Hoheitsgebiet *das* territoire *m* national.

Höhenflug *der* **-1.** [in Gedanken] envolée *f*. **-2.** [mit Flugzeug] vol *m* à haute altitude.

Höhenlage *die* altitude *f*.

Höhensonne *die* lampe *f* à (rayons) ultraviolets.

Höhenunterschied *der* différence *f* d'altitude.

höhenverstellbar *Adj* réglable en hauteur.

Höhepunkt *der* [von Entwicklung] point *m* culminant; [von Ereignis] moment *m* fort; [von Karriere] sommet *m*.

Hohe Tauern *Pl* Hohe Tauern *mpl*.

Hohe Venn *das* Hautes Fagnes *fpl*.

hohl ◇ *Adj* creux(euse); **in der ~en Hand** dans le creux de la main. ◇ *Adv*: **~ daherreden** débiter des paroles creuses.

Höhle *(Pl* **-n***)* *die* **-1.** [Grotte] grotte *f*, caverne *f*. **-2.** [von Tieren] tanière *f*; [von Dachs, Fuchs] terrier *m*; *fig* [von Löwe] antre *m*.

Hohlkörper *der* corps *m* creux.

Hohlkreuz *das (ohne Pl)* lordose *f*; **ein ~ machen** cambrer le dos.

Hohlmaß *das* mesure *f* de capacité.

Hohlraum *der* cavité *f*.

Höhlung *(Pl* **-en***)* *die* cavité *f*.

Hohlweg *der* chemin *m* creux.

Hohn *der (ohne Pl)* **geh** raillerie *f*; **etw ist der blanke** ODER **reine ~** c'est le comble.

höhnisch ◇ *Adj* railleur(euse). ◇ *Adv* sarcastiquement; **~ lachen** ricaner.

Hokuspokus *der (ohne Pl)* **-1.** [Zaubertrick] tour *m* de passe-passe. **-2.** *abw* [Aufwand] cirque *m*.

Holding|gesellschaft *die* holding *m* ODER *f*.

holen *tr* **-1.** [Gegenstände - heranholen] aller chercher; [- entnehmen] prendre; **Kohlen aus dem Keller/Möbel vom Speicher ~** aller chercher du charbon à la cave/des meubles au grenier; **das Buch aus dem Regal ~** prendre le livre sur l'étagère; **sich** *(D)* **etw ~** [Informationen] rechercher qqch; *fam fig* [Krankheit] attraper qqch; **etw ~ kommen** venir chercher qqch. **-2.** [Personen - herbeirufen] faire venir; [- aufnehmen]: **jn zu sich ~** prendre qqn chez soi.

Holland *nt* Hollande *f*.

Holländer *(Pl* -) ◇ *der* Hollandais *m*. ◇ *Adj (unver)* de Hollande.

Holländerin *(Pl* **-nen**) *die* Hollandaise *f*.

holländisch *Adj* hollandais(e).

Hölle *die (ohne Pl)* enfer *m*; **die ~ ist los** *fam fig* c'est l'enfer; **jm die ~ heiß machen** *fam fig* tanner qqn.

Höllen|angst *die fam* peur *f* bleue.

Höllen|lärm *der (ohne Pl) fam* bruit *m* d'enfer.

höllisch ◇ *Adj* infernal(e). ◇ *Adv fam* diablement.

Hollywood|schaukel *die* ['hɔlɪwʊdʃaukl] balancelle *f*.

Holm *(Pl* **-e**) *der* SPORT barre *f*.

Holocaust *(Pl* **-s**) *der* holocauste *m*.

Holographie *die (ohne Pl)* holographie *f*.

holpern *(Perf* **hat/ist geholpert**) *intr* **-1.** *(ist)* [beim Fahren] cahoter. **-2.** *(hat)* [beim Sprechen] trébucher sur les mots.

holprig ◇ *Adj* **-1.** [uneben] cahoteux(euse). **-2.** [stockend] hésitant(e). ◇ *Adv* [stockend] de façon hésitante.

Holst. *(Abk für* **Holstein**) Holstein.

Holsteiner *(Pl* -) ◇ *der* Holsteinois *m*. ◇ *Adj (unver)* du Holstein.

Holsteinerin *(Pl* **-nen**) *die* Holsteinoise *f*.

holsteinisch *Adj* du Holstein.

Holunder *(Pl* -) *der* sureau *m*.

Holz *(Pl* **Hölzer**) *das* bois *m*; **~ hacken** faire du petit bois.

Holz|bein *das* jambe *f* de bois.

Holzblas|instrument *das* instrument *m* à vent en bois.

Holz|boden *der* plancher *m* (de bois).

hölzern *Adj* **-1.** [aus Holz] de ODER en bois. **-2.** [Mensch] raide; [Benehmen] gauche.

Holzfäller, in *(mPl* -; *fPl* **-nen**) *der, die* bûcheron *m*, -onne *f*.

holzfrei *Adj* de pure cellulose.

Holzhammer|methode *die fam* : **die ~ anwenden** ne pas prendre de gants.

Holz|haus *das* maison *f* de bois.

holzig *Adj* ligneux(euse).

Holz|kohle *die (ohne Pl)* charbon *m* de bois.

Holz|schnitt *der* gravure *f* sur bois.

Holz|schuh *der* sabot *m*.

Holz|stoß *der* pile *f* de bois.

holzverarbeitend *Adj*: **~e Industrie** industrie *f* de transformation du bois.

holzverkleidet *Adj* revêtu(e) de bois.

Holz|weg *der (ohne Pl)*: **auf dem ~ sein** faire fausse route.

Holz|wolle *die (ohne Pl)* laine *f* de bois.

Holz|wurm *der* ver *m* du bois.

Hommage [ɔ'maːʒ] *(Pl* **-n**) *die* hommage *m*.

homogen *Adj* homogène.

homogenisieren *tr* homogénéiser.

homolog *Adj* homologue.

Homöopath *(Pl* **-en**) *der* homéopathe *m*.

Homöopathie *die (ohne Pl)* homéopathie *f*.

Homöopathin *(Pl* **-nen**) *die* homéopathe *f*.

homöopathisch *Adj* homéopathique.

Homosexualität *die (ohne Pl)* homosexualité *f*.

homosexuell ◇ *Adj* homosexuel(elle). ◇ *Adv*: **~ veranlagt sein** avoir des tendances homosexuelles.

Homosexuelle *(Pl* **-n**) *der, die* homosexuel *m*, -elle *f*.

Honduraner, in *(mPl* -; *fPl* **-nen**) *der, die* Hondurien *m*, -enne *f*.

honduranisch *Adj* hondurien(enne).

Honduras *nt* Honduras *m*; **in ~** au Honduras.

Hongkong *nt* Hong Kong, Hongkong.

Honig *der (ohne Pl)* miel *m*; **türkischer ~** nougat *m*.

Honig|kuchen *der* pain *m* d'épice.

honigsüß ◇ *Adj* mielleux(euse). ◇ *Adv* mielleusement.

Honorar *(Pl* **-e**) *das* honoraires *mpl*.

honorieren *tr geh* [anerkennen] honorer; [bezahlen] rétribuer.

honorig *Adj iron* honorable.

Hopfen *(Pl* -) *der* houblon *m*.

hopp *Interj*: **~!** hop!

hoppla *Interj*: **~!** oh là!

Hops *(Pl* **-e**) *der* petit saut *m*.

hopsen *(Perf* **ist gehopst**) *intr* sautiller.

hops|gehen *(Perf* **ist hopsgegangen**) *intr (unreg) salopp* **-1.** [Person] clamser. **-2.** [Gegenstand] se volatiliser.

hörbar ◇ *Adj* audible. ◇ *Adv* bruyamment.

hörbehindert *Adj* qui souffre de troubles auditifs.
Hör|brille *die* lunettes *fpl* avec correction auditive.
horchen *intr* écouter (avec attention).
Horde (*Pl* **-n**) *die* horde *f*.
hören ◇ *tr* **-1.** [wahrnehmen, erfahren] entendre. **-2.** [bewußt verfolgen] écouter; **etw/nichts von sich ~ lassen** donner/ne pas donner de ses nouvelles. **-3.** [Untertöne] percevoir. **-4.** *RW*: **etwas zu ~ kriegen** *fam fig* en entendre; **der kriegt etwas von mir zu ~** il va m'entendre! ◇ *intr* **-1.** [als Hörfähigkeit] entendre; **schwer ~** entendre mal. **-2.** [zuhören]: **hör mal!, ~ Sie mal!** écoute!, écoutez! **-3.** [als Drohung]: **Sie werden noch von mir ~!** vous aurez de mes nouvelles! **-4.** [auf Rat]: **auf jn/etw ~** écouter qqn/qqch. **-5.** *fam* [gehorchen] entendre raison.
Hörensagen *das (ohne Pl)*: **etw vom ~ kennen** connaître qqch par ouï-dire.
hörenswert *Adj* qui vaut la peine d'être écouté(e).
Hörer (*Pl* -) *der* **-1.** [Person] auditeur *m*. **-2.** [von Telefon] écouteur *m*, combiné *m*.
Hörerin (*Pl* **-nen**) *die* auditrice *f*.
Hörerschaft *die (ohne Pl)* auditeurs *mpl*, auditoire *m*.
Hör|fehler *der* défaut *m* de l'ouïe.
Hör|funk *der (ohne Pl)* radio *f*.
Hör|gerät *das* appareil *m* auditif.
hörgeschädigt *Adj* malentendant(e).
hörig *Adj*: **jm/etw ~ sein** être dévoué(e) corps et âme à qqn/qqch.
Horizont (*Pl* **-e**) *der* horizon *m*; **etw geht über js ~** *fig* qqch dépasse qqn.
horizontal ◇ *Adj* horizontal(e). ◇ *Adv* horizontalement.
Horizontale (*Pl* **-n**) *die* horizontale *f*.
Hormon (*Pl* **-e**) *das* hormone *f*.
Hör|muschel *die* écouteur *m*.
Horn (*Pl* **Hörner** ODER **-e**) *das* **-1.** *(Pl Hörner)* [von Tieren] corne *f*. **-2.** *(Pl Horne)* [Material] corne *f*; **aus ~** en corne. **-3.** *(Pl Hörner)* [Instrument] cor *m*; **~ blasen** jouer du cor.
Horn|brille *die* lunettes *fpl* en écaille.
Hörnchen (*Pl* -) *das* **-1.** [Gebäck] croissant *m*. **-2.** [von Tieren] (petite) corne *f*.
Horn|haut *die* **-1.** [Hautschicht] callosité *f*. **-2.** [von Augen] cornée *f*.
hornig *Adj* corné(e).
Hornisse (*Pl* **-n**) *die* frelon *m*.
Horoskop (*Pl* **-e**) *das* horoscope *m*.
horrend *Adj* faramineux(euse).
Horror *der (ohne Pl) fam* horreur *f*; **einen ~ vor jm/etw haben** avoir horreur de qqn/qqch.
Horror|film *der* film *m* d'horreur.
Hör|saal *der* amphithéâtre *m*.
Hör|spiel *das* pièce *f* radiophonique.
Horst (*Pl* **-e**) *der* aire *f*.
Hort (*Pl* **-e**) *der* **-1.** [für Kinder] halte-garderie *f*, garderie *f*. **-2.** *geh* [Schutz] refuge *m*.
horten *tr* [Gegenstände] stocker; [Geld] thésauriser.
Hör|weite *die (ohne Pl)* portée *f* de la voix.
Hose (*Pl* **-n**) *die* pantalon *m*; [mit kurzen Beinen] culotte *f*; **in die ~ machen** faire dans sa culotte; **die ~n anhaben** *fam fig* porter la culotte; **in die ~ gehen** *fam fig* foirer; **hier ist tote ~** *salopp fig* ici, c'est complètement mort.
Hosen|anzug *der* tailleur-pantalon *m*.
Hosen|bein *das* jambe *f* de pantalon.
Hosen|boden *der*: **sich auf den ~ setzen** *fam* bûcher.
Hosen|bügel *der* cintre *m* pour pantalon.
Hosen|bund (*Pl* **-bünde**) *der* ceinture *f* de pantalon.
Hosen|rock *der* jupe-culotte *f*.
Hosen|schlitz *der* braguette *f*.
Hosen|träger *der* bretelle *f*.
Hospital (*Pl* **-e** ODER **-täler**) *das* hôpital *m*.
hospitieren *intr* UNI assister en auditeur libre.
Hostess, Hosteß (*Pl* **-tessen**) *die* hôtesse *f*.
Hostie (*Pl* **-n**) *die* REL hostie *f*.
Hot dog ['hɔt'dɔk] (*Pl* **-s**) *der* ODER *das* hot dog *m*.
Hotel (*Pl* **-s**) *das* hôtel *m*; **im ~** à l'hôtel; **~ garni** hôtel sans restaurant.
Hotel|bar *die* bar *m* de l'hôtel.
Hotel|bett *das* lit *m* d'hôtel.
Hotel|direktor *der* directeur *m* d'hôtel.
Hotel|direktorin *die* directrice *f* d'hôtel.
Hotel|gast *der* hôte *m*, client *m* de l'hôtel.
Hotel|gewerbe *das* hôtellerie *f*.
Hotelier [hotɛ'lje:] (*Pl* **-s**) *der* hôtelier *m*.
Hotel|verzeichnis *das* liste *f* des hôtels.
Hotel|zimmer *das* chambre *f* d'hôtel.
HP *Abk für* **Halbpension**.
Hr. (*Abk für* **Herr**) M.
HR (*Abk für* **Hessischer Rundfunk**) *der (ohne Pl)* Radio *f* Francfort.
hrsg. (*Abk für* **herausgegeben**) publié(e).
hüben
◆ **hüben und drüben** *Adv* d'un côté comme de l'autre.
Hub|raum *der (ohne Pl)* cylindrée *f*.
hübsch ◇ *Adj* **-1.** [gen] joli(e). **-2.** *fam iron* [un-

angenehm]: **eine ~e Überraschung!** une drôle de surprise! ◇ *Adv* **-1.** [schön] joliment. **-2.** *fam* [sehr] drôlement.

Hubschrauber (*Pl* -) *der* hélicoptère *m*.

Hubschrauberlande|platz *der* héliport *m*.

Hucke (*Pl* **-n**) *die*: **jm die ~ voll hauen** *fam* rosser qqn.

huckepack *Adv*: **jn/etw ~ nehmen/tragen** *fam* prendre/porter qqn/ qqch sur son dos.

Huckepack|verkehr *der (ohne Pl)* trafic *m* combiné rail-route.

Huf (*Pl* **-e**) *der* sabot *m*.

Hufleisen *das* fer *m* à cheval.

Huflattich *der (ohne Pl)* tussillage *m*, pas-d'âne *m*.

Huf|schmied *der* maréchal-ferrant *m*.

Hüfte (*Pl* **-n**) *die* hanche *f*.

Hüft|gelenk *das* articulation *f* de la hanche.

Huf|tier *das* ongulé *m*.

Hüft|knochen *der* os *m* iliaque.

Hügel (*Pl* -) *der* **-1.** [Berg] colline *f*. **-2.** [Haufen] butte *f*.

hügelig *Adj* vallonné(e).

Huhn (*Pl* **Hühner**) *das* **-1.** [Vogel] poule *f*; [gebraten] poulet *m*. **-2.** *fam* [Mensch] dinde *f*.

Hühnchen (*Pl* -) *das* poulet *m*; **mit jm ein ~ zu rupfen haben** *fam fig* avoir un compte à régler avec qqn.

Hühner|auge *das* cor *m* (au pied).

Hühner|brühe *die (ohne Pl)* bouillon *m* de poule.

Hühner|ei *das* œuf *m* de poule.

Hülle (*Pl* **-n**) *die* enveloppe *f*; [von Schallplatten] pochette *f*; [von Buch] jaquette *f*.

◆ **in Hülle und Fülle** *Adv* à foison.

hüllen *tr*: **jn/etw in etw** *(A)* **~** envelopper qqn/ qqch dans qqch.

Hülse (*Pl* **-n**) *die* **-1.** [von Füller] capuchon *m*; [von Patrone] douille *f*. **-2.** [bei Pflanzen] cosse *f*.

Hülsen|frucht *die* légume *m* sec.

human ◇ *Adj* humain(e). ◇ *Adv* humainement.

Humanismus *der (ohne Pl)* humanisme *m*.

Humanist, in (*mPl* **-en**; *fPl* **-nen**) *der, die* humaniste *mf*.

humanistisch *Adj* humaniste.

humanitär *Adj* humanitaire.

Humanität *die (ohne Pl)* humanité *f*.

Hummel (*Pl* **-n**) *die* bourdon *m*.

Hummer (*Pl* -) *der* homard *m*.

Humor *der (ohne Pl)* humour *m*; **Sinn für ~ haben** avoir le sens de l'humour; **etw mit ~ nehmen** ODER **tragen** prendre qqch avec humour; **schwarzer ~** humour noir.

humoristisch ◇ *Adj* humoristique. ◇ *Adv* de façon humoristique.

humorlos *Adj* & *Adv* sans humour.

humorvoll ◇ *Adj* plein(e) d'humour. ◇ *Adv* avec humour.

humpeln (*Perf* **hat/ist gehumpelt**) *intr* **-1.** *(hat, ist)* [hinken] boiter. **-2.** *(ist)* [in eine Richtung] aller en clopinant.

Humus *der (ohne Pl)* humus *m*.

Hund (*Pl* **-e**) *der* **-1.** [Tier] chien *m*; **'Vorsicht, bissiger ~!'** 'attention, chien méchant!'. **-2.** *RW*: **vor die ~e gehen** *fam* y passer.

Hunde|hütte *die* niche *f (de chien)*.

Hunde|leine *die* laisse *f*.

Hunde|marke *die plaque portée par les chiens attestant le payement de la taxe sur les chiens*.

hundemüde *Adj fam* vanné(e).

Hunde|rasse *die* race *f* de chien.

hundert *Num* **-1.** [Zahl] cent; **auf ~ kommen** *fam* monter sur ses grands chevaux. **-2.** *fam* [sehr viele] une foule de; *siehe auch* **sechs**.

Hundert (*Pl* **-e**) ◇ *die (G Hundert)* [Ziffer] cent *m*. ◇ *das (G Hunderts)* [Anzahl] centaine *f*.

◆ **Hunderte** *Pl*: **~e von** des centaines de.

◆ **zu hunderten** *Adv* par centaines; *siehe auch* Sechs.

Hunderter (*Pl* -) *der* **-1.** *fam* [Geldschein] billet *m* de cent. **-2.** [Zahl] centaine *f*.

hunderterlei *Num* **-1.** [viele verschiedene] de toutes sortes. **-2.** [vieles] trente-six choses *fpl*.

hundertfach *Adv* centuple.

Hundertfache *das (ohne Pl)* centuple *m*.

hundertfünfzigprozentig *Adj fam* [Kommunist, Nazi] enragé(e).

Hundertjahr|feier *die* centenaire *m*.

hundertjährig *Adj* centenaire.

hundertmal ◇ *Num* cent fois. ◇ *Adv fam* [sehr oft] cent fois.

Hundertmark|schein *der* billet *m* de cent marks.

Hundertmeter|lauf *der* course *f* de cent mètres.

hundertprozentig *Adj* & *Adv* à cent pour cent; **~er Alkohol** alcool *m* pur.

Hundertschaft (*Pl* **-en**) *die* [von Polizisten] unité *f*.

hundertste, r, s *Adj* centième; *siehe auch* **sechste**.

Hundertste (*Pl* **-n**) *der, die, das* centième *mf*; *siehe auch* **Sechste**.

hundertstel *Num* centième; **eine ~ Sekunde** un centième de seconde; *siehe auch* **sechstel**.

Hundertstel (*Pl* -) *das* centième *m*; *siehe auch* **Sechstel**.

hunderttausend *Num* cent mille.

Hundelsalon *der* salon *m* de toilettage.
Hundelsteuer *die (ohne Pl) taxe municipale sur les chiens.*
Hundezwinger (*Pl* -) *der* chenil *m.*
Hündin (*Pl* **-nen**) *die* chienne *f.*
Hüne (*Pl* **-n**) *der* géant *m.*
Hunger *der (ohne Pl)* **-1.** [nach Nahrung] faim *f.* **-2.** *geh* [nach Ruhm, Macht] soif *f.*
Hungerlohn *der abw* salaire *m* de misère.
hungern *intr* **-1.** [nach Nahrung] endurer la faim. **-2.** *geh* [verlangen]: **nach etw ~** *fig* avoir soif de qqch.
◆ **sich hungern** *ref*: **sich schlank/gesund ~** faire un régime pour maigrir/recouvrer la santé.
Hungersnot *die* famine *f.*
Hungerlstreik *der* grève *f* de la faim.
Hungerltuch *das*: **am ~ nagen** *fam hum* manger de la vache enragée.
hungrig ◇ *Adj* qui a faim; **sehr ~ sein** être affamé(e). ◇ *Adv* avec avidité.
Hunsrück *der* Hunsrück *m*; **im ~** dans l'Hunsrück.
Hupe (*Pl* **-n**) *die* klaxon *m.*
hupen *intr* klaxonner.
hüpfen (*Perf* **ist gehüpft**) *intr* sautiller.
Hürde (*Pl* **-n**) *die* haie *f*; **eine ~ nehmen** *fig* franchir un obstacle.
Hürdenlauf *der (ohne Pl)* course *f* de haies ODER d'obstacles.
Hure (*Pl* **-n**) *die* putain *f.*
hurra *Interj*: **~!** hourra!
hurtig ◇ *Adj* prompt(e). ◇ *Adv* promptement.
husch *Interj*: **~!** hop! hop!
huschen (*Perf* **ist gehuscht**) *intr* passer rapidement.
hüsteln *intr* toussoter.
husten ◇ *intr* tousser; **auf jn/etw ~** *fam* cracher sur qqn/qqch. ◇ *tr* cracher.
Husten *der (ohne Pl)* toux *f*; **~ haben** tousser.
Hustenlanfall *der* quinte *f* de toux.
Hustenlreiz *der (ohne Pl)* envie *f* de tousser.
Hustenlsaft *der* sirop *m* contre la toux.
Hut (*Pl* **Hüte**) ◇ *der (G Hut(e)s)* chapeau *m*; **ein alter ~** *fam fig* un vieux truc; **mit jm nichts am ~ haben** *fam fig* ne pas avoir d'atomes crochus avec qqn; **mit etw nichts am ~ haben** *fam fig* ne pas accrocher avec qqch; **seinen ~ nehmen** *fam fig* rendre son tablier; **alle unter einen ~ bringen** *fam fig* mettre tout le monde d'accord. ◇ *die (G Hut & ohne Pl)*: **(bei** ODER **vor jm/etw) auf der ~ sein** se méfier (de qqn/qqch).
◆ **Hut ab!** *Interj* chapeau!
hüten *tr* garder.
◆ **sich hüten** *ref*: **sich vor jm/etw ~** se garder de qqn/qqch; **sich ~, etw zu tun** se garder de faire qqch.
Hutlkrempe *die* bord *m* d'un chapeau.
Hütte (*Pl* **-n**) *die* **-1.** [Haus] cabane *f*; [in den Bergen] chalet *m*. **-2.** [Betrieb] fonderie *f.*
Hüttenlkäse *der* fromage *m* en faisselle.
Hüttenlschuh *der chausson en laine à semelle de cuir souple.*
Hüttenlwesen *das (ohne Pl)* métallurgie *f.*
Hyäne (*Pl* **-n**) *die* hyène *f.*
Hyazinthe (*Pl* **-n**) *die* jacinthe *f.*
hybrid *Adj* hybride.
Hydrant (*Pl* **-en**) *der* bouche *f* d'incendie.
Hydraulik *die (ohne Pl)* système *m* hydraulique.
hydraulisch ◇ *Adj* hydraulique. ◇ *Adv* en utilisant un système hydraulique.
Hydrolkultur *die* hydroculture *f.*
Hygiene [hy'gi̯eːnə] *die (ohne Pl)* hygiène *f.*
hygienisch [hy'gi̯eːnɪʃ] ◇ *Adj* hygiénique. ◇ *Adv* conformément aux normes d'hygiène.
Hymne (*Pl* **-n**) *die* hymne *m.*
Hyperbel (*Pl* **-n**) *die* hyperbole *f.*
Hypnose (*Pl* **-n**) *die* hypnose *f.*
Hypnotiseur, in [hypnoti'zøːɐ̯, rɪn] (*mPl* **-e**; *fPl* **-nen**) *der, die* hypnotiseur *m*, -euse *f.*
hypnotisieren *tr* hypnotiser.
Hypochonder, in [hypo'xɔndɐ, rɪn] (*mPl* -; *fPl* **-nen**) *der, die* hypocondriaque *mf.*
Hypothek (*Pl* **-en**) *die* hypothèque *f*; **eine ~ auf etw** *(A)* **aufnehmen** grever qqch d'une hypothèque.
Hypothese (*Pl* **-n**) *die* hypothèse *f.*
hypothetisch ◇ *Adj* hypothétique. ◇ *Adv* hypothétiquement.
Hysterie [hyste'riː] (*Pl* **-n**) *die* hystérie *f.*
Hysteriker, in (*mPl* -; *fPl* **-nen**) *der, die* hystérique *mf.*
hysterisch ◇ *Adj* hystérique. ◇ *Adv* avec hystérie.

I

i, I [iː] (*Pl* - ODER **-s**) *das* i *m inv*, I *m inv*.
i. *Abk für* **im**.
i.A. (*Abk für* **im Auftrag**) par ordre de, au nom de.
IAA (*Abk für* **Internationale Automobilausstellung**) *die (ohne Pl)* salon *m* international de l'automobile.
i.allg. (*Abk für* **im allgemeinen**) en gén.
i.a.W. (*Abk für* **in anderen Worten**) en d'autres termes.
i.b. *Abk für* **im besonderen**.
ibd. (*Abk für* **ibidem (ebenda)**) ibid., dans le même ouvrage.
iberisch *Adj* ibérique.
Iberische Halbinsel *die* péninsule *f* ibérique.
Ibiza *nt* Ibiza; **auf ~** à Ibiza.
IBM-kompatibel® *Adj* EDV compatible IBM.
IC [iːˈtseː] (*Pl* **-s**) (*Abk für* **InterCity**) *der* IC *m*.
ICE [iːtseːˈeː] (*Pl* **-s**) (*Abk für* **InterCity Express**) *der* ICE *m*, ≃ TGV *m*.
ich *Pron* je, j'; [betont] moi; **~ komme** je viens; **~ schreibe** j'écris; **~ bin's** c'est moi.
◆ **Ich** *das (ohne Pl)*: **das Ich** le Moi.
ichbezogen *Adj* égocentrique.
i.d. *Abk für* **in der**.
ideal ◇ *Adj* idéal(e). ◇ *Adv* **-1.** [vollkommen] de façon idéale, idéalement. **-2.** [abstrakt] dans l'abstrait.
Ideal (*Pl* **-e**) *das* idéal *m*.
Idealfall *der* cas *m* idéal.
◆ **im Idealfall** *Adv* dans le meilleur des cas.
idealisieren *tr* idéaliser.
Idealismus *der (ohne Pl)* idéalisme *m*.
Idealist, in (*mPl* **-en**; *fPl* **-nen**) *der, die* idéaliste *mf*.
idealistisch ◇ *Adj* idéaliste. ◇ *Adv* avec idéalisme.
Idee (*Pl* **-n**) *die* **-1.** [gen] idée *f*. **-2.** *fam* [Kleinigkeit]: **eine ~ Salz** un soupçon de sel; **eine ~ schneller** un tout petit peu plus vite.
ideell *Adj* idéel(elle).
ideenreich *Adj* plein(e) d'idées.
Identifikation (*Pl* **-en**) *die* identification *f*.
identifizieren *tr* **-1.** [erkennen] identifier. **-2.** [gleichsetzen]: **jn/etw mit etw ~** identifier qqn/qqch à qqch.
◆ **sich identifizieren** *ref* [sich gleichsetzen]: **sich mit jm/etw ~** s'identifier à qqn/qqch.
Identifizierung (*Pl* **-en**) *die* identification *f*.
identisch *Adj* identique.
Identität *die (ohne Pl)* identité *f*.
Ideologie (*Pl* **-n**) *die* idéologie *f*.
ideologisch *Adj* idéologique.
Idiom (*Pl* **-e**) *das* **-1.** [von Gruppe, Person] idiome *m*. **-2.** [Redewendung] expression *f* idiomatique.
idiomatisch *Adj* idiomatique.
Idiot (*Pl* **-en**) *der fam abw* [Dummkopf] idiot *m*.
Idiotie (*Pl* **-n**) *die* idiotie *f*.
Idiotin (*Pl* **-nen**) *die fam abw* idiote *f*.
idiotisch ◇ *Adj* **-1.** [schwachsinnig] débile. **-2.** *fam abw* [dumm, unsinnig] idiot(e). ◇ *Adv fam abw* [unsinnig] de façon idiote.
Idol (*Pl* **-e**) *das* idole *f*.
i.d.R. *Abk für* **in der Regel**.
Idylle (*Pl* **-n**) *die* idylle *f*.
idyllisch ◇ *Adj* idyllique. ◇ *Adv* de façon idyllique; **~ gelegen** idéalement situé(e).
IFA [ˈiːfa] (*Abk für* **Internationale Funkausstellung**) *die (ohne Pl)* salon *m* international de la radio.
IG (*Pl* **-s**) *die* (*Abk für* **Industriegewerkschaft**): **die ~ Medien/Metall** le syndicat ouvrier IG Medien/Metall.
Igel (*Pl* -) *der* hérisson *m*.
Iglu (*Pl* **-s**) *der* ODER *das* igloo *m*, iglou *m*.
Ignorant, in (*mPl* **-en**; *fPl* **-nen**) *der, die abw* ignorant *m*, -e *f*.
Ignoranz *die (ohne Pl) abw* ignorance *f*.
ignorieren *tr* ignorer.
IHK (*Abk für* **Industrie- und Handelskammer**) *die (ohne Pl)* CCI *f*.
ihm *Pron (Dativ von er)* lui.
ihn *Pron (Akkusativ von er)* le, la, l'; **siehst du ~?** tu le vois?; **das ist für ~** c'est pour lui.
ihnen *Pron (Dativ Plural von sie)* leur; **~ etw geben** leur donner qqch; **neben ~** à côté d'eux (d'elles).
Ihnen *Pron (Dativ von Sie)* vous.
ihr¹ *Pron* **-1.** [Nominativ] vous. **-2.** [Dativ Singular von sie] lui; **~ etw geben** lui donner qqch; **mit ~** avec elle.
ihr², e *Det* **-1.** [Singular] son, sa, ses. **-2.** [Plural] leur, leurs.
Ihr, e *Det* votre, vos.
ihre, r, s *Pron* **-1.** [Singular] le sien, la sienne,

les siens, les siennes. **-2.** [Plural] le ODER la leur, les leurs.

Ihre, r, s *Pron* le ODER la vôtre, les vôtres.

ihrerseits *Adv* de son côté, de leur côté.

Ihrerseits *Adv* de votre côté, pour votre part.

ihresgleichen *Pron* ses pairs, leurs pairs; **Leute wie ~** *abw* des gens comme lui (elle) ODER eux.

Ihresgleichen *Pron* vos pairs; **Leute wie ~** *abw* des gens comme vous.

ihretwegen *Adv* à cause de lui (d'elle) ODER d'eux (d'elles).

Ihretwegen *Adv* à cause de vous.

ihretwillen

◆ **um ihretwillen** *Adv* pour lui (elle) ODER eux (elles).

Ihretwillen

◆ **um Ihretwillen** *Adv* pour vous.

ihrige *Pron geh*: **der** ODER **die** ODER **das ~** le sien, la sienne, le ODER la leur.

Ihrige (*Pl* **-n**) ◇ *Pron geh*: **der** ODER **die** ODER **das ~** le ODER la vôtre. ◇ *der, die geh*: **'ganz der** ODER **die ~'** 'votre dévoué(e)'. ◇ *das (ohne Pl)* **-1.** [Besitz] son ODER leur bien. **-2.** [Beitrag] son ODER leur possible.

◆ **Ihrigen** *Pl geh* [Angehörigen]: **die ~** les siens, les leurs; [in Anrede] les vôtres.

Ijsselmeer *das* Ijsselmeer *m*, lac *m* d'Ijssel.

Ikone (*Pl* **-n**) *die* icône *f*.

illegal ◇ *Adj* illégal(e). ◇ *Adv* illégalement.

illegitim ◇ *Adj* illégitime. ◇ *Adv* de manière illégitime.

Illusion (*Pl* **-en**) *die* illusion *f*; **sich** *(D)* **keine ~en machen** ne se faire aucune illusion, ne pas se faire d'illusions.

illusorisch *Adj* illusoire.

Illustration (*Pl* **-en**) *die* illustration *f*.

illustrieren *tr* illustrer.

Illustrierte (*Pl* **-n**) *die* magazine *m*.

Iltis (*Pl* **-se**) *der* putois *m*.

im *Präp* **-1.** *(in + dem)*: **~ Garten meiner Eltern** dans le jardin de mes parents. **-2.** [räumlich] dans; **~ Norden** au nord; **~ Krankenhaus** à l'hôpital. **-3.** *(nicht auflösbar)* [in festen Wendungen] en; **~ Jahre 1993** en 1993; **~ Sonderangebot** en promotion; **~ Dutzend** à la douzaine; **~ Winter/März** en hiver/mars. **-4.** [in bezug auf, zur Angabe der Gleichzeitigkeit] en; **~ Rechnen** en calcul; **~ Schlaf** en dormant; **~ Fallen** en tombant.

Image ['ɪmɪtʃ] (*Pl* **-s**) *das* **-1.** [von Produkten] image *f* (de marque). **-2.** [von Personen] réputation *f*.

Image|pflege *die* attention *f* portée à l'image de marque.

imaginär *Adj* imaginaire.

Imbiß (*Pl* **-bisse**) *der* **-1.** [Mahlzeit] en-cas *m*, collation *f*. **-2.** [Imbißbude] snack *m*.

Imbiß|bude *die fam* snack *m*.

Imbiß|stube *die* snack *m*.

Imitation (*Pl* **-en**) *die* imitation *f*.

imitieren *tr* **-1.** [Lebewesen] imiter. **-2.** [Gegenstand] copier; [Leder] imiter.

Imker, in (*mPl* **-**; *fPl* **-nen**) *der, die* apiculteur *m*, -trice *f*.

Immatrikulation (*Pl* **-en**) *die* **-1.** UNI inscription *f*. **-2.** *Schweiz* [von Fahrzeugen] immatriculation *f*.

immatrikulieren *tr* **-1.** UNI inscrire. **-2.** *Schweiz* [Fahrzeug] immatriculer.

◆ **sich immatrikulieren** *ref* UNI: **sich (an etw** *(D)***) ~** s'inscrire (à qqch).

immens ◇ *Adj* immense. ◇ *Adv* énormément.

immer *Adv* **-1.** [dauernd, jedesmal] toujours; **für ~** pour toujours, à jamais; **~ wieder** tout le temps. **-2.** [ansteigend, sich steigernd]: **~ stärker** de plus en plus fort. **-3.** [zum Ausdruck der Beliebigkeit] → **auch**.

◆ **aber immer!** *Interj fam* et comment!

◆ **immer noch** *Adv* encore, toujours; **er ist ~ noch nicht gekommen** il n'est pas encore ODER toujours pas arrivé.

immerfort *Adv* sans cesse.

immergrün *Adj* sempervirent(e).

Immergrün *das* pervenche *f*.

immerhin *Adv* **-1.** [wenigstens, trotzdem] quand même; **das ist ~ etwas** c'est déjà ça. **-2.** [schließlich] après tout.

immerwährend ◇ *Adj* perpétuel(elle); **~er Kalender** calendrier *m* perpétuel. ◇ *Adv* perpétuellement.

immerzu *Adv* sans arrêt.

Immigrant, in (*mPl* **-en**; *fPl* **-nen**) *der, die* immigré *m*, -e *f*.

Immigration (*Pl* **-en**) *die* immigration *f*.

immigrieren (*Perf* **ist immigriert**) *intr* immigrer.

Immobilien [ɪmo'biːliən] *Pl* immobilier *m*.

Immobilien|makler, in *der, die* agent *m* immobilier.

immun *Adj*: **~ sein** être immunisé(e); *fig* être vacciné(e).

Immunität *die (ohne Pl)* immunité *f*.

Immun|schwäche *die (ohne Pl)* déficience *f* immunitaire.

Imperativ (*Pl* **-e**) *der* GRAM impératif *m*.

Imperfekt (*Pl* **-e**) *das* GRAM imparfait *m*.

Imperialismus *der (ohne Pl)* impérialisme *m*.

Imperium (*Pl* **Imperien**) *das* empire *m*.

impertinent *geh* ◇ *Adj* impertinent(e). ◇ *Adv* avec impertinence.
Impertinenz (*Pl* **-en**) *die geh* impertinence *f*.
impfen *tr* vacciner; **jn gegen etw ~** vacciner qqn contre qqch.
Impf|paß *der* carnet *m* de vaccinations.
Impf|schein *der* certificat *m* de vaccination.
Impf|stoff *der* vaccin *m*.
Impfung (*Pl* **-en**) *die* vaccination *f*.
implantieren *tr* MED greffer.
implizit *Adj* implicite.
implodieren (*Perf* **ist implodiert**) *intr* imploser.
imponieren *intr*: **jm ~** en imposer à qqn, faire impression à qqn.
imponierend ◇ *Adj* imposant(e), impressionnant(e). ◇ *Adv* extrêmement.
Imponier|gehabe *das* [Getue] frime *f*.
Import (*Pl* **-e**) *der* **-1.** (*ohne Pl*) [Einfuhr] importations *fpl*. **-2.** [Ware] produit *m* importé.
Importeur [ɪmpɔr'tøːɐ̯] (*Pl* **-e**) *der* importateur *m*.
importieren *tr* importer.
imposant *Adj* imposant(e).
impotent *Adj* impuissant(e).
Impotenz *die (ohne Pl)* impuissance *f*.
imprägnieren *tr*: **etw (mit etw) ~** imprégner qqch (de qqch).
Impression (*Pl* **-en**) *die* impression *f*.
Impressionismus *der (ohne Pl)* impressionnisme *m*.
Impressionist, in (*mPl* **-en**; *fPl* **-nen**) *der, die* impressionniste *mf*.
impressionistisch ◇ *Adj* impressionniste. ◇ *Adv* dans le style impressionniste.
Improvisation (*Pl* **-en**) *die* improvisation *f*.
improvisieren *tr* & *intr* improviser.
Impuls (*Pl* **-e**) *der* impulsion *f*.
impulsiv ◇ *Adj* impulsif(ive). ◇ *Adv* avec impulsivité.
imstande *Adj*: **~ sein, etw zu tun** être à même ODER en mesure de faire qqch.
in ◇ *Präp* **-1.** (*+ D, + A*) [räumlich] à, dans; **~ eine** ODER **einer Schachtel/Schublade** dans une boîte/un tiroir; **~ Paris** à Paris; **~ Belgien** en Belgique; **~ Kanada** au Canada; **~ den USA** aux États-Unis; **~ der** ODER **die Innenstadt** dans le centre-ville; **~ die** ODER **der Mitte** au milieu. **-2.** (*+ D*) [zeitlich - gleichzeitiges Geschehen] en, dans; [- zukünftiges Geschehen] dans; **~ dieser Woche** cette semaine; **~ diesem Moment** en ce moment; **~ der Nacht zum Sonntag** dans la nuit de samedi à dimanche; **~ fünf Minuten bin ich wieder hier** je serai de retour dans cinq minutes; **~ zwei Wochen** [Zukunft] dans deux semaines; [Dauer] en deux semaines. **-3.** (*+ D*) [zur Angabe von Umständen, einer Beschaffenheit] en, dans; **~ großer Eile** en grande hâte; **~ dieser Farbe** dans cette couleur; **sie arbeitet ~ der Altenpflege** elle travaille en gériatrie. **-4.** (*+ D*) [zur Maß- oder Mengenangabe] par, en; **~ Metern** en mètres. **-5.** [in Bestandteile] en. **-6.** *RW*: **etw hat es ~ sich** *fam* qqch n'est pas de la tarte. ◇ *Adj*: **~ sein** *fam* être branché(e).
inaktiv *Adj* inactif(ive).
inakzeptabel *Adj geh* inacceptable.
Inanspruchnahme *die (ohne Pl)* **-1.** *amt* [Nutzen] utilisation *f*. **-2.** [Beanspruchung] mise *f* à contribution.
In|begriff *der (ohne Pl)* archétype *m*.
inbegriffen *Adj* inclus(e), compris(e).
Inbetriebnahme (*Pl* **-n**) *die* mise *f* en service.
Inbrunst *die (ohne Pl) geh* ardeur *f*.
inbrünstig *geh* ◇ *Adj* ardent(e). ◇ *Adv* ardemment.
Inch (*Pl* **-es**) *der* ODER *das* pouce *m*.
Indefinit|pronomen *das* GRAM pronom *m* indéfini.
indem *Konj* **-1.** [instrumental]: **~ man etw tut** en faisant qqch. **-2.** [temporal] alors que.
Inder, in (*mPl* **-**; *fPl* **-nen**) *der, die* Indien *m*, -enne *f (d'Inde)*.
indessen, indes ◇ *Konj geh* **-1.** [temporal] pendant que. **-2.** [adversativ] alors que. ◇ *Adv* **-1.** [zeitlich] en attendant, pendant ce temps. **-2.** [gegensätzlich] mais, cependant.
Index ['ɪndɛks] (*Pl* **-e** ODER **Indizes**) **-1.** (*Pl Indexe*) [Verzeichnis] index *m*. **-2.** (*Pl Indexe*) [Verbotsliste]: **auf dem ~ stehen** être à l'index. **-3.** (*Pl Indizes*) WIRTSCH & MATH indice *m*.
Indianer, in (*mPl* **-**; *fPl* **-nen**) *der, die* Indien *m*, -enne *f (d'Amérique du Nord)*.
indianisch *Adj* indien(enne) *(d'Amérique du Nord)*.
Indien *nt* Inde *f*.
indifferent *Adj geh* indifférent(e).
Indifferenz *die (ohne Pl) geh* indifférence *f*.
Indigo (*Pl* **-s**) *der* ODER *das* indigo *m*.
Indikation (*Pl* **-en**) *die* **-1.** RECHT: **medizinische/soziale ~** *autorisation d'avortement selon des critères médicaux et sociaux*. **-2.** MED indication *f* thérapeutique.
Indikativ (*Pl* **-e**) *der* GRAM indicatif *m*.
Indikator (*Pl* **-toren**) *der*: **~ (für etw)** indicateur *m* (de qqch).
Indio (*Pl* **-s**) *der* Indien *m (d'Amérique centrale et du Sud)*.
indirekt ◇ *Adj* indirect(e). ◇ *Adv* indirectement.
indisch *Adj* indien(enne) *(d'Inde)*.
Indische Ozean *der* océan *m* Indien.

indiskret ◇ *Adj* indiscret(ète). ◇ *Adv* avec indiscrétion.
Indiskretion (*Pl* **-en**) *die* indiscrétion *f*.
indiskutabel *Adj abw* inacceptable.
Individualismus *der (ohne Pl)* individualisme *m*.
Individualist, in (*mPl* **-en**; *fPl* **-nen**) *der, die* individualiste *mf*.
individualistisch *Adj* individualiste.
Individualität *die (ohne Pl)* individualité *f*.
Individual|verkehr *der amt* circulation *f* privée.
individuell ◇ *Adj* **-1.** [einzeln, privat] individuel(elle). **-2.** [eigentümlich] personnel(elle). ◇ *Adv* **-1.** [persönlich] individuellement. **-2.** [nach Eigenart] de façon personnelle. **-3.** [jeweils] selon les personnes.
Individuum (*Pl* **Individuen**) *das* individu *m*.
Indiz (*Pl* **-ien**) *das* indice *m*.
Indizien|beweis *der* RECHT preuve *f* par indices.
indoeuropäisch *Adj* indo-européen(enne).
indogermanisch *Adj* indo-européen(enne).
indoktrinieren *tr abw* endoctriner.
Indonesien *nt* Indonésie *f*.
Indonesier, in [ɪndoˈneːzi̯ɐ, rɪn] (*mPl* **-**; *fPl* **-nen**) *der, die* Indonésien *m*, -enne *f*.
indonesisch *Adj* indonésien(enne).
Indus *der* Indus *m*.
industrialisieren *tr* industrialiser.
Industrialisierung *die (ohne Pl)* industrialisation *f*.
Industrie (*Pl* **-n**) *die* industrie *f*.
Industrie|anlage *die* site *m* industriel.
Industrie|betrieb *der* entreprise *f* industrielle.
Industrie|erzeugnis *das* produit *m* industriel.
Industrie|gebiet *das* zone *f* industrielle.
Industrie|gewerkschaft *die* syndicat *m* d'industrie.
Industriekauf|frau *die* agent *m* technico-commercial.
Industriekauf|mann *der* agent *m* technico-commercial.
Industrie|land *das* pays *m* industriel.
industriell ◇ *Adj* industriel(elle). ◇ *Adv* de manière industrielle.
Industrielle (*Pl* **-n**) *der, die* industriel *m*, -elle *f*.
Industrie- und Handels|kammer *die* chambre *f* de commerce et d'industrie.
Industrie|zweig *der* branche *f* industrielle.
ineffektiv *geh* ◇ *Adj* inefficace. ◇ *Adv* inefficacement.
ineinander *Adv*: **~ verliebt** amoureux l'un de l'autre; **~ verwickelt** enchevêtrés(ées).
ineinander|fügen *tr* assembler.
◆ **sich ineinanderfügen** *ref* s'adapter.
ineinander|greifen *intr (unreg)* s'engrener.
inexakt *Adj geh* inexact(e).
inexistent *Adj geh* inexistant(e).
infam *abw* ◇ *Adj* infâme. ◇ *Adv* de manière infâme, avec infamie.
Infanterie [ˈɪnfantəriː] *die (ohne Pl)* infanterie *f*.
infantil ◇ *Adj* infantile. ◇ *Adv abw* [kindisch] de manière infantile.
Infarkt (*Pl* **-e**) *der* infarctus *m*.
INFAS® [ˈinfas] (*Abk für* **Institut für angewandte Sozialwissenschaft**) *das (ohne Pl)* institut *m* des sciences sociales appliquées.
Infekt (*Pl* **-e**) *der* MED infection *f*.
Infektion (*Pl* **-en**) *die* **-1.** [Ansteckung] infection *f*. **-2.** [Entzündung] inflammation *f*.
Infektions|krankheit *die* maladie *f* infectieuse.
Inferno *das (ohne Pl) geh* enfer *m*.
infiltrieren (*Perf* **hat/ist infiltriert**) ◇ *tr (hat)* **-1.** [einflößen] administrer par perfusion. **-2.** [unterwandern] infiltrer. ◇ *intr (ist)* [eindringen] s'infiltrer.
Infinitiv (*Pl* **-e**) *der* GRAM infinitif *m*.
infizieren *tr* contaminer; **jn mit etw ~** passer qqch à qqn; **sich mit etw ~** attraper qqch.
Inflation (*Pl* **-en**) *die* inflation *f*.
inflationär *Adj* inflationniste.
Inflations|rate *die* taux *m* d'inflation.
inflexibel *Adj* **-1.** *geh* [Haltung] inflexible. **-2.** [Material] rigide.
Info (*Pl* **-s**) *fam* ◇ *das* bulletin *m* d'informations. ◇ *die* info *f*.
infolge *Präp*: **~ einer Sache** *(G)* ODER **von etw** en raison de qqch.
infolgedessen ◇ *Konj* par conséquent. ◇ *Adv* pour cette raison.
Informant, in (*mPl* **-en**; *fPl* **-nen**) *der, die* informateur *m*, -trice *f*; [der Polizei] indicateur *m*, -trice *f*.
Informatik *die (ohne Pl)* informatique *f*.
Informatiker, in (*mPl* **-**; *fPl* **-nen**) *der, die* informaticien *m*, -enne *f*.
Information (*Pl* **-en**) *die* information *f*; **eine ~ über jn/etw** des renseignements *mpl* au sujet de qqn/qqch; **zu js ~** pour la gouverne de qqn.
Informations|material *das* documents *mpl*.
Informations|stand *der* stand *m* d'information.
informativ *Adj* instructif(ive).
informell *Adj* informel(elle).

informieren *tr*: **jn über jn/etw ~** informer qqn au sujet de qqn/qqch.
◆ **sich informieren** *ref* s'informer.
Infra|rot *das* PHYS infrarouge *m*.
Infra|struktur *die* infrastructure *f*.
Infusion (*Pl* **-en**) *die* MED perfusion *f*.
Ing. *Abk für* **Ingenieur**.
Ingenieur, in [ɪnʒeˈnjøːɐ̯, rɪn] (*mPl* **-e**; *fPl* **-nen**) *der, die* ingénieur *m*.
Ingwer *der (ohne Pl)* gingembre *m*.
Inh. *Abk für* **Inhaber**.
Inhaber, in (*mPl* **-**; *fPl* **-nen**) *der, die* **-1.** [von Laden] propriétaire *mf*. **-2.** [von Amt] titulaire *mf*. **-3.** [in Sport, Politik] détenteur *m*, -trice *f*.
inhaftieren *tr* arrêter.
Inhaftierung (*Pl* **-en**) *die* arrestation *f*.
inhalieren ◇ *tr* inhaler. ◇ *intr* MED faire des inhalations.
Inhalt (*Pl* **-e**) *der* **-1.** [von Behältern] contenu *m*. **-2.** [von Text, Gespräch] teneur *f*. **-3.** [von Begriff, Leben] sens *m*. **-4.** [Größe - von Flächen] superficie *f*; [- von Räumen] volume *m*.
inhaltlich ◇ *Adj* sémantique. ◇ *Adv* sur le plan du contenu, quant au contenu.
Inhalts|angabe *die* **-1.** [Zusammenfassung] sommaire *m*. **-2.** [von Paketen] indication *f* du contenu.
Inhalts|verzeichnis *das* table *f* des matières, sommaire *m*.
inhuman *geh* ◇ *Adj* inhumain(e). ◇ *Adv* de façon inhumaine.
Inh.-Verz. *Abk für* **Inhaltsverzeichnis**.
Initiale (*Pl* **-n**) *die* initiale *f*.
Initiative (*Pl* **-n**) *die* **-1.** [Anstoß, Eigenschaft] initiative *f*; **die ~ ergreifen** prendre l'initiative; **aus eigener ~** de sa propre initiative. **-2.** [Vereinigung] initiative *f* populaire.
Initiator (*Pl* **-toren**) *der* initiateur *m*.
Initiatorin (*Pl* **-nen**) *die* initiatrice *f*.
Injektion (*Pl* **-en**) *die* injection *f*.
Inkarnation (*Pl* **-en**) *die geh* incarnation *f*.
inkl. (*Abk für* **inklusive**) incl.
inklusive *Präp*: **~ einer Sache** *(G)* qqch compris(e) ODER inclus(e).
inkognito *Adv* incognito.
inkompatibel *Adj* incompatible.
inkompetent ◇ *Adj* incompétent(e). ◇ *Adv* **-1.** [in Unkenntnis] sans la compétence nécessaire. **-2.** *amt* [unbefugt] sans être compétent.
In|kompetenz *die* incompétence *f*.
inkonsequent ◇ *Adj* inconséquent(e). ◇ *Adv* de façon inconséquente.
In|konsequenz *die* inconséquence *f*.
In|land *das (ohne Pl)* [Staatsgebiet] territoire *m* national.
inländisch *Adj* intérieur(e); [Produkt] national(e).
Inlands|porto *das* tarif *m* intérieur *(du courrier)*.
Inlands|verkehr *der* trafic *m* intérieur.
inmitten *Präp*: **~ einer Sache/Gruppe** *(G)* au milieu de qqch/d'un groupe.
Inn *der* Inn *m*.
inne|halten *intr (unreg)*: **in etw** *(D)* **~** s'interrompre au milieu de qqch.
innen *Adv* à l'intérieur; **nach ~** vers l'intérieur; **von ~** de l'intérieur.
Innenan|sicht *die* vue *f* intérieure.
Innen|antenne *die* antenne *f* intérieure.
Innen|architekt, in *der, die* décorateur *m*, -trice *f*, architecte *mf* d'intérieur.
Innen|architektur *die (ohne Pl)* décoration *f*.
Innen|aufnahme *die* **-1.** [Photo] intérieur *m*. **-2.** [beim Film] scène *f* tournée en intérieur.
Innen|einrichtung *die* aménagement *m* intérieur.
Innen|leben *das (ohne Pl)* vie *f* intérieure.
Innen|minister, in *der, die* ministre *m* de l'Intérieur.
Innen|ministerium *das* ministère *m* de l'Intérieur.
Innen|politik *die* politique *f* intérieure.
innenpolitisch ◇ *Adj* de politique intérieure. ◇ *Adv* sur le plan de la politique intérieure.
Innen|raum *der* espace *m* intérieur.
Innen|seite *die* intérieur *m*.
Innen|stadt *die* centre-ville *m*.
innerbetrieblich ◇ *Adj* interne à l'entreprise. ◇ *Adv* au sein de l'entreprise.
innerdeutsch *Adj* [zwischen BRD und DDR] inter-allemand(e).
innere, r, s *Adj* **-1.** [innen befindlich, persönlich] intérieur(e). **-2.** [in Organismus, Gemeinschaft, MED] interne.
Innere *das (ohne Pl)* **-1.** [von Gebieten, Körpern] intérieur *m*. **-2.** [geistig]: **im ~n** en mon ODER ton ODER son etc for intérieur. **-3.** [Herzstück] cœur *m*. **-4.** [Innenpolitik] Intérieur *m*.
Innereien *Pl* abats *mpl*.
innerhalb ◇ *Präp*: **~ einer Sache** *(G)* [örtlich] à l'intérieur de qqch; [zeitlich] en l'espace de qqch. ◇ *Adv*: **~ von** [örtlich] au centre de, dans; [zeitlich] en l'espace de.
innerlich ◇ *Adj* **-1.** [geistig] intérieur(e). **-2.** [körperlich] interne. ◇ *Adv* intérieurement.
innerparteilich ◇ *Adj* interne au parti. ◇ *Adv* à l'intérieur du parti.

Innerste *das (ohne Pl)* **-1.** [Geist, Seele] intimité *f.* **-2.** [Gebiet]: **bis ins ~** jusqu'au cœur.
innig ◇ *Adj* **-1.** [heftig] fervent(e). **-2.** [Beziehung] intime. **-3.** [herzlich] vif (vive). ◇ *Adv* **-1.** [heftig] ardemment. **-2.** [liebend] intimement. **-3.** [herzlich]: **aufs ~ste** vivement.
innovativ *Adj* novateur(trice).
Innsbruck *nt* Innsbruck.
Innsbrucker *(Pl -)* ◇ *der* habitant *m* d'Innsbruck. ◇ *Adj (unver)* d'Innsbruck.
Innsbruckerin *(Pl* **-nen**) *die* habitante *f* d'Innsbruck.
Innung *(Pl* **-en**) *die* corporation *f.*
inoffiziell ◇ *Adj* **-1.** [Mitteilung] officieux(euse). **-2.** [nicht öffentlich] informel(elle). ◇ *Adv* de manière informelle.
Input *(Pl* **-s**) *der* ODER *das* **-1.** EDV entrée *f.* **-2.** WIRTSCH facteur *m* de production.
Inquisition *die (ohne Pl)* HIST Inquisition *f.*
ins *Präp (in + das)* [räumlich]: **~ Krankenhaus** à l'hôpital; **~ Wohnzimmer** au salon.
Insasse *(Pl* **-n**) *der* **-1.** [in Wagen] passager *m.* **-2.** [in Heim] pensionnaire *m.* **-3.** [in Gefängnis] détenu *m.*
Insassen|versicherung *die* assurance *f* passagers.
Insassin *(Pl* **-nen**) *die* **-1.** [in Wagen] passagère *f.* **-2.** [in Heim] pensionnaire *f.* **-3.** [in Gefängnis] détenue *f.*
insbes. *Abk für* **insbesondere**.
insbesondere, **insbesondre** *Adv* en particulier.
In|schrift *die* inscription *f.*
Insekt *(Pl* **-en**) *das* insecte *m.*
Insektenschutz|mittel *das* insecticide *m.*
Insekten|stich *der* piqûre *f* d'insecte.
Insektizid *(Pl* **-e**) *das* insecticide *m.*
Insel *(Pl* **-n**) *die* île *f.*
Insel|lage *die (ohne Pl)* insularité *f.*
Inserat *(Pl* **-e**) *das* annonce *f*; **ein ~ aufgeben** faire passer une annonce.
Inserent, in *(mPl* **-en**; *fPl* **-nen**) *der, die* annonceur *m.*
inserieren *intr* faire passer des annonces.
insgeheim *Adv* en secret.
insgesamt *Adv* en tout.
Insider ['ɪnsaɪdə] *(Pl -) der* initié *m*, -e *f.*
insofern[1] *Adv* **-1.** [diesbezüglich] à cet égard. **-2.** [demzufolge] donc.
insofern[2] *Konj* du moment que.
◆ **insofern als** *Konj* dans la mesure où.
insoweit[1] *Adv* à cet égard.
insoweit[2] *Konj* du moment que.
◆ **insoweit als** *Konj* dans la mesure où.
in spe [ɪn'speː] *Adj* futur(e).
Inspektion *(Pl* **-en**) *die* **-1.** [von Anlagen, Betrieben] inspection *f.* **-2.** [von Autos] révision *f.*
Inspektions|reise *die* voyage *m* d'inspection.
Inspektor *(Pl* **-toren**) *der* [in Verwaltung] fonctionnaire *m*; [bei Versicherung] contrôleur *m.*
Inspektorin *(Pl* **-nen**) *die* [in Verwaltung] fonctionnaire *f*; [bei Versicherung] contrôleur *m.*
inspirieren *tr geh* inspirer.
◆ **sich inspirieren** *ref geh*: **sich von etw ~ lassen** s'inspirer de qqch.
inspizieren *tr* inspecter.
instabil *Adj* instable.
Installateur, in [ɪnstala'tøːɐ̯, rɪn] *(mPl* **-e**; *fPl* **-nen**) *der, die* installateur *m*, -trice *f.*
installieren *tr* installer.
◆ **sich installieren** *ref* s'installer.
instand *Adv* en bon état; **etw ~ halten** entretenir qqch; **etw ~ setzen** réparer qqch, remettre qqch en état.
instand|besetzen *tr* squatter, squattériser.
instand|halten *tr (unreg)* entretenir.
inständig *Adv* instamment.
instand|setzen *tr* **-1.** [Gerät] réparer. **-2.** [Gebäude] restaurer.
Instant|kaffee ['ɪnstəntkafeː] *der* café *m* instantané.
Instant|nahrung *die* nourriture *f* lyophilisée.
Instant|suppe *die* soupe *f* instantanée.
Instanz *(Pl* **-en**) *die* instance *f.*
Instinkt *(Pl* **-e**) *der* instinct *m.*
Instinkt|handlung *die* acte *m* instinctif.
instinktiv ◇ *Adj* instinctif(ive). ◇ *Adv* instinctivement.
Institut *(Pl* **-e**) *das* institut *m.*
Institution *(Pl* **-en**) *die* institution *f.*
Instruktion *(Pl* **-en**) *die* instruction *f.*
instruktiv *Adj* instructif(ive).
Instrument *(Pl* **-e**) *das* instrument *m.*
instrumental MUS ◇ *Adj* instrumental(e). ◇ *Adv* avec un instrument.
Insulaner, in *(mPl* **-**; *fPl* **-nen**) *der, die* insulaire *mf.*
Insulin *das (ohne Pl)* insuline *f.*
inszenieren *tr* **-1.** [Stück]: **etw ~** mettre qqch en scène. **-2.** [Skandal, Kampagne] monter. **-3.** [vortäuschen]: **inszeniert sein** être de la comédie.
Inszenierung *(Pl* **-en**) *die* mise *f* en scène.
intakt *Adj* intact(e).
integer ◇ *Adj* intègre. ◇ *Adv* avec intégrité, de manière intègre.

Integrallhelm *der* casque *m* intégral.
Integrallrechnung *die* calcul *m* intégral.
Integration (*Pl* **-en**) *die* intégration *f*.
integrieren *tr* intégrer.
Integrität *die (ohne Pl)* intégrité *f*.
intellektuell [ɪntɛlɛk'tu̯ɛl] ◇ *Adj* intellectuel(elle). ◇ *Adv* intellectuellement.
Intellektuelle [ɪntɛlɛk'tu̯ɛlə] (*Pl* **-n**) *der, die* intellectuel *m*, -elle *f*.
intelligent ◇ *Adj* intelligent(e). ◇ *Adv* avec intelligence.
Intelligenz *die (ohne Pl)* **-1.** [Eigenschaft] intelligence *f*. **-2.** [Personenkreis] intelligentsia *f*.
Intelligenzlquotient *der* quotient *m* intellectuel.
Intendant, in (*mPl* **-en**; *fPl* **-nen**) *der, die* directeur *m*, -trice *f (d'un théâtre, d'une chaîne de radio ou de télévision)*.
Intensität (*Pl* **-en**) *die* intensité *f*.
intensiv ◇ *Adj* [Farbe, Gefühl, Schmerz] intense; [Arbeit] intensif(ive). ◇ *Adv* **-1.** [stark] avec intensité. **-2.** [gründlich - sich auseinandersetzen] intensément; [- arbeiten] intensivement.
Intensivlkurs *der* cours *m* intensif.
Intensivlstation *die* unité *f* de soins intensifs, service *m* de réanimation.
Intention (*Pl* **-en**) *die geh* intention *f*.
InterlCity *der* ≃ train *m* corail.
interdisziplinär *Adj* interdisciplinaire.
interessant ◇ *Adj* intéressant(e). ◇ *Adv* de manière intéressante; **sich ~ machen** *abw* faire l'intéressant(e).
Interesse (*Pl* **-n**) *das* intérêt *m*; **an jm/etw ~ haben** [geistig] s'intéresser à qqn/qqch; **an etw** *(D)* **~ haben** [als Käufer, Mieter] être intéressé(e) par qqch; **in js eigenem ~** dans le propre intérêt de qqn.
◆ **Interessen** *Pl* centres *mpl* d'intérêt.
interessehalber *Adv* par curiosité.
Interessenlgemeinschaft *die* **-1.** [von Personen] communauté *f* d'intérêts. **-2.** [von Firmen] groupement *m* d'intérêt économique.
Interessent, in (*mPl* **-en**; *fPl* **-nen**) *der, die* **-1.** [Interessierte] personne *f* intéressée. **-2.** [Kunde] client *m* potentiel, cliente *f* potentielle.
interessieren *tr* intéresser.
◆ **sich interessieren** *ref*: **sich für jn/etw ~** [geistig] s'intéresser à qqn/qqch; **sich für etw ~** [als Käufer] être intéressé(e) par qqch.
interessiert ◇ *Adj* qui manifeste de l'intérêt; **an etw** *(D)* **~ sein** [als Käufer oder Mieter] être intéressé(e) par qqch. ◇ *Adv* avec intérêt.
interkontinental *Adj* intercontinental(e).
interkulturell ◇ *Adj* interculturel(elle). ◇ *Adv*: **er war ~ tätig** il travaillait dans le domaine interculturel.
Intermezzo (*Pl* **-s** ODER **Intermezzi**) *das* **-1.** MUS intermezzo *m*. **-2.** [Ereignis] intermède *m*.
intern ◇ *Adj* interne. ◇ *Adv* en interne.
Internat (*Pl* **-e**) *das* internat *m*.
international ◇ *Adj* international(e). ◇ *Adv* internationalement.
internieren *tr* interner.
Internierung (*Pl* **-en**) *die* internement *m*.
Interpol *die (ohne Pl)* Interpol.
Interpret (*Pl* **-en**) *der* MUS interprète *m*.
Interpretation (*Pl* **-en**) *die* interprétation *f*.
interpretieren *tr* interpréter.
Interpretin (*Pl* **-nen**) *die* MUS interprète *f*.
Interpunktion *die (ohne Pl)* ponctuation *f*.
Interraillkarte ['ɪntəreːllkartə] *die* carte *f* Interrail.
InterRegio (*Pl* **-s**) *der train de grandes lignes allemand couvrant le réseau national*.
Interrogativlpronomen *das* GRAM pronom *m* interrogatif.
Intervall (*Pl* **-e**) *das* intervalle *m*.
intervenieren [ɪntɐve'niːrən] *intr* intervenir.
Intervention [ɪntɐvɛn'tsi̯oːn] (*Pl* **-en**) *die* intervention *f*.
Interview [ɪntɐ'vjuː] (*Pl* **-s**) *das* interview *f*.
interviewen [ɪntɐ'vjuːən] *tr* interviewer.
intim ◇ *Adj* **-1.** [gen] intime. **-2.** [Kenntnis] approfondi(e); [Kenner] excellent(e). **-3.** [sexuell]: **mit jm ~ sein** avoir des rapports sexuels avec qqn. ◇ *Adv* intimement.
Intimität (*Pl* **-en**) *die* **-1.** *(ohne Pl)* [Wärme] intimité *f*. **-2.** [private Angelegenheit] affaire *f* privée.
◆ **Intimitäten** *Pl* caresses *fpl* ODER paroles *fpl* érotiques.
Intimlsphäre *die (ohne Pl)* intimité *f*, vie *f* privée.
intolerant ◇ *Adj* intolérant(e); **jm/etw gegenüber ~ sein** faire preuve d'intolérance à l'égard de qqn/qqch. ◇ *Adv* sans tolérance.
Intoleranz *die (ohne Pl)* intolérance *f*.
intransitiv *Adj* GRAM intransitif(ive).
Intrige (*Pl* **-n**) *die* intrigue *f*.
intrigieren *intr* intriguer.
introvertiert *Adj* introverti(e).
Intuition (*Pl* **-en**) *die* intuition *f*.
intuitiv ◇ *Adj* intuitif(ive). ◇ *Adv* intuitivement.
intus *Adj*: **einen ~ haben** *fam* avoir un coup dans le nez.
Invalide [ɪnva'liːdə] (*Pl* **-n**) *der, die* invalide *mf*.
Invalidenlrente *die* pension *f* d'invalidité.

Invalidität [ɪnvalidi'tɛːt] *die (ohne Pl)* invalidité *f*.
Invasion [ɪnva'zi̯oːn] (*Pl* **-en**) *die* invasion *f*.
Inventar [ɪnvɛn'taːɐ̯] (*Pl* **-e**) *das* [von Läden] inventaire *m*; [von Häusern] mobilier *m*; **zum ~ gehören** [Laden] faire partie de l'inventaire; [Haus] faire partie du mobilier.
Inventur [ɪnvɛn'tuːɐ̯] (*Pl* **-en**) *die* inventaire *m*; **~ machen** faire l'inventaire.
investieren [ɪnvɛs'tiːrən] *tr* investir.
Investition [ɪnvɛsti'tsi̯oːn] (*Pl* **-en**) *die* investissement *m*.
inwendig *Adj* intérieur(e); **etw in- und auswendig kennen** *fam fig* connaître qqch comme sa poche.
inwiefern *Adv* & *Konj* dans quelle mesure.
inwieweit *Adv* & *Konj* dans quelle mesure.
Inzest (*Pl* **-e**) *der* inceste *m*.
Inzucht (*Pl* **-en**) *die* **-1.** [von Tieren] *reproduction par animaux apparentés*. **-2.** [von Menschen] *génération par union consanguine*.
inzwischen *Adv* **-1.** [gleichzeitig] pendant ce temps. **-2.** [mittlerweile] maintenant; **~ war es Winter geworden** entre-temps, l'hiver était arrivé.
IOK (*Abk für* **Internationales Olympisches Komitee**) *das (ohne Pl)* CIO *m*.
Ion [i̯oːn] (*Pl* **-en**) *das* ion *m*.
ionisch *Adj* [i̯'oːnɪʃ] ARCHIT ionique.
IQ (*Pl* **-s**) (*Abk für* **Intelligenzquotient**) *der* Q.I. *m*.
i.R. (*Abk für* **im Ruhestand**) à la retraite.
IR *Abk für* **Interregio**.
IRA (*Abk für* **Irish Republican Army**) *die (ohne Pl)* IRA *f*.
Irak *der* Iraq *m*; **im ~** en Iraq.
Iraker, in (*mPl* **-**; *fPl* **-nen**) *der, die* Iraquien *m*, -enne *f*, Irakien *m*, -enne *f*.
irakisch *Adj* iraquien(enne), irakien(enne).
Iraner, in (*mPl* **-**; *fPl* **-nen**) *der, die* Iranien *m*, -enne *f*.
iranisch *Adj* iranien(enne).
irdisch *Adj* terrestre; REL de ce monde.
Ire (*Pl* **-n**) *der* Irlandais *m*.
irgend *Adv* **-1.** [unbekannt]: **~ etwas** quelque chose; **~ jemand** quelqu'un; **~ so ein** une espèce de. **-2.** [irgendwie] d'une manière ou d'une autre.
irgendein, e *Det* **-1.** [unbekannt] un ODER une quelconque. **-2.** [beliebig] n'importe quel ODER quelle.
irgendeine (*m* **-r**, *nt* **-s**) *Pron* **-1.** [Person] quelqu'un. **-2.** [beliebig] n'importe lequel ODER laquelle.
irgendwann *Adv* un jour.
irgendwas *Adv* [etwas] quelque chose; [egal was] n'importe quoi.
irgendwer *Pron* quelqu'un, n'importe qui.
irgendwie *Adv* **-1.** [auf unbekannte Weise] d'une manière ou d'une autre. **-2.** [in gewisser Weise] en quelque sorte.
irgendwo *Adv* quelque part.
irgendwoher *Adv* **-1.** [von Ort] de quelque part. **-2.** [durch Umstände] d'une certaine façon.
irgendwohin *Adv* quelque part.
Irin (*Pl* **-nen**) *die* Irlandaise *f*.
Iris (*Pl* **-**) *die* iris *m*.
irisch *Adj* irlandais(e).
IRK (*Abk für* **Internationales Rotes Kreuz**) *das (ohne Pl)* CRI *f*.
Irland *nt* Irlande *f*.
Ironie *die (ohne Pl)* ironie *f*.
ironisch ◇ *Adj* ironique. ◇ *Adv* ironiquement.
irr = **irre**.
irrational ◇ *Adj* irrationnel(elle). ◇ *Adv* de manière irrationnelle.
irre, irr ◇ *Adj* **-1.** [verwirrt] fou (folle); **(an jm/etw) ~ werden** être déconcerté(e) (par qqn/qqch). **-2.** *fam* [riesig, außergewöhnlich] dingue. **-3.** *salopp* [schön] super. ◇ *Adv* **-1.** [verwirrt] comme un fou (une folle). **-2.** *fam* [sehr] vachement. **-3.** *fam* [außergewöhnlich] d'une manière complètement dingue. **-4.** *salopp* [gut] super bien.
Irre (*Pl* **-n**) ◇ *der, die (Pl Irren)* [Person] fou *m*, folle *f*. ◇ *die (G Irre & ohne Pl)* [Ungewißheit]: **jn in die ~ führen** égarer qqn.
irreal ◇ *Adj* irréel(elle). ◇ *Adv* de manière irréaliste.
irre|führen *tr*: **jn ~** induire qqn en erreur.
Irre|führung *die* manipulation *f*.
irrelevant ['ɪrelevant] *Adj* insignifiant(e).
irre|machen *tr* déconcerter.
irren (*Perf* **hat/ist geirrt**) *intr (ist)* errer.
◆ **sich irren** *ref (hat)* se tromper; **sich in jm ~** se tromper sur le compte de qqn; **sich in etw** *(D)* **~** se tromper sur qqch.
Irren|anstalt *die fam* asile *m* de fous.
Irren|haus *das fam abw* maison *f* de fous.
irreparabel *Adj* irréparable.
Irr|fahrt *die* odyssée *f*, épopée *f*.
Irr|garten *der* labyrinthe *m*.
irrig *Adj* erroné(e).
irritieren *tr* **-1.** [verwirren] troubler. **-2.** [stören] déranger.
Irr|licht (*Pl* **-er**) *das* feu *m* follet.
Irr|sinn *der (ohne Pl)* folie *f*.
irrsinnig ◇ *Adj* **-1.** [verrückt] fou (folle). **-2.** *fam*

[riesig] dingue. ◇ *Adv* **-1.** [verrückt] comme un fou (une folle). **-2.** *fam* [sehr] vachement.

Irrtum (*Pl* **-tümer**) *der* erreur *f*; **sich im ~ befinden, im ~ sein** être dans l'erreur.

irrtümlich *Adj* & *Adv* par erreur.

Irr|weg *der (ohne Pl)*: **auf dem ~ sein** faire fausse route.

Isar *die* Isar *m*.

Ischias *der (ohne Pl)* sciatique *f*.

ISDN (*Abk für* **Integrated Services Digital Network**) *das (ohne Pl)* RNIS.

Islam *der (ohne Pl)* [Religion] islam *m*; [Kultur] Islam *m*.

islamisch *Adj* islamique.

Island *nt* Islande *f*.

Isländer, in (*mPl* **-**; *fPl* **-nen**) *der, die* Islandais *m*, -e *f*.

isländisch *Adj* islandais(e).

Isländisch *das (ohne Pl)* islandais *m*; *siehe auch* **Englisch**.

Isolation (*Pl* **-en**) *die* **-1.** [von Personen] isolement *m*. **-2.** [Material] matériau *m* isolant, isolant *m*. **-3.** [Abdichtung] isolation *f*.

Isolier|band (*Pl* **-bänder**) *das* ruban *m* isolant, chatterton *m*.

isolieren *tr* isoler.

Isolier|kanne *die* (bouteille *f*) Thermos® *m* ODER *f*.

Isotop (*Pl* **-e**) *das* isotope *m*.

Israel *nt* Israël; **in ~** en Israël.

Israeli (*Pl* - ODER **-s**) *der, die* Israélien *m*, -enne *f*.

israelisch *Adj* israélien(enne).

ißt *Präs* → **essen**.

ist *Präs* → **sein**.

Istanbul *nt* Istanbul.

Istrien *nt* Istrie *f*.

Italien *nt* Italie *f*.

Italiener, in [ita'li̯eːnɐ, rɪn] (*mPl* **-**; *fPl* **-nen**) *der, die* Italien *m*, -enne *f*.

italienisch [ita'li̯eːnɪʃ] *Adj* italien(enne).

Italienisch *das (ohne Pl)* italien *m*; *siehe auch* **Englisch**.

Italienische *das (ohne Pl)* italien *m*; *siehe auch* **Englische**.

i.V. (*Abk für* **in Vertretung**) p.i. (*par interim*).

IWF (*Abk für* **Internationaler Währungsfonds**) *der (ohne Pl)* F.M.I. *m*.

i.Z. (*Abk für* **in Zusammenarbeit**) en collaboration.

J

j, J [jɔt] (*Pl* - ODER **-s**) *das* j *m inv*, J *m inv*.

ja *Interj* **-1.** [zum Ausdruck der Zustimmung] **oui**; **~, bitte!** oui, merci! **-2.** [zum Ausdruck der Aufmerksamkeit] oui. **-3.** *fam* [zum Ausdruck von Zweifel]: **ich kann ~ mal fragen** je peux toujours demander. **-4.** [zum Ausdruck der Überraschung]: **das ist ~ toll** mais c'est super. **-5.** [zum Ausdruck einer Bitte]: **~?** d'accord? **-6.** [zum Ausdruck der Selbstverständlichkeit] **bien**; **du siehst es ~** mais tu le vois bien. **-7.** [zum Ausdruck einer Drohung] surtout; **sag es ~ niemandem** n'en parle surtout à personne. **-8.** [tatsächlich] vraiment; **da kommt er ~** mais tiens, le voilà qui arrive. **-9.** [als Einleitung]: **~ also** alors. **-10.** [wirklich, sogar] **je dirais même**.

◆ **Ja** (*Pl* **-s**) *das* oui *m*; **mit Ja antworten** répondre que oui.

Jacht, Yacht (*Pl* **-en**) *die* yacht *m*.

Jacke (*Pl* **-n**) *die* **-1.** [Strickjacke] gilet *m*. **-2.** [Windjacke] **blouson** *m*.

Jackett [ʒa'kɛt] (*Pl* **-s**) *das* veste *f*.

Jade *die (ohne Pl)* jade *m*.

Jagd (*Pl* **-en**) *die* **-1.** [auf Tiere]: **~ (auf etw** *(A)***)** chasse *f* (à qqch); **auf die ~ gehen** aller à la chasse. **-2.** [auf Personen, Dinge]: **~ nach etw** course *f* à qqch; **auf jn/etw ~ machen** être à la poursuite de qqn/qqch.

Jagd|hund *der* chien *m* de chasse.

Jagd|schein *der* permis *m* de chasse.

jagen (*Perf* **hat/ist gejagt**) ◇ *tr (hat)* **-1.** [Tiere] chasser. **-2.** [Person] pourchasser; **jn aus etw ~** chasser qqn de qqch. **-3.** *fam* [stecken] planter. **-4.** [Kugel] envoyer. ◇ *intr* **-1.** *(hat)* [als Sport] chasser. **-2.** *(ist)* [hetzen] aller à toute allure.

Jäger (*Pl* **-**) *der* [Person, Flugzeug] **chasseur** *m*.

Jägerin (*Pl* **-nen**) *die* chasseuse *f*.

Jaguar (*Pl* **-e**) *der* jaguar *m*.

jäh ◇ *Adj* **-1.** [plötzlich] **brusque**. **-2.** [steil] abrupt(e). ◇ *Adv* **-1.** [plötzlich] **brusquement**. **-2.** [steil] **abruptement**.

Jahr (*Pl* **-e**) *das* **-1.** [Zeitabschnitt] an *m*; [im Verlauf] année *f*; **im ~(e) 1992** en 1992; **seit ~en** depuis des années; **die 90er ~e** les années 90; **(ein) gutes neues ~!** bonne année!; **von ~ zu ~** d'année en année. **-2.** [Lebensabschnitt]: **in jun-**

gen/älteren ~en quand on est jeune/vieux (vieille).
◆ **Jahr für Jahr** *Adv* chaque année, tous les ans.
jahraus
◆ **jahraus, jahrein** *Adv* année après année.
Jahr|buch *das* annales *fpl*.
jahrelang ◇ *Adj* qui dure des années. ◇ *Adv* pendant des années.
Jahres|abschluß *der* bilan *m* annuel.
Jahres|anfang *der (ohne Pl)* début *m* de l'année.
Jahres|bericht *der* rapport *m* annuel.
Jahres|bilanz *die* bilan *m* annuel, bilan *m* de l'exercice.
Jahres|einkommen *das* revenu *m* annuel.
Jahres|ende *das (ohne Pl)* fin *f* de l'année.
Jahres|tag *der* anniversaire *m*.
Jahres|wagen *der* voiture *f* de collaborateur.
Jahres|wechsel *der (ohne Pl)* nouvel an *m*.
Jahres|zeit *die* saison *f*.
Jahr|gang *der* **-1.** [von Personen] classe *f* d'âge. **-2.** [von Zeitschriften] année *f (de parution)*; [Wein] cuvée *f*.
Jahrgangs|stufe *die* classe *f* d'âge.
Jahrhundert (*Pl* **-e**) *das* siècle *m*; **im 19. ~** au XIXe siècle.
Jahrhundert|wende *die* tournant *m* du siècle; **um die ~** au tournant du siècle.
jährlich ◇ *Adj* annuel(elle). ◇ *Adv* tous les ans; **einmal ~** une fois par an.
Jahr|markt *der* fête *f* foraine.
Jahrtausend (*Pl* **-e**) *das* millénaire *m*.
Jahrzehnt (*Pl* **-e**) *das* décennie *f*.
Jäh|zorn *der (ohne Pl)* colère *f* brusque.
jähzornig *Adj* irascible.
Jakarta *nt* Djakarta.
Jalousie [ʒalu'ziː] (*Pl* **-n**) *die* store *m* vénitien.
Jamaika *nt* Jamaïque *f*; **auf ~** à la Jamaïque.
Jammer *der (ohne Pl)* misère *f*; **es ist ein ~ (, daß)** c'est vraiment dommage (que *(+ subjonctif)*).
jämmerlich ◇ *Adj* **-1.** [traurig] misérable. **-2.** *abw* [schlecht] lamentable. ◇ *Adv* **-1.** [weinen] misérablement. **-2.** *abw* [singen, versagen] lamentablement. **-3.** [frieren] à pierre fendre.
jammern *intr* se lamenter.
jammerschade *Adj* vraiment dommage.
Januar *der (ohne Pl)* janvier *m*; *siehe auch* **September**.
Japan *nt* Japon *m*; **in ~** au Japon.
Japaner, in (*mPl* **-**; *fPl* **-nen**) *der, die* Japonais *m*, -e *f*.
japanisch *Adj* japonais(e).
Japanisch *das (ohne Pl)* japonais *m*; *siehe auch* **Englisch**.
Japanische *das (ohne Pl)* japonais *m*; *siehe auch* **Englische**.
japsen *intr fam* être hors d'haleine, haleter.
Jargon [ʒar'gɔ̃] (*Pl* **-s**) *der* jargon *m*.
Jasmin (*Pl* **-e**) *der* jasmin *m*.
Ja|stimme *die* voix *f* favorable, voix *f* pour.
jäten *tr* sarcler; [Unkraut] enlever.
Jauche (*Pl* **-n**) *die* purin *m*.
jauchzen *intr* pousser des cris de joie.
jaulen *intr* hurler.
Java *nt* Java; **auf ~** à Java.
jawohl *Interj*: **~!** (mais) oui!
Ja|wort *das (ohne Pl)*: **jm sein ~ geben** dire oui à qqn *(pour l'épouser)*.
Jazz [dʒɛs] *der (ohne Pl)* jazz *m*.
Jazz|band ['dʒɛs|bɛnt] (*Pl* **-s**) *die* groupe *m* ODER orchestre *m* de jazz.
je ◇ *Adv* **-1.** [jeweils] chacun(e); **die Zimmer haben ~ zwei Betten** les chambres ont chacune deux lits; **~ eins** un de chaque. **-2.** [pro] par; **30 Zeilen ~ Seite** 30 lignes par page. **-3.** [irgendwann, jemals] jamais; **mehr denn ~** plus que jamais. ◇ *Konj*: **~ ... desto** ODER **um so** plus ... plus ...; **~ ... desto besser ...** plus ... mieux ...; **~ weniger ... desto** moins ... plus ...
◆ **je nach** *Präp* selon.
◆ **je nachdem** *Konj*: **~ nachdem ob** suivant ODER selon que; **~ nachdem wie das Wetter ist** selon le temps; **~ nachdem wann der Zug ankommt** suivant l'heure d'arrivée du train.
◆ **oh je!** *Interj* oh la la!
Jeans [dʒiːnz] (*Pl* **-**) *die* jean *m*, jeans *m*.
jede, r, s ◇ *Det* chaque; **~n Tag** tous les jours. ◇ *Pron* chacun(e); **~r von euch** chacun d'entre vous; **~r zweite/fünfte** un sur deux/cinq.
jedenfalls *Adv* **-1.** [wenigstens] en tout cas. **-2.** [wohl] de toute façon.
jedermann *Pron* tout le monde.
jederzeit *Adv* à tout moment.
jedesmal *Adv* (à) chaque fois.
jedoch ◇ *Adv* pourtant, néanmoins. ◇ *Konj* pourtant.
Jeep® [dʒiːp] (*Pl* **-s**) *der* jeep® *f*.
jegliche, r, s *Pron* tout(e).
jeher *Adv*: **von ~** depuis toujours.
jemals *Adv* jamais.
jemand *Pron* quelqu'un.
Jemen *nt* Yémen *m*; **in ~** au Yémen.
Jemenit, in (*mPl* **-en**; *fPl* **-nen**) *der, die* Yéménite *mf*.
Jena *nt* Iéna.

jene, r, s *geh* ◇ *Det* ce ...(-là), cet ...(-là), cette ...(-là). ◇ *Pron* celui-là, celle-là.
jenseits *Präp*: **~ von etw** ODER **einer Sache** *(G)* au-delà de qqch.
Jenseits *das (ohne Pl)*: **jn ins ~ befördern** *salopp* expédier qqn dans l'au-delà.
Jerusalem *nt* Jérusalem.
Jesuit (*Pl* **-en**) *der* jésuite *m*.
Jet [dʒɛt] (*Pl* **-s**) *der* jet *m*.
Jeton [ʒəˈtõ] (*Pl* **-s**) *der* jeton *m*.
jetzig *Adj* actuel(elle).
jetzt *Adv* **-1.** [gen] maintenant; **bis ~** jusqu'ici ODER à maintenant; **von ~ an** à partir de maintenant; **~ gleich** tout de suite. **-2.** [gegenwärtig, heute] maintenant. **-3.** [damals] alors.
jeweilig *Adj* respectif(ive); [zeitlich] du moment.
jeweils *Adv* **-1.** [jeder] respectivement. **-2.** [momentan] à ce moment-là.
Jg. *Abk für* **Jahrgang**.
Jh. *Abk für* **Jahrhundert**.
JH (*Abk für* **Jugendherberge**) AJ *f*.
Jiddisch *das (ohne Pl)* Yiddish *m*; *siehe auch* **Englisch**.
Job [dʒɔp] (*Pl* **-s**) *der* **-1.** [als Aushilfe] job *m*. **-2.** *fam* [Aufgabe, Beruf] boulot *m*.
jobben [dʒɔbn̩] *intr fam* avoir un job.
Jobsharing [ˈdʒobˈʃɛːriŋ] *das (ohne Pl) répartition d'un poste de travail entre plusieurs personnes.*
Jockey [ˈdʒɔke, ˈdʒɔki] (*Pl* **-s**) *der* jockey *mf*.
Jod *das (ohne Pl)* iode *m*.
jodeln *intr* iouler, yodler.
Joga = **Yoga**.
joggen [ˈdʒɔgn̩] *intr* faire du jogging.
Jogger, in [ˈdʒɔgɐ, rɪn] (*mPl* **-**; *fPl* **-nen**) *der, die* joggeur *m*, -euse *f*.
Jogging [ˈdʒɔgɪŋ] *das (ohne Pl)* jogging *m*.
Joghurt, Yoghurt (*Pl* **-(s)**) *der* ODER *das* yaourt *m*, yoghourt *m*.
Johannesburg *nt* Johannesburg.
Johannisbeere *die*: **rote ~** groseille *f*; **schwarze ~** cassis *m*.
Johanniterunfallhilfe *die (ohne Pl) service d'ambulances privées.*
johlen ◇ *intr* beugler. ◇ *tr* brailler.
Joint [dʒɔynt] (*Pl* **-s**) *der* joint *m*.
Joint-venture [dʒɔyntˈvɛntʃɐ] (*Pl* **-s**) *das* joint-venture *m*.
Joker [ˈdʒoːkɐ] (*Pl* **-**) *der* **-1.** [Spielkarte] joker *m*. **-2.** [Trumpf] atout *m*; **einen ~ ausspielen** sortir un atout.
Jokerzeichen *das* EDV caractère *m* joker.
Jolle (*Pl* **-n**) *die* yole *f*.
Jongleur, in [ʒɔŋˈløːɐ, rɪn] (*mPl* **-e**; *fPl* **-nen**) *der, die* jongleur *m*, -euse *f*.
jonglieren [ʒɔŋˈliːrən] ◇ *intr* jongler. ◇ *tr* [balancieren]: **etw ~** porter qqch en équilibre.
Jordan *der* Jourdain *m*.
Jordanien *nt* Jordanie *f*.
Jordanier, in (*mPl* **-**; *fPl* **-nen**) *der, die* Jordanien *m*, -enne *f*.
jordanisch *Adj* jordanien(enne).
Joule [dʒuːl, dʒau̯l] (*Pl* **-**) *das* joule *m*.
Journal [ʒʊrˈnaːl] (*Pl* **-e**) *das* [Zeitschrift] revue *f*; [Fernsehmagazin] journal *m* télévisé.
Journalismus [ʒʊrnaˈlɪsmʊs] *der (ohne Pl)* journalisme *m*.
Journalist, in [ʒʊrnaˈlɪst, ɪn] (*mPl* **-en**; *fPl* **-nen**) *der, die* journaliste *mf*.
journalistisch [ʒʊrnaˈlɪstɪʃ] ◇ *Adj* journalistique. ◇ *Adv* de manière journalistique.
jovial ◇ *Adj* bienveillant(e). ◇ *Adv* avec bienveillance.
Joystick [ˈdʒɔystik] (*Pl* **-s**) *der* joystick *m*, manette *f*.
jr. *Abk für* **junior**.
Jubel *der (ohne Pl)* jubilation *f*.
jubeln *intr* jubiler.
Jubilar, in (*mPl* **-e**; *fPl* **-nen**) *der, die personne qui célèbre un anniversaire de mariage, d'entrée en fonction etc.*
Jubiläum [jubiˈlɛːʊm] (*Pl* **Jubiläen**) *das* anniversaire *m (de mariage, d'entrée en fonction etc)*; **ein ~ feiern** célébrer un anniversaire.
juchzen *intr* pousser des cris de joie, s'exclamer.
jucken ◇ *intr* **-1.** [Haut] démanger. **-2.** [Material] gratter. ◇ *tr* **-1.** [kratzen] gratter. **-2.** *fam* [verlocken]: **es juckt mich, das zu tun** j'ai envie de le faire. **-3.** *fam* [ärgern]: **das juckt mich nicht** je m'en tape, je m'en bats l'œil.
◆ **sich jucken** *ref fam* se gratter.
Juckreiz *der* démangeaison *f*.
Jude (*Pl* **-n**) *der* Juif *m*.
Judentum *das (ohne Pl)* judaïsme *m*.
Jüdin (*Pl* **-nen**) *die* Juive *f*.
jüdisch *Adj* juif(ive).
Judo *das (ohne Pl)* judo *m*.
Jugend *die (ohne Pl)* **-1.** [Alter] jeunesse *f*. **-2.** [Personen] jeunes *mpl*, jeunesse *f*.
Jugendamt *das* service *m* de la jeunesse.
Jugendarbeit *die (ohne Pl) ensemble des activités ayant trait à l'animation et la formation des jeunes.*
jugendfrei *Adj*: **'nicht ~'** 'interdit(e) aux moins de 18 ans'.
Jugendfreund, in *der, die* ami d'enfance *m*, amie d'enfance *f*.
Jugendgruppe *die* groupe *m* de jeunes.
Jugendherberge *die* auberge *f* de jeunesse.

jugendlich *Adj* & *Adv* jeune.
Jugendliche *(Pl* **-n**) *der, die* jeune *mf.*
Jugendschutz|gesetz *das (ohne Pl)* loi *f* de protection des mineurs.
Jugend|stil *der (ohne Pl)* style *m* Art nouveau, Art *m* nouveau.
Jugoslawe (*Pl* **-n**) *der* Yougoslave *m.*
Jugoslawien *nt* Yougoslavie *f.*
Jugoslawin (*Pl* **-nen**) *die* Yougoslave *f.*
jugoslawisch *Adj* yougoslave.
Jukebox ['dʒuːkbɔks] (*Pl* **-es**) *die* juke-box *m inv.*
Juli *der (ohne Pl)* juillet *m*; **der 20. ~** *jour de l'attentat manqué contre Hitler, le 20 juillet 1944; siehe auch* **September.**

20. JULI 1944:
Devant la défaite inévitable de leur pays, des officiers allemands menés par le colonel von Stauffenberg fomentèrent un attentat à la bombe contre Hitler le 20 juillet 1944.
L'échec du complot entraîna la liquidation d'une grande partie de la résistance allemande.

Jumbo-Jet ['jʊmbodʒɛt] (*Pl* **-s**) *der* jumbo-jet *m.*
jung (*Kompar* **jünger,** *Superl* **jüngste**) ◇ *Adj* jeune; **der/die jüngste** le/la plus jeune. ◇ *Adv* jeune.
Junge (*Pl* **-n** ODER **Jungs**) ◇ *der (Pl Jungen, Jungs)* **-1.** [Knabe] garçon *m.* **-2.** *fam* [Mann] gars *m*; **ein grüner ~** *fig* un blanc-bec; **Junge, Junge!** *fam fig* ça, alors! ◇ *das (Pl Jungen)* petit *m*; **~ kriegen** ODER **werfen** avoir des petits.
jungenhaft ◇ *Adj* juvénile. ◇ *Adv* de manière juvénile.
Jünger, in (*mPl* **-**; *fPl* **-nen**) *der, die* disciple *mf.*
Jungfer (*Pl* **-n**) *die*: **alte ~** *abw* vieille fille *f.*
Jungfern|fahrt *die* premier voyage *m.*
Jung|frau *die* **-1.** [weibliche Person] vierge *f.* **-2.** ASTRO Vierge *f.*
jungfräulich ◇ *Adj* vierge; **das ~e Weiß** la blancheur virginale. ◇ *Adv* vierge.
Jung|geselle *der* célibataire *m*; **ein eingefleischter ~** un célibataire endurci.
Jung|gesellin *die* célibataire *f.*
Jüngling (*Pl* **-e**) *der* **-1.** *geh* [junger Mann] jeune homme *m.* **-2.** *abw* [dummer Junge] gamin *m.*
Jung|sozialist, in *der, die* membre *m* des jeunesses socialistes.
jüngst *Adv geh* dernièrement, récemment.
jüngste *Adj* → **jung.**
Jüngste Tag *der* REL Jugement *m* dernier.
Jung|unternehmer, in *der, die* jeune entrepreneur *m*, jeune entrepreneuse *f.*
Jungverheiratete (*mPl* **-n**; *fPl* **-n**) *der, die* jeune marié *m*, jeune mariée *f.*
Juni *der (ohne Pl)* juin *m*; **der 17. ~** *avant la réunification, fête de l'unité allemande en Allemagne de l'Ouest commémorant le soulèvement populaire de 1953 contre le régime de la RDA; siehe auch* **September.**
Junior (*Pl* **Junioren**) *der* **-1.** *(ohne Pl)* [Sohn] fils *m.* **-2.** SPORT junior *m.*
Junior|chef, in *der, die fils qui seconde son père dans la direction de sa société.*
Juniorin (*Pl* **-nen**) *die* **-1.** *(ohne Pl)* [Tochter] fille *f.* **-2.** SPORT junior *f.*
Junior|paß *der carte de réduction pour les jeunes sur le réseau ferroviaire allemand.*
Junkie ['dʒaŋki] (*Pl* **-s**) *der fam* junkie *mf*, junky *mf.*
Jupiter *der (ohne Pl)* Jupiter.
jur. *Abk für* **juristisch.**
Jura *der (ohne Pl)* **-1.** *(G Jura & ohne Artikel)* [Studienfach] droit *m.* **-2.** *(G Juras)* [Gebirge] Jura *m.* **-3.** *(G Juras)* [Juraformation] **jurassique** *m.*
Jurassier, in (*mPl* **-**; *fPl* **-nen**) *der, die* Jurassien *m*, -enne *f.*
jurassisch *Adj* jurassien(enne).
Jurist, in (*mPl* **-en**; *fPl* **-nen**) *der, die* juriste *mf.*
juristisch ◇ *Adj* juridique. ◇ *Adv* juridiquement.
Jury [ʒy'riː] (*Pl* **Juries**) *die* jury *m.*
Juso (*Pl* **-s**) *der Abk für* **Jungsozialist.**
justieren *tr* ajuster, régler.
Justiz *die (ohne Pl)* justice *f.*
Justiz|beamte *der* magistrat *m (de justice).*
Justiz|beamtin *die* magistrat *m (de justice).*
Justiz|irrtum *der* erreur *f* judiciaire.
Justiz|minister, in *der, die* ministre *m* de la Justice; [Frankreich] garde *m* des Sceaux.
Justiz|ministerium *das* ministère *m* de la Justice.
Justiz|mord *der peine capitale infligée à un innocent suite à une erreur judiciaire.*
Justizvollzugs|anstalt *die amt* établissement *m* pénitentiaire.
Jute *die (ohne Pl)* jute *m.*
Jütland *nt* Jutland *m.*
Juwel (*Pl* **-en**) *der* ODER *das* **-1.** *(der)* [Schmuck] joyau *m.* **-2.** *(der* ODER *das)* [Mensch] perle *f* (rare).
Juwelier (*Pl* **-e**) *der* joaillier *m.*
Juwelier|geschäft *das* joaillerie *f.*
Juwelierin (*Pl* **-nen**) *die* joaillère *f.*
Jux *der fam* blague *f.*
JVA (*Pl* **-s**) *die Abk für* **Justizvollzugsanstalt.**

K

k, K [kaː] (*Pl* - ODER **-s**) *das* k *m inv*, K *m inv*.

Kabarett, **Cabaret** [kaba'rɛt, kaba'reː] (*Pl* **-s** ODER **-e**) *das* **-1.** [Aufführung] spectacle *m* de cabaret. **-2.** [Institution] cabaret *m*.

Kabarettist, in (*mPl* **-en**; *fPl* **-nen**) *der, die* chansonnier *m*, -ère *f*.

kabbeln

◆ **sich kabbeln** *ref fam* : **sich mit jm ~** avoir une prise de bec avec qqn.

Kabel (*Pl* -) *das* câble *m*.

Kabel|anschluß *der* raccordement *m* au câble.

Kabel|fernsehen *das (ohne Pl)* télévision *f* par câble(s).

Kabeljau (*Pl* **-s**) *der* cabillaud *m*.

Kabel|kanal *der* chaîne *f* câblée.

Kabine (*Pl* **-n**) *die* cabine *f*; [in Flugzeug] carlingue *f*.

Kabinett (*Pl* **-e**) *das* **-1.** [aus Ministern] cabinet *m*. **-2.** *(ohne Pl)* [Wein] *appellation œnologique allemande désignant un vin de première catégorie*.

Kabinetts|beschluß *der* décision *f* ministérielle.

Kabinetts|bildung *die* formation *f* du gouvernement.

Kabinetts|sitzung *die* Conseil *m* des ministres.

Kabrio, **Cabrio** (*Pl* **-s**) *das* décapotable *f*.

Kachel (*Pl* **-n**) *die* carreau *m*.

kacheln (*Perf* **hat/ist gekachelt**) ◇ *tr (hat)* carreler. ◇ *intr (ist) fam* rouler à toute berzingue.

Kachel|ofen *der* poêle *m* en faïence.

Kacke *die (ohne Pl) vulg* [Kot] merde *f*.

kacken *intr vulg* chier.

Kadaver (*Pl* -) *der* cadavre *m*.

Kadenz (*Pl* **-en**) *die* MUS cadence *f*.

Kader (*Pl* -) *der* **-1.** POL cadre *m* du parti. **-2.** SPORT sélection *f* nationale.

KaDeWe® (*Abk für* **Kaufhaus des Westens**) *das (ohne Pl) grand magasin berlinois*.

Kadmium *das (ohne Pl)* cadmium *m*.

Käfer (*Pl* -) *der* **-1.** [Tier] coléoptère *m*. **-2.** [Auto] coccinelle *f*.

Kaff (*Pl* **-s** ODER **-e**) *das fam* patelin *m*.

Kaffee, **Kaffee** ['kafe, ka'feː] (*Pl* **-s**) *der* **-1.** *(ohne Pl)* [Getränk, Gewächs] café *m*; **~ trinken** boire du café. **-2.** [Mahlzeit] ≃ goûter *m*.

Kaffee|bohne *die* grain *m* de café.

Kaffee|filter *der* filtre *m* à café.

Kaffee|haus *das*: **Wiener ~** *sorte de café que l'on trouve surtout en Autriche où l'on consomme en lisant le journal, en jouant, en travaillant, etc.*

Kaffee|kanne *die* cafetière *f*.

Kaffeeklatsch (*Pl* **-e**) *der fam sorte de goûter où l'on sert du café et des gâteaux et où l'on parle de tout et de rien*.

Kaffee|löffel *der* cuillère *f* à café.

Kaffee|maschine *die* cafetière *f (automatique)*.

Kaffee|satz *der* marc *m* de café.

Kaffee|tasse *die* tasse *f* à café.

Käfig (*Pl* **-e**) *der* cage *f*.

kahl *Adj* **-1.** [Mensch] chauve. **-2.** [Landschaft, Pflanze, Wald] dépouillé(e).

Kahl|kopf *der* chauve *m*.

kahl|scheren *tr (unreg)* **-1.** [Tier] tondre. **-2.** [Person] raser.

Kahl|schlag *der* **-1.** [von Bäumen] coupe *f* blanche. **-2.** [Abbau] *fig* coupe *f* sombre.

Kahn (*Pl* **Kähne**) *der* barque *f*.

Kai (*Pl* **-s** ODER **-e**) *der* quai *m (du port)*.

Kai|mauer *die* mur *m* de quai.

Kairo *nt* Le Caire; **in ~** au Caire.

Kaiser (*Pl* -) *der* empereur *m*; **sich um des ~s Bart streiten** *fig* chicaner.

Kaiserin (*Pl* **-nen**) *die* impératrice *f*.

kaiserlich *Adj* impérial(e).

Kaiser|reich *das* empire *m*.

Kaiserschmarrn (*Pl* -) *der plat autrichien: crêpe aux raisins secs, coupée en petits morceaux et saupoudrée de sucre*.

Kaiser|schnitt *der* MED césarienne *f*.

Kajak (*Pl* **-s**) *der* ODER *das* kayac *m*.

Kajüte (*Pl* **-n**) *die* cabine *f (de bateau)*.

Kakadu (*Pl* **-s**) *der* cacatoès *m*.

Kakao [ka'kau] *der (ohne Pl)* cacao *m*; **eine Tasse ~** une tasse de chocolat; **etw durch den ~ ziehen** *fam fig* tourner qqch en ridicule.

Kakerlake (*Pl* **-n**) *die* cafard *m*.

Kaktee (*Pl* **-n**) *die* = **Kaktus**.

Kaktus (*Pl* **Kakteen** ODER **-se**) *der* cactus *m*.

kal. (*Abk für* **Grammkalorie**) cal.

Kalabrien *nt* Calabre *f*; **in ~** en Calabre.

Kalahari *die* Kalahari *m*; **in der ~** au Kalahari.

Kalauer (*Pl* -) *der* calembour *m*.

kalauern *intr* faire des calembours.

Kalb (*Pl* **Kälber**) *das* veau *m*.

kalben *intr* vêler.
Kalb|fleisch *das* veau *m (viande)*.
Kaleidoskop (*Pl* **-e**) *das* kaléidoscope *m*.
Kalender (*Pl* **-**) *der* **-1.** [an Wand] calendrier *m*. **-2.** [Taschenkalender] agenda *m*.
Kalender|blatt *das* page *f* de calendrier.
Kalender|jahr *das* année *f* civile.
Kali (*Pl* **-s**) *das* potasse *f*.
Kaliber (*Pl* **-**) *das* calibre *m*; **dieses Argument ist ein schweres ~** c'est un argument massue.
Kalium *das (ohne Pl)* potassium *m*.
Kalk *der* calcaire *m*; [Baumaterial] chaux *f*; **ungelöschter ~** chaux vive.
Kalk|mangel *der* manque *m* de calcium.
Kalk|stein *der* pierre *f* calcaire.
Kalkül (*Pl* **-e**) *der* ODER *das geh* calcul *m*.
Kalkulation (*Pl* **-en**) *die* calcul *m*.
kalkulierbar *Adj* **-1.** [berechenbar] calculable. **-2.** [abschätzbar] évaluable.
kalkulieren ◇ *tr* calculer. ◇ *intr* faire le calcul; **scharf ~** calculer au plus juste.
Kalkutta *nt* Calcutta.
kalkweiß *Adj*: **~ sein/werden** être/devenir blanc comme un linge.
Kalorie [kalo'riː] (*Pl* **-n**) *die* calorie *f*.
kalorienarm [kalo'riːənarm] ◇ *Adj* hypocalorique. ◇ *Adv*: **~ essen** manger léger.
kalt (*Kompar* **kälter**, *Superl* **kälteste**) ◇ *Adj* froid(e); **jm ist ~** qqn a froid; **es ist ~** il fait froid; **das Essen wird ~** le plat refroidit; **etw läßt jn ~** *fam* qqch laisse qqn froid. ◇ *Adv* **-1.** [bezüglich der Temperatur] à l'eau froide; **~ duschen** prendre une douche froide; **Bier/Wein ~ stellen** mettre de la bière/du vin au frais. **-2.** [gefühllos] froidement.
kaltblütig ◇ *Adj* de sang-froid. ◇ *Adv* froidement.
Kälte *die (ohne Pl)* **-1.** [Kaltsein] froid *m*; **klirrende/schneidende ~** froid vif/mordant. **-2.** [Gefühlskälte] froideur *f*.
kältebeständig *Adj* résistant(e) au froid.
Kälte|einbruch *der* coup *m* de froid.
Kälte|grad *der* degré *m* de froid.
Kalte Krieg *der* guerre *f* froide.
Kalt|front *die* front *m* froid.
kalt|lassen *tr (unreg) fam* : **jn ~** laisser qqn froid(e).
kalt|machen *tr fam* liquider.
Kalt|miete *die* loyer *m* sans les charges.
Kalt|schale *die* KÜCHE soupe *f* froide aux fruits.
kaltschnäuzig *Adj* plein(e) de froideur.
kalt|stellen *tr*: **jn ~** neutraliser qqn.
Kalzium *das (ohne Pl)* calcium *m*.
kam *Prät* → **kommen**.
Kambodscha *nt* Cambodge *m*; **in ~** au Cambodge.
Kambodschaner, in (*mPl* **-**; *fPl* **-nen**) *der, die* Cambodgien *m*, -enne *f*.
kambodschanisch *Adj* cambodgien(enne).
Kamel (*Pl* **-e**) *das* [Tier] chameau *m*.
Kamelhaar|decke *die* couverture *f* en poil de chameau.
Kamelle (*Pl* **-n**) *die fam* : **das sind ja olle ~n** ce sont de vieilles histoires!
Kamera (*Pl* **-s**) *die* **-1.** [Fotoapparat] appareil *m* photo. **-2.** [Film-/Fernseh-/Videokamera] caméra *f*.
Kamerad, in (*mPl* **-en**; *fPl* **-nen**) *der, die* camarade *mf*.
Kameradschaft (*Pl* **-en**) *die* camaraderie *f*.
kameradschaftlich ◇ *Adj* amical(e). ◇ *Adv* en bon camarade.
Kamera|frau *die* cadreuse *f*.
Kamera|führung *die* prise *f* de vues.
Kameramann (*Pl* **-männer**) *der* cadreur *m*, cameraman *m*.
Kamerun *nt* Cameroun *m*; **in ~** au Cameroun.
Kameruner, in (*mPl* **-**; *fPl* **-nen**) *der, die* Camerounais *m*, -e *f*.
kamerunisch *Adj* camerounais(e).
Kamille (*Pl* **-n**) *die* camomille *f*.
Kamillen|tee *der* infusion *f* de camomille.
Kamin (*Pl* **-e**) *der* cheminée *f*.
Kaminfeger, in (*mPl* **-**; *fPl* **-nen**) *der, die* ramoneur *m*.
Kamin|feuer *das* feu *m* de cheminée.
Kamin|sims *der* ODER *das* manteau *m* de cheminée.
Kamm (*Pl* **Kämme**) *der* **-1.** [Haarkamm] peigne *m*; **alles über einen ~ scheren** mettre tout dans le même sac. **-2.** [von Hahn, Berg] crête *f*.
kämmen *tr* peigner.
◆ **sich kämmen** *ref* se peigner.
Kammer (*Pl* **-n**) *die* **-1.** [kleines Zimmer] débarras *m*; [für Vorräte] garde-manger *m*. **-2.** POL chambre *f*.
Kammer|gericht *das tribunal supérieur de Berlin*.
Kammer|jäger, in *der, die* désinsectiseur *m*.
Kämmerlein *das*: **im stillen ~** entre quatre murs.
Kammer|musik *die* musique *f* de chambre.
Kammerspiele *Pl* théâtre *m* de poche.
Kammer|ton *der* MUS la *m* du diapason.
Kampagne (*Pl* **-n**) *die* campagne *f*; **eine ~ gegen jn/etw starten** engager une campagne contre qqn/qqch.

Kampf (*Pl* **Kämpfe**) *der* **-1.** [Auseinandersetzung]: **~ (um etw)** lutte *f* (pour qqch); **~ gegen jn/etw** lutte *f* contre qqn/qqch; **jm/einer Sache den ~ ansagen** déclarer la guerre à qqn/qqch. **-2.** MIL combat *m*.

Kampf|ansage *die* guerre *f* déclarée.

kämpfen *intr* se battre; **gegen jn/etw ~** se battre contre qqn/qqch; **für jn/etw ~** lutter ODER combattre pour qqn/qqch; **um etw ~** lutter pour obtenir qqch.

Kampf|flugzeug *das* avion *m* de combat.

Kampf|gebiet *das* zone *f* de combat.

Kampf|geist *der (ohne Pl)* [kämpferische Haltung] esprit *m* combatif.

Kampf|hahn *der* [streitsüchtiger Mensch] querelleur *m*, -euse *f*.

Kampfhandlungen *Pl* hostilités *fpl*.

Kampf|hund *der* chien *m* d'attaque.

kampflos ◇ *Adj* MIL sans résistance. ◇ *Adv* **-1.** MIL sans combattre. **-2.** SPORT sans avoir disputé de match.

Kampf|richter, in *der, die* SPORT arbitre *m*.

kampfunfähig *Adj* SPORT hors de combat.

kampieren *intr* camper.

Kanada *nt* Canada *m*; **in ~** au Canada.

Kanadier [ka'na:di̯ɐ] (*Pl* -) *der* **-1.** [Einwohner Kanadas] Canadien *m*. **-2.** [Boot] canadienne *f*.

Kanadierin [ka'na:di̯ərɪn] (*Pl* **-nen**) *die* Canadienne *f*.

kanadisch *Adj* canadien(enne).

Kanaille [ka'naljə] (*Pl* **-n**) *die abw* canaille *f*.

Kanal (*Pl* **Kanäle**) *der* [Wasserweg] canal *m*.

Kanal|deckel *der* tampon *m* de bouche d'égout.

Kanalinseln *Pl* îles *fpl* Anglo-Normandes; **auf den ~** dans les îles Anglo-Normandes.

Kanalisation (*Pl* **-en**) *die* canalisation *f*.

kanalisieren *tr* [Fluß] canaliser; [Ort] pourvoir d'un réseau de canalisations.

Kanal|tunnel *der* tunnel *m* sous la Manche.

Kanapee ['kanape] (*Pl* **-s**) *das* **-1.** [Sofa] divan *m*. **-2.** KÜCHE canapé *m*.

Kanarien|vogel *der* canari *m*.

Kanarische Inseln *Pl* Canaries *fpl*.

Kandelaber (*Pl* -) *der* candélabre *m*.

Kandidat, in (*mPl* **-en**; *fPl* **-nen**) *der, die*: **~ (für etw)** candidat *m*, -e *f* (à qqch); **jn als ~en aufstellen** ODER **nominieren** présenter qqn comme candidat.

Kandidatur (*Pl* **-en**) *die*: **~ (für etw)** candidature *f* (à qqch).

kandidieren *intr* poser sa candidature, se présenter; **für etw ~** être candidat(e) à qqch.

kandieren *tr* confire.

Kandis|zucker *der* sucre *m* candi.

Känguruh (*Pl* **-s**) *das* kangourou *m*.

Kaninchen (*Pl* -) *das* lapin *m*.

Kanister (*Pl* -) *der* bidon *m*; [für Benzin] jerricane *m*.

kann *Präs* → **können**.

Kann|bestimmung *die* disposition *f* facultative.

Kännchen (*Pl* -) *das* **-1.** [gen] petit pot *m*. **-2.** [im Café] *petite cafetière ou théière contenant deux tasses, servie dans les cafés.*

Kanne (*Pl* **-n**) *die* pot *m*.

Kannibale (*Pl* **-n**) *der* cannibale *m*.

Kannibalin (*Pl* **-nen**) *die* cannibale *f*.

Kannibalismus *der* cannibalisme *m*.

kannte *Prät* → **kennen**.

Kanon (*Pl* **-s**) *der* MUS canon *m*.

Kanone (*Pl* **-n**) *die* canon *m*.

Kanonen|futter *das* chair *f* à canon.

Kantate (*Pl* **-n**) *die* MUS cantate *f*.

Kante (*Pl* **-n**) *die* **-1.** [von Möbeln] bord *m*. **-2.** [hart, scharf] arête *f*; **etwas auf die hohe ~ legen** *fig* mettre de l'argent de côté.

kantig *Adj* **-1.** [mit Kanten] à arêtes vives. **-2.** [Gesicht] anguleux(euse).

Kantine (*Pl* **-n**) *die* cantine *f*.

Kantinen|essen *das* repas *m* de cantine.

Kanton (*Pl* **-e**) *der* canton *m*.

kantonal *Adj Schweiz* cantonal(e).

Kantor (*Pl* **-en**) *der* maître *m* de chapelle.

Kantorin (*Pl* **-nen**) *die* maître *m* de chapelle.

Kanu (*Pl* **-s**) *das* canoë *m*.

Kanüle (*Pl* **-n**) *die* [MED - Hohlnadel] aiguille *f* creuse (de seringue); [- Röhrchen] canule *f*.

Kanzel (*Pl* **-n**) *die* **-1.** [in Kirche] chaire *f*. **-2.** [im Flugzeug] cockpit *m*.

Kanzlei (*Pl* **-en**) *die* chancellerie *f*; [für Anwalt] cabinet *m*; [von Behörden] secrétariat *m*.

Kanzler (*Pl* -) *der* **-1.** [Bundeskanzler] chancelier *m*. **-2.** [Beamter] employé *m (de chancellerie ou d'ambassade)*. **-3.** UNI secrétaire *m* général.

KANZLER:
En Allemagne, le chancelier est le chef du gouvernement fédéral; c'est lui qui fixe les lignes directrices de la politique du pays. Élu par le Bundestag, il est responsable devant lui.

Kanzler|amt *das* chancellerie *f*.

Kanzlerin (*Pl* **-nen**) *die* **-1.** [Bundeskanzlerin] chancelière *f*. **-2.** [Beamtin] employée *f (de chancellerie ou d'ambassade)*. **-3.** UNI secrétaire *m* général.

Kanzler|kandidat, in *der, die* POL candidat *m*, -e *f* à la chancellerie.

Kanzlerschaft *die (ohne Pl)* POL mandat *m* de chancelier.

Kap (*Pl* **-s**) *das* cap *m*.

Kap. (*Abk für* **Kapitel**) chap.

Kapazität (*Pl* **-en**) *die* **-1.** [von Gegenständen, Unternehmen] capacité *f*. **-2.** *(ohne Pl)* [geistig] capacités *fpl*. **-3.** [Experte] autorité *f*.

Kap der Guten Hoffnung *das* cap *m* de Bonne-Espérance.

Kapee: **schwer von ~ sein** *fam* être bouché(e).

Kapelle (*Pl* **-n**) *die* **-1.** [Kirche] chapelle *f*. **-2.** MUS orchestre *m (dans les bals)*.

Kapellmeister, in *der, die* chef *m* d'orchestre.

Kaper (*Pl* **-n**) *die* capre *m*.

kapern *tr* **-1.** [Schiff] capturer. **-2.** *fam fig* [Person]: **sich** *(D)* **jn ~** mettre le grappin sur qqn.

Kap Hoorn *das* cap *m* Horn.

kapieren *tr fam* piger.

kapital *Adj* **-1.** *fam* [Fehler, Irrtum, Verbrechen] grave. **-2.** [Tier] superbe.

Kapital (*Pl* **-ien** ODER **-e**) *das* **-1.** *(ohne Pl)* [Vermögen] capitaux *mpl*, fonds *mpl*. **-2.** [Gesellschaftskapital] capital *m*. **-3.** *RW*: **aus etw ~ schlagen** tirer profit de qqch.

Kapitalanlage *die* placement *m* financier, investissement *m* de capitaux.

Kapitalbilanz *die* WIRTSCH balance *f* des opérations en capital.

Kapitalertragsteuer *die* WIRTSCH impôt *m* sur le revenu du capital.

Kapitalflucht *die* fuite *f* des capitaux.

Kapitalismus *der (ohne Pl)* capitalisme *m*.

Kapitalist, in (*mPl* **-en**; *fPl* **-nen**) *der, die* capitaliste *mf*.

kapitalistisch *Adj* capitaliste.

kapitalkräftig *Adj* disposant de capitaux importants.

Kapitalmarkt *der* WIRTSCH marché *m* financier.

Kapitalverbrechen *das* RECHT crime *m* capital.

Kapitän (*Pl* **-e**) *der* capitaine *m*.

Kapitel (*Pl* **-**) *das* chapitre *m*; **ein ~ für sich sein** *fig* être un problème à part.

Kapitulation (*Pl* **-en**) *die* capitulation *f*.

kapitulieren *intr* capituler; **vor jm/etw ~** capituler devant qqn/qqch.

Kaplan (*Pl* **Kapläne**) *der* vicaire *m*.

Kappe (*Pl* **-n**) *die* casquette *f*.

kappen *tr* **-1.** [Pflanze] tailler. **-2.** [Seil, Kabel] couper.

Kapsel (*Pl* **-n**) *die* **-1.** [Behälter] petite boîte *f*. **-2.** [Medikament] gélule *f*. **-3.** [von Blüten] calice *m* fermé.

Kapstadt *nt* Le Cap; **in ~** au Cap.

kaputt *Adj fam* **-1.** [Gegenstand - defekt] en panne; [- zerbrochen] cassé(e). **-2.** [Beziehung] gâché(e). **-3.** [Gesundheit] ruiné(e). **-4.** *fig* [erschöpft]: **~ sein** être lessivé(e).

kaputtgehen (*Perf* **ist kaputtgegangen**) *intr (unreg) fam* **-1.** [zerbrechen] se casser. **-2.** [Pflanze] mourir.

kaputtlachen

◆ **sich kaputtlachen** *ref fam* mourir de rire.

kaputtmachen *tr fam* casser.

◆ **sich kaputtmachen** *ref fam* se ruiner la santé.

kaputtschlagen *tr (unreg) fam* casser.

Kapuze (*Pl* **-n**) *die* capuche *f*.

Kapuziner (*Pl* **-**) *der* **-1.** [Ordensbruder] capucin *m*. **-2.** *Österr* [Getränk] *café avec un peu de lait.*

Karabiner (*Pl* **-**) *der* carabine *f*.

Karabinerhaken *der* mousqueton *m*.

Karacho *das (ohne Pl) fam* : **mit ~** à fond la caisse.

Karaffe (*Pl* **-n**) *die* carafe *f*.

Karambolage [karambo'la:ʒə] (*Pl* **-n**) *die fam* carambolage *m*.

Karamel *der (ohne Pl)* caramel *m*.

Karamelbonbon *der* ODER *das* caramel *m*.

Karat (*Pl* **-e** ODER **-**) *das* carat *m*.

Karate *das (ohne Pl)* karaté *m*.

Karatschi *nt* Karachi.

Karawane (*Pl* **-n**) *die* **-1.** [Gruppe] caravane *f*. **-2.** [aus Fahrzeugen] file *f*.

Kardanwelle *die* AUTO cardan *m*, arbre *m* de transmission.

Kardinal (*Pl* **Kardinäle**) *der* cardinal *m*.

Kardinalfrage *die* point *m* capital.

Kardinalzahl *die* nombre *m* cardinal.

Kardiologe (*Pl* **-n**) *der* cardiologue *m*.

Kardiologin (*Pl* **-nen**) *die* cardiologue *f*.

Karenztag *der* jour *m* de carence.

Karfreitag *der (ohne Pl)* vendredi *m* saint.

karg *Adj* **-1.** [dürftig - Lohn] maigre; [- Essen] frugal(e); [- Zimmer] dépouillé(e). **-2.** [Boden] pauvre.

Kargheit *die (ohne Pl) geh* pauvreté *f*.

kärglich *Adj* piètre.

Karibik *die (ohne Pl)* Caraïbes *fpl*.

karibisch *Adj* des Caraïbes.

kariert ◇ *Adj* à carreaux; [Papier] quadrillé(e). ◇ *Adv fam* [reden] de manière confuse.

Karies ['ka:riɛs] *die (ohne Pl)* MED carie *f*.

Karikatur (*Pl* **-en**) *die* caricature *f*.

Karikaturist, in (*mPl* **-en**; *fPl* **-nen**) *der, die* caricaturiste *mf*.

karikieren *tr* caricaturer.

kariös *Adj* carié(e).
karitativ ◇ *Adj* caritatif(ive). ◇ *Adv*: ~ **tätig sein** participer à des œuvres caritatives.
Karlsruhe *nt (ohne Pl)* **-1.** [Stadt] Karlsruhe. **-2.** [Gericht] *Cour constitutionnelle allemande.*
Karmeliter, in (*mPl* **-**; *fPl* **-nen**) *der, die* carme *m*, carmélite *f*.
karminrot *Adj* carmin.
Karneval ['karnəval] (*Pl* **-e** ODER **-s**) *der* carnaval *m*.

KARNEVAL:
C'est en Rhénanie que les festivités du carnaval sont les plus nombreuses. Il commence officiellement le 11 novembre à 11 h 11 et se termine le mercredi des cendres. Le grand défilé a lieu la veille du mardi gras.

Karnevalist, in [karnəva'lɪst, ɪn] (*mPl* **-en**; *fPl* **-nen**) *der, die participant au carnaval.*
karnevalistisch [karnəva'lɪstɪʃ] *Adj* du carnaval.
Karnevals|verein *der association pour la préservation des coutumes carnavalesques.*
Karnevals|zug *der* défilé *m* du carnaval.
Karnickel (*Pl* **-**) *das fam* lapin *m*.
Kärnten *nt* Carinthie *f*.
Kärntner, in (*mPl* **-**; *fPl* **-nen**) *der, die* Carinthien *m*, -enne *f*.
kärntnerisch *Adj* de Carinthie.
Karo (*Pl* **-s**) *das* carreau *m*.
Karosserie (*Pl* **-n**) *die* carrosserie *f*.
Karotte (*Pl* **-n**) *die* carotte *f*.
Karpaten *Pl* Carpates *fpl*.
Karpfen (*Pl* **-**) *der* carpe *f*.
Karre (*Pl* **-n**) *die* **-1.** [Handwagen] charrette *f*. **-2.** *fam* [Auto] bagnole *f*.
karren *tr fam* **-1.** [transportieren] transporter en brouette, brouetter. **-2.** [jn fahren]: **jn irgendwohin ~** *fam* voiturer qqn quelque part.
Karren (*Pl* **-**) *der* **-1.** [Handwagen] charrette *f*. **-2.** *RW*: **für jn den ~ aus dem Dreck ziehen** *fam* tirer qqn du pétrin; **jn vor seinen ~ spannen** *fam* faire marcher qqn dans sa combine.
Karriere [ka'ri̯eːrə] (*Pl* **-n**) *die* carrière *f*.
Karriere|frau *die* carriériste *f*.
Karriere|typ *der abw* carriériste *mf*.
Kar|samstag *der (ohne Pl)* samedi *m* saint.
Karst (*Pl* **-e**) *der* karst *m*.
Kartäuser (*Pl* **-**) *der* chartreux *m*.
Karte (*Pl* **-n**) *die* **-1.** [gen] carte *f*; **jm die ~n legen** [wahrsagen] tirer les cartes à qqn. **-2.** SPORT: **jm die gelbe/rote ~ zeigen** montrer le carton jaune/rouge à qqn. **-3.** *RW*: **alles auf eine ~ setzen** jouer le tout pour le tout; **schlechte ~n haben** être en mauvaise posture.
Kartei (*Pl* **-en**) *die* fichier *m*.
Kartei|karte *die* fiche *f*.
Kartei|kasten *der* fichier *m*.
Kartei|leiche *die hum* fiche *f* périmée.
Kartell (*Pl* **-e**) *das* WIRTSCH **cartel** *m*.
Kartell|amt *das* **-1.** WIRTSCH **office** *m* **des cartels.** **-2.** [Bundeskartellamt] *administration fédérale pour la réglementation des cartels.*
Karten|haus *das* château *m* de cartes.
Karten|spiel *das* jeu *m* de cartes.
Karten|telefon *das* téléphone *m* à carte.
Karten|vorverkauf *der* location *f* de billets.
Kartoffel (*Pl* **-n**) *die* pomme de terre *f*.
Kartoffel|brei *der* purée *f* de pommes de terre.
Kartoffel|chips *Pl* chips *fpl*.
Kartoffel|puffer (*Pl* **-**) *der* KÜCHE *galette de pommes de terre râpées.*
Kartoffel|püree *das* purée *f* de pommes de terre.
Kartoffel|salat *der* salade *f* de pommes de terre.
Kartoffel|suppe *die* KÜCHE potage *m* aux pommes de terre.
Karton (*Pl* **-s**) *der* carton *m*.
Karussell (*Pl* **-s**) *das* manège *m*; **~ fahren** faire un tour de manège.
Kar|woche *die* semaine *f* sainte.
Karzinom (*Pl* **-e**) *das* MED carcinome *m*.
Kasachstan *nt* Kazakhstan *m*.
Kaschemme (*Pl* **-n**) *die abw* boui-boui *m*.
kaschieren *tr* cacher.
Kaschmir (*Pl* **-e**) ◇ *nt (ohne Pl)* Cachemire *m*; **in ~** au Cachemire. ◇ *der* cachemire *m*.
Käse (*Pl* **-**) *der* fromage *m*; **das ist ~!** *abw* & *fig* c'est du baratin!
Käse|blatt *das salopp abw* feuille *f* de chou.
Käse|fondue *das* KÜCHE fondue *f* savoyarde.
Käse|gebäck *das* KÜCHE *petits gâteaux au fromage.*
Käse|glocke *die* cloche *f* à fromage.
Käse|kuchen *der* KÜCHE gâteau *m* au fromage blanc.
Kaserne (*Pl* **-n**) *die* MIL caserne *f*.
kaserniert *Adj* caserné(e).
käsig *Adj* blême.
Kasino (*Pl* **-s**) *das* **-1.** [Spielkasino] casino *m*. **-2.** MIL mess *m*.
Kasper (*Pl* **-**) *der* guignol *m*.
Kasperle|theater *das* théâtre *m* de marionnettes.
Kaspische Meer *das* mer *f* Caspienne.
Kasse (*Pl* **-n**) *die* **-1.** [Ladenkasse] caisse *f*; **~ ma-**

chen faire sa ODER la caisse. **-2.** *fam* [Krankenkasse] caisse *f (d'assurance maladie)*. **-3.** *RW*: **jn zur ~ bitten** *fam* faire casquer qqn; **gemeinsame/getrennte ~ machen** faire bourse commune/à part; **knapp bei ~ sein** *fam* être à court d'argent.

Kassen|arzt, |ärztin *der, die* médecin *m* conventionné.

Kassen|bericht *der* compte rendu *m* de caisse.

Kassen|bon *der* ticket *m* de caisse.

Kassen|patient, in *der, die malade affilié(e) à la sécurité sociale*.

Kassen|schalter *der* guichet *m*, caisse *f*.

Kassen|sturz *der fam* : **~ machen** vérifier la caisse; *fig* examiner ses finances.

Kassen|zettel *der* ticket *m* de caisse.

Kasserolle (*Pl* **-n**) *die* casserole *f*.

Kassette (*Pl* **-n**) *die* **-1.** [für Magnetband, Schmuck] cassette *f*. **-2.** [Behälter] coffret *m*.

Kassettenrecorder (*Pl* -) *der* magnétophone *m*.

kassieren *tr* **-1.** [Gebühren, Niederlage] encaisser. **-2.** *fam* [Honorar] toucher. **-3.** *fam* [Lob, Kritik] récolter. **-4.** *fam* [Papiere] retirer. **-5.** *fam* [Verbrecher] mettre la main sur.

Kassierer, in (*mPl* -; *fPl* **-nen**) *der, die* caissier *m*, -ère *f*.

Kastanie [kas'ta:ni̯ə] (*Pl* **-n**) *die* **-1.** [Baum - Roßkastanie] marronnier *m*; [- Edelkastanie] châtaignier *m*. **-2.** [Frucht - Roßkastanie] marron *m* (d'Inde); [- Edelkastanie] châtaigne *f*.

kastanien|braun *Adj* châtain.

Kaste (*Pl* **-n**) *die* caste *f*.

Kasten (*Pl* **Kästen**) *der* **-1.** [für Getränke, Werkzeug] caisse *f*. **-2.** [für Nähzeug, Briefe, Farben] boîte *f*. **-3.** *fam* [Gebäude] cube *m*. **-4.** SPORT plinth *m*. **-5.** *RW*: **er hat etwas auf dem ~!** *fam* il est loin d'être idiot!

Kasten|form *die* moule *m* rectangulaire.

Kastilien *nt* Castille *f*.

Kastration (*Pl* **-en**) *die* MED castration *f*.

kastrieren *tr* MED châtrer, castrer.

Kasus (*Pl* **Kasus**) *der* GRAM cas *m*.

Kat = **Katalysator**.

Katakombe (*Pl* **-n**) *die* catacombe *f*.

Katalanisch *das (ohne Pl)* catalan *m*; *siehe auch* **Englisch**.

Katalog (*Pl* **-e**) *der* catalogue *m*.

katalogisieren *tr* cataloguer.

Katalonien *nt* Catalogne *f*.

Katalonier, in [kata'lo:ni̯ɐ, rɪn] (*mPl* -; *fPl* **-nen**) *der, die* Catalan *m*, -e *f*.

katalonisch *Adj* catalan(e).

Katalysator (*Pl* **Katalysatoren**), **Kat** (*Pl* **-s**) *der* AUTO pot *m* catalytique.

Katamaran (*Pl* **-e**) *der* catamaran *m*.

Katapult (*Pl* **-e**) *der* ODER *das* catapulte *f*.

Katarrh (*Pl* **-e**) *der* MED catarrhe *m*.

Kataster|amt *das* cadastre *m*.

katastrophal [katastro'fa:l] ◇ *Adj* catastrophique. ◇ *Adv* de manière catastrophique.

Katastrophe [katas'tro:fə] (*Pl* **-n**) *die* catastrophe *f*.

Katastrophen|gebiet *das* zone *f* sinistrée.

Katastrophen|schutz *der* protection *f* civile.

Kate (*Pl* **-n**) *die* chaumière *f*.

Katechet, in (*mPl* **-en**; *fPl* **-nen**) *der, die* catéchiste *mf*.

Katechismus (*Pl* **-men**) *der* catéchisme *m*.

Kategorie (*Pl* **-n**) *die* catégorie *f*.

kategorisch ◇ *Adj* catégorique. ◇ *Adv* catégoriquement.

Kater (*Pl* -) *der* **-1.** [Tier] matou *m*. **-2.** *fam* [von Alkohol] gueule *f* de bois; **einen ~ haben** *fam* avoir la gueule de bois.

Kater|frühstück *das fam petit déjeuner revigorant après une gueule de bois*.

kath. *Abk für* **katholisch**.

Katheder (*Pl* -) *der* chaire *f*.

Kathedrale (*Pl* **-n**) *die* cathédrale *f*.

Katheter (*Pl* -) *der* MED sonde *f*.

Kathode (*Pl* **-n**) *die* PHYS cathode *f*.

Katholik (*Pl* **-en**) *der* catholique *m*.

Katholiken|tag *der congrès des catholiques en Allemagne (tous les deux ans)*.

Katholikin (*Pl* **-nen**) *die* catholique *f*.

katholisch *Adj* catholique.

Katholizismus *der (ohne Pl)* catholicisme *m*.

Kat-Motor *der* moteur *m* avec catalyseur.

Katz *die (ohne Pl)*: **~ und Maus spielen** *fam* jouer au chat et à la souris; **für die ~ sein** *fam* ne servir à rien.

Katze (*Pl* **-n**) *die* **-1.** [Tier] chat *m*. **-2.** [weibliches Tier] chatte *f*.

katzenfreundlich *Adj*: **~ sein** être tout miel.

Katzen|sprung *der fam* : **nur einen ~ (von etw entfernt) sein** être à cinq minutes (de qqch).

Katzen|wäsche *die fam* toilette *f* de chat.

Kauderwelsch *das (ohne Pl)* charabia *m*; **~ sprechen** baragouiner.

kauen *intr* & *tr* mâcher; **an etw** *(D)* **~** [Essen] mastiquer qqch; [Problem] ruminer qqch; **die Fingernägel ~** se ronger les ongles.

kauern *intr* être accroupi(e).

◆ **sich kauern** *ref* s'accroupir.

Kauf (*Pl* **Käufe**) *der* **-1.** [Handlung, Ware] achat *m*; **etw zum ~ anbieten** mettre qqch en vente. **-2.** *RW*: **etw in ~ nehmen** s'accommoder de qqch.

kaufen *tr* acheter; **jm etw ~** acheter qqch à qqn; **sich** *(D)* **etw ~** s'acheter qqch.

Käufer, in (*mPl* -; *fPl* **-nen**) *der, die* acheteur *m*, -euse *f*; **~ von etw** acquéreur de qqch.

Kauf|frau *die* commerçante *f*; [im Betrieb] assistante *f* commerciale.

Kauf|haus *das* grand magasin *m*.

Kauf|kraft *die* pouvoir *m* d'achat.

Kauf|leute *Pl* commerçants *mpl*.

käuflich ◇ *Adj* **-1.** [Gegenstand]: **(nicht) ~ sein** (ne pas) être à vendre. **-2.** [Liebe, Mädchen] vénal(e). ◇ *Adv*: **etw ~ erwerben** *amt* acquérir qqch à titre onéreux.

Kaufmann (*Pl* **-leute**) *der* commerçant *m*; [im Betrieb] assistant *m* commercial.

kaufmännisch *Adj* commercial(e).

Kauf|preis *der* prix *m* d'achat.

Kauf|rausch *der* fièvre *f* des achats.

Kauf|vertrag *der* contrat *m* (de vente).

Kauf|zwang *der* obligation *f* d'achat.

Kau|gummi *der* ODER *das* chewing-gum *m*.

Kaukasus *der* Caucase *m*; **im ~** dans le Caucase.

Kaulquappe (*Pl* **-n**) *die* têtard *m*.

kaum *Adv* **-1.** [gen] à peine; **~ noch** presque plus; **ich kann es ~ fassen** je n'arrive pas à le croire; **etw ~ erwarten können** attendre qqch avec impatience. **-2.** [wohl nicht] probablement pas; **~ noch einmal** probablement plus; **er wird ~ mehr kommen** il ne viendra sûrement plus; **das ist ~ anzunehmen** c'est peu probable.

kausal ◇ *Adj* causal(e). ◇ *Adv* sur le plan causal.

Kausalität (*Pl* **-en**) *die* causalité *f*.

Kausal|satz *der* GRAM subordonnée *f* de cause.

Kausal|zusammenhang *der* lien *m* de causalité.

Kaution (*Pl* **-en**) *die* caution *f*.

Kautschuk *der* caoutchouc *m*.

Kauz (*Pl* **Käuze**) *der* **-1.** ZOOL (chouette) chevêche *f*. **-2.** [Person]: **ein komischer ~** *fig* un hurluberlu.

Kavalier [kava'liːɐ̯] (*Pl* **-e**) *der* gentleman *m*.

Kavaliers|delikt *das* délit *m* mineur.

Kavallerie ['kavaləri] (*Pl* **-n**) *die* cavalerie *f*.

Kaviar [kaːvi̯ar] (*Pl* **-e**) *der* caviar *m*.

Kbyte EDV (*Abk für* **Kilobyte**) Ko *m*.

kcal. (*Abk für* **Kilokalorie**) kcal.

keck ◇ *Adj* [Person] qui a du toupet; [Handlung] hardi(e); [Frisur, Hut] olé olé. ◇ *Adv* d'un air effronté; **jm ~ antworten** répondre à qqn avec aplomb.

Kefir *der (ohne Pl)* képhir *m*, kéfir *m*.

Kegel (*Pl* -) *der* **-1.** MATH cône *m*. **-2.** [zum Spielen] quille *f*; **~ spielen** jouer aux quilles.

Kegel|bahn *die* piste *f* de bowling.

Kegel|bruder *der fam* copain *m* de bowling.

kegelförmig *Adj* conique.

Kegel|klub *der club de bowling allemand.*

kegeln *intr* jouer au bowling.

Kegel|schnitt *der* MATH conique *f*, section *f* conique.

Kehle (*Pl* **-n**) *die* gorge *f*; **aus voller ~ singen/schreien** *fam fig* chanter/crier à tue-tête.

kehlig ◇ *Adj* rauque. ◇ *Adv* d'une voix rauque.

Kehl|kopf *der* larynx *m*.

Kehraus *der (ohne Pl)* dernière danse *f*.

Kehr|besen *der* balai *m*.

Kehr|blech *das* pelle *f* (à ordures).

Kehre (*Pl* **-n**) *die* virage *m* (en épingle à cheveux).

kehren *tr* **-1.** [wenden] tourner; **etw nach innen** ODER **außen ~** retourner qqch; **er kehrt immer den starken Mann nach außen** il joue toujours les durs (en public). **-2.** [fegen] balayer.

◆ **sich kehren** *ref* **-1.** [sich kümmern]: **sich nicht um** ODER **an etw** *(A)* **~** ne pas se soucier de qqch. **-2.** [sich richten]: **sich gegen jn ~** se retourner contre qqn.

Kehricht *der (ohne Pl)* détritus *mpl*.

Kehr|reim *der* refrain *m*.

Kehr|schaufel *die* pelle *f* (à ordures).

Kehr|seite *die* inconvénient *m*; **die ~ der Medaille** le revers de la médaille.

kehrt|machen *intr* faire demi-tour.

Kehrt|wendung *die* [Bewegung] demi-tour *m*; [von Meinung, Haltung] **revirement** *m*.

Kehr|wert *der* MATH inverse *m*.

keifen *intr abw* brailler.

Keil (*Pl* **-e**) *der* **-1.** [Werkzeug] coin *m*. **-2.** [zum Bremsen] cale *f*.

Keilerei (*Pl* **-en**) *die fam* bagarre *f*.

Keil|riemen *der* courroie *f*.

Keim (*Pl* **-e**) *der* germe *m*; **etw im ~ ersticken** *fig* étouffer qqch dans l'œuf.

keimen *intr* germer.

keimfrei ◇ *Adj* [Bedingungen, Raum] stérile; [Instrumente, Milch] **stérilisé(e)**. ◇ *Adv*: **~ arbeiten** travailler en milieu stérile.

Keimling (*Pl* **-e**) *der* germe *m*.

keimtötend *Adj* antiseptique.

Keim|zelle *die* **-1.** BIOL gamète *m.* **-2.** *fig* [Ausgangspunkt] point *m* de départ.

kein, e *Det* **-1.** [bei zählbaren Mengen] aucun(e); **~ einziger** pas un seul; **~ Mensch ist gekommen** personne n'est venu; **dort gibt es ~ Hotel** il n'y a pas d'hôtel là-bas. **-2.** [bei nicht zählbaren Mengen] ne ... pas de; **~ ... mehr** ne ... plus de. **-3.** [nicht ganz] ne ... même pas; **das dauert ~e fünf Minuten** ça ne dure même pas cinq minutes. **-4.** [überhaupt nicht] pas un, pas une, pas des; **das war ~ schöner Anblick** ce n'était pas beau à voir.

◆ **keine** (*m* **-r**, *nt* **-s**) *Pron* **-1.** [Person] personne; **~er von ihnen** pas un seul d'entre eux. **-2.** [Gegenstand] aucun(e).

keinerlei *Adj* aucun(e).

keinesfalls *Adv*: **~ leicht/schwer** en aucun cas facile/difficile; **~ etw sagen/vergessen/verraten** ne dire/n'oublier/ne trahir qqch en aucun cas.

keineswegs *Adv*: **~ besser/schlechter** nullement meilleur/pire; **~ beabsichtigen** ODER **vorhaben** n'avoir nullement l'intention de.

Keks (*Pl* **-e**) *der* biscuit *m,* (petit) gâteau *m;* **er geht mir auf den ~** *fam fig* il me tape sur le système.

Kelch (*Pl* **-e**) *der* calice *m.*

Kelle (*Pl* **-n**) *die* louche *f.*

Keller (*Pl* -) *der* cave *f.*

Keller|assel *die* cloporte *m.*

Keller|fenster *das* soupirail *m.*

Keller|geschoß *das* sous-sol *m.*

Keller|treppe *die* escalier *m* de la cave.

Keller|tür *die* porte *f* de la cave.

Kellner, in (*mPl* -; *fPl* **-nen**) *der, die* serveur *m,* -euse *f.*

kellnern *intr fam* travailler comme serveur(euse).

Kelte (*Pl* **-n**) *der* Celte *m.*

keltern *tr* pressurer.

Kelter (*Pl* **-n**) *die* pressoir *m.*

Keltin (*Pl* **-nen**) *die* Celte *f.*

keltisch *Adj* celte, celtique.

Kenia *nt* Kenya *m;* **in ~** au Kenya.

Kenianer, in (*mPl* -; *fPl* **-nen**) *der, die* Kenyan *m,* -e *f.*

kenianisch *Adj* kenyan(e).

kennen (*Prät* **kannte,** *Perf* **hat gekannt**) *tr* connaître; **da kennst du ihn aber schlecht!** tu le connais bien mal!; **jn/etw gut ~** bien connaître qqn/qqch.

kennen|lernen *tr* **-1.** [Person]: **jn ~** faire la connaissance de qqn. **-2.** [Gegenstand] apprendre à connaître; [Land, Sitten, Methode] se familiariser avec.

◆ **sich kennenlernen** *ref* se connaître.

Kenner (*Pl* -) *der*: **~ (einer Sache** *(G)***)** connaisseur *m* (en qqch); **~ eines Landes/einer Kultur** spécialiste *m* d'un pays/d'une culture.

Kenner|blick *der* coup d'œil *m* connaisseur; **mit ~** d'un air connaisseur.

Kennerin (*Pl* **-nen**) *die* connaisseuse *f.*

kenntlich ◇ *Adj*: **~ sein** être reconnaissable. ◇ *Adv*: **etw ~ machen** pourvoir qqch d'une marque distinctive.

Kenntnis *die (ohne Pl)* connaissance *f;* **etw zur ~ nehmen, ~ von etw nehmen** prendre (bonne) note de qqch; **zur ~ nehmen, daß** noter que; **jn von etw in ~ setzen** aviser qqn de qqch.

◆ **Kenntnisse** *Pl* connaissances *fpl.*

Kenntnisnahme *die (ohne Pl) amt*: **zur ~** pour information; **nach ~ von** au vu de.

Kennung (*Pl* **-en**) *die* EDV [von Diskette, Platte] label *m.*

Kenn|wort (*Pl* **-wörter**) *das* mot *m* de passe.

Kennz. *Abk für* **Kennzeichen.**

Kenn|zahl *die* [Telefon] indicatif *m* (téléphonique).

Kenn|zeichen *das* **-1.** [Merkmal] caractéristique *f,* signe *m* (distinctif). **-2.** [Symbol] marque *f* (distinctive). **-3.** [am Auto]: **amtliches ~** numéro *m* minéralogique.

kennzeichnen *tr* **-1.** [markieren]: **etw (mit** ODER **durch etw) ~** marquer qqch (de qqch). **-2.** [charakterisieren] caractériser; **jn/etw als jn/etw ~** désigner qqn/qqch comme étant qqn/qqch.

kennzeichnend *Adj*: **für jn/etw ~ sein** être caractéristique de qqn/qqch.

Kenn|zeichnung *die* marque *f* distinctive.

Kenn|ziffer *die* numéro *m* d'identification.

kentern (*Perf* **ist gekentert**) *intr* chavirer.

Keramik (*Pl* **-en**) *die* céramique *f.*

Kerbe (*Pl* **-n**) *die* entaille *f;* **in dieselbe ~ hauen** *fam fig* faire chorus.

Kerbel *der (ohne Pl)* cerfeuil *m.*

Kerb|holz *das*: **etwas** ODER **einiges auf dem ~ haben** *fam* ne pas avoir les mains blanches.

Kerker (*Pl* -) *der* cachot *m.*

Kerl (*Pl* **-e**) *der fam* type *m;* **ein netter ~** un type sympa; **ein gemeiner ~** un sale type.

Kern (*Pl* **-e**) *der* **-1.** [PHYS, von Obst] noyau *m;* [von Apfel, Birne, Melone] **pépin** *m;* [von Nüssen] cerneau *m.* **-2.** *fig* [von Sache, Problem] cœur *m.* **-3.** *RW*: **der harte ~** le noyau dur, l'aile *f* dure.

Kern|energie *die* énergie *f* nucléaire, nucléaire *m.*

Kern|forschung *die* recherche *f* nucléaire.

Kern|frage *die* question *f* centrale.

Kernlfusion *die* fusion *f* nucléaire.
Kernlgehäuse *das* trognon *m*.
kerngesund *Adj* plein(e) de santé; **er ist ~** il respire la santé.
kernig *Adj* **-1.** [Mann, Gesundheit] robuste. **-2.** [Sprache, Witz] grivois(e). **-3.** [Obst] à pépins.
Kernlkraft *die* énergie *f* nucléaire, nucléaire *m*.
Kernkraftlgegner, in (*mPl* -; *fPl* **-nen**) *der, die* antinucléaire *mf*.
Kernkraftlwerk *das* centrale *f* nucléaire.
kernlos *Adj* sans pépins.
Kernlphysik *die* physique *f* nucléaire.
Kernlpunkt *der* point *m* central.
Kernlreaktor *der* réacteur *m* nucléaire.
Kernlseife *die* ≃ savon *m* de Marseille.
Kernlspaltung *die* PHYS fission *f* nucléaire.
Kernlstück *das* élément *m* majeur; **diese Vase ist das ~ seiner Sammlung** ce vase est la pièce maîtresse de sa collection.
Kernlwaffe *die* arme *f* nucléaire.
Kerosin *das (ohne Pl)* kérosène *m*.
Kerze (*Pl* **-n**) *die* **-1.** [zur Beleuchtung] bougie *f*; [in Kirche] cierge *m*. **-2.** [Turnübung] chandelle *f*.
Kerzenlbeleuchtung *die* éclairage *m* à la bougie; **etw bei ~ tun** faire qqch à la bougie.
kerzengerade ◇ *Adj* droit(e) comme un i. ◇ *Adv*: **~ sitzen/stehen** être assis(e)/planté(e) droit(e) comme un i.
Kerzenhalter (*Pl* -) *der* bougeoir *m*.
Kerzenllicht *das* lueur *f* de bougie; **bei ~ essen** dîner aux chandelles.
keß (*Kompar* **kesser,** *Superl* **kesseste**) ◇ *Adj* **-1.** [frech] effronté(e). **-2.** [Frisur, Kleidung] coquin(e). ◇ *Adv* [frech] avec aplomb.
Kessel (*Pl* -) *der* **-1.** [für Wasser] bouilloire *f*; [zum Kochen] chaudron *m*; [für Heizungsanlage] chaudière *f*. **-2.** [Tal] vallée *f* (profonde).
Kessellltreiben *das*: **ein ~ gegen jn veranstalten** *fig* tirer sur qqn à boulets rouges.
Ketchup ['kɛtʃap] *der* ODER *das (ohne Pl)* ketchup *m*.
Kettcar (*Pl* **-s**) *der* voiture *f* à pédales.
Kette (*Pl* **-n**) *die* chaîne *f*; **eine ~ von Unfällen** des accidents en chaîne; **ein Tier an die ~ legen** enchaîner un animal.
ketten *tr*: **jn/etw an etw** *(A)* **~** enchaîner qqn/qqch à qqch; **an jn gekettet sein** *fig* être enchaîné(e) à qqn.
Kettenlbrief *der* lettre *f* faisant partie d'une chaîne.
Kettenlfahrzeug *das* véhicule *m* chenillé.
Kettenlglied *das* maillon *m*.
Kettenlraucher, in *der, die*: **~ sein** être un grand fumeur.
Kettenlreaktion *die* réaction *f* en chaîne; **eine ~ von etw** un enchaînement de qqch.
Ketzer (*Pl* -) *der* hérétique *m*.
Ketzerei *die (ohne Pl)* hérésie *f*.
Ketzerin (*Pl* **-nen**) *die* hérétique *f*.
ketzerisch *Adj* hérétique.
keuchen (*Perf* **hat/ist gekeucht**) *intr* **-1.** *(hat)* [beim Atmen] haleter. **-2.** *(ist)* [beim Gehen] avancer avec difficulté.
Keuchlhusten *der* coqueluche *f*.
Keule (*Pl* **-n**) *die* **-1.** [Fleisch - vom Hammel] gigot *m*; [- von Geflügel] cuisse *f*; [- von Wild] cuissot *m*. **-2.** [Waffe] massue *f*. **-3.** SPORT mil *m*. **-4.** *RW*: **chemische ~** grenade *f* à gaz lacrymogène.
keusch ◇ *Adj* chaste. ◇ *Adv*: **~ leben** mener une vie chaste.
Keuschheit *die (ohne Pl)* chasteté *f*.
Keyboard ['kiːbɔː(r)d] (*Pl* **-s**) *das* EDV clavier *m*.
kfm. *Abk für* **kaufmännisch**.
Kfz (*Pl* -) *das Abk für* **Kraftfahrzeug**.
Kfz-Steuer *die* ≃ vignette *f* (automobile).
kg (*Abk für* **Kilogramm**) kg.
KG (*Pl* **-s**) (*Abk für* **Kommanditgesellschaft**) *die* société *f* en commandite simple.
kgl. *Abk für* **königlich**.
Khaki *das (ohne Pl)* kaki *m*.
KHG (*Pl* **-s**) (*Abk für* **Katholische Hochschulgemeinde**) *die* association *f* des universitaires catholiques.
kHz (*Abk für* **Kilohertz**) kHz.
kichern *intr* glousser.
kicken ◇ *intr* jouer *(au football)*. ◇ *tr*: **den Ball ~** taper dans le ballon.
Kicker, in (*mPl* **-s**; *fPl* **-nen**) *der, die fam* footballeur *m*, -euse *f*.
kidnappen ['kɪtnɛpn̩] *tr* kidnapper.
Kidnapper, in ['kɪtnɛpɐ, rɪn] (*mPl* -; *fPl* **-nen**) *der, die* kidnappeur *m*, -euse *f*.
Kiefer (*Pl* - ODER **-n**) ◇ *der (G Kiefers, Pl Kiefer)* mâchoire *f*. ◇ *die (G Kiefer, Pl Kiefern)* pin *m*; **aus ~** en pin.
Kieker *der fam* : **jn auf dem ~ haben** [beobachten] avoir qqn à l'œil; [nicht mögen] avoir qqn dans le collimateur.
Kiel[1] (*Pl* **-e**) *der* **-1.** [eines Schiffs] quille *f*. **-2.** [einer Feder] hampe *f*.
Kiel[2] *nt* Kiel.
Kieler Woche *die série de régates organisées annuellement à Kiel.*
Kiellwasser *das (ohne Pl)*: **in js ~ segeln/sein** être dans la mouvance de qqn.

Kieme (*Pl* **-n**) *die* branchie *f*.

Kies *der* **-1.** [Steine] gravier *m*; [im Fluß] galets *mpl*. **-2.** *salopp* [Geld] blé *m*.

Kiesel (*Pl* -) *der* galet *m*.

Kiesel|erde *die* silice *f*.

Kiesel|säure *die* CHEM acide *m* silicique.

Kiesel|stein *der* galet *m*.

Kies|grube *die* carrière *f* de gravier.

Kies|weg *der* allée *f* de gravier.

Kiew ['kiːɛf] *nt* Kiev.

Kiez (*Pl* **-e**) *der fam* [Stadtteil] pâté *m* de maisons.

kiffen *intr salopp* fumer (du hasch).

kikeriki *Interj*: **~!** cocorico!

Kilimandscharo *der* Kilimandjaro *m*.

killen *tr salopp* descendre.

Killer, in (*mPl* -; *fPl* **-nen**) *der, die* tueur *m*, -euse *f*.

Kilo (*Pl* -) *das* kilo *m*.

Kilobyte ['kiːlobait] (*Pl* **-s**) *das* EDV kilo-octet *m*.

Kilo|gramm *das* kilogramme *m*.

Kilo|hertz *das* kilohertz *m*.

Kilo|kalorie *die* kilocalorie *f*.

Kilo|meter *der* kilomètre *m*; **~ pro Stunde** kilomètre (à l')heure.

Kilometer|geld *das* frais *mpl* de déplacement.

kilometerlang *Adj* de plusieurs kilomètres (de long).

Kilometer|pauschale *die* forfait *m* kilométrique.

Kilometer|stand *der* kilométrage *m*.

kilometerweit *Adv* pendant des kilomètres; **die Explosion war ~ zu hören** on pouvait entendre l'explosion à des kilomètres.

Kilometer|zähler *der* compteur *m* (kilométrique).

Kilo|watt *das* kilowatt *m*.

Kilowatt|stunde *die* kilowattheure *m*.

kiloweise *Adv* **-1.** [in großer Menge] par kilos. **-2.** [in Kilos] au kilo.

Kimme (*Pl* **-n**) *die* cran *m* de mire; **über ~ und Korn zielen** viser plein guidon.

Kind (*Pl* **-er**) *das* enfant *mf*; **neugeborenes ~** nouveau-né *m*; **fünfjähriges ~** enfant de cinq ans; **von ~ auf** ODER **an** depuis mon ODER ton ODER son etc plus jeune âge; **ein ~ erwarten/bekommen** attendre ODER avoir un enfant; **kein ~ von Traurigkeit sein** *fam fig* être (un) bon vivant; **mit ~ und Kegel** *fig* avec toute la smala; **sich bei jm lieb ~ machen** *fam fig* cirer les pompes à qqn.

Kinder|arbeit *die* travail *m* des enfants.

Kinder|arzt, ärztin *der, die* pédiatre *mf*.

Kinder|buch *das* livre *m* pour enfants.

Kinderei (*Pl* **-en**) *die* enfantillage *m*.

Kinder|erziehung *die* éducation *f* (des enfants).

kinderfeindlich ◇ *Adj* hostile aux enfants. ◇ *Adv*: **sich ~ verhalten** se comporter de manière hostile envers les enfants.

Kinder|fest *das* fête *f* pour les enfants.

Kinder|frau *die* bonne *f* d'enfants.

Kinder|freibetrag *der* abattement *m* pour enfants à charge.

kinderfreundlich ◇ *Adj* bien disposé(e) envers les enfants. ◇ *Adv*: **sich ~ verhalten** traiter les enfants avec égards.

Kinder|funk *der* émissions *fpl* radio pour la jeunesse.

Kinder|garten *der* (école) maternelle *f*.

Kinder|gärtner, in *der, die* instituteur *m*, -trice *f* d'école maternelle.

Kinder|geld *das* allocations *fpl* familiales.

Kinder|gottesdienst *der* messe *f* des enfants.

Kinder|handel *der* trafic *m* d'enfants.

Kinder|heim *das* [für Behinderte] foyer *m* ODER centre *m* pour enfants; [für Waisen] orphelinat *m*.

Kinder|hort *der* garderie *f*.

Kinder|krankheit *die* maladie *f* infantile.

Kinder|krippe *die* crèche *f*.

Kinder|laden *der* crèche *f* parentale.

Kinder|lähmung *die* poliomyélite *f*, polio *f*.

kinderleicht *fam* ◇ *Adj* d'une simplicité enfantine. ◇ *Adv*: **~ zu bedienen/lösen** très facile à utiliser/résoudre.

kinderlieb *Adj*: **~ sein** aimer les enfants.

Kinder|lied *das* comptine *f*.

kinderlos *Adj*: **~es Ehepaar** couple *m* sans enfant.

Kinder|mädchen *das* bonne *f* (d'enfants).

kinderreich *Adj*: **~e Familie** famille *f* nombreuse.

Kinder|schreck *der (ohne Pl)* croque-mitaine *m*.

Kinder|schuh *der* chaussure *f* pour enfants; **noch in den ~en stecken** *fig* en être encore à ses balbutiements.

Kinderschutz|bund *der* association *f* pour la protection de l'enfance.

kindersicher ◇ *Adj* de sécurité enfants. ◇ *Adv* hors de portée des enfants.

Kinder|sicherung *die* sécurité *f* enfants.

Kinder|sitz *der* siège *m* (pour) enfant.

Kinder|spiel *das*: **(für jn) ein/kein ~ sein** être/ne pas être un jeu d'enfant (pour qqn).

Kinder|sprache *die (ohne Pl)* langage *m* enfantin.

Kindersterblichkeit *die (ohne Pl)* mortalité *f* infantile.
Kinder|stube *die*: **eine gute/schlechte ~ haben** *fig* être bien/mal élevé(e).
Kinder|stunde *die (ohne Pl)* programme *m* (pour) enfants.
Kindertagesstätte (*Pl* **-n**) *die* garderie *f*.
Kinder|wagen *der* [zum Sitzen] poussette *f*; [zum Liegen] landau *m*.
Kinder|zimmer *das* chambre *f* d'enfant.
Kindes|alter *das (ohne Pl)* enfance *f*; **er hat schon im ~ gut Klavier gespielt** enfant déjà, il jouait très bien du piano.
Kindesbeine *Pl*: **von ~n an** dès la plus tendre enfance.
Kindes|mißhandlung *die* mauvais traitements *mpl* infligés à un enfant.
kindgerecht ◇ *Adj* conçu(e) pour les enfants. ◇ *Adv* conformément aux besoins des enfants.
Kindheit *die (ohne Pl)* enfance *f*; **von ~ an** depuis mon ODER ton ODER son etc plus jeune âge.
kindisch *abw* ◇ *Adj* puéril(e). ◇ *Adv* de manière puérile.
kindlich *Adj* enfantin(e).
Kinn (*Pl* **-e**) *das* menton *m*.
Kinn|haken *der* crochet *m (à la mâchoire)*.
Kinnlade (*Pl* **-n**) *die* mâchoire *f* (inférieure).
Kino (*Pl* **-s**) *das* cinéma *m*; **ins ~ gehen** aller au cinéma.
Kino|besucher, in *der, die* spectateur *m*, -trice *f*.
Kino|programm *das* programme *m* du cinéma ODER des cinémas.
Kinshasa *nt* Kinshasa.
Kiosk (*Pl* **-e**) *der* kiosque *m*.
Kippe (*Pl* **-n**) *die* **-1.** *fam* [Zigarette - abgebrannt] mégot *m*; [- angezündet] clope *m* ODER *f*. **-2.** *RW*: **auf der ~ stehen** [zu fallen drohen] être en équilibre instable; [gefährdet sein] être dans une situation précaire; [unsicher sein] être en suspens.
kippelig *Adj fam* bancal(e).
kippen (*Perf* **hat/ist gekippt**) ◇ *intr (ist)* basculer. ◇ *tr (hat)* **-1.** [neigen] incliner, basculer. **-2.** [schütten] verser. **-3.** *fam* [trinken]: **fünf Schnäpse ~** s'envoyer cinq schnaps.
Kipp|fenster *das* fenêtre *f* basculante.
Kirche (*Pl* **-n**) *die* **-1.** [Gebäude] église *f*. **-2.** *(ohne Pl)* [Gottesdienst] office *m*. **-3.** [Institution]: **die ~** l'Église.
Kirchen|austritt *der* retrait *m* de l'Église.
Kirchen|chor *der* chorale *f*.
Kirchen|gemeinde *die* paroisse *f*.
Kirchen|geschichte *die* histoire *f* de l'Église.
Kirchen|konzert *das* concert *m* spirituel *(dans une église)*.
Kirchen|maus *die*: **arm sein wie eine ~** *fam* être pauvre comme Job.
Kirchen|musik *die (ohne Pl)* musique *f* religieuse.
Kirchen|schiff *das* ARCHIT nef *f*.
Kirchen|steuer *die impôt (prélevé par l'État) reversé aux différentes institutions religieuses.*

KIRCHENSTEUER:
L'appartenance à une confession chrétienne est assujettie, en Allemagne, à un prélèvement fiscal qui s'élève à 8 ou 10 % de l'impôt sur le revenu. Ces sommes sont versées aux Églises. Pour échapper à cette contribution, de nombreux Allemands choisissent l'apostasie.

Kirchen|tag *der rassemblement des membres d'une confession chrétienne en Allemagne.*

KIRCHENTAG:
Le Congrès des catholiques allemands et le Congrès de l'Église protestante d'Allemagne sont d'immenses rassemblements, au cours desquels chaque Église s'exprime sur des questions d'actualité dans de nombreux domaines de la vie sociale, politique et religieuse, et soutient des œuvres caritatives.

Kirch|gang *der* pratique *f* religieuse.
Kirchgänger, in (*mPl* **-**; *fPl* **-nen**) *der, die* pratiquant *m*, -e *f*.
kirchl. *Abk für* **kirchlich**.
kirchlich *Adj* religieux(euse).
Kirch|turm *der* clocher *m*.
Kirmes *die (ohne Pl)* kermesse *f*.
kirre *Adj fam* : **jn ~ machen** amadouer qqn.
Kirsch|baum *der* cerisier *m*.
Kirsche (*Pl* **-n**) *die* cerise *f*.
Kirsch|torte *die* tarte *f* aux cerises.
Kirsch|wasser *das* kirsch *m*.
Kissen (*Pl* **-**) *das* coussin *m*; [im Bett] oreiller *m*.
Kissen|bezug *der* taie *f* d'oreiller.
Kiste (*Pl* **-n**) *die* **-1.** [Behälter] caisse *f*. **-2.** *fam* [Auto] bagnole *f*.
kistenweise *Adv* [in großer Weise] par caisses; [in Kisten] à la caisse.
Kita (*Pl* **-s**) *die fam* garderie *f*.
Kitsch *der (ohne Pl)* kitch *m inv*, kitsch *m inv*.
kitschig *Adj* **-1.** [Gegenstand] kitsch. **-2.** [Film, Geschichte] à l'eau de rose.
Kitt *der* mastic *m*; *fig* ciment *m*.
Kittchen (*Pl* **-**) *das fam* taule *f*; **ins ~ kommen** *fam* aller en taule.
Kittel (*Pl* **-**) *der* blouse *f*.

kitten *tr* **-1.** [Porzellan, Gefäß] recoller. **-2.** *fig* [Ehe] raccommoder.
Kitzbühel *nt* Kitzbühel.
Kitzel (*Pl* -) *der*: **jd verspürt einen ~ nach etw** l'envie de faire qqch démange qqn.
kitzelig = **kitzlig**.
kitzeln *tr* **-1.** [zum Lachen] chatouiller. **-2.** [reizen] stimuler.
kitzlig, **kitzelig** *Adj* **-1.** [am Körper] chatouilleux(euse). **-2.** [Angelegenheit, Situation] délicat(e).
Kiwi (*Pl* **-s**) *die* kiwi *m*.
kJ (*Abk für* **Kilojoule**) kJ.
Kl. (*Abk für* **Klasse**) cl.
Klacks (*Pl* **-e**) *der fam* : **das ist ein ~** c'est un jeu d'enfant.
Kladde (*Pl* **-n**) *die* brouillon *m*.
klaffen *intr* s'ouvrir, être béant(e).
kläffen *intr abw* japper.
klaffend *Adj* béant(e).
Klage (*Pl* **-n**) *die*: **~ (über jn/etw)** plainte *f* (au sujet de qqn/qqch).
klagen ◇ *intr* **-1.** [jammern]: **(über jn/etw) ~** se plaindre (de qqn/qqch). **-2.** [vor Gericht]: **gegen jn ~** porter plainte contre qqn; **auf Schadenersatz ~** réclamer des dommages et intérêts. ◇ *tr*: **jm etw ~** se lamenter de qqch auprès de qqn.
Klagenfurt *nt* Klagenfurt.
Kläger, in (*mPl* -; *fPl* **-nen**) *der, die* RECHT plaignant *m*, -e *f*.
klaglos *Adv* sans broncher.
Klamauk *der (ohne Pl) abw* [Lärm] boucan *m*; [Komik] rigolade *f*.
klamm *Adj* **-1.** [Finger, Hände] engourdi(e). **-2.** [Wäsche] humide.
Klammer (*Pl* **-n**) *die* **-1.** [Gegenstand] pince *f*. **-2.** [Symbol]: **runde ~** parenthèse *f*; **eckige ~** crochet *m*; **~ auf/zu** ouvrez/fermez la parenthèse; **in ~n setzen/stehen** mettre/être entre parenthèses.
klammern *tr*: **etw an etw** *(A)* **~** agrafer qqch à qqch.
◆ **sich klammern** *ref*: **sich an jn/etw ~** [festhalten] s'agripper à qqn/qqch; *fig* se raccrocher à qqn/qqch.
klammheimlich ◇ *Adj* secret(ète). ◇ *Adv* en douce.
Klamotten *Pl fam* fringues *fpl*.
klang *Prät* → **klingen**.
Klang (*Pl* **Klänge**) *der* son *m*; [Stimme] timbre *m*.
klanglich *Adj* sonore.
klanglos *Adj* sourd(e) → **sanglos**.
klangvoll *Adj* **-1.** MUS aux belles sonorités. **-2.** [bekannt]: **einen ~en Namen haben** *fig* avoir du renom.
Klapp|bett *das* lit *m* pliant.
Klappe (*Pl* **-n**) *die* **-1.** *fam* [Mund] gueule *f*; **die ~ halten** fermer sa gueule. **-2.** [Gegenstand] clapet *m*.
klappen ◇ *tr* rabattre. ◇ *intr fam* [gelingen] marcher; **es klappt gut** ça marche bien.
klapperdürr *Adj fam* maigre comme un clou.
klapperig = **klapprig**.
klappern *intr* claquer; **mit etw ~** faire cliqueter qqch; **mit den Zähnen ~** claquer des dents.
Klapper|storch *der fam* cigogne *f*.
Klapp|rad, **Klappfahr|rad** *das* vélo *m* pliant.
klapprig, **klapperig** *Adj* **-1.** [Gegenstand] déglingué(e). **-2.** *fam* [Mensch, Tier] décharné(e).
Klapp|sitz *der* strapontin *m*.
Klapp|stuhl *der* chaise *f* pliante.
Klapp|tisch *der* table *f* pliante.
Klaps (*Pl* **-e**) *der fam* tape *f*; **einen ~ haben** *fig* avoir un grain.
Klaps|mühle *die fam* maison *f* de fous.
klar ◇ *Adj* clair(e); [Vorsprung, Sieg] net (nette); **jm (nicht) ~ sein** (ne pas) être clair pour qqn. ◇ *Adv* **-1.** [deutlich] clairement; [gewinnen, siegen] nettement. **-2.** [bewußt]: **sich** *(D)* **über jn/etw im ~en sein** se faire une idée juste de qqn/qqch. **-3.** [fertig]: **~ zu etw** prêt(e) à qqch.
◆ **alles klar**? *Interj* c'est clair?
◆ **alles klar!** *Interj* O.K.!
◆ **klar und deutlich** ◇ *Adj* clair et net, claire et nette. ◇ *Adv* clairement.
Klär|anlage *die* station *f* d'épuration.
Klare (*Pl* **-n**) *der* schnaps *m*.
klären *tr* clarifier.
klar|gehen (*Perf* **ist klargegangen**) *intr (unreg) fam* : **das geht klar** ça roule.
Klarheit *die (ohne Pl)* **-1.** [Gewißheit, Deutlichkeit] clarté *f*; **über etw** *(D)* **~ gewinnen** ODER **bekommen** tirer qqch au clair. **-2.** [Reinheit] pureté *f*.
Klarinette (*Pl* **-n**) *die* clarinette *f*; **~ spielen** jouer de la clarinette.
klar|kommen (*Perf* **ist klargekommen**) *intr (unreg)*: **mit jm (nicht) ~** (ne pas) s'entendre avec qqn; **mit etw (nicht) ~** (ne pas) se sortir de qqch.
klar|machen *tr*: **jm etw ~** faire comprendre qqch à qqn.
klar|sehen *intr (unreg)* voir clairement; **jetzt sehe ich klar** à présent j'y vois clair.
Klarsicht|folie *die* film *m* étirable pour contact alimentaire.
Klarsicht|hülle *die* pochette *f* transparente.
klar|stellen *tr* élucider.

Klar|text *der (ohne Pl)*: **(im) ~ reden** ODER **sprechen** parler clair.
Klärung (*Pl* **-en**) *die* **-1.** [von Problemen] éclaircissement *m*. **-2.** [von Flüssigkeiten] clarification *f*.
klar|werden (*Perf* **ist klargeworden**) *intr (unreg)*: **jm wird etw klar** qqn réalise qqch.
klasse *fam* ◇ *Adj* génial(e). ◇ *Adv* formidablement bien.
Klasse (*Pl* **-n**) *die* **-1.** SCHULE & POL classe *f*; **eine ~ wiederholen** redoubler une classe. **-2.** [Qualitätsstufe]: **erster/zweiter ~** de première/seconde classe; **erster/zweiter ~ fahren** voyager en première/seconde. **-3.** [Kategorie] catégorie *f*.
Klassen|arbeit *die* devoir *m* sur table.
Klassen|fahrt *die* voyage *m* scolaire.
Klassen|kamerad, in *der, die* camarade *mf* de classe.
Klassen|kampf *der* POL lutte *f* des classes.
Klassen|lehrer, in *der, die* professeur *m* principal.
klassenlos *Adj* sans classes.
Klassen|treffen *das retrouvailles entre élèves d'une même classe.*
Klassen|unterschied *der* **-1.** POL différence *f* de classe. **-2.** [Leistungsvermögen] différence *f* de catégorie.
Klassen|zimmer *das* salle *f* de classe.
klassifizieren *tr* classer.
Klassik *die (ohne Pl)* **-1.** [Epoche] classicisme *m*. **-2.** [Antike]: **die ~** l'antiquité *f*. **-3.** [Musik] classique *m*. **-4.** [Literatur] classiques *mpl*.
Klassiker, in (*mPl* **-**; *fPl* **-nen**) *der, die* **-1.** [Dichter] classique *m*. **-2.** [Vorbild] référence *f*.
klassisch *Adj* classique.
Klassizismus *der (ohne Pl)* classicisme *m*.
klatsch *Interj*: **~!** [bei Wasser] plouf!; [bei Ohrfeige] clac!
Klatsch *der (ohne Pl) fam abw* potin *m*.
Klatsch|base *die fam abw* commère *f*.
klatschen (*Perf* **hat/ist geklatscht**) *intr* **-1.** *(hat)* [schlagen] taper; **in die Hände ~** frapper dans ses mains. **-2.** *(hat)* [Publikum] applaudir. **-3.** *(ist)* [Wasser, Regen] clapoter. **-4.** *(hat) fam abw* [tratschen]: **über jn ~** jaser sur le compte de qqn.
klatschnaß *Adj fam* trempé(e) jusqu'aux os.
Klaue (*Pl* **-n**) *die* **-1.** [von Greifvögeln] serre *f*; [von Katzen] griffe *f*; [von Kuh, Schaf] sabot *m*. **-2.** *fam* [Schrift] écriture *f* de cochon.
klauen *fam* ◇ *tr*: **(jm) etw ~** piquer qqch (à qqn). ◇ *intr* voler.
Klausel (*Pl* **-n**) *die* RECHT clause *f*.
Klausur (*Pl* **-en**) *die* UNI partiel *m*.
Klavier [kla'viːɐ̯] (*Pl* **-e**) *das* piano *m*; **~ spielen** jouer du piano.
Klavier|konzert *das* **-1.** [Musikstück] concerto *m* pour piano. **-2.** [Konzert] récital *m* de piano.
Klavier|sonate *die* sonate *f* pour piano.
Klavierstimmer, in (*mPl* **-**; *fPl* **-nen**) *der, die* accordeur *m* de pianos.
Klavier|stunde *die* leçon *f* de piano.
Klebe|band (*Pl* **-bänder**) *das* ruban *m* adhésif.
kleben ◇ *tr* **-1.** [befestigen] coller. **-2.** *fam* [ohrfeigen]: **jm eine ~** en coller une à qqn. ◇ *intr* [haften]: **an etw** *(D)* **~** coller à qqch; *fig* s'accrocher à qqch.
Kleber (*Pl* **-**) *der* colle *f*.
Klebe|streifen *der* ruban *m* adhésif.
klebrig *Adj* collant(e).
Kleb|stoff *der* colle *f*.
kleckern *fam* ◇ *intr* faire des taches. ◇ *tr*: **etw auf etw** *(A)* **~** tacher qqch de qqch.
Klecks (*Pl* **-e**) *der* tache *f*.
klecksen *intr* faire des taches; [Füller] faire des pâtés.
Klee *der (ohne Pl)* trèfle *m*.
Klee|blatt *das* feuille *f* de trèfle.
Kleid (*Pl* **-er**) *das* [Frauenkleid] robe *f*.
◆ **Kleider** *Pl* vêtements *mpl*.
kleiden *tr geh* [anziehen] habiller.
◆ **sich kleiden** *ref geh* s'habiller.
Kleider|bügel *der* cintre *m*.
Kleider|bürste *die* brosse *f* à habits.
Kleider|haken *der* patère *f*.
Kleider|schrank *der* **-1.** [Möbelstück] armoire *f* à vêtements. **-2.** *fam* [Mann] armoire *f* à glace.
kleidsam *Adj geh* seyant(e).
Kleidung (*Pl* **-en**) *die* tenue *f*; **sportliche/festliche ~** tenue de sport/de soirée.
Kleidungs|stück *das geh* vêtement *m*.
Kleie (*Pl* **-n**) *die* son *m*.
klein ◇ *Adj* **-1.** [gen] petit(e). **-2.** [bescheiden] modeste. **-3.** *RW*: **haben Sie es nicht ~er?** vous n'auriez pas la monnaie?; **~er werden** se faire tout petit. ◇ *Adv*: **~ stellen** mettre à feu doux; **etw ~ schreiben** écrire qqch avec une minuscule; **von ~ auf** depuis tout petit, depuis toute petite.
Klein|anzeige *die* petite annonce *f*.
Klein|asien *das* Asie *f* mineure.
Klein|bahn *die* petit train *m*.
Klein|bürger, in *der, die abw* petit bourgeois *m*, petite bourgeoise *f*.
kleinbürgerlich *abw* ◇ *Adj* petit bourgeois, petite bourgeoise. ◇ *Adv*: **~ denken** avoir les idées étriquées.
Kleine (*Pl* **-n**) ◇ *der, die* **-1.** [Kind] petit *m*, -e *f*.

-**2.** *abw* [als Anrede]: **na, ~/~r!** alors, ma petite/ mon petit! ◇ *das* [Baby] petit *m*, -e *f*.

Klein|gärtner, in *der, die* jardinier amateur *m*, jardinière amateur *f*.

kleingedruckt *Adj* imprimé(e) en petits caractères.

◆ **Kleingedruckte** *das (ohne Pl)*: **das Kleingedruckte** *parties d'un texte en petits caractères.*

Klein|geld *das* monnaie *f*.

Klein|hirn *das* cervelet *m*.

Kleinigkeit (*Pl* **-en**) *die* **-1.** [Bagatelle] broutille *f*; **für jn eine/keine ~ sein** être/ne pas être un jeu d'enfant pour qqn. **-2.** [Essen] petit quelque chose *m*.

kleinkariert *abw* ◇ *Adj* étriqué(e). ◇ *Adv* de façon étriquée.

Klein|kind *das* jeune enfant *mf*.

Klein|kram *der (ohne Pl) fam* **-1.** [Gegenstände] babioles *fpl*. **-2.** [Angelegenheiten] petits riens *mpl*.

klein|kriegen *tr fam* **-1.** [einschüchtern]: **sich nicht ~ lassen** ne pas se laisser démonter; **jn ~** rabaisser le caquet de qqn. **-2.** [kaputtmachen]: **nicht kleinzukriegen sein** être increvable. **-3.** [zerkleinern] venir à bout de qqch.

Klein|kunst *die* cabaret *m*.

Kleinkunst|bühne *die* cabaret *m*, café-théâtre *m*.

kleinlaut ◇ *Adj* [Mensch] qui adopte un profil bas; [Antwort] penaud(e). ◇ *Adv* d'un air penaud.

kleinlich *Adj abw* mesquin(e).

klein|machen *tr* **-1.** [Holz] couper. **-2.** *fam* [Geld] faire de la monnaie; **50 DM ~** faire de la monnaie sur 50 DM.

◆ **sich kleinmachen** *ref* se faire tout petit (toute petite).

Kleinod (*Pl* **-e**) *das geh* **-1.** [Schmuck] bijou *m*. **-2.** [wertvolles Stück] joyau *m*.

klein|schneiden *tr (unreg)* hacher menu.

klein|schreiben *tr (unreg)* **-1.** [Buchstabe] écrire en minuscules. **-2.** [unwichtig sein]: **hier wird Sauberkeit kleingeschrieben** ici on ne fait pas grand cas de la propreté.

Klein|schreibung *die* écriture *f* en minuscules.

Klein|staat *der* petit État *m*.

Klein|stadt *die* petite ville *f*.

Kleister (*Pl* **-**) *der* colle *f (d'amidon)*.

kleistern *tr* coller.

Klemme (*Pl* **-n**) *die* **-1.** [Bedrängnis] situation *f* difficile; **jm aus der ~ helfen** aider qqn à se sortir d'une mauvaise passe; **in der ~ stecken** ODER **sitzen** ODER **sein** être dans le pétrin. **-2.** ELEKTR borne *f*.

klemmen ◇ *tr* **-1.** [feststecken] coincer. **-2.** [Finger]: **sich** *(D)* **etw ~** se coincer qqch. **-3.** *fam* [stehlen] barboter. ◇ *intr* [festsitzen] coincer.

◆ **sich klemmen** *ref*: **sich hinter etw** *(A)* **~** s'atteler à qqch.

Klempner, in (*mPl* **-**; *fPl* **-nen**) *der, die* plombier *m*.

Kleptomane (*Pl* **-n**) *der* kleptomane *m*.

Kleptomanie (*Pl* **-n**) *die* MED kleptomanie *f*.

Kleptomanin (*Pl* **-nen**) *die* kleptomane *f*.

Klerus *der (ohne Pl)* clergé *m*.

Klette (*Pl* **-n**) *die* **-1.** *fam* [Mensch] pot de colle *m*; **wie eine ~ an jm hängen** être pendu(e) aux basques de qqn. **-2.** [Pflanze] glouteron *m*.

klettern (*Perf* **hat/ist geklettert**) *intr* **-1.** *(ist)* [auf Baum, in Auto] grimper; **auf einen Berg ~** escalader une montagne. **-2.** *(ist) fam* [aus Auto, Boot]: **aus etw ~** descendre de qqch. **-3.** *(ist)* [wachsen] grimper. **-4.** *(hat)* SPORT faire de l'escalade.

Kletter|pflanze *die* plante *f* grimpante.

Kletter|tour *die* escalade *f*.

Klett|verschluß *der* fermeture *f* Velcro®.

klicken *intr* [Fotoapparat] produire un déclic; [mit Computermaus] cliquer.

Klient (*Pl* **-en**) *der* client *m*.

Klientel (*Pl* **-en**) *die* clientèle *f*.

Klientin (*Pl* **-nen**) *die* cliente *f*.

Kliff (*Pl* **-e**) *das* falaise *f*.

Klima (*Pl* **-s**) *das* climat *m*.

Klima|anlage *die* climatisation *f*.

klimatisch *Adj* climatique.

Klimm|zug *der* traction *f*.

klimpern ◇ *intr* **-1.** [auf dem Klavier] pianoter; [auf der Gitarre] gratter. **-2.** [Geld, Münzen] tinter; **mit etw ~** faire tinter qqch. ◇ *tr* [spielen] jouer maladroitement.

Klinge (*Pl* **-n**) *die* lame *f*.

Klingel (*Pl* **-n**) *die* sonnette *f*.

klingeln *intr* sonner; **bei jm ~** sonner chez qqn; **nach jm ~** sonner qqn.

klingen (*Prät* **klang**, *Perf* **hat geklungen**) *intr* **-1.** [Töne, Stimme]: **hohl/falsch ~** sonner creux/ faux; **jd klingt heiser** qqn à l'air enroué; **deine Stimme klingt heiser** ta voix est enrouée. **-2.** [Glas] tinter.

Klinik (*Pl* **-en**) *die* clinique *f*.

klinisch ◇ *Adj* clinique. ◇ *Adv* cliniquement.

Klinke (*Pl* **-n**) *die* poignée *f* de porte.

Klinker (*Pl* **-**) *der* brique *f* hollandaise.

klipp

◆ **klipp und klar** *Adv* d'une manière claire et nette.

Klippe (*Pl* **-n**) *die* écueil *m*.

klirren *intr* cliqueter.
klirrend *Adj* [Kälte, Frost] glacial(e).
Klischee *(Pl* **-s**) *das* cliché *m*.
Klischeelvorstellung *die* cliché *m*, poncif *m*.
Klitoris *(Pl* -) *die* clitoris *m*.
Klo *(Pl* **-s**) *das fam* cabinets *mpl*; **aufs ~ gehen** aller aux toilettes.
Kloake *(Pl* **-n**) *die* cloaque *m*.
klobig *Adj* **-1.** [Mensch, Benehmen] fruste. **-2.** [Hände] grossier(ère). **-3.** [Bau, Möbel] lourd(e).
Klolbrille *die fam* lunette *f* de W.C.
Klolbürste *die fam* balayette *f* de W.C.
Klolfrau *die fam* dame *f* pipi.
Klolpapier *das fam* papier *m* hygiénique.
klopfen *intr* frapper.
◆ **sich klopfen** *ref fam* se bagarrer.
klöppeln *tr* tricoter de la dentelle (aux fuseaux).
Klops *(Pl* **-e**) *der Norddt petite boulette de viande hachée.*
Klosett *(Pl* **-e**) *das* cabinets *mpl*.
Kloß *(Pl* **Klöße**) *der* boulette *f*; **einen ~ im Hals haben** *fig* avoir la gorge nouée.
Kloster *(Pl* **Klöster**) *das* [für Mönche] monastère *m*; [für Nonnen] couvent *m*.
Klosterlkirche *die* chapelle *f* d'un couvent.
Klosterlschule *die* école *f* d'un couvent.
Klotz *(Pl* **Klötze**) *der* **-1.** [vom Baum] bûche *f*. **-2.** [zum Spielen] cube *m* de bois. **-3.** *fam abw* [Gebäude] bloc *m*. **-4.** *RW*: **einen ~ am Bein haben** avoir un boulet au pied.
klotzig *Adj fam abw* **-1.** [groß] massif(ive). **-2.** [auffällig] tape-à-l'œil.
Klub *(Pl* **-s**) *der* club *m*.
Klublmitglied *das* membre *m* de ODER du club.
Klublsessel *der* fauteuil-club *m*.
Kluft *(Pl* **-en** ODER **Klüfte**) *die* **-1.** *(Pl Klüfte)* [Gegensatz] fossé *m*. **-2.** *(Pl Klüfte)* [im Berg] crevasse *f*. **-3.** *(Pl Kluften) fam* [Kleidung] tenue *f*.
klug *(Kompar* **klüger**, *Superl* **klügste**) ◇ *Adj* **-1.** [Mensch] intelligent(e). **-2.** [Verhalten] judicieux(euse). **-3.** *RW*: **aus jm/etw nicht ~ werden** ne rien comprendre à qqn/qqch. ◇ *Adv* [umsichtig] intelligemment.
Klugheit *die (ohne Pl)* **-1.** [von Menschen] intelligence *f*. **-2.** [von Verhalten] clairvoyance *f*.
◆ **Klugheiten** *Pl abw* lapalissade *f*.
Klumpen *(Pl* -) *der* [von Gold, Teig] bloc *m*; [von Erde, Butter] motte *f*.
Klüngel *(Pl* -) *der* clique *f*.
Klunker *(Pl* -) *der fam* quincaillerie *f*.
km *(Abk für* **Kilometer**) km.
km/h *(Abk für* **Stundenkilometer**) km/h.

knabbern ◇ *tr* grignoter. ◇ *intr*: **an etw** *(D)* **~** grignoter qqch; **an etw** *(D)* **zu ~ haben** *fam fig* ressasser qqch.
Knabe *(Pl* **-n**) *der* **-1.** *geh* [Junge] garçon *m*. **-2.** *fam* [Mann] gars *m*; **alter ~!** vieille branche!
Knäckelbrot *das* galette *f* suédoise, Wasa® *f*.
knacken ◇ *tr* **-1.** [Nüsse] casser. **-2.** *fam* [mit Gewalt] forcer. ◇ *intr* **-1.** [Holz] craquer. **-2.** *salopp* [schlafen] roupiller. **-3.** *RW*: **jd hat an etw** *(D)* **zu ~** qqch donne du fil à retordre à qqn.
knackig *Adj* **-1.** [Brot] croustillant(e); [Gemüse, Obst] croquant(e). **-2.** *salopp* [ansehnlich] appétissant(e).
Knacks *(Pl* **-e**) *der* **-1.** *fam* [psychischer Schaden]: **einen ~ haben** être timbré(e). **-2.** *fam* [Sprung] fêlure *f*. **-3.** [Geräusch] craquement *m*.
Knall *(Pl* **-e**) *der* [von Schuß, Explosion] détonation *f*; [von Türen] claquement *m*; **einen ~ haben** *salopp* [spinnen] être fêlé(e).
knallen *(Perf* **hat/ist geknallt**) ◇ *intr* **-1.** *(hat)* [Schuß] retentir; [Peitsche] claquer; [Korken] sauter. **-2.** *(ist) fam* [aufprallen] heurter. **-3.** *(hat)* [Sonne] taper. ◇ *tr fam* **-1.** [werfen] flanquer; [Tür] claquer. **-2.** [ohrfeigen]: **jm eine ~** en flanquer une à qqn. **-3.** [streiten] barder; **es knallt gleich!** ça va barder!
Knalllfrosch *der* pétard *m*.
knallhart *fam* ◇ *Adj* **-1.** [rücksichtslos] brutal(e). **-2.** SPORT [Aufschlag] puissant(e). ◇ *Adv* [rücksichtslos] brutalement, avec brutalité.
knallrot *Adj* rouge vif; **~ werden** *fam* devenir écarlate.
knapp ◇ *Adj* **-1.** [gen] petit(e). **-2.** [Kleidung, Schuhe, Vorräte] juste; **das war ~** c'était limite; **~ bei Kasse sein** être à court d'argent. ◇ *Adv* **-1.** [um weniges] de justesse. **-2.** [eng] à l'étroit; **und nicht zu ~** *fam* [sehr viel] et pas qu'un peu.
knapplhalten *tr (unreg) fam* rationner.
Knappschaft *(Pl* **-en**) *die* corporation *f*.
knarren *intr* craquer.
Knast *(Pl* **Knäste**) *der fam* taule *f*; **im ~ sein** ODER **sitzen** faire de la taule.
Knatsch *der fam* querelle *f*; **~ haben** avoir des histoires.
knattern *intr fam* [Motor] pétarader; [Maschinengewehr] crépiter; [Fahne] claquer.
Knäuel *(Pl* -) *das* pelote *f*.
Knauf *(Pl* **Knäufe**) *der* [von Türen] bouton *m* (de porte); [von Pistolen] crosse *f*; [von Gehstöcken] pommeau *m* (de canne).
knauserig *fam* ◇ *Adj* radin(e). ◇ *Adv* chichement.
knausern *intr*: **mit etw ~** lésiner sur qqch.
knautschen *tr* & *intr* froisser.

Knautsch|zone *die* AUTO zone *f* de déformation.
Knebel (*Pl* -) *der* bâillon *m*.
knebeln *tr* bâillonner.
Knecht (*Pl* **-e**) *der* **-1.** [für Herren] valet *m*. **-2.** [auf Bauernhof] garçon *m* de ferme.
kneifen (*Prät* **kniff,** *Perf* **hat gekniffen**) ◇ *intr fam* **-1.** [Kleidung] serrer. **-2.** *abw* [sich drücken] se défiler; **vor etw** *(D)* **~** se défiler devant qqch. ◇ *tr* pincer.
Kneif|zange *die* tenaille *f*.
Kneipe (*Pl* **-n**) *die fam* bistrot *m*.

KNEIPE:
Bistrot de quartier fréquenté par des habitués. C'est le lieu de rencontre privilégié des étudiants.

Kneipen|bummel *der fam* tournée *f* des bistrots.
Knete *die (ohne Pl) salopp* pognon *m*.
kneten *tr* pétrir.
Knick (*Pl* **-e** ODER **-s**) *der* **-1.** *(Pl Knicke)* [Krümmung] coude *m*; **die Straße macht einen ~ nach rechts** la rue tourne à droite. **-2.** *(Pl Knicke)* [Falte] pli *m*. **-3.** *(Pl Knicks) Norddt* [Hecke] haie *f*.
knicken *tr* **-1.** [falten] plier; **'bitte nicht ~'** 'ne pas plier'. **-2.** [Äste, Blumen] casser.
knickerig, knickrig *Adj fam abw* pingre.
Knicks (*Pl* **-e**) *der* révérence *f*.
Knie (*Pl* -) *das* **-1.** [Körperteil] genou *m*; **in die ~ gehen** fléchir les genoux; [nachgeben] courber la tête. **-2.** *RW*: **etw übers ~ brechen** brusquer qqch.
Kniebeuge (*Pl* **-n**) *die* flexion *f* des genoux.
Knie|fall *der* génuflexion *f*.
Knie|gelenk *das* articulation *f* du genou.
Knie|kehle *die* jarret *m*.
knielang *Adj* qui arrive au genou.
knien *intr* être à genoux.
◆ **sich knien** *ref* s'agenouiller; **sich in etw** *(A)* **~** *fig* se plonger dans qqch.
Knie|scheibe *die* rotule *f*.
Knieschützer (*Pl* -) *der* genouillère *f*.
Knie|strumpf *der* mi-bas *m*.
knietief ◇ *Adj* où l'on s'enfonce jusqu'aux genoux. ◇ *Adv* jusqu'aux genoux.
kniff *Prät* → **kneifen**.
Kniff (*Pl* **-e**) *der* **-1.** [Trick] truc *m*, astuce *f*. **-2.** [Kneifen] pincement *m*.
knifflig *Adj* épineux(euse).
knipsen *fam* ◇ *intr* [fotografieren] prendre des photos. ◇ *tr* **-1.** [Fahrkarte] composter. **-2.** [fotografieren]: **jn/etw ~** prendre qqn/qqch en photo.
Knirps (*Pl* **-e**) *der* **-1.** [Kind] bout de chou *m*. **-2.** *fam abw* [Mann] gringalet *m*. **-3.** [Regenschirm]: **der Knirps®** tom-pouce *m*.
knirschen *intr* **-1.** [Zähne] grincer. **-2.** [Schnee, Sand] crisser.
knistern *intr* [Geräusch] craquer; [Feuer] crépiter; **mit etw ~** faire du bruit en froissant qqch.
knitterfrei *Adj* infroissable.
knittern *intr* froisser.
knobeln *intr* **-1.** *fam* [losen] tirer à la courte paille. **-2.** [spielen] jouer aux dés. **-3.** *fam* [an Rätsel, Problem]: **an etw** *(D)* **~** s'escrimer sur qqch.
Knob|lauch *der* ail *m*.
Knoblauch|zehe *die* gousse *f* d'ail.
Knöchel (*Pl* -) *der* cheville *f*.
knöchellang *Adj* qui arrive à la cheville.
Knochen (*Pl* -) *der* os *m*; **sich** *(D)* **die ~ brechen** *fam* se briser les os; **sich bis auf die ~ blamieren** *fam fig* se couvrir de ridicule.
Knochen|bruch *der* fracture *f*.
Knochen|mark *das* moelle *f*.
knochentrocken *Adj* **-1.** [Boden, Erde] aride; [Gegenstand] très sec (sèche). **-2.** *fam* [Artikel, Vortrag] aride.
knochig *Adj* osseux(euse).
Knockout [nɔk'aut] (*Pl* **-s**) *der geh* knock-out *m*.
Knödel (*Pl* -) *der boulette de pommes de terre ou de pâte*.
Knolle (*Pl* **-n**) *die* BIOL [Zwiebel] bulbe *m*; [Kartoffel] tubercule *m*.
Knopf (*Pl* **Knöpfe**) *der* bouton *m*.
Knopf|druck *der (ohne Pl)* pression *f* du doigt *(sur bouton)*.
knöpfen *tr* boutonner.
Knopfloch *das* boutonnière *f*.
Knorpel (*Pl* -) *der* cartilage *m*.
knorrig *Adj* **-1.** [Pflanze] noueux(euse). **-2.** [Person] bourru(e).
Knospe (*Pl* **-n**) *die* [von Blüten] bouton *m*; [von Blättern] bourgeon *m*.
knospen *intr* [Pflanze] bourgeonner.
knoten *tr* nouer.
Knoten (*Pl* -) *der* **-1.** [Schlinge] nœud *m*. **-2.** MED nodosité *f*. **-3.** [Seemeile] nœud *m* (marin).
Knoten|punkt *der* **-1.** [von Eisenbahn] nœud *m* ferroviaire; [von Autobahn] jonction *f (d'autoroutes)*. **-2.** [wichtiger Ort] carrefour *m*.
Know-how ['nouhau] (*Pl* **-s**) *das* savoir-faire *m inv*.
knüllen *tr* froisser.
Knüller (*Pl* -) *der fam* : **ein ~ sein** faire un tabac.
knüpfen *tr* [Teppich] nouer; [Netz] confectionner; **etw an etw** *(A)* **~** [anbinden] nouer qqch à qqch; *fig* lier qqch à qqch.

Knüppel (*Pl* -) *der* gourdin *m*.
knurren *intr* **-1.** [Magen] gargouiller. **-2.** [Tier, Mensch] grogner.
knusperig, knusprig ◇ *Adj* croustillant(e). ◇ *Adv*: **etw ~ braten** faire dorer qqch.
knutschen *fam* ◇ *tr* bécoter. ◇ *intr* se bécoter.
◆ **sich knutschen** *ref* se bécoter.
Knutsch|fleck *der* suçon *m*.
k.o. [ka:'|o:] *Adj* K.-O.; **~ sein** être K.-O.
K.o. (*Pl* -) *der* K.-O. *m*.
Koala (*Pl* **-s**) *der* koala *m*.
koalieren *intr* (se) coaliser; **mit jm ~** former une coalition avec qqn.
Koalition (*Pl* **-en**) *die* coalition *f*.
Kobalt *das (ohne Pl)* CHEM cobalt *m*.
Koblenz *nt* Coblence.
Kobold (*Pl* **-e**) *der* lutin *m*.
Koch [kɔx] (*Pl* **Köche** ['kœçə]) *der* cuisinier *m*.
Koch|buch *das* livre *m* de cuisine.
kochen ◇ *tr* **-1.** [Essen] préparer; **bei schwacher/mäßiger Hitze ~** cuire à feu doux/moyen; **jm etw ~** préparer qqch pour qqn; **sich** *(D)* **etw ~** se cuisiner qqch. **-2.** [Wäsche] faire bouillir. ◇ *intr* **-1.** [Wasser, Person] bouillir. **-2.** [Essen]: **gut/schlecht ~** bien/mal faire la cuisine.
Kocher (*Pl* -) *der* réchaud *m*.
Koch|gelegenheit *die* possibilité *f* de faire la cuisine, coin cuisine *m*.
Koch|geschirr *das* gamelle *f*.
Köchin [kœçɪn] (*Pl* **-nen**) *die* cuisinière *f*.
Koch|löffel *der* cuillère *f* en bois.
Koch|rezept *das* recette *f* de cuisine.
Koch|salz *das* sel *m* de cuisine.
Koch|topf *der* fait-tout *m*; [mit Griff] casserole *f*.
Koch|wäsche *die* linge *m* à bouillir.
Kode = **Code**.
Köder (*Pl* -) *der* appât *m*.
ködern *tr* **-1.** [Fisch] appâter. **-2.** [Mensch] allécher.
Koedukation *die (ohne Pl) geh* coéducation *f*.
Koeffizient (*Pl* **-en**) *der* MATH coefficient *m*.
Ko|existenz *die* POL coexistence *f*.
Koffein *das (ohne Pl)* caféine *f*.
koffeinfrei *Adj* décaféiné(e).
Koffer (*Pl* -) *der* valise *f*; **die ~ packen** faire ses valises.
Koffer|radio *das* radio *f* portative.
Koffer|raum *der* coffre *m*.
Kognak = **Cognac**.
kohärent *geh* ◇ *Adj* cohérent(e). ◇ *Adv* de manière cohérente.
Kohl *der* chou *m*.
Kohl|dampf *der (ohne Pl) fam* : **~ haben** ODER **schieben** avoir ODER crever la dalle.
Kohle (*Pl* **-n**) *die* **-1.** [Brennstoff] charbon *m*. **-2.** *(ohne Pl) fam* [Geld] fric *m*. **-3.** *RW*: **wie auf glühenden ~n sitzen** *fig* être sur des charbons ardents.
Kohle|bergwerk *das* mine *f* de charbon.
Kohle|kraftwerk *das* centrale *f* thermique (au charbon).
Kohlen|dioxyd *das* gaz *m* carbonique, dioxyde *m* de carbone.
Kohlenhydrat (*Pl* **-e**) *das* hydrate *m* de carbone.
Kohlenmonoxyd (*Pl* **-e**) *das* monoxyde *m* de carbone.
Kohlen|säure *die* acide *m* carbonique; **Mineralwasser mit/ohne ~** eau *f* minérale gazeuse/non gazeuse.
Kohlen|stoff *der* carbone *m*.
Kohlen|wasserstoff *der* hydrocarbure *m*.
Kohle|papier *das* papier *m* carbone.
Kohle|stift *der* KUNST fusain *m*.
Kohle|zeichnung *die* KUNST dessin *m* au fusain.
Kohl|kopf *der* chou *m*.
kohlrabenschwarz *Adj* noir(e) charbon, noir(e) comme du jais.
Kohlrabi (*Pl* - ODER **-s**) *der* chou *m* rave.
Kohl|roulade *die* chou *m* farci.
Koitus (*Pl* -) *der* MED coït *m*.
Koje (*Pl* **-n**) *die* **-1.** *fam* [Bett] pieu *m*. **-2.** [auf Schiff] couchette *f*.
Kokain *das (ohne Pl)* cocaïne *f*.
kokett ◇ *Adj* coquet(ette). ◇ *Adv* avec coquetterie.
kokettieren *intr*: **mit jm ~** faire du charme à qqn; **mit etw ~** minauder avec qqch.
Kokon (*Pl* **-s**) *der* cocon *m*.
Kokos|nuß *die* noix *f* de coco.
Koks *der (ohne Pl)* coke *m*.
Kolben (*Pl* -) *der* **-1.** [von Maschinen] piston *m*. **-2.** CHEM cornue *f*.
Kolik, Kolik (*Pl* **-en**) *die* colique *f*.
Kollaps, Kollaps (*Pl* **-e**) *der* [von Personen] syncope *f*.
Kolleg (*Pl* **-s**) *das* **-1.** [Veranstaltung] séminaire *m*. **-2.** [Institution] collège *m*.
Kollege (*Pl* **-n**) *der* collègue *m*.
kollegial ◇ *Adj* de collègue. ◇ *Adv* en collègue.
Kollegin (*Pl* **-nen**) *die* collègue *f*.
Kollegium [kɔ'le:gi̯ʊm] (*Pl* **-gien**) *das* [in Schule] équipe *f* enseignante.

Kollekte (*Pl* **-n**) *die* quête *f*.
Kollektion (*Pl* **-en**) *die* collection *f*.
kollektiv *Adj* collectif(ive).
Koller *der (ohne Pl) fam* : **einen ~ kriegen** piquer une crise.
kollidieren (*Perf* **ist kollidiert**) *intr* **-1.** [Dinge] entrer en collision; **mit etw ~** heurter qqch. **-2.** [Angelegenheiten] être incompatible.
Kollier, Collier [kɔlje:] (*Pl* **-s**) *das* collier *m*.
Kollision (*Pl* **-en**) *die* collision *f*.
Kolloquium (*Pl* **-quien**) *das* colloque *m*.
Köln *nt* Cologne.
Kölner (*Pl* **-**) ◇ *der* habitant *m* de Cologne. ◇ *Adj (unver)* de Cologne.
Kölnerin (*Pl* **-nen**) *die* habitante *f* de Cologne.
Kölnisch Wasser® *das* eau *f* de Cologne.
Kolonialismus *der (ohne Pl)* colonialisme *m*.
Kolonie [kolo'ni:] (*Pl* **-n**) *die* colonie *f*.
Kolonne (*Pl* **-n**) *die* **-1.** [aus Fahrzeugen] file *f*. **-2.** MIL colonne *f*.
Koloß (*Pl* **Kolosse**) *der* colosse *m*.
kolossal ◇ *Adj* colossal(e). ◇ *Adv fam* énormément.
Kolumbianer, in (*mPl* **-**; *fPl* **-nen**) *der, die* Colombien *m*, -enne *f*.
kolumbianisch *Adj* colombien(enne).
Kolumbien *nt* Colombie *f*.
Kolumne (*Pl* **-n**) *die* **-1.** [Artikel] chronique *f*. **-2.** [Spalte] colonne *f*.
Koma (*Pl* **-s**) *das* coma *m*.
Kombinat (*Pl* **-e**) *das* combinat *m*.
Kombination (*Pl* **-en**) *die* combinaison *f*.
kombinieren ◇ *intr* déduire. ◇ *tr* combiner; **etw mit etw ~** assortir qqch à qqch.
Komet (*Pl* **-en**) *der* **-1.** ASTRO comète *f*. **-2.** *fig* [Star] étoile *f*.
Komfort [kɔm'fo:ɐ̯] *der (ohne Pl)* confort *m*.
komfortabel ◇ *Adj* confortable. ◇ *Adv* confortablement.
Komik *die (ohne Pl)* comique *m*.
Komiker, in (*mPl* **-**; *fPl* **-nen**) *der, die* **-1.** [Künstler] comique *m*. **-2.** *fam iron* [Witzbold] rigolo *m*, -ote *f*.
komisch ◇ *Adj* **-1.** [lustig] comique. **-2.** [seltsam] bizarre. ◇ *Adv* **-1.** [lustig] de façon comique. **-2.** [seltsam] bizarrement.
komischerweise *Adv* bizarrement.
Komitee (*Pl* **-s**) *das* comité *m*.
Komma (*Pl* **-s** ODER **-ta**) *das* virgule *f*.
Kommandant, in (*mPl* **-en**; *fPl* **-nen**) *der, die* commandant *m*.
Kommandeur, in [kɔman'dø:ɐ̯, rɪn] (*mPl* **-e**; *fPl* **-nen**) *der, die* commandant *m*.
kommandieren *tr* **-1.** [befehligen] commander. **-2.** *fam* [herumkommandieren] mener.
Kommando (*Pl* **-s**) *das* **-1.** [Befehl, Befehlsgewalt] commandement *m*; **auf ~** au commandement; *fig* sur commande; **das ~ haben/übernehmen** avoir/prendre le commandement. **-2.** [Einheit] commando *m*.
Kommando|sprache *die* EDV langage *m* de commande.
kommen (*Prät* **kam**, *Perf* **ist gekommen**) ◇ *intr* **-1.** [zum Sprecher hin] venir; **jn/etw ~ lassen** faire venir qqn/qqch. **-2.** [ankommen, eintreten, ans Ziel gelangen] arriver; **ungelegen ~** tomber mal. **-3.** [zurückkommen] rentrer. **-4.** [erreichen] aller; **an etw** *(A)* **~** [Macht, Regierung] arriver à qqch; **zu etw ~** [Wohlstand, Ansehen] acquérir qqch; [zum nächsten Punkt] arriver à qqch; [Zeit finden] trouver le temps de faire qqch; **ich komme zu nichts** je n'arrive à rien faire. **-5.** [herstammen]: **aus Paris ~** venir de Paris; **der Wind kommt aus Norden** le vent vient du nord; **es kommt zu etw** on en est venu à qqch; **wie ist es zu dem Unfall gekommen**? comment l'accident s'est-il produit?; **etw ~ sehen** voir venir qqch. **-6.** [folgen - räumlich, zeitlich]: **dann kommt ein Weg/Vortrag** il y aura ensuite un chemin/exposé; [- ursächlich] provenir; **das kommt davon!** c'est bien fait pour toi ODER lui etc! **-7.** [im Fernsehen, Kino] passer. **-8.** [entstehen] apparaître. **-9.** [hingehören] avoir sa place. **-10.** [Gefühl, Gedanke]: **auf etw** *(A)* **~** [herausfinden] trouver qqch; [verfallen] en venir à qqch; **ich komme nicht auf seinen Namen** son nom m'échappe; **mir kommt ein Gedanke** il me vient une idée. **-11.** [in Institution, Organisation]: **in die Schule/ins Krankenhaus ~** entrer à l'école/à l'hôpital; **ins Gefängnis ~** être mis(e) en prison. **-12.** [aus Institution, Organisation]: **aus der Schule/dem Krankenhaus ~** sortir de l'école/de l'hôpital. **-13.** [als Reaktion, Handlung] venir; **jm frech ~** *fam* être insolent(e) envers qqn. **-14.** [anfangen]: **ins Schleudern/Stolpern ~** déraper, trébucher. **-15.** [kosten]: **(jn) teuer ~** *fam* coûter les yeux de la tête (à qqn). **-16.** *fam* [Orgasmus haben] jouir. **-17.** *fam* [imperativisch]: **komm!** allez! **-18.** *RW*: **auf jn/etw nichts ~ lassen** parer à toutes les critiques envers qqn; **hinter etw** *(A)* **~** découvrir qqch; **zu kurz ~** être lésé(e); **zu sich ~** revenir à soi. ◇ *tr fam* [Weg] prendre.
◆ **Kommen** *das (ohne Pl)*: **ein Kommen und Gehen** un va-et-vient; **im Kommen sein** *fig* commencer à être à la mode.
kommend *Adj* **-1.** [nächste] prochain(e). **-2.** [künftig] nouveau(elle).
Kommentar (*Pl* **-e**) *der* commentaire *m*.
Kommentator (*Pl* **-tatoren**) *der* commentateur *m*.

Kommentatorin (*Pl* **-nen**) *die* commentatrice *f*.
kommentieren *tr* commenter.
Kommerz *der (ohne Pl) abw* commerce *m*.
kommerziell ◇ *Adj* commercial(e). ◇ *Adv* sur le plan commercial.
Kommilitone (*Pl* **-n**) *der* UNI camarade *m* d'études.
Kommilitonin (*Pl* **-nen**) *die* UNI camarade *f* d'études.
Kommiß *der (ohne Pl) fam* : **zum ~ gehen** partir à l'armée.
Kommissar, in (*mPl* **-e**; *fPl* **-nen**) *der, die* commissaire *m*.
kommissarisch ◇ *Adj* intérimaire. ◇ *Adv* par intérim.
Kommission (*Pl* **-en**) *die* commission *f*; **etw in ~ geben/nehmen** mettre/prendre qqch en dépôt-vente.
Kommode (*Pl* **-n**) *die* commode *f*.
kommunal *Adj* communal(e).
Kommunalobligationen *Pl* obligations *fpl* communales.
Kommunal|politik *die* politique *f* communale ODER municipale.
kommunalpolitisch *Adj* de politique communale ODER municipale.
Kommunal|wahl *die* élections *fpl* municipales, municipales *fpl*.
Kommune (*Pl* **-n**) *die* **-1.** [Gemeinde] commune *f*. **-2.** [Wohngemeinschaft] communauté *f*.
Kommunikation (*Pl* **-en**) *die* communication *f*.
Kommunion (*Pl* **-en**) *die* REL communion *f*; **die ~ empfangen** communier.
Kommuniqué [kɔmyni'keː] (*Pl* **-s**) *das* communiqué *m*.
Kommunismus *der (ohne Pl)* communisme *m*.
Kommunist, in (*mPl* **-en**; *fPl* **-nen**) *der, die* communiste *mf*.
kommunistisch *Adj* communiste.
Komödiant, in (*mPl* **-en**; *fPl* **-nen**) *der, die* [Schauspieler] comédien *m*, -enne *f*.
Komödie [ko'møːdiə] (*Pl* **-n**) *die* comédie *f*.
Kompagnon ['kɔmpanjɔŋ] (*Pl* **-s**) *der* WIRTSCH associé *m*, -e *f*.
kompakt ◇ *Adj* compact(e); [Bauweise] massif(ive). ◇ *Adv* de façon massive.
Kompanie [kɔmpa'niː] (*Pl* **-n**) *die* compagnie *f*.
Komparativ (*Pl* **-e**) *der* GRAM comparatif *m*.
Komparse (*Pl* **-n**) *der* figurant *m*.
Komparsin (*Pl* **-nen**) *die* figurante *f*.
Kompaß (*Pl* **-passe**) *der* boussole *f*.
kompatibel *Adj* EDV compatible.
Kompatibilität *(ohne Pl) die* EDV compatibilité *f*.
kompensieren *tr* compenser.
kompetent ◇ *Adj* compétent(e). ◇ *Adv* de manière compétente.
Kompetenz (*Pl* **-en**) *die* **-1.** [Fähigkeit] compétence *f*. **-2.** [Zuständigkeitsbereich] ressort *m*.
Kompetenzstreitigkeit (*Pl* **-en**) *die* conflit *m* de compétence.
komplementär *Adj* complémentaire.
Komplementär|farbe *die* couleur *f* complémentaire.
komplett ◇ *Adj* **-1.** [vollständig] complet(ète). **-2.** *fam* [Blödsinn] monumental(e). ◇ *Adv* **-1.** [vollständig] complètement. **-2.** *fam* [völlig] sacrément.
komplex *Adj* complexe.
Komplex (*Pl* **-e**) *der* **-1.** [in Psychologie, von Gebäuden] complexe *m*. **-2.** [Bereich] ensemble *m*.
Komplikation (*Pl* **-en**) *die* complication *f*.
Kompliment (*Pl* **-e**) *das* compliment *m*.
Komplize (*Pl* **-n**) *der* complice *m*.
kompliziert ◇ *Adj* compliqué(e). ◇ *Adv* de manière compliquée.
Komplizin (*Pl* **-nen**) *die* complice *f*.
Komplott (*Pl* **-e**) *das* complot *m*.
Komponente (*Pl* **-n**) *die* **-1.** [Aspekt] composante *f*. **-2.** [Bestandteil] composant *m*.
komponieren *tr* composer.
Komponist, in (*mPl* **-en**; *fPl* **-nen**) *der, die* compositeur *m*, -trice *f*.
Komposition (*Pl* **-en**) *die* composition *f*.
Kompositum (*Pl* **-ta**) *das* GRAM mot *m* composé, composé *m*.
Kompost, **Kompost** (*Pl* **-e**) *der* compost *m*.
Kompost|haufen, **Kompost|haufen** *der* tas *m* de compost.
kompostieren *tr* **-1.** [zu Kompost machen] faire fermenter. **-2.** [düngen] composter.
Kompott (*Pl* **-e**) *das* compote *f*.
Kompresse (*Pl* **-n**) *die* compresse *f*.
Kompromiß (*Pl* **-misse**) *der* compromis *m*; **einen ~ schließen** parvenir à un compromis.
kompromißbereit *Adj* conciliant(e).
Kompromiß|bereitschaft *die (ohne Pl)* esprit *m* de conciliation.
kompromißlos *Adj* intransigeant(e).
kondensieren ◇ *intr* se condenser. ◇ *tr* concentrer.
Kondens|milch *die* lait *m* concentré.
Kondens|wasser *das* eau *f* condensée.
Kondition (*Pl* **-en**) *die* **-1.** [körperliche Verfassung] condition *f* physique. **-2.** [Bedingung] condition *f*.

Konditional (*Pl* **-e**) *der* GRAM conditionnel *m*.
Konditions|training *das* entraînement *m* *(pour l'endurance)*.
Konditor (*Pl* **Konditoren**) *der* pâtissier *m*.
Konditorei (*Pl* **-en**) *die* pâtisserie *f*.
Konditorin (*Pl* **-nen**) *die* pâtissière *f*.
kondolieren *intr* présenter ses condoléances.
Kondom (*Pl* **-e**) *das* préservatif *m*.
Konfekt (*Pl* **-e**) *das* confiserie *f*.
Konfektion (*Pl* **-en**) *die* confection *f*.
Konfektions|größe *die* taille *f (de vêtements)*.
Konferenz (*Pl* **-en**) *die* conférence *f*.
Konferenz|schaltung *die* TELEKOM branchement *m* multiplex.
Konferenz|tisch *der* table *f* de conférence.
konferieren *intr* conférer, s'entretenir.
Konfession (*Pl* **-en**) *die* REL confession *f*.
konfessionell REL. ◇ *Adj* confessionnel(elle). ◇ *Adv* de confession.
konfessionslos *Adj* sans confession.
Konfetti *das (ohne Pl)* confetti *mpl*.
Konfiguration (*Pl* **-en**) *die* EDV configuration *f*.
Konfirmand, in (*mPl* **-en**; *fPl* **-nen**) *der, die* REL confirmand *m*, -e *f*.
Konfirmation (*Pl* **-en**) *die* REL confirmation *f*.
konfirmieren *tr* REL confirmer.
Konfitüre (*Pl* **-n**) *die geh* confiture *f*.
Konflikt (*Pl* **-e**) *der* conflit *m*; **mit etw in ~ geraten** ODER **kommen** entrer en conflit avec qqch.
Konflikt|situation *die* situation *f* conflictuelle.
Konföderation (*Pl* **-en**) *die* POL confédération *f*.
konform ◇ *Adj* conforme. ◇ *Adv* convenablement.
konformistisch *abw* ◇ *Adj* conformiste. ◇ *Adv* de façon conformiste.
Konfrontation (*Pl* **-en**) *die* confrontation *f*.
konfrontieren *tr*: **jn mit jm ~** confronter qqn avec qqn; **jn mit etw ~** confronter qqn à qqch.
konfus ◇ *Adj* confus(e); **~ sein** avoir les idées embrouillées. ◇ *Adv* de manière confuse.
Kongo *der* Congo *m*; **im ~** au Congo.
Kongreß (*Pl* **-gresse**) *der* congrès *m*.
Kongreß|halle *die* palais *m* des congrès.
König (*Pl* **-e**) *der* roi *m*; **die Heiligen Drei ~e** les Rois mages; [Feiertag] l'Épiphanie *f*.
Königin (*Pl* **-nen**) *die* reine *f*.
königlich ◇ *Adj* royal(e). ◇ *Adv* formidablement.
König|reich *das* royaume *m*.
konisch ◇ *Adj* conique. ◇ *Adv* en cône.
Konjugation (*Pl* **-en**) *die* GRAM conjugaison *f*.
konjugieren *tr* GRAM conjuguer.
Konjunktiv (*Pl* **-e**) *der* GRAM subjonctif *m*.
Konjunktur (*Pl* **-en**) *die* conjoncture *f*; **~ haben** constituer un marché florissant.
konjunkturell ◇ *Adj* conjoncturel(elle). ◇ *Adv* du point de vue de la conjoncture.
Konjunktur|schwankung *die* variation *f* ODER fluctuation *f* de la conjoncture.
Konjunktur|spritze *die* injection *f* de capitaux pour relancer l'économie.
konkav ◇ *Adj* concave. ◇ *Adv* en creux.
konkret ◇ *Adj* concret(ète). ◇ *Adv* de manière concrète.
Konkurrent, in (*mPl* **-en**; *fPl* **-nen**) *der, die* concurrent *m*, -e *f*.
Konkurrenz (*Pl* **-en**) *die* concurrence *f*; SPORT compétition *f*; **jm ~ machen** concurrencer qqn.
◆ **außer Konkurrenz** *Adv* hors concours.
konkurrenzfähig ◇ *Adj* compétitif(ive). ◇ *Adv* de manière compétitive.
Konkurrenz|kampf *der* concurrence *f*; [in Natur] loi *f* de la jungle.
konkurrenzlos ◇ *Adj* défiant toute concurrence. ◇ *Adv* sans concurrence.
Konkurs (*Pl* **-e**) *der* **-1.** [Zahlungsunfähigkeit] faillite *f*; **~ anmelden** déposer le bilan. **-2.** [Verfahren] liquidation *f* des biens.
Konkurs|masse *die* masse *f* de faillite.
Konkurs|verfahren *das* procédure *f* de faillite.
können (*Präs* **kann**, *Prät* **konnte**, *Perf* **hat können** ODER **gekonnt**) ◇ *aux (Perf hat können)* **-1.** [fähig sein] savoir. **-2.** [die Möglichkeit, Erlaubnis haben] pouvoir; **es kann sein, daß** il se peut que *(+subjonctif)*; **das kann nicht sein** c'est impossible. **-3.** *fam* [müssen] être bon (bonne) pour. ◇ *tr (Perf hat gekonnt)* [Sprache] savoir; **Deutsch ~** savoir l'allemand. ◇ *intr* **-1.** *fam* [dürfen]: **kann ich nach Hause**? je peux rentrer? **-2.** *fam* [Zeit haben] pouvoir. **-3.** *RW*: **du kannst mich mal!** *salopp* tu peux toujours te brosser!; **nicht mehr ~** *fam* ne plus en pouvoir; **für etw nichts ~** *fam* ne rien y pouvoir.
◆ **Können** *das* savoir *m*, savoir-faire *m*.
Könner, in (*mPl* -; *fPl* **-nen**) *der, die* expert *m*, -e *f*.
konnte *Prät* → **können**.
Konsens (*Pl* **-e**) *der geh* [Übereinstimmung] consensus *m*.
konsequent ◇ *Adj* **-1.** [folgerichtig] conséquent(e). **-2.** [entschlossen] **convaincu(e)**. ◇ *Adv* **-1.** [folgerichtig] de manière conséquente. **-2.** [entschlossen] fermement.
Konsequenz (*Pl* **-en**) *die* **-1.** [Folge] consé-

quence *f*; **aus etw die ~en ziehen** tirer les conclusions de qqch. **-2.** *(ohne Pl)* [Unbeirrbarkeit] fermeté *f*.

konservativ ◇ *Adj* conservateur(trice). ◇ *Adv* de manière conservatrice.

Konservative (*Pl* **-n**) *der, die* conservateur *m*, -trice *f*.

Konservatorium [kɔnzɛrva'toːrjʊm] (*Pl* **-rien**) *das* conservatoire *m*.

Konserve (*Pl* **-n**) *die* conserve *f*.

Konserven|dose *die* boîte *f* de conserve.

konservieren [kɔnzɛr'viːrən] *tr* conserver.

Konservierungsstoffe [kɔnzɛr'viːrʊŋsʃtɔfə] *Pl* conservateurs *mpl*.

Konsistenz *die (ohne Pl) geh* consistance *f*.

Konsonant (*Pl* **-en**) *der* consonne *f*.

konspirativ ◇ *Adj* conspirateur(trice). ◇ *Adv* en conspirateur(trice).

konstant ◇ *Adj* constant(e). ◇ *Adv* avec constance.

Konstante (*Pl* **-n**) *die* constante *f*.

Konstellation (*Pl* **-en**) *die* **-1.** *geh* [Lage] conjoncture *f*. **-2.** ASTRO conjonction *f*.

Konstitution (*Pl* **-en**) *die* constitution *f*.

konstruieren [kɔnstru'iːrən] *tr* construire.

Konstrukteur, in [kɔnstrʊk'tøːɐ̯, rɪn] (*mPl* **-e;** *fPl* **-nen**) *der, die* constructeur *m*, -trice *f*.

Konstruktion (*Pl* **-en**) *die* construction *f*.

konstruktiv ◇ *Adj* **-1.** [produktiv] constructif(ive). **-2.** [planerisch] de construction. ◇ *Adv* [produktiv] de façon constructive.

Konsul (*Pl* **-e**) *der* POL consul *m*.

Konsulat (*Pl* **-e**) *das* POL consulat *m*.

Konsulin (*Pl* **-nen**) *die* POL consul *m*.

konsultieren *tr geh* consulter.

Konsum *der (ohne Pl)* consommation *f*.

Konsument, in (*mPl* **-en;** *fPl* **-nen**) *der, die* consommateur *m*, -trice *f*.

Konsum|gesellschaft *die* société *f* de consommation.

Konsum|gut *das* bien *m* de consommation.

konsumieren *tr* consommer.

Konsum|verhalten *das* comportement *m* des consommateurs.

Kontakt (*Pl* **-e**) *der* contact *m*; **mit jm ~ aufnehmen** prendre contact avec qqn; **zu** ODER **mit jm/etw ~ haben** avoir des contacts avec qqn/qqch.

kontaktarm *Adj* farouche.

kontaktfreudig *Adj* d'un contact facile.

Kontakt|linse *die* lentille *f* de contact.

kontern ◇ *tr* **-1.** [antworten]: **etw mit etw ~** rétorquer qqch à qqch. **-2.** SPORT contrer. ◇ *intr* riposter.

Kontext (*Pl* **-e**) *der* contexte *m*.

Kontinent, Kontinent (*Pl* **-e**) *der* continent *m*.

kontinental *Adj* continental(e).

Kontingent (*Pl* **-e**) *das* contingent *m*.

Kontinuität [kɔntinui̯'tɛːt] *die (ohne Pl)* continuité *f*.

Konto (*Pl* **Konten**) *das* compte *m (en banque)*; **ein ~ eröffnen/auflösen** ouvrir/clôturer un compte.

Konto|auszug *der* extrait *m* ODER relevé *m* de compte.

Konto|führung *die* gestion *f* de compte.

Konto|nummer *die* numéro *m* de compte.

Konto|stand *der* état *m* du compte.

kontra *Präp* contre.

Kontra (*Pl* **-s**) *das* **-1.** [erwidern]: **jm ~ geben** contredire vertement qqn. **-2.** [im Spiel]: **jm ~ sagen** contrer qqn.

Kontra|baß *der* contrebasse *f*.

konträr *Adj geh* contraire.

Kontrast (*Pl* **-e**) *der* contraste *m*; **einen ~ zu etw bilden** contraster avec qqch.

Kontrast|mittel *das* produit *m* de contraste.

Kontroll|abschnitt *der* talon *m* de contrôle.

Kontrolle (*Pl* **-n**) *die* contrôle *m*; **jn/etw unter ~ haben** [durch Überwachung] avoir qqn/qqch sous contrôle; **etw unter ~ bekommen/haben** [durch Beherrschung] prendre/avoir le contrôle de qqch; **die ~ über jn/sich/etw verlieren** perdre le contrôle de qqn/soi/qqch.

Kontrolleur, in [kɔntrɔ'løːɐ̯, rɪn] (*mPl* **-e;** *fPl* **-nen**) *der, die* contrôleur *m*.

kontrollieren *tr* contrôler.

Kontroll|turm *der* FLUG tour *f* de contrôle.

kontrovers [kɔntro'vɛrs] *geh* ◇ *Adj* **-1.** [gegensätzlich] contraire. **-2.** [umstritten] controversé(e). ◇ *Adv* en suscitant la controverse.

Kontroverse [kɔntro'vɛrsə] (*Pl* **-n**) *die geh* controverse *f*.

Kontur (*Pl* **-en**) *die* contour *m*.

Konvention [kɔnvɛn'tsi̯oːn] (*Pl* **-en**) *die* convention *f*.

Konventional|strafe [kɔnvɛntsio'naːlʃtraːfə] *die* RECHT peine *f* conventionnelle.

konventionell [kɔnvɛntsi̯o'nɛl] ◇ *Adj* conventionnel(elle). ◇ *Adv* de manière conventionnelle.

Konversation [kɔnvɛrza'tsi̯oːn] (*Pl* **-en**) *die geh* conversation *f*; **(mit jm) ~ machen** ODER **treiben** faire la conversation (à qqn).

konvertieren [kɔnvɛr'tiːrən] (*Perf* **hat/ist konvertiert**) ◇ *intr (hat, ist)* REL se convertir. ◇ *tr (hat)* EDV convertir.

konvex [kɔn'vɛks] ◇ *Adj* convexe. ◇ *Adv* de manière convexe.

Konvoi [kɔn'vɔy] (*Pl* **-s**) *der* convoi *m*.
Konzentrat (*Pl* **-e**) *das* concentré *m*.
Konzentration (*Pl* **-en**) *die* concentration *f*.
Konzentrations|fähigkeit *die (ohne Pl)* capacité *f* de concentration.
Konzentrations|lager *das* camp *m* de concentration.
konzentrieren *tr* concentrer.
◆ **sich konzentrieren** *ref* se concentrer; **sich auf etw** *(A)* ~ se concentrer sur qqch.
konzentriert ◇ *Adj* concentré(e). ◇ *Adv* avec concentration.
konzentrisch ◇ *Adj* concentrique. ◇ *Adv* de façon concentrique.
Konzept (*Pl* **-e**) *das* **-1.** [vorläufig] brouillon *m*. **-2.** [Plan] projet *m*; **etw paßt mir nicht ins ~** qqch dérange mes plans; **jn aus dem ~ bringen** *fig* faire perdre le fil à qqn.
Konzeption (*Pl* **-en**) *die* conception *f*.
Konzern (*Pl* **-e**) *der* trust *m*.
Konzert (*Pl* **-e**) *das* **-1.** [Veranstaltung] concert *m*. **-2.** [Komposition] concerto *m*.
Konzert|flügel *der* piano *m* à queue (de concert).
Konzert|saal *der* salle *f* de concert.
Konzession (*Pl* **-en**) *die* concession *f*; [für Lokal] licence *f*; **(jm/an etw** *(A)***) ~en machen** faire des concessions (à qqn/sur qqch).
Koordinate (*Pl* **-n**) *die* coordonnée *f*.
Koordinaten|system *das* MATH système *m* de coordonnées.
koordinieren *tr* coordonner.
Kopenhagen *nt* Copenhague.
Kopenhagener, in (*mPl* **-**; *fPl* **-nen**) *der, die* habitant *m*, -e *f* de Copenhague.
Kopf (*Pl* **Köpfe**) *der* **-1.** [gen] tête *f*; [Salat] pied *m*; **mit dem** ODER **den ~ schütteln** hocher la tête. **-2.** [Anführer] cerveau *m*. **-3.** *RW*: **den ~ hängen lassen** se décourager; **den ~ hinhalten** *fam* porter le chapeau; **den ~ verlieren** *fam* perdre la tête; **etw auf den ~ hauen** *fam* claquer qqch; **jm den ~ verdrehen** *fam* faire tourner la tête à qqn; **jm etw an den ~ werfen** lancer qqch à la figure de qqn; *fig* lancer qqch à qqn; **~ und Kragen riskieren** *fam* risquer le tout pour le tout; **etw wächst jm über den ~** *fam* qqn est dépassé(e) par qqch; **jm zu ~ steigen** *fam* monter à la tête de qqn; **sich auf den ~ stellen** *fam* faire des pieds et des mains; **etw auf den ~ stellen** *fam* mettre qqch sens dessus dessous; **sich** *(D)* **etw aus dem ~ schlagen** *fam* faire une croix sur qqch; **sich** *(D)* **etw durch den ~ gehen lassen** *fam* réfléchir à qqch; **sich** *(D)* **etw in den ~ setzen** *fam* se mettre qqch dans la ODER en tête; **sich** *(D)* **(über etw** *(A)***) den ~ zerbrechen** se casser la tête (à propos de qqch); **über js ~ hinweg entscheiden** ODER **bestimmen** décider qqch dans le dos de qqn.
◆ **aus dem Kopf** *Adv* par cœur.
◆ **Kopf an Kopf** *Adv* au coude à coude.
◆ **pro Kopf** *Adv* par tête.
◆ **von Kopf bis Fuß** *Adv* de la tête aux pieds.
Kopf|ball *der* tête *f*.
Kopfbedeckung (*Pl* **-en**) *die* couvre-chef *m*.
Köpfchen (*Pl* **-**) *das* petite tête *f*; **~ haben** *fam fig* avoir de la jugeote.
köpfen ◇ *tr* **-1.** SPORT: **etw ~** frapper qqch avec la tête. **-2.** [hinrichten] décapiter. **-3.** *fam* [öffnen - Ei] couper le bout de; [- Sekt] sabrer. ◇ *intr* SPORT faire une tête.
Kopf|ende *das* **-1.** [von Betten] chevet *m*. **-2.** [von Tischen] bout *m*; **am ~ einer Sache** *(G)* **sitzen** présider qqch.
Kopf|haut *die* cuir *m* chevelu.
Kopf|hörer *der* écouteur *m*.
Kopf|kissen *das* oreiller *m*.
Kopfkissen|bezug *der* taie *f* d'oreiller.
kopflastig ◇ *Adj* **-1.** *fam* [einseitig intellektuell] cérébral(e). **-2.** [einseitig beladen] trop chargé(e) à l'avant. ◇ *Adv* **-1.** *fam* [zu intellektuell] de façon cérébrale. **-2.** [einseitig] avec une charge excessive à l'avant.
kopflos ◇ *Adj* **-1.** [ohne Kopf] sans tête. **-2.** [wirr] étourdi(e). ◇ *Adv* l'air déboussolé.
Kopf|rechnen *das* calcul *m* mental.
Kopf|salat *der* laitue *f*.
Kopf|schmerz *der* mal *m* de tête; **~en haben** avoir des maux de tête.
Kopf|sprung *der* plongeon *m*.
Kopf|stand *der* poirier *m*; **einen ~ machen** SPORT faire le poirier.
kopf|stehen *tr (unreg)* être sens dessus dessous.
Kopf|stütze *die* appui-tête *m*.
Kopf|tuch *das* fichu *m*.
kopfüber *Adv* **-1.** [nach vorn] la tête la première. **-2.** [überstürzt] tête baissée.
Kopfzerbrechen *das (ohne Pl)*: **jm ~ machen** ODER **bereiten** être un casse-tête pour qqn.
Kopie [ko'piː] (*Pl* **-n**) *die* copie *f*.
kopieren *tr* copier.
Kopierer (*Pl* **-**) *der fam* = **Kopiergerät**.
Kopier|gerät *das* photocopieuse *f*, photocopieur *m*.
Kopier|schutz *der* EDV protection *f* en écriture.
Koppel (*Pl* **-n**) *die* pâturage *m*.
koppeln *tr* **-1.** [knüpfen] lier. **-2.** [Gegenstände] connecter.
Koppelung, Kopplung (*Pl* **-en**) *die* couplage *m*.

Ko|produktion *die* coproduction *f.*
Koralle (*Pl* **-n**) *die* corail *m.*
Koran (*Pl* **-e**) *der* Coran *m.*
Korb (*Pl* **Körbe**) *der* **-1.** [Gegenstand] panier *m.* **-2.** *fam* [Abfuhr]: **einen ~ bekommen** prendre une veste; **jm einen ~ geben** éconduire qqn.
Korb|stuhl *der* fauteuil *m* en rotin.
Kordel (*Pl* **-n**) *die* corde *f.*
Kordilleren *Pl* Cordillère *f* des Andes.
Korea *nt* Corée *f.*
Koreaner, in (*mPl* **-**; *fPl* **-nen**) *der, die* Coréen *m,* -enne *f.*
koreanisch *Adj* coréen(enne).
Koreanisch *das (ohne Pl)* coréen *m*; *siehe auch* **Englisch**.
Koreanische *das (ohne Pl)* coréen *m*; *siehe auch* **Englische**.
Korinthe (*Pl* **-n**) *die* raisin *m* de Corinthe.
Kork *der* liège *m.*
Korken (*Pl* **-**) *der* bouchon *m.*
Korkenzieher (*Pl* **-**) *der* tire-bouchon *m.*
Korn (*Pl* **Körner** ODER **-**) ◇ *das (Pl Körner)* **-1.** *(ohne Pl)* [Getreide] céréales *fpl.* **-2.** [für Vögel, aus Gold, aus Sand] grain *m.* **-3.** *RW*: **jn/etw aufs ~ nehmen** *fam* avoir qqn/qqch dans le collimateur. ◇ *der (Pl Korn)* [Schnaps] eau-de-vie *f.*
Korn|blume *die* bleuet *m.*
Korn|feld *das* champ *m* de céréales.
körnig *Adj* granuleux(euse).
Körper (*Pl* **-**) *der* corps *m.*
Körper|bau *der* stature *f.*
körperbehindert *Adj* handicapé(e) physique.
Körper|behinderte *der, die* handicapé *m,* -e *f* physique.
Körper|gewicht *das amt* poids *m.*
Körper|größe *die amt* taille *f.*
körperlich ◇ *Adj* physique. ◇ *Adv* physiquement.
Körper|pflege *die* hygiène *f* corporelle.
Körperschaft (*Pl* **-en**) *die* RECHT collectivité *f.*
Körper|teil *der* partie *f* du corps.
Körper|temperatur *die* température *f.*
Körper|verletzung *die* blessure *f* corporelle.
Korps [ko:ɐ̯] (*Pl* **-**) *das* corps *m.*
Korps|student, in *der, die* membre *m* d'une corporation d'étudiants.
korpulent *Adj* corpulent(e).
korrekt ◇ *Adj* correct(e). ◇ *Adv* **-1.** [richtig] correctement. **-2.** [tadellos] avec correction.
Korrektur (*Pl* **-en**) *die* **-1.** [Verbesserung] correction *f*; **~ lesen** faire une lecture de correction. **-2.** [Änderung] rectification *f.*
Korrektur|band (*Pl* **-bänder**) *das* ruban *m* de correction.
Korrespondent, in (*mPl* **-en**; *fPl* **-nen**) *der, die* **-1.** [Berichterstatter] correspondant *m,* -e *f.* **-2.** [in einer Firma] correspondancier *m,* -ère *f.*
Korrespondenz *die (ohne Pl)* correspondance *f.*
Korridor (*Pl* **-e**) *der* couloir *m.*
korrigieren *tr* **-1.** [verbessern] corriger. **-2.** [verändern] rectifier.
Korrosion (*Pl* **-en**) *die* corrosion *f.*
korrupt *Adj* corrompu(e).
Korruption (*Pl* **-en**) *die* corruption *f.*
Korse (*Pl* **-n**) *der* Corse *m.*
Korsett (*Pl* **-s** ODER **-e**) *das* corset *m.*
Korsika *nt* Corse *f*; **auf ~** en Corse.
Korsin (*Pl* **-nen**) *die* Corse *f.*
korsisch *Adj* corse.
koscher *Adj* kascher; **nicht ganz ~** *fam* pas très catholique.
Kose|name *der* surnom *m (affectueux).*
Kosmetik *die* **-1.** *(ohne Pl)* [Pflege] soins *mpl* esthétiques. **-2.** [Artikel] produit *m* de beauté.
Kosmetiker, in (*mPl* **-**; *fPl* **-nen**) *der, die* esthéticien *m,* -enne *f.*
Kosmetik|koffer *der* malette *f* de maquillage.
kosmetisch ◇ *Adj* esthétique. ◇ *Adv*: **jn ~ behandeln** donner à qqn des soins esthétiques.
kosmisch *Adj* cosmique.
Kosmonaut, in (*mPl* **-en**; *fPl* **-nen**) *der, die* cosmonaute *mf.*
Kosmos *der (ohne Pl)* cosmos *m.*
Kost *die (ohne Pl)* nourriture *f*; **leichte/schwere ~** [Nahrung] alimentation *f* légère/riche; **leichte ~** *fig* [Lektüre] lectures *fpl* distrayantes.
kostbar *Adj* précieux(euse).
Kostbarkeit (*Pl* **-en**) *die* **-1.** *(ohne Pl)* [Wert] grande valeur *f.* **-2.** [Wertgegenstand] pièce *f* de valeur.
kosten *tr* **-1.** [einen Preis]: **(jn etw) ~** coûter (qqch à qqn); **sich** *(D)* **eine Sache etwas ~ lassen** dépenser une petite fortune pour qqch; **koste es, was es wolle** coûte que coûte. **-2.** [probieren]: **von etw** ODER **etw ~** goûter qqch.
Kosten *Pl* frais *mpl,* coût *m*; **auf js ~** [finanziell] aux frais de qqn; [zu js Schaden] aux dépens de qqn; **es geht auf meine ~** c'est moi qui paie; **auf ~ einer Sache** *(G)* **gehen** porter préjudice à qqch; **auf seine ~ kommen** en avoir pour son argent.
Kosten|aufwand *der* frais *mpl.*
Kosten|einsparung *die* réduction *f* des coûts.
Kosten|erstattung *die* remboursement *m* des frais.
Kosten|explosion *die* explosion *f* des coûts.

kostengünstig ◇ *Adj* avantageux. ◇ *Adv* économiquement.
kostenlos ◇ *Adj* gratuit(e). ◇ *Adv* gratuitement.
Kosten|senkung *die* diminution *f* des frais.
Kostenvoranschlag (*Pl* **-schläge**) *der* devis *m*.
köstlich ◇ *Adj* **-1.** [im Geschmack] délicieux(euse). **-2.** [amüsant] amusant(e). ◇ *Adv*: **~ schmecken** être délicieux(euse); **sich ~ amüsieren** bien s'amuser.
Kost|probe *die* dégustation *f*; [von js Können] échantillon *m*.
kostspielig *Adj* onéreux(euse).
Kostüm (*Pl* **-e**) *das* **-1.** [Rock und Jacke] tailleur *m*. **-2.** [Verkleidung] costume *m*.
Kostüm|fest *das* bal *m* costumé.
kostümieren
◆ **sich kostümieren** *ref* se déguiser.
Kostüm|verleih *der* costumier *m*.
Kostverächter (*Pl* -) *der*: **kein ~ sein** apprécier la bonne chère.
Kot *der (ohne Pl)* excréments *mpl*.
Kotelett (*Pl* **-s**) *das* côtelette *f*.
Koteletten *Pl* favoris *mpl*.
Köter (*Pl* -) *der fam abw* cabot *m*.
Kot|flügel *der* aile *f (de voiture)*.
Kotze *die (ohne Pl) salopp* dégueulis *m*.
kotzen *intr salopp* dégueuler.
◆ **Kotzen** *das (ohne Pl)*: **zum Kotzen** [gemein] dégueulasse; [unangenehm] nul (nulle).
KP (*Pl* **-s**) (*Abk für* **Kommunistische Partei**) *die* PC *m*.
Kr. *Abk für* **Kreis**.
Krabbe (*Pl* **-n**) *die* [Krebs] crabe *m*; [Garnele] crevette *f*.
krabbeln (*Perf* **hat/ist gekrabbelt**) ◇ *intr (ist)* [Käfer] marcher; [Kind] marcher à quatre pattes. ◇ *tr (hat) fam* gratter.
Krach (*Pl* **Kräche**) *der* **-1.** *(ohne Pl)* [Lärm] vacarme *m*. **-2.** *fam* [Ärger] dispute *f*; **mit jm ~ haben** être fâché(e) avec qqn; **~ schlagen** *fam* rouspéter. **-3.** [an der Börse] Krach *m*.
krachen (*Perf* **hat/ist gekracht**) ◇ *intr* **-1.** *(hat) fam* [lärmen - Donner] gronder; [- Schuß] claquer; [- Holz] craquer; **es kracht** *fam* [mit Ohrfeigen] ça barde; [beim Unfall] il y a de la casse. **-2.** *(ist) salopp* [kaputtgehen] craquer. ◇ *tr (hat) fam* balancer, flanquer.
◆ **sich krachen** *ref fam* s'engueuler.
krächzen *intr* & *tr* croasser.
Kräcker (*Pl* -) *der* cracker *m*.
kraft *Präp geh*: **~ einer Sache** *(G)* en vertu de qqch.
Kraft (*Pl* **Kräfte**) *die* **-1.** [gen] force *f*; **viel ~ haben** être très fort(e); **~ haben/finden, etw zu tun** avoir/trouver la force de faire qqch; **js ~ übersteigen** être au-dessus des forces de qqn; **aus eigener ~** tout seul, toute seule; **mit vereinten Kräften** en unissant leurs ODER nos ODER vos forces. **-2.** [Hilfskraft] aide *f*.
◆ **Kräfte** *Pl* [politisch] forces *fpl*.
◆ **außer Kraft** *Adv*: **außer ~ treten** cesser d'être en vigueur; **außer ~ setzen** abroger; **außer ~ sein** ne plus être en vigueur.
◆ **in Kraft** *Adv*: **in ~ treten/setzen/sein** entrer/mettre/être en vigueur.
Kraft|aufwand *der* déploiement *m* de force.
Kraft|ausdruck *der* gros mot *m*.
Kraft|fahrer, in *der, die* conducteur *m*, -trice *f*.
Kraft|fahrzeug *das* véhicule *m*.
Kraftfahrzeug|brief *der carnet répertoriant les propriétaires successifs d'un véhicule*.
Kraftfahrzeug|schein *der* carte *f* grise.
Kraftfahrzeug|steuer *die* vignette *f* automobile, taxe *f* automobile.
Kraft|feld *das* champ *m* de force.
kräftig ◇ *Adj* **-1.** [stark] vigoureux(euse); [Körperbau] costaud(e); [Stimme] sonore; [Farbe] vif (vive); [Mahlzeit] solide; **~en Hunger haben** avoir très faim. **-2.** [Sprache] cru(e). ◇ *Adv* **-1.** [stark] énergiquement. **-2.** [sehr] beaucoup.
kräftigen *tr* fortifier; [Muskeln] développer.
kraftlos ◇ *Adj* faible. ◇ *Adv* faiblement.
Kraft|probe *die* épreuve *f* de force.
Kraft|stoff *der* carburant *m*.
Kraftstoff|verbrauch *der* consommation *f* de carburant.
kraftvoll ◇ *Adj* énergique. ◇ *Adv* énergiquement.
Kraft|wagen *der* véhicule *m*.
Kraft|werk *das* centrale *f* électrique.
Kragen (*Pl* - ODER **Krägen**) *der* col *m*; **es geht jm an den ~** *fam fig* qqn va avoir des ennuis; **jm an den ~ wollen** *fam fig* vouloir faire des ennuis à qqn; **jm platzt der ~** *fam fig* la moutarde monte au nez de qqn.
Krähe (*Pl* **-n**) *die* corneille *f*.
krähen *intr* **-1.** [Hahn] chanter. **-2.** [Kind] gazouiller.
Krakau *nt* Cracovie.
Kralle (*Pl* **-n**) *die* griffe *f*.
krallen
◆ **sich krallen** *ref* s'agripper.
Kram *der (ohne Pl) fam* **-1.** [Zeug] bazar *m*. **-2.** [Arbeit] boulot *m*. **-3.** *RW*: **jm nicht in den ~ passen** *fam* ne pas arranger qqn.
kramen *intr* fouiller.
Krampf (*Pl* **Krämpfe**) *der* crampe *f*; **ein ~ sein** *fam fig* être une catastrophe.
Krampf|ader *die* varice *f*.

krampfen *tr*: **die Hände/Finger um etw ~** se cramponner à qqch.
◆ **sich krampfen** *ref* [Magen, Muskeln] se contracter; [Hände, Finger]: **sich um etw ~** se crisper autour de qqch.
krampfhaft ◇ *Adj* convulsif(ive); [Anstrengung] acharné(e). ◇ *Adv* nerveusement.
Kran (*Pl* **Kräne**) *der* grue *f*.
Kranich (*Pl* **-e**) *der* grue *f (oiseau)*.
krank (*Kompar* **kränker,** *Superl* **kränkste**) *Adj* malade; **~ werden** tomber malade; **schwer ~** gravement malade; **jn ~ machen** rendre qqn malade; **sich bei jm ~ melden** se faire porter malade auprès de qqn.
Kranke (*Pl* **-n**) *der, die* malade *mf*.
kränkeln *intr* traîner une maladie.
kranken *intr*: **an etw** *(D)* **~** pécher par qqch.
kränken *tr* offenser.
Kranken|bett *das* chevet *m* d'un malade.
Kranken|geld *das* prestations *fpl* maladie.
Krankengymnast (*Pl* **-en**) *der* kinésithérapeute *m*.
Kranken|gymnastik *die* rééducation *f*.
Krankengymnastin (*Pl* **-nen**) *die* kinésithérapeute *f*.
Kranken|haus *das* hôpital *m*.
Kranken|kasse *die* caisse *f* d'assurance maladie.

KRANKENKASSE:
En Allemagne, les caisses d'assurance maladie sont organisées par profession. Elles sont gérées par les entreprises ou les différentes corporations.
Les assurés peuvent choisir leur praticien parmi une liste de médecins conventionnés.

Kranken|pflege *die* soins *mpl* médicaux.
Kranken|pfleger *der* infirmier *m*.
Kranken|schein *der feuille de la caisse d'assurance maladie donnant accès aux soins*.
Kranken|schwester *die* infirmière *f*.
Kranken|versicherung *die* assurance *f* maladie.
Kranken|wagen *der* ambulance *f*.
krank|feiern *intr fam* se faire porter malade.
krankhaft ◇ *Adj* **-1.** [krank] pathologique. **-2.** [Eifersucht] maladif(ive). ◇ *Adv* [übertrieben]: **~ eifersüchtig/ehrgeizig sein** être d'une jalousie/d'une ambition maladive.
Krankheit (*Pl* **-en**) *die* maladie *f*.
kränklich *Adj* souffreteux(euse).
krank|schreiben *tr (unreg)*: **jn ~** arrêter qqn *(pour maladie)*; **sich ~ lassen** se faire arrêter *(pour maladie)*.
Kränkung (*Pl* **-en**) *die* affront *m*.
Kranz (*Pl* **Kränze**) *der* couronne *f*.
Krapfen (*Pl* **-**) *der* beignet *m*.
kraß (*Kompar* **krasser,** *Superl* **krasseste**) *Adj* flagrant(e); **das krasse Gegenteil von etw** tout le contraire de qqch; **ein krasser Fall von etw** un cas de qqch caractérisé.
Krater (*Pl* **-**) *der* cratère *m*.
Krätze *die (ohne Pl)* gale *f*.
kratzen ◇ *intr* **-1.** [mit Krallen, Fingernägeln] griffer. **-2.** [schaben] racler. **-3.** [jucken] gratter. ◇ *tr* **-1.** [verletzen] griffer. **-2.** [schaben] racler. **-3.** [Rücken] gratter.
◆ **sich kratzen** *ref*: **sich (an etw** *(D)***) ~** se gratter (qqch).
Kratzer (*Pl* **-**) *der* **-1.** [Spur] rayure *f*. **-2.** [Verletzung] égratignure *f*.
kratzig *Adj* **-1.** [rauh] rêche. **-2.** [heiser] éraillé(e).
Kraul *das (ohne Pl)* SPORT crawl *m*.
kraulen (*Perf* **hat/ist gekrault**) ◇ *intr (ist)* SPORT crawler. ◇ *tr (hat)* [streicheln] caresser du bout des doigts.
kraus ◇ *Adj* **-1.** [Haar] frisé(e). **-2.** [gerunzelt] plissé(e). **-3.** [Gedanken] confus(e). ◇ *Adv* **-1.** [gerunzelt] froncer. **-2.** [wirr]: **~ daherreden** tenir des discours confus.
kräuseln *tr* **-1.** [Haar] friser. **-2.** [Stoff] froncer.
◆ **sich kräuseln** *ref* **-1.** [Haar] friser. **-2.** [Stoff] se froisser.
Kraus|kopf *der* **-1.** [Frisur] tête *f* frisée. **-2.** *abw* [Spinner] farfelu *m*, -e *f*.
Kraut (*Pl* **Kräuter**) *das* **-1.** *(ohne Pl)* [Kohl] chou *m*. **-2.** *(ohne Pl)* [Grünes] feuilles *fpl*. **-3.** [Gewürzkraut] herbe *f*. **-4.** *fam* [Tabak] mauvais tabac *m*. **-5.** *RW*: **dagegen ist kein ~ gewachsen** on ne peut rien y faire; **wie ~ und Rüben** *fam* pêle-mêle.
Kräuter|tee *der* tisane *f*.
Krawall *der (ohne Pl)* [Krach, Lärm] tapage *m*; **~ schlagen** *fam* rouspéter.
◆ **Krawalle** *Pl* [Unruhen] émeutes *fpl*.
Krawatte (*Pl* **-n**) *die* cravate *f*.
kraxeln *intr (ist) fam* escalader.
kreativ *Adj* créatif(ive).
Kreativität *die (ohne Pl)* créativité *f*.
Kreatur (*Pl* **-en**) *die* créature *f*.
Krebs (*Pl* **-e**) *der* **-1.** [Tier] crabe *m*; [Flußkrebs] écrevisse *f*. **-2.** *(ohne Pl)* [Tumor] cancer *m*; **~ haben** avoir un cancer. **-3.** ASTRO Cancer *m*.
Kredit (*Pl* **-e**) *der* [Darlehen] crédit *m*; **einen ~ aufnehmen/gewähren** contracter/accorder un crédit; **bei jm ~ haben** *fig* jouir d'un grand crédit auprès de qqn.
Kredit|hai *der fam abw* usurier *m*.
Kredit|institut *das* établissement *m* de crédit.

Kredit|karte *die* carte *f* de crédit.
kreditwürdig *Adj* solvable.
Kreide (*Pl* **-n**) *die* **-1.** [zum Schreiben] craie *f*. **-2.** [Stein] calcaire *m*. **-3.** *RW*: **bei jm in der ~ stehen** devoir de l'argent à qqn.
kreideweiß *Adj* livide.
Kreide|zeichnung *die* dessin *m* à la craie.
kreieren [kre'iːrən] *tr* créer.
Kreis (*Pl* **-e**) *der* **-1.** [Form, Gruppe] cercle *m*; **im ~** en cercle; **im engsten ~** dans la plus stricte intimité. **-2.** [Landkreis] *circonscription administrative allemande d'importance équivalente à celle de la sous-préfecture en France*. **-3.** *RW*: **~e ziehen** faire tache d'huile; **sich im ~ drehen** tourner en rond.
Kreis|bewegung *die* mouvement *m* circulaire.
kreischen *intr* [Person] crier (d'une voix perçante), brailler; [Tier] crier, criailler; [Säge, Bremse] crisser.
Kreisel (*Pl* -) *der* toupie *f*.
kreisen (*Perf* **hat/ist gekreist**) *intr*: **(um etw) ~** tourner (autour de qqch).
kreisförmig ◇ *Adj* circulaire. ◇ *Adv* en rond.
Kreis|lauf *der* **-1.** [Zyklus] cycle *m*. **-2.** [Blutkreislauf] circulation *f*.
Kreislaufstörungen *Pl* problèmes *mpl* circulatoires.
Kreis|säge *die* **-1.** [Säge] scie *f* circulaire. **-2.** [Hut] canotier *m*.
Kreis|stadt *die* ≃ sous-préfecture *f*.
Kreis|verkehr *der* sens *m* giratoire.
Krematorium [krema'toːri̯ʊm] (*Pl* **-rien**) *das* crématorium *m*.
Kreml *der (ohne Pl)* Kremlin *m*.
Krempe (*Pl* **-n**) *die* rebord *m (de chapeau)*.
Krempel *der (ohne Pl) fam* fatras *m*.
Kreole (*Pl* **-n**) *der* Créole *m*.
Kreolin (*Pl* **-nen**) *die* Créole *f*.
kreolisch *Adj* créole.
krepieren (*Perf* **ist krepiert**) *intr vulg* crever.
Krepp *der* crêpe *m*.
Kreppapier (*Pl* **-e**) *das* papier *m* crêpé.
Krepp|sohle *die* semelle *f* de crêpe.
Kresse (*Pl* **-n**) *die* cresson *m*.
Kreta *nt* Crète *f*; **auf ~** en Crète.
Kreuz (*Pl* **-e**) *das* **-1.** [Zeichen, REL] croix *f*; **ein** ODER **das ~ schlagen** se signer, faire le signe de (la) croix. **-2.** [Rücken] dos *m*; **jn aufs ~ legen** *fig* rouler qqn. **-3.** [Autobahnkreuz] échangeur *m*. **-4.** *(ohne Pl)* [Qual] calvaire *m*; **es ist ein ~** c'est un vrai calvaire. **-5.** *(ohne Pl)* [Spielkarte] trèfle *m*.
◆ **kreuz und quer** *Adv* [fahren, laufen] en long et en large; [stellen, liegen] pêle-mêle.
◆ **über Kreuz** *Adv*: **etw über ~ legen** croiser qqch.
Kreuzberg *nt (ohne Pl) quartier de Berlin où vivent une importante communauté turque et beaucoup d'étudiants*.
Kreuz des Südens *das* ASTRO Croix *f* du Sud.
kreuzen (*Perf* **hat/ist gekreuzt**) ◇ *tr (hat)* croiser. ◇ *intr (hat/ist)* **-1.** [Boot] croiser. **-2.** [Segelboot] tirer des bords.
◆ **sich kreuzen -1.** [Weg, Brief] se croiser. **-2.** [Ansichten] s'opposer.
Kreuz|fahrt *die* croisière *f*.
Kreuz|feuer *das*: **im ~ stehen** être sur la sellette.
Kreuz|gang *der* cloître *m*.
kreuzigen *tr* crucifier.
Kreuzigung (*Pl* **-en**) *die* crucifixion *f*.
Kreuz|otter *die* vipère *f*.
Kreuzung (*Pl* **-en**) *die* **-1.** [Straßenkreuzung] carrefour *m*. **-2.** [Züchtung] croisement *m*.
Kreuz|verhör *das* interrogatoire *m*; **jn ins ~ nehmen** mettre qqn sur la sellette.
Kreuzwort|rätsel *das* mots *mpl* croisés.
Kreuz|zug *der* croisade *f*.
Krhs. *Abk für* **Krankenhaus**.
kribbelig *Adj* nerveux(euse).
kribbeln *intr* picoter.
kriechen (*Prät* **kroch,** *Perf* **ist gekrochen**) *intr* **-1.** [sich bewegen] ramper. **-2.** *abw* [unterwürfig]: **vor jm ~** ramper ODER s'aplatir devant qqn. **-3.** [langsam] se traîner.
Kriech|spur *die* voie *f* réservée aux véhicules lents.
Krieg (*Pl* **-e**) *der* guerre *f*; **jm/etw den ~ erklären** déclarer la guerre à qqn/qqch.
kriegen *tr fam* avoir; [Kind] attendre; **ich kriege eine neue Wohnung** je vais avoir un nouvel appartement; **es mit jm zu tun ~** *fam fig* avoir affaire à qqn.
kriegerisch *Adj* belliqueux(euse).
Kriegs|berichterstatter, in *der, die* correspondant *m*, -e *f* de guerre.
Kriegsdienstverweigerer (*Pl* -) *der* objecteur *m* de conscience.
Kriegs|erklärung *die* déclaration *f* de guerre.
Kriegs|fuß *der (ohne Pl)*: **mit jm auf ~ stehen** être sur le pied de guerre avec qqn; **mit einer Sache auf ~ stehen** être fâché(e) avec qqch.
Kriegs|gefangene *der, die* prisonnier *m*, -ère *f* de guerre.
Kriegs|gefangenschaft *die* captivité *f (de prisonnier de guerre)*.
Krim *die* Crimée *f*; **auf der ~** en Crimée.
Krimi (*Pl* **-s**) *der fam* polar *m*.

Kriminalbeamte *der* fonctionnaire *m* de la police judiciaire.
Kriminalbeamtin *die* fonctionnaire *f* de la police judiciaire.
Kriminalität *die (ohne Pl)* criminalité *f*.
Kriminalpolizei *die* police *f* judiciaire.
Kriminalroman *der* roman *m* policier.
kriminell *Adj* criminel(elle).
Krimskrams *der (ohne Pl) fam* bazar *m*, bric-à-brac *m*.
Kringel (*Pl* **-**) *der* **-1.** [Kreis] petit cercle *m*. **-2.** [Gebäck] craquelin *m (en forme d'anneau)*.
Kripo *die (ohne Pl) fam* ≃ P.J. *f*.
Krippe (*Pl* **-n**) *die* **-1.** [Kinderkrippe, Weihnachtskrippe] crèche *f*. **-2.** [Futterkrippe] mangeoire *f*.
Krise (*Pl* **-n**) *die* crise *f*; **in einer ~ stecken** être en crise.
kriseln *intr*: **es kriselt** [zwischen Personen] il y a de l'eau dans le gaz.
krisenfest *Adj* à l'abri des aléas économiques.
Krisenherd *der* foyer *m* de tensions.
Kristall (*Pl* **-e**) *das* cristal *m*.
◆ **Kristalle** *Pl* cristaux *mpl*.
kristallklar *Adj* limpide.
Kriterium (*Pl* **Kriterien**) *das* critère *m*.
Kritik (*Pl* **-en**) *die* **-1.** *(ohne Pl)* [Beurteilung] critiques *fpl*; **an jm/etw ~ üben** émettre des critiques au sujet de qqn/qqch; **unter aller ~** *fam* au-dessous de tout. **-2.** [Rezension] critique *f*.
Kritiker, in (*mPl* **-**; *fPl* **-nen**) *der, die* **-1.** [Tadler] censeur *m*. **-2.** [Rezensent] critique *mf*.
kritiklos ◇ *Adj* dénué(e) de sens critique. ◇ *Adv* sans critiquer.
kritisch ◇ *Adj* critique. ◇ *Adv* **-1.** [schauen] d'un air critique. **-2.** [gefährlich]: **es steht ~ um jn** qqn est dans un état critique. **-3.** [sich äußern] de façon critique.
kritisieren *tr* critiquer.
kritzeln *tr fam* griffonner.
Kroate (*Pl* **-n**) *der* Croate *m*.
Kroatien *nt* Croatie *f*.
Kroatin (*Pl* **-nen**) *die* Croate *f*.
kroatisch *Adj* croate.
kroch *Prät* → **kriechen**.
Krokant *der (ohne Pl)* nougatine *f*.
Krokodil (*Pl* **-e**) *das* crocodile *m*.
Krokus (*Pl* **-se**) *der* crocus *m*.
Krone (*Pl* **-n**) *die* **-1.** [gen] couronne *f*. **-2.** *(ohne Pl)* [Vollendung] couronnement *m*. **-3.** [Baumkrone] feuillage *m*. **-4.** *RW*: **einen in der ~ haben** *salopp* [betrunken sein] avoir une (bonne) cuite; **etw** *(D)* **die ~ aufsetzen** venir parachever qqch.
krönen *tr* couronner; **der ~de Abschluß** le couronnement.
Kronleuchter *der* lustre *m*.
Kronprinz *der* prince *m* héritier.
Kronprinzessin *die* princesse *f* héritière.
Krönung (*Pl* **-en**) *die* couronnement *m*.
Kronzeuge *der* témoin *m* principal.
Kronzeugin *die* témoin *m* principal.
Kropf (*Pl* **Kröpfe**) *der* goitre *m*.
Kröte (*Pl* **-n**) *die* crapaud *m*.
Krs. *Abk für* **Kreis**.
Krücke (*Pl* **-n**) *die* **-1.** [Stock] béquille *f*. **-2.** *fam abw* [Person] manche *m*.
Krug (*Pl* **Krüge**) *der* [für Milch, Wasser] cruche *f*; [für Wein] pichet *m*; [für Bier] chope *f*.
Krümel (*Pl* **-**) *der* miette *f*.
krumm ◇ *Adj* **-1.** [gebogen] tordu(e); [Linie] courbe; [Rücken] voûté(e); [Nase] crochu(e). **-2.** *fam* [unehrlich] louche. ◇ *Adv*: **~ sitzen** ODER **stehen** se tenir voûté(e).
krümmen *tr* **-1.** [Finger, Beine] plier. **-2.** [verkrümmen] déformer.
◆ **sich krümmen** *ref* se tordre; [Rücken] se voûter.
krummnehmen *tr (unreg) fam* : **etw ~** mal prendre qqch; **jm etw ~** en vouloir à qqn pour qqch.
Krümmung (*Pl* **-en**) *die* courbure *f*.
Krüppel (*Pl* **-**) *der* infirme *mf*.
Kruste (*Pl* **-n**) *die* croûte *f*.
Kruzifix (*Pl* **-e**) *das* crucifix *m*.
Krypta (*Pl* **Krypten**) *die* crypte *f*.
Krypton *das (ohne Pl)* krypton *m*.
KSZE (*Abk für* **Konferenz für Sicherheit und Zusammenarbeit in Europa**) *die (ohne Pl)* CSCE *f*.
Kt. *Abk für* **Kanton**.
Kto. *Abk für* **Konto**.
Kto.-Nr. *Abk für* **Kontonummer**.
Kuba *nt* Cuba; **auf ~** à Cuba.
Kubaner, in (*mPl* **-**; *fPl* **-nen**) *der, die* Cubain *m*, -e *f*.
kubanisch *Adj* cubain(e).
Kübel (*Pl* **-**) *der* bac *m*.
Kubikmeter *der* mètre *m* cube.
Kubikzentimeter *der* centimètre *m* cube.
Kubismus *der (ohne Pl)* cubisme *m*.
Küche (*Pl* **-n**) *die* cuisine *f*.
Kuchen (*Pl* **-**) *der* gâteau *m*.
Kuchenblech *das* plaque *f* à pâtisserie.
Küchenchef, in *der, die* chef *m* cuisinier.
Kuchenform *die* moule *m* à pâtisserie.
Kuchengabel *die* fourchette *f* à gâteaux.

Küchenschabe (*Pl* **-n**) *die* blatte *f*.
Küchen|schrank *der* buffet *m* (de cuisine).
Kuchen|teig *der* pâte *f* *(de pâtisserie)*.
Küchen|tisch *der* table *f* de cuisine.
Kuckuck (*Pl* **-e**) *der* coucou *m*; **zum ~ (noch mal)!** *fam fig* nom d'une pipe!
Kufe (*Pl* **-n**) *die* [von Schlitten] patin *m*; [von Schlittschuh] lame *f*.
Kufstein *nt* Kufstein.
Kugel (*Pl* **-n**) *die* **-1.** [Gegenstand] boule *f*. **-2.** [Form] sphère *f*. **-3.** [Geschoß] balle *f*. **-4.** *RW*: **eine ruhige ~ schieben** *fam* se la couler douce.
kugelförmig *Adj* sphérique.
Kugel|gelenk *das* **-1.** [im Skelett] énarthrose *f*. **-2.** TECH rotule *f*.
Kugel|lager *das* roulement *m* à billes.
kugeln (*Perf* **hat/ist gekugelt**) ◇ *intr (ist)* rouler. ◇ *tr (hat)* rouler.
◆ **sich kugeln** *ref (hat)* [lachen] se tordre.
kugelrund *Adj* tout rond, toute ronde.
Kugelschreiber (*Pl* **-**) *der* stylo-bille *m*.
kugelsicher *Adj* blindé(e); **~e Weste** gilet *m* pare-balles.
Kugel|stoßen *das (ohne Pl)* SPORT lancer *m* du poids.
Kuh (*Pl* **Kühe**) *die* **-1.** [Tier] vache *f*. **-2.** *fam* [Person]: **dumme ~!** pauvre cruche!
Kuh|handel *der fam* maquignonnage *m*.
Kuh|haut *die (ohne Pl)*: **das geht auf keine ~** *fam* c'est incroyable.
kühl ◇ *Adj* **-1.** [Temperatur] frais (fraîche). **-2.** [Stimmung] froid(e). ◇ *Adv* **-1.** [kalt] frais. **-2.** [distanziert] fraîchement.
kühlen *tr* rafraîchir.
Kühler (*Pl* **-**) *der* **-1.** AUTO radiateur *m*. **-2.** [für Getränke] seau *m* à glace.
Kühler|haube *die* capot *m*.
Kühl|haus *das* entrepôts *mpl* frigorifiques.
Kühl|mittel *das* agent *m* réfrigérant.
Kühl|schrank *der* réfrigérateur *m*, frigo *m*.
Kühl|tasche *die* glacière *f*.
Kühltruhe *die* congélateur *m*.
Kühlung (*Pl* **-en**) *die* **-1.** *(ohne Pl)* [Erfrischung] fraîcheur *f*. **-2.** TECH refroidissement *m*.
Kühl|wasser *das* eau *f* de refroidissement.
kühn *Adj* audacieux(euse).
Kühnheit *die (ohne Pl)* audace *f*.
Kuh|stall *der* étable *f*.
k.u.k. (*Abk für* **kaiserlich und königlich**) austro-hongrois(e).
Küken (*Pl* **-**) *das* **-1.** [Tier] poussin *m*. **-2.** *fam* [Kind] petit dernier *m*, petite dernière *f*.
kulant *Adj* [Person] accommodant(e); [Preise] abordable.
Kuli (*Pl* **-s**) *der fam* [Schreiber] stylo *m*.
kulinarisch *Adj* culinaire.
Kulisse (*Pl* **-n**) *die* **-1.** [Bühnenbild] coulisse *f*. **-2.** [Hintergrund] décor *m*. **-3.** *RW*: **hinter den ~n** en coulisse.
kullern (*Perf* **ist gekullert**) *intr* [rollen] rouler; [Tränen] couler.
Kult (*Pl* **-e**) *der* culte *m*.
Kult|film *der* film *m* culte.
kultivieren [kʊlti'viːrən] *tr* cultiver.
kultiviert ◇ *Adj* distingué(e). ◇ *Adv* avec distinction.
Kultur (*Pl* **-en**) *die* culture *f*.
Kultur|beutel *der* nécessaire *m* de toilette.
kulturell *Adj* culturel(elle).
Kultur|gut *das (ohne Pl)* patrimoine *m* culturel.
Kultur|hoheit *die compétence des Länder dans les domaines de l'éducation et de la culture.*
Kultur|kreis *der* espace *m* culturel.
Kultur|programm *das* activités *fpl* culturelles.
Kultus|minister, in *der, die ministre de l'Éducation et des Affaires culturelles d'un Land.*
Kultus|ministerium *das ministère de l'Éducation et des Affaires culturelles d'un Land.*
Kultusminister|konferenz *die conférence permanente des ministres de l'Éducation et des Affaires culturelles des Länder.*
Kümmel (*Pl* **-**) *der* **-1.** [Gewürzpflanze] cumin *m*. **-2.** [Schnaps] kummel *m*.
Kümmel|brot *das* pain *m* au cumin.
Kümmel|stange *die* petit pain *m* long au cumin.
Kummer *der (ohne Pl)* chagrin *m*; **jm ~ machen** donner du souci à qqn.
kümmerlich *Adj* pitoyable.
kümmern *tr* préoccuper.
◆ **sich kümmern** *ref*: **sich um jn/etw ~** s'occuper de qqn/qqch.
Kumpan, in (*mPl* **-e**; *fPl* **-nen**) *der, die fam abw* acolyte *mf*.
Kumpel (*Pl* **-**) *der* **-1.** [Bergarbeiter] gueule *f* noire. **-2.** *fam* [Kamerad] copain *m*, copine *f*.
kündbar *Adj* [Vertrag] résiliable.
Kunde (*Pl* **-n**) *der* client *m*.
Kunden|dienst *der* service *m* après-vente.
Kundgebung (*Pl* **-en**) *die* meeting *m*.
kundig *Adj* expert(e).
kündigen ◇ *intr* [Angestellter] donner sa démission; [Mieter] donner son congé; **jm ~** licencier qqn; **jm fristlos ~** renvoyer qqn sur le champ. ◇ *tr* résilier.
Kündigung (*Pl* **-en**) *die* **-1.** [von Vertrag] résilia-

tion *f*; **~ der Wohnung** résiliation du bail de l'appartement. **-2.** [von Arbeitsstelle - durch Arbeitgeber] licenciement *m*; [- durch Arbeitnehmer] démission *f*.

Kündigungs|frist *die* délai *m* de préavis.

Kündigungs|schutz *der* **-1.** [für Mieter] *protection des locataires contre l'éviction.* **-2.** [für Arbeitnehmer] *protection contre le licenciement.*

Kundin (*Pl* **-nen**) *die* cliente *f*.

Kundschaft *die (ohne Pl)* clientèle *f*.

künftig ◇ *Adj* futur(e). ◇ *Adv* à l'avenir.

Kunst (*Pl* **Künste**) *die* art *m*; **die bildende ~** les beaux-arts *mpl*; **das ist keine ~!** *fam* ce n'est pas sorcier!

Kunst|akademie *die* académie *f* des beaux-arts.

Kunstaus|stellung *die* exposition *f* artistique.

Kunst|dünger *der* engrais *m* chimique.

Kunst|erziehung *die (ohne Pl)* arts *mpl* plastiques *(à l'école)*.

Kunst|faser *die* fibre *f* synthétique.

Kunst|fehler *der* erreur *f* médicale.

kunstfertig ◇ *Adj* habile. ◇ *Adv* habilement.

Kunstgegen|stand *der* objet *m* d'art.

Kunst|geschichte *die (ohne Pl)* histoire *f* de l'art.

Kunst|gewerbe *das* arts *mpl* décoratifs.

Kunst|griff *der* astuce *f*.

Kunst|händler, in *der, die* marchand *m* d'objets d'art.

Kunsthand|werk *das* artisanat *m* d'art.

Kunst|harz *das* résine *f* synthétique.

Künstler, in (*mPl* **-**; *fPl* **-nen**) *der, die* artiste *mf*; **ein bildender ~** artiste *m* (des beaux-arts).

künstlerisch ◇ *Adj* artistique. ◇ *Adv* artistiquement; **~ begabt sein** avoir des dons artistiques.

Künstler|name *der* nom *m* d'artiste.

künstlich ◇ *Adj* artificiel(elle). ◇ *Adv* **-1.** [nicht natürlich] artificiellement; **~ klingen** sonner faux. **-2.** [übertrieben] trop.

Kunst|maler, in *der, die* artiste-peintre *mf*.

Kunst|markt *der* marché *m* de l'art.

Kunst|stoff *der* matière *f* plastique ODER artificielle ODER synthétique.

Kunst|stück *das* **-1.** [Trick] tour *m* d'adresse. **-2.** [Leistung] exploit *m*; **das ist kein ~!** ce n'est pas sorcier!

Kunst|werk *das* **-1.** [Gegenstand] œuvre *f* d'art. **-2.** [Meisterwerk] chef-d'œuvre *m*.

kunterbunt *fam* ◇ *Adj* bigarré(e). ◇ *Adv* en vrac.

Kupfer *das (ohne Pl)* cuivre *m*.

Kupfer|stich *der* **-1.** [Technik] taille-douce *f*. **-2.** [Bild] gravure *f* sur cuivre.

Kuppe (*Pl* **-n**) *die* **-1.** [von Hügeln] sommet *m*. **-2.** [von Fingern] bout *m*.

Kuppel (*Pl* **-n**) *die* **-1.** [von innen] coupole *f*. **-2.** [von außen] dôme *m*.

Kupplung (*Pl* **-en**) *die* **-1.** [in Autos] embrayage *m*; **die ~ treten** embrayer; **die ~ kommen lassen** débrayer; **die ~ schleifen lassen** faire patiner l'embrayage. **-2.** [für Anhänger] attache-remorque *f*.

Kupplungs|pedal *das* pédale *f* d'embrayage.

Kur (*Pl* **-en**) *die* cure *f*; **auf** ODER **zur ~ sein/gehen** être/aller en cure.

Kür (*Pl* **-en**) *die* figures *fpl* libres.

Kurbel (*Pl* **-n**) *die* manivelle *f*.

Kürbis (*Pl* **-se**) *der* potiron *m*.

Kurde (*Pl* **-n**) *der* Kurde *m*.

Kurdin (*Pl* **-nen**) *die* Kurde *f*.

kurdisch *Adj* kurde.

kuren *intr fam* être en cure, faire une cure.

Kur|gast *der* curiste *mf*.

Kurier (*Pl* **-e**) *der* messager *m*.

kurieren *tr* soigner; **von etw kuriert sein** *fam fig* être guéri(e) de qqch.

Kurilen *Pl* îles *fpl* Kouriles; **auf den ~** dans les îles Kouriles.

kurios *Adj* bizarre.

Kuriosität (*Pl* **-en**) *die* curiosité *f*.

Kur|konzert *das* concert *m* destiné aux curistes.

Kur|ort *der* station *f* thermale.

Kur|pfuscher, in *der, die abw* charlatan *m*.

Kurs (*Pl* **-e**) *der* **-1.** [von Schiff, Flugzeug] cap *m*; **den ~ ändern** changer de cap; **vom ~ abkommen** s'écarter de sa route; **vom ~ abweichen** dévier de son cap. **-2.** [Lehrgang, Marktpreis] cours *m*; **im ~ fallen/steigen** chuter/grimper en bourse; **hoch im ~ stehen** avoir la cote.

Kurs|anstieg *der* montée *f* des cours.

Kurs|buch *das* indicateur *m* des chemins de fer.

Kur|schatten *der fam* ami curiste *m*, amie curiste *f*.

Kürschner, in (*mPl* **-**; *fPl* **-nen**) *der, die* fourreur *m*.

kursieren circuler; [Gerücht] courir.

kursiv ◇ *Adj* italique. ◇ *Adv* en italiques.

Kurs|schwankung *die* fluctuation *f* des cours.

Kursus (*Pl* **Kurse**) *der* cours *m*.

Kurs|wechsel *der* changement *m* d'orientation.

Kurtaxe (*Pl* **-n**) *die* taxe *f* de séjour.

Kurve (*Pl* **-n**) *die* **-1.** [von Straßen] virage *m.* **-2.** [geometrisch] courbe *f.*
◆ **Kurven** *Pl fam* formes *fpl.*

kurven (*Perf* **ist gekurvt**) *intr* **-1.** [in Kreisen] décrire des cercles; **um die Ecke ~** tourner au coin. **-2.** *fam* [durch Gegend] sillonner.

kurvenreich *Adj* sinueux(euse).

kurz (*Kompar* **kürzer,** *Superl* **kürzeste**) ◇ *Adj* **-1.** [gen] court(e); **den kürzeren ziehen** *fam fig* ne pas avoir le dessus. **-2.** [knapp] bref (brève); **es ~ machen** être bref. ◇ *Adv* **-1.** [niedrig] court; **etw ~ und klein schlagen** *fam* réduire qqch en miettes. **-2.** [momentan] un petit moment; **es wird nur ~ dauern** ça ne va pas durer longtemps. **-3.** [wenig]: **~ vor/hinter/nach etw** *(D)* juste avant/derrière/après qqch.

Kurzlarbeit *die* chômage *m* partiel.

kurzlarbeiten *intr* être au chômage partiel.

Kurzlarbeiter, in *der, die* chômeur partiel *m,* chômeuse partielle *f.*

kurzärmelig, kurzärmlig ◇ *Adj* à manches courtes. ◇ *Adv fam* en manches courtes.

kurzatmig *Adj* qui s'essouffle facilement, qui a le souffle court.

Kurzberichtlerstattung *die* bref compte-rendu *m.*

Kurze (*Pl* **-n**) *der* **-1.** *fam* [Kurzschluß] court-jus *m.* **-2.** *Norddt* [Schnaps] eau-de-vie *f.*

Kürze *die (ohne Pl)* **-1.** [Länge]: **die ~ des Rokkes/der Haare** la longueur de la jupe/des cheveux. **-2.** [zeitlich, schriftlich] brièveté *f.*
◆ **in Kürze** *Adv* sous peu.

Kürzel (*Pl* -) *das* abréviation *f.*

kürzen *tr* **-1.** [Kleidung] raccourcir. **-2.** [Text] abréger; [Szenisches] écourter. **-3.** [Haare, Nägel] couper. **-4.** [finanziell] réduire. **-5.** MATH simplifier.

kurzerhand *Adv* sans hésiter.

kürzerltreten (*Perf* **ist kürzergetreten**) *intr (unreg)* se restreindre.

Kurzlfassung *die* version *f* abrégée.

Kurzlfilm *der* court-métrage *m.*

kurzfristig ◇ *Adj* **-1.** [Kündigung] à bref délai. **-2.** [Investition] à court terme. **-3.** [vorübergehend] provisoire. **-4.** [rasch] de dernière heure. ◇ *Adv* **-1.** [investieren] à court terme. **-2.** [vorübergehend] provisoirement. **-3.** [rasch] au dernier moment.

Kurzlgeschichte *die* nouvelle *f (brève).*

kurzhaarig *Adj* **-1.** [Person] aux cheveux courts. **-2.** [Tier, Pinsel] à poils courts.

kurzlhalten *tr (unreg) fam* : **jn ~** tenir la bride à qqn.

kurzlebig *Adj* éphémère.

kürzlich *Adv* récemment.

Kurznachrichten *Pl* **-1.** [in Fernsehen, Radio] flash *m* d'information. **-2.** [in Zeitung] brèves *fpl.*

kurzlschließen *tr (unreg)* court-circuiter.

Kurzlschluß *der* **-1.** [elektrisch] court-circuit *m.* **-2.** [seelisch] réaction *f* de panique.

Kurzschlußlhandlung *die* coup *m* de tête.

Kurzlschrift *die* sténographie *f.*

kurzsichtig ◇ *Adj* **-1.** [Augen] myope. **-2.** [Handlungsweise] à courte vue. ◇ *Adv* sans voir plus loin que le bout de son nez.

Kurzlstrecke *die* trajet *m* de courte distance.

Kurzstreckenlflug *der* court-courrier *m.*

Kurzstreckenlwaffe *die* arme *f* à faible portée.

kurzum *Adv* bref.

Kürzung (*Pl* **-en**) *die* **-1.** [finanziell, schriftlich] réduction *f.* **-2.** [von Personal] diminution *f.*

kurzweilig *Adj* divertissant(e).

Kurzlwelle *die* ondes *fpl* courtes, petites ondes *fpl.*

Kurzzeitlgedächtnis *das (ohne Pl)* mémoire *f* immédiate.

kurzzeitig ◇ *Adj* de courte durée. ◇ *Adv* pour peu de temps.

kuschelig *Adj fam* **-1.** [Kleidung] douillet(ette). **-2.** [Sitzmöbel] moelleux(euse).

kuscheln *intr fam* se prélasser.
◆ **sich kuscheln** *ref fam* : **sich (an jn) ~** se blottir (contre qqn).

Kusine (*Pl* **-n**) *die* cousine *f.*

Kuß (*Pl* **Küsse**) *der* baiser *m.*

kußecht *Adj*: **~er Lippenstift** rouge *m* à lèvres haute tenue.

küssen *tr* & *intr* embrasser.
◆ **sich küssen** *ref* s'embrasser.

Küste (*Pl* **-n**) *die* côte *f.*

Küster, in (*mPl* **-**; *fPl* **-nen**) *der, die* sacristain *m,* sacristine *f.*

Kutsche (*Pl* **-n**) *die* **-1.** [Pferdewagen] calèche *f.* **-2.** *fam* [Auto] bagnole *f.*

kutschieren (*Perf* **hat/ist kutschiert**) ◇ *intr (ist)* **-1.** [mit Kutsche] aller en calèche. **-2.** *fam* [mit Auto] se trimbal(l)er. ◇ *tr (hat)* **-1.** [mit Kutsche] conduire en calèche. **-2.** *fam* [mit Auto] emmener en voiture.

Kutter (*Pl* -) *der* chaloupe *f.*

Kuvert [ku'vɛːɐ̯] (*Pl* **-s**) *das* enveloppe *f.*

Kuvertüre [kuvɛr'tyːrə] (*Pl* **-n**) *die* couverture *f.*

Kuwait *nt* Koweït *m;* **in ~** au Koweït.

Kuwaiter, in [kuː'vaitɐ, rɪn] (*mPl* **-**; *fPl* **-nen**) Koweïtien *m,* -enne *f.*

kuwaitisch [kuː'vaitɪʃ] *Adj* koweïtien(enne).

kW (*Abk für* **Kilowatt**) kW *m.*

KW (*Abk für* **Kurzwelle**) *die (ohne Pl)* OC.
kWh (*Abk für* **Kilowattstunde**) kWh *m*.
kyrillisch *Adj* cyrillique.
KZ (*Pl* **-s**) *das Abk für* **Konzentrationslager**.

L

l, L [ɛl] (*Pl* - ODER **-s**) *das* l *m inv*, L *m inv*.
◆ **l** (*Abk für* **Liter**) l.
laben
◆ **sich laben** *ref geh* se délecter.
labern ◇ *intr fam abw* palabrer. ◇ *tr*: **er labert nur Blödsinn** il ne raconte que des bêtises.
labil *Adj* **-1.** [Person] labile. **-2.** [Angelegenheit] instable.
Labor (*Pl* **-s** ODER **-e**) *das* laboratoire *m*.
Laborant, in (*mPl* **-en**; *fPl* **-nen**) *der, die* préparateur *m*, -trice *f*.
Labor|versuch *der* essai *m* ODER test *m* de laboratoire.
Labyrinth (*Pl* **-e**) *das* labyrinthe *m*.
Lachan|fall *der* fou rire *m*.
Lache[1] (*Pl* **-n**) *die* [Pfütze] flaque *f*.
Lache[2] *die (ohne Pl) fam* [Gelächter] rire *m*.
lächeln *intr* sourire; **über jn/etw ~** sourire de qqn/qqch.
Lächeln *das (ohne Pl)* sourire *m*.
lachen *intr* rire; **über jn/etw ~** rire de qqn/qqch; **hämisch ~** ricaner; **bei jm/irgendwo nichts zu ~ haben** *fam fig* n'avoir qu'à bien se tenir chez/quelque part; **daß ich nicht lache!** *fig* ne me fais/faites pas rire!; **es** ODER **das wäre doch gelacht, wenn** *fig* ce serait étonnant si; **du hast gut ~** *fig* tu peux bien rire.
Lachen *das (ohne Pl)* rire *m*; **jn zum ~ bringen** faire rire qqn; **jm ist nicht zum ~** ce n'est pas drôle pour qqn; **etw ist zum ~** *fam fig* & *abw* il y a de quoi rire; **jm vergeht das ~** *fig* qqn perd l'envie de rire.
Lacher (*Pl* -) *der fam* rieur *m*; **die ~ auf seiner Seite haben** avoir les rieurs de son côté.
lächerlich *Adj* ridicule; **sich ~ machen** se ridiculiser; **jn ~ machen** rendre qqn ridicule.
Lächerliche *das (ohne Pl)*: **etw ins ~ ziehen** tourner qqch en dérision.
lachhaft *Adj abw* ridicule.
Lachs [laks] (*Pl* **-e**) *der* saumon *m*.
lachsfarben ◇ *Adj* (couleur) saumon. ◇ *Adv* en saumon.
Lack (*Pl* **-e**) *der* [farbig] laque *f*; [farblos] vernis *m*; **der ~ ist ab** *fam fig* ça a perdu son piquant.
lackieren *tr* [farbig] laquer; [durchsichtig] vernir; **sich die Nägel ~** se vernir les ongles.
Lackierer, in (*mPl* **-**; *fPl* **-nen**) *der, die* vernisseur *m*, -euse *f*.
Lackierung (*Pl* **-en**) *die* **-1.** [Lackieren - farbig] laquage *m*; [- farblos] vernissage *m*. **-2.** [Lack - für Autos] peinture *f*; [- farbig] laque *f*; [- farblos] vernis *m*.
Lack|schaden *der* dégât *m* de peinture.
Lack|schuh *der* soulier *m* vernis.
Lade (*Pl* **-n**) *die* tiroir *m*.
Lade|fläche *die* surface *f* de chargement.
Lade|gewicht *das*: **zulässiges ~** poids *m* total admis en charge.
laden (*Präs* **lädt**, *Prät* **lud**, *Perf* **hat geladen**) ◇ *tr* **-1.** [gen] charger. **-2.** [abladen]: **etw aus** ODER **von etw ~** décharger qqch de qqch. ◇ *intr* charger.
Laden (*Pl* **Läden**) *der* **-1.** [Geschäft] magasin *m*. **-2.** *(ohne Pl) fam* [Angelegenheit] affaire *f*. **-3.** *fam* [Betrieb] maison *f*; **den ~ schmeißen** *fam* mener la baraque.
Laden|dieb, in *der, die* voleur à l'étalage *m*, voleuse à l'étalage *f*.
Laden|diebstahl *der* vol *m* à l'étalage.
Ladenhüter (*Pl* -) *der* rossignol *m*.
Laden|kette *die* chaîne *f* de magasins.
Laden|öffnungszeiten *Pl* heures *fpl* d'ouverture des magasins.
Laden|preis *der* prix *m* de vente au public.
Laden|schluß *der (ohne Pl)* fermeture *f* des magasins.
Ladenschluß|gesetz *das* loi *f* sur les heures de fermeture des magasins.
Ladenschlußzeiten *Pl* heures *fpl* de fermeture des magasins.

LADENSCHLUSSZEITEN:
Les heures d'ouverture des magasins sont strictement réglementées par une législation sur laquelle les syndicats sont très fermes:
il faut impérativement ouvrir entre huit et neuf heures et fermer entre dix-huit et dix-huit heures trente.
Le samedi, la fermeture se fait à treize ou quatorze heures.
Le jeudi et chaque premier samedi du mois on prolonge les heures d'ouverture.

Laden|straße *die* rue *f* commerçante.
Laden|tisch *der* comptoir *m*; **etw unter dem ~ verkaufen** *fig* vendre qqch sous le manteau.

Lade|rampe *die* rampe *f* de chargement.
Lade|raum *der* espace *m* chargeable.
lädieren *tr* abîmer.
lädiert ◇ *PP* → **lädieren**. ◇ *Adj* abîmé(e).
lädt *Präs* → **laden**.
Ladung (*Pl* **-en**) *die* **-1.** [Fracht] chargement *m*, cargaison *f*. **-2.** [zum Schießen] charge *f*. **-3.** [größere Menge]: **sich eine ~ Zucker in den Kaffee schütten** mettre beaucoup de sucre dans son café. **-4.** PHYS: **positive/negative ~** charge positive/négative.
Lady ['le:di] (*Pl* **-dies**) *die* grande dame *f*, lady *f*.
lag *Prät* → **liegen**.
Lage (*Pl* **-n**) *die* **-1.** [räumlich] position *f*; [in Ort] emplacement *m*; [in Landschaft] site *m*. **-2.** [Verhältnisse] situation *f*; **zu etw in der ~ sein** être capable de qqch; **in der ~ sein, etw zu tun** être en mesure de faire qqch; **nach ~ der Dinge** étant donné la situation; **sich in js ~ versetzen** se mettre à la place de qqn. **-3.** [Schicht] couche *f*.
Lage|bericht *der* compte-rendu *m* sur la situation.
Lage|besprechung *die* discussion *f* sur la situation.
Lage|plan *der* plan *m*.
Lager (*Pl* **-**) *das* **-1.** [für Waren] entrepôt *m*, magasin *m*; **etw auf ~ haben** [Ware] avoir qqch en stock; [beim Reden] avoir qqch en réserve. **-2.** [Unterkunft, Partei] camp *m*. **-3.** TECH roulement *m*.
Lagerbe|stand *der* stock *m*.
Lager|feuer *das* feu *m* de camp.
Lager|halle *die* hangar *m*, entrepôt *m*.
Lager|haus *das* entrepôt *m*.
lagern ◇ *tr* **-1.** [aufbewahren] conserver; [Wein, Holz] laisser reposer. **-2.** [unterstellen] entreposer. **-3.** [Person] installer. ◇ *intr* camper.
◆ **sich lagern** *ref*: **sich um jn/etw ~** s'installer autour ODER auprès de qqn/qqch.
Lager|platz *der* campement *m*.
Lager|raum *der* magasin *m*.
Lagerung (*Pl* **-en**) *die* **-1.** [Aufbewahren] conservation *f*. **-2.** [Unterstellen] entreposage *m*.
Lago Maggiore ['la:goma'dʒo:rə] *der* lac *m* Majeur.
Lagos *nt* Lagos.
Lagune (*Pl* **-n**) *die* lagune *f*.
lahm ◇ *Adj* **-1.** [gelähmt] paralysé(e). **-2.** *fam* [ermüdet - Körperteil] sans forces; [- Lebewesen, Bewegung] lent(e). **-3.** *fam* [fadenscheinig] faible. ◇ *Adv fam* lentement.
lahmen *intr* boîter.
lähmen *tr* paralyser.
lahm|legen *tr fam* paralyser.
Lähmung (*Pl* **-en**) *die* paralysie *f*.
Laib (*Pl* **-e**) *der* **-1.** [aus Brot] miche *f*. **-2.** [aus Käse] meule *f*.
Laich (*Pl* **-e**) *der* frai *m*.
Laie ['laiə] (*Pl* **-n**) *der* **-1.** [unfachmännisch] profane *mf*, amateur *mf*; **blutiger ~** véritable profane. **-2.** [weltlich] laïque *mf*.
laienhaft ['laiənhaft] ◇ *Adj* de profane. ◇ *Adv* en profane.
Laien|priester *der* prêtre *m* séculier.
Laienspiel|gruppe *die* compagnie *f* (de théâtre) amateur.
Lakai (*Pl* **-en**) *der* laquais *m*.
Lake (*Pl* **-n**) *die* saumure *f*.
Laken (*Pl* **-**) *das* drap *m*.
lakonisch ◇ *Adj* laconique. ◇ *Adv* laconiquement, de façon laconique.
Lakritz (*Pl* **-e**) *der* ODER *das* réglisse *f*.
lallen *intr* & *tr* balbutier.
Lama (*Pl* **-s**) *das* lama *m*.
Lambada (*Pl* **-s**) *der* lambada *f*.
Lamelle (*Pl* **-n**) *die* lamelle *f*; [an Heizung] élément *m*.
lamentieren *intr abw* se lamenter.
Lametta *das (ohne Pl)* [an Weihnachtsbaum] cheveux *mpl* d'ange *(décoration)*.
Lamm (*Pl* **Lämmer**) *das* agneau *m*.
Lamm|fell *das* peau *f* d'agneau; [für Kleidung] agneau *m* retourné.
Lamm|fleisch *das* viande *f* d'agneau, agneau *m*.
lammfromm *Adj* doux (douce) comme un agneau.
Lampe (*Pl* **-n**) *die* lampe *f*.
Lampen|fieber *das* trac *m*.
Lampen|schirm *der* abat-jour *m*.
Lampion [lam'piɔŋ] (*Pl* **-s**) *der* lampion *m*.
lancieren [lɑ̃'si:rən] *tr* lancer.
Land (*Pl* **Länder**) *das* **-1.** [Staatsgebiet] pays *m*; **wieder im ~(e) sein** *fig* être de retour (au pays). **-2.** *(ohne Pl)* [Gelände, Festland] terre *f*. **-3.** *(ohne Pl)* [ländliche Gegend] campagne *f*; **auf dem ~** à la campagne. **-4.** [Bundesland] Land *m*. **-5.** *RW*: **kein/(wieder) ~ sehen** *fam* ne pas voir/voir le bout du tunnel.
Land|arbeiter, in *der, die* ouvrier agricole *m*, ouvrière agricole *f*.
Land|arzt, |ärztin *der, die* médecin *m* de campagne.
landauf
◆ **landauf-landab** *Adv geh* en tous lieux.
Landbe|sitz *der* propriété *f* foncière.
Land|bevölkerung *die* population *f* rurale.
Land|brot *das* pain *m* de campagne.

Landelbahn *die* piste *f* d'atterrissage.
landeinwärts *Adv* vers l'intérieur du pays.
landen (*Perf* **hat/ist gelandet**) ◇ *intr (ist)* **-1.** [gen] atterrir; **auf etw** *(D)* **~** se poser sur qqch. **-2.** *fam* [geraten] se retrouver; **bei jm nicht ~ können** *fam* ne pas avoir de succès auprès de qqn; **du kannst bei mir mit etw nicht ~** qqch ne marche pas avec moi. ◇ *tr (hat)* **-1.** [Flugzeug] faire atterrir. **-2.** [zustande bringen] réussir.
Landlenge *die* isthme *m*.
Landelplatz *der* [kleinerer Flughafen] terrain *m* d'aviation.
Ländereien *Pl* terres *fpl*, domaines *mpl*.
Länderlspiel *das* match *m* international.
Landeslebene *die*: **auf ~** [national] à l'échelle nationale; [bei Bundesland] à l'échelle du Land.
Landesfarben *Pl* couleurs *fpl* nationales; [von Bundesland] couleurs *fpl* d'un Land.
Landeslgrenze *die* **-1.** [von Bundesland] frontière *f* d'un Land. **-2.** [von Staat] frontière *f* d'un pays.
Landeshauptlstadt *die* **-1.** [von Bundesland] capitale *f* d'un Land. **-2.** [von Staat] capitale *f*.
Landeslinnere *das (ohne Pl)* intérieur *m* des terres.
Landeslkirche *die* Église *f* (protestante) d'un Land (allemand).
Landeslkunde *die (ohne Pl)* civilisation *f*.
landeskundlich *Adj* de civilisation.
Landeslregierung *die* gouvernement *m* du Land.
Landeslsprache *die* langue *f* du pays.
landesüblich *Adj* courant(e) dans un pays.
Landeslverrat *der (ohne Pl)* haute trahison *f*.
Landeslwährung *die* monnaie *f* nationale.
Landlflucht *die (ohne Pl)* exode *m* rural.
Landfriedenslbruch *der* troubles *mpl* publics.
Landlgericht *das* tribunal *m* de grande instance.
Landlhaus *das* maison *f* de campagne.
Landlkarte *die* carte *f* géographique.
Landkr. *Abk für* **Landkreis**.
Landlkreis *der circonscription administrative*.
landläufig *Adj* courant(e).
Landlleben *das (ohne Pl)* vie *f* champêtre ODER à la campagne.
ländlich *Adj* rural(e).
Landlluft *die (ohne Pl)* air *m* de la campagne.
Landlplage *die abw* fléau *m*.
Landlratte *die fam* terrien *m*, -enne *f*.
Landlregen *der* pluies *fpl* persistantes.
Landschaft (*Pl* **-en**) *die* paysage *m*.
landschaftlich ◇ *Adj* **-1.** [bei Gegend] régional(e). **-2.** [bei Natur] du paysage. ◇ *Adv* au point de vue du paysage.
Landschullheim *das centre d'hébergement pour classes vertes*.
Landlsitz *der* domaine *m*.
Landsleute *Pl* compatriotes *mpl*.
Landslmann (*Pl* **-männer**) *der* compatriote *m*.
Landsmännin (*Pl* **-nen**) *die* compatriote *f*.
Landlstraße *die* route *f* départementale.
Landstreicher, in (*mPl* **-**; *fPl* **-nen**) *der, die* vagabond *m*, -e *f*.
Landlstreitkräfte *Pl* forces *fpl* terrestres.
Landlstrich *der* région *f*.
Landltag *der* **-1.** [Volksvertretung] *Assemblée du Land*. **-2.** [Gebäude] assemblée *f*.
Landtagslabgeordnete *der, die député à l'Assemblée d'un Land*.
Landung (*Pl* **-en**) *die* [von Flugzeugen] atterrissage *m*; [von Schiffen] accostage *m*.
Landungslbrücke *die* embarcadère *m*.
Landlweg *der* route *f*.
Landlwein *der* vin *m* de pays.
Landlwirt, in *der, die* agriculteur *m*, -trice *f*.
Landlwirtschaft *die (ohne Pl)* agriculture *f*.
landwirtschaftlich ◇ *Adj* agricole. ◇ *Adv* sur le plan agricole.
Landwirtschaftslminister, in *der, die* ministre *m* de l'Agriculture.
Landlzunge *die* langue *f* de terre.
lang (*Kompar* **länger,** *Superl* **längste**) ◇ *Adj* **-1.** [räumlich - langgestreckt] long (longue); [- groß] grand(e); [- Person] *fam* grand(e); [- mit Maßangabe]: **drei Meter ~** trois mètres de long. **-2.** [zeitlich] long (longue); **seit ~em** depuis longtemps; **~ und breit** *fam abw* & *fig* en long et en large. **-3.** [mit Zeitangabe]: **drei Tage/Stunden ~** pendant trois jours/heures; **den ganzen Tag ~** toute la journée. ◇ *Adv fam* **-1.** [entlang]: **hier/dort ~** par ici/là. **-2.** [groß] grand.
langärmelig, langärmlig *Adj* à manches longues.
langatmig ◇ *Adj* interminable; **~ sein** être ennuyeux(euse). ◇ *Adv* d'une manière laborieuse.
lange (*Kompar* **länger,** *Superl* **am längsten**) *Adv* longtemps; **~ dauern** durer longtemps; **das ist ~ nicht alles** c'est loin d'être tout; **es ist ~ her** il y a longtemps.
Länge (*Pl* **-n**) *die* **-1.** [gen] longueur *f*; **der ~ nach** [teilen] dans le sens de la longueur; [stürzen] de tout son long; **etw zieht sich in die ~** qqch traîne (en longueur); **um ~n voraus sein** avoir plusieurs longueurs d'avance. **-2.** *(ohne*

Pl) [Größe] taille *f*. **-3.** GEOGR latitude *f*.
◆ **Längen** *Pl* [langweilige Stellen] longueurs *fpl*.
langen *fam* ◇ *intr* **-1.** [ausreichen] suffire. **-2.** [greifen]: **in etw** *(A)* **~** mettre sa main dans qqch. ◇ *tr*: **jm eine ~** *fam* en allonger une à qqn; **mir langt es!** *fam* j'en ai assez!
Längen|grad *der* méridien *m*.
Längen|maß *das* mesure *f* linéaire.
längerfristig *Adj* & *Adv* à plus long terme.
Langeweile *die (ohne Pl)* ennui *m*; **aus ~** par ennui.
Lang|finger *der fam* voleur *m*, -euse *f*.
langfristig ◇ *Adj* à long terme; [lange dauernd] de longue durée. ◇ *Adv* à long terme.
lang|gehen *(Perf* **ist langgegangen**) *intr (unreg) fam* : **(an) etw ~** longer qqch; **wissen, wo's langgeht** *fam* savoir se débrouiller.
langgestreckt *Adj* allongé(e).
langhaarig *Adj* [Person] à cheveux longs; [Tier] à poil long.
langjährig *Adj* de longue date.
Lang|lauf *der (ohne Pl)* SPORT course *f* de fond.
Langlauf|ski *der* ski *m* de fond.
langlebig *Adj* **-1.** [Organismus] qui vit longtemps. **-2.** [Gegenstand] solide.
länglich *Adj* oblong(ongue).
lang|machen *tr fam* tendre.
◆ **sich langmachen** *ref fam* s'allonger.
längs ◇ *Präp*: **~ einer Sache** *(G)* le long de qqch. ◇ *Adv* dans le sens de la longueur.
Längs|achse *die* axe *m* longitudinal.
langsam ◇ *Adj* **-1.** [nicht schnell, schwerfällig] lent(e). **-2.** [allmählich] progressif(ive). ◇ *Adv* **-1.** [nicht schnell, schwerfällig] lentement. **-2.** [allmählich] petit à petit; **es wird ~ Zeit** il commence à être temps.
Langsamkeit *die (ohne Pl)* lenteur *f*.
Langschläfer, in *(mPl* -; *fPl* **-nen**) *der, die* grand dormeur *m*, grande dormeuse *f*.
Langspiel|platte *die* disque *m* 33 tours, 33 tours *m*.
Längs|richtung *die*: **in ~** en longueur.
Längs|schnitt *der* coupe *f* longitudinale.
Längs|seite *die* longueur *f*.
Längs|streifen *der* rayure *f* longitudinale.
längst *Adv* depuis longtemps; **das ist ~ nicht alles** c'est loin d'être tout; **~ nicht so groß wie** beaucoup moins grand(e) que.
längstens *Adv fam* **-1.** [höchstens] au maximum. **-2.** [seit langem] depuis bien longtemps.
Langstrecken|lauf *der* course *f* de fond.
Langstrecken|flug *der* long-courrier *f*.
Languste [laŋ'gʊstə] *(Pl* **-n**) *die* langouste *f*.
langweilen *tr* ennuyer.
◆ **sich langweilen** *ref* s'ennuyer.
langweilig ◇ *Adj* ennuyeux(euse). ◇ *Adv* de façon ennuyeuse.
Lang|welle *die* ondes *fpl* longues, grandes ondes *fpl*.
langwierig *Adj* long (longue), qui dure.
Langzeit|arbeitslose *der, die* chômeur *m*, -euse *f* de longue durée.
Langzeitgedächtnis *das (ohne Pl)* mémoire *f* différée.
Langzeit|wirkung *die* effet *m* prolongé.
Lanze *(Pl* **-n**) *die* lance *f*; **für jn/etw eine ~ brechen** *fig* rompre des lances pour qqn/qqch.
Laos *nt* Laos *m*; **in ~** au Laos.
Laote *(Pl* **-n**) *der* Laotien *m*.
Laotin *(Pl* **-nen**) *die* Laotienne *f*.
laotisch *Adj* laotien(enne).
lapidar ◇ *Adj* lapidaire. ◇ *Adv* de manière lapidaire.
Lappalie [la'paːli̯ə] *(Pl* **-n**) *die* bagatelle *f*.
Lappe *(Pl* **-n**) *der* Lapon *m*.
Lappen *(Pl* -) *der* chiffon *m*; **etw geht mir durch die ~** qqch me passe sous le nez.
läppern
◆ **sich läppern** *ref*: **das** ODER **es läppert sich** ça s'accumule.
Lappin *(Pl* **-nen**) *die* Lapone *f*.
läppisch *Adj fam abw* **-1.** [albern] idiot(e). **-2.** [gering] ridicule.
Lappland *nt* Laponie *f*.
lappländisch *Adj* lapon(e).
Laptop *(Pl* **-s**) *der* EDV laptop *m*, portable *m*.
Lärche *(Pl* **-n**) *die* mélèze *m*.
Lärm *der (ohne Pl)* bruit *m*; **viel ~ um etw machen** *fig* faire beaucoup de bruit autour de qqch; **~ schlagen** *fam fig* donner l'alerte.
Lärm|belästigung *die* pollution *f* sonore.
lärmempfindlich *Adj* sensible au bruit.
lärmen *intr* faire du bruit.
Lärm|schutz *der* **-1.** [Schutz] protection *f* sonore. **-2.** [Vorrichtung] dispositif *m* anti-bruit.
Lärmschutz|wall *der* mur *m* antibruit.
Larve *(Pl* **-n**) *die* larve *f*.
las *Prät* → **lesen**.
Lasagne [la'zanjə] *(Pl* **-n**) *die* lasagne *f*.
lasch ◇ *Adj* **-1.** [Bewegung, Spiel] mou (molle). **-2.** [Speise] fade. **-3.** [Kontrolle, Anwendung] approximatif(ive). ◇ *Adv* **-1.** [schlaff] mollement. **-2.** [fade]: **die Suppe schmeckt ~** la soupe est fade. **-3.** [nachlässig] approximativement.
Lasche *(Pl* **-n**) *die* languette *f*.
Laser ['leːzɐ] *(Pl* -) *der* laser *m*.
Laser|drucker *der* EDV imprimante *f* (à) laser.

Laser|strahl *der* rayon *m* laser.

Laser|technik *die* technique *f* laser.

lasieren *tr* vernir.

lassen (*Präs* **läßt**, *Prät* **ließ**, *Perf* **hat gelassen** ODER **-**) ◇ *aux* (*Perf hat lassen*) **-1.** [veranlassen]: **(jn/jm) etw machen** ODER **tun ~** faire faire qqch (à/par qqn); **sich** *(D)* **etw machen** ODER **tun ~** se faire faire qqch; **sich** *(D)* **eine Dauerwelle machen ~** se faire faire une permanente; **jn machen** ODER **tun ~** faire faire qqn; **jn/etw kommen ~** faire venir qqn/qqch. **-2.** [zulassen]: **jn/etw machen** ODER **tun ~** laisser faire qqn/qqch; **jn/etw allein arbeiten ~** laisser qqn/qqch travailler seul(e); **etw (nicht) mit sich machen ~** (ne pas) se laisser faire. ◇ *tr (Perf hat gelassen)* **-1.** [gen] laisser; **laßt uns gehen** allons-y; **jn in Ruhe ~** laisser qqn tranquille. **-2.** [unterlassen] arrêter; **laß das Jammern** arrête de te plaindre. **-3.** [strömen lassen]: **Wasser in etw** *(A)* **~** faire couler de l'eau dans qqch; **frische Luft in etw** *(A)* **~** faire entrer de l'air frais dans qqch; **die Luft aus einem Reifen ~** dégonfler un pneu. ◇ *intr (Perf hat gelassen)*: **von jm/etw ~** *geh* abandonner qqn/qqch; **laß' mal!** laisse donc!

◆ **sich lassen** *ref* **-1.** [veranlassen]: **sich machen** ODER **tun ~** se faire faire; **sich massieren ~** se faire masser. **-2.** [zulassen]: **sich machen** ODER **tun ~** se laisser faire; **sich überraschen ~** se laisser surprendre. **-3.** [möglich sein]: **etw läßt sich machen** ODER **tun** il est possible de faire qqch; **etw läßt sich schwer/leicht machen** ODER **tun** il est difficile/facile de faire qqch; **etw läßt sich nicht machen** ODER **tun** il est impossible de faire qqch; **dieser Wein läßt sich trinken** ce vin se laisse boire.

lässig ◇ *Adj* décontracté(e). ◇ *Adv* **-1.** [sich bewegen, sich anziehen] de façon décontractée; [sprechen, grüßen] d'un air décontracté. **-2.** *fam* [leicht] facilement.

Lässigkeit *die (ohne Pl)* décontraction *f*.

Lasso (*Pl* **-s**) *das* lasso *m*.

läßt *Präs* → **lassen**.

Last (*Pl* **-en**) *die* charge *f*; **jm etw zur ~ legen** *fig* reprocher qqch à qqn; **jm zur ~ fallen** *fig* être à la charge de qqn.

◆ **Lasten** *Pl* [Kosten] charges *fpl*; **zu js ~en** [auf js Rechnung] à la charge de qqn; [zu js Nachteil] aux dépens de qqn.

lasten *intr* **-1.** [gen]: **auf jm/etw ~** peser sur qqn/qqch. **-2.** [Verantwortung]: **auf jm ~** reposer sur qqn. **-3.** FIN: **auf etw** *(D)* **~** grever qqch.

Lasten|aufzug *der* monte-charge *m*.

Lasten|ausgleich *der* péréquation *f* des charges.

Laster (*Pl* **-**) ◇ *das* [Untugend] vice *m*. ◇ *der fam* [Lastwagen] poids lourd *m*.

lasterhaft ◇ *Adj* dépravé(e). ◇ *Adv* de manière dépravée.

lästern *intr abw*: **(über jn/etw) ~** médire (sur qqn/qqch).

lästig *Adj* **-1.** [Person] agaçant(e); **jm ~ werden** ODER **sein** agacer qqn. **-2.** [Pflicht] pénible.

Last|kahn *der* péniche *f*.

Lastkraft|wagen *der amt* poids lourd *m*.

Last|schrift *die* **-1.** [Buchung] débit *m*. **-2.** [Mitteilung] avis *m* de débit.

Last|wagen *der* poids lourd *m*.

Last|zug *der* camion *m* à remorque.

lat. (*Abk für* **lateinisch**) lat.

Latein *das (ohne Pl)* latin *m*; **mit seinem ~ am Ende sein** avoir épuisé toute sa science; *siehe auch* **Englisch**.

Latein|amerika *nt* Amérique *f* latine.

Latein|amerikaner, in *der, die* Latino-Américain *m*, -e *f*.

lateinamerikanisch *Adj* latino-américain(e).

lateinisch *Adj* latin(e).

Lateinisch *das (ohne Pl)* latin *m*; *siehe auch* **Englisch**.

latent ◇ *Adj* latent(e). ◇ *Adv* de façon latente.

Laterne (*Pl* **-n**) *die* **-1.** [Lampion] lanterne *f*. **-2.** [Straßenlaterne] réverbère *m*.

Latinum *das (ohne Pl)*: **großes/kleines ~** *niveau en latin correspondant à cinq/trois années d'études secondaires*.

Latrine (*Pl* **-n**) *die* latrines *fpl*.

latschen (*Perf* **hat/ist gelatscht**) *fam* ◇ *intr (ist)* se traîner. ◇ *tr (hat)*: **jm eine ~** donner une claque à qqn.

Latschen (*Pl* **-**) *der fam* savate *f*; **aus den ~ kippen** [ohnmächtig werden] tomber dans les pommes; [sehr überrascht sein] être scié(e).

Latschen|kiefer *die* pin *m* des montagnes.

Latte (*Pl* **-n**) *die* latte *f*; [beim Hochsprung] barre *f*; **lange ~** *fam* échalas *m*; **eine** ODER **eine ganze ~** *fam* une tripotée (de).

Latten|rost *der* caillebotis *m*; [im Bett] sommier *m* à lattes.

Latz (*Pl* **Lätze**) *der* bavette *f*.

Lätzchen (*Pl* **-**) *das* bavoir *m*.

Latz|hose *die* salopette *f*.

lau ◇ *Adj* **-1.** [Flüssigkeit, Begrüßung] tiède. **-2.** [Klima, Abend] doux (douce). **-3.** [Geschäft, Begeisterung] modéré(e). ◇ *Adv* **-1.** [begrüßen] avec tiédeur. **-2.** [mäßig] doucement.

Laub *das (ohne Pl)* [am Baum] feuillage *m*; [am Boden] feuilles *fpl* mortes.

Laub|baum *der* feuillu *m*.

Laube (*Pl* **-n**) *die* **-1.** [Gartenhäuschen] pergola *f*. **-2.** [Schutzdach] tonnelle *f*.

Laub|frosch *der* rainette *f.*
Laub|säge *die* scie *f* à bois.
Laub|wald *der* bois *m* de feuillus.
Lauch *der* poireau *m.*
Lauer *die (ohne Pl)*: **auf der ~ sitzen** ODER **liegen** *fam* être aux aguets.
lauern *intr*: **(auf jn/etw) ~** [warten] guetter (qqn/qqch); **darauf ~, daß** attendre que.
Lauf *(Pl* **Läufe***) der* **-1.** *(ohne Pl)* [Laufen] course *f.* **-2.** *(ohne Pl)* [von Maschine, Motor] fonctionnement *m.* **-3.** *(ohne Pl)* [Verlauf] déroulement *m*; **im ~e der Geschichte** au cours de l'histoire; **im ~e des Tages** dans le courant de la journée; **etw nimmt seinen ~** qqch est engagé(e); **im ~(e) der Zeit** au fil du temps; **einer Sache** *(D)* **freien** ODER **ihren ~ lassen** [Tränen, Gefühl] donner libre cours à qqch. **-4.** *(ohne Pl)* [von Flüssen] cours *m.* **-5.** [von Gewehren] canon *m.* **-6.** [von Hund, Hase] patte *f.*
Lauf|bahn *die* carrière *f*; **eine ~ einschlagen** embrasser une carrière.
laufen *(Präs* **läuft,** *Prät* **lief,** *Perf* **hat/ist gelaufen**) ◇ *intr* **-1.** *(ist)* [schnell] courir. **-2.** *(ist)* [gehen] aller; **jn ~ lassen** laisser partir qqn; **die Dinge ~ lassen** laisser aller les choses; **das Kind kann schon ~** l'enfant sait déjà marcher; **dauernd zum Arzt/zu den Nachbarn ~** aller sans arrêt chez le médecin/chez les voisins. **-3.** *(ist)* [funktionieren, verlaufen] marcher; [Motor, Maschine] tourner; **das Gerät/die Prüfung/der Film läuft gut** l'appareil/l'examen/le film marche bien; **die Zeit läuft!** c'est parti!; **auf js Namen ~** être au nom de qqn; **mit ~dem Motor** avec le moteur en marche. **-4.** *(ist)* [fließen] couler; [Butter] fondre; **jm läuft die Nase** qqn a le nez qui coule; **jm läuft es kalt über den Rücken** qqn a froid dans le dos. **-5.** *(ist)* [gelten]: **(zwei Monate) ~** couvrir (deux mois); **bis zum 31.12. ~** aller jusqu'au 31/12. **-6.** *(ist)* [andauern] continuer. **-7.** *(ist)* [Film, Theaterstück]: **im Kino ~** passer au cinéma; **der Film läuft schon** le film a déjà commencé. **-8.** *(ist)* [Schiff]: **auf Grund ~** s'échouer. **-9.** *RW*: **etw ist gelaufen** *fam* qqch est fini(e). ◇ *tr* **-1.** *(hat, ist)* SPORT courir; **Ski/Schlittschuh ~** faire du ski/du patin à glace. **-2.** *(ist)* [gehen] aller; **fünf Kilometer ~** faire cinq kilomètres.
◆ **sich laufen** *ref*: **sich warm ~** s'échauffer; **es läuft sich gut/schlecht** on marche bien/mal.
laufend ◇ *Adj* **-1.** [ständig] incessant(e); [Ausgaben, Kosten] courant(e). **-2.** [Monat, Verfahren] en cours. **-3.** [Gerät] en marche. **-4.** *RW*: **auf dem ~en sein** ODER **bleiben** être au courant; **jn auf dem ~en halten** tenir qqn au courant. ◇ *Adv* [ständig] constamment.
laufen|lassen *tr (unreg)* **-1.** [Person, Tier] relâcher. **-2.** *fam* [Angelegenheit] négliger.
Läufer *(Pl -) der* **-1.** SPORT coureur *m.* **-2.** [beim Schach] fou *m.*
Läuferin *(Pl* **-nen***) die* coureuse *f.*
Lauf|feuer *das*: **wie ein ~** comme une traînée de poudre.
läufig *Adj* en chaleur.
Lauf|kundschaft *die* clientèle *f* de passage.
Lauf|masche *die* maille *f* filée.
Lauf|paß *der*: **jm den ~ geben** laisser tomber qqn.
Lauf|schritt *der*: **im ~** au pas de course.
Lauf|schuh *der* chaussure *f* de marche.
Lauf|steg *der* passerelle *f.*
läuft *Präs* → **laufen**.
Lauf|werk *das* EDV lecteur *m.*
Laufwerks|bezeichnung *die* EDV nom *m* d'unité.
Lauf|zeit *die* durée *f.*
Lauge *(Pl* **-n***) die* **-1.** CHEM base *f.* **-2.** [Waschlauge] lessive *f.*
Laugen|brezel *die* bretzel *m.*
Laune *(Pl* **-n***) die* **-1.** *(ohne Pl)* [Stimmung] humeur *f*; **jn bei ~ halten** caresser qqn dans le sens du poil; **gute/schlechte ~ haben** être de bonne/mauvaise humeur. **-2.** [Einfall] lubie *f.*
◆ **Launen** *Pl* sautes *fpl* d'humeur.
launisch *Adj* lunatique.
Laus *(Pl* **Läuse***) die* pou *m*; **was für eine ~ ist dir über die Leber gelaufen**? *fam fig* quelle mouche t'a piqué(e)?
Lausanne [lo'zan] *nt* Lausanne.
Lausanner [lo'zanɐ] *(Pl -)* ◇ *der* Lausannois *m.* ◇ *Adj* lausannois(e).
Lausannerin [lo'zanərɪn] *(Pl* **-nen***) die* Lausannoise *f.*
Lausbub *(Pl* **-en**), **Lausbube** *(Pl* **-n**) *der fam* polisson *m.*
lauschen *intr* tendre l'oreille; [an Tür, Wand] écouter; **auf etw** *(A)* **~** prêter l'oreille à qqch; **einer Sache** *(D)* **~** écouter attentivement qqch.
lausig *fam* ◇ *Adj* **-1.** *abw* [schlecht] minable; **~e Zeiten** des temps difficiles. **-2.** [Geld]: **für ein paar ~e Pfennige!** pour deux ou trois malheureux pfennigs! ◇ *Adv* très mal; **es ist ~ kalt** *fam* il fait un froid de canard.
Lausitz *die* Lusace *f.*
laut ◇ *Adj* **-1.** [Stimme, Musik] fort(e). **-2.** [Person, Straße, Maschine] bruyant(e). **-3.** *RW*: **etw wird ~** qqch est divulgué(e). ◇ *Adv* fort. ◇ *Präp*: **~ einer Sache** *(D)* d'après qqch; **~ § 218** conformément au § 218.
Laut *(Pl* **-e***) der* son *m.*
Laute *(Pl* **-n***) die* luth *m.*
lauten *intr*: **auf etw** *(A)* **~** consister en qqch;

auf wessen Namen ~ die Papiere? à quel nom sont les papiers?; **die Regel lautet: "Rechts hat Vorfahrt"** selon le code: «priorité à droite».

läuten *intr* sonner; **es läutet** on sonne; **von etw** ODER **etw ~ hören** entendre dire qqch.

lauter *Adv*: **~ nette Leute** rien que des gens sympathiques; **vor ~ Lärm verstand ich gar nichts** le bruit était si fort que je ne comprenais rien.

lauthals *Adv* [schreien, protestieren] à tue-tête; [lachen] à gorge déployée.

lautlos ◇ *Adj* silencieux(euse). ◇ *Adv* en silence.

Laut|schrift *die* écriture *f* phonétique.

Laut|sprecher *der* **-1.** [von Anlage] enceinte *f*. **-2.** [auf Bahnhof, in Stadion] haut-parleur *m*.

lautstark ◇ *Adj* fracassant(e). ◇ *Adv* haut et fort.

Laut|stärke *die* volume *m*.

lauwarm ◇ *Adj* tiède. ◇ *Adv* à l'eau tiède.

Lava ['laːva] (*Pl* **Laven**) *die* lave *f*.

Lavendel [la'vɛndl] (*Pl* -) *der* lavande *f*.

Lawine (*Pl* **-n**) *die eigtl* & *fig* avalanche *f*; [aus Geröll] éboulement *m*.

lax ◇ *Adj* laxiste. ◇ *Adv* de façon laxiste.

Layout [leɪ'aut] (*Pl* **-s**) *das* mise *f* en pages.

Lazarett (*Pl* **-e**) *das* hôpital *m* militaire.

leasen [liːzn] *tr* prendre en leasing.

Leasing ['liːzɪŋ] (*Pl* **-s**) *das* crédit-bail *m*, leasing *m*.

leben *intr* **-1.** [gen] vivre; **von etw ~** vivre de qqch; **es lebe jd/etw!** *fig* vive qqn/qqch! **-2.** [lebendig wirken] s'animer.

Leben (*Pl* -) *das* vie *f*; **einsames ~** existence *f* isolée; **reges ~** grande animation *f*; **etw ins ~ rufen** *fig* créer qqch; **im täglichen ~** dans la vie courante; **jm das ~ schwer machen** rendre la vie dure à qqn; **mit dem ~ davonkommen** s'en sortir (vivant(e)); **nie im ~!** jamais de la vie!; **sich** *(D)* **das ~ nehmen** mettre fin à ses jours; **ums ~ kommen** trouver la mort.

lebendig ◇ *Adj* vivant(e). ◇ *Adv* [lebhaft] de façon vivante.

Lebens|abend *der geh* vieux jours *mpl*.

Lebens|alter *das* âge *m*.

Lebens|art *die* **-1.** [Umgangsformen] savoir-vivre *m*. **-2.** [Lebensform] style *m* de vie.

Lebens|aufgabe *die* mission *f*; **sich etw zur ~ machen** consacrer toute sa vie à qqch.

Lebensbedingungen *Pl* conditions *fpl* (de vie).

Lebens|dauer *die* durée *f* de vie.

Lebens|ende *das* fin *f* de la vie.

Lebens|erwartung *die* espérance *f* de vie.

lebensfähig *Adj* viable.

Lebens|form *die* mode *m* d'existence.

Lebens|freude *die* joie *f* de vivre.

Lebens|gefahr *die* danger *m* de mort.

lebensgefährlich ◇ *Adj* **-1.** [gen] très dangereux(euse). **-2.** [Verletzung] très grave. ◇ *Adv* **-1.** [handeln] en prenant de gros risques. **-2.** [sich verletzen] très grièvement.

Lebens|gefährte *der* concubin *m*.

Lebens|gefährtin *die* concubine *f*.

Lebenshaltungs|kosten *Pl*: **die ~** le coût de la vie.

Lebens|inhalt *der* raison *f* de vivre.

Lebens|jahr *das* année *f*.

Lebens|künstler, in *der, die personne qui sait mener sa vie avec virtuosité.*

Lebens|lage *die* situation *f* (de la vie).

lebenslänglich ◇ *Adj* perpétuel(elle). ◇ *Adv* à perpétuité.

Lebens|lauf *der* curriculum vitae *m*.

lebenslustig *Adj* heureux(euse) de vivre.

Lebens|mittel *das* denrée *f* alimentaire; **die ~** l'alimentation *f*.

Lebensmittel|geschäft *das* épicerie *f*.

lebensmüde *Adj* **-1.** [den Tod herbeisehnend]: **~ sein** être dégoûté(e) de la vie. **-2.** *fam* [leichtsinnig] inconscient(e).

lebensnotwendig *Adj* vital(e).

Lebens|qualität *die (ohne Pl)* qualité *f* de vie.

Lebens|retter, in *der, die* sauveteur *m*.

Lebens|standard *der* niveau *m* de vie.

Lebens|unterhalt *der*: **seinen ~ verdienen** gagner sa vie.

Lebens|versicherung *die* assurance-vie *f*.

Lebens|wandel *der (ohne Pl)* mœurs *fpl*.

Lebens|weg *der geh* chemin *m* de la vie.

Lebens|weise *die* style *m* de vie.

Lebens|werk *das* œuvre *f* de toute une vie.

lebenswichtig *Adj* vital(e).

Lebens|zeichen *das* signe *m* de vie; **kein ~ von sich geben** ne pas donner signe de vie.

Lebens|zeit *die*: **auf ~** à vie.

Leber (*Pl* **-n**) *die* foie *m*. *RW*: **frei** ODER **frisch von der ~ weg sprechen** ODER **reden** *fam* parler franc.

Leber|fleck *der* grain *m* de beauté.

Leber|käse *der pâté à base de viande finement hachée que l'on mange chaud ou froid.*

Leber|tran *der* huile *f* de foie de morue.

Leber|wurst *die saucisse ou pâté de foie*; **die beleidigte ~ spielen** *fam fig* bouder.

Lebe|wesen *das* être *m* vivant.

Lebe|wohl (*Pl* **-e** ODER **-s**) *das geh* adieu *m*; **(jm) ~ sagen** *geh* faire ses adieux (à qqn).

lebhaft ◇ *Adj* **-1.** [Person, Phantasie, Interesse]

vif (vive); [Kind] éveillé(e). **-2.** [Unterhaltung, Treiben] animé(e). ◇ *Adv* **-1.** [angeregt] avec animation. **-2.** [stark] vivement. **-3.** [gut] bien.

Lebhaftigkeit *die (ohne Pl)* vivacité *f*.

Leb|kuchen *der* pain *m* d'épice.

leblos ◇ *Adj* **-1.** [Person] inanimé(e). **-2.** [Gesicht, Bild] inexpressif(ive). ◇ *Adv*: **~ liegenbleiben** rester inanimé(e).

Lech *der* Lech *m*.

lechzen *intr geh*: **nach etw ~** être avide de qqch.

leck *Adj*: **~ sein** être percé(e).

Leck *(Pl* **-s***) das* [in Behälter] fuite *f*; [in Schiff] voie *f* d'eau.

lecken *intr* & *tr* lécher; **sich** *(D)* **etw ~** se lécher qqch; **wie geleckt aussehen** *fam fig* [Sache] être propre comme un sou neuf; *fam fig* [Person] être tiré(e) à quatre épingles.

◆ **sich lecken** *ref* se lécher.

lecker ◇ *Adj* délicieux(euse). ◇ *Adv* bon; **das schmeckt ~** c'est bon.

Lecker|bissen *der* **-1.** KÜCHE délice *m*. **-2.** [literarisch, musikalisch] plaisir *m*.

leck|schlagen *(Perf* **ist leckgeschlagen***) intr (unreg)* se fissurer.

led. *Abk für* **ledig**.

Leder *(Pl -) das* cuir *m*.

Leder|hose *die* **-1.** [kurz] culotte *f* de peau. **-2.** [lang] pantalon *m* en cuir.

Leder|jacke *die* veste *f* de ODER en cuir; [Blouson] blouson *m* de ODER en cuir.

Lederwaren *Pl* maroquinerie *f*.

ledig *Adj* célibataire.

lediglich *Adv* seulement.

Lee *die* ODER *das (ohne Pl)* côté *m* sous le vent.

leer *Adj* **-1.** [gen] vide; **~ ausgehen** *fig* repartir les mains vides. **-2.** [Seite, Zettel] blanc (blanche). **-3.** [Worte, Versprechung] en l'air. **-4.** *abw* [Phrase, Gerede] creux(euse).

Leere *die (ohne Pl)* vide *m*; **ins ~** dans le vide.

leeren *tr* vider; **den Briefkasten ~** faire la levée (du courrier).

◆ **sich leeren** *ref* se vider.

Leer|gewicht *das* poids *m* à vide.

Leer|gut *das (ohne Pl)* verre *m* consigné.

Leer|lauf *der* **-1.** TECH fonctionnement *m* à vide; **im ~** [beim Auto] au point mort; [beim Fahrrad] en roue libre. **-2.** [unproduktive Phase] temps *m* mort.

leerstehend *Adj* inoccupé(e).

Leer|taste *die* barre *f* d'espacement.

Leerung *(Pl* **-en***) die* [von Briefkästen] levée *f (du courrier)*.

legal ◇ *Adj* légal(e); **auf ~e Art und Weise** en toute légalité. ◇ *Adv* en toute légalité.

legalisieren *tr* **-1.** [Droge, Methode] légaliser. **-2.** RECHT authentifier.

Legalität *die (ohne Pl)* légalité *f*.

Legastheniker, in *(mPl -; fPl* **-nen***)* dislexique *mf*.

legen *tr* **-1.** [ablegen] mettre; **etw in/auf etw** *(A)* **~** mettre qqch dans/sur qqch. **-2.** [horizontal] coucher; **das Baby auf den Bauch ~** coucher le bébé sur le ventre. **-3.** [hinlegen] poser; **die Hand auf seine Schulter ~** poser ODER mettre la main sur son épaule; **Leitungen/Gleise/Fliesen ~** poser des fils électriques/des rails/des carreaux. **-4.** [Ei] pondre.

◆ **sich legen** *ref* **-1.** [sich hinlegen] se coucher; [zum Ausruhen] s'étendre; **sich schlafen ~** aller se coucher. **-2.** [Staub] se déposer; [Nebel]: **sich auf** ODER **über etw** *(A)* **~** tomber sur qqch. **-3.** [Aufregung, Sturm] se calmer.

legendär *Adj* **-1.** [nach Art der Legende] légendaire. **-2.** [unglaublich] fabuleux(euse).

Legende *(Pl* **-n***)* légende *f*.

leger [le'ʒɛːɐ̯] ◇ *Adj* décontracté(e). ◇ *Adv* avec décontraction.

Legierung *(Pl* **-en***) die* alliage *m*.

Legion *(Pl* **-nen***) die* **-1.** [Truppe, Unmenge] légion *f*. **-2.** *(ohne Pl)* [Fremdenlegion] Légion *f*.

Legionär, in *(mPl* **-e**; *fPl* **-nen***) der, die* légionnaire *mf*.

Legislative [legɪsla'tiːvə] *(Pl* **-n***) die* pouvoir *m* législatif.

Legislatur|periode *die* législature *f*.

legitim *Adj* **-1.** [rechtmäßig] légal(e). **-2.** [berechtigt] légitime.

Legitimation *(Pl* **-en***) die* légitimation *f*.

legitimieren *tr* légitimer.

Lehm *(Pl* **-e***) der* argile *f*.

Lehm|boden *der* sol *m* argileux; [in Haus] terre *f* battue.

lehmig **-1.** [Lehm enthaltend] argileux(euse). **-2.** [mit Lehm bedeckt] maculé(e) d'argile.

Lehne *(Pl* **-n***) die* [Rückenlehne] dossier *m*; [Armlehne] accoudoir *m*.

lehnen ◇ *tr*: **etw an** ODER **gegen etw** *(A)* **~** [Gegenstand] appuyer qqch contre qqch; [Körperteil] poser qqch sur qqch. ◇ *intr*: **an etw** *(D)* ODER **gegen etw ~** être appuyé(e) à ODER contre qqch.

◆ **sich lehnen** *ref* **-1.** [sich stützen]: **sich an** ODER **gegen jn/etw ~** s'appuyer sur ODER contre qqn/qqch. **-2.** [sich beugen]: **sich aus etw/über etw** *(A)* **~** se pencher par qqch/par-dessus qqch.

Lehn|stuhl *der* fauteuil *m*.

Lehr|amt *das* professorat *m*.

Lehr|buch *das* manuel *m*.

Lehre (*Pl* **-n**) *die* **-1.** [Ausbildung] apprentissage *m*; **in der ~ sein** être en apprentissage. **-2.** [Erfahrung] leçon *f*; **aus etw eine ~ ziehen** tirer une leçon de qqch. **-3.** [Ideologie] doctrine *f*.

lehren ◇ *intr* enseigner. ◇ *tr* enseigner; **jn lesen ~** apprendre à lire à qqn.

Lehrer, in (*mPl* **-**; *fPl* **-nen**) *der, die* professeur *m*; [an Grundschule] instituteur *m*, -trice *f*.

Lehrer|zimmer *das* salle *f* des professeurs.

Lehr|gang *der* stage *m*.

lehrhaft *Adj* didactique.

Lehr|jahr *das* année *f* d'apprentissage.

Lehrling (*Pl* **-e**) *der* apprenti *m*, -e *f*.

Lehr|methode *die* méthode *f* d'apprentissage.

Lehr|mittel *Pl* matériel *m* pédagogique.

Lehr|plan *der* programme *m* scolaire.

lehrreich *Adj* instructif(ive).

Lehr|satz *der* théorème *m*.

Lehr|stelle *die* place *f* d'apprenti.

Lehr|stuhl *der amt* chaire *f*.

Lehr|veranstaltung *die* cours *m*.

Lehr|zeit *die* durée *f* de la formation.

Leib (*Pl* **-er**) *der* **-1.** *geh* [Körper] corps *m*. **-2.** *geh* [Bauch] ventre *m*. **-3.** *RW*: **jm zu ~e** ODER **auf den ~ rücken** *fam* coller qqn; **jm jn/etw vom ~ halten** *fam* débarrasser qqn de qqn/qqch, tenir qqn/qqch à distance de qqn; **sich** *(D)* **etw vom ~ halten** tenir qqch éloigné(e); **mit ~ und Seele** corps et âme.

leiben *intr*: **wie er/sie leibt und lebt** tel qu'il/elle est en réalité.

Leibeskräfte *Pl*: **aus ~n** de toutes mes ODER tes ODER ses etc forces.

Leibesübungen *Pl amt* éducation *f* physique et sportive.

Leib|gericht *das* plat *m* préféré.

leibhaftig *Adv* & *Adj* en personne.

leiblich *Adj* **-1.** [körperlich] physique; **~es Wohl** bien-être *m*. **-2.** [blutsverwandt] génétique.

Leib|rente *die* rente *f* viagère.

Leib|wächter, in *der, die* garde *m* du corps.

Leiche (*Pl* **-n**) *die* cadavre *m*; **über ~n gehen** *fam fig* ne reculer devant rien.

leichenblaß *Adj* livide.

Leichen|halle *die* morgue *f*.

Leichen|zug *der geh* cortège *m* funèbre.

Leichnam (*Pl* **-e**) *der geh* dépouille *f*.

leicht ◇ *Adj* **-1.** [an Gewicht] léger(ère). **-2.** [einfach] facile; **es ~ haben** avoir la vie facile. **-3.** [schwach] faible, léger(ère). **-4.** [kalorienarm] allégé(e); [Mahlzeit, Zigarette] léger(ère). ◇ *Adv* **-1.** [schwach, wenig] légèrement. **-2.** [einfach] facilement. **-3.** [problemlos, schnell] vite; **~ möglich sein** être bien possible.

Leicht|athlet *der* athlète *m*.

Leichtathletik *die (ohne Pl)* athlétisme *m*.

Leicht|athletin *die* athlète *f*.

leicht|fallen (*Perf* **ist leichtgefallen**) *intr (unreg)*: **jm nicht ~** coûter à qqn; **es fiel ihm leicht zu gehen** ça ne lui a pas beaucoup coûté de partir.

leichtfertig *abw* ◇ *Adj* irréfléchi(e). ◇ *Adv* à la légère.

leichtfüßig ◇ *Adj* agile. ◇ *Adv* agilement.

Leicht|gewicht *das* [Person] poids *m* léger; [Kampf] catégorie *f* des poids légers.

leichtgläubig *Adj* crédule.

leichthin *Adv* à la légère.

Leichtigkeit *die (ohne Pl)* **-1.** [geringes Gewicht] légèreté *f*. **-2.** [Einfachheit] jeu *m* d'enfant; **mit ~** facilement.

Leicht|metall *das* métal *m* léger.

leicht|nehmen *tr (unreg)*: **etw ~** prendre qqch à la légère.

Leicht|sinn *der (ohne Pl)* inconscience *f*.

leichtsinnig ◇ *Adj* [Person] inconscient(e); [Handlung] inconsidéré(e). ◇ *Adv* imprudemment.

leichtverdaulich *Adj* facile à digérer, digeste.

leichtverständlich ◇ *Adj* facile (à comprendre). ◇ *Adv* clairement.

leichtverwundet *Adj* légèrement blessé(e).

leid *Adj*: **jd tut jm ~** qqn fait pitié à qqn; **etw tut jm ~** qqn est désolé(e) de qqch; **es tut mir ~** je suis désolé(e); **jn/etw ~ sein** ODER **haben** en avoir assez de qqn/qqch.

Leid *das (ohne Pl)* chagrin *m*, peine *f*.

leiden (*Prät* **litt**, *Perf* **hat gelitten**) ◇ *intr* souffrir; **unter** ODER **an etw** *(D)* **~** souffrir de qqch. ◇ *tr* **-1.** [erdulden] souffrir de; **Hunger ~** endurer la faim. **-2.** [mögen]: **etw nicht ~ können** ne pas pouvoir supporter qqch; **jn gut ~ können** bien aimer qqn; **jn nicht ~ können** ne pas pouvoir sentir qqn.

Leiden (*Pl* **-**) *das* mal *m*.

Leidenschaft (*Pl* **-en**) *die* passion *f*.

leidenschaftlich ◇ *Adj* passionné(e); [Worte] enflammé(e). ◇ *Adv* **-1.** [begeistert]: **etw ~ (gern) tun** adorer faire qqch. **-2.** [feurig] passionnément. **-3.** [diskutieren] avec ardeur.

Leidens|gefährte *der geh* compagnon *m* d'infortune.

Leidens|gefährtin *die geh* compagne *f* d'infortune.

leider *Adv* malheureusement.

leidig *Adj* pénible.

leidlich ◇ *Adj* moyen(enne). ◇ *Adv* moyennement (bien); [reparieren] sommairement.

Leidtragende (*Pl* **-n**) *der, die* victime *f*.

Leid|wesen *das*: **zu js ~** au grand regret de qqn.

Leier (*Pl* **-n**) *die* lyre *f*; **es ist immer die gleiche ~** *fam fig* c'est toujours le même refrain.

Leier|kasten *der fam* orgue *f* de Barbarie.

Leih|arbeit *die* travail *m* de louage.

Leih|bücherei *die* bibliothèque *f (de prêt)*.

leihen (*Prät* **lieh,** *Perf* **hat geliehen**) *tr* **-1.** [leihweise geben]: **jm etw ~** prêter qqch à qqn. **-2.** [ausleihen]: **sich** *(D)* **(von jm) etw ~** emprunter qqch (à qqn); [mieten] louer qqch (à qqn).

Leih|gabe *die* prêt *m*.

Leih|gebühr *die* frais *mpl* de location; [für Buch] participation *f* d'emprunt.

Leih|haus *das* mont-de-piété *m*.

Leih|mutter *die* mère *f* porteuse.

Leih|wagen *der* voiture *f* de location.

leihweise *Adj* & *Adv* à titre de prêt.

Leim (*Pl* **-e**) *der* colle *f*; **aus dem ~ gehen** *fam fig* [dickwerden] prendre de l'embonpoint; [kaputtgehen] se casser; **jm auf den ~ gehen** *fam fig* se laisser avoir par qqn.

leimen *tr* coller.

Leine (*Pl* **-n**) *die* **-1.** [Seil] corde *f*. **-2.** [für Tier] laisse *f*.

Leinen (*Pl* **-**) *das* toile *f*, lin *m*.

Lein|samen *der* graine *f* de lin.

Lein|wand *die* [Projektionswand] écran *m*.

Leipzig *nt* Leipzig.

leise ◇ *Adj* **-1.** [Ton, Stimme] bas (basse); [Musik] doux (douce); [Gerät] silencieux(euse). **-2.** [Zweifel, Hoffnung, Geräusch] léger(ère); [Gefühl] vague. ◇ *Adv* sans bruit; [sprechen] à voix basse.

Leisetreter, in (*mPl* **-**; *fPl* **-nen**) *der, die abw* esprit *m* pusillanime.

Leiste (*Pl* **-n**) *die* **-1.** [Latte] baguette *f*; [für Fußboden] plinthe *f*. **-2.** [Körperteil] aine *f*.

leisten *tr* **-1.** [vollbringen] accomplir. **-2.** [machen] réaliser; [Überstunden] faire. **-3.** [Beitrag, Zahlung] verser. **-4.** *RW*: **sich** *(D)* **etw ~** [sich gönnen] se payer qqch; **sich** *(D)* **~, etw zu tun** *fam* [sich erlauben] se permettre de faire qqch; **er glaubt, er kann sich alles ~** il se croit tout permis.

Leistung (*Pl* **-en**) *die* **-1.** [gen] performance *f*; **schulische ~en** résultats *mpl* scolaires. **-2.** [Bezahlung] versement *m*.

◆ **Leistungen** *Pl* [Zahlungen] prestations *fpl*.

Leistungs|druck *der (ohne Pl)* obligation *f* de performance.

leistungsfähig *Adj* performant(e).

Leistungs|gesellschaft *die* société *f* productiviste, méritocratie *f*.

Leistungs|kurs *der l'une des matières principales choisie pour le baccalauréat.*

leistungsorientiert *Adj* axé(e) sur le rendement.

Leistungs|prinzip *das (ohne Pl)* principe *m* de productivité.

Leistungs|sport *der* sport *m* de haut niveau.

Leistungs|vermögen *das (ohne Pl)* performance *f*, efficience *f*.

Leit|artikel *der* éditorial *m*.

leiten ◇ *tr* **-1.** [gen] diriger. **-2.** [Strom] conduire. ◇ *intr* être conducteur(trice).

leitend *Adj* **-1.** [verantwortlich] en chef; **~er Angestellter** cadre *m*; **~e Stellung** poste *m* à responsabilité. **-2.** [Gedanke] directeur(trice). **-3.** [Material] conducteur(trice).

Leiter (*Pl* **-n** ODER **-**) ◇ *die (G Leiter, Pl Leitern)* échelle *f*. ◇ *der (G Leiters, Pl Leiter)* directeur *m*.

Leiterin (*Pl* **-nen**) *die* directrice *f*.

Leit|faden *der* [wissenschaftlich] précis *m*; [für Benutzer] guide *m (d'utilisation)*.

Leit|gedanke *der* idée *f* maîtresse.

Leit|hammel *der* **-1.** [von Schafherde] sonnailler *m*. **-2.** *fam abw* [Anführer] leader *m*.

Leit|motiv *das* leitmotiv *m*.

Leit|planke *die* glissière *f* de sécurité.

Leitung (*Pl* **-en**) *die* **-1.** *(ohne Pl)* [von Betrieb, Schule, Projekt] direction *f*; **unter der ~ von jm** sous la direction de qqn. **-2.** [für Wasser, Gas] canalisation *f*. **-3.** [Kabel, für Telefon] ligne *f*. **-4.** *RW*: **eine lange ~ haben** *fam* être dur(e) à la détente.

Leitungs|netz *das* **-1.** TELEKOM réseau *m* téléphonique. **-2.** [für Abwasser] canalisation *f*.

Leitungs|rohr *das* conduite *f*.

Leitungs|wasser *das (ohne Pl)* eau *f* du robinet.

Leit|währung *die* monnaie *f* de référence.

Leit|zins *der* **-1.** [Diskontsatz] taux *m* d'escompte. **-2.** [Spareckzins] taux *m* d'intérêt.

Lektion (*Pl* **-en**) *die* leçon *f*; **jm eine ~ erteilen** donner une leçon à qqn.

Lektor, in (*mPl* **-en**; *fPl* **-nen**) lecteur *m*, -trice *f*; [im Verlag] éditeur *m*, -trice *f*.

Lektüre (*Pl* **-en**) *die* lecture *f*.

Lende (*Pl* **-n**) *die* **-1.** [Körpergegend] reins *mpl*. **-2.** [Fleisch] filet *m*.

lenken *tr* **-1.** [Fahrzeug] conduire. **-2.** [Gedanken, Gespräch] orienter. **-3.** [Aufmerksamkeit, Verdacht]: **etw auf jn/etw ~** attirer qqch sur qqn/qqch; **den Blick auf jn/etw ~** diriger le regard sur qqn/qqch. **-4.** [Verhandlung, Partei, Staat] diriger.

Lenker (*Pl* -) *der* **-1.** [Gegenstand] guidon *m*. **-2.** [Person] conducteur *m*.
Lenkerin (*Pl* **-nen**) *die* conductrice *f*.
Lenk|rad *das* volant *m*.
Lenk|stange *die* guidon *m*.
Lenkung (*Pl* **-en**) *die* **-1.** [Lenkvorrichtung] direction *f*. **-2.** *(ohne Pl)* [von Wirtschaft] orientation *f*.
Lenz (*Pl* **-e**) *der geh* [Frühling] printemps *m*; **sich** *(D)* **einen schönen** ODER **faulen ~ machen** *salopp fig* se la couler douce.
Leopard (*Pl* **-en**) *der* léopard *m*.
Lepra *die (ohne Pl)* lèpre *f*.
Lerche (*Pl* **-n**) *die* alouette *f*.
lernbehindert *Adj*: **~e Kinder** enfants à problèmes.
lernen ◇ *tr* **-1.** [gen] apprendre; **lesen/schreiben ~** apprendre à lire/écrire; **Französisch/Englisch ~** apprendre le français/l'anglais. **-2.** [als Lehrling] faire son apprentissage de. ◇ *intr* **-1.** [Erfahrungen machen]: **aus etw ~** tirer des leçons de qqch; **aus Büchern ~** s'instruire par les livres. **-2.** [für Prüfung] réviser *(des cours)*. **-3.** [als Lehrling] être en apprentissage.
lernfähig *Adj* apte à apprendre; **im ~en Alter** en âge d'apprendre.
Lern|prozeß *der* processus *m* d'apprentissage, apprentissage *m*.
Lern|ziel *das* objectif *m* (d'un enseignement).
lesbar *Adj* lisible.
Lesbe (*Pl* **-n**) *die salopp* lesbienne *f*.
Lesbierin ['lɛsbi̯ərɪn] (*Pl* **-nen**) *die* lesbienne *f*.
lesbisch *Adj* lesbien(enne).
Lese|brille *die* lunettes *fpl (pour lire)*.
Lese|buch *das* livre *m* de lecture.
Lese|lampe *die* lampe *f* de lecture.
lesen (*Präs* **liest**, *Prät* **las**, *Perf* **hat gelesen**) ◇ *tr* **-1.** [Geschriebenes] lire. **-2.** [Früchte] cueillir; [Trauben] vendanger. ◇ *intr* **-1.** [erfassen] lire. **-2.** [vortragen] faire une lecture.
lesenswert *Adj*: **~ sein** valoir la peine d'être lu(e).
Leser (*Pl* -) *der* lecteur *m*.
Lese|ratte *die fam* mordu *m*, -e *f* de lecture.
Leser|brief *der* lettre *f* d'un lecteur ODER d'une lectrice.
Leserin (*Pl* **-nen**) *die* lectrice *f*.
leserlich ◇ *Adj* lisible. ◇ *Adv* lisiblement.
Leserschaft (*Pl* **-en**) *die* lecteurs *mpl*.
Lese|saal *der* salle *f* de lecture.
Lese|stoff *der (ohne Pl)* lecture *f*.
Lese|zeichen *das* marque-page *m*.
Lese|zugriff *der* EDV lecture *f* seule.
Lesung (*Pl* **-en**) *die* **-1.** [Vortrag] lecture *f* (publique). **-2.** POL lecture *f*; **in erster ~** en première lecture.
lethargisch ◇ *Adj* léthargique. ◇ *Adv* en état de léthargie.
Lette (*Pl* **-n**) *der* Letton *m*.
Lettin (*Pl* **-nen**) *die* Lettonne *f*.
lettisch *Adj* letton(onne).
Lettland *nt* Lettonie *f*.
Letzt
◆ **zu guter Letzt** *Adv* finalement.
letzte, r, s *Adj* dernier(ère); **~n Montag/Monat** lundi/le mois dernier; **bis ins ~** dans le moindre détail.
Letzte (*Pl* **-n**) ◇ *der, die* [Person] dernier *m*, -ère *f*. ◇ *der* [Tag] dernier jour *m*. ◇ *das*: **jd ist das ~** *fam fig* qqn est le dernier des derniers, qqn est la dernière des dernières; **das ist das ~** *fam fig* c'est ce qui se fait de pire.
letztemal
◆ **das letztemal** *Adv* la dernière fois.
letztendlich *Adv* en fin de compte.
letztenmal
◆ **beim letztenmal** *Adv* la dernière fois.
◆ **zum letztenmal** *Adv* pour la dernière fois.
letztens *Adv* **-1.** [an letzter Stelle] en dernier lieu. **-2.** [vor kurzem] dernièrement.
letztere, r, s ◇ *Adj* dernier(ère). ◇ *Pron*: **Anja und Eva, ~ ist meine Schwester** Anja et Eva, cette dernière est ma sœur; **er will tauchen und surfen, ~s ist noch nicht sicher** il veut faire de la plongée et de la planche à voile, mais pour la planche à voile, ce n'est pas encore sûr.
letztgenannte, r, s *Adj* dernier ... (cité), dernière ... (citée).
letztlich *Adv* en définitive, en fin de compte.
Leuchte (*Pl* **-n**) *die*: **jd ist keine ~** *fam* qqn n'est pas une lumière.
leuchten *intr* **-1.** [Lichtquelle] luire. **-2.** [Augen, Meer] briller.
leuchtend ◇ *Adj* brillant(e); [Farbe] lumineux(euse). ◇ *Adv*: **~ rot/blau** rouge/bleu vif; **~ grün/gelb** vert/jaune fluorescent.
Leuchter (*Pl* -) *der* chandelier *m*.
Leucht|farbe *die* couleur *f* fluorescente.
Leucht|feuer *das* balise *f* lumineuse.
Leucht|munition *die* cartouche *f* éclairante.
Leucht|reklame *die* enseigne *f* lumineuse.
Leucht|stift *der* surligneur *m*.
Leuchtstoff|röhre *die* tube *m* fluorescent.
Leucht|turm *der* phare *m*.
leugnen ◇ *tr* nier; **er leugnet, diese Tat begangen zu haben** il nie avoir commis cet acte. ◇ *intr* nier.
Leukämie *die (ohne Pl)* leucémie *f*.

Leukoplast® (*Pl* **-e**) *das* sparadrap *m*.
Leukozyt (*Pl* **-en**) *der* MED leucocyte *m*.
Leute *Pl* **-1.** [Menschen] gens *mpl*; **dreißig ~** trente personnes. **-2.** *abw* [Pack] racaille *f*. **-3.** *RW*: **junge ~** jeunes *mpl*; **etw unter die ~ bringen** *fam* propager qqch; **unter (die) ~ gehen** *fam* voir du monde; **unter (die) ~ kommen** *fam* [bekannt werden] se savoir.
Leutnant (*Pl* **-s**) *der* sous-lieutenant *m*.
leutselig *Adj* affable.
Level ['lɛvl] (*Pl* **-**) *der* niveau *m*.
Leviten *Pl*: **jm die ~ lesen** passer un savon à qqn.
Lexikon (*Pl* **-ka** ODER **-ken**) *das* dictionnaire *m* encyclopédique.
lfd. *Abk für* **laufend**.
Liaison [liɛ'zɔ̃] (*Pl* **-s**) *die* liaison *f*.
Libanese (*Pl* **-n**) *der* Libanais *m*.
Libanesin (*Pl* **-nen**) *die* Libanaise *f*.
libanesisch *Adj* libanais(e).
Libanon *der* Liban *m*; **im ~** au Liban.
Libelle (*Pl* **-n**) *die* libellule *f*.
liberal ◇ *Adj* libéral(e). ◇ *Adv* **-1.** [tolerant] avec libéralisme; **~ gesinnt sein** avoir des opinions libérales; **sich ~ geben** ODER **zeigen** faire preuve de libéralisme. **-2.** POL: **~ wählen** voter libéral.
Liberale (*Pl* **-n**) *der, die* libéral *m*, -e *f*.
liberalisieren *tr* libéraliser.
Liberalisierung (*Pl* **-en**) *die* libéralisation *f*.
Liberalismus *der (ohne Pl)* libéralisme *m*.
Liberia *nt* Libéria *m*; **in ~** au Libéria.
Liberianer, in (*mPl* **-**; *fPl* **-nen**) *der, die* Libérien *m*, -enne *f*.
liberianisch *Adj* libérien(enne).
Libyen *nt* Libye *f*.
Libyer, in (*mPl* **-**; *fPl* **-nen**) *der, die* Libyen *m*, -enne *f*.
libysch *Adj* libyen(enne).
licht *Adj* **-1.** [hell] clair(e). **-2.** [spärlich bewachsen] clairsemé(e).
Licht (*Pl* **-er**) *das* **-1.** *(ohne Pl)* [Helligkeit, elektrisch] lumière *f*; **~ machen** allumer la lumière. **-2.** [Kerze] bougie *f*. **-3.** *RW*: **ans ~ kommen** être révélé(e); **das ~ der Welt erblicken** *geh* voir le jour; **ein günstiges ~ auf jn/etw werfen** présenter qqn/qqch sous un jour favorable; **grünes ~ geben** donner le feu vert; **in einem guten/schlechten ~ erscheinen** faire bonne/piètre figure; **jm geht ein ~ auf** qqn commence à saisir; **jn hinters ~ führen** duper qqn.
◆ **Lichter** *Pl* [von Stadt, Schiff] feux *mpl*.
Lichtbilder|vortrag *der* conférence *f* avec projection de diapositives.
Licht|blick *der* rayon *m* de soleil.
Licht|effekt *der* effet *m* de lumière.
lichtempfindlich *Adj* sensible à la lumière.
lichten *tr* éclaircir.
◆ **sich lichten** *ref* s'éclaircir.
Lichter|kette *die* chaîne *f* de solidarité.
lichterloh *Adv*: **~ brennen** flamber.
Licht|geschwindigkeit *die (ohne Pl)* vitesse *f* de la lumière.
Licht|hupe *die* appel *m* de phares.
Licht|jahr *das* année-lumière *f*.
Licht|maschine *die* AUTO alternateur *m*.
Licht|orgel *die spots qui clignotent au rythme de la musique.*
Licht|quelle *die* source *f* de lumière.
Licht|schalter *der* interrupteur *m*.
Licht|schein *der* lueur *f*.
lichtscheu *Adj* **-1.** [Tier] lucifuge. **-2.** *fig* [Mensch] qui craint d'être vu(e) au grand jour.
Licht|schranke *die* barrage *m* photoélectrique.
Lichtschutz|faktor *der* indice *m* ODER coefficient *m* de protection.
Licht|strahl *der* rayon *m* lumineux.
Lichtung (*Pl* **-en**) *die* clairière *f*.
Lid (*Pl* **-er**) *das* paupière *f*.
Lid|schatten *der* ombre *f* à paupières.
Lid|strich *der* trait *m* de crayon *(sur paupières)*.
lieb ◇ *Adj* **-1.** [nett] gentil(ille); **jn ~ haben** bien aimer qqn. **-2.** [als Anrede] cher(ère). ◇ *Adv* gentiment; **~er etw tun** faire plutôt qqch; **am ~sten etw tun** préférer faire qqch.
liebäugeln *intr*: **mit etw ~** caresser l'idée de faire qqch; **mit dem Kauf von etw ~** caresser l'idée d'acheter qqch.
Liebe *die (ohne Pl)* amour *m*; **aus ~ zu jm** par amour pour qqn; **aus ~ zu etw** par amour de qqch; **bei aller ~** malgré toute ma ODER ta ODER sa etc compréhension; **~ auf den ersten Blick** coup *m* de foudre.
Liebelei (*Pl* **-en**) *die abw* amourette *f*.
lieben *tr* aimer.
◆ **sich lieben** *ref* **-1.** [liebhaben] s'aimer. **-2.** [sexuell] faire l'amour.
liebenswert *Adj* aimable.
liebenswürdig *Adj* aimable; **das ist sehr ~ von Ihnen!** c'est très aimable à vous!
Liebes|brief *der* lettre *f* d'amour.
Liebes|erklärung *die* déclaration *f* d'amour.
Liebes|geschichte *die* histoire *f* d'amour.
Liebes|kummer *der* chagrin *m* d'amour.
Liebes|paar *das* couple *m* d'amoureux.
liebevoll ◇ *Adj* affectueux(euse). ◇ *Adv* avec amour.

lieb|gewinnen *tr (unreg)*: **jn/etw ~** prendre qqn/qqch en affection.
lieb|haben *tr (unreg)* aimer.
◆ **sich liebhaben** *ref* s'aimer.
Liebhaber (*Pl* -) *der* **-1.** [Geliebter] amant *m*. **-2.** [von Kunst, Musik] amateur *m*.
Liebhaberin (*Pl* **-nen**) *die* amateur *m*.
lieblich *geh*. ◇ *Adj* charmant(e); [Wein] doux (douce). ◇ *Adv*: **~ aussehen** avoir l'air charmant(e); **~ schmecken** être doux (douce).
Liebling (*Pl* **-e**) *der* chéri *m*, -e *f*.
Lieblings|gericht *das* plat *m* préféré.
lieblos *Adj* & *Adv* sans amour.
Liebschaft (*Pl* **-en**) *die* aventure *f*.
Liebste (*Pl* **-n**) *der, die* chéri *m*, -e *f*.
Liechtenstein *nt* Liechtenstein *m*; **in ~** au Liechtenstein.
Lied (*Pl* **-er**) *das* **-1.** [Melodie] chanson *f*. **-2.** [Gedicht] chant *m*; **davon ein ~ singen können** *fig* en savoir qqch.
Lieder|buch *das* recueil *m* de chansons.
liederlich *Adj* **-1.** [schlampig] négligé(e). **-2.** [unanständig] dissolu(e).
Liedermacher, in (*mPl* -; *fPl* **-nen**) *der, die* auteur-compositeur *m*, chansonnier *m*.
lief *Prät* → **laufen**.
Lieferant, in (*mPl* **-en**; *fPl* **-nen**) *der, die* fournisseur *m*, -euse *f*.
lieferbar *Adj* livrable.
liefern ◇ *tr* **-1.** [Ware] livrer. **-2.** [Rohstoffe, Ernte, Beispiel] fournir. **-3.** *RW*: **geliefert sein** *fam* être fichu(e). ◇ *intr* livrer.
◆ **sich liefern** *ref* se livrer.
Liefer|schein *der* bon *m* de livraison.
Lieferung (*Pl* **-en**) *die* [von Waren] livraison *f*.
Liefer|vertrag *der* contrat *m* de livraison.
Liefer|wagen *der* camionnette *f*.
Liefer|zeit *die* délai *m* de livraison.
Liege (*Pl* **-n**) *die* chaise *f* longue.
liegen (*Prät* **lag**, *Perf* **hat gelegen**) *intr* **-1.** [horizontal] être couché(e); **auf etw** *(D)* **hart/bequem ~** qqch est dur(e)/confortable. **-2.** [angelehnt]: **an** ODER **auf etw** *(D)* **~** reposer sur qqch. **-3.** [sich befinden - räumlich] se trouver; **etw ~ lassen** laisser qqch; **zentral/ruhig ~** être central(e)/tranquille; **es liegt viel Schnee** il y a beaucoup de neige; [- zeitlich]: **weit zurück ~** remonter loin; [- in Reihenfolge] être placé(e); **an der Spitze/auf dem dritten Platz ~** être en tête/à la troisième place; **die Preise/die Einnahmen ~ über/unter denen des Vorjahrs** les prix/les revenus sont supérieurs/inférieurs à ceux de l'année précédente. **-4.** [Talent]: **etw liegt jm** qqn est doué(e) pour qqch. **-5.** [Schuld, Grund]: **etw liegt an jm/etw** qqn/qqch est la cause de qqch; **es liegt an jm, ob** ça dépend de qqn si; **jm liegt viel/wenig an etw** *(D)* qqch importe beaucoup/peu à qqn; **jm liegt viel/wenig an jm** qqn estime beaucoup/n'estime pas beaucoup qqn; **bei jm ~** [Verantwortung] reposer sur qqn; [Schuld, Entscheidung] incomber à qqn. **-6.** *RW*: **etw links ~ lassen** laisser qqch de côté.
liegen|bleiben (*Perf* **ist liegengeblieben**) *intr (unreg)* **-1.** [nicht aufstehen] rester couché(e). **-2.** [Schnee] tenir; [Laub, Obst] ne pas être ramassé(e). **-3.** [vergessen werden] rester. **-4.** [Arbeit] rester en souffrance. **-5.** [mit Fahrzeug] être en panne.
liegen|lassen (*Perf* **hat liegengelassen** ODER **liegenlassen**) *tr (unreg)* **-1.** [nicht mitnehmen] laisser. **-2.** [Arbeit] laisser en plan. **-3.** *RW*: **jn/etw links ~** *fam* ignorer qqn/qqch.
Liege|platz *der* mouillage *m*.
Liege|sitz *der* siège *m* rabattable (en couchette).
Liege|stuhl *der* chaise *f* longue.
Liegestütz (*Pl* **-e**) *der* SPORT pompe *f*.
Liege|wagen *der* voiture-couchettes *f*.
lieh *Prät* → **leihen**.
ließ *Prät* → **lassen**.
liest *Präs* → **lesen**.
Lift (*Pl* **-e** ODER **-s**) *der* **-1.** [Aufzug] ascenseur *m*. **-2.** *(Pl Lifte)* [Skilift] remontée *f* mécanique.
liften *tr* lifter.
Liga (*Pl* **Ligen**) *die* **-1.** SPORT division *f*. **-2.** [Bündnis] ligue *f*.
liiert [li'iːɐ̯t] *PP*: **mit jm ~ sein** avoir une liaison avec qqn.
Likör (*Pl* **-e**) *der* liqueur *f*.
lila ◇ *Adj (unver)* (couleur) lilas. ◇ *Adv* en lilas.
Lila *das (ohne Pl)* lilas *m*.
Lilie ['liːli̯ə] (*Pl* **-n**) *die* lis *m*.
Liliputaner, in (*mPl* -; *fPl* **-nen**) *der, die* lilliputien *m*, -enne *f*.
Lille *nt* Lille.
Limit (*Pl* **-s**) *das* limite *f*.
Limo (*Pl* **-s**) *die fam* limonade *f*.
Limonade (*Pl* **-n**) *die* limonade *f*.
Limousine [limu'ziːnə] (*Pl* **-n**) *die* limousine *f*.
Linde (*Pl* **-n**) *die* tilleul *m*.
Lindenblüten|tee *der* tilleul *m (tisane)*.
lindern *tr* soulager.
Linderung *die (ohne Pl)* soulagement *m*.
lindgrün *Adj* vert(e) tilleul.
Lineal (*Pl* **-e**) *das* règle *f*.
linear ◇ *Adj* linéaire. ◇ *Adv* en ligne droite.
Linguist (*Pl* **-en**) *der* linguiste *m*.

Linguistik *die (ohne Pl)* linguistique *f*.
Linguistin (*Pl* **-nen**) *die* linguiste *f*.
linguistisch *Adj* linguistique.
Linie ['li:niə] (*Pl* **-n**) *die* **-1.** [gen] ligne *f*. **-2.** [Verwandtschaftszweig] branche *f*; **in direkter ~** en ligne directe; **die schlanke ~** la ligne. **-3.** *RW*: **auf der ganzen ~** sur toute la ligne; **in erster/zweiter ~** en premier/deuxième lieu.
Linien|blatt *das* guide *m* ligne.
Linien|bus *der* autobus *m* ODER bus *m* de ligne.
Linien|flug *der* vol *m* régulier.
linientreu *Adj abw* de stricte obédience.
Linien|verkehr *der* trafic *m* régulier *(des transports en commun)*.
linieren, liniieren *tr* régler.
link *Adj fam abw* véreux(euse).
linke, r, s *Adj* **-1.** [Seite] gauche. **-2.** [politisch] de gauche.
Linke (*Pl* **-n**) ◇ *die* **-1.** *(ohne Pl)* [Hand] gauche *f*; **mit der ~n** de la main gauche; **(jm) zur ~n** à la gauche (de qqn). **-2.** POL gauche *f*. **-3.** [Schlag] gauche *m* ODER *f*. ◇ *der, die* [Person] homme de gauche *m*, femme de gauche *f*.
linkisch *Adj* gauche.
links ◇ *Adv* **-1.** [zur Angabe der Seite, der Richtung] à gauche; **~ von jm/etw** à gauche de qqn/qqch; **nach/von ~** vers la/de la gauche; **nach ~ fahren** tourner à gauche; **etw mit ~ machen** *fam fig* faire qqch les doigts dans le nez. **-2.** [politisch] à gauche. ◇ *Präp (+ G)* à gauche de.
Linksabbieger (*Pl* -) *der* véhicule *m* qui tourne à gauche.
Linksaußen (*Pl* -) *der* ailier *m* gauche.
Links|drehung *die* tour *m* à gauche.
Links|extremist, in *der, die* extrémiste *mf* de gauche.
linksgerichtet *Adj* de gauche.
Linkshänder, in (*mPl* -; *fPl* **-nen**) *der, die* gaucher *m*, -ère *f*.
linkshändig *Adj* de la main gauche.
linksherum *Adv* **-1.** [nach links] vers la gauche. **-2.** [falsch herum] à l'envers.
Links|kurve *die* tournant *m* ODER virage *m* à gauche.
linksradikal *Adj* d'extrême gauche.
Links|radikale *der, die* extrémiste *mf* de gauche.
linksseitig *Adj* & *Adv* du côté gauche.
Links|verkehr *der* conduite *f* à gauche.
Linoleum *das (ohne Pl)* linoléum *m*.
Lino|schnitt *der* gravure *f* sur lino.
Linse (*Pl* **-n**) *die* lentille *f*.
Linz *nt* Linz.
Linzer (*Pl* -) ◇ *der* habitant *m* de Linz. ◇ *Adj* de Linz.
Linzerin (*Pl* **-nen**) *die* habitante *f* de Linz.
Linzer Torte *die* tarte *f* de Linz.
Lippe (*Pl* **-n**) *die* lèvre *f*; **an js ~n hängen** *fig* être suspendu(e) aux lèvres de qqn; **kein Wort/ keine Klage kam über ihre ~n** elle ne laissa échapper aucune parole/plainte; **sich die ~n lecken** se lécher les babines.
Lippen|bekenntnis *das* belles paroles *fpl*.
Lippen|stift *der* rouge *m* à lèvres.
liquidieren *tr* **-1.** [auflösen, töten] liquider. **-2.** [berechnen] compter *(dans des honoraires)*.
lispeln *intr* zézayer.
Lissabon *nt* Lisbonne.
List (*Pl* **-en**) *die* ruse *f*; **mit ~ und Tücke** par la ruse.
Liste (*Pl* **-n**) *die* liste *f*; **eine ~ aufstellen** dresser une liste.
Listen|preis *der* prix *m* catalogue.
listig ◇ *Adj* rusé(e). ◇ *Adv* avec ruse.
Lit. *Abk für* **Literatur**.
Litanei (*Pl* **-en**) *die abw* [Aufzählung] litanie *f*.
Litauen *nt* Lituanie *f*.
Litauer, in (*mPl* -; *fPl* **-nen**) *der, die* Lituanien *m*, -enne *f*.
litauisch *Adj* lituanien(enne).
Liter (*Pl* -) *der* ODER *das* litre *m*.
literarisch ◇ *Adj* littéraire. ◇ *Adv* **-1.** [Literatur betreffend]: **~ interessiert sein** s'intéresser à la littérature; **~ bewandert sein** s'y connaître en littérature. **-2.** [gewählt] de façon littéraire.
Literat, in (*mPl* **-en**; *fPl* **-nen**) *der, die* littérateur *m*.
Literatur (*Pl* **-en**) *die* littérature *f*.
Literatur|angabe *die* bibliographie *f*.
Literatur|verzeichnis *das* bibliographie *f*.
Literatur|wissenschaft *die* lettres *fpl*.
Liter|flasche *die* bouteille *f* d'un litre.
literweise *Adv* **-1.** [in Litern]: **~ verkaufen** vendre au litre. **-2.** [mehrere Liter]: **~ trinken** boire des litres.
Litfaß|säule *die* ≃ colonne *f* Morris.
Lithografie, Lithographie [litogra'fi:] (*Pl* **-n**) *die* lithographie *f*.
litt *Prät* → **leiden**.
Liturgie (*Pl* **-n**) *die* REL liturgie *f*.
liturgisch *Adj* REL liturgique.
live [laif] *Adj* & *Adv (unver)* en direct.
Livree [li'vre:] (*Pl* **-n**) *die* livrée *f*.
Lizenz (*Pl* **-en**) *die* licence *f*.
Lizenz|gebühr *die* droit *m* (de licence).
LKA (*Abk für* **Landeskriminalamt**) *das (ohne Pl)* direction *f* de la police judiciaire du Land.

lks. *Abk für* **links**.
Lkw, LKW [ɛlkaː'veː] (*Pl* **-s**) *der Abk für* **Lastkraftwagen**.
Lob *das* [von Menschen] éloge *m*; [von Gott] louange *f*; **jm ein ~ erteilen** louer qqn.
Lobby ['lɔbi] (*Pl* **-s** ODER **Lobbies**) *die* lobby *m*.
loben *tr*: **jn/etw ~** faire l'éloge de qqn/qqch; **sich** *(D)* **etw ~** apprécier beaucoup qqch.
lobenswert *Adj* louable.
löblich *Adj* louable.
Lob|lied *das*: **ein ~ auf jn** un concert d'éloges à l'égard de qqn.
Lob|rede *die* éloge *f*.
Loch (*Pl* **Löcher**) *das* trou *m*; **schwarzes ~** trou noir; **Löcher in die Luft gucken** *fig* avoir les yeux perdus dans le vague.
lochen *tr* perforer; [Fahrkarten] poinçonner.
Locher (*Pl* -) *der* perforateur *m*.
löchern *tr fam* tanner.
löchrig *Adj* percé(e).
Locke (*Pl* **-n**) *die* boucle *f* (de cheveux); **~n haben** avoir les cheveux bouclés ODER frisés.
locken *tr* **-1.** [anlocken] attirer. **-2.** [Haare] friser.
Locken|kopf *der* **-1.** [Haare] cheveux *mpl* bouclés. **-2.** [Person] tête *f* bouclée.
Lockenwickler (*Pl* -) *der* bigoudi *m*.
locker ◇ *Adj* **-1.** [nicht fest - Schraube, Nagel] desserré(e); [- Zahn] qui se déchausse; [- Seil] lâche. **-2.** [zwanglos - Beziehung] libre; [- Haltung] relâché(e); [- Einstellung] coulant(e). **-3.** [Erde] meuble. **-4.** *fam* [Lebenswandel] léger(ère). ◇ *Adv* **-1.** [nicht fest] sans serrer; **~ sitzen** ne pas être serré(e). **-2.** [zwanglos] sans fermeté.
locker|lassen *intr (unreg) fam* : **nicht ~** ne pas en démordre.
lockern *tr* **-1.** [locker machen] desserrer. **-2.** [Gesetze, Vorschriften] assouplir. **-3.** [Erde] ameublir.
◆ **sich lockern** *ref* **-1.** [lose werden - Schraube, Seil] se desserrer; [- Zahn] se déchausser; [- Bremsen] se relâcher. **-2.** [sich entspannen] se relâcher.
Lockerungs|übung *die* exercice *m* d'assouplissement.
lockig *Adj* bouclé(e).
Lock|vogel *der* appât *m*.
Loden|mantel *der* loden *m*.
lodern *intr* flamber.
Löffel (*Pl* -) *der* cuillère *f*, cuiller *f*.
löffeln *tr* manger à la cuillère.
Lofoten *Pl* îles *fpl* Lofoten; **auf den ~** dans les îles Lofoten.
log *Prät* → **lügen**.
Logarithmus (*Pl* **-men**) *der* MATH logarithme *m*.
Log|buch *das* SCHIFF journal *m* de bord.
Loge ['loːʒə] (*Pl* **-n**) *die* loge *f*.
Logen|platz *der* loge *f*.
logieren [lo'ʒiːrən] *intr geh* loger.
Logik *die (ohne Pl)* logique *f*.
logisch ◇ *Adj* logique. ◇ *Adv* de façon logique.
Logopäde (*Pl* **-n**) *der* orthophoniste *m*.
Logopädin (*Pl* **-nen**) *die* orthophoniste *f*.
Lohn (*Pl* **Löhne**) *der* **-1.** [Bezahlung] salaire *m*. **-2.** *(ohne Pl)* [Belohnung] récompense *f*.
Lohn|abbau *der* réduction *f* de salaire.
Lohn|empfänger, in *der, die* salarié *m*, -e *f*.
lohnen *tr* **-1.** [rechtfertigen] valoir la peine que *(+ subjonctif)*; **das alte Haus lohnt keine Reparatur mehr** la vieille maison ne vaut pas la peine qu'on la rénove. **-2.** [vergelten]: **jm etw ~** récompenser qqn pour qqch.
◆ **sich lohnen** *ref* valoir la peine; **es** ODER **das lohnt sich** ça vaut la peine; **es** ODER **das lohnt sich nicht** ça ne vaut pas la peine.
lohnend *Adj* payant(e).
Lohn|erhöhung *die* augmentation *f* de salaire.
Lohn|forderung *die* revendication *f* salariale.
Lohn|gruppe *die* tranche *f* de salaire.
Lohn|kürzung *die* diminution *f* de salaire.
Lohn|steuer *die impôt sur les salaires*.
Lohnsteuerjahres|ausgleich *der ajustement du montant imposable*.
Lohnsteuer|karte *die fiche du contribuable permettant le prélèvement de l'impôt sur les salaires*.
Lohn|stopp *der* blocage *m* des salaires.
Lohn|tüte *die* enveloppe *f* de paie.
Loire *die* Loire *f*.
Lok (*Pl* **-s**) *die* locomotive *f*.
lokal *Adj* local(e).
Lokal (*Pl* **-e**) *das* café *m*, café-restaurant *m*.
Lokal|anästhesie *die* MED anesthésie *f* locale.
lokalisieren *tr* localiser.
Lokalnachrichten *Pl* nouvelles *fpl* locales.
Lokal|patriotismus *der* esprit *m* de clocher.
Lokal|presse *die (ohne Pl)* presse *f* locale.
Lokal|verbot *das interdiction (prononcée par le patron) de pénétrer dans un café ou un restaurant*.
Lokomotive (*Pl* **-n**) *die* locomotive *f*.
London *nt* Londres.
Londoner, in (*mPl* -; *fPl* **-nen**) *der, die* Londonien *m*, -enne *f*.
Long|drink ['lɔŋdrɪnk] *der* long drink *m*.
Look [lʊk] (*Pl* **-s**) *der* look *m*.
Looping ['luːpɪŋ] (*Pl* **-s**) *der* looping *m*.

Lorbeer (*Pl* **-en**) *der* [Gewürz] laurier *m*.
◆ **Lorbeeren** *Pl* [Ruhm] lauriers *mpl*; **sich auf seinen ~en ausruhen (können)** *fig* (pouvoir) se reposer sur ses lauriers.

Lorbeer|blatt *das* feuille *f* de laurier.

los ◇ *Adj* **-1.** [lose] défait(e), lâche. **-2.** *RW*: **jn/etw ~ sein** *fam* être débarrassé(e) de qqn/qqch; **mit jm ist nicht viel ~** *salopp abw* il n'y a pas grand-chose à tirer de qqn; **es ist viel ~** *fam* il se passe des tas de choses; **es ist wenig/nichts ~** il ne se passe pas grand-chose/rien; **was ist ~**? *fam* qu'est-ce qui se passe? ◇ *Adv* **-1.** [Ausdruck der Ungeduld] **allez**. **-2.** [Kommando]: **~! partez!**

Los (*Pl* **-e**) *das* **-1.** [Losentscheid] **tirage** *m* **au sort**. **-2.** [in der Lotterie] **billet** *m* **de loterie**. **-3.** *(ohne Pl) geh* [Schicksal] **sort** *m*.
◆ **Große Los** *das* gros lot *m*; **mit jm/einer Sache das Große ~ ziehen** *fig* gagner le gros lot avec qqn/qqch.

Los Angeles [lɔsˈɛndʒələs] *nt* Los Angeles.

lösbar *Adj* qui peut être résolu(e).

los|binden *tr (unreg)* détacher.

Lösch|blatt *das* feuille *f* de buvard, buvard *m*.

löschen *tr* **-1.** [Feuer, Kerze] **éteindre**. **-2.** [tilgen - Schuld] **éteindre**; [- Konto] **fermer**; [- Hypothek] **radier**. **-3.** [Daten, Kassette, Aufnahme] **effacer**. **-4.** [Ladung, Schiff] **décharger**.

Löschen *das (ohne Pl)* **-1.** [von Feuer] **extinction** *f*. **-2.** [Tilgung - von Schuld] **extinction** *f*; [- von Hypothek] **radiation** *f*; [- von Konto] **fermeture** *f*. **-3.** [von Daten, Tonträgern] **effacement** *m*. **-4.** [von Ladung, Schiff] **déchargement** *m*.

Lösch|papier *das (ohne Pl)* papier *m* buvard, buvard *m*.

Löschung (*Pl* **-en**) *die* **-1.** [Tilgung - von Schulden] **amortissement** *m*; [- von Hypothek] **radiation** *f*. **-2.** [von Daten, Tonträgern] **effacement** *m*. **-3.** [von Schiff, Ladung] **déchargement** *m*.

lose ◇ *Adj* **-1.** [locker] **branlant(e)**; [Knopf] **qui se découd**; [Knoten] **lâche**. **-2.** [Blätter, Seiten] **volant(e)**. **-3.** [Mundwerk, Reden] **frivole**. **-4.** [unverpackt] **en vrac**. ◇ *Adv* [sitzen, befestigt] **sans être serré(e)**; [hängen] **mollement**.

Löse|geld *das* rançon *f*.

losen *intr*: **(um etw) ~** tirer (qqch) au sort; **darum ~, wer/wann/was** tirer au sort pour savoir qui/quand/ce que.

lösen *tr* **-1.** [aufmachen] **défaire**; [Schraube, Bremse] **desserrer**. **-2.** [abmachen]: **etw (von** ODER **aus etw) ~** enlever qqch (de qqch). **-3.** [Problem, Aufgabe, Rätsel] **résoudre**. **-4.** [Vertrag] **résilier**; [Verlobung] **rompre**. **-5.** [Fahrkarte, Eintrittskarte] **prendre**. **-6.** [auflösen] **dissoudre**. **-7.** [Husten, Krampf] **calmer**.
◆ **sich lösen** *ref* **-1.** [sich lockern] **se détacher**; [Knoten, Last] **se défaire**; [Tapete, Briefmarke] **se décoller**; [Schuß] **partir**; [Schraube] **se dévisser**; [Lawine] **se déclencher**. **-2.** [sich auflösen] **se dissoudre**. **-3.** [sich trennen]: **sich von jm ~** se séparer de qqn. **-4.** [Spannung, Krampf] **se calmer**. **-5.** [Problem, Frage] **se résoudre**.

los|fahren (*Perf* **ist losgefahren**) *intr (unreg)* partir.

los|gehen (*Perf* **ist losgegangen**) *intr (unreg)* **-1.** [Person] **partir**. **-2.** [Veranstaltung] **commencer**. **-3.** *RW*: **auf jn ~** se jeter sur qqn; **auf ein Ziel ~** aller droit au but.

los|kaufen *tr* racheter *(par le paiement d'une rançon)*.

los|kommen (*Perf* **ist losgekommen**) *intr (unreg)* partir; **von jm ~** se débarrasser de qqn; **von etw ~** se libérer de qqch; **von jm/etw nicht ~** ne pas parvenir à se détacher de qqn/qqch.

los|lassen *tr (unreg)* **-1.** [Person, Tier, Gegenstand] **lâcher**. **-2.** [Schrei, Fluch] **laisser échapper**. **-3.** [Subj: Gedanke, Plan, Problem]: **der Gedanke läßt mich nicht mehr los** cette idée ne me lâche plus.

los|legen *intr fam* : **mit etw ~** attaquer qqch.

löslich *Adj* soluble.

los|lösen *tr* décoller.
◆ **sich loslösen** *ref* se détacher.

Los|lösung *die* séparation *f*.

los|machen *tr* détacher.
◆ **sich losmachen** *ref fam* se libérer.

los|müssen *intr (unreg) fam* devoir partir.

los|reißen *tr (unreg)* arracher.
◆ **sich losreißen** *ref* se détacher; **das Kind riß sich los** l'enfant s'échappa; **sich von dem Anblick nicht ~ können** ne pas pouvoir détacher son regard de.

los|sagen
◆ **sich lossagen** *ref*: **sich von jm ~** rompre avec qqn; **sich von etw ~** se libérer de qqch.

Losung (*Pl* **-en**) *die* **-1.** [Motto] **mot** *m* **d'ordre**. **-2.** [Kennwort] **mot** *m* **de passe**.

Lösung (*Pl* **-en**) *die* **-1.** [gen] **solution** *f*. **-2.** [von Eltern, Tradition] **émancipation** *f*. **-3.** [von Ehe, Bündnis] **dissolution** *f*.

Lösungs|mittel *das* solvant *m*.

los|werden (*Perf* **ist losgeworden**) *tr (unreg) fam* **-1.** [Person] **se débarrasser de**. **-2.** [Vermögen] **perdre**. **-3.** [sich befreien können]: **etw nicht ~** ne pas pouvoir se débarrasser de qqch. **-4.** [verkaufen] **se défaire de**.

los|ziehen (*Perf* **ist losgezogen**) *intr (unreg)* **-1.** [weggehen] **partir**. **-2.** *abw* [kritisch]: **gegen jn/etw ~** tirer à boulets rouges sur qqn/qqch.

Lot (*Pl* **-e**) *das* **-1.** [Senkblei] **fil** *m* **à plomb**. **-2.** SCHIFF **sonde** *f*. **-3.** MATH **perpendiculaire** *f*; **das ~ fällen** abaisser une perpendiculaire. **-4.** *RW*:

etw wieder ins ~ bringen remettre qqch en ordre.

loten *tr* **-1.** [Mauer, Wand] mettre à plomb. **-2.** [Wassertiefe] sonder.

löten *tr* souder.

Lothringen *nt* Lorraine *f*.

Lothringer, in (*mPl* -; *fPl* **-nen**) *der, die* Lorrain *m*, -e *f*.

lothringisch *Adj* lorrain(e).

Lotion [lo'tsjo:n] (*Pl* **-en**) *die* lotion *f*.

lotrecht *Adj* à plomb.

Lotse (*Pl* **-n**) *der* pilote *m*.

lotsen *tr* piloter.

Lotsin (*Pl* **-nen**) *die* femme *f* pilote.

Lotterie [lɔtə'ri:] (*Pl* **-n**) *die* loterie *f*.

Lotto (*Pl* **-s**) *das* loto *m*; **im ~ gewinnen** gagner au loto.

Lotto|gewinn *der* gains *mpl (au loto)*.

Lotto|schein *der* bulletin *m* de loto.

Lotus (*Pl* -) *der* lotus *m*.

Löwe (*Pl* **-n**) *der* **-1.** [Tier] lion *m*. **-2.** ASTRO Lion *m*.

Löwen|anteil *der fam* part *f* du lion.

Löwen|zahn *der (ohne Pl)* pissenlit *m*.

Löwin (*Pl* **-nen**) *die* lionne *f*.

loyal [loa'ja:l] ◇ *Adj* loyal(e). ◇ *Adv* loyalement.

Loyalität [loajali'tɛ:t] *die (ohne Pl)* loyauté *f*.

LP (*Pl* **-s**) *die Abk für* **Langspielplatte**.

lt. *Abk für* **laut**.

Luchs [lʊks] (*Pl* **-e**) *der* lynx *m*.

Lücke (*Pl* **-n**) *die* **-1.** [leerer Raum] espace *m*; [im Gebiß] trou *m*. **-2.** [Mangel] lacune *f*.

Lückenbüßer, in (*mPl* -; *fPl* **-nen**) *der, die fam abw* bouche-trou *m*.

lückenhaft ◇ *Adj* lacunaire; [Gedächtnis] déficient(e). ◇ *Adv* de manière lacunaire.

lückenlos *Adj* & *Adv* sans lacunes; **~es Gedächtnis** mémoire *f* sans faille.

lud *Prät* → **laden**.

Luder (*Pl* -) *das fam* . **-1.** *abw* [Biest] garce *f*. **-2.** [bemitleidenswerte Person]: **armes ~** pauvre fille *f*.

Luft (*Pl* **Lüfte**) *die* **-1.** *(ohne Pl)* [gen] air *m*; **die ~ anhalten** retenir son souffle; **~ holen** inspirer; **frische ~ schöpfen** prendre l'air; **nach ~ schnappen** chercher à respirer. **-2.** *(ohne Pl)* [Platz] place *f*. **-3.** *RW*: **aus etw ist die ~ raus** *fam* qqch a perdu tout son sel; **die ~ anhalten** *fam* tenir sa langue; **die ~ ist rein** *fam* la voie est libre; **etw ist aus der ~ gegriffen** *fam* qqch est forgé(e) de toutes pièces; **etw liegt in der ~** *fam* qqch est dans l'air; **in der ~ hängen** *fam* [Projekt, Entscheidung] être en suspens; *fam* [Person] être dans le flou; **in die ~ gehen** *fam* exploser; **jm bleibt die ~ weg** *fam* qqn est sidéré(e); **~ holen** *fam* reprendre son souffle; **sich** *(D)* **~ machen** *fam* se soulager; **sich in ~ auflösen** *fam* disparaître dans la nature.

Luft|abwehr *die (ohne Pl)* défense *f* antiaérienne.

Luftan|griff *der* attaque *f* aérienne.

Luft|aufnahme *die* vue *f* aérienne.

Luft|ballon *der* ballon *m* (gonflable).

Luft|bild *das* vue *f* aérienne.

Luft|blase *die* bulle *f* d'air.

Luft|brücke *die* pont *m* aérien.

luftdicht ◇ *Adj* hermétique. ◇ *Adv* hermétiquement.

Luft|druck *der (ohne Pl)* pression *f* atmosphérique.

lüften ◇ *tr* **-1.** [Zimmer, Wäsche] aérer. **-2.** [Geheimnis] dévoiler. ◇ *intr* [Luft hereinlassen] aérer.

Luft|fahrt *die (ohne Pl)* aviation *f*.

Luft|feuchtigkeit *die (ohne Pl)* humidité *f (de l'air)*.

Luft|gewehr *das* fusil *m* à air comprimé.

Lufthansa *die (ohne Pl)* Lufthansa *f*.

Luft|hoheit *die (ohne Pl)* souveraineté *f* aérienne.

luftig ◇ *Adj* **-1.** [Kleidung] léger(ère). **-2.** [Höhe] élevé(e). **-3.** [Raum] aéré(e). ◇ *Adv* [gekleidet] légèrement.

Luftkissen|fahrzeug *das* aéroglisseur *m*.

Luftkur|ort *der* station *f* climatique.

luftleer *Adj* vide d'air.

Luft|linie *die (ohne Pl)*: **es sind 500 km ~** ça fait 500 km à vol d'oiseau.

Luft|loch *das* **-1.** [zum Atmen] trou *m* d'aération. **-2.** *fam* [im Flug] trou *m* d'air.

Luft|matratze *die* matelas *m* gonflable.

Luft|pirat, in *der, die* pirate *m* de l'air.

Luft|post *die (ohne Pl)* poste *f* aérienne; **mit** ODER **per ~** par avion.

Luft|pumpe *die* pompe *f* à air.

Luft|raum *der* espace *m* (aérien).

Luft|röhre *die* trachée *f*, trachée-artère *f*.

Luft|schacht *der* conduit *m* d'aération.

Luft|schlange *die* serpentin *m*.

Luft|schloß *das* château *m* en Espagne.

Luftschutz|raum *der* abri *m* antiaérien.

Luft|sprung *der* saut *m* en l'air, cabriole *f*; **vor Freude einen ~ machen** sauter en l'air de joie.

Luftstütz|punkt *der* base *f* aérienne.

Lüftung (*Pl* **-en**) *die* **-1.** [Gerät] ventilation *f*. **-2.** [Handlung] aération *f*.

Luftver|änderung *die* changement *m* d'air.

Luft|verkehr *der (ohne Pl)* trafic *m* aérien.

Luftverschmutzung *die* pollution *f* de l'air.
Luftwaffe *die (ohne Pl)* armée *f* de l'air.
Luftweg *der (ohne Pl)* voie *f* aérienne; **auf dem ~** par avion.
Luftzug *der (ohne Pl)* courant *m* d'air.
Lug
◆ **Lug und Trug** *(ohne Artikel) geh*: **das ist alles ~ und Trug** ce n'est rien que des mensonges.
Lüge *(Pl* **-n**) *die* mensonge *m*.
lügen *(Prät* **log**, *Perf* **hat gelogen**) *intr* mentir; **~ wie gedruckt** *fam fig* mentir comme un arracheur de dents.
Lügner, in *(mPl* **-**; *fPl* **-nen**) *der, die* menteur *m*, -euse *f*.
lügnerisch *Adj* mensonger(ère).
Luke *(Pl* **-n**) *die* lucarne *f*.
lukrativ *Adj* lucratif(ive).
Lümmel *(Pl* **-**) *der fam* **-1.** [Kind] malappris *m*. **-2.** [Rüpel] goujat *m*.
lümmeln
◆ **sich lümmeln** *ref fam abw* se vautrer.
Lump *(Pl* **-en**) *der* gredin *m*.
lumpen *tr*: **sich nicht ~ lassen** *fam* ne pas regarder à la dépense.
Lumpen *(Pl* **-**) *der* chiffon *m*.
◆ **Lumpen** *Pl* guenilles *fpl*.
lumpig *abw* ◇ *Adj* **-1.** *fam* [lausig] minable. **-2.** [Einstellung] lamentable. ◇ *Adv* [gemein] lamentablement.
Lunch [lantʃ] *(Pl* **-(e)s** ODER **-e**) *der geh* lunch *m*.
Lunchpaket *das* panier-repas *m*.
Lüneburger Heide *die* landes *fpl* de Lunebourg.
Lunge *(Pl* **-n**) *die* poumons *mpl*.
◆ **grüne Lunge** *die* poumon *m (d'une ville)*.
Lungenentzündung *die* pneumonie *f*.
Lungenflügel *der* poumon *m*.
Lungenkrebs *der (ohne Pl)* cancer *m* du poumon.
Lunte *(Pl* **-n**) *die* mèche *f*; **~ riechen** *fam fig* flairer quelque chose de louche.
Lupe *(Pl* **-n**) *die* loupe *f*; **jn unter die ~ nehmen** *fam fig* avoir qqn à l'œil; **etw unter die ~ nehmen** passer qqch au crible.
lupenrein *Adj*: **ein ~er Diamant** un diamant sans défaut.
Lurch *(Pl* **-e**) *der* batracien *m*.
Lust *(Pl* **Lüste**) *die* **-1.** *(ohne Pl)* [Bedürfnis, Begierde] envie *f*; **~ haben, etw zu tun** avoir envie de faire qqch; **(große) ~ zu etw haben** avoir (grande) envie de faire qqch; **(keine) ~ auf etw** *(A)* **haben** (ne pas) avoir envie de qqch; **nach ~ und Laune** à mon ODER ton ODER son etc gré. **-2.** *(ohne Pl)* [Freude] plaisir *m*.
lüstern ◇ *Adj* concupiscent(e). ◇ *Adv* avec concupiscence.
lustig ◇ *Adj* **-1.** [Mensch, Geschichte, Film] amusant(e). **-2.** [Abend] gai(e). ◇ *Adv* **-1.** [fröhlich] de manière amusante. **-2.** [munter] gaiement. **-3.** *RW*: **sich über jn/etw ~ machen** se moquer de qqn/qqch.
lustlos *Adj* & *Adv* sans entrain.
Lustobjekt *das* objet *m* sexuel.
lustvoll ◇ *Adj* voluptueux(euse). ◇ *Adv* voluptueusement.
lutherisch *Adj* luthérien(enne).
lutschen *fam* ◇ *tr* sucer. ◇ *intr*: **an etw** *(D)* **~** sucer qqch.
Lutscher *(Pl* **-**) *der* sucette *f*.
Lüttich *nt* Liège.
Luv *die* ODER *das (ohne Pl)* lof *m*.
Luxemburg *nt* Luxembourg *m*; **in ~** au Luxembourg.
Luxemburger *(Pl* **-**) ◇ *der* Luxembourgeois *m*. ◇ *Adj (unver)* luxembourgeois(e).
Luxemburgerin *(Pl* **-nen**) *die* Luxembourgeoise *f*.
luxemburgisch *Adj* luxembourgeois(e).
luxuriös ◇ *Adj* luxueux(euse). ◇ *Adv* avec luxe.
Luxus *der (ohne Pl)* luxe *m*.
Luxusartikel *der* article *m* de luxe.
Luxushotel *das* hôtel *m* de luxe.
Luxussteuer *die* taxe *f* sur les produits de luxe.
Luzern *nt* Lucerne.
Luzerner *(Pl* **-**) ◇ *der* Lucernois *m*. ◇ *Adj (unver)* lucernois(e).
Luzernerin *(Pl* **-nen**) *die* Lucernoise *f*.
LVA *(Abk für* **Landesversicherungsanstalt**) *die (ohne Pl)* direction *f* de la Sécurité sociale du Land.
LW *(Abk für* **Langwelle**) *die (ohne Pl)* GO.
Lymphdrüse *die* ganglion *m* (lymphatique).
Lymphknoten *der* ganglion *m* (lymphatique).
lynchen *tr* lyncher.
Lynchjustiz *die (ohne Pl)* lynchage *m*.
Lyon *nt* Lyon.
Lyrik *die (ohne Pl)* lyrisme *m*, genre *m* lyrique.
Lyriker, in *(mPl* **-**; *fPl* **-nen**) *der, die* poète *m*, poétesse *f*.
lyrisch ◇ *Adj* lyrique. ◇ *Adv* avec lyrisme.
LZB *(Abk für* **Landeszentralbank**) *die (ohne Pl)* banque *f* centrale du Land.

M

m, **M** [ɛm] (*Pl* - ODER **-s**) *das* m *m inv*, M *m inv*.
◆ **m** (*Abk für* **Meter**) m.
m. *Abk für* **mit**.
MA *Abk für* **Mittelalter**.
M. A. *Abk für* **Magister Artium**.
Maas *die* Meuse *f*.
Maastricht *nt* Maastricht.
Mach|art *die* façon *f*.
machbar *Adj* faisable.
machen ◇ *tr* **-1.** [gen] faire; **jm etw ~** faire qqch à qqn; **jm Angst ~** faire peur à qqn; **etw aus etw ~** [herstellen] faire qqch avec qqch; **aus Hopfen Bier ~** faire de la bière avec du houblon; **das macht 5 Mark** ça fait 5 marks; **jn zu jm/etw ~** faire de qqn qqn/qqch; **er machte sie zu seiner Frau** il a fait d'elle son épouse; **etw aus jm/etw ~** [verwandeln] faire qqch de qqn/qqch; **aus einer Hütte einen Palast ~** faire d'une cabane un palais; **etw macht jm/einer Sache etw** qqch fait qqch à qqn/qqch; **das macht nichts** cela ne fait rien; **jn ~ lassen** laisser faire qqn; **sich** *(D)* **etw ~ lassen** se faire faire qqch; **wo macht ihr Urlaub**? où passez-vous vos vacances? **-2.** [Gefühl] faire; [Hunger, Durst] donner. **-3.** *fam* [reparieren] réparer; **etw ~ lassen** faire réparer qqch. **-4.** [erreichen - Prüfung, Diplom] passer; [- Punkte, Tor, Preis] obtenir. **-5.** [Kurs, Lehrgang] suivre. **-6.** [bewirken] rendre; **jn glücklich/traurig/bekannt ~** rendre qqn heureux(euse)/triste/célèbre; **jn wütend ~** mettre qqn en colère; **das macht die Hitze/das Rauchen** c'est la chaleur/le tabac. **-7.** [erscheinen lassen]: **(jn) schlank/dick/alt/jung ~** amincir/grossir/vieillir/rajeunir (qqn). **-8.** *fam* [in Ordnung bringen]: **sich** *(D)* **die Fingernägel ~** se faire les ongles; **sich** *(D)* **die Haare ~** s'arranger les cheveux. **-9.** *RW*: **da ist nichts zu ~** il n'y a rien à faire; **das ist zu ~** c'est faisable; **das macht (ja) nichts** ça ne fait rien; **es nicht unter etw** *(D)* **~** ne pas faire qqch pour moins de qqch; **es nicht mehr lange ~** ne plus durer longtemps; **etw mit sich ~ lassen** ne pas accepter qqch; **für etw wie gemacht sein** être fait pour qqch; **für jn nichts ~ können** ne rien pouvoir faire pour qqn; **etwas aus sich ~** faire quelque chose de soi; **nichts aus sich ~** ne rien faire de soi; **sich** *(D)* **nichts aus etw ~** ne pas être amateur de qqch; **sowas macht man nicht!** ça ne se fait pas!; **mach's gut!** bonne chance! ◇ *intr* **-1.** [bewirken]: **~, daß** faire que. **-2.** *fam* [Notdurft verrichten] faire. **-3.** *fam* [handeln mit]: **in etw** *(D)* **~** être dans qqch. **-4.** *fam* [sich verstellen]: **auf etw** *(A)* **~** faire qqch; **auf dumm/elegant ~** faire l'imbécile/l'élégant(e). **-5.** *RW*: **na, mach schon!** *fam* grouille-toi un peu!
◆ **sich machen** *ref* **-1.** *fam* [sich entwickeln - Personen] s'arranger; [- Sache] avancer. **-2.** [anfangen mit]: **sich an etw** *(A)* **~** se mettre à qqch; **sich an eine Arbeit ~** s'atteler à un travail. **-3.** [js Rolle übernehmen]: **sich zu etw ~** se faire qqch; **sich zur Wortführerin der Gruppe ~** se faire le porte-parole du groupe. **-4.** [werden]: **sich beliebt/verständlich ~** se faire aimer/comprendre; **sich wichtig ~** faire l'important. **-5.** [passen]: **sich zu etw gut ~** bien aller avec qqch.
Machenschaft (*Pl* **-en**) *die abw* intrigue *f*.
Macht (*Pl* **Mächte**) *die* **-1.** *(ohne Pl)* [gen] pouvoir *m*; **an der ~ sein** être au pouvoir. **-2.** [Staat] puissance *f*. **-3.** *(ohne Pl)* [Kraft] force *f*.
Macht|bereich *der* champ *m* d'influence.
Macht|ergreifung *die* prise *f* de pouvoir.
Machthaber, in (*mPl* **-**; *fPl* **-nen**) *der, die* détenteur *m*, -trice *f* du pouvoir.
mächtig ◇ *Adj* **-1.** [gen] puissant(e). **-2.** [beherrschend]: **einer Sache** *(G)* **~ sein** *geh* maîtriser qqch. **-3.** [Gefühl, Baum, Berg] énorme. ◇ *Adv* [enorm] énormément.
Macht|kampf *der* lutte *f* pour le pouvoir.
machtlos *Adj* impuissant(e); **gegen etw ~ sein** être impuissant face à qqch.
Macht|probe *die* épreuve *f* de force.
Macht|wort (*Pl* **-e**) *das*: **ein ~ sprechen** faire acte d'autorité.
Macke (*Pl* **-n**) *die fam* **-1.** [Tick] lubie *f*; **eine ~ haben** *salopp* avoir un grain. **-2.** [Fehler] défaut *m*.
Macker (*Pl* **-**) *der salopp* mec *m*.
MAD (*Abk für* **Militärischer Abschirmdienst**) *der (ohne Pl) service allemand de contre-espionnage militaire*.
Madagaskar *nt* Madagascar *m*.
Madagasse (*Pl* **-n**) *der* Malgache *m*.
Madagassin (*Pl* **-nen**) *die* Malgache *f*.
madagassisch *Adj* malgache.
Mädchen (*Pl* **-**) *das* **-1.** [gen] fille *f*. **-2.** [Hausangestellte] bonne *f*; **ein ~ für alles** *fig* une bonne à tout faire.
◆ **leichte Mädchen** *das*: **ein leichtes ~** *fam* une fille légère.

mädchenhaft ◇ *Adj* de jeune fille. ◇ *Adv* comme une jeune fille.

Mädchen|name *der* nom *m* de jeune fille.

Made (*Pl* **-n**) *die* ver *m*; **wie die ~ im Speck leben** *fam fig* vivre comme un coq en pâte.

Madeira [madeːra] *nt* Madère; **auf ~** à Madère.

Mädel (*Pl* **-(s)**) *das* **-1.** *fam* [Kind] petite fille *f*, fillette *f*. **-2.** [Jugendliche] fille *f*.

madig *Adj* véreux(euse); **jm etw ~ machen** *fam fig* gâcher qqch à qqn.

Madonna (*Pl* **Madonnen**) *die* madone *f*.

Madras *nt* Madras.

Madrid *nt* Madrid.

Madrider (*Pl* -) ◇ *der* Madrilène *m*. ◇ *Adj (unver)* de Madrid.

Madriderin (*Pl* **-nen**) *die* Madrilène *f*.

mag *Präs* → **mögen**.

Magazin (*Pl* **-e**) *das* **-1.** [Illustrierte] magazine *m*. **-2.** [Lager] entrepôt *m*. **-3.** [für Patronen] chargeur *m*.

Magd (*Pl* **Mägde**) *die* servante *f*.

Magdeburg *nt* Magdebourg.

Magen (*Pl* **Mägen** ODER -) *der* estomac *m*; **etw schlägt jm auf den ~** *fam* qqch détraque l'estomac de qqn; **sich** *(D)* **den ~ verderben** se détraquer l'estomac; **jm knurrt der ~** *fam fig* le ventre de qqn gargouille.

Magenbeschwerden *Pl* maux *mpl* d'estomac.

Magenbitter (*Pl* -) *der* amer *m*.

Magen|geschwür *das* ulcère *m* à ODER de l'estomac.

Magen|säure *die* acide *m* gastrique.

Magenschmerzen *Pl* maux *mpl* d'estomac.

mager ◇ *Adj* maigre. ◇ *Adv* [fettarm]: **~ essen** éviter les graisses.

Mager|milch *die (ohne Pl)* lait *m* écrémé.

magersüchtig *Adj* anorexique.

Maggi® *das (ohne Pl) condiment liquide qui sert à relever le goût des potages*.

Magie [ma'giː] *die (ohne Pl)* magie *f*.

Magier, in ['maːgiɐ, rɪn] (*mPl* -; *fPl* **-nen**) *der, die* magicien *m*, -enne *f*.

magisch ◇ *Adj* magique. ◇ *Adv*: **~ anziehen** exercer un attrait magique.

Magister (*Pl* -) *der* UNI **-1.** [Titel] ≃ maîtrise *f*. **-2.** [Person] ≃ titulaire *mf* d'une maîtrise.

Magister Artium *der (ohne Pl)* ≃ maîtrise *f*.

Magistrat (*Pl* **-e**) *der* conseil *m* municipal.

Magma (*Pl* **Magmen**) *das* magma *m*.

Magnesium *das (ohne Pl)* magnésium *m*.

Magnet (*Pl* **-e** ODER **-en**) *der* aimant *m*.

Magnet|band (*Pl* **-bänder**) *das* bande *f* magnétique.

Magnet|feld *das* champ *m* magnétique.

magnetisch ◇ *Adj* magnétique. ◇ *Adv* par magnétisme; *fig* comme un aimant.

Magnolie [ma'gnoːli̯ə] (*Pl* **-n**) *die* magnolia *m*.

Mahagoni *das (ohne Pl)* acajou *m*.

Mähdrescher (*Pl* -) *der* moissonneuse-batteuse *f*.

mähen ◇ *tr* [Rasen] tondre; [Getreide] faucher. ◇ *intr* **-1.** [mit Mäher] tondre; [mit Sense] faucher. **-2.** [Schaf] bêler.

Mäher (*Pl* -) *der* tondeuse *f*.

Mahl (*Pl* **-e**) *das geh* repas *m*.

mahlen *tr* & *intr* moudre.

Mahl|zeit *die* repas *m*.

◆ **Mahlzeit!** *Interj* bon appétit!

Mahn|bescheid *der* avertissement *m*.

Mähne (*Pl* **-n**) *die* crinière *f*.

mahnen ◇ *tr* **-1.** [ermahnen] avertir; **jn zu etw ~** exhorter qqn à qqch. **-2.** [erinnern]: **jn an etw** *(A)* **~** rappeler qqch à qqn. ◇ *intr* [ermahnen]: **zu etw ~** inciter à qqch.

Mahn|gebühr *die* frais *mpl* d'avertissement.

Mahn|mal (*Pl* **-e** ODER **-mäler**) *das* monument *m* commémoratif.

Mahnung (*Pl* **-en**) *die* **-1.** [Handlung] exhortation *f*. **-2.** [Brief] avertissement *m*, lettre *f* de rappel.

Mai *der (ohne Pl)* mai *m*.

◆ **Erste Mai** *der*: **der Erste ~** le Premier Mai; *siehe auch* **September**.

Mai|baum *der* (arbre de) mai *m*.

Mai|feier *die* cérémonies *fpl* du Premier Mai.

Maiglöckchen (*Pl* -) *das* muguet *m*.

Mai|käfer *der* hanneton *m*.

Mailand *nt* Milan.

Mailänder (*Pl* -) ◇ *der* Milanais *m*. ◇ *Adj (unver)* de Milan.

Mailänderin (*Pl* **-nen**) *die* Milanaise *f*.

Mailbox ['meilbɔks] (*Pl* **-en**) *die* EDV messagerie *f* électronique, boîte *f* aux lettres.

Main *der* Main *m*.

Mainz *nt* Mayence.

Mainzer (*Pl* -) ◇ *der* Mayençais *m*. ◇ *Adj (unver)* de Mayence.

Mainzerin (*Pl* **-nen**) *die* Mayençaise *f*.

Mais *der (ohne Pl)* maïs *m*.

Mais|kolben *der* épi *m* de maïs.

Majestät (*Pl* **-en**) *die* majesté *f*.

majestätisch ◇ *Adj* majestueux(euse). ◇ *Adv* majestueusement.

Major (*Pl* **-e**) *der* commandant *m*.

Majoran *der (ohne Pl)* marjolaine *f*.

Majorin (*Pl* **-nen**) *die* **-1.** MIL commandant *m*. **-2.** [Ehefrau] femme *f* du commandant.
MAK (*Abk für* **maximale Arbeitsplatzkonzentration**) *die (ohne Pl) nombre d'emplois maximal existant dans une région donnée.*
makaber *Adj* macabre.
Makedonier, in [make'doːniɐ, rɪn] (*mPl* **-**; *fPl* **-nen**) *der, die* Macédonien *m*, -enne *f*.
makedonisch *Adj* macédonien(enne).
Makel (*Pl* **-**) *der geh* **-1.** [Mangel - moralisch] tache *f*; [- an Kenntnissen] tare *f*. **-2.** [von Gegenständen] défaut *m*.
makellos ◇ *Adj* **-1.** [tadellos] irréprochable. **-2.** [fehlerfrei] parfait(e), impeccable. ◇ *Adv* **-1.** [tadellos] de façon irréprochable. **-2.** [einwandfrei] impeccablement.
mäkeln *intr abw*: **an jm/etw ~** rouspéter après qqn/qqch.
Make-up [meːk'lap] (*Pl* **-s**) *das* **-1.** [Schminken] maquillage *m*. **-2.** [Creme] fond *m* de teint.
Makkaroni *Pl* macaronis *mpl*.
Makler (*Pl* **-**) *der* [an Börse] agent *m* de change; [für Immobilien] agent *m* immobilier.
Makler|gebühr *die* courtage *m*.
Maklerin (*Pl* **-nen**) *die* [an der Börse] agent *m* de change; [für Immobilien] agent *m* immobilier.
Makrele (*Pl* **-n**) *die* maquereau *m*.
makrobiotisch ◇ *Adj* macrobiotique. ◇ *Adv* de manière macrobiotique.
Makrone (*Pl* **-n**) *die* macaron *m*.
mal ◇ *Adv fam* **-1.** [für Vergangenes] autrefois; [für Zukünftiges] un jour. **-2.** [als Aufforderung]: **hör mir ~ gut zu!** écoute-moi bien!; **beruhig' dich ~!** calme-toi un peu!; **wir müssen das ~ besprechen** il faudra en discuter à l'occasion; **sag ~!** dis donc!; **hör ~!** écoute un peu! **-3.** [zur Verstärkung eines Adverbs]: **vielleicht ~** peut-être bien; **gerade ~** tout juste; **höchstens ~** à tout casser; **das ist nun ~ so** c'est comme ça. **-4.** [einmal]: **~ so, ~ so** tantôt comme ci, tantôt comme ça. ◇ *Konj*: **zwei ~ zwei** deux fois deux.
Mal (*Pl* **-e** ODER **Mäler**) *das* **-1.** *(Pl Male)* [Zeitpunkt] fois *f*; **ein für alle ~** *fam* une fois pour toutes; **mit einem ~(e)** tout d'un coup; **von ~ zu ~** d'une fois sur l'autre; **zum ersten/letzten ~** pour la première/dernière fois. **-2.** *(Pl Male, Mäler)* [Fleck] tache *f* de vin. **-3.** *(Pl Mäler, Male)* [Denkmal] monument *m*.
Malaie (*Pl* **-n**) *der* Malais *m*.
Malaiin (*Pl* **-nen**) *die* Malaisie *f*.
malaiisch *Adj* malais(e).
Malaria *die (ohne Pl)* MED malaria *f*, paludisme *m*.
Malaysia [malaisja] *nt* Malaysia *f*.
Mal|buch *das* livre *m* de coloriage.
Malediven *Pl* îles *fpl* Maldives; **auf den ~** aux Maldives.
malen *tr* & *intr* peindre.
Maler (*Pl* **-**) *der* peintre *m*.
Malerei (*Pl* **-en**) *die* peinture *f*.
Malerin (*Pl* **-nen**) *die* **-1.** [Künstlerin] artiste *f* peintre. **-2.** [Handwerkerin] femme *f* peintre.
malerisch ◇ *Adj* **-1.** [idyllisch] pittoresque. **-2.** [künstlerisch]: **~es Talent** talent *m* de peintre. ◇ *Adv* [schön]: **~ gelegen** situé(e) dans un cadre adorable.
Mali *nt* Mali *m*; **in ~** au Mali.
Mal|kasten *der* boîte *f* de couleurs.
Mallorca [ma'jɔrka] *nt* Majorque; **auf ~** à Majorque.
mal|nehmen *tr (unreg)*: **etw mit etw ~** multiplier qqch par qqch.
Maloche *die (ohne Pl) salopp* **-1.** [Plackerei] sacré boulot *m*. **-2.** [Arbeit] boulot *m*.
malochen *intr* trimer.
Malta *nt* Malte; **auf ~** à Malte.
Malteser (*Pl* **-**) *der* Maltais *m*.
Malteser Hilfs|dienst *der (ohne Pl) organisation de secouristes bénévoles intervenant en cas de sinistres.*
Malteserin (*Pl* **-nen**) *die* Maltaise *f*.
maltesisch *Adj* maltais(e).
Malve ['malvə] (*Pl* **-n**) *die* mauve *f*.
Malz *das (ohne Pl)* malt *m*.
Malz|bier *das* bière *f* de malt *(peu alcoolisée)*.
Malz|bonbon *der* ODER *das* bonbon *m* à l'extrait de malt.
Mama (*Pl* **-s**) *die fam* maman *f*.
Mami (*Pl* **-s**) *die fam* maman *f*.
Mammut (*Pl* **-s** ODER **-e**) *das* mammouth *m*.
mampfen *tr* & *intr fam* bouffer.
man *Pron* on; **~ muß etw tun** il faut faire qqch; **das tut ~ nicht** ça ne se fait pas.
Management ['mɛnədʒmənt] (*Pl* **-s**) *das* management *m*.
managen ['mɛnɛdʒn̩] *tr* manager.
Manager, in ['mɛnɛdʒɐ, rɪn] (*mPl* **-**; *fPl* **-nen**) *der, die* manager *m*.
manche, r, s ◇ *Pron* **-1.** [einige] certains. **-2.** [viele] beaucoup; **manch einer** d'aucuns. ◇ *Det* **-1.** [einzelne] certains. **-2.** [viele] beaucoup de; **~s Mal** souvent.
◆ **so manche, r, s** ◇ *Pron* quelques uns. ◇ *Det* plusieurs.
mancherlei ◇ *Adj (unver)*: **~ Fehler/Irrtum** plus d'un défaut/d'une erreur. ◇ *Pron* diverses choses.
Manchester [mɛntʃɛsta] *nt* Manchester.

manchmal *Adv* parfois.
Mandant, in (*mPl* **-en;** *fPl* **-nen**) *der, die* mandant *m*, -e *f*.
Mandarine (*Pl* **-n**) *die* mandarine *f*.
Mandat (*Pl* **-e**) *das* mandat *m*.
Mandel (*Pl* **-n**) *die* amande *f*.
◆ **Mandeln** *Pl* MED amygdales *fpl*.
Mandelentlzündung *die* amygdalite *f*.
Mandoline (*Pl* **-n**) *die* mandoline *f*.
Manege [ma'ne:ʒə] (*Pl* **-n**) *die* manège *m*.
Mangan *das (ohne Pl)* CHEM manganèse *m*.
Mangel (*Pl* **Mängel** ODER **-n**) ◇ *der (G Mangels, Pl Mängel)* **-1.** *(ohne Pl)* [Zustand] manque *m*; **aus ~ an etw** *(D)* par manque de qqch; **es herrscht ~ an etw** *(D)* il y a pénurie de qqch. **-2.** *(ohne Pl)* [Not] privations *fpl*. **-3.** [Fehler] défaut *m*; **Mängel beheben** ODER **beseitigen** remédier à des défauts. ◇ *die (G Mangel, Pl Mangeln)* calandre *f*.
Mängellbericht *der* rapport *m* de défectuosité.
Mangellerscheinung *die* symptôme *m* de carence.
mangelhaft ◇ *Adj* insuffisant(e). ◇ *Adv* de manière insuffisante.
mangeln ◇ *intr*: **jm mangelt etw, es mangelt jm an etw** *(D)* qqn manque de qqch; **es mangelt an etw** *(D)* on manque de qqch. ◇ *tr* passer à la calandre.
mangelnd *Adj* déficient(e).
mangels *Präp*: **~ einer Sache** *(G)* faute de qqch.
Mangellware *die (ohne Pl)*: **~ sein** *eigtl* & *fig* être une denrée rare.
Mango (*Pl* **-s**) *die* mangue *f*.
Manie (*Pl* **-n**) *die* manie *f*.
Manier *die (ohne Pl)* manière *f*.
◆ **Manieren** *Pl* manières *fpl*.
manierlich ◇ *Adj* bien élevé(e). ◇ *Adv* correctement.
Manifest (*Pl* **-e**) *das* manifeste *m*.
Maniküre (*Pl* **-n**) *die* manucure *f*.
Manila *nt* Manille.
Manipulation (*Pl* **-en**) *die* **-1.** [gen] manipulation *f*. **-2.** [Vorgehen] machination *f*.
manipulieren *tr* **-1.** [beeinflussen] manipuler. **-2.** [verfälschen] truquer.
manisch *Adj* **-1.** MED maniaque. **-2.** *geh* [krankhaft] maladif(ive).
manisch-depressiv *Adj* MED maniaco-dépressif(ive).
Manko (*Pl* **-s**) *das* **-1.** [Nachteil] lacune *f*. **-2.** WIRTSCH [Geldsumme] déficit *m*.
Mann (*Pl* **Männer** ODER **Leute** ODER **-en**) *der* **-1.** *(Pl Männer)* [Erwachsener] homme *m*; **von ~ zu ~** d'homme à homme. **-2.** *(Pl Männer)* [Ehemann] mari *m*. **-3.** *(Pl Männer, Leute)* [Angestellter] homme *m*. **-4.** *(Pl Mannen, Männer)* [eines Königs] fidèle *m*. **-5.** *RW*: **ein gemachter ~ sein** *fam* être un homme arrivé; **etw an den ~ bringen** *fam* [durchsetzen] placer qqch; *fam* [verkaufen] écouler qqch; **~s genug sein, etw zu tun** *fam* être homme à faire qqch; **seinen ~ stehen** se montrer à la hauteur.
◆ **alle Mann** *Pron fam* tout le monde.
◆ **kleine Mann** *der fam* : **der kleine ~** le commun des mortels.
◆ **Mann!** *Interj fam* nom d'une pipe!
◆ **oh Mann!** *Interj fam* mon Dieu!
◆ **schwarze Mann** *der fam* : **der schwarze ~** le croque-mitaine.
Männchen (*Pl* **-**) *das* **-1.** [Tier] mâle *m*; **~ machen** faire le beau. **-2.** *fam* [kleiner Mann] petit bonhomme *m*.
Mannequin ['manəkɛ̃] (*Pl* **-s**) *das* mannequin *m*.
Männerlchor *der* chorale *f (d'hommes)*.
Männerlsache *die (ohne Pl)*: **das ist ~** c'est une affaire d'hommes.
Mannheim *nt* Mannheim *n*.
mannigfaltig *Adj geh* varié(e).
männlich ◇ *Adj* **-1.** [Lebewesen] mâle. **-2.** [viril] viril(e). **-3.** [zum Mann gehörig, grammatisch] masculin(e). ◇ *Adv* [viril] en homme.
Männlichkeit *die (ohne Pl)* virilité *f*.
Mannslbild *das fam Süddt* & *Österr*: **ein gestandenes ~** un sacré gaillard.
Mannschaft (*Pl* **-en**) *die* **-1.** [beim Sport] équipe *f*. **-2.** [von Schiff, Flugzeug] équipage *m*. **-3.** [militärisch] troupe *f*.
◆ **vor versammelter Mannschaft** *Adv fam* devant tout le monde.
Mannschaftslgeist *der (ohne Pl)* esprit *m* d'équipe.
Mannschaftslkapitän *der* capitaine *m* (de l'équipe).
Mannschaftslsport *der (ohne Pl)* sport *m* d'équipe.
mannshoch ◇ *Adj* de la taille d'un homme. ◇ *Adv* à hauteur d'homme.
mannstoll *Adj fam abw* nymphomane.
Manometer (*Pl* **-**) *das* PHYS & TECH manomètre *m*.
◆ **Manometer!** *Interj fam* mince alors!
Manöver [ma'nø:vɐ] (*Pl* **-**) *das* manœuvre *f*.
Manöverlkritik *die (ohne Pl)* critique *f* des manœuvres.
manövrieren ◇ *tr* **-1.** [Fahrzeug] manœuvrer. **-2.** [führen]: **jn in eine Position ~** intriguer pour

placer qqn. ◇ *intr* [vorgehen] manœuvrer.
◆ **sich manövrieren** *ref* [sich führen] se mettre dans une position.
manövrierunfähig [manø:v'ri:gʊnfɛ:ig] *Adj* ingouvernable.
Mansarde (*Pl* **-n**) *die* mansarde *f*.
Manschette (*Pl* **-n**) *die* **-1.** [von Ärmel] manchette *f*. **-2.** [Dichtung] joint *m*.
Manschetten|knopf *der* bouton *m* de manchette.
Mantel (*Pl* **Mäntel**) *der* **-1.** [Kleidungsstück] manteau *m*. **-2.** *fig* [Deckmantel] voile *m*. **-3.** [technisch] gaine *f*.
Mäntelchen (*Pl* -) *das* petit manteau *m*; **das** ODER **sein ~ nach dem Wind hängen** *fam abw* & *fig* tourner à tout vent.
Mantel|tarif *der* convention *f* collective *(stipulant les conditions de travail)*.
manuell ◇ *Adj* manuel(elle). ◇ *Adv* manuellement.
Manuskript (*Pl* **-e**) *das* manuscrit *m*.
Mappe (*Pl* **-n**) *die* **-1.** [Hülle] chemise *f*. **-2.** [Tasche] serviette *f*.
Maracuja (*Pl* **-s**) *die* fruit *m* de la passion.
Marathon (*Pl* **-s**) ◇ *der* SPORT marathon *m*. ◇ *das fig* marathon *m*.
Marathon|läufer, in *der, die* marathonien *m*, -enne *f*.
Marburg *nt* Marbourg.
Märchen (*Pl* -) *das* **-1.** [Erzählung] conte *m* (de fée). **-2.** [Lüge] histoire *f*.
Märchen|buch *das* recueil *m* de contes.
märchenhaft ◇ *Adj* **-1.** [sagenhaft, zauberhaft] féerique. **-2.** [unglaublich] **fabuleux(euse)**. ◇ *Adv* **-1.** [wunderbar] merveilleusement. **-2.** [unglaublich] fabuleusement.
Marder (*Pl* -) *der* martre *f*.
Margarine *die (ohne Pl)* margarine *f*.
Marge ['marʒə] (*Pl* **-n**) *die* WIRTSCH marge *f*.
Margerite (*Pl* **-n**) *die* marguerite *f*.
Mariä Empfängnis *(ohne Artikel, ohne Pl)* Immaculée Conception *f*.
Mariä Himmel|fahrt *(ohne Artikel, ohne Pl)* Assomption *f*.
Mariä Lichtmeß *(ohne Artikel, ohne Pl)* chandeleur *f*.
Marien|käfer *der* coccinelle *f*.
Marihuana *das (ohne Pl)* marihuana *f*, marijuana *f*.
Marille (*Pl* **-n**) *die Österr* abricot *m*.
Marinade (*Pl* **-n**) *die* **-1.** [zum Einlegen] marinade *f*. **-2.** [Salatsoße] vinaigrette *f*.
Marine *die (ohne Pl)* MIL marine *f*.
marineblau ◇ *Adj* bleu marine. ◇ *Adv* en bleu marine.
Marine|stützpunkt *der* MIL base *f* navale.
marinieren *tr* mariner.
Marionette (*Pl* **-n**) *die* marionnette *f*.
Marionetten|theater *das* théâtre *m* de marionnettes.
Mark (*Pl* -) ◇ *die (G Mark)* mark *m*; **eine ~ fünfzig** un mark cinquante; **keine müde ~** *fig* pas un sou. ◇ *das (G Mark(e)s & ohne Pl)* **-1.** [in Knochen] moëlle *f*; **etw geht jm durch ~ und Bein** *fig* qqch prend qqn aux tripes. **-2.** [aus Obst, Gemüse] concentré *m*.
◆ **bis ins Mark** *Adv* jusqu'à la moelle.
markant *Adj* caractéristique.
Marke (*Pl* **-n**) *die* **-1.** [Fabrikmarke] marque *f*. **-2.** [Briefmarke] timbre *m*. **-3.** [von Hund, Polizist] plaque *f*. **-4.** [für Garderobe, Lebensmittel] ticket *m*; [für Spiel] jeton *m*. **-5.** *fam* [Person] type *m*.
Marken|artikel *der* produit *m* de marque.
Marken|zeichen *das* marque *f*.
markerschütternd ◇ *Adj* déchirant(e). ◇ *Adv* de manière déchirante.
Marketing *das (ohne Pl)* marketing *m*.
markieren ◇ *tr* **-1.** [kennzeichnen] marquer; [Weg, Text] baliser; **mit einem Leuchtstift ~** surligner. **-2.** *fam* [vortäuschen]: **den Ahnungslosen ~** faire l'innocent. ◇ *intr fam* [vortäuschen] faire semblant.
Markierung (*Pl* **-en**) *die* marquage *m*.
markig ◇ *Adj* assuré(e). ◇ *Adv* avec assurance.
Markise (*Pl* **-n**) *die* store *m*.
Mark|knochen *der* os *m* à moelle.
Mark|stein *der* **-1.** [Grenzstein] borne *f*. **-2.** [Ereignis] étape *f*; **einen ~ setzen** poser un jalon.
Mark|stück *das* pièce *f* d'un mark.
Markt (*Pl* **Märkte**) *der* marché *m*; **auf den** ODER **zum ~ gehen** aller au marché; **auf den ~ bringen** mettre sur le marché.
marktbeherrschend *Adj* leader sur le marché.
Markt|forschung *die (ohne Pl)* étude *f* de marché.
Markt|frau *die* marchande *f*.
Markt|halle *die* marché *m* couvert, halle *f*.
Markt|lücke *die* créneau *m*.
Markt|platz *der* place *f* du marché.
Markt|preis *der* prix *m* du marché.
Markt|tag *der* jour *m* de marché.
Markt|wert *der* valeur *f* marchande.
Markt|wirtschaft *die (ohne Pl)* économie *f* de marché; **freie ~** économie libérale; **soziale ~** économie (sociale) de marché.
marktwirtschaftlich ◇ *Adj* d'économie de marché. ◇ *Adv*: **~ orientiert** orienté(e) vers l'économie de marché.

Marmelade (*Pl* **-n**) *die* confiture *f*.
Marmor *der (ohne Pl)* marbre *m*.
marmoriert *Adj* marbré(e).
Marmor|kuchen *der* gâteau *m* marbré.
Marokkaner, in (*mPl* -; *fPl* **-nen**) *der, die* Marocain *m*, -e *f*.
marokkanisch *Adj* marocain(e).
Marokko *nt* Maroc *m*; **in ~** au Maroc.
Marone (*Pl* **-n**) *die* châtaigne *f*.
Marotte (*Pl* **-n**) *die* manie *f*.
Mars *der* Mars *n*; **auf dem ~** sur Mars.
marsch *Interj*: **~!** en avant!
◆ **marsch, marsch!** *Interj fam* et que ça saute!
Marsch (*Pl* **Märsche**) *der* marche *f*; **sich in ~ setzen** se mettre en marche.
Marschall (*Pl* **Marschälle**) *der* maréchal *m*.
marschieren (*Perf* **ist marschiert**) *intr* marcher; MIL marcher au pas; **durch eine Stadt ~** arpenter une ville.
Marsch|musik *die (ohne Pl)* musique *f* militaire.
Marseille *nt* Marseille.
Marter (*Pl* **-n**) *die geh* martyre *m*.
martern *tr geh* tourmenter.
◆ **sich martern** *ref*: **sich mit etw ~** s'accabler de qqch.
martialisch *geh* ◇ *Adj* martial(e). ◇ *Adv* martialement.
Martins|tag *der* Saint Martin *f*.
Märtyrer, in (*mPl* -; *fPl* **-nen**) *der, die* martyr *m*, -e *f*.
Marxismus *der (ohne Pl)* marxisme *m*.
Marxist, in (*mPl* **-en**; *fPl* **-nen**) *der, die* marxiste *mf*.
marxistisch ◇ *Adj* marxiste. ◇ *Adv* en marxiste.
März *der (ohne Pl)* mars *m*; *siehe auch* **September**.
Marzipan, Marzipan (*Pl* **-e**) *das* pâte *f* d'amandes, massepain *m*.
Masche (*Pl* **-n**) *die* **-1.** [beim Stricken, Häkeln] maille *f*. **-2.** *fam* [Trick] combine *f*. **-3.** *RW*: **die neueste ~** *fam* [Marotte] la dernière lubie; *fam* [Mode] le dernier cri.
Maschen|draht *der (ohne Pl)* grillage *m*.
Maschine (*Pl* **-n**) *die* **-1.** [Gerät] machine *f*. **-2.** *fam* [Motor] moteur *m*. **-3.** *fam* [Motorrad] moto *f*, bécane *f*. **-4.** [Flugzeug] appareil *m*.
maschinegeschrieben, maschinengeschrieben ◇ *PP* → **maschineschreiben**. ◇ *Adj* dactylographié(e).
maschinell ◇ *Adj* mécanisé(e). ◇ *Adv* à la machine.
Maschinen|bau *der (ohne Pl)* construction *f* mécanique.
maschinengeschrieben = **maschinegeschrieben**.
Maschinen|gewehr *das* fusil-mitrailleur *m*.
Maschinen|pistole *die* mitraillette *f*.
Maschinen|schaden *der* avarie *f* de moteur.
Maschinerie (*Pl* **-n**) *die* **-1.** [Mechanismus] mécanisme *m*. **-2.** [technische Ausrüstung] machinerie *f*. **-3.** *abw* & *geh* [Räderwerk] rouages *mpl*.
maschine|schreiben, maschinen|schreiben *intr (unreg)* écrire à la machine.
Maschinist, in (*mPl* **-en**; *fPl* **-nen**) *der, die* mécanicien *m*, -enne *f*.
Masern *Pl* rougeole *f*.
Maserung (*Pl* **-en**) *die* fil *m*.
Maske (*Pl* **-n**) *die* **-1.** [gen] masque *m*. **-2.** [beim Theater] maquillage *m*. **-3.** [Tarnung] apparence *f*.
Masken|ball *der* bal *m* masqué.
Maskenbildner, in (*mPl* -; *fPl* **-nen**) *der, die* maquilleur *m*, -euse *f*.
Maskerade (*Pl* **-n**) *die* mascarade *f*.
maskieren *tr* masquer.
◆ **sich maskieren** *ref* **-1.** [Einbrecher, Demonstrant] se camoufler. **-2.** [sich verkleiden]: **(sich als etw) ~** se déguiser (en qqch).
Maskierung (*Pl* **-en**) *die* **-1.** [zur Verkleidung] déguisement *m*. **-2.** [zur Tarnung] camouflage *m*.
Maskottchen (*Pl* -) *das* mascotte *f*.
maskulin, maskulin *Adj* masculin(e).
Maskulinum (*Pl* **Maskulina**) *das* GRAM masculin *m*.
Masochismus *der (ohne Pl)* masochisme *m*.
Masochist, in (*mPl* **-en**; *fPl* **-nen**) *der, die* masochiste *mf*.
masochistisch ◇ *Adj* masochiste. ◇ *Adv* de façon masochiste.
maß *Prät* → **messen**.
Maß (*Pl* **-e** ODER -) ◇ *das (G Maßes, Pl Maße)* **-1.** [Einheit] unité *f* de mesure. **-2.** [Meßgerät] mètre *m*; **mit zweierlei ~ messen** *fig* avoir deux poids et deux mesures. **-3.** [Körpermaß]: **~ nehmen** prendre les mesures. **-4.** [Umfang, Verhältnis] quantité *f*; **ein hohes ~ an etw** *(D)* une bonne dose de qqch, beaucoup de qqch. ◇ *die (G Maß, Pl Maß) Süddt* & *Österr* [Krug] chope *f (d'un litre)*.
◆ **Maße** *Pl* [von Raum] dimensions *fpl*; [von Personen] mensurations *fpl*.
◆ **in Maßen** *Adv* avec modération.
◆ **nach Maß** *Adv* sur mesure.
◆ **über alle Maßen** *Adv* plus que tout.
Massage [ma'saːʒə] (*Pl* **-n**) *die* massage *m*.

Massaker (*Pl* -) *das* massacre *m*.
massakrieren *tr* massacrer.
Maßangabe *die* mensurations *fpl*.
Maßarbeit *die* travail *m* sur mesure; **das war ~!** *fig* c'était un travail de pro!
Masse (*Pl* **-n**) *die* masse *f*; **die breite ~** *abw* le commun des mortels.
◆ **in Massen** *Adv* en masse.
Maßeinheit *die* unité *f* de mesure.
Massenabfertigung *die abw* service *m* à la chaîne.
Massenarbeitslosigkeit *die* chômage *m* massif.
Massengrab *das* charnier *m*; [auf Friedhof] fosse *f* commune.
massenhaft ◇ *Adj* en masse. ◇ *Adv* en grand nombre.
Massenkundgebung *die* grand meeting *m*.
Massenmedium *das* média *m*.
Massenmord *der* massacre *m*.
Massenproduktion *die* production *f* en série.
Massenspeicher *der* EDV mémoire *f* de masse.
Massentourismus *der (ohne Pl)* tourisme *m* de masse.
massenweise *Adv* & *Adj* en masse.
Masseur, in [ma'søːɐ̯, rɪn] (*mPl* **-e**; *fPl* **-nen**) *der, die* masseur *m*, -euse *f*.
Masseuse [ma'søːzə] (*Pl* **-n**) *die* masseuse *f* de charme.
maßgebend ◇ *Adj* [Person] de premier plan; [Meinung] déterminant(e). ◇ *Adv* largement.
maßgeblich ◇ *Adj* [Person] de premier plan; [Meinung] déterminant(e). ◇ *Adv* largement.
maßgerecht *Adj* & *Adv* sur mesure.
maßgeschneidert *Adj* taillé(e) sur mesure.
maßhalten *intr (unreg)* se modérer.
massieren *tr* masser.
massig ◇ *Adj* massif(ive). ◇ *Adv fam* en quantité.
mäßig ◇ *Adj* **-1.** [gen] modéré(e). **-2.** [Leistung, Person, Wetter] moyen(enne). ◇ *Adv* modérément.
mäßigen *tr* [Wut, Zorn] contrôler; [Worte] modérer.
◆ **sich mäßigen** *ref* se contrôler.
Mäßigung *die (ohne Pl)* modération *f*.
massiv ◇ *Adj* **-1.** [gen] massif(ive). **-2.** [Kritik] sévère. ◇ *Adv* **-1.** [gen] massivement. **-2.** [kritisieren] sévèrement.
Massiv (*Pl* **-e**) *das* massif *m*.
Maßkrug *der Süddt* & *Österr* chope *f*.
maßlos ◇ *Adj* démesuré(e); [Wut] noir(e). ◇ *Adv* déraisonnablement; **~ übertreiben** exagérer énormément.
Maßlosigkeit *die (ohne Pl)* excès *m*.
Maßnahme (*Pl* **-n**) *die* mesure *f*; **~n einleiten** ODER **ergreifen** ODER **treffen** prendre des mesures.
maßregeln réprimander.
Maßstab *der* **-1.** [auf Landkarten] échelle *f*. **-2.** [Richtlinie] critère *m*.
◆ **im Maßstab** *Adv*: **im ~ 1: 25000** à l'échelle 1/25000.
maßstabgetreu, **maßstabsgetreu** *Adj* & *Adv* à l'échelle.
Mast (*Pl* **-en** ODER **-e**) ◇ *der (G Mast(e)s)* mât *m*. ◇ *die (G Mast, Pl Masten)* [Mästen] engraissement *m*; [von Geflügel] gavage *m*.
Mastdarm *der* rectum *m*.
mästen *tr* engraisser; [Geflügel] gaver.
◆ **sich mästen** *ref fam* engraisser.
masturbieren ◇ *intr* se masturber. ◇ *tr* masturber.
Masuren *nt* Masurie *f*.
Match [mɛtʃ] (*Pl* **-e** ODER **-(e)s**) *das* match *m*.
Mate *der (ohne Pl)* maté *m*.
Material [mate'ri̯aːl] (*Pl* **-ien**) *das* **-1.** [Werkstoff] matériau *m*. **-2.** [Gerät] matériel *m*. **-3.** [Unterlagen] documents *mpl*.
Materialfehler *der* défaut *m* de fabrication.
Materialismus *der (ohne Pl)* matérialisme *m*.
Materialist, in (*mPl* **-en**; *fPl* **-nen**) *der, die abw* matérialiste *mf*.
materialistisch *Adj* matérialiste.
Materialkosten *Pl* frais *mpl* de matériel.
Materie [ma'teːri̯ə] (*Pl* **-n**) *die* **-1.** *(ohne Pl)* [Thema] matière *f*. **-2.** PHYS & CHEM matière *f*. **-3.** *(ohne Pl)* [Stoff] corps *m*.
materiell ◇ *Adj* matériel(elle). ◇ *Adv* **-1.** [materialistisch]: **~ eingestellt sein** être matérialiste. **-2.** [wirtschaftlich] matériellement.
Mathe *die (ohne Pl) fam* maths *fpl*.
Mathematik, **Mathematik** *die (ohne Pl)* mathématiques *fpl*.
Mathematiker, in (*mPl* -; *fPl* **-nen**) *der, die* mathématicien *m*, -enne *f*.
mathematisch ◇ *Adj* mathématique. ◇ *Adv* mathématiquement.
Matjes (*Pl* -) *der* hareng *m (salé)*.
Matjeshering *der* hareng *m (salé)*.
Matratze (*Pl* **-n**) *die* matelas *m*.
Matriarchat (*Pl* **-e**) *das* matriarcat *m*.
Matrix (*Pl* **Matrizen**) *die* MATH matrice *f*.
Matrixdrucker *der* EDV imprimante *f* matricielle.
Matrize (*Pl* **-n**) *die* matrice *f*.

Matrone (*Pl* **-n**) *die* matrone *f*.
Matrose (*Pl* **-n**) *der* marin *m*.
Matsch *der (ohne Pl)* **-1.** [Schlamm] boue *f*. **-2.** *fam* [Brei] bouillie *f*.
matschen *intr fam* **-1.** [im Wasser] barboter. **-2.** [beim Essen] faire de la bouillie.
matschig **-1.** [Boden, Weg] boueux(euse). **-2.** [Obst, Gemüse] blet(ette).
matt ◇ *Adj* **-1.** [kraftlos] épuisé(e). **-2.** [glanzlos, trübe] mat(e). **-3.** [beim Schach] mat. **-4.** [schwach] faible. ◇ *Adv* **-1.** [beim Schach]: **jn ~ setzen** [besiegen] mettre qqn échec et mat; *fig* [ausschalten] déboulonner qqn. **-2.** [trübe, schwach] faiblement.
Matte (*Pl* **-n**) *die* **-1.** [Fußmatte] paillasson *m*; [zum Schlafen] natte *f*. **-2.** [zum Turnen] tapis *m*.
Matterhorn *das* Cervin *m*.
Matt|scheibe *die (ohne Pl) fam* petit écran *m*.
Matura *die (ohne Pl)* baccalauréat *m (en Suisse et Autriche)* .
Mätzchen *Pl fam* caprices *mpl*.
mau *fam* ◇ *Adj* **-1.** [unwohl]: **sich ~ fühlen** être mal fichu(e). **-2.** [Geschäftslage] pas fameux(euse). ◇ *Adv* [schlecht]: **die Geschäfte gehen ~** les affaires ne sont pas fameuses.
Mauer (*Pl* **-n**) *die* mur *m*.
Mauerblümchen (*Pl* -) *das*: **~ sein** faire tapisserie.
mauern ◇ *intr* **-1.** [bauen] monter un mur. **-2.** SPORT bétonner. ◇ *tr* [bauen] construire.
Mauer|segler *der* martinet *m*.
Mauer|werk *das (ohne Pl)* maçonnerie *f*.
Maul (*Pl* **Mäuler**) *das* gueule *f*; **das ~ (weit) aufreißen** *salopp fig* ouvrir sa (grande) gueule.
maulen *intr fam abw* râler.
Maul|esel *der* mulet *m*.
Maul|held *der fam abw* bluffeur *m*.
Maul|korb *der* muselière *f*.
Maul|tasche *die spécialité souabe faite d'une poche de pâte farcie et servie dans du bouillon.*
Maul|tier *das* mulet *m*.
Maul|trommel *die* guimbarde *f*.
Maul-und Klauen|seuche *die (ohne Pl)* fièvre *f* aphteuse.
Maul|wurf *der* taupe *f*.
Maulwurfs|hügel *der* taupinière *f*.
maunzen *intr* miauler.
Maurer, in (*mPl* -; *fPl* **-nen**) *der, die* maçon *m*.
Maurer|kelle *die* truelle *f*.
Mauretanien *nt* Mauritanie *f*.
Mauretanier, in [maure'ta:niɐ, rın] (*mPl* -; *fPl* **-nen**) *der, die* Mauritanien *m*, -enne *f*.
mauretanisch *Adj* mauritanien(enne).
Maus (*Pl* **Mäuse**) *die* souris *f*; **graue ~** *fam abw* & *fig* femme *f* insignifiante; **weiße Mäuse sehen** *fam* être complètement rond(e).
◆ **Mäuse** *Pl salopp* [Geld] fric *m*.
mauscheln *intr fam* **-1.** *abw* [in Politik, Geschäften] magouiller. **-2.** [beim Spiel] tricher. **-3.** [nuscheln] marmonner.
Mause|falle *die* souricière *f*.
mausen *tr fam* piquer.
Mauser *die (ohne Pl)* mue *f*; **in der ~** en mue.
mausern
◆ **sich mausern** *ref* **-1.** [Vögel] muer. **-2.** *fam* [Person] se transformer.
mausetot *Adj fam* raide mort(e).
Maut|gebühr *die Österr* péage *m*.
Maut|stelle *die Österr* péage *m*.
m.a.W. *Abk für* **mit anderen Worten**.
max. (*Abk für* **maximal**) max.
maximal ◇ *Adj* maximal(e). ◇ *Adv* au maximum; **~ ausgelastet sein** être au maximum.
Maximal|wert *der* valeur *f* maximale, plafond *m fig*.
maximieren *tr* maximaliser, maximiser.
Maximum (*Pl* **Maxima**) *das* maximum *m*; **das ~ an Sicherheit** la sécurité maximum.
Mayonnaise [majɔ'nɛ:zə] (*Pl* **-n**) *die* mayonnaise *f*.
Mäzen, in (*mPl* **-e**; *fPl* **-nen**) *der, die* mécène *m*.
MB (*Abk für* **Megabyte**) Mo.
Mbyte (*Pl* **-s**) *das* EDV (*Abk für* **Megabyte**) Mo *m*.
MdB (*Abk für* **Mitglied des Bundestags**) membre *m* du Parlement (allemand).
MdEP (*Abk für* **Mitglied des Europäischen Parlaments**) *das* député *m* au Parlement européen.
MdL (*Abk für* **Mitglied des Landtags**) membre *m* de l'Assemblée du Land.
MDR (*Abk für* **Mitteldeutscher Rundfunk**) *der (ohne Pl) radio couvrant la zone de l'ex-RDA.*
m. E. *Abk für* **meines Erachtens**.
Mechanik (*Pl* **-en**) *die* **-1.** *(ohne Pl)* [als Fach, von Geräten] mécanique *f*. **-2.** [Mechanismus] mécanisme *m*.
Mechaniker, in (*mPl* -; *fPl* **-nen**) *der, die* mécanicien *m*, -enne *f*.
mechanisch ◇ *Adj* **-1.** [gen] mécanique. **-2.** [gedankenlos] machinal(e). ◇ *Adv* **-1.** [automatisch] mécaniquement. **-2.** [gedankenlos] machinalement.
Mechanismus (*Pl* **Mechanismen**) *der* **-1.** [gen] mécanisme *m*. **-2.** [von Institutionen] rouages *mpl*.
meckern *intr* **-1.** [Ziege] bêler. **-2.** *fam* [nörgeln]: **über jn/etw ~** râler contre qqn/qqch.
Mecki (*Pl* **-s**), **Mecki|schnitt** *der* brosse *f*, coupe *f* en brosse.

Meckl. (*Abk für* **Mecklenburg**) Mecklembourg.

Mecklenburger (*Pl* -) ◇ *der* Mecklembourgeois *m*. ◇ *Adj (unver)* du Mecklembourg.

Mecklenburgerin (*Pl* **-nen**) *die* Mecklembourgeoise *f*.

Mecklenburger Seenplatte *die* plateau *m* lacustre du Mecklembourg.

mecklenburgisch *Adj* de Mecklembourg.

Mecklenburg-Vorpommern *nt* Mecklembourg-Poméranie occidentale *m*.

Medaille [me'daljə] (*Pl* **-n**) *die* médaille *f*.

Medaillen|spiegel *der* SPORT palmarès *m* ODER tableau *m* des médailles.

Medaillon [medalj'ɔŋ] (*Pl* **-s**) *das* médaillon *m*.

Medien *Pl* **-1.** [Kommunikationsmittel] médias *mpl*. **-2.** [im Unterricht]: **(audiovisuelle) ~** supports *mpl* (audiovisuels).

Medien|verbund *der* système *m* multi-médias.

Medikament (*Pl* **-e**) *das* médicament *m*; **ein ~ gegen etw** un médicament contre ODER pour qqch.

Meditation (*Pl* **-en**) *die* méditation *f*.

meditieren *intr* méditer.

Medium ['meːdiʊm] (*Pl* **Medien**) **-1.** [Kommunikationsmittel] média *m*. **-2.** [Person] médium *mf*. **-3.** PHYS & CHEM milieu *m*. **-4.** [Kunst, Sprache, Musik] truchement *m*.

Medizin *die (ohne Pl)* **-1.** [Heilkunde] médecine *f*; **Student der ~** étudiant *m* en médecine. **-2.** *fam* [Medikament] médicament *m*.

Medizin|ball *der* medicine-ball *m*.

Mediziner, in (*mPl* **-**; *fPl* **-nen**) *der, die* médecin *m*.

medizinisch ◇ *Adj* médical(e); [Salbe, Bad] traitant(e). ◇ *Adv* médicalement.

Meer (*Pl* **-e**) *das* **-1.** [Ozean] mer *f*; **ans ~ fahren** aller à la mer. **-2.** *geh* [Menge]: **ein ~ von** un océan de.

◆ **am Meer** *Adv* à la mer; **am ~ wohnen** habiter au bord de la mer.

Meer|enge *die* détroit *m*.

Meeresfrüchte *Pl* fruits *mpl* de mer.

Meeres|grund *der* fond *m* marin.

◆ **auf dem Meeresgrund** *Adv* au fond de la mer.

Meeres|spiegel *der (ohne Pl)* niveau *m* de la mer; **50 Meter über/unter dem ~** 50 mètres au-dessus/en dessous du niveau de la mer.

Meerjung|frau *die* sirène *f*.

Meer|katze *die* cercopithèque *m*.

Meer|rettich *der* raifort *m*.

Meer|salz *das (ohne Pl)* sel *m* marin.

Meerschweinchen (*Pl* -) *das* cochon *m* d'Inde, cobaye *m*.

Meer|wasser *das (ohne Pl)* eau *f* de mer.

Meeting ['miːtɪŋ] (*Pl* **-s**) *das* meeting *m*.

Megabyte (*Pl* **-s**) *das* EDV mégaoctet *m*.

Mega|hertz *das* mégahertz *m*.

Megaphon [mega'foːn] (*Pl* **-e**) *das* mégaphone *m*.

Mehl *das* **-1.** [zum Backen] farine *f*. **-2.** [von Holz, Knochen] poudre *f*.

mehlig ◇ *Adj* **-1.** [Hände, Apfel, Kartoffel] farineux(euse). **-2.** [Haut, Gesicht] laiteux(euse). ◇ *Adv* [wie Mehl]: **~ schmecken** avoir un goût farineux.

Mehlschwitze (*Pl* **-n**) *die* roux *m (culinaire)*.

Mehl|speise *die plat salé ou sucré à base de farine*.

Mehl|tau *der (ohne Pl)* mildiou *m*.

mehr ◇ *Pron* **-1.** [Komparativ von viel] plus de; **~ Zucker** plus de sucre; **~ Zuschauer** plus de spectateurs; **~ wollen** en vouloir plus. **-2.** [übrig]: **keiner ~** plus personne; **es ist keiner ~ da** il n'y a plus personne; **nichts ~** plus rien; **es gibt nichts ~** il n'y a plus rien. ◇ *Adv* **-1.** [Komparativ von viel] plus; **~ nicht**? pas plus?; **~ arbeiten als früher** travailler plus qu'avant. **-2.** [eher]: **~ Ingenieur als Manager sein** être plutôt ingénieur que manager. **-3.** [wieder]: **nie ~** plus jamais; **das werde ich nie ~ sagen** je ne le dirai plus jamais. **-4.** *RW*: **immer ~, ~ und ~** de plus en plus; **~ oder weniger** plus ou moins.

Mehr|arbeit *die (ohne Pl)* travail *m* supplémentaire.

Mehr|aufwand *der (ohne Pl)* [von Kosten] surcroît *m* de dépenses.

Mehrausgaben *Pl* dépenses *fpl* supplémentaires.

mehrdeutig *Adj* ambigu(uë).

Mehr|einnahme *die* excédent *m* de recettes.

mehren *tr* multiplier.

◆ **sich mehren** *ref* se multiplier.

mehrere ◇ *Num* plusieurs. ◇ *Pron* plusieurs; **ich habe ~** j'en ai plusieurs.

◆ **mehreres** *Pron* diverses choses *fpl*.

◆ **zu mehreren** *Adv* à plusieurs.

mehrfach ◇ *Adj* plusieurs; **~er Sieger** plusieurs fois champion. ◇ *Adv* à plusieurs reprises.

Mehrfache *das (ohne Pl)* **-1.** MATH multiple *m*. **-2.** [an Kosten] excédent *m*.

Mehrfamilien|haus *das maison où résident plusieurs familles*.

mehrfarbig ◇ *Adj* multicolore. ◇ *Adv* avec ODER de plusieurs couleurs.

Mehrheit (*Pl* **-en**) *die* majorité *f*; **mit großer/knapper ~** avec une forte/faible majorité.
◆ **absolute Mehrheit** *die*: **die absolute ~** la majorité absolue.
mehrheitlich ◇ *Adj* majoritaire. ◇ *Adv* à la majorité *(des voix)*.
Mehrheits|beschluß *der* décision *f* prise à la majorité (des voix).
mehrheitsfähig *Adj* susceptible d'emporter la majorité des voix.
mehrjährig *Adj* de plusieurs années; [Pflanzen] pluriannuel(elle).
Mehr|kampf *der* épreuves *fpl* combinées d'athlétisme.
Mehrkorn|brot *das* pain *m* multicéréales.
Mehr|kosten *Pl* frais *mpl* supplémentaires.
mehrmalig *Adj* répété(e).
mehrmals *Adv* plusieurs fois.
mehrsprachig ◇ *Adj* [Wörterbuch] multilingue; [Person] polyglotte; [Unterhaltung] en plusieurs langues. ◇ *Adv* en plusieurs langues; [aufwachsen] dans un milieu multilingue.
mehrstimmig ◇ *Adj* polyphonique. ◇ *Adv* à plusieurs voix.
mehrstöckig ◇ *Adj* à plusieurs étages. ◇ *Adv*: **~ bauen** construire une maison à plusieurs étages.
mehrtägig *Adj* de plusieurs jours.
mehrteilig *Adj* à épisodes.
Mehrwert|steuer *die (ohne Pl)* taxe *f* sur la valeur ajoutée, TVA *f*.
mehrwöchig *Adj* de plusieurs semaines.
Mehrz. (*Abk für* **Mehrzahl**) maj.
Mehr|zahl *die (ohne Pl)* **-1.** [von Personen, Gegenständen] majorité *f*. **-2.** [Plural] pluriel *m*.
Mehrzweck|halle *die* salle *f* polyvalente.
meiden (*Prät* **mied**, *Perf* **hat gemieden**) *tr geh* éviter.
◆ **sich meiden** *ref* s'éviter.
Meile (*Pl* **-n**) *die* mille *m*; **... ~n gegen den Wind** *fam abw* & *fig* à ... lieues à la ronde.
Meilen|stein *der geh* jalon *m*.
meilenweit *Adv* sur ODER à des kilomètres.
mein, e *Det* mon, ma, mes.
meine, r, s ◇ *Pron* le mien, la mienne, les miens, les miennes. ◇ *Det* → **mein**.
Mein|eid *der* parjure *m*; **einen ~ leisten** commettre un parjure.
meinen ◇ *tr* **-1.** [denken] penser. **-2.** [glauben] croire. **-3.** [sagen] dire; **etw zu jm ~** dire qqch à qqn; **was meinst du dazu**? qu'en dis-tu?; **so war das nicht gemeint** ce n'est pas ce que je voulais dire; **etw ironisch/wörtlich/böse ~** dire qqch ironiquement/au sens propre/méchamment. **-4.** [im Auge haben]: **jn ~** viser qqn; **es gut/ehrlich mit jm ~** vouloir du bien à/agir honnêtement envers qqn. ◇ *intr*: **wie Sie ~** comme vous voulez; **ich meine ja nur!** ce que j'en dis!
meiner *Pron (Genitiv von ich)* de moi.
meinerseits *Adv* pour ma part; **ganz ~** tout le plaisir est pour moi.
meinesgleichen *Pron* mes semblables *mpl*.
meinetwegen *Adv* **-1.** [wegen mir] à cause de moi. **-2.** [für mich] pour moi. **-3.** [von mir aus] d'accord.
◆ **(also) meinetwegen!** *Interj* bon, d'accord!
meinetwillen
◆ **um meinetwillen** *Adv* par égard pour moi.
meinige (*Pl* **-n**) *Pron (mit Artikel)* mien(enne).
Meinung (*Pl* **-en**) *die* opinion *f*, avis *m*; **seine ~ äußern** donner son avis; **der ~ sein, daß** être d'avis que; **einer** ODER **derselben ~ sein** être d'accord; **die öffentliche ~** l'opinion publique; **jm die ~ sagen** *fam fig* dire ses quatre vérités à qqn; **js ~ nach** d'après qqn.
Meinungs|austausch *der (ohne Pl)* débat *m*.
Meinungs|forschung *die* sondage *m* d'opinion.
Meinungs|freiheit *die (ohne Pl)* liberté *f* d'expression.
Meinungsum|frage *die* sondage *m* d'opinion.
Meinungsverschiedenheit (*Pl* **-en**) *die* désaccord *m*; **~en haben** être en désaccord.
Meise (*Pl* **-n**) *die* mésange *f*; **'ne/eine ~ haben** *salopp fig* avoir une araignée dans le plafond.
Meißel (*Pl* **-**) *der* burin *m*.
meißeln *intr* & *tr* travailler au burin.
meist *Adv* en général.
◆ **am meisten** *Adv* le plus; **das am ~en verkaufte Auto** la voiture la plus vendue.
meistbietend ◇ *Adj*: **~e Käufer** enchérisseur *m*, -euse *f*. ◇ *Adv* au plus offrant; **~ versteigern** vendre au plus offrant.
meiste ◇ *Num*: **das ~ Geld** la plus grande partie de l'argent; **die ~n Bücher** la plupart des livres. ◇ *Pron* presque tout.
◆ **die meisten** *Pron* la plupart.
meistens *Adv* généralement.
Meister (*Pl* **-**) *der* **-1.** [gen] maître *m*; **seinen ~ machen** *fam* passer maître. **-2.** SPORT champion *m*; **(deutscher) ~ werden** être champion (d'Allemagne).
meisterhaft ◇ *Adj* magistral(e). ◇ *Adv* magistralement.
Meisterin (*Pl* **-nen**) *die* SPORT championne *f*.
meistern *tr* maîtriser; [Problem] dominer.
Meister|prüfung *die* examen *m* de maîtrise.
Meisterschaft (*Pl* **-en**) *die* **-1.** SPORT championnat *m*. **-2.** *(ohne Pl)* [Können] maîtrise *f*.

Meisterwerk *das* chef-d'œuvre *m*.
meistgekauft *Adj* le plus vendu, la plus vendue.
Mekka *nt* La Mecque.
melancholisch [melaŋ'ko:lɪʃ] ◇ *Adj* mélancolique. ◇ *Adv* d'un air mélancolique.
Meldeamt *das bureau de déclaration de domicile.*
Meldefrist *die* délai *m* d'inscription.
melden *tr* **-1.** [bei Behörde, Versicherung]: **etw (bei jm) ~** déclarer qqch (à qqn). **-2.** [in Medien, Besucher] annoncer; **nichts/nicht viel zu ~ haben** *fam fig* ne rien avoir/ne pas avoir grand chose à dire.
◆ **sich melden -1.** [sich zeigen] se manifester; [Schüler] lever la main. **-2.** [Nachricht geben] donner de ses nouvelles; **sich bei jm ~** se présenter chez qqn. **-3.** [am Telefon] s'annoncer; **es meldet sich niemand** personne ne répond. **-4.** [an Rezeption, auf Amt] se présenter; **sich freiwillig zu etw ~** se porter volontaire pour faire qqch.
meldepflichtig *Adj* soumis(e) à déclaration.
Meldeschluß *der (ohne Pl)* clôture *f* des inscriptions.
Meldung (*Pl* **-en**) *die* **-1.** [Nachricht] information *f*; **weitere ~en des Tages** le reste de l'actualité. **-2.** [amtlich, von Unfall] déclaration *f*. **-3.** [zu Wettkampf] inscription *f*. **-4.** [von Verdächtigen, Vorkommnissen] dénonciation *f*.
Melisse (*Pl* **-n**) *die* mélisse *f*.
melken (*Prät* **melkte** ODER **molk,** *Perf* **hat gemolken**) ◇ *tr* **-1.** [Tier] traire. **-2.** *salopp* [Person] taper. ◇ *intr* traire.
Melodie [melo'di:] (*Pl* **-n**) *die* mélodie *f*.
melodisch ◇ *Adj* mélodieux(euse). ◇ *Adv* mélodieusement.
melodramatisch *Adj* mélodramatique.
Melone (*Pl* **-n**) *die* melon *m*.
Membran (*Pl* **-en**) *die* membrane *f*.
Memme (*Pl* **-n**) *die fam abw* dégonflé *m*, -e *f*.
Memoiren [me'moa:rən] *Pl* Mémoires *mpl*.
Memorandum (*Pl* **-den**) *das* mémorandum *m*.
Memory ['mɛmɔri:] (*Pl* **Memories**) *die* EDV: **extended ~** mémoire *f* étendue.
Menge (*Pl* **-n**) *die* **-1.** [Anzahl, Vielzahl] quantité *f*; **die doppelte/dreifache ~** deux/trois fois plus. **-2.** *(ohne Pl)* [Menschenmasse] foule *f*. **-3.** MATH ensemble *m*.
◆ **eine ganze Menge** *Adv fam* un paquet; **eine ganze ~ Geld** un paquet d'argent.
◆ **in rauhen Mengen** *Adv fam* : **Geld in rauhen ~n** plein d'argent.
◆ **jede Menge** *Adv fam* des tas; **jede ~ Arbeit** un tas de travail; **jede ~ Leute** des tas de gens.
Mengenangabe *die* indication *f* de la quantité, donnée *f* quantitative.
Mengenlehre *die (ohne Pl)* MATH théorie *f* des ensembles.
mengenmäßig ◇ *Adj* quantitatif(ive). ◇ *Adv* en quantité.
Mengenrabatt *der* rabais *m* de gros.
Mengenverhältnis *das* proportion *f*.
Meniskus (*Pl* **Menisken**) *der* ménisque *m*.
Mensa (*Pl* **Mensen**) *die* UNI restaurant *m* universitaire.
Mensch (*Pl* **-en**) *der* **-1.** [Lebewesen] homme *m*; **Männer sind auch ~en** les hommes sont aussi des êtres humains. **-2.** [Person] personne *f*.
◆ **kein Mensch** *Pron*: **kein ~ war da** il n'y avait personne.
◆ **Mensch!** *Interj fam* [wütend] bon sang!; [begeistert] ma parole!
Menschenalter *das (ohne Pl)* durée *f* de vie moyenne (d'un homme).
Menschenfresser, in (*mPl* **-**; *fPl* **-nen**) *der, die fam* cannibale *mf*.
Menschengedenken
◆ **seit Menschengedenken** *Adv* de mémoire d'homme.
Menschenhandel *der (ohne Pl)* trafic *m* d'êtres humains.
Menschenhaß *der (ohne Pl)* misanthropie *f*.
Menschenkenntnis *die (ohne Pl)* psychologie *f*.
Menschenleben *das* vie *f* humaine.
menschenleer *Adj* désert(e).
Menschenmenge *die* foule *f*.
Menschenrechte *Pl* droits *mpl* de l'homme.
menschenscheu *Adj* [Mensch] sauvage; [Tier] farouche.
Menschenseele
◆ **keine Menschenseele** *Pron* pas âme qui vive.
menschenunwürdig *Adj* inhumain(e).
Menschenverstand *der*: **der gesunde ~** le bon sens.
Menschenwürde *die (ohne Pl)* dignité *f* humaine.
Menschheit *die (ohne Pl)* humanité *f*.
menschlich ◇ *Adj* humain(e). ◇ *Adv* [human] humainement.
Menstruation (*Pl* **-en**) *die* MED menstruation *f*.
mental ◇ *Adj* mental(e). ◇ *Adv* mentalement.
Mentalität (*Pl* **-en**) *die* mentalité *f*.
Menthol *das (ohne Pl)* menthol *m*.
Menü (*Pl* **-s**) *das* menu *m*.
Menuett (*Pl* **-e** ODER **-s**) *das* menuet *m*.
Meridian (*Pl* **-e**) *der* GEOGR & ASTRO méridien *m*.
Merkblatt *das* notice *f*.

merken *tr* remarquer; **du merkst aber auch alles!** *fam iron* on ne peut vraiment rien te cacher!; **sich** *(D)* **etw ~** retenir qqch.

merklich ◇ *Adj* sensible; [Änderung] net (nette). ◇ *Adv* sensiblement; [sich verändern] nettement.

Merk|mal (*Pl* **-e**) *das* caractéristique *f*; **besonderes ~** signe *m* particulier.

Merk|satz *der* moyen *m* mnémotechnique.

Merkur *der (ohne Pl)* Mercure *nt*.

merkwürdig ◇ *Adj* curieux(euse). ◇ *Adv* curieusement.

Merk|zettel *der* pense-bête *m*.

meßbar *Adj* mesurable.

Meß|becher *der* verre *m* gradué.

Meß|daten *Pl* mesures *fpl*.

Meß|diener, in *der, die* enfant *m* de chœur, servant *m* de messe.

Messe (*Pl* **-n**) *die* **-1.** [Gottesdienst] messe *f*. **-2.** [Ausstellung] salon *m*, foire *f*.

Messe|besucher, in *der, die* visiteur *m*, -euse *f* d'un salon ODER d'une foire.

Messe|gelände *das* parc *m* des expositions.

Messe|halle *die* hall *m* d'exposition.

messen (*Präs* **mißt**, *Prät* **maß**, *Perf* **hat gemessen**) ◇ *tr* mesurer; [Temperatur] prendre. ◇ *intr* [groß sein] mesurer.

◆ **sich messen** *ref geh* [sich vergleichen]: **sich mit jm (in etw** *(D)***) ~** se mesurer à qqn (en qqch).

Messer (*Pl* -) *das* couteau *m*; **jn ans ~ liefern** *fam fig* livrer qqn à la mort.

◆ **bis aufs Messer** *Adv fam fig* avec acharnement.

messerscharf ◇ *Adj* **-1.** [scharf] tranchant(e). **-2.** *fam* [Verstand] aigu(uë). ◇ *Adv fam* [scharfsinnig] avec sagacité.

Messerstecherei (*Pl* **-en**) *die* bagarre *f* au couteau.

Messe|stand *der* stand *m* d'exposition.

Messing *das (ohne Pl)* laiton *m*.

Messung (*Pl* **-en**) *die* mesure *f*.

Metall (*Pl* **-e**) *das* métal *m*.

Metall|arbeiter, in *der, die* métallurgiste *mf*.

Metall|industrie *die* métallurgie *f*.

metallisch *Adj* métallique.

Metamorphose [metamɔrˈfoːzə] (*Pl* **-n**) *die* métamorphose *f*.

Metapher [meˈtafɐ] (*Pl* **-n**) *die* métaphore *f*.

Metastase (*Pl* **-n**) *die* métastase *f*.

Meteor (*Pl* **-e**) *der* météore *m*.

Meteorit (*Pl* **-e** ODER **-en**) *der* météorite *f*.

Meteorologe (*Pl* **-n**) *der* météorologiste *m*.

Meteorologin (*Pl* **-nen**) *die* météorologiste *f*.

meteorologisch ◇ *Adj* météorologique. ◇ *Adv* par la météorologie.

Meter (*Pl* -) *der* ODER *das* mètre *m*; **zwei ~ breit/hoch/lang/tief sein** faire deux mètres de large/haut/long/profondeur.

meterdick ◇ *Adj* de plusieurs mètres d'épaisseur. ◇ *Adv*: **der Schnee liegt ~** la couche de neige fait plus d'un mètre d'épaisseur.

meterhoch ◇ *Adj* de plusieurs mètres de haut; **die Wellen sind ~** les vagues font plusieurs mètres de haut. ◇ *Adv* sur plusieurs mètres de hauteur.

meterlang ◇ *Adj* de plusieurs mètres de long; **der Balken ist ~** la poutre fait plusieurs mètres de long. ◇ *Adv* sur plusieurs mètres de long.

Meter|maß *das* mètre *m (pliant)*.

Meter|ware *die (ohne Pl)* marchandise *f* vendue au mètre.

Methan *das (ohne Pl)* méthane *m*.

Methode (*Pl* **-n**) *die* méthode *f*.

methodisch ◇ *Adj* méthodique. ◇ *Adv* méthodiquement.

Methodist, in (*mPl* **-en**; *fPl* **-nen**) *der, die* méthodiste *mf*.

Metier [meˈti̯eː] (*Pl* **-s**) *das* métier *m*.

Metronom (*Pl* **-e**) *das* métronome *m*.

Metropole (*Pl* **-n**) *die geh* métropole *f*.

Mett *das (ohne Pl) Norddt viande de porc hachée et épicée que l'on mange crue.*

Mett|wurst *die* saucisse *f* à tartiner.

Metz *nt* Metz.

Metzger (*Pl* -) *der Süddt* & *Schweiz* boucher *m*.

Metzgerei (*Pl* **-en**) *die Süddt* & *Schweiz* boucherie *f*.

Metzgerin (*Pl* **-nen**) *die Süddt* & *Schweiz* bouchère *f*.

Meute (*Pl* **-n**) *die* **-1.** [Hunde] meute *f*. **-2.** *fam* [Menschen] bande *f*.

Meuterei (*Pl* **-en**) *die* mutinerie *f*.

meutern *intr* **-1.** [Besatzung, Gefangene] se mutiner. **-2.** *fam* [Kinder, Versammlung] se rebiffer, regimber.

Mexikaner, in (*mPl* -; *fPl* **-nen**) *der, die* Mexicain *m*, -e *f*.

mexikanisch ◇ *Adj* mexicain(e). ◇ *Adv* à la mexicaine.

Mexiko *nt* Mexique *m*; **in ~** au Mexique.

Mexiko-City *nt* Mexico.

MEZ (*Abk für* **mitteleuropäische Zeit**) *die (ohne Pl)* heure *f* de l'Europe centrale.

MFG *Abk für* **Mitfahrgelegenheit**.

MfS (*Abk für* **Ministerium für Staatssicherheit (DDR)**) *das (ohne Pl) ministère de la sécurité de l'État de l'ex-RDA.*

mg (*Abk für* **Milligramm**) mg.
MG (*Pl* **-s**) *das Abk für* **Maschinengewehr**.
mhd. *Abk für* **mittelhochdeutsch**.
MHz (*Abk für* **Megahertz**) MHz.
Mi. (*Abk für* **Mittwoch**) mer.
miauen *intr* miauler.
mich *Pron (Akkusativ)* **-1.** [Personalpronomen] me, m', moi; **er stellt ~ vor** il me présente; **ruf ~ an** appelle-moi; **man hat ~ gehört** on m'a entendu. **-2.** [Reflexivpronomen] me, m'.
mickerig *Adj fam abw* rabougri(e).
mied *Prät* → **meiden**.
Mieder (*Pl* -) *das* **-1.** [Unterwäsche] corset *m*. **-2.** [von Kleidern] corselet *m*.
Mief *der (ohne Pl) fam* remugle *m*.
Miene (*Pl* **-n**) *die* mine *f*; **gute ~ zum bösen Spiel machen** faire contre mauvaise fortune bon cœur; **keine ~ verziehen** ne pas broncher.
Mienen|spiel *das (ohne Pl)* jeu *m* de physionomie.
mies *fam* ◇ *Adj* pourri(e). ◇ *Adv*: **sich ~ fühlen** être mal fichu(e).
Miese *Pl fam* découvert *m*; **in den ~n sein** être à découvert; **~ machen** [geschäftlich] perdre de l'argent.
mies|machen *tr fam abw* gâcher.
Mies|muschel *die* moule *f*.
Miete (*Pl* **-n**) *die* loyer *m*; **zur ~ wohnen** être locataire.
mieten *tr*: **(sich** *(D)***) etw ~** louer qqch, prendre qqch en location.
Mieter (*Pl* -) *der* locataire *m*.
Miet|erhöhung *die* augmentation *f* de loyer.
Mieterin (*Pl* **-nen**) *die* locataire *f*.
Mieter|schutz *der (ohne Pl)* défense *f* des locataires.
mietfrei ◇ *Adj*: **eine ~e Wohnung** un appartement gratuit. ◇ *Adv* à titre gratuit.
Miet|preis *der* loyer *m*.
Miet|recht *das (ohne Pl)* législation *f* sur les baux d'habitation.
Miets|haus *das* immeuble *m*.
Miets|kaserne *die fam abw* grand ensemble *m*.
Miet|verhältnis *das amt* bail *m*.
Miet|vertrag *der* contrat *m* de location; [für Wohnung, Geschäft] bail *m*.
Miet|wagen *der* voiture *f* de location.
Miet|wohnung *die* appartement *m* en location.
Mieze (*Pl* **-n**) *die* **-1.** *fam* [Katze] minet *m*. **-2.** *salopp abw* [Mädchen, Frau] minette *f*.
Migräne *die (ohne Pl)* migraine *f*.
Mikro (*pl* **-s**) *das* micro *m*.
Mikro|chip *der* puce *f*.
Mikro|computer *der* micro-ordinateur *m*.
Mikro|elektronik *die (ohne Pl)* micro-électronique *f*.
Mikrofiche ['mikrofi:ʃ] (*Pl* **-s**) *der* ODER *das* micro-fiche *f*.
Mikro|film *der* micro-film *m*.
Mikrofon, **Mikrophon** (*Pl* **-e**) *das* microphone *m*.
Mikro|kosmos *der (ohne Pl)* microcosme *m*.
Mikro|organismus ['mikroɔrga'nɪsmʊs] *der* micro-organisme *m*.
Mikro|prozessor *der* EDV microprocesseur *m*.
Mikroskop (*Pl* **-e**) *das* microscope *m*.
mikroskopisch ◇ *Adj* microscopique. ◇ *Adv* **-1.** [mit einem Mikroskop] au microscope. **-2.** [winzig]: **~ klein** microscopique.
Mikrowellen|herd *der* four *m* à micro-ondes.
Mil. *Abk für* **Militär**.
Milbe (*Pl* **-n**) *die* acarien *m*.
Milch *die (ohne Pl)* lait *m*.
Milch|flasche *die* [im Handel] bouteille *f* de lait; [für Säugling] biberon *m*.
milchig ◇ *Adj* laiteux(euse). ◇ *Adv* comme du lait.
Milch|kanne *die* bidon *m* de lait.
Milch|kuh *die* vache *f* laitière.
Milchmädchen|rechnung *die fam fig* mauvais calculs *mpl*.
Milch|mann (*Pl* **-männer**) *der fam* laitier *m*.
Milch|produkt *das* produit *m* laitier, laitage *m*.
Milch|pulver *das* lait *m* en poudre.
Milch|reis *der (ohne Pl)* riz *m* au lait.
Milchshake (*Pl* **-s**) *der* milk-shake *m*.
Milchstraße *die* ASTRO voie *f* lactée.
Milch|suppe *die* soupe *f* au lait.
Milch|zahn *der* dent *m* de lait.
mild, **milde** ◇ *Adj* doux (douce); [Urteil] clément(e). ◇ *Adv* **-1.** [gnädig] avec indulgence; **~ lächeln** avoir un doux sourire. **-2.** [nicht scharf]: **~ würzen** épicer légèrement.
Milde *die (ohne Pl)* douceur *f*; [von Urteil] clémence *f*.
mildern *tr* **-1.** [gen] atténuer. **-2.** [Wut, Zorn] apaiser.
◆ **sich mildern** *ref* **-1.** [Wut, Zorn] s'apaiser. **-2.** [Klima] s'adoucir.
Milderung *die (ohne Pl)* **-1.** [gen] atténuation *f*. **-2.** [von Wut, Zorn] apaisement *m*.
Milieu [mi'li̯ø:] (*Pl* **-s**) *das* milieu *m*.
militant ◇ *Adj* militant(e). ◇ *Adv* radicalement.

Militär (*Pl* **-s**) ◇ *das (ohne Pl)* armée *f*. ◇ *der* militaire *m*.
Militär|bündnis *das* alliance *f* militaire.
Militär|dienst *der (ohne Pl)* service *m* militaire.
militärisch ◇ *Adj* militaire. ◇ *Adv* militairement.
militaristisch *Adj* militariste.
Militär|regierung *die* gouvernement *m* militaire.
Miliz (*Pl* **-en**) *die* milice *f*.
Milliardär, in (*mPl* **-e**; *fPl* **-nen**) *der, die* milliardaire *mf*.
Milliarde (*Pl* **-n**) *die* milliard *m*.
Milli|gramm *das* milligramme *m*.
Milli|liter *der* millilitre *m*.
Milli|meter *der* millimètre *m*.
Millimeter|papier *das (ohne Pl)* papier *m* millimétré ODER millimétrique.
Million (*Pl* **-en**) *die* million *m*.
Millionär, in (*mPl* **-e**; *fPl* **-nen**) *der, die* millionnaire *mf*.
Millionen|betrag *der* somme *f* de plusieurs millions.
Millionen|stadt *die* mégapole *f*, mégalopole *f*.
Milz (*Pl* **-en**) *die* rate *f*.
mimen *tr*: **den Unschuldigen ~** faire l'innocent.
Mimik *die (ohne Pl)* mimique *f*.
mimisch ◇ *Adj* mimique. ◇ *Adv*: **~ darstellen** exprimer par des mimiques.
Mimose (*Pl* **-n**) *die* **-1.** [Pflanze] mimosa *m*. **-2.** *abw* [Mensch] grand sensible *m*, grande sensible *f*.
min, Min *Abk für* **Minute**.
min. *Abk für* **minimal**.
minder *Adv geh* moins.
◆ **nicht minder** *Adv* pas moins.
minderbemittelt ◇ *Adj* **-1.** [arm] indigent(e). **-2.** *salopp abw* [wenig intelligent] limité(e). ◇ *Adv* [arm] dans l'indigence.
mindere, r, s *Adj* moindre; **eine ~ Ware** une marchandise de qualité moindre.
Minderheit (*Pl* **-en**) *die* minorité *f*; **in der ~ sein** être en minorité.
minderjährig *Adj* mineur(e).
Minderjährige (*Pl* **-n**) *der, die* mineur *m*, -e *f*.
mindern *tr* réduire.
◆ **sich mindern** *ref* diminuer.
Minderung (*Pl* **-en**) *die* baisse *f*.
minderwertig ◇ *Adj* de qualité inférieure. ◇ *Adv*: **sich ~ fühlen** se sentir inférieur(e).
Minderwertigkeits|komplex *der* complexe *m* d'infériorité.
Minder|zahl *die (ohne Pl)*: **in der ~ sein** être en minorité.
Mindest|alter *das (ohne Pl)* âge *m* minimum.
Mindestan|forderung *die* exigence *f* minimale.
mindeste, r, s *Adj* moindre; **das ist das ~** c'est la moindre des choses.
◆ **nicht im mindesten** *Adv* pas le moins du monde.
mindestens *Adv* au moins.
Mindest|lohn *der* salaire *m* minimum.
Mindest|maß *das* minimum *m*.
Mine (*Pl* **-n**) *die* mine *f*.
Mineral (*Pl* **-e** ODER **-ien**) *das* minéral *m*.
mineralhaltig *Adj* riche en minéraux.
mineralisch *Adj* minéral(e).
Mineral|öl *das* huile *f* minérale.
Mineral|wasser *das* eau *f* minérale.
mini *Adv*: **in ~** en mini-jupe.
Mini (*Pl* **-s**) ◇ *das (ohne Pl & ohne Artikel)* [Mode] mode *f* mini, mini *m*. ◇ *der fam* [Rock] mini-jupe *f*.
Miniatur (*Pl* **-en**) *die* miniature *f*.
Mini|golf *das (ohne Pl)* minigolf *m*.
minimal ◇ *Adj* minimum. ◇ *Adv* un minimum.
Minimum (*Pl* **Minima**) *das* minimum *m*.
Minister (*Pl* **-**) *der* ministre *m*; **~ des Inneren/der Finanzen** ministre de l'Intérieur/des Finances.
ministeriell ◇ *Adj* ministériel(elle). ◇ *Adv* par la voie ministérielle.
Ministerin (*Pl* **-nen**) *die* ministre *m*.
Ministerium [minɪs'teːriʊm] (*Pl* **Ministerien**) *das* ministère *m*; **~ des Inneren/der Finanzen** ministère de l'Intérieur/des Finances.
Minister|präsident, in *der, die* **-1.** [eines Bundeslandes] ministre-président *m*. **-2.** [Premierminister] Premier ministre *m*.
Minister|rat (*Pl* **-räte**) *der* conseil *m* des ministres.
Ministrant, in (*mPl* **-en**; *fPl* **-nen**) *der, die* enfant *m* de chœur.
Minne|sänger *der* troubadour *m*.
Minsk *nt* Minsk.
minus ◇ *Präp* moins. ◇ *Adv*: **~ dreizehn (Grad)** moins treize (degrés). ◇ *Konj*: **zehn ~ drei** dix moins trois.
Minus *das (ohne Pl)* **-1.** [Fehlbetrag] déficit *m*; **im ~ stehen** être à découvert. **-2.** [Zeichen] moins *m*, signe *m* négatif.
Minus|pol *der (ohne Pl)* pôle *m* négatif.
Minus|punkt *der* point *m* négatif, désavantage *m*.

Minute (*Pl* **-n**) *die* minute *f*; **in letzter ~** à la dernière minute; **auf die ~ pünktlich** *fam* pile à l'heure.
minutenlang ◇ *Adj* de plusieurs minutes. ◇ *Adv* plusieurs minutes.
Minutenlzeiger *der* grande aiguille *f*.
minutiös, minuziös [minu'tsiø:s] *geh* ◇ *Adj* minutieux(euse). ◇ *Adv* minutieusement, avec minutie.
Minze (*Pl* **-n**) *die* menthe *f*.
Mio. *Abk für* **Million**.
mir *Pron (Dativ)* **-1.** [Personalpronomen] me, m', moi; **er gibt ~ etw** il me donne qqch; **verzeih' ~** pardonne-moi; **jd hat ~ etw gegeben** qqn m'a donné qqch; **~ nichts, dir nichts** *fig* sans crier gare. **-2.** [Reflexivpronomen] me, m'.
Mirabelle (*Pl* **-n**) *die* mirabelle *f*.
Mirakel (*Pl* **-**) *das geh* miracle *m*.
Mischlbrot *das* pain *m* bis.
mischen *tr* mélanger; **etw mit etw ~** mélanger qqch à qqch, mélanger qqch et qqch; **etw in** ODER **unter etw** *(A)* **~** mélanger qqch à qqch. ◆ **sich mischen** *ref*: **sich unter etw** *(A)* **~** se mêler à qqch; **sich in etw** *(A)* **~** se mêler de qqch.
Mischling (*Pl* **-e**) *der* **-1.** [Tier] bâtard *m*. **-2.** [Mensch] métis *m*, -isse *f*.
Mischmasch (*Pl* **-e**) *der fam abw* méli-mélo *m*.
Mischlpult *das* table *m* de mixage.
Mischung (*Pl* **-en**) *die* mélange *m*.
Mischungslverhältnis *das* proportion *f*.
Mischlwald *der forêt d'arbres à feuilles caduques et de conifères*.
miserabel ◇ *Adj* minable. ◇ *Adv* de façon minable; **sich ~ benehmer** se comporter comme un(e) minable; **sich ~ fühlen** se sentir mal.
Misere (*Pl* **-n**) *die geh* misère *f*.
mißachten *tr* **-1.** [Vorschrift, Regel] ne pas observer. **-2.** [Person] n'avoir aucun respect pour.
Mißlbehagen *das (ohne Pl)* malaise *m*; **etw bereitet jm ~** qqch met qqn mal à l'aise.
mißbilligen *tr* désapprouver.
Mißlbrauch abus *m*; **sexueller ~** abus sexuel.
mißbrauchen *tr*: **jn/etw ~** abuser de qqn/qqch.
mißdeuten *tr* mal interpréter.
missen *tr*: **etw ~** se passer de qqch; **etw nicht (mehr) ~ wollen** ne pas vouloir se passer de qqch.
Mißlerfolg *der* échec *m*.
Mißlernte *die* mauvaise récolte *f*.
mißfallen (*Präs* **mißfällt**, *Prät* **mißfiel**, *Perf* **hat mißfallen**) *intr* déplaire.
Mißfallen *das (ohne Pl)* mécontentement *m*.
mißgebildet *Adj* malformé(e).
Mißlgeburt *die* avorton *m*, monstre *m*.
Mißlgeschick *das* malchance *f*; **jm passiert ein ~** il arrive une mésaventure à qqn.
mißglücken (*Perf* **ist mißglückt**) *intr* échouer; **jm mißglückt etw** qqn rate qqch.
mißgönnen *tr*: **jm etw ~** envier qqch à qqn.
Mißlgriff *der* erreur *f*.
Mißlgunst *die (ohne Pl)* envie *f*.
mißgünstig ◇ *Adj* envieux(euse). ◇ *Adv* jalousement.
mißhandeln *tr* maltraiter.
Mißlhandlung *die* mauvais traitement *m*.
Mission (*Pl* **-en**) *die* mission *f*; **in geheimer ~** en mission secrète.
missionieren ◇ *intr* être missionnaire. ◇ *tr* évangéliser.
Mississippi *der* Mississippi *m*.
Mißlkredit *der (ohne Pl)*: **jn in ~ bringen** discréditer qqn; **in ~ geraten** ODER **kommen** tomber en discrédit.
mißlingen (*Prät* **mißlang**, *Perf* **ist mißlungen**) *intr* échouer; **jm mißlingt etw** qqn rate qqch.
mißmutig ◇ *Adj* grincheux(euse). ◇ *Adv* d'un air grognon; [antworten] d'un ton grognon.
mißraten (*Präs* **mißrät**, *Prät* **mißriet**, *Perf* **ist mißraten**) ◇ *intr* échouer; **jm mißrät etw** qqn rate qqch. ◇ *Adj* raté(e).
Mißlstand *der* situation *f* intenable.
mißt *Präs* → **messen**.
mißtrauen *intr*: **jm/etw ~** se méfier de qqn/qqch.
Mißtrauen *das (ohne Pl)* méfiance *f*; **js ~ wekken** éveiller la méfiance de qqn.
Mißtrauenslantrag *der* motion *f* de censure.
Mißtrauenslvotum *das* vote *m* de défiance.
mißtrauisch ◇ *Adj* méfiant(e); **jm gegenüber ~ sein** se méfier de qqn. ◇ *Adv* avec méfiance.
Mißlverhältnis *das* déséquilibre *m*.
mißverständlich ◇ *Adj* ambigu (ambiguë). ◇ *Adv* de façon ambiguë.
Mißlverständnis *das* malentendu *m*; **ein ~ klären** dissiper un malentendu.
mißlverstehen *tr (unreg)* mal comprendre.
Mißlwirtschaft *die (ohne Pl)* mauvaise gestion *f*.
Mist *der (ohne Pl)* **-1.** [Dung] fumier *m*. **-2.** *fam abw* [Plunder] fourbi *m*. **-3.** *fam abw* [Blödsinn] conneries *fpl*; **~ machen** ODER **bauen** *fam* faire des conneries.
◆ **so ein Mist!** *Interj fam* quelle merde!
Mistel (*Pl* **-n**) *die* gui *m*.
Mistlhaufen *der* tas *m* de fumier.

Mistlkäfer *der* boursier *m*.

mit ◇ *Präp (+ D)* **-1.** [gen] avec; **einen Fleck ~ Wasser auswaschen** enlever une tache avec de l'eau; **~ Zucker** avec du sucre. **-2.** [instrumental] par; **~ dem Zug/der Post** par le train/la poste; **~ dem Auto/Flugzeug** en voiture/avion. **-3.** [Angabe eines Bestandteils, eines Charakteristikums] à; **ein Mann ~ Schnurrbart** un moustachu; **der Mann ~ dem Schnurrbart** l'homme à la moustache; **ein Auto ~ ABS-System** une voiture avec système ABS; **eine Frau ~ Hut** une femme avec un chapeau. **-4.** [zur Angabe des Zeitpunktes]: **~ 18 Jahren** à 18 ans; **~ diesen Worten** à ces mots; **~ den Hühnern schlafen gehen** se coucher avec les poules; **~ den Jahren** avec le temps. ◇ *Adv* **-1.** *fam* [zusammen mit anderen] aussi; **sie weiß ~ Bescheid** elle est aussi au courant; **ich warte noch ~ auf den Zug** j'attends le train avec toi ODER vous; **~ dabei** parmi nous. **-2.** [in Vertretung, anstelle]: **für jn ~** pour qqn. **-3.** *(+ Superl) fam* [unter anderen, anderem]: **sie war ~ eine der Schönsten** elle était parmi les plus belles; **das war ~ das Schönste** c'était une des plus belles choses.

Mitlarbeit *die (ohne Pl)* collaboration *f*.

mitlarbeiten *intr* **-1.** [in einem Bereich] coopérer; **an etw** *(D)* ODER **bei etw ~** coopérer à qqch. **-2.** [in der Schule] participer.

Mitlarbeiter, in *der, die* collaborateur *m*, -trice *f*.

◆ **freie Mitarbeiter** *der* free-lance *m*.

mitlbekommen *tr (unreg)* **-1.** [verstehen] comprendre. **-2.** [aufschnappen]: **etw von etw ~** savoir qqch de qqch; **nicht viel ~** ne pas remarquer grand-chose. **-3.** [bekommen] recevoir.

mitlbenutzen, **mitlbenützen** *tr* partager.

mitlbestimmen ◇ *intr*: **bei etw ~** participer à qqch; [im Betrieb] cogérer qqch. ◇ *tr*: **etw ~** participer à qqch.

Mitbelstimmung *die (ohne Pl)* cogestion *f*.

Mitbestimmungslrecht *das* droit *m* de cogestion.

Mitlbewohner, in *der, die personne avec laquelle on partage un appartement ou une maison.*

mitlbringen *tr (unreg)* **-1.** [Gegenstand] apporter; [vom Einkauf] **rapporter**. **-2.** [Person, Tier] amener. **-3.** [Fähigkeit, Eigenschaft] **présenter**.

Mitbringsel *(Pl -) das fam* petit cadeau *m*.

Mitlbürger, in *der, die* concitoyen *m*, -enne *f*.

mitldenken *intr (unreg)* **-1.** [sich konzentrieren] écouter attentivement. **-2.** [mit Überlegung] participer à la réflexion.

Mitleigentümer, in *der, die* copropriétaire *mf*.

miteinander *Adv* ensemble; **zwei Sachen ~ verbinden** lier deux choses; **nicht mehr ~ reden** ne plus se parler.

◆ **alle miteinander** *Pron* tous ensemble.

Miteinander *das (ohne Pl)* fait *m* d'être ensemble, cohabitation *f*.

mitlempfinden *tr (unreg)*: **etw ~ können** ressentir qqch.

mitlerleben *tr* assister à; **etw aus nächster Nähe ~** être le témoin direct de qqch.

Mitesser *(Pl -) der* point *m* noir.

mitlfahren *(Perf* **ist mitgefahren**) *intr (unreg)*: **(mit** ODER **bei jm) ~** aller avec qqn *(à bord du même véhicule)*.

Mitfahrlgelegenheit *die place dans une voiture avec participation aux frais d'essence.*

Mitfahrlzentrale, **Mitfahrerlzentrale** *die* agence *f* de covoiturage, ≃ Allô Stop.

mitlfühlen ◇ *intr*: **mit jm ~** partager les sentiments de qqn. ◇ *tr* partager.

mitfühlend ◇ *Adj* compatissant(e). ◇ *Adv* de manière compatissante.

mitlgeben *tr (unreg)* donner.

Mitlgefühl *das (ohne Pl)* compassion *f*.

mitlgehen *(Perf* **ist mitgegangen**) *intr (unreg)* **-1.** [mitkommen]: **(mit jm) ~** accompagner qqn. **-2.** [Publikum] suivre avec enthousiasme; **mit etw ~** se laisser emporter par qqch. **-3.** [Dieb]: **etw ~ lassen** chaparder qqch.

mitgenommen ◇ *PP* → **mitnehmen**. ◇ *Adj fam* fatigué(e); **~ aussehen** avoir l'air épuisé.

Mitgift *(Pl* **-en**) *die* dot *f*.

Mitgl. *(Abk für* **Mitglied**) mbre *m*.

Mitlglied *das* membre *m*.

Mitgliedslbeitrag *der* cotisation *f*.

Mitgliedschaft *(Pl* **-en**) *die* [in Krankenkasse] affiliation *f*; [in Verein] adhésion *f*.

Mitgliedlstaat, **Mitgliedslstaat** *der* État-membre *m*.

mitlhalten *intr (unreg)* tenir le coup; **mit jm (nicht) ~ können** (ne pas) pouvoir rivaliser avec qqn.

Mitlhilfe *die (ohne Pl)* aide *f*.

mitlhören ◇ *intr* écouter. ◇ *tr* entendre.

mitlkommen *(Perf* **ist mitgekommen**) *intr (unreg)* **-1.** [gemeinsam kommen]: **(mit jm) ~** accompagner qqn; **kommst du mit?** tu viens? **-2.** [eintreffen] arriver. **-3.** *fam* [folgen können] arriver à suivre; **da komme ich nicht (mehr) mit!** *fam* je n'y comprends (plus) rien!

mitllaufen *(Perf* **ist mitgelaufen**) *intr (unreg) fam* : **mit jm ~** accompagner qqn.

Mitlläufer, in *der, die abw* sympathisant *m*, -e *f*.

Mitllaut *der* consonne *f*.

Mitlleid *das (ohne Pl)* pitié *f*; **mit jm ~ haben** ODER **empfinden** avoir pitié de qqn.

Mitleidenschaft *die (ohne Pl)*: **jn/etw in ~ ziehen** qqn/qqch doit supporter les conséquences de.
mitleidig ◇ *Adj* compatissant(e). ◇ *Adv* avec compassion.
mitmachen ◇ *tr* **-1.** [Spiel] participer à; [Mode] suivre. **-2.** [erledigen]: **für jn etw ~** faire qqch pour qqn. **-3.** [aushalten] supporter; **etw nicht mehr (länger) ~** ne plus pouvoir supporter qqch; **jd hat schon viel mitgemacht** qqn en a déjà vu de toutes les couleurs. ◇ *intr* [sich beteiligen] participer; **bei etw (nicht) ~** (ne pas) participer à qqch.
Mitmenschen *Pl* prochains *mpl*.
mitmischen *intr fam* mettre son grain de sel; **bei etw ~** *fam* se mêler de qqch.
mitnehmen *tr (unreg)* **-1.** [mit sich nehmen - Person] emmener; [- Gegenstand] emporter; **sich** *(D)* **etw ~** emporter qqch; **wieder ~** remporter. **-2.** [psychisch] affecter; [physisch] épuiser. **-3.** *fam* [kaufen, stehlen] prendre. **-4.** *fam* [wahrnehmen]: **etw ~** profiter de qqch.
mitrechnen ◇ *intr* calculer en même temps. ◇ *tr* compter.
mitreden ◇ *intr*: **~ können** être à même de discuter. ◇ *tr*: **da habe ich auch noch ein Wörtchen mitzureden** à ce sujet, j'ai encore mon mot à dire.
Mitreisende *(Pl* **-n**) *der, die* compagnon de voyage *m*, compagne de voyage *f*.
mitreißen *tr (unreg)* **-1.** [begeistern] entraîner; [Zuschauer] galvaniser. **-2.** [Subj: Lawine, Flut] emporter.
mitsamt *Präp (+D)* avec.
mitschneiden *tr (unreg)* enregistrer.
mitschreiben *(unreg)* ◇ *tr* **-1.** [Vorlesung, Rede] prendre des notes de. **-2.** [Arbeit]: **eine Klassenarbeit ~** faire un devoir sur table. ◇ *intr* [festhalten] prendre des notes.
Mitschuld *die (ohne Pl)* complicité *f*.
mitschuldig *Adj*: **(an etw** *(D)***) ~ sein** [Verbrechen] être complice (de qqch); [Unglück] porter une part de responsabilité (dans qqch).
Mitschüler, in *der, die* camarade *mf* de classe.
mitsein *(Perf* **ist mitgewesen**) *intr (unreg) fam* : **sie war mit im Kino** elle m'a accompagné(e) au cinéma.
mitspielen ◇ *intr* **-1.** [in Orchester, Film, Gruppe]: **bei etw ~** jouer dans qqch. **-2.** [Faktor, Überlegung]: **bei etw ~** jouer un rôle dans qqch. **-3.** *fam* [mitmachen]: **bei etw ~** apporter son concours à qqch. **-4.** *RW*: **jm übel ~** jouer un mauvais tour à qqn. ◇ *tr* [Spiel] participer à.
Mitspieler, in *der, die* coéquipier *m*, -ère *f*.
Mitspracherecht *das* droit *m* d'intervention; **ein/kein ~ bei etw haben** être/ne pas être consulté(e) sur qqch.
Mitt. *Abk für* **Mitteilung**.
mittag *Adv*: **gestern/heute/morgen ~** hier/ce/demain midi.
Mittag *(Pl* **-e**) *der* midi *m*; **am ~** à midi; **über ~** pendant midi; **zu ~ essen** déjeuner.
Mittagessen *das* déjeuner *m*, repas *m* de midi.
mittags *Adv* à midi.
Mittagspause *die* pause *f* de midi.
Mittagsschlaf *der* sieste *f*.
Mittagstisch *der geh* table *f* du déjeuner; **beim Mittagstisch sitzen** être à table pour le déjeuner.
Mittagszeit *die* midi *m*.
Mitte *(Pl* **-n**) *die* milieu *m*; **in der ~** au milieu; **jn in die ~ nehmen** mettre qqn au milieu; **~ vierzig sein** avoir autour de quarante cinq ans; **~ nächster Woche** au milieu de la semaine prochaine.
mitteilen *tr*: **jm etw ~** faire part de qqch à qqn.
◆ **sich mitteilen** *ref geh* se communiquer.
Mitteilung *die* information *f*; **jm eine ~ machen** informer qqn; **eine amtliche/schriftliche ~** un courrier officiel/écrit.
Mittel *(Pl* -) *das* **-1.** [Hilfsmittel] moyen *m*; **mit allen ~n** par tous les moyens; **das ~ zum Zweck** le moyen de parvenir à mes/tes/ses etc fins. **-2.** [zur Reinigung, Pflege] produit *m*. **-3.** [Medikament] remède *m*; **ein ~ gegen etw** un remède contre qqch.
◆ **Mittel** *Pl* [Geldmittel] moyens *mpl* financiers; **öffentliche ~** fonds *mpl* publics.
Mittelalter *das (ohne Pl)* Moyen Âge *m*.
mittelalterlich ◇ *Adj* médiéval(e); *abw* moyenâgeux(euse). ◇ *Adv* comme au Moyen Âge.
Mittelamerika *nt* Amérique *f* centrale.
mittelbar ◇ *Adj* indirect(e). ◇ *Adv* indirectement.
Mittelding *das fam* intermédiaire *m*; **das** ODER **ein ~ zwischen etw** *(D)* **und etw** *(D)* un intermédiaire entre qqch et qqch.
Mittelfeld *das* SPORT centre *m* du terrain.
Mittelfinger *der* majeur *m*.
mittelfristig *Adj* & *Adv* à moyen terme.
Mittelgebirge *das* moyenne montagne *f*.
Mittelgewicht *das* poids *m* moyen.
mittelgroß *Adj* de taille moyenne.
Mittelklassewagen *der* voiture *f* de catégorie moyenne.
Mittellinie *die* ligne *f* médiane.
mittellos *Adj* démuni(e).

Mittel|maß *das abw* moyenne *f*.
mittelmäßig *abw* ◇ *Adj* médiocre; [Leistung]: **~ sein** être passable. ◇ *Adv* passablement.
Mittel|meer *das (ohne Pl)* mer *f* Méditerranée, Méditerranée *f*.
Mittelohr|entzündung *die* otite *f* moyenne.
mittelprächtig *fam* ◇ *Adj* moyen(enne). ◇ *Adv* moyennement.
Mittel|punkt *der* centre *m*; **im ~ stehen** [Gegenstand] être le centre d'intérêt; [Person] être le point de mire.
mittels *Präp geh*: **~ einer Sache** *(G)* au moyen de qqch.
Mittel|scheitel *der* raie *f* au milieu.
Mittel|schicht *die* classe *f* moyenne.
Mittels|mann *(Pl* **-männer**) *der* intermédiaire *m*.
Mittel|stand *der* bourgeoisie *f*.
mittelständisch *Adj* de taille moyenne; **~es Unternehmen** entreprise *f* moyenne.
Mittel|streifen *der* terre-plein *m* central.
Mittel|stürmer, in *der, die* avant-centre *mf*.
Mittel|weg *der* moyen terme *m*; **einen ~ finden** trouver un moyen terme; **der goldene ~** le juste milieu.
Mittel|welle *die* ondes *fpl* moyennes.
Mittel|wert *der* moyenne *f*.
mitten *Adv*: **~ auf** en plein milieu de; **~ durch** à travers; **~ in** en plein; **~ unter** parmi; **~ am Tag/in der Nacht** en plein jour/pleine nuit.
mittendrin *Adv*: **~ (in)** en plein milieu (de), au beau milieu (de).
mittendurch *Adv* à travers.
Mitter|nacht *die (ohne Pl)* minuit *m*.
mitternächtlich *Adj* (autour) de minuit.
mitternachts *Adv* à minuit.
Mittler *(Pl* -) *der geh* médiateur *m*.
mittlere, r, s *Adj* **-1.** [durchschnittlich] moyen (enne). **-2.** [in der Mitte] du milieu.
Mittlere Osten *der* Moyen-Orient *m*.
Mittlerin *(Pl* **-nen**) *die geh* médiatrice.
mittlerweile *Adv* **-1.** [inzwischen] entre-temps. **-2.** [jetzt] maintenant.
Mitt|vierziger, in *der, die* personne *f* d'environ quarante-cinq ans.
Mittwoch *(Pl* **-e**) *der* mercredi *m*; *siehe auch* **Samstag**.
mittwochs *Adv* le mercredi; *siehe auch* **samstags**.
mitunter *Adv* parfois.
mitverantwortlich *Adj* coresponsable.
mit|verdienen *intr*: **seine Frau muß ~** il faut que sa femme travaille aussi.
mit|wirken *intr*: **(bei etw) ~** collaborer (à qqch).
Mitwirkende *(Pl* **-n**) *der, die geh* coopérateur *m*, -trice *f*; [Theater] acteur *m*, -trice *f*.
Mitwisser, in *(mPl* **-**; *fPl* **-nen**) *der, die* complice *mf*.
Mitwohn|zentrale *die agence qui gère la location d'appartements destinés à être partagés.*
mit|zählen ◇ *tr* compter, inclure. ◇ *intr* compter ensemble.
mixen *tr* mixer.
Mixer *(Pl* -) *der* **-1.** [Maschine] mixer *m*. **-2.** [Barmann] barman *m*.
Mixerin *(Pl* **-nen**) *die* barmaid *f*.
Mix|getränk *das* cocktail *m*.
Mixtur *(Pl* **-en**) *die* **-1.** [Getränk, Medikament] mixture *f*. **-2.** *abw* [Mischung] mélange *m*.
ml *(Abk für* **Milliliter**) ml.
mm *(Abk für* **Millimeter**) mm.
Mo. *(Abk für* **Montag**) lun.
Mob *der (ohne Pl) fam* populace *f*.
Möbel *(Pl* -) *das* meuble *m*.
Möbel|politur *die* encaustique *f*.
Möbel|stück *das geh* meuble *m*.
Möbel|wagen *der* camion *m* de déménagement.
mobil *Adj* **-1.** [beweglich] mobile. **-2.** [munter] alerte, vif (vive); **jn ~ machen** *fam* [munter machen] mettre qqn d'attaque; MIL **mobiliser qqn**; **etw ~ machen** *fam* [aufbieten] mobiliser qqch.
Mobile *(Pl* **-s**) *das* mobile *m*.
Mobiliar *(Pl* **-e**) *das* mobilier *m*.
mobilisieren ◇ *tr* mobiliser. ◇ *intr* se mobiliser.
Mobilität *die (ohne Pl)* mobilité *f*.
Mobilmachung *(Pl* **-en**) *die* MIL mobilisation *f*.
möblieren *tr* meubler.
möbliert *Adj* meublé(e).
mochte *Prät* → **mögen**.
Modalität *(Pl* **-en**) *die geh* modalité *f*.
Mode *(Pl* **-n**) *die* mode *f*; **die neueste ~** la dernière mode.
Mode|farbe *die* couleur *f* à la mode.
Mode|haus *das* maison *f* de mode.
Model *(Pl* **-s**) *das* mannequin *m*.
Modell *(Pl* **-e**) *das* **-1.** [gen] modèle *m*; **~ stehen** poser. **-2.** [Callgirl] hôtesse *f*.
Modell|eisenbahn *die* train *m* miniature.
Modell|flugzeug *das* avion *m* miniature, maquette *f* d'avion.
modellieren *tr* modeler.
Modem *(Pl* **-s**) *der* ODER *das* EDV modem *m*.
Moden|schau *die* défilé *m* de mode.

Moderator (*Pl* **-ratoren**) *der* animateur *m*.
Moderatorin (*Pl* **-nen**) *die* animatrice *f*.
moderieren *tr* animer.
moderig = **modrig**.
modern[1] (*Perf* **hat/ist gemodert**) *intr* moisir.
modern[2] ◇ *Adj* moderne. ◇ *Adv* de manière moderne.
Moderne *die (ohne Pl)* **-1.** HIST temps *mpl* modernes. **-2.** KUNST modernité *f*.
modernisieren *tr* moderniser.
Modeschmuck *der* bijoux *mpl* fantaisie.
Modeschöpfer, in (*mPl* **-**; *fPl* **-nen**) *der, die* créateur *m*, -trice *f* de mode.
Modezeitschrift *die* magazine *m* de mode.
modisch ◇ *Adj* à la mode, moderne. ◇ *Adv* à la mode.
modrig, moderig *Adj* qui sent le moisi; [Wasser] croupi(e).
Modul (*Pl* **-e**) *das* EDV module *m*.
Modus (*Pl* **Modi**) *der* mode *m*.
Mofa (*Pl* **-s**) *das* mobylette® *f*.
mogeln *intr fam* tricher.
mögen (*Präs* **mag**, *Prät* **mochte**, *Perf* **hat gemocht** ODER **-**) ◇ *tr* **-1.** [gern haben]: **etw ~** aimer qqch; **jn ~** bien aimer qqn; **jn/etw (nicht) ~** (ne pas) aimer qqn/qqch; **jn/etw lieber ~** préférer qqn/qqch. **-2.** [wollen] vouloir; **ich möchte etw** je voudrais qqch; **was möchten Sie**? que désirez-vous? ◇ *intr* vouloir; **ich mag nicht mehr** je n'ai plus envie. ◇ *aux (Perf hat mögen)* **-1.** [wollen] vouloir. **-2.** [können]: **mag sein** c'est possible; **wo mag er wohl sein**? où peut-il bien être?; **was auch kommen mag** quoi qu'il arrive.
möglich ◇ *Adj* possible; **so gut/schnell/früh wie ~** aussi bien/vite/tôt que possible; **so bald wie ~** dès que possible; **ihm/mir ist es nicht ~, etw zu tun** il lui/m'est impossible de faire qqch; **alles ~e** toutes sortes de choses. ◇ *Adv*: **etw ~ machen** rendre qqch possible; **etw für ~ halten** considérer qqch comme possible.
möglicherweise *Adv* il est possible que *(+ subjonctif)*, peut-être.
Möglichkeit (*Pl* **-en**) *die* possibilité *f*; **es besteht die ~, daß** il est possible que *(+ subjonctif)*; **nach ~** si possible.
◆ **Möglichkeiten** *Pl* [Fähigkeiten] possibilités *fpl*.
möglichst *Adv* **-1.** [wenn möglich] si possible. **-2.** [soviel wie möglich]: **~ groß/laut** le plus grand/fort possible; **~ viel** le plus possible.
Mohammedaner, in (*mPl* **-**; *fPl* **-nen**) *der, die* Musulman *m*, -e *f*.
mohammedanisch *Adj* musulman(e).
Mohn (*Pl* **-e**) *der* pavot *m*.
Mohnblume *die* coquelicot *m*.
Mohnbrötchen *das* petit pain *m* au pavot.
Mohnsemmel *die* petit pain *m* au pavot.
Möhre (*Pl* **-n**) *die* carotte *f*.
Mohrenkopf *der* KÜCHE **-1.** [Negerkuß] ≃ tête *f* de nègre. **-2.** [Gebäck] profiterole *f*.
Mokassin, Mokassin (*Pl* **-s** ODER **-e**) *der* mocassin *m*.
mokieren
◆ **sich mokieren** *ref*: **sich über etw** *(A)* **~** se moquer de qqch.
Mokka (*Pl* **-s**) *der* moka *m*.
Molch (*Pl* **-e**) *der* triton *m*.
Moldau *die* Moldau *f*.
Moldawien *nt* Moldavie *f*.
Mole (*Pl* **-n**) *die* môle *m*.
Molekül (*Pl* **-e**) *das* molécule *f*.
molk *Prät* → **melken**.
Molke *die (ohne Pl)* petit-lait *m*.
Molkerei (*Pl* **-en**) *die* laiterie *f*.
Moll *das (ohne Pl)* MUS mineur *m*.
mollig *Adj* potelé(e).
Molotowcocktail ['mɔlotɔfkɔkteːl] *der* cocktail *m* Molotov.
Moment (*Pl* **-e**) ◇ *der* moment *m*; [kurz] instant *m*; **im ~** pour le moment; **jeden ~** à tout instant; **~** ODER **einen ~, bitte!** un instant, s'il vous plaît!; **~!, ~ mal!** *fam* un instant! ◇ *das* facteur *m*.
momentan ◇ *Adj* momentané(e). ◇ *Adv* momentanément.
Momentaufnahme *die* **-1.** [Foto] instantané *m*. **-2.** *fig* [Bild] image *f* ponctuelle.
Monaco, Monako *nt* Monaco; **in ~** à Monaco.
Monarchie (*Pl* **-n**) *die* monarchie *f*.
Monarchist, in (*mPl* **-en**; *fPl* **-nen**) *der, die* monarchiste *mf*.
Monat (*Pl* **-e**) *der* mois *m*; **diesen ~** ce mois-ci; **nächsten/vorigen ~** le mois prochain/dernier; **sie ist im fünften ~ (schwanger)** elle est enceinte de cinq mois.
monatelang ◇ *Adj* de plusieurs mois. ◇ *Adv* pendant plusieurs mois.
monatlich ◇ *Adj* mensuel(elle). ◇ *Adv* mensuellement.
Monatsanfang *der* début *m* du mois.
Monatsbinde *die* serviette *f* hygiénique.
Monatseinkommen *das* revenu *m* mensuel.
Monatsende *das* fin *f* du mois.
Monatsgehalt *das* salaire *m* mensuel.
Monatskarte *die* carte *f* mensuelle.
Monatsmiete *die* loyer *m* mensuel.
Monatsrate *die* mensualité *f*.

Mönch (*Pl* **-e**) *der* moine *m*.
Mond (*Pl* **-e**) *der* lune *f*.
mondän ◇ *Adj* mondain(e). ◇ *Adv* dans la mondanité.
Mond|finsternis *die* éclipse *f* de lune.
Mond|landung *die* atterrissage *m* sur la lune, alunissage *m*.
Mond|schein *der* clair *m* de lune.
Mond|sichel *die* croissant *m* de lune.
mondsüchtig *Adj* somnambule.
Monegasse (*Pl* **-n**) *der* Monégasque *m*.
Monegassin (*Pl* **-nen**) *die* Monégasque *f*.
monegassisch *Adj* monégasque.
Moneten *Pl fam* sous *mpl*.
Mongole (*Pl* **-n**) *der* Mongol *m*.
Mongolei *die* Mongolie *f*; **in der ~** en Mongolie.
Mongolin (*Pl* **-nen**) *die* Mongole *f*.
mongolisch *Adj* mongol(e).
mongoloid *Adj* MED mongolien(enne).
monieren *tr geh* critiquer.
Monitor (*Pl* **-toren** ODER **-e**) moniteur *m*; [Bildschirm] écran *m*.
mono ◇ *Adj (unver)* mono. ◇ *Adv* en mono.
Mono *das (ohne Pl)* mono *f*.
monogam ◇ *Adj* monogame. ◇ *Adv* en monogamie.
Monogramm (*Pl* **-e**) *das* monogramme *m*.
Monographie (*Pl* **-n**) *die* monographie *f*.
Monokel (*Pl* **-**) *das* monocle *m*.
Monolog (*Pl* **-e**) *der* monologue *m*.
Monopol (*Pl* **-e**) *das* monopole *m*; **das ~ auf etw** *(A)* **haben** avoir le monopole de qqch.
monoton ◇ *Adj* monotone. ◇ *Adv* d'une voix monotone.
Monster (*Pl* **-**) *das* monstre *m*.
monströs *Adj* monstrueux(euse).
Monstrum (*Pl* **-stren**) *das fam* [riesiges Teil] monstre *m*.
Monsun (*Pl* **-e**) *der* mousson *f*.
Montag (*Pl* **-e**) *der* lundi *m*; **blauen ~ machen** manquer le lundi *(volontairement)*; *siehe auch* Samstag.
Montage [mɔn'taːʒə] (*Pl* **-n**) *die* montage *m*; **auf ~ sein** être en mission.
Montage|band (*Pl* **-bänder**) *das* chaîne *f* de montage.
Montage|halle *die* atelier *m* de montage.
montags *Adv* le lundi; *siehe auch* **samstags**.
Montan|industrie *die* industrie *f* minière.
Montan|union *die* Communauté *f* Européenne du Charbon et de l'Acier.
Montblanc [mõ'blɑ̃ː] *der* Mont-Blanc *m*.
Monteur, in [mɔn'tøːɐ̯, rɪn] (*mPl* **-e**; *fPl* **-nen**) *der, die* monteur *m*, -euse *f*.
montieren *tr* monter.
Montpellier *nt* Montpellier.
Montreal *nt* Montréal.
Montur (*Pl* **-en**) *die fam* tenue *f*.
Monument (*Pl* **-e**) *das* monument *m*.
monumental ◇ *Adj* monumental(e). ◇ *Adv geh* dans un style monumental.
Moor (*Pl* **-e**) *das* marais *m*.
Moor|bad *das* bain *m* de boue.
Moos (*Pl* **-e**) *das* **-1.** [Pflanze] mousse *f*. **-2.** *(ohne Pl) fam* [Geld] fric *m*.
Moped (*Pl* **-s**) *das* cyclomoteur *m*.
Moped|fahrer, in *der, die* cyclomotoriste *mf*.
Mops (*Pl* **Möpse**) *der* **-1.** [Hund] carlin *m*. **-2.** *fam* [Mensch] pot *m* à tabac.
◆ **Möpse** *Pl salopp* [Brüste] nichons *mpl*.
Moral *die (ohne Pl)* morale *f*.
moralisch ◇ *Adj* moral(e). ◇ *Adv* moralement.
Moral|predigt *die*: **jm eine ~ halten** faire la morale à qqn.
Moräne (*Pl* **-n**) *die* moraine *f*.
Morast (*Pl* **-e**) *der* [Sumpf] marécage *m*; [Schlamm] boue *f*.
morastig *Adj* [sumpfig] bourbeux(euse), marécageux(euse); [schlammig] boueux(euse).
Morchel (*Pl* **-n**) *die* morille *f*.
Mord (*Pl* **-e**) *der* meurtre *m*.
Mord|drohung *die* menace *f* de mort.
Mörder, in (*mPl* **-**; *fPl* **-nen**) *der, die* meurtrier *m*, -ère *f*.
mörderisch ◇ *Adj* **-1.** [lebensgefährlich] meurtrier(ère). **-2.** *fam* [groß] terrible. ◇ *Adv* terriblement.
Mord|fall *der* meurtre *m*.
Mord|kommission *die* brigade *f* des homicides.
Mords|kerl *der fam* sacré gaillard *m*, sacrée bonne femme *f*.
mordsmäßig *fam* ◇ *Adj* terrible. ◇ *Adv* terriblement.
Mord|verdacht *der*: **unter ~ stehen** être suspecté(e) de meurtre.
Mord|versuch *der* tentative *f* de meutre.
morgen *Adv* **-1.** [am Tag nach heute, in Zukunft] demain; **bis ~!** à demain!; **~ früh** demain matin. **-2.** [vormittag] matin; **Dienstag ~** mardi matin; **gestern/heute ~** hier/ce matin.
Morgen (*Pl* **-**) *der* matin *m*; **am ~** le matin.
◆ **guten Morgen!** *Interj* bonjour!
morgendlich *Adj* matinal(e).
Morgen|grauen *das* aube *f*.

Morgen|gymnastik *die* gymnastique *f* matinale.
Morgen|mantel *der* robe *f* de chambre.
Morgen|rock *der* robe *f* de chambre.
Morgen|rot *das* aurore *f*.
Morgen|röte *die* aurore *f*.
morgens *Adv* le matin; **von ~ bis abends** du matin au soir.
morgig *Adj* de demain; **der ~e Tag** la journée de demain.
Mormone (*mPl* **-n**) *der* mormon *m*.
Mormonin (*fPl* **-nen**) *die* mormone *f*.
Morphium *das (ohne Pl)* morphine *f*.
morsch *Adj* pourri(e).
morsen ◇ *tr* écrire en morse. ◇ *intr* faire du morse.
Morse|zeichen *das* signe *m* morse.
Mörtel (*Pl* **-**) *der* mortier *m*.
Mosaik (*Pl* **-e** ODER **-en**) *das* mosaïque *f*.
Mosambik *nt* Mozambique *m*; **in ~** au Mozambique.
Moschee [mɔˈʃeː] (*Pl* **-n**) *die* mosquée *f*.
Moschus *der (ohne Pl)* musc *m*.
Mosel *die* Moselle *f*.
Mosel|wein *der* vin *m* de Moselle.
mosern *intr fam* râler.
Moskau *nt* Moscou.
Moskauer (*Pl* **-**) ◇ *der* Moscovite *m*. ◇ *Adj* moscovite.
Moskauerin (*Pl* **-nen**) *die* Moscovite *f*.
Moskito (*Pl* **-s**) *der* moustique *m*.
Moskito|netz *das* moustiquaire *f*.
Moslem (*Pl* **-s**) *der* Musulman *m*.
Moslime (*Pl* **-n**) *die* Musulmane *f*.
Most (*Pl* **-e**) *der* **-1.** [Fruchtsaft] moût *m*. **-2.** *Süddt* [Apfelwein] cidre *m*.
Mostrich *der (ohne Pl) Norddt* moutarde *f*.
Motel, Motel (*Pl* **-s**) *das* motel *m*.
Motiv (*Pl* **-e**) *das* **-1.** [von Taten] mobile *m*. **-2.** [von Bildern] motif *m*. **-3.** [von Kunstwerken] thème *m*.
Motivation [motivaˈtsi̯oːn] (*Pl* **-en**) *die* motivation *f*.
motivieren [motiˈviːrən] *tr*: **jn (zu etw) ~** motiver qqn (pour qqch); **jn ~, etw zu tun** motiver qqn à faire qqch.
Moto-Cross-|Rennen [motoˈkrɔsrɛnən] *das* course *f* de motocross.
Motor, Motor (*Pl* **-toren**) *der* moteur *m*.
Motor|boot *das* bateau *m* à moteur.
Motor|haube *die* capot *m*.
motorisiert *Adj* motorisé(e).
Motor|rad *das* moto *f*.
Motorrad|fahrer, in *der, die* motocycliste *mf*.
Motor|roller *der* scooter *m*.
Motor|säge *die* tronçonneuse *f*.
Motor|schaden *der* panne *f* (de moteur).
Motor|sport *der* sport *m* motorisé.
Motte (*Pl* **-n**) *die* mite *f*.
Motto (*Pl* **-s**) *das* devise *f*; **unter dem ~ stehen** avoir pour mot d'ordre.
motzen *intr fam* râler.
Mountainbike [ˈmauntnbai̯k] (*Pl* **-s**) *das* vélo *m* tout terrain, V.T.T. *m*.
Mount Everest [mauntɛvərɪst] *der* mont *m* Everest, Everest *m*.
Möwe (*Pl* **-n**) *die* mouette *f*.
MP [ɛmˈpiː] (*Pl* **-s**) *die Abk für* **Maschinenpistole**.
Mrd. *Abk für* **Milliarde**.
Ms. *Abk für* **Manuskript**.
MS (*Abk für* **Motorschiff**) bateau *m* à moteur.
MS-DOS® *(ohne Pl) das* EDV MS-DOS® *m*.
MTA (*Pl* **-s**) (*Abk für* **Medizinisch-technische Assistentin**) *die* assistante *f* médicale et laborantine.
mtl. *Abk für* **monatlich**.
Mücke (*Pl* **-n**) *die* moustique *m*.
Mucken *Pl fam* : **(seine) ~ haben** avoir des lubies.
Mücken|stich *der* piqûre *f* de moustique.
Mucks (*Pl* **-e**) *der fam* : **keinen ~ machen** ODER **tun** ODER **von sich geben** ne pas souffler mot ODER broncher; **keinen ~ (mehr) hören** ne pas ODER plus entendre le moindre bruit.
mucksen *intr fam* broncher.
◆ **sich mucksen** *ref fam* : **sich nicht ~** ne pas broncher.
müde ◇ *Adj* fatigué(e). ◇ *Adv* avec lassitude; **nicht ~ werden, etw zu tun** ne pas se lasser de faire qqch.
Müdigkeit *die (ohne Pl)* fatigue *f*.
Muff (*Pl* **-e**) *der* **-1.** [Handwärmer] manchon *m*. **-2.** *(ohne Pl) fam* [Moder] moisi *m*.
muffig ◇ *Adj* **-1.** [modrig] confiné(e). **-2.** *fam* [schlecht gelaunt] bougon(onne). ◇ *Adv*: **~ riechen** sentir le renfermé.
Mühe (*Pl* **-n**) *die* peine *f*; **jm ~ machen** donner de la peine à qqn; **sich** *(D)* **~ machen** se donner du mal; **sich** *(D)* **~ geben** faire un effort; **mit Müh und Not** *fam* à grand-peine.
mühelos ◇ *Adj* facile. ◇ *Adv* sans peine, facilement.
mühevoll ◇ *Adj* pénible. ◇ *Adv* avec peine, difficilement.
Mühle (*Pl* **-n**) *die* **-1.** [gen] moulin *m*. **-2.** [Spiel] *jeu de société où, en alignant trois pions, on peut*

prendre un pion de l'adversaire. **-3.** *fam* [Fahrzeug] tacot *m*.

mühsam ◇ *Adj* pénible, difficile. ◇ *Adv* péniblement.

mühselig ◇ *Adj* pénible, difficile. ◇ *Adv* péniblement.

Mulatte (*Pl* **-n**) *der* mulâtre *m*.

Mulattin (*Pl* **-nen**) *die* mulâtresse *f*.

Mulde (*Pl* **-n**) *die* [Tal] cuvette *f*; [Vertiefung] creux *m*.

Mull (*Pl* **-e**) *der* gaze *f*.

Müll *der (ohne Pl)* ordures *fpl*; **etw in den ~ werfen** ODER **tun** jeter qqch à la poubelle.

Müll|abfuhr *die* ramassage *m* des ordures.

Mull|binde *die* bande *f* de gaze.

Müll|deponie *die* décharge *f*, déchetterie *f*.

Müll|eimer *der* poubelle *f*.

Müller, in (*mPl* **-**; *fPl* **-nen**) *der, die* meunier *m*, -ère *f*.

Müller-Thurgau (*Pl* **-**) *der* **-1.** [Wein] vin *m* de Müller-Thurgau. **-2.** [Rebsorte] cépage *m* de Müller-Thurgau.

Müll|kippe *die fam* décharge *f*.

Müll|mann (*Pl* **-männer**) *der* éboueur *m*.

Müllschlucker (*Pl* **-**) *der* vide-ordures *m inv*.

Müll|tonne *die* poubelle *f*.

Müllverbrennungs|anlage *die* usine *f* d'incinération des ordures.

Müll|wagen *der* camion-poubelle *m*.

mulmig *Adj fam* désagréable; **jm wird ~** qqn se sent mal.

multilateral *Adj amt* multilatéral(e).

Multi|millionär, in *der, die* multimillionnaire *mf*.

Multiplikation (*Pl* **-en**) *die* multiplication *f*.

multiplizieren *tr* multiplier.

Mumie ['muːmi̯ə] (*Pl* **-n**) *die* momie *f*.

Mumm *der (ohne Pl) fam* cran *m*; **~ haben** avoir du cran.

mümmeln *tr* & *intr* grignoter.

Mumps *der (ohne Pl)* MED oreillons *mpl*.

München *nt* Munich.

Münchner (*Pl* **-**) ◇ *der* Munichois *m*. ◇ *Adj (unver)* de Munich, munichois(e).

Münchnerin (*Pl* **-nen**) *die* Munichoise *f*.

Mund (*Pl* **Münder**) *der* bouche *f*; **jn von ~ zu ~ beatmen** faire du bouche à bouche à qqn; **den ~ (nicht) aufmachen** ODER **auftun** *fam fig* (ne pas) ouvrir la bouche; **den ~ voll nehmen** *fam fig* fanfaronner; **den** ODER **seinen ~ halten** *fam fig* la fermer; **in aller ~e sein** *fig* être dans toutes les bouches; **jm nach dem ~ reden** *abw* & *fig* dire à qqn ce qu'il ODER elle a envie d'entendre; **nicht auf den ~ gefallen sein** *fam fig* ne pas avoir sa langue dans sa poche.

Mund|art *die* patois *m*, dialecte *m*.

mundartlich *Adj* dialectal(e).

Mund|dusche *die* bain *m* de bouche.

münden (*Perf* **hat/ist gemündet**) *intr* **-1.** [Fluß]: **in etw** *(A)* **~** se jeter dans qqch. **-2.** [Straße, Handlung] déboucher sur qqch.

Mund|geruch *der* mauvaise haleine *f*.

Mund|harmonika *die* harmonica *m*.

Mund|höhle *die* cavité *f* buccale.

mündig *Adj* **-1.** [volljährig] majeur(e). **-2.** [unabhängig] libre.

mündlich ◇ *Adj* oral(e). ◇ *Adv* oralement.

mundtot *Adj*: **jn ~ machen** faire taire qqn.

Mündung (*Pl* **-en**) *die* **-1.** [Einmündung] embouchure *f*. **-2.** [Öffnung] bouche *f*.

Mund|werk *das (ohne Pl) fam* clapet *m*; **ein loses ~ haben** tenir des propos insolents.

Mund|winkel *der* commissure *f* des lèvres.

Munition (*Pl* **-en**) *die* munitions *fpl*.

munkeln *fam* ◇ *intr* cancaner. ◇ *tr*: **~, daß** raconter que.

Münster (*Pl* **-**) *das* cathédrale *f*.

Münsterland *das* bassin *m* de Munster.

munter ◇ *Adj* **-1.** [wach] éveillé(e); **~ machen** réveiller; **~ sein** être gaillard(e); **~ werden** se réveiller. **-2.** [lebhaft] vif (vive). **-3.** [fröhlich] gai(e). ◇ *Adv* **-1.** [fröhlich] gaiement. **-2.** [unbekümmert] avec insouciance.

Münz|automat *der* distributeur *m (à pièces)*.

Münze (*Pl* **-n**) *die* pièce *f (de monnaie)*; **etw für bare ~ nehmen** *fig* prendre qqch pour argent comptant; **jm etw mit gleicher ~ heimzahlen** *fig* rendre à qqn la monnaie de sa pièce.

münzen *tr* battre monnaie; **auf jn/etw gemünzt sein** *fig* s'adresser à qqn/qqch.

Münzfern|sprecher *der* cabine *f* téléphonique à pièces.

mürbe ◇ *Adj* **-1.** [Material] friable. **-2.** [Nahrung - Fleisch] tendre; [- Obst] fondant(e). **-3.** *fig* [zermürbt]: **jn ~ machen** démoraliser qqn; **~ sein** être moulu(e). ◇ *Adv* [zart]: **Fleisch ~ klopfen** attendrir de la viande.

Mürbe|teig *der* pâte *f* brisée.

Murmel (*Pl* **-n**) *die* bille *f*.

murmeln *intr* & *tr* murmurer.

Murmel|tier *das* marmotte *f*; **schlafen wie ein ~** dormir comme une marmotte.

murren *intr* grogner; **über etw** *(A)* **~** pester contre qqch; **ohne zu ~** sans broncher.

mürrisch ◇ *Adj* bougon(onne). ◇ *Adv* en bougonnant.

Mus (*Pl* **-e**) *das* compote *f*.

Muschel (*Pl* **-n**) *die* **-1.** [Miesmuschel] moule *f*. **-2.** [Schale] coquillage *m*.

Muse (*Pl* **-n**) *die* muse *f*.

Museum (*Pl* **Museen**) *das* musée *m*.

Musical ['mju:zik(ə)l] (*Pl* **-s**) *das* comédie *f* musicale.

Musik (*Pl* **-en**) *die* musique *f*; **~ machen** faire de la musique.

musikalisch ◇ *Adj* **-1.** [Musik betreffend] musical(e). **-2.** [als Begabung] musicien(enne). ◇ *Adv* **-1.** [begabt] pour la musique. **-2.** [singen, spielen] de manière harmonieuse.

Musikant, in (*mPl* **-en**; *fPl* **-nen**) *der, die* musicien *m* de village.

Musik|box *die* juke-boxe *m*.

Musiker, in (*mPl* **-**; *fPl* **-nen**) *der, die* musicien *m*, -enne *f*.

Musikhoch|schule *die* conservatoire *m (de musique)*.

Musik|instrument *das* instrument *m* de musique.

Musik|kapelle *die* fanfare *f*.

Musik|lehrer, in *der, die* professeur *m* de musique.

Musik|unterricht *der (ohne Pl)* cours *m* de musique.

musisch ◇ *Adj* **-1.** [Unterricht, Erziehung] artistique. **-2.** [Mensch] artiste. ◇ *Adv* **-1.** [begabt] pour l'art. **-2.** [kunstvoll] artistement.

musizieren *intr* faire de la musique.

Muskat *der* muscade *f*.

Muskat|nuß *die* noix *f* de muscade.

Muskel (*Pl* **-n**) *der* muscle *m*.

Muskel|kater *der (ohne Pl)* courbatures *fpl*; **(einen) ~ haben** avoir des courbatures.

Muskulatur (*Pl* **-en**) *die* musculature *f*.

muskulös *Adj* musclé(e).

Müsli (*Pl* **-**) *das* muesli *m*.

muß *Präs* → **müssen**.

Muß *das (ohne Pl)* nécessité *f*.

Muße *die (ohne Pl)* temps *m* libre.

müssen (*Präs* **muß**, *Prät* **mußte**, *Perf* **hat gemußt** ODER **-**) ◇ *aux (Perf hat müssen)* **-1.** [gezwungen] devoir; **etw nicht tun ~** ne pas être obligé(e) de faire qqch; **muß das sein**? est-ce indispensable? **-2.** [nötig, dringend]: **etw tun ~** devoir faire qqch; **man müßte ...** il faudrait ... ◇ *intr*: **an einen Ort ~** devoir aller quelque part; **mal ~** *fam fig* avoir envie d'aller aux toilettes.

müßig ◇ *Adj* **-1.** [untätig] oisif(ive). **-2.** [überflüssig] superflu(e). ◇ *Adv* [untätig] sans rien faire.

mußte *Prät* → **müssen**.

Muster (*Pl* **-**) *das* **-1.** [Vorlage, Beispiel] modèle *m*. **-2.** [Musterung] motif *m*. **-3.** [Warenprobe] échantillon *m*.

Musterbei|spiel *das* modèle *m*.

mustergültig ◇ *Adj* exemplaire. ◇ *Adv* de manière exemplaire.

mustern *tr* **-1.** [betrachten] inspecter. **-2.** [Wehrpflichtige]: **gemustert werden** faire ses trois jours.

Musterung (*Pl* **-en**) *die* **-1.** [von Wehrpflichtigen] les trois jours *mpl*. **-2.** [Betrachtung] inspection *f*.

Mut *der (ohne Pl)* **-1.** [Furchtlosigkeit] courage *m*. **-2.** [Zuversicht] confiance *f*; **jm ~ machen** encourager qqn; **den ~ verlieren** perdre courage.

◆ **nur Mut!** *Interj* courage!

Mutation (*Pl* **-en**) *die* mutation *f*.

mutig ◇ *Adj* courageux(euse). ◇ *Adv* courageusement.

mutlos ◇ *Adj* découragé(e). ◇ *Adv* l'air abattu.

mutmaßen *tr* présumer.

mutmaßlich ◇ *Adj* présumé(e). ◇ *Adv* probablement.

Mut|probe *die* épreuve *f* de courage.

Mutter (*Pl* **Mütter** ODER **-n**) *die* **-1.** *(Pl Mütter)* [Frau, Tier] mère *f*. **-2.** *(Pl Muttern)* [von Schrauben] écrou *m*.

mütterlich *Adj* **-1.** [der Mutter eigen] maternel(elle). **-2.** [fürsorgend] prévenant(e).

mütterlicherseits *Adv* du côté maternel.

Mutter|liebe *die* amour *m* maternel.

Mutter|mal *das* tache *f* de naissance.

Mutter|milch *die (ohne Pl)* lait *m* maternel.

Mutterschafts|urlaub *der* congé *m* de maternité.

Mutter|schutz *der (ohne Pl)* protection *f* des mères.

mutterseelenallein ◇ *Adj*: **~ sein** être tout seul, être toute seule. ◇ *Adv*: **sich ~ fühlen** se sentir désespérément seul(e).

Mutter|sprache *die* langue *f* maternelle.

Muttersprachler, in (*mPl* **-**; *fPl* **-nen**) *der, die*: **deutscher ~** personne *f* de langue maternelle allemande.

Mutter|tag *der* fête *f* des mères.

Mutti (*Pl* **-s**) *die fam* maman *f*.

mutwillig ◇ *Adj* volontaire. ◇ *Adv* volontairement.

Mütze (*Pl* **-n**) *die* bonnet *m*, casquette *f*.

m.W. *Abk für* **meines Wissens**.

MW (*Abk für* **Mittelwelle**) *die (ohne Pl)* OM.

MwSt. (*Abk für* **Mehrwertsteuer**) TVA *f*.

Mystik *die (ohne Pl)* mystique *f*.

Mythologie (*Pl* **-n**) *die* mythologie *f*.

Mythos (*Pl* **Mythen**) *der* mythe *m*.

N

n, N [ɛn] (*Pl* - ODER **-s**) *das* n *m inv*, N *m inv*.
◆ **N** (*Abk für* **Nord**) N.
n. *Abk für* **netto**.
na *Interj*: **~!** alors!
◆ **na also!** *Interj* tu vois!, vous voyez!
◆ **na ja!** *Interj* eh bien!
Nabe (*Pl* **-n**) *die* moyeu *m*.
Nabel (*Pl* -) *der* nombril *m*.
Nabel|schnur *die* cordon *m* ombilical.
nach *Präp* (+ *D*) **-1.** [im Anschluß, später] après. **-2.** [zur Angabe der Uhrzeit]: **es ist zehn ~ zwei** il est deux heures dix; **es ist Viertel ~ drei** il est trois heures et quart. **-3.** [räumlich] à; **~ Deutschland/Hamburg fahren** aller en Allemagne/à Hambourg; **~ rechts** à droite; **~ Norden** vers le nord. **-4.** [Angabe eines Maßstabes, einer Quelle] d'après, selon; **~ dieser Regel** selon cette règle; **dem Duden ~** d'après le Duden.
◆ **nach und nach** *Adv* peu à peu.
◆ **nach wie vor** *Adv* aujourd'hui comme hier, toujours.
nach|äffen *tr abw* singer.
nach|ahmen *tr* imiter.
Nachahmung (*Pl* **-en**) *die* imitation *f*.
nach|arbeiten *tr* **-1.** [nachholen] rattraper. **-2.** [verbessern] rectifier.
Nachbar, in (*mPl* **-n**; *fPl* **-nen**) *der, die* voisin *m*, -e *f*.
nachbarlich *Adj* **-1.** [Haus, Garten] voisin(e). **-2.** [Beziehungen] entre voisins.
Nachbar|ort *der* localité *f* voisine.
Nachbarschaft *die (ohne Pl)* voisinage *m*.
nachbarschaftlich *Adj* de voisinage.
nach|behandeln *tr* traiter à nouveau.
nach|bereiten *tr* réviser.
nach|bestellen ◇ *tr* commander de nouveau. ◇ *intr* réassortir.
Nachbe|stellung *die* commande *f* complémentaire, réassort *m*.
nach|beten *tr abw fam* répéter bêtement.
nach|bezahlen *tr* payer ultérieurement.
nach|bilden *tr* reproduire.
Nach|bildung (*Pl* **-en**) *die* reproduction *f*.
nach|blättern *intr*: **in etw** (*D*) **~** feuilleter qqch.
nach|blicken *intr*: **jm ~** suivre qqn des yeux.
nach|datieren *tr* antidater.
nachdem *Konj* après que.
◆ **je nachdem** *Konj* selon que.
nach|denken *intr (unreg)* réfléchir; **über etw** (*A*) **~** réfléchir à qqch.
nachdenklich ◇ *Adj* songeur(euse); **~ machen** rendre pensif(ive). ◇ *Adv* d'un air songeur.
Nach|druck (*Pl* **-e**) *der* **-1.** *(ohne Pl)* [Eindringlichkeit] insistance *f*; **einer Sache** (*D*) **~ verleihen** donner du poids à qqch. **-2.** [von Büchern] réimpression *f*.
◆ **mit Nachdruck** *Adv* avec insistance.
nach|drucken *tr* réimprimer.
nachdrücklich ◇ *Adj* exprès(esse). ◇ *Adv* expressément.
nach|dunkeln (*Perf* **hat/ist nachgedunkelt**) *intr* foncer.
Nach|durst *der (ohne Pl) fam* : **~ haben** avoir la pépie *(après absorption d'alcool)*.
nach|eifern *intr*: **jm ~** suivre l'exemple de qqn.
nacheinander *Adv* **-1.** [als Reihenfolge] l'un (l'une) après l'autre. **-2.** [gegenseitig] l'un (l'une) l'autre.
nach|empfinden *tr (unreg)* [nachfühlen]: **jm etw ~** comprendre ce que qqn ressent; **Freude/Trauer/Wut ~ können** partager la joie/la peine/la colère.
nach|erzählen *tr* raconter.
Nacher|zählung *die* compte-rendu *m*.
Nachf. *Abk für* **Nachfolger**.
Nachfahre (*Pl* **-n**) *der geh* descendant *m*, -e *f*.
nach|fahren (*Perf* **ist nachgefahren**) *intr (unreg)* suivre *(en véhicule)*.
nach|feiern *tr* fêter ultérieurement.
Nach|folge *die (ohne Pl)* succession *f*.
nach|folgen (*Perf* **ist nachgefolgt**) *intr* **-1.** [in Funktion, Amt] succéder à. **-2.** [nachkommen] suivre.
Nachfolger, in (*mPl* **-**; *fPl* **-nen**) *der, die* successeur *m*.
nach|fordern *tr* demander en sus.
nach|forschen *intr* faire des recherches.
Nach|forschung *die* recherches *fpl*; **~en (nach etw) anstellen** entreprendre des recherches (sur qqch).
Nach|frage *die (ohne Pl)* **-1.** WIRTSCH demande *f*. **-2.** [Anfrage]: **danke der** ODER **für die ~** ça va, merci.

nachlfragen *intr* **-1.** [um Auskunft] se renseigner. **-2.** [nachhaken] demander *(avec insistance)*.

nachlfühlen *tr* compatir à; **das kann ich ihm ~** je compatis avec lui.

nachlfüllen *tr* **-1.** [Gefäß] remplir de nouveau. **-2.** [Inhalt] rajouter.

nachlgeben *intr (unreg)* céder.

Nachlgebühr *die (ohne Pl)* surtaxe *f*.

Nachlgeburt *die* **-1.** [Vorgang] délivrance *f*. **-2.** [Gewebe] placenta *m*.

nachlgehen (*Perf* **ist nachgegangen**) *intr (unreg)* **-1.** [folgen]: **jm ~** suivre qqn *(à pied)*. **-2.** [Fragen, Problemen]: **etw** *(D)* **~** se pencher sur qqch. **-3.** [Uhr] retarder. **-4.** [Erinnerung, Erlebnis]: **jm ~** poursuivre qqn. **-5.** [sich widmen]: **einer Sache** *(D)* **~** exercer qqch.

Nachlgeschmack *der (ohne Pl)* arrière-goût *m*.

nachgiebig ◇ *Adj* conciliant(e). ◇ *Adv* avec indulgence.

Nachgiebigkeit *die (ohne Pl)* indulgence *f*.

nachlgießen *tr (unreg)* reverser.

nachlgrübeln *intr*: **über etw ~** ruminer qqch.

nachlgucken *intr fam* regarder.

nachlhaken *intr fam* revenir à la charge.

Nachhall *der (ohne Pl)* écho *m*.

nachhaltig ◇ *Adj* durable. ◇ *Adv* de manière durable.

nachlhängen *intr (unreg)* **-1.** [Gedanken, Erinnerungen] donner libre cours à. **-2.** *fam* [zurückliegen]: **in etw** *(D)* **~** être en retard en ODER pour qqch.

Nachhauselweg *der* chemin *m* du retour.

nachlhelfen *intr (unreg)* **-1.** *fam* [jn antreiben]: **bei jm ~** pousser qqn. **-2.** [helfen]: **jm ~** aider qqn.

nachher, **nachher** *Adv* **-1.** [später] tout à l'heure. **-2.** [anschließend] après.

◆ **bis nachher!** *Interj* à tout à l'heure!

Nachlhilfe *die (ohne Pl)* cours *m* particulier.

Nachhilfelstunde *die* cours *m* particulier.

nachhinein

◆ **im nachhinein** *Adv* après coup, avec du recul.

nachlhinken (*Perf* **ist nachgehinkt**) *intr* **-1.** [folgen]: **jm ~** suivre qqn en boîtant. **-2.** [hinter Entwicklung]: **der Zeit ~** être à la traîne.

Nachhollbedarf *der* besoin *m* de rattraper un manque de qqch; **~ an etw** *(D)* **haben** avoir besoin de rattraper un manque de qqch.

nachlholen *tr* **-1.** [Versäumtes] rattraper. **-2.** [Personen]: **jn ~** faire venir qqn.

Nachhut (*Pl* **-en**) *die* arrière-garde *f*.

nachljagen (*Perf* **ist nachgejagt**) *intr*: **jm/einer Sache ~** pourchasser qqn/qqch.

nachlkaufen *tr*: **etw ~** acheter qqch par la suite.

Nachkomme (*Pl* **-n**) *der* descendant *m*, -e *f*.

nachlkommen (*Perf* **ist nachgekommen**) *intr (unreg)* **-1.** [später kommen] venir plus tard. **-2.** *geh* [Bitten, Wünschen] exaucer. **-3.** [Schritt halten]: **mit der Arbeit nicht ~** ne pas arriver à suivre dans son travail.

Nachkömmling (*Pl* **-e**) *der* petit dernier *m*, petite dernière *f*.

Nachkriegslzeit *die* après-guerre *m* ODER *f*.

Nachlaß (*Pl* **-lasse** ODER **-lässe**) *der* **-1.** [Erbe] héritage *m*. **-2.** [Rabatt] réduction *f*.

nachllassen *(unreg)* ◇ *intr* [schwächer werden - Unwetter, Schmerzen] se calmer; [- Spannung] diminuer; [- Augen, Gehör] baisser; [- Gedächtnis, Anstrengung] faiblir. ◇ *tr* [Preis] faire une réduction de.

nachlässig ◇ *Adj* négligé(e); [Mensch] négligeant(e). ◇ *Adv* de manière négligée.

Nachlässigkeit (*Pl* **-en**) *die* négligence *f*.

nachllaufen (*Perf* **ist nachgelaufen**) *intr (unreg)*: **jm/einer Sache ~** [folgen] suivre qqn/qqch; *fam* [laufen] courir après qqn/qqch.

Nachllese (*Pl* **-n**) *die* [Ernte] grappillage *m*.

nachllesen *tr (unreg)*: **etw ~** se documenter sur qqch.

nachlliefern *tr* livrer ultérieurement.

nachllösen *tr* acheter son billet dans le train.

nachm. *Abk für* **nachmittags**.

nachlmachen *tr fam* **-1.** [nachahmen] imiter; **jm etw ~** imiter qqn en qqch. **-2.** [kopieren]: **etw ~ lassen** faire refaire qqch. **-3.** [nachholen] refaire.

nachlmessen *tr (unreg)* remesurer.

Nachlmieter, in *der, die* nouveau locataire *m*, nouvelle locataire *f*.

nachmittag *Adv* après-midi; **gestern/heute/morgen/Dienstag ~** hier/cet/demain/mardi après-midi.

Nachlmittag *der* après-midi *m* ODER *f*; **am ~** l'après-midi.

nachmittags *Adv* l'après-midi.

Nachmittagsvorlstellung *die* matinée *f*.

Nachn. *Abk für* **Nachnahme**.

Nachnahme (*Pl* **-n**) *die*: **per** ODER **gegen ~** contre remboursement.

Nachnahmelsendung *die* envoi *m* contre remboursement.

Nachlname *der* nom *m* de famille.

nachlplappern *tr fam abw* répéter comme un perroquet.

Nachlporto *das* surtaxe *f* (postale).

nachprüfbar *Adj* vérifiable.

nach|prüfen *tr* **-1.** [kontrollieren] vérifier. **-2.** [in Schule, Uni] faire subir un nouveau contrôle à.

Nach|prüfung *die* **-1.** [Kontrolle] vérification *f*. **-2.** [in Schule, Uni] nouveau contrôle *m*.

nach|rechnen *tr* & *intr* recalculer.

Nach|rede *die*: **üble ~** diffamation *f*.

nach|reichen *tr* remettre ultérieurement.

Nachricht (*Pl* **-en**) *die* nouvelle *f*; **eine ~ von jm** des nouvelles de qqn; **eine ~ für jn hinterlassen** laisser un message pour qqn.
◆ **Nachrichten** *Pl* informations *fpl*.

Nachrichten|agentur *die* agence *f* de presse.

Nachrichten|dienst *der* **-1.** [Geheimdienst] service *m* de renseignements. **-2.** [Nachrichtenagentur] agence *f* de presse.

Nachrichten|sendung *die* magazine *m* d'information.

Nachrichten|sprecher, in *der, die* présentateur de journal *m*, présentatrice de journal *f*.

Nachrichten|technik *die* télécommunications *fpl*.

nach|rücken (*Perf* **ist nachgerückt**) *intr* **-1.** [in Amt, Funktion] prendre la relève. **-2.** [Truppen, Namen auf Liste] avancer.

Nach|ruf *der* article *m* nécrologique.

nach|rüsten ◇ *tr* EDV étendre. ◇ *intr* réarmer.

Nach|rüstung *die* **-1.** [eines Gerätes] mise *f* à niveau. **-2.** [mit Waffen] réarmement *m*.

nach|sagen *tr* **-1.** [behaupten]: **jm etw ~** dire qqch de qqn. **-2.** [wiederholen]: **etw ~** répéter qqch.

Nach|saison *die (ohne Pl)* arrière-saison *f*.

Nach|satz *der* remarque *f*.

nach|schauen ◇ *tr* vérifier. ◇ *intr* **-1.** [prüfen] vérifier. **-2.** [nachblicken]: **jm/etw ~** suivre qqn/qqch des yeux.

nach|schenken *geh* ◇ *tr* reverser. ◇ *intr* resservir.

nach|schicken *tr* réexpédier.

Nach|schlag *der* rabiot *m*.

nach|schlagen (*Perf* **hat/ist nachgeschlagen**) *(unreg)* ◇ *intr* **-1.** *(hat)* [nachlesen] vérifier. **-2.** *(ist) geh* [ähneln]: **jm ~** tenir de qqn. ◇ *tr (hat)* [nachlesen] compulser.

Nachschlage|werk *das* ouvrage *m* de référence.

Nach|schlüssel *der* double *m (clé)*.

Nach|schub *der (ohne Pl)* ravitaillement *m*.

nach|sehen *(unreg)* ◇ *intr* **-1.** [hinterhersehen]: **jm ~** suivre qqn des yeux. **-2.** [suchen] regarder. **-3.** [etw prüfen] vérifier. **-4.** [nachschlagen]: **in etw** *(D)* **~** consulter qqch. ◇ *tr* **-1.** [nachschlagen, prüfen] vérifier. **-2.** [verzeihen] passer sur.

Nach|sehen *das (ohne Pl)*: **das ~ haben** en être pour ses frais.

nach|senden *tr (unreg)* réexpédier.

Nach|sicht *die (ohne Pl)* indulgence *f*; **mit jm ~ haben** être indulgent(e) envers qqn.

nachsichtig ◇ *Adj* indulgent(e). ◇ *Adv* avec indulgence.

Nach|silbe *die* suffixe *m*.

nach|sitzen *intr (unreg)* être en retenue.

Nach|speise *die* dessert *m*.

Nach|spiel *das* suites *fpl*; **etw wird ein ~ haben** qqch aura des suites.

nach|spionieren *intr*: **jm ~** espionner qqn.

nach|sprechen *tr* & *intr (unreg)* répéter.

nächste, r, s *Adj* **-1.** [nah] le ODER la plus proche. **-2.** [folgend] prochain(e); **der ~, bitte!** au suivant!; **der/die/das nächstbeste** *fig* le premier venu, la première venue.
◆ **Nächste** (*Pl* **-n**) *der* REL prochain *m*.

nach|stehen *intr (unreg)*: **jm in nichts ~** ne le céder en rien à qqn.

nachstehend *Adj* & *Adv* ci-dessous.

nach|stellen ◇ *tr* **-1.** [Gerät] régler. **-2.** [Szene] reconstituer. **-3.** [Satzglied] postposer. **-4.** [Uhr] retarder. ◇ *intr* [einem Tier] chercher à piéger; [einer Person]: **jm ~** *abw* cavaler après qqn.

Nächsten|liebe *die (ohne Pl)* amour *m* du prochain.

nächstens *Adv* prochainement.

nächstliegend *Adj* le plus évident, la plus évidente.

nächstmöglich *Adj*: **der ~e Termin** le premier rendez-vous possible.

nacht *Adv* dans la nuit; **gestern/morgen ~** dans la nuit d'hier/de demain; **heute ~** cette nuit.

Nacht (*Pl* **Nächte**) *die* nuit *f*; **bei ~** de nuit; **in der ~** (dans) la nuit; **über ~ bleiben** rester pour la nuit; **über ~** *fig* du jour au lendemain; **bei ~ und Nebel** *fam fig* à la faveur de la nuit.
◆ **gute Nacht!** *Interj* bonne nuit!

Nacht|arbeit *die (ohne Pl)* travail *m* de nuit.

nachtblind *Adj* héméralope; **~ sein** ne rien y voir la nuit.

Nacht|creme *die* crème *f* de nuit.

Nacht|dienst *der (ohne Pl)* service *m* de nuit; **~ haben** être de garde la nuit.

Nach|teil *der* inconvénient *m*; [finanziell] dommage *m*; **zu js ~** au désavantage de qqn.

nachteilig ◇ *Adj* fâcheux(euse). ◇ *Adv* fâcheusement.

nächtelang ◇ *Adj* qui dure des nuits entières. ◇ *Adv* des nuits entières.

Nacht|frost *der (ohne Pl)* gelée *f* nocturne.

Nacht|hemd *das* chemise *f* de nuit.

Nachtigall (*Pl* **-en**) *die* rossignol *m*.
Nachtisch *der (ohne Pl)* dessert *m*.
Nachtklub *der* night-club *m*.
Nachtleben *das (ohne Pl)* vie *f* nocturne.
nächtlich *Adj* nocturne.
Nachtlokal *das* boîte *f* de nuit.
Nachtquartier *das* gîte *m (pour la nuit)*.
Nachtrag (*Pl* **-träge**) *der* supplément *m*, annexe *f*.
nachtragen *tr (unreg)* **-1.** [übelnehmen]: **jm etw ~** en vouloir à qqn de qqch. **-2.** [ergänzen] ajouter. **-3.** [hinterhertragen]: **jm etw ~** rapporter qqch à qqn.
nachtragend *Adj* rancunier(ière).
nachträglich ◇ *Adj* tardif(ive). ◇ *Adv* après coup.
nachtrauern *intr*: **jm/etw ~** regretter qqn/qqch.
Nachtruhe *die (ohne Pl)* repos *m* nocturne.
nachts *Adv* la nuit; **um vier Uhr ~** à quatre heures du matin.
Nachtschicht *die* équipe *f* de nuit.
Nachtschwester *die* infirmière *f* de nuit.
Nachttisch *der* table *f* de chevet ODER de nuit.
Nachtwache *die* **-1.** *(ohne Pl)* [Dienst] garde *f* de nuit. **-2.** [Person] personne *f* de garde *(la nuit)*.
Nachtwächter, in *der, die* veilleur *m* de nuit.
Nachtzug *der* train *m* de nuit.
Nachuntersuchung *die* [nach Operation] examen *m* post-opératoire.
nachvollziehen *tr (unreg)* comprendre.
nachwachsen (*Perf* **ist nachgewachsen**) *intr (unreg)* repousser.
Nachweis (*Pl* **-e**) *der* preuve *f*.
nachweisbar ◇ *Adj* **-1.** [Fehler] manifeste. **-2.** [Substanz] décelable. ◇ *Adv* manifestement.
nachweisen *tr (unreg)* **-1.** [belegen] prouver. **-2.** [zeigen] détecter.
nachweislich *Adv* manifestement.
Nachwelt *die (ohne Pl)* générations *fpl* futures.
Nachwirkung *die* effets *mpl*.
Nachwort (*Pl* **-e**) *das* postface *f*.
Nachwuchs *der (ohne Pl)* **-1.** [Kinder] progéniture *f*; **sie haben ~ bekommen** ils ont eu un enfant. **-2.** [im Beruf] relève *f*.
nachzahlen ◇ *intr* payer le complément. ◇ *tr* payer ultérieurement.
nachzählen *tr* recompter.
Nachzahlung *die* paiement *m* ultérieur.
nachziehen (*Perf* **hat/ist nachgezogen**) *(unreg)* ◇ *intr* **-1.** *(ist)* [später umziehen]: **jm ~** rejoindre qqn. **-2.** *(hat) fam* [mit Preisen] suivre. ◇ *tr (hat)* **-1.** [Schraube] resserrer. **-2.** [Bein] traîner. **-3.** [Linie, Lippen] refaire.
Nachzügler, in (*mPl* **-**; *fPl* **-nen**) *der, die* retardataire *mf*.
Nackedei (*Pl* **-s**) *der fam* enfant *m* nu, enfant *f* nue.
Nacken (*Pl* **-**) *der* nuque *f*; **jm im ~ sitzen** *fig* [bedrängen] être sur les talons de qqn.
Nackenhaar *das* cheveux *mpl* au niveau de la nuque.
nackt ◇ *Adj* **-1.** [gen] nu(e). **-2.** [Zahlen, Tatsachen] brut(e). **-3.** [bloß]: **auf dem ~en Boden** à même le sol. ◇ *Adv*: **jn ~ fotografieren** photographier qqn nu(e); **sich ~ ausziehen** se déshabiller complètement.
Nacktbadestrand *der* plage *f* de nudistes.
Nadel (*Pl* **-n**) *die* aiguille *f*.
Nadelbaum *der* résineux *m*.
Nadeldrucker *der* EDV imprimante *f* à aiguilles.
nadeln *intr* perdre ses aiguilles.
Nadelöhr *das* **-1.** [von Nadeln] chas *m*. **-2.** [enge Stelle] point *m* névralgique.
Nadelwald *der* bois *m* de résineux.
Nagel (*Pl* **Nägel**) *der* **-1.** [aus Metall] clou *m*. **-2.** [an Fuß, Finger] ongle *m*. **-3.** *RW*: **etw an den ~ hängen** *fam* laisser tomber qqch; **etw brennt jm auf** ODER **unter den Nägeln** *fam* qqch est urgent(e) pour qqn; **Nägel mit Köpfen machen** *fam* ne pas faire de demi-mesure; **sich** *(D)* **etwas unter den ~ reißen** *fam abw* s'approprier qqch.
Nagelbürste *die* brosse *f* à ongles.
Nagelfeile *die* lime *f* à ongles.
Nagellack *der* vernis *m* à ongles.
nageln *tr* clouer.
nagelneu *fam* ◇ *Adj* flambant neuf. ◇ *Adv*: **sich ~ einrichten** s'équiper de neuf.
Nagelschere *die* ciseaux *mpl* à ongles.
nagen ◇ *intr* **-1.** [knabbern]: **an etw** *(D)* **~** ronger qqch. **-2.** [Zweifel, Hunger]: **an jm ~** ronger qqn. ◇ *tr* [bohren] creuser.
Nagetier *das* rongeur *m*.
Nahaufnahme *die* gros plan *m*.
nahe, nah (*Kompar* **näher,** *Superl* **nächste**) ◇ *Adj* **-1.** [räumlich] proche; **die nähere Umgebung** les proches environs; **die nächste Stadt** la ville la plus proche. **-2.** [zeitlich, vertraut] proche; **ein ~r Freund** un ami proche; **Weihnachten ist ~** Noël approche. **-3.** *fam* [kurz] court(e); **dieser Weg ist näher als der andere** ce chemin est plus court que l'autre. **-4.** [kurz davor]: **etw** *(D)* **~ sein** être proche de ODER au bord de qqch; **~ daran sein, etw zu tun** *fam* faillir faire qqch. ◇ *Adv* **-1.** [räumlich]: **von ~m**

de près; **zu ~** trop près; **von nah und fern** de partout. **-2.** [eng, vertraut]: **jm zu ~ treten** *fig* froisser qqn. ◇ *Präp (+ D)*: **~ der Grenze** près de la frontière; **~ an** ODER **bei** près de.

Nähe *die (ohne Pl)* proximité *f*; **aus der ~** de près; **in der ~** à proximité.

nahe|bringen *tr (unreg) geh*: **jm etw ~** faire comprendre qqch à qqn.

nahe|gehen (*Perf* **ist nahegegangen**) *intr (unreg)* affecter.

nahe|kommen (*Perf* **ist nahegekommen**) *intr (unreg)* se rapprocher.

◆ **sich nahekommen** *ref* se rapprocher.

nahe|legen *tr* **-1.** [Verdacht, Vermutung] laisser supposer. **-2.** [jn auffordern]: **jm etw ~** suggérer qqch à qqn.

nahe|liegen *intr (unreg)* tomber sous le sens.

naheliegend *Adj* plausible.

nahen (*Perf* **ist genaht**) *intr geh* approcher.

nähen ◇ *tr* **-1.** [schneidern] coudre. **-2.** [anbringen]: **etw an etw** *(A)* **~** coudre qqch à qqch. **-3.** [flicken] recoudre. ◇ *intr* [schneidern] coudre.

Nahe Osten *der* Proche-Orient *m*.

näher ◇ *Adj* **-1.** [Komparativ von nahe] plus proche. **-2.** [genau] plus exact(e). ◇ *Adv* **-1.** [Komparativ von nahe] de plus près. **-2.** [genau] plus exactement.

näher|bringen *tr (unreg)*: **jm etw ~** mieux faire comprendre qqch à qqn.

Naherholungs|gebiet *das amt alentours d'une grande ville propices aux loisirs et à la détente.*

näher|kommen (*Perf* **ist nähergekommen**) *intr (unreg)*: **jm/etw ~** se rapprocher de qqn/qqch; **sich** *(D)* **~** se rapprocher.

nähern

◆ **sich nähern** *ref* **-1.** [räumlich] s'approcher. **-2.** [zeitlich] approcher.

nahe|stehen *intr (unreg)*: **jm/einer Sache ~** être proche de qqn/qqch.

nahestehend *Adj* proche.

nahezu *Adv* presque.

Nah|kampf *der (ohne Pl)* corps à corps *m*.

nahm *Prät* → **nehmen**.

Näh|maschine *die* machine *f* à coudre.

Näh|nadel *die* aiguille *f* à coudre.

Nahost *(ohne Artikel)* Proche-Orient *m*.

Nähr|boden *der* **-1.** [Erde] sol *m* nourricier. **-2.** *(ohne Pl)* [Brutstätte] terreau *m*.

nähren *tr geh* **-1.** [ernähren] nourrir. **-2.** [Vermutung, Verdacht] alimenter.

◆ **sich nähren** *ref geh* [essen] se nourrir.

nahrhaft *Adj* nourrissant(e).

Nähr|stoff *der* élément *m* nutritif.

Nahrung *die (ohne Pl)* nourriture *f*.

Nahrungs|mittel *das* aliment *m*.

Nähr|wert *der* valeur *f* nutritive.

Naht (*Pl* **Nähte**) *die* **-1.** [an Kleidung] couture *f*. **-2.** [in Medizin] suture *f*. **-3.** [in Technik] jointure *f*. **-4.** *RW*: **aus allen Nähten platzen** *fam* [Mann] être gras comme un cochon; [Frau] être grosse comme une truie.

nahtlos ◇ *Adj* **-1.** [ununterbrochen]: **~er Übergang** transition *f* harmonieuse. **-2.** [am ganzen Körper]: **~e Bräune** bronzage *m* intégral. ◇ *Adv* **-1.** [ununterbrochen]: **~ ineinander übergehen** se fondre progressivement. **-2.** [am ganzen Körper]: **~ braun werden** bronzer de manière uniforme.

Nah|verkehr *der (ohne Pl)* trafic *m* de banlieue.

Nahverkehrs|zug *der* train *m* de banlieue.

Näh|zeug *das* nécessaire *m* de couture.

Nah|ziel *das* objectif *m* à court terme.

Nairobi *nt* Nairobi.

naiv [na'iːf] ◇ *Adj* naïf(ïve). ◇ *Adv* **-1.** [arglos, einfältig] naïvement. **-2.** [malen]: **~ malen** faire de la peinture naïve.

Naivität [naivi'tɛːt] *die (ohne Pl)* naïveté *f*.

Name (*Pl* **-n**) *der* nom *m*; **im ~n von jm** au nom de qqn; **etw in js ~n tun** faire qqch au nom de qqn; **jn/etw (nur) dem ~n nach kennen** connaître qqn/qqch (seulement) de nom; **sich** *(D)* **einen ~n machen** *fig* se faire un nom.

namenlos ◇ *Adj* **-1.** [ohne Namen] sans nom. **-2.** *geh* [unbeschreiblich] indicible. ◇ *Adv* [unbeschreiblich] indiciblement.

namens *Präp* du nom de.

Namens|tag *der* fête *f*.

Namens|vetter *der* homonyme *m*.

namentlich ◇ *Adj* nominatif(ive). ◇ *Adv* **-1.** [mit dem Namen] nommément. **-2.** [besonders] notamment.

namhaft *Adj* **-1.** [Person] de renom. **-2.** [Summe, Ausgabe] considérable.

Namibia *nt* Namibie *f*.

Namibier, in [na'miːbiɐ, rɪn] (*mPl* **-**; *fPl* **-nen**) *der, die* Namibien *m*, -enne *f*.

namibisch *Adj* namibien(enne).

nämlich *Adv* **-1.** [als Begründung] en effet. **-2.** [und zwar] en l'occurrence.

Nancy *nt* Nancy.

nannte *Prät* → **nennen**.

nanu *Interj*: **~!** ça alors!

Napf (*Pl* **Näpfe**) *der* écuelle *f*.

Napfkuchen *der* kouglof *m*.

Narbe (*Pl* **-n**) *die* cicatrice *f*.

narbig *Adj* plein(e) de cicatrices.

Narkose (*Pl* **-n**) *die* anesthésie *f*.

Narkose|arzt, |ärztin *der, die* anesthésiste *mf*.

Narr (*Pl* **-en**) *der* **-1.** [im Karneval, am Hof] bouf-

fon *m.* **-2.** *geh* [Dummkopf] fou *m.* **-3.** *RW*: **jn zum ~en halten** se moquer de qqn.
Närrin (*Pl* **-nen**) *die* folle *f.*
närrisch ◇ *Adj* **-1.** *fam* [verrückt] fou (folle). **-2.** [im Karneval]: **das ~e Treiben** la folle agitation du carnaval. ◇ *Adv* comme un fou.
Narzisse (*Pl* **-n**) *die* narcisse *m.*
nasal ◇ *Adj* nasal(e). ◇ *Adv* du nez.
Nasal (*Pl* **-e**) *der* nasale *f.*
naschen *tr* & *intr* grignoter.
Nase (*Pl* **-n**) **-1.** [gen] nez *m*; **sich** *(D)* **die ~ putzen** se moucher; **jm läuft die ~** le nez de qqn coule. **-2.** *fam* [Gespür] flair *m.* **-3.** *RW*: **auf die ~ fallen** *fam* se casser la figure; **die ~ rümpfen** faire la grimace; **die ~ voll haben** *fam* en avoir ras le bol; **immer der ~ nach** *fam* toujours tout droit; **jn an der ~ herumführen** *fam* mener qqn en bateau.
näseln *intr* nasiller.
Nasenbein *das* os *m* nasal.
Nasenbluten *das (ohne Pl)* saignement *m* de nez.
Nasenflügel *der* narine *f.*
Nasenloch *das* narine *f.*
Nasenspitze *die* bout *m* du nez.
Nashorn (*Pl* **-hörner**) *das* rhinocéros *m.*
naß ◇ *Adj* mouillé(e). ◇ *Adv*: **jn ~ spritzen** asperger qqn.
Nässe *die (ohne Pl)* humidité *f.*
◆ **überfrierende Nässe** *die* pluie *f* verglaçante.
nässen ◇ *intr* suinter. ◇ *tr geh*: **das Bett ~** mouiller son lit.
naßkalt *Adj* froid(e) et humide.
Nation (*Pl* **-en**) *die* nation *f.*
national ◇ *Adj* national(e). ◇ *Adv* au niveau national.
Nationalfeiertag *der* fête *f* nationale.
Nationalhymne *die* hymne *m* national.
Nationalismus *der (ohne Pl)* nationalisme *m.*
nationalistisch ◇ *Adj* nationaliste. ◇ *Adv*: **~ gesinnt** ODER **eingestellt sein** être nationaliste.
Nationalität (*Pl* **-en**) *die* nationalité *f.*
Nationalrat *der* Conseil *m* national *(en Suisse et Autriche).*
Nationalsozialismus *der (ohne Pl)* national-socialisme *m.*
Nationalsozialist, in *der, die* national-socialiste *mf.*
nationalsozialistisch ◇ *Adj* national-socialiste. ◇ *Adv*: **~ gesinnt sein** être national-socialiste.
NATO ['na:to:] (*Abk für* **North Atlantic Treaty Organization**) *die (ohne Pl)* OTAN *f.*
Natrium *das (ohne Pl)* CHEM sodium *m.*
Natron *das (ohne Pl)* CHEM soude *f.*
nat.-soz. *Abk für* **nationalsozialistisch**.
Natter (*Pl* **-n**) *die* couleuvre *f.*
Natur (*Pl* **-en**) *die* nature *f*; **etw liegt in der ~ der Sache** qqch est dans la nature des choses.
◆ **von Natur aus** *Adv* de nature.
Naturalien [natu'ra:li̯ən] *Pl*: **in ~ bezahlen** payer en nature.
Naturalismus *der (ohne Pl)* naturalisme *m.*
naturalistisch ◇ *Adj* naturaliste. ◇ *Adv* de manière naturaliste.
naturbelassen *Adj* à l'état naturel.
Naturell (*Pl* **-e**) *das* naturel *m.*
Naturereignis *das* phénomène *m* naturel.
Naturforscher, in *der, die* naturaliste *mf.*
naturgemäß ◇ *Adj* naturel(elle). ◇ *Adv* **-1.** [gemäß der Natur] de manière naturelle. **-2.** [grundsätzlich] foncièrement.
naturgetreu ◇ *Adj* fidèle. ◇ *Adv* fidèlement.
Naturheilkunde *die (ohne Pl)* médecine *f* douce.
natürlich ◇ *Adj* naturel(elle). ◇ *Adv* **-1.** [nicht künstlich] naturellement. **-2.** [selbstverständlich] bien entendu. **-3.** [als Einschränkung]: **~ stimmt das, aber ...** bien sûr que c'est vrai, mais ...
◆ **natürlich!** *Interj* bien sûr!
naturrein ◇ *Adj* naturel(elle). ◇ *Adv* de manière naturelle.
Naturschutz *der (ohne Pl)* protection *f* de la nature; **unter ~ stehen** faire partie des espèces et sites protégés.
Naturschutzgebiet *das* réserve *f* naturelle.
Naturvolk *das* peuple *m* primitif.
Naturwissenschaft *die* science *f* physique et naturelle.
Naturwissenschaftler, in *der, die* scientifique *mf.*
Navigation [naviga'tsi̯o:n] *die (ohne Pl)* navigation *f.*
navigieren *tr* & *intr* naviguer.
Nazi (*Pl* **-s**) *der abw* nazi *m.*
NB (*Abk für* **nota bene**) NB.
NC [ɛn'tse:] (*Pl* **-s**) *der Abk für* **Numerus clausus**.
n. Chr. (*Abk für* **nach Christus**) apr. J.-C.
ndl. (*Abk für* **niederländisch**) néerl.
NDR (*Abk für* **Norddeutscher Rundfunk**) *der (ohne Pl)* Radio *f* Hambourg.
NdS. *Abk für* **Niedersachsen**.
n.E. (*Abk für* **nach Erhalt**) après réception.
Neapel *nt* Naples.
Nebel (*Pl* **-**) *der* brouillard *m.*
Nebelhorn (*Pl* **-hörner**) *das* corne *f* de brume.
nebelig = **neblig**.

Nebel|scheinwerfer *der* feu *m* de brouillard.

Nebelschluß|leuchte *die* feu *m* arrière de brouillard.

Nebel|schwaden *Pl* nappes *fpl* de brouillard.

neben *Präp (+ A, + D)* à côté de.

nebenamtlich ◇ *Adj* secondaire. ◇ *Adv*: **~ tätig sein** avoir une fonction secondaire.

nebenan *Adv* à côté.

Nebenan|schluß *der* ligne *f* secondaire.

Nebenaus|gang *der* sortie *f* latérale.

nebenbei *Adv* **-1.** [außerdem] à côté. **-2.** [beiläufig]: **~ gesagt** soit dit en passant.

nebenberuflich ◇ *Adj* secondaire. ◇ *Adv*: **~ tätig sein** avoir une activité secondaire.

Neben|beschäftigung *die* activité *f* secondaire.

Nebenbuhler, in (*mPl* **-**; *fPl* **-nen**) *der, die* rival *m*, -e *f*.

nebeneinander *Adv* **-1.** [neben jm/etw] côte à côte. **-2.** [gleichzeitig] simultanément.

Neben|einnahme *die* revenu *m* complémentaire, à-côté *m*.

Neben|fach *das* SCHULE option *f*.

Neben|fluß *der* affluent *m*.

Neben|gebäude *das* annexe *f*.

Neben|geräusch *das* bruit *m* de fond.

Neben|haus *das* maison *f* voisine.

nebenher *Adv* en plus.

Neben|kosten *Pl* **-1.** [bei Miete] charges *fpl*. **-2.** [zusätzliche Auslagen] frais *mpl* annexes.

Neben|mann (*Pl* **-männer**) *der* voisin *m*, -e *f*.

Neben|produkt *das* sous-produit *m*.

Neben|raum *der* **-1.** [Raum nebenan] pièce *f* voisine. **-2.** [in der Wohnung] *pièces strictement utilitaires d'un appartement (cuisine, salle de bains, débarras)*.

Neben|rolle *die* second rôle *m*.

Neben|sache *die* chose *f* secondaire.

nebensächlich *Adj* secondaire.

Neben|satz *der* GRAM proposition *f* subordonnée.

Neben|straße *die* rue *f* latérale.

Neben|strecke *die* **-1.** [Bahnlinie] ligne *f* secondaire. **-2.** [Straße] voie *f* latérale.

Neben|verdienst *der* revenu *m* annexe, à-côté *m*.

Neben|wirkung *die* effet *m* secondaire.

Neben|zimmer *das* pièce *f* voisine.

neblig, nebelig *Adj* brumeux(euse); **es ist ~** il y a du brouillard.

Neckar *der* Neckar *m*.

necken *tr* taquiner; **jn mit jm ~** taquiner qqn à propos de qqn; **jn mit etw ~** taquiner qqn avec ODER à cause de qqch.

◆ **sich necken** *ref* se taquiner.

neckisch ◇ *Adj* **-1.** [Lachen, Blick] taquin(e). **-2.** [Kleidung, Frisur] coquin(e). ◇ *Adv*: **jn ~ ansehen** regarder qqn d'un air taquin.

nee *Interj fam* : **~!** non!

Neffe (*Pl* **-n**) *der* neveu *m*.

neg. *Abk für* **negativ**.

Negation (*Pl* **-en**) *die* négation *f*.

negativ ◇ *Adj* négatif(ive). ◇ *Adv* négativement.

Negativ (*Pl* **-e**) *das* négatif *m*.

Neger, in (*mPl* **-**; *fPl* **-nen**) *der, die* nègre *m*, négresse *f*.

Neger|kuß *der* KÜCHE tête *f* de nègre.

nehmen (*Präs* **nimmt**, *Prät* **nahm**, *Perf* **hat genommen**) *tr* **-1.** [gen] prendre; **sich** *(D)* **etw ~** prendre qqch; **jm etw ~** [wegnehmen] prendre qqch à qqn; [Freude, Hoffnung] enlever qqch à qqn; **etw an sich** *(A)* **~** [Dokument, Fund] mettre qqch en sûreté; **etw auf sich** *(A)* **~** [Verantwortung, Belastung] prendre qqch sur soi; **etw zu sich ~** [Mahlzeit] prendre qqch; **jn zu sich ~** [Kind, Flüchtling] prendre qqn chez soi; **sich** *(D)* **einen Rechtsanwalt/eine Hausangestellte ~** prendre un avocat/une employée (de maison); **etw als etw ~** [verstehen] prendre qqch pour qqch; **jn/etw ernst** ODER **wichtig ~** prendre qqn/qqch au sérieux; **man nehme** [zum Kochen] prendre. **-2.** [Belastung, Kummer]: **etw von jm ~** enlever qqch à qqn. **-3.** *fam* [Lohn, Preis]: **(für etw) fünf Mark ~** demander cinq marks (pour qqch). **-4.** *RW*: **es (mit etw) genau/nicht so genau ~** considérer qqch comme important/pas très important; **sich** *(D)* **es nicht ~ lassen, etw zu tun** tenir absolument à faire qqch; **wie man's nimmt** c'est selon.

◆ **sich nehmen** *ref*: **sich ernst** ODER **wichtig ~** se prendre au sérieux; **sich in acht ~** faire attention.

Neid *der (ohne Pl)* envie *f*.

Neider, in (*mPl* **-**; *fPl* **-nen**) *der, die geh* envieux *m*, -euse *f*.

neidisch ◇ *Adj* envieux(euse). ◇ *Adv* avec envie.

neidlos ◇ *Adj* désintéressé(e). ◇ *Adv* avec désintéressement.

Neige *die (ohne Pl)*: **bis zur ~** jusqu'à la lie; **zur ~ gehen** tirer à sa fin.

neigen ◇ *intr*: **zu etw ~** [gen] avoir tendance à (faire) qqch; [zu Krankheiten] être sujet(ette) à qqch. ◇ *tr* [beugen] pencher.

◆ **sich neigen** *ref* [sich beugen - Mensch] se pencher; [- Gegenstand] ployer.

Neigung (*Pl* **-en**) *die* **-1.** [Veranlagung, Vorliebe] penchant *m*. **-2.** *(ohne Pl)* [Hang, Tendenz] tendance *f*. **-3.** [Gefälle] inclinaison *f*.

nein *Adv* **-1.** [zum Ausdruck der Ablehnung, der Überraschung] non; **~, danke!** non merci!; **(zu etw) ~ sagen** dire non (à qqch). **-2.** [nicht wahr] non; **du glaubst ihm doch nicht, ~?** tu ne le crois tout de même pas, non? **-3.** [sogar] non ... plutôt.

◆ **Nein** *das (ohne Pl)* non *m*; **mit Nein antworten** répondre par la négative.

Nein|stimme *die* non *m*, voix *f* contre.

Nektar *der (ohne Pl)* nectar *m*.

Nektarine (*Pl* **-n**) *die* nectarine *f*.

Nelke (*Pl* **-n**) *die* **-1.** [Blume] œillet *m*. **-2.** [Gewürz] clou *m* de girofle.

nennen (*Prät* **nannte**, *Perf* **hat genannt**) *tr* **-1.** [bezeichnen] appeler. **-2.** [anführen] nommer.

◆ **sich nennen** *ref* **-1.** [heißen] s'appeler. **-2.** [sich bezeichnen] se nommer.

nennenswert ◇ *Adj* notable. ◇ *Adv* notablement.

Nenner (*Pl* -) *der* MATH dénominateur *m*; **etw auf einen (gemeinsamen) ~ bringen** *fig* réduire qqch à un dénominateur commun.

Nenn|wert *der* WIRTSCH valeur *f* nominale.

neofaschistisch *Adj* & *Adv* néo-fasciste.

Neon *das (ohne Pl)* CHEM néon *m*.

Neo|nazi *der* néonazi *m*.

Neon|farbe *die* couleur *f* fluorescente.

Neon|licht (*Pl* **-lichter**) *das* éclairage *m* au néon.

Neon|röhre *die* tube *m* au néon, néon *m*.

Nepal *nt* Népal *m*; **in ~** au Népal.

Nepalese (*Pl* **-n**) *der* Népalais *m*.

Nepalesin (*Pl* **-nen**) *die* Népalaise *f*.

nepalesisch népalais(e).

neppen *tr fam abw* estamper.

Nerv (*Pl* **-en**) *der* nerf *m*.

◆ **Nerven** *Pl* nerfs *mpl*; **die ~en verlieren/behalten** perdre/garder son calme; **jm auf die ~en gehen** ODER **fallen** *fam* taper sur les nerfs à qqn.

nerven *tr fam* énerver.

Nerven|arzt, |ärztin *der, die* neurologue *mf*.

Nerven|bündel *das fam* paquet *m* de nerfs.

Nerven|krieg *der (ohne Pl) fam* guerre *f* des nerfs.

Nerven|säge *die fam* casse-pieds *m inv*.

Nerven|system *das* système *m* nerveux.

Nervenzusammen|bruch *der* dépression *f* nerveuse.

nervlich ◇ *Adj* nerveux(euse). ◇ *Adv* nerveusement.

nervös ◇ *Adj* **-1.** [unruhig] nerveux(euse); **jn ~ machen** énerver qqn. **-2.** [der Nerven] des nerfs. ◇ *Adv* nerveusement.

Nervosität *die (ohne Pl)* nervosité *f*.

Nerz (*Pl* **-e**) *der* vison *m*.

Nessel (*Pl* **-n**) ◇ *die (G Nessel)* [Pflanze] **ortie** *f*. ◇ *der (G Nessels, ohne Pl)* [Stoff] cotonnade *f*.

Nest (*Pl* **-er**) *das* **-1.** [von Vögeln] **nid** *m*. **-2.** *fam abw* [Ortschaft] **patelin** *m*. **-3.** *fam* [Bett] **plumard** *m*.

Nest|häkchen *das fam* petit dernier *m*, petite dernière *f*.

nett ◇ *Adj* **-1.** [sympathisch] gentil(ille). **-2.** [hübsch] agréable. **-3.** *fam* [ziemlich] joli(e). **-4.** *fam iron* [unerfreulich]: **das ist ja eine ~e Bescherung!** en voilà une surprise! ◇ *Adv* **-1.** [ansprechend] gentiment. **-2.** *fam* [ziemlich] joliment.

netterweise *Adv* gentiment.

Nettigkeit (*Pl* **-en**) *die* gentillesse *f*.

netto *Adv*: **1000 DM ~ verdienen** gagner 1000 DM net; **~ 10 kg wiegen** avoir un poids net de 10 kg.

Netto|einkommen *das* revenu *m* net.

Netto|gewicht *das* poids *m* net.

Netz (*Pl* **-e**) *das* **-1.** [gen] **filet** *m*. **-2.** [von Spinnen] toile *f*. **-3.** [von Straßen, Linien] **réseau** *m*. **-4.** *RW*: **jm ins ~ gehen** [gefaßt werden] **tomber** dans les filets de qqn.

Netzan|schluß *der* branchement *m* sur secteur.

Netz|haut *die* rétine *f*.

Netz|hemd *das* chemise *f* en cellular.

Netz|karte *die* carte *f* d'abonnement, ≃ carte *f* orange.

Netz|teil *das* EDV câble *m* d'alimentation.

Netz|werk *das* EDV réseau *m*.

neu ◇ *Adj* **-1.** [gerade erst produziert, erdacht, bekommen] nouveau, nouvel, nouvelle; **jm ist etw ~** qqn ne savait pas qqch. **-2.** [aktuell] récent(e); **die ~este Mode/Idee** la dernière mode/idée; **seit ~estem** depuis peu. **-3.** [frisch] propre. ◇ *Adv* **-1.** [kürzlich] nouvellement; **jn ~ einstellen/kennenlernen** venir d'engager qqn/de faire la connaissance de qqn. **-2.** [von neuem, wieder] à nouveau; **~ ausstatten** rééquiper; **~ streichen** repeindre.

◆ **aufs neue** *Adv* de nouveau, à nouveau.

◆ **von neuem** *Adv* de nouveau, à nouveau.

Neu|ankömmling *der* nouveau *m*.

neuartig *Adj* nouveau, nouvel, nouvelle.

Neu|bau (*Pl* **-ten**) *der* immeuble *m* récent.

Neu|beginn *der (ohne Pl)* nouveau départ *m*.

Neue *das (ohne Pl)*: **nichts ~s** rien de nouveau; **was gibt es ~s?** quoi de neuf?

Neuenburg *nt* Neuchâtel.

Neuenburger (*Pl* -) ◇ *der* Neuchâtelois. ◇ *Adj (unver)* neuchâtelois(e).
Neuenburgerin (*Pl* **-nen**) *die* Neuchâteloise *f*.
Neuenburger See *der* lac *m* de Neuchâtel.
neuenburgisch *Adj* neuchâtelois(e).
Neuengland *nt* Nouvelle-Angleterre *f*.
neuerdings *Adv* depuis peu.
neuerlich ◇ *Adj* nouveau(elle). ◇ *Adv* de nouveau.
Neuer|öffnung *die* ouverture *f*.
Neu|erscheinung *die* nouvelle parution *f*.
Neuerung (*Pl* **-en**) *die* innovation *f*.
Neufundland *nt* Terre-Neuve; **in ~** à Terre-Neuve.
Neufundländer (*Pl* -) *der* **-1.** [Hund] terre-neuve *m*. **-2.** [Mensch] habitant *m* de Terre-Neuve.
Neufundländerin (*Pl* **-nen**) *die* habitante *f* de Terre-Neuve.
neugeboren *Adj* nouveau-né(e).
Neugeborene (*Pl* **-n**) *das* nouveau-né *m*.
Neugier, **Neugierde** *die (ohne Pl)* curiosité *f*.
neugierig ◇ *Adj* curieux(euse); **jd ist ~, ob** qqn est curieux de savoir si. ◇ *Adv* avec curiosité.
Neuguinea *nt* Nouvelle-Guinée *f*.
Neuheit (*Pl* **-en**) *die* nouveauté *f*.
Neuigkeit (*Pl* **-en**) *die* nouvelle *f*.
Neu|jahr *(ohne Artikel, ohne Pl)* nouvel an *m*. ◆ **Prost Neujahr!** *Interj* bonne année!
Neujahrs|tag *der* (jour *m* du) nouvel an *m*.
Neukaledonier, in (*mPl* -; *fPl* **-nen**) *der, die* Néo-Calédonien *m*, - enne *f*.
Neu|land *das (ohne Pl)* **-1.** [Unbekanntes] pays *m* inconnu. **-2.** [Land] terre *f* vierge.
neulich *Adv* l'autre jour; **~ abends** l'autre soir.
Neuling (*Pl* **-e**) *der* novice *mf*.
neumodisch *Adj* & *Adv abw* à la dernière mode.
Neu|mond *der (ohne Pl)* nouvelle lune *f*.
neun *Num* neuf; *siehe auch* **sechs**.
Neun (*Pl* **-en**) *die* neuf *m*; *siehe auch* **Sechs**.
neunfach *Adj* neuf fois; *siehe auch* **sechsfach**.
neunhundert *Num* neuf cents.
neunmal *Adv* neuf fois.
neuntausend *Num* neuf mille.
neunte, r, s *Adj* neuvième; *siehe auch* **sechste**.
Neunte (*Pl* **-n**) *der, die, das* neuvième *mf*; *siehe auch* **Sechste**.
neuntel *Num* un neuvième; *siehe auch* **sechstel**.
Neuntel (*Pl* -) *das* neuvième *m*; *siehe auch* **Sechstel**.
neunzehn *Num* dix-neuf; *siehe auch* **sechs**.
Neunzehn (*Pl* **-en**) *die* dix-neuf *m*; *siehe auch* **Sechs**.
neunzig *Num* quatre-vingt-dix; *siehe auch* **sechs**.
Neunzig *die (ohne Pl)* quatre-vingt-dix *m*; *siehe auch* **Sechs**.
neunziger *Adj*: **die ~ Jahre** les années quatre-vingt-dix.
Neu|ordnung *die* réorganisation *f*.
neureich *abw* ◇ *Adj* de nouveau riche; **die ~en Leute** les nouveaux riches. ◇ *Adv* en nouveau riche.
Neurologe (*Pl* **-n**) *der* neurologue *m*.
Neurologin (*Pl* **-nen**) *die* neurologue *f*.
Neurose (*Pl* **-n**) *die* névrose *f*.
Neurotiker, in (*mPl* -; *fPl* **-nen**) *der, die* névrosé *m*, -e *f*.
neurotisch ◇ *Adj* névrosé(e). ◇ *Adv* comme un névrosé (une névrosée).
Neu|schnee *der (ohne Pl)* poudreuse *f*.
Neuseeland *nt* Nouvelle-Zélande *f*.
Neuseeländer, in (*mPl* -; *fPl* **-nen**) *der, die* Néo-Zélandais *m*, - e *f*.
neuseeländisch *Adj* néo-zélandais(e).
Neusiedler See *der* lac *m* Neusiedl.
neusprachlich *Adj* **-1.** [Unterricht] de langue vivante. **-2.** → **Gymnasium**.
Neusüdwales *nt* Nouvelle-Galles du Sud *f*.
neutral ◇ *Adj* **-1.** [gen] neutre. **-2.** [unparteiisch] impartial(e). ◇ *Adv* **-1.** [gen] d'une façon neutre. **-2.** [unparteiisch] impartialement.
neutralisieren *tr* neutraliser.
Neutralität *die (ohne Pl)* **-1.** [eines Staates] neutralité *f*. **-2.** [einer Person] impartialité *f*.
Neutron (*Pl* **Neutronen**) *das* PHYS neutron *m*.
Neutronen|bombe *die* bombe *f* à neutrons.
Neutrum (*Pl* **Neutra** ODER **Neutren**) *das* **-1.** GRAM neutre *m*. **-2.** *abw* [Mensch] être *m* asexué.
Neu|wagen *der* voiture *f* neuve.
Neu|wahl *die* nouvelle élection *f*.
neuwertig ◇ *Adj* (comme) neuf (neuve). ◇ *Adv* à l'état neuf.
Neu|zeit *die (ohne Pl)* temps *mpl* modernes.
neuzeitlich ◇ *Adj* moderne. ◇ *Adv* des temps modernes.
New Orleans [njuːɔːliənz] *nt* La Nouvelle-Orléans.
New York ['njuː'jɔːk] *nt* New York.
New Yorker [njuː'jɔːkɐ] (*Pl* -) ◇ *der* New-Yorkais *m*. ◇ *Adj (unver)* new-yorkais(e).
New Yorkerin [njuː'jɔːkərɪn] (*Pl* **-nen**) *die* New-Yorkaise *f*.
n.f.D. (*Abk für* **nur für den Dienstgebrauch**) à usage interne.

nhd. (*Abk für* **neuhochdeutsch**) en haut allemand moderne.

Nicaragua *nt* Nicaragua *m*; **in ~** au Nicaragua.

nicht ◇ *Adv* **-1.** [gen] ne ... pas; **ich habe Sie ~ gesehen** je ne vous ai pas vu; **ich weiß ~** je ne sais pas; **ich auch ~** moi non plus; **im Moment ~** pas pour le moment; **was habe ich ~ alles für dich getan?** que n'ai-je fait pour toi?; **was du ~ sagst!** sans blague; **warum ~?** pourquoi pas?; **~ doch!** mais non! **-2.** [Zustimmung erheischend]: **das schmeckt gut, ~?** c'est bon, non? ◇ *Konj*: **~ daß** ce n'est pas que.

◆ **nicht einmal** *Adv* ne ... même pas; **er kann ~ einmal Englisch** il ne sait même pas l'anglais.

◆ **nicht mehr** *Adv* ne ... plus.

Nichte (*Pl* **-n**) *die* nièce *f*.

nichtig *Adj* **-1.** [ungültig] nul (nulle), caduc (caduque). **-2.** [bedeutungslos] futile.

Nicht|raucher *der* non-fumeur *m*.

Nichtraucher|abteil *das* compartiment *m* non-fumeurs.

Nicht|raucherin *die* non-fumeuse *f*.

nichtrostend *Adj* inoxydable.

nichts *Pron* rien; **ich rieche ~** je ne sens rien; **für ~ und wieder ~** *fam* pour des prunes; **das macht ~** ça ne fait rien.

◆ **nichts als** *Pron* rien que.

◆ **nichts anderes** *Pron* rien d'autre.

◆ **nichts da!** *Interj fam* pas question!

◆ **nichts mehr** *Adv* ne ... plus; **davon gibt es ~ mehr** il n'en reste plus rien.

◆ **Nichts** *das (ohne Pl)* néant *m*.

nichtsahnend ◇ *Adj* qui ne se doute de rien. ◇ *Adv*: **~ etw tun** faire qqch sans se douter de rien.

Nicht|schwimmer, in *der, die personne qui ne sait pas nager*.

Nichtschwimmer|becken *das* petit bassin *m*.

nichtsdestoweniger *Adv* néanmoins.

Nichtsnutz (*Pl* **-e**) *der abw* vaurien *m*.

nichtssagend ◇ *Adj* insignifiant(e). ◇ *Adv* de manière insignifiante.

Nichtstun *das (ohne Pl)* oisiveté *f*.

Nichtzutreffendes

◆ **Nichtzutreffendes bitte streichen!** *Interj* rayer la mention inutile.

Nickel *das (ohne Pl)* CHEM nickel *m*.

Nickel|brille *die* lunettes *fpl* à monture métallique.

nicken *intr* **-1.** [mit dem Kopf] hocher la tête. **-2.** *fam* [dösen] somnoler.

Nickerchen (*Pl* -) *das fam* : **ein ~ machen** faire un petit somme.

nie *Adv* jamais.

◆ **nie mehr** *Adv* plus jamais.

◆ **nie und nimmer** *Adv* jamais de la vie.

nieder

◆ **nieder mit ...!** *Interj* à bas ...!

nieder|drücken *tr* **-1.** [Taste, Knopf] **presser**; [Hebel] abaisser. **-2.** *geh* [traurig machen] **affliger**.

niedere, r, s *Adj* **-1.** [niedrig] **bas**; [Beamte, Adlige] petit(e). **-2.** [geringgeschätzt - Arbeit] **humble**; [- Gründe] vil(e).

Nieder|gang *der (ohne Pl)* déclin *m*.

niedergeschlagen ◇ *PP* → **niederschlagen**. ◇ *Adj* abattu(e). ◇ *Adv* l'air abattu.

nieder|knien (*Perf* **ist niedergekniet**) *intr* s'agenouiller.

◆ **sich niederknien** *ref* se mettre à genoux.

Nieder|lage *die* défaite *f*; **jm eine ~ beibringen** ODER **zufügen** infliger une défaite à qqn.

Niederlande *Pl* Pays-Bas *mpl*; **in den ~n** aux Pays-Bas.

Niederländer, in (*mPl* **-**; *fPl* **-nen**) *der, die* Néerlandais *m*, -e *f*.

niederländisch *Adj* néerlandais(e).

Niederländisch *das (ohne Pl)* néerlandais *m*; *siehe auch* **Englisch**.

nieder|lassen

◆ **sich niederlassen** *ref (unreg)* **-1.** [sich setzen] s'asseoir. **-2.** [ansässig werden] **s'établir**.

Niederlassung (*Pl* **-en**) *die* **-1.** [Unternehmen] succursale *f*. **-2.** *(ohne Pl)* [Handlung] **établissement** *m*.

nieder|legen *tr* **-1.** [Amt, Mandat] **démissionner de**. **-2.** *geh* [schriftlich] **consigner**. **-3.** *geh* [hinlegen] déposer.

◆ **sich niederlegen** *ref geh* [sich hinlegen] **s'allonger**.

nieder|machen *tr fam* massacrer.

Nieder|österreich *nt* Basse-Autriche *f*.

Nieder|österreicher, in *der, die* habitant *m*, -e *f* de la Basse-Autriche.

niederösterreichisch *Adj* de Basse-Autriche.

nieder|reißen *tr (unreg)* démolir.

Nieder|sachse ['niːdɐ'zaksə] *der* habitant *m* de Basse-Saxe.

Niedersachsen *nt* Basse-Saxe *f*.

Nieder|sächsin ['niːdɐ'zɛksɪn] *die* habitante *f* de Basse-Saxe.

niedersächsisch ['niːdɐ'zɛksɪʃ] *Adj* de Basse-Saxe.

Nieder|schlag *der* précipitations *fpl*.

nieder|schlagen *tr (unreg)* **-1.** [zusammenschlagen] **assommer**. **-2.** [Augen, Blick] **baisser**. **-3.** [Revolution] mater.

◆ **sich niederschlagen** *ref* **-1.** [sich auswirken]:

sich in ODER auf etw *(A)* ~ se répercuter sur qqch. **-2.** [sich ablagern] se fixer.

niederlschmettern *tr* **-1.** [durch Schlag] terrasser. **-2.** [deprimieren] bouleverser.

niederlstrecken *tr geh* étendre.

◆ **sich niederstrecken** *ref geh* s'étendre.

niederträchtig ◇ *Adj* ignoble. ◇ *Adv* d'une façon ignoble.

Niederung *(Pl* **-en)** *die* bas-fond *m.*

niederlwerfen *tr (unreg)* **-1.** [Aufstand] réprimer. **-2.** *geh* [Subj: Krankheit, Gegner] terrasser. **-3.** *geh* [erschüttern] bouleverser.

◆ **sich niederwerfen** *ref* [sich zu Boden werfen] se jeter à terre.

niedlich *Adj* mignon(onne).

niedrig ◇ *Adj* **-1.** [Gegenstand] bas (basse). **-2.** [Kosten, Preis, Lohn] peu élevé(e); [Verbrauch] modéré(e). **-3.** [geringgeschätzt] bas (basse). ◇ *Adv* **-1.** [wenig hoch]: **~ fliegen** voler à basse altitude. **-2.** [gering] à un bas niveau. **-3.** [geringschätzig] de manière vile.

Niedriglohn *der* bas salaire *m.*

Niedriglwasser *(Pl* **-wasser)** *das* [Meer] marée *f* basse; [Fluß] niveau *m* bas.

niemals *Adv* jamais; **ich werde dich ~ verraten** je ne te dénoncerai jamais.

niemand *Pron* personne; **~ ist gekommen** personne n'est venu; **ich sehe ~en** je ne vois personne; **~ anders, sonst ~** personne d'autre.

Niemandslland *das (ohne Pl)* no man's land *m.*

Niere *(Pl* **-n)** *die* **-1.** [Organ] rein *m*; **etw geht jm an die ~n** *fam fig* qqch prend qqn aux tripes. **-2.** KÜCHE rognon *m.*

nierenförmig ◇ *Adj* réniforme. ◇ *Adv* en forme de haricot ODER rognon.

Nierenlstein *der* MED calcul *m* rénal.

nieseln *intr*: **es nieselt** il bruine.

Nieselregen *der* bruine *f.*

niesen *intr* éternuer.

Niete *(Pl* **-n)** *die* **-1.** [Los] billet *m* perdant, mauvais numéro *m*. **-2.** [aus Metall] rivet *m*. **-3.** *fam* [Mensch] nullité *f.*

niet- und nagelfest *Adj*: **(alles,) was nicht ~ ist** *fam* (tout) ce qui n'est pas solidement fixé.

Niger *nt* Niger *m*; **in ~** au Niger.

Nigeria *nt* Nigeria *m*; **in ~** au Nigeria.

Nigerianer, in *(mPl* **-**; *fPl* **-nen)** *der, die* Nigérian *m*, -ane *f.*

nigerianisch *Adj* nigérian(ane).

Nihilismus *der (ohne Pl)* nihilisme *m.*

nihilistisch *geh* ◇ *Adj* nihiliste. ◇ *Adv* en nihiliste.

Nikolaus *(Pl* **-läuse)** *der* **-1.** [Person] saint Nicolas; **der ~ kommt am 6. Dezember** saint Nicolas viendra le 6 décembre. **-2.** [aus Schokolade] saint Nicolas *m* en chocolat.

Nikolausltag *der (ohne Pl)* Saint-Nicolas *f.*

Nikotin *das (ohne Pl)* nicotine *f.*

Nikotinlgehalt *der* taux *m* de nicotine.

Nil *der* Nil *m.*

Nillpferd *das* hippopotame *m.*

Nimmersatt *(Pl* **-e)** *der fam* glouton *m.*

Nimmerlwiedersehen

◆ **auf Nimmerwiedersehen** *Adv fam* à jamais.

nimmt *Präs* → **nehmen**.

Nippel *(Pl* **-)** *der* **-1.** TECH raccord *m* fileté. **-2.** *fam* [Zapfen] embout *m.*

nippen *intr* boire une petite gorgée, tremper ses lèvres dans; **von etw ~** boire une goutte de qqch.

Nippes *Pl* bibelots *mpl.*

nirgends, nirgendwo *Adv* nulle part.

Nische *(Pl* **-n)** *die* niche *f.*

nisten *intr* nicher.

Nitrat *(Pl* **-e)** *das* CHEM nitrate *m.*

Nitroglyzerin [ni:tro'glytseri:n] *das (ohne Pl)* CHEM nitroglycérine *f.*

Niveau [ni'vo:] *(Pl* **-s)** *das* niveau *m.*

Nixe *(Pl* **-n)** *die* ondine *f.*

Nizza *nt* Nice.

NN ◇ *(Abk für* **Normalnull)** niveau *m* moyen de la mer. ◇ *(Abk für* **nomen nescio (Name unbekannt))** nom inconnu, X.

NO *(Abk für* **Nordost)** NE.

nobel ◇ *Adj* **-1.** [luxuriös] de luxe. **-2.** *iron* [vornehm] chic. **-3.** *geh* [Einstellung, Mensch] magnanime. ◇ *Adv* **-1.** [kostspielig] luxueusement. **-2.** *geh* [großzügig] avec noblesse. **-3.** *iron* [vornehm] comme un prince.

Nobellpreis *der* prix *m* Nobel.

Nobellpreisträger, in *der, die* prix *m* Nobel.

Nobellrestaurant *das fam* grand restaurant *m.*

noch ◇ *Adv* **-1.** [gen] encore; [immer noch] toujours. **-2.** [innerhalb kurzer Zeit] bientôt; **heute ~** aujourd'hui même; **am gleichen Tag ~** le jour même. **-3.** [vorher] d'abord; **er muß ~ essen** il doit d'abord manger. **-4.** *(+ Kompar)* [zur Verstärkung] encore *(+ Kompar)*; **das ist ~ besser** c'est encore mieux. **-5.** [zur Warnung]: **das wird ~ böse enden** ça va mal finir. **-6.** [zum Ausdruck der Geringfügigkeit] vraiment; **das war doch ~ gar nichts** ce n'était vraiment rien. **-7.** [zum Ausdruck der Geringschätzung]: **(ja) wohl ~** bien encore. **-8.** [zur Nachfrage] déjà; **wie heißt sie ~?** comment s'appelle-t-elle déjà? ◇ *Konj*: **weder ... ~ ...** ni ... ni ...

◆ **noch einmal** *Adv* encore une fois.
◆ **noch immer, immer noch** *Adv* toujours, encore; **die Überweisung ist ~ immer nicht da** le virement n'est toujours pas arrivé.
◆ **noch mehr** *Adv* encore plus; **~ mehr Zeit** encore plus de temps.
◆ **noch nicht** *Adv* pas encore; **ich bin ~ nicht fertig** je n'ai pas encore terminé.
◆ **noch so** *Adv*: **du kannst ~ so arbeiten** tu peux travailler tant que tu veux; **das Wetter kann ~ so schön sein** le temps aussi beau soit-il.
◆ **noch und noch** *Adv* à la pelle.
nochmal *Adv fam* : **~ lesen** relire; **~ versuchen** réessayer; **~ anrufen** rappeler.
nochmals *Adv* encore une fois, à nouveau.
Nomade (*Pl* **-n**) *der* nomade *m*.
Nomadin (*Pl* **-nen**) *die* nomade *f*.
Nominal|wert *der* valeur *f* nominale.
Nominativ (*Pl* **-e**) *der* GRAM nominatif *m*.
nominieren *tr* [Kandidat] désigner; [im Wettkampf] sélectionner.
Nonne (*Pl* **-n**) *die* religieuse *f*.
nonstop *Adv* non-stop.
Noppe (*Pl* **-n**) *die* [von Garn, Gewebe] nœud *m*.
Nord *(ohne Artikel & ohne Pl)* [Windrichtung] nord *m*; **aus ~** du nord.
Nord|amerika *nt* Amérique *f* du Nord.
norddeutsch *Adj* d'Allemagne du Nord.
Nord|deutschland *nt* Allemagne *f* du Nord.
norddt. *Abk für* **norddeutsch**.
Norden *der (ohne Pl)* **-1.** [Gegend] Nord *m*; **aus dem ~** du Nord. **-2.** [Richtung] nord *m*.
◆ **im Norden** *Adv* au nord; **im hohen ~** dans le Grand Nord.
◆ **nach Norden** *Adv* vers le nord.
Nordfriese (*Pl* **-n**) *der* Frison *m* du Nord.
Nordfriesin (*Pl* **-nen**) *die* Frisonne *f* du Nord.
nordfriesisch *Adj* frison(onne) du Nord.
Nordfriesische Inseln *Pl* Îles *fpl* de la Frise septentrionale.
Nordirland *nt* Irlande *f* du Nord, Ulster *m*.
nordisch *Adj* nordique.
Nordkap *das* cap *m* Nord.
Nordkorea *nt* Corée *f* du Nord.
Nord|koreaner, in *der, die* Nord-Coréen *m*, -enne *f*.
nördlich ◇ *Adj* du nord ODER Nord; **die ~e Halbkugel** l'hémisphère *m* Nord; **in ~er Richtung** vers le nord. ◇ *Präp*: **~ einer Sache** *(G)* ODER **von etw** au nord de qqch.
Nord|ost *(ohne Artikel & ohne Pl)* nord-est *m*.
Nord|osten *der* **-1.** [Gegend] Nord-Est *m*. **-2.** [Richtung] nord-est *m*.
nordöstlich ◇ *Adj* de nord-est. ◇ *Präp (+ G)* au nord-est de; **~ von etw** au nord-est de qqch.
Nord|pol *der (ohne Pl)* **-1.** GEOGR Pôle *m* Nord. **-2.** PHYS pôle *m* nord.
Nordrhein-Westfalen *nt* Rhénanie *f* du Nord-Westphalie.
Nordsee *die* Mer *f* du Nord.
Nord|seite *die* côté *m* nord; [von Gebirge] versant *m* nord.
nordwärts *Adv* **-1.** [nach Norden] vers le nord. **-2.** [im Norden] côté nord.
Nord|west *(ohne Artikel & ohne Pl)* nord-ouest *m*.
Nord|westen *der* **-1.** [Gegend] Nord-Ouest *m*. **-2.** [Richtung] nord-ouest *m*.
nordwestlich ◇ *Adj* de nord-ouest. ◇ *Präp (+ G)* au nord-ouest de; **~ von etw** au nord-ouest de qqch.
Nord|wind *der* bise *f*.
nörgeln *intr*: **(über jn/etw) ~** râler (contre qqn/qqch).
Norm (*Pl* **-en**) *die* norme *f*.
normal ◇ *Adj* normal(e). ◇ *Adv* normalement.
Normal|benzin *das* ordinaire *m*, essence *f* ordinaire.
normalerweise *Adv* normalement.
Normal|fall *der* cas *m* général; **im ~** normalement.
Normal|gewicht *das* poids *m* normal.
normalisieren *tr* normaliser.
◆ **sich normalisieren** *ref* revenir à la normale.
Normalität *die (ohne Pl)* normalité *f*.
Normal|zustand *der* état *m* normal.
Normandie *die* Normandie *f*; **in der ~** en Normandie.
normativ *Adj* normatif(ive).
normen *tr* normaliser.
normieren *tr* normaliser.
Norwegen *nt* Norvège *f*.
Norweger, in (*mPl* **-**; *fPl* **-nen**) *der, die* Norvégien *m*, -enne *f*.
norwegisch *Adj* norvégien(enne).
Norwegisch *das (ohne Pl)* norvégien *m*; *siehe auch* **Englisch**.
Norwegische *das (ohne Pl)* norvégien *m*; *siehe auch* **Englische**.
Nostalgie [nɔstal'giː] *die* nostalgie *f*.
not *Adv*: **~ tun** être nécessaire.
Not (*Pl* **Nöte**) *die* **-1.** *(ohne Pl)* [Notlage] détresse *f*; **in ~ sein** être dans la détresse. **-2.** *(ohne Pl)*

[Armut] misère *f*. **-3.** *RW*: **mit knapper ~** de justesse; **zur ~** *fam* à la rigueur.
Notar (*Pl* **-e**) *der* notaire *m*.
notariell ◇ *Adj* notarié(e). ◇ *Adv* devant notaire.
Notarin (*Pl* **-nen**) *die* notaire *m*.
Not|arzt, |ärztin *der, die* médecin *m* d'urgence.
Not|ausgang *der* sortie *f* de secours.
Not|bremse *die* signal *m* d'alarme.
Not|dienst *der* service *m* de garde.
Notdurft *die (ohne Pl)*: **seine ~ verrichten** faire ses besoins.
notdürftig ◇ *Adj* provisoire. ◇ *Adv* provisoirement.
Note (*Pl* **-n**) *die* **-1.** [Zensur, MUS] note *f*; **nach ~n** en s'aidant d'une partition. **-2.** [Eigenschaft] touche *f*.
Notebook [nəʊtbʊk] (*Pl* **-s**) *das* EDV notebook *m*, petit portable *m*.
Noten|bank *die* banque *f* d'émission.
Noten|blatt *das* partition *f*.
Noten|schlüssel *der* clef *f*.
Not|fall *der* cas *m* d'urgence.
◆ **im Notfall** *Adv* en cas d'urgence.
notfalls *Adv* si besoin est.
notgedrungen *Adv*: **~ etw tun** être contraint(e) de faire qqch.
Not|hilfe *die* premier secours *m*.
notieren ◇ *tr* noter. ◇ *intr* WIRTSCH coter, être coté(e).
nötig *Adj* nécessaire; **etw (nicht) ~ haben** (ne pas) avoir besoin de qqch; **etw ~ finden** juger qqch nécessaire; **wenn ~** au besoin; **falls ~** si besoin est; **hast du das ~**? ne peux-tu pas t'en passer?
Nötige *das (ohne Pl)* nécessaire *m*.
nötigen *tr geh*: **jn ~, etw zu tun** [zwingen] contraindre qqn à faire qqch; [bedrängen] forcer qqn à faire qqch.
Nötigung (*Pl* **-en**) *die* RECHT atteinte *f* à la liberté individuelle.
Notiz (*Pl* **-en**) *die* **-1.** [gen] notice *f*. **-2.** [in Zeitung] entrefilet *m*; **keine ~ von jm/etw nehmen** *fig* ne pas faire attention à qqn/qqch.
◆ **Notizen** *Pl* notes *fpl*.
Notiz|block *der* bloc-notes *m*.
Notiz|buch *das* carnet *m* de notes, calepin *m*.
Notiz|zettel *der* note *f*.
Not|lage *die* situation *f* critique.
Not|landung *die* atterrissage *m* forcé.
notleidend *Adj* nécessiteux(euse).
Not|lösung *die* solution *f* provisoire.
Not|lüge *die* mensonge *m* de circonstance.
notorisch ◇ *Adj* notoire. ◇ *Adv* notoirement.
Not|ruf *der* **-1.** [Telefonnummer] numéro *m* d'appel d'urgence. **-2.** [Hilferuf] appel *m* d'urgence.
Notruf|säule *die* borne *f* téléphonique d'urgence.
not|schlachten *tr* faire abattre.
Not|sitz *der* strapontin *m*.
Not|stand *der* **-1.** [Notlage] situation *f* critique. **-2.** *(ohne Pl)* RECHT état *m* d'urgence.
Notstands|gebiet *das* zone *f* sinistrée.
Notstrom|aggregat *das* groupe *m* électrogène de secours.
Not|unterkunft *die* logement *m* de fortune.
Notwehr *die (ohne Pl)* légitime défense *f*; **in ~** en état de légitime défense.
notwendig, **notwendig** ◇ *Adj* nécessaire; **etw für ~ erachten** estimer qqch nécessaire. ◇ *Adv* nécessairement.
Notwendigkeit, **Notwendigkeit** (*Pl* **-en**) *die* nécessité *f*.
Nougat, **Nugat** ['nu:gat] (*Pl* **-s**) *der* ODER *das* ≃ praliné *m*.
Nov. (*Abk für* **November**) nov.
Novelle [no'vɛlə] (*Pl* **-n**) *die* **-1.** [Literatur] nouvelle *f*. **-2.** RECHT amendement *m*.
November [no'vɛmbɐ] *der (ohne Pl)* novembre *m*; *siehe auch* **September**.
NPD (*Abk für* **Nationaldemokratische Partei Deutschlands**) *die (ohne Pl)* NPD *m*.
Nr. (*Abk für* **Nummer**) n°.
NRW *Abk für* **Nordrhein-Westfalen**.
NS ◇ (*Abk für* **Nachschrift**) PS. ◇ *Abk für* **Nationalsozialismus**.
NSDAP (*Abk für* **Nationalsozialistische Deutsche Arbeiterpartei**) *die (ohne Pl) parti nazi fondé par Hitler*.
NS-Verbrechen *Pl* crimes *mpl* nazis.
NT *Abk für* **Neues Testament**.
Nu *der*: **im ~** *fam* en un clin d'œil.
Nuance ['nÿɑ̃:sə] (*Pl* **-n**) *die* nuance *f*.
nüchtern ◇ *Adj* **-1.** [nicht betrunken, mit leerem Magen] à jeun. **-2.** [sachlich] sobre. ◇ *Adv* **-1.** [nicht betrunken, mit leerem Magen] **à jeun**. **-2.** [sachlich] lucidement.
Nudel (*Pl* **-n**) *die* pâte *f*, nouille *f*.
Nudel|holz *das* rouleau *m* (à pâtisserie).
Nudel|salat *der* salade *f* de nouilles.
Nudel|suppe *die* potage *m* au vermicelle.
Nugat = **Nougat**.
nuklear *Adj* nucléaire.
Nuklear|waffe *die* arme *f* nucléaire.
null *(unver)* ◇ *Num* zéro; **~ Komma fünf** zéro virgule cinq; **~ und nichtig** *fig* nul (nulle) et

non avenu(e). ◇ *Adj fam* : **~ Ahnung haben** ne rien y connaître; *siehe auch* **sechs**.

Null (*Pl* **-en**) *die* **-1.** [Zahl] zéro *m*; **gleich ~ sein** *fam* être pratiquement nul(le). **-2.** *fam* [Mensch] nul *m*, nulle *f*. **-3.** *RW*: **in ~ Komma nichts** *fam* en deux coups de cuiller à pot.

nullachtfünfzehn *Adj* & *Adv (unver) fam abw* quelconque.

Nullösung (*Pl* **-en**) *die* option *f* zéro.

Null|punkt *der* **-1.** [Tiefpunkt] point *m* mort. **-2.** PHYS: **absoluter ~** zéro *m* absolu.

Null|tarif *der*: **zum ~** gratuitement.

num. (*Abk für* **numerisch**) numérique.

numerieren *tr* numéroter.

Numerus clausus *der (ohne Pl)* UNI numerus clausus *m*.

NUMERUS CLAUSUS:
Système visant à limiter l'accès à certaines disciplines universitaires très demandées vu l'insuffisance des capacités d'accueil des facultés et l'accroissement du nombre d'étudiants. La moyenne obtenue au baccalauréat est un des critères de sélection.

Nummer (*Pl* **-n**) *die* numéro *m*; **auf ~ Sicher gehen** *fam fig* ne courir aucun risque.

Nummern|konto *das* compte *m* numéroté.

Nummern|schild *das* plaque *f* minéralogique.

NUMMERNSCHILD:
En Allemagne, la plaque d'immatriculation se compose de deux groupes de lettres et d'un chiffre. La première série indique le lieu d'immatriculation (B pour Berlin, M pour München). La seconde série et le chiffre correspondent à l'enregistrement administratif du véhicule.

---

nun ◇ *Adv* **-1.** [gen] maintenant; **von ~ an** à partir de maintenant, désormais. **-2.** [Ausdruck der Ungeduld] alors, maintenant; **ist das ~ beschlossene Sache**? alors, c'est une affaire conclue?; **bist du ~ zufrieden**? es-tu content maintenant? ◇ *Interj* maintenant; **~ denn!**, **~ gut!** eh bien!

◆ **nun mal** *Adv* maintenant; **es ist ~ mal passiert** maintenant c'est fait.

nunmehr *Adv geh* [von jetzt an] à présent; [inzwischen] maintenant.

nur ◇ *Adv* **-1.** [lediglich] ne ... que, seulement; **ich habe ~ fünf Mark** je n'ai que cinq marks; **er schläft ~** il ne fait que dormir; **~ du allein** il n'y a que toi. **-2.** [aber] seulement; **ich meine ~** je veux seulement dire. **-3.** [mit Fragewort] mais; **wo bleibt sie ~**? mais où est-elle donc passée? **-4.** [zur Beruhigung]: **~ die Ruhe** du calme; **~ keine Aufregung** pas de panique. **-5.** [zur Warnung] et; **versuch ~ nicht** et n'essaie pas de. **-6.** [zur Verstärkung] tout; **sie strengte sich an, so sehr sie ~ konnte** elle a fait tout ce qu'elle a pu. **-7.** [zum Ausdruck eines Wunsches] seulement; **hätte ich doch ~ auf dich gehört!** si seulement je t'avais écouté! ◇ *Konj*: **nicht ~ ..., sondern (auch)** non seulement ..., mais (aussi).

◆ **nur noch** *Adv* ne ... plus que; **ich habe ~ noch Kleingeld** je n'ai plus que de la monnaie.

◆ **nur so** *Adv* **-1.** [sehr] fort, beaucoup. **-2.** *fam* [grundlos] comme ça.

◆ **nur zu!** *Interj* vas-y!, allons-y!, allez-y!

Nürnberg *nt* Nuremberg.

Nürnberger (*Pl* -) ◇ *der* habitant *m* de Nuremberg. ◇ *Adj (unver)* de Nuremberg.

Nürnbergerin (*Pl* **-nen**) *die* habitante *f* de Nuremberg.

nuscheln *intr* bafouiller.

Nuß (*Pl* **Nüsse**) *die* **-1.** [Frucht] noix *f*; [Haselnuß] noisette *f*. **-2.** *fam* [Idiot]: **dumme ~** espèce d'idiot. **-3.** *RW*: **das ist eine harte ~** cela donne du fil à retordre.

Nuß|baum *der* noyer *m*.

Nußknacker (*Pl* -) *der* casse-noisettes *m inv*.

Nüster (*Pl* **-n**) *die* naseau *m*.

Nutte (*Pl* **-n**) *die salopp* pute *f*.

nutzbar *Adj* utilisable; **(sich** *(D)***) etw ~ machen** exploiter qqch.

nutzbringend *geh* ◇ *Adj* utile. ◇ *Adv* utilement.

nütze *Adj (unver)*: **zu etw ~ sein** servir à qqch; **zu nichts ~ sein** ne servir à rien.

nutzen, **nützen** ◇ *tr* exploiter; **eine Gelegenheit ~** saisir une occasion; **die Zeit ~** profiter du temps. ◇ *intr*: **(jm) ~** servir (à qqn); **nichts ~** ne servir à rien.

Nutzen *der (ohne Pl)* profit *m*; **jm von ~ sein** *geh* être utile à qqn; **aus etw ~ ziehen** *geh* profiter de qqch.

Nutz|fahrzeug *das amt* véhicule *m* utilitaire.

Nutz|fläche *die* surface *f* exploitable.

Nutz|last *die amt* charge *f* utile.

nützlich *Adj* utile; **sich ~ machen** *fam* se rendre utile.

nutzlos ◇ *Adj* inutile. ◇ *Adv* inutilement.

Nutznießer, in (*mPl* -; *fPl* **-nen**) *der, die geh* bénéficiaire *mf*.

Nutzung (*Pl* **-en**) *die* exploitation *f*.

n.V. (*Abk für* **nach Vereinbarung**) après accord.

NW (*Abk für* **Nordwest**) NO.

Nylon® ['nailɔn] *das (ohne Pl)* Nylon® *m*.

Nylon|strumpf *der* bas *m* nylon.

O

o, O [oː] (*Pl* - ODER **-s**) *das* o *m inv*, O *m inv*.
◆ **O** (*Abk für* **Ost**) E.
o.a. (*Abk für* **oben angegeben**) voir ci-dessus.
o.ä. (*Abk für* **oder ähnliches**) ou autre.
Oase (*Pl* **-n**) *die* oasis *f*.
OAU (*Abk für* **Organization of African Unity**) *die (ohne Pl)* OUA *f*.
ob *Konj* **-1.** [zur Einleitung einer indirekten Frage] si; **ich weiß nicht, ~ die Post geöffnet ist** je ne sais pas si la poste est ouverte. **-2.** *RW*: **~ gebraten, ~ gekocht** rôti(e) ou bouilli(e); **~ Fisch, ~ Fleisch** poisson ou viande.
◆ **als ob** *Konj* comme si; **(so) tun als ~** faire comme si.
◆ **und ob!** *Interj* et comment!
o.B. *Abk für* **ohne Befund**.
OB *der (ohne Pl) Abk für* **Oberbürgermeister**.
Obb. (*Abk für* **Oberbayern**) Haute-Bavière *f*.
ÖBB (*Abk für* **Österreichische Bundesbahn**) *die (ohne Pl) entreprise de chemins de fer autrichiens*, ≃ SNCF *f*.
obdachlos *Adj* sans abri.
Obdachlose (*Pl* **-n**) *der, die* sans abri *mf*.
Obduktion (*Pl* **-en**) *die* autopsie *f*.
O-Beine *Pl fam* jambes *fpl* arquées.
Obelisk (*Pl* **-en**) *der* obélisque *m*.
oben *Adv* **-1.** [räumlich] en haut; **hoch ~** très haut; **nach ~** vers le haut; **nach ~ gehen** monter; **von ~** du haut, d'en haut; **von ~ kommen** descendre; **bis ~ hin** jusqu'en haut; [für Volumen] à ras bord; **von ~ bis unten** de haut en bas; **weiter ~** plus haut; **~ ohne** *fig* seins *mpl* nus; **von ~ herab** *fig* de haut. **-2.** [im Text] plus haut; **siehe ~** voir plus haut ODER ci-dessus; **auf Seite 100 ~** en haut de la page 100. **-3.** *fam* [im Norden]: **da ~** là-haut. **-4.** *fam* [sozial höher gestellt]: **von ~** d'en haut; **die da ~** ceux qui sont aux commandes.
obenauf *Adj*: **~ sein** être d'attaque.
obendrein *Adv* par-dessus le marché.
Ober (*Pl* **-**) *der* garçon *m (de café)*.
Ober|arm *der* bras *m (du coude à l'épaule)*.
Ober|arzt, |ärztin *der, die* chef *m* de clinique, médecin-chef *m*.
Ober|begriff *der* terme *m* générique.
Ober|bekleidung *die* vêtements *mpl*.
Ober|bürgermeister, in *der, die* maire *m (d'une grande ville)*.
Ober|deck *das* pont *m* supérieur.
obere, r, s *Adj* du dessus.
Ober|fläche *die* **-1.** [Außenfläche] surface *f*. **-2.** MATH superficie *f*.
oberflächlich ◇ *Adj* superficiel(elle). ◇ *Adv* [ungenau] de façon superficielle.
Ober|geschoß *das* étage *m* supérieur.
oberhalb ◇ *Präp* au-delà. ◇ *Adv*: **~ von jm/etw** au-dessus de qqn/qqch.
Ober|hand *die*: **die ~ bekommen/haben/behalten** prendre/avoir/garder le dessus.
Ober|haupt *das* chef *m*.
Ober|hemd *das* chemise *f*.
Oberin (*Pl* **-nen**) *die* [Ordensschwester] Mère *f* (supérieure).
Ober|kiefer *der* mâchoire *f* supérieure.
Ober|körper *der* torse *m*.
Oberlandes|gericht *das* Cour *f* d'appel.
Ober|lippe *die* lèvre *f* supérieure.
Ober|österreich *nt* Haute-Autriche *f*.
Ober|österreicher, in *der, die* habitant *m*, -e *f* de la Haute-Autriche.
oberösterreichisch *Adj* de Haute-Autriche.
Ober|schenkel *der* cuisse *f*.
Ober|schicht *die* haute société *f*.
Oberst (*Pl* **-en**) *der* colonel *m*.
oberste, r, s *Adj* **-1.** [räumlich] d'en haut. **-2.** [hierarchisch] suprême.
Ober|stufe *die* SCHULE lycée *m*, *les trois classes précédant le baccalauréat*.
Ober|teil *das* haut *m*.
Ober|wasser *das*: **~ haben/bekommen** *fig* avoir/reprendre pied.
Ober|weite *die* tour *m* de poitrine.
obgleich *Konj geh* bien que.
Obhut *die (ohne Pl)* garde *f*; **bei jm in guter ~ sein** être en de bonnes mains avec qqn.
obig *Adj amt* ci-dessus, mentionné(e) plus haut.
Objekt (*Pl* **-e**) *das* **-1.** [gen] objet *m*. **-2.** KUNST œuvre *f*.
objektiv [ɔpjɛk'tiːf] ◇ *Adj* objectif(ive). ◇ *Adv* objectivement.
Objektiv (*Pl* **-e**) *das* PHOT objectif *m*.
Objektivität [ɔpjɛktivi'tɛːt] *die (ohne Pl) geh* objectivité *f*.
Oblate (*Pl* **-n**) *die* **-1.** KÜCHE oublie *f*. **-2.** REL hostie *f*.
obliegen (*Prät* **oblag**, *Perf* **hat obgelegen**) *intr geh* incomber.

obligatorisch *Adj* **-1.** [vorgeschrieben] obligatoire. **-2.** [üblich] inévitable.
Oboe (*Pl* **-n**) *die* hautbois *m*.
obschon *Konj geh* quoique.
obskur *Adj* obscur(e).
Obst *das (ohne Pl)* fruits *mpl*.
Obst|baum *der* arbre *m* fruitier.
Obst|garten *der* verger *m*.
Obst|kuchen *der* gâteau *m* ODER tarte *f* aux fruits.
Obstler (*Pl* -) *der* eau-de-vie *f* (de fruit).
Obst|salat *der* salade *f* de fruits.
obszön ◇ *Adj* obscène. ◇ *Adv* de façon obscène.
obwohl *Konj* bien que *(+ subjonctif)*.
Ochse ['ɔksə] (*Pl* **-n**) *der* bœuf *m*.
Ochsenschwanz|suppe *die* potage *m* à la queue de bœuf.
Ocker *das* ocre *f*.
ockergelb *Adj* ocre.
od. *Abk für* **oder**.
Ode (*Pl* **-n**) *die* ode *f*.
öde *Adj* **-1.** [trostlos] morne. **-2.** *fam* [langweilig] barbant(e).
Ödem (*Pl* **-e**) *das* MED œdème *m*.
oder *Konj* **-1.** [gen] ou; **~ kurz** ou en abrégé. **-2.** *fam* [nicht wahr]: **...,** **~**? ..., non?; **du kommst aus Köln, ~**? tu es de Cologne, non?; **~ etwa nicht**? ou pas?
◆ **oder aber** *Konj* ou alors; → **entweder**.
Oder *die* Oder *m*.
Oder-Neiße-Linie *die (ohne Pl)* ligne *f* Oder-Neisse.

ODER-NEISSE-LINIE:
La ligne Oder-Neisse est l'actuelle frontière entre la République fédérale et la Pologne, le long de l'Oder et de la Neisse. En 1945, l'Allemagne perdit environ 10.000 km^2 de territoire à l'est de cette ligne, ce qui entraîna un gros déplacement de population.
Par un traité signé en 1990 avec la Pologne, le gouvernement allemand accepte de ne pas remettre en cause le découpage décidé après-guerre.

Ödipus|komplex *der* complexe *m* d'Œdipe.
Odyssee [ody'seː] (*Pl* **-n**) *die* **-1.** [langes Herumirren] odyssée *f*. **-2.** [Sage] Odyssée *f*.
OECD (*Abk für* **Organization for Economic Cooperation and Development**) *die (ohne Pl)* OCDE *f*.
OEZ (*Abk für* **osteuropäische Zeit**) heure *f* de l'Europe de l'Est.
Ofen (*Pl* **Öfen**) *der* **-1.** [zum Heizen] poêle *m*; [zum Backen] four *m*. **-2.** *fam* [Motorrad] bécane *f*.
ofenfrisch ◇ *Adj* tout chaud, toute chaude. ◇ *Adv*: **~ gebacken** fraîchement sorti(e) du four.
Ofen|heizung *die* chauffage *m* au poêle.
öff. *Abk für* **öffentlich**.
offen ◇ *Adj* **-1.** [gen] ouvert(e); **sperrangelweit ~** grand ouvert, grande ouverte; **für etw ~ sein** être ouvert à qqch; **~ und ehrlich** franc (franche); **~ zu jm sein, jm gegenüber ~ sein** être franc (franche) avec qqn; **~er Wein** vin *m* en pichet. **-2.** [Geschäft]: **~ haben** ODER **sein** être ouvert(e). **-3.** [Frage]: **~ sein** être en suspens. **-4.** [Rechnung] impayé(e). **-5.** [öffentlich] public(ique). **-6.** [unbegrenzt]: **auf ~em Meer** au large; **auf ~er Straße** en pleine rue. **-7.** [Haare] défait(e). ◇ *Adv* **-1.** [aufrichtig] librement. **-2.** [unbeantwortet]: **~ bleiben** rester en suspens.
offenbar ◇ *Adv* manifestement. ◇ *Adj* manifeste.
offenbaren (*Perf* **hat offenbart**) *tr geh* révéler.
◆ **sich offenbaren** *ref geh*: **sich jm ~** s'ouvrir à qqn; **etw offenbart sich jm** qqch apparaît à qqn.
Offenbarung (*Pl* **-en**) *die* révélation *f*.
Offenbarungs|eid *der* serment *m* déclaratoire d'insolvabilité.
offen|bleiben (*Perf* **ist offengeblieben**) *intr (unreg)* **-1.** [Tür, Geschäft] rester ouvert(e). **-2.** [Frage] rester en suspens.
offen|halten *tr (unreg)* **-1.** [Tür, Fenster] laisser ouvert(e). **-2.** [Augen]: **die Augen ~** garder les yeux ouverts; *fig* ouvrir l'œil. **-3.** [Möglichkeit, Ausweg]: **sich** *(D)* **etw ~** se réserver qqch.
◆ **sich offenhalten** *ref*: **sich für etw ~** demeurer réceptif(ive) à qqch.
Offenheit (*Pl* **-en**) *die* **-1.** [Ehrlichkeit] **franchise** *f*; **in aller ~** franchement. **-2.** [Aufgeschlossenheit] ouverture *f* d'esprit.
offenherzig ◇ *Adj* franc (franche). ◇ *Adv* franchement.
offenkundig *Adj geh* flagrant(e).
offen|lassen *tr (unreg)* **-1.** [Tür, Geschäft] laisser ouvert(e). **-2.** [Frage] laisser en suspens.
offensichtlich ◇ *Adj* manifeste. ◇ *Adv* manifestement.
offensiv ◇ *Adj* offensif(ive). ◇ *Adv* offensivement.
Offensive [ɔfɛn'ziːvə] (*Pl* **-n**) *die* **-1.** MIL offensive *f*. **-2.** SPORT attaque *f*.
offen|stehen *intr (unreg)* **-1.** [Tür] être ouvert(e). **-2.** [zugänglich sein]: **jm ~** être ouvert(e) à qqn. **-3.** [Rechnung] rester impayé(e).
öffentlich ◇ *Adj* public(ique). ◇ *Adv* publiquement.

Öffentlichkeit *die (ohne Pl)* public *m*; **an die ~ bringen** rendre public(ique); **in aller ~** devant tout le monde; **an die ~ dringen** s'ébruiter.
Öffentlichkeits|arbeit *die* relations *fpl* publiques.
öffentlich-rechtlich *Adj* de droit public.
Offerte *(Pl* **-n***) die* offre *f*.
offiziell ◇ *Adj* officiel(elle). ◇ *Adv* officiellement.
Offizier *(Pl* **-e***) der* officier *m*.
öffnen *tr* ouvrir.
◆ **sich öffnen** *ref* s'ouvrir.
Öffner *(Pl* **-***) der* **-1.** [für Flaschen] ouvre-bouteille *m*, décapsuleur *m*. **-2.** [für Türen] bouton-poussoir *m*.
Öffnung *(Pl* **-en***) die* ouverture *f*.
Öffnungszeiten *Pl* heures *fpl* d'ouverture.
Offset|druck ['ɔfzɛtdrʊk] *(Pl* **-e***) der* **-1.** *(ohne Pl)* [Verfahren] offset *m*. **-2.** [Produkt] tirage *m* offset.
oft *(Kompar* **öfter**, *Superl* **am öftesten***) Adv* souvent; **wie ~?** combien de fois?
◆ **oft genug** *Adv fam* [sehr oft] assez souvent.
öfter *Adv* souvent; **~ als jm lieb ist** plus souvent que qqn ne (le) voudrait.
◆ **des öfteren** *Adv* à plusieurs reprises.
oftmals *Adv geh* maintes fois.
Ohm *(Pl* **-***) das* PHYS ohm *m*.
ohne ◇ *Präp (+ A)* sans; **~ Milch** sans lait; **~ Konsequenzen** sans conséquences; **~ mein Wissen** à mon insu; **jd ist nicht ~** *fam* qqn est loin d'être bête; **~ weiteres** tout simplement; **das ist ~ weiteres möglich** c'est tout à fait possible. ◇ *Konj*: **~ daß** sans que *(+ subjonctif)*; **~ daß ich es bemerkt hätte, hat sie** sans que je m'en aperçoive, elle a; **~ zu überlegen** sans réfléchir.
◆ **ohne alles** *Adv* sans rien.
◆ **ohne mich!** *Interj* sans moi!
ohnedies *Adv geh* de toute façon.
ohnegleichen *Adv geh* sans pareil(eille).
ohnehin *Adv* de toute façon.
Ohnmacht *(Pl* **-en***) die* **-1.** [Bewußtlosigkeit] évanouissement *m*; **in ~ fallen** s'évanouir. **-2.** [Machtlosigkeit] impuissance *f*.
ohnmächtig ◇ *Adj* **-1.** [bewußtlos] évanoui(e); **~ werden** s'évanouir. **-2.** [machtlos] impuissant(e). ◇ *Adv* **-1.** [bewußtlos] sans connaissance. **-2.** [machtlos] sans pouvoir rien faire.
Ohr *(Pl* **-en***) das* oreille *f*; **die ~en anlegen** *fam fig* s'armer de courage; **ein offenes ~ für jn/etw haben** *fig* prêter une oreille attentive à qqn/qqch; **ein paar** ODER **eins** ODER **was hinter die ~en kriegen** *fam fig* recevoir une raclée; **ganz ~ sein** *fam fig* être tout ouïe; **die ~en spitzen** *fam fig* dresser l'oreille; **halt die ~en steif!** *fam fig* haut les cœurs!; **jd ist verliebt bis über beide ~en** *fig* qqn est follement amoureux(euse); **jn übers ~ hauen** *fam fig* rouler qqn (dans la farine); **jm in den ~en liegen** *fam fig* casser les oreilles à qqn; **mit den ~en schlackern** *fam fig* en être baba; **sich aufs ~ legen** *fam fig* faire un petit somme.
Öhr *(Pl* **-e***) das* chas *m*.
Ohr|clip, **Ohr|klipp** *der* clip *m*.
ohrenbetäubend ◇ *Adj* assourdissant(e). ◇ *Adv* de façon assourdissante.
Ohren|schmalz *das* cérumen *m*.
Ohr|feige *die* gifle *f*; **jm eine ~ geben** gifler qqn, donner une gifle à qqn.
ohrfeigen *tr* gifler.
Ohr|klipp → **Ohrclip**.
Ohrläppchen *(Pl* **-***) das* lobe *m* (de l'oreille).
Ohr|muschel *die* pavillon *m* (de l'oreille).
Ohr|ring *der* boucle *f* d'oreille.
Ohr|stecker *der* clou *m* d'oreille.
Ohr|wurm *der fam* rengaine *f*.
o.J. *(Abk für* **ohne Jahr***)* s.d. *(sans date)*.
okay [o'keː] *Adj* & *Adv fam* O.K.
Öko|bauer *der* agriculteur *m* écologique.
Öko|bäuerin *die* agricultrice *f* écologique.
Öko|laden *der magasin où se vendent uniquement des produits écologiques.*
Ökologie [økolo'giː] *die (ohne Pl)* écologie *f*.
ökologisch ◇ *Adj* écologique. ◇ *Adv* de façon écologique.
Ökonomie [økono'miː] *(Pl* **-n***) die* économie *f*.
ökonomisch ◇ *Adj* économique. ◇ *Adv* de façon économique.
Öko|system *das* écosystème *m*.
Okt. *(Abk für* **Oktober***)* oct.
Oktan *(Pl* **-e***) das* CHEM octane *m*.
Oktave [ɔk'taːvə] *(Pl* **-n***) die* MUS octave *f*.
Oktober *der (ohne Pl)* octobre *m*; **der 3. ~** *fête nationale allemande (anniversaire de la réunification du 3 octobre 1990); siehe auch* **September**.
Oktober|fest *das* Fête *f* de la bière.
Ökumene *die (ohne Pl)* REL œcuménisme *m*.
ökumenisch *Adj* REL œcuménique.
ö.L. *(Abk für* **östlicher Länge***)* longitude est.
Öl *(Pl* **-e***) das* **-1.** [gen] huile *f*. **-2.** [Erdöl] pétrole *m*. **-3.** [Heizöl] mazout *m*, fioul *m*.
OLAG *(Abk für* **Oberlandesarbeitsgericht***) das (ohne Pl)* conseil *m* régional supérieur des prud'hommes.
Oleander *(Pl* **-***) der* laurier-rose *m*.
ölen *tr* huiler.
Öl|farbe *die* **-1.** KUNST peinture *f* à l'huile. **-2.** [Streichmittel] peinture *f* laquée.
OLG *das (ohne Pl) Abk für* **Oberlandesgericht**.

Öl|gemälde *das* tableau *m* peint à l'huile, huile *f*.
Öl|heizung *die* chauffage *m* au mazout ODER au fioul.
ölig *Adj* huileux(euse).
Olive [o'liːvə] (*Pl* **-n**) *die* olive *f*.
Oliven|öl *das* huile *f* d'olive.
olivgrün *Adj* vert olive.
Öl|krise *die* crise *f* du pétrole.
Öl|pest *die* marée *f* noire.
Öl|quelle *die* gisement *m* de pétrole.
Öl|sardine *die* sardine *f* à l'huile.
Öl|stand *der* niveau *m* d'huile; **den ~ messen** ODER **prüfen** vérifier le niveau d'huile.
Ölung (*Pl* **-en**) *die*: **die Letzte ~** REL l'extrême-onction *f*.
Öl|wechsel *der* vidange *f*.
Olympiade (*Pl* **-n**) *die* olympiade *f*, jeux *mpl* Olympiques.
Olympia|sieger, in *der, die* champion olympique *m*, championne olympique *f*.
Olympia|stadion *das* stade *m* olympique.
olympisch *Adj* SPORT olympique.
Olympische Spiele *Pl* jeux *mpl* Olympiques.
Oma (*Pl* **-s**) *die* **-1.** [Großmutter] mamie *f*. **-2.** *fam abw* [Frau] mémé *f*.
Omelett [ɔm(ə)'lɛt] (*Pl* **-e** ODER **-s**) *das* omelette *f*.
Omni|bus *der* omnibus *m*.
onanieren *intr* se masturber.
Onkel (*Pl* -) *der* **-1.** [Verwandter] oncle *m*. **-2.** *fam* [Mann] monsieur *m*.
on line ['ɔnlain] *Adv* EDV [angeschlossen] en ligne; [im Dialogbetrieb] en mode interactif.
o.O. (*Abk für* **ohne Ortsangabe**) s.l. *(sans lieu)*.
op. (*Abk für* **opus**) op.
OP (*Pl* **-s**) (*Abk für* **Operationssaal**) *der* salle *f* d'opération.
Opa (*Pl* **-s**) *der* **-1.** [Großvater] papy *m*. **-2.** *fam abw* [Mann] pépé *m*.
Opal (*Pl* **-e**) *der* opale *f*.
OPEC ['oːpɛk] (*Abk für* **Organization of Petroleum Exporting Countries**) *die (ohne Pl)* OPEP *f*.
Oper (*Pl* **-n**) *die* opéra *m*; **in die ~ gehen** aller à l'opéra.
Operation (*Pl* **-en**) *die* opération *f*.
operativ ◇ *Adj* MED chirurgical(e). ◇ *Adv* chirurgicalement.
Operette (*Pl* **-n**) *die* opérette *f*.
operieren ◇ *tr* opérer. ◇ *intr geh* opérer.
Opern|führer *der* guide *m* de l'opéra *(livre)*.
Opern|glas *das* jumelles *fpl (de théâtre)*.
Opern|haus *das geh* opéra *m*.
Opern|sänger, in *der, die* chanteur *m*, -euse *f* d'opéra.
Opfer (*Pl* -) *das* **-1.** [Mensch] victime *f*. **-2.** [Verzicht, REL] sacrifice *m*. **-3.** *RW*: **ein ~ (für jn/etw) bringen** faire un sacrifice (pour qqn/qqch); **jm/etw zum ~ fallen** être victime de qqn/qqch.
opfern *tr*: **(jm) etw ~** sacrifier qqch (à qqn); **jn/etw für etw ~** sacrifier qqn/qqch pour qqch.
◆ **sich opfern** *ref* se sacrifier.
Opium *das (ohne Pl)* opium *m*.
ÖPNV (*Abk für* **Öffentlicher Personennahverkehr**) *der (ohne Pl) réseau public de transports en commun des villes allemandes*.
opp. (*Abk für* **opera**) opp.
Opportunist, in (*mPl* **-en**; *fPl* **-nen**) *der, die* opportuniste *mf*.
opportunistisch *Adj* opportuniste.
Opposition (*Pl* **-en**) *die* opposition *f*.
oppositionell ◇ *Adj* **-1.** POL d'opposition. **-2.** [dagegen eingestellt] oppositionnel(elle). ◇ *Adv*: **~ eingestellt sein** avoir l'esprit de contradiction.
Optik *die* optique *f*.
Optiker, in (*mPl* -; *fPl* **-nen**) *der, die* opticien *m*, -enne *f*.
optimal ◇ *Adj* optimal(e). ◇ *Adv* de façon optimale.
Optimismus *der (ohne Pl)* optimisme *m*.
Optimist, in (*mPl* **-en**; *fPl* **-nen**) *der, die* optimiste *mf*.
optimistisch ◇ *Adj* optimiste. ◇ *Adv* avec optimisme.
optisch *Adj* optique.
Orakel (*Pl* -) *das* oracle *m*.
oral ◇ *Adj* oral(e). ◇ *Adv* **-1.** [durch den Mund] par voie orale. **-2.** [mit dem Mund] oralement.
orange [o'rɑ̃ːʒ] *Adj* orange.
Orange [o'raŋːʒə, o'rɑ̃ːʒ] (*Pl* - ODER **-n**) ◇ *die (Pl Orangen)* orange *f*. ◇ *das (Pl Orange)* orange *m*.
Orangen|marmelade *die* confiture *f* d'orange.
Orangen|saft *der* jus *m* d'orange.
Orang-Utan (*Pl* **-s**) *der* orang-outan *m*.
Oratorium (*Pl* **Oratorien**) *das* MUS oratorio *m*.
Orchester [ɔr'kɛstɐ] (*Pl* -) *das* orchestre *m*.
Orchidee [ɔrçi'deːə] (*Pl* **-n**) *die* orchidée *f*.
ord. *Abk für* **ordentlich**.
Orden (*Pl* -) *der* **-1.** [Auszeichnung] décoration *f*; **jm einen ~ verleihen** remettre une décoration à qqn. **-2.** REL ordre *m*.
Ordens|bruder *der* religieux *m*, frère *m*.
Ordens|schwester *die* religieuse *f*, sœur *f*.
ordentlich ◇ *Adj* **-1.** [Wohnung, Leben] ran-

gé(e). **-2.** [Person] ordonné(e). **-3.** [amtlich] en règle; **~er Professor** professeur *m* titulaire. **-4.** [Ergebnis, Arbeit] convenable. **-5.** *fam* [groß] bon (bonne). ◇ *Adv* **-1.** [aufräumen] convenablement. **-2.** [ernennen] dans les règles. **-3.** *fam* [viel] bien.

Order (*Pl* **-s** ODER **-n**) *die* ordre *m*.

ordern *tr* WIRTSCH commander.

Ordinalzahl *die* nombre *m* ordinal.

ordinär ◇ *Adj* vulgaire. ◇ *Adv* vulgairement, avec vulgarité.

ordnen *tr* **-1.** [sortieren] classer; [Gedanken]: **etw ~** mettre qqch en ordre. **-2.** [aufräumen] ranger. **-3.** [regeln] régler.

◆ **sich ordnen** [Personen] se ranger.

Ordner (*Pl* -) *der* **-1.** [Hefter] classeur *m*. **-2.** [Person] membre *m* du service d'ordre.

Ordnerin (*Pl* **-nen**) *die* membre *m* du service d'ordre.

Ordnung *die (ohne Pl)* **-1.** [gen] ordre *m*; **~ schaffen** mettre de l'ordre. **-2.** [Handlung] classement *m*. **-3.** [Disziplin] discipline *f*; **für ~ sorgen** faire régner l'ordre. **-4.** *RW*: **etw in ~ bringen** [ordnen] mettre qqch en ordre; [erledigen] arranger qqch; **in ~ sein** *fam* [gesund sein] aller bien; *fam* [okay sein] être qqn de bien; **nicht in ~ sein** *fam* [Angelegenheit] ne pas être normal(e); [Essen] ne pas être bon (bonne); **(wieder) in ~ kommen** *fam* s'arranger.

◆ **in Ordnung!** *Interj* pas de problème!

ordnungsgemäß ◇ *Adj* réglementaire, régulier(ère). ◇ *Adv* conformément à l'ordre.

Ordnungsstrafe *die amt* amende *f*.

ordnungswidrig *amt* ◇ *Adj* irrégulier(ère), contraire à l'ordre. ◇ *Adv* de façon irrégulière; **sich ~ verhalten** être en infraction.

Öre (*Pl* -) *die* ODER *das* öre *m*.

Oregano *der (ohne Pl)* origan *m*.

ÖRF (*Abk für* **Österreichischer Rundfunk**) *der (ohne Pl) radio autrichienne.*

Organ (*Pl* **-e**) *das* organe *m*.

Organisation (*Pl* **-en**) *die* **-1.** *(ohne Pl)* [Organisieren, Struktur] organisation *f*. **-2.** [Vereinigung] association *f*.

Organisator (*Pl* **Organisatoren**) *der* organisateur *m*.

Organisatorin (*Pl* **-nen**) *die* organisatrice *f*.

organisatorisch ◇ *Adj* d'organisation. ◇ *Adv* du point de vue de l'organisation; **sich bei etw ~ betätigen** travailler à l'organisation de qqch.

organisch ◇ *Adj* organique. ◇ *Adv* **-1.** [physiologisch] du point de vue organique. **-2.** [natürlich] naturellement.

organisieren *tr* **-1.** [planen] organiser. **-2.** [gründen] fonder, créer. **-3.** [ordnen] structurer. **-4.** *fam* [beschaffen] trouver; [stehlen] chiper.

◆ **sich organisieren** *ref* s'organiser; [gewerkschaftlich] se syndiquer.

Organismus (*Pl* **-men**) *der* organisme *m*.

Organist, in (*mPl* **-en**; *fPl* **-nen**) *der, die* organiste *mf*.

Organspende *die* don *m* d'organe.

Organspender, in *der, die* donneur *m*, -euse *f* d'organe.

Organverpflanzung (*Pl* **-en**) *die* greffe *f* d'organe.

Orgasmus (*Pl* **-men**) *der* orgasme *m*.

Orgel (*Pl* **-n**) *die* orgue *m*.

Orgelkonzert *das* concert *m* d'orgue.

Orgelpfeife *die* tuyau *m* d'orgue; **dastehen wie die ~n** *fam fig* être alignés(ées) par rang de taille.

Orgie ['ɔrgiə] (*Pl* **-n**) *die* orgie *f*.

Orient ['o:riɛnt] *der (ohne Pl)* Orient *m*.

orientalisch ◇ *Adj* oriental(e). ◇ *Adv* à l'orientale.

orientieren [oriɛn'ti:rən] *tr* **-1.** [informieren]: **jn über etw** *(A)* **~** renseigner qqn sur qqch. **-2.** [ausrichten]: **etw an** ODER **nach etw** *(D)* **~** orienter qqch d'après qqch.

◆ **sich orientieren** *ref* **-1.** [sich zurechtfinden] s'orienter. **-2.** [sich informieren]: **sich über etw** *(A)* **~** se renseigner sur qqch. **-3.** [sich ausrichten]: **sich an** ODER **nach etw** *(D)* **~** se conformer à qqch.

Orientierung *die (ohne Pl)* **-1.** [räumlich] orientation *f*. **-2.** [Information]: **~ (über etw** *(A)***)** information *f* (sur qqch). **-3.** [Ausrichtung - an Person] orientation *f*; [- nach Regeln] conformité *f*.

Orientierungshilfe *die* point *m* de repère.

Orientierungssinn *der (ohne Pl)* sens *m* de l'orientation.

Orientierungsstufe *die* SCHULE cycle *m* d'orientation.

Orientteppich *der* tapis *m* d'Orient.

original ◇ *Adj* **-1.** [unverfälscht] original(e). **-2.** [ursprünglich] d'origine. **-3.** [eigen] propre. ◇ *Adv* **-1.** [echt]: **eine ~ englische Tasse** une authentique tasse anglaise. **-2.** [direkt] en direct.

Original (*Pl* **-e**) *das* **-1.** [Urform] original *m*. **-2.** *fam* [Person] original *m*, -e *f*.

Originalaufnahme *die* enregistrement *m* original.

originalgetreu ◇ *Adj* fidèle à l'original. ◇ *Adv* en étant fidèle à l'original.

Originalität *die (ohne Pl)* **-1.** [Echtheit] authenticité *f*. **-2.** [Individualität] originalité *f*.

Originalton *der (ohne Pl)*: **sie hören jetzt de**

Gaulle im ~ vous allez entendre la voix de de Gaulle.

Originalverpackung *die* emballage *m* d'origine.

originell ◇ *Adj* original(e). ◇ *Adv* d'une manière originale.

Orkan (*Pl* **-e**) *der* ouragan *m*.

Ornament (*Pl* **-e**) *das* ornement *m*.

Ort (*Pl* **-e**) *der* **-1.** [Stelle] lieu *m*; **an ~ und Stelle** sur place. **-2.** [Ortschaft] localité *f*. **-3.** [Einwohnerschaft - von Dorf] **village** *m*; [- von Stadt] **ville** *f*.

◆ **vor Ort** *Adv* sur place.

orten *tr* repérer.

orthodox ◇ *Adj* orthodoxe. ◇ *Adv abw* [starr] avec orthodoxie.

Orthographie [ɔrtogra'fiː] (*Pl* **-n**) *die* orthographe *f*.

Orthopäde (*Pl* **-n**) *der* orthopédiste *m*.

Orthopädie *die (ohne Pl)* orthopédie *f*.

Orthopädin (*Pl* **-nen**) *die* orthopédiste *m* ODER *f*.

orthopädisch *Adj* orthopédique.

Örtlichkeit (*Pl* **-en**) *die* lieux *mpl*.

◆ **Örtlichkeiten** *Pl fam* petit coin *m*.

Ortsangabe *die* indication *f* du lieu.

ortsansässig *Adj*: **ich bin hier ~** je viens d'ici; **~e Bevölkerung** population *f* locale.

Ortschaft (*Pl* **-en**) *die* localité *f*.

◆ **geschlossene Ortschaft** *die amt* agglomération *f*.

ortsfremd *Adj*: **ich bin hier ~** je ne suis pas d'ici.

Ortsgespräch *das* communication *f* urbaine.

Ortskenntnis *die* connaissance *f* des lieux.

ortskundig *Adj*: **~ sein** bien connaître la région.

Ortsnetz *das* réseau *m* local.

Ortstarif *der* tarif *m* urbain.

öS (*Abk für* **österreichischer Schilling**) SCH.

Osaka *nt* Osaka.

Öse (*Pl* **-n**) *die* œillet *m*.

Oslo *nt* Oslo.

Ossi (*Pl* **-s**) *der fam dénomination désignant les habitants de l'ex-Allemagne de l'Est.*

Ost *(ohne Artikel & ohne Pl)* **-1.** [Windrichtung] est *m*; **aus ~** de l'est. **-2.** [Block]: **~ und West** l'Est et l'Ouest.

Ostblock *der (ohne Pl)* bloc *m* de l'Est.

ostdeutsch *Adj* est-allemand(e).

Ostdeutschland *nt* Allemagne *f* de l'Est.

Osten *der (ohne Pl)* **-1.** [Gegend] Est *m*. **-2.** [Richtung] est *m*.

◆ **im Osten** *Adv* **-1.** [östlich] à l'est. **-2.** [im Ostblock] à l'Est.

◆ **nach Osten** *Adv* vers l'est.

Ostende *nt* Ostende.

Osterei *das* œuf *m* de Pâques.

Osterferien *Pl* vacances *fpl* de Pâques.

Osterhase *der lièvre qui selon la tradition allemande apporte les œufs de Pâques.*

Ostermarsch *der grande manifestation pour la paix ayant lieu traditionnellement à Pâques.*

Ostermontag *der* lundi *m* de Pâques.

Ostern *(ohne Artikel)* Pâques *fpl*; **an** ODER **zu ~** à Pâques.

◆ **frohe Ostern!** *Interj* joyeuses Pâques!

Österreich *nt* Autriche *f*.

Österreicher, in (*mPl* **-**; *fPl* **-nen**) *der, die* Autrichien *m*, -enne *f*.

österreichisch *Adj* autrichien(enne).

Ostersonntag *der* dimanche *m* de Pâques.

Osteuropa *das (ohne Pl)* Europe *f* de l'Est.

Ostfriese (*Pl* **-n**) *der* habitant *m* de Frise orientale.

Ostfriesin (*Pl* **-nen**) *die* habitante *f* de Frise orientale.

ostfriesisch *Adj* de Frise orientale.

Ostfriesische Inseln *Pl* îles *fpl* de Frise orientale.

Ostfriesland *nt* Frise *f* orientale.

Ostküste *die* côte *f* est.

östlich ◇ *Adj* oriental(e). ◇ *Adv*: **~ einer Sache** *(G)* ODER **von etw** à l'est de qqch.

Ostpolitik *die (ohne Pl) politique menée à l'égard des pays de l'ancien bloc de l'Est.*

Ostpreuße *der* habitant *m* de Prusse orientale.

Ostpreußen *nt* Prusse *f* orientale.

Ostpreußin *die* habitante *f* de Prusse orientale.

ostpreußisch *Adj* de Prusse orientale.

Östrogen (*Pl* **-e**) *das* œstrogène *m*.

Ostsee *die* mer *f* Baltique, Baltique *f*.

Ostseite *die* côté *m* est.

ostwärts *Adv* vers l'est; **~ gelegen** situé(e) à l'est.

Ostwind *der* vent *m* d'est.

Ottawa *nt* Ottawa.

Otter (*Pl* **-** ODER **-n**) ◇ *der (G Otters, Pl Otter)* loutre *f*. ◇ *die (G Otter, Pl Ottern)* vipère *f*.

ÖTV (*Abk für* **Gewerkschaft Öffentliche Dienste, Transport und Verkehr**) *die (ohne Pl) syndicat des services publics et des transports en Allemagne.*

out [aut] *Adj (unver)*: **~ sein** *fam* être out, être passé(e) de mode.

Outfit ['autfɪt] (*Pl* **-s**) *das* tenue *f*.

Output ['autput] (*Pl* **-s**) *der* EDV sortie *f*.

Ouvertüre [uvɛr'ty:rə] (*Pl* **-n**) *die* ouverture *f*.

oval [o'va:l] ◇ *Adj* ovale. ◇ *Adv* en ovale.

Ovation [ova'tsio:n] (*Pl* **-en**) *die* ovation *f*.

Overall ['o:vəral] (*Pl* **-s**) *der* combinaison *f*.

Overhead|projektor ['o:vəhɛdprojɛktɔr] *der* rétroprojecteur *m*.

ÖVP (*Abk für* **Österreichische Volkspartei**) *die (ohne Pl)* parti *m* populaire autrichien *(de tendance socialo-chrétienne)*.

o.W. (*Abk für* **ohne Wert**) sans valeur.

Oxid, **Oxyd** (*Pl* **-e**) *das* CHEM oxyde *m*.

oxidieren, **oxydieren** (*Perf* **hat/ist oxidiert**) ◇ *intr (hat, ist)* s'oxyder. ◇ *tr (hat)* oxyder.

Ozean (*Pl* **-e**) *der* océan *m*.

Ozelot (*Pl* **-e** ODER **-s**) *der* ocelot *m*.

Ozon *der* ODER *das (ohne Pl)* ozone *m*.

Ozon|loch *das (ohne Pl)* trou *m* d'ozone.

Ozon|schicht *die (ohne Pl)* couche *f* d'ozone.

P

p, **P** [pe:] (*Pl* **-** ODER **-s**) *das* p *m inv*, P *m inv*.

p.a. (*Abk für* **per anno**) par an, .../an.

paar *Adj* quelques.

◆ **ein paar** ◇ *Det* quelques. ◇ *Pron* quelques-uns, quelques-unes.

◆ **Paar** (*Pl* **-** ODER **-e**) *das* **-1.** [zwei Personen] couple *m*. **-2.** [zwei Dinge] paire *f*; **ein Paar Strümpfe** une paire de chaussettes.

paaren *tr* accoupler.

◆ **sich paaren** *ref* s'accoupler.

Paarhufer (*Pl* **-**) *der* artiodactyles *mpl*.

paarmal

◆ **ein paarmal** *Adv* plusieurs fois.

Paarung (*Pl* **-en**) *die* **-1.** [von Tieren] accouplement *m*. **-2.** [Zusammenstellung] constitution *f*.

paarweise ◇ *Adv* deux par deux. ◇ *Adj (unver)* par paires.

Pacht (*Pl* **-en**) *die* **-1.** [Pachten - von Grundstükken] fermage *m*; [- von Geschäften] gérance *f*. **-2.** [Pachtzins] bail *m (loyer)*. **-3.** [Vertrag] contrat *m* de bail.

pachten *tr* prendre à bail; **etw (für sich) gepachtet haben** *fam fig* avoir le monopole de qqch.

Pächter, in (*mPl* **-**; *fPl* **-nen**) *der, die* **-1.** [von Grundstücken] preneur *m*, -euse *f* à bail. **-2.** [von Geschäften] gérant *m*, -e *f*.

Pacht|vertrag *der* bail *m*.

Pack *das (ohne Pl) abw* racaille *f*.

Päckchen (*Pl* **-**) *das* **-1.** [Paket] petit paquet *m*. **-2.** [Packung] paquet *m*.

Pack|eis *das (ohne Pl)* banquise *f*.

packen ◇ *tr* **-1.** [vollpacken]: **seinen Koffer/seinen Schulranzen ~** faire sa valise/son cartable. **-2.** [legen, stellen]: **etw auf/in etw** *(A)* **~** mettre qqch sur/dans qqch; **etw aus etw ~** sortir qqch de qqch. **-3.** [fassen] attraper. **-4.** *fam* [Kriminelle] coincer. **-5.** [überkommen]: **etw packt jn** qqn est pris(e) de qqch. **-6.** [bewegen] émouvoir. **-7.** *fam* [schaffen] réussir. **-8.** *salopp* [begreifen] piger. **-9.** *RW*: **~ wir's**? *fam* [gehen wir?] alors, on y va?; *fam* [schaffen wir's?] on y arrivera? ◇ *intr* faire ses bagages.

◆ **sich packen** *ref fam* se tirer.

Packen (*Pl* **-**) ◇ *der* paquet *m*. ◇ *das (ohne Pl)* préparatifs *mpl*.

packend ◇ *Adj* prenant(e). ◇ *Adv* de manière prenante.

Pack|papier *das (ohne Pl)* papier *m* d'emballage.

Packung (*Pl* **-en**) *die* **-1.** [für Waren - Schachtel] boîte *f*; [- Päckchen] paquet *m*; [- Tüte] sac *m*. **-2.** [heilend] compresse *f*. **-3.** [Haarkur] masque *m* capillaire.

päd. *Abk für* **pädagogisch**.

Pädagoge (*Pl* **-n**) *der* pédagogue *m*.

Pädagogik *die (ohne Pl)* pédagogie *f*.

Pädagogin (*Pl* **-nen**) *die* pédagogue *f*.

pädagogisch ◇ *Adj* **-1.** [erziehend] pédagogique. **-2.** [bei Ausbildung] de pédagogie. ◇ *Adv* d'un point de vue pédagogique.

Pädagogische Hochschule *die* ≃ Institut *m* Universitaire de Formation des Maîtres.

Paddel (*Pl* **-**) *das* pagaie *f*.

Paddel|boot *das* canoë *m*.

paddeln (*Perf* **hat/ist gepaddelt**) *intr* **-1.** *(hat, ist)* [rudern] pagayer. **-2.** *(ist)* [Boot fahren] faire du canoë.

paffen *fam* ◇ *tr* fumer. ◇ *intr abw* cloper; [ohne zu inhalieren] crapoter.

Page ['pa:ʒə] (*Pl* **-n**) *der* page *m*.

Pagen|kopf *der* coupe *f* à la Jeanne d'Arc, carré *m*.

Pagode (*Pl* **-n**) *die* pagode *f*.

Paillette [pa'jɛtə] (*Pl* **-n**) *die* paillette *f*.

Paket (*Pl* **-e**) *das* **-1.** [gen] paquet *m*. **-2.** *fam* [Zusammenstellung] série *f*.
Paket|annahme *die (ohne Pl)* réception *f* des colis.
Paketaus|gabe *die (ohne Pl)* distribution *f* des colis.
Paket|karte *die* bulletin *m* d'expédition.
Paket|schalter *der* guichet *m* des colis.
Pakistan *nt* Pakistan *m*; **in ~** au Pakistan.
Pakistaner, in (*mPl* **-**; *fPl* **-nen**) *der, die* Pakistanais *m*, -e *f*.
Pakistani (*Pl* **-(s)**) *der* Pakistanais *m*.
Pakistanin (*Pl* **-nen**) *die* Pakistanaise *f*.
pakistanisch *Adj* pakistanais(e).
Pakt (*Pl* **-e**) *der* pacte *m*; **einen ~ schließen** conclure un pacte.
paktieren *intr abw* pactiser.
PAL [pa:l] (*Abk für* **Phase Alternating Line (Farbfernsehsystem)**) *das (ohne Pl)* système *m* PAL, PAL.
Palast (*Pl* **Paläste**) *der* palais *m*.
Palästina *nt* Palestine *f*.
Palästinenser, in (*mPl* **-**; *fPl* **-nen**) *der, die* Palestinien *m*, -enne *f*.
palästinensisch *Adj* palestinien(enne).
palavern [pa'la:vɐn] *intr fam abw* palabrer; **über etw ~** discourir sur qqch.
Palette (*Pl* **-n**) *die* **-1.** [Gegenstand] palette *f*. **-2.** *(ohne Pl)* [Vielfalt] gamme *f*.
Palme (*Pl* **-n**) *die* palmier *m*; **jn auf die ~ bringen** *fam fig* mettre qqn en pétard.
Palm|sonntag *der* Rameaux *mpl*, dimanche *m* des Rameaux.
Pampe *die (ohne Pl) fam* bouillie *f*.
Pampelmuse (*Pl* **-n**) *die* pamplemousse *m*.
Pamphlet (*Pl* **-e**) *das abw* pamphlet *m*.
pampig *fam* ◇ *Adj* **-1.** [breiig] pâteux(euse). **-2.** [frech] culotté(e). ◇ *Adv* avec insolence.
Panade (*Pl* **-n**) *die* panure *f* à l'œuf.
Panama *nt* Panamá *m*; **in ~** au Panamá.
Panamaer, in (*mPl* **-**; *fPl* **-nen**) *der, die* Panaméen *m*, -enne *f*.
panamaisch *Adj* panaméen(enne).
Panamakanal *der* canal *m* de Panamá.
Panda (*Pl* **-s**) *der* panda *m*.
Paneel (*Pl* **-e**) *das* lambris *m*.
Pan|flöte *die* flûte *f* de Pan.
panieren *tr* paner.
Panier|mehl *das (ohne Pl)* chapelure *f*.
Panik *die (ohne Pl)* panique *f*; **in ~ geraten** s'affoler.
◆ **(nur) keine Panik!** *Interj fam* pas de panique!
Panikmache *die (ohne Pl) fam abw*: **das ist doch nur ~!** c'est juste pour semer la panique!
panisch ◇ *Adj* **-1.** [Angst] panique. **-2.** [Reaktion] de panique. ◇ *Adv* **-1.** [sich fürchten] terriblement. **-2.** [reagieren] sous l'effet de la panique.
Panne (*Pl* **-n**) *die* **-1.** [Defekt] panne *f*; **eine ~ haben** tomber en panne. **-2.** [Fehler] bévue *f*; **ohne ~** sans incident.
Pannen|dienst *der* service *m* de dépannage.
Panorama (*Pl* **-men**) *das* panorama *m*.
panschen *tr & intr fam* couper.
Panther (*Pl* **-**) *der* panthère *f*.
Pantoffel (*Pl* **-n**) *der* pantoufle *f*.
Pantoffel|held *der fam abw mari dont la femme porte la culotte*.
Pantomime (*Pl* **-n**) ◇ *die (G Pantomime)* pantomime *f*, mime *m*. ◇ *der (G Pantomimen)* mime *m*.
Pantomimin (*Pl* **-nen**) *die* mime *m*.
Panzer (*Pl* **-**) *der* **-1.** [Fahrzeug] tank *m*, char *m* (de combat). **-2.** [von Tieren] carapace *f*. **-3.** [Schutzplatte] blindage *m*.
Panzer|glas *das (ohne Pl) verre feuilleté à l'épreuve des balles*.
panzern *tr* blinder.
◆ **sich panzern** *ref* se blinder.
Panzer|schrank *der* coffre-fort *m*.
Panzer|wagen *der* véhicule *m* blindé.
Papa (*Pl* **-s**) *der fam* papa *m*.
Papagei (*Pl* **-en**) *der* perroquet *m*.
Papi (*Pl* **-s**) *der fam* papa *m*.
Papier (*Pl* **-e**) *das* **-1.** *(ohne Pl)* [Material] papier *m*; **etw zu ~ bringen** mettre qqch sur le papier. **-2.** [Dokument] document *m*. **-3.** [Aktie] titre *m*.
◆ **Papiere** *Pl* [Dokumente] papiers *mpl*.
Papier|geld *das (ohne Pl)* billets *mpl*.
Papier|korb *der* corbeille *f (à papier)*.
Papier|kram *der fam* paperasse *f*.
Papier|krieg *der fam* paperasserie *f*.
Papier|schlange *die* serpentin *m*.
Papier|serviette *die* serviette *f* en papier.
Papiertaschen|tuch *das* mouchoir *m* en papier.
Papierwaren|geschäft *das* papeterie *f*.
Papp|becher *der* gobelet *m* en carton.
Pappe (*Pl* **-n**) *die* carton *m*; **nicht von** ODER **aus ~ sein** *fam fig* ne pas être de la petite bière.
päppeln *tr* chouchouter.
pappen *fam* ◇ *tr* coller; **etw an etw** *(A)* **~** coller qqch sur qqch. ◇ *intr* coller.
Pappen|stiel *(ohne Pl & ohne Artikel)*: **etw ist**

keinen ~ wert *fam fig* qqch ne vaut pas un clou; **das ist kein ~** *fam fig* ce n'est pas rien!

pappig *Adj fam* pâteux(euse).

Papp|karton *der* carton *m*.

Papp|teller *der* assiette *f* en carton.

Paprika (*Pl* - ODER **-s**) *der* **-1.** [Pflanze] poivron *m*. **-2.** *(ohne Pl)* [Gewürz] paprika *m*.

Paprika|schote *die* poivron *m*.

Papst (*Pl* **Päpste**) *der* pape *m*.

päpstlich ◇ *Adj* pontifical(e). ◇ *Adv*: **~ gesinnt sein** être papiste.

Papyrus *der* papyrus *m*.

Parabel (*Pl* **-n**) *die* parabole *f*.

Parabol|antenne *die* antenne *f* parabolique.

parabolisch ◇ *Adj* parabolique. ◇ *Adv* à l'aide d'une parabole.

Parade (*Pl* **-n**) *die* **-1.** [Aufmarsch] défilé *m*. **-2.** [in Spiel, Sport] parade *f*; **jm in die ~ fahren** [Pläne durchkreuzen] tailler des croupières à qqn; [ins Wort fallen] voler à qqn dans les plumes.

Paradebei|spiel *das* exemple *m* type.

Paradies (*Pl* **-e**) *das* paradis *m*.

paradiesisch *Adj* paradisiaque.

Paradigma (*Pl* **Paradigmen**) *das* paradigme *m*.

paradox *Adj* paradoxal(e).

Paraffin (*Pl* **-e**) *das* CHEM paraffine *f*.

Paragraph (*Pl* **-en**) *der* **-1.** [rechtlich] article *m*. **-2.** [Zeichen] paragraphe *m*.

◆ **Paragraph 218** *der (ohne Pl) article de la Constitution allemande relatif à l'avortement.*

PARAGRAPH 218:
Cet article de la loi fondamentale soulève régulièrement de violentes controverses parlementaires et publiques. Depuis 1993, il stipule que l'avortement effectué dans les 12 premières semaines sur avis médical n'est pas un acte criminel. L'avortement demeure néanmoins contraire à la loi et ne peut, sauf exception, être pris en charge par la Sécurité sociale.

Paragraphen|reiter, in *der, die abw* pinailleur *m*; **das ist ein richtiger ~!** il est vraiment à cheval sur le règlement.

Paraguay ◇ *nt* [Staat] Paraguay *m*. ◇ *der* [Fluß] Paraguay *m*.

Paraguayer, in ['paraguaie, rɪn] (*mPl* -; *fPl* **-nen**) *der, die* Paraguayen *m*, -enne *f*.

paraguayisch ['paraguaiiʃ] *Adj* paraguayen (enne).

parallel ◇ *Adj* parallèle. ◇ *Adv* **-1.** [gleichzeitig]: **~ (zu)** parallèlement (à). **-2.** [in gleichem Abstand]: **~ zu etw verlaufen** être parallèle à qqch.

Parallele (*Pl* **-n**) *die* **-1.** MATH parallèle *f*. **-2.** [Ähnlichkeit] parallèle *m*. **-3.** *RW*: **~n zu etw ziehen** faire un parallèle avec qqch.

Parallel|klasse *die* SCHULE classe *f* parallèle.

Parallelo|gramm (*Pl* **-e**) *das* MATH parallélogramme *m*.

Parallel|schaltung *die* ELEKTR montage *m* en parallèle.

Parallel|schwung *der* SPORT godille *f*.

Parameter (*Pl* -) *der* paramètre *m*.

paramilitärisch ◇ *Adj* paramilitaire. ◇ *Adv* paramilitairement.

Paranoia [para'nɔya] *die (ohne Pl)* paranoïa *f*.

paranoid [parano'iːt] ◇ *Adj* paranoïaque. ◇ *Adv*: **~ veranlagt** sujet(ette) à la paranoïa.

Para|nuß *die* noix *f* ODER châtaigne *f* du Brésil.

Para|phrase *die* paraphrase *f*.

Para|psychologie *die (ohne Pl)* parapsychologie *f*.

Parasit (*Pl* **-en**) *der* parasite *m*.

parasitär ◇ *Adj* parasitaire. ◇ *Adv* en parasite.

parat ◇ *Adv*: **etw ~ haben** avoir qqch à disposition; **eine Antwort ~ haben** avoir une réponse sous le coude; **sich ~ halten** se tenir prêt(e). ◇ *Adj (unver)*: **~ sein** être prêt(e).

Pärchen (*Pl* -) *das* [Liebespaar] tourtereaux *mpl*.

Parcours [par'kuːɐ̯] *der (ohne Pl)* parcours *m*.

Parfüm (*Pl* **-e** ODER **-s**) *das* parfum *m*.

Parfümerie [parfymə'riː] (*Pl* **-n**) *die* parfumerie *f*.

parfümieren *tr* parfumer; **leicht/stark parfümiert** légèrement/fortement parfumé(e).

◆ **sich parfümieren** *ref* se parfumer.

parieren ◇ *tr* contrer; [Schlag] parer. ◇ *intr* obéir.

Paris *nt* Paris.

Pariser (*Pl* -) ◇ *der* **-1.** [Einwohner] Parisien *m*. **-2.** *salopp* [Kondom] capote *f* (anglaise). ◇ *Adj (unver)* parisien(enne).

Pariser Becken *das (ohne Pl)* Bassin *m* parisien.

Pariserin (*Pl* **-nen**) *die* Parisienne *f*.

pariserisch ◇ *Adj* parisien(enne). ◇ *Adv* à la parisienne.

paritätisch ◇ *Adj* paritaire. ◇ *Adv* de façon paritaire.

Park (*Pl* **-s**) *der* parc *m*.

Parka (*Pl* **-s**) *die* ODER *der* parka *m* ODER *f*.

Park-and-ride-System ['paːkɛnd'raitsys'teːm] *das (ohne Pl) système de transport selon lequel les personnes laissent leur véhicule sur le parking d'une gare et utilisent les transports en commun.*

Parkan|lage *die* jardins *mpl*.

Parkbank (*Pl* **-bänke**) *die* banc *m* (de jardin) public.
Parkbucht *die* aire *f* de stationnement sur le bas-côté.
parken ◇ *tr* garer. ◇ *intr* se garer; **falsch ~** mal se garer.
Parken *das (ohne Pl)* stationnement *m*; '**~ verboten**' 'stationnement interdit'.
Parkett (*Pl* **-e** ODER **-s**) *das* **-1.** [Fußbodenbelag] parquet *m*. **-2.** [im Kino, Theater] parterre *m*. **-3.** *RW*: **sich auf internationalem ~ bewegen (können)** *geh* être à l'aise sur la scène internationale.
Parkgebühr *die* frais *mpl* de stationnement.
Parkhaus *das* parking *m (à plusieurs étages)*.
Parkleuchte *die* feu *m* de stationnement.
Parklicht *das* feu *m* de stationnement.
Parklücke *die* place *f (de stationnement)*.
Parkplatz *der* **-1.** [Parklücke] place *f (de stationnement)*. **-2.** [Gelände] parking *m*.
Parkscheibe *die* disque *m* de stationnement.
Parksünder, in *der, die fam personne garée en stationnement interdit.*
Parkuhr *die* parcmètre *m*.
Parkverbot *das* interdiction *f* de stationner; **im ~ stehen** être en stationnement interdit, être mal garé(e).
Parkwächter, in *der, die* **-1.** [auf dem Parkplatz] gardien *m*, -enne *f* (de parking). **-2.** [im Park] gardien *m*, -enne *f* (de jardin public).
Parlament (*Pl* **-e**) *das* parlement *m*.
Parlamentarier, in [parlamɛn'taːri̯ɐ, rɪn] (*mPl* **-**; *fPl* **-nen**) *der, die* parlementaire *mf*.
parlamentarisch ◇ *Adj* parlementaire. ◇ *Adv* par le biais du parlement.
Parlamentsausschuß *der* commission *f* parlementaire.
Parlamentsdebatte *die* débats *mpl* parlementaires.
Parlamentswahl *die* élections *fpl* législatives.
Parmesan, **Parmesankäse** *der (ohne Pl)* parmesan *m*.
Parodie [paro'diː] (*Pl* **-n**) *die* parodie *f*; **eine ~ auf jn/etw** une parodie de qqn/qqch.
parodieren *tr* parodier.
Parodontose (*Pl* **-n**) *die* MED parodontose *f*.
Parole (*Pl* **-n**) *die* **-1.** [Kennwort] mot *m* de passe. **-2.** [Leitspruch] mot *m* d'ordre. **-3.** *abw* [Behauptung] slogan *m*.
Partei (*Pl* **-en**) *die* **-1.** [gen] parti *m*; **einer ~ angehören** appartenir à un parti; **für jn ~ ergreifen** *fig* prendre le parti de qqn. **-2.** [vor Gericht] partie *f*.
Parteichef, in *der, die* chef *m (d'un parti)*.
parteiisch ◇ *Adj* partial(e). ◇ *Adv* de manière partiale.
Parteilinie *die* ligne *f (d'un parti)*.
parteilos *Adj* sans étiquette.
Parteimitglied *das* membre *m (d'un parti)*.
Parteipolitik *die (ohne Pl)* politique *f (d'un parti)*.
Parteiprogramm *das* programme *m (d'un parti)*.
Parteitag *der* congrès *m (d'un parti)*.
Parteivorsitzende *der, die* président *m (d'un parti)*.
Parteivorstand *der* comité *m* directeur *(d'un parti)*.
Parterre [par'tɛr] (*Pl* **-s**) *das* rez-de-chaussée *m*.
◆ **im Parterre** *Adv* au rez-de-chaussée.
Partie [par'tiː] (*Pl* **-n**) *die* partie *f*; **eine ~ Schach/Billiard/Tennis spielen** faire une partie d'échecs/de billard/de tennis; **eine gute/schlechte ~ sein** *fig* être un bon/mauvais parti; **mit von der ~ sein** *fam fig* être partant(e).
partiell [par'tsi̯ɛl] ◇ *Adj* partiel(elle). ◇ *Adv* partiellement.
Partikel (*Pl* **-n** ODER **-**) ◇ *das (G Partikels, Pl Partikel)* PHYS particule *f*. ◇ *die (G Partikel, Pl Partikeln)* GRAM particule *f*.
Partisan, in (*mPl* **-en**; *fPl* **-nen**) *der, die* partisan *m*, -e *f*.
Partitur (*Pl* **-en**) *die* MUS partition *f*.
Partizip (*Pl* **-ien**) *das* GRAM participe *m*.
◆ **Partizip Perfekt** *das* participe *m* passé.
◆ **Partizip Präsens** *das* participe *m* présent.
Partner, in (*mPl* **-**; *fPl* **-nen**) *der, die* **-1.** [bei Spiel, Freizeit, Theater, Film] partenaire *mf*. **-2.** [Lebenspartner] compagnon *m*, compagne *f*.
Partnerlook *der (ohne Pl)*: **~ tragen, im ~ gehen** être habillé(e) de la même façon.
Partnerschaft (*Pl* **-en**) *die* **-1.** [zwischen Personen] couple *m*. **-2.** [zwischen Städten] jumelage *m*.
partnerschaftlich ◇ *Adj* **-1.** [ehelich, freundschaftlich] de couple. **-2.** [kollegial] d'amitié. ◇ *Adv* **-1.** [ehelich, freundschaftlich] en couple. **-2.** [kollegial] amicalement.
Partnerstadt *die* ville *f* jumelée.
partout [par'tuː] *Adv fam* absolument.
Party ['paːɐ̯ti] (*Pl* **-s** ODER **Parties**) *die* fête *f*, soirée *f*.
PASCAL [pas'kal] *(ohne Pl) das* EDV PASCAL *m*.
Pasch (*Pl* **-e** ODER **Päsche**) *der* double *m*.
Pascha (*Pl* **-s**) *der* pacha *m*.
Paß (*Pl* **Pässe**) *der* **-1.** [Dokument] passeport *m*. **-2.** [Gebirgspaß] col *m*. **-3.** [beim Fußball] passe *f*.
passabel ◇ *Adj* passable. ◇ *Adv* passablement.

Passage [pa'saːʒə] (*Pl* **-n**) *die* **-1.** [gen] passage *m.* **-2.** [Reise] traversée *f.*
Passagier [pasa'ʒiːɐ̯] (*Pl* **-e**) *der* passager *m,* -ère *f;* **blinder ~** *fig* passager *m* clandestin.
Passagier|flugzeug *das* avion *m* de ligne.
Passant, in (*mPl* **-en;** *fPl* **-nen**) *der, die* passant *m,* -e *f.*
Passat (*Pl* **-e**) *der* alizé *m.*
Paß|bild *das* photo *f* d'identité.
passen (*Präs* **paßt,** *Prät* **paßte,** *Perf* **hat gepaßt**) *intr* **-1.** [in Größe, Form, Art] aller; **jm ~** aller à qqn; **in etw** *(A)* **~** rentrer dans qqch; **zu etw ~** aller bien avec qqch; **zu jm ~** [Person] aller bien avec qqn; [Verhalten] aller bien à qqn. **-2.** [gefallen]: **jm ~/nicht ~** convenir/ne pas convenir à qqn. **-3.** [im Spiel] passer. **-4.** *RW*: **das könnte dir** ODER **ihm etc so ~** c'est hors de question; **~ müssen** donner sa langue au chat.
passend ◇ *Adj* approprié(e); **die ~e Gelegenheit** le bon moment. ◇ *Adv*: **haben Sie es ~?** *fam* avez-vous l'appoint?
Paß|foto *das* photo *f* d'identité.
passieren (*Perf* **hat/ist passiert**) ◇ *tr (hat)* **-1.** [gen] passer. **-2.** [überschreiten, durchschreiten] traverser. ◇ *intr (ist)* arriver; **es ist etw passiert** il est arrivé qqch.
Passier|schein *der* laissez-passer *m inv.*
Passion (*Pl* **-en**) *die* passion *f.*
passioniert *Adj* passionné(e).
Passions|frucht *die* fruit *m* de la passion.
Passionsspiele *Pl* mystères *mpl* de la Passion.
passiv ['pasif], **passiv** [pas'iːf] ◇ *Adj* passif(ive). ◇ *Adv* passivement.
Passiv ['pasif] (*Pl* **-e**) *das* GRAM passif *m.*
Passivität [pasivi'tɛːt] *die (ohne Pl)* passivité *f.*
Paß|kontrolle *die* **-1.** [Kontrollieren] contrôle *m* des passeports. **-2.** [Kontrollstelle] point *m* de contrôle des passeports.
Paß|wort *das* EDV mot *m* de passe.
Paste (*Pl* **-n**) *die* **-1.** [Masse] pâte *f.* **-2.** [Salbe] pommade *f.*
Pastell|farbe *die* pastel *m.*
Pastell|ton *der* ton *m* pastel.
Pastete (*Pl* **-n**) *die* **-1.** [aus Teig] vol-au-vent *m.* **-2.** [aus Fleisch, Leber] terrine *f.*
pasteurisieren [pastøri'ziːrən] *tr* pasteuriser.
Pastor (*Pl* **Pastoren**) *der* [katholisch] curé *m;* [evangelisch] pasteur *m.*
Pastorin (*Pl* **-nen**) *die* **-1.** [Pfarrerin] femme *f* pasteur. **-2.** [Ehefrau des Pastors] femme *f* du pasteur.
Pate (*Pl* **-n**) *der* **-1.** [Onkel, Mafioso] parrain *m.* **-2.** [Vorbild]: **bei etw ~ stehen** être l'inspirateur *m,* -trice *f* de qqch.
Paten|kind *das* filleul *m,* -e *f.*
Paten|onkel *der* parrain *m.*
Patenschaft (*Pl* **-en**) *die*: **die ~ für jn/etw übernehmen** être parrain *m,* marraine *f* de qqn/qqch.
patent ◇ *Adj* **-1.** [tüchtig] capable. **-2.** [praktisch] épatant(e). **-3.** *fam* [nett]: **ein ~er Kerl** un chic type. ◇ *Adv* [tüchtig] de manière épatante.
Patent (*Pl* **-e**) *das* brevet *m;* **auf etw** *(A)* **ein ~ anmelden** déposer un brevet pour qqch.
Paten|tante *die* marraine *f.*
patentieren *tr* breveter; **sich** *(D)* **etw ~ lassen** faire breveter qqch.
Patent|lösung *die* solution *f* miracle.
Pater (*Pl* **-**) *der* père *m (membre d'un ordre monastique).*
Paternoster (*Pl* **-**) *der* pater-noster *m.*
pathetisch ◇ *Adj* emphatique. ◇ *Adv* avec emphase.
pathologisch *Adj* pathologique.
Pathos *das (ohne Pl)* pathos *m.*
Patience [pa'si̯ɑ̃ːs] (*Pl* **-n**) *die* patience *f.*
Patient, in (*mPl* **-en;** *fPl* **-nen**) *der, die* patient *m,* -e *f.*
Patin (*Pl* **-nen**) *die* marraine *f.*
Patina *die (ohne Pl)* patine *f.*
Patriarch (*Pl* **-en**) *der* patriarche *m.*
patriarchalisch ◇ *Adj* patriarcal(e). ◇ *Adv* **-1.** [väterlich] en patriarche. **-2.** [männlich] de manière patriarcale.
Patriarchat (*Pl* **-e**) *das* patriarcat *m.*
Patriot, in (*mPl* **-en;** *fPl* **-nen**) *der, die* patriote *mf.*
patriotisch ◇ *Adj* patriotique. ◇ *Adv* en patriote; **~ gesinnt** aux idées patriotiques.
Patriotismus *der (ohne Pl)* patriotisme *m.*
Patron (*Pl* **-e**) *der* patron *m.*
Patrone (*Pl* **-n**) *die* cartouche *f.*
Patronin (*Pl* **-nen**) *die* patronne *f.*
Patrouille [pa'trʊljə] (*Pl* **-n**) *die* patrouille *f.*
patrouillieren [patrʊl'(j)iːrən] (*Perf* **hat/ist patrouilliert**) *intr* patrouiller.
Patsche (*Pl* **-n**) *die fam* **-1.** [Not]: **in der ~ sitzen** être dans le pétrin; **jm aus der ~ helfen** tirer qqn d'affaire. **-2.** [Hand] patte *f.*
patschen *intr fam* **-1.** [mit Händen] taper. **-2.** [mit Füßen] patauger.
patschnaß *Adj fam* trempé(e) jusqu'aux os.
Patt (*Pl* **-s**) *das* match *m* nul.
patzen *intr fam* faire une bavure.
patzig *fam* ◇ *Adj* impertinent(e). ◇ *Adv* insolemment.
Pauke (*Pl* **-n**) *die* timbale *f,* grosse caisse *f;* **auf die ~ hauen** *fam fig* faire la nouba; **mit ~n und**

Trompeten **durchfallen** *fam fig* échouer lamentablement.
pauken *fam* ◇ *intr* bûcher. ◇ *tr* potasser.
Pauker, in (*mPl* -; *fPl* **-nen**) *der, die fam* prof *mf*.
pausbäckig *Adj* joufflu(e).
pauschal ◇ *Adj* **-1.** [Preis, Summe] forfaitaire. **-2.** [Urteil, Kritik] général(e). ◇ *Adv* **-1.** [beurteilen] de manière globale. **-2.** [abrechnen] globalement.
Pauschale (*Pl* **-n**) *die* forfait *m*.
Pauschal|preis *der* prix *m* forfaitaire.
Pauschal|reise *die* voyage *m* organisé.
Pauschal|urteil *das* jugement *m* à l'emporte-pièce.
Päuschen ['pɔysçən] (*Pl* -) *das fam hum* petite pause *f*; **(ein) ~ machen** faire une petite pause.
Pause (*Pl* **-n**) *die* **-1.** [Unterbrechung] pause *f*; [in der Schule] récréation *f*; [im Theater, Konzert] entracte *m*. **-2.** MUS silence *m*; **ganze ~** pause *f*; **halbe ~** demi-pause *f*.
Pausen|brot *das* en-cas *m*.
pausenlos ◇ *Adj* ininterrompu(e). ◇ *Adv* sans interruption.
Pavian ['paːvi̯aːn] (*Pl* **-e**) *der* babouin *m*.
Pavillon ['pavɪljɔn] (*Pl* **-s**) *der* **-1.** [im Garten, Park] kiosque *m*. **-2.** [auf der Messe] stand *m*.
Pazifik *der* Pacifique *m*.
pazifisch *Adj* du pacifique.
Pazifische Ozean *der* océan *m* Pacifique.
Pazifismus *der (ohne Pl)* pacifisme *m*.
Pazifist, in (*mPl* **-en**; *fPl* **-nen**) *der, die* pacifiste *mf*.
pazifistisch ◇ *Adj* pacifique. ◇ *Adv* en pacifiste.
PC [peː'tseː] (*Pl* - ODER **-s**) (*Abk für* **Personal Computer**) *der* PC *m*.
PCB (*Abk für* **polychlorierte Biphenyle**) *das (ohne Pl)* PCB *m*.
PDS (*Abk für* **Partei des Demokratischen Sozialismus**) *die (ohne Pl)* parti *m* du socialisme démocratique.
Pech (*Pl* **-e**) *das* **-1.** *(ohne Pl)* [Unglück] malchance *f*; **~ haben** ne pas avoir de chance. **-2.** [Erdölprodukt] poix *f*; **zusammenhalten wie ~ und Schwefel** *fam fig* être comme cul et chemise ODER les deux doigts de la main.
Pech|strähne *die* série *f* noire; **eine ~ haben** être poursuivi par la malchance.
Pech|vogel *der* malchanceux *m*, -euse *f*.
Pedal (*Pl* **-e**) *das* pédale *f*.
Pedant, in (*mPl* **-en**; *fPl* **-nen**) *der, die abw* pédant *m*, -e *f*.
pedantisch *abw* ◇ *Adj* [Mensch] pointilleux(euse); [Ordnung, Sauberkeit] maniaque. ◇ *Adv* méticuleusement.
Pediküre (*Pl* **-n**) *die geh* pédicurie *f*; **zur ~ gehen** aller chez le ODER la pédicure.
Pegel (*Pl* -) *der* niveau *m*.
peilen ◇ *tr* **-1.** [Lage] sonder. **-2.** [Position]: **seinen Standort ~** relever sa position. ◇ *intr*: **über den Daumen ~** *fam* juger au pif.
Pein *die geh* tourment *m*.
peinigen *tr geh* tourmenter.
peinlich ◇ *Adj* **-1.** [unangenehm] embarrassant(e); **das ist mir sehr ~** cela m'ennuie beaucoup. **-2.** [sorgfältig] méticuleux(euse). ◇ *Adv* **-1.** [unangenehm] de façon gênante. **-2.** [sorgfältig]: **~ genau** scrupuleusement.
Peinlichkeit (*Pl* **-en**) *die* **-1.** *(ohne Pl)* [Zustand] caractère *m* pénible. **-2.** [Handlung] embarras *m*.
Peitsche (*Pl* **-n**) *die* fouet *m*.
peitschen *tr* & *intr* fouetter.
Pekinese (*Pl* **-n**) *der* pékinois *m*.
Peking *nt* Pékin.
Pekinger (*Pl* -) ◇ *der* habitant *m* de Pékin. ◇ *Adj (unver)* de Pékin.
Pekingerin (*Pl* **-nen**) *die* habitante *f* de Pékin.
Pelikan (*Pl* **-e**) *der* pélican *m*.
Pelle (*Pl* **-n**) *die Norddt* peau *f*; **jm auf die ~ rücken** *fam fig* [belästigen] coller qqn.
pellen *tr Norddt* peler.
◆ **sich pellen** *ref fam* peler.
Pell|kartoffel *die* pomme de terre *f* en robe des champs.
Peloponnes *der* Péloponnèse *m*; **auf dem ~** dans le Péloponnèse.
Pelz (*Pl* **-e**) *der* **-1.** [von Tier - lebend] pelage *m*; [- verarbeitet] peau *f*. **-2.** [Mantel] fourrure *f*. **-3.** *RW*: **jm auf den ~ rücken** *fam* être sur le dos de qqn.
pelzgefüttert *Adj* fourré(e).
pelzig ◇ *Adj* **-1.** [Zunge] chargé(e); [Zahnfleisch] insensible. **-2.** [pelzartig] semblable à la fourrure. ◇ *Adv* [pelzartig] comme de la fourrure.
Pelz|mantel *der* manteau *m* de fourrure.
Pendant [pɑ̃'dɑ̃ː] (*Pl* **-s**) *das geh* pendant *m*.
Pendel (*Pl* -) *das* pendule *m*; [von Standuhr] balancier *m*.
pendeln (*Perf* **hat/ist gependelt**) *intr* **-1.** *(ist)* [fahren] faire la navette. **-2.** *(hat)* [schwingen] se balancer.
Pendel|verkehr *der (ohne Pl) trafic banlieue - grande ville*.
Pendler, in (*mPl* -; *fPl* **-nen**) *der, die* banlieusard *m*, -e *f (qui fait un trajet journalier pour se rendre au travail)*.
penetrant *abw* ◇ *Adj* **-1.** [Geruch, Geschmack] pénétrant(e). **-2.** [aufdringlich] pressant(e). ◇ *Adv* **-1.** [intensiv]: **~ riechen/schmecken** avoir

une odeur pénétrante/un goût pénétrant. **-2.** [aufdringlich] d'une manière pressante.

peng *Interj*: **~!** pan!

penibel *abw* ◇ *Adj* **-1.** [Mensch] pointilleux(euse). **-2.** [Sauberkeit, Ordnung] méticuleux(euse). ◇ *Adv* méticuleusement.

Penis (*Pl* **-se**) *der* pénis *m*.

Penizillin (*Pl* **-e**) *das* pénicilline *f*.

Pennäler, in (*mPl* **-**; *fPl* **-nen**) *der, die* potache *m*.

Penne (*Pl* **-n**) *die fam* bahut *m*.

pennen *intr fam* **-1.** [schlafen] pioncer. **-2.** *fig* [nicht aufpassen] roupiller. **-3.** [ins Bett gehen]: **mit jm ~** *salopp* coucher avec qqn.

Penner, in (*mPl* **-**; *fPl* **-nen**) *der, die fam* **-1.** [Stadtstreicher] clochard *m*, -e *f*. **-2.** [Schlafmütze] bonnet *m* de nuit.

Pension [paŋ'zio:n] (*Pl* **-en**) *die* **-1.** [Hotel] pension *f*. **-2.** *(ohne Pl)* [Ruhestand]: **in ~ gehen** prendre sa retraite; **in ~ sein** être à la retraite. **-3.** *(ohne Pl)* [Rente] pension *f* de retraite.

Pensionär, in [paŋzion'ɛ:ɐ̯, rɪn] (*mPl* **-e**; *fPl* **-nen**) *der, die* retraité *m*, -e *f*.

pensionieren [paŋzio'ni:rən] *tr* mettre à la retraite.

Pensionierung [paŋzio'ni:rʊŋ] (*Pl* **-en**) *die* mise *f* à la retraite.

pensionsberechtigt *Adj*: **~ sein** avoir droit à la retraite.

Pensions|gast *der* pensionnaire *mf*.

Pensum (*Pl* **Pensen**) *das* travail *m*.

Pentagon *das (ohne Pl)* pentagone *m*.

Penthouse ['pɛnthaus] (*Pl* **-s**) *das* penthouse *m*.

Peperoni (*Pl* **-**) *die* piment *m*.

peppig *Adj fam* [Person] qui a du punch.

per *Präp (+ A)* par.

perfekt ◇ *Adj* **-1.** [vollkommen] parfait(e). **-2.** *fam* [abgeschlossen]: **~ sein** [Vertrag, Kauf] être conclu(e); [Niederlage, Sieg] être complet(ète). ◇ *Adv* **-1.** [vollkommen] parfaitement. **-2.** *fam* [endgültig]: **~ machen** rendre définitif(ive).

Perfekt (*Pl* **-e**) *das* GRAM parfait *m*.

Perfektion *die (ohne Pl)* perfection *f*.

perfektionieren *tr* perfectionner.

perforiert *Adj* perforé(e).

Pergament (*Pl* **-e**) *das* parchemin *m*.

Pergament|papier *das (ohne Pl)* papier *m* sulfurisé.

Periode (*Pl* **-n**) *die* **-1.** [zeitlich, mathematisch] période *f*. **-2.** [Menstruation] règles *fpl*.

periodisch ◇ *Adj* périodique. ◇ *Adv* périodiquement.

peripher ◇ *Adj* **-1.** [als Ortsangabe, in der EDV] périphérique. **-2.** *geh* [zweitrangig] secondaire. ◇ *Adv* **-1.** [am Rande] à la périphérie. **-2.** *geh* [zweitrangig] secondairement.

Peripherie [perife'ri:] (*Pl* **-n**) *die* périphérie *f*.

Perle (*Pl* **-n**) *die* perle *f*.

perlen (*Perf* **hat/ist geperlt**) *intr* **-1.** *(hat)* [Getränk] pétiller. **-2.** *(ist) geh* [abperlen] perler.

Perlen|kette *die* collier *m* de perles.

Perl|huhn *das* pintade *f*.

Perlmutt, **Perlmutt** *das (ohne Pl)* nacre *f*.

Perlon® *das (ohne Pl)* Perlon® *m*.

permanent ◇ *Adj* permanent(e). ◇ *Adv* en permanence.

perplex *fam* ◇ *Adj*: **(ganz) ~ sein** être stupéfait(e). ◇ *Adv* avec stupéfaction.

pers. *Abk für* **persönlich**.

Perser (*Pl* **-**) *der* **-1.** [Mann] Persan *m*. **-2.** [Teppich] tapis *m* persan.

Perserin (*Pl* **-nen**) *die* Persane *f*.

Perser|teppich *der* tapis *m* persan.

Persianer (*Pl* **-**) *der* astrakan *m*.

Persiflage [pɛrzi'fla:ʒə] (*Pl* **-n**) *die* persiflage *m*; **eine ~ auf jn/etw** le persiflage envers qqn.

persisch *Adj* persan(e).

Persischer Golf *der* golfe *m* Persique; **im** ODER **am ~** dans le golfe Persique.

Person (*Pl* **-en**) *die* **-1.** [gen] personne *f*; **etw und etw in einer ~ sein** être à la fois qqch et qqch; **in (eigener) ~** en personne; **etw in ~ sein** *fig* être qqch personnifié(e). **-2.** [Figur] personnage *m*.

Personal *das (ohne Pl)* personnel *m*.

Personal|abbau *der (ohne Pl)* compression *f* de personnel.

Personal|abteilung *die* service *m* du personnel.

Personal|ausweis *der* carte *f* d'identité.

Personal|chef, in *der, die* chef *m* du personnel.

Personal|computer *der* EDV PC *m*, ordinateur *m (individuel)*.

Personalien [pɛrzo'na:liən] *Pl* identité *f*.

Personal|kosten *Pl* frais *mpl* de personnel.

Personal|pronomen *das* GRAM pronom *m* personnel.

Personal|rat *der* **-1.** [Gremium] ≃ comité *m* d'entreprise. **-2.** [Vertreter] ≃ membre *m* du comité d'entreprise.

Personalrätin (*Pl* **-nen**) *die* ≃ membre *m* du comité d'entreprise *(femme)*.

personell ◇ *Adj* du personnel. ◇ *Adv* en ce qui concerne le personnel.

Personen|beschreibung *die* signalement *m*.

Personen|gedächtnis *das (ohne Pl)* mémoire *f* des visages.

Personenkraft|wagen *der amt* voiture *f* de tourisme.
Personen|kult *der* culte *m* de la personnalité.
Personen|wagen *der* voiture *f* de tourisme.
persönlich ◇ *Adj* personnel(elle); **~ werden** faire des remarques personnelles. ◇ *Adv* [selbst, direkt] personnellement; **etw ~ nehmen** prendre qqch pour soi.
Persönlichkeit (*Pl* **-en**) *die* personnalité *f*.
Perspektive [pɛrspɛk'tiːvə] (*Pl* **-n**) *die* perspective *f*; **aus js ~** du point de vue de qqn.
perspektivisch [pɛrspɛk'tiːvɪʃ] ◇ *Adj* perspectif(ive). ◇ *Adv* en perspective.
Peru *nt* Pérou *m*; **in ~** au Pérou.
Peruaner, in (*mPl* **-**; *fPl* **-nen**) *der, die* Péruvien *m*, -enne *f*.
peruanisch *Adj* péruvien(enne).
Perücke (*Pl* **-n**) *die* perruque *f*.
pervers [pɛr'vɛrs] ◇ *Adj* pervers(e). ◇ *Adv* de manière perverse.
Peseta, **Pesete** (*Pl* **Peseten**) *die* peseta *f*.
Pessar (*Pl* **-e**) *das* pessaire *m*.
Pessimismus *der (ohne Pl)* pessimisme *m*.
Pessimist, in (*mPl* **-en**; *fPl* **-nen**) *der, die* pessimiste *mf*.
pessimistisch ◇ *Adj* pessimiste. ◇ *Adv* avec pessimisme.
Pest *die (ohne Pl)* [Seuche] peste *f*; **jn/etw hassen/meiden wie die ~** *fam fig* détester/fuir qqn/qqch comme la peste; **stinken wie die ~** *fam fig* empester.
Pestizid (*Pl* **-e**) *das* pesticide *m*.
Petersilie [petɐ'ziːli̯ə] *die (ohne Pl)* persil *m*.
Peter|wagen *der Norddt fam* voiture *f* de flics.
Petition (*Pl* **-en**) *die* pétition *f*.
Petro|chemie *die (ohne Pl)* pétrochimie *f*.
Petroleum *das (ohne Pl)* pétrole *m*.
Petroleum|lampe *die* lampe *f* à pétrole.
Petting (*Pl* **-s**) *das* caresses *f*.
Petunie (*Pl* **-n**) *die* pétunia *m*.
petzen *intr fam* cafter.
Pf. *Abk für* **Pfennig**.
Pfad (*Pl* **-e**) *der* chemin *m*.
Pfadfinder, in (*mPl* **-**; *fPl* **-nen**) *der, die* scout *mf*.
Pfaffe (*Pl* **-n**) *der abw fam* curé *m*.
Pfahl (*Pl* **Pfähle**) *der* pieu *m*.
Pfalz *die* Palatinat *m*.
Pfälzer (*Pl* **-**) ◇ *der* habitant *m* du Palatinat. ◇ *Adj (unver)* du Palatinat.
Pfälzerin (*Pl* **-nen**) *die* habitante *f* du Palatinat.
pfälzisch *Adj* palatin(e).
Pfand (*Pl* **Pfänder**) *das* [von Flaschen] consigne *f*; [Bürgschaft] gage *m*; **etw als ~ nehmen** prendre qqch en gage; **jm etw als** ODER **zum ~ geben** donner qqch en gage à qqn.
Pfand|brief *der* obligation *f* hypothécaire.
pfänden *tr* saisir *(biens)*.
Pfand|flasche *die* bouteille *f* consignée.
Pfand|haus *das* mont-de-piété *m*.
Pfändung (*Pl* **-en**) *die* saisie *f (de biens)*.
Pfanne (*Pl* **-n**) *die* poêle *f*; **jn in die ~ hauen** *fam fig* descendre qqn en flammes.
Pfann|kuchen *der* crêpe *f (épaisse)*.
Pfarrei (*Pl* **-en**) *die* paroisse *f*.
Pfarrer (*Pl* **-**) *der* [katholisch] curé *m*; [evangelisch] pasteur *m*.
Pfarrerin (*Pl* **-nen**) *die* femme *f* pasteur.
Pfarr|haus *das* presbytère *m*.
Pfau (*Pl* **-en**) *der* **-1.** [Tier] paon *m*. **-2.** *fam* [Mensch] paon *m*.
Pfauen|auge *das* paon-de-jour *m*, paon-de-nuit *m*.
Pfd. (*Abk für* **Pfund**) l.
Pfeffer *der (ohne Pl)* poivre *m*; **jm ~ geben** *fam fig* secouer les puces à qqn.
Pfeffer|kuchen *der* pain *m* d'épice.
Pfefferminz, **Pfefferminze** *die (ohne Pl)* menthe *f*.
Pfeffer|mühle *die* moulin *m* à poivre.
pfeffern *tr* **-1.** [würzen] poivrer. **-2.** *fam* [werfen] flanquer. **-3.** *fam* [ohrfeigen]: **jm eine ~** donner une baffe à qqn.
Pfeife (*Pl* **-n**) *die* **-1.** [zum Rauchen] pipe *f*; **~ rauchen** fumer la pipe. **-2.** [zum Pfeifen] sifflet *m*. **-3.** [für Musik] fifre *m*; [von Orgel] tuyau *m*. **-4.** *fam abw* [Mensch] minable *m*. **-5.** *RW*: **nach js ~ tanzen** *fam* faire les quatre volontés de qqn.
pfeifen (*Prät* **pfiff**, *Perf* **hat gepfiffen**) ◇ *intr* siffler; **auf jn/etw ~** *fam fig* se ficher de qqn/qqch. ◇ *tr* **-1.** [Lied] siffloter. **-2.** [Spiel] siffler.
Pfeif|ton *der* sifflement *m*.
Pfeil (*Pl* **-e**) *der* **-1.** [gen] flèche *f*; **grüner ~** ≃ flèche orange. **-2.** *fam* [Stichelei] pique *f*.

GRÜNER PFEIL:
Cette flèche verte, qui permet de tourner à droite à un carrefour lorsque le feu est au rouge, dégageant ainsi la file de droite, est peu à peu introduite en République fédérale, sur le modèle de l'ex-Allemagne de l'Est. C'est la seule loi ou mesure héritée de l'ancienne RDA.

Pfeiler (*Pl* **-**) *der* pilier *m*.
Pfennig (*Pl* **-e** ODER **-**) *der* pfennig *m*; **keinen ~ haben** *fam* ne pas avoir le sou; **auf den ~ sehen** ODER **gucken** *fam fig* regarder à la dépense.
Pfennig|absatz *der* talon *m* aiguille.
Pferd (*Pl* **-e**) *das* cheval *m*; **aufs falsche/richtige**

~ setzen *eigtl* & *fig* miser sur le mauvais/bon cheval; **mit jm ~e stehlen können** *fam fig* pouvoir absolument compter sur qqn.
◆ **zu Pferd** *Adv* à cheval.
Pferde|apfel *der* crottin *m* de cheval.
Pferde|gebiß *das* **-1.** [von Pferden] dentition *f.* **-2.** *fam* [von Menschen] **sourire** *m* **chevalin.**
Pferde|rennen *das* course *f* de chevaux.
Pferde|schwanz *der* queue *f* de cheval.
Pferde|sport *der (ohne Pl)* sport *m* équestre.
Pferde|stall *der* écurie *f.*
Pferde|stärke *die* cheval(-vapeur) *m.*
pfiff *Prät* → **pfeifen.**
Pfiff (*Pl* **-e**) *der* **-1.** [Ton] sifflement *m.* **-2.** *fam fig* [Reiz]: **~ haben** avoir du chien; **eine Frau mit ~** *fam* une femme qui a du chien; **ein Hut mit ~** un chapeau qui a de l'allure.
Pfifferling (*Pl* **-e**) *der* girolle *f*; **nicht einen** ODER **keinen ~** *fam fig* pas un clou.
pfiffig ◇ *Adj* malin(e). ◇ *Adv* astucieusement.
Pfingsten *(ohne Artikel)* Pentecôte *f.*
Pfingst|montag *der* lundi *m* de Pentecôte.
Pfingst|rose *die* pivoine *f.*
Pfingst|sonntag *der* dimanche *m* de Pentecôte.
Pfirsich (*Pl* **-e**) *der* pêche *f.*
Pfirsich|baum *der* pêcher *m.*
Pflanze (*Pl* **-n**) *die* plante *f.*
pflanzen *tr* **-1.** [anpflanzen] planter. **-2.** *fam* [stellen] planter.
Pflanzenschutz|mittel *das* produit *m* phytosanitaire.
pflanzlich ◇ *Adj* végétal(e). ◇ *Adv*: **sich ~ ernähren** se nourrir de végétaux.
Pflanzung (*Pl* **-en**) *die* plantation *f.*
Pflaster (*Pl* **-**) *das* **-1.** [Verband] sparadrap *m.* **-2.** *(ohne Pl)* [von Straße] revêtement *m*; **Zürich ist ein teures ~** *fig* la vie est chère à Zurich.
pflastern *tr* paver.
Pflaster|stein *der* pavé *m.*
Pflaume (*Pl* **-n**) *die* **-1.** [Frucht] prune *f.* **-2.** *fam* [Mensch] nullard *m*, -e *f.*
Pflaumen|baum *der* prunier *m.*
Pflaumen|kuchen *der* tarte *f* aux prunes.
Pflaumen|mus *das* compote *f* de prunes.
Pflege *die (ohne Pl)* **-1.** [von Lebewesen] soins *mpl*; **bei jm in ~ sein** être soigné(e) par qqn; **jn in ~ nehmen/haben** prendre/avoir qqn à sa charge. **-2.** [von Tradition, Beziehung, Sprache] maintien *m*; [von Garten] **entretien** *m.*
pflegebedürftig *Adj* qui a besoin de soins.
Pflege|eltern *Pl* parents *mpl* nourriciers.
Pflege|fall *der* personne *f* dépendante.
Pflege|heim *das* hospice *m.*
Pflege|kind *das* enfant *m* en nourrice.
pflegeleicht *Adj* **-1.** [Material] facile d'entretien. **-2.** *fam* [Mensch] pas compliqué(e).
pflegen *tr* **-1.** [Lebewesen, Gegenstände] **soigner.** **-2.** [gewohnt sein]: **etw zu tun ~** *geh* avoir l'habitude de faire qqch.
Pflege|personal *das (ohne Pl)* personnel *m* soignant.
Pfleger, in (*mPl* **-**; *fPl* **-nen**) *der, die* [in Krankenhäusern] infirmier *m*, -ère *f.*
Pflege|sohn *der* fils *m* adoptif *(en nourrice).*
Pflege|tochter *die* fille *f* adoptive *(en nourrice).*
Pflege|versicherung *die* assurance-dépendance *f.*
pfleglich ◇ *Adj* soigneux(euse). ◇ *Adv* avec soin.
Pflegschaft (*Pl* **-en**) *die*: **die ~ für jn übernehmen** prendre qqn sous sa curatelle.
Pflicht (*Pl* **-en**) *die* **-1.** [Aufgabe] devoir *m*; **etw ist ~** qqch est obligatoire. **-2.** *(ohne Pl)* SPORT figures *fpl* imposées.
pflichtbewußt ◇ *Adj* responsable. ◇ *Adv* de manière responsable.
Pflicht|fach *das* matière *f* obligatoire.
Pflicht|gefühl *das (ohne Pl)* sens *m* du devoir.
Pflicht|übung *die* figures *fpl* imposées.
Pflicht|versicherung *die* assurance *f* obligatoire.
Pflock (*Pl* **Pflöcke**) *der* piquet *m.*
pflücken *tr* cueillir.
Pflug (*Pl* **Pflüge**) *der* charrue *f.*
pflügen *tr* & *intr* labourer.
Pforte (*Pl* **-n**) *die* **-1.** [von Krankenhaus, Firma] porte *f.* **-2.** *geh* [kleine Tür] **porte** *f.*
Pförtner, in (*mPl* **-**; *fPl* **-nen**) *der, die* portier *m*, -ère *f*, gardien *m*, -enne *f.*
Pförtner|loge *die* loge *f* du gardien.
Pfosten (*Pl* **-**) *der* poteau *m.*
Pfote (*Pl* **-n**) *die* **-1.** [von Tieren] patte *f.* **-2.** *fam* [von Menschen] **patte** *f.*
Pfropf (*Pl* **-e**) *der* caillot *m.*
Pfropfen (*Pl* **-**) *der* bouchon *m.*
pfui *Interj*: **~!** berk!
Pfund (*Pl* **-e**) *das* livre *f.*
pfundweise *Adv fam* : **Schokolade ~ verschlingen** engloutir des kilos de chocolat.
Pfusch *der (ohne Pl) fam abw* travail *m* bâclé; **~ machen** bâcler son travail.
pfuschen *intr fam abw* **-1.** [beim Spiel] truander. **-2.** [bei Arbeit] bâcler.
Pfuscher, in (*mPl* **-**; *fPl* **-nen**) *der, die fam abw* [Arzt] **charlatan** *m*; [Handwerker] **bousilleur** *m*, -euse *f.*

Pfütze (*Pl* **-n**) *die* flaque *f*.

PH (*Pl* **-s**) (*Abk für* **Pädagogische Hochschule**) *die institut allemand de formation des maîtres*, ≃ IUFM *m*.

Phallus (*Pl* **Phalli**) *der* phallus *m*.

Phänomen (*Pl* **-e**) *das* phénomène *m*.

phänomenal ◇ *Adj* phénoménal(e). ◇ *Adv* phénoménalement.

Phantasie [fanta'ziː] (*Pl* **-n**) *die* imagination *f*.
◆ **Phantasien** *Pl* fantasmes *mpl*.

phantasielos ◇ *Adj* dépourvu(e) d'imagination. ◇ *Adv* sans imagination.

phantasieren *intr* **-1.** [irrereden] délirer. **-2.** [träumen] rêver.

phantasievoll ◇ *Adj* plein(e) d'imagination. ◇ *Adv* avec beaucoup d'imagination.

phantastisch ◇ *Adj* fantastique. ◇ *Adv* [großartig] d'une façon remarquable.

Phantom (*Pl* **-e**) *das* fantôme *m*.

Phantom|bild *das* portrait *m* robot.

Pharao (*Pl* **Pharaonen**) *der* pharaon *m*.

pharm. *Abk für* **pharmazeutisch**.

Pharma|industrie *die* industrie *f* pharmaceutique.

pharmazeutisch *Adj* pharmaceutique.

Pharmazie *die (ohne Pl)* pharmacie *f*.

Phase (*Pl* **-n**) *die* phase *f*.

phil. *Abk für* **philosophisch**.

Philadelphia [fɪlə'delfjə] *nt* Philadelphie.

Philatelie [filate'liː] *die (ohne Pl)* philatélie *f*.

Philharmonie [fɪlharmo'niː] (*Pl* **-n**) *die* philharmonie *f*.

Philharmoniker (*Pl* **-**) *der* musicien *m* de l'orchestre philharmonique.
◆ **Philharmoniker** *Pl* orchestre *m* philharmonique.

Philharmonikerin (*Pl* **-nen**) *die* musicienne *f* de l'orchestre philharmonique.

Philippinen *Pl* Philippines *fpl*.

Philippiner, in (*mPl* **-**; *fPl* **-nen**) *der, die* Philippin *m*, -e *f*.

philippinisch *Adj* philippin(e).

Philologe (*Pl* **-n**) *der* philologue *m*.

Philologen|verband *der* association *f* de philologues.

Philologie [fɪlolo'giː] (*Pl* **-n**) *die* philologie *f*.

Philologin (*Pl* **-nen**) *die* philologue *f*.

philologisch ◇ *Adj* philologue. ◇ *Adv* sur le plan philologique.

Philosoph, in (*mPl* **-en**; *fPl* **-nen**) *der, die* philosophe *mf*.

Philosophie [fɪlozo'fiː] (*Pl* **-n**) *die* philosophie *f*.

philosophieren *intr*: **(über etw** *(A)***) ~** philosopher (sur qqch).

philosophisch ◇ *Adj* philosophique. ◇ *Adv* philosophiquement.

phlegmatisch ◇ *Adj* flegmatique. ◇ *Adv* avec flegme.

Phobie [fo'biː] (*Pl* **-n**) *die* MED phobie *f*.

Phon (*Pl* **-s** ODER **-**) *das* phone *m*.

Phonetik *die (ohne Pl)* phonétique *f*.

phonetisch ◇ *Adj* phonétique. ◇ *Adv* phonétiquement.

Phönix (*Pl* **-e**) phénix *m*; **wie ein ~ aus der Asche steigen** *fig* renaître de ses cendres.

Phosphat (*Pl* **-e**) *das* phosphate *m*.

Phosphor *der (ohne Pl)* phosphore *m*.

phosphoreszieren *intr* être fluorescent(e).

Phosphor|säure *die* acide *m* phosphorique.

Photo|synthese *die (ohne Pl)* photosynthèse *f*.

Photo|zelle *die* cellule *f* photo.

Phrase (*Pl* **-n**) *die abw* phrases *fpl*; **leere ~n** mots *mpl* vides de sens; **~n dreschen** *fam fig* faire de belles phrases.

PH-|Wert [peː'haː|veːɐt] *der* pH *m*.

Physik *die (ohne Pl)* physique *f*.

physikalisch ◇ *Adj* physique. ◇ *Adv* en utilisant les moyens de la physique.

Physiker, in (*mPl* **-**; *fPl* **-nen**) *der, die* physicien *m*, -enne *f*.

Physiologie *die (ohne Pl)* physiologie *f*.

physiologisch ◇ *Adj* physiologique. ◇ *Adv* physiologiquement.

physisch ◇ *Adj* physique. ◇ *Adv* physiquement.

Pi *das (ohne Pl)* MATH pi *m*; **~ mal Daumen** *fam fig* au pif.

Pianist, in (*mPl* **-en**; *fPl* **-nen**) *der, die* pianiste *mf*.

Pickel (*Pl* **-**) *der* **-1.** [Gerät] piolet *m*. **-2.** [auf Haut] bouton *m*.

pickelig, picklig *Adj* boutonneux(euse).

picken ◇ *intr* **-1.** [fressen] picorer. **-2.** [hacken]: **nach jm/etw ~** donner un coup de bec à qqn/qqch; **gegen etw ~** taper du bec contre qqch. ◇ *tr* picorer.

Picknick (*Pl* **-s** ODER **-e**) *das* pique-nique *m*; **ein ~ machen** pique-niquer.

pieken *intr fam* picoter.

piekfein *fam* ◇ *Adj* chic. ◇ *Adv*: **~ essen gehen** aller dans un restaurant chic.

Piep *der*: **keinen ~ mehr sagen** *fam fig* [nicht reden] ne plus souffler mot; [tot sein] ne plus donner signe de vie.

piepegal *Adj (unver)*: **das ist mir ~** *fam* je m'en contrefiche.

piepen *intr* **-1.** [Vogel] pépier. **-2.** [Maus] chicoter; **bei dir piept's wohl** *fam fig* t'es pas bien?

Piepen *das (ohne Pl)*: **zum ~ sein** *fam* être tordant(e).

Pier (*Pl* **-e** ODER **-s**) *der* jetée *f*, débarcadère *m*.

piesacken *tr fam* martyriser.

Pietät [pie'tɛːt] *die (ohne Pl) geh* piété *f*.

pietätlos *Adj geh* impie.

Pigment (*Pl* **-e**) *das* pigment *m*.

Pik (*Pl* -) *(ohne Artikel)* pique *m*.

pikant ◇ *Adj* **-1.** [scharf] piquant(e). **-2.** [frivol] croustillant(e). ◇ *Adv* **-1.** [scharf]: **~ würzen** bien épicer. **-2.** [frivol] de façon croustillante.

Pike (*Pl* **-n**) *die*: **einen Beruf von der ~ auf lernen** *fam fig* passer par toutes les étapes d'un métier.

pikiert ◇ *Adj* dépité(e); **(über etw** *(A)***) ~ sein** être vexé(e) (à cause de qqch). ◇ *Adv* d'un air vexé, avec dépit.

Pikkolo|flöte *die* piccolo *m*.

Pikto|gramm (*Pl* **-e**) *das* pictogramme *m*.

Pilger (*Pl* -) *der* pèlerin *m*.

Pilger|fahrt *die* pèlerinage *m*.

Pilgerin (*Pl* **-nen**) *die* pèlerin *m*.

pilgern (*Perf* **ist gepilgert**) *intr* **-1.** [wallfahren] faire un pèlerinage; **nach Lourdes ~** aller en pèlerinage à Lourdes. **-2.** *fam* [gehen] se balader.

Pille (*Pl* **-n**) *die fam* pilule *f*; **die ~** *fam* [Verhütungsmittel] la pilule.

Pillen|knick *der (ohne Pl) chute brutale des naissances depuis l'invention de la pilule.*

Pilot (*Pl* **-en**) *der* pilote *m*.

Piloten|schein *der* brevet *m* de pilote.

Pilotin (*Pl* **-nen**) *die* pilote *m*.

Pilot|projekt *das* projet *m* pilote.

Pils (*Pl* -) *das* pils *f*.

Pilz (*Pl* **-e**) *der* **-1.** [Pflanze] champignon *m*; **wie ~e aus dem Boden schießen** *fam fig* pousser comme des champignons. **-2.** *(ohne Pl) fam* [Hautpilz] mycose *f*.

Piment (*Pl* **-e**) *der* ODER *das* piment *m*.

Pimmel (*Pl* -) *der fam* zizi *m*.

pingelig *fam* ◇ *Adj* maniaque. ◇ *Adv*: **sich ~ anstellen** être maniaque.

Pingpong *das (ohne Pl)* ping-pong *m*.

Pinguin ['pɪŋguiːn] (*Pl* **-e**) *der* pingouin *m*.

Pinie ['piːni̯ə] (*Pl* **-n**) *die* pin *m* parasol.

pink ◇ *Adj (unver)* rose vif. ◇ *Adv* en rose vif.

Pink (*Pl* **-s**) *das* rose *m* vif.

Pinkel (*Pl* -) *der fam abw*: **ein feiner ~** un snobinard.

pinkeln *intr fam* pisser.

Pinn|wand *die* mémento *m* mural en liège.

Pinscher (*Pl* -) *der* pinscher *m*.

Pinsel (*Pl* -) *der* pinceau *m*.

pinseln ◇ *tr* **-1.** *fam* [malen] peindre. **-2.** [auf Wunde] badigeonner. ◇ *intr fam* peindre.

Pinte (*Pl* **-n**) *die fam* bistrot *m*.

Pinzette (*Pl* **-n**) *die* pince *f* à épiler.

Pionier (*Pl* **-e**) *der* **-1.** [Vorkämpfer] pionnier *m*. **-2.** [Soldat] soldat *m* du génie.

Pionier|geist *der (ohne Pl)* esprit *m* pionnier.

Pionierin (*Pl* **-nen**) *die* pionnière *f*.

Pipapo *das (ohne Pl) fam* : **... und allem ~** et tout ce qui s'en suit.

Pipeline ['paiplain] (*Pl* **-s**) *die* pipeline *m*.

Pipette (*Pl* **-n**) *die* pipette *f*.

Pipi *das (ohne Pl) fam* : **~ machen** faire pipi.

Pirat (*Pl* **-en**) *der* pirate *m*.

Piraten|sender *der* émetteur-pirate *m*.

Piratin (*Pl* **-nen**) *die* pirate *m*.

Piräus *nt* Le Pirée; **in ~** au Pirée.

Pirol (*Pl* **-e**) *der* loriot *m*.

Pirsch *die (ohne Pl)*: **auf die ~ gehen** chasser à l'approche.

pissen *intr vulg* pisser.

Pistazie [pɪs'taːtsi̯ə] (*Pl* **-n**) *die* pistache *f*.

Piste (*Pl* **-n**) *die* **-1.** [gen] piste *f*. **-2.** [Rennstrecke] circuit *m*.

Pistole (*Pl* **-n**) *die* pistolet *m*; **jm die ~ auf die Brust setzen** *fam fig* mettre le couteau sous la gorge à qqn; **wie aus der ~ geschossen** *fam fig* du tac au tac.

pitschenaß, **pitschnaß** *Adj fam* trempé(e) jusqu'aux os.

Pizza ['pɪtsa] (*Pl* **-s**) *die* pizza *f*.

Pizzeria [pɪtse'riːa] (*Pl* **-s**) *die* pizzeria *f*.

PKK (*Abk für* **Kurdische Arbeiterpartei**) *die (ohne Pl)* PKK *m*.

Pkt. (*Abk für* **Punkt**) pt.

Pkw (*Pl* **-s**) (*Abk für* **Personenkraftwagen**) *der* voiture *f* de tourisme.

plädieren *intr*: **für etw ~** plaider en faveur de qqch; **auf etw** *(A)* **~** plaider qqch.

Plädoyer [plɛdo̯a'jeː] (*Pl* **-s**) *das* plaidoyer *m*.

Plage (*Pl* **-n**) *die* fléau *m*.

plagen *tr* **-1.** [körperlich] tenailler. **-2.** [seelisch] tourmenter; **von Gewissensbissen geplagt sein** être tenaillé(e) par le remords.

◆ **sich plagen** *ref*: **sie plagt sich mit diesem Problem** ce problème la tracasse.

Plagiat (*Pl* **-e**) *das* plagiat *m*.

Plakat (*Pl* **-e**) *das* affiche *f*.

Plakat|farbe *die* couleur *f* lithographique.

plakatieren ◇ *tr* placarder. ◇ *intr* poser des affiches.

Plakat|wand *die* mur *m* d'affichage.

Plakette (*Pl* **-n**) *die* badge *m*.

Plan (*Pl* **Pläne**) *der* **-1.** [Vorgehensweise, Karte] plan *m*; **einen ~ aufstellen** ODER **ausarbeiten** élaborer un plan. **-2.** [Vorhaben] projet *m*; **Pläne schmieden** faire des projets. **-3.** *RW*: **jn/etw auf den ~ rufen** faire entrer qqn/qqch en lice. ◆ **nach Plan** *Adv* comme prévu.

Plane (*Pl* **-n**) *die* bâche *f*.

planen *tr* projeter.

Planet (*Pl* **-en**) *der* planète *f*.

Planetarium [plane'ta:rium] (*Pl* **Planetarien**) *das* planétarium *m*.

planieren *tr* aplanir.

Planke (*Pl* **-n**) *die* planche *f*.

Plankton *das (ohne Pl)* plancton *m*.

planlos ◇ *Adj* brouillon(onne). ◇ *Adv* sans aucune méthode.

planmäßig ◇ *Adj* **-1.** [nach Plan] prévu(e). **-2.** [systematisch] planifié(e). ◇ *Adv* **-1.** [nach Plan] à l'heure prévue. **-2.** [systematisch] systématiquement, avec méthode.

Plansch|becken *das* pataugeoire *f*.

planschen *intr* barboter.

Plantage [plan'ta:ʒə] (*Pl* **-n**) *die* plantation *f*.

Planung (*Pl* **-en**) *die* **-1.** [Handlung] préparation *f*; [wirtschaftlich] planification *f*. **-2.** [Ergebnis] plan *m*.

Plan|wirtschaft *die (ohne Pl)* économie *f* planifiée.

plappern *intr fam* papoter; [Kind] babiller.

plärren *intr abw* **-1.** [weinen] brailler. **-2.** [lärmen, dudeln] brailler.

Plasma (*Pl* **Plasmen**) *das* plasma *m*.

Plaste (*Pl* **-n**) *fam Ostdt* plastique *m*.

Plastik (*Pl* **-en**) ◇ *das (G Plastiks, ohne Pl)* plastique *m*. ◇ *die (G Plastik, Pl Plastiken)* sculpture *f*.

Plastik|tüte *die* sac *m* en plastique.

plastisch ◇ *Adj* **-1.** [dreidimensional] plastique. **-2.** [lebendig] vivant(e). ◇ *Adv* **-1.** [dreidimensional] en volume. **-2.** [lebendig] concrètement.

Platane (*Pl* **-n**) *die* platane *m*.

Platin *das (ohne Pl)* platine *m*.

platonisch ◇ *Adj* platonique. ◇ *Adv* platoniquement.

plätschern (*Perf* **hat/ist geplätschert**) *intr* **-1.** *(ist)* [fließen] ruisseler. **-2.** *(hat)* [rauschen] clapoter. **-3.** *(hat)* [spielen] barboter.

platt ◇ *Adj* **-1.** [flach, nichtssagend] plat(e). **-2.** [Reifen] à plat; **einen Platten haben** *fam* avoir crevé. **-3.** *RW*: **~ sein** *fam* être baba. ◇ *Adv* [liegen] à plat; **~ drücken** écraser.

Platt *das (ohne Pl)* bas-allemand *m*; **~ sprechen** parler en bas-allemand.

Platt|deutsch *das (ohne Pl)* bas-allemand *m*; *siehe auch* **Englisch**.

Platt|deutsche *das (ohne Pl)* bas-allemand *m*; *siehe auch* **Englische**.

Platte (*Pl* **-n**) *die* **-1.** [Bauelement] plaque *f*; [aus Beton] dalle *f*. **-2.** [Servierplatte] plateau *m*. **-3.** [Schallplatte] disque *m*; **eine ~ auflegen** ODER **spielen** mettre un disque; **die ~ kenne ich!** *fam fig* je connais le refrain. **-4.** [Herdplatte] plaque *f*. **-5.** *fam* [Glatze] crâne *m* chauve. ◆ **kalte Platte** *die* buffet *m* froid.

Platten → **platt**.

plätten *tr Norddt* repasser; **geplättet sein** *fam fig* en rester comme deux ronds de flan.

Platten|hülle *die* pochette *f* de disque.

Plattensee *der* lac *m* Balaton.

Platten|spieler *der* tourne-disque *m*.

Platt|form *die* plate-forme *f*.

Platt|fuß *der (ohne Pl) fam* pneu *m* à plat. ◆ **Plattfüße** *Pl* pieds *mpl* plats.

Plattheit (*Pl* **-en**) *die* platitude *f*.

Platz (*Pl* **Plätze**) *der* **-1.** [gen] place *f*; **~ nehmen** *geh* prendre place; **jm ~ machen** [zur Seite gehen] laisser passer qqn; *fig* [weichen] laisser la place à qqn; **einer Sache** *(D)* **~ machen** faire place à qqch; **genug ~ haben** avoir de la place; **keinen ~ haben** ne pas avoir de place; **auf dem ersten/zweiten ~** à la première/deuxième place; **auf die Plätze, fertig, los!** à vos marques, prêts, partez! **-2.** [Spielfeld] terrain *m*. ◆ **fehl am Platz** *Adj* déplacé(e).

Platz|angst *die (ohne Pl) fam* claustrophobie *f*.

Platzanweiser, in (*mPl* **-**; *fPl* **-nen**) *der, die* ouvreur *m*, -euse *f*.

Plätzchen (*Pl* **-**) *das* **-1.** [Platz] petite place *f*. **-2.** [Gebäck] petit gâteau *m*.

platzen (*Perf* **ist geplatzt**) *intr* **-1.** [bersten] éclater. **-2.** *fam fig* [ausfallen, scheitern] tomber à l'eau; **etw ~ lassen** laisser tomber qqch.

Platz|karte *die* réservation *f*.

Platz|konzert *das* concert *m* en plein air.

Platz|mangel *der (ohne Pl)* manque *m* de place.

Platz|regen *der (ohne Pl)* averse *f*.

platzsparend ◇ *Adj* qui ne prend pas beaucoup de place. ◇ *Adv* sans prendre beaucoup de place.

Platz|verweis *der* expulsion *f*.

Platz|wunde *die* plaie *f* ouverte.

plaudern *intr* bavarder.

Plausch *der (ohne Pl)* causerie *f*; **mit jm einen ~ halten** tailler une bavette avec qqn.

plausibel ◇ *Adj* compréhensible. ◇ *Adv* de manière compréhensible; **jm etw ~ machen** faire comprendre qqch à qqn.

Playback ['ple:bɛk] (*Pl* **-s**) *der* play-back *m inv.*
Playboy ['ple:bɔy] (*Pl* **-s**) *der* play-boy *m.*
Plazenta (*Pl* **-s**) *die* MED placenta *m.*
plazieren *tr* placer.
◆ **sich plazieren** *ref* [Platz belegen] se placer.
Plazierung (*Pl* **-en**) *die* placement *m.*
pleite *fam* ◇ *Adj*: **~ sein** être fauché(e). ◇ *Adv*: **~ gehen** faire faillite.
Pleite (*Pl* **-n**) *die fam* **-1.** [Ruin] faillite *f*; **vor der ~ stehen** être au bord de la faillite. **-2.** [Reinfall] bide *m.*
Plenar|saal *der* salle *f* plénière.
Plenum *das* plénum *m.*
Plexi|glas® *das (ohne Pl)* Plexiglas® *m.*
Plissee|rock *der* jupe *f* plissée.
PLO (*Abk für* **Palestinian Liberation Organization**) *die (ohne Pl)* OLP *f.*
Plombe (*Pl* **-n**) *die* **-1.** [Zahnfüllung] plombage *m.* **-2.** [Siegel] plomb *m*, sceau *m* de plomb.
plombieren *tr* plomber.
plötzlich ◇ *Adj* brusque, soudain(e). ◇ *Adv* brusquement, soudain.
pluderig, pludrig *Adj* bouffant(e).
plump ◇ *Adj* **-1.** [ungeschickt] balourd(e). **-2.** [schwerfällig] pataud(e). ◇ *Adv* **-1.** [ungeschickt] avec balourdise. **-2.** [schwerfällig] lourdement.
plumpsen (*Perf* **ist geplumpst**) *intr fam* tomber lourdement.
Plumps|klo *das fam* latrines *fpl*, toilettes *fpl* à la turque.
Plunder *der (ohne Pl) fam* fatras *m.*
plündern ◇ *tr* **-1.** [ausrauben] piller. **-2.** *hum* [leeren] vider. ◇ *intr* piller.
Plünderung (*Pl* **-en**) *die* pillage *m.*
Plur. (*Abk für* **Plural**) plur.
Plural (*Pl* **-e**) *der* GRAM pluriel *m.*
◆ **im Plural** *Adv* GRAM au pluriel.
pluralistisch ◇ *Adj* pluraliste. ◇ *Adv* de manière pluraliste.
plus *Konj* & *Adv* plus.
Plus *das (ohne Pl)* **-1.** [Mehrbetrag] bénéfice *m*; **im ~ stehen** *fam* être créditeur. **-2.** [Vorteil] plus *m.*
Plüsch *der (ohne Pl)* peluche *f*; **aus ~** en peluche.
Plüsch|tier *das* (animal *m* en) peluche *f.*
Plus|pol *der* pôle *m* positif.
Plus|punkt *der* **-1.** [Vorteil] plus *m.* **-2.** [Punkt] point *m.*
Plusquam|perfekt *das* GRAM plus-que-parfait *m.*
Plutonium *das (ohne Pl)* plutonium *m.*
PLZ *Abk für* **Postleitzahl.**
Po (*Pl* **-s**) *der fam* derrière *m.*
Pöbel *der (ohne Pl)* populace *f.*
pöbeln *intr fam* faire de la provoc.
pochen *intr* **-1.** [klopfen] frapper; **auf sein Recht ~** faire valoir ses droits. **-2.** [pulsieren] battre.
Pocken *Pl* variole *f.*
Pockenschutz|impfung *die* vaccination *f* contre la variole.
Podest (*Pl* **-e**) *das* estrade *f.*
Podium ['po:diʊm] (*Pl* **Podien**) *das* podium *m.*
Podiums|diskussion *die* colloque *m*, forum *m.*
Poesie *die (ohne Pl)* poésie *f.*
Poesie|album *das* album *m* de poésie.
poetisch ◇ *Adj* poétique. ◇ *Adv* avec poésie.
Pogrom (*Pl* **-e**) *der* ODER *das* pogrom *m.*
Pointe ['pɔ̃ɛ̃:tə] (*Pl* **-n**) *die* chute *f (d'une histoire).*
pointiert ['pɔ̃ɛ̃'ti:ɐt] ◇ *Adj* percutant(e). ◇ *Adv* de manière percutante.
Pokal (*Pl* **-e**) *der* coupe *f.*
Pokal|sieger, in *der, die* vainqueur *m* (de la coupe).
Pokal|spiel *das* coupe *f.*
pökeln *tr* saler.
Poker *der* ODER *das (ohne Pl)* poker *m.*
pokern *intr* **-1.** [Poker spielen] jouer au poker. **-2.** *fam* [Risiko eingehen] tenter un coup de poker; **hoch ~** *fig* risquer gros.
Pol (*Pl* **-e**) *der* pôle *m.*
polar *Adj* polaire.
Polarisierung (*Pl* **-en**) *die* **-1.** *geh* [Aufspaltung] bipolarisation *f.* **-2.** PHYS polarisation *f.*
Polar|kreis *der (ohne Pl)* cercle *m* polaire.
Polar|licht *das* aurore *f* polaire.
Polaroid|kamera *die* Polaroid® *m.*
Polar|stern *der (ohne Pl)* étoile *m* polaire.
Pole (*Pl* **-n**) *der* Polonais *m.*
Polemik (*Pl* **-en**) *die* polémique *f.*
polemisch ◇ *Adj* polémique. ◇ *Adv* de façon polémique.
polemisieren *intr* polémiquer.
Polen *nt* Pologne *f.*
Police [po'li:sə] (*Pl* **-n**) *die* police *f* (d'assurance).
Polier (*Pl* **-e**) *der* contremaître *m.*
polieren *tr* polir.
Poli|klinik *die* polyclinique *f.*
Polin (*Pl* **-nen**) *die* Polonaise *f.*
Politesse (*Pl* **-n**) *die* contractuelle *f.*
Politik *die (ohne Pl)* politique *f.*
Politiker, in (*mPl* **-**; *fPl* **-nen**) *der, die* politicien *m*, -enne *f*, homme *m* politique, femme *f* politique.

politisch ◇ *Adj* politique. ◇ *Adv* politiquement.
politisieren ◇ *intr* parler politique. ◇ *tr* politiser.
◆ **sich politisieren** *ref* se politiser.
Politologie *die (ohne Pl)* politologie *f.*
Politur (*Pl* **-en**) *die* **-1.** [Mittel] encaustique *f.* **-2.** [Schicht] vernis *m.*
Polizei *die (ohne Pl)* police *f.*
Polizeiaufgebot *das* déploiement *m* de forces policières.
Polizeiauto *das* voiture *f* de police.
Polizeibeamte *der* fonctionnaire *m* de police.
Polizeibeamtin *die* fonctionnaire *f* de police.
Polizeihund *der* chien *m* policier.
polizeilich ◇ *Adj* de police; **~es Kennzeichen** numéro *m* d'immatriculation. ◇ *Adv* par la police.
Polizeipräsident, in *der, die* préfet *m* de police.
Polizeipräsidium *das* préfecture *f* de police.
Polizeirevier *das* **-1.** [Polizeiwache] commissariat *m* de police. **-2.** [Bereich] secteur *m (de police).*
Polizeischutz *der (ohne Pl)* protection *f* policière; **unter ~ stehen** être placé(e) sous la protection de la police.
Polizeistreife *die* patrouille *f* de police.
Polizeistunde *die (ohne Pl) heure légale de fermeture des bars et restaurants.*
Polizeiwache *die* commissariat *m* de police.
Polizist, in (*mPl* **-en**; *fPl* **-nen**) *der, die* policier *m*, -ère *f.*
Pollen (*Pl* -) *der* pollen *m.*
Poller (*Pl* -) *der* **-1.** SCHIFF bitte *f.* **-2.** [an der Straße] borne *f.*
polnisch *Adj* polonais(e).
Polo *das (ohne Pl)* polo *m.*
Polohemd *das* polo *m.*
Polonaise, Polonäse [polo'nɛːzə] (*Pl* **-n**) *die* polonaise *f.*
Polster (*Pl* -) *das* **-1.** [zum Sitzen] coussin *m.* **-2.** [Schulterpolster] épaulette *f.* **-3.** *fam fig* [Fettpolster] bourrelets *mpl.* **-4.** *fam fig* [finanziell] matelas *m.*
Polstermöbel *Pl* meubles *mpl* capitonnés.
polstern *tr* **-1.** [Möbel] rembourrer. **-2.** [Kleidung] renforcer.
Polsterung (*Pl* **-en**) *die* rembourrage *m.*
Polterabend *der soirée précédant le jour des noces, au cours de laquelle on casse de la vaisselle afin de porter bonheur aux futurs époux.*
Poltergeist (*Pl* **-er**) *der* esprit *m* frappeur.
poltern (*Perf* **hat/ist gepoltert**) *intr* **-1.** *(ist)* [lärmen] faire du bruit *(en entrant, tombant etc).* **-2.** *(hat) fam* [am Polterabend] casser de la vaisselle.
Polyester [poli'ɛstɐ] *das (ohne Pl)* polyester *m.*
Polygamie [poliga'miː] *die (ohne Pl)* polygamie *f.*
Polyp [po'lyːp] (*Pl* **-en**) *der* **-1.** [in der Nase, Nesseltier] polype *m.* **-2.** *salopp* [Polizist] flic *m.* **-3.** [Tintenfisch] poulpe *m.*
Pomade (*Pl* **-n**) *die* Gomina® *f.*
Pommern *nt* Poméranie *f.*
Pommes ['pɔmɛs] *Pl fam* frites *fpl.*
Pommes frites [pɔm'frits] *Pl* frites *fpl.*
Pomp *der (ohne Pl)* pompe *f.*
pompös ◇ *Adj* pompeux(euse). ◇ *Adv* en grande pompe.
Poncho ['pɔntʃo] (*Pl* **-s**) *der* poncho *m.*
Pony ['pɔni] (*Pl* **-s**) ◇ *das* poney *m.* ◇ *der* frange *f.*
Pool [puːl] (*Pl* **-s**) *der* **-1.** [Fonds] fonds *m.* **-2.** [aus Firmen] pool *m.* **-3.** [zum Schwimmen] piscine *f.*
Pop *der (ohne Pl)* pop *m* OU *f.*
Popcorn *das (ohne Pl)* pop-corn *m.*
Popel (*Pl* -) *der fam* **-1.** [in der Nase] crotte *f* de nez. **-2.** *abw* [Mensch] péquenot *m.*
popelig, poplig *fam abw* ◇ *Adj* **-1.** [minderwertig] minable. **-2.** [geizig] radin(e). **-3.** [gewöhnlich] banal(e). ◇ *Adv* **-1.** [geizig]: **sich ~ anstellen** être pingre. **-2.** [billig] misérablement.
Popelin *der (ohne Pl)* popeline *f.*
popeln *intr fam* : **in der Nase ~** se fourrer les doigts dans le nez.
Popgruppe *die* groupe *m* pop.
Popkonzert *das* concert *m* pop.
poplig = **popelig.**
Popmusik *die (ohne Pl)* musique *f* pop.
Popo (*Pl* **-s**) *der fam* derrière *m.*
poppig ◇ *Adj* voyant(e). ◇ *Adv* de façon voyante.
populär ◇ *Adj* populaire. ◇ *Adv* de façon populaire.
Popularität *die (ohne Pl)* popularité *f.*
populärwissenschaftlich ◇ *Adj* de vulgarisation. ◇ *Adv*: **~ schreiben** écrire pour des non-spécialistes.
Pore (*Pl* **-n**) *die* pore *m.*
Porno (*Pl* **-s**) *der fam* porno *m.*
Pornofilm *der* film *m* porno.
Pornographie *die (ohne Pl)* pornographie *f.*
pornographisch ◇ *Adj* pornographique. ◇ *Adv* de manière pornographique.
porös *Adj* poreux(euse).
Porree *der (ohne Pl)* poireau *m.*

Portal (*Pl* **-e**) *das* portail *m*.
Portemonnaie [pɔrtmɔ'neː] (*Pl* **-s**) *das* porte-monnaie *m inv*.
Portier [pɔr'ti̯eː] (*Pl* **-s**) *der* portier *m*.
Portion (*Pl* **-en**) *die* **-1.** [von Essen] portion *f*. **-2.** *fam* [viel] dose *f*.
◆ **halbe Portion** *die*: **eine halbe ~** *fam* une demi-portion.
Porto (*Pl* **-s**) *das* affranchissement *m*.
portofrei *Adj* & *Adv* franco de port.
Porträt [pɔr'trɛː] (*Pl* **-s**) *das* portrait *m*.
porträtieren *tr*: **jn ~** faire le portrait de qqn.
Portugal *nt* Portugal *m*; **in ~** au Portugal.
Portugiese (*Pl* **-n**) *der* Portugais *m*.
Portugiesin (*Pl* **-nen**) *die* Portugaise *f*.
portugiesisch *Adj* portugais(e).
Portlwein *der* porto *m*.
Porzellan (*Pl* **-e**) *das* porcelaine *f*.
pos. *Abk für* **positiv**.
Posaune (*Pl* **-n**) *die* trombone *m*.
Pose (*Pl* **-n**) *die* pose *f*.
posieren *intr* poser.
Position (*Pl* **-en**) **-1.** [Stellung, Standort, Meinung] position *f*. **-2.** [beruflich] situation *f*.
Positionslicht *das* feu *m* de position.
positiv ◇ *Adj* positif(ive). ◇ *Adv* **-1.** [zustimmend]: **~ eingestellt sein** avoir une attitude positive. **-2.** [vorteilhaft, PHYS] positivement. **-3.** [in der Medizin]: **~ ausfallen** être positif(ive).
Positur *die (ohne Pl)*: **sich in ~ setzen** ODER **stellen** *fam iron* prendre la pose.
Posse (*Pl* **-n**) *die* farce *f*.
Possessivpronomen *das* GRAM pronom *m* possessif.
possierlich ◇ *Adj* rigolo(ote). ◇ *Adv* de façon rigolote.
Post *die (ohne Pl)* **-1.** [Gebäude, Institution] poste *f*; **auf die** ODER **zur ~gehen** aller à la poste; **etw mit der ~ schicken** envoyer qqch par la poste. **-2.** [Postsendung] courrier *m*.
Postamt *das* bureau *m* de poste.
Postanweisung *die* mandat *m*.
Postbote *der* facteur *m*.
Postbotin *die* factrice *f*.
Posten (*Pl* -) *der* **-1.** [Ware] lot *m*. **-2.** [Stelle, Stellung] poste *m*; **(nicht) auf dem ~ sein** *fam fig* (ne pas) être en forme. **-3.** *RW*: **auf verlorenem ~ stehen** défendre une position perdue.
Poster (*Pl* -) *der* ODER *das* poster *m*.
Postf. (*Abk für* **Postfach**) BP.
Postfach *das* boîte *f* postale.
Postgirokonto *das* compte *m* chèques postal.
Postkarte *die* carte *f* postale.
postlagernd *Adj* & *Adv* (en) poste restante.
Postleitzahl *die* code *m* postal.
Postminister, in *der, die* ministre *m* des Postes et Télécommunications.
Postministerium *das* ministère *m* des Postes et Télécommunications.
postmodern ◇ *Adj* post-moderne. ◇ *Adv* de façon post-moderne.
Postscheck *der* chèque *m* postal.
Postscheckkonto *das* compte *m* chèques postal.
Postsparbuch *das* livret *m* de caisse d'épargne de la poste.
Postsparkasse *die* caisse *f* d'épargne de la poste.
Poststempel *der* cachet *m* de la poste.
Postweg *der (ohne Pl)*: **auf dem ~** par la poste.
postwendend *Adv* par retour du courrier.
Postwertzeichen *das amt* timbre-poste *m*.
Postwurfsendung *die* envoi *m* postal collectif.
potent *Adj* **-1.** [Mann] viril(e). **-2.** *geh* [solvent] solvable. **-3.** *geh* [mächtig] puissant(e).
Potential [potɛn'tsi̯aːl] (*Pl* **-e**) *das* potentiel *m*.
potentiell [potɛn'tsi̯ɛl] ◇ *Adj* potentiel(elle). ◇ *Adv* potentiellement.
Potenz (*Pl* **-en**) *die* **-1.** *(ohne Pl)* [sexuell] virilité *f*. **-2.** [MATH, Kraft] puissance *f*.
Potpourri ['pɔtpʊri] (*Pl* **-s**) *das* pot-pourri *m*.
Potsdam *nt* Potsdam.
Pott (*Pl* **Pötte**) *der fam Norddt* **-1.** [Becher] grande tasse *f*. **-2.** [Nachttopf] pot *m*.
Poularde [pu'lardə] (*Pl* **-n**) *die* poularde *f*.
Power ['pau̯ə] *die (ohne Pl) fam* tonus *m*; **~ haben** *salopp* avoir du tonus.
pp. (*Abk für* **pergite (und so fort)**) etc.
PR (*Abk für* **Public Relations**) *die (ohne Pl)* RP *(relations publiques)*.
Präambel (*Pl* **-n**) *die geh* préambule *m*.
Pracht *die (ohne Pl)* magnificence *f*; **eine wahre ~ sein** *fam* être une vraie merveille.
Prachtexemplar *das fam* merveille *f*.
prächtig ◇ *Adj* magnifique, superbe. ◇ *Adv* **-1.** [wunderschön] superbement. **-2.** [hervorragend] à merveille.
prachtvoll ◇ *Adj* superbe. ◇ *Adv* superbement.
prädestinieren *tr*: **zu** ODER **für etw prädestiniert sein** être prédestiné(e) à qqch.
Prädikat (*Pl* **-e**) *das* **-1.** [Gütezeichen] label *m*. **-2.** GRAM prédicat *m*.
prädikativ GRAM ◇ *Adj*: **~es Adjektiv** adjectif *m* attribut. ◇ *Adv*: **etw ~ gebrauchen** employer qqch comme attribut.

Präfix (*Pl* **-e**) *das* GRAM préfixe *m*.
Prag *nt* Prague.
prägen *tr* **-1.** [beeinflussen] marquer; **von etw geprägt sein** porter la marque de qqch. **-2.** [erfinden] forger. **-3.** [Münze] frapper. **-4.** [Motiv] imprimer.
Prager (*Pl* -) ◇ *der* Pragois *m*. ◇ *Adj (unver)* de Prague.
Prager Frühling *der* HIST printemps *m* de Prague.
Pragerin (*Pl* **-nen**) *die* Pragoise *f*.
pragmatisch ◇ *Adj* pragmatique. ◇ *Adv* de façon pragmatique.
prägnant ◇ *Adj* concis(e). ◇ *Adv* de façon concise.
Prägung (*Pl* **-en**) *die* **-1.** [von Münzen] frappe *f*. **-2.** *(ohne Pl)* [Einfluß] influence *f*. **-3.** [von Worten] création *f*.
prähistorisch ◇ *Adj* préhistorique. ◇ *Adv* de façon préhistorique.
prahlen *intr* se vanter; **mit etw ~** se vanter de qqch.
prakt. Arzt (*Pl* **prakt. Ärzte**) (*Abk für* **praktischer Arzt**) *der* généraliste *m*.
Praktik (*Pl* **-en**) *die* pratique *f*.
◆ **Praktiken** *Pl abw* pratiques *fpl*.
praktikabel *Adj* réalisable.
Praktikant, in (*mPl* **-en**; *fPl* **-nen**) *der, die* stagiaire *mf*.
Praktiker, in (*mPl* **-**; *fPl* **-nen**) *der, die* homme *m*, femme *f* ayant le sens pratique ODER pragmatique.
Praktikum (*Pl* **Praktika**) *das* stage *m*; **ein ~ machen** ODER **absolvieren** effectuer un stage.
praktisch ◇ *Adj* pratique. ◇ *Adv* **-1.** [zweckmäßig] de manière pratique; **etw ~ anwenden** employer qqch dans la pratique. **-2.** *fam* [so gut wie] pratiquement.
praktizieren *intr* & *tr* pratiquer.
Praline (*Pl* **-n**) *die* chocolat *m*.
prall ◇ *Adj* rebondi(e); **in der ~en Sonne** en plein soleil. ◇ *Adv*: **~ gefüllt** bien rempli(e).
prallen (*Perf* **hat/ist geprallt**) *intr* **-1.** *(ist)* [stoßen]: **gegen** ODER **auf etw** *(A)* **~** heurter qqch. **-2.** *(hat)* [Sonne] taper.
prallvoll *fam* ◇ *Adj* plein(e) à craquer. ◇ *Adv*: **etw ~ stopfen** bourrer qqch à le ODER la ODER les faire craquer.
Prämie ['prɛːmi̯ə] (*Pl* **-n**) *die* **-1.** [von Bank, Versicherung] prime *f*. **-2.** [Belohnung] récompense *f*.
Prämien|sparen *das (ohne Pl)* épargne *f* à primes.
prämieren *tr* primer.
Prämisse (*Pl* **-n**) *die geh* prémisse *f*.
prangen *intr* s'étaler; **in etw ~** resplendir de.
Pranger (*Pl* -) *der* HIST pilori *m*; **jn/etw an den ~ stellen** *fig* mettre qqn/qqch au pilori.
Pranke (*Pl* **-n**) *die* **-1.** [Pfote] patte *f*. **-2.** *salopp* [Hand] paluche *f*.
Präparat (*Pl* **-e**) *das geh* médicament *m*.
Präposition (*Pl* **-en**) *die* GRAM préposition *f*.
Prärie [prɛ'riː] (*Pl* **-n**) *die* prairie *f*.
Präsens *das (ohne Pl)* GRAM présent *m*.
präsent *Adj geh*: **etw ~ haben** avoir qqch présent(e) à l'esprit; **jm ~ sein** être connu(e) de qqn; **~ sein** être présent(e).
präsentieren *tr* présenter.
Präsentier|teller *der (ohne Pl)*: **auf dem ~ sitzen** *abw* & *fig* être exposé(e) à tous les regards.
Präsenz *die (ohne Pl) geh* présence *f*.
Präservativ (*Pl* **-e**) *das* préservatif *m*.
Präsident, in (*mPl* **-en**; *fPl* **-nen**) *der, die* président *m*.
Präsidentschaft (*Pl* **-en**) *die* présidence *f*.
Präsidium [prɛ'ziːdi̯ʊm] (*Pl* **Präsidien**) *das* comité *m (directeur)*.
prasseln (*Perf* **hat/ist geprasselt**) *intr* **-1.** *(ist)* [Regen] tomber fort ODER avec fracas. **-2.** *(hat)* [Feuer] crépiter.
Prater *der quartier de Vienne où se tient une fête foraine permanente.*
Präteritum *das (ohne Pl)* GRAM prétérit *m*.
präventiv *geh* ◇ *Adj* préventif(ive). ◇ *Adv* à titre préventif.
Präventiv|maßnahme *die* mesure *f* préventive.
Praxis (*Pl* **Praxen**) *die* **-1.** *(ohne Pl)* [Wirklichkeit] pratique *f*; **etw in die ~ umsetzen** mettre qqch en pratique. **-2.** *(ohne Pl)* [Erfahrung] expérience *f*. **-3.** [von Arzt, Anwalt] cabinet *m*.
◆ **in der Praxis** *Adv* en pratique.
praxisfern ◇ *Adj* éloigné(e) de la pratique. ◇ *Adv* sans tenir compte de l'aspect pratique.
praxisnah ◇ *Adj* tourné(e) vers la pratique. ◇ *Adv* en tenant compte de l'aspect pratique.
Präzedenz|fall *der* précédent *m*.
präzis, präzise ◇ *Adj* précis(e). ◇ *Adv* avec précision.
präzisieren *tr geh* préciser.
Präzision *die (ohne Pl)* précision *f*.
Präzisions|arbeit *die* travail *m* de précision.
predigen ◇ *tr* prêcher. ◇ *intr* **-1.** [Predigt halten] prêcher. **-2.** *fam* [mahnen] faire un sermon.
Prediger, in (*mPl* **-**; *fPl* **-nen**) *der, die* prédicateur *m*, -trice *f*.
Predigt (*Pl* **-en**) *die* sermon *m*; **eine ~ halten** faire un sermon.
Preis (*Pl* **-e**) *der* prix *m*; **der ~ für etw** le prix de

qqch; **um jeden/keinen ~** à tout/aucun prix. ◆ **zum halben Preis** *Adv* à moitié prix.

Preis|anstieg *der (ohne Pl)* montée *f* des prix.

Preisaus|schreiben *das* concours *m*.

preisbewußt ◇ *Adj* attentif(ive) aux prix. ◇ *Adv* en faisant attention aux prix.

Preis|bindung *die* pratique *f* des prix imposés.

Preisel|beere *die* airelle *f* rouge.

preisen (*Prät* **pries,** *Perf* **hat gepriesen**) *tr geh* louer; **sich glücklich ~** s'estimer heureux(euse).

Preis|erhöhung *die* hausse *f* des prix.

Preis|frage *die* **-1.** [Quizfrage] question *f* (de concours). **-2.** [Kostenfrage] question *f* de prix.

Preis|gabe *die (ohne Pl) geh* **-1.** [Aufgabe] renoncement *m*. **-2.** [Verrat] révélation *f*.

preis|geben *tr (unreg) geh* **-1.** [verraten] révéler. **-2.** [ausliefern] abandonner. **-3.** [aufgeben] sacrifier.

Preis|gefälle *das* disparité *f* des prix.

preisgekrönt *Adj* [Person] couronné(e) (par un prix); [Film, Buch] primé(e).

preisgünstig ◇ *Adj* à un prix intéressant. ◇ *Adv* à un prix intéressant, à des prix intéressants.

Preis|lage *die* gamme *f* de prix; **in allen ~n** à tous les prix; **in dieser ~** à ce prix, dans cet ordre de prix.

preislich ◇ *Adj* de ODER des prix. ◇ *Adv* au point de vue du ODER des prix.

Preis|liste *die* tarif *m*.

Preis|nachlaß *der* remise *f*.

Preis|rätsel *das* jeu-concours *m*.

Preis|richter, in *der, die* membre *m* du jury.

Preis|schild (*Pl* **-er**) *das* étiquette *f (indiquant le prix)*.

Preis|schwankung *die* fluctuation *f* des prix.

Preis|senkung *die* baisse *f* des prix.

Preis|steigerung *die* augmentation *f* des prix.

Preis|träger, in *der, die* lauréat *m*, -e *f*.

Preisverleihung (*Pl* **-en**) *die* remise *f* de prix.

preiswert ◇ *Adj* bon marché. ◇ *Adv* à bon marché.

prekär *Adj geh* précaire.

Prell|bock *der* butoir *m*, heurtoir *m*.

prellen *tr* **-1.** [betrügen] escroquer. **-2.** [stoßen]: **sich** *(D)* **etw ~** se blesser qqch. **-3.** [Ball] faire rebondir.

Prellerei (*Pl* **-en**) *die* escroquerie *f*.

Prellung (*Pl* **-en**) *die* contusion *f*.

Premiere [prəˈmi̯eːrə] (*Pl* **-n**) *die* première *f*.

Premier|minister, in [prəˈmi̯eːminɪstɐ, rɪn] *der, die* Premier ministre *m*.

Presbyter, in (*mPl* **-**; *fPl* **-nen**) *der, die* membre *m* du Conseil presbytéral *(chez les protestants)*.

preschen (*Perf* **ist geprescht**) *intr* foncer.

Presse (*Pl* **-n**) *die* **-1.** *(ohne Pl)* [Zeitungen] presse *f*. **-2.** [Maschine] presse *f*. **-3.** KÜCHE [für Zitrusfrüchte] presse-citron *m*.

Presse|agentur *die* agence *f* de presse.

Presse|ball *der* gala *m* de la presse.

Presse|bericht *der* reportage *m*.

Presse|chef, in *der, die* chef *m* du service ODER des services de presse.

Presse|erklärung *die* déclaration *f* de presse.

Presse|fotograf, in *der, die* photographe *mf* de presse.

Presse|freiheit *die (ohne Pl)* liberté *f* de la presse.

Presse|konferenz *die* conférence *f* de presse.

Presse|meldung *die* communiqué *m*.

pressen ◇ *tr* **-1.** [Obst, Saft] presser; [Knoblauch] écraser. **-2.** [drücken] appuyer. **-3.** [formen] mouler. **-4.** [zusammendrücken] aplatir. ◇ *intr* [Schwangere] pousser.

Presse|sprecher, in *der, die* porte-parole *m inv*.

Presse|stelle *die* service *m* de presse.

Preßluft|hammer *der* marteau *m* piqueur.

Prestige [prɛsˈtiːʒə] *das (ohne Pl)* prestige *m*.

prestigeträchtig ◇ *Adj* de prestige. ◇ *Adv*: **~ handeln** agir en vue d'acquérir du prestige.

Prestige|verlust *der* perte *f* de prestige.

Preuße (*Pl* **-n**) *der* Prussien *m*.

Preußen *nt* Prusse *f*.

PREUSSEN:
Ce royaume connut une première période florissante au XVIIIe siècle sous Frédéric II. C'est sous l'égide de Bismarck que la Prusse réalisa l'unité allemande en 1871. Elle doit son essor à une armée disciplinée et à une administration strictement organisée, marquées l'une et l'autre par l'éthique protestante propre au nord de l'Allemagne.

Preußin (*Pl* **-nen**) *die* Prussienne *f*.

preußisch *Adj* prussien(enne).

prickeln *intr* **-1.** [kitzeln] picoter. **-2.** [perlen] pétiller.

prickelnd *Adj* **-1.** [Wein, Wasser] pétillant(e). **-2.** [Gefühl] émoustillant(e).

Priel (*Pl* **-e**) *der petit chenal de la mer des Wadden dans lequel il reste de l'eau à marée basse*.

pries *Prät* → **preisen**.

Priester, in (*mPl* **-**; *fPl* **-nen**) *der, die* prêtre *m*, -esse *f*.

prima *fam* ◇ *Adj (unver)* super. ◇ *Adv* super bien.

primär *geh* ◇ *Adj* primordial(e). ◇ *Adv* en premier lieu.
Primel (*Pl* **-n**) *die* primevère *f*.
primitiv ◇ *Adj* primitif(ive). ◇ *Adv* de manière primitive.
Primlzahl *die* MATH nombre *m* premier.
Printe (*Pl* **-n**) *die petit pain d'épices*.
Prinz (*Pl* **-en**) *der* prince *m*.
Prinzessin (*Pl* **-nen**) *die* princesse *f*.
Prinzip (*Pl* **-ien**) *das* principe *m*.
◆ **aus Prinzip** *Adv* par principe.
◆ **im Prinzip** *Adv* en principe.
prinzipiell ◇ *Adj* **-1.** [Meinung] de principe. **-2.** [Unterschied] essentiel(elle). ◇ *Adv* **-1.** [generell] par principe. **-2.** [grundsätzlich] en principe.
Priorität *die (ohne Pl)* priorité *f*.
◆ **Prioritäten** *Pl* priorités *fpl*; **~en setzen** fixer des priorités.
Prise (*Pl* **-n**) *die*: **eine ~ Salz/Pfeffer** une pincée de sel/poivre.
Prisma (*Pl* **Prismen**) *das* prisme *m*.
Pritsche (*Pl* **-n**) *die* lit *m* de camp; [in Kaserne, Gefängnis] bat-flanc *m*.
pritschen *tr* [beim Volleyball] passer.
priv. *Abk für* **privat**.
privat [pri'vaːt] ◇ *Adj* **-1.** [persönlich] personnel(elle). **-2.** [nicht öffentlich, nicht staatlich] privé(e); **an Privat verkaufen** vendre à un particulier; **von Privat kaufen** acheter à un particulier. ◇ *Adv* **-1.** [persönlich] personnellement. **-2.** [nicht öffentlich, nicht staatlich] en privé; **etw ~ finanzieren** financer qqch avec des fonds privés. **-3.** [nicht gewerblich]: **etw ~ kaufen** acheter qqch à un particulier.
Privatladresse *die* adresse *f* personnelle.
Privatanlgelegenheit *die* affaire *f* privée.
Privatanlschrift *die* adresse *f* personnelle.
Privatlbesitz *der (ohne Pl)* propriété *f* privée.
◆ **in Privatbesitz** *Adv*: **das Schloß ist in ~** le château est une propriété privée.
Privatldetektiv, in *der, die* détective *m* privé.
Privatldozent, in *der, die* chargé de cours *m*, chargée de cours *f*.
Privatleigentum *das* biens *mpl* personnels.
Privatlfernsehen *das (ohne Pl)* (chaîne *f* de) télévision *f* privée.
Privatlgespräch *das* conversation *f* privée.
Privatlhand *(ohne Artikel, ohne Pl) geh*: **aus ~** d'un particulier, de particuliers; **von ~** par un particulier, par des particuliers.
◆ **in Privathand** *Adv geh*: **die Gemäldesammlung befindet sich in ~** les tableaux font partie d'une collection privée.
Privatlinitiative *die* initiative *f* privée.
privatisieren [privati'ziːrən] *tr* privatiser.
Privatisierung [privati'ziːrʊŋ] (*Pl* **-en**) *die* privatisation *f*.
Privatlleben *das (ohne Pl)* vie *f* privée.
Privatlpatient, in *der, die patient affilié à une caisse d'assurance maladie privée*.
Privatlperson *die* personne *f* privée; **als ~** à titre privé.
Privatlsache *die* affaire *f* personnelle.
Privatlschule *die* école *f* privée.
Privatlsender *der* émetteur *m* privé.
Privatlsphäre *die* vie *f* privée.
Privatlunterkunft *die* hébergement *m* privé ODER chez un particulier.
Privatlunterricht *der (ohne Pl)* cours *mpl* particuliers.
Privileg [privi'leːk] (*Pl* **-ien**) *das* privilège *m*.
privilegiert [privile'giːɐ̯t] ◇ *Adj* privilégié(e). ◇ *Adv* de façon privilégiée, en privilégié(e).
pro ◇ *Präp*: **~ Person** par personne. ◇ *Adv* pour.
Pro (*Pl* **-s**) *das*: **das ~ und Kontra** le pour et le contre.
Probe (*Pl* **-n**) *die* **-1.** [Prüfung] essai *m*, test *m*; **jn/etw auf die ~ stellen** mettre qqn/qqch à l'épreuve. **-2.** [Teil] échantillon *m*. **-3.** [von Theaterstück] répétition *f*.
◆ **auf Probe** *Adv* à l'essai.
Probelalarm *der* exercice *m* de sécurité.
Probelexemplar *das* échantillon *m*.
Probelfahrt *die*: **eine ~ machen** essayer un véhicule.
Probellauf *der* essai *m* en fonctionnement.
proben *tr* & *intr* répéter.
probeweise *Adv* à l'essai.
Probelzeit *die* période *f* d'essai.
probieren *tr* **-1.** [Essen, Getränk] goûter. **-2.** [versuchen] essayer.
Problem (*Pl* **-e**) *das* problème *m*; **~e mit jm/etw haben** avoir des problèmes avec qqn/qqch; **~e wälzen** ressasser des problèmes.
◆ **kein Problem!** *Interj fam* pas de problème!
Problematik *die (ohne Pl)* problématique *f*.
problematisch *Adj* problématique.
problematisieren *tr geh* disséquer.
problemlos *Adj* & *Adv* sans problèmes.
Produkt (*Pl* **-e**) *das* produit *m*.
Produktion (*Pl* **-en**) *die* production *f*.
Produktionslkosten *Pl* coûts *mpl* de production.
Produktionslmittel *Pl* moyens *mpl* de production.
produktiv ◇ *Adj* productif(ive). ◇ *Adv* de manière productive.

Produktivität [produktivi'tɛːt] *die (ohne Pl)* productivité *f*.

Produzent, in (*mPl* **-en**; *fPl* **-nen**) *der, die* producteur *m*, -trice *f*.

produzieren *tr* **-1.** [Waren, Film] produire. **-2.** *fam abw* [machen] fabriquer.
◆ **sich produzieren** *ref fam* [sich auffallend verhalten] se produire.

Prof. *Abk für* **Professor**.

profan *geh* ◇ *Adj* profane. ◇ *Adv* en profane.

professionell ◇ *Adj* **-1.** [beruflich] professionnel(elle). **-2.** [fachmännisch] de professionnel. ◇ *Adv* en professionnel.

Professor (*Pl* **Professoren**) *der* professeur *m*; **ordentlicher/außerordentlicher ~** professeur titulaire/non titulaire d'une chaire; **ein zerstreuter ~ sein** *fam fig* être tête en l'air.

Professorin (*Pl* **-nen**) *die* professeur *m*.

Professur (*Pl* **-en**) *die* chaire *f*.

Profi (*Pl* **-s**) *der* **-1.** [Sportler] professionnel *m*. **-2.** [Fachmann] pro *mf*.

Profil (*Pl* **-e**) *das* **-1.** [von Personen] profil *m*. **-2.** [von Reifen, Sohle] relief *m*.

profilieren
◆ **sich profilieren** *ref* s'affirmer.

profiliert *Adj* marquant(e).

Profil|sohle *die* semelle *f* en caoutchouc profilé.

Profi|spieler, in *der, die* joueur professionnel *m*, joueuse professionnelle *f*.

Profit (*Pl* **-e**) *der* profit *m*; **aus etw ~ schlagen** ODER **ziehen** tirer profit de qqch; **~ machen** faire du profit.

profitieren *intr*: **von etw ~** profiter de qqch.

Profit|streben *das (ohne Pl) abw* cupidité *f*.

pro forma *Adv* pour la forme.

Prognose (*Pl* **-n**) *die* **-1.** [gen] prévision *f*. **-2.** [von Wahlen] estimation *f*. **-3.** [von Krankheiten] pronostic *m*.

Programm (*Pl* **-e**) *das* **-1.** [gen] programme *m*; **auf dem ~ stehen** être au programme. **-2.** [Sender] chaîne *f*; **das erste/zweite ~** la première/deuxième chaîne.
◆ **nach Programm** *Adv* comme prévu.

programmgemäß ◇ *Adj* prévu(e). ◇ *Adv* comme prévu.

Programm|heft *das* programme *m*.

Programm|hinweis *der* annonce *f* de ODER du programme.

programmieren *tr* programmer.

Programmierer, in (*mPl* **-**; *fPl* **-nen**) *der, die* EDV programmeur *m*, -euse *f*.

Programmier|sprache *die* EDV langage *m* de programmation.

Programmierung (*Pl* **-en**) *die* EDV programmation *f*.

Programm|punkt *der* point *m* à l'ordre du jour.

Programmvor|schau *die* présentation *f* du programme.

progressiv ◇ *Adj* **-1.** [fortschrittlich] progressiste. **-2.** *geh* [steigend] progressif(ive). ◇ *Adv* **-1.** [fortschrittlich]: **~ eingestellt sein** avoir des idées progressistes. **-2.** *geh* [steigend] progressivement.

Projekt (*Pl* **-e**) *das* projet *m*.

Projektil (*Pl* **-e**) *das* projectile *m*.

Projektor (*Pl* **Projektoren**) *der* projecteur *m*.

projizieren *tr* projeter.

Prokurist, in (*mPl* **-en**; *fPl* **-nen**) *der, die* fondé *m* de pouvoir.

Prolet (*Pl* **-en**) *der* prolo *m*.

Proletariat *das (ohne Pl)* prolétariat *m*.

Proletarier, in [prole'taːri̯ɐ, rɪn] (*mPl* **-**; *fPl* **-nen**) *der, die* prolétaire *mf*.

proletarisch ◇ *Adj* prolétaire. ◇ *Adv* en prolétaire.

Proletin (*Pl* **-nen**) *die* prolo *f*.

Prolog (*Pl* **-e**) *der* **-1.** [Vorspiel] prologue *m*. **-2.** [Vorwort] préface *f*.

Promenade (*Pl* **-n**) *die* promenade *f*; [am Strand] front *m* de mer.

Promenaden|mischung *die abw* (chien *m*) bâtard *m*.

Promille (*Pl* **-**) *das* **-1.** MATH millième *m*. **-2.** [von Alkohol]: **1,5 ~ haben** avoir 1,5 gramme d'alcool; **über 0,8 ~ haben** avoir un taux d'alcoolémie supérieur à 0,8 gramme.

Promille|grenze *die* taux *m* d'alcoolémie (maximal) autorisé.

prominent *Adj* célèbre.

Prominente (*Pl* **-n**) *der, die* personnalité *f*.

Prominenz *die (ohne Pl)* personnalités *fpl*.

Promotion[1] (*Pl* **-en**) *die* UNI doctorat *m*.

Promotion[2] [prə'moʊʃən] *die (ohne Pl)* WIRTSCH promotion *f*.

promovieren *intr* passer son doctorat.

promoviert *Adj* reçu(e) à la thèse de doctorat.

prompt ◇ *Adj* immédiat(e). ◇ *Adv* immédiatement.

Pronomen (*Pl* **-** ODER **Pronomina**) *das* GRAM pronom *m*.

Propaganda *die (ohne Pl)* **-1.** [Verbreitung] propagande *f*. **-2.** [Werbung]: **für jn/etw ~ machen** faire la promotion de qqn/qqch.

propagieren *tr* propager.

Propan|gas *das (ohne Pl)* propane *m*.

Propeller (*Pl* **-**) *der* hélice *f*.

proper *fam* ◇ *Adj* net (nette). ◇ *Adv* de façon soignée.
Prophet, in (*mPl* **-en**; *fPl* **-nen**) *der, die* prophète *m*, prophétesse *f*.
prophetisch ◇ *Adj* prophétique. ◇ *Adv* de façon prophétique.
prophezeien *tr* présager, prédire; **gutes/ schlechtes Wetter ~** prévoir du beau/mauvais temps.
Proportion (*Pl* **-en**) *die* proportion *f*.
proportional ◇ *Adj* proportionnel(elle). ◇ *Adv* proportionnellement.
Proporz (*Pl* **-e**) *der répartition des sièges conformément aux résultats du scrutin proportionnel.*
proppevoll, proppenvoll *fam* ◇ *Adj* [mit Personen] bondé(e); [mit Dingen] bourré(e). ◇ *Adv* à craquer.
Prosa *die (ohne Pl)* prose *f*.
prosaisch *geh* ◇ *Adj* prosaïque. ◇ *Adv* de façon prosaïque.
prosit, prost *Interj*: **~!** à votre ODER ta santé! ◆ **prost Neujahr!** *Interj* bonne année!
Prostata *die* prostate *f*.
Prostituierte (*Pl* **-n**) *der, die* prostitué *m*, -e *f*.
Prostitution *die (ohne Pl)* prostitution *f*.
prot. *Abk für* **protestantisch**.
Protagonist, in (*mPl* **-en**; *fPl* **-nen**) *der, die* protagoniste *mf*.
Protein (*Pl* **-e**) *das* protéine *f*.
Protektorat (*Pl* **-e**) *das* POL protectorat *m*.
Protest (*Pl* **-e**) *der* protestation *f*; **gegen etw ~ einlegen** ODER **erheben** s'opposer à qqch.
Protestant, in (*mPl* **-en**; *fPl* **-nen**) *der, die* protestant *m*, -e *f*.
protestantisch ◇ *Adj* protestant(e). ◇ *Adv* en protestant.
Protest|bewegung *die* mouvement *m* de protestation.
protestieren *intr*: **(gegen etw) ~** protester (contre qqch).
Protest|kundgebung *die* manifestation *f* d'opposition.
Prothese (*Pl* **-n**) *die* prothèse *f*.
Protokoll (*Pl* **-e**) *das* **-1.** [Aufzeichnung] procès-verbal *m*, compte-rendu *m*; **etw zu ~ geben/ nehmen** faire inscrire/inscrire qqch au procès-verbal; **~ führen** dresser un procès-verbal. **-2.** *(ohne Pl)* [Zeremoniell] protocole *m*.
Protokoll|führer, in *der, die* rédacteur *m*, -trice *f* de procès-verbal.
protokollieren ◇ *tr* prendre acte de; [Unfall] faire le constat de. ◇ *intr* dresser un procès-verbal.
Proton (*Pl* **-nen**) *das* PHYS proton *m*.
Prototyp (*Pl* **-en**) *der* prototype *m*.
protzen *intr fam abw*: **mit etw ~** crâner avec qqch.
protzig *fam abw* ◇ *Adj* tape-à-l'œil. ◇ *Adv* de manière à épater.
prov. *Abk für* **provisorisch**.
Provence *die* Provence *f*; **in der ~** en Provence.
Proviant [pro'vi̯ant] *der (ohne Pl)* provisions *fpl*.
Provinz [pro'vɪnts] (*Pl* **-en**) *die* province *f*.
provinziell [provɪn'tsi̯ɛl] *abw* ◇ *Adj* provincial(e). ◇ *Adv* comme un provincial ODER une provinciale.
Provision [provi'zi̯oːn] (*Pl* **-en**) *die* commission *f*.
provisorisch [provi'zoːrɪʃ] ◇ *Adj* provisoire. ◇ *Adv* provisoirement.
Provokation [provoka'tsi̯oːn] (*Pl* **-en**) *die* provocation *f*.
provozieren [provo'tsiːrən] *tr* & *intr* provoquer.
Prozedur (*Pl* **-en**) *die* procédure *f*.
Prozent (*Pl* **-e**) *das (ohne Pl)* pour-cent *m*; **zu 25 ~** à 25 pour-cent.
◆ **Prozente** *Pl* réduction *f*.
Prozent|satz *der* pourcentage *m*.
prozentual ◇ *Adj*: **~er Anteil** pourcentage *m*. ◇ *Adv* en pourcentage.
Prozeß (*Pl* **Prozesse**) *der* **-1.** RECHT procès *m*; **jm den ~ machen** faire un procès à qqn. **-2.** [Vorgang] processus *m*. **-3.** *RW*: **mit jm kurzen ~ machen** *fam* [schnell verfahren] ne pas prendre de gants avec qqn.
prozessieren *intr* intenter un procès.
Prozession (*Pl* **-en**) *die* REL procession *f*.
Prozeß|kosten *Pl* frais *mpl* de procès.
Prozessor (*Pl* **-en**) *der* EDV processeur *m*.
prüde ◇ *Adj* prude. ◇ *Adv* de manière prude.
prüfen ◇ *tr* **-1.** [Person]: **(jn in etw** *(D)***) ~** faire passer un examen (en qqch à qqn). **-2.** [Gerät, Material] contrôler; **etw auf Mängel ~** contrôler la qualité de qqch. **-3.** [Rechnung, Aussage, Unterschrift] vérifier. **-4.** [Angebot] revoir. ◇ *intr* [Lehrer] examiner.
◆ **sich prüfen** *ref* [sich einschätzen] s'interroger.
Prüfer, in (*mPl* **-**; *fPl* **-nen**) *der, die* **-1.** [Lehrer] examinateur *m*, -trice *f*. **-2.** [Tester] contrôleur *m*, -euse *f*.
Prüfling (*Pl* **-e**) *der* candidat *m*, -e *f*.
Prüf|stand *der* banc *m* d'essai.
◆ **auf dem Prüfstand** *Adv* au banc d'essai.
Prüfung (*Pl* **-en**) *die* **-1.** [Kontrolle] contrôle *m*. **-2.** [Examen] épreuve *f*; **eine ~ machen** ODER **haben** passer un examen; **eine ~ bestehen** être reçu(e) à un examen; **eine mündliche/schriftli-**

che ~ une épreuve orale/écrite, un examen oral/écrit. **-3.** *geh* [Belastung] épreuve *f*.
Prügel *Pl* coups *mpl*; ~ **beziehen** recevoir des coups.
Prügelei (*Pl* **-en**) *die* bagarre *f*.
Prügel|knabe *der* souffre-douleur *m inv*.
prügeln *tr* battre.
◆ **sich prügeln** *ref* se battre.
Prunk *der (ohne Pl)* luxe *m*.
prunken *intr*: **mit etw** ~ étaler qqch.
prunkvoll ◇ *Adj* somptueux(euse). ◇ *Adv* somptueusement.
prusten *intr* **-1.** [Tier] s'ébrouer. **-2.** [vor Lachen] s'esclaffer.
PS (*Pl* -) *das* **-1.** (*Abk für* **Pferdestärke**) CV *(chevaux fiscaux)*. **-2.** (*Abk für* **Postskriptum**) PS.
Psalm (*Pl* **-en**) *der* psaume *m*.
PSch *Abk für* **Postscheck**.
PschA (*Abk für* **Postscheckamt**) ≃ CCP.
Pseudonym (*Pl* **-e**) *das* pseudonyme *m*.
Psyche (*Pl* **-n**) *die* psyché *f*.
Psychiater, in (*mPl* **-**; *fPl* **-nen**) *der, die* psychiatre *mf*.
Psychiatrie [psyçia'triː] *die (ohne Pl)* psychiatrie *f*.
psychiatrisch ◇ *Adj* psychiatrique. ◇ *Adv* sur le plan psychiatrique.
psychisch ◇ *Adj* psychique. ◇ *Adv* psychiquement.
Psycho|analyse *die (ohne Pl)* psychanalyse *f*.
Psycho|analytiker, in *der, die* psychanaliste *mf*.
Psychologe (*Pl* **-n**) *der* psychologue *m*.
Psychologie *die (ohne Pl)* psychologie *f*.
Psychologin (*Pl* **-nen**) *die* psychologue *f*.
psychologisch ◇ *Adj* psychologique. ◇ *Adv* psychologiquement.
Psychose (*Pl* **-n**) *die* psychose *f*.
Psycho|terror *der (ohne Pl)* intimidation *f* psychologique.
Psycho|therapeut, **Psycho|therapeut, in** *der, die* psychothérapeute *mf*.
Psycho|therapie *die* psychothérapie *f*.
Pubertät *die (ohne Pl)* puberté *f*.
Publicity [pa'blɪsɪtɪ] *die (ohne Pl)* publicité *f*.
publik *Adj*: **etw ~ machen** rendre qqch public; ~ **sein/werden** être/devenir public(ique).
Publikation [publika'tsi̯oːn] (*Pl* **-en**) *die* publication *f*.
Publikum *das (ohne Pl)* public *m*.
Publizist, in (*mPl* **-en**; *fPl* **-nen**) *der, die* publiciste *mf*.
Puck (*Pl* **-s**) *der* palet *m*.
Pudding (*Pl* **-e** ODER **-s**) *der flan non passé au four*.
Pudding|pulver *das* préparation *f* pour flan.
Pudel (*Pl* -) *der* caniche *m*.
◆ **des Pudels Kern** *Adv fam* le cœur du sujet.
Pudel|mütze *die* bonnet *m*.
pudelwohl *Adv fam* : **sich ~ fühlen** se sentir très bien.
Puder (*Pl* -) *der* ODER *das* **-1.** [kosmetisch] poudre *f*. **-2.** [pflegend] talc *m*.
Puder|dose *die* poudrier *m*.
pudern *tr* poudrer.
◆ **sich pudern** *ref* se poudrer.
Puder|zucker *der (ohne Pl)* sucre *m* glace.
Puff (*Pl* **-s**) *der* ODER *das fam* bordel *m*.
Puffer (*Pl* -) *der* [von Waggon] tampon *m (de train)* → **Kartoffelpuffer**.
Puffer|zone *die* zone *f* tampon.
Pulk (*Pl* **-s** ODER **-e**) *der* **-1.** [von Autos, Menschen] groupe *m*. **-2.** MIL formation *f* serrée.
Pulle (*Pl* **-n**) *die salopp* bouteille *f*.
◆ **volle Pulle** *Adv fam* à pleins tubes.
Pulli (*Pl* **-s**) *der fam* pull *m*.
Pullover [pʊ'loːvɐ] (*Pl* -) *der* pull-over *m*.
Pullunder (*Pl* -) *der* débardeur *m*.
Puls (*Pl* **-e**) *der* pouls *m*.
Puls|ader *die* veine *f (du poignet)*.
pulsieren *intr* circuler.
Puls|schlag *der* pouls *m*.
Pult (*Pl* **-e**) *das* pupitre *m*.
Pulver ['pʊlfɐ, 'pʊlvɐ] (*Pl* -) *das* poudre *f*.
Pulver|faß *das* baril *m* de poudre.
Pulver|kaffee *der (ohne Pl)* café *m* en poudre.
Pulver|schnee *der (ohne Pl)* neige *f* poudreuse, poudreuse *f*.
Puma (*Pl* **-s**) *der* puma *m*.
pummelig *Adj fam* rondelet(ette); [Kind] potelé(e).
Pump
◆ **auf Pump** *Adv fam* à crédit.
Pumpe (*Pl* **-n**) *die* **-1.** [Gerät] pompe *f*. **-2.** *salopp* [Herz] cœur *m*.
pumpen ◇ *tr* **-1.** [saugen] pomper. **-2.** *fam* [leihen]: **jm** *(D)* **etw ~** prêter qqch à qqn; **(sich** *(D)***) etw von jm ~** emprunter qqch à qqn. **-3.** *fam* [investieren] laisser filer. ◇ *intr* [saugen] pomper.
Pumpernickel *der (ohne Pl) pain noir à la mie très compacte*.
Pumps [pœmps] (*Pl* -) *der* escarpin *m*.
Punk [paŋk] (*Pl* **-s**) *der* **-1.** [Mensch] punk *m*. **-2.** *(ohne Pl)* [Bewegung] mouvement *m* punk. **-3.** *(ohne Pl)* [Musik] musique *f* punk.
Punker, in ['paŋkɐ, rɪn] (*mPl* **-**; *fPl* **-nen**) *der, die* punk *mf*.
Punkt (*Pl* **-e**) *der* **-1.** [gen] point *m*. **-2.** [Stelle] endroit *m*; **nach ~en gewinnen/verlieren** ga-

gner/perdre aux points. **-3.** *RW*: **der springende ~** l'élément *m* essentiel; **der tote ~** [Müdigkeit] le coup de pompe; [bei Verhandlungen] le point mort; **ein wunder** ODER **schwacher ~** un point faible; **etw auf den ~ bringen** en arriver à l'essentiel; **nun mach mal einen ~** *fam* tu pousses un peu; **~ zwei Uhr** à deux heures précises ODER sonnantes.

punktgleich *Adj* & *Adv* ex aequo.

punktieren *tr* **-1.** MED ponctionner. **-2.** MUS pointer. **-3.** [tüpfeln] pointiller.

pünktlich ◇ *Adj* ponctuel(elle). ◇ *Adv* à l'heure.

Pünktlichkeit *die (ohne Pl)* ponctualité *f*.

Punkt|sieg *der* victoire *f* aux points.

Punsch (*Pl* **-e** ODER **Pünsche**) *der* punch *m*.

Pupille (*Pl* **-n**) *die* pupille *f*.

Puppe (*Pl* **-n**) *die* poupée *f*; **bis in die ~n** *fam fig* jusqu'à une heure indue.

Puppen|stube *die* maison *f* de poupée.

Puppen|theater *das* théâtre *m* de marionnettes.

Puppen|wagen *der* landau *m* de poupée.

pur *Adj* pur(e).

Püree (*Pl* **-s**) *das* purée *f*.

Purpur *der (ohne Pl)* pourpre *m*.

Purzel|baum *der fam* : **einen ~ machen** ODER **schlagen** faire une galipette.

purzeln (*Perf* **ist gepurzelt**) *intr fam* dégringoler.

Puste *die (ohne Pl) fam* souffle *m*; **aus der ~ sein** *fam* être à bout de souffle; **jm geht die ~ aus** *fig* qqn est à bout de souffle ODER s'essouffle.

Puste|kuchen

◆ **(ja) Pustekuchen!** *Interj fam* tintin!

Pustel (*Pl* **-n**) *die* pustule *f*.

pusten ◇ *intr* souffler. ◇ *tr* enlever en soufflant.

Pute (*Pl* **-n**) *die* dinde *f*.

Puter (*Pl* **-**) *der* dindon *m*.

puterrot ◇ *Adj* cramoisi(e). ◇ *Adv* cramoisi; **~ anlaufen** virer au cramoisi.

Putsch (*Pl* **-e**) *der* putsch *m*.

putschen *intr* faire un putsch.

Putschist, in (*mPl* **-en**; *fPl* **-nen**) *der, die* putschiste *mf*.

Putte (*Pl* **-n**) *die* putto *m*.

Putz *der (ohne Pl)* crépi *m*, plâtre *m*; **auf den ~ hauen** *fam fig* [feiern] faire la bringue; *fam fig* [großtun] mettre le paquet.

putzen ◇ *tr* nettoyer; **sich** *(D)* **die Nase ~** se moucher; **sich** *(D)* **die Zähne ~** se laver les dents. ◇ *intr* faire le ménage.

◆ **sich putzen** *ref* se nettoyer.

Putz|frau *die* femme *f* de ménage.

putzig *fam* ◇ *Adj* rigolo(ote). ◇ *Adv* de manière rigolote.

Putz|lappen *der* chiffon *m (à nettoyer)*.

Putz|mittel *das* produit *m* d'entretien.

Puzzle ['pazl̩] (*Pl* **-s**) *das* puzzle *m*.

PVC (*Abk für* **Polyvinylchlorid**) *das (ohne Pl)* PVC *m*.

Pyjama [py'dʒaːma] (*Pl* **-s**) *der* pyjama *m*.

Pyramide (*Pl* **-n**) *die* pyramide *f*.

Pyrenäen *Pl* Pyrénées *fpl*.

Python (*Pl* **-s**) *die* python *m*.

Q

q, Q [kuː] (*Pl* **-** ODER **-s**) *das* q *m inv*, Q *m inv*.

q.e.d. (*Abk für* **quod erat demonstrandum**) C.Q.F.D.

qm (*Abk für* **Quadratmeter**) m^2.

Quacksalber, in (*mPl* **-**; *fPl* **-nen**) *der, die abw* charlatan *m*.

Quader (*Pl* **-**) *der* **-1.** MATH parallélépipède *m*. **-2.** [Block] bloc *m* de pierre.

Quadrat (*Pl* **-e**) *das* carré *m*; **im ~** MATH au carré.

quadratisch ◇ *Adj* carré(e). ◇ *Adv* [im Quadrat] au carré.

Quadrat|meter *der* mètre *m* carré.

Quadrophonie *die (ohne Pl)* quadriphonie *f*.

quaken *intr* **-1.** [Frosch] coasser; [Ente] cancaner. **-2.** *fam abw* [reden] jacasser.

quäken *intr fam abw* brailler.

Qual *die (ohne Pl)* supplice *m*; **jm zur ~ werden** devenir pénible à qqn; **die ~ der Wahl (haben)** *fig* (avoir) l'embarras du choix.

◆ **Qualen** *Pl* souffrances *fpl*.

quälen *tr* **-1.** [gen]: **jn ~** faire souffrir qqn. **-2.** [körperlich] torturer. **-3.** [seelisch] tourmenter, obséder. **-4.** *fam* [bedrängen] harceler; **jn mit etw ~** harceler qqn par ODER de qqch.

◆ **sich quälen** *ref* **-1.** [leiden] souffrir. **-2.** *fam* [sich abmühen] se donner du mal.

Quälerei (*Pl* **-en**) *die* **-1.** [Peinigung] torture *f*. **-2.** *(ohne Pl)* [Anstrengung] supplice *m*.

Qualifikation (*Pl* **-en**) *die* **-1.** [Befähigung] qualités *fpl*. **-2.** [Voraussetzung] qualification *f* (professionnelle).

qualifizieren *tr* qualifier.

◆ **sich qualifizieren** *ref* [sich befähigen] se qualifier.

Qualität (*Pl* **-en**) *die* qualité *f*.

qualitativ ◇ *Adj* qualitatif(ive). ◇ *Adv* qualitativement.

Qualitäts|marke *die* label *m* (de qualité).

Qualitäts|ware *die* produit *m* de qualité.

Qualle (*Pl* **-n**) *die* méduse *f*.

Qualm *der (ohne Pl)* fumée *f*.

qualmen ◇ *intr* fumer. ◇ *tr salopp* [Zigaretten] fumer.

qualvoll ◇ *Adj* atroce. ◇ *Adv* atrocement.

Quantität *die (ohne Pl)* quantité *f*.

quantitativ ◇ *Adj* quantitatif(ive). ◇ *Adv* quantitativement.

Quantum (*Pl* **-ten**) *das* dose *f*.

Quarantäne [karan'tɛːnə] (*Pl* **-n**) *die* quarantaine *f*.

Quark *der (ohne Pl)* ≃ fromage *m* blanc.

Quartal (*Pl* **-e**) *das* trimestre *m*.

Quartett (*Pl* **-e**) *das* **-1.** MUS quatuor *m*. **-2.** *(ohne Pl)* [Kartenspiel] ≃ jeu *m* des sept familles.

Quartier (*Pl* **-e**) *das* hébergement *m*.

Quarz (*Pl* **-e**) *der* quartz *m*.

Quarz|uhr *die* montre *f* à quartz.

quasi *Adv* quasiment.

quasseln *intr fam abw* jacasser.

Quaste (*Pl* **-n**) *die* houppe *f*.

Quatsch *der (ohne Pl) fam abw* bêtise *f*; **~ machen** faire des bêtises.

quatschen *fam* ◇ *intr* **-1.** [reden] bavarder. **-2.** *abw* [quasseln] jacasser. ◇ *tr* [reden]: **Unsinn ~** dire des bêtises.

Quatsch|kopf *der fam abw* baratineur *m*.

Quebec *nt* Québec *m*; **in ~** au Québec.

Queck|silber *das (ohne Pl)* CHEM mercure *m*.

Quellauf|werk *das* EDV lecteur *m* source.

Quell|diskette *die* EDV disquette *f* source.

Quelle (*Pl* **-n**) *die* source *f*; **an der ~ sitzen** *fam fig* être à la source.

quellen (*Präs* **quillt**, *Prät* **quoll**, *Perf* **ist gequollen**) *intr* **-1.** [austreten]: **(aus etw) ~** [Flüssigkeit] jaillir (de qqch); [Adern] ressortir (sur qqch); [Augen] sortir (de qqch). **-2.** [Hülsenfrüchte]: **~ lassen** faire gonfler.

quengeln *intr fam* pleurnicher.

Quentchen *das (ohne Pl)* soupçon *m*; **~ Glück/Wahrheit** un soupçon de bonheur/vérité.

quer *Adv* en travers; **~ durch** à travers; **~ über etw** *(A)* à travers qqch; **~ zu etw** en travers de qqch.

Quer|balken *der* poutre *f* (transversale).

Quere *die (ohne Pl)*: **jm in die ~ kommen** *fig* [behindern] entraver les projets de qqn; [Weg abschneiden] couper le chemin ODER la route à qqn.

querfeldein *Adv* à travers champs.

Quer|flöte *die* flûte *f* traversière.

Quer|format *das (ohne Pl)* format *m* oblong.

quergestreift *Adj* à rayures horizontales.

Quer|schnitt *der* **-1.** [Auswahl] profil *m*, portrait *m*. **-2.** [Bild] coupe *f*.

querschnittsgelähmt *Adj* paraplégique.

quer|stellen

◆ **sich querstellen** *ref fam* mettre son véto.

Quer|straße *die* rue *f* perpendiculaire.

Querulant, in (*mPl* **-en**; *fPl* **-nen**) *der, die abw* chicaneur *m*, -euse *f*.

Querver|bindung *die* jonction *f*, lien *m*.

quetschen *tr* **-1.** [zerquetschen] écraser. **-2.** [verletzen] coincer; **sich** *(D)* **den Arm/Finger ~** s'écraser le bras/le doigt. **-3.** [unterbringen] pousser.

◆ **sich quetschen** *ref* [sich zwängen] se serrer.

Quetschung (*Pl* **-en**) *die* ecchymose *f*.

quicklebendig *Adj* pétulant(e).

quieken *intr* crier.

quietschen *intr* **-1.** [Geräusch machen] grincer. **-2.** *fam* [juchzen] crier, glousser.

quillt *Präs* → **quellen**.

Quint (*Pl* **-en**), **Quinte** (*Pl* **-n**) *die* MUS quinte *f*.

Quint|essenz *die* quintessence *f*.

Quintett (*Pl* **-e**) *das* quintette *m*.

Quirl (*Pl* **-e**) *der* mixeur *m*.

quitt *Adj (unver)*: **mit jm ~ sein** *fam* être quitte envers qqn.

Quitte (*Pl* **-n**) *die* **-1.** [Frucht] coing *m*. **-2.** [Baum] cognassier *m*.

quittegelb, quittengelb *Adj* jaune *(comme un coing)*.

quittieren ◇ *tr* **-1.** [Summe, Ausgabe] quittancer. **-2.** [erwidern] répondre. **-3.** [kündigen]: **den Dienst ~** démissionner. ◇ *intr* [Empfang bestätigen] signer.

Quittung (*Pl* **-en**) *die* **-1.** [Beleg] reçu *m*. **-2.** [von Miete, Schulden] quittance *f*. **-3.** [Rechnung] facture *f*. **-4.** *fig* [Konsequenz]: **da hast du die ~!** voilà le résultat!

Quiz [kvis] (*Pl* **-**) *das* jeu *m (radiophonique, télévisé)*.

Quizmaster, in ['kvɪsmaːstɐ, rɪn] (*mPl* **-**; *fPl* **-nen**) *der, die* animateur *m*, -trice *f* de jeu (radiophonique ODER télévisé).

quoll *Prät* → **quellen**.

Quote (*Pl* **-n**) *die* quota *m*.
Quotenregelung *die* règle *f* des quotas.
Quotient [kvo'tsiɛnt] (*Pl* **-en**) *der* quotient *m*.

R

r, **R** [ɛr] (*Pl* - ODER **-s**) *das* r *m inv*, R *m inv*.
Rabatt (*Pl* **-e**) *der* rabais *m*, remise *f*.
Rabatte (*Pl* **-n**) *die* plate-bande *f*.
Rabatz *der (ohne Pl) fam* chambard *m*; **~ machen** *fam* faire du chambard.
Rabauke (*Pl* **-n**) *der fam* voyou *m*.
Rabbi (*Pl* **-s**) *der* rabbin *m*.
Rabe (*Pl* **-n**) *der* corbeau *m*.
rabenschwarz ◇ *Adj* noir(e) (comme un corbeau). ◇ *Adv* en noir.
rabiat ◇ *Adj* violent(e). ◇ *Adv* violemment.
Rache *die (ohne Pl)* vengeance *f*; **an jm ~ nehmen** se venger de qqn.
Racheakt *der geh* acte *m* de vengeance.
Rachen (*Pl* -) *der* **-1.** [von Menschen] gorge *f*. **-2.** [von Tieren] gueule *f*.
rächen *tr* venger.
◆ **sich rächen** *ref* **-1.** [Rache nehmen] se venger; **sich an jm (für** ODER **wegen etw) ~** se venger sur qqn (de qqch). **-2.** [Konsequenzen haben] avoir des conséquences *(fâcheuses)*.
rackern *intr fam* turbiner.
Racket ['rɛkət] (*Pl* **-s**) *das* SPORT raquette *f*.
Raclette ['raklɛt, ra'klɛt] (*Pl* **-s**) *das* raclette *f*.
Rad (*Pl* **Räder**) *das* **-1.** [von Fahrzeug, Maschine] roue *f*; **unter die Räder kommen** *fam* [überfahren werden] se faire écraser; *fam fig* [scheitern] sombrer. **-2.** [Fahrrad] vélo *m*; **mit dem ~** à vélo. **-3.** *RW*: **ein ~ schlagen** faire la roue.
Radar *der* ODER *das (ohne Pl)* radar *m*.
Radargerät *das* radar *m*.
Radarkontrolle *die* contrôle *m* radar.
Radau *der (ohne Pl) fam* vacarme *m*.
Rädchen (*Pl* -) *das* rouage *m*.
radebrechen *intr* mal parler *(une langue)*.
radeln (*Perf* **ist geradelt**) *intr fam* faire du vélo.
Rädelsführer, in *der, die abw* meneur *m*, -euse *f*.
radfahren (*Perf* **ist radgefahren**) *intr (unreg)* faire du vélo.
Radfahrer, in *der, die* cycliste *mf*.
Radfahrweg *der* piste *f* cyclable.
Radi (*Pl* -) *der fam Österr & Süddt* radis *m (blanc)*.
radieren ◇ *intr* **-1.** [mit Radiergummi] gommer. **-2.** KUNST faire de la gravure. ◇ *tr* **-1.** [mit Radiergummi] effacer. **-2.** KUNST graver.
Radiergummi *der* gomme *f*.
Radierung (*Pl* **-en**) *die* gravure *f*.
Radieschen [ra'diːsçən] (*Pl* -) *das* radis *m (rose)*.
radikal ◇ *Adj* radical(e). ◇ *Adv* radicalement.
Radikale (*Pl* **-n**) *der, die* radical *m*, -e *f*.
radikalisieren *tr* radicaliser.
◆ **sich radikalisieren** *ref* se radicaliser.
Radikalismus *der (ohne Pl)* extrémisme *m*.
Radikalkur *die fam* traitement *m* de choc.
Radio (*Pl* **-s**) *das* **-1.** [Gerät] poste *m* de radio, radio *f*. **-2.** *(ohne Pl)* [Rundfunk] radio *f*; **~ hören** écouter la radio.
radioaktiv *Adj* radioactif(ive).
Radioaktivität *die (ohne Pl)* radioactivité *f*.
Radiorekorder (*Pl* -) *der* radiocassette *f*.
Radiosender *der* station *f* de radio.
Radiosendung *die* émission *f* de radio.
Radiowecker *der* radio-réveil *m*.
Radium *das (ohne Pl)* CHEM radium *m*.
Radius (*Pl* **Radien**) *der* rayon *m (de cercle)*.
Radkappe *die* enjoliveur *m*.
Radlager *das* roulement *m*.
Radler (*Pl* -) ◇ *der fam* cycliste *m*. ◇ *das Süddt* demi panaché *m*.
Radlerin (*Pl* **-nen**) *die fam* cycliste *f*.
Radlermaß (*Pl* -) *die Süddt* panaché *m (chope d'un litre)*.
Radon *das (ohne Pl)* CHEM radon *m*.
Radrennen *das* course *f* cycliste.
Radsport *der (ohne Pl)* cyclisme *m*.
Radtour *die* excursion *f* à bicyclette.
Radwechsel *der* changement *m* de roue.
Radweg *der* piste *f* cyclable.
RAF (*Abk für* **Rote Armee Fraktion**) *die (ohne Pl)* FAR *(fraction armée rouge)*.
raffen *tr* **-1.** *abw* [nehmen]: **etw an sich** *(A)* **~** s'emparer de qqch. **-2.** [Stoff] froncer. **-3.** *fam* [begreifen] piger.
raffgierig *abw* ◇ *Adj* cupide. ◇ *Adv* avec cupidité.
Raffinerie [rafinə'riː] (*Pl* **-n**) *die* raffinerie *f*.
raffiniert ◇ *Adj* **-1.** [ausgetüftelt] raffiné(e). **-2.** [gerissen] astucieux(euse). ◇ *Adv* **-1.** [ausgetüftelt]: **~ kochen** faire de la cuisine raffinée; **~ geschnitten sein** avoir une coupe sophistiquée. **-2.** [gerissen] astucieusement.

Rage ['ra:ʒə] *die (ohne Pl) fam* : **in ~ sein/kommen** être/se mettre en rage.

ragen *intr*: **aus etw** ODER **über etw** *(A)* **~** dépasser qqch.

Ragout [ra'gu:] *(Pl* **-s**) *das* ragoût *m*.

Rahm *der (ohne Pl)* crème *f (du lait)*.

rahmen *tr* encadrer.

Rahmen *(Pl* **-**) *der* **-1.** [von Bild, Fahrrad, Fenster] cadre *m*. **-2.** [von Türen] chambranle *m*. **-3.** [von Fahrzeugen] châssis *m*. **-4.** *(ohne Pl)* [Umgebung] cadre *m*. **-5.** *RW*: **aus dem ~ fallen** sortir de l'ordinaire; **den ~ sprengen** dépasser les limites.

◆ **im Rahmen** *Adv*: **im ~ einer Sache** *(G)* dans le cadre de qqch.

Rahmen|bedingung *die* conditions *fpl* générales.

räkeln, rekeln

◆ **sich räkeln, sich rekeln** *ref fam* s'étirer.

Rakete *(Pl* **-n**) *die* fusée *f*.

Rallye ['rali, 'rɛli] *(Pl* **-s**) *die* SPORT rallye *m*.

Rallye|fahrer, in *der, die* pilote *mf* de rallye.

rammeln *intr* **-1.** [Hase] s'accoupler. **-2.** *fam* [rütteln]: **an etw ~** secouer qqch.

rammen *tr* **-1.** [Fahrzeug] heurter. **-2.** [Pfahl] enfoncer.

Rampe *(Pl* **-n**) *die* **-1.** [gen] rampe *f*. **-2.** [Laderampe] plate-forme *f (de chargement)*.

Rampen|licht *das (ohne Pl)*: **im ~ stehen** *fig* se trouver sous les feux de l'actualité.

ramponiert *Adj fam* abîmé(e).

Ramsch *der (ohne Pl) fam abw* camelote *f*.

RAM-Speicher ['ramʃpai̯çɐ] *der* EDV mémoire *f* vive.

ran *fam* = **heran**.

Rand *(Pl* **Ränder**) *der* **-1.** [gen] bord *m*. **-2.** [von Seiten] marge *f*. **-3.** *RW*: **außer ~ und Band sein** *fam* être déchaîné(e); **außer ~ und Band geraten** *fam* se déchaîner; **mit jm/etw zu ~e kommen** *fam* se débrouiller avec qqn/qqch.

◆ **am Rande** *Adv* en passant, accessoirement; **sich am ~e abspielen** se dérouler en marge.

◆ **Ränder** *Pl*: **(dunkle) ~ um die Augen haben** avoir des cernes ODER les yeux cernés.

Randale *die (ohne Pl)*: **~ machen** *salopp* faire du pétard.

randalieren *intr* provoquer des désordres.

Randalierer, in *(mPl* **-**; *fPl* **-nen**) *der, die* vandale *mf*.

Rand|bemerkung *die* **-1.** [schriftlich] annotation *f* (en marge). **-2.** [mündlich] remarque *f*.

Rand|bezirk *der* banlieue *f*.

Rand|erscheinung *die* phénomène *m* marginal.

Rand|figur *die* personnalité *f* marginale ODER de second plan.

Rand|gruppe *die* groupe *m* marginal.

Rand|streifen *der* accotement *m*.

randvoll ◇ *Adj* rempli(e) à ras bord. ◇ *Adv* à ras bord.

rang *Prät* → **ringen**.

Rang *(Pl* **Ränge**) *der* **-1.** [militärisch] grade *m*; [von Beamten] rang *m*; [in Gesellschaft] **position** *f*; **jd/etw von ~** qqn/qqch de renom. **-2.** [im Theater] balcon *m*; **der erste/zweite ~** [im Theater] le premier/deuxième balcon; [im Wettbewerb] la première/deuxième place. **-3.** *RW*: **alles, was ~ und Namen hat** toutes les sommités; **jm/etw den ~ ablaufen** damer le pion à qqn/qqch.

◆ **ersten Ranges** *Adj* de premier ordre.

Rangab|zeichen *das* insigne *f*.

Rangelei *(Pl* **-en**) *die fam* bagarre *f*.

Rang|folge *die* hiérarchie *f*.

Ranghöchste *(Pl* **-n**) *der, die* plus haut placé *m*, plus haut placée *f*.

rangieren [raŋ'ʒi:rən] *intr* **-1.** [Sportler] être (placé(e)); **auf Platz drei ~** être placé troisième. **-2.** [Zug] ranger.

Rang|liste *die* classement *m*.

Rang|ordnung *die* hiérarchie *f*.

ran|halten

◆ **sich ranhalten** *ref (unreg) fam* s'accrocher.

rank *Adj geh* mince.

◆ **rank und schlank** *Adj (unver)* svelte (et gracile).

Ranke *(Pl* **-n**) *die* vrille *f*.

Ränke *Pl geh*: **~ schmieden** nouer des intrigues.

ranken *(Perf* **hat/ist gerankt**) *intr (ist)* grimper.

◆ **sich ranken** *ref* grimper; **sich um etw ~** [Pflanze] s'enrouler autour de qqch; *geh* [Geschichte] se greffer autour de qqch.

ran|lassen *tr (unreg) fam* **-1.** = **heranlassen**. **-2.** [eine Chance geben]: **jn ~** donner sa chance à qqn.

ran|müssen *intr (unreg) fam* devoir mettre la main à la pâte.

rann *Prät* → **rinnen**.

rannte *Prät* → **rennen**.

Ranzen *(Pl* **-**) *der* **-1.** [Schultasche] cartable *m* (à bretelles). **-2.** *salopp* [Bauch] bide *m*.

ranzig ◇ *Adj* rance. ◇ *Adv*: **~ schmecken** avoir le goût de rance.

rapide ◇ *Adj* rapide. ◇ *Adv* rapidement.

Rappe *(Pl* **-n**) *der* cheval *m* noir.

Rappel *der (ohne Pl)*: **einen ~ bekommen** ODER **kriegen** *fam* devenir dingue.

rappeln *intr fam* s'entrechoquer.
◆ **sich rappeln** *ref fam* se remettre (d'aplomb); **sich aus etw ~** se sortir de qqch.
Rappen (*Pl* -) *der* centime *m* (suisse).
Raps *der (ohne Pl)* colza *m*.
rar *Adj* rare; **sich ~ machen** *fam* se faire rare.
Rarität (*Pl* **-en**) *die* rareté *f*.
rasant ◇ *Adj* **-1.** [Tempo] très rapide. **-2.** *fam* [Musik] bien rythmé(e). ◇ *Adv* [schnell] à toute vitesse.
rasch ◇ *Adj* rapide. ◇ *Adv* rapidement.
rascheln *intr* [Blätter] frémir; [Tier] faire un léger bruit; [Kleid] froufrouter.
rasen (*Perf* **hat/ist gerast**) *intr* **-1.** *(ist)* [fahren] foncer. **-2.** *(hat)* [toben] être déchaîné(e).
Rasen (*Pl* -) *der* [Fläche] pelouse *f*; [Gras] gazon *m*; **den ~ mähen/sprengen** tondre/arroser le gazon ODER la pelouse.
rasend ◇ *Adj* **-1.** [schnell] fulgurant(e). **-2.** [gewaltig] fort(e). **-3.** [wütend]: **jn ~ machen** *fam* rendre qqn fou (folle). ◇ *Adv* **-1.** [schnell]: **~ schnell** à toute allure. **-2.** *fam* [sehr] terriblement.
Rasen|mäher *der* tondeuse *f* à gazon.
Rasensprenger (*Pl* -) *der* arroseur *m*.
Raserei *die (ohne Pl)* **-1.** [Wut] rage *f*. **-2.** *fam abw* [mit Fahrzeug] vitesse *f* excessive; **hör auf mit der ~!** arrête de foncer!
Rasier|apparat *der* rasoir *m* (électrique).
rasieren *tr* raser.
◆ **sich rasieren** *ref* se raser; **sich naß/trocken ~** se raser au rasoir mécanique/électrique.
Rasierer (*Pl* -) *der fam* rasoir *m*.
Rasier|klinge *die* lame *f* de rasoir.
Rasier|messer *das* rasoir *m*.
Rasier|pinsel *der* blaireau *m*.
Rasier|schaum *der* mousse *f* à raser.
Rasier|wasser *das* après-rasage *m*.
Räson [rɛ'zɔŋ] *die (ohne Pl)* raison *f*; **jn zur ~ bringen** faire entendre raison à qqn.
raspeln *tr* râper.
Rasse (*Pl* **-n**) *die* race *f*.
Rassel (*Pl* **-n**) *die* **-1.** [Spielzeug] hochet *m*. **-2.** MUS crécelle *f*.
rasseln (*Perf* **hat/ist gerasselt**) *intr* **-1.** *(hat)* [Geräusch erzeugen] cliqueter; [Wecker] retentir. **-2.** *(ist) fam* [durchfallen]: **durch die Prüfung/das Abitur ~** se planter à l'examen/au bac. **-3.** *(ist) fam* [fahren] pétarader.
Rassen|diskriminierung *die* discrimination *f* raciale.
Rassen|trennung *die (ohne Pl)* ségrégation *f* raciale.
rassig ◇ *Adj* racé(e). ◇ *Adv* avec agilité.
Rassismus *der (ohne Pl)* racisme *m*.
Rassist, in (*mPl* **-en**; *fPl* **-nen**) *der, die* raciste *mf*.
rassistisch ◇ *Adj* raciste. ◇ *Adv* de manière raciste.
Rast (*Pl* **-en**) *die* halte *f*; **~ machen** faire halte.
Raste (*Pl* **-en**) *die* cran *m*.
rasten *intr* s'arrêter.
Raster (*Pl* -) *das* trame *f*.
Rast|haus *das* [auf Autobahnen] restoroute *m*.
Rast|hof *der* [auf Autobahnen] restoroute *m*.
rastlos ◇ *Adj* sans repos. ◇ *Adv* sans cesse.
Rast|platz *der* aire *f* de repos.
Rast|stätte *die* [auf Autobahnen] restoroute *m*.
Rasur (*Pl* **-en**) *die* rasage *m*.
Rat (*Pl* **Räte**) *der* **-1.** *(ohne Pl)* [Ratschlag] conseil *m*; **jm einen ~ geben** donner un conseil à qqn; **jn/etw zu ~e ziehen** consulter qqn/qqch; **jm mit ~ und Tat helfen** ODER **beistehen** ODER **zur Seite stehen** soutenir qqn en paroles et en actes; **jn um ~ fragen** demander conseil à qqn; **sich** *(D)* **keinen ~ mehr wissen** ne plus savoir que faire. **-2.** [Ausschuß] conseil *m*. **-3.** [Person] conseiller *m*.
rät *Präs* → **raten**.
Rate (*Pl* **-n**) *die* **-1.** [gen] traite *f*; [monatlich] mensualité *f*; **etw auf ~n kaufen** acheter qqch à crédit. **-2.** [statistisch] taux *m*.
raten (*Präs* **rät**, *Prät* **riet**, *Perf* **hat geraten**) ◇ *tr* **-1.** [erraten] deviner. **-2.** [empfehlen]: **jm etw ~** conseiller qqch à qqn. ◇ *intr* **-1.** [etw erraten] deviner; **dreimal darfst du ~!** *fam fig & iron* devine! **-2.** [Rat geben]: **jm zu etw ~** conseiller qqch à qqn.
ratenweise *Adv* à tempérament.
Raten|zahlung *die* paiement *m* par traites.
Rate|spiel *das* devinette *f*.
Ratgeber (*Pl* -) *der* **-1.** [Mensch] conseiller *m*. **-2.** [Buch] guide *m*.
Ratgeberin (*Pl* **-nen**) *die* conseillère *f*.
Rat|haus *das* mairie *f*.
ratifizieren *tr* POL ratifier.
Ration (*Pl* **-en**) *die* ration *f*.
◆ **eiserne Ration** *die* réserves *fpl*.
rational ◇ *Adj* rationnel(elle). ◇ *Adv* de façon rationnelle.
rationalisieren *tr* rationaliser.
Rationalisierung (*Pl* **-en**) *die* rationalisation *f*.
rationell ◇ *Adj* **-1.** [wirksam] efficace. **-2.** [sparsam] économique. ◇ *Adv* **-1.** [wirksam] efficacement. **-2.** [sparsam] économiquement.
rationieren *tr* rationner.
Rationierung (*Pl* **-en**) *die* rationnement *m*.
ratlos ◇ *Adj* perplexe. ◇ *Adv* avec perplexité.
Rätoromanisch *das (ohne Pl)* romanche *m*; *siehe auch* **Englisch**.

ratsam *Adj* opportun(e).

Rat|schlag *der* conseil *m*.

Rätsel (*Pl* -) *das* **-1.** [Aufgabe] devinette *f*. **-2.** [Ratespiel] jeu *m*. **-3.** [Geheimnis] énigme *f*; **etw ist jm ein ~** qqch est un mystère pour qqn.

rätselhaft ◇ *Adj* énigmatique. ◇ *Adv* de façon énigmatique.

rätseln *intr*: **über etw** *(A)* **~** chercher la solution de qqch.

Rätselraten *das (ohne Pl)* jeu *m* de devinettes.

Rats|herr *der* conseiller *m* municipal.

Rats|keller *der restaurant de l'hôtel de ville en Allemagne*.

Ratte (*Pl* **-n**) *die* rat *m*.

Ratten|gift *das* mort-aux-rats *f*.

rattern (*Perf* **hat/ist gerattert**) *intr* **-1.** *(ist)* [fahren] brimbaler. **-2.** *(hat)* [Geräusche machen] crépiter.

ratzekahl *Adv fam* jusqu'à la dernière miette.

Raub *der (ohne Pl)* vol *m*.

Raub|bau *der (ohne Pl)* exploitation *f* excessive; **mit etw ~ treiben** abuser de qqch.

Raub|druck (*Pl* **-e**) *der* impression *f* pirate.

rauben *tr* **-1.** [stehlen] dérober. **-2.** [kosten]: **jm etw ~** coûter qqch à qqn.

Räuber, in (*mPl* -; *fPl* **-nen**) *der, die* brigand *m*; **~ und Gendarm spielen** jouer au gendarme et au voleur.

räuberisch ◇ *Adj* de brigand; **~es Tier** prédateur *m*, -trice *f*. ◇ *Adv* en prédateur.

Raub|mord *der* crime *m* crapuleux.

Raub|tier *das* prédateur *m*, animal *m* prédateur.

Raub|überfall *der* vol *m* avec agression.

Raub|vogel *der* oiseau *m* de proie.

Rauch *der (ohne Pl)* fumée *f*; **sich in ~ auflösen** *fig* s'envoler en fumée.

rauchen *tr & intr* fumer.

◆ **Rauchen** *das (ohne Pl)*: **'Rauchen verboten'** 'défense de fumer'; **'Rauchen schadet der Gesundheit'** 'nuit gravement à la santé'.

Raucher (*Pl* -) *der* fumeur *m*.

Raucher|abteil *das* compartiment *m* fumeurs.

Raucherin (*Pl* **-nen**) *die* fumeuse *f*.

räuchern *tr* fumer.

Räucher|stäbchen *das* bâton *m* d'encens.

rauchig *Adj* **-1.** [Raum] enfumé(e). **-2.** [Stimme] rauque. **-3.** [Geschmack] fumé(e).

Rauch|verbot *das* interdiction *f* de fumer.

Rauch|vergiftung *die* intoxication *f* par la fumée.

Rauchwaren *Pl amt* articles *mpl* pour fumeurs.

Rauch|wolke *die* nuage *m* de fumée.

rauf *fam* = **herauf**.

Raufbold (*Pl* **-e**) *der fam* bagarreur *m*.

raufen *intr* se bagarrer.

◆ **sich raufen** *ref* se bagarrer.

Rauferei (*Pl* **-en**) *die* bagarre *f*.

rauf|gehen (*Perf* **ist raufgegangen**) *tr & intr (unreg) fam* monter.

rauf|kommen (*Perf* **ist raufgekommen**) *tr & intr (unreg) fam* monter.

rauh ◇ *Adj* **-1.** [Material] rugueux(euse). **-2.** [Klima, Sitte, Ton] rude. **-3.** [Stimme, Hals] enroué(e); **~e Zunge** langue *f* rapeuse. ◇ *Adv*: **sich ~ anfühlen** être rugueux(euse) au toucher.

Rauhfaser|tapete *die* papier *m* peint ingrain.

Rauhhaar|dackel *der* teckel *m* à poil ras.

Rauh|reif *der (ohne Pl)* givre *m*.

Raum (*Pl* **Räume**) *der* **-1.** [Zimmer] pièce *f*. **-2.** *(ohne Pl)* PHYS **espace** *m*. **-3.** *(ohne Pl)* GEOGR région *f*. **-4.** *(ohne Pl)* [Platz] espace *m*, place *f*. **-5.** *RW*: **einer Sache** *(D)* **~ geben** *geh* laisser le champ libre à qqn; **etw steht im ~** *fig* qqch est en suspens.

räumen *tr* évacuer, déblayer; **eine Wohnung ~** vider les lieux.

Raum|fähre *die* navette *f* spatiale.

Raum|fahrt *die (ohne Pl)* astronautique *f*.

Raum|forschung *die (ohne Pl)* recherche *f* spatiale.

Raum|inhalt *der* volume *m*.

Raum|kapsel *die* capsule *f* spatiale.

räumlich ◇ *Adj* spatial(e). ◇ *Adv* en trois dimensions.

Räumlichkeit (*Pl* **-en**) *die geh* caractère *m* tridimensionnel.

◆ **Räumlichkeiten** *Pl* salles *fpl*.

Raum|not *die geh* manque *m* de place.

Raum|pfleger, in *der, die amt* technicien de surface *m*, technicienne de surface *f*.

Raum|schiff *das* vaisseau *m* spatial.

Raum|station *die* station *f* spatiale.

Raumteiler (*Pl* -) *der* séparateur *m*.

Räumung (*Pl* **-en**) *die* évacuation *f*.

Räumungsarbeiten *Pl* travaux *mpl* de déblaiement ODER de dégagement.

Räumungs|klage *die* demande *f* d'expulsion.

Räumungs|verkauf *der* liquidation *f*.

raunen *intr* murmurer *m*.

◆ **Raunen** *das (ohne Pl)* [Gemurmel] murmure *m*.

Raupe (*Pl* **-n**) *die* chenille *f*.

Raupen|fahrzeug *das amt* véhicule *m* à chenilles.

raus *Adv fam* **-1.** = **heraus**. **-2.** [hinaus] dehors; **~ hier!** dehors!

Rausch (*Pl* **Räusche**) *der* ivresse *f*; **einen ~ haben** être ivre; **im ~** en état d'ivresse.

rauschen (*Perf* **hat/ist gerauscht**) *intr* **-1.** *(hat)* [Wasser, Bäume] bruisser; **es rauscht** [im Telefon] ça grésille; [in den Ohren] ça bourdonne. **-2.** *fam (ist)* [schnell] filer.

rauschend *Adj*: **~er Beifall** applaudissements *mpl* nourris; **~es Fest** soirée *f* féerique.

Rausch|gift *das* stupéfiant *m*.

Rauschgift|handel *der* trafic *m* de stupéfiants.

rauschgiftsüchtig *Adj* toxicomane.

Rauschgiftsüchtige (*Pl* **-n**) *der, die* toxicomane *mf*.

raus|fliegen (*Perf* **ist rausgeflogen**) *intr (unreg) fam* être viré(e).

raus|halten *tr (unreg) fam* [nach außen] mettre dehors.

◆ **sich raushalten** *ref fam* : **sich aus etw ~** [sich nicht einmischen] ne pas se mêler de qqch.

raus|kriegen *tr fam* **-1.** [entdecken] découvrir. **-2.** [erraten] trouver.

räuspern

◆ **sich räuspern** *ref* se racler la gorge.

raus|rücken (*Perf* **hat/ist rausgerückt**) *fam* ◇ *intr (ist)*: **mit der Wahrheit ~** cracher le morceau; **mit dem Geld ~** allonger l'argent. ◇ *tr (hat)* [geben] allonger, lâcher.

raus|schmeißen *tr (unreg) fam* jeter dehors.

Rausschmeißer, in (*mPl* **-**; *fPl* **-nen**) *der, die fam* videur *m*.

Rausschmiß (*Pl* **-schmisse**) *der fam* vidage *m*.

Raute (*Pl* **-n**) *die* losange *m*.

rautenförmig ◇ *Adj* en forme de losange. ◇ *Adv* en quinconce.

Ravioli [ra'vi̯o:li] *Pl* raviolis *mpl*.

Razzia (*Pl* **Razzien**) *die* rafle *f*.

RCDS (*Abk für* **Ring christlich-demokratischer Studenten**) *der (ohne Pl)* association *f* des étudiants chrétiens-démocrates.

rd. (*Abk für* **rund**) env.

Reagenz|glas *das* éprouvette *f*.

reagieren *intr*: **(auf etw** *(A)***) ~** réagir (à qqch).

Reaktion (*Pl* **-en**) *die* réaction *f*; **die ~ auf etw** *(A)* la réaction à qqch.

reaktionär *abw* ◇ *Adj* réactionnaire. ◇ *Adv* de manière réactionnaire.

Reaktions|vermögen *das (ohne Pl)* réactivité *f*.

re|aktivieren *tr* réactiver.

Reaktor (*Pl* **Reaktoren**) *der* réacteur *m*.

Reaktor|unfall *der* accident *m* de réacteur.

real ◇ *Adj* réel(elle). ◇ *Adv* dans la réalité.

Real|einkommen *das* revenu *m* réel.

realisierbar *Adj* réalisable.

realisieren *tr geh* réaliser.

Realismus *der (ohne Pl)* réalisme *m*.

Realist, in (*mPl* **-en**; *fPl* **-nen**) *der, die* réaliste *mf*.

realistisch ◇ *Adj* réaliste. ◇ *Adv* avec réalisme.

Realität (*Pl* **-en**) *die* **-1.** *(ohne Pl)* [Wirklichkeit] réalité *f*. **-2.** [Tatsache] réalité *f*.

Real|politik *die (ohne Pl)* realpolitik *f*.

Real|schule *die école d'enseignement secondaire de cycle court*.

Real|schüler, in *der, die élève d'une école d'enseignement secondaire de cycle court*.

Rebe (*Pl* **-n**) *die* vigne *f*.

Rebell (*Pl* **-en**) *der* rebelle *m*.

rebellieren *intr*: **(gegen jn/etw) ~** se rebeller (contre qqn/qqch).

Rebellin (*Pl* **-nen**) *die* rebelle *f*.

Rebellion (*Pl* **-en**) *die* rébellion *f*.

rebellisch *Adj* **-1.** [Person] rebelle. **-2.** [Truppen, Stadt] en rébellion.

Reb|huhn *das* perdrix *f*.

Reb|stock *der* cep *m* (de vigne).

Receiver [ri'si:vɐ] (*Pl* **-**) *der* poste *m* de radio avec amplificateur.

Rechen (*Pl* **-**) *der* râteau *m*.

Rechen|aufgabe *die* problème *m* d'arithmétique.

Rechen|fehler *der* erreur *f* de calcul.

Rechenschaft *die (ohne Pl)*: **von jm ~ fordern** demander des comptes à qqn; **jm keine ~ schuldig sein** ne pas devoir de comptes à qqn; **jm über etw** *(A)* **~ ablegen** ODER **geben** rendre compte de qqch à qqn; **jn (für etw) zur ~ ziehen** demander des comptes à qqn à propos de qqch.

Rechenschafts|bericht *der* compte-rendu *m*.

Rechen|zentrum *das* centre *m* de calcul.

recherchieren ◇ *tr* faire des recherches sur. ◇ *intr* faire des recherches.

rechnen ◇ *intr* calculer; **mit etw ~** [erwarten] s'attendre à qqch; **mit jm ~** [erwarten] attendre qqn; **rund gerechnet** grosso modo; **mit jm/etw ~** [bedenken] tenir compte de qqn/qqch; **mit jm/etw** ODER **auf jn/etw ~** [sich verlassen] compter sur qqn/qqch. ◇ *tr* calculer; **jn zu einer Gruppe ~** considérer qqn comme faisant partie d'un groupe.

◆ **sich rechnen** *ref* être rentable.

Rechner (*Pl* **-**) *der* EDV ordinateur *m*.

rechnerisch ◇ *Adj* arithmétique. ◇ *Adv* d'un point de vue arithmétique.

Rechnung (*Pl* **-en**) *die* **-1.** [Rechenaufgabe] calcul *m*. **-2.** WIRTSCH facture *f*; [im Restaurant] addition *f*; **eine ~ begleichen** régler une facture; *fig* régler un compte; **etw geht auf js ~** qqn paye qqch; **etw in ~ stellen** facturer qqch. **-3.** *RW*: **auf eigene ~** de mon ODER ton ODER son etc propre chef; **einer Sache** *(D)* **~ tragen** *geh* prendre qqch en considération; **js ~ geht auf/ nicht auf** les calculs de qqn se révèlent justes/ faux.

Rechnungs|hof *der* Cour *f* des comptes.

Rechnungs|prüfer, in *der, die* commissaire *m* aux comptes.

Rechnungs|wesen *das (ohne Pl)* comptabilité *f*.

recht ◇ *Adj* **-1.** [richtig] bon (bonne); **~ und billig sein** *fig* être la moindre des choses. **-2.** [echt] vrai(e); **keinen ~en Spaß/keine ~e Lust/ kein ~es Ziel haben** n'avoir pas vraiment de plaisir/d'envie/de but. **-3.** [passend] approprié(e). **-4.** *RW*: **etw ist jm ~** qqch convient à qqn. ◇ *Adv* **-1.** [ziemlich] vraiment. **-2.** *RW*: **jm nichts ~ machen können** ne pas pouvoir contenter qqn; **jm ~ geben** donner raison à qqn; **~ und schlecht** tant bien que mal; **~ haben** avoir raison.

Recht *(Pl* **-e***) das* **-1.** *(ohne Pl)* RECHT droit *m*; **~ sprechen** rendre la justice; **gegen das ~ verstoßen** enfreindre la loi; **von ~s wegen** de par la loi; **im ~ sein** être dans son droit. **-2.** [Anrecht] droit *m*; **ein ~ auf etw** *(A)* **haben** avoir droit à qqch; **das ist js gutes ~ etw zu tun** qqn a parfaitement le droit de faire qqch.

◆ **zu Recht** *Adv* à juste titre.

rechte, r, s *Adj* **-1.** [Seitenangabe] droit(e). **-2.** [politisch] de droite.

Rechte *(Pl* **-n***)* ◇ *die* **-1.** *(ohne Pl)* [rechte Hand] droite *f*; **mit der ~n** de la main droite; **zur ~n** à droite. **-2.** POL droite *f*. **-3.** [Schlag] droit *m*, droite *f*. ◇ *der, die* militant *m*, -e *f* de droite. ◇ *das*: **nach dem ~n sehen** vérifier que tout est en ordre.

Recht|eck *das* rectangle *m*.

rechteckig *Adj* rectangulaire.

Rechtens *Adj (unver)*: **~ sein** *fig* être de droit ODER légal(e).

rechtfertigen: **etw (vor jm) ~** justifier qqch (face à qqn).

◆ **sich rechtfertigen** *ref*: **sich (vor jm) ~** se justifier (devant qqn).

Rechtfertigung *(Pl* **-en***) die* justification *f*.

rechthaberisch *Adj abw* qui veut toujours avoir raison.

rechtlich ◇ *Adj* légal(e). ◇ *Adv* légalement.

rechtlos *Adj* & *Adv* sans droit, sans droits.

rechtmäßig ◇ *Adj* légal(e), légitime. ◇ *Adv* légitimement, légalement.

rechts ◇ *Adv* **-1.** [zur Angabe der Seite, Richtung] à droite; **~ von jm/etw** à droite de qqn/qqch; **nach/von ~** vers la/de la droite; **nach ~ fahren** tourner à droite. **-2.** [politisch] à droite. ◇ *Präp (+ G)* à droite de.

Rechtsabbieger *(Pl* -*) der* véhicule *m* qui tourne à droite.

Rechtsan|spruch *der* droit *m* légitime.

Rechts|anwalt *der* avocat *m*.

Rechts|anwältin *die* avocate *f*.

Rechtsaußen *(Pl* -*) der, die* **-1.** SPORT ailier *m* droit. **-2.** *fam* POL extrémiste *mf* de droite.

Rechtsbei|stand *der amt* conseiller *m* juridique.

Rechts|beratung *die* conseil *m* juridique.

Rechts|bruch *der* violation *f* du droit.

rechtsbündig ◇ *Adj* aligné(e) à droite. ◇ *Adv* avec alignement à droite.

rechtschaffen ◇ *Adj* **-1.** [anständig] honnête. **-2.** *fam* [groß] sacré(e). ◇ *Adv* **-1.** [anständig] honnêtement. **-2.** *fam* [sehr] sacrément.

Rechtschreib|fehler *der* faute *f* d'orthographe.

Rechtschreibung *(Pl* **-en***) die* orthographe *f*.

Rechts|drehung *die* rotation *f* à droite.

Rechts|empfinden *das* sens *m* de la justice.

Rechts|extremist, in *der, die abw* extrémiste *mf* de droite.

Rechts|frage *die* question *f* de droit.

rechtsgerichtet ◇ *Adj* de droite. ◇ *Adv* à droite.

rechtsgültig ◇ *Adj* valide. ◇ *Adv* de droit.

Rechtshänder, in *(mPl* -; *fPl* **-nen***) der, die* droitier *m*, -ère *f*.

rechtshändig ◇ *Adj* droitier(ère). ◇ *Adv* avec la main droite.

rechtsherum *Adv* à droite, vers la droite.

rechtskräftig ◇ *Adj* exécutoire. ◇ *Adv* exécutoirement.

rechtskundig ◇ *Adj* expert(e) en droit; **sich ~ machen** acquérir des connaissances juridiques. ◇ *Adv* en connaissance du droit.

Rechts|kurve *die* tournant *m* ODER virage *m* à droite.

Rechts|lage *die* situation *f* juridique.

Rechts|pfleger, in *der, die amt* officier *m* de justice.

Rechtsprechung *(Pl* **-en***) die* jurisprudence *f*.

rechtsradikal *Adj abw* d'extrême droite.

Rechts|radikale *der, die abw* extrémiste *mf* de droite.

Rechts|schutz *der* protection *f* juridique.

Rechtsschutzver|sicherung *die* assurance *f* (de protection) juridique.

rechtsseitig *Adj* & *Adv* du côté droit.
Rechts|staat *der* État *m* de droit.
Rechts|streit *der amt* litige *m*.
Rechts|verkehr *der* conduite *f* à droite.
Rechtsver|ordnung *die* ordonnance *f*.
Rechts|weg *der*: **den ~ einschlagen** recourir aux tribunaux; **der ~ ist ausgeschlossen** sans possibilité de recours.
rechtswidrig ◇ *Adj* illégal(e). ◇ *Adv* de manière illégale.
rechtwinklig, **rechtwinkelig** ◇ *Adj* à angle droit; **ein ~es Dreieck** un triangle rectangle. ◇ *Adv* à angle droit.
rechtzeitig ◇ *Adj* opportun(e). ◇ *Adv* à temps; **~ zu etw dasein/eintreffen** être/arriver quelque part à l'heure.
Reck (*Pl* **-e** ODER **-s**) *das* barre *f* fixe.
recken *tr* tendre.
◆ **sich recken** *ref* s'étirer.
Recorder (*Pl* -) *der fam* **-1.** [Kassettenrecorder] magnétophone *m*. **-2.** [Videorecorder] magnétoscope *m*.
recyclen [ri'saikəln] *tr* recycler.
Recycling [ri'saiklɪŋ] *das (ohne Pl)* recyclage *m*.
Recycling|papier *das (ohne Pl)* papier *m* recyclé.
Red. ◇ *Abk für* **Redakteur**. ◇ *Abk für* **Redaktion**.
Redakteur, in [redak'tøːɐ̯, rɪn] (*mPl* **-e**; *fPl* **-nen**) *der, die* rédacteur *m*, -trice *f*.
Redaktion (*Pl* **-en**) *die* rédaction *f*.
Rede (*Pl* **-n**) *die* **-1.** [Ansprache] discours *m*; **eine ~ halten** faire un discours; **die ~ auf jn/etw bringen** parler de qqn/qqch; **die ~ ist von jm/etw** il est question de qqn/qqch; **wörtliche/indirekte ~** discours direct/indirect. **-2.** *RW*: **das ist nicht der ~ wert** cela ne vaut pas la peine d'en parler; **jn zur ~ stellen** demander des comptes à qqn.
Rede|freiheit *die (ohne Pl)* liberté *f* d'expression.
redegewandt *Adj* éloquent(e).
reden ◇ *intr* [sprechen] parler; **mit jm ~** parler avec qqn; **über jn/etw ~** parler de qqn/qqch; **darüber läßt sich ~** *fig* c'est envisageable; **du hast gut ~** *fig* c'est facile à dire; **mit sich ~ lassen** *fig* être prêt(e) à discuter. ◇ *tr* dire.
Redens|art *die* façon *f* de parler.
Rede|wendung *die* expression *f*.
redlich ◇ *Adj* **-1.** [anständig] honnête. **-2.** [groß] véritable. ◇ *Adv* **-1.** [anständig] honnêtement. **-2.** [viel] vraiment.
Redner, in (*mPl* -; *fPl* **-nen**) *der, die* orateur *m*, -trice *f*.
Redner|pult *das* pupitre *m* (d'orateur).
redselig *Adj* loquace.
Reduktion (*Pl* **-en**) *die* réduction *f*.
reduzieren *tr* **-1.** [verringern] réduire. **-2.** [vereinfachen]: **etw auf etw** *(A)* **~** résumer qqch à qqch.
◆ **sich reduzieren** *ref* diminuer, baisser.
Reederei (*Pl* **-en**) *die* compagnie *f* maritime.
reell ◇ *Adj* raisonnable, honnête. ◇ *Adv* de manière réelle.
Reeper|bahn *die (ohne Pl) avenue «chaude» de Hambourg, haut lieu de la prostitution.*
Reet|dach *das* toit *m* de chaume.
Referat (*Pl* **-e**) *das* **-1.** [Abhandlung] rapport *m*, exposé *m*; **ein ~ halten** faire un exposé. **-2.** [Abteilung] service *m*.
Referendar (*Pl* **-e**) *der* [an Schule] professeur *m* stagiaire.
Referendariat (*Pl* **-e**) *das stage pratique pour les juristes et les professeurs en vue d'acquérir le statut de fonctionnaire.*
Referendarin (*Pl* **-nen**) *die* [an Schule] professeur *m* stagiaire.
Referendum (*Pl* **-den**) *das* référendum *m*.
Referent, in (*mPl* **-en**; *fPl* **-nen**) *der, die* **-1.** *geh* [Redner] rapporteur *m*. **-2.** [Beamter] chef *m* de service.
Referenz (*Pl* **-en**) *die* références *fpl*.
referieren *intr*: **über etw** *(A)* **~** faire un exposé sur qqch.
reflektieren ◇ *tr* **-1.** [zurückstrahlen] refléter, réfléchir. **-2.** *geh* [überdenken] réfléchir à. ◇ *intr geh*: **über etw** *(A)* **~** réfléchir à qqch.
Reflektor (*Pl* **-en**) *der* réflecteur *m*.
Reflex (*Pl* **-e**) *der* **-1.** [Reaktion] réflexe *m*. **-2.** [Lichtreflex] reflet *m*.
Reflexion (*Pl* **-en**) *die* réflexion *f*.
reflexiv *Adj* GRAM: **ein ~es Verb** un verbe pronominal.
Reflexiv|pronomen *das* GRAM pronom *m* réfléchi.
Reform (*Pl* **-en**) *die* réforme *f*.
Reformation *die (ohne Pl)* REL Réforme *f*, Réformation *f*.
Reformations|tag *der* REL fête *f* de la Réformation.
reformbedürftig *Adj* qui a besoin d'être réformé(e).
Reform|bestrebung *die* tendance *f* réformatrice.
Reformer, in (*mPl* -; *fPl* **-nen**) *der, die* réformateur *m*, -trice *f*.
Reform|haus *das* magasin *m* de produits diététiques.

REFORMHAUS:
Magasins qui distribuent des aliments diététiques et biologiques et d'autres produits naturels. Ces boutiques sont largement implantées dans le pays.

reformieren *tr* **-1.** [Gesetz] modifier. **-2.** [Schule] réformer.
Reformlkost *die (ohne Pl)* alimentation *f* diététique.
Refrain [rə'frɛ̃:] (*Pl* **-s**) *der* refrain *m*.
Reg. *Abk für* **Register**.
Regal (*Pl* **-e**) *das* étagère *f*.
Regallwand *die* mur *m* de rayonnages.
Regatta (*Pl* **Regatten**) *die* régate *f*.
Reg.-Bez. *Abk für* **Regierungsbezirk**.
rege ◇ *Adj* vif (vive); **~ Phantasie** imagination *f* vive; **~r Betrieb** activité *f* intense. ◇ *Adv* activement.
Regel (*Pl* **-n**) *die* **-1.** [Norm] règle *f*; **in aller** ODER **der ~** normalement, généralement; **sich** *(D)* **etw zur ~ machen** se faire une règle de qqch. **-2.** [Periode] règles *fpl*.
regelbar *Adj* réglable.
Regellblutung *die* menstruation *f*.
Regellfall *der* cas *m* typique.
regellos *Adj* & *Adv* sans règles.
regelmäßig ◇ *Adj* régulier(ère). ◇ *Adv* régulièrement.
Regelmäßigkeit (*Pl* **-en**) *die* régularité *f*.
regeln *tr* **-1.** [ordnen] régler. **-2.** [festhalten]: **etw vertraglich/schriftlich ~** fixer qqch par contrat/écrit.
◆ **sich regeln** *ref* se régler.
regelrecht *Adj* **-1.** *fam* [richtig] véritable. **-2.** [ordnungsgemäß] conforme aux règles.
Regellsatz *der* taux *m* normal.
Regelung (*Pl* **-en**) *die* réglementation *f*.
Regellwerk *das* système *m* de règles.
regelwidrig ◇ *Adj* contraire à la règle; **~ sein** être irrégulier(ère). ◇ *Adv* de manière irrégulière.
regen *tr* remuer.
◆ **sich regen** *ref* **-1.** [sich bewegen] bouger. **-2.** *geh* [erwachen] naître.
Regen *der (ohne Pl)* pluie *f*; **saurer ~** pluies acides; **strichweise ~** *amt* pluies passagères; **strömender ~** pluie torrentielle.
Regenlbogen *der* arc-en-ciel *m*.
Regenbogenlpresse *die (ohne Pl) abw* presse *f* à sensation.
regenerieren *geh tr* régénérer.
◆ **sich regenerieren** *ref* se régénérer.
Regenlguß *der geh* averse *f*.
Regenlhaut® *die* K-way® *m*.
Regenlmantel *der* imperméable *m*.
Regenlrinne *die* gouttière *f*.
Regensburg *nt* Ratisbonne.
Regensburger (*Pl* **-**) ◇ *der* habitant *m* de Ratisbonne. ◇ *Adj (unver)* de Ratisbonne.
Regensburgerin (*Pl* **-nen**) *die* habitante *f* de Ratisbonne.
Regenlschauer *der* averse *f*.
Regenlschirm *der* parapluie *m*.
Regent, in (*mPl* **-en**; *fPl* **-nen**) *der, die* régent *m*, -e *f*.
Regenltonne *die* citerne *f* (à eau de pluie).
Regenltropfen *der* goutte *f* de pluie.
Regenlwald *der* forêt *f* humide; **der tropische ~** la forêt tropicale.
Regenlwasser *das (ohne Pl)* eau *f* de pluie.
Regenlwetter *das (ohne Pl)* temps *m* pluvieux.
Regenlwurm *der* ver *m* de terre.
Regenlzeit *die* saison *f* des pluies.
Regie [re'ʒi:] *die (ohne Pl)* [im Theater] mise *f* en scène; CIN réalisation *f*; TV régie *f*; **~ führen** [Theater] mettre en scène; [Film] réaliser; **unter js ~** sous la direction de qqn.
Regielanweisung *die* indication *f* scénique.
Regielassistent, in *der, die* [im Theater] assistant *m*, -e *f* metteur en scène; CIN & TV assistant *m* réalisateur.
regieren ◇ *tr* gouverner. ◇ *intr* **-1.** [herrschen] régner; **über jn/etw ~** régner sur qqn/qqch. **-2.** [Politiker] être au pouvoir.
Regierung (*Pl* **-en**) *die* **-1.** [Regierungsmannschaft] gouvernement *m*. **-2.** [das Regieren] pouvoir *m*.
Regierungslbezirk *der* circonscription *f* administrative.
Regierungslchef, in *der, die* chef *m* du gouvernement.
Regierungslerklärung *die* déclaration *f* du gouvernement.
Regierungslgebäude *das* bâtiments *mpl* ministériels.
Regierungslkrise *die* crise *f* ministérielle.
Regierungslpartei *die* parti *m* au pouvoir.
Regierungslpräsident, in *der, die* président *m* d'une circonscription administrative.
Regierungslrat *der* attaché *m* d'administration centrale.
Regierungslsitz *der* siège *m* du gouvernement.
Regierungslsprecher, in *der, die* porte-parole *m inv* du gouvernement.
Regime [re'ʒi:m] (*Pl* **-**) *das abw* régime *m*.
Regimelkritiker, in *der, die* opposant *m*, -e *f* au régime.
Regiment (*Pl* **-e** ODER **-er**) *das* **-1.** *(Pl Regimenter)*

MIL régiment *m*. **-2.** *(Pl Regimente)* [Leitung] direction *f*.

Region *(Pl* **-en***) die* région *f*.

regional ◇ *Adj* régional(e). ◇ *Adv*: **~ verschieden** différent(e) d'une région à l'autre.

Regisseur, in [reʒɪˈsøːɐ̯, rɪn] *(mPl* **-e**; *fPl* **-nen***) der, die* [im Theater] metteur *m* en scène; [im Kino] réalisateur *m*, -trice *f*.

Register *(Pl* -*) das* **-1.** [gen] registre *m*. **-2.** [alphabetisch] index *m*. **-3.** *RW*: **alle ~ ziehen** *fam* déployer toutes ses ressources.

registrieren *tr* **-1.** [wahrnehmen] remarquer. **-2.** [eintragen] enregistrer.

Registrierung *(Pl* **-en***) die* enregistrement *m*.

reglementieren *tr abw* réglementer.

Regler *(Pl* -*) der* régulateur *m*.

reglos ◇ *Adj* immobile. ◇ *Adv* immobile, sans bouger.

regnen ◇ *intr*: **es regnet** il pleut. ◇ *tr*: **es regnet etw** *fig* il pleut qqch.

regnerisch *Adj* pluvieux(euse).

Regreßanlspruch *der* droit *m* de recours.

Regression *(Pl* **-en***) die* régression *f*.

regreßpflichtig *Adj* civilement responsable.

regsam *Adj geh* vif (vive).

regulär ◇ *Adj* **-1.** [regelgerecht] régulier(ère). **-2.** [vorgeschrieben] réglementaire. ◇ *Adv* de façon régulière.

regulieren *tr* **-1.** [ordnen] régulariser. **-2.** [einstellen] régler.

Regulierung *(Pl* **-en***) die* **-1.** [gen] régulation *f*. **-2.** [von Preisen] réglementation *f*.

Regung *(Pl* **-en***) die* **-1.** [Bewegung] mouvement *m*. **-2.** *geh* [Gefühl] émotion *f*.

regungslos ◇ *Adj* immobile. ◇ *Adv* immobile, sans bouger.

Reh *(Pl* **-e***) das* chevreuil *m*.

Reha *(Abk für* **Rehabilitierung***) die (ohne Pl)* rééduc. *(rééducation)*.

rehabilitieren *tr* réhabiliter.

◆ **sich rehabilitieren** *ref* se réhabiliter.

Reha-lKlinik *die* établissement *m* de rééducation.

Rehlbock *der* chevreuil *m*.

Rehkitz *(Pl* **-e***) das* faon *m*.

Reibach *der (ohne Pl) fam* profit *m*; **seinen ~ machen** *fam* faire son beurre.

Reibe *(Pl* **-n***) die fam* râpe *f*.

Reibleisen *das* râpe *f*.

Reibelkuchen *der galette de pommes de terre râpées et rissolées.*

reiben *(Prät* **rieb**, *Perf* **hat gerieben***)* ◇ *tr* **-1.** [raspeln] râper; **sich** *(D)* **die Augen/die Hände ~** se frotter les yeux/les mains. **-2.** [auftragen]: **etw auf etw** *(A)* **~** étaler qqch sur qqch. ◇ *intr* frotter.

◆ **sich reiben** *ref fam fig* [sich nerven]: **sich an etw ~** se frotter à qqch; **sich mit/an jm ~** avoir des frictions avec qqn.

Reiberei *(Pl* **-en***) die* frictions *fpl*.

Reibung *(Pl* **-en***) die* frottement *m*.

Reibungslfläche *die* surface *f* de frottement.

reibungslos *Adj* & *Adv* sans heurt.

reich ◇ *Adj* **-1.** [gen] riche; **~ an etw** *(D)* **sein** être riche en qqch. **-2.** [Ernte] abondant(e). ◇ *Adv* richement; **~ beschenkt** comblé(e) de cadeaux.

Reich *(Pl* **-e***) das* **-1.** POL empire *m*. **-2.** [Bereich] monde *m*, règne *m*.

Reiche *(Pl* **-n***) der, die* riche *mf*.

reichen ◇ *intr* **-1.** [genügen] suffire; **etw reicht nicht mehr** il n'y a plus assez de qqch; **mit den Vorräten ~ wir noch eine Woche** *Norddt* nous avons assez de provisions pour une semaine. **-2.** [räumlich]: **bis zu etw ~** [nach unten] descendre jusqu'à qqch; [nach oben] monter jusqu'à qqch; **(von etw) bis zu jm/etw ~** s'étendre (de qqch) à qqn/qqch. **-3.** [in Vergangenheit] remonter à. **-4.** [genug sein]: **das reicht!** ça suffit!; **mir reicht's!** *fam* j'en ai assez! ◇ *tr*: **jm etw ~** passer qqch à qqn; **sich** *(D)* **die Hand ~** se tendre la main.

reichhaltig *Adj* abondant(e).

reichlich ◇ *Adj* copieux(euse). ◇ *Adv* **-1.** [viel] copieusement. **-2.** [ziemlich] assez.

Reichslbahn = **Deutsche Reichsbahn**.

Reichsltag *der (ohne Pl) chambre législative allemande (1867-1945).*

REICHSTAG:
Parlement allemand qui siégea à Berlin de 1867 à 1945. Son incendie, qui aurait été orchestré par les nazis le 27 février 1933, marque la fin du régime démocratique de Weimar. Le «Reichstag» abritera prochainement le «Bundestag».

Reichtum *der (ohne Pl)* fortune *f*; **der ~ an etw** *(D)* la richesse en qqch.

◆ **Reichtümer** *Pl* richesses *fpl*.

Reichlweite *die* **-1.** [gen] portée *f*. **-2.** [von Flugzeugen] autonomie *f*. **-3.** [von Boxern] allonge *f*.

◆ **außer Reichweite** *Adv* hors de portée, hors d'atteinte.

◆ **in Reichweite** *Adv* à portée de (la) main.

reif *Adj* mûr(e); **~ für etw sein** être prêt(e) à faire qqch; *fam fig* être bon (bonne) pour qqch.

Reif *(Pl* **-e***) der* **-1.** [Schmuckstück] anneau *m*. **-2.** [für Haare] serre-tête *m*. **-3.** *(ohne Pl)* [Niederschlag] givre *m*.

Reife *die (ohne Pl)* maturité *f*; **mittlere ~** SCHULE ≃ brevet *m* des collèges.

reifen (*Perf* **hat/ist gereift**) *intr* **-1.** *(ist)* [Obst, Menschen, Ideen] mûrir. **-2.** *(hat)* [Rauhreif geben]: **es reift** il y a de la gelée blanche.

Reifen (*Pl* -) *der* **-1.** [von Fahrzeugen] pneu *m*. **-2.** [Ring] cerceau *m*.

Reifen|druck *der (ohne Pl)* pression *f* du pneu ODER des pneus.

Reifen|panne *die* crevaison *f*.

Reifen|wechsel *der* changement *m* de pneu.

Reife|prüfung *die* baccalauréat *m*.

Reife|zeugnis *das* diplôme *m* de bachelier.

reiflich ◇ *Adj* mûr(e). ◇ *Adv* mûrement.

Reigen (*Pl* -) *der* ronde *f*.

Reih

◆ **Reih und Glied**: **in ~ und Glied** en bon ordre.

Reihe (*Pl* **-n**) *die* **-1.** [Linie] file *f*; **eine ~ Zwiebeln pflanzen** planter un rang d'oignons. **-2.** [Sitzreihe] rangée *f*. **-3.** [Menge]: **eine ~ von etw** une série de qqch. **-4.** *(ohne Pl)* [Reihenfolge] tour *m*; **jd ist an der ~** c'est le tour de qqn; **etw kommt an die ~** [behandelt werden] c'est le tour de qqch. **-5.** *RW*: **aus den eigenen ~n** dans ses propres rangs; **aus der ~ tanzen** *fam* faire bande à part.

◆ **der Reihe nach** *Adv* dans l'ordre.

reihen *tr* **-1.** [nähen] faufiler. **-2.** [auffädeln]: **etw auf etw** *(A)* **~** enfiler qqch sur qqch. **-3.** [nebeneinander] aligner.

◆ **sich reihen** *ref* [sich anschließen]: **etw reiht sich an etw** *(A)* qqch succède à qqch.

Reihen|folge *die* ordre *m*.

Reihen|haus *das maison attenante à d'autres maisons dans une rangée.*

reihenweise *Adv* **-1.** [in Reihen] en rang. **-2.** *fam* [in Mengen] en série.

Reiher (*Pl* -) *der* héron *m*.

reihum *Adv*: **etw ~ gehen lassen** faire tourner qqch; **~ blicken** regarder alentour.

Reim (*Pl* **-e**) *der* rime *f*; **darauf kann sich** *(D)* **jd keinen ~ machen** *fig* qqn ne peut pas s'expliquer qqch.

reimen ◇ *tr* rimer. ◇ *intr* faire des rimes.

◆ **sich reimen** *ref* rimer; **etw reimt sich auf etw** *(A)* qqch rime avec qqch.

Reims *nt* Reims.

rein ◇ *Adj* **-1.** [gen] pur(e). **-2.** [ausnahmslos]: **eine ~e Arbeitergegend** une région exclusivement ouvrière. **-3.** [sauber] impeccable. **-4.** *RW*: **etw ins ~ e schreiben** mettre qqch au propre; **etw ins ~e bringen** régler qqch; **mit jm im ~en sein** être d'accord avec qqn. ◇ *Adv* **-1.** [ausnahmslos] purement. **-2.** *fam* [völlig] carrément. **-3.** [sauber] proprement. **-4.** *fam* = **herein**. **-5.** *fam* [hinein]: **~ ins Vergnügen!** en avant!; **~ mit dir!** allez, rentre maintenant!

◆ **rein gar nichts** *Adv fam* que dalle.

Rein|erlös *der* produit *m* net.

Rein|fall *der fam* bide *m*.

rein|fallen (*Perf* **ist reingefallen**) *intr (unreg) fam* **-1.** [hineinfallen] tomber dans. **-2.** [getäuscht werden]: **auf jn/etw ~** se faire avoir par qqn/qqch; **mit jm/etw ~** se faire avoir avec qqn/qqch.

rein|gehen (*Perf* **ist reingegangen**) *intr (unreg) fam* **-1.** [passen] rentrer. **-2.** [gehen] entrer.

Rein|gewinn *der* bénéfice *m* net.

Rein|haltung *die* [von Luft, Wasser] maintien *m* du degré de propreté; [von Kleidung, Haus] bonne tenue *f*.

rein|hängen

◆ **sich reinhängen** *ref fam* : **sich in etw** *(A)* **~** s'engager dans qqch.

Reinheit *die (ohne Pl)* **-1.** [Unverfälschtheit] pureté *f*. **-2.** [Sauberkeit] propreté *f*.

reinigen *tr* nettoyer.

◆ **sich reinigen** *ref* se nettoyer.

Reinigung (*Pl* **-en**) *die* **-1.** [Geschäft] pressing *m*. **-2.** *(ohne Pl)* [Handlung] nettoyage *m*; **chemische ~** nettoyage à sec.

Reinigungs|mittel *das* produit *m* d'entretien.

rein|kommen (*Perf* **ist reingekommen**) *intr (unreg) fam* rentrer; **komm rein!** entre!; **etw kommt in etw** *(A)* **noch rein** qqch vient s'ajouter à qqch, on ajoute qqch à qqch.

Rein|kultur *die*

◆ **in Reinkultur** *Adj fig* [absolut] par excellence.

rein|legen *tr fam* **-1.** [hineinlegen] mettre dans. **-2.** [übertölpeln] rouler.

reinlich ◇ *Adj* propre. ◇ *Adv* proprement.

reinrassig ◇ *Adj* de pure race; **ein ~es Pferd** un pur-sang. ◇ *Adv* de pure race.

rein|reden *intr fam* **-1.** [ins Wort fallen] couper la parole. **-2.** [sich einmischen] intervenir; **sich von niemandem ~ lassen** n'en faire qu'à sa tête.

Rein|schrift *die* copie *f* au propre.

rein|steigern

◆ **sich reinsteigern** *ref fam* se prendre la tête.

reinwollen *tr* vouloir entrer.

Reis *der (ohne Pl)* riz *m*.

Reise (*Pl* **-n**) *die* voyage *m*; **auf ~n sein** être en voyage; **auf ~n gehen** partir en voyage; **eine ~ machen** faire un voyage.

◆ **gute Reise!** *Interj* bon voyage!

Reise|apotheke *die* pharmacie *f* de secours.

Reise|begleiter, in *der, die* accompagnateur *m*, -trice *f*.

Reise|bekanntschaft *die* connaissance *f* de voyage.
Reise|büro *das* agence *f* de voyages.
Reise|bus *der* (auto)car *m*.
reisefertig *Adj* prêt(e) au départ.
Reise|fieber *das (ohne Pl) fam* fébrilité *f* du départ.
Reise|führer *der* **-1.** [Mensch] guide *m*. **-2.** [Buch] guide *m* de voyage.
Reiseführerin (*Pl* **-nen**) *die* guide *f*.
Reise|gepäck *das (ohne Pl)* bagages *mpl*.
Reise|gesellschaft *die* groupe *m* de touristes.
Reise|gruppe *die* groupe *m* de voyage.
Reise|kosten *Pl* frais *mpl* de déplacement.
Reise|land *das* pays *m* touristique.
Reise|leiter, in *der, die* guide *mf*.
reiselustig ◇ *Adj* qui a envie de voyager. ◇ *Adv* avec l'envie de voyager.
reisen (*Perf* **ist gereist**) *intr* voyager.
Reisende (*Pl* **-n**) *der, die* **-1.** [Urlauber] voyageur *m*, -euse *f*. **-2.** [von Firmen] représentant *m*, -e *f*.
Reise|paß *der* passeport *m*.
Reise|route *die* itinéraire *m*.
Reise|ruf *der* appel *m* radio.
Reise|tasche *die* sac *m* de voyage.
Reise|verkehr *der (ohne Pl)* départs et retours *mpl*.
Reisever|sicherung *die* assurance *f* voyage.
Reise|wecker *der* réveil *m* de voyage.
Reisewetter|bericht *der* météo *f* des régions touristiques.
Reise|zeit *die* saison *f* touristique.
Reise|ziel *das* destination *f* (du voyage).
Reisig *das (ohne Pl)* brindilles *fpl*.
Reißaus *das*: ~ **nehmen** *fam* prendre ses jambes à son cou.
Reiß|brett *das* planche *f* à dessin.
reißen (*Prät* **riß**, *Perf* **hat/ist gerissen**) ◇ *intr* **-1.** *(ist)* [Faden, Seil] se casser, se déchirer. **-2.** *(hat)* [ziehen]: **an etw** *(D)* ~ tirer sur qqch. ◇ *tr (hat)* **-1.** [zerreißen]: **etw in Stücke/Fetzen** ~ déchirer qqch en morceaux/lambeaux; **ein Loch in etw** *(A)* ~ trouer qqch. **-2.** [ziehen]: **jn nach hinten/zur Seite** ~ tirer brusquement qqn en arrière/sur le côté; **jn aus dem Schlaf** ~ réveiller brutalement qqn; **etw aus dem Zusammenhang** ~ sortir qqch de son contexte. **-3.** [wegnehmen]: **etw aus** ODER **von etw** ~ arracher qqch de qqch; **jm etw aus der Hand** ~ arracher qqch des mains de qqn. **-4.** [Besitz, Macht]: **etw an sich** *(A)* ~ s'approprier qqch. **-5.** [töten] tuer. **-6.** *RW*: **hin und her gerissen sein** *fam* ne pas savoir sur quel pied danser.
◆ **sich reißen** *ref*: **sich um jn** ~ s'arracher qqn; **sich um etw** ~ se décarcasser pour qqch.
reißend *Adj* **-1.** [Gewässer] rapide. **-2.** [Absatz]: ~**en Absatz finden** se vendre comme des petits pains. **-3.** [Tier] féroce. **-4.** [Schmerzen] lancinant(e).
reißerisch *abw* ◇ *Adj* tapageur(euse). ◇ *Adv* de manière tapageuse.
reißfest *Adj* solide.
Reißver|schluß *der* fermeture *f* Éclair®.
Reiß|wolf *der* déchiqueteur *m*.
Reißzwecke (*Pl* **-n**) *die* punaise *f*.
Reit|bahn *die* manège *m*.
reiten (*Prät* **ritt**, *Perf* **hat/ist geritten**) ◇ *intr (ist)* **-1.** [auf Tier] monter; **auf einem Pferd** ~ monter à cheval. **-2.** [zur Fortbewegung] parcourir à cheval. **-3.** [Gangart]: **im Schritt/Trab/Galopp** ~ aller au pas/au trot/au galop. ◇ *tr* **-1.** *(hat)* [Tier] monter. **-2.** *(hat, ist)* [Wettkampf] concourir (à cheval).
◆ **sich reiten** *ref*: **sich wund** ~ s'écorcher en faisant du cheval.
Reiter, in (*mPl* **-**; *fPl* **-nen**) *der, die* cavalier *m*, -ère *f*.
Reiter|hof *der* centre *m* équestre.
Reit|gerte *die* cravache *f*.
Reit|hose *die* culotte *f* de cheval.
Reit|pferd *das* cheval *m* de selle.
Reit|sport *der (ohne Pl)* équitation *f*.
Reit|stiefel *der* botte *f* d'équitation.
Reit|turnier *das* concours *m* hippique.
Reit|weg *der* allée *f* cavalière.
Reiz (*Pl* **-e**) *der* **-1.** [physikalisch] stimulation *f*. **-2.** [Verlockung, Schönheit] attrait *m*; **weibliche** ~**e** charmes *mpl*; **dem kann ich keinen ~ abgewinnen** *fam* ça ne m'emballe pas.
reizbar *Adj* irascible.
reizen *tr* **-1.** [verlocken] attirer. **-2.** [provozieren - Tier] exciter; [- Mensch] échauffer; **jn bis zur Weißglut** ~ attiser la rage de qqn. **-3.** [Augen, Magen] irriter. **-4.** [Neugierde, Begierde] susciter.
reizend ◇ *Adj* charmant(e). ◇ *Adv* de façon charmante.
reizlos *Adj* & *Adv* sans attrait.
Reizung (*Pl* **-en**) *die* irritation *f*.
reizvoll ◇ *Adj* plein(e) de charme. ◇ *Adv* de façon charmante.
Reiz|wäsche *die (ohne Pl)* lingerie *f* affriolante.
rekapitulieren *tr* récapituler.
rekeln = räkeln.
Reklamation (*Pl* **-en**) *die* réclamation *f*.
Reklame *die (ohne Pl)* publicité *f*; **für jn/etw ~ machen** faire de la publicité pour qqn/qqch.
reklamieren ◇ *tr* **-1.** [beanstanden] faire une réclamation à propos de. **-2.** [fordern] récla-

mer. ◇ *intr* [Einspruch erheben]: **gegen etw ~** contester qqch.
rekonstruieren *tr* **-1.** [wiederherstellen] reconstruire. **-2.** [nachstellen] reconstituer.
Rekonstruktion (*Pl* **-en**) *die* **-1.** [Wiederherstellung] reconstruction *f*. **-2.** [Nachstellung] reconstitution *f*.
Rekord (*Pl* **-e**) *der* record *m*; **einen ~ aufstellen/brechen** établir/battre un record.
Rekord|zeit *die* temps *m* record.
Rekrut (*Pl* **-en**) *der* MIL recrue *f*.
rekrutieren *tr* recruter.
◆ **sich rekrutieren** *ref* se recruter.
rektal ◇ *Adj* MED rectal(e). ◇ *Adv* MED par voie rectale.
Rektor (*Pl* **-en**) *der* **-1.** [von Schulen] directeur *m*. **-2.** [von Hochschulen] recteur *m*.
Rektorin (*Pl* **-nen**) *die* **-1.** [von Schulen] directrice *f*. **-2.** [von Hochschulen] recteur *m*.
Rel. (*Abk für* **Religion**) relig.
Relais [rə'lɛː] (*Pl* -) *das* ELEKTR relais *m*.
Relation (*Pl* **-en**) *die* relation *f*; **etw steht in keiner ~ zu etw** qqch n'a pas de commune mesure avec qqch.
relativ, relativ ◇ *Adj* relatif(ive). ◇ *Adv* relativement.
relativieren *tr* relativiser.
◆ **sich relativieren** *ref* être tempéré(e).
Relativität *die (ohne Pl)* relativité *f*.
Relativ|pronomen *das* GRAM pronom *m* relatif.
Relativ|satz *der* GRAM proposition *f* relative.
relaxen [ri'lɛksn̩] *intr fam* décompresser.
relegieren *tr* SCHULE & UNI renvoyer.
relevant [rele'vant] *Adj* capital(e).
Relevanz [rele'vants] *die (ohne Pl) geh* importance *f*.
Relief (*Pl* **-s** ODER **-e**) *das* relief *m*.
Religion (*Pl* **-en**) *die* **-1.** [Glaube] religion *f*. **-2.** *(ohne Pl)* [Unterricht] instruction *f* religieuse.
Religions|unterricht *der (ohne Pl)* cours *m* d'enseignement religieux.
religiös ◇ *Adj* religieux(euse). ◇ *Adv* religieusement.
Relikt (*Pl* **-e**) *das* vestige *m*.
Reling (*Pl* **-s** ODER **-e**) *die* SCHIFF bastingage *m*.
Reliquie [re'liːkvi̯ə] (*Pl* **-n**) *die* relique *f*.
remis [rə'miː] *Adv* SPORT: **~ enden** faire match nul.
Remis (*Pl* -) *das* SPORT partie *f* nulle, match *m* nul.
Remix ['riːmɪks] (*Pl* **-e**) *das* remix *m*.
Remoulade (*Pl* **-n**) *die* rémoulade *f*.
rempeln *tr fam* bousculer.
Ren (*Pl* **-s**) *das* renne *m*.
Renaissance [rənɛ'sɑ̃ːs] *die (ohne Pl)* **-1.** [Stil, Epoche]: **die ~** la Renaissance. **-2.** [Vorgang] renaissance *f*.
Rendezvous [rɑ̃de'vuː] (*Pl* -) *das* rendez-vous *m*.
Rendite (*Pl* **-n**) *die* rendement *m* financier.
renitent *geh* ◇ *Adj* rebelle. ◇ *Adv* en rebelle.
Renn|bahn *die* [für Pferde] hippodrome *m*; [für Autos] circuit *m*.
rennen (*Prät* **rannte,** *Perf* **ist gerannt**) *intr* **-1.** [laufen] courir. **-2.** *fam abw* [jn/etw aufsuchen] se pointer; **zu jm ~** se pointer chez qqn. **-3.** [stoßen]: **gegen etw ~** se heurter à qqch.
Rennen (*Pl* -) *das* course *f*; **das ~ machen** *fam* gagner la course; *fam fig* remporter la partie; **ein totes ~** course *f* avec des vainqueurs ex aequo; **gut im ~ liegen** *fam* avoir de bonnes chances (de réussite).
Renner (*Pl* -) *der fam* : **der ~ sein** faire un tabac.
Renn|fahrer, in *der, die* coureur *m*.
Renn|pferd *das* cheval *m* de course.
Renn|rad *das* vélo *m* de course.
Renn|reifen *der* pneu *m* de course.
Renn|sport *der (ohne Pl)* course *f*.
Renn|stall *der* écurie *f*.
Renn|strecke *die* parcours *m*.
Renn|wagen *der* voiture *f* de course.
renommiert *Adj* renommé(e).
renovieren [reno'viːrən] *tr* rénover.
Renovierung [reno'viːrʊŋ] (*Pl* **-en**) *die* rénovation *f*.
rentabel ◇ *Adj* rentable. ◇ *Adv* de façon rentable.
Rentabilität *die (ohne Pl)* rentabilité *f*.
Rente (*Pl* **-n**) *die* retraite *f*; **auf** ODER **in ~ gehen** prendre sa retraite.
Renten|alter *das* âge *m* de la retraite.
Rentenver|sicherung *die* assurance *f* vieillesse.
Ren|tier *das* renne *m*.
rentieren
◆ **sich rentieren** *ref* **-1.** [Gewinn bringen] être rentable. **-2.** [sich lohnen] en valoir la peine.
Rentner, in (*mPl* **-**; *fPl* **-nen**) *der, die* retraité *m*, -e *f*.
Rep [rɛp] (*Pl* **-s**) (*Abk für* **Republikaner**) *der membre d'un parti d'extrême droite en Allemagne.*
Reparationen *Pl* réparations *fpl*.
Reparatur (*Pl* **-en**) *die* réparation *f*; **in ~ sein** être en réparation.
reparaturanfällig *Adj* sujet(ette) aux pannes.

reparaturbedürftig *Adj* qui a besoin d'être réparé(e).
Reparatur|kosten *Pl* frais *mpl* de réparation.
Reparatur|werkstatt *die* atelier *m* de réparations; [für Autos] garage *m*.
reparieren *tr* réparer.
Repertoire [repɛr'toaːɐ̯] (*Pl* **-s**) *das geh* répertoire *m*.
Report (*Pl* **-e**) *der* rapport *m*.
Reportage [repɔr'taːʒə] (*Pl* **-n**) *die* reportage *m*.
Reporter, in (*mPl* **-**; *fPl* **-nen**) *der, die* reporter *m*.
Repräsentant, in (*mPl* **-en**; *fPl* **-nen**) *der, die* représentant *m*, -e *f*.
repräsentativ ◇ *Adj* **-1.** [gen] représentatif(ive). **-2.** [vorzeigbar] qui présente bien. ◇ *Adv* **-1.** [gen] de façon représentative. **-2.** [vorzeigbar] selon son standing.
re|präsentieren ◇ *tr* représenter. ◇ *intr* avoir un rôle de représentation.
Repressalie (*Pl* **-n**) *die* représailles *fpl*.
repressiv ◇ *Adj* répressif(ive). ◇ *Adv* par la répression.
reprivatisieren *tr* dénationaliser.
Re|produktion *die* reproduction *f*.
reproduzieren *tr* reproduire.
◆ **sich reproduzieren** *ref* se reproduire.
Reptil (*Pl* **-ien** ODER **-e**) *das* reptile *m*.
Republik (*Pl* **-en**) *die* république *f*.
Republikaner, in (*mPl* **-**; *fPl* **-nen**) *der, die* républicain *m*, -e *f*.
◆ **Republikaner** *Pl*: **die ~** *membres d'un parti d'extrême droite en Allemagne.*
republikanisch ◇ *Adj* républicain(e). ◇ *Adv*: **~ gesinnt sein** avoir des idées républicaines.
Reputation *die (ohne Pl) geh* réputation *f*.
Requiem ['reːkviɛm] (*Pl* **-s** ODER **Requien**) *das* requiem *m*.
Requisit [rekvi'ziːt] (*Pl* **-en**) *das* accessoire *m*.
res. *Abk für* **reserviert**.
Reservat [rezɛr'vaːt] (*Pl* **-e**) *das* réserve *f*.
Reserve [re'zɛrvə] (*Pl* **-n**) *die* réserve *f*; **jn/etw in ~ haben** ODER **halten** garder qqn/qqch en réserve; **stille ~ n** réserves cachées ODER occultes; **jn aus der ~ locken** *fig* faire sortir qqn de sa réserve.
Reserve|bank (*Pl* **-bänke**) *die* banc *m* des remplaçants ODER de touche; **auf der ~ sitzen** rester sur le banc de touche.
Reserve|kanister *der* bidon *m* de secours.
Reserve|rad *das* roue *f* de secours.
Reserve|reifen *der* pneu *m* de secours.
Reserve|spieler, in *der, die* remplaçant *m*, -e *f*.
reservieren [rezɛr'viːrən] *tr* réserver.
reserviert [rezɛr'viːɐ̯t] ◇ *Adj* réservé(e). ◇ *Adv* avec réserve.
Reservierung [rezɛr'viːrʊŋ] (*Pl* **-en**) *die* réservation *f*.
Reservist [rezɛr'vɪst] (*Pl* **-en**) *der* **-1.** MIL réserviste *m*. **-2.** SPORT remplaçant *m*.
Reservoir [rezɛr'voaːɐ̯] (*Pl* **-e**) *das geh* réservoir *m*.
Reset [ri'sɛt] (*Pl* **-s**) *das* EDV réinitialisation *f*.
Residenz (*Pl* **-en**) *die* résidence *f*.
residieren *intr geh* résider.
Resignation (*Pl* **-en**) *die* résignation *f*.
resignieren *intr* se résigner.
resigniert ◇ *Adj* résigné(e). ◇ *Adv* avec résignation.
resistent *Adj* résistant(e); **gegen etw ~ sein** être résistant(e) à qqch.
resolut ◇ *Adj* résolu(e). ◇ *Adv* résolument.
Resolution (*Pl* **-en**) *die* résolution *f*.
Resonanz (*Pl* **-en**) *die* **-1.** [Reaktion] retentissement *m*; **die ~ auf etw** *(A)* accueil *m* réservé à qqch; **keine ~ finden** ne trouver aucun écho; **auf ~ stoßen** trouver un écho. **-2.** [musikalisch, physikalisch] résonance *f*.
Resozialisierung (*Pl* **-en**) *die* réinsertion *f* sociale.
resp. (*Abk für* **respektive**) respectivement.
Respekt *der (ohne Pl)* respect *m*; **~ vor jm haben** avoir du respect pour qqn; **sich** *(D)* **~ verschaffen** se faire respecter.
respektabel ◇ *Adj* respectable. ◇ *Adv* [achtbar] de façon respectable.
respektieren *tr* respecter.
respektlos ◇ *Adj* irrespectueux(euse). ◇ *Adv* de façon irrespectueuse.
Respektlosigkeit (*Pl* **-en**) *die* **-1.** *(ohne Pl)* [Wesen] manque *m* de respect. **-2.** [Handlung] irrévérence *f*.
Respekts|person *die* personne *f* qui impose le respect.
respektvoll ◇ *Adj* respectueux(euse). ◇ *Adv* avec respect.
Ressort [rɛ'soːɐ̯] (*Pl* **-s**) *das* ressort *m*; **etw fällt in js ~** qqch est du ressort de qqn.
Ressource [rɛ'sʊrsə] (*Pl* **-n**) *die* ressources *fpl*.
Rest (*Pl* **-e**) *der* reste *m*; **jm/etw den ~ geben** *fam fig* donner le coup de grâce à qqn/qqch.
Restaurant [rɛsto'rɑ̃ː] (*Pl* **-s**) *das* restaurant *m*.
restaurieren *tr* restaurer.
Restaurierung (*Pl* **-en**) *die* restauration *f*.
Restbe|stand *der* reste *m* du stock.
Rest|betrag *der* solde *m*.
restlich *Adj* restant(e).

restlos *Adv* complètement; **etw ~ aufessen** ne pas laisser une miette de qqch.

Rest|posten *der* fins *fpl* de série.

Restriktion (*Pl* **-en**) *die* restriction *f*.

restriktiv ◇ *Adj* restrictif(ive). ◇ *Adv* de façon restrictive.

Resultat (*Pl* **-e**) *das* résultat *m*.

resultieren *intr* **-1.** [hervorgehen]: **aus etw ~** résulter de qqch. **-2.** [hinauslaufen]: **in etw ~** avoir qqch pour résultat.

Resümee (*Pl* **-s**) *das* résumé *m*; **das ~ ziehen** faire le résumé.

Retorte (*Pl* **-n**) *die* CHEM cornue *f*.

◆ **aus der Retorte** *Adv fam abw*: **Kind aus der ~** bébé-éprouvette *m*.

Retorten|baby *das fam* bébé-éprouvette *m*.

Retour|kutsche [re'tuːɐ̯kʊtʃə] *die fam* riposte *f*.

Retrospektive [retrospɛk'tiːvə] (*Pl* **-n**) *die* rétrospective *f*.

retten *tr*: **(jn/etw vor jm/etw) ~** sauver (qqn/qqch de qqn/qqch); **bist du noch zu ~**? *fam fig* ça va pas la tête?

◆ **sich retten** *ref*: **sich vor jm/etw ~** se protéger de qqn/qqch; **sich auf einen Baum/ins Haus ~** trouver refuge dans un arbre/la maison; **sich vor jm/etw nicht mehr ~ können** *fam fig* ne plus pouvoir se défaire de qqn/qqch.

Retter, in (*mPl* **-**; *fPl* **-nen**) *der, die* sauveur *m*.

Rettich (*Pl* **-e**) *der* radis *m*.

Rettung *die (ohne Pl)* **-1.** [Handlung] sauvetage *m*. **-2.** [Mannschaft] secours *mpl*; [als Ergebnis] salut *m*; **jd/etw ist js letzte ~** *fam fig* qqn/qqch est le dernier recours de qqn.

Rettungs|boot *das* canot *m* de sauvetage.

Rettungs|dienst *der* service *m* de secours.

Rettungs|hubschrauber *der* hélicoptère *m* de sauvetage.

rettungslos ◇ *Adj* [aussichtslos] irrémédiable. ◇ *Adv* **-1.** [aussichtslos] irrémédiablement. **-2.** *fam* [total] complètement.

Rettungs|ring *der* bouée *f* de sauvetage.

Rettungs|wagen *der* ambulance *f*.

Rettungs|weste *die* gilet *m* de sauvetage.

retuschieren *tr* retoucher.

Reue *die (ohne Pl)* repentir *m*, regret *m*; **die ~ über etw** *(A)* le regret de qqch.

reuen *tr geh*: **etw reut jn** qqn regrette qqch; **es reut jn** qqn regrette.

reumütig ◇ *Adj* repentant(e). ◇ *Adv* en se repentant, avec repentir.

Reuse (*Pl* **-n**) *die* nasse *f*.

Revanche [re'vɑ̃ːʃ(e)] (*Pl* **-n**) *die* revanche *f*.

revanchieren [revɑ̃ː'ʃiːrən]

◆ **sich revanchieren** *ref* **-1.** [sich erkenntlich zeigen] rendre la pareille; **sich bei jm für etw ~** revaloir qqch à qqn. **-2.** [sich rächen, beim Spiel] prendre sa revanche; **sich für etw ~** se venger de qqch. **-3.** [beim Spiel] prendre sa revanche.

Revers [re'vɛːɐ̯] (*Pl* **-**) *das* revers *m*.

revidieren [revi'diːrən] *tr* **-1.** [ändern] réviser. **-2.** [kontrollieren] vérifier.

Revier [re'viːɐ̯] (*Pl* **-e**) *das* **-1.** [von Tieren] territoire *m*. **-2.** [von Polizei] **commissariat** *m*. **-3.** *fam* [Bereich] **domaine** *m*. **-4.** [von Förster] secteur *m*; [von Jäger] **terrain** *m*.

Revision [revi'zi̯oːn] *die* **-1.** RECHT **(pourvoi** *m* en) cassation *f*. **-2.** [Prüfung] **vérification** *f*. **-3.** [Änderung] révision *f*.

Revolte [re'vɔltə] (*Pl* **-n**) *die* révolte *f*.

revoltieren [revɔl'tiːrən] *intr*: **(gegen jn/etw) ~** se révolter (contre qqn/qqch).

Revolution [revolu'tsi̯oːn] (*Pl* **-en**) *die* révolution *f*.

revolutionär [revolutsi̯o'nɛːɐ̯] *Adj* révolutionnaire.

Revolutionär, in [revolutsi̯o'nɛːɐ̯, rɪn] (*mPl* **-e**; *fPl* **-nen**) *der, die* révolutionnaire *mf*.

revolutionieren [revolutsi̯o'niːrən] *tr* révolutionner.

Revolver [re'vɔlvɐ] (*Pl* **-**) *der* revolver *m*.

Revue [re'vyː] (*Pl* **-n**) *die* revue *f*; **jn/etw ~ passieren lassen** *fig* passer qqn/qqch en revue.

Reykjavik [rɛkjavik] *nt* Reykjavik.

Rezension (*Pl* **-en**) *die* critique *f (littéraire ou cinématographique)*.

Rezept (*Pl* **-e**) *das* **-1.** [ärztlich] ordonnance *f*. **-2.** [in Küche] recette *f*.

rezeptfrei *Adj* & *Adv* sans ordonnance.

Rezeption (*Pl* **-en**) *die* **-1.** [im Hotel] réception *f*. **-2.** *geh* [von Buch, Theaterstück] réception *f*.

rezeptpflichtig *Adj* délivré(e) uniquement sur ordonnance.

Rezession (*Pl* **-en**) *die* récession *f*.

rezitieren *tr* réciter.

R-|Gespräch *das* TELEKOM appel *m* en P.C.V.

rh (*Abk für* **Rhesus negativ**) Rh-.

Rh (*Abk für* **Rhesus positiv**) Rh+.

Rh. *Abk für* **Rhein**.

Rhabarber *der (ohne Pl)* rhubarbe *f*.

Rhapsodie [rapso'diː] (*Pl* **-n**) *die* MUS rapsodie *f*, rhapsodie *f*.

Rhein *der* Rhin *m*.

Rheingau *der* Rheingau *m*.

Rheinhessen *nt* Hesse *f* rhénane.

rheinisch *Adj* rhénan(e).

Rheinland *das* Rhénanie *f*.

Rheinländer, in (*mPl* **-**; *fPl* **-nen**) *der, die* Rhénan *m*, -e *f*.

Rheinland-Pfalz *nt* Rhénanie-Palatinat *f*.

Rheinland-|Pfälzer, in *der, die* habitant *m*, -e *f* de la Rhénanie-Palatinat.

Rhein|wein *der* vin *m* du Rhin.

Rhesus|faktor *der (ohne Pl)* MED facteur *m* Rhésus, Rhésus *m*.

Rhetorik *(Pl* **-en**) *die* rhétorique *f*.

rhetorisch ◇ *Adj* rhétorique. ◇ *Adv* de façon rhétorique.

Rheuma *das (ohne Pl)* rhumatisme *m*.

rheumatisch ◇ *Adj* rhumatismal(e). ◇ *Adv*: **~ erkrankt** atteint(e) de rhumatismes.

Rheumatismus *(Pl* **-tismen**) *der* rhumatisme *m*.

Rhld. *Abk für* **Rheinland**.

Rhodium *das (ohne Pl)* CHEM rhodium *m*.

Rhododendron *(Pl* **-dendren**) *der* rhododendron *m*.

Rhombus *(Pl* **Rhomben**) *der* losange *m*.

Rhön *die* Rhön *m*.

Rhone *die* Rhône *m*.

rhythmisch ◇ *Adj* rythmique. ◇ *Adv* en rythme.

Rhythmus *(Pl* **Rhythmen**) *der* rythme *m*; **aus dem ~ kommen** perdre le rythme.

RIAS ['riːas] *(Abk für* **Rundfunk im amerikanischen Sektor (Berlin)**) *der (ohne Pl) radio américaine de Berlin-Ouest rattachée depuis 1992 à l'ARD*.

Richt|antenne *die* antenne *f* directive.

richten ◇ *tr* **-1.** [wenden] diriger; [Waffe] braquer; **etw auf jn/etw ~** diriger qqch sur qqn/qqch. **-2.** [Brief, Beschwerde, Frage]: **etw an jn ~** adresser qqch à qqn. **-3.** [reparieren] régler. **-4.** [vorbereiten] préparer. ◇ *intr* **-1.** [urteilen] juger. **-2.** [jn/etw verurteilen]: **über jn/etw ~** *geh* juger qqn/de qqch.
◆ **sich richten** *ref* **-1.** [sich einstellen]: **sich nach jm/etw ~** se conformer à qqn/qqch. **-2.** [abhängen von]: **sich nach etw ~** dépendre de qqch. **-3.** [sich wenden]: **sich (gegen jn/etw) ~** être dirigé(e) (contre qqn/qqch).

Richter, in *(mPl* **-**; *fPl* **-nen**) *der, die* juge *m*.

richterlich ◇ *Adj* judiciaire. ◇ *Adv* d'ordre judiciaire.

Richter-|Skala *die (ohne Pl)* échelle *f* de Richter.

Richt|fest *das fête organisée lorsque la charpente d'une construction est terminée.*

Richt|geschwindigkeit *die* vitesse *f* conseillée.

richtig ◇ *Adj* **-1.** [ohne Fehler] exact(e). **-2.** [moralisch] juste. **-3.** [echt - Person] vrai(e); [- Sache] véritable. **-4.** [passend] adéquat(e); **bin ich hier ~?** c'est bien ici? ◇ *Adv* **-1.** *fam* [ausgesprochen] franchement. **-2.** [tatsächlich] effectivement. **-3.** [ohne Fehler] correctement. **-4.** [moralisch]: **etw für ~ halten** considérer qqch comme étant juste. **-5.** [wirklich] vraiment.
◆ **genau das richtige** *Adj (unver)* juste ce qu'il faut.

Richtige *(Pl* **-n**) ◇ *das (ohne Pl)* **-1.** [Zutreffende] ce qui est bon. **-2.** [Ordentliche]: **nichts ~s essen** ne rien manger de correct. ◇ *der, die* [Passende] celui (celle) qui convient.

richtiggehend ◇ *Adj* **-1.** [regelrecht] véritable. **-2.** [Uhr] juste. ◇ *Adv* [regelrecht] véritablement.

Richtigkeit *die (ohne Pl)* exactitude *f*; **mit etw hat es seine ~** qqch est en règle.

richtig|liegen *intr (unreg) fam* : **mit etw ~** être dans le ton de qqch.

richtig|stellen *tr* rectifier.

Richt|linie *die* directive *f*.

Richt|preis *der* prix *m* indicatif.

Richt|schnur *(Pl* **-en**) *die* **-1.** [Schnur] cordeau *m*. **-2.** *(ohne Pl)* [Orientierung] ligne *f* directrice.

Richtung *(Pl* **-en**) *die* **-1.** [räumlich] direction *f*; **aus allen ~en** de partout; **in eine ~** dans une direction; **in ~ Osten** vers l'est; **in ~ Berlin** en direction de Berlin. **-2.** [Themenbereich]: **einer Sache** *(D)* **eine ~ geben** orienter qqch; **eine andere ~ nehmen** prendre un autre tour. **-3.** [geistig] tendance *f*. **-4.** [Geschmack]: **nicht js ~ sein** ne pas être du goût de qqn.

richtungsweisend *Adj* qui ouvre la voie.

Richt|wert *der* valeur *f* de référence.

rieb *Prät* → **reiben**.

riechen *(Prät* **roch**, *Perf* **hat gerochen**) ◇ *intr* sentir; **jd/etw/es riecht nach etw** qqn/qqch/ça sent qqch. ◇ *tr* [Duft] sentir; **jn nicht ~ können** *salopp fig* ne pas pouvoir sentir qqn.

Riecher *(Pl* **-**) *der salopp* pif *m*; **den richtigen** ODER **einen ~ für etw haben** *fam fig* avoir du flair pour qqch.

Ried *(Pl* **-e**) *das* **-1.** [Gebiet] zone *f* marécageuse. **-2.** [Pflanze] jonc *m*.

rief *Prät* → **rufen**.

Riege *(Pl* **-n**) *die* équipe *f* sportive.

Riegel *(Pl* **-**) *der* **-1.** [Verschluß] verrou *m*; **einer Sache einen ~ vorschieben** *fig* mettre un terme à qqch. **-2.** [Stück] barre *f*.

Riemen *(Pl* **-**) *der* **-1.** [Band] courroie *f*. **-2.** [von Boot] rame *f*. **-3.** *RW*: **sich am ~ reißen** *fam fig* se prendre en main.

Riese *(Pl* **-n**) *der* géant *m*.

rieseln *(Perf* **ist gerieselt**) *intr* [Flüssigkeit] ruisseler; [Schnee] tomber.

Riesen|erfolg *der fam* succès *m* fou.

Riesengebirge *das* monts *mpl* des Géants.

riesengroß *Adj fam* [Gegenstand] gigantesque; *fig* inouï(e).
riesenhaft *Adj* gigantesque.
Riesen|rad *das* grande roue *f*.
Riesen|slalom *der* slalom *m* géant.
Riesen|spaß *der fam* : **einen ~ haben** prendre son pied; **das war ein ~!** c'était le pied!
riesig ◇ *Adj* **-1.** [groß] géant(e). **-2.** *fam* [toll] formidable. ◇ *Adv fam* [sehr] vachement.
Riesin (*Pl* **-nen**) *die* géante *f*.
Riesling (*Pl* **-e**) *der* riesling *m*.
riet *Prät* → **raten**.
Riff (*Pl* **-e**) *das* récif *m*.
rigoros ◇ *Adj* rigoureux(euse). ◇ *Adv* rigoureusement.
Rille (*Pl* **-n**) *die* **-1.** [von Schallplatte] **sillon** *m*. **-2.** [im Stein] **fissure** *f*.
Rind (*Pl* **-er**) *das* **-1.** [Tier] **bœuf** *m*. **-2.** *fam (ohne Pl)* [Rindfleisch] **bœuf** *m*.
Rinde (*Pl* **-n**) *die* **-1.** [von Bäumen] **écorce** *f*. **-2.** [von Lebensmitteln] **croûte** *f*.
Rinder|braten *der* rôti *m* de bœuf.
Rind|fleisch *das* viande *f* de bœuf.
Rind|vieh *das* **-1.** *salopp* [Mensch] andouille *f*. **-2.** [Bestand an Rindern] **cheptel** *m* **(bovin)**.
Ring (*Pl* **-e**) *der* **-1.** [Schmuck] **bague** *f*. **-2.** [runder Gegenstand] **anneau** *m*. **-3.** [beim Boxen] **ring** *m*. **-4.** [von Verbrechern] **gang** *m*. **-5.** [von Augen, Baumstamm] **cerne** *m*; [Straße - in der Stadt] boulevards *mpl* extérieurs; [- um die Stadt] périphérique *m*; [- in Wien] Ring *m*.
◆ **Ringe** *Pl* SPORT anneaux *mpl*.
Ring|buch *das* classeur *m*.
ringeln *tr* enrouler.
◆ **sich ringeln** *ref* s'enrouler.
Ringel|natter *die* couleuvre *f* à collier.
ringen (*Prät* **rang**, *Perf* **hat gerungen**) ◇ *intr* **-1.** SPORT lutter. **-2.** [mit Problem] se débattre; **mit sich ~** *geh* se tâter; **um etw ~** *geh* lutter pour qqch; **nach Atem/Luft ~** suffoquer. ◇ *tr*: **die Hände ~** se tordre les mains; **jm etw aus der Hand ~** arracher qqch des mains de qqn.
Ringer, in (*mPl* -; *fPl* **-nen**) *der, die* lutteur *m*, -euse *f*.
Ring|finger *der* annulaire *m*.
ringförmig ◇ *Adj* circulaire. ◇ *Adv* circulairement.
Ring|kampf *der* **-1.** SPORT combat *m* de lutte. **-2.** [Rauferei] bagarre *f*.
Ring|richter, in *der, die* arbitre *m* de ring.
rings *Adv*: **~ um jn/etw (herum)** tout autour de qqn/qqch.
ringsherum, **ringsumher** *Adv* tout autour.
Rinne (*Pl* **-n**) *die* **-1.** [Vertiefung] rigole *f*. **-2.** [am Dach] gouttière *f*.
rinnen (*Prät* **rann**, *Perf* **ist geronnen**) *intr geh* ruisseler.
Rinnsal (*Pl* **-e**) *das* ruisselet *m*.
Rinn|stein *der* caniveau *m*.
Rio de Janeiro ['riːodeːʒa'neːro] *nt* Rio de Janeiro.
Rippchen (*Pl* -) *das* KÜCHE côtelette *f (de porc)*.
Rippe (*Pl* **-n**) *die* côte *f*.
Rippen|fell *das* plèvre *f*.
Risiko (*Pl* **Risiken**) *das* risque *m*; **auf eigenes ~** à mes ODER tes etc risques et périls; **ein ~ eingehen** prendre un risque.
Risiko|gruppe *die* groupe *m* à risques.
riskant *Adj* risqué(e).
riskieren *tr* risquer.
riß *Prät* → **reißen**.
Riß (*Pl* **Risse**) *der* [im Stoff] accroc *m*; [in Stein, Wand] fissure *f*.
rissig *Adj* fendillé(e).
ritt *Prät* → **reiten**.
Ritt (*Pl* **-e**) *der* sortie *f* à cheval.
Ritter (*Pl* -) *der* chevalier *m*; **jn zum ~ schlagen** adouber qqn.
ritterlich ◇ *Adj* chevaleresque. ◇ *Adv* noblement.
rittlings *Adv* à califourchon, à cheval.
Ritual (*Pl* **-e**) *das* rituel *m*.
rituell *Adj* rituel(elle).
Ritus (*Pl* **Riten**) *der* rite *m*.
Ritze (*Pl* **-n**) *die* fente *f*.
ritzen *tr* **-1.** [gravieren] graver. **-2.** [verletzen] érafler.
◆ **sich ritzen** *ref* [sich verletzen] s'érafler.
Ritzer (*Pl* -) *der fam* égratignure *f*.
Rivale [ri'vaːlə] (*Pl* **-n**) *der* rival *m*.
Rivalin [ri'vaːlɪn] (*Pl* **-nen**) *die* rivale *f*.
rivalisieren [rivali'siːrən] *intr* rivaliser; **(mit jm) um etw ~** *fig* rivaliser (avec qqn) pour qqch.
rivalisierend *Adj* rival(e).
Rivalität [rivali'tɛːt] (*Pl* **-en**) *die* rivalité *f*.
Riviera (*Pl* **-ren**) *die* **-1.** [in Frankreich] Côte *f* d'Azur; **an der ~** sur la Côte d'Azur. **-2.** [in Italien] Riviera *f*; **an der ~** sur la Riviera.
Rj. (*Abk für* **Rechnungsjahr**) année *f* comptable.
RNS (*Abk für* **Ribonukleinsäure**) *die (ohne Pl)* ARN *m*.
Roastbeef ['rɔstbiːf] (*Pl* **-s**) *das* rosbif *m*.
Robbe (*Pl* **-n**) *die* phoque *m*.
robben (*Perf* **ist gerobbt**) *intr* ramper.
Robe (*Pl* **-n**) *die* **-1.** [Amtstracht] robe *f* (de magistrat). **-2.** *geh* [Kleid] robe *f* (du soir).
Roboter (*Pl* -) *der* robot *m*.

robust *Adj* robuste.
roch *Prät* → **riechen**.
röcheln *intr* râler.
Rochen (*Pl* -) *der* raie *f*.
Rock[1] (*Pl* **Röcke**) *der* **-1.** [für Frauen] jupe *f*. **-2.** [für Männer] veste *f*.
Rock[2] *der (ohne Pl)* rock *m*.
rocken *intr* **-1.** [Rockmusik machen] jouer du rock. **-2.** [Rock tanzen] danser le rock.
Rocker, in (*mPl* -; *fPl* **-nen**) *der, die abw* rockeur *m*, -euse *f*.
Rock|musik *die* musique *f* rock, rock *m*.
Rocky Mountains ['rɔkɪ'maʊntɪns] *Pl*: **die ~** les montagnes *fpl* Rocheuses.
Rodel|bahn *die* piste *f* de luge.
rodeln (*Perf* **hat/ist gerodelt**) *intr* faire de la luge.
◆ **Rodeln** *das (ohne Pl)* luge *f*.
roden *tr* défricher.
Rogen (*Pl* -) *der* œufs *mpl* de poisson.
Roggen *der* seigle *m*.
Roggen|brot *das* pain *m* de seigle.
roh ◇ *Adj* **-1.** [Nahrung, Spaß, Worte] cru(e). **-2.** [Person, Sitten] grossier(ère). **-3.** [Material, Stein, Entwurf] brut(e). ◇ *Adv* **-1.** [ungekocht]: **etw ~ essen** manger qqch cru(e). **-2.** [behandeln] rudement. **-3.** [entwerfen, behauen] grossièrement.
Roh|bau (*Pl* **-ten**) *der* gros œuvre *m*.
Roh|kost *die (ohne Pl)* crudités *fpl*.
Roh|material *das* matériau *m* brut.
Roh|öl *das* pétrole *m* brut.
Rohr (*Pl* **-e**) *das* **-1.** [Hohlkörper] tuyau *m*. **-2.** [Pflanze] roseau *m*. **-3.** *RW*: **volles ~** *fam* à fond la caisse.
Rohr|bruch *der* rupture *f* de tuyau.
Röhrchen (*Pl* -) *das* petit tuyau *m*, canule *f*; **ins ~ blasen** souffler dans le ballon.
Röhre (*Pl* **-n**) *die* **-1.** TECH tuyau *m*. **-2.** [vom Fernseher] tube *m*. **-3.** [Backofen] four *m*. **-4.** *RW*: **in die ~ gucken** ODER **sehen** *fam fig* se retrouver le bec dans l'eau.
röhren *intr* bramer.
Rohr|stock *der* baguette *f*.
Rohr|zange *die* pince *f* multiprise.
Rohr|zucker *der (ohne Pl)* sucre *m* de canne.
Roh|seide *die* soie *f* sauvage.
Roh|stoff *der* matière *f* première.
Rohzu|stand *der*: **im ~** à l'état brut.
Rokoko *das (ohne Pl)* rococo *m*.
Rolladen (*Pl* **Rolläden**) *der* volet *m* roulant.
Roll|bahn *die* piste *f* d'envol et d'atterrissage.
Rolle (*Pl* **-n**) *die* **-1.** [Funktion, im Film, Theater] rôle *m*. **-2.** [von Papier] rouleau *m*. **-3.** [von Möbeln] roulette *f*. **-4.** SPORT culbute *f*. **-5.** *RW*: **eine ~ spielen** avoir de l'importance.
rollen (*Perf* **hat/ist gerollt**) ◇ *intr (ist)* rouler. ◇ *tr (hat)* rouler.
◆ **sich rollen** *ref* se rouler; [Papier, Foto] s'enrouler.
◆ **Rollen** *das (ohne Pl)*: **ins Rollen bringen** être à l'origine de.
Rollen|spiel *das* jeu *m* de rôle.
Roller (*Pl* -) *der* **-1.** [für Kinder] trottinette *f*. **-2.** [mit Motor] scooter *m*.
Roll|feld *das* aire *f* d'atterrissage.
Roll|kragen *der* col *m* roulé.
Roll|mops *der* **-1.** [Fisch] rollmops *m*, hareng *m* roulé. **-2.** *fam abw* [Mensch] pot *m* à tabac.
Rollo (*Pl* **-s**) *das* store *m*.
Roll|schuh *der* patin *m* à roulettes; **~ laufen** faire du patin à roulettes.
Rollsplitt *der (ohne Pl)* gravillons *mpl*.
Roll|stuhl *der* fauteuil *m* roulant.
Rollstuhl|fahrer, in *der, die* personne *f* en fauteuil roulant.
Roll|treppe *die* Escalator® *m*, escalier *m* roulant.
Rom *nt* Rome.
Roma *Pl* Rom *mpl*.
Roman (*Pl* **-e**) *der* roman *m*.
Romanik *die (ohne Pl)* roman *m*.
romanisch *Adj* roman(e).
Romanistik *die (ohne Pl)* études *fpl* de langue et littérature romanes.
Romantik *die (ohne Pl)* romantisme *m*.
romantisch ◇ *Adj* romantique. ◇ *Adv*: **~ gestimmt sein** avoir l'âme romantique.
Romanze (*Pl* **-n**) *die* romance *f*.
Römer, in (*mPl* -; *fPl* **-nen**) *der, die* Romain *m*, -e *f*.
Römer|topf *der cocotte en terre et à couvercle pour cuisson à l'étouffée.*
römisch *Adj* romain(e).
römisch-katholisch *Adj* catholique romain(e).
röm.-kath. *Abk für* **römisch-katholisch**.
Rommé (*Pl* **-s**) *das* rami *m*.
Rondell (*Pl* **-e**) *das* **-1.** [im Garten] massif *m*. **-2.** [in der Stadt] placette *f*.
röntgen *tr* faire une radio.
Röntgen|aufnahme, **Röntgen|bild** *das* radio *f*, radiographie *f*.
Röntgen|strahlen *Pl* rayons X *mpl*.
rosa ◇ *Adj (unver)* rose. ◇ *Adv* en rose.
Rosa (*Pl* **-s**) *das* rose *m*.
rosarot ◇ *Adj* rose. ◇ *Adv* en rose.
Rose (*Pl* **-n**) *die* rose *f*.

rosé ◇ *Adj (unver)* rosé(e). ◇ *Adv* en rose clair.
Rosé (*Pl* - ODER **-s**) ◇ *das* [Farbe] rosé *m*. ◇ *der (G Rosés, Pl Rosés)* [Wein] rosé *m*.
Rosen|garten *der* roseraie *f*.
Rosen|kohl *der (ohne Pl)* chou *m* de Bruxelles.
Rosen|kranz *der* chapelet *m*.
Rosen|montag *der* veille *f* du mardi gras.
Rosenmontags|zug *der* cortège *m* de la veille du mardi gras.
Rosen|stock *der* rosier *m*.
Rosette (*Pl* **-n**) *die* rosace *f*.
rosig *Adj* rose.
Rosine (*Pl* **-n**) *die* raisin *m* sec.
Rosmarin *der (ohne Pl)* romarin *m*.
Roß (*Pl* **Rosse**) *das geh* cheval *m*; **auf dem hohen ~ sitzen** *fig* monter sur ses grands chevaux.
Roß|kastanie *die* **-1.** [Baum] marronnier *m*. **-2.** [Frucht] marron *m*.
Rost (*Pl* **-e**) *der* **-1.** *(ohne Pl)* [Eisenoxyd] rouille *f*. **-2.** [Gitter] grille *f*.
Rost|braten *der* rosbif *m*.
Rostbrat|wurst *die* saucisse *f* grillée.
rostbraun ◇ *Adj* rouille. ◇ *Adv* en rouille.
rosten (*Perf* **hat/ist gerostet**) *intr* rouiller.
rösten ◇ *tr* griller. ◇ *intr fam* griller.
rostfrei *Adj* inoxydable.
Rösti *Pl Schweiz* rœsti *mpl*.
rostig *Adj* rouillé(e).
Rostock *nt* Rostock.
rostrot ◇ *Adj* rouille. ◇ *Adv* en rouille.
rot (*Kompar* **röter** ODER **roter**, *Superl* **röteste** ODER **roteste**) ◇ *Adj* **-1.** [Farbe] rouge; **~ werden** rougir. **-2.** *fam* POL rouge. ◇ *Adv* en rouge.
Rot *das (ohne Pl)* rouge *m*.
◆ **bei Rot** *Adv* au rouge.
Rotation (*Pl* **-en**) *die* rotation *f*.
rotblond ◇ *Adj* roux (rousse). ◇ *Adv* en roux.
rotbraun ◇ *Adj* roux (rousse). ◇ *Adv* en roux.
Rot|buche *die* hêtre *m* rouge.
Röte *die (ohne Pl)* rougeur *f*.
Rote Kreuz *das*: **das ~** la Croix-Rouge.
Röteln *Pl* MED rougeole *f*.
Rote Meer *das* mer *f* Rouge.
röten *tr* colorer en rouge.
◆ **sich röten** *ref* rougir.
rothaarig *Adj* roux (rousse).
rotieren (*Perf* **hat/ist rotiert**) *intr* **-1.** *(hat)* [sich drehen] tourner (autour de son axe). **-2.** *fam (hat, ist)* [durchdrehen] carburer. **-3.** *(hat)* [wechseln] faire un roulement.
Rotkäppchen *das (ohne Pl)* Petit Chaperon rouge *m*.
Rotkehlchen (*Pl* -) *das* rouge-gorge *m*.
Rot|kohl *der (ohne Pl)* chou *m* rouge.
Rot|kraut *das (ohne Pl)* chou *m* rouge.
rötlich ◇ *Adj* rougeâtre. ◇ *Adv*: **sich ~ färben** se colorer de reflets rouges.
Rot|licht *das (ohne Pl)* **-1.** [rote Lampe] lampe *f* à infrarouges. **-2.** [von Ampel] rouge *m*.
rot|sehen *intr (unreg) fam* voir rouge.
Rot|stift *der* crayon *m* rouge; **den ~ ansetzen** *fam fig* dégraisser.
Rotte (*Pl* **-n**) *die* **-1.** [von Tieren] troupe *f*. **-2.** *abw* [von Menschen] bande *f*.
Rotterdam *nt* Rotterdam.
Rötung (*Pl* **-en**) *die* rougissement *m*.
Rot|wein *der* vin *m* rouge.
Rot|wild *das* grands cervidés *mpl*.
Rotz *der (ohne Pl) salopp* [Schleim] morve *f*.
rotzfrech *Adj fam* culotté(e).
Rouen *nt* Rouen.
Rouge [ruːʒ] (*Pl* **-s**) *das* **-1.** [Make-up] fard *m* à joues. **-2.** *(ohne Pl)* [beim Roulette] rouge *m*.
Roulade [ru'laːdə] (*Pl* **-n**) *die* paupiette *f*.
Roulette [ru'lɛːt] (*Pl* **-s**) *das* roulette *f*.
Route ['ruːtə] (*Pl* **-n**) *die* itinéraire *m*.
Routine [ru'tiːnə] (*Pl* **-n**) *die* routine *f*.
routinemäßig ◇ *Adj* de routine. ◇ *Adv* de façon routinière.
Routine|untersuchung *die* examen *m* de routine.
routiniert [ruti'niːɐ̯t] ◇ *Adj* expérimenté(e). ◇ *Adv* en faisant preuve d'expérience.
Rowdy ['raudi] (*Pl* **-s** ODER **Rowdies**) *der abw fam* voyou *m*.
Rp. *Abk für* **Rappen**.
RTL (*Abk für* **Radio-Télévision Luxembourg**) *nt* RTL.
Ruanda *nt* Rwanda *m*; **in ~** au Rwanda.
rubbeln *tr* **-1.** [gen] frotter. **-2.** [Los] gratter.
◆ **sich rubbeln** *ref* se frotter.
Rübe (*Pl* **-n**) *die* **-1.** [Pflanze] rave *f*; **gelbe ~** *Süddt* carotte *f*; **rote ~** betterave *f* rouge. **-2.** *fam* [Kopf] ciboulot *m*.
Rubel (*Pl* -) *der* rouble *m*; **der ~ rollt** *fam fig* les affaires roulent.
rüber *Adv fam* **-1.** = **herüber**. **-2.** = **hinüber**.
rüber|kommen (*Perf* **ist rübergekommen**) *intr (unreg) fam* **-1.** [zu Besuch] passer. **-2.** [über die Grenze] passer *(en franchissant une frontière)*. **-3.** [mit Informationen]: **mit etw ~** lâcher qqch.
Rubidium *das (ohne Pl)* CHEM rubidium *m*.
Rubin (*Pl* **-e**) *der* rubis *m*.

Rubrik (*Pl* **-en**) *die* rubrique *f*; **unter der ~ XY** sous la rubrique XY.

ruchbar *Adj*: **etw wird ~** qqch devient public(ique).

Ruck (*Pl* **-e**) *der* **-1.** [Bewegung] secousse *f*. **-2.** *fam* [politisch] poussée *f*. **-3.** *RW*: **sich** *(D)* **einen ~ geben** *fam* se secouer.

Rück|antwort *die* réponse *f*.

ruckartig ◇ *Adj* [plötzlich] brusque; [stoßartig] saccadé(e). ◇ *Adv* [plötzlich] **brusquement**; [stoßartig] par saccades.

rückbezüglich GRAM ◇ *Adj* réfléchi(e). ◇ *Adv*: **~ gebrauchen** employer à la forme réfléchie.

Rück|blende *die* rétrospective *f*.

Rück|blick *der*: **im ~** avec le recul; **ein ~ auf etw** *(A)* un examen rétrospectif de qqch.

ruckeln *intr fam* **-1.** [Person] remuer. **-2.** [Fahrzeug] avancer cahin-caha.

rücken (*Perf* **hat/ist gerückt**) ◇ *tr (hat)* **-1.** [Gegenstand] pousser. **-2.** [Spielfigur] déplacer. **-3.** [Hut]: **den Hut in die Stirn ~** enfoncer le chapeau sur les yeux. ◇ *intr (ist)* se pousser.

Rücken (*Pl* -) *der* dos *m*. **hinter js ~** *fig* derrière le dos de qqn; **jm den ~ stärken** *fig* épauler qqn; **jm/einer Sache den ~ kehren** *fig* & *geh* tourner le dos à qqn/qqch; **jm in den ~ fallen** *fig* poignarder qqn dans le dos.

Rücken|deckung *die* soutien *m*, protection *f*; **jm ~ geben** couvrir qqn.

Rücken|lage *die (ohne Pl)* position *f* couchée (sur le dos); **in ~ schlafen** dormir sur le dos.

Rücken|lehne *die* dossier *m*.

Rücken|mark *das (ohne Pl)* moelle *f* épinière.

Rückenschmerzen *Pl* mal *m* de dos.

Rücken|schwimmen *das (ohne Pl)* nage *f* sur le dos.

Rücken|wind *der (ohne Pl)* vent *m* arrière; **~ haben** avoir le vent dans le dos.

rück|erstatten *tr*: **(jm etw) ~** rembourser (qqch à qqn).

Rückfahr|karte *die* billet *m* retour.

Rück|fahrt *die* retour *m*.

rückfällig *Adj* qui rechute; **~ werden** rechuter.

Rück|flug *der* vol *m* retour.

Rück|frage *die* question *f* supplémentaire.

Rück|gabe *die* restitution *f*.

Rück|gang *der* baisse *f*.

rückgängig ◇ *Adj* en baisse. ◇ *Adv*: **etw ~ machen** annuler qqch.

Rück|gewinnung *die* recyclage *m*.

Rück|grat *das* colonne *f* vertébrale; **jm das ~ brechen** casser la colonne vertébrale à qqn; *fig* [Widerstand brechen] briser qqn; **~ zeigen** ODER **haben** *fig* avoir du caractère.

Rück|griff *der* recours *m*; **der ~ auf etw** *(A)* le recours à qqch.

Rück|halt *der (ohne Pl)* soutien *m*.

rückhaltlos *Adj* & *Adv* sans réserve.

Rück|hand *die (ohne Pl)* revers *m*.

Rückkehr *die (ohne Pl)* retour *m*.

Rückkopplung, Rückkoppelung (*Pl* **-en**) *die* **-1.** ELEKTR rétroaction *f*. **-2.** [Antwort] feed-back *m*.

Rück|lage *die* réserve *f*.

rückläufig *Adj* en baisse.

Rück|licht (*Pl* **-lichter**) *das* feu *m* arrière.

rücklings *Adv* **-1.** [umgekehrt] en sens contraire. **-2.** [auf dem Rücken] à la renverse. **-3.** [von hinten] par derrière.

Rück|reise *die* retour *m*.

Rück|ruf *der* rappel *m*.

Ruck|sack *der* sac à dos *m*.

Rück|schau *die* rétrospective *f*; **~ halten** *geh* faire un retour en arrière.

Rück|schlag *der* revers *m*; **einen ~ erleiden** subir un revers.

Rück|schluß *der* déduction *f*; **ein ~ auf etw** *(A)* une conclusion sur qqch; **aus etw Rückschlüsse ziehen** tirer une conclusion de qqch.

Rück|schritt *der* régression *f*.

Rück|seite *die* [von Gegenständen] dos *m*; [von Papier] verso *m*; [von Häusern] façade *f* arrière.

Rück|sicht *die (ohne Pl)* **-1.** [Beachtung] égard *m*; **aus ~ auf jn/etw** par égard pour qqn/qqch; **auf jn/etw ~ nehmen** avoir des égards pour qqn/qqch. **-2.** [Sicht] vue *f* par la vitre arrière.

Rücksichtnahme *die (ohne Pl)* égards *mpl*.

rücksichtslos *Adj* & *Adv* sans égards.

Rücksichtslosigkeit (*Pl* **-en**) *die* manque *m* d'égards.

rücksichtsvoll ◇ *Adj* plein(e) d'égards. ◇ *Adv* avec tact.

Rück|sitz *der* [Motorrad] siège *m* arrière; [Auto] banquette *f* arrière.

Rück|spiegel *der* rétroviseur *m (intérieur)*.

Rück|spiel *das* SPORT match *m* retour.

Rück|sprache *die* entretien *m*; **mit jm ~ halten** ODER **nehmen** s'entretenir avec qqn.

Rück|stand *der* **-1.** [wirtschaftlich, technisch, SPORT] retard *m*; **(mit etw) im ~ sein** [Zahlung] être en retard (avec qqch); SPORT avoir un retard (de qqch); **den ~ aufholen** combler le retard. **-2.** [Rest] résidu *m*.

rückständig *abw* ◇ *Adj* **-1.** [Person, Denken] rétrograde. **-2.** [Land, Technik] arriéré(e). ◇ *Adv*: **~ denken** avoir des idées rétrogrades.

Rück|stau *der* [von Fluß] reflux *m*.

Rück|stoß *der* **-1.** [Antriebskraft] réaction *f.* **-2.** [von Waffen] recul *m.*
Rückstrahler (*Pl* -) *der* réflecteur *m.*
Rück|taste *die* EDV touche *f* retour chariot.
Rück|tritt *der* **-1.** [Demission] démission *f.* **-2.** *fam* [am Fahrrad] rétropédalage *m.*
Rücktritt|bremse *die* frein *m* à rétropédalage.
Rück|vergütung *die* ristourne *f.*
rück|versichern *tr* réassurer.
◆ **sich rückversichern** *ref* demander confirmation.
Rück|wand *die* paroi *f* arrière, dos *m.*
rückwärtig ◇ *Adj* arrière. ◇ *Adv* vers l'arrière; **~ gelegen** situé(e) à l'arrière.
rückwärts *Adv* **-1.** [nach hinten] en arrière. **-2.** [von hinten] à l'envers.
Rückwärts|gang *der* marche *f* arrière; **im ~** en marche arrière.
Rück|weg *der* chemin *m* du retour.
rückwirkend ◇ *Adj* rétroactif(ive). ◇ *Adv* avec effet rétroactif.
Rück|zahlung *die* remboursement *m.*
Rückzieher (*Pl* -) *der*: **einen ~ machen** *fam* faire marche arrière.
Rück|zug *der (ohne Pl)* retraite *f.*
rüde ◇ *Adj* grossier(ère). ◇ *Adv* grossièrement.
Rüde (*Pl* **-n**) *der* mâle *m (chien, loup, renard).*
Rudel (*Pl* -) *das* horde *f.*
Ruder (*Pl* -) *das* **-1.** [zum Rudern] rame *f.* **-2.** [zum Steuern] barre *f.* **-3.** *RW*: **am ~ sein** *fam fig* être aux commandes, tenir la barre; **ans ~ kommen** *fam fig* arriver au pouvoir.
Ruder|boot *das* barque *f.*
Ruderer, in (*mPl* -; *fPl* **-nen**) *der, die* rameur *m*, -euse *f.*
rudern (*Perf* **hat/ist gerudert**) ◇ *intr* **-1.** *(hat)* SPORT ramer. **-2.** *(hat, ist)* [Boot fahren] ramer. **-3.** *(ist)* [in bestimmte Richtung] ramer. **-4.** *fam (hat)* [wedeln]: **mit den Armen ~** balancer les bras. ◇ *tr (hat)*: **er hat das Boot bis an den Steg gerudert** il a amené le bateau à la rame jusqu'à la jetée.
Ruf (*Pl* **-e**) *der* **-1.** *(ohne Pl)* [Image] réputation *f.* **-2.** [Aufforderung, Laut] appel *m*; **ein ~ nach etw** un appel à qqch. **-3.** UNI proposition *f* de chaire.
rufen (*Prät* **rief**, *Perf* **hat gerufen**) ◇ *intr*: **(nach jm/etw) ~** appeler (qqn/qqch). ◇ *tr* **-1.** [herbeirufen, nennen] appeler; **jd/etw kommt wie gerufen** qqn/qqch tombe à pic. **-2.** [mit lauter Stimme] crier.
Rüffel (*Pl* -) *der fam* savon *m.*
Ruf|mord *der (ohne Pl)* diffamation *f.*
Ruf|name *der amt* prénom *m* usuel.
Rufnr. *Abk für* **Rufnummer.**
Ruf|nummer *die amt* numéro *m* d'appel.
Rugby ['rakbi] *das (ohne Pl)* rugby *m.*
Rüge (*Pl* **-n**) *die* réprimande *f.*
rügen *tr* **-1.** [zurechtweisen] réprimander. **-2.** [reklamieren]: **Mängel ~** RECHT réclamer *(pour défauts, vices).*
Rügen *nt* Rügen *f*; **auf ~** à Rügen.
Ruhe *die (ohne Pl)* **-1.** [Stille] silence *m*; **~ bitte!** silence, s'il te ODER vous plaît. **-2.** [Erholung, Gelassenheit] calme *m*; **keine ~ haben** ne pas être tranquille; **ich will jetzt meine ~** maintenant je veux avoir la paix; **in ~** tranquillement; **jn (mit etw) in ~ lassen** *fam* ne pas ennuyer qqn (avec qqch); **~ geben** se tenir tranquille; **etw läßt jm keine ~** qqch tracasse qqn; **(die) ~ bewahren** garder mon ODER ton ODER son etc calme. **-3.** *RW*: **zur ~ kommen** se calmer; **sich zur ~ setzen** se retirer, prendre sa retraite.
ruhebedürftig *Adj* qui a besoin de repos; **~ sein** avoir besoin de repos.
ruhelos ◇ *Adj* inquiet(ète), nerveux(euse). ◇ *Adv* sans arrêt.
ruhen *intr* **-1.** [gen] reposer. **-2.** [stillstehen - Verkehr, Maschinen] être arrêté(e); [- Arbeit] être suspendu(e); [- Waffen] se taire.
Ruhe|pause *die* pause *f.*
Ruhe|stand *der (ohne Pl)* retraite *f*; **in den ~ gehen** ODER **treten** prendre sa retraite; **in den ~ versetzt werden** être mis(e) à la ODER en retraite.
Ruhe|störung *die* perturbation *f* de l'ordre public; **nächtliche ~** tapage *m* nocturne.
Ruhe|tag *der* jour *m* de repos; **'montags ~'** 'fermé le lundi'.
ruhig ◇ *Adj* calme. ◇ *Adv* **-1.** [still]: **~ wohnen** habiter un endroit calme. **-2.** [gelassen] calmement. **-3.** *fam* [gerne] sans problème; **soll sie uns ~ anzeigen!** qu'elle nous dénonce si ça lui chante!
ruhig|stellen *tr* immobiliser.
Ruhm *der (ohne Pl)* gloire *f.*
rühmen *tr geh* louer.
◆ **sich rühmen** *ref geh*: **sich einer Sache** *(G)* **~** se vanter de qqch.
rühmlich *Adj* glorieux(euse); **eine ~e Ausnahme sein** être une heureuse exception.
Ruhr *die* **-1.** *(ohne Pl)* [Fluß] Ruhr *f.* **-2.** [Krankheit] dysenterie *f.*
Rühr|ei *das* œuf *m* brouillé.
rühren ◇ *tr* **-1.** [mit Löffel] tourner. **-2.** [Körperteil] bouger. **-3.** [innerlich] émouvoir. ◇ *intr* [ansprechen]: **an etw** *(D)* **~** toucher à qqch.
◆ **sich rühren** *ref* **-1.** [sich bewegen] bouger. **-2.** *fam* [sich melden] donner signe de vie.

rührend ◇ *Adj* touchant(e). ◇ *Adv* de manière touchante.

Ruhr|gebiet *das* Ruhr *f*; **im ~** dans la Ruhr.

rührig *Adj* actif(ve).

rührselig *Adj* émouvant(e).

Rühr|teig *der* [weich] pâte *f* molle; [flüssig] pâte *f* semi-liquide.

Rührung *die (ohne Pl)* émotion *f*.

Ruin *der (ohne Pl)* ruine *f*; **jd/etw ist js ~** qqn/qqch est la ruine de qqn.

Ruine (*Pl* **-n**) *die* **-1.** [Gebäude] ruine *f*. **-2.** *fam* [Mensch] loque *f*.

ruinieren *tr* **-1.** [zugrunde richten] ruiner. **-2.** *fam* [beschädigen] abîmer.
◆ **sich ruinieren** *ref* se ruiner.

rülpsen *intr fam* roter.

Rülpser (*Pl* **-**) *der fam* rot *m*.

rum *fam* = **herum**.

Rum (*Pl* **-s**) *der* rhum *m*.

Rumäne (*Pl* **-n**) *der* Roumain *m*.

Rumänien *nt* Roumanie *f*.

Rumänin (*Pl* **-nen**) *die* Roumaine *f*.

rumänisch *Adj* roumain(e).

rum|fliegen (*Perf* **ist rumgeflogen**) *intr (unreg) fam* **-1.** [Gegenstände]: **etw ~ lassen** laisser traîner qqch. **-2.** [mit Flugzeug] voyager *(en avion)*.

rum|kriegen *tr fam* **-1.** [Person] baratiner. **-2.** [Zeit] meubler.

Rummel (*Pl* **-**) *der* **-1.** [Jahrmarkt] foire *f*, fête *f* foraine. **-2.** *fam* [Theater]: **um jn/etw viel ~ machen** faire beaucoup de cinéma autour de qqn/qqch.

Rummel|platz *der emplacement prévu pour les foires et les fêtes foraines*.

rumoren *intr* **-1.** [Magen] gargouiller; **es rumort in meinem Bauch** mon ventre gargouille. **-2.** [laut sein] faire du bruit. **-3.** [unruhig sein]: **es rumort** il y a de l'agitation.

Rumpel|kammer *die* débarras *m*.

rumpeln (*Perf* **hat/ist gerumpelt**) *intr* **-1.** *(hat)* [Geräusch verursachen] gronder; [im Magen] gargouiller. **-2.** *(ist)* [Fahrzeug] cahoter.

Rumpf (*Pl* **Rümpfe**) *der* **-1.** [von Mensch, Tier] tronc *m*. **-2.** TECH [von Flugzeugen] fuselage *m*; [von Schiffen] coque *f*.

rümpfen *tr* → **Nase**.

Rump|steak *das* rumsteck *m*.

Rum|topf *der fruits macérés dans du rhum avec du sucre dans un récipient en terre cuite*.

rum|treiben *intr (unreg) fam* flotter.
◆ **sich rumtreiben** *ref fam* traîner.

Run [ran] (*Pl* **-s**) *der* rush *m*; **der ~ auf etw** *(A)* le rush sur qqch.

rund ◇ *Adj* **-1.** [Form, Summe] rond(e). **-2.** [ungefähr]: **eine ~e Woche** environ une semaine. **-3.** [Geschmack]: **ein Wein mit einem ~en Geschmack** un vin rond en bouche. ◇ *Adv* **-1.** [ungefähr] environ. **-2.** [ohne Ecken] en arrondi. **-3.** [gut abgestimmt]: **~ laufen** bien tourner. **-4.** [rings]: **~ um jn/etw** autour de qqn/qqch.

Rund|blick *der* panorama *m*.

Rund|bogen *der* arc *m* en plein ceintre.

Rund|brief *der* circulaire *f*.

Runde (*Pl* **-n**) *die* **-1.** [Strecke - beim Sport] tour *m*; [- beim Boxen] round *m*; **eine ~ drehen** faire un tour. **-2.** [zum Überwachen] ronde *f*. **-3.** [Personenkreis] cercle *m*. **-4.** [Getränkerunde, Kneipenrunde] tournée *f*; **eine ~ ausgeben** payer une tournée. **-5.** *RW*: **etw macht die ~** qqch fait le tour; **über die ~n kommen** *fam* se maintenir à flot.

rund|erneuern *tr* rechaper.

Rundf. *Abk für* **Rundfunk**.

Rund|fahrt *die* circuit *m*; [in Stadt] tour *m* de ville *(en véhicule)*.

Rund|flug *der* tour *m* de ville *(en avion)*.

Rund|frage *die* enquête *f*.

Rund|funk *der (ohne Pl)* radio *f*.

Rundfunk|anstalt *die amt* station *f* de radio-télévision.

Rundfunk|gebühr *die* redevance *f* radio.

Rundfunk|gerät *das amt* poste *m* de radio.

Rund|gang *der* [Spaziergang] tour *m*; [zum Überwachen] ronde *f*.

rund|gehen (*Perf* **ist rundgegangen**) *intr (unreg) fam* : **es geht rund** [bei Arbeit] ça carbure; [bei Fest] il y a de l'ambiance.

rundheraus *Adv* sans détour.

rundherum *Adv* **-1.** [ganz] pleinement. **-2.** [ringsherum] tout autour.

rundlich *Adj* **-1.** [Mensch] rond(e). **-2.** [Gegenstand] arrondi(e).

Rund|reise *die* circuit *m*.

Rund|schau *die geh* tour *m* d'horizon.

Rund|schreiben *das* circulaire *f*.

rundum *Adv* entièrement.

Rundung (*Pl* **-en**) *die* arrondi *m*.
◆ **Rundungen** *Pl fam* [Formen] rondeurs *fpl*.

rundweg *Adv* sans hésitation.

Rune (*Pl* **-n**) *die* rune *f*.

runter *fam* = **herunter, hinunter**.

runter|fallen (*Perf* **ist runtergefallen**) *intr (unreg) fam* tomber; **mir ist ein Glas runtergefallen** j'ai fait tomber un verre.

runter|fliegen (*Perf* **ist runtergeflogen**) *intr (unreg) fam* descendre *(en volant)*; **von der Schule ~** *fig* être viré(e) de l'école.

runter|gehen (*Perf* **ist runtergegangen**) *intr (unreg) fam* descendre.

runter|hauen ◇ *intr (unreg) fam* : **jm eine ~**

mettre une baffe à qqn. ◇ *tr*: **etw ~** bâcler qqch.
Runzel (*Pl* **-n**) *die* ride *f*.
runzelig = **runzlig**.
runzeln *tr* → **Stirn**.
runzlig, **runzelig** *Adj* ridé(e).
Rüpel (*Pl* -) *der abw* mufle *m*.
rüpelhaft *abw* ◇ *Adj* cavalier(ère). ◇ *Adv* cavalièrement.
rupfen *tr* [ausreißen] arracher; [Vogel] plumer.
ruppig ◇ *Adj* **-1.** *abw* [unfreundlich] rude. **-2.** SPORT brutal(e). ◇ *Adv* **-1.** *abw* [unfreundlich] rudement. **-2.** SPORT brutalement.
Rüsche (*Pl* **-n**) *die* ruche *f*.
Ruß *der (ohne Pl)* suie *f*.
Russe (*Pl* **-n**) *der* Russe *m*.
Rüssel (*Pl* -) *der* trompe *f*; [von Schweinen] groin *m*.
rußen *intr* fumer.
rußig *Adj* plein de suie.
Russin (*Pl* **-nen**) *die* Russe *f*.
russisch *Adj* russe.
Russisch *das (ohne Pl)* russe *m*; *siehe auch* **Englisch**.
Russische *das (ohne Pl)* russe *m*; *siehe auch* **Englische**.
Rußland *nt* Russie *f*.
rüsten *intr* s'armer.
◆ **sich rüsten** *ref* s'armer; [sich ausrüsten] s'équiper.
rüstig *Adj* alerte.
rustikal ◇ *Adj* rustique. ◇ *Adv* en rustique.
Rüstung (*Pl* **-en**) *die* **-1.** *(ohne Pl)* MIL armement *m*. **-2.** [von Rittern] armure *f*.
Rüstungsausgaben *Pl* MIL dépenses *fpl* consacrées à l'armement.
Rüstungs|industrie *die* MIL industrie *f* de l'armement.
Rüst|zeug *das* [Fähigkeiten, Wissen] bagage *m*.
Rute (*Pl* **-n**) *die* **-1.** [Stock] baguette *f*. **-2.** [Schwanz] queue *f*.
Rutsch (*Pl* **-e**) *der*: **in einem** ODER **auf einen ~** d'un trait.
◆ **guten Rutsch!** *Interj fam* bonne fin d'année!
Rutsch|bahn *die* **-1.** [zum Spielen] toboggan *m*. **-2.** [Straße] patinoire *f*.
Rutsche (*Pl* **-n**) *die* **-1.** [zum Befördern] glissière *f*. **-2.** *fam* [zum Spielen] toboggan *m*.
rutschen (*Perf* **ist gerutscht**) *intr* **-1.** [gleiten] glisser. **-2.** [zur Seite rücken] se pousser.
rutschfest *Adj* antidérapant(e).
rutschig *Adj* glissant(e).
rütteln ◇ *tr* secouer. ◇ *intr*: **an etw** *(D)* **~** secouer qqch; **an etw** *(D)* **ist nicht zu ~** *fig* on ne peut revenir sur qqch.

S

s, S [ɛs] (*Pl* -) *das* s *m inv*, S *m inv*.
◆ **S** (*Abk für* **Süd**) S.
s. (*Abk für* **siehe**) v., cf.
S. (*Abk für* **Seite**) p.
s. a. (*Abk für* **siehe auch**) voir aussi.
Sa. (*Abk für* **Samstag**) sam.
Saal (*Pl* **Säle**) *der* salle *f*.
Saale *die* Saale *f*.
Saarbrücken *nt* Sarrebruck.
Saarl. *Abk für* **Saarland**.
Saarland *das* Sarre *f*.
Saarländer (*Pl* -) ◇ *der* Sarrois *m*. ◇ *Adj (unver)* de la Sarre.
Saarländerin (*Pl* **-nen**) *die* Sarroise *f*.
saarländisch *Adj* sarrois(e).
Saat (*Pl* **-en**) *die* **-1.** *(ohne Pl)* [das Säen] semailles *fpl*. **-2.** [Samen] semence *f*.
Saat|gut *das (ohne Pl)* semences *fpl*.
Sabbat (*Pl* **-e**) *der* sabbat *m*.
sabbern *intr fam* **-1.** [kleckern] faire des taches. **-2.** [Speichel verlieren] baver.
Säbel (*Pl* -) *der* sabre *m*.
Sabotage [sabo'taːʒə] (*Pl* **-n**) *die* sabotage *m*.
Saboteur, in [sabo'tøːɐ̯, rɪn] (*mPl* **-e**; *fPl* **-nen**) *der, die* saboteur *m*, -euse *f*.
sabotieren *tr* saboter.
Saccharin [zaxa'riːn] *das (ohne Pl)* saccharine *f*.
Sach|bearbeiter, in *der, die* responsable *mf* du dossier.
Sach|bereich *der* domaine *m*.
Sach|beschädigung *die* dégâts *mpl* matériels.
sachbezogen ◇ *Adj* concret(ète). ◇ *Adv* concrètement.
Sach|buch *das* ouvrage *m* de vulgarisation.
sachdienlich *Adj*: **~e Hinweise** indices *mpl*.
Sache (*Pl* **-n**) *die* **-1.** [Angelegenheit] affaire *f*; **eine schöne ~** une bonne chose; **das ist js ~** c'est l'affaire de qqn. **-2.** [Ding] chose *f*. **-3.** [Thema] fait *m*; **zur ~ kommen** en venir au fait; **nicht bei der ~ sein** être distrait(e); **das tut nichts zur ~** *fig* cela ne change rien à l'affaire. **-4.** RECHT [Rechtssache] affaire *f*. **-5.** *fam* [Ver-

rücktheit] âneries *fpl*; **du machst vielleicht ~n!** tu en fais de belles! **-6.** *RW*: **das ist so eine ~** *fam* c'est une affaire délicate; **hart zur ~ gehen** *fam* être dur(e); **mit jm gemeinsame ~ machen** *fam* faire cause commune avec qqn; **seiner ~ sicher sein** être sûr(e) de son affaire.

◆ **Sachen** *Pl* **-1.** [Dinge] affaires *fpl*. **-2.** [Kleidung] affaires *fpl*, habits *mpl*. **-3.** [Speisen] choses *fpl*. **-4.** *salopp* [Stundenkilometer]: **mit 180 ~n** à 180 à l'heure.

Sachgebiet *das* domaine *m* (de spécialité).

sachgemäß ◇ *Adj* adéquat(e). ◇ *Adv* de manière adéquate.

sachgerecht ◇ *Adj* approprié(e). ◇ *Adv* de manière appropriée.

Sachkenntnis *die* connaissances *fpl (d'un domaine)*.

sachkundig ◇ *Adj* averti(e). ◇ *Adv* de manière compétente; **sich ~ machen** s'informer.

Sachlage *die (ohne Pl)* situation *f*.

sachlich ◇ *Adj* **-1.** [objektiv] objectif(ive). **-2.** [in der Sache] de fond. **-3.** [Stil, Einrichtung] fonctionnel(elle). ◇ *Adv* **-1.** [objektiv] objectivement; **~ bleiben** rester objectif(ive). **-2.** [in der Sache] sur le fond. **-3.** [gestalten, einrichten] de manière fonctionnelle.

sächlich *Adj* GRAM neutre.

Sachlichkeit *die (ohne Pl)* objectivité *f*.

Sachregister *das* index *m*.

Sachschaden *der* dégâts *mpl* matériels.

Sachse ['zaksə] (*Pl* **-n**) *der* Saxon *m*.

sächseln ['zɛksəln̩] *intr abw* parler saxon.

Sachsen ['zaksn̩] *nt* Saxe *f*.

Sachsen-Anhalt *nt* Saxe-Anhalt *f*.

Sächsin ['zɛksɪn] (*Pl* **-nen**) *die* Saxonne *f*.

sächsisch ['zɛksɪʃ] *Adj* saxon(onne).

Sächsische Schweiz *die* Suisse *f* saxonne.

sacht, sachte ◇ *Adj* **-1.** [sanft] doux (douce). **-2.** [vorsichtig]: **mit ~en Schritten** d'un pas léger. **-3.** [langsam] mesuré(e). ◇ *Adv* doucement.

◆ **sachte!** *Interj fam* doucement!

Sachverhalt (*Pl* **-e**) *der* faits *mpl*.

Sachverstand *der (ohne Pl)* compétence *f*.

sachverständig ◇ *Adj* expert(e). ◇ *Adv* en expert.

Sachverständige (*Pl* **-n**) *der, die* expert *m*.

Sachwert *der* valeur *f* réelle.

Sachzwang *der* contrainte *f*.

Sack (*Pl* **Säcke** ODER **-**) *der* **-1.** *(Pl Säcke, Sack)* [Behälter] sac *m*. **-2.** *salopp (Pl Säcke)* [Mensch] connard *m*. **-3.** *salopp (Pl Säcke)* [Hodensack] couilles *fpl*.

sacken (*Perf* **ist gesackt**) *intr* **-1.** [zusammenbrechen] s'affaisser. **-2.** [sinken] s'enfoncer.

Sackgasse *die* impasse *f*; **in eine ~ geraten** *eigtl* & *fig* se retrouver dans une impasse.

Sadismus *der (ohne Pl)* sadisme *m*.

Sadist, in (*mPl* **-en**; *fPl* **-nen**) *der, die* sadique *mf*.

sadistisch ◇ *Adj* sadique. ◇ *Adv* sadiquement.

säen *tr* semer.

Safari (*Pl* **-s**) *die* safari *m*.

Safe [se:f] (*Pl* **-s**) *der* coffre-fort *m*.

Safran *der* safran *m*.

Saft (*Pl* **Säfte**) *der* **-1.** [von Obst, Gemüse, Fleisch] jus *m*. **-2.** [von Pflanzen] sève *f*. **-3.** *fam* [elektrischer Strom] jus *m*.

saftig *Adj* **-1.** [Obst, Fleisch] juteux(euse). **-2.** *fam* [gewaltig] carabiné(e).

Saftladen *der abw fam* : **so ein ~** quelle boutique!

Saga (*Pl* **-s**) *die* saga *f*.

Sage (*Pl* **-n**) *die* légende *f*.

Säge (*Pl* **-n**) *die* scie *f*.

Sägeblatt *das* lame *f* de scie.

Sägemehl *das (ohne Pl)* sciure *f*.

sagen *tr* **-1.** [sprechen, mitteilen] dire; **jm etw ~** dire qqch à qqn; **was sagst du dazu**? qu'en dis-tu?; **das kann jeder ~** c'est facile à dire; **ich habe es dir ja gleich gesagt** je te l'avais bien dit. **-2.** [denken, sich entschließen]: **sich** *(D)* **etw ~** se dire qqch. **-3.** [bedeuten] dire; **etwas/nichts zu ~ haben** avoir quelque chose/ne rien avoir à dire; **etw sagt jm viel/nichts** qqch dit beaucoup/ne dit rien à qqn; **etw sagt etwas/nichts über jn** qqch indique quelque chose/n'indique rien au sujet de qqn. **-4.** [befehlen]: **(jm) etwas/nichts zu ~ haben** avoir/ne pas avoir son mot à dire; **sich** *(D)* **etwas/nichts ~ lassen** accepter/refuser un conseil ODER un avis. **-5.** *RW*: **das kann man wohl ~** *fam* c'est le cas de le dire; **dagegen ist nichts zu ~** il n'y a rien à redire à cela; **wie gesagt** comme je l'ai dit.

◆ **sag mal!** *Interj* dis donc!

◆ **sage und schreibe** *Adv*: **er hat sage und schreibe 15 Negerküsse gegessen** tu te rends compte, il a mangé 15 têtes de nègres.

◆ **sag bloß!** *Interj* sans blague!

sägen *tr* & *intr* scier.

sagenhaft ◇ *Adj* fabuleux(euse). ◇ *Adv* fabuleusement.

Sägespäne *Pl* sciure *f*.

Sägewerk *das* scierie *f*.

Sago *der (ohne Pl)* sagou *m*.

sah *Prät* → **sehen**.

Sahara, Sahara *die* Sahara *m*.

Sahne *die (ohne Pl)* crème *f*; [geschlagen] crème *f* Chantilly, Chantilly *f*.

Sahnebonbon *das* caramel *m*.

Sahne|torte *die* tarte *f* à la crème.
sahnig ◇ *Adj* crémeux(euse). ◇ *Adv*: ~ **schmecken** avoir un goût crémeux.
Saison [sɛ'zɔŋ] (*Pl* **-s**) *die* saison *f*; ~ **haben** *fam* [in sein] être en vogue.
Saison|arbeiter, in *der, die* saisonnier *m*, -ère *f*.
saisonbedingt *Adj* saisonnier(ère).
Saite (*Pl* **-n**) *die* corde *f*; **andere ~n aufziehen** *fam fig* hausser le ton.
Saiten|instrument *das* instrument *m* à cordes.
Saitling (*Pl* **-e**) *der* boyau *m*.
Sakko (*Pl* **-s**) *der* veston *m*.
sakral *Adj* sacré(e).
Sakrament (*Pl* **-e**) *das* REL sacrement *m*.
Sakrileg (*Pl* **-e**) *das* sacrilège *m*.
Sakristei (*Pl* **-en**) *die* sacristie *f*.
sakrosankt *Adj geh* sacro-saint(e).
Salamander (*Pl* **-**) *der* salamandre *f*.
Salami (*Pl* **-s**) *die* salami *m*.
Salami|taktik *die fam* politique *f* du compte-gouttes.
Salat (*Pl* **-e**) *der* **-1.** [Gericht, Pflanze] salade *f*; **grüner ~** salade verte. **-2.** *fam (ohne Pl)* [Durcheinander] bazar *m*; **da haben wir den ~!** *fam* c'est le bouquet!
Salat|besteck *das* couvert *m* à salade.
Salat|gurke *die* concombre *m*.
Salat|schüssel *die* saladier *m*.
Salat|soße *die* vinaigrette *f*.
Salbe (*Pl* **-n**) *die* pommade *f*.
Salbei *das (ohne Pl)* sauge *f*.
salben *tr geh* **-1.** [Körper, Sterbender] oindre. **-2.** [weihen] sacrer; **jd wird zum König gesalbt** qqn est sacré roi.
salbungsvoll *abw* ◇ *Adj* onctueux(euse). ◇ *Adv* onctueusement.
Saldo (*Pl* **Saldi**) *der* solde *m*.
Salmiak|geist *der (ohne Pl)* solution *f* amoniacale.
Salmonelle (*Pl* **-n**) *die* salmonelle *f*.
Salmonellen|vergiftung *die* salmonellose *f*.
Salon [sa'lɔŋ] (*Pl* **-s**) *der* salon *m*.
salonfähig ◇ *Adj* convenable. ◇ *Adv* convenablement.
salopp ◇ *Adj* **-1.** [Kleidung] décontracté(e). **-2.** [Verhalten, Ausdrucksweise] relâché(e). ◇ *Adv* **-1.** [sich kleiden] de manière décontractée. **-2.** [sich benehmen, ausdrücken] avec désinvolture.
Salpeter *der (ohne Pl)* salpêtre *m*.
Salpeter|säure *die (ohne Pl)* acide *m* nitrique.
Salto (*Pl* **-s**) *der* salto *m*.
salutieren *intr* MIL saluer.
Salve ['salvə] (*Pl* **-n**) *die* salve *f*.
Salz (*Pl* **-e**) *das* sel *m*.
salzarm ◇ *Adj* peu salé(e). ◇ *Adv* avec peu de sel.
Salz|bergwerk *das* saline *f*.
Salzburg *nt* Salzbourg.
Salzburger (*Pl* **-**) ◇ *der* Salzbourgeois *m*. ◇ *Adj (unver)* de Salzbourg.
Salzburger Festspiele *Pl* festival *m* de Salzbourg *(manifestation culturelle où sont présentés opéras et représentations théâtrales)*.
Salzburgerin (*Pl* **-nen**) *die* Salzbourgeoise *f*.
salzen (*Perf* **hat gesalzen**) *tr* saler.
Salz|gebäck *das (ohne Pl)* petits gâteaux *mpl* salés.
salzig *Adj* salé(e).
Salzkartoffeln *die* pommes *fpl* de terre à l'eau.
salzlos *Adj* & *Adv* sans sel.
Salz|säule *die*: **zur ~ erstarren** être changé(e) en statue de sel.
Salz|säure *die (ohne Pl)* acide *m* chlorhydrique.
Salz|see *der* lac *m* salé.
Salz|stange *die* stick *m* salé.
Salz|stock *der* mine *f* de sel gemme.
Salzstreuer (*Pl* **-**) *der* salière *f*.
Salz|wasser *das (ohne Pl)* **-1.** [Meerwasser] eau *f* de mer. **-2.** [Kochwasser] eau *f* salée.
Salz|wüste *die* désert *m* de sel.
Samba (*Pl* **-s**) *die* samba *f*.
Samen (*Pl* **-**) *der* **-1.** *(ohne Pl)* [von Mensch, Tier] sperme *m*. **-2.** [von Pflanzen] graine *f*.
Samen|bank (*Pl* **-banken**) *die* banque *f* du sperme.
Samener|guß *der* éjaculation *f*.
Samen|korn (*Pl* **-körner**) *das* grain *m*, graine *f*.
Samen|zelle *die* spermatozoïde *m*.
sämig *Adj* velouté(e).
Sammel|album *das* album *m*.
Sammelan|schluß *der* raccordement *m* collectif.
Sammel|band (*Pl* **-bände**) *der* recueil *m*.
Sammel|becken *das* réservoir *m*.
Sammelbe|griff *der* terme *m* générique.
Sammel|bestellung *die* commande *f* groupée.
Sammel|büchse *die* tronc *m*.
Sammel|eifer *der (ohne Pl)* passion *f* de collectionner.
Sammel|lager *das* camp *m (de refugiés ou prisonniers)*.
sammeln *tr* **-1.** [zusammensuchen] **rassembler;** [Pilze, Beeren, Kräuter] **cueillir. -2.** [Eindrücke, Er-

fahrungen] accumuler. **-3.** [Münzen, Briefmarken] collectionner. **-4.** [versammeln] réunir.
◆ **sich sammeln** *ref* **-1.** [sich konzentrieren] se concentrer. **-2.** [sich versammeln] se réunir. **-3.** [zu sich finden] se recueillir.
Sammel|platz *der* point *m* de ralliement.
Sammel|stelle *die* dépôt *m*.
Sammelsurium [zaml̩'zuːriʊm] (*Pl* **-surien**) *das* bric-à-brac *m*.
Sammler, in (*mPl* **-**, *mPl* **-nen**) *der, die* collectionneur *m*, -euse *f*.
Sammler|wert *der* valeur *f* marchande.
Sammlung (*Pl* **-en**) *die* **-1.** [von Gegenständen] collection *f*. **-2.** [von Geld, Spenden] collecte *f*. **-3.** [Ruhe, Andacht] recueillement *m*.
Samstag (*Pl* **-e**) *der* samedi *m*; **~ morgen/abend** samedi matin/soir; **~ nacht** dans la nuit de samedi; **am ~ waren wir im Kino** samedi nous sommes allés au cinéma; **am nächsten ~ kommt sie** elle vient samedi prochain; **das muß an einem ~ im April gewesen sein** ça devait être un samedi en avril; **das Fest findet statt am ~, den 31. Dezember** la fête aura lieu le samedi 31 décembre; **langer ~** *premier samedi du mois où les magasins restent ouverts jusqu'à 16 ou 18 heures au lieu de fermer à midi.*
samstags *Adv* le samedi; **'~ geschlossen'** 'fermé le samedi'.
samt ◇ *Adv*: **~ und sonders** tous (toutes) sans exception. ◇ *Präp*: **~ jm/einer Sache** avec qqn/qqch.
Samt (*Pl* **-e**) *der* velours *m*.
samtig ◇ *Adj* velouté(e). ◇ *Adv* comme du velours.
sämtlich ◇ *Adj*: **~e Schüler** l'ensemble des élèves; **Schillers ~e Werke** les œuvres complètes de Schiller. ◇ *Adv* au complet.
Sanatorium [zana'toːri̯ʊm] (*Pl* **-torien**) *das* sanatorium *m*.
Sand *der (ohne Pl)* sable *m*; **~ streuen** sabler; **etw in den ~ setzen** *fam* [Projekt, Arbeit] se planter dans qqch; [Geld] perdre qqch; **im ~(e) verlaufen** *fig* finir en queue de poisson.
Sandale (*Pl* **-n**) *die* sandale *f*.
Sand|bank (*Pl* **-bänke**) *die* banc *m* de sable.
Sandel|holz *das (ohne Pl)* bois *m* de santal.
sandig *Adj* sablonneux(euse); [Schuhe, Füße] sableux(euse).
Sand|kasten *der* bac *m* à sable.
Sand|korn (*Pl* **-körner**) *das* grain *m* de sable.
Sand|männchen *das (ohne Pl)* marchand *m* de sable.
Sand|papier *das* papier *m* de verre.
Sand|stein *der* grès *m*.
Sandstrahl|gebläse *das* sableuse *f*.
Sand|strand *der* plage *f* de sable.
Sand|sturm *der* tempête *f* de sable.
sandte *Prät* → **senden**.
Sand|uhr *die* sablier *m*.
Sandwich ['sɛntvɪtʃ] (*Pl* **-(e)s** ODER **-e**) *der* ODER *das* sandwich *m*.
San Francisco *nt* San Francisco.
sanft ◇ *Adj* **-1.** [gen] doux (douce). **-2.** [Tourismus, Geburt] alternatif(ive). **-3.** [Anstieg, Druck] faible. **-4.** [Tod] paisible. ◇ *Adv* **-1.** [gen] doucement. **-2.** [schwach] faiblement. **-3.** [friedlich] paisiblement.
sanftmütig ◇ *Adj* placide. ◇ *Adv* avec placidité.
sang *Prät* → **singen**.
Sang
◆ **mit Sang und Klang** *Adv* tambour battant; **mit ~ und Klang durchfallen** s'étaler en beauté.
Sänger, in (*mPl* **-**; *fPl* **-nen**) *der, die* chanteur *m*, -euse *f*.
sanglos *Adv*: **sang- und klanglos** *fam* sans tambour ni trompette.
Sangria (*Pl* **-s**) *die* sangria *f*.
sanieren *tr* **-1.** [Gebäude, Viertel] réhabiliter. **-2.** [Unternehmen] assainir.
◆ **sich sanieren** *ref* se redresser.
Sanierung (*Pl* **-en**) *die* **-1.** [von Gebäude, Viertel] réhabilitation *f*. **-2.** [von Unternehmen] assainissement *m*.
sanierungsbedürftig *Adj* qui a besoin d'être réhabilité(e); **~ sein** avoir besoin d'être réhabilité(e).
Sanierungs|gebiet *das* zone *f* en réhabilitation.
sanitär *Adj* sanitaire; **~e Anlagen** sanitaires *mpl*.
Sanitäter, in (*mPl* **-**; *fPl* **-nen**) *der, die* **-1.** MED secouriste *mf*. **-2.** MIL brancardier *m*.
Sanitäts|dienst *der* **-1.** *(ohne Pl)* MED service *m* de secours. **-2.** MIL service *m* des brancardiers.
sank *Prät* → **sinken**.
Sankt Anton *nt* Saint-Anton, Sankt Anton am Arlberg.
Sankt Bernhard *der*: **Großer/Kleiner ~** Grand-/Petit-Saint-Bernard *m*.
Sankt Gallen *nt* Saint-Gall.
Sankt Galler (*Pl* **-**) ◇ *der* Saint-Gallois *m*. ◇ *Adj (unver)* saint-gallois(e).
Sankt Gallerin (*Pl* **-nen**) *die* Saint-Galloise *f*.
sanktgallisch *Adj* saint-gallois(e).
Sankt Gotthard *der* Saint-Gothard *m*.
Sanktion (*Pl* **-en**) *die* **-1.** [Strafe] sanction *f*; **~en verhängen** prendre des sanctions. **-2.** [von Gesetzen] sanction *f* (des lois).

sanktionieren *tr* sanctionner.
Sankt Moritz *nt* Saint-Moritz.
Sankt Petersburg *nt* Saint-Pétersbourg.
San Marino *nt* Saint-Marin.
Sansibar *nt* Zanzibar; **auf ~** à Zanzibar.
Sanskrit *das (ohne Pl)* sanskrit *m*.
Santiago *nt*: **~ (de Chile)** Santiago (du Chili); **~ de Compostela** Saint-Jacques-de-Compostelle.
Saphir, **Saphir** (*Pl* **-e**) *der* saphir *m*.
Sarajevo *nt* Sarajevo.
Sarde (*Pl* **-n**) *der* Sarde *m*.
Sardelle (*Pl* **-n**) *die* anchois *m*.
Sardellen|paste *die* beurre *m* d'anchois.
Sardin (*Pl* **-nen**) *die* Sarde *f*.
Sardine (*Pl* **-n**) *die* sardine *f*; **wie die ~n** *fig fam* comme des sardines.
Sardinen|büchse *die* boîte *f* de sardines.
Sardinien [zar'diːnjən] *nt* Sardaigne *f*.
Sardinier, in [zar'diːniɐ, rɪn] (*mPl* **-**; *fPl* **-nen**) *der, die* Sarde *mf*.
sardinisch, **sardisch** *Adj* sarde.
Sarg (*Pl* **Särge**) *der* cercueil *m*.
Sarkasmus (*Pl* **Sarkasmen**) *der* sarcasme *m*.
sarkastisch ◇ *Adj* sarcastique. ◇ *Adv* sarcastiquement.
Sarkophag (*Pl* **-e**) *der* sarcophage *m*.
Sarnen *nt* Sarnen.
saß *Prät* → **sitzen**.
SAT 1 ['zat'ains] *nt chaîne de télévision privée allemande*.
Satan (*Pl* **-e**) *der* **-1.** [Teufel] Satan *m*. **-2.** *abw* [Mensch] diable *m*.
satanisch *Adj abw* satanique.
Satellit (*Pl* **-en**) *der* satellite *m*.
Satelliten|fernsehen *das (ohne Pl)* télévision *f* par satellite.
Satelliten|foto *das* photo *f* (par) satellite.
Satelliten|staat *der* État *m* satellite.
Satelliten|stadt *die* ville *f* nouvelle.
Satelliten|übertragung *die* transmission *f* par satellite.
Satin [za'tɛ̃ː, za'tɛŋ] (*Pl* **-s**) *der* satin *m*.
Satire (*Pl* **-n**) *die* satire *f*.
Satiriker, in (*mPl* **-**; *fPl* **-nen**) *der, die* satiriste *mf*.
satirisch *Adj* satirique.
satt ◇ *Adj* **-1.** [gesättigt] rassasié(e); **~ sein** ne plus avoir faim; **etw macht ~** qqch est nourrissant(e). **-2.** *fam* [Sound] plein(e). **-3.** [Farbe] franc (franche). ◇ *Adv* **-1.** [gesättigt]: **sich ~ essen** manger à sa faim. **-2.** [überdrüssig]: **sich an etw** *(A)* **~ gesehen haben** avoir contemplé qqch à satiété. **-3.** *RW*: **jn/etw ~ haben** *fam* en avoir marre de qqn/qqch.
Sattel (*Pl* **Sättel**) *der* selle *f*.
sattelfest *Adj fam* bien en selle.
satteln *tr* seller.
Sattel|schlepper *der* semi-remorque *m*.
Sattel|tasche *die* sacoche *f*.
sättigen ◇ *tr* **-1.** [Markt, Nachfrage] saturer. **-2.** *geh* [satt machen] rassasier. ◇ *intr* rassasier.
sättigend *Adj geh* nourrissant(e).
Sättigung (*Pl* **-en**) *die* **-1.** WIRTSCH saturation *f*. **-2.** *geh* [das Sattmachen] assouvissement *m* (de la faim).
Saturn *der* ASTRO Saturne *nt*.
Satz (*Pl* **Sätze**) *der* **-1.** [grammatisch] phrase *f*; **mit einem ~** en deux mots. **-2.** [Sprung] bond *m*; **mit einem ~** d'un bond. **-3.** SPORT manche *f*; [im Tennis] set *m*. **-4.** *(ohne Pl)* TYPO composition *f*. **-5.** MUS mouvement *m*. **-6.** MATH théorème *m*. **-7.** [Set] jeu *m*.
Satz|ball *der* balle *f* de set.
Satz|bau *der (ohne Pl)* syntaxe *f*.
Satz|gefüge *das* phrase *f* complexe.
Satz|glied *das* membre *m* de phrase.
Satz|teil *der* élément *m* de phrase.
Satzung (*Pl* **-en**) *die* statuts *mpl*.
Satz|zeichen *das* signe *m* de ponctuation.
Satzzusammen|hang *der* contexte *m*.
Sau (*Pl* **Säue** ODER **Sauen**) *die* **-1.** *(Pl Säue)* [Schwein] truie *f*. **-2.** *(Pl Sauen)* [Wildschwein] laie *f*. **-3.** *fam (Pl Säue) abw* [Mensch] porc *m*.
sauber ◇ *Adj* **-1.** [rein, gut] propre. **-2.** *fam iron* [fein]: **ein ~es Pärchen** un couple pas (très) catholique. ◇ *Adv* proprement.
Sauberkeit *die (ohne Pl)* propreté *f*.
säuberlich ◇ *Adj* soigneux(euse). ◇ *Adv* soigneusement.
sauber|machen *tr* nettoyer.
säubern *tr* **-1.** [reinigen] nettoyer. **-2.** [frei machen] épurer.
Säuberung (*Pl* **-en**) *die* **-1.** [von Partei, Land] épuration *f*. **-2.** [Reinigung] nettoyage *m*.
Sauce ['zoːsə] (*Pl* **-n**) *die* sauce *f*.
Sauciere [zo'sieːrə] (*Pl* **-n**) *die geh* saucière *f*.
Saudi (*Pl* **-s**) *der* Saoudien *m*.
Saudi|araber, in *der, die* Saoudien *m*, -enne *f*.
Saudi-Arabien *nt* Arabie *f* Saoudite.
saudiarabisch *Adj* d'Arabie Saoudite.
sauer ◇ *Adj* **-1.** [Essen] acide, aigre; [Milch] tourné(e). **-2.** [Stimmung] contrarié(e); **~ auf jn sein** *fam* en vouloir à qqn. **-3.** CHEM acide. ◇ *Adv* **-1.** [schlecht gelaunt] avec contrariété. **-2.** [nicht süß]: **~ schmecken** avoir un goût aigre. **-3.** CHEM: **~ reagieren** être à réaction acide.
Sauerampfer *der (ohne Pl)* oseille *f*.

Sauer|braten *der rôti de bœuf mariné dans du vinaigre avec des épices.*
Sauerei (*Pl* **-en**) *die fam* cochonnerie *f.*
Sauer|kirsche *die* griotte *f.*
Sauer|kraut *das (ohne Pl)* choucroute *f.*
Sauerland *das* Sauerland *m*; **im ~** dans le Sauerland.
säuerlich ◇ *Adj* **-1.** [Essen] acidulé(e). **-2.** [Stimmung] aigre-doux (aigre-douce). ◇ *Adv* **-1.** [nicht süß]: **~ schmecken** avoir un goût acidulé; **~ riechen** avoir une odeur acidulée. **-2.** [verstimmt] de manière aigre-douce.
säuern *tr* [Salat] vinaigrer.
Sauer|stoff *der (ohne Pl)* oxygène *m.*
Sauerstoff|gerät *das* masque *m* à oxygène.
Sauer|teig *der* levain *m.*
saufen (*Präs* **säuft,** *Prät* **soff,** *Perf* **hat gesoffen**) ◇ *tr* **-1.** [Subj: Tier] boire. **-2.** *salopp* [Alkohol] picoler. **-3.** *fam* [Subj: Auto] consommer. ◇ *intr* **-1.** [Tier] s'abreuver. **-2.** *salopp* [Mensch] picoler.
Säufer (*Pl* **-**) *der salopp abw* ivrogne *m.*
Sauferei (*Pl* **-en**) *die salopp abw* beuverie *f.*
Säuferin (*Pl* **-nen**) *die salopp abw* ivrogne *f.*
säuft *Präs* → **saufen**.
saugen (*Prät* **sog** ODER **saugte,** *Perf* **hat gesogen** ODER **gesaugt**) ◇ *tr* **-1.** [heraussaugen]: **(etw aus etw) ~** aspirer (qqch de qqch). **-2.** *(reg)* [Teppich] passer l'aspirateur sur ODER dans. ◇ *intr* **-1.** [Baby, Tier] téter; [mit Strohhalm] aspirer; **an etw** *(D)* **~** [Subj: Baby, Tier] téter qqch; [Pfeife] tirer sur qqch. **-2.** [mit Staubsauger] passer l'aspirateur.
säugen *tr* allaiter.
Säuge|tier *das* mammifère *m.*
saugfähig *Adj* absorbant(e).
Säugling (*Pl* **-e**) *der* nourrisson *m.*
Säuglings|nahrung *die (ohne Pl)* aliments *mpl* pour bébé.
Säuglings|pflege *die (ohne Pl)* puériculture *f.*
Säuglingssterblichkeit *die (ohne Pl)* mortalité *f* infantile.
Saug|napf *der* ventouse *f.*
saukalt *Adj fam* sacrément froid.
Säule (*Pl* **-n**) *die* **-1.** ARCHIT colonne *f.* **-2.** [Mensch] pilier *m.*
Saum (*Pl* **Säume**) *der* ourlet *m.*
saumäßig *fam* ◇ *Adj* **-1.** [groß] sacré(e). **-2.** *abw* [schlecht] lamentable. ◇ *Adv* sacrément.
säumen *tr* **-1.** [nähen] ourler. **-2.** *geh* [entlang etw stehen] border.
säumig *Adj* retardataire; **~er Zahler** mauvais payeur *m.*
saumselig *geh* ◇ *Adj* indolent(e). ◇ *Adv* de manière indolente.
Sauna (*Pl* **-s** ODER **Saunen**) *die* sauna *m.*
Säure (*Pl* **-n**) *die* **-1.** CHEM acide *m.* **-2.** *(ohne Pl)* [als Geschmack] acidité *f.*
säurefest *Adj* résistant(e) aux acides.
Saurier ['zaurie] (*Pl* **-**) *der* saurien *m.*
Saus: **in ~ und Braus leben** brûler la chandelle par les deux bouts.
säuseln ◇ *intr* murmurer. ◇ *tr* susurrer.
sausen (*Perf* **hat/ist gesaust**) *intr* **-1.** *(ist) fam* [Person] foncer. **-2.** *(hat)* [Wind] siffler.
sausen|lassen *tr (unreg) fam* laisser courir.
Sau|stall *der fam abw* porcherie *f.*
Sau|wetter *das (ohne Pl) fam abw* temps *m* de cochon.
sauwohl *Adv fam* : **sich ~ fühlen** se sentir vachement bien.
Savanne [za'vanə] (*Pl* **-n**) *die* savane *f.*
Savoyen [za'vɔyən] *nt* Savoie *f.*
Saxophon, **Saxophon** (*Pl* **-e**) *das* saxophone *m.*
SB *Abk für* **Selbstbedienung**.
S-|Bahn *die réseau ferroviaire urbain et régional,* ≃ RER *m.*
S-Bahn|hof *der* ≃ gare *f* du RER.
S-Bahn|station *die* ≃ station *f* de RER.
SBB (*Abk für* **Schweizerische Bundesbahn**) *die (ohne Pl)* chemins *mpl* de fer suisses, ≃ SNCF *f.*
s.Br. (*Abk für* **südlicher Breite**) latitude sud.
SC (*Abk für* **Sportclub**) *der (ohne Pl)* S.C. *m (sporting club).*
Scanner ['skɛnɐ] (*Pl* **-**) *der* scanner *m.*
SchA (*Abk für* **Scheckamt**) ≃ CCP.
Schabe (*Pl* **-n**) *die* blatte *f.*
schaben ◇ *tr* râper. ◇ *intr* racler.
Schabernack (*Pl* **-e**) *der* niche *f,* (mauvais) tour *m*; **mit jm ~ treiben** jouer des tours à qqn.
schäbig *abw* ◇ *Adj* **-1.** [ärmlich] miteux(euse). **-2.** [kleinlich] minable. ◇ *Adv* **-1.** [ärmlich] misérablement. **-2.** [kleinlich] lamentablement.
Schablone (*Pl* **-n**) *die* **-1.** [Gegenstand] patron *m.* **-2.** [Schema] poncif *m*; **jn/etw in eine ~ pressen** faire rentrer qqn/qqch dans un moule.
schablonenhaft ◇ *Adj* stéréotypé(e). ◇ *Adv* sur le même schéma.
Schach (*Pl* **-s**) *das* échecs *mpl*; **~ spielen** jouer aux échecs; **jm ~ bieten** faire échec à qqn; **~!** échec! **jn in ~ halten** *fig* tenir qqn en échec.
◆ **Schach und matt!** *Interj* échec et mat!
Schach|brett *das* échiquier *m.*
schachern *intr fam abw*: **um etw ~** marchander qqch.
schachmatt *Adj* **-1.** [beim Spiel] échec et mat. **-2.** *fam* [müde] sur les rotules, vanné(e).

Schach|spieler, in *der, die* joueur *m*, -euse *f* d'échecs.

Schacht (*Pl* **Schächte**) *der* **-1.** [Förderschacht] puits *m* (de mine). **-2.** [Hohlraum] cage *f*; [für Lüftung] cheminée *f*; [von Brunnen] puits *m*.

Schachtel (*Pl* **-n**) *die* **-1.** [Behälter] boîte *f*; [für Schuhe, Hüte] carton *m*; **eine ~ Zigaretten** un paquet de cigarettes. **-2.** *fam abw* [Frau]: **alte ~!** vieille peau!

Schachtel|halm *der* prèle *f*.

schachteln *tr* imbriquer.

Schach|zug *der* coup *m*.

schade *Adj* dommage; **es ist ~ um jn/etw** c'est dommage pour qqn/qqch; **zu ~ für jn/etw sein** *fam* être trop bien pour qqn/qqch; **sich zu ~ für etw sein** *fam* se croire ODER être trop bien pour faire qqch.

Schädel (*Pl* -) *der* **-1.** [Knochen] crâne *m*. **-2.** *fam* [Kopf] tête *f*.

Schädel|bruch *der* fracture *f* du crâne.

schaden *intr* nuire à; **das schadet nichts** ça ne fait pas de mal.

Schaden (*Pl* **Schäden**) *der* **-1.** [von Sachen] dommage *m*, dégâts *mpl*; **~ verursachen** causer des dégâts. **-2.** [von Menschen] affection *f*; **er nahm an seiner Gesundheit ~** sa santé fut altérée; **zu ~ kommen** se blesser.

Schadener|satz *der* (*ohne Pl*) dédommagement *m*; **~ fordern** exiger des dommages et intérêts.

Schadenfreiheits|rabatt *der* bonus *m*.

Schaden|freude *die* (*ohne Pl*) joie *f* maligne.

schadenfroh ◇ *Adj* empreint(e) d'une joie maligne; **~ sein** se réjouir du malheur d'autrui. ◇ *Adv* avec une joie maligne.

Schadens|begrenzung *die* (*ohne Pl*): **um ~ bemüht sein** vouloir limiter les dégâts.

Schadens|fall *der* cas *m* de sinistre.

Schadenverhütung *die* (*ohne Pl*) prévention *f* des sinistres.

schadhaft ◇ *Adj* défectueux(euse). ◇ *Adv* de manière défectueuse.

schädigen *tr* porter atteinte à.

Schädigung (*Pl* **-en**) *die geh* endommagement *m*, préjudice *m*; **die ~ von etw** l'atteinte portée à qqch.

schädlich *Adj* nocif(ive).

Schädling (*Pl* **-e**) *der* parasite *m*.

Schädlingsbekämpfungs|mittel *das* pesticide *m*.

schadlos *Adv*: **sich an jm/etw ~ halten** *geh* se rattraper sur qqn/qqch.

Schad|stoff *der* polluant *m*; [in Essen] toxique *m*.

schadstoffarm ◇ *Adj* **-1.** [Maschine, Motor] peu polluant(e). **-2.** [Ernährung] peu toxique. ◇ *Adv* sans polluer.

schadstofffrei ◇ *Adj* [Maschine, Motor] non-polluant(e); [Ernährung] non toxique. ◇ *Adv* sans polluer.

Schaf (*Pl* **-e**) *das* **-1.** [Tier] mouton *m*. **-2.** *fam abw* [Mensch] âne *m*; **ein schwarzes ~** une brebis galeuse.

Schäfer (*Pl* -) *der* berger *m*.

Schäfer|hund *der* chien *m* de berger; **deutscher ~** berger *m* allemand.

Schäferin (*Pl* **-nen**) *die* bergère *f*.

schaffen[1] ◇ *tr* **-1.** *fam* [beenden] arriver à finir; **es ~, etw zu tun** arriver à faire qqch; **Ordnung ~** mettre de l'ordre; **Platz ~** faire de la place; **geschafft!** terminé! **-2.** [Prüfung] réussir. **-3.** [transportieren]: **etw an einen Ort ~** porter qqch quelque part; **jn an einen Ort ~** transporter qqn quelque part. **-4.** [erschöpfen]: **jn ~** épuiser qqn; **geschafft sein** *fam* être vidé(e). **-5.** [erreichen]: **den Bus/die Bahn gerade noch ~** réussir à attraper le bus/le train. ◇ *intr* **-1.** [tun]: **mit jm/etw nichts zu ~ haben** ne rien avoir à faire avec qqn/qqch; **jm zu ~ machen** causer des difficultés à qqn. **-2.** *Süddt* [arbeiten] travailler.

schaffen[2] (*Prät* **schuf**, *Perf* **hat geschaffen**) *tr* [erschaffen] créer; **wie geschaffen sein für jn/etw** être fait(e) pour qqn/qqch.

◆ **Schaffen** *das* (*ohne Pl*) œuvre *f*.

Schaffens|drang *der* (*ohne Pl*) *geh*: **voller ~ sein** montrer beaucoup d'ardeur au travail.

Schaffhausen *nt* Schaffhouse.

Schaffner, in (*mPl* -; *fPl* **-nen**) *der, die* contrôleur *m*.

Schaffung *die* (*ohne Pl*) *geh* création *f*.

Schaf|kopf *der* (*ohne Pl*) *jeu de cartes proche de la belote*.

Schafott (*Pl* **-e**) *das* échafaud *m*.

Schafs|fell *das* **-1.** [am Tier] toison *f*. **-2.** [Material, Teppich] peau *f* de mouton.

Schafs|käse *der* (*ohne Pl*) fromage *m* de brebis.

Schaft (*Pl* **Schäfte**) *der* **-1.** [von Messern] manche *m*. **-2.** [von Stiefel, Pfeil] tige *f*. **-3.** [von Speeren] hampe *f*.

Schakal (*Pl* **-e**) *der* chacal *m*.

schäkern *intr fam* flirter.

schal ◇ *Adj* fade. ◇ *Adv*: **~ schmecken** avoir un goût fade.

Schal (*Pl* **-s** ODER **-e**) *der* écharpe *f*.

Schale (*Pl* **-n**) *die* **-1.** [Außenhaut] peau *f*; [von Zitrusfrüchten] écorce *f*. **-2.** [Gefäß] coupe *f*; [Tasse] bol *m*. **-3.** [Panzer] coquille *f*. **-4.** *RW*: **sich in ~ werfen** *fam* se mettre sur son trente et un.

schälen *tr* **-1.** [Gemüse] éplucher. **-2.** [Obst] peler; [Zitrusfrucht, Banane] éplucher; **etw aus etw ~** débarrasser qqch de qqch; **etw von etw ~**

peler qqch de qqch. **-3.** [Mandeln] monder. **-4.** [Ei] écaler.
◆ **sich schälen** *ref* peler.
Schalen|sitz *der* baquet *m*, siège *m* baquet.
Schalk (*Pl* **-e** ODER **Schälke**) *der* espiègle *m*.
Schall (*Pl* **-e** ODER **Schälle**) *der* son *m*.
schalldämmend ◇ *Adj* insonorisant(e). ◇ *Adv* en insonorisant.
Schall|dämpfer *der* **-1.** TECH amortisseur *m* de son. **-2.** [von Waffen, Auspuff] silencieux *m*. **-3.** [von Musikinstrument] sourdine *f*.
schalldicht ◇ *Adj* insonorisé(e). ◇ *Adv*: **~ isolieren** insonoriser.
schallen (*Prät* **schallte, scholl,** *Perf* **hat geschallt**) *intr* retentir.
schallend ◇ *Adj* retentissant(e). ◇ *Adv* bruyamment; **~ lachen** rire aux éclats.
Schall|geschwindigkeit *die (ohne Pl)* vitesse *f* du son.
Schall|mauer *die* mur *m* du son; **die ~ durchbrechen** [Flug] franchir le mur du son.
Schall|platte *die* disque *m*.
Schalotte (*Pl* **-n**) *die* échalote *f*.
schalt *Prät* → **schelten**.
schalten ◇ *intr* **-1.** [im Auto] changer de vitesse. **-2.** [umschalten]: **auf das zweite Programm ~** passer sur la deuxième chaîne; **wir ~ nach Berlin** nous passons l'antenne à Berlin. **-3.** *fam* [reagieren] réagir. **-4.** [tun]: **~ und walten, wie man will** agir à sa guise. ◇ *tr* ELEKTR connecter; **ich schalte die Heizung auf 1** je mets le chauffage sur 1.
Schalter (*Pl* **-**) *der* **-1.** [Schaltknopf - für Licht] interrupteur *m*; [- für Gerät] commutateur *m*. **-2.** [für Verkauf, Auskunft] guichet *m*.
Schalter|beamte *der* guichetier *m*.
Schalter|beamtin *die* guichetière *f*.
Schalter|halle *die* salle *f* des guichets.
Schalter|schluß *der (ohne Pl)* fermeture *f* des guichets.
Schalt|getriebe *das* boîte *f* de vitesses.
Schalt|hebel *der* levier *m* de vitesse.
Schalt|jahr *das* année *f* bissextile.
Schalt|kreis *der* circuit *m*.
Schalt|plan *der* schéma *m* de montage.
Schalt|pult *das* pupitre *m* de commande.
Schaltung (*Pl* **-en**) *die* **-1.** [Gangschaltung] boîte *f* de vitesse. **-2.** ELEKTR couplage *m*. **-3.** TV liaison *f*.
Scham *die (ohne Pl)* honte *f*.
Scham|bein *das* pubis *m*.
schämen
◆ **sich schämen** *ref* avoir honte; **sich für etw ~** avoir honte de qqch; **sich für jn ~** avoir honte pour qqn; **sich wegen jm/etw ~** avoir honte de qqn/qqch.
Scham|gefühl *das (ohne Pl)* pudeur *f*.
Scham|haar *das* **-1.** [Haar] poil *m* pubien. **-2.** *(ohne Pl)* [Behaarung] toison *f* (pubienne).
schamhaft ◇ *Adj* pudique. ◇ *Adv* pudiquement.
schamlos ◇ *Adj* **-1.** [ohne Schamgefühl] impudique. **-2.** [rücksichtslos] éhonté(e). **-3.** [dreist] effronté(e). ◇ *Adv* **-1.** [ohne Schamgefühl] sans gêne. **-2.** [rücksichtslos] honteusement. **-3.** [dreist] effrontément.
Schande *die (ohne Pl)* honte *f*; **es ist eine ~!** *abw* c'est une honte!; **jm/einer Sache ~ machen** faire honte à qqn/qqch; **zu js ~** à la grande honte de qqn.
schänden *tr abw* violer.
Schand|fleck *der* tache *f*.
schändlich ◇ *Adj* honteux(euse), infâme. ◇ *Adv* honteusement.
Schand|tat *die* **-1.** [Verbrechen] infamie *f*. **-2.** *fam hum* [Aktion]: **zu jeder ~ bereit sein** être prêt(e) à faire les 400 coups.
Schändung (*Pl* **-en**) *die* **-1.** [von Sachen] violation *f*. **-2.** [von Menschen] viol *m*.
Schanghai *nt* Shanghai.
Schank|konzession *die amt* licence *f* (d'un débit de boisson).
Schanze (*Pl* **-n**) *die* tremplin *m*.
Schar (*Pl* **-en**) *die* **-1.** [Kinder] ribambelle *f*. **-2.** [Vögel] nuée *f*.
◆ **in Scharen** *Adv* en masse.
Scharade (*Pl* **-n**) *die* charade *f*.
Schäre (*Pl* **-n**) *die* récif *m*.
scharen *tr*: **Personen um sich ~** rassembler des personnes autour de soi.
◆ **sich scharen** *ref*: **sich um jn ~** se grouper autour de qqn.
scharenweise *Adv* en masse.
scharf (*Kompar* **schärfer,** *Superl* **schärfste**) ◇ *Adj* **-1.** [Messer, Klinge] coupant(e), tranchant(e); [Kralle] pointu(e). **-2.** [Gericht] épicé(e). **-3.** [Foto, Umriß] net (nette); [Profil, Züge] marqué(e). **-4.** [Sinne - Augen] perçant(e); [- Gehör] fin(e). **-5.** [heftig] sévère; [Tempo] rapide; [Wind] vif (vive). **-6.** [Geräusch, Geruch] pénétrant(e). **-7.** *fam* [toll] super; [erotisch] sexy; **auf etw** *(A)* **~ sein** avoir très envie de qqch; **auf jn ~ sein** être très attiré(e) par qqn. **-8.** [Säure] puissant(e). **-9.** [Kurve] serré(e). **-10.** [Hund] méchant(e). **-11.** [Waffe] chargé(e); **~e Munition** balles *fpl* réelles. ◇ *Adv* **-1.** [schleifen]: **~ geschliffen** aiguisé(e). **-2.** [würzen]: **~ gewürzt** épicé(e). **-3.** [umrissen] nettement. **-4.** [genau] avec attention. **-5.** [heftig] fortement. **-6.** [stark] avec violence. **-7.** [knapp]: **~ an etw** *(D)* **vorbei** à ras de qqch. **-8.**

[bremsen] **brutalement. -9.** [schießen] à balles réelles.

Scharf|blick *der (ohne Pl)* clairvoyance *f.*

Schärfe (*Pl* **-n**) *die* **-1.** *(ohne Pl)* [von Klingen] tranchant *m.* **-2.** [von Bildschirmen] **netteté** *f.* **-3.** *(ohne Pl)* [Ton]: **(mit) ~** (d'un) ton tranchant. **-4.** *(ohne Pl)* [Geschmack] **goût** *m* **relevé. -5.** *(ohne Pl)* [von Sinnesorganen] **acuité** *f.* **-6.** [Härte] **sévérité** *f;* [von Auseinandersetzungen] **âpreté** *f.*

schärfen *tr* **-1.** [Messer, Verstand, Bewußtsein] aiguiser. **-2.** MIL amorcer.

scharf|machen *tr* **-1.** MIL amorcer. **-2.** *fam* [erregen] exciter.

Scharf|schütze, |schützin *der, die* tireur *m* d'élite.

Scharf|sinn *der (ohne Pl)* perspicacité *f.*

scharfsinnig ◇ *Adj* perspicace. ◇ *Adv* avec perspicacité.

Scharlach *der (ohne Pl)* scarlatine *f.*

Scharlatan (*Pl* **-e**) *der* charlatan *m.*

Scharmützel (*Pl* -) *das* échauffourée *f.*

Scharnier (*Pl* **-e**) *das* charnière *f.*

Schärpe (*Pl* **-n**) *die* écharpe *f.*

scharren *tr* & *intr* gratter.

Scharte (*Pl* **-n**) *die* brèche *f;* **eine ~ auswetzen** *fig* réparer une faute.

Schaschlik (*Pl* **-s**) *der* ODER *das* chachlik *m.*

schassen *tr fam* chasser.

Schatten (*Pl* -) *der* ombre *f;* **in js ~ stehen** *fig* vivre dans l'ombre de qqn; **jn in den ~ stellen** *fam fig* éclipser qqn; **über seinen ~ springen** *fam fig* se faire violence.

Schatten|boxen *das (ohne Pl)* tai-chi *m.*

Schatten|dasein *das (ohne Pl)*: **ein ~ führen** végéter, vivoter.

Schattenmorelle (*Pl* **-n**) *die* griotte *f.*

Schatten|seite *die* **-1.** [ohne Sonne] côté *m* à l'ombre. **-2.** [Nachteil] côté *m* négatif.

Schatten|spiel *das* ombres *fpl* chinoises.

Schattierung (*Pl* **-en**) *die* **-1.** [farblich] dégradé *m.* **-2.** [ideologisch] couleur *f (politique).*

schattig *Adj* ombragé(e).

Schatulle (*Pl* **-n**) *die* [für Schmuck] écrin *m;* [für Geld] cassette *f.*

Schatz (*Pl* **Schätze**) *der* **-1.** [Reichtum] trésor *m.* **-2.** *fam* [Liebling] amour *m;* **mein ~** (mon) chéri, (ma) chérie.

schätzen *tr* estimer; **grob geschätzt** en gros; **was schätzt du, wie lange das dauert**? cela va durer combien de temps, à ton avis?; **jn/etw zu ~ wissen** savoir apprécier qqn/qqch.

schätzenswert *Adj* estimable, appréciable.

Schatz|kammer *die* chambre *f* du trésor.

Schatz|meister *der* trésorier *m.*

Schätz|preis *der* estimation *f* (de prix).

Schatz|suche *die* chasse *f* au trésor.

Schätzung (*Pl* **-en**) *die* estimation *f.*

schätzungsweise *Adv* approximativement.

Schätz|wert *der* valeur *f* estimée.

Schau (*Pl* **-en**) *die* **-1.** [Ausstellung] **foire** *f;* [mit Tieren] **exposition** *f.* **-2.** [mit Künstlern] **revue** *f;* **eine ~ abziehen** *fam fig* faire du cinéma; **jm die ~ stehlen** *fam* ravir à qqn la vedette; **etw zur ~ stellen** faire étalage de qqch.

Schauder (*Pl* -) *der* frisson *m.*

schauderhaft ◇ *Adj* horrible. ◇ *Adv*: **~ aussehen** avoir un air épouvantable.

schaudern *tr* frissonner.

schauen *intr* **-1.** [blicken] **regarder; auf jn/etw ~** regarder qqn/qqch. **-2.** [sich kümmern]: **nach jm/etw ~** s'occuper de qqn/qqch. **-3.** [kontrollieren] vérifier.

◆ **schau mal!** *Interj* tiens, regarde!

Schauer (*Pl* -) *der* **-1.** [Regen] averse *f.* **-2.** [Frösteln] **frisson** *m.*

schauerlich ◇ *Adj* effroyable. ◇ *Adv* **-1.** [grausig] d'une manière effroyable. **-2.** *abw* [schlecht] effroyablement.

Schaufel (*Pl* **-n**) *die* pelle *f.*

schaufeln *tr* **-1.** [arbeiten]: **etw ~** [Loch] **creuser** qqch à la pelle; [wegschaufeln] ôter qqch à la pelle; **Schnee ~** déblayer, déneiger. **-2.** *fam* [essen] ingurgiter.

Schau|fenster *das* vitrine *f.*

Schaufenster|bummel *der* lèche-vitrines *m inv;* **einen ~ machen** faire du lèche-vitrines.

Schaufenster|puppe *die* mannequin *m (pour vitrine de magasin).*

Schau|kasten *der* vitrine *f.*

Schaukel (*Pl* **-n**) *die* balançoire *f.*

schaukeln ◇ *intr* **-1.** [auf Wasser] **balancer. -2.** [Person] se balancer. ◇ *tr* **-1.** [wiegen] bercer. **-2.** *fam* [erledigen] régler.

Schaukel|pferd *das* cheval *m* à bascule.

Schaukel|stuhl *der* rocking-chair *m.*

Schaulustige (*Pl* **-n**) *der, die* badaud *m,* -e *f.*

Schaum (*Pl* **Schäume**) *der* **-1.** [Masse] mousse *f.* **-2.** [Geifer] bave *f.*

Schaum|bad *das* bain *m* moussant.

schäumen *intr* **-1.** [Schaum bilden] mousser. **-2.** *fam* [sich aufregen] écumer.

Schaum|gummi *der (ohne Pl)* caoutchouc *m* mousse, mousse *f.*

schaumig ◇ *Adj* mousseux(euse). ◇ *Adv*: **etw ~ rühren** battre qqch pour le rendre mousseux.

Schaum|schläger, in *der, die abw fam* crâneur *m,* -euse *f.*

Schaum|stoff *der* mousse *f* synthétique.

Schaumwein *der* mousseux *m*.
Schauplatz *der* théâtre *m*.
Schauprozeß *der abw* procès *m* à sensation.
schaurig ◇ *Adj* épouvantable. ◇ *Adv* **-1.** [sehr] épouvantablement. **-2.** [schrecklich] de manière épouvantable.
Schauspiel *das* **-1.** *(ohne Pl)* [Gattung] théâtre *m*. **-2.** [Bühnenstück] pièce *f*. **-3.** *fam* [Spektakel] spectacle *m*.
Schauspieler, in *der, die* **-1.** [Künstler] acteur *m*, -trice *f*. **-2.** *fam* [Person] comédien *m*, -enne *f*.
schauspielern *intr fam abw* jouer la comédie.
Schauspielhaus *das* théâtre *m*.
Schauspielschule *die* école *f* d'art dramatique.
Schausteller, in *(mPl* **-**; *fPl* **-nen**) *der, die* forain *m*, -e *f*.
Schautafel *die* tableau *m*.
Scheck *(Pl* **-s**) *der* chèque *m*; **mit ~ bezahlen** payer par chèque; **einen ~ ausstellen** faire un chèque; **einen ~ sperren** faire opposition à un chèque.
Scheckbetrug *die (ohne Pl)* paiement *m* frauduleux par chèque.
Scheckheft *das* carnet *m* de chèques.
scheckig ◇ *Adj* [Tiere] pie; [Muster] tacheté(e). ◇ *Adv* avec des taches.
Scheckkarte *die carte d'identité bancaire que l'on doit présenter à chaque émission de chèque.*
scheel *Adj* & *Adv abw* de travers.
scheffeln *tr fam abw* amasser.
scheibchenweise *Adv fam* **-1.** [in Scheiben] en tranches fines. **-2.** *fig* [nach und nach] au compte-gouttes.
Scheibe *(Pl* **-n**) *die* **-1.** [Glas] vitre *f*. **-2.** [eßbar] tranche *f*; **etw in ~n schneiden** couper qqch en tranches; **sich** *(D)* **von etw eine ~ abschneiden können** *fam fig* prendre exemple sur qqch. **-3.** *fam* [Schallplatte] disque *m*.
Scheibenbremse *die* frein *m* à disque.
Scheibengardine *die* vitrage *m*.
Scheibenkleister *Interj (ohne Pl) fam* : **~!** zut alors!
Scheibenwaschanlage *die* lave-glace *m*.
Scheibenwischer *(Pl* **-**) *der* essuie-glace *m*.
Scheich *(Pl* **-s** ODER **-e**) *der* **-1.** [Oberhaupt] chef *m*. **-2.** *(ohne Pl)* [Titel] cheikh *m*.
Scheide *(Pl* **-n**) *die* **-1.** [Vagina] vagin *m*. **-2.** [Futteral - für Messer] gaine *f*; [- für Schwert] fourreau *m*.
scheiden *(Prät* **schied,** *Perf* **hat/ist geschieden**) ◇ *tr (hat)* dissoudre; **sich ~ lassen** divorcer. ◇ *intr (ist)* **-1.** *geh* [fortgehen] partir; [sterben]: **von jm ~** quitter qqn. **-2.** [entlassen werden]: **aus etw ~** quitter qqch.
Scheidewand *die* cloison *f*.
Scheideweg *der*: **am ~ stehen** être à la croisée des chemins.
Scheidung *(Pl* **-en**) *die* divorce *m*.
Scheidungsanwalt *der amt* avocat *m* spécialisé dans les divorces.
Scheidungsanwältin *die amt* avocate *f* spécialisée dans les divorces.
Scheidungsprozeß *der amt* instance *f* de divorce, procès *m* en divorce.
Schein *(Pl* **-e**) *der* **-1.** *(ohne Pl)* [Lichtschein] lueur *f*; **im ~ einer Sache** *(G)* à la lueur de qqch. **-2.** *(ohne Pl)* [Anschein] apparence *f*; **den ~ wahren** sauver les apparences; **der ~ trügt** les apparences sont trompeuses. **-3.** UNI ≃ unité *f* de valeur, ≃ UV *f*.
Scheinangriff *der* diversion *f*.
Scheinasylant, in *der, die* faux réfugié *m*, fausse réfugiée *f*.
scheinbar ◇ *Adj* en apparence. ◇ *Adv* apparemment.
Scheinblüte *die* WIRTSCH pseudo-prospérité *f*, prétendue prospérité *f*.
scheinen *(Prät* **schien,** *Perf* **hat geschienen**) *intr* **-1.** [leuchten] briller. **-2.** [den Eindruck erwecken] paraître; **es scheint (jm), daß** il semble (à qqn) que.
Scheinfirma *die* société *f* fictive.
scheinheilig *fam* ◇ *Adj* hypocrite. ◇ *Adv* hypocritement.
scheintot *Adj* **-1.** MED en état de mort apparente. **-2.** *fam abw* [alt]: **~ sein** avoir un pied dans la tombe.
Scheinwerfer *(Pl* **-**) *der* **-1.** [am Auto] phare *m*. **-2.** [Lampe] projecteur *m*.
Scheinwerferlicht *das* feu *m* des projecteurs; **im ~** sous le feu des projecteurs.
Scheiß *der (ohne Pl) salopp abw* merde *f*.
Scheiße *die (ohne Pl) salopp* **-1.** [gen] merde *f*; **~ sein** *fig* être merdique. **-2.** [Unsinn] conneries *fpl*; **~ bauen** *fig* faire des conneries.
◆ **Scheiße!** *Interj salopp* merde!
scheißegal *Adj salopp abw*: **etw ist jm ~** qqn se fout complètement de qqch.
scheißen *(Prät* **schiß,** *Perf* **hat geschissen**) *intr salopp* chier; **ich scheiß' auf ihn** je l'emmerde; **ich scheiß' auf sein Geld** je me fous de son argent.
scheißfreundlich *Adj* & *Adv fam* tout sucre, tout miel.
Scheit *(Pl* **-e**) *der* bûche *f*.
Scheitel *(Pl* **-**) *der* **-1.** [Frisur] raie *f*; **einen ~**

ziehen faire une raie; **vom ~ bis zur Sohle** *fig* jusqu'au bout des ongles. **-2.** ASTRO zénith *m.*
Scheitel|punkt *der* **-1.** [von Kurve, Winkel] sommet *m.* **-2.** ASTRO zénith *m.*
Scheiter|haufen *der* bûcher *m.*
scheitern (*Perf* **ist gescheitert**) *intr* échouer; **an etw** *(D)* **~** échouer en raison de qqch.
Schelde *die* Escaut *m.*
Schelle (*Pl* **-n**) *die* grelot m.
schellen *intr fam* sonner.
Schell|fisch *der* haddock *m.*
Schelm (*Pl* **-e**) *der* coquin *m.*
schelmisch ◇ *Adj* espiègle. ◇ *Adv* d'un air espiègle.
schelten (*Präs* **schilt,** *Prät* **schalt,** *Perf* **hat gescholten**) *tr* gronder; **auf** ODER **über jn/etw ~** râler après qqn/qqch.
Schema (*Pl* **-s** ODER **-ta** ODER **Schemen**) *das* schéma *m.*
schematisch ◇ *Adj* schématique. ◇ *Adv* **-1.** [grob] schématiquement. **-2.** [routiniert] de façon schématique.
schematisieren *tr* schématiser.
Schemel (*Pl* **-**) *der* tabouret *m.*
schemenhaft ◇ *Adj* fantasmagorique. ◇ *Adv* vaguement.
Schenkel (*Pl* **-**) *der* **-1.** [Bein] cuisse *f.* **-2.** MATH côté *m.*
schenken *tr* **-1.** [geben] offrir. **-2.** [erlassen]: **jm etw ~** faire cadeau à qqn de qqch. **-3.** [gewähren] accorder. **-4.** [einschenken] verser.
Schenkung (*Pl* **-en**) *die* donation *f.*
scheppern *intr fam* cliqueter; **es hat gescheppert** il y a eu un bruit de tôle froissée.
Scherbe (*Pl* **-n**) *die* éclat *m,* débris *m (de verre, porcelaine etc).*
Scherben|haufen *der* **-1.** [aus Glas, Porzellan] monceau *m* de débris. **-2.** *fig* [im Leben] champ *m* de ruines.
Schere (*Pl* **-n**) *die* **-1.** [zum Schneiden] ciseaux *mpl,* paire *f* de ciseaux. **-2.** [von Tieren] pince *f.*
scheren[1] (*Prät* **schor,** *Perf* **hat geschoren**) *tr* **-1.** [Tier] tondre. **-2.** [Hecke, Bart] tailler. **-3.** [Haar]: **etw ~** couper qqch à ras.
scheren[2] (*Prät* **scherte,** *Perf* **hat geschert**)
◆ **sich scheren** *ref fam* : **sich nicht um jn/etw ~** se ficher de qqn/qqch; **scher dich um deinen eigenen Kram!** occupe-toi de tes oignons!
Scheren|schnitt *der* silhouette *f.*
Schererei (*Pl* **-en**) *die* ennuis *mpl.*
Scherz (*Pl* **-e**) *der* plaisanterie *f;* **etw zum ~ tun/sagen** faire/dire qqch pour plaisanter.
◆ **Scherz beiseite** *Adv* trêve *f* de plaisanteries.
Scherz|artikel *der* attrape *f.*
scherzen *intr geh* plaisanter; **über jn/etw ~** se moquer de qqn/qqch; **mit etw ist nicht zu ~** on ne plaisante pas avec qqch.
Scherz|frage *die* devinette *f.*
scherzhaft ◇ *Adj* plaisant(e). ◇ *Adv* par plaisanterie.
scheu ◇ *Adj* farouche; **jn/etw ~ machen** effaroucher qqn/qqch. ◇ *Adv* timidement.
Scheu *die (ohne Pl)* **-1.** [Schüchternheit] timidité *f.* **-2.** [Angst] crainte *f.*
scheuchen *tr* **-1.** [Person] chasser. **-2.** [Tier] faire fuir *(en effarouchant).*
scheuen ◇ *tr* craindre; **keine Kosten ~** ne pas regarder à la dépense; **keine Mühen ~** ne pas ménager sa peine. ◇ *intr* faire un écart.
◆ **sich scheuen** *ref*: **sich ~, etw zu tun** hésiter à faire qqch; **sich vor etw** *(D)* **~** appréhender qqch.
Scheuer|lappen *der* serpillière *f.*
Scheuer|leiste *der* plinthe *f.*
scheuern ◇ *tr* **-1.** [Boden] frotter. **-2.** [Topf] récurer. **-3.** [Körperteil]: **wund ~** écorcher. **-4.** *RW*: **jm eine ~** *fam* en balancer une à qqn. ◇ *intr* gratter.
Scheu|klappen *Pl* œillères *fpl.*
Scheune (*Pl* **-n**) *die* grange *f.*
Scheusal (*Pl* **-e**) *das fam abw* monstre *m.*
scheußlich *abw* ◇ *Adj* **-1.** [ekelhaft] atroce. **-2.** [geschmacklos] affreux(euse). **-3.** [unangenehm] épouvantable. ◇ *Adv* **-1.** [ekelhaft] atrocement. **-2.** [geschmacklos] affreusement. **-3.** [unangenehm] épouvantablement.
Schi = Ski.
Schicht (*Pl* **-en**) *die* **-1.** [gen] couche *f.* **-2.** [Arbeit]: **~ arbeiten** faire les trois-huit.
Schicht|arbeit *die (ohne Pl)* travail *m* posté, les trois-huits *mpl.*
Schicht|arbeiter, in *der, die* travailleur *m* posté.
schichten *tr* empiler.
Schicht|käse *der sorte de fromage blanc.*
schichtspezifisch ◇ *Adj* propre à une couche sociale. ◇ *Adv* conformément à sa couche sociale.
Schichtung (*Pl* **-en**) *die* stratification *f.*
Schicht|wechsel *der* relève *f.*
schichtweise *Adv* par couches.
schick ◇ *Adj* chic. ◇ *Adv* avec chic.
Schick *der (ohne Pl)* chic *m.*
schicken *tr* envoyer; **etw an jn ~** envoyer qqch à qqn; **nach jm ~** envoyer chercher qqn.
◆ **sich schicken** *ref geh* **-1.** [sich gehören] être convenable; **es schickt sich nicht, etw zu tun** cela ne se fait pas de faire qqch. **-2.** [sich abfinden]: **sich in etw** *(A)* **~** accepter qqch.

Schickeria *die (ohne Pl) fam* gratin *m*.
Schickimicki (*Pl* **-s**) ◇ *der fam* B.C.B.G. *mf*. ◇ *Adj*: **~ sein** être B.C.B.G.
schicklich *Adj geh* convenable.
Schicksal (*Pl* **-e**) *das* destin *m*; **jn/etw seinem ~ überlassen** abandonner qqn/qqch à son destin; **(das ist) ~!** *fam* manque de pot!
Schicksals|schlag *der* coup *m* du sort.
Schiebe|dach *das* toit *m* ouvrant.
Schiebe|fenster *das* fenêtre *f* coulissante.
schieben (*Prät* **schob**, *Perf* **hat geschoben**) *tr* **-1.** [wegschieben] pousser; **etw auf jn/etw ~** *fig* rejeter qqch sur qqn/qqch. **-2.** [in Ofen]: **in den Ofen ~** enfourner. **-3.** *fam* [kriminell]: **etw ~** faire du trafic de qqch.
◆ **sich schieben** *ref* **-1.** [Person]: **sich durch etw ~** se frayer un chemin à travers qqch. **-2.** [Wolke]: **sich vor etw** *(A)* **~** cacher qqch.
Schieber (*Pl* **-**) *der* **-1.** [Gerät] curseur *m*. **-2.** *fam* [Mensch] trafiquant *m*.
Schieberin (*Pl* **-nen**) *die fam* trafiquante *f*.
Schiebe|tür *die* porte *f* coulissante.
Schiebung (*Pl* **-en**) *die fam* **-1.** [Betrug] combine *f*. **-2.** [als Ausruf]: **~!** vendu!
schied *Prät* → **scheiden**.
Schieds|gericht *das* tribunal *m* d'arbitrage.
Schieds|richter, in *der, die* arbitre *m*.
Schieds|stelle *die* office *m* d'arbitrage ODER arbitral.
schief ◇ *Adj* **-1.** [nicht gerade] penché(e). **-2.** [Absatz] usé(e). **-3.** [falsch] faux (fausse). ◇ *Adv* de travers; **jn ~ ansehen** regarder qqn de travers.
Schiefer (*Pl* **-**) *der* schiste *m*, ardoise *f*.
Schiefer|tafel *die* ardoise *f*.
schief|gehen (*Perf* **ist schiefgegangen**) *intr (unreg) fam* rater; **es wird schon ~!** ça va sûrement marcher!
schiefgewickelt *Adj fam* : **da bist du (aber) ~** tu te mets le doigt dans l'œil.
schieflachen
◆ **sich schieflachen** *ref fam* se tordre de rire.
schiefliegen *intr (unreg) fam* se tromper.
schielen *intr* **-1.** [wegen Augenfehler] loucher. **-2.** *fam* [schauen] lorgner; **nach jm ~** *fig* avoir des vues sur qqn; **nach etw ~** *fig* lorgner qqch.
schien *Prät* → **scheinen**.
Schien|bein *das* tibia *m*.
Schiene (*Pl* **-n**) *die* **-1.** [Gleis] rail *m*. **-2.** MED attelle *f*. **-3.** [Leiste] glissière *f*.
schienen *tr* MED: **etw ~** faire une attelle à qqch.
Schienen|fahrzeug *das amt* véhicule *m* sur rails.
Schienen|verkehr *der (ohne Pl)* trafic *m* ferroviaire.
Schieß|befehl *der* ordre *m* de tirer.
Schieß|bude *die* stand *m* de tir.
schießen (*Prät* **schoß**, *Perf* **hat/ist geschossen**) ◇ *intr* **-1.** *(hat)* [mit Waffe, SPORT]: **(auf jn/etw) ~** tirer (sur qqn/qqch). **-2.** *(ist)* [Pflanze] monter en graine; [Kind]: **in die Höhe ~** pousser. **-3.** *(ist)* [sich schnell bewegen - Flüssigkeit] jaillir; [- Gegenstand] foncer; **die Röte schießt ihm ins Gesicht** le rouge lui monte aux joues. ◇ *tr (hat)* **-1.** [Tier] abattre. **-2.** [zerstören] détruire par des tirs. **-3.** [Tor] marquer. **-4.** *fam* [Foto, Bild] faire.
◆ **Schießen** *das*: **das ist zum Schießen** *fam* c'est à se tordre (de rire).
Schießerei (*Pl* **-en**) *die* fusillade *f*.
Schieß|hund *der (ohne Pl)*: **aufpassen wie ein ~** *fam* ouvrir l'œil et le bon.
Schieß|pulver *das (ohne Pl)* poudre *f* à canon.
Schieß|scharte *die* meurtrière *f*.
Schieß|scheibe *die* cible *f*.
Schieß|stand *der* stand *m* de tir.
Schiff (*Pl* **-e**) *das* **-1.** [Wasserfahrzeug] bateau *m*; **mit dem ~** en bateau; **klar ~ machen** faire place nette. **-2.** [von Kirchen] nef *f*.
Schiffahrt *die (ohne Pl)* navigation *f*.
Schiffahrts|weg *der* route *f* de navigation.
schiffbar ◇ *Adj* navigable. ◇ *Adv*: **~ machen** rendre navigable.
Schiff|bruch *der* naufrage *m*; **~ erleiden** [mit Schiff] faire naufrage; **mit etw ~ erleiden** *fig* échouer dans qqch.
Schiffchen (*Pl* **-**) *das* **-1.** [kleines Schiff] petit bateau *m*. **-2.** *fam* [Kopfbedeckung] képi *m*.
Schiffs|junge *der* mousse *m*.
Schiffs|reise *die* voyage *m* en bateau.
Schiffs|schraube *die* hélice *f* de navire.
Schiffs|verkehr *der* trafic *m* maritime et fluvial.
Schikane (*Pl* **-n**) *die* chicane *f*; **mit allen ~n** *fam fig* avec tous les accessoires.
schikanieren *tr abw*: **jn ~** chercher chicane à qqn.
Schild (*Pl* **-er** ODER **-e**) ◇ *der (Pl Schilde)* bouclier *m*; **etw im ~e führen** *fig* manigancer qqch. ◇ *das (Pl Schilder)* [im Verkehr] **panneau** *m*; [von Geschäften] **enseigne** *f*; [für Preis] **étiquette** *f*; [an Auto, an Tür] **plaque** *f*.
Schild|drüse *die* thyroïde *f*.
schildern *tr* dépeindre.
Schilderung (*Pl* **-en**) *die* description *f*.
Schilder|wald *der (ohne Pl) fam abw* forêt *f* de panneaux (de signalisation).
Schild|kröte *die* tortue *f*.
Schild|patt *das (ohne Pl)* écaille *f*.

Schilf *(Pl* **-e***)* *das* **-1.** [Pflanze] roseau *m.* **-2.** *(ohne Pl)* [Gebiet] roselière *f.*
Schiller|locke *die* **-1.** [Kuchen] *sacristain fourré de crème patissière.* **-2.** [Fisch] *aiguillat fumé roulé.*
schillern *intr* chatoyer.
Schilling *(Pl* **-e** ODER **-***)* *der* schilling *m.*
schilt *Präs* → **schelten.**
Schimmel *(Pl* **-***)* *der* **-1.** *(ohne Pl)* [Pilz] moisissure *f.* **-2.** [Pferd] cheval *m* blanc.
schimmelig, schimmlig ◇ *Adj* moisi(e). ◇ *Adv*: **~ riechen** sentir le moisi.
schimmeln *(Perf* **hat/ist geschimmelt***)* *intr* moisir.
Schimmel|pilz *der* moisi *m*, champignon *m.*
Schimmer *(Pl* **-***)* *der* lueur *f*; **keinen (blassen) ~ von etw haben** *fam fig* ne pas avoir la moindre idée de qqch.
schimmern *intr* luire; **durch etw ~** transparaître à travers qqch.
schimmlig = **schimmelig.**
Schimpanse *(Pl* **-n***)* *der* chimpanzé *m.*
Schimpf *der (ohne Pl)*: **mit ~ und Schande** avec perte et fracas.
schimpfen *intr* gronder; **auf** ODER **über jn/etw ~** pester contre qqn/qqch; **mit jm ~** gronder qqn.
Schimpf|wort *das* gros mot *m.*
Schindel *(Pl* **-n***)* *die* bardeau *m.*
schinden *(Prät* **schund,** *Perf* **hat geschunden***)* *tr* **-1.** *abw* [quälen] éreinter. **-2.** [Zeit] grapiller; **Eindruck ~** impressionner.
◆ **sich schinden** *ref* s'échiner.
Schinderei *(Pl* **-en***)* *die* **-1.** *abw* [Quälerei] supplice *m.* **-2.** [Strapaze] travail *m* de forçat.
Schindluder *das (ohne Pl)*: **~ mit jm/etw treiben** *fam* abuser qqn/de qqch.
Schinken *(Pl* **-***)* *der* **-1.** [Fleisch] jambon *m*; **roher/gekochter/geräucherter ~** jambon cru/cuit/fumé. **-2.** *fam* [Buch] pavé *m.* **-3.** *fam* [Film] navet *m.*
Schinken|speck *der* lard *m* (de jambon).
Schippe *(Pl* **-n***)* *die* pelle *f*; **jn auf die ~ nehmen** *fam fig* se payer la tête de qqn.
schippen *tr* pelleter.
schippern *(Perf* **ist geschippert***)* *intr fam* naviguer.
Schirm *(Pl* **-e***)* *der* **-1.** [Regenschirm] parapluie *m.* **-2.** [Schutz] écran *m.*
Schirm|herrschaft *die (ohne Pl)* patronage *m.*
Schirm|mütze *die* casquette *f.*
schiß *Prät* → **scheißen.**
Schiß *der (ohne Pl) salopp* trouille *f*; **~ (vor jm/etw) haben** avoir la trouille (de qqn/qqch).
schizophren *Adj* schizophrène, schizophrénique.
schlabberig, schlabbrig *fam abw* ◇ *Adj* **-1.** [wässrig]: **~er Kaffee** jus *m* de chaussettes. **-2.** [Kleidung] sans tenue. ◇ *Adv*: **~ angezogen sein** porter des vêtements sans tenue.
Schlacht *(Pl* **-en***)* *die* bataille *f*; **sich** *(D)* **eine ~ liefern** *fam* se livrer bataille.
schlachten *tr* tuer *(un animal pour le manger).*
Schlachtenbummler, in *(mPl* **-***; fPl* **-nen***)* *der, die* supporter *m.*
Schlachter *(Pl* **-***)* *der* boucher *m.*
Schlächter, in *(mPl* **-***; fPl* **-nen***)* *der, die* [grausamer Mensch] boucher *m*, -ère *f.*
Schlacht|feld *das* champ *m* de bataille.
Schlacht|hof *der* abattoir *m.*
Schlacht|plan *der* plan *m* de bataille.
Schlacht|platte *die* KÜCHE assiette *f* de charcuterie.
Schlacht|ruf *der* cri *m* de guerre.
Schlacke *(Pl* **-n***)* *die* scorie *f.*
◆ **Schlacken** *Pl* MED impuretés *fpl.*
schlackern *intr fam* pendouiller; **mit den Armen ~** balancer les bras.
Schlaf *der (ohne Pl)* sommeil *m*; **jn um den ~ bringen** faire perdre le sommeil à qqn; **etw im ~ können** *fam fig* (savoir) faire qqch les yeux fermés.
Schlafan|zug *der* pyjama *m.*
Schläfe *(Pl* **-n***)* *die* tempe *f.*
schlafen *(Präs* **schläft,** *Prät* **schlief,** *Perf* **hat geschlafen***)* *intr* **-1.** [gen] dormir; **tief** ODER **fest ~** dormir profondément; **~ gehen, sich ~ legen** aller se coucher; **schlaf schön** ODER **gut!** dors bien! **-2.** [sexuell]: **mit jm ~** coucher avec qqn.
schlaff ◇ *Adj* **-1.** [locker] lâche. **-2.** [ohne Kraft] mou (molle). **-3.** [Haut] flasque. ◇ *Adv* **-1.** [lokker]: **~ herunterhängen** pendouiller. **-2.** [energielos] mollement. **-3.** [nicht fest]: **sich ~ anfühlen** être mou (molle) au toucher.
Schlaf|gelegenheit *die* endroit *m* pour dormir.
Schlafittchen *das (ohne Pl) fam* : **jn am ~ pakken/erwischen** prendre/attraper qqn par la peau du cou.
Schlaf|lied *das* berceuse *f.*
schlaflos ◇ *Adj* sans sommeil; **eine ~e Nacht** une nuit blanche. ◇ *Adv* sans dormir.
Schlaflosigkeit *die (ohne Pl)* insomnie *f.*
Schlaf|mittel *das* somnifère *m.*
Schlaf|mütze *die fam* **-1.** [Langschläfer] endormi *m*, -e *f.* **-2.** [träge Person] empoté *m*, -e *f.*
schläfrig ◇ *Adj* somnolent(e). ◇ *Adv* l'air endormi.
Schlaf|saal *der* dortoir *m.*
Schlaf|sack *der* sac *m* de couchage.
Schlaf|störung *die* troubles *mpl* du sommeil.

schläft *Präs* → **schlafen**.
Schlaf|tablette *die* somnifère *m*.
schlaftrunken ◇ *Adj* endormi(e). ◇ *Adv*: ~ **aussehen** avoir l'air endormi.
Schlaf|wagen *der* wagon-lit *m*.
schlaf|wandeln (*Perf* **hat/ist schlafgewandelt**) *intr* être somnambule.
Schlafwandler, in (*mPl* -; *fPl* **-nen**) *der, die* somnambule *mf*.
Schlaf|zimmer *das* chambre *f* (à coucher).
Schlag (*Pl* **Schläge**) *der* **-1.** [Stoß] coup *m*; **ein ~ ins Gesicht** une gifle; *fig* affront *m*; **jm einen ~ versetzen** porter un coup à qqn. **-2.** [Geräusch - Uhr] coup *m*; [- Knall] fracas *m*. **-3.** *fam* [elektrisch] coup *m* de jus. **-4.** *RW*: **auf einen ~** d'un seul coup; **ein harter** ODER **schwerer ~** un coup dur; **ein ~ ins Wasser** *fam* un coup d'épée dans l'eau; **mich trifft der ~** *fam* je tombe des nues.
◆ **Schlag auf Schlag** *Adv* coup sur coup.
◆ **Schläge** *Pl*: **Schläge bekommen** recevoir une fessée.
Schlagab|tausch *der (ohne Pl)* **-1.** SPORT échange *m* de balles. **-2.** [Disput] prise *f* de bec.
Schlag|ader *die* artère *f*.
Schlagan|fall *der* attaque *f (cérébrale)*.
schlagartig ◇ *Adj* brusque. ◇ *Adv* soudain.
Schlag|baum *der* barrière *f*.
Schlag|bohrer *der* perforeuse *f* à percussion.
schlagen (*Präs* **schlägt**, *Prät* **schlug**, *Perf* **hat/ist geschlagen**) ◇ *tr (hat)* **-1.** [gen]: **jn ~** battre qqn; **jn ins Gesicht ~** frapper qqn au visage; **jn eins zu null ~** battre qqn un à zéro. **-2.** [hämmern]: **ein Loch ~** faire un trou; **einen Nagel in die Wand ~** planter un clou dans le mur. **-3.** [befestigen]: **etw an etw** *(A)* **~** accrocher qqch à qqch. **-4.** [Ball] envoyer. **-5.** [legen] mettre; **etw um etw ~** envelopper qqch de qqch; **etw über etw** *(A)* **~** mettre qqch sur qqch. **-6.** [hinzufügen]: **etw auf etw** *(A)* **~** ajouter qqch à qqch. ◇ *intr* **-1.** *(hat)* [hauen] taper; **mit etw ~** frapper avec qqch; **um sich ~** donner des coups dans tous les sens; **gegen etw ~** [klopfen] frapper à qqch; [aufprallen] cogner contre qqch. **-2.** *(ist)* [sich auswirken]: **jm auf den Magen ~** rester sur l'estomac à qqn. **-3.** *(hat)* [Uhr, Glocke] sonner. **-4.** *(ist)* [ähneln]: **nach jm ~** ressembler à qqn. **-5.** *(hat)* [Herz] battre. **-6.** *(hat, ist)* [Bombe, Blitz]: **in etw** *(A)* **~** tomber sur qqch. **-7.** *(ist)* [Flamme]: **aus etw ~** jaillir de qqch.
◆ **sich schlagen** *ref* **-1.** [sich prügeln]: **sich (mit jm) ~** se battre (avec qqn). **-2.** *RW*: **sich um etw ~** *fam* se jeter sur qqch; **sich auf js Seite ~** se ranger du côté de qqn; **sich tapfer** ODER **wacker ~** faire preuve de courage ODER de bravoure.
schlagend ◇ *Adj* sans réplique. ◇ *Adv* de manière irréfutable.
Schlager (*Pl* -) *der* tube *m*.
Schläger (*Pl* -) *der* **-1.** [beim Tennis, Badminton] raquette *f*; [beim Hockey] **batte** *f*; [beim Golf] canne *f*. **-2.** *fam abw* [Person] cogneur *m*.
Schlägerei (*Pl* **-en**) *die* bagarre *f*.
schlagfertig ◇ *Adj* à la répartie facile; **~e Antwort** réponse *f* du tac au tac. ◇ *Adv*: **~ antworten** répondre du tac au tac.
Schlag|fertigkeit *die (ohne Pl)* sens *m* de la repartie.
Schlag|instrument *das* instrument *m* à percussion.
Schlag|kraft *die (ohne Pl)* force *f* de frappe.
schlagkräftig ◇ *Adj* **-1.** [Argument, Beweis] probant(e). **-2.** [Armee, Truppe] puissant(e). ◇ *Adv* [argumentieren] de manière probante.
Schlag|loch *das* nid *m* de poule.
Schlag|sahne *die (ohne Pl)* crème *f* Chantilly, Chantilly *f*.
Schlag|seite *die (ohne Pl)* gîte *f*; **~ haben** *fam fig* avoir un coup dans l'aile.
Schlag|stock *der* matraque *f*.
schlägt *Präs* → **schlagen**.
Schlag|wort (*Pl* **-e** ODER **-wörter**) *das* **-1.** *(Pl Schlagworte) abw* [Gemeinplatz] slogan *m*. **-2.** *(Pl Schlagwörter)* [Stichwort] mot-clef *m*.
Schlag|zeile *die* manchette *f*; **~n machen** faire la une.
Schlag|zeug *das* percussions *fpl*.
Schlagzeuger, in (*mPl* -; *fPl* **-nen**) *der, die* batteur *m*, -euse *f*.
schlaksig ◇ *Adj* dégingandé(e). ◇ *Adv* de manière dégingandée.
Schlamassel *der (ohne Pl) fam* pétrin *m*.
Schlamm (*Pl* **-e** ODER **Schlämme**) *der* boue *f*.
schlammig *Adj* boueux(euse).
Schlampe (*Pl* **-n**) *die salopp abw* souillon *f*.
Schlamperei (*Pl* **-en**) *die fam* **-1.** [Nachlässigkeit] négligence *f*. **-2.** [Durcheinander] **fouillis** *m*.
schlampig *fam abw* ◇ *Adj* **-1.** [Kleidung, Aussehen] négligé(e). **-2.** [Arbeit] bâclé(e). ◇ *Adv* **-1.** [ungepflegt] de façon négligée. **-2.** [schlecht] avec négligence.
schlang *Prät* → **schlingen**.
Schlange (*Pl* **-n**) *die* **-1.** [Tier] serpent *m*. **-2.** [beim Warten] queue *f*; **~ stehen** faire la queue.
schlängeln
◆ **sich schlängeln** *ref* **-1.** [Tier, Mensch] se faufiler. **-2.** [Weg, Fluß] serpenter.
Schlangen|linie *die*: **in ~** en zigzag; **(in) ~(n) fahren** *fam* faire des zigzags.
schlank ◇ *Adj* mince; **~ werden** maigrir. ◇ *Adv*: **~ machen** amincir.

Schlankheits|kur *die* cure *f* d'amaigrissement.
schlapp ◇ *Adj* flagada. ◇ *Adv* mollement.
Schlappe (*Pl* **-n**) *die fam* échec *m*.
Schlappen (*Pl* **-**) *der fam* savate *f*.
Schlapp|hut *der* chapeau *m* mou.
schlapp|machen *intr fam* déclarer forfait.
Schlapp|schwanz *der abw fam* chiffe *f* molle.
Schlaraffen|land *das (ohne Pl)* pays *m* de cocagne.
schlau ◇ *Adj* [Mensch, Tier] rusé(e); [Idee] astucieux(euse); **aus jm/etw nicht ~ werden** ne rien comprendre à qqn/qqch. ◇ *Adv*: **sich ~ machen** *fam* se mettre au parfum ODER au courant.
Schlauch (*Pl* **Schläuche**) *der* tuyau *m*; [von Reifen] boyau *m*.
Schlauch|boot *das* bateau *m* pneumatique.
schlauchen *tr* & *intr fam* crever.
Schlaufe (*Pl* **-n**) *die* passant *m*.
schlecht ◇ *Adj* mauvais(e); **etw ist nicht ~** *fam* qqch n'est pas mal; **es sieht ~ für jn/etw aus** c'est mal parti pour qqn/qqch; **jm ist** ODER **wird (es) ~** qqn se sent mal; **~ aussehen** avoir mauvaise mine; **etw wird ~** [Lebensmittel] qqch se gâte; **es steht ~ um etw** *fig* [finanziell] les choses vont mal pour qqch; **es steht ~ um jn** *fig* [gesundheitlich] qqn va mal; **mehr ~ als recht** *fig* plutôt mal. ◇ *Adv* **-1.** [mangelhaft] mal. **-2.** [schwierig] difficilement; **etw ~ sagen/behaupten können** ne pas pouvoir dire/affirmer qqch. **-3.** [unangenehm] mauvais.
schlechterdings *Adv geh* absolument.
schlechtgelaunt *Adj* & *Adv* de mauvaise humeur.
schlechthin *Adv* **-1.** [typisch] par excellence. **-2.** [absolut] purement et simplement.
schlecht|machen *tr fam* descendre.
schlecken ◇ *tr* [lecken] lécher. ◇ *intr fam* [naschen] grignoter *(des sucreries)*.
Schlehe (*Pl* **-n**) *die* **-1.** [Pflanze] prunellier *m*. **-2.** [Frucht] prunelle *f*.
schleichen (*Prät* **schlich**, *Perf* **ist geschlichen**) *intr* se glisser; [Fahrzeug] avancer au ralenti.
◆ **sich schleichen** *ref* se glisser, se faufiler.
schleichend ◇ *Adj* **-1.** [vorsichtig] furtif(ive). **-2.** [allmählich] insidieux(euse). ◇ *Adv* [langsam] en se traînant.
Schleich|weg *der* chemin *m* dérobé.
Schleich|werbung *die abw* publicité *f* clandestine.
Schleier (*Pl* **-**) *der* voile *m*.
schleierhaft *Adj* obscur(e); **jm ~ sein** *fam* être un mystère pour qqn.
Schleife (*Pl* **-n**) *die* **-1.** [Band] boucle *f*, nœud *m*. **-2.** [Kurve] tournant *m*; [von Flüssen] boucle *f*.
schleifen (*Prät* **schliff** ODER **schleifte**, *Perf* **hat geschliffen** ODER **hat/ist geschleift**) ◇ *tr* **-1.** *(unreg)* [Diamant, Glas] polir. **-2.** *(unreg)* [Messer, Klinge] aiguiser. **-3.** *(unreg) fam* [drillen] dresser. **-4.** *(reg & hat)* [zerren] traîner. ◇ *intr (reg & hat, ist)* traîner.
Schleif|maschine *die* meule *f*.
Schleim (*Pl* **-e**) *der* [menschlich] mucus *m*, glaire *f*; [von Weichtieren] bave *f*.
Schleim|haut *die* muqueuse *f*.
schleimig *Adj* **-1.** [feucht] muqueux(euse). **-2.** *abw* [unterwürfig] mielleux(euse).
schlemmen ◇ *tr* savourer. ◇ *intr* faire bombance.
schlendern (*Perf* **ist geschlendert**) *intr* flâner.
Schlendrian *der (ohne Pl) fam abw* laisser-aller *m*.
Schlenker (*Pl* **-**) *der fam* : **einen ~ machen** faire un crochet.
schlenkern *intr*: **mit etw ~** balancer qqch.
Schlepp *der (ohne Pl)*: **im ~** en remorque.
Schleppe (*Pl* **-n**) *die* traîne *f*.
schleppen *tr* **-1.** [Last] traîner. **-2.** [Fahrzeug] remorquer. **-3.** *fam* [mitnehmen] traîner. **-4.** *fam abw* [über Grenze] faire passer la frontière illégalement à.
◆ **sich schleppen** *ref* **-1.** [Person] se traîner. **-2.** [Entwicklung] traîner.
schleppend ◇ *Adj* **-1.** [mühsam] traînant(e). **-2.** [langsam] lent(e). ◇ *Adv* **-1.** [langsam] lentement. **-2.** [mühsam] en traînant, avec du mal.
Schlepper (*Pl* **-**) *der* **-1.** [Boot] remorqueur *m*; [Traktor] tracteur *m*. **-2.** *fam abw* [Fluchthelfer] passeur *m*. **-3.** *fam* [in Bars] racoleur *m*.
Schlepp|lift *der* remonte-pente *m*.
Schlepp|tau *das*: **jn ins ~ nehmen** *fam fig* prendre qqn en remorque.
Schlesien *nt* Silésie *f*.
Schlesier, in ['ʃleːziɐ, rin] (*mPl* **-**; *fPl* **-nen**) *der, die* Silésien *m*, -enne *f*.
schlesisch *Adj* silésien(enne).
Schleswig-Holstein *nt* Schleswig-Holstein *m*.
Schleuder (*Pl* **-n**) *die* **-1.** [Waffe] lance-pierre *m*. **-2.** [für Wäsche] essoreuse *f*.
schleudern (*Perf* **hat/ist geschleudert**) ◇ *tr (hat)* **-1.** *fam* [werfen] lancer. **-2.** [Wäsche] essorer; [Honig] extraire. ◇ *intr (ist)* déraper.
◆ **Schleudern** *das*: **ins Schleudern kommen** ODER **geraten** [mit Fahrzeug] (commencer à) déraper; *fam* [nicht wissen] perdre les pédales.
Schleuder|preis *der fam* prix *m* dérisoire.

Schleuderlsitz *der* siège *m* éjectable; **auf einem ~ sitzen** *fig* être sur un siège éjectable.

schleunigst *Adv fam* au plus vite.

Schleuse (*Pl* **-n**) *die* **-1.** SCHIFF écluse *f*. **-2.** [Zwischenkammer] sas *m*.

schleusen *tr* introduire.

schlich *Prät* → **schleichen**.

Schliche *Pl* combine *f*; **jm auf** ODER **hinter die ~ kommen** démasquer qqn.

schlicht ◇ *Adj* **-1.** [Stil] sobre. **-2.** [Gemüt] simple. ◇ *Adv* **-1.** [einfach] sobrement. **-2.** [nur] tout simplement; **~ und einfach** purement et simplement.

schlichten *tr* arranger.

schlichtweg *Adv* tout simplement.

Schlick (*Pl* **-e**) *der* vase *f*.

schlief *Prät* → **schlafen**.

schließen (*Prät* **schloß**, *Perf* **hat geschlossen**) ◇ *tr* **-1.** [zumachen] fermer. **-2.** [einschließen]: **jn/etw in etw** *(A)* **~** enfermer qqn/qqch dans qqch. **-3.** [schlußfolgern] conclure. **-4.** [befestigen]: **etw an etw** *(A)* **~** accrocher qqch à qqch. **-5.** [umarmen]: **jn in die Arme ~** prendre qqn dans ses bras. **-6.** [beenden] clore; **etw mit etw ~** conclure qqch par qqch. **-7.** [Vertrag, Abkommen] conclure. ◇ *intr* **-1.** [zumachen] fermer. **-2.** [enden] conclure.

◆ **sich schließen** *ref* **-1.** [anschließen]: **sich an etw** *(A)* **~** se rattacher à qqch. **-2.** [verschließen] se fermer.

Schließlfach *das* casier *m*.

schließlich *Adv* **-1.** [endlich] finalement. **-2.** [als Begründung] enfin; **~ und endlich** *fam* finalement.

Schließung (*Pl* **-en**) *die* fermeture *f*.

schliff *Prät* → **schleifen**.

Schliff (*Pl* **-e**) *der* **-1.** [von Diamant, Glas] taille *f*. **-2.** [von Messer, Klinge] affûtage *m*. **-3.** [Vollkommenheit] dernière touche *f*. **-4.** [Benehmen] savoir-vivre *m*. **-5.** *RW*: **einer Sache** *(D)* **den letzten ~ geben** mettre la dernière main à qqch.

schlimm *Adj* **-1.** [ernst] grave; **halb so ~** *fig* pas si grave. **-2.** [schrecklich] terrible. **-3.** [böse] mauvais(e). **-4.** *fam* [krank] malade.

◆ **Schlimmste** *das (ohne Pl)* pire *m*; **auf das Schlimmste gefaßt sein** s'attendre au pire.

schlimmstenfalls *Adv* dans le pire des cas.

Schlinge (*Pl* **-n**) *die* **-1.** [Armschlinge] écharpe *f*. **-2.** [in einem Seil] nœud *m* coulant. **-3.** [beim Jagen] collet *m*.

Schlingel (*Pl* **-**) *der fam* galopin *m*.

schlingen (*Prät* **schlang**, *Perf* **hat geschlungen**) ◇ *tr* **-1.** [binden] nouer; **etw um etw ~** nouer qqch autour de qqch; **etw durch etw ~** passer qqch par qqch. **-2.** *fam* [essen] engloutir. **-3.** [legen]: **die Arme um jn/etw ~** enlacer qqn/qqch. ◇ *intr fam* [essen] manger trop vite.

◆ **sich schlingen** *ref*: **sich um etw ~** s'enrouler autour de qqch.

schlingern *intr* être ballotté(e); [Boot] rouler.

◆ **Schlingern**: **ins Schlingern geraten** se mettre à dériver.

Schlips (*Pl* **-e**) *der fam* cravate *f*; **jm auf den ~ treten** *fam fig* marcher sur les pieds de qqn.

Schlitten (*Pl* **-**) *der* **-1.** [zum Rodeln] luge *f*; **~ fahren** faire de la luge. **-2.** [für Pferde] traîneau *m*. **-3.** *fam* [Auto] tire *f*. **-4.** *RW*: **mit jm ~ fahren** *fam* traiter qqn sans ménagement.

schlittern *intr* **-1.** [Fahrzeug] déraper. **-2.** [Mensch] faire des glissades. **-3.** [in Situation]: **in etw** *(A)* **~** se trouver brusquement dans qqch.

Schlittlschuh *der* patin *m* à glace; **~ laufen** faire du patin à glace.

Schlittschuhlbahn *die* patinoire *f*.

Schlittschuhllaufen *das* patinage *m*.

Schlittschuhlläufer, in *der, die* patineur *m*, -euse *f*.

Schlitz (*Pl* **-e**) *der* fente *f*.

Schlitzlauge *das*: **er hat ~n** il a les yeux bridés.

schlitzen *tr* faire une fente.

Schlitzlohr *das fam* malin *m*, maligne *f*.

schlohweiß *Adj* chenu(e).

schloß *Prät* → **schließen**.

Schloß (*Pl* **Schlösser**) *das* **-1.** [Gebäude] château *m*. **-2.** [Verschluß] serrure *f*. **-3.** *RW*: **hinter ~ und Riegel** *fam* sous les verrous.

Schlosser, in (*mPl* **-**; *fPl* **-nen**) *der, die* serrurier *m*.

Schloßlkapelle *die* chapelle *f* du château.

Schloßlpark *der* parc *m* du château.

Schlot (*Pl* **-e**) *der* cheminée *f*.

schlottern *intr* **-1.** [zittern] trembler. **-2.** [Kleidung] flotter.

Schlucht (*Pl* **-en**) *die* ravin *m*.

schluchzen *intr* sangloter.

Schluck (*Pl* **-e**) *der* gorgée *f*; **einen ~ nehmen** boire une gorgée.

Schluckauf *der (ohne Pl)* hoquet *m*.

Schluckbeschwerden *Pl* dysphagie *f*.

schlucken ◇ *tr* **-1.** [mit Mund] avaler. **-2.** [Gefühle] ravaler. **-3.** *fam* [Unternehmen, Benzin] bouffer. **-4.** *fam abw* [Alkohol] descendre. ◇ *intr* déglutir; **an etw** *(D)* **zu ~ haben** *fam fig* ne pas avoir digéré ODER avalé qqch.

Schlucker (*Pl* **-**) *der fam* : **ein armer ~** un pauvre diable.

Schlucklimpfung *die* vaccination *f* par voie buccale.

schluderig = **schludrig**.

schludern *intr fam* : **bei etw ~** bâcler qqch.
schludrig, **schluderig** *fam* ◇ *Adj* **-1.** [Mensch] débraillé(e). **-2.** [Arbeit] bâclé(e). ◇ *Adv* à la va-comme-je-te-pousse.
schlug *Prät* → **schlagen**.
Schlummer *der (ohne Pl) geh* sommeil *m*.
schlummern *intr geh* **-1.** [schlafen] dormir. **-2.** [vorhanden sein]: **in jm ~** sommeiller en qqn.
Schlumpf (*Pl* **Schlümpfe**) *der* schtroumpf *m*.
Schlund (*Pl* **Schlünde**) *der geh* **-1.** [Öffnung] gouffre *m*. **-2.** [Rachen] gosier *m*.
schlüpfen (*Perf* **ist geschlüpft**) *intr* **-1.** [bei Kleidung]: **aus etw ~** ôter qqch; **in etw** *(A)* **~** enfiler qqch. **-2.** [sich bewegen] se glisser. **-3.** [aus Eiern] sortir de l'œuf.
Schlüpfer (*Pl* -) *der* slip *m*.
Schlupf|loch *das* **-1.** [Öffnung] trou *m*. **-2.** [Versteck] refuge *m*.
schlüpfrig *Adj* **-1.** *fam abw* [Bemerkung, Witz] grivois(e). **-2.** [Oberfläche] glissant(e).
Schlupf|winkel repaire *m*.
schlurfen (*Perf* **ist geschlurft**) *intr fam* traîner les pieds.
schlürfen ◇ *tr* boire bruyamment. ◇ *intr* boire bruyamment; **genüßlich ~** siroter.
Schluß (*Pl* **Schlüsse**) *der* **-1.** *(ohne Pl)* [Ende] fin *f*; **mit etw ~ machen** arrêter de faire qqch; **mit jm ~ machen** *fam* rompre avec qqn; **~ damit!** ça suffit!; **~ für heute!** assez pour aujourd'hui! **-2.** [Folgerung] déduction *f*; **zum ~ kommen, daß** en venir à la conclusion que; **Schlüsse aus etw ziehen** tirer les conclusions de qqch. **-3.** [Schlußstück] conclusion *f*.
Schluß|ab|stimmung *die* vote *m* de clôture.
Schluß|akkord *der* accord *m* final.
Schluß|akt *der* **-1.** [von Theaterstücken] dernier acte *m*. **-2.** [von Zeremonien] cérémonie *f* de clôture.
Schluß|bemerkung *die* dernière remarque *f*, conclusion *f*.
Schluß|bericht *der* rapport *m* final.
Schlüssel (*Pl* -) *der* **-1.** [für ein Schloß] clé *f*, clef *f*; **den ~ stecken lassen** laisser la clé dans la serrure. **-2.** [Code] code *m*. **-3.** [Auflösung] solution *f*. **-4.** [zur Verteilung, Errechnung] grille *f*. **-5.** *RW*: **der ~ zu etw** la clé de qqch.
Schlüssel|bein *das* clavicule *f*.
Schlüssel|blume *die* primevère *f*.
Schlüssel|bund *der* trousseau *m* de clés.
Schlüssel|dienst *der* serrurier *m*.
Schlüssel|erlebnis *das* révélation *f*.
schlüsselfertig *Adj* & *Adv* clé en main.
Schlüssel|industrie *die* industrie *f* clé.
Schlüssel|kind *das enfant dont les parents travaillent et qui est livré à lui-même.*
Schlüssel|loch *das* trou *m* de serrure.
Schlüssel|reiz *der* stimulus *m*.
Schlüssel|ring *der* porte-clefs *m*.
Schlüssel|roman *der* roman *m* à clefs.
Schlüssel|stellung *die* position *f* clé.
Schlüsselüber|gabe *die* remise *f* des clefs.
schlußendlich *Adv* pour conclure.
schlußfolgern *tr* déduire; **aus etw ~** conclure de qqch.
Schluß|folgerung *die* conclusion *f*, déduction *f*.
schlüssig ◇ *Adj* concluant(e); **sich** *(D)* **(nicht) ~ sein** (ne pas) être au clair; **sich** *(D)* **(nicht) ~ werden** (ne pas) pouvoir se décider. ◇ *Adv* de manière concluante.
Schluß|licht *das* **-1.** [Lampe] feu *m* arrière. **-2.** [Letzter] lanterne *f* rouge.
Schlußnotierung (*Pl* **-en**) *die* cours *m* de clôture.
Schluß|pfiff *der* coup *m* de sifflet final.
Schluß|punkt *der* point *m* final.
Schluß|redaktion *die (ohne Pl)* dernière limite *f*.
Schluß|strich *der*: **einen ~ (unter etw** *(A)***) ziehen** tirer un trait (sur qqch).
Schlußver|kauf *der* soldes *mpl*.
Schluß|wort (*Pl* **-e**) *das (ohne Pl)* dernier mot *m*.
Schmach *die (ohne Pl) geh* honte *f*.
schmachten *intr geh* languir.
schmächtig ◇ *Adj* fluet(ette). ◇ *Adv*: **~ aussehen** avoir l'air fluet.
Schmackes
◆ **mit Schmackes** *Adv* avec punch.
schmackhaft ◇ *Adj* savoureux(euse). ◇ *Adv* de manière savoureuse; **jm etw ~ machen** rendre qqch attrayant(e) à qqn.
schmal ◇ *Adj* [Person] mince; [Gegenstand] étroit(e). ◇ *Adv*: **ein ~ gebauter Mann** un homme à la carrure étroite; **ein ~ geschnittenes Kleid** une robe près du corps.
schmälern *tr* diminuer.
Schmälerung (*Pl* **-en**) *die* diminution *f*.
Schmalfilm|kamera *die* caméra *f* à film substandard.
Schmal|seite *die* côté *m* étroit.
Schmalz (*Pl* **-e**) *der* **-1.** [Fett] saindoux *m*. **-2.** *fam (ohne Pl) abw* [Gefühl] guimauve *f*.
Schmalz|brot *das* tartine *f* de saindoux.
Schmalz|gebäck *das (ohne Pl)* KÜCHE beignets *mpl*.
schmalzig *fam abw* ◇ *Adj* mièvre. ◇ *Adv* mièvrement.
schmarotzen *intr* **-1.** [Person] faire le pique-

assiette; **bei jm ~** vivre en parasite chez qqn. **-2.** [Pflanze] vivre en parasite.

Schmarotzer, in (*mPl* -; *fPl* **-nen**) *der, die abw* parasite *m.*

schmatzen *intr* manger bruyamment.

schmausen *geh* ◇ *intr* faire bonne chère. ◇ *tr*: **etw ~** se délecter de qqch.

schmecken ◇ *intr*: **jm ~** être au goût de qqn; **schmeckt es dir?** tu aimes?; **etw schmeckt nach etw** qqch a le goût de qqch; **etw schmeckt gut/schlecht** qqch a bon/mauvais goût; **laß es dir ~!** bon appétit! ◇ *tr* percevoir le goût de.

Schmeichelei (*Pl* **-en**) *die* flatterie *f.*

schmeichelhaft ◇ *Adj* flatteur(euse); **etw ist ~ für jn** qqch est flatteur pour qqn. ◇ *Adv* de manière flatteuse.

schmeicheln *intr*: **jm ~** flatter qqn.

Schmeichler, in (*mPl* -; *fPl* **-nen**) *der, die* flatteur *m*, -euse *f.*

schmeißen (*Prät* **schmiß**, *Perf* **hat geschmissen**) *fam* ◇ *tr* **-1.** [werfen] envoyer. **-2.** [spendieren]: **eine Runde ~** payer une tournée. **-3.** [aufgeben] laisser tomber. **-4.** [Geschäft, Haushalt] mener. ◇ *intr*: **mit etw ~** balancer qqch.

◆ **sich schmeißen** *ref fam* se jeter; **sich in seine besten Klamotten ~** se mettre sur son trente-et-un.

Schmelz (*Pl* **-e**) *der* **-1.** [Zahnschmelz, Glasur] émail *m.* **-2.** [Stimme] charme *m.*

schmelzen (*Präs* **schmilzt**, *Prät* **schmolz**, *Perf* **hat/ist geschmolzen**) ◇ *intr* *(ist)* fondre. ◇ *tr* *(hat)* fondre.

schmelzend *Adj* fondant(e).

Schmelz|käse *der (ohne Pl)* fromage *m* à pâte fondue.

Schmelz|ofen *der* four *m* de fusion.

Schmelz|punkt *der* point *m* de fusion.

Schmelz|tiegel *der* creuset *m.*

Schmelz|wasser (*Pl* -) *das* eau *f* provenant de la fonte des neiges.

Schmer|bauch *der abw fam* bedaine *f.*

Schmerz (*Pl* **-en**) *der* **-1.** [körperlich] douleur *f*; **~en haben** avoir des douleurs. **-2.** [seelisch] peine *f.*

schmerzempfindlich *Adj* [Mensch] douillet (ette); [Stelle] sensible.

schmerzen ◇ *intr* faire mal. ◇ *tr* faire souffrir.

Schmerzens|geld *das* dommages et intérêts *mpl.*

Schmerzens|schrei *der* cri *m* de douleur.

schmerzfrei *Adj* exempt(e) de douleur.

Schmerz|grenze *die* seuil *m* de tolérance; **die ~ ist erreicht** *fig* la mesure est comble.

schmerzhaft ◇ *Adj* douloureux(euse). ◇ *Adv* **-1.** [körperlich] douloureusement. **-2.** [seelisch] amèrement.

schmerzlich ◇ *Adj* douloureux(euse); **es ist für jn ~** c'est douloureux pour qqn. ◇ *Adv* douloureusement.

schmerzlindernd ◇ *Adj* calmant(e). ◇ *Adv* en calmant.

schmerzlos *Adj* & *Adv* sans douleur.

Schmerz|mittel *das* analgésique *m.*

schmerzstillend ◇ *Adj* analgésique. ◇ *Adv*: **~ wirken** avoir un effet calmant.

Schmerz|tablette *die* cachet *m* analgésique.

schmerzverzerrt *Adj* rongé(e) de douleur.

Schmetter|ball *der* SPORT smash *m.*

Schmetterling (*Pl* **-e**) *der* **-1.** [Tier] papillon *m.* **-2.** *(ohne Pl & ohne Artikel)* SPORT papillon *m.*

Schmetterlings|stil *der (ohne Pl)* SPORT papillon *m.*

schmettern *tr* **-1.** SPORT smasher. **-2.** [werfen] flanquer. **-3.** *fam* [Lied] claironner.

Schmied (*Pl* **-e**) *der* forgeron *m.*

Schmiede (*Pl* **-n**) *die* forge *f.*

Schmiede|eisen *das* fer *m* forgé.

schmiedeeisern *Adj* en fer forgé.

schmieden *tr* **-1.** [Metall] forger. **-2.** [Gefangene]: **jn an etw** *(A)* **~** river qqn à qqch.

Schmiedin (*Pl* **-nen**) *die* forgeron *m.*

schmiegen *tr* blottir.

◆ **sich schmiegen** *ref*: **sich an jn/etw ~** se blottir contre qqn/qqch; **sich in etw** *(A)* **~** se blottir dans qqch.

schmiegsam *Adj* souple.

Schmiere (*Pl* **-n**) *die* **-1.** [Fett] graisse *f.* **-2.** *fam* [Wache]: **~ stehen** faire le guet.

schmieren ◇ *tr* **-1.** [ölen] graisser. **-2.** *fam* [bestechen]: **jn ~** graisser la patte à qqn. **-3.** *fam* [Brot] tartiner. **-4.** *RW*: **jm eine ~** *fam* flanquer une calotte à qqn; **wie geschmiert** *fam* comme sur des roulettes. ◇ *intr* **-1.** [schreiben] gribouiller. **-2.** [klecksen] faire des taches.

Schmier|fink *der* **-1.** *fam* [Kind] cochon *m.* **-2.** *fam abw* [Schriftsteller, Journalist] barbouilleur *m.*

Schmier|geld *das fam* pot *m* de vin.

schmierig ◇ *Adj* **-1.** [ölig] graisseux(euse). **-2.** *abw* [unanständig] graveleux(euse). ◇ *Adv* [anzüglich] de manière graveleuse.

Schmier|mittel *das* lubrifiant *m.*

Schmier|papier *das fam* papier *m* brouillon.

Schmier|seife *die* savon *m* mou.

Schmier|zettel *der fam* feuille *f* de brouillon.

schmilzt *Präs* → **schmelzen**.

Schminke (*Pl* **-n**) *die* maquillage *m*.

schminken *tr* maquiller.
◆ **sich schminken** *ref* se maquiller.

Schmink|stift *der* crayon *m (à maquillage)*.

Schmink|tisch *der* coiffeuse *f*.

schmirgeln *tr* poncer à l'émeri.

Schmirgel|papier *das* papier *m* (d')émeri.

schmiß *Prät* → **schmeißen**.

Schmiß (*Pl* **-e**) *der* **-1.** [Narbe] balafre *f*. **-2.** *(ohne Pl) fam* [Pep] punch *m*.

schmissig *fam Adj* entraînant(e).

Schmöker (*Pl* -) *der fam* roman *m* de quatre sous.

schmökern *intr* & *tr fam* bouquiner.

schmollen *intr* bouder.

Schmoll|mund *der* moue *f*.

schmolz *Prät* → **schmelzen**.

schmoren ◇ *tr* cuire à l'étuvée. ◇ *intr* **-1.** [braten] braiser. **-2.** *fam* [in der Sonne] se faire griller. **-3.** *RW*: **jn ~ lassen** *fam* laisser mijoter qqn.

Schmor|fleisch *das* bœuf *m* braisé.

Schmu *der (ohne Pl) fam* : **~ machen** *fam* arnaquer.

schmuck ◇ *Adj* coquet(ette). ◇ *Adv* coquettement.

Schmuck *der (ohne Pl)* **-1.** [Schmuckstücke] bijoux *mpl*. **-2.** [Dekoration] ornement *m*.

Schmuckblattelegramm (*Pl* **-e**) *das télégramme imprimé sur une carte de vœux*.

schmücken *tr* décorer.
◆ **sich schmücken** *ref* se parer.

Schmuckkästchen (*Pl* -) *das* coffret *m* à bijoux.

schmucklos ◇ *Adj* sans ornements. ◇ *Adv* sobrement.

Schmuck|stück *das* **-1.** [Schmuck] bijou *m*. **-2.** [von Sammlung, Ausstellung] joyau *m*.

schmuddelig *Adj* & *Adv fam* d'une propreté douteuse.

Schmuggel *der (ohne Pl)* contrebande *f*; **~ treiben** faire de la contrebande.

schmuggeln ◇ *tr* **-1.** [über Grenze] introduire ODER sortir en contrebande. **-2.** [heimlich] faire entrer ODER sortir clandestinement. ◇ *intr* faire de la contrebande.

Schmuggler, in (*mPl* -; *fPl* **-nen**) *der, die* contrebandier *m*, -ère *f*.

schmunzeln *intr*: **über etw** *(A)* **~** sourire de qqch.

Schmus *der (ohne Pl) fam* bavardage *m*; **keinen ~ machen** *fam* arrêter de dire des bêtises.

schmusen *intr* câliner; **mit jm ~** faire un câlin à qqn.

Schmutz *der (ohne Pl)* saleté *f*; **(viel) ~ machen** faire des saletés; **jn/etw durch/in den ~ ziehen** *fig* traîner qqn/qqch dans la boue.

schmutzabweisend *Adj* antisalissure.

schmutzen *intr* se salir.

Schmutz|fink *der fam* cochon *m*.

schmutzig *Adj* **-1.** [dreckig] sale; **sich ~ machen** se salir. **-2.** [Bemerkung, Witz] salace. **-3.** [Geschäfte] crapuleux(euse).

schmutziggrau *Adj* gris sale.

Schmutz|wäsche *die* linge *m* sale.

Schmutz|zulage *die (ohne Pl)* prime *f* pour travaux salissants.

Schnabel (*Pl* **Schnäbel**) *der* bec *m*; **den ~ halten** *fam fig* la fermer, la boucler.

Schnabel|tasse *die* gobelet *m* à bec.

Schnake (*Pl* **-n**) *die* tipule *f*.

Schnalle (*Pl* **-n**) *die* boucle *f*.

schnallen *tr* **-1.** [festmachen] attacher; **den Gürtel enger/weiter ~** serrer/desserrer la ceinture; **etw auf etw** *(A)* **~** attacher qqch à qqch. **-2.** *salopp* [kapieren] piger.

schnalzen *intr*: **mit etw ~** faire claquer qqch.

schnappen (*Perf* **hat/ist geschnappt**) ◇ *tr (hat)* **-1.** *fam* [festnehmen]: **jn ~** pincer qqn. **-2.** *fam* [packen]: **(sich** *(D)***) etw ~** attraper qqch. ◇ *intr* **-1.** *(hat)* [Tier]: **nach jm/etw ~** chercher à happer qqn/qqch. **-2.** *(ist)* [Feder] se détendre; **die Tür schnappte ins Schloß** la porte a claqué.

Schnapp|schloß *das* serrure *f* à ressort.

Schnapp|schuß *der* photo *f* prise sur le vif.

Schnaps (*Pl* **Schnäpse**) *der* eau-de-vie *f*, schnaps *m*.

Schnaps|glas *das* verre *m* à eau-de-vie.

Schnaps|idee *die fam* idée *f* fumeuse.

Schnaps|zahl *die nombre formé d'un même chiffre qui se répète*.

schnarchen *intr* **-1.** [im Schlaf] ronfler. **-2.** *fam* [schlafen] roupiller.

schnarren *intr* produire un bruit de crécelle; **eine ~de Stimme** une voix de crécelle.

schnattern *intr* **-1.** *fam* [reden] jacasser. **-2.** [Gänse, Enten] cancanner. **-3.** [vor Kälte] trembler.

schnauben *intr* **-1.** [Pferde] renâcler. **-2.** [Menschen]: **vor etw** *(D)* **~** bouillir de qqch.

schnaufen *intr* haleter.

Schnaufer (*Pl* -) *der fam* souffle *m*.

Schnauz|bart *der* **-1.** [Bart] moustache *f*. **-2.** *fam* [Mensch] moustachu *m*.

Schnauze (*Pl* **-n**) *die* **-1.** [von Tieren] museau *m*. **-2.** *salopp abw* [von Menschen] gueule *f*. **-3.** *RW*: **die ~ halten** *salopp* fermer sa gueule; **die ~ voll haben** *salopp* en avoir ras-le-bol; **auf die ~**

fallen ODER **fliegen** *salopp eigtl* & *fig* se casser la gueule.

Schnauzer (*Pl* -) *der* **-1.** [Hund] griffon *m*. **-2.** *fam* [Schnurrbart] moustache *f*.

Schnecke (*Pl* **-n**) *die* escargot *m*; **jn zur ~ machen** *fig* passer un savon à qqn.

Schnecken|haus *das* coquille *f* d'escargot.

Schnecken|tempo *das*: **im ~** *fam fig* à la vitesse d'un escargot.

Schnee *der (ohne Pl)* neige *f*; **es fällt ~** il tombe de la neige; **es liegt ~** il y a de la neige; **~ räumen** déneiger; **das ist ~ von gestern** *fam fig* c'est de l'histoire ancienne.

Schnee|ball *der* boule *f* de neige.

Schneeball|schlacht *die* bataille *f* de boules de neige.

Schneeball|system *das* principe *m* de la boule de neige.

Schnee|besen *der* fouet *m (de cuisine)*.

schneeblind *Adj* atteint(e) de l'ophtalmie des neiges.

Schnee|brett *das* surplomb *m* de neige.

Schnee|brille *die* lunettes *fpl* de glacier.

Schnee|decke *die* couche *f* de neige.

Schnee|fall *der* chute *f* de neige.

Schnee|flocke *die* flocon *m* de neige.

schneefrei *Adj* sans neige, déneigé(e).

Schneegestöber (*Pl* -) *das* rafales *fpl* de neige.

Schnee|glätte *die* chaussée *f* glissante *(à cause de la neige)*.

Schneeglöckchen (*Pl* -) *das* perce-neige *m* ODER *f inv*.

Schnee|grenze *die* limite *f* des neiges éternelles.

Schnee|kette *die* chaîne *f (de voiture)*.

Schnee|mann (*Pl* **-männer**) *der* bonhomme *m* de neige.

Schnee|matsch *der (ohne Pl)* neige *f* fondue.

Schnee|pflug *der* chasse-neige *m*.

Schnee|regen *der* neige *f* fondue *(qui tombe)*.

Schnee|schaufel *die* pelle *f* à neige.

Schneeschmelze *die (ohne Pl)* fonte *f* des neiges.

Schnee|sturm *der* tempête *f* de neige.

Schnee|treiben *das* rafales *fpl* de neige.

Schneeverhältnisse *Pl* enneigement *m*.

Schneeverwehung (*Pl* **-en**) *die* congère *f*.

Schneewehe (*Pl* **-n**) *die* congère *f*.

schneeweiß *Adj* blanc (blanche) comme neige.

Schneewittchen *das (ohne Pl)* Blanche-Neige *f*.

Schneid *der (ohne Pl) fam* cran *m*.

Schneidbrenner (*Pl* -) *der* chalumeau *m* de découpage.

Schneide (*Pl* **-n**) *die* tranchant *m*.

schneiden (*Prät* **schnitt,** *Perf* **hat geschnitten**) ◇ *tr* **-1.** [gen] couper; **etw in Würfel/Stücke ~** couper qqch en dés/morceaux; **ein Loch in etw** *(A)* **~** faire un trou dans qqch; **sich** *(D)* **etw ~** se couper qqch. **-2.** [Hecke] tailler. **-3.** [ausschneiden] découper. **-4.** [ignorieren]: **jn ~** snober qqn. **-5.** [beim Überholen] faire une queue de poisson. **-6.** [hinzufügen]: **etw in etw** *(A)* **~** ajouter qqch à qqch. ◇ *intr* couper.
◆ **sich schneiden** *ref* **-1.** [sich verletzen, sich kreuzen] se couper. **-2.** *fam* [sich täuschen] se mettre le doigt dans l'œil.

schneidend *Adj* [Stimme] aigu(uë); [Kälte, Wind] cinglant(e).

Schneider (*Pl* -) *der* tailleur *m*; **aus dem ~ sein** *fam fig* être tiré(e) d'affaire ODER d'embarras.

Schneiderin (*Pl* **-nen**) *die* couturière *f*.

schneidern ◇ *tr*: **(sich** *(D)***) etw ~** confectionner qqch. ◇ *intr* faire de la couture.

Schneider|puppe *die* mannequin *m (de tailleur)*.

Schneider|sitz *der*: **im ~ sitzen** être assis(e) en tailleur.

Schneide|zahn *der* incisive *f*.

schneidig ◇ *Adj* fougueux(euse). ◇ *Adv* avec fougue.

schneien *intr*: **es schneit** il neige.

Schneise (*Pl* **-n**) *die* laie *f*.

schnell ◇ *Adj* rapide. ◇ *Adv* **-1.** [geschwind] vite, rapidement; **nicht so ~!** pas si vite. **-2.** [zügig] rapidement; **~ machen** faire vite, se dépêcher.
◆ **Schnelle** *die (ohne Pl)*: **auf die ~** vite fait.

Schnell|boot *das* vedette *f*.

schnellebig *Adj* fébrile.

schnellen (*Perf* **ist geschnellt**) *intr* **-1.** [springen] bondir; **durch die Luft ~** fendre l'air. **-2.** [Preise, Nachfrage] s'envoler.

Schnellfeuer|gewehr *das* arme *f* automatique.

Schnell|gericht *das* plat *m* pré-cuisiné.

Schnell|hefter *der* chemise *f* à languettes métalliques.

Schnelligkeit *die (ohne Pl)* **-1.** [Schnellsein] rapidité *f*. **-2.** [mit hoher Geschwindigkeit] **vitesse** *f*.

Schnell|imbiß *der* fast-food *m*.

Schnellkoch|topf *der* autocuiseur *m*, Cocotte-Minute® *f*.

schnellstens *Adv* au plus vite.

Schnell|straße *die* voie *f* express.

Schnell|verfahren *das* **-1.** RECHT procédure *f*

rapide. **-2.** [Vorgang] procédé *m* accéléré; **im ~** à la va-vite.

Schnellzug *der* train *m* express.

Schnepfe (*Pl* **-n**) *die* bécasse *f*.

schneuzen

◆ **sich schneuzen** *ref* se moucher.

Schnickschnack *der fam* babiole *f*, broutille *f*.

schniefen *intr* renifler.

Schnippchen *das (ohne Pl)*: **jm ein ~ schlagen** *fam* faire une entourloupe à qqn.

schnippisch *abw* ◇ *Adj* impertinent(e). ◇ *Adv* avec impertinence.

Schnipsel (*Pl* **-**) *der* chute *f (de papier, de tissu)*.

schnipseln *tr fam* **-1.** [abschneiden] tailler. **-2.** [Gemüse] couper en petits morceaux.

schnipsen ◇ *tr* faire partir d'une pichenette. ◇ *intr*: **mit den Fingern ~** claquer des doigts.

schnitt *Prät* → **schneiden**.

Schnitt (*Pl* **-e**) *der* **-1.** [Öffnung] coupure *f*; [klein] incision *f*. **-2.** [Schnittmuster] patron *m*. **-3.** [von Haar, Kleidung] coupe *f*. **-4.** [beim Film] montage *m*. **-5.** [von Hecken] taille *f*. **-6.** *fam* [Durchschnitt] moyenne *f*; **im ~** en moyenne. **-7.** *fam* [Gewinn] bénef *m*; **seinen ~ machen** *fam* faire son beurre.

Schnittblume *die* [geschnitten] fleur *f* coupée; [zum Schneiden] fleur *f (pour bouquet)*.

Schnittchen (*Pl* **-**) *das* canapé *m*, toast *m*.

Schnitte (*Pl* **-n**) *die* **-1.** [Scheibe] tranche *f*. **-2.** [belegtes Brot] sandwich *m*.

Schnittfläche *die* **-1.** [angeschnittener Teil] tranche *f*. **-2.** [von Prisma, Würfel] section *f*.

schnittig ◇ *Adj* racé(e). ◇ *Adv*: **~ fahren** avoir une conduite sportive.

Schnittkäse *der (ohne Pl)* fromage *m* en tranches.

Schnittlauch *der* ciboulette *f*.

Schnittlinie *die* ligne *f* d'intersection.

Schnittmenge *die* MATH intersection *f*.

Schnittmuster *das* patron *m (de couture)*.

Schnittpunkt *der* point *m* d'intersection.

Schnittstelle *die* **-1.** EDV interface *f*. **-2.** [Verbindung] point *m* de jonction.

Schnittwunde *die* coupure *f*.

Schnitzel (*Pl* **-**) *das* **-1.** [Fleisch] escalope *f*. **-2.** [aus Papier, Stoff] chute *f*; [aus Holz] copeau *m*.

Schnitzeljagd *die* rallye *m*.

schnitzen ◇ *tr* sculpter sur bois. ◇ *intr* sculpter.

Schnitzer (*Pl* **-**) *der* **-1.** *fam* [Fehler] bourde *f*; **einen groben ~ machen** *fam* faire une sacrée boulette. **-2.** [Mensch] sculpteur *m* (sur bois).

Schnitzerei (*Pl* **-en**) *die* sculpture *f* sur bois.

Schnitzerin (*Pl* **-nen**) *die* sculpteur *m* (sur bois).

schnodderig, **schnoddrig** *fam abw* ◇ *Adj* sans-gêne. ◇ *Adv* avec sans-gêne.

schnöde ◇ *Adj* **-1.** [Antwort, Benehmen] dédaigneux(euse). **-2.** [Selbstsucht, Undank] odieux (euse). ◇ *Adv* avec dédain.

Schnorchel (*Pl* **-**) *der* tuba *m*.

schnorcheln *intr* nager sous l'eau (avec un tuba).

Schnörkel (*Pl* **-**) *der* fioriture *f*; ARCHIT volute *f*.

schnorren *tr fam* taxer; **etw bei jm ~** taxer qqch à qqn.

Schnösel (*Pl* **-**) *der fam abw* blanc-bec *m*.

schnuckelig, **schnucklig** *fam* ◇ *Adj* mignon(onne). ◇ *Adv* d'une manière mignonne.

schnüffeln ◇ *intr* **-1.** [riechen]: **an etw** *(D)* **~** flairer qqch. **-2.** [suchen] fouiner; **in etw** *(D)* **~** fouiner dans qqch. ◇ *tr fam* [Drogen] sniffer.

Schnüffler, in (*mPl* **-**; *fPl* **-nen**) *der, die fam* fouineur *m*, -euse *f*.

Schnuller (*Pl* **-**) *der* tétine *f*.

Schnulze (*Pl* **-n**) *die abw* [Film] mélo *m*; [Schlager] chanson *f* à l'eau de rose.

schnupfen *tr* priser.

Schnupfen (*Pl* **-**) *der* rhume *m*; **einen ~ haben** être enrhumé(e); **einen ~ bekommen** s'enrhumer.

Schnupftabak *der* tabac *m* à priser.

schnuppe *Adj*: **etw ist jm ~** *fam* qqn se contrefiche de qqch.

schnuppern ◇ *intr* renifler; **an etw** *(D)* **~** renifler qqch. ◇ *tr* renifler.

Schnur (*Pl* **Schnüre**) *die* ficelle *f*.

Schnürchen *das (ohne Pl)*: **wie am ~** *fam fig* comme sur des roulettes.

schnüren ◇ *tr* **-1.** [Schuhe, Mieder] lacer. **-2.** [festmachen] attacher. **-3.** [Paket, Bündel] ficeler; **etw um etw ~** nouer qqch autour de qqch. ◇ *intr* serrer.

schnurgerade, **schnurgrade** *fam* ◇ *Adj* tout droit. ◇ *Adv* en ligne droite.

Schnurrbart *der* moustache *f*.

schnurren (*Perf* **hat geschnurrt**) *intr* **-1.** [Katze] ronronner. **-2.** [Motor] ronfler.

Schnürschuh *der* chaussure *f* à lacets.

Schnürsenkel (*Pl* **-**) *der* lacet *m*.

schnurstracks *Adv* directement.

schnurz *Adj*: **etw ist jm ~** *salopp* qqn se balance de qqch.

Schnute (*Pl* **-n**) *die* bouche *f*, babines *fpl*; **eine ~ ziehen** *fam fig* tirer la tronche.

schob *Prät* → **schieben**.

Schock (*Pl* **-s**) *der* choc *m*; **unter ~ stehen** être en état de choc; **jm einen ~ versetzen** donner un choc à qqn.

schocken *tr fam* choquer.

schockieren *tr* choquer.

schockiert ◇ *Adj* choqué(e); **über etw** *(A)* **~ sein** être choqué par qqch. ◇ *Adv* d'un air consterné.

schofel, schofelig *fam abw* ◇ *Adj* mesquin(e). ◇ *Adv* mesquinement.

Schöffe (*Pl* **-n**) *der* juré *m*.

Schöffen|gericht *das tribunal composé d'un juge et d'un jury populaire.*

Schöffin (*Pl* **-en**) *die* juré *m*.

Schokolade (*Pl* **-n**) *die* chocolat *m*.

Schokoladen|glasur *die* nappage *m* au chocolat.

Schokoladen|pudding *der* flan *m* au chocolat.

Schokoladen|seite *die fam* bon côté *m*.

Schokoladen|tafel *die* tablette *f* de chocolat.

Schokoladen|torte *die* gâteau *m* fourré au chocolat.

Schoko|riegel *der* barre *f* de chocolat.

Scholle (*Pl* **-n**) *die* **-1.** [Fisch] sole *f*. **-2.** [aus Erde] motte *f*.

schon *Adv* **-1.** [gen] déjà; **ich habe ~ davon gehört** j'en ai déjà entendu parler; **sie hat ~ mit 16 Abitur gemacht** à 16 ans elle passait déjà son bac; **er wohnt ~ zwei Jahre in Berlin** il y a déjà deux ans qu'il habite à Berlin; **~ jetzt** ODER **mal** ODER **wieder** déjà; **~ längst** depuis longtemps; **~ oft** déjà souvent. **-2.** [Ausdruck der Einschränkung]: **ihr hat der Roman nicht gefallen, mir ~** le roman ne lui a pas plu, à moi si; **ich kann das ~, aber ich mache es nicht** certes je sais le faire, mais ne le ferai pas. **-3.** [wirklich] vraiment; **das war ~ toll** c'était vraiment super. **-4.** [zur Beruhigung] bien; **das Brot wird ~ reichen** le pain suffira bien; **~ gut** bon d'accord. **-5.** [endlich] allez; **trink ~ aus** allez, finis ton verre. **-6.** [allein] seulement; **~ bei der Vorstellung, mit einem Boot fahren zu müssen, wird mir übel** rien qu'à l'idée de devoir prendre le bateau, j'ai déjà le mal de mer. **-7.** [in rhetorischen Fragen] donc.

schön ◇ *Adj* **-1.** [gen] beau (belle); **~en Dank** merci bien; **das ist ~** c'est bien. **-2.** [nett] gentil(ille). **-3.** *RW*: **das ist ~ und gut, aber ...** c'est bien beau mais ... ◇ *Adv* bien.

◆ **ganz schön** *Adv fam* vraiment.

◆ **na schön!** *Interj fam* très bien!

◆ **Schöne** (*Pl* **-n**) *der, die, das* beauté *f*.

◆ **Schönes** *nt (ohne Pl)*: **da hast du was Schönes angerichtet!** *fam* tu as fait du beau travail!

schonen *tr* ménager.

◆ **sich schonen** *ref* se ménager.

schonend ◇ *Adj* doux (douce). ◇ *Adv* avec ménagement; **jm etw ~ beibringen** annoncer qqch à qqn avec égards; **mit jm/etw ~ umgehen** ménager qqn/qqch.

Schoner (*Pl* **-**) *der* SCHIFF goélette *f*, schooner *m*.

schön|färben *tr* embellir.

Schönfärberei *die (ohne Pl)* embellissement *m*.

Schon|frist *die* délai *m* de grâce.

Schönheit (*Pl* **-en**) *die* beauté *f*.

Schönheits|fehler *der* défaut *m* esthétique.

Schönheits|mittel *das* produit *m* de beauté.

Schönheits|pflege *die* soins *mpl* esthétiques.

Schon|kost *die (ohne Pl)* alimentation *f* diététique.

schön|machen *tr fam* **-1.** [äußerlich] pomponner. **-2.** [angenehm machen]: **sich** *(D)* **das Leben ~** se rendre la vie agréable; **es sich** *(D)* **~** prendre du bon temps.

◆ **sich schönmachen** *ref fam* se faire beau (belle).

Schön|schrift *die* belle écriture *f*.

schön|tun *intr (unreg) fam* minauder.

Schonung (*Pl* **-en**) *die* **-1.** [Baumschule] jeune plantation *f*. **-2.** *(ohne Pl)* [Behandlung] égards *mpl*.

schonungslos ◇ *Adj* sans ménagement. ◇ *Adv* sans ménagement; **~ ausnutzen** exploiter impitoyablement.

Schönwetter|periode *die* période *f* de beau temps.

Schon|zeit *die* fermeture *f* de la chasse.

Schopf (*Pl* **Schöpfe**) *der* toupet *m*; **etw beim ~ packen** *fig* saisir la balle au bond.

schöpfen *tr* **-1.** [Flüssigkeit] servir *(un potage)*; **aus etw ~** puiser dans qqch. **-2.** [Mut, Hoffnung, Atem] reprendre.

Schöpfer (*Pl* **-**) *der* **-1.** *(ohne Pl)* [Gott] Créateur *m*. **-2.** [Gestalter] créateur *m*.

Schöpferin (*Pl* **-nen**) *die* créatrice *f*.

schöpferisch ◇ *Adj* créateur(trice). ◇ *Adv* dans le domaine de la création.

Schöpf|kelle *die* louche *f*.

Schöpf|löffel *der* louche *f*.

Schöpfung (*Pl* **-en**) *die* création *f*.

Schoppen (*Pl* **-**) *der* chope *f*, chopine *f*.

schor *Prät* → **scheren**.

Schorf *der (ohne Pl)* croûte *f*.

Schorle (*Pl* **-n**) *die jus de pomme ou vin coupé d'eau gazeuse.*

Schorn|stein *der* cheminée *f*.

Schornsteinfeger, in (*mPl* -; *fPl* **-nen**) *der, die* ramoneur *m*.

schoß *Prät* → **schießen**.

Schoß (*Pl* **Schöße**) *der* **-1.** [Körperteil, Schutz] giron *m*; **auf dem ~ sitzen** être assis(e) sur les genoux. **-2.** [von Kleidungsstücken] basque *f*. **-3.** *geh* [Mutterleib] ventre *m*. **-4.** *RW*: **etw fällt jm in den ~** qqch tombe du ciel à qqn.

Schoß|hund *der* bichon *m*.

Schote (*Pl* **-n**) *die* **-1.** [Frucht] cosse *f*. **-2.** *fam* [Geschichte] balivernes *fpl*.

Schotte (*Pl* **-n**) *der* Écossais *m*.

Schotten|rock *der* jupe *f* écossaise.

Schotter *der (ohne Pl)* cailloutis *m*.

Schotter|straße *die* route *f* de cailloutis.

Schottin (*Pl* **-nen**) *die* Écossaise *f*.

schottisch *Adj* écossais(e).

Schottland *nt* Écosse *f*.

schraffieren *tr* hachurer.

Schraffierung (*Pl* **-en**) *die* hachure *f*.

schräg ◇ *Adj* **-1.** [schief] oblique; [Dach] incliné(e). **-2.** *fam* [Musik, Ansichten] bizarre. ◇ *Adv* **-1.** [schief] en biais; **das Bild hängt ~** le tableau est de travers; **~ gegenüber** en face, vers la gauche ODER droite; **~ halten** tenir penché(e). **-2.** *fam* [falsch] faux; **jn ~ ansehen** *fig* regarder qqn de travers.

Schräge (*Pl* **-n**) *die* inclinaison *f*.

Schräg|schrift *die*: **in ~** en italique.

Schräg|strich *der* barre *f* oblique.

Schramme (*Pl* **-n**) *die* éraflure *f*.

Schrank (*Pl* **Schränke**) *der* armoire *f*.

Schranke (*Pl* **-n**) *die* barrière *f*.

◆ **Schranken** *Pl* [Grenzen] limites *fpl*; **etw sind keine ~n gesetzt** laisser libre cours à qqch; **jm sind keine ~n gesetzt** on laisse qqn agir librement; **jn in die ~n verweisen** remettre qqn à sa place.

schrankenlos *Adj* sans bornes.

schrankfertig ◇ *Adj* prêt(e) à être rangé(e). ◇ *Adv* de manière à pouvoir être rangé(e) immédiatement.

Schrank|wand *die* armoire *f* murale.

schrappen (*Perf* **hat/ist geschrappt**) *fam* ◇ *tr (hat)* [säubern] racler. ◇ *intr (ist)* [schleifen]: **über etw ~** frotter sur qqch.

Schraube (*Pl* **-n**) *die* **-1.** [aus Metall] vis *f*. **-2.** *fam* [von Gewalt, Inflation] spirale *f*. **-3.** SPORT vrille *f*. **-4.** *RW*: **bei jm ist eine ~ locker** *salopp fig* il manque un boulon à qqn.

schrauben *tr* **-1.** [drehen]: **etw auf/in etw** *(A)* **~** visser qqch sur/dans qqch. **-2.** [befestigen] fixer en vissant; **etw an etw** *(A)* **~** fixer qqch à qqch en vissant. **-3.** [abmontieren]: **etw aus** ODER **von etw ~** dévisser qqch de qqch. **-4.** [Anforderungen, Ansprüche]: **hoch ~** faire monter.

◆ **sich schrauben** *ref* [nach oben] s'élever.

Schrauben|mutter *die* écrou *m*.

Schrauben|schlüssel *der* clé *f*, clef *f (outil)*.

Schraubenzieher (*Pl* -) *der* tournevis *m*.

Schraub|stock *der* étau *m*.

Schraubver|schluß *der* fermeture *f* à vis, bouchon *m* à visser.

Schraubzwinge (*Pl* **-n**) *die* serre-joint *m*.

Schreber|garten *der* jardin *m* ouvrier.

Schreck *der (ohne Pl)* frayeur *f*; **einen ~ kriegen** *fam* avoir une frayeur; **jm einen ~ einjagen** faire une frayeur à qqn; **mit dem ~ davonkommen** en être quitte pour la peur; **ach du ~!** *fam* ah, quelle horreur!

Schrecken (*Pl* -) *der* **-1.** [Angst, Mensch] terreur *f*; **in panischem ~** en proie à une peur panique. **-2.** *geh* [von Tod, Krieg] affres *fpl*.

Schreckens|herrschaft *die* régime *m* de terreur.

Schreckens|nachricht *die* nouvelle *f* affreuse.

Schreck|gespenst *das* spectre *m*.

schreckhaft *Adj* qui sursaute facilement.

schrecklich ◇ *Adj* **-1.** [entsetzlich] terrible. **-2.** *fam* [groß] horrible. ◇ *Adv fam* terriblement.

Schreckschuß|pistole *die* pistolet *m* d'alarme.

Schreck|sekunde *die* temps *m* de réaction.

Schrei (*Pl* **-e**) *der* cri *m*; **der letzte ~** *fam fig* le dernier cri.

Schreib|arbeit *die* travail *m* de dactylographie.

schreiben (*Prät* **schrieb**, *Perf* **hat geschrieben**) ◇ *tr* **-1.** [aufschreiben] écrire; **etw groß/klein ~** écrire qqch en majuscules/minuscules; **wie schreibt man das**? comment ça s'écrit? **-2.** [verfassen] rédiger. **-3.** [Prüfung] passer. **-4.** [Rechnung] établir. **-5.** *RW*: **jn gesund/krank ~** déclarer qqn bien portant/malade; **sich krank ~ lassen** se faire porter malade. ◇ *intr* écrire; **an jn ~** écrire à qqn; **an einem Roman/einer Arbeit ~** écrire un roman/un mémoire.

◆ **sich schreiben** *ref* s'écrire.

◆ **Schreiben** (*Pl* -) *das* lettre *f*.

Schreiber, in (*mPl* -; *fPl* **-nen**) *der, die* auteur *m*.

schreibfaul *Adj* qui a la flemme d'écrire.

Schreib|fehler *der* faute *f* d'orthographe.

Schreib|kraft *die* dactylo *f*.

Schreib|maschine *die* machine *f* à écrire.

Schreibmaschinen|papier *das* papier *m* (pour) machine (à écrire).

Schreib|schrift *die* écriture *f* manuscrite.

Schreib|tisch *der* bureau *m*.

Schreibtisch|lampe *die* lampe *f* de bureau.

Schreibtisch|täter *der fam* instigateur *m*.
Schreibung (*Pl* **-en**) *die* orthographe *f*.
Schreibunter|lage *die* sous-main *m inv*.
Schreibwaren *Pl* articles *mpl* de papeterie.
Schreibwaren|geschäft *das* papeterie *f*.
Schreib|weise *die* **-1.** [von Wort, Name] **orthographe** *f*. **-2.** [Ausdrucksweise] **manière** *f* **d'écrire, style** *m*.
Schreib|zeug *das* nécessaire *m* de bureau; **nimm dein ~ mit** prends de quoi écrire.
schreien (*Prät* **schrie**, *Perf* **hat geschrie(e)n**) *intr* crier; **nach etw ~** [rufen] réclamer qqch; *fig* & *geh* [verlangen] appeler qqch.
◆ **Schreien** *das (ohne Pl)* cris *mpl*.
◆ **zum Schreien** *Adj* à hurler de rire.
schreiend *Adj* **-1.** [Farbe] criard(e). **-2.** [Ungerechtigkeit] criant(e).
Schrei|hals *der fam* gueulard *m*.
Schreiner, in (*mPl* **-**; *fPl* **-nen**) *der, die* menuisier *m*.
schreiten (*Prät* **schritt**, *Perf* **ist geschritten**) *intr geh* marcher; **zur Tat ~** passer à l'acte.
schrie *Prät* → **schreien**.
schrieb *Prät* → **schreiben**.
Schrift (*Pl* **-en**) *die* écriture *f*.
◆ **Schriften** *Pl* écrits *mpl*.
Schrift|bild *das* **-1.** [von Drucktype] œil *m*, œils *mpl*. **-2.** [Schrift] écriture *f*.
schriftdeutsch *Adj*: **das ist ~** c'est de l'allemand écrit.
schriftlich ◇ *Adj* écrit(e). ◇ *Adv* par écrit; **jm etw ~ geben** *fam* donner une attestation écrite à qqn.
Schrift|sprache *die* langue *f* écrite.
Schriftsteller, in (*mPl* **-**; *fPl* **-nen**) *der, die* écrivain *m*.
schriftstellerisch ◇ *Adj* d'écrivain. ◇ *Adv* en tant qu'écrivain.
Schrift|verkehr *der* correspondance *f*.
Schrift|wechsel *der* correspondance *f*.
Schrift|zug *der* paraphe *m*.
schrill ◇ *Adj* aigu(uë). ◇ *Adv* de façon aiguë.
schrillen *intr* retentir.
schritt *Prät* → **schreiten**.
Schritt (*Pl* **-e**) *der* **-1.** [gen] pas *m*. **-2.** [Handlung] démarche *f*. **-3.** [von Hose] entrejambe *m*. **-4.** *RW*: **~ für ~** pas à pas; **auf ~ und Tritt** à la trace; **den ersten ~ tun** faire le premier pas; **mit jm ~ halten** marcher au même rythme que qqn; **mit jm/etw ~ halten** *fig* être aussi fort(e) que qqn/qqch.
Schrittempo *das (ohne Pl)* allure *f* lente; **(im) ~ fahren** rouler au pas.
Schrittmacher (*Pl* **-**) *der* **-1.** [fürs Herz] pacemaker *m*, stimulateur *m* cardiaque. **-2.** [von Entwicklungen] pionnier *m*.
schrittweise *Adv* progressivement.
schroff ◇ *Adj* **-1.** [Verhalten] **brusque**; [Antwort] **sec (sèche)**. **-2.** [Felsen, Abhang] **abrupt(e)**. **-3.** [Wechsel, Übergang] **marquant(e)**. ◇ *Adv* **-1.** [ablehnen, abweisen] **brusquement**; [antworten] **sèchement**. **-2.** [steil] **tout droit**.
schröpfen *tr fam* [finanziell] **plumer**.
Schrot *der* ODER *das* **-1.** [von Getreide] **gruau** *m*. **-2.** [Munition] **grenaille** *f* **de plomb**. **-3.** *RW*: **von echtem ~ und Korn** [echt] **pur(e) et dur(e)**; [redlich] **intègre, de bien**.
Schrott *der* **-1.** [Metall] ferraille *f*; **zu ~ fahren** réduire en tas de ferraille. **-2.** *fam* [Plunder] camelote *f*. **-3.** *fam* [Blödsinn] ânerie *f*.
Schrott|haufen *der* tas *m* de ferraille.
Schrott|platz *der* casse *f*.
schrottreif *Adj* bon (bonne) pour la casse.
schrubben *tr* frotter.
◆ **sich schrubben** *ref fam* se décrasser.
Schrubber (*Pl* **-**) *der* balai-brosse *m*.
Schrulle (*Pl* **-n**) *die salopp* marotte *f*.
schrullig *Adj fam* bizarre, original(e).
schrumpelig, **schrumplig** *Adj* ratatiné(e); [Haut] flétri(e).
schrumpfen (*Perf* **ist geschrumpft**) *intr* **-1.** [Gegenstand] **rapetisser**. **-2.** [Ersparnisse, Vorrat] **fondre**.
schrumplig = **schrumpelig**.
Schub (*Pl* **Schübe**) *der* **-1.** [Schubkraft, Druck] poussée *f*. **-2.** [Anfall] accès *m*. **-3.** [Ladung] cargaison *f*. **-4.** [Menschengruppe] fournée *f*.
Schub|fach *das* tiroir *m*.
Schub|karre *die*, **Schub|karren** *der* brouette *f*.
Schub|kraft *die* poussée *f*.
Schublade (*Pl* **-n**) *die* tiroir *m*; **jn in eine ~ stecken** *fam fig* mettre une étiquette à qqn.
Schubs (*Pl* **-e**) *der fam* bourrade *f*; **jm/etw einen ~ geben** *fam* donner une bourrade à qqn/qqch.
schubsen *tr fam* pousser.
schubweise *Adv* **-1.** [Anfall] par crises. **-2.** [gruppenweise] par groupes.
schüchtern ◇ *Adj* timide. ◇ *Adv* timidement.
Schüchternheit *die (ohne Pl)* timidité *f*.
schuf *Prät* → **schaffen**.
Schuft (*Pl* **-e**) *der abw* salaud *m*.
schuften *intr fam* trimer.
Schuh (*Pl* **-e**) *der* chaussure *f*; **das sind zwei Paar ~e** *fam fig* ça fait deux; **wissen, wo jn der ~ drückt** *fam fig* savoir où le bât blesse (qqn);

jm etw in die ~e schieben *fig* mettre qqch sur le dos de qqn.

Schuh|bürste *die* brosse *f* à chaussures.

Schuh|creme *die* cirage *m*.

Schuh|geschäft *das* magasin *m* de chaussures.

Schuh|größe *die* pointure *f*.

Schuh|karton *der* boîte *f* à chaussures.

Schuh|löffel *der* chausse-pied *m*.

Schuhmacher, in (*mPl* **-**; *fPl* **-nen**) *der, die* cordonnier *m*.

Schuhputzer (*Pl* **-**) *der* **-1.** [Mensch] cireur *m* de chaussures. **-2.** [Gerät] machine *f* à cirer les chaussures.

Schuhputzerin (*Pl* **-nen**) *die* cireuse *f* de chaussures.

Schuh|sohle *die* semelle *f*.

Schuh|spanner *der* embauchoir *m*.

Schuh|werk *das* chaussures *fpl*; **festes ~** chaussures *fpl* solides.

Schulabgänger, in (*mPl* **-**; *fPl* **-nen**) *der, die* élève *mf* en fin de scolarité.

Schulab|schluß *der* diplôme *m* (de fin d'études secondaires).

Schul|amt *das* administration *f* scolaire.

Schul|anfang *der* rentrée *f* (scolaire).

Schul|anfänger, in *der, die* élève *mf* de cours préparatoire.

Schul|arbeit *die* devoirs *mpl*.

Schul|aufgabe *die* devoirs *mpl*.

Schul|bank (*Pl* **-bänke**) *die* banc *m* d'école; **die ~ drücken** *fam fig* user ses fonds de culottes sur les bancs de l'école.

Schulbei|spiel *das* cas *m* d'école, exemple *m* typique.

Schul|besuch *der* fréquentation *f* de l'école.

Schul|bildung *die* formation *f* scolaire.

Schul|buch *das* manuel *m* scolaire.

Schul|bus *der* car *m* (de ramassage) scolaire.

schuld *Adj*: **an etw** *(D)* **~ haben** ODER **sein** être responsable de qqch; **jm an etw** *(D)* **~ geben** attribuer la responsabilité de qqch à qqn.

Schuld *die (ohne Pl)* **-1.** [Verantwortung, Ursache] faute *f*; **es war seine ~** c'était de sa faute. **-2.** [Unrecht] faute *f*, tort *m*; **sich** *(D)* **keiner ~ bewußt sein** ne pas se sentir coupable ODER fautif(ive); **sich** *(D)* **seiner ~ bewußt sein** se sentir coupable ODER fautif(ive).

◆ **Schulden** *Pl* dettes *fpl*; **Schulden haben/machen** avoir/faire des dettes.

Schuldbe|kenntnis *das* mea culpa *m*, aveu *m*.

schuldbewußt ◇ *Adj* lourd(e) de culpabilité. ◇ *Adv* avec un sentiment de culpabilité.

schulden *tr*: **jm etw ~** devoir qqch à qqn.

Schulden|berg *der fam* montagne *f* de dettes.

schuldenfrei *Adj* sans dettes.

Schuld|frage *die* question *f* de la culpabilité.

Schuld|gefühl *das* sentiment *m* de culpabilité.

Schul|dienst *der (ohne Pl)* fonction *f* enseignante.

schuldig ◇ *Adj* **-1.** [an Verbrechen] coupable; **an etw** *(D)* **~ sein** être responsable de qqch; **einer Sache** *(G)* **~ sein** *geh* être coupable de qqch; **sich einer Sache** *(G)* **~ machen** *geh* se rendre coupable de qqch. **-2.** [Betrag, Summe] dû (due); **jm etw ~ sein** devoir qqch à qqn; **jm etw ~ bleiben** [Geld] rester redevable de qqch à qqn; *fig* [Antwort, Respekt] toujours devoir qqch à qqn. ◇ *Adv* [verantwortlich]: **sich ~ bekennen** se reconnaître coupable.

Schuldige (*Pl* **-n**) *der, die* coupable *mf*.

schuldlos ◇ *Adj* innocent(e). ◇ *Adv* à tort.

Schuldner, in (*mPl* **-**; *fPl* **-nen**) *der, die* débiteur *m*, -trice *f*.

Schuld|schein *der* titre *m* de créance.

schuldunfähig *Adj* non responsable de ses actes.

Schule (*Pl* **-n**) *die* école *f*; **zur** ODER **in die ~ gehen** aller à l'école; **in die ~ kommen** entrer à l'école; **(keine) ~ haben** (ne pas) avoir classe ODER école; **~ machen** *fig* faire école.

schulen *tr* **-1.** [ausbilden - Person] former; [- Tier] dresser. **-2.** [trainieren] exercer.

◆ **sich schulen** *ref* s'instruire.

Schul|englisch *das* anglais *m* scolaire.

Schüler (*Pl* **-**) *der* élève *m*.

Schüleraus|tausch *der (ohne Pl)* échange *m* scolaire.

Schüler|ausweis *der* certificat *m* de scolarité.

Schülerin (*Pl* **-nen**) *die* élève *f*.

Schüler|karte *die carte délivrée aux enfants d'âge scolaire donnant droit à des réductions.*

Schüler|laden *der garderie créée à l'initiative des parents d'élèves et destinée aux enfants d'âge scolaire.*

Schülertages|stätte *die garderie organisée après les cours pour accueillir les enfants d'âge scolaire.*

Schüler|zeitung *die* journal *m* des élèves.

Schul|ferien *Pl* vacances *fpl* scolaires.

Schul|fernsehen *das* télévision *f* éducative.

Schul|französisch *das* français *m* scolaire.

schulfrei *Adj* sans école; **morgen ist ~** demain, il n'y a pas cours; **~ haben** ne pas avoir cours.

Schul|freund, in *der, die* camarade *mf* d'école.

Schul|funk *der* radio *f* éducative.

Schul|heft *das* cahier *m*.

Schul|hof *der* cour *f (d'école)*.

schulisch *Adj* scolaire.
Schul|jahr *das* année *f* scolaire.
Schul|kamerad, in *der, die* camarade *mf* d'école.
Schul|kind *das* écolier *m*, -ère *f*.
Schul|klasse *die* classe *f* (d'école).
Schul|leiter, in *der, die* directeur d'école *m*, directrice d'école *f*.
Schul|pflicht *die* école *f* obligatoire.
schulpflichtig *Adj* d'âge scolaire; **~es Alter** âge *m* scolaire.
Schul|rat *der* inspecteur *m* (académique).
Schulrätin (*Pl* **-nen**) *die* inspectrice *f* (académique).
Schul|schiff *das* bateau-école *m*.
Schul|schluß *der* fin *f* des cours.
Schul|stunde *die* heure *f* des cours.
Schul|system *das* système *m* scolaire.
Schul|tag *der* jour *m* de classe; **der erste/letzte ~** le premier/dernier jour de classe.
Schul|tasche *die* cartable *m*.
Schulter (*Pl* **-n**) *die* épaule *f*; **jm auf die ~ klopfen** donner une tape sur l'épaule à qqn; **mit den ~n zucken** hausser les épaules; **etw auf die leichte ~ nehmen** *fig* prendre qqch à la légère.
Schulter|blatt *das* omoplate *f*.
schulterfrei ◇ *Adj* dénudant les épaules. ◇ *Adv* en dégageant les épaules.
schultern *tr* hisser sur l'épaule.
Schulung (*Pl* **-en**) *die* **-1.** [gen] formation *f*. **-2.** [von Gedächtnis, Aufmerksamkeit] développement *m*.
Schul|unterricht *der* cours *m* à l'école.
Schul|weg *der* chemin *m* de l'école.
Schul|wesen *das (ohne Pl)* système *m* scolaire.
Schul|zeit *die* années *fpl* d'école.
Schul|zeugnis *das* bulletin *m* scolaire.
schummeln *intr fam* tricher.
schummerig, schummrig *Adj fam* [Ort] obscur; [Beleuchtung] faible.
Schund *der (ohne Pl) abw* [Gegenstand] camelote *f*; [zum Lesen] mauvaise littérature *f*.
schunkeln (*Perf* **hat/ist geschunkelt**) *intr* **-1.** *(hat)* [Personen] chalouper. **-2.** [Boot] tanguer. **-3.** *(ist)* [fahren] aller cahin-caha.
Schuppe (*Pl* **-n**) *die* **-1.** [von Fischen] écaille *f*. **-2.** [von Haut] squame *f*. **-3.** [vom Kopf] pellicule *f*; **es fällt jm wie ~n von den Augen** *fig* les écailles tombent des yeux à qqn.
schuppen *tr* écailler.
◆ **sich schuppen** *ref* se desquamer.
schüren *tr* attiser.
schürfen ◇ *intr* **-1.** [Gegenstand] frotter. **-2.** [von Erde] prospecter; **nach Gold ~** chercher de l'or. ◇ *tr* [Person]: **sich** *(D)* **etw ~** s'érafler qqch.
Schürf|wunde *die* éraflure *f*.
Schurke (*Pl* **-n**) *der abw* crapule *f*.
Schur|wolle *die (ohne Pl)* laine *f* vierge; **reine ~** pure laine vierge.
Schürze (*Pl* **-n**) *die* tablier *m*.
Schürzen|jäger *der fam abw* coureur *m* de jupons.
Schuß (*Pl* **Schüsse**) *der* **-1.** [mit Waffe] coup *m*; **ein ~ auf jn** un coup de feu contre qqn; **ein ~ auf etw** un tir sur qqch. **-2.** [Alkohol] petit coup *m*; [Milch] nuage *m*; [Essig] goutte *f*. **-3.** [mit Ball] shoot *m*. **-4.** [beim Skifahren]: **~ fahren** descendre tout schuss. **-5.** *RW*: **weit vom ~** *fam* loin de tout; **gut in ~ sein** *fam* être en bon état.
schußbereit ◇ *Adj* **-1.** [zum Schießen] prêt(e) à tirer. **-2.** *fam* [zum Fotografieren] prêt(e) à photographier. ◇ *Adv* **-1.** [schießbereit]: **sich ~ halten** se tenir prêt(e) à tirer. **-2.** *fam* [aufnahmebereit]: **sich ~ halten** se tenir prêt(e) à photographier.
Schüssel (*Pl* **-n**) *die* [für Salat] saladier *m*; [für Obst, Nachtisch] coupe *f*; [für Gemüse] légumier *m*; [für Braten] faitout *m*; [für Wasser] cuvette *f*.
schusselig *Adj fam* dans la lune.
Schuß|fahrt *die* schuss *m*.
Schuß|linie *die*: **in js ~ geraten** *eigtl* & *fig* être dans la ligne de mire de qqn.
Schuß|waffe *die* arme *f* à feu.
Schuß|wechsel *der* échange *m* de balles, fusillade *f*.
Schuß|wunde *die* blessure *f* par balle.
Schuster, in (*mPl* **-**; *fPl* **-nen**) *der, die* cordonnier *m*.
Schutt *der (ohne Pl)* gravats *mpl*; **'~ abladen verboten!'** 'défense de déposer des ordures'; **in ~ und Asche liegen** être réduit(e) en cendres.
Schuttablade|platz *der* décharge *f*.
Schüttel|frost *der* frissons *mpl* de fièvre.
schütteln *tr* secouer; **den Kopf ~** hocher la tête *(de gauche à droite)*; **'vor Gebrauch ~'** 'agiter avant emploi'; **es schüttelt mich** ça me donne des frissons.
◆ **sich schütteln** *ref* [Hund] s'ébrouer; **sich vor etw ~** [Lachen] se tordre de qqch; [Ekel, Kälte] avoir des frissons de qqch.
Schüttel|reim *der* contrepèterie *f*.
schütten ◇ *tr* verser. ◇ *intr*: **es schüttet** *fam* il pleut à verse.
Schutz *der (ohne Pl)* protection *f*; **jn in ~ nehmen** prendre la défense de qqn; **(vor jm/etw) ~ suchen** chercher à se protéger de qqn/qqch.
Schutzan|strich *der* peinture *f* de protection.

Schutzanlzug *der* combinaison *f* de protection.
schutzbedürftig *Adj* qui a besoin de protection; **~ sein** avoir besoin de protection.
Schutzlbehauptung *die* (mauvaise) excuse *f*.
Schutzlblech *das* garde-boue *m inv*.
Schutzlbrief *der* contrat *m* d'assistance.
Schutzlbrille *die* lunettes *fpl* de protection.
Schütze (*Pl* **-n**) *der* **-1.** [in Armee, Verein] **tireur** *m*. **-2.** ASTRO Sagittaire *m*.
schützen *tr*: **(jn/etw vor jm/etw) ~** protéger (qqn/qqch de qqn/qqch); **gesetzlich geschützt** protégé(e) par la loi.
◆ **sich schützen** *ref*: **sich vor etw** *(D)* ODER **gegen etw ~** se protéger de ODER contre qqch.
Schützenlfest *das fête de la bière locale incluant un concours de tir.*

SCHÜTZENFEST:
Cette grande fête populaire est encore d'usage à la campagne. Un concours de tir, organisé par l'association locale des tireurs, en est le point culminant.

Schützenlgraben *der* tranchée *f*.
Schützenlhilfe *die*: **jm ~ geben** ODER **leisten** *fam* apporter ODER accorder son soutien à qqn.
Schutzlgebiet *das* **-1.** [historisch] protectorat *m*. **-2.** [von Natur, Wasser] **réserve** *f*.
Schutzlgebühr *die* taxe *f* de soutien, taxe *f* autorisée.
Schutzlgitter *das* grille *f* de protection.
Schutzlhelm *der* casque *m*.
Schutzlhülle *die* couverture *f* (de protection).
Schutzlhütte *die* refuge *m*.
Schutzlimpfung *die* vaccination *f*.
Schützin (*Pl* **-nen**) *die* tireuse *f*.
Schutzkontaktlstecker *der* fiche *f* de sécurité à contact de terre.
Schützling (*Pl* **-e**) *der* protégé *m*, -e *f*.
schutzlos *Adj* & *Adv* sans défense.
Schutzlmarke *die* marque *f* déposée.
Schutzlmaßnahme *die* mesure *f* de sécurité.
Schutzlpatron, in *der, die* saint patron *m*, sainte patronne *f*.
Schutzlpolizei *die* police *f*.
schutzsuchend *Adj* en quête de protection.
Schutzumlschlag *der* jaquette *f*.
Schutzlverband *der* **-1.** [von Personen] association *f* de défense. **-2.** [bei Verletzungen] pansement *m*.
schwabbelig *fam* ◇ *Adj* flasque. ◇ *Adv*: **sich ~ anfühlen** avoir une consistance flasque.
Schwabe (*Pl* **-n**) *der* Souabe *m*.
Schwaben *nt* Souabe *f*.
Schwäbin (*Pl* **-nen**) *die* Souabe *f*.
Schwabing *nt quartier d'artistes et d'étudiants de Munich.*
schwäbisch *Adj* souabe.
Schwäbische Alb *die* Jura *m* souabe; **in** ODER **auf der ~** dans le Jura souabe.
schwach (*Kompar* **schwächer,** *Superl* **schwächste**) ◇ *Adj* **-1.** [gen] faible. **-2.** [Gesundheit, Konstruktion] fragile. **-3.** *RW*: **~ werden** *fig* se laisser aller. ◇ *Adv* **-1.** [wenig, schlecht] mal. **-2.** [leicht] faiblement. **-3.** [besucht] peu.
Schwäche (*Pl* **-n**) faiblesse *f*; **eine ~ für jn/etw haben** avoir un faible pour qqn/qqch.
Schwächeanlfall *der* défaillance *f*, faiblesse *f*.
schwächen *tr* affaiblir.
Schwachlkopf *der fam abw* imbécile *mf*.
schwächlich *Adj* faible.
Schwächling (*Pl* **-e**) *der abw* lavette *f*.
Schwachlsinn *der* (*ohne Pl*) **-1.** *fam* [Unsinn] ânerie *f*. **-2.** MED débilité *f* mentale.
schwachsinnig ◇ *Adj* **-1.** *fam abw* [unsinnig] débile. **-2.** MED débile mental(e). ◇ *Adv fam* : **~ daherreden** tenir des propos débiles.
Schwachlstelle *die* point *m* faible.
Schwachlstrom *der* courant *m* de faible intensité.
Schwächung (*Pl* **-en**) *die* affaiblissement *m*.
Schwaden *Pl* nuages *mpl*.
schwafeln *fam abw* ◇ *intr* baratiner. ◇ *tr* raconter.
Schwager (*Pl* **Schwäger**) *der* beau-frère *m*.
Schwägerin (*Pl* **-nen**) *die* belle-sœur *f*.
Schwalbe (*Pl* **-n**) *die* hirondelle *f*.
schwamm *Prät* → **schwimmen**.
Schwamm (*Pl* **Schwämme**) *der* **-1.** [im Meer, zum Saubermachen] éponge *f*; **~ drüber!** *fam fig* n'en parlons plus! **-2.** [Schimmel] champignon *m*.
schwammig ◇ *Adj* **-1.** *abw* [unklar] confus(e). **-2.** [schwammartig] spongieux(euse). **-3.** [aufgeschwemmt] bouffi(e). ◇ *Adv* **-1.** *abw* [unklar] de façon confuse. **-2.** [schwammartig]: **sich ~ anfühlen** avoir une consistance spongieuse.
Schwammltuch *das* essuie-tout *m inv*.
Schwan (*Pl* **Schwäne**) *der* cygne *m*.
schwand *Prät* → **schwinden**.
schwanen *tr fam* : **es schwant jm** qqn a un pressentiment.
schwang *Prät* → **schwingen**.
schwanger *Adj* enceinte; **im dritten Monat ~ sein** être enceinte de trois mois.
Schwangere (*Pl* **-n**) *die* femme *f* enceinte.
schwängern *tr*: **eine Frau ~** mettre une fem-

me enceinte; **von etw geschwängert sein** *fig* & *geh* être chargé(e) de qqch.
Schwangerschaft (*Pl* **-en**) *die* grossesse *f*.
Schwangerschaftsab|bruch *der* interruption *f* volontaire de grossesse.
Schwank (*Pl* **Schwänke**) *der* farce *f*.
schwanken (*Perf* **hat/ist geschwankt**) *intr* **-1.** *(hat)* [unentschlossen, instabil] osciller. **-2.** *(ist)* [sich bewegen - Gegenstand] se balancer; [- Schiff] tanguer; [- Person] tituber.
Schwankung (*Pl* **-en**) *die* oscillation *f*.
Schwanz (*Pl* **Schwänze**) *der* queue *f*; **den ~ einziehen** *fam* s'en aller la queue basse.
schwänzen *fam* ◇ *intr* sécher. ◇ *tr* sécher; **die Schule ~** *fam* sécher l'école, faire l'école buissonnière; **eine Stunde ~** *fam* sécher un cours.
schwappen (*Perf* **hat/ist geschwappt**) ◇ *intr* **-1.** *(ist)* [überlaufen] déborder. **-2.** *(hat)* [sich bewegen] clapoter. ◇ *tr (hat)* renverser.
schwären *intr geh* suppurer.
Schwarm (*Pl* **Schwärme**) *der* **-1.** [von Vögeln, Fischen] nuée *f*; [von Insekten] essaim *m*. **-2.** [Idol] coqueluche *f*.
schwärmen (*Perf* **hat/ist geschwärmt**) *intr* **-1.** *(hat)* [begeistert sein]: **für jn/etw ~** raffoler de qqn/qqch. **-2.** *(hat)* [beim Erzählen]: **von jm/etw ~** parler avec enthousiasme de qqn/qqch. **-3.** *(ist)* [Insekten] voltiger, voleter.
Schwärmer, in (*mPl* **-**; *fPl* **-nen**) *der, die* doux rêveur *m*.
schwärmerisch ◇ *Adj* rêveur(euse). ◇ *Adv* avec un air rêveur.
Schwarte (*Pl* **-n**) *die* **-1.** [aus Speck] couenne *f*. **-2.** *fam abw* [Buch] bouquin *m*.
schwarz (*Kompar* **schwärzer**, *Superl* **schwärzeste**) ◇ *Adj* **-1.** [gen] noir(e). **-2.** *abw* POL conservateur(trice). ◇ *Adv* en noir; **~ auf weiß** *fam* noir sur blanc.
◆ **Schwarz** *das* noir *m*.
Schwarz|afrika *nt* Afrique *f* Noire.
Schwarz|arbeit *die (ohne Pl)* travail *m* au noir.
Schwarz|brot *das* pain *m* noir.
Schwarze (*Pl* **-n**) ◇ *der, die* noir *m*, -e *f*. ◇ *das (ohne Pl)* noir *m*; **das kleine ~** la petite robe noire; **ins ~ treffen** taper dans le mille.
Schwärze *die (ohne Pl)* noir *m*.
Schwarze Markt *der* marché *m* noir.
Schwarze Meer *das* mer *f* Noire.
schwärzen *tr* noircir.
Schwarze Peter *der* mistigri *m*; **jm den Schwarzen Peter zuschieben** *fam fig* faire porter le chapeau à qqn.
schwarz|fahren (*Perf* **ist schwarzgefahren**) *intr (unreg)* voyager sans billet.
Schwarz|fahrer, in *der, die* voyageur *m*, -euse *f* sans billet.
Schwarz|händler, in *der, die* trafiquant *m*, -e *f*.
schwärzlich *Adj* noirâtre.
schwarz|malen *tr* peindre en noir.
Schwarz|markt *der* marché *m* noir.
schwarz|sehen *intr (unreg) fam* voir tout en noir; **für jn/etw ~** être pessimiste pour qqn/qqch.
Schwarzwald *der* Forêt-Noire *f*.
Schwarzwälder Kirschtorte *die* forêt *f* noire.
schwarzweiß ◇ *Adj* (en) noir et blanc. ◇ *Adv* en noir et blanc.
Schwarzweiß|film *der* **-1.** [Film] film *m* (en) noir et blanc. **-2.** [für Kamera] pellicule *f* noir et blanc.
Schwatz (*Pl* **-e**) *der fam* causette *f*, causerie *f*; **einen ~ mit jm halten** *fam* faire un brin de causette avec qqn.
schwatzen, schwätzen ◇ *intr* bavarder. ◇ *tr abw* raconter.
Schwätzer, in (*mPl* **-**; *fPl* **-nen**) *der, die abw* jaseur *m*, -euse *f*.
schwatzhaft *Adj abw* bavard(e).
Schwebe *die (ohne Pl)*: **in der ~** en suspens.
Schwebe|bahn *die* train *m* suspendu.
Schwebe|balken *der* SPORT poutre *f*.
schweben *intr* **-1.** [fliegen] planer. **-2.** [unentschieden sein] être en suspens; **zwischen Leben und Tod ~** être entre la vie et la mort. **-3.** [vorhanden sein] flotter.
Schwebezu|stand *der (ohne Pl)*: **im ~** en suspens.
Schweb|stoff *der* CHEM substance *f* en suspension.
Schwede (*Pl* **-n**) *der* Suédois *m*.
Schweden *nt* Suède *f*.
Schwedin (*Pl* **-nen**) *die* Suédoise *f*.
schwedisch *Adj* suédois(e).
Schwedisch *das (ohne Pl)* suédois *m*; *siehe auch* **Englisch**.
Schwedische *das (ohne Pl)* suédois *m*; *siehe auch* **Englische**.
Schwefel *der (ohne Pl)* soufre *m*.
schwefeln *tr* soufrer.
Schwefel|säure *die* CHEM acide *m* sulfurique.
Schwefelwasser|stoff *der* CHEM hydrogène *m* sulfuré.
Schweif (*Pl* **-e**) *der* queue *f*.
schweifen (*Perf* **ist geschweift**) *intr geh*: **den Blick ~ lassen** promener son regard.

Schweige|geld *das* pot-de-vin *m*, prix *m* du silence.
Schweige|minute *die* minute *f* de silence.
schweigen (*Prät* **schwieg,** *Perf* **hat geschwiegen**) *intr* se taire; **zu etw ~** ne rien dire sur qqch; **über etw** *(A)* **~** se taire sur qqch; **von jm/etw ganz zu ~** sans parler de qqn/qqch.
Schweigen *das (ohne Pl)* silence *m*; **jn zum ~ bringen** réduire qqn au silence; **das ~ brechen** *fig* rompre le silence; **sich in ~ hüllen** *fig* se renfermer dans son mutisme.
schweigend ◇ *Adj* silencieux(euse). ◇ *Adv* en silence.
Schweige|pflicht *die* secret *m* professionnel.
schweigsam *Adj* taciturne.
Schwein (*Pl* **-e**) *das* **-1.** [Tier] cochon *m*; [Fleisch] porc *m*. **-2.** *fam abw* [Mensch] porc *m*. **-3.** *RW*: **armes ~** *salopp* pauvre bougre; **kein ~** *salopp* pas un chat; **~ haben** *fam* avoir du bol.
Schweine|braten *der* rôti *m* de porc.
Schweine|fleisch *das (ohne Pl)* viande *f* de porc.
Schweine|hund *der salopp* beau salaud *m*; **den inneren ~ überwinden** *fig* surmonter sa flemme.
Schweinerei (*Pl* **-en**) *die fam* **-1.** [schlimme Sache] saloperie *f*. **-2.** [Schmutz, Unanständiges] cochonnerie *f*.
Schweine|stall *der* porcherie *f*.
schweinisch *salopp* ◇ *Adj* **-1.** [unanständig] cochon(onne). **-2.** [verachtenswert] dégueulasse. ◇ *Adv* comme un cochon.
Schweiß *der (ohne Pl)* sueur *f*; **nach ~ riechen** sentir la sueur; **jm bricht der ~ aus** qqn est en sueur.
Schweißaus|bruch *der* suée *f*.
schweißen *tr* & *intr* souder.
schweißgebadet ◇ *Adj* trempé(e) de sueur. ◇ *Adv* en sueur, en nage.
schweißtreibend *Adj* **-1.** [schweißbildend] sudorifique. **-2.** [strapaziös] qui met en nage.
Schweiß|tropfen *der* goutte *f* de sueur.
Schweiz *die* Suisse *f*.
Schweizer (*Pl* -) ◇ *der* Suisse *m*. ◇ *Adj* suisse.
Schweizer|deutsch *das (ohne Pl)* suisse allemand *m*; *siehe auch* **Englisch**.
Schweizerin (*Pl* **-nen**) *die* Suissesse *f*.
schweizerisch *Adj* suisse.
Schweizerische Eidgenossenschaft *die* Confédération *f* helvétique.
Schweizer Käse *der* (fromage *m* de) gruyère *m*.
Schwel|brand *der* feu *m* qui couve.
schwelen *intr* **-1.** [Feuer, Glut] couver. **-2.** *geh* [verborgen sein]: **in jm ~** couver en qqn.
schwelgen *intr geh*: **in etw** *(D)* **~** se griser de qqch.
Schwelle (*Pl* **-n**) *die* **-1.** [von Türen] seuil *m*; **an der ~** au bord (de). **-2.** [von Gleisen] traverse *f*.
schwellen (*Präs* **schwillt,** *Prät* **schwoll,** *Perf* **ist geschwollen**) *intr* **-1.** [dick werden] enfler. **-2.** [Fluß] être en crue. **-3.** *geh* [vor Freude, Stolz] gonfler.
Schwellen|angst *die peur d'entrer dans un magasin ou un lieu public.*
Schwellung (*Pl* **-en**) *die* gonflement *m*.
schwemmen *tr* emporter.
schwenken *tr* **-1.** [drehen] tourner. **-2.** [Fahne, Taschentuch] agiter. **-3.** [beim Kochen] faire revenir.
Schwenkung (*Pl* **-en**) *die* virage *m*.
schwer ◇ *Adj* **-1.** [Gewicht, Masse] lourd(e); **zehn Kilo ~ sein** peser dix kilos; **wie ~ ist jd/etw**? combien pèse qqn/qqch? **-2.** [stark] important(e). **-3.** [schlimm] grave. **-4.** [schwierig] difficile; **jd hat es ~ mit jm/etw** qqn/qqch rend la vie difficile à qqn. ◇ *Adv* **-1.** [an Gewicht] lourdement. **-2.** [stark] fortement. **-3.** [schlimm] gravement. **-4.** [schwierig] difficilement. **-5.** [arbeiten] dur, durement. **-6.** [schlecht, kaum] difficilement; **~ hören** entendre mal.
◆ **Schweres** *nt (ohne Pl)*: **Schweres durchmachen** traverser des épreuves.
Schwer|arbeit *die* travail *m* de force.
schwer|behindert (*Superl* **schwerstbehindert**) *Adj* [körperlich] invalide; [geistig] débile profond(e).
Schwer|behinderte *der, die* **-1.** [körperlich - allgemein] handicapé *m*, -e *f*; [- administrativ] invalide *mf*. **-2.** [geistig] débile profond *m*, débile profonde *f*.
schwerbeladen ◇ *Adj* lourdement chargé(e). ◇ *Adv* en étant lourdement chargé(e).
schwerbeschädigt ◇ *Adj* **-1.** *amt* [Mensch] mutilé(e). **-2.** [Gegenstand] très endommagé(e), gravement détérioré(e). ◇ *Adv* avec de graves détériorations.
schwerbewaffnet armé(e) jusqu'aux dents.
Schwere *die (ohne Pl)* **-1.** [Gewicht] poids *m*. **-2.** [von Erkrankung, Schuld] gravité *f*. **-3.** [Schwierigkeitsgrad] difficulté *f*. **-4.** [in Gliedern, Kopf] lourdeur *f*.
schwerelos *Adj* & *Adv* en état d'apesanteur.
Schwerelosigkeit *die (ohne Pl)* apesanteur *f*.
schwererziehbar *Adj* caractériel(elle).
schwer|fallen (*Perf* **ist schwergefallen**) *intr (unreg)*: **jm ~** (en) coûter à qqn; **der Abschied fiel ihm schwer** les adieux lui ont coûté.
schwerfällig ◇ *Adj* pataud(e). ◇ *Adv* lourdement.
Schwer|gewicht *das* poids *m* lourd.

schwerhörig *Adj* dur(e) d'oreille; **er ist ~** il entend mal.
Schwerin *nt* Schwerin.
Schwer|industrie *die* industrie *f* lourde.
Schwer|kraft *die (ohne Pl)* pesanteur *f*.
schwerkrank *Adj* gravement malade.
schwerlich *Adv* difficilement.
schwer|machen *tr* rendre difficile.
schwermütig ◇ *Adj* grave, mélancolique. ◇ *Adv* avec mélancolie.
schwer|nehmen *tr (unreg)* prendre trop au sérieux.
Schwer|punkt *der* **-1.** [Hauptsache] point *m* capital. **-2.** PHYS centre *m* de gravité.
schwerpunktmäßig ◇ *Adj* relatif(ive) à l'essentiel. ◇ *Adv*: **~ vorgehen** se concentrer sur l'essentiel.
Schwert *(Pl* **-er***)* *das* épée *f*.
schwer|tun
◆ **sich schwertun** *ref (unreg)*: **sich mit etw ~** avoir du mal avec qqch.
Schwer|verbrecher, in *der, die* grand criminel *m*, grande criminelle *f*.
schwerverdaulich *Adj* indigeste.
schwerverletzt ◇ *Adj* grièvement blessé(e). ◇ *Adv* avec des blessures graves.
Schwer|verletzte *der, die* blessé *m*, -e *f* grave.
schwerverständlich ◇ *Adj* difficilement compréhensible. ◇ *Adv* de façon peu compréhensible.
schwerwiegend ◇ *Adj* lourd(e) de conséquences. ◇ *Adv* gravement.
Schwester *(Pl* **-n***)* *die* **-1.** [Verwandte, Ordensschwester] sœur *f*. **-2.** [im Krankenhaus] infirmière *f*.
schwesterlich ◇ *Adj* de sœur à sœur. ◇ *Adv* comme des sœurs.
schwieg *Prät* → **schweigen**.
Schwieger|eltern *Pl* beaux-parents *mpl*.
Schwieger|mutter *die* belle-mère *f*.
Schwieger|sohn *der* gendre *m*, beau-fils *m*.
Schwieger|tochter *die* belle-fille *f*, bru *f*.
Schwieger|vater *der* beau-père *m*.
Schwiele *(Pl* **-n***)* *die* cal *m*.
schwierig ◇ *Adj* difficile. ◇ *Adv* difficilement.
Schwierigkeit *(Pl* **-en***)* *die* difficulté *f*; **jm ~en machen** faire des difficultés à qqn; **in ~en geraten** ODER **stecken** être en difficulté.
Schwierigkeits|grad *der* niveau *m* de difficulté.
schwillt *Präs* → **schwellen**.
Schwimm|bad *das* piscine *f*.
Schwimm|becken *das* bassin *m*.
schwimmen *(Prät* **schwamm**, *Perf* **hat/ist geschwommen***)* ◇ *intr* **-1.** *(hat, ist)* [Person, Tier] nager; **über** ODER **durch den Fluß ~** traverser la rivière à la nage; **in etw** *(D)* **~** *fig* nager dans qqch. **-2.** *(ist)* [Gegenstand] flotter. ◇ *tr (hat, ist)* [als Sport] nager.
◆ **Schwimmen** *das (ohne Pl)* natation *f*; **ins Schwimmen kommen** ODER **geraten** *fig* perdre pied.
Schwimmer, in *(mPl* **-**; *fPl* **-nen***)* *der, die* nageur *m*, -euse *f*.
Schwimm|halle *die* piscine *f* couverte.
Schwimm|sport *der (ohne Pl)* natation *f*.
Schwimm|verein *der* club *m* de natation.
Schwimm|weste *die* gilet *m* de sauvetage.
Schwindel *der (ohne Pl)* **-1.** [Gleichgewichtsstörung] vertige *m*. **-2.** *fam abw* [Lüge] mensonges *mpl*. **-3.** *fam abw* [Betrug] escroquerie *f*.
schwindelerregend *Adj* vertigineux(euse).
schwindelfrei *Adj*: **~ sein** ne pas être sujet(ette) au vertige.
schwindelig, schwindlig *Adj* [taumelig]: **jm ist ~** qqn a le vertige.
schwindeln ◇ *intr* **-1.** [taumeln]: **mir schwindelt** j'ai le vertige; **mir schwindelt der Kopf** *fam fig* j'ai la tête qui tourne. **-2.** *fam* [lügen] mentir. ◇ *tr fam* [lügen] inventer.
schwinden *(Prät* **schwand**, *Perf* **ist geschwunden***)* *intr geh* **-1.** [Vorräte, Kräfte] diminuer. **-2.** [Lächeln, Erinnerung] s'effacer.
Schwindler, in *(mPl* **-**; *fPl* **-nen***)* *der, die abw* **-1.** [Lügner] menteur *m*, -euse *f*. **-2.** [Betrüger] escroc *m*.
schwindlig = **schwindelig**.
Schwinge *(Pl* **-n***)* *die* **-1.** *geh* [Flügel] aile *f*. **-2.** TECH bielle *f*.
schwingen *(Prät* **schwang**, *Perf* **hat/ist geschwungen***)* ◇ *intr* **-1.** *(hat)* [vibrieren] vibrer. **-2.** *(hat, ist)* [schaukeln] se balancer. ◇ *tr (hat)* [Fahne, Axt, Schwert] brandir.
◆ **sich schwingen** *ref* **-1.** [springen]: **sich aufs Fahrrad ~** enfourcher la bicyclette; **sich aufs Pferd ~** sauter sur le cheval. **-2.** [überspringen]: **sich über etw** *(A)* **~** sauter par-dessus qqch. **-3.** [Vogel]: **sich in die Luft ~** prendre son envol.
Schwingung *(Pl* **-en***)* *die* **-1.** [Vibrieren] vibration *f*; **etw in ~ versetzen** [Pendel] relancer qqch. **-2.** PHYS oscillation *f*.
Schwips *(Pl* **-e***)* *der fam* : **einen ~ haben** être éméché(e).
schwirren *(Perf* **ist geschwirrt***)* *intr* **-1.** [Insekt] bourdonner. **-2.** [Geschoß] siffler.
Schwitz|bad *das* bain *m* de vapeur.
schwitzen *intr* **-1.** [Person] transpirer. **-2.** [Wand] suinter.

Schwitz|kasten *der (ohne Pl)*: **jn in den ~ nehmen** cravater qqn.
schwoll *Prät* → **schwellen**.
schwören (*Prät* **schwor**, *Perf* **hat geschworen**) ◇ *tr* jurer; **jm etw ~** jurer qqch à qqn; **sich** *(D)* **etw ~** se jurer qqch. ◇ *intr* jurer; **auf jn/etw ~** ne jurer que par qqn/qqch.
schwul *Adj fam* pédé, homo.
schwül *Adj* [Wetter] lourd(e).
Schwule (*Pl* **-n**) *der fam* pédé *m*, homo *m*.
schwülstig *abw* ◇ *Adj* emphatique. ◇ *Adv* avec emphase.
Schwund *der (ohne Pl)* **-1.** [von Gedächtnis, Vertrauen] perte *f*. **-2.** [von Masse, Gewicht] diminution *f*.
Schwung (*Pl* **Schwünge**) *der* **-1.** [Bewegung] élan *m*; **~ holen** prendre de l'élan. **-2.** *(ohne Pl)* [Elan] ardeur *f*, entrain *m*; **~ haben** avoir du panache; **die Musik hat ~** la musique est entraînante; **in ~ kommen** *fam* [aktiv werden] se mettre en train. **-3.** *(ohne Pl) fam* [Menge]: **ein ganzer ~ Briefe/Zeitschriften** tout un tas de lettres/journaux. **-4.** *RW*: **etw wieder in ~ bringen** *fam* relancer qqch.
schwunghaft ◇ *Adj* [Handel, Geschäft] prospère; [Anstieg, Anwachsen] croissant(e). ◇ *Adv* [bei Handel, Geschäft] de façon prospère; [ansteigen] de manière croissante.
schwungvoll ◇ *Adj* plein(e) d'entrain. ◇ *Adv* avec entrain.
Schwur (*Pl* **Schwüre**) *der* serment *m*; **einen ~ leisten** prêter serment.
Schwur|gericht *das* cour *f* d'assises.
Schwyz ['ʃviːts] *nt* Schwyz.
Schwyzer ['ʃviːtsɐ] (*Pl* -) ◇ *der* Schwyzois *m*. ◇ *Adj* schwyzois(e).
Schwyzerin ['ʃviːtsərɪn] (*Pl* **-nen**) *die* Schwyzoise *f*.
schwyzerisch ['ʃviːtsərɪʃ] *Adj* schwyzois(e).
Science-fiction ['saɪənsfɪkʃən] *die (ohne Pl)* science-fiction *f*.
Scrabble® ['skrɛb(ə)l] (*Pl* **-s**) *das* Scrabble® *m*.
s.d. (*Abk für* **siehe dies**) cf.
SDI (*Abk für* **Strategic Defense Initiative**) *das (ohne Pl)* I.D.S. *f*.
SDR (*Abk für* **Süddeutscher Rundfunk**) *der (ohne Pl)* Radio *f* Stuttgart.
Se. (*Abk für* **Seine Exzellenz**) Mgr.
sec (*Abk für* **Sekunde**) s.
sechs ◇ *Num* six; **um ~** à six heures; **jd ist ~** qqn a six ans; **~ zu null** six à zéro; **~ Liter/Gramm** six litres/grammes. ◇ *Pron* six; **sie waren ~** ils étaient six; **für ~** *fig* pour six.
Sechs (*Pl* **-en**) *die* **-1.** [Zahl, Spielkarte] six *m*. **-2.** [Spieler, Bus] numéro *m* six. **-3.** [Schulnote] six *m* *(note la moins bonne en Allemagne, la meilleure en Suisse)*.
Sechs|eck *das* hexagone *m*.
sechseckig *Adj* hexagonal(e).
Sechserpack (*Pl* **-s** ODER **-e**) *der* pack *m* de six.
sechsfach ◇ *Adj*: **die ~e Menge** six fois plus; **in ~er Größe** six fois plus grand(e); **in ~er Ausfertigung** en six exemplaires. ◇ *Adv* six fois.
sechshundert *Num* six cents.
sechsmal *Adv* six fois.
sechsstellig *Adj* à six chiffres.
Sechstagerennen (*Pl* -) *das*: **das ~** les six jours.
sechstausend *Num* six mille.
sechste, r, s *Adj* sixième; **der ~ Januar** le six janvier; **auf dem ~n Rang sein** être sixième au classement.
Sechste (*Pl* **-n**) ◇ *der, die, das* [in einer Reihenfolge] sixième *mf*; **Heinrich der ~** Henri VI. ◇ *der* [Angabe des Datums]: **am** ODER **den ~n** le six.
sechstel *Adj (unver)*: **ein ~ Liter** un sixième de litre.
Sechstel (*Pl* -) *das* sixième *m*; **etw in ~ teilen** couper qqch en six parts (égales); **fünf ~** cinq sixièmes.
sechzehn *Num* seize; *siehe auch* **sechs**.
Sechzehn (*Pl* **-en**) *die* seize *m*; *siehe auch* **Sechs**.
sechzehntel *Adj* seizième.
Sech|zehntel (*Pl* -) *das* seizième *m*.
sechzig *Num* soixante; *siehe auch* **sechs**.
Sechzig *die* soixante *m*; *siehe auch* **Sechs**.
sechziger *Adj (unver)*: **die ~ Jahre** les années soixante.
Secondhandshop ['sɛkənd'hɛndʃɔp] (*Pl* **-s**) *der* magasin *m* de vêtements d'occasion, magasin *m* de fripes.
SED (*Abk für* **Sozialistische Einheitspartei Deutschlands**) *die (ohne Pl) parti socialiste unifié de l'ex-RDA*.
Sediment (*Pl* **-e**) *das* sédiment *m*.
See (*Pl* **-n**) ◇ *der (G Sees)* lac *m*. ◇ *die (G See & ohne Pl)* mer *f*; **an der ~** au bord de la mer; **in ~ stechen** prendre la mer; **zur ~ fahren** *fam* naviguer; **an die ~ fahren** aller au bord de la mer; **auf (hoher) ~** en (haute) mer.
See|bad *das* bain *m* de mer.
See|blick *der (ohne Pl)* vue *f* sur la mer.
See|fahrt *die (ohne Pl)* navigation *f*.
See|fisch *der* poisson *m* de mer.
See|gang *der (ohne Pl)*: **leichter ~** mer *f* peu agitée; **hoher ~** mer *f* forte.
See|gras *das* zostère *f*.

Seelhafen *der* **-1.** [Hafen] port *m* maritime. **-2.** [Hafenstadt] port *m*.
Seelhund *der* phoque *m*.
Seeligel *der* oursin *m*.
Seelkarte *die* carte *f* marine.
Seelklima *das (ohne Pl)* climat *m* maritime.
seekrank *Adj*: **~ sein** avoir le mal de mer.
Seeland *nt* [in den Niederlanden] Zélande *f*; [in Dänemark] Sjaelland.
Seele (*Pl* **-n**) *die* âme *f*; **etw auf der ~ haben** *fig* avoir qqch sur le cœur; **jm aus der ~ sprechen** *fam fig* exprimer très bien ce que qqn pense; **sich** *(D)* **die ~ aus dem Leib schreien** *fam fig* s'égosiller; **sich** *(D)* **etw von der ~reden** *fig* épancher son cœur à propos de qqch.
Seelenlleben *das (ohne Pl) geh* vie *f* intérieure.
Seelenlruhe *die*: **in aller ~** en toute sérénité.
seelenruhig *Adv* sereinement.
Seeleute → **Seemann**.
seelisch ◇ *Adj* psychique. ◇ *Adv*: **~ bedingt** d'origine psychique.
Seellöwe *der* otarie *f*.
Seellsorge *die (ohne Pl)* assistance *f* morale.
Seelsorger, in (*mPl* **-**; *fPl* **-nen**) *der, die* directeur *m*, -trice *f* de conscience.
Seelluft *die (ohne Pl)* air *m* marin.
Seelmacht *die* puissance *f* maritime.
Seelmann (*Pl* **-leute**) *der* marin *m*.
Seelmeile *die* mile *m* marin.
Seelnot *die (ohne Pl)*: **in ~** en perdition.
Seepferdchen (*Pl* -) *das* hippocampe *m*.
Seelräuber *der* pirate *m*.
Seelrecht *das (ohne Pl)* droit *m* maritime.
Seelreise *die* voyage *m* par mer.
Seelrose *die* nénuphar *m*.
Seelsack *der* sac *m* de marin.
Seelschlacht *die* combat *m* naval.
Seelstern *der* étoile *f* de mer, astérie *f*.
Seeltang *der* varech *m*.
seetüchtig *Adj* qui tient bien la mer.
Seelweg *der*: **auf dem ~** par voie maritime.
Seelzunge *die* sole *f*.
Segel (*Pl* -) *das* voile *f*; **die ~ streichen** *geh* & *fig* baisser pavillon.
Segellboot *das* voilier *m*.
segelfliegen *intr* pratiquer le vol à voile.
Segellflug *der* vol *m* à voile.
Segellflugzeug *das* planeur *m*.
segeln (*Perf* **hat/ist gesegelt**) *intr* **-1.** *(ist)* [Schiff] naviguer; **über den Atlantik ~** traverser l'Atlantique à la voile. **-2.** *(hat, ist)* [Person] faire de la voile. **-3.** *(ist)* [fliegen] planer.
Segellschiff *das* voilier *m*.
Segelltuch (*Pl* **-e**) *das* toile *f* à voile.
Segen (*Pl* -) *der* bénédiction *f*.
segensreich *Adj* béni(e).
Segler (*Pl* -) *der* **-1.** [Person] navigateur *m* à la voile. **-2.** *fam* [Schiff] voilier *m*.
Seglerin (*Pl* **-nen**) *die* navigatrice *f* à la voile.
Segment (*Pl* **-e**) *das* segment *m*.
segnen *tr* bénir; **mit etw gesegnet sein** *geh* être comblé(e) par qqch.
Segnung (*Pl* **-en**) *die* bénédiction *f*.
◆ **Segnungen** *Pl* bienfaits *mpl*.
sehbehindert *Adj* malvoyant(e).
sehen (*Präs* **sieht**, *Prät* **sah**, *Perf* **hat gesehen**) ◇ *tr* voir; **etw an etw** *(D)* **~** voir qqch à qqch; **wie ~ Sie das**? qu'est-ce que vous en pensez?; **etw anders/genauso ~** être d'un autre/du même avis; **jd ist gern gesehen** qqn est le bienvenu ODER la bienvenue; **etw ist gern gesehen** qqch est bien vu(e); **sich bei jm ~ lassen** aller voir qqn; **etw nicht mehr ~ können** *fam fig* ne plus pouvoir voir qqch; **etw kann sich ~ lassen** *fig* qqch est remarquable. ◇ *intr* **-1.** [mit dem Auge]: **gut/schlecht ~** bien/mal voir; **auf jn/etw ~** regarder qqn/qqch. **-2.** [hervorsehen]: **aus etw ~** émerger de qqch. **-3.** [beachten]: **auf jn/etw ~** faire attention à qqn/qqch. **-4.** [versorgen]: **nach jm/etw ~** s'occuper de qqn/qqch. **-5.** [sich bemühen]: **~, daß** tâcher de. **-6.** [ähneln]: **jm ähnlich ~** ressembler à qqn.
◆ **sich sehen** *ref* **-1.** [sich treffen] se voir. **-2.** [sich fühlen] se sentir.
◆ **mal sehen!** *Interj* on verra!
◆ **siehste, siehst du!** *Interj* tu vois!
◆ **sieh mal!** *Interj* regarde!
sehenswert *Adj* remarquable.
Sehenswürdigkeit (*Pl* **-en**) *die* **-1.** [Gebäude] monument *m*. **-2.** [Gegenstand] curiosité *f*.
Sehlkraft *die (ohne Pl)* vue *f*.
Sehne (*Pl* **-n**) *die* **-1.** [von Muskeln] tendon *m*. **-2.** [vom Bogen] corde *f*.
sehnen
◆ **sich sehnen** *ref*: **sich nach jm/etw ~** avoir la nostalgie de qqn/qqch.
Sehnenscheidenentlzündung *die* tendinite *f*.
sehnig *Adj* **-1.** [Fleisch] tendineux(euse), nerveux(e). **-2.** [Körper] tout en nerfs.
sehnlich ◇ *Adj* ardent(e). ◇ *Adv* ardemment.
Sehnlsucht (*Pl* **-süchte**) *die* nostalgie *f*; **~ nach jm/etw haben** avoir la nostalgie de qqn/qqch.
sehnsüchtig ◇ *Adj* langoureux(euse). ◇ *Adv* avec impatience.
sehr *Adv* **-1.** [außerordentlich] très; **zu ~** trop; **~ viel** énormément; **es geht ihm schon ~ viel besser** il va déjà beaucoup mieux. **-2.** [zum

Ausdruck der Höflichkeit] beaucoup; **danke ~** merci beaucoup.

Seh|schwäche *die* déficience *f* visuelle.

Seh|test *der* test *m* d'acuité.

seicht *Adj* **-1.** [Gewässer] peu profond(e). **-2.** *abw* [Unterhaltung] plat(e).

Seide (*Pl* **-n**) *die* soie *f*.

seiden ◇ *Adj* **-1.** [aus Seide] en soie. **-2.** [wie Seide] soyeux(euse). ◇ *Adv* [wie Seide] comme de la soie.

Seiden|malerei *die* peinture *f* sur soie.

Seiden|papier *das (ohne Pl)* papier *m* de soie.

seidenweich *Adj* soyeux(euse).

seidig *Adj* soyeux(euse).

Seife (*Pl* **-n**) *die* savon *m*.

Seifen|blase *die* bulle *f* de savon; **wie ~n zerplatzen** *fig* se briser comme du verre.

Seifen|lauge *die* lessive *f*.

Seifen|pulver *das* poudre *f* de savon.

Seifen|schaum *der (ohne Pl)* mousse *f* de savon.

seifig *Adj* savonneux(euse).

Seil (*Pl* **-e**) *das* corde *f*.

Seil|bahn *die* téléphérique *m*.

Seilschaft (*Pl* **-en**) *die* **-1.** [Bergsteiger] cordée *f*. **-2.** *abw* [Clique] coterie *f*.

Seil|tänzer, in *der, die* funambule *mf*.

sein (*Präs* **ist,** *Prät* **war,** *Perf* **ist gewesen**) ◇ *aux* être; **sie ist aufgestanden** elle s'est levée; **der Schnee ist geschmolzen** la neige a fondu. ◇ *intr* **-1.** [gen] être; **aus etw ~** [Substanz] être en qqch; **die Sohle ist aus Leder** la semelle est en cuir; **aus Paris ~** être de Paris. **-2.** [mit Dativ]: **mir ist kalt/warm** j'ai froid/chaud; **mir ist schlecht** je me sens mal; **das ist mir lieber** je préférerais ça. **-3.** [mit Infinitiv, müssen]: **etw ist zu machen** ODER **tun** il faut faire qqch; **die Fehler sind zu korrigieren** les erreurs sont à corriger. **-4.** [mit Infinitiv, können]: **das ist nicht zu schaffen** on ne peut pas le faire; **es ist noch nicht zu sagen, welche Konsequenzen das hat** il n'est pas encore possible de dire quelles en seront les conséquences; **er ist nicht zu überzeugen** on ne peut pas le convaincre. **-5.** [Lust haben auf]: **jm ist nach etw** qqn a envie de qqch. **-6.** [Angaben von Temperaturen, Lichtverhältnissen]: **es ist il** fait; **es ist warm** il fait chaud; **es ist hell** il fait clair. **-7.** [tun müssen]: **es ist an jm, etw zu tun** c'est à qqn de faire qqch. **-8.** *RW*: **damit ist es nichts** ça tombe à l'eau; **das wär's** voilà, c'est tout; **es sei denn, daß** à moins que ... ne; **es war einmal** il était une fois; **etw ~ lassen** arrêter qqch; **laß das ~!** laisse tomber!; **etw nicht ~ lassen können** ne pas pouvoir s'arrêter de faire qqch; **laß es gut ~** arrête; **ist was**? qu'est-ce qui ne va pas?; **was ist**? qu'est-ce qu'il y a?; **was ist mit dir**? qu'est-ce que tu as?; **was ist mit meinem Auto**? qu'est-ce qu'elle a, ma voiture?; **wie wäre es mit jm/etw**? que penses-tu de qqn/qqch?, que pensez-vous de qqn/qqch?

sein, e *Det* son, sa, ses.

seine, r, s *Pron* le sien, la sienne, les siens, les siennes.

Seine [sɛːn(ə)] *die* Seine *f*.

seiner *Pron (Genitiv von er, es)* de lui.

seinerseits *Adv* pour sa part.

seinerzeit *Adv* en ce temps-là, à l'époque.

seinesgleichen *Pron abw* son ODER sa semblable, ses semblables; **er und ~** lui et ses congénères.

seinetwegen *Adv* **-1.** [wegen ihm] à cause de lui. **-2.** [von ihm aus] quant à lui.

seinetwillen *Adv*: **um ~** pour lui.

seinige (*Pl* **-n**) *der, die, das* sien *m*, -enne *f*; **das ~** [Anteil] sa part.

sein|lassen *tr (unreg) fam* arrêter (de faire qqch).

Seismograph (*Pl* **-en**) *der* sismographe *m*.

seit ◇ *Präp (+ D)* depuis; **~ gestern** depuis hier; **~ zwei Jahren** depuis deux ans; **~ wann**? depuis quand?; **~ langem** depuis longtemps. ◇ *Konj* depuis que.

seitdem ◇ *Adv* depuis. ◇ *Konj* depuis que.

Seite (*Pl* **-n**) *die* **-1.** [Fläche, Richtung, Partei] côté *m*; **auf der linken/rechten ~** [des Körpers] du côté gauche/droit; **auf js ~ sein** ODER **stehen** être du côté de qqn; **zur ~ gehen** ODER **treten** se ranger. **-2.** [von Buch, Heft] page *f*; **auf beiden ~n** des deux côtés. **-3.** [Eigenschaft] aspect *m*; **js schwache/starke ~** *fam* point *m* faible/fort de qqn; **seine guten/schlechten ~n haben** avoir ses bons/mauvais côtés; **sich von seiner besten ~ zeigen** se montrer sous son meilleur jour. **-4.** *RW*: **jm nicht von der ~ gehen** ODER **weichen** *fam* ne pas quitter qqn d'un pouce; **jm zur ~ stehen** être aux côtés de qqn; **jn von der ~ ansehen** regarder qqn du coin de l'œil; **jn zur ~ nehmen** prendre qqn à part.

◆ **Seite an Seite** *Adv* côte à côte.

◆ **von allen Seiten** *Adv* **-1.** [von überall her] de tous côtés. **-2.** [gründlich] sous tous les angles.

seiten

◆ **auf seiten, von seiten** *Adv* du côté de.

Seitenaus|gang *der* sortie *f* latérale.

Seiten|blick *der* regard *m* en coin, œillade *f*.

Seitenein|gang *der* entrée *f* latérale.

Seiten|hieb *der*: **jm einen ~ versetzen** décocher un coup à qqn.

seitens *Präp amt* du côté de.

Seiten|sprung *der* infidélité *f*.

Seitenstechen *das (ohne Pl)* point *m* de côté.
Seiten|straße *die* rue *f* latérale.
Seiten|streifen *der* [von Straßen] bas-côté *m*; [von Autobahnen] bande *f* d'arrêt d'urgence.
seitenverkehrt *Adj* & *Adv* à l'envers.
Seiten|wechsel *der* SPORT changement *m* de côté.
Seiten|zahl *die* **-1.** [Anzahl der Seiten] nombre *m* de pages. **-2.** [Seitennummer] numéro *m* de page.
seither *Adv* depuis lors.
seitlich ◇ *Adj* latéral(e). ◇ *Adv*: **~ von jm/etw** à côté de qqn/qqch. ◇ *Präp*: **~ einer Sache** *(G)* à côté de qqch.
seitwärts ◇ *Adv* [zur Seite] de côté. ◇ *Präp geh* [auf der Seite]: **~ einer Sache** *(G)* à côté d'une chose.
Sek I *(Abk für* **Sekundarstufe I**) *die (ohne Pl)* 1er cycle.
Sek II *(Abk für* **Sekundarstufe II**) *die (ohne Pl)* 2nd cycle.
Sekret *(Pl* **-e**) *das* sécrétion *f*.
Sekretär *(Pl* **-e**) *der* secrétaire *m*.
Sekretariat *(Pl* **-e**) *das* secrétariat *m*.
Sekretärin *(Pl* **-nen**) *die* secrétaire *f*.
Sekt *(Pl* **-e**) *der* vin *m* mousseux.
Sekte *(Pl* **-n**) *die* secte *f*.
Sekt|flöte *die* flûte *f* à champagne.
Sekt|glas *das* flûte *f (à champagne)*.
Sektion *(Pl* **-en**) *die* section *f*.
Sektor *(Pl* **Sektoren**) *der* secteur *m*.
Sekt|schale *die* coupe *f* à champagne.
sekundär *geh* ◇ *Adj* secondaire. ◇ *Adv* **-1.** [untergeordnet] en second lieu. **-2.** [nachträglich] secondairement.
Sekundar|stufe *die* SCHULE secondaire *m*, enseignement *m* secondaire; **~ I/II** 1er/2nd cycle de l'enseignement secondaire.
Sekunde *(Pl* **-n**) *die* seconde *f*.
Sekundenschnelle
◆ **in Sekundenschnelle** *Adv* en une fraction de seconde.
Sekunden|zeiger *der* trotteuse *f*.
selber *Pron (unver) fam* soi-même; **das kann ich ~** je sais le faire moi-même; **er sagt es ~** il le dit lui-même.
Selbermachen *das (ohne Pl) fam* : **zum ~** *fam* à monter soi-même.
selbst ◇ *Pron (unver)* soi-même; **das können wir ~ tun** ODER **machen** nous pouvons le faire nous-mêmes. ◇ *Adv* [sogar] même; **~ wenn** même si.
◆ **von selbst** *Adv* **-1.** [freiwillig] de lui-même, d'elle-même. **-2.** [automatisch] automatiquement.
Selbst|achtung *die (ohne Pl)* amour-propre *m*.
selbständig ◇ *Adj* indépendant(e); **~e Berufe** professions *fpl* libérales; **sich ~ machen** [beruflich] se mettre à son compte; **jd ist ~** [im Beruf] qqn est indépendant. ◇ *Adv* de manière indépendante; [als Eigenschaft] autonome.
Selbständige *(Pl* **-n**) *der, die* travailleur indépendant *m*, travailleuse indépendante *f*.
Selbständigkeit *die (ohne Pl)* indépendance *f*; [als Eigenschaft] autonomie *f*.
Selbst|auslöser *der* retardateur *m*.
Selbst|bedienung *die (ohne Pl)* self-service *m*.
Selbstbedienungs|restaurant *das* restaurant *m* self-service.
Selbst|befriedigung *die (ohne Pl)* masturbation *f*.
Selbst|beherrschung *die (ohne Pl)* maîtrise *f* de soi.
Selbst|bestätigung *die (ohne Pl)* épanouissement *m* personnel.
Selbstbe|stimmung *die (ohne Pl)* **-1.** [des Individuums] autonomie *f*. **-2.** [eines Volks] autodétermination *f*.
Selbst|beteiligung *die* participation *f*; [bei Versicherung] franchise *f*.
Selbst|betrug *der (ohne Pl)* leurre *m*.
selbstbewußt ◇ *Adj* plein(e) d'assurance. ◇ *Adv* avec assurance.
Selbst|bewußtsein *das (ohne Pl)* (haute) opinion *f* de soi, assurance *f*.
Selbst|bildnis *das* autoportrait *m*.
Selbstdar|stellung *die* **-1.** [eigener Fähigkeiten] peinture *f* de soi, portrait *m* de soi. **-2.** [Gemälde] autoportrait *m*.
Selbstein|schätzung *die* jugement *m* porté sur soi-même.
Selbst|erfahrung *die (ohne Pl)* expérience *f* personnelle ODER vécue.
Selbsterhaltungs|trieb *der (ohne Pl)* instinct *m* de conservation.
Selbster|kenntnis *die (ohne Pl)* connaissance *f* de soi.
selbstgemacht *Adj* fait(e) par soi-même; KÜCHE fait(e) maison.
selbstgerecht *abw* ◇ *Adj* suffisant(e). ◇ *Adv* avec suffisance.
Selbst|gespräch *das* soliloque *m*; **~e führen** ODER **halten** soliloquer.
selbstherrlich *abw* ◇ *Adj* d'un égoïsme despotique. ◇ *Adv* avec morgue.
Selbst|hilfe *die (ohne Pl)* autodéfense *f*; **zur ~ greifen** se faire justice.
Selbsthilfe|gruppe *die* groupe *m* de soutien.
Selbst|justiz *die (ohne Pl)* justice *f* personnelle.
selbstklebend *Adj* autoadhésif(ive).

Selbstkosten|preis *der* prix *m* coûtant; **zum ~** à prix coûtant.

selbstkritisch ◇ *Adj* autocritique. ◇ *Adv* de manière autocritique.

Selbst|laut *der* voyelle *f*.

selbstlos ◇ *Adj* désintéressé(e). ◇ *Adv* de manière désintéressée.

Selbstmit|leid *das (ohne Pl) abw* apitoiement *m* sur soi-même.

Selbst|mord *der* suicide *m*; **~ begehen** ODER **machen** se suicider.

Selbst|mörder, in *der, die* suicidé *m*, -e *f*.

selbstsicher ◇ *Adj* sûr(e) de soi. ◇ *Adv* avec assurance.

Selbst|sicherheit *die (ohne Pl)* assurance *f*.

selbstsüchtig ◇ *Adj* égoïste. ◇ *Adv* avec égoïsme.

selbsttätig ◇ *Adj* automatique. ◇ *Adv* automatiquement.

Selbst|täuschung *die (ohne Pl)* illusion *f*.

Selbstüber|windung *die (ohne Pl)* effort *m* sur soi.

selbstvergessen *geh* ◇ *Adj*: **~ sein** être ailleurs. ◇ *Adv* l'air absent.

Selbstversorger, in (*mPl* **-**; *fPl* **-nen**) *der, die* producteur-consommateur *m*, productrice-consommatrice *f*.

selbstverständlich ◇ *Adj* évident(e); **etw ist für jn ~** qqch va de soi pour qqn. ◇ *Adv* bien sûr, bien entendu. ◇ *Interj*: **~!** cela va de soi!, bien sûr!

Selbstverständlichkeit (*Pl* **-en**) *die* évidence *f*.

Selbst|verständnis *das (ohne Pl)* perception *f* de soi.

Selbst|verteidigung *die (ohne Pl)* auto-défense *f*.

Selbst|vertrauen *das (ohne Pl)* confiance *f* en soi.

Selbst|verwaltung *die* autogestion *f*.

Selbst|verwirklichung *die (ohne Pl)* épanouissement *m* de soi.

selbstzufrieden *abw* ◇ *Adj* content(e) de soi. ◇ *Adv* l'air content de soi.

Selbst|zweck *der (ohne Pl)* fin *f* en soi.

Selektion (*Pl* **-en**) *die (ohne Pl)* sélection *f*.

Selen *das (ohne Pl)* CHEM sélenium *m*.

selig ◇ *Adj* **-1.** [glücklich] heureux(euse). **-2.** [heilig] bienheureux(euse). **-3.** [tot] *geh* défunt(e). ◇ *Adv* [glücklich] d'un air béat.

Seligkeit *die (ohne Pl)* **-1.** [Paradies] repos *m*. **-2.** [Glück] bonheur *m*, félicité *f*.

Sellerie *der (ohne Pl)* céleri *m*.

selten ◇ *Adj* [rar] rare. ◇ *Adv* rarement; **~ schön sein** être d'une rare beauté.

Seltenheit (*Pl* **-en**) *die* rareté *f*; **das ist keine ~** c'est (très) fréquent.

Seltenheits|wert *der (ohne Pl)*: **etw hat ~** qqch a une valeur rare et inestimable.

Selters (*Pl* **-**) *die* ODER *das* eau *f* minérale gazeuse.

Selters|wasser *das (ohne Pl)* = **Selters**.

seltsam ◇ *Adj* bizarre. ◇ *Adv* bizarrement.

seltsamerweise *Adv* bizarrement.

Semantik *die (ohne Pl)* GRAM sémantique *f*.

Semester (*Pl* **-**) *das* UNI semestre *m*; **er ist im achten ~** c'est sa quatrième année.

Semester|ferien *Pl vacances d'au moins deux mois séparant deux semestres universitaires.*

Semikolon (*Pl* **-s**) *das* point-virgule *m*.

Seminar (*Pl* **-e**) *das* UNI **-1.** [Veranstaltung] séminaire *m*. **-2.** [Institut] institut *m*.

Semmel (*Pl* **-n**) *die Österr* & *Süddt* petit pain *m*; **etw geht weg wie warme ~n** *fam fig* qqch part comme des petits pains.

Semmel|knödel *der boulette à base de pain accompagnant les viandes.*

Semmel|mehl *das (ohne Pl)* chapelure *f*.

sen. *Abk für* **senior**.

Senat (*Pl* **-e**) *der* **-1.** [gen] sénat *m*. **-2.** UNI assemblée *f* d'université. **-3.** RECHT commission *f* sénatoriale.

Senator (*Pl* **Senatoren**) *der* sénateur *m*.

Senatorin (*Pl* **-nen**) *die* sénateur *m*.

senden (*Prät* **sendete** ODER **sandte**, *Perf* **hat gesendet** ODER **gesandt**) ◇ *tr* **-1.** *(reg)* [Film, Nachrichten] diffuser. **-2.** *(reg)* [Signal, SOS] émettre. **-3.** *(reg & unreg)* [Brief, Gruß, Person] envoyer; **etw an jn ~** envoyer qqch à qqn. ◇ *intr (reg)* [Sender] émettre.

Sende|pause *die* interruption *f* d'émission.

Sender (*Pl* **-**) *der* **-1.** [Station] station *f* émettrice, émetteur *m*. **-2.** [Gerät] poste *m* émetteur, émetteur *m*.

Sende|reihe *die* série *f* d'émissions.

Sende|schluß *der (ohne Pl)* fin *f* d'émission.

Sende|zeit *die* **-1.** [einer Sendung] temps *m* d'antenne. **-2.** [eines Senders] temps *m* de diffusion.

Sendung (*Pl* **-en**) *die* **-1.** [in Radio, Fernsehen] émission *f*; **auf ~ sein/gehen** être/passer à l'antenne. **-2.** [von Post] envoi *m*.

Senegal *der* Sénégal *m*; **im ~** au Sénégal.

Senf (*Pl* **-e**) *der* moutarde *f*; **seinen ~ zu etw dazugeben** *fam abw* & *fig* mettre son grain de sel dans qqch.

Senf|gas *das* gaz *m* moutarde, ypérite *f*.

Senf|gurke *die gros cornichon coupé en morceaux et conservé dans le vinaigre additionné de grains de moutarde.*

Senf|korn (*Pl* **-körner**) *das* grain *m* de moutarde.
sengend *Adj* torride.
senil *Adj abw* sénile.
Senior (*Pl* **Senioren**) *der* doyen *m*; **Herr Maier ~** Monsieur Maier père.
◆ **Senioren** *Pl* **-1.** [Alte]: **die ~en** le troisième âge. **-2.** SPORT seniors *mpl*.
Senioren|heim *das* maison *f* de retraite.
Senioren|paß *der* ≃ carte *f* vermeil.
Seniorin (*Pl* **-nen**) *die* dame *f* âgée.
Senk|blei *das (ohne Pl)* fil *m* à plomb.
senken *tr* baisser; [Wasserspiegel, Blutdruck] faire baisser.
◆ **sich senken** *ref* **-1.** [Wasserspiegel, Niveau] baisser. **-2.** [Vorhang, Schranke] se baisser.
Senk|fuß *der* MED affaissement *m* de la voûte plantaire.
senkrecht ◇ *Adj* vertical(e). ◇ *Adv* verticalement.
Senkrechte (*Pl* **-n**) *die* verticale *f*.
Senkrechtstarter, in (*mPl* **-**; *fPl* **-nen**) *der, die fam* personne *f* effectuant une carrière fulgurante.
Senkung (*Pl* **-en**) *die* **-1.** *(ohne Pl)* [von Preisen, Gehältern] baisse *f*. **-2.** [von Erdreich] affaissement *m*.
Senner, in (*mPl* **-**; *fPl* **-nen**) *der, die Süddt* & *Österr* vacher *m*, -ère *f*.
Senn|hütte *die Süddt* & *Österr* hutte *f* de vacher.
Sensation (*Pl* **-en**) *die* sensation *f*.
sensationell ◇ *Adj* sensationnel(elle). ◇ *Adv* de façon sensationnelle.
Sense (*Pl* **-n**) *die* faux *f*.
◆ **nun ist Sense!** *Interj fam* ça suffit maintenant!
sensibel ◇ *Adj* sensible. ◇ *Adv* [feinfühlig] de manière sensible.
sensibilisieren *tr*: **jn für etw** *(A)* **~** sensibiliser qqn à qqch.
Sensibilität *die (ohne Pl)* sensibilité *f*.
sensitiv *Adj geh* sensitif(ive).
Sensor (*Pl* **Sensoren**) *der* capteur *m*.
Sentenz (*Pl* **-en**) *die geh* adage *m*, sentence *f*.
sentimental *abw* ◇ *Adj* sentimental(e). ◇ *Adv* de manière sentimentale.
Sentimentalität (*Pl* **-en**) *die abw* sentimentalité *f*.
Seoul [se'u:l] *nt* Séoul.
separat ◇ *Adj* séparé(e). ◇ *Adv* séparément.
Separatismus *der (ohne Pl)* séparatisme *m*.
Sept. (*Abk für* **September**) sept.
September *der (ohne Pl)* septembre *m*; **am** ODER **den siebten ~** le sept septembre; **im ~** en ODER au mois de septembre; **irgendwann im ~ 1835** un jour de septembre 1835; **der ~ war in diesem Jahr noch sehr schön** le mois de septembre a encore été beau cette année; **Mitte ~** à la mi-septembre; **Anfang/Ende ~** début/fin septembre.
Septime (*Pl* **-n**) *die* MUS septième *f*.
Sequenz (*Pl* **-en**) *die* séquence *m*.
Serbe (*Pl* **-n**) *der* Serbe *m*.
Serbien *nt* Serbie *f*.
Serbin (*Pl* **-nen**) *die* Serbe *f*.
serbisch *Adj* serbe.
Serbokroatisch *das (ohne Pl)* serbo-croate *m*.
Serbokroatische *das (ohne Pl)* serbo-croate *m*.
Serenade (*Pl* **-n**) *die* sérénade *f*.
Serie ['ze:riə] (*Pl* **-n**) *die* série *f*; **in ~ gehen** passer à la production en série.
Serien|anfertigung *die* production *f* en série.
serienmäßig *Adj* & *Adv* en série.
serienweise *Adv* en série.
seriös ◇ *Adj* sérieux(euse). ◇ *Adv* avec sérieux.
Serpentine (*Pl* **-n**) *die* lacet *m*; **in ~n** en lacets.
Serum (*Pl* **Seren**) *das* serum *m*.
Service[1] [zɛr'vi:s] (*Pl* **-**) *das* [Eß-, Kaffeegeschirr] service *m*.
Service[2] ['sø:ɐ̯vɪs] (*Pl* **-s**) *der* service *m*.
servieren [zɛr'vi:rən] *tr* & *intr* servir.
Serviererin [sɛr'vi:rərɪn] (*Pl* **-nen**) *die* serveuse *f*.
Serviette [zɛr'vi̯ɛtə] (*Pl* **-n**) *die* serviette *f*.
Servietten|ring *der* rond *m* de serviette.
Servo|lenkung ['zɛrvolɛŋkʊŋ] *die* direction *f* assistée.
Servus ['zɛrvʊs] *Interj Süddt* & *Österr*: **~!** salut!
Sesam *der* sésame *m*.
Sesam|brötchen *das* petit pain *m* au sésame.
Sessel (*Pl* **-**) *der* fauteuil *m*.
Sessel|lift *der* télésiège *m*.
seßhaft *Adj* sédentaire; **~ werden** se fixer.
Set (*Pl* **-s**) ◇ *das* & *der* [Satz, Reihe] jeu *m*. ◇ *das* [Platzdeckchen] set *m* de table. ◇ *der* SPORT set *m*.
Setter (*Pl* **-**) *der* setter *m*.
setzen (*Perf* **hat/ist gesetzt**) ◇ *tr (hat)* **-1.** [Person] asseoir; **jn auf einen Platz ~** placer qqn; **jn vor die Tür ~** mettre qqn à la porte. **-2.** [an einen Ort] mettre; **etw in jn/etw ~** mettre qqch en ODER dans qqn/qqch; **etw in Gang** ODER **Bewegung ~** mettre qqch en marche. **-3.** [Frist, Ziel, Grenze] fixer. **-4.** [Pflanzen] planter. **-5.** [Denkmal] ériger. **-6.** [vor Druck] composer. ◇ *intr* **-1.** *(hat)*: **auf jn/etw ~** miser sur qqn/

qqch. **-2.** *(hat, ist)*: **über etw** *(A)* **~** [fahren] traverser qqch; [springen] sauter qqch.
◆ **sich setzen** *ref* [hinsetzen] s'asseoir; **sich zu jm ~** s'asseoir à côté de qqn; **sich zur Ruhe ~** prendre sa retraite.
Setzer, in (*mPl* **-**; *fPl* **-nen**) *der, die* compositeur *m*, -trice *f*.
Setzling (*Pl* **-e**) *der* plant *m*.
Seuche (*Pl* **-n**) *die* épidémie *f*.
Seuchen|gefahr *die (ohne Pl)* risque *m* d'épidémie.
seufzen *intr* soupirer.
Seufzer (*Pl* **-**) *der* soupir *m*.
Sevilla [ze'vilja] *nt* Séville.
Sex *der (ohne Pl)* **-1.** [Sexualität] sexe *m*. **-2.** [Verkehr] rapport *m* (sexuel); **(mit jm) ~ machen** avoir des rapports sexuels (avec qqn).
Sex|bombe *die fam* bombe *f* sexuelle.
Sex|film *der* film *m* érotique.
sexistisch ◇ *Adj* sexiste. ◇ *Adv* de manière sexiste.
Sexshop ['sɛksʃɔp] (*Pl* **-s**) *der* sex-shop *m*.
Sexualität *die (ohne Pl)* sexualité *f*.
Sexual|leben *das (ohne Pl)* vie *f* sexuelle.
Sexual|verbrechen *das* crime *m* sexuel.
sexuell ◇ *Adj* sexuel(elle). ◇ *Adv* sexuellement.
sexy *fam* ◇ *Adj (unver)* sexy. ◇ *Adv* de façon sexy.
sezieren *tr* & *intr* disséquer.
SFB (*Abk für* **Sender Freies Berlin**) *der (ohne Pl)* Radio *f* Berlin libre.
sfr. (*Abk für* **Schweizer Franken**) FS *(franc suisse)*.
Shaker ['ʃeɪkə] (*Pl* **-**) *der* shaker *m*.
Shampoo ['ʃampu] (*Pl* **-s**) *das* shampooing *m*.
Sheriff ['ʃɛrɪf] (*Pl* **-s**) *der* shérif *m*.
Sherry ['ʃɛrɪ] (*Pl* **-s**) *der* sherry *m*.
Shetland-Inseln ['ʃɛtləndɪnzəln] *Pl* Shetland *fpl*; **auf den ~** aux Shetland.
Shorts ['ʃoːɐ̯ts] *Pl* short *m*.
Show [ʃoː] (*Pl* **-s**) *die* show *m*.
Show|geschäft *das (ohne Pl)* show-business *m*.
Showmaster, in ['ʃoːmaːstɐ, rɪn] (*mPl* **-**; *fPl* **-nen**) *der, die* présentateur *m*, -trice *f*.
Shrimp [ʃrɪmp] (*Pl* **-s**) *der* crevette *f*.
Shuttle ['ʃatl] (*Pl* **-s**) *der* navette *f* spatiale.
Siam|katze *die* (chat *m*) siamois *m*.
Sibirien [zi'biːri̯ən] *nt* Sibérie *f*.
Sibirier, in [zi'biːri̯ɐ, rɪn] (*mPl* **-**; *fPl* **-nen**) *der, die* Sibérien *m*, -enne *f*.
sibirisch *Adj* sibérien(enne).
sich *Pron* se, s'; **er wäscht ~** il se lave; **sie wundert ~** elle s'étonne; **das lohnt ~** ça vaut la peine; **er kauft ~ etw** il s'achète qqch; **es läßt ~ nicht anders machen** on ne peut pas faire autrement; **sie geben ~ die Hand** ils se donnent la main.
◆ **an sich** *Adv* en fait; **etw an ~** qqch en lui-même ODER en elle-même ODER en soi.
Sichel (*Pl* **-n**) *die* faucille *f*.
sicher ◇ *Adj* **-1.** [ungefährdet, zuverlässig] sûr(e); **vor jm/etw ~ sein** être à l'abri de qqn/qqch. **-2.** [Erfolg, Mißerfolg] assuré(e); **etw ist ~** qqch est assuré. **-3.** [selbstbewußt] qui a de l'assurance. **-4.** [gewiß] certain(e); **sich** *(D)* **einer Sache** *(G)* **~ sein** être sûr(e) de qqch. ◇ *Adv* **-1.** [zuverlässig] de façon sûre. **-2.** [ungefährdet] en toute sécurité. **-3.** [fundiert] avec certitude. **-4.** [gewinnen, verlieren] à coup sûr. **-5.** [sicherlich] certainement. **-6.** [selbstbewußt] avec assurance.
◆ **aber sicher!** *Interj* bien sûr!
sicher|gehen (*Perf* **ist sichergegangen**) *intr (unreg)*: **~, daß** s'assurer que.
Sicherheit (*Pl* **-en**) *die* **-1.** *(ohne Pl)* [Schutz, Zuverlässigkeit] sécurité *f*; **in ~ sein** être en sécurité; **in ~ vor jm/etw sein** être à l'abri de qqn/qqch; **jn/etw (vor jm/etw) in ~ bringen** mettre qqn/qqch à l'abri (de qqn/qqch). **-2.** *(ohne Pl)* [Bestimmtheit] certitude *f*. **-3.** *(ohne Pl)* [Selbstbewußtsein, Geschicklichkeit] assurance *f*. **-4.** [Bürgschaft] garantie *f*.
◆ **mit Sicherheit** *Adv* à coup sûr.
Sicherheitsab|stand *der* distance *f* de sécurité.
Sicherheits|bindung *die* fixation *f* de sécurité.
Sicherheits|glas *das* verre *m* de sécurité.
Sicherheits|gurt *der* ceinture *f* de sécurité.
sicherheitshalber *Adv* pour plus de sûreté.
Sicherheits|kette *die* chaîne *f* de sécurité.
Sicherheits|maßnahme *die* mesure *f* de sécurité.
Sicherheits|nadel *die* épingle *f* de sûreté ODER à nourrice.
Sicherheits|schloß *das* serrure *f* de sécurité.
sicherlich *Adv* sûrement.
sichern *tr* **-1.** [Stelle] protéger; [Grenze] renforcer. **-2.** [Zukunft, Versorgung] garantir. **-3.** [Spuren] relever. **-4.** [sich verschaffen]: **sich** *(D)* **etw ~** se procurer qqch.
◆ **sich sichern** *ref* [sich absichern]: **sich gegen etw ~** se prémunir de qqch.
sicher|stellen *tr* **-1.** [beschlagnahmen]: **etw ~** mettre qqch en sécurité ODER sûreté. **-2.** [gewährleisten] garantir.
Sicherung (*Pl* **-en**) *die* **-1.** *(ohne Pl)* [Schutz - von Arbeitsplätzen] préservation *f*; [- von Frieden]

sauvegarde *f.* **-2.** ELEKTR fusible *m.* **-3.** [Schutzmaßnahme] protection *f.*

Sicherungs|kopie *die* EDV copie *f* de sauvegarde.

Sicht *die (ohne Pl)* **-1.** [Aussicht] visibilité *f*; **in/außer ~** en/hors de vue; **die ~ auf etw** *(A)* la vue sur qqch; **jm die ~ versperren** boucher la vue à qqn. **-2.** [Betrachtungsweise] vue *f*; **aus meiner ~** selon moi.

◆ **auf lange Sicht** *Adv* à long terme.

sichtbar ◇ *Adj* **-1.** [deutlich] sensible. **-2.** [wahrnehmbar] visible. ◇ *Adv* sensiblement.

sichten *tr* **-1.** [Akte, Unterlagen] examiner. **-2.** *geh* [sehen] apercevoir.

sichtlich ◇ *Adj* manifeste, apparent(e). ◇ *Adv* visiblement, manifestement.

Sicht|weite *die* visibilité *f*; **in/außer ~ sein** être en/hors de vue.

sickern (*Perf* **ist gesickert**) *intr* s'infiltrer.

Sideboard ['saitbo:ɐt] (*Pl* **-s**) *das* buffet *m* bas.

sie *Pron* **-1.** [Singular - Nominativ] elle, il; [- Akkusativ] la, le, l'; **~ hat angerufen** elle a téléphoné; **die Spülmaschine läuft und ~ spült sehr gut** le lave-vaisselle marche et il lave très bien; **ich kenne ~** je la connais; **gib ~ mir, die Tasche** donne-le-moi, le sac; **hast du ~ gesehen**? tu l'as vue?; **ich frage ~** je lui demande. **-2.** [Plural - Nominativ] ils, elles; [- Akkusativ] les.

Sie *Pron (Singular und Plural)* vous.

Sieb (*Pl* **-e**) *das* **-1.** [grob] passoire *f.* **-2.** [fein] tamis *m.*

Sieb|druck (*Pl* **-drucke**) *der* sérigraphie *f.*

sieben ◇ *tr* **-1.** [durchsieben] tamiser. **-2.** *fam* [auswählen]: **jn ~** trier qqn sur le volet. ◇ *intr fam* trier sur le volet. ◇ *Num* sept; *siehe auch* **sechs**.

Sieben (*Pl* **-** ODER **-en**) *die* sept *m*; *siehe auch* **Sechs**.

siebenarmig *Adj* à sept branches.

Siebenbürgen *nt* Transylvanie *f.*

siebenfach ◇ *Adj* septuple. ◇ *Adv* sept fois.

siebenhundert *Num* sept cents.

siebenmal *Adv* sept fois.

Siebenmeilenstiefel *Pl fam hum* bottes *fpl* de sept lieues.

Siebensachen *Pl fam* saint-frusquin *m inv.*

Siebenschläfer (*Pl* -) *der* **-1.** [Tier] loir *m.* **-2.** *(ohne Artikel, ohne Pl)* [Tag] *fête célébrée le 27 juin, jour supposé déterminer le temps pour les 7 semaines à venir.*

siebentausend *Num* sept mille.

siebte, siebente, r, s *Num* septième; *siehe auch* **sechste**.

Siebte (*Pl* **-n**) *der, die, das* septième *mf*; *siehe auch* **Sechste**.

siebtel *Adj (unver)* septième; *siehe auch* **sechstel**.

Siebtel (*Pl* -) *das* septième *m*; *siehe auch* **Sechstel**.

siebzehn *Num* dix-sept; *siehe auch* **sechs**.

Siebzehn (*Pl* **-en**) *die* dix-sept *m*; *siehe auch* **Sechs**.

siebzig *Num* soixante-dix; *siehe auch* **sechs**.

Siebzig *die (ohne Pl)* soixante-dix *m*; *siehe auch* **Sechs**.

siebziger *Adj*: **die ~ Jahre** les années soixante-dix.

sieden (*Prät* **siedete** ODER **sott**, *Perf* **hat gesiedet** ODER **gesotten**) ◇ *intr (reg)* bouillir. ◇ *tr* **-1.** *(unreg)* [Speisen] bouillir. **-2.** *(reg)* [Flüssigkeit] bouillir.

siedendheiß *Adv*: **etw fällt jm ~ ein** *fam fig* qqn se rend compte brusquement de qqch.

Siede|punkt *der* point *m* d'ébullition.

Siedler, in (*mPl* **-**; *fPl* **-nen**) *der, die* colon *m.*

Siedlung (*Pl* **-en**) *die* cité *f.*

Siedlungs|gebiet *das* zone *f* d'habitation.

Sieg (*Pl* **-e**) *der* victoire *f*; **der ~ über jn/etw** la victoire sur qqn/qqch; **einen ~ erringen** remporter une victoire.

Siegel (*Pl* -) *das* **-1.** [Abdruck] cachet *m.* **-2.** [Stempel] sceau *m.*

Siegel|lack *der* cire *f* à cacheter.

Siegel|ring *der* chevalière *f.*

siegen *intr* gagner, triompher; **über jn/etw ~** remporter la victoire sur qqn/qqch.

Sieger (*Pl* -) *der* vainqueur *m.*

Sieger|ehrung *die* remise *f* des prix.

Siegerin (*Pl* **-nen**) *die* vainqueur *m.*

Sieger|macht *die* vainqueur *m.*

siegessicher ◇ *Adj* assuré(e) de triompher. ◇ *Adv* avec l'assurance de triompher.

Sieges|zug *der (ohne Pl) fig* succès *m* triomphal.

siegreich ◇ *Adj* victorieux(euse). ◇ *Adv* victorieusement.

siehe *intr* [in Text]: **~ auch** voir aussi; **~ oben** voir plus haut; **~ Seite 15** voir page 15.

sieht *Präs* → **sehen**.

siezen *tr* vouvoyer.

◆ **sich siezen** *ref* se vouvoyer.

Signal (*Pl* **-e**) *das* signal *m*; **das ~ zu etw geben** donner le signal de qqch.

Signal|farbe *die* couleur *f* de signalisation.

signalisieren *tr* **-1.** [andeuten] signifier. **-2.** [anzeigen] signaler.

Signal|wirkung *die (ohne Pl)* effet *m* avertisseur.

Signatur (*Pl* **-en**) *die* **-1.** *geh* [Unterschrift] signature *f.* **-2.** [von Büchern] cote *f.*

signieren *tr* signer.
Silbe (*Pl* **-n**) *die* syllabe *f*; **jn/etw mit keiner ~ erwähnen** *fig* ne pas faire la moindre allusion à qqn/qqch.
Silben|rätsel *das* charade *f*.
Silben|trennung *die* division *f* syllabique.
Silber *das (ohne Pl)* **-1.** [Metall] argent *m*. **-2.** [Besteck, Geschirr] argenterie *f*.
Silber|blick *der fam hum*: **einen ~ haben** avoir une coquetterie dans l'œil.
silbergrau ◇ *Adj* gris argenté. ◇ *Adv*: **~ färben** teindre en gris argent.
silberhell *geh* ◇ *Adj* argentin(e). ◇ *Adv* avec un son argentin.
Silberhoch|zeit *die* noces *fpl* d'argent.
Silber|medaille *die* médaille *f* d'argent.
silbern ◇ *Adj* **-1.** [aus Silber] en argent. **-2.** [Haar] gris argenté; [Ton] cristallin(e). ◇ *Adv* comme de l'argent.
Silber|tanne *die* sapin *m* argenté.
Silhouette [zi'luɛtə] (*Pl* **-n**) *die* silhouette *f*.
Silicium, **Silizium** [zi'liːtsium] *das (ohne Pl)* CHEM silicium *m*.
Silicon, **Silikon** (*Pl* **-e**) *das* CHEM silicone *f*.
Silo (*Pl* **-s**) *der* ODER *das* silo *m*.
Silvaner [zɪl'vaːnɐ] (*Pl* -) *der* **-1.** [Wein] Sylvaner *m*. **-2.** *(ohne Pl)* [Rebsorte] sylvaner *m*.
Silvester [zɪl'vɛstɐ] (*Pl* -) *der* ODER *das* Saint-Sylvestre *f*; **~ feiern** réveillonner *(le 31/12)*.

SILVESTER:
Pour la Saint-Sylvestre, les Allemands ont l'habitude de tirer, à minuit pile, un feu d'artifice sur leur balcon, dans leur jardin ou dans la rue. Ils ont également conservé une coutume qui consiste à faire fondre du plomb et à le jeter dans l'eau pour lire l'avenir en fonction des figures qui se forment.

---

simpel ◇ *Adj* **-1.** [einfach, anspruchslos] simple. **-2.** *abw* [beschränkt] simplet(ette). ◇ *Adv* **-1.** [einfach, anspruchslos] simplement. **-2.** *abw* [beschränkt] d'une façon simplette.
Simplon *der* Simplon *m*.
Sims (*Pl* **-e**) *der* ODER *das* corniche *f*, rebord *m*.
Simulant, in (*mPl* **-en**; *fPl* **-nen**) *der, die abw* simulateur *m*, -trice *f*.
simulieren ◇ *tr* simuler. ◇ *intr abw* [täuschen] feindre.
simultan ◇ *Adj* simultané(e). ◇ *Adv* simultanément.
Simultan|dolmetscher, in *der, die* interprète simultané *m*, interprète simultanée *f*.
Sinai *der* Sinaï *m*; **auf dem ~** sur le Sinaï.
sind *Präs* → **sein**.
Sinfonie, **Symphonie** (*Pl* **-n**) *die* symphonie *f*.
Sinfoniker, in (*mPl* -; *fPl* **-nen**) *der, die* symphoniste *mf*.
Singapur *nt* Singapour.
singen (*Prät* **sang**, *Perf* **hat gesungen**) ◇ *intr* **-1.** [musizieren] chanter. **-2.** *salopp abw* [aussagen] chanter. ◇ *tr* chanter.
Single ['sɪŋ(g)l] (*Pl* - ODER **-s**) ◇ *der (G Single(s), Pl Singles)* célibataire *mf*. ◇ *die (G Single, Pl Single(s))* single *m*.
Singsang *der (ohne Pl) abw* fredonnement *m*, petit air *m*.
Sing|spiel *das* opérette *f*.
Sing|stimme *die* voix *f*.
Singular *der (ohne Pl)* GRAM singulier *m*; **im ~** au singulier.
Sing|vogel *der* oiseau *m* chanteur.
sinken (*Prät* **sank**, *Perf* **ist gesunken**) *intr* **-1.** [in Matsch, Sumpf] s'enfoncer. **-2.** [in Wasser] sombrer. **-3.** [abnehmen] baisser. **-4.** [zu Boden] tomber.
Sinn (*Pl* **-e**) *der* **-1.** [gen] sens *m*; **im übertragenen ~** au sens figuré; **im weitesten ~(e)** au sens le plus large du terme; **einen/keinen ~ für etw haben** avoir/ne pas avoir le sens de qqch; **etw hat keinen ~** qqch n'a pas de sens. **-2.** *(ohne Pl)* [Denken] esprit *m*; **jm durch den ~ gehen** passer par la tête de qqn; **jm in den ~ kommen** venir à l'esprit de qqn; **jn/etw im ~ haben** avoir qqn/qqch en tête; **sich** *(D)* **etw aus dem ~ schlagen** *fam* se sortir qqch de la tête; **in js ~e handeln** agir dans le sens de qqn; **ohne ~ und Verstand** à tort et à travers.
Sinn|bild *das* symbole *m*.
sinnbildlich ◇ *Adj* symbolique, imagé(e). ◇ *Adv* symboliquement.
sinnen (*Prät* **sann**, *Perf* **hat gesonnen**) *intr geh* **-1.** [nachdenken] méditer; **über etw** *(A)* **~** méditer sur qqch. **-2.** [trachten]: **auf etw** *(A)* **~** méditer qqch; **gesonnen sein, etw zu tun** *geh* être disposé(e) à faire qqch.
sinnentstellend *Adj* qui déforme le sens.
Sinnes|eindruck *der* impression *f* des sens.
Sinnes|organ *das* organe *m* sensoriel.
Sinnes|täuschung *die* illusion *f* des sens.
Sinnes|wahrnehmung *die* perception *f* par les sens.
Sinnes|wandel *der (ohne Pl)* changement *m* d'optique, revirement *m*.
sinngemäß ◇ *Adj* selon ODER d'après le sens. ◇ *Adv* en respectant le sens.
sinnieren *intr geh* songer; **über etw** *(A)* **~** songer à qqch.
sinnig ◇ *Adj* malin(igne). ◇ *Adv* de manière réfléchie.
sinnlich ◇ *Adj* **-1.** [Genuß] sensuel(elle). **-2.**

[Wahrnehmung] sensoriel(elle). ◇ *Adv* **-1.** [Genuß betreffend] de façon sensuelle. **-2.** [Sinne betreffend]: **~ wahrnehmbar** sensible; **~ reizen** exciter les sens.

Sinnlichkeit *die (ohne Pl)* sensualité *f.*

sinnlos ◇ *Adj* **-1.** [unsinnig] dépourvu(e) de sens; [Leben] vide de sens. **-2.** *abw* [maßlos] gratuit(e). ◇ *Adv* **-1.** [unsinnig] de façon insensée. **-2.** *abw* [maßlos] à outrance, avec démesure; [zerstören] gratuitement.

Sinnlosigkeit (*Pl* **-en**) *die* **-1.** *(ohne Pl)* [Wesen] absurdité *f.* **-2.** [Handlung] idiotie *f.*

Sinn|spruch *der* maxime *f.*

sinnverwandt *Adj* synonyme.

sinnvoll ◇ *Adj* **-1.** [befriedigend] qui a un sens. **-2.** [zweckmäßig] judicieux(euse). ◇ *Adv* **-1.** [befriedigend] de façon sensée. **-2.** [zweckmäßig] de façon judicieuse.

Sint|flut *die (ohne Pl)* **-1.** [biblisch] Déluge *m.* **-2.** [Übermaß] déluge *m.*

Sinti *Pl tziganes de nationalité allemande.*

Sinus (*Pl* **-se**) *der* MATH sinus *m.*

Sinus|kurve *die* MATH sinusoïde *f.*

Siphon ['ziːfɔŋ] (*Pl* **-s**) *der* siphon *m.*

Sippe (*Pl* **-n**) *die* clan *m.*

Sippschaft (*Pl* **-en**) *die fam abw* smala *f.*

Sirene (*Pl* **-n**) *die* sirène *f.*

sirren (*Perf* **hat/ist gesirrt**) *intr* **-1.** *(ist)* [fliegen] sussurer. **-2.** *(hat)* [tönen] sussurer.

Sirup *der (ohne Pl)* sirop *m.*

Sisal *der (ohne Pl)* sisal *m.*

Sitte (*Pl* **-n**) *die* **-1.** [Gepflogenheit] coutume *f*; **etw ist (bei jm) ~** qqch est l'usage (chez qqn). **-2.** *(ohne Pl) fam* [Sittenpolizei] brigade *f* des mœurs.

◆ **Sitten** *Pl* **-1.** [Benehmen] habitudes *fpl.* **-2.** [Moral] (bonnes) mœurs *fpl.*

Sitten *nt* Sion.

sittenlos *Adj abw* aux mauvaises mœurs.

Sitten|polizei *die (ohne Pl)* police *f* des mœurs.

Sitten|richter, in *der, die abw*: **den ~ spielen** jouer les censeurs.

sittenstreng *Adj* aux mœurs austères, puritain(e).

Sitten|strolch *der fam abw* dépravé *m*; [gegenüber Kindern] pédophile *m.*

sittenwidrig ◇ *Adj* contraire aux bonnes mœurs. ◇ *Adv*: **sich ~ verhalten** avoir un comportement contraire aux bonnes mœurs.

Sittich (*Pl* **-e**) *der* perruche *f.*

sittlich ◇ *Adj* moral(e). ◇ *Adv* **-1.** [reif sein] sur le plan moral. **-2.** [sittsam] de façon morale.

Sittlichkeit *die (ohne Pl)* moralité *f*, décence *f.*

Sittlichkeits|verbrechen *das* attentat *m* à la pudeur.

sittsam ◇ *Adj* sage. ◇ *Adv* sagement.

Situation (*Pl* **-en**) *die* situation *f*; **die ~ retten** sauver la situation.

situationsbedingt ◇ *Adj* lié(e) à la situation. ◇ *Adv* selon la situation.

Situations|komik *die (ohne Pl)* comique *m* de situation.

Sitz (*Pl* **-e**) *der* **-1.** [gen] siège *m.* **-2.** *(ohne Pl)* [von Firmen] siège *m* social. **-3.** *(ohne Pl)* [von Kleidung]: **einen guten ~ haben** être seyant(e).

Sitz|ecke *die* coin salon *m.*

sitzen (*Prät* **saß**, *Perf* **hat gesessen**) *intr* **-1.** [dasitzen] être assis(e); **auf etw** *(D)* **~** être (assis) sur qqch. **-2.** [sich befinden] être, se trouver; [in Stadt] être situé(e); **in etw** *(D)* **~** [Mitglied] siéger à qqch; **jd/etw sitzt fest** qqn/qqch est bloqué(e); **etw sitzt locker** qqch bouge. **-3.** [Kleidung]: **gut/schlecht ~** bien/mal aller. **-4.** *fam* [im Gefängnis] être en prison. **-5.** *fam* [Gelerntes] être au point. **-6.** *RW*: **einen ~ haben** *fam* avoir une cuite; **etw hat gesessen** ODER **saß** *fam* qqch a eu de l'effet.

sitzen|bleiben (*Perf* **ist sitzengeblieben**) *intr (unreg) fam* **-1.** [in Schule] redoubler. **-2.** [auf Waren]: **auf etw** *(D)* **~** ne pas trouver preneur pour qqch.

sitzen|lassen *tr (unreg) fam* **-1.** [Person]: **jn ~** [versetzen] faire faux bond à qqn; [verlassen] laisser tomber qqn. **-2.** [beruhen lassen]: **etw (nicht) auf sich** *(D)* **~** (ne pas) laisser passer qqch.

Sitz|fleisch *das (ohne Pl) fam* derrière *m*; **(kein) ~ haben** *fam hum & fig* (ne pas) tenir en place.

Sitz|gelegenheit *die* siège *m.*

Sitz|gruppe *die* ensemble *m* canapé-fauteuils.

Sitz|kissen *das* **-1.** [auf dem Boden] pouf *m.* **-2.** [auf dem Sitz] coussinet *m.*

Sitz|ordnung *die* placement *m.*

Sitz|platz *der* place *f* assise.

Sitzung (*Pl* **-en**) *die* [Konferenz, Behandlung] séance *f*; [im Betrieb] réunion *f.*

Sitzungs|protokoll *das* compte-rendu *m* de séance.

Sitzungs|saal *der* salle *f* de réunion.

Sizilianer, in (*mPl* **-**; *fPl* **-nen**) *der, die* Sicilien *m*, -enne *f.*

sizilianisch *Adj* sicilien(enne).

Sizilien [ziˈtsiːliən] *nt* Sicile *f.*

Skala (*Pl* **-s** ODER **-len**) *die* **-1.** [für Messungen] échelle *f* graduée. **-2.** [für Abstufungen] **gamme** *f.*

Skalpell (*Pl* **-e**) *das* scalpel *m.*

skalpieren *tr* scalper.

Skandal (*Pl* **-e**) *der* scandale *m.*

skandalös ◇ *Adj* scandaleux(euse). ◇ *Adv* de façon scandaleuse.

Skandinavien *nt* Scandinavie *f*.

Skandinavier, in [skandi'naːvi̯ɐ, rɪn] (*mPl* -; *fPl* **-nen**) *der, die* Scandinave *mf*.

skandinavisch [skandi'naːvɪʃ] *Adj* scandinave.

Skat *der (ohne Pl)* skat *m, jeux de cartes pour trois joueurs*; **~ spielen** jouer au skat.

Skateboard ['skeːtbɔː(r)d] (*Pl* **-s**) *das* skateboard *m*, planche *f* à roulettes.

Skelett (*Pl* **-e**) *das* squelette *m*.

Skepsis *die (ohne Pl)* scepticisme *m*.

skeptisch ◇ *Adj* sceptique. ◇ *Adv* avec scepticisme.

Sketch [skɛtʃ] (*Pl* **-e(s)** ODER **-s**) *der* sketch *m*.

Ski, Schi [ʃiː] (*Pl* - ODER **-er**) *der* ski *m*; **auf ~ern** sur des skis; **~ fahren** ODER **laufen** faire du ski.

Skifahren *das (ohne Pl)* ski *m*; **~ gehen** aller faire du ski.

Ski|gebiet *das* domaine *m* skiable.

Ski|gymnastik *die (ohne Pl)* gymnastique *f* de préparation au ski.

Ski|kurs *der* cours *m* de ski.

Ski|lang|lauf *der (ohne Pl)* ski *m* de fond.

Ski|läufer, in *der, die* skieur *m*, -euse *f*.

Ski|lehrer, in *der, die* moniteur de ski *m*, monitrice de ski *f*.

Ski|lift *der* remonte-pente *m*.

Skinhead ['skɪnhɛd] (*Pl* **-s**) *der* skinhead *m*, skin *m*.

Ski|piste *die* piste *f* de ski.

Skispringen *das (ohne Pl)* saut *m* à skis.

Ski|stiefel *der* chaussure *f* de ski.

Ski|stock *der* bâton *m* de ski.

Ski|urlaub *der* sports *mpl* d'hiver.

Ski|wachs *das* fart *m*.

Skizze (*Pl* **-n**) *die* **-1.** [Schema] schéma *m*. **-2.** [künstlerisch] esquisse *f*; [Zeichnung] croquis *m*. **-3.** [Text] ébauche *f*.

Skizzen|block *der* bloc *m* à dessin.

skizzieren *tr* **-1.** [zeichnen] esquisser. **-2.** [schreiben] ébaucher.

Sklave ['sklaːvə] (*Pl* **-n**) *der* esclave *m*.

Sklaven|handel *der (ohne Pl)* traite *f* des esclaves.

Sklaverei [sklave'rai] *die (ohne Pl)* esclavage *m*.

Sklavin ['sklaːvɪn] (*Pl* **-nen**) *die* esclave *f*.

Sklerose (*Pl* **-n**) *die* sclérose *f*.

Skonto (*Pl* **-s**) *der* ODER *das* escompte *m*.

Skooter ['skuːtɐ] (*Pl* -) *der* scooter *m*.

Skorbut *der (ohne Pl)* scorbut *m*.

Skorpion (*Pl* **-e**) *der* **-1.** [Tier] scorpion *m*. **-2.** ASTRO Scorpion *m*.

Skript (*Pl* **-en** ODER **-s**) *das* **-1.** UNI polycopié *m*. **-2.** [Drehbuch] script *m*.

Skrupel (*Pl* -) *der* scrupule *m*.

skrupellos *Adj* & *Adv* sans scrupules.

Skt. (*Abk für* **Sankt**) St.

Skulptur (*Pl* **-en**) *die* sculpture *f*.

skurril ◇ *Adj* loufoque. ◇ *Adv* de façon loufoque.

Skyline ['skailain] (*Pl* **-s**) *die*: **die ~ einer Stadt** la silhouette (des immeubles) d'une ville.

Slalom (*Pl* **-s**) *der* slalom *m*.

Slang [slɛŋ] (*Pl* **-s**) *der* **-1.** *abw* [Umgangssprache] argot *m*. **-2.** [Fachsprache] jargon *m*.

Slapstick ['slɛpstɪk] (*Pl* **-s**) *der* bouffonnerie *f*.

Slawe (*Pl* **-n**) *der* Slave *m*.

Slawin (*Pl* **-nen**) *die* Slave *f*.

slawisch *Adj* slave.

Slip (*Pl* **-s**) *der* slip *m*.

Slipper (*Pl* -) *der* mocassin *m*.

Slogan [sloːgn̩] (*Pl* **-s**) *der* slogan *m*.

Slowake (*Pl* **-n**) *der* Slovaque *m*.

Slowakei *die* Slovaquie *f*.

Slowakin (*Pl* **-nen**) *die* Slovaque *f*.

slowakisch *Adj* slovaque.

Slowakisch *das (ohne Pl)* slovaque *m*; *siehe auch* **Englisch**.

Slowene (*Pl* **-n**) *der* Slovène *m*.

Slowenien *nt* Slovénie *f*.

Slowenin (*Pl* **-nen**) *die* Slovène *f*.

slowenisch *Adj* slovène.

Slowenisch *das (ohne Pl)* slovène *m*; *siehe auch* **Englisch**.

Slum [slam] (*Pl* **-s**) *der* bidonville *m*.

Smaragd (*Pl* **-e**) *der* émeraude *f*.

smart ◇ *Adj* **-1.** [elegant] élégant(e). **-2.** [clever] habile. ◇ *Adv* **-1.** [elegant] élégamment. **-2.** [clever] habilement.

Smog [smok] *der (ohne Pl)* smog *m*.

Smoking (*Pl* **-s**) *der* smoking *m*.

Snob [snob] (*Pl* **-s**) *der abw* snob *m*.

Snobismus *der (ohne Pl) abw* snobisme *m*.

snobistisch *abw* ◇ *Adj* snob. ◇ *Adv* d'une façon snob.

so ◇ *Adv* **-1.** [in dieser Art] ainsi; **gut ~!** *fam* comme ça!; **~ ist es!** *fam* c'est bien vrai!; **weiter ~!** continue!, continuez! **-2.** [mit Adjektiv, Adverb] aussi; **~ ... wie ...** aussi ... que ...; **sie ist ~ alt wie du** elle a le même âge que toi; **er kommt ~ oft wie du** il vient aussi fréquemment que toi; **das ist nicht ~ einfach** ce n'est pas si simple. **-3.** [mit Substantiv, Pronom]: **~ ein** ODER **eine** un tel, une telle; **~ ein Pferd** un tel cheval; **~ laut/toll** si fort/bien; **~ einer/eine/eins wie** des comme; **~ eine wie dich** des comme toi. **-4.** *fam* [circa] à peu près. **-5.** [zur Angabe eines Zitats] d'après; ~ **der Minister** d'après le ministre. **-6.** *fam* [irgendwie]: **das waren ~ Fliegen** c'étaient des espèces de mouches. **-7.** [mit Geste] comme ça; ~ **ein langer Bart** une barbe longue comme ça. **-8.** [Hinweis auf eine abgeschlossene Handlung] voilà; ~, **das war's dann** voilà, c'est terminé. **-9.** [sehr] tellement; **ich habe sie ~ gern** je l'aime tellement. **-10.** *fam* [allgemein] donc; **na, was hast du ~ gemacht in letzter Zeit**? alors, qu'as-tu donc fait ces derniers temps? **-11.** *fam* [umsonst, ohne etw] comme ça. **-12.** [wirklich] vraiment. **-13.** [zum Ausdruck von Ärger] allez! ◇ *Konj* **-1.** [als Ausdruck eines Vergleichs]: ~ **viel (wie)** autant que; **iß ~ viel du willst** mange autant que tu voudras. **-2.** [zum Ausdruck der Einschränkung] aussi; ~ **traurig es auch ist** aussi triste que ce soit. **-3.** [zum Ausdruck der Folge]: ~ ..., **daß** si ... que. ◇ *Interj*: ~? ah bon?; ~, ~! eh bien!

◆ **oder so** *Adv fam* ou quelque chose comme ça.

◆ **so daß** *Konj* si bien que, de telle sorte que.

◆ **und so** *Adv fam* et des trucs comme ça.

◆ **so oder so** *Adv* de toute façon.

◆ **so und so** *Adv* d'une façon ou d'une autre.

s.o. *Abk für* **siehe oben**.

So. (*Abk für* **Sonntag**) dim.

SO (*Abk für* **Südost**) SE.

sobald *Konj* dès que.

Söckchen (*Pl* -) *das* socquette *f*.

Socke (*Pl* **-n**) *die*, **Socken** (*Pl* -) *der Süddt* chaussette *f*; **sich auf die ~n machen** *fam fig* filer.

Sockel (*Pl* -) *der* socle *m*.

Socken = **Socke**.

Soda *(ohne Pl)* ◇ *die* ODER *das (G Soda, Sodas)* soude *f*. ◇ *das (G Sodas)* eau *f* de Seltz; **ein Whisky mit ~** un whisky soda.

Sodbrennen *das (ohne Pl)* brûlures *fpl* d'estomac.

soeben *Adv* **-1.** [augenblicklich] à l'instant. **-2.** [vor kurzem]: ~ **erhielten wir die Nachricht** on vient de l'apprendre.

Sofa (*Pl* **-s**) *das* canapé *m*.

sofern *Konj geh* à condition que.

soff *Prät* → **saufen**.

Sofia *nt* Sofia.

sofort *Adv* **-1.** [augenblicklich] immédiatement. **-2.** [gleich] tout de suite.

Sofortbild|kamera *die* polaroïd® *m*.

Sofort|hilfe *die (ohne Pl)* aide *f* d'urgence, premiers soins *mpl*.

sofortig *Adj* immédiat(e).

Sofort|maßnahme *die* mesure *f* d'urgence.

soft *Adj fam* doux (douce).

Soft-|Eis *das (ohne Pl)* glace *f* (à l')italienne.

Softie (*Pl* **-s**) *der fam* tendre *m*.

Software [sɔftwɛɐ̯] *die (ohne Pl)* EDV logiciel *m*.

Software|fehler *der* EDV bogue *m*.

sog *Prät* → **saugen**.

sog. *Abk für* **sogenannt**.

Sog (*Pl* **-e**) *der* aspiration *f*; **in den ~ einer Sache geraten** *fig* être entraîné(e) dans qqch.

sogar *Adv* même; **sie hat das ~ repariert** elle l'a même réparé.

sogenannt *Adj* **-1.** *abw* [angeblich] prétendu(e), soi-disant. **-2.** [bei Neologismen, Fachwörtern] ce que l'on appelle ODER nomme.

sogleich *Adv geh* aussitôt.

Sohle (*Pl* **-n**) *die* **-1.** [Fußsohle] plante *f* (du pied). **-2.** [Schuhsohle] semelle *f*. **-3.** [von Tal, Fluß] fond *m*. **-4.** *RW*: **auf leisen ~n** à pas de loup; **sich an js ~n heften** suivre qqn à la trace.

Sohn (*Pl* **Söhne**) *der* fils *m*; **der verlorene ~** *fig* [abwesend] le fils prodigue; **ein verlorener ~** [enttäuschend] un mauvais fils.

Soja *die (ohne Pl)* soja *m*.

Soja|soße *die* sauce *f* au soja.

Soja|sproß *der* germe *m* de soja.

solang, solange *Konj* **-1.** [während] tant que. **-2.** *fam* [sofern] pour autant que.

Solar|energie *die (ohne Pl)* énergie *f* solaire.

Solarium [zo'la:ri̯ʊm] (*Pl* **Solarien**) *das* **-1.** [Raum] solarium *m*. **-2.** [Gerät] appareil *m* à U.V.

Solarplexus (*Pl* -) *der* BIOL plexus *m* solaire.

Solar|zelle *die* pile *f* solaire.

solch *Det geh* aussi; ~ **große Vorhaben** d'aussi grands projets; ~ **leichte Übungen** des exercices aussi faciles; ~ **ein** ODER **eine** un tel, une telle.

solche, r, s *Det* **-1.** [so beschaffene] pareil(eille); ~ **Leute** des gens pareils. **-2.** [so intensive] un tel, une telle; **mit ~r Kraft, daß** avec une telle force que; **er hat ~ Angst, daß er zittert** il a tellement peur qu'il tremble.

Sold *der (ohne Pl)* solde *f*, paye *f*.

Soldat (*Pl* **-en**) *der* soldat *m*.

Soldatenfried|hof *der* cimetière *m* militaire.

Soldatin (*Pl* **-nen**) *die* femme *f* soldat.

Söldner, in (*mPl* -; *fPl* **-nen**) *der, die* mercenaire *m*.

Sole (*Pl* **-n**) *die* saumure *f*.

Sol|ei *das œuf dur conservé dans une saumure.*

solid = **solide**.

Solidar|beitrag *der* complément *m* solidarité.

solidarisch ◇ *Adj* solidaire. ◇ *Adv* de façon solidaire; **sich ~ verhalten** se montrer solidaire.

solidarisieren
◆ **sich solidarisieren** *ref*: **sich mit jm ~** être solidaire avec qqn.
Solidarität *die (ohne Pl)* solidarité *f*; **die ~ mit jm** la solidarité avec qqn.
solide, solid ◇ *Adj* **-1.** [gen] solide. **-2.** [brav - Person] sérieux(euse); [- Lebensweise] rangé(e); [- Einrichtung] cossu(e). **-3.** [Finanzen] sain(e). ◇ *Adv* **-1.** [gen] solidement. **-2.** [brav] de façon rangée. **-3.** [fundiert] de façon solide.
Solidität *die (ohne Pl)* **-1.** [von Geschäft, Finanzierung] stabilité *f*. **-2.** [von Konstruktion, Material] solidité *f*, robustesse *f*. **-3.** [von Wissen, Ausbildung] solidité *f*. **-4.** [von Lebenswandel] droiture *f*.
Solist, in (*mPl* **-en**; *fPl* **-nen**) *der, die* soliste *mf*.
Soll (*Pl* - ODER **-s**) *das* **-1.** [Minus]: **im ~ sein** être à découvert. **-2.** [Sollseite] débit *m*; **~ und Haben** le débit et le crédit; **im ~ verbuchen** débiter. **-3.** [Leistung] quota *m*; **sein ~ erfüllen** [Pensum] atteindre son objectif; [Pflicht] satisfaire à ses obligations.
sollen (*Perf* **hat gesollt** ODER -) ◇ *aux (Perf hat sollen)* **-1.** [als Aufforderung] devoir; **jd soll etw tun** il faut que qqn fasse qqch; **das hätte jd nicht tun ~** qqn n'aurait pas dû faire cela; **was soll ich tun?** que dois-je faire? **-2.** [als Vermutung]: **jd/etw soll etw sein/haben** il paraît que qqn/qqch est/a qqch; **was soll das (heißen)?** qu'est-ce que cela veut dire?; **was soll's!** à quoi bon! **-3.** [als Bedingung]: **sollte jd etw tun** si qqn faisait qqch. ◇ *intr (Perf hat gesollt)* devoir; **soll er doch!** *fig* qu'il le fasse!
Sollzinsen *Pl* intérêts *mpl* débiteurs.
solo ◇ *Adv* **-1.** [im Solo] en solo. **-2.** *fam* [allein] seul(e). ◇ *Adj (unver) fam* [allein] seul(e).
Solo (*Pl* **-s**) *das* solo *m*.
Solo|instrument *das* instrument *m* solo.
Solopart (*Pl* **-s** ODER **-e**) *der* (partie *f* en) solo *m*.
Solothurn *nt* Soleure.
solvent [zɔl'vɛnt] *Adj* solvable.
Somalia *nt* Somalie *f*.
somit[1] *Adv* donc, ainsi.
somit[2] *Adv* par conséquent.
Sommer (*Pl* -) *der* été *m*.
◆ **im Sommer** *Adv* en été.
Sommeran|fang *der (ohne Pl)* début *m* de l'été.
Sommerfahr|plan *der* horaires *mpl* d'été.
Sommer|ferien *Pl* vacances *fpl* d'été.
Sommer|fest *das* fête *f* d'été; [in Schule] fête *f* de fin d'été.
Sommer|frische *die (ohne Pl)* villégiature *f* estivale.
Sommer|kleid *das* robe *f* d'été.
sommerlich ◇ *Adj* estival(e), d'été. ◇ *Adv* comme en été.
Sommer|pause *die (ohne Pl)* pause *f* estivale.
Sommer|reifen *der* pneu *m* d'été.
Sommerschlußver|kauf *der* soldes *mpl* d'été.
Sommer|semester *das* semestre *m* d'été.
Sommerspiele *Pl* **-1.** [Theaterspiele] festival *m* d'été. **-2.** [Olympiade]: **Olympische ~** jeux *mpl* Olympiques d'été.
Sommer|sprosse *die* tache *f* de rousseur.
Sommer|zeit *die (ohne Pl)* [Uhrzeit] heure *f* d'été.
Sonate (*Pl* **-n**) *die* MUS sonate *f*.
Sonde (*Pl* **-n**) *die* sonde *f*.
Sonder|anfertigung *die* modèle *m* hors série.
Sonderan|gebot *das* promotion *f*; **im ~** en promotion.
Sonderaus|gabe *die* édition *f* spéciale.
sonderbar ◇ *Adj* étrange. ◇ *Adv* étrangement.
Sonderbe|handlung *die* traitement *m* spécial.
Sonder|fahrt *die amt* parcours *m* spécial.
Sonder|fall *der* cas *m* particulier.
Sonder|genehmigung *die* autorisation *f* spéciale.
sondergleichen *Adj* sans pareil(eille).
sonderlich ◇ *Adj* **-1.** [besondere] particulier(ère). **-2.** [sonderbar] bizarre. ◇ *Adv*: **nicht ~** pas particulièrement.
Sonderling (*Pl* **-e**) *der* original *m*.
Sonder|maschine *die* avion *m* spécial.
Sonder|müll *der (ohne Pl)* déchets *mpl* spéciaux.
sondern *Konj* mais; **die Hose hat nicht 250 Mark, ~ 150 Mark gekostet** ce pantalon n'a pas coûté 250 marks mais 150 marks.
Sonder|nummer *die* numéro *m* spécial.
Sonder|preis *der* **-1.** [Sonderprämie] prix *m* spécial. **-2.** [reduzierter Preis] prix *m* promotionnel.
Sonder|recht *das amt* privilège *m*.
Sonder|schule *die établissement scolaire spécialisé pour enfants en difficulté.*
Sonder|schüler, in *der, die élève d'une Sonderschule.*
Sonder|sendung *die* émission *f* spéciale.
Sonder|sitzung *die* séance *f* extraordinaire.
Sonder|status *der* statut *m* particulier.
Sonder|zeichen *das* EDV caractère *m* spécial.
Sonder|zug *der* train *m* spécial.
sondieren *tr geh* sonder.
Sonett (*Pl* **-e**) *das* sonnet *m*.
Song [sɔŋ] (*Pl* **-s**) *der fam* chanson *f*.
Sonn|abend *der* samedi *m*; *siehe auch* **Samstag**.

sonnabends *Adv* le samedi; *siehe auch* **samstags**.

Sonne (*Pl* **-n**) *die* soleil *m*; **die ~ geht auf/unter** le soleil se lève/se couche; **die ~ scheint** le soleil brille.

sonnen
◆ **sich sonnen** *ref* **-1.** [in Sonne] prendre un bain de soleil. **-2.** [in Erfolg, Ruhm]: **sich in etw** *(D)* **~** savourer qqch.

Sonnenauf|gang *der* lever *m* du soleil.

Sonnen|bad *das* bain *m* de soleil; **ein ~ nehmen** prendre un bain de soleil.

Sonnen|bank (*Pl* **-bänke**) *die* banc *m* à U.V.

Sonnen|blume *die* tournesol *m*.

Sonnen|brand *der* coup *m* de soleil.

Sonnen|brille *die* lunettes *fpl* de soleil.

Sonnen|creme *die* crème *f* solaire.

Sonnen|dach *das* [für Auto] toit *m* ouvrant; [für Terrasse] marquise *f*.

Sonnen|deck *das* pont *m* promenade.

Sonnenein|strahlung *die* insolation *f*.

Sonnen|energie *die (ohne Pl)* énergie *f* solaire.

Sonnen|finsternis *die* éclipse *f* de soleil.

Sonnen|hut *der* **-1.** [Hut] chapeau *m* de soleil. **-2.** [Pflanze] rudbeckia *m*.

sonnenklar *Adj fam* clair(e) comme de l'eau de roche.

Sonnenkollektor (*Pl* **-en**) *der* capteur *m* solaire.

Sonnenkraft|werk *das* centrale *f* solaire.

Sonnen|licht *das (ohne Pl)* lumière *f* solaire ODER du soleil.

Sonnen|öl *das* huile *f* solaire.

Sonnen|schein *der (ohne Pl)* lumière *f* du soleil, soleil *m*.

Sonnen|schirm *der* parasol *m*.

Sonnen|schutz *der (ohne Pl)* protection *f* solaire.

Sonnen|seite *die* côté *m* exposé au soleil.

Sonnen|stich *der (ohne Pl)* insolation *f*.

Sonnen|strahl *der* rayon *m* de ODER du soleil.

Sonnen|studio *das* centre *m* de bronzage, solarium *m*.

Sonnen|system *das* système *m* solaire.

Sonnen|uhr *die* cadran *m* solaire.

Sonnenunter|gang *der* coucher *m* de ODER du soleil.

Sonnen|wende *die* solstice *m*.

sonnig *Adj* **-1.** [mit viel Sonne] ensoleillé(e). **-2.** [heiter] enjoué(e).

Sonntag (*Pl* **-e**) *der* dimanche *m*; *siehe auch* **Samstag**.

sonntäglich *Adj* dominical(e).

sonntags *Adv* le dimanche; *siehe auch* **samstags**.

Sonntags|arbeit *die (ohne Pl)* travail *m* dominical.

Sonntags|fahrer, in *der, die abw fam* chauffeur *m* du dimanche.

Sonntags|kind *das fam* **-1.** [Glückskind] veinard *m*, -e *f*. **-2.** [am Sonntag geboren] personne *f* née un dimanche.

sonor ◇ *Adj* sonore. ◇ *Adv* [klingen] de manière sonore.

sonst *Adv* **-1.** [überdies, außerdem] sinon; **~ nichts** sinon rien, rien d'autre; **~ noch was**? *salopp* et avec ça? **-2.** [normalerweise] d'habitude. **-3.** [abgesehen davon] à part ça; **was ~**? quoi d'autre?; **wer/wie/wo (denn) ~**? sinon qui/comment/où?

sonst. *Abk für* **sonstig**.

sonstig *Adj* autre.

sonstwas *Pron fam* quelque chose d'autre.

sonstwer *Pron fam* quelqu'un d'autre.

sonstwie *Adv fam* autrement.

sonstwo *Adv fam* on ne sait où.

sonstwoher *Adv fam* on ne sait d'où.

sonstwohin *Adv fam* on ne sait où.

sooft *Konj* aussi souvent que.

Sopran (*Pl* **-e**) *der* **-1.** [Stimme] soprano *m*. **-2.** [Person] soprano *mf*.

Sopranist, in (*mPl* **-en**; *fPl* **-nen**) *der, die* soprano *mf*, sopraniste *m*.

Sorbe (*Pl* **-n**) *der* Sorabe *m*, Serbe *m* de Lusace.

Sorbet [sɔr'beː] (*Pl* **-s**) *der* ODER *das* sorbet *m*.

Sorbin (*Pl* **-nen**) *die* Sorabe *f*, Serbe *f* de Lusace.

sorbisch *Adj* sorabe.

Sorge (*Pl* **-n**) *die* **-1.** [Problem] souci *m*; **etw macht jm ~n** qqn donne des soucis à qqn; **sich um jn/etw ~n machen** se faire du souci pour qqn/qqch. **-2.** *(ohne Pl)* [Angst] inquiétude *f*. **-3.** *(ohne Pl)* [Pflege] soin *m*.
◆ **keine Sorge!** *Interj* [keine Angst] ne t'en fais pas!, ne vous en faites pas!

sorgen *intr*: **für etw ~** [aufpassen] veiller à qqch; [etw beschaffen] s'occuper de qqch; **für jn ~** se charger de qqn.
◆ **sich sorgen** *ref*: **sich um jn/etw ~** s'inquiéter au sujet de qqn/de qqch.

sorgenfrei *Adj* & *Adv* sans souci.

Sorgen|kind *das* enfant *mf* qui cause beaucoup de soucis.

Sorge|recht *das (ohne Pl)* droit *m* de garde; **das ~ für jn erhalten/haben** obtenir/avoir le droit de garde de qqn.

Sorgfalt *die (ohne Pl)* soin *m*.

sorgfältig ◇ *Adj* **-1.** [Person] soigneux(euse). **-2.** [Arbeit] soigné(e). ◇ *Adv* avec soin.
sorglos ◇ *Adj* insouciant(e). ◇ *Adv* dans l'insouciance.
Sorte (*Pl* **-n**) *die* sorte *f*.
◆ **Sorten** *Pl* WIRTSCH monnaies *fpl*.
sortieren *tr* trier.
sortiert *Adj* fourni(e).
Sortiment (*Pl* **-e**) *das* assortiment *m*.
sosehr *Konj*: **~ jd auch etw tut, ...** qqn a beau faire qqch, ...
Soße (*Pl* **-n**) *die* sauce *f*.
Souffleur [su'fløːɐ̯] (*Pl* **-e**) *der* souffleur *m*.
Souffleuse [su'fløːzə] (*Pl* **-n**) *die* souffleuse *f*.
Soul [soʊl] *der (ohne Pl)* (musique *f*) soul *f*.
Sound [saunt] (*Pl* **-s**) *der* son *m*.
soundso ◇ *Adj fam* : **Seite ~** page tant; **Frau ~** Madame Unetelle. ◇ *Adv* [bei Zahl] tant et tant; [sowieso] de toute façon.
Soutane [zu'taːnə] (*Pl* **-n**) *die* soutane *f*.
Souterrain [sutɛ'rɛ̃ː] (*Pl* **-s**) *der* sous-sol *m*.
Souvenir [suvə'niːɐ̯] (*Pl* **-s**) *das* souvenir *m*.
souverän [suvə'rɛːn] ◇ *Adj* souverain(e). ◇ *Adv* souverainement.
Souveränität [suvərɛni'tɛːt] *die (ohne Pl)* **-1.** POL souveraineté *f*. **-2.** [Überlegenheit] maîtrise *f*.
soviel ◇ *Adv* tant; **~ wie** autant que; **dreimal ~** trois fois autant; **halb ~, (wie)** la moitié (de). ◇ *Konj* autant que; **~ ich weiß** autant que je sache.
soweit ◇ *Adj*: **~ sein** *fam* être prêt(e); **es ist ~** ça y est. ◇ *Adv* [bis hier] jusque là; **~ wie möglich** autant que possible. ◇ *Konj* autant que; **~ ich weiß** autant que je sache.
sowenig ◇ *Adv* aussi peu. ◇ *Konj* pour le peu que.
sowie *Konj* ainsi que.
sowieso *Adv* de toute façon.
sowjetisch *Adj* soviétique.
Sowjet|republik *die* république *f* soviétique.
Sowjetunion *die*: **die ehemalige ~** l'ex-Union *f* soviétique.
sowohl *Konj*: **~ ... als auch ...** aussi bien ... que ...
soz. (*Abk für* **sozial**) soc.
Sozi (*Pl* **-s**) *der fam* socialo *m*.
sozial ◇ *Adj* social(e). ◇ *Adv* du ODER d'un point de vue social.
Sozialabgaben *Pl* charges *fpl* sociales.
Sozial|amt *das* bureau *m* d'aide sociale.
Sozial|arbeit *die (ohne Pl)* aide *f* sociale.
Sozial|arbeiter, in *der, die* personne *f* employée dans le secteur de l'aide sociale.
Sozial|demokrat, in *der, die* social-démocrate *m*, sociale-démocrate *f*.
sozialdemokratisch *Adj* & *Adv* social-démocrate.
Sozial|fall *der* cas *m* social.
Sozial|gericht *das* tribunal *m* du contentieux social.
Sozial|hilfe *die (ohne Pl)* aide *f* sociale.
Sozialisation *die (ohne Pl)* socialisation *f*.
Sozialismus *der (ohne Pl)* socialisme *m*.
Sozialist, in (*mPl* **-en**; *fPl* **-nen**) *der, die* socialiste *mf*.
sozialistisch *Adj* & *Adv* socialiste.
Sozial|kritik *die* critique *f* sociale.
sozialkritisch ◇ *Adj* critique de ODER envers la société. ◇ *Adv* de façon critique envers la société.
Sozial|kunde *die (ohne Pl)* instruction *f* civique.
Soziallasten *Pl* charges *fpl* sociales.
Sozialleistungen *Pl* prestations *fpl* sociales.
Sozial|minister, in *der, die* ministre *m* des Affaires sociales.
Sozial|pädagogik *die (ohne Pl)* socio-pédagogie *f*.
Sozial|partner *der* partenaire social *m*, partenaire sociale *f*.
Sozial|plan *der* plan *m* de mesures sociales.
Sozial|politik *die (ohne Pl)* politique *f* sociale.
Sozial|staat *der (ohne Pl)* État *m* social.
Sozial|verhalten *das (ohne Pl)* comportement *m* social.
Sozialver|sicherung *die* assurance *f* sociale.
Sozial|wohnung *die* logement *m* social.
Soziologe (*Pl* **-n**) *der* sociologue *m*.
Soziologie *die (ohne Pl)* sociologie *f*.
Soziologin (*Pl* **-nen**) *die* sociologue *f*.
soziologisch ◇ *Adj* sociologique. ◇ *Adv* sociologiquement.
sozusagen *Adv* pour ainsi dire.
Spacelab ['speːslɛb] (*Pl* **-s**) *das* laboratoire *m* spatial.
Spaceshuttle ['speːsʃat(ə)l] (*Pl* **-s**) *das* navette *f* spatiale.
Spachtel (*Pl* -) *der* spatule *f*; [von Kunstmalern] couteau *m*.
Spachtel|masse *die* mastic *m*.
spachteln ◇ *tr* [mit Spachtelmasse] reboucher. ◇ *intr* [essen] dévorer.
Spagat (*Pl* **-e**) *der* SPORT grand écart *m*.
Spaghetti *Pl* spaghetti *mpl*.
spähen *intr* **-1.** *geh* [Ausschau halten] épier; **nach jm/etw ~** guetter qqn/qqch. **-2.** MIL: **~ gehen** partir en reconnaissance.

Spalier (*Pl* **-e**) *das* **-1.** [von Menschen]: **~ stehen** former une haie. **-2.** [für Pflanzen] espalier *m.*

Spalt (*Pl* **-e**) *der* fente *f*; **einen ~ weit** ODER **breit öffnen** entrouvrir.

Spalte (*Pl* **-n**) *die* **-1.** [in Fels, Gletscher] faille *f.* **-2.** [von Text] colonne *f.*

spalten *tr* **-1.** [zerteilen] fendre. **-2.** CHEM & PHYS décomposer; [Atom] désintégrer.
◆ **sich spalten** *ref* **-1.** [kaputtgehen] se casser. **-2.** [sich aufspalten] se diviser.

Spaltung (*Pl* **-en**) *die* **-1.** [Teilung] division *f.* **-2.** CHEM & PHYS décomposition *f*; [von Atomen] fission *f.* **-3.** MED dédoublement *m.*

Span (*Pl* **Späne**) *der* copeau *m.*

Span|ferkel *das* KÜCHE cochon *m* de lait.

Spange (*Pl* **-n**) *die* **-1.** [im Haar] barrette *f.* **-2.** [an Kleidung] broche *f.* **-3.** [Zahnspange] appareil *m (dentaire).*

Spanien *nt* Espagne *f.*

Spanier, in ['ʃpa:niɐ, rɪn] (*mPl* **-**; *fPl* **-nen**) *der, die* Espagnol *m*, -e *f.*

spanisch ◇ *Adj* espagnol(e). ◇ *Adv* espagnol; **das kommt mir ~ vor** *fam fig* ça me paraît louche.

Spanisch *das (ohne Pl)* espagnol *m*; *siehe auch* **Englisch**.

Spanische *das (ohne Pl)* espagnol *m*; *siehe auch* **Englische**.

spann *Prät* → **spinnen**.

Spann (*Pl* **-e**) *der* cou-de-pied *m.*

Spann|bettuch *das* drap-housse *m.*

Spanne (*Pl* **-n**) *die* intervalle *m.*

spannen ◇ *tr* **-1.** [Schnur, Netz] tendre. **-2.** [Muskel, Bogen] bander. ◇ *intr* **-1.** *fam* [heimlich zusehen] épier. **-2.** [Kleidung] serrer.
◆ **sich spannen** *ref*: **sich über etw** *(A)* **~** s'étendre sur qqch.

spannend ◇ *Adj* **-1.** [Geschichte, Film] captivant(e). **-2.** [Erlebnis] passionnant(e). ◇ *Adv* de manière passionnante.

Spanner (*Pl* **-**) *der* **-1.** *fam abw* [Mensch] voyeur *m.* **-2.** [Gerät] tendeur *m.*

Spannerin (*Pl* **-nen**) *die fam abw* voyeuse *f.*

Spann|kraft *die (ohne Pl)* énergie *f.*

Spannung (*Pl* **-en**) *die* **-1.** [gen] tension *f*; **jn/etw mit** ODER **voll ~erwarten** attendre qqn/qqch avec impatience. **-2.** [elektrisch] voltage *m*; **unter ~ stehen** être sous tension.

Spannungs|feld *das* **-1.** [Interessensphäre]: **im ~ internationaler Interessen** au centre des intérêts internationaux. **-2.** ELEKTR champ *m* de tension.

Spannungs|gebiet *das* zone *f* de tension.

spannungsgeladen *Adj* tendu(e), agité(e).

Spann|weite *die* envergure *f.*

Span|platte *die* planche *f* d'aggloméré; **aus ~n** en aggloméré.

Span|schachtel *die* boîte *f* faite de copeaux de bois.

Spar|buch *das* livret *m* d'épargne.

Spar|büchse *die* tirelire *f.*

Sparein|lage *die* dépôt *m* d'épargne.

sparen ◇ *tr* économiser; **sich** *(D)* **etw ~** économiser qqch; **sich die Mühe ~** ne pas se donner la peine. ◇ *intr* faire des économies; **an etw** *(D)* **~** économiser sur qqch; **auf** ODER **für etw** *(A)* **~** faire des économies pour qqch; **mit etw nicht ~** *geh* ne pas lésiner sur qqch.

Sparer, in (*mPl* **-**; *fPl* **-nen**) *der, die* épargnant *m*, -e *f.*

Spar|flamme *die (ohne Pl)*: **auf ~** *fam* au ralenti.

Spargel (*Pl* **-**) *der* asperge *f.*

Spar|groschen *der fam* petites réserves *fpl.*

Spar|guthaben *das* avoir *m* en épargne.

Spar|kasse *die* caisse *f* d'épargne.

Spar|konto *das* compte *m* d'épargne.

spärlich ◇ *Adj* rare, modeste. ◇ *Adv* peu.

Spar|maßnahme *die* mesure *f* d'économie.

Spar|politik *die (ohne Pl)* politique *f* d'austérité.

Spar|programm *das* programme *m* de rigueur économique.

sparsam ◇ *Adj* **-1.** [Person] économe; **mit etw ~ sein** ménager qqch; **mit Lob/Worten ~ sein** être avare de compliments/paroles. **-2.** [Verbrauch] économique. ◇ *Adv* économiquement, avec modération; **mit etw ~ umgehen** utiliser qqch avec mesure.

Sparsamkeit *die (ohne Pl)* économie *f (d'argent)*, action *f* d'économiser.

Spar|schwein *das* tirelire *f.*

spartanisch ◇ *Adj* spartiate. ◇ *Adv* à la spartiate.

Sparte (*Pl* **-n**) *die* **-1.** WIRTSCH branche *f.* **-2.** [in Zeitung] rubrique *f.*

Spaß (*Pl* **Späße**) *der* **-1.** *(ohne Pl)* [Vergnügen] plaisir *m*; **zum ~** pour le plaisir; **an etw** *(D)* **~ haben** prendre plaisir à qqch; **etw macht jm ~/keinen ~** qqch amuse/n'amuse pas qqn; **jm den ~ verderben** gâcher le plaisir de qqn; **viel ~!** amuse-toi bien!, amusez-vous bien! **-2.** [erzählt] plaisanterie *f*; [vorgeführt] farce *f*; **aus** ODER **im** ODER **zum ~** pour rire ODER plaisanter; **~ machen** [nicht ernst meinen] plaisanter; [Witze reißen] faire des blagues; **~/keinen ~ verstehen** avoir/ne pas avoir le sens de l'humour.

spaßen *intr* plaisanter; **mit jm/etw ist nicht zu ~** on ne plaisante pas avec qqn/qqch.

spaßeshalber *Adv fam* histoire de plaisanter.

spaßig ◇ *Adj* amusant(e). ◇ *Adv* de manière amusante.

Spaßmacher, in (*mPl* -; *fPl* **-nen**) *der, die* plaisantin *m*, farceur *m*, -euse *f*.

Spaßverderber, in (*mPl* -; *fPl* **-nen**) *der, die* trouble-fête *mf*.

Spastiker, in (*mPl* -; *fPl* **-nen**) *der, die* **-1.** [Kranker] spasmophile *mf*. **-2.** *salopp* [Idiot] abruti *m*, -e *f*.

spastisch ◇ *Adj* spasmodique. ◇ *Adv* de façon spasmodique.

spät ◇ *Adj* tardif(ive); **am ~en Abend** tard dans la soirée; **es ist schon ~** il se fait tard; **wie ~ ist es**? quelle heure est-il? ◇ *Adv* [zeitlich fortgeschritten] tard; **bis ~ in die Nacht/den Abend** jusque tard dans la nuit/la soirée.
◆ **zu spät** *Adv* trop tard; [verspätet] en retard.

spätabends *Adv* tard le soir.

Spaten (*Pl* -) *der* bêche *f*.

Spätentwickler, in (*mPl* -; *fPl* **-nen**) *der, die* enfant *mf* au développement tardif.

später ◇ *Adj* postérieur(e). ◇ *Adv* plus tard.
◆ **bis später!** *Interj* à plus tard!

spätestens *Adv* au plus tard.

Spätlfolge *die* conséquence *f* à long terme.

Spätlese (*Pl* **-n**) *die vin de qualité issu d'une récolte tardive.*

Spätnachlmittag *der* fin *f* d'après-midi.

Spätlschaden *der* séquelles *fpl* à long terme.

Spätlschicht *die* poste *m* de l'après-midi.

Spätlsommer *der* fin *f* de l'été.

Spätvorlstellung *die* dernière séance *f*.

Spatz (*Pl* **-en**) *der* **-1.** [Tier] moineau *m*. **-2.** *fam* [Anrede] chéri *m*, -e *f*.

Spätzle *Pl Süddt petites pâtes aux œufs frais.*

spazieren (*Perf* **ist spaziert**) *intr* se promener.

spazierenlgehen (*Perf* **ist spazierengegangen**) *intr (unreg)* (aller) se promener.

Spazierlfahrt *die* promenade *f* (en voiture).

Spazierlgang *der* promenade *f*; **einen ~ machen** faire une promenade.

Spaziergänger, in (*mPl* -; *fPl* **-nen**) *der, die* promeneur *m*, -euse *f*.

Spazierlstock *der* canne *f*.

SPD (*Abk für* **Sozialdemokratische Partei Deutschlands**) *die (ohne Pl)* parti *m* social-démocrate allemand.

Specht (*Pl* **-e**) *der* pic *m*.

Speck *der (ohne Pl)* **-1.** KÜCHE lard *m*. **-2.** *fam* [Fett] graisse *f*.

speckig *Adj* graisseux(euse), crasseux(euse).

Specklschwarte *die* couenne *f*.

Spediteur, in [ʃpedi'tøːɐ̯, rɪn] (*mPl* **-e**; *fPl* **-nen**) *der, die* transporteur *m*.

Spedition [ʃpedi'tsi̯oːn] (*Pl* **-en**) *die* transport *m*.

Speer (*Pl* **-e**) *der* **-1.** SPORT javelot *m*. **-2.** [Waffe] lance *f*.

Speerwerfen *das (ohne Pl)* SPORT lancer *m* du javelot.

Speiche (*Pl* **-n**) *die* rayon *m (d'une roue)*.

Speichel *der (ohne Pl)* salive *f*.

Speicher (*Pl* -) *der* **-1.** [Dachboden] grenier *m*; **auf dem ~** au grenier. **-2.** EDV mémoire *f*; **erweiterter ~** mémoire étendue.

Speicherlkapazität *die* EDV capacité *f* de mémoire.

speichern *tr* **-1.** [Vorrat] stocker. **-2.** [Wissen] enregistrer. **-3.** EDV sauvegarder.

speien ['ʃpai̯ən] (*Prät* **spie**, *Perf* **hat gespie(e)n**) *tr & intr* cracher.

Speise (*Pl* **-n**) *die* **-1.** [Gericht] plat *m*. **-2.** [Nahrung] nourriture *f*.

Speiseleis *das (ohne Pl) amt* glace *f*, crème *f* glacée.

Speiselkammer *die* garde-manger *m inv*.

Speiselkarte *die* menu *m*, carte *f*.

speisen *tr & intr geh* manger.

Speiselröhre *die* œsophage *m*.

Speiselsaal *der* réfectoire *m*.

Speiselsalz *das (ohne Pl) amt* sel *m* de cuisine.

Speiselwagen *der* wagon-restaurant *m*.

Spektakel (*Pl* -) ◇ *das* spectacle *m*. ◇ *der (ohne Pl)* vacarme *m*; **~ machen** faire le cirque.

spektakulär ◇ *Adj* spectaculaire. ◇ *Adv* de manière spectaculaire.

Spektrallfarbe *die* couleur *f* du spectre.

Spektrum (*Pl* **Spektren**) *das* **-1.** [Bandbreite] palette *f*. **-2.** PHYS spectre *m*.

Spekulant, in (*mPl* **-en**; *fPl* **-nen**) *der, die* spéculateur *m*, -trice *f*.

Spekulation (*Pl* **-en**) *die* **-1.** WIRTSCH spéculation *f*. **-2.** [Mutmaßungen] supposition *f*.

Spekulationslobjekt *das* objet *m* de spéculations.

Spekulatius (*Pl* -) *der* ≃ spéculos *m*.

spekulativ *Adj* spéculatif(ive).

spekulieren *intr* **-1.** *fam* [hoffen]: **auf etw** *(A)* **~** viser qqch. **-2.** WIRTSCH spéculer; **auf etw** *(A)* **~** spéculer sur qqch. **-3.** [mutmaßen]: **über etw** *(A)* **~** présumer de qqch.

Spelunke (*Pl* **-n**) *die abw* bistrot *m* mal famé, gargote *f*.

spendabel *Adj fam* généreux(euse).

Spende (*Pl* **-n**) *die* don *m (pour une bonne cause)*; **um eine ~ bitten** demander des dons.

spenden ◇ *tr* donner *(pour une bonne cause)*. ◇ *intr* donner.

Spendenauflruf *der* appel *m* à faire des dons.

Spender, in (*mPl* -; *fPl* **-nen**) *der, die* donneur *m*, -euse *f*.

spendieren *tr fam* : **(jm) etw ~** offrir qqch (à qqn).

Sperber (*Pl* -) *der* épervier *m*.

Sperling (*Pl* **-e**) *der* moineau *m*.

Sperma (*Pl* **-ta** ODER **Spermen**) *das* sperme *m*.

sperrangelweit *Adv fam* : **~ offen** grand ouvert (grand(e) ouverte).

Sperre (*Pl* **-n**) *die* **-1.** [Verbot]: **eine ~ verhängen/aufheben** décréter/lever un blocus. **-2.** [Absperrung] barrage *m*. **-3.** TECH verrouillage *m*. **-4.** SPORT: **eine ~ verhängen/aufheben** prononcer/lever une suspension.

sperren *tr* **-1.** [einsperren]: **jn/etw in etw** *(A)* **~** enfermer qqn/qqch dans qqch. **-2.** [Straße] interdire *(à la circulation)*. **-3.** [Konto, Scheck] bloquer. **-4.** [Sportler] suspendre.

◆ **sich sperren** *ref*: **sich (gegen etw) ~** s'opposer (à qqch).

Sperr|gebiet *das* zone *f* interdite.

Sperr|holz *das (ohne Pl)* contreplaqué *m*.

sperrig *Adj* encombrant(e).

Sperr|konto *das* FIN compte *m* bloqué.

Sperr|müll *der (ohne Pl)* encombrants *mpl*.

Sperr|sitz *der* fauteuil *m* d'orchestre.

Sperr|stunde *die* couvre-feu *m*.

Sperrung (*Pl* **-en**) *die* **-1.** [von Straßen] barrage *m*. **-2.** [von Konto, Scheck] blocage *m*.

Spesen *Pl* frais *mpl*; **auf ~** sur (la) note de frais.

Spessart *der* Spessart *m*.

Spezi (*Pl* **-s**) *fam* ◇ *der Süddt* copain *m*. ◇ *das mélange de Coca-Cola® et de limonade*.

Spezial|gebiet *das* spécialité *f (scientifique)*.

Spezial|geschäft *das* magasin *m* spécialisé.

spezialisieren

◆ **sich spezialisieren** *ref*: **sich auf etw** *(A)* **~** se spécialiser en qqch.

Spezialist, in (*mPl* **-en**; *fPl* **-nen**) *der, die* spécialiste *mf*.

Spezialität (*Pl* **-en**) *die* spécialité *f*.

speziell ◇ *Adj* **-1.** [besondere] spécial(e). **-2.** [persönlich] particulier(ère). ◇ *Adv* spécialement; **jn/etw ~ meinen** penser à qqn/qqch en particulier.

Spezies ['ʃpeːtsiɛs] (*Pl* -) *die* espèce *f*.

spezifisch ◇ *Adj* spécifique. ◇ *Adv* spécifiquement.

spezifizieren *tr geh* spécifier.

Sphäre ['sfɛːrə] (*Pl* **-n**) *die* sphère *f*.

Sphinx (*Pl* **-e**) *die* sphinx *m*.

spicken ◇ *tr* **-1.** KÜCHE: **etw mit etw ~** larder qqch avec qqch. **-2.** *fam* [ausstatten]: **etw mit etw ~** truffer qqch de qqch. ◇ *intr fam* SCHULE copier.

Spick|zettel *der fam* antisèche *f*.

spie *Prät* → **speien**.

Spiegel (*Pl* -) *der* **-1.** [Gegenstand] miroir *m*. **-2.** [von Gewässern] niveau *m*. **-3.** MED taux *m*. **-4.** *(ohne Pl)* [Magazin]: **der ~** *grand magazine hebdomadaire d'information de tendance centre-gauche.*

DER SPIEGEL:
Son tirage dépasse le million d'exemplaires. Les rubriques politiques, économiques et culturelles y sont largement développées. Ses enquêtes ont dévoilé quelques «affaires» et ont suscité plusieurs scandales politiques.

Spiegel|bild *das* reflet *m*.

Spiegel|ei *das* œuf *m* sur le plat.

spiegelglatt ◇ *Adj* très glissant(e). ◇ *Adv* comme un miroir.

spiegeln *intr* briller.

◆ **sich spiegeln** *ref*: **sich in etw** *(D)* **~** se refléter dans qqch.

Spiegelreflex|kamera *die* appareil-photo *m* muni d'un système reflex, reflex *m*.

Spiegelung (*Pl* **-en**) *die* **-1.** [Spiegelbild] reflet *m*. **-2.** MATH projection *f*.

spiegelverkehrt ◇ *Adj* renversé(e). ◇ *Adv* à l'envers.

Spiel (*Pl* **-e**) *das* **-1.** [gen] jeu *m*. **-2.** SPORT match *m*. **-3.** *RW*: **auf dem ~ stehen** être en jeu; **etw aufs ~ setzen** mettre qqch en péril; **jn/etw aus dem ~ lassen** ne pas mêler qqn/qqch à une affaire; **mit jm leichtes ~ haben** avoir beau jeu avec qqn.

Spiel|art *die* variété *f*.

Spiel|automat *der* machine *f* à sous.

Spiel|ball *der* **-1.** SPORT balle *f* de jeu. **-2.** *(ohne Pl) fig* [Mensch] jouet *m*.

Spiel|bank (*Pl* **-en**) *die* casino *m*.

spielen ◇ *intr* **-1.** [gen] jouer; **mit jm/etw ~** jouer avec qqn/qqch; **um etw ~** jouer pour qqch; **etw ~ lassen** faire jouer qqch. **-2.** [Roman, Film]: **an einem Ort/zu einer Zeit ~** se dérouler quelque part/à une époque. ◇ *tr* **-1.** [gen] jouer; **Karten/Schach ~** jouer aux cartes/aux échecs; **eine Rolle ~** jouer un rôle; **den Kranken ~** faire ODER jouer le malade. **-2.** SPORT: **Tennis/Fußball ~** jouer au tennis/au football. **-3.** [Instrument]: **Klavier/Geige ~** jouer du piano/du violon; **eine Sonate auf der Flöte ~** jouer une sonate à la flûte. **-4.** [vorführen] interpréter.

spielend *Adv* **-1.** [einfach] facilement. **-2.** [beim Spielen] en s'amusant.

Spieler (*Pl* -) *der* joueur *m*.

Spielerei (*Pl* **-en**) *die* **-1.** [Schnickschnack] plaisanterie *f*. **-2.** *(ohne Pl) abw* [Herumspielen] petit jeu *m*. **-3.** *(ohne Pl) fam* [Leichtigkeit] jeu *m* d'enfant.

Spielerin (*Pl* **-nen**) *die* joueuse *f*.

spielerisch ◇ *Adj* [Mittel, Fähigkeit] ludique. ◇ *Adv* **-1.** [locker] aisément. **-2.** [sportlich]: **jm ~ überlegen sein** avoir un meilleur jeu que qqn.

Spiel|feld *das* terrain *m (de jeu)*.

Spiel|film *der* film *m (de fiction)*.

Spiel|halle *die* salle *f* de jeu.

Spiel|karte *die* carte *f* à jouer.

Spiel|kasino *das* casino *m*.

Spiel|leitung *die (ohne Pl)* [im Theater] mise *f* en scène; [im Fernsehen] animation *f*.

Spiel|plan *der* **-1.** [von Theatern] calendrier *m (des spectacles)*. **-2.** SPORT planning *m*.

Spiel|platz *der* terrain *m* de jeux.

Spiel|raum *der (ohne Pl)* marge *f*.

Spiel|regel *die* règle *f* du jeu; **sich an die ~n halten** respecter les règles du jeu.

Spiel|uhr *die* boîte *f* à musique.

Spielverderber, in (*mPl* **-**; *fPl* **-nen**) *der, die* trouble-fête *mf*.

Spielwaren *Pl* jouets *mpl*.

Spiel|zeit *die* **-1.** [von Theatern] saison *f*; [von Filmen] temps *m* d'affiche. **-2.** SPORT période *f* de jeu.

Spiel|zeug *das* **-1.** *(ohne Pl)* [Spielsachen] jouets *mpl*. **-2.** [einzelnes Spielgerät] jouet *m*.

Spieß (*Pl* **-e**) *der* broche *f (à rôtir)*; **am ~** à la broche; **den ~ umdrehen** *fig* inverser les rôles; **wie am ~** *fig* comme un écorché vif (comme une écorchée vive).

Spieß|bürger, in *der, die abw* petit-bourgeois *m*, petite-bourgeoise *f*.

spießen *tr*: **etw auf etw** *(A)* **~** embrocher qqch sur qqch.

Spießer, in (*mPl* **-**; *fPl* **-nen**) *der, die fam abw* petit bourgeois *m*, petite bourgeoise *f*.

spießig *abw fam* ◇ *Adj* petit-bourgeois (petite-bourgeoise). ◇ *Adv* comme des petits-bourgeois.

Spieß|rute *die*: **~n laufen** *fig* être exposé(e) aux regards critiques ODER moqueurs.

Spike [ʃpaik, spaik] (*Pl* **-s**) *der* **-1.** *(Pl)* [Schuh] chaussures *fpl* à pointes. **-2.** *(Pl)* [Reifen] pneu *m* clouté. **-3.** [Nagel - am Schuh] pointe *f*; [- am Reifen] clou *m*.

Spinat *der* épinard *m*.

Spind (*Pl* **-e**) *der* placard *m*.

Spindel (*Pl* **-n**) *die* fuseau *m*.

spindeldürr *Adj fam* squelettique.

Spinett (*Pl* **-e**) *das* MUS épinette *f*.

Spinne (*Pl* **-n**) *die* araignée *f*.

spinnen (*Prät* **spann**, *Perf* **hat gesponnen**) ◇ *tr* filer *(un textile)*. ◇ *intr* **-1.** *fam* [verrückt sein] avoir une araignée au plafond; **du spinnst!** ça va pas (la tête)! **-2.** [arbeiten] filer.

Spinner (*Pl* **-**) *der* **-1.** *fam* [Verrückter] fou *m*. **-2.** [Arbeiter] fileur *m*.

Spinnerei (*Pl* **-en**) *die* **-1.** *fam* [Verrücktheit] extravagance *f*; **das ist alles ~!** c'est du délire! **-2.** [Betrieb] filature *f*.

Spinnerin (*Pl* **-nen**) *die* **-1.** *fam* [Verrückte] folle *f*. **-2.** [Arbeiterin] fileuse *f*.

Spinnwebe (*Pl* **-n**) *die* toile *f* d'araignée.

Spion (*Pl* **-e**) *der* **-1.** [Person] espion *m*. **-2.** [Guckloch] judas *m*.

Spionage [ʃpio'naːʒə] *die (ohne Pl)* espionnage *m*.

Spionage|abwehr *die (ohne Pl)* contre-espionnage *m*.

spionieren *intr* espionner.

Spionin (*Pl* **-nen**) *die* espionne *f*.

Spirale (*Pl* **-n**) *die* **-1.** [gewundene Linie] spirale *f*. **-2.** MED stérilet *m*.

spiritistisch *Adj* spirite, de spiritisme.

Spirituose (*Pl* **-n**) *die amt* spiritueux *m*.

Spiritus (*Pl* **-se**) *der* alcool *m* à brûler.

Spital (*Pl* **-täler**) *das* hôpital *m*.

spitz ◇ *Adj* **-1.** [mit einer Spitze] pointu(e). **-2.** [stichelnd] agressif(ive), mordant(e). **-3.** [Winkel] aigu(üe). **-4.** *salopp* [geil]: **auf jn ~ sein** être excité(e) par qqn; **auf etw** *(A)* **~ sein** *fam* avoir très envie de qqch. ◇ *Adv* **-1.** [zulaufen] en pointe. **-2.** [stichelnd] avec mordant.

Spitz (*Pl* **-e**) *der* loulou *m*.

Spitz|bart *der* barbe *f* en pointe.

Spitzbergen *nt* Spitzberg *m*.

Spitz|bogen *der* ogive *f*.

Spitz|bube *der fam* filou *m*.

spitzbübisch ◇ *Adj* coquin(e). ◇ *Adv* d'un air coquin.

spitze *Adj (unver) fam* super.

Spitze (*Pl* **-n**) *die* **-1.** [spitzes Ende] pointe *f*; [von Bergen] sommet *m*. **-2.** [Führung] tête *f*; **an der ~** SPORT en tête; [in Betrieb] à la tête. **-3.** [Höchstwert] maximum *m*. **-4.** *fam* [besonders gut]: **jd/etw ist ~** qqn/qqch est génial(e). **-5.** [Bemerkung] pique *f*. **-6.** *RW*: **etw auf die ~ treiben** pousser qqch à l'extrême.

Spitzel (*Pl* **-**) *der* indicateur *m*.

spitzen *tr* tailler, aiguiser.

Spitzener|zeugnis *das* produit *m* de haute qualité.

Spitzen|geschwindigkeit *die* vitesse *f* de pointe.

Spitzen|klasse *die* **-1.** [beste Qualität] qualité *f*

supérieure. **-2.** [die Besten]: **zur ~ gehören** faire partie des meilleurs.
Spitzen|leistung *die* performance *f*, record *m*.
Spitzen|reiter, in *der, die* premier *m*, -ère *f*.
Spitzen|sportler, in *der, die* sportif *m*, -ive *f* de haut niveau.
spitzfindig *abw* ◇ *Adj* pointilleux(euse). ◇ *Adv* de façon pointilleuse.
Spitz|hacke *die* pioche *f*.
spitz|kriegen *tr fam* piger.
Spitz|name *der* surnom *m*.
spitzwinklig, **spitzwinkelig** ◇ *Adj* à angle aigu, à angles aigus. ◇ *Adv* en angle aigu.
Spleen [ʃpliːn, spliːn] (*Pl* **-s**) *der fam* grain *m*.
Splitter (*Pl* -) *der* éclat *m*; [aus Holz] écharde *f*.
Splitter|gruppe *die* groupuscule *m*.
splittern (*Perf* **hat/ist gesplittert**) *intr* **-1.** *(ist)* [zersplittern] briser. **-2.** *(hat)* [absplittern] éclater.
splitternackt *fam* ◇ *Adj* nu(e) comme un ver. ◇ *Adv* tout nu, toute nue.
SPÖ (*Abk für* **Sozialdemokratische Partei Österreichs**) *die (ohne Pl) parti social-démocrate autrichien*.
Spoiler (*Pl* -) *der* AUTO spoiler *m*.
sponsern *tr* sponsoriser.
Sponsor (*Pl* **-en**) *der* sponsor *m*.
Sponsorin (*Pl* **-nen**) *die* sponsor *m*.
spontan ◇ *Adj* spontané(e). ◇ *Adv* spontanément.
Spontaneität, **Spontanität** (*Pl* **-en**) *die* spontanéité *f*.
sporadisch ◇ *Adj* sporadique. ◇ *Adv* sporadiquement.
Spore (*Pl* **-n**) *die* spore *f*.
Sporn (*Pl* **-e** ODER **Sporen**) *der* **-1.** *(Pl Sporen)* [fürs Pferd] éperon *m*. **-2.** *(Pl Sporne)* [Rammdorn] éperon *m*.
Sport *der (ohne Pl)* sport *m*; **~ treiben** faire du sport.
Sport|art *die* sport *m*.
Sport|artikel *der* article *m* de sport.
Sport|fest *das* fête *f* sportive.
Sportflug|zeug *das* avion *m* de tourisme.
Sport|gerät *das* agrès *mpl*.
Sport|halle *die* gymnase *m*, salle *f* de sport ODER des sports.
Sport|kleidung *die* vêtements *mpl* de sport.
Sport|lehrer, in *der, die* professeur *m* d'éducation physique.
Sportler, in (*mPl* -; *fPl* **-nen**) *der, die* sportif *m*, -ive *f*.
sportlich ◇ *Adj* sportif(ive). ◇ *Adv* sportivement.
Sport|medizin *die (ohne Pl)* médecine *f* sportive.
Sport|nachrichten *Pl* nouvelles *fpl* sportives.
Sport|platz *der* terrain *m* de sport.
Sport|verein *der* association *f* sportive.
Sport|wagen *der* **-1.** [Auto] voiture *f* de sport. **-2.** [Kinderwagen] poussette *f*.
Spot (*Pl* **-s**) *der* spot *m*.
Spott *der (ohne Pl)* dérision *f*.
spottbillig *fam* ◇ *Adj* d'un prix dérisoire. ◇ *Adv* à un prix dérisoire.
spötteln *intr*: **über etw ~** se moquer de qqch.
spotten *intr*: **(über jn/etw) ~** se moquer (de qqn/qqch).
Spötter, in (*mPl* -; *fPl* **-nen**) *der, die* moqueur *m*, -euse *f*.
spöttisch ◇ *Adj* moqueur(euse). ◇ *Adv* de façon moqueuse.
Spott|preis *der fam* prix *m* dérisoire.
sprach *Prät* → **sprechen**.
Sprache (*Pl* **-n**) *die* langue *f*; **etw verschlägt einem die ~** *fam fig* qqch la coupe à qqn; **etw zur ~ bringen** *fig* évoquer qqch; **mit der ~ herausrücken** *fam fig* s'expliquer; **zur ~ kommen** *fig* être évoqué(e).
Sprach|fehler *der* défaut *m* de prononciation.
Sprach|gebiet *das* aire *f* linguistique.
Sprachge|brauch *der* usage *m*.
Sprach|gefühl *das (ohne Pl)* sens *m* de la langue.
Sprachkenntnisse *Pl* connaissances *fpl* des ODER en langues.
Sprach|kurs *der* cours *m* de langue.
Sprach|labor *das* laboratoire *m* de langues.
sprachlich ◇ *Adj* **-1.** [Begabung, Studium] linguistique. **-2.** [Ausdruck] verbal(e). ◇ *Adv* **-1.** [geeignet, begabt] linguistiquement. **-2.** [ausdrükken] verbalement.
sprachlos ◇ *Adj* muet(ette); **~ sein** être interloqué(e); **~ bleiben** rester sans voix. ◇ *Adv* sans rien dire.
Sprach|reise *die* voyage *m* linguistique.
Sprach|rohr *das* porte-parole *m inv*.
Sprach|wissenschaft *die* linguistique *f*.
sprang *Prät* → **springen**.
Spray [ʃpreː, spreː] (*Pl* **-s**) *der* ODER *das* spray *m*.
Spray|dose *die* atomiseur *m*, bombe *f* aérosol.
Sprechan|lage *die* interphone *m*.
Sprech|blase *die* bulle *f*.
Sprech|chor *der*: **in Sprechchören** en chœur.
sprechen (*Präs* **spricht**, *Prät* **sprach**, *Perf* **hat gesprochen**) ◇ *intr* **-1.** [reden] parler; **über jn/etw ~** parler de qqn/qqch; **mit jm ~** parler à qqn; **von jm/etw ~** parler de qqn/qqch; **zu jm ~**

s'adresser à qqn; **hallo, wer spricht da bitte?** allô, qui est à l'appareil?; **auf jn/etw zu ~ kommen** en venir à parler de qqn/qqch; **frei ~** parler sans notes. **-2.** [Vorzug]: **für jn/etw ~** parler en faveur de qqn/qqch. **-3.** [Nachteil]: **gegen jn ~** parler en défaveur de qqn; **gegen etw ~** s'opposer à qqch. **-4.** [Gefühl]: **aus jm/etw ~** s'exprimer à travers qqn/qqch. ◇ *tr* **-1.** [sagen, reden] parler; **jn ~** parler à qqn; **Englisch ~** parler anglais. **-2.** *RW*: **für niemanden zu ~ sein** n'être là pour personne; **nicht gut auf jn/etw zu ~ sein** ne pas vouloir entendre parler de qqn/qqch.

Sprecher, in (*mPl* **-**; *fPl* **-nen**) *der, die* **-1.** [einer Gruppe] porte-parole *m inv*. **-2.** [von Nachrichten] présentateur *m*, -trice *f*.

Sprech|stunde *die* **-1.** [von Ärzten - Behandlung] consultation *f*; [- Zeitplan] heures *fpl* de consultation. **-2.** [von Ämtern] heures *fpl* d'ouverture. **-3.** [von Professoren] heures *fpl* de rendez-vous.

Sprechstunden|hilfe *die* assistance *f* médicale.

Sprech|zimmer *das* cabinet *m* de consultation.

spreizen *tr* écarter.

◆ **sich spreizen** *ref* se faire prier; **sich gegen etw ~** se dresser contre qqch.

Spreiz|fuß *der* pied *m* plat.

sprengen *tr* **-1.** [zerstören] faire sauter. **-2.** [befeuchten - Rasen] **arroser**; [- Wäsche] **humecter**.

Spreng|kopf *der* MIL ogive *f*, tête *f*.

Spreng|körper *der* explosif *m*.

Spreng|kraft *die (ohne Pl)* puissance *f* explosive.

Spreng|satz *der* charge *f* d'explosif.

Spreng|stoff *der* explosif *m*.

Spreu *die (ohne Pl)* balle *f*; **die ~ vom Weizen trennen** séparer le bon grain de l'ivraie.

spricht *Präs* → **sprechen**.

Sprich|wort (*Pl* **-wörter**) *das* proverbe *m*.

sprichwörtlich *Adj* proverbial(e).

sprießen (*Prät* **sproß**, *Perf* **ist gesprossen**) *intr* pousser.

Spring|brunnen *der* jet *m* d'eau.

springen (*Prät* **sprang**, *Perf* **hat/ist gesprungen**) ◇ *intr* **-1.** *(ist)* [hüpfen] sauter; **auf etw** *(A)* **~** sauter sur qqch; **aus** ODER **von etw ~** sauter de qqch. **-2.** *(ist)* [Glas, Porzellan] se fêler. ◇ *tr* **-1.** SPORT: **einen Salto/eine Figur ~** faire un salto/une figure. **-2.** *RW*: **etw ~ lassen** *fam* se fendre de qqch.

Springer (*Pl* **-**) *der* **-1.** [Sportler] sauteur *m*. **-2.** [Schachfigur] cavalier *m*.

Springerin (*Pl* **-nen**) *die* sauteuse *f*.

Spring|form *die* KÜCHE moule *m (à fond amovible)*.

Spring|reiter, in *der, die* cavalier *m*, -ère *f* de saut d'obstacle.

Spring|seil *das* corde *f* à sauter.

Sprint (*Pl* **-s**) *der* SPORT sprint *m*.

sprinten (*Perf* **hat/ist gesprintet**) *intr* **-1.** *(hat, ist)* SPORT faire un sprint, sprinter. **-2.** *(ist) fam* [rennen] piquer un sprint.

Sprinter, in (*fPl* **-nen**) *der, die* SPORT sprinter *m*, coureur *m*, -euse *f* de vitesse.

Spritze (*Pl* **-n**) *die* **-1.** [Injektion] piqûre *f*. **-2.** [Injektionsgerät] seringue *f*. **-3.** [Wasserspritze] embout *m (de tuyau)*. **-4.** [Küchengerät] poche *f* à douille.

spritzen (*Perf* **hat/ist gespritzt**) ◇ *intr* gicler, éclabousser. ◇ *tr (hat)* **-1.** [naß machen] **arroser**; **jn naß ~** asperger qqn. **-2.** [lackieren] peindre au pistolet. **-3.** [Pflanzen, Obst] traiter. **-4.** [eine Spritze geben] injecter.

Spritzer (*Pl* **-**) *der* éclaboussure *f*.

Spritz|gebäck *das petit gâteau sec que l'on confectionne pour Noël*.

spritzig ◇ *Adj* **-1.** [Wein] pétillant(e). **-2.** [Auto] nerveux(euse). ◇ *Adv*: **~ schmecken** avoir un goût piquant.

Spritz|pistole *die* pistolet *m* à peinture.

Spritz|tour *die fam* virée *f*.

spröde *Adj* **-1.** [Material, Haar] cassant(e); [Haut] sec (sèche). **-2.** [abweisend] farouche.

sproß *Prät* → **sprießen**.

Sproß (*Pl* **Sprosse** ODER **Sprossen**) *der* **-1.** [Pflanze] pousse *f*. **-2.** [Abkömmling] rejeton *m*.

Sprosse (*Pl* **-n**) *die* échelon *m*.

Sprossen|wand *die* espalier *m*.

Sprößling (*Pl* **-e**) *der fam hum* rejeton *m*.

Sprotte (*Pl* **-n**) *die* sprat *m*.

Spruch (*Pl* **Sprüche**) *der* **-1.** [Redensart] adage *m*, aphorisme *m*; **dumme Sprüche** balivernes *fpl*. **-2.** [Sprichwort] proverbe *m*. **-3.** [aus Bibel] verset *m*. **-4.** *RW*: **Sprüche klopfen** *fam abw* raconter des bobards.

Spruch|band (*Pl* **-bänder**) *das* banderole *f*.

spruchreif *Adj*: **noch nicht ~ sein** ne pas être encore mûr(e) *(projet, idée)*.

Sprudel (*Pl* **-**) *der* eau *f* gazeuse.

sprudeln (*Perf* **hat/ist gesprudelt**) *intr* **-1.** *(ist)* [strömen] jaillir. **-2.** *(hat)* [schäumen] mousser.

Sprüh|dose *die* bombe *f (aérosol)*.

sprühen (*Perf* **hat/ist gesprüht**) ◇ *tr (hat)* vaporiser; [schreiben] inscrire à la bombe. ◇ *intr* **-1.** *(ist)* [Wasser]: **gegen etw ~** éclabousser qqch. **-2.** *(hat)* [glänzen]: **vor Witz/Charme ~** briller par son esprit/son charme.

Sprüh|regen *der (ohne Pl)* bruine *f*.

Sprung (*Pl* **Sprünge**) *der* **-1.** [Bewegung] saut *m*; [plötzlich] bond *m*. **-2.** [Riß] fêlure *f*; **einen ~ haben** être fêlé(e). **-3.** *RW*: **auf dem ~ sein** *fam* être sur la brèche; **auf einen ~ vorbeikommen** *fam* faire un saut; **jm auf die Sprünge helfen** *fam* mettre qqn sur la voie.

sprungbereit ◇ *Adj* prêt(e) à sauter. ◇ *Adv*: **~ dastehen** se tenir prêt(e) à sauter.

Sprung|brett *das* tremplin *m*.

sprunghaft ◇ *Adj* **-1.** [Person] inconstant(e). **-2.** [Denken] incohérent(e). **-3.** [Entwicklung, Steigerung] vertigineux(euse). ◇ *Adv* **-1.** [denken] de façon incohérente. **-2.** [sich entwickeln] de façon vertigineuse.

Sprung|schanze *die* tremplin *m* de saut.

SPS (*Abk für* **Sozialdemokratische Partei der Schweiz**) *die (ohne Pl)* parti *m* social-démocrate suisse.

Spucke *die (ohne Pl)* salive *f*; **jm bleibt die ~ weg** *fam fig* qqn a le souffle coupé.

spucken ◇ *intr* **-1.** [ausspucken] cracher; **auf jn/etw ~** *salopp fig* cracher sur qqn/qqch. **-2.** *fam* [sich übergeben] vomir. ◇ *tr* **-1.** [ausspucken] cracher. **-2.** [erbrechen] vomir.

Spuk *der (ohne Pl) apparition de fantôme*.

spuken *intr*: **in etw** *(D)* **~** hanter qqch; **es spukt** il y a des fantômes.

Spül|becken *das* évier *m*.

Spule (*Pl* **-n**) *die* bobine *f*.

Spüle (*Pl* **-n**) *die* évier *m*.

spülen ◇ *tr* **-1.** [Geschirr] laver. **-2.** [schwemmen]: **etw an Land ~** rejeter qqch sur la côte. ◇ *intr* **-1.** [reinigen] faire la vaisselle. **-2.** [in der Toilette] tirer la chasse (d'eau).

Spül|maschine *die* lave-vaisselle *m*.

Spül|mittel *das* produit *m* de vaisselle.

Spur (*Pl* **-en**) *die* **-1.** [gen] trace *f*. **-2.** [Fahrstreifen] voie *f*, file *f*; **die ~ wechseln** changer de file. **-3.** [Menge] tout petit peu *m* de. **-4.** *RW*: **eine heiße ~** une bonne piste; **jm/einer Sache auf der ~ sein** être sur la piste de qqn/qqch; **jm/einer Sache auf die ~ kommen** dépister qqn/qqch.

◆ **keine Spur!** *Interj* pas du tout!

Spur (*Pl* **-en**) *die* EDV piste *f*.

spürbar ◇ *Adj* **-1.** [fühlbar] sensible. **-2.** [deutlich] net (nette). ◇ *Adv* sensiblement.

Spur|breite *die* **-1.** [von Autos] écartement *m* des roues. **-2.** [von Eisenbahnschienen] écartement *m* des voies.

spuren *intr fam* [gehorchen] marcher droit.

spüren *tr* sentir, ressentir; **etw zu ~ bekommen** *fam* sentir passer qqch.

Spuren|element *das* BIOL & CHEM oligo-élément *m*.

Spür|hund *der* **-1.** [Hund] chien *m* policier. **-2.** *fam fig* [Mensch] fin limier *m*.

spurlos *Adv* sans laisser de traces.

Spurt (*Pl* **-s** ODER **-e**) *der* sprint *m*.

spurten (*Perf* **hat/ist gespurtet**) *intr* **-1.** SPORT sprinter. **-2.** *fam* [schnell laufen] piquer un sprint.

Spur|wechsel *der amt* changement *m* de file.

sputen

◆ **sich sputen** *ref* se dépêcher.

Squash [skvɔʃ] *das (ohne Pl)* squash *m*.

SR (*Abk für* **Saarländischer Rundfunk**) *der (ohne Pl)* Radio *f* Sarrebruck.

SRG (*Abk für* **Schweizerische Radio- und Fernsehgesellschaft**) *der (ohne Pl)* société *f* de radio et de télédiffusion suisse.

Sri Lanka *nt* Sri-Lanka *m*.

s. S. (*Abk für* **siehe Seite**) cf. p.

SS ◇ UNI (*Abk für* **Sommersemester**) semestre *m* d'été *(l'année universitaire est divisée en deux semestres en Allemagne)*. ◇ *die (ohne Pl)* MIL (*Abk für* **Schutzstaffel**) SS *f (troupes paramilitaires sous le troisième Reich)*.

SSV *Abk für* **Sommerschlußverkauf**.

s.t. (*Abk für* **sine tempore (ohne akademisches Viertel)**) sans retard.

St. -1. (*Abk für* **Sankt**) St, Ste. **-2.** (*Abk für* **Stück**) p.

Staat (*Pl* **-en**) *der* État *m*; **die ~en** *fam* les États-Unis; **mit jm/etw keinen ~ machen können** *fig* ne pas pouvoir faire bonne impression avec qqn/qqch.

Staaten|bund *der* confédération *f* d'États.

staatenlos *Adj* apatride.

staatl. *Abk für* **staatlich**.

staatl.gepr. *Abk für* **staatlich geprüft**.

staatlich ◇ *Adj* [Souveränität] national(e); [Geld, Maßnahme] de l'État; [Betrieb] d'État. ◇ *Adv* par l'État; **~ anerkannt** reconnu(e) par l'État; **~ geprüft** diplômé(e) d'État.

Staats|akt *der* cérémonie *f* officielle.

Staats|aktion *die* affaire *f* d'État.

Staatsangehörigkeit (*Pl* **-en**) *die* nationalité *f*.

Staats|anwalt, |anwältin *der, die* procureur *m*.

Staats|besuch *der* visite *f* officielle.

Staats|bürger, in *der, die* citoyen *m*, -enne *f*.

Staats|dienst *der (ohne Pl)* fonction *f* publique.

staatseigen *Adj* nationalisé(e).

Staats|examen *das examen d'État permettant en particulier l'accès à l'enseignement et aux professions juridiques*.

STAATSEXAMEN:
Examen de fin d'études (après 10 semestres)

que passent les étudiants qui se destinent à l'enseignement, aux professions juridiques et médicales. Enseignants et juristes obtiennent leur diplôme après le second «Staatsexamen». Ils auront été auparavant stagiaires pendant 2 ans.

Staats|feind, in *der, die* ennemi public *m*, ennemie publique *f*.

Staats|geheimnis *das* secret *m* d'État.

Staats|grenze *die* frontière *f (d'un État)*.

Staats|kanzlei *die* chancellerie *f* (d'État).

Staats|kasse *die* caisse *f* de l'État.

Staats|mann (*Pl* **-männer**) *der* homme *m* d'État.

Staatsober|haupt *das* [Funktion] chef *m* d'État; [Person] chef *m* de l'État.

Staats|recht *das (ohne Pl)* droit *m* public.

Staats|sekretär, in *der, die* secrétaire *mf* d'État.

Staatssicherheits|dienst *der (ohne Pl) police secrète de l'ex-RDA*.

Staats|streich *der* coup *m* d'État.

Staats|trauer *die (ohne Pl)* deuil *m* national.

Staatsverdrossenheit *die (ohne Pl)* rancœur *f* contre l'État.

Staats|vertrag *der* convention *f* internationale.

Stab (*Pl* **Stäbe**) *der* **-1.** [Stock] bâton *m*. **-2.** [Führungsstab] état-major *m*.

Stäbchen (*Pl* **-**) *das* [Eßstäbchen] baguette *f*.

Stabhoch|springer, in *der, die* SPORT sauteur *m*, -euse *f* à la perche.

Stabhoch|sprung *der* SPORT saut *m* à la perche.

stabil ◇ *Adj* **-1.** [unveränderlich] stable. **-2.** [widerstandsfähig] solide. ◇ *Adv* solidement.

stabilisieren *tr* stabiliser.
◆ **sich stabilisieren** *ref* se stabiliser.

Stabilität *die (ohne Pl)* **-1.** [Unverändertsein, Festigkeit] stabilité *f*. **-2.** [Widerstandsfähigkeit] solidité *f*.

Stab|reim *der* allitération *f*.

Stabs|offizier, in *der, die* officier *m* supérieur.

stach *Prät* → **stechen**.

Stachel (*Pl* **-n**) *der* **-1.** [von Insekten] dard *m*. **-2.** [von Igeln] piquant *m*. **-3.** [von Pflanzen] épine *f*.

Stachel|beere *die* groseille *f* à maquereau.

Stachel|draht *der* fil *m* de fer barbelé, barbelé *m*.

stachelig, stachlig *Adj* épineux(euse).

Stachel|schwein *das* porc-épic *m*.

stachlig = **stachelig**.

Stadion [ˈʃtaːdi̯ɔn] (*Pl* **Stadien**) *das* stade *m (sportif)*.

Stadium [ˈʃtaːdi̯ʊm] (*Pl* **Stadien**) *das* stade *m (étape)*.

Stadt (*Pl* **Städte**) *die* ville *f*; **die ~ Köln** la ville de Cologne.

Stadtauto|bahn *die* autoroute *f* urbaine.

stadtbekannt *Adj* connu(e) dans toute la ville.

Stadt|bild *das* image *f* urbaine.

Stadt|bummel *der fam* balade *f* en ville.

Städte|bau *der (ohne Pl)* urbanisme *m*.

städtebaulich ◇ *Adj* urbanistique. ◇ *Adv* d'un point de vue urbanistique.

stadteinwärts *Adv* en direction du centre-ville.

Städter, in (*mPl* **-**; *fPl* **-nen**) *der, die* citadin *m*, -e *f*.

Städte|trip *der fam* tour *m* dans une ville.

Stadt|flucht *die (ohne Pl)* désertion *f* des villes ODER de la ville.

Stadt|gas *das (ohne Pl)* gaz *m* de ville.

Stadt|gespräch *das (ohne Pl)*: **das ist ~** on ne parle que de ça.

städtisch ◇ *Adj* **-1.** [der Stadtverwaltung] municipal(e). **-2.** [der Stadt] urbain(e). ◇ *Adv* au niveau de la commune.

Stadt|kern *der* centre-ville *m*; **der historische ~** le centre historique de la ville.

Stadt|mauer *die* enceinte *f* d'une ville.

Stadt|mitte *die* centre-ville *m*.

Stadt|park *der* parc *m* municipal.

Stadt|plan *der* plan *m* de la ville.

Stadt|rand *der* périphérie *f*, banlieue *f*.

Stadt|rat *der* **-1.** [Organ] conseil *m* municipal. **-2.** [Person] conseiller *m* municipal.

Stadträtin (*Pl* **-nen**) *die* conseillère *f* municipale.

Stadtrund|fahrt *die* tour *m* de la ville.

Stadt|staat *der* ville-état *f*.

Stadt|streicher, in *der, die* clochard *m*, -e *f*.

Stadt|teil *der* quartier *m*.

Stadt|tor *das* porte *f* de la ville.

Stadt|verkehr *der (ohne Pl)* circulation *f* (urbaine).

Stadt|verwaltung *die* administration *f* municipale.

Stadt|viertel *das* quartier *m*.

Stadtwerke *Pl* services *mpl* municipaux.

Stadt|zentrum *das* centre-ville *m*.

Staffel (*Pl* **-n**) *die* SPORT relais *m*.

Staffelei (*Pl* **-en**) *die* chevalet *m*.

staffeln *tr* échelonner.

Stagnation (*Pl* **-en**) *die* stagnation *f*.

stagnieren *intr* stagner.

stahl *Prät* → **stehlen**.

Stahl (*Pl* **Stähle**) *der* acier *m*.
stählern *Adj* **-1.** [aus Stahl] en acier. **-2.** [Muskeln, Wille] d'acier.
Stahl|helm casque *m* d'acier.
Stahl|industrie *die* sidérurgie *f*.
Stahl|rohr *das* tube *m* d'acier.
Stahl|werk *das* aciérie *f*.
staksen (*Perf* **ist gestakst**) *intr fam* marcher *(avec raideur)*.
Stalinismus *der (ohne Pl)* stalinisme *m*.
Stall (*Pl* **Ställe**) *der* [für Pferde] **écurie** *f*; [für Rinder] **étable** *f*; [für Schweine] **porcherie** *f*; [für Hühner] **poulailler** *m*; [für Kaninchen] **clapier** *m*.
Stamm (*Pl* **Stämme**) *der* **-1.** [Stammesverband] tribu *f*. **-2.** [Baumstamm] tronc *m*. **-3.** [Wortstamm] racine *f*.
Stamm|baum *der* **-1.** [von Familien] **arbre** *m* **généalogique**. **-2.** [von Tieren] **pedigree** *m*.
Stamm|buch *das* livret *m* de famille.
stammeln *tr* & *intr* balbutier.
stammen *intr* venir; **aus etw ~** [herkommen] être originaire de qqch; [Zitat] être extrait(e) de qqch; **von jm ~** être de qqn; **aus** ODER **von etw ~** [zeitlich] dater de qqch.
Stamm|gast *der* habitué *m*, -e *f*.
Stammhalter (*Pl* -) *der hum fam* héritier *m*.
stämmig *Adj* trapu(e).
Stamm|kunde *der* habitué *m*, client *m* fidèle.
Stamm|kundin *die* habituée *f*, cliente *f* fidèle.
Stamm|lokal *das* bar *m* d'habitués; **das ist mein ~!** c'est ma cantine!
Stamm|platz *der* **-1.** [gewohnter Platz] place *f* habituelle. **-2.** [sicherer Platz] place *f* assurée.
Stamm|tisch *der* **-1.** [Gruppe] habitués *mpl*. **-2.** [Treffen] rendez-vous *m* des habitués. **-3.** [Tisch] table *f* des habitués.

STAMMTISCH:
Ce terme désigne à la fois la table des habitués dans un café ou un restaurant, et le groupe d'amis qui s'y réunit régulièrement.

Stamm|verzeichnis *das* EDV racine *f*.
stampfen (*Perf* **hat/ist gestampft**) ◇ *intr* **-1.** *(hat)* [auftreten] piétiner. **-2.** *(ist)* [gehen] marcher à pas lourds. ◇ *tr (hat)* **-1.** [treten] fouler. **-2.** [zerdrücken] écraser.
stand *Prät* → **stehen**.
Stand (*Pl* **Stände**) *der* **-1.** *(ohne Pl)* [Stellung] position *f*. **-2.** [Verkaufsstand] stand *m*. **-3.** *(ohne Pl)* [Entwicklungsstufe]: **der ~ der Dinge** l'état *m* des choses; **auf dem neuesten ~ sein** être à jour. **-4.** *RW*: **aus dem ~ heraus** *fam* au pied levé; **einen schweren ~ (bei jm) haben** *fam* avoir bien du mal (avec qqn).
Standard (*Pl* **-s**) *der* **-1.** [Niveau] niveau *m*. **-2.** [Norm] norme *f*.
Standardaus|rüstung *die* équipement *m* standard.
Standardlauf|werk *das* EDV lecteur *m* standard.
Standarte (*Pl* **-n**) *die* étendard *m*.
Stand|bein *das* **-1.** [Bein] jambe *f* d'appui. **-2.** *fig* [Grundlage] pilier *m*.
Ständchen (*Pl* -) *das* sérénade *f*, aubade *f*; **jm ein ~ bringen** donner une sérénade pour qqn.
Ständer (*Pl* -) *der* support *m*; [von Fahrrädern] **béquille** *f*; [für Mäntel] **portemanteau** *m*; [für Schirme] **porte-parapluie** *m*.
Stände|rat *der* Conseil *m* des États *(en Suisse)*.
Standes|amt *das* bureau *m* de l'état civil; [für Heirat] mairie *f*.
standesamtlich ◇ *Adj*: **~e Trauung** mariage *m* civil. ◇ *Adv*: **sich ~ trauen lassen** se marier civilement.
Standes|beamte, |beamtin *der, die* officier *m* d'état civil.
standesgemäß *Adj* & *Adv* conforme au rang.
Standes|unterschied *der* différence *f* sociale.
standfest *Adj* **-1.** [Person] ferme. **-2.** [Gegenstand] stable.
Stand|gas *das (ohne Pl)* AUTO ralenti *m*.
standhaft ◇ *Adj* persévérant(e). ◇ *Adv* fermement.
stand|halten *intr (unreg)*: **(einer Sache** *(D)***) ~** résister (à qqch).
ständig ◇ *Adj* permanent(e). ◇ *Adv* continuellement, en permanence.
Stand|licht *das (ohne Pl)* feux *mpl* de position.
Stand|ort *der* **-1.** [gen] place *f*. **-2.** [Betrieb, Industrie] site *m*.
Stand|pauke *die*: **jm eine ~ halten** *fam* faire des remontrances à qqn.
Stand|punkt *der* point *m* de vue; **auf dem ~ stehen, daß** être d'avis que; **den ~ vertreten, daß** être d'avis que.
Stand|spur *die* bande *f* d'arrêt d'urgence.
Stand|uhr *die* horloge *f* (en pied).
Stange (*Pl* **-n**) *die* perche *f*; [für Bohnen, Hopfen] rame *f*; [beim Slalom] piquet *m*; **eine ~ Zigaretten** une cartouche de cigarettes; **von der ~** *fam* de prêt-à-porter; **bei der ~ bleiben** *fam fig* tenir bon; **eine ~ Geld** *fam fig* un fric fou.
stank *Prät* → **stinken**.
stänkern *intr fam abw* râler.
Stanniol *das* papier *m* d'étain ODER d'aluminium.
Stans *nt* Stans.
Stanze (*Pl* **-n**) *die* poinçonneuse *f*.

stanzen *tr* **-1.** [pressen] estamper. **-2.** [Löcher] poinçonner.
Stapel (*Pl* -) *der* **-1.** [Haufen] pile *f*; [von Holz] tas *m*. **-2.** SCHIFF: **vom ~ lassen** lancer, mettre à l'eau; **vom ~ laufen** être mis(e) à l'eau.
Stapel|datei *die* EDV fichier *m* séquentiel.
Stapel|lauf *der* lancement *m (d'un navire)*.
stapeln *tr* empiler; [Holz] entasser.
◆ **sich stapeln** *ref* s'accumuler.
stapfen (*Perf* **ist gestapft**) *intr* marcher pesamment.
Star [ʃtaːɐ̯] (*Pl* **-e** ODER **-s**) *der* **-1.** *(G Star(e)s, Pl Stare)* [Vogel] étourneau *m*. **-2.** *(G Star(e)s, Pl Stare)* [Augenkrankheit]: **der graue ~** la cataracte; **der grüne ~** le glaucome. **-3.** *(G Stars, Pl Stars)* [Mensch] star *f*.
starb *Prät* → **sterben**.
stark (*Kompar* **stärker,** *Superl* **stärkste**) ◇ *Adj* **-1.** [gen] fort(e); **18 Millimeter ~** épais(aisse) de 18 millimètres. **-2.** *fam* [toll] super. **-3.** *RW*: **sich für jn/etw ~ machen** *fam* soutenir qqn/qqch. ◇ *Adv* **-1.** [intensiv] fortement. **-2.** *fam* [toll] super. **-3.** [viel] très; **~ hoffen** espérer très fort; **~ befahren** très fréquenté(e).
Stärke (*Pl* **-n**) *die* **-1.** *(ohne Pl)* [gen] force *f*. **-2.** [Fähigkeit] point *m* fort; **das ist nicht ihre ~** ce n'est pas son fort. **-3.** [Erdbeben] magnitude *f*. **-4.** [von Brett, Glas] épaisseur *f*. **-5.** [von Lebensmitteln, für Wäsche] amidon *m*.
stärken *tr* **-1.** [Muskulatur, Abwehrkräfte] fortifier. **-2.** [behandeln] amidonner.
◆ **sich stärken** *ref* se restaurer, reprendre des forces.
Stark|strom *der* courant *m* à haute tension.
Stärkung (*Pl* **-en**) *die* **-1.** [Mahlzeit] en-cas *m*. **-2.** [Aufbau] renforcement *m*.
Starnberger See *der* lac *m* de Starnberg.
starr ◇ *Adj* **-1.** [Gliedmaße] raide. **-2.** [Element, Blick] fixe; **~ vor etw** [vor Angst] pétrifié(e) de qqch; [vor Kälte] engourdi(e) par qqch. **-3.** [System, Prinzip, Vorstellung] rigide. ◇ *Adv* [unflexibel] avec obstination.
starren *intr* **-1.** [sehen]: **auf jn/etw ~** fixer qqn/qqch; **ins Leere ~** avoir le regard dans le vide. **-2.** [Felsen] se dresser. **-3.** [Schmutz]: **vor** ODER **von etw ~** être couvert(e) de qqch. **-4.** [übervoll sein]: **vor** ODER **von etw ~** être rempli(e) de qqch, être bourré(e) de qqch.
Starr|kopf *der abw* tête *f* de mule.
starrsinnig ◇ *Adj* obstiné(e). ◇ *Adv* obstinément, avec obstination.
Start (*Pl* **-s** ODER **-e**) *der* **-1.** [von Rennen] départ *m*; **an den ~ gehen** se placer sur la ligne de départ. **-2.** [von Flugzeug, Rakete] décollage *m*. **-3.** [in Berufsleben, Zeitalter] entrée *f*.
Start|bahn *die* piste *f* de décollage.
Start|block *der* **-1.** [für Schwimmer] plot *m* de départ. **-2.** [für Läufer] starting block *m*.
starten (*Perf* **hat/ist gestartet**) ◇ *intr (ist)*. **-1.** [Läufer, Pferd] prendre le départ. **-2.** [Flugzeug] décoller. **-3.** [zu Expedition] partir. ◇ *tr (hat)* **-1.** [Rakete, Projekt, Aktion] lancer. **-2.** [Fahrzeug, Motor] démarrer. **-3.** [Flugzeug] faire décoller.
Start|erlaubnis *die* [für Wettkämpfer] autorisation *f* de (prendre le) départ; [für Flugzeuge] autorisation *f* de décollage.
Start|hilfe *die* **-1.** [mit Kabel] aide *f* au démarrage. **-2.** [Choke] starter *m*. **-3.** [finanzielle Unterstützung] aide *f* financière de départ.
Start|kapital *das* capital *m* initial.
startklar *Adj* prêt(e) au départ.
Stasi (*Abk für* **Staatssicherheitsdienst**) *die* ODER *der (ohne Pl)* Stasi *f (services de sécurité de l'ex-RDA)*.

STASI:
Police secrète de RDA, elle infiltrait tous les organismes et exerçait, au service du parti communiste, une surveillance sur chaque citoyen. Toute vélléité de dissidence faisait l'objet d'une répression sévère. L'ouverture de ses archives est à l'origine d'une vive polémique en Allemagne.

Statement ['steːtmənt] (*Pl* **-s**) *das* déclaration *f* officielle.
Statik *die (ohne Pl)* statique *f*.
Station (*Pl* **-en**) *die* **-1.** [im Krankenhaus] service *m*. **-2.** [von Zug, Bus] arrêt *m*; [von U-Bahn] station *f*. **-3.** [Anlage] centre *m*. **-4.** [von Reisen] étape *f*; **~ machen** faire étape.
stationär ◇ *Adj* [Patient] hospitalisé(e); [Gesundheitszustand] stationnaire; **~e Behandlung** hospitalisation *f*. ◇ *Adv*: **~ behandelt werden** être hospitalisé(e).
stationieren *tr* **-1.** [Truppen] faire stationner. **-2.** [Waffen] poster, établir.
statisch ◇ *Adj* statique. ◇ *Adv* par voie statique.
Statist (*Pl* **-en**) *der* figurant *m*.
Statistik (*Pl* **-en**) *die* statistique *f*.
Statistin (*Pl* **-nen**) *die* figurante *f*.
statistisch ◇ *Adj* statistique. ◇ *Adv* de façon statistique, par voie statistique.
Stativ (*Pl* **-e**) *das* pied *m*, trépied *m*.
statt *Konj* au lieu de.
◆ **statt dessen** *Präp* à la place.
Statt *die (ohne Pl)*: **an js ~** *geh* à la place de qqn.
Stätte (*Pl* **-n**) *die geh* lieu *m*.
statt|finden *intr (unreg)* avoir lieu.
statt|geben *intr (unreg) amt*: **einer Sache** *(D)* **~** accéder à qqch.

statthaft *Adj geh* licite, permis(e); **nicht ~** illicite, pas permis(e).
stattlich *Adj* **-1.** [Erscheinung, Anwesen] imposant(e). **-2.** [Summe] important(e).
Statue ['ʃtaːtu̯ə, 'staːtu̯ə] (*Pl* **-n**) *die* statue *f*.
Statur (*Pl* **-en**) *die* stature *f*.
Status (*Pl* -) *der* **-1.** [Position] position *f*, statut *m*. **-2.** [Zustand] état *m*.
Status|symbol *das* signe *m* extérieur de richesse.
Statut (*Pl* **-en**) *das* statut *m*.
Stau (*Pl* **-s** ODER **-e**) *der* **-1.** [Verkehrsbehinderung] embouteillage *m*, bouchon *m*; **im ~ stehen** être pris(e) dans un embouteillage. **-2.** [von Blut] congestion *f*; [von Wasser] retenue *f*. **-3.** [Verdichtung] accumulation *f*.
Staub *der (ohne Pl)* poussière *f*; **~ wischen** faire la poussière; **~ aufwirbeln** *fig* faire du bruit; **sich aus dem ~ machen** *fam fig* décamper.
stauben *intr* faire de la poussière.
staubig ◇ *Adj* poussiéreux(euse). ◇ *Adv*: **sich ~ machen** se couvrir de poussière.
staub|saugen ◇ *intr* passer l'aspirateur. ◇ *tr*: **etw ~** passer l'aspirateur sur qqch.
Staubsauger (*Pl* -) *der* aspirateur *m*.
Staub|tuch *das* chiffon *m* à poussière.
Stau|damm *der* barrage *m*.
Staude (*Pl* **-n**) *die* arbuste *m*.
stauen *tr* arrêter, contenir.
◆ **sich stauen** *ref* **-1.** [Stau bilden] stagner. **-2.** [sich ansammeln] s'accumuler.
staunen *intr* **-1.** [sich wundern] s'étonner. **-2.** [bewundern]: **über jn/etw ~** s'émerveiller de qqn/qqch.
Staunen *das (ohne Pl)* étonnement *m*.
Stau|raum *der* espace *m* de rangement.
Stau|see *der* réservoir *m*.
Stauung (*Pl* **-en**) *die* **-1.** [Stillstand] arrêt *m*. **-2.** [Staubildung]: **~ des Verkehrs** embouteillages *mpl*. **-3.** [Verdichten] accumulation *f*.
Std. (*Abk für* **Stunde**) h.
Steak [ʃteːk, steːk] (*Pl* **-s**) *das* bifteck *m*.
stechen (*Präs* **sticht**, *Prät* **stach**, *Perf* **hat gestochen**) ◇ *tr* **-1.** [mit Nadel, Dorn, Stachel] piquer. **-2.** [Spargel, Salat] récolter. ◇ *intr* **-1.** [Sonne] brûler. **-2.** [Nadel, Dorn, Stachel] piquer; **(mit etw) in etw** *(A)* **~** piquer (qqch) dans qqch. **-3.** [gefärbt sein]: **in etw** *(A)* **~** tirer sur qqch.
◆ **sich stechen** *ref* [sich verletzen] se piquer.
stechend ◇ *Adj* **-1.** [Augen, Blick] perçant(e). **-2.** [Geruch] âcre. **-3.** [Schmerz] aigu(uë). **-4.** [Sonne] brûlant(e). ◇ *Adv* **-1.** [ansehen] d'un regard perçant. **-2.** [aggressiv]: **~ riechen** avoir une odeur âcre.
Stech|mücke *die* moustique *m*.
Stech|uhr *die* pointeuse *f*.
Steck|brief *der* signalement *m*.
Steck|dose *die* prise *f* (électrique).
stecken ◇ *tr* mettre; **sich** *(D)* **etw in etw** *(A)* **~** se mettre qqch dans qqch. ◇ *intr* **-1.** [gen] être, se trouver; **bis zum Hals in Schulden ~** être endetté(e) jusqu'au cou; **wo habt ihr denn gesteckt**? mais où étiez-vous donc passés? **-2.** [enthalten] contenir. **-3.** [investieren]: **in diesem Projekt steckt viel Arbeit** ce projet a demandé beaucoup de travail. **-4.** *RW*: **in jm steckt etwas** il y a quelque chose en qqn; **hinter etw** *(D)* **~** *fam* se cacher derrière qqch; **voll von etw ~** être plein(e) de qqch.
stecken|bleiben (*Perf* **ist steckengeblieben**) *intr (unreg)* **-1.** [festsitzen] rester bloqué(e). **-2.** [nicht weiterwissen] avoir un trou de mémoire. **-3.** [feststecken] rester coincé(e).
stecken|lassen *tr (unreg)* laisser.
Stecken|pferd *das* **-1.** [Hobby] violon *m* d'Ingres. **-2.** [Spielzeug] cheval *m* de bois.
Stecker (*Pl* -) *der* prise *f* (mâle).
Steck|nadel *die* épingle *f*.
Steg (*Pl* **-e**) *der* **-1.** [Brücke] passerelle *f*. **-2.** [von Hosen] bride *f (sous le pied)*.
Stegreif *der (ohne Pl)*: **aus dem ~** *fig* au pied levé.
Stehauf|männchen *das* **-1.** [Spielzeug] Culbuto® *m*, poussah *m*. **-2.** *fam* [Mensch]: **er ist wie ein ~** il se relève toujours.
stehen (*Prät* **stand**, *Perf* **hat gestanden**) *intr* **-1.** [gen] être; **vor etw ~** *fig* être au bord de qqch; **es steht 15 : 3** SPORT ils en sont à 15 à 3; **wie steht's mit jm/etw**? où en est qqn/qqch? **-2.** [aufrecht] être debout; **~ bleiben** rester debout. **-3.** [geschrieben] être écrit(e); **was steht heute in der Zeitung**? qu'est-ce qu'il y a aujourd'hui dans le journal? **-4.** GRAM: **mit Akkusativ/Dativ ~** être suivi(e) de l'accusatif/du datif; **im Plural/im Passiv ~** être (mis(e)) au pluriel/passif. **-5.** [Uhr, Motor, Zeiger] être arrêté(e); **auf etw** *(D)* **~** indiquer qqch; **still ~** être à l'arrêt. **-6.** [Kleid, Farbe]: **jm (gut/schlecht) ~** aller (bien/mal) à qqn. **-7.** [Währung] être coté(e). **-8.** [folgen]: **auf etw** *(A)* **steht etw** [als Strafe] qqch est puni(e) de qqch; [als Belohnung] qqch est récompensé(e) par qqch. **-9.** [verantwortlich, helfend]: **zu etw ~** [zu Versprechen] respecter qqch; [zu Meinung] défendre qqch; **zu jm ~** soutenir qqn; **hinter jm/etw ~** soutenir qqn/qqch. **-10.** [beurteilend]: **zu etw (kritisch/positiv/ablehnend) ~** avoir une position (critique/positive/négative) vis-à-vis de qqch. **-11.** [stellvertretend]: **für etw ~** [bedeuten] signifier qqch; [typisch sein] être représentatif(ive) de qqch. **-12.** *fam* [Arbeit, Text] être fini(e). **-13.** *salopp* [gut finden]: **jd steht auf jn/etw** qqn/qqch branche

qqn. **-14.** [in einem Zustand]: **es steht schlecht/kritisch um jn/etw** l'état de qqn/qqch est mauvais/critique; **in Flammen ~** être en feu; **unter Aufsicht ~** être sous contrôle; **unter Drogen ~** être sous l'emprise de la drogue; **zur Debatte/Verfügung ~** être à l'ordre du jour/à disposition; **es steht gut/schlecht mit jm/etw** qqn/qqch va, bien/mal; **wie steht's?** *fam* comment ça va?; **es steht zu hoffen, daß** reste à espérer que; **es steht zu fürchten, daß es bald wieder regnet** j'ai bien peur qu'il ne se remette à pleuvoir. **-15.** *RW*: **alles ~ und liegen lassen** tout laisser en plan; **ihm steht es bis hier ~** *fam* il en a par-dessus la tête; **mit jm/etw ~ und fallen** dépendre de qqn/qqch.

◆ **sich stehen** *ref fam* **-1.** [verstehen]: **sich mit jm (gut/schlecht) ~** (bien/mal) s'entendre avec qqn. **-2.** [finanziell]: **sich gut/schlecht ~** bien/mal s'en sortir (financièrement).

◆ **Stehen** *das*: **im Stehen** debout.

stehen|bleiben (*Perf* **ist stehengeblieben**) *intr (unreg)* **-1.** [Uhr, Mensch, Zeit] s'arrêter. **-2.** [stagnieren] ne pas dépasser. **-3.** [übrigbleiben] rester intact(e). **-4.** [belassen] passer; **dieser Satz kann ~, er ist korrekt** on peut laisser cette phrase, elle est correcte.

stehend ◇ *Adj* **-1.** [im Stand] debout. **-2.** [gebräuchlich]: **~e Redewendung** expression *f* toute faite. **-3.** [unbewegt] stagnant(e). ◇ *Adv* [im Stand] debout.

stehen|lassen (*Perf* **hat stehen|lassen** ODER **stehengelassen**) *tr (unreg)* **-1.** [gen] laisser. **-2.** [sich abwenden] laisser en plan. **-3.** [Satz] laisser tel quel ODER telle quelle; [Behauptung] laisser passer. **-4.** *RW*: **alles stehen- und liegenlassen** *fam* tout laisser en plan.

Steh|lampe *die* lampadaire *m*.

Steh|leiter *die* échelle *f* double.

stehlen (*Präs* **stiehlt**, *Prät* **stahl**, *Perf* **hat gestohlen**) *tr* [entwenden] voler; **sich** *(D)* **die Zeit für etw ~** *fig* prendre du temps pour qqch; **jm die Zeit ~** *fig* faire perdre son temps à qqn; **sie kann mir gestohlen bleiben** *fam fig* moins je la vois, mieux je me porte.

◆ **sich stehlen** *ref* [sich davonmachen]: **sich von** ODER **aus etw ~** sortir discrètement de qqch.

Steh|platz *der* place *f* debout.

Steh|pult *das* pupitre *m*.

Steh|vermögen *das* endurance *f*.

Steierin (*Pl* **-nen**) *die* Styrienne *f*.

Steiermark *die* Styrie *f*.

Steiermärker (*Pl* **-**) ◇ *der* Styrien *m*. ◇ *Adj (unver)* styrien(enne).

Steiermärkerin (*Pl* **-nen**) *die* Styrienne *f*.

steiermärkisch *Adj* styrien(enne).

steif ◇ *Adj* **-1.** [Hals, Gelenke, Bewegung] raide. **-2.** [Sahne, Marmelade] solide. **-3.** [Umgangsform, Ansprache] guindé(e). **-4.** [Kragen, Karton] rigide. ◇ *Adv* **-1.** [fest]: **Eiweiß ~ schlagen** monter les blancs d'œufs en neige. **-2.** [sitzen, gehen, begrüßen] avec raideur. **-3.** *RW*: **~ und fest** *fam* catégoriquement.

Steig|bügel *der* étrier *m*.

Steig|eisen *das* **-1.** [beim Bergsteigen] crampon *m*. **-2.** [Sprosse] échelon *m*.

steigen (*Prät* **stieg**, *Perf* **ist gestiegen**) *intr* **-1.** [hinaufsteigen]: **auf etw** *(A)* **~** monter sur qqch. **-2.** [hineinsteigen]: **in etw** *(A)* **~** monter dans qqch. **-3.** [aussteigen]: **aus etw ~** descendre de qqch. **-4.** [absteigen]: **von etw ~** descendre de qqch. **-5.** [in die Luft] s'élever; [Nebel] se lever. **-6.** [Preis, Temperatur, Flut, Spannung] monter; [Anzahl, Wert, Kosten] augmenter; **bis zu etw** ODER **auf etw** *(A)* **~** atteindre qqch. **-7.** *salopp* [stattfinden] avoir lieu.

steigend *Adj* croissant(e).

steigern *tr* **-1.** [vermehren, verbessern] augmenter. **-2.** [ersteigern]: **etw ~** acheter qqch aux enchères. **-3.** GRAM mettre au comparatif ODER au superlatif.

◆ **sich steigern** *ref* **-1.** [sich verbessern] s'améliorer; **sich in etw** *(D)* **~** améliorer qqch. **-2.** [stärker werden] s'intensifier. **-3.** [sich hineinsteigern]: **sich in etw** *(A)* **~** persister dans qqch.

Steigerung (*Pl* **-en**) *die* **-1.** [von Preis, Umsatz] augmentation *f*. **-2.** [von Leistung] amélioration *f*. **-3.** GRAM *comparatif ou superlatif*.

Steigerungs|rate *die* taux *m* d'accroissement.

steil ◇ *Adj* **-1.** [Abhang] raide. **-2.** [schnell] en flèche; [Karriere] fulgurant(e). ◇ *Adv* **-1.** [stark]: **~ ansteigen/abfallen** monter/descendre à pic. **-2.** [schnell]: **~ ansteigen** monter en flèche.

Steil|hang *der* pente *f* raide.

Steil|küste *die* falaise *f*.

Steil|wand *die* paroi *f* à pic.

Stein (*Pl* **-e**) *der* **-1.** [Gestein] pierre *f*. **-2.** [Edelstein] pierre *f* (précieuse). **-3.** [Kern] noyau *m*. **-4.** *RW*: **jm fällt ein ~ vom Herzen** qqn est soulagé(e) d'un poids; **bei jm einen ~ im Brett haben** *fam* avoir la cote auprès de qqn; **jm ~e in den Weg legen** mettre à qqn des bâtons dans les roues.

Stein|bock *der* **-1.** [Tier] bouquetin *m*. **-2.** ASTRO Capricorne *m*.

Stein|bruch *der* carrière *f (de pierre)*.

steinern *Adj* **-1.** [versteinert] impassible. **-2.** [aus Stein, Herz] de pierre.

Steingut *das* faïence *f*.

steinhart ◇ *Adj* dur(e) comme la pierre. ◇ *Adv*: **etw ~ brennen** durcir qqch au four.

steinig *Adj* pierreux(euse).

Stein|kohle *die* houille *f*.

Steinmetz, in (*mPl* **-en**; *fPl* **-nen**) *der, die* tailleur *m*, -euse *f* de pierre.
Stein|obst *das* fruits *mpl* à noyau.
Stein|pilz *der* cèpe *m* de Bordeaux.
steinreich *Adj fam* richissime.
Stein|schlag *der* chute *f* de pierres.
Stein|zeit *die* âge *m* de pierre.
steinzeitlich *Adj* **-1.** [der Steinzeit] de l'âge de pierre. **-2.** *fig* & *abw* [überholt] archaïque.
Steirer (*Pl* -) *der* Styrien *m*.
steirisch *Adj* styrien(enne).
Steiß (*Pl* **-e**) *der* coccyx *m*.
Steiß|bein *das* coccyx *m*.
Stelle (*Pl* **-n**) *die* **-1.** [Platz] endroit *m*; **etw an seine ~ zurückstellen** remettre qqch à sa place. **-2.** [von Musikstück, Text] passage *m*. **-3.** [Arbeitsplatz] emploi *m*; **eine freie ~** un poste vacant. **-4.** [Amt] service *m*, bureau *m*. **-5.** MATH chiffre *m*. **-6.** [Rang] position *f*. **-7.** *RW*: **an js ~** à la place de qqn; **auf der ~** sur-le-champ; **zur ~ sein** être présent(e) ODER là.
stellen *tr* **-1.** [hinstellen, einstellen] mettre; [aufrecht] mettre debout; **etw warm/kalt ~** mettre qqch au chaud/au frais. **-2.** [zur Verfügung]: **(jm) etw ~** fournir qqch (à qqn). **-3.** [Diagnose, Horoskop, Prognose] faire. **-4.** [Frage, Bedingung, Antrag] poser; [Aufgabe] donner. **-5.** [Täter, Kriminellen] arrêter. **-6.** [inszenieren] reconstituer; [im Film] tourner. **-7.** [zu Wahl, Entscheidung]: **jn vor etw** *(A)* **~** confronter qqn à qqch. **-8.** *RW*: **auf sich** *(A)* **(selbst) gestellt sein** être livré(e) à soi-même; **gut gestellt sein** être à l'aise financièrement; **schlecht gestellt sein** être gêné(e) financièrement.
◆ **sich stellen** *ref* **-1.** [sich hinstellen] se placer, se mettre. **-2.** [nicht ausweichen]: **sich jm/einer Sache ~** faire face à qqn/qqch. **-3.** [Täter, Kriminelle] se livrer. **-4.** [äußern]: **sich zu einer Sache ~** se prononcer sur qqch; **sich zu etw kritisch ~** se montrer criiuque vis-à-vis de qqch; **sich gegen jn/etw ~** s'opposer à qqn/qqch. **-5.** [unterstützen]: **sich hinter jn/etw ~** prendre le parti de qqn/qqch. **-6.** [angeblich]: **sich krank/dumm/taub ~** faire le malade/l'idiot/le sourd. **-7.** *RW*: **sich gut mit jm ~** se mettre bien avec qqn.
Stellenan|gebot *das* offre *f* d'emploi.
Stellen|anzeige *die* offre *f* d'emploi.
Stellen|gesuch *das* demande *f* d'emploi.
Stellen|vermittlung *die* service *m* de placement.
stellenweise *Adv* par endroits.
Stellen|wert *der* valeur *f*.
Stell|platz *der* emplacement *m*.
Stellung (*Pl* **-en**) *die* **-1.** [Anstellung] poste *m*; **eine ~ finden** trouver un emploi. **-2.** [Rang, Position] position *f*. **-3.** [Ansicht] position *f*; **~ nehmen** prendre position; **(zu etw) ~ beziehen** prendre position (sur qqch).
Stellungnahme (*Pl* **-n**) *die* prise *f* de position.
Stellungs|suche *die* recherche *f* d'emploi.
stellv. *Abk für* **stellvertretend**.
stellvertretend ◇ *Adj* suppléant(e). ◇ *Adv* en représentant(e).
Stell|vertreter, in *der, die* suppléant *m*, -e *f*, représentant *m*, -e *f*.
Stelze (*Pl* **-n**) *die* échasse *f*.
stemmen *tr* **-1.** [drücken] appuyer. **-2.** SPORT lever; **die Hände in die Hüften ~** mettre les poings sur les hanches.
◆ **sich stemmen** *ref* [sich drücken]: **sich gegen etw ~** [sich abstemmen] s'appuyer contre qqch; *fig* [sich wehren] s'opposer à qqch.
Stempel (*Pl* -) *der* **-1.** [Gerät] tampon *m*. **-2.** [Abdruck] cachet *m*, timbre *m*; [auf Schmuckstück] poinçon *m*. **-3.** *RW*: **jm/einer Sache seinen ~ aufdrücken** *fig* marquer qqn/qqch de son sceau ODER de son empreinte.
Stempel|kissen *das* tampon *m* encreur.
stempeln ◇ *tr* [Stempel anbringen] apposer un cachet sur; [Briefmarke] oblitérer; [Fahrschein] composter; [Schmuckstück] poinçonner. ◇ *intr* **-1.** [klassifizieren]: **jn zu etw ~** cataloguer qqn comme qqch. **-2.** *RW*: **~ gehen** *fam* pointer.
Stengel (*Pl* -) *der* tige *f*.
Steno *die (ohne Pl) fam* sténo *f*.
Stenographie (*Pl* **-n**) *die* sténographie *f*.
stenographieren *tr* & *intr* prendre en sténo(graphie), sténographier.
Stenotypist, in (*mPl* **-en**; *fPl* **-nen**) *der, die* sténodactylo *mf*.
Stepp|decke *die* couette *f (couverture)*.
Steppe (*Pl* **-n**) *die* steppe *f*.
steppen ◇ *intr* [tanzen] faire des claquettes. ◇ *tr* [nähen] piquer.
Step|tanz *der* claquettes *fpl*.
Sterbe|hilfe *die* **-1.** [Lebensverkürzung] euthanasie *f*. **-2.** [finanzielle Hilfe] indemnité *f* pour frais funéraires.
sterben (*Präs* **stirbt**, *Prät* **starb**, *Perf* **ist gestorben**) *intr* mourir; **an etw** *(D)* **~** mourir de qqch; **vor etw** *(D)* **~** *fam fig* mourir de qqch; **jd ist für jn gestorben** *fam fig* qqn est mort(e) pour qqn; **etw ist für jn gestorben** qqn a abandonné l'idée de qqch.
sterbenselend ◇ *Adj*: **mir ist ~** je me sens épouvantablement mal. ◇ *Adv*: **sich ~ fühlen** se sentir épouvantablement mal.
sterbenslangweilig *fam* ◇ *Adj* ennuyeux (euse) à mourir. ◇ *Adv*: **~ reden** faire un discours mortellement ennuyeux.

Sterbens|wort *das (ohne Pl)*: **kein ~** *fig* pas un traître mot.
sterblich *Adj* mortel(elle).
stereo ◇ *Adj* stéréo. ◇ *Adv* en stéréo.
Stereo *das (ohne Pl)*: **in ~** en stéréo.
Stereoan|lage *die* chaîne *f* hi-fi, chaîne *f*.
stereotyp ◇ *Adj* stéréotypé(e). ◇ *Adv* de façon stéréotypée.
steril ◇ *Adj* **-1.** [ohne Keime, zeugungsunfähig] stérile. **-2.** [leblos] aseptisé(e). ◇ *Adv* **-1.** [leblos]: **~ wirken** *fig* être aseptisé(e). **-2.** [ohne Keime]: **etw ~ machen** stériliser qqch.
Sterilisation (*Pl* **-en**) *die* stérilisation *f*.
sterilisieren *tr* stériliser.
Sterilität *die (ohne Pl)* stérilité *f*.
Stern (*Pl* **-e**) *der* **-1.** ASTRO étoile *f*; **in den ~en stehen** *fig* être dans le vague. **-2.** [für Fußnote] astérisque *m*; **ein Wort mit einem ~ versehen** marquer un mot d'un astérisque.
Stern|bild *das* constellation *f*.
Sternen|himmel *der* ciel *m* étoilé, firmament *m*.
Sternen|system *das* galaxie *f*.
sternhagelvoll *Adj fam* complètement beurré(e).
Sternschnuppe (*Pl* **-n**) *die* étoile *f* filante.
Stern|stunde *die geh* heure *f* de gloire.
Sternwarte (*Pl* **-n**) *die* observatoire *m*.
Stern|zeichen *das* signe *m* astrologique ODER du zodiaque; **welches ~ bist du**? de quel signe es-tu?
Stethoskop (*Pl* **-e**) *das* stéthoscope *m*.
stetig ◇ *Adj* constant(e). ◇ *Adv* de manière constante.
stets *Adv* toujours.
Stettin *nt* Stettin.
Steuer (*Pl* **-n** ODER **-**) ◇ *die (G Steuer, Pl Steuern)* **-1.** [Abgabe - direkt] **impôt** *m*; [- indirekt] **taxe** *f*; **von der ~ absetzen** déduire des impôts; **~n hinterziehen** frauder le fisc. **-2.** *(ohne Pl) fam* [Steuerbehörde] fisc *m*. ◇ *das (G Steuers, Pl Steuer)* [von Autos] **volant** *m*; [von Schiffen] **barre** *f*; **am ~ sitzen** être au volant.
Steuer|aufkommen *das (ohne Pl)* recettes *fpl* fiscales.
Steuer|befreiung *die* exonération *f* d'impôt(s).
Steuer|berater, in *der, die* conseiller *m* fiscal.
Steuer|bord *das* tribord *m*.
Steuerer|klärung *die* déclaration *f* d'impôts.
Steuer|ermäßigung *die* réduction *f* d'impôt(s).
steuerfrei ◇ *Adj* exonéré(e) d'impôts. ◇ *Adv* sans être imposé(e).
Steuerhinterziehung *die* fraude *f* fiscale.
Steuer|karte *die carte d'imposition remplie par l'employeur.*
Steuer|klasse *die* catégorie *f* d'imposition.
steuerlich ◇ *Adj* fiscal(e). ◇ *Adv* fiscalement, d'un point de vue fiscal.
Steuer|mann (*Pl* **-männer**) *der* timonier *m*.
steuern *tr* **-1.** [lenken] piloter. **-2.** [organisieren] organiser. **-3.** [regeln] commander.
steuerpflichtig *Adj* imposable.
Steuer|prüfer, in *der, die* contrôleur *m*, -euse *f* du fisc.
Steuer|rad *das* [von Autos] volant *m*; [von Schiffen] gouvernail *m*.
Steuer|recht *das (ohne Pl)* droit *m* fiscal.
Steuerre|form *die* réforme *f* fiscale.
Steuerrück|vergütung *die* remboursement *m* d'impôt(s) ODER fiscal.
Steuer|ruder *das* gouvernail *m*.
Steuer|schuld *die* dette *f* fiscale.
Steuer|senkung *die* réduction *f* d'impôts ODER des impôts.
Steuerung (*Pl* **-en**) *die* **-1.** *(ohne Pl)* [Lenken] pilotage *m*. **-2.** [Steuergerät] commande *f*.
Steuer|vergünstigung *die* avantage *m* fiscal.
Steuervoraus|zahlung *die* acompte *m* provisionnel.
Steuerzahler, in (*mPl* **-**; *fPl* **-nen**) *der, die* contribuable *mf*.
Steuer|zeichen *das* EDV curseur *m*.
Steward, Stewardeß ['stju:ɐt, 'ʃtju:ɐt, 'stju:ɐdɛs, 'ʃtjuɐdɛs] (*mPl* **-s**; *fPl* **-dessen**) *der, die* [in Flugzeug] steward *m*, hôtesse *f* de l'air.
StGB *das (ohne Pl) Abk für* **Strafgesetzbuch**.
stibitzen *tr fam* piquer, chiper.
Stich (*Pl* **-e**) *der* **-1.** [Einstich] piqûre *f*; [von Messer] coup *m*. **-2.** *(ohne Pl)* [Färbung]: **einen ~ ins Blaue haben** tirer sur le bleu. **-3.** [beim Nähen] point *m*. **-4.** [Schmerz] douleur *f* aiguë. **-5.** KÜCHE: **ein ~ Butter** une noix de beurre. **-6.** MED point *m* de suture. **-7.** [Bemerkung] pique *f*. **-8.** [beim Kartenspiel] pli *m*. **-9.** [Bild] gravure *f*. **-10.** *RW*: **einen ~ haben** *fam* [Milchprodukt] avoir un arrière-goût *(rance)*; [Person] *salopp* être malade; **jn/etw im ~ lassen** [verlassen] laisser tomber qqn/qqch; [allein lassen] abandonner qqn/qqch.
Stichelei (*Pl* **-en**) *die fam* taquinerie *f*.
sticheln ◇ *tr* taquiner. ◇ *intr* envoyer des piques.
Stich|flamme *die* jet *m* de flamme.
stichhaltig ◇ *Adj* solide. ◇ *Adv*: **~ argumentieren** avoir des arguments solides.
Stich|probe *die* [Handlung] sondage *m*; [Menge] échantillon *m*.

sticht *Präs* → **stechen**.

Stichtag *der* jour *m* de référence, date *f* d'échéance.

Stichwahl *die* scrutin *m* de ballottage.

Stichwort (*Pl* **-worte** ODER **-wörter**) *das* **-1.** [Notiz] note *f*. **-2.** *(Pl Stichwörter)* [Eintrag] mot-clé *m*. **-3.** [im Theater]: **das ~ geben** donner la réplique.

sticken *tr* & *intr* broder.

Stickerei (*Pl* **-en**) *die* broderie *f*.

stickig *Adj* suffocant(e).

Stickstoff *der (ohne Pl)* CHEM azote *m*.

Stiefbruder *der* demi-frère *m*.

Stiefel (*Pl* -) *der* botte *f*.

stiefeln (*Perf* **ist gestiefelt**) *intr fam* marcher à pas de géant.

Stiefeltern *Pl* beaux-parents *mpl*.

Stiefgeschwister *Pl* demi-frère(s) *m(pl)* et demi-sœur(s) *f(pl)*.

Stiefkind *das enfant d'un premier lit du conjoint*.

Stiefmutter *die* belle-mère *f (marâtre)*.

Stiefmütterchen (*Pl* -) *das* pensée *f (fleur)*.

Stiefschwester *die* demi-sœur *f*.

Stiefsohn *der* beau-fils *m*.

Stieftochter *die* belle-fille *f*.

Stiefvater *der* beau-père *m (conjoint de la mère)*.

stieg *Prät* → **steigen**.

Stiege (*Pl* **-n**) *die* escalier *m* étroit.

Stiel (*Pl* **-e**) *der* **-1.** [von Blumen] tige *f*; [von Frucht] queue *f*. **-2.** [von Pfanne, Besen] manche *m*; [von Eis] bâtonnet *m*. **-3.** [von Trinkgläsern] pied *m*.

Stielauge *das*: **~n machen** *fam fig* & *hum* faire des yeux ronds comme des billes.

Stier (*Pl* **-e**) *der* **-1.** [Tier] taureau *m*. **-2.** ASTRO Taureau *m*.

stieren *intr* regarder fixement.

Stierkampf *der* corrida *f*.

stieß *Prät* → **stoßen**.

Stift (*Pl* **-e**) *der* **-1.** [Schreibutensil] crayon *m*. **-2.** *fam* [Lehrling] *appellation familière des apprentis durant la première année d'apprentissage*. **-3.** TECH [aus Holz] taquet *m*; [aus Metall] pointe *f*.

stiften *tr* **-1.** *fam* [spendieren] offrir. **-2.** [Grundstück, Geld, Lebensmittel] faire don de. **-3.** [Unruhe, Aufregung] provoquer.

stiftengehen (*Perf* **ist stiftengegangen**) *intr (unreg) fam* filer (à l'anglaise).

Stifter, in (*mPl* -; *fPl* **-nen**) *der, die* [Begründer] fondateur *m*, -trice *f*; [Spender] donateur *m*, -trice *f*.

Stiftung (*Pl* **-en**) *die* **-1.** [Schenkung] donation *f*. **-2.** [Institution] fondation *f*.

Stiftung Warentest *die (ohne Pl)* ≃ Institut *m* national de la Consommation.

STIFTUNG WARENTEST:
La «Stiftung Warentest» est une fondation créée par le gouvernement pour défendre les consommateurs. Elle teste de nombreux biens de consommation et examine leur rapport qualité/prix.

Stil (*Pl* **-e**) *der* **-1.** [gen] style *m*. **-2.** *(ohne Pl)* [Umgangsform] genre *m*; **das ist nicht mein ~** ce n'est pas mon genre. **-3.** *RW*: **im großen ~** en grande pompe.

Stilblüte *die* perle *f*.

stilisieren *tr* styliser.

stilistisch ◇ *Adj* stylistique. ◇ *Adv* d'un point de vue stylistique.

still ◇ *Adj* **-1.** [Mensch, Gegend, Wasseroberfläche] calme; **sei bitte ~!** tais-toi, s'il te plaît! **-2.** [Saal, Protest] silencieux(euse). **-3.** [Hoffnung] secret(ète). ◇ *Adv* **-1.** [lautlos, ohne Worte] en silence; **im ~en** [wortlos] en silence; [heimlich] en secret. **-2.** [bewegungslos] sans bouger; **~ dastehen** rester immobile. **-3.** [ruhig, streßfrei] calmement.

Stille *die (ohne Pl)* **-1.** [Ruhe] calme *m*. **-2.** [Schweigen] silence *m*; **in aller ~** discrètement.

Stilleben (*Pl* -) *das* nature *f* morte.

stillegen *tr* fermer.

stillen ◇ *tr* **-1.** [Baby] allaiter. **-2.** [Schmerz] apaiser. **-3.** [Bedürfnis] assouvir. ◇ *intr* allaiter, donner le sein.

Stille Ozean *der* océan *m* Pacifique, Pacifique *m*.

stillgestanden *PP* → **stillstehen**.

stillhalten *intr (unreg)* **-1.** [sich nicht bewegen] se tenir tranquille. **-2.** [sich nicht wehren] se laisser faire.

stillliegen *intr (unreg)* [Anlage] être fermé(e); [Produktion] être arrêté(e).

stillos ◇ *Adj* qui manque de style. ◇ *Adv* sans style.

stillschweigend ◇ *Adj* tacite. ◇ *Adv* tacitement; **etw ~ übergehen** passer qqch sous silence.

stillsitzen *intr (unreg)* rester tranquille.

Stillstand *der* arrêt *m*; **zum ~ kommen** être interrompu(e).

stillstehen *intr (unreg)* **-1.** [sich nicht bewegen] rester tranquille. **-2.** [stilliegen] être arrêté(e).
◆ **stillgestanden!** *Interj* garde à vous!

Stilmöbel *das* meuble de style.

stilvoll ◇ *Adj* qui a du style. ◇ *Adv* avec style.

Stimmband (*Pl* **-bänder**) *das* corde *f* vocale.

stimmberechtigt *Adj* qui a le droit de vote.

Stimm|bruch *der* mue *f (de voix)*; **im ~ sein** muer.

Stimme (*Pl* **-n**) *die* voix *f*; **seine ~ abgeben** voter; **sich der ~ enthalten** s'abstenir (de voter); **die erste/zweite ~** la première/deuxième voix ODER partie.

stimmen ◇ *intr* **-1.** [Übersetzung, Rechnung] être exact(e); **stimmt das**? c'est vrai?; **stimmt so!** c'est bon! **-2.** [wählen]: **für/gegen jn/etw ~** voter pour/contre qqn/qqch. **-3.** [Verhältnis] être correct(e); **das stimmt noch nicht ganz** ce n'est pas encore tout à fait ça. **-4.** [Aussage, Gerücht] être vrai(e). ◇ *tr* **-1.** MUS accorder. **-2.** *RW*: **etw stimmt jn traurig/fröhlich** *fig* qqch rend qqn triste/joyeux(euse).

Stimmenthaltung *die* abstention *f* (de vote).

Stimm|gabel *die* diapason *m*.

stimmhaft *Adj* sonore.

Stimm|lage *die* type *m* de voix.

stimmlos *Adj* sourd(e).

Stimm|recht *das* droit *m* de vote.

Stimmung (*Pl* **-en**) *die* **-1.** [Laune] humeur *f*; **in ~ kommen** s'animer; **guter/schlechter ~ sein** être de bonne/mauvaise humeur. **-2.** [Atmosphäre] ambiance *f*. **-3.** *RW*: **gegen jn/etw ~ machen** faire de la propagande contre qqn/qqch.

Stimmungs|kanone *die fam hum* boute-en-train *m*.

Stimmungsum|schwung *der* virement *m* d'opinion.

stimmungsvoll ◇ *Adj* expressif(ive), qui a de l'âme. ◇ *Adv* avec âme.

Stimm|zettel *der* bulletin *m* de vote.

stimulieren *tr* stimuler.

Stink|bombe *die* boule *f* puante.

stinken (*Präf* **stank**, *Perf* **hat gestunken**) *intr* **-1.** *abw* [schlecht riechen] puer; **nach etw ~** sentir qqch. **-2.** *fam fig* [faul sein] sentir mauvais. **-3.** *RW*: **jm stinkt es** *salopp* qqn en a ras le bol.

stinkfaul *salopp* ◇ *Adj* fainéant(e) comme une couleuvre. ◇ *Adv* paresseusement.

stinkig *salopp Adj* qui pue.

Stink|tier *das* sconse *m*.

Stipendiat, in (*mPl* **-en**; *fPl* **-nen**) *der, die* boursier *m*, -ère *f*.

Stipendium (*Pl* **-dien**) *das* bourse *f*.

Stipp|visite ['ʃtɪpviziːtə] *die* visite *f* éclair.

stirbt *Präs* → **sterben**.

Stirn (*Pl* **-en**) *die* front *m*; **die ~ runzeln** froncer les sourcils; **jm etw an der ~ ablesen** *fig* lire qqch sur le visage de qqn; **jm/einer Sache die ~ bieten** *fig* tenir tête à qqn/qqch.

Stirn|band (*Pl* **-bänder**) *das* bandeau *m*.

StNr. (*Abk für* **Steuernummer**) identification *f (fiscale)*.

stöbern *intr* fouiller.

stochern *intr*: **(mit etw) in etw** *(A)* **~** piquer dans qqch (avec qqch); **in den Zähnen ~** se curer les dents.

Stock (*Pl* **Stöcke** ODER **-**) *der* **-1.** *(Pl Stöcke)* [Stab] bâton *m*; [Gehstock] canne *f*; [von Dirigenten] baguette *f*; [für Pflanzen] tuteur *m*. **-2.** *(Pl Stock)* [Stockwerk] étage *m*; **im dritten ~** au troisième (étage). **-3.** *RW*: **über ~ und Stein** à travers champs; **am ~ gehen** [schwach sein] *fam* marcher avec une canne; *fam fig* être au bout du rouleau; [Geldschwierigkeiten haben] *fam* être fauché(e).

stockdunkel *Adj* très sombre; **draußen ist es ~** il fait nuit noire dehors.

Stöckel|schuh *der* chaussure *fpl* à talons aiguilles.

stocken *intr* **-1.** [zum Stillstand kommen] s'arrêter. **-2.** [von Verkehr] se ralentir. **-3.** [verharren]: **bei** ODER **in etw** *(D)* **~** s'arrêter de faire qqch. **-4.** [fest werden] se figer; [Blut] coaguler. **-5.** *RW*: **jm stockt das Blut in den Adern** le sang se fige dans les veines de qqn.

stockend ◇ *Adj* **-1.** [Verkehr] ralenti(e). **-2.** [Antwort] hésitant(e). **-3.** [Gespräch, Verhandlung] qui s'enlise. ◇ *Adv* **-1.** [Verkehr]: **~ vorangehen** avancer par à-coups. **-2.** [antworten, lesen] avec hésitation.

Stock|fisch *der* stockfisch *m*, morue *f* séchée.

Stockholm *nt* Stockholm.

stocksteif ◇ *Adj* raide (comme un piquet). ◇ *Adv* avec raideur.

stocktaub *Adj* sourd(e) comme un pot.

Stockung (*Pl* **-en**) *die* **-1.** [Stillstand] arrêt *m*; [von Verkehr] **ralentissement** *m*. **-2.** [Festwerden] coagulation *f*.

Stock|werk *das* étage *m*.

Stoff (*Pl* **-e**) *der* **-1.** [Tuch] tissu *m*. **-2.** [Inhalt] matière *f*, sujet *m*. **-3.** [Substanz] substance *f*.

stofflich ◇ *Adj* matériel(elle). ◇ *Adv* d'un point de vue matériel.

Stoff|wechsel *der (ohne Pl)* métabolisme *m*.

stöhnen *intr* gémir; **über jn/etw ~** se plaindre de qqn/qqch.

Stola (*Pl* **Stolen**) *die* étole *f*.

Stollen (*Pl* **-**) *der* **-1.** [Gang] galerie *f*. **-2.** [Gebäck] *gâteau de Noël aux raisins, aux amandes et aux épices*. **-3.** [unter Schuhen] crampon *m*.

stolpern (*Perf* **ist gestolpert**) *intr* trébucher; **über etw** *(A)* **~** trébucher sur qqch; **über jn ~** *fam fig* tomber sur qqn.

stolz ◇ *Adj* fier (fière); **auf jn/etw ~ sein** être fier de qqn/qqch. ◇ *Adv* fièrement.

Stolz *der (ohne Pl)* fierté *f*; **js ganzer ~ sein** être la fierté ODER l'orgueil de qqn.

stolzieren (*Perf* **ist stolziert**) *intr* se pavaner.

stop *Interj*: **~!** stop!

Stop (*Pl* **-s**) *der* SPORT amorti *m*.

stopfen ◇ *tr* **-1.** [ausbessern] raccommoder; [Strümpfe] repriser. **-2.** [hineinstopfen]: **(etw in/unter etw** *(A)*) **~** fourrer (qqch dans/sous qqch); **sich** *(D)* **etw in/unter etw** *(A)* **~** se fourrer qqch dans/sous qqch. **-3.** [Loch] boucher. **-4.** [Pfeife] bourrer; [Gans] gaver. ◇ *intr fam* **-1.** [satt machen] bourrer. **-2.** [Stuhlgang erschweren] constiper.

Stopp *der* arrêt *m*.

Stoppel (*Pl* **-n**) *die* **-1.** *fam* [von Bärten] poil *m*. **-2.** [auf Feld] chaume *m*.

stoppelig, **stopplig** *Adj* **-1.** [Bart, Beine] mal rasé(e). **-2.** [Feld] couvert(e) de chaumes.

stoppen ◇ *tr* **-1.** [anhalten] arrêter. **-2.** [messen] chronométrer. ◇ *intr* **-1.** [anhalten] s'arrêter. **-2.** *fam* [per Anhalter fahren] faire du stop; **nach Hamburg ~** aller à Hambourg en stop.

stopplig = **stoppelig**.

Stopp|schild *das* stop *m*.

Stopp|uhr *die* chronomètre *m*.

Stöpsel (*Pl* **-**) *der* bouchon *m*.

Stör (*Pl* **-e**) *der* esturgeon *m*.

störanfällig *Adj* sensible aux parasites.

Storch (*Pl* **Störche**) *der* cigogne *f*.

Store [ʃtoːɐ̯, stoːɐ̯] (*Pl* **-s**) *der* store *m*.

stören ◇ *tr* **-1.** [belästigen]: **(jn bei etw** *(D)*) **~** déranger (qqn pendant qqch). **-2.** [mißfallen] gêner. **-3.** [beeinträchtigen] perturber. ◇ *intr* **-1.** [lästig sein] déranger. **-2.** [beeinträchtigend, mißfallend sein] gêner.

◆ **bitte nicht stören!** *Interj* ne pas déranger!

◆ **sich stören** *ref* [Anstoß nehmen]: **sich an etw** *(D)* **~** *fam* ne pas apprécier qqch.

Störenfried (*Pl* **-e**) *der* fauteur *m* de troubles.

stornieren *tr* annuler.

störrisch ◇ *Adj* têtu(e). ◇ *Adv* avec entêtement.

Störung (*Pl* **-en**) *die* **-1.** [Belästigung, Funktionsstörung] trouble *m*; **bitte entschuldigen Sie die ~!** excusez-moi de vous déranger. **-2.** [von Fernsehbild, Funkkontakt] brouillage *m*.

Störungs|stelle *die* service *m* des dérangements.

Story ['stoːri, 'stɔri] (*Pl* **Stories**) *die* **-1.** [im Journalismus] histoire *f*. **-2.** *fam* [Geschichte] histoire *f*. **-3.** [eines Films, Buches] argument *m*.

Stoß (*Pl* **Stöße**) *der* **-1.** [Schlag] coup *m*; [Erschütterung] choc *m*; **jm einen ~ versetzen** porter ODER donner un coup à qqn; **einer Sache** *(D)* **einen ~ versetzen** donner un coup dans qqch; **sich** *(D)* **einen ~ geben** *fam fig* se secouer. **-2.** [Stapel] tas *m*.

Stoßdämpfer (*Pl* **-**) *der* amortisseur *m*.

stoßen (*Präs* **stößt**, *Prät* **stieß**, *Perf* **hat/ist gestoßen**) ◇ *tr (hat)* **-1.** [schubsen] pousser. **-2.** [aufmerksam machen]: **jn auf etw** *(A)* **~** attirer l'attention de qqn sur qqch. ◇ *intr* **-1.** *(ist)* [berühren]: **an etw** *(A)* **~** se cogner contre qqch; **mit dem Kopf an etw** *(A)* **~** heurter qqch de la tête; **gegen etw ~** se cogner contre qqch; [Fahrzeug] heurter qqch. **-2.** *(hat)* [mit Waffe]: **mit etw nach jm ~** donner un coup de qqch à qqn. **-3.** *(ist)* [grenzen]: **an etw** *(A)* **~** jouxter qqch. **-4.** *(ist)* [finden]: **auf jn/etw ~** tomber sur qqn/qqch. **-5.** *(ist)* [begegnen]: **auf etw** *(A)* **~** rencontrer qqch. **-6.** *(ist)* [sich treffen]: **zu jm ~** rejoindre qqn.

◆ **sich stoßen** *ref* **-1.** [sich verletzen] se cogner. **-2.** *fig* [nicht mögen]: **sich an etw** *(D)* **~** s'offusquer de qqch.

stoßfest *Adj* résistant(e) aux chocs.

Stoß|stange *die* pare-chocs *m inv*.

stößt *Präs* → **stoßen**.

stoßweise *Adv* **-1.** [ruckartig] par à-coups. **-2.** [stapelweise] par piles.

Stoß|zahn *der* défense *f (d'éléphant)*.

Stoß|zeit *die* **-1.** [Hauptverkehrszeit] heure *f* de pointe. **-2.** [im Geschäft] haute saison *f*.

stottern ◇ *intr* **-1.** [Person] bégayer. **-2.** *fam* [Motor, Maschine] cafouiller. ◇ *tr* [stammeln] bégayer.

St. Pauli *nt quartier «chaud» de Hambourg*.

Str. (*Abk für* **Straße**) r.

Straf|anstalt *die amt* pénitencier *m*.

Straf|arbeit *die* SCHULE devoir *m* supplémentaire.

Straf|bank (*Pl* **-bänke**) *die* SPORT banc *m* de pénalité, prison *f*.

strafbar ◇ *Adj* répréhensible. ◇ *Adv*: **sich ~ machen** *amt* être passible d'une peine.

Strafe (*Pl* **-n**) *die* **-1.** [Bestrafung] punition *f*; **zur ~** en punition; **etw unter ~ stellen** rendre qqch passible de sanctions. **-2.** [Geldbuße]: **~ zahlen** payer une amende. **-3.** [im Gefängnis] peine *f*.

strafen *tr*: **(jn mit etw) ~** punir (qqn de qqch).

straff ◇ *Adj* **-1.** [Leine, Saite] tendu(e); [Schenkel, Gewebe] ferme. **-2.** [Organisation, Planung] rigoureux(euse). ◇ *Adv* **-1.** [ziehen, spannen] fortement. **-2.** [organisieren] de façon rigoureuse.

straffällig *Adj* criminel(elle); **~ werden** encourir une peine.

straffen *tr* **-1.** [Leine, Seil] tendre; [Gewebe, Haut] raffermir. **-2.** [Text] élaguer. **-3.** [Organisation, Planung] rationaliser.

◆ **sich straffen** *ref* [Leine, Seil] se tendre; [Gewebe, Haut] se raffermir.

straffrei ◇ *Adj* impuni(e). ◇ *Adv* impunément; **~ ausgehen** rester impuni(e), ne pas être puni(e).

Straf|freiheit *die (ohne Pl)* impunité *f*.

Straf|gefangene *der, die* prisonnier *m*, -ère *f*.

Strafgesetz|buch *das* code *m* pénal.

sträflich ◇ *Adj* impardonnable. ◇ *Adv* de manière impardonnable.

Sträfling (*Pl* **-e**) *der* détenu *m*, -e *f*.

Straf|mandat *das* procès-verbal *m*.

Straf|maß *das (ohne Pl)* quantum *m* de la peine.

strafmildernd ◇ *Adj*: **~e Umstände** circonstances *fpl* atténuantes. ◇ *Adv*: **sich ~ auswirken** avoir un effet atténuant ODER d'atténuation.

Straf|porto *das* surtaxe *f*.

Straf|prozeß *der* procès *m* pénal.

Straf|raum *der* SPORT surface *f* de réparation.

Straf|recht *das* droit *m* pénal.

Straf|tat *die* délit *m*.

Straf|täter, in *der, die* délinquant *m*, -e *f*.

Straf|verfahren *das* procédure *f* pénale.

straf|versetzen *tr* muter pour des raisons disciplinaires.

Strafvoll|zug *der (ohne Pl)* **-1.** [Institution] système *m* pénitentiaire. **-2.** [Strafe] exécution *f* de la peine.

Straf|zettel *der fam* contravention *f*.

Strahl (*Pl* **-en**) *der* **-1.** *(ohne Pl)* [Wasserstrahl] jet *m*. **-2.** [Lichtstrahl] rayon *m*.

◆ **Strahlen** *Pl* [Energiewellen] rayonnement *m*.

strahlen *intr* **-1.** [Person] rayonner. **-2.** [Sonne, Augen, Küche] briller. **-3.** [Uran] irradier.

Strahlen|belastung *die* exposition *f* aux radiations.

strahlend ◇ *Adj* **-1.** [Gesicht, Lachen] radieux(euse). **-2.** [leuchtend, glänzend] brillant(e). **-3.** [Strahlen abgebend] radioactif(ive). ◇ *Adv* **-1.** [glücklich] en rayonnant. **-2.** [glänzend]: **~ weiß** d'un blanc lumineux.

Strahlung (*Pl* **-en**) *die* rayonnement *m*; [radioaktiv] radiation *f*.

Strähne (*Pl* **-n**) *die* mèche *f*.

strähnig ◇ *Adj*: **~e Haare** cheveux *mpl* qui tombent en mèches. ◇ *Adv* par mèches, en mèches.

stramm ◇ *Adj* **-1.** [Seil, Band] serré(e). **-2.** [Person] robuste. **-3.** [aufrecht] raide. **-4.** *fam abw* [radikal] pur et dur, pure et dure. ◇ *Adv* **-1.** *fam* [zügig] sans relâche. **-2.** [straff]: **der Rock sitzt zu ~** la jupe est trop serrée; **eine Leine ~ anziehen** bien tendre une corde. **-3.** [aufrecht]: **sich ~ halten** se tenir droit(e).

stramm|stehen (*Perf* **hat/ist strammgestanden**) *intr (unreg)* être au garde-à-vous.

strampeln (*Perf* **hat/ist gestrampelt**) *intr* **-1.** *(hat)* [zappeln] gigoter. **-2.** *(ist) fam* [Fahrrad fahren] pédaler.

Strand (*Pl* **Strände**) *der* plage *f*; **am ~** sur la plage.

Strand|bad *das* plage *f (aménagée)*.

stranden (*Perf* **ist gestrandet**) *intr* **-1.** [Boot] s'échouer. **-2.** *geh* & *fig* [scheitern] échouer.

Strand|gut *das (ohne Pl)* épaves *fpl*.

Strand|korb *der* cabine *f* de plage.

Strand|promenade *die* promenade *f*.

Strang (*Pl* **Stränge**) *der* **-1.** [Seil] corde *f*. **-2.** [von Nerv, Sehne] cordon *m*. **-3.** [von Wolle] écheveau *m*. **-4.** [Abschnitt] tronçon *m*. **-5.** *RW*: **am selben ~ ziehen** unir nos ODER vos ODER leurs forces; **über die Stränge schlagen** *fam* dépasser les bornes.

strangulieren *tr* étrangler.

◆ **sich strangulieren** *ref* s'étrangler.

Strapaze (*Pl* **-n**) *die* épreuve *f*; **so eine ~!** quel calvaire!; **~n auf sich nehmen** supporter une épreuve.

strapazieren *tr* **-1.** [anstrengen] éprouver. **-2.** [abnutzen] user; [Kleidung] user jusqu'à la corde.

◆ **sich strapazieren** *ref* [sich anstrengen] s'épuiser.

strapazierfähig *Adj* résistant(e).

Straps (*Pl* **-e**) *der* **-1.** [Strumpfband] jarretelle *f*. **-2.** [Hüfthalter] porte-jarretelles *m inv*.

Straßburg *nt* Strasbourg.

Straßburger (*Pl* **-**) ◇ *der* Strasbourgeois *m*. ◇ *Adj (unver)* strasbourgeois(e).

Straßburgerin (*Pl* **-nen**) *die* Strasbourgeoise *f*.

Straße (*Pl* **-n**) *die* [in Stadt] rue *f*; [Landstraße] route *f*; **auf der ~ sitzen** *fam fig* [arbeitslos sein] être sans travail; [ohne Wohnung sein] être à la rue; **auf die ~ gehen** *fam fig* [demonstrieren] descendre dans la rue; [anschaffen gehen] faire le trottoir; **jn auf die ~ setzen** *fam fig* [Angestellte] mettre qqn à la porte; [Mieter] mettre qqn à la rue.

◆ **auf offener Straße** *Adv* en pleine rue.

Straßenarbeiten *Pl* travaux *mpl (sur la chaussée)*.

Straßen|bahn *die* tramway *m*.

Straßen|bau *der (ohne Pl)* construction *f* des routes.

Straßen|beleuchtung *die* éclairage *m* des rues.

Straßen|café *das* café *m (avec terrasse)*.

Straßen|ecke *die* coin *m* de rue.
Straßenfeger, in (*mPl* -; *fPl* **-nen**) *der, die* balayeur *m*, -euse *f*.
Straßen|glätte *die (ohne Pl)* verglas *m*.
Straßen|graben *der* fossé *m*.
Straßen|karte *die* carte *f* routière.
Straßen|laterne *die* réverbère *m*.
Straßen|netz *das* réseau *m* routier.
Straßen|schild *das* plaque *f* de rue.
Straßen|sperre *die* barrage *m* (routier).
Straßenverhältnisse *Pl* état *m* des routes.
Straßen|verkehr *der (ohne Pl)* circulation *f* (routière).
Strategie (*Pl* **-n**) *die* stratégie *f*.
strategisch ◇ *Adj* stratégique. ◇ *Adv* de façon stratégique, stratégiquement.
Strato|sphäre *die (ohne Pl)* stratosphère *f*.
sträuben *tr* [Fell, Federn] hérisser.
◆ **sich sträuben** *ref* **-1.** [Fell, Gefieder] se hérisser. **-2.** *fig* [sich wehren]: **sich gegen etw ~** se refuser catégoriquement à qqch.
Strauch (*Pl* **Sträucher**) *der* arbuste *m*.
straucheln (*Perf* **ist gestrauchelt**) *intr geh* trébucher.
Strauß (*Pl* **Sträuße** ODER **-e**) *der* **-1.** *(Pl Sträuße)* [Blumen] bouquet *m*. **-2.** *(Pl Strauße)* [Vogel] autruche *f*.
streben (*Perf* **hat/ist gestrebt**) *intr* **-1.** *(ist)* [eilen]: **in etw** *(A)* ODER **zu etw ~** se presser vers qqch. **-2.** *(hat)* [trachten]: **nach etw ~** chercher à atteindre qqch, aspirer à qqch. **-3.** *fam (hat) abw* [in Schule, im Beruf] fayoter.
Streber, in (*mPl* -; *fPl* **-nen**) *der, die abw* arriviste *mf*; [in Schule] fayot *m*.
strebsam ◇ *Adj* appliqué(e). ◇ *Adv* avec application.
Strecke (*Pl* **-n**) *die* **-1.** [Weg] trajet *m*. **-2.** [Entfernung] distance *f*. **-3.** [von Straßen] tronçon *m* (de route). **-4.** [Eisenbahnstrecke] ligne *f*; **auf offener ~** en rase campagne. **-5.** MATH droite *f*. **-6.** *RW*: **auf der ~ bleiben** *fam* rester sur le carreau; **jn/etw zur ~ bringen** [erlegen] tuer qqn/qqch; **jn zur ~ bringen** *fam* [überwältigen] neutraliser qqn.
strecken *tr* **-1.** [Arm, Bein] étendre; **die Hand nach etw ~** tendre la main pour saisir qqch. **-2.** [Kopf, Hals] tendre; **den Kopf aus dem Fenster ~** passer la tête par la fenêtre. **-3.** [Soße] allonger; [Droge] couper. **-4.** [Streckverband anlegen]: **einen gebrochenen Finger ~** mettre une attelle à un doigt cassé.
◆ **sich strecken** *ref* **-1.** [sich recken] s'étirer; **sich auf Zehenspitzen ~** se dresser sur la pointe des pieds. **-2.** [sich hinlegen] s'étendre.
streckenweise *Adv* par endroits.
Streck|verband *der* appareil *m* à extension continue.
Streetworker, in ['stri:twœ:(r)kɐ, rɪn] (*mPl* -; *fPl* **-nen**) *der, die* éducateur *m*, -trice *f* de rues.
Streich (*Pl* **-e**) *der* **-1.** [zum Ärgern] tour *m*; **jm einen ~ spielen** *eigtl* & *fig* jouer un tour à qqn. **-2.** *geh* [Schlag] coup *m*.
streicheln ◇ *tr* caresser. ◇ *intr*: **jm über etw** *(A)* **~** caresser qqch à qqn.
streichen (*Prät* **strich**, *Perf* **hat/ist gestrichen**) ◇ *tr (hat)* **-1.** [Raum, Gegenstand] peindre; **'frisch gestrichen'** 'peinture fraîche'. **-2.** [Satz, Teilnehmer] rayer. **-3.** [Salbe, Tinktur] mettre; **Butter aufs Brot ~** beurrer du pain. **-4.** [Subventionen] supprimer; [Auftrag, Projekt] annuler. **-5.** [entfernen]: **die Haare aus dem Gesicht ~** écarter les cheveux de son visage. ◇ *intr* **-1.** *(hat)* [gleiten]: **mit der Hand über etw** *(A)* **~** passer la main sur qqch; **sich** *(D)* **über den Arm ~** se passer la main sur le bras. **-2.** *(hat)* [mit Farbe] peindre. **-3.** *(ist)* [streifen, umherschleichen] rôder.
Streicher, in (*mPl* -; *fPl* **-nen**) *der, die* musicien *m*, -enne *f* jouant d'un instrument à cordes.
Streich|holz *das* allumette *f*.
Streich|instrument *das* instrument *m* à cordes.
Streich|käse *der (ohne Pl)* fromage *m* à tartiner.
Streich|quartett *das* quatuor *m* à cordes.
Streichung (*Pl* **-en**) *die* suppression *f*; [von Projekt, Auftrag] annulation *f*.
Streife (*Pl* **-n**) *die* **-1.** [Personengruppe] patrouille *f*. **-2.** [Kontrollfahrt] ronde *f*; **auf ~ gehen** faire une ronde.
streifen (*Perf* **hat/ist gestreift**) ◇ *tr (hat)* **-1.** [berühren] frôler. **-2.** [überziehen]: **etw über etw** *(A)* **~** passer qqch par-dessus qqch. **-3.** [wegziehen, entfernen]: **etw von etw ~** ôter qqch de qqch. **-4.** [erwähnen] effleurer. ◇ *intr (ist)* [umherziehen] se promener.
Streifen (*Pl* -) *der* **-1.** [Stück, Band] bande *f*. **-2.** [Strich] raie *f*, rayure *f*; [Linie] ligne *f*. **-3.** *fam* [Film] film *m*.
Streifen|wagen *der* voiture *f* de police.
Streif|zug *der* **-1.** [Ausflug] excursion *f*, randonnée *f*. **-2.** [Exkurs] digression *f*.
Streik (*Pl* **-s**) *der* grève *f*; **in (den) ~ treten** se mettre en grève.
Streikbrecher, in (*mPl* -; *fPl* **-nen**) *der, die* briseur *m* de grève.
streiken *intr* **-1.** [im Streik stehen] faire grève. **-2.** *fam* [Motor, Maschine] ne plus fonctionner.
Streik|posten *der* piquet *m* de grève.
Streik|recht *das* droit *m* de grève.
Streit *der (ohne Pl)* querelle *f*, dispute *f*; **~ mit jm haben** avoir une querelle avec qqn.

streitbar *Adj* belliqueux(euse).
streiten (*Prät* **stritt,** *Perf* **hat gestritten**) *intr* **-1.** [sich auseinandersetzen] se quereller, se disputer; **über etw** *(A)* **~** se quereller ODER se disputer au sujet de qqch. **-2.** *geh* [kämpfen]: **gegen/für etw ~** lutter contre/pour qqch.
◆ **sich streiten** *ref* [sich zanken] se quereller, se disputer; **sich mit jm ~** se quereller ODER se disputer avec qqn; **sich um etw ~** se quereller au sujet de qqch.
Streit|frage *die* question *f* controversée.
Streit|gespräch *das* débat *m,* discussion *f.*
streitig *Adv*: **jm etw ~ machen** disputer qqch à qqn.
Streitigkeiten *Pl* différends *mpl.*
Streitkräfte *Pl* forces *fpl* armées.
Streit|objekt *das* objet *m* du litige.
streitsüchtig *Adj* querelleur(euse).
streng ◇ *Adj* **-1.** [Eltern, Frisur, Winter] sévère. **-2.** [Geruch] âcre, âpre. **-3.** [Diät, Einhaltung] strict(e). ◇ *Adv* **-1.** [unnachgiebig] sévèrement. **-2.** [durchdringend]: **~ riechen** avoir une odeur âcre. **-3.** [strikt] strictement.
Strenge *die (ohne Pl)* **-1.** [von Erziehung, Winter, Frisur] sévérité *f.* **-2.** [von Gesetzen] rigueur *f.* **-3.** [von Gerüchen] âpreté *f.*
strenggenommen *Adv* au sens strict (du terme).
strengstens *Adv* [verbieten, befolgen] strictement; [bestrafen] sévèrement.
Streß *der (ohne Pl)* stress *m*; **sich keinen ~ machen** *fam* ne pas se stresser; **jn in ~ bringen** *fam* stresser qqn; **im ~ sein** *fam* être stressé(e).
stressen *tr fam* stresser.
◆ **sich stressen** *ref* se stresser.
stressig *Adj fam* stressant(e).
Stretch [stretʃ] *der* stretch *m.*
Stretching ['stretʃɪŋ] *das (ohne Pl)* stretching *m,* étirements *mpl.*
Streu *die (ohne Pl)* litière *f.*
streuen ◇ *tr* répandre. ◇ *intr* **-1.** [mit Salz] saler; [mit Sand] sabler. **-2.** [Salzstreuer] se vider.
streunen (*Perf* **hat/ist gestreunt**) *intr* **-1.** *(hat, ist)* [irgendwo] vagabonder, errer. **-2.** *(ist)* [irgendwohin] errer.
Streusel (*Pl* -) *der* ODER *das pâte à gâteau granuleuse,* ≃ crumble *m.*
Streusel|kuchen *der gâteau saupoudré d'un mélange de beurre, de sucre et de farine réduit en miettes.*
Streuung (*Pl* **-en**) *die* **-1.** [des Lichtes] dispersion *f.* **-2.** [von Information, Gerücht] diffusion *f.*
strich *Prät* → **streichen.**
Strich (*Pl* **-e**) *der* **-1.** [Linie] trait *m*; **einen ~ ziehen** tirer un trait. **-2.** [Streichen]: **etw mit ein paar ~en glattmachen** passer plusieurs fois la main sur qqch pour le défroisser. **-3.** *(ohne Pl)* [von Haaren] sens *m* (du poil); **gegen den ~** à rebrousse-poil. **-4.** *(ohne Pl) salopp* [Prostitution]: **auf den ~ gehen** faire le trottoir. **-5.** *salopp* [Gegend der Prostitution] quartier *m* chaud. **-6.** *RW*: **etw geht jm gegen den ~** *fam* qqch contrarie qqn; **jm einen ~ durch die Rechnung machen** *fam* mettre des bâtons dans les roues à qqn; **nach ~ und Faden** *fam* en beauté.
◆ **unter dem Strich** *Adv* en fin de compte.
stricheln *tr* hachurer.
strichweise *Adv* & *Adj* par endroits.
Strick (*Pl* **-e**) *der* corde *f*; **den ~ nehmen** *fig* se passer la corde au cou; **jm einen ~ aus etw drehen** *fig* utiliser qqch contre qqn; **wenn alle ~e reißen** *fam fig* au pire.
stricken *tr* & *intr* tricoter.
Strick|jacke *die* gilet *m* (en tricot).
Strick|leiter *die* échelle *f* de corde.
Strick|muster *das* **-1.** [Motiv] point *m.* **-2.** [Vorlage] modèle *m.*
Strick|nadel *die* aiguille *f* à tricoter.
Strickwaren *Pl* lainages *fpl,* maille *f.*
Strick|zeug *das (ohne Pl)* tricot *m.*
striegeln *tr* brosser.
Striemen (*Pl* -) *der* marque *f* ODER trace *f* de coups.
strikt ◇ *Adj* strict(e); **~e Ordnung** ordre *m* rigoureux. ◇ *Adv* strictement.
Strippe (*Pl* **-n**) *die fam* **-1.** [Telefon]: **jn an der ~ haben** avoir qqn au bout du fil; **an der ~ hängen** *fam* être pendu(e) au bout du fil. **-2.** [Schnur] ficelle *f.* **-3.** [Kabel] fil *m,* câble *m.*
Striptease ['ʃtrɪptiːs, 'strɪptiːs] *der* ODER *das (ohne Pl)* strip-tease *m.*
stritt *Prät* → **streiten.**
strittig *Adj* controversé(e).
Stroh *das (ohne Pl)* paille *f.*
Stroh|blume *die* immortelle *f.*
Stroh|dach *das* toit *m* de chaume.
Stroh|feuer *das* feu *m* de paille.
Stroh|halm *der* **-1.** [zum Trinken] paille *f.* **-2.** [von Pflanzen] brin *m* de paille; **sich an einen ~ klammern** se raccrocher à un infime espoir.
Stroh|mann (*Pl* **-männer**) *der* homme *m* de paille.
Stroh|witwe *die fam hum* célibataire *f (pendant l'absence provisoire du mari).*
Stroh|witwer *der fam hum* célibataire *m (pendant l'absence provisoire de la femme).*
Strolch (*Pl* **-e**) *der* **-1.** *abw* [Mann] vagabond *m.* **-2.** *fam hum* [Schlingel] coquin *m.*
strolchen (*Perf* **ist gestrolcht**) *intr* vagabonder.
Strom (*Pl* **Ströme**) *der* **-1.** *(ohne Pl)* [elektrisch,

Strömung] courant *m*; **unter ~ stehen** être sous tension. **-2.** [Fluß] fleuve *m*. **-3.** [Menge] flot *m*. **-4.** *RW*: **es regnet** ODER **gießt in Strömen** il pleut à verse; **gegen den ~ schwimmen** nager à contre-courant; **in Strömen fließen** couler à flots.
stromab = **stromabwärts**.
Strom|abnehmer *der* **-1.** [Verbraucher] consommateur *m* d'électricité. **-2.** [von Lokomotiven] pantographe *m*.
stromabwärts, stromab *Adv* en aval; **~ fahren** descendre le courant.
stromaufwärts, stromauf *Adv* en amont; **~ fahren** remonter le courant.
Stromaus|fall *der* panne *f* de courant.
strömen (*Perf* **ist geströmt**) *intr* **-1.** [Personen] affluer. **-2.** [Flüssigkeit] couler; [Gas] **sortir**.
stromern (*Perf* **ist gestromert**) *intr fam* vagabonder.
Strom|kabel *das* câble *m* électrique.
Strom|kreis *der* circuit *m* électrique.
stromlinienförmig ◇ *Adj* aérodynamique. ◇ *Adv* selon les lois de l'aérodynamique.
Strom|netz *das* réseau *m* électrique.
Strom|rechnung *die* facture *f* d'électricité.
Stromschnelle (*Pl* **-n**) *die* rapide *m*.
Strom|stärke *die* intensité *f* du courant, ampérage *m*.
Strömung (*Pl* **-en**) *die eigtl* & *fig* courant *m*.
Stromver|brauch *der (ohne Pl)* consommation *f* d'électricité.
Strom|zähler *der* compteur *m* électrique.
Strontium ['ʃtrɔntsiʊm, 'strɔntsiʊm] *das (ohne Pl)* strontium *m*.
Strophe (*Pl* **-n**) *die* strophe *f*.
strotzen *intr*: **von** ODER **vor etw** *(D)* **~** déborder de qqch.
strubbelig, strubblig *Adj* ébouriffé(e).
Strudel (*Pl* -) *der* **-1.** [Wirbel] tourbillon *m*. **-2.** [Kuchen] strudel *m*.
Struktur (*Pl* **-en**) *die* structure *f*.
strukturell ◇ *Adj* structurel(elle). ◇ *Adv* structurellement, d'un point de vue structurel.
strukturieren *tr* structurer.
strukturschwach *Adj* offrant peu d'infrastructures.
Struktur|wandel *der (ohne Pl)* changement *m* structurel.
Strumpf (*Pl* **Strümpfe**) *der* bas *m*; [aus Wolle] chaussette *f*.
Strumpfhalter (*Pl* -) *der* jarretelle *f*.
Strumpfhose *die* collants *mpl*.
Strunk (*Pl* **Strünke**) *der* **-1.** [von Kohlköpfen] trognon *m*. **-2.** [von Bäumen] souche *f*.
struppig *Adj* hérissé(e).
Stube (*Pl* **-n**) *die* **-1.** [Wohnzimmer] salon *m*. **-2.** [Raum] chambre *f*.
stubenrein *Adj* propre *(animal)*.
Stuck *der (ohne Pl)* stuc *m*.
Stück (*Pl* **-e** ODER **-**) *das* **-1.** *(Pl Stücke)* [Teil, Musikstück] **morceau** *m*; [von Torte] **part** *f*; [von Text, Sonate] **passage** *m*; **ein ~ Obst** un fruit. **-2.** *(Pl Stück)* [einer Masse] **morceau** *m*; **~ Papier** bout *m* de papier; **im** ODER **am ~** à la pièce; **fünf Mark pro** ODER **das ~** cinq marks pièce ODER la pièce. **-3.** *(ohne Pl)* [Strecke] bout *m* (de chemin). **-4.** *(Pl Stücke)* [Bühnenstück, Einzelstück] **pièce** *f*. **-5.** *salopp (ohne Pl) abw* [Person] **personnage** *m*. **-6.** *RW*: **das ist ein starkes ~!** *fam* elle est raide celle-là!; **große ~e auf jn halten** *fam* faire grand cas de qqn.
◆ **aus freien Stücken** *Adv* de mon ODER ton ODER son etc plein gré.
◆ **in einem Stück** *Adv* **-1.** [ganz] d'un seul coup, en une seule fois. **-2.** *fam* [ohne Unterbrechung] d'une traite, sans interruption.
stückeln *tr* & *intr* assembler plusieurs morceaux *(en couture)*.
Stück|gut *das* colis *m*.
stückweise *Adv*: **~ verkaufen** vendre au détail; **~ vorankommen** progresser petit à petit.
Stück|werk *das*: **es ist/bleibt ~** c'est/cela reste insuffisant.
Stück|zahl *die* nombre *m* de pièces.
stud. *Abk für* **Student**.
Student (*Pl* **-en**) *der* étudiant *m*.
Studenten|werk *das* ≃ Centre *m* régional des œuvres universitaires et sociales.
Studentenwohn|heim *das* cité *f* universitaire.
Studentin (*Pl* **-nen**) *die* étudiante *f*.
studentisch *Adj* estudiantin(e).
Studie ['ʃtuːdi̯ə] (*Pl* **-n**) *die* étude *f*.
Studienab|schluß *der* diplôme *m*.
Studien|aufenthalt *der* séjour *m* d'études (à l'étranger).
Studien|fach *das* matière *f*, filière *f* universitaire.
Studien|fahrt *die* voyage *m* d'études.
Studien|platz *der* place *f* (à l'université).
Studien|rat *der* professeur *m (de lycée)*.
Studienrätin (*Pl* **-nen**) *die* professeur *m (de lycée)*.
Studien|zeit *die* études *fpl*.
studieren [ʃtu'diːrən] ◇ *tr* **-1.** [Studium machen]: **etw ~** faire des études de qqch. **-2.** [beobachten, durchlesen] **étudier**. **-3.** [Rolle] **apprendre**. ◇ *intr* [Studium machen] **étudier**.

Studio (*Pl* **-s**) *das* **-1.** [Werkstatt] atelier *m.* **-2.** [von Medien] studio *m*; **im ~** en studio.

Studium ['ʃtuːdi̯ʊm] (*Pl* **Studien**) *das* **-1.** *(ohne Pl)* [Ausbildung] études *fpl.* **-2.** [Forschung] étude *f.* **-3.** *(ohne Pl)* [von Rolle, Unterlagen, Programm] étude *f.*

Stufe (*Pl* **-n**) *die* **-1.** [von Treppen] marche *f*; **'Vorsicht ~'** 'attention à la marche'. **-2.** [Stand] étape *f.* **-3.** [in Hierarchie] niveau *m*, échelon *m*; **sich mit jm/etw auf die gleiche ~stellen** se mettre au niveau de qqn/qqch. **-4.** [Schaltstufe] vitesse *f.* **-5.** [Abstufung] degré *m.*

Stufen|heck *das* malle *f* arrière.

Stufen|leiter *die* échelons *mpl.*

stufenweise ◇ *Adj* progressif(ive). ◇ *Adv* par étapes.

Stuhl (*Pl* **Stühle**) *der* **-1.** [Sitzmöbel] chaise *f*; **zwischen zwei Stühlen sitzen** *fig* être assis(e) entre deux chaises; **der elektrische ~** la chaise électrique. **-2.** *(ohne Pl)* [Stuhlgang] selles *fpl.*

Stuhl|gang *der (ohne Pl)* selles *fpl.*

stülpen *tr*: **etw auf** ODER **über etw** *(A)* **~** mettre qqch sur qqch.

stumm ◇ *Adj* muet(ette). ◇ *Adv* en silence; **sich ~ stellen** faire le muet (la muette).

Stummel (*Pl* **-**) *der* **-1.** [von Schwanz, Bleistift] bout *m.* **-2.** [von Arm, Bein] moignon *m.* **-3.** [von Zigaretten] mégot *m.*

Stumm|film *der* film *m* muet.

Stümper (*Pl* -) *der abw* amateur *m*, incapable *m.*

Stümperei (*Pl* **-en**) *die abw* amateurisme *m*, travail *m* d'amateur.

Stümperin (*Pl* **-nen**) *die abw* charlatan *m.*

stumpf ◇ *Adj* **-1.** [Messer, Klinge] émoussé(e); **etw ~ machen** émousser qqch. **-2.** [glanzlos] terne. **-3.** [nicht spitz] non pointu(e); [crayon] mal taillé(e). **-4.** [Person, Winkel] obtus(e). ◇ *Adv* [abgestumpft] de façon obtuse ODER terne.

Stumpf (*Pl* **Stümpfe**) *der* **-1.** [von Bäumen] souche *f.* **-2.** [von Kerzen] bout *m.* **-3.** [von Bein, Arm] moignon *m.*

Stumpf|sinn *der (ohne Pl)* **-1.** [Monotonie] stupidité *f.* **-2.** [geistige Abwesenheit] abrutissement *m.*

stumpfsinnig ◇ *Adj* **-1.** [monoton] stupide. **-2.** [teilnahmslos] abruti(e). ◇ *Adv* [teilnahmslos] comme un abruti (une abrutie).

Stündchen (*Pl* -) *das fam* petite heure *f*, moment *m.*

Stunde (*Pl* **-n**) *die* **-1.** [gen] heure *f*; **jede ~** toutes les heures; **zu später ~** à une heure tardive. **-2.** [Unterrichtsstunde] cours *m.*

stunden *tr*: **jm etw ~** accorder un délai de paiement à qqn pour qqch.

Stunden|geschwindigkeit *die* vitesse *f* horaire.

Stunden|kilometer *Pl fam* kilomètre-heure *m.*

stundenlang ◇ *Adj* de plusieurs heures. ◇ *Adv* pendant des heures.

Stunden|lohn *der* salaire *m* horaire.

Stunden|plan *der* emploi *m* du temps.

stundenweise *Adv* à l'heure, par heure.

Stunden|zeiger *der* aiguille *f* des heures, petite aiguille *f.*

stündlich ◇ *Adv* **-1.** [jede Stunde] toutes les heures. **-2.** [jeden Augenblick] à toute heure. ◇ *Adj* [jede Stunde]: **eine ~e Kontrolle** un contrôle toutes les heures.

Stunk *der (ohne Pl) fam abw* grabuge *m.*

Stuntman ['stantmɛn] (*Pl* **-men**) *der* cascadeur *m.*

Stuntwoman ['stantwʊmən] (*Pl* **-women**) *die* cascadeuse *f.*

stupid, stupide [ʃtu'piːt, stu'piːt] *abw* ◇ *Adj* stupide. ◇ *Adv* stupidement.

Stups (*Pl* **-e**) *der fam* : **jm einen ~ geben** donner une bourrade à qqn.

stupsen *tr fam* donner une bourrade.

Stups|nase *die* nez *m* retroussé ODER en trompette.

stur *abw* ◇ *Adj* têtu(e). ◇ *Adv* avec entêtement; **sich ~ stellen** s'entêter.

Sturm (*Pl* **Stürme**) **-1.** [Unwetter, Gefühlsbewegung] tempête *f.* **-2.** *(ohne Pl)* [Andrang, Angriff] assaut *m.* **-3.** *(ohne Pl)* [beim Fußball] avants *mpl.* **-4.** *RW*: **gegen etw ~ laufen** s'élever contre qqch; **~ klingeln** sonner vigoureusement.

stürmen (*Perf* **hat/ist gestürmt**) ◇ *tr (hat)* **-1.** [in Beschlag nehmen] prendre d'assaut. **-2.** [Stellung] assaillir. ◇ *intr* **-1.** *(ist)* [rennen] se précipiter. **-2.** *(hat)* [beim Fußball] attaquer. **-3.** *(hat)* [Sturm herrschen]: **es stürmt** la tempête fait rage.

Stürmer, in (*mPl* -; *fPl* **-nen**) *der, die* attaquant *m*, -e *f.*

Sturm|flut *die forte marée provoquée par une tempête.*

sturmfrei *Adj hum*: **~e Bude haben** avoir quartier libre.

stürmisch ◇ *Adj* **-1.** [windig] orageux(euse); [Meer] démonté(e). **-2.** [heftig] déchaîné(e). **-3.** [Mensch, Begrüßung] impétueux(euse). ◇ *Adv* **-1.** [heftig] en ODER par rafales. **-2.** [leidenschaftlich] avec ardeur.

Sturm|schaden *der dommages causés par la tempête.*

Sturm|schritt

◆ **im Sturmschritt** *Adv* au pas de course.

Sturm|tief *das* violente perturbation *f* atmosphérique.
Sturm|warnung *die* avis *m* de tempête.
Sturz (*Pl* **Stürze**) *der* chute *f*.
stürzen (*Perf* **hat/ist gestürzt**) ◇ *intr (ist)* **-1.** [fallen] tomber; [mit Verletzung] faire une chute. **-2.** [eilen] se précipiter; **ins Zimmer/zur Tür ~** se précipiter dans la pièce/à la porte. **-3.** [Preis, Temperatur] chuter. ◇ *tr (hat)* **-1.** [Regierung, Herrscher] renverser. **-2.** [Kuchen, Pudding] démouler. **-3.** [stoßen] précipiter.
◆ **sich stürzen** *ref* **-1.** [springen] se jeter. **-2.** [herfallen]: **sich auf jn/etw ~** [bestürmen] se précipiter sur qqn/qqch; [angreifen] se jeter sur qqn/qqch. **-3.** [sich begeben]: **sich in etw** *(A)* **~** [springen] se jeter dans qqch; *fig* [sich etw widmen] se jeter à corps perdu dans qqch.
Sturz|flug *der*: **im ~** en piqué.
Sturz|helm *der* casque *m*.
Stuß *der (ohne Pl) fam abw* bêtises *fpl*.
Stute (*Pl* **-n**) *die* jument *f*.
Stuttgart *nt* Stuttgart.
Stütze (*Pl* **-n**) *die* **-1.** [gen] soutien *m*, support *m*; **zur ~** comme appui. **-2.** *(ohne Pl) fam* [Arbeitslosenunterstützung] A.S.S.E.D.I.C. *fpl*.
stutzen ◇ *tr* **-1.** [kupieren] couper. **-2.** [Bart, Hecke] tailler. ◇ *intr* [innehalten] rester interdit(e).
stützen *tr* **-1.** [gen] soutenir. **-2.** [aufstützen] appuyer.
◆ **sich stützen** *ref*: **sich auf jn/etw ~** s'appuyer sur qqn/qqch.
stutzig *Adj*: **jn ~ machen** mettre la puce à l'oreille à qqn; **~ werden** commencer à avoir des soupçons.
Stütz|punkt *der* MIL base *f*.
StVO (*Abk für* **Straßenverkehrsordnung**) *die (ohne Pl)* Code *m* de la route.
stylen ['stailn̩] *tr* dessiner.
◆ **sich stylen** *ref* se donner un style.
Styropor® *das (ohne Pl)* polystyrène *m*.
s.u. (*Abk für* **siehe unten**) voir ci-dessous.
subaltern ◇ *Adj* subalterne. ◇ *Adv abw* de façon subalterne.
Sub|directory ['sʌbdairɛktori] *das* EDV sous-répertoire *m*.
Subjekt (*Pl* **-e**) *das* **-1.** GRAM sujet *m*. **-2.** *abw* [Mensch] individu *m*.
subjektiv ◇ *Adj* subjectif(ive). ◇ *Adv* avec subjectivité, subjectivement.
Subjektivität [zupjɛktivi'tɛ:t] *die (ohne Pl)* subjectivité *f*.
Sub|kultur *die* subculture *f*.
Substantiv (*Pl* **-e**) *das* GRAM substantif *m*.
Substanz (*Pl* **-en**) *die* substance *f*; **etw geht jm an die ~** *fam fig* qqch ronge qqn, qqch finit par ronger qqn.
subtil *geh* ◇ *Adj* subtil(e). ◇ *Adv* **-1.** [denken, sich unterscheiden] de manière subtile. **-2.** [fragen] avec subtilité.
subtrahieren MATH *tr* & *intr* soustraire.
Subtraktion (*Pl* **-en**) *die* MATH soustraction *f*.
subtropisch *Adj* subtropical(e).
Sub|unternehmer, in *der, die* WIRTSCH sous-traitant *m*.
Subvention [zupvɛn'tsio:n] (*Pl* **-nen**) *die* subvention *f*.
subventionieren [zupvɛntsio'ni:rən] *tr* subventionner.
subversiv [zupvɛr'zi:f] ◇ *Adj* subversif(ive). ◇ *Adv*: **~ tätig sein** avoir des activités subversives.
Suche (*Pl* **-n**) *die* recherche *f*; **auf der ~ nach jm/etw sein** être à la recherche de qqn/qqch.
suchen ◇ *tr* **-1.** [finden wollen] chercher. **-2.** [sich wünschen] rechercher. **-3.** *RW*: **jd/etw hat hier nichts zu ~** *fam* qqn/qqch n'a rien à faire ici. ◇ *intr* chercher; **nach jm/etw ~** chercher qqn/qqch.
Sucher (*Pl* **-**) *der* PHOT viseur *m*.
Sucht (*Pl* **Süchte**) *die* **-1.** [krankhaft] dépendance *f*. **-2.** [zwanghaft] manie *f*; **die ~ nach etw** *(D)* la dépendance à l'égard de qqch, le besoin de qqch.
süchtig *Adj* dépendant(e); **~ machen** créer une dépendance.
suchtkrank *Adj* intoxiqué(e).
Such|trupp *der* patrouille *f* de recherche.
Sud (*Pl* **-e**) *der* décoction *f*.
Süd *(ohne Pl & ohne Artikel)* [Windrichtung] sud *m*; **aus ~** du sud.
Süd|afrika *nt* Afrique *f* du Sud.
Süd|afrikaner, in *der, die* Sud-Africain *m*, -e *f*.
südafrikanisch *Adj* sud-africain(e).
Süd|amerika *nt* Amérique *f* du Sud.
Süd|amerikaner, in *der, die* Sud-Américain *m*, -e *f*.
südamerikanisch *Adj* sud-américain(e).
Sudan *der* Soudan *m*; **im ~** au Soudan.
Sudanese (*Pl* **-n**) *der* Soudanais *m*.
sudanesich *Adj* soudanais(e).
Sudanesin (*Pl* **-nen**) *die* Soudanaise *f*.
süddeutsch *Adj* d'Allemagne du Sud.
Süddeutschland *nt* Allemagne *f* du Sud, Sud *m* de l'Allemagne.
süddt. *Abk für* **süddeutsch**.
Süden *der (ohne Pl)* **-1.** [Gegend] Sud *m*; **aus**

dem ~ du Sud. **-2.** [Richtung] sud *m*.
◆ **im Süden** *Adv* au sud.
◆ **nach Süden** *Adv* vers le sud.

Süd|frucht *die* fruit *m* tropical.

Südkorea *nt* Corée *f* du Sud.

Süd|koreaner, in *der, die* Sud-Coréen *m*, -enne *f*.

südkoreanisch *Adj* sudcoréen(enne).

südl. *Abk für* **südlich**.

Südländer, in (*mPl* **-**; *fPl* **-nen**) *der, die* habitant *m*, -e *f* d'un pays méditerranéen.

südländisch *Adj* méditerranéen(enne).

südlich ◇ *Adj* du sud ODER Sud; **die ~e Halbkugel** l'hémisphère *m* Sud; **in ~er Richtung** vers le sud. ◇ *Präp*: **~ einer Sache** *(G)* ODER **von etw** au sud de qqch.

Südost *(ohne Artikel & ohne Pl)* sud-est *m*.

Süd|osten *der (ohne Pl)* **-1.** [Gegend] Sud-Est *m*. **-2.** [Richtung] sud-est *m*.

südöstlich ◇ *Adj* au ODER du sud-est. ◇ *Adv*: **~ von etw** au sud-est de qqch. ◇ *Präp* au sud-est de.

Süd|pol *der (ohne Pl)* **-1.** GEOGR Pôle *m* Sud. **-2.** PHYS pôle *m* sud.

Süd|seite *die* face *f* sud.

Südtirol *nt* Trentin-Haut-Adige *m*; **in ~** dans le Trentin-Haut-Adige.

Süd|tiroler, in *der, die* habitant *m*, -e *f* du Haut-Adige.

südwärts *Adv* vers le sud.

Süd|wein *der* vin *m* du Sud, vin *m* méridional.

Süd|west *(ohne Pl & ohne Artikel)* sud-ouest *m*.

Süd|westen *der (ohne Pl)* **-1.** [Gegend] Sud-Ouest *m*. **-2.** [Richtung] sud-ouest *m*.

südwestlich ◇ *Adj* au ODER du sud-ouest. ◇ *Adv*: **~ von etw** au sud-ouest de qqch. ◇ *Präp* au sud-ouest de.

Süd|wind *der* vent *m* du Sud ODER de sud.

Suezkanal *der* canal *m* de Suez.

Suff *der (ohne Pl) salopp* boisson *f*; **im ~** en état d'ivresse.

süffig *Adj fam* doux (douce).

süffisant ◇ *Adj* suffisant(e). ◇ *Adv* d'un air suffisant, avec suffisance.

Suffix (*Pl* **-e**) *das* GRAM suffixe *m*.

suggerieren *tr geh* suggérer.

Suggestion (*Pl* **-en**) *die geh* suggestion *f*.

suggestiv ◇ *Adj* suggestif(ive). ◇ *Adv* de façon suggestive.

suhlen
◆ **sich suhlen** *ref* **-1.** [sich wälzen] se vautrer. **-2.** *fig* [sich wohlfühlen] se complaire.

Sühne (*Pl* **-n**) *die geh* expiation *f*; **für etw ~ leisten** expier qqch.

sühnen *geh* ◇ *intr*: **für etw** *(A)* **~** expier qqch. ◇ *tr* expier qqch.

Suite ['svi:t(ə)] (*Pl* **-n**) *die* suite *f*.

Sulfat (*Pl* **-e**) *das* CHEM sulfate *m*.

Sultan (*Pl* **-e**) *der* sultan *m*.

Sultanin (*Pl* **-nen**) *die* sultane *f*.

Sultanine (*Pl* **-n**) *die* raisin *m* de Smyrne.

Sülze (*Pl* **-n**) *die* KÜCHE fromage *m* de tête.

Sumatra *nt* Sumatra; **auf ~** à Sumatra.

summarisch *geh* ◇ *Adj* sommaire. ◇ *Adv* sommairement.

Sümmchen (*Pl* **-**) *das fam* : **ein hübsches** ODER **rundes ~** *hum* une coquette somme, une somme rondelette.

Summe (*Pl* **-n**) *die* somme *f*.

summen (*Perf* **hat/ist gesummt**) ◇ *intr* **-1.** *(hat)* [Person] fredonner; [Gerät] ronronner. **-2.** *(ist)* [Insekt] bourdonner. ◇ *tr (hat)* fredonner.

Summer (*Pl* **-**) *der* sonnerie *f*.

summieren *tr*: **(etw zu etw) ~** additionner (qqch à qqch).
◆ **sich summieren** *ref* s'accumuler.

Sumpf (*Pl* **Sümpfe**) *der* **-1.** [Gelände] marécage *m*. **-2.** *fam abw* [moralisch] fange *f*.

sumpfig *Adj* marécageux(euse).

Sünde (*Pl* **-n**) *die* péché *m*; **eine ~ begehen** commettre un péché.

Sünden|bock *der fam* bouc *m* émissaire; **jn zum ~ machen** faire porter le chapeau à qqn.

Sünder, in (*mPl* **-**; *fPl* **-nen**) *der, die* pécheur *m*, -eresse *f*.

sündigen *intr* **-1.** [religiös] pécher; **gegen etw ~** pécher contre qqch. **-2.** *fam* [gegen einen Vorsatz handeln] fauter.

super *fam* ◇ *Adj* super. ◇ *Adv* super bien.
◆ **super!** *Interj* super!

Super *das (ohne Pl) fam* super *m*.

Super|benzin *das* supercarburant *m*.

Superlativ (*Pl* **-e**) *der* GRAM superlatif *m*.
◆ **Superlative** *Pl* superlatifs *mpl*.

Super|macht *die* super-puissance *f*.

Super|markt *der* supermarché *m*.

Süppchen (*Pl* **-**) *das fam* petite soupe *f*; **sein (eigenes) ~ kochen** *fam fig* magouiller (dans son coin), faire sa petite cuisine (dans son coin).

Suppe (*Pl* **-n**) *die* soupe *f*; **jm die ~ versalzen** *fam fig* mettre à qqn des bâtons dans les roues.

Suppen|fleisch *das (ohne Pl)* viande *f* de ODER à pot-au-feu.

Suppen|grün *das (ohne Pl) bouquet garni composé de carottes, céleri, poireaux et persil pour parfumer la soupe.*

Suppen|kelle *die* louche *f*.

Suppen|löffel *der* cuillère *f* à soupe.
Suppen|schüssel *die* soupière *f*.
Suppen|teller *der* assiette *f* à soupe.
Suppen|würfel *der* Bouillon-Cube® *m*.
Surf|brett ['sœːɐ̯fbrɛt] *das* **-1.** [für Wellensurfen] surf *m*. **-2.** [für Windsurfen] planche *f* (à voile).
surfen ['sœːɐ̯fn̩] (*Perf* **hat/ist gesurft**) *intr* **-1.** *(hat, ist)* [auf Wellen] surfer. **-2.** *(hat, ist)* [windsurfen] faire de la planche à voile. **-3.** *(ist)* [in eine Richtung] surfer.
Surfer, in ['sœːɐ̯fɐ, rɪn] (*mPl* **-**; *fPl* **-nen**) *der, die* **-1.** [Wellensurfer] surfeur *m*, -euse *f*. **-2.** [Windsurfer] véliplanchiste *mf*, planchiste *mf*.
Surrealismus *der (ohne Pl)* surréalisme *m*.
surren (*Perf* **hat/ist gesurrt**) *intr* **-1.** *(ist)* [fliegen] siffler. **-2.** *(hat)* [summen - Tier] bourdonner; [- Motor] ronronner.
suspekt ◇ *Adj* suspect(e); **jm ~ sein** être suspect aux yeux de qqn; **er ist mir ~** il m'est suspect. ◇ *Adv*: **~ aussehen** avoir l'air suspect.
suspendieren *tr* suspendre; **jn von etw ~** suspendre qqn de qqch.
süß ◇ *Adj* **-1.** [süßlich] sucré(e). **-2.** [niedlich] mignon(onne). **-3.** *geh* [angenehm] doux (douce). ◇ *Adv* **-1.** [niedlich]: **~ aussehen** être mignon(onne). **-2.** [süßlich]: **~ schmecken** être sucré(e). **-3.** *geh* [angenehm]: **~ träumen** faire de beaux rêves.
süßen *tr* sucrer.
Süß|holz *das (ohne Pl)* réglisse *f*; **~ raspeln** *fig fam* conter fleurette.
Süßigkeit (*Pl* **-en**) *die* friandise *f*.
süßlich ◇ *Adj* **-1.** [Geschmack] légèrement sucré(e). **-2.** [Geruch] douceâtre. **-3.** [übertrieben freundlich] mielleux(euse). ◇ *Adv* **-1.** [süß]: **~ schmecken** avoir un goût sucré; **~ riechen** avoir une odeur douceâtre. **-2.** [übertrieben freundlich]: **~ lächeln** avoir un sourire mielleux.
süß-sauer ◇ *Adj* aigre-doux (aigre-douce). ◇ *Adv*: **~ schmecken** avoir un goût aigre-doux.
Süß|speise *die* entremets *m*.
Süß|stoff *der* édulcorant *m*.
Süßwaren *Pl* confiseries *fpl*.
Süß|wasser *das* eau *f* douce.
SV (*Abk für* **Spielvereinigung**) *der (ohne Pl)* A.S. *f*.
SVP (*Abk für* **Schweizer Volkspartei**) *die (ohne Pl) parti populiste suisse.*
SW (*Abk für* **Südwest**) SO.
Sweatshirt ['svɛtʃœːɐ̯t] (*Pl* **-s**) *das* sweat-shirt *m*.
SWF (*Abk für* **Südwestfunk**) *der (ohne Pl)* Radio *f* Baden-Baden.
Swimming|pool ['svɪmɪŋpuːl] *der* piscine *f*.
Swing [svɪŋ] (*Pl* **-s**) *der* MUS swing *m*.
Sydney ['sɪdnɪ] *nt* Sydney.
Sylt *nt* Sylt; **auf ~** à Sylt.
Symbol (*Pl* **-e**) *das* symbole *m*.
Symbolik *die (ohne Pl)* symbolique *f*.
symbolisch ◇ *Adj* symbolique. ◇ *Adv* de façon symbolique.
symbolisieren *tr* symboliser.
Symmetrie (*Pl* **-n**) *die* symétrie *f*.
symmetrisch ◇ *Adj* symétrique. ◇ *Adv* de manière symétrique.
Sympathie (*Pl* **-n**) *die* sympathie *f*; **für jn/etw ~ empfinden** *geh* éprouver de la sympathie pour qqn/qqch; **sich** *(D)* **js ~n verscherzen** s'aliéner la sympathie de qqn.
◆ **bei aller Sympathie!** *Interj fam* il y a des limites!
Sympathisant, in (*mPl* **-en**; *fPl* **-nen**) *der, die* sympathisant *m*, -e *f*.
sympathisch ◇ *Adj* sympathique; **jm ~ sein** être sympathique à qqn. ◇ *Adv*: **~ lächeln** avoir un sourire sympathique.
sympathisieren *intr*: **mit jm ~** sympathiser avec qqn.
Symphonie = **Sinfonie**.
Symptom (*Pl* **-e**) *das* symptôme *m*.
Synagoge (*Pl* **-n**) *die* synagogue *f*.
synchron ◇ *Adj* synchrone. ◇ *Adv* de manière synchrone.
synchronisieren *tr* doubler *(film)*.
Syndikat (*Pl* **-e**) *das* **-1.** [von Verbrechern] syndicat *m* du crime. **-2.** [wirtschaftlich] cartel *m*.
Syndrom (*Pl* **-e**) *das* MED syndrome *m*.
Synode (*Pl* **-n**) *die* REL synode *m*.
Synonym (*Pl* **-e**) *das* synonyme *m*.
Syntax (*Pl* **-en**) *die* GRAM syntaxe *f*.
Synthese (*Pl* **-n**) *die*: **die ~ aus etw** la synthèse de qqch.
synthetisch ◇ *Adj* synthétique. ◇ *Adv*: **etw ~ herstellen** fabriquer qqch par synthèse.
Syphilis *die (ohne Pl)* syphilis *f*.
Syrer, in (*mPl* **-**; *fPl* **-nen**) *der, die* Syrien *m*, -enne *f*.
Syrien *nt* Syrie *f*.
syrisch *Adj* syrien(enne).
System [zys'teːm] (*Pl* **-e**) *das* système *m*; **mit ~** de façon systématique.
System|absturz *der* EDV plantage *m* du système.
Systematik (*Pl* **-en**) *die* systématique *f*.
systematisch ◇ *Adj* systématique. ◇ *Adv* **-1.** [konsequent] de manière systématique. **-2.**

[ständig] systématiquement. **-3.** [geordnet] de manière structurée.
systematisieren *tr* systématiser.
System|datei *die* EDV fichier système *m*.
System|diskette *die* EDV disquette système *f*.
System|einheit *die* EDV unité *f* centrale.
System|software *die* EDV logiciel système *m*.
Szene (*Pl* **-n**) *die* **-1.** [bei Schauspiel, Streit] scène *f*; **jm eine ~ machen** faire une scène à qqn; **sich in ~ setzen** *fig* se mettre en avant. **-2.** *(ohne Pl) fam* [Milieu] milieu *m* branché.

T

t, T [teː] (*Pl* - ODER **-s**) *das* t *m inv*, T *m inv*.
◆ **t** (*Abk für* **Tonne**) t.
TA (*Pl* **-s**) (*Abk für* **Technischer Assistent/Technische Assistentin**) *der, die* laborantin *m*, -e *f*.
Tab. (*Abk für* **Tabelle**) tab.
Tabak, Tabak (*Pl* **-e**) *der* tabac *m*.
Tabak|geschäft *das* bureau *m* de tabac, tabac *m*.
Tabak|laden *der* débit *m* de tabac, tabac *m*.
Tabakwaren *Pl tout produit à base de tabac.*
Tabasco® *der (ohne Pl)* tabasco® *m*.
tabellarisch *Adj* & *Adv* sous forme de tableau.
Tabelle (*Pl* **-n**) *die* **-1.** [Liste] tableau *m*. **-2.** SPORT classement *m*.
Tabellen|führer *der* SPORT leader *m* du ODER au classement.
Tabellen|platz *der* SPORT place *f* du ODER au classement.
Tablett (*Pl* **-s** ODER **-e**) *das* plateau *m*.
Tablette (*Pl* **-n**) *die* comprimé *m*.
tabu *Adj*: **etw ist ~** qqch est tabou(e).
Tabu (*Pl* **-s**) *das* tabou *m*.
Tacho (*Pl* **-s**) *der fam* compteur *m* de vitesse.
Tacho|meter *der* compteur *m* de vitesse.
Tadel (*Pl* **-**) *der geh* blâme *m*.
tadellos ◇ *Adj* irréprochable. ◇ *Adv* de manière irréprochable.
tadeln *tr* blâmer.
Tadschikistan *nt* Tadjikistan *m*; **in ~** au Tadjikistan.
Tafel (*Pl* **-n**) *die* **-1.** [Schreibtafel] tableau *m*. **-2.** *geh* [Tisch] table *f*; **die ~ aufheben** inviter à quitter la table. **-3.** [Stück]: **eine ~ Schokolade** une tablette de chocolat.
tafelfertig ◇ *Adj* prêt(e) à consommer. ◇ *Adv*: **~ zubereitet** prêt(e) à être consommé(e).
tafeln *intr geh* festoyer.
täfeln *tr* lambrisser.
Tafel|obst *das (ohne Pl)* fruits *mpl* de table.
Täfelung (*Pl* **-en**) *die* lambris *m*.
Tafel|wasser (*Pl* **-wässer**) *das* **-1.** [ohne Kohlensäure] eau *f* plate. **-2.** [mit Kohlensäure] eau *f* minérale gazeuse.
Tafel|wein *der* vin *m* de table.
Taft (*Pl* **-e**) *der* taffetas *m*.
Tag (*Pl* **-e**) *der* **-1.** [gen] jour *m*; **in vierzehn ~en** dans quinze jours; **es ist ~** il fait jour. **-2.** [in seinem Verlauf] journée *f*; **~ und Nacht geöffnet** ouvert(e) jour et nuit ODER 24h sur 24. **-3.** *RW*: **am hellichten ~** en plein jour; **auf seine alten ~e (hin)** *fam* sur ses vieux jours; **bei ~(e) besehen** à la lumière du jour; **dieser ~e** *fam* [demnächst] ces jours-ci; *fam* [neulich] ces derniers temps; **über ~(e)** en surface; **unter ~(e)** sous terre; **~ der offenen Tür** journée *f* portes ouvertes.
◆ **eines Tages** *Adv* un (beau) jour.
◆ **guten Tag!** *Interj* bonjour!
◆ **Tag für Tag** *Adv* jour après jour.
◆ **von Tag zu Tag** *Adv* de jour en jour.
◆ **Tage** *Pl* **-1.** [Leben]: **js ~e sind gezählt** les jours de qqn sont comptés. **-2.** *fam* [Menstruation]: **sie hat/bekommt ihre ~e** *fam* elle a ses règles.
tagaus *Adv*: **~, tagein** jour après jour.
Tag der Deutschen Einheit *der (ohne Pl) fête nationale allemande.*

TAG DER DEUTSCHEN EINHEIT:
Fête nationale allemande commémorant le jour de la réunification officielle (3 octobre 1990). Celle-ci a été instituée après l'union économique, monétaire et sociale entrée en vigueur le 1er juillet 1990.

Tage|bau *der (ohne Pl)* exploitation *f* à ciel ouvert.
Tage|buch *das* journal *m* (intime).
tagelang ◇ *Adj* qui dure des jours entiers. ◇ *Adv* des jours entiers.
Tagelöhner, in (*mPl* **-**; *fPl* **-nen**) *der, die* journalier *m*, -ère *f*.
tagen *intr* **-1.** [Sitzung haben] siéger; [Gericht] délibérer. **-2.** *geh*: **es tagt** le jour se lève.
Tagesab|lauf *der* journée *f*.
Tagesan|bruch *der* aube *f*.
Tagesaus|flug *der* excursion *f* d'une journée.

Tages|bedarf *der (ohne Pl)* besoin *m* quotidien.
Tages|creme *die* crème *f* de jour.
Tages|einnahme *die* recette *f* journalière ODER quotidienne.
Tages|fahrt *die* excursion *f* d'une journée.
Tages|gericht *das* plat *m* du jour.
Tages|geschehen *das* actualité *f* (du jour).
Tages|karte *die* forfait *m* journalier.
Tages|kurs *der* cours *m* du jour.
Tages|licht *das (ohne Pl)* lumière *f* du jour; **etw kommt ans ~** qqch apparaît au grand jour.
Tages|mutter *die* nourrice *f*.
Tages|ordnung *die* ordre *m* du jour; **zur ~ übergehen** [auf einer Versammlung] passer à l'ordre du jour; [im täglichen Leben] **reprendre** les habitudes de tous les jours; **nach den Feierlichkeiten gingen wir wieder zur ~ über** après les festivités la vie a repris son cours; **etw ist an der ~** qqch est monnaie courante.
Tagesrückfahr|karte *die* billet *m* de retour *(valable une journée)*.
Tagesschau *die (ohne Pl) journal télévisé de la 1ère chaîne publique allemande.*
Tages|zeit *die* heure *f* de la journée.
Tages|zeitung *die* journal *m* quotidien, quotidien *m*.
tageweise *Adv* à la journée.
taghell ◇ *Adj* clair(e) comme en plein jour. ◇ *Adv*: **~ beleuchten** éclairer comme en plein jour.
täglich ◇ *Adj* quotidien(enne). ◇ *Adv* quotidiennement; **dreimal ~** trois fois par jour.
tags *Adv* le jour; **~ zuvor/darauf** le jour d'avant/d'après.
Tag|schicht *die* équipe *f* de jour.
tagsüber *Adv* dans la journée.
tagtäglich ◇ *Adj* quotidien(enne), de tous les jours. ◇ *Adv* tous les jours.
Tagung (*Pl* **-en**) *die* congrès *m*.
Tahiti *nt* Tahiti; **in** ODER **auf ~** à Tahiti.
Taifun (*Pl* **-e**) *der* typhon *m*.
Taille ['taljə] (*Pl* **-n**) *die* taille *f*.
Taillen|weite *die* tour *m* de taille.
tailliert [ta'ji:ɐt] *Adj* cintré(e).
Taipeh *nt* Taipeh.
Taiwan, Taiwan *nt* Taiwan.
Taiwanese (*Pl* **-n**) *der* Taiwanais *m*.
Taiwanesin (*Pl* **-nen**) *die* Taiwanaise *f*.
taiwanesisch *Adj* taiwanais(e).
Takt (*Pl* **-e**) *der* **-1.** [musikalische Einheit] **mesure** *f*. **-2.** *(ohne Pl)* [Feingefühl] **tact** *m*. **-3.** *(ohne Pl)* [Rhythmus] **rythme** *m*. **-4.** [zeitlicher Abstand] **fréquence** *f*. **-5.** *RW*: **jn aus dem ~ bringen** déconcerter qqn.
Takt|frequenz *die* EDV fréquence *f* d'horloge.
Takt|gefühl *das (ohne Pl)* tact *m*.
Takt|geschwindigkeit *die* EDV vitesse *f* d'horloge.
taktieren *intr* agir en stratège.
Taktik (*Pl* **-en**) *die* tactique *f*.
Taktiker, in (*mPl* **-**; *fPl* **-nen**) *der, die* tacticien *m*, -enne *f*.
taktisch ◇ *Adj* tactique. ◇ *Adv* tactiquement.
taktlos *Adj* qui manque de tact.
Taktlosigkeit (*Pl* **-en**) *die* manque *m* de tact.
Takt|stock *der* baguette *f (de chef d'orchestre)*.
taktvoll ◇ *Adj* plein(e) de tact. ◇ *Adv* avec tact.
Tal (*Pl* **Täler**) *das* vallée *f*.
talabwärts *Adv* en descendant la vallée.
Talar (*Pl* **-e**) *der* toge *f*, robe *f*.
talaufwärts *Adv* en remontant la vallée.
Talent (*Pl* **-e**) *das* talent *m*.
talentiert ◇ *Adj* talentueux(euse). ◇ *Adv* avec talent.
Taler (*Pl* **-**) *der* thaler *m*.
Tal|fahrt *die* **-1.** [ins Tal] **descente** *f* dans la vallée. **-2.** *fig* [von Wirtschaft, Aktien] **chute** *f*.
Talg (*Pl* **-e**) *der* **-1.** [von Tieren] **suif** *m*. **-2.** [von Menschen] **sébum** *m*.
Talisman (*Pl* **-e**) *der* talisman *m*.
Talk [tɔ:k] (*Pl* **-s**) *der* débat *m*.
Tal|kessel *der* cuvette *f*.
Talk-Show ['tɔ:kʃo:] (*Pl* **-s**) *die* talk-show *m*.
Talmi *das (ohne Pl)* toc *m*.
Tal|sohle *die* **-1.** [von Tälern] **fond** *m* de la vallée. **-2.** *fig* [von Zyklus, Entwicklung] **creux** *m* de la vague.
Tal|sperre *die* retenue *f* d'eau.
Tal|station *die point de départ des remontées mécaniques.*
Tamburin, Tamburin (*Pl* **-e**) *das* tambourin *m*.
Tamile (*Pl* **-n**) *der* Tamoul *m*.
Tamilin (*Pl* **-nen**) *die* Tamoule *f*.
tamilisch *Adj* tamoul(e).
Tampon ['tampɔn, tam'po:n] (*Pl* **-s**) *der* tampon *m*.
Tand *der (ohne Pl) geh* colifichets *mpl*.
Tandem (*Pl* **-s**) *das* tandem *m*.
Tang (*Pl* **-e**) *der* varech *m*.
Tanga (*Pl* **-s**) *der* tanga *m*.
Tangente (*Pl* **-n**) *die* MATH tangente *f*.
tangieren *tr* **-1.** [beeinflussen] **toucher**. **-2.**

MATH: **etw tangiert etw** qqch est tangent(e) à qqch.
Tango (*Pl* **-s**) *der* tango *m*.
Tank (*Pl* **-s**) *der* réservoir *m*.
Tank|deckel *der* bouchon *m* du réservoir.
tanken ◇ *intr* prendre de l'essence. ◇ *tr* **-1.** [auftanken]: **Benzin ~** prendre de l'essence. **-2.** *fam* [Luft, Sonne] faire le plein de.
Tanker (*Pl* **-**) *der* pétrolier *m*.
Tank|inhalt *der* **-1.** [Treibstoff] contenu *m* du réservoir. **-2.** [Rauminhalt] volume *m* ODER capacité *f* du réservoir.
Tank|schloß *das* serrure *f* du réservoir.
Tank|stelle *die* station-service *f*.
Tank|wagen *der* camion-citerne *m*.
Tankwart, in (*mPl* **-e,** *Pl* **-nen**) *der, die* pompiste *mf*.
Tanne (*Pl* **-n**) *die* sapin *m*.
Tannen|baum *der* **-1.** [Tanne] sapin *m*. **-2.** [Weihnachtsbaum] sapin *m* de Noël.
Tannen|nadel *die* aiguille *f* de sapin.
Tannen|zapfen *der* pomme *f* de pin.
Tansania *nt* Tanzanie *f*.
Tansanianer, in (*mPl* **-**; *fPl* **-nen**) *der, die* Tanzanien *m*, -enne *f*.
tansanianisch *Adj* tanzanien(enne).
Tansanier, in (*mPl* **-**; *fPl* **-nen**) *der, die* Tanzanien *m*, -enne *f*.
tansanisch *Adj* tanzanien(enne).
Tantal *das (ohne Pl)* CHEM tantale *m*.
Tante (*Pl* **-n**) *die* **-1.** [Verwandte] tante *f*. **-2.** *fam* [Anrede] tata *f*.
Tante-Emma-|Laden *der* petite épicerie *f*.
Tantieme [tɑ̃'tie:mə] (*Pl* **-n**) *die* **-1.** [Verhältnis] tantième *m*. **-2.** [Vergütung] droits *mpl* d'auteur.
Tanz (*Pl* **Tänze**) *der* **-1.** [Bewegung, Musikstück] danse *f*. **-2.** *(ohne Pl)* [Veranstaltung] bal *m*.
Tanz|bein *das*: **das ~ schwingen** *fam hum* guincher.
tänzeln (*Perf* **hat/ist getänzelt**) *intr* [Pferd] piaffer.
tanzen *intr* & *tr* danser; **Walzer ~** danser la valse.
Tänzer, in (*mPl* **-**; *fPl* **-nen**) *der, die* danseur *m*, -euse *f*.
Tanz|fläche *die* piste *f* de danse.
Tanz|kurs *der* cours *m* de danse.
Tanz|musik *die (ohne Pl)* musique *f* de danse ODER pour danser.
Tanz|schule *die* école *f* de danse.
Tanz|stunde *die* cours *m* de danse.
Tanz|turnier *das* concours *m* de danse.
tapern (*Perf* **ist getapert**) *intr Norddt* marcher d'un pas chancelant.
Tapet *das*: **etw aufs ~ bringen** *fig fam* mettre qqch sur le tapis.
Tapete (*Pl* **-n**) *die* papier *m* peint.
Tapeten|wechsel *der fam fig* changement *m* d'air.
tapezieren *tr* & *intr* tapisser.
tapfer ◇ *Adj* courageux(euse); [Soldat] vaillant(e). ◇ *Adv* **-1.** [furchtlos] avec bravoure, vaillamment. **-2.** [beherrscht] courageusement.
Tapferkeit *die (ohne Pl)* bravoure *f*.
tappen (*Perf* **ist getappt**) *intr fam* avancer à tâtons.
tapsig *fam* ◇ *Adj* pataud(e). ◇ *Adv* de manière pataude.
Tarantel (*Pl* **-n**) *die* tarentule *f*; **wie von der ~ gestochen** *fam fig* comme piqué(e) de la tarentule.
Tarif (*Pl* **-e**) *der* tarif *m*.
Tarifautonomie *die* autonomie *f* des partenaires sociaux.
Tarifkonflikt *der* conflit *m* salarial.
tariflich ◇ *Adj* tarifaire, salarial(e). ◇ *Adv* d'un point de vue tarifaire ODER salarial.
Tariflohn *der* salaire *m* fixé par les conventions collectives.
Tarif|partner *der* partie *f* (prenante) à une convention collective.
◆ **Tarifpartner** *Pl* partenaires *mpl* sociaux.
Tarifver|handlung *die* négociation *f* entre partenaires sociaux.
Tarifvertrag *der* convention *f* collective.
tarnen *tr* camoufler.
◆ **sich tarnen** *ref*: **sich (als etw) ~** se travestir (en qqch).
Tarnung *die (ohne Pl)* camouflage *m*.
Tarock (*Pl* **-s**) *der* ODER *das jeu de cartes proche du tarot qui se joue à trois.*
Tarot [ta'ro:] (*Pl* **-s**) *der* ODER *das* tarot *m*, tarots *mpl*.
Tasche (*Pl* **-n**) *die* **-1.** [tragbar] sac *m*. **-2.** [in Kleidung] poche *f*. **-3.** *RW*: **etw aus eigener ~ bezahlen** payer qqch de sa poche; **etw (schon) in der ~ haben** *fam* avoir (déjà) qqch en poche; **jm auf der ~ liegen** *fam* vivre aux crochets de qqn.
Taschen|buch *das* livre *m* de poche.
Taschen|dieb, in *der, die* pickpocket *m*.
Taschen|format *das*: **im ~** en format de poche.
Taschen|geld *das (ohne Pl)* argent *m* de poche.
Taschen|kalender *der* agenda *m*.
Taschen|lampe *die* lampe *f* de poche.
Taschen|messer *das* couteau *m* de poche.
Taschen|rechner *der* calculette *m*, calculatrice *f* de poche.

Taschen|schirm *der* parapluie *m* pliable.
Taschen|tuch (*Pl* **-tücher**) *das* mouchoir *m*.
Taschen|uhr *die* montre *f* de gousset.
Taschkent *nt* Tachkent.
Tasse (*Pl* **-n**) *die* tasse *f*; **nicht alle ~n im Schrank haben** *fam fig* être marteau.
Tastatur (*Pl* **-en**) *die* clavier *m*.
Tastaturbelegung (*Pl* **-en**) *die* EDV configuration *f* du clavier.
Tastatur|treiber *der* EDV: **deutscher/englischer/französischer ~** gestionnaire *m* de clavier allemand/anglais/français.
tastbar *Adj* palpable.
Taste (*Pl* **-n**) *die* touche *f*.
tasten ◇ *intr* tâtonner; **nach etw ~** chercher qqch à tâtons. ◇ *tr* tâter.
◆ **sich tasten** *ref*: **sich durch etw ~** tâtonner à travers qqch.
Tasten|instrument *das* instrument *m* à clavier.
Tasten|telefon *das* téléphone *m* à touches.
Tast|sinn *der (ohne Pl)* toucher *m*.
tat *Prät* → **tun**.
Tat (*Pl* **-en**) *die* action *f*; **etw in die ~ umsetzen** mettre qqch en pratique; **jn auf frischer ~ ertappen** *fig* prendre qqn sur le fait.
◆ **in der Tat** *Adv* en effet.
Tatbe|stand *der* **-1.** RECHT éléments *mpl* constitutifs. **-2.** [Tatsache] état *m* de fait.
tatenlos ◇ *Adj* passif(ive). ◇ *Adv* sans rien faire.
Täter, in (*mPl* **-**; *fPl* **-nen**) *der, die* coupable *m*.
Täterschaft *die (ohne Pl)* culpabilité *f*.
Tather|gang *der* déroulement *m* des faits.
tätig *Adj* **-1.** [beschäftigt]: **~ sein** travailler. **-2.** [aktiv] actif(ive); **~ werden** intervenir.
tätigen *tr* effectuer, réaliser.
Tätigkeit (*Pl* **-en**) *die* activité *f*.
Tätigkeitsbe|reich *der* domaine *m* d'activité.
Tätigkeits|wort *das* GRAM verbe *m*.
tatkräftig ◇ *Adj* énergique. ◇ *Adv* énergiquement, avec énergie.
tätlich ◇ *Adj* violent(e); **~ werden** en venir aux mains. ◇ *Adv* violemment.
Tätlichkeiten *Pl*: **es kommt zu ~** on en vient aux mains.
Tat|ort *der* lieu *m* du crime.
tätowieren *tr* & *intr* (se) tatouer.
Tätowierung (*Pl* **-en**) *die* tatouage *m*.
Tatra *die* Tatras *mpl*, Tatry *mpl*.
Tat|sache *die* fait *m*; **jn vor vollendete ~n stellen** *fig* mettre qqn devant le fait accompli.
◆ **Tatsache!** *Interj* c'est un fait!
tatsächlich, **tatsächlich** ◇ *Adj* véritable. ◇ *Adv* effectivement.
tätscheln *tr* **-1.** [liebkosen] cajoler; [Wange, Kopf] tapoter. **-2.** *fam abw* [betatschen] **peloter**.
Tatter|greis *der abw fam* (vieux) débris *m*.
Tat|verdacht *der (ohne Pl)* suspicion *f*.
Tatze (*Pl* **-n**) *die* patte *f*.
Tau (*Pl* **-e**) ◇ *der (ohne Pl)* [Niederschlag] **rosée** *f*. ◇ *das* [Seil] corde *f*.
taub ◇ *Adj* **-1.** [Mensch, Ohr] **sourd(e)**. **-2.** [Arm, Bein] **engourdi(e)**. ◇ *Adv* **-1.** [nichts hörend]: **sich ~ stellen** faire la sourde oreille. **-2.** [nichts fühlend]: **sich ~ anfühlen** être engourdi(e).
Taube (*Pl* **-n**) ◇ *der, die (G Tauben)* [Gehörlose] sourd *m*, -e *f*. ◇ *die (G Taube)* [Tier] **pigeon** *m*.
Tauben|schlag *der* colombier *m*.
taubstumm *Adj* sourd-muet (sourde-muette).
Taubstumme (*Pl* **-n**) *der, die* sourd-muet *m*, sourde-muette *f*.
Taubstummen|sprache *die (ohne Pl)* langage *m* des sourds-muets.
tauchen (*Perf* **hat/ist getaucht**) ◇ *intr (hat, ist)* plonger (sous l'eau). ◇ *tr (hat)* **-1.** [eintauchen] tremper. **-2.** [drücken] plonger.
Taucher (*Pl* **-**) *der* plongeur *m*.
Taucher|brille *die* lunettes *fpl* de plongée.
Taucherin (*Pl* **-nen**) *die* plongeuse *f*.
Tauchsieder (*Pl* **-**) *der* thermoplongeur *m*.
Tauch|station *die*: **auf ~ gehen** *fam fig* se retirer.
tauen (*Perf* **hat/ist getaut**) ◇ *intr (hat, ist)* fondre; **es taut** c'est le dégel. ◇ *tr (hat)* faire fondre.
Tauf|becken *das* fonts *mpl* baptismaux.
Taufe (*Pl* **-n**) *die* baptême *m*; **etw aus der ~ heben** fonder qqch.
taufen *tr* baptiser.
Tauf|pate *der* parrain *m*.
Tauf|patin *die* marraine *f*.
taufrisch ◇ *Adj* **-1.** [Pflanze] frais (fraîche). **-2.** *fam* [Mensch]: **~ sein** être frais (fraîche) comme une rose. ◇ *Adv* **-1.** [Pflanze] fraîchement. **-2.** *fam* [Mensch] avec la fraîcheur d'une rose.
Tauf|schein *der* extrait *m* ODER certificat *m* de baptême.
taugen *intr fam* : **zu** ODER **für etw ~** être bon (bonne) pour qqch; **nichts ~** [Gegenstand] ne rien valoir; [Mensch] n'être bon (bonne) à rien.
tauglich ◇ *Adj* **-1.** [geeignet] approprié(e). **-2.** MIL apte (au service). ◇ *Adv* MIL apte (au service).
Tauglichkeit *die (ohne Pl)* aptitude *f*.

Taumel *der (ohne Pl)* **-1.** [Rausch] ivresse *f.* **-2.** [Schwindel] vertige *m.*
taumeln (*Perf* **hat/ist getaumelt**) *intr* **-1.** *(ist)* [schwankend gehen] tituber. **-2.** *(hat)* [schwanken] chanceler.
Taunus *der* Taunus *m.*
Tausch (*Pl* **-e**) *der* échange *m*; [Handel] troc *m.*
tauschen ◇ *tr* échanger; [wechseln] changer. ◇ *intr*: **mit jm ~** [Arbeitszeit] échanger avec qqn; [an js Stelle sein] être à la place de qqn; [jd anderes sein] changer avec qqn.
täuschen ◇ *tr* tromper. ◇ *intr* tromper, être trompeur(euse).
◆ **sich täuschen** *ref* se tromper, faire erreur; **sich in jm ~** se tromper sur qqn, se méprendre sur le compte de qqn.
täuschend ◇ *Adj* trompeur(euse). ◇ *Adv*: **sich ~ ähnlich sehen** se ressembler à s'y méprendre.
Tausch|geschäft *das* échange *m.*
Tausch|handel *der (ohne Pl)* troc *m.*
Tausch|objekt *das* objet *m* d'échange.
Täuschung (*Pl* **-en**) *die* **-1.** [Irreführung] tromperie *f.* **-2.** [Verwechslung] illusion *f*; **optische ~** illusion *f* d'optique.
Täuschungs|manöver *das* feinte *f.*
tausend *Num* mille *m*; *siehe auch* **sechs**.
Tausend (*Pl* - ODER **-e**) *das* mille *m.*
◆ **Tausende** *Pl* [sehr viele]: **zu ~en** par milliers; *siehe auch* **Sechs**.
Tausender (*Pl* -) *der* **-1.** *fam* [Geldschein] billet *m* de mille. **-2.** MATH millier *m.*
tausenderlei *Adj (unver) fam* mille.
tausendfach *Adj* mille fois; *siehe auch* **sechsfach**.
Tausendfüßler (*Pl* -) *der* mille-pattes *m.*
tausendjährig *Adj*: **das ~e Reich** *fig* REL le règne millénaire; [der Nazis] le Reich de mille ans.
tausendmal *Adv* mille fois.
tausendste, r, s *Adj* millième; **der ~ Besucher** le millième visiteur; *siehe auch* **sechste**.
Tausendste (*Pl* **-n**) *der, die, das* millième *m*; *siehe auch* **Sechste**.
tausendstel *Adj (unver)*: **eine ~ Sekunde** un millième de seconde; *siehe auch* **sechstel**.
Tausendstel (*Pl* -) *das* millième *m*; *siehe auch* **Sechstel**.
Tau|wetter *das* dégel *m.*
Tau|ziehen *das* **-1.** [Spiel] tir *m* à la corde. **-2.** *fig* [Verhandlung] bras *m* de fer.
Taxe (*Pl* **-n**) *die* **-1.** [Taxi] taxi *m.* **-2.** [Gebühr] taxe *f.*
Taxi (*Pl* **-s**) *das* taxi *m.*
taxieren *tr* estimer.
Taxi|fahrer, in *der, die* chauffeur *m* de taxi.
Taxi|stand *der* station *f* de taxis.
Taz (*Abk für* **Tageszeitung**) *die quotidien berlinois.*
Tb, **Tbc** *die (ohne Pl) Abk für* **Tuberkulose**.
Teak [ti:k] *das (ohne Pl)* teck *m*, bois *m* de teck.
Team [ti:m] (*Pl* **-s**) *das* équipe *f.*
Team|arbeit *die (ohne Pl)* travail *m* d'équipe.
Technik (*Pl* **-en**) *die* technique *f*; **die modernste ~** les techniques les plus modernes.
Techniker, in (*mPl* **-**; *fPl* **-nen**) *der, die* technicien *m*, -enne *f.*
technisch ◇ *Adj* technique. ◇ *Adv* techniquement; **ein Projekt ~ leiten** assumer la direction technique d'un projet.
Technische Hoch|schule *die institut supérieur technique.*
Technische Überwachungs|verein *der (ohne Pl) amt institution allemande chargée du contrôle technique entre autres des voitures.*
Technologie (*Pl* **-n**) *die* technologie *f.*
Technologie|park *der* parc *m* technologique.
Technologie|transfer *der* transfert *m* de technologie.
technologisch ◇ *Adj* technologique. ◇ *Adv* sur le plan technologique.
Techtelmechtel (*Pl* -) *das fam* : **ein ~ mit jm haben** avoir une aventure avec qqn.
Teddy (*Pl* **-s**), **Teddybär** (*Pl* **-en**) *der* ours *m* en peluche.
Tee (*Pl* **-s**) *der* **-1.** [gen] thé *m*; **schwarzer ~** thé. **-2.** [Kräutertee] infusion *f.*
Tee|beutel *der* sachet *m* de thé.
Tee|kanne *die* théière *f.*
Tee|kessel *der* bouilloire *f.*
Tee|löffel *der* cuillère *f* à café.
Teenager (*Pl* -) *der* adolescent *m*, teen-ager *mf.*
Teer *der* goudron *m.*
teeren *tr* goudronner.
Teer|pappe *die* carton *m* bitumé.
Tee|sieb *das* passe-thé *m.*
Tee|tasse *die* tasse *f* à thé.
Tee|wagen *der* desserte *f*, table *f* roulante.
Tee|wurst *die saucisse fumée à tartiner.*
Teflon|pfanne® *die* poêle *f* Tefal®.
Teheran *nt* Téhéran.
Teich (*Pl* **-e**) *der* étang *m.*
Teig (*Pl* **-e**) *der* pâte *f.*
teigig *Adj* **-1.** [roh] pâteux(euse). **-2.** [schwammig] empâté(e).
Teigwaren *Pl* pâtes *fpl* alimentaires.
Teil (*Pl* **-e**) ◇ *der* [Teilmenge] partie *f.* ◇ *der* ODER *das* [Anteil] part *f*; **seinen ~ zu etw beitragen** *fam fig* apporter sa contribution à qqch; **sie denkt sich ihren ~ und sagt lieber**

nichts *fam* elle ne dit rien mais elle n'en pense pas moins. ◇ *das* [Einzelstück] pièce *f*.
◆ **zum Teil** *Adv* [teilweise] en partie.
Teilab|schnitt *der* tronçon *m*.
Teil|aspekt *der* aspect *m* (partiel).
teilbar *Adj* divisible.
Teil|bereich *der* sous-domaine *m*.
Teilchen (*Pl* -) *das* **-1.** PHYS particule *f*. **-2.** [kleines Teil] pièce *f*. **-3.** *Norddt* [Gebäck] gâteau *m* individuel.
teilen ◇ *tr*: **(etw mit jm) ~** partager (qqch avec qqn); **sich** *(D)* **etw ~** partager qqch. ◇ *intr* partager.
◆ **sich teilen** *ref* [sich gabeln] se diviser.
Teil|erfolg *der* succès *m* partiel.
Teil|gebiet *das* branche *f*, (sous-)domaine *m*.
teil|haben *intr (unreg)*: **an etw** *(D)* **~** participer à qqch.
Teilhaber, in (*mPl* -; *fPl* **-nen**) *der, die* associé *m*, -e *f*.
teilhaftig *Adj geh*: **einer Sache** *(G)* **~ werden** bénéficier de qqch.
Teil|menge *die* MATH sous-ensemble *m*.
teilmöbliert ◇ *Adj* partiellement meublé(e). ◇ *Adv*: **~ mieten** ODER **vermieten** louer un appartement en partie meublé.
Teilnahme (*Pl* **-n**) *die* **-1.** [Mitmachen] participation *f*. **-2.** [Mitgefühl] sympathie *f*.
Teilnahme|bedingung *die* condition *f* de participation.
teilnahmslos ◇ *Adj* indifférent(e). ◇ *Adv* avec indifférence.
teilnahmsvoll ◇ *Adj* compatissant(e). ◇ *Adv* avec compassion, avec sympathie.
teil|nehmen *intr (unreg)* **-1.** [mitmachen]: **an etw** *(D)* **~** participer à qqch. **-2.** [mitfühlen]: **an etw** *(D)* **~** *geh* prendre part à qqch.
Teilnehmer, in (*mPl* -; *fPl* **-nen**) *der, die* participant *m*, -e *f*.
Teilnehmer|liste *die* liste *f* des participants.
teils *Adv fam* en partie.
◆ **teils ... teils** *Adv* en partie ... en partie; **wie geht's dir**? - **ach, ~, ~** comment vas-tu? - oh, couci-couça.
Teil|strecke *die* tronçon *m*.
Teilung (*Pl* **-en**) *die* division *f*.
teilweise ◇ *Adv* **-1.** [zu gewissen Teilen] en partie. **-2.** [zeitweise] de temps à autre. ◇ *Adj* partiel(elle).
Teil|zahlung *die* paiement *m* partiel.
Teilzeit|arbeit *die* travail *m* à temps partiel.
Teilzeit|beschäftigte *der, die* travailleur *m*, -euse *f* à temps partiel.
Teint (*Pl* **-s**) *der* teint *m*.
Tel. (*Abk für* **Telefon**) tél.
Tel Aviv [tɛl a'viːf] *nt* Tel Aviv.
Tele|fax *das* **-1.** *amt* [Gerät] télécopieur *m*. **-2.** [Brief] téléfax *m*.
Telefon, Telefon (*Pl* **-e**) *das* téléphone *m*; **am ~** au téléphone; **~ haben** avoir le téléphone; **wer ist am ~**? qui est à l'appareil?
Telefonan|ruf *der* appel *m* téléphonique.
Telefonan|schluß *der* raccordement *m* téléphonique.
Telefonat (*Pl* **-e**) *das* conversation *f* téléphonique.
Telefon|auskunft *die (ohne Pl)* renseignements *mpl* téléphoniques, service *m* des renseignements.
Telefon|buch *das* annuaire *m (téléphonique)*.
Telefon|gebühr *die* abonnement *m (téléphonique)*.
Telefon|gespräch *das* conversation *f* téléphonique.
telefonieren *intr* téléphoner; **mit jm ~** [sich unterhalten] parler avec qqn au téléphone; [anrufen] téléphoner ODER passer un coup de fil à qqn; **nach Frankreich ~** téléphoner ODER passer un coup de fil en France.
telefonisch ◇ *Adj* téléphonique. ◇ *Adv* par téléphone.
Telefonist, in (*mPl* **-en**; *fPl* **-nen**) *der, die* standardiste *mf*.
Telefon|kabel *das* câble *m* du téléphone.
Telefon|karte *die* télécarte *f*.
Telefon|leitung *die* ligne *f* de téléphone ODER téléphonique.
Telefon|netz *das* réseau *m* téléphonique.
Telefon|nummer *die* numéro *m* de téléphone.
Telefon|rechnung *die* facture *f* de téléphone.
Telefonver|bindung *die* communication *f* téléphonique.
Telefon|zelle *die* cabine *f* téléphonique.
Telefon|zentrale *die* [in Firma] standard *m*.
Telegrafen|mast *der* poteau *m* télégraphique.
telegrafieren *tr* télégraphier.
telegrafisch ◇ *Adj* télégraphique. ◇ *Adv* par télégramme.
Tele|gramm (*Pl* **-e**) *das* télégramme *m*.
Telegramm|formular *das* imprimé *m* de télégramme.
Telegramm|stil *der (ohne Pl)* style *m* télégraphique.
Tele|kolleg *das* ≃ télé-enseignement *m*.
Telekom *die (ohne Pl) société allemande de télécommunications.*
Tele|kommunikation *die (ohne Pl)* télécommunication *f*.

Tele|objektiv *das* téléobjectif *m.*
Telepathie *die (ohne Pl)* télépathie *f.*
Teleskop *(Pl* **-e**) *das* téléscope *m.*
Tele|spiel *das* **-1.** [Spiel] jeu *m* vidéo. **-2.** [Gerät] console *f* de jeux.
Telex *(Pl* **-e**) *das* télex *m.*
Teller *(Pl* **-**) *der* assiette *f*; **seinen ~ leer essen** vider ODER finir son assiette.
Tellur *das (ohne Pl)* CHEM tellure *m.*
Tempel *(Pl* **-**) *der* temple *m.*
Temperament *(Pl* **-e**) *das* tempérament *m*; **~ haben** avoir du tempérament.
temperamentvoll ◇ *Adj* plein(e) de tempérament. ◇ *Adv* avec tempérament.
Temperatur *(Pl* **-en**) *die* température *f*; **~ haben** avoir ODER faire de la température.
Temperatur|anstieg *der* hausse *f* de température.
temperaturbeständig *Adj* insensible aux écarts thermiques.
Temperaturrück|gang *der* baisse *f* de température.
Temperatur|schwankung *die* variation *f* de température.
Tempo[1] *(Pl* **-s** ODER **Tempi**) *das* **-1.** *(Pl Tempos)* [Geschwindigkeit] allure *f*; [von Fahrzeugen] vitesse *f*. **-2.** *(Pl Tempi)* MUS tempo *m.*
Tempo[2®] *(Pl* **-s**) *das fam* [Papiertaschentuch] Kleenex® *m.*
Tempo|limit *das* limitation *f* de vitesse.
temporär *geh* ◇ *Adj* temporaire. ◇ *Adv* temporairement.
Tempo|sünder, in *der, die fam personne coupable d'un excès de vitesse.*
Tempotaschen|tuch® *das fam* Kleenex® *m.*
Tempus *(Pl* **Tempora**) *das* GRAM temps *m.*
Tendenz *(Pl* **-en**) *die* tendance *f*; **die ~ haben, etw zu tun** avoir tendance à faire qqch.
tendenziell ◇ *Adj* tendanciel(elle). ◇ *Adv* de façon tendancielle.
tendenziös *abw* ◇ *Adj* tendancieux(euse). ◇ *Adv* de façon tendancieuse.
Tendenz|wende *die* revirement *m* de tendance.
tendieren *intr* **-1.** [neigen]: **nach etw ~** avoir une tendance à qqch; **zu etw ~** tendre à qqch; **dazu ~, etw zu tun** avoir tendance à faire qqch. **-2.** WIRTSCH: **fester/schwächer ~** être orienté(e) à la hausse/à la baisse.
Teneriffa *nt* Ténériffe; **auf ~** à Ténériffe.
Tennis *das (ohne Pl)* tennis *m.*
Tennis|arm *der (ohne Pl)* tennis-elbow *m.*
Tennis|ball *der* balle *f* de tennis.
Tennis|platz *der* **-1.** [Platz] court *m* de tennis. **-2.** [Anlage] terrain *m* de tennis.
Tennis|schläger *der* raquette *f* de tennis.
Tenor[1] *(Pl* **Tenöre**) *der* MUS ténor *m*; **~ singen** être ténor.
Tenor[2] *der (ohne Pl) geh* teneur *f.*
Tensid *(Pl* **-e**) *das* tensioactif *m.*
Tentakel *(Pl* **-**) *der* ODER *das* tentacule *m.*
Teppich *(Pl* **-e**) *der* **-1.** [Einzelstück] tapis *m*. **-2.** [Teppichboden] moquette *f*; **der rote ~** le tapis rouge; **etw unter den ~ kehren** *fam fig* étouffer qqch.
Teppich|boden *der* moquette *f.*
Termin *(Pl* **-e**) *der* **-1.** [Zeitpunkt] rendez-vous *m*; **einen ~ vereinbaren** fixer un rendez-vous. **-2.** RECHT assignation *f*, audience *f.*
Terminal ['tø:ɐ̯minəl] *(Pl* **-s**) ◇ *der* ODER *das* [Gebäude] terminal *m*. ◇ *das* EDV terminal *m.*
termingebunden *Adj* tenu(e) à un délai ODER une échéance.
Termin|kalender *der* agenda *m.*
terminlich ◇ *Adj* de délai, d'échéance. ◇ *Adv* du point de vue du (des) délai(s).
Terminologie *(Pl* **-n**) *die* terminologie *f.*
Termin|plan *der* planning *m.*
Terminus *(Pl* **Termini**) *der geh* terme *m* (technique).
Termite *(Pl* **-n**) *die* termite *m.*
Terpentin *(Pl* **-e**) *das* térébenthine *f.*
Terrain [tɛ'rɛ̃:] *(Pl* **-s**) *das geh* terrain *m*; **das ~ sondieren** *fig* tâter le terrain.
Terrarium [tɛ'ra:ri̯ʊm] *(Pl* **Terrarien**) *das* terrarium *m.*
Terrasse *(Pl* **-n**) *die* terrasse *f.*
terrassenförmig *Adj* & *Adv* en terrasses.
Terrier ['tɛri̯ɐ] *(Pl* **-**) *der* [Hund] terrier *m.*
Terrine *(Pl* **-n**) *die* soupière *f.*
territorial *Adj* territorial(e).
Territorium [tɛri'to:ri̯ʊm] *(Pl* **-torien**) *das* territoire *m.*
Terror *der (ohne Pl)* **-1.** [Gewalt] actes *mpl* de terrorisme. **-2.** [Angst] terreur *f*. **-3.** *fam* [Streit]: **es gibt ~** ça barde; **~ machen** faire des histoires.
Terroran|schlag *der* attentat *m* terroriste.
terrorisieren *tr* **-1.** [unterdrücken] terroriser. **-2.** *fam* [ärgern]: **jn ~** taper sur les nerfs à qqn.
Terrorismus *der (ohne Pl)* terrorisme *m.*
Terrorist, in *(mPl* **-en**; *fPl* **-nen**) *der, die* terroriste *mf.*
terroristisch *Adj* terroriste.
tertiär *Adj* tertiaire.
Terz *(Pl* **-en**) *die* MUS tierce *f.*
Tesa®, **Tesafilm**® *der (ohne Pl)* Scotch® *m.*

Tessin *das* Tessin *m*; **im ~** au Tessin.
Tessiner, in (*mPl* -; *fPl* **-nen**) *der, die* Tessinois *m*, -e *f*.
Test (*Pl* **-e**) *der* test *m*; [in Schule] contrôle *m*.
Testament (*Pl* **-e**) *das* **-1.** [letzter Wille] testament *m*; **sein ~ machen** faire son testament. **-2.** REL: **das Alte/das Neue ~** l'Ancien/le Nouveau Testament.
testamentarisch ◇ *Adj* testamentaire. ◇ *Adv* par testament.
Test|bild *das* TV mire *f*.
testen *tr* tester.
Test|person *die personne volontaire pour tester un produit.*
Test|reihe *die* série *f* d'essais ODER de tests.
Test|strecke *die* parcours *m* d'essais.
Tetanus|impfung *die* vaccin *m* contre le tétanos.
teuer ◇ *Adj* cher(ère). ◇ *Adv* cher; **etw kommt jm** ODER **jn ~ zu stehen** qqn paie cher qqch.
Teuerung (*Pl* **-en**) *die geh* enchérissement *m*.
Teufel (*Pl* -) *der* **-1.** *(ohne Pl)* [Satan] diable *m*. **-2.** *fam* [Mensch] diable *m*. **-3.** [Dämon] démon *m*. **-4.** *RW*: **der ~ ist los** *fam* il y a du grabuge; **den ~ (nicht) an die Wand malen** *fam* (ne pas) imaginer le pire, (ne pas) noircir le tableau; **in ~s Küche kommen** *fam* être dans de beaux draps; **jn zum ~ jagen** *fam* envoyer qqn au diable ODER à tous les diables; **scher dich** ODER **geh zum ~** *salopp* va-t-en au diable; **zum ~ mit etw!** *fam* au diable qqch!; **zum ~ mit ihm!** *fam* qu'il aille au diable!
◆ **auf Teufel komm raus** *Adv fam* [unbedingt] coûte que coûte.
Teufels|kreis *der* cercle *m* vicieux.
teuflisch ◇ *Adj* **-1.** [böse] diabolique. **-2.** *fam* [stark] infernal(e). ◇ *Adv* **-1.** [böse] diaboliquement. **-2.** *fam* [sehr] vachement.
Texas *nt* Texas *m*; **in ~** au Texas.
Text (*Pl* **-e**) *der* **-1.** [Geschriebenes] texte *m*. **-2.** [Bildunterschrift] légende *f*.
Text|buch *das* livret *m*, libretto *m*.
Text|datei *die* EDV fichier-texte *m*.
Texter, in (*mPl* -; *fPl* **-nen**) *der, die* rédacteur *m*, -trice *f*.
Textilien *Pl* textiles *mpl*.
Textil|industrie *die* industrie *f* textile.
Text|stelle *die* passage *m*.
Text|verarbeitung *die* EDV traitement *m* de texte(s).
TH (*Abk für* **Technische Hochschule**) *die (ohne Pl)* établissement *m* d'enseignement supérieur technique.
Thailand *nt* Thaïlande *f*.
Thailänder, in (*mPl* -; *fPl* **-nen**) *der, die* Thaïlandais *m*, -e *f*.
thailändisch *Adj* thaïlandais(e).
Thallium *das (ohne Pl)* CHEM thallium *m*.
Theater (*Pl* -) *das* **-1.** [Gebäude, Ensemble] théâtre *m*. **-2.** *(ohne Pl)* [Aufführung, Kunstform] théâtre *m*; **~ spielen** [als Beruf] faire du théâtre; [vortäuschen] faire du cinéma; **~ machen** [als Beruf] faire du théâtre; [heftig reagieren] faire des histoires. **-3.** *(ohne Pl) fam* [Ärger] histoires *fpl*. **-4.** *(ohne Pl) fam* [Vortäuschung] cinéma *m*.
◆ **so ein Theater!** *Interj fam* quel cirque ODER cinéma!
Theaterauf|führung *die* représentation *f* théâtrale.
Theater|karte *die* billet *m* de théâtre.
Theater|kasse *die* caisse *f* du théâtre.
Theater|stück *das* pièce *f* de théâtre.
Theatervor|stellung *die* représentation *f* théâtrale.
theatralisch ◇ *Adj* théâtral(e). ◇ *Adv* de manière théâtrale.
Theke (*Pl* **-n**) *die* comptoir *m*.
Thema (*Pl* **Themen**) *das* sujet *m*, thème *m*; **das ist doch kein ~!** *fam fig* cela va de soi!; **etw ist für jn kein ~** *fig* qqch n'importe pas pour ODER à qqn; **das ist kein ~ mehr** *fig* il n'en est plus question.
Thematik (*Pl* **-en**) *die geh* sujet *m*.
thematisch ◇ *Adj* thématique. ◇ *Adv* par thème, de façon thématique.
Themenbe|reich *der* domaine *m*.
Themse *die* Tamise *f*.
Theologe (*Pl* **-n**) *der* théologien *m*.
Theologie (*Pl* **-n**) *die* théologie *f*.
Theologin (*Pl* **-nen**) *die* théologienne *f*.
theor. *Abk für* **theoretisch**.
Theoretiker, in (*mPl* -; *fPl* **-nen**) *der, die* [Wissenschaftler] théoricien *m*, -enne *f*.
theoretisch ◇ *Adj* théorique. ◇ *Adv* théoriquement.
theoretisieren *intr geh* théoriser.
Theorie (*Pl* **-n**) *die* théorie *f*.
Therapeut, in (*mPl* **-en**; *fPl* **-nen**) *der, die* thérapeute *mf*.
therapeutisch ◇ *Adj* thérapeutique. ◇ *Adv* par thérapeutique.
Therapie (*Pl* **-n**) *die* thérapeutique *f*, thérapie *f*.
Thermal|bad *das* station *f* thermale.
Thermo|drucker *der* EDV imprimante *f* thermique.
Thermometer (*Pl* -) *das* thermomètre *m*.
Thermos|flasche *die* Thermos® *m* ODER *f*.

Thermos|kanne *die* Thermos® *m* ODER *f*.
Thermostat (*Pl* **-e** ODER **-en**) *der* thermostat *m*.
These (*Pl* **-n**) *die* thèse *f*.
Thriller (*Pl* **-**) *der* thriller *m*.
Thrombose (*Pl* **-n**) *die* MED thrombose *f*.
Thron (*Pl* **-e**) *der* trône *m*.
thronen *intr* trôner.
Thronfolger, in (*mPl* **-**; *fPl* **-nen**) *der, die* héritier *m*, -ère *f* du trône.
Thulium *das (ohne Pl)* CHEM thulium *m*.
Thun|fisch *der* thon *m*.
Thür. *Abk für* **Thüringen**.
Thurgau *der* Thurgovie *f*; **im ~** en Thurgovie.
Thüringen *nt* Thuringe *f*.
Thüringer (*Pl* **-**) ◇ *der* Thuringeois *m*. ◇ *Adj (unver)* thuringeois(e).
Thüringerin (*Pl* **-nen**) *die* Thuringeoise *f*.
Thüringer Wald *der* forêt *f* de Thuringe.
THW (*Abk für* **Technisches Hilfswerk**) *das (ohne Pl) organisme public intervenant en cas de catastrophe naturelle.*
Thymian (*Pl* **-e**) *der* thym *m*.
Tiber *der* Tibre *m*.
Tibet *nt* Tibet *m*; **in ~** au Tibet.
Tick (*Pl* **-s**) *der fam* **-1.** [Bewegung] tic *m*. **-2.** [Fimmel] manie *f*.
ticken *intr* faire tic-tac; **nicht ganz richtig ~** *fam fig* débloquer.
Ticket (*Pl* **-s**) *das* billet *m* (de transport).
Tide (*Pl* **-n**) *die Norddt* marée *f*.
Tie-Break ['taibreːk] (*Pl* **-s**) *der* SPORT tie-break *m*.
tief ◇ *Adj* **-1.** [gen] profond(e); **ein ~er Teller** une assiette creuse; **drei Meter ~** de trois mètres de profondeur; **50 Zentimeter ~ sein** avoir 50 centimètres de profondeur. **-2.** [niedrig] bas (basse). ◇ *Adv* **-1.** [nach unten, stark, sehr] profondément; **~ schlafen** dormir profondément. **-2.** [herab, unten]: **~ stehen** ODER **hängen** être bas (basse); **~ sinken** tomber bien bas. **-3.** [zeitlich]: **bis ~ in die Nacht** jusque tard dans la nuit.
Tief (*Pl* **-s**) *das* dépression *f* (atmosphérique).
Tiefaus|läufer *der amt* périphérie *f* d'une zone de basse pression.
Tief|bau *der (ohne Pl)* travaux *mpl* publics *(souterrains)*.
Tief|druck *der (ohne Pl)* basse pression *f*.
Tiefdruck|gebiet *das* zone *f* de basse pression.
Tiefe (*Pl* **-n**) profondeur *f*.
Tief|ebene *die* plaine *f* basse.
Tiefen|schärfe *die* profondeur *f* de champ.
tiefernst ◇ *Adj* grave. ◇ *Adv* gravement.
Tief|gang *der (ohne Pl)* **-1.** [eines Schiffes] tirant *m* d'eau. **-2.** *fam fig* [eines Menschen] profondeur *f*.
Tief|garage *die* parking *m* souterrain.
tiefgefroren *Adj* surgelé(e).
tiefgehend ◇ *Adj* profond(e), fondamental(e). ◇ *Adv* en profondeur.
tiefgekühlt ◇ *Adj* congelé(e). ◇ *Adv*: **etw ~ lagern** stocker qqch sous forme de congelé.
tiefgreifend *Adj* profond(e).
tiefgründig *Adj* profond(e), qui va loin.
Tiefkühl|fach *das* freezer *m*.
Tiefkühl|kost *die (ohne Pl)* surgelés *mpl*.
Tiefkühl|truhe *die* congélateur *m*.
Tieflader (*Pl* **-**) *der* remorque *f* surbaissée.
tiefliegend *Adj* bas (basse).
Tief|punkt *der* point *m* le plus bas; **auf einem ~ sein** être au plus bas.
Tief|schlag *der* **-1.** SPORT coup *m* bas. **-2.** [Schicksalsschlag] coup *m* dur.
tiefschürfend *Adj* profond(e).
Tief|see *die (ohne Pl)* grands fonds *mpl*.
tiefsinnig ◇ *Adj* profond(e). ◇ *Adv* avec profondeur.
Tief|stand *der (ohne Pl)* plus bas niveau *m*.
Tiefst|temperatur *die* température *f* minimale.
Tiegel (*Pl* **-**) *der* creuset *m*.
Tier (*Pl* **-e**) *das* animal *m*; **ein großes** ODER **hohes ~** *fam fig* une grosse légume.
Tier|art *die* espèce *f* animale.
Tier|arzt, |ärztin *der, die* vétérinaire *mf*.
Tier|garten *der* jardin *m* zoologique.
Tierhalter, in (*mPl* **-**; *fPl* **-nen**) *der, die* propriétaire *mf* d'un animal ODER d'animaux.
Tier|handlung *die* animalerie *f*.
Tier|heim *das* ≃ refuge *m* de la S.P.A.
tierisch ◇ *Adj* **-1.** [von Tieren] animal(e). **-2.** *fam* [groß] dingue. ◇ *Adv fam* vachement.
Tierkreis|zeichen *das* ASTRO signe *m* du zodiaque.
tierlieb *Adj* qui aime les animaux; **~ sein** aimer les animaux.
Tier|park *der* jardin *m* zoologique.
Tier|pfleger, in *der, die* gardien *m*, -enne *f* d'animaux.
Tier|quälerei *die acte de cruauté envers les animaux.*
Tierschutz|verein *der* société *f* protectrice des animaux.
Tier|versuch *der* expérience *f* sur les animaux.
Tiger, in (*mPl* **-**; *fPl* **-nen**) *der, die* tigre *m*, tigresse *f*.

tigern (*Perf* **ist getigert**) *intr fam* trotter.
Tigris *der* Tigre *m*.
Tilde (*Pl* **-n**) *die* tilde *m*.
tilgen *tr* rembourser; [Schulden] éteindre.
Tilgung (*Pl* **-en**) *die* remboursement *m*; [von Schulden] extinction *f*.
Tilsiter (*Pl* **-**) *der* [Käse] fromage *m* de Tilsit.
Timbre ['tɛ̃:brə] (*Pl* **-s**) *das* timbre *m*.
timen ['taimən] *tr* répartir le temps; **das war gut getimt** le timing était bon.
Timing ['taimɪŋ] (*Pl* **-s**) *das* timing *m*.
tingeln (*Perf* **ist getingelt**) *intr fam* se produire dans différents petits théâtres.
Tinktur (*Pl* **-en**) *die* teinture *f*.
Tinnef *der (ohne Pl) fam abw* camelote *f*.
Tinte (*Pl* **-n**) *die* encre *f*; **in der ~ sitzen** *fam fig* être dans de beaux draps.
Tinten|fisch *der* seiche *f*.
Tintenstrahl|drucker *der* EDV imprimante *f* à jet d'encre.
Tip (*Pl* **-s**) *der* **-1.** [Hinweis] tuyau *m*; **jm einen ~ geben** donner un tuyau à qqn. **-2.** [Wette] pronostic *m*.
tippeln (*Perf* **ist getippelt**) *intr fam* trottiner.
tippen ◇ *intr* **-1.** [vorhersagen] deviner; **darauf ~, daß etw passiert** parier que qqch va se produire. **-2.** *fam* [maschinenschreiben] taper (à la machine). **-3.** [antippen]: **auf** ODER **an** ODER **gegen etw ~** toucher légèrement qqch. **-4.** *fam* [wetten] parier; **auf etw** *(A)* **~** parier sur qqch. ◇ *tr* **-1.** *fam* [Schreibmaschine schreiben] taper; **etw auf der Schreibmaschine ~** taper qqch à la machine. **-2.** *fam* [wetten] parier.
Tipp|fehler *der* faute *f* de frappe.
Tippse (*Pl* **-n**) *die abw fam* dactylo *f*.
tipptopp *fam* ◇ *Adj* super. ◇ *Adv*: **~ angezogen sein** être super bien habillé(e).
Tirade (*Pl* **-n**) *die* tirade *f*.
Tirol *nt* Tyrol *m*.
Tiroler (*Pl* **-**) ◇ *der* Tyrolien *m*. ◇ *Adj* du Tyrol, tyrolien(enne).
Tirolerin (*Pl* **-nen**) *die* Tyrolienne *f*.
tirolerisch *Adj* tyrolien(enne).
Tisch (*Pl* **-e**) *der* table *f*; **den ~ decken** mettre la table; **zu ~ bitten** ODER **rufen** *geh* proposer de passer à table; **jn zu ~ führen** conduire qqn à table; **am runden ~ verhandeln** *fig* négocier autour d'une table *(sur un pied d'égalité)*; **am grünen ~** *fig* de manière purement théorique; **unter den ~ fallen** *fam fig* passer à l'as; **reinen ~ machen** *fam fig* faire table rase.
Tisch|decke *die* nappe *f*.
tischfertig ◇ *Adj* prêt(e) à servir ODER à déguster. ◇ *Adv*: **~ zubereitet** tout prêt(e).
Tischfuß|ball *das* babyfoot *m*.
Tisch|gebet *das* bénédicité *m*.
Tisch|karte *die* carton *m* (de table).
Tischler, in (*mPl* **-**; *fPl* **-nen**) *der, die* menuisier *m*.
tischlern *tr fam* menuiser, fabriquer.
Tisch|nachbar, in *der, die* voisin *m*, -e *f* de table.
Tisch|platte *die* plateau *m* ODER dessus *m* de table.
Tisch|rede *die* discours *m (de banquet)*.
Tisch|tennis *das* tennis *m* de table, ping-pong *m*.
Tisch|tuch (*Pl* **-tücher**) *das* nappe *f*.
Tisch|wein *der* vin *m* de table.
Titan (*Pl* **-en**) ◇ *der* titan *m*. ◇ *das (ohne Pl)* CHEM titane *m*.
Titel (*Pl* **-**) *der* titre *m*.
Titel|bild *das* frontispice *m*.
Titel|blatt *das* page *f* de garde.
Titel|rolle *die* rôle *m* principal.
Titel|seite *die* première page *f*.
Titel|verteidiger, in *der, die* SPORT tenant *m*, -e *f* du titre.
Titicacasee *der* lac *m* Titicaca.
titulieren *tr*: **jn mit/als etw ~** traiter qqn de qqch.
TO (*Abk für* **Tarifordnung**) convention *f* collective.
Toast [to:st] (*Pl* **-e** ODER **-s**) *der* toast *m*; **einen ~ auf jn ausbringen** *geh* porter un toast à qqn.
Toast|brot *das* pain *m* de mie.
toasten ['to:stn̩] *tr* faire griller.
Toaster ['to:stɐ] (*Pl* **-**) *der* toaster *m*, grille-pain *m*.
Tobak (*Pl* **-e**) *der*: **das ist starker ~** *fam* c'est fort de café.
toben (*Perf* **hat/ist getobt**) *intr* **-1.** *(hat)* [wild werden] être déchaîné(e). **-2.** *(hat)* [wüten] faire rage. **-3.** *(ist)* [herumtollen] se démener.
Tochter (*Pl* **Töchter**) *die* fille *f*.
Tochter|gesellschaft *die* filiale *f*.
Tod (*Pl* **-e**) *der* mort *f*; **jn zum ~(e) verurteilen** condamner qqn à mort; **zu ~e kommen** trouver la mort; **sich** *(D)* **den ~ holen** *fam* attraper la crève; **zu ~e erschreckt** mort(e) de peur.
todernst ◇ *Adj* très sérieux(euse). ◇ *Adv* très sérieusement.
Todes|angst *die* **-1.** [große Angst] peur *f* bleue. **-2.** [Angst vor dem Tod] peur *f* de la mort.
Todes|anzeige *die* [in Zeitung] annonce *f* nécrologique.
Todes|fall *der* décès *m*.
Todes|gefahr *die* danger *m* de mort.
Todes|kampf *der* agonie *f*.

Todes|opfer *das* victime *f.*
Todes|stoß *der*: **jm/etw den ~ versetzen** porter ODER donner le coup de grâce à qqn/qqch.
Todes|strafe *die* peine *f* de mort.
Todes|tag *der* (jour) anniversaire *m* de la mort.
Todesur|sache *die* cause *f* de la mort; **seine ~** la cause de sa mort.
Todesur|teil *das* arrêt *m* de mort.
Todesver|achtung *die*: **etw mit ~ tun** [bei Lebensgefahr] faire qqch au mépris de la mort; *fam* [mit Überwindung] faire qqch en se faisant violence.
Tod|feind, in *der, die* ennemi mortel *m*, ennemie mortelle *f*, ennemi juré *m*, ennemie jurée *f*.
todkrank *Adj* & *Adv* gravement malade.
tödlich ◇ *Adj* **-1.** [zum Tod führend] mortel(elle). **-2.** *fam* [groß] mortel(elle). ◇ *Adv* **-1.** [zum Tod führend]: **~ wirken** avoir un effet mortel. **-2.** *fam* [sehr] mortellement, à mort.
todmüde *fam Adj* crevé(e).
todschick *Adj* & *Adv fam* super chic.
todsicher *fam* ◇ *Adj* sûr(e). ◇ *Adv*: **sie kommt ~, bloß wann**? c'est sûr qu'elle vient, mais on ne sait pas quand.
Tod|sünde *die* REL péché *m* mortel; **etw ist eine ~** *fam fig* qqch est une hérésie.
todunglücklich *fam* ◇ *Adj* malheureux(euse) comme une pierre. ◇ *Adv* en étant terriblement malheureux(euse).
Tofu *der (ohne Pl)* tofu *m.*
Togo *nt* Togo *m*; **in ~** au Togo.
Togoer, in ['to:goɐ, rın] (*mPl* **-**; *fPl* **-nen**) *der, die* Togolais *m*, -e *f.*
togoisch ['to:goıʃ] *Adj* togolais(e).
Togolese (*Pl* **-n**) *der* Togolais *m.*
Togolesin (*Pl* **-nen**) *die* Togolaise *f.*
togolesisch *Adj* togolais(e).
Tohuwabohu (*Pl* **-s**) *das* tohu-bohu *m.*
toi, toi, toi ['tɔy 'tɔy 'tɔy] *Interj* **-1.** [unberufen]: **~!** je touche du bois! **-2.** [viel Glück]: **~!** bonne chance!
Toilette [tọa'lɛtə] (*Pl* **-n**) *die* **-1.** [WC] toilettes *fpl.* **-2.** *(ohne Pl)* [Morgentoilette] toilette *f.* **-3.** *geh* [Kleidung] toilette *f.*
Toiletten|papier *das* papier *m* hygiénique.
Tokio *nt* Tokyo.
tolerant *Adj* tolérant(e).
Toleranz (*Pl* **-en**) *die* tolérance *f.*
Toleranz|grenze *die* seuil *m* de tolérance.
tolerieren *tr* tolérer.
toll *fam* ◇ *Adj* **-1.** [schön] génial(e). **-2.** [unglaublich] inouï(e). ◇ *Adv* **-1.** [wunderbar] super bien. **-2.** [sehr] vachement.
Tolle (*Pl* **-n**) *die* toupet *m.*
tollen (*Perf* **ist getollt**) *intr* s'amuser comme un petit fou (une petite folle).
tollkühn ◇ *Adj* téméraire. ◇ *Adv* avec témérité.
Toll|wut *die (ohne Pl)* rage *f.*
tollwütig *Adj* enragé(e).
Tolpatsch (*Pl* **-e**) *der* balourd *m.*
Tomate (*Pl* **-n**) *die* tomate *f*; **treulose ~** *fam hum* & *fig* espèce de lâcheur(euse).
Tomaten|mark *das* concentré *m* de tomates.
Tombola (*Pl* **-s**) *die* tombola *f.*
Ton (*Pl* **Töne** ODER **-e**) *der* **-1.** *(Pl Tone)* [Lehm] argile *f*; **gebrannter ~** terre *f* cuite. **-2.** *(Pl Töne)* [Laut] note *f*; **jm den ~ angeben** donner le ton à qqn. **-3.** *(Pl Töne)* [Tonfall] ton *m*; **sich im ~ vergreifen** ne pas employer le ton qu'il faut. **-4.** *(Pl Töne)* [Farbton] ton *m.* **-5.** *(ohne Pl)* [Lautstärke] volume *m.* **-6.** *(ohne Pl)* [Tonaufnahme] son *m.* **-7.** *RW*: **zum guten ~ gehören** être de bon ton; **große Töne spucken** *fam* être une grande gueule; **hast du Töne!** *fam* c'est vraiment insensé!; **in den höchsten Tönen** dans les termes les plus élogieux; **keinen ~ sagen** *fam* ne pas souffler mot.
◆ **Ton in Ton** *Adv* [farblich ähnlich] ton sur ton.
tonangebend *Adj* qui donne le ton.
Ton|arm *der* bras *m* de platine.
Ton|art *die* ton *m.*
Tonaus|fall *der* TV coupure *f* de son.
Ton|band (*Pl* **-bänder**) *das* **-1.** *(ohne Pl) fam* [Gerät] magnéto *m.* **-2.** [Spule] bande *f* magnétique.
Tonband|aufnahme *die* enregistrement *m* sur bande magnétique.
Tonband|gerät *das* magnétophone *m.*
tönen ◇ *intr* **-1.** *fam* [prahlen] clamer. **-2.** [klingen] retentir. ◇ *tr* colorer; **seine Haare schwarz ~** se colorer les cheveux en noir.
Ton|fall *der* accent *m.*
Ton|film *der* film *m* parlant.
Ton|ingenieur, in *der, die* ingénieur *m* du son.
Ton|kopf *der* tête *f* de lecture.
Ton|lage *die* hauteur *f* du son.
Ton|leiter *die* gamme *f.*
tonlos *Adj* sourd(e), atone.
Tonne (*Pl* **-n**) *die* **-1.** [Behälter] tonneau *m.* **-2.** [Gewicht] tonne *f.*
tonnenweise *Adv* par tonnes.
Ton|störung *die* TV panne *f* de son.

Tonltechniker, in *der, die* technicien *m*, -enne *f* du son.
Tonlträger *der* support *m* de son.
Tönung (*Pl* **-en**) *die* **-1.** [tönendes Mittel] coloration *f*. **-2.** [Farbton] nuance *f*, teinte *f*.
top *fam* ◇ *Adj*: **~ sein** être super bon (bonne). ◇ *Adv* super bien.
Top (*Pl* **-s**) ◇ *der* (*Abk für* **Tagesordnungspunkt**) point *m* à l'ordre du jour. ◇ *das* bustier *m*.
Topas (*Pl* **-e**) *der* topaze *f*.
Topf (*Pl* **Töpfe**) *der* **-1.** [gen] pot *m*. **-2.** [Kochtopf] casserole *f*.
Töpfer (*Pl* -) *der* potier *m*.
Töpferei (*Pl* **-en**) *die* atelier *m* de poterie.
Töpferin (*Pl* **-nen**) *die* potière *f*.
töpfern ◇ *tr* façonner (des poteries). ◇ *intr* faire de la poterie.
Töpferlscheibe *die* tour *m* de potier.
Topflappen *der* gant *m* (isolant).
Topflpflanze *die* plante *f* en pot.
Toplmanagement *das* WIRTSCH direction *f* générale.
topografisch ◇ *Adj* topographique. ◇ *Adv* du point de vue topographique.
Topographie (*Pl* **-n**) *die* GEOGR topographie *f*.
Topos (*Pl* **Topoi**) *der* thème *m* récurrent.
Tor (*Pl* **-e**) *das* **-1.** SPORT but *m*; **ein ~ schießen** marquer un but; **im ~ stehen** être dans les buts. **-2.** [Tür - von Städten] **porte** *f*; [- von Garagen] portail *m*.
Toreinlfahrt *die* porte *f* cochère.
Torf *der* tourbe *f*.
Torflmull *der* poussier *m* de tourbe.
Torheit (*Pl* **-en**) *die geh* **-1.** [Handlung] folie *f*. **-2.** *(ohne Pl)* [Dummheit] bêtise *f*.
Torhüter, in (*mPl* **-**; *fPl* **-nen**) *der, die* gardien *m*, -enne *f* de but.
töricht *geh* ◇ *Adj* insensé(e). ◇ *Adv* de manière insensée.
Torljäger, in *der, die fam* bon buteur *m*, bonne buteuse *f*.
torkeln (*Perf* **hat/ist getorkelt**) *intr fam* tituber.
Torllinie *die* ligne *f* de but.
Tornado (*Pl* **-s**) *der* tornade *f*.
Tornister (*Pl* -) *der* havresac *m*, paquetage *m*.
Toronto *nt* Toronto.
torpedieren *tr* torpiller.
Torpedo (*Pl* **-s**) *das* torpille *f*.
Torlpfosten *der* poteau *m*.
Torlraum *der* surface *f* de but.
Torlschluß *der (ohne Pl)* fermeture *f* des portes; **kurz vor ~** juste avant la fermeture.
Torschlußlpanik *die (ohne Pl)* [bei Heirat] peur *f* de rester vieux garçon ODER vieille fille.
Torlschütze, lschützin *der, die* buteur *m*, -euse *f*.
Torso (*Pl* **-s** ODER **Torsi**) *der* KUNST torse *m*.
Torte (*Pl* **-n**) *die* gâteau *m*.
Tortenlguß *der* nappage *m*.
Tortenheber (*Pl* -) *der* pelle *f* à tarte.
Tortur (*Pl* **-en**) *die* torture *f*.
Torwart, in (*mPl* **-e**; *fPl* **-nen**) *der, die* gardien *m*, -enne *f* de but.
tosen (*Perf* **hat/ist getost**) *intr* **-1.** *(hat)* [laut sein] gronder. **-2.** *(ist)* [sich schnell bewegen] **déferler**.
Toskana *die* Toscane *f*.
tot ◇ *Adj* **-1.** [gen] mort(e). **-2.** [Kapital] qui dort. ◇ *Adv*: **~ umfallen** tomber raide mort(e).
total ◇ *Adj* total(e). ◇ *Adv fam* complètement.
Totalausverlkauf *der* liquidation *f* totale.
totalitär ◇ *Adj* totalitaire. ◇ *Adv* de manière totalitaire.
Totallschaden *der* dommage *m* intégral.
Tote (*Pl* **-n**) *der, die* mort *m*, -e *f*.
Tote Meer *das* mer *f* Morte.
töten *tr* & *intr* tuer.
◆ **sich töten** *ref* se tuer.
totenblaß ◇ *Adj* d'une blancheur cadavérique. ◇ *Adv*: **~ aussehen** être blanc (blanche) comme un linge.
Totenlkopf *der* tête *f* de mort.
Totenlmesse *die* messe *f* des morts, messe *f* de requiem.
Totenlschädel *der* crâne *m*.
Totenlschein *der* certificat *m* de décès.
Totensonnltag *der* REL jour *m* des Morts.
totenstill *fam* ◇ *Adj*: **das Haus war ~** la maison était plongée dans un silence de mort. ◇ *Adv*: **er lag ~ da** il était comme mort.
Totlgeburt *die*: **eine ~ haben** avoir un enfant mort-né.
totgesagt *Adj* porté disparu (portée disparue).
totllachen
◆ **sich totlachen** *ref fam* se tordre de rire.
totllaufen
◆ **sich totlaufen** *ref (unreg) fam* avorter.
Toto (*Pl* **-s**) *das* loto *m* sportif.
totlschießen *tr (unreg) fam* descendre (avec une arme à feu).
Totlschlag *der (ohne Pl)* RECHT homicide *m* involontaire.
totlschlagen *tr (unreg) fam* [töten] tuer *(en frappant)*.
totlschweigen *tr (unreg)* étouffer.

totstellen
◆ **sich totstellen** *ref* faire le mort.
Tötung (*Pl* **-en**) *die* [von Menschen] homicide *m*.
Touch [tatʃ] (*Pl* **-s**) *der* touche *f*.
Toulouse [tuluz] *nt* Toulouse.
Toupet [tu'peː] (*Pl* **-s**) *das* postiche *m*.
toupieren [tu'piːrən] *tr* crêper.
Tour [tuːɐ̯] (*Pl* **-en**) *die* **-1.** [Ausflug] excursion *f*. **-2.** *fam* [Verhaltensweise]: **er versucht es immer auf dieselbe ~** il essaie toujours le même truc; **etw auf die sanfte/langsame ~ machen** faire qqch de manière douce/lente. **-3.** [Strecke] itinéraire *m*. **-4.** TECH tour *m*; **auf vollen** ODER **höchsten ~en laufen** tourner à plein régime. **-5.** *RW*: **auf ~en kommen** *fam* s'animer; **in einer ~** *fam* [ohne Unterbrechung] d'une traite; [andauernd] sans arrêt; **krumme ~en** *fam abw* affaires *fpl* louches.
Tourenlski *der* ski *m* de randonnée.
Tourismus [tu'rɪsmʊs] *der (ohne Pl)* tourisme *m*.
Tourist [tu'rɪst] (*Pl* **-en**) *der* touriste *m*.
Touristenlklasse *die* classe *f* touriste.
Touristin [tu'rɪstɪn] (*Pl* **-nen**) *die* touriste *f*.
touristisch [tu'rɪstɪʃ] ◇ *Adj* touristique. ◇ *Adv* d'un point de vue touristique.
Tournee [tʊr'neː] (*Pl* **-n**) *die* tournée *f*; **auf ~ sein** être en tournée.
toxisch ◇ *Adj* toxique. ◇ *Adv*: **~ wirken** avoir un effet toxique.
Trab *der (ohne Pl)* trot *m*; **auf ~ sein** *fig* ne pas arrêter; **jn auf ~ bringen** *fam fig* secouer qqn, mettre qqn au pas; **jn in ~ halten** *fam fig* faire courir qqn.
Trabantenlstadt *die* ville *f* nouvelle, ville *f* satellite.
traben (*Perf* **ist getrabt**) *intr* trotter.
Traber (*Pl* -) *der* trotteur *m*.
Trablrennen *das* course *f* de trot.
Tracht (*Pl* **-en**) *die* **-1.** [Kleidung] costume *m*. **-2.** [Schläge]: **~ Prügel** *fam fig* raclée *f*.
trachten *intr*: **nach etw ~** aspirer à qqch; **jm nach dem Leben ~** en vouloir à la vie de qqn.
trächtig *Adj* pleine *(femelle)*.
Tradition (*Pl* **-en**) *die* tradition *f*.
traditionell ◇ *Adj* traditionnel(elle). ◇ *Adv* selon la tradition.
traf *Prät* → **treffen**.
Traglbahre *die* civière *f*.
tragbar *Adj* **-1.** [transportabel] portable, portatif(ive). **-2.** [finanzierbar, akzeptabel] supportable.
träge ◇ *Adj* **-1.** [müde] indolent(e). **-2.** [langsam] lent(e). ◇ *Adv* **-1.** [müde] avec indolence. **-2.** [langsam] lentement.
tragen (*Präs* **trägt**, *Prät* **trug**, *Perf* **hat getragen**) ◇ *tr* **-1.** [gen] porter; **etw bei sich ~** avoir qqch sur soi. **-2.** [Ertrag] donner; [Zinsen] rapporter. **-3.** [Kosten] payer. **-4.** [finanziell] prendre en charge. **-5.** [Risiko, Konsequenzen, Verantwortung] assumer. **-6.** [Schicksal, Leid] endurer; **etw mit Fassung/Würde ~** supporter qqch sans perdre son calme/avec dignité. ◇ *intr* **-1.** [gen] porter. **-2.** [Baum] donner. **-3.** [Eis, Boden] être ferme. **-4.** *RW*: **an etw** *(D)* **schwer ~** être accablé(e) par qqch.
◆ **sich tragen** *ref* **-1.** [Last, Kleidung] se porter; **sich angenehm ~** être agréable à porter; **sich schlecht ~** [Gegenstand] être difficile à porter. **-2.** [finanziell] s'autofinancer. **-3.** *geh* [planen]: **sich mit dem Gedanken/der Absicht ~** nourrir l'intention/le projet de faire qqch.
◆ **Tragen** *das*: **zum Tragen kommen** prendre effet, s'appliquer.
tragend *Adj* porteur(euse).
Träger, in (*mPl* **-**; *fPl* **-nen**) ◇ *der, die* **-1.** [von Gepäck, Titel] porteur *m*. **-2.** [von Staatsgewalt] représentant *m*, -e *f*. **-3.** [Geldgeber] sponsor *m*; **~ dieser Institution ist die Kommune** la commune finance cette institution. **-4.** [von Krankenversicherung] organisme *m*. ◇ *der* **-1.** ARCHIT support *m*. **-2.** [Stoffstreifen] bretelle *f*.
trägerlos *Adj* sans bretelles; **ein ~es Kleid** une robe bustier.
Tragetasche *die* sac *m* (à provisions).
tragfähig ◇ *Adj* solide. ◇ *Adv* solidement.
Traglfläche *die* [von Flugzeugen] aile *f*.
Trägheit *die (ohne Pl)* **-1.** [Faulheit] indolence *f*. **-2.** PHYS inertie *f*.
Tragik *die (ohne Pl)* tragique *m*.
tragikomisch ◇ *Adj* tragicomique. ◇ *Adv* de façon tragicomique.
tragisch ◇ *Adj* tragique. ◇ *Adv* tragiquement.
Tragödie [tra'gøːdi̯ə] (*Pl* **-n**) *die* tragédie *f*.
trägt *Präs* → **tragen**.
Traglweite *die (ohne Pl)* portée *f*.
Trainer, in ['trɛːnɐ, rɪn] (*mPl* **-**; *fPl* **-nen**) *der, die* entraîneur *m*, -euse *f*.
trainieren [trɛ'niːrən] ◇ *tr* **-1.** [Verein, Sportler]: **jn/etw ~** entraîner qqn/qqch. **-2.** [Salto, Rechnen]: **etw ~** s'entraîner à faire qqch. ◇ *intr* s'entraîner.
Training ['trɛːnɪŋ] (*Pl* **-s**) *das* entraînement *m*.
Trainingsanlzug *der* jogging *m*, survêtement *m*.
Trainingsllager *das* centre *m* d'entraînement.
Trakt (*Pl* **-e**) *der geh* aile *f*.
Traktat (*Pl* **-e**) *das* traité *m* (religieux).
traktieren *tr* harceler, tracasser.
Traktor (*Pl* **-en**) *der* tracteur *m*.

trällern *tr* & *intr* fredonner.
Tram (*Pl* **-s**) *die Schweiz* tram(way) *m*.
Trampel (*Pl* -) *der* ODER *das fam* empoté *m*, -e *f*.
trampeln (*Perf* **hat/ist getrampelt**) ◇ *intr* **-1.** *(ist) fam* [gehen] marcher (d'un pas lourd). **-2.** *(hat)* [aufstampfen] taper des pieds. ◇ *tr (hat)* [treten] piétiner.
Trampel|pfad *der* sentier *m* battu.
Trampel|tier *das* **-1.** [Kamel] chameau *m*. **-2.** *fam* [Tölpel] manchot *m*.
trampen ['trɛmpn̩] (*Perf* **hat/ist getrampt**) *intr* faire de l'auto-stop.
Tramper, in ['trɛmpɐ, rɪn] (*mPl* -; *fPl* **-nen**) *der, die* auto-stoppeur *m*, -euse *f*.
Trampolin (*Pl* **-e**) *das* trampoline *m*.
Tran (*Pl* **-e**) *der* huile *f* de baleine; **im ~** *fam* dans le coaltar ODER cirage.
Trance ['trɑ̃:s(ə)] (*Pl* **-n**) *die* transe *f*.
tranchieren [trɑ̃'ʃi:rən] *tr* KÜCHE découper.
Träne (*Pl* **-n**) *die* larme *f*; **in ~n ausbrechen** éclater en sanglots; **zu ~n gerührt** ému(e) (jusqu')aux larmes; **jm/etw keine ~ nachweinen** *fam* ne pas regretter qqn/qqch.
tränen *intr*: **jm ~ die Augen** qqn a les yeux qui pleurent.
Tränen|gas *das* gaz *m* lacrymogène.
tranig *fam* ◇ *Adj* abruti(e). ◇ *Adv* l'air abruti.
trank *Prät* → **trinken**.
Trank *der (ohne Pl) geh* potion *f*.
tränken *tr* abreuver.
Tranquilizer ['trɛŋkwɪlaizə] (*Pl* -) *der* MED calmant *m*, tranquillisant *m*.
Transaktion (*Pl* **-en**) *die* WIRTSCH transaction *f*.
Transfer (*Pl* **-s**) *der* transfert *m*.
transferieren *tr* WIRTSCH transférer.
Transformator (*Pl* **-formatoren**) *der* ELEKTR transformateur *m*.
Transfusion (*Pl* **-en**) *die* MED transfusion *f*.
Transistor (*Pl* **-en**) *der* transistor *m*.
Transistor|radio *das* transistor *m*, poste *m* à transistors.
Transit (*Pl* **-e**) *der* transit *m (de marchandises, de personnes)*.
transitiv *Adj* GRAM transitif(ive).
Transit|verkehr *der* trafic *m* de transit.
Trans|mission *die* TECH transmission *f*.
transparent *Adj* transparent(e).
Transparent (*Pl* **-e**) *das* banderole *f*.
Transparenz *die (ohne Pl)* transparence *f*.
Transplantation (*Pl* **-en**) *die* MED transplantation *f*.
transplantieren *tr* MED transplanter.
Transport (*Pl* **-e**) *der* transport *m*.
transportabel *Adj* transportable; [tragbar] portatif(ive).
Transporter (*Pl* -) *der* véhicule *m* utilitaire.
transportfähig *Adj* transportable.
transportieren ◇ *tr* **-1.** [befördern] transporter. **-2.** TECH entraîner. ◇ *intr* assurer l'entraînement.
Transport|mittel *das* moyen *m* de transport.
transsexuell *Adj* & *Adv* transsexuel(elle).
Transvestit [tansvɛs'ti:t] (*Pl* **-en**) *der* travesti *m*.
transzendental *Adj* transcendantal(e).
Transzendenz *die (ohne Pl)* transcendance *f*.
Trapez (*Pl* **-e**) *das* trapèze *m*.
trapezförmig ◇ *Adj* trapézoïdal(e). ◇ *Adv* en forme de trapèze.
trappeln (*Perf* **hat/ist getrappelt**) *intr* **-1.** *(ist)* [Pferde] trottiner. **-2.** *(hat)* [mit den Füßen] piétiner, trépigner.
Trara *das (ohne Pl) fam* : **mit großem ~** en grand tralala; **~ machen** faire du tralala.
Trasse (*Pl* **-n**) *die* tracé *m*.
trat *Prät* → **treten**.
Tratsch *der (ohne Pl) fam* commérages *mpl*.
tratschen *intr abw fam* faire des commérages, cancaner.
Trau|altar *der* autel *m*; **jn zum ~ führen** conduire ODER mener qqn à l'autel.
Traube (*Pl* **-n**) *die* **-1.** [Obst]: **~n essen/pflükken** manger/cueillir du raisin. **-2.** [von Blüten, Obst, Menschen] grappe *f*.
Trauben|saft *der* jus *m* de raisin.
Trauben|zucker *der* glucose *m*.
trauen ◇ *intr*: **jm ~** faire confiance à qqn; **einer Sache ~** avoir confiance en qqch. ◇ *tr* [Brautpaar]: **zwei Personen ~** unir deux personnes; **sich ~ lassen** se marier; **sich von jm ~ lassen** être marié(e) par qqn; **getraut werden** être mariés.
◆ **sich trauen** *ref* oser.
Trauer *die (ohne Pl)* **-1.** [Schmerz] affliction *f*; **'in tiefer** ODER **stiller ~'** *geh* 'regrets éternels'. **-2.** [Staatstrauer, Trauerkleidung] deuil *m*.
Trauer|fall *der* décès *m*.
Trauer|feier *die* funérailles *fpl*.
Trauerflor *der (ohne Pl) geh* crêpe *m* (de deuil).
Trauergottes|dienst *der* service *m* funèbre.
Trauer|kloß *der fam* rabat-joie *m inv*.
trauern *intr* être en deuil; **um jn ~** pleurer qqn.
Trauer|spiel *das*: **es ist ein ~ mit jm** *fam* qqn est une (véritable) catastrophe.
Trauer|zug *der* cortège *m* funèbre.
Traufe (*Pl* **-n**) *die*: **vom Regen in die ~ kommen** tomber de Charybde en Scylla.

träufeln *tr*: **etw auf/in etw** *(A)* ~ verser qqch sur/dans qqch; MED instiller qqch sur/dans qqch.

traulich *geh* ◇ *Adj* intime. ◇ *Adv* de façon intime, dans l'intimité.

Traum (*Pl* **Träume**) *der* rêve *m*; **ein ~ von etw sein** *fam fig* être qqch de rêve.

◆ **aus der Traum!** *Interj fam* : **aus der ~! Die Ferien sind ins Wasser gefallen** adieu les vacances!

◆ **nicht im Traum** *Adv fam* [nie] jamais (, au grand jamais).

Trauma (*Pl* **-ta**) *das* traumatisme *m*.

träumen ◇ *intr* **-1.** [nachts] rêver; **hast du schön geträumt?** as-tu fait de beaux rêves?; **von jm/etw ~** rêver de qqn/qqch. **-2.** [tags] rêver. **-3.** [wünschen]: **von etw ~** rêver de qqch; **davon ~, etw zu tun** rêver de faire qqch. ◇ *tr* rêver; **sich** *(D)* **etw nicht ~ lassen** *fam fig* ne jamais penser faire ODER avoir qqch.

Träumer (*Pl* -) *der* rêveur *m*.

Träumerei (*Pl* **-en**) *die* rêverie *f*.

Träumerin (*Pl* **-nen**) *die* rêveuse *f*.

träumerisch ◇ *Adj* rêveur(euse). ◇ *Adv* rêveusement.

Traum|frau *die fam* : **das ist meine ~** c'est la femme de mes rêves.

traumhaft ◇ *Adj* **-1.** *fam* [wunderschön] de rêve. **-2.** [souverän] étonnant(e). ◇ *Adv fam* [wunderschön]: **~ aussehen** être divinement beau (belle).

Traum|mann (*Pl* **-männer**) *der fam* : **das ist mein ~** c'est l'homme de mes rêves.

Traum|tänzer, in *der, die fam abw* songe-creux *m inv*.

traurig ◇ *Adj* triste. ◇ *Adv* tristement.

Traurigkeit *die (ohne Pl)* tristesse *f*.

Trau|ring *der* alliance *f*.

Trau|schein *der* acte *m* de mariage.

Trauung (*Pl* **-en**) *die* mariage *m (cérémonie)*; **kirchliche/standesamtliche ~** mariage religieux/civil.

Trau|zeuge *der* témoin *m* (de mariage).

Trau|zeugin *die* témoin *m* (de mariage).

Traveller|scheck ['trɛvəlɐʃɛk] *der* chèque *m* de voyage.

Treck (*Pl* **-s**) *der* convoi *m*.

Trecker (*Pl* -) *der* tracteur *m*.

Treff (*Pl* **-s**) *der* lieu *m* de rencontre.

treffen (*Präs* **trifft**, *Prät* **traf**, *Perf* **hat/ist getroffen**) ◇ *tr (hat)* **-1.** [antreffen] rencontrer. **-2.** [mit Geschoß, Worten] toucher; **jn hart** ODER **tief ~** toucher qqn gravement. **-3.** [beschließen]: **eine Maßnahme/Entscheidung ~** prendre une mesure/décision; **eine Abmachung ~** se mettre d'accord; **eine Wahl ~** faire un choix. **-4.** [das Richtige] trouver; **du hast meinen Geschmack genau getroffen** tu es tombé juste, c'est exactement ce que j'aime. **-5.** *RW*: **es gut/schlecht getroffen haben** être bien/mal tombé(e). ◇ *intr* **-1.** *(hat)* [ins Ziel] atteindre son but. **-2.** *(ist)* [begegnen]: **auf jn/etw ~** rencontrer qqn/qqch.

◆ **sich treffen** *ref* se rencontrer; **sich mit jm ~** voir qqn *(rencontrer)*; **es trifft sich gut/schlecht, daß** *fig* cela tombe bien/mal que.

◆ **Treffen** (*Pl* -) *das* rencontre *f*; **etw ins Treffen führen** *geh* & *fig* faire valoir qqch.

treffend ◇ *Adj* pertinent(e). ◇ *Adv* avec pertinence.

Treffer (*Pl* -) *der* **-1.** [Tor] but *m*; [Basketball] panier *m*. **-2.** [mit Schußwaffe]: **~!** touché! **-3.** [Boxhieb] coup *m*. **-4.** [Losgewinn] lot *m*, gain *m*.

trefflich *geh* ◇ *Adj* excellent(e). ◇ *Adv* remarquablement bien.

Treff|punkt *der* **-1.** [Ort] lieu *m* de rendez-vous. **-2.** [Szenetreffpunkt] lieu *m* de rencontre.

treffsicher ◇ *Adj* qui a la main sûre. ◇ *Adv* d'une main sûre.

treiben (*Prät* **trieb**, *Perf* **hat/ist getrieben**) ◇ *tr (hat)* **-1.** [Tier, Herde] mener; [Person, Wolke] chasser; [Subj: Wasser] entraîner. **-2.** [veranlassen]: **jn in etw** *(A)* ODER **zu etw ~** pousser qqn à faire qqch. **-3.** [Schacht, Tunnel] creuser; [Nagel, Keil, Pfahl]: **etw in etw** *(A)* **~** enfoncer qqch dans qqch. **-4.** [Maschine] actionner; **durch etw getrieben werden** fonctionner à qqch. **-5.** [machen] faire; **es schlimm** ODER **bunt** ODER **wild ~** *fam* faire les 400 coups; **es mit jm ~** *salopp* baiser avec qqn. **-6.** [Knospe, Wurzel] donner. ◇ *intr* **-1.** *(ist)* [im Wasser] flotter; **sich ~ lassen** se laisser porter. **-2.** *(hat)* [Pflanze - mit Blüten] pousser; [- mit Wurzeln] prendre racine.

◆ **Treiben** *das (ohne Pl)* effervescence *f*.

Treiber (*Pl* -) *der* EDV pilote *m*.

Treib|gas *das* gaz *m* propulseur.

Treib|haus *das* serre *f*.

Treibhaus|effekt *der (ohne Pl)* effet *m* de serre.

Treib|holz *das (ohne Pl)* bois *m* flottant.

Treib|jagd *die* battue *f*.

Treib|riemen *der* TECH courroie *f* d'entraînement.

Treib|stoff *der* carburant *m*.

Trekking (*Pl* **-s**) *das* trekking *m*.

Trenchcoat ['trɛntʃko:t] (*Pl* **-s**) *der* trench-coat *m*.

Trend (*Pl* **-s**) *der* tendance *f*; **im ~ liegen** être à la page.

Trendsetter (*Pl* -) *der* **-1.** [Person] personne *f* qui lance une mode. **-2.** [Produkt] produit *m* qui crée une mode.

Trendsetterin (*Pl* **-nen**) *die* personne *f* qui lance une mode.

Trend|wende *die* revirement *m* de tendance.

trennbar *Adj* séparable.

trennen *tr* **-1.** [gen] séparer. **-2.** GRAM couper. ◆ **sich trennen** *ref* se séparer.

Trenn|linie *die* ligne *f* de séparation, ligne *f* de partage.

Trennung (*Pl* **-en**) *die* **-1.** [gen] séparation *f*; **die ~ von jm** la séparation d'avec qqn. **-2.** GRAM césure *f*.

Trennungs|strich *der* GRAM tiret *m*.

Trenn|wand *die* cloison *f*.

treppab *Adv geh*: **~ laufen** descendre l'escalier.

treppauf *Adv geh*: **~ laufen** monter l'escalier.

Treppe (*Pl* **-n**) *die* escalier *m*; **die ~ hinauffallen** *fam fig* monter en grade.

Treppenab|satz *der* palier *m*.

Treppen|geländer *das* rampe *f* d'escalier.

Treppen|haus *das* cage *f* d'escalier.

Treppen|stufe *die* marche *f* d'escalier.

Treppen|witz *der iron*: **der ~ der Weltgeschichte** l'ironie *f* de l'Histoire.

Tresen (*Pl* -) *der* comptoir *m*.

Tresor (*Pl* **-e**) *der* coffre-fort *m*.

Tret|boot *das* Pédalo® *m*.

treten (*Präs* **tritt**, *Prät* **trat**, *Perf* **hat/ist getreten**) ◇ *tr (hat)* **-1.** [mit Fuß]: **jn ~** donner un coup de pied à qqn. **-2.** [Bremse, Pedal] appuyer sur. **-3.** [als Verletzung]: **sich** *(D)* **etw in etw** *(A)* **~** s'enfoncer qqch dans qqch. **-4.** *fam* [antreiben]: **jn ~** faire avancer qqn. ◇ *intr* **-1.** *(hat)* [mit dem Fuß] donner un coup de pied ODER des coups de pieds. **-2.** *(ist)* [gehen] marcher; **auf etw** *(A)* **~** marcher sur qqch; **nach vorne ~** avancer. **-3.** *(hat, ist)* [betätigen]: **auf die Bremse/die Kupplung ~** appuyer sur le frein/l'embrayage. **-4.** *(ist)* [hervor]: **aus etw ~** sortir de qqch. **-5.** [beginnen]: **in Streik/Kontakt/Kraft ~** entrer en grève/contact/vigueur.

Tret|mühle *die abw fam* train-train *m inv*.

treu ◇ *Adj* fidèle; **jm/einer Sache** *(D)* **~ sein/bleiben** être/rester fidèle à qqn/qqch. ◇ *Adv* fidèlement.

treudoof *Adj fam* niais(e).

Treue *die (ohne Pl)* fidélité *f*.

Treuhand|anstalt *die (ohne Pl) organisme chargé de la privatisation des entreprises de l'ex-RDA*.

treuherzig ◇ *Adj* candide. ◇ *Adv* avec une confiance aveugle; **~ blicken** avoir le regard candide.

treulos ◇ *Adj* déloyal(e). ◇ *Adv* de manière déloyale.

Triangel (*Pl* -) *der* MUS triangle *m*.

Triathlon (*Pl* **-s**) *das* SPORT triathlon *m*.

Tribunal (*Pl* **-e**) *das* **-1.** [Gericht] tribunal *m*. **-2.** [Forum] tribune *f*.

Tribüne (*Pl* **-n**) *die* tribune *f*.

Tribut (*Pl* **-e**) *der* tribut *m*; **jm/einer Sache ~ zollen** [sich auswirken] payer un tribut à qqn/qqch; [anerkannt werden] reconnaître la valeur de qqn/qqch.

tributpflichtig *Adj* tributaire.

Trichine (*Pl* **-n**) *die* trichine *f*.

Trichter (*Pl* -) *der* entonnoir *m*.

Trick (*Pl* **-s**) *der* **-1.** [Machenschaft] tour *m*. **-2.** [Kniff] astuce *f*. **-3.** [von Zauberer] truc *m*.

Trick|aufnahme *die* effets *mpl* spéciaux.

Trick|film *der* dessin *m* animé.

trickreich ◇ *Adj* qui a plus d'un tour dans son sac, astucieux(euse). ◇ *Adv* avec astuce.

trieb *Prät* → **treiben**.

Trieb (*Pl* **-e**) *der* **-1.** [von Menschen] pulsion *f*. **-2.** [von Tieren] instinct *m*. **-3.** [von Pflanzen] pousse *f*.

Trieb|feder *die* [für Verhalten] mobile *m*.

triebhaft ◇ *Adj* compulsif(ive). ◇ *Adv* suivant ses pulsions.

Trieb|kraft *die* **-1.** [in Technik] force *f* motrice. **-2.** [für Verhalten] moteur *m*.

Trieb|wagen *der* autorail *m*.

Trieb|werk *das* FLUG réacteur *m*.

triefen (*Prät* **triefte** ODER **troff**, *Perf* **hat/ist getrieft**) *intr* **-1.** *(hat)* [naß sein]: **von** ODER **vor etw** *(D)* **~** ruisseler de qqch; *abw* & *fig* dégouliner de qqch. **-2.** *(ist)* [fließen - Blut, Tränen] couler; [- Wasser, Regen] ruisseler.

triefnaß *fam* ◇ *Adj* ruisselant(e), trempé(e). ◇ *Adv* en étant trempé(e) jusqu'aux os.

trifft *Präs* → **treffen**.

triftig *Adj* valable, fondé(e).

Trikot, Trikot [tri'koː, 'trɪko] (*Pl* **-s**) *das* maillot *m*.

trillern ◇ *tr* chanter. ◇ *intr* pépier.

Triller|pfeife *die* sifflet *m* à roulette.

Trilogie (*Pl* **-n**) *die* trilogie *f*.

Trimester (*Pl* -) *das* trimestre *m*.

trimmen *tr* **-1.** [Personen]: **jn (auf etw** *(A)***) ~** dresser qqn (à faire qqch). **-2.** [Gegenstände]: **ein Lokal auf rustikal ~** aménager un restaurant en style rustique. ◆ **sich trimmen** *ref* se maintenir en forme; **trimm dich!** bouge-toi!

Trimm|pfad *der* parcours *m* de santé.

trinkbar *Adj* **-1.** [nicht schädlich] potable. **-2.** *fam* [mittelmäßig] buvable.

trinken (*Prät* **trank**, *Perf* **hat getrunken**) ◇ *tr* boire; **einen ~ (gehen)** *fam* (aller) boire un

coup. ◇ *intr* boire; **auf jn ~** boire à la santé de qqn; **auf etw** *(A)* **~** boire à qqch.
Trinker, in (*mPl* **-**; *fPl* **-nen**) *der, die* buveur *m*, -euse *f*.
trinkfest *Adj* qui tient bien l'alcool; **~ sein** bien tenir l'alcool.
Trink|geld *das* pourboire *m*.
Trink|halm *der* paille *f*.
Trink|wasser *das* eau *f* potable.
Trinkwasser|versorgung *die* approvisionnement *m* en eau potable.
Trio (*Pl* **-s**) *das* trio *m*.
Trip (*Pl* **-s**) *der fam* **-1.** [Reise] escapade *f*. **-2.** [fixe Idee] trip *m*.
trippeln (*Perf* **ist getrippelt**) *intr* trottiner.
Tripper (*Pl* **-**) *der* blennorragie *f*.
trist ◇ *Adj* triste. ◇ *Adv* tristement.
tritt *Präs* → **treten**.
Tritt (*Pl* **-e**) *der* **-1.** [Fußtritt] coup *m* de pied. **-2.** *(ohne Pl)* [Gang, Schritt] pas *m*.
Tritt|brett *das* marchepied *m*.
Trittbrett|fahrer, in *der, die fam abw* resquilleur *m*, -euse *f*.
Tritt|leiter *die* escabeau *m*.
Triumph (*Pl* **-e**) *der* triomphe *m*.
triumphal ◇ *Adj* triomphal(e). ◇ *Adv* triomphalement.
triumphieren *intr*: **(über jn/etw) ~** triompher (de qqn/qqch).
trivial [tri'vi̯aːl] *geh* ◇ *Adj* trivial(e). ◇ *Adv* de manière triviale.
Trivial|literatur *die (ohne Pl)* littérature *f* de gare.
trocken ◇ *Adj* **-1.** [gen] sec (sèche). **-2.** [Thema, Analyse] aride. **-3.** *hum* [Humor] pince-sans-rire. **-4.** *RW*: **~ sein** *fam* être au régime sec; **auf dem ~en sitzen** *fam* être à sec. ◇ *Adv* [nicht naß]: **sich ~ anfühlen** être sec (sèche) au toucher.
Trocken|eis *das (ohne Pl)* neige *f* carbonique.
Trocken|haube *die* casque *m (sèche-cheveux)*.
Trockenheit (*Pl* **-en**) *die* sécheresse *f*.
trocken|legen *tr* **-1.** [Sumpf, Moor] assécher. **-2.** [Baby] changer.
Trocken|zeit *die* saison *f* sèche.
trocknen (*Perf* **hat/ist getrocknet**) ◇ *tr (hat)* sécher; **sich** *(D)* **etw ~** se sécher qqch; **sich** *(D)* **die Tränen ~** sécher ses larmes. ◇ *intr (ist)* sécher.
Trockner (*Pl* **-**) *der* **-1.** [für Wäsche] sèche-linge *m inv*. **-2.** [für Hände] sèche-mains *m inv*.
Troddel (*Pl* **-n**) *die* [auf Mütze] pompon *m*; [am Vorhang] gland *m*.
Trödel *der (ohne Pl)* vieillerie *f*.
Trödel|markt *der* brocante *f*.
trödeln (*Perf* **hat/ist getrödelt**) *intr fam* **-1.** *(hat)* [langsam sein] traîner. **-2.** *(ist)* [langsam gehen] traîner.
Trödler, in (*mPl* **-**; *fPl* **-nen**) *der, die* brocanteur *m*, -euse *f*.
troff *Prät* → **triefen**.
trog *Prät* → **trügen**.
Trog (*Pl* **Tröge**) *der* **-1.** [für Futter] auge *f*. **-2.** [für Pflanzen] bac *m* (à fleurs).
trojanisch *Adj* troyen(enne); **das Trojanische Pferd** le cheval de Troie.
trollen
◆ **sich trollen** *ref fam* déguerpir.
Trommel (*Pl* **-n**) *die* **-1.** [gen] tambour *m*. **-2.** [von Revolvern] barillet *m*. **-3.** *RW*: **die ~ für jn/etw rühren** *fam* battre le tambour pour qqn/qqch.
Trommel|bremse *die* AUTO frein *m* à tambour.
Trommel|fell *das* MED tympan *m*.
trommeln ◇ *intr* **-1.** [Musik machen] battre le tambour. **-2.** [Lärm machen] tambouriner. ◇ *tr* **-1.** [Musik machen] tambouriner. **-2.** [mit Lärm wecken]: **jn aus dem Bett ~** réveiller qqn en fanfare.
Trommel|wirbel *der* roulement *m* de tambour.
Trommler, in (*mPl* **-**; *fPl* **-nen**) *der, die* tambour *m*.
Trompete (*Pl* **-n**) *die* trompette *f*; **~ blasen** ODER **spielen** jouer de la trompette.
trompeten ◇ *intr* **-1.** [mit Trompete] jouer de la trompette. **-2.** [Elefant] barrir. ◇ *tr*: **etw ~** jouer qqch à la trompette.
Trompeter, in (*mPl* **-**; *fPl* **-nen**) *der, die* trompettiste *mf*.
Tropen *Pl* tropiques *mpl*; **in den ~** sous les tropiques.
Tropen|helm *der* casque *m* colonial.
Tropen|medizin *die* médecine *f* tropicale ODER des maladies tropicales.
tropentauglich *Adj* [Mensch] apte à vivre sous les tropiques; [Maschine, Ausrüstung] adapté(e) aux tropiques.
Tropf (*Pl* **-e** ODER **Tröpfe**) *der* **-1.** *(Pl Tropfe)* MED perfusion *f*. **-2.** *(Pl Tröpfe)* [Mensch]: **armer ~!** pauvre bougre!
tröpfeln (*Perf* **hat/ist getröpfelt**) ◇ *intr* **-1.** *(hat) fam* [regnen]: **es tröpfelt** il bruine. **-2.** *(ist)* [tropfen] tomber goutte à goutte. ◇ *tr (hat)* verser goutte à goutte.
tropfen (*Perf* **hat/ist getropft**) ◇ *intr* **-1.** *(ist)* [Flüssigkeit] goutter. **-2.** *(hat)* [Wasserhahn, Haare]

goutter; **es tropft** il tombe des gouttes. ◇ *tr (hat)* verser goutte à goutte.
Tropfen *(Pl -) der* goutte *f*; **ein edler ~** *fig* un bon vin; **ein ~ auf den heißen Stein** *fam fig* une goutte d'eau dans l'océan.
tropfenweise *Adv* goutte à goutte.
Tropfsteinhöhle *die* grotte *f* de stalactites ODER stalagmites.
Trophäe *(Pl* **-n***) die* trophée *m*.
tropisch ◇ *Adj* tropical(e). ◇ *Adv*: **es ist ~ heiß** il fait une chaleur tropicale.
Troß *(Pl* **Trosse***) der* **-1.** [Menschenmenge] cortège *m*. **-2.** MIL train *m* (des équipages).
Trost *der (ohne Pl)* réconfort *m*, consolation *f*; **nicht ganz bei ~ sein** *fam fig* avoir un grain.
trösten *tr* réconforter, consoler.
◆ **sich trösten** *ref*: **(sich mit jm/etw) ~** se consoler (avec qqn/qqch).
tröstend ◇ *Adj* réconfortant(e). ◇ *Adv* de manière réconfortante.
Tröster, in *(mPl -; fPl* **-nen***) der, die fam* consolateur *m*, -trice *f*.
tröstlich *Adj* consolateur(trice), réconfortant(e).
trostlos ◇ *Adj* **-1.** *fam* [deprimierend] désolant(e). **-2.** [Gefühl, Gegend, Viertel] désolé(e). ◇ *Adv* l'air désespéré(e).
Trostpflaster *das hum* lot *m* de consolation.
Trostpreis *der* prix *m* de consolation.
Tröstung *(Pl* **-en***) die geh* consolation *f*.
Trott *(Pl* **-e***) der* **-1.** [Gangart] trot *m*. **-2.** *fam* [Gewohnheit] train-train *m inv*; **der alltägliche ~** le train-train quotidien; **in den alten ~ zurückfallen** retomber dans le train-train.
Trottel *(Pl -) der fam* imbécile *mf*.
trottelig *Adj fam abw* gâteux(euse), gaga.
trotten *(Perf* **ist getrottet***) intr* trotter.
trotz *Präp*: **~ js/einer Sache** malgré qqn/qqch.
trotzdem *Adv* malgré tout, quand même.
trotzen *intr geh*: **jm/einer Sache ~** braver qqn/qqch.
trotzig ◇ *Adj* rétif(ive). ◇ *Adv* de façon rétive.
Trotzkopf *der* tête *f* de mule.
Trouble [trabl] *der (ohne Pl) fam* ennuis *mpl*.
trüb, trübe ◇ *Adj* **-1.** [Flüssigkeit] trouble. **-2.** [Wetter, Tag] couvert(e). **-3.** [Stimmung] morose. **-4.** [Augen] brouillé(e). **-5.** *RW*: **im ~en fischen** *fam abw* pêcher en eau trouble. ◇ *Adv*: **~ aussehen** [Flüssigkeit] être trouble; [Wetter, Tag] être couvert(e); *fam* [Zukunft] ne pas être brillant(e).
Trubel *der (ohne Pl)* animation *f*.
trüben *tr* **-1.** [Flüssigkeit, Laune] troubler. **-2.** [Denken, Urteilskraft] affecter.
◆ **sich trüben** *ref* [Himmel, Person, Stimmung] s'assombrir; [Wasser] se troubler.
Trübsal *die (ohne Pl) geh* affliction *f*; **~ blasen** *fam fig* broyer du noir.
trübselig ◇ *Adj* morose, sombre. ◇ *Adv* tristement.
trübsinnig ◇ *Adj* morose, triste. ◇ *Adv* d'un air morose.
Trübung *(Pl* **-en***) die* **-1.** [von Flüssigkeit - Prozeß] action *f* de se troubler; [- Resultat] aspect *m* trouble. **-2.** [von Himmel]: **eine ~ ist eingetreten** le ciel s'est couvert. **-3.** [von Beziehungen, Stimmung] assombrissement *m*, détérioration *f*. **-4.** MED taie *f*.
trudeln *(Perf* **ist getrudelt***) intr* **-1.** [fliegen] vriller. **-2.** [rollen] rouler doucement.
Trüffel *(Pl -) der* truffe *f*.
trug *Prät* → **tragen**.
Trugbild *das geh* mirage *m*.
trügen *(Prät* **trog**, *Perf* **hat getrogen***)* ◇ *intr* induire en erreur; **der Schein trügt** les apparences sont trompeuses. ◇ *tr* tromper.
trügerisch *Adj* trompeur(euse).
Trugschluß *der* conclusion *f* erronée.
Truhe *(Pl* **-n***) die* coffre *m*, malle *f*.
Trumm *(Pl* **-e** ODER **Trümmer***) der* ODER *das fam* monstre *m*.
Trümmer *Pl* décombres *mpl*; **in ~n** en ruine(s); **in ~n liegen** *fig* être ruiné(e).
Trümmerfeld *das* champ *m* de ruines.
Trümmerhaufen *der* tas *m* de ruines.
Trumpf *(Pl* **Trümpfe***) der* atout *m*; **Kreuz/Karo ist ~** l'atout est à trèfle/carreau; **einen ~ ausspielen** [im Kartenspiel] jouer atout; *fig* abattre une carte-maîtresse; **seine Trümpfe aus der Hand geben** se déposséder de ODER lâcher ses atouts.
Trunk *(Pl* **Trünke***) der geh* breuvage *m*.
trunken *Adj & Adv geh* ivre; **~ von** ODER **vor etw** *(D)* ivre de qqch.
Trunkenheit *die (ohne Pl) amt* ivresse *f*; **~ am Steuer** ivresse au volant.
Trunksucht *die (ohne Pl)* alcoolisme *m*.
Trupp *(Pl* **-s***) der* détachement *m*.
Truppe *(Pl* **-n***) die* troupe *f*; **nicht von der schnellen ~ sein** *fam fig & hum* ne pas être un (une) rapide.
◆ **Truppen** *Pl* troupes *fpl*.
Truppenabzug *der* retrait *m* des troupes.
Truppenübungsplatz *der* camp *m* d'instruction.
Trust [trast] *(Pl* **-s** ODER **-e***) der* WIRTSCH trust *m*.
Truthahn *der* dindon *m*.
Truthenne *die* dinde *f*.

Tschad *der* Tchad *m*; **im ~** au Tchad.
Tschader, in (*mPl* -; *fPl* **-nen**) *der, die* Tchadien *m*, -enne *f*.
tschadisch *Adj* tchadien(enne).
Tscheche (*Pl* **-n**) *der* Tchèque *m*.
Tschechin (*Pl* **-nen**) *die* Tchèque *f*.
tschechisch *Adj* tchèque.
Tschechisch *das (ohne Pl)* tchèque *m*; *siehe auch* **Englisch**.
Tschechische *das (ohne Pl)* tchèque *m*; *siehe auch* **Englische**.
Tschechische Republik *die* République *f* tchèque.
Tschecho|slowake *der* Tchécoslovaque *m*.
Tschechoslowakei *die* Tchécoslovaquie *f*.
Tschecho|slowakin *die* Tchécoslovaque *f*.
tschechoslowakisch *Adj* tchécoslovaque.
tschüs, tschüs *Interj fam* : **~!** salut!
Tsd. *Abk für* **Tausend**.
T-Shirt ['ti:ʃœ:ɐ̯t] (*Pl* **-s**) *das* tee-shirt *m*, T-shirt *m*.
TSV (*Abk für* **Turn- und Sportverein**) *der (ohne Pl)* AS *f*.
TU (*Pl* **-s**) (*Abk für* **Technische Universität**) *die* université *f* technique *(formant des ingénieurs)*; **die ~ Berlin/München** l'université technique de Berlin/Munich.
Tuba (*Pl* **Tuben**) *die* tuba *m*; **~ spielen** jouer du tuba.
Tube (*Pl* **-n**) *die* tube *m*; **auf die ~ drücken** *fam fig* appuyer sur le champignon.
Tuberkulose (*Pl* **-n**) *die* tuberculose *f*.
Tübingen *nt* Tübingen.
Tuch (*Pl* **-e** ODER **Tücher**) *das* **-1.** *(Pl Tücher)* [für Kopf] foulard *m*; [für Staub] chiffon *m*; [für Geschirr] torchon *m*. **-2.** *(Pl Tuche)* [Stoff] drap *m*. **-3.** *RW*: **für jn ein rotes ~ sein** *fam* faire voir rouge à qqn.
Tuchfühlung *die (ohne Pl)*: **mit jm auf ~ gehen** se rapprocher de qqn; **auf ~ bleiben** rester en contact.
tüchtig ◇ *Adj* **-1.** [fleißig] travailleur(euse). **-2.** *fam* [groß] copieux(euse); **ein ~er Schreck** une sacrée peur. ◇ *Adv fam* [viel] sacrément.
Tücke (*Pl* **-n**) *die* méchanceté *f*; **etw hat seine ~n** *fam* [Strecke, Ablauf] qqch est semé(e) d'embuches; *fam* [Maschine] qqch fait des caprices; **die ~ des Objekts** le côté traître de l'objet.
tückisch ◇ *Adj* **-1.** [hinterhältig] sournois(e). **-2.** [schwierig] plein(e) de pièges. **-3.** [gefährlich] mauvais(e). ◇ *Adv* [hinterhältig]: **jn ~ ansehen** regarder qqn d'un air sournois.
tüfteln *intr fam* : **an etw** *(D)* **~** bidouiller qqch.
Tüftler, in (*mPl* -; *fPl* **-nen**) *der, die fam* bidouilleur *m*, -euse *f*.
Tugend (*Pl* **-en**) *die* vertu *f*.
tugendhaft ◇ *Adj* vertueux(euse). ◇ *Adv* de manière vertueuse.
Tüll (*Pl* **-e**) *der* tulle *m*.
Tulpe (*Pl* **-n**) *die* tulipe *f*.
tummeln
◆ **sich tummeln** *ref* s'ébattre.
Tummel|platz *der* **-1.** [Ort] lieu *m* de rendez-vous. **-2.** *abw* [Organisation] foyer *m*.
Tumor, Tumor (*Pl* **-e** ODER **-en**) *der* tumeur *f*; **ein gutartiger/bösartiger ~** une tumeur bénigne/maligne.
Tümpel (*Pl* -) *der* mare *f*.
Tumult (*Pl* **-e**) *der* tumulte *m*.
tun (*Prät* **tat**, *Perf* **hat getan**) ◇ *tr* **-1.** [gen] faire; **etw aus etw ~** [aus Material] faire qqch avec qqch; [aus Grund] faire qqch par ODER pour qqch; **jm etwas/nichts ~** faire quelque chose/ne rien faire à qqn; **sich** *(D)* **etwas ~** se faire quelque chose; **sich nichts ~** ne rien se faire; **für jn etw ~ können** pouvoir faire qqch pour qqn. **-2.** [legen] mettre. **-3.** *fam* [funktionieren]: **etw tut es noch/nicht mehr** qqch marche encore/ne marche plus. **-4.** *RW*: **mit etw ist es nicht getan** qqch ne suffit pas; **es nicht unter etw** *(D)* **~** *fam* [Geld] ne pas le faire pour moins de qqch. ◇ *intr* [sich benehmen] se montrer; **schlau ~** faire le malin; **vornehm ~** se donner des grands airs; **so ~, als ob** *fam* faire semblant; **zu ~ haben** avoir à faire; **sie tat, als ob sie beleidigt wäre** elle faisait semblant d'être vexée; **(es) mit jm zu ~ bekommen** *fam* avoir affaire à qqn *(ennuis)*; **mit jm/etw zu ~ haben** avoir affaire à qqn *(relations)*; **mit jm/etw nichts zu ~ haben wollen** ne pas vouloir avoir affaire à qqn/qqch; **jm ist es um jn/etw zu ~** *geh* qqn/qqch tient à cœur à qqn; **das hat damit nichts zu ~** cela n'a rien à voir.
◆ **sich tun** [geschehen] se passer; **es tut sich etwas** il se passe quelque chose; **es tut sich nichts** il ne se passe rien.
◆ **Tun** *das (ohne Pl)* actes *mpl*; **js Tun und Treiben** les faits et gestes de qqn.
Tünche (*Pl* **-n**) *die* badigeon *m*.
tünchen *tr* badigeonner, blanchir à la chaux.
Tuner ['tju:nɐ] (*Pl* -) *der* tuner *m*.
Tunesien *nt* Tunisie *f*.
Tunesier, in [tu'ne:ziɐ, rɪn] (*mPl* -; *fPl* **-nen**) *der, die* Tunisien *m*, -enne *f*.
tunesisch *Adj* tunisien(enne).
tunken *tr* tremper.
tunlichst *Adv* [unbedingt] à tout prix; [möglichst] dans la mesure du possible.
Tunnel (*Pl* -) *der* tunnel *m*.
Tunte (*Pl* **-n**) *die fam abw* tante *f (homosexuel)*.
Tüpfelchen (*Pl* -) *das* point *m*; **bis aufs i-~** *fam*

fig jusque dans les moindres détails; **das ~ auf dem i** *fig* la cerise sur le gâteau.

tupfen *tr* **-1.** [abtupfen] éponger. **-2.** [mit Tupfen versehen]: **etw auf etw** *(A)* **~** tamponner qqch de ODER avec qqch.

Tupfen *(Pl -)* *der* pois *m*.

Tupfer *(Pl -)* *der* **-1.** MED tampon *m*. **-2.** [Fleck] tache *f*.

Tür *(Pl* **-en***)* *die* **-1.** [zu Raum] porte *f*; **~ an ~ wohnen** être voisins directs; **von ~ zu ~ gehen** aller de porte en porte, faire du porte à porte. **-2.** *RW*: **einer Sache** *(D)* **~ und Tor öffnen** laisser la porte ouverte à qqch; **jm stehen alle ~en offen** toutes les portes sont ouvertes à qqn; **jn vor die ~ setzen** mettre qqn à la porte; **mit der ~ ins Haus fallen** *fam* ne pas y aller avec le dos de la cuillère; **offene ~en einrennen** *fam* enfoncer une porte ouverte; **zwischen ~ und Angel** *fam* entre deux portes.
◆ **Tür zu!** *Interj* la porte!

Türangel *die* gond *m*.

Turban *(Pl* **-e***)* *der* turban *m*.

Turbine *(Pl* **-n***)* *die* turbine *f*.

Turbo *(Pl* **-s***)* *der* turbo *m*.

turbulent ◇ *Adj* mouvementé(e). ◇ *Adv*: **~ zugehen** être mouvementé(e).

Turbulenz *die (ohne Pl)* [Durcheinander] tourbillon *m*.
◆ **Turbulenzen** *Pl* [in Luft] turbulences *fpl*.

Türflügel *der* battant *m* de porte.

Türgriff *der* poignée *f* de porte.

Turin *nt* Turin.

Türke *(Pl* **-n***)* *der* Turc *m*.

Türkei *die* Turquie *f*.

Türkin *(Pl* **-nen***)* *die* Turque *f*.

Türkis *(Pl* **-e***)* ◇ *der* turquoise *f*. ◇ *das* turquoise *m*.

türkisch *Adj* turc (turque).

Türkisch *das (ohne Pl)* turc *m*; *siehe auch* **Englisch**.

Türkische *das (ohne Pl)* turc *m*; *siehe auch* **Englische**.

Türklinke *die* poignée *f* de porte.

Turkmene *(Pl* **-n***)* *der* Turcoman *m*, Turkmène *m*.

Turkmenien *nt* Turkménie *f*, Turkménistan *m*.

Turkmenin *(Pl* **-nen***)* *die* Turcomane *f*, Turkmène *f*.

turkmenisch *Adj* turcoman(e), turkmène.

Turm *(Pl* **Türme***)* *der* tour *f*.

türmen *(Perf* **hat/ist getürmt***)* ◇ *intr (ist) fam* décamper. ◇ *tr (hat)* empiler.
◆ **sich türmen** *ref* s'empiler.

turmhoch ◇ *Adj* énorme, immense. ◇ *Adv*: **~ gewinnen** gagner haut la main.

Turmspitze *die* flèche *f* d'une tour.

Turmuhr *die* horloge *f*.

Turnanzug *der* justaucorps *m*.

turnen *(Perf* **hat/ist geturnt***)* ◇ *tr (hat)* faire de la gymnastique. ◇ *intr* **-1.** *(hat)* [an einem Sportgerät]: **an den Ringen/am Barren ~** faire des anneaux/des barres. **-2.** *(ist) fam* [klettern] grimper.

Turnen *das (ohne Pl)* gymnastique *f* (aux agrès).

Turner, in *(mPl* **-**; *fPl* **-nen***)* *der, die* gymnaste *mf*.

Turnhalle *die* gymnase *m*.

Turnhose *die* short *m (de sport)*.

Turnier *(Pl* **-e***)* *das* tournoi *m*.

Turnschuh *der* chaussure *f* de sport, basket *m* ODER *f*.

Turnus *(Pl* **-se***)* *der* intervalle *m*.

turnusmäßig ◇ *Adj* périodique. ◇ *Adv* périodiquement.

Turnverein *der* association *f* sportive.

Türrahmen *der* encadrement *m* de porte.

Türschloß *das* serrure *f* de porte.

Türschwelle *die* seuil *m* de la porte.

Türspalt *der* fente *f* de la porte.

turteln *intr fam* roucouler.

Türvorleger *(Pl -)* *der* paillasson *m*, tapis-brosse *m*.

Tusch *(Pl* **-e***)* *der* fanfare *f*.

Tusche *(Pl* **-n***)* *die* encre *f* de Chine.

tuscheln *intr* & *tr* chuchoter.

tuschen *tr*: **sich die Wimpern ~** se maquiller les cils.

Tuschezeichnung *die* lavis *m*.

tut *Präs* → **tun**.

Tütchen *(Pl -)* *das* sachet *m*.

Tüte *(Pl* **-n***)* *die* sac *m*; **etw kommt nicht in die ~** *fam fig* qqch est hors de question.

tuten *intr* [Auto] klaxonner; **das Schiff tutet** la sirène du bateau retentit.
◆ **Tuten** *das*: **von Tuten und Blasen keine Ahnung haben** *fam abw* ne connaître rien à rien.

Tutor *(Pl* **Tutoren***)* *der* tuteur *m*.

Tutorin *(Pl* **-nen***)* *die* tutrice *f*.

TÜV [tyf] *(Abk für* **Technischer Überwachungsverein***)* *der (ohne Pl)*: **ein Auto zum ~ bringen** amener une voiture au contrôle technique.

TÜV:
Le contrôle technique des véhicules ainsi que celui de certaines machines est obligatoire. Il

doit être effectué tous les deux ans pour les véhicules de plus de trois ans.

TÜV-Plakette *die plaque apposée sur les voitures par les employés du contrôle technique.*

TV (*Abk für* **Fernsehen**) TV.

Twist (*Pl* **-s**) *der* twist *m.*

Typ (*Pl* **-en**) *der* **-1.** *(G Typs)* [Menschentyp, Art] type *m*; **(nicht) js ~ sein** *fam* (ne pas) être le type de qqn. **-2.** *(G Typs, Typen) fam* [Mann] type *m.*

Typhus *der (ohne Pl)* MED typhus *m.*

typisch ◇ *Adj* typique; **etw ist ~ für jn** qqch est typique de qqn. ◇ *Adv* typiquement.

◆ **typisch!** *Interj* typique!; **~ Paul!** c'est Paul tout craché!; **~ Mann/Frau!** typiquement masculin/féminin!

Typographie (*Pl* **-n**) *die* topographie *f.*

Typus (*Pl* **Typen**) *der* type *m.*

Tyrann, in (*mPl* **-en**; *fPl* **-nen**) *der, die* tyran *m.*

tyrannisieren *tr* tyranniser.

Tyrrhenische Meer *das* mer *f* Tyrrhénienne.

U

u, U [uː] (*Pl* - ODER **-s**) *das* u *m inv*, U *m inv.*

u. *Abk für* **und**.

u.a. *Abk für* **unter anderem**.

u.ä. (*Abk für* **und ähnliches**) et autre.

u.a.m. (*Abk für* **und anderes mehr**) etc.

u.A.w.g. (*Abk für* **um Antwort wird gebeten**) R.S.V.P.

UB (*Pl* **-s**) (*Abk für* **Universitätsbibliothek**) *die* bibliothèque *f* universitaire, BU *f.*

UBA (*Abk für* **Umweltbundesamt**) *das (ohne Pl) organisme public allemand dépendant du ministère de l'Environnement.*

U-Bahn *die* métro *m.*

U-Bahnhof *der* station *f* de métro(politain).

U-Bahn-Netz *das* réseau *m* du métro(politain).

übel (*Kompar* **übler**, *Superl* **übelste**) ◇ *Adj* **-1.** [Essen, Laune] mauvais(e); **nicht ~ sein** *fam* ne pas être mal. **-2.** [moralisch, materiell] sale; **~ dransein** *fam* être dans de sales draps. **-3.** [unwohl]: **jm ist ~** qqn a la nausée; **jm wird ~** qqn commence à se sentir mal. ◇ *Adv* **-1.** [geschmacklich]: **~ riechen** sentir mauvais. **-2.** [sehr] salement. **-3.** [unbehaglich]: **~ gelaunt sein** être d'une humeur de chien.

Übel (*Pl* -) *das* mal *m*; **das kleinere ~** le moindre mal.

übelnehmen *tr (unreg)*: **jm etw ~** tenir rigueur à qqn de qqch.

Übeltäter, in *der, die* malfaiteur *m*, -trice *f.*

üben ◇ *tr* **-1.** [trainieren] s'exercer à; [Instrument, Stück] travailler. **-2.** [Geduld] faire preuve de. ◇ *intr* s'exercer.

◆ **sich üben** *ref*: **sich in etw** *(D)* **~** *geh* [trainieren] s'exercer à qqch; **sich in Geduld ~** apprendre à être patient.

über ◇ *Präp* **-1.** (+ *A*, + *D*) [räumlich - höher als, mehr als] au-dessus de; **~ dem** ODER **den Tisch** au-dessus de la table; **fünf Grad ~ null** cinq degrés au-dessus de zéro; [- quer über] sur; **Tränen rollten ~ ihre Wangen** des larmes ont roulé sur ses joues; **~ die Straße gehen** traverser la rue; [- über hinweg] par-dessus; **~ die Brücke** par-dessus le pont; **~ die Grenze fahren** franchir la frontière; [- zur Angabe der Route] via, par; **von Düsseldorf ~ Paris nach Madrid** de Düsseldorf à Madrid via Paris. **-2.** (+ *A*) [zur Angabe des Themas] sur; **eine Doktorarbeit ~ R. Walser** une thèse sur R. Walser. **-3.** (+ *A*) [weiter, mehr als] au-dessus, au-delà; **das geht ~ meine Kräfte** c'est au-dessus de mes forces; **~ eine Phase hinaussein** avoir dépassé une étape. **-4.** (+ *A*, + *D*) [zeitlich] pendant; **~ Nacht bei jm bleiben** passer la nuit chez qqn; **~ Wochen/Monate** (pendant) des semaines/mois; **~ kurz oder lang** *fig* tôt ou tard. **-5.** (+ *A*) [mittels] par l'intermédiaire de; **~ einen Anwalt** par l'intermédiaire d'un avocat; **~ Satellit** par satellite. **-6.** (+ *A*) [zur Angabe des Betrages] de; **ein Scheck ~ tausend Mark** un chèque de mille marks. **-7.** *RW*: **etw nicht ~ sich bringen** ne pas pouvoir se résoudre à qqch. ◇ *Adv* **-1.** [mehr als] plus de; **eine Gruppe von ~ 30 Touristen** un groupe de plus de 30 touristes. **-2.** [zur Angabe der Dauer]: **den Sommer ~** pendant l'été; **den ganzen Tag ~** pendant toute la journée. ◇ *Adj fam* **-1.** [zuviel]: **etw ist jm ~** qqn en a marre de qqch. **-2.** [übrig]: **ich habe noch zwei Bananen ~** il me reste encore deux bananes.

◆ **über und über** *Adv* entièrement.

überall, überall *Adv* partout; **~ und nirgends (sein)** *fig* (être) partout et nulle part (à la fois).

überaltert *Adj* **-1.** [Bevölkerung] vieillissant(e). **-2.** [Vorstellung, Werte] dépassé(e).

Überalterung *die (ohne Pl)* vieillissement *m.*

Überangebot *das* surabondance *f.*

überängstlich *Adj* très peureux(euse), poltron(onne).

überanstrengen *tr* trop solliciter.
◆ **sich überanstrengen** *ref* se surmener.
überantworten *tr geh*: **jn/etw jm ~** confier qqn/qqch à qqn.
überarbeiten
◆ **sich überarbeiten** *ref* se surmener.
überaus, überaus *Adv geh* infiniment.
überbacken (*Präs* **überbackt** ODER **überbäckt,** *Prät* **überbackte** ODER **überbuk,** *Perf* **hat überbacken**) *tr* gratiner.
Über|bau *der* superstructure *f*.
über|beanspruchen *tr* [Material, Maschine] surcharger; [Person] surmener.
Über|bein *das* exostose *f*.
über|belichten *tr* surexposer.
über|betonen *tr* souligner exagérément.
über|bewerten *tr* surestimer.
über|bezahlen *tr* surpayer.
überbieten (*Prät* **überbot,** *Perf* **hat überboten**) *tr* surenchérir; **jn um 100 Mark ~** offrir 100 marks de plus que qqn; **er hat den Rekord um zehn cm überboten** il a battu le record de dix cm.
◆ **sich überbieten** *ref* se surpasser; **sich an Höflichkeit ~** rivaliser de courtoisie.
Überbleibsel (*Pl* -) *das* reste *m*.
Über|blick *der* **-1.** [Übersicht]: **ein ~ über etw** *(A)* un aperçu de qqch; **den ~ verlieren** ne plus avoir de vue d'ensemble. **-2.** [Aussicht]: **ein ~ über etw** *(A)* une vue sur qqch.
überblicken *tr* **-1.** [einschätzen] évaluer. **-2.** [sehen] embrasser du regard.
überbringen (*Prät* **überbrachte,** *Perf* **hat überbracht**) *tr*: **jm etw ~** transmettre qqch à qqn.
Überbringer, in (*mPl* -; *fPl* **-nen**) *der, die* porteur *m*, -euse *f*.
überbrücken *tr* [Zeit] combler; [Gegensätze] réconcilier.
überdachen *tr* couvrir d'un toit.
Überdachung (*Pl* **-en**) *die* **-1.** [Dach] auvent *m*. **-2.** [Vorgang] construction *f* du toit.
überdauern *tr* survivre à.
überdecken *tr* **-1.** [verdecken] dissimuler. **-2.** [bedecken] recouvrir.
überdehnen *tr* [Muskel] distendre.
überdenken (*Prät* **überdachte,** *Perf* **hat überdacht**) *tr* méditer sur.
überdeutlich ◇ *Adj* extrêmement clair(e) ODER limpide. ◇ *Adv* très clairement.
überdies, überdies *Adv geh* de plus, qui plus est.
überdimensional ◇ *Adj* surdimensionné(e); [Körperteil] hypertrophié(e). ◇ *Adv* de manière surdimensionnée.
Über|dosis *die* [von Drogen] overdose *f*; [von Medikamenten] surdose *f*.
überdrehen *tr* **-1.** [Schraube] fausser. **-2.** [Motor] trop pousser.
Über|druck (*Pl* **-drücke**) *der* surpression *f*.
Überdruß *der (ohne Pl)*: **~ (an etw** *(D)*) dégoût *m* (de qqch); **bis zum ~** *fam fig* à satiété, jusqu'à plus soif.
überdrüssig *Adj*: **js/einer Sache ~ sein** *geh* être las (lasse) de qqn/qqch; **js/einer Sache ~ werden** *geh* se lasser de qqn/qqch.
überdüngen *tr* donner trop d'engrais à.
überdurchschnittlich *Adj* & *Adv* au-dessus de la moyenne.
übereck *Adv* en coin.
übereifrig ◇ *Adj* trop zélé(e). ◇ *Adv* avec un excès de zèle.
übereilen *tr* précipiter; **nur nichts ~** ne nous précipitons pas.
übereilt ◇ *Adj* précipité(e). ◇ *Adv* avec précipitation.
übereinander *Adv* **-1.** [Dinge - aufeinander] l'un (l'une) sur l'autre, les uns (les unes) sur les autres; [- mit Abstand] l'un (l'une) au-dessus de l'autre, les uns (les unes) au-dessus des autres; **zwei Pullover ~ anziehen** mettre un pullover par-dessus l'autre. **-2.** [Personen]: **~ reden** parler l'un (l'une) de l'autre, parler les uns (les unes) des autres.
übereinander|legen *tr* mettre l'un(e) sur l'autre.
übereinander|schlagen *tr (unreg)* croiser.
überein|kommen (*Perf* **ist übereingekommen**) *intr (unreg) geh*: **(mit jm) ~, etw zu tun** convenir (avec qqn) de faire qqch.
Übereinkunft (*Pl* **-künfte**) *die geh* accord *m*.
überein|stimmen *intr* **-1.** *geh* [einig sein]: **mit jm (in etw** *(D)*) **~** être d'accord avec qqn (sur qqch). **-2.** [gleich sein] concorder.
übereinstimmend ◇ *Adj* concordant(e). ◇ *Adv* de manière concordante.
Überein|stimmung *die* **-1.** [Gleichheit] concordance *f*. **-2.** [Einigung] concordance *f* de vues. **-3.** *RW*: **etw mit etw in ~ bringen** mettre qqch en accord avec qqch, faire concorder qqch avec qqch.
überempfindlich ◇ *Adj* hypersensible; **gegen etw ~ sein** être très chatouilleux(euse) sur qqch. ◇ *Adv* avec hypersensibilité.
überessen (*Präs* **überißt,** *Prät* **überaß,** *Perf* **hat übergessen**)
◆ **sich überessen** *ref* se gaver; **sich an etw** *(D)* **~** se gaver de qqch.
überfahren[1] (*Präs* **überfährt,** *Prät* **überfuhr,** *Perf* **hat überfahren**) *tr* **-1.** [Lebewesen] écraser,

renverser; **jn ~** *fig* [überrumpeln] prendre qqn à l'improviste. **-2.** [Kreuzung, Schild] griller.

über|fahren² (*Perf* **ist übergefahren**) *intr (unreg)* [überqueren] traverser.

Über|fahrt *die* traversée *f*.

Über|fall *der*: **~ (auf etw** *(A)***)** attaque *f* (de qqch); **~ auf jn** agression *f* de qqn; **ein bewaffneter ~** une attaque à main armée.

überfallen (*Präs* **überfällt**, *Prät* **überfiel**, *Perf* **hat überfallen**) *tr* **-1.** [ausrauben] attaquer; [Einzelperson] agresser. **-2.** *fam* [überraschen]: **sie überfällt mich** elle m'est tombée dessus.

überfällig *Adj* **-1.** [zu spät - Verkehrsmittel, Bote] en retard; [- zu Erledigendes, Sendung] en souffrance. **-2.** *fam* [längst fällig]: **diese Untersuchung ist ~** cet examen devrait être fait depuis longtemps.

überfliegen (*Prät* **überflog**, *Perf* **hat überflogen**) *tr* survoler.

über|fließen (*Perf* **ist übergeflossen**) *intr (unreg)* **-1.** [Flüssigkeit] déborder. **-2.** *fig* [vor Emotion]: **vor etw** *(D)* **~** déborder de qqch.

überflügeln *tr*: **jn (in etw** *(D)***) ~** dépasser ODER distancer qqn largement (en qqch).

Über|fluß *der (ohne Pl)* **-1.** [Überschuß] excédent *m*. **-2.** [Reichtum] abondance *f*; **etw im ~ haben** avoir qqch en abondance; **zu allem ~** pour couronner le tout.

überflüssig ◇ *Adj* superflu(e). ◇ *Adv*: **~ sein** être de trop; **etw für ~ halten** considérer qqch comme superflu(e).

überfluten *tr* inonder, submerger.

überfordern *tr*: **überfordert sein** être surmené(e); **jd überfordert jn** qqn exige trop de qqn; **etw überfordert mich** qqch est au-dessus de mes forces.

Über|forderung *die* surmenage *m*.

überfragt *Adj*: **da bin ich ~** tu m'en demandes trop, vous m'en demandez trop.

überfremdet *Adj* dénaturé(e) (par une influence étrangère).

Überfremdung *die (ohne Pl)* influence *f (étrangère)*.

überfrierend *Adj*: **~e Nässe** *amt* verglas *m*.

überführen *tr* **-1.** RECHT: **jn einer Sache** *(G)* **~** confondre qqn par qqch. **-2.** [transportieren] transférer.

Über|führung *die* **-1.** [Transport] transfert *m*; [in Heimat] rapatriement *m*. **-2.** [Brücke] passerelle *f*.

überfüllt *Adj* **-1.** [Raum] bondé(e). **-2.** [Gruppe] surchargé(e).

überfüttern *tr* suralimenter.

Über|gabe *die* **-1.** [von Gegenstand, Besitz] remise *f*; **die ~ (einer Sache** *(G)***) an jn** la transmission (de qqch) à qqn. **-2.** MIL reddition *f*.

Über|gang (*Pl* **-gänge**) *der* **-1.** [Weg] passerelle *f*. **-2.** [Phase]: **(im) ~** (en) transition *f*. **-3.** *(ohne Pl)* [Provisorium]: **für den ~** provisoirement.

Übergangs|lösung *die* solution *f* provisoire.

Übergangs|regelung *die* règlement *m* de transition.

Übergangs|regierung *die* gouvernement *m* de transition.

Übergangs|zeit *die* période *f* de transition.

übergeben (*Präs* **übergibt**, *Prät* **übergab**, *Perf* **hat übergeben**) *tr* **-1.** [verleihen, anvertrauen]: **jm etw ~** remettre qqch à qqn. **-2.** [an Nachfolger]: **jm etw ~** transmettre qqch à qqn; [Amt] abandonner qqch à qqn. **-3.** [Straße] ouvrir à la circulation.

◆ **sich übergeben** *ref* vomir.

übergehen¹ (*Prät* **überging**, *Perf* **hat übergangen**) *tr* **-1.** [nicht beachten] ignorer. **-2.** [nicht berücksichtigen]: **jn bei etw ~** oublier qqn lors de qqch; **etw ~** passer qqch.

über|gehen² (*Perf* **ist übergegangen**) *intr (unreg)* **-1.** [wechseln]: **zu etw ~** passer à qqch; **dazu ~, etw zu tun** en venir à faire qqch. **-2.** [sich verändern]: **in etw** *(A)* **~** [Farben] virer à qqch; [in ein anderes Stadium] se transformer en qqch. **-3.** [Besitz, Rechte]: **an jn ~** être transmis(e) à qqn; **von jm an jn ~** passer de qqn à qqn.

übergeordnet *Adj* supérieur(e); **jm/einer Sache ~ sein** prévaloir sur qqn/qqch.

Über|gewicht *das* **-1.** [von Personen] surcharge *f* pondérale, excès *m* de poids. **-2.** [von Gegenständen] surcharge *f*.

übergewichtig *Adj* ayant une surcharge pondérale.

übergießen (*Prät* **übergoß**, *Perf* **hat übergossen**) *tr*: **jn/etw mit etw ~** arroser qqn/qqch de qqch.

überglücklich *Adj* éperdu(e) de bonheur.

über|greifen *intr (unreg)*: **auf etw** *(A)* **~** gagner qqch.

übergreifend *Adj*: **~e Maßnahmen** des mesures globales.

Über|griff *der* débordement *m*; [polizeilich] bavure *f*.

Über|größe *die* [von Kleidung] grande taille *f*; [von Schuhen] grande pointure *f*.

über|haben *tr (unreg) fam* : **jn/etw ~** (en) avoir assez de qqn/qqch.

überhand|nehmen *intr (unreg)* augmenter de façon excessive.

Über|hang *der* **-1.** [am Berg] surplomb *m*. **-2.** [Überzahl] surplus *m*.

überhäufen *tr*: **jn/etw mit etw ~** [mit Angenehmem] couvrir qqn/qqch de qqch; [mit Unangenehmem] accabler qqn de qqch.

überhaupt ◇ *Adv* **-1.** [gen] de toute façon,

d'ailleurs. **-2.** [Ausdruck des Zweifels] vraiment. **-3.** [gar] absolument; **~ nicht** pas du tout. **-4.** [eigentlich] donc; **wie geht's dir ~?** comment vas-tu donc? ◇ *Interj* **-1.** [übrigens] à propos. **-2.** [Ausdruck der Ungeduld, des Mißfallens]: **und ~** et de toute façon.

◆ **wenn überhaupt** *Adv*: **wenn ~, gibt es nur Hörplätze** il n'y a que des places aveugles, à supposer qu'il y en ait.

überheblich ◇ *Adj* présomptueux(euse). ◇ *Adv* avec arrogance.

Überheblichkeit *die (ohne Pl)* arrogance *f*.

überhitzen *tr* surchauffer.

überhöht *Adj* **-1.** [Preis, Geschwindigkeit] excessif(ive). **-2.** [Gebäude] surélevé(e).

überholen ◇ *tr* **-1.** [vorbeifahren] doubler. **-2.** *fam* [übertreffen]: **jn ~** dépasser qqn. **-3.** [warten] réviser. ◇ *intr* doubler.

Überhol|spur *die* voie *f* de dépassement.

überholt *Adj* dépassé(e).

Überhol|verbot *das* interdiction *f* de dépasser.

überhören *tr* **-1.** [nicht hören] ne pas entendre. **-2.** [ignorieren] faire semblant de ne pas entendre, faire la sourde oreille à.

überirdisch *Adj* **-1.** [über der Erde] aérien(enne). **-2.** [Wesen, Erscheinung] surnaturel(elle).

überkandidelt *fam* ◇ *Adj* exalté(e). ◇ *Adv* de manière exaltée.

überkleben *tr* recouvrir.

über|kochen (*Perf* **ist übergekocht**) *intr* **-1.** [beim Kochen] déborder. **-2.** *fam* [vor Wut]: **vor etw ~** exploser de qqch.

überkommen[1] (*Prät* **überkam,** *Perf* **hat überkommen**) *tr* [Gefühl] saisir; **es überkommt jn** cela prend qqn.

überkommen[2] *Adj* ancestral(e).

überkreuzen *tr* **-1.** [Arme] croiser. **-2.** [Straße] traverser.

◆ **sich überkreuzen** *ref fam* se couper, se croiser.

über|kriegen *tr fam* : **etw ~** commencer à en avoir marre de qqch.

überladen[1] (*Präs* **überlädt,** *Prät* **überlud,** *Perf* **hat überladen**) *tr* surcharger.

überladen[2] *Adj* surchargé(e).

überlagern *tr* superposer.

◆ **sich überlagern** *ref* **-1.** [übereinander] se superposer. **-2.** [sich überschneiden] se confondre, interférer.

Überland|bus *der* autocar *m*, car *m*.

Über|länge *die* **-1.** [zeitlich]: **ein Film mit ~** un film de très longue durée. **-2.** [der Kleidung] longueur *f* extrême. **-3.** [räumlich] grande longueur *f*.

überlappen

◆ **sich überlappen** *ref* se chevaucher.

überlassen (*Präs* **überläßt,** *Prät* **überließ,** *Perf* **hat überlassen**) *tr* **-1.** [leihen]: **jm etw ~** laisser qqch à qqn. **-2.** [sich nicht einmischen]: **jm etw ~** laisser le soin à qqn de faire qqch; **das bleibt Ihnen ~!** c'est à vous de voir! **-3.** [allein lassen]: **jn sich selbst ~** abandonner qqn à son sort.

◆ **sich überlassen** *ref*: **sich einer Sache** *(D)* **~** se laisser aller à qqch.

überlastet *Adj* **-1.** [belastet] saturé(e). **-2.** [überfordert]: **mit etw ~ sein** crouler sous qqch.

Überlastung (*Pl* **-en**) *die* [mit Arbeit] surcharge *f*; [von Leitungsnetzen] saturation *f*.

über|laufen[1] (*Perf* **ist übergelaufen**) *intr (unreg)* **-1.** [überfließen] déborder. **-2.** [überwechseln] passer dans le camp adverse; **zu jm/etw ~** passer à qqn/qqch.

überlaufen[2] (*Präs* **überläuft,** *Prät* **überlief,** *Perf* **hat überlaufen**) *tr* **-1.** [überkommen]: **es überläuft jn** cela fait froid dans le dos à qqn. **-2.** SPORT: **jn ~** dépasser qqn *(en courant)*.

überlaufen[3] *Adj*: **~ sein** être bondé(e).

Über|läufer, in *der, die* transfuge *mf*.

überleben ◇ *tr* **-1.** [Ereignis] survivre à. **-2.** [Person]: **jn ~** survivre à qqn. ◇ *intr* survivre.

◆ **sich überleben** *ref* se démoder; **sich überlebt haben** avoir fait son temps.

Überlebende (*Pl* **-n**) *der, die* survivant *m*, -e *f*, rescapé *m*, -e *f*.

überlebensgroß *Adj* plus grand(e) que nature.

überlegen ◇ *tr* réfléchir à; **sich** *(D)* **etw ~** [nachdenken] se demander qqch; [einfallen lassen] imaginer qqch; **es sich** *(D)* **anders ~** changer d'avis; **etw reiflich ~** réfléchir mûrement à qqch. ◇ *intr* réfléchir; **ohne zu ~** sans réfléchir. ◇ *Adj* supérieur(e). ◇ *Adv* **-1.** [haushoch] haut la main. **-2.** [arrogant]: **~ lächeln** sourire avec un air supérieur.

Überlegenheit *die (ohne Pl)* supériorité *f*; **zahlenmäßige ~** supériorité *f* numérique.

überlegt ◇ *Adj* réfléchi(e). ◇ *Adv* de manière réfléchie.

Überlegung (*Pl* **-en**) *die* réflexion *f*; **bei** ODER **nach reiflicher ~** après mûre réflexion.

über|leiten *intr*: **zu etw ~** passer à qqch.

Über|leitung *die* transition *f*.

überlesen (*Präs* **überliest,** *Prät* **überlas,** *Perf* **hat überlesen**) *tr* **-1.** [nicht wahrnehmen] ne pas voir; **ich habe diesen Fehler ~** cette faute m'a échappé. **-2.** [überspringen] sauter.

überliefern *tr* transmettre.

Über|lieferung *die* **-1.** *(ohne Pl)* [Handlung] transmission *f*. **-2.** [Ergebnis] tradition *f*.

Über|macht *die (ohne Pl)* prépondérance *f*; **in der ~ sein** être supérieur(e).
übermächtig *Adj* **-1.** [emotional] impérieux(euse). **-2.** [kräftemäßig] puissant(e).
übermalen *tr* recouvrir.
Über|maß *das (ohne Pl)* profusion *f*; **~ an etw** *(D) geh* excès *m* de qqch; **im ~ anwenden/genießen** abuser de qqch.
übermäßig ◇ *Adj* excessif(ive). ◇ *Adv* **-1.** [sehr] excessivement. **-2.** [zu stark] à l'excès.
übermenschlich *Adj* surhumain(e).
übermitteln *tr*: **jm etw ~** transmettre qqch à qqn.
übermorgen *Adv* après-demain.
übermüdet *Adj* harassé(e); **~ aussehen** avoir l'air harassé.
Über|mut *der (ohne Pl)* exubérance *f*.
übermütig ◇ *Adj* exubérant(e). ◇ *Adv* avec exubérance.
übernächste, r, s *Adj*: **~ Woche** dans deux semaines.
übernachten *intr* passer la nuit.
übernächtigt *Adj* défait(e) *(après avoir veillé)*.
Übernachtung *(Pl* **-en***) die* nuitée *f*; **eine ~ mit Frühstück** une chambre avec petit déjeuner.
Übernahme *(Pl* **-n***) die* **-1.** [von Firma, Betrieb] reprise *f*. **-2.** [Eingliederung]: **~ in ein festes Arbeitsverhältnis** transformation *f* d'un engagement temporaire en engagement ferme; [bei Beamten] titularisation *f*. **-3.** [von Kosten] prise *f* en charge. **-4.** [Einbürgerung] adoption *f*.
übernatürlich *Adj* surnaturel(elle).
übernehmen *(Präs* **übernimmt,** *Prät* **übernahm,** *Perf* **hat übernommen***) tr* **-1.** [Firma, Betrieb] prendre la direction de; **etw von jm ~** reprendre qqch de qqn. **-2.** [annehmen] se charger de. **-3.** [einstellen]: **jn in ein festes Arbeitsverhältnis ~** transformer l'engagement temporaire de qqn en engagement ferme. **-4.** [kopieren - Verhaltensweise, Konzept]: **etw von jm/etw ~** emprunter qqch à qqn/qqch. **-5.** [Text]: **etw aus etw ~** reprendre qqch de qqch. ◆ **sich übernehmen** *ref* se surmener, présumer de ses forces; **sich mit etw ~** voir trop grand.
über|ordnen *tr* **-1.** [vorrangig behandeln]: **jm/etw jn/etw ~** donner la priorité à qqn/qqch sur qqn/qqch. **-2.** [höhere Position geben]: **jm/etw jn/etw ~** placer qqn/qqch au-dessus de qqn/qqch.
überparteilich *Adj* & *Adv* au-dessus des partis.
Über|produktion *die* surproduction *f*.
überproportional *Adj* & *Adv* au-dessus de la normale.
überprüfen *tr* contrôler; **jn/etw auf etw** *(A)* **(hin) ~** contrôler qqch de qqn/qqch.
Über|prüfung *die* vérification *f*, examen *m*.
überqualifiziert *Adj* surqualifié(e).
über|quellen *(Perf* **ist übergequollen***) intr (unreg)*: **(vor etw** *(D)***) ~** déborder (de qqch).
überqueren *tr* traverser.
überragen *tr* dépasser; **jn/etw um etw ~** dépasser qqn/qqch de qqch.
überragend ◇ *Adj* excellent(e). ◇ *Adv* avec brio.
überraschen *tr* surprendre; **jn bei etw ~** surprendre qqn en train de faire qqch; **jn mit etw ~** surprendre qqn par qqch; **von jm/etw überrascht werden** être surpris(e) par qqn/qqch.
überraschend ◇ *Adj* surprenant(e), inattendu(e). ◇ *Adv* à ma ODER ta ODER sa etc surprise; **~ kommen** [zu Besuch] arriver à l'improviste; [eine Entwicklung] se produire de manière inattendue.
Überraschung *(Pl* **-en***) die* surprise *f*; **eine böse ~ erleben** avoir une mauvaise surprise.
über|reagieren *intr* s'emporter, réagir violemment.
überreden *tr* convaincre; **jn zu etw ~** convaincre qqn de faire qqch.
Überredung *(Pl* **-en***) die* persuasion *f*.
überregional ◇ *Adj* suprarégional(e). ◇ *Adv* dans un cadre suprérégional, à l'échelon national.
überreich ◇ *Adj* surabondant(e). ◇ *Adv* en surabondance.
überreichen *tr*: **jm etw ~** remettre qqch à qqn.
überreif *Adj* **-1.** [Obst, Gemüse] trop mûr(e). **-2.** *fig* [längst fällig]: **diese Entscheidung ist ~** il est grand temps de prendre cette décision.
überreizt ◇ *Adj* surexcité(e). ◇ *Adv* de manière surexcitée.
überrennen *(Prät* **überrannte,** *Perf* **hat überrannt***) tr* **-1.** MIL se lancer à l'assaut de. **-2.** [umrennen] bousculer.
Über|rest *der* reste *m*, restant *m*.
Überroll|bügel *der* AUTO arceau *m* de protection.
überrollen *tr* **-1.** [mit Fahrzeug] renverser. **-2.** *fig* [überraschen] prendre de court.
überrumpeln *tr* **-1.** [überwältigen]: **jn ~** prendre qqn par surprise. **-2.** [überraschen]: **jn mit etw ~** prendre qqn au dépourvu avec qqch.
überrunden *tr* **-1.** SPORT: **jn ~** dépasser qqn d'un tour. **-2.** [übertreffen] distancer.
übers *Präp (über + das) fam* : **der Vogel fliegt ~ Haus** l'oiseau vole par-dessus la maison; **~ Jahr verteilt** réparti(e) sur l'année; **~ schlechte**

Wetter schimpfen râler contre le mauvais temps; → **Ohr, Knie**.
Übers. (*Abk für* **Übersetzung**) trad.
übersät *Adj*: **mit etw ~ sein** être parsemé(e) de qqch.
übersättigt *Adj* saturé(e).
Überschall|geschwindigkeit *die (ohne Pl)* vitesse *f* supersonique.
überschatten *tr* assombrir.
überschätzen *tr* surestimer.
◆ **sich überschätzen** *ref* se surestimer.
überschaubar *Adj* dont les limites sont visibles; [Text] clair(e); [Risiko] calculable.
überschauen *tr* **-1.** [beurteilen] mesurer. **-2.** *Süddt* [übersehen] dominer.
über|schäumen (*Perf* **ist übergeschäumt**) *intr* **-1.** [überfließen] déborder. **-2.** *fig* [emotional - ausgelassen] déborder; [- vor Zorn] écumer.
überschlafen (*Präs* **überschläft**, *Prät* **überschlief**, *Perf* **hat überschlafen**) *tr* prendre une nuit pour réfléchir à qqch; **das muß ich erst ~!** la nuit porte conseil!
Über|schlag *der* **-1.** SPORT renversement *m*. **-2.** [Schätzung] évaluation *f* approximative.
überschlagen[1] (*Präs* **überschlägt**, *Prät* **überschlug**, *Perf* **hat überschlagen**) *tr* **-1.** [rechnen]: **etw ~** évaluer qqch approximativement. **-2.** [überblättern] sauter.
◆ **sich überschlagen** *ref* **-1.** [Fahrzeug] faire un tonneau; [Person] faire un tour sur soi-même. **-2.** [Ereignisse] se précipiter. **-3.** [Stimme] changer de registre.
über|schlagen[2] (*Perf* **hat/ist übergeschlagen**) *(unreg)* ◇ *tr (hat)* [überkreuzen] croiser. ◇ *intr (ist)* [umschlagen]: **in etw** *(A)* **~** se muer en qqch.
über|schnappen (*Perf* **ist übergeschnappt**) *intr fam* perdre la tête.
überschneiden (*Prät* **überschnitt**, *Perf* **hat überschnitten**)
◆ **sich überschneiden** *ref* **-1.** [räumlich] se couper. **-2.** [zeitlich] coïncider. **-3.** [inhaltlich] se recouper.
überschreiben (*Prät* **überschrieb**, *Perf* **hat überschrieben**) *tr* **-1.** [übereignen]: **jm etw ~** transférer qqch à qqn. **-2.** [betiteln] intituler.
überschreiten (*Prät* **überschritt**, *Perf* **hat überschritten**) *tr* **-1.** [räumlich] franchir. **-2.** [inhaltlich] outrepasser. **-3.** [zeitlich - Frist] dépasser; [- Alter] passer.
Über|schrift *die* titre *m*; [in Fettdruck] manchette *f*.
Über|schuß *der* excédent *m*.
überschüssig *Adj* excédentaire.
Überschuß|produktion *die (ohne Pl)* WIRTSCH production *f* excédentaire.
überschütten *tr*: **jn/etw mit etw ~** répandre qqch sur qqn/qqch; [mit Wasser] arroser qqn/qqch de qqch; **jn mit etw ~** *fig* couvrir qqn de qqch.
Überschwang *der (ohne Pl)*: **im ~ der Gefühle** dans un moment d'exaltation.
überschwemmen *tr* **-1.** [naß machen] inonder. **-2.** [überreich versehen]: **jn/etw mit etw ~** submerger qqn/qqch de qqch.
Überschwemmung (*Pl* **-en**) *die* inondation *f*.
überschwenglich ◇ *Adj* exubérant(e). ◇ *Adv* avec exubérance.
Übersee
◆ **aus Übersee** *Adv* d'outre-mer.
◆ **in Übersee** *Adv* outre-mer.
◆ **nach Übersee** *Adv* outre-mer.
überseeisch ['y:bɐze:ɪʃ] *Adj* d'outre-mer.
übersehen (*Präs* **übersieht**, *Prät* **übersah**, *Perf* **hat übersehen**) *tr* **-1.** [nicht sehen] ne pas voir; **jd übersieht etw** [Problem] qqch échappe à qqn. **-2.** [ansehen] avoir une vue d'ensemble. **-3.** [einschätzen] évaluer.
übersetzen[1] *tr* [in Sprache] traduire; **in etw** *(A)* **~** traduire en qqch; **von** ODER **aus etw ~** traduire de qqch.
über|setzen[2] (*Perf* **hat/ist übergesetzt**) ◇ *intr (ist)* [überqueren] traverser, franchir. ◇ *tr (hat)* [befördern]: **jn ~** faire traverser qqn *(en bateau)*.
Über|setzer, in *der, die* traducteur *m*, -trice *f*.
Übersetzung (*Pl* **-en**) *die* **-1.** [das Übersetzen] traduction *f*. **-2.** TECH transmission *f*.
Über|sicht *die* **-1.** [Fähigkeit] recul *m*, vue *f* d'ensemble. **-2.** [Darstellung]: **eine ~ über etw** *(A)* un aperçu de qqch.
übersichtlich ◇ *Adj* **-1.** [gut strukturiert] clair(e). **-2.** [gut zu sehen] dégagé(e). ◇ *Adv* clairement.
übersiedeln, über|siedeln (*Perf* **ist übersiedelt** ODER **übergesiedelt**) *intr*: **nach Berlin ~** partir s'installer à Berlin.
übersinnlich *Adj* surnaturel(elle).
überspannen *tr* **-1.** [Saite, Bogen] tendre trop; **den Bogen ~** dépasser les bornes. **-2.** [Subj: Brücke] enjamber.
überspannt ◇ *Adj* **-1.** [exaltiert] excentrique. **-2.** [zu hoch] exagéré(e). ◇ *Adv* [exaltiert] avec excentricité.
überspielen *tr* **-1.** [verdecken] surmonter. **-2.** [aufnehmen] repiquer.
überspitzt ◇ *Adj* exagéré(e). ◇ *Adv* de manière exagérée.
überspringen[1] (*Prät* **übersprang**, *Perf* **hat übersprungen**) *tr* sauter; **etw ~** sauter par-dessus qqch.
über|springen[2] (*Perf* **ist übergesprungen**) *intr (unreg)* [übertragen werden] jaillir.

über|sprudeln (*Perf* **ist übergesprudelt**) *intr* **-1.** [Person]: **vor etw** *(D)* **~** déborder de qqch. **-2.** [Flüssigkeit] déborder.
überstehen[1] (*Prät* **überstand,** *Perf* **hat überstanden**) *tr* [hinter sich bringen] surmonter.
über|stehen[2] (*Perf* **hat/ist übergestanden**) *intr (unreg)* [vorstehen] dépasser.
übersteigen (*Prät* **überstieg,** *Perf* **hat überstiegen**) *tr* **-1.** [zuviel sein] dépasser. **-2.** [überklettern]: **etw ~** passer par-dessus qqch.
überstimmen *tr*: **jn ~** mettre qqn en minorité; **etw ~** l'emporter sur qqch.
überstreichen (*Prät* **überstrich,** *Perf* **hat überstrichen**) *tr* repeindre.
über|streifen *tr*: **jm etw ~** enfiler qqch à qqn; **sich etw ~** enfiler qqch.
über|strömen[1] (*Perf* **ist übergeströmt**) *intr geh* [emotional] déborder.
überströmen[2] *tr* [fließen über] inonder.
Über|stunde *die* heure *f* supplémentaire.
Überstundenzu|schlag *der* prime *f* ODER indemnité *f* pour heures supplémentaires.
überstürzen *tr* précipiter.
◆ **sich überstürzen** *ref* se précipiter.
überstürzt ◇ *Adj* précipité(e). ◇ *Adv* précipitamment.
überteuert ◇ *Adj* exorbitant(e). ◇ *Adv* à un prix exorbitant.
übertönen *tr* recouvrir.
Über|topf *der* cache-pot *m*.
übertr. (*Abk für* **übertragen**) fig.
Übertrag (*Pl* **-träge**) *der* report *m*.
übertragbar *Adj* **-1.** [Recht] cessible, transmissible; **nicht ~** personnel(elle), nominatif(ive). **-2.** [anwendbar] transposable.
übertragen[1] (*Präs* **überträgt,** *Prät* **übertrug,** *Perf* **hat übertragen**) *tr* **-1.** [anwenden]: **etw auf etw ~** transposer qqch à qqch. **-2.** [senden - TV] retransmettre; [- im Radio] diffuser. **-3.** [eintragen]: **etw in etw** *(A)* **~** transcrire qqch sur qqch. **-4.** [übersetzen]: **etw in etw** *(A)* **~** traduire qqch en qqch. **-5.** MED transmettre. **-6.** [überantworten] confier.
◆ **sich übertragen** *ref*: **sich auf jn ~** se transmettre à qqn.
übertragen[2] ◇ *Adj* [nicht wörtlich] figuré(e). ◇ *Adv* [nicht wörtlich] au (sens) figuré.
Übertragung (*Pl* **-en**) *die* **-1.** TV retransmission *f*; [im Radio] diffusion *f*. **-2.** MED & EDV transmission *f*. **-3.** [Überantwortung] transfert *m*.
übertreffen (*Präs* **übertrifft,** *Prät* **übertraf,** *Perf* **hat übertroffen**) *tr* dépasser; **jn an etw** *(D)* **~** surpasser qqn en qqch.
übertreiben (*Prät* **übertrieb,** *Perf* **hat übertrieben**) *tr* & *intr* exagérer.
Übertreibung (*Pl* **-en**) *die* exagération *f*.
übertreten[1] (*Präs* **übertritt,** *Prät* **übertrat,** *Perf* **hat übertreten**) *tr* transgresser.
über|treten[2] (*Perf* **hat/ist übergetreten**) *intr (unreg)* **-1.** *(ist)* [beitreten]: **zu etw ~** [zu Partei] passer à qqch; [zu Konfession] se convertir à qqch, embrasser qqch. **-2.** *(hat, ist)* SPORT mordre.
übertrieben ◇ *Adj* exagéré(e). ◇ *Adv* en exagérant.
Über|tritt *der*: **der ~ zu etw** la conversion à qqch.
Übervölkerung *die (ohne Pl)* surpopulation *f*.
übervoll *Adj* [Gefäß] plein(e) à ras bord; [Raum] plein(e) à craquer.
übervorteilen *tr* léser.
Überw. *Abk für* **Überweisung**.
überwachen *tr* surveiller; **jn/etw streng ~** soumettre qqn/qqch à une surveillance stricte.
überwältigen *tr* **-1.** [besiegen] maîtriser. **-2.** [überkommen] envahir.
überwältigend ◇ *Adj* **-1.** [grandios] grandiose; **nicht ~** pas extraordinaire ODER fracassant(e). **-2.** [deutlich] écrasant(e). **-3.** [herrlich]: **~ aussehen** avoir l'air grandiose. ◇ *Adv*: **~ viele** un nombre écrasant de.
über|wechseln (*Perf* **ist übergewechselt**) *intr* passer; **zu jm/etw ~** passer à qqn/qqch.
überweisen (*Prät* **überwies,** *Perf* **hat überwiesen**) *tr* **-1.** [auf Konto, Sparbuch] virer; **jm etw** ODER **etw an jn ~** virer qqch sur le compte de qqn. **-2.** MED: **jn an jn** ODER **zu jm ~** adresser qqn à qqn; **jn ins Krankenhaus ~** hospitaliser qqn.
Über|weisung *die* **-1.** [Zahlung] virement *m*. **-2.** MED *formulaire délivré par un médecin permettant à un patient de s'adresser à un spécialiste.*
Überweisungs|formular *das* (imprimé *m* pour) ordre *m* de virement.
überwerfen[1] (*Präs* **überwirft,** *Prät* **überwarf,** *Perf* **hat überworfen**)
◆ **sich überwerfen** *ref* [sich streiten]: **sich mit jm ~** se brouiller avec qqn.
über|werfen[2] *tr (unreg)* [darüber legen]: **sich etw ~** jeter qqch sur ses épaules.
überwiegen (*Prät* **überwog,** *Perf* **hat überwogen**) ◇ *intr* prédominer, l'emporter. ◇ *tr* l'emporter sur.
überwiegend, überwiegend ◇ *Adj* majeur(e). ◇ *Adv* en majeure partie.
überwinden (*Prät* **überwand,** *Perf* **hat überwunden**) *tr* **-1.** [meistern] surmonter. **-2.** [besiegen] vaincre.
◆ **sich überwinden** *ref* se résoudre; **sich zu etw ~** se résoudre à faire qqch.

Über|windung *die (ohne Pl)* **-1.** [Lösung]: **~ einer Sache** *(G)* résolution de qqch. **-2.** [das Besiegen]: **die ~ js/einer Sache** la victoire sur qqn/qqch. **-3.** [das Sichüberwinden]: **es ist für mich eine ~** ODER **es kostet mich ~, etw zu tun** il m'en coûte de faire qqch.

überwintern *intr* **-1.** [Pflanze, Tier] hiverner; [im Winterschlaf] hiberner. **-2.** *hum* [Mensch] passer l'hiver.

überwuchern *tr* envahir.

Über|zahl *die (ohne Pl)* majorité *f*; **in der ~ sein** SPORT être en surnombre; [mehr sein] être supérieur(e) en nombre.

überzählig *Adj* excédentaire.

überzeugen *tr*: **(jn von etw) ~** convaincre (qqn de qqch).

◆ **sich überzeugen** *ref*: **sich (von etw) ~** se convaincre (de qqch).

überzeugt *Adj* convaincu(e); **von etw ~ sein** être convaincu de qqch; **sehr von sich selbst ~ sein** être très imbu(e) de soi-même.

Über|zeugung *die* conviction *f*; **meiner ~ nach** selon moi; **zur ~ kommen** ODER **gelangen** acquérir la conviction.

überziehen[1] *(Prät* **überzog**, *Perf* **hat überzogen**) ◇ *intr* **-1.** [bei Bank] être à découvert. **-2.** [zeitlich] être plus long (longue) que prévu. ◇ *tr* **-1.** [Konto]: **etw ~** mettre qqch à découvert; **sein Konto ~** avoir un découvert. **-2.** [zeitlich]: **(um zehn Minuten) ~** dépasser (de dix minutes). **-3.** [Speise, Sitzmöbel]: **etw mit etw ~** recouvrir qqch de qqch. **-4.** [Bett]: **ein Bett ~** changer les draps.

über|ziehen[2] *tr (unreg)* [anziehen] mettre.

Überziehungs|kredit *der* autorisation *f* de découvert.

überzüchtet *Adj* dégénéré(e) (par sélection).

Über|zug *der* **-1.** [Bezug] revêtement *m*. **-2.** [Belag - synthetisch] revêtement *m*; [- von Kuchen] glaçage *m*.

übl. *Abk für* **üblich**.

üblich *Adj* habituel(elle).

◆ **wie üblich** *Adv* comme d'habitude.

üblicherweise *Adv* habituellement.

U-|Boot *das* sous-marin *m*.

übrig ◇ *Adj* restant(e), qui reste; **ist noch etwas ~?** reste-t-il encore quelque chose?; **ein ~es tun** *fig* & *geh* faire le reste. ◇ *Adv*: **für jn viel/wenig ~ haben** *fig* avoir beaucoup/peu de sympathie pour qqn; **für etw viel/wenig ~ haben** *fig* avoir beaucoup/peu d'intérêt pour qqch.

◆ **im übrigen** *Adv* en outre.

übrig|bleiben *(Perf* **ist übriggeblieben**) *intr (unreg)* rester; **jm bleibt nichts anderes übrig, als** *fig* il ne reste à qqn plus rien d'autre à faire que.

übrigens *Adv* d'ailleurs, du reste.

übrig|lassen *tr (unreg)*: **jm etw ~** laisser qqch à qqn.

Übung *(Pl* **-en**) *die* exercice *m*; **aus der ~ kommen** ODER **sein** manquer d'entraînement.

u.dgl. *(Abk für* **und dergleichen**) etc.

u.d.M. *Abk für* **unter dem Meeresspiegel**.

ü.d.M. *Abk für* **über dem Meeresspiegel**.

UdSSR *(Abk für* **Union der sozialistischen Sowjetrepubliken**) *die (ohne Pl)* URSS *f*; **die ehemalige ~** l'ex-URSS.

u.d.T. *(Abk für* **unter dem Titel**) sous le titre.

u.E. *(Abk für* **unseres Erachtens**) selon nous.

UEFA *(Abk für* **Union der europäischen Fußballverbände**) *die (ohne Pl)* UEFA *f*.

UEFA-Pokal *der (ohne Pl)* coupe *f* de l'UEFA.

u.f. *(Abk für* **und ferner**) et plus loin.

UFA® ['u:fa] *(Abk für* **Universum Film AG**) *die (ohne Pl) société de production cinématographique établie à Berlin, aujourd'hui disparue.*

Ufer *(Pl* **-**) *das* [von Fluß] rive *f*; [von See, Meer] bord *m*; **am ~** sur la rive, sur le bord; [längs] le long de la rive.

uferlos *Adj* interminable; **ins ~e gehen/geraten** n'en plus finir.

Ufer|promenade *die* promenade *f (au bord de l'eau)*.

UFO, Ufo [u:fo:] *(Pl* **-s**) *das* ovni *m*.

Uganda *nt* Ouganda *m*; **in ~** en Ouganda.

Ugander, in *(mPl* **-**; *fPl* **-nen**) *der, die* Ougandais *m*, -e *f*.

ugandisch *Adj* ougandais(e).

Uhr *(Pl* **-en**) *die* **-1.** [Zeitanzeiger] horloge *f*; [Armbanduhr] montre *f*. **-2.** [Zeit] heure *f*; **um wieviel ~?** à quelle heure?; **wieviel ~ ist es?** quelle heure est-il?; **rund um die ~** *fig* 24 heures sur 24.

Uhrmacher, in *(mPl* **-**; *fPl* **-nen**) *der, die* horloger *m*, -ère *f*.

Uhr|zeiger *der* aiguille *f (d'horloge, de montre)*.

Uhrzeiger|sinn *der*: **im/gegen den ~** dans le sens/dans le sens inverse des aiguilles d'une montre.

Uhr|zeit *die* heure *f*.

Uhu *(Pl* **-s**) *der* grand duc *m*.

Ukraine *die* Ukraine *f*.

Ukrainer, in *(mPl* **-**; *fPl* **-nen**) *der, die* Ukrainien *m*, -enne *f*.

ukrainisch *Adj* ukrainien(enne).

Ukrainisch *das (ohne Pl)* ukrainien *m*; *siehe auch* **Englisch**.

UKW (*Abk für* **Ultrakurzwelle**) *die (ohne Pl)* FM *f*.
Ulk (*Pl* **-e**) *der* rigolade *f*.
ulkig ◇ *Adj* rigolo(ote). ◇ *Adv* de manière rigolote.
Ulm *nt* Ulm.
Ulme (*Pl* **-n**) *die* orme *m*.
ultimativ *Adj* ultime.
Ultimatum (*Pl* **Ultimaten**) *das* ultimatum *m*; **(jm) ein ~ stellen** lancer un ultimatum (à qqn).
Ultrakurzwelle *die (ohne Pl)* modulation *f* de fréquence.
Ultraschall *der (ohne Pl)* **-1.** [Schall] ultrason *m*. **-2.** [Untersuchung] échographie *f*.
Ultraschalluntersuchung *die* échographie *f*.
ultraviolett *Adj* ultraviolet(ette).
um ◇ *Präp (+ A)* **-1.** [räumlich, ungefähr] autour de; **~ den Tisch** autour de la table; **so ~ acht Uhr** *fam* autour de huit heures; **~ 5000 Mark** autour de 5000 marks; **jn ~ sich haben** avoir qqn avec soi; **~ etw herum** [räumlich] tout autour de qqch; [zeitlich] autour de qqch; **~ die Kirche herum** tout autour de l'Église; **~ Weihnachten herum** autour de Noël. **-2.** [zur Angabe der Zeit] à; **~ acht** à huit heures; **~ diese Zeit** vers ce temps-là; **~ die Mitte des 19. Jahrhunderts** vers le milieu du XIXe siècle. **-3.** [zur Angabe eines Maßes] de; **~ zwanzig Mark billiger** à vingt marks de moins; **sich ~ drei Mark verrechnen** se tromper de trois marks. **-4.** [zur Angabe einer Abfolge] après; **Tag ~ Tag** jour après jour. **-5.** [zur Angabe eines Einsatzes] pour; **~ jeden Preis** à tout prix. ◇ *Konj*: **je ..., ~ so** plus ..., plus ...; **je betrunkener er wurde, ~ so mehr redete er** plus il était soûl, plus il parlait; **~ so mehr** d'autant plus; **~ so weniger** d'autant moins; **~ zu** pour; **er ging ins Bad, ~ kalt zu duschen** il est allé dans la salle de bains pour prendre une douche froide; **~ so besser!** tant mieux!
umändern *tr* [Plan, Entwurf] modifier; [Kleid] transformer.
umarbeiten *tr* transformer.
umarmen *tr*: **jn ~** serrer qqn dans ses bras.
◆ **sich umarmen** *ref* s'embrasser, s'étreindre.
Umarmung (*Pl* **-en**) *die* étreinte *f*.
Umbau (*Pl* **-e** ODER **-bauten**) *der* transformation *f*, réfection *f*; **wegen ~(s)** pour travaux.
umbauen[1] ◇ *tr* [verändern] transformer, entreprendre la réfection de. ◇ *intr* faire des travaux.
umbauen[2] *tr* [darum herum bauen]: **etw ~** entourer qqch de constructions.
umbenennen *tr (unreg)* **-1.** [von Institution, Land, Person] changer le nom de; **etw in etw** *(A)* **~** rebaptiser qqch en qqch. **-2.** EDV renommer.
umbestellen *tr*: **etw ~** modifier la commande de qqch; **jn ~** changer le rendez-vous de qqn.
umbilden *tr* remanier.
umbinden *tr (unreg)* mettre; **sich** *(D)* **etw ~** mettre qqch.
umblättern ◇ *tr* tourner *(page)*. ◇ *intr* tourner la page.
umbringen *tr (unreg)* tuer; **nicht umzubringen sein** *fam fig* être increvable.
◆ **sich umbringen** *ref* **-1.** [sich töten] se tuer. **-2.** *hum fam* [sich anstrengen] se crever.
Umbruch *der* **-1.** [Veränderung] bouleversement *m*; **im ~** en plein bouleversement. **-2.** *(ohne Pl)* [von Büchern] mise *f* en pages.
umbuchen ◇ *tr*: **etw ~** modifier la réservation de qqch. ◇ *intr* modifier la réservation.
umdenken *intr (unreg)* changer sa façon de penser.
umdisponieren *intr* changer les dispositions.
umdrehen (*Perf* **hat/ist umgedreht**) ◇ *tr (hat)* [Seite, Schlüssel, Auto] tourner. ◇ *intr (ist, hat)* [umkehren] faire demi-tour.
◆ **sich umdrehen** *ref* **-1.** [im Stehen] se retourner; **sich nach jm/etw ~** se retourner sur qqn/qqch. **-2.** [im Liegen] se tourner.
Umdrehung *die* **-1.** [um eigene Achse] rotation *f*. **-2.** TECH tour *m*.
umeinander *Adv*: **sich ~ kümmern** s'occuper l'un (l'une) de l'autre ODER les uns (les unes) des autres.
umfahren[1] *tr (unreg)* [überfahren] renverser.
umfahren[2] (*Präs* **umfährt**, *Prät* **umfuhr**, *Perf* **hat umfahren**) *tr* **-1.** [ausweichen] contourner; **etw weiträumig ~** contourner largement qqch. **-2.** [einkreisen] entourer.
umfallen (*Perf* **ist umgefallen**) *intr (unreg)* **-1.** [umkippen, zusammenbrechen] tomber. **-2.** *fam abw* [nachgeben] retourner sa veste.
Umfang (*Pl* **-fänge**) *der* **-1.** [von Kopf, Brust] tour *m*; MATH circonférence *f*. **-2.** [von Unternehmen, Aktion] importance *f*; **in vollem ~** entièrement.
umfangreich ◇ *Adj* important(e). ◇ *Adv* de manière complète.
umfassen *tr* **-1.** [beinhalten] comprendre. **-2.** [umschlingen] enserrer. **-3.** [umranden]: **mit etw ~** entourer de qqch.
◆ **sich umfassen** *ref* [sich umschlingen] s'étreindre.
umfassend, **umfassend** ◇ *Adj* vaste. ◇ *Adv* globalement, de manière complète.
Umfassung *die* **-1.** [Umschlingung] étreinte *f*. **-2.** [Umrandung] entourage *m*.
Umfeld *das* **-1.** [Umgebung] cadre *m*. **-2.** [Milieu] milieu *m*.
umformen *tr* transformer.

Umlfrage *die* sondage *m*.
umlfüllen *tr* transvaser; **etw in etw** *(A)* ~ transvaser qqch dans qqch.
umlfunktionieren *tr* transformer.
umg. (*Abk für* **umgehend**) par retour de courrier.
Umlgang *der (ohne Pl)*: **der ~** les relations *fpl*; **das ist kein ~ für dich!** ce n'est pas une fréquentation pour toi!; **mit jm ~ haben/pflegen** avoir/entretenir des relations avec qqn.
umgänglich ◇ *Adj* sociable. ◇ *Adv* de manière sociable.
Umgangsformen *Pl* (bonnes) manières *fpl*.
Umgangslsprache -1. [gebräuchliche Sprache] langue *f* familière. **-2.** [gesprochene Sprache] langue *f* courante.
umgangssprachlich ◇ *Adj* familier(ère). ◇ *Adv* familièrement.
umgeben (*Präs* **umgibt,** *Prät* **umgab,** *Perf* **hat umgeben**) *tr* entourer; **von jm/etw ~ sein** être entouré(e) de qqn/qqch.
◆ **sich umgeben** *ref*: **sich mit jm/etw ~** s'entourer de qqn/qqch.
Umgebung (*Pl* **-en**) *die* **-1.** [Gebiet]: **die ~** les environs *mpl*; **die nähere ~** les proches alentours. **-2.** [Umfeld] cadre *m (de vie)*.
umgehen[1] (*Präs* **umgeht,** *Prät* **umging,** *Perf* **hat umgangen**) *tr* **-1.** [Schwierigkeit, Antwort] éviter. **-2.** [Stau, Ortschaft] contourner.
umlgehen[2] (*Perf* **ist umgegangen**) *intr (unreg)* **-1.** [sich ausbreiten] se répandre; [Gerücht, Nachricht] circuler. **-2.** [Tier, Mensch]: **mit jm/etw ~** traiter qqn/qqch; **mit einem Computer ~ können** savoir se servir d'un ordinateur; **mit Geld/einer Situation ~ können** savoir gérer son argent/une situation. **-3.** [sich beschäftigen]: **mit etw ~** retourner qqch dans sa tête.
umgehend ◇ *Adj* immédiat(e). ◇ *Adv* immédiatement, dans les meilleurs délais.
Umgehungslstraße *die* déviation *f (route)*, rocade *f*.
umgekehrt ◇ *Adj* inverse. ◇ *Adv* inversement; **die Sache verhält sich ~** c'est le contraire qui se passe.
umlgestalten *tr* remodeler.
umlgraben *tr (unreg)* bêcher.
umlgucken
◆ **sich umgucken** *ref fam* **-1.** [nach hinten] regarder derrière soi. **-2.** [sich umsehen] regarder; **sich nach etw ~** chercher qqch. **-3.** *RW*: **du wirst dich (noch) ~!** *fam* ça va te changer!
Umlhang *der* cape *f*.
umlhängen[1] *tr* **-1.** [woandershin hängen] suspendre ailleurs. **-2.** [umlegen]: **jm eine Decke ~** mettre une couverture sur les épaules de qqn; **sich eine Kette/einen Schal ~** se mettre un collier/une écharpe.
umhängen[2] *tr* entourer.
Umhängeltasche *die* sac *m* à bandoulière.
umlhauen *tr (unreg)* **-1.** [fällen] abattre. **-2.** *fam* [niederschlagen] mettre K.-O. **-3.** *fam* [umwerfen] renverser. **-4.** *salopp* [überraschen] scier; **mich hat's umgehauen, als ...** j'étais scié(e) quand ... **-5.** *salopp* [zusetzen] assommer.
umher *Adv* par-ci par-là.
umherlirren (*Perf* **ist umhergeirrt**) *intr* errer.
umhinlkönnen *intr (unreg)*: **nicht ~, etw zu tun** ne pas pouvoir faire autrement que de faire qqch.
umlhören
◆ **sich umhören** *ref* se renseigner (autour de soi); **sich bei jm ~** se renseigner auprès de qqn.
umhüllen *tr*: **jn/etw mit etw ~** envelopper qqn/qqch de qqch.
U/min (*Abk für* **Umdrehungen pro Minute**) tr/min.
umkämpfen *tr* disputer.
umkämpft *Adj* disputé(e).
Umkehr *die (ohne Pl)* retour *m*; **jn zur ~ bewegen/zwingen** inciter/contraindre qqn à faire demi-tour.
umlkehren (*Perf* **hat/ist umgekehrt**) ◇ *intr (ist)* rentrer, faire demi-tour. ◇ *tr (hat)* retourner.
◆ **sich umkehren** *ref* se retourner.
umlkippen (*Perf* **ist umgekippt**) *intr* **-1.** [umfallen] tomber *(en basculant)*. **-2.** *fam* [bewußtlos werden] tomber dans les pommes. **-3.** *fam* [ökologisch] mourir. **-4.** *fam* [Stimmung] se dégrader.
umklammern *tr* enserrer.
umlklappen *tr* rabattre.
Umkleidelkabine *die* **-1.** [auf Sportplatz, in Schwimmbad] cabine *f* (de vestiaire). **-2.** [in Boutiquen] cabine *f* d'essayage.
umlkleiden[1]
◆ **sich umkleiden** *ref geh* se changer.
umkleiden[2] *tr* revêtir.
umlknicken (*Perf* **hat/ist umgeknickt**) ◇ *intr (ist)* **-1.** [verrenken] se tordre le pied. **-2.** [brechen] se rompre. ◇ *tr (hat)* rompre.
umlkommen (*Perf* **ist umgekommen**) *intr (unreg)* **-1.** [sterben] périr. **-2.** *fam* [vor Sehnsucht, Hunger] mourir.
Umlkreis *der* **-1.** *(ohne Pl)* [Umgebung] environs *mpl*; **im ~ von 50 km** dans un rayon de 50 km. **-2.** MATH cercle *m* circonscrit.
umkreisen *tr* tourner autour de.
umlkrempeln *tr* **-1.** [hochkrempeln] retrousser. **-2.** *fam* [verändern] réorganiser complètement;

jn ~ refaire qqn. **-3.** *fam* [durchsuchen] mettre sens dessus dessous.

Umland *das (ohne Pl)* alentours *mpl*.

Umlauf *der* **-1.** [Zirkulation] circulation *f*; **in ~ bringen** mettre en circulation. **-2.** [Rotation]: **der ~ von etw um etw** la révolution de qqch autour de qqch.

Umlaufbahn *die* orbite *f*.

Umlaut *der* voyelle *f* infléchie; [Punkte] **tréma** *m*.

umlegen *tr* **-1.** *salopp* [erschießen] descendre. **-2.** [verteilen]: **etw auf mehrere Personen ~** répartir qqch entre plusieurs personnes. **-3.** [umhängen]: **sich etw ~** se mettre qqch; **jm etw ~** mettre qqch à qqn. **-4.** [verlegen] transférer; **einen Termin ~** reporter un rendez-vous. **-5.** [umklappen] rabattre. **-6.** [niederlegen] coucher.

umleiten *tr* dévier.

Umleitung *die* déviation *f*.

umliegend *Adj* environnant(e).

Umnachtung (*Pl* **-en**) *die* aliénation *f (mentale)*; **in geistiger ~** en état d'aliénation mentale.

umquartieren *tr* reloger.

umrahmen *tr* **-1.** [umgeben] encadrer. **-2.** [begleiten] accompagner.

umranden *tr* entourer.

umrändert *Adj* [Augen] cerné(e).

umrechnen *tr*: **etw in etw** *(A)* **~** convertir qqch en qqch; **etw auf etw** *(A)* **~** répartir qqch sur qqch.

umreißen[1] *tr (unreg)* renverser.

umreißen[2] (*Prät* **umriß**, *Perf* **hat umrissen**) *tr* tracer les grandes lignes de.

umrennen *tr (unreg)* renverser.

umringen *tr* entourer.

Umriß *der* contour *m*; **in groben Umrissen** dans les grandes lignes.

umrühren *tr* remuer.

umrüsten ◇ *tr* **-1.** MIL réarmer. **-2.** [ändern] transformer. ◇ *intr* MIL se réarmer.

ums *Präp (um + das)* autour de; **mit dem Hund einmal ~ Viereck gehen** faire le tour du pâté de maisons avec le chien; **ihm geht es dabei weniger ~ Geld, als** il s'agit moins pour lui d'une question d'argent que; **du willst dich nur ~ Einkaufen drücken!** tu veux simplement te défiler devant les courses à faire!

umsatteln *intr fam* changer de métier, se recycler; **auf etw** *(A)* **~** *fam* se réorienter vers qqch.

Umsatz *der* chiffre *m* d'affaires.

Umsatzrückgang *der* baisse *f* du chiffre d'affaires.

Umsatzsteigerung *die* hausse *f* du chiffre d'affaires.

umschalten ◇ *tr* **-1.** [umstellen]: **etw ~** mettre qqch sur une autre position. **-2.** TV: **den Fernseher** ODER **das Programm ~** changer de chaîne. ◇ *intr* **-1.** [sich umstellen]: **auf etw** *(A)* **~** se régler sur qqch. **-2.** TV: **ins erste Programm ~** passer sur la première chaîne; **zu jm ~** passer l'antenne à qqn.

Umschau *die (ohne Pl)*: **~ halten** regarder autour de soi; **nach jm/etw ~ halten** chercher qqn/qqch.

Umschlag *der* **-1.** [für Briefe] enveloppe *f*; [von Büchern] jaquette *f*. **-2.** *(ohne Pl)* [von Stimmung, Wetter] changement *m (brutal)*. **-3.** MED compresse *f*. **-4.** [von Hosen] revers *m*. **-5.** WIRTSCH rotation *f*. **-6.** [Verkauf] vente *f*.

umschlagen (*Perf* **hat/ist umgeschlagen**) *(unreg)* ◇ *intr (ist)* **-1.** [Wetter, Laune] changer *(brutalement)*. **-2.** [umstürzen] se renverser. ◇ *tr (hat)* **-1.** [umlegen]: **sich** *(D)* **ein großes Handtuch ~** s'envelopper dans une grande serviette. **-2.** [umdrehen] tourner. **-3.** WIRTSCH transborder. **-4.** [verkaufen] vendre. **-5.** [fällen] abattre.

Umschlagplatz *der* place *f* de transbordement.

umschließen (*Prät* **umschloß**, *Perf* **hat umschlossen**) *tr* **-1.** [mit Armen] enlacer; [mit Händen] enserrer. **-2.** [einbeziehen] inclure. **-3.** [als Grenze] entourer.

umschlingen (*Prät* **umschlang**, *Perf* **hat umschlungen**) *tr* **-1.** [als Umarmung] enlacer. **-2.** [umwinden]: **etw ~** s'entortiller autour de qqch.

◆ **sich umschlingen** *ref* s'enlacer.

umschmeißen *tr (unreg) fam* **-1.** [umwerfen] renverser. **-2.** [krankmachen] mettre K.-O.

umschreiben[1] (*Prät* **umschrieb**, *Perf* **hat umschrieben**) *tr* décrire.

umschreiben[2] *tr (unreg)* **-1.** [ändern] réécrire. **-2.** [übertragen]: **etw auf jn ~ lassen** transférer qqch à qqn.

Umschuldung *die* rééchelonnement *m* de dette.

umschulen ◇ *tr* **-1.** [ausbilden] reconvertir. **-2.** [Schule wechseln lassen]: **ein Kind ~** changer un enfant d'école. ◇ *intr fam* se recycler.

Umschulung *die* **-1.** [im Beruf] reconversion *f* professionnelle. **-2.** [von Schülern] changement *m* d'école.

umschwärmt *Adj* **-1.** [verehrt] adulé(e). **-2.** [umgeben]: **von etw ~** entouré(e) d'une nuée de qqch.

Umschweife *Pl* détours *mpl*; **etw ohne ~ sagen/tun** dire/faire qqch sans détours.

umschwenken *intr* **-1.** [mit Meinung] faire volte-face. **-2.** [Richtung ändern] faire demi-tour.

Ụm|schwung *der* revirement *m*.
umsegeln *tr* contourner à la voile.
ụm|sehen
◆ **sich umsehen** *ref (unreg)* **-1.** [sich umgucken] regarder autour de soi; **sich in der Stadt ~** [besichtigen] visiter la ville. **-2.** [sich umdrehen] se retourner *(pour voir)*; **sich nach jm/etw ~** [suchen] chercher qqn/qqch; [sich umdrehen] se retourner sur qqn/qqch.
ụm|sein (*Perf* **ist ụmgewesen**) *intr (unreg) fam* être fini(e); **die Stunde war aber schnell um!** l'heure a passé vite!
ụmseitig *Adj* & *Adv* au verso.
ụm|setzen *tr* **-1.** [realisieren] mettre en pratique. **-2.** [Umsatz machen] faire un chiffre d'affaires de. **-3.** [umwandeln] convertir. **-4.** [umpflanzen] replanter. **-5.** [Platz verändern] déplacer. **-6.** [eintauschen]: **etw in etw ~** convertir qqch en qqch.
◆ **sich umsetzen** *ref* **-1.** [Sitzplatz wechseln] s'asseoir ailleurs, changer de place. **-2.** [sich umwandeln] se transformer.
Ụm|sicht *die (ohne Pl)* prudence *f*.
ụmsichtig ◇ *Adj* circonspect(e). ◇ *Adv* avec circonspection.
ụm|siedeln (*Perf* **hat/ist ụmgesiedelt**) ◇ *intr (ist)* aller s'installer. ◇ *tr (hat)* transférer.
ụm so *Adv (+ Kompar)*: **~ leichter/größer** d'autant plus simple/grand; **~ besser!** tant mieux!
umsọnst ◇ *Adj*: **~ sein** [erfolglos] être vain(e); [gratis] être gratuit(e). ◇ *Adv* **-1.** [erfolglos] pour rien. **-2.** [gratis] gratuitement; **nicht ~** pas pour rien.
umspạnnen¹ *tr* **-1.** [sich erstrecken über] s'étendre sur. **-2.** [umschließen] enserrer.
ụm|spannen² *tr* ELEKTR transformer.
ụm|springen¹ (*Perf* **ist ụmgesprungen**) *intr (unreg)* **-1.** *abw* [umgehen]: **mit jm ~** traiter qqn. **-2.** [wechseln] passer à.
umsprịngen² (*Prät* **umsprang**, *Perf* **hat umsprụngen**) *tr* sauter autour de.
Ụm|stand *der* **-1.** [Mühe] peine *f*, dérangement *m*; **keine Umstände machen** ne pas déranger; **mach dir keine Umstände wegen uns!** ne te dérange pas pour nous!; **nicht viele Umstände (mit jm/etw) machen** ne pas se compliquer la vie (pour qqn/qqch). **-2.** [Sachlage] circonstance *f*; **unter Umständen** éventuellement; **mildernde Umstände** RECHT circonstances atténuantes; **in anderen Umständen sein** *fig* attendre un enfant.
ụmständehalber *Adv*: **~ zu verkaufen/abzugeben** à vendre/donner en raison des circonstances.
ụmständlich ◇ *Adj* **-1.** [mühevoll] compliqué(e). **-2.** [langsam] trop minutieux(euse). ◇ *Adv* **-1.** [mühevoll] de manière compliquée. **-2.** [langsam] péniblement.
Ụmstandsbe|stimmung *die* GRAM complément *m* circonstanciel.
Ụmstands|kleid *das* robe *f* de grossesse.
Ụmstands|wort (*Pl* **-wörter**) *das* GRAM adverbe *m*.
ụmstehend *Adj* **-1.** [umgebend] proche, avoisinant(e). **-2.** [umseitig] ci-contre.
ụm|steigen (*Perf* **ist ụmgestiegen**) *intr (unreg)* **-1.** [beim Reisen] prendre une correspondance, changer. **-2.** [wechseln]: **auf etw** *(A)* **~** se mettre à qqch.
ụm|stellen¹ *tr* **-1.** [anders ausrichten]: **etw ~** modifier qqch; **etw auf etw** *(A)* **~** mettre qqch à qqch; **auf EDV ~** informatiser. **-2.** [verändern] modifier.
◆ **sich umstellen** *ref* s'adapter; **sich in der Ernährung ~** modifier ses habitudes alimentaires; **sich auf etw** *(A)* **~** s'adapter à qqch.
umstẹllen² *tr* [einkreisen] cerner.
Ụm|stellung¹ *die* **-1.** [andere Ausrichtung] changement *m*, adaptation *f*. **-2.** [Veränderung] changement *m*.
Um|stẹllung² *die* [Einkreisung] encerclement *m*.
ụm|stimmen *tr* faire changer d'avis.
ụm|stoßen *tr (unreg)* renverser.
umstrịtten *Adj* contesté(e).
ụm|strukturieren *tr* restructurer.
Ụm|sturz *der* renversement *m*.
ụm|stürzen (*Perf* **hat/ist ụmgestürzt**) ◇ *intr (ist)* tomber. ◇ *tr (hat)* renverser.
ụm|taufen *tr* rebaptiser.
Ụm|tausch *der (ohne Pl)* échange *m*; **'vom ~ ausgeschlossen'** 'ni repris ni échangé'.
ụm|tauschen *tr* **-1.** [auswechseln] échanger; **etw gegen etw ~** échanger qqch pour ODER contre qqch. **-2.** [Währung tauschen] changer.
ụm|tun *(unreg)*
◆ **sich umtun** *ref fam* **-1.** [suchen]: **sich nach etw ~** être à la recherche de qqch. **-2.** [sich kundig machen] se renseigner.
ụmwälzend *Adj* renversant(e).
ụm|wandeln *tr*: **etw zu etw** ODER **in etw** *(A)* **~** transformer qqch en qqch.
◆ **sich umwandeln** *ref* se transformer.
Ụmwandlung, **Ụmwandelung** (*Pl* **-en**) *die* transformation *f*.
ụm|wechseln *tr* changer; **etw in etw** *(A)* **~** changer qqch en qqch.
Ụm|weg *der* détour *m*; **einen ~ über etw** *(A)* **machen** faire un détour par qqch; **auf ~en** *fig* indirectement.
Ụm|welt *die* **-1.** [ökologisches System] environ-

nement *m*. **-2.** [Umgebung] entourage *m*. **-3.** [Lebensraum] milieu *m*.

ụmweltbedingt *Adj* dû (due) à l'environnement.

Ụmwelt|belastung *die* pollution *f*.

ụmweltbewußt ◇ *Adj* respectueux(euse) de l'environnement. ◇ *Adv* en respectant l'environnement.

Ụmwelt|bewußtsein *das* respect *m* de l'environnement.

UMWELTBEWUSSTSEIN:
La protection de l'environnement est l'une des grandes préoccupations de la population allemande. Celle-ci fait figure de pionnière en matière d'écologie et de lutte contre la pollution.

ụmweltfreundlich ◇ *Adj* écologique. ◇ *Adv* en respectant l'environnement.

Ụmwelt|minister, in *der, die* ministre *m* de l'Environnement.

Ụmwelt|ministerium *das* ministère *m* de l'Environnement.

Ụmwelt|papier *das* papier *m* recyclé.

Ụmwelt|politik *die* politique *f* écologique.

Ụmweltschäden *Pl* dommages *mpl* écologiques.

Ụmwelt|schutz *der* protection *f* de l'environnement.

Ụmweltschützer, in (*mPl* **-**; *fPl* **-nen**) *der, die* écologiste *mf*.

Ụmwelt|sünder, in *der, die fam* pollueur *m*, -euse *f*.

Ụmwelt|verschmutzung *die* pollution *f*.

ụm|werfen *tr (unreg)* **-1.** [umstürzen] renverser. **-2.** *fam* [Subj: Alkohol] assommer; [Subj: Nachricht] souffler. **-3.** [umhängen]: **sich** *(D)* **etw ~** jeter qqch sur ses épaules. **-4.** [hinfällig machen] anéantir.

ụmwerfend *fam* ◇ *Adj* époustouflant(e). ◇ *Adv* de manière époustouflante; **das ist ~ komisch** c'est à se tordre de rire.

umwịckeln[1] *tr* envelopper.

ụm|wickeln[2] *tr*: **sich einen Schal ~** se mettre une écharpe autour du cou.

ụm|ziehen (*Perf* **hat/ist ụmgezogen**) *(unreg)* ◇ *intr (ist)* déménager; **in etw** *(A)* **~** déménager dans qqch; **nach ... ~** déménager à ... ◇ *tr*: **jn ~** changer qqn.

◆ **sich umziehen** *ref* se changer.

umzịngeln *tr* encercler.

Ụm|zug *der* **-1.** [Wohnungswechsel] déménagement *m*. **-2.** [Festzug] défilé *m*.

UN (*Abk für* **United Nations**) *die (ohne Pl)* ONU *f*.

ụnabhängig ◇ *Adj* indépendant(e); **von jm/etw ~ sein** être indépendant(e) de qqn/qqch; **~ davon, ob ...** indépendamment du fait que ... ◇ *Adv* de façon indépendante; **sich ~ machen** se mettre à son compte.

Ụn|abhängigkeit *die* indépendance *f*.

unabkọ̈mmlich *Adj*: **~ sein** être indisponible.

ụnabsichtlich ◇ *Adj* non intentionnel(elle). ◇ *Adv* sans le vouloir.

ụnachtsam ◇ *Adj* inattentif(ive); **ein ~er Augenblick** un moment d'inattention. ◇ *Adv* distraitement.

Ụnachtsamkeit (*Pl* **-en**) *die* distraction *f*, inattention *f*.

ụnangebracht *Adj* inopportun(e); [Bemerkung] déplacé(e).

ụnangefochten *Adj* incontesté(e).

ụnangemeldet ◇ *Adj* **-1.** [ohne Voranmeldung - Besucher, Überprüfung] à l'improviste; [- Kunde, Patient] sans rendez-vous. **-2.** [ohne amtliche Meldung] non déclaré(e). ◇ *Adv* **-1.** [ohne Voranmeldung] sans prévenir. **-2.** [ohne amtliche Meldung] sans être déclaré(e).

ụnangemessen ◇ *Adj* inapproprié(e). ◇ *Adv*: **~ hoch** excessivement élevé(e).

ụnangenehm ◇ *Adj* désagréable; **jm ~ sein** être désagréable à qqn; **das ist mir sehr ~** ça me gêne beaucoup. ◇ *Adv* de façon désagréable, désagréablement.

ụnangepaßt *Adj* non-conformiste.

ụnangetastet *Adj* intact(e); **etw ~ lassen** laisser qqch intact.

unangreifbar, **ụnangreifbar** *Adj* inattaquable.

Ụnannehmlichkeiten *Pl* désagréments *mpl*; **jm ~ bereiten** causer des désagréments à qqn.

ụnansehnlich *Adj* laid(e).

ụnanständig ◇ *Adj* indécent(e), incorrect(e); **das ist ~!** ça ne se fait pas! ◇ *Adv* incorrectement, de manière incorrecte.

unantạstbar, **ụnantastbar** *Adj* inviolable.

ụnappetitlich ◇ *Adj* peu appétissant(e). ◇ *Adv* d'une manière peu appétissante.

Ụn|art *die* mauvaise habitude *f*.

ụnartig ◇ *Adj* mal élevé(e). ◇ *Adv* de façon mal élevée.

ụnästhetisch *Adj* inesthétique.

ụnauffällig ◇ *Adj* discret(ète). ◇ *Adv* discrètement.

unauffịndbar, **ụnauffindbar** ◇ *Adj* introuvable. ◇ *Adv*: **~ verstecken** cacher précieusement.

ụnaufgefordert ◇ *Adj* spontané(e). ◇ *Adv* spontanément.

unaufhạltsam, **ụnaufhaltsam** ◇ *Adj* irrésistible, inexorable. ◇ *Adv* irrésistiblement, inexorablement.

unaufhörlich, **unaufhörlich** ◇ *Adj* incessant(e). ◇ *Adv* sans cesse.

unaufmerksam ◇ *Adj* **-1.** [nicht aufmerksam] inattentif(ive); **ein ~er Moment** un moment d'inattention. **-2.** [unhöflich] indifférent(e), peu prévenant(e). ◇ *Adv* **-1.** [nicht aufmerksam] distraitement. **-2.** [unhöflich] de manière peu prévenante.

Un|aufmerksamkeit *die* **-1.** [unaufmerksames Verhalten] inattention *f*. **-2.** [Unhöflichkeit] indifférence *f*.

unaufrichtig ◇ *Adj* qui n'est pas sincère, malhonnête; **jm gegenüber ~ sein** ne pas être sincère envers qqn. ◇ *Adv* malhonnêtement.

unausgeglichen *Adj* [Person] pas équilibré(e); [Bilanz] déséquilibré(e).

unausgegoren *Adj abw* pas assez mûrement réfléchi(e).

unausgeschlafen ◇ *Adj* qui n'a pas assez dormi. ◇ *Adv* avec un manque de sommeil.

unaussprechlich, **unaussprechlich** ◇ *Adj* inexprimable. ◇ *Adv* infiniment.

unausstehlich, **unausstehlich** ◇ *Adj* insupportable. ◇ *Adv*: **sich ~ benehmen** se comporter de manière insupportable.

unausweichlich, **unausweichlich** ◇ *Adj* inévitable. ◇ *Adv* inévitablement.

unbändig ◇ *Adj* [Gefühl] effréné(e). ◇ *Adv* infiniment.

unbeabsichtigt ◇ *Adj* involontaire. ◇ *Adv* involontairement.

unbeachtet ◇ *Adj* ignoré(e). ◇ *Adv*: **~ bleiben** rester ignoré(e); **etw ~ lassen** passer qqch sous silence; **jn ~ lassen** ignorer qqn.

unbeantwortet *Adj* & *Adv* sans réponse.

unbebaut ◇ *Adj* **-1.** [ohne Gebäude] non-bâti(e). **-2.** [landwirtschaftlich] en friche. ◇ *Adv* sans construction.

unbedacht ◇ *Adj* **-1.** [gedankenlos] irréfléchi(e). **-2.** [ohne Dach] non-couvert(e). ◇ *Adv* [gedankenlos] sans réfléchir.

unbedarft ◇ *Adj* naïf(ive). ◇ *Adv* naïvement.

unbedenklich ◇ *Adj* qui ne présente aucun inconvénient, inoffensif(ive); [Bemerkung, Maßnahme] anodin(e). ◇ *Adv* sans hésiter.

unbedeutend ◇ *Adj* insignifiant(e); **es ist für mich ~, ob du arm oder reich bist** cela n'a pour moi aucune importance que tu sois pauvre ou riche. ◇ *Adv*: **~ abweichen** différer de peu; **~ bleiben** rester minime.

unbedingt ◇ *Adj* absolu(e). ◇ *Adv* **-1.** [auf jeden Fall] absolument; **nicht ~** pas forcément. **-2.** [bedingungslos] de manière inconditionnelle.

unbefahrbar, **unbefahrbar** *Adj* impraticable.

unbefriedigend *Adj* peu ODER pas satisfaisant(e).

unbefristet *Adj* à durée indéterminée.

unbefugt ◇ *Adj* non autorisé(e). ◇ *Adv* sans autorisation.

Unbefugte (*Pl* **-n**) *der, die* personne *f* non-autorisée; **~n Zutritt verboten!** entrée interdite à toute personne étrangère au service.

unbegabt *Adj* peu doué(e).

unbegreiflich, **unbegreiflich** ◇ *Adj* incompréhensible; **jm ~ sein** être incompréhensible pour qqn. ◇ *Adv* extraordinairement.

unbegrenzt ◇ *Adj* **-1.** [uneingeschränkt] illimité(e). **-2.** [groß] infini(e). ◇ *Adv* entièrement, sans restrictions.

unbegründet ◇ *Adj* injustifié(e). ◇ *Adv* sans raison valable.

Un|behagen *das (ohne Pl)* [körperlich] malaise *m*; [seelisch] inquiétude *f*.

unbehaglich ◇ *Adj* désagréable; **sich ~ fühlen** se sentir mal à l'aise. ◇ *Adv* désagréablement.

unbehelligt, **unbehelligt** ◇ *Adj*: **~ sein/bleiben** ne pas être inquiété(e). ◇ *Adv* sans être inquiété(e).

unbeherrscht ◇ *Adj* incontrôlé(e). ◇ *Adv* en perdant le contrôle de soi.

unbeholfen ◇ *Adj* maladroit(e). ◇ *Adv* maladroitement.

unbeirrbar, **unbeirrbar** [ʊnbəˈɪrbaːɐ̯, ˈʊnbəɪrbaːɐ̯] ◇ *Adj* inébranlable. ◇ *Adv* inébranlablement.

unbekannt ◇ *Adj* inconnu(e); **~es Flugobjekt** objet *m* volant non identifié. ◇ *Adv*: **~ verzogen** parti(e) sans laisser d'adresse; **etw bleibt jm ~** qqch reste ignoré de qqn.

Un|bekannte ◇ *der, die* inconnu *m*, -e *f*; **Anzeige gegen Unbekannt** RECHT plainte *f* contre X. ◇ *die* MATH inconnue *f*.

unbekümmert, **unbekümmert** ◇ *Adj* insouciant(e). ◇ *Adv* sans souci, sans se faire de souci.

unbelastet ◇ *Adj* **-1.** [Natur, Luft] non-pollué(e). **-2.** [von Vorurteilen] sans préjugés. **-3.** [von Sorgen, Schulden] soulagé(e). ◇ *Adv* **-1.** [unvoreingenommen] sans préjugés. **-2.** [nicht bedrückt] sans le poids de. **-3.** [schuldenfrei] sans dette.

unbeliebt ◇ *Adj* peu aimé(e); [Politiker] impopulaire; **er ist bei seinen Mitschülern ~** ses camarades de classe ne l'apprécient pas. ◇ *Adv*: **sich ~ machen** se rendre impopulaire.

unbemannt *Adj* & *Adv* **-1.** [ohne Besatzung] sans équipage. **-2.** *fam* [ohne Mann] sans cavalier ODER homme.

ụnbemerkt ◇ *Adj* inaperçu(e). ◇ *Adv* de manière inaperçue.

unbenọmmen, **ụnbenommen** *Adj*: **es bleibt Ihnen ~, etw zu tun** libre à vous de faire qqch.

ụnbeobachtet ◇ *Adj*: **~ sein** être à l'abri des regards; **ein ~er Moment** un moment d'inattention. ◇ *Adv* sans être vu(e).

ụnbequem ◇ *Adj* **-1.** [Stuhl, Bank, Schuh] peu ODER pas confortable. **-2.** [Angelegenheit, Frage] embarrassant(e); **jm ~ sein** être gênant(e) pour qqn. ◇ *Adv* [sitzen, liegen] inconfortablement.

unberẹchenbar, **ụnberechenbar** ◇ *Adj* imprévisible. ◇ *Adv* de manière imprévisible.

ụnberechtigt ◇ *Adj* injustifié(e). ◇ *Adv* de manière injustifiée.

ụnberechtigterw*e*ise *Adv* indûment, de façon injustifiée.

ụnberücksichtigt ◇ *Adj* qui n'a pas été pris en considération. ◇ *Adv*: **etw ~ lassen** laisser qqch de côté; **~ bleiben** ne pas être pris(e) en compte.

ụnberührt *Adj* **-1.** [nicht berührt] intact(e); **das Essen ~ lassen** ne pas toucher à la nourriture. **-2.** [ohne Regung]: **~ sein** ne pas être touché(e). **-3.** [Frau, Natur] vierge.

ụnbeschädigt *Adj* & *Adv* d'une manière intacte.

ụnbescheiden ◇ *Adj* prétentieux(euse), immodeste; [Forderung, Gehalt] excessif(ive). ◇ *Adv* de manière immodeste.

ụnbeschrankt *Adj* → **Bahnübergang**.

ụnbeschränkt ◇ *Adj* illimité(e). ◇ *Adv* sans limite.

unbeschr*ei*blich, **ụnbeschreiblich** ◇ *Adj* indescriptible. ◇ *Adv* infiniment.

ụnbeschwert ◇ *Adj* insouciant(e). ◇ *Adv* avec insouciance.

unbes*e*hen, **ụnbesehen** *Adv* les yeux fermés.

ụnbesonnen ◇ *Adj* irréfléchi(e). ◇ *Adv* de manière irréfléchie.

ụnbesorgt ◇ *Adj* tranquille. ◇ *Adv* tranquillement.

unbest. *Abk für* **unbestimmt**.

ụnbeständig *Adj* instable, changeant(e).

unbestẹchlich, **ụnbestechlich** ◇ *Adj* **-1.** [durch Geld] incorruptible. **-2.** [nicht beeinflußbar] irréductible. ◇ *Adv* sans en démordre.

ụnbestimmt ◇ *Adj* **-1.** [nicht bestimmt] indéterminé(e). **-2.** GRAM indéfini(e). ◇ *Adv* de manière vague.

ụnbestritten *Adj* incontesté(e).

ụnbeteiligt ◇ *Adj* [nicht interessiert] désintéressé(e); [nicht verwickelt] étranger(ère); **an etw** *(D)* **~ sein** être étranger à qqch. ◇ *Adv* sans participer.

ụnbewacht ◇ *Adj* non surveillé(e). ◇ *Adv* sans surveillance.

ụnbewaffnet ◇ *Adj* sans armes, non armé(e). ◇ *Adv* sans armes.

ụnbewältigt ◇ *Adj* non surmonté(e). ◇ *Adv* sans être surmonté(e).

ụnbeweglich ◇ *Adj* **-1.** [nicht beweglich] rigide, immobile. **-2.** [unflexibel] rigide. **-3.** [Fest, Feiertag] fixe. **-4.** [steif] raide. **-5.** [Blick, Gesichtsausdruck] figé(e). ◇ *Adv* [regungslos]: **~ dastehen** rester immobile.

ụnbewegt *Adj* **-1.** [Luft, Wasseroberfläche] immobile. **-2.** [Gesicht, Miene] impassible.

unbew*o*hnbar, **ụnbewohnbar** *Adj* inhabitable.

ụnbewohnt *Adj* inhabité(e).

ụnbewußt ◇ *Adj* inconscient(e). ◇ *Adv* inconsciemment.

unbez*a*hlbar, **ụnbezahlbar** *Adj* **-1.** [Miete, Preis] inabordable. **-2.** [unersetzlich] inappréciable. **-3.** [Kunstwerk, Schatz] inestimable.

unbezwịngbar, **ụnbezwingbar** *Adj* **-1.** [Gegner] invincible. **-2.** [Gefühl] insurmontable.

ụnbrauchbar *Adj* inutilisable.

ụnd *Konj* **-1.** [gen] et; **drei ~ drei ist sechs** trois et trois font six; **~ so weiter** et ainsi de suite; **keine Freunde ~ keine Familie haben** n'avoir ni amis ni famille. **-2.** [ironisch]: **was, der ~ sich entschuldigen? - niemals!** quoi, lui s'excuser? - jamais! **-3.** [Ausdruck der Intensivierung]: **das Wasser wird heißer ~ heißer** l'eau est de plus en plus chaude; **er kauft ~ kauft** il ne cesse d'acheter.

◆ **na und**? *Interj* et après?, et alors?

◆ **und wie!** *Interj* et comment!

ụndankbar ◇ *Adj* ingrat(e). ◇ *Adv* avec ingratitude.

undefini*e*rbar, **ụndefinierbar** ◇ *Adj* indéfinissable. ◇ *Adv* d'une manière indéfinissable.

undẹnkbar, **ụndenkbar** ◇ *Adj* inimaginable, inconcevable. ◇ *Adv* incroyablement.

ụndeutlich ◇ *Adj* confus(e); [Aufnahme] flou(e). ◇ *Adv* confusément.

ụndicht *Adj* non étanche.

ụndiszipliniert ◇ *Adj* indiscipliné(e). ◇ *Adv* d'une manière indisciplinée.

undurchf*ü*hrbar, **ụndurchführbar** *Adj* irréalisable.

undurchsch*au*bar, **ụndurchschaubar** ◇ *Adj* insondable. ◇ *Adv* de manière insondable.

ụndurchsichtig *Adj* **-1.** [Geschichte] obscur(e). **-2.** [Glasscheibe, Strümpfe] opaque.

ụneben *Adj* inégal(e), irrégulier(ère).

Unebenheit (*Pl* **-en**) *die* **-1.** [unebene Stelle] irrégularité *f*, aspérité *f*. **-2.** *(ohne Pl)* [Ungleichmäßigkeit] accidents *mpl*.
unecht ◇ *Adj* **-1.** [Schmuck, Bild] faux (fausse). **-2.** [Freundlichkeit, Lächeln] feint(e). **-3.** MATH: **~er Bruch** nombre *m* fractionnaire. ◇ *Adv* faussement.
unehel. *Abk für* **unehelich.**
unehelich ◇ *Adj* illégitime; **~es Kind** enfant *m* naturel. ◇ *Adv* illégitimement.
unehrlich ◇ *Adj* malhonnête. ◇ *Adv* malhonnêtement.
uneigennützig ◇ *Adj* désintéressé(e). ◇ *Adv* de manière désintéressée.
uneingeschränkt *Adj* & *Adv* sans borne.
uneinig *Adj* divisé(e); **sich** *(D)* **über etw** *(A)* **~ sein** être en désaccord sur qqch.
Un|einigkeit (*Pl* **-en**) *die* différend *m*; **es herrscht ~ in einer Frage** il y a un désaccord sur un point.
uneins ◇ *Adj (unver)*: **~ sein** être en désaccord. ◇ *Adv* en désaccord.
unempfindlich *Adj* résistant(e); **gegen etw ~ sein** être insensible à qqch.
unendlich ◇ *Adj* infini(e); [Geschichte] sans fin. ◇ *Adv* infiniment.
Unendlichkeit *die (ohne Pl)* **-1.** [räumlich] immensité *f*. **-2.** *fam* [zeitlich] éternité *f*.
unentbehrlich, unentbehrlich ◇ *Adj* indispensable. ◇ *Adv*: **sich ~ machen** se rendre indispensable.
unentgeltlich, unentgeltlich ◇ *Adj* gratuit(e). ◇ *Adv* gratuitement.
unentschieden ◇ *Adj* **-1.** [nicht entschieden] incertain(e); **das Spiel ist ~** il y a match nul. **-2.** [unentschlossen] indécis(e). ◇ *Adv* **-1.** [nicht entschieden]: **das Spiel ging ~ aus** les équipes ont fait match nul; **im Spiel steht es bis jetzt ~** les équipes sont à égalité. **-2.** [unentschlossen] d'un air indécis.
unentschlossen ◇ *Adj* indécis(e). ◇ *Adv* avec hésitation, de manière indécise.
unentschuldigt ◇ *Adj* inexcusé(e). ◇ *Adv* sans avoir d'excuse.
unentwegt, unentwegt ◇ *Adj* continuel(elle). ◇ *Adv* sans cesse.
unerbittlich, unerbittlich ◇ *Adj* **-1.** [unnachgiebig] impitoyable. **-2.** [gnadenlos] implacable; [Regen] incessant(e). ◇ *Adv* **-1.** [unnachgiebig] impitoyablement. **-2.** [gnadenlos] implacablement.
unerfahren *Adj* inexpérimenté(e).
unerfreulich *Adj* désagréable, peu réjouissant(e).
unerfüllt ◇ *Adj* **-1.** [Wunsch, Hoffnung] inexaucé(e). **-2.** [Leben, Beziehung] vide. ◇ *Adv* **-1.** [nicht erfüllt] sans être exaucé(e). **-2.** [leben] d'une manière vide.
unergiebig *Adj* improductif(ive), infructueux(euse).
unerheblich ◇ *Adj* insignifiant(e). ◇ *Adv* de manière insignifiante.
unerhört ◇ *Adj* **-1.** [Benehmen, Vorgehen] scandaleux(euse); **(das ist ja) ~!** c'est insensé! **-2.** [Preis, Leistung] inouï(e). ◇ *Adv* **-1.** [sehr] incroyablement. **-2.** [empörend] de manière scandaleuse.
unerkannt ◇ *Adj* qui n'est pas reconnu(e). ◇ *Adv* sans être reconnu(e).
unerklärlich, unerklärlich ◇ *Adj* inexplicable. ◇ *Adv* d'une manière inexplicable.
unerläßlich, unerläßlich *Adj* indispensable.
unerlaubt ◇ *Adj* sans autorisation; [Methode, Besitz von Waffen] illicite. ◇ *Adv* sans autorisation.
unerledigt *Adj* & *Adv* en souffrance.
unermeßlich, unermeßlich *geh* ◇ *Adj* immense. ◇ *Adv* immensément.
unermüdlich, unermüdlich ◇ *Adj* inlassable; [Mensch] infatigable. ◇ *Adv* inlassablement.
unerreicht, unerreicht *Adj* inégalé(e).
unerschöpflich, unerschöpflich ◇ *Adj* inépuisable; [Reserven, Wissen] intarissable. ◇ *Adv* inlassablement.
unerschrocken ◇ *Adj* intrépide. ◇ *Adv* de manière intrépide.
unerschütterlich, unerschütterlich ◇ *Adj* imperturbable, inébranlable. ◇ *Adv* imperturbablement, inébranlablement.
unerschwinglich, unerschwinglich ◇ *Adj* hors de prix; [Preis] exorbitant(e); **für jn ~ sein** être inabordable pour qqn. ◇ *Adv* excessivement.
unersetzlich, unersetzlich ◇ *Adj* irremplaçable. ◇ *Adv* d'une manière irremplaçable.
unerträglich ◇ *Adj* insupportable. ◇ *Adv* insupportablement.
unerwähnt ◇ *Adj* non mentionné(e). ◇ *Adv*: **~ bleiben** rester dans l'ombre; **~ lassen** laisser dans l'ombre.
unerwartet ◇ *Adj* inattendu(e), imprévu(e). ◇ *Adv* inopinément.
unerwünscht ◇ *Adj* indésirable. ◇ *Adv* de manière indésirable.
UNESCO [u'nɛsko] (*Abk für* **United Nations Educational, Scientific and Cultural Organization**) *die (ohne Pl)* Unesco *f*.
unfähig *Adj* incompétent(e); **~ sein, etw zu tun** être incapable ODER ne pas être en mesure de faire qqch.

Ụn|fähigkeit *die (ohne Pl)* incompétence *f*; **~, etw zu tun** incapacité *f* à faire qqch.

ụnfair ['ʊnfɛːɐ̯] ◇ *Adj* déloyal(e). ◇ *Adv* de manière déloyale.

Ụn|fall *der* accident *m*; **tödlicher ~** accident mortel; **einen ~ bauen** *fam* avoir un accident.

Ụnfall|flucht *die* délit *m* de fuite; **~ begehen** commettre un délit de fuite.

Ụnfall|folge *die* séquelle *f*.

Ụnfall|gefahr *die* risque *m* d'accident.

Ụnfall|stelle *die* lieu *m* de l'accident.

Ụnfallverhütung *die (ohne Pl)* [im Straßenverkehr] prévention *f* routière.

Ụnfallver|sicherung *die* assurance *f* accidents.

unfe̲hlbar, ụnfehlbar ◇ *Adj* infaillible. ◇ *Adv* [sicher] infailliblement.

ụnförmig ◇ *Adj* informe. ◇ *Adv* d'une manière informe.

ụnfrankiert *Adj* non-affranchi(e).

ụnfrei ◇ *Adj* **-1.** [gehemmt] rigide. **-2.** [abhängig] soumis(e). **-3.** [unfrankiert] en port dû. ◇ *Adv* **-1.** [gehemmt] de manière rigide. **-2.** [abhängig] en état de soumission.

ụnfreiwillig ◇ *Adj* involontaire, forcé(e). ◇ *Adv* contraint et forcé (contrainte et forcée), malgré soi.

ụnfreundlich ◇ *Adj* **-1.** [nicht freundlich] peu aimable; **zu jm ~ sein** ne pas être aimable avec qqn. **-2.** [unangenehm] désagréable. ◇ *Adv* [nicht freundlich] peu aimablement.

ụnfruchtbar *Adj* **-1.** [steril] stérile. **-2.** [nutzlos] inutile. **-3.** [trocken] aride.

Ụnfug *der (ohne Pl)* idiotie *f*; **grober ~** grosse sottise.

ung. (*Abk für* **ungefähr**) env.

Ụngar, in (*mPl* **-n**; *fPl* **-nen**) *der, die* Hongrois *m*, -e *f*.

ụngarisch *Adj* hongrois(e).

Ụngarisch *das (ohne Pl)* hongrois *m*; *siehe auch* **Englisch**.

Ụngarische *das (ohne Pl)* hongrois *m*; *siehe auch* **Englische**.

Ụngarn *nt* Hongrie *f*.

ụngeachtet ['ʊngeaxtət] *Präp geh*: **~ einer Sache** *(G)* en dépit de qqch.

ụngeahnt, ungeạhnt ['ʊngeaːnt, ʊnge'aːnt] *Adj* insoupçonné(e).

ụngebeten ◇ *Adj* indésirable. ◇ *Adv* comme un intrus (une intruse).

ụngebildet *Adj* inculte.

ụngeboren *Adj* à naître, qui n'a pas encore vu le jour; **ein ~es Kind** un enfant à naître; **~es Leben** la vie prénatale.

ụngebräuchlich *Adj* inusité(e).

ụngebrochen *Adj* intact(e).

ụngedeckt ◇ *Adj* **-1.** [Scheck] sans provision. **-2.** [ohne Deckung] découvert(e). **-3.** [nicht gedeckt - Dach] **sans toiture**; [- Tisch] non mis(e). ◇ *Adv* à découvert.

Ụn|geduld *die (ohne Pl)* impatience *f*.

ụngeduldig ◇ *Adj* impatient(e). ◇ *Adv* avec impatience.

ụngeeignet *Adj* [Gegenstand] inapproprié(e); [Person]: **für etw ~ sein** ne pas être fait(e) pour qqch.

ụngefähr, ungefa̲̲hr *Adv* environ; **so ~** *fam* quelque chose comme; **nicht von ~ sein** *fig* ne pas être un hasard.

ụngefährlich ◇ *Adj* inoffensif(ive). ◇ *Adv*: **~ aussehen** avoir l'air sans danger.

ụngehalten ◇ *Adj* irrité(e); **über jn/etw ~ sein** être irrité(e) par qqn/qqch. ◇ *Adv* avec irritation.

ụngeheizt ◇ *Adj* non chauffé(e). ◇ *Adv* sans chauffage.

ụngeheuer, ungehe̲u̲er ◇ *Adj* monstrueux(euse). ◇ *Adv* monstrueusement.

Ụngeheuer (*Pl* -) *das* monstre *m*.

ụngeheuerlich, ungehe̲u̲erlich *Adj abw* abominable.

ụngehindert ◇ *Adj* libre. ◇ *Adv* librement.

ụngehobelt ◇ *Adj* mal dégrossi(e). ◇ *Adv abw* comme un rustre, grossièrement.

ụngehörig ◇ *Adj* inconvenant(e). ◇ *Adv* de manière incongrue.

ụngehorsam *Adj* désobéissant(e).

Ụn|gehorsam *der (ohne Pl)* désobéissance *f*.

ụngeklärt ◇ *Adj* **-1.** [nicht entschieden] inexpliqué(e). **-2.** [Abwasser] non épuré(e). ◇ *Adv*: **etw bleibt ~** qqch demeure inexpliqué(e).

ụngekünstelt ◇ *Adj* naturel(elle). ◇ *Adv* avec naturel.

ụngelegen ◇ *Adj* inopportun(e). ◇ *Adv*: **das kommt mir ~** cela me dérange.

ụngelenk *geh* ◇ *Adj* [Bewegung] raide; [Verhalten] maladroit(e). ◇ *Adv* avec maladresse.

ụngelernt *Adj*: **~er Arbeiter** ouvrier *m* spécialisé.

ụngelogen *Adv fam* sans rire.

ụngemein, ungeme̲i̲n ◇ *Adj* énorme. ◇ *Adv* énormément.

ụngemütlich ◇ *Adj* **-1.** [Atmosphäre, Raum] sans chaleur. **-2.** [Person] désagréable. **-3.** [Situation, Lage] inconfortable. ◇ *Adv*: **~ kalt** désagréablement froid(e); **~ aussehen** avoir l'air peu accueillant.

ụngenannt ◇ *Adj* anonyme. ◇ *Adv*: **~ bleiben** rester anonyme.

ungenau ◇ *Adj* imprécis(e). ◇ *Adv* avec un manque d'exactitude.

Un|genauigkeit *die* **-1.** *(ohne Pl)* [Ungenausein] inexactitude *f.* **-2.** [Abweichung] imprécision *f.*

ungeniert, ungeniert ◇ *Adj* sans-gêne. ◇ *Adv* sans gêne.

ungenießbar, ungenießbar *Adj* **-1.** [Nahrung] non comestible; [ekelhaft] immangeable. **-2.** *fam* [Person] imbuvable.

ungenügend ◇ *Adj* insuffisant(e). ◇ *Adv* insuffisamment.

ungepflegt ◇ *Adj* négligé(e). ◇ *Adv* d'une manière négligée.

ungerade *Adj* MATH impair(e).

ungerecht ◇ *Adj* injuste. ◇ *Adv* de manière injuste.

Un|gerechtigkeit *die* injustice *f.*

ungereimt *Adj* & *Adv* sans rime ni raison.

ungern *Adv* à contrecœur.

ungerührt *Adj* impassible.

ungeschehen *Adj*: **etw ~ machen** revenir sur qqch; **diesen Fehler kannst du nicht ~ machen** l'erreur est faite, tu ne peux pas revenir en arrière.

Un|geschick *das (ohne Pl)* maladresse *f.*

Un|geschicklichkeit *die* maladresse *f.*

ungeschickt ◇ *Adj* **-1.** [Mensch, Verhalten] maladroit(e). **-2.** *fam Süddt* [Zeitpunkt] inopportun(e). **-3.** *fam Süddt* [Werkzeug] mal commode. ◇ *Adv* avec maladresse.

ungeschminkt ◇ *Adj* **-1.** [Frau, Gesicht] non maquillé(e). **-2.** [Wahrheit, Tatsache] cru(e). ◇ *Adv* **-1.** [nicht geschminkt] sans maquillage. **-2.** [unverhüllt] crûment.

ungeschoren *Adv*: **~ davonkommen** *fig* s'en tirer à bon compte; **~ bleiben** *fig* rester hors d'atteinte; **jn ~ lassen** *fig* épargner qqn.

ungeschützt ◇ *Adj* **-1.** [ohne Schutz] exposé(e); **~ vor etw** *(D)* ODER **gegen etw** sans protection contre qqch. **-2.** [ohne rechtlichen Schutz] non protégé(e). ◇ *Adv* sans protection.

ungesetzlich *Adj* illégal(e).

ungespritzt *Adj* non traité(e).

ungestört ◇ *Adj* tranquille. ◇ *Adv* en toute tranquillité.

ungestüm *geh* ◇ *Adj* impétueux(euse). ◇ *Adv* avec impétuosité.

ungesund ◇ *Adj* **-1.** [Ernährung, Leben, Atmosphäre] malsain(e). **-2.** [Aussehen, Farbe] maladif(ive). ◇ *Adv* **-1.** [gesundheitsschädlich]: **~ leben** ne pas mener une vie saine; **sich ~ ernähren** avoir une alimentation déséquilibrée. **-2.** [nicht gesund]: **~ aussehen** avoir l'air en mauvaise santé.

ungeteilt *Adj* **-1.** [uneingeschränkt] entier(ère). **-2.** [nicht geteilt] indivis(e).

ungetrübt ◇ *Adj* sans nuage. ◇ *Adv* avec sérénité.

Ungetüm *(Pl* **-e**) *das* monstre *m.*

ungeübt *Adj* inexercé(e); **in etw** *(D)* **~ sein** être mal exercé(e) à qqch.

ungewaschen ◇ *Adj* non lavé(e). ◇ *Adv* sans être lavé(e).

ungewiß *Adj* incertain(e); **sich** *(D)* **über etw** *(A)* **~ sein** ne pas encore avoir décidé qqch; **jn über etw** *(A)* **im ungewissen lassen** laisser qqn dans l'incertitude à propos de qqch.

ungewöhnlich ◇ *Adj* **-1.** [unüblich] inhabituel(elle). **-2.** [ungeheuer] exceptionnel(elle). ◇ *Adv* **-1.** [unüblich] curieusement. **-2.** [ungeheuer] exceptionnellement.

ungewohnt ◇ *Adj* inaccoutumé(e). ◇ *Adv* exceptionnellement.

ungewollt ◇ *Adj* involontaire; **eine ~e Schwangerschaft** une grossesse non désirée. ◇ *Adv* involontairement.

Ungeziefer *das (ohne Pl)* vermine *f.*

ungezogen ◇ *Adj* mal élevé(e). ◇ *Adv* [antworten, reden] avec impertinence; [sich benehmen] avec désinvolture.

ungezwungen ◇ *Adj* décontracté(e). ◇ *Adv* de manière décontractée.

unglaubhaft ◇ *Adj* invraisemblable. ◇ *Adv* d'une manière invraisemblable.

ungläubig ◇ *Adj* **-1.** [nicht gläubig] incroyant(e). **-2.** [zweifelnd] sceptique. ◇ *Adv* avec scepticisme.

unglaublich, unglaublich ◇ *Adj* incroyable. ◇ *Adv fam* incroyablement.

unglaubwürdig *Adj* [Geschichte, Aussage] non crédible; [Mensch] peu digne de foi.

ungleich ◇ *Adj* inégal(e). ◇ *Adv* **-1.** [nicht gleich] de manière inégale. **-2.** [bei weitem] infiniment.

ungleichmäßig ◇ *Adj* inégal(e). ◇ *Adv* inégalement.

Un|glück *das* **-1.** [Unfall] accident *m.* **-2.** [Leid] malheur *m.* **-3.** *(ohne Pl)* [Pech] malchance *f*; **das bringt ~** cela porte malheur. **-4.** *RW*: **ins** ODER **in sein ~ rennen** *fam* courir ODER travailler à sa perte.

unglücklich ◇ *Adj* **-1.** [gen] malheureux(euse). **-2.** [ungeschickt] malencontreux(euse). ◇ *Adv* **-1.** [nicht glücklich] d'un air malheureux. **-2.** [ungeschickt] malencontreusement. **-3.** [ungünstig] de manière malheureuse.

unglücklicherweise *Adv* malheureusement, par malheur.

Un|gnade *die*: **bei jm in ~ fallen/sein** *fig* tomber/être en disgrâce auprès de qqn.

ungnädig ◇ *Adj* **-1.** [Mensch, Blick] mal disposé(e). **-2.** *geh* [Schicksal] impitoyable. ◇ *Adv* de mauvaise grâce.
ungültig *Adj* non valable; **etw für ~ erklären** déclarer qqch nul (nulle) et non avenu(e).
Ungunsten *Pl*: **zu js ~** en la défaveur de qqn.
ungünstig ◇ *Adj* défavorable. ◇ *Adv* défavorablement.
ungut ◇ *Adj* mauvais(e). ◇ *Adv*: **~ verlaufen** mal se passer; **nichts für ~!** oublions ça!
unhaltbar, **unhaltbar** *Adj* **-1.** [Lage, Position] intenable; [Vorwurf, Anschuldigung] insoutenable; [Argument, These] indéfendable. **-2.** [Schuß, Ball] imparable.
unhandlich *Adj* peu maniable.
Un|heil *das (ohne Pl) geh* désastre *m*, calamité *f*; **~ stiften** être à l'origine de bien des malheurs.
unheilbar, **unheilbar** ◇ *Adj* incurable. ◇ *Adv* incurablement.
unheimlich, **unheimlich** ◇ *Adj* **-1.** [gruselig - Atmosphäre, Haus] lugubre; [- Geräusch, Mensch] inquiétant(e); **jm ist ~** qqn a peur. **-2.** *fam* [ungeheuer] terrible. ◇ *Adv* **-1.** [gruselig]: **~ aussehen** avoir l'air lugubre. **-2.** *fam* [ungeheuer] terriblement.
unhöflich ◇ *Adj* impoli(e). ◇ *Adv* de manière impolie.
unhygienisch ◇ *Adj* antihygiénique. ◇ *Adv* au mépris des règles d'hygiène.
Uni (*Pl* **-s**) *die fam* fac *f*.
UNICEF ['uːnitsɛf] (*Abk für* **United Nations International Children's Emergency Fund**) *die (ohne Pl)* UNICEF *m*.
Uniform, **Uniform** (*Pl* **-en**) *die* uniforme *m*.
Unikum (*Pl* **-s**) *das* sacré numéro *m*.
uninteressant ◇ *Adj* inintéressant(e). ◇ *Adv*: **~ verlaufen** être sans intérêt.
uninteressiert ◇ *Adj* indifférent(e); **an etw** *(D)* **~ sein** ne porter aucun intérêt à qqch. ◇ *Adv* sans intérêt.
Union (*Pl* **-en**) *die* union *f*.
Unionsparteien *Pl partis membres de la coalition CDU/CSU*.
universal [univɛr'zaːl] ◇ *Adj* universel(elle). ◇ *Adv* universellement.
universell [univɛr'zɛl] ◇ *Adj* universel(elle). ◇ *Adv* universellement.
Universität [univɛrzi'tɛːt] (*Pl* **-en**) *die* université *f*.
Universitäts|bibliothek *die* bibliothèque *f* universitaire.
Universitäts|klinik *die* centre *m* hospitalo-universitaire.
Universitäts|stadt *die* ville *f* universitaire.
Universum [uni'vɛrzʊm] *das (ohne Pl)* univers *m*.
unken *intr fam* jouer les Cassandre.
unkenntlich *Adv* méconnaissable.
Unkenntlichkeit *die (ohne Pl)*: **bis zur ~** jusqu'à en être méconnaissable.
Un|kenntnis *die (ohne Pl)* ignorance *f*; **in ~ einer Sache** *(G)* n'étant pas au courant de qqch.
unklar ◇ *Adj* **-1.** [unverständlich] peu clair(e). **-2.** [vage] flou(e). **-3.** [nicht eindeutig] confus(e); **jn (über etw** *(A)***) im ~en lassen** laisser qqn dans le doute (à propos de qqch). ◇ *Adv* **-1.** [unverständlich] de manière peu claire. **-2.** [vage] de manière floue.
unklug ◇ *Adj* déraisonnable; **das/es ist ~ von jm** cela/ce n'est pas raisonnable de la part de qqn. ◇ *Adv* de manière déraisonnable.
unkompliziert ◇ *Adj* simple. ◇ *Adv* simplement.
unkontrollierbar, **unkontrollierbar** ◇ *Adj* incontrôlable. ◇ *Adv* de manière incontrôlable.
unkontrolliert ◇ *Adj* incontrôlé(e). ◇ *Adv* de manière incontrôlée.
unkonventionell ['ʊnkɔnvɛntsi̯onɛl] ◇ *Adj* peu conventionnel(elle). ◇ *Adv* de manière peu conventionnelle.
unkonzentriert ◇ *Adj* qui manque de concentration; **~ sein** manquer de concentration. ◇ *Adv* sans concentration.
Un|kosten *Pl* frais *mpl*; **allgemeine** ODER **laufende ~** frais généraux; **sich in ~ stürzen** *fig* se mettre en frais.
Unkosten|beitrag *der* participation *f* aux frais.
Un|kraut *das* mauvaises herbes *fpl*.
unkritisch ◇ *Adj* peu critique. ◇ *Adv* d'une manière peu critique.
unkündbar, **unkündbar** *Adj* [Vertrag] non résiliable; [Angestellte] non congédiable; [Stelle] permanent(e).
unlängst *Adv geh* il y a peu.
unlauter *Adj geh* déloyal(e); **~er Wettbewerb** concurrence *f* déloyale.
unleidlich *Adj* insupportable.
unleserlich ◇ *Adj* illisible. ◇ *Adv* de manière illisible.
unleugbar, **unleugbar** *Adj* indéniable.
unlogisch ◇ *Adj* illogique. ◇ *Adv* de manière illogique.
Un|lust *die geh*: **mit ~** à contrecœur.
unlustig ◇ *Adj* maussade. ◇ *Adv* l'air maussade.
Un|maß *das geh* excès *m*.

unmaßgeblich *Adj* sans importance.
unmäßig ◇ *Adj* démesuré(e). ◇ *Adv* **-1.** [maßlos] de manière excessive, avec excès. **-2.** [ungeheuer] excessivement.
Un|menge *die* quantité *f* énorme.
Un|mensch *der abw* monstre *m*.
unmenschlich ◇ *Adj* **-1.** [menschenunwürdig, brutal] inhumain(e). **-2.** *fam* [unerträglich] monstrueux(euse). ◇ *Adv* **-1.** [menschenunwürdig] de manière inhumaine. **-2.** [brutal] épouvantablement. **-3.** *fam* [ungeheuer] monstrueusement.
unmerklich, unmerklich ◇ *Adj* imperceptible. ◇ *Adv* de manière imperceptible.
unmißverständlich *Adj* & *Adv* sans équivoque.
unmittelbar ◇ *Adj* direct(e); **in ~er Nähe** à proximité immédiate. ◇ *Adv* directement; **~ danach** ODER **darauf** juste après.
unmodern ◇ *Adj* **-1.** [nicht modern, altmodisch] démodé(e). **-2.** [veraltet] dépassé(e). ◇ *Adv* de manière démodée.
unmöglich, unmöglich ◇ *Adj* impossible. ◇ *Adv* **-1.** [nicht möglich]: **etw für ~ halten** croire que qqch est impossible. **-2.** *fam* [nicht annehmbar] de manière impossible; **sich ~ machen** *fam* se rendre impossible. **-3.** *fam* [keinesfalls]: **etw ~ tun können** il est hors de question que l'on fasse qqch.
unmoralisch ◇ *Adj* immoral(e). ◇ *Adv* de manière immorale.
unmotiviert ['unmotivi:ɐt] ◇ *Adj* [ohne Grund] gratuit(e), injustifié(e); [nicht motiviert] manquant de motivation; **~ sein** manquer de motivation. ◇ *Adv* **-1.** [ohne Grund] de façon tout à fait gratuite. **-2.** [nicht motiviert] sans motivation réelle.
unmündig *Adj* mineur(e); **jn für ~ erklären** frapper qqn d'incapacité.
unmusikalisch *Adj* qui n'a pas d'oreille.
Un|mut *der geh* mécontentement *m*.
u.N.N. (*Abk für* **unter Normalnull**) en dessous du niveau de la mer.
ü.N.N. (*Abk für* **über Normalnull**) au dessus du niveau de la mer.
unnachahmlich *Adj* inimitable.
unnachgiebig ◇ *Adj* intransigeant(e). ◇ *Adv*: **~ auf etw** *(D)* **bestehen** demeurer inflexible sur qqch.
unnachsichtig ◇ *Adj* impitoyable. ◇ *Adv* impitoyablement.
unnahbar, unnahbar *Adj* inaccessible, inabordable.
unnatürlich ◇ *Adj* artificiel(elle). ◇ *Adv* artificiellement.
unnormal ◇ *Adj* anormal(e). ◇ *Adv* anormalement.
unnötig ◇ *Adj* inutile. ◇ *Adv* inutilement.
unnütz ◇ *Adj* inutile. ◇ *Adv* pour rien.
UNO ['u:no] (*Abk für* **United Nations Organization**) *die (ohne Pl)* ONU *f*.
unordentlich ◇ *Adj* [Mensch] désordonné(e); [Zimmer, Wohnung] en désordre. ◇ *Adv*: **~ aussehen** avoir l'air mal arrangé.
Un|ordnung *die (ohne Pl)* désordre *m*; **in ~ geraten** se défaire.
unorganisch *Adj* inorganique.
unparteiisch ◇ *Adj* impartial(e). ◇ *Adv* avec impartialité.
unpassend ◇ *Adj* inadapté(e). ◇ *Adv*: **~ gekleidet sein** être vêtu(e) de manière incongrue.
unpersönlich ◇ *Adj* impersonnel(elle). ◇ *Adv* **-1.** [nicht persönlich] de manière impersonnelle. **-2.** GRAM à la forme impersonnelle.
unpolitisch *Adj* apolitique.
unpopulär *Adj* impopulaire.
unpraktisch ◇ *Adj* peu pratique. ◇ *Adv*: **~ veranlagt sein** ne pas avoir l'esprit pratique.
unproblematisch *Adj* qui ne pose pas de problème, sans problème.
unproduktiv ◇ *Adj* improductif(ive). ◇ *Adv* de manière improductive.
unpünktlich ◇ *Adj* qui n'est pas ponctuel(elle). ◇ *Adv* en retard.
unqualifiziert ◇ *Adj* **-1.** [nicht qualifiziert] non qualifié(e). **-2.** *abw* [dumm] ignare. ◇ *Adv abw* [dumm] en ignare.
unrasiert ◇ *Adj* non rasé(e). ◇ *Adv* sans être rasé(e).
Un|rat *der (ohne Pl) geh* ordures *fpl*.
unrecht ◇ *Adj* **-1.** [Zeit, Moment] inopportun(e); **es ist jm ~** cela dérange qqn. **-2.** *geh* [unmoralisch] mauvais(e). ◇ *Adv* **-1.** [ungelegen]: **~ kommen** arriver mal à propos. **-2.** *geh* [nicht recht] mal; **~ haben** avoir tort; **~ tun** faire du tort.
Un|recht *das (ohne Pl)* tort *m*, injustice *f*; **im ~ sein** être dans son tort; **jn ins ~ setzen** faire du tort à qqn; **zu ~** à tort.
unrechtmäßig ◇ *Adj* illégal(e). ◇ *Adv* illégalement.
unreflektiert ◇ *Adj* irréfléchi(e). ◇ *Adv* sans réfléchir.
unregelmäßig ◇ *Adj* irrégulier(ère). ◇ *Adv* **-1.** [nicht regelmäßig] irrégulièrement. **-2.** GRAM: **~ konjugiert werden** avoir une conjugaison irrégulière.
unreif *Adj* **-1.** [Obst] pas mûr(e). **-2.** [Mensch, Verhalten] immature.
unrein *Adj* **-1.** [verunreinigt im religiösen Sinn] impur(e). **-2.** [pickelig] pas net (nette). **-3.** *RW*:

etw ins ~e schreiben faire un brouillon de qqch.

unrentabel ◇ *Adj* non rentable. ◇ *Adv* sans rentabilité.

Un|ruhe *die (ohne Pl)* **-1.** [Bewegung] agitation *f*; **~ stiften** semer le trouble. **-2.** [Ruhelosigkeit] anxiété *f*, inquiétude *f*. **-3.** [Aufregung] trouble *m*.
◆ **Unruhen** *Pl* [Aufruhr] troubles *mpl*.

Unruhe|herd *der* POL foyer *m* de troubles.

unruhig ◇ *Adj* **-1.** [nicht ruhig] agité(e). **-2.** [ruhelos] inquiet(ète); **~ sein** être nerveux(euse); **~ werden** commencer à s'inquiéter. **-3.** [hektisch] mouvementé(e). **-4.** [laut] bruyant(e). **-5.** [Muster] peu reposant(e). ◇ *Adv* **-1.** [ruhelos] nerveusement; **die Flamme flackert ~** la flamme vacille. **-2.** [gestört]: **~ schlafen** avoir le sommeil agité.

uns *Pron (+ A, + D)* nous; **er hat ~ gesehen** il nous a vu(e)s; **das wurde ~ geschickt** ça nous a été envoyé; **wir putzen ~ die Zähne** nous nous lavons les dents; **wir haben ~ geschlagen** nous nous sommes battus (battues).

unsachgemäß ◇ *Adj* inadéquat(e). ◇ *Adv* de manière inadéquate.

unsachlich *Adj* pas pertinent(e).

unsagbar, **unsagbar** ◇ *Adj* indicible. ◇ *Adv*: **~ traurig sein** [Film, Leben] être d'une tristesse inouïe; **~ glücklich/müde sein** ressentir une joie/fatigue inouïe.

unsanft ◇ *Adj* rude. ◇ *Adv* sans douceur.

unsauber ◇ *Adj* **-1.** [illegal] douteux(euse). **-2.** [unkorrekt] malpropre. **-3.** [dreckig] sale. ◇ *Adv* **-1.** [unkorrekt] malproprement. **-2.** [dreckig] salement.

unschädlich ◇ *Adj* inoffensif(ive). ◇ *Adv*: **jn/etw ~ machen** mettre qqn/qqch hors d'état de nuire.

unscharf ◇ *Adj* flou(e). ◇ *Adv* **-1.** [nicht scharf]: **~ sehen** voir flou. **-2.** [ungenau] de manière floue.

unschätzbar, **unschätzbar** *Adj* inestimable.

unscheinbar *Adj* effacé(e).

unschlagbar, **unschlagbar** *Adj* imbattable.

unschlüssig ◇ *Adj* indécis(e); **(sich** *(D)***) über etw** *(A)* **~ sein** hésiter à propos de qqch. ◇ *Adv* en hésitant.

unschön ◇ *Adj* **-1.** [unangenehm] moche. **-2.** [häßlich] laid(e). ◇ *Adv* avec laideur.

Un|schuld *die* innocence *f*.

unschuldig ◇ *Adj* innocent(e); **an etw** *(D)* **~ sein** être innocent de qqch. ◇ *Adv* **-1.** [schuldlos] à tort; **jn ~ sprechen** déclarer qqn innocent(e) ODER non coupable. **-2.** [unverdorben] avec innocence. **-3.** [harmlos] innocemment.

unschwer *Adv* facilement.

unselbständig *Adj* dépendant(e); **~e Arbeit** travail *m* salarié.

unser, e, unsre *Det* notre, nos.

unsere, r, s ◇ *Pron* le nôtre, la nôtre, les nôtres. ◇ *Det* → **unser.**

unsereins *Pron fam* nous autres.

unsererseits, **unsrerseits** *Adv* de notre côté.

unseresgleichen, **unsresgleichen** *Pron* nos semblables.

unseretwegen, **unsertwegen** *Adv* à cause de nous.

unseretwillen, **unsertwillen** *Adv*: **um ~** pour nous, par égard pour nous.

unseriös *abw* ◇ *Adj* pas sérieux(euse). ◇ *Adv* de manière peu fiable.

unsertwegen = **unseretwegen.**

unsertwillen = **unseretwillen.**

unsicher ◇ *Adj* **-1.** [ungewiß, unbeständig] incertain(e). **-2.** [nicht sicher] peu sûr(e); [Stimme, Hand] mal assuré(e). **-3.** [unverläßlich] peu fiable. **-4.** [gefährdet] précaire. ◇ *Adv* [nicht sicher] de manière mal assurée; **etw ~ machen** *fam fig* [verunsichern] semer le trouble dans qqch; [sich vergnügen] faire la fiesta.

Un|sicherheit *die* manque *m* d'assurance.

Unsicherheits|faktor *der* facteur *m* aléatoire.

unsichtbar ◇ *Adj* invisible. ◇ *Adv*: **sich ~ machen** disparaître.

Un|sinn *der (ohne Pl)* **-1.** [Blödsinn] bêtise *f*; **~ machen** faire des bêtises. **-2.** [Unsinnigkeit] non-sens *m*.

unsinnig ◇ *Adj* **-1.** [blödsinnig] absurde, inepte. **-2.** *fam* [ungeheuer] fou (folle). ◇ *Adv* follement.

Un|sitte *die abw* mauvaise habitude *f*.

unsittlich ◇ *Adj* **-1.** [Verhalten, Benehmen] indécent(e). **-2.** RECHT contraire aux bonnes mœurs. ◇ *Adv* de manière indécente.

unsozial ◇ *Adj* anti-social(e). ◇ *Adv* de manière anti-sociale.

unsportlich *Adj* **-1.** [Mensch] peu sportif(ive). **-2.** [Verhalten] de mauvais joueur.

unsrerseits = **unsererseits.**

unsresgleichen = **unseresgleichen.**

unsrige *Pron geh*: **der** ODER **die** ODER **das ~** le ODER la nôtre.

unsterblich, **unsterblich** ◇ *Adj* immortel(elle). ◇ *Adv fam* [maßlos]: **~ verliebt sein** être follement amoureux(euse); **sich ~ blamieren** se ridiculiser affreusement.

unstillbar *Adj* insatiable.

Unstimmigkeiten *Pl* **-1.** [Differenzen] désaccords *mpl*. **-2.** [Abweichungen] inexactitude *f*.

Un|summe *die* somme *f* énorme.

unsympathisch *Adj* **-1.** [Mensch] antipathique; **jm ~ sein** être antipathique à qqn. **-2.** [Gegend, Haus] inhospitalier(ère).

untadelig, untadlig ◇ *Adj* irréprochable. ◇ *Adv* irréprochablement.

Un|tat *die* méfait *m*.

untätig ◇ *Adj* inactif(ive). ◇ *Adv* sans rien faire.

untauglich *Adj* [Mensch] inapte; [Material] inapproprié(e).

unteilbar, unteilbar *Adj* indivisible.

unten *Adv* **-1.** [räumlich] en bas; **tief ~** très bas; **nach ~** vers le bas; **nach ~ gehen** descendre; **von ~** d'en bas; **von ~ kommen** monter; **weit ~** tout en bas. **-2.** [im Text] plus bas; **siehe ~** voir plus bas ODER ci-dessous; **auf Seite 100 ~** en bas de la page 100. **-3.** *fam* [im Süden]: **da ~** là-bas. **-4.** *fam* [sozial tiefer gestellt]: **die da ~** le commun des mortels. **-5.** *RW*: **(bei jm) ~ durch sein** *fam* être grillé(e) auprès de qqn.

unter ◇ *Präp* **-1.** *(+ D, + A)* [tiefer als, weniger als] en dessous de; **~ dem** ODER **den Tisch** en dessous de la table; **fünf Grad ~ Null** cinq degrés en dessous de zéro. **-2.** *(+ D, + A)* [zwischen mehreren] parmi; **~ seinen Sachen** parmi ses affaires; **sich ~ die Leute mischen** se fondre parmi les gens; **einer ~ vielen** un parmi (tant) d'autres; **~ anderem** entre autres. **-3.** *(+ D)* [in einem Kreis] entre; **ein Glas ~ Freunden trinken** prendre un verre entre amis; **~ uns** entre nous. **-4.** *(+ D, + A)* [zur Angabe einer Hierarchie, einer Bezeichnung] sous; **~ js Leitung** sous la direction de qqn; **~ dem Namen Berger** sous le nom de Berger. **-5.** *(+ D)* [zur Angabe des Umstands]: **~ Druck stehen** être sous pression; **~ Vorbehalt** sous réserve; **~ der Voraussetzung, daß** à condition que *(+ subjonctif)*; **~ großem Gelächter** au milieu d'un éclat de rire général. ◇ *Adj* inférieur(eure); **der ~ste Knopf** le bouton du bas.

Unter|arm *der* avant-bras *m*.

unterbelichtet *Adj* **-1.** [Foto, Film] sous-exposé(e). **-2.** *salopp* [Mensch] débile.

unter|bewerten *tr* sous-évaluer.

unterbewußt ◇ *Adj* subconscient(e). ◇ *Adv* d'une manière subconsciente.

Unter|bewußtsein *das (ohne Pl)* subconscient *m*.

unterbezahlt *Adj* sous-payé(e).

unterbieten (*Prät* **unterbot,** *Perf* **hat unterboten**) *tr* **-1.** [übertreffen]: **ein Angebot ~** faire une offre inférieure; **nicht zu ~ sein** être imbattable. **-2.** SPORT battre.

unterbinden (*Prät* **unterband,** *Perf* **hat unterbunden**) *tr* empêcher.

Unterboden|schutz *der* AUTO couche *f* de protection anticorrosion.

unterbrechen (*Präs* **unterbricht,** *Prät* **unterbrach,** *Perf* **hat unterbrochen**) *tr* interrompre; **unterbrochen sein** être interrompu(e).

Unter|brechung *die* interruption *f*; **ohne ~** sans interruption.

unter|bringen *tr (unreg)* **-1.** [Platz finden] faire rentrer. **-2.** [über Nacht] loger. **-3.** *fam* [Arbeit verschaffen, Abnehmer finden, zuordnen] caser.

Unterbringung *die (ohne Pl)* [Unterkunft] hébergement *m*.

unter|buttern *tr fam* écraser.

unterderhand *Adv* en sous-main.

unterdessen *Adv* pendant ce temps-là.

unterdrücken *tr* **-1.** [Volk, Minderheit] opprimer. **-2.** [Gefühl] réprimer. **-3.** [Informationen] censurer.

Unterdrückung (*Pl* **-en**) *die* oppression *f*.

unterdurchschnittlich ◇ *Adj* inférieur(e) à la moyenne. ◇ *Adv* inférieurement à la moyenne.

untereinander *Adv* **-1.** [unter sich] entre nous ODER vous ODER eux ODER elles. **-2.** [unter das andere] l'un (l'une) sous l'autre, les uns (les unes) sous les autres.

unterentwickelt *Adj* sous-développé(e).

unterernährt *Adj* sous alimenté(e).

Unterfangen (*Pl* -) *das* entreprise *f*.

unterfordern *tr* ne pas exploiter les capacités de.

Unter|führung *die* passage *m* souterrain.

Unter|gang *der* **-1.** [Volk, Kultur] déclin *m*. **-2.** [von Schiffen] naufrage *m*. **-3.** [von Sonne, Mond] coucher *m*.

Untergebene (*Pl* **-n**) *der, die* subordonné *m*, -e *f*.

unter|gehen (*Perf* **ist untergegangen**) *intr (unreg)* **-1.** [Sonne, Mond] se coucher. **-2.** [Schiff] sombrer. **-3.** [Reich, Kultur] s'éteindre.

untergeordnet *Adj* **-1.** [Stellung, Position] subalterne. **-2.** [Bedeutung, Rolle] de moindre importance. **-3.** GRAM subordonné(e).

Unter|gewicht *das* poids *m* insuffisant.

untergliedern *tr* subdiviser.

untergraben[1] (*Präs* **untergräbt,** *Prät* **untergrub,** *Perf* **hat untergraben**) *tr* [schaden] ruiner.

unter|graben[2] *tr (unreg)* [in die Erde graben] enterrer.

Unter|grenze *die* limite *f* inférieure.

Unter|grund *der* **-1.** [Boden] sous-sol *m*. **-2.** *(ohne Pl)* [Unterwelt] clandestinité *f*. **-3.** [für Farbe] fond *m*.

Untergrund|bahn *die* métropolitain *m*.

unter|haken *tr fam* prendre le bras de.
◆ **sich unterhaken** *ref*: **sich bei jm ~** se pendre au bras de qqn.

unterhalb ◇ *Adv*: **~ von** en bas de. ◇ *Präp*: **~ einer Sache** *(G)* en bas de qqch.

Unter|halt *der* **-1.** [von Familie, Gebäuden] entretien *m*. **-2.** [Zahlung] pension *f* alimentaire; **~ zahlen** verser une pension alimentaire.

unterhalten¹ (*Präs* **unterhält,** *Prät* **unterhielt,** *Perf* **hat unterhalten**) *tr* **-1.** [Familie, Gebäude, Kontakte] entretenir. **-2.** [betreiben] gérer. **-3.** [amüsieren] divertir.

◆ **sich unterhalten** *ref* **-1.** [reden] s'entretenir; **sich mit jm ~** s'entretenir avec qqn; **sich über etw** *(A)* **~** s'entretenir de qqch. **-2.** [sich amüsieren] se divertir.

unter|halten² *tr (unreg)* [darunter halten] tenir en dessous.

unterhaltsam ◇ *Adj* divertissant(e). ◇ *Adv* de manière divertissante.

Unterhalts|kosten *Pl* frais *mpl* d'entretien.

Unterhaltung *die* **-1.** [Gespräch, Aufrechterhaltung] entretien *m*. **-2.** *(ohne Pl)* [Zeitvertreib] divertissement *m*; **gute ~!** passe ODER passez un bon moment! **-3.** *(ohne Pl)* [Betreibung] gestion *f*.

Unterhaltungs|elektronik *die (ohne Pl)* jeux *mpl* électroniques.

Unterhaltungs|musik *die* musique *f* d'ambiance.

Unter|händler, in *der, die* négociateur *m*, -trice *f*.

Unter|hemd *das* maillot *m* ODER tricot *m* de corps.

Unter|holz *das* sous-bois *m*.

Unter|hose *die* caleçon *m*, slip *m*.

unterirdisch ◇ *Adj* souterrain(e). ◇ *Adv*: **~ verlegen** enterrer; **~ verlaufen** passer sous terre.

unter|jubeln *tr*: **jm etw ~** *fam* refiler qqch à qqn.

Unter|kiefer *der* mâchoire *f* inférieure.

unter|kommen (*Perf* **ist untergekommen**) *intr (unreg)* **-1.** *fam* [Arbeit finden] se caser; **bei jm ~** trouver un boulot chez qqn. **-2.** [Unterkunft finden] se loger. **-3.** *fam* [erleben]: **etw kommt jm unter** qqn tombe sur qqch. **-4.** [Abnehmer finden]: **mit etw bei jm ~** caser qqch chez qqn.

unter|kriegen *tr fam* intimider; **sich nicht ~ lassen** ne pas se laisser intimider.

unterkühlt ◇ *Adj* **-1.** [Reaktion, Verhalten] glacial(e). **-2.** [Körpertemperatur] en hypothermie. ◇ *Adv* **-1.** [sich verhalten, reagieren] de manière glaciale. **-2.** [bei Temperatur] en hypothermie.

Unterkunft (*Pl* **-künfte**) *die* hébergement *m*.

Unter|lage *die* support *m*.

◆ **Unterlagen** *Pl* dossier *m*.

unterlassen (*Präs* **unterläßt,** *Prät* **unterließ,** *Perf* **hat unterlassen**) *tr* s'abstenir de.

unterlaufen¹ (*Präs* **unterläuft,** *Prät* **unterlief,** *Perf* **ist unterlaufen**) *tr* **-1.** [passieren]: **jm unterläuft ein Fehler** qqn fait une faute. **-2.** *fam* [vorkommen]: **jd/etw unterläuft jm** qqn tombe sur qqn/qqch.

unterlaufen² *Adj*: **etw ist ~** qqch est meurtri(e).

unter|legen¹ *tr* mettre en dessous.

unterlegen² ◇ *tr* **-1.** [versehen] garnir de. **-2.** [mit Musik, Text]: **etw mit etw ~** mettre qqch sur qqch. ◇ *Adj* inférieur(e); **zahlenmäßig ~** inférieur(e) en nombre.

Unterlegenheit *die* infériorité *f*.

Unter|leib *der* bas-ventre *m*.

unterliegen (*Prät* **unterlag,** *Perf* **hat/ist unterlegen**) *intr* **-1.** *(hat)* [ausgesetzt sein] être soumis(e) à. **-2.** *(ist)* [verlieren] ne pas avoir le dessus.

Unter|lippe *die* lèvre *f* inférieure.

untermalen *tr*: **etw mit Musik ~** mettre un fond musical à qqch.

Untermalung (*Pl* **-en**) *die* accompagnement *m*; **musikalische ~** accompagnement musical.

untermauern *tr* étayer.

unter|mengen *tr* incorporer, mélanger.

Unter|miete *die (ohne Pl)* sous-location *f*; **in** ODER **zur ~ wohnen** sous-louer *(locataire)*.

Unter|mieter, in *der, die* sous-locataire *m*.

unternehmen (*Präs* **unternimmt,** *Prät* **unternahm,** *Perf* **hat unternommen**) *tr* entreprendre; **etw gegen jn ~** entreprendre qqch contre qqn.

Unternehmen (*Pl* -) *das* entreprise *f*.

Unternehmens|berater, in *der, die* conseiller *m*, -ère *f* en gestion.

Unternehmer, in (*mPl* -; *fPl* **-nen**) *der, die* entrepreneur *m*.

Unternehmung (*Pl* **-en**) *die* entreprise *f*; [in der Freizeit] sortie *f*.

unternehmungslustig *Adj* entreprenant(e); **sich ~ fühlen** être d'humeur entreprenante.

Unter|offizier, in *der, die* sous-officier *m*.

unter|ordnen *tr* **-1.** [unterstellen] subordonner; **jm/einer Sache untergeordnet sein** être subordonné(e) à qqn/qqch. **-2.** [zusammenfassen]: **etw einer Sache** *(D)* **~** classer qqch dans qqch.

◆ **sich unterordnen** *ref*: **sich (jm/einer Sache)** ~ se soumettre (à qqn/qqch).

Unter|ordnung *die (ohne Pl)* **-1.** [Zurückstellung] soumission *f*. **-2.** [Zusammenfassung] classification *f*.

Unterprima (*Pl* **-primen**) *die* SCHULE ≃ première *f (de lycée)*.

Unterredung (*Pl* **-en**) *die* entrevue *f*; **eine ~ mit jm haben** avoir une entrevue avec qqn.

Unterricht (*Pl* **-e**) *der* cours *m*; **jm ~ geben** ODER

erteilen donner ODER dispenser un cours à qqn.

unterrichten ◇ *tr* **-1.** [Unterricht geben] enseigner. **-2.** [informieren] informer; **sich über etw** *(A)* ~ se renseigner sur qqch; **jn über etw** *(A)* ~ informer qqn de qqch. ◇ *intr* enseigner.

Unterrichts|fach *das* matière *f (enseignée).*

Unter|rock *der* jupon *m.*

unter|rühren *tr* incorporer.

untersagen *tr*: **(jm etw)** ~ défendre (qqch à qqn).

Unter|satz *der* [für Schüsseln, Töpfe] dessous-de-plat *m inv*; [für Flaschen, Gläser] dessous-de-bouteille *m inv.*

unterschätzen *tr* sous-estimer.

unterscheiden (*Prät* **unterschied,** *Prät* **hat unterschieden**) ◇ *tr* distinguer; **jn/etw von jm/etw** ~ distinguer qqn/qqch de qqn/qqch. ◇ *intr* **-1.** [abgrenzen] distinguer. **-2.** [differenzieren] faire la distinction.

◆ **sich unterscheiden** *ref* se distinguer; **sich durch etw** ODER **in etw** *(D)* ~ se distinguer par qqch.

Unter|scheidung *die* distinction *f*; **eine ~ treffen** faire une distinction.

Unter|schenkel *der* mollet *m.*

Unter|schicht *die* classe *f* inférieure.

unter|schieben *tr (unreg)* **-1.** [unterjubeln] refiler; **jm etw** ~ [unterstellen] mettre qqch sur le dos de qqn. **-2.** [darunter schieben] mettre sous; **jm etw** ~ placer qqch sous qqn.

Unterschied (*Pl* **-e**) *der* différence *f*; **ein feiner/großer** ~ une légère/grande différence; **das ist ein ~ wie Tag und Nacht!** *fig* c'est le jour et la nuit!; **im ~ zu jm/etw** à la différence de qqn/qqch.

unterschiedlich ◇ *Adj* différent(e). ◇ *Adv* différemment.

Unterschiedlichkeit (*Pl* **-en**) *die* différence *f.*

unter|schlagen *tr (unreg)* croiser.

unterschlagen (*Präs* **unterschlägt,** *Prät* **unterschlug,** *Perf* **hat unterschlagen**) *tr* **-1.** [Gelder] détourner. **-2.** [Informationen] dissimuler.

Unterschlagung (*Pl* **-en**) *die* détournement *m.*

Unterschlupf (*Pl* **-e**) *der* refuge *m*; ~ **suchen/finden** chercher/trouver refuge.

unter|schlüpfen (*Perf* **ist untergeschlüpft**) *intr fam* s'abriter.

unterschreiben (*Prät* **unterschrieb,** *Perf* **hat unterschrieben**) *tr* & *intr* signer; **eigenhändig** ~ signer de sa (propre) main.

unterschreiten (*Prät* **unterschritt,** *Perf* **hat unterschritten**) *tr* être inférieur(e) à.

Unter|schrift *die* signature *f*; **jm etw zur ~ vorlegen** présenter qqch à qqn pour signature; **eigenhändige** ~ signature autographe.

Unterschriften|sammlung *die* pétition *f.*

unterschwellig ◇ *Adj* latent(e). ◇ *Adv* secrètement.

Untersee|boot *das* sous-marin *m.*

Unter|seite *die* dessous *m.*

Untersetzer (*Pl* **-**) *der* **-1.** [für Gläser] dessous *m* de verre. **-2.** [für Flaschen] dessous *m* de bouteille. **-3.** [für Töpfe] dessous-de-plat *m.*

untersetzt *Adj* trapu(e).

Unter|stand *der* abri *m.*

unterstehen (*Prät* **unterstand,** *Perf* **hat unterstanden**) *intr* [untergeordnet sein]: **jm/etw** ~ dépendre de qqn/qqch.

◆ **sich unterstehen** *ref* [wagen]: **sich (nicht) ~, etw zu tun** (ne pas) se permettre de faire qqch; **untersteh dich!** ose un peu!

unter|stellen[1] *tr* **-1.** [zum Schutz]: **etw** ~ mettre qqch à l'abri. **-2.** [unter Gegenstand]: **etw** ~ mettre qqch dessous.

◆ **sich unterstellen** *ref* se mettre à l'abri.

unterstellen[2] *tr* **-1.** [unterordnen]: **jn jm/etw** ~ placer qqn sous l'autorité de qqn/qqch; **jm etw** ~ donner la direction de qqch à qqn. **-2.** [von etw ausgehen] présumer. **-3.** [fälschlich]: **jm etw** ~ imputer à tort qqch à qqn.

Unter|stellung *die* **-1.** [Unterordnung] subordination *f.* **-2.** [fälschlich] supposition *f* malveillante.

unterstreichen (*Prät* **unterstrich,** *Perf* **hat unterstrichen**) *tr* souligner.

Unter|stufe *die* SCHULE. **-1.** [in Realschule] classes *fpl* inférieures. **-2.** [im Gymnasium] ≃ collège *m.*

unterstützen *tr* soutenir.

Unterstützung (*Pl* **-en**) *die* soutien *m*; **bei jm ~ finden** trouver un soutien auprès de qqn.

untersuchen *tr* examiner; [naturwissenschaftlich] analyser; **etw auf etw** *(A)* **(hin)** ~ examiner qqch à la recherche de qqch; **etw näher** ~ examiner qqch en détail.

Untersuchung (*Pl* **-en**) *die* **-1.** [ärztlich] examen *m.* **-2.** [polizeilich] enquête *f.* **-3.** [Studie] recherche *f.*

Untersuchungsaus|schuß *der* commission *f* d'enquête.

Untersuchungs|haft *die (ohne Pl)* détention *f* provisoire; **in ~ sein** ODER **sitzen** être en détention provisoire.

Untertan (*Pl* **-en**) *der* sujet *m.*

untertänig *abw* ◇ *Adj* servile. ◇ *Adv* de façon servile, servilement.

Unter|tasse *die* soucoupe *f*; **fliegende ~** *fig* soucoupe volante.

unter|tauchen (*Perf* **hat/ist untergetaucht**) ◇ *intr (ist)* **-1.** [in Wasser] plonger. **-2.** [verschwinden] disparaître. ◇ *tr (hat)* faire couler.

unterteilen *tr* (sub)diviser; **etw in etw** *(A)* **~** (sub)diviser qqch en qqch.

Unterteilung (*Pl* **-en**) *die* subdivision *f*.

Unter|titel *der* sous-titre *m*; **mit ~n** sous-titré(e).

Unter|ton (*Pl* **-töne**) *der* pointe *f*.

untertreiben (*Prät* **untertrieb**, *Perf* **hat untertrieben**) ◇ *intr* dire avec retenue. ◇ *tr* minimiser.

Untertreibung (*Pl* **-en**) *die* affirmation *f* en dessous de la vérité; **das ist eine ~!** c'est peu dire!

untertunneln *tr* creuser un tunnel sous.

unter|vermieten *tr* sous-louer.

Unter|versorgung *die* approvisionnement *m* insuffisant; **~ mit** pénurie *f* de.

Unter|verzeichnis *das* EDV sous-répertoire *m*.

Unterwalden *nt* Unterwald *m*; **~ nid dem Wald** Nidwald *m*; **~ ob dem Wald** Obwald *m*.

unterwandern *tr* infiltrer, noyauter.

Unter|wanderung *die* infiltration *f*, noyautage *m*.

Unter|wäsche *die (ohne Pl)* sous-vêtements *mpl*.

unterwegs *Adv* en route, en chemin; **~ nach** sur le chemin de, en route pour; **viel ~ sein** voyager beaucoup.

unterweisen (*Prät* **unterwies**, *Perf* **hat unterwiesen**) *tr geh*: **jn in etw** *(D)* **~** former qqn à qqch.

Unter|welt *die (ohne Pl)* **-1.** [kriminell] pègre *f*, bas-fonds *mpl*. **-2.** [literarisch] enfer *m*.

unterwerfen (*Präs* **unterwirft**, *Prät* **unterwarf**, *Perf* **hat unterworfen**) *tr* soumettre.
◆ **sich unterwerfen** *ref* se soumettre.

unterwürfig *abw* ◇ *Adj* servile. ◇ *Adv* avec servilité.

unterzeichnen *tr* signer.

unter|ziehen[1] *tr (unreg)* **-1.** [Kleidungsstück]: **etw ~** mettre qqch en dessous. **-2.** KÜCHE incorporer.

unterziehen[2] (*Prät* **unterzog**, *Perf* **hat unterzogen**) *tr* soumettre.
◆ **sich unterziehen** *ref*: **sich einer Sache** *(D)* **~** subir qqch.

Un|tiefe *die* **-1.** [sehr tief] abysse *m*. **-2.** [seicht] bas-fond *m*.

untragbar *Adj* intolérable.

untreu *Adj* **-1.** *geh* [illoyal] déloyal(e). **-2.** [treulos] infidèle; **jm ~ werden** être infidèle à qqn.

Un|treue *die (ohne Pl)* **-1.** [in Beziehung] infidélité *f*. **-2.** [kriminell]: **wegen ~** pour malhonnêteté.

untröstlich *Adj*: **über etw** *(A)* **~ sein** être inconsolable de qqch.

untrüglich *Adj* infaillible.

unüberlegt ◇ *Adj* irréfléchi(e). ◇ *Adv* sans réfléchir.

unübersehbar ◇ *Adj* **-1.** [deutlich] énorme. **-2.** [Gelände] immense. **-3.** [uneinschätzbar] inestimable. ◇ *Adv*: **eine ~ große Anzahl** un nombre astronomique.

unübersichtlich ◇ *Adj* [Kurve, Gelände] sans visibilité; **eine ~e Menschenmenge** une marée humaine. ◇ *Adv* confusément.

unübertrefflich ◇ *Adj* incomparable. ◇ *Adv* sans comparaison.

unübertroffen ◇ *Adj* inégalé(e). ◇ *Adv*: **~ erfolgreich** d'un succès sans égal.

unumgänglich *Adj* incontournable.

unumwunden ◇ *Adj* franc (franche). ◇ *Adv* franchement.

ununterbrochen ◇ *Adj* ininterrompu(e). ◇ *Adv* sans cesse.

unveränderlich ◇ *Adj* immuable. ◇ *Adv* invariablement.

unverändert *Adj* inchangé(e).

unverantwortlich ◇ *Adj* irresponsable. ◇ *Adv* avec irresponsabilité.

unveräußerlich *Adj geh* inaliénable.

unverbesserlich *Adj* incorrigible.

unverbindlich *Adj* & *Adv* **-1.** [ohne Verpflichtung] sans engagement. **-2.** [informationshalber] à titre indicatif.

unverblümt ◇ *Adj* direct(e). ◇ *Adv* sans prendre de gants.

unverdächtig ◇ *Adj* [Mensch, Benehmen] insoupçonnable; [Aussehen, Auftreten] n'éveillant pas le soupçon. ◇ *Adv* de façon insoupçonnable.

unverdaulich *Adj* indigeste.

unverdient ◇ *Adj* immérité(e); [Vorwurf] non fondé(e). ◇ *Adv* à tort.

unverdorben *Adj* **-1.** [Speisen] non avarié(e). **-2.** [Mensch, Charakter] non corrompu(e).

unverdrossen ◇ *Adj* infatigable. ◇ *Adv* infatigablement.

unvereinbar *Adj* incompatible.

unverfälscht ◇ *Adj* authentique. ◇ *Adv* authentiquement; **~ schmecken** avoir un goût authentique.

unverfänglich *Adj* anodin(e).

unverfroren ◇ *Adj* insolent(e). ◇ *Adv* insolemment.

unvergessen *Adj* inoublié(e).

unvergeßlich *Adj* inoubliable; **jm ~ sein/blei-**

ben être/rester ancré(e) dans la mémoire de qqn.
unvergleichlich ◇ *Adj* incomparable. ◇ *Adv*: **~ schön** d'une beauté incomparable.
unverhältnismäßig *Adv* sans commune mesure, de façon disproportionnée.
unverheiratet *Adj* célibataire.
unverhofft ◇ *Adj* inespéré(e). ◇ *Adv* de façon inespérée.
unverhohlen ◇ *Adj* non déguisé(e), ouvert(e). ◇ *Adv* ouvertement.
unverkäuflich *Adj* non destiné(e) à la vente.
unverkennbar ◇ *Adj* évident(e). ◇ *Adv* de toute évidence.
unvermeidlich ◇ *Adj* inévitable. ◇ *Adv* inévitablement.
unvermindert ◇ *Adj* inchangé(e); **~e Aufmerksamkeit** attention *f* soutenue. ◇ *Adv*: **~ stark/schnell** toujours aussi fort/rapide.
unvermittelt ◇ *Adj* soudain(e). ◇ *Adv* soudainement.
Un|vermögen *das (ohne Pl)* impuissance *f*, incapacité *f*.
unvermutet ◇ *Adj* inopiné(e). ◇ *Adv*: **sich ~ ereignen** se produire inopinément; **~ schwierig** d'une difficulté inopinée.
Un|vernunft *die (ohne Pl)* déraison *f*.
unvernünftig ◇ *Adj* déraisonnable; **~ sein** ne pas être raisonnable. ◇ *Adv* de manière irraisonnée.
unverrichtet *Adj*: **~er Dinge** bredouille.
unverschämt ◇ *Adj* **-1.** [taktlos] effronté(e). **-2.** *fam* [enorm - Preis] honteux(euse); [- Glück] incroyable. ◇ *Adv* **-1.** [taktlos] de façon impertinente. **-2.** *fam* [sehr] incroyablement.
Unverschämtheit *(Pl* **-en***) die* insolence *f*; **so eine ~!** quel culot!
unverschuldet *Adv* sans être responsable.
unversehens *Adv* à l'improviste.
unversehrt *Adj* & *Adv* **-1.** [Person] indemne. **-2.** [Sache] intact(e).
unversöhnlich ◇ *Adj* irréconciliable. ◇ *Adv* avec rancune.
Unver|stand *der (ohne Pl)*: **technischer ~** manque *m* de sens technique; **der ~ der Jugend** l'inconscience *f* de la jeunesse.
unverstanden *Adj* incompris(e).
unverständig ◇ *Adj* peu raisonnable. ◇ *Adv* en dépit du bon sens.
unverständlich *Adj* incompréhensible; **etw ist** ODER **bleibt jm ~** qqch est incompréhensible à ODER pour qqn.
Un|verständnis *das (ohne Pl)* incompréhension *f*.
unversucht *Adj*: **nichts ~ lassen** tout tenter.
unverträglich *Adj* **-1.** [Speisen] indigeste. **-2.** [Mensch] intraitable; [Gegensätze, Reinungen] inconciliable.
unverwandt ◇ *Adj* fixe. ◇ *Adv* fixement.
unverwechselbar ◇ *Adj* unique. ◇ *Adv*: **~ schmecken** avoir un goût inimitable.
unverwüstlich *Adj* **-1.** [Gegenstand] inusable. **-2.** [Gesundheit] inaltérable. **-3.** [Natur] increvable. **-4.** [Humor] imperturbable.
unverzagt ◇ *Adj* vaillant(e). ◇ *Adv* vaillamment.
unverzeihlich *Adj* impardonnable.
unverzichtbar *Adj* indispensable.
unverzüglich ◇ *Adj* immédiat(e). ◇ *Adv* immédiatement.
unvollendet *Adj* inachevé(e).
unvollkommen *Adj* imparfait(e).
unvollständig *Adj* incomplet(ète).
unvorbereitet ◇ *Adj* **-1.** [Person] non préparé(e). **-2.** [Handlung] improvisé(e). ◇ *Adv* à l'improviste.
unvoreingenommen ◇ *Adj* sans préjugés. ◇ *Adv* sans idée préconçue.
unvorhergesehen ◇ *Adj* imprévu(e). ◇ *Adv* par surprise.
unvorhersehbar *Adj* imprévisible.
unvorsichtig ◇ *Adj* imprudent(e). ◇ *Adv* imprudemment.
unvorstellbar ◇ *Adj* inimaginable. ◇ *Adv* incroyablement.
unvorteilhaft ◇ *Adj* peu avantageux(euse). ◇ *Adv* à son désavantage.
unwägbar *Adj* impondérable.
unwahr *Adj* **-1.** [unrichtig] faux (fausse). **-2.** [gelogen] inventé(e).
Un|wahrheit *die* **-1.** *(ohne Pl)* [Unwahrsein] fausseté *f*. **-2.** [Lüge] mensonge *m*.
unwahrscheinlich ◇ *Adj* **-1.** [nicht wahrscheinlich] improbable. **-2.** *fam* [unglaublich] invraisemblable. ◇ *Adv* **-1.** *fam* [sehr] vachement. **-2.** [unwahr] invraisemblablement.
unwegsam *Adj* impraticable.
unweigerlich ◇ *Adj* inéluctable. ◇ *Adv* inéluctablement.
unweit ◇ *Präp (+ G)* non loin de. ◇ *Adv*: **~ von etw** non loin de qqch, à proximité de qqch.
Un|wesen *das (ohne Pl)*: **sein ~ treiben** *abw* causer des troubles.
unwesentlich ◇ *Adj* négligeable. ◇ *Adv* à peine.
Un|wetter *das* tourmente *f*; [Gewitter] orage *m*.
unwichtig *Adj* sans importance.
unwiderruflich ◇ *Adj* irrévocable. ◇ *Adv* irrévocablement.

unwiderstehlich ◇ *Adj* irrésistible. ◇ *Adv* irrésistiblement.

unwiederbringlich *geh* ◇ *Adj* révolu(e) à tout jamais. ◇ *Adv* à jamais.

Un|wille, Unwillen *der (ohne Pl) geh* indignation *f*.

unwillig ◇ *Adj* indigné(e). ◇ *Adv* avec indignation.

unwillkommen ◇ *Adj* importun(e), déplacé(e); **jm ~ sein** importuner ODER gêner qqn. ◇ *Adv* mal à propos.

unwillkürlich ◇ *Adj* involontaire, spontané(e). ◇ *Adv* involontairement, malgré soi.

unwirklich *Adj* & *Adv* irréel(elle).

unwirksam *Adj* inefficace.

unwirsch ◇ *Adj* bourru(e). ◇ *Adv* sans ménagement.

unwirtschaftlich ◇ *Adj* peu économique. ◇ *Adv* de façon peu économique.

Unwissenheit *die (ohne Pl)* ignorance *f*.

unwohl *Adj* & *Adv*: **jm ist ~, jd fühlt sich ~** qqn se sent mal.

Unwohl|sein *das (ohne Pl)* malaise *m*.

unwürdig ◇ *Adj* indigne; **einer Sache** *(G)* **~ sein** être indigne de qqch. ◇ *Adv* indignement.

Un|zahl *die (ohne Pl)*: **eine ~ von etw** une infinité de qqch.

unzählig ◇ *Adj* innombrable. ◇ *Adv* en grand nombre; **~ viele** un grand nombre de.

Unze (*Pl* **-n**) *die* once *f*.

Unzeit

◆ **zur Unzeit** *Adv geh* mal à propos, au mauvais moment.

unzeitgemäß ◇ *Adj* anachronique. ◇ *Adv* de façon anachronique.

unzerbrechlich *Adj* incassable.

unzertrennlich *Adj* inséparable.

unzüchtig ◇ *Adj* obscène. ◇ *Adv* avec obscénité.

unzufrieden ◇ *Adj* mécontent(e); **mit etw ~ sein** être mécontent de qqch. ◇ *Adv*: **~ blikken** regarder d'un air mécontent.

Un|zufriedenheit *die (ohne Pl)*: **~ (mit etw)** mécontentement *m* (face à qqch).

unzugänglich ◇ *Adj* inaccessible. ◇ *Adv* de façon inaccessible.

unzulänglich *geh* ◇ *Adj* insuffisant(e). ◇ *Adv* insuffisamment.

unzulässig ◇ *Adj* **-1.** [nicht erlaubt] non autorisé(e). **-2.** [empörend] inadmissible. ◇ *Adv* **-1.** [unerlaubterweise] sans autorisation. **-2.** [empörend] de façon inadmissible.

unzumutbar ◇ *Adj* inacceptable. ◇ *Adv* de façon inacceptable.

unzurechnungsfähig *Adj* irresponsable.

Unzurechnungs|fähigkeit *die (ohne Pl)* irresponsabilité *f*.

unzureichend *Adj* insuffisant(e).

unzustellbar *Adj*: **falls ~, bitte zurück an Absender** en cas de non-distribution, prière de retourner à l'expéditeur; **~e Sendung** envoi *m* en souffrance.

unzutreffend *Adj* inexact(e).

unzuverlässig ◇ *Adj* **-1.** [Person] auquel (à laquelle) on ne peut se fier. **-2.** [Maschine]: **~ sein** ne pas être fiable. ◇ *Adv* de manière peu fiable.

unzweckmäßig ◇ *Adj* inapproprié(e); [Kleidung] inadéquat(e). ◇ *Adv* mal à propos.

unzweideutig ◇ *Adj* clair(e). ◇ *Adv* clairement.

unzweifelhaft ◇ *Adj* indubitable. ◇ *Adv* indubitablement.

üppig ◇ *Adj* **-1.** [Person, Essen] plantureux (euse). **-2.** [Haar, Leben] opulent(e). **-3.** [Pflanze] luxuriant(e). ◇ *Adv* **-1.** [essen] plantureusement. **-2.** [leben] dans l'opulence. **-3.** [bewachsen] abondamment.

Urab|stimmung *die* [für Streik] référendum *m* sur la grève.

Ur|ahn, Ur|ahne *der, die* ancêtre *mf*.

Ural *der* Oural *m*.

Uran *das (ohne Pl)* CHEM uranium *m*.

Urauf|führung *die* première *f*.

urban *Adj geh* urbain(e).

urbar *Adj*: **~ machen** rendre cultivable.

Ur|bevölkerung *die* population *f* autochtone.

Ur|bild *das* original *m*, modèle *m*.

ureigen ['uːɐ̯laign] *Adj*: **das ist deine ~e Angelegenheit** c'est une affaire qui ne regarde que toi.

Ur|einwohner, in *der, die* autochtone *mf*.

Ur|enkel, in *der, die* arrière-petit-fils *m*, arrière-petite-fille *f*.

Urgroß|eltern *Pl* arrière-grands-parents *mpl*.

Urgroß|mutter *die* arrière-grand-mère *f*.

Urgroß|vater *der* arrière-grand-père *m*.

Urheber, in (*mPl* **-**; *fPl* **-nen**) *der, die* auteur *m*.

Urheber|recht *das* droit *m* d'auteur.

Uri *nt* Uri, canton *m* d'Uri.

Urin (*Pl* **-e**) *der* urine *f*.

urinieren *intr geh* uriner.

urkomisch ◇ *Adj* hilarant(e). ◇ *Adv* de façon hilarante.

Urkunde (*Pl* **-n**) *die* document *m (officiel)*.

Urkunden|fälschung *die (ohne Pl)* falsification *f* de document.

Urlaub (*Pl* **-e**) *der* vacances *fpl*; [für Arbeitnehmer] congé *m*; **~ nehmen** prendre ses vacances; **~ machen** ODER **haben, im** ODER **in ~ sein** être en vacances.

Urlauber, in (*mPl* **-**; *fPl* **-nen**) *der, die* vacancier *m*, -ère *f*.

Urlaubsan|schrift *die* adresse *f* de vacances.

Urlaubs|ort *der* lieu *m* de vacances.

Urlaubs|vertretung *die* remplacement *m* de vacances.

Urlaubs|zeit *die* période *f* de vacances.

Urne (*Pl* **-n**) *die* urne *f*.

Urologe (*Pl* **-n**) *der* MED urologue *m*.

Urologin (*Pl* **-nen**) *die* MED urologue *f*.

urplötzlich ◇ *Adj* soudain(e). ◇ *Adv* soudain.

Ur|sache *die*: **~ (für etw)** cause *f* (de qqch). ◆ **keine Ursache!** *Adv* je vous en prie!

ursächlich *Adj* causal(e).

Ur|sprung *der* origine *f*.

ursprünglich ◇ *Adj* **-1.** [anfänglich] initial(e). **-2.** [naturhaft] primitif(ive). ◇ *Adv* **-1.** [zunächst] à l'origine. **-2.** [naturhaft]: **~ leben** vivre de façon primitive.

Ur|teil *das* jugement *m*; **sich ein ~ bilden** se faire une opinion; **das ~ lautet auf** RECHT le verdict est de.

urteilen *intr* juger; **über jn/etw ~** porter un jugement sur qqn/qqch.

Urteils|kraft *die (ohne Pl)* faculté *f* de jugement, discernement *m*.

Urteils|spruch *der* sentence *f*.

Uruguay *nt* Uruguay *m*.

Ur|wald *der* forêt *f* vierge.

urwüchsig ◇ *Adj* **-1.** [Sprache, Humor] robuste. **-2.** [Gebiet] à l'état naturel. ◇ *Adv* **-1.** [gebaut] de façon robuste. **-2.** [gestaltet] de façon naturelle.

Urzu|stand *der* état *m* primitif ODER d'origine.

USA [uːˈɛsaː] (*Abk für* **United States of America**) *Pl*: **die ~** les USA *mpl*; **in den ~** aux USA, aux États-Unis.

Usbeke (*Pl* **-n**) *der* Ouzbek *m*, Uzbek *m*.

Usbekin (*Pl* **-nen**) *die* Ouzbek *f*, Uzbek *f*.

usbekisch *Adj* ouzbek, uzbek.

Usbekistan *nt* Ouzbékistan *m*; **in ~** en Ouzbékistan.

usf. (*Abk für* **und so fort**) etc.

Usus *der (ohne Pl)*: **das ist bei jm so ~** *fam* c'est une habitude chez qqn.

usw. (*Abk für* **und so weiter**) etc.

Utensilien [utɛnˈziːli̯ən] *Pl* ustensiles *mpl*.

Uterus *der* MED utérus *m*.

Utopie [utoˈpiː] (*Pl* **-n**) *die* utopie *f*.

utopisch *Adj* utopique.

u.U. (*Abk für* **unter Umständen**) → **Umstand**.

UV (*Abk für* **ultraviolett**) *Adj* UV.

u.v.a. (*Abk für* **und viele(s) andere**) etc.

u.v.a.m. (*Abk für* **und viele andere mehr**) etc.

u.zw. *Abk für* **und zwar**.

V

v, V [fau̯] (*Pl* **-** ODER **-s**) *das* v *m inv*, V *m inv*.

v. *Abk für* **von**.

V (*Abk für* **Volt**) V.

V. *Abk für* **Vers**.

v.a. *Abk für* **vor allem**.

vage [ˈvaːgə], **vag** [vaːk] (*Kompar* **vager**, *Superl* **vagste**) ◇ *Adj* vague. ◇ *Adv* vaguement.

Vagina [vaˈgiːna] *die* MED vagin *m*.

Vakuum [ˈvaːkuʊm] (*Pl* **Vakuen**) *das* vide *m*.

vakuumverpackt *Adj* emballé(e) sous vide.

Valuta [vaˈluːta] (*Pl* **-ten**) *die* WIRTSCH devise *f*.

Vamp [vɛmp] (*Pl* **-s**) *der* vamp *f*.

Vampir [ˈvampiːɐ̯] (*Pl* **-e**) *der* vampire *m*.

Vandalismus [vandaˈlɪsmʊs] *der (ohne Pl)* vandalisme *m*.

Vanille [vaˈnɪljə, vaˈnɪlə] *die (ohne Pl)* vanille *f*.

Vanille|eis *das* glace *f* à la vanille.

Vanille|pudding *der* flan *m* à la vanille.

Vanille|zucker *der* sucre *m* vanillé.

variabel [vaˈri̯aːbl̩] (*Kompar* **variabler**, *Superl* **variabelste**) ◇ *Adj* variable. ◇ *Adv* de façon variable.

Variable [vaˈri̯aːblə] (*Pl* **-n**) *die* MATH & PHYS variable *f*.

Variante [vaˈri̯antə] (*Pl* **-n**) *die geh* variante *f*; **eine ~ zu etw** une variante de qqch.

Variation [variaˈtsi̯oːn] (*Pl* **-en**) *die* **-1.** [künstlerisch, stilistisch] variation *f*. **-2.** [Variante] variante *f*.

Varieté [vari̯eˈteː] (*Pl* **-s**) *das* music-hall *m*, variétés *fpl*.

variieren [variˈiːrən] *tr* & *intr* varier.

Vase [ˈvaːzə] (*Pl* **-n**) *die* vase *m*.

Vaseline [vazeˈliːnə] *die (ohne Pl)* vaseline *f*.

Vater (*Pl* **Väter**) *der* **-1.** [Erzeuger] père *m*; **~ Staat** *hum* ≃ l'État *m*. **-2.** *(ohne Pl)* [Gott] Père *m*.

Vaterlfigur *die* image *f* du père, représentation *f* du père.
Vaterlland (*Pl* **-länder**) *das* patrie *f*.
väterlich ◇ *Adj* paternel(elle). ◇ *Adv* [wohlwollend] paternellement.
väterlicherseits *Adv* du côté paternel; **Großeltern ~** grands-parents *mpl* paternels; **Verwandte ~** famille *f* du côté paternel.
Vaterltag *der* fête *f* des pères.
Vaterunser (*Pl* **-**) *das* REL Notre Père *m*; **das ~ beten** dire un Notre Père.
Vati (*Pl* **-s**) *der fam* papa *m*.
Vatikan *der* Vatican *m*; **im ~** au Vatican.
V-Auslschnitt *der* col *m* en V.
VB *Abk für* **Verhandlungsbasis**.
v. Chr. (*Abk für* **vor Christus**) av. J.-C.
VDI (*Abk für* **Verband der deutschen Industrie**) *der (ohne Pl)* fédération *f* de l'industrie allemande.
Vegetarier, in [vege'ta:riɐ, rɪn] (*mPl* **-**; *fPl* **-nen**) *der, die* végétarien *m*, -enne *f*.
vegetarisch [vege'ta:rɪʃ] ◇ *Adj* végétarien(enne). ◇ *Adv* **-1.** [leben] en végétarien. **-2.** [essen] végétarien; **~ kochen** faire de la cuisine végétarienne.
Vegetation [vegeta'tsio:n] (*Pl* **-en**) *die* végétation *f*.
vegetativ [vegeta'ti:f] *Adj* végétatif(ive); **~es Nervensystem** système neuro-végétatif.
vegetieren [vege'ti:rən] *intr abw* végéter.
vehement [vehe'mɛnt] *geh* ◇ *Adj* véhément(e). ◇ *Adv* avec véhémence.
Vehikel [ve'hi:kl] (*Pl* **-**) *das abw* tacot *m*.
Veilchen ['failçən] (*Pl* **-**) *das* **-1.** [Blume] violette *f*. **-2.** *fam fig* [blaues Auge] œil *m* au beurre noir.
Velours [və'lu:ɐ] (*Pl* **-**) *der* velours *m*.
Vene ['ve:nə] (*Pl* **-n**) *die* MED veine *f*.
Venedig *nt* Venise.
Venezuela *nt* Vénézuela *m*; **in ~** au Vénézuela.
Ventil [vɛn'ti:l] (*Pl* **-e**) *das* **-1.** TECH soupape *f*. **-2.** MUS piston *m*.
Ventilation [vɛntila'tsio:n] (*Pl* **-en**) *die* ventilation *f*.
Ventilator [vɛnti'la:tɔr] (*Pl* **Ventilatoren**) *der* ventilateur *m*.
verabreden *tr* convenir de, fixer; **etw mit jm ~** convenir de qqch avec qqn.
◆ **sich verabreden** *ref*: **(sich mit jm) ~** prendre rendez-vous (avec qqn).
Verabredung (*Pl* **-en**) *die* **-1.** [Treffen] rendez-vous *m*. **-2.** [Übereinkommen] concertation *f*; **(über etw) eine ~ treffen** se mettre d'accord (sur qqch).
verabreichen *tr* administrer; **eine Spritze ~** faire une piqûre.
verabscheuen *tr* détester.
verabschieden *tr* **-1.** [zum Abschied] révoquer, congédier. **-2.** [beschließen] voter; [Gesetz] adopter.
◆ **sich verabschieden** *ref*: **sich (von jm) ~** prendre congé (de qqn).
Verabschiedung (*Pl* **-en**) *die* **-1.** [von Personen] adieux *mpl*. **-2.** [von Gesetzen] adoption *f*.
verachten *tr* mépriser; **etw ist nicht zu ~** *fam* on ne crache pas sur qqch.
verächtlich ◇ *Adj* **-1.** [mißbilligend] méprisant(e). **-2.** [verachtenswert] méprisable; **jn/etw ~ machen** faire passer qqn/qqch pour méprisable. ◇ *Adv* **-1.** [mißbilligend] avec mépris. **-2.** [verachtenswert] de façon méprisable.
Verlachtung *die (ohne Pl)* mépris *m*.
veralbern *tr* se moquer de.
verallgemeinern *tr* & *intr* généraliser.
Verallgemeinerung (*Pl* **-en**) *die* généralisation *f*.
veraltet *Adj* vieilli(e).
Veranda [vɛ'randa] (*Pl* **-den**) *die* véranda *f*.
veränderlich *Adj* variable.
verändern *tr* changer; [Text] modifier.
◆ **sich verändern** *ref* **-1.** [anders werden] changer. **-2.** [eine andere Stelle annehmen] changer de poste.
Verländerung *die* changement *m*; [von Texten] modification *f*.
verängstigt ◇ *Adj* apeuré(e). ◇ *Adv* de peur; **~ blicken** regarder d'un air apeuré.
verankern *tr* ancrer; **fest verankert sein** *fig* être bien ancré(e).
Verankerung (*Pl* **-en**) *die* **-1.** [von Schiffen] ancrage *m*. **-2.** [von Rechten] consécration *f*.
veranlagt *Adj*: **musikalisch ~ sein** être prédisposé(e) ODER doué(e) pour la musique; **homosexuell ~ sein** avoir des tendances homosexuelles.
Veranlagung (*Pl* **-en**) *die* **-1.** [Begabung] don *m*. **-2.** [Neigung] prédisposition *f*.
veranlassen *tr*: **jn dazu ~, etw zu tun** engager qqn à faire qqch; **jn zu etw ~** faire faire qqch à qqn.
Veranlassung (*Pl* **-en**) *die* **-1.** [Veranlassen] motif *m*; **auf js ~ (hin)** sur l'ordre de qqn. **-2.** [Anlaß] raison *f*; **es besteht die ~, etw zu tun** il y a lieu de faire qqch; **keine ~ zu etw haben** n'avoir aucune raison de faire qqch.
veranschaulichen *tr* illustrer.
veranschlagen *tr* évaluer; **etw zu hoch/niedrig ~** sur-évaluer/sous-évaluer qqch.

veranstalten *tr* **-1.** [organisieren] organiser. **-2.** *fam* [Lärm, Durcheinander] faire.

Veranstalter, in (*mPl* **-**; *fPl* **-nen**) *der, die* organisateur *m*, -trice *f*.

Veranstaltung (*Pl* **-en**) *die* **-1.** [Ereignis] manifestation *f*. **-2.** *(ohne Pl)* [Organisation] organisation *f*.

Veranstaltungs|kalender *der* calendrier *m* des manifestations.

verantworten *tr* assumer la responsabilité de.

◆ **sich verantworten** *ref*: **sich (vor jm) ~** se justifier (auprès de qqn); **sich für** ODER **wegen etw ~** se justifier de qqch.

verantwortlich *Adj* **-1.** [zuständig] responsable; **für jn/etw ~ sein** être responsable de qqn/qqch; **jn für etw ~ machen** rendre qqn responsable de qqch. **-2.** [verantwortungsvoll] à responsabilités.

Verantwortung (*Pl* **-en**) *die* responsabilité *f*; **jn zur ~ ziehen** demander des comptes à qqn; **auf eigene ~** sous ma ODER ta ODER sa etc propre responsabilité.

verantwortungslos ◇ *Adj* irresponsable. ◇ *Adv* légèrement, à la légère.

verantwortungsvoll ◇ *Adj* [Person] responsable; [Stelle] à responsabilité. ◇ *Adv* en personne responsable.

verarbeiten *tr* **-1.** [technisch] travailler; **etw zu etw ~** transformer qqch en qqch. **-2.** [Essen, Ereignis] digérer.

Verarbeitung (*Pl* **-en**) *die* **-1.** [Qualität] finition *f*. **-2.** [Verwendung] fabrication *f*.

verärgern *tr* irriter.

Verärgerung (*Pl* **-en**) *die* irritation *f*, mécontentement *m*.

verarmt ◇ *Adj* appauvri(e). ◇ *Adv* de façon plus pauvre.

verarschen *tr vulg* entuber.

verarzten *tr fam* soigner.

verästelt *Adj* ramifié(e).

verausgaben *tr amt* dépenser.

◆ **sich verausgaben** *ref* se dépenser.

veräußern *tr* aliéner.

Verb [vɛrp] (*Pl* **-en**) *das* GRAM verbe *m*; **ein starkes/schwaches ~** un verbe fort/faible.

verbal [vɛr'ba:l] ◇ *Adj* verbal(e). ◇ *Adv* verbalement.

Verballhornung (*Pl* **-en**) *die* déformation *f*.

Ver|band (*Pl* **-bände**) *der* **-1.** [für Wunden] pansement *m*; **einen ~ anlegen** appliquer un pansement. **-2.** [Organisation] association *f*.

Verband|kasten, **Verbands|kasten** *der* nécessaire *m* de premiers secours.

Verband|zeug, **Verbands|zeug** *das (ohne Pl)* pansements *mpl*.

verbannen *tr* exiler.

Verbannung (*Pl* **-en**) *die* exil *m*.

verbarrikadieren *tr* barricader.

◆ **sich verbarrikadieren** *ref* se barricader.

verbauen *tr* **-1.** *abw* [Haus, Gebäude] mal construire. **-2.** [Aussicht] boucher. **-3.** *fig* [Zukunft, Geschäft] gâcher. **-4.** [Baumaterial, Geld] utiliser.

verbeißen (*Prät* **verbiß**, *Perf* **hat verbissen**)

◆ **sich verbeißen** *ref*: **sich in etw** *(A)* **~** *eigtl* & *fig* s'acharner sur qqch.

verbergen (*Präs* **verbirgt**, *Prät* **verbarg**, *Perf* **hat verborgen**) *tr*: **etw (vor jm) ~** dissimuler ODER cacher qqch (à qqn); **nichts zu ~ haben** n'avoir rien à cacher.

◆ **sich verbergen** *ref* se dissimuler, se cacher.

verbessern *tr* **-1.** [besser machen] améliorer. **-2.** [Fehler] corriger.

◆ **sich verbessern** *ref* **-1.** [besser werden] s'améliorer. **-2.** [sich korrigieren] se corriger. **-3.** [sozial, finanziell] améliorer sa situation.

Ver|besserung *die* **-1.** [Verbessern] amélioration *f*. **-2.** [von Texten - das Korrigieren] correction *f*; [- verbesserter Text] corrigé *m*. **-3.** [sozial, finanziell] avancement *m*.

Verbesserungsvor|schlag *der* proposition *f* d'amélioration.

verbeugen

◆ **sich verbeugen** *ref* s'incliner; **sich vor jm ~** [höflich] s'incliner devant qqn; [zeremoniell] faire une révérence devant qqn.

Verbeugung (*Pl* **-en**) *die* révérence *f*.

verbiegen (*Prät* **verbog**, *Perf* **hat verbogen**) *tr* tordre.

◆ **sich verbiegen** *ref* se tordre.

verbieten (*Prät* **verbot**, *Perf* **hat verboten**) *tr*: **(jm) etw ~** interdire qqch (à qqn).

◆ **sich verbieten** *ref* être exclu(e).

verbilligt *Adj* & *Adv* à prix réduit.

verbinden (*Prät* **verband**, *Perf* **hat verbunden**) ◇ *tr* **-1.** [mit Verband] panser. **-2.** [verdecken]: **jm die Augen ~** bander les yeux de qqn. **-3.** [aneinanderfügen] assembler. **-4.** [Orte, Punkte] relier. **-5.** [am Telefon]: **jn mit jm ~** passer qqn à qqn. **-6.** [kombinieren]: **etw (mit etw) ~** combiner qqch (avec qqch). **-7.** [Freunde] unir. **-8.** [in Gedanken] associer. ◇ *intr* **-1.** [am Telefon] établir une communication; **Moment bitte, ich verbinde** un instant s'il vous plaît, je vous passe votre correspondant; **falsch verbunden!** il y a erreur. **-2.** [danken]: **jm sehr verbunden sein** *geh* être très obligé(e) à qqn.

◆ **sich verbinden** *ref* **-1.** CHEM se combiner. **-2.** [Ideen] se mêler. **-3.** [Vorstellungen, Assoziationen]: **sich mit jm/etw ~** s'associer à qqn/ qqch.

verbindlich ◇ *Adj* **-1.** [freundlich] obligeant(e), aimable. **-2.** [Zusage] définitif(ive); **etw ist für jn ~** qqch engage qqn. ◇ *Adv* **-1.** [freundlich] aimablement. **-2.** [zusagen] fermement.

Ver|bindung *die* **-1.** [Aneinanderfügen] assemblage *m*. **-2.** [CHEM, Kombination] combinaison *f*; **eine chemische ~** un composé chimique. **-3.** [Zusammenhang] rapport *m*. **-4.** [am Telefon] communication *f*; **keine ~ bekommen** ne pas obtenir la communication. **-5.** [in Gedanken] association *f*. **-6.** [Verkehrsverbindung] correspondance *f*. **-7.** [Kontakt] contact *m*; **sich mit jm in ~ setzen** se mettre en rapport avec qqn; **in ~ bleiben** rester en contact. **-8.** [Gruppe]: **eine studentische/schlagende ~** une corporation étudiante/de duellistes.

VERBINDUNG:
Corporations d'étudiants fondées sur l'observation d'une série de rites et coutumes. Au siècle dernier, elles avaient un fort impact sur la vie universitaire. Grâce aux anciens membres, elles influaient également sur la vie politique du pays.
Depuis la réunification elles connaissent un certain renouveau.

---

verbissen ◇ *PP* → **verbeißen**. ◇ *Adj* acharné(e). ◇ *Adv* avec acharnement.

verbitten (*Prät* **verbat**, *Perf* **hat verbeten**) *tr*: **sich** *(D)* **etw ~** ne pas tolérer qqch.

verbittert ◇ *Adj* aigri(e), amer(ère). ◇ *Adv* amèrement.

Verbitterung *die (ohne Pl)* amertume *f*.

verblassen (*Präs* **verblaßt**, *Prät* **verblaßte**, *Perf* **ist verblaßt**) *intr* **-1.** [Farbe] passer, se décolorer. **-2.** [Erinnerung] s'estomper.

verbleiben (*Prät* **verblieb**, *Perf* **ist verblieben**) *intr* **-1.** [übereinkommen] convenir. **-2.** [bleiben] rester.

verbleit *Adj*: **~es Benzin** essence *f* avec plomb.

verblendet ◇ *Adj* **-1.** [fehlgeleitet] aveuglé(e). **-2.** [verkleidet] revêtu(e). ◇ *Adv* [fehlgeleitet] aveuglément, en aveugle.

verblichen *Adj* **-1.** [blaß] passé(e). **-2.** *geh* [verstorben] éteint(e).

verblöden (*Perf* **hat/ist verblödet**) ◇ *intr (ist)* s'abrutir. ◇ *tr (hat)* abrutir.

verblüffen *tr* & *intr* épater.

verblüffend ◇ *Adj* inouï (inouïe). ◇ *Adv* de manière inouïe.

verblüht *Adj* fané(e).

verbluten (*Perf* **ist verblutet**) *intr* perdre tout son sang.

verbohren
◆ **sich verbohren** *ref*: **sich in etw** *(A)* **~** *fig* s'entêter dans qqch.

verbohrt ◇ *Adj* obstiné(e). ◇ *Adv* obstinément.

verborgen ◇ *PP* → **verbergen**. ◇ *Adj* caché(e).
◆ **im verborgenen** *Adv* secrètement.

Verbot (*Pl* **-e**) *das* interdiction *f*.

verboten ◇ *PP* → **verbieten**. ◇ *Adj* interdit(e); **'streng ~!'** 'strictement interdit'. ◇ *Adv*: **~ aussehen** *fam* avoir l'air atroce.

Verbots|schild (*Pl* **-er**) *das* panneau *m* d'interdiction.

Ver|brauch *der (ohne Pl)* consommation *f*; **der ~ von** ODER **an etw** *(D)* la consommation de ODER en qqch; **sparsam im ~ sein** être économique.

verbrauchen *tr* consommer.

Verbraucher (*Pl* **-**) *der* consommateur *m*.

Verbraucher|beratung *die* service *m* des consommateurs.

Verbraucherin (*Pl* **-nen**) *die* consommatrice *f*.

Verbraucher|schutz *der (ohne Pl)* défense *f* du consommateur.

Verbrauchsgüter *Pl* biens *mpl* de consommation.

verbrechen (*Präs* **verbricht**, *Prät* **verbrach**, *Perf* **hat verbrochen**) *tr fam* commettre.

Verbrechen (*Pl* **-**) *das* crime *m*; **ein ~ begehen** commettre un crime; **ein ~ gegen etw** un crime contre qqch.

Verbrechens|bekämpfung *die (ohne Pl)* lutte *f* contre le crime.

Verbrecher, in (*mPl* **-**; *fPl* **-nen**) *der, die* criminel *m*, -elle *f*, malfaiteur *m*.

verbrecherisch ◇ *Adj* criminel(elle). ◇ *Adv* de manière criminelle.

verbreiten *tr* [gen] répandre; [Krankheit] propager.
◆ **sich verbreiten** *ref* **-1.** [gen] se répandre; [Krankheit] se propager; **weit verbreitet** largement répandu(e). **-2.** *abw* [sich auslassen]: **sich über etw** *(A)* **~** s'étendre sur qqch.

verbreitern *tr* élargir.
◆ **sich verbreitern** *ref* s'élargir.

Verbreitung *die (ohne Pl)* extension *f*, propagation *f*.

verbrennen (*Prät* **verbrannte**, *Perf* **hat/ist verbrannt**) ◇ *tr (hat)* brûler. ◇ *intr (ist)* brûler.
◆ **sich verbrennen** *ref* se brûler.

Verbrennung (*Pl* **-en**) *die* **-1.** [Handlung] combustion *f*. **-2.** [Wunde] brûlure *f*; **eine ~ ersten/ zweiten/dritten Grades** une brûlure du premier/deuxième/troisième degré.

Verbrennungs|motor *der* moteur *m* à combustion interne.
verbringen (*Prät* **verbrachte,** *Perf* **hat verbracht**) *tr* [Zeit] passer; **ein Jahr im Ausland ~** passer un an à l'étranger.
verbrüdern
◆ **sich verbrüdern** *ref*: **sich mit jm ~** fraterniser avec qqn.
verbrühen *tr* ébouillanter.
◆ **sich verbrühen** *ref* s'ébouillanter.
verbuchen *tr* comptabiliser; **etw für sich ~ können** pouvoir mettre qqch à son actif.
verbummeln *tr fam* **-1.** [vertrödeln] perdre. **-2.** [Termin] oublier.
Ver|bund (*Pl* **-e**) *der* **-1.** WIRTSCH groupement *m*. **-2.** TECH assemblage *m*.
verbünden
◆ **sich verbünden** *ref*: **sich (mit jm) ~** s'allier (avec qqn).
Verbündete (*Pl* **-n**) *der, die* allié *m*, -e *f*.
verbürgen *tr* garantir.
◆ **sich verbürgen** *ref*: **sich für jn/etw ~** cautionner qqn/qqch, se porter garant de qqn/qqch.
verbüßen *tr* purger.
verchromt *Adj* chromé(e).
Verdacht (*Pl* **-e**) *der* soupçon *m*; **im** ODER **unter ~ stehen** être soupçonné(e); **jn im** ODER **in ~ haben** soupçonner qqn; **~ schöpfen** concevoir des soupçons.
verdächtig ◇ *Adj* suspect(e). ◇ *Adv* de façon suspecte; **sich ~ machen** se rendre suspect(e).
verdächtigen *tr*: **jn (einer Sache** *(G)*) **~** soupçonner qqn (de qqch).
Verdächtigung (*Pl* **-en**) *die* suspicion *f*.
verdammt *fam* ◇ *Adj* sacré(e). ◇ *Adv* [sehr] vachement.
◆ **verdammt!** *Interj* nom d'un chien!
verdampfen (*Perf* **ist verdampft**) *intr* s'évaporer.
verdanken *tr*: **jm etw ~** devoir qqch à qqn.
verdarb *Prät* → **verderben**.
verdauen *tr* digérer.
verdaulich *Adj*: **leicht ~** digeste; **schwer ~** indigeste.
Verdauung *die (ohne Pl)* digestion *f*.
Verdeck (*Pl* **-e**) *das* [von Autos] capote *f*.
verdecken *tr* cacher.
verdenken (*Prät* **verdachte,** *Perf* **hat verdacht**) *tr*: **jm etw nicht ~ können** ne pas pouvoir tenir rigueur à qqn de qqch.
verderben (*Präs* **verdirbt,** *Prät* **verdarb,** *Perf* **hat/ist verdorben**) ◇ *tr (hat)* gâcher; **sich** *(D)* **die Augen ~** s'esquinter la vue; **es sich** *(D)* **mit niemandem ~ wollen** *fig* ne vouloir se mettre mal avec personne. ◇ *intr (ist)* [Speisen] se gâter.
verderblich *Adj* périssable.
verdeutlichen *tr*: **jm etw ~** expliquer qqch à qqn.
verdichten
◆ **sich verdichten** *ref* s'épaissir.
verdienen *tr* **-1.** [Gehalt] gagner; **gut/schlecht ~** bien/mal gagner sa vie. **-2.** [Lob, Strafe] mériter.
Ver|dienst ◇ *der* [Gehalt] salaire *m*. ◇ *das* [Leistung] mérite *m*.
Verdienstaus|fall *der* manque *m* à gagner.
verdient ◇ *Adj* méritant(e); **sich um etw ~ machen** apporter une aide précieuse dans qqch. ◇ *Adv* avec mérite.
verdirbt *Präs* → **verderben**.
verdonnern *tr*: **jn zu etw ~** *fam* condamner qqn à qqch.
verdoppeln *tr* doubler.
◆ **sich verdoppeln** *ref* doubler.
Verdoppelung, Verdopplung (*Pl* **-en**) *die* redoublement *m*.
verdorben *PP* → **verderben**.
verdrängen *tr* **-1.** [räumlich] repousser; **jn aus etw ~** supplanter qqn dans qqch. **-2.** [psychisch] refouler.
Verdrängung (*Pl* **-en**) *die* refoulement *m*.
verdreckt *Adj fam abw* crado.
verdrehen *tr* **-1.** [drehen] tordre; **die Augen ~** rouler les yeux. **-2.** *fam abw* [Worte, Tatsachen] déformer.
verdreifachen *tr* tripler.
◆ **sich verdreifachen** *ref* tripler.
verdrossen ◇ *Adj* renfrogné(e). ◇ *Adv* l'air ODER d'un air maussade.
verdrücken *tr fam* [essen] engloutir.
◆ **sich verdrücken** *ref fam* [sich davonstehlen] s'éclipser.
Verdruß *der (ohne Pl)* ennui *m*.
verduften (*Perf* **ist verduftet**) *intr salopp* se casser, se tirer.
verdunkeln *tr* assombrir.
◆ **sich verdunkeln** *ref* s'assombrir.
verdünnen *tr* diluer; **etw stark ~** diluer fortement qqch.
Verdünner (*Pl* -) *der* diluant *m*.
Verdünnung (*Pl* **-en**) *die* dilution *f*.
verdunsten (*Perf* **ist verdunstet**) *intr* s'évaporer.
verdursten (*Perf* **ist verdurstet**) *intr* mourir de soif.
verdutzt ◇ *Adj* ahuri(e). ◇ *Adv* l'air ahuri.
verebben (*Perf* **ist verebbt**) *intr geh* diminuer, baisser.

veredeln *tr* **-1.** [Pflanze] greffer. **-2.** KÜCHE rehausser. **-3.** [Material] ennoblir.

verehren *tr* **-1.** [anbeten] vénérer. **-2.** *geh* [hochachten] révérer. **-3.** *iron* [schenken]: **jm etw ~** honorer qqn de qqch.

Verehrer, in (*mPl* -; *fPl* **-nen**) *der, die* admirateur *m*, -trice *f*.

Ver|ehrung *die* **-1.** [Anbetung] vénération *f*. **-2.** *geh* [Hochachtung] admiration *f*.

vereidigen *tr* assermenter.

Verein (*Pl* **-e**) *der* association *f*, club *m*; **eingetragener ~** association déclarée, association loi 1901 *(in Frankreich)*.

◆ **im Verein (mit)** *Adv* en association (avec).

VEREIN:
La vie associative est très développée en Allemagne où l'on compte environ 300 000 associations. Celles-ci peuvent participer à la politique locale, mais leur but premier est de favoriser les contacts au sein de la collectivité.

vereinbar *Adj* compatible; **mit etw ~ sein** être compatible avec qqch.

vereinbaren *tr* **-1.** [verabreden]: **etw (mit jm) ~** convenir de qqch (avec qqn). **-2.** [vereinen]: **etw mit etw ~** concilier qqch avec qqch.

Vereinbarung (*Pl* **-en**) *die* accord *m*; **eine ~ treffen** conclure un accord.

vereinen *tr* unir.

◆ **sich vereinen** *ref* s'unir.

vereinfachen *tr* simplifier.

Vereinfachung (*Pl* **-en**) *die* simplification *f*.

vereinheitlichen *tr* uniformiser.

vereinigen unir.

◆ **sich vereinigen** *ref* s'unir.

Vereinigte Arabische Emirate *Pl* Émirats *mpl* arabes unis.

Vereinigte Staaten (von Amerika) *Pl* États-Unis *mpl* (d'Amérique); **in den Vereinigten Staaten (von Amerika)** aux États-Unis (d'Amérique).

Ver|einigung *die* **-1.** [Vereinigen] unification *f*. **-2.** [Gruppe] association *f*.

vereinnahmen *tr* **-1.** [Geld] s'approprier. **-2.** [Person] accaparer.

Vereins|lokal *das* foyer *m*.

Vereinsmeier (*Pl* -) *der fam abw* habitué *m* des associations.

Vereinsmit|glied *das* membre *m* d'une association.

vereint ◇ *Adj* uni(e). ◇ *Adv* en étant ODER restant uni(e).

Vereinte Nationen *Pl*: **die Vereinten Nationen** les Nations unies.

vereinzelt ◇ *Adj* isolé(e); **~er Regen** des pluies éparses. ◇ *Adv* en quelques endroits isolés.

vereist *Adj* verglacé(e).

vereiteln *tr* contrecarrer, déjouer.

verenden (*Perf* **ist verendet**) *intr* mourir.

vererben *tr* [Erbe]: **jm etw ~** léguer qqch à qqn; **etw auf jn ~** [Merkmal, Eigenschaft] transmettre qqch à qqn.

Vererbung (*Pl* **-en**) *die* héritage *m*.

verewigen *tr* immortaliser.

◆ **sich verewigen** *ref fam iron* s'éterniser.

Verf. *Abk für* **Verfasser**.

verfahren (*Präs* **verfährt**, *Prät* **verfuhr**, *Perf* **hat/ist verfahren**) ◇ *intr (ist)* procéder; **mit jm ~** agir envers qqn. ◇ *Adj* [Situation] inextricable.

◆ **sich verfahren** *ref* se tromper de route.

Verfahren (*Pl* -) *das* **-1.** [Gerichtsverfahren] procédure *f*. **-2.** [Methode] procédé *m*.

Ver|fall *der (ohne Pl)* **-1.** [Niedergang] déclin *m*; [von Gebäuden] délabrement *m*. **-2.** [von Gutschein, Garantie] échéance *f*.

verfallen (*Präs* **verfällt**, *Prät* **verfiel**, *Perf* **ist verfallen**) *intr* **-1.** [Haus] se délabrer; [Person] décliner. **-2.** [Gutschein, Garantie] ne plus être valable. **-3.** [auf etw kommen]: **auf jn/etw ~** tomber sur qqn/qqch. **-4.** [geraten]: **in etw** *(A)* **~** tomber dans qqch. **-5.** [hörig werden]: **jm/etw ~** devenir esclave de qqn/qqch.

Verfalls|datum *das* date *f* de péremption.

verfälschen *tr* fausser.

verfangen (*Präs* **verfängt**, *Prät* **verfing**, *Perf* **hat verfangen**) *intr*: **bei jm nicht ~** n'arriver à rien avec qqn.

verfänglich *Adj* embarrassant(e).

verfärben *tr* déteindre sur.

◆ **sich verfärben** *ref* déteindre; [Haut] prendre des couleurs; [Metall] se ternir; **der Himmel verfärbt sich schwarz** le ciel s'assombrit.

verfassen *tr* rédiger, écrire.

Verfasser, in (*mPl* -; *fPl* **-nen**) *der, die* auteur *m*.

Ver|fassung *die* **-1.** [Gesetz] constitution *f*. **-2.** [Zustand] état *m*; **in guter/schlechter ~ sein** [Person] être/ne pas être en forme; [Gegenstand] être en bon/mauvais état.

Verfassungs|klage *die* plainte *f* de non-conformité à la Constitution.

Verfassungs|schutz *der (ohne Pl) fam* service *m* de protection de la Constitution.

verfaulen (*Perf* **ist verfault**) *intr* pourrir.

verfechten (*Präs* **verficht**, *Prät* **verfocht**, *Perf* **hat verfochten**) *tr* défendre vigoureusement.

verfehlen *tr* manquer, rater.

verfehlt *Adj* manqué(e); **es wäre ~, etw zu tun** ce serait une erreur de faire qqch.

verfeindet *Adj* ennemi(e).

verfeinern *tr* affiner.
verfertigen *tr* fabriquer.
verfeuern *tr* **-1.** [verbrennen] brûler. **-2.** [verschießen] épuiser.
verfilmen *tr*: **einen Roman ~** adapter un roman au cinéma.
Verfilmung (*Pl* **-en**) *die* adaptation *f* cinématographique.
verfilzt *Adj* [Kleider] feutré(e); [Haare] emmêlé(e).
verfinstern *tr* éclipser.
◆ **sich verfinstern** *ref* s'obscurcir.
verflachen *tr* s'affadir, devenir plat.
Verflechtung (*Pl* **-en**) *die* connexion *f*.
verfliegen (*Prät* **verflog**, *Perf* **hat/ist verflogen**) *intr (ist)* **-1.** [Geruch] se dissiper; [Flüssigkeit] s'évaporer. **-2.** [Zeit] passer (vite).
◆ **sich verfliegen** *ref* [im Flugzeug] s'égarer.
verflixt ◇ *Adj* satané(e). ◇ *Adv* [sehr] rudement.
verflochten *Adj*: **mit etw ~ sein** être lié(e) à qqch.
verflossen *Adj salopp* : **seine ~e Freundin** son ex-petite amie.
verfluchen *tr* **-1.** [verdammen] maudire. **-2.** [hassen] exécrer.
verflucht *fam* ◇ *Adj* **-1.** *abw* [verdammt] satané(e). **-2.** [groß] sacré(e). ◇ *Adv* [sehr] sacrément.
verflüchtigen
◆ **sich verflüchtigen** *ref* **-1.** [Gas] se dissiper; [Flüssigkeit] s'évaporer. **-2.** *fam* [verschwinden] disparaître.
verfolgen *tr* **-1.** [gen] poursuivre. **-2.** [jagen] traquer. **-3.** [unterdrücken] persécuter. **-4.** [gerichtlich nachgehen]: **etw gerichtlich ~** poursuivre qqch en justice. **-5.** [beobachten] suivre.
Verfolger, in (*mPl* **-**; *fPl* **-nen**) *der, die* traqueur *m*, -euse *f*.
Verfolgte (*Pl* **-n**) *der, die*: **politisch ~** victime *f* de persécutions politiques.
Verfolgung (*Pl* **-en**) *die* **-1.** [gen] poursuite *f*; **strafrechtliche ~** poursuite judiciaire. **-2.** [Unterdrückung] persécution *f*.
Verfolgungs|jagd *die* chasse *f* à l'homme.
Verfolgungs|wahn *der* délire *m* de persécution.
verformen *tr* déformer.
◆ **sich verformen** *ref* se déformer.
verfrachten *tr* **-1.** [Last] charger. **-2.** *fam iron* [transportieren]: **jn an einen Ort ~** expédier qqn quelque part.
Verfremdung (*Pl* **-en**) *die* altération *f*; [in Theater, Literatur] distanciation *f*.
verfressen[1] *Adj salopp abw* glouton(onne).
verfressen[2] (*Präs* **verfrißt**, *Prät* **verfraß**, *Perf* **hat verfressen**) *tr vulg abw*: **er hat sein ganzes Geld ~** tout son argent est passé dans la bouffe.
verfrüht ◇ *Adj* prématuré(e). ◇ *Adv* prématurément.
verfügbar *Adj* disponible.
verfügen ◇ *tr* décider. ◇ *intr*: **über jn/etw ~** disposer de qqn/qqch.
Ver|fügung *die* **-1.** *amt* ordonnance *f*. **-2.** *(ohne Pl)* [Zugriff] disposition *f*; **jm etw zur ~ stellen** mettre qqch à la disposition de qqn; **jm zur ~ stehen** être à la disposition de qqn.
verführen *tr* **-1.** [verleiten]: **jn zu etw ~** entraîner qqn à qqch. **-2.** [zum Geschlechtsverkehr] séduire.
verführerisch ◇ *Adj* **-1.** [anziehend] attrayant(e). **-2.** [erotisch] séduisant(e). ◇ *Adv* **-1.** [anziehend] délicieusement bon. **-2.** [erotisch] de façon séduisante.
Verführung (*Pl* **-en**) séduction *f*; **~ Minderjähriger** détournement *m* de mineur.
Ver|gabe *die* **-1.** [von Preis] remise *f*. **-2.** [von Auftrag, Kredit] octroi *m*.
vergällen *tr* **-1.** [verderben] gâcher. **-2.** CHEM dénaturer.
vergammelt *Adj fam abw* **-1.** [verdorben] moisi(e). **-2.** [heruntergekommen] négligé(e).
vergangen ◇ *PP* → **vergehen**. ◇ *Adj* passé(e); **~en Dienstag** mardi *m* dernier.
Vergangenheit *die (ohne Pl)* passé *m*.
Vergangenheitsbewältigung *die (ohne Pl)* fait *m* de surmonter le passé.
vergänglich *Adj* éphémère.
vergasen *tr* gazer.
Vergaser (*Pl* **-**) *der* carburateur *m*.
vergaß *Prät* → **vergessen**.
vergeben (*Präs* **vergibt**, *Prät* **vergab**, *Perf* **hat vergeben**) ◇ *intr*: **jm ~** pardonner à qqn. ◇ *tr* **-1.** [verzeihen]: **jm etw ~** pardonner qqch à qqn. **-2.** [Auftrag, Preis] donner, attribuer. **-3.** [Chance] manquer.
vergebens *Adv* en vain.
vergeblich *Adj* vain(e).
vergegenwärtigen
◆ **sich vergegenwärtigen** *ref*: **sich** *(D)* **etw ~** se remémorer qqch.
vergehen (*Prät* **verging**, *Perf* **hat/ist vergangen**) *intr (ist)* passer; **jm ist etw vergangen** qqch est passé(e) à qqn; **vor etw** *(D)* **~** *fig* mourir de qqch.
◆ **sich vergehen** *ref* **-1.** [vergewaltigen]: **sich an jm ~** faire violence à qqn, violer qqn. **-2.** [schuldig werden]: **sich an etw** *(A)* **~** abuser de qqch.
Vergeltung *die (ohne Pl)* représailles *fpl*.

vergessen (*Präs* **vergißt,** *Prät* **vergaß,** *Perf* **hat vergessen)** *tr* oublier; **vergiß es!** *fam fig* laisse tomber!
◆ **sich vergessen** *ref* s'oublier.
Vergessenheit *die (ohne Pl)*: **in ~ geraten** tomber dans l'oubli.
vergeßlich *Adj* distrait(e).
vergeuden *tr* gaspiller.
Vergeudung (*Pl* **-en**) *die* gaspillage *m*.
vergewaltigen *tr* violer.
Vergewaltigung (*Pl* **-en**) *die* viol *m*.
vergewissern
◆ **sich vergewissern** *ref*: **sich (einer Sache** *(G)***) ~** s'assurer (de qqch).
vergießen (*Prät* **vergoß,** *Perf* **hat vergossen)** *tr* **-1.** [verschütten] renverser. **-2.** [Blut, Tränen] verser.
vergiften *tr* empoisonner.
◆ **sich vergiften** *ref* s'empoisonner.
Vergiftung (*Pl* **-en**) *die* intoxication *f*; [kriminell] empoisonnement *m*.
vergilbt *Adj* jauni(e).
Vergißmeinnicht (*Pl* **-e**) *das* myosotis *m*.
vergißt *Präs* → **vergessen**.
verglasen *tr* vitrer.
Vergleich (*Pl* **-e**) *der* **-1.** [Gegenüberstellung] comparaison *f*; **im ~ mit** ODER **zu jm/etw** comparé(e) à qqn/qqch; **einen ~ ziehen** établir un parallèle ODER une comparaison. **-2.** RECHT transaction *f*. **-3.** SPORT confrontation *f*.
vergleichbar *Adj* comparable.
vergleichen (*Prät* **verglich,** *Perf* **hat verglichen)** *tr* comparer; **jn/etw (mit jm/etw) ~** comparer qqn/qqch (à ODER avec qqn/qqch).
Vergleichs|möglichkeit *die* moyen *m* de comparaison.
vergleichsweise *Adv* en comparaison, par rapport.
vergnügen
◆ **sich vergnügen** *ref* s'amuser.
Vergnügen (*Pl* **-**) *das* **-1.** *(ohne Pl)* [Freude] plaisir *m*; **jm ~ machen** faire plaisir à qqn. **-2.** [Unterhaltung] divertissement *m*.
◆ **mit Vergnügen!** *Interj* avec plaisir!
◆ **viel Vergnügen!** *Interj* amuse-toi bien!, amusez-vous bien!; *iron* bien du plaisir!
vergnügt ◇ *Adj* **-1.** [Person] gai(e). **-2.** [angenehm] amusant(e). ◇ *Adv* gaiement.
Vergnügungs|viertel *das* quartier *m* chaud.
vergoldet *Adj* plaqué(e) or.
vergraben (*Präs* **vergräbt,** *Prät* **vergrub,** *Perf* **hat vergraben)** *tr* **-1.** [eingraben] enterrer. **-2.** [stekken] enfouir.
◆ **sich vergraben** *ref* se terrer.
vergraulen *tr fam* rebuter.
vergreifen (*Prät* **vergriff,** *Perf* **hat vergriffen)**
◆ **sich vergreifen** *ref*: **sich an jm ~** [brutal werden] s'attaquer à qqn; **sich an etw** *(D)* **~** [stehlen] faire main basse sur qqch.
vergriffen *Adj* épuisé(e) *(article)*.
vergrößern *tr* & *intr* agrandir.
◆ **sich vergrößern** *ref* s'agrandir.
Vergrößerung (*Pl* **-en**) *die* agrandissement *m*.
Vergrößerungs|glas *das* loupe *f*.
Vergünstigung (*Pl* **-en**) *die* avantage *m*.
vergüten *tr*: **jm etw ~** payer qqch à qqn.
Vergütung (*Pl* **-en**) *die* **-1.** [Vergüten] dédommagement *m*. **-2.** [Geld] indemnité *f*.
verh. *Abk für* **verheiratet**.
verhaften *tr* arrêter.
Ver|haftung *die* arrestation *f*.
verhallen (*Perf* **ist verhallt)** *intr* [Lärm, Ruf] se perdre.
verhalten¹ ◇ *Adj* retenu(e). ◇ *Adv* avec retenue.
verhalten² (*Präs* **verhält,** *Prät* **verhielt,** *Perf* **hat verhalten)**
◆ **sich verhalten** *ref* se comporter; **damit verhält es sich so** cela se présente ainsi.
Verhalten *das (ohne Pl)* comportement *m*.
Verhaltens|forschung *die* étude *f* du comportement.
verhaltensgestört *Adj* souffrant de troubles du comportement.
Verhältnis (*Pl* **-se**) *das* **-1.** [Relation] rapport *m*; **im ~ zu jm/etw** par rapport à qqn/qqch; **im ~ eins zu zwei** dans la proportion de un sur deux. **-2.** [Beziehung] relation *f*; **ein gutes ~ zu jm haben** avoir de bons rapports avec qqn; **ein ~ mit jm haben** avoir une liaison avec qqn.
◆ **Verhältnisse** *Pl* [Bedingungen] conditions *fpl*; **über seine ~se leben** vivre au-dessus de ses moyens.
verhältnismäßig *Adv* relativement.
Verhältniswahl|recht *das (ohne Pl)* proportionnelle *f*.
verhandeln ◇ *intr* **-1.** [beraten] délibérer; **mit jm ~** négocier avec qqn; **über etw** *(A)* **~** négocier qqch. **-2.** [vor Gericht] débattre. ◇ *tr* débattre de.
Ver|handlung *die* **-1.** [Beratung] négociation *f*. **-2.** [vor Gericht] débats *mpl*.
Verhandlungs|basis *die (ohne Pl)* base *f* de négociation.
verhandlungsfähig *Adj* RECHT capable de prendre part au procès.
verhängen *tr* **-1.** [zuhängen] couvrir. **-2.** [Urteil, Verbot] ordonner, décréter.
Verhängnis (*Pl* **-se**) *das*: **jm zum ~ werden** être fatal(e) à qqn.

verhängnisvoll *Adj* fatal(e).
verharmlosen *tr* minimiser.
verharren *intr* **-1.** [unbeweglich] rester. **-2.** [bleiben] demeurer.
verhärten (*Perf* **hat/ist verhärtet**) ◇ *intr (ist)* **-1.** [Person] endurcir. **-2.** [Material] durcir. ◇ *tr (hat)* **-1.** [Person] endurcir. **-2.** [Material] durcir.
◆ **sich verhärten** *ref* **-1.** [Material, Gewebe] se durcir. **-2.** [Person] s'endurcir.
verhaßt *Adj* détesté(e); **etw ist jm ~** qqn a horreur de qqch.
verhauen *fam tr* **-1.** [schlagen] tabasser. **-2.** *fig* [verderben]: **etw ~** foutre qqch en l'air.
◆ **sich verhauen** *ref fig* [sich vertun] se planter.
verheddern
◆ **sich verheddern** *ref* **-1.** [Fäden] s'enchevêtrer. **-2.** [Person] s'empêtrer.
verheerend ◇ *Adj* dévastateur(trice). ◇ *Adv* terriblement mal.
verheilen (*Perf* **ist verheilt**) *intr* guérir; [Wunde] cicatriser.
verheimlichen *tr* dissimuler; **jm etw ~** cacher qqch à qqn.
verheiraten *tr* marier.
◆ **sich verheiraten** *ref* se marier.
verheiratet *Adj* marié(e); **nicht mit jm/etw ~ sein** *hum* ne pas être marié(e) avec qqn/qqch.
verheißungsvoll ◇ *Adj* prometteur(euse). ◇ *Adv*: **jn ~ anblicken** adresser des regards prometteurs à qqn; **~ anfangen** avoir des débuts prometteurs.
verheizen *tr* **-1.** [verbrennen] brûler *(pour se chauffer)*. **-2.** *salopp abw* [verbrauchen] bousiller.
verhelfen (*Präs* **verhilft**, *Prät* **verhalf**, *Perf* **hat verholfen**) *intr*: **jm zu etw ~** aider qqn à faire ODER obtenir qqch.
verhext: **es ist wie ~** tout va de travers.
verhindern *tr* empêcher.
verhindert *Adj* **-1.** [nicht verfügbar]: **~ sein** avoir un empêchement. **-2.** [nicht professionell]: **ein ~er Künstler sein** être un artiste contrarié.
verhöhnen *tr* railler.
Verhör (*Pl* **-e**) *das* interrogatoire *m*.
verhören *tr* interroger.
◆ **sich verhören** *ref* mal comprendre.
verhüllen *tr* voiler.
verhungern (*Perf* **ist verhungert**) *intr* mourir de faim.
verhunzen *tr fam abw* gâcher.
verhüten ◇ *tr* empêcher. ◇ *intr* se protéger.
Verhütungs|mittel *das* moyen *m* de contraception.
verinnerlichen *tr* intérioriser.
verirren
◆ **sich verirren** *ref* s'égarer.
verjagen *tr* chasser.
verjähren (*Perf* **ist verjährt**) *intr* RECHT se prescrire.
Verjährung (*Pl* **-en**) *die* prescription *f*.
verjazzen *tr*: **ein Stück ~** mettre un morceau sur un rythme de jazz.
ver|jubeln *tr fam* claquer.
verjüngen *tr* rajeunir.
◆ **sich verjüngen** *ref* se rétrécir.
verk. **-1.** (*Abk für* **verkaufen**): **zu ~** à vendre. **-2.** (*Abk für* **verkauft**) vendu. **-3.** (*Abk für* **verkürzt**) abrégé(e).
verkabeln *tr* câbler.
verkalkt *Adj* **-1.** [verstopft] entartré(e). **-2.** *fam* [senil] gâteux(euse).
verkappt *Adj* déguisé(e).
Ver|kauf *der* vente *f*; **etw zum ~ anbieten** mettre qqch en vente; **zum ~ stehen** être à vendre.
verkaufen *tr* **-1.** [Ware] vendre; **etw an jn ~** vendre qqch à qqn. **-2.** *fam* [darstellen] faire passer.
◆ **sich verkaufen** *ref*: **sich gut/schlecht ~** se vendre bien/mal.
◆ **zu verkaufen!** *Interj* à vendre.
Ver|käufer, in *der, die* vendeur *m*, -euse *f*.
verkäuflich *Adj*: **~ sein** [zum Verkauf geeignet] être vendable; [zum Verkauf bestimmt] être à vendre.
Verkaufs|abteilung *die* service *m* des ventes.
verkaufsoffen *Adj*: **~er Samstag** *premier samedi du mois où les magasins restent ouverts jusqu'à 16 ou 18 heures au lieu de fermer à midi.*
Verkehr *der (ohne Pl)* **-1.** [Straßenverkehr] circulation *f*. **-2.** [Gebrauch]: **etw aus dem ~ ziehen** retirer qqch de la circulation; **jn aus dem ~ ziehen** *fam* mettre qqn hors d'état de nuire. **-3.** *geh* [Umgang] relations *fpl*. **-4.** [Geschlechtsverkehr] rapports *mpl* (sexuels).
verkehren ◇ *intr* **-1.** *geh* [Kontakt pflegen] fréquenter; **mit jm ~** fréquenter qqn; **in einem Lokal ~** fréquenter un restaurant; **bei jm ~** fréquenter qqn. **-2.** [fahren] circuler. ◇ *tr* [umkehren]: **etw in etw** *(A)* **~** transformer qqch en qqch.
◆ **sich verkehren** *ref* se convertir.
Verkehrs|ader *die* artère *f*.
Verkehrs|ampel *die* feu *m* tricolore.
Verkehrsaufkommen *das (ohne Pl)*: **dichtes** ODER **hohes ~** trafic *m* important ODER dense.
verkehrsberuhigt *Adj*: **~e Zone/Straße** quartier/rue à circulation réglementée.

Verkehrsbetriebe *Pl* compagnie *f* de transport.
Verkehrs|chaos *das* pagaille *f*.
Verkehrs|dichte *die* densité *f* de circulation.
Verkehrs|funk *der* info-route *m*.
verkehrsgünstig *Adj*: ~ **gelegen** bien desservi(e).
Verkehrs|insel *die* îlot *m*.
Verkehrs|kontrolle *die* contrôle *m* routier.
Verkehrs|minister, in *der, die* ministre *m* des Transports.
Verkehrs|ministerium *das* ministère *m* des Transports.
Verkehrs|mittel *das*: **die öffentlichen** ~ les transports *mpl* en commun.
Verkehrs|netz *das* réseau *m* de communication.
Verkehrs|planung *die* planification *f* en matière de circulation.
Verkehrs|polizei *die* police *f* de la route.
Verkehrs|polizist, in *der, die* agent *m* de la circulation.
Verkehrs|regel *die* règle *f* du Code de la route.
◆ **Verkehrsregeln** *Pl* Code *m* de la route.
Verkehrs|teilnehmer, in *der, die* usager *m* (de la route).
Verkehrs|tote *der* victime *f* (de la route).
Verkehrsun|fall *der* accident *m* de la route.
Verkehrs|verbindung *die*: **eine gute ~ haben** être bien desservi(e).
Verkehrs|zeichen *das* panneau *m* de signalisation.
verkehrt ◇ *Adj* faux (fausse), mauvais(e). ◇ *Adv* de travers.
◆ **verkehrt herum** *Adv* à l'envers.
verkeilen
◆ **sich verkeilen** *ref*: **sich in etw** *(A)* ~ s'encastrer dans qqch.
verkennen (*Prät* **verkannte**, *Perf* **hat verkannt**) *tr* méconnaître.
Verkettung (*Pl* **-en**) *die* enchaînement *m*.
verklagen *tr* poursuivre (en justice).
verklappen *tr* déverser.
verklausulieren *tr* embrouiller; **ein verklausulierter Satz** une phrase alambiquée.
verkleben (*Perf* **hat/ist verklebt**) ◇ *intr (ist)* coller. ◇ *tr (hat)* **-1.** [beschmieren] coller. **-2.** [zukleben] boucher.
verkleiden *tr* **-1.** [beziehen] couvrir, recouvrir. **-2.** [anziehen] déguiser.
◆ **sich verkleiden** *ref* se déguiser.
Verkleidung (*Pl* **-en**) *die* **-1.** [Kostüm, Verkleiden] déguisement *m*. **-2.** [Umhüllung, Verdecken] revêtement *m*.
verkleinern *tr* réduire.
◆ **sich verkleinern** *ref* se réduire.
Verkleinerung (*Pl* **-en**) *die* réduction *f*.
verklemmt *Adj* complexé(e); ~ **sein** avoir des complexes.
verklingen (*Prät* **verklang**, *Perf* **ist verklungen**) *intr* s'évanouir.
verknallen
◆ **sich verknallen** *ref*: **sich in jn** ~ s'amouracher de qqn.
verkneifen (*Prät* **verkniff**, *Perf* **hat verkniffen**) *tr*: **sich etw** ~ se retenir de faire qqch.
verkniffen *Adj* pincé(e).
verknoten *tr* **-1.** [verknüpfen] nouer. **-2.** [festbinden] attacher.
◆ **sich verknoten** *ref* s'emmêler.
verknüpfen *tr* **-1.** [verknoten] nouer. **-2.** [verbinden]: **etw mit etw** ~ combiner qqch avec qqch; **ihr Name ist mit dem des Unternehmens verknüpft** son nom est associé à celui de l'entreprise.
verkochen (*Perf* **ist verkocht**) *intr* **-1.** [verdampfen] s'évaporer. **-2.** [breiig werden]: **verkocht sein** être trop cuit(e).
verkohlen (*Perf* **hat/ist verkohlt**) ◇ *tr (hat) fam* faire marcher. ◇ *intr (ist)* carboniser.
verkommen[1] (*Prät* **verkam**, *Perf* **ist verkommen**) *intr* **-1.** [verfallen] se délabrer. **-2.** [verderben] se gâter. **-3.** [verwahrlosen]: ~ **lassen** négliger.
verkommen[2] *Adj* **-1.** [verdorben] dépravé(e). **-2.** [verfallen] laissé(e) à l'abandon.
verkorken *tr* boucher.
verkorkst *Adj fam* **-1.** [Abend, Situation] pourri(e). **-2.** [Magen] détraqué(e).
verkörpern *tr* incarner.
verköstigen *tr* nourrir.
verkrachen
◆ **sich verkrachen** *ref*: **sich mit jm** ~ se brouiller avec qqn.
verkraften *tr* supporter.
verkrampfen
◆ **sich verkrampfen** *ref* se crisper.
verkratzen *tr* rayer.
verkriechen (*Prät* **verkroch**, *Perf* **hat verkrochen**)
◆ **sich verkriechen** *ref* se terrer.
verkrümmt *Adj* déformé(e).
verkrüppelt *Adj* **-1.** [Mensch] estropié(e). **-2.** [Pflanze] rabougri(e).
verkrustet *Adj* [Wunde] croûteux(euse); [Boden, Reste] séché(e); [Strukturen] sclérosé(e).
verkümmern (*Perf* **ist verkümmert**) *intr* **-1.** [eingehen] dépérir. **-2.** [verlorengehen] s'étioler.
verkünden *tr* annoncer; [Urteil] prononcer;

etw lauthals ~ *fam* crier qqch sur (tous) les toits.

verkuppeln *tr*: **jn mit jm ~** présenter qqn à qqn; **er hat die beiden verkuppelt** il a joué les entremetteurs.

verkürzen *tr* **-1.** [Kleid, Urlaub] raccourcir; [Arbeitszeit, Lebensdauer] réduire. **-2.** [Zeit] faire passer.

verl. (*Abk für* **verlängert**) prolongé(e).

Verl. (*Abk für* **Verlag**) éd.

verladen (*Präs* **verlädt**, *Prät* **verlud**, *Perf* **hat verladen**) *tr* charger.

Verlag (*Pl* **-e**) *der* maison *f* d'édition, éditeur *m*.

verlagern *tr* déplacer.

◆ **sich verlagern** *ref* se déplacer.

Verlagerung *die* déplacement *m*.

Verlagsbuchhandlung *die* librairie *f (d'une maison d'édition)*.

verlangen ◇ *tr* **-1.** [gen] exiger, demander; **etw von jm ~** demander qqch à qqn; **jn am Telefon ~** demander qqn au téléphone; **das ist zuviel verlangt!** c'est trop en demander. **-2.** [Geldsumme, Ausweis] réclamer. ◇ *intr*: **nach jm/etw ~** réclamer qqn/qqch.

Verlangen *das (ohne Pl)* besoin *m*.

◆ **auf Verlangen** *Adv* sur demande.

verlängern *tr* **-1.** [Rock, Ärmel] rallonger. **-2.** [Ausweis, Straße, Vertrag] prolonger. **-3.** [Soße] allonger.

◆ **sich verlängern** *ref* **-1.** [Schlange] s'allonger. **-2.** [Frist, Vertrag] se prolonger.

Verlängerung (*Pl* **-en**) *die* **-1.** [Rock, Ärmel] rallongement *m*. **-2.** [Ausweis, Straße, Fußballspiel] prolongation *f*.

Verlängerungsschnur *die* rallonge *f*.

verlangsamen *tr* ralentir.

◆ **sich verlangsamen** *ref* se ralentir.

Verlaß *der*: **auf jn/etw ist ~** on peut compter sur qqn/qqch.

verlassen[1] (*Präs* **verläßt**, *Prät* **verließ**, *Perf* **hat verlassen**) *tr* quitter.

◆ **sich verlassen** *ref*: **sich auf jn/etw ~** compter sur qqn/qqch.

verlassen[2] *Adj* **-1.** [leer] désert(e). **-2.** [unbewohnt] abandonné(e).

verläßlich *Adj* fiable.

Verlaub

◆ **mit Verlaub** *Adv geh* sauf votre respect.

Verlauf *der* déroulement *m*; [von Krankheit] évolution *f*; **im ~ von etw** ODER **einer Sache** *(G)* au cours de qqch.

verlaufen (*Präs* **verläuft**, *Prät* **verlief**, *Perf* **hat/ist verlaufen**) *intr (ist)* **-1.** [Weg, Strecke] passer. **-2.** [Operation, Prüfung] se dérouler. **-3.** [Tinte, Butter] couler.

◆ **sich verlaufen** *ref* **-1.** [sich verirren] se perdre. **-2.** [auseinandergehen] se disperser.

Verlautbarung (*Pl* **-en**) *die* communiqué *m*.

verlauten (*Perf* **hat/ist verlautet**) *tr (hat)* communiquer; **etw ~ lassen** faire savoir qqch.

verleben *tr* passer.

verlegen[1] *tr* **-1.** [Brille, Portemonnaie] égarer. **-2.** [Termin, Besuch] repousser, remettre. **-3.** [Kabel, Teppichboden] poser. **-4.** [Romane, Wörterbücher] éditer. **-5.** [Produktion, Büros] transférer.

◆ **sich verlegen** *ref*: **sich auf etw** *(A)* **~** recourir à qqch.

verlegen[2] ◇ *Adj* gêné(e); **um etw nicht ~ sein** ne pas être à court de qqch. ◇ *Adv* avec gêne, de manière gênée.

Verlegenheit (*Pl* **-en**) *die* **-1.** *(ohne Pl)* [Befangenheit] gêne *f*; **jn in ~ bringen** mettre qqn dans l'embarras. **-2.** [Notlage] embarras *m*; **jm aus der ~ helfen** tirer qqn d'embarras.

Verleger, in (*mPl* **-**; *fPl* **-nen**) *der, die* éditeur *m*, -trice *f*.

verleiden *tr*: **jm etw ~** gâcher qqch à qqn.

Verleih (*Pl* **-e**) *der* **-1.** *(ohne Pl)* [das Verleihen] location *f*. **-2.** [Firma] magasin *m* de location.

verleihen (*Prät* **verlieh**, *Perf* **hat verliehen**) *tr* **-1.** [leihen] prêter. **-2.** [vermieten] louer. **-3.** [überreichen]: **jm etw ~** décerner qqch à qqn. **-4.** [verschaffen] conférer.

verleiten *tr*: **jn zu etw ~** entraîner qqn à faire qqch.

verlernen *tr* désapprendre, oublier.

verlesen (*Präs* **verliest**, *Prät* **verlas**, *Perf* **hat verlesen**) *tr* **-1.** [vorlesen] lire. **-2.** [sortieren] trier.

◆ **sich verlesen** *ref* se tromper en lisant.

verletzen *tr* **-1.** [Mensch, Fuß, Gefühl] blesser; **sich** *(D)* **etw ~** se blesser qqch. **-2.** [Gesetz, Abkommen] violer.

◆ **sich verletzen** *ref* se blesser.

verletzlich *Adj* sensible.

verletzt ◇ *PP* → **verletzen**. ◇ *Adj*: **~ sein** être blessé(e); **schwer/leicht ~** être grièvement/légèrement blessé(e).

Verletzte (*Pl* **-n**) *der, die* blessé *m*, -e *f*.

Verletzung (*Pl* **-en**) *die* **-1.** [Wunde] blessure *f*. **-2.** [Verstoß] violation *f*.

Verletzungsgefahr *die* danger *m (de se blesser)*.

verleugnen *tr* renier.

verleumden *tr* calomnier.

Verleumdung (*Pl* **-en**) *die* calomnie *f*.

verlieben

◆ **sich verlieben** *ref*: **sich in jn/etw ~** tomber amoureux(euse) de qqn/qqch.

verliebt ◇ *Adj* amoureux(euse); **~es Pärchen**

couple *m* d'amoureux. ◇ *Adv* amoureusement.

verlieren (*Prät* **verlor**, *Perf* **hat verloren**) ◇ *tr* perdre; **nichts verloren haben** *fam fig* n'y avoir rien perdu; **nichts zu ~ haben** *fig* ne rien avoir à perdre. ◇ *intr* perdre; **gegen jn ~** perdre contre qqn; **an etw** *(D)* **~** perdre en qqch.

◆ **sich verlieren** *ref* **-1.** [nicht mehr finden] se perdre. **-2.** [weniger werden] s'atténuer.

Verlierer, in (*mPl* **-**; *fPl* **-nen**) *der, die* **-1.** [von Wettkampf, Spiel] perdant *m*, -e *f*. **-2.** [von Handschuh, Schlüssel]: **der ~ einer Sache** *(G)* la personne qui a perdu qqch.

verloben

◆ **sich verloben** *ref*: **sich mit jm ~** se fiancer avec qqn.

Verlobte (*Pl* **-n**) *der, die* fiancé *m*, -e *f*.

Verlobung (*Pl* **-en**) *die* fiançailles *fpl*.

verlockend *Adj* séduisant(e), alléchant(e).

verlogen *Adj* mensonger(ère); [Person] menteur(euse).

verlor *Prät* → **verlieren**.

verloren ◇ *PP* → **verlieren**. ◇ *Adj* perdu(e).

verloren|gehen (*Perf* **ist verlorengegangen**) *intr (unreg)* se perdre; **an jm ist etw verlorengegangen** *fam fig* qqn a manqué sa vocation de qqch.

verlöschen (*Präs* **verlischt**, *Prät* **verlosch** ODER **verlöschte**, *Perf* **ist verloschen** ODER **verlöscht**) *intr* s'éteindre.

verlosen *tr* mettre en loterie.

Verlosung (*Pl* **-en**) *die* loterie *f*.

verlottert *Adj abw* **-1.** [Person] très négligé(e). **-2.** [Garten] à l'abandon.

Verlust (*Pl* **-e**) *der* perte *f*.

Verlust|geschäft *das* opération *f* à perte, affaire *f* déficitaire.

verm. (*Abk für* **vermieten**): **zu ~** à louer.

vermachen *tr*: **jm etw ~** léguer qqch à qqn.

Vermächtnis (*Pl* **-se**) *das* **-1.** [Legat] legs *m*. **-2.** [Testament] testament *m*.

vermarkten *tr* commercialiser, mettre sur le marché.

vermasseln *tr fam* : **jm etw ~** gâcher qqch à qqn.

vermehren *tr* accroître.

◆ **sich vermehren** *ref* **-1.** [größer werden] s'accroître. **-2.** [sich fortpflanzen] se reproduire.

vermehrt ◇ *Adj* accru(e). ◇ *Adv* de plus en plus.

vermeiden (*Prät* **vermied**, *Perf* **hat vermieden**) *tr* éviter; **das läßt sich nicht ~** c'est inévitable.

vermeintlich *Adj* présumé(e).

Vermerk (*Pl* **-e**) *der* note *f*.

vermerken *tr* **-1.** [notieren] noter. **-2.** [feststellen] remarquer.

vermessen[1] (*Präs* **vermißt**, *Prät* **vermaß**, *Perf* **hat vermessen**) *tr* mesurer.

◆ **sich vermessen** *ref* se tromper dans ses ODER les mesures.

vermessen[2] *Adj* présomptueux(euse).

vermiesen *tr fam* : **jm etw ~** ficher qqch en l'air à qqn.

vermieten *tr* louer *(par propriétaire)*; **etw an jn ~** louer qqch à qqn; **'zu vermieten'** 'à louer'.

Ver|mieter, in *der, die* loueur *m*, -euse *f*.

Vermietung (*Pl* **-en**) *die* location *f*.

Verminderung (*Pl* **-en**) *die* diminution *f*.

vermischen *tr* mélanger; **etw mit etw ~** mélanger qqch avec qqch.

◆ **sich vermischen** *ref* se mêler.

vermissen *tr* **-1.** [sehnsüchtig]: **er vermißt seine Eltern** ses parents lui manquent. **-2.** [suchen] chercher.

vermißt *Adj* porté disparu, portée disparue.

Vermißten|anzeige *die* déclaration *f* de disparition; **eine ~ aufgeben** porter qqn disparu(e).

vermitteln ◇ *intr* servir de médiateur; **zwischen zwei Personen/Gruppen ~** servir de médiateur entre deux personnes/groupes. ◇ *tr* **-1.** [Ehe, Kontakt] arranger. **-2.** [Job, Arbeitskraft] trouver. **-3.** [Wissen, Erfahrung] transmettre; **jm etw ~** transmettre qqch à qqn.

Vermittler, in (*mPl* **-**; *fPl* **-nen**) *der, die* intermédiaire *m*; [bei Streit] médiateur *m*, -trice *f*.

Vermittlung (*Pl* **-en**) *die* **-1.** [das Vermitteln] entremise *f*; **durch js ~** par l'intermédiaire de qqn. **-2.** [Telefonzentrale] central *m* téléphonique.

Vermögen (*Pl* **-**) *das* **-1.** [Besitz] fortune *f*; **ein ~ kosten** coûter une fortune. **-2.** *(ohne Pl) geh* [Fähigkeit] faculté *f*.

vermögend *Adj* fortuné(e).

Vermögens|berater, in *der, die* conseil *m* de gestion *(d'un patrimoine)*.

Vermögens|steuer *die* impôt *m* sur la fortune.

Vermögensverhältnisse *Pl* situation *f* de fortune.

vermummen

◆ **sich vermummen** *ref* [gegen Kälte] s'emmitoufler; [zur Verkleidung] se masquer.

Vermummungs|verbot *das interdiction de porter une cagoule au cours de manifestations*.

vermuten *tr* supposer.

vermutlich ◇ *Adj* probable; [Täter] présumé(e). ◇ *Adv* sans doute.

Vermutung (*Pl* **-en**) *die* supposition *f*.

vernachlässigen *tr* négliger.
vernehmen (*Präs* **vernimmt,** *Prät* **vernahm,** *Perf* **hat vernommen**) *tr* **-1.** [verhören] interroger; [Zeuge] entendre. **-2.** *geh* [hören] entendre.
Vernehmung (*Pl* **-en**) *die* interrogatoire *m*; [von Zeugen] audition *f*.
vernehmungsfähig *Adj* en état de faire une déposition.
verneinen *tr*: **eine Frage ~** répondre par la négative; **einen Vorschlag ~** refuser une proposition.
Verneinung (*Pl* **-en**) *die* négation *f*.
vernichten *tr* détruire; [Schädlinge] exterminer.
vernichtend ◇ *Adj* destructeur(trice); [Blick] foudroyant(e). ◇ *Adv*: **jn ~ ansehen** foudroyer qqn du regard.
Vernichtung (*Pl* **-en**) *die* destruction *f*; [von Schädlingen] extermination *m*.
Vernissage (*Pl* **-n**) [vɛrni'sa:ʒ(ə)] *die* vernissage *m*.
Vernunft *die (ohne Pl)* raison *f*, bon sens *m*; **ohne ~ handeln** agir en dépit du bon sens; **wieder zur ~ kommen** revenir à la raison; **jn zur ~ bringen** faire entendre raison à qqn.
vernünftig ◇ *Adj* **-1.** [klug] raisonnable. **-2.** *fam* [ordentlich] correct(e). ◇ *Adv* **-1.** [klug] avec bon sens. **-2.** [ordentlich] convenablement.
veröffentlichen *tr* publier.
Veröffentlichung (*Pl* **-en**) *die* publication *f*.
verordnen *tr* prescrire; **jm etw ~** prescrire qqch à qqn.
Verordnung (*Pl* **-en**) *die* ordonnance *f*; [ärztlich] prescription *f*.
verpachten *tr* donner à ferme.
verpacken *tr* emballer.
Ver|packung *die* emballage *m*.
Verpackungs|material *das* matériau *m* d'emballage.
verpassen *tr* **-1.** [versäumen] manquer. **-2.** *fam* [Spritze, Haarschnitt] faire; [Ohrfeige] flanquer.
verpatzen *tr fam* rater.
verpesten *tr abw* empester.
verpfänden *tr* engager, mettre en gage.
verpflanzen *tr* transplanter.
verpflegen *tr*: **jn ~** nourrir qqn, s'occuper de qqn.
Verpflegung *die (ohne Pl)* **-1.** [das Verpflegen] ravitaillement *m*. **-2.** [Essen] nourriture *f*.
verpflichten *tr* engager; **jn zu etw ~** obliger qqn à faire qqch.
◆ **sich verpflichten** *ref* s'engager (à).
Verpflichtung (*Pl* **-en**) *die* **-1.** [Pflichten] obligation *f*. **-2.** [Einstellung, Schulden] engagement *m*.
verpfuschen *tr* **-1.** [Arbeit] bousiller. **-2.** [Leben] gâcher.
verplanen *tr* **-1.** [falsch planen] mal concevoir. **-2.** [festlegen] fixer.
verplempern *fam* gaspiller.
verpönt *Adj* mal vu(e).
verprellen *tr* mécontenter.
verprügeln *tr* rouer de coups, battre.
verpuffen (*Perf* **ist verpufft**) *intr* **-1.** [Flamme, Gas] fuser. **-2.** [Aktion, Projekt] s'en aller en fumée.
verputzen *tr* crépir.
verquer ◇ *Adj* **-1.** [schief] de travers. **-2.** [merkwürdig] loufoque. ◇ *Adv* **-1.** [schief] de travers. **-2.** [merkwürdig] de manière loufoque.
Verrat *der (ohne Pl)* trahison *f*.
verraten (*Präs* **verrät,** *Prät* **verriet,** *Perf* **hat verraten**) *tr* **-1.** [preisgeben]: **jn ~** trahir qqn; **etw ~** révéler qqch. **-2.** [zeigen] dévoiler.
◆ **sich verraten** *ref* se trahir.
Verräter, in (*mPl* **-**; *fPl* **-nen**) *der, die* traître *m*, traîtresse *f*.
verräterisch *Adj* **-1.** [zeigend] révélateur(trice). **-2.** [denunzierend] traître.
verrechnen *tr* imputer, passer en compte; **etw mit etw ~** compenser qqch avec qqch.
◆ **sich verrechnen** *ref* se tromper; **sich um fünf Mark ~** se tromper de cinq marks.
Verrechnungs|scheck *der* chèque *m* barré.
verrecken (*Perf* **ist verreckt**) *intr salopp* crever.
verregnet *Adj* gâché(e) par la pluie.
verreisen (*Perf* **ist verreist**) *intr* partir (en voyage); **verreist sein** être en voyage.
verreißen (*Prät* **verriß,** *Perf* **hat verrissen**) *tr* descendre (en flammes).
verrenken *tr*: **sich** *(D)* **etw ~** se luxer qqch.
verrichten *tr* accomplir.
verriegeln *tr* verrouiller.
verringern *tr* réduire.
◆ **sich verringern** *ref* se réduire.
Verringerung *die (ohne Pl)* diminution *f*.
verrosten (*Perf* **ist verrostet**) *intr* rouiller.
verrucht *Adj* mal famé(e).
verrücken *tr* déplacer.
verrückt *fam* ◇ *Adj* **-1.** [geistesgestört] cinglé(e), fou (folle); **~ spielen** débloquer. **-2.** [ausgefallen] extravagant(e). **-3.** [begierig]: **nach jm/etw ~ sein** *fam* être dingue de qqn/qqch. ◇ *Adv* [ausgefallen] de manière extravagante.
◆ **wie verrückt** *Adv fam* comme un (une) dingue; **es regnet wie ~** il pleut des cordes.
Verrückte (*Pl* **-n**) *der, die* dingue *mf*.
Verrücktwerden *das*: **das ist zum ~!** *fam* c'est à (en) devenir fou (folle)!

Verruf *der*: **in ~ kommen** acquérir une mauvaise réputation; **in ~ bringen** discréditer.
verrufen *Adj* qui a mauvaise réputation; [Viertel] malfamé(e).
verrutschen (*Perf* **ist verrutscht**) *intr* glisser.
Vers (*Pl* **-e**) *der* vers *m*; **sich** *(D)* **keinen ~ auf etw** *(A)* **machen können** *fig* ne pas voir à quoi rime qqch.
Vers. *Abk für* **Versicherung**.
versacken (*Perf* **ist versackt**) *intr* **-1.** [einsinken] s'enfoncer. **-2.** *fam* [viel trinken] faire la fête et boire *(jusque tard dans la soirée)*.
versagen *intr* **-1.** [scheitern] échouer. **-2.** [Mechanismus] tomber en panne; **ihre Stimme versagt** elle n'a plus de voix.
Versagen *das (ohne Pl)* défaillance *f*; **menschliches ~** défaillance humaine.
Versager, in (*mPl* **-**; *fPl* **-nen**) *der, die* raté *m*, -e *f*.
Versailles *nt* Versailles.
versalzen (*Perf* **hat versalzen**) *tr* **-1.** [salzen] trop saler. **-2.** [verderben] gâcher.
versammeln *tr* rassembler.
◆ **sich versammeln** *ref* se rassembler.
Ver|sammlung *die* réunion *f*, assemblée *f*.
Versammlungs|freiheit *die (ohne Pl)* liberté *f* de réunion.
Versand *der (ohne Pl)* expédition *f*.
versandfertig ◇ *Adj* prêt(e) à être expédié(e). ◇ *Adv*: **~ verpackt** prêt(e) à l'expédition.
Versand|haus *das* maison *f* de vente par correspondance.
Versandhaus|katalog *der* catalogue *m* de vente par correspondance.
Versand|kosten *Pl* frais *mpl* d'expédition.
versäumen *tr* **-1.** [verpassen] rater; **den Unterricht ~** manquer les cours; **nichts versäumt haben** ne rien avoir perdu. **-2.** [vernachlässigen]: **seine Pflichten ~** manquer à ses obligations.
Versäumnis (*Pl* **-se**) *das* négligence *f*.
versch. (*Abk für* **verschieden**) diff.
verschachtelt *Adj* [Satz] enchevêtré(e).
verschaffen *tr*: **jm etw ~** procurer qqch à qqn; **sich** *(D)* **etw ~** se procurer qqch.
verschämt ◇ *Adj* timide. ◇ *Adv* avec gêne, avec timidité.
verschandeln *tr fam* défigurer.
verschanzen
◆ **sich verschanzen** *ref* MIL se retrancher.
verschärfen *tr* **-1.** [steigern] renforcer. **-2.** [verschlimmern] aggraver.
◆ **sich verschärfen** *ref* **-1.** [sich steigern] s'accentuer. **-2.** [sich verschlimmern] s'aggraver.
verschätzen
◆ **sich verschätzen** *ref* se tromper (dans ses estimations).
verschenken *tr*: **etw ~** faire cadeau de qqch.
verscherzen *tr*: **sich** *(D)* **etw ~** perdre qqch par sa propre faute.
verscheuchen *tr* chasser.
verschicken *tr* expédier.
verschieben (*Prät* **verschob**, *Perf* **hat verschoben**) *tr* **-1.** [Treffen, Besuch] différer, reporter. **-2.** [Bett, Kommode] déplacer. **-3.** *fam* [illegal verkaufen] trafiquer.
◆ **sich verschieben** *ref* **-1.** [verlegt werden] être reporté(e). **-2.** [verrutschen] se déplacer, bouger.
Verschiebung (*Pl* **-en**) *die* report *m*.
verschieden ◇ *Adj* [unterschiedlich] différent(e); [Auffassungen, Interessen] divergent(e); **von jm/etw ~ sein** être différent(e) de qqn/qqch. ◇ *Adv* [unterschiedlich]: **~ schwierig** de difficulté variable; **~ groß** de tailles différentes.
◆ **verschiedene** *Adj* plusieurs.
verschiedentlich *Adv* à plusieurs reprises, en diverses circonstances.
verschimmeln (*Perf* **ist verschimmelt**) *intr* moisir.
verschlafen[1] (*Präs* **verschläft**, *Prät* **verschlief**, *Perf* **hat verschlafen**) ◇ *intr* ne pas se réveiller, oublier de se réveiller. ◇ *tr* **-1.** [schlafend verbringen]: **das Wochenende ~** passer le week-end à dormir. **-2.** *fam* [vergessen] louper.
◆ **sich verschlafen** *ref* oublier de se réveiller.
verschlafen[2] *Adj* **-1.** [schlaftrunken] mal réveillé(e). **-2.** [ruhig] endormi(e).
Ver|schlag *der* réduit *m*.
verschlagen[1] (*Präs* **verschlägt**, *Prät* **verschlug**, *Perf* **hat verschlagen**) *tr* **-1.** [rauben] couper. **-2.** SPORT: **einen Ball ~** rater une balle.
verschlagen[2] *abw* ◇ *Adj* sournois(e). ◇ *Adv* sournoisement.
verschlechtern *tr* détériorer.
◆ **sich verschlechtern** *ref* empirer.
Verschlechterung (*Pl* **-en**) *die* détérioration *f*, dégradation *f*.
Verschleiß *der (ohne Pl)* usure *f*.
verschleißen (*Prät* **verschliß**, *Perf* **hat/ist verschlissen**) ◇ *tr (hat)* user. ◇ *intr (ist)* s'user.
verschleppen *tr* **-1.** [deportieren] déporter. **-2.** [weiterverbreiten] propager. **-3.** [verzögern] faire traîner. **-4.** [unbehandelt lassen] laisser traîner.
verschleudern *tr* **-1.** [billig verkaufen] brader. **-2.** *abw* [verschwenden] dilapider.
verschließen (*Prät* **verschloß**, *Perf* **hat ver-**

schlossen) *tr* **-1.** [Haus, Tür, Schrank] fermer à clé. **-2.** [Flasche, Dose] fermer.
◆ **sich verschließen** *ref* se replier sur soi.
verschlimmern *tr* aggraver.
◆ **sich verschlimmern** *ref* s'aggraver.
verschlingen (*Prät* **verschlang,** *Perf* **hat verschlungen**) *tr* dévorer; **viel Geld ~** coûter une fortune.
verschlossen *Adj* [Person] renfermé(e); [Raum, Tür] fermé(e); [Briefumschlag] cacheté(e).
verschlucken *tr* **-1.** [hinunterschlucken] avaler. **-2.** [nicht äußern] ravaler.
◆ **sich verschlucken** *ref* avaler de travers.
Ver|schluß *der* fermeture *f*; [von Kette, Tasche] fermoir *m*; [von Flaschen] capsule *f*.
◆ **unter Verschluß** *Adv* sous clé.
verschlüsseln *tr* chiffrer, coder.
verschmähen *tr geh*: **etw ~** faire fi de qqch.
verschmelzen (*Präs* **verschmilzt,** *Prät* **verschmolz,** *Perf* **ist verschmolzen**) *intr*: **mit etw ~** s'amalgamer avec qqch; **zu etw ~** se fondre en qqch.
verschmutzen (*Perf* **hat/ist verschmutzt**) ◇ *intr (ist)* polluer. ◇ *tr (hat)* [Luft, Umwelt] polluer; [Teppich, Hose] salir.
Verschmutzung (*Pl* **-en**) *die* pollution *f*; [von Motoren] encrassement *m*.
verschnaufen *intr* reprendre haleine.
verschneit *Adj* enneigé(e).
Ver|schnitt *der* [beim Nähen] chute *f*; [Getränk] coupage *m*.
verschnörkelt *Adj* chargé(e) de fioritures.
verschnupft *Adj*: **~ sein** être enrhumé(e).
verschnüren *tr* ficeler.
verschollen *Adj* disparu(e).
verschonen *tr* ménager; **jn mit etw ~** épargner qqch à qqn.
verschönern *tr* agrémenter, embellir.
verschossen *Adj fam* : **in jn ~ sein** être entiché(e) de qqn.
verschränken *tr* croiser.
verschreiben (*Prät* **verschrieb,** *Perf* **hat verschrieben**) *tr*: **jm etw ~** prescrire qqch à qqn.
◆ **sich verschreiben** *ref* se tromper (en écrivant).
verschreibungspflichtig *Adj* délivré(e) uniquement sur ordonnance.
verschrieen *Adj* décrié(e); **als etw ~ sein** passer pour qqch.
verschrotten *tr* mettre à la casse.
verschrumpelt *Adj* ratatiné(e).
verschüchtert *Adj* intimidé(e).
verschulden *tr* causer.
◆ **sich verschulden** *ref* s'endetter.
Verschulden *das*: **ohne js ~** sans que qqn soit en tort; **durch fremdes ~** par la faute d'autrui.
verschuldet *Adj* endetté(e).
verschütten *tr* **-1.** [vergießen] renverser. **-2.** [ganz bedecken] ensevelir.
verschwägert *Adj* parent(e) par alliance.
verschweigen (*Prät* **verschwieg,** *Perf* **hat verschwiegen**) *tr* passer sous silence, taire; **jm etw ~** dissimuler qqch à qqn.
verschwenden *tr* gaspiller.
Verschwender, in (*mPl* **-**; *fPl* **-nen**) *der, die* dépensier *m*, -ère *f*.
verschwenderisch ◇ *Adj* prodigue. ◇ *Adv* avec prodigalité.
Verschwendung (*Pl* **-en**) *die* gaspillage *m*.
verschwiegen ◇ *PP* → **verschweigen.** ◇ *Adj* secret(ète); [Mitarbeiter] discret(ète).
Verschwiegenheit *die (ohne Pl)* discrétion *f*.
verschwinden (*Prät* **verschwand,** *Perf* **ist verschwunden**) *intr* disparaître; **etw ~ lassen** [wegzaubern] faire disparaître qqch; *fam* [unterschlagen] faucher qqch.
verschwommen ◇ *Adj* flou(e). ◇ *Adv* de manière vague, vaguement; **~ sehen** voir flou.
verschwören (*Prät* **verschwor,** *Perf* **hat verschworen**)
◆ **sich verschwören** *ref*: **sich gegen jn ~** conspirer contre qqn; **sich mit jm ~** conspirer avec qqn.
Verschwörer, in (*mPl* **-**; *fPl* **-nen**) *der, die* conspirateur *m*, -trice *f*.
Verschwörung (*Pl* **-en**) *die* conspiration *f*, complot *m*.
verschwunden ◇ *PP* → **verschwinden.** ◇ *Adj* disparu(e).
versehen (*Präs* **versieht,** *Prät* **versah,** *Perf* **hat versehen**) *tr* **-1.** [ausrüsten]: **etw mit etw ~** doter qqch de qqch; **jn mit etw ~** fournir qqch à qqn. **-2.** [Aufgabe, Pflicht] accomplir.
◆ **sich versehen** *ref* [sich irren] se tromper; **ehe man sich's versieht** *fig* le temps de dire ouf.
Versehen (*Pl* **-**) *das* erreur *f* (involontaire).
◆ **aus Versehen** *Adv* par inadvertance.
versehentlich ◇ *Adj* involontaire. ◇ *Adv* par mégarde.
versenden (*Prät* **versandte** ODER **versendete,** *Perf* **hat versandt** ODER **hat versendet**) *tr* expédier.
versengen *tr* brûler.
versenken *tr* [Schiff] couler; [Sarg] descendre.
Versenkung (*Pl* **-en**) *die* [von Schiffen] sabor-

dage *m*; [von Särgen] mise *f* en terre; **in der ~ verschwinden** *fam fig* disparaître de la circulation.

versessen *Adj*: **auf jn/etw ~ sein** être fou (folle) de qqn/qqch.

versetzen *tr* **-1.** [örtlich - Gegenstände] **déplacer**; [- Beamte] **muter**. **-2.** [Schüler] **faire passer dans la classe supérieure**. **-3.** [in einen anderen Zustand]: **sich in js Lage ~** se mettre à la place de qqn; **jn in etw** *(A)* **~** [Gefühl] plonger qqn dans qqch; **etw in Bewegung ~** mettre qqch en branle. **-4.** [verpfänden] mettre en gage. **-5.** *fam* [bei Verabredung]: **jn ~** poser un lapin à qqn. **-6.** [Schlag, Tritt] administrer. **-7.** [antworten] rétorquer.

Versetzung (*Pl* **-en**) *die* **-1.** [beruflich] mutation *f*. **-2.** SCHULE passage *m*.

verseuchen *tr* contaminer.

versichern *tr* **-1.** [erklären] affirmer. **-2.** [bei Versicherung] assurer.

◆ **sich versichern** *ref* **-1.** [bei Versicherung] s'assurer. **-2.** [prüfen]: **sich js/einer Sache** *(G)* **~** s'assurer de qqn/qqch.

Ver|sicherung *die* **-1.** [Firma, Vertrag] assurance *f*; **eine ~ (über 20.000 DM) abschließen** contracter une assurance (pour 20 000 DM). **-2.** [Erklärung] assertion *f*; **eidesstattliche ~** attestation *f* sous serment.

Versicherungs|beitrag *der* cotisation *f* (d'assurance).

Versicherungs|karte *die* **-1.** [sozial] carte *f* d'assuré social. **-2.** [für Kfz] attestation *f* d'assurance.

versicherungspflichtig *Adj* assujetti(e) à l'assurance.

Versicherungs|schutz *der (ohne Pl)* couverture *f* (d'assurance).

Versicherungs|summe *die* somme *f* assurée.

versickern (*Perf* **ist versickert**) *intr* s'infiltrer.

versiegeln *tr* [Brief, Umschlag] cacheter; [Tür, Wohnung] sceller.

versinken (*Prät* **versank**, *Perf* **ist versunken**) *intr* **-1.** [im Sumpf, Schnee] s'enliser. **-2.** [im Wasser] sombrer. **-3.** [in Gedanken, Gefühlen]: **in etw** *(A)* **versunken sein** être plongé(e) dans qqch.

Version [vɛr'zio:n] (*Pl* **-en**) *die* version *f*.

versohlen *tr fam* rosser.

versöhnen *tr* réconcilier; **jn mit jm ~** réconcilier qqn avec qqn.

◆ **sich versöhnen** *ref* se réconcilier; **sich mit jm ~** se réconcilier avec qqn.

versöhnlich ◇ *Adj* conciliant(e). ◇ *Adv* de manière conciliante.

Versöhnung (*Pl* **-en**) *die* réconciliation *f*.

versorgen *tr* **-1.** [versehen]: **jn mit etw ~** fournir qqch à qqn; **sich mit etw ~** se munir de qqch. **-2.** [pflegen - Haus, Garten] **entretenir**; [- Person, Tier] **prendre soin de**. **-3.** [ernähren] subvenir aux besoins de.

Versorgung (*Pl* **-en**) *die* approvisionnement *m*; [medizinisch] soins *mpl*.

Versorgungs|lage *die* approvisionnement *m*.

Versorgungs|lücke *die* difficultés *fpl* d'approvisionnement.

verspannt *Adj* tendu(e).

Ver|spannung *die* tension *f*.

verspäten

◆ **sich verspäten** *ref* être en retard.

verspätet ◇ *Adj* tardif(ive). ◇ *Adv* avec retard.

Verspätung (*Pl* **-en**) *die* retard *m*; **~ haben** avoir du retard.

versperren *tr* bloquer; **jm die Sicht ~** boucher la vue à qqn.

verspielen ◇ *tr* [Summe, Geld] perdre (au jeu); [Glück, Chance] laisser passer. ◇ *intr fam* : **verspielt haben** être grillé(e).

verspielt ◇ *Adj* [Kind, Tier] joueur(euse); [Kleidung] pimpant(e). ◇ *Adv* de manière pimpante.

verspotten *tr* se moquer de.

versprechen (*Präs* **verspricht**, *Prät* **versprach**, *Perf* **hat versprochen**) *tr* **-1.** [zusagen] promettre. **-2.** [erwarten]: **sich** *(D)* **etw von jm/etw ~** espérer qqch de qqn/qqch.

◆ **sich versprechen** *ref* faire un lapsus.

Versprechen (*Pl* -) *das* promesse *f*.

Ver|sprecher *der* lapsus *m*.

verspüren *tr* éprouver.

verst. (*Abk für* **verstorben**) décédé(e).

verstaatlichen *tr* nationaliser.

Ver|stand *der (ohne Pl)* [Urteilsvermögen] discernement *m*; [Intelligenz] entendement *m*; **den ~ verlieren** *fam fig* perdre la tête; **jn um den ~ bringen** *fam fig* faire perdre la raison à qqn.

verständig ◇ *Adj* [Handlung] sensé(e); [Mensch, Kind] raisonnable. ◇ *Adv* raisonnablement.

verständigen *tr* [informieren] avertir; **jn von etw** ODER **über etw** *(A)* **~** avertir qqn de qqch.

◆ **sich verständigen** *ref* **-1.** [kommunizieren] se faire comprendre; **sich mit jm ~** communiquer avec qqn. **-2.** [übereinkommen]: **sich über etw** *(A)* **~** s'entendre sur qqch.

Verständigung (*Pl* **-en**) *die* **-1.** [Benachrichtigung] information *f*. **-2.** [Kommunikation] communication *f*; [zwischen Völkern] entente *f*. **-3.** [Übereinkunft] accord *m*.

verständlich ◇ *Adj* **-1.** [klar] intelligible. **-2.** [begreiflich] compréhensible; **sich ~ machen** se faire comprendre; **leicht/schwer ~** facile/difficile à comprendre. ◇ *Adv* [klar] clairement.

Verständnis *das (ohne Pl)* compréhension *f*; **~ für jn/etw haben** avoir de la compréhension pour qqn/qqch.

verständnislos ◇ *Adj* incompréhensif(ive). ◇ *Adv* avec incompréhension.

verständnisvoll ◇ *Adj* compréhensif(ive). ◇ *Adv* de manière compréhensive.

verstärken *tr* **-1.** [stärker machen] consolider. **-2.** [intensivieren] renforcer; [Bemühungen] redoubler. **-3.** [zahlenmäßig] renforcer.

◆ **sich verstärken** *ref* s'intensifier.

Verstärker (*Pl* -) *der* amplificateur *m*.

Verstärkung (*Pl* **-en**) *die* renforcement *m*.

verstaubt *Adj eigtl* & *fig* poussiéreux(euse).

verstauchen *tr*: **sich** *(D)* **etw ~** se fouler qqch.

Verstauchung (*Pl* **-en**) *die* entorse *f*.

verstauen *tr* caser.

Versteck (*Pl* **-e**) *das* cachette *f*.

verstecken *tr* cacher.

◆ **sich verstecken** *ref* se cacher; **sich vor jm/etw ~** fuir qqn/qqch.

◆ **Verstecken** *das (ohne Pl)*: **~ spielen** jouer à cache-cache.

versteckt ◇ *Adj* [Kritik, Drohung] voilé(e); [Mängel, Fehler] caché(e). ◇ *Adv* en cachette.

verstehen (*Prät* **verstand,** *Perf* **hat verstanden**) ◇ *tr* **-1.** [gen] comprendre; **sein Fach/Handwerk ~** maîtriser son domaine/art; **etwas von etw ~** bien s'y connaître en qqch; **von etw nichts ~** ne rien y connaître à qqch; **viel von etw ~** très bien s'y connaître en qqch; **etw unter etw** *(D)* **~** entendre qqch par qqch. **-2.** [am Telefon] entendre. **-3.** *RW*: **jm etw zu ~ geben** laisser entendre qqch à qqn. ◇ *intr* **-1.** [gen] comprendre. **-2.** [am Telefon] entendre.

◆ **sich verstehen** *ref*: **sich (mit jm) ~** s'entendre (avec qqn); **sich gut ~** bien s'entendre; **sich auf etw** *(A)* **~** s'y entendre en qqch; **das versteht sich von selbst!** cela va de soi!

versteifen *tr* renforcer.

◆ **sich versteifen** *ref* **-1.** [verhärten] se raidir. **-2.** [sich festlegen]: **sich auf etw** *(A)* **~** s'obstiner à qqch.

versteigern *tr* vendre aux enchères; **etw meistbietend ~** céder qqch au plus offrant.

Ver|steigerung *die* vente *f* aux enchères.

versteinert *Adj* pétrifié(e).

Versteinerung (*Pl* **-en**) *die* **-1.** [Versteinertes] fossile *m*. **-2.** [Versteinern] pétrification *f*, fossilisation *f*.

verstellbar *Adj* réglable.

verstellen *tr* **-1.** [verändern] dérégler. **-2.** [blockieren]: **jm etw ~** barrer qqch à qqn. **-3.** [zur Täuschung] déguiser. **-4.** [an einen falschen Ort] mal ranger.

◆ **sich verstellen** *ref* **-1.** [sich anders einstellen] se dérégler. **-2.** [zur Täuschung] **dissimuler.**

Ver|stellung *die* **-1.** *(ohne Pl)* [zur Täuschung] simulation *f*. **-2.** [falsche Einstellung] **dérèglage** *m*.

versteuern *tr*: **etw ~** payer l'impôt sur qqch.

verstimmt ◇ *Adj* **-1.** [Instrument] désaccordé(e). **-2.** [Mensch] contrarié(e). ◇ *Adv* **-1.** [falsch]: **~ klingen** sonner faux. **-2.** [mißmutig] l'air contrarié.

Ver|stimmung *die* **-1.** [von Musikinstrumenten] fait *m* d'être désaccordé(e). **-2.** [von Menschen] contrariété *f*. **-3.** [von Magen] dérèglement *m*.

verstockt *abw Adj* obstiné(e).

verstohlen ◇ *Adj* furtif(ive). ◇ *Adv* à la dérobée.

verstopfen (*Perf* **hat/ist verstopft**) ◇ *tr (hat)* boucher. ◇ *intr (ist)* être bouché(e).

Verstopfung (*Pl* **-en**) *die* **-1.** [des Darms] constipation *f*. **-2.** [Blockierung] obstruction *f*.

Verstorbene (*Pl* **-n**) *der, die geh* défunt *m*, -e *f*.

verstört ◇ *Adj* perturbé(e). ◇ *Adv*: **~ blicken** avoir l'air perturbé(e).

Ver|stoß *der* infraction *f*; **ein ~ gegen etw** une entorse à qqch.

verstoßen (*Präs* **verstößt,** *Prät* **verstieß,** *Perf* **hat verstoßen**) ◇ *intr*: **gegen etw ~** contrevenir à qqch. ◇ *tr* rejeter; [Ehefrau] répudier.

verstreichen (*Prät* **verstrich,** *Perf* **hat/ist verstrichen**) ◇ *tr (hat)* étaler. ◇ *intr (ist) geh* s'écouler.

verstreuen *tr* [Pulver, Körner] répandre; [Dinge] éparpiller.

verstricken *tr*: **jn in etw** *(D)* **~** empêtrer qqn dans qqch.

◆ **sich verstricken** *ref geh*: **sich in etw** *(D)* **~** s'empêtrer dans qqch.

verströmen *tr* exhaler.

verstümmeln *tr* estropier.

verstummen (*Perf* **ist verstummt**) *intr geh* se taire.

Versuch (*Pl* **-e**) *der* **-1.** [Handlung] tentative *f*; **einen ~ machen** ODER **unternehmen** faire une tentative. **-2.** [wissenschaftlich] expérience *f*.

versuchen *tr* **-1.** [sich bemühen] tenter, essayer; **es mit jm ~** prendre qqn à l'essai; **es mit etw ~** essayer qqch. **-2.** [kosten] goûter.

◆ **sich versuchen** *ref*: **sich an** ODER **in etw** *(D)* **~** s'essayer à qqch.

Versuchs|kaninchen *das fam abw* cobaye *m*.

Versuchs|zweck

◆ **zu Versuchszwecken** *Adv* à titre d'essai.

Versuchung (*Pl* **-en**) *die* tentation *f*.

versüßen *tr* adoucir.
vertagen *tr* reporter.
vertauschen *tr* échanger; **etw gegen/mit etw ~** échanger qqch contre/avec qqch.
verteidigen *tr* défendre.
◆ **sich verteidigen** *ref* se défendre.
Verteidiger, in (*mPl* -; *fPl* **-nen**) *der, die* défenseur *m*.
Verteidigung (*Pl* **-en**) *die* défense *f*.
Verteidigungs|minister, in *der, die* ministre *m* de la Défense.
Verteidigungs|ministerium *das* ministère *m* de la Défense.
verteilen *tr* **-1.** [ausgeben] distribuer; **etw unter Leuten ~** distribuer qqch aux gens. **-2.** [verbreiten] répartir.
◆ **sich verteilen** *ref* se répartir.
Verteiler (*Pl* -) *der* TECH distributeur *m*.
Ver|teilung *die* répartition *f*.
verteuern *tr* rendre plus cher(ère).
◆ **sich verteuern** *ref* augmenter.
verteufeln *tr* maudire.
vertiefen *tr* **-1.** [Graben, Loch] rendre plus profond(e). **-2.** [Kenntnisse, Wissen] approfondir.
◆ **sich vertiefen** *ref* **-1.** [Graben, Loch, Falten] se creuser. **-2.** [Gefühle] se renforcer. **-3.** [sich konzentrieren]: **sich in etw** *(A)* **~** se plonger dans qqch.
Vertiefung (*Pl* **-en**) *die* **-1.** [Loch] creux *m*. **-2.** *(ohne Pl)* [von Wissen] approfondissement *m*.
vertikal [vɛrti'ka:l] ◇ *Adj* vertical(e). ◇ *Adv* verticalement.
vertilgen *tr* **-1.** *fam* [aufessen] avaler. **-2.** [vernichten] éliminer.
vertonen *tr* mettre en musique.
vertr. *Abk für* **vertraulich**.
Vertr. *Abk für* **Vertrag**.
vertrackt *fam* ◇ *Adj* emberlificoté(e). ◇ *Adv* de manière emberlificotée.
Vertrag (*Pl* **Verträge**) *der* contrat *m*; **jn unter ~ nehmen** engager qqn.
vertragen (*Präs* **verträgt**, *Prät* **vertrug**, *Perf* **hat vertragen**) *tr* supporter; **viel ~** *fam* supporter l'alcool.
◆ **sich vertragen** *ref*: **sich mit jm ~** s'entendre avec qqn.
vertraglich ◇ *Adj* contractuel(elle). ◇ *Adv* par contrat.
verträglich *Adj* **-1.** [freundlich] accommodant(e). **-2.** [Essen] digeste; [Medikament] sans effets secondaires.
Vertrags|bruch *der* rupture *f* de contrat.
Vertrags|händler *der* concessionnaire *m*.
Vertrags|partner, in *der, die* contractant *m*, -e *f*.
vertrauen *intr*: **auf etw** *(A)* **~** se fier à qqch; **einer Sache** *(D)* **~** avoir confiance en qqch; **jm ~** faire confiance à qqn.
Vertrauen *das (ohne Pl)* confiance *f*; **zu jm ~ haben** avoir confiance en qqn; **jn ins ~ ziehen** metre qqn dans la confidence.
◆ **im Vertrauen** *Adv* en confidence.
vertrauenerweckend ◇ *Adj* qui inspire (la) confiance. ◇ *Adv* de manière rassurante; **~ aussehen** ODER **wirken** avoir l'air rassurant.
Vertrauens|arzt, |ärztin *der, die* médecin-conseil *m*.
Vertrauens|basis *die (ohne Pl)* base *f* de confiance.
Vertrauens|frage *die* question *f* de confiance; **die ~ stellen** POL poser la question de confiance.
Vertrauens|frau *die* femme *f* de confiance.
Vertrauens|krise *die* crise *f* de confiance.
Vertrauens|mann (*Pl* **-männer** ODER **-leute**) *der* homme *m* de confiance.
Vertrauens|sache *die (ohne Pl)* question *f* de confiance.
vertrauensselig ◇ *Adj* crédule. ◇ *Adv* naïvement.
vertrauensvoll ◇ *Adj* **-1.** [Mensch, Blick] confiant(e). **-2.** [Frage, Beziehung] de confiance. ◇ *Adv* en toute confiance.
vertrauenswürdig ◇ *Adj* digne de confiance. ◇ *Adv*: **~ aussehen** ODER **wirken** inspirer confiance.
vertraulich ◇ *Adj* **-1.** [geheim] confidentiel(elle). **-2.** [freundschaftlich] intime. ◇ *Adv* [geheim] en toute confidentialité.
verträumt ◇ *Adj* rêveur(euse). ◇ *Adv* d'un air rêveur.
vertraut *Adj* familier(ère); **jm ~ sein** être familier à qqn; **mit etw ~ sein** s'y connaître en qqch; **sich mit etw ~ machen** se familiariser avec qqch.
vertreiben (*Prät* **vertrieb**, *Perf* **hat vertrieben**) *tr* **-1.** [verjagen] chasser; **jn aus etw ~** chasser qqn de qqch. **-2.** [verkaufen] écouler.
Vertreibung (*Pl* **-en**) *die* expulsion *f*.
vertretbar *Adj* [Meinung] défendable; [Kosten, Risiko] acceptable.
vertreten (*Präs* **vertritt**, *Prät* **vertrat**, *Perf* **hat vertreten**) *tr* **-1.** [bei Urlaub, Krankheit] remplacer. **-2.** [Interessen] **représenter**. **-3.** [Meinung, Ansicht] **défendre**. **-4.** [anwesend]: **~ sein** être présent(e).
◆ **sich vertreten** *ref*: **sich etw ~** se fouler qqch.

Vertreter, in (*mPl* **-**; *fPl* **-nen**) *der, die* **-1.** [bei Urlaub, Krankheit] **remplaçant** *m*, **-e** *f*. **-2.** [von Firma, Land, Interessengruppe] **représentant** *m*, **-e** *f*. **-3.** [von Meinung, Ansicht] **partisan** *m*.
Vertretung (*Pl* **-en**) *die* **-1.** [Handlung] **remplacement** *m*; [von Interessen] **défense** *f*. **-2.** [bei Urlaub, Krankheit] **remplaçant** *m*, **-e** *f*. **-3.** [Delegation] **représentation** *f*; [Person] **représentant** *m*, **-e** *f*; **diplomatische ~ représentation diplomatique. -4.** [Filiale] **agence** *f*.
Vertrieb *der (ohne Pl)* **distribution** *f*.
Vertriebene (*Pl* **-n**) *der, die* **expulsé** *m*, **-e** *f*.
Vertriebsab|teilung *die* **service** *m* **des ventes.**
Vertriebskosten *Pl* **frais** *mpl* **de distribution.**
vertrocknen (*Perf* **ist vertrocknet**) *intr* **se dessécher**; [Brunnen] **se tarir.**
vertrödeln *tr fam* : **seine Zeit ~ glander.**
vertrösten *tr*: **jn (auf später) ~ faire patienter qqn.**
vertun (*Prät* **vertat,** *Perf* **hat vertan**) *tr* [Zeit, Geld] **gaspiller**; [Gelegenheit, Chance] **manquer.**
◆ **sich vertun** *ref fam* **se tromper.**
vertuschen *tr* [Skandal] **étouffer**; [Fehler, Wahrheit] **cacher.**
verübeln *tr*: **jm etw ~ en vouloir à qqn pour qqch.**
verüben *tr* **commettre.**
verulken *tr* **se moquer de.**
verunglimpfen *tr geh* **diffamer.**
verunglücken (*Perf* **ist verunglückt**) *intr* **avoir un accident; tödlich/schwer ~ avoir un accident mortel/grave.**
verunreinigen *tr* **polluer.**
verunsichern *tr* **troubler.**
verunstalten *tr* **enlaidir.**
veruntreuen *tr* RECHT **détourner.**
Veruntreuung (*Pl* **-en**) *die* RECHT **détournement** *m*.
verursachen *tr* **provoquer, causer.**
Verursacher, in (*mPl* **-**; *fPl* **-nen**) *der, die amt* **responsable** *mf*.
Verursacher|prinzip *das (ohne Pl) principe selon lequel les responsables seront les payeurs.*
verurteilen *tr* **condamner; jn zu etw ~ condamner qqn à qqch.**
Verur|teilung *die* **condamnation** *f*.
vervielfachen *tr* **multiplier.**
◆ **sich vervielfachen** *ref* **se multiplier.**
vervielfältigen *tr* **polycopier**; [fotokopieren] **photocopier.**
Vervielfältigung (*Pl* **-en**) *die* **-1.** [Vorgang] **reproduction** *f*. **-2.** [Ergebnis] **copie** *f*.
vervollkommnen *tr* [Technik, Methode] **perfectionner**; [Kenntnisse, Kunst] **parfaire**; [Fähigkeiten] **améliorer.**
◆ **sich vervollkommnen** *ref* **se perfectionner.**
vervollständigen *tr* **compléter.**
◆ **sich vervollständigen** *ref* **s'enrichir.**
verw. *Abk für* **verwitwet.**
Verw. ◇ (*Abk für* **Verwaltung**) **adm.** ◇ (*Abk für* **Verweis**) **avertissement.**
verwachsen[1] [fɛr'vaksn̩] *Adj* **difforme.**
verwachsen[2] (*Präs* **verwächst,** *Prät* **verwuchs,** *Perf* **ist verwachsen**) *intr* **-1.** [heilen] **cicatriser. -2.** [verbinden]: **mit etw ~ sein être lié(e) à qqch.**
◆ **sich verwachsen** *ref fam* **disparaître avec le temps.**
verwackelt *Adj fam* **flou(e).**
verwählen
◆ **sich verwählen** *ref* **faire un faux numéro.**
verwahren *tr* **conserver** *(en lieu sûr)*.
◆ **sich verwahren** *ref*: **sich gegen etw ~ protester contre qqch.**
verwahrlosen (*Perf* **ist verwahrlost**) *intr* **être négligé(e)**; [Gebäude, Garten] **être à l'abandon.**
Verwahrlosung *die (ohne Pl)* **-1.** [Mensch - körperlich] **laisser-aller** *m*, **incurie** *f*; [- moralisch] **détresse** *f*. **-2.** [Haus, Garten] **abandon** *m*.
Ver|wahrung *die (ohne Pl)* **garde** *f*, **dépôt** *m*; **etw in ~ nehmen mettre qqch à l'abri** ODER **en lieu sûr.**
verwaist ◇ *Adj* **-1.** [elternlos] **orphelin(e). -2.** [einsam] **déserté(e).** ◇ *Adv* [einsam] **abandonné(e).**
verwalten *tr* **administrer**; [Geschäft] **gérer.**
Verwalter, in (*mPl* **-**; *fPl* **-nen**) *der, die* **administrateur** *m*, **-trice** *f*; [von Häusern] **syndic** *m*; [von Geschäften] **gérant** *m*, **-e** *f*.
Verwaltung (*Pl* **-en**) *die* **-1.** *(ohne Pl)* [gen] **administration** *f*. **-2.** [von Geschäften] **gestion** *f*.
Verwaltungs|apparat *der* **appareil** *m* **administratif.**
Verwaltungs|bezirk *der* **circonscription** *f* **administrative.**
Verwaltungs|gebäude *das* **bâtiment** *m* **administratif.**
Verwaltungskosten *Pl* **frais** *mpl* **administratifs** ODER **de gestion.**
verwandeln *tr* **métamorphoser; etw in etw** *(A)* **~ transformer qqch en qqch.**
◆ **sich verwandeln** *ref* **se transformer.**
Verwandlung (*Pl* **-en**) *die* [von Sachen] **transformation** *f*; [von Menschen] **métamorphose** *f*.
verwandt ◇ *PP* → **verwenden.** ◇ *Adj* [Menschen, Ideen, Gefühle] **parent(e)**; [Tiere, Sprachen]

d'une même famille; **mit jm ~ sein** être apparenté(e) à qqn.

Verwandte (*Pl* **-n**) *der, die* parent *m*, -e *f*.

Verwandtschaft (*Pl* **-en**) *die* parenté *f*.

verwandtschaftlich ◇ *Adj* de parenté. ◇ *Adv* par voie de parenté.

Verwandtschafts|verhältnis *das* lien *m* de parenté.

verwarnen *tr* donner un avertissement à.

Ver|warnung *die* avertissement *m*; **eine gebührenpflichtige ~** contravention *f*.

verwaschen ◇ *Adj* délavé(e). ◇ *Adv*: **~ aussehen** avoir l'air délavé.

verwässern *tr* délayer.

verwechseln [fɛrˈvɛksl̩n] *tr* confondre; **jn mit jm ~** prendre qqn pour qqn; **etw mit etw ~** confondre qqch avec qqch.

◆ **Verwechseln** *das (ohne Pl)*: **einander zum Verwechseln ähnlich sehen** se ressembler à s'y méprendre.

Verwechslung, **Verwechselung** [fɛrˈvɛks(ə)lʊŋ] (*Pl* **-en**) *die* confusion *f*; **eine ~ von jm/etw mit jm/etw** une confusion entre qqn/qqch et qqn/qqch.

verwegen ◇ *Adj* téméraire. ◇ *Adv* avec témérité.

verwehen *tr* **-1.** [auseinanderwehen - Blätter, Laub] éparpiller; [- Rauch] dissiper. **-2.** [zuwehen] effacer.

verwehren *tr geh*: **jm etw ~** interdire qqch à qqn.

verweichlichen (*Perf* **hat/ist verweichlicht**) ◇ *intr (ist)* amollir. ◇ *tr (hat)* amollir.

verweigern ◇ *tr*: **etw ~** refuser de faire qqch; **die Annahme von etw ~** refuser (de réceptionner) qqch; **jm etw ~** refuser qqch à qqn. ◇ *intr fam* être objecteur de conscience.

◆ **sich verweigern** *ref* se refuser à.

Ver|weigerung *die*: **die ~ von etw** le refus de faire qqch; **die ~ der Aussage** le refus de faire une déposition.

Verweis (*Pl* **-e**) *der* **-1.** [Rüge] réprimande *f*; **jm einen ~ erteilen** réprimander qqn. **-2.** [Hinweis]: **ein ~ auf etw** *(A)* un renvoi à qqch.

verweisen (*Prät* **verwies**, *Perf* **hat verwiesen**) ◇ *tr* **-1.** [hinweisen]: **jn auf etw** *(A)* **~** renvoyer qqn à qqch. **-2.** [weiterleiten]: **jn/etw an jn/etw ~** renvoyer qqn/qqch à qqn/qqch. **-3.** [ausweisen - von Schule] renvoyer; [- aus Raum] expulser. ◇ *intr*: **auf etw** *(A)* **~** renvoyer à qqch.

verwelken (*Perf* **ist verwelkt**) *intr* se faner.

verwendbar *Adj* utilisable.

verwenden (*Prät* **verwendete** ODER **verwandte**, *Perf* **hat verwendet** ODER **verwandt**) *tr* **-1.** [benutzen] utiliser. **-2.** [verbrauchen]: **etw für** ODER **zu etw ~** consacrer qqch à qqch; **etw auf etw** *(A)* **~** employer qqch à qqch.

◆ **sich verwenden** *ref*: **sich für jn/etw ~** intervenir en faveur de qqn/qqch.

Ver|wendung *die* utilisation *f*; **(keine) ~ für etw haben** (ne pas) avoir l'utilité de qqch; **etw findet ~** on trouve un usage à qqch.

Verwendungs|zweck *der* utilisation *f*.

verwerfen (*Präs* **verwirft**, *Prät* **verwarf**, *Perf* **hat verworfen**) *tr* rejeter.

verwertbar *Adj* récupérable.

verwerten *tr* utiliser.

Ver|wertung *die* [von Methode, Material] utilisation *f*; [von Abfällen] **récupération** *f*.

verwest ◇ *Adj* décomposé(e). ◇ *Adv*: **~ riechen** sentir la pourriture.

Verwesung *die (ohne Pl)* décomposition *f*.

verwickeln *tr*: **jn in etw** *(A)* **~** impliquer qqn dans qqch.

◆ **sich verwickeln** *ref* s'emmêler.

verwickelt *Adj* [kompliziert] embrouillé(e).

Verwicklung, **Verwickelung** (*Pl* **-en**) *die* implication *f*.

verwildern (*Perf* **ist verwildert**) *intr* [Tier] retourner à l'état sauvage; [Garten] être à l'abandon.

verwinden (*Prät* **verwand**, *Perf* **hat verwunden**) *tr geh* surmonter; **etw nicht ~ können** ne pas pouvoir surmonter qqch.

verwinkelt ◇ *Adj* anguleux(euse). ◇ *Adv*: **das Haus ist ~ gebaut** c'est une maison pleine de recoins.

verwirklichen *tr* [Wunsch, Traum] réaliser; [Überlegung] concrétiser.

◆ **sich verwirklichen** *ref* **-1.** [Wunsch, Befürchtung] se réaliser. **-2.** [sich entfalten]: **sich selbst ~** se réaliser.

Verwirklichung (*Pl* **-en**) *die* réalisation *f*.

verwirren *tr* **-1.** [Wolle, Garn] emmêler; [Fäden] enchevêtrer. **-2.** [Personen] déconcerter.

◆ **sich verwirren** *ref* **-1.** [Wolle, Garn] s'emmêler; [Fäden] s'enchevêtrer. **-2.** [Verstand, Sinne] se brouiller.

Verwirrung (*Pl* **-en**) *die* confusion *f*.

verwischen *tr* [verblassen] estomper; [verschmieren] effacer; [Spur] brouiller.

◆ **sich verwischen** *ref* s'estomper.

verwittern (*Perf* **ist verwittert**) *intr* s'effriter.

verwitwet *Adj* veuf (veuve).

verwöhnen *tr* gâter.

verwöhnt *Adj* **-1.** [Kind, Tier] gâté(e). **-2.** [Geschmack, Gaumen] fin(e).

verworren ◇ *Adj* confus(e). ◇ *Adv* de manière confuse.

verwunden *tr* blesser.
verwunderlich *Adj* étonnant(e).
verwundern *tr* étonner.
◆ **sich verwundern** *ref geh* s'étonner.
verwundert ◇ *Adj* étonné(e). ◇ *Adv* avec étonnement.
Verwunderung *die (ohne Pl)* étonnement *m*.
Verwundete (*Pl* **-n**) *der, die* blessé *m*, -e *f*.
Verwundung (*Pl* **-en**) *die* blessure *f*.
verwünschen *tr* [verfluchen] maudire; [verzaubern] ensorceler.
verwurzelt *Adj*: **in etw** *(D)* **~ sein** être enraciné(e) dans qqch.
verwüsten *tr* dévaster.
Verwüstung (*Pl* **-en**) *die* ravages *mpl*.
Verz. *Abk für* **Verzeichnis**.
verzählen
◆ **sich verzählen** *ref* se tromper dans ses calculs.
verzapfen *tr fam abw* raconter (des âneries).
verzaubern *tr* ensorceler; **jn/etw in jn/etw ~** changer qqn/qqch en qqn/qqch.
Verzehr *der (ohne Pl) geh* consommation *f*.
verzehren *tr geh* consommer.
verzeichnen *tr* enregistrer.
Verzeichnis (*Pl* **-se**) *das* répertoire *m*; *amt* registre *m*.
Verzeichnis|struktur *die* EDV arborescence *f*.
verzeihen (*Prät* **verzieh**, *Perf* **hat verziehen**) *tr* pardonner; **jm etw ~** pardonner qqch à qqn.
◆ **verzeihen Sie bitte!** *Interj* excusez-moi!, excusez-nous!
verzeihlich *Adj* excusable.
Verzeihung *die (ohne Pl)* pardon *m*; **jn um ~ bitten** demander pardon à qqn.
◆ **Verzeihung!** *Interj* pardon!
verzerren *tr* **-1.** [Gesicht] distordre. **-2.** [optisch, akustisch] déformer.
◆ **sich verzerren** *ref* [sich entstellen] se distordre.
verzetteln
◆ **sich verzetteln** *ref* s'éparpiller.
Verzicht (*Pl* **-e**) *der*: **~ auf etw** *(A)* renoncement *m* à qqch; **~ leisten** renoncer à.
verzichten *intr*: **(auf jn/etw) ~** renoncer (à qqn/qqch).
verzieh *Prät* → **verzeihen**.
verziehen (*Prät* **verzog**, *Perf* **hat/ist verzogen**) ◇ *PP* → **verzeihen**. ◇ *tr (hat)* **-1.** [verzerren]: **das Gesicht** ODER **den Mund ~** faire la grimace. **-2.** [Kind] mal élever. ◇ *intr (ist)* [fortziehen] déménager; **unbekannt verzogen** parti(e) sans laisser d'adresse.
◆ **sich verziehen** *ref* **-1.** [Gesicht, Mund] se crisper. **-2.** [Holz, Tür] **travailler**. **-3.** [Wolken] se dissiper; [Unwetter] s'éloigner. **-4.** *fam* [fortgehen] filer.
verzieren *tr* orner.
Verzierung (*Pl* **-en**) *die* **-1.** [Handlung] ornementation *f*. **-2.** [Ergebnis] ornement *m*, ornementation *f*.
verzinsen *tr* payer des intérêts.
◆ **sich verzinsen** *ref*: **etw verzinst sich** qqch rapporte des intérêts.
verzögern *tr* **-1.** [verschieben] retarder. **-2.** [verlangsamen] ralentir.
◆ **sich verzögern** *ref* [sich verspäten] être retardé(e).
Verzögerung (*Pl* **-en**) *die* **-1.** [Verspätung] retard *m*. **-2.** [Verlangsamung] ralentissement *m*.
verzollen *tr* déclarer à la douane; **haben Sie etwas zu ~?** vous n'avez rien à déclarer?
verzückt ◇ *Adj* ravi(e). ◇ *Adv* avec ravissement.
Ver|zug *der (ohne Pl)* retard *m*; **(mit etw) in ~ geraten** ODER **kommen** prendre du retard (dans qqch).
◆ **im Verzug** *Adv* en retard; **Gefahr im ~** péril en la demeure.
verzweifeln (*Perf* **ist verzweifelt**) *intr* désespérer; **über etw** *(A)* **~** être désespéré(e) par qqch; **an etw** *(D)* **~** *geh* désespérer de qqch.
◆ **Verzweifeln** *das (ohne Pl)*: **es ist zum ~!** c'est à désespérer!
verzweifelt ◇ *Adj* désespéré(e). ◇ *Adv* désespérément.
Verzweiflung (*Pl* **-en**) *die*: **(aus** ODER **vor) ~** (par ODER de) désespoir; **jn zur ~ bringen** mettre qqn au désespoir.
verzweigt *Adj* ramifié(e).
verzwickt *Adj fam* compliqué(e).
Vesuv *der* Vésuve *m*.
Veteran [vete'raːn] (*Pl* **-en**) *der* vétéran *m*.
Veto ['veːto] (*Pl* **-s**) *das* veto *m*; **sein ~ gegen etw einlegen** mettre son veto à qqch.
Vetter (*Pl* **-n**) *der* cousin *m*.
Vettern|wirtschaft *die (ohne Pl) abw* népotisme *m*.
VGA-|Standard *der* EDV standard *m* VGA.
vgl. (*Abk für* **vergleiche**).
VHS [fau̯|haː'|ɛs] *die (ohne Pl) Abk für* **Volkshochschule**.
via ['viːa] *Präp* via.
Vibration [vibra'tsi̯oːn] (*Pl* **-en**) *die* vibration *f*.
vibrieren [vi'briːrən] *intr* vibrer.

Video ['viːdeo] *(Pl* **-s)** *das* **-1.** *fam* [Film] vidéo *f.* **-2.** *(ohne Pl)* [Technik] vidéo *f.*

Video|clip *der* clip *m.*

Video|film *der* film *m* vidéo.

Video|gerät *das* magnétoscope *m.*

Video|kamera *die* Caméscope® *m.*

Video|kassette *die* cassette *f* vidéo.

Videorecorder *(Pl* -) *der* magnétoscope *m.*

Video|spiel *das* jeu *m* vidéo.

Video|text *der* télétexte *m.*

Videothek [video'teːk] *(Pl* **-en)** *die* vidéothèque *f.*

Vieh *das (ohne Pl)* bétail *m.*

Vieh|zucht *die (ohne Pl)* élevage *m* (du bétail).

viel *(Kompar* **mehr,** *Superl* **meiste), vieles** ◇ *Adj* **-1.** [Menge] tout le, toute la; **die ~e Arbeit** tout le travail. **-2.** [Anzahl] nombreux(euses); **die ~en Meinungen** les nombreuses opinions. ◇ *Det* **-1.** [Menge] beaucoup de; **~ Mühe** beaucoup de peine; **zu ~** trop de. **-2.** [Anzahl] beaucoup de; **~e Kinder** beaucoup d'enfants; **~e Stunden** de nombreuses heures. **-3.** [Ausdruck der Höflichkeit]: **~en Dank!** merci beaucoup!; **~ Spaß!** amuse-toi bien!, amusez-vous bien! ◇ *Adv* **-1.** [gen] beaucoup; **~ trinken** boire beaucoup; **~ besser** beaucoup mieux. **-2.** [von vielen Leuten] très; **~ gefragt** très demandé(e).

◆ **viele** *Pron* beaucoup.

◆ **vieles** *Pron* beaucoup de choses.

◆ **nicht viel** ◇ *Det* ne ... pas beaucoup de; **nicht ~ Geld** pas beaucoup d'argent. ◇ *Adv* **-1.** [gen] ne ... pas beaucoup; **wir gehen nicht ~ aus** nous ne sortons pas beaucoup. **-2.** *fam* [nichts] pas grand-chose.

◆ **nicht viele** *Det* ne ... pas beaucoup.

◆ **viel zu viel** ◇ *Det* beaucoup trop de. ◇ *Adv* beaucoup trop.

◆ **viel zu viele** *Det* beaucoup trop de.

vielbeschäftigt *Adj* très occupé(e).

vieldeutig ◇ *Adj* équivoque. ◇ *Adv* de manière équivoque.

vielerlei ◇ *Det* divers(e). ◇ *Pron* toutes sortes de choses.

vielfach ◇ *Adj* [mehrfach, wiederholt] multiple. ◇ *Adv* **-1.** [mehrmals] plusieurs fois. **-2.** [oft] souvent.

Vielfache *das (ohne Pl)*: **das ~ von etw** ODER **einer Sache** *(G)* le multiple de qqch; **um ein ~s** de beaucoup.

Vielfalt *die (ohne Pl)* [große Anzahl] multitude *f;* [Verschiedenheit] variété *f,* diversité *f.*

vielfältig *Adj* varié(e).

vielleicht *Adv* **-1.** [gen] peut-être; **~ komme ich morgen** peut-être que je viendrai demain. **-2.** *fam* [wirklich, außerordentlich]: **du bist ~ dreist!** quel effronté tu fais!; **der ist ~ gerannt!** tu l'aurais vu courir! **-3.** [zum Ausdruck der Höflichkeit]: **könnten Sie mir ~ Feuer geben**? vous auriez du feu, s'il vous plaît?

vielmals *Adv* mille fois; **danke ~!** mille fois merci!

vielmehr *Adv geh* ou plutôt.

vielsagend ◇ *Adj* éloquent(e). ◇ *Adv* de façon éloquente.

vielschichtig ◇ *Adj* complexe. ◇ *Adv* sous de nombreux aspects.

vielseitig ◇ *Adj* **-1.** [Person] polyvalent(e). **-2.** [umfassend] varié(e). ◇ *Adv*: **~ begabt** doué(e) dans plusieurs domaines; **~ einsetzbar** polyvalent(e).

vielversprechend ◇ *Adj* prometteur(euse). ◇ *Adv* de manière prometteuse.

Viel|zahl *die (ohne Pl)* multiplicité *f.*

vier [fiːɐ̯] *Num* quatre; **auf allen ~en** *fam* à quatre pattes; **alle ~e von sich strecken** *fam fig* s'affaler; *siehe auch* **sechs.**

Vier *(Pl* **-en)** *die* **-1.** [Zahl] quatre *m.* **-2.** [Schulnote] ≃ 8/20; *siehe auch* **Sechs.**

Vierbeiner *(Pl* -) *der* quadrupède *m.*

vierblättrig *Adj*: **ein ~es Kleeblatt** un trèfle à quatre feuilles.

Vier|eck *(Pl* **-e)** *das* **-1.** [Quadrat] carré *m;* [Rechteck] rectangle *m.* **-2.** MATH quadrilatère *m.*

viereckig *Adj* **-1.** [quadratisch] carré(e). **-2.** [rechteckig] rectangulaire.

Vierer *(Pl* -) *der* **-1.** SPORT: **ein ~ (mit/ohne Steuermann)** un quatre (avec/sans barreur). **-2.** *fam* [Note] *note tout juste passable dans la notation allemande.*

vierfach *Adv* quadruple.

vierhändig *Adj* & *Adv* à quatre mains.

vierhundert *Num* quatre cents.

Vierkant|schlüssel *der* clef *f* carrée.

viermal *Adv* quatre fois.

vierspurig *Adj* à quatre voies.

vierstellig *Adj* à quatre chiffres.

vierstimmig *Adj* & *Adv* à quatre voix.

viert

◆ **zu viert** *Adv* à quatre.

Viertakt|motor *der* moteur *m* à quatre temps.

viertausend *Num* quatre mille.

vierte, r, s *Adj* quatrième; *siehe auch* **sechste.**

Vierte *(Pl* **-n)** *der, die, das* quatrième *mf; siehe auch* **Sechste.**

viertel *Adj* quart *m* de; **drei ~ Liter** trois quarts de litre; *siehe auch* **sechstel.**

Viertel *(Pl* -) *das* **-1.** [Teil] quart *m.* **-2.** [von Städten] quartier *m.* **-3.** [Viertelstunde]: **~ vor/nach**

drei trois heures moins le quart/et quart; **das akademische ~** *fig quart d'heure de battement avant les cours à l'université; siehe auch* **Sechstel**.
Viertel|finale *das* quart *m* de finale.
Viertel|jahr *das* trimestre *m*.
vierteljährlich ◇ *Adj* trimestriel(elle). ◇ *Adv* trimestriellement.
vierteln *tr* partager en quatre.
Viertel|pfund (*Pl* -) *das* quart *m* (de livre).
Viertel|stunde *die* quart *m* d'heure.
viertelstündlich *Adj* & *Adv* tous les quarts d'heure.
viertens, viertens *Adv* quatrièmement.
Vierwaldstätter See *der* lac *m* des Quatre-Cantons.
vierzehn *Num* quatorze; *siehe auch* **sechs**.
Vierzehn (*Pl* **-en**) *die* quatorze *m*; *siehe auch* **Sechs**.
vierzehntägig ◇ *Adj* [zwei Wochen lang] de quinze jours. ◇ *Adv* [alle zwei Wochen] tous les quinze jours.
vierzig *Num* quarante; *siehe auch* **sechs**.
Vierzig *die (ohne Pl)* quarante *m*; *siehe auch* **Sechs**.
vierziger *Adj*: **die ~ Jahre** les années quarante.
Vierzigstunden|woche *die* semaine *f* de quarante heures.
Vierzimmer|wohnung *die* quatre pièces *m*.
Vier|zylinder *der fam* quatre cylindres *f*.
Vietnam *nt* Viêt-nam *m*; **in ~** au Viêt-nam.
Vietnamese [viɛtna'meːzə] (*Pl* **-n**) *der* Vietnamien *m*.
Vietnamesin [viɛtna'meːzɪn] (*Pl* **-nen**) *die* Vietnamienne *f*.
vietnamesisch [viɛtna'meːzɪʃ] *Adj* vietnamien(enne).
Vikar, in [vi'kaːɐ̯, rɪn] (*mPl* **-e**; *fPl* **-nen**) *der, die* vicaire *m*.
Viktoriasee *der* lac *m* Victoria.
Villa ['vɪla] (*Pl* **Villen**) *die* villa *f*.
violett [vio'lɛt] *Adj* violet(ette).
Violine [vio'liːnə] (*Pl* **-n**) *die* violon *m*.
Violin|konzert *das* concerto *m* pour violon.
Violin|schlüssel *der* clef *f* de sol.
Viper ['viːpɐ] (*Pl* **-n**) *die* vipère *f*.
Virtuose [vɪrtu'oːzə] (*Pl* **-n**) *der* virtuose *m*.
Virtuosin [vɪrtu'oːzɪn] (*Pl* **-nen**) *die* virtuose *f*.
Virus ['viːrʊs] (*Pl* **Viren**) *der* ODER *das* virus *m*.
Virus|infektion *die* infection *f* virale.
Visage [vi'zaːʒə] (*Pl* **-n**) *die salopp abw* tronche *f*.
V.i.S.d.P. (*Abk für* **Verantwortlicher im Sinne des Presserechts**) *responsable en vertu de la législation relative à la presse*.
Visier [vi'ziːɐ̯] (*Pl* **-e**) *das* **-1.** [von Helmen] visière *f*. **-2.** [Gewehrteil] viseur *m*; **jn/etw im ~ haben** *fam fig* [es auf jn abgesehen haben] avoir qqn/qqch dans le collimateur; [anpeilen] avoir des vues sur qqn/qqch.
Vision [vi'zioːn] (*Pl* **-en**) *die* vision *f*.
Visite [vi'ziːtə] (*Pl* **-n**) *die* visite *f*.
Visiten|karte *die* carte *f* de visite.
Viskose [vɪs'koːzə] *die (ohne Pl)* viscose *f*.
visuell [vizu'ɛl] *Adj* visuel(elle).
Visum ['viːzʊm] (*Pl* **Visa** ODER **Visen**) *das* visa *m*.
vital [vi'taːl] *Adj* **-1.** [Person] plein(e) de vitalité. **-2.** [Problem, Interesse] vital(e).
Vitamin [vita'miːn] (*Pl* **-e**) *das* vitamine *f*; **~ B** *fam fig* piston *m*.
Vitamin|gehalt *der* teneur *f* en vitamines.
Vitamin|mangel *der (ohne Pl)* carence *f* en vitamines.
Vitrine [vi'triːnə] (*Pl* **-n**) *die* vitrine *f*.
Vize|kanzler, in *der, die* vice-chancelier *m*.
Vize|präsident, in *der, die* vice-président *m*, -e *f*.
Vogel (*Pl* **Vögel**) *der* **-1.** [Tier] oiseau *m*. **-2.** *fam* [Person]: **ein komischer ~** un drôle d'oiseau. **-3.** *RW*: **den ~ abschießen** *fam* décrocher la timbale; **einen ~ haben** *fam abw* avoir un petit grain; **jm einen ~ zeigen** traiter qqn de dingue d'un signe du doigt.
Vogel|bauer (*Pl* -) *der* cage *f (d'oiseau)*.
Vogelflug|linie *die (ohne Pl) liaison par ferry-boat entre l'Allemagne du Nord et le Danemark*.
vogelfrei *Adj* hors la loi.
Vogel|futter *das* graines *fpl* pour oiseaux.
vögeln *tr* & *intr vulg* baiser.
Vogel|perspektive *die (ohne Pl)*: **aus der ~** d'en haut.
Vogelsberg *der* Vogelsberg *m*.
Vogelscheuche (*Pl* **-n**) *die* épouvantail *m*.
Vogesen *Pl* Vosges *fpl*.
Vokabel [vo'kaːbl̩] (*Pl* **-n**) *die* mot *m*; **~n lernen** apprendre son vocabulaire.
Vokabular [vokabu'laːɐ̯] (*Pl* **-e**) *das* vocabulaire *m*.
Vokal [vo'kaːl] (*Pl* **-e**) *der* voyelle *f*.
Volant [vo'laŋ, vɔ'lãː] (*Pl* **-s**) *der* volant *m*.
Voliere [vo'li̯ɛːr(ə)] (*Pl* **-n**) *die* volière *f*.
Volk (*Pl* **Völker**) *das* peuple *m*; **sich unters ~ mischen** se fondre dans la foule; **viel ~** beaucoup de monde.
Völkerbund *der* HIST Société *f* des Nations.

Völkerkunde *die (ohne Pl)* ethnologie *f*.
Völkerrecht *das (ohne Pl)* droit *m* international.
völkerrechtlich *Adj* de droit international.
Völkerwanderung *die* HIST invasions *fpl* barbares.
Volksabstimmung *die* référendum *m*.
Volksbefragung *die* référendum *m*.
Volksbegehren *das* demande *f* de référendum.
Volksentscheid (*Pl* **-e**) *der* référendum *m*, plébiscite *m*.
Volksfest *das* [Kirmes] fête *f* foraine.
Volkshochschule *die établissement municipal dispensant des cours pour adultes.*

VOLKSHOCHSCHULE:
Les universités populaires dispensent un enseignement pratique et théorique, généralement le soir. Elles permettent un accès facile à de nombreux domaines de connaissances, la poursuite de cursus interrompus durant la scolarité et l'obtention de diplômes ou de certificats reconnus.

Volkskunst *die (ohne Pl)* art *m* populaire.
Volkslauf *der* course *f* populaire.
Volkslied *das* [verbreitet] chanson *f* populaire; [regional] chanson *f* folklorique.
Volksmund
◆ **im Volksmund** *Adv* dans le langage populaire.
Volksmusik *die* musique *f* folklorique.
volksnah *Adj* proche de mes ODER tes ODER ses etc concitoyens.
Volksrepublik *die* république *f* populaire; **die ~ China** la République populaire de Chine.
Volkstanz *der* danse *f* folklorique.
Volkstrauertag *der* journée *f* de deuil national.
volkstümlich ◇ *Adj* **-1.** [traditionell] folklorique. **-2.** [populär] populaire. ◇ *Adv* [populär] simplement.
Volksverdummung *die (ohne Pl) fam abw* abêtissement *m* des masses.
Volksvertretung *die* représentation *f* du peuple.
Volkswagen® *(ohne Artikel)* Volkswagen *(principal constructeur automobile de RFA)*.
Volkswirtschaft *die (ohne Pl)* **-1.** [Wissenschaft] macroéconomie *f*. **-2.** [Wirtschaft] économie *f (nationale)*.
volkswirtschaftlich *Adj* **-1.** [Studien] macroéconomique. **-2.** [Auswirkungen] politico-économique.
Volkszählung *die* recensement *m*.
voll ◇ *Adj* **-1.** [gen] plein(e); **~ einer Sache** *(G)* plein de qqch; **~ von etw sein** être rempli(e) de qqch; **halb ~** à moitié plein; **gestrichen ~** à ras bord; **aus dem ~en schöpfen** *fig* puiser sans retenue. **-2.** *salopp* [betrunken]: **~ sein** être bourré(e). **-3.** [vollständig] entier(ère); **jn nicht für ~ nehmen** *fam fig* ne pas prendre qqn au sérieux; **in ~er Fahrt** à toute allure; **bei ~em Bewußtsein** pleinement conscient(e). ◇ *Adv* **-1.** [ganz] entièrement; **~ und ganz** totalement. **-2.** *salopp* [wirklich] vraiment. **-3.** [klingen] plein.
vollauf *Adv* tout à fait.
vollaufen (*Präs* **läuft voll,** *Prät* **lief voll,** *Perf* **ist vollgelaufen**) *intr* se remplir; **sich ~ lassen** *salopp fig & abw* se soûler la gueule.
vollautomatisch ◇ *Adj* (entièrement) automatique. ◇ *Adv* automatiquement.
Vollbart *der* (grande) barbe *f*.
vollbeschäftigt *Adj* à plein temps.
Vollbeschäftigung *die (ohne Pl)* plein emploi *m*.
Vollblut (*Pl* **-blüter**) *das* pur-sang *m*.
Vollbremsung (*Pl* **-en**) *die* freinage *m* brusque.
vollbringen (*Prät* **vollbrachte,** *Perf* **hat vollbracht**) *tr geh* réaliser.
vollbusig *Adj* plantureux(euse).
Volldampf
◆ **mit Volldampf** *Adv fam* à toute vapeur.
vollenden *tr* achever.
vollendet ◇ *PP* → **vollenden**. ◇ *Adj* parfait(e). ◇ *Adv* à la perfection.
vollends *Adv* complètement.
Vollendung *die* **-1.** [Perfektion] perfection *f*. **-2.** [Vollenden] achèvement *m*; **mit** ODER **nach ~ des 18. Lebensjahres** à 18 ans révolus.
voller *Adj*: **~ Sand/Ameisen/Fehler** plein(e) de sable/fourmis/fautes.
Volleyball ['vɔlibal] *der* **-1.** *(ohne Pl)* [Ballspiel] volley-ball *m*. **-2.** [Ball] ballon *m* de volley.
vollführen *tr* accomplir.
Vollgas *das (ohne Pl)*: **mit ~** à pleins gaz; **~ geben** accélérer.
völlig ◇ *Adj* complet(ète). ◇ *Adv* complètement.
volljährig *Adj* majeur(e).
Vollkaskoversicherung *die* assurance *f* tous risques.
vollklimatisiert *Adj* climatisé(e).
vollkommen ◇ *Adj* parfait(e). ◇ *Adv* **-1.** [spie-

len, tanzen] à la perfection. **-2.** [absolut] tout à fait; [übereinstimmen] parfaitement.
Vollkommenheit *die (ohne Pl)* perfection *f*; **er bringt es im Klavierspielen zur ~** son jeu atteint la perfection.
Voll|korn *das (ohne Pl)* blé *m* complet.
Vollkorn|brot *das* pain *m* complet.
Vollkorn|mehl *das* farine *f* complète.
Vollm. *Abk für* **Vollmacht**.
voll|machen *tr fam* **-1.** [füllen] remplir; **die Hose/die Windel ~** faire dans sa culotte/ses couches. **-2.** [vervollständigen] compléter.
Voll|macht (*Pl* **-machten**) *die* **-1.** [Befugnis] mandat *m*; **~ über etw** *(A)* **haben** avoir le plein-pouvoir sur qqch; **jm die ~ geben** ODER **erteilen** donner mandat à qqn. **-2.** [schriftlich] procuration *f*.
Voll|milch *die (ohne Pl)* lait *m* entier.
Voll|mond *der (ohne Pl)* pleine lune *f*.
voll|packen *tr* bourrer.
Voll|pension *die (ohne Pl)* pension *f* complète; **mit ~** en pension complète.
vollschlank *Adj* bien en chair.
vollst. *Abk für* **vollständig**.
vollständig ◇ *Adj* complet(ète). ◇ *Adv* complètement.
Vollständigkeit *die (ohne Pl)* intégralité *f*; **der ~ halber** pour compléter.
voll|stopfen *tr fam* bourrer.
◆ **sich vollstopfen** *ref fam* : **sich (mit etw) ~** se gaver (de qqch).
vollstrecken *tr* exécuter.
Vollstreckung (*Pl* **-en**) *die* exécution *f*.
voll|tanken ◇ *intr* faire le plein. ◇ *tr*: **den Wagen ~** faire le plein de la voiture.
Voll|treffer *der* **-1.** [Schuß] coup *m* dans le mille. **-2.** [Erfolg] succès *m*; **einen ~ landen** *fig* réussir son coup.
Vollver|sammlung *die* assemblée *f* plénière.
Voll|waise *die* orphelin *m*, -e *f* (de père et de mère).
vollwertig *Adj* à part entière.
Vollwert|kost *die* aliments *mpl* complets.
vollzählig ◇ *Adj* au complet. ◇ *Adv* au grand complet.
vollziehen (*Prät* **vollzog**, *Perf* **hat vollzogen**) *tr* exécuter.
◆ **sich vollziehen** *ref* s'accomplir.
Voll|zug *der (ohne Pl)* exécution *f*.
Vollzugs|anstalt *die* prison *f*, maison *f* d'arrêt.
Vollzugs|beamte *der* membre *m* de l'administration pénitentiaire.
Vollzugs|beamtin *die* membre *m* de l'administration pénitentiaire.
Volontär [volɔn'tɛːɐ̯] (*Pl* **-e**) *der* stagiaire *m*.
Volontariat [volɔnta'ri̯aːt] (*Pl* **-e**) *das* stage *m*.
Volontärin [volɔn'tɛːrɪn] (*Pl* **-nen**) *die* stagiaire *f*.
Volt [vɔlt] (*Pl* -) *das* volt *m*.
Volumen [vo'luːmən] (*Pl* -) *das* volume *m*.
vom *Präp* **-1.** [von + dem, zur Angabe des Ausgangspunktes] du, de la; **~ Bahnhof** de la gare. **-2.** [nicht auflösbar]: **~ Lande sein** être de la campagne; **~ Fach sein** être du métier.
von *Präp (+ D)* **-1.** [gen] de; **~ der Brücke** du pont; **~ der Wurst** de la saucisse; **~ den Bäumen** des arbres; **eine Bekannte ~ uns** une de nos connaissances; **im Wert ~ tausend Mark** d'une valeur de mille marks; **ein Paket ~ zehn Kilo** un colis de dix kilos; **~ unglaublicher Dummheit** d'une stupidité inouïe. **-2.** [zur Angabe des Handelnden] par, de; **das Buch wurde ~ einer Schauspielerin geschrieben** ce livre a été écrit par une actrice; **das ist ein Film ~ Wenders** c'est un film de Wenders. **-3.** [zur Angabe einer Teilmenge] de; **das Ende ~ dem Film** la fin du film; **neun ~ zehn** neuf sur dix. **-4.** [zur Angabe der Ursache]: **er ist müde ~ der Fahrt** le voyage l'a fatigué; **~ Katzenhaaren bekommt sie Allergie** elle est allergique aux poils de chat. **-5.** *RW*: **~ mir aus** *fam* moi, je suis d'accord; **~ sich aus** *fam* de soi-même.
◆ **von ... an** *Präp* à partir de; **~ hier an** à partir d'ici; **~ heute an** à partir d'aujourd'hui.
◆ **von ... aus** *Präp* depuis, de; **~ diesem Fenster aus** de cette fenêtre.
◆ **von ... bis** *Präp* de ... à; **~ Düsseldorf bis Köln** de Düsseldorf à Cologne; **~ zehn bis zwölf Uhr** de dix heures à midi; **~ Anfang bis Ende** du début à la fin.
◆ **von ... nach** *Präp* de ... à.
◆ **von wegen** *salopp* ◇ *Interj* [weit gefehlt] tu parles! ◇ *Adv* [über, darüber] comme quoi.
voneinander *Adv* l'un (l'une) de l'autre; **~ abhängig sein** être interdépendant(e).
vonnöten *Adj*: **~ sein** *geh* être d'une urgente nécessité.
vonstatten *Adv*: **~ gehen** *geh* se passer.
vor ◇ *Präp* **-1.** *(+ D, + A)* [räumlich] devant; **~ dem Hotel** devant l'hôtel; **~ das Haus gehen** aller devant la maison; **~ seinen Mitschülern** devant ses camarades de classe; **~ Gericht** devant le tribunal. **-2.** *(+ D)* [davor liegend, vorher] il y a; **~ fünf Jahren** il y a cinq ans; **~ kurzem** il y a peu de temps. **-3.** [vor Ereignis] avant; **~ dem Unterricht** avant les cours. **-4.** [zur Angabe der Uhrzeit]: **es ist zehn ~ zwei** il est deux heu-

res moins dix; **es ist Viertel ~ drei** il est trois heures moins le quart. **-5.** *(+ D)* [wegen] de; **~ Vergnügen** de plaisir. **-6.** *RW*: **~ sich gehen** se passer; **~ sich haben** avoir devant soi, avoir à faire. ◇ *Adv* en avant; **einen Schritt ~, einen Schritt zurück** un pas en avant, un pas en arrière.

◆ **vor allem** *Adv* avant tout, surtout.

vorab *Adv* tout d'abord.

Vor|abend *der* veille *f* au soir.

Vorabend|programm *das* émissions *fpl* de fin d'après-midi.

Vor|ahnung *die* pressentiment *m*.

voran *Adv* **-1.** [vorweg] en tête. **-2.** [vorwärts] en avant.

voran|bringen *tr (unreg)* faire avancer.

voran|gehen *(Perf* **ist vorangegangen***)* *intr (unreg)* **-1.** [vorwärtsgehen] avancer. **-2.** [vorne gehen] marcher en tête; **geh du voran!** pars devant! **-3.** [vorher passieren]: **jm/etw ~** précéder qqn/qqch.

voran|kommen *(Perf* **ist vorangekommen***)* *intr (unreg)* avancer; **mit etw ~** avancer dans qqch; **wie kommt ihr voran?** où en êtes-vous?

Voran|kündigung *die* présentation *f*; **ohne ~** sans préavis.

Voran|meldung *die* rendez-vous *m*, réservation *f*.

voran|treiben *tr (unreg)* activer.

vor|arbeiten *intr* prendre de l'avance *(dans son travail)*.

◆ **sich vorarbeiten** *ref* progresser.

Vor|arbeiter, in *der, die* contremaître *m*, -esse *f*.

Vorarlberg *nt* Vorarlberg *m*.

Vorarlberger *(Pl -)* ◇ *der* habitant *m* du Vorarlberg. ◇ *Adj (unver)* du Vorarlberg.

Vorarlbergerin *(Pl* **-nen***)* *die* habitante *f* du Vorarlberg.

voraus[1] *Adv*: **jm ~ sein** être en avance sur qqn.

voraus[2]

◆ **im voraus** *Adv* à l'avance.

voraus|berechnen *tr* évaluer (à l'avance).

voraus|bezahlen *tr* payer d'avance.

voraus|gehen *(Perf* **ist vorausgegangen***)* *intr (unreg)* **-1.** [vorher, früher gehen] partir *(avant qqn)*. **-2.** [vorher passieren]: **etw geht etw** *(D)* **voraus** qqch précède qqch.

vorausgesetzt ◇ *PP* → **voraussetzen**. ◇ *Adj* à condition que.

voraus|haben *tr (unreg)*: **jm etw ~** bénéficier de l'avantage de qqch sur qqn.

Voraus|sage *die* pronostic *m*, prévision *f*.

voraus|sagen *tr* prédire.

voraus|schicken *tr* **-1.** [vorher bemerken] commencer par. **-2.** [schicken] expédier.

voraus|sehen *tr (unreg)* prévoir.

voraus|setzen *tr* **-1.** [Bedingung] exiger. **-2.** [Annahme] supposer; **etw als bekannt ~** supposer que qqch est connu(e).

Voraussetzung *(Pl* **-en***)* *die* **-1.** [Bedingung] condition *f*; **unter der ~** à condition; **~en erfüllen** remplir des conditions. **-2.** [Annahme] supposition *f*.

Voraus|sicht *die (ohne Pl)* clairvoyance *f*; **aller ~ nach** selon toute vraisemblance.

voraussichtlich ◇ *Adv* vraisemblablement. ◇ *Adj* prévisible.

Voraus|wahl *die* tri *m*; **eine ~ treffen** faire un tri (préalable).

voraus|zahlen *tr* payer d'avance, verser un acompte.

Voraus|zahlung *die* acompte *m*.

Vor|bau *der* **-1.** [Bau] construction *f* en saillie. **-2.** *salopp abw* [Busen] balcon *m*.

vor|bauen *intr*: **einer Sache** *(D)* **~** prévenir qqch.

Vorbedacht

◆ **mit Vorbedacht** *Adv* avec préméditation.

Vor|bedingung *die* condition *f* préalable.

Vorbe|halt *(Pl* **-halte***)* *der* réticence *f*; **etw unter** ODER **mit ~ annehmen** accepter qqch sous réserve.

vor|behalten *tr (unreg)*: **sich** *(D)* **etw ~** se réserver qqch.

vorbei *Adj* **-1.** [zu Ende]: **~ sein** être terminé(e); **mit jm ist es ~** *fam* [tot] c'est fini pour qqn; **mit etw ist es ~** *fam* [aus] c'en est fini de qqch. **-2.** [vorüber] passé(e).

vorbei|fahren *(Perf* **ist vorbeigefahren***)* *intr (unreg)* **-1.** [vorüberfahren] passer *(en véhicule)*; **an jm/etw ~** passer devant qqn/qqch *(en véhicule)*. **-2.** *fam* [aufsuchen]: **bei jm ~** passer voir qqn *(en véhicule)*.

vorbei|gehen *(Perf* **ist vorbeigegangen***)* *intr (unreg)* passer; **an jm/etw ~** passer devant qqn/qqch; **bei jm ~** passer voir qqn.

◆ **im Vorbeigehen** *Adv* en passant.

vorbei|kommen *(Perf* **ist vorbeigekommen***)* *intr (unreg)* passer; **an etw** *(D)* **~** passer devant qqch; **bei jm ~** passer voir qqn.

vorbei|lassen *tr (unreg) fam* laisser passer.

vorbei|reden *intr*: **aneinander ~** mener un dialogue de sourds.

vorbelastet *Adj* prédisposé(e).

Vor|bemerkung *die* [bei Vortrag] remarque *f* préliminaire; [zu Buch] avertissement *m*.

vorbereiten *tr* préparer; **jn/etw auf etw** *(A)* **~** préparer qqn/qqch à qqch.
◆ **sich vorbereiten** *ref*: **sich (auf etw** *(A)***) ~** se préparer (à qqch).
Vorbereitung (*Pl* **-en**) *die* préparation *f*; **in ~ sein** être en préparation.
◆ **Vorbereitungen** *Pl* [für Feier, Reise] préparatifs *mpl*; **~en für etw treffen** faire les préparatifs de qqch.
vorbestellen *tr* réserver.
vorbestraft *Adj* qui a des antécédents judiciaires.
vorbeugen ◇ *intr*: **einer Sache** *(D)* **~** prévenir qqch, se prémunir contre qqch. ◇ *tr* pencher *(en avant)*.
◆ **sich vorbeugen** *ref* se pencher en avant.
Vorbeugung *die (ohne Pl)* prévention *f*.
Vorbeugungsmaßnahme *die* mesure *f* préventive.
Vorbild *das* modèle *m*; **sich jn/etw zum ~ nehmen** prendre qqn/qqch pour modèle, prendre exemple sur qqn/qqch.
vorbildlich ◇ *Adj* exemplaire. ◇ *Adv* de façon exemplaire.
Vorbildung *die (ohne Pl)* formation *f*.
Vorbote *der* signe *m* avant-coureur.
vorbringen *tr (unreg)* **-1.** [Bitte, Wunsch] exprimer; **etw gegen etw ~** objecter qqch à qqch; **etw gegen jn ~** exprimer qqch contre qqn. **-2.** *fam* [bringen] apporter.
vordatieren *tr* antidater.
Vorderachse *die* essieu *m* avant.
vordere, r, s *Adj* de devant.
Vorderfront *die* façade *f*.
Vordergrund *der* premier plan *m*; **etw in den ~ stellen** ODER **rücken** mettre qqch au premier plan ODER en avant.
vordergründig ◇ *Adj* superficiel(elle). ◇ *Adv* superficiellement; **~ betrachtet** à première vue.
Vordermann *der* celui (celle) qui précède; [im Kino] voisin *m*, -e *f* de devant.
Vorderrad *das* roue *f* avant.
Vorderschinken *der* épaule *f*.
Vordersitz *der* siège *m* avant.
vordrängen
◆ **sich vordrängen** *ref* jouer des coudes.
vordringen (*Perf* **ist vorgedrungen**) *intr (unreg)* avancer; **bis zu jm ~** aller jusqu'à qqn.
vordringlich ◇ *Adj* prioritaire. ◇ *Adv* prioritairement.
Vordruck *der* imprimé *m*.
voreilig ◇ *Adv* avec précipitation. ◇ *Adj* précipité(e).
voreinander *Adv*: **~ sitzen** être assis(e) l'un (l'une) devant l'autre; **~ Angst haben** avoir peur l'un (l'une) de l'autre.
voreingenommen ◇ *Adj* partial(e); **gegen jn/etw ~ sein** avoir des préjugés contre qqn/qqch. ◇ *Adv* avec partialité.
vorenthalten *tr (unreg)*: **jm etw ~** [nicht geben] spolier qqn de qqch; [nicht sagen] **dissimuler** qqch à qqn.
Vorentscheidung *die* **-1.** SPORT éliminatoires *fpl*. **-2.** [vorläufige Entscheidung] **décision** *f* **provisoire**.
vorerst *Adv* d'abord.
Vorfahr (*Pl* **-en**), **Vorfahre** (*Pl* **-n**) *der* ancêtre *m*.
vorfahren (*Perf* **hat/ist vorgefahren**) ◇ *intr (ist)* **-1.** [nach vorn] avancer; **vor dem Haus ~** s'arrêter devant la maison. **-2.** *fam* [vorausfahren] partir *(avant qqn)*. ◇ *tr (hat)* [nach vorn] faire avancer.
Vorfahrt *die (ohne Pl)* priorité *f*; **~ haben** avoir la priorité; **jm die ~ nehmen** refuser la priorité à qqn.
Vorfahrtsstraße *die* route *f* prioritaire.
Vorfall *der* **-1.** [Geschehnis] incident *m*. **-2.** MED prolapsus *m*.
vorfallen (*Perf* **ist vorgefallen**) *intr (unreg)* se passer.
Vorfeld
◆ **im Vorfeld** *Adv*: **im ~ der Wahlen** en période préélectorale.
Vorfilm *der* CIN *film qui passe en première partie de la séance*.
vorfinden *tr (unreg)* découvrir, trouver.
Vorfreude *die* joie *f* anticipée.
vorfühlen *intr*: **bei jm ~** tâter le terrain auprès de qqn.
vorführen *tr* **-1.** [gen] présenter; **jm etw ~** montrer qqch à qqn. **-2.** [Film] projeter. **-3.** *fam* [blamieren] humilier.
Vorführraum *der* salle *f* de projection.
Vorführung *die* présentation *f*.
Vorgabe *die* **-1.** [Vorlage] modèle *m*. **-2.** [im Sport] handicap *m*.
Vorgang *der* processus *m*.
Vorgänger, in (*mPl* **-**; *fPl* **-nen**) *der, die* prédécesseur *m*.
Vorgarten *der* jardin *m* de devant.
vorgefaßt *Adj* préconçu(e).
vorgefertigt *Adj* préfabriqué(e).
Vorgefühl *das* pressentiment *m*.
vorgegeben *Adj* donné(e).
vorgehen (*Perf* **ist vorgegangen**) *intr (unreg)* **-1.** [vorausgehen] **partir** *(avant qqn)*. **-2.** [nach vorne]

s'avancer. **-3.** [passieren] se passer; **was geht hier vor?** qu'est-ce qui se passe ici? **-4.** [handeln] procéder; **gegen jn/etw ~** agir contre qqn/qqch. **-5.** [Uhr] avancer.

Vor|geschichte *die* **-1.** [vorherige Entwicklung] histoire *f.* **-2.** *(ohne Pl)* [Frühgeschichte] **préhistoire** *f.*

Vor|geschmack *der (ohne Pl)*: **ein ~ auf etw** *(A)* un avant-goût de qqch.

Vorgesetzte (*Pl* **-n**) *der, die* supérieur *m*, -e *f.*

vorgestern *Adv* **-1.** [vor zwei Tagen] avant-hier. **-2.** *fam abw* [uralt]: **von ~ sein** être ringard(e).

vorgestrig *Adj* **-1.** [von vor zwei Tagen] d'avant-hier. **-2.** *fam abw* [uralt] dépassé(e).

vor|greifen *intr (unreg)* anticiper; **jm/etw ~** devancer qqn/qqch; **auf etw** *(A)* **~** anticiper sur qqch.

Vor|griff *der*: **ein ~ auf etw** *(A)* une anticipation sur qqch.

vor|haben *tr (unreg)*: **etw ~** avoir qqch de prévu; **~, etw zu tun** avoir l'intention de faire qqch.

Vorhaben (*Pl* -) *das* projet *m.*

Vor|halle *die* hall *m.*

vor|halten ◇ *tr (unreg)*: **jm etw ~** [halten] mettre qqch devant qqn; [vorwerfen] reprocher qqch à qqn. ◇ *intr fam* [ausreichen] tenir, durer.

Vorhaltungen *Pl* reproches *mpl.*

Vor|hand *die* SPORT coup *m* droit.

vorhanden *Adj* existant(e); **~ sein** exister.

Vor|hang *der* rideau *m*; **der eiserne ~** HIST le rideau de fer.

Vorhänge|schloß *das* cadenas *m.*

Vorhang|stange *die* tringle *f* de rideau.

Vor|haut *die* prépuce *m.*

vorher *Adv* avant, auparavant; **am Tag ~** la veille; **am Abend ~** la veille au soir.

vorher|bestimmen *tr* prédestiner.

vorherig *Adj* précédent(e).

Vor|herrschaft *die* suprématie *f.*

vor|herrschen *intr* dominer, prédominer.

vorherrschend *Adj* prédominant(e).

Vorher|sage *die* prédiction *f.*

vorher|sehen *tr (unreg)* prévoir.

vorhin, vorhin *Adv* tout à l'heure.

Vor|hof *der* **-1.** [von Gebäuden] avant-cour *f.* **-2.** MED oreillette *f.*

vorige *Adj* dernier(ère).

Vor|jahr *das* année *f* précédente.

vorjährig *Adj* de l'année passée.

Vorkaufs|recht *das* droit *m* de préemption.

Vorkehrungen *Pl*: **~ treffen** prendre des mesures préventives.

Vorkenntnisse *Pl* connaissances *fpl*; '**~ nicht erforderlich**' 'débutants acceptés'.

vor|knöpfen *tr fam* : **sich** *(D)* **jn ~** [zur Kritik] prendre qqn à partie; [zur Bearbeitung] **reprendre.**

vor|kommen (*Perf* **ist vorgekommen**) *intr (unreg)* **-1.** [passieren]: **(jm) ~** arriver (à qqn). **-2.** [auftreten, existieren] se rencontrer. **-3.** [scheinen]: **jm verdächtig/komisch ~** sembler suspect/bizarre à qqn; **sich überflüssig ~** avoir l'impression d'être de trop; **es kommt jm vor, als ob** qqn a l'impression que. **-4.** [nach vorne kommen] avancer.

Vorkommen (*Pl* -) *das* **-1.** [an Bodenschätzen] gisement *m.* **-2.** *(ohne Pl)* [Existieren] **existence** *f*, présence *f.*

Vorkommnis (*Pl* **-se**) *das* incident *m.*

vor|laden *tr (unreg)* citer.

Vor|ladung *die* convocation *f*; [vor Gericht] citation *f* à comparaître.

Vor|lage *die* **-1.** [von Zeichnung, Handarbeit] modèle *m.* **-2.** *(ohne Pl)* [von Dokumenten] **présentation** *f.* **-3.** [von Gesetzen] **projet** *m (de loi).* **-4.** [bei Fußball] **passe** *f* **décisive.**

vor|lassen *tr (unreg) fam* : **jn ~** laisser qqn passer devant.

Vor|läufer, in *der, die* précurseur *m.*

vorläufig ◇ *Adj* provisoire. ◇ *Adv* provisoirement.

vorlaut ◇ *Adj* qui fait des remarques intempestives. ◇ *Adv* de manière intempestive.

Vor|leben *das (ohne Pl)* vie *f* antérieure.

vor|legen *tr* présenter; **jm etw ~** soumettre qqch à qqn.

vor|lesen *tr (unreg)*: **(jm) etw ~** lire qqch (à qqn).

Vor|lesung *die* UNI cours *m* (magistral).

Vorlesungs|verzeichnis *das* UNI programme *m (d'un semestre).*

vorletzte, r, s *Adj* avant-dernier(ère).

Vor|liebe (*Pl* **-n**) *die* préférence *f*; **eine ~ für jn/etw haben** préférer qqn/qqch.

vorlieb|nehmen *intr (unreg)*: **mit jm/etw ~** se contenter de qqn/qqch.

vor|liegen *intr (unreg)* [vorgelegt sein] être disponible; **gegen jn ~** être établi(e) contre qqn.

vorm. *Abk für* **vormals.**

vor|machen *tr* **-1.** *fam* [zeigen]: **jm etw ~** montrer qqch à qqn. **-2.** [vortäuschen]: **jm etwas ~** raconter des histoires à qqn.

Vormacht|stellung *die* prépondérance *f.*

vormals *Adv* [früher] autrefois.

Vor|marsch *der*: **auf dem ~ sein** gagner du terrain.

vor|merken *tr*: **sich als/für etw ~ lassen** se faire inscrire comme/à qqch.
vormittag *Adv*: **am Montag/Dienstag/etc ~** le lundi/mardi/etc matin; **gestern/heute/morgen ~** hier/ce/demain matin.
Vor|mittag *der* matinée *f*.
vormittags *Adv* le matin.
Vor|mund (*Pl* **-e** ODER **Vormünder**) *der* tuteur *m*, -trice *f*.
Vormundschaft (*Pl* **-en**) *die* tutelle *f*.
vorn, vorne *Adv* devant.
◆ **von vorn** *Adv* [zeitlich] depuis le début.
◆ **von vorn bis hinten** *Adv fam* d'un bout à l'autre.
Vor|name *der* prénom *m*.
vorne = vorn.
vornehm ◇ *Adj* **-1.** [fein] distingué(e). **-2.** [elegant] chic. ◇ *Adv* [elegant] de manière distinguée, avec distinction.
vor|nehmen *tr (unreg)* **-1.** [durchführen] procéder à. **-2.** [sich beschäftigen mit]: **sich** *(D)* **etw ~** *fam* s'attaquer à qqch. **-3.** [sich entschließen]: **sich** *(D)* **~, etw zu tun** former le projet de faire qqch; **sich** *(D)* **fest vorgenommen haben, etw zu tun** avoir arrêté le projet de faire qqch; **sich zu viel ~** avoir un programme trop chargé.
vornherein
◆ **von vornherein** *Adv* d'emblée.
vornüber *Adv*: **sich ~ beugen** se pencher en avant.
Vor|ort *der* banlieue *f*.
Vorort|zug *der* train *m* de banlieue.
Vor|platz *der* esplanade *f*.
Vorpommer, in (*mPl* **-n**; *fPl* **-nen**) *der, die* Poméranien occidental *m*, Poméranienne occidentale *f*.
vorpommerisch, **vorpommersch** *Adj* de Poméranie occidentale.
vor|preschen (*Perf* **ist vorgeprescht**) *intr* **-1.** [Truppen, Läufen] se ruer en avant. **-2.** [in Diskussionen]: **bei den Verhandlungen ~** brusquer le cours des négociations.
Vor|programm *das* court-métrage *m* de début de séance.
vor|programmieren *tr* préprogrammer.
Vor|rang *der (ohne Pl)*: **vor jm ~ haben** avoir priorité sur qqn.
vorrangig ◇ *Adj* prioritaire. ◇ *Adv* en priorité.
Vorrat (*Pl* **Vorräte**) *der* réserves *fpl*, stock *m*; **ein ~ an etw** *(D)* des réserves de qqch.
◆ **auf Vorrat** *Adv*: **etw auf ~ einkaufen** ODER **bestellen** faire des provisions de qqch.
vorrätig *Adj* en réserve, en stock; **etw ~ haben** avoir qqch en stock; **nicht mehr ~ sein** être en rupture de stock; **dieser Artikel ist ~** on a cet article en stock.
Vor|raum *der* antichambre *f*.
Vor|recht *das* privilège *m*.
Vor|richtung *die* dispositif *m*.
vor|rücken (*Perf* **hat/ist vorgerückt**) ◇ *tr (hat)* avancer. ◇ *intr (ist)* [nach vorn] avancer; [in Hierarchie] progresser.
Vorruhe|stand *der (ohne Pl)* préretraite *f*.
Vor|runde *die* SPORT éliminatoires *fpl*.
Vors. (*Abk für* **Vorsitzender**) président *m*.
vor|sagen ◇ *tr*: **jm etw ~** souffler qqch à qqn. ◇ *intr* souffler.
Vor|saison *die* basse saison *f*; **in der ~** en basse saison.
Vor|satz *der* résolution *f*; **einen ~ fassen** prendre une résolution; **gute Vorsätze** de bonnes résolutions.
vorsätzlich ◇ *Adj* prémédité(e). ◇ *Adv* avec préméditation.
Vor|schau *die* bande-annonce *f*.
Vor|schein *der*: **zum ~ kommen** apparaître.
vor|schieben *tr (unreg)* **-1.** [schieben] pousser; [nach vorn] avancer. **-2.** [Vorwand] prétexter. **-3.** [Stellvertreter] se retrancher derrière.
vor|schießen *tr (unreg)*: **jm Geld/eine Summe ~** *fam* avancer de l'argent/une certaine somme à qqn.
Vor|schlag *der* proposition *f*; **(jm) einen ~ machen** faire une proposition (à qqn).
vor|schlagen *tr (unreg)* proposer; **jm etw ~** proposer qqch à qqn.
vorschnell ◇ *Adj* hâtif(ive). ◇ *Adv* hâtivement.
vor|schreiben *tr (unreg)* prévoir; **jm etw ~** dicter qqch à qqn; **sich nichts ~ lassen** ne pas se laisser dicter sa conduite.
Vor|schrift *die* instruction *f*, règlement *m*.
Vorschub *der*: **jm ~ leisten** prêter main forte à qqn; **einer Sache** *(D)* **~ leisten** favoriser qqch.
Vorschul|alter *das (ohne Pl)* âge *m* préscolaire.
Vor|schule *die* dernière année *f* de maternelle, année *f* préscolaire.
Vorschul|erziehung *die* activités *fpl* éducatives en maternelle.
Vor|schuß *der* avance *f*; **ein ~ auf etw** *(A)* une avance sur qqch; **jm einen ~ geben** accorder une avance à qqn.
vor|schützen *tr* prétexter.
vor|schweben *intr*: **etw schwebt jm vor** qqn imagine qqch; **uns schwebt eine andere Lösung vor** nous pensons à une autre solution.
vor|sehen *tr (unreg)* prévoir; **jn für etw ~** pres-

sentir qqn pour qqch; **etw für etw ~** destiner qqch à qqch.
◆ **sich vorsehen** *ref*: **sich vor jm/etw ~** se prémunir contre qqn/qqch.
vor|setzen *tr*: **jm etw ~** servir qqch à qqn.
Vor|sicht *die (ohne Pl)* prudence *f*; **jd/etw ist mit ~ zu genießen** *fam fig* qqn/qqch est à prendre avec des pincettes.
◆ **Vorsicht!** *Interj* attention!
vorsichtig ◇ *Adj* prudent(e). ◇ *Adv* prudemment.
vorsichtshalber *Adv* par prudence.
Vorsichts|maßnahme *die* précaution *f*.
Vor|silbe *die* préfixe *m*.
vor|singen *(unreg)* ◇ *tr* chanter; **jm etw ~** chanter qqch à qqn. ◇ *intr* [zur Prüfung] passer une audition.
Vor|sitz *der* présidence *f*; **den ~ führen** ODER **haben** assurer la présidence.
Vorsitzende (*Pl* **-n**) *der, die* président *m*, -e *f*.
Vor|sorge *die (ohne Pl)* prévention *f*; **~ treffen** prendre des dispositions.
vor|sorgen *intr*: **für etw ~** prévoir (le nécessaire) pour qqch.
Vorsorge|untersuchung *die* MED examen *m* de dépistage.
vorsorglich ◇ *Adj* prévoyant(e). ◇ *Adv* par précaution.
Vorspann (*Pl* **-e**) *der* générique *m (de début)*.
Vor|speise *die* hors-d'œuvre *m*.
Vor|spiegelung *die*: **unter ~ falscher Tatsachen** en alléguant des faits mensongers.
Vor|spiel *das* [im Theater] prologue *m*; [im Konzert] ouverture *f*.
vor|spielen ◇ *tr*: **(jm) etw ~** [auf einem Instrument] jouer qqch (à qqn); [vortäuschen] jouer la comédie (à qqn). ◇ *intr* [zur Unterhaltung]: **(jm) ~** jouer (pour qqn); [zur Prüfung] passer une audition.
vor|sprechen *(unreg)* ◇ *tr* **-1.** [zum Nachsprechen] prononcer. **-2.** [zur Prüfung] réciter. ◇ *intr* **-1.** [zur Prüfung] passer une audition. **-2.** [mit einem Anliegen]: **bei jm ~** faire une démarche auprès de qqn.
vor|springen (*Perf* **ist vorgesprungen**) *intr (unreg)* **-1.** [Gegenstand] saillir. **-2.** [Mensch, Tier] s'élancer.
Vor|sprung *der* **-1.** [Abstand] avance *f*. **-2.** [Ausbuchtung] éperon *m*.
Vor|stadt *die* faubourg *m*.
Vor|stand *der* direction *f*.
Vorstandsmit|glied *das* membre *m* du comité directeur.
Vorstands|sitzung *die* réunion *f* du comité directeur.
vor|stehen *intr (unreg)* **-1.** [herausragen] saillir. **-2.** [verantwortlich]: **jm/etw ~** diriger qqn/qqch.
Vorsteher, in (*mPl* **-**; *fPl* **-nen**) *der, die* [von Kloster] supérieur *m*, -e *f*; [von Schule, Institution] directeur *m*, -trice *f*.
vor|stellen *tr* **-1.** [bekanntmachen] présenter; **jn jm ~** présenter qqn à qqn. **-2.** [sich ausdenken]: **sich** *(D)* **etw ~** s'imaginer qqch; **stell dir vor!** tu te rends compte! **-3.** [Uhr] avancer.
◆ **sich vorstellen** *ref* **-1.** [bekannt machen]: **sich jm ~** se présenter à qqn. **-2.** [sich bewerben]: **sich bei jm ~** se présenter auprès de qqn.
Vor|stellung *die* **-1.** [geistiges Bild] idée *f*; **js ~en entsprechen** répondre aux attentes de qqn; **sich keine ~ von etw machen** ne pas se rendre compte de qqch. **-2.** [Aufführung] représentation *f*. **-3.** [das Vorstellen] présentation *f*.
Vorstellungs|gespräch *das* entretien *m* (d'embauche).
Vorstopper (*Pl* **-**) *der* [beim Fußball] avant centre *m*.
Vor|stoß *der* percée *f*; **einen ~ bei jm machen** faire une tentative auprès de qqn.
vor|stoßen (*Perf* **ist vorgestoßen**) *intr (unreg)*: **bis zu etw ~** parvenir à qqch.
Vor|strafe *die* RECHT antécédents *mpl* judiciaires.
Vorstrafen|register *das* casier *m* judiciaire.
vor|strecken *tr* **-1.** [nach vorn] tendre. **-2.** [Geld]: **(jm) etw ~** avancer qqch (à qqn).
Vor|stufe *die* premier stade *m*.
Vor|tag *der* veille *f*.
vor|täuschen *tr* feindre; **jm etw ~** faire croire qqch à qqn.
Vor|teil *der* avantage *m*; **zu js ~** à l'avantage de qqn; **jm gegenüber im ~ sein** être avantagé(e) par rapport à qqn.
vorteilhaft ◇ *Adj* avantageux(euse). ◇ *Adv* avantageusement.
Vortrag (*Pl* **Vorträge**) *der* conférence *f*; **ein ~ über jn/etw** une conférence sur qqn/qqch; **einen ~ halten** donner une conférence.
vor|tragen *tr (unreg)* **-1.** [darbieten - Lied] interpréter; [- Gedicht] réciter. **-2.** [Bitte, Sachverhalt] exposer; **jm etw ~** exposer qqch à qqn.
vor|treten (*Perf* **ist vorgetreten**) *intr (unreg)* s'avancer.
Vor|tritt *der (ohne Pl)*: **jm den ~ lassen** céder le pas à qqn.
vorüber *Adj*: **~ sein** être passé(e).
vorüber|gehen (*Perf* **ist vorübergegangen**) *intr (unreg)* **-1.** [vorbeigehen] passer; **an jm/etw ~** passer devant qqn/qqch. **-2.** [vergehen] cesser.

vorübergehend ◇ *Adj* passager(ère). ◇ *Adv* passagèrement.
Vorurlteil *das* préjugé *m*; **~e gegen jn/etw haben** avoir des préjugés contre qqn/qqch.
Vorverlkauf *der* location *f*.
vorlverlegen *tr* avancer.
Vorlwahl *die* **-1.** [telefonisch] indicatif *m*. **-2.** [einer Wahl] élections *fpl* primaires.
Vorwahllnummer *die* [telefonisch] indicatif *m*.
Vorwand (*Pl* **Vorwände**) *der* prétexte *m*; **unter dem ~, daß** sous prétexte que.
vorwärts *Adv* en avant.
vorwärtslgehen (*Perf* **ist vorwärtsgegangen**) *intr (unreg) fam* avancer.
vorwärtslkommen (*Perf* **ist vorwärtsgekommen**) *intr (unreg)* progresser.
Vorlwäsche *die* prélavage *m*.
vorweg *Adv* **-1.** [vorher] au préalable. **-2.** [voraus] devant.
vorweglnehmen *tr (unreg)* anticiper.
Vorweihnachtslzeit *die (ohne Pl)* période *f* de Noël.
vorlweisen *tr (unreg)* présenter, produire; **einiges vorzuweisen haben** être très compétent(e).
vorlwerfen *tr (unreg)*: **jm etw ~** reprocher qqch à qqn.
vorwiegend *Adv* surtout.
Vorlwissen *das (ohne Pl)* connaissances *fpl* préalables.
vorwitzig ◇ *Adj* impertinent(e). ◇ *Adv* de façon impertinente.
Vorlwort *das* préface *f*.
Vorlwurf *der* reproche *m*; **jm etw zum ~ machen** faire reproche à qqn de qqch.
vorwurfsvoll ◇ *Adj* réprobateur(trice). ◇ *Adv* avec réprobation.
Vorlzeichen *das* **-1.** [Anzeichen] présage *m*; **unter positivem/negativem ~ stehen** être de bon/mauvais augure. **-2.** MATH signe *m*. **-3.** MUS altération *f*.
vorlzeigen *tr* présenter, produire; **jm etw ~** présenter qqch à qqn.
vorzeitig ◇ *Adj* anticipé(e). ◇ *Adv* avant l'heure; **~ gealtert** vieilli(e) prématurément.
vorlziehen *tr (unreg)* **-1.** [lieber mögen] préférer; **jn jm ~** préférer qqn à qqn; **etw einer Sache** *(D)* **~** préférer qqch à qqch. **-2.** [Gardinen, Riegel] fermer. **-3.** [Termin] avancer. **-4.** [nach vorn ziehen] tirer vers l'avant.
Vorlzimmer *das* antichambre *f*, secrétariat *m*.
Vorlzug *der* avantage *m*; **jm/etw den ~ geben** donner la préférence à qqn/qqch.
vorzüglich ◇ *Adj* exquis(e). ◇ *Adv* à merveille.
Vorzugslmilch *die* lait *m* homologué.
vorzugsweise *Adv* de préférence.
Votum *das* suffrage *m*.
VP *Abk für* **Vollpension**.
VR (*Pl* **-s**) *Abk für* **Volksrepublik**.
vulgär ◇ *Adj* vulgaire. ◇ *Adv* vulgairement, avec vulgarité.
Vulkan (*Pl* **-e**) *der* volcan *m*.
Vulkanauslbruch *der* éruption *f* volcanique.
vulkanisch *Adj* volcanique.
v.u.Z. *Abk für* **vor unserer Zeitrechnung**.
VW (*Abk für* **Volkswagen**) *der* **-1.** *(ohne Artikel)* [Firma] Volkswagen *n*. **-2.** [Auto] Volkswagen *f*.
VWL [fauveːˈlɛl] (*Abk für* **Volkswirtschaftslehre**) *die (ohne Pl)* économie *f* politique.

W

w, W [veː] (*Pl* - ODER **-s**) *das* w *m inv*, W *m inv*.
◆ **W -1.** (*Abk für* **West**) O. **-2.** (*Abk für* **Watt**) W.
WAA (*Pl* **-s**) (*Abk für* **Wiederaufbereitungsanlage**) *die* usine *f* de retraitement *(de déchets nucléaires)*.
Waadt *die* canton *m* de Vaud.
Waadtländer, in (*mPl* **-**; *fPl* **-nen**) *der, die* Vaudois *m*, -e *f*.
waadtländisch *Adj* vaudois(e).
Waage (*Pl* **-n**) *die* **-1.** [Gerät] balance *f*; **sich die ~ halten** s'équilibrer. **-2.** ASTRO Balance *f*.
waagerecht, waagrecht ◇ *Adj* horizontal(e). ◇ *Adv* horizontalement.
Waaglschale *die*: **etw in die ~ werfen** *fig* jeter qqch dans la balance.
Wabe (*Pl* **-n**) *die* rayon *m*.
wach ◇ *Adj* **-1.** [nicht schlafend] réveillé(e); **~ liegen** rester éveillé(e); **~ sein** être réveillé; **jn ~ machen** réveiller qqn; **~ werden** se réveiller. **-2.** [rege] vif (vive). ◇ *Adv* [rege] avec intérêt.
Wache (*Pl* **-n**) *die* **-1.** [gen] garde *f*; **~ halten** monter la garde. **-2.** [Polizeiwache] poste *m* de police.
wachen *intr* **-1.** [wach bleiben] veiller. **-2.** [aufpassen]: **über jn/etw ~** veiller sur qqn/qqch.

wachhabend *Adj* de garde.
wachlhalten *tr (unreg)* maintenir en éveil.
Wachlhund *der* chien *m* de garde.
Wacholder *der (ohne Pl)* genièvre *m*.
Wachlposten, **Wachtlposten** *der* poste *m* de garde.
wachlrufen *tr (unreg)* éveiller; **etw in jm ~** éveiller qqch en qqn.
wachlrütteln *tr* secouer.
Wachs [vaks] *(Pl* **-e**) *das* cire *f*; **~ in js Händen sein** *fig* se laisser influencer par qqn.
wachsam ◇ *Adj* vigilant(e); **~ sein** être vigilant. ◇ *Adv* avec vigilance.
Wachsamkeit *die (ohne Pl)* vigilance *f*.
wachsen [vaksn̩] *(Präs* **wächst** ODER **wachst,** *Prät* **wuchs** ODER **wachste,** *Perf* **ist gewachsen** ODER **hat gewachst**) ◇ *intr (unreg & ist)* **-1.** [Person] grandir. **-2.** [Haar, Pflanze] pousser. **-3.** [Zahl, Zustand] croître. **-4.** *RW*: **einer Sache** *(D)* **gewachsen sein** être à la hauteur de qqch. ◇ *tr (hat)* [mit Wachs] cirer.
wachsend *Adj* croissant(e).
wächsern *Adj geh* cireux(euse).
Wachsfigurenlkabinett *das* galerie *f* de figures de cire.
Wachsmallstift *der* crayon *m* gras.
wächst *Präs* → **wachsen**.
Wachsltuch *das* toile *f* cirée.
Wachstum ['vakstu:m] *das (ohne Pl)* croissance *f*.
wachstumsfördernd *Adj* favorable à la croissance.
wachstumshemmend *Adj* défavorable à la croissance.
Wachstumslrate *die* WIRTSCH taux *m* de croissance.
Wachtel *(Pl* **-n**) *die* caille *f*.
Wächter, in *(mPl* **-**; *fPl* **-nen**) *der, die* gardien *m*, -enne *f*.
Wachtlmeister, in *der, die* brigadier *m*.
Wachtlposten = **Wachposten**.
Wachlturm, **Wachtlturm** *der* mirador *m*.
Wach- und Schließlgesellschaft *die* entreprise *f* de gardiennage.
wackelig, **wacklig** ◇ *Adj* **-1.** [Möbel] bancal(e). **-2.** *fam* [schwach]: **~ auf den Beinen sein** vaciller sur ses jambes. **-3.** *fam* [unsicher] menacé(e); **es steht ~** c'est incertain. ◇ *Adv*: **der Schrank steht ~** l'armoire est bancale.
Wackellkontakt *der* ELEKTR faux contact *m*.
wackeln *(Perf* **hat/ist gewackelt**) *intr* **-1.** *(hat)* [nicht fest sein] branler; [Zahn] bouger. **-2.** *(hat)* [hin und her bewegen]: **mit etw ~** remuer qqch. **-3.** *(ist) fam* [gehen] tituber. **-4.** *(hat) fam* [Posten] être menacé(e).
wacker ◇ *Adj* **-1.** [anständig] brave. **-2.** [tüchtig] vaillant(e). ◇ *Adv* vaillamment.
wacklig = **wackelig**.
Wade *(Pl* **-n**) *die* mollet *m*.
Wadenlbein *das (ohne Pl)* péroné *m*.
wadenlang *Adj* jusqu'au mollet.
Waffe *(Pl* **-n**) *die* arme *f*; **die ~n strecken** *fig* rendre les armes.
Waffel *(Pl* **-n**) *die* gaufre *f*.
Waffelleisen *das* moule *m* à gaufre, gaufrier *m*.
Waffenlbesitz *der (ohne Pl)* détention *f* d'armes.
Waffenlgewalt *die (ohne Pl)*: **mit ~** par la force des armes.
Waffenlhandel *der* [legal] commerce *m* des armes; [illegal] trafic *m* d'armes.
Waffenlhändler, in *der, die* traficant *m* d'armes.
Waffenllager *das* dépôt *m* d'armes.
Waffenlruhe *die* trêve *f*.
Waffenlschein *der* permis *m* de port d'armes.
Waffenstilllstand *der* armistice *m*.
wagemutig *Adj* audacieux(euse).
wagen *tr* risquer; **es ~, etw zu tun** oser faire qqch; **alles ~** risquer le tout pour le tout.
◆ **sich wagen** *ref* se risquer; **sich an etw** *(A)* **~** s'attaquer à qqch.
Wagen *(Pl* **-**) *der* voiture *f*.
◆ **Große Wagen** *der* ASTRO Grande Ourse *f*, Grand Chariot *m*.
◆ **Kleine Wagen** *der* ASTRO Petite Ourse *f*, Petit Chariot *m*.
Wagenheber *(Pl* **-**) *der* cric *m*.
Wagenlkolonne *die* convoi *m*.
Wagenlladung *die* chargement *m*.
Wagenlmitte *die* milieu *m* de la voiture.
Wagenlpark *der* parc *m* automobile.
Wagenlrad *das* roue *f* (de charrette).
Waggon [va'gɔŋ] *(Pl* **-s**) *der* wagon *m*.
waghalsig ◇ *Adj* téméraire. ◇ *Adv* avec témérité.
Wagnis *(Pl* **-se**) *das* entreprise *f* risquée.
Wahl *(Pl* **-en**) *die* **-1.** *(ohne Pl)* [Auswahl] choix *m*; **die ~ haben** avoir le choix; **eine ~ treffen** faire un choix; **erste/zweite ~ sein** être de premier/second choix; **in die engere ~ kommen** être sélectionné(e); **keine andere ~ haben** ne pas avoir d'autre choix; **es stehen drei Themen zur ~** on a le choix entre trois sujets. **-2.** [Abstimmung, Ernennung] élection *f*; **öffentliche/geheime ~** scrutin *m* public/secret.

wahlberechtigt *Adj*: **~ sein** avoir le droit de vote.

Wahl|beteiligung *die (ohne Pl)*: **hohe/niedrige ~** participation *f* électorale élevée/basse.

Wahl|bezirk *der* circonscription *f* électorale.

wählen ◇ *tr* **-1.** [auswählen] choisir. **-2.** [Telefonnummer] composer. **-3.** [politisch] voter pour. ◇ *intr* **-1.** [auswählen] choisir; **zwischen etw** *(D)* **und etw** *(D)* **~** choisir entre qqch et qqch. **-2.** [am Telefon] composer un numéro. **-3.** [politisch] voter.

Wähler *(Pl -) der* électeur *m*.

Wahl|ergebnis *das* résultat *m* des élections.

Wählerin *(Pl* **-nen**) *die* électrice *f*.

wählerisch *Adj* difficile, exigeant(e).

Wähler|stimme *die* voix *f*.

Wähler|vereinigung *die*: **eine freie ~** une liste indépendante.

Wahl|fach *das* SCHULE matière *f* facultative.

Wahl|gang *der* tour *m* de scrutin; **im ersten/zweiten ~** au premier/second tour (de scrutin).

Wahl|heimat *die* terre *f* d'élection.

Wahl|helfer, in *der, die* assesseur *m*.

Wahl|kabine *die* isoloir *m*.

Wahl|kampf *der* campagne *f* électorale; **einen ~ führen** mener une campagne électorale.

Wahl|kreis *der* circonscription *f* électorale.

Wahl|lokal *das* bureau *m* de vote.

wahllos *Adv* au hasard.

Wahlnieder|lage *die* défaite *f* électorale.

Wahl|programm *das* programme *m* électoral.

Wahl|recht *das (ohne Pl)* **-1.** [individuelles Recht] droit *m* de vote; **das allgemeine ~** le suffrage universel. **-2.** [Rechtsvorschriften] droit *m* électoral.

Wahl|rede *die* discours *m* électoral.

Wähl|scheibe *die* cadran *m*.

Wahl|schein *der* bulletin *m* de vote.

Wahl|sieg *der* victoire *f* électorale.

Wahl|spruch *der* devise *f*.

Wahlver|sammlung *die* réunion *f* électorale.

Wahl|versprechen *das* promesse *f* électorale.

wahlweise *Adv* au choix.

Wahl|zettel *der* bulletin *m* de vote.

Wahn *der (ohne Pl)* délire *m*.

Wahn|sinn *der (ohne Pl)* folie *f*; **das ist heller** ODER **reiner ~** c'est de la pure folie.

◆ **Wahnsinn!** *Interj fam* c'est dingue!

wahnsinnig ◇ *Adj* **-1.** [geistesgestört, unvernünftig] fou (folle); **wie ~** *fam* comme un fou, comme une folle; **das macht mich ~!** *fam* ça me rend dingue! **-2.** *fam* [groß] dingue. ◇ *Adv fam* [sehr] drôlement.

Wahnvor|stellung *die* hallucination *f*.

wahr *Adj* vrai(e); **das darf doch nicht ~ sein!** *fam* ce n'est pas vrai!; **etw ~ machen** *fig* réaliser qqch.

◆ **nicht wahr**? *Interj* pas vrai?

wahren *tr geh* préserver; **den Schein ~** sauver les apparences.

während ◇ *Konj* **-1.** [zeitlich] pendant que. **-2.** [gegensätzlich] tandis que. ◇ *Präp* pendant.

währenddessen *Adv* pendant ce temps.

wahrhaben *tr*: **etw nicht ~ wollen** ne pas vouloir admettre qqch.

wahrhaftig *Adv* vraiment.

Wahrheit *(Pl* **-en**) *die* vérité *f*; **er nimmt es mit der ~ nicht so genau** il n'est pas à ça près.

◆ **in Wahrheit** *Adv* en vérité.

wahrheitsgemäß ◇ *Adj* véridique. ◇ *Adv*: **~ antworten** répondre la vérité.

wahrnehmbar *Adj* perceptible.

wahr|nehmen *tr (unreg)* **-1.** [bemerken] percevoir. **-2.** [Gelegenheit] profiter de. **-3.** [vertreten] se charger de.

Wahrnehmung *(Pl* **-en**) *die* **-1.** [Spüren] perception *f*. **-2.** [von Gelegenheit] exploitation *f*.

wahr|sagen ◇ *intr* prédire l'avenir. ◇ *tr* prédire.

Wahrsager, in *(mPl -; fPl* **-nen**) *der, die* diseur *m*, -euse *f* de bonne aventure.

wahrscheinlich ◇ *Adj* vraisemblable. ◇ *Adv* vraisemblablement.

Wahrscheinlichkeit *(Pl* **-en**) *die* probabilité *f*; **aller ~ nach** selon toute vraisemblance, vraisemblablement; **mit größter ~** selon toute probabilité.

Wahrscheinlichkeits|rechnung *die* calcul *m* de probabilité.

Wahrung *die (ohne Pl)* défense *f*.

Währung *(Pl* **-en**) *die* monnaie *f*; **eine harte ~** une monnaie forte.

Währungs|einheit *die* unité *f* monétaire.

Währungsre|form *die* réforme *f* monétaire.

Währungs|schlange *die (ohne Pl)* WIRTSCH serpent *m* monétaire.

Währungs|system *das* système *m* monétaire.

Wahr|zeichen *das* emblème *m*.

Waise *(Pl* **-n**) *die* orphelin *m*, -e *f*.

Waisen|haus *das* orphelinat *m*.

Waisen|kind *das* orphelin *m*, -e *f*.

Wal *(Pl* **-e**) *der* baleine *f*.

Wald *(Pl* **Wälder**) *der* forêt *f*; **den ~ vor lauter Bäumen nicht sehen** *hum* & *fig* être aveuglé(e)

par les détails; **er sieht den ~ vor lauter Bäumen nicht** c'est l'arbre qui lui cache la forêt.
Wald|brand *der* incendie *m* de forêt.
Wäldchen (*Pl* -) *das* petit bois *m*.
Wald|gebiet *das* zone *f* forestière.
Wald|horn (*Pl* **-hörner**) *das* cor *m* de chasse.
waldig *Adj* boisé(e).
Wald|lauf *der* course *f* en sous-bois; **einen ~ machen** faire un footing.
Wald|meister *der (ohne Pl)* aspérule *f*, reine *f* des bois.
Waldorf|schule *die* SCHULE école *f* Waldorf.

WALDORFSCHULEN:
Ces écoles anthroposophiques ont été fondées par le philosophe et pédagogue autrichien Rudolf Steiner et étaient destinées à l'origine aux enfants d'ouvriers et de cadres moyens. Fondées sur le refus de la notation et de toute contrainte, elles favorisent l'égalité entre les matières, qu'elles soient scientifiques, artistiques ou intellectuelles.

Wald|schaden *der* dommage *m* ODER dégât *m* forestier.
Waldsterben *das (ohne Pl)* dépérissement *m* des forêts.
Wald|weg *der* chemin *m* forestier.
Wales ['weːls] *nt* Pays *m* de Galles; **in ~** au Pays de Galles.
Wal|fang *der (ohne Pl)* pêche *f* à la baleine.
Waliser, in (*mPl* -; *fPl* **-nen**) *der, die* Gallois *m*, -e *f*.
walisisch *Adj* gallois(e).
Walkie-talkie ['wɔːkɪ'tɔːkɪ] (*Pl* **-s**) *das* talkie-walkie *m*.
Walkman® ['wɔːkmɛn] (*Pl* **Walkmen**) *der* baladeur *m*, Walkman® *m*.
Wall (*Pl* **Wälle**) *der* rempart *m*.
Wallach (*Pl* **-e**) *der* cheval *m* hongre, hongre *m*.
Wall|fahrt *die* pèlerinage *m*.
Wallfahrts|ort *der* lieu *m* de pèlerinage.
Wallis *das* Valais *m*.
Walliser (*Pl* -) ◇ *der* Valaisan *m*. ◇ *Adj (unver)* valaisan(anne).
Walliserin (*Pl* **-nen**) *die* Valaisanne *f*.
walliserisch *Adj* valaisan(anne).
Wallone (*Pl* **-n**) *der* Wallon *m*.
Wallonien *nt* Wallonie *f*.
Wallonin (*Pl* **-nen**) *die* Wallone *f*.
wallonisch *Adj* wallon(onne).
Wallung (*Pl* **-en**) *die*: **in ~ versetzen** agiter; **in ~ geraten** commencer à bouillir *(d'excitation, d'impatience, de colère)*.
Wal|nuß *die* noix *f*.
Wal|roß (*Pl* **-rosse**) *das* morse *m*.
walten *intr geh* régner.
Walze (*Pl* **-n**) *die* rouleau *m*.
walzen *tr* passer au rouleau.
wälzen *tr* **-1.** [bewegen] rouler. **-2.** *fam* [Buch, Akte] potasser.
◆ **sich wälzen** *ref* [im Liegen] se vautrer.
Walzer (*Pl* -) *der* valse *f*; **~ tanzen** valser.
Wälzer (*Pl* -) *der fam* pavé *m*.
wand *Prät* → **winden**.
Wand (*Pl* **Wände**) *die* **-1.** [von Häusern] mur *m*; **eine tragende ~** un mur porteur. **-2.** [Fels, Seite] paroi *f*. **-3.** *RW*: **daß die Wände wackeln** *fam fig* à tout casser; **die Wände haben Ohren** *fig* les murs ont des oreilles; **in den eigenen vier Wänden** *fam* dans son chez-soi; **jn an die ~ stellen** *fam fig* mettre ODER envoyer qqn au poteau.
◆ **Wand an Wand** *Adv* côte à côte.
Wandel *der (ohne Pl)* transformation *f*; **im ~ begriffen** en mutation.
Wandel|halle *die* promenoir *m*.
wandeln (*Perf* **hat/ist gewandelt**) *geh* ◇ *intr (ist)* se promener. ◇ *tr (hat)* modifier.
◆ **sich wandeln** *ref* se modifier; **sich zu etw ~** se transformer en qqch.
Wanderer, **Wandrer** (*Pl* -) *der* randonneur *m*.
Wanderin, **Wandrerin** (*Pl* **-nen**) *die* randonneuse *f*.
Wander|karte *die* carte *f* de (grande) randonnée.
wandern (*Perf* **ist gewandert**) *intr* **-1.** [als Hobby] faire de la randonnée. **-2.** [herumziehen]: **von Stadt zu Stadt ~** aller de ville en ville. **-3.** [Subj: Blick]: **sein Blick wandert durch den Raum** il promène son regard à travers la pièce. **-4.** *fam* [landen] se retrouver.
Wander|pokal *der* coupe *f*.
Wanderschaft (*Pl* **-en**) *die* pérégrinations *fpl*.
◆ **auf Wanderschaft** *Adv* en ballade.
Wander|schuh *der* chaussure *f* de marche.
Wander|tag *der* SCHULE journée *f* de sortie.
Wanderung (*Pl* **-en**) *die* randonnée *f*; **eine ~ machen** faire une randonnée.
Wander|weg *der* sentier *m* de (grande) randonnée.
Wand|gemälde *das* fresque *f*.
Wand|kalender *der* calendrier *m* mural.
Wand|karte *die* carte *f* murale.
Wandlung (*Pl* **-en**) *die* transformation *f*; **eine ~ vollzieht sich** un changement s'opère.
Wand|malerei *die* peinture *f* murale.
Wandrer = **Wanderer**.

Wandrerin = Wanderin.
Wandschirm *der* paravent *m*.
Wandschrank *der* placard *m*.
Wandtafel *die* tableau *m* noir.
wandte *Prät* → **wenden**.
Wandteppich *der* tapisserie *f*.
Wanduhr *die* horloge *f* murale.
Wandzeitung *die* journal *m* mural.
Wange (*Pl* **-n**) *die geh* joue *f*.
◆ **Wange an Wange** *Adv* joue contre joue.
Wankelmotor *der* TECH moteur *m* Wankel (rotatif).
wankelmütig *geh* & *abw* ◇ *Adj* inconstant(e). ◇ *Adv* avec inconstance, de façon versatile.
wanken (*Perf* **hat/ist gewankt**) *intr* **-1.** *(hat)* [gen] chanceler. **-2.** *(ist)* [schwankend gehen] tituber.
◆ **Wanken** *das (ohne Pl)*: **ins Wanken kommen** ODER **geraten** se mettre à chanceler.
wann *Adv* quand; **bis ~?** jusqu'à quand?; [für Stunden] jusqu'à quelle heure?; **seit ~?** depuis quand?; [für Stunden] depuis quelle heure?; **von ~ bis ~?** de quand à quand?; [für Stunden] de quelle heure à quelle heure?; **~ du willst** quand tu veux.
Wanne (*Pl* **-n**) *die* **-1.** [zum Baden] baignoire *f*; **in der ~ sitzen** être dans la baignoire. **-2.** [Gefäß] cuvette *f*, bassine *f*.
Wanze (*Pl* **-n**) *die* **-1.** [Insekt] punaise *f*. **-2.** *fam* [Abhörgerät] micro *m (dissimulé)*.
Wappen (*Pl* **-**) *das* armoiries *fpl*.
war *Prät* → **sein**.
warb *Prät* → **werben**.
Ware (*Pl* **-n**) *die* marchandise *f*; **heiße ~** *fam* marchandise illégale.
Warenangebot *das (ohne Pl)* offre *f* de marchandises.
Warenhaus *das* grand magasin *m*.
Warenlager *das* entrepôt *m*.
Warenprobe *die* échantillon *m*.
Warensendung *die* envoi *m* de marchandises.
Warentest *der* test *m* de produits.
Warenzeichen *das*: **eingetragenes** ODER **geschütztes ~** marque *f* déposée.
warf *Prät* → **werfen**.
warm (*Kompar* **wärmer**, *Superl* **wärmste**) ◇ *Adj* **-1.** [Temperatur, Kleidung, Farbe] chaud(e); **es ist ~** il fait bon; **jm ist ~** qqn a chaud; **jm wird ~** qqn commence à avoir chaud; **27 Grad ~es Wasser** eau *f* à 27 degrés; **~e Miete** ≃ loyer *m* avec charges. **-2.** [herzlich] chaleureux(euse); **mit jm ~ werden** *fam fig* le courant passe avec qqn. ◇ *Adv* **-1.** [essen] chaud; **etw ~ stellen** mettre qqch au chaud. **-2.** [anziehen, einwickeln] chaudement.
Wärme *die (ohne Pl)* chaleur *f*.
wärmedämmend *Adj* isolant(e).
Wärmegrad *der* degré *m* de chaleur.
Wärmekraftwerk *das* centrale *f* thermique.
wärmen *tr* & *intr* chauffer.
◆ **sich wärmen** *ref*: **sich an etw** *(D)* **~** se réchauffer près de qqch.
Wärmepumpe *die* TECH pompe *f* à chaleur.
Wärmflasche *die* bouillotte *f*.
warmhalten *ref (unreg) fam* : **sich** *(D)* **jn ~** *fig* rester en contact avec qqn.
Warmhalteplatte *die* chauffe-plat *m*.
warmherzig ◇ *Adj* chaleureux(euse). ◇ *Adv* chaleureusement.
warmlaufen (*Perf* **hat/ist warmgelaufen**) *intr (unreg)* chauffer.
◆ **sich warmlaufen** *ref* s'échauffer.
Warmmiete *die fam* ≃ loyer *m* charges comprises.
wärmstens *Adv* chaudement.
Warmwasser *das (ohne Pl)* eau *f* chaude.
Warnblinkanlage *die* AUTO feux *mpl* de détresse.
Warndreieck *das* AUTO triangle *m* de signalisation.
warnen *tr* avertir; **jn vor jm/etw ~** mettre qqn en garde contre qqn/qqch.
Warnschild (*Pl* **-er**) *das* panneau *m* de danger.
Warnsignal *das* signal *m* avertisseur.
Warnstreik *der* débrayage *m*.
Warnsystem *das* dispositif *m* d'alarme.
Warnung (*Pl* **-en**) *die* avertissement *m (de danger)*.
Warschau *nt* Varsovie.
Warschauer (*Pl* **-**) ◇ *der* habitant *m* de Varsovie. ◇ *Adj (unver)* de Varsovie; **~ Pakt** HIST pacte *m* de Varsovie.
Warschauerin (*Pl* **-nen**) *die* habitante *f* de Varsovie.
Wartehalle *die* hall *m* d'attente.
Warteliste *die* liste *f* d'attente; **auf der ~ stehen** être sur la liste d'attente.
warten ◇ *intr* attendre; **auf jn/etw ~** attendre qqn/qqch; **mit etw ~** attendre pour faire qqch; **da kannst du lange ~!** *fam* tu peux toujours courir!; **na warte!** *fam* attends un peu!; **nicht lange auf sich ~ lassen** ne pas se faire attendre longtemps. ◇ *tr* TECH entretenir.
Wärter, in (*mPl* **-**; *fPl* **-nen**) *der, die* gardien *m*, -enne *f*.
Wartesaal *der* salle *f* d'attente.

Wartezeit *die* attente *f*.
Wartezimmer *das* salle *f* d'attente.
Wartung (*Pl* **-en**) *die* maintenance *f*.
wartungsfrei *Adj* exempt(e) d'entretien.
warum *Adv* pourquoi; **~ nicht** pourquoi pas.
Warze (*Pl* **-n**) *die* verrue *f*.
was *Pron* **-1.** [zur Frage nach etwas] que, qu', qu'est-ce que; **~ suchst du**? que cherches-tu?, qu'est-ce que tu cherches?; **~ ist los**? qu'y a-t-il?, qu'est-ce qu'il y a?; **~ machst du**? que fais-tu?, qu'est-ce que tu fais?; **~ heißt das**? qu'est-ce que cela veut dire? **-2.** [wieviel] combien; **~ kostet das**? combien ça coûte?, qu'est-ce que cela coûte? **-3.** *fam* [warum] pourquoi; **~ fragst du**? pourquoi poses-tu des questions?, pourquoi tu demandes? **-4.** *fam* [mit Präposition] quoi; **an ~ denkst du**? à quoi penses-tu? **-5.** *fam* [nicht wahr]: **...**, **~**? ..., n'est-ce pas? **-6.** [Relativpronomen] que, qui, qu'; **das Beste, ~ passieren kann** le meilleur qui puisse arriver; **etwas, ~ ich nicht verstehe** quelque chose que je ne comprends pas; **alles, ~** tout ce qui. **-7.** *fam* [Indefinitpronomen, etwas] quelque chose; **ich muß dich mal ~ fragen** il faut que je te demande quelque chose. **-8.** *RW*: **~ für** quel (quelle); **~ weiß ich!** *fam* je n'en sais rien!
◆ **was**? *Interj* quoi?
◆ **ach was!** *Interj* mais non!
◆ **so was!** *Interj* pas possible!
Waschanlage *die* lavage *m* automatique.
waschbar *Adj* lavable.
Waschbär *der* raton *m* laveur.
Waschbecken *das* lavabo *m*.
Wäsche (*Pl* **-n**) *die* **-1.** *(ohne Pl)* [gen] linge *m*. **-2.** *(ohne Pl)* [Unterwäsche] sous-vêtements *mpl*; [für Frauen] lingerie *f*. **-3.** [Handlung] lavage *m*; **in der ~ sein** être au sale ODER à la lessive. **-4.** *RW*: **dumm aus der ~ gucken** *fam fig* en rester comme deux ronds de flan; **schmutzige ~ waschen** *abw* & *fig* laver son linge sale.
waschecht *Adj* **-1.** [Kleidung, Stoff] qui ne rétrécit pas au lavage; [Farbe] grand teint. **-2.** *fam fig* [typisch] pur jus.
Wäscheklammer *die* pince *f* à linge.
Wäschekorb *der* corbeille *f* à linge.
Wäscheleine *die* corde *f* à linge.
waschen (*Präs* **wäscht**, *Prät* **wusch**, *Perf* **hat gewaschen**) *tr* laver; **sich** *(D)* **die Haare/die Hände ~** se laver les cheveux/les mains.
◆ **sich waschen** *ref* se laver; **die Ohrfeige hatte sich gewaschen** *fam fig* c'était une sacrée gifle.
Wäscherei (*Pl* **-en**) *die* laverie *f*.
Wäscheschleuder (*Pl* **-n**) *die* essoreuse *f*.
Wäscheständer *der* séchoir *m*.
Wäschetrockner (*Pl* **-**) *der* sèche-linge *m inv*.
Waschgang *der* programme *m (de lavage)*.
Waschgelegenheit *die* cabinet *m* de toilette.
Waschlappen *der* **-1.** [zum Waschen] gant *m* de toilette. **-2.** *fam abw* [Person] lavette *f*.
Waschmaschine *die* machine *f* à laver, lave-linge *m*.
Waschmittel *das* lessive *f*.
Waschpulver *das* lessive *f*, poudre *f* à laver.
Waschraum *der* salle *f* d'eau.
Waschsalon *der* laverie *f* automatique.
Waschstraße *die* AUTO lavage *m* automatique.
wäscht *Präs* → **waschen**.
Washington ['wɔʃɪŋtən] *nt* Washington.
Wasser (*Pl* **-**) *das* eau *f*; **unter ~ stehen** être inondé(e); **~ lassen** uriner; **ins ~ fallen** *fig* tomber à l'eau; **mit allen ~n gewaschen sein** *fam fig* être un vieux renard; **sich über ~ halten** *fig* se maintenir à flot; **~ auf js Mühle sein** *fig* apporter de l'eau au moulin de qqn.
◆ **am Wasser** *Adv* au bord de l'eau; **nahe am ~ gebaut haben** *fam fig* avoir la larme facile.
wasserabstoßend *Adj* imperméable, hydrofuge.
wasserarm *Adj* aride.
Wasserbad *das* KÜCHE bain-marie *m*.
Wasserball *der* **-1.** *(ohne Pl)* [Spiel] water-polo *m*. **-2.** [Ball] ballon *m*.
Wasserbett *das* matelas *m* à eau.
Wässerchen (*Pl* **-**) *das*: **er sieht aus, als könnte er kein ~ trüben** *fam fig* on lui donnerait le bon Dieu sans confession.
Wasserdampf *der* vapeur *f* (d'eau).
wasserdicht *Adj* **-1.** [Material, Gegenstand] étanche. **-2.** *fam* [Alibi, Vertrag] en béton.
Wasserfall *der* chute *f* d'eau; **reden wie ein ~** *fam fig* être un moulin à paroles.
Wasserfarbe *die* aquarelle *f*.
Wasserflugzeug *das* hydravion *m*.
Wasserglas *das* verre *m* à eau.
Wasserglätte *die (ohne Pl)*: **'Vorsicht ~!'** 'attention chaussée glissante par temps de pluie'.
Wassergraben *der* douve *f*.
Wasserhahn *der* robinet *m*.
Wasserkessel *der* bouilloire *f*.
Wasserkopf *der* **-1.** [Krankheit] hydrocéphalie *f*. **-2.** *fig* [von Verwaltung, Bürokratie] hydre *f*.
Wasserkraftwerk *das* centrale *f* hydro-électrique.
Wasserlache *die* flaque *f* d'eau.
Wasserlauf *der* cours *m* d'eau.

Wasserleitung *die* conduite *f* d'eau.
wasserlöslich *Adj* soluble dans l'eau.
Wassermangel *der* sécheresse *f*.
Wassermann (*Pl* **-männer**) *der* ASTRO Verseau *m*.
Wassermelone *die* pastèque *f*.
Wassermühle *die* moulin *m* à eau.
wässern *tr* **-1.** [Pflanze, Garten] arroser. **-2.** [in Wasser legen] faire tremper; KÜCHE dessaler.
Wasserpfeife *die* narguilé *m*.
Wasserpflanze *die* plante *f* aquatique.
Wasserpistole *die* pistolet *m* à eau.
Wasserratte *die* **-1.** [Tier] rat *m* d'eau. **-2.** *fam* [Person]: **eine echte ~ sein** adorer l'eau.
Wasserrohr *das* conduite *f* d'eau.
Wasserschaden *der* dégâts *mpl* des eaux.
Wasserscheide *die* ligne *f* de partage des eaux.
wasserscheu *Adj* qui a peur de l'eau.
Wasserschutzpolizei *die* police *f* fluviale.
Wasserski ◇ *der* [Gerät] ski *m* nautique. ◇ *das (ohne Pl)* [Sportart] ski *m* nautique.
Wasserspiegel *der* niveau *m* d'eau.
Wassersport *der* sport *m* nautique.
Wasserspülung (*Pl* **-en**) *die* chasse *f* d'eau.
Wasserstand *der* niveau *m* *(d'eau)*.
Wasserstelle *die* point *m* d'eau.
Wasserstoff *der (ohne Pl)* CHEM hydrogène *m*.
Wasserstrahl *der* jet *m* d'eau.
Wasserstraße *die* voie *f* navigable.
Wasserturm *der* château *m* d'eau.
Wasseruhr *die* compteur *m* à eau.
Wasserverbrauch *der (ohne Pl)* consommation *f* d'eau.
Wasserverschmutzung *die* pollution *f* des eaux.
Wasserversorgung *die (ohne Pl)* alimentation *f* en eau.
Wasservogel *der* oiseau *m* aquatique.
Wasserwaage *die* niveau *m* à bulle.
Wasserweg *der* voie *f* d'eau.
Wasserwerfer (*Pl* -) *der* canon *m* à eau.
Wasserwerk *das* [Institution] service *m* des eaux; [Anlage] station *f* hydraulique.
Wasserzähler *der* compteur *m* à eau.
Wasserzeichen *das* filigrane *m*.
wäßrig ◇ *Adj* [Lösung, Farbe] aqueux(euse); [Suppe, Soße] clair(e). ◇ *Adj*: **~ schmecken** être fade.
waten (*Perf* **ist gewatet**) *intr* patauger.
watscheln (*Perf* **ist gewatschelt**) *intr* se dandiner.
Watt (*Pl* **-en** ODER **-**) *das* **-1.** *(G Watt(e)s, Pl Watten)* [Küstengebiet] laisse *f*. **-2.** *(G Watts, Pl Watt)* PHYS & TECH [Maßeinheit] watt *m*.
Watte *die (ohne Pl)* coton *m* hydrophile, ouate *f*.
Wattebausch (*Pl* **-e** ODER **-bäusche**) *der* morceau *m* de coton.
Wattenmeer *das* laisse *f*.
Wattestäbchen *das* Coton-Tige® *m*.
wattiert *Adj* ouaté(e).
Watzmann *der* Watzmann *m*.
WAZ [vats] (*Abk für* **Westdeutsche Allgemeine Zeitung**) *die (ohne Pl) quotidien allemand.*
WC [veːˈtseː] (*Pl* **-** ODER **-s**) (*Abk für* **water closet**) *das* W.-C. *mpl*.
WDR (*Abk für* **Westdeutscher Rundfunk**) *der (ohne Pl)* Radio *f* Cologne.
weben (*Prät* **wob**, *Perf* **hat gewoben**) *tr* tisser.
Weber (*Pl* -) *der* tisserand *m*.
Weberei (*Pl* **-en**) *die* tissage *m*.
Weberin (*Pl* **-nen**) *die* tisserande *f*.
Webkante *die* lisière *f*.
Webstuhl *der* métier *m* à tisser.
Wechsel [ˈvɛksl] (*Pl* -) *der* **-1.** [Austausch] changement *m*. **-2.** [nacheinander] alternance *f*. **-3.** [von Devisen] change *m*. **-4.** [Zahlungsmittel] traite *f*.
◆ **im Wechsel** *Adv* à tour de rôle.
Wechselbad *das* **-1.** [in Wasser] bains *mpl* alternés. **-2.** *fig* [von Gefühlen] douche *f* écossaise.
Wechselbeziehung *die* corrélation *f*.
Wechselgeld *das (ohne Pl)* monnaie *f*.
wechselhaft *Adj* changeant(e).
Wechseljahre *Pl* ménopause *f*.
Wechselkurs *der* cours *m* ODER taux *m* de change.
wechseln [ˈvɛksln̩] (*Perf* **hat/ist gewechselt**) ◇ *tr (hat)* **-1.** [erneuern, Geld umtauschen] changer; **etw gegen** ODER **in etw** *(A)* **~** changer qqch contre qqch. **-2.** [gegenseitig] échanger. ◇ *intr* **-1.** *(hat)* [sich verändern] changer. **-2.** *(ist)* [überwechseln] changer; **nach Berlin ~** partir pour Berlin.
wechselnd ◇ *Adj* instable; **~e Speisekarte** carte qui change souvent. ◇ *Adv*: **~ gelaunt** d'humeur instable.
Wechselrahmen *der* passe-partout *m inv*.
wechselseitig ◇ *Adj* mutuel(elle). ◇ *Adv* mutuellement.
Wechselstrom *der* ELEKTR courant *m* alternatif.
Wechselstube *die* bureau *m* de change.
Wechselwähler *der* électeur *m* indécis.

Wechsel|wirkung *die* interaction *f*.
wecken *tr* **-1.** [aus Schlaf] réveiller. **-2.** [Reaktion, Gefühl] éveiller.
◆ **Wecken** *das (ohne Pl)* réveil *m*.
Wecker *(Pl -) der* réveil *m*; **jm auf den ~ fallen** *fam fig* taper sur les nerfs de qqn.
wedeln *(Perf* **hat/ist gewedelt**) *intr* **-1.** *(hat)* [Hund] frétiller (de la queue). **-2.** [mit Gegenstand]: **mit dem Taschentuch ~** agiter son mouchoir. **-3.** *(hat/ist)* [auf Skiern] godiller.
weder
◆ **weder ... noch** *Konj* ni ... ni.
weg *Adv* parti(e); **Finger ~!** pas touche!; **nichts wie ~!** *salopp* cassons-nous!; **~ damit!** *fam* direction la poubelle!; **weit ~** éloigné(e); **über etw** *(A)* **~ sein** *fam fig* avoir surmonté qqch.
Weg *(Pl -e) der* **-1.** [Pfad] chemin *m*; **(jn) nach dem ~ fragen** demander son chemin (à qqn); **(jm) im ~ stehen** ODER **sein** barrer le chemin (à qqn); **jm über den ~ laufen** croiser le chemin de qqn; **sich auf den ~ machen** se mettre en route. **-2.** [Methode] voie *f*; **auf dem schnellsten** ODER **kürzesten ~** le plus rapidement possible, au plus vite. **-3.** *fam* [Erledigung] démarche *f*. **-4.** *RW*: **auf dem besten ~ sein, etw zu tun** *iron* être en (bonne) voie de faire qqch; **auf halbem ~** à mi-chemin; **jm/etw aus dem ~ gehen** éviter qqn/qqch; **jm nicht über den ~ trauen** se méfier de qqn.
◆ **am Weg** *Adv* au bord du chemin.
weg|bekommen *tr (unreg) fam* **-1.** [entfernen] faire partir. **-2.** [kapieren] piger.
Wegbereiter *(Pl -) der* pionnier *m*, -ère *f*.
weg|bleiben *(Perf* **ist weggeblieben**) *intr (unreg) fam* **-1.** [Person] ne pas venir. **-2.** [Strom, Abschnitt] être coupé(e); **ihr blieb die Luft weg** elle eut le souffle coupé.
weg|bringen *tr (unreg) fam* **-1.** [fortbringen] emmener. **-2.** [entfernen] enlever.
weg|denken *tr (unreg) fam* : **sich** *(D)* **etw ~** faire abstraction de qqch; **jd/etw ist aus etw nicht wegzudenken** ne pas pouvoir s'imaginer qqch sans qqn/qqch.
Wegelagerer *(Pl -) der abw* brigand *m*.
wegen *Präp (+ G, + D)* à cause de.
weg|fahren *(Perf* **hat/ist weggefahren**) *(unreg)* ◇ *intr (ist)* partir *(en véhicule)*. ◇ *tr (hat)* emmener *(en véhicule)*.
weg|fallen *(Perf* **ist weggefallen**) *intr (unreg)* être supprimé(e).
weg|führen ◇ *tr* emmener. ◇ *intr* s'éloigner; **das führt vom Thema weg** cela nous éloigne du sujet.
Weggabelung *(Pl* **-en**) *die* bifurcation *f*.
Weg|gang *der (ohne Pl)* départ *m*.
weg|geben *tr (unreg)* donner.
weg|gehen *(Perf* **ist weggegangen**) *intr (unreg)* **-1.** [fortgehen] partir, s'en aller; **von jm ~** quitter qqn; **von etw ~** se retirer de qqch. **-2.** *fam* [verschwinden] disparaître. **-3.** *fam* [Absatz finden] bien se vendre.
weggetreten *Adj*: **~ sein** *fam* avoir une absence.
weg|haben *tr (unreg) fam* **-1.** [entfernen] avoir enlevé. **-2.** [verstehen] être calé(e).
weg|jagen *tr* chasser.
weg|kommen *(Perf* **ist weggekommen**) *intr (unreg) fam* **-1.** [fortgehen können] pouvoir s'en aller; **mach, daß du wegkommst** du balai! **-2.** [loskommen]: **von etw ~** se passer de qqch. **-3.** [verschwinden] disparaître. **-4.** [behandelt werden]: **gut/schlecht bei etw ~** être bien/mal loti(e) avec qqch.
weg|können *intr (unreg) fam* **-1.** [Person] pouvoir partir. **-2.** [Gegenstand] pouvoir être jeté(e).
weg|kriegen *tr fam* **-1.** [entfernen können] arriver à faire partir. **-2.** [erleiden] attraper.
weg|lassen *tr (unreg)* **-1.** [gehen lassen] laisser partir. **-2.** *fam* [auslassen] laisser tomber.
weg|laufen *(Perf* **ist weggelaufen**) *intr (unreg)* se sauver; **vor** ODER **von jm/etw ~** fuir devant qqn/qqch; **von zu Hause ~** faire une fugue, fuguer; **das läuft dir nicht weg!** *fam fig* tu pourras toujours le faire (plus tard)!
weg|legen *tr* mettre de côté.
weg|machen *tr fam* faire partir.
weg|müssen *intr (unreg) fam* devoir partir.
weg|nehmen *tr (unreg)* enlever; **jm etw ~** prendre qqch à qqn.
weg|rationalisieren *tr* rationaliser *(par suppression)*.
weg|räumen *tr* débarrasser.
weg|schaffen *tr* se débarrasser de.
weg|schicken *tr* envoyer; [Person] renvoyer.
weg|schnappen *tr fam* chiper.
weg|sehen *intr (unreg)* **-1.** [nicht hinsehen] détourner le regard. **-2.** *fam* [hinwegsehen]: **über etw** *(A)* **~** fermer les yeux sur qqch.
weg|stecken *tr fam* **-1.** [in Tasche] ranger. **-2.** [Beleidigung, Schlag] encaisser.
weg|stoßen *tr (unreg)* repousser.
Weg|strecke *die* trajet *m*.
weg|tun *tr (unreg) fam* **-1.** [weglegen] enlever. **-2.** [wegwerfen] jeter.
Wegweiser *(Pl -) der* panneau *m* indicateur.
weg|werfen *tr (unreg)* jeter.

wegwerfend ◇ *Adj* méprisant(e). ◇ *Adv* avec mépris.

Wegwerf|gesellschaft *die abw* société *f* de consommation.

Wegwerf|packung *die* emballage *m* perdu.

weg|wischen *tr* essuyer.

weg|wollen *intr (unreg) fam* vouloir s'en aller ODER partir.

Wegzehrung *die (ohne Pl) geh* provisions *fpl* (de bouche).

weg|ziehen (*Perf* **hat/ist weggezogen**) *(unreg)* ◇ *intr (ist)*: **aus etw ~** quitter qqch. ◇ *tr (hat)* tirer.

weh *Adj fam* douloureux(euse); **~ tun** faire mal; **mir tun die Füße ~** j'ai mal aux pieds.

◆ **oh weh!** *Interj* aïe, aïe, aïe!

wehen (*Perf* **hat/ist geweht**) ◇ *intr* **-1.** *(hat)* [Wind] souffler. **-2.** *(ist)* [Geruch, Fahne] flotter. **-3.** *(ist)* [Blätter, Schneeflocken] tourbillonner. ◇ *tr (hat)* emporter.

Wehen *Pl* contractions *fpl*.

wehleidig ◇ *Adj* larmoyant(e). ◇ *Adv* d'un air larmoyant.

Wehmut *die (ohne Pl) geh* mélancolie *f*.

wehmütig ◇ *Adj* mélancolique. ◇ *Adv* avec mélancolie.

Wehr (*Pl* **-e**) ◇ *die (G Wehr)*: **sich zur ~ setzen** se défendre. ◇ *das (G Wehr(e)s)* barrage *m*.

Wehr|beauftragte *der délégué parlementaire auprès de l'armée allemande*.

Wehr|dienst *der (ohne Pl)* service *m* militaire ODER national.

Wehrdienstverweigerer (*Pl* **-**) *der* objecteur *m* de conscience.

wehren

◆ **sich wehren** *ref* se défendre; **sich gegen etw ~** se défendre contre qqch.

Wehrersatz|dienst *der* service *m* civil.

wehrlos *Adj* & *Adv* sans défense.

Wehr|paß *der* livret *m* militaire.

Wehr|pflicht *die (ohne Pl)* obligations *fpl* militaires.

wehrpflichtig *Adj* astreint(e) au service militaire ODER national.

Wehrpflichtige (*Pl* **-n**) *der* personne *f* soumise aux obligations militaires.

Wehr|übung *die* période *f* militaire *(pour réservistes)*.

Wehwehchen (*Pl* **-**) *das* bobo *m*.

Weib (*Pl* **-er**) *das abw* femme *f*.

Weibchen (*Pl* **-**) *das* femelle *f*.

weibisch *abw* ◇ *Adj* efféminé(e). ◇ *Adv* de manière efféminée.

weiblich ◇ *Adj* féminin(e). ◇ *Adv* avec féminité.

Weiblichkeit *die (ohne Pl)* féminité *f*.

weich ◇ *Adj* **-1.** [nicht hart] **mou (molle)**. **-2.** [Stoff] **moelleux(euse)**. **-3.** [sanft] **doux (douce)**; **~ werden** *fam* s'attendrir. **-4.** [gekocht] **cuit(e)**. ◇ *Adv* **-1.** [behutsam] **doucement**. **-2.** [sitzen, liegen] confortablement.

Weiche (*Pl* **-n**) *die* aiguillage *m*; **die ~n für etw stellen** *fig* poser les jalons de qqch.

weichen (*Prät* **wich** ODER **weichte**, *Perf* **ist gewichen** ODER **hat geweicht**) ◇ *intr (unreg)* reculer; **vor etw** *(D)* **~** reculer devant qqch; **von jm ~** quitter qqn. ◇ *tr (Prät weichte, Perf hat geweicht)* [einweichen]: **~ lassen** faire tremper.

weichgekocht *Adj* [Ei] à la coque; [Gemüse, Fleisch] cuit(e).

Weich|käse *der* fromage *m* à pâte molle.

weichlich *Adj* mou (molle).

Weichling (*Pl* **-e**) *der abw* lavette *f*.

weich|machen *tr fam* attendrir.

Weichsel *die* Vistule *f*.

Weichspüler (*Pl* **-**) *der* adoucissant *m*.

Weichteile *Pl* **-1.** *fam* [beim Mann] parties *fpl*. **-2.** MED parties *fpl* molles.

Weide (*Pl* **-n**) *die* **-1.** [für Vieh] pâturage *m*. **-2.** [Baum] saule *m*.

Weide|land *das* pâturages *mpl*.

weiden *intr* paître.

◆ **sich weiden** *ref geh*: **sich an jm ~** [mit Genuß] se délecter à la vue de qqn; **sich an etw** *(D)* **~** se délecter de qqch; [mit Schadenfreude] se repaître de qqch.

Weidenkätzchen (*Pl* **-**) *das* châton *m* de saule.

weigern

◆ **sich weigern** *ref*: **sich ~ (etw zu tun)** refuser (de faire qqch).

Weigerung (*Pl* **-en**) *die* refus *m*.

Weih|bischof *der* evêque *m* coadjuteur.

weihen *tr* consacrer; **jn ~** consacrer qqn; **jn zu etw ~** sacrer qqn qqch.

Weiher (*Pl* **-**) *der* étang *m*.

Weihnachten (*Pl* **-**) *(ohne Artikel)* Noël *m*; **~ feiern** fêter Noël.

◆ **frohe Weihnachten!** *Interj* Joyeux Noël!

WEIHNACHTEN:

En Allemagne, Noël est la fête familiale par excellence. Lors du «Heiligabend», le soir du 24 décembre, on offre les cadeaux et on allume les bougies du sapin de Noël. C'est le 25 décembre à midi qu'a lieu le grand repas de famille. Le 25 et le 26 sont des jours fériés.

---

weihnachtlich ◇ *Adj* de Noël. ◇ *Adv* [in Vorweihnachtszeit] **pour Noël**; [wie zu Weihnachten] comme pour Noël.

Weihnachts|abend *der* veillée *f* ODER soir *m* de Noël; [als Feier] réveillon *m* de Noël.

Weihnachts|baum *der* arbre *m* ODER sapin *m* de Noël.

Weihnachtseinkäufe *Pl* achats *mpl* de ODER pour Noël.

Weihnachts|feier *die* fête *f* de Noël; [im Betrieb] arbre *m* de Noël.

Weihnachtsfeier|tag *der*: **der erste/zweite ~** le jour/le lendemain de Noël.

Weihnachts|ferien *Pl* vacances *fpl* de Noël.

Weihnachts|geld *das* prime *f* de fin d'année.

Weihnachts|geschäft *das (ohne Pl)*: **dieses Jahr war das ~ besonders gut** cette année les affaires ont été particulièrement bonnes pour Noël.

Weihnachts|geschenk *das* cadeau *m* de Noël.

Weihnachts|lied *das* chant *m* de Noël.

Weihnachts|mann *der* père *m* Noël.

Weihnachts|markt *der* marché *m* de Noël.

WEIHNACHTSMARKT:
Marché forain pendant la période de l'Avent. On y vend des décorations de Noël, de l'artisanat, des pâtisseries et des confiseries. Il marque le début d'une période de forte consommation où se mêlent tradition et folklore.

Weihnachts|tag *der*: **erster ~** jour *m* de Noël *(25 décembre)*; **zweiter ~** lendemain *m* de Noël *(26 décembre, férié en Allemagne)*.

Weihnachts|zeit *die (ohne Pl)* période *f* de Noël; **zur ~** à la période de Noël.

Weih|rauch *der* encens *m*.

Weih|wasser *das (ohne Pl)* eau *f* bénite.

weil *Konj* parce que.

Weilchen *Adv*

◆ **ein Weilchen** *Adv* un petit moment.

Weile

◆ **eine Weile** *Adv* un moment.

Weimar *nt* Weimar.

Weimarer Republik *die (ohne Pl)* République *f* de Weimar *(régime démocratique en Allemagne de 1919 à 1933)*.

WEIMARER REPUBLIK:
Première république allemande, proclamée à Weimar par les sociaux-démocrates après l'abdication de l'Empereur en novembre 1918. Tenue pour responsable de la défaite, fragilisée par la crise économique, combattue par les extrêmes, elle ne sut éviter l'instabilité politique qui permit l'arrivée au pouvoir de Hitler en 1933.

Wein *(Pl* **-e***)* *der* **-1.** [Getränk] vin *m*; **jm reinen ~ einschenken** *fig* dire toute la vérité à qqn. **-2.** *(ohne Pl)* [Pflanze] vigne *f*.

Wein|bau *der (ohne Pl)* viticulture *f*.

Wein|beere *die* grain *m* de raisin.

Wein|berg *der* vignoble *m*.

Wein|brand *der* eau-de-vie *f (de vin)*, *Cognac®* *m*.

weinen ◇ *intr* pleurer; **über etw** *(A)* **~** pleurer sur qqch; **um jn ~** pleurer qqn; **vor etw** *(D)* **~** pleurer de qqch. ◇ *tr* pleurer.

weinerlich ◇ *Adj* larmoyant(e). ◇ *Adv* de manière larmoyante.

Wein|essig *der* vinaigre *m* de vin.

Wein|faß *das* fût *m (à vin)*.

Wein|flasche *die* bouteille *f* de vin.

Wein|gegend *die* région *f* viticole.

Wein|glas *das* verre *m* à vin.

Wein|karte *die* carte *f* des vins.

Wein|keller *der* cave *f* à vin ODER vins.

Wein|kenner, in *der, die* connaisseur *m*, -euse *f* en matière de vin.

Wein|krampf *der* crise *f* de larmes.

Weinlese *(Pl* **-n***)* *die* vendange *f*, vendanges *fpl*.

Wein|lokal *das* bar *m* à vin.

Wein|probe *die* dégustation *f* de vins.

weinrot *Adj* lie-de-vin.

Wein|stube *die* bar *m* à vin.

Wein|traube *die* raisin *m*, grain *m* de raisin.

weise ◇ *Adj* sage. ◇ *Adv* sagement.

Weise *(Pl* **-n***)* ◇ *die* manière *f*, façon *f*. ◇ *der, die* sage *m*.

◆ **auf diese Weise** *Adv* de cette manière ODER façon.

◆ **auf seine Weise** *Adv* à sa façon.

◆ **in gewisser Weise** *Adv* d'une certaine manière ODER façon.

weisen *(Prät* **wies**, *Perf* **hat gewiesen***)* *geh* ◇ *tr* **-1.** [zeigen]: **jm etw ~** indiquer qqch à qqn. **-2.** [wegschicken]: **jn aus** ODER **von etw ~** renvoyer qqn de qqch. **-3.** [abwehren]: **etw von sich ~** rejeter qqch. ◇ *intr*: **auf jn/etw ~** montrer qqn/qqch; **nach etw ~** indiquer qqch.

Weisheit *(Pl* **-en***)* *die* **-1.** *(ohne Pl)* [Klugheit] sagesse *f*; **mit seiner ~ am Ende sein** *fig* avoir épuisé toute sa science. **-2.** [Erkenntnis] vérité *f*.

Weisheits|zahn *der* dent *f* de sagesse.

weis|machen *tr fam* : **jm etw ~** faire croire qqch à qqn; **das kannst du mir nicht ~!** je ne marche pas!

weiß *Adj* blanc (blanche).
weiß *Präs* → **wissen**.
Weiß *das* blanc *m*.
Weiß|bier *das Süddt bière blonde faite à partir de froment*.
Weiß|brot *das* pain *m* blanc, pain *m* de froment.
Weiße (*Pl* **-n**) *der, die* Blanc *m*, Blanche *f*.
Weiße Haus *das*: **das ~** la Maison-Blanche.
weißen *tr* blanchir.
Weiß|glut *die (ohne Pl)*: **jn zur ~ bringen** *fam fig* chauffer qqn à blanc.
Weiß|herbst *der* vin *m* rosé, rosé *m*.
Weiß|kohl *der* chou *m* blanc.
weißlich *Adj* blanchâtre.
Weiß|russe *der* Biélorusse *m*.
Weiß|russin *die* Biélorusse *f*.
weißrussisch *Adj* biélorusse.
Weißrußland *nt* Biélorussie *f*.
Weiß|wein *der* vin *m* blanc.
Weisung (*Pl* **-en**) *die geh* directive *f*; **eine ~ befolgen** suivre une consigne.
weit ◇ *Adj* **-1.** [Strecke, Reise, Fläche] grand(e), long (longue); **20 Kilometer ~** de 20 kilomètres. **-2.** [Kleidung] large. **-3.** *RW*: **damit ist es nicht ~ her** *fam abw* ça ne va pas très loin; **so ~ sein** *fam* être prêt(e). ◇ *Adv* **-1.** [beträchtlich]: **~ später** beaucoup plus tard; **~ besser** bien mieux; **~ weg** très loin; **~ verzweigt/fortgeschritten** très étendu(e)/avancé(e). **-2.** [gehen, fahren] loin; **zwei Kilometer ~ fahren** ODER **gehen** faire deux kilomètres; **drei Meter ~ springen** sauter trois mètres. **-3.** [fallen, geschnitten] largement. **-4.** *RW*: **das geht zu ~!** ça va trop loin!; **so ~, so gut** très bien; **~ und breit** *fam* à la ronde.
◆ **bei weitem** *Adv* de loin.
◆ **von weitem** *Adv* de loin.
weitab *Adv* loin.
weitaus *Adv* de loin.
Weit|blick *der (ohne Pl)* clairvoyance *f*.
weitblickend *Adj* clairvoyant(e).
Weite (*Pl* **-n**) *die* **-1.** *(ohne Pl)* [weite Fläche] étendue *f*; **das ~ suchen** *fig* prendre le large. **-2.** SPORT distance *f*. **-3.** [von Kleidungsstücken] largeur *f*.
weiten *tr* élargir.
◆ **sich weiten** *ref* s'élargir.
weiter *Adv* plus loin.
◆ **immer weiter** *Adv* toujours plus (loin).
◆ **nicht weiter** *Adv* **-1.** [gen] ne ... plus. **-2.** [nicht mehr] ne pas ... davantage. **-3.** [nicht weiter fort] pas plus loin.
◆ **und so weiter** *Adv* et cetera.
◆ **weiter nichts** *Adv* rien de plus, rien d'autre.
weiter|arbeiten *intr* continuer à travailler.
Weiter|bildung *die (ohne Pl)* formation *f* continue.
weiter|bringen *tr (unreg)* (faire) avancer.
weitere *Adj* d'autres.
◆ **alles Weitere** *Adv* tout le reste.
◆ **bis auf weiteres** *Adv* jusqu'à nouvel ordre.
◆ **ohne weiteres** *Adv* sans problèmes.
weiter|empfehlen *tr (unreg)*: **(jm) etw ~** recommander qqch (à qqn).
weiter|entwickeln *tr* mettre au point.
◆ **sich weiterentwickeln** *ref* se développer, avancer.
weiter|erzählen *tr* **-1.** [fortfahren] continuer (à raconter). **-2.** [weitersagen] rapporter, raconter.
weiter|fahren (*Perf* **ist weitergefahren**) *intr (unreg)* poursuivre sa route, repartir.
weiter|führen ◇ *tr* continuer, poursuivre; **das führt uns nicht weiter** cela ne nous avance pas. ◇ *intr* continuer.
weiter|geben *tr (unreg)*: **etw (an jn) ~** [Erfahrung, Nachricht] transmettre qqch (à qqn); [Gegenstand] remettre qqch (à qqn).
weiter|gehen (*Perf* **ist weitergegangen**) *intr (unreg)* continuer.
weiter|helfen *intr (unreg)*: **jm ~** aider qqn.
weiterhin *Adv* **-1.** [immer noch] toujours. **-2.** [künftig] à l'avenir.
weiter|kommen (*Perf* **ist weitergekommen**) *intr (unreg)* **-1.** [bei Fahrt, Reise] aller plus loin. **-2.** [bei Arbeit] avancer; [im Beruf] progresser.
weiter|können *intr (unreg) fam* : **nicht mehr ~** ne plus en pouvoir.
weiter|laufen (*Perf* **ist weitergelaufen**) *intr (unreg)* **-1.** [laufen - Mensch] (continuer à) marcher ODER courir; [- Maschine] (continuer à) fonctionner. **-2.** [fortgeführt werden] se poursuivre, continuer.
weiter|leben *intr* continuer à vivre.
weiter|leiten *tr* transmettre; **etw an jn ~** faire parvenir qqch à qqn.
weiter|machen *intr* continuer.
weiter|sagen *tr* répéter; **jm etw ~** [Geheimnis] répéter qqch à qqn; [Informationen] dire qqch à qqn.
weiter|sehen *intr (unreg)* voir.
Weiterver|kauf *der* revente *f*.
weiter|wissen *intr (unreg)*: **nicht mehr ~** ne plus savoir quoi faire.
weitgehend ◇ *Adj* considérable. ◇ *Adv* dans l'ensemble.

weitgereist *Adj* qui a beaucoup voyagé.
weither *Adv geh*: **von ~** de loin.
weithin *Adv* de loin.
weitläufig ◇ *Adj* **-1.** [Haus, Grundstück] vaste. **-2.** [Verwandtschaft, Bekannte] lointain(e). **-3.** [Erzählung] détaillé(e). ◇ *Adv* **-1.** [ausgedehnt] largement. **-2.** [verwandt, bekannt] de loin. **-3.** [erzählen] en détail.
weiträumig ◇ *Adj* spacieux(euse). ◇ *Adv* sur un vaste périmètre; **etw ~ umfahren** faire un grand détour pour contourner qqch.
weitsichtig ◇ *Adj* **-1.** [sehbehindert] presbyte. **-2.** [umsichtig] prudent(e). ◇ *Adv* [umsichtig] prudemment.
Weit|sprung *der (ohne Pl)* SPORT saut *m* en longueur.
weitverbreitet *Adj* très répandu(e).
Weit|winkel *das* PHOT grand angle *m*.
Weitwinkel|objektiv *das* PHOT objectif *m* à grand angle.
Weizen *der (ohne Pl)* blé *m*, froment *m*.
Weizen|bier *das bière blonde faite à partir de froment.*
Weizen|mehl *das* farine *f* de blé/froment.
welche, r, s ◇ *Det* quel, quelle, quels, quelles. ◇ *Pron* **-1.** [Interrogativpronomen] lequel, laquelle, lesquels, lesquelles. **-2.** [Relativpronomen] qui, que.
welk *Adj* fané(e).
welken (*Perf* **ist gewelkt**) *intr* se faner.
Well|blech *das* tôle *f* ondulée.
Welle (*Pl* **-n**) *die* **-1.** [Woge] vague *f*, flot *m*; **eine ~ der Begeisterung** *fig* un débordement d'enthousiasme. **-2.** [beim Rundfunk] onde *f*. **-3.** *RW*: **grüne ~** feux *mpl* de signalisation synchronisés; **~n schlagen** faire des remous.
wellen *tr* onduler.
◆ **sich wellen** *ref* onduler; [Haar] friser; [Tapete] se gondoler.
Wellen|bad *das* bassin *m* à vagues.
Wellen|bereich *der* bande *f* de fréquence.
Wellenbrecher (*Pl* -) *der* brise-lames *m inv*.
Wellen|gang *der (ohne Pl)*: **hoher ~** forte houle *f*.
Wellen|länge *die* PHYS longueur *f* d'ondes; **mit jm auf einer ~ sein** *fam fig* être sur la même longueur d'ondes que qqn.
Wellen|linie *die* ligne *f* ondulée.
Wellensittich (*Pl* **-e**) *der* perruche *f*.
wellig *Adj* ondulé(e).
Well|pappe *die* carton *m* ondulé.
Welpe (*Pl* **-n**) *der* **-1.** [Hund] chiot *m*. **-2.** [Wolf] louveteau *m*. **-3.** [Fuchs] renardeau *m*.
Welt (*Pl* **-en**) *die* monde *m*; **auf der ~** au monde; **in alle ~** dans le monde entier; **die dritte ~** le tiers-monde; **alle ~** tout le monde; **auf die** ODER **zur ~ kommen** venir au monde; **nicht um alles in der ~** pour rien au monde.
Welt|all *das* univers *m*.
Weltanschauung (*Pl* **-en**) *die* conception *f* du monde.
Weltaus|stellung *die* exposition *f* universelle.
Welt|bank *die (ohne Pl)*: **die ~** la Banque mondiale.
weltberühmt *Adj* mondialement connu(e).
Welt|bild *das* vision *f* du monde, représentation *f* du monde.
weltfremd ◇ *Adj* naïf(ïve). ◇ *Adv* naïvement.
Welt|handel *der (ohne Pl)* commerce *m* international.
Welt|karte *die* carte *f* du monde, mappemonde *f*.
Welt|krieg *der* HIST: **der Erste/Zweite ~** la Première/Seconde Guerre mondiale.
weltlich *Adj* profane.
Welt|literatur *die (ohne Pl)* littérature *f* mondiale.
Welt|macht *die* puissance *f* mondiale.
Welt|markt *der* WIRTSCH marché *m* international ODER mondial.
Welt|meister, in *der, die* champion *m*, -onne *f* du monde.
Welt|meisterschaft *die* championnat *m* du monde.
weltoffen *Adj* cosmopolite.
Welt|rang *der*: **von ~** de renommée internationale.
Weltrang|liste *die* SPORT classement *m* mondial.
Welt|raum *der (ohne Pl)* espace *m (cosmique)*.
Welt|reise *die* tour *m* du monde.
Welt|rekord *der* record *m* du monde.
Weltsicherheits|rat *der* Conseil *m* de sécurité.
Welt|stadt *die* métropole *f*.
Weltunter|gang *der (ohne Pl)* fin *f* du monde.
weltweit ◇ *Adj* mondial(e). ◇ *Adv* mondialement.
Welt|wirtschaft *die (ohne Pl)* économie *f* mondiale.
Welt|wunder *das* merveille *f* du monde.
wem *Pron (Dativ von wer)* à qui; **mit ~?** avec qui?
wen *Pron (Akkusativ von wer)* qui; **~ hat er gefragt?** à qui a-t-il demandé?
Wende (*Pl* **-n**) *die* **-1.** [Veränderung] changement *m*; **die ~ vom 19. zum 20. Jahrhundert** le

tournant du XIXe au XXe siècle. **-2.** SPORT virage *m*.

Wendelkreis *der* **-1.** [von Fahrzeugen] rayon *m* de braquage. **-2.** GEOGR tropique *m*.

◆ **Nördliche Wendekreis** *der* tropique *m* du Cancer.

◆ **Südliche Wendekreis** *der* tropique *m* du Capricorne.

Wendelltreppe *die* escalier *m* en colimaçon.

wenden (*Prät* **wendete** ODER **wandte,** *Perf* **hat gewendet** ODER **gewandt**) ◇ *tr* **-1.** *(reg)* [umdrehen] tourner; [Jacke, Heu] retourner. **-2.** [Blick, Kopf] tourner. ◇ *intr (reg)*: **'bitte ~'** 'tournez s'il vous plaît'.

◆ **sich wenden** *ref* **-1.** *(reg)* [sich ändern]: **sich (für jn) zum Guten/Schlechten ~** tourner à la faveur/défaveur (de qqn). **-2.** [sich richten]: **sich an jn/etw ~** s'adresser à qqn/qqch; **sich gegen jn/etw ~** se retourner contre qqn/qqch.

Wendelpunkt *der* **-1.** [Zeitpunkt] tournant *m*. **-2.** [von Kurven] point *m* d'inflexion.

wendig *Adj* **-1.** [Auto, Boot] maniable. **-2.** [Person] agile.

Wendung (*Pl* **-en**) *die* **-1.** [Redewendung] tournure *f*. **-2.** [Drehung] virage *m*. **-3.** [Veränderung]: **eine ~ zum Guten/Schlechten nehmen** prendre une bonne/mauvaise tournure.

wenig ◇ *Det* peu de. ◇ *Pron* peu. ◇ *Adv* pas beaucoup, guère.

◆ **ein wenig** ◇ *Det* un peu de. ◇ *Pron* un peu. ◇ *Adv* un peu.

◆ **nur wenig** ◇ *Det* que peu. ◇ *Adv* ne ... pas beaucoup, ne ... guère.

◆ **zu wenig** ◇ *Det* trop peu de. ◇ *Adv* trop peu, pas assez.

weniger *Adv* moins; **sieben ~ drei** sept moins trois.

wenigste

◆ **am wenigsten** *Adv* le moins.

wenigstens *Adv* au moins.

wenn *Konj* **-1.** [temporal] quand, lorsque. **-2.** [konditional, falls] si; **~ sie das wüßte** si elle (le) savait.

◆ **wenn auch** *Konj* même si.

◆ **wenn bloß** *Konj* si seulement.

◆ **Wenn** *das (ohne Pl)*: **ohne Wenn und Aber** pas de si ni de mais.

wennschon

◆ **na wennschon!** *Interj fam* et alors!

◆ **wennschon, dennschon!** *Interj fam* pas de demi-mesure!

wer *Pron* **-1.** [Interrogativpronomen] qui; **~ war das**? qui était-ce?; *fig* qui a fait cela? **-2.** [Relativpronomen] celui ODER celle qui; **~ keine Lust hat, bleibt eben hier** celui qui n'a pas envie reste là. **-3.** *fam* [Indefinitpronomen] quelqu'un; **ist da ~**? y a-t-il quelqu'un?; **~ sein** *fig* être quelqu'un.

Werbelagentur *die* agence *f* de publicité.

Werbelfernsehen *das (ohne Pl)* publicité *f (à la télévision)*.

Werbelfilm *der* film *m* publicitaire.

Werbelgeschenk *das* cadeau *m* publicitaire.

Werbelkampagne *die* campagne *f* publicitaire.

werben (*Präs* **wirbt,** *Prät* **warb,** *Perf* **hat geworben**) ◇ *intr* faire de la publicité; **für jn/etw ~** faire de la publicité pour qqn/qqch. ◇ *tr* [Kunden, Mitglieder] recruter; **jn für etw ~** racoler qqn pour qqch.

Werbelslogan *der* slogan *m* publicitaire.

Werbespot (*Pl* **-s**) *der* spot *m* publicitaire.

Werbeltrommel *die (ohne Pl)*: **die ~ rühren** *fam fig* battre la grosse caisse.

Werbung (*Pl* **-en**) *die* publicité *f*; **für jn/etw ~ machen** faire de la publicité pour qqn/qqch.

Werdelgang *der* évolution *f*; **beruflicher ~** carrière *f* ODER expérience *f* professionnelle.

werden (*Präs* **wird,** *Prät* **wurde,** *Perf* **ist geworden** ODER **worden**) ◇ *aux* **-1.** [zur Bildung - des Futurs]: **ich werde gehen** je vais partir; **er wird nicht kommen** il ne viendra pas; **du wirst das schon gesehen haben** tu auras certainement déjà vu ça; [- des Konjunktivs]: **ich würde gern** je voudrais bien; **sowas würde er nie tun!** il ne ferait jamais ça!; **würdest du, würden Sie** pourrais-tu, pourriez-vous. **-2.** [zum Ausdruck der Wahrscheinlichkeit] devoir être; **es klingelt, das wird Vati sein** on sonne, ça doit être papa. **-3.** *(Perf ist worden)* [zur Bildung des Passivs] être; **gesehen ~** être vu(e); **gesehen worden sein** avoir été vu(e); **jetzt wird gearbeitet!** maintenant au travail! ◇ *intr (Perf ist geworden)* **-1.** [gen] devenir; **es wird zehn Uhr** il est bientôt dix heures; **jd wird 30** qqn va avoir 30 ans; **es wird hell** le jour se lève; **es wird spät** il se fait tard; **es wird heiß** il commence à faire chaud; **es wird besser** ça va mieux; **es wird Winter** l'hiver arrive; **das wird Mode** ça commence à être à la mode; **jm wird heiß/angst** qqn commence à avoir chaud/peur; **wird's bald!** *fam* et que ça saute!; **was willst du einmal ~**? [beruflich] que veux-tu faire plus tard?; **etw wird aus jm/etw** qqn/qqch devient qqch; **daraus wird nichts** ça ne donnera rien; **aus jm kann etw ~** on peut faire qqch de qqn; **aus jm wird (noch) etw ~** qqn deviendra qqch; **jd/etw wird zu etw** [sich entwickeln] qqn/qqch devient qqch; [sich verändern] qqn/qqch se transforme en qqch. **-2.** *fam* [sich erholen] se remettre; **es wird schon wieder ~** ça va aller mieux.

werfen (*Präs* **wirft,** *Prät* **warf,** *Perf* **hat ge-**

worfen) ◇ *tr* lancer; [Tor] marquer. ◇ *intr*: **(mit etw) ~** lancer (qqch); **mit etw nur so um sich ~** faire étalage de qqch.
◆ **sich werfen** *ref* se jeter.
Werft (*Pl* **-en**) *die* chantier *m* naval.
Werk (*Pl* **-e**) *das* **-1.** *(ohne Pl)* [Arbeit] œuvre *f*; **ans ~ gehen** se mettre à l'ouvrage. **-2.** [Betrieb] usine *f*.
Werk|angehörige = **Werksangehörige**.
Werk|bank (*Pl* **-bänke**) *die* établi *m*.
werkeigen = **werkseigen**.
werkeln *intr* bricoler.
Werks|angehörige, Werk|angehörige *der, die* membre *m* du personnel d'une usine.
Werk|schutz *der* **-1.** [Handlung] sécurité *f*. **-2.** [Personen] service *m* de sécurité.
werkseigen, werkeigen *Adj* de l'entreprise, de l'usine.
Werkstatt (*Pl* **-stätten**) *die* atelier *m*; [für Autos] garage *m*.
Werk|stoff *der* matériau *m*.
Werk|stück *das* pièce *f* à usiner.
Werk|tag *der* jour *m* ouvrable.
werktags *Adv* les jours ouvrables.
werktätig *Adj* actif(ive).
Werk|zeug (*Pl* **-e**) *das* outil *m*, outils *mpl*.
Werkzeug|kasten *der* boîte *f* à outils.
Wermut (*Pl* **-s**) *der* vermouth *m*.
wert *Adj* cher(ère); **~ sein** valoir; **diese Reparatur ist mir die hundert Mark ~** cette réparation vaut bien ses cent marks; **etwas ~ sein** avoir de la valeur; **nichts ~ sein** ne rien valoir.
Wert (*Pl* **-e**) *der* valeur *f*; **auf etw** *(A)* **~ legen** attacher de l'importance à qqch; **im ~ steigen/fallen** prendre/perdre de la valeur; **das hat keinen ~!** *fam* cela ne vaut pas la peine!
◆ **Werte** *Pl* valeurs *fpl*.
Wertan|gabe *die* valeur *f* déclarée.
wertbeständig *Adj* stable *(en valeur)*.
werten *tr* **-1.** [benoten] évaluer. **-2.** [einschätzen]: **etw als etw ~** considérer qqch comme qqch. **-3.** [beurteilen] porter un jugement sur.
Wertgegen|stand *der* objet *m* de valeur.
wertlos *Adj* sans valeur.
Wertmaß|stab *der* étalon *m*.
Wert|minderung *die* WIRTSCH dépréciation *f*.
Wert|papier *das* WIRTSCH valeur *f*, titre *m*.
Wert|sache *die* objet *m* de valeur.
Wertung (*Pl* **-en**) *die* **-1.** [Benotung] évaluation *f*. **-2.** [Urteil] jugement *m*.
wertvoll *Adj* précieux(euse), de valeur.
Wer|wolf *der* loup-garou *m*.
Wesen (*Pl* **-**) *das* **-1.** *(ohne Pl)* [Charakter] nature *f*. **-2.** [Mensch] être *m* (humain). **-3.** [Lebewesen] créature *f*.
Wesens|art *die* personnalité *f*.
wesentlich ◇ *Adj* essentiel(elle). ◇ *Adv* pour l'essentiel.
◆ **im wesentlichen** *Adv* essentiellement.
Weser *die* Weser *f*.
weshalb *Adv* pourquoi.
Wespe (*Pl* **-n**) *die* guêpe *f*.
Wespen|nest *das* nid *m* de guêpes, guêpier *m*; **in ein ~ stechen** *fam fig* se fourrer dans un guêpier.
wessen *Pron (Genitiv von wer)* de qui.
Wessi (*Pl* **-s**) *der fam dénomination désignant les habitants de l'Allemagne de l'Ouest.*
West *(ohne Artikel & ohne Pl)* **-1.** [Windrichtung] ouest *m*; **aus ~** de l'ouest. **-2.** [Block]: **Ost und ~** l'Est et l'Ouest.
westdeutsch *Adj* ouest-allemand(e).
West|deutschland *nt* ouest *m* de l'Allemagne; [frühere BRD] Allemagne *f* de l'Ouest.
Weste (*Pl* **-n**) *die* gilet *m*; **eine reine** ODER **weiße ~ haben** *fam fig* avoir les mains propres.
Westen *der (ohne Pl)* **-1.** [Richtung] ouest *m*. **-2.** [Gegend] Ouest *m*; **der Wilde ~** le Far West. **-3.** POL Occident *m*, Ouest *m*.
◆ **nach Westen** *Adv* vers l'ouest.
Westen|tasche *die*: **etw wie seine ~ kennen** *fam* connaître qqch comme sa poche.
Western (*Pl* **-**) *der* western *m*.
Westerwald *der* Westerwald *m*.
West|europa *nt* Europe *f* occidentale.
Westf. *Abk für* **Westfalen**.
Westfale (*Pl* **-n**) *der* habitant *m* de Westphalie, Westphalien *m*.
Westfalen *nt* Westphalie *f*.
Westfälin (*Pl* **-nen**) *die* habitante *f* de Westphalie, Westphalienne *f*.
westfälisch *Adj* de Westphalie.
Westjordanland *das* Cisjordanie *f*; **im ~** en Cisjordanie.
westl. *Abk für* **westlich**.
westlich ◇ *Adj* occidental(e). ◇ *Adv* à l'ouest; **~ von etw** à l'ouest de qqch.
West|seite *die* face *f* ouest.
westwärts *Adv* vers l'ouest.
West|wind *der* vent *m* d'ouest.
weswegen *Adv* pourquoi.
Wettbewerb (*Pl* **-e**) *der* **-1.** [Veranstaltung] concours *m*. **-2.** *(ohne Pl)* [Konkurrenz] concurrence *f*; **in ~ mit jm treten** entrer en concurrence avec qqn.
wettbewerbsfähig *Adj* compétitif(ive).
Wett|büro *das* ≃ PMU *m*.

Wette (*Pl* **-n**) *die* pari *m*; **um die ~ laufen** ODER **rennen** faire la course.
wetteifern *intr*: **mit jm um etw ~** être en compétition avec qqn pour qqch.
wetten ◇ *intr*: **(mit jm) um etw ~** parier qqch (avec qqn); **auf jn/etw ~** parier sur qqn/qqch. ◇ *tr* parier.
◆ **wetten, daß**? *Interj* on parie?
◆ **Wetten** *das (ohne Pl)* jeu *m*.
Wetter *das (ohne Pl)* [Klima] temps *m*; **schönes/schlechtes ~** beau/mauvais temps.
◆ **Wetter** *Pl* [beim Bergbau]: **schlagende ~** coup *m* de grisou.
Wetter|amt *das* ≃ météorologie *f* nationale, ≃ Météo France.
Wetteraussichten *Pl* prévisions *fpl* météorologiques.
Wetter|bericht *der* bulletin *m* météorologique, météo *f*.
Wetter|fahne *die* girouette *f*.
wetterfest *Adj* résistant(e) aux intempéries.
wetterfühlig *Adj* sensible au changement de temps.
Wetter|karte *die* carte *f* météorologique.
Wetter|lage *die* situation *f* météorologique.
Wetterleuchten *das (ohne Pl)* éclair *m* de chaleur.
wettern *intr fam* : **gegen jn/etw ~** pester contre qqn/qqch.
Wettersteingebirge *das* Wetterstein *m*.
Wettervorher|sage *die* prévisions *fpl* météorologiques.
Wett|kampf *der* compétition *f*.
Wett|lauf *der* course *f*; **ein ~ mit der Zeit** une course contre la montre.
wett|machen *tr fam* compenser.
Wett|rennen *das* course *f*.
Wettrüsten *das (ohne Pl)* course *f* à l'armement.
Wett|streit *der* concours *m*.
wetzen (*Perf* **hat/ist gewetzt**) ◇ *tr (hat)* [Messer] aiguiser. ◇ *intr (ist) fam* [laufen] courir.
WEU (*Abk für* **Westeuropäische Union**) *die (ohne Pl)* UEO *f*.
WEZ (*Abk für* **westeuropäische Zeit**) heure *f* du méridien de Greenwich.
WG (*Pl* **-s**) (*Abk für* **Wohngemeinschaft**) *die*: **in einer ~ wohnen** habiter dans une communauté.
Whg. (*Abk für* **Wohnung**) appt.
Whiskey, **Whisky** ['vɪski] (*Pl* **-s**) *der* whisky *m*.
WHO (*Abk für* **World Health Organization**) *die (ohne Pl)* OMS *f*.
wich *Prät* → **weichen**.
wichsen *tr fam* cirer.
wichtig *Adj* important(e); **etw ~ nehmen** prendre qqch au sérieux; **sich (mit etw) ~ machen** *fam* faire l'important(e) avec qqch.
Wichtigkeit *die (ohne Pl)* importance *f*.
Wichtigtuer (*Pl* **-**) *der fam abw* frimeur *m*.
Wickel (*Pl* **-**) *der* compresse *f*; **jn am ~ packen/haben** *fam fig* prendre/saisir qqn au collet.
wickeln *tr* **-1.** [aufwickeln] enrouler. **-2.** [binden]: **etw um etw ~** mettre qqch autour de qqch. **-3.** [einwickeln]: **jn/etw in etw** *(A)* **~** envelopper qqn/qqch dans qqch. **-4.** [Baby] langer. **-5.** *RW*: **schief gewickelt sein** *fam* se mettre le doigt dans l'œil.
Widder (*Pl* **-**) *der* **-1.** [Tier] bélier *m*. **-2.** ASTRO Bélier *m*.
wider *Präp geh* contre.
Wider|haken *der* barbe *f*.
Widerhall (*Pl* **-e**) *der* écho *m*, résonance *f*; **~ finden** *fig* trouver un écho.
wider|hallen *intr* résonner.
widerlegen *tr* réfuter.
widerlich *abw* ◇ *Adj* répugnant(e). ◇ *Adv* ignoblement.
widerrechtlich ◇ *Adj* illégal(e). ◇ *Adv* illégalement.
Wider|rede *die* contradiction *f*, réplique *f*.
◆ **keine Widerrede!** *Interj* on ne discute pas!
Wider|ruf *der* rétractation *f*.
◆ **bis auf Widerruf** *Adv* jusqu'à nouvel ordre.
widerrufen (*Prät* **widerrief**, *Perf* **hat widerrufen**) *tr* [Geständnis] rétracter; [Befehl] annuler.
Widersacher, in (*mPl* **-**; *fPl* **-nen**) *der geh* adversaire *mf*.
widersetzen
◆ **sich widersetzen** *ref*: **sich jm/einer Sache ~** s'opposer à qqn/qqch.
widersinnig *Adj* absurde.
widerspenstig ◇ *Adj* récalcitrant(e). ◇ *Adv* en se montrant récalcitrant(e).
wider|spiegeln *tr* refléter.
◆ **sich widerspiegeln** *ref* se refléter.
widersprechen (*Präs* **widerspricht**, *Prät* **widersprach**, *Perf* **hat widersprochen**) *intr*: **(jm) ~** contredire (qqn); **einer Sache** *(D)* **~** contredire qqch; **sich** *(D)* **~** se contredire.
Wider|spruch *der* **-1.** *(ohne Pl)* [Protest] contestation *f*. **-2.** [in Text, Aussage] contradiction *f*; **in ~ zu etw stehen** être en contradiction avec qqch.
widersprüchlich *Adj* contradictoire.
widerspruchslos ◇ *Adj* sans contestation. ◇ *Adv* sans discussion.

Wider|stand *der* **-1.** [gen] résistance *f*; **~ gegen jn/etw** lutte *f* contre qqn/qqch; **~ leisten** opposer une résistance. **-2.** HIST: **der ~** la Résistance.
widerstandsfähig *Adj* résistant(e).
Widerstandskämpfer, in (*mPl* -; *fPl* **-nen**) *der, die* résistant *m*, -e *f*.
widerstandslos *Adj* & *Adv* sans résistance.
widerstehen (*Prät* **widerstand,** *Perf* **hat widerstanden**) *intr*: **jm/etw ~** résister à qqn/qqch.
widerstreben *intr* répugner; **es widerstrebt jm, etw zu tun** qqn répugne à faire qqch.
widerstrebend ◇ *Adj* à contrecœur. ◇ *Adv* à contrecœur; [einwilligen] de mauvaise grâce.
widerwärtig ◇ *Adj* répugnant(e); [Geschmack] écœurant(e); [Person] repoussant(e). ◇ *Adv* de façon répugnante.
Wider|wille, Wider|willen *der (ohne Pl)* répugnance *f*; **~n gegen jn/etw empfinden** éprouver du dégoût vis-à-vis de qqn/qqch.
widerwillig ◇ *Adj* réticent(e). ◇ *Adv* à contre-cœur, avec réticence.
widmen *tr* **-1.** [Buch]: **jm etw ~** dédier qqch à qqn. **-2.** [Leben, Zeit]: **jm/etw etw ~** consacrer qqch à qqn/qqch.
◆ **sich widmen** *ref* [sich zuwenden]: **sich jm/etw ~** se consacrer à qqn/qqch.
Widmung (*Pl* **-en**) *die* dédicace *f*.
wie ◇ *Adv* **-1.** [als Frage nach Eigenschaft] comment; **~ geht es dir**? comment vas-tu?; **~ war's**? *fam* comment ça a été ODER c'était? **-2.** [mit Adjektiv]: **~ groß sind Sie**? quelle taille faites-vous?; **~ spät ist es**? quelle heure est-il? **-3.** [mit Adverb]: **~ lange**? combien de temps?; **~ oft**? combien de fois? **-4.** [zur Verstärkung] comme (c'est) ...; **~ schön!** comme c'est beau! ◇ *Interj* **-1.** [nicht wahr] n'est-ce pas. **-2.** *RW*: **~ bitte**? comment? ◇ *Konj* **-1.** [zum Ausdruck der Gleichsetzung] que; **so ... ~** aussi ... que; **sie ist so groß ~ du** elle est aussi grande que toi. **-2.** [zum Vergleich] comme; **~ der Blitz** comme l'éclair. **-3.** [Angabe von Ausmaß oder Qualität] comme; **soviel ~** autant que; **sie kann so viel essen, ~ sie will** elle peut manger autant qu'elle veut. **-4.** [Angabe von Beispielen] comme.
wieder *Adv* **-1.** [noch einmal, wie früher] de nouveau; **nie ~** plus jamais. **-2.** *fam* [wiederum] à nouveau. **-3.** [zum Ausdruck von Ärger] encore; **Sie schon ~**? encore vous?
Wiederauf|bau *der (ohne Pl)* reconstruction *f*.
wiederauf|bauen *tr* reconstruire.
wiederauf|bereiten *tr* retraiter.
Wiederaufbereitung (*Pl* **-en**) *die* retraitement *m*.
Wiederaufbereitungsan|lage *die* usine *f* de retraitement.
wiederauf|nehmen *tr (unreg)* reprendre.
wieder|bekommen *tr (unreg)* récupérer.
wieder|beleben *tr* réanimer.
Wiederbelebungs|versuch *der* tentative *f* de réanimation.
wieder|bringen *tr (unreg)* rapporter.
wiederein|fallen (*Perf* **ist wiedereingefallen**) *intr (unreg)*: **jm ~** revenir à qqn.
wiederein|führen *tr* **-1.** [von neuem verbreiten] réintroduire. **-2.** [importieren] réimporter.
wieder|entdecken *tr* redécouvrir.
wieder|erkennen *tr (unreg)* reconnaître.
wieder|finden *tr (unreg)* retrouver.
Wieder|gabe *die* reproduction *f*.
wieder|geben *tr (unreg)* **-1.** [zurückgeben]: **jm etw ~** rendre qqch à qqn. **-2.** [erzählen] rendre. **-3.** [Klang, Bild] reproduire.
Wieder|geburt *die* renaissance *f*.
wiedergut|machen *tr* réparer.
Wiedergutmachung (*Pl* **-en**) *die* réparation *f*.
wieder|haben *tr (unreg) fam* récupérer.
wiederher|stellen *tr* **-1.** [Zustand] rétablir. **-2.** [Gegenstand] restaurer.
wiederholen[1] *tr* **-1.** [gen] répéter; **eine Prüfung ~** repasser un examen; **eine Klasse ~** redoubler. **-2.** [lernen] réviser.
◆ **sich wiederholen** *ref* **-1.** [gen] se répéter. **-2.** [Ereignis] se reproduire.
wieder|holen[2] *tr* aller chercher.
wiederholt ◇ *Adj* renouvelé(e), répété(e). ◇ *Adv* à plusieurs reprises, de façon répétée.
Wiederholung (*Pl* **-en**) *die* répétition *f*.
Wiederhören
◆ **auf Wiederhören!** *Interj* au revoir! *(au téléphone)*.
wieder|käuen ◇ *tr* **-1.** [kauen] ruminer. **-2.** *abw, fig* [wiederholen] rabâcher. ◇ *intr* [Tier] ruminer.
Wiederkäuer (*Pl* -) *der* ruminant *m*.
Wiederkehr *geh die (ohne Pl)* **-1.** [Zurückkommen] retour *m*. **-2.** [Wiederholung] répétition *f*.
wieder|kehren (*Perf* **ist wiedergekehrt**) *geh intr* **-1.** [zurückkommen] revenir, retourner. **-2.** [erneut erscheinen] se répéter.
wieder|kommen (*Perf* **ist wiedergekommen**) *intr (unreg)* **-1.** [zurückkehren] revenir. **-2.** [erneut passieren] se reproduire.
Wiederschauen
◆ **auf Wiederschauen!** *Interj Süddt* & *Österr* au revoir!
wieder|sehen *tr (unreg)* revoir.

Wiedersehen (*Pl* -) *das* retrouvailles *fpl*.
◆ **auf Wiedersehen!** *Interj* au revoir!
wieder|tun *tr (unreg)* refaire.
wiederum *Adv* **-1.** [erneut] de nouveau. **-2.** [aber] en revanche.
Wiederver|einigung *die* réunification *f*.

WIEDERVEREINIGUNG:
En mars 1990, la majorité des Allemands de l'Est se prononça pour l'adhésion à la République fédérale et le premier pas vers la réunification se fit le 1er juillet 1990, date à laquelle fut réalisée l'unité économique, monétaire et sociale. La réunification devint officielle le 3 octobre 1990.

---

wieder|verwenden *tr* réutiliser.
Wiederver|wendung *die* réutilisation *f*.
wieder|verwerten *tr* recycler.
Wiederver|wertung *die* récupération *f*, recyclage *m*.
Wieder|wahl *die* réélection *f*.
wieder|wählen *tr* réélire.
Wiege (*Pl* **-n**) *die* berceau *m*.
Wiege|messer *das* KÜCHE hachoir *m*.
wiegen (*Prät* **wiegte** ODER **wog,** *Perf* **hat gewiegt** ODER **gewogen**) *tr* **-1.** *(unreg)* [schwer sein, abwiegen] peser. **-2.** [schaukeln] bercer.
◆ **sich wiegen** *ref* [schwingen] se balancer.
Wiegen|lied *das* berceuse *f*.
wiehern *intr* hennir.
Wien *nt* Vienne.
Wiener (*Pl* -) ◇ *der* Viennois *m*. ◇ *Adj (unver)* viennois(e); **~ Schnitzel** escalope *f* viennoise; **~ Würstchen** ≃ saucisse *f* de Francfort.
Wienerin (*Pl* **-nen**) *die* Viennoise *f*.
wienerisch *Adj* viennois(e).
Wiener|wald® *der (ohne Pl) chaîne de restaurants dont la spécialité est le poulet.*
wies *Prät* → **weisen**.
Wiesbaden *nt* Wiesbaden.
Wiese (*Pl* **-n**) *die* prairie *f*, pré *m*.
Wiesel (*Pl* -) *das* belette *f*.
Wiesen|blume *die* fleur *f* des champs.
wieso *Pron* pourquoi.
wieviel *Pron* combien (de); **~ Geld hast du noch**? combien d'argent te reste-t-il?; **~ ist drei mal vier**? combien font trois fois quatre?; **~ kostet das**? combien ça coûte?; **~ teurer ist das**? c'est plus cher de combien?; **~ Uhr ist es**? quelle heure est-il?
wievielmal *Pron* combien de fois.
wievielt *Adj* quel (quelle).
◆ **zu wievielt** *Adv* à combien.
◆ **Wievielte** *der, die, das*: **der Wievielte ist heute**? on est le combien aujourd'hui?
wieweit *Pron* **-1.** [wieviel] dans quelle mesure. **-2.** [bis wohin] jusqu'à quel point.
wild ◇ *Adj* **-1.** [gen] sauvage. **-2.** [heftig] violent(e); [wütend] enragé(e); **auf etw** *(A)* **~ sein** *fam* raffoler de qqch. **-3.** [schnell] précipité(e); [Flucht, Jagd] effréné(e); **wie ~** *fam* comme un cinglé (une cinglée); **~ werden** devenir enragé(e); **das ist halb so ~** *fam fig* [schlimm] ce n'est pas grave; *fam fig* [viel] ce n'est pas la mer à boire. ◇ *Adv* **-1.** [unkultiviert] à l'état sauvage. **-2.** [heftig] de façon effrénée. **-3.** [illegal]: **~ zelten** faire du camping sauvage.
Wild *das (ohne Pl)* gibier *m*.
Wild|bahn *die*: **in freier ~** en pleine nature.
Wilde (*Pl* **-n**) *der, die* sauvage *mf*; **wie ein ~r** *fam* comme un fou.
wildern *intr* [jagen - Mensch] braconner; [- Tier] chasser.
wildfremd *Adj* totalement inconnu(e).
wildlebend *Adj* sauvage.
Wild|leder *das* daim *m*.
Wildnis (*Pl* **-se**) *die* contrée *f* sauvage.
Wild|park *der* parc *m* animalier.
Wild|schwein *das* sanglier *m*.
wildwachsend *Adj* sauvage.
Wild|wasser (*Pl* -) *das* torrent *m*.
Wild|wechsel *der (ohne Pl)* passée *f*.
will *Präs* → **wollen**.
Wille (*Pl* **-n**), **Willen** (*Pl* -) *der* volonté *f*; **aus freiem ~n** de son plein gré; **beim besten ~n** avec la meilleure volonté du monde; **wider ~n** malgré moi ODER toi ODER lui etc.
willen *Präp*: **um js ~** pour l'amour de qqn; **um einer Sache** *(G)* **~** par souci de qqch.
willenlos ◇ *Adj* sans volonté. ◇ *Adv* par manque de volonté.
willens *Adj*: **~ sein, etw zu tun** *geh* avoir l'intention de faire qqch.
Willens|freiheit *die (ohne Pl)* libre arbitre *m*.
Willens|kraft *die (ohne Pl)* volonté *f*.
willensschwach *Adj* faible.
willensstark *Adj* volontaire.
willentlich *geh* ◇ *Adj* volontaire. ◇ *Adv* exprès, à dessein.
willig ◇ *Adj* de bonne volonté. ◇ *Adv* volontiers.
willkommen *Adj* bienvenu(e); **jm ~ sein** être bienvenu chez qqn.
◆ **herzlich willkommen!** *Interj* soyez le bienvenu ODER la bienvenue ODER les bienvenus ODER les bienvenues!

Willkommen (*Pl* -) *das* bienvenue *f*.
Willkür *die (ohne Pl)* [von Entscheidung, Gesetz] arbitraire *m*; **js ~ ausgesetzt sein** être à la merci de qqn.
willkürlich ◇ *Adj* arbitraire. ◇ *Adv* arbitrairement.
wimmeln *intr* fourmiller, grouiller; **es wimmelt von Menschen** ça grouille de monde.
wimmern *intr* geindre; [Hund] pleurer.
Wimpel (*Pl* -) *der* fanion *m*.
Wimper (*Pl* **-n**) *die* cil *m*; **ohne mit der ~ zu zucken** *fig* sans sourciller.
Wimpernltusche *die* mascara *m*.
Wind (*Pl* **-e**) *der* vent *m*; **bei ~ und Wetter** par tous les temps; **etw in den ~ schlagen** *fig* ne tenir aucun compte de qqch; **in alle ~e verstreut** *fig* dispersé(e) aux quatre vents; **jm den ~ aus den Segeln nehmen** *fam fig* couper l'herbe sous le pied à qqn; **wie der ~** *fig* rapide comme l'éclair; **~ von etw bekommen** *fam fig* avoir vent de qqch.
Windlbeutel *der* KÜCHE chou *m* (à la crème).
Winde (*Pl* **-n**) *die* [Seilwinde] treuil *m*.
Windel (*Pl* **-n**) *die* couche *f*.
windelweich *Adv fam* : **jn ~ schlagen** battre qqn comme plâtre.
winden (*Prät* **wand**, *Perf* **hat gewunden**)
◆ **sich winden** *ref* **-1.** [Tier, Person] se tortiller; **sich durch etw ~** se faufiler à travers qqch; **sich vor Schmerz ~** se tordre de douleur. **-2.** [Linie, Weg] serpenter; **sich um etw ~** s'enrouler autour de qqch. **-3.** [vor Verlegenheit] se tortiller.
Windlenergie *die (ohne Pl)* énergie *f* éolienne.
Windesleile *die*: **in ~** en un éclair.
Windlfang *der* tambour *m*.
windgeschützt ◇ *Adj* abrité(e) du vent. ◇ *Adv* à l'abri du vent.
Windlhose *die* trombe *f*, tourbillon *m*.
Windlhund *der* **-1.** [Tier] lévrier *m*. **-2.** *fam abw* [unzuverlässiger Mensch] filou *m*.
windig *Adj* **-1.** [Wetter] venteux(euse). **-2.** *fam abw* [unzuverlässig] douteux(euse).
Windljacke *die* coupe-vent *m inv*.
Windjammer (*Pl* -) *der* SCHIFF grand voilier *m*.
Windlkanal *der* tunnel *m* aérodynamique, soufflerie *f*.
Windkraftlwerk *das* centrale *f* éolienne.
Windlmühle *die* moulin *m* à vent.
Windlpocken *Pl* varicelle *f*.
Windlrad *das* TECH éolienne *f*.
Windlrichtung *die* direction *f* du vent.
Windlrose *die* rose *f* des vents.
Windlschatten *der (ohne Pl)* côté *m* abrité du vent.
windschief ◇ *Adj* penché(e). ◇ *Adv* de travers.
Windschutzlscheibe *die* pare-brise *m inv*.
Windlstärke *die* force *f* du vent.
windstill *Adj* calme *(sans vent)*.
Windlstoß *der* coup *m* de vent.
Windsurfing [vɪnt'sœrfɪŋ] *das (ohne Pl)* planche *f* à voile.
Windung (*Pl* **-en**) *die* tournant *m*.
Wink (*Pl* **-e**) *der* signe *m*; **jm einen ~ geben** donner un tuyau à qqn; **ein ~ mit dem Zaunpfahl** *fig* un appel du pied.
Winkel (*Pl* -) *der* **-1.** MATH angle *m*; **ein stumpfer/spitzer/rechter ~** un angle obtus/aigu/droit; **toter ~** *fig* angle mort. **-2.** [Platz] coin *m*.
Winkellmesser *der* rapporteur *m*.
winken (*Perf* **hat gewinkt** ODER **gewunken**) ◇ *intr*: **(jm) ~** [Person] faire un signe de la main (à qqn) *(pour saluer)*; [Belohnung] attendre (qqn). ◇ *tr* [weisen]: **jn an einen Ort ~** faire signe à qqn d'aller quelque part.
winseln *intr* **-1.** [Hund] pleurer. **-2.** *abw* [jammern] pleurnicher, geindre.
Winter (*Pl* -) *der* hiver *m*; **den ~ über** durant l'hiver.
◆ **im Winter** *Adv* en hiver.
Winterlanfang *der* début *m* de l'hiver.
Winterfahrlplan *der* horaires *mpl* d'hiver.
Winterlferien *Pl* vacances *fpl* d'hiver.
Winterlgarten *der* jardin *m* d'hiver.
winterhart *Adj* rustique.
winterlich ◇ *Adj* **-1.** [Wetter] hivernal(e). **-2.** [Kleidung] d'hiver. ◇ *Adv* comme en hiver.
Winterlmantel *der* manteau *m* d'hiver.
Winterlpause *die* relâche *f* d'hiver.
Winterlreifen *der* pneu *m* neige.
Winterlschlaf *der* hibernation *f*.
Winterschlußverlkauf *der* soldes *mpl* d'hiver.
Winterlsemester *das* UNI semestre *m* d'hiver.
Winterspiele *Pl*: **Olympische ~** jeux *mpl* Olympiques d'hiver.
Winterlsport *der* sports *mpl* d'hiver.
Winterlzeit *die (ohne Pl)* **-1.** [Uhrzeit] heure *f* d'hiver. **-2.** [Jahreszeit] saison *f* hivernale.
Winzer, in (*mPl* -; *fPl* **-nen**) *der, die* vigneron *m*, -onne *f*.
winzig ◇ *Adj* minuscule; **ein ~es bißchen** trois fois rien. ◇ *Adv*: **~ klein** minuscule.
Wipfel (*Pl* -) *der* cime *f*.
Wippe (*Pl* **-n**) *die* bascule *f*.

wippen *intr* se balancer.
wir *Pron* nous.
Wirbel (*Pl* -) *der* **-1.** [Drehung] tourbillon *m.* **-2.** [Aufregung] remous *mpl.* **-3.** [Haarwirbel] épi *m.* **-4.** [Rückenwirbel] vertèbre *f.*
wirbeln (*Perf* **hat/ist gewirbelt**) ◇ *intr (ist)* tourbillonner. ◇ *tr (hat)*: **etw durch die Luft ~** faire voltiger qqch.
Wirbel|säule *die* colonne *f* vertébrale.
Wirbel|sturm *der* cyclone *m.*
Wirbel|tier *das* BIOL vertébré *m.*
Wirbel|wind *der* tourbillon *m.*
wirbt *Präs* → **werben**.
wird *Präs* → **werden**.
wirft *Präs* → **werfen**.
wirken ◇ *intr* **-1.** [erscheinen] avoir l'air; **jd wirkt nett/arrogant** qqn a l'air gentil/arrogant; **etw wirkt gut/nicht gut** qqch a l'air/n'a pas l'air bien; **auf jn sympathisch ~** donner à qqn l'impression d'être sympathique. **-2.** [Mittel] faire de l'effet; **etw wirkt schmerzstillend/beruhigend** qqch a un effet antalgique/calmant; **gegen etw ~** agir contre qqch. **-3.** [beruflich]: **als jd/etw ~** occuper la fonction de qqn/qqch. ◇ *tr* [bewirken]: **Gutes/Wunder ~** faire le bien/des miracles.
wirklich ◇ *Adj* **-1.** [Leben, Begebenheit] réel(elle). **-2.** [tatsächlich] véritable. ◇ *Adv* **-1.** [passieren] réellement. **-2.** [tatsächlich] vraiment.
Wirklichkeit (*Pl* **-en**) *die* réalité *f.*
◆ **in Wirklichkeit** *Adv* en réalité.
wirksam ◇ *Adj* efficace. ◇ *Adv* efficacement.
Wirk|stoff *der* agent *m.*
Wirkung (*Pl* **-en**) *die* effet *m*; **eine ~ auf jn/etw haben** avoir un effet sur qqn/qqch; **ohne ~ bleiben** rester sans effet.
wirkungslos *Adj* inefficace.
wirkungsvoll *Adj* **-1.** [Handlung] efficace. **-2.** [Dekoration] faisant beaucoup d'effet.
wirr ◇ *Adj* **-1.** [konfus] confus(e). **-2.** [unordentlich] désordonné(e). ◇ *Adv* **-1.** [konfus] confusément. **-2.** [unordentlich] de façon désordonnée; **~ durcheinander** pêle-mêle.
Wirren *Pl* chaos *m.*
Wirrwarr *der* ODER *das (ohne Pl)* confusion *f.*
Wirsing, **Wirsing|kohl** *der (ohne Pl)* chou *m* frisé.
Wirt, in (*mPl* **-e**; *fPl* **-nen**) *der, die* patron *m*, -onne *f.*
Wirtschaft (*Pl* **-en**) *die* **-1.** [Ökonomie] économie *f*; **die freie ~** [System] l'économie libérale; [nicht staatlich] le privé. **-2.** [Restaurant] restaurant *m*; [Kneipe] café *m.*
wirtschaften ◇ *intr* **-1.** [leiten] gérer. **-2.** [tätig sein] s'affairer. ◇ *tr* [leiten] conduire.
wirtschaftlich ◇ *Adj* économique. ◇ *Adv* **-1.** [materiell] économiquement; [Geld betreffend] financièrement. **-2.** [sparsam] de façon économique.
Wirtschafts|abkommen *das* accord *m* économique.
Wirtschafts|asylant, in *der, die abw* réfugié économique *m*, réfugiée économique *f.*
Wirtschaftsbeziehungen *Pl* relations *fpl* économiques.
Wirtschafts|flüchtling *der* réfugié *m*, -e *f* économique.
Wirtschafts|geld *das (ohne Pl)* argent *m* du ménage.
Wirtschafts|gipfel *der* sommet *m* économique.
Wirtschafts|hilfe *die* aide *f* économique.
Wirtschafts|jahr *das* exercice *m.*
Wirtschafts|kriminalität *die (ohne Pl)* délits *mpl* économiques.
Wirtschafts|krise *die* crise *f* économique.
Wirtschafts|lage *die* situation *f* économique.
Wirtschafts|macht *die* puissance *f* économique.
Wirtschafts|minister, in *der, die* ministre *m* de l'Économie.
Wirtschafts|ministerium *das* ministère *m* de l'Économie.
Wirtschafts|politik *die* politique *f* économique.
Wirtschafts|prüfer, in *der, die* expert-comptable *m.*
Wirtschafts|system *das* système *m* économique.
Wirtschafts|teil *der* pages *fpl* économiques.
Wirtschafts|wachstum *das* croissance *f* économique.
Wirtschafts|wissenschaft *die* sciences *f* économiques, économie *f.*
Wirtschafts|wunder *das* HIST miracle *m* économique.

WIRTSCHAFTSWUNDER:
Redressement et essor économique de l'Allemagne, qui commença dès 1948, après la réforme monétaire. Grâce aux capitaux américains et à l'énergie de ses citoyens, l'Allemagne renaquit de ses cendres pour devenir la première puissance économique en Europe.

Wirtschafts|zweig *der* secteur *m* de l'économie.
Wirts|haus *das* auberge *f.*

Wirtsleute *Pl* **-1.** [von Gaststätten] aubergistes *mpl.* **-2.** [von Wohnungen] propriétaires *mpl.*
Wirtsstube *die* salle *f* de restaurant.
wischen *tr* & *intr* essuyer.
Wischer (*Pl* -) *der* essuie-glace *m.*
Wischerblatt *das* AUTO balai *m* d'essuie-glace.
wischfest *Adj* lessivable.
wispern *tr* & *intr* chuchoter.
wiss. *Abk für* **wissenschaftlich**.
wißbegierig ◇ *Adj* avide de savoir. ◇ *Adv* par désir de savoir.
wissen (*Präs* **weiß**, *Prät* **wußte**, *Perf* **hat gewußt**) ◇ *tr* **-1.** [gen] savoir; **etw zu tun ~** savoir faire qqch; **über jn nichts ~** ne rien savoir de qqn; **jn etw ~ lassen** faire savoir qqch à qqn; **alles besser ~** toujours tout savoir; **was weiß ich**? *fam* j'en sais rien!; **weißt du was, ...** *fam* tu sais ... **-2.** [kennen] connaître. ◇ *intr*: **von etw ~** être au courant de qqch; **um etw ~** se rendre compte de qqch; **ich weiß nicht** *fam* j'en sais rien; **man kann nie ~** *fam* on ne sait jamais; **nicht, daß ich wüßte** *fam* pas que je sache; **soviel ich weiß, ...** *fam* autant que je sache, ...; **weißt du noch**? tu te rappelles?; **wer weiß was/wie** *fam* je ne sais quoi/comment.
◆ **Wissen** *das (ohne Pl)* connaissances *fpl*, savoir *m*; **wider besseres Wissen** en connaissance de cause; **nach bestem Wissen und Gewissen** en toute bonne foi; **meines Wissens** à ma connaissance.
Wissenschaft (*Pl* **-en**) *die* science *f.*
Wissenschaftler, in (*mPl* -; *fPl* **-nen**) *der, die* scientifique *mf.*
wissenschaftlich ◇ *Adj* scientifique. ◇ *Adv* de façon scientifique.
Wissenslücke *die* lacune *f.*
wissenswert *Adj* intéressant(e).
Wissenswerte *das (ohne Pl)* choses *fpl* intéressantes.
wissentlich ◇ *Adj* intentionnel(elle). ◇ *Adv* délibérément.
wittern *tr* flairer.
Witterung (*Pl* **-en**) *die* **-1.** [Wetter] temps *m.* **-2.** [Geruch] odeur *f.*
Witwe (*Pl* **-n**) *die* veuve *f.*
Witwenrente *die* pension *f* de reversion à la veuve.
Witwer (*Pl* -) *der* veuf *m.*
Witz (*Pl* **-e**) *der* **-1.** [Scherz] blague *f*; [Anekdote] histoire *f* drôle; **der ~ der Sache** *fam* le meilleure de l'histoire; **ein fauler ~** *fam* une mauvaise blague; **~e machen** ODER **reißen** *fam* raconter des blagues. **-2.** *(ohne Pl)* [Humor] humour *m.*
Witzbold (*Pl* **-e**) *der fam* rigolo *m*, -ote *f.*
witzeln *intr* plaisanter.
Witzfigur *die fam abw* guignol *m.*
witzig ◇ *Adj* **-1.** *fam* [Person, Gegenstand] marrant(e). **-2.** [Geschichte, Erlebnis] amusant(e). **-3.** [Idee] spirituel(elle). ◇ *Adv* **-1.** [lustig] de façon amusante. **-2.** *fam* [sonderbar] de façon marrante.
witzlos *Adj* **-1.** [langweilig] sans intérêt. **-2.** *fam* [überflüssig] inutile.
w.L. (*Abk für* **westlicher Länge**) latitude ouest.
WM (*Pl* **-s**) *Abk für* **Weltmeisterschaft**.
wo ◇ *Adv* [Fragewort] où. ◇ *Pron* où. ◇ *Konj* **-1.** *fam* [obwohl] alors que. **-2.** *fam* [da] puisque.
w.o. (*Abk für* **wie oben**) voir ci-dessus.
woanders *Adv* ailleurs.
wob *Prät* → **weben**.
wobei *Pron* **-1.** [als Frage] à l'occasion de quoi; **~ wurde er gestört**? dans quoi l'a-t-on dérangé? **-2.** [zeitlich] pendant que.
Woche (*Pl* **-n**) *die* semaine *f*; **vorige/letzte/nächste ~** la semaine passée/dernière/prochaine; **diese ~** cette semaine.
Wochenarbeitszeit *die* temps *m* de travail hebdomadaire.
Wochenblatt *das* hebdomadaire *m.*
Wochenendausgabe *die* édition *f* spéciale «week-end».
Wochenende *das* week-end *m*; **am ~** pendant le week-end.
◆ **schönes Wochenende!** *Interj* bon week-end!
Wochenendhaus *das* maison *f* de campagne.
Wochenkarte *die* carte *f* hebdomadaire.
wochenlang ◇ *Adj* qui dure des semaines. ◇ *Adv* pendant des semaines.
Wochenlohn *der* salaire *m* hebdomadaire.
Wochenmarkt *der* marché *m* (hebdomadaire).
Wochentag *der* jour *m* de la semaine.
wochentags *Adv* en semaine, du lundi au vendredi.
wöchentlich ◇ *Adj* hebdomadaire. ◇ *Adv* par semaine.
Wodka (*Pl* **-s**) *der* vodka *f.*
wodurch *Pron* **-1.** [als Frage]: **~ wurde er gestört**? par quoi a-t-il été dérangé?; **~ ist er umgekommen**? de quoi est-il mort? **-2.** [im Relativsatz] par lequel (laquelle).
wofür *Pron* **-1.** [als Frage] pour quoi; **~ wurde er ausgezeichnet**? pour quoi a-t-il eu ce prix? **-2.** [im Relativsatz] pour lequel ODER laquelle ODER lesquels ODER lesquelles.

wog *Prät* → **wiegen**.
Woge (*Pl* **-n**) *die geh* (grosse) vague *f*, lame *f*.
wogegen ◇ *Pron* **-1.** [als Frage] contre quoi. **-2.** [im Relativsatz] contre lequel ODER laquelle ODER lesquels ODER lesquelles. ◇ *Konj* [wohingegen] alors que.
wogen *intr geh* moutonner.
woher *Pron* d'où.
wohin *Pron* où; **~ damit**? *fam* qu'est-ce que j'en fais?
wohl (*Kompar* **wohler** ODER **besser,** *Superl* **am wohlsten** ODER **am besten**) *Adv* **-1.** *(Kompar wohler, Superl am wohlsten)* [angenehm, gesund]: **sich ~ fühlen** se sentir bien. **-2.** [zur Verstärkung, sicher] sans doute; **er weiß das ~** il le sait très bien. **-3.** [wahrscheinlich] sans doute; **das ist ~ möglich** c'est bien possible. **-4.** [als Drohung] bien; **wirst du ~ vorwärts machen!** veux-tu bien avancer! **-5.** [in Bitte] s'il-te-plaît, s'il-vous-plaît. **-6.** [zum Ausdruck der Unbeantwortbarkeit]: **ob er ~ schon angekommen ist**? je me demande s'il est déjà arrivé. **-7.** *(Kompar besser, Superl am besten) geh* [gut] bien. **-8.** *RW*: **~ oder übel** bon gré, mal gré.
◆ **wohl aber** *Konj* néanmoins.
Wohl *das (ohne Pl)* bonheur *m*.
◆ **zum Wohl!** *Interj* à votre santé!
wohlauf *Adj geh*: **~ sein** bien se porter.
wohlbehalten *Adv* sain et sauf, saine et sauve.
wohlerzogen *Adj geh* bien élevé(e).
Wohl|fahrt *die (ohne Pl)* aide *f* sociale.
Wohlfahrts|staat *der* État *m* providence.
wohlgemerkt *Adv*: **er war ~ erst 13 Jahre alt** remarquez bien qu'il n'avait que 13 ans.
wohlhabend *Adj* aisé(e).
wohlig ◇ *Adj* agréable. ◇ *Adv* de bien-être.
wohlmeinend *Adj geh* bien intentionné(e).
Wohl|stand *der (ohne Pl)* prospérité *f*; **im ~ leben** vivre dans l'aisance.
Wohlstands|gefälle *das (ohne Pl)* écart *m* de niveau de vie.
Wohlstands|gesellschaft *die abw* société *f* d'abondance.
Wohl|tat *die* bienfait *m*; **jm eine ~ erweisen** *geh* être le bienfaiteur de qqn.
wohltätig *Adj geh* bienfaisant(e).
wohltuend ◇ *Adj* bienfaisant(e). ◇ *Adv* agréablement.
wohl|tun *intr (unreg) geh* faire du bien.
wohlverdient *Adj* bien mérité(e).
wohlweislich *Adv* pour une bonne raison.
wohlwollend ◇ *Adj* bienveillant(e). ◇ *Adv* avec bienveillance.
Wohn|anhänger *der* caravane *f*.
Wohnan|lage *die* résidence *f*.
Wohn|block (*Pl* **-blocks** ODER **-blöcke**) *der* pâté *m* de maisons, grand ensemble *m* (d'habitations).
wohnen *intr* habiter.
Wohn|gebiet *das* zone *f* d'habitation.
Wohn|gegend *die* quartier *m* (résidentiel).
Wohn|geld *das amt* allocation *f* (de) logement.
Wohn|gemeinschaft *die* communauté *f*.
wohnhaft *Adj amt* domicilié(e).
Wohn|haus *das* immeuble *m (d'habitation)*.
Wohn|heim *das* foyer *m*.
Wohn|küche *die* cuisine *f* américaine.
Wohn|lage *die* situation *f*.
wohnlich ◇ *Adj* confortable. ◇ *Adv* confortablement.
Wohnmobil (*Pl* **-e**) *das* camping-car *m*.
Wohn|ort (*Pl* **-e**) *der* lieu *m* de résidence.
Wohn|raum *der* **-1.** [Zimmer] pièce *f*. **-2.** *(ohne Pl)* [Wohnungen] logements *mpl*.
Wohn|sitz *der* domicile *m*; **ohne festen ~** sans domicile fixe.
Wohnung (*Pl* **-en**) *die* **-1.** [gen] logement *m*. **-2.** [privat] appartement *m*.
Wohnungs|amt *das fam* office *m* du logement.
Wohnungs|bau *der (ohne Pl)* construction *f* de logements; **der soziale ~** *amt* les logements sociaux.
Wohnungsbau|minister, in *der, die* ministre *mf* de la Construction et du Logement.
Wohnungs|eigentümer, in *der, die* propriétaire *mf* (d'un appartement).
Wohnungs|inhaber, in *der, die* locataire *mf* (d'un appartement).
Wohnungs|not *die (ohne Pl)* crise *f* du logement.
Wohnungs|suche *die* recherche *f* d'un logement; **auf ~ sein** être à la recherche d'un logement.
Wohnungs|tür *die* porte *f* d'entrée.
Wohn|viertel *das* quartier *m* résidentiel.
Wohn|wagen *der* caravane *f*.
Wohn|zimmer *das* salle *f* de séjour, salon *m*.
Wok (*Pl* **-s**) *der* KÜCHE wok *m*.
wölben
◆ **sich wölben** *ref* bomber; **sich über etw** *(A)* **~** s'étendre au-dessus de qqch; **die Brücke wölbt sich über den Strom** le pont enjambe le fleuve.
Wölbung (*Pl* **-en**) *die* voûte *f*.

Wolf (*Pl* **Wölfe**) *der* **-1.** [Tier] loup *m*. **-2.** [Fleischwolf]: **etw durch den ~ drehen** passer qqch au hachoir.

Wolfgangsee *der* Wolfgangsee *m*.

Wolga *die* Volga *f*.

Wolke (*Pl* **-n**) *die* nuage *m*; **aus allen ~n fallen** *fam fig* tomber des nues.

Wolken|bruch (*Pl* **-brüche**) *der* averse *f*.

Wolken|kratzer *der* gratte-ciel *m inv*.

wolkenlos *Adj* sans nuages, dégagé(e).

wolkig *Adj* nuageux(euse).

Woll|decke *die* couverture *f* en laine.

Wolle *die (ohne Pl)* laine *f*; **sich in die ~ kriegen** *fam fig* se crêper le chignon.

wollen (*Präs* **will,** *Prät* **wollte,** *Perf* **hat gewollt** ODER **-**) ◇ *aux (Perf hat wollen)* vouloir; **gerade etw tun ~** vouloir faire qqch; **etw getan haben ~** prétendre avoir fait qqch; **diese Entscheidung will reiflich überlegt sein** cette décision doit être mûrement réfléchie; **der Motor will nicht anspringen** le moteur ne veut pas démarrer. ◇ *intr (Perf hat gewollt)* **-1.** [gen] vouloir; **wir wollten, das wäre schon vorbei** on voudrait bien que ce soit déjà fini; **sie wollten, sie könnten dir helfen** ils voudraient pouvoir t'aider; **dann ~ wir mal!** *fam fig* on y va!; **ganz wie du willst** *fam fig* (c'est) comme tu veux. **-2.** [gehen wollen] vouloir aller; **zu jm ~** vouloir aller chez qqn. ◇ *tr (Perf hat gewollt)* **-1.** [gen] vouloir; **etw mit etw ~** vouloir faire qqch avec qqch; **~, daß jd etw tut** vouloir que qqn fasse qqch. **-2.** *fam* [brauchen] demander. **-3.** *fam* [Anliegen haben]: **etw von jm ~** vouloir demander qqch à qqn. **-4.** *fam* [Interesse haben]: **von jm etwas/nichts ~** s'intéresser/ne pas s'intéresser à qqn. **-5.** *fam* [Böses wollen]: **etwas von jm ~** en avoir après qqn, avoir quelque chose contre qqn; **nichts von jm ~** ne pas vouloir de mal à qqn. **-6.** *RW*: **da ist nichts (mehr) zu ~** *fam* il n'y a (plus) rien à faire.

wollig *Adj* **-1.** [Pullover] en laine. **-2.** [Haare, Fell] laineux(euse).

Woll|knäuel *das* pelote *f* de laine.

Woll|pullover *der* pull *m* en laine.

Woll|socke *der*, **Woll|socken** *der Südd* chaussette *f* de laine.

womit[1] *Pron* [als Frage] avec quoi; **~ habe ich das verdient**? qu'est-ce que j'ai fait pour mériter ça?

womit[2] *Pron* [im Relativsatz] avec quoi.

womöglich *Adv* peut-être.

wonach[1] *Pron* [zeitlich] après quoi.

wonach[2] *Pron* **-1.** [im Relativsatz] après quoi; **das Kleid, ~ ich solange gesucht habe** la robe que j'ai cherchée si longtemps. **-2.** [als Frage]: **~ schmeckt das**? quel goût ça a?

Wonne (*Pl* **-n**) *die geh* joie *f*, félicité *f*.

woran[1] *Pron* [als Frage] à quoi; **~ erinnerst du dich**? de quoi te souviens-tu?

woran[2] *Pron* [im Relativsatz] dont; **alles, ~ du dich noch erinnern kannst** tout ce dont tu peux te souvenir; **nicht wissen, ~ man ist** ne pas savoir à quoi s'en tenir.

worauf[1] *Pron* [als Frage - final] à quoi, sur quoi; [- Ortsangabe] sur quoi.

worauf[2] *Pron* **-1.** [final] que; **das Ereignis, ~ er wartet** l'événement qu'il attend. **-2.** [Ortsangabe] dans lequel (laquelle), sur lequel (laquelle). **-3.** [woraufhin] à la suite de quoi.

woraus[1] *Pron* [als Frage] en quoi?; **~ macht man Brot**? avec quoi fait-on du pain?

woraus[2] *Pron* [zur Materialangabe] à partir duquel (de laquelle); **das Holz, ~ die Möbel gemacht sind** le bois dont les meubles sont faits.

worin[1] *Pron* [als Frage] en quoi, dans quoi.

worin[2] *Pron* **-1.** [Ortsangabe] dans lequel (laquelle), où. **-2.** [Angabe des Bereichs] sur lequel (laquelle).

Workaholic [wœ:(r)kə'hɔlik] (*Pl* **-s**) *der* bourreau *m* de travail.

Workshop ['wœ:kʃɔp] (*Pl* **-s**) *der* atelier *m*.

Wort (*Pl* **-e** ODER **Wörter**) *das* **-1.** *(Pl Wörter)* [sprachliche Einheit] mot *m*; **~ für ~** mot pour mot. **-2.** *(Pl Worte)* [Äußerung] mot *m*; **etw aufs ~ glauben** croire qqch sur parole; **jm aufs ~ gehorchen** obéir à qqn au doigt et à l'œil; **kein ~ sagen/glauben** ne pas dire/croire un mot; **mir fehlen die ~e!** j'en reste coi (coite)!; **mit anderen ~en** en d'autres termes; **zu ~ kommen** arriver à prendre la parole. **-3.** *(Pl Worte)* [Zitat] phrase *f* (célèbre). **-4.** *(Pl Worte) geh* [Text] texte *m*. **-5.** *(ohne Pl)* [Zusage] parole *f*. **-6.** *RW*: **das letzte ~ haben** avoir le dernier mot; **das ~ haben/erteilen/ergreifen** avoir/donner/prendre la parole; **ein geflügeltes ~** citation *f*, phrase *f* célèbre; **für jn ein gutes ~ einlegen** intercéder pour qqn; **jm ins ~ fallen** couper la parole à qqn; **über etw** *(A)* **kein ~ verlieren** ne pas piper mot de qqch.

Wort|art *die* GRAM catégorie *f* grammaticale.

wortbrüchig *Adj* qui ne tient pas parole.

Wörtchen (*Pl* **-**) *das* mot *m*; **ein ~ mitzureden haben** *fam fig* avoir son mot à dire.

Wörter|buch *das* dictionnaire *m*.

Wort|führer, in *der, die* porte-parole *mf*.

wortgetreu ◇ *Adj* littéral(e). ◇ *Adv* littéralement.

wortgewaltig *Adj* éloquent(e).

wortgewandt ◇ *Adj* éloquent(e). ◇ *Adv* avec éloquence.

wortkarg ◇ *Adj* [Antwort] laconique; [Mensch] avare de paroles. ◇ *Adv* de façon laconique.

Wortklauberei (*Pl* **-en**) *die abw* ergotage *m*.

Wort|laut *der (ohne Pl)* formulation *f*; **im vollen ~** in extenso.

wörtlich ◇ *Adj* littéral(e); **~e Rede** discours *m* direct. ◇ *Adv* mot à mot; **etw ~ nehmen** prendre qqch au pied de la lettre.

wortlos ◇ *Adj* sans mot dire, silencieux(euse). ◇ *Adv* sans un mot, silencieusement.

Wort|meldung *die* intervention *f* orale; **eine ~ liegt vor** quelqu'un a demandé la parole.

wortreich ◇ *Adj* verbeux(euse). ◇ *Adv* verbeusement.

Wortschatz *der (ohne Pl)* vocabulaire *m*.

Wort|spiel *das* jeu *m* de mots.

Wort|wahl *die (ohne Pl)* choix *m* des mots.

Wort|wechsel *der* altercation *f*.

wortwörtlich ◇ *Adj* mot pour mot; [Übersetzung] mot à mot. ◇ *Adv* mot pour mot; [übersetzen] mot à mot.

worüber[1] *Pron* [als Frage] de quoi; **~ hat sie sich am meisten gefreut**? qu'est-ce qui lui a le plus fait plaisir?

worüber[2] *Pron* [kausal] dont.

worum[1] *Pron* [als Frage] de quoi; **~ habt ihr gewettet**? qu'avez-vous parié?

worum[2] *Pron* [im Relativsatz] autour duquel (de laquelle); **das Problem, ~ es sich handelt** le problème dont il s'agit.

worunter[1] *Pron* [als Frage] sous quoi; **~ hat er gelitten**? de quoi souffrait-il?

worunter[2] *Pron* [im Relativsatz] sous lequel (laquelle); **der Druck, ~ er steht** la pression à laquelle il est soumis.

wovon[1] *Pron* [als Frage] de quoi.

wovon[2] *Pron* [im Relativsatz] dont; **das Thema, ~ das Buch handelt** le sujet dont traite le livre; **das Medikament, ~ ihr schlecht wird** le médicament qui lui donne des nausées.

wovor[1] *Pron* [als Frage] de quoi; **~ fürchtet er sich**? de quoi a-t-il peur?; **~ hast du dein Auto geparkt**? devant quoi as-tu garé ta voiture?

wovor[2] *Pron* [im Relativsatz] dont; **das Sofa, ~ der Hund liegt** le canapé devant lequel le chien est couché; **die Sache, ~ er sich fürchtet** la chose qu'il redoute.

wozu[1] *Pron* [als Frage] à quoi; **~ dient dieser Schalter**? à quoi sert cet interrupteur?; **~ hat sie eingeladen**? à quelle occasion a-t-elle lancé une invitation?

wozu[2] *Pron* [im Relativsatz] pour lequel (laquelle).

Wrack (*Pl* **-s** ODER **-e**) *das* épave *f*.

WS *Abk für* **Wintersemester**.

WSV *Abk für* **Winterschlußverkauf**.

Wttbg. *Abk für* **Württemberg**.

Wucher *der (ohne Pl) abw* usure *f*; **zehn Mark für ein Sandwich? das ist ~!** dix marks pour un sandwich? c'est du vol!

Wucher|miete *die abw* loyer *m* usuraire.

wuchern (*Perf* **hat/ist gewuchert**) *intr* **-1.** *(hat, ist)* [Gebüsch, Hecke] proliférer, foisonner; [Geschwür] se propager. **-2.** *(hat)* [Wucher treiben] pratiquer l'usure.

Wucher|preis *der* prix *m* usuraire.

Wucherung (*Pl* **-en**) *die* MED tumeur *f*.

Wucherzinsen *Pl abw* intérêts *mpl* usuraires.

wuchs *Prät* → **wachsen**.

Wuchs *der (ohne Pl)* [Gestalt] taille *f*.

Wucht *die (ohne Pl)* force *f*; **mit voller ~** avec violence.

wuchten *tr fam* hisser.

wuchtig *Adj* imposant(e).

wühlen ◇ *intr* fouiller; **in etw** *(D)* **~** fouiller dans qqch. ◇ *tr* [graben] creuser.

◆ **sich wühlen** *ref* [sich graben]: **sich in etw** *(A)* **~** s'enfouir dans qqch.

Wühl|tisch *der fam* comptoir *m* des soldes.

Wulst (*Pl* **Wülste**) *der* bourrelet *m*.

wulstig *Adj* charnu(e).

wund ◇ *Adj* à vif; **~ sein** avoir la peau irritée. ◇ *Adv*: **sich** *(D)* **etw ~ laufen** ODER **reiben** s'écorcher qqch.

Wunde (*Pl* **-n**) *die* plaie *f*, blessure *f*.

wunder

◆ **wunder was** *Adv fam* : **er glaubt, er sei ~ was für ein toller Kerl** Dieu sait quel type formidable il s'imagine être.

Wunder (*Pl* **-**) *das* miracle *m*; **etw wirkt ~** *fam fig* qqch fait merveille; **kein ~!** *fam fig* (c'est) pas étonnant!; **sein** ODER **ein blaues ~ erleben** *fam fig* pouvoir s'attendre à quelque chose, ne pas être déçu(e).

wunderbar ◇ *Adj* **-1.** [großartig] merveilleux(euse). **-2.** [übernatürlich] miraculeux(euse). ◇ *Adv* [großartig] merveilleusement.

wunderhübsch ◇ *Adj* ravissant(e). ◇ *Adv* merveilleusement.

Wunder|kerze *die* cierge *m* magique.

Wunder|kind *das* enfant *mf* prodige.

wunderlich ◇ *Adj* étrange. ◇ *Adv* de façon étrange.

wundern *tr* étonner.
◆ **sich wundern** *ref* s'étonner; **sich über jn/etw ~** être surpris(e) par qqn/qqch.

wunderschön ◇ *Adj* magnifique. ◇ *Adv* à merveille, merveilleusement bien.

wundervoll ◇ *Adj* merveilleux(euse). ◇ *Adv* merveilleusement.

Wunder|werk *das* merveille *f*.

Wundstarr|krampf *der (ohne Pl)* MED tétanos *m* (traumatique).

Wunsch (*Pl* **Wünsche**) *der* souhait *m*; **ein ~ nach etw** un désir de qqch; **auf js ~** à la demande de qqn; **nach ~** à souhait.
◆ **Wünsche** *Pl* vœux *mpl*; **die besten Wünsche für etw** meilleurs vœux de ODER pour qqch.

Wunschdenken *das (ohne Pl)* illusions *fpl*.

Wünschel|rute *die* baguette *f* de coudrier.

wünschen ◇ *tr* **-1.** [gen]: **sich** *(D)* **etw ~** vouloir qqch; **er wünscht sich von seinen Eltern ein Fahrrad** il voudrait bien que ses parents lui offrent un vélo; **sich** *(D)* **jn als etw ~** vouloir avoir qqn comme qqch; **sich** *(D)* **~, daß** vouloir que; **jd wünschte, ...** qqn voudrait que ... **-2.** [verlangen] désirer; **was ~ Sie?** que désirez-vous? **-3.** [für eine Person]: **jm etw ~** souhaiter qqch à qqn. **-4.** [erhoffen] désirer; **es ist zu ~, daß er pünktlich kommt** j'espère qu'il sera à l'heure. ◇ *intr*: **ganz wie Sie ~!** comme vous voudrez!; **zu ~ übriglassen** *fig* laisser à désirer.

wünschenswert *Adj* souhaitable.

wunschgemäß *Adv* à souhait.

Wunsch|kind *das* enfant désiré *m*, enfant désirée *f*.

wunschlos *Adv*: **~ glücklich sein** *hum* être comblé(e).

Wunsch|traum *der* rêve *m (projet)*.

Wunschvor|stellung *die* idéal *m*, rêve *m*.

Wunsch|zettel *der* liste *f* de cadeaux (pour le Père Noël).

Wuppertal *nt* Wuppertal.

wurde *Prät* → **werden**.

Würde (*Pl* **-n**) *die* **-1.** *(ohne Pl)* [Selbstachtung] dignité *f*; **unter js ~ sein** être indigne de qqn. **-2.** [Stellung] haute fonction *f*.

würdelos ◇ *Adj* indigne. ◇ *Adv* indignement.

Würden|träger *der* dignitaire *m*.

würdevoll ◇ *Adj* digne. ◇ *Adv* dignement.

würdig ◇ *Adj* digne; **einer Sache** *(G)* **~ sein** être digne de qqch. ◇ *Adv* **-1.** [sich bewegen, benehmen] dignement. **-2.** [etw feiern, honorieren] comme il se doit.

würdigen *tr* honorer.

Würdigung (*Pl* **-en**) *die* hommage *m*.

Wurf (*Pl* **Würfe**) *der* **-1.** [Werfen] lancer *m*; **ein großer ~** *fig* un coup de maître. **-2.** [bei Säugetieren] portée *f*.

Würfel (*Pl* **-**) *der* cube *m*; [zum Spielen] **dé** *m*.

würfeln ◇ *intr* [Würfel werfen] **jeter le(s) dé(s)**; **um etw** *(A)* **~** jouer qqch à pile ou face. ◇ *tr* **-1.** [mit dem Würfel] **jouer** *(aux dés)*; **eine 4 ~** faire un 4. **-2.** [in Würfel schneiden] couper en dés.

Würfel|zucker *der (ohne Pl)* sucre *m* en morceaux.

Wurf|geschoß *das* projectile *m*.

Wurf|sendung *die* envoi *m* collectif.

würgen ◇ *tr* étrangler; **jn am Hals ~** saisir qqn à la gorge. ◇ *intr* **-1.** [schlucken]: **an etw** *(D)* **~** avoir du mal à avaler qqch. **-2.** [Brechreiz haben]: **jn ~ lassen** donner la nausée à qqn.

Wurm (*Pl* **Würmer**) *der* ver *m*; **in etw** *(D)* **ist** ODER **sitzt der ~ drin** *fam fig* il y a quelque chose qui cloche dans qqch.

wurmen *tr fam* ronger, miner.

wurmstichig *Adj* véreux(euse).

Wurst (*Pl* **Würste**) *die* **-1.** *(ohne Pl)* [Aufschnitt] charcuterie *f*. **-2.** [Lebensmittel] saucisse *f*. **-3.** [Wurstförmiges] boudin *m*. **-4.** *RW*: **jetzt geht es um die ~, du mußt gewinnen** tu joues ton vatout, il faut que tu gagnes; **jm ~ sein** *fam* être égal(e) à qqn; **es ist mir ~!** je m'en fiche!

WURST:
Les charcuteries allemandes proposent une grande variété de saucisses et saucissons.
Les spécialités régionales témoignent de la richesse gastronomique de chaque Land.
Il faut noter cependant que l'appellation d'un produit peut changer selon la province.

Wurst|brot *das* ≃ sandwich *m* au saucisson.

Würstchen (*Pl* **-**) *das* **-1.** [kleine Wurst] saucisse *f*. **-2.** *fam abw* [in Firma] **grouillot** *m*; [unwichtige Person]: **armes ~!** pauvre bougre!

wursteln *intr fam* bricoler.

Württemberg *nt* Wurtemberg *m*.

Württemberger (*Pl* **-**) ◇ *der* Wurtembergeois *m*. ◇ *Adj (unver)* wurtembergeois(e).

Württembergerin (*Pl* **-nen**) *die* Wurtembergeoise *f*.

württembergisch *Adj* wurtembergeois(e).

Würzburg *nt* Wurtzbourg.

Würze (*Pl* **-n**) *die* assaisonnement *m*; *fig* piment *m*.

Wurzel (*Pl* **-n**) *die* racine *f*; **~n schlagen** prendre racine.

Wurzel|bürste *die* brosse *f* de ODER en chiendent.

wurzeln *intr*: **in etw** *(D)* **~** être enraciné(e) dans qqch.

würzen *tr* assaisonner; **einen Bericht mit deftigen Anekdoten ~** *fig* relever un compte-rendu d'anecdotes savoureuses.

würzig *Adj* relevé(e).

wusch *Prät* → **waschen**.

wußte *Prät* → **wissen**.

Wust *der (ohne Pl) abw* fatras *m*.

wüst ◇ *Adj* **-1.** [vereinsamt] désert(e). **-2.** [wirr] désordonné(e). **-3.** *abw* [wild] sauvage. ◇ *Adv* **-1.** [wirr]: **~ durcheinander sein** être pêle-mêle. **-2.** *abw* [wild] sauvagement.

Wüste (*Pl* **-n**) *die* désert *m*; **jn in die ~ schicken** *fam fig* envoyer ballader qqn.

Wut *die (ohne Pl)* colère *f*; **eine ~ auf jn haben** être en colère contre qqn; **seine ~ an jm/etw auslassen** passer sa colère sur qqn/qqch.

Wutanfall *der* accès *m* de colère.

wüten *intr* [Sturm, Feuer, Krieg] faire rage; [Person] sévir.

wütend ◇ *Adj* furieux(euse); **auf** ODER **über jn ~ sein** être furieux contre qqn. ◇ *Adv* de rage, avec fureur.

wutentbrannt *Adv* fou furieux (folle furieuse).

Wwe. *Abk für* **Witwe**.

WWF (*Abk für* **World Wildlife Fund**) *der (ohne Pl)* WWF *m*.

X

x, X [ɪks] (*Pl* -) *das* x *m inv*, X *m inv*; **du kannst mir kein X für ein U vormachen!** *fig* tu ne vas pas me faire croire ça!

X-Beine *Pl* jambes *fpl* cagneuses.

x-beinig *Adj*: **er ist ~** il a les jambes cagneuses; **ein x-beiniger Mensch** une personne aux jambes cagneuses.

x-beliebig *Adj fam* n'importe quel (quelle).

x-mal *Adv fam* je ne sais combien de fois.

Y

y, Y ['ypsilɔn] (*Pl* - ODER **-s**) *das* y *m inv*, Y *m inv*.

Yacht, Jacht [jaxt] (*Pl* **-en**) *die* yacht *m*.

Yard [jaː(r)t] (*Pl* **-s**) *das* yard *m*.

Yen [jɛn] (*Pl* **-(s)**) *der* yen *m*.

Yoga, Joga ['joːga] *der* ODER *das (ohne Pl)* yoga *m*.

Yuppie ['jupi] (*Pl* **-s**) *der* yuppie *mf*.

Z

z, Z ['tsɛt] (*Pl* - ODER **-s**) *das* z *m inv*, Z *m inv*.

z. *Abk für* **zur**.

Z. *Abk für* **Zeile**.

zack *Interj fam* : **~!** et hop!; **~-~!** et que ça saute!

Zack: **auf ~ sein** *fam* être à la hauteur.

Zacke (*Pl* **-n**) *die* [von Gabel, Kamm] **dent** *f*; [von Sternen] **branche** *f*.

Zacken (*Pl* -) *der* dent *f*; **sich keinen ~ aus der Krone brechen** *fam fig* ne pas perdre la face.

zackig ◇ *Adj* **-1.** [gezackt] dentelé(e). **-2.** *fam* [forsch] brusque, énergique. ◇ *Adv* **-1.** [gezackt]: **~ geformt** de forme dentelée. **-2.** *fam* [forsch] de façon énergique.

zaghaft ◇ *Adj* hésitant(e). ◇ *Adv* de façon hésitante.

Zagreb *nt* Zagreb.

zäh ◇ *Adj* **-1.** [widerstandsfähig] **solide**. **-2.** [zähflüssig] **épais(aisse)**. **-3.** [Fleisch] **dur(e)**. **-4.** [hartnäckig] **tenace**. ◇ *Adv* **-1.** [langsam] **lentement**. **-2.** [hartnäckig] **fermement**.

zähflüssig *Adj* visqueux(euse).

Zähigkeit *die (ohne Pl)* **-1.** [von Menschen] **ténacité** *f*. **-2.** [von Material] **dureté** *f*.

Zahl (*Pl* **-en**) *die* nombre *m*; [Ziffer] **chiffre** *m*;

eine gerade/ungerade ~ un nombre pair/impair; **in den roten ~en stecken** *fig* être dans le rouge.

zahlbar *Adj* payable; **~ an jn** payable à qqn; **~ in** [Frist] payable dans; [Währung, Raten] payable en.

zählbar *Adj* dénombrable.

zahlen ◇ *tr* payer; **jm etw ~** payer qqch à qqn. ◇ *intr* payer; **bitte ~!** l'addition, s'il vous plaît!; **im voraus ~** payer d'avance.

zählen ◇ *tr* **-1.** [die Anzahl ermitteln] compter. **-2.** [einbeziehen]: **jn zu einer Gruppe ~** compter qqn parmi un groupe; **etw zu etw ~** compter qqch parmi qqch. **-3.** [wert sein] valoir. **-4.** *geh* [eine Anzahl haben] compter; **das Schloß zählt bereits 450 Jahre** le château a 450 ans. ◇ *intr* compter; **zu jm/etw ~** compter parmi qqn/qqch; **auf jn/etw ~** compter sur qqn/qqch.

Zahlen|kombination *die* combinaison *f* (de chiffres).

zahlenmäßig ◇ *Adj* numérique. ◇ *Adv*: **~ überlegen sein** être supérieur(e) en nombre.

Zahlen|material *das (ohne Pl)* chiffres *mpl*.

Zahlen|reihe *die* série *f* de chiffres.

Zahlen|schloß *das* serrure *f* à combinaison.

Zähler (*Pl* -) *der* **-1.** [Gerät] compteur *m*. **-2.** MATH numérateur *m*.

Zahl|grenze *die* limite *f* de zone *(dans transports en commun)*.

zahllos *Adj* innombrable.

Zahl|meister, in *der, die* trésorier *m*, -ère *f*.

zahlreich ◇ *Adj* nombreux(euses). ◇ *Adv* en grand nombre.

Zahlung (*Pl* **-en**) *die* paiement *m*; **etw in ~ nehmen** reprendre qqch; **etw in ~ geben** donner qqch en paiement.

Zählung (*Pl* **-en**) *die* comptage *m*; [von Bevölkerung] recensement *m*.

Zahlungsan|weisung *die* mandat *m* de paiement.

Zahlungsauf|forderung *die* sommation *f* (de payer).

Zahlungsbedingungen *Pl* WIRTSCH modalités *fpl* de paiement.

Zahlungs|bilanz *die* balance *f* des paiements.

Zahlungsbilanz|defizit *das* déficit *m* de la balance des paiements.

Zahlungsbilanzüber|schuß *der* excédent *m* de la balance des paiements.

zahlungsfähig *Adj* solvable.

Zahlungs|frist *die* délai *m* de paiement.

zahlungskräftig *Adj* solvable; **~ sein** avoir les reins solides.

Zahlungs|mittel *das* moyen *m* de paiement.

Zahlungsschwierigkeiten *Pl* difficultés *fpl* de paiement.

Zahlungs|termin *der* date *f* de paiement, échéance *f*.

zahlungsunfähig *Adj* insolvable.

Zahl|wort (*Pl* **-wörter**) *das* GRAM adjectif *m* numéral.

zahm *Adj* **-1.** [Tier] apprivoisé(e). **-2.** *fam* [Kind, Verhalten] docile.

zähmen *tr* **-1.** [Tier] apprivoiser; [Zirkustier] dompter. **-2.** *geh* [Neugier, Ungeduld, Naturgewalt] maîtriser.

Zähmung (*Pl* **-en**) *die* **-1.** [von Tieren] apprivoisement *m*. **-2.** *geh* [von Neugier, Ungeduld, Naturgewalt] maîtrise *f*.

Zahn (*Pl* **Zähne**) *der* **-1.** [im Mund] dent *f*; **einen ~ ziehen** arracher une dent; **mit den Zähnen klappern** claquer des dents; **sich** *(D)* **die Zähne putzen** se brosser ODER se laver les dents; **die dritten Zähne** [Gebiß] une prothèse dentaire. **-2.** *RW*: **die Zähne zusammenbeißen** *fam* serrer les dents; **einen ganz schönen ~ draufhaben** *fam* rouler à tombeau ouvert; **jm auf den ~ fühlen** *fam fig* tâter le pouls de qqn; **jm die Zähne zeigen** *fam* montrer les crocs à qqn; **sich an etw** *(D)* **die Zähne ausbeißen** *fam* se casser les dents sur qqch.

Zahn|arzt *der* dentiste *m*.

Zahnarzt|helfer, in *der, die* assistant *m*, -e *f* dentaire.

Zahn|ärztin *die* dentiste *f*.

zahnärztlich ◇ *Adj* dentaire. ◇ *Adv* sur le plan dentaire.

Zahnarzt|praxis *die* cabinet *m* dentaire.

Zahnbe|handlung *die* soins *mpl* dentaires.

Zahn|bürste *die* brosse *f* à dents.

zähneklappernd *Adv* en claquant des dents.

zähneknirschend *Adv* en grinçant des dents.

zahnen *intr* faire ses dents.

Zahnersatz *der (ohne Pl)* prothèse *f* dentaire.

Zahn|fleisch *das* gencive *f*; **auf dem ~ kriechen** *fam fig* être sur les rotules.

Zahn|klammer *die* appareil *m* dentaire *(pour redresser les dents)*.

Zahn|krone *die* couronne *f*.

zahnlos *Adj* édenté(e).

Zahn|lücke *die* espace *m* interdentaire.

Zahn|medizin *die (ohne Pl)* chirurgie *f* dentaire.

Zahnpasta (*Pl* **-pasten**), **Zahnpaste** (*Pl* **-n**) *die* dentifrice *m*.

Zahnputz|becher *der* verre *m* à dents.

Zahn|rad *das* roue *f* dentée.

Zahnrad|bahn *die* chemin de fer *m* à crémaillère.
Zahnschmelz *der (ohne Pl)* émail *m* (des dents).
Zahnschmerzen *Pl* maux *mpl* de dents; **~ haben** avoir mal aux dents.
Zahn|seide *die (ohne Pl)* fil *m* dentaire.
Zahn|spange *die* appareil *m* dentaire *(pour redresser les dents)*.
Zahn|stein *der (ohne Pl)* tartre *m (dentaire)*.
Zahnstocher (*Pl* -) *der* cure-dent *m*.
Zahn|techniker, in *der, die* prothésiste *m* dentaire.
Zahn|wurzel *die* racine *f*.
Zaire [za'iːr(ə)] *nt* Zaïre *m*; **in ~** au Zaïre.
Zange (*Pl* **-n**) *die* pince *f*; **jn in die ~ nehmen** *fam fig* coincer qqn.
Zank *der (ohne Pl)* querelle *f*.
zanken
◆ **sich zanken** *ref* se disputer; **sich mit jm um etw ~** se disputer avec qqn pour qqch.
zänkisch *Adj* querelleur(euse).
Zäpfchen (*Pl* -) *das* suppositoire *m*.
zapfen *tr* tirer (au tonneau).
Zapfen (*Pl* -) *der* **-1.** [von Fässern] bouchon *m*. **-2.** [von Kiefern] pomme *f* de pin. **-3.** [aus Eis] glaçon *m*.
Zapfen|streich *der (ohne Pl)* extinction *f* des feux.
Zapf|hahn *der* **-1.** [für Bier] robinet *m*. **-2.** [für Benzin] pistolet *m* de distribution.
Zapf|pistole *die* pistolet *m* de distribution.
Zapf|säule *die* pompe *f* (à essence).
zappelig, **zapplig** *Adj fam* nerveux(euse).
zappeln *intr* [Kind] gigoter; [Fisch] frétiller; **jn ~ lassen** *fam fig* faire mijoter qqn.
Zappelphilipp ['tsap(ə)lfilɪp] (*Pl* **-e** ODER **-s**) *der fam abw*: **ein ~ sein** avoir la bougeotte.
zappenduster *Adj fam* noir(e) comme dans un four.
zapplig = **zappelig**.
zart ◇ *Adj* **-1.** [Gesundheit, Pflanze] fragile. **-2.** [Gebäck, Gemüse] tendre. **-3.** [Berührung, Stimme] doux (douce). ◇ *Adv* [sanft] délicatement, tendrement.
zartbesaitet *Adj* à l'âme sensible.
zartbitter *Adj* amer(ère).
zartfühlend ◇ *Adj* délicat(e). ◇ *Adv* délicatement.
zärtlich ◇ *Adj* tendre; **zu jm ~ sein** être affectueux(euse) ODER tendre avec qqn. ◇ *Adv* tendrement.
Zärtlichkeit *die (ohne Pl)* [Gefühl] tendresse *f*.
◆ **Zärtlichkeiten** *Pl* [Liebkosungen] caresses *fpl*.
Zäsur (*Pl* **-en**) *die geh* césure *f*.
Zauber (*Pl* -) *der* magie *f*, enchantement *m*; **fauler ~** *fam abw* & *fig* balivernes *fpl*.
Zauberei (*Pl* **-en**) *die* **-1.** [Zaubern] magie *f*. **-2.** [Kunststück] tour *m* de magie.
Zauberer (*Pl* -) *der* magicien *m*.
zauberhaft ◇ *Adj* [Idee, Ausflug] enchanteur(eresse); [Kleid, Mädchen] ravissant(e). ◇ *Adv* de façon ravissante.
Zauberin (*Pl* **-nen**) *die* magicienne *f*.
Zauber|kraft *die* pouvoir *m* magique.
Zauber|künstler, in *der, die* prestidigitateur *m*, -trice *f*.
Zauberkunst|stück *das* tour *m* de passe-passe.
zaubern ◇ *intr* faire de la magie. ◇ *tr*: **etw aus etw ~** faire sortir qqch de qqch par magie.
Zauber|spruch *der* formule *f* magique.
Zauber|stab *der* baguette *f* magique.
Zauber|trick *der* tour *m* de passe-passe.
zaudern *intr geh* hésiter.
Zaum (*Pl* **Zäume**) *der* bride *f*; **jn/etw im ~ halten** *fig* maîtriser qqn/qqch.
zäumen *tr* brider.
Zaumzeug (*Pl* **-e**) *das* bride *f*.
Zaun (*Pl* **Zäune**) *der* clôture *f*.
Zaun|gast (*Pl* **-gäste**) *der personne qui assiste à un spectacle de loin, sans payer*.
Zaun|pfahl *der* pieu *m*.
ZAV (*Abk für* **Zentralstelle für Arbeitsvermittlung**) *die (ohne Pl)* bureau *m* central de placement.
z.B. (*Abk für* **zum Beispiel**) par ex.
ZDF (*Abk für* **Zweites Deutsches Fernsehen**) *das (ohne Pl) deuxième chaîne de télévision allemande*.
Zebra (*Pl* **-s**) *das* zèbre *m*.
Zebra|streifen *der* passage *m* protégé ODER piétons.
Zeche (*Pl* **-n**) *die* **-1.** [Rechnung] addition *f*; **die ~ prellen** *fam* partir sans payer (l'addition); **die ~ bezahlen müssen** *fam fig* payer les pots cassés. **-2.** [Mine] mine *f*.
zechen *intr* picoler.
Zechpreller, in (*mPl* -; *fPl* **-nen**) *der, die* resquilleur *m*, -euse *f*.
Zech|tour *die* tournée *f* des bistrots.
Zeder (*Pl* **-n**) *die* cèdre *m*.
Zeh (*Pl* **-en**) *der* doigt *m* de pied, orteil *m*; **großer/kleiner ~** gros/petit orteil.
Zehe (*Pl* **-n**) *die* **-1.** [Fußglied] orteil *m*; **jm auf**

die ~n treten *fam fig* marcher sur les pieds de qqn. **-2.** [Knoblauchzehe] gousse *f*.

Zehen|nagel *der* ongle *m* de doigt de pied.

Zehen|spitze *die* pointe *f* des pieds; **auf ~n** sur la pointe des pieds.

zehn *Num* dix; *siehe auch* **sechs**.

Zehn (*Pl* **-en**) *die* dix *m*; *siehe auch* **Sechs**.

Zehner (*Pl* -) *der* **-1.** *fam* [zehn Mark] billet *m* de dix marks. **-2.** *fam* [Groschen] pièce *f* de dix pfennigs. **-3.** MATH [Zahl] dizaine *f*. **-4.** *fam* [Zehnmeterbrett] plongeoir *m* de dix mètres.

Zehner|karte *die* carte *f* de dix *(entrées, voyages)*.

Zehnertasten|block *der* EDV pavé *m* numérique.

zehnfach *Adj* décuple.

Zehn|kampf *der* SPORT décathlon *m*.

Zehnkämpfer (*Pl* -) *der* SPORT décathlonien *m*.

zehnmal *Adv* dix fois.

Zehnmark|schein *der* billet *m* de dix marks.

zehntausend *Num* dix mille; **die oberen Zehntausend** *fig* le dessus du panier, le gratin; *siehe auch* **sechs**.

zehnte, r, s *Adj* dixième; *siehe auch* **sechste**.

Zehnte (*Pl* **-n**) *der, die, das* dixième *mf*; *siehe auch* **Sechste**.

zehntel *Adj* dixième; *siehe auch* **sechstel**.

Zehntel (*Pl* -) *das* dixième *m*; *siehe auch* **Sechstel**.

Zehntel|sekunde *die* dixième *m* de seconde.

zehren *intr*: **von etw ~** vivre sur qqch; **etw zehrt an jm/etw** qqch ronge qqn/qqch.

Zeichen (*Pl* -) *das* **-1.** [gen] signe *m*; **jm ein ~ geben** faire un signe à qqn; **zum ~ einer Sache** *(G)* en signe de qqch. **-2.** [Kennzeichnung] repère *m*; **die ~ der Zeit erkennen** bien évaluer la situation. **-3.** EDV caractère *m*.

Zeichen|block (*Pl* **-blöcke** ODER **-s**) *der* bloc *m* à dessin.

Zeichener|klärung *die* légende *f*.

Zeichen|kohle *die* fusain *m*.

Zeichen|papier *das* papier *m* à dessin.

Zeichensetzung *die (ohne Pl)* ponctuation *f*.

Zeichen|sprache *die* langage *m* des signes.

Zeichen|stift *der* crayon *m* à dessin.

Zeichen|tabelle *die* EDV table *f* des caractères.

Zeichentrick|film *der* dessin *m* animé.

zeichnen ◇ *tr* **-1.** [Skizze, Plan] dessiner. **-2.** [Waren, Fell] marquer. **-3.** [Scheck] signer; [Aktie, Anleihe] souscrire. ◇ *intr* dessiner.

Zeichner, in (*mPl* **-**; *fPl* **-nen**) *der, die* dessinateur *m*, -trice *f*; **technischer ~** dessinateur industriel.

Zeichnung (*Pl* **-en**) *die* dessin *m*.

Zeige|finger *der* index *m*; **mit erhobenem ~** *fig* sur un ton moralisateur.

zeigen ◇ *tr* **-1.** [gen] montrer; **jm etw ~** montrer qqch à qqn; **das Kino zeigt den neuen Karatefilm** le cinéma passe le nouveau film de karaté. **-2.** [Freude, Mitleid, Ärger] manifester. **-3.** [Subjekt: Uhr, Waage] indiquer. **-4.** *RW*: **es jm ~** *fam* rabattre le caquet à qqn. ◇ *intr*: **nach** ODER **zu etw ~** indiquer qqch; **auf jn/etw ~** montrer qqn/qqch (du doigt); **zeig 'mal!** *fam* fais voir!

◆ **sich zeigen** *ref* se montrer; **es zeigt sich** il s'avère; **es wird sich ~, ob er recht hat** on verra s'il a raison.

Zeiger (*Pl* -) *der* aiguille *f (de montre, balance)*; **der große/kleine ~** la grande/petite aiguille.

Zeile (*Pl* **-n**) *die* **-1.** [eines Texts] ligne *f*. **-2.** [Nachricht] mot *m*; **jm ein paar ~n schreiben** écrire un (petit) mot à qqn.

Zeilenab|stand *der* interligne *m*.

Zeit (*Pl* **-en**) *die* **-1.** [gen] temps *m*; **im Laufe der ~** avec le temps; **sich** *(D)* **für jn/etw ~ nehmen** se réserver du temps pour qqn/qqch; **die ~ drängt** *fig* le temps presse; **keine ~ verlieren** ne pas perdre de temps; **sich** *(D)* **die ~ vertreiben** passer le temps; **sich ~ lassen** prendre son temps. **-2.** [Zeitpunkt]: **seit dieser ~** depuis; **von ~ zu ~** de temps en temps. **-3.** [Zeitabschnitt] époque *f*; **in der letzten ~** ces derniers temps. **-4.** *(ohne Pl)* [Zeitung]: **Die ~** *hebdomadaire proposant des articles de fond*.

◆ **auf Zeit** *Adv* à durée limitée ODER déterminée.

◆ **mit der Zeit** *Adv* avec le temps.

◆ **zur Zeit** *Adv* actuellement.

DIE ZEIT:
Die Zeit est un hebdomadaire suprarégional. Ses articles de fond, ses analyses et ses reportages en font un journal de référence, surtout pour les pages politiques, économiques et culturelles. C'est un important vecteur d'opinions.

Zeitab|schnitt *der* période *f*.

Zeit|alter *das* époque *f*.

Zeitan|sage *die* horloge *f* parlante *(téléphone)*.

Zeit|arbeit *die* WIRTSCH travail *m* par intérim.

Zeit|aufwand *der* temps *m* investi.

Zeit|bombe *die* bombe *f* à retardement.

Zeit|dokument *das* document *m* historique.

Zeit|druck *der (ohne Pl)*: **in ~ sein, unter ~ stehen** être sous pression.

Zeitein|teilung *die* emploi *m* du temps.

Zeit|ersparnis *die* économie *f* de temps.

Zeit|gefühl *das (ohne Pl)* notion *f* du temps.

Zeit|geist *der (ohne Pl)* air *m* du temps.
zeitgemäß *Adj* moderne.
Zeit|genosse *der* contemporain *m*.
Zeit|genossin *die* contemporaine *f*.
zeitgenössisch *Adj* contemporain(e).
Zeit|geschehen *das (ohne Pl)* actualité *f*.
Zeit|geschichte *die (ohne Pl)* histoire *f* contemporaine.
Zeit|gewinn *der (ohne Pl)* gain *m* de temps.
zeitgleich ◇ *Adj* simultané(e). ◇ *Adv* simultanément, en même temps.
zeitig ◇ *Adj* précoce. ◇ *Adv* tôt.
Zeit|karte *die* carte *f* d'abonnement.
Zeit|kritik *die (ohne Pl)* critique *f* de mon ODER ton ODER son etc temps.
zeitkritisch *Adj* qui critique son temps; **dieser Film ist sehr ~** ce film est très critique vis-à-vis de notre époque.
Zeitlang
◆ **eine Zeitlang** *Adv* un certain temps.
zeitlebens *Adv* toujours.
zeitlich ◇ *Adj* dans le temps, temporel(elle); **~e Reihenfolge** ordre *m* chronologique. ◇ *Adv* dans le temps.
Zeitliche *das (ohne Pl)*: **das ~ segnen** rendre l'âme.
zeitlos *Adj* intemporel(elle).
Zeit|lupe *die (ohne Pl)* ralenti *m*.
◆ **in Zeitlupe** *Adv* au ralenti.
Zeit|mangel *der (ohne Pl)* manque *m* de temps; **aus ~** faute de temps.
zeitnah *Adj* actuel(elle).
Zeit|not *die (ohne Pl)* manque *m* de temps.
Zeit|plan *der* planning *m*, horaire *m* prévu.
Zeit|punkt *der* moment *m*; **zu diesem ~** à ce moment-là.
Zeitraffer *der (ohne Pl)* accéléré *m*.
◆ **im Zeitraffer** *Adv* en accéléré.
zeitraubend *Adj* de longue haleine.
Zeit|raum *der* période *f*.
Zeit|rechnung *die (ohne Pl)*: **vor/nach unserer ~** avant/de notre ère.
Zeit|schrift *die* publication *f*, magazine *m*.
Zeit|soldat *der* engagé *m*.
Zeitspanne (*Pl* **-n**) *die* durée *f*.
zeitsparend *Adj* qui économise du temps.
Zeitung (*Pl* **-en**) *die* journal *m*.
Zeitungs|abonnement *das* abonnement *m (à un journal)*.
Zeitungs|annonce *die* petite annonce *f*.
Zeitungs|anzeige *die* annonce *f (dans un journal)*.
Zeitungs|artikel *der* article *m (de journal)*.
Zeitungsaus|schnitt *der* coupure *f* de presse.
Zeitungs|bericht *der* reportage *m (de journal)*.
Zeitungs|kiosk *der* kiosque *m* à journaux.
Zeitungs|leser, in *der, die* lecteur *m*, -trice *f (de journaux)*.
Zeitungs|notiz *die* entrefilet *m*.
Zeitungs|papier *das* papier *m* journal.
Zeit|unterschied *der* écart *m (de temps)*; [zwischen Ländern] décalage *m* horaire.
Zeit|verlust *der (ohne Pl)* perte *f* de temps.
Zeit|verschiebung *die* décalage *m* horaire.
Zeit|verschwendung *die* perte *f* de temps.
Zeit|vertrag *der* contrat *m* à durée déterminée.
Zeitvertreib (*Pl* **-e**) *der* passe-temps *m inv*, loisir *m*; **zum ~** pour passer le temps.
zeitweilig ◇ *Adj* passager(ère). ◇ *Adv* de temps en temps.
zeitweise *Adv* **-1.** [gelegentlich] parfois. **-2.** [vorübergehend] momentanément.
Zeit|wert *der* valeur *f* actuelle.
Zeit|zeichen *das* top *m (signal)*.
Zeit|zünder *der* détonateur *m* à retardement.
Zelle (*Pl* **-n**) *die* cellule *f*.
Zell|kern *der* BIOL noyau *m* de la cellule.
Zell|membran *die* BIOL membrane *f* cellulaire.
Zell|stoff *der* cellulose *f*.
Zell|teilung *die* BIOL divison *f* cellulaire.
Zellulitis *die (ohne Pl)* MED cellulite *f*.
Zelluloid [tsɛlu'lɔyt] *das (ohne Pl)* Celluloïd® *m*.
Zellulose (*Pl* **-n**) *die* cellulose *f*.
Zelt (*Pl* **-e**) *das* tente *f*; **die ~e abbrechen** *fig* mettre les voiles; **die ~e aufschlagen** *fig* s'établir quelque temps.
zelten *intr* camper, faire du camping.
Zelt|lager *das* campement *m*.
Zelt|plane *die* toile *f* de tente.
Zelt|platz *der* camping *m*.
Zelt|stange *die* mât *m*.
Zement (*Pl* **-e**) *der* ciment *m*.
zementieren *tr* cimenter.
Zenit *der (ohne Pl)*: **im ~ stehen** être au zénith.
zensieren ◇ *tr* **-1.** [Klassenarbeit, Referat] noter. **-2.** [Filme, Bücher] censurer. ◇ *intr* noter.
Zensur (*Pl* **-en**) *die* **-1.** [Benotung] note *f*. **-2.** *(ohne Pl)* [Kontrolle, Behörde] censure *f*.
Zenti|gramm *das* centigramme *m*.
Zenti|liter *der* centilitre *m*.
Zenti|meter *der* centimètre *m*.
Zentimeter|maß *das* mètre *m (objet)*.
Zentner (*Pl* -) *der* *50 kilos*.
Zentner|last *die* fardeau *m*.

zentral ◇ *Adj* **-1.** [im Zentrum, wichtig] central(e). **-2.** [übergeordnet] centralisateur(trice). ◇ *Adv*: **~ wohnen** habiter dans le centre.
Zentralafrika *nt* Afrique *f* centrale.
Zentralbank (*Pl* **-en**) *die* WIRTSCH banque *f* centrale.
Zentrale (*Pl* **-n**) *die* **-1.** [zentrale Stelle] centrale *f*. **-2.** [Telefonzentrale] standard *m*.
Zentraleinheit *die* EDV unité *f* centrale.
Zentralheizung *die* chauffage *m* central.
zentralisieren *tr* centraliser.
Zentralismus *der (ohne Pl)* centralisme *m*.
Zentralmassiv *das* Massif *m* central; **im ~** dans le Massif central.
zentrieren *tr* TECH centrer.
Zentrifugalkraft *die* PHYS force *f* centrifuge.
Zentrifuge (*Pl* **-n**) *die* centrifugeuse *f*.
zentrifugieren *tr* centrifuger.
Zentrum (*Pl* **Zentren**) *das* centre *m*.
Zeppelin (*Pl* **-e**) *der* dirigeable *m*.
Zepter (*Pl* **-**) *das* & *der* sceptre *m*; **das ~ führen** ODER **schwingen** *fam* mener la barque.
zerbeißen (*Prät* **zerbiß,** *Perf* **hat zerbissen**) *tr* **-1.** [mit den Zähnen] croquer. **-2.** [durch Insekten] manger.
zerbomben *tr* bombarder.
zerbrechen (*Präs* **zerbricht,** *Prät* **zerbrach,** *Perf* **hat/ist zerbrochen**) ◇ *intr (ist)* se briser; **an etw** *(D)* **~** *fig* être brisé(e) par qqch. ◇ *tr (hat)* briser, casser.
zerbrechlich *Adj* fragile.
zerbröckeln (*Perf* **hat/ist zerbröckelt**) ◇ *intr (ist)* s'effriter. ◇ *tr (hat)* émietter.
zerdrücken *tr* écraser.
Zeremonie (*Pl* **-n**) *die* cérémonie *f*.
Zeremoniell (*Pl* **-e**) *das* cérémonial *m*.
Zerfall *der (ohne Pl)* **-1.** [von Gebäude, Denkmal] délabrement *m*. **-2.** [von Diktaturen] chute *f*.
zerfallen (*Präs* **zerfällt,** *Prät* **zerfiel,** *Perf* **ist zerfallen**) *intr* se décomposer; [Mauer, Burg] tomber en ruine; [Kuchen] tomber en morceaux; **in etw** *(A)* **~** se décomposer en qqch.
zerfetzen *tr* déchirer.
zerfleddern *tr* abîmer.
zerfleischen *tr* déchiqueter.
zerfließen (*Prät* **zerfloß,** *Perf* **ist zerflossen**) *intr* **-1.** [Eis, Schokolade] couler, fondre. **-2.** [Tinte] fuir.
zerfressen (*Präs* **zerfrißt,** *Prät* **zerfraß,** *Perf* **hat zerfressen**) *tr* **-1.** [durch Insekten] ronger. **-2.** [durch Rost, Säure] corroder.
zergehen (*Prät* **zerging,** *Perf* **ist zergangen**) *intr* fondre.
zerhacken *tr* mettre en pièces; **Holz ~** casser du bois.
zerhauen (*Prät* **zerhieb** ODER **zerhaute,** *Perf* **hat zerhauen**) *tr* mettre en pièces.
zerkauen *tr* mâcher.
zerkleinern *tr* réduire en morceaux.
zerklüftet *Adj* découpé(e).
zerknallen (*Perf* **ist zerknallt**) *intr* [Luftballon] crever.
zerknirscht *Adj* contrarié(e); **über etw** *(A)* **~ sein** être contrarié de qqch.
zerknittern *tr* froisser.
zerknüllen *tr* froisser.
zerkratzen *tr* rayer; [Arm, Hand] griffer.
zerkrümeln (*Perf* **hat/ist zerkrümelt**) ◇ *tr (hat)* émietter. ◇ *intr (ist)* s'émietter.
zerlassen (*Präs* **zerläßt,** *Prät* **zerließ,** *Perf* **hat zerlassen**) *tr* faire fondre.
zerlegen *tr* **-1.** [Bett, Motor] démonter; **etw in etw** *(A)* **~** mettre qqch en qqch. **-2.** [Reh] découper.
zerlumpt ◇ *Adj* [Kleider, Stoff] en loques; [Person] dépenaillé(e). ◇ *Adv* en loques.
zermalmen *tr* broyer.
Zermatt *nt* Zermatt.
zermürben *tr* user.
zerpflücken *tr* **-1.** [Gemüse, Blume] effeuiller. **-2.** *fig* [Aufsatz, Buch] éplucher.
zerplatzen (*Perf* **ist zerplatzt**) *intr* éclater.
zerquetschen *tr* écraser.
Zerrbild *das* image *f* déformée.
zerreiben (*Prät* **zerrieb,** *Perf* **hat zerrieben**) *tr* pulvériser.
zerreißen (*Prät* **zerriß,** *Perf* **hat/ist zerrissen**) ◇ *tr (hat)* déchirer; **sich** *(D)* **die Strümpfe ~** filer ses collants. ◇ *intr (ist)* **-1.** [Seil, Faden] casser. **-2.** [Stoff] se déchirer.
Zerreißprobe *die fig* épreuve *f* de force.
zerren ◇ *tr* traîner; **sich** *(D)* **etw ~** se froisser qqch. ◇ *intr*: **an etw** *(D)* **~** tirer sur qqch.
zerrinnen (*Prät* **zerronn,** *Perf* **ist zerronnen**) *intr* **-1.** [Butter] fondre. **-2.** [Träume] s'évanouir.
zerrissen *Adj* déchiré(e).
Zerrung (*Pl* **-en**) *die* claquage *m*.
zerrüttet *Adj* [Ehe] désuni(e), brisé(e); **aus ~en Verhältnissen kommen** venir d'un milieu familial perturbé.
zersägen *tr* scier.
zerschellen (*Perf* **ist zerschellt**) *intr* se fracasser.
zerschlagen[1] (*Präs* **zerschlägt,** *Prät* **zerschlug,** *Perf* **hat zerschlagen**) *tr* briser.
◆ **sich zerschlagen** *ref* s'effondrer.
zerschlagen[2] *Adj* abattu(e).

zerschmelzen (*Präs* **zerschmilzt,** *Prät* **zerschmolz,** *Perf* **ist zerschmolzen**) *intr* fondre.

zerschmettern *tr* fracasser, mettre en pièces.

zerschneiden (*Prät* **zerschnitt,** *Perf* **hat zerschnitten**) *tr* **-1.** [in Stücke] découper. **-2.** [verletzen] couper.

zersetzen *tr* **-1.** [auflösen] décomposer. **-2.** [untergraben]: **js Moral ~** démoraliser qqn.

◆ **sich zersetzen** *ref* se décomposer.

Zersetzung *die (ohne Pl)* décomposition *f.*

zersiedelt *Adj* désagrégé(e).

zerspalten (*Perf* **hat zerspalten** ODER **zerspaltet**) *tr* **-1.** [Holz, Stein] couper. **-2.** *fig* [Gruppe, Partei] diviser.

zersplittern (*Perf* **ist zersplittert**) *intr* éclater.

zersprengen *tr* faire sauter.

zerspringen (*Prät* **zersprang,** *Perf* **ist zersprungen**) *intr* se briser.

zerstampfen *tr* [mit Stampfer] écraser; [mit Mörser] piler; [mit Füßen] piétiner.

zerstäuben *tr* vaporiser.

Zerstäuber (*Pl* -) *der* vaporisateur *m.*

zerstechen (*Präs* **zersticht,** *Prät* **zerstach,** *Perf* **hat zerstochen**) *tr* **-1.** [beschädigen] crever. **-2.** [Subj: Mücken] dévorer.

zerstören *tr* détruire.

Zerstörer (*Pl* -) *der* SCHIFF contre-torpilleur *m.*

zerstörerisch *Adj* destructeur(trice).

Zer|störung *die* destruction *f.*

zerstreuen *tr* **-1.** [Blätter] éparpiller. **-2.** [Zweifel] dissiper; [Demonstranten] disperser. **-3.** [unterhalten] distraire.

◆ **sich zerstreuen** *ref* **-1.** [auseinandergehen] se dissoudre. **-2.** [sich unterhalten] se distraire.

zerstreut ◇ *Adj* distrait(e). ◇ *Adv* distraitement.

Zerstreutheit *die (ohne Pl)* étourderie *f.*

Zerstreuung (*Pl* **-en**) *die* distraction *f*; **~ suchen** chercher des distractions.

zerstückeln *tr* [Leiche, Tier] dépecer; [Land, Fläche] découper.

zerteilen *tr* [Wild, Geflügel] dépecer; [Kuchen] découper; **in etw** *(A)* **~** couper en qqch.

◆ **sich zerteilen** *ref* se disperser.

Zertifikat (*Pl* **-e**) *das* certificat *m.*

zertrampeln *tr* piétiner.

zertreten (*Präs* **zertritt,** *Prät* **zertrat,** *Perf* **hat zertreten**) *tr* écraser *(avec les pieds).*

zertrümmern *tr* réduire en morceaux.

zerzaust *Adj* ébouriffé(e).

zetern *intr abw* râler.

Zettel (*Pl* -) *der* bout *m* de papier.

Zettel|kasten *der* fichier *m*; [für Vorschläge] boîte *f* à idées.

Zettel|wirtschaft *die fam abw* désordre *m (dans notes).*

Zeug *das (ohne Pl) fam* trucs *mpl*, choses *fpl*; [Kleidung, Unterlagen] affaires *fpl*; **das ~ zu etw haben** *fam fig* avoir ce qu'il faut pour qqch; **jm etw am ~ flicken** *fam fig* casser du sucre sur le dos de qqn; **sich ins ~ legen** *fam fig* y mettre du sien; **was das ~ hält** *fam fig* tout ce que je ODER tu etc peux.

◆ **dummes Zeug!** *Interj fam* quelle connerie!

Zeuge (*Pl* **-n**) *der* témoin *m.*

zeugen ◇ *intr*: **von etw ~** *geh* témoigner de qqch. ◇ *tr* engendrer.

Zeugenaus|sage *die* témoignage *m.*

Zeugin (*Pl* **-nen**) *die* témoin *m.*

Zeugnis (*Pl* **-se**) *das* **-1.** [von Prüfung] diplôme *m.* **-2.** [Arbeitszeugnis] certificat *m* de travail. **-3.** SCHULE bulletin *m (de notes).*

Zeugung (*Pl* **-en**) *die* procréation *f.*

z.H. (*Abk für* **zu Händen**) att. *(à l'attention de).*

Zi. (*Abk für* **Zimmer**) ch.

Zicke (*Pl* **-n**) *die* chèvre *f.*

◆ **Zicken** *Pl fam* : **~n machen** faire des histoires.

Zickzack (*Pl* **-e**) *der* zigzag *m.*

◆ **im Zickzack** *Adv* en zigzag.

Ziege (*Pl* **-n**) *die* **-1.** [Tier] chèvre *f.* **-2.** *fam* [als Schimpfwort] abrutie *f.*

Ziegel (*Pl* -) *der* **-1.** [Stein] brique *f.* **-2.** [Dachziegel] tuile *f.*

Ziegel|dach *das* toit *m* de tuiles.

Ziegel|stein *der* brique *f.*

Ziegen|bock *der* bouc *m.*

Ziegen|käse *der* fromage *m* de chèvre, chèvre *m.*

ziehen (*Prät* **zog,** *Perf* **hat/ist gezogen**) ◇ *tr (hat)* **-1.** [bewegen, betätigen] tirer; **jn am Ärmel ~** tirer qqn par la manche; **jn an den Haaren ~** tirer les cheveux à qqn. **-2.** [herausziehen, abmachen]: **(etw von etw) ~** enlever (qqch de qqch); **jm einen Zahn ~** arracher une dent à qqn. **-3.** [herausholen] prendre; **jn/etw aus etw ~** sortir qqn/qqch de qqch. **-4.** [Grenze, Linie] tracer. **-5.** [zurechtrücken]: **etw um etw ~** resserrer qqch autour de qqch; **etw in/vor etw** *(A)* **~** tirer qqch dans/devant qqch. **-6.** [Pflanze] cultiver. **-7.** [Kabel, Leine] tendre; **etw durch etw ~** passer qqch à travers qqch. **-8.** [Blicke, Wut]: **etw auf sich** *(A)* **~** attirer qqch. **-9.** [Folge]: **etw nach sich ~** entraîner qqch. **-10.** *fam* [aus Automaten] prendre (au distributeur). **-11.** [Mauer, Zaun] dresser; [Graben] creuser. ◇ *intr* **-1.** *(hat)* [gen] tirer; **an etw** *(D)* **~** tirer sur qqch; **gut ~** [Kamin] bien tirer; **zieh nicht so an meinem Ärmel!** arrête de me tirer par la manche! **-2.** *(ist)* [umziehen] déménager. **-3.** *(ist)* [wandern - Person]: **durch etw ~** sillonner qqch; **in den Krieg ~** partir en guerre; [- Tier]: **nach Süden ~** migrer vers le Sud. **-4.** *(ist)* [dringen]: **durch etw ~** passer à travers qqch; **in etw** *(A)* **~** pénétrer dans qqch. **-5.** *(hat)* [Tee] infuser. **-6.** *(hat)* [beim Spielen]: **mit etw ~** déplacer qqch. **-7.** *(hat) fam* [Eindruck machen]: **bei jm ~** marcher avec qqn; **das zieht bei mir nicht!** cela ne prend pas avec moi! **-8.** *(hat)* [Luftzug haben]: **es zieht** il y a des courants d'air.

◆ **sich ziehen** *ref* **-1.** *fam* [in die Länge] traîner en longueur. **-2.** [sich erstrecken] s'étendre. **-3.** [sich hochziehen] se tirer.

Zieh|harmonika *die* accordéon *m*.

Ziehung (*Pl* **-en**) *die*: **die ~ der Lottozahlen/Lose** le tirage du loto/des lots.

Ziel (*Pl* **-e**) *das* **-1.** [Zielort, Zweck] but *m*; **am ~ sein** être arrivé(e) au but; **sich** *(D)* **ein ~ setzen** se fixer un but; **etw zum ~ haben** avoir qqch pour objectif. **-2.** SPORT ligne *f* d'arrivée.

zielbewußt ◇ *Adj* assuré(e). ◇ *Adv* avec assurance.

Ziel|diskette *die* EDV disquette *f* cible.

zielen *intr* viser; **auf jn/etw ~** viser qqn/qqch.

Zielfern|rohr *das* lunette *f*.

Ziel|gerade *die* SPORT dernière ligne *f* droite.

zielgerichtet ◇ *Adj* ciblé(e). ◇ *Adv* de façon ciblée.

Ziel|gruppe *die* public *m* visé.

Ziel|laufwerk *das* EDV lecteur *m* cible.

Ziel|linie *die* SPORT ligne *f* d'arrivée.

ziellos ◇ *Adj* égaré(e). ◇ *Adv* sans but.

Ziel|scheibe *die* cible *f*.

Zielsetzung (*Pl* **-en**) *die* objectif *m*.

zielsicher ◇ *Adj* **-1.** [Schütze] précis(e). **-2.** [Schritt, Handlung] déterminé(e). ◇ *Adv* avec détermination.

zielstrebig ◇ *Adj* appliqué(e). ◇ *Adv* consciencieusement, avec application.

ziemlich ◇ *Adv* **-1.** [etwas] plutôt. **-2.** *fam* [fast] presque. ◇ *Adj fam* : **mit ~er Sicherheit** selon toute vraisemblance; **mit ~er Genugtuung** avec une assez grande satisfaction.

◆ **ziemlich viel** *Adv* pas mal; **~ viele Filme** pas mal de films.

Zierde (*Pl* **-n**) *die* décoration *f*.

zieren

◆ **sich zieren** *ref* faire des manières.

Zier|fisch *der* poisson *m* d'ornement.

Zier|leiste *die* moulure *f*.

zierlich ◇ *Adj* [Porzellanfigur, Hände] délicat(e); [Frau, Körperbau] gracile. ◇ *Adv* délicatement.

Zier|pflanze *die* plante *f* d'agrément.

Ziffer (*Pl* **-n**) *die* chiffre *m*.

Ziffer|blatt *das* cadran *m*.

zig *Num fam* un nombre incroyable de.

Zigarette (*Pl* **-n**) *die* cigarette *f*.

Zigaretten|automat *der* distributeur *m* de cigarettes.

Zigaretten|pause *die* pause *f* cigarette.

Zigaretten|schachtel *die* paquet *m* de cigarettes.

Zigaretten|stummel *der* mégot *m*.

Zigarillo (*Pl* **-s**) *der* ODER *das* cigarillo *m*.

Zigarre (*Pl* **-n**) *die* cigare *m*.

Zigarren|kiste *die* boîte *f* à cigares.

Zigeuner, in (*mPl* **-**; *fPl* **-nen**) *der, die abw* bohémien *m*, -enne *f*.

zigmal *Adv fam* un nombre incroyable de fois.

Zimbabwe *nt* Zimbabwe *m*.

Zimmer (*Pl* **-**) *das* [Raum] pièce *f*; [Schlafzimmer] chambre *f*; **ein möbliertes ~** une chambre meublée; **'~ frei'** 'chambres à louer'.

Zimmerlaut|stärke *die (ohne Pl)*: **in ~** à volume réduit.

Zimmer|mädchen *das* femme *f* de chambre.

Zimmer|mann (*Pl* **-leute**) *der* charpentier *m*.

zimmern ◇ *tr* construire *(en bois)*. ◇ *intr* travailler le bois.

Zimmer|nachweis *der* liste *f* des chambres à louer.

Zimmer|nummer *die* [in Hotel, Krankenhaus] numéro *m* de chambre; [in Behörde] numéro *m* de bureau.

Zimmer|pflanze *die* plante *f* d'intérieur.

Zimmer|service *der* service *m* d'étage.

Zimmer|suche *die* recherche *f* d'un logement; **auf ~ sein** être à la recherche d'un logement.

Zimmer|vermittlung *die* service *m* d'hébergement.

zimperlich *abw* ◇ *Adj* [empfindlich] douillet (ette); [prüde] prude. ◇ *Adv*: **sich ~ anstellen** faire la mijaurée; **nicht ~ mit jm umgehen** ne pas prendre de gants avec qqn.

Zimt *der (ohne Pl)* cannelle *f*.

Zimt|stange *die* bâton *m* de cannelle.

Zink *das (ohne Pl)* zinc *m*.

Zinke (*Pl* **-n**) *die* dent *f (de fourchette, peigne)*.

Zinn *das (ohne Pl)* **-1.** [Metall] étain *m*. **-2.** [Gegenstände] étains *mpl*.

Zins (*Pl* **-en**) *der* intérêt *m*; **~en bringen** rapporter des intérêts.

Zinses|zins *der* intérêts *mpl* composés.

Zins|fuß *der* taux *m* d'intérêt.

zinsgünstig *Adj* à taux intéressant.
zinslos *Adj* sans intérêt.
Zins|satz *der* taux *m* d'intérêt.
Zipfel (*Pl* -) *der* coin *m*.
Zipfel|mütze *die* bonnet *m (pointu)*.
zirka = **circa**.
Zirkel (*Pl* -) *der* **-1.** [Gerät] compas *m*. **-2.** [Gruppe] cercle *m*.
zirkulieren (*Perf* **hat/ist zirkuliert**) *intr* circuler.
Zirkus (*Pl* **-se**) *der* cirque *m*.
Zirkus|zelt *das* chapiteau *m*.
zirpen *intr* [Grillen] chanter.
zischen (*Perf* **hat/ist gezischt**) ◇ *intr* **-1.** *(hat)* [Geräusch] siffler; [Öl] crépiter. **-2.** *(ist)* [Fahrzeug] filer. ◇ *tr (hat)* **-1.** [sagen] siffler. **-2.** *salopp* [Bier] s'envoyer.
ziselieren *tr* ciseler.
Zisterne (*Pl* **-n**) *die* citerne *f*.
Zisterzienser, in (*mPl* -; *fPl* **-nen**) *der, die* cistercien *m*, -enne *f*.
Zitadelle (*Pl* **-n**) *die* citadelle *f*.
Zitat (*Pl* **-e**) *das* citation *f*; **ein ~ aus etw** une citation (tirée) de qqch.
Zither (*Pl* **-n**) *die* MUS cithare *f*.
zitieren ◇ *tr* **-1.** [wiedergeben] citer; **ich zitiere** je cite. **-2.** [rufen]: **jn zu jm/vor etw** *(A)* **~** convoquer qqn chez qqn/devant qqch; **jn vor Gericht ~** citer qqn en justice. ◇ *intr*: **aus etw ~** faire une citation de qqch.
Zitronat *das (ohne Pl)* KÜCHE citron *m* confit.
Zitrone (*Pl* **-n**) *die* citron *m*.
Zitronen|presse *die* presse-citron *m*.
Zitronen|saft *der* jus *m* de citron.
Zitronen|schale *die* zeste *m* de citron.
Zitrus|frucht *die* agrume *m*.
zitterig, zittrig *Adj* tremblant(e).
zittern *intr* **-1.** [vibrieren] trembler. **-2.** [Angst haben]: **vor jm/etw ~** trembler devant qqn/qqch; **vor Angst ~** trembler de peur. **-3.** [sich sorgen]: **um** ODER **für jn/etw ~** trembler pour qqn/qqch.
◆ **Zittern** *das (ohne Pl)*: **mit Zittern und Zagen** en tremblant.
zittrig = **zitterig**.
Zivi (*Pl* **-s**) *der fam Abk für* **Zivildienstleistende**.
zivil ◇ *Adj* **-1.** [bürgerlich] civil(e). **-2.** *fam* [anständig] correct(e). ◇ *Adv fam* [anständig] correctement.
Zivil *das (ohne Pl)* civil *m*.
◆ **in Zivil** *Adv* en civil.
Zivil|bevölkerung *die* population *f* civile.
Zivil|courage *die* courage *m (civique)*.
Zivil|dienst *der (ohne Pl)* service *m* civil; **~ leisten** faire son service civil.

ZIVILDIENST:
En vertu de la loi fondamentale, tout homme en âge de servir sous les drapeaux a le droit de refuser de faire son service militaire, si sa conscience s'y oppose. En revanche, il doit effectuer un service civil d'une durée de quinze mois. Environ 15 % des appelés effectuent leur service militaire dans le domaine social.

Zivildienstleistende (*Pl* **-n**) *der objecteur de conscience qui effectue un service civil.*
Zivilisation (*Pl* **-en**) *die* civilisation *f*.
Zivilisations|krankheit *die maladie causée par le mode de vie moderne.*
zivilisieren *tr* civiliser.
zivilisiert ◇ *Adj* civilisé(e). ◇ *Adv* de manière civilisée.
Zivilist, in (*mPl* **-en**; *fPl* **-nen**) *der, die* civil *m*.
Zivil|prozeß *der* RECHT procès *m* de droit civil.
Zivil|recht *das (ohne Pl)* RECHT droit *m* civil.
Zivil|schutz *der (ohne Pl)* protection *f* civile.
ZKB *Abk für* **Zimmer, Küche, Bad**.
ZOB (*Abk für* **zentraler Omnibusbahnhof**) gare *f* routière centrale.
Zoff *der salopp* : **~ machen** faire du foin; **es gibt ~** ça barde.
zog *Prät* → **ziehen**.
zögern *intr* hésiter; **mit etw ~** hésiter à faire qqch; **ohne zu ~** sans hésiter.
◆ **Zögern** *das (ohne Pl)* hésitation *f*.
Zölibat *der* ODER *das (ohne Pl)* REL célibat *m*.
Zoll (*Pl* **Zölle** ODER -) *der* **-1.** *(Pl Zölle)* [Abgabe] droit *m* de douane. **-2.** *(ohne Pl)* [Behörde] douane *f*. **-3.** *(Pl Zoll)* [Maßeinheit] pouce *m*.
Zollabfertigung *die (ohne Pl)* formalités *fpl* de douane.
Zoll|amt *das* douane *f (service)*.
Zoll|beamte *der* douanier *m*.
Zoll|beamtin *die* douanière *f*.
zollen *tr geh*: **jm etw ~** témoigner qqch à qqn; **jm Beifall ~** applaudir qqn.
Zoller|klärung *die* déclaration *f* de douane.
Zoll|fahndung *die* répression *f* des fraudes douanières.
zollfrei *Adj* en franchise de douane.
Zoll|kontrolle *die* contrôle *m* douanier.
Zöllner (*Pl* -) *der* douanier *m*.
zollpflichtig *Adj* soumis(e) à des droits de douane.
Zoll|schranke *die* barrière *f* douanière.
Zoll|stock *der* mètre *m* pliant.
Zoll|union *die* union *f* douanière.

Zombie (*Pl* **-s**) *der* zombie *m.*
Zone (*Pl* **-n**) *die* **-1.** [Gebiet] zone *f.* **-2.** *fam* [DDR] R.D.A. *f.*
Zonen|grenze *die frontière entre les deux États allemands avant la réunification.*
Zoo (*Pl* **-s**) *der* zoo *m.*
Zoo|handlung *die* animalerie *f.*
Zoologie *die (ohne Pl)* zoologie *f.*
zoologisch *Adj* zoologique.
Zoom [zu:m] (*Pl* **-s**) *das* PHOT zoom *m.*
Zopf (*Pl* **Zöpfe**) *der* natte *f.*
Zopf|muster *das* tresse *f.*
Zopf|spange *die* barrette *f (à cheveux).*
Zorn *der (ohne Pl)* colère *f;* **der ~ auf jn** la colère contre qqn; **der ~ auf etw** la colère à propos de qqch.
◆ **im Zorn** *Adv* sous l'emprise de la colère.
zornig ◇ *Adj* furieux(euse); **auf jn/über etw** *(A)* **~ sein** être en colère après qqn/à cause de qqch. ◇ *Adv* avec colère.
Zote (*Pl* **-n**) *die abw* obscénité *f.*
zottelig, zottlig ◇ *Adj* ébouriffé(e). ◇ *Adv* en bataille.
zottig *Adj* emmêlé(e).
zottlig = **zottelig.**
z.T. *Abk für* **zum Teil.**
ztl. *Abk für* **zeitlich.**
Ztr. *Abk für* **Zentner.**
zu ◇ *Präp (+ D)* **-1.** [an, zu einem Ort] à; **~ Hause** à la maison; **~ einer Hochzeit** à un mariage. **-2.** [zu einer Person] chez; **~ meiner Mutter** chez ma mère; **~ einem Bäcker** chez un boulanger. **-3.** [zeitlich] à; **~ Anfang** au début; **~ Weihnachten/Ostern** à Noël/Pâques. **-4.** [zur Angabe der Konsequenz] à; **~ meiner größten Überraschung** à ma grande surprise. **-5.** [zur Angabe des Endproduktes] en; **~ Eis werden** se transformer en glace. **-6.** [zur Angabe der Menge, des Preises] à; **~ zweit/fünft** à deux/cinq; **~ Tausenden** par milliers; **Äpfel ~ zwei Mark das Kilo** des pommes à deux marks le kilo. **-7.** [zur Angabe der Fortbewegungsart] à; **~ Fuß/Pferde** à pied/cheval. **-8.** [mit] avec; **~ einer schwarzen Hose weiße Socken tragen** porter des chaussettes blanches avec un pantalon noir. **-9.** SPORT à; **zwei ~ eins gewinnen** gagner deux à un. ◇ *Adv* **-1.** [zur Angabe des Übermaßes] trop; **~ alt/jung** trop vieux/jeune; **~ wenig** trop peu; **~ sehr** trop. **-2.** *fam* [zumachen]: **Fenster/Tür ~!** (ferme ODER fermez) la fenêtre/porte! **-3.** [Angabe der Richtung] vers, à; **der Stadt ~** vers la ville. ◇ *Konj* **-1.** [Anschluß eines Infinitivs] à, de; **es beginnt ~ schneien** il commence à neiger; **es ist schön, dich ~ sehen** c'est sympa de te voir; **es gibt viel ~ tun** il y a beaucoup à faire. **-2.** *(+ Partizip Präsens)* [zum Ausdruck einer Notwendigkeit] à; **die ~ erledigenden Arbeiten** les travaux à faire.
◆ **eins zu zehn** *Adv* **-1.** [positiv] un pour dix. **-2.** [negativ] un contre dix.
◆ **nur zu!** *Interj* vas-y!, allez-y!
zuallererst *Adv* avant tout.
zuallerletzt *Adv* en tout dernier lieu.
zu|bauen *tr* boucher.
Zubehör (*Pl* **-e**) *das* accessoires *mpl.*
zu|beißen *intr (unreg)* mordre.
zu|bekommen *tr (unreg) fam* : **etw ~** arriver à fermer qqch.
zu|bereiten *tr* préparer.
Zubereitung (*Pl* **-en**) *die* préparation *f.*
zu|betonieren *tr* bétonner.
zu|bewegen *tr*: **etw auf jn/etw ~** diriger qqch vers qqn/qqch.
◆ **sich zubewegen** *ref*: **sich auf jn/etw ~** se diriger vers qqn/qqch.
zu|billigen *tr*: **jm etw ~** accorder qqch à qqn.
zu|binden *tr (unreg)* fermer *(en attachant).*
zu|bleiben (*Perf* **ist zugeblieben**) *intr (unreg) fam* rester fermé(e).
zu|blinzeln *intr*: **jm ~** faire un clin d'œil à qqn.
zu|bringen *tr (unreg)* **-1.** [verbringen] passer. **-2.** *fam* [schließen können] pouvoir fermer.
Zubringer (*Pl* **-**) *der* bretelle *f (d'autoroute).*
zu|buttern *tr fam* injecter.
Zucchini [tsu'ki:ni] (*Pl* **-s**) *die* courgette *f.*
Zucht *die (ohne Pl)* **-1.** [von Tieren] élevage *m;* [von Pflanzen, Perlen] culture *f.* **-2.** *geh* [Disziplin] discipline *f;* **~ und Ordnung** discipline de fer.
züchten *tr* [Tiere] élever; [Pflanzen, Perlen, Bakterien] cultiver.
Züchter, in (*mPl* **-**; *fPl* **-nen**) *der, die* [von Tieren] éleveur *m,* -euse *f;* [von Pflanzen] producteur *m,* -trice *f.*
Zucht|perle *die* perle *f* de culture.
Züchtung (*Pl* **-en**) *die* [von Tieren] élevage *m;* [von Pflanzen] culture *f.*
zuckeln (*Perf* **ist gezuckelt**) *intr fam* cahoter.
zucken (*Perf* **hat/ist gezuckt**) *intr* **-1.** *(hat)* [unwillkürlich] tressaillir. **-2.** *(ist)* [in bestimmte Richtung] jaillir.
zücken *tr* **-1.** *geh* [Waffe] tirer. **-2.** *hum* [herausholen] sortir.
Zucker *der* **-1.** [Nahrungsmittel] sucre *m.* **-2.** *(ohne Pl) fam* [Krankheit] diabète *m;* **~ haben** avoir du diabète.
Zucker|dose *die* sucrier *m.*
Zucker|guß *der* glaçage *m.*

Zuckerlhut *der* pain *m* de sucre.
zuckerkrank *Adj* diabétique.
zuckern *tr* sucrer.
Zuckerlrohr *das* canne *f* à sucre.
Zuckerlrübe *die* betterave *f* à sucre.
zuckersüß ◇ *Adj* **-1.** [sehr süß] très sucré(e). **-2.** *abw* [übertrieben freundlich] mielleux(euse). ◇ *Adv abw*: **~ lächeln** faire un sourire mielleux.
Zuckerlwatte *die* barbe *f* à papa.
Zuckerlzange *die* pince *f* à sucre.
Zuckung (*Pl* **-en**) *die* tressaillement *m*, spasme *m*.
zuldecken *tr* recouvrir; **jn/etw mit etw ~** couvrir qqn/qqch de qqch; **sich mit etw ~** se couvrir de qqch.
zudem *Adv geh* de plus.
zuldrehen *tr* **-1.** [drehend schließen] fermer *(en tournant)*. **-2.** [zuwenden]: **jm den Rücken ~** tourner le dos à qqn.
◆ **sich zudrehen** *ref* [sich zuwenden]: **sich jm ~** se tourner vers qqn.
zudringlich *Adj* importun(e).
Zudringlichkeit (*Pl* **-en**) *die* **-1.** *(ohne Pl)* [zudringliche Art] manières *fpl* pressantes. **-2.** [zudringliche Handlung] assiduités *fpl*.
zuldrücken *tr* fermer *(en appuyant)*; **jm die Kehle ~** étrangler qqn.
zueinander *Adv* [passen, sprechen] ensemble; [sich verhalten] l'un envers l'autre; **ihr Verhältnis ~** leurs relations *fpl*.
zueinanderlhalten *intr (unreg)* être solidaire.
zulerkennen *tr (unreg)*: **jm etw ~** attribuer qqch à qqn.
zuerst *Adv* **-1.** [als erstes]: **~ ankommen** arriver en premier. **-2.** [am Anfang] d'abord. **-3.** [zum ersten Mal] pour la première fois.
zulfahren (*Perf* **ist zugefahren**) *intr (unreg)* **-1.** [sich zubewegen]: **auf jn/etw ~** se diriger vers qqn/qqch *(en véhicule)*. **-2.** *fam* [schneller fahren] accélérer; **fahr zu!** *fam* vas-y!
Zulfahrt *die* accès *m*; **die ~ sperren** barrer l'accès.
Zufahrtslstraße *die* route *f* ODER rue *f* d'accès.
Zufahrtslweg *der* chemin *m* d'accès.
Zulfall *der* hasard *m*; **so ein ~!** quel hasard!
◆ **durch Zufall** *Adv* par hasard.
zulfallen (*Perf* **ist zugefallen**) *intr (unreg)* **-1.** [Tür, Augen] se fermer. **-2.** [zuteil werden] revenir.
zufällig ◇ *Adj* fortuit(e). ◇ *Adv* par hasard.
zufälligerweise *Adv* par hasard.
Zufallslbekanntschaft *die* connaissance *f (due au hasard)*.
zulfassen *intr*: **schnell ~, ehe die Vase umkippt** vite rattraper le vase avant qu'il ne tombe; **fest ~ und das Seil strammziehen** empoigner solidement la corde et la tendre.
zulfliegen (*Perf* **ist zugeflogen**) *intr (unreg)* **-1.** [Subj: Vogel]: **jm ~** se réfugier chez qqn. **-2.** [Gegenstand, Flugzeug]: **auf jn/etw ~** se diriger sur qqn/qqch. **-3.** [Ideen] venir; **ihm fliegt alles zu** tout lui est facile. **-4.** *fam* [Tür, Fenster] claquer.
zulfließen (*Perf* **ist zugeflossen**) *intr (unreg)* affluer.
Zulflucht *die* refuge *m*; **~ suchen** chercher refuge; **~ nehmen** *fig* se réfugier.
zulflüstern *tr*: **jm etw ~** chuchoter qqch à qqn.
zufolge *Präp*: **jm/etw ~** d'après qqn/qqch.
zufrieden ◇ *Adj* satisfait(e); **mit jm/etw ~ sein** être satisfait de qqn/qqch. ◇ *Adv* avec satisfaction.
zufriedenlgeben
◆ **sich zufriedengeben** *ref (unreg)*: **sich mit etw ~** se contenter de qqch.
Zufriedenheit *die (ohne Pl)* satisfaction *f*; **zu js vollster ~** à l'entière satisfaction de qqn.
zufriedenllassen *tr (unreg)* laisser tranquille; **jn mit etw ~** laisser qqn tranquille avec qqch.
zufriedenlstellen *tr* satisfaire.
zufriedenstellend *Adj* satisfaisant(e).
zulfrieren (*Perf* **ist zugefroren**) *intr (unreg)* geler.
zulfügen *tr*: **jm etw ~** causer qqch à qqn.
Zufuhr *die (ohne Pl)* approvisionnement *m*.
zulführen ◇ *tr*: **jn/etw jm/einer Sache ~** amener qqn/qqch à qqn/qqch. ◇ *intr*: **auf etw** *(A)* **~** conduire à qqch.
Zug (*Pl* **Züge**) *der* **-1.** [Bahn] train *m*; **mit dem ~ fahren** voyager en train, prendre le train. **-2.** [Schar] cortège *m*. **-3.** [Bewegung] passage *m*; [von Vögeln] migration *f*; **im ~e einer Sache** *(G) amt* dans le cadre de qqch. **-4.** [mit Spielfigur] mouvement *m*; **er ist am ~** *eigtl* & *fig* c'est à lui de jouer. **-5.** [Schluck] gorgée *f*; **in einem ~** d'un trait; *fig* d'une traite. **-6.** [beim Rauchen] bouffée *f*. **-7.** [Atemzug] souffle *m*; **in vollen Zügen** à grandes bouffées; *fig* pleinement. **-8.** *(ohne Pl)* [Durchzug] courant *m* d'air. **-9.** [Gesichtszug, Charakterzug, Linienführung] trait *m*. **-10.** [Bewegung] mouvement *m*. **-11.** MIL [Abteilung] section *f*. **-12.** *RW*: **in groben Zügen** dans les grandes lignes; **zum ~(e) kommen** avoir l'occasion d'agir.
Zug *nt* Zoug.
Zulgabe *die* **-1.** *(ohne Pl)* [Zugeben] addition *f*. **-2.** [Zugegebenes] prime *f*, supplément *m*. **-3.**

[zusätzliche Darbietung] **rappel** *m*.

◆ **Zugabe!** *Interj* une autre!, bis!

Zugab|teil *das* compartiment *m (d'un train)*.

Zu|gang *der* **-1.** [Betreten, Zugangsweg] accès *m*; **'~ verboten!'** 'accès interdit'; **~ zu etw haben** avoir accès à qqch. **-2.** [Hinzugekommenes] nouvelle acquisition *f*.

zugange *Adj*: **mit etw** *(D)* **~ sein** *fam* être en train de s'occuper de qqch.

zugänglich *Adj* **-1.** [Speisesaal, Informationsquelle] accessible; **schwer ~** difficilement accessible; **jm etw ~ machen** rendre qqch accessible à qqn. **-2.** [Person] ouvert(e); **für etw ~ sein** être ouvert à qqch.

Zug|begleiter, in *der, die* [Faltblatt] horaire *m*.

Zug|brücke *die* pont-levis *m*.

zu|geben *tr (unreg)* **-1.** [hinzugeben] ajouter. **-2.** [gestehen] avouer; **zugegeben, ...** j'avoue que ...

zugegebenermaßen *Adv*: **ich habe ~ nicht mehr daran gedacht** je n'y ai plus pensé, je l'avoue.

zugegen *Adj*: **bei etw** *(D)* **~ sein** *geh* assister à qqch.

zu|gehen (*Perf* **ist zugegangen**) *intr (unreg)* **-1.** [sich zubewegen]: **auf jn/etw ~** se diriger vers qqn/qqch. **-2.** [verlaufen]: **es geht lustig zu** il y a de l'ambiance. **-3.** *fam* [schneller gehen] accélérer. **-4.** *fam* [sich schließen] (se) fermer. **-5.** *amt* [zugestellt werden] parvenir.

zugehörig *Adj* qui va avec; **sich jm/etw ~ fühlen** se sentir attaché(e) à qqn/qqch.

Zugehörigkeit *die (ohne Pl)* appartenance *f*.

zugeknöpft *Adj* **-1.** [Kleidungsstück] boutonné(e). **-2.** *fam* [reserviert] renfermé(e).

Zügel (*Pl* -) *der* bride *f*; **die ~ in der Hand haben** *fig* tenir les rênes; **die ~ schleifen lassen** *fig* laisser aller les choses.

zügellos ◇ *Adj* effréné(e); [Mensch, Leben] dévergondé(e). ◇ *Adv* de façon excessive.

zügeln *tr* **-1.** [Reittier] tenir en bride. **-2.** [Gefühl] contenir.

◆ **sich zügeln** *ref* [sich zurückhalten] se contenir.

Zu|geständnis *das* concession *f*; **~se an jn/etw machen** faire des concessions à qqn/qqch.

zu|gestehen *tr (unreg)*: **jm etw ~** concéder qqch à qqn.

zugetan *Adj*: **jm/etw ~ sein** *geh* avoir de l'attachement pour qqn.

Zu|gewinn *der* gain *m*.

Zugewinn|gemeinschaft *die* RECHT communauté *f* réduite aux acquêts.

Zug|führer, in *der, die* contrôleur *m* de train.

zu|gießen *tr (unreg)* ajouter.

zugig *Adj* exposé(e) aux courants d'air; **es ist ~** il y a des courants d'air.

zügig ◇ *Adj* rapide. ◇ *Adv* rapidement.

Zug|kraft *die* **-1.** PHYS [ziehende Kraft] **traction** *f*. **-2.** *(ohne Pl) fig* [Anziehungskraft] **pouvoir** *m* d'attraction.

zugkräftig *Adj* qui attire le public.

zugleich *Adv* en même temps.

Zug|luft *die (ohne Pl)* courant *m* d'air.

Zug|maschine *die* tracteur *m*.

Zug|nummer *die* **-1.** [im Fahrplan] numéro *m* du train. **-2.** [Attraktion] clou *m (d'un spectacle)*.

Zug|personal *das* personnel *m* du train.

zu|greifen *intr (unreg)* **-1.** [zufassen] se précipiter *(pour faire qqch)*. **-2.** [sich bedienen] se servir; **kräftig ~** [beim Essen] avoir un bon coup de fourchette; **greifen Sie zu!** servez-vous! **-3.** [mithelfen] aider; **kräftig ~** [bei der Arbeit] mettre la main à la pâte.

Zu|griff *der* **-1.** [gen]: **~ auf etw** *(A)* **(haben)** (avoir) accès à qqch; **sich js ~ entziehen** se soustraire à l'emprise de qqn. **-2.** EDV accès *m*.

Zugriffs|zeit *die* EDV temps *m* d'accès.

zugrunde *Adv*: **an etw** *(D)* **~ gehen** [sterben] mourir de qqch; [ruiniert werden] échouer en raison de qqch; **diesem Artikel liegen viele Untersuchungen ~** cet article repose sur de nombreuses études; **jn ~ richten** ruiner qqn.

Zug|schaffner, in *der, die* contrôleur *m* de train.

Zugspitze *die* Zugspitze *m*.

Zug|telefon *das* téléphone *m (dans le train)*.

Zug|unglück *das* catastrophe *f* ferroviaire.

zugunsten ◇ *Präp*: **~ js** en faveur de qqn; **~ einer Sache** *(G)* au profit de qqch. ◇ *Adv*: **~ von jm** en faveur de qqn; **~ von etw** au profit de qqch.

zugute *Adv*: **jm/etw ~ kommen** profiter à qqn/qqch; **jm etw ~ halten** *geh* concéder qqch à qqn.

Zugver|bindung *die* correspondance *f (ferroviaire)*.

Zug|verkehr *der* trafic *m* ferroviaire.

Zug|vogel *der* oiseau *m* migrateur.

Zug|zwang *der*: **unter ~ stehen** être au pied du mur.

zu|haben *intr (unreg) fam* être fermé(e).

zu|halten *(unreg)* ◇ *tr* tenir fermé(e); **sich** *(D)* **die Nase/Ohren ~** se boucher le nez/les oreilles. ◇ *intr*: **auf jn/etw ~** se diriger vers qqn/qqch.

Zuhälter (*Pl* -) *der* proxénète *m*.

zuhause *Adv* à la maison; **bist du heute Nachmittag ~?** tu seras chez toi cet après-midi?

Zuhause *das (ohne Pl)* chez-soi *m*.
zu|heilen (*Perf* **ist zugeheilt**) *intr* cicatriser.
zu|hören *intr* écouter; **jm/etw ~** écouter qqn/qqch.
Zu|hörer, in *der, die* auditeur *m*, -trice *f*.
zu|kehren *tr*: **jm den Rücken ~** tourner le dos à qqn.
zu|klappen (*Perf* **hat/ist zugeklappt**) ◇ *tr (hat)* fermer. ◇ *intr (ist)* se fermer.
zu|kleben *tr* **-1.** [Brief, Umschlag] cacheter. **-2.** [mit Aufklebern, Fotos] tapisser.
zu|knallen (*Perf* **hat/ist zugeknallt**) *tr* & *intr fam* claquer.
zu|kneifen *tr (unreg)* fermer.
zu|knöpfen *tr* boutonner.
zu|kommen (*Perf* **ist zugekommen**) *intr (unreg)* **-1.** [sich bewegen]: **auf jn/etw ~** s'avancer vers qqn/qqch; **ich lasse es auf mich ~!** on verra bien! **-2.** [zustehen]: **jm ~** revenir à qqn. **-3.** *geh* [zuteil werden] parvenir; **jm etw ~ lassen** faire parvenir qqch à qqn.
Zukunft *die (ohne Pl)* **-1.** [künftige Zeit] avenir *m*. **-2.** GRAM [Futur] futur *m*.
◆ **in Zukunft** *Adv* à l'avenir.
zukünftig ◇ *Adj* futur(e). ◇ *Adv* à l'avenir.
Zukunfts|musik *die (ohne Pl)*: **das ist noch ~** nous en sommes encore loin.
Zukunfts|perspektive *die* perspective *f* (d'avenir).
Zukunftspläne *Pl* projets *mpl* d'avenir.
Zukunfts|traum *der* rêve *m*.
zul. *Abk für* **zulässig**.
zu|lächeln *intr*: **jm ~** sourire à qqn.
Zu|lage *die* indemnité *f*, prime *f*.
zu|lassen *tr (unreg)* **-1.** [gestatten, ermöglichen] permettre; **diese Frage läßt mehrere Antworten zu** il y a plusieurs réponses possibles à cette question. **-2.** [amtliche Erlaubnis erteilen] autoriser; [Kraftfahrzeug] immatriculer; **jn zu einer Prüfung ~** admettre qqn à un examen. **-3.** *fam* [nicht öffnen] laisser fermé(e).
zulässig *Adj* autorisé(e).
Zulassung (*Pl* **-en**) *die* **-1.** *(ohne Pl)* [Zulassen] autorisation *f*; [von Kraftfahrzeugen] immatriculation *f*; **die ~ zu etw** l'admission *f* à qqch. **-2.** *fam* [Schein] carte *f* grise.
Zulassungs|stelle *die bureau d'immatriculation des véhicules*.
Zulassungs|verfahren *das* procédure *f* d'admission.
Zu|lauf *der (ohne Pl)*: **regen** ODER **großen ~ haben** avoir du succès, être un succès.
zu|laufen (*Perf* **ist zugelaufen**) *intr (unreg)* **-1.** [sich bewegen]: **auf jn/etw ~** courir vers qqn/qqch. **-2.** [sich anschließen]: **jm ~** se réfugier chez qqn. **-3.** [auslaufen] se terminer; **spitz ~** se terminer en pointe.
zu|legen *fam* ◇ *tr* **-1.** [anschaffen]: **sich** *(D)* **etw ~** faire l'acquisition de qqch; [Künstlername] se prendre qqch; **sich** *(D)* **einen Freund ~** se trouver un ami. **-2.** [dazutun] ajouter. ◇ *intr* [schneller werden] accélérer.
zuleide *Adv*: **jm etwas ~ tun** faire du mal à qqn, blesser qqn.
Zu|leitung *die* **-1.** [Leitung] conduite *f*. **-2.** *(ohne Pl)* [Zuleiten] alimentation *f*.
zuletzt *Adv* **-1.** [als letztes] en dernier; **ihr Mißerfolg lag nicht ~ an ihrer Faulheit** sa paresse entrait pour beaucoup dans son échec. **-2.** [als letzter]: **~ erscheinen** arriver le dernier (la dernière). **-3.** *fam* [das letzte Mal]: **als ich ihn ~ sah** la dernière fois que je l'ai vu. **-4.** [am Ende] à la fin; **bis ~** jusqu'au dernier moment.
zuliebe *Präp*: **jm ~** pour faire plaisir à qqn; **etw** *(D)* **~** pour l'amour de qqch.
Zulieferbe|trieb *der* entreprise *f* de sous-traitance.
Zulieferer (*Pl* -) *der* sous-traitant *m*.
Zu|lieferung *die* sous-traitance *f*.
zum *Präp* **-1.** [zu + dem, zu einer Person] au, à la; **~ Supermarkt** au supermarché; **~ Bahnhof** à la gare; **auf dem Weg ~ Kino** sur le chemin du cinéma. **-2.** [zu + dem, zu einer Person] chez le, chez la; **~ Arzt** chez le médecin. **-3.** [nicht auflösbar] à; **~ Schwimmen gehen** aller se baigner; **der Film war ~ Totlachen** le film était à mourir de rire; **~ Hof hin liegen** donner sur la cour; **~ Teil** en partie.
zu|machen *tr* & *intr fam* fermer.
zumal ◇ *Adv* surtout; **~ da** d'autant plus que. ◇ *Konj* d'autant plus que.
zu|mauern *tr* murer.
zumindest *Adv* **-1.** [auf jeden Fall] du moins. **-2.** [mindestens] au moins.
zumutbar *Adj* supportable, raisonnable.
zumute *Adj*: **jm ist/wird ... ~** qqn se sent ...
zu|muten *tr*: **jm etw ~** exiger qqch de qqn; **jm etw nicht ~ können** ne pas pouvoir demander qqch à qqn.
Zumutung (*Pl* **-en**) *die* exigence *f* excessive; **eine ~ sein** dépasser les bornes.
zunächst *Adv* **-1.** [zuerst] d'abord. **-2.** [einstweilen] pour l'instant.
zu|nageln *tr* clouer *(pour fermer)*.
zu|nähen *tr* coudre, recoudre *(pour fermer)*.
Zunahme (*Pl* **-n**) *die* augmentation *f*, accroissement *m*.
Zu|name *der* nom *m* (de famille).
zünden ◇ *tr* allumer. ◇ *intr* s'allumer.

zündend *Adj fig* enflammé(e).

Zunder (*Pl* -) *der*: **wie ~ brennen** brûler comme de la paille.

Zünder (*Pl* -) *der* détonateur *m*.

Zünd|holz *das Süddt* & *Österr* allumette *f*.

Zünd|kerze *die* AUTO bougie *f*.

Zünd|schloß *das* AUTO contact *m*.

Zünd|schlüssel *der* AUTO clé *f* de contact.

Zünd|schnur *die* mèche *f*.

Zünd|stoff *der fig* dynamite *f*.

Zündung (*Pl* **-en**) *die* AUTO allumage *m*.

zu|nehmen *(unreg)* ◇ *intr* **-1.** [Arbeitslosigkeit, Kriminalität] augmenter. **-2.** [gewinnen]: **an etw** *(D)* **~** gagner en qqch. **-3.** [dicker werden]: **(an Gewicht) ~** prendre du poids. ◇ *tr* [dazu aufnehmen] ajouter.

zunehmend *Adv* de plus en plus.

zu|neigen ◇ *intr* [zu etw tendieren]: **jm/etw ~** pencher pour qqn/vers qqch. ◇ *tr geh* [zuwenden]: **jm etw ~** pencher qqch vers qqn.

◆ **sich zuneigen** *ref geh* [sich hinneigen] se pencher.

Zu|neigung *die* attachement *m*, affection *f*; **~ zu jm/etw** affection pour qqn/qqch.

Zunft (*Pl* **Zünfte**) *die* HIST corporation *f*.

zünftig ◇ *Adj fam* comme il faut, bon (bonne). ◇ *Adv* comme il faut; **jn ~ ohrfeigen** donner une bonne paire de gifles à qqn.

Zunge (*Pl* **-n**) *die* langue *f*; **auf der ~ zergehen** fondre dans la bouche; **die ~ herausstrecken** tirer la langue; **etw liegt jm auf der ~** *fig* qqn a qqch sur le bout de la langue; **seine ~ im Zaum halten (können)** *fig* (savoir) tenir sa langue.

Zungenbrecher (*Pl* -) *der fam mot ou association de mots difficile à prononcer*.

Zungen|spitze *die* bout *m* de la langue.

Zünglein (*Pl* -) *das*: **das ~ an der Waage sein** *fig* faire pencher la balance.

zunichte *Adj*: **etw ~ machen** réduire qqch à néant.

zu|nicken *intr*: **jm ~** faire un signe de (la) tête à qqn.

zunutze *Adj*: **sich** *(D)* **etw ~ machen** tirer profit de qqch.

zuoberst *Adv* sur le dessus.

zu|ordnen *tr*: **jn/etw jm/etw ~** ranger qqn/qqch parmi qqn/qqch.

Zu|ordnung *die* classement *m*.

zu|packen *intr* **-1.** [zufassen] attraper. **-2.** [mitarbeiten] mettre la main à la pâte.

zu|parken *tr* boucher.

zupaß *Adv*: **jm ~ kommen** *geh* arriver à point nommé pour qqn.

zupfen ◇ *intr*: **an etw** *(D)* **~** tirer qqch; **jn am Ohr ~** tirer l'oreille à qqn. ◇ *tr* **-1.** [herauszupfen] arracher; [Augenbrauen] épiler. **-2.** [bei Saiteninstrument] pincer; **ein Lied ~** jouer un air.

Zupf|instrument *das* instrument *m* à cordes pincées.

zu|prosten *intr*: **jm ~** boire à la santé de qqn.

zur *Präp* **-1.** [zu + der, zu einem Ort] au, à la; **~ Turnhalle** au gymnase; **auf dem Weg ~ Schule** sur le chemin de l'école. **-2.** [zu + der, zu einer Person] chez le, chez la; **~ Fußpflegerin** chez la pédicure. **-3.** [nicht auflösbar] à; **~ allgemeinen Verwunderung** à la surprise générale; **~ Straße hin liegen** donner sur la rue; **~ Zeit** en ce moment; **~ Mittagszeit** à midi.

zu|raten *intr (unreg)*: **jm ~** encourager qqn.

Zürcher, **Züricher** (*Pl* -) ◇ *der* Zurichois *m*. ◇ *Adj (unver)* zurichois(e).

Zürcherin, **Züricherin** (*Pl* **-nen**) *die* Zurichoise *f*.

zu|rechnen *tr*: **jn/etw jm/etw ~** compter qqn/qqch parmi qqn/qqch.

zurechnungsfähig *Adj* responsable de ses actes.

Zurechnungs|fähigkeit *die (ohne Pl)* pleine jouissance *f* des facultés mentales; **js ~ bezweifeln** douter des facultés mentales de qqn.

zurecht|biegen *tr (unreg)* redresser; *fig* arranger.

zurecht|finden

◆ **sich zurechtfinden** *ref (unreg)* se retrouver, trouver son chemin.

zurecht|kommen (*Perf* **ist zurechtgekommen**) *intr (unreg)* se débrouiller; **mit jm ~** s'entendre avec qqn; **mit etw ~** se débrouiller avec qqch.

zurecht|legen *tr* préparer.

zurecht|machen *tr fam* [herrichten] préparer.

◆ **sich zurechtmachen** *ref* [schminken] se pomponner.

zurecht|rücken *tr* [Möbel] arranger; [Brille, Hut] rajuster.

zurecht|weisen *tr (unreg)* réprimander.

Zurecht|weisung *die* réprimande *f*.

zu|reden *intr*: **jm ~** essayer de convaincre qqn; **jm gut ~** savoir convaincre qqn.

zu|reichen *tr* passer.

Zürich *nt* Zurich.

Züricher = **Zürcher**.

Züricherin = **Zürcherin**.

Zürichsee *der* lac *m* de Zurich.

zu|richten *tr* **-1.** [verletzen]: **jn übel ~** mettre qqn dans un bel état. **-2.** [beschädigen] dévaster. **-3.** [zubereiten] préparer.

zurück *Adv* **-1.** [wieder am Ausgangspunkt]: **~**

sein être de retour; **der Weg ~** le chemin du retour. **-2.** [weiter hinten] en arrière, derrière.

Zurück *das*: **es gibt kein ~ mehr** on ne peut plus faire marche arrière.

zurück|behalten *tr (unreg)* garder.

zurück|bekommen *tr (unreg)* récupérer.

zurück|bilden

◆ **sich zurückbilden** *ref* se résorber.

zurück|bleiben (*Perf* **ist zurückgeblieben**) *intr (unreg)* **-1.** [nicht folgen] rester (en arrière); **hinter jm/etw ~** rester derrière qqn/qqch. **-2.** [sich nicht nähern] ne pas s'approcher. **-3.** [Schäden, Brandloch] rester.

zurück|blicken *intr* regarder en arrière; **auf etw** *(A)* **~** se retourner pour regarder qqch; *fig* porter son regard sur qqch.

zurück|bringen *tr (unreg)* rapporter; [Person] ramener; **jm etw ~** rapporter qqch à qqn.

zurück|datieren *tr* antidater.

zurück|erhalten *tr (unreg)* récupérer; **er hat seine Schlüssel ~** ses clés lui ont été restituées.

zurück|erobern *tr* [Gebiet] reconquérir; [Stimmen, Mehrheit] regagner; [Macht] reprendre.

zurück|erstatten *tr*: **jm etw ~** rembourser qqch à qqn.

zurück|erwarten *tr*: **jn ~** attendre le retour de qqn.

zurück|fahren (*Perf* **hat/ist zurückgefahren**) *(unreg)* ◇ *intr (ist)* **-1.** [zurückkehren] rentrer *(en véhicule)*. **-2.** [rückwärts fahren] reculer *(en véhicule)*. ◇ *tr (hat)* ramener *(en véhicule)*.

zurück|fallen (*Perf* **ist zurückgefallen**) *intr (unreg)* **-1.** [an den Ausgangspunkt] retomber. **-2.** [rückwärts fallen] retomber. **-3.** [in Rückstand geraten] reculer. **-4.** [in Fehler, Gewohnheiten] retomber. **-5.** [zurückgegeben werden]: **an jn ~** revenir à qqn. **-6.** [zurückgeführt werden]: **auf jn ~** retomber sur qqn.

zurück|finden *intr (unreg)* retrouver son chemin.

zurück|fliegen (*Perf* **hat/ist zurückgeflogen**) *(unreg)* ◇ *intr (ist)* rentrer *(en avion)*. ◇ *tr (hat)* ramener *(en avion)*.

zurück|fordern *tr* réclamer.

zurück|führen ◇ *tr* **-1.** [von etwas herleiten]: **etw ist auf etw** *(A)* **zurückzuführen** qqch est dû (due) à qqch. **-2.** [Person] ramener, reconduire. **-3.** [zurükbewegen] remettre. ◇ *intr*: **welcher Weg führt zurück**? quel chemin faut-il prendre pour rentrer?

zurück|geben *tr (unreg)* **-1.** [wiedergeben] rendre; **jm etw ~** rendre qqch à qqn. **-2.** SPORT [Ball] ramener. **-3.** [antworten] répondre.

zurückgeblieben ◇ *PP* → **zurückbleiben**. ◇ *Adj* attardé(e).

zurück|gehen (*Perf* **ist zurückgegangen**) *intr (unreg)* **-1.** [zum Ausgangspunkt gehen] rentrer *(à pied)*. **-2.** [rückwärts gehen]: **zwei Schritte ~** reculer de deux pas. **-3.** [Geschwür, Schwellung] se résorber; [Fieber, Umsatz, Zahl] baisser. **-4.** [zurückzuführen sein]: **auf jn/etw ~** remonter à qqn/qqch. **-5.** [zurückgesandt werden]: **etw ~ lassen** renvoyer qqch. **-6.** [sich zurückbewegen] revenir.

zurückgezogen ◇ *Adj* retiré(e). ◇ *Adv* en solitaire.

zurück|greifen *intr (unreg)*: **auf jn/etw ~** avoir recours à qqn/qqch.

zurück|halten *tr (unreg)* **-1.** [festhalten] retenir. **-2.** [behalten] garder *(pour soi)*. **-3.** [an etw hindern]: **jn von etw ~** empêcher qqn de faire qqch. **-4.** [nicht zum Ausdruck kommen lassen] contenir.

◆ **sich zurückhalten** *ref* [sich bremsen] se retenir; **sich mit etw ~** [Nahrungsmitteln] limiter sa consommation de qqch; **sich mit Kritik ~** s'abstenir d'exprimer des critiques.

zurückhaltend ◇ *Adj* réservé(e), discret(ète). ◇ *Adv* avec retenue.

Zurück|haltung *die (ohne Pl)* retenue *f*.

zurück|holen *tr* ramener.

zurück|kämmen *tr* coiffer en arrière.

zurück|kehren (*Perf* **ist zurückgekehrt**) *intr geh* rentrer; **zu jm/etw ~** revenir chez qqn/à qqch.

zurück|kommen (*Perf* **ist zurückgekommen**) *intr (unreg)* **-1.** [zurückkehren] revenir; **von der Arbeit ~** rentrer du travail; **nach Hause ~** rentrer (chez soi). **-2.** [zurückgreifen]: **auf jn/etw ~** revenir à qqn/qqch; **auf js Angebot ~** revenir sur la proposition de qqn.

zurück|können *intr (unreg)* pouvoir rentrer.

zurück|lassen *tr (unreg)* **-1.** [hinterlassen] laisser *(derrière soi)*. **-2.** [zurückgehen lassen] laisser rentrer.

zurück|legen *tr* **-1.** [wieder hinlegen] remettre (à sa place). **-2.** [zurücklehnen] mettre en arrière. **-3.** [sparen, reservieren] mettre de côté. **-4.** [bewältigen] parcourir.

◆ **sich zurücklegen** *ref* [sich zurücklehnen] se pencher en arrière, s'allonger.

zurück|lehnen *tr* renverser.

◆ **sich zurücklehnen** *ref* se renverser.

zurück|liegen *intr (unreg)* **-1.** [vergangen sein]: **zwei Jahre ~** remonter à deux ans. **-2.** SPORT [im Rückstand sein] être mené(e).

zurück|müssen *intr (unreg)*: **nach Hause ~** devoir rentrer; **zur Arbeit ~** devoir retourner au travail; **die Bücher müssen heute zurück in die**

Bibliothek les livres doivent être rendus à la bibliothèque aujourd'hui.

zurụ̈ck|nehmen *tr (unreg)* **-1.** [wieder annehmen] reprendre. **-2.** [für nichtig erklären]: **etw ~** revenir sur qqch.

zurụ̈ck|rufen *(unreg)* ◇ *tr* **-1.** [gen] rappeler. **-2.** [rückwärts rufen]: **etw ~** crier qqch. ◇ *intr* [am Telefon] rappeler.

zurụ̈ck|schicken *tr* renvoyer.

zurụ̈ck|schieben *tr (unreg)* **-1.** [Riegel] repousser; [Vorhänge] tirer. **-2.** [nach hinten] pousser.

zurụ̈ck|schlagen (*Perf* **hat/ist zurụ̈ckgeschlagen**) *(unreg)* ◇ *intr* **-1.** *(hat)* [den Gegenschlag ausführen] riposter *(par un coup)*. **-2.** *(ist)* [sich zurückbewegen] revenir. **-3.** *(hat)* [sich auswirken]: **auf etw** *(A)* **~** se répercuter sur qqch. ◇ *tr (hat)* **-1.** [beiseite schlagen] rabattre. **-2.** [schlagend zurückbefördern] renvoyer *(en frappant)*. **-3.** [zurückwerfen] repousser.

zurụ̈ck|schrecken (*Perf* **ist zurụ̈ckgeschreckt**) *intr* **-1.** [erschreckt zurückweichen] reculer *(de peur)*. **-2.** [sich scheuen]: **vor etw** *(D)* **~** reculer devant qqch; **vor nichts ~** n'avoir peur de rien.

zurụ̈ck|setzen ◇ *tr* **-1.** [rückwärts fahren] reculer. **-2.** [an den Ausgangspunkt setzen] remettre. **-3.** [rückwärts setzen] déplacer *(vers l'arrière)*. **-4.** [benachteiligen] défavoriser; **sich zurückgesetzt fühlen** se sentir défavorisé(e). ◇ *intr* [rückwärts fahren] reculer.

◆ **sich zurücksetzen** *ref* **-1.** [an Ausgangspunkt] se rasseoir. **-2.** [nach hinten] s'asseoir plus loin.

zurụ̈ck|stecken ◇ *tr* **-1.** [an den Ausgangspunkt stecken] remettre. **-2.** [nach hinten] repousser. ◇ *intr* [mit weniger zufrieden sein] en rabattre; **hinter jm nicht ~** ne pas être en reste par rapport à qqn.

zurụ̈ck|stellen *tr* **-1.** [an den Ausgangspunkt stellen] remettre *(en place)*. **-2.** [rückwärts stellen] reculer. **-3.** [kleiner stellen] baisser. **-4.** [verschieben] reporter; [Zweifel] mettre de côté.

zurụ̈ck|stoßen *tr (unreg)* repousser.

zurụ̈ck|strahlen ◇ *tr* refléter. ◇ *intr* se refléter.

zurụ̈ck|treten (*Perf* **ist zurụ̈ckgetreten**) *intr (unreg)* **-1.** [rückwärts treten] reculer; **ein paar Schritte ~** reculer de quelques pas. **-2.** [für nichtig erklären]: **von etw ~** annuler qqch. **-3.** [auf ein Amt verzichten] démissionner; **von etw ~** démissionner de qqch.

zurụ̈ck|verfolgen *tr* [Ereignisse, Gedankengang] reconstituer; [Spur] retrouver.

zurụ̈ck|versetzen *tr* **-1.** [an den Ausgangspunkt versetzen] réaffecter. **-2.** [in eine frühere Zeit versetzen] renvoyer.

◆ **sich zurückversetzen** *ref* [sich in eine frühere Zeit versetzen]: **sich in die Vergangenheit/seine Jugend ~** se replonger dans le passé/sa jeunesse.

zurụ̈ck|weichen (*Perf* **ist zurụ̈ckgewichen**) *intr (unreg)* reculer; **zwei Meter ~** reculer de deux mètres; **vor jm/etw ~** reculer devant qqn/qqch.

zurụ̈ck|weisen *tr (unreg)* **-1.** [abweisen] refuser. **-2.** [widersprechen] rejeter.

Zurụ̈ck|weisung *die* rejet *m*.

zurụ̈ck|werfen *tr (unreg)* **-1.** [Gegenstand, Licht] renvoyer. **-2.** [in Rückstand bringen] retarder.

zurụ̈ck|wollen *(unreg) fam* ◇ *intr* vouloir retourner. ◇ *tr* vouloir ravoir.

zurụ̈ck|zahlen *tr* rembourser; **jm etw ~** [Schulden] rembourser qqch à qqn; **das hab' ich ihm zurückgezahlt** *fig* [aus Rache] je lui ai rendu la pareille.

zurụ̈ck|ziehen (*Perf* **hat/ist zurụ̈ckgezogen**) *(unreg)* ◇ *tr (hat)* **-1.** [wieder zurück] tirer. **-2.** [nach hinten] reculer; [Gardine] ouvrir. **-3.** [Botschafter, Soldaten] rappeler. **-4.** [Auftrag, Kandidatur] annuler. **-5.** [Ware, Angebot] retirer. ◇ *intr (ist)* [umziehen] retourner.

◆ **sich zurückziehen** *ref* [sich isolieren] se retirer; [Soldaten] se replier; **sich aus etw ~** se retirer de qqch.

Zu̲|ruf *der* appel *m*.

zu̲|rufen *tr (unreg)* crier; **jm etw ~** crier qqch à qqn.

zus. *Abk für* **zusammen**.

Zu̲|sage *die* acceptation *f*; [Versprechen] engagement *m*.

zu̲|sagen ◇ *tr*: **(jm etw) ~** promettre (qqch à qqn). ◇ *intr* **-1.** [bei Einladung] confirmer sa venue. **-2.** [gefallen]: **jm ~** plaire à qqn.

zusạmmen *Adv* ensemble; **alles ~** en tout.

Zusạmmen|arbeit *die (ohne Pl)* collaboration *f*; **in ~ mit jm/etw** en collaboration avec qqn/qqch.

zusạmmen|arbeiten *intr* collaborer; **mit jm ~** collaborer avec qqn.

zusạmmen|beißen *tr (unreg)* → **Zahn**.

zusạmmen|bekommen *tr (unreg)* **-1.** [zusammenbringen] réunir. **-2.** *fam* [zusammensetzen können] assembler, monter.

zusạmmen|binden *tr (unreg)* lier.

zusạmmen|bleiben (*Perf* **ist zusammengeblieben**) *intr (unreg)* rester ensemble.

zusạmmen|brauen *tr fam* concocter.

◆ **sich zusammenbrauen** *ref* [Gewitter, Katastrophe] se préparer; **es** ODER **da braut sich etwas zusammen** il se prépare quelque chose.

zusammen|brechen (*Perf* **ist zusammengebrochen**) *intr (unreg)* **-1.** [Gebäude, Person, System] s'écrouler, s'effondrer. **-2.** [Versorgung, Verkehr] être coupé(e).

zusammen|bringen *tr (unreg)* **-1.** [Geld, Menge] rassembler. **-2.** *fam* [Gelerntes] se rappeler. **-3.** [Personen] faire se rencontrer.

Zusammen|bruch *der* **-1.** [Gebäude, Person, System] effondrement *m*. **-2.** [Versorgung, Verkehr] rupture *f*.

zusammen|drängen *tr* presser.
◆ **sich zusammendrängen** *ref* se presser.

zusammen|fahren (*Perf* **ist zusammengefahren**) *intr (unreg)* **-1.** [zusammenstoßen] entrer en collision. **-2.** [erschrecken] sursauter.

zusammen|fallen (*Perf* **ist zusammengefallen**) *intr (unreg)* **-1.** [Gebäude] s'écrouler; [Gebäck] retomber; **in sich** *(A)* **~** s'affaisser. **-2.** [Gesicht] se creuser. **-3.** [gleichzeitig] coïncider.

zusammen|falten *tr* plier.

zusammen|fassen *tr* résumer; **kurz ~** résumer brièvement.

Zusammen|fassung *die* résumé *m*.

zusammen|finden *(unreg)*
◆ **sich zusammenfinden** *ref* se retrouver.

zusammen|flicken *tr fam* rafistoler.

zusammen|fügen *tr geh* assembler.
◆ **sich zusammenfügen** *ref geh* s'assembler.

zusammen|führen *tr* réunir.

zusammen|gehen (*Perf* **ist zusammengegangen**) *intr (unreg)* **-1.** [sich verbinden - Parteien, Gruppen] faire cause commune; [- Kräfte] s'assembler. **-2.** [zusammenpassen] s'accorder.

zusammen|gehören *intr fam* **-1.** [Personen] être ensemble. **-2.** [Gegenstände] aller ensemble.

zusammengehörig *Adj* qui va ODER vont ensemble.

Zusammengehörigkeits|gefühl *das (ohne Pl)* sentiment *m* de solidarité.

zusammengewürfelt *Adj* disparate.

Zusammen|halt *der (ohne Pl)* solidarité *f*.

zusammen|halten *(unreg)* ◇ *intr* **-1.** [Personen] être solidaire, se serrer les coudes. **-2.** [Gegenstände] tenir ensemble. ◇ *tr* maintenir; **eine Gruppe ~** maintenir l'unité d'un groupe; **sein Geld ~** faire attention à son argent.

Zusammen|hang *der* rapport *m*; **etw in ~ mit etw bringen** mettre qqch en rapport avec qqch; **etw aus dem ~ reißen** isoler qqch du contexte.

zusammen|hängen *intr (unreg)* **-1.** [verbunden sein] être attaché(e). **-2.** [ursächlich]: **mit etw ~** être lié(e) à qqch.

zusammenhängend *Adj* cohérent(e).

zusammenhanglos, **zusammenhangslos** ◇ *Adj* incohérent(e). ◇ *Adv* de façon incohérente.

zusammen|klappen (*Perf* **hat/ist zusammengeklappt**) ◇ *tr (hat)* plier; [Taschenmesser] refermer. ◇ *intr (ist) fam* craquer.

zusammen|kommen (*Perf* **ist zusammengekommen**) *intr (unreg)* **-1.** [Personen] se réunir; **mit jm ~** être amené(e) à rencontrer qqn. **-2.** [Ereignisse] se produire en même temps, coïncider. **-3.** [Menge] s'accumuler.

Zusammenkunft (*Pl* **-künfte**) *die* rassemblement *m*.

zusammen|laufen (*Perf* **ist zusammengelaufen**) *intr (unreg)* **-1.** [Menschen] s'attrouper. **-2.** [Linien, Flüsse] converger, confluer. **-3.** *fam* [Farben] se confondre.

zusammen|leben *intr* vivre ensemble; **mit jm ~** vivre avec qqn.

zusammen|legen ◇ *tr* **-1.** [an einen Ort] réunir. **-2.** [falten] plier. **-3.** [Gruppen, Firmen, Termine] regrouper. ◇ *intr* [bezahlen] se cotiser.

zusammen|nehmen *tr (unreg)* rassembler.
◆ **sich zusammennehmen** *ref* se dominer.

zusammen|packen ◇ *tr* emballer. ◇ *intr* se préparer *(avant de partir)*.

zusammen|passen *intr* aller ensemble; **gut zu jm/etw ~** bien aller avec qqn/qqch.

zusammen|prallen (*Perf* **ist zusammengeprallt**) *intr* se heurter; **mit jm/etw ~** se heurter à qqn/qqch.

zusammen|pressen *tr* [Lippen, Hände] serrer; [Gegenstände] presser.

zusammen|rechnen *tr* faire le total de.

zusammen|reimen *tr fam* : **sich** *(D)* **etw ~** arriver à comprendre qqch.

zusammen|reißen *(unreg)*
◆ **sich zusammenreißen** *ref fam* se dominer.

zusammen|rotten
◆ **sich zusammenrotten** *ref abw* s'attrouper.

zusammenrücken (*Perf* **hat/ist zusammengerückt**) ◇ *tr (hat)* rapprocher. ◇ *intr (ist)* se serrer.

zusammen|sacken (*Perf* **ist zusammengesackt**) *intr fam* s'affaisser; **in sich** *(A)* **~** s'écrouler.

zusammen|schlagen (*Perf* **hat/ist zusammengeschlagen**) *(unreg)* ◇ *tr (hat)* **-1.** [Hände, Absätze] claquer. **-2.** *fam* [Person] tabasser. ◇ *intr (ist)*: **über jm/etw ~** se refermer sur qqn/qqch.

zusammen|schließen *tr (unreg)* [mit Schlüssel] attacher ensemble.
◆ **sich zusammenschließen** *ref* [sich vereinigen] s'associer.
Zusammen|schluß *der* regroupement *m*.
zusammen|sein *intr (unreg)* être ensemble.
Zusammen|sein *das (ohne Pl)* réunion *f*.
zusammen|setzen *tr* assembler.
◆ **sich zusammensetzen** *ref* **-1.** [bestehen]: **sich aus etw ~** se composer de qqch. **-2.** [zusammentreffen]: **sich (mit jm) ~** voir qqn.
Zusammensetzung *(Pl* **-en***) die* composition *f*.
Zusammen|spiel *das (ohne Pl)* coopération *f*.
zusammen|stellen *tr* **-1.** [Dekoration, Buch, Gruppe] composer; [Liste, Programm] établir. **-2.** [Möbel] grouper.
Zusammen|stellung *die* composition *f*.
Zusammen|stoß *der* **-1.** [Unfall] collision *f*. **-2.** [Kampf] heurt *m*.
zusammen|stoßen *(Perf* **ist zusammengestoßen***) intr (unreg)* entrer en collision; **mit jm/etw ~** [als Unfall] entrer en collision avec qqn/qqch; [als Streit] entrer en conflit avec qqn/qqch.
zusammen|suchen *tr* recueillir.
zusammen|tragen *tr (unreg)* réunir.
zusammen|treffen *(Perf* **ist zusammengetroffen***) intr (unreg)* **-1.** [Personen] se rencontrer; **mit jm ~** rencontrer qqn. **-2.** [Ereignisse] se produire simultanément, coïncider.
◆ **Zusammentreffen** *das (ohne Pl)* réunion *f*.
zusammen|treten *(Perf* **hat/ist zusammengetreten***) (unreg)* ◇ *tr (hat) fam* piétiner. ◇ *intr (ist)* se réunir.
zusammen|tun
◆ **sich zusammentun** *ref (unreg)*: **sich (mit jm) ~** s'associer (avec qqn).
zusammen|wachsen *(Perf* **ist zusammengewachsen***) intr (unreg)* [Knochen] se souder.
zusammen|zählen *tr* additionner.
zusammen|ziehen *(Perf* **hat/ist zusammengezogen***) (unreg)* ◇ *tr (hat)* **-1.** [enger] resserrer; [Augenbrauen] froncer. **-2.** [Truppen] rassembler. ◇ *intr (ist)* [in Wohnung]: **(mit jm) ~** se mettre en ménage (avec qqn).
◆ **sich zusammenziehen** *ref* [enger, kleiner werden] se contracter.
zusammen|zucken *(Perf* **ist zusammengezuckt***) intr* tressaillir.
Zu|satz *der* **-1.** *(ohne Pl)* [Zusetzen] addition *f*. **-2.** [Mittel] additif *m*. **-3.** [Nachtrag] avenant *m*.
Zusatz|gerät *das* appareil *m* supplémentaire.
zusätzlich ◇ *Adj* supplémentaire. ◇ *Adv* en plus.
zuschanden *Adv*: **etw ~ machen** détruire qqch.
zu|schauen *intr Süddt, Österr & Schweiz* regarder faire; **jm bei etw** *(D)* **~** regarder faire qqn.
Zuschauer, in *(mPl* **-**; *fPl* **-nen***) der, die* spectateur *m*, -trice *f*.
Zuschauer|raum *der* salle *f (de spectacle)*.
zu|schicken *tr*: **jm etw ~** envoyer qqch à qqn.
zu|schieben *tr (unreg)* **-1.** [schließen] fermer *(en poussant)*. **-2.** [hinschieben]: **jm etw ~** faire passer qqch à qqn; **jm die Schuld ~** rejeter la faute sur qqn.
zu|schießen *(Perf* **hat/ist zugeschossen***) (unreg)* ◇ *tr (hat)* **-1.** [Ball] lancer. **-2.** [Geld]: **jm etw Geld ~** renflouer qqn/qqch. ◇ *intr (ist)* [sich schnell bewegen]: **auf jn/etw ~** fondre sur qqn/qqch.
Zu|schlag *der* **-1.** [auf Preis, Fahrkarte] supplément *m*. **-2.** [Zusage]: **den ~ für etw erhalten** se voir attribuer qqch; **jm den ~ für etw geben** adjuger qqch à qqn.
zu|schlagen *(Perf* **hat/ist zugeschlagen***) (unreg)* ◇ *intr* **-1.** *(ist)* [Tür, Fenster] claquer. **-2.** *(hat)* [Person] frapper; **fest ~** frapper fort. **-3.** *(hat)* [kaufen] profiter de l'occasion. ◇ *tr (hat)* **-1.** [Tür, Fenster] claquer; [Buch] fermer. **-2.** [zusagen]: **jm etw ~** adjuger qqch à qqn.
zuschlagpflichtig *Adj* à supplément.
zu|schließen *tr & intr (unreg)* fermer à clé.
zu|schnappen *(Perf* **hat/ist zugeschnappt***) intr* **-1.** *(hat)* [Hund] mordre. **-2.** *(ist)* [Koffer, Deckel, Tür] se refermer.
zu|schneiden *tr (unreg)* couper; **auf jn/etw zugeschnitten sein** *fig* être taillé(e) sur mesure pour qqn/qqch.
Zu|schnitt *der* coupe *f*.
zu|schnüren *tr* [Paket] ficeler; [Schuhe] lacer.
zu|schrauben *tr* fermer *(en vissant)*.
zu|schreiben *tr (unreg)*: **jm etw ~** attribuer qqch à qqn; **sich** *(D)* **etw selbst zuzuschreiben haben** être seul(e) responsable de qqch.
Zu|schrift *die* réponse *f (lettre)*.
zuschulden *Adv*: **sich** *(D)* **etwas ~ kommen lassen** se rendre coupable; **sich** *(D)* **nichts ~ kommen lassen** ne se rendre coupable de rien.
Zu|schuß *der* **-1.** [öffentlich] subvention *f*. **-2.** [privat] aide *f* financière.
zu|sehen *intr (unreg)* **-1.** [zuschauen] regarder; **jm bei etw ~** regarder qqn faire qqch. **-2.** [veranlassen]: **~, daß** veiller à ce que.
zusehends *Adv* à vue d'œil.
zu|sein *(Perf* **ist zugewesen***) intr (unreg)* être fermé(e).

zu|setzen ◇ *tr* **-1.** [Substanzen] ajouter. **-2.** [Geld] investir à perte. ◇ *intr*: **jm ~** [schwer] éprouver qqn; [leicht] incommoder qqn.

zu|sichern *tr*: **jm etw ~** assurer qqch à qqn.

Zu|sicherung *die* garantie *f*.

zu|spielen *tr*: **jm etw ~** faire passer qqch à qqn.

zu|spitzen

◆ **sich zuspitzen** *ref* s'aggraver.

Zu|spruch *der (ohne Pl) geh* **-1.** [Trost] encouragement *m*. **-2.** [Zulauf] résonance *f*.

zust. (*Abk für* **zuständig**) resp.

Zu|stand *der* état *m*.

◆ **Zustände** *Pl* situation *f*; **Zustände bekommen** ODER **kriegen** *fam fig* devenir fou (folle).

zustande *Adv*: **etw ~ bringen** parvenir à qqch; **~ kommen** avoir lieu.

zuständig *Adj* compétent(e); **für etw ~ sein** être chargé(e) de qqch.

zustatten *Adv*: **jm/etw ~ kommen** servir à qqn/qqch.

zu|stecken *tr*: **jm etw ~** glisser qqch à qqn.

zu|stehen *intr (unreg)*: **jm ~** revenir à qqn; **es steht mir nicht zu, etw zu tun** il ne m'appartient pas de faire qqch.

zu|steigen (*Perf* **ist zugestiegen**) *intr (unreg)* monter; **noch jemand zugestiegen**? quelqu'un vient de monter?

zu|stellen *tr* **-1.** [versperren] barrer. **-2.** *amt* [schicken]: **jm etw ~** remettre qqch à qqn.

Zusteller, in (*mPl* **-**; *fPl* **-nen**) *der, die amt* distributeur *m*, -trice *f* (de courrier).

Zu|stellung *die amt* distribution *f*.

zu|steuern (*Perf* **hat/ist zugesteuert**) ◇ *tr (hat)*: **etw auf jn/etw ~** diriger qqch vers qqn/qqch. ◇ *intr (ist)*: **auf etw** *(A)* **~** [Schiff] mettre le cap sur qqch; **auf jn/etw ~** *fig* se diriger vers qqn/qqch.

zu|stimmen *intr* être d'accord; **jm ~** approuver qqn.

Zu|stimmung *die* approbation *f*; **zu etw seine ~ geben** donner son approbation à qqch; **~ finden** rencontrer l'approbation.

zu|stoßen (*Perf* **hat/ist zugestoßen**) *(unreg)* ◇ *tr (hat)* [schließen] fermer *(en poussant)*. ◇ *intr* **-1.** *(hat)* [mit Waffe] frapper. **-2.** *(ist)* [geschehen]: **jm ~** arriver à qqn.

Zu|strom *der (ohne Pl)* afflux *m*.

zutage *Adv*: **etw ~ fördern** révéler qqch; **klar** ODER **offen ~ liegen** être manifeste; **~ treten** ODER **kommen** apparaître; *fig* paraître au grand jour.

Zutaten *Pl* ingrédients *mpl*.

zu|teilen *tr*: **jm etw ~** attribuer qqch à qqn.

Zu|teilung *die* **-1.** [Vorgang] répartition *f*. **-2.** [Ergebnis] part *f*.

zutiefst *Adv* très profondément.

zu|tragen *tr (unreg)*: **jm etw ~** [erzählen] rapporter qqch à qqn; [bringen] apporter qqch à qqn.

◆ **sich zutragen** *ref geh* se passer.

zu|trauen *tr*: **jm/sich etw ~** croire qqn/se croire capable de faire qqch.

Zutrauen *das (ohne Pl)* confiance *f*; **~ zu jm haben** avoir confiance en qqn.

zutraulich ◇ *Adj* confiant(e). ◇ *Adv* avec confiance.

zu|treffen *intr (unreg)* être exact(e); **auf jn/etw ~** correspondre à qqn/qqch.

zutreffend ◇ *Adj* [Beobachtung, Diagnose] juste; [Bemerkung, Aussage] pertinent(e). ◇ *Adv* avec pertinence.

Zutreffendes *(ohne Artikel)*: **'~ bitte ankreuzen'** *amt* 'cocher la mention exacte'.

zu|trinken *intr (unreg)*: **jm ~** boire à la santé de qqn.

Zu|tritt *der (ohne Pl)* accès *m*; **zu etw ~ haben** avoir accès à qqch; **'~ verboten'** 'entrée interdite'.

Zutun *das (ohne Pl)*: **ohne js ~** sans l'intervention de qqn.

zuungunsten *Adv*: **~ von jm** au préjudice de qqn.

zuunterst *Adv* tout en bas, tout au fond.

zuverlässig ◇ *Adj* fiable. ◇ *Adv* **-1.** [wissen] avec certitude. **-2.** [arbeiten] de manière fiable. **-3.** [funktionieren] avec fiabilité.

Zuverlässigkeit *die (ohne Pl)* fiabilité *f*.

Zuver|sicht *die (ohne Pl)* confiance *f*.

zuversichtlich ◇ *Adj* confiant(e). ◇ *Adv* avec confiance.

zuviel *Pron* trop; **~ kriegen** *salopp* n'en plus pouvoir.

zuvor *Adv* d'abord.

zuvor|kommen (*Perf* **ist zuvorgekommen**) *intr (unreg)*: **jm ~** devancer qqn; **einer Sache** *(D)* **~** prévenir qqch.

zuvorkommend ◇ *Adj* prévenant(e). ◇ *Adv* avec prévenance.

zuw. *Abk für* **zuweilen**.

Zu|wachs *der (ohne Pl)* accroissement *m*; **auf ~** trop grand(e).

zu|wachsen (*Perf* **ist zugewachsen**) *intr (unreg)* [Haus, Wand] être recouvert(e) *(de verdure)*.

Zuwachs|rate *die* taux *m* de croissance.

Zu|wanderung *die* immigration *f*.

zuwege *Adv*: **etw ~ bringen** parvenir à (faire) qqch.

zuweilen *Adv geh* de temps à autre.
zu|weisen *tr (unreg)*: **jm etw ~** attribuer qqch à qqn.
zu|wenden *tr (reg & unreg)*: **jm etw ~** tourner qqch vers qqn; **jm den Rücken ~** tourner le dos à qqn.
◆ **sich zuwenden** *ref*: **sich jm/etw ~** se consacrer à qqn/qqch.
Zu|wendung *die* **-1.** *(ohne Pl)* [Aufmerksamkeit] attention *f*. **-2.** [Geld] allocation *f*.
zuwenig *Pron* pas assez.
zu|werfen *tr (unreg)*: **jm etw ~** lancer qqch à qqn.
zuwider *Adj*: **jm ~ sein** répugner qqn.
zuwider|handeln *intr*: **etw** *(D)* **~** déroger à qqch.
zu|winken *intr*: **jm ~** faire signe de la main à qqn *(pour saluer)*.
zu|zahlen *tr* payer en sus.
zu|ziehen *(Perf* **hat/ist zugezogen**) *(unreg)* ◇ *tr (hat)* **-1.** [schließen] fermer *(en tirant)*. **-2.** [Spezialist] faire appel à. **-3.** [bekommen]: **sich** *(D)* **etw ~** [Ärger] s'attirer qqch; [Krankheit] attraper qqch. ◇ *intr (ist)* [umziehen] s'installer.
Zu|zug *der* afflux *m*.
zuzüglich *Präp (+G, +D)*: **~ etw** *(G)* plus qqch, qqch en sus.
ZVS [tsɛt|faʊ'|ɛs] (*Abk für* **Zentralstelle für die Vergabe von Studienplätzen**) *die (ohne Pl) bureau national d'attribution des places universitaires en Allemagne*.
zw. *Abk für* **zwischen**.
zwang *Prät* → **zwingen**.
Zwang *(Pl* **Zwänge**) *der* contrainte *f*; **sich keinen ~ antun** ne pas se gêner.
zwängen *tr*: **etw in etw** *(A)* **~** faire entrer qqch dans qqch en forçant.
◆ **sich zwängen** *ref*: **sich in etw** *(A)* **~** forcer l'entrée de qqch.
zwanglos ◇ *Adj* sans façon. ◇ *Adv* simplement.
Zwangs|arbeit *die (ohne Pl)* travaux *mpl* forcés.
Zwangs|jacke *die* camisole *f* de force.
Zwangs|lage *die* situation *f* de contrainte.
zwangsläufig ◇ *Adj* inévitable. ◇ *Adv* inévitablement.
Zwangs|maßnahme *die* mesure *f* répressive.
Zwangsver|steigerung *die* vente *f* forcée.
zwanzig *Num* vingt; *siehe auch* **sechs**.
Zwanzig *die (ohne Pl)* vingt *m*; *siehe auch* **Sechs**.
zwanziger *Adj*: **die ~ Jahre** les années vingt.
Zwanziger *(Pl* **-**) ◇ *der (G Zwanzigers)* [Banknote] billet *m* de vingt marks. ◇ *Pl* [Zwanziger Jahre] années *fpl* vingt.
zwanzigmal *Adv* vingt fois.
Zwanzigmark|schein *der* billet *m* de vingt marks.
zwanzigste, r, s *Adj* vingtième; *siehe auch* **sechste**.
Zwanzigste *(Pl* **-n**) *der, die, das* vingtième *mf*; *siehe auch* **Sechste**.
zwar *Adv* [allerdings] certes; **und ~** [genauer gesagt] à savoir; [sogar] et même.
Zweck *(Pl* **-e**) *der* **-1.** [Ziel] but *m*; **für einen guten ~** pour une bonne cause; **seinen ~ erfüllen** remplir sa fonction; **zu diesem ~** à cet effet. **-2.** [Sinn] sens *m*; **keinen ~ haben** n'avoir aucun sens.
Zweck|bau *(Pl* **-ten**) *der* bâtiment *m* utilitaire.
zweckdienlich *Adj* utile.
zweck|entfremden *tr* affecter à autre chose.
zweckentsprechend ◇ *Adj* adéquat(e). ◇ *Adv* adéquatement.
zwecklos *Adj* inutile.
zweckmäßig ◇ *Adj* approprié(e). ◇ *Adv* de manière appropriée.
zwecks *Präp amt* en vue de.
zwei *Num* deux; *siehe auch* **sechs**.
Zwei *(Pl* **-en**) *die* **-1.** [Zahl] deux *m*. **-2.** [Schulnote] ≃ 16/20; *siehe auch* **Sechs**.
Zweibett|zimmer *das* chambre *f* à deux lits.
zweideutig *Adj* **-1.** [frivol] équivoque. **-2.** [mehrdeutig] ambigu(uë). *Adv* **-1.** [frivol] d'un air équivoque. **-2.** [mehrdeutig] de façon ambiguë.
zweidimensional ◇ *Adj* bidimensionnel(elle). ◇ *Adv* en deux dimensions.
Zweidrittel|gesellschaft *die abw* société *f* à deux vitesses.
Zweidrittel|mehrheit *die* majorité *f* des deux tiers.
Zweier *(Pl* **-**) *der* **-1.** *fam* [Zensur] *note équivalant à l'appréciation «bien» dans la notation française*. **-2.** [Ruderboot] double-scull *m*.
zweierlei *Num* [zwei verschiedene] deux différents (différentes); **~ Socken anziehen** enfiler deux chaussettes différentes; **das ist ~** c'est autre chose.
zweifach *Num* double.
Zweifamilien|haus *das maison d'habitation divisée en deux appartements*.
Zweifel *(Pl* **-**) *der* doute *m*; **~ an etw** *(D)* **haben** avoir un doute sur qqch; **sich** *(D)* **im ~ über etw sein** douter de qqch; **sich** *(D)* **im ~ darüber sein, ob** se demander si; **außer ~ stehen** être indubitable; **ohne ~** sans doute.
zweifelhaft *Adj* douteux(euse).

zweifellos *Adv* sans aucun doute.
zweifeln *intr*: **(an etw** *(D)***) ~** douter (de qqch).
Zweifels|fall *der*: **im ~** en cas de doute.
zweifelsfrei ◇ *Adj* incontestable. ◇ *Adv* incontestablement.
Zweig (*Pl* **-e**) *der* branche *f*; **auf keinen grünen ~ kommen** *fam fig* ne pas s'en sortir.
zweigeteilt *Adj* divisé(e) en deux; **ein ~es Fenster** une fenêtre à deux battants.
zweigleisig ◇ *Adj* **-1.** [mit zwei Gleisen] à double voie. **-2.** [unehrlich] ambigu(ë). ◇ *Adv* **-1.** [mit zwei Gleisen] sur deux voies. **-2.** [unehrlich] avec ambiguïté.
Zweig|stelle *die* succursale *f*.
zweihundert *Num* deux cents.
Zweihundertmark|schein *der* billet *m* de deux cents marks.
Zweikanal|ton *der (ohne Pl)* TV *système TV stéréo permettant la sélection du canal.*
zweimal *Adv* deux fois.
Zweimark|stück *das* pièce *f* de deux marks.
Zweipfennig|stück *das* pièce *f* de deux pfennigs.
Zwei|rad *das* deux-roues *m*.
zweireihig ◇ *Adj* croisé(e). ◇ *Adv* en double rangée.
zweischneidig *Adj eigtl* & *fig* à double tranchant.
zweiseitig *Adj* **-1.** [von zwei Seiten] de deux pages. **-2.** [gegenseitig] bilatéral(e).
Zweisitzer (*Pl* **-**) *der* AUTO voiture *f* à deux places.
zweisprachig ◇ *Adj* bilingue. ◇ *Adv* en deux langues; [aufwachsen] grandir dans un milieu bilingue.
zweistellig *Adj* à deux chiffres.
zweistimmig *Adj* & *Adv* à deux voix.
zweistöckig *Adj* à deux étages.
zweit
◆ **zu zweit** *Adv* à deux.
zweitägig *Adj* de deux jours.
Zweitakt|motor *der* AUTO moteur *m* à deux temps.
zweitausend *Num* deux mille.
zweitbeste, r, s *Adj* deuxième.
zweite, r, s *Adj* deuxième; **wie kein ~r** comme pas un; *siehe auch* **sechste**.
Zweite (*Pl* **-n**) *der, die, das* deuxième *mf*; *siehe auch* **Sechste**.
zweiteilig *Adj* en deux parties; **~er Anzug** deux-pièces *m*.
zweitens *Adv* deuxièmement.
zweitrangig *Adj* secondaire.

Zweit|stimme *die* POL *la plus importante des deux voix dont dispose l'électeur lors des élections législatives allemandes.*
zweitürig *Adj* à deux portes.
Zweit|wagen *der* deuxième voiture *f*.
Zweizimmer|wohnung *die* deux-pièces *m*.
Zwerch|fell *das* diaphragme *m*.
Zwerg (*Pl* **-e**) *der* nain *m*.
Zwerg|hase *der* lièvre *m* nain.
Zwetsche, **Zwetschge** (*Pl* **-n**) *die* quetsche *f*.
zwicken ◇ *tr* pincer. ◇ *intr* serrer.
Zwick|mühle *die* **-1.** [beim Mühlespiel] *position gagnante au jeu de la marelle.* **-2.** *fam* [schwierige Situation] pétrin *m*.
Zwieback (*Pl* **-bäcke** ODER **-e**) *der* biscotte *f*.
Zwiebel (*Pl* **-n**) *die* oignon *m*.
Zwiebel|kuchen *der* tarte *f* à l'oignon.
Zwie|licht *das (ohne Pl)* pénombre *f*; **ins ~ geraten** *fig* devenir louche.
zwielichtig *Adj* louche.
Zwie|spalt (*Pl* **-e** ODER **-spälte**) *der* conflit *m*.
zwiespältig *Adj* contradictoire.
Zwilling (*Pl* **-e**) *der* [eins von zwei gleichzeitig geborenen Kindern] jumeau *m*, -elle *f*; **eineiige/zweieiige ~e** vrais/faux jumeaux.
◆ **Zwillinge** *Pl* ASTRO Gémeaux *mpl*.
Zwillings|bruder *der* frère *m* jumeau.
Zwillings|schwester *die* sœur *f* jumelle.
zwingen (*Prät* **zwang**, *Perf* **hat gezwungen**) *tr* obliger; **jn zu etw ~** contraindre qqn à faire qqch.
◆ **sich zwingen** *ref*: **sich (zu etw) ~** se forcer (à faire qqch).
zwinkern *intr* cligner (des yeux).
Zwirn (*Pl* **-e**) *der* fil *m* fort.
zwischen *Präp (+D, +A)* entre; [bei nicht definierter Menge] parmi.
Zwischen|aufenthalt *der* halte *f*, étape *f*.
Zwischen|bemerkung *die* parenthèse *f*.
Zwischen|ding *das fam* intermédiaire *m*.
zwischendurch *Adv* **-1.** [zeitlich] entre-temps; **ich jobbe ~** je travaille de temps en temps. **-2.** [räumlich] çà et là.
Zwischen|ergebnis *das* résultat *m* provisoire.
Zwischen|fall *der* incident *m*.
Zwischen|händler, in *der, die* intermédiaire *mf*.
Zwischen|landung *die* escale *f*.
zwischenmenschlich *Adj* humain(e).
Zwischen|prüfung *die* UNI *examen en fin de premier cycle universitaire.*
Zwischen|raum *der* espace *m*, interstice *m*.
Zwischen|ruf *der* interpellation *f*.

Zwischen|speicher *der* EDV mémoire-tampon *f*.

Zwischen|wand *die* cloison *f*.

Zwischen|zeit *die* intervalle *m (de temps)*; **in der ~** entre-temps.

zwischenzeitlich *amt* ◇ *Adj* momentané(e). ◇ *Adv* entre-temps, dans l'intervalle.

Zwist (*Pl* **-e**) *der geh* discorde *f*.

Zwistigkeiten *Pl geh* différends *mpl*.

zwitschern *intr* & *tr* gazouiller.

Zwitter (*Pl* -) *der* hermaphrodite *m*.

zwölf *Num* douze; **es ist fünf vor ~** *fig* il est grand temps; *siehe auch* **sechs**.

Zwölf (*Pl* **-en**) *die* douze *m*; *siehe auch* **Sechs**.

Zwölffinger|darm *der* duodénum *m*.

zwölfhundert *Num* douze cents, mille deux cents.

zwölfmal *Adv* douze fois.

zwölfte, r, s *Adj* douzième; *siehe auch* **sechste**.

Zwölfte (*Pl* **-n**) *der, die, das* douzième *mf*; *siehe auch* **Sechste**.

zwölftel *Num* douzième; *siehe auch* **sechstel**.

Zwölftel (*Pl* -) *das* douzième *m*; *siehe auch* **Sechstel**.

Zwölfton|musik *die (ohne Pl)* musique *f* dodécaphonique.

Zyankali [tsÿa:n'ka:li] *das (ohne Pl)* cyanure *m* de potassium.

zyklisch [tsy:klɪʃ] ◇ *Adj* cyclique. ◇ *Adv* cycliquement.

Zyklus ['tsy:klʊs] (*Pl* **Zyklen**) *der* **-1.** [Sammlung] série *f*. **-2.** [Kreislauf] cycle *m*.

Zylinder [tsi'lɪndɐ] (*Pl* -) *der* **-1.** [Hut] haut-de-forme *m*. **-2.** MATH & TECH cylindre *m*.

zynisch ['tsy:nɪʃ] ◇ *Adj* cynique. ◇ *Adv* cyniquement.

Zynismus [tsy'nɪsmʊs] *der (ohne Pl)* cynisme *m*.

Zypern *nt* Chypre; **auf ~** à Chypre.

Zypresse [tsy'prɛsə] (*Pl* **-n**) *die* cyprès *m*.

Zyste ['tsystə] (*Pl* **-n**) *die* MED kyste *m*.

z.Z. *Abk für* **zur Zeit**.

zzgl. *Abk für* **zuzüglich**.

CONJUGAISONS

Auxiliaires

[1] avoir

Indicatif présent

j'	**ai**
tu	**as**
il, elle	**a**
nous	av**ons**
vous	av**ez**
ils, elles	**ont**

Indicatif imparfait

j'	av**ais**
tu	av**ais**
il, elle	av**ait**
nous	av**ions**
vous	av**iez**
ils, elles	av**aient**

Indicatif futur

j'	au**rai**
tu	au**ras**
il, elle	au**ra**
nous	au**rons**
vous	au**rez**
ils, elles	au**ront**

Indicatif passé simple

j'	**eus**
tu	**eus**
il, elle	**eut**
nous	**eûmes**
vous	**eûtes**
ils, elles	**eurent**

Subjonctif présent

que j'	**aie**
que tu	**aies**
qu'il, elle	**ait**
que nous	**ayons**
que vous	**ayez**
qu'ils, elles	**aient**

Conditionnel présent

j'	au**rais**
tu	au**rais**
il, elle	au**rait**
nous	au**rions**
vous	au**riez**
ils, elles	au**raient**

Impératif

aie
ayons
ayez

Participe présent

ayant

Participe passé

eu, e

[2] être

Indicatif présent

je	**suis**
tu	**es**
il, elle	**est**
nous	**sommes**
vous	**êtes**
ils, elles	**sont**

Indicatif imparfait

j'	ét**ais**
tu	ét**ais**
il, elle	ét**ait**
nous	ét**ions**
vous	ét**iez**
ils, elles	ét**aient**

Indicatif futur

je	se**rai**
tu	se**ras**
il, elle	se**ra**
nous	se**rons**
vous	se**rez**
ils, elles	se**ront**

Indicatif passé simple

je	**fus**
tu	**fus**
il, elle	**fut**
nous	**fûmes**
vous	**fûtes**
ils, elles	**furent**

Subjonctif présent

que je	**sois**
que tu	**sois**
qu'il, elle	**soit**
que nous	**soyons**
que vous	**soyez**
qu'ils, elles	**soient**

Conditionnel présent

je	se**rais**
tu	se**rais**
il, elle	se**rait**
nous	se**rions**
vous	se**riez**
ils, elles	se**raient**

Impératif

sois
soyons
soyez

Participe présent

étant

Participe passé

été

Verbes réguliers

[3] chanter chant-

Indicatif présent

je	chant**e**
tu	chant**es**
il, elle	chant**e**
nous	chant**ons**
vous	chant**ez**
ils, elles	chant**ent**

Indicatif imparfait

je	chant**ais**
tu	chant**ais**
il, elle	chant**ait**
nous	chant**ions**
vous	chant**iez**
ils, elles	chant**aient**

Indicatif futur

je	chant**erai**
tu	chant**eras**
il, elle	chant**era**
nous	chant**erons**
vous	chant**erez**
ils, elles	chant**eront**

Indicatif passé simple

je	chant**ai**
tu	chant**as**
il, elle	chant**a**
nous	chant**âmes**
vous	chant**âtes**
ils, elles	chant**èrent**

Subjonctif présent

que je	chant**e**
que tu	chant**es**
qu'il, elle	chant**e**
que nous	chant**ions**
que vous	chant**iez**
qu'ils, elles	chant**ent**

Conditionnel présent

je	chant**erais**
tu	chant**erais**
il, elle	chant**erait**
nous	chant**erions**
vous	chant**eriez**
ils, elles	chant**eraient**

Impératif

chant**e**
chant**ons**
chant**ez**

Participe présent

chant**ant**

Participe passé

chant**é, e**

[32] finir fin-

Indicatif présent

je	fin**is**
tu	fin**is**
il, elle	fin**it**
nous	fin**issons**
vous	fin**issez**
ils, elles	fin**issent**

Indicatif imparfait

je	fin**issais**
tu	fin**issais**
il, elle	fin**issait**
nous	fin**issions**
vous	fin**issiez**
ils, elles	fin**issaient**

Indicatif futur

je	fin**irai**
tu	fin**iras**
il, elle	fin**ira**
nous	fin**irons**
vous	fin**irez**
ils, elles	fin**iront**

Indicatif passé simple

je	fin**is**
tu	fin**is**
il, elle	fin**it**
nous	fin**îmes**
vous	fin**îtes**
ils, elles	fin**irent**

Subjonctif présent

que je	fin**isse**
que tu	fin**isses**
qu'il, elle	fin**isse**
que nous	fin**issions**
que vous	fin**issiez**
qu'ils, elles	fin**issent**

Conditionnel présent

je	fin**irais**
tu	fin**irais**
il, elle	fin**irait**
nous	fin**irions**
vous	fin**iriez**
ils, elles	fin**iraient**

Impératif

fin**is**
fin**issons**
fin**issez**

Participe présent

fin**issant**

Participe passé

fin**i, e**

Premier groupe : verbes en -er,

participe présent **-ant,**
terminaisons de l'indicatif présent **-e, -es, -e, -ons, -ez, -ent**

Pour les formes non indiquées, se reporter au verbe chanter (page précédente)

[4] baisser baiss-

Indicatif présent
je baiss**e**
nous baiss**ons**

Participe présent
baiss**ant**

Participe passé
baiss**é, e**

[5] pleurer pleur-

Indicatif présent
je pleur**e**
nous pleur**ons**

Participe présent
pleur**ant**

Participe passé
pleur**é, e**

[6] jouer jou-

Indicatif présent
je jou**e**
nous jou**ons**

Participe présent
jou**ant**

Participe passé
jou**é, e**

[7] saluer salu-

Indicatif présent
je salu**e**
nous salu**ons**

Participe présent
salu**ant**

Participe passé
salu**é, e**

[8] arguer argu-, argu-**ë**

Indicatif présent
j' argu**e**
ou argu**ë**
nous argu**ons**
ils, elles argu**ent**
ou argu**ënt**

Indicatif futur
j' argu**erai**
ou argu**ërai**

Participe présent
argu**ant**

Participe passé
argu**é, e**

[9] copier copi-

Indicatif imparfait
nous copi**ions**

Indicatif futur
je copi**erai**

Participe présent
copi**ant**

Participe passé
copi**é, e**

• Le conditionnel a le même radical que le futur mais comporte les terminaisons de l'imparfait (r**ais**, etc.)

[10] **prier** pri-

Indicatif imparfait
nous pri**ions**

Indicatif futur
je pri**erai**

Participe présent
pri**ant**

Participe passé
pri**é, e**

[11] **payer** pay-
pay- / pai- (devant e)

Indicatif présent
je pai**e**
ou pay**e**
nous pay**ons**

Indicatif imparfait
je pay**ais**
nous pay**ions**

Indicatif futur
je pai**erai**
ou pay**erai**

Participe présent
pay**ant**

Participe passé
pay**é, e**

[13] **ployer** ploy- / ploi- (devant e)

Indicatif présent
je ploi**e**
nous ploy**ons**

Indicatif imparfait
je ploy**ais**
nous ploy**ions**

Indicatif futur
je ploi**erai**

Participe présent
ploy**ant**

Participe passé
ploy**é, e**

[14] **essuyer** essuy- / essui- (devant e)

Indicatif présent
j' essui**e**
nous essuy**ons**

Indicatif imparfait
j' essuy**ais**
nous essuy**ions**

Indicatif futur
j' essui**erai**
nous essui**erons**

Participe présent
essuy**ant**

Participe passé
essuy**é, e**

[15] **créer** cré-

Indicatif présent
je cré**e**
nous cré**ons**

Indicatif imparfait
je cré**ais**
nous cré**ions**

Indicatif futur
je cré**erai**
nous cré**erons**

Participe présent
cré**ant**

Participe passé
cré**é**, cré**ée**

• Le conditionnel a le même radical que le futur mais comporte les terminaisons de l'imparfait (r**ais**, etc.)

[16] avancer avanc- / avanç- (devant a, o)

Indicatif présent
j' avanc**e**
nous avanç**ons**

Indicatif imparfait
j' avanç**ais**
nous avanc**ions**

Participe présent
avanç**ant**

Participe passé
avanc**é, e**

[17] manger mang- / mange- (devant a, o)

Indicatif présent
je mang**e**
nous mange**ons**

Indicatif imparfait
je mange**ais**
nous mang**ions**

Participe présent
mange**ant**

Participe passé
mang**é, e**

[18] céder céd- / cèd-

Indicatif présent
je cèd**e**
nous céd**ons**

Indicatif futur
je céd**erai**
nous céd**erons**

Indicatif passé simple
je céd**ai**
nous céd**âmes**

Participe présent
céd**ant**

Participe passé
céd**é, e**

[19] semer sem- / sèm-

Indicatif présent
je sèm**e**
nous sem**ons**

Indicatif imparfait
je sem**ais**
nous sem**ions**

Indicatif futur
je sèm**erai**
nous sèm**erons**

Participe présent
sem**ant**

Participe passé
sem**é, e**

[20] rapiécer rapiéc- / rapièc-
rapiéç- / rapièç- (devant a, o)

Indicatif présent
je rapièc**e**
nous rapiéç**ons**

Indicatif imparfait
je rapiéç**ais**
nous rapiéc**ions**

Indicatif futur
je rapiéc**erai**
nous rapiéc**erons**

Indicatif passé simple
je rapiéç**ai**
nous rapiéç**âmes**

Participe présent
rapiéç**ant**

Participe passé
rapiéc**é, e**

• Le conditionnel a le même radical que le futur mais comporte les terminaisons de l'imparfait (r**ais**, etc.)

[21] acquiescer

acquiesc- /
acquiesç- (devant a, o)

Indicatif présent
j' acquiesc**e**
nous acquiesç**ons**

Participe présent
acquiesç**ant**

Participe passé
acquiesc**é**

[22] siéger

siég- / sièg-
siége- / siège- (devant a, o)

Indicatif présent
je siè**ge**
nous siége**ons**

Indicatif imparfait
je siége**ais**
nous siég**ions**

Indicatif futur
je siég**erai**
nous siég**erons**

Indicatif passé simple
je siége**ai**
nous siége**âmes**

Participe présent
siége**ant**

Participe passé
siég**é**

[23] déneiger

déneig- /
déneige- (devant a, o)

Indicatif présent
je déneig**e**
nous déneige**ons**

Indicatif imparfait
je déneige**ais**
nous déneig**ions**

Indicatif futur
je déneig**erai**
nous déneig**erons**

Indicatif passé simple
je déneige**ai**
nous déneige**âmes**

Participe présent
déneige**ant**

Participe passé
déneig**é, e**

[24] appeler

appel- / appell-

Indicatif présent
j' appell**e**
nous appel**ons**

Indicatif imparfait
j' appel**ais**
nous appel**ions**

Indicatif futur
j' appell**erai**
nous appell**erons**

- Le conditionnel a le même radical que le futur mais comporte les terminaisons de l'imparfait (r**ais**, etc.)

Indicatif passé simple
j' appel**ai**
ils, elles appel**èrent**

Participe présent
appel**ant**

Participe passé
appel**é, e**

[25] peler pel- / pèl- (devant e)

Indicatif présent		**Participe présent**	**Participe passé**
je	pèl**e**	pel**ant**	pel**é, e**
nous	pel**ons**		

[26] interpeller interpell-

Indicatif présent		**Participe présent**	**Participe passé**
j'	interpell**e**	interpell**ant**	interpell**é, e**
nous	interpell**ons**		

[27] jeter jet- / jett- (devant e)

Indicatif présent		**Participe présent**	**Participe passé**
je	jett**e**	jet**ant**	jet**é, e**
nous	jet**ons**		

[28] acheter achet- / achèt-

Indicatif présent		**Participe présent**	**Participe passé**
j'	achèt**e**	achet**ant**	achet**é, e**
nous	achet**ons**		

[29] dépecer dépec- / dépeç- (devant a, o) / dépèc- (devant e)

Indicatif présent		**Participe présent**	**Participe passé**
je	dépèc**e**	dépeç**ant**	dépec**é, e**
nous	dépeç**ons**		

Indicatif imparfait

je	dépeç**ais**
nous	dépec**ions**

• Le conditionnel a le même radical que le futur mais comporte les terminaisons de l'imparfait (r**ais**, etc.)

[30] envoyer envoy- / envoi- (devant e) / enver-

Indicatif présent
j' envoi**e**
nous envoy**ons**

Indicatif imparfait
j' envoy**ais**
nous envoy**ions**

Indicatif futur
j' enver**rai**
nous enver**rons**

Indicatif passé simple
j' envoy**ai**
ils, elles envoy**èrent**

Participe présent
envoy**ant**

Participe passé
envoy**é, e**

[31] aller all- / v- / i- / aill-

Indicatif présent
je v**ais**
tu v**as**
il, elle v**a**
nous all**ons**
ils, elles v**ont**

Indicatif imparfait
j' all**ais**
nous all**ions**

Indicatif futur
j' i**rai**
ils, elles i**ront**

Indicatif passé simple
j' all**ai**
ils, elles all**èrent**

Subjonctif présent
que j' aill**e**
qu'il, elle aill**e**
que nous all**ions**
qu'ils, elles aill**ent**

Impératif
v**a**
all**ons**
all**ez**

Participe présent
all**ant**

Participe passé
all**é, e**

• Le conditionnel a le même radical que le futur mais comporte les terminaisons de l'imparfait (r**ais**, etc.)

Deuxième groupe : verbes en -ir,
participe présent **-issant**

[32] finir

voir tableau des verbes réguliers p II

[33] haïr ha-ï / ha-i

Indicatif présent
je ha**is**
tu ha**is**
il, elle ha**it**
nous ha**ïssons**
ils, elles ha**ïssent**

Indicatif imparfait
je ha**ïssais**
ils, elles ha**ïssaient**

Indicatif futur
je ha**ïrai**
ils, elles ha**ïront**

Indicatif passé simple
je ha**ïs**
ils, elles ha**ïrent**

Subjonctif présent
que je ha**ïsse**
qu'ils, elles ha**ïssent**

Participe présent
ha**ïssant**

Participe passé
ha**ï, e**

Troisième groupe :
participe présent -**ant**,
terminaisons de l'indicatif présent en -**e**, -**es**, -**e**, -**ons**, -**ez**, -**ent**
et en -**s**, -**s**, -**t**, -**ons**, -**ez**, -**ent**

a) verbes en -ir

[34] ouvrir ouvr- / ouv-

Indicatif présent
j' ouvr**e**
il, elle ouvr**e**
nous ouvr**ons**
ils, elles ouvr**ent**

Indicatif imparfait
j' ouvr**ais**
nous ouvr**ions**

Indicatif futur
j' ouvr**irai**
nous ouvr**irons**

Indicatif passé simple
j' ouvr**is**
ils, elles ouvr**irent**

Subjonctif présent
que j' ouvr**e**
qu'il, elle ouvr**e**
que nous ouvr**ions**
qu'ils, elles ouvr**ent**

Impératif
ouvr**e**
ouvr**ons**
ouvr**ez**

Participe présent
ouvr**ant**

Participe passé
ouv**ert, e**

• Le conditionnel a le même radical que le futur mais comporte les terminaisons de l'imparfait (**rais**, etc.)

[35] fuir fuy- / fui-

Indicatif présent
je fui**s**
il, elle fui**t**
nous fuy**ons**
ils, elles fui**ent**

Indicatif imparfait
je fuy**ais**
nous fuy**ions**

Indicatif futur
je fui**rai**
ils, elles fui**ront**

Indicatif passé simple
je fui**s**
ils, elles fui**rent**

Subjonctif présent
que je fui**e**
qu'il, elle fui**e**
que nous fuy**ions**
qu'ils, elles fui**ent**

Impératif
fui**s**
fuy**ons**
fuy**ez**

Participe présent
fuy**ant**

Participe passé
fui, **e**

[36] endormir endorm- / endor-

Indicatif présent
j' endor**s**
il, elle endor**t**
nous endorm**ons**
ils, elles endorm**ent**

Indicatif imparfait
j' endorm**ais**
nous endorm**ions**

Indicatif futur
j' endorm**irai**
ils, elles endorm**iront**

Indicatif passé simple
j' endorm**is**
ils, elles endorm**irent**

Subjonctif présent
que j' endorm**e**
qu'il, elle endorm**e**
que nous endorm**ions**
qu'ils, elles endorm**ent**

Impératif
endor**s**
endorm**ons**
endorm**ez**

Participe présent
endorm**ant**

Participe passé
endorm**i, e**

[37] démentir dément- / démen-

Indicatif présent
je démen**s**
il, elle démen**t**
nous dément**ons**
ils, elles dément**ent**

Indicatif imparfait
je dément**ais**
nous dément**ions**

Indicatif futur
je dément**irai**
ils, elles dément**iront**

Indicatif passé simple
je dément**is**
ils, elles dément**irent**

Subjonctif présent
que je dément**e**
qu'il, elle dément**e**
que nous dément**ions**
qu'ils, elles dément**ent**

Impératif
démen**s**
dément**ons**
dément**ez**

Participe présent
dément**ant**

Participe passé
dément**i, e**

• Le conditionnel a le même radical que le futur mais comporte les terminaisons de l'imparfait (r**ais**, etc.)

[38] servir serv- / ser-

Indicatif présent
je sers
il, elle sert
nous servons
ils, elles servent

Indicatif imparfait
je servais
nous servions

Indicatif futur
je servirai
nous servirons

Indicatif passé simple
je servis
il, elle servit
nous servîmes
ils, elles servirent

Subjonctif présent
que je serve
qu'il, elle serve
que nous servions
qu'ils, elles servent

Impératif
sers
servons
servez

Participe présent
servant

Participe passé
servi, e

[39] acquérir acquér- / acquer- / acquier- / acquièr- / acqu-

Indicatif présent
j' acquiers
il, elle acquiert
nous acquérons
ils, elles acquièrent

Indicatif imparfait
j' acquérais
nous acquérions

Indicatif futur
j' acquerrai
nous acquerrons

Indicatif passé simple
j' acquis
il, elle acquit
nous acquîmes
ils, elles acquirent

Subjonctif présent
que j' acquière
qu'il, elle acquière
que nous acquérions
qu'ils, elles acquièrent

Impératif
acquiers
acquérons
acquérez

Participe présent
acquérant

Participe passé
acquis, e

[40] venir ven- / vien- / vienn- / viend- / vin-

Indicatif présent
je viens
il, elle vient
nous venons
ils, elles viennent

Indicatif imparfait
je venais
nous venions

Indicatif futur
je viendrai
nous viendrons

Indicatif passé simple
je vins
il, elle vint
nous vînmes
ils, elles vinrent

Subjonctif présent
que je vienne
qu'il, elle vienne
que nous venions
qu'ils, elles viennent

Impératif
viens
venons
venez

Participe présent
venant

Participe passé
venu, e

• Le conditionnel a le même radical que le futur mais comporte les terminaisons de l'imparfait (**rais**, etc.)

[41] **cueillir** cueill-

Indicatif présent
je cueill**e**
il, elle cueill**e**
nous cueill**ons**
ils, elles cueill**ent**

Indicatif imparfait
je cueill**ais**
nous cueill**ions**

Indicatif futur
je cueill**erai**
nous cueill**erons**

Indicatif passé simple
je cueill**is**
il, elle cueill**it**
nous cueill**îmes**
ils, elles cueill**irent**

Subjonctif présent
que je cueill**e**
qu'il, elle cueill**e**
que nous cueill**ions**
qu'ils, elles cueill**ent**

Impératif
cueill**e**
cueill**ons**
cueill**ez**

Participe présent
cueill**ant**

Participe passé
cueill**i, e**

[42] **mourir** mour- / meur- / mor-

Indicatif présent
je meur**s**
il, elle meur**t**
nous mour**ons**
ils, elles meur**ent**

Indicatif imparfait
je mour**ais**
nous mour**ions**

Indicatif futur
je mour**rai**
nous mour**rons**

Indicatif passé simple
je mour**us**
il, elle mour**ut**
nous mour**ûmes**
ils, elles mour**urent**

Subjonctif présent
que je meur**e**
qu'il, elle meur**e**
que nous mour**ions**
qu'ils, elles meur**ent**

Impératif
meur**s**
mour**ons**
mour**ez**

Participe présent
mour**ant**

Participe passé
mor**t, e**

[43] **partir** part- / par-

Indicatif présent
je par**s**
il, elle part
nous part**ons**
ils, elles part**ent**

Indicatif imparfait
je part**ais**
nous part**ions**

Indicatif futur
je part**irai**
nous part**irons**

Indicatif passé simple
je part**is**
il, elle part**it**
nous part**îmes**
ils, elles part**iren**t

Subjonctif présent
que je part**e**
qu'il, elle part**e**
que nous part**ions**
qu'ils, elles part**ent**

Impératif
par**s**
part**ons**
part**ez**

Participe présent
part**ant**

Participe passé
part**i, e**

• Le conditionnel a le même radical que le futur mais comporte les terminaisons de l'imparfait (**rais**, etc.)

[44] revêtir revêt-

Indicatif présent
je revêt**s**
il, elle revêt
nous revêt**ons**
ils, elles revêt**ent**

Indicatif imparfait
je revêt**ais**
nous revêt**ions**

Indicatif futur
je revêt**irai**
nous revêt**irons**

Indicatif passé simple
je revêt**is**
il, elle revêt**it**
nous revêt**îmes**
ils, elles revêt**irent**

Subjonctif présent
que je revêt**e**
qu'il, elle revêt**e**
que nous revêt**ions**
qu'ils, elles revêt**ent**

Impératif
revêt**s**
revêt**ons**
revêt**ez**

Participe présent
revêt**ant**

Participe passé
revêt**u, e**

[45] courir cour-

Indicatif présent
je cour**s**
il, elle cour**t**
nous cour**ons**
ils, elles cour**ent**

Indicatif imparfait
je cour**ais**
nous cour**ions**

Indicatif futur
je cour**rai**
nous cour**rons**

Indicatif passé simple
je cour**us**
il, elle cour**ut**
nous cour**ûmes**
ils, elles cour**urent**

Subjonctif présent
que je cour**e**
qu'il, elle cour**e**
que nous cour**ions**
qu'ils, elles cour**ent**

Impératif
cour**s**
cour**ons**
cour**ez**

Participe présent
cour**ant**

Participe passé
cour**u, e**

• Le conditionnel a le même radical que le futur mais comporte les terminaisons de l'imparfait (r**ais**, etc.)

[46] **faillir** faill- / failliss- / fau- / faud-

Indicatif présent
je faill**e**
ou fau**x**
il, elle faill**e**
ou fau**t**
nous failliss**ons**
ou faill**ons**
ils, elles failliss**ent**
ou faill**ent**

Indicatif imparfait
je failliss**ais**
ou faill**ais**
nous failliss**ions**
ou faill**ions**

Indicatif futur
je faill**irai**
ou faud**rai**
nous faill**irons**
ou faud**rons**

Indicatif passé simple
je faill**is**
il, elle faill**it**
nous faill**îmes**
ils, elles faill**irent**

Subjonctif présent
que je failliss**e**
ou faill**e**
qu'il, elle failliss**e**
ou faill**e**
que nous failliss**ions**
ou faill**ions**
qu'ils, elles failliss**ent**
ou faill**ent**

Impératif
faill**is** ou fau**x**
failliss**ons** ou faill**ons**
failliss**ez** ou faill**ez**

Participe présent
failliss**ant** ou faill**ant**

Participe passé
faill**i**

[47] **défaillir** défaill-

Indicatif présent
je défaill**e**
il, elle défaill**e**
nous défaill**ons**
ils, elles défaill**ent**

Indicatif imparfait
je défaill**ais**
nous défaill**ions**

Indicatif futur
je défaill**irai**
ou défaill**erai**
nous défaill**irons**
ou défaill**erons**

Indicatif passé simple
je défaill**is**
il, elle défaill**it**
nous défaill**îmes**
ils, elles défaill**irent**

Subjonctif présent
que je défaill**e**
qu'il, elle défaill**e**
que nous défaill**ions**
qu'ils, elles défaill**ent**

Impératif
défaill**e**
défaill**ons**
défaill**ez**

Participe présent
défaill**ant**

Participe passé
défaill**i**

• Le conditionnel a le même radical que le futur mais comporte les terminaisons de l'imparfait (r**ais**, etc.)

[48] bouillir bouill- / bou-

Indicatif présent
je bou**s**
il, elle bou**t**
nous bouill**ons**
ils, elles bouill**ent**

Indicatif imparfait
je bouill**ais**
nous bouill**ions**

Indicatif futur
je bouill**irai**
nous bouill**irons**

Indicatif passé simple
je bouill**is**
il, elle bouill**it**
nous bouill**îmes**
ils, elles bouill**irent**

Subjonctif présent
que je bouill**e**
qu'il, elle bouill**e**
que nous bouill**ions**
qu'ils, elles bouill**ent**

Impératif
bou**s**
bouill**ons**
bouill**ez**

Participe présent
bouill**ant**

Participe passé
bouill**i, e**

[49] gésir gi- / gis-

Indicatif présent
je gi**s**
tu gi**s**
il, elle gî**t**
nous gis**ons**
vous gis**ez**
ils, elles gis**ent**

Indicatif imparfait
je gis**ais**
nous gis**ions**
ils, elles gis**aient**

Participe présent
gis**ant**

Remarque : Gésir *est défectif aux autres temps et modes.*

[50] saillir "faire saillie" saill-

Indicatif présent
il, elle saill**e**
ils, elles saill**ent**

Indicatif imparfait
il, elle saill**ait**
ils, elles saill**aient**

Indicatif futur
il, elle saill**era**
ils, elles saill**eront**

Indicatif passé simple
il, elle saill**it**
ils, elles saill**irent**

Subjonctif présent
qu'il, elle saill**e**
qu'ils, elles saill**ent**

Impératif
inusité

Participe présent
saill**ant**

Participe passé
saill**i, e**

Remarque : Dans le sens de "s'accoupler", saillir *se conjugue sur le modèle de* finir *et n'est guère usité qu'à l'infinitif et à la 3e personne du singulier ou du pluriel.*

• Le conditionnel a le même radical que le futur mais comporte les terminaisons de l'imparfait (**rais**, etc.)

Troisième groupe :
b) verbes en -oir

[52] recevoir recev- / reçoiv- / reçoi- / reç-

Indicatif présent
je reçoi**s**
il, elle reçoi**t**
nous recev**ons**
ils, elles reçoiv**ent**

Indicatif imparfait
je recev**ais**
nous recev**ions**

Indicatif futur
je recev**rai**
nous recev**rons**

Indicatif passé simple
je reç**us**
il, elle reç**ut**
nous reç**ûmes**
ils, elles reç**urent**

Subjonctif présent
que je reçoiv**e**
qu'il, elle reçoiv**e**
que nous recev**ions**
qu'ils, elles reçoiv**ent**

Impératif
reçoi**s**
recev**ons**
recev**ez**

Participe présent
recev**ant**

Participe passé
reç**u, e**

[53] devoir dev- / doiv- / doi- / d-

Indicatif présent
je doi**s**
il, elle doi**t**
nous dev**ons**
ils, elles doiv**ent**

Indicatif imparfait
je dev**ais**
nous dev**ions**

Indicatif futur
je dev**rai**
nous dev**rons**

Indicatif passé simple
je d**us**
il, elle d**ut**
nous d**ûmes**
ils, elles d**urent**

Subjonctif présent
que je doiv**e**
qu'il, elle doiv**e**
que nous dev**ions**
qu'ils, elles doiv**ent**

Impératif
doi**s**
dev**ons**
dev**ez**

Participe présent
dev**ant**

Participe passé
d**û**, d**ue**
d**us**, d**ues**

[54] mouvoir mouv- / meuv- / meu- / m-

Indicatif présent
je meu**s**
il, elle meu**t**
nous mouv**ons**
ils, elles meuv**ent**

Indicatif imparfait
je mouv**ais**
nous mouv**ions**

Indicatif futur
je mouv**rai**
nous mouv**rons**

Indicatif passé simple
je m**us**
il, elle m**ut**
nous m**ûmes**
ils, elles m**urent**

Subjonctif présent
que je meuv**e**
qu'il, elle meuv**e**
que nous mouv**ions**
qu'ils, elles meuv**ent**

Impératif
meu**s**
mouv**ons**
mouv**ez**

Participe présent
mouv**ant**

Participe passé
m**û**, m**ue**
m**us**, m**ues**

• Le conditionnel a le même radical que le futur mais comporte les terminaisons de l'imparfait (**rais**, etc.)

[55] émouvoir émouv- / émeuv- / émeu- / ém-

Indicatif présent
j' émeu**s**
il, elle émeu**t**
nous émouv**ons**
ils, elles émeuv**ent**

Indicatif imparfait
j' émouv**ais**
nous émouv**ions**

Indicatif futur
j' émouv**rai**
nous émouv**rons**

Indicatif passé simple
j' ém**us**
il, elle ém**ut**
nous ém**ûmes**
ils, elles ém**urent**

Subjonctif présent
que j' émeuv**e**
qu'il, elle émeuv**e**
que nous émouv**ions**
qu'ils, elles émeuv**ent**

Impératif
émeu**s**
émouv**ons**
émouv**ez**

Participe présent
émouv**ant**

Participe passé
ém**u, e**

[56] promouvoir promouv- / promeuv- / promeu- / prom-

Indicatif présent
je promeu**s**
il, elle promeu**t**
nous promouv**ons**
ils, elles promeuv**ent**

Indicatif imparfait
je promouv**ais**
nous promouv**ions**

Indicatif futur
je promouv**rai**
nous promouv**rons**

Indicatif passé simple
je prom**us**
il, elle prom**ut**
nous prom**ûmes**
ils, elles prom**urent**

Subjonctif présent
que je promeuv**e**
qu'il, elle promeuv**e**
que nous promouv**ions**
qu'ils, elles promeuv**ent**

Impératif
promeu**s**
promouv**ons**
promouv**ez**

Participe présent
promouv**ant**

Participe passé
prom**u, e**

[57] vouloir voul- / veul- / veu- / voud- / veuill-

Indicatif présent
je veu**x**
il, elle veu**t**
nous voul**ons**
ils, elles veul**ent**

Indicatif imparfait
je voul**ais**
nous voul**ions**

Indicatif futur
je voud**rai**
nous voud**rons**

Indicatif passé simple
je voul**us**
il, elle voul**ut**
nous voul**ûmes**
ils, elles voul**urent**

Subjonctif présent
que je veuill**e**
qu'il, elle veuill**e**
que nous voul**ions**
qu'ils, elles veuill**ent**

Impératif
veu**x** ou veuill**e**
voul**ons** ou veuill**ons**
voul**ez** ou veuill**ez**

Participe présent
voul**ant**

Participe passé
voul**u, e**

• Le conditionnel a le même radical que le futur mais comporte les terminaisons de l'imparfait (**rais**, etc.)

[58] pouvoir pouv- / peuv- / peu- / pour- / pui- / puiss- / p-

Indicatif présent

je	peu**x**
ou	pui**s**
il, elle	peu**t**
nous	pouv**ons**
ils, elles	peuv**ent**

Indicatif imparfait

je	pouv**ais**
nous	pouv**ions**

Indicatif futur

je	pour**rai**
nous	pour**rons**

Indicatif passé simple

je	p**us**
il, elle	p**ut**
nous	p**ûmes**
ils, elles	p**urent**

Subjonctif présent

que je	puiss**e**
qu'il, elle	puiss**e**
que nous	puiss**ions**
qu'ils, elles	puiss**ent**

Impératif
inusité

Participe présent
pouv**ant**

Participe passé
p**u**

[59] savoir sav- / sai- / sau- / sach- / s-

Indicatif présent

je	sai**s**
il, elle	sai**t**
nous	sav**ons**
ils, elles	sav**ent**

Indicatif imparfait

je	sav**ais**
nous	sav**ions**

Indicatif futur

je	sau**rai**
nous	sau**rons**

Indicatif passé simple

je	s**us**
il, elle	s**ut**
nous	s**ûmes**
ils, elles	s**urent**

Subjonctif présent

que je	sach**e**
qu'il, elle	sach**e**
que nous	sach**ions**
qu'ils, elles	sach**ent**

Impératif
sach**e**
sach**ons**
sach**ez**

Participe présent
sach**ant**

Participe passé
s**u, e**

[60] valoir val- / vau- / vaud- / vaill-

Indicatif présent

je	vau**x**
il, elle	vau**t**
nous	val**ons**
ils, elles	val**ent**

Indicatif imparfait

je	val**ais**
nous	val**ions**

Indicatif futur

je	vaud**rai**
nous	vaud**rons**

Indicatif passé simple

je	val**us**
il, elle	val**ut**
nous	val**ûmes**
ils, elles	val**urent**

Subjonctif présent

que je	vaill**e**
qu'il, elle	vaill**e**
que nous	val**ions**
qu'ils, elles	vaill**ent**

Impératif
vau**x**
val**ons**
val**ez**

Participe présent
val**ant**

Participe passé
val**u, e**

• Le conditionnel a le même radical que le futur mais comporte les terminaisons de l'imparfait (r**ais**, etc.)

[61] prévaloir préval- / prévau- / prévaud-

Indicatif présent

je	prévau**x**
il, elle	prévau**t**
nous	préval**ons**
ils, elles	préval**ent**

Indicatif imparfait

je	préval**ais**
nous	préval**ions**

Indicatif futur

je	prévaud**rai**
nous	prévaud**rons**

Indicatif passé simple

je	préval**us**
il, elle	préval**ut**
nous	préval**ûmes**
ils, elles	préval**urent**

Subjonctif présent

que je	préval**e**
qu'il, elle	préval**e**
que nous	préval**ions**
qu'ils, elles	préval**ent**

Impératif

prévau**x**
préval**ons**
préval**ez**

Participe présent

préval**ant**

Participe passé

préval**u, e**

[62] voir voi- / voy- / ver- / v-

Indicatif présent

je	voi**s**
il, elle	voi**t**
nous	voy**ons**
ils, elles	voi**ent**

Indicatif imparfait

je	voy**ais**
nous	voy**ions**

Indicatif futur

je	ver**rai**
nous	ver**rons**

Indicatif passé simple

je	v**is**
il, elle	v**it**
nous	v**îmes**
ils, elles	v**irent**

Subjonctif présent

que je	voi**e**
qu'il, elle	voi**e**
que nous	voy**ions**
qu'ils, elles	voi**ent**

Impératif

voi**s**
voy**ons**
voy**ez**

Participe présent

voy**ant**

Participe passé

v**u, e**

[63] prévoir prévoi- / prévoy- / prév-

Indicatif présent

je	prévoi**s**
il, elle	prévoi**t**
nous	prévoy**ons**
ils, elles	prévoi**ent**

Indicatif imparfait

je	prévoy**ais**
nous	prévoy**ions**

Indicatif futur

je	prévoi**rai**
nous	prévoi**rons**

Indicatif passé simple

je	prév**is**
il, elle	prév**it**
nous	prév**îmes**
ils, elles	prév**irent**

Subjonctif présent

que je	prévoi**e**
qu'il, elle	prévoi**e**
que nous	prévoy**ions**
qu'ils, elles	prévoi**ent**

Impératif

prévoi**s**
prévoy**ons**
prévoy**ez**

Participe présent

prévoy**ant**

Participe passé

prév**u, e**

• Le conditionnel a le même radical que le futur mais comporte les terminaisons de l'imparfait (**rais**, etc.)

[64] pourvoir pourvoi- / pourvoy- / pourv-

Indicatif présent
je pourvoi**s**
il, elle pourvoi**t**
nous pourvoy**ons**
ils, elles pourvoi**ent**

Indicatif imparfait
je pourvoy**ais**
nous pourvoy**ions**

Indicatif futur
je pourvoi**rai**
nous pourvoi**rons**

Indicatif passé simple
je pourv**us**
il, elle pourv**ut**
nous pourv**ûmes**
ils, elles pourv**urent**

Subjonctif présent
que je pourvoi**e**
qu'il, elle pourvoi**e**
que nous pourvoy**ions**
qu'ils, elles pourvoi**ent**

Impératif
pourvoi**s**
pourvoy**ons**
pourvoy**ez**

Participe présent
pourvoy**ant**

Participe passé
pourv**u, e**

[65] asseoir assie- / assié- / assey- / assoi- / assoy- / ass-

Indicatif présent
j' assie**ds**
ou assoi**s**
il, elle assie**d**
ou assoi**t**
nous assey**ons**
ou assoy**ons**
ils, elles assey**ent**
ou assoi**ent**

Indicatif imparfait
j' assey**ais**
ou assoy**ais**
nous assey**ions**
ou assoy**ions**

Indicatif futur
j' assié**rai**
ou assoi**rai**
nous assié**rons**
ou assoi**rons**

Indicatif passé simple
j' ass**is**
il, elle ass**it**
nous ass**îmes**
ils, elles ass**irent**

Subjonctif présent
que j' assey**e**
ou assoi**e**
qu'il, elle assey**e**
ou assoi**e**
que nous assey**ions**
ou assoy**ions**
qu'ils, elles assey**ent**
ou assoi**ent**

Impératif
assie**ds** ou assoi**s**
assey**ons** ou assoy**ons**
assey**ez** ou assoy**ez**

Participe présent
assey**ant** ou assoy**ant**

Participe passé
ass**is, e**

Remarque : L'usage tend à écrire avec -eoi- *les formes avec* -oi-, je m'asseois, il asseoira...

• Le conditionnel a le même radical que le futur mais comporte les terminaisons de l'imparfait (**rais**, etc.)

[66] surseoir sursoi- / sursoy- / surseoi- / surs-

Indicatif présent
je sursois
il, elle sursoit
nous sursoyons
ils, elles sursoient

Indicatif imparfait
je sursoyais
nous sursoyions

Indicatif futur
je surseoirai
nous surseoirons

Indicatif passé simple
je sursis
il, elle sursit
nous sursîmes
ils, elles sursirent

Subjonctif présent
que je sursoie
qu'il, elle sursoie
que nous sursoyions
qu'ils, elles sursoient

Impératif
sursois
sursoyons
sursoyez

Participe présent
sursoyant

Participe passé
sursis, e

[67] seoir sie- / sié- / sey-

Indicatif présent
il, elle sied
ils, elles siéent

Indicatif imparfait
il, elle seyait
ils, elles seyaient

Indicatif futur
il, elle siéra
ils, elles siéront

Subjonctif présent
qu'il, elle siée
qu'ils, elles siéent

Conditionnel présent
il, elle siérait
ils, elles siéraient

Participe présent
seyant

Participe passé
inusité

Remarque : Inusité aux autres temps et formes. Seoir a ici le sens de "convenir".

[68] pleuvoir pleuv- / pleu- / pl-

Indicatif présent
il pleut

Indicatif imparfait
il pleuvait

Indicatif futur
il pleuvra

Indicatif passé simple
il plut

Subjonctif présent
qu'il pleuve

Impératif
inusité

Participe présent
pleuvant

Participe passé
plu

Remarque : La 3e personne du pluriel est possible au figuré : les injures pleuvaient.

• Le conditionnel a le même radical que le futur mais comporte les terminaisons de l'imparfait (**rais**, etc.)

[69] falloir fall- / fau- / faud- / faill-

Indicatif présent
il faut

Indicatif imparfait
il fall**ait**

Indicatif futur
il faud**ra**

Indicatif passé simple
il fall**ut**

Subjonctif présent
qu'il faill**e**

Impératif
inusité

Participe présent
inusité

Participe passé
fall**u**

[70] échoir échoi- / échoy- / éch- /éché- / écher-

Indicatif présent
il, elle échoi**t**
ils, elles échoi**ent**

Indicatif imparfait
il, elle échoy**ait**
ils, elles échoy**aient**

Indicatif futur
il, elle échoi**ra**
ou écher**ra**
ils, elles échoi**ront**
ou écher**ront**

Indicatif passé simple
il, elle éch**ut**
ils, elles éch**urent**

Subjonctif présent
qu'il, elle échoi**e**
qu'ils, elles échoi**ent**

Impératif
inusité

Participe présent
éché**ant**

Participe passé
éch**u, e**

[71] déchoir déchoi- / déchoy- / déch-

Indicatif présent
je déchoi**s**
il, elle déchoi**t**
nous déchoy**ons**
ils, elles déchoi**ent**

Indicatif imparfait
inusité

Indicatif futur
je déchoi**rai**
nous déchoi**rons**

Indicatif passé simple
je déch**us**
il, elle déch**ut**
nous déch**ûmes**
ils, elles déch**urent**

Subjonctif présent
que je déchoi**e**
qu'il, elle déchoi**e**
que nous déchoy**ions**
qu'ils, elles déchoi**ent**

Impératif
inusité

Participe présent
inusité

Participe passé
déch**u, e**

• Le conditionnel a le même radical que le futur mais comporte les terminaisons de l'imparfait (**rais**, etc.)

[72] choir choi- / cher- / ch-

Indicatif présent

je	chois**s**
tu	choi**s**
il, elle	choi**t**
ils, elles	choi**ent**

Indicatif imparfait
inusité

Indicatif futur

je	choi**rai**
ou	cher**rai**
nous	choi**rons**
ou	cher**rons**

Indicatif passé simple

je	ch**us**
il, elle	ch**ut**
nous	ch**ûmes**
ils, elles	ch**urent**

Subjonctif présent
inusité

Impératif
inusité

Participe présent
inusité

Participe passé
ch**u, e**

Remarque : Choir *se conjugue à tous les temps composés avec l'auxiliaire* être.

Troisième groupe :
c) verbes en -re

[73] vendre vend-

Indicatif présent

je	vend**s**
il, elle	vend
nous	vend**ons**
ils, elles	vend**ent**

Indicatif imparfait

je	vend**ais**
nous	vend**ions**

Indicatif futur

je	vend**rai**
nous	vend**rons**

Indicatif passé simple

je	vend**is**
il, elle	vend**it**
nous	vend**îmes**
ils, elles	vend**irent**

Subjonctif présent

que je	vend**e**
qu'il, elle	vend**e**
que nous	vend**ions**
qu'ils, elles	vend**ent**

Impératif
vend**s**
vend**ons**
vend**ez**

Participe présent
vend**ant**

Participe passé
vend**u, e**

• Le conditionnel a le même radical que le futur mais comporte les terminaisons de l'imparfait (r**ais**, etc.)

[74] répandre répand-

Indicatif présent
je répand**s**
il, elle répand
nous répand**ons**
ils, elles répand**ent**

Indicatif imparfait
je répand**ais**
nous répand**ions**

Indicatif futur
je répand**rai**
nous répand**rons**

Indicatif passé simple
je répand**is**
il, elle répand**it**
nous répand**îmes**
ils, elles répand**irent**

Subjonctif présent
que je répand**e**
qu'il, elle répand**e**
que nous répand**ions**
qu'ils, elles répand**ent**

Impératif
répand**s**
répand**ons**
répand**ez**

Participe présent
répand**ant**

Participe passé
répand**u, e**

[75] répondre répond-

Indicatif présent
je répond**s**
il, elle répond
nous répond**ons**
ils, elles répond**ent**

Indicatif imparfait
je répond**ais**
nous répond**ions**

Indicatif futur
je répond**rai**
nous répond**rons**

Indicatif passé simple
je répond**is**
il, elle répond**it**
nous répond**îmes**
ils, elles répond**irent**

Subjonctif présent
que je répond**e**
qu'il, elle répond**e**
que nous répond**ions**
qu'ils, elles répond**ent**

Impératif
répond**s**
répond**ons**
répond**ez**

Participe présent
répond**ant**

Participe passé
répond**u, e**

[76] mordre mord-

Indicatif présent
je mord**s**
il, elle mord
nous mord**ons**
ils, elles mord**ent**

Indicatif imparfait
je mord**ais**
nous mord**ions**

Indicatif futur
je mord**rai**
nous mord**rons**

Indicatif passé simple
je mord**is**
il, elle mord**it**
nous mord**îmes**
ils, elles mord**irent**

Subjonctif présent
que je mord**e**
qu'il, elle mord**e**
que nous mord**ions**
qu'ils, elles mord**ent**

Impératif
mord**s**
mord**ons**
mord**ez**

Participe présent
mord**ant**

Participe passé
mord**u, e**

• Le conditionnel a le même radical que le futur mais comporte les terminaisons de l'imparfait (**rais**, etc.)

[77] perdre perd-

Indicatif présent
je perd**s**
il, elle perd
nous perd**ons**
ils, elles perd**ent**

Indicatif imparfait
je perd**ais**
nous perd**ions**

Indicatif futur
je perd**rai**
nous perd**rons**

Indicatif passé simple
je perd**is**
il, elle perd**it**
nous perd**îmes**
ils, elles perd**irent**

Subjonctif présent
que je perd**e**
qu'il, elle perd**e**
que nous perd**ions**
qu'ils, elles perd**ent**

Impératif
perd**s**
perd**ons**
perd**ez**

Participe présent
perd**ant**

Participe passé
perd**u, e**

[78] rompre romp-

Indicatif présent
je romp**s**
il, elle romp**t**
nous romp**ons**
ils, elles romp**ent**

Indicatif imparfait
je romp**ais**
nous romp**ions**

Indicatif futur
je romp**rai**
nous romp**rons**

Indicatif passé simple
je romp**is**
il, elle romp**it**
nous romp**îmes**
ils, elles romp**irent**

Subjonctif présent
que je romp**e**
qu'il, elle romp**e**
que nous romp**ions**
qu'ils, elles romp**ent**

Impératif
romp**s**
romp**ons**
romp**ez**

Participe présent
romp**ant**

Participe passé
romp**u, e**

[79] prendre prend- / pren- / prenn- / pr-

Indicatif présent
je prend**s**
il, elle prend
nous pren**ons**
ils, elles prenn**ent**

Indicatif imparfait
je pren**ais**
nous pren**ions**

Indicatif futur
je prend**rai**
nous prend**rons**

Indicatif passé simple
je pr**is**
il, elle pr**it**
nous pr**îmes**
ils, elles pr**irent**

Subjonctif présent
que je prenn**e**
qu'il, elle prenn**e**
que nous pren**ions**
qu'ils, elles prenn**ent**

Impératif
prend**s**
pren**ons**
pren**ez**

Participe présent
pren**ant**

Participe passé
pr**is, e**

• Le conditionnel a le même radical que le futur mais comporte les terminaisons de l'imparfait (**rais**, etc.)

[80] craindre craind- / crain- / craign-

Indicatif présent
je crain**s**
il, elle crain**t**
nous craign**ons**
ils, elles craign**ent**

Indicatif imparfait
je craign**ais**
nous craign**ions**

Indicatif futur
je craind**rai**
nous craind**rons**

Indicatif passé simple
je craign**is**
il, elle craign**it**
nous craign**îmes**
ils, elles craign**irent**

Subjonctif présent
que je craign**e**
qu'il, elle craign**e**
que nous craign**ions**
qu'ils, elles craign**ent**

Impératif
crain**s**
craign**ons**
craign**ez**

Participe présent
craign**ant**

Participe passé
crain**t, e**

[81] peindre peind- / pein- / peign-

Indicatif présent
je pein**s**
il, elle pein**t**
nous peign**ons**
ils, elles peign**ent**

Indicatif imparfait
je peign**ais**
nous peign**ions**

Indicatif futur
je peind**rai**
nous peind**rons**

Indicatif passé simple
je peign**is**
il, elle peign**it**
nous peign**îmes**
ils, elles peign**irent**

Subjonctif présent
que je peign**e**
qu'il, elle peign**e**
que nous peign**ions**
qu'ils, elles peign**ent**

Impératif
pein**s**
peign**ons**
peign**ez**

Participe présent
peign**ant**

Participe passé
pein**t, e**

[82] joindre joind- / join- / joign-

Indicatif présent
je join**s**
il, elle join**t**
nous joign**ons**
ils, elles joign**ent**

Indicatif imparfait
je joign**ais**
nous joign**ions**

Indicatif futur
je joind**rai**
nous joind**rons**

Indicatif passé simple
je joign**is**
il, elle joign**it**
nous joign**îmes**
ils, elles joign**irent**

Subjonctif présent
que je joign**e**
qu'il, elle joign**e**
que nous joign**ions**
qu'ils, elles joign**ent**

Impératif
join**s**
joign**ons**
joign**ez**

Participe présent
joign**ant**

Participe passé
join**t, e**

• Le conditionnel a le même radical que le futur mais comporte les terminaisons de l'imparfait (**rais**, etc.)

[83] battre batt- / bat-

Indicatif présent
je bat**s**
il, elle bat
nous batt**ons**
ils, elles batt**ent**

Indicatif imparfait
je batt**ais**
nous batt**ions**

Indicatif futur
je batt**rai**
nous batt**rons**

Indicatif passé simple
je batt**is**
il, elle batt**it**
nous batt**îmes**
ils, elles batt**irent**

Subjonctif présent
que je batt**e**
qu'il, elle batt**e**
que nous batt**ions**
qu'ils, elles batt**ent**

Impératif
bat**s**
batt**ons**
batt**ez**

Participe présent
batt**ant**

Participe passé
batt**u, e**

[84] mettre mett- / met- / m-

Indicatif présent
je met**s**
il, elle met
nous mett**ons**
ils, elles mett**ent**

Indicatif imparfait
je mett**ais**
nous mett**ions**

Indicatif futur
je mett**rai**
nous mett**rons**

Indicatif passé simple
je m**is**
il, elle m**it**
nous m**îmes**
ils, elles m**irent**

Subjonctif présent
que je mett**e**
qu'il, elle mett**e**
que nous mett**ions**
qu'ils, elles mett**ent**

Impératif
met**s**
mett**ons**
mett**ez**

Participe présent
mett**ant**

Participe passé
m**is, e**

[85] moudre moud- / moul-

Indicatif présent
je moud**s**
il, elle moud
nous moul**ons**
ils, elles moul**ent**

Indicatif imparfait
je moul**ais**
nous moul**ions**

Indicatif futur
je moud**rai**
nous moud**rons**

Indicatif passé simple
je moul**us**
il, elle moul**ut**
nous moul**ûmes**
ils, elles moul**urent**

Subjonctif présent
que je moul**e**
qu'il, elle moul**e**
que nous moul**ions**
qu'ils, elles moul**ent**

Impératif
moud**s**
moul**ons**
moul**ez**

Participe présent
moul**ant**

Participe passé
moul**u, e**

• Le conditionnel a le même radical que le futur mais comporte les terminaisons de l'imparfait (**rais**, etc.)

[86] coudre coud- / cous-

Indicatif présent
je coud**s**
il, elle coud
nous cous**ons**
ils, elles cous**ent**

Indicatif imparfait
je cous**ais**
nous cous**ions**

Indicatif futur
je coud**rai**
nous coud**rons**

Indicatif passé simple
je cous**is**
il, elle cous**it**
nous cous**îmes**
ils, elles cous**irent**

Subjonctif présent
que je couse
qu'il, elle couse
que nous cous**ions**
qu'ils, elles cous**ent**

Impératif
coud**s**
cous**ons**
cous**ez**

Participe présent
cous**ant**

Participe passé
cous**u, e**

[87] absoudre absoud- / absou- / absolv- / absol-

Indicatif présent
j' absou**s**
il, elle absou**t**
nous absolv**ons**
ils, elles absolv**ent**

Indicatif imparfait
j' absolv**ais**
nous absolv**ions**

Indicatif futur
j' absoud**rai**
nous absoud**rons**

Indicatif passé simple
j' absol**us**
il, elle absol**ut**
nous absol**ûmes**
ils, elles absol**urent**

Subjonctif présent
que j' absolv**e**
qu'il, elle absolv**e**
que nous absolv**ions**
qu'ils, elles absolv**ent**

Impératif
absou**s**
absolv**ons**
absolv**ez**

Participe présent
absolv**ant**

Participe passé
absou**t, e**

[88] résoudre résoud- / résou- / résolv- / résol-

Indicatif présent
je résou**s**
il, elle résou**t**
nous résolv**ons**
ils, elles résolv**ent**

Indicatif imparfait
je résolv**ais**
nous résolv**ions**

Indicatif futur
je résoud**rai**
nous résoud**rons**

Indicatif passé simple
je résol**us**
il, elle résol**ut**
nous résol**ûmes**
ils, elles résol**urent**

Subjonctif présent
que je résolv**e**
qu'il, elle résolv**e**
que nous résolv**ions**
qu'ils, elles résolv**ent**

Impératif
résous
résolv**ons**
résolv**ez**

Participe présent
résolv**ant**

Participe passé
résol**u, e**

• Le conditionnel a le même radical que le futur mais comporte les terminaisons de l'imparfait (**rais**, etc.)

[89] suivre suiv- / sui-

Indicatif présent
je suis
il, elle suit
nous suivons
ils, elles suivent

Indicatif imparfait
je suivais
nous suivions

Indicatif futur
je suivrai
nous suivrons

Indicatif passé simple
je suivis
il, elle suivit
nous suivîmes
ils, elles suivirent

Subjonctif présent
que je suive
qu'il, elle suive
que nous suivions
qu'ils, elles suivent

Impératif
suis
suivons
suivez

Participe présent
suivant

Participe passé
suivi, e

[90] vivre viv- / vi- / véc-

Indicatif présent
je vis
il, elle vit
nous vivons
ils, elles vivent

Indicatif imparfait
je vivais
nous vivions

Indicatif futur
je vivrai
nous vivrons

Indicatif passé simple
je vécus
il, elle vécut
nous vécûmes
ils, elles vécurent

Subjonctif présent
que je vive
qu'il, elle vive
que nous vivions
qu'ils, elles vivent

Impératif
vis
vivons
vivez

Participe présent
vivant

Participe passé
vécu, e

[91] paraître paraît- / paraiss- / parai- / par- (-î- devant t)

Indicatif présent
je parais
il, elle paraît
nous paraissons
ils, elles paraissent

Indicatif imparfait
je paraissais
nous paraissions

Indicatif futur
je paraîtrai
nous paraîtrons

Indicatif passé simple
je parus
il, elle parut
nous parûmes
ils, elles parurent

Subjonctif présent
que je paraisse
qu'il, elle paraisse
que nous paraissions
qu'ils, elles paraissent

Impératif
parais
paraissons
paraissez

Participe présent
paraissant

Participe passé
paru, e

• Le conditionnel a le même radical que le futur mais comporte les terminaisons de l'imparfait (**rais**, etc.)

[92] naître (auxiliaire être)
naît- / naiss- / nai- / naqu- / n-

Indicatif présent
je nai**s**
il, elle naî**t**
nous naiss**ons**
ils, elles naiss**ent**

Indicatif imparfait
je naiss**ais**
nous naiss**ions**

Indicatif futur
je naît**rai**
nous naît**rons**

Indicatif passé simple
je naqu**is**
il, elle naqu**it**
nous naqu**îmes**
ils, elles naqu**irent**

Subjonctif présent
que je naiss**e**
qu'il, elle naiss**e**
que nous naiss**ions**
qu'ils, elles naiss**ent**

Impératif
nai**s**
naiss**ons**
naiss**ez**

Participe présent
naiss**ant**

Participe passé
n**é, e**

[93] croître croît- / croiss- / croî- / cr-

Indicatif présent
je croî**s**
il, elle croî**t**
nous croiss**ons**
ils, elles croiss**ent**

Indicatif imparfait
je croiss**ais**
nous croiss**ions**

Indicatif futur
je croît**rai**
nous croît**rons**

Indicatif passé simple
je cr**ûs**
il, elle cr**ût**
nous cr**ûmes**
ils, elles cr**ûrent**

Subjonctif présent
que je croiss**e**
qu'il, elle croiss**e**
que nous croiss**ions**
qu'ils, elles croiss**ent**

Impératif
croî**s**
croiss**ons**
crois**sez**

Participe présent
croiss**ant**

Participe passé
cr**û**, cr**ue**
cr**us**, cr**ues**

Remarque : L'accent circonflexe sur le i *apparaît devant un* t*, ainsi que dans les formes qui peuvent être confondues avec celles du verbe* croire.

[94] accroître accroît- / accroiss- / accroi- / accr- (-î- devant t)

Indicatif présent
j' accroi**s**
il, elle accroî**t**
nous accroiss**ons**
ils, elles accroiss**ent**

Indicatif imparfait
j' accroiss**ais**
nous accroiss**ions**

Indicatif futur
j' accroît**rai**
nous accroît**rons**

Indicatif passé simple
j' accr**us**
il, elle accr**ut**
nous accr**ûmes**
ils, elles accr**urent**

Subjonctif présent
que j' accroiss**e**
qu'il, elle accroiss**e**
que nous accroiss**ions**
qu'ils, elles accroiss**ent**

Impératif
accroi**s**
accroiss**ons**
accroiss**ez**

Participe présent
accroiss**ant**

Participe passé
accr**u, e**

• Le conditionnel a le même radical que le futur mais comporte les terminaisons de l'imparfait (**rais**, etc.)

[95] rire ri- / r-

Indicatif présent
je ri**s**
il, elle ri**t**
nous ri**ons**
ils, elles ri**ent**

Indicatif imparfait
je ri**ais**
nous ri**ions**

Indicatif futur
je ri**rai**
nous ri**rons**

Indicatif passé simple
je r**is**
il, elle r**it**
nous r**îmes**
ils, elles r**irent**

Subjonctif présent
que je ri**e**
qu'il, elle ri**e**
que nous ri**ions**
qu'ils, elles ri**ent**

Impératif
ris
ri**ons**
ri**ez**

Participe présent
ri**ant**

Participe passé
ri

[96] conclure conclu- / concl-

Indicatif présent
je conclu**s**
il, elle conclu**t**
nous conclu**ons**
ils, elles conclu**ent**

Indicatif imparfait
je conclu**ais**
nous conclu**ions**

Indicatif futur
je conclu**rai**
nous conclu**rons**

Indicatif passé simple
je concl**us**
il, elle concl**ut**
nous concl**ûmes**
ils, elles concl**urent**

Subjonctif présent
que je conclu**e**
qu'il, elle conclu**e**
que nous conclu**ions**
qu'ils, elles conclu**ent**

Impératif
conclu**s**
conclu**ons**
conclu**ez**

Participe présent
conclu**ant**

Participe passé
concl**u, e**

Remarque : Inclure *se conjugue comme* conclure *mais son participe passé est* inclus, e.

[97] nuire nui- / nuis- / nu-

Indicatif présent
je nui**s**
il, elle nui**t**
nous nuis**ons**
ils, elles nuis**ent**

Indicatif imparfait
je nuis**ais**
nous nuis**ions**

Indicatif futur
je nui**rai**
nous nui**rons**

Indicatif passé simple
je nuis**is**
il, elle nuis**it**
nous nuis**îmes**
ils, elles nuis**irent**

Subjonctif présent
que je nuis**e**
qu'il, elle nuis**e**
que nous nuis**ions**
qu'ils, elles nuis**ent**

Impératif
nui**s**
nuis**ons**
nuis**ez**

Participe présent
nuis**ant**

Participe passé
nu**i**

Remarque : Luire *et* reluire *connaissent une autre forme de passé simple :* je luis , je reluis.

• Le conditionnel a le même radical que le futur mais comporte les terminaisons de l'imparfait (**rais**, etc.)

[98] conduire condui- / conduis-

Indicatif présent
je conduis**s**
il, elle condui**t**
nous conduis**ons**
ils, elles conduis**ent**

Indicatif imparfait
je conduis**ais**
nous conduis**ions**

Indicatif futur
je condui**rai**
nous condui**rons**

Indicatif passé simple
je conduis**is**
il, elle conduis**it**
nous conduis**îmes**
ils, elles conduis**irent**

Subjonctif présent
que je conduis**e**
qu'il, elle conduis**e**
que nous conduis**ions**
qu'ils, elles conduis**ent**

Impératif
condui**s**
conduis**ons**
conduis**ez**

Participe présent
conduis**ant**

Participe passé
condui**t, e**

[99] écrire écri- / écriv-

Indicatif présent
j' écri**s**
il, elle écri**t**
nous écriv**ons**
ils, elles écriv**ent**

Indicatif imparfait
j' écriv**ais**
nous écriv**ions**

Indicatif futur
j' écri**rai**
nous écri**rons**

Indicatif passé simple
j' écriv**is**
il, elle écriv**it**
nous écriv**îmes**
ils, elles écriv**irent**

Subjonctif présent
que j' écriv**e**
qu'il, elle écriv**e**
que nous écriv**ions**
qu'ils, elles écriv**ent**

Impératif
écri**s**
écriv**ons**
écriv**ez**

Participe présent
écriv**ant**

Participe passé
écri**t, e**

[100] suffire suffi- / suffis- / suff-

Indicatif présent
je suffi**s**
il, elle suffi**t**
nous suffis**ons**
ils, elles suffis**ent**

Indicatif imparfait
je suffis**ais**
nous suffis**ions**

Indicatif futur
je suffi**rai**
nous suffi**rons**

Indicatif passé simple
je suff**is**
il, elle suff**it**
nous suff**îmes**
ils, elles suff**irent**

Subjonctif présent
que je suffis**e**
qu'il, elle suffis**e**
que nous suffis**ions**
qu'ils, elles suffis**ent**

Impératif
suffi**s**
suffis**ons**
suffis**ez**

Participe présent
suffis**ant**

Participe passé
suff**i**

• Le conditionnel a le même radical que le futur mais comporte les terminaisons de l'imparfait (**rais**, etc.)

[102] **dire** di- / dis- / d-

Indicatif présent
je dis
il, elle dit
nous dis**ons**
vous di**tes**
ils, elles dis**ent**

Indicatif imparfait
je dis**ais**
nous dis**ions**

Indicatif futur
je di**rai**
nous di**rons**

Indicatif passé simple
je d**is**
il, elle d**it**
nous d**îmes**
ils, elles d**irent**

Subjonctif présent
que je dis**e**
qu'il, elle dis**e**
que nous dis**ions**
qu'ils, elles dis**ent**

Impératif
di**s**
dis**ons**
di**tes**

Participe présent
dis**ant**

Participe passé
di**t, e**

[103] **contredire** contredi- / contredis- / contred-

Indicatif présent
je contredi**s**
il, elle contredi**t**
nous contredis**ons**
vous contredis**ez**
ils, elles contredis**ent**

Indicatif imparfait
je contredis**ais**
nous contredis**ions**

Indicatif futur
je contredi**rai**
nous contredi**rons**

Indicatif passé simple
je contred**is**
il, elle contred**it**
nous contred**îmes**
ils, elles contred**irent**

Subjonctif présent
que je contredis**e**
qu'il, elle contredis**e**
que nous contredis**ions**
qu'ils, elles contredis**ent**

Impératif
contredi**s**
contredis**ons**
contredis**ez**

Participe présent
contredis**ant**

Participe passé
contredi**t, e**

[104] **maudire** maudi- / maudiss- / maud-

Indicatif présent
je maudi**s**
il, elle maudi**t**
nous maudiss**ons**
ils, elles maudiss**ent**

Indicatif imparfait
je maudiss**ais**
nous maudiss**ions**

Indicatif futur
je maudi**rai**
nous maudi**rons**

Indicatif passé simple
je maud**is**
il, elle maud**it**
nous maud**îmes**
ils, elles maud**irent**

Subjonctif présent
que je maudiss**e**
qu'il, elle maudiss**e**
que nous maudiss**ions**
qu'ils, elles maudiss**ent**

Impératif
maudi**s**
maudiss**ons**
maudiss**ez**

Participe présent
maudiss**ant**

Participe passé
maudi**t, e**

• Le conditionnel a le même radical que le futur mais comporte les terminaisons de l'imparfait (**rais**, etc.)

[105] bruire brui- / bruy-

Indicatif présent
je bruis
tu bruis
il, elle bruit
inusité aux personnes du pluriel

Indicatif imparfait
je bruyais
nous bruyions

Indicatif futur
je bruirai
nous bruirons

Indicatif passé simple
inusité

Subjonctif présent
inusité

Impératif
inusité

Participe présent
inusité

Participe passé
bruit

[106] lire li- / lis- / l-

Indicatif présent
je lis
il, elle lit
nous lisons
ils, elles lisent

Indicatif imparfait
je lisais
nous lisions

Indicatif futur
je lirai
nous lirons

Indicatif passé simple
je lus
il, elle lut
nous lûmes
ils, elles lurent

Subjonctif présent
que je lise
qu'il, elle lise
que nous lisions
qu'ils, elles lisent

Impératif
lis
lisons
lisez

Participe présent
lisant

Participe passé
lu, e

[107] croire croi- / croy- / cr-

Indicatif présent
je crois
il, elle croit
nous croyons
ils, elles croient

Indicatif imparfait
je croyais
nous croyions

Indicatif futur
je croirai
nous croirons

Indicatif passé simple
je crus
il, elle crut
nous crûmes
ils, elles crurent

Subjonctif présent
que je croie
qu'il, elle croie
que nous croyions
qu'ils, elles croient

Impératif
crois
croyons
croyez

Participe présent
croyant

Participe passé
cru, e

• Le conditionnel a le même radical que le futur mais comporte les terminaisons de l'imparfait (**rais**, etc.)

[108] boire boi- / boiv- / buv- / b-

Indicatif présent
je bois
il, elle boit
nous buvons
ils, elles boivent

Indicatif imparfait
je buvais
nous buvions

Indicatif futur
je boirai
nous boirons

Indicatif passé simple
je bus
il, elle but
nous bûmes
ils, elles burent

Subjonctif présent
que je boive
qu'il, elle boive
que nous buvions
qu'ils, elles boivent

Impératif
bois
buvons
buvez

Participe présent
buvant

Participe passé
bu, e

[109] faire fai- / fais- / fe- / fass- / f-

Indicatif présent
je fais
il, elle fait
nous faisons
vous faites
ils, elles font

Indicatif imparfait
je faisais
nous faisions

Indicatif futur
je ferai
nous ferons

Indicatif passé simple
je fis
il, elle fit
nous fîmes
ils, elles firent

Subjonctif présent
que je fasse
qu'il, elle fasse
que nous fassions
qu'ils, elles fassent

Impératif
fais
faisons
faites

Participe présent
faisant

Participe passé
fait, e

[110] plaire plai- / plais- / pl- (-î- devant t)

Indicatif présent
je plais
il, elle plaît
nous plaisons
ils, elles plaisent

Indicatif imparfait
je plaisais
nous plaisions

Indicatif futur
je plairai
nous plairons

Indicatif passé simple
je plus
il, elle plut
nous plûmes
ils, elles plurent

Subjonctif présent
que je plaise
qu'il, elle plaise
que nous plaisions
qu'ils, elles plaisent

Impératif
plais
plaisons
plaisez

Participe présent
plaisant

Participe passé
plu

• Le conditionnel a le même radical que le futur mais comporte les terminaisons de l'imparfait (**rais**, etc.)

[111] **taire** tai- / tais- / t-

Indicatif présent
je tai**s**
il, elle tai**t**
nous tais**ons**
ils, elles tais**ent**

Indicatif imparfait
je tais**ais**
nous tais**ions**

Indicatif futur
je tai**rai**
nous tai**rons**

Indicatif passé simple
je **tus**
il, elle **tut**
nous **tûmes**
ils, elles **turent**

Subjonctif présent
que je tais**e**
qu'il, elle tais**e**
que nous tais**ions**
qu'ils, elles tais**ent**

Impératif
tai**s**
tais**ons**
tais**ez**

Participe présent
tais**ant**

Participe passé
tu, e

[112] **extraire** extrai- / extray-

Indicatif présent
j' extrai**s**
il, elle extrai**t**
nous extray**ons**
ils, elles extrai**ent**

Indicatif imparfait
j' extray**ais**
nous extray**ions**

Indicatif futur
j' extrai**rai**
nous extrai**rons**

Indicatif passé simple
inusité

Subjonctif présent
que j' extrai**e**
qu'il, elle extrai**e**
que nous extray**ions**
qu'ils, elles extrai**ent**

Impératif
extrai**s**
extray**ons**
extray**ez**

Participe présent
extray**ant**

Participe passé
extrai**t, e**

[113] **clore** clo- / clos- (-ô- devant t)

Indicatif présent
je clo**s**
il, elle clô**t**
nous clos**ons**
ils, elles clos**ent**

Indicatif imparfait
inusité

Indicatif futur
je clo**rai**
nous clo**rons**

Indicatif passé simple
inusité

Subjonctif présent
que je clos**e**
qu'il, elle clos**e**
que nous clos**ions**
qu'ils, elles clos**ent**

Impératif
clo**s**
inusité aux personnes du pluriel

Participe présent
clos**ant**

Participe passé
clo**s, e**

Remarque : Éclore *se conjugue comme* clore, *mais l'Académie préconise* il, elle éclot *sans accent circonflexe.*

• Le conditionnel a le même radical que le futur mais comporte les terminaisons de l'imparfait (r**ais**, etc.)

[114] vaincre vainc- / vainqu-

Indicatif présent
je vainc**s**
il, elle vainc
nous vainqu**ons**
ils, elles vainqu**ent**

Indicatif imparfait
je vainqu**ais**
nous vainqu**ions**

Indicatif futur
je vainc**rai**
nous vainc**rons**

Indicatif passé simple
je vainqu**is**
il, elle vainqu**it**
nous vainqu**îmes**
ils, elles vainqu**irent**

Subjonctif présent
que je vainqu**e**
qu'il, elle vainqu**e**
que nous vainqu**ions**
qu'ils, elles vainqu**ent**

Impératif
vainc**s**
vainqu**ons**
vainqu**ez**

Participe présent
vainqu**ant**

Participe passé
vainc**u, e**

[115] frire fri-

Indicatif présent
je fri**s**
tu fri**s**
il, elle fri**t**
inusité aux personnes du pluriel

Indicatif imparfait
inusité

Indicatif futur
je fri**rai**
nous fri**rons**

Indicatif passé simple
inusité

Subjonctif présent
inusité

Conditionnel présent
je fri**rais**
nous fri**rions**

Impératif
fri**s**
inusité aux personnes du pluriel

Participe présent
inusité

Participe passé
fri**t, e**

[116] foutre fout- / fou-

Indicatif présent
je fou**s**
tu fou**s**
il, elle fou**t**
nous fout**ons**
ils, elles fout**ent**

Indicatif imparfait
je fout**ais**
nous fout**ions**

Indicatif futur
je fout**rai**
nous fout**rons**

Indicatif passé simple
inusité

Subjonctif présent
que je fout**e**
qu'il, elle fout**e**
que nous fout**ions**
qu'ils, elles fout**ent**

Impératif
fou**s**
fout**ons**
fout**ez**

Participe présent
fout**ant**

Participe passé
fout**u, e**

• Le conditionnel a le même radical que le futur mais comporte les terminaisons de l'imparfait (**rais**, etc.)

Unregelmässige deutsche Verben
Verbes irréguliers allemands

Infinitiv/ infinitif	**Präsens/ présent**	**Präteritum/ prétérit**	**Perfekt/ parfait**
beginnen	beginnt	begann	hat begonnen
beißen	beißt	biß	hat gebissen
bergen	birgt	barg	hat geborgen
bersten	birst	barst	ist geborsten
bewegen	bewegt	bewegte	hat bewegt
biegen	biegt	bog	hat gebogen
bieten	bietet	bot	hat geboten
binden	bindet	band	hat gebunden
bitten	bittet	bat	hat gebeten
blasen	bläst	blies	hat geblasen
bleiben	bleibt	blieb	ist geblieben
bleichen	bleicht	blich	hat geblichen
braten	brät	briet	hat gebraten
brechen	bricht	brach	hat/ist gebrochen
bringen	bringt	brachte	hat gebracht
denken	denkt	dachte	hat gedacht
dürfen	darf	durfte	hat gedurft/dürfen
empfehlen	empfiehlt	empfahl	hat empfohlen
essen	ißt	aß	hat gegessen
fahren	fährt	fuhr	hat/ist gefahren
fallen	fällt	fiel	ist gefallen
fangen	fängt	fing	hat gefangen
fechten	ficht	focht	hat gefochten
finden	findet	fand	hat gefunden
flechten	flicht	flocht	hat geflochten
fliegen	fliegt	flog	hat/ist geflogen
fliehen	flieht	floh	ist geflohen
fließen	fließt	floß	ist geflossen
fragen	fragt	fragte	hat gefragt
fressen	frißt	fraß	hat gefressen
frieren	friert	fror	hat gefroren
gären	gärt	gor	hat/ist gegoren
geben	gibt	gab	hat gegeben
gedeihen	gedeiht	gedieh	ist gediehen

Infinitiv/ infinitif	Präsens/ présent	Präteritum/ prétérit	Perfekt/ parfait
gehen	geht	ging	ist gegangen
gelten	gilt	galt	hat gegolten
genießen	genießt	genoß	hat genossen
gelingen	gelingt	gelang	ist gelungen
geschehen	geschieht	geschah	ist geschehen
gewinnen	gewinnt	gewann	hat gewonnen
gießen	gießt	goß	hat gegossen
gleichen	gleicht	glich	hat geglichen
gleiten	gleitet	glitt	ist geglitten
graben	gräbt	grub	hat gegraben
greifen	greift	griff	hat gegriffen
haben	hat	hatte	hat gehabt
halten	hält	hielt	hat gehalten
hängen	hängt	hing/hängte	hat gehangen/gehängt
hauen	haut	haute	hat gehauen
heben	hebt	hob	hat gehoben
heißen	heißt	hieß	hat geheißen
helfen	hilft	half	hat geholfen
kennen	kennt	kannte	hat gekannt
klingen	klingt	klang	hat geklungen
kneifen	kneift	kniff	hat gekniffen
kommen	kommt	kam	ist gekommen
können	kann	konnte	hat können/gekonnt
kriechen	kriecht	kroch	ist gekrochen
lassen	läßt	ließ	hat gelassen/lassen
laufen	läuft	lief	hat/ist gelaufen
leiden	leidet	litt	hat gelitten
leihen	leiht	lieh	hat geliehen
lesen	liest	las	hat gelesen
liegen	liegt	lag	hat gelegen
lügen	lügt	log	hat gelogen
mahlen	mahlt	mahlte	hat gemahlen
meiden	meidet	mied	hat gemieden
messen	mißt	maß	hat gemessen
mögen	mag	mochte	hat gemocht/mögen
müssen	muß	mußte	hat gemußt/müssen
nehmen	nimmt	nahm	hat genommen
nennen	nennt	nannte	hat genannt

Infinitiv/ infinitif	**Präsens/ présent**	**Präteritum/ prétérit**	**Perfekt/ parfait**
pfeifen	pfeift	pfiff	hat gepfiffen
pflegen	pflegt	pflegte	hat gepflegt
quellen	quillt	quoll	ist gequollen
raten	rät	riet	hat geraten
reiben	reibt	rieb	hat gerieben
reißen	reißt	riß	hat/ist gerissen
reiten	reitet	ritt	hat/ist geritten
rennen	rennt	rannte	ist gerannt
riechen	riecht	roch	hat gerochen
ringen	ringt	rang	hat gerungen
rinnen	rinnt	rann	ist geronnen
rufen	ruft	rief	hat gerufen
salzen	salzt	salzte	hat gesalzen
saufen	säuft	soff	hat gesoffen
schaffen	schafft	schuf	hat geschaffen
schallen	schallt	schallte	hat geschallt
scheinen	scheint	schien	hat geschienen
schieben	schiebt	schob	hat geschoben
schießen	schießt	schoß	hat/ist geschossen
schlafen	schläft	schlief	hat geschlafen
schlagen	schlägt	schlug	hat/ist geschlagen
schleichen	schleicht	schlich	ist geschlichen
schließen	schließt	schloß	hat geschlossen
schlingen	schlingt	schlang	hat geschlungen
schmeißen	schmeißt	schmiß	hat geschmissen
schmelzen	schmilzt	schmolz	ist geschmolzen
schneiden	schneidet	schnitt	hat geschnitten
schreiben	schreibt	schrieb	hat geschrieben
schreien	schreit	schrie	hat geschrie(e)n
schreiten	schreitet	schritt	ist geschritten
schweigen	schweigt	schwieg	hat geschwiegen
schwellen	schwillt	schwoll	ist geschwollen
schwimmen	schwimmt	schwamm	hat/ist geschwommen
schwinden	schwindet	schwand	ist geschwunden
schwingen	schwingt	schwang	hat geschwungen
schwören	schwört	schwor	hat geschworen
sehen	sieht	sah	hat gesehen
sein	ist	war	ist gewesen

Infinitiv/ infinitif	Präsens/ présent	Präteritum/ prétérit	Perfekt/ parfait
senden	sendet	sandte	hat gesendet/gesandt
sieden	siedet	sott	hat gesotten
singen	singt	sang	hat gesungen
sinnen	sinnt	sann	hat gesonnen
sitzen	sitzt	saß	hat gesessen
sollen	soll	sollte	hat gesollt
spalten	spaltet	spaltete	hat gespalten
sprechen	spricht	sprach	hat gesprochen
springen	springt	sprang	hat/ist gesprungen
stehen	steht	stand	hat gestanden
stehlen	stiehlt	stahl	hat gestohlen
steigen	steigt	stieg	ist gestiegen
sterben	stirbt	starb	ist gestorben
stoßen	stößt	stieß	hat/ist gestoßen
streichen	streicht	strich	hat gestrichen
streiten	streitet	stritt	hat gestritten
tragen	trägt	trug	hat getragen
treffen	trifft	traf	hat getroffen
treiben	treibt	trieb	hat/ist getrieben
treten	tritt	trat	hat/ist getreten
trinken	trinkt	trank	hat getrunken
tun	tut	tat	hat getan
verderben	verdirbt	verdarb	hat verdorben
vergessen	vergißt	vergaß	hat vergessen
verlieren	verliert	verlor	hat verloren
wachsen	wächst	wuchs	ist gewachsen
waschen	wäscht	wusch	hat gewaschen
wenden	wendet	wendete/ wandte	hat gewendet/ gewandt
werden	wird	wurde	ist geworden/worden
werfen	wirft	warf	hat geworfen
winken	winkt	winkte	hat gewunken
wissen	weiß	wußte	hat gewußt
wollen	will	wollte	hat gewollt/wollen
ziehen	zieht	zog	hat/ist gezogen
zwingen	zwingt	zwang	hat gezwungen

Imprimerie Maury-Eurolivres s.a. – 45300 Manchecourt
Dépôt Légal : Mai 1995 – N° de série Éditeur : 18506
Imprimé en france *(Printed in France)* – 401635 – Mai 1995

eigenes Stichwort für das Femininum bei Formunterschied
articles indépendants pour le féminin en cas de différence graphique

Hervorhebung der Ausdrücke
mise en relief des locutions

Abkürzungen
sigles et abréviations

langer betonter Vokal
accent tonique long

kurzer betonter Vokal
accent tonique bref

landeskundliche Informationen
informations de nature culturelle ou encyclopédique

Trennbarkeit des deutschen Verbs
séparabilité des verbes allemands

Plural mit eigener Bedeutung
pluriels ayant leur propre sens

Dialektvarianten des Deutschen
variantes de l'allemand

Kasusangaben für das Deutsche
indication des cas en allemand

Arzt [aːɐ̯tst] (*Pl* **Ärzte**) *der* médecin *m.*

Ärztin ['ɛːɐ̯tstin] (*Pl* **-nen**) *die* médecin *m.*

bißchen *Adj* [wenig] peu de.

◆ **ein bißchen** ◇ *Adj* [etwas] un peu de. ◇ *Adv* [ein wenig] un peu.

◆ **kein bißchen** ◇ *Adj* pas du tout de. ◇ *Adv* pas du tout.

BND (*Abk für* **Bundesnachrichtendienst**) *der* (*ohne Pl*) *service fédéral des renseignements généraux.*

Frei|bier *das* (*ohne Pl*) tournée *f* gratuite (*de bière*).

Frei|tag *der* vendredi *m; siehe auch* **Samstag.**

Funke (*Pl* **-n**), **Funken** (*Pl* **-**) *der* étincelle *f.*

Gänsefüßchen *Pl fam* guillemets *mpl.*

Karneval [karnəval] (*Pl* **-e** ODER **-s**) *der* carnaval *m.*

KARNEVAL:
C'est en Rhénanie que les festivités du carnaval sont les plus nombreuses. Il commence officiellement le 11 novembre à 11 h 11 et se termine le mercredi des cendres. Le grand défilé a lieu la veille du mardi gras.

Kern|seife *die* ≃ savon *m* de Marseille.

lieb|haben *tr* (*unreg*) aimer.

Nachricht (*Pl* **-en**) *die* nouvelle *f.*

◆ **Nachrichten** *Pl* informations *fpl.*

Sänger, in (*mPl* **-**; *fPl* **-nen**) *der, die* chanteur *m*, -euse *f.*

Semmel (*Pl* **-n**) *die Österr & Süddt* petit pain *m.*

stürzen (*Perf* **hat/ist gestürzt**) ◇ *intr* (*ist*) **-1.** [fallen] tomber. **-2.** [Preis, Temperatur] chuter. ◇ *tr* (*hat*) **-1.** [Regierung, Herrscher] renverser. **-2.** [Kuchen, Pudding] démouler.
◆ **sich stürzen** *ref* **-1.** [springen] se jeter. **-2.** [herfallen] : **sich auf jn/etw ~** [bestürmen] se précipiter sur qqn/qqch; [angreifen] se jeter sur qqn/qqch. **-3.** [sich begeben] : **sich in etw** (*A*) **~** se jeter dans qqch.

Genusangabe durch den bestimmten Artikel
indication du genre allemand par l'article défini

Erläuterungen, falls es keine Übersetzung gibt
explications lorsqu'il n'y a pas de traduction

genaue Angaben zur Übersetzung
précisions sur la traduction

Schreibvarianten
variantes

Angaben zum Sprachniveau
information sur les niveaux de langue

Entsprechungen
équivalences culturelles françaises

Femininum
formes féminines

zu benutzende Hilfsverben
indication des auxiliaires

klare Bedeutungsdifferenzierungen und Kontextangaben
signalisation précise des sens et du contexte

grammatische Gebrauchsmuster
constructions grammaticales